KB206513

푸른 배달말집

푸른배달말집

2024해 10달 1날 처음 펴냄 • 2024해 11달 21날 둘째 펴냄 • **지은이** 한실, 푸른누리 • **펴낸이** 안미르, 안마노, 오진경
얽이 푸른누리, 안상수 • **엮음·펴냄 도움** 소효령 • **멋지음** 윤영준 • **꺼풀 멋지음** 안마노 • **꺼풀 손멋글씨** 오다솜
글꼴 도움 AG타이포그라피연구소(박한솔, 한자인) • **알림** 김채린 • **돌봄** 박미영 • **만듦** 세걸음
글꼴 AG 최정호민부리, AG 최정호체; Noto Serif CJK KR, Univers LT Std

안그라픽스
있는 곳 10881 경기도 파주시 회동길 125-15 • **말틀** 031.955.7755 • **팩스** 031.955.7744
누리글월(이메일) agbook@ag.co.kr • **누리그물자리(웹사이트)** www.agbook.co.kr • **등록번호** 제2-236 (1975.7.7.)

ISBN 979.11.6823.080.4 (03710)

푸른 배달말집

한실과 푸른누리

안그라픽스

머리말

섬나라 사람들 종살이에서 벗어난 지 여든 해 가까이 되었습니다. 지난 여든 해 동안 한글만 쓰자, 한자 섞어 쓰자고 물고 차고 싸운 뒤끝은 이제 저절로 한글만 쓰자 쪽으로 오롯이 마무리되었습니다. 오늘날에는 말글살이에 한자 쓰자는 사람들이 힘을 떨치기 어렵습니다. 아직도 몇몇 힘깨나 쓰는 이들이 어떻게든 한자를 배워 써야 한다고 목소리를 내지만 큰 물줄기를 되돌리기는 어렵습니다. 이것만 보면 우리말을 붙잡는 우리글이 이겼으니 우리말도 덩달아 좋아졌다고 여길 수도 있습니다. 그런데 속내를 들여다보면 우리말을 거의 잃어버렸습니다. 말살이에서 쫑궈 한자말과 니혼 한자말, 하늬 꼬부랑말이 말 줄기를 차지하고 우리말은 쪼그라들어 어쩌다가 쓰거나 토씨로나 씁니다. 배운 사람일수록 더합니다.

지난 여든 해 동안 우리말을 가르치지도 배우지도 쓰지도 않은 열매입니다. 갈수록 니혼 한자말과 유에스 꼬부랑말이 말살이에서 늘어나 와이프니, 주방이니, 멘토니, 고객이니 하며 왜말, 하늬말을 씁니다. 배곳(학교)에서 왜말과 꼬부랑말을 가르치고 우리말은 헌신짝처럼 버린 뒤끝입니다. 한 겨레가 사람답게 살고, 임자답게 살려면 겨레 얼이 살아있고 겨레 줏대가 서 있어야 합니다. 겨레 얼과 겨레 줏대는 겨레말 속에 담겨 있습니다. 그러니 겨레말을 쓰지 않으면서 겨레 얼을 말하고 겨레 줏대를 말할 수 없습니다.

일찍이 우리 겨레는 글 없이도 누리 어느 겨레보다 먼저 아름답고 빼어난 삶꽃(문화)을 꽃피웠습니다. 그것은 우리 겨레 옛 삶터에서 쏟아져 나온 땅속 자취에서 뚜렷이 드러납니다. 그런 훌륭한 삶꽃을 남 먼저 꽃피웠다는 것은 여러 사람이 함께 일했다는 뜻이고 사람 사이를 잇는 겨레말이 일찍 꽃피었다는 뜻입니다. 그런데 우리 겨레가 우리말을 잡아둘 우리글을 지어내지 못해서 이웃 나라 한자를 빌어 적으면서 우리말을 갈무리하려고 쓴 한자 글말이 거꾸로 야금야금 입말에 섞여 들어 우리말을 잡아먹고 그 자리를 차지하게 되었습니다.

그뿐 아니라, 어려운 한자를 배워 익힌 사람과 그렇지 않은 사람의 사이가 물과 기름처럼 갈라집니다. 마땅히 겨레 힘이 여려지고, 겨레말이 더럽혀집니다. 세종 임금 때에 모처럼 쉬운 우리 글을 만들어 한때는 우리글로 빛나는 삶꽃을 꽃피웠습니다. 그런데 어리석은 벼슬아치들 얼이 쫑귂와 쫑귂글에 물들어 저들끼리 어려운 한자에 매달려 아까운 때를 놓쳐 나라 힘이 기울대로 기울고, 끝내 섬나라 종살이로까지 굴러떨어집니다. 쫑귂 한자를 배워 익힌 무리나 니혼 한자말을 배워 익힌 사람들이나 하늬 꼬부랑말을 배워 익힌 이들은 예나 이제나 말글살이에 남 글말을 끌어들입니다. 오늘날 우리말이 이렇게 헌 걸레 꼴이 된 것도 바로 우리말을 업신여긴 씨앗을 뿌린 대로 거두는 열매입니다. 일찍이 '아름다운 우리말 살려 쓰기'를 지은 김정섭 님은 이것을 '겨레말 얼굴에 쫑귂 한자말 몸뚱이, 니혼말 팔다리, 하늬말 옷을 입은 꼬락서니'라고 견주어 말했습니다.

그런데 우리 겨레는 짓눌릴 대로 짓눌리면 반드시 일떠서서 그릇되고 잘못된 것을 바로잡는 훌륭한 힘이 예로부터 있었습니다. 오늘날 우리말은 바람 앞의 촛불처럼 숨이 간당간당합니다. 일찍 깨달은 사람들이 나서서 우리말을 어떻게든 살려 쓰려고 발버둥 치지만, 우리말이 놓인 꼬락서니를 아람(백성)들이 제대로 아는 날이면 들불처럼 들고 일어나 이 쓰레기 말들을 다 태워버릴 것입니다.

니혼말을 배곳(학교)에서 가르치고, 새뜸(신문)과 널냄(방송)에서 떠들고, 그위집(관청)에서 니혼말을 우리말인 것처럼 써 버릇하니, 거의 모든 사람이 이 니혼말을 우리말인 줄 잘못 알고 쓰며 삽니다. 정치·경제·교육·문화·사회·혁명·운동·환경·노동·민족……. 이런 말, 이거 다 니혼 한자말입니다. 거기에 걸맞은 우리말은 "다스림·살림·배움·삶꽃·모둠·뒤엎기·뮘·터전·일·겨레"입니다. 왜말이 쉽고, 우리말이 어렵지요? 그만큼 우리가 거꾸로 된 말살이에 물들어 있습니다.

종살이 때 배워 익힌 왜말이더라도 나라를 찾았으면 마땅히 깡그리 버렸어야 옳았습니다. 바로 버리기는커녕 여든 해가 다 된 오늘날까지 그대로 씁니다. 그대로 쓸 뿐만 아니라 지난 여든 해 동안에도 새로 생겨나는 일과 몬(물건)까지 니혼 사람들이 만든 말을 쭉 들여다 썼습니다. 새뜸과 널냄과 멀봄(텔레비전)이 베끼고 배곳에서 곁눈질하고 배움집(학원)에서 그대로 들여다 썼습니다. 우리 스스로 우리말로 새말을 지어 쓰려 아무도 애쓰지 않았습니다. 그러니 제법 생각이 바른 사람조차도 우리가 왜말살이한다는 것을 모르고 버젓이 왜말을 쓰면서도 부끄러운 줄 모릅니다. 눈과 귀와 입과 생각이 왜말에 다 물들었습니다.

이것이 여든 해 동안 벌어진 일입니다. 여든 해 동안에도 여러 차례 우리말을 살려 쓰려는 기운이 일어났지만, 왜얼이(몸은 배달겨레지만 얼은 왜얼에 물든 사람)들 힘이 워낙 세어서 그때마다 그 기운이 꺾였습니다. 왜얼이들 힘 뿌리가 뭘까요? 돈 힘과 다스림 힘(권력)입니다. 돈과 힘으로 백성들 겨레말살이 기운을 찍어눌러 주저앉혀 왔습니다. 돈과 힘이 아이들에게 가르칠 책에 우리말은 싣지 않고 니혼 한자말을 잔뜩 넣어 가르치고, 온갖 책은 왜말로 모두 펴내고 새뜸과 널냄에도 왜말을 쓰고 말하고, 나라살림살이말(행정용어)에도 니혼말을 그대로 씁니다. 벼리말(법률용어)에 이르면 아예 우리말은 토씨밖에 없습니다. 겉으로 보면 나라를 찾은 것 같고 우리 겨레가 우리나라 임자인 것 같은 데 속내는 다 왜얼에 물들고 저도 모르는 새에 왜얼이가 되었습니다.

사람은 나날이 쓰는 말로 생각을 하고 꿈을 꿉니다. 나날 말살이를 한자말로 한다는 말은 생각을 한자말로 한다는 뜻이고 자면서 꿈도 한자말로 꾼다는 뜻입니다. 얼이 한자말로 이루어집니다. 그런 사람한테 우리 겨레 얼이 있다고는 할 수 없습니다. 겨레 얼이 살아있는 사람은 겨레말을 쓰고 겨레말로 생각하고, 말하고 글을 써도 겨레말로 쓰고 꿈을 꿔도 겨레말로 꿉니다.

우리 겨레가 이제라도 겨레말을 살려 쓰자는 뜻에서 이 말집을 지었습니다. 멀리는 열 해가 걸렸고, 바짝 매달리기는 여섯 해가 되었습니다. 어떻게 하면 우리 겨레가 나날살이말에 물 흐르듯 매끄럽고, 물소리 바람 소리 같은 우리 입말을 되살려 쓸 수 있을까? 옛 한아비들이 큰마음으로 두루 널리 퍼뜨렸던 빛나는 삶꽃을 오늘에 다시 꽃피울 수 있을까? '두루 널리 누림'(홍익

인간)으로 삶꽃을 꽃피운 우리 겨레 높은 뜻이 다시 이 땅별(지구) 위에 살아날 수 있을까? 그러려면 우리 입말을 되찾는 길밖에 없다고 봅니다. 입말을 되찾는다는 말은 입말에 끼어들거나 입말을 밀어내고 자리 잡은 니혼 한자말과 쫑궈 한자말, 하늬 꼬부랑말을 몰아낸다는 뜻입니다.

우리 입말을 파고들면 파고들수록 사이좋음(평화)과 어울림(조화), 두루살림(큰 정치)을 품는 말이라고 여깁니다. 나, 내 나라, 내 겨레가 잘되려면 남이나 남 나라, 남 겨레를 찍어 누르고 못 올라오게 해야 한다는, 오늘날 누리를 판치는 날도둑 다스림이 아니라, 나와 남, 내 나라와 남 나라, 내 겨레와 다른 겨레가 함께 손잡고 사이좋게 두루 잘 사는 누리를 만드는 길로 나아가야 합니다.

이 일을 우리 겨레가 나서서 해가야 하지 않을까 싶어요. 그러려면 날도둑 마음이 스며든 쫑궈말, 니혼말, 꼬부랑말을 버리고, 사랑과 너그러움과 어짊이 가득 담긴 우리 겨레말을 다시 살려내어 써야 합니다. 우리말을 쓰고 보듬어 우리 마음을 깨끗이 씻어 그 마음, 그 얼로 온 누리를 새롭게, 사이좋게, 어울리게 살리는 길로 이끌어야 할 것입니다. 무엇보다 먼저 나날살이말을 우리말로 되찾아야 합니다.

우리 겨레가 나날살이말에 우리말을 살려 쓰는 일은 또한 갈라진 겨레를 하나로 잇는 지름길입니다. 종살이에서 벗어나 나라를 되찾았을 때는 노(북)녘이든 마(남)녘이든 우리말을 살려 쓰려는 기운이 대단히 컸습니다. 그러다 날이 갈수록 나날살이말에 겨레말을 쓰지 않으니 겨레 얼이 이울(시들) 수밖에 없고, 겨레 얼이 이우니 겨레를 하나로 잇자는 생각마저 줄어듭니다. 그러므로 우리말을 살려 써가는 일은 겨레를 하나로 잇는 노둣돌을 놓는 것과 같습니다.

이 과녁을 어떻게 이루어 낼 수 있을까요? 왜말살이, 꼬부랑말살이를 뿌리에서 다 쓸어 없애야 합니다. 나아갈 길은 다음과 같습니다.

첫째, 첫배곳(초등학교) 배움책을 한자말 마디를 다 빼고 우리말을 배우고 익힐 수 있도록 새로 써야 합니다. 첫배움해(일학년)부터 엿배움해(육학년)까지 모든 배움책을 차례차례 우리말로 짓습니다. 갑배곳(중학교) 배움책도 우리말을 배울 수 있도록 우리말로 짓고 높배곳(고등학교) 배움책을 우리말로 짓습니다. 한배곳(대학교)에서 쓰는 온갖 책과 밑감(자료)을 우리말로 짓는 것은 말할 것도 없겠지요.

둘째, 모든 새뜸을 우리말로 내고 널냄과 멀봄에서 우리말을 씁니다.

셋째, 나라살림살이에 쓰는 말을 겨레말로 씁니다.

넷째, 으뜸벼리(헌법)를 비롯하여 모든 벼리(법률)를 누구나 쉽게 알 수 있는 우리말로 새로 짓습니다.

다섯째, 나라이름, 땅이름, 길이름, 고을이름, 메이름, 가람이름, 내이름, 들이름, 절이름, 벌데(회사)이름, 사람이름……을 모두 우리말로 짓습니다.

겨레와 나라를 새로 살려낼 이 일을 우리 겨레의 으뜸 일로 삼습니다.

이 말집이 이런 큰 겨레 일을 해가는 길에서 작은 징검돌이 되기를 바랍니다. 곳곳에서 일하는 사람들이 발 벗고 나서서 우리말을 처음부터 차근차근 다시 배우고 익혀 살려 쓰면서 느긋하고 끈질기게 우리말살이를 해가는 거지요. 나날이 한 마디씩이라도 우리말로 바꿔 쓰면서……. 이를테면, 안녕·감사하다·계속하다 같은 한자말을 잘있어·잘가·고맙다·이어하다 같은 우리말로 바꿔 쓰는 겁니다.

이 말집 어느 쪽을 펼치더라도 구슬 같고 깨알 같은 아름다운 우리말을 만날 겁니다. 이제 오랫동안 우리 겨레 숨통을 죄었던 한자말을 모두 버리고, 이른바 누리되기(세계화)란 그럴듯한 속임수로 엄청난 힘으로 밀고 들어와 우리 얼과 삶을 좀먹는 유에스 꼬부랑말 꼬임에도 넘어가지 말고 우리말살이로 나아갈 때입니다.

우리 겨레 글살이에 한자를 섞어 쓰느냐 한글만 쓰느냐가 처음부터 싸움을 판가름한 일이었듯이 말살이에 한자말을 섞어 쓰느냐 배달말만 쓰느냐 하는 것도 온해(백년)쯤 뒤에는 틀림없이 뚜렷이 판가름 나 있을 것입니다. 온해를 내다보고 우리말을 살려 써 갈얽이(계획)와 슬기와 꾀를 내야 합니다. 반드시 이기는 싸움이나, 처음에는 좀 힘겨울 수 있습니다. 그러나 이 힘겨움은 우리 겨레 기운을 솟게 하고 우리 겨레가 힘을 모아 넘어가도록 하는 힘겨움입니다. 우리 다 기꺼이 우리말을 살려 쓰는 길로 나아가요.

우리말을 살려 쓰자는 뜻은 우리 겨레라면 누구 가슴이라도 뭉클 울립니다. 가슴이 뭉클하지 않다면 어디가 잘못되었는지 스스로를 깊이 돌아보아야 할 것입니다. 받아들이기 싫지만 나도 모르게 왜얼이가 되었는지, 유에스얼이가 되었는지, 아니면 한자를 버릴 수 없다고 생각하는지, 이런 것 가운데 하나일 겁니다.

큰 뜻으로 말집을 지었지만, 아직 첫걸음이라 군데군데 모자람이 있습니다. 앞으로 누구라도 더 좋은 우리말을 지으면 언제라도 바꿔서 더 좋은 쪽으로 바꿔 써야겠지요. 이 말집에는 "먼저 이렇게 써보면 어떨까요?"라는 마음으로 씩씩하게 우리말을 새로 지은 말이 제법 섞여 있습니다. 우리말로 오롯이 자리 잡으려면 뭇입이 써보고 다 좋다고 해야 자리 잡습니다. 여기 실린 말은 겨레말 큰 바닷물 가운데 조금밖에 되지 않습니다. 아직 다듬지 못한 말, 새로 생겨나는 말을 깨끗한 우리말로 다듬어 가는 일은 우리 겨레가 다 나서서 함께 해갈 일입니다. 오랫동안 두고두고 다듬어 나가야 할 일이지요.

2024년 9월

푸른누리에서, 한실 두 손 모아.

나눔글

사이좋게 새기는 새벽 — 배달말을 갈무리한 낱말책

국립국어원 낱말책은 다음 뜻풀이로 엿볼 수 있듯, 매우 엉성하고 엉터리이기까지 합니다.

가르다 :

1. 쪼개거나 나누어 따로따로 되게 하다
3. 옳고 그름을 따져서 구분하다

나누다 :

1. 하나를 둘 이상으로 가르다
2. 여러 가지가 섞인 것을 구분하여 분류하다
4. 몫을 분배하다
5. 음식 따위를 함께 먹거나 갈라 먹다

구분(區分) :

일정한 기준에 따라 전체를 몇 개로 갈라 나눔

우리말 '가르다'를 '나누다'로 풀이하는데, '나누다'는 '가르다'로 풀이합니다. 게다가 '가르다·나누다' 뜻풀이에 한자말 '구분'에 '분배·분류'를 넣고, 한자말 '구분 = 갈라 나눔'으로 풀이합니다. 겹말풀이에 돌림풀이요, 틀리고 어긋난 풀이입니다.

여러 이웃 나라에서 우리나라를 찾아옵니다. 우리나라 이야기를 눈여겨볼 뿐 아니라, 우리말을 익히는 이웃도 늘어납니다. 그러나 막상 우리말을 우리말답게 살피거나 헤아리거나 누리는 길잡이로 삼을 낱말책은 얼마나 있을까요? 낱말책은 낱말을 더 많이 실어야 하지 않습니다. 새로 펴내는 낱말책이라 하더라도, 새로 태어나는 낱말을 미처 못 담습니다. 낱말책은 "더 많이 담기"가 아닌 "제대로 담기"로 나아가야 알맞고 알차며 아름답습니다.

낱말책을 들추는 어른은 드물지만, 낱말책을 들추는 어린이와 푸름이는 많습니다. 어린이와 푸름이는 늘 낱말책을 들출 수밖에 없습니다. 종이 낱말책을 들추든, 누리그물(웹사이트)에서 찾아보든, 말뜻과 말결과 말씨를 가장 자주 찾아보는 사람은 어린이와 푸름이라고 여길 만합니다. 그래서 어느 나라 어느 낱말책이건, 언제나 어린이 눈높이를 헤아리면서 뜻풀이를 가다듬고 보기글을 붙이고 쓰임새를 밝히면서 알려야 알맞습니다. 열 살 어린이가 읽으면서 못 알아들을 만한 뜻풀이라면, 낱말책이 틀렸거나 엉성하거나 모자란다는 뜻입니다.

또한, 낱말책은 새말을 너무 많이 실으려고 애써야 하지 않습니다. 말글지기가 엮거나 지은 새말이 아닌, 사람들이 흔하게 쓰는 새말이 아닌, 모든 사람이 저마다 제 삶터와 마을과 보금자리에서 문득 생각을 빛내고 밝혀서 스스로 새말을 짓는 징검다리 노릇을 할 낱말책입니다.

산복(山腹) : 산에 가파르게 기울어져 있는 곳 = 산비탈

한자말 '산복'이 따로 있는 줄 뒤늦게 알았습니다. 부산에 '산복도로'가 있는 줄 익히 알되, 부산에만 있는 길로 여겼는데, 마산에도 '산복도로'가 있더군요. '산복도로'라는 말은 인천·경기나 강원에서는 그리 안 쓴다고 느낍니다. 부산·경남에서 흔히 쓰는 듯합니다. "비탈에 낸 길"이란 뜻이고, 일본 한자말입니다. 그냥 일본말이라 해도 됩니다.

인천에서는 '고개·고갯길'이나 '언덕·언덕길'이라 합니다. 고장마다 비슷하면서 다를 텐데, '고개·언덕'을 흔히 쓰고 '재·잿길'이나 '비알·비탈'하고 '비알길·비탈길'을 함께 씁니다. '새재·질마재·싸리재' 같은 '재'가 일본말 '산복도로'를 일컫는다고 할 수 있어요. 우리나라 낱말책은 마을길이나 고갯길을 어느 만큼 제대로 짚으면서 알뜰히 풀어낼는지 돌아볼 노릇입니다. 여러 고장에 제법 뿌리내렸다고 여기는 이름이나 말씨여도 참하고 상냥하게 다독여서 풀어내는 길을 들려줄 수 있는 낱말책이 있는지 되새길 일입니다.

낱말책을 열 살 어린이가 쉽게 읽고 깨우칠 수 있어야 한다고 했듯이, 물처럼 노래하는 말로 퍼지고 깃들려면, 어려운 말이 아닌 살림살이를 사랑으로 가꾸는 숨결이 흐르는 숲빛말일 노릇입니다. 책상맡에서 엮는 말로는 먹물에 그칩니다. 머리를 써서 여미는 말로는 어깨동무하기 어렵습니다. 어린이가 "어진 사람"인 '어른' 곁에서 살림빛을 숲빛으로 물든 사랑으로 물려받을 적에 비로소 말답습니다. 아이가 "사랑으로 씨앗을 품은 사람"인 '어버이' 품에서 보금자리를 돌보는 손길로 익힐 적에 비로소 말답습니다.

모든 말은 살림을 사랑으로 짓는 마음을 품은 숲에서 태어났습니다. 서울에서 태어난 말이 아닙니다. 풀꽃나무와 들숲바다가 어우러진 오늘 이곳에서 해바람비를 머금는 사람이 마음에 사랑이라는 씨앗을 심을 적에 비로소 말 한마디가 태어났습니다. 딱딱하거나 어려운 말은 모두 "사랑도 살림도 없는 부스러기(지식·정보)"이기 일쑤라서 그저 외우지 않고서는 모릅니다. 외워야 쓸 수 있는 부스러기로는 생각을 못 밝히고 못 빛냅니다. 사랑을 짓는 어른과 사랑을 심는 어버이가 함께 숲빛으로 다독이고 달래어 일군 말이기에, 오래오래 입에서 입으로 이어받고 몸에서 몸으로 물려받고 마음에서 마음으로 퍼지는 말로 숨빛을 품었습니다.

사이좋게 새기는 새벽

사람은 하늘하고 땅 사이에서 삶을 누립니다. 사람 곁에는 새가 있어서 노래를 베풀고, 보금자리를 가꾸는 슬기를 배웁니다. 사람은 사랑을 스스로 심고 가꾸는 씨앗으로 생각을 짓는 마음을 펴기에 그야말로 사람답습니다. 긴긴 꿈을 누리는 고요한 밤을 거치는 고치에서 깨어나야 날개돋이하는 애벌레입니다. 애벌레는 날개돋이를 거쳐서 나비로 거듭납니다. 사람은 작은 씨알로 숨을 얻고서 긴긴날을 꿈으로 그린 끝에 환하게 태어나서 아기라는 몸을 입습니다.

밤이 걷히면서 새벽이 밝듯, 고요히 앞꿈을 그리는 마음을 담은 말로 생각을 엽니다. 사람으로서 새랑 사이좋게 지낼 수 있는 마음을 말소리로 엮어서 낱말책을 여민다면, 어른은 어른스럽고 아이는 눈을 밝히면서 이 낱말꾸러미로 기쁘게 말빛을 살펴볼 만합니다.

후다닥 읽고서 외우려 한다면, 외우지도 못하지만, 마음에 남지도 않습니다. 느긋느긋 읽으면서 나긋나긋 새길 적에, 비로소 온 마음으로 스며들면서, 생각이 깨어나는 빛을 느낄 만합니다.

차근차근 곱씹고 되새기면서, 즐겁게 손보고 더하고 다듬고 고치고 살피는 매무새로, 우리말을 이제 처음으로 익힌다고 여기면서 눈뜰 수 있기를 바랍니다. 크지도 작지도 않은 낱말책인『푸른배달말집』을 곁에 놓는다면, 하루하루 자라나고 말결을 느끼면서, 차곡차곡 북돋우는 말살림을 누릴 만하리라 봅니다. 고맙습니다.

말꽃짓는 책숲지기
숲노래(최종규)

나눔글

우리말꽃에서 피어오르는 삶 웃음

나는 한뉘(평생)도록 삶갈(철학)하는 사람으로 살아왔다. 일찍이 '우리 생각(사상)' '우리 삶갈(철학)'을 알아보고 간추려 누리에 알려야겠다고 생각해서 '우리말 삶갈말집(철학사전)'을 펴냈고, 여러 뜻맞는 이들과 함께 '우리말로 갈(학문)하기 모임'을 꾸려 왔다. 이런 일을 하면서 '하늘 뜻'이 있음을 느낄 때가 많았다. 여러 사람이 힘을 모아, 나숨갈말(의학전문용어)을 우리말로 바꾼 것도 그 가운데 하나이다. 이제 벼리말(법학용어)을 우리말로 바꾸는 일이 우리가 일궈내야 할 과녁 가운데 하나인데 이 일도 하늘 뜻에 따라 조금씩 풀려나가는 것 같다.

그런데 또 하늘 뜻에 따라 『푸른배달말집』이 나온다고 한다. 날개 안상수 말씀이 최한실이라는 분이 오랜 갈닦기(연구)와 마련 끝에 오롯한 우리말로 된 말집을 펴내는데, 나더러 미는글(추천사)을 써 달라고 했다. 그 책묶음(파일)을 꼼꼼하게 살펴보며 문득 지난 마흔 해 넘는 내 삶을 돌아보게 되었다. 〈우리말로 갈하기〉 모임에 빗방울 김수업이란 분이 계셨는데, 문학을 우리말로 '말꽃'이라 이름 짓고, 한뉘토록 파고든 열매를 『배달말꽃-갈래와 속살』에 담아 내놓았던 적이 있다. 아마도 '우리말로 갈하기'에 가장 걸맞은, 오롯한 열매라고 여긴다. 『푸른배달말집』을 펴내는 최한실 님이 이룩한 일이 바로 빗방울 님이 이룩한 『배달말꽃』 뒤를 잇는 일이 되지 않을까 싶다.

우리가 사는 오늘은 온누리 사람들이 하루살이 테두리에 들어선 누리마을(지구촌) 때이며, 다스림(정치)과 살림(경제), 모둠살이(사회)와 갈(과학, 학문)이 모두 한데 어울려 꽃피는, 곧 삶꽃(문화)이 피어나는 온해(세기)라 할 수 있다. 그래서 뭇 나라와 겨레들은 저마다 제나라 삶꽃을 널리 알리며 살림밑감(경제자원)으로까지 쓰며, 보이지 않는 삶꽃싸움(문화전쟁)까지 땅별을 달구기 비롯한다.

여기에 발맞추듯 삶갈에서도 하늬(서양)를 복판에 두는 '홀로-임자' 때는 가고 여러 겨레가 어우러져 함께 사는 '서로-임자' 때로 들어선다. 이제 사람만 종요롭게 여기던 때는 물러가고 땅별 뭇 목숨을 두루 종요롭게 여기는 때로 바뀐다. 이런 때에 맞는 생각틀로 '삶누리(생활세계) 봄'이 일어나고 이러한 여러 겨레와 삶꽃테두리(문화권)에서 삶누리 봄(세계관)을 이루는 밑바탕은 바로 여러 겨레 어미말이다. 따라서 생각틀이 말을 종요롭게 바라보는 쪽으로 바뀌게 된다. 이제 삶갈 자위생각(핵심주제)도 말이 차지하게 된다. 오늘날 온누리를 떠들썩하게 하는 배달노래(케이팝), 배달삶꽃(케이컬처)도 따지고 보면 그 밑힘은 '말'이다. 삶갈에도 말바뀜(언어론적 전환)이 일어났다.

우리말 사랑에 앞장섰던 외솔 최현배 님은 "내 텃마을(고향)과 내 나라는 사랑 텃밭이요, 내 말과 내 글은 제 삶꽃 씨앗이다. 제 사랑 텃밭에 제 삶꽃 씨앗을 심어 가꾸고 북돋워, 아름다운 꽃을 피우고 튼튼한 열매를 맺을 것이니 이는 한나라, 한겨레를 빛내는 일일 뿐 아니라, 온누리 사람이 사는 동산을 빛나게 할 것이다"라고 말했다. 또 일찍이 삶갈이(철학자) 안호상 님은 "제 말이 아니고는 제 생각이 없고, 제 글이 아니고는 제 갈을 애지을(창조할) 수 없다"라고, 제 말과 글이 얼마나 종요로운지를 깨우쳐 주었다.

나는 나 나름 '말'이 무엇인지 큰 그림을 그려 다음과 같이 새겨 놓았다.

1. 말은 누리를 보는 눈이다.
2. 말은 겨레를 묶는 끈이다.
3. 말은 어떻게 생각하느냐를 이루는 틀이다.
4. 말은 앎 밑바탕을 이루는 깊은 얼이다.
5. 말은 느낌을 함께 나누는 띠이다.
6. 말은 홀로 서고 스스로 다스리는 바탕이다.
7. 말을 갖춰야 홀가분하고 고르게 된다.
8. 말이 있어야 갈을 할 수 있다.
9. 말은 사람 사이 다리이다.
10. 말은 사람으로 살게 하는 집이다.

내가 지은 뜻에 맞는 최한실 님의 『푸른배달말집』을 마주하게 되어, 살아서 하늘 뜻이 이루어짐을 보며 기쁜 마음에 함께 나누는 한 말씀을 올린다.

한국외국어대학교 명예교수
이기상

이 말집에서 쓰는 말과 뜻표(기호)

씨갈래(품사)

이 말집 씨갈래 이름은 외솔 최현배 님 말본에 따라 [이름씨](명사), [갈이름씨](대명사), [셈씨](수사), [움직씨](동사), [그림씨](형용사), [어찌씨](부사), [매김씨](관형사), [느낌씨](감탄사), [토씨](조사), [앞가지](접두사), [뒷가지](접미사), [씨끝](어미), [익은말](관용구), [슬기말](속담)으로 썼다.

보기말

낱말 쓰임새에 알맞은 입말을 '보기말(ⓑ)'로 들었다.

맺은말

올림말과 여러 가지로 의미가 맺어진 말을 뜻풀이와 보기말 뒤에 올렸다.

한뜻말 : 뜻이 같은 말.
맞선말 : 뜻이 서로 맞서는 말.
비슷한말 : 뜻이 비슷한 말.
준말 : 낱말 어느 한쪽이 줄어든 말.
밑말 : 줄어들지 않은 처음 말.
큰말 : 뜻은 같고 말 느낌이 큰 말.
작은말 : 뜻은 같고 말 느낌이 작은 말.
센말 : 뜻은 같고 말 느낌이 센 말.
여린말 : 뜻은 같고 말 느낌이 여린 말.
거센말 : 뜻은 같고 말 느낌이 거센 말.

거꿀화살 한자말

한자말이나 하늬말을 다듬은 우리말을 올림말로 올릴 때, 뒤에 거꿀화살표(⇐)를 하고 한자말이나 하늬말을 다시 버릴말로 썼다.

마침표 뺌

낱말 풀이나 보기글, 익은말, 슬기말 같은 모든 월(문장)이 끝날 때와 마지막 낱말 끝에는 마땅히 찍어야 할 마침표를 일부러 뺐다.

일러두기

1 뜻풀이

우리말로 풀이하고, 한자말이나 하늬말을 되도록 쓰지 않았다. 보기말에는 한자말이나 하늬말이 한마디도 없다.

2 올림말 풀이 차례

이 말집의 올림말 풀이는 '올림말 · 씨갈래 · 뜻풀이 · 보기말 · 맺은말 · 거꿀화살표 · 한자말(또는 하늬말) · 익은말 · 슬기말' 차례다.

> **돈** (이름씨) ❶사람살이에서 두루 몬값이나 일한 값을 세는 잣대로 삼는 종이나 쇠 ⓑ돈이 잘 돌다. 돈이 마르다. 돈을 벌다 ⇐ 현금. 현찰. 화폐. 통화 ❷몬값 ⓑ시겟돈을 싸게 매기다. 비싼 돈 주고 산 옷 ❸무엇을 하는 데 드는 값 ⓑ돈이 많이 들어 집을 한쪽만 고쳤다 ❹가진 것이나 살림살이 ⓑ돈이 많은 사람 ❺옛날 돈이나 무게 열 푼을 세는 하나치 ⓑ다섯 돈짜리 팔찌를 사다 (익은말) **돈을 먹다** 몰래 돈을 받다 (슬기말) **돈에 침 뱉는 놈 없다** 사람은 누구나 돈을 종요롭게 여긴다 **돈이 돈을 번다** 돈이 많아야 길미를 많이 남긴다 **돈이 장사다** 돈 힘이 장사와 같이 세다

3 올림말

올림말을 크게 세 갈래, 곧 우리말, 한자말과 하늬말, 들온말로 나눠 실었다.

1) 우리말 : 우리 겨레가 쓰는 우리말이면 되도록 올림말로 올리려고 했다. 어느 한 고장말(방언)이라도 우리말이 그 말밖에 없으면 올림말로 올렸다.
2) 한자말과 하늬말 : 자주 쓰는 한자말과 하늬말을 버릴말로 잡고, 살려 쓸 우리말로 말다듬기를 하였다.
3) 들온말 : 다른 나라 말이지만, 우리말에 들어와 녹아 우리말처럼 쓰는 말. 이를테면 빵 · 가방 · 버스 · 카드 같은 들온말은 우리말과 똑같이 풀이하고 보기말을 들었다.

4 꼴이 같은 낱말

1) 꼴이 같은 올림말은 어깨 숫자를 써서 나누었다. 이를테면 **가락**[1]. **가락**[2].
2) 우리말을 앞에 올리고 한자말을 뒤에 올렸다.
3) 앞가지를 먼저 올리고 뒷가지를 나중에 올렸다.

5 벋은 올림말

어찌씨인 시늉말에 '하다'가 붙어 생긴 움직씨나, 올림말과 뜻은 같고 씨갈래가 다른 벋은 말은 올림말 풀이가 끝난 뒤에 보여 주었다.

> **살랑살랑**[1] (어찌씨) ❶바람이 가볍게 자꾸 부는 꼴 **살랑살랑하다**
> **맞벌이** (이름씨) 가시버시가 둘 다 일을 하고 돈을 버는 살림 **맞벌이하다**
> **맛보다** (움직씨) ❶먹을거리 맛이 어떠한지 조금 먹어 보다 **맛보기**

6 뜻 같은 말

'-거리다' '-대다'는 '-거리다'를 올림말로 잡고 '-대다'는 풀이 뒤에 올려 주었다.

> **꾸물거리다** (움직씨) **1** 조금씩 느리게 자꾸 뭐다 **꾸물대다**

7 우리글 이름

우리글 이름 가운데 한자로 적혀 있어서, 소리대로 못 적은 이름을 소리 나는 대로 바로잡았다.

ㄱ : 기역 → 기윽
ㄷ : 디귿 → 디읃
ㅅ : 시옷 → 시읏

8 우리말 땅이름

땅이름, 나라이름, 고을이름, 가람이름 같은 온갖 이름을 되도록 우리말을 찾아 올리고자 했다.

1) 나라이름 : 그 나라에서 쓰는 말을 되도록 그 소리대로 적기로 하였다.

한자말		나라 이름
미국	→	유에스
중국	→	쫑궈
일본	→	니혼
태국	→	타이 / 타이나라
영국	→	잉글나라
독일	→	도이취 / 도이칠란드
인도	→	인디아
대만	→	타이완

2) 고장이름 : 가고리(고구려), 바다라(백제), 시라(신라) 때 쓴 이두나 향찰에서 찾아낸 우리말이다.

한자말	우리말		한자말	우리말
강릉 원주	가시나 부루나	→	강원도	가시부루 고장
경주 상주	사라부루/시나부루 사바라/사부루	→	경상도	사라사 고장
전주 나주	온다라 바라	→	전라도	온바라 고장
충주 청주	미리수 나바라	→	충청도	미리나 고장
평양 안주	부루나	→	평안도	부루나 고장
황주 해주	도구루 누미구루	→	황해도	도누미 고장

3) 고을이름 : 가고리(고구려), 바다라(백제), 시라(신라) 때 쓴 이두나 향찰에서 찾아낸 우리말이다.

한자말		우리말
가야	→	가라
강릉	→	가시나
강원도	→	가시부루
강화도	→	가비고시섬
경남	→	마사라사
경북	→	노사라사
광주	→	모도로/무더러
고구려	→	가고리
공주	→	고마나라/고마나리
괴산	→	너리나
나주	→	바라
낙동강	→	가라가람
남원	→	미리구루
단양	→	사보보루
담양	→	가시히
대구	→	다고부루
대동강	→	부루나/벼리나
대전	→	한밭
마니산	→	마리메
마산	→	마다라
백두산	→	한밝메/한밝달
백제	→	바다라
봉산	→	소바히/소바리
부여	→	사보리/보리
삼척	→	시디/서더
상주	→	사바라/사부루
속리산	→	수리메
수원	→	마구루
신라	→	시라
안동	→	고다라
안성	→	나하구루
압록강	→	아리나리
양주	→	마소
여수	→	나부루
여주	→	구리나
영남	→	고개마
영동	→	고개새
영산강	→	바라가람
영주	→	나리
울릉도	→	오사섬
울산	→	구러바라/구러부루
원주	→	부루나
이천	→	구리마
익산	→	가마가라/가마
인천·제물포	→	마도구루
전남	→	마온바라
전북	→	노온바라

전주 → 온다라
정선 → 나마
제주도 → 다모나 섬
제천 → 나도
지리산 → 두루메
진도 → 더러섬
진주 → 가다
진주성 → 가다구루
천안 → 바라나
철원 → 더리도비/더러도비
청주 → 나바라
청천강 → 사라마
촉석루 → 솟돌집
춘천 → 수시나
충남 → 마미리나
충북 → 노미리나
충주 → 미리수
파주 → 수리구루
평남 → 마부루나
평북 → 노부루나
평안도/평양 → 부루나
평창 → 오가라
함안 → 아라
해주 → 누미구루
호남 → 가람마
호서 → 마리나/ 가람하늬
황주 → 도구루
황해도 → 도누미
후고구려 → 뒷가고리
후백제 → 뒷바다라

가
갸

가[1] [이름씨] ❶어떤 곳 가운데가 아닌 옆 또는 끝께. 바닥끝 ㉥길가에 핀 민들레꽃. 얘야 가에 말고 안쪽에 앉거라 ❷어떤 곳 가까운 둘레 ㉥우물가에서 놀지 마라 ❸그릇 따위에 아가리 가까운 곳 ㉥참기름병 가를 잘 닦아주렴

가[2] [이름씨] 피붙이를 나타내는 부름말 ㉥김가. 이가 ⇐ 성. 씨

가[3] [토씨] 어떤 말에 붙어, 그 말이 임자말이 되게 하는 말 ㉥매가 하늘 높이 떠 있다

가가호호 ⇒ 집집마다

가감 ⇒ 덧빼기. 덧셈뺄셈. 더하기빼기

가감법 ⇒ 덧뺄셈

가감승제 ⇒ 덧뺄곱나눗셈. 덧셈 뺄셈 곱셈 나눗셈

가건물 ⇒ 까대기

가게 [이름씨] 몬을 파는 집 ㉥가게를 열다 ⇐ 상가. 상점. 상회. 마트. 마켓

가게내기 [이름씨] 미리 만들어서 가게에 내놓고 파는 몬 ㉥가게내기 아이 옷 ⇐ 기성품

가게이름 [이름씨] 가게, 벌데, 벌일 들 이름 ⇐ 상호

가격 ⇒ 값

가격표 ⇒ 값표. 값쪽종이

가계 (家系) ⇒ 핏줄흐름. 집안내림

가계 (家計) ⇒ 집안살림

가고리 [이름씨] 高句麗(고구려)라고 적은 옛 우리나라 이름. 우리나라 옛 세 나라 가운데 도모가 예앞 37해에 세운 나라. 한때 우리나라 마녘에서 요하에 이르기까지 넓은 땅을 차지하였으며, 668해에 시라와 당나라에 무너졌다 ⇐ 고구려

가곡 ⇒ 노래. 소리

가공 (架空) ⇒ 꾸밈. 거짓. 놀랄 만하다

가공 (加工) ⇒ 손질. 만들기. 손질하다. 만들다. 다듬다

가공식품 (加工食品) ⇒ 손질먹거리

가관 ⇒ 우스운 꼴. 꼴값

가구 (家口) ⇒ 집

가구 (家具) ⇒ 살림살이. 세간

가구점 ⇒ 세간가게

ㄱ

가금[1] 이름씨 옷 가장자리를 다른 천으로 좁게 싸서 돌린 금 ⓑ호주머니 가장자리에 가금을 돌렸다 ⇐ 바이어스

가금[2] 이름씨 눈시울에 두 꺼풀진 금이나 주름

가금 (家禽) ⇒ 집날짐승

가급적 ⇒ 될 수 있는 대로. 되도록

가까스로 어찌씨 애를 써서 겨우 ⓑ밥을 먹자마자 달려서 가까스로 버스에 탔다

가까이[1] 이름씨 ❶가까운 곳 ⓑ우리 집은 저자 가까이에 있다 ❷어떤 잣대에 거의 다다를 만큼 ⓑ이 그위뜰은 한 바퀴 도는 데에 한때새 가까이 걸린다

가까이[2] 어찌씨 ❶어떤 곳에 가깝게 ⓑ나한테 가까이 오너라 맞선말멀리 ❷서로 사이좋게 ⓑ솔이네와 우리 집은 가까이 지낸다 ❸어떤 잣대에 거의 이를 만큼 ⓑ어젯밤에는 열두 때 가까이 되어서야 잠이 들었다

가까이하다 움직씨 ❶좋아하거나 즐기다 ⓑ숨 알아차림을 가까이하면 마음이 가라앉는다 ❷사이좋게 지내다 ⓑ아무도 그 사람과 가까이하려고 하지 않았다

가깝다 그림씨 ❶두 곳 사이 길이가 짧다 ⓑ우리 집은 배곳에서 꽤 가깝다 ❷어떤 잣대에 거의 이르다 ⓑ옛 동무들과 만날 날이 가까워지자 순이는 마음이 들떴다 ❸사이좋다 ⓑ그분과는 가깝게 지내요? ❹비슷하다. 거의 같다 ⓑ그 사람 하는 짓이 어린애에 가깝다

가꾸다 움직씨 ❶낟이나 꽃, 남새, 나무가 잘 자라도록 보살펴 기르다 ⓑ어머니는 뜰에 상추를 심어 가꾸었다 ❷얼굴이나 몸매를 잘 다듬어 보기 좋게 하다 ⓑ얼굴만 조금 가꾸었을 뿐인데 딴사람처럼 보인다 ❸생각이나 마음을 올바르게 하다 ⓑ절을 하면 마음을 가꾸는 데 도움이 된다

가끔 어찌씨 어쩌다가 한 디위씩 ⓑ아버지는 가끔 뒷메에 올랐다 비슷한말이따금. 때때로

가나나메 이름씨 하나나메 ⇐ 한라산

가나다순 ⇒ 가나다차례

가나다차례 이름씨 여러 낱말을 '가, 나, 다…' 차례로 벌여 놓는 것 ⓑ동무 이름을 가나다차례로 써 보다 ⇐ 가나다순

가난 이름씨 살림살이가 넉넉하지 못해 살기가 어려움 ⓑ가난에 찌든 삶 ⇐ 곤궁

가난나라 이름씨 가난한 나라 ⇐ 빈국

가난뱅이 이름씨 가난한 사람을 얕잡아 이르는 말 ⓑ가난뱅이 설움은 겪어 보지 않은 사람은 모른다

가난하다 그림씨 살림살이가 쪼들려 살기가 어렵다 ⓑ온누리 곳곳에서 굶어 죽어가는 가난한 사람들을 돕는 것은 뜻깊은 일이다

가납사니 이름씨 쓸데없는 말을 지껄이는 사람 ⓑ가납사니 앞에서는 말을 가려 하여라

가내 ⇒ 집안

가내수공업 ⇒ 집안손짓일

가냘프다 그림씨 ❶몸이 가늘고 여리다 ⓑ가냘픈 겨집아이가 찐 옥수수를 광주리에 담아 이고 팔러 다닌다 ⇐ 연약하다 ❷소리가 가늘고 여리다 ⓑ누이는 가냘픈 목소리로 겨우 한마디 했다

가녀리다 그림씨 가늘고 여리다 ⓑ봄이는 가녀린 어깨를 나한테 기댔다

가년스럽다 그림씨 몹시 청승맞고 초라해 보이다 ⓑ홀로 아이를 키우는 돌이 아빠가 가년스럽게 보였다 큰말거년스럽다

가녘 이름씨 가장자리나 언저리. 또는 한쪽 모퉁이 ⓑ가녘에 너무 가까이 서지 마라

가누다 움직씨 ❶몸을 가다듬어 몸새를 바르게 하다 ⓑ오빠는 온몸을 가눌 수 없을 만큼 비틀거렸다 ❷일을 휘어잡아서 잘 해내다 ⓑ봄님은 올해도 나물뜯기 일을 끝까지 잘 가누어냈다 ❸숨이나 얼을 가다듬다 ⓑ나는 너무나 놀라서 얼을 가누기가 힘들었다

가느다랗다 그림씨 가늘고 길다. 꽤 가늘다 ⓑ아버지는 싸리 껍질로 가느다랗게 새끼를 꼬았다

가느스름하다 그림씨 조금 가늘거나 가는 듯하다 ⓑ눈을 가느스름하게 뜨고 하늘을 올려다보았다

가는귀먹다 움직씨 작거나 낮은 소리를 잘 듣지 못할 만큼 귀가 안 들리다 ⓑ여보, 가는귀먹었소? 내 말이 안 들려요?

가는베 이름씨 가는 올로 곱게 짠 베 ⓑ순이는 마을에서 가는베 잘 짜기로 이름났다 맞선말 굵은베 슬기말 **가는베 낳겠다** 가늘고 고운 베를 잘도 짜겠다는 뜻으로, 손이 곱고 부드러워 일솜씨가 없음을 어긋나게 비웃는 말

가늘다 그림씨 ❶길이가 있는 것이 둘레가 작거나 너비가 좁다 ⓑ버들가지처럼 가는 허리 ❷소리나 몸짓이 작고 여리다 ⓑ어머니는 가늘게 한숨을 쉬었다 ❸올이 잘고 촘촘하다 ⓑ아버지는 여름이면 가는 모시 베옷을 입었다 ❹가루나 모래 따위 알갱이가 잘다 ⓑ가는 모래

가늠 이름씨 ❶하려는 일이 잣대에 맞는지 안 맞는지를 헤아려 봄. 또는 그렇게 헤아려 보는 바탕이나 잣대 ⓑ가늠이 올바르다 ❷대중으로 하는 헤아림 ⓑ집이 얼마나 큰지 가늠이 안 된다 익은말 **가늠 보다** 낌새를 살펴보다

가늠쇠 이름씨 쏘개 가늠을 보는 쇠. 쏘개 몸 맨 앞에 붙어 있다

가늠질 이름씨 이리저리 가늠해 보는 일 ⓑ이럴까 저럴까 가늠질 하지 말고 얼른 합시다

가늠터 이름씨 어떤 새로운 것을 내놓기 앞서 그것이 제대로 된 것인지를 알아보려고 미리 써보는 곳 ⇐ 테스트베드

가늠하다 움직씨 과녁이나 잣대에 맞고 안 맞고를 헤아리다 ⓑ물이 얼마나 깊은지 눈으로 가늠해 보았다

가늣하다 그림씨 좀 가늘다 ⓑ가늣한 손가락

가능하다 ⇒ 할 수 있다. 될 수 있다

가다[1] 움직씨 ❶여기서 딴 데로 움직이다 ⓑ점심 먹고 너희 집에 놀러갈게 ❷없어져서 보이지 않다 ⓑ여기 벗어놓은 옷이 어디로 갔을까? ❸어디에 이르다 ⓑ가만히 있으면 가운데나 가지 ❹때가 흐르다 ⓑ나물 뜯느라 점심때가 간 줄도 몰랐다 ❺금 같은 것이 생기다 ⓑ갈대에 걸려 넘어졌는데 무릎뼈에 금이 갔다네 ❻무엇이 이어지다 ⓑ고뿔이 한 달이 넘게 가네 ❼(틀 따위가) 제대로 움직이다 ⓑ아까까지 잘 가던 때알림이가 왜 멈췄지? ❽(사람이) 죽다 ⓑ저렇게 쉽게 갈 줄 알았더라면 살았을 때 잘해 줄걸 ❾마음이 쏠리다 ⓑ나는 착한 갑돌이에게 믿음이 간다 ❿말이나 새뜸이 알려지다 ⓑ가는 말이 고와야 오는 말이 곱다 ⓫앞말이 가리키는 일이 이어짐 ⓑ다 해 가니까 조금만 더 기다려

가다[2] 이름씨 마사라사 고장 마하늬녘에 있는 고을. 마가람이 가로질러 흐르고 가다구루와 솟돌집이 이름났다 ⇐ 진주

가다귀 이름씨 불을 잘 지필 수 있는 잔가지 땔나무 ⓑ먼저 가다귀를 가져다 아궁이에 넣고 불부터 지펴라

가다듬다 움직씨 ❶흐트러졌거나 어수선한 마음을 바로잡다 ⓑ노느라 흐트러졌던 마음을 가다듬어 부지런히 배우고 익혀봐 ❷얼을 차리고 몸새나 옷차림을 바르게 하다 ⓑ깨끗한 마음으로 옷깃을 가다듬고 할아버지께 절을 올렸다

가다랑어 이름씨 몸통이 통통하고 길둥글며 주둥이가 뾰족한 바닷물고기. 횟감이나 통조림으로 많이 쓴다

가다루다 움직씨 논밭을 갈아서 다루다 ⓑ우리 집 검은 소는 비탈밭도 잘 가다룬다

가다리 이름씨 하루 삯을 받고 남 논을 갈아주는 일 ⓑ돌쇠는 오늘도 아재 집 가다리를 했다

가다서기 이름씨 수레 따위가 큰길 위에서 가다 멈추다 하는 일

가다서다불 이름씨 길에 두어 빨강, 노랑, 푸른빛과 푸른 화살표 따위로 사람이나 수레가 가고 서고 돌도록 가리키는 불 한뜻말 짓말불 ⇐ 신호등

가닥 이름씨 한군데서 갈려 나온 줄 하나하나 ⓑ누나는 두 가닥으로 머리를 땋았다

가닥가닥 이름씨 ❶여러 군데서 갈려 나온 낱낱 줄 ⓑ다른 빛깔 털실 세 뭉치에서 나온

실 가닥가닥을 한데 아울러 다시 감는다 **2**(어찌씨) 여러 가닥으로 갈라진 꼴 [ㅂ]서로 붙지 않고 가닥가닥 잘 풀리게 국수를 삶아라

가닥터 [이름씨] 밑터 다스림 아래 세워 그곳 일을 맡아보는 곳 ⇐ 지부

가달박 [이름씨] 자루 달린 바가지 [ㅂ]메밀 자루에서 메밀을 가달박으로 퍼내어 소쿠리에 담았다

가담 ⇒ 끼어듦. 들어감. 함께함. 손잡다. 끼어들다. 들어가다. 함께하다. 같이하다. 돕다

가당찮다 ⇒ 그르다. 옳지 않다. 얼토당토않다. 터무니없다. 틀리다. 어이없다

가대기[1] [이름씨] 막벌이꾼이 한 손에 쥔 갈고리로 쌀가마니를 찍어 당겨 어깨에 메고 나르는 일 [ㅂ]막벌이꾼이 쌀가마를 척척 가대기 쳐서 잇따라 날랐다

가대기[2] [이름씨] 밭을 가는 연장 가운데 하나. 보습 날 위에 볏은 없으나 보습 뒤에 분살이 달려 있다

가댁질 [이름씨] 서로 비키고 잡고 하며 노는 아이들 장난 **가댁질하다**

가도 ⇒ 큰길

가동질 [이름씨] 어린아이 겨드랑이를 껴들고 올렸다 내렸다 하며 어를 때 아이가 다리를 오그렸다 폈다 하는 짓 [ㅂ]아기 가동질이 참 귀엽다

가동하다 ⇒ 돌리다, 움직이다

가두 ⇒ 길거리. 거리

가두다 [움직씨] **1** 사람이나 짐승을 어디에 넣어두고 마음대로 나오지 못하게 하다 [ㅂ]엄마는 모이를 줘가며 닭을 불러 모아 닭 가두리에 가두었다 **2** 많은 물을 괴게 하다 [ㅂ]못에 물을 가두었다가 모내기 때 빼쓴다

가두리 [이름씨] **1** 짐승이나 물고기 따위를 가두어 기르는 곳 [ㅂ]미꾸라지 가두리. 닭 가두리 ⇐ 양어장 **2** 허물을 지은 사람을 잡아 가두어 두는 곳. 한때는 빼앗긴 나라를 되찾고자 하거나 백성이 임자 되는 나라를 이루려는 훌륭한 사람을 잡아 가두었다 [ㅂ]쏘개칼로 다스리던 종살이 때와 잠개잡이가 나라를 쥐고 흔들던 때는 훌륭한 사람이 가두리에 많이 갇혔다 ⇐ 감옥. 감방. 형무소. 교도소

가두리기르기 [이름씨] 바다나 가람, 못에 그물을 치고 그 안에서 여러 가지 물고기를 기르고 불리는 일 ⇐ 가두리양식

가두리양식 ⇒ 가두리기르기

가두리옷 [이름씨] 갇힌이가 입는 파란 옷 ⇐ 수의. 죄수복

가두배추 [이름씨] 두꺼운 잎이 겹겹이 싸여 통을 이루는 배추 [한뜻말]하늬배추 ⇐ 양배추

가둠살이 [이름씨] 가두리에 갇혀 지내는 삶 [한뜻말]가두리살이 ⇐ 징역. 복역

가드라들다 [움직씨] 빳빳해져 오그라들다 [ㅂ]추우니까 손발이 가드라들어 잘 못 움직이겠다

가득 [어찌씨] 꽉 찬 꼴 [ㅂ]바구니에 감을 가득 담았다

가득가득 [어찌씨] **1** 그릇이나 주머니에 무엇이 꽉 찬 꼴 [ㅂ]비가 많이 와서 논마다 물이 가득가득 실렸다 **2** 빈 데가 없을 만큼 사람이나 몬이 매우 많은 꼴 [ㅂ]나룻배가 사람을 가득가득 실어 날랐다 **3** 마음이나 기운이 매우 센 꼴 [ㅂ]길 잃은 아이 눈에는 슬픔이 가득가득 흘러넘쳤다 **가득가득하다**

가득차다 [움직씨] 더 들어갈 수 없을 만큼 차다 [ㅂ]쉼터에 사람들이 가득찼다

가득하다 [그림씨] **1** 어느 테두리에 무엇이 꽉 차다 [ㅂ]마당 꽃밭에 온갖 꽃이 가득하였다 [센말]가뜩하다 **2** 빈 데가 없이 많다 [ㅂ]사슴 온몸에 누런 털이 가득하였다 **3** 무엇이 널리 퍼져 있다 [ㅂ]보름달 뜬 밤 뜰에 달빛이 가득하다

가땅 [이름씨] 가에 있는 땅 [ㅂ]보리네는 가땅에 살다 왔다던데 ⇐ 변경. 변방

가뜩이나 [어찌씨] 어렵거나 딱한 데다가 더. 그러지 않아도 매우 [ㅂ]가뜩이나 바쁜데 너까지 성가시게 굴래? [한뜻말]가뜩이. 가뜩에 [비슷

한말더군다나

가뜬하다 그림씨 쓰거나 다루기에 가볍고 쉽다 ⓑ날씨가 따뜻하니 가뜬한 여름옷으로 갈아입고 길을 나섰다 큰말거뜬하다

가라 이름씨 김수로 임금과 다섯 아우가 예뒤 42해에 가라가람 아랫녘에 세운 여섯 나라를 함께 이르는 말. 닷온 해쯤 뒤에 모두 시라에 아우러졌다 ⇐ 가야

가라가람 이름씨 가시부루고장 한밝메에서 비롯하여 마파다로 흘러 들어가는 가람. 길이는 510킬로미터 ⇐ 낙동강

가라고 이름씨 오동나무로 짠 긴 울림통에 열두 줄을 매고 손가락으로 뜯어 소리를 내는 옛 가라 나라 줄가락틀 ⇐ 가야금. 가얏고

가라말 이름씨 털빛이 온통 검은 말 ⓑ가라말, 흰말, 붉은 말, 잿빛 말 가운데 나는 가라말이 가장 마음에 든다

가라사대 움직씨 말씀하시기를. '가로되'를 높여 이르는 말 ⓑ예수 가라사대, 이웃을 내 몸같이 사랑하라

가라앉개 이름씨 마음을 가라앉히는 낫개 ⇐ 안정제

가라앉다 움직씨 ❶물에 뜨지 못하고 바닥으로 내려앉다 ⓑ센 바람과 큰 너울에 배가 가라앉았다 ❷아프거나 들뜨거나 괴로운 마음이 사라지다 ⓑ놀란 마음이 좀 가라앉았다 ⇐ 안정되다 ❸부풀어 오른 것이 삭거나 줄어들어 제자리로 가다 ⓑ무릎에 부푼 멍울이 가라앉았다 ❹세차게 일어난 것이 뜸하거나 조용하다 ⓑ거센 바람이 좀 가라앉았다 ❺조용하고 고요하다 ⓑ아버지 목소리가 좀 가라앉았다

가라지 이름씨 ❶밭에 나는 강아지풀 ⓑ밭에 잔뜩 난 가라지를 몽땅 뽑아버렸다 ❷그리 볼 일 없는 곁붙이를 빗대는 말 ⓑ그따위 가라지는 내 알 바 아니다

가락[1] 이름씨 ❶물레로 실을 자을 때 실이 감기는 쇠꼬챙이 ⓑ어머니는 밤마다 물렛가락에 미영실을 자았다 한뜻말가락꼬치. 씨앗가락 ❷가늘고 길게 토막난 몬 낱낱 ⓑ엿가락이 길다. 손가락이 굵다 ❸기다란 것 토막을 세는 하나치 ⓑ잔칫집에서 아이한테는 엿 세 가락씩을 주었다

가락[2] 이름씨 ❶흔히 노래에서 소리 높낮이와 길이가 어울려 이루는 소리 흐름 ⓑ그 목소리는 조금 구슬픈 가락을 띠었다 ⇐ 악곡. 음악. 곡조. 선율. 음률 ❷노래를 세는 하나치 ⓑ이 좋은 날 소리 한 가락이 없을쏘냐 ❸오래 해서 몸에 밴 솜씨나 힘 익은말 **가락이 나다** 솜씨나 다른 여러 가지 기운 따위로 말미암아 일 흐름이 좋다

가락가름 이름씨 어울림가락처럼 여러 가락이 모여 큰 한 가락이 될 때 그 낱낱 작은 가락 한뜻말가락나눔 ⇐ 악장

가락거룩이 이름씨 거룩한 가락보 한뜻말가락거룩보 ⇐ 악성

가락국수 이름씨 가락이 조금 굵은 국수 ⓑ언니는 멸치 우린 물에 말은 가락국수를 좋아했지 ⇐ 우동

가락글 이름씨 ❶노랫가락을 어떤 뜻말을 써서 적은 것 한뜻말가락흐름글 ⇐ 악보 ❷가락을 띤 글 ⇐ 운

가락다듬기 이름씨 지어놓은 가락을 다른 꼴로 바꾸어 꾸미거나 다른 가락틀을 쓰도록 하여 듣는 보람을 달리 하는 일. 또는 그렇게 만든 가락 ⇐ 편곡

가락떼 이름씨 가락틀을 뜯거나 켜거나 불거나 치려고 모인 떼 ⇐ 악대. 악단

가락마디 이름씨 두 낱 가락글귀로 이루어져 한 가락생각을 나타내는 글귀마디. 가락마디가 둘 넘게 모여 한 가락가름을 이룬다 ⇐ 악절

가락바치 이름씨 가락보 한뜻말가락쟁이 ⇐ 연주가. 악공. 악사

가락보 이름씨 가락을 뜯거나 켜거나 불거나 치는 사람 한뜻말가락바치. 가락쟁이 ⇐ 연주가. 악사

가락사랑 이름씨 가락을 사랑한다는 뜻 ⇐ 필하모니

가락생각 이름씨 가락을 지을 때 가락지이 마

음속에 떠오르는 느낌이나 가락흐름 ⇐ 악상

가락엿 이름씨 길둥글고 가늘게 한 엿 ⓑ옛날엔 엿장수들이 가락엿을 팔았다

가락이 이름씨 가락을 다루는 일을 외곬으로 하는 사람. 가락을 만들거나 켜거나 이끌기도 하고 노래를 부르기도 한다 한뜻말 가락바치 ⇐ 음악가

가락잔치 이름씨 가락을 켜거나 불어서 듣는 사람이 가락을 즐기게 하는 모임 한뜻말 노래마당 ⇐ 콘서트

가락지 이름씨 손가락에 치레로 끼우는 고리 ⓑ가락지를 낀 어여쁜 손가락 ⇐ 반지

가락지나물 이름씨 이른 봄에 나는 나물. 줄기 잎은 세 겹잎이고 어린싹은 먹는다

가락지이 이름씨 가락을 짓는 사람 ⇐ 작곡가

가락짓기 이름씨 노래 짓기 ⇐ 작곡

가락틀 이름씨 켜거나 불거나 두드려 가락을 나타내거나 들려주는데 쓰는 모든 것 ⇐ 악기

가람 이름씨 ❶바다로 흘러 들어가는 큰 물줄기 ⓑ큰비로 가람물이 불어 배를 띄울 수 없었다 ⇐ 강 ❷뭍 안에 넓고 깊게 물이 괸 곳 ⓑ머잖아 바이칼 가람에는 꼭 가봐야지 ⇐ 호수

가람가 이름씨 가람 가장자리에 잇닿은 땅 ⓑ가람가에 아이 세워놓은 것 같아 걱정이다 ⇐ 강가. 강변. 호숫가

가람마 이름씨 가람보다 마쪽에 있는 땅 ⇐ 강남

가람어귀 이름씨 가람이 바다로 흘러드는 곳 ⓑ가람어귀에는 더러 세모꼴 섬이 있고 그 섬은 아주 기름지다 ⇐ 하구

가람어귀굽이 이름씨 가람 어귀가 굽이진 곳 ⇐ 하구만

가람어귀둑 이름씨 바닷물이 흘러드는 것을 막으려고 가람어귀 가까이 높게 쌓은 둑 ⇐ 하구언. 하굿둑

가랑가랑[1] 어찌씨 목구멍에 가래가 조금 걸려 숨을 쉴 때마다 거칫거리는 소리나 그 꼴 ⓑ고뿔 뒤끝이라 목구멍에서 아직 가랑가랑 가래 소리가 난다 **가랑가랑하다**

가랑가랑[2] 어찌씨 ❶물 따위가 가득하여 가장자리까지 찰 듯 말 듯 한 꼴 ⓑ단지에 물이 가랑가랑 차올랐다 ❷눈물이 글썽글썽한 꼴 ⓑ그 말을 듣더니 순이 눈에는 눈물이 가랑가랑 찼다

가랑가랑하다 그림씨 ❶물 따위가 가득하여 가장자리까지 찰 듯 말 듯 하다 ❷눈에 눈물이 넘칠 듯이 가득 괴어 있다

가랑거리다 움직씨 '가르랑거리다' 준말. 가래 따위가 목구멍에 걸려 거치적거리는 소리가 나다 ⓑ고뿔이 다 나은 뒤에도 목에서 가랑거리는 소리가 났다 **가랑대다**

가랑눈 이름씨 가루같이 작고 가늘게 내리는 눈 ⓑ밤새 가랑눈이 제법 내렸네

가랑니 이름씨 서캐에서 갓 태어난 작은 이. 사람이나 짐승 몸에 붙어서 피를 빨아 먹는 벌레 ⓑ누이 머리에 있던 가랑니를 손톱으로 톡톡 터뜨렸다

가랑머리 이름씨 두 갈래로 땋아 내린 머리 ⓑ가랑머리를 한 가시내가 폴짝폴짝 뛰어왔다

가랑무 이름씨 뿌리가 두세 가랑이로 갈라진 무

가랑비 이름씨 가루같이 가느다랗게 내리는 비 ⓑ가랑비가 내리는 저잣거리는 조용했다 한뜻말 갈그랑비 슬기말 **가랑비에 옷 젖는 줄 모른다** 작은 일이 쌓이고 쌓여 큰일이 된다

가랑이 이름씨 ❶몸 아래쪽이 두 가닥 넘게 갈라진 곳 ⓑ무 가랑이. 두 가랑이를 쫙 넓게 벌려 개울을 건넜다 ❷바지에서 다리가 들어가는 곳 ⓑ아이가 제 어미 바짓가랑이를 붙잡고 늘어졌다 익은말 **가랑이가 찢어지다** ❶몹시 가난하다 ❷힘이나 품이 모자라 몹시 부대끼다

가랑이표 이름씨 박는 뜻말 '<' 이름. 글월에서는 '큰말표'로 쓰고 셈냄에서는 '안같말'로 쓴다. '≪'로 나타내는 때도 있다

가랑잎 이름씨 넓은잎나무에서 떨어진 바싹 마

른 잎 ⓑ바람에 가랑잎이 바스락거렸다 ⇐ 낙엽 슬기말 **가랑잎에 불 붙듯** 골을 벌컥 잘 내다 **가랑잎이 솔잎더러 바스락거린다고 한다** 제 허물은 생각지 않고 남을 나무란다

가래[1] 이름씨 흙을 파서 던지는 연장. 긴 자루 끝에 펀펀한 쇠날을 끼우고 쇠날 두 쪽 구멍에 줄을 매어 한 사람은 자루를 잡고 두 사람이 줄을 잡아당겨 흙을 파서 던진다 ⓑ하루 내내 셋이서 가래로 구덩이를 팠다

가래[2] 이름씨 허파에서 목구멍 사이에 있는 끈끈청에서 생기는 끈끈한 물 ⓑ고뿔에 걸리고 났더니 목구멍에서 가래가 끓는다

가래[3] 이름씨 ❶떡이나 엿을 길둥글게 늘여놓은 토막 ⓑ어머니와 함께 엿을 고아 가래를 만들었다 ❷늘린 떡이나 엿을 세는 하나치 ⓑ엿 열 가래. 떡 네 가래

가래[4] 이름씨 논에 사는 여러해살이 물풀. 물에 잠기는 잎은 좁고 길며 물에 뜨는 잎은 둥근꼴이다 ⓑ개구리가 가래 옆에서 헤엄친다

가래나무 이름씨 호두나무와 비슷한 갈잎큰키나무. 열매는 호두보다 길쭉하고 두 끝이 뾰족하다 ⓑ가래 맛은 호두 못지않다

가래다 움직씨 ❶마주하거나 맞서서 옳고 그름을 따지다 ⓑ길을 놔두고 왜 우리 밭으로 다니는지 가래야겠다 한뜻말갋다 ⇐ 시비하다. 추궁하다 ❷남이나 이웃, 둘레에서 무엇을 할 적에 막거나 건드리다 ⓑ그렇게 가래지 말고 도와주렴

가래떡 이름씨 흰 쌀가루를 쪄서 둥글고 길게 뽑은 떡. 얇게 썰어 떡국거리로 쓴다 ⓑ갓 뽑아온 가래떡을 꿀에 찍어 먹는 맛이 으뜸이다

가래톳 이름씨 허벅지 안쪽 샘이 붓고 단단해서 아픈 멍울 ⓑ사타구니에 가래톳이 서서 걸을 때마다 결리고 아프네

가랫바닥 이름씨 가래 몸인 넓죽한 바닥. 위에는 길게 자루를 박고, 아래 끝에는 가랫날을 끼운다

가랫줄 이름씨 가랫바닥 두 옆에 맨 줄

가량 ⇒ 쯤

가량맞다 그림씨 잘 매만지지 않아 좀 어지럽고 안 어울리다 ⓑ위아래 차림새가 좀 가량맞다 **가량스럽다**

가려내다 움직씨 ❶여럿 가운데서 어떤 것을 잡아내다 ⓑ캔 감자 가운데서 호미에 찍힌 감자를 가려내었다 한뜻말가리다 ⇐ 엄선하다 ❷잘잘못을 뚜렷하게 알아내다 ⓑ누구 생각이 옳은지 가려내 봐

가려뽑음 이름씨 여럿 가운데 가질 것과 버릴 것을 가려냄 ⇐ 취사선택

가련하다 ⇒ 불쌍하다. 가엾다. 애처롭다. 안쓰럽다

가렴 ⇒ 발

가렵다 그림씨 ❶손톱이나 뾰족한 것으로 빗질을 하듯이 자꾸 건드리고 싶다 ⓑ왠지 등이 자꾸 가렵다 비슷한말간지럽다. 근지럽다 ❷참거나 누르지만 어떤 말이나 일을 자꾸 하고 싶다 ⓑ입이 가려워서 못 참고 다 말해버렸다 ❸마음에 안 들거나 안 맞아서, 떼거나 멀리하거나 치우고 싶다 ⓑ자랑하는 말은 가려워서 못 듣겠다 ❹알 듯 모를 듯 끌거나 당기다 ⓑ그 노래는 귀가 가렵다

가령 ⇒ 지어내어 말하면. 이를테면

가로 이름씨 ❶왼쪽에서 오른쪽, 또는 오른쪽에서 왼쪽 ⓑ가로와 세로 길이가 같은 네모꼴을 바른네모꼴이라 한다 ❷(어찌씨) 왼쪽에서 오른쪽으로. 또는 오른쪽에서 왼쪽으로 ⓑ같이 가자고 해도 고개만 가로저었다

가로 ⇒ 길

가로금 이름씨 가로로 그은 금 ⓑ나는 왼쪽 점과 오른쪽 점을 잇는 가로금을 그었다 맞선말 세로금

가로놓다 움직씨 가로로 놓다 ⓑ동네 사람들이 모여 개울에 외나무다리를 가로놓았다

가로다지 이름씨 ❶가로로 된 쪽 ⓑ밭을 가로다지로 갈았다 ❷무엇에 가로지른 몬 ⓑ책놓개 다리에 가로다지를 덧대었더니 인제

안 흔들리네

가로닫이 이름씨 가로로 여닫는 문이나 바라지 ⓑ우리나라 옛집에는 가로닫이가 많다 맞선말내리닫이

가로대 이름씨 ❶가로지르거나 가로로 놓인 막대기 ⓑ높이뛰기를 할 때 가로대에 걸리지 않도록 해야 한다 한뜻말가름대 ❷베틀 두 누운 다리 사이에 가로지른 나무 ❸(수갈) 자리표에서 가로로 놓인 대 ⇐ 엑스좌표

가로되 움직씨 말하기를. '말하되'를 옛말 말투로 이르는 말. 높임말은 '가라사대'이다

가로등 ⇒ 길불. 거리불. 길 밝힘불

가로막다 움직씨 ❶무엇을 단단히 놓거나 올려세워 이쪽과 저쪽이 오가지 못하게 하다 ⓑ가람을 가로막아 큰 못을 만들었다 ❷사이에 무엇을 놓거나 꾸며 일을 할 수 없게 하다 ⓑ마치 임자처럼 굴며 우리 앞길을 가로막는다 ❸사이에 다른 말이나 몸짓을 해서, 무슨 말을 할 수 없게 하다 ⓑ말 좀 그만 가로막아라 ❹무엇이 가로놓여 앞이나 둘레나 다른 곳을 볼 수 없게 하다 ⓑ눈앞을 가로막는 구름

가로맡다 움직씨 남이 할 일을 가로채어 맡거나 끼어들어 맡아 하다 ⓑ네가 맡은 일도 잘 못 하면서 다른 사람 일까지 가로맡다니 오지랖이 넓구나

가로새다 움직씨 ❶가다가 딴 데로 빠져나가다 ⓑ같이 가던 동무가 갑자기 엉뚱한 길로 가로샜다 ❷어떤 속내나 숨긴 것이 밖으로 새다 ⓑ이 일이 가로새지 않도록 입을 잘 맞춥시다

가로선 ⇒ 가로금. 가로줄

가로세로[1] 이름씨 가로와 세로 ⓑ가로세로 길이가 같은 종이

가로세로[2] 어찌씨 이리저리 ⓑ나루 앞 큰길은 가로세로 여러 갈래로 뻗어 나간다

가로수 ⇒ 길나무

가로쓰기 이름씨 글자를 왼쪽으로나 오른쪽으로 잇달아 쓰기 ⓑ오늘날은 거의 모든 책을 가로쓰기로 펴낸다

가로잘록창자 이름씨 오름잘록창자와 내림잘록창자 사이에 있는 큰창자. 간 아래에서 왼쪽으로 굽어 달린다 ⇐ 횡행결장

가로젓다 움직씨 '아니야'라는 뜻으로 손이나 고개를 옆으로 젓다 ⓑ밖에 나가 놀자고 했더니 아우는 고개를 가로저었다

가로줄 이름씨 가로로 치거나 대는 줄 ⇐ 횡선. 횡렬. 가로선

가로지르다 움직씨 ❶가로로 건너지르다 ⓑ문빗장을 가로질러놓아라 ❷어떤 곳을 가로로 질러 지나가다 ⓑ오가는 수레가 없자 건널목이 아닌데도 큰길을 가로질러 건넜다 ⇐ 횡단하다

가로채다 움직씨 ❶옆에서 쳐서 빼앗다 ⓑ한돌이가 우리 쪽으로 몰고 들어오는 공을 내가 번개같이 가로챘다 ❷남 것을 나쁘게 빼앗다 ⓑ옛적에 집안 언니가 거저 부치라고 준 땅을 아음이 가로챘다 ⇐ 탈취하다. 편취하다 ❸남이 말하고 있는데 불쑥 말을 끊다 ⓑ꺽쇠가 내 말을 가로챘다

가로청 이름씨 배와 가슴 사이를 나누는 힘살로 된 청 ⇐ 횡격막. 가로막

가로퍼지다 움직씨 ❶옆으로 넓고 크게 나아가거나 자라다 ⓑ바람에 안개가 천천히 가로퍼진다 ❷살이 많이 붙어서 옆으로 퍼지다 ⓑ가로퍼진 몸집이다

가론 어찌씨 말하기를 한뜻말이른바 ⇐ 소위

가루 이름씨 아주 잘고 보드랍게 부서진 것 ⓑ고춧가루. 밀가루. 뼈가 부서지고 몸이 가루가 되어도 빼앗긴 나라를 되찾아야지 ⇐ 분말. 파우더 슬기말 **가루는 칠수록 고와지고 말은 할수록 거칠어진다** 말이 많다 보면 다투기 쉽다

가루다 움직씨 ❶자리를 나란히 하다 ⓑ두 사람이 자리를 가루어 앉았다 ❷서로 맞서 견주다 ⓑ서로 키를 가루어 보자

가루먹이 이름씨 가루로 된 집짐승 먹이 한뜻말가루모이 ⇐ 분말사료

가루받이 이름씨 푸나무에서 수술 꽃가루가 암술머리에 옮겨붙는 일. 바람이나 벌레,

새, 사람 손으로 이뤄진다 ⇐ 수분

가루붓 이름씨 숯살돌재나 구운 재반죽 가루를 물에 개어 손가락 굵기와 길이로 굳혀 만든 것 ⇐ 분필

가루붙이 이름씨 밀가루 따위로 만든 먹을거리 한뜻말가루맛갓 ⇐ 분식

가루붙이집 이름씨 가루붙이를 파는 집 ⇐ 분식집. 분식점

가루비누 이름씨 가루로 낸 빨랫비누 ⓑ옷을 빨 때 가루비누를 너무 많이 쓰지 말게 ⇐ 합성세제

가루젖 이름씨 가루 소젖 ⇐ 분유

가르다 움직씨 ❶쪼개거나 나누어 따로따로 되게 하다 ⓑ수박 한 통을 열두 쪽으로 갈라 골고루 나눠 먹었다 ❷무리를 두 쪽으로 나누다 ⓑ마을 사람들은 두 쪽으로 갈라 줄다리기를 했다 ❸물길이나 바람을 헤쳐 열다 ⓑ배는 물결을 가르며 미끄러지듯 앞으로 나아갔다 ❹겨루어 이기고 지는 것을 나누다 ⓑ내가 넣은 공 하나가 이기고 지는 것을 갈랐다 ❺옳고 그름을 따지다 ⓑ두 쪽이 서로 누가 옳은지를 가르려고 한자리에 모였다 ❻두 쪽으로 열어젖히다 ⓑ배를 갈라 혹 덩어리를 떼어내었다

가르랑 어찌씨 목구멍에 가래 따위가 걸려 숨을 쉴 때 나는 가치작거리는 소리나 꼴 ⓑ고뿔은 나은 것 같은데 목에 가래가 끼어 숨 쉴 때마다 가르랑 소리가 난다 큰말그르렁

가르랑가르랑 어찌씨 목구멍에 가래 따위가 걸려 숨을 쉴 때 잇달아 나는 가치작거리는 소리나 꼴 큰말그르렁그르렁 **가르랑가르랑하다**

가르랑거리다 움직씨 목구멍에 가래 따위가 걸려 숨을 쉴 때 잇달아 가치작거리는 소리가 나다 큰말그르렁거리다 **가르랑대다**

가르마 이름씨 이마부터 머리 꼭대기까지 머리털을 두 쪽으로 갈라붙여 생긴 금 ⓑ가르마를 반듯하게 타서 쪽을 졌다

가르새 이름씨 베틀에서 날실이 알맞게 오르내리도록 잡아주는 막대기 한뜻말가로대

가르치다 움직씨 ❶알음알이나 됨됨이, 재주 따위를 깨닫거나 익히게 하다 ⓑ아버지는 배곳에서 겨레말을 가르친다 준말갈치다 ⇐ 교육하다 ❷모르는 것을 알려 주다 ⓑ너는 하나를 가르치면 열을 아는구나 ⇐ 훈육하다 ❸그릇된 것을 올바르게 알려주어 바로 잡다 ⓑ네 못된 버릇을 단단히 가르쳐 주마 ❹배곳에 보내 가르침을 받게 하다 ⓑ아버지는 소 팔아서 우리를 가르치셨다

가르침 이름씨 알음이나 옳고 그름을 깨닫도록 알려주는 일. 또는 그 알속 ⓑ아버지는 부지런히 일하라는 가르침을 몸으로 보여주었다

가르침이 이름씨 배곳에서 배움이를 가르치는 사람 ⇐ 교사. 교원. 훈장. 선생님. 코치

가르침이한배곳 이름씨 가르침이를 길러내는 배곳 ⇐ 사범대학

가르침폄 이름씨 거룩한 사람 가르침을 널리 폄 ⇐ 포교. 전교

가를 이름씨 나뉜 갈래 ⓑ여러 가를 시냇물이 흘러들어 내를 이룬다 ⇐ 분파

가를짓 이름씨 가르는 짓이나 마음 ⓑ가를짓은 그만하고 하나 된 나라 만들기에 힘쓰자 ⇐ 분파행동

가름[1] 이름씨 ❶둘 넘게 따로따로 나누는 일 ⓑ낱말을 씨가름으로 아홉 갈래로 나누었다 ❷서흐레나 이기고 짐 따위를 매기는 일 ⓑ이기고 지는 것은 외발 싸움에서 가름이 났다

가름[1] 이름씨 냇가 땅 ⓑ하늬가름. 새가름

가름[2] 이름씨 나눈 땅

가름[3] 이름씨 글월에서 뜻하는 속내가 나뉜 몫 ⓑ그 이야기는 마지막 가름에 나오지! ⇐ 장

가름[4] 이름씨 가름집에서 일을 벼리에 따라 판가름하는 일 한뜻말판가름 ⇐ 재판

가름가게 이름씨 밑가게나 가지가게에서 나누어 따로 벌인 가게 ⇐ 분점

가름가름 어찌씨 어떤 것이 눈앞에 사물사물

떠올랐다 사라졌다 하는 꼴 ⓑ하다가 만 일감들이 눈앞에 가름가름 떠오른다

가름걸다 움직씨 허물이 있는지를 가름집에 판가름을 해달라고 하다 ⇐ 기소하다

가름걸보 이름씨 허물보를 찾아내고 따져 밝혀 판가름을 받게 하는 그위사람 ⇐ 검사

가름걸이 이름씨 ❶벼리에 따른 판가름을 가름집에 해달라고 하는 일 ⇐ 소송. 공소 ❷허물을 밝혀내고 그 본메를 모으는 일 ⇐ 검찰 **가름걸이하다**

가름걸이짐 이름씨 가름 걸어 판가름에서 짐 한뜻말 걸이짐. 가름짐 ⇐ 패소

가름걸이집 이름씨 벼리일맡에 딸린 그위집으로 가름걸이 일을 맡아 함 ⇐ 검찰청

가름대 이름씨 가로대

가름돌다 움직씨 마을에 나가 돌아다니다 ⓑ저녁 먹고 마을을 한 바퀴 가름돌고 들어왔다

가름방 이름씨 벼리에 따라 판가름 거리를 가름하는 곳 ⇐ 법정

가름방나감 이름씨 가름방을 나감 ⇐ 퇴정

가름보 이름씨 가름집에 딸려 판가름할 일을 벼리에 따라 깊이 살펴 가름하는 힘을 가진 사람 한뜻말 판가름이 ⇐ 재판관. 판사. 법관

가름알림 이름씨 가름방에서 가름보가 가름 열매를 사람들에게 알림 ⇐ 선고

가름짐 이름씨 판가름에서 짐 한뜻말 걸이짐. 가름걸이짐 ⇐ 패소

가름집 이름씨 판가름하는 힘을 가진 그위집 ⇐ 법원

가리[1] 이름씨 ❶낟단이나 낟섬, 땔나무 단 따위를 차곡차곡 쌓은 더미 ⓑ낟 가리. 둥거리 가리 비슷한말 더미 ❷낟이나 땔나무 따위 스무 뭇을 나타내는 하나치 ⓑ볏짚 열 가리

가리[2] 이름씨 '가리새' 준말. 일 갈피와 앞뒤가 들어맞는 것 ⓑ무슨 일이든 가리에 맞게 해야지 밑말 가리새 익은말 **가리를 틀다** 잘돼 가는 일을 헤살 놓다

가리가리 어찌씨 여러 가닥으로 갈라지거나 찢어진 꼴 ⓑ문종이가 가리가리 찢어졌다 준말 갈가리

가리개 이름씨 ❶어떤 것을 가리는 몬 ⓑ눈가리개. 입 가리개 ❷방안에 둘러쳐서 바람을 막고 무엇을 가리려고 치는 세간 한뜻말 두르개 ⇐ 병풍. 커튼

가리다[1] 움직씨 ❶사이에 무엇이 있거나 막혀 안 보이다 ⓑ앞사람 머리에 가려 가르침이 얼굴이 안 보여 ❷막거나 덮어 안 보이게 하다 ⓑ얼마나 부끄러웠던지 두 손으로 빨개진 얼굴을 가렸다

가리다[2] 움직씨 ❶여럿 가운데서 하나를 잡다 ⓑ쌀에서 뉘를 가리다 ❷마음에 드는 것만 골라 찾고 다른 것은 꺼리다 ⓑ갓난아이가 벌써 사람을 가리나? 우리 아이는 먹을거리를 가린다 ❸똥오줌을 눌 자리, 안 눌 자리를 헤아리다 ⓑ막내가 이제 똥오줌을 가린다 ❹헤아려 나누거나 옳고 그름, 이기고 짐을 판가름하다 ⓑ누가 잘났는지 이참에 제대로 가려보자

가리다[3] 움직씨 땔나무나 낟단을 차곡차곡 쌓아 더미를 짓다 ⓑ아버지는 해마다 마당 곁에 땔나무로 솔가지를 가렸다

가리사니 이름씨 일몬을 헤아릴 수 있는 깨달음이나 실마리 ⓑ어디서부터 어떻게 손을 대야 할지 가리사니를 못 잡겠네

가리새[1] 이름씨 일 갈피와 앞뒤가 들어맞는 것 ⓑ그 동무는 가리새를 못 잡을 때가 잦아 준말 가리

가리새[2] 이름씨 질그릇이나 오지그릇 따위를 만들 때 그릇 몸을 긁어서 꼴을 내는데 쓰는 꼬부라진 쇠 ⓑ질그릇 빚은 뒤 가리새로 예쁜 무늬를 그려 넣었다

가리키다 움직씨 ❶손짓을 하거나 짚어 보이며 알리다 ⓑ손으로 앞메를 가리켰다 ❷나아갈 길을 알려주다 ⓑ여덟 겹 길은 거룩한 삶을 가리키는 밝힘불이다 ❸('가리켜' 꼴로 써) 어떤 것을 두드러지게 나타내다 ⓑ마음이 홀로 선 사람을 가리켜 제 발로 선 사람이라 일컫는다

가림내 이름씨 **1** 맞선 싸울아비로부터 이쪽 움직임 따위를 감추려고 피워 놓는 짙은 연기 ⇐ 연막 **2** 어떤 일을 감쪽같이 숨기려고 능청스러운 말이나 꾀 따위를 쓰는 것

가림빛 이름씨 드러나 잡아먹히지 않도록 둘레 터전빛과 비슷하게 바뀌는 숨받이 몸빛깔 ⇐ 보호색

가림새 이름씨 가리거나 감추는 몸짓 ⓑ저는 되도록 가림새 없이 다 터놓고 삽니다

가림천 이름씨 무엇을 가리려고 치는 천. 흔히 햇빛을 가리거나 비바람을 막는 데 쓴다 ⇐ 커튼. 휘장

가마[1] 이름씨 솥이나 가마솥 ⓑ옛적 가마에 소여물을 끓이는 일은 아이 몫이었다

가마[2] 이름씨 숯이나 질그릇, 기와 같은 것을 구워내는 큰 아궁이 ⓑ어릴 적 이웃 마을에 기와 굽는 큰 가마가 있었다

가마[3] 이름씨 사람 머리 꼭대기나 머리털 난 다른 곳에 털이 소용돌이 꼴로 돌려난 곳 ⓑ가마가 둘 있는 사람은 장가를 두 디워 간다는 말이 있었어

가마[4] 이름씨 한 사람이 들어앉는 탈 것. 두 사람이나 네 사람이 메고 간다 ⓑ엄마는 가마 타고 시집 왔다 슬기말 **가마 타고 시집가기는 다 틀렸다** 일이 꼬여 제대로 될 수 없다

가마니 이름씨 **1** 낟알, 소금 따위를 담는 데에 쓰는 짚으로 짠 그릇 ⓑ겨울철에 방 한쪽에서는 새끼를 꼬고 한쪽에서는 가마니를 쳤다 **2** 가마니를 세는 하나치 ⓑ할머니 아들은 한 해 품삯으로 쌀 일곱 가마니를 받았다

가마리 이름씨 일을 맡아 꾸려내기 ⓑ너 혼자 그 일을 가마리하겠나?

-가마리 뒷가지 '걱정', '매', '웃음' 따위 아래에 뒷가지처럼 써 늘 그 일을 겪어 마땅한 사람 ⓑ걱정가마리. 맷가마리. 웃음가마리. 놀림가마리. 근심가마리

가마솥 이름씨 아주 크고 우묵한 무쇠솥 ⓑ가마솥에 여물을 끓였다

가마싸움 이름씨 한가위에 하는 놀이 가운데 하나. 두 쪽으로 갈라 맞은쪽 가마를 빼앗거나 부수면 이긴다 ⓑ우리 한아비들은 한가위에 줄다리기, 씨름, 가마싸움 같은 놀이를 하면서 즐겼다

가마우지 이름씨 물가나 바닷가에서 사는 새. 몸은 검고 빛이 난다

가막사리 이름씨 논둑이나 물가에 자라는 한해살이풀. 잎은 서너 갈래로 찢어지고 가는 톱니가 있으며 어린싹은 먹는다

가막이 이름씨 밑으로 떨어지는 것을 막으려고 가장자리에 세우는 나무나 쇠 막대 ⇐ 난간

가만 어찌씨 **1** 아무 일도 하지 않고 그냥 그대로 ⓑ다섯 살이 넘은 아이가 떼를 쓸 때는 가만 내버려 두는 것이 좋다 **2** 말이나 짓을 가볍게 말릴 때 쓰는 말 ⓑ가만, 내 말 듣고 말해요

가만가만 어찌씨 살그머니. 아주 조용하게 ⓑ마음 닦는 곳이어서 그런지 다들 가만가만 소곤거린다

가만가만하다 그림씨 움직임 따위가 드러나지 않고 아주 조용하다 **가만가만히**

가만두다 움직씨 건드리지 않고 그대로 두다 ⓑ또 그딴 짓을 하면 가만두지 않을 거야

가만있다 움직씨 **1** 뭐지 않고 그대로 있다 ⓑ내가 올 때까지 여기에 가만있어 **2** 다른 사람 일에 끼어들지 않다 ⓑ돌이가 그 짓을 할 때도 너는 가만있었잖아

가만있자 어찌씨 말하다가 생각이 잘 떠오르지 않을 때 쓰는 말 ⓑ가만있자 내가 어디까지 이야기했더라

가만하다 그림씨 (흔히 '가만한'으로 써) 움직임이 조용하다 ⓑ가만한 바람이 살살 불어왔다

가만한바람 이름씨 가만히 부는 바람 ⓑ가만한바람이 불어와 볼을 간지럽힌다 ⇐ 미풍

가만히 어찌씨 **1** 뭐지 않거나 아무 말 없이 ⓑ얼마나 아픈지 하루 내내 가만히 누워만 있다 **2** 드러나지 않게 조용히 ⓑ어머니는 나직한 목소리로 가만히 물어보았다 **3** 얼을

차려 꼼꼼히 ⓔ가만히 생각해 보니 그 일은 내가 잘못한 것 같다 ❹아무 일도 하지 않고 그냥 그대로 ⓔ웃대가리가 저지르는 잘못을 어찌 가만히 보고만 있을 수 있겠는가

가말다 움직씨 일을 맡아 꾸려내다 ⓔ혼자서 저 많은 일을 가말다니 대단하구나 ⇐ 재량하다

가망 ⇒ 싹수. 늘품. 앞날

가맣다 그림씨 ❶새뜻하고 짙게 검다 ⓔ가만 눈자위 큰말거멓다 센말까맣다 ❷헤아리기 어려울 만큼 멀다 ⓔ내 머리 위로 날아간 날틀이 금세 가맣게 멀어져 갔다

가면 ⇒ 탈. 탈바가지

가면극 ⇒ 탈놀이

가면이 이름씨 돈이 많고 살림이 넉넉한 사람 ⓔ그 할아버지는 겉모습은 꾀죄죄했지만 큰 가면이인 데다 마음도 너그러운 사람이었다 ⇐ 부자

가멸다 그림씨 돈이 많고 살림이 넉넉하다 ⓔ땅이 기름져서 그 고을에는 가멸은 사람이 많다 한뜻말가멸지다 ⇐ 부하다. 부유하다. 풍족하다. 풍부하다

가멸지다 그림씨 가멸다

가명 ⇒ 덧이름. 거짓이름. 딴이름

가무 ⇒ 춤노래. 노래와 춤

가무락조개 이름씨 모시조개

가무리다 움직씨 가뭇없이 먹어버리거나 혼자 차지하다 ⓔ백성한테서 거둔 낟을 혼자 가무리다니!

가무스름하다 그림씨 빛깔이 조금 산뜻하게 검다 ⓔ가무스름한 얼굴 큰말거무스름하다 센말까무스름하다

가무잡잡하다 그림씨 조금 짙게 가무스름하다 ⓔ볕에 그을려 가무잡잡한 아이들 얼굴 큰말거무접접하다 센말까무잡잡하다

가문 ⇒ 집안

가물 이름씨 오랫동안 비가 오지 않아 메마른 날씨 ⓔ밭여름지이는 가물을 덜 타는 남새를 기르는 게 좋다 한뜻말가뭄 익은말 **가물에 단비** 가물때 때마침 내리는 좋은 비. 기다리고 바라던 일이 마침내 이루어짐 **가물에 콩 나듯** 어쩌다가 하나씩 드물게 나타남 **가물을 타다** 가물에 견디어내는 힘이 적다

가물가물 어찌씨 ❶여린 불빛이 자꾸 사라질 듯 말 듯 뭐는 꼴 ⓔ좁은 방 안에 여러 사람이 있으면 호롱불이 가물가물 꺼지려 한다 ❷멀리 있는 것이 보일 듯 말 듯 뭐는 꼴 ⓔ멀리 오두막집에서 나오는 불빛이 가물가물 비친다 ❸어떤 것이 눈앞에 어른거리며 자꾸 뭐는 꼴 ⓔ봄 들판에서 아지랑이가 가물가물 피어올랐다 ❹얼이 여리고 흐릿해지는 꼴 ⓔ할머니는 옛일이 가물가물 떠올랐다 **가물가물하다**

가물거리다 움직씨 ❶여린 불빛이 자꾸 사라질 듯 말 듯 뭐다 ⓔ불빛이 가물거려 건너쪽 사람이 똑똑히 보이지 않는다 ❷멀리 있는 것이 보일 듯 말 듯 뭐다 ⓔ멀리 안개 속에서 고깃배가 가물거리는 듯했다 ❸어떤 것이 눈앞에 어른거리며 자꾸 뭐다 ⓔ마지막 본 아버지 모습이 눈앞에 가물거린다 ❹얼이 여리고 흐릿해지다 ⓔ가물거리는 생각 **가물대다**

가물다 움직씨 오랫동안 비가 오지 않다 ⓔ올겨울 날씨는 몹시 가물어서 감이 제대로 열릴지 걱정이다

가물더위 이름씨 가문 여름날 더위 ⓔ비는 안 오고 가물더위만 이어진다

가물철 이름씨 가물이 이어지는 철 ⓔ요즘은 곳곳에 땅속 물을 퍼 올려서 가물철에도 물 그리운 줄 모른다 한뜻말가물때

가물치 이름씨 맑지 않은 못에 많이 살고 작은 물고기나 개구리, 미꾸라지 같은 것을 닥치는 대로 잡아먹는 먹성이 좋은 물고기. 애낳은 어머니에게 좋다고 하여 낫개로도 많이 쓴다

가뭄 이름씨 가물

가뭇 어찌씨 알아보거나 찾아볼 길이 조금도 없이 ⓔ어디로 갔는지 가뭇 알 길이 없다

가뭇가뭇 어찌씨 빛깔이 군데군데 조금 가무

스름한 꼴 ⓑ내 동무 이쁜이 얼굴엔 주근깨가 가뭇가뭇 잔뜩 있다 큰말거뭇거뭇 작은말까뭇까뭇

가뭇가뭇하다 그림씨 빛깔이 군데군데 조금 가무스름하다 큰말거뭇거뭇하다 작은말까뭇까뭇하다 **가뭇가뭇이**

가뭇없다 그림씨 ❶보이던 것이 안 보여 찾을 길이 감감하다 ⓑ우리는 큰길에 나와 '물러가라!' 하고 외치다가 짭새가 따라오면 가뭇없이 숨었다가 다시 나가 또 외쳤다 ❷눈에 안 띄어 감쪽같다 ⓑ오늘 버스를 타고 오다가 소매치기한테 돈주머니를 가뭇없이 도둑맞았다 ❸자취가 조금도 남지 않다 ⓑ바람이 세게 휘몰아쳤는지 눈 위에 난 발자국이 가뭇없다

가뭇하다 그림씨 조금 검은 빛이 있다. '가무스름하다' 준말 ⓑ언니는 가뭇한 강아지 한 마리를 끌고 나왔다 큰말거뭇하다 센말까뭇하다

가미하다 ⇒ 양념하다. 곁들이다. 넣다. 더하다

가발 ⇒ 덧머리

가방 이름씨 여러 가지 몬을 넣어 메거나 들고 다니는 연장. 가죽이나 천, 비닐 따위로 만든다 ⓑ송이 철이 되면 마을 사람이 메오름이 가방을 뒤진다

가배 이름씨 '한가위' 옛말

가변차선 ⇒ 바뀜수레길

가볍다 그림씨 ❶무게가 덜 나가다 ⓑ기름은 물보다 가볍다 맞선말무겁다 큰말거볍다 ❷맡은 바가 작다 ⓑ맡은 일이 결코 가볍다고 볼 수 없다 ⇐ 경미하다 ❸크게 힘들지 않다 ⓑ나무 한 짐을 지고도 가볍게 비탈길을 내려간다 ❹생각이나 하는 짓이 깊지 못하다 ⓑ그 사람은 입이 가벼운 것이 흉이야 ⇐ 경박하다 ❺하는 짓이 날래다 ⓑ돈을 두둑하게 지녀서 그런지 발걸음도 가볍다

가보 ⇒ 집안보배

가봉 ⇒ 시침바느질. 시침질. 시침질하다

가부 ⇒ 옳고 그름

가부좌 ⇒ 다리꼬아앉기

가분수 ⇒ 덜맞갈수

가비고시섬 이름씨 마도구루 가비고시 고을에 있는 섬. 너른 들은 적으나 여름지이 낟몬이 많이 나고 소금을 잘 만들며 심과 감도 넉넉히 난다 ⇐ 강화도

가뿐가뿐 어찌씨 말이나 몸짓이 여럿이 다 또는 매우 가벼운 모습 ⓑ발걸음도 가볍게 가뿐가뿐 걸었다 여린말가분가분

가뿐가뿐하다 그림씨 말이나 몸짓이 여럿이 다 또는 매우 가볍다 **가뿐가뿐히**

가뿐하다 그림씨 ❶조금도 무거운 줄 모르게 가볍다 ⓑ모두 가뿐한 짐을 메고 메에 올랐다 ❷날아갈 듯이 몸과 마음이 가볍고 시원하다 ⓑ땀 흘려 일하고 나서 몸을 씻었더니 한결 가뿐하였다 **가뿐히**

가쁘다 그림씨 ❶숨이 몹시 차다 ⓑ가파른 오르막을 올라가니 숨이 차츰 가빴다 ❷힘겹다 ⓑ몸은 가쁘나 속은 후련하다 ❸(흔히 '가쁘게' 꼴로 써) 몹시 과가르거나 빠르다 ⓑ높배곳에 들어갔더니 배움을 따라가기가 너무 가쁘다. 장구 소리가 더욱 가쁘게 이어졌다

가사 (歌詞) ⇒ 노랫말

가사 (家事) ⇒ 집안일. 집일. 살림

가사 (袈裟) ⇒ 중옷

가사 (假死) ⇒ 까무라침

가산 (加算) ⇒ 덧셈. 더하기

가산 (家產) ⇒ 살림. 집돈

가산금 ⇒ 웃돈. 덧두리

가살 이름씨 말씨나 하는 짓이 얄밉고 되바라짐 ⓑ가살을 떨다. 가살을 부리다. 가살을 피우다

가살꾼 이름씨 얄밉고 되바라진 사람. 가살을 잘 피우는 사람 한뜻말가살이. 가살쟁이

가살스럽다 그림씨 매우 얄밉고 되바라지다 ⓑ그런 무서운 사람도 가살스러운 고마 버릇은 못 휘어잡네 **가살스레**

가살이 이름씨 가살꾼

가살쟁이 이름씨 가살꾼

가살지다 그림씨 가살스럽다

ㄱ

가상 (假想) ⇒ 어림생각. 어림치. 어림잡다. 어림하다

가상 (假像) ⇒ 거짓꼴

가상하다 (嘉尙-) ⇒ 착하다. 갸륵하다

가새지르다 움직씨 가위꼴로 엇갈리게 하다 ㉥멜빵을 가새지르다

가새표 이름씨 아니라는 뜻이나 빠진 글자 따위를 나타내는 표 '×' 이름 한뜻말가위표

가석방 ⇒ 미리 풀어줌. 미리 풂

가설 (假說) ⇒ 어림매김

가설 (架設) ⇒ 놓기. 달기. 놓다. 달다

가성 ⇒ 꾸민목소리

가세 (家勢) ⇒ 집 살림. 살림살이

가세 (加勢) ⇒ 거듦. 도움. 거들다. 돕다

가소롭다 ⇒ 우습다. 같잖다. 우스꽝스럽다

가속 ⇒ 더 빠르기. 더 빠르게 하다

가속도 ⇒ 더 빠르기

가솔린 ⇒ 나르는 기름

가수 (歌手) ⇒ 노래쟁이. 소리꾼. 소리쟁이

가수 (加數) ⇒ 더함수

가수알바람 이름씨 하늬녘에서 부는 바람 한뜻말하늬바람. 갈바람 ⇐ 서풍

가스 이름씨 어떤 잡힌 꼴이나 부피가 없고 하늘을 마음대로 옮겨다니는 바탈을 가진 몬. 물남, 살남, 막남 같은 것을 통틀어 이르는 말 ㉥가스가 찼는지 보일러를 틀었는데도 방이 따뜻하지 않다

가스러지다 움직씨 ❶잔털이 좀 거칠게 일어나다 ㉥가스러진 당나귀 목뒤털은 바스러진 채로 있었다 큰말거스러지다 ❷마음이 낫낫하지 못하고 좀 거칠어지다 ㉥살림은 기울고 버시도 앓아누워, 가시는 더 가스려졌다

가스레인지 ⇒ 가스불덕

가스보일러 이름씨 가스를 땔감으로 물을 끓이거나 방을 따뜻하게 하는 살림살이 ㉥가스보일러를 켜면 뜨거운 물이 바로 나온다

가스불덕 이름씨 가스를 땔감으로 써서 먹을거리를 만드는 살림살이 ㉥오늘날은 굽고, 볶고, 삶고, 지질 때 가스불덕을 많이 쓴다 ⇐ 가스레인지

가슬가슬 어찌씨 살결이나 몸 거죽이 매끄럽지 않고 거세거나 빳빳한 꼴 ㉥순이 손등은 봄바람에 가슬가슬 거칠어져 촉촉한 기운을 잃었다 큰말거슬거슬

가슬가슬하다 그림씨 살결이나 몸 거죽이 매끄럽지 않고 거세거나 빳빳하다

가슴 이름씨 ❶목과 배 사이에 있는 몸 앞쪽 ㉥가슴을 쫙 펴고 걸어라 ⇐ 흉부 ❷마음이나 생각이나 뜻 ㉥가슴을 울리는 이야기 익은말 **가슴에 못을 박다** 두고두고 잊을 수 없는 애먼 일을 겪다 **가슴을 저미다** 가슴을 칼로 저미듯이 아프다 **가슴을 치다** 일이 잘못되어 몹시 애가 타다 **가슴을 태우다** 걱정거리가 많아 매우 조마조마하다 **가슴이 미어지다** 찢어질 듯한 슬픔이나 괴로움을 느끼다

가슴둘레 이름씨 몸통 가슴께를 한 바퀴 둘러잰 길이 ㉥한 해 사이에 가슴둘레가 제법 늘었네

가슴몸뭘 이름씨 두 팔을 머리 위로 펴고 가슴을 뒤로 젖혔다 바로 했다 하는 몸뭘 ㉥가슴몸뭘은 가슴을 튼튼하게 하고 윗몸을 바르게 한다 ⇐ 가슴운동

가슴뼈 이름씨 가슴 앞쪽 가운데에 세로로 있는 넓적하고 긴 뼈 ⇐ 흉골

가슴살 이름씨 가슴에 붙은 살 ⇐ 흉근

가슴속 이름씨 마음속에 품고 있는 생각 한뜻말마음속 ⇐ 흉중

가슴숨 이름씨 가슴으로 숨을 들이쉬고 내쉬는 일 한뜻말가슴숨쉬기 ⇐ 가슴호흡. 흉식호흡

가슴앓이 이름씨 ❶가슴 속이 가끔 쓰리고 켕겨 아픈 앓이 ㉥배가 고파 밥을 빨리 먹었더니 체한 데다가 가슴앓이까지 덮쳤다 ⇐ 심통 ❷일이 뜻대로 되지 않아 속이 타는 걱정이나 근심 ㉥아들을 잃고 누나는 오랫동안 가슴앓이를 했다

가슴지느러미 이름씨 물고기 가슴에 붙은 지느러미. 한 짝이며 몸을 바로잡거나 헤엄쳐 다니는 데 쓴다 ㉥그 물고기는 가슴지느러미 밑에 불그스름한 무늬가 있다

가슴청 이름씨 왼오른 허파를 저마다 둘러싸고 있는 두 겹 얇은 청 ⇐ 가슴막

가슴청불늦 이름씨 다치거나 팡이에 옮아 가슴청에 생기는 불늦 ⇐ 가슴막염

가슴통 이름씨 ❶두 겨드랑이 사이 앞쪽 모두 ⓑ가슴통이 크고 불룩해서 씨름하면 잘하겠다 ⇐ 흉부 ❷앞가슴 넓이 ⓑ넓은 가슴통

가슴팍 이름씨 판판한 가슴 바닥 ⓑ새솔은 가슴팍이 딱 벌어진 사내다 ⇐ 흉부

가슴헤엄 이름씨 엎드린 채로 두 팔과 두 다리를 오므렸다 폈다 하면서 앞으로 나아가는 헤엄 한뜻말 개구리헤엄 ⇐ 평영

가시[1] 이름씨 꽃 옛말. 우리 옛말에 '겨집'을 '가시' 곧 '꽃'이라 불렀다. '가시내'는 '꽃들' 곧 '겨집들'이라는 뜻이다. 오늘날 많이 쓰는 한자말 '여자'를 우리 겨레가 '꽃' 곧 '가시'라 불렀던 것은 뜻깊은 일이다 ⇐ 여. 여성. 여자. 여인

가시[2] 이름씨 ❶짐승 몸에 바늘처럼 뾰족하고 날카롭게 돋은 것 ⓑ고슴도치 등에 가시가 촘촘하게 나 있다 ❷푸나무 줄기나 잎 따위에 뾰족하게 돋아난 것 ⓑ엄나무 가시에 손가락을 찔렸다 ❸물고기에 있는 가늘고 작은 뼈 ⓑ할머니가 갈치 가시를 발라 주셨다 ❹어떤 것 끝에 돋아나 끝쪽이 빳빳하고 뾰족한 것 ⓑ쇠그물 가시에 걸려 옷이 찢어졌다 ❺남을 욕하거나 언짢게 하는 것을 빗댄 말 ⓑ골이 나서 가시 돋친 모진 말만 쏟아냈다 익은말 **가시 돋친 말** 남 마음을 찌르듯이 아프게 하는 말

가시[3] 이름씨 먹을거리에 생기는 구더기 ⓑ된장에 가시가 잔뜩 생겨서 꾸물거려

가시고기 이름씨 몸길이 5센티미터쯤 되는 민물고기. 등에 가시가 나 있어서 가시고기라 한다

가시광선 ⇒ 보임빛살

가시나 이름씨 가시내. 화랑은 '가시나'를 이두로 나타낸 말. '가시'는 '꽃' 옛말이고 '나'는 '네' 옛말, 곧 '꽃들(여자들)'이란 뜻. 처음에는 꽃들로 짰는데 나중에 꽃차림을 한 머시마들로 짜게 됨 맞선말 머시마 ⇐ 화랑

가시나무 이름씨 ❶너도밤나무갈래에 딸린 돌가시, 붉가시, 종가시, 참가시처럼 열매로 가시가 달리는 나무를 통틀어 일컫는 말 ❷가시가 있는 나무

가시내 이름씨 겨집아이 ⓑ가시내가 수줍게 웃기만 했다 한뜻말 가시나 ⇐ 여아

가시눈 이름씨 매섭게 쏘아보는 눈 ⓑ그가 가시눈을 치켜뜨자 모두 쥐 죽은 듯이 조용해졌다

가시다 움직씨 ❶어떤 꼴이 없어지고 처음대로 되다 ⓑ술기운이 가시질 않는다 ❷바뀌어 없어지다 ⓑ너무 놀라 얼굴에 핏기가 가셨다 ❸물로 씻어서 깨끗하게 하다 ⓑ잇솔질을 하고 나서 물로 입안을 가셨다 한뜻말 헹구다

가시대 이름씨 설거지하기 좋게 갖춘 대 한뜻말 개수대 ⇐ 싱크대

가시덤불 이름씨 ❶가시가 많은 작은 나무나 넝쿨이 엉클어진 수풀 ⓑ길가에 가시덤불이 우거진 오솔길을 걸었다 ❷어려움이 겹친 것을 빗대어 일컫는 말 ⓑ우리말 살리는 길에 가로놓인 온갖 가시덤불을 헤쳐나가야 한다

가시랭이 이름씨 풀이나 나무 가시 부스러기 ⓑ보리걷이를 하고 났더니 옷 속에 가시랭이가 들어가 따끔거린다

가시리메 이름씨 마사라사 고장 새마녘에 있는 큰 고을. 서울 다음가는 큰 고을이며 우리나라에서 가장 큰 갯고을이다. 무쇠와 시우쇠, 수레, 배뭇기 따위 무겁짓일이 꽃피었고 닷엿섬을 비롯하여 아름다운 곳이 많다 ⇐ 부산

가시바퀴 이름씨 톱니바퀴

가시밭길 이름씨 ❶가시덤불이 우거진 바드러운 길 ⓑ오늘은 가시밭길을 헤치며 사생이 나물을 뜯었다 ❷어려움이 겹겹이 가로놓인 것을 빗댄 말 ⓑ나라를 되찾으려고 했던 사람들은 가시밭길을 걷지 않은 사람이 드물다

ㄱ

가시버시 이름씨 아내와 바데 ⓑ저 집 가시버시 사이가 참 좋구나 ⇐ 부부

가시벗 이름씨 서로 사랑하는 꽃인 벗 한뜻말꽃벗 ⇐ 여자친구

가시부루 이름씨 우리나라 새녘 가운데에 있는 고장. 샛바다와 맞닿아 있고 눈큰메와 닷절메 같은 높은 메가 많다 ⇐ 강원도

가시아버지 이름씨 아내 아버지 한뜻말가시아비 ⇐ 장인

가시어머니 이름씨 아내 어머니 한뜻말가시어미 ⇐ 장모

가시집 이름씨 아내 어버이집 한뜻말어미집 ⇐ 친정. 처가. 처갓집

가시히 이름씨 마온바라 고장에 있는 고을. 논여름지이를 으뜸으로 하고 쌀과 보리가 많이 나며 딸기도 많이 기른다. 옛날에는 대바구니를 많이 매었다 ⇐ 담양

가식 (假飾) ⇒ 겉치레. 거짓 꾸밈. 눈치레. 눈가림. 꾸밈

가식 (假植) ⇒ 한때심기. 잠깐심기

가신 ⇒ 집심부름꾼. 집시중보. 집따름이

가야 ⇒ 가라

가야금·가얏고 ⇒ 가라고

가업 ⇒ 집일

가없는마음닦이 이름씨 깨달은이가 없는 누리에서 뭇 목숨을 보살핀다는 닦이 ⇐ 지장보살

가없다 그림씨 끝이 보이지 않을 만큼 넓다 ⓑ가없는 어버이 사랑

가연성 ⇒ 불탈바탈. 불잘타는바탈

가열 ⇒ 달굼. 데움. 끓임. 달구다. 데우다. 끓이다

가열기구 ⇒ 데우개. 달구개

가열차다 ⇒ 힘차다. 세차다. 뜨겁다

가엾다 그림씨 힘들거나 어려워 보여 마음이 몹시 아프다 ⓑ돈 많다고 뻐기지만, 알고 보면 그 사람도 가여운 사람이다 한뜻말가엽다 ⇐ 측은하다 **가엾이**

가오리 이름씨 뭍에서 가까운 바다에 사는 바닷물고기. 몸이 넓적하고 마름모꼴로 생겼는데 꼬리가 가늘고 길다 ⇐ 홍어 슬기말 **넙쭌 가오리 덕석 가오리** 잡았다가 놓친 가오리가 더 크게 보이게 마련

가옥 ⇒ 집

가외 ⇒ 그 밖

가요 ⇒ 노래

가용 (可用) ⇒ 쓸모

가용 (可溶) ⇒ 풀림. 녹음

가용 (家用) ⇒ 집씀씀이

가운 ⇒ 일겉옷. 덧옷. 흰 덧옷. 긴 겉옷. 긴 웃옷

가운데 이름씨 **1** 어느 쪽으로도 치우치지 않는 곳 ⓑ눈 가운데에는 눈자위가 있다 **2** 안이나 속 ⓑ닭이 상추밭 가운데 들어가 다 헤집어놓았다 **3** 두 쪽 사이 ⓑ두 사람 가운데 앉았다 **4** 여럿이 있는 테두리 안 ⓑ동무 가운데 돌이가 우스갯말을 잘한다

가운데가는나라 이름씨 나라 살림살이가 앞서지도 뒤지지도 않고 가운데쯤 가는 나라 ⇐ 중진국

가운데골 이름씨 사잇골과 다릿골 사이에 있는 골 줄기 한쪽. 뒤쪽에는 보고 듣는 느낌을 잇는 얼날자위가 있고, 앞쪽에는 큰골 거죽에서 아래로 내려가는 얼날올실다발이 있으며, 그 사이에는 그 몬과 뭠을 맺는 큰 얼날자위가 있다 ⇐ 중뇌

가운데귀 이름씨 귀청 안쪽 옆머리뼈 속에 있는 곳. 빈곳, 귓속뼈, 귀대롱으로 이루어져 있다 ⇐ 중이

가운데금 이름씨 수렛길 한가운데에 그은 금 ⇐ 중앙선

가운데되기 이름씨 **1** 바탈이 서로 다른 것이 섞여 처음 바탈을 잃거나 가운데 바탈이 되는 것 한뜻말갑되기 ⇐ 중화 **2** 심과 알칼리가 섞여 가운데 바탈이 되는 것

가운데뜰 이름씨 집 안 집채와 집채 사이에 있는 뜰 ⇐ 중정

가운데켜 이름씨 가진 것이나 살림살이가 가운데쯤 되는 켜 ⇐ 중산층

가운뎃사람 이름씨 옛날에 높은 사람과 낮은 사람 사이에 있던 사람 ⇐ 중인

가운뎃소리 이름씨 우리말 한 글자에서 가운데

나는 소리 ⓑ'불' 첫소리는 'ㅂ'이고 가운뎃소리는 'ㅜ'이고 끝소리는 'ㄹ'이다 ⇐ 중성

가운뎃손가락 이름씨 다섯 손가락에서 가장 긴 셋째 손가락 ⇐ 장지. 중지

가웃 이름씨 '되, 말, 자'같이 값을 셀 때 차고 반쯤 남는 것. 한자말 '반'에 잡아먹힌 우리말 ⓑ말가웃. 두 자 가웃 ⇐ 반

가웃금 이름씨 세모꼴 한 꼭짓점과 맞곁 갑점을 잇는 쪽금 한뜻말갑금 ⇐ 중선

가웃뉘 이름씨 한뉘 가웃쯤 되는 동안 ⇐ 반평생

가웃달 이름씨 동그라미를 가웃으로 자른 것처럼 생긴 달 ⇐ 반달

가웃달재 이름씨 서라벌 고을에 있는 시라때 쌓은 가웃달꼴 재 ⇐ 반월성

가웃동그라미 이름씨 동그라미를 지름으로 둘로 나눴을 때 한쪽 준말가웃동글 ⇐ 반원

가웃보기 이름씨 두 집 아낙네들끼리 만날 때 두 집 가운데쯤 되는 곳에서 만나는 것 ⇐ 반보기

가웃수 이름씨 가웃이 되는 수 ⇐ 반수

가웃올림 이름씨 어림값을 얻을 때 4 밑으로는 버리고 5 위로는 그 윗자리에 1를 더하여 주는 일. 이를테면 7.4를 가웃올림하면 7이고 7.5를 가웃올림하면 8이다 ⇐ 반올림. 사사오입

가웃절 이름씨 **1** 허리를 굽혀 두 손을 바닥에 짚고 앉아 고개를 숙이는 꽃절 ⇐ 반절 **2** 아랫사람 절을 받을 때 오롯이 바닥에 엎드리지 않고 앉은 채 윗몸을 가웃 굽히는 절 ⇐ 반절

가웃지 이름씨 포기 배추에 엮붉게 만든 김칫국물을 잘박잘박하게 부어 담근 김치. 겨울 김장 때 담가 먹는 김치로 배, 사과들을 갈아서 국물을 만든다. 싱건지보다는 국물을 적게 붓고 고춧가루를 많이 안 넣고 가웃만 넣기 때문에 생겨난 이름이다 ⇐ 반지

가웃지기[1] 이름씨 논밭 넓이인 마지기로 세고 남는 반 마지기

가웃지기[2] 이름씨 쌀 같은 낟이나 어떤 것에 다른 쓸모없는 것이 섞인 것. 가웃지기는 제홀로 쓰지 않고 흙가웃지기, 뉘가웃지기, 모래가웃지기처럼 쓴다 ⇐ 반지기

가웃지름 이름씨 동그라미나 공 복판에서 그 둘레 한 점에 이르는 쪽금 길이 ⇐ 반지름

가웃흐름덩이 이름씨 여느 따습기에서 번힘흐름 푼수가 흐름덩이와 안 흐름덩이 가운데쯤인 몬. 낮은 따습기에서는 거의 번힘이 흐르지 않으나 높은 따습기에서는 번힘이 잘 흐른다. 실리콘 따위 ⇐ 반도체

가위[1] 이름씨 **1** 어떤 것을 자를 때 쓰는 연장 ⓑ가위로 머리카락을 싹둑싹둑 잘랐다 **2** 가위바위보에서 집게손가락과 가운뎃손가락이나 엄지손가락을 벌려 내미는 것 ⓑ가위는 보에 이기고 바위에 진다

가위[2] 이름씨 꿈에서 무서운 일을 겪어서 꼼짝할 수가 없어 몹시 괴롭고 답답한 것 ⓑ밤새 가위에 눌린 꿈을 꾸었다

가위[3] 이름씨 한가위 한뜻말가윗날

가위놀이 이름씨 달셈 여덟달 보름날 밤에 다 같이 즐겁게 춤추며 즐기는 놀이 ⓑ아우는 가위놀이 때 입을 옷 사러 간다고 신이 났다 ⇐ 추석놀이

가위다리 이름씨 **1** 가위 손잡이 ⓑ가위다리를 단단히 잡고 잘라야 다치지 않는다 **2** 길이가 있는 두 몬이나 금을 서로 어긋매끼어 '가새표'로 만들어놓는 것 ⓑ몰래 입만 벙긋거리면서 손가락으로 가위다리를 만들어 보였다 익은말 **가위다리 치다** 가새표를 하여 맞섬을 나타내다

가위바위보 이름씨 아이들이 손을 내밀어 그 꼴에 따라 차례를 잡는 길. 또는 그런 놀이. 가위는 보에 이기고 바위는 가위에 이기고 보는 바위에 이김 ⓑ가위바위보를 해서 누가 먼저 할지 차례를 잡다

가위손 이름씨 **1** 삿자리 따위 둘레에 천 같은 것을 빙 돌려댄 곳. 또는 그 천 **2** 손으로 잡을 수 있도록 만든 그릇 손잡이 ⓑ냄비 가위손을 조심스레 잡았다

가위질 이름씨 **1** 가위를 써서 베거나 자르는

일 ⓑ아우는 여섯 살이라 아직 가위질이 서투르다 **2** 쏘개와 칼로 백성을 짓누를 때 글이나 뭡그림 가운데서 마음에 안 든다고 함부로 잘라 없애는 짓을 빗댄 말 ⓑ눈 밖에 난 사람 이름표를 만들어놓고 거기에 들기라도 하면 가위질을 많이 했지

가위춤 이름씨 가위를 벌렸다 오므렸다 하는 것 ⓑ엿장수가 가위춤을 추며 골목 안으로 들어섰다

가위표 이름씨 가위 꼴로 생긴 'x' 이름 ⓑ가위표가 그려진 종이를 집는 사람이 술래다 한뜻말가새표

가윗밥 이름씨 가위를 써서 일한 뒤에 남는 작은 조각이나 부스러기

가을[1] 이름씨 무더위가 물러가고 날씨가 시원한, 여름과 겨울 사이 철 ⓑ봄, 여름, 가을, 겨울 가운데 나는 가을이 가장 좋다 슬기말 **가을에는 부지깽이도 덤벙인다** 여름지이하는 시골은 가을에 몹시 바쁘다

가을[2] 이름씨 여름지이한 것을 논밭에서 거두어들이는 일 ⓑ벼가을. 밀가을 한뜻말가을걷이 **가을하다**

가을갈이 이름씨 가을걷이가 끝난 뒤 논밭을 갈아두는 일 **가을갈이하다**

가을감자 이름씨 가을에 캐는 감자 ⓑ올감자와 가을감자 한뜻말늦감자

가을걷이 이름씨 가을에 다 익은 이삭을 논밭에서 거두는 일 ⓑ가을걷이하느라 한창 바쁘다 한뜻말가을 ⇐ 추수. 수확

가을걷이고마운날 이름씨 해마다 가을에 낟을 거두고 하늘에 고마움을 드러내는 날 ⇐ 추수감사절

가을날 이름씨 가을철 날씨 ⓑ가을날이 좋아야 가을걷이가 수월하다

가을남새 이름씨 가을철에 먹는 남새. 또는 가을철에 심어 가꾸는 남새 ⓑ봄남새와 가을남새

가을맞이 이름씨 한 해 스물네 철 가운데 열셋째 철. 여덟달 여드레쯤이고 가을이 비롯되는 때로 벼가 한창 익어간다 ⇐ 입추

가을밀 이름씨 가을에 씨를 뿌려 이듬해 맏여름에 거두는 밀 ⓑ봄밀과 가을밀

가을바람 이름씨 가을철에 부는 바람 준말갈바람

가을별 이름씨 가을철에 내리쬐는 별 ⓑ오늘 가을별은 제법 따가웠다

가을보리 이름씨 가을에 씨를 뿌려 이듬해 맏여름에 거두는 보리 ⓑ봄보리와 가을보리

가을봄 이름씨 가을과 봄 ⓑ나는 가을봄같이 선선한 날씨가 좋다 준말갈봄

가을부채 이름씨 철이 지나 쓸모없게 된 것 ⓑ웃대가리들 하는 짓이 철 지난 가을부채처럼 뒷북만 치고 다닌다

가을비 이름씨 가을철에 내리는 비 ⓑ소리 없이 내리는 차디찬 가을비 슬기말 **가을비는 늙은이 턱 밑에서도 긋는다** 가을비는 살짝 오다가 그친다

가을빚 이름씨 가을에 갚기로 하고 내는 빚 슬기말 **가을빚에 소도 잡아먹는다** 나중에 갚을 빚이라면 갚을 힘이 없는 큰 빚도 진다

가을젓 이름씨 가을에 잡은 새우로 담은 젓 ⇐ 추젓

가을줄이 이름씨 여름지이가 잘 될 거라 믿고 지었으나 막상 가을에 가을걷이가 줄어드는 일 ⓑ가을줄이로 걱정을 많이 한다 한뜻말가을내림

가이드 ⇒ 길잡이. 길라잡이

가인 ⇒ 아름이

가입 ⇒ 듦. 들어감. 들어옴. 들다. 들어오다. 들어가다

가입자 ⇒ 들온이. 든사람

가자미 이름씨 얕은 바다 모랫바닥에 사는 물고기. 두 눈이 다 몸 한쪽에 붙었으며 눈 있는 쪽은 거무스름하거나 잿빛, 아래쪽은 흰빛이다. 눈 있는 쪽을 위로 해서 납작하게 떠다닌다

가작 ⇒ 잘된글. 좋은글. 잘된그림. 좋은그림

가잠나룻 이름씨 짧고 성기게 난 구레나룻 ⓑ듬성듬성한 가잠나룻이 참으로 볼품없어 보였다

가장 어찌씨 여럿 가운데서 으뜸으로 ⓑ너는 무엇을 가장 좋아하냐? ⇐ 제일. 최고로. 짱. 짱으로

가장 (家長) ⇒ 집어른. 집지기

가장 (假裝) ⇒ 거짓꾸밈. 속이다. 꾸미다

가장귀 이름씨 나뭇가지가 갈라진 곳. 또는 그렇게 생긴 나뭇가지 ⓑ돌쇠는 솔싹이 많이 달린 애소나무 가장귀를 꺾어 가져왔다

가장무도회 ⇒ 탈춤. 탈춤놀이

가장자리 이름씨 몬 둘레나 어떤 것이 끝나는 데 ⓑ길 가장자리에 살살이꽃을 심었다 한뜻말가. 가새

가장질 이름씨 노름판에서 패를 속이는 일

가장행렬 ⇒ 꾸밈길놀이. 탈길놀이

가재 이름씨 맑은 개울 돌 밑에 살고 몸이 단단한 껍데기로 싸이고 큰 집게발이 둘, 작은 발이 여덟 있는 숨받이 슬기말 **도랑 치고 가재 잡고** 한 가지 일을 하는데 두 가지를 얻음 **가재는 게 쪽이다** 바라거나 뜻하는 것이 같거나 비슷하면 한쪽이 된다는 뜻으로 흔히 그릇된 짓을 함께 할 때 쓴다

가재기 이름씨 튼튼하게 만들지 못한 몬

가재도구 ⇒ 살림살이. 세간

가전제품 ⇒ 번힘세간

가정 (家庭) ⇒ 집. 집안

가정 (假定) ⇒ 그렇다 침. 그렇다 치다. 그렇다고 하다. 그렇다고 보다

가정교사 ⇒ 집가르침이

가정교육 ⇒ 집배움

가정법원 ⇒ 집가름집

가정부 ⇒ 집일꾼. 집살림꾼. 차집

가정생활 ⇒ 살림. 집안살림. 살림살이

가정주부 ⇒ 살림꾼. 살림님. 살림지기

가져가다 움직씨 **1** 한곳에서 다른 곳으로 옮겨 가다 ⓑ가져갔던 도시락을 추워서 못 먹고 도로 가져왔다 맞선말가져오다 **2** 이끌어가다 ⓑ우리가 힘을 모아 이 어려움을 푸는 쪽으로 가져갑시다

가져다주다 움직씨 **1** 다른 곳에서 옮겨 건네주다 ⓑ저 능금 이리로 가져다줘 **2** 어떤 열매를 맺게 하다 ⓑ부지런히 일하면 좋은 열매를 가져다줍니다

가져오다 움직씨 **1** 한곳에서 다른 곳으로 옮겨 오다 맞선말가져가다 **2** 어떤 열매를 맺게 하다 ⓑ우리 삶이 제대로 바뀌려면 우리말로 생각하고 우리말로 나날살이를 하는 삶을 가져와야 한다

가족 ⇒ 집님. 살붙이. 피붙이. 집보

가족사진 ⇒ 집보빛박이

가족회의 ⇒ 집보말나눔. 집보뜻나눔

가죽 이름씨 짐승 몸 거죽을 싸고 있는 질긴 곳. 또는 그것을 벗겨 무두질한 것 ⓑ소가죽. 토끼가죽. 가죽가방. 가죽신 ⇐ 피혁

가죽나무 이름씨 잎을 따먹으려고 밭둑이나 밭에 심어 가꾸는 갈잎나무. 봄에 어린싹을 따서 데쳐 먹거나 고추찹쌀풀에 묻혀 말렸다가 튀겨 먹는다

가죽띠 이름씨 가죽으로 만든 띠 ⇐ 혁대

가죽신 이름씨 가죽으로 만든 신 ⓑ짚신에서 고무신으로, 나중엔 가죽신으로 바뀌었다

가중 ⇒ 더함. 커짐. 무거워짐. 더하다. 커지다. 무거워지다

가중치 ⇒ 더한값. 커진값

가즐비다 움직씨 길고 짧은지, 낫고 못한지 알아보려고 서로 마주 대어보다 ⓑ누구 키가 더 큰지 가즐비어 봐라 한뜻말견주다 ⇐ 비교하다

가증스럽다 ⇒ 괘씸하다. 뇌꼴스럽다. 밉살맞다. 밉살스럽다. 얄밉다

가지[1] 이름씨 푸나무 큰 줄기에서 뻗어 나간 줄기 ⓑ버드나무 어린 가지를 꺾어 호드기를 만들어 불었다 익은말 **가지를 치다** 푸나무 가지가 새로 돋아나다. 처음 것에 다른 것이 덧붙다 슬기말 **가지 많은 나무에 바람 잘 날이 없다** 아들딸이 많은 어버이는 걱정거리가 많다

가지[2] 이름씨 보랏빛 열매를 따 먹으려고 심어 기르는 한해살이 남새

가지[3] 이름씨 일이나 몬 낱낱을 세는 하나치 ⓑ우리말을 살려 쓰는 데에도 여러 가지

길이 있겠지요

가지가위 이름씨 나뭇가지를 자르는 데 쓰는 가위 ⇐ 전정가위

가지가지[1] 이름씨 여러 가지 ⓑ취나물에도 곰취, 호미취, 수리취, 미역취처럼 가지가지가 있다 준말갖가지 ⇐ 형형색색

가지가지[2] 이름씨 나무 낱낱 가지 ⓑ살구나무에 엷붉은 꽃이 가지가지마다 피었네

가지각색 ⇒ 가지가지

가지글 이름씨 벼리 같은 것에서 가닥가닥 벌려 적은 글 ⇐ 조문

가지껏 어찌씨 할 수 있는 대로 다 ⓑ나무를 가지껏 한짐 지고 왔다

가지꽃 이름씨 넓은잎 갈잎큰키나무로 이른 봄에 크고 흰 꽃이 잎보다 먼저 핀다. 꽃망울을 낫개로 쓴다 ⇐ 목련

가지다 움직씨 ❶손에 쥐거나 몸에 지니다 ⓑ언니는 대추를 가지고 아우는 밤을 가졌다 ❷제 것으로 만들다 ⓑ넌 어떤 장난감을 가질래? ❸마음에 품다 ⓑ너는 어떤 꿈을 가졌니? ❹아이나 새끼를 배다 ⓑ우리 집 소가 새끼를 가졌다 ❹솜씨나 재주를 갖추다 ⓑ다솜이는 열여섯인데 칼국수뿐 아니라 수제비를 만드는 재주도 가졌어 ❻모임 따위를 열다 ⓑ한 달에 한 디위씩 동무들과 모임을 가진다

가지런하다 그림씨 들쑥날쑥하지 않고 한결같이 고르다 ⓑ울타리로 심은 탱자나무 가지를 가지런히 잘라주었다

가지보기 이름씨 ❶벼리 가지마다 적어놓은 지킴이나 성금 ⇐ 조례 ❷나라벼리테 안에서 고장이나 고을에서 뽑힌이들이 모여 뜻 나눠 만든 고을이나 고장 벼리 ⇐ 조례

가지일 이름씨 어떤 일을 이루기 앞서 갖춰야 하는 것 ⇐ 조건

가지치기 이름씨 가지를 다듬는 일 ⓑ한달이나 두달에 감나무 가지치기를 한다 ⇐ 전정

가직하다 그림씨 두 곳 사이 떨어진 길이가 가깝다 ⓑ"그 마을 여기서 멀어요?" "아니 가직해." ⇐ 지근하다 **가직이 가직하게**

가짓수 이름씨 이런저런 가지를 하나하나 센 수 ⓑ오늘 아침밥에 나온 건건이 가짓수가 꽤 많았어

가짜 ⇒ 거짓. 거짓것

가짜돈 이름씨 거짓으로 만들거나 찍은 돈 ⇐ 위조화폐

가차없이 ⇒ 에누리없이. 조금도 봐주지 않고

가책 ⇒ 뉘우침

가책받다 ⇒ 마음에 찔리다

가처분소득 ⇒ 알벌이

가축 ⇒ 집짐승

가출 ⇒ 집나감

가치 ⇒ 값. 값어치. 쓸모

가치관 ⇒ 잣대

가치작가치작 어찌씨 거추장스럽게 자꾸 가볍게 걸리는 꼴 ⓑ바지가 길어 가치작가치작 질질 끌리는 바람에 꽤 마음이 쓰였다 **가치작가치작하다**

가치작거리다 움직씨 거추장스럽게 자꾸 가볍게 걸리다 **가치작대다**

가칫하다 그림씨 살갗이나 털이 기름기가 없이 야위고 거칠다 ⓑ오랜 앓이로 가칫해진 얼굴을 보니 마음이 아팠다 큰말거칫하다 센말까칫하다

가칭 ⇒ 한때이름. 거짓이름

가타부타 ⇒ 옳으니 그르니. 맞느니 틀리느니

가탈 이름씨 ❶일이 잘 안 되도록 헤살 놓는 것 ⓑ이 일에는 가탈이 많네 센말까탈 ❷이러쿵저러쿵 트집을 잡아 까다롭게 구는 일 ⓑ가탈 좀 그만 부려라 익은말 **가탈을 부리다** 이런저런 트집을 잡아 까다롭게 굴다

가탈거리다 움직씨 짐을 싣거나 사람이 타기 어려울 만큼 말이 비틀거리며 걷다 ⓑ말이 가탈거려서 이제라도 짐이 쏟아질 것 같애! **가탈대다**

가탈걸음 이름씨 말이 가탈거리며 걷는 걸음 ⓑ가라말이 지쳤는지 가탈걸음을 걷는다

가택 ⇒ 집

가택수색 ⇒ 집뒤지기

가택연금 ⇒ 집가둠

가톨릭 이름씨 하느님과 예수를 믿고 예수따름이 베드로 뒤를 이은 믿음임금(교황)을 이끎이로 받드는 믿음무리 ⇐ 천주교

가파르다 그림씨 땅이 몹시 비탈지다 ⓑ손수레를 밀고 가파른 길을 내려갈 때는 몸쪽으로 당기면서 천천히 가야 한다 ⇐ 험준하다

가팔막 이름씨 가풀막

가풀막 이름씨 가파른 곳. 한쪽으로 크게 기운 곳 ⓑ고개 너머 마을로 가느라 한참 가풀막을 올랐다 한뜻말가팔막 **가풀막지다**

가풍 ⇒ 집안바람. 집안버릇. 집안내림

가필 ⇒ 손질. 고쳐 씀. 덧씀. 손질하다. 고쳐 쓰다. 덧쓰다

가하다 (加) ⇒ 더하다. 끼치다. 입히다

가하다 (可) ⇒ 좋다. 옳다

가해 ⇒ 언걸끼침. 언걸입힘. 언걸끼치다. 언걸입히다

가해자 ⇒ 언걸끼침이. 언걸입힘이

가호 ⇒ 보살핌. 지켜줌. 보살피다. 지켜주다

가혹하다 ⇒ 모질다. 매정하다. 끔찍하다

가훈 ⇒ 집가르침. 집안가르침. 집말씀

가히 ⇒ 참으로. 참말. 넉넉히. 마땅히

각 (各) ⇒ 낱낱. 하나하나

각 (角) ⇒ 뿔. 모서리. 모

각가지 ⇒ 가지가지. 갖가지

각각 ⇒ 저마다. 따로따로

각계각층 ⇒ 온갖사람

각고 ⇒ 모진 괴로움. 뼈를 깎는 아픔. 뼈를 깎다. 애쓰다. 힘쓰다

각광받다 ⇒ 알려지다. 빛보다. 드러나다

각국 ⇒ 낱낱 나라. 여러 나라

각기 ⇒ 저마다

각기둥 ⇒ 모기둥. 뿔기둥

각기병 ⇒ 다리무릎앓이

각다귀 이름씨 ❶사람이나 짐승 피를 빨아먹는 큰 모기 ⓑ소는 날아드는 각다귀를 쫓으려고 꼬리를 내내 흔들었다 ❷남 것을 뜯어먹는 사람을 빗댄 말 ⓑ저자 각다귀가 낯선 젊은이한테 된통 야단맞았다더라

각다귀판 이름씨 따순마음 없이 남 것을 뜯어먹으려고 덤비는 판 ⓑ다스림판이 아주 각다귀판이지 뭐겠는가

각단[1] 이름씨 일 갈피와 실마리 ⓑ영문을 까밝혀서 각단을 지어야지

각단[2] 이름씨 한마을에서 따로 몇 집씩 모인 곳 ⓑ앞각단. 뒷각단. 우리 마을은 작은 마을인데도 윗각단, 아래각단으로 나뉘었다 한뜻말뜸

각단모임 이름씨 각단 사람들이 한 달에 한 디위 모여 각단일을 이야기하는 일 한뜻말뜸모임 ⇐ 반상회

각담 이름씨 돌로 쌓은 담. 또는 논밭 돌을 추려 한쪽에 쌓아놓은 돌무더기. '돌각담' 준말 ⓑ두 사람은 마침 마을 어귀에 있는 긴 각담 아래로 몸을 숨겼다

각도 ⇒ 모. 기울기. 눈. 눈금. 모데

각도기 ⇒ 모재개. 모크기재개

각료 ⇒ 머리일꾼. 나라머슴

각막 ⇒ 맑은청. 눈청

각목 ⇒ 네모찌. 모나무. 네모나무

각박하다 ⇒ 모질다. 차갑다. 메마르다. 모나다

각별하다 ⇒ 남다르다. 깍듯하다. 대단하다

각본 ⇒ 굿말

각뿔 ⇒ 모뿔

각뿔대 ⇒ 모뿔대

각색 ⇒ 고침. 손봄. 바꿈. 고치다. 손보다. 바꾸다

각서 ⇒ 다짐글

각선미 ⇒ 다리맵시. 다리고움. 매끈함. 미끈함

각설이 ⇒ 저자타령꾼. 거지. 비렁뱅이

각설이타령 ⇒ 저자타령. 저자노래

각설탕 ⇒ 모단것

각설하고 ⇒ 이쯤하고. 이야기를 바꾸어

각성 ⇒ 깨달음. 깨우침. 깨침. 알아챔. 알아차림. 깨닫다. 깨우치다. 깨치다. 알아채다. 알아차리다

각성제 ⇒ 깨우개. 잠안오개

각시 이름씨 ❶새색시 ⓑ각시가 해주는 밥이 꿀맛이다 ❷새색시 모습을 한 놀잇감 ⓑ'각시놀음', '각시춤' 따위는 꼭두각시를 가지고 하는 놀이이다

각시놀음 이름씨 계집아이들이 각시를 가지고 노는 놀이 ㉥계집아이들은 공기놀이, 고무줄놀이, 각시놀음 같은 놀이를 많이 했지요
각시탈 이름씨 젊은 계집 얼굴을 곱게 만든 탈 ㉥슬찬이는 탈춤놀이 때 각시탈을 쓰고 춤을 춘다
각양각색 ⇒ 여러 가지
각오 ⇒ 다짐
각자 ⇒ 저마다
각재 ⇒ 네모나무. 모나무
각종 ⇒ 여러 가지
각주 ⇒ 잡이. 덧풀이
각지 ⇒ 군데군데. 여러 곳. 이곳저곳. 여기저기
각지다 ⇒ 모나다. 뾰족하다
각질 (角質) ⇒ 뿔바탕. 뿔바탈
각질 (殼質) ⇒ 껍데기. 껍질
각축 ⇒ 맞다툼. 맞겨룸. 맞싸움. 엎치락뒤치락. 맞다투다. 맞겨루다. 맞싸우다. 엎치락뒤치락하다
각층 ⇒ 여러 켜
각혈 ⇒ 피게움. 피게우다
간 이름씨 **1** 소금이나 지렁, 된장같이 짠 것 ㉥국이 싱거워 간을 쳤다 **2** 짜기 ㉥찌개가 조금 싱거우니 간을 맞춰야겠다 **3** 소금에 절인 ㉥간고등어. 간갈치 익은말 **간도 모르다** 일 속내를 낌새도 못 채다
간 (肝) ⇒ 애
간 (間) ⇒ 사이. 동안. 틈
간각 이름씨 일몬을 깨닫는 힘 ㉥겉보기는 똑똑해 보이는데 간각이 좀 떨어지는 것 아녀?
간간이 ⇒ 드문드문. 이따금. 가끔
간간하다[1] 그림씨 감칠맛이 나게 좀 짜다 ㉥간간하게 만든 먹을거리 큰말 건건하다 **간간하게 간간히**
간간하다[2] 그림씨 **1** 마음이 아기자기하게 재미있다 ㉥솔잎이는 볼우물을 지으며 다시 간간하게 웃었다 **2** 아슬아슬하게 바드럽다 ㉥맞은쪽이 온갖 재주로 공을 굴리며 쳐들어오는 것을 막아내고 간간하게 이겼다 **간간히**

간격 ⇒ 사이. 틈. 틈새. 동안
간결하다 ⇒ 쉽다. 깔끔하다. 짧다. 단출하다
간계 ⇒ 꾀. 못된꾀. 잔꾀. 약은꾀. 잔재주
간곡하다 ⇒ 마음을 다하다. 애타다. 목빠지다. 꼭. 반드시. 온마음
간과 ⇒ 봐 넘김. 가볍게 봄. 봐 넘기다. 가볍게 보다. 건성 보다. 지나치다. 놓치다
간관 ⇒ 애대롱
간교하다 ⇒ 가살지다. 나쁜 꾀를 부리다. 능글맞다. 살살하다
간구하다 ⇒ 무척 바라다. 목마르게 찾다
간극 ⇒ 틈. 틈새. 사이
간뇌 ⇒ 사잇골
간니 이름씨 젖니가 빠지고 그 자리에 새로 난 이 ㉥젖니를 제때 빼야 간니가 고르게 나와 ⇐ 영구치
간단명료하다 ⇒ 짧다. 또렷하다. 단출하다. 깔끔하다
간단하다 ⇒ 간동하다. 홀가분하다. 거뜬하다. 쉽다. 손쉽다. 가볍다
간담 ⇒ 애쓸개
간담회 ⇒ 모꼬지. 만남. 모임. 수다. 이야기. 맘튼모임. 맘연모임
간당간당 어찌씨 **1** 달리거나 붙은 것이 바드럽게 흔들리는 꼴 ㉥벌집을 떼려고 쑤셨는데 떨어지지는 않고 간당간당 붙어 있다 한뜻말 간댕간댕 **2** 바드럽게 겨우 붙거나 달린 꼴 ㉥빨갛게 익은 감이 떨어질 듯 말듯 간당간당하게 감나무에 매달려 있다 **3** 목숨이 거의 다 되어 얼마 남지 않은 꼴 ㉥할머니 목숨이 간당간당하다 **간당간당하다**
간당거리다 움직씨 달리거나 붙은 것이 바드럽게 자꾸 흔들리다 ㉥거미줄이 바람에 끊어질 듯이 간당거린다 한뜻말 간댕거리다 **간당대다**
간대로 어찌씨 **1** 쉽사리 ㉥그 멧불이 간대로 꺼지지 않겠지 **2** 함부로 ㉥이미 우리 백성은 간대로 누른다고 눌릴 사람들이 아니지요
간도 ⇒ 사잇섬

간돌그릇 이름씨 돌을 갈아서 지은 돌도끼나 돌칼 ⇐ 마제석기. 간석기

간동그리다 움직씨 하나도 흩어지지 않게 말끔히 잘 가다듬어 거두다 ⓑ집을 옮기려고 마리는 밤새 짐을 간동그렸다

간동하다 그림씨 깔끔하고 단출하다 ⓑ우리는 짐을 간동하게 꾸려 줆어졌다

간드러지다 그림씨 목소리 따위가 마음을 녹일 듯이 가늘고 멋드러지고 귀엽다 ⓑ종달새 한 마리가 하늘 높이 떠서 간드러지게 울어댄다

간들간들 어찌씨 ❶작은 것이 가볍게 자꾸 흔들리는 꼴 ⓑ촛불이 바람에 간들간들 흔들린다 ❷바드럽게 겨우 붙은 꼴 ⓑ거미줄에 걸린 잠자리가 간들간들 매달려 있다 **간들간들하다**

간들거리다 움직씨 ❶작은 것이 가볍게 자꾸 흔들리다 ❷바드럽게 겨우 붙어 뭐다 **간들대다**

간디 이름씨 인디아를 잉글나라 종살이에서 벗어나게 한 이끎이. 힘으로 맞서지 않으면서 잉글사람 말을 듣지 않고 나라를 종살이에서 벗어나게 해서 널리 알려졌다

간략하다 ⇒ 간동하다. 짧다. 짤막하다

간만 ⇒ 밀물썰물. 미세기

간물 이름씨 소금에서 저절로 녹아 나오는 쓴물 ⓑ간물을 넣어 콩물이 엉기게 했다 ⇐ 간수

간물때 이름씨 바다 썰물이 가장 낮은 때 ⓑ간물때에는 갯벌이 넓게 펼쳐진다 맞선말 찬물때 ⇐ 간조

간미역 이름씨 소금에 절인 미역 ⇐ 염장미역

간발 ⇒ 매우 짧은 동안. 겨우. 가까스로

간밤 이름씨 지난밤. 어젯밤 ⓑ간밤에 바람이 세게 불고 비가 많이 왔다

간병 ⇒ 앓이구완. 앓이돌봄

간병인 ⇒ 구완꾼. 앓이돌봄이

간부 ⇒ 보살핌이. 돌봄이. 이끎이

간사위 이름씨 꼼꼼하면서도 모나지 않는 꾀 ⓑ그는 간사위가 좋은 사람이다 ⇐ 수단

간사하다 ⇒ 살살하다. 가살지다. 능글맞다. 얍삽하다

간새 이름씨 새마녘에서 부는 바람 ⓑ간새가 부는 걸 보니 님 돌아올 때가 되었구나 한뜻말 샛마파람 ⇐ 동남풍

간석기 ⇒ 간돌그릇

간석지 ⇒ 개펄. 갯벌

간선도로 ⇒ 큰길. 한길

간선제 ⇒ 건너뽑기

간섭 ⇒ 끼어듦. 아랑곳함. 끼어들다. 아랑곳하다. 덥적거리다. 집적거리다

간소하다 ⇒ 꾸밈없다. 수수하다. 홑지다. 가뜬하다

간소화 ⇒ 줄이기

간수 (-水) ⇒ 간물

간수 (看守) ⇒ 지키기. 지기. 지킴이. 건널목지기

간수하다 움직씨 몬을 한동안 잘 거둬두어 없어지지 않게 하다 ⓑ가을걷이한 낟알을 가마니에 넣어 잘 간수해라

간식 ⇒ 참. 새참. 샛밥. 곁두리. 주전부리

간식비 ⇒ 참돈. 새참돈

간신 ⇒ 못된이

간신히 ⇒ 가까스로. 겨우. 힘들게

간악하다 ⇒ 살살하고 모질다

간암 ⇒ 애궂혹

간여 ⇒ 끼어듦. 아랑곳함. 끼어들다. 아랑곳하다. 덥석거리다

간염 ⇒ 애불늦

간유 ⇒ 애기름

간이 ⇒ 쉬움. 손쉬움. 단출함. 단솔함

간이역 ⇒ 단출나루. 작은나루. 쪽나루

간이화장실 ⇒ 단출뒷집

간자미 이름씨 가오리 새끼 ⓑ잡힌 간자미는 바로 놓아줘라

간잔지런하다 그림씨 ❶매우 가지런하다 ⓑ주름이 부챗살꼴로 간잔지런하게 잡혀 있어 웃지 않아도 노상 웃는 듯 보인다 ❷졸리거나 술을 마셔 위아래 눈시울이 맞닿을 듯 가느다랗다 ⓑ엄마 눈이 간잔지런해지며 좀 짜증이 난 듯했다 **간잔지런히**

간잡이그림 이름씨 집이나 틀을 지을 얽이를 짠 그림 ⇐ 설계도. 도면

간장 (肝腸) ⇒ 애

간장 (-醬) ⇒ 지렁. 지릉

간절하다 ⇒ 애타다. 곯다. 바라다. 굴뚝같다. 사무치다

간접경험 ⇒ 건너겪음. 에둘러겪기

간접선거 ⇒ 건너뽑기. 에둘러뽑기

간접세 ⇒ 건너낛

간접적 ⇒ 건너. 둘러서. 넌지시. 가만히

간접조명 ⇒ 되비춤. 건너비춤

간접화법 ⇒ 건너말하기

간접흡연 ⇒ 담배내 건너마심

간조 ⇒ 감물. 간물때

간주 (看做) ⇒ 생각. 그렇다고 봄. 여김. 생각하다. 그렇다고 보다. 여기다

간주·간주곡 (間奏) ⇒ 사잇가락

간지 (間紙) ⇒ 속종이. 끼움종이

간지다[1] 그림씨 붙은 데가 가늘어 끊어질 듯 아슬아슬하다 ⓑ긴 덩굴에 호박이 대롱대롱 간지게 매달려 있다

간지다[2] 그림씨 간드러진 멋이 있다 ⓑ아리랑 가락이 간지게도 넘어가네

간지럼 이름씨 간지러운 느낌 ⓑ나는 어릴 때 발바닥에 간지럼을 많이 탔다. 간지럼 태우다

간지럽다 그림씨 ❶무엇이 살갗에 살살 닿아 스칠 때 몸이 움츠러들며 견디기 어려운 느낌이 있다 ⓑ이렇게 살살 스칠 때 넌 간지럽지 않니? ❷계면쩍고 부끄럽다 ⓑ듣기 좋아라고 하는 저 소리가 간지럽지도 않니? ❸어떤 일을 하고 싶어 참기 어렵다 ⓑ그 얘기를 하고 싶어 입이 간지러웠지만 꾹 참았다

간직하다 움직씨 ❶몬을 오랫동안 잘 두어 없어지지 않게 하다 ⓑ세 나라 때 쓴 이두를 풀이한 책을 잘 간직했다 ⇐ 보관하다 ❷마음에 새겨두고 잊지 않다 ⓑ스승 말씀을 늘 가슴에 간직한다

간질 (癎疾) ⇒ 지랄앓이

간질간질 어찌씨 ❶간지러운 느낌이 자꾸 나는 꼴 ⓑ어깨뼈 아래가 아까부터 간질간질하다 ❷마음이 참을 수 없을 만큼 어떤 일을 자꾸 하고 싶어 하는 꼴 ⓑ봄이 되니 멧골로 나물 뜯으러 가고 싶어 마음이 간질간질 자꾸 시골로 간다 **간질간질하다**

간질거리다 움직씨 간지러운 느낌이 자꾸 나다 **간질대다**

간질이다 움직씨 간지럽게 하다 ⓑ부드러운 봄바람이 내 이마를 간질인다

간척사업 ⇒ 갯벌막이. 개펄막이. 개막이

간척지 ⇒ 개막은땅

간첩 ⇒ 발쇠꾼. 살핌알이꾼. 몰래꾼

간청 ⇒ 조름. 비대발괄. 조르다. 비대발괄하다

간추리다 움직씨 골라서 짧게 추리다 ⓑ세 가지로 간추려 볼 수 있다

간택 ⇒ 뽑기. 가림. 뽑다. 가리다. 가려내다

간파 ⇒ 알아차림. 눈치챔. 알아차리다. 알아내다. 꿰뚫어보다. 눈치채다

간판 ⇒ 보람널. 얼굴

간편하다 ⇒ 홀지다. 쉽다. 홀가분하다. 단출하다. 거뜬하다

간하다 움직씨 ❶먹을거리에 맛을 내려고 짠 것을 넣다 ⓑ국이 싱거우니 좀 더 간해야겠다 ❷먹을거리를 소금에 절이다 ⓑ남은 갈치는 간해놓아라

간행 ⇒ 펴냄. 펴내다

간행문 ⇒ 펴낸글

간헐천 ⇒ 찔끔더운샘. 가끔더운샘

간호 ⇒ 보살핌. 구완. 수발. 보살피다. 구완하다. 수발들다

간호사 ⇒ 보살핌이. 보살핌보

간혹 ⇒ 이따금. 어쩌다. 때로

간힘 이름씨 날숨을 참으면서 아픔을 이기려고 애쓰는 힘. '안간힘' 준말 ⓑ마당쇠는 간힘을 써서 이를 악물고 아픔을 참았다

갇히다 움직씨 가두어지다 ⓑ우리에 갇힌 짐승

갈[1] 이름씨 누리에서 일어나는 온갖 것을 풀 수 있는 벼리나 가리를 파고드는 일 ⇐ 과학.

학문

갈[2] 이름씨 한 때새를 예순으로 나눈 때를 세는 하나치 ⓑ이제는 세 때 열 갈 서른 짹이다 ⇐ 분

갈-[1] 앞가지 (어떤 이름씨 앞에 붙어) 작은 ⓑ갈까마귀. 갈거미

갈-[2] 앞가지 (어떤 이름씨 앞에 붙어) 갈음하여 ⓑ갈이름씨

-갈 뒷가지 (어떤 이름씨 뒤에 붙어) 어떤 알음을 배워 익히고 깊이 파고듦 ⓑ말갈. 소리갈. 몬갈 ⇐ 학문. -학

갈가리 어찌씨 여러 가닥으로 갈라지거나 찢어진 꼴. '가리가리' 준말 ⓑ갈가리 찢어지다

갈가마귀 이름씨 까마귀보다 조금 작고 목, 가슴, 배가 흰 새 ⓑ목에 흰 깃을 단 까만 옷을 똑같이 입고 떼 지어 내려오는 아이들 모습이 갈가마귀 떼 같다

갈가위 이름씨 몹시 아껴서 제 게염만을 채우려는 사람 ⇐ 이기주의자

갈가지 이름씨 범 새끼 ⓑ풀 베러 갔던 이웃 아재는 갈가지가 흙을 퍼 던지는 바람에 놀라서 지게도 버리고 허둥지둥 뛰어 내려왔다 한뜻말개호주

갈개[1] 이름씨 땅에 괸 물을 빠지게 하거나 땅살피를 나타내려고 얕게 판 작은 도랑 ⓑ비가 많이 와서 갈개 친 곳은 멀쩡한데 그냥 둔 밭은 못 쓰게 되었어

갈개[2] 이름씨 무나 생강, 과일 따위를 갈려고 쓰는 낯이 거친 부엌살림 ⇐ 강판

갈개꾼 이름씨 ❶남 일을 헤살하는 사람 ❷닭나무 껍질을 벗기는 사람

갈개다 움직씨 ❶남 일에 헤살 놓거나 남을 헐뜯다 ⓑ함부로 남을 갈개서는 안 되지 ❷마구 사납게 움직이다 ⓑ저리 갈개니 옆에 누가 붙어 있겠어? ❸날씨가 몹시 사납다 ⓑ날씨가 갈개는 거 보니 오늘 바다 나가기는 글렀다

갈개발 이름씨 힘 있는 사람에게 붙어서 덩달아 떠세하는 사람을 빗댄 말 ⓑ오직 제 바라는 쪽으로만 호들갑을 떠는 갈개발이 되어서야 쓰겠나

갈개잠 이름씨 몸을 똑바로 하여 자지 않고 이리저리 뒹굴며 자는 잠 ⓑ아이는 온 방을 돌아다니며 갈개잠을 잤다

갈겨니 이름씨 몸길이 20센티미터쯤 되는 피라미 비슷한 민물고기. 몸 옆으로 길게 푸른빛 세로줄 무늬가 있고 맑은 물에 산다

갈겨쓰다 움직씨 글씨를 되는대로 바쁘게 마구 쓰다 ⓑ워낙 갈겨쓴 글씨라 쓴 나도 못 알아보겠다

갈고닦다 움직씨 갈이나 재주 따위를 마음을 다하여 배우고 익히다 ⓑ그동안 갈고닦은 노래 솜씨를 좀 보여줘 ⇐ 훈련하다. 연마하다 **갈고닦기**

갈고랑쇠 이름씨 ❶갈고랑이 꼴로 생긴 쇠 ⓑ고깃집 아저씨가 돼지 한 마리를 갈고랑쇠에 걸어놓고 잘라 판다 ❷마음씨가 까다롭고 고약한 사람 ⓑ도손은 마음씨가 고약한 갈고랑쇠야

갈고랑이 이름씨 끝이 뾰쪽하고 꼬부라져 무엇을 끌어당기는데 쓰는 몬 ⓑ큰 얼음덩이를 갈고랑이로 찍어 올려 어깨에 둘러멨다 한뜻말갈고리

갈고리 이름씨 갈고랑이 준말 슬기말 **갈고리 맞은 고기** 매우 바드러운 때를 맞아 어찌할 바를 모르는 매개

갈고리달 이름씨 몹시 이지러진 달. 초승달이나 그믐달

갈구 ⇒ 바람. 몹시 찾음. 바라다. 몹시 찾다

갈그락갈그락 어찌씨 붙어 있는 찌꺼기 따위를 자꾸 긁어내는 소리 ⓑ솥에 누른 밥을 갈그락갈그락 떼어먹는다

갈그랑갈그랑 어찌씨 목구멍에서 가래가 끓는 소리 ⓑ겨우내 고뿔이 안 떨어져 갈그랑갈그랑 숨쉬기 힘들다 **갈그랑갈그랑하다**

갈그랑거리다 움직씨 목구멍에서 가래 따위가 걸려 숨 쉴 때마다 조금 거친 소리가 자꾸 나다 **갈그랑대다**

갈그랑하다 움직씨 목구멍에서 가래 따위가 걸

려 숨 쉴 때마다 조금 거친 소리가 나다

갈근 ⇒ 칡뿌리

갈기 (이름씨) 말이나 사자 같은 짐승 목덜미에 길게 난 털 ⓑ가라말이 마파람에 갈기를 휘날리며 달린다 한뜻말 갈기털

갈기갈기 (어찌씨) ❶여러 가닥으로 막 찢어진 꼴 ⓑ강아지가 신을 물어다 갈기갈기 찢어 놓았다 ⇐ 산산이 ❷마음이 몹시 안타까운 꼴을 빗댄 말 ⓑ가슴이 갈기갈기 찢기는 듯 아팠다

갈기다 (움직씨) ❶함부로 건드리거나 몹시 치다 ⓑ바다에서 불어오는 찬 바람이 뺨을 갈기듯이 세차게 스쳐갔다 ❷과녁을 냅다 쏘아 맞추다 ⓑ달아나는 잠개잡이 뒤통수를 갈겼다 ❸글씨를 어지럽게 막 쓰다 ⓑ갈긴 글씨를 한 자 한 자 뜯어보았다 ❹오줌을 아무데나 누다 ⓑ잔디밭에 오줌을 갈기다가 누나한테 들켰다

갈깃머리 (이름씨) 상투나 낭자, 땋은 머리 따위를 묶을 때 한데 묶이지 않고 아래로 처지는 머리털 ⓑ머리카락이 고르지 않아 상투를 틀어도 갈깃머리가 여기 삐죽 저기 삐죽 처져 나왔다

갈다[1] (움직씨) 이미 있는 것을 다른 것으로 바꾸다 ⓑ왜놈들은 우리 가(성)까지 갈려고 모질게 굴었다

갈다[2] (움직씨) ❶날이나 끝을 날카롭게 하거나 매끄럽게 하려고 숫돌이나 단단한 것에 문지르다 ⓑ나물철에는 날마다 낫이나 칼을 갈아야 한다 ❷낟알이나 덩이를 가루로 만들거나 잘게 부수려고 단단한 두 몬 사이에 넣어 문질러 으깨다 ⓑ콩묵을 해 먹으려고 불린 콩을 갈았다 ❸윗니와 아랫니를 맞대고 문질러 소리를 내다 ⓑ걔는 밤에 잘 때 이를 가끔 간다 ❹먹을 벼루에 대고 문지르다 ⓑ먹을 갈다

갈다[3] (움직씨) ❶여름지이 연장으로 땅을 파서 뒤집다 ⓑ어제 쟁기로 논을 갈았다 ❷씨앗을 뿌려 심다 ⓑ고개 너머 사래 긴 밭에는 보리를 갈았다

갈닦 (이름씨) ❶주로 돌이나 쇠붙이, 보, 유리 따위 덩어리를 갈고 닦아서 겉을 반질반질하게 함 한뜻말 갈닦기 ⇐ 연마 ❷갈이나 솜씨 따위를 힘써 배우고 깊이 파고드는 일 ⇐ 연구

갈닦곳 (이름씨) ❶어떤 한 생각거리를 오롯이 깊이 파고들어 참을 알아내는 곳 ⇐ 연구소 ❷옛날에 싸울아비를 길들이는 일을 맡아 하던 곳 ⇐ 훈련도감

갈닦기 (이름씨) ❶몸 마음을 갈고 닦기 ⇐ 탁마 ❷갈이나 재주 따위를 힘써 배우고 익히기 ⇐ 연수. 단련. 트레이닝. 훈련

갈닦이 (이름씨) ❶어떤 한 생각거리를 오롯이 깊이 파고들어 참을 알아내는 사람 ⇐ 연구자 ❷마음을 닦아 집살이를 떠나 누리 속에서 고요히 사는 사람 ⇐ 신선

갈대 (이름씨) 물가나 축축한 땅에 무리 지어 절로 자라는 풀. 소먹이로 좋고 줄기는 갈대발로 쓰고 베어 말렸다가 짚집 지붕을 이으면 볏짚보다 훨씬 오래간다

갈대발 (이름씨) 갈대를 엮어 만든 발 ⓑ문앞에 갈대발을 드리우고 여름을 보냈다

갈대밭 (이름씨) 갈대가 우거진 곳 ⓑ요즘들어 가람바닥이든 냇바닥이든 갈대밭이 들어선다

갈등 ⇒ 옥신각신. 뒤얽힘. 다툼. 망설임

갈떼 (이름씨) 싸울아비 짜임 가운데 가장 작은 하나치. 아홉사람으로 이뤄지며 잔떼에 딸린다 ⇐ 분대

갈라놓다 (움직씨) 쪼개거나 나누어 따로따로 놓다 ⓑ웃대가리들은 자주 사람들을 이쪽 저쪽으로 갈라놓으려 한다

갈라보다 (움직씨) 여럿 가운데서 어떤 것을 따로 갈라서 알다 ⓑ우리는 언제나 일해 먹고사는 사람과 놀고먹는 사람을 갈라볼 줄 알아야 한다 ⇐ 분간하다

갈라서다 (움직씨) ❶서로 갈려 따로 서거나 따로따로 헤어지다 ⓑ사람들은 두 쪽으로 갈라서 줄을 섰다 ❷맺었던 사이를 끊고 따로 되다 ⓑ검은 머리가 파뿌리가 되도록

함께하자고 해놓곤 둘은 끝내 갈라섰다

갈라지다 [움직씨] [1]모여 있던 것이 벌어지거나 쪼개지다 ㉥봄이 되니 얼음 갈라지는 소리가 쩡쩡 울린다 [2]둘 또는 여럿이 되다 ㉥일꾼들은 여러 패로 갈라져 나물을 뜯으러 갔다

갈람하다 [그림씨] 갸름하고 길쭉하다 ㉥갈람한 얼굴에 오똑한 코, 곱게 생긴 귀는 한눈에도 아름이다

갈래 [이름씨] [1]한군데로부터 둘 너머로 갈라져 나간 곳 ㉥갈래 많은 오솔길 ⇐ 분기 [2]가닥을 세는 하나치 ㉥세 갈래로 갈라진 큰길

갈래갈래 [어찌씨] 여러 가닥으로 갈라지거나 찢어진 꼴 ㉥추운 겨울에 얼마나 거칠게 일을 했는지 손등이 갈래갈래 터졌다

갈래기 [이름씨] 한 어머니 뱃속에서 같이 자라 태어난 두 아이 한뜻말갈오기 ⇐ 쌍둥이

갈래기밤 [이름씨] 밤 한 톨 안에 속살이 보늬로 둘로 갈라진 밤 한뜻말짝밤

갈래꽃 [이름씨] 꽃잎이 낱낱이 서로 떨어진 꽃. 벚꽃, 살구꽃, 복숭아꽃 따위 ㉥살구꽃은 갈래꽃이고 호박꽃은 통꽃이다 맞선말통꽃

갈래꽃부리 [이름씨] 낱낱 꽃잎이 서로 갈라진 꽃부리

갈래꽃차례 [이름씨] 꽃대 꼭대기에 꽃이 하나 피고 그 아래 꽃꼭지가 갈라져 나와 저마다 꽃이 피고 그 아래 꽃꼭지가 다시 생겨 켜켜이 피는 꽃 꼴. 별꽃 따위

갈랫길 [이름씨] 둘 너머로 갈라진 길 ㉥세 갈랫길에 들어섰다 한뜻말갈림길 ⇐ 기로

갈리다[1] [움직씨] [1]나뉘다 ㉥공놀이하려고 두 무리로 갈렸다 [2]이기고 짐이 잡히다 ㉥돌이가 차는 공으로 마침내 이기고 짐이 갈렸다

갈리다[2] [움직씨] [1]칼날 같은 것이 날카로워지다 ㉥낫이 잘 갈려 풀 베기가 쉽다 [2]잘게 부서지거나 으깨지다 ㉥콩을 푹 불렸더니 맷돌에 잘 갈린다 [3]먹이 벼루에 잘 문질러지다 ㉥새로 산 먹이 잘 갈려 오늘은 글쓰기를 일찍 끝냈다 [4]윗니와 아랫니가 잘 문질러지다 ㉥그 일만 떠올리면 이가 갈린다

갈리다[3] [움직씨] 몬이나 사람이 바뀌다 ㉥새해가 되어 마을지기가 갈렸다

갈린나라 [이름씨] 처음에 하나였던 나라가 싸움이나 종살이 뒤끝에 둘 넘게 갈라진 나라 ㉥우리나라는 땅별 위에 남은 마지막 갈린 나라이다 ⇐ 분단국가

갈림길 [이름씨] [1]두 갈래 넘게 갈라지는 길 ㉥마을 어귀 갈림길에서 우리는 서로 절한 뒤 헤어졌다 한뜻말갈림목 ⇐ 기로 [2]여러 가지 일 가운데 하나를 골라야 할 때를 빗댄 말 ㉥살면서 이렇게 어려운 갈림길에 놓인 적이 없었다네

갈림목 [이름씨] 여러 갈래로 갈리는 길목 ㉥멧모롱이를 지나면 갈림목이 나오고 거기서 왼쪽으로 쭉 가면 그 집이 나와 ⇐ 분수령

갈마들다 [움직씨] 서로 차례를 바꾸어 들다 ㉥낮과 밤이 갈마들다 ⇐ 교대하다 **갈마들어**

갈마보다 [움직씨] 이것과 저것을 차례로 바꾸어 보다 ㉥어린애가 아빠와 엄마를 갈마보며 방싯거린다

갈마쥐다 [움직씨] [1]한 손에 쥔 것을 다른 손에 바꾸어 쥐다 ㉥그는 바른손에 쥐었던 가방을 갈마쥐고 동무 손을 맞잡았다 [2]쥔 것을 놓고 다른 것을 갈아 쥐다 ㉥슬쩍 갈마쥐는 것을 내 똑똑히 보았어

갈말 [이름씨] 어떤 것을 알려고 깊이 파고드는 데 쓰는 말 ㉥갈말일수록 알아듣기 쉽게 지어야 마땅하지 ⇐ 학술어

갈망 (渴望) ⇒ 바람. 바라다. 애타게 바라다

갈망곳 [이름씨] 어떤 몬을 틀에 맞게 갈무리하여 치우는 곳 ⇐ 처리장

갈망하다 [움직씨] 너끈히 맡아 해내다 ㉥너 그 일 갈망하겠니? 한뜻말갈무리하다

갈매 [이름씨] 짙은 풀빛 ㉥눈부신 햇빛 아래 갈매 멧등성이가 드러났다 한뜻말갈매빛

갈매기 [이름씨] 몸이 비둘기보다 조금 크고 머리와 배는 흰빛이고 날개와 등은 푸른 잿빛

인 겨울 철새 ⓑ갈매기는 나는 힘이 세고 물고기를 잘 잡으며 발에는 물갈퀴가 있다

갈매기살 이름씨 돼지 가로청을 이루는 살 ⓑ삼겹살보다 갈매기살을 더 좋아하는 아들

갈목 이름씨 갈대 이삭 ⓑ누이가 갈목을 한 움큼 꺾어 들고 저만치서 사뿐사뿐 걸어오네

갈무리 이름씨 ❶어떤 것을 쌓아서 잘 챙겨두기 ⓑ나라에서 난을 잘 갈무리해 두었다가 어려울 때 푼다 ⇐ 저장 ❷일을 마무리 짓기 ⓑ일을 벌이기만 하지 갈무리를 할 줄 몰라 **갈무리하다**

갈무리개 이름씨 그림이나 빛박이, 글자들을 그대로 읽어서 셈틀에 갈무리하는 연장 ⇐ 스캐너

갈무리뿌리 이름씨 고구마나 무, 우엉처럼 살감을 모아 둔 굵은 뿌리 ⇐ 저장뿌리

갈무리새 이름씨 오래 갈무리하는 바탈 ⇐ 저장성

갈묻이 이름씨 논밭을 갈아엎어 묵은 끄트러기 따위를 묻음 ⓑ어느새 갈묻이를 끝낸 논밭이 많아졌어 **갈묻이하다**

갈바늘 이름씨 때틀 갈을 가리키는 바늘 ⇐ 분침

갈바람[1] 이름씨 가을바람 준말 ⓑ갈바람이 살살 불어 베어놓은 나락이 잘 마르겠다 ⇐ 추풍

갈바람[2] 이름씨 하늬바람 ⓑ썰물에 갈바람을 받아 배는 미끄러져 나갔다 ⇐ 서풍

갈바래다 움직씨 흙 속 벌레들을 죽이려고 논밭을 갈아엎어 볕과 바람에 쐬다 ⓑ바로 오늘 같은 날이 갈바래기 좋은 날이네

갈배곳 이름씨 밑배곳에서 따로 나눠 차린 배곳 ⇐ 분교

갈붙이다 움직씨 남을 헐뜯어 사이를 갈라 놓다 ⓑ벗끼리 갈붙이기나 하고, 그 가시내는 나빠 ⇐ 이간질하다

갈비[1] 이름씨 말라서 땅에 떨어진 솔잎 ⓑ갈비를 긁어모아 갈빗단을 묶어 한 고개 이고 나는 듯이 메를 내려왔다 한뜻말 솔가리

갈비[2] 이름씨 ❶짐승 갈비뼈에 붙은 살 ⓑ갈비를 발라 숯불에 구워 먹었다 한뜻말 갈비새김 ❷몸이 바싹 마른 사람을 놀리는 말 ⓑ아랫집 긴칼찬이도 갈비에 들어가

갈비[3] 이름씨 앞 추녀 끝에서 뒤 추녀 끝까지 지붕 너비 ⓑ갈비 사이가 넓어서 빗물을 한데 받기가 어렵다

갈비뼈 이름씨 사람이나 짐승 등뼈와 가슴뼈를 이으면서 둥글게 휘어 있는 여러 뼈. 사람에게는 열두 짝이 있다 ⓑ바위에서 굴러 갈비뼈가 두 낱 부러졌다 ⇐ 늑골

갈비찜 이름씨 소나 돼지나 양 갈비에 양념해서 푹 찐 먹을거리 ⓑ갈비찜은 요즘 다른 나라 사람도 즐긴다고 한다

갈빗국 이름씨 소갈비를 알맞은 크기로 잘라 솥에 넣고 푹 끓인 먹을거리 ⇐ 갈비탕

갈빗대 이름씨 갈비 낱낱 뼈대

갈빠르기 이름씨 한 갈 동안 움직인 길이 ⇐ 분속

갈색 ⇒ 밤빛. 소털빛. 짙누런빛

갈솜씨 이름씨 누리갈, 쓸갈, 짓갈 따위를 사람 삶에 쓸모 있게 다듬고 손질하는 것을 통틀어 이르는 말 한뜻말 갈재주 ⇐ 과학기술

갈수 이름씨 옹근수 ㄱ을 0이 아닌 옹근수 ㄴ으로 나눈 몫을 ㄱ/ㄴ으로 나타낸 것 한뜻말 갈셈 ⇐ 분수

갈수록 어찌씨 차츰 더 ⓑ갈수록 나아지는 삶

갈씨 이름씨 몬에서 될갈 꼴과 바탈을 잃지 않고 나눠질 수 있는 가장 작은 알갱이 ⇐ 분자

갈아엎다 움직씨 땅을 갈아서 흙을 뒤집어엎다 ⓑ가을에 논밭을 갈아엎어 놓으면 여름지이에 좋다

갈아입다 움직씨 입던 옷을 벗고 다른 옷으로 바꿔 입다 ⓑ새 옷으로 갈아입다

갈아주다 움직씨 장사치 몬을 사다 ⓑ이것저것 갈아주니 가게 아저씨가 함박웃음을 지었다

갈아타다 움직씨 탈것에서 내려 다른 탈것으로 바꿔 타다 ⓑ버스를 타고 가서 나루에서 긴수레로 갈아탔다 ⇐ 환승하다

갈오기 이름씨 한 어머니한테서 한꺼번에 태어

난 두 아이 한뜻말갈래기 ⇐ 쌍둥이

갈옷 이름씨 풋감 떫은 물을 짜내 물들인 옷

갈음나다 움직씨 모둠이나 여럿을 갈음하여 생각이나 일을 드러내다 ⇐ 대표하다

갈음남 이름씨 모둠이나 여러 사람을 갈음하여 그 생각이나 일을 드러냄 ⇐ 대표

갈음남이 이름씨 모둠이나 여러 사람을 갈음나는 사람 ⇐ 대표자

갈음남지음 이름씨 낱이나 어느 때 여러 지은 것들 가운데서 밑보기로 삼을 만한 것 ⇐ 대표작

갈음다스림 이름씨 임금이 아직 어릴 때 어머니나 할머니가 갈음하여 나라를 다스림 ⇐ 수렴청정

갈음옷 이름씨 **1** 나들이할 때 달리 차려입는 옷 ⓑ입지도 않은 갈음옷이 열 벌이나 있는데도 또 사러 가다니! 한뜻말갈음 ⇐ 외출복 **2** 일이 끝나고 갈아입는 깨끗한 옷 ⓑ씻기 앞에 미리 갈음옷을 챙겨놓아라

갈음하다 움직씨 이미 있는 것을 다른 것으로 바꾸다 ⓑ이것으로 끝말을 갈음합니다 ⇐ 대신하다

갈이 이름씨 어떤 쪽을 깊이 파고들어 바치로서 알음을 갖춘 사람 ⇐ 학자

갈이름씨 이름씨 이름씨를 갈음하여 쓰는 씨 ⇐ 대명사

갈이모래 이름씨 쇠붙이 따위를 가는 데 쓰는 모래. 쑥돌이 닳아 생긴 몬 ⇐ 마사

갈이틀 이름씨 밑감을 굴대에 물리어 돌리면서 칼을 대어 여러 가지 연장을 갈아 만드는 틀 ⇐ 선반

갈이흙 이름씨 **1** 흙이 부드러워 갈고 매기 좋은 겉흙 **2** 여름지이에 알맞은 땅 한뜻말갈이땅

갈잎 이름씨 가랑잎 ⓑ뒤뜰 밖에는 갈잎 노래

갈잎나무 이름씨 가을이나 겨울에 잎이 지는 나무 한뜻말잎지는나무 맞선말늘푸른나무 ⇐ 낙엽수

갈잎떨기나무 이름씨 가을이나 겨울에 잎이 떨어져서 봄에 새잎이 나는 떨기나무. 참꽃, 철쭉 따위이다 ⇐ 낙엽관목

갈잎큰키나무 이름씨 가을이나 겨울에 잎이 떨어져서 봄에 새잎이 나는 키가 큰 나무. 참나무, 밤나무 따위 ⇐ 낙엽교목

갈재주 이름씨 갈솜씨 ⇐ 과학기술. 학술

갈증 이름씨 목마름

갈지자걸음 ⇒ 비틀비틀걸음. 비틀걸음

갈집[1] 이름씨 갈과 재주, 솜씨를 깊이 파고들려고 나라에서 세운 집 ⇐ 학술원

갈집[2] 이름씨 밑집에서 나누어 베푼 집 ⇐ 분관

갈참나무 이름씨 잎은 긴 거꿀알꼴이고 잎 뒤쪽은 흰 털이 빽빽한 참나무 가운데 하나. 가을에 도토리가 열리고 나무는 집을 짓거나 표고버섯을 가꾸는 데 쓴다

갈채 ⇒ 손뼉치기. 소리지르기

갈취 ⇒ 빼앗음. 뜯어냄. 빼앗다. 뜯어내다

갈치 이름씨 몸은 긴 칼처럼 길쭉하고 납작하며 몸빛은 서릿빛에 비늘이 없는 바닷물고기. 맛이 부드럽고 좋아 즐겨 찾는 이가 많다

갈치잠 이름씨 방이 좁아서 여러 사람이 갈치처럼 모로 누워 자는 잠 ⓑ큰방을 못 마련해 좁은 방에서 다 같이 갈치잠을 잤지

갈퀴 이름씨 가랑잎이나 검불 따위를 긁어모으는 연장 ⓑ돌쇠는 갈퀴 같은 손으로 노름판 돈을 싹 긁어모았다 한뜻말까꾸리

갈퀴다 움직씨 갈퀴로 긁어모으다 ⓑ어제 아우와 떨어진 나뭇잎을 갈퀴었다

갈퀴덩굴 이름씨 가는 줄기는 땅으로 뻗으며 아무데나 잘 엉겨 붙는 두해살이풀. 이른 봄에 어린싹은 나물로 먹는다

갈파하다 ⇒ 밝혀 말하다

갈팡질팡 어찌씨 어느 쪽으로 가야 할지 몰라 이리저리 헤매는 꼴 ⓑ멧속에서 길을 잃어 갈팡질팡 헤맸다 ⇐ 우왕좌왕하다 **갈팡질팡하다**

갈풀 이름씨 모낼 논에 거름으로 쓰려고 베는 부드러운 잔가지나 풀 ⓑ갓 핀 참나무잎이나 미루나무잎, 그리고 부드러운 풀은 갈풀로 딱 좋다

ㄱ

갈피 이름씨 ❶일 갈래가 나누어지는 테두리나 금 ⓑ일머리가 있는 사람이라서 일 갈피를 잡아 잘 해낼 거야 ❷겹치거나 포갠 것 하나하나 사이 ⓑ어릴 적 책갈피에 여러 가지 예쁜 나뭇잎을 넣어두었지 익은말 **갈피를 못 잡다** 어찌할 바를 모르다

갈피끈 이름씨 책갈피에 끼워둬 읽던 곳을 찾는 데 쓰는 끈 ⓑ쇠북소리에 읽던 책에 갈피끈을 끼워놓고 한달음에 달려갔다

갉다 움직씨 ❶날카로운 끝으로 무엇을 문지르다 ⓑ겨울 동안 쥐가 이것저것 갉더니 끝내 문까지 갉아 구멍을 냈다 ❷다른 사람 것을 꼬드겨 빼앗다 ⓑ너는 어찌 한뉘토록 남 것을 갉아대기만 하니? ❸좀스럽게 헐뜯다 ⓑ남을 갉아 내린다고 네가 올라가냐?

갉아먹다 움직씨 ❶이로 갉아서 먹다 ⓑ쥐가 옥수수를 야금야금 갉아먹는다 ❷살림을 야금야금 써 없애다 ⓑ그 사람은 어버이가 물려준 살림을 다 갉아먹고 알거지가 되었다

갉작갉작 어찌씨 ❶잇달아 날카로운 끝으로 문지르는 모습 ⓑ등이 가려워 등긁개로 갉작갉작 긁었다 큰말긁적긁적 ❷되는대로 자꾸 글이나 그림을 쓰거나 그리는 꼴 ⓑ아이가 종이에 뭔가를 갉작갉작 그린다 **갉작갉작하다**

갉작거리다 움직씨 잇달아 날카로운 끝으로 문지르다 ⓑ아까부터 어깨가 간지러워 손으로 갉작거렸다 **갉작대다**

갉죽갉죽 어찌씨 잇달아 갉는 모습 ⓑ마루 밑에 생쥐가 나왔는지 갉죽갉죽 긁는 소리가 들린다 **갉죽갉죽하다**

갉죽거리다 움직씨 잇달아 갉다 ⓑ엉덩이가 몹시 가려워 옷 입은 채로 엉덩이를 갉죽거렸다 **갉죽대다**

갊다 움직씨 ❶간직하다. 갈무리하다 ⓑ고이 갊아두었던 옷에 좀이 쓸어 못 입게 되었네 ⇐ 저장하다 ❷죽은 사람 몸을 씻은 뒤 죽음옷을 입히고 긴 베로 묶다

갋다 움직씨 ❶맞서서 옳으니 그르니 하고 따지다 ⓑ눈먼 믿음에 사로잡힌 이들을 갋을 수도 없고 한뜻말가래다 ❷함께 나란히 하다 ⓑ자리를 갋아 앉다

감[1] 이름씨 감나무 열매. 처음에는 푸르다가 차츰 붉게 여물며 잘 익으면 물렁물렁하고 달다. 그냥 먹기도 하고 껍질을 벗겨 말려 곶감을 만들기도 한다

감[2] 이름씨 ❶옷이나 이불을 짓는 데 쓰는 천 ⓑ엄마가 옷 지을 깁 감을 끊어 왔다 ❷흔히 옷감을 세는 하나치 ⓑ삼베 한 감 끊어 주세요

감[3] 이름씨 무엇을 만드는 바탕 ⓑ손수 겪은 일을 글감으로 쓰는 것이 좋다 한뜻말밑감 비슷한말거리

감[4] 이름씨 ('내다', '못 내다'와 함께 써) '해 볼 마음'을 나타냄 ⓑ혼자서는 감을 못 내던 일도 여럿이면 할 수 있다

감[5] 이름씨 매개에 걸맞는 말이나 짓 ⓑ감에 맞지 않는 옷차림 ⇐ 격

감 (感) ⇒ 느낌. 생각

-감 뒷가지 ❶놀이 따위 연모 ⓑ놀잇감. 장난감 ❷그 자리에 알맞은 사람 ⓑ며느릿감. 나라지깃감

감각 ⇒ 느낌

감각기관 ⇒ 느낌문

감각모 ⇒ 느낌털

감감무소식 ⇒ 조금도 모름. 새뜸없음

감감하다 그림씨 ❶새뜸이 조금도 없다 ⓑ집 나간 딸아이 새뜸이 감감하기만 하다 센말깜깜하다 거센말캄캄하다 ❷조금도 모르다 ⓑ그런 큰일이 벌어진 줄 감감하게 몰랐어 ❸아주 멀어서 아득하다 ⓑ감감하게 내려다보이는 골짜기

감개 이름씨 밧줄이나 실 같은 것을 감는 연모 ⓑ뭡틀이 천천히 돌아가니 감개가 쇠밧줄을 감았다

감개 (感慨) ⇒ 벅찬 느낌

감개무량하다 ⇒ 벅찬 느낌이 그지없다. 느낌이 벅차다

감격 ⇒ 벅찬 느낌. 뭉클함. 치느끼다

감격스럽다 ⇒ 고맙다. 벅차다. 목메다. 마음이 뭉클하다

감궂다 그림씨 ❶ 짓이나 생김새가 바르지 않고 사납다 ⓑ사내가 감궂게 생겨서 말 붙이기가 망설여졌다 ⇐ 험상궂다. 험하다. 흉악하다 ❷ 논밭 따위가 일하기 힘들게 거칠고 바드럽다

감금 ⇒ 가둠. 잡아넣음. 가두다. 잡아넣다

감기 ⇒ 고뿔

감기다[1] 움직씨 위아래 눈시울이 붙다 ⓑ얼마나 졸리는지 눈이 저절로 감긴다

감기다[2] 움직씨 ❶ 옷가지가 몸에 칭칭 달라붙거나 사람이 가깝게 달라붙다 ⓑ소나기를 맞았더니 바짓가랑이가 다리에 감겨 붙어 걷기 힘들다 ❷ 끈이나 줄, 실이 다른 것에 빙빙 둘러지다 ⓑ단추를 누르니 실패에 실이 저절로 감겼다

감기다[3] 움직씨 몸이나 머리를 물에 담가서 씻기다 ⓑ아내가 손을 다쳐서 내가 머리를 감겨 주었다

감김치 이름씨 ❶ 소금물에 얼마 동안 담가서 떫은맛을 없앤 감 한뜻말 담은감. 우린감 ⇐ 침감. 침시 ❷ 소를 잡기 앞서 마지막으로 주는 먹이

감꽃 이름씨 감나무에 피는 희고 노르스름한 꽃 ⓑ어릴 적 감꽃을 많이 주워 먹었다

감나무 이름씨 옛날부터 집 둘레나 밭둑에 심어 가꾸던 넓은잎 큰키나무. 밤나무와 함께 우리나라에서는 으뜸가는 과일나무이다

감내 ⇒ 견딤. 참아냄. 배겨냄. 견디다. 참아내다. 배겨내다

감다[1] 움직씨 몸이나 머리를 물에 담가서 씻다 ⓑ머리를 감다. 미역을 감다

감다[2] 움직씨 위아래 눈시울을 붙이다 ⓑ숨을 알아차리다가 감은 눈앞이 환해지는 걸 겪어봤니? 맞선말 뜨다

감다[3] 움직씨 ❶ 끈이나 줄, 실을 다른 것에 빙빙 두르다 ⓑ실을 감다 ❷ 긴 것을 헝클어지지 않게 사리다 ⓑ새끼를 둥글게 잘 사리어 감은 뒤 네 곳을 끈으로 묶었다 ❸ '옷을 입다' 낮춤말 ⓑ비싼 옷만 감고 다닌다고 멋이 나는 게 아니지

감다[4] 그림씨 새뜻하고 짙게 검다 ⓑ감디감은 머리칼에 붉디붉은 입술

감당 ⇒ 해냄. 치러냄. 갈망. 해내다. 치러내다. 갈망하다. 견디다. 떠맡다

감독 ⇒ 살핌. 잡도리. 지킴. 살피다. 잡도리하다. 지키다

감독관 ⇒ 살핌이. 지킴이. 잡도리꾼

감돌 이름씨 쓸모있는 쇳돌이 어느만큼 넘게 들어 있는 쇳돌 맞선말 버력

감돌다 움직씨 ❶ 길이나 물굽이가 모퉁이를 따라 빙 돌다 ⓑ큰 가람이 마을을 감돌아 흐르는 아름다운 곳에 살았어 ❷ 어떤 생각이나 느낌이 떠올라 사라지지 않다 ⓑ머릿속에 감도는 그 생각 때문에 잠이 안 온다 ❸ 가까이 붙어 다니거나 오가다 ⓑ겨집 곁을 감도는 사내 ❹ 어떤 기운이나 냄새 따위가 둘레에 가득 차다 ⓑ따뜻한 기운이 감돈다

감돌이 이름씨 보탬이 될까 싶어 살살 감돌아 드는 사람 ⓑ조카는 약삭빠른 감돌이였다 한뜻말 감바리

감동 ⇒ 가슴뭉클. 마음뭉클. 치느끼다

감때사납다 그림씨 ❶ 억세고 사나워 휘기 어렵다 ⓑ아저씨가 워낙 감때사납게 설쳐서 아무도 함부로 하지 못했다 한뜻말 감사납다 ❷ 사납고 거칠어 일하기가 힘들다 ⓑ가뭄에 메마른 땅이라 김매기가 감때사납다

감량 ⇒ 줄이기

감면 ⇒ 없애기. 줄이기

감명 ⇒ 깊이새김. 깊이느낌

감목 이름씨 어떤 지체나 자리를 가지거나 어떤 일을 하는 데 드는 힘 ⇐ 자격

감목재봄 이름씨 감목이 되는지 알아보는 재봄 ⇐ 검정고시

감물[1] 이름씨 덜 익은 감을 짜서 나온 떫은 물. 옷감을 물들이는 데 쓴다 ⓑ겉옷에 감물을 들였다

감물[2] 이름씨 가장 낮은 때 썰물 ㉥감물에 갯벌에 나가 조개도 줍고 낙지를 잡았다

감미롭다 ⇒ 달콤하다

감미료 ⇒ 단맛감. 단맛거리

감바리 이름씨 보탬을 노리고 남보다 먼저 약삭빠르게 달라붙는 사람 ㉥돌이 언니는 누구나 다 아는 감바리였다 한뜻말감돌이

감발 이름씨 ❶버선 갈음으로 발에 감는 좁고 긴 무명천. 옛날에는 겨울에 감발을 하고 길을 나섰다 한뜻말발감개. 발싸개 ❷발감개를 한 차림새

감방 ⇒ 가두리방

감별 ⇒ 가려냄. 가림. 알아냄. 가려내다. 가리다. 알아내다

감복 ⇒ 놀람. 크게 느낌. 놀라다. 크게 느끼다

감본메 이름씨 어떤 일을 할 감이 된다는 본메 ㉥돌봄감본메. 맛갓감본메 ⇐ 자격증

감빨다 움직씨 ❶먹을거리를 감칠맛 나게 빨다 ㉥곱단이는 조금 남은 단팥죽을 감빨면서 입맛을 다셨다 ❷제 것이 아닌 것을 갖고 싶어 하다 ㉥남이 가진 돈을 감빠는 무리가 아직도 있다

감빨리다 움직씨 ❶입맛이 몹시 당기다 ㉥잘 익은 단감이 감빨려서 한자리에서 다섯 낱이나 먹었다 ❷무엇이 부러워지다 ㉥남 돈에 감빨리다가는 모든 것을 놓친다

감사 (感謝) ⇒ 고마움. 고맙다

감사 (監査) ⇒ 꼼꼼살핌. 따져봄

감사 (監司) ⇒ 고장지기

감사납다 그림씨 ❶억세고 사나워 휘기 어렵다 ㉥감사나워 휘어잡기 어렵다 ⇐ 험상궂다. 험하다 ❷바탕이 거칠어서 일하기에 힘들다 ㉥오랜 가뭄에 말라붙었던 논이라 김매기가 감사나웠다

감사원 ⇒ 꼼꼼살핌집

감상 (感想) ⇒ 느낌. 생각. 느끼다. 생각하다. 맛보다

감상 (感傷) ⇒ 슬픔. 애틋함. 쓸쓸함

감상 (鑑賞) ⇒ 즐김. 누림

감상문 ⇒ 느낌글

감색 ⇒ 짙쪽빛

감성 ⇒ 느낌

감성돔 이름씨 몸길이 40센티미터쯤 되고 가까운 바다에 사는 길둥근꼴 바닷물고기. 몸빛은 흰빛, 푸른빛, 잿빛이 뒤섞였으며 지느러미가 잘 자라 있다

감소 ⇒ 줆. 줄어듦. 줄임. 덞. 줄다. 줄어들다. 줄이다. 덜다

감소함수 ⇒ 줆따름수

감속 ⇒ 줄여달림. 천천히달림. 줄여 달리다. 천천히 달리다

감속운행 ⇒ 천천히 달리기. 더디가기. 줄여 가기

감수 (甘受) ⇒ 달게 받음. 무릅씀. 달게 받다. 무릅쓰다. 받아들이다

감수 (監修) ⇒ 살핌. 따져봄. 살피다. 따져보다

감수 (減壽) ⇒ 놀람. 자지러짐. 목숨줆. 놀라다. 자지러지다. 목숨이 줄다

감수 (減數) ⇒ 뺌수

감수성 ⇒ 느낌바탈. 느낌바탕

감시 ⇒ 살핌. 지킴. 지켜봄. 살펴봄. 살피다. 지키다. 지켜보다. 살펴보다

감시자 ⇒ 살핌이. 지킴이. 지기

감식 ⇒ 알아냄. 살펴 알아냄. 알아내다. 살펴 알아내다

감실감실[1] 어찌씨 멀리서 어렴풋이 움직이는 모습 ㉥가람 위에 감실감실 떠있는 돛단배 큰말검실검실 **감실감실하다**

감실감실[2] 어찌씨 군데군데가 조금 가무스름한 모습 ㉥강아지 털빛은 감실감실 얼룩졌다 큰말검실검실

감실감실하다 그림씨 군데군데가 조금 가무스름하다

감실거리다 움직씨 멀리서 어렴풋이 움직이다 ㉥어두워지자 김매는 사람들 모습은 어렴풋이 감실거리지만, 노랫소리는 또렷이 들려왔다 큰말검실거리다 **감실대다**

감싸다 움직씨 ❶감아서 싸다 ㉥아이를 포대기로 감싸다 ❷허물이나 모자람이 드러나지 않게 덮어주다 ㉥어머니는 내 잘못을 늘 감쌌다 ⇐ 포용하다

감싸지키다 (움직씨) 따라다니며 곁에서 돌보고 지키다 ⇐ 호위하다

감씨 (이름씨) 공알 ⇐ 음핵

감안 ⇒ 헤아림. 매개봄. 살핌. 먼저 생각해줌. 헤아리다. 매개보다. 살피다. 먼저 생각해주다

감언 ⇒ 속임수. 사탕발림

감언이설 ⇒ 사탕발림. 속임수. 입발림소리. 꾐말. 달콤한말

감염 ⇒ 옮김. 옮음. 앓이물듦

감염증 ⇒ 옮김늦. 옮늦. 옮앓이

감옥 ⇒ 가두리

감옥살이 ⇒ 가두리살이

감원 ⇒ 사람 줄임. 일꾼 줄임. 사람 줄이다. 일꾼 줄이다

감자 (이름씨) 처음 아메리카에서 자라던 것이 온 누리에 퍼져 가난한 사람들을 먹여 살린 으뜸가는 먹을거리. 남새이면서 난 못지않게 앙금이 많이 들어있어 좋은 먹을거리이다. 바람이 들고 물빠짐이 좋은 땅에서 잘 자라는데 땅속 덩이줄기가 커진 것을 먹는다

감자가루 (이름씨) 감자를 물에 오랫동안 담가 그 앙금을 말린 가루 ⇐ 감자녹말. 감자전분

감자부침개 (이름씨) ❶감자를 얇게 썰어 밀가루에 묻혀 기름에 지지거나 부친 먹을거리 한뜻말감자지짐이 ❷감자를 갈아서 지지거나 부친 먹을거리

감자지짐이 (이름씨) 감자부침개

감자튀김 (이름씨) 감자를 썰어 기름에 튀긴 먹을거리 ⇐ 포테이토칩

감잡히다 (움직씨) 남과 옳고 그름을 겨룰 때 가리가 안 맞아 빈틈이 잡히다 ⓑ남에게 감잡힐 서툰 짓은 하지 말아야지

감장[1] (이름씨) 남 도움 없이 일을 제힘으로 꾸려나감 ⓑ제 일 감장을 잘하고 나서 남 일에 끼어들어야지!

감장[2] (이름씨) 가만 빛깔이나 물감 ⓑ감장 통치마를 즐겨 입은 어머니

감전 ⇒ 번힘탐. 번힘오름

감점 ⇒ 이룸치깎기. 점수깎기

감정 (感情) ⇒ 느낌. 마음

감정 (鑑定) ⇒ 밝힘. 갈래지음. 가림. 값매김

감정아이 (이름씨) 첫 달거리 없이 밴 아이. 곧 알이 처음 나올 때 씨를 받아서 밴 아이

감주 ⇒ 단술

감줄 (이름씨) 타래못 꼴이나 둥근 통 꼴로 여러 디위 감은 이끌줄 ⇐ 코일

감지 ⇒ 눈치챔. 알아챔. 앎. 느낌. 눈치채다. 알아채다. 알다. 느끼다

감지기 ⇒ 간각틀

감지덕지하다 ⇒ 매우 고마워하다

감질나다 ⇒ 애타다

감쪽같다 (그림씨) 꾸민 일이나 고친 것이 조금도 알아차리지 못할 만큼 자취가 없다 ⓑ어머니는 찢어진 옷 무르팍을 감쪽같이 기워놓았다

감찰 ⇒ 꼼꼼살핌

감초 ⇒ 단풀

감촉 ⇒ 살갗느낌. 느낌

감추다 (움직씨) ❶남이 보거나 찾아내지 못하게 두다 ⓑ옷장 속 깊숙한 곳에 돈을 감췄다 ❷어떤 일이나 마음, 느낌, 생각을 남이 모르게 하다 ⓑ아우가 오랜 가두리살이 끝에 풀려났다는 새뜸을 듣고 기쁨을 감춘 채 차분하게 이야기했다 ❸어떤 것이나 일, 모습, 자취가 없어지거나 사라지다 ⓑ시집온 새 며느리가 온다간다 말없이 자취를 감추었다

감축 ⇒ 줄임

감치다[1] (움직씨) ❶어떤 사람이나 일이 잊히지 않고 마음속에 감돌다 ⓑ큰집살이 한 일이 머릿속에 감치고 잊히지 않네 ❷먹을거리 맛이 맛깔스러워 입에 당기다 ⓑ멧딸기 새콤한 맛이 혀를 감친다

감치다[2] (움직씨) ❶홑 것인 바느질감 가장자리를 실올이 풀리지 않게 안으로 두 디위 접어 출렁쇠꼴로 꿰매다 ⓑ엄마는 터진 내 바짓단을 꼼꼼히 감쳤다 ❷휘감아 붙들어 매다 ⓑ아름이는 치마를 단단히 감치더니 물이 불어난 내를 살펴 건너갔다

감칠맛 이름씨 ❶입에 당기는 맛 ⓑ감칠맛이 나는 시원한 재첩국에 속이 풀렸다 ❷사람 마음을 끌어당기는 힘 ⓑ새로 들어온 일꾼은 겉보기보다는 감칠맛이 나는 사람이야 ⇐ 매력

감침질 이름씨 천 가장자리를 접어서 실을 휘감으며 꿰매는 바느질 ⓑ어머니는 바지가 자주 터지는 곳을 감침질로 꿰매주었다

감탄 ⇒ 놀람. 크게 느낌. 놀라다. 크게 느끼다

감탄문 ⇒ 느낌글

감탄사 ⇒ 느낌씨

감탕 이름씨 ❶갓풀과 송기름을 끓여서 만든 풀. 새를 잡거나 나무를 붙이는 데 쓴다 ⓑ손에 감탕이 묻어 비누로 여러 차례 씻었는데도 끈적끈적하다 ❷곤죽같이 된 진흙 ⓑ비 온 뒤라 누렁흙길이 감탕이 되어 버렸다

감태 이름씨 밤빛을 띤 미역갈래 여러해살이 바닷말. 둥근기둥꼴 줄기는 1~2미터이고 깊은 바다에서 난다

감태지 이름씨 감태를 멸치젓, 풋고추, 고춧가루, 다진 마늘과 새앙으로 버무리고 소금물을 부어 이틀이나 사흘 동안 익혀서 먹는 건건이 ⓑ아무리 느끼한 맛갓을 먹더라도 감태지 두어 젓가락 감아 먹으면 개운하기 그지없다

감퇴 ⇒ 떨어짐. 줄어듦. 떨어지다. 줄어들다. 잦아들다

감투 이름씨 ❶옛날에 벼슬아치가 갓 아래 쓴 쓰개. 말총, 가죽, 헝겊 따위로 만든다 ⓑ옛날 벼슬아치는 감투를 썼다 ❷벼슬을 낮추어 이르는 말 ⓑ'감투를 쓰다'는 말은 '벼슬을 하다'라는 뜻이다

감투밥 이름씨 그릇 위까지 수북하게 높이 담은 밥 ⓑ늦은 점심이라 모두 감투밥을 남김없이 게걸스럽게 먹어 치웠다 한뜻말 머슴밥 ⇐ 고봉밥

감파랗다 그림씨 감은 듯 파랗다 ⓑ바닷물이 감파랗게 너울져 밀려왔다

감풀 이름씨 썰물 때는 보이고 밀물 때는 보이지 않는 넓고 판판한 모래톱 ⓑ우리나라 하늬바닷가에는 드넓게 펼쳐진 감풀이 많다

감하다 ⇒ 줄어들다. 줄다. 빼다. 덜다

감행 ⇒ 굳이 함. 해나감. 밀고 나감. 밀어붙임. 굳이 하다. 해나가다. 밀고 나가다. 밀어붙이다

감화 ⇒ 좋게 바뀜. 바람직하게 바뀜. 좋게 바뀌다. 바람직하게 바뀌다

감회 ⇒ 느낌. 생각. 시름. 느낀바

감흥 ⇒ 신. 신명. 신바람. 느낌

감히 ⇒ 주제넘게. 무릅쓰고. 두려움 없이. 함부로

갑 (甲) ⇒ 으뜸. 첫째

갑 (匣) ⇒ 작은 고리

갑각류 ⇒ 껍데기짐승. 껍데기벌레

갑갑하다 그림씨 ❶훤히 트이거나 뚫리지 않아 막힌 느낌이 있다 ⓑ이 집은 앞이 막혀 갑갑하다 ❷더디거나 따분하여 견디기에 지겹다 ⓑ더듬거리는 말씨에 갑갑함을 느꼈다 ❸옷을 많이 껴입어 움직이기 거북하다 ⓑ옷을 잔뜩 껴입었더니 갑갑해서 숨이 막히는 것 같다

갑골문자 ⇒ 거북등딱지뼈글자

갑금 이름씨 세모꼴 한 꼭짓점과 맞결 갑점을 잇는 쪽금 ⇐ 중선

갑긴동안 이름씨 가운데 동안과 긴 동안을 함께 이르는 말 ⇐ 중장기

갑난뉘 이름씨 땅밭때 가름에서 옛난뉘와 새난뉘 가운데에 드는 뉘. 꽃풀과 나무, 새, 젖먹이짐승이 널리 퍼졌다 ⇐ 중생대

갑떼 이름씨 싸울아비 짜임 가운데 하나. 네 낱잔떼로 이루어지며 큰떼에 딸린다 ⇐ 중대

갑론을박 ⇒ 이러쿵저러쿵. 옥신각신

갑물길 이름씨 빗물이나 한 디위 쓴 물을 걸러 뒷간이나 길을 깨끗이 하는데 쓰는 물길 ⇐ 중수도

갑배곳 이름씨 첫배곳을 나와서 세 해 동안 배우는 배곳 ⇐ 중학교

갑부 ⇒ 큰가면이

갑삭 어찌씨 ❶몸을 가볍게 숙이는 꼴 ⓑ아우는 머리를 갑삭 숙여 아저씨께 절을 했다 ❷어떤 것이 좀 가벼워 보이는 꼴 ⓑ새로

산 겨울옷은 갑삭하면서도 아주 따뜻했다
갑삭갑삭 (어찌씨) 매우 가볍게 숙이거나 여럿이 가볍게 숙이는 꼴 ⓑ아지매는 갑삭갑삭 머리를 숙이면서 집임자 마음에 들려고 했다 **갑삭갑삭하다**
갑삭거리다 (움직씨) 고개나 몸을 가볍게 자꾸 숙이다 ⓑ소도둑같이 생긴 사람한테 고개를 갑삭거리는 저 푸름이는 누구지? **갑삭대다**
갑상선 ⇒ 목밑샘
갑시다 (움직씨) 물이나 센바람을 갑자기 들이마셔 숨이 막히다 ⓑ아무리 목마르더라도 갑시지 않게 천천히 마시게
갑신 (어찌씨) 고개나 몸을 가볍게 숙이는 꼴 ⓑ나는 할아버지께 고개를 갑신 숙여 절했다
갑신거리다 (움직씨) 고개나 몸을 가볍게 자꾸 숙이다 ⓑ고개를 갑신거리다 **갑신대다**
갑신아비 (이름씨) 짝맺이가 이루어지도록 가운데서 힘쓰는 사내 한뜻말 재여리. 새들이 ⇐ 중매쟁이. 중신아비. 커플매니저
갑신어미 (이름씨) 짝맺이가 이루어지도록 가운데서 힘쓰는 겨집 한뜻말 재여리. 새들이 ⇐ 중매쟁이. 중신어미. 커플매니저
갑신정변 ⇒ 1884해 다스림 바꿈
갑오개혁 ⇒ 1894해 새 다스림
갑오징어 ⇒ 참오징어
갑옷 ⇒ 싸움옷
갑자기 (어찌씨) 뜻밖에. 불쑥 ⓑ송아지만 한 고라니 한 마리가 길섶에서 갑자기 튀어나왔다 ⇐ 별안간
갑자르다 (움직씨) **1** 힘이 들거나 뜻대로 되지 않아 낑낑거리다 ⓑ별이가 털신을 신느라고 갑자른다 **2** 말하기 어렵거나 거북하여 망설이며 끙끙거리다 ⓑ곱단이는 시원스레 말하지 못하고 말끝마다 갑자른다
갑작바뀜 (이름씨) 마음이나 몸짓이 갑자기 달라짐 ⇐ 표변
갑작벌이 (이름씨) 지나치게 돈을 많이 남김 ⇐ 폭리
갑작새뜸 (이름씨) 빼어나게 남다른 것을 알리는 새뜸 ⇐ 특보
갑작스럽다 (그림씨) 생각할 사이 없이 갑자기 일어난 느낌이 있다 ⓑ러시아가 갑작스럽게 싸움을 벌여 마음이 아픈 사람이 많다
갑작알림 (이름씨) 갑작스럽거나 빼어난 일이 있을 때 따로 내는 새뜸 한뜻말 깜짝알림 ⇐ 호외
갑작죽음 (이름씨) 사람이 갑자기 죽는 일 한뜻말 뜻밖죽음. 날죽음 ⇐ 돌연사. 변사
갑잔벌일 (이름씨) 밑천이나 일꾼 수, 살림 크기가 가운데쯤 되거나 그보다 작은 벌일 ⇐ 중소기업
갑절 (이름씨) 어떤 수나 숱을 두 디위 더함. 또는 그 더한 수나 숱 ⓑ아버지 몸무게가 아들 몸무게 꼭 갑절이다 한뜻말 곱절 ⇐ 배
갑판 ⇒ 배널. 뱃마루
값 (이름씨) **1** 몬 쓰임새를 돈으로 나타낸 것. 또는 그 돈 ⓑ올해 쌀값이 제법 올랐다 ⇐ 가격 **2** 어떤 일을 한 삯이나 보람 ⓑ일이 생각보다 어려우니 값을 더 쳐주셔야죠 **3** 셈하여 얻은 수나 몫 ⓑ다섯에 넷을 곱하면 그 값이 스물이다
값나가다 (움직씨) 값이 많이 나가다 ⓑ값나가는 것이 하나도 없어서 늘 문 열어놓고 사는 삶을 누려보고 싶지 않소?
값눅다 (그림씨) 값이 싸다 ⓑ오이가 이렇게 많이 쏟아져 나오니 값눅을 수밖에 없지!
값매기다 (움직씨) 몸값을 헤아려 매기다 ⇐ 평가하다
값매김이 (이름씨) 어떤 일몬이 가진 힘이나 꼴, 높이 따위를 헤아려 따지는 일을 하는 사람 ⇐ 평가자
값비싸다 (그림씨) **1** 값이 비싸다 ⓑ값비싼 옷이라고 다 좋은 것은 아니다 맞선말 값싸다 **2** 어떤 일을 하는 데 들이는 힘이 크다 ⓑ흙집을 지으려면 값비싼 품을 들여야 한다
값싸다 (그림씨) **1** 어떤 잣대보다 값이 적다 ⓑ값싼 비지떡이라지만 비지떡은 뜻밖에도 좋은 먹을거리다 맞선말 값비싸다 **2** 값어치가 적고 보잘것없다 ⓑ그런 값싼 말때움으로 이 큰 일을 어떻게 막으려 하느냐?

값어치 이름씨 몬이나 일 값 ⓑ얻기 어려운 것일수록 그만큼 높은 값어치를 가지기 쉽다

값있다 그림씨 값어치나 보람이 있다 ⓑ우리말을 살려 쓰는 일은 견줄 수 없이 값있는 일이다

값지다 그림씨 값을 많이 지니다 ⓑ이 누리에서 가장 값진 보배가 무엇일까?

값쪽종이 이름씨 값을 적어 몬마다 붙인 쪽종이 한뜻말 보람표 ⇐ 가격표

값치다 움직씨 좋고 나쁨, 잘하고 못함, 옳고 그름을 값매기다 ⇐ 평하다

값표 이름씨 어음이나 돈표, 모가치처럼 어떤 값어치를 갖는 표 ⇐ 유가증권. 증권

갓[1] 이름씨 옛날에 어른이 된 사내가 밖에 나갈 때 머리에 썼던 말총으로 만든 쓰개 ⓑ갓을 쓰지 않고도 살아가는 오늘 우리 삶이 얼마나 홀가분하냐

갓[2] 이름씨 비웃이나 굴비 따위 말린 먹을거리 열 마리를 한 줄로 엮은 것이나 고사리, 고비 따위 열 모숨을 한 줄로 엮은 것을 세는 하나치 ⓑ고사리 두 갓, 굴비 다섯 갓 주시오

갓[3] 이름씨 잎과 줄기로 김치를 담가 먹으려고 기르는 남새 ⓑ뭐니 뭐니 해도 돌메섬 갓김치가 으뜸이다

갓[4] 이름씨 집을 짓거나 보, 섶을 만드는 데 쓸 나무를 함부로 베지 않고 가꾸는 메 ⓑ저기 넓은 갓은 누구네 갓이지?

갓[5] 어찌씨 '바로', '겨우', '막'이라는 뜻. 스물, 서른, 마흔, 쉰… 같은 말 앞에 쓴다 ⓑ갓 스물을 넘긴 어여쁜 가시내에게 자꾸 눈길이 갔다 슬기말 **갓 마흔에 첫 버선** 오래 앞부터 마음먹고 있던 일이 마침내 이루어짐

갓길 이름씨 빠른 큰길 옆에 낸 가장자리 길 ⓑ한길에서 수레가 달리다가 서로 부딪히면 먼저 갓길로 비켜야 한다

갓끈 이름씨 머리에 쓰는 갓에 달린 끈 ⓑ배나무 아래에서는 갓끈을 고쳐 매지 마라

갓난아이 이름씨 태어난 지 얼마 되지 않은 아이 ⓑ엄마가 우는 갓난아이에게 젖을 물렸다 한뜻말 갓난아기 준말 갓난애 ⇐ 신생아

갓마흔 이름씨 이제 막 마흔이 된 나이 ⓑ그 사람 나이가 이제 갓마흔이 되려나 모르겠네

갓바다 이름씨 뭍에서 가까운 바다 한뜻말 앞바다 맞선말 난바다. 먼바다 ⇐ 근해. 연해

갓밝이 이름씨 날이 밝을 무렵 ⓑ할머니는 갓밝이에 밭으로 나갔다 비슷한말 새벽 ⇐ 여명

갓방 이름씨 집 가장자리에 있는 방 ⓑ우리집 갓방에는 식게그릇이나 돗자리를 두거나 때로는 과일을 갈무리한다

갓스물 이름씨 이제 막 스물이 된 나이 ⇐ 약관

갓털 이름씨 씨방 위쪽에 붙은 솜털같이 생긴 것. 꽃받침이 바뀐 것이다

강 ⇒ 가람

강가 ⇒ 가람가

강강술래 이름씨 대보름날이나 한가위에 하는 놀이. 여럿이 손을 잡고 둥글게 빙빙 돌면서 추는 춤. 또는 그 춤에 맞추어 부르는 노래 ⓑ마을 사람들은 마당에 둥글게 서서 강강술래를 했다

강건하다 ⇒ 굳다. 굳건하다. 굳세다. 꿋꿋하다

강경하다 ⇒ 굳세다. 억세다. 튼튼하다. 야무지다

강구 ⇒ 찾음. 찾아봄. 손씀. 찾다. 찾아보다. 마련하다. 손쓰다

강구다 움직씨 귀를 기울이다 ⓑ아비누이는 귀가 어두워 말소리를 알아들으려고 잔뜩 강구었다

강국 ⇒ 센나라

강굴 이름씨 물을 타거나 다른 것을 섞지 않은 굴 살

강굴강굴 어찌씨 꼬불꼬불하게 감겨드는 꼴 ⓑ언니는 머리카락을 볶아서 늘 강굴강굴 감겨 있다

강권하다 ⇒ 억지로 시키다. 억지로 맡기다

강남 ⇒ 가람마

강낭콩 이름씨 여름에 가늘고 긴 꼬투리가 맺히는 한해살이 덩굴풀. 꼬투리 속에 흰빛, 누런빛, 검은빛 씨가 대여섯 낟씩 들어있는데 그 열매를 삶아 먹거나 밥에 넣어 먹는다

강냉이 이름씨 아메리카에서 들어와 널리 퍼진 낟. 아무데서나 잘 자라 가난한 사람이 굶주림에서 벗어나는 데에 좋은 먹을거리이다. 짐승 먹이로도 많이 쓴다 ⓑ알맞게 익은 강냉이는 따자마자 소금이나 단것을 넣지 않고 바로 쪄야 제맛이다 한뜻말옥수수

강다리 이름씨 쪼갠 땔나무 100개비를 세는 하나치 ⓑ땔나무 한 강다리

강다짐 이름씨 ❶억지로 내리먹이거나 억누르기 ⓑ우리 겨레를 강다짐으로 부려먹은 왜종살이 때를 벌써 잊었는가 ❷국이나 물 없이 밥을 빡빡하게 먹는 일 ⓑ몸은 아픈데 강다짐으로 몇 술 뜨니 모래알을 씹는 것 같네

강단 ⇒ 끈기. 뚝심

강담 이름씨 흙을 쓰지 않고 돌로만 쌓은 담 ⓑ제주도에서는 강담을 따라 걷는 재미가 쏠쏠하다

강당 ⇒ 큰배움집

강대국 ⇒ 센나라

강대나무 이름씨 선 채로 껍질이 벗겨져 말라 죽은 나무 ⓑ시골집 뒤뜰 강대나무는 대낮에 봐도 으스스하다 준말강대 ⇐ 고사목

강대하다 ⇒ 굳세고 크다. 힘세고 크다

강더위 이름씨 비는 오지 않고 여러 날 볕만 내리쬐는 센 더위 ⓑ오래도록 강더위가 이어지니 남새가 타들어간다 비슷한말된더위. 불볕더위

강도 (強度) ⇒ 세기. 굳기

강도 (強盜) ⇒ 날도둑

강동 어찌씨 짜름한 다리로 가볍게 뛰는 모습 ⓑ아이들이 나를 따라 발밑 조그만 웅덩이를 강동 뛰어넘었다 큰말겅둥 센말깡똥 **강동하다**

강동강동 어찌씨 짜름한 다리로 가볍게 자꾸 뛰는 모습 ⓑ네 살배기 조카가 강동강동 뛰며 나를 반긴다 큰말겅둥겅둥 센말깡똥깡똥 **강동강동하다**

강동거리다 움직씨 ❶짜름한 다리로 잇달아 가볍게 뛰다 ⓑ아이들은 들나들이 가기로 한다는 말에 아침부터 신나서 강동거리고 다녔다 큰말겅둥거리다 센말깡똥거리다 ❷채신없이 호들갑스럽게 몸을 움직이다 ⓑ겨집아이가 동무를 만나 강동거리며 기뻐했다 **강동대다**

강동하다 그림씨 입은 옷이, 아랫도리나 속옷이 드러날 만큼 짧다

강둑 ⇒ 가람둑

강똥 이름씨 몹시 된 똥 ⓑ강똥을 누느라 힘을 썼더니 똥구멍이 찢어져 피가 묻어나네

강력분 ⇒ 차진밀가루

강력하다 ⇒ 힘세다. 힘차다. 세차다. 굳건하다

강렬하다 ⇒ 거세다. 세차다. 드세다. 뜨겁다. 화끈하다

강령 ⇒ 벼리. 바탕뜻. 으뜸줄거리

강론 ⇒ 풀이하고 나누기. 가르치고 나누기

강림 ⇒ 내려옴. 내려오다

강매 ⇒ 억지로 팖. 떠맡김. 억지로 팔다. 떠맡기다

강모 이름씨 물 없는 논에 호미나 꼬챙이로 억지로 땅을 파서 심는 모 ⓑ목비를 기다리다 지친 여름지기는 어쩔 수 없이 강모를 심었다

강물 ⇒ 가람물

강바람 이름씨 비는 내리지 않고 몹시 세게 부는 바람 ⓑ세찬 강바람에 기와가 날아갔다

강바람 ⇒ 가람바람

강박관념 ⇒ 못떨치는 생각. 억눌리는 느낌

강밭다 그림씨 몹시 다랍고 쩨쩨하다 ⓑ나미는 일마다 강밭기로 이름난 구두쇠다

강변 (強辯) ⇒ 억지소리. 억지부림. 억지 부리다. 억지소리하다

강변 (江邊) ⇒ 가람가

강변도로 ⇒ 가람갓길. 가람옆길

강보 ⇒ 포대기

강사 ⇒ 말하는이. 가르침이

강산 ⇒ 가람메

강샘 이름씨 제가 좋아하거나 사랑하는 사람이 다른 이를 좋아함을 미워하고 시샘하는 것 ⓑ사람들이 활짝 핀 벚꽃을 즐기는 걸 강샘하듯 세찬 비가 내린다 한뜻말강짜 ⇐ 질

ㄱ

투. 투기

강설 ⇒ 눈. 눈내림

강설량 ⇒ 내린눈많기

강성하다 ⇒ 억세다. 굳세다

강세 ⇒ 힘. 힘줌. 오름세

강쇠바람 이름씨 첫가을에 부는 샛바람 ⓑ이곳 강쇠바람이 무척 매섭구나

강수량 ⇒ 내린비많기

강술 이름씨 곁들이는 먹거리 없이 마시는 술 ⓑ어제 골이 나서 빈속에 강술을 마셨더니 속이 쓰리다

강습 ⇒ 배움. 익힘

강습소 ⇒ 배움터

강습회 ⇒ 배움모임. 익힘모임

강아지 이름씨 ❶새끼 개. 아직 다 자라지 않은 어린 개 ⓑ옆집 개가 얼룩 강아지 세 마리를 낳았다 ❷흔히 어린 아들딸이나 아슨딸아들을 귀엽게 이르는 말 ⓑ할머니는 어린 아슨딸에게 '우리 강아지 왔어?' 하며 맞아주었다

강아지풀 이름씨 잎이 가늘고 길며 여름에 강아지 꼬리 꼴 푸른빛 꽃이삭이 달리는 풀 ⓑ선돌박이 둘레에는 강아지풀이 많이 자란다

강압 ⇒ 억누름. 족침. 짓누름. 우격다짐. 억누르다. 족치다. 짓누르다. 우격다짐하다

강약 ⇒ 셈여림

강약기호 ⇒ 셈여림표

강어귀 ⇒ 가람어귀

강연 ⇒ 가르침

강연장 ⇒ 가르치는 곳

강연회 ⇒ 가르침모임

강요 ⇒ 억지시킴. 억지바람. 억지로 시키다. 억지로 하게 하다. 억지로 바라다

강우 ⇒ 비. 비내림

강우량 ⇒ 내린비

강울음 이름씨 울음이 나오지 않는데도 억지로 우는 울음 ⓑ어머니 장삿날, 똑같은 아들딸인데도 강울음 우는 이가 있네

강의 ⇒ 가르침. 풀어밝힘. 가르치다. 풀어 밝히다

강의실 ⇒ 가르치는곳. 풀어밝히는곳

강인하다 ⇒ 굳세다. 억세다. 튼튼하다. 질기다

강자 ⇒ 힘센이. 힘센사람

강적 ⇒ 맞선이. 된맞선이. 임자

강점 (強點) ⇒ 센점. 나은점

강점 (強占) ⇒ 억지차지. 빼앗차지. 억지로 차지하다. 빼앗아 차지하다

강점기 ⇒ 굴레살이. 종살이

강정 이름씨 ❶찹쌀가루를 반죽하여 손가락 크기로 썰어 말렸다가 기름에 튀겨서 꿀과 고물을 묻힌 과줄 ❷볶은 깨나 콩, 땅콩 따위를 물엿에 섞어 뭉쳐 만든 과줄. 깨강정, 콩강정, 땅콩강정이 있다

강제 ⇒ 억지누름. 우격다짐

강제력 ⇒ 힘. 억누르는 힘

강조 ⇒ 힘줌. 다짐. 힘주다. 다지다. 힘주어 말하다

강좌 ⇒ 가르침

강줄기 ⇒ 가람줄기

강직 (強直) ⇒ 굳음

강직하다 (剛直) ⇒ 곧다. 꼿꼿하다. 꿋꿋하다. 굳세다. 꼬장꼬장하다. 억세다. 어기차다

강진 ⇒ 센땅떨림

강철 ⇒ 시우쇠

강철봉 ⇒ 시우쇠막대

강철판 ⇒ 시우쇠널

강촌 ⇒ 가람마을

강추위 이름씨 눈도 오지 않고 바람도 세지 않으면서 몹시 매서운 추위 ⓑ강추위가 물러가니 봄이 오는 듯하다 한뜻말 된추위. 한추위 ⇐ 혹한

강타 ⇒ 세게 침. 때림. 세게 치다. 때리다. 덮치다

강탈 ⇒ 앗아감. 도둑질. 앗다. 앗아가다. 도둑질하다. 억지로 빼앗다

강토 ⇒ 땅. 나라땅

강파르다 그림씨 ❶몸이 여위고 파리하다 ⓑ슬기는 몸이 너무 강팔라서 가엾어 보인다 ❷마음씨가 까다롭고 고약하다 ⓑ그 아이는 마음씨가 강팔라서 마주하기가 쉽지 않다 ❸마음이 메마르고 쌀쌀맞다 ⓑ사람들이 잘살게 되면서 마음은 거꾸로 강팔라가

는 것 같다

강판 (鋼板) ⇒ 시우널

강판 (薑板) ⇒ 갈개

강풍 ⇒ 센바람. 모진바람

강하 ⇒ 내림. 내려옴. 낮아짐. 내리다. 내려오다. 낮아지다

강하다 ⇒ 세다. 힘세다. 굳세다. 힘차다. 거세다. 억세다

강행 ⇒ 억지로 함. 밀어붙임. 억지로 하다. 무릅쓰고 하다. 밀어붙이다

강호 ⇒ 억센이. 드센이. 힘센이. 힘센맞선이

강화 ⇒ 세게 함. 튼튼히 함. 다짐. 세게 하다. 튼튼히 하다. 다지다

강화도 ⇒ 가비고시섬

강화도조약 ⇒ 가비고시다짐

강황 ⇒ 누렁 새앙

갖- 앞가지 '가죽'을 나타내는 말 ㉥갖옷. 갖바치. 갖두루마기. 갖저고리

갖가지 이름씨 가지가지. 여러 가지 ㉥어머니는 밥놓개 위에 갖가지 먹을거리를 잔뜩 차려놓았다

갖다[1] 움직씨 '가지다' 준말 ㉥넌 뭘 갖고 싶니?

갖다[2] 움직씨 '가져다가' 준말 ㉥이 삶은 감자를 논매는 아버지께 갖다 드려라

갖다[3] 그림씨 고루고루 다 갖추다 ㉥다섯 살배기가 가살도 부리고 노래도 하고 춤도 추고 귀염짓을 갖다 ⇐ 구비하다

갖바치 이름씨 가죽을 만들거나 가죽으로 신을 만들어 벌어먹고 사는 사람 ㉥우리나라에는 일찍이 갖바치, 독바치, 점바치, 노릇바치, 못바치, 활바치 같은 솜씨꾼이 있었다 슬기말 **갖바치 아제 모레** 갖바치가 신을 만들어준다는 날을 못 지키고 자꾸 미룸

갖은 매김씨 골고루 갖춘. 가지가지 ㉥엄마는 김장김치를 담글 때 갖은양념을 넣는다 한뜻말 온갖

갖은소리 이름씨 쓸데없는 온갖 소리. 조리에 맞지 않는 소리 ㉥요즘 갖은소리를 들어낼 젊은이가 있을까

갖저고리 이름씨 짐승 털가죽을 안쪽에 댄 저고리 ㉥옛날 가면이들은 겨울에 갖저고리를 입고 지냈다

갖추 어찌씨 고루 갖추어 ㉥언니는 세간을 갖추 들여놓고 남부럽지 않게 산다

갖추다 움직씨 **1** 있어야 할 것을 마련하거나 지니다 ㉥날씨가 추운 날은 옷을 따뜻하게 갖추어 입어라 **2** 마음이나 몸가짐을 바르게 하다 ㉥물을 아껴 쓰는 마음을 갖춰야지

갖춘꽃 이름씨 복숭아꽃, 벚꽃처럼 꽃받침, 꽃잎, 암술, 수술이 모두 다 있는 꽃 맞선말 안갖춘꽃

갖춘마디 이름씨 첫 마디부터 끝 마디까지 잡힌 장단이 다 들어있는 마디 맞선말 못갖춘마디

갖춘마침 이름씨 가락이 모두 끝났음을 느끼게 하는 마침

갖풀 이름씨 쇠가죽을 짙게 고아 굳힌 것. 낫개로도 쓰고 끓여 나무세간을 만드는 데 풀로 쓴다 ⇐ 아교

갖풀곽 이름씨 갖풀로 얇게 만든 작은 곽 한뜻말 통집 ⇐ 캡슐

갗 이름씨 '가죽' 옛말 슬기말 **갗에서 좀 난다** 그 바탕에 빌미가 있다

같금 이름씨 땅별 노끝과 마끝으로부터 같은 길이에 있는 땅거죽점을 이은 금 한뜻말 한씨금 ⇐ 적도

같기냄 이름씨 '3+ㄱ=7'처럼 모르는 값이 든 냄. 어떤 값을 넣어야만 같기냄이 이루어진다 ⇐ 방정식

같다 그림씨 **1** 서로 다르지 않다 ㉥둘은 같은 배곳에서 배운다 **2** 무엇이 일어날 듯하다 ㉥구름이 잔뜩 낀 걸 보니 소나기라도 올 것 같다 **3** ('같은' 꼴로 써서) '그 갈래에 들 만한'이라는 뜻 ㉥우리 겨레는 일찍부터 가뭄을 잘 타는 땅에는 조, 수수, 메밀 같은 낟을 심었다 **4** ('같으면' 꼴로 써서) '~라면'이라는 뜻 ㉥나 같으면 술판을 벌이는 잔치에는 안 가겠다 **5** ('같아서는' 꼴로 써서) '따르자면'이라는 뜻 ㉥마음 같아서는 춤이

라도 추고 싶었다 ❻('같으니' 꼴로 써서) 다름없다는 뜻 ⓑ에이, 나쁜 놈 같으니 ❼('같은' 꼴로 한 이름씨 사이에 써서) '가장 대중이 될 만한'이라는 뜻 ⓑ말 같은 말. 집 같은 집

같아지다 (움직씨) 같거나 비슷하게 되다 ⓑ드디어 언니와 키가 같아졌다

같은무리 (이름씨) 나라를 다스리는 무리 맞선말 다른무리. 밖무리 ⇐ 여당

같음표 (이름씨) 두 수나 두 길이 같음을 나타내는 표. '=' 로 나타낸다 ⓑ12÷4=3 ⇐ 등호

같이[1] (어찌씨) ❶서로 함께 ⓑ동무들과 같이 물놀이를 했다 ❷서로 다름이 없이 ⓑ깨친이 마음은 바다와 같이 넓다

같이[2] (토씨) 어떤 말에 붙어서 꼴이나 바탈이 그와 비슷하다는 뜻을 나타내는 말 ⓑ얼음같이 찬물 한뜻말 처럼

같이하다 (움직씨) 다른 사람과 생각이나 짓을 함께하다 ⓑ나랑 생각을 같이하는 사람 손 들어봐

같잖다 (그림씨) ❶하는 짓이 아니꼽고 못마땅하다 ⓑ스스로 얼굴이 잘생겼다고 뽐내는 사람을 보면 같잖은 생각이 들어 ❷말할 거리도 못될 만큼 하찮다 ⓑ그런 같잖은 일로 애탈 게 뭐가 있어?

같지다 (움직씨) 씨름에서 둘이 같이 넘어져 비기다

갚다 (움직씨) ❶외상을 지거나 빚진 것을 돌려주다 ⓑ남은 빚은 다음 달에 마저 갚겠습니다 ❷(고마움이나 받은 사랑을) 되돌리다 ⓑ어버이 사랑은 아무리 해도 다 갚을 수 없다 ❸받은 딻과 아픔을 되돌려주다 ⓑ우리 겨레가 입은 종살이 아픔을 그대로 갚아준다고 해서 그 아픔이 사라지지는 않는다

개[1] (이름씨) ❶집짐승 가운데 하나. 똘똘하고 사람을 잘 따르며 냄새를 잘 맡고 귀가 밝아 집 지키기, 사냥 같은 일에 부려먹는다 ⓑ개는 사람이 가장 오랫동안 길들인 짐승이다 ❷마음씨나 몸가짐이 막돼먹거나 남 앞잡이 노릇을 하는 사람을 빗댄 말 ⓑ저 사람은 술만 마시면 개다 (슬기말) **개가 웃을 일** 기가 막히거나 어이없는 일 **개같이 벌어서 정승같이 산다** 아무 일이든 닥치는 대로 해서 돈을 벌어 떳떳하게 쓴다 **개 눈에는 똥만 보인다** 늘 마음에 있는 것만 눈에 보인다 **개 보름 쇠듯** 한가윗날이나 잔칫날 제대로 먹지 못함

개[2] (이름씨) 윷놀이에서 윷을 던져 두 낱은 엎어지고 두 낱은 젖혀진 것을 이르는 말 ⓑ도, 개, 걸, 윷, 모 가운데 개는 두 디위째이다

개[3] (이름씨) 가람이나 내에 바닷물이 드나드는 곳 ⓑ개펄

개[4] (이름씨) 개울 준말 ⓑ재 넘고 개 건너 잘도 간다

개 ⇒ 낱

개- (앞가지) (어떤 이름씨 앞에 붙어) 참것이 아닌. 하찮은 ⓑ개살구. 개꿈. 개떡

-개[1] (뒷가지) (움직씨 줄기에 붙어) '그렇게 하는 작은 몬'을 나타내는 말 ⓑ덮개. 싸개. 쓰개. 지우개. 꾸미개. 타래못돌리개. 밀개

-개[2] (뒷가지) 사람을 가리키는 말 ⓑ아무개. 코흘리개. 오줌싸개. 아이보개. 노리개

개가 (改嫁) ⇒ 다시 시집감

개가 (凱歌) ⇒ 이김노래

개각 ⇒ 머슴바꿈. 일꾼바꿈

개간 ⇒ 일굼. 띠지기. 띠짐. 일구다. 띠지다

개강 ⇒ 배움열기. 배움열다

개개다 (움직씨) ❶무엇이 자꾸 맞닿아서 닳거나 해지거나 벗어지다 ⓑ발꿈치가 구두 뒤축에 개개어 살갗이 까졌다 ❷귀찮게 달라붙어 성가시게 굴다 ⓑ나한테 자꾸 개개지 마라

개개비 (이름씨) 휘파람새보다 조금 크며 등과 날개는 쇠털빛이며 배는 흰 새. 늦은 봄에 날아와 갈대밭에서 '개개개' 하고 시끄럽게 울어서 '개개비'라고 한다

개개인 ⇒ 낱낱 사람. 한 사람 한 사람

개개풀리다 (움직씨) ❶끈기가 있던 것이 녹아

서 다 풀어지다 ㉥얼음고리에서 꺼내놓은 얼음보숭이가 곧 개개풀렸다 한뜻말개개풀어지다 준말개풀리다 ❷졸음이 오거나 술에 절어 눈이 흐리멍덩해지다 ㉥어젯밤 잠을 못 잤더니 자꾸만 눈이 개개풀리네

개개풀어지다 (움직씨) 개개풀리다

개골창 (이름씨) 수챗물이 흐르는 작은 도랑 ㉥가물면 개골창 물은 더러워서 걸레도 못 빤다

개과천선 ⇒ 새사람됨. 뉘우침. 새사람 되다. 마음 바로잡다. 뉘우치다

개관 (槪觀) ⇒ 다 훑어봄. 대충 살펴봄. 추려봄. 다 훑어보다. 대충 살펴보다. 추려보다

개관 (開館) ⇒ 문엶. 처음 문엶. 문 열다. 처음 문 열다

개괄 ⇒ 뭉뚱그림. 간추림. 뭉뚱그리다. 간추리다

개교 ⇒ 배곳엶. 배곳 열다

개구기 ⇒ 입벌리개

개구리 (이름씨) 논이나 못같이 물과 가까운 땅에서 살고 개굴개굴하고 울며 물에서는 헤엄을 잘 치고 뭍에서는 폴짝폴짝 뛰어다니는 숨받이 ㉥모 심으려고 물을 잡아놓은 논에서 뭇 개구리가 울어쌓는다 한뜻말머구리 (슬기말) **개구리 올챙이 적 생각 못 한다** 가난하고 나랍던 옛일을 생각지 못하고 처음부터 잘난 듯이 군다

개구리헤엄 (이름씨) 개구리처럼 팔과 다리를 오므렸다 폈다 하며 치는 헤엄 ㉥너는 아직 개구리헤엄도 못 치냐? 한뜻말가슴헤엄 ⇐ 평영

개구멍 (이름씨) 울타리 밑이나 대문짝 밑에 개가 드나들 만하게 터진 구멍 ㉥개구멍으로 몰래 들어가다 아버지한테 딱 걸렸지 뭐야

개구멍바지 (이름씨) 오줌똥을 누기 쉽게 밑을 터서 만든 사내아이 바지 ㉥개구멍바지를 뒤집어 머리를 내미는 아이 장난에 모두가 즐겁게 웃었다

개구멍받이 (이름씨) 남이 개구멍이나 문밖에 버리고 가서 데려다 기른 아이. 옛날에는 아기를 낳아 다른 사람 집 앞에 버렸을 때 이 아이를 '개구멍받이'라 불렀고, 이 아이를 '들어온 복'이라 여겨서 맡아 기르는 것이 내림버릇이었다

개구쟁이 (이름씨) 지나치게 짓궂은 장난을 하는 아이 ㉥어릴 적 한때 개구쟁이 짓 안 해 본 사람이 있을까?

개국 ⇒ 나라세움. 나라세우다

개굴개굴 (어찌씨) 개구리가 우는 소리 ㉥논에 물을 잡던 날 밤 수많은 개구리가 개굴개굴 울었다 **개굴개굴하다**

개귀쌈지 (이름씨) 아가리를 접으면 그 위로 개 귀처럼 넓적한 쪽이 앞으로 넘어와 덮이는 쌈지 ㉥나는 할머니가 손수 만들어주신 개귀쌈지를 들고 가게로 갔다

개그 ⇒ 우스개. 익살

개그맨 ⇒ 우스개꾼. 익살꾼

개근 ⇒ 빠짐없이 다님. 빠짐없이 나옴. 빠짐없이 다니다. 빠짐없이 나오다

개기월식 ⇒ 온달가림. 옹근달가림

개기일식 ⇒ 온해가림. 옹근해가림

개꿀 (이름씨) 벌통에서 갓 떠내어 벌집에 그대로 들어있는 꿀 ㉥넋 놓고 개꿀을 떠먹느라 벌이 달려드는 것도 몰랐다 한뜻말송이꿀

개꿈 (이름씨) 대중없이 어수선한 꿈 ㉥누가 나를 쫓아와서 달아나느라 애를 먹었는데 깨고 보니 개꿈인 것을

개나리 (이름씨) 이른 봄에 잎보다 먼저 노란 꽃이 피어 집 가까이에 잘 심어 가꾸며 울타리로도 많이 심는 꽃나무 ㉥어머니 무덤가에 개나리꽃이 맨 먼저 핀다

개념 ⇒ 두루뜻. 둘뜻

개념요소 ⇒ 말뜻이름씨. 추린뜻바탕

개다[1] (움직씨) 흐리거나 궂은 날씨가 맑아지다 ㉥구름이 물러가고 날이 개니 하늘엔 별빛이 총총하다

개다[2] (움직씨) 옷이나 이부자리를 반듯하게 포개어 접다 ㉥날씨가 더워져서 이제 두꺼운 옷은 개어서 옷장에 넣어야겠다

개다[3] (움직씨) 가루나 덩어리에 물이나 기름을 넣어 잘 으깨어 풀거나 반죽하다 ㉥조금

출출해서 미숫가루를 물에 잘 개어서 아우랑 나눠 마셨다

개떡 이름씨 노깨나 나깨, 보릿겨 따위를 반죽하여 아무렇게나 반대기를 지어 찐 떡 ⓑ개떡으로 만든 장이 시금장인데 거기에 박은 무지는 맛이 좋다

개떡같다 그림씨 마음에 들지 않고 하찮다 ⓑ개떡같이 생겨서 까불기는! 익은말 **개떡같이 주무르다** 제 맘대로 마구 다루다

개똥 이름씨 개가 눈 똥 ⓑ어른은 개똥을 줍고 아이들은 소똥을 줍는다 슬기말 **개똥도 약에 쓰려면 없다** 흔하던 것도 막상 쓰려고 하면 찾기 어렵다

개똥밭 이름씨 ❶개똥이 많아 땅이 기름진 밭 ⓑ개똥밭에 마늘을 심으면 무럭무럭 잘 자란다 ❷개똥이 많아 더러운 곳 ⓑ마을 앞 빈터가 온통 개똥밭이다 슬기말 **개똥밭에 굴러도 이 삶이 좋다** 아무리 가난하고 힘들더라도 죽는 것보다는 낫다

개똥지빠귀 이름씨 참새보다 좀 크며 등은 검은 밤빛이고 날개는 붉은 밤빛, 배는 희고 옆구리에 점무늬가 있는 새. 작은 벌레를 잡아먹거나 풀씨를 먹고 산다

개똥참외 이름씨 길가나 들에 저절로 자라서 열린 참외 ⓑ개똥참외가 맛있다더니 여느 참외보다 작고 맛도 없구먼

개략 ⇒ 간추림. 대충 추림. 간추리다. 대충 추리다

개량 ⇒ 고침. 낫게 함. 고치다. 낫게 하다. 좋게 고치다

개량종 ⇒ 새로운 씨. 새 씨

개마고원 ⇒ 한밝더기

개막 ⇒ 엶. 열다

개막식 ⇒ 엶 잔치. 여는 잔치. 엶맞이

개막은땅 이름씨 바닷가 갯벌에 돌담을 쌓아서 논밭으로 쓰는 땅 ⓑ끝없이 생겨나는 개막은땅에서 얻는 것이 갯벌을 잃어버리는 것보다 좋은지 따져봐야 한다 ⇐ 간척지

개망초 ⇒ 돌잔꽃풀

개먹다 움직씨 자꾸 맞닿아서 몹시 닳다 ⓑ처박아 두었던 동아줄이 볕을 쐬어 개먹었다. 책 모서리가 개먹어 너덜너덜하다

개명 (改名) ⇒ 이름바꿈. 이름고침. 이름갊. 이름 바꾸다. 이름 고치다. 이름 갈다

개명 (開明) ⇒ 깨남. 깸. 눈뜸. 열림. 깨나다. 깨다. 눈뜨다. 열리다

개미[1] 이름씨 땅속이나 썩은 나무에 집을 짓고 떼 지어 사는 벌레. 머리, 가슴, 배가 또렷이 나뉘고 허리가 잘록하다 슬기말 **개미 메 나르듯** 살림을 조금씩 조금씩 알뜰히 모으는 것

개미[2] 이름씨 질기게 만들려고 종이솔갯줄에 먹이는 것으로, 사금파리 따위를 빻아서 풀에 개어 끓인 것 ⓑ밥풀과 사금파리 가루를 나란히 싸잡고 그 사이로 실을 뽑아 개미를 먹인다

개미저자 이름씨 장마가 지기 앞에 개미가 줄을 지어 먹이를 나르거나 집을 옮기는 일 ⓑ한참 개미저자를 보고 있으니 때 가는 줄 모르겠더라 ⇐ 개미장

개발 ⇒ 쓸모있게 함. 낫게 함. 쓸모있게 만들다. 낫게 하다

개발도상국 ⇒ 살림 이는 나라. 나아지는 나라

개발제한구역 ⇒ 마구 길 내고 집 못 짓는 곳

개발코 이름씨 개 발처럼 너부죽하고 뭉툭하게 생긴 코 ⓑ웃음을 참느라 개발코를 벌름인다

개밥 이름씨 개 먹이. 하찮은 먹을거리를 빗댄 말 ⓑ다 쉰 죽을 먹으라니, 차라리 개밥이 더 안 낫겠나 슬기말 **개밥에 도토리** 개밥에 든 도토리를 개가 먹기 싫어 돌리듯이 따돌림을 받아 외따로 홀로 떨어진 사람을 이르는 말

개밥바라기 이름씨 해진 뒤에 하늬쪽 하늘에 반짝이는 별 ⓑ새벽하늘에 뜬 샛별을 누가 개밥바라기라고 하느냐 한뜻말 샛별. 어둠별 ⇐ 금성

개방 ⇒ 엶. 틈. 터놓음. 열어놓음. 풀어놓음. 열다. 트다. 터놓다. 열어놓다. 풀어놓다

개벽 ⇒ 새누리 엶. 새누리를 열다

개별 ⇒ 낱낱. 하나하나. 따로따로

개복 (改服) ⇒ 갈아입음. 갈아입다

개복 (開腹) ⇒ 배가름. 배를 가르다

개복숭아나무 [이름씨] 멧기슭에 잘 자라고 이른 봄에 엷붉은 꽃이 피는 과일나무. 열매는 복숭아보다 작고 가을에 노랗게 익는데 달콤하다

개봉 ⇒ 엶. 뜯음. 땀. 열다. 뜯다. 따다. 선보이다

개봉박두 ⇒ 곧엶. 바로엶

개부심 [이름씨] [1]장마로 큰물이 난 뒤, 한동안 쉬었다가 다시 퍼부어 명개를 부시어 내는 비. '명개부심' 준말 ㉥개부심이 퍼부었다 [2]큰 지실이 휩쓸고 간 자리에 다시 지실이 찾아드는 것을 빗댄 말 ㉥먼저 큰불이 나서 겨우 살았는데 이참엔 개부심을 하듯 큰물이 졌다

개비 [이름씨] [1]가늘고 길게 쪼갠 나무토막 ㉥성냥개비. 둥거리개비 [2]가늘고 길게 만든 몬을 세는 말 ㉥성냥 다섯 개비. 둥거리 열 개비

개비름 [이름씨] 빈터나 밭둑, 밭에 자라는 풀로 어린싹은 나물로 해 먹는다 ㉥개비름 나물을 끓는 물에 살짝 데쳐 참기름과 지렁에 무치면 한여름에 먹을 만하지

개살구나무 [이름씨] 메와 들에 자라고 이른 봄에 엷붉은 꽃이 피는 과일나무. 살구와 비슷하나 조금 더 작은 열매가 노랗게 익는데 그 열매를 개살구라고 한다

개선 (改善) ⇒ 고침. 바로잡음. 고치다. 바로잡다

개선 (改選) ⇒ 새로 뽑음. 새로 뽑다

개선 (凱旋) ⇒ 이기고 돌아옴. 이기고 돌아오다

개선장군 ⇒ 이긴 우두머리

개설 ⇒ 엶. 처음 엶. 열다. 처음 열다

개성 (開城) ⇒ 보소누

개성 (個性) ⇒ 제멋. 제빛. 제맛

개수 (個數) ⇒ 낱수

개수 (改修) ⇒ 고침. 바로잡음. 손질. 다시 만듦. 고치다. 바로잡다. 손질하다. 다시 만들다

개수대 [이름씨] 부엌에서 설거지하거나 먹을거리를 씻는 대 ㉥새로 놓은 개수대에서 설거지하니 마음까지 깨끗하다 ⇐ 싱크대

개숫물 [이름씨] 설거지하는 물 또는 설거지하고 난 물 ㉥개숫물을 깨끗하게 흘려보내려면 밥 먹은 뒤 그릇을 깨끗이 닦아야 한다 한뜻말 설거지물

개시 (開始) ⇒ 비롯함. 엶. 비롯하다. 열다

개시 (開市) ⇒ 저자섬. 마수걸이. 마수. 저자서다. 마수걸이하다. 마수하다

개시 (開示) ⇒ 펴보임. 드러냄. 펴보이다. 드러내다

개싸움 [이름씨] [1]개끼리 붙이는 싸움 ⇐ 투견 [2]옳지 못하게 게염을 채우려는 더러운 싸움

개아재비 [이름씨] 생김새는 납작하고 기름하며 몸은 잿빛을 띤 밤빛이고 물에 사는 큰 벌레 ⇐ 물장군

개악 ⇒ 나쁘게 고침. 나쁘게 고치다

개암나무 [이름씨] 잎은 넓은 달걀꼴이고 잔 톱니가 많으며 단단하고 희뿌연 껍데기 속에 고소한 속살이 들어있는 작은 열매가 달리는 나무

개암들다 [움직씨] 아이를 낳고 난 뒤 앓이가 생기다 ㉥개암들어 시름시름 앓던 가시가 아이를 두고 며칠 만에 죽었다네

개어귀 [이름씨] 가람물이나 냇물이 바다로 들어가는 어귀 ㉥개어귀에는 온갖 민물고기와 바닷물고기가 모여들어 산다 한뜻말 개어름 ⇐ 포구

개업 ⇒ 가게엶. 가게냄. 가게 열다. 가게 내다. 차리다

개여울 [이름씨] 개울에 있는 여울 ㉥개여울에 나와 앉아 물살을 차고 오르는 물고기를 바라본다

개연성 ⇒ 그럴 수 있음

개요 ⇒ 줄거리. 졸가리. 얼거리

개운하다 [그림씨] [1]몸이나 마음이 가볍고 거뜬하다 ㉥일하느라 흘린 땀을 씻고 났더니 몸이 개운하다 [2]국물 맛이 산뜻하다 ㉥재첩 국물을 마셨더니 입안이 개운하다

개울 [이름씨] 골짜기나 들에 흐르는 작은 물줄기. 개천보다 작은 물줄기를 일컫는다 ㉥옛날엔 이 골짝 저 골짝에서 흘러내리는 작

은 개울물에 가재가 널려있었다 한뜻말 거랑

개월 ⇒ 달

개의 ⇒ 마음씀. 마음둠. 거리낌. 걱정함. 마음 쓰다. 마음 두다. 거리끼다. 걱정하다

개인 ⇒ 낱사람. 낱이

개인기 ⇒ 낱이솜씨

개인주의 ⇒ 나먼저생각. 나만생각

개입 ⇒ 끼어듦. 아랑곳함. 끼어들다. 아랑곳하다

개잎갈나무 [이름씨] 높은 히말라야멧줄기에 절로 많이 나고 우리나라에서도 그위뜰에 심어 가꾸는 늘푸른나무. 잎이 바늘처럼 뾰족하고 나무가 높이 자란다 ⇐ 히말라야시더

개자리[1] [이름씨] 가람이나 내 바닥이 갑자기 푹 들어가 깊어진 곳 ㉥개자리에 빠지면 헤어나오기 쉽지 않으니 마음 써라

개자리[2] [이름씨] 쟁기로 논을 갈 때 갈리지 않고 남은 구석 땅 ㉥꼼꼼히 간다고 갈았는데 개자리가 남네

개작 ⇒ 고쳐씀. 고쳐지음. 고침. 고쳐 쓰다. 고쳐 짓다. 고치다

개잠 [이름씨] 개처럼 머리와 팔다리를 오그리고 자는 잠 ㉥갈 곳이 없어 비를 피해 개잠을 자기 일쑤였다

개장 ⇒ 엶. 문엶. 저자엶. 열다. 문 열다. 저자열다

개점 ⇒ 엶. 가게엶. 벌임. 냄. 차림. 열다. 가게열다. 벌이다. 내다. 차리다

개정 (改正) ⇒ 고침. 바로잡음. 고치다. 바로잡다

개정 (開廷) ⇒ 가름엶. 가름열다

개조 ⇒ 고침. 바꿈. 뜯어고침. 고치다. 바꾸다. 뜯어고치다

개종 ⇒ 믿음바꿈. 믿음을 바꾸다

개중 ⇒ 여럿 가운데. 그 가운데. 그 속

개짐 [이름씨] 겨집 달거리 때 샅에 차는 헝겊 ㉥갑자기 달거리가 비롯하는 바람에 미처 개짐을 챙기지 못해 어찌할 바를 몰랐다 ⇐ 생리대

개척자 ⇒ 일굼이

개천 [이름씨] 땅이 길게 골이 져서 흐르는 좁은 시내 ㉥메에 내린 빗물이 도랑에서 개울로, 실개천으로, 개천으로, 시내로, 내로, 가람으로, 끝내 바다로 흘러든다 [슬기말] **개천에서 미르 난다·개똥밭에 사람 난다** 보잘것없는 집안에서 훌륭한 사람이 난다 **개천에 든 소·도랑에 든 소** 두 둑에 다 풀이 있어 이러거나 저러거나 좋기만 하다

개천절 ⇒ 나라세운날. 하늘연날

개체 ⇒ 낱몸

개체수 ⇒ 낱몸수

개최 ⇒ 맡아엶. 맡아 열다

개치 [이름씨] 두 개울물이 만나는 곳 ㉥큰비에 개치가 불어나서 넘쳤다 한뜻말 두물머리 ⇐ 합수머리

개코 [이름씨] **1** 쓸모없이 하찮은 것 ㉥개코도 모르는 것이 웃대가리로 와서는 이래라저래라하니 속이 썩어 **2** 냄새를 잘 맡는 코나 그런 코를 가진 사람 ㉥한샘이 코가 개코인 줄은 일찍부터 알고 있었어

개키다 [움직씨] 옷이나 이부자리 따위를 포개어 접다 ㉥어서 일어나 이불을 개켜라

개탄 ⇒ 한숨 쉼. 못마땅하게 여김. 땅을 침. 가슴 침. 한숨 쉬다. 못마땅하게 여기다. 땅을 치다. 가슴 치다

개통 ⇒ 엶. 뚫음. 틈. 열림. 뚫림. 트임. 열다. 뚫다. 트다. 열리다. 뚫리다. 트이다

개판 [이름씨] 일이 아무렇게나 되어가는 꼴 ㉥고래 싸움에 새우 등 터진 꼴이니 이런 개판이 어디 있는가

개펄 [이름씨] 바닷가나 가람가에서 물이 빠졌을 때 드러나는 질척하고 거무스름한 벌판 ㉥우리는 개펄에서 낙지도 잡고 조개도 잡았다 한뜻말 갯벌 ⇐ 간석지

개편 ⇒ 고쳐짬. 고쳐엮음. 고침. 고쳐 짜다. 고쳐 엮다. 고치다

개폐 ⇒ 여닫기. 열고닫기

개폐기 ⇒ 여닫개

개표 ⇒ 표 셈. 표 세다

개피떡 [이름씨] 흰떡이나 쑥떡을 얇게 밀어서 팥소나 콩가루소를 놓고 가웃달처럼 빚어 기름을 바른 떡 ㉥우리는 개피떡을 파는 할머니 앞에 앉아서 개피떡을 실컷 사 먹

었다

개피똥 이름씨 배앓이로 코 같은 것이 섞여 나와 엉겨붙은 똥

개학 ⇒ 배곳엶. 배움엶. 배곳열다. 배움열다

개항 ⇒ 나라문엶. 나라엶. 나라문 열다. 나라 열다

개헌 ⇒ 으뜸벼리 고침. 으뜸참 바꿈. 으뜸벼리 고치다. 으뜸참 바꾸다

개헤엄 이름씨 (개가 헤엄치듯이) 팔을 앞쪽으로 내밀고 손바닥으로 물을 끌어당기면서 발장구를 치는 헤엄 ㉥어릴 적에 헤엄을 칠 줄 몰라 물을 먹다가 개헤엄으로 물에 뜨는 걸 배웠다

개혁 ⇒ 새로 고침. 뜯어고침. 바꿈. 새로 고치다. 뜯어고치다. 바꾸다

개호주 이름씨 범 새끼 ㉥이곳은 멧짐승이 많아 개호주쯤은 자주 만난다오 한뜻말갈가지. 개오지

개화 (開化) ⇒ 열림. 핌. 열리다. 피다

개화 (開花) ⇒ 꽃핌. 꽃피다

개화기 (開化期) ⇒ 열릴 때

개화기 (開花期) ⇒ 꽃필 때

개화파 ⇒ 열자떼. 열자무리

개회 ⇒ 엶

개회사 ⇒ 여는말

개회식 ⇒ 여는잔치. 여는놀이. 엶맞이. 엶냄

개흙 이름씨 갯바닥이나 늪바닥에 있는 거무스름하고 미끈미끈한 고운 흙. 살음몬이 뒤섞여 있어 거름으로도 쓴다

객 ⇒ 손님

객관 ⇒ 있는 그대로 보기

객관식 ⇒ 골라맞추기

객사 ⇒ 난데죽음. 거리죽음

객석 ⇒ 손님자리

객소리 ⇒ 쓸데없는 소리

객실 ⇒ 손님방

객지 ⇒ 난데

객지생활 ⇒ 난데살이

객쩍다 그림씨 말이나 움직임이 쓸모없고 싱겁다 ㉥객쩍은 소리는 하지도 말아라

객차 ⇒ 사람칸. 긴수레 사람 칸

객토 ⇒ 흙 넣기. 흙깔이

객혈 ⇒ 피 게움. 피 게우다

갠소롬하다 그림씨 넓이가 좁고 가느다랗다 ㉥실눈을 갠소롬하게 뜨고 웃는 가시내 눈웃음에 사내가 모두 홀렸다 비슷한말간소롬하다

갤러리 ⇒ 그림방

갤칼 이름씨 물감을 섞어 갤 때 쓰는 칼. 물감이나 찌끼를 긁어낼 때도 쓴다

갬상추 이름씨 잎이 다 자라서 쌈을 싸 먹을 수 있을 만큼 큰 상추 ㉥갬상추에 고기쌈 싸서 먹기 딱 좋더라

갭 ⇒ 틈. 틈새. 사이

갭직하다 그림씨 조금 가벼운 듯하다 ㉥보기에는 무거워 보였는데 들어보니 갭직하였다

갯가 이름씨 바닷물이 드나드는 물가 ㉥갯가 흙 속은 조개와 낙지가 살기에 알맞다

갯고랑 이름씨 밀물과 썰물이 드나드는 갯가 고랑 ㉥갯고랑에 빠지면 헤어나기 쉽지 않다 준말갯골

갯내 이름씨 바닷물이 드나드는 곳에서 나는 짭짤하고 비릿한 냄새 ㉥갯내가 풍기는 바닷가에서 어릴 적 생각이 새록새록 떠오른다

갯둑 이름씨 바닷물을 막으려고 바닷가에 쌓은 둑 ⇐ 방조제

갯마을 이름씨 갯가에 자리 잡은 마을 ⇐ 어촌

갯버들 이름씨 들이나 냇가에 자라는 떨기나무. 잎은 길둥근꼴로 어긋나며 끝이 뾰족하고 톱니가 있다. 이른 봄에 흰빛 털이 빽빽한 달걀꼴 꽃이삭이 나온다

갯벌 이름씨 바닷물이 드나드는 바닷가나 가람가 모래밭 또는 질퍽한 흙으로 된 벌판 한뜻말개펄 ⇐ 간석지

갯솜 이름씨 갯솜숨받이를 햇볕에 쬐어 올실꼴 뼈대만 남긴 것. 솜 비슷하고 잔구멍이 많고 퉘새가 좋아 물을 잘 빨아들인다 ⇐ 스펀지

갯솜숨받이 이름씨 몸은 둥근 대롱이나 나뭇

가지 꼴이고 몸밑쪽으로 바위 같은 데 붙어살며 몸 위에는 큰 구멍이 있고 몸바람에 잔구멍이 많아 물이 이 잔구멍으로 들어올 때 물속 먹이를 먹는다

갯어귀 이름씨 가람물이 바다로 흘러드는 어귀 ⓑ우리는 갯어귀에 그물을 던져 가지가지 물고기를 잡았다

갱 (gang) ⇒ 깡패. 어깨

갱 (坑) ⇒ 구덩이. 굴

갱내 ⇒ 굴속

갱년기 ⇒ 늙고개. 늙고비. 늙을 무렵

갱도 ⇒ 굴길

갱생 ⇒ 살아남. 되삶. 살아나다. 되살다

갱신 ⇒ 바꿈. 새롭게 함. 바꾸다. 새롭게 하다

갱엿 이름씨 엿물을 푹 고아 졸여 그대로 굳힌 검붉은 엿 ⓑ곤 엿물을 그대로 굳히면 갱엿이고, 자꾸 잡아당겨 희게 켜면 흰 엿이 된다

갸륵하다 그림씨 마음씨나 하는 짓이 착하고 훌륭하다 ⓑ나이가 어린데도 남을 생각할 줄 아는 그 마음씨가 참 갸륵하다

갸름하다 그림씨 좀 가늘고 길다 ⓑ언니는 나보다 얼굴이 좀 갸름한데 손가락은 몽땅하다

갸우뚱 어찌씨 한쪽으로 기울어지는 꼴 ⓑ순이는 내 말을 듣고 야릇하다는 듯 고개를 갸우뚱했다 **갸우뚱하다**

갸우뚱갸우뚱 어찌씨 자꾸 한쪽으로 기울어지는 모습 ⓑ내 말이 못미더운지 아내는 고개를 갸우뚱갸우뚱했다 **갸우뚱갸우뚱하다**

갸우뚱거리다 움직씨 자꾸 이리저리 기울이다 ⓑ종달이는 잘 모르겠는지 고개를 갸우뚱거렸다 **갸우뚱대다**

갸웃 어찌씨 조금 기울이는 꼴 ⓑ내 짝꿍이 안 보는 척하면서도 고개를 갸웃하고는 내 글씨를 훔쳐봤다 **갸웃하다**

갸웃갸웃 어찌씨 자꾸 고개나 몸을 기울이는 모습 ⓑ목 어디가 거북한지 오빠는 아침내내 목을 갸웃갸웃 돌려쌓는다 **갸웃갸웃하다**

갸웃거리다 움직씨 무엇을 보려고 또는 알고 싶어서 고개나 몸을 이리저리 기울이다 ⓑ아우는 내 말을 못 믿겠는지 고개를 갸웃거렸다 **갸웃대다**

갹출 ⇒ 거둠. 거둬모음. 돈 걷음. 거두다. 거둬모으다. 돈 걷다

갿갿거리다 움직씨 암탉이나 갈매기가 내는 소리가 자꾸 나다 ⓑ갿갿거리는 걸 보니 닭이 알을 낳으려나? **갿갿대다**

걔 이름씨 '그 아이' 준말 ⓑ걔는 언제 오나?

거[1] 이름씨 '것' 입말 ⓑ먹을 거 좀 없나?

거[2] 느낌씨 '그거' 준말 ⓑ거, 참 멋져!

거[3] 갈이름씨 ❶'거기' 준말 ⓑ거 시끄럽게 하는 이 누구요? ❷'그것' 준말 ⓑ거 다해서 얼마지요?

거간 ⇒ 흥정

거간꾼 ⇒ 주릅

거개 ⇒ 거의 다. 거의 모두

거구 ⇒ 큰 몸집

거국적 ⇒ 온 나라가 다 나서는. 온 나라 사람이 함께하는

거금 ⇒ 큰돈

거기 갈이름씨 ❶앞에서 말한 그곳 ⓑ너 언제 거기 갈 거니? ❷듣는 이가 있는 데나 가까운 데 ⓑ옷 거기 있잖아

거꾸러지다 움직씨 ❶거꾸로 내리박히듯 넘어지다 ⓑ돌부리에 걸려 나는 앞으로 폭 거꾸러졌다 ❷나쁜 것들이 힘을 잃고 허물어지다 ⓑ백성 위에 올라타서 사람들을 괴롭히는 무리는 끝내 거꾸러진다

거꾸로 어찌씨 위가 아래로, 아래가 위로 되거나 앞이 뒤로, 뒤가 앞이 되게 ⓑ박쥐는 굴속에서 거꾸로 매달려 잠을 잔다 ⇐ 반대로

거꿀견줌 이름씨 한쪽 숱이 커질 때 다른 쪽 숱이 그와 같이 견주어 작아지는 사이 ⇐ 반비례

거꿀말 이름씨 ❶여느 때는 어긋나지 아니하나 어떤 때는 어긋나는 가리. 가리어긋남을 일으키기는 하지만 그 속에 종요로운 참이 들어있는 것으로 본다 ⇐ 역설. 패러독스 ❷

나타내는 보람을 높이려고 참과 거꿀되는 말을 하는 것. 못난이한테 '잘났어'라고 하는 것 ⇐ 반어

거꿀보람 이름씨 바라던 바와 거꾸로 나타난 열매 ⇐ 역효과

거꿀수 이름씨 곱하여서 1이 되는 두 수. 저마다를 다른 수에 마주하여 이르는 말. 이를테면 7 거꿀수는 1/7이다 ⇐ 역수

거꿀알꼴 이름씨 알을 거꾸로 세운 꼴 ⓑ거꿀알꼴 얼굴인 꽃두레가 참 예쁘다

거꿀차례 이름씨 앞뒤 차례가 거꾸로 됨 ⇐ 역순

거나하다 그림씨 술에 제법 절다 ⓑ아버지는 술이 거나해지면 노래를 곧잘 부른다 비슷한말 얼큰하다

거느려살핌곳 이름씨 1905해에서 1910해 사이에 니혼이 우리나라를 다스리던 곳 ⇐ 통감부

거느려살핌이 이름씨 1905해에서 1910해 사이에 우리나라를 다스리던 니혼우두머리 ⇐ 통감

거느리다 움직씨 **1** 아랫사람을 데리고 살다 ⓑ언니는 아우 다섯을 거느린 시집 안 간 집지기였다 **2** 아랫사람을 다스리거나 이끌다 ⓑ거느리는 잠개잡이도 없는데 무슨 우두머리냐 ⇐ 통솔하다. 통수하다 **3** 윗사람이 아랫사람을 데리고 다니다 ⓑ임금이 밖을 나갈 때는 많은 따름이를 거느렸다

거느리치다 움직씨 돌보고 보살펴서 살리다 ⓑ마을에 새로 들온 젊은이는 재주도 좋거니와 마음씨도 좋아서 어르신들과 아이들을 잘 거느리쳤다 준말 거리치다

거느림이 이름씨 싸울아비떼를 거느리는 사람 ⇐ 사령관

거느림채 이름씨 몸채나 아래채에 딸린 집채 ⓑ거느림채는 우리나라 옛 기와집에서 흔히 볼 수 있었다

거늑하다 그림씨 모자람 없이 넉넉하여 아주 느긋하다 ⓑ배는 부르고 마음은 거늑해져서 느릿느릿 걸으며 바람을 쐬었다

거니채다 움직씨 낌새를 알아채다 ⓑ 오빠는 다른 사람이 저를 마뜩잖게 여긴다는 걸 거니채지 못했다 비슷한말 눈치채다

거닐다 움직씨 이리저리 한갓지게 천천히 걷다 ⓑ나는 저녁을 먹고 나서 둘레길을 거닐 때가 잦다

거닒 이름씨 이리저리 한갓지게 천천히 걷기 ⇐ 산책. 산보

거님길 이름씨 걷기에 알맞은 길 ⓑ푸른누리 둘레에는 멋진 거님길이 나 있다 ⇐ 산책로. 산책길

거담제 ⇒ 가래삭개

거대하다 ⇒ 아주 크다

거덕거덕 어찌씨 물기나 풀기가 거의 말라서 뻣뻣한 모습 ⓑ풀해 넌 이불 홑청이 거덕거덕 말랐다 작은말 가닥가닥 센말 꺼덕꺼덕

거덕거덕하다 그림씨 물기나 풀기가 거의 말라서 뻣뻣하다 작은말 가닥가닥하다 센말 꺼덕꺼덕하다

거덕치다 그림씨 마음이나 모습, 움직임 따위가 거칠고 막되다 ⓑ어디 저런 거덕친 놈이 다 있어! ⇐ 저열하다

거덜 이름씨 **1** 돈이나 살림이 다 없어짐 ⓑ노름으로 살림이 죄다 거덜이 났다 ⇐ 파산 **2** 옷이나 신이 다 해지거나 닳아 떨어짐 ⓑ거덜이 난 가죽신 **3** 하려던 일이 결딴남 ⓑ노름빚으로 끝내 가게를 거덜냈다 **거덜나다**

거동 ⇒ 움직임. 몸새. 몸가짐

거두 ⇒ 우두머리

거두다 움직씨 **1** 익은 낟이나 열매를 한데 모으다 ⓑ우리 집보들은 모두 논에 나가 나락을 거두었다 ⇐ 수확하다 **2** 벌여놓거나 흩어진 것을 한데 모으다 ⓑ빗방울이 떨어지니 널어놓은 고추를 거두고 단지 뚜껑도 덮어라 ⇐ 회수하다 **3** 여럿한테서 돈이나 몬을 받아서 모으다 ⓑ우리끼리 돈을 조금씩 거두어 쉬는 날 놀러가자 **4** 데려다 기르거나 보살피다 ⓑ우리를 거두어주신 할머니 사랑을 잊을 수가 없다 **5** 말이나 웃음을 그치다 ⓑ이끎이는 웃음을 거두고 다가올

고비를 찬찬히 말했다 ❻어떤 좋은 열매를 얻다 ㉥날마다 몸일을 꾸준히 하면 몸도 튼튼해지고 살도 빠지는 열매를 거둔다

거두매 이름씨 하던 일이나 벌여 놓은 일거리를 거두어 마무르기 ㉥아침에 일어나서 하다 남은 일을 거두매했다 비슷한말 거둠질

거두절미 ⇒ 머리꼬리 자르기. 긴말 줄이기. 머리꼬리 자르다. 긴말 줄이다

거둠고리 이름씨 거둘 것을 모으는 고리 ⇐ 수거함

거둠새 이름씨 ❶돌보아 치다꺼리한 꼴 ㉥며느리 살림 거둠새가알뜰하고 깔끔해 ❷거두어들이는 돈이나 몬

거둠술 이름씨 낟이나 남새를 거둬들이는 숱 ⇐ 수확량

거둠질 이름씨 무엇을 거두어들이는 일 ㉥가을걷이를 맞아 시골에는 거둠질이 한창이다 ⇐ 수확

거둥 이름씨 임금 나들이 ㉥임금이 밤에 몰래 거둥을 납시었다 슬기말 **거둥에 망아지 새끼 따라다니듯 한다** 없어도 될 사람이 쓸데없이 이곳저곳 따라다닌다

거드럭거드럭 어찌씨 잘난 체하고 으스대며 자꾸 버릇없이 구는 모습 ㉥잘난 체하고 거드럭거드럭 걸어가는 마을지기 꼬락서니하고는 **거드럭거드럭하다**

거드럭거리다 움직씨 잘난 체하고 으스대며 버릇없이 굴다 ㉥한돌이는 마을지기가 되고 나서는 거드럭거리고 다닌다는 말을 듣는다 **거드럭대다**

거드름 이름씨 잘난 체하고 으스대면서 남을 업신여기는 몸새 ㉥내 동무 시내는 나숨이가 되더니 거드름을 부린다 익은말 **거드름을 피우다·거드름을 부리다·거드름을 빼다** 잘난 체하며 으스대다

거드름쟁이 이름씨 남을 업신여기고 잘난 체하는 사람 ㉥저 거드름쟁이 하는 짓 좀 보소

거들다 움직씨 ❶힘에 부쳐서 이겨내지 못하는 일에 힘을 보태다 ㉥모내기를 거들었다 ❷남이 말하는 데 끼어들어 말을 보태다 ㉥여러 사람이 한마디씩 거들다 보니 모임은 언제 끝날지 몰랐다

거들떠보다 움직씨 아는 체를 하거나 눈여겨보다 ㉥나물 철에는 바빠서 나물 뜯는 일 말고는 어떤 것도 거들떠볼 틈이 없다

거들뜨다 움직씨 내리뜬 눈을 위로 크게 치켜뜨다 ㉥너무 놀라 나도 모르게 눈을 거들떴다

거들먹거들먹 어찌씨 잘난 체하며 자꾸 함부로 구는 꼴 ㉥낯짝도 큰 데다 큰 덩치를 거들먹거들먹 으스대는 꼬락서니가 보기 싫다 **거들먹거들먹하다**

거들먹거리다 움직씨 잘난 체하며 함부로 굴다 ㉥뭘 좀 안다고 제발 거들먹거리지 마라 **거들먹대다**

거들지 이름씨 손을 가리려고 두루마기나 겨집 저고리 소매 끝에 길게 덧대는 소매 ㉥흰 거들지를 덧댄 소맷자락이 바람에 하늘거렸다 ⇐ 한삼

거듬거듬 어찌씨 흩어지거나 널린 것을 대충대충 거두는 모습 ㉥큰 쓰레기만 거듬거듬 줍고 집을 대충 치웠다 한뜻말 주섬주섬 **거듬거듬하다**

거듭 어찌씨 ❶자꾸 되풀이하여 ㉥거듭 말하지만 푸른누리에선 물과 땅과 하늘을 더럽히는 일을 하지 않아요 ❷덧붙여 포개어 ㉥거듭 쌓다 **거듭하다**

거듭나다 움직씨 (이제까지 해왔던 삶을 버리고) 새 삶을 살다 ㉥나는 늘 거듭나는 삶을 살고 싶다

거듭제곱 이름씨 같은 수를 두 디위 곱하는 일. 또는 그 값 ㉥5 거듭제곱은 25이다

거뜬하다 그림씨 ❶일이 힘들지 않고 하기 쉽다 ㉥그쯤 되는 무게야 나 혼자 거뜬하게 들 수 있지 작은말 가뜬하다 ❷몸이나 마음이 가벼워 홀가분하다 ㉥씻고 나서 한숨 잤더니 몸도 마음도 거뜬하다

거란 이름씨 닷온해 무렵 쫑귀 높새 고장에 살던 겨레. 나중에 요나라를 세웠다

거랑 이름씨 개울

거래 ⇒ 사고팖. 주고받음. 오감. 사고팔다. 주고받다. 오가다

거래소 ⇒ 사고파는 곳

거렁뱅이 이름씨 남에게 밥을 빌어먹고 사는 사람 ⓑ어릴 적 어버이한테서 부지런히 일하지 않으면 거렁뱅이가 된다는 말을 많이 들었다 한뜻말거지

거레 이름씨 까닭 없이 때를 늦추며 몹시 느리게 움직임 ⓑ꽃님들이 어디를 가려면 한참이나 거레를 하고서야 나오니 목이 빠지게 기다릴 수밖에

거론 ⇒ 말꺼냄. 초듦. 말 꺼내다. 초들다. 들먹이다

거루 이름씨 '거룻배' 준말 ⓑ날이 새자 여기저기서 거루가 모여들었다

거룩땅 이름씨 사람들이 마음을 닦아 마음을 깨끗이 하는 곳 ⇐ 성지

거룩이 이름씨 하는 일이나 삶이 모든 사람이 우러러 받들 만큼 훌륭한 사람 ⓑ예수나 붓다 같은 이는 온 사람이 다 아는 거룩이다 ⇐ 성인. 성자

거룩일꾼 이름씨 스스로 마음을 깨끗이 닦고 다른 이를 마음닦기로 이끄는 사람 ⇐ 성직자

거룩집 이름씨 사람들이 마음닦기를 하는 집 한뜻말거룩곳 ⇐ 성전

거룩하다 그림씨 하는 일이나 삶이 모든 사람이 우러러 받들 만큼 훌륭하다 ⓑ그는 한뉘 동안 가난한 사람들을 돌보며 거룩하게 살았다

거룻배 이름씨 돛 없이 노를 저어서 가는 작은 배 ⓑ옛날에는 거룻배를 타고 가람이나 내를 건넜다

거류민 ⇒ 딴나라에 사는 겨레

거르개 이름씨 물덩이를 걸러내는 데 쓰는 연장. 작은 구멍이 난 데에 물덩이를 넣어서 물덩이 속 건더기와 물을 나누는 틀 한뜻말거름틀 ⇐ 필터. 여과기

거르다 움직씨 **1** 체나 얇은 천을 써서 건더기나 찌꺼기를 받쳐내고 국물만 받다 ⓑ막걸리를 거르다 ⇐ 여과하다 **2** 되풀이하던 일을 하지 않고 넘어가다 ⓑ아침밥을 걸렀더니 배가 고프다

거름 이름씨 풀이나 나뭇잎, 짚, 똥오줌 따위를 섞어서 썩혀 푸나무가 잘 자라게 흙에 뿌려주는 것 ⓑ호박, 오이, 토마토, 가지 같은 남새는 거름을 많이 줘야 열매가 튼실하다 **거름하다**

거름못 이름씨 모래나 자갈을 바닥에 깔아 물을 깨끗이 거르는 못 ⇐ 여과지

거름발 이름씨 푸나무에 나타나는 거름이 갖는 좋은 기운 한뜻말거름기 익은말 **거름발 나다** 거름이 갖는 좋은 기운이 나타나다

거름종이 이름씨 물속에 섞인 찌꺼기나 건더기를 걸러내는 데 쓰는 종이 ⇐ 여과지. 필터페이퍼

거름틀 이름씨 거르는데 쓰는 연장 한뜻말거르개 ⇐ 여과기

거름흙 이름씨 걸고 기름진 흙 ⓑ올해는 남새밭에 거름흙을 듬뿍 넣었더니 남새가 잘 자란다 한뜻말걸흙

거리[1] 이름씨 사람이나 수레가 자주 오가는 길 ⓑ거리에 나앉지 않으려면 부지런히 일하고 돈을 아껴 써야지 비슷한말길거리

거리[2] 이름씨 **1** 무엇을 만드는 데 으뜸이 되는 밑감 ⓑ김칫거리. 국거리. 저녁거리 ⇐ 재료 **2** 무엇이 될 만한 것 ⓑ일거리. 먹을거리. 입을거리 **3** 어떤 알맹이가 될 만한 것 ⓑ이야깃거리. 걱정거리 **4** (흔히 '셈'을 나타내는 말 뒤에 써서) 그 셈만큼 해낼 수 있는 것 ⓑ한 입 거리밖에 안 된다

거리[3] 이름씨 오이나 가지 쉰 낱을 일컫는 말 ⓑ오이 한 거리. 가지 다섯 거리

거리[4] 이름씨 가락이나 굿에서 가름 또는 마당을 뜻하는 말 ⓑ첫째 거리. 둘째 거리

-거리 뒷가지 (날, 달, 해를 나타내는 말에 붙어) '그때를 돌로 하여 일어남'을 뜻하는 말 ⓑ하루거리. 이틀거리. 달거리. 해거리

거리 (距離) ⇒ 멀기

거리감 ⇒ 먼 느낌

거리끼다 움직씨 어떤 일이 내키지 않거나 망

설여져 마음에 짐스럽다 ⓑ마음에 거리끼는 일은 하지 마라

거리낌 이름씨 마음에 꺼리어 망설임 ⓑ거리낌 없이 모기를 잡는 사람들

-거리다 뒷가지 ❶(흉내말 뒤에 붙어) '그 소리나 몸새가 잇달아 이어짐'을 나타내는 말 ⓑ꿀꿀거리다. 반짝거리다. 허우적거리다 한뜻말-대다 ❷('거들먹', '비아냥' 같은 말에 붙여 써서) 그러한 짓을 늘 하는 것을 나타냄 ⓑ거들먹거리다. 비아냥거리다

거리싸움 이름씨 거리에서 벌이는 싸움 ⇐ 시가전

거리춤 이름씨 남을 도와주는 일 ⓑ나루는 저를 돌보는 것도 잊고 거리춤에만 힘썼다 ⇐ 구제

거리치다 움직씨 '거느리치다' 준말. 보살펴 살리다. 건져내다 ⓑ아나따삔디까는 힘써서 주린 사람을 거리쳤다 ⇐ 구제하다

거마비 ⇒ 수레삯

거만 ⇒ 잘난 체. 잘난 체하다

거망빛 이름씨 매우 검붉은 빛깔 ⓑ할머니는 케케묵은 거망빛 가방에서 돈을 불쑥 꺼내놓았다

거머리 이름씨 ❶논이나 못 같은 물속에 살면서 물고기나 사람 몸에 달라붙어 피를 빨아먹고 사는 가늘고 기다랗게 생긴 벌레 ⓑ어릴 때 모 심다가 거머리에 많이 물렸다 ❷착 달라붙는 꼴이 매우 끈덕진 것을 빗대어 이르는 말 ⓑ빚쟁이가 거머리처럼 따라붙었다 ❸남에게 붙어 빼앗는 꼴이 아주 모질고 끈덕진 사람을 빗대어 이름 ⓑ거머리 같은 왜는 아람들 피땀을 뽑아먹었다

거머안다 움직씨 힘있게 마구 휘몰아 안다 ⓑ가시는 보따리를 빼앗기지 않으려고 꽉 거머안았다

거머쥐다 움직씨 ❶손아귀에 넣어 꽉 쥐다 ⓑ나는 너무나 골이 나서 새롬이 멱살을 거머쥐고 흔들었다 ❷무엇을 차지하여 제 것으로 하다 ⓑ아우는 올봄에 장사가 잘되어 큰돈을 거머쥐었다

거먹구름 이름씨 비를 머금은 검은 구름 ⓑ거먹구름이 몰려오더니 소나기가 쏟아졌다

거멀 이름씨 나무그릇 따위 금 간 데나 벌어지려는 곳에 걸쳐 박는 못이나 꺾쇠

거멀못 이름씨 터지거나 벌어지거나 벌어지려는 자리에 겹쳐서 박는 못 ⓑ그분은 이 누리 거멀못 노릇을 한다 한뜻말꺾쇠

거멀장 이름씨 사개를 맞춰 짠 몬 모서리에 걸쳐 대거나 갈라진 틈이 벌어지지 않게 잇대는 쇳조각 ⓑ기둥 모서리마다 거멀장을 잘 박아 넣었으니 더는 벌어지지 않을 겁니다 준말거멀

거멓다 그림씨 조금 뿌옇게 검다 ⓑ바닷물이 빠져나가자 거먼 갯벌이 드러났다

거목 ⇒ 큰 나무

거무스름하다 그림씨 조금 검다 ⓑ동네 아이들은 하루 내내 밖에 나가 놀더니 얼굴이 모두 거무스름하게 탔다

거무죽죽하다 그림씨 빛깔이 고르지 못하게 거무스름하다 ⓑ나무를 오래 땠던 부엌이라 벽은 거무죽죽하게 그은 자취가 곳곳에 남아 있었다

거무칙칙하다 그림씨 맑지 못한 느낌이 있게 검다 ⓑ어찌하여 꼭 오늘 같은 날 거무칙칙한 옷을 입고 나왔어요?

거무튀튀하다 그림씨 빛깔이 흐리고 고르지 않게 거무스름하다 ⓑ얼마나 볕에 그을렸던지 꺽쇠 얼굴빛은 거무튀튀하다 못해 새까맸다

거문고 이름씨 여섯 낱으로 된 줄을 뜯어서 소리를 내는, 오동나무로 만든 우리나라 줄가락틀

거물 ⇒ 큰 사람. 난이. 뛰어난 사람

거뭇거뭇 어찌씨 군데군데가 거무스름하게 보이는 꼴 ⓑ할아버지 얼굴에는 거뭇거뭇 검버섯이 피었다

거뭇거뭇하다 그림씨 군데군데가 거무스름하다 **거뭇거뭇이**

거미 이름씨 몸에서 끈끈한 줄을 뽑아내어 그물을 쳐놓고 그물에 걸리는 잠자리나 매미,

나비 따위를 잡아먹고 사는 벌레 ⓑ거미가 줄을 치는 걸 보니 날이 좋아질 것 같네

거미발 이름씨 치렛감에 보배나 조개구슬로 알을 박을 때 알이 빠지지 않게 감싸서 오그린 것 ⓑ거미발이 헐거워서 귀걸이에 달린 조개구슬이 잘 빠진다

거미줄 이름씨 **1** 거미가 뽑아내는 실. 또는 그 줄로 하늘에 그물 꼴로 얽어 쳐놓은 것 ⓑ거미줄에 나비가 걸려 파닥거린다 **2** 누군가를 잡으려고 쳐놓은 것 ⓑ그놈이 빠져나가지 못하게 거미줄을 단단히 쳐놨으니 곧 걸려들 겁니다

거부 (巨富) ⇒ 큰가면이

거부 (拒否) ⇒ 내침. 물리침. 뿌리침. 내치다. 물리치다. 퇴짜 놓다. 뿌리치다

거부감 ⇒ 꺼리는 마음

거부권 ⇒ 제낄 힘. 내칠 힘. 물리칠 힘

거북 이름씨 등과 배가 단단한 딱지로 싸였으며 네발로 물가, 모래땅을 기어다니거나 바닷속을 헤엄쳐 다니며 사는 짐승. 흔히 '거북이'라고 말한다 슬기말 **거북이 잔등 털을 긁는다** 아무리 얻으려 해도 얻지 못할 것을 뻔히 알면서 얻으려 한다

거북걸음 이름씨 아주 느리게 걷는 걸음 ⓑ그 사람 얼마나 느긋한지 언제나 거북걸음이다

거북배 이름씨 이순신이 거북 꼴을 본떠 만든 싸움배로 온누리에서 맨 처음 뱃마루에 쇠널을 덮은 배 ⓑ울돌목 싸움에서 우리 거북배 10낱으로 왜 배 133낱을 쳐부수었던 일은 참으로 놀랄 만하다 ⇐ 거북선

거북살스럽다 그림씨 마음이나 몸이 힘들고 괴롭다 ⓑ나로서는 아버지 꾸지람이 무척 거북살스럽게 느껴졌다

거북선 ⇒ 거북배

거북하다 그림씨 **1** 몸이 홀가분하지 않다 ⓑ발에 티눈이 생겨 걷기가 거북하다 ⇐ 불편하다. 편찮다 **2** 숭겁들지 못하거나 서먹서먹하다 ⓑ곱분이는 아직 낯선 사람들과 어울리면 말하기가 거북했다

거붓하다 그림씨 알맞게 가볍다 ⓑ보따리가 겉보기에 거붓해 보였으나 막상 들고 보니 꽤 무거웠다 작은말 가붓하다 센말 거뿟하다

거사 (巨事) ⇒ 큰일

거사 (擧事) ⇒ 일 벌임. 일 일으킴. 일 벌이다. 일 일으키다

거상 ⇒ 큰 장사꾼

거성 ⇒ 큰별. 난이. 뛰어난 사람

거섶[1] 이름씨 **1** 물이 둑에 바로 스쳐서 개개지 못하도록 둑 가에 말뚝을 박고 가로로 결은 나뭇가지 ⓑ거섶이 튼튼해야 둑이 무너지지 않는다 **2** 삼굿 위에 덮는 풀 ⓑ큰 솥에 물을 부어 그 위에 동네 삼을 다 올리고 거섶을 얹고 흙을 덮은 뒤 불을 때어 쪘다

거섶[2] 이름씨 **1** 비빔밥에 섞는 나물붙이 ⓑ알록달록한 거섶에 군침이 돌았다 **2** 된장국에 넣는 온갖 시래기붙이 ⓑ돼지뼈다귀 속풀이국에는 뭐니 뭐니 해도 거섶이 많이 들어가야 제맛이지

거세다 그림씨 매우 거칠고 세차다 ⓑ해가 지자 바닷가에는 거센 너울이 몰아쳤다

거센말 이름씨 뜻은 같지만 'ㅊ, ㅋ, ㅌ, ㅍ' 같은 거센소리를 써서 느낌이 더없이 세진 말 ⓑ'빙빙' 거센말은 '핑핑'이고, '땅땅' 거센말은 '탕탕'이다

거센소리 이름씨 'ㅊ, ㅋ, ㅌ, ㅍ'처럼 거세게 소리 나는 닿소리 ⇐ 격음

거수 ⇒ 손듦. 손들다

거수경례 ⇒ 손절. 손든절

거스러미 이름씨 **1** 손톱이 박힌 자리 옆 살갗이 벗겨 일어난 것 ⓑ두려운 마음에 손톱 거스러미를 뜯는 버릇이 있다 **2** 나뭇결이 얇게 터져 일어나서 된 가시 ⓑ잎갈소나무를 다루고 나면 손은 말할 것도 없고 몸 곳곳에 거스러미가 박혀 있다

거스르다[1] 움직씨 몬을 사고팔 때 큰돈에서 셈할 돈을 빼고 나머지를 잔돈으로 주거나 받다 ⓑ얼마를 거슬러 주면 맞지요?

거스르다[2] 움직씨 **1** 저절로 흘러가는 것에 따르지 않거나 거꾸로 움직이다 ⓑ배는 가람

을 거슬러 올라갔다 ⇐ 역류하다. 역행하다 [2]가르침이나 말을 따르지 않고 어긋나게 나가다 [ㅂ]언니는 어버이 뜻을 거스르는 일이 드물었다

거스름돈 [이름씨] 거슬러 주거나 거슬러 받는 돈 [ㅂ]빵 사고 거스름돈을 깜빡했네

거슬리다 [움직씨] 마음에 들지 않아 언짢다 [ㅂ]잘난 체하는 봄이 꼬라지가 눈에 거슬렸다 ⇐ 역겹다

거슬바람 [이름씨] 거슬러 부는 바람 [한뜻말]앞바람 ⇐ 역풍

거슴츠레하다 [그림씨] 졸리어 눈이 풀리고 감길 듯하다 [ㅂ]끝남이는 눈이 거슴츠레하게 앉아 얼을 못 차리네

거시시하다 [그림씨] 눈이 똑똑히 보이지 않고 흐릿하다 [ㅂ]눈앓이를 하고 났더니 눈이 좀 거시시하다

거시적 ⇒ 크게 본. 멀리 내다본

거실 ⇒ 큰방. 마룻방

거액 ⇒ 큰돈

거역 ⇒ 거스름. 거스르다

거우다 [움직씨] 건드려 골나게 하다 [ㅂ]우리에 있는 짐승을 섣불리 거우는 일이 없도록 마음을 써요

거울 [이름씨] [1]한쪽에 서러가 든 섞음쇠를 발라 사람이나 몬을 잘 비추도록 만든 얇고 반반한 유리 [ㅂ]누나는 집을 나설 때면 거울에 얼굴을 비춰본다 [2]어떤 것을 그대로 보여주는 것 [ㅂ]아이는 어른 거울이다 [3]밑보기가 될 만한 것을 빗댄 말 [ㅂ]사람은 저마다 우러르는 사람을 거울로 삼아 산다

거울삼다 [움직씨] 어떤 일이나 사람을 본보기로 삼다 [ㅂ]깨달은 사람을 거울삼아 나도 모든 괴로움에서 벗어나고 싶다

거웃[1] [이름씨] [1]논밭을 갈아 넘긴 골 [ㅂ]아버지는 엿마지기 건넛밭을 긴 거웃으로 갈아 콩 뒷그루로 보리를 갈았다 [2]논밭을 갈아 넘긴 골을 세는 하나치 [ㅂ]물갈이에서는 두 거웃이, 마른갈이나 밭에서는 네 거웃이 한 두둑이다

거웃[2] [이름씨] 사람 사타구니 또는 입언저리나 턱에 난 털 [한뜻말]불거웃 ⇐ 음모. 치모

거위[1] [이름씨] 사람 작은창자에 붙어사는 붙살이 벌레. 몸이 가늘고 길다 ⇐ 회충

거위[2] [이름씨] 오리와 비슷하나 오리보다 몸집이 크고 목이 길며 부리는 노랗고 헤엄을 잘 치는 흰 새. 집에서 기르며 집을 지킬 줄 안다 [ㅂ]어릴 적 큰아버지 집에는 집을 잘 지키는 거위가 두 마리 있었다

거위걸음 [이름씨] 거위가 걷는 것처럼 어기적어기적 걷는 걸음 [ㅂ]아기가 뒤뚱뒤뚱 거위걸음을 걷네

거위낫개 [이름씨] 거위를 없애는 낫개 ⇐ 회충약. 회충제

거위영장 [이름씨] 몸은 여위어 가냘프고 목이 길며 키가 큰 사람을 놀리는 말 [ㅂ]옆집 아저씨야말로 거위영장 같지 않아?

거의 [어찌씨] [1]모두에서 조금 모자라게 [ㅂ]오늘날은 집집마다 거의 다 수레가 있다 [2]어떤 잣대에 아주 가깝게 [ㅂ]이제 메 꼭대기에 거의 다 왔어

거인 ⇒ 큰 사람

거장 ⇒ 큰 솜씨꾼. 큰 바치

거저 [어찌씨] [1]값을 치르지 않고 [ㅂ]요즘 드리고 낡은 셈틀은 거저 줘도 안 가져가 [2]애쓰지 않고 [ㅂ]사랑은 아무것도 바라지 않고 거저 주는 거지

거저먹기 [이름씨] 힘들이지 않고 일을 해내거나 열매를 얻는 것 [ㅂ]나한테 멧나물 뜯기는 거저먹기다

거저벌이 [이름씨] 일해 벌지 않고 거저 얻는 벌이 ⇐ 불로소득

거저이김 [이름씨] 제비뽑기나 맞은쪽이 빠져서 겨루지 않고 이기는 일 ⇐ 부전승

거적 [이름씨] 짚으로 두툼하게 엮어 네모로 짠 넓은 자리나 덮개 [ㅂ]옛날엔 겨울에 소한테 거적을 덮어주었다 [슬기말] **거적 쓴 놈 내려온다** 졸려서 눈꺼풀이 내려 감긴다

거적눈 [이름씨] 윗눈시울이 축 늘어진 눈 [ㅂ]거적눈은 치뜨나 내리뜨나 매한가지다

거절 ⇒ 물리침. 뿌리침. 마다함. 퇴짜놓음. 물리치다. 뿌리치다. 마다하다. 퇴짜 놓다

거점 ⇒ 발판. 바탕

거주 ⇒ 살기. 살다

거주민·거주자 ⇒ 사는 이. 사는 사람

거죽 이름씨 겉으로 드러난 쪽 ㉥거죽만 봐서는 참가죽인지 사람이 만든 가죽인지 잘 모르겠다 ⇐ 표면

거중기 ⇒ 들개

거즈 이름씨 다친 데를 낫게 하거나 꽃님들이 꾸밀 때 쓰는 부드러운 무명천 ⇐ 가제

거지 이름씨 남한테서 먹을 것을 얻어먹고 사는 사람 ㉥거지도 부지런하면 더운밥을 얻어먹는다 한뜻말거렁뱅이

거지꼴 이름씨 거지처럼 초라한 차림새나 꼴 ㉥이런 거지꼴로 어디를 가려고 하니?

거진섬 이름씨 세낯이 바다로 둘러싸이고 한 낯은 뭍에 이어진 땅. 뭍에서 바다 쪽으로 좁다랗게 내민 뭍을 말한다 ⇐ 반도

거짓 이름씨 있는 그대로가 아닌 꾸민 것 ㉥거짓은 거짓을 낳는다 맞선말참 ⇐ 허위

거짓꾸밈 이름씨 알맹이 없이 거죽만을 꾸밈 ⇐ 분식

거짓꾸밈셈 이름씨 일부러 살림이나 날찍은 부풀리고 빚을 줄여 벌데가 살림이 튼튼한 것처럼 꾸미는 셈 ⇐ 분식회계

거짓되다 그림씨 있는 그대로가 아니다 ㉥거짓되게 살아서는 삶을 제대로 누리지 못한다 ⇐ 허망하다

거짓말 이름씨 참이 아닌 것을 참처럼 꾸며 하는 말 ㉥거짓말은 스스로를 갉아먹는 앓이다 한뜻말벌말 ⇐ 허언 **거짓말하다**

거짓말쟁이 이름씨 거짓말을 자주 하는 사람 ㉥어느 나라든지 나랏일 하는 사람 가운데 거짓말쟁이가 많다

거짓말투성이 이름씨 온통 거짓말뿐인 것 ㉥거짓말을 밥 먹듯이 하니까 거짓말투성이라는 말을 듣지

거짓부리 이름씨 거짓말 한뜻말거짓부렁이

거짓알림 이름씨 거짓으로 꾸며내거나 부풀려 헐뜯기 ⇐ 흑색선전

거참 느낌씨 **1**딱하거나 못마땅할 때 하는 말. '그것참' 준말 ㉥거참, 이 일을 어쩌나? **2**일이 잘됐을 때 하는 말 ㉥거참 잘된 일이구나

거창하다 ⇒ 크다. 엄청나다. 엄청나게 크다

거처 ⇒ 집. 사는 곳. 보금자리. 있는 곳. 살다. 머물다

거쳐가다 움직씨 **1**오가며 지나거나 들르다 ㉥이 길을 거쳐가야지만 집에 갈 수 있다 **2**겪거나 밟다

거추꾼 이름씨 뒤치다꺼리를 해주는 사람 ㉥오빠는 동네에서도 이름난 거추꾼이다

거추장스럽다 그림씨 거치적거리는 것이 많고 번거로워 다루기가 거북하고 귀찮다 ㉥우리 옷은 입고 놀기는 좋으나 일하기에는 거추장스럽다

거추하다 움직씨 보살펴 치다꺼리하다 ㉥어버이가 안 계시는 동안 누나가 우리들을 거추했다

거춤거춤 어찌씨 대충 거쳐가는 꼴 ㉥워낙 바쁘게 돌아쳐서 그곳은 거춤거춤 보고 다닐 수밖에 없었어

거치 ⇒ 그대로 두다. 맡겨두다

거치다 움직씨 **1**지나는 길에 어디에 들르다 ㉥우리는 한밭을 거쳐 온다라로 갔다 **2**어떤 일을 겪거나 차례대로 밟아가다 ㉥오늘날은 첫배곳과 갑배곳, 높배곳을 거쳐 한배곳을 간다 **3**무엇에 걸리어 스치다 ㉥밤길이 어두워 발길에 거치는 돌부리에 넘어질 뻔했다

거치적거리다 움직씨 자꾸 여기저기 걸리고 닿아 움직이는 데 헤살이 되다 ㉥바지가 길어서 걷는 데 거치적거렸다 비슷한말걸리적거리다 **거치적대다**

거치적거치적 어찌씨 자꾸 여기저기 걸리고 닿아 움직이는 데에 헤살이 되는 꼴 ㉥큰 가방을 메고 사람 많은 땅밑수레에 탔더니 이 사람 저 사람한테 거치적거치적 서머하기 짝이 없었다 **거치적거치적하다**

거친말 이름씨 거칠거나 모질게 하는 말 ⇐ 폭언

거칠거칠 어찌씨 여러 군데가 다 거칠한 모습 ㉥봄내 나물 뜯으러 이 멧등 저 골짝 다니느라 손발과 얼굴이 거칠거칠해졌다 작은말 가칠가칠 센말 꺼칠꺼칠

거칠거칠하다 그림씨 여러 군데가 다 거칠하다 작은말 가칠가칠하다 센말 꺼칠꺼칠하다

거칠다 그림씨 **1** 바탕이 곱거나 매끄럽지 않다 ㉥날이 무딘 낫은 먼저 거친 숫돌에 간 뒤 다시 가는 숫돌에 가다듬는다 **2** 피륙 발이 굵고 성기다 ㉥여름에는 거친 삼베 적삼이 오히려 시원해 **3** 먹을거리가 기름지지 못하고 부드럽지 않다 ㉥거친 먹을거리와 추운 날씨에 시달렸는지 아들이 몹시 여위었다 **4** 가루나 알갱이가 굵고 고르지 못하다 ㉥거친 밀가루를 고운 체로 한 디위 더 쳤다 **5** 살결이나 나뭇결이 곱지 않다 ㉥맨손으로 일을 했더니 살갗이 거칠어졌다 **6** 메마르다 ㉥거친 땅엔 낟이나 남새가 잘 자라지 않는다 **7** 마음씨나 하는 짓이 막되고 거세다 ㉥거친 마음씨는 다른 사람 마음을 아프게 한다

거칠하다 그림씨 야위거나 메말라 살갗이나 털이 거칠다 ㉥우리 귀염이 얼굴이 먼저보다 거칠해졌구나

거침돌 이름씨 거추장스럽게 걸리거나 막히는 것을 빗댄 말 ㉥지나친 잔소리는 일하는 데 거침돌이 된다 비슷한말 걸림돌

거침새 이름씨 일이나 움직임 따위가 걸리거나 막힘이 없는 것 ㉥돌이 말이 끝나기 바쁘게 솔이가 거침새 없이 쏘아붙였다

거침없이 어찌씨 머뭇거리거나 막히지 않고 ㉥쭉 뻗은 길을 거침없이 달려가는 수레

거칫거리다 움직씨 자꾸 가볍게 걸리다. 또는 말썽이 생기어 헤살하다 ㉥마음에 거칫거리는 것이 있으니 말을 바로 못 하는 게지 **거칫대다**

거칫거칫 어찌씨 자꾸 가볍게 걸리는 꼴 ㉥너석들이 방을 이리저리 어질러 놓아서 거칫거칫 발에 걸린다 **거칫거칫하다**

거칫하다 그림씨 여위고 기름기가 없어 모습이 거칠어 보이다 ㉥느티는 새까맣고 거칫한 손을 들어 보였다

거쿨지다 그림씨 몸집이 크고 말이나 움직임이 씨억씨억하다 ㉥아우는 나이에 견주어 매우 거쿨진 데가 있다

거탈 이름씨 알맹이가 아닌 겉. 다만 겉으로 드러난 꼴 ㉥거탈만 보고 사람을 판가름할 수 없지

거통 이름씨 딱히 대단한 재주도 떨치지 못하면서 큰소리치며 거들먹거리는 사람 ㉥이참에 새로 온 고을 사또는 꽤나 거통이야

거푸 어찌씨 잇달아 거듭 ㉥콧속이 간질간질하더니 거푸 재채기가 나오네 ⇐ 연거푸. 연달아

거푸집 이름씨 **1** 만들려는 몬꼴에 맞춰 짠 틀. 그 속에 쇳물이나 재반죽을 부어 굳혀 똑같은 몬을 이어 만들어낸다 ㉥나무널로 거푸집을 짓고 돌가루와 모래, 자갈을 섞어 넣었다 ⇐ 주형 **2** 콘크리트를 칠 때 알맞은 꼴을 만들려고 틀을 짜는 데 쓰는 나무 널 ㉥거푸집은 꼭 튼튼하게 짜야 한다

거풀 이름씨 여러 겹으로 된 껍질이나 껍데기 ㉥둥글파 거풀은 벗겨도 벗겨도 끝이 없을 것 같다

거품 이름씨 **1** 속이 비어 둥글게 된 물방울 ㉥이 비누는 거품이 많이 인다 **2** 쉽게 사라질 것 같은 것을 빗댄 말 ㉥오늘날 우리나라 집값에는 거품이 잔뜩 끼었다네

거풍하다 ⇒ 바람 쐬다

거행 ⇒ 치름. 올림. 함. 치르다. 올리다. 하다

걱실거리다 움직씨 마음바탕이 너그러워 말과 짓이 시원시원하다 ㉥가시 걱실거리는 말씨가 버시 마음에 들었다 **걱실대다**

걱실걱실 어찌씨 마음바탕이 너그러워 말과 짓이 시원시원한 꼴 ㉥옆집 아주머니는 주책스럽지만 걱실걱실해서 좋다 **걱실걱실하다**

걱정 이름씨 **1** 일이 잘못될까 봐 마음 졸임 ㉥어버이는 아들딸이 잘못될까 언제나 걱정

한다 ⇐ 불안 **2** 아랫사람 잘못을 나무라는 말 ⓑ함부로 꽃을 꺾으면 어른들한테 걱정을 듣는다

걱정거리 이름씨 걱정이 되는 일 ⓑ왜 그리 시무룩해? 뭔 걱정거리라도 있어?

걱정스럽다 그림씨 걱정이 되어 마음이 홀가분하지 않다 ⓑ비가 이렇게 많이 오니 논둑이 터질까 봐 걱정스럽다 ⇐ 불안하다

건강 ⇒ 튼튼함. 짱짱함. 실팍함. 튼튼하다. 짱짱하다. 실팍하다

건강검진 ⇒ 몸살핌. 온몸살핌. 튼튼살핌

건강미 ⇒ 튼튼멋. 짱짱멋

건강식품 ⇒ 튼튼먹거리

건개 이름씨 건건이

건건이 이름씨 밥을 먹을 때 곁들이는 조촐한 먹을거리 ⓑ꽁보리밥과 건건이뿐이지만 많이 드세요 한뜻말 건개 ⇐ 반찬

건건이 (件件) ⇒ 일마다

건건하다 그림씨 싱겁지는 않고 조금 짜다 ⓑ이 김치는 건건할 뿐 감칠맛이 없군 작은말 간간하다 **건건하게 건건히**

건국 ⇒ 나라세움

건국신화 ⇒ 나라세운검얘기

건기 ⇒ 가물철. 가뭄철

건너 이름씨 가로놓인 것 너머 맞은쪽 ⓑ꽃다지네 집은 우리집 바로 길 건너에 있다

건너가다 움직씨 **1** (한 곳에서 다른 곳으로) 옮겨가다 ⓑ사람들이 종살이에서 벗어나려고 만주로 많이 건너갔다 **2** 가람, 길, 다리를 건너서 맞은쪽으로 가다 ⓑ한울이는 다리를 건너가더니 나한테 손을 흔들었다

건너다 움직씨 **1** 사이에 있는 것을 넘어 맞은쪽으로 가거나 오다 ⓑ우리는 배를 타고 가람을 건넜다 **2** 때나 차례를 거르다 ⓑ아우는 사흘 건너 머리를 감는다 **3** (말 따위가) 한쪽에서 다른 쪽으로 옮겨가다 ⓑ말이 한 입 건너고 두 입 건너는 새 달라졌다

건너다니다 움직씨 가람이나 다리나 큰길을 건너서 오가다 ⓑ아이들이 건너다니는 이 길에선 수레가 천천히 다녀야 한다

건너다보다 움직씨 한쪽에서 건너쪽을 바라보다 ⓑ그곳에서 길 맞은쪽을 건너다보면 눈에 띄는 곳이 있다

건너뛰다 움직씨 **1** 한 걸음 펄쩍 뛰어서 건너다 ⓑ아이들은 차례차례 도랑을 건너뛰었다 **2** (한 차례를) 빼고 지나가다 ⓑ바쁘게 일을 하다 보면 한 끼를 건너뛸 때가 많다

건너오다 움직씨 건너서 다른 데로 오다 ⓑ개울에 물이 불어서 다들 옷을 걷고 건너왔다

건너지르다 움직씨 **1** 곧바로 지나가다 ⓑ우리는 마당을 건너질러 방으로 들어갔다 **2** 한쪽에서 마주 보이는 다른 쪽까지 두 끝이 닿게 긴 몬을 가로로 대어놓다 ⓑ긴 대나무를 이 방에 건너질러 묶어 빨래를 널 수 있게 해 줘

건너쪽 이름씨 마주 보는 저쪽 ⓑ가람 건너쪽에는 아름다운 숲이 있다 한뜻말 맞은쪽 ⇐ 건너편

건넌방 이름씨 안방에서 마룻방을 건너 있는 방 ⓑ나는 어릴 때 우리 집 건넌방에서 지냈다

건널목 이름씨 **1** 긴수렛길과 길이 서로 엇갈리는 곳 ⓑ내가 갑배곳과 높배곳에 다닐 때 날마다 건널목을 지나다녔다 **2** 수렛길을 가로질러 건너다니는 곳 ⓑ건널목을 지날 때는 왼오른쪽을 다 살펴야 한다 한뜻말 건넘길 ⇐ 횡단보도

건넘길 이름씨 수렛길 위에 사람이 가로 건너다니게 마련한 길 한뜻말 건널목 ⇐ 횡단보도

건넛마을 이름씨 건너쪽에 있는 마을 ⓑ내 동무 새봄이는 건넛마을에 산다

건넛메 이름씨 건너쪽에 있는 메 ⓑ살거내 건넛메는 죄다 밀어 짓곳을 지었다 ⇐ 건넛산 슬기말 **건넛메 보고 꾸짖기** 말 듣는 이를 대놓고 꾸짖지 않고 빗대어 꾸짖는 것

건넛집 이름씨 건너쪽에 있는 집 ⓑ오늘은 건넛집에 웬 낯선 사람들이 많이 오네

건네다 움직씨 **1** 맞은쪽으로 사람들을 가거나 오게 하다 ⓑ아버지는 가라가람에서 나

룻배로 사람들을 건네는 일을 한다 ❷넘겨주다 ⓑ아랫집 두돌이가 막 찐 옥수수를 건넸다 ⇐ 패스 ❸다른 사람에게 말을 붙이다 ⓑ늘봄은 새봄한테 "잘 있었어?"라고 말을 건넸다

건네받다 (움직씨) 무엇을 남한테서 받다 ⓑ눈비메 마을에서 호두빵을 건네받은 날이 어젠가?

건네주다 (움직씨) 무엇을 남한테 주다 ⓑ우리 어릴 때는 호박부침개나 정구지지짐이를 담 너머로 서로 건네주었지

건늠길 (이름씨) 수렛길을 가로질러 건너다니는 곳 ⓑ길을 가로지를 때는 잘 살펴서 건늠길로 다녀라 한뜻말 건넘길 ⇐ 횡단보도

건다짐 (이름씨) 속뜻 없이 겉으로만 하는 다짐 ⓑ건다짐 하는 것도 하루이틀이지 비슷한말 건말질

건달 ⇒ 날탕. 놈팡이

건당 ⇒ 일마다. 일 한 가지마다

건더기 (이름씨) ❶국물 속에 들어 있는 나물이나 고기붙이 ⓑ국을 퍼갈 때 혼자서 건더기만 다 건져가지 마라 ❷내세울 만한 속내나 바탕, 알맹이 ⓑ내가 남들보다 잘났다고 떠벌릴 건더기가 없다

건드리다 (움직씨) ❶만지거나 대어서 조금 뮈게 하다 ⓑ잘 익은 무른 감은 조금만 건드려도 터진다 ❷성가시게 굴다 ⓑ귀찮게 자꾸 건드리지 마

건들거리다 (움직씨) ❶이리저리 흔들리다 ⓑ문틈으로 바람이 들어올 때마다 촛불이 건들거렸다 ❷하는 일 없이 빈둥거리다 ⓑ제 할 일 다 해놓고 건들거리는 거야 누가 뭐라 하겠어? **건들대다**

건들건들 (어찌씨) ❶바람이 부드럽게 살랑살랑 부는 꼴 ⓑ오늘은 궂은 비도 걷히고 바람까지 건들건들 분다 ❷가벼운 것이 제멋대로 흔들리는 꼴 ⓑ그넷줄이 바람에 건들건들 흔들렸다 ❸싱겁게 멋없이 구는 꼴 ⓑ아랫마을 아저씨는 건들건들 괜히 사람 놀리기를 좋아했다 ❹부지런하지 않고 빈둥거리는 꼴 ⓑ할머니는 한낮에도 건들건들 방안에 누워 지내는 아슨아들이 마뜩잖았다 **건들건들하다**

건들마 (이름씨) 이른 가을에 마녘에서 불어오는 시원한 바람 ⓑ건들마가 불어와 얼굴에 흐른 땀방울을 식혀주었다 한뜻말 건들바람

건들바람 (이름씨) ❶이른 가을에 서늘하게 부는 바람 ⓑ건들바람이 불어와 나뭇가지가 서로 부딪히는 소리가 듣기 좋다 비슷한말 서늘바람 ❷바람세기가 넷째인 바람. 땅 위에서는 먼지가 일고 종잇조각이 날리며 작은 나뭇가지가 흔들리고 바다에서는 물결이 인다

건들장마 (이름씨) 첫가을에 비가 오다가 곧 개고 또 오다가 곧 개는 장마

건듯건듯 (어찌씨) ❶일을 빠르게 대충하는 꼴 ⓑ나무장이는 풀깎기를 건듯건듯 해치우고 돌아갔다 ❷짓이나 매개가 갑자기 일어나거나 바뀌는 꼴 ❸바람이 가볍게 슬쩍슬쩍 부는 꼴 ⓑ골바람이 건듯건듯 불 때마다 밤이 우두둑 떨어진다 **건듯던듯하다**

건립 ⇒ 세움. 지음. 세우다. 짓다

건립자 ⇒ 세운이

건망증 ⇒ 잊음기. 쥐얼. 깜빡늧

건목 (이름씨) 무엇을 만들 때 거칠게 대충 만드는 일. 또는 그렇게 만든 몬 ⓑ건목 친 나무기둥 (익은말) **건목 치다** 꼼꼼하게 다듬지 않고 얼추 만들다

건물 ⇒ 집. 집채. 큰집

건미역 ⇒ 마른미역

건반 ⇒ 누르개

건반악기 ⇒ 누르개. 누름가락틀

건밤 (이름씨) 한숨도 자지 않고 뜬눈으로 새운 밤 ⓑ건밤을 새우다

건방 (이름씨) 젠체하여 주제넘은 짓 ⓑ건방을 떨다. 건방을 부리다. 건방을 피우다

건방지다 (그림씨) 주제넘게 잘난 체하다 ⓑ젊은 것이 어른들 앞에서 건방진 말씨로 지껄이니 야단맞지

건배 ⇒ 잔 들기. 잔 비우기. 잔 들다. 잔 비우다

건빵 ⇒ 마른 빵

건사보 이름씨 벌데를 갈음하여 일을 잡아 맡아 해내는 사람 비슷한말 거둠이 ⇐ 이사

건사하다 움직씨 ❶ 제게 딸린 것을 잘 보살펴 돌보다 ㉥ 누구나 제 몸부터 잘 건사할 줄 알아야지 ❷ 몬을 처음대로 잘 보살펴 지킴 ㉥ 어머니께 물려받은 가락지를 잘 건사하여 며느리에게 주었다

건설 ⇒ 짓기. 세우기. 짓다. 세우다

건설업 ⇒ 짓는 일. 세우는 일

건성 이름씨 속뜻 없이 겉으로만 대충 함 ㉥ 남 말을 새겨듣기보다 건성으로 듣는 사람이 생각보다 많다

건성건성 어찌씨 마음을 기울이지 않고 얼렁뚱땅 일을 하는 꼴 ㉥ 일을 그렇게 건성건성 하지 말고 제대로 똑바로 좀 해

건실하다 ⇒ 튼튼하다. 튼실하다. 굳건하다. 알차다

건아 ⇒ 사나이. 씩씩한 사내

건어물 ⇒ 마른 물고기

건의 ⇒ 아룀. 사룀. 생각 말함. 생각 내놓음. 아뢰다. 사뢰다. 생각을 말하다. 생각을 내놓다

건의서 ⇒ 아룀글. 사룀글

건이 이름씨 판가름을 건이 ⇐ 원고

건이름 이름씨 책이나 글에 내건 이름 ⇐ 표제

건잠머리 이름씨 일을 시킬 때, 대충 수를 알려주고 갖추어야 할 여러 가지 연장을 챙겨주는 일 ㉥ 일을 시킬 때는 먼저 건잠머리한 다음에 믿고 맡겨야지 **건잠머리하다**

건장하다 ⇒ 헌칠하다. 튼튼하다

건재하다 ⇒ 잘 있다. 살아 있다. 남아 있다

건전지 ⇒ 번힘못

건전하다 ⇒ 올바르다. 바르다

건조 (建造) ⇒ 뭇기. 배만듦. 뭇다. 배 만들다

건조 (乾燥) ⇒ 메마름. 마름. 메마르다. 마르다

건조기 ⇒ 말리개

건조기후 ⇒ 메마른 날씨

건조대 ⇒ 말림대

건조도 ⇒ 마름새. 마르기

건지 이름씨 돌을 매달아 물 깊이를 재는 데 쓰는 줄 ㉥ 물이 깊으니 건지를 넉넉하게 풀어라

건지다 움직씨 ❶ (물속에 들어 있는 것을) 밖으로 집어내거나 끌어내다 ㉥ 어머니는 국 건더기를 건져서 나한테 주었다 ❷ 어려움에서 벗어나게 하다 ㉥ 한자말과 하늬말을 즐겨 쓰는 바람에 죽어가는 우리말을 건져내는 일은 참 종요로운 일이지요 ❸ 밑진 것을 되찾다 ㉥ 이러다가는 밑천도 건지기가 어렵겠어

건천 ⇒ 마른내

건초 ⇒ 마른풀

건축 ⇒ 세움. 집짓기. 세우기. 세우다. 집짓다

건축가 ⇒ 집세움이. 집지이. 집짓보

건축물 ⇒ 집. 큰집. 지은 것. 세운 것

건치 ⇒ 튼튼한 이

건투 ⇒ 잘 싸움. 씩씩하게 싸움. 잘 싸우다. 씩씩하게 싸우다

건트집 이름씨 아무 까닭 없이 트집을 잡음. 또는 그 트집 한뜻말 날트집 ⇐ 생트집 **건트집하다**

건평 ⇒ 집 바닥 넓이

건포도 ⇒ 말린하늬머루

걷는이 이름씨 걷는 사람 ⇐ 보행자

걷다[1] 움직씨 ❶ 발을 차례로 바꾸어 떼어 옮기며 나아가다 ㉥ 바쁠수록 천천히 걸어라 ❷ 어느 쪽으로 나아가다 ㉥ 지난 온 해 동안 우리 겨레가 걸어온 길은 가시밭길이었다

걷다[2] 움직씨 ❶ 펴거나 늘어뜨린 것을 말아 올리거나 추켜올리다 ㉥ 한 판 붙어보자고 소매를 걷고 앞으로 쑥 나섰다 ❷ 널어놓거나 벌여놓은 것을 접거나 개키다 ㉥ 소나기가 올 것 같아 빨래를 걷었다

걷다[3] 움직씨 여럿한테서 돈이나 몬을 받아 모으다. '거두다' 준말 ㉥ 놀러가고 싶은 사람한테서 한 사람마다 골 원씩 걷었다

걷몰다 움직씨 거듬거듬 빨리 몰아치다 ㉥ 개들이 양떼를 걷몰아 들였다

걷어붙이다 움직씨 (소매나 바짓가랑이를) 위로 말아 올리다 ㉥ 언니는 소매를 걷어붙이고 설거지를 도왔다

걷어차다 움직씨 발을 들어 세게 차다 ⓑ내 앞으로 굴러오는 공을 힘껏 걷어찼다

걷어채다 움직씨 발로 세게 차이다 ⓑ소젖을 짜다가 소 뒷발에 걷어챌 때가 있지

걷어치우다 움직씨 **1** 걷어서 딴 데로 치우다 ⓑ찬바람이 불자 어머니는 발을 걷어치웠다 **2** 하던 일이나 말을 그만두다 ⓑ말 같지도 않은 소리 그만 걷어치워라

걷잡다 움직씨 **1** 거두어 붙잡다 ⓑ세찬 바람에 불길이 걷잡을 수 없이 번졌다 **2** 외곬으로 치우치는 기운을 거두어 바로잡다 ⓑ아이들이 떼죽음한 일을 생각하면 눈물이 걷잡을 수 없이 흐른다

걷히다 움직씨 **1** (덮거나 가리고 있던 것이) 없어지다 ⓑ구름이 걷히자 파란 하늘이 드러났다 **2** 돈이 거두어지다 ⓑ우린 걷힌 돈을 굶어 죽어가는 사람들한테 보냈다

걸[1] 이름씨 윷놀이에서 윷을 던져 세 낱은 젖혀지고 한 낱은 엎어진 것을 이르는 말. 걸은 '염'을 가리킨다 ⓑ"윷이야" 하고 윷을 던졌는데 걸이 나왔다

걸[2] 이름씨 '것을' 준말 ⓑ앞으로는 좋아하는 걸 하고 살 테야

걸[3] 이름씨 거랑. 개울 ⇐ 거. 구. 구거

걸개그림 이름씨 집 따위 담이나 바람 같은 곳에 걸 수 있게 그린 그림 한뜻말 펼침띠 ⇐ 플래카드

걸개천 이름씨 알리거나 내세우고 싶은 것을 써서 드리운 천 한뜻말 드림천 ⇐ 현수막

걸거치다 움직씨 다루기 어렵게 자꾸 걸리다 ⓑ치렁한 소매가 걸거쳐서 다른 옷으로 갈아입어야겠어 한뜻말 거치적거리다

걸걸하다 그림씨 **1** 목소리가 좀 쉰 듯하면서 우렁차다 ⓑ문밖에서 아저씨 걸걸한 목소리가 들려왔다 **2** 바탈이나 하는 짓이 거침없고 거칠다 ⇐ 호탕하다

걸고넘어지다 움직씨 아랑곳없는 사람을 꺼내 트집을 잡다 ⓑ말다툼에서 질 것 같으니까 순이는 옛날 일을 걸고넘어졌다

걸고들다 움직씨 어떤 일을 실랑이 거리로 삼아 대들다 ⓑ그 일로 걸고들려면 걸릴 사람이 아직 여럿 남았습니다

걸그림 이름씨 걸어 펼쳐 놓고 볼 수 있도록 만든 땅그림이나 그림, 글씨 따위 ⇐ 괘도. 족자

걸그물 이름씨 바닷물 속에 가로 펼쳐 놓고 오가는 고기들이 그물코에 걸리게 하는, 띠처럼 길게 생긴 그물 ⇐ 괘망

걸근거리다[1] 움직씨 가래 따위가 목구멍에 걸려 근지럽게 거치적거리다 ⓑ엊저녁에 고뿔 낌새가 보이더니 아니나 다르랴 목이 걸근거린다 작은말 갈근거리다 **걸근대다**

걸근거리다[2] 움직씨 맛갓이나 남 것을 얻으려고 던적스레 떳떳하지 못한 짓을 자꾸 하다 ⓑ하루 내 굶었더니 뱃속은 시끄럽게 걸근거렸다 작은말 갈근거리다 **걸근대다**

걸근걸근[1] 어찌씨 가래 따위가 목구멍에 걸려 자꾸 간지럽게 거치적거치적하는 꼴 **걸근걸근하다**

걸근걸근[2] 어찌씨 맛갓이나 남 것을 얻으려고 잇따라 다랍고 떳떳하지 않게 구는 꼴 **걸근걸근하다**

걸기질 이름씨 논바닥에 물이 골고루 퍼지지 않을 때 높은 데 흙을 낮은 데로 끌어내려 고르는 일 ⓑ우리는 걸기질이 덜 된 논바닥을 고르느라 비지땀을 흘렸다

걸다[1] 움직씨 **1** 달거나 드리우다 ⓑ웃옷을 벗어 옷걸이에 걸었다 **2** 자물쇠나 문고리를 채워 문을 잠그다 ⓑ문을 걸어 잠그고 잠자리에 들었다 **3** 얼굴 어디에 끼우거나 달다 ⓑ귀에 걸면 귀걸이 코에 걸면 코걸이 **4** 남에게 말이나 짓을 먼저 하다 ⓑ짝꿍이 자꾸 싸움을 건다 **5** 쓸 수 있도록 차려놓다 ⓑ나물을 삶으려고 바깥에 솥을 걸었다 **6** 한쪽 다리를 맞은쪽 사람 다리에 휘감다 ⓑ나는 오른다리를 길남이 왼다리에 걸고 힘껏 밀어 넘어뜨렸다 **7** 내기로 돈을 내놓다. 판돈을 내놓다 ⓑ마을지기가 보름 윷놀이에 큰 판돈을 걸었다 **8** 거리나 과녁으로 삼다 ⓑ저쪽은 또 어떤 까다로운 거리를 걸고 나올까? **9** 목숨을 내놓거나 바치

다 ⓑ우리는 백성이 임자 되는 나라를 세우려고 목숨을 걸고 싸웠다

걸다[2] 그림씨 ❶흙이 기름지다 ⓑ이 밭은 땅이 걸어서 무엇이든지 잘 자란다 ❷묽지 않고 되다 ⓑ풀을 걸게 쑤어 물을 타서 잘 갰다 ❸차린 먹을거리가 가짓수가 많고 푸지다 ⓑ오늘 저녁상을 걸게 차렸네 ❹말씨가 거칠고 점잖지 못하다 ⓑ아재는 입이 걸어 할아버지한테 자주 꾸중을 들었다

걸단추 이름씨 걸어서 채우게 된 단추 ⓑ손이 떨려서 걸단추를 채우기가 힘들었다 ⇐ 후크

걸때 이름씨 사람 몸피 크기 ⓑ걸때가 커서 웬만한 옷은 잘 안 맞는다

걸뜨다 움직씨 물 위로 떠오르지 않고 물속에 뜨다 ⓑ물먹은 솜이불은 밑바닥으로 가라앉지 않고 물속에 걸떠 다닌다

걸띠 이름씨 맬띠 ⇐ 안전띠. 안전벨트

걸러내다 움직씨 없어도 될 것은 버리고 있어야 할 것만 골라내다 ⓑ물길물을 걸러내어 마신다 ⇐ 여과하다

걸레 이름씨 더러운 곳을 닦거나 물기를 훔치는 데 쓰는 헝겊 ⓑ우리는 방을 쓸고 걸레로 방바닥을 꼼꼼하게 닦았다

걸레받이 이름씨 기름종이바닥을 깐 방에, 걸레질할 때 바람 굽도리가 다치지 않도록 밑으로 좁게 돌려 바르는 기름종이 ⓑ예전에는 기름종이바닥을 가웃 뼘쯤 꺾어 올려서 걸레받이로 삼았다

걸레질 이름씨 걸레로 닦거나 훔치는 일 ⓑ사흘거리로 방에 걸레질을 했다

걸려들다 움직씨 그물이나 덫에 잡히다 ⓑ조기 떼가 그물에 걸려들었다

걸리개 이름씨 걸림돌을 넘어 달리는 달리기에서 쓰는 나무나 쇠로 된 널빤지 ⇐ 허들

걸리개달리기 이름씨 여러 가지 걸림돌을 뛰어넘으며 달리는 놀이 ⇐ 장애물달리기. 허들

걸리다[1] 움직씨 ❶걸어지다 ⓑ부엌에 걸린 무쇠솥 ❷무엇이 낚이거나 잡히거나 붙거나 막히거나 하다 ⓑ물고기가 그물에 걸렸다. 갈치 가시가 목에 걸린 것 같아 ❸매끄럽지 못하여 막히다 ⓑ장마에 걸려 일이 좀 늦어졌다 ❹해, 달, 별이 떠 있다 ⓑ붉은 해는 하늬쪽 멧마루에 걸렸다 ❺어디에 얽매이다 ⓑ빨간 불에 걸려 빵소니 수레를 놓쳤다 ❻맺어지거나 만나다 ⓑ하마터면 사기꾼한테 걸려 돈을 날릴 뻔했다 ❼앓다 ⓑ고뿔에 걸리면 기침을 자주 한다 ❽마음에 감돌거나 느끼다 ⓑ그 착한 사람한테 거짓말한 것이 늘 마음에 걸린다 ❾느낌에 거슬리다 ⓑ귀에 걸리는 말 한마디가 머리에 맴돌았다 ❿뽑히다 ⓑ가위바위보를 했더니 내가 걸렸다 ⓫얼마 동안이 들다 ⓑ묵나물을 다 해 마치려면 아직도 꼬박 사흘은 더 걸리겠다

걸리다[2] 움직씨 걸음을 걷게 하다 ⓑ네 살배기 아이를 업었다 걸렸다 하면서 먼 길을 데려왔어

걸리적거리다 움직씨 자꾸 거추장스럽게 닿거나 걸리다 비슷한말 거치적거리다 **걸리적대다**

걸린이 이름씨 판가름에 걸린 이 ⇐ 피고

걸림돌 이름씨 일하는 데 걸리거나 가로막는 것 ⓑ우리말을 살려내는 길에서 가장 큰 걸림돌은 우리 겨레 마음속에 깃든 말종살이 버릇이다 ⇐ 암초. 애로. 장애. 허들

걸맞다 그림씨 어떤 것에 어울려 알맞다 ⓑ차돌이는 커다란 몸집에 걸맞지 않게 눈물이 많다 ⇐ 상응하다. 필적하다

걸머맡다 움직씨 빚이나 일을 안아 맡다 ⓑ언니는 갑자기 죽은 아우 빚을 걸머맡았다

걸머지다 움직씨 ❶자루 위쪽이나 짐바를 어깨에 걸어서 짐을 지다 ⓑ돌쇠는 두 말이나 되는 쌀자루를 어깨에 가뿐히 걸머지고는 고개를 넘어왔다 ❷종요로운 일을 떠맡다 ⓑ푸름이는 앞으로 이 나라 앞날을 걸머지고 갈 젊은이다 ❸빚을 지다 ⓑ그는 아버지가 남긴 빚을 몽땅 걸머졌다

걸상 ⇒ 앉개

걸쇠 이름씨 큰문이나 방 여닫이문을 잠글 때 빗장으로 쓰는 'ㄱ'자 꼴 쇠 한뜻말 자물쇠

걸스카우트 ⇒ 가시내떼

걸식 ⇒ 동냥. 비럭질

걸신들리다 ⇒ 매우 배고파하다. 굶주려 밥을 밝히다

걸어가다 (움직씨) ❶발로 걸어서 나아가다 ⓑ푸른누리에서 아랫마을까지 걸어가면 서른 갈이 걸린다 ❷어떤 일을 꾸준히 해나가다 ⓑ닷참 언니는 한뉘 내내 간힌이를 돌보는 외길을 꾸준히 걸어간다

걸어오다 (움직씨) ❶발로 걸어서 오다 ⓑ눈보라가 휘날렸지만 나는 수레에서 내려 집까지 걸어왔다 ❷어떤 길을 지나오거나 제 일을 꾸준히 해오다 ⓑ으뜸이는 열린 배곳을 여는데 몸 바쳐 걸어왔다

걸음 (이름씨) ❶다리를 차례로 바꾸어 옮겨 걷는 짓 ⓑ걸음아 날 살려라 하고 달아났다 ❷오고가고 하는 일 ⓑ그처럼 잦던 해님 걸음도 차츰 뜸해졌다 ❸('-는 걸음' 꼴로 써) 무엇을 하는 까리나 길 ⓑ나물밭에 가는 걸음에 얼음보숭이를 사 먹었다 ❹('걸음마다' 꼴로 써) 어떤 짓을 하는 뭠 ⓑ온누리 사람들이 나아가는 걸음마다 어깨동무를 꿈꾼다 ❺일을 나아가게 하는 움직임 ⓑ사람이 임자되는 큰 걸음을 내디뎠다 ❻다리를 차례로 바꾸어 옮겨 걷는 디위를 세는 하나치 ⓑ어른은 하루에 골 걸음을 걸어야 몸에 좋다

걸음걸음 (이름씨) ❶한 걸음 한 걸음 걷는 모든 걸음 ⓑ젊은이들 걸음걸음이 다 나라 앞날로 이어진다 ❷일이 나아가는 뭠 ⓑ사람은 저마다 걸음걸음이 그 사람을 이루어 간다 ❸(어찌씨) 걸음을 걸을 적마다 ⓑ걸음걸음 손잡아 이끌어주신 스승

걸음걸이 (이름씨) 걸음을 걷는 꼴 ⓑ새봄은 걸음걸이까지 어머니를 닮았다

걸음나비 (이름씨) 걸음을 걸을 때 앞발 뒤축에서 뒷발 뒤축까지 길이 ⓑ걸음나비가 넓다 한뜻말 걸음너비 ⇐ 보폭

걸음너비 (이름씨) 걸음나비

걸음마 (이름씨) 아기가 처음 걸을 때 발을 떼어 놓는 걸음 ⓑ아기가 이제 걸음마를 떼었으니 마음이 좀 놓이겠네요

걸음새 (이름씨) 걸음 걷는 몸씨 ⓑ한솔이가 뒤뚱거리며 배곳지기 걸음새를 흉내 내 우리 모두 배꼽을 잡고 웃었다 ⇐ 페이스

걸음쇠 (이름씨) 동그라미를 그리거나 길이를 옮길 때 쓰는 연장 ⓑ걸음쇠를 쫙 펼쳐서 동그라미를 그렸다 ⇐ 컴퍼스

걸음어림 (이름씨) 걸음 수로 길이를 대충 재는 것 ⓑ내 걸음어림으로는 50미터쯤 되겠다

걸음틀 (이름씨) 어린아이에게 걸음을 익히게 하려고 태우는 바퀴 달린 틀 ⇐ 보행기

-걸이 (뒷가지) (몬 이름 뒤에 붙어) '그 몬을 걸어두는 연장'을 나타내는 말 ⓑ옷걸이. 쓰개걸이

걸이짐 (이름씨) 가름짐 한뜻말 가름걸이짐 ⇐ 패소

걸인 ⇒ 거지

걸작 ⇒ 빼어난 글. 빼어난 그림. 빼어난 뭠그림

걸쭉하다 (그림씨) ❶죽이나 술, 국물이 묽지 않고 꽤 걸고 짙다 ⓑ엄마가 찹쌀가루를 넣고 호박죽을 걸쭉하게 쑤었다 ❷말이 푸지다 ⓑ그 사람 걸쭉한 말솜씨에 모두가 빠져들었다

걸차다 (그림씨) 땅이 매우 기름지다 ⓑ내 건너 큰 밭 아랫녘은 땅이 걸차서 거름을 넣지 않아도 보리가 잘된다

걸출하다 ⇒ 뛰어나다. 빼어나다

걸치다 (움직씨) ❶긴 몬을 서로 떨어진 두 곳에 올려놓다 ⓑ굵은 통나무를 개울 위에 걸쳐 놓고 다리로 삼았다 ❷옷을 아무렇게나 대충 입다 ⓑ밖에서 급하게 부르는 소리에 겉옷을 걸치고 뛰어나갔다 ❸어떤 일이 얼마 동안 이어지다 ⓑ나는 우리말을 살려 쓰는 일에 스무 해에 걸쳐 매달렸다 ❹어느 테두리에 미치다 ⓑ오늘은 온 나라에 걸쳐 비가 오겠습니다

걸태질 (이름씨) 아무 부끄러움 없이 볼썽사납게 살림을 마구 불리는 짓 ⓑ걸태질하여 긁어모은 살림일진대 어디에 보람 있게 썼던가

걸터앉다 움직씨 바닥보다 높은 곳에 엉덩이만 대고 앉다 ⓑ풀을 베고 나서 우리는 마루에 걸터앉아 수박을 먹었다

걸터타다 움직씨 모로 걸터앉아 타다 ⓑ동무가 모는 두바퀴 뒤에 걸터타고 갔다

걸턱 이름씨 무엇이 걸리게 바닥보다 조금 높인 자리

걸판지다 그림씨 ❶매우 푸지다 ⓑ이렇게 모였으니 한 디위 걸판지게 놀아보자 ❷몸짓이나 꼴이 크고 어수선하다 ⓑ길 가던 사람이 돌부리에 발이 걸려 걸판지게 엎어져서 깜짝 놀랐다

걸핏하면 어찌씨 조금이라도 무슨 일이 있으면 곧 ⓑ금술이 어머니는 걸핏하면 우리 집에 새콤이를 얻으러 왔다

겖다 움직씨 어깨에 메다 ⓑ가방을 겖고 고갯길을 올랐다

검 이름씨 사람들이 누리를 뛰어넘어 온누리를 이끈다고 믿는 것 ⓑ검님 비슷한말서낭 ⇐ 신. 천신. 신령

검 ⇒ 칼

검갈 이름씨 검이 무엇인지 파고드는 갈 ⇐ 신학

검객 ⇒ 칼잡이

검거 ⇒ 붙잡기. 잡아옴. 잡아들임. 붙잡다. 잡아오다. 잡아들이다

검기울다 움직씨 검은 기운이나 먹구름이 차츰 퍼져서 날이 어두컴컴해지다 ⓑ날씨가 검기울기 비롯하더니 이윽고 빗방울이 떨어졌다

검다 그림씨 ❶빛깔이 숯빛과 같다 ⓑ둘은 검은 머리 파뿌리 되도록 함께 살았다 ❷생각이나 마음씨가 엉큼하다 ⓑ속 검은 사람과는 벗하지 마라

검다람쥐 이름씨 검은빛 다람쥐. 다람쥐보다 크고 잣이나 송이버섯을 즐겨 먹고 마음바탈이 사납다 ⇐ 청설모

검대집 이름씨 검은대가 있는 집. 가시나 고장에서 신사임당이 아이들을 낳은 집이라 한다 ⇐ 오죽헌

검댕 이름씨 그을음이나 내가 엉겨 붙어 생긴 검은 몬 ⓑ옛날에 나무를 때서 밥하면 솥 밑에 검댕이 새까맣게 꼈다

검댕이붓 이름씨 풀먹이 짐승한테 옮기는 검댕이앓이를 일으키는 붓 ⇐ 탄저균

검댕이앓이 이름씨 고추나 과일나무에 잘 생기는 앓이. 꺼먼 점이 박히면서 썩어 들어간다 ⇐ 탄저병

검도 ⇒ 칼길. 칼수

검둥개 이름씨 털빛이 검은 개 ⓑ검둥개가 어찌나 까만지 밤에는 보이지도 않더라 한뜻말검정개 슬기말 **검둥개 멱 감기듯** 어떤 일을 해도 별 보람이 없다. 또는 나쁜 사람이 제 잘못을 뉘우치지 못한다

검둥이 이름씨 ❶살빛이 검은 사람. '흑인'을 일컫는 우리말일 뿐 낮춰 부르거나 놀리는 말이 아니다 ⓑ사람에는 살갗 빛깔에 따라 검둥이, 흰둥이, 누렁둥이가 있다 작은말감둥이 센말껌둥이 ⇐ 흑인 ❷살빛이 검은 겨레 한뜻말검은겨레 ⇐ 흑인종 ❸털빛이 검은 개를 귀엽게 이르는 말 ⓑ봄비네 검둥이는 봄비를 아주 잘 따른다

검문 ⇒ 따져 물음. 살펴 물음. 따져 묻다. 살펴 묻다

검밝기 이름씨 밝음과 어두움 ⇐ 명암

검버섯 이름씨 늙은 사람 얼굴이나 몸에 생기는 거뭇거뭇한 점 ⓑ할아버지 얼굴에 검버섯이 피었다

검부러기 이름씨 검불 부스러기

검부잿불 이름씨 검불이 타고 난 뒤 남는 잿불 ⓑ사랑은 검부잿불처럼 보이지 않는 데서 타오르는 따뜻한 마음이다

검불 이름씨 마른풀이나 지푸라기 같은 부스러기 ⓑ소를 놓아두고 아이들과 풀밭에서 뒹굴며 놀았더니 옷에 검불이 많이 붙었다

검붉다 그림씨 검은빛을 띠며 붉다 ⓑ검붉은 흙 속에서 자란 빨간 고구마가 참 맛있었다

검비검비 어찌씨 어떤 뭡을 쉽게 건듯건듯 하는 꼴 ⓑ얼마 동안 아주머니를 검비검비 따라가다가 문득 멈춰섰다

ㄱ

검사 (檢事) ⇒ 걸보. 가름걸보

검사 (檢査) ⇒ 살펴보기. 따져보기. 알아보기. 캐보기. 살펴보다. 따져보다. 알아보다. 캐보다. 뒤져보다

검산 ⇒ 뒷셈. 셈따짐. 뒷셈하다. 셈 따지다

검색 ⇒ 찾기. 찾아보기. 뒤지기. 찾다. 찾아보다. 뒤지다

검색엔진 ⇒ 찾기뭠틀

검소 ⇒ 헤프지 않음. 수수함. 헤프지 않다. 수수하다

검수 (檢數) ⇒ 헤아리기. 셈하기. 헤아리다. 셈하다

검술 ⇒ 칼솜씨

검쓰다 그림씨 ❶맛이 지라양에 거슬리도록 거세고 쓰다 ⓑ이 열매는 생긴 것만큼이나 맛도 검쓰다 ❷마음에 맞지 않아 언짢고 씁쓰레하다 ⓑ아이와 이야기하는 내내 마음이 검써서 아이 얼굴을 똑바로 바라보기가 어려웠다

검아비 이름씨 거룩한 일을 치르고 미사를 드리며 믿는이에게 가르침을 펴는 사람 ⇐ 신부

검약 ⇒ 아끼기. 아껴 쓰기. 조리차. 아끼다. 아껴 쓰다. 조리차하다

검역 ⇒ 돌림앓이 살피기. 돌림앓이 살피다

검역소 ⇒ 돌림앓이 살피는 데. 돌림앓이 살피는 곳

검열 ⇒ 살펴보기. 훑어보기. 거르기. 살피다. 살펴보다. 거르다. 훑어보다

검은구멍 이름씨 지나치게 빽빽해져 생기는 무게마당 구멍. 붙박이별이 돋되기 마지막 걸음에서 끝없이 오므라들어 그 복판 빽빽하기가 빛을 빨아들일 만큼 매우 높아지며 생긴다 ⇐ 블랙홀

검은그루 이름씨 지난겨울에 아무 낟도 심지 않은 땅 ⓑ저 넓은 검은그루엔 떨어진 나뭇잎조차 보이지 않네 맞선말 흰그루

검은깨 이름씨 빛깔이 검은 참깨 ⇐ 흑임자

검은돈 이름씨 옳지 못한 수로 주고받는 돈 ⓑ저 많은 검은돈을 어디에서 거두어들였을까 한뜻말 꾹돈 ⇐ 뇌물

검은머리 이름씨 검은 빛깔 머리털 ⇐ 흑발

검은빛 이름씨 숯이나 먹 같은 빛 ⓑ언니가 아래위로 온통 검은빛 옷을 입고 나왔다 한뜻말 먹빛

검은뼈닭 이름씨 살, 가죽, 뼈가 모두 어두운 보랏빛이며 털은 흔히 흰빛, 검은빛, 붉은 밤빛으로, 몸이 여리고 알을 적게 낳는 닭 ⇐ 오골계

검은색 ⇒ 검은빛

검은섬 이름씨 마온바라 고장에 딸린 섬. 조기, 삼치, 갈치, 도미 따위가 많이 나며 늘푸른 나무로 뒤덮여 있어 멀리서 바라보면 검게 보인다 하여 검은섬이라 일컬어졌다 ⇐ 흑산도

검은속 이름씨 엉큼하고 하고픔이 많은 마음 ⇐ 흑심

검은자위 이름씨 눈알 검은 곳 ⓑ조금 어둑해질 무렵 너구리 굴 속을 들여다보는데 너구리 검은자위만 까맣게 빛났다 맞선말 흰자위. 흰자 준말 검은자

검은점 이름씨 해낯에 난 검은 얼룩. 땅별 따습기와 날씨에 끼침을 미친다. 11해 돌로 늘고 준다 ⇐ 흑점. 태양흑점

검은콩 이름씨 껍질 빛깔이 까만 콩 ⓑ나는 검은콩 넣은 밥을 좋아한다 한뜻말 검정콩 ⇐ 흑태

검이야기 이름씨 옛날 사람들 생각틀이 비춰져서 검이나 서낭, 뛰어난 사람, 또는 겨레가 처음 생겨난 일 같은 것을 다룬 이야기 ⇐ 신화

검인 ⇒ 다 살핌. 다 살피기. 다 살피다

검정 이름씨 검은 빛깔 ⓑ어머니는 검정 옷이 잘 어울린다 ⇐ 흑색

검정고시 ⇒ 감목재봄

검정널글씨 이름씨 검정널에 가루붓으로 글을 씀. 또는 그 글씨 ⇐ 판서

검정밤빛 이름씨 검은빛을 띤 짙은 밤빛깔 ⇐ 흑갈색

검정새치 이름씨 새치이면서 겉으로는 검은 머

리카락 속에 숨거나 검은 머리카락인 체하며 발쇠꾼 노릇을 하는 사람 ⓑ말하는 족족 새어나가는 걸 보면 우리 가운데 검정새치가 있는 게 틀림없어

검정하양 이름씨 **1** 검은빛과 흰빛 ⇐ 흑백 **2** 잘잘못이나 옳고 그름 ⓑ누가 옳은지 마을 사람들을 모아놓고 검정하양을 따져 가려보자

검죽음앓이 이름씨 페스트 팡이가 일으키는 돌림앓이. 몸이 뜨거워지고 머리가 아프고 어지럽다. 몸이 검게 되어 죽는다 ⇐ 페스트. 흑사병

검지 ⇒ 집게손가락

검진 ⇒ 앓이살핌. 앓이 살피다

검질기다 그림씨 마음씨나 하는 짓이 끈덕지고 질기다 ⓑ풀섬처럼 검질긴 사람은 나도 처음 본다

검찰 ⇒ 가름걸이

검찰청 ⇒ 가름걸이집

검출 ⇒ 찾아내기. 알아내기. 뽑아내기. 찾아내다. 알아내다. 뽑아내다

검측스럽다 그림씨 **1** 검은빛을 띠며 어둡고 맑지 않다 ⓑ집안에 들어서자 검측스러운 느낌이 감돌았다 **2** 밝지 않고 바라는 것이 매우 많다 ⓑ그 사람은 없이 살았어도 검측스러운 데가 조금도 없더라

검측측하다 그림씨 어둡고 바라는 것이 매우 많다 ⓑ그 사람 속은 검측측해서 함께 일을 하지 않는 것이 좋겠다

검침 ⇒ 살펴보기. 알아보기. 살펴보다. 알아보다

검토 ⇒ 따지기. 살피기. 따지다. 살펴보다. 따져보다

검투사 ⇒ 칼싸움꾼

검푸르다 그림씨 검은빛이 돌면서 푸르다 ⓑ해진 뒤 하늘은 검푸른 바탕에 수많은 별이 반짝거려

겁 ⇒ 무서움. 두려움

겁쟁이 ⇒ 무섬쟁이. 무섬꾸러기

것 이름씨 **1** 어떤 몬이나 일, 꼴, 바탈 따위를 나타내는 말 ⓑ이 수레는 내가 돈 모아서 산 것이다 **2** 사람을 낮잡아 가리키는 말 ⓑ젊은것. 어린것. 고얀 것 **3** 믿음이나 어림을 나타내는 말 ⓑ아우는 꼭 돌아올 것이야. 비가 올 것 같아 **4** 시킴을 나타내는 말 ⓑ착 달라붙거나 속이 비치는 옷은 가져오지 말 것

것고지 이름씨 겨집 긴 머리를 틀어 올려 쪽을 찔 때 풀어지지 않도록 꽂는 치렛감 ⓑ사내는 손수 지은 것고지를 겨집에게 슬그머니 건네주었다 한뜻말 비녀

경그레 이름씨 솥에 무엇을 찔 때 찔 거리가 물에 잠기지 않도록 받치는 것. 대오리나 고리를 엮어 만든다 ⓑ경그레를 놓고 고두밥을 쪘다 ⇐ 채반

겅둥 어찌씨 긴 다리로 가볍게 뛰는 모습 ⓑ불빛을 비추며 뒤꼍에 나갔더니 자던 고라니가 놀라서 겅둥 뛰어간다 **겅둥하다**

겅둥거리다 움직씨 긴 다리를 가볍게 높이 들어 자꾸 뛰다 ⓑ몰라보게 키가 큰 조카는 나를 보고 신났는지 집안을 겅둥거리고 돌아다녔다 **겅둥대다**

겅둥겅둥 어찌씨 **1** 긴 다리를 가볍게 높이 들어 자꾸 뛰는 모습 ⓑ오늘 저녁은 너비아니라고 했더니 아이는 좋아서 겅둥겅둥 뛰어다녔다 작은말 강동강동 센말 껑뚱껑뚱 **2** 일을 깐깐하고 빈틈없이 하지 못하고 설피게 하는 꼴 ⓑ사내는 아내 등쌀에 겅둥겅둥 집을 치웠다 **겅둥겅둥하다**

겅성드뭇하다 그림씨 많은 것이 듬성듬성 흩어져 있다 ⓑ나이 마흔도 안 되었는데 새치가 겅성드뭇하다

겅중 어찌씨 긴 다리를 모으고 힘있게 솟구쳐 뛰는 꼴 ⓑ집 뒤꼍에 와 있던 토깽이가 나를 보자 놀라 겅중 뛰어 달아났다

겅중거리다 움직씨 긴 다리를 모으고 자꾸 힘있게 솟구쳐 뛰다 ⓑ사슴이 겅중거리며 뛰어간다 **겅중대다**

겅중겅중 어찌씨 긴 다리를 모으고 자꾸 힘있게 솟구쳐 뛰는 꼴 ⓑ아이는 아버지 팔에 겅중겅중 매달리며 재밌다고 웃는다 작은말

강중강중 거센말 껑충껑충 **겅중겅중하다**

겉 이름씨 밖으로 드러난 쪽. 또는 밖으로 드러난 모습 ⓑ겉과 속이 다른 사람과는 가까이하지 않는 게 좋아 맞선말 속 ⇐ 표면 슬기말 **겉은 양 같고 속은 두억시니 같다** '두억시니'는 사나운 도깨비를 말하는데, 겉으로는 보드랍고 속으로는 사나운 사람을 빗댄 말

겉- 앞가지 ❶(대중하는 말 앞에 붙어) 보기에 대충 ⓑ겉대중. 겉늙다. 겉여물다 ❷알속과는 달리 바깥에서 보기에 ⓑ겉치레. 겉모습. 겉말 ❸어름어름 대충 ⓑ날이 추워 옷이 겉마르다 ❹난 껍질을 벗기지 않은 ⓑ겉보리 ❺한데 어울리거나 섞이지 않고 따로 ⓑ겉돌다. 겉놀다

겉갈이 이름씨 김이나 벌레를 없애려고 가을걷이한 뒤에 논밭을 가는 일 ⓑ부지런한 여름지기는 가을에 겉갈이를 꼭 해둔다

겉겨 이름씨 난 겉에서 처음 벗긴 굵은 겨 ⇐ 피질

겉껍질 이름씨 ❶숨받이 몸 겉을 덮고 있는 살갗 ⇐ 표피 ❷푸나무 겉낯을 덮고 있는 짜임. 한 켜에서 몇 켜 잔삼이 빽빽하게 늘어선 펀펀낯 짜임으로 푸나무를 지켜주고 물기가 날라가는 것을 막는다

겉꾸밈 이름씨 그림 뒷낯이나 테두리에 종이나 천, 나무 같은 것을 대어 꾸미는 일 ⇐ 표구

겉날리다 움직씨 겉으로만 어름어름 되는대로 일하다 ⓑ일을 겉날려 해놓으면 끝내는 누군가가 뒷손질을 해야 한다

겉낯[1] 이름씨 ❶돈이나 어음 겉낯 ⇐ 액면 ❷돈이나 어음 겉낯에 쓰인 돈 크기 ⇐ 액면가

겉낯[2] 이름씨 몬 겉에 드러난 낯 ⇐ 표면

겉넓이 이름씨 겉쪽 넓이 ⓑ이 공 겉넓이와 부피를 셈하세요 ⇐ 표면적

겉놀다 움직씨 ❶다른 것과 어울리지 못하고 따로 놀다 ⓑ우리 마을에 새로 온 동무가 아직은 혼자 겉논다 ❷박은 못이나 돌림못이 꼭 붙어 있지 못하고 흔들거리거나 움직이다 ⓑ이 돌림못은 아무리 죄어도 겉놀아서 죄어지지 않는다

겉늙다 움직씨 나이보다 더 늙어 보이다 ⓑ아우는 늘 걱정이 많아서 그런지 얼굴이 겉늙었다

겉대중 이름씨 겉으로만 보고 길이나 무게, 부피를 대충 어림잡다 ⓑ내가 잡은 물고기는 겉대중으로 봐도 내 동무 것보다 컸다

겉돈 이름씨 남을 호리어 거저 얻은 돈

겉돌다 움직씨 ❶한데 섞이지 않고 따로따로 되다 ⓑ소고깃국이 식으면 기름이 겉도니까 그때 걷어내라 ❷다른 사람들과 어울리지 못하고 따로 돌다 ⓑ배곳을 옮긴 뒤부터 벗들과 어울리지 못하고 혼자 겉돌았다 ❸바퀴나 돌림못이 헛돌다 ⓑ수레가 진흙탕에 빠져 바퀴가 겉돌기만 한다

겉말 이름씨 마음은 그렇지 않으면서 겉으로 꾸미는 말 ⓑ넌 겉말을 하면 얼굴에 다 티가 나 비슷한말 빈말 맞선말 속말

겉멋 이름씨 알맹이 없이 겉으로만 부리는 멋 ⓑ겉멋이 든 사람보다 수수해도 마음이 알찬 사람이 좋더라 ⇐ 허영

겉모습 이름씨 겉으로 드러나 보이는 모습 ⓑ사람 겉모습만 보고 좋아하거나 싫어해서야 되겠나 맞선말 참모습

겉모양 ⇒ 겉꼴. 겉모습

겉묻다 움직씨 남이 하는 일을 덩달아 따라 하다 ⓑ남이 저자 간다고 겉묻어서 거름 지고 저자 가서야 쓰겠나 ⇐ 부화뇌동

겉발림 이름씨 겉만 그럴듯하게 꾸며 남을 속임 ⓑ듣기 좋으라고 겉발림으로 하는 말에 홀라당 넘어가다니

겉보기 이름씨 겉으로 드러나 보이는 꼴 ⓑ저 아이는 겉보기와는 다르게 마음씨가 고와

겉보리 이름씨 ❶낟알을 털 때 겉껍질이 벗겨지지 않는 보리. 겉껍질이 홀랑 벗겨지는 보리를 쌀보리라 한다 ⓑ옛날에는 디딜방아로 겉보리를 찧었는데 무척 힘든 일이었다 맞선말 쌀보리 ❷벼 갈래 두해살이풀 슬기말 **겉보리 서 말만 있으면 가시집살이 하랴** 살림이 너무 가난한 탓에 오죽하면 가시집살이를 하겠는가

겉복판 (이름씨) 세모꼴 곁당동그라미 복판. 세모꼴 세모 가운데 한 모 안모 두같갈금과 다른 두 모 밖모 두같갈금 만남점이다 ⇐ 방심

겉볼안 (이름씨) 겉만 보고도 속까지 헤아려 알 수 있음 ⓑ아무리 겉볼안이라지만 사람은 함께 살아봐야 알 수 있어

겉봉 ⇒ 겉주머니

겉불꽃 (이름씨) 맨 바깥쪽 불꽃 ⓑ속불꽃보다 겉불꽃이 더 뜨겁다 맞선말 속불꽃

겉속 (이름씨) 몬 겉과 속, 안과 밖을 통틀어 이르는 말 ⇐ 표리

겉속다름 (이름씨) 겉으로 드러나는 말 또는 짓과 속생각이 다름 ⇐ 표리부동

겉약다 (그림씨) 겉으로는 약았지만 참말은 어리석다 ⓑ잘난 척하는 사람일수록 알고 보면 겉약았어

겉여물다 (움직씨) **1** 낟알이 속까지 여물지 못하고 겉보기로만 여물다 ⓑ올해는 가뭄이 오래가서 그런지 보리가 겉여물었다 **2**(그림씨) 사람이 겉보기로는 올차고 여무진 것 같으나 속은 무르다 ⓑ아버지는 겉여물어서 남에게 쉽게 휘둘렸다

겉옷 (이름씨) 겉에 입는 옷 ⓑ더운데 겉옷 좀 벗지 그래?

겉자락 (이름씨) 웃옷이나 저고리, 치마 따위를 여밀 때 겉으로 나온 옷자락 ⓑ찬바람이 들어와 저고리 겉자락을 단단히 여몄다

겉잠 (이름씨) 깊이 들지 않은 잠. 또는 자는 체하는 것 ⓑ잠결에 발소리를 다 들은 걸 보면 겉잠에 들었던가 봐 한뜻말 선잠. 여우잠

겉잡다 (움직씨) 겉으로 대충 어림하여 헤아리다 ⓑ겉잡아서 이틀이 걸린다

겉잣 (이름씨) 껍데기를 까지 않은 잣 ⓑ겉잣째 시원한 곳에 두면 오랫동안 갈무리할 수 있다

겉장 (이름씨) 책 겉쪽을 싼 종이 ⓑ겉장이 너덜거리는 걸 보니 이 책을 꽤 자주 보나 봐 ⇐ 표지

겉절이 (이름씨) 배추나 열무를 소금에 살짝 절여 바로 무친 것 ⓑ막내 어미겨집아우는 겉절이를 참 좋아하셨다

겉치레 (이름씨) 겉으로만 보기 좋게 꾸미는 것 ⓑ갈수록 알속은 없으면서 겉치레만 번드레한 먹거리가 늘어난다 ⇐ 허영. 표면장식

겉켜 (이름씨) 여러 켜로 된 겉을 이루는 켜 ⇐ 표층. 표면층

겉흙 (이름씨) **1** 땅 맨 위에 있는 흙 ⓑ겉흙 1센티미터가 만들어지는 데에는 온 해가 걸린다고 한다 ⇐ 표토 **2** 갈아서 여름지이를 할 수 있는 부드러운 흙

게[1] (이름씨) 몸은 단단한 딱지에 싸였고 몸통 두 옆에 다리가 다섯 낱씩 붙은 숨받이. 집게발로 먹이를 잡고 나머지 발로 헤엄치거나 옆으로 기어다닌다. 크고 작은 꼴로 여러 가지가 있는데 바닷가 바위틈이나 갯벌, 또는 민물에 산다 (슬기말) **게 눈 감추듯** 게가 어느새 눈시울을 덮어 눈알을 감추어 버리듯 먹거리를 매우 빨리 먹어 치우는 모습 **게도 구럭도 다 잃었다** 꾀한 일이 다 어그러졌다

게[2] (갈이름씨) ('우리, 자네, 너희' 따위와 함께 써) 사는 곳 ⓑ우리 게는 잘 있네만, 자네 게는 어떤가?

게[3] (갈이름씨) '거기' 준말 ⓑ게 섰거라

게[4] (갈이름씨) '것이' 준말 ⓑ오랜만에 저자에 왔더니 살 게 너무 많네

게[5] (토씨) ('내, 네, 제' 따위 뒤에 붙어) 에게 ⓑ내게 맡겨라. 뉘게 줄까?

-게[1] (씨끝) 입말에서 시킴을 나타내는 맺음끝 ⓑ물 좀 가져다주게

-게[2] (씨끝) **1** 묻는 뜻을 가지는 맺음끝 ⓑ이거 배워서 뭐 하게? **2** ~할 수 있도록 ⓑ얼른 와라, 밥 먹게 **3** 풀이씨 줄기에 붙어 앞일을 받아들이면 뒷일도 받아들여야 하지 않느냐는 맺음끝 ⓑ내 집이 있으면 얼마나 좋게. 그랬다가는 누가 꾸중을 듣게

-게[3] (뒷가지) (어떤 움직씨 뒤에 붙어) 그런 짓을 하는 데 쓰는 연장 ⓑ지게. 집게

게감정 (이름씨) 게 등딱지를 떼고 그 속에 갖은

양념을 한 소를 넣어 만든 먹을거리 ㉥엄마가 만든 게감정은 입에서 살살 녹아

게걸 [이름씨] 부끄럼 없이 마구 먹거나 가지려고 게염내는 꼴. 또는 그런 마음 ㉥돈에 게걸이 난 사람들 [익은말] **게걸 떼다** 마음껏 먹어서 더 먹고 싶은 마음이 없어지다

게걸거리다 [움직씨] 지저분한 말로 게정내며 시끄럽게 자꾸 떠들다 ㉥쓸데없이 게걸거리며 발을 구르고 떠들어댄다 **게걸대다**

게걸게걸 [어찌씨] 지저분한 말로 게정내며 시끄럽게 자꾸 떠드는 꼴 ㉥방안에는 내내 게걸게걸 시끄럽게 떠든다 **게걸게걸하다**

게걸들다 [움직씨] 지나치게 먹고 싶어 하거나 먹을 것을 밝히다 ㉥아우는 눈앞에 놓인 불고기를 게걸들린 사람처럼 다 먹어 치웠다 한뜻말 게걸들리다

게걸스럽다 [그림씨] 게걸들린 것처럼 자꾸 먹으려고 하다 ㉥밥때마다 게걸스럽게 굴어대니 꼴도 보기 싫어

게걸음 [이름씨] 게처럼 옆으로 걷는 걸음 ㉥놀란 아이들이 비칠비칠 옆으로 게걸음을 치다가 쏜살같이 달아났다

게놈 (Genom) ⇒ 내림덩이

게다가 [어찌씨] [1] 그뿐 아니라 ㉥바람이 몹시 불고 게다가 작달비까지 쏟아졌다 [2] '거기에다가' 준말 ㉥게다가 뭘 심는 거야?

게딱지 [이름씨] [1] 게 등딱지 [2] 작고 허술한 집 ㉥멧등성이에 게딱지 같은 집들이 다닥다닥 들어섰다

게릴라 ⇒ 떴다떼. 치빠떼

게스트 ⇒ 손님

게슴츠레하다 [그림씨] 졸리거나 하여 눈에 힘이 없고 감길 듯하다 ㉥아이는 잠이 덜 깼는지 눈을 게슴츠레 뜨고 멍하니 앉아 있다 비슷한말 거슴츠레하다

게시 ⇒ 알림. 내붙임. 써붙임. 알리다. 내붙이다. 써붙이다. 내걸다

게시문 ⇒ 알림글

게시판 ⇒ 알림널

게양 ⇒ 올림. 매달기. 달다. 올리다. 매달다

게양대 ⇒ 걸대. 달대

게염 [이름씨] 부럽고 시샘이 나서 차지하고 싶은 마음 ㉥둘째가 제 언니 하는 일에 게염을 자꾸 부리네 작은말 개염 ⇐ 탐. 탐심. 욕심 **게염나다 게염내다**

게염꾸러기 [이름씨] 부러워하며 차지하고 싶어 하는 사람 한뜻말 게염쟁이 ⇐ 욕심꾸러기

게염스럽다 [그림씨] 부러운 마음으로 시새우고 바라는 마음이 있다

게엽다 [그림씨] 굳세며 씩씩하다 ㉥그 씨름꾼은 힘과 뜻이 게여워 겨뤄 이길 사람이 없다

게우다 [움직씨] 먹은 것을 도로 입 밖으로 내놓다 ㉥멀미가 나서 먹은 것을 다 게웠다 ⇐ 토하다

게움질 [이름씨] 먹은 것을 게워 내는 것 ⇐ 구역질. 토악질. 토역질

게으르다 [그림씨] 할 일을 제때 안 하고 미루거나 꾸물거리다 ㉥게으른 놈은 밭고랑 세거나 참 기다린다더니 맞선말 부지런하다 ⇐ 나태하다. 태만하다 **게을리**

게으름 [이름씨] 게으른 버릇 ㉥게으름 피우느니 하고 말지 ⇐ 나태

게으름뱅이 [이름씨] 게으른 사람 ㉥게으름뱅이 머리는 놀 생각으로 가득하다 비슷한말 게으름쟁이

게이지 ⇒ 자. 재개

게이트 ⇒ 문. 나들문

게임 ⇒ 놀이. 내기

게임기 ⇒ 놀이개. 놀이틀

게임세트 ⇒ 끝. 내기끝

게재 ⇒ 글 싣기. 글 올리기. 글 내기. 글 싣다. 글 올리다. 글 내다

게저분하다 [그림씨] 너절하고 지저분하다 ㉥어릴 적 동무한테서 돈을 뜯어내다니 웃돌이가 그렇게 게저분한 줄 몰랐네 센말 께저분하다

게정 [이름씨] 못마땅한 마음으로 하는 말과 짓 ㉥내가 비록 잘못했으나 그런 거친 말로 게정 부릴 수 있소? ⇐ 불평. 심술 [익은말] **게정**

부리다 못마땅한 말과 짓을 짓궂게 하다 한뜻말 게정피우다

게정꾼 (이름씨) 게정을 부리는 사람 ⓑ남부끄럽지 않니? 게정꾼 짓 좀 그만해 ⇐ 심술꾼

겨 (이름씨) 벼나 보리, 조 같은 낟을 찧어낸 껍질 ⓑ겨를 태우는 매캐한 냄새가 온 마을에 퍼진다. 등겨. 보릿겨 (슬기말) **겨 주고 겨 바꾼다** 아무 보람도 없는 일을 하거나 쓸데없는 일을 한다 **겨 묻은 개가 똥 묻은 개를 나무란다** 모자람이 있기는 마찬가지인데 조금 덜한 사람이 더한 사람을 변변치 못하다고 흉본다

겨끔내기 (이름씨) ('-로' 꼴로 써서) 서로 갈마들어 하기 ⓑ그 보살핌이들은 하루 세 겨끔내기로 일한다 ⇐ 교대

겨냥 (이름씨) **1** 과녁 겨누기 ⓑ바람이 좀 불었지만 나는 왼눈을 감고 과녁을 잘 겨냥하여 한가운데를 쏘아 맞추었다 **2** 어떤 몬에 겨누어 맞춘 크기와 꼴새 ⇐ 양식 **겨냥하다**

겨냥그림 (이름씨) 한 곳에서 바라본 땅이나 집을 보이는 대로 가볍게 그린 그림. 보이는 쪽은 실금으로, 안 보이는 쪽은 점금으로 나타낸다 ⇐ 겨냥도. 도면

겨냥도 ⇒ 겨냥그림

겨누다 (움직씨) 활이나 칼 따위로 과녁을 맞히려고 과녁 쪽과 멀기를 헤아려 똑바로 잡다 ⓑ나는 어릴 때 참새를 겨누어 새총을 쏘곤 했다

겨드랑이 (이름씨) 팔과 몸통이 이어지는 어깨 아래쪽에 있는 오목한 곳 ⓑ누나는 겨드랑이에 간지러움을 많이 탄다

겨레 (이름씨) 같은 땅에서 오랫동안 함께 살면서 같은 말을 쓰고, 살림살이와 다스림 같은 온갖 삶꽃을 함께 누리는 사람 무리 ⓑ우리말은 우리 겨레가 살아오면서 지어낸 훌륭하고 빼어난 말이다 ⇐ 민족

겨레노래 (이름씨) 겨레 사이에 불려 오던 내림노래 ⇐ 민요. 포크송

겨레말 (이름씨) 한 겨레가 같이 쓰는 말 ⓑ나라사랑 첫걸음은 겨레 사랑이고 겨레 사랑 첫걸음은 겨레말 사랑이다 비슷한말 나라말. 어미말 ⇐ 민족어

겨레붙이 (이름씨) 한겨레가 되는 사람들 ⓑ딴나라에 사는 겨레붙이들도 마음은 늘 어미나라에 있다 ⇐ 족당. 족속. 동포. 씨족

겨레붙이머리 (이름씨) 겨레붙이 우두머리 ⇐ 씨족장

겨레사랑 (이름씨) 한겨레로서 서로 아끼는 사랑 ⓑ겨레사랑 뿌리는 겨레말에서 싹튼다 ⇐ 동포애. 민족애

겨레잇기 (이름씨) 겨레끼리 갈라져 싸우며 서로 잘못되기를 바라는 어리석음에서 벗어나 겨레를 하나로 아우르는 일 ⇐ 통일. 민족통일

겨레춤 (이름씨) 겨레 사이에 물려 내려오는 춤 ⇐ 민속춤. 포크댄스

겨루기잔치 (이름씨) 노래나 그림, 뮘그림 따위를 널리 알리려고 낫고 못함을 가리려고 여는 잔치 한뜻말 겨루기모임 ⇐ 콘테스트. 콩쿠르

겨루다 (움직씨) 치우치지 않는 가늠과 잣대를 미리 세워놓고 힘과 슬기를 다해 서로 이기려고 맞서다 ⓑ바르게 겨루려면 먼저 겨룸을 가늠하는 잣대가 발라야 한다

겨룸삯 (이름씨) 겨루는 값으로 받는 돈. 벌이주먹싸움 같은 데서 준다 ⇐ 파이트머니. 대전료

겨룸터 (이름씨) 놀이를 하고 구경할 수 있도록 갖춘 곳 한뜻말 놀이터 ⇐ 경기장. 코트

겨룸팔이 (이름씨) 사려는 사람이 여럿일 때 가장 비싸게 사려는 사람에게 팔기 ⓑ저 아랫녘 두 마지기 논은 겨룸팔이로 나온 것을 잡았지 ⇐ 경매

겨를 (이름씨) **1** 일을 하다가 쉬는 틈 ⓑ숨돌릴 겨를없이 바쁘구나 한뜻말 틈 ⇐ 여가 **2** 잠깐 무엇을 할 만한 짬 ⓑ말 한마디 할 겨를도 주지 않고 제 얘기만 잔뜩 늘어놓았지 **겨를하다**

겨를일 (이름씨) 밑일 겨를을 타서 틈틈이 하는 일 ⇐ 부업

겨리 (이름씨) **1** 소 두 마리가 끄는 쟁기 ⓑ소 두 마리에 겨리를 지우다 **2** 소 두 마리를

하나치로 이르는 말

겨리질 (이름씨) 소 두 마리가 끄는 쟁기로 논밭을 가는 일 ⓑ소 한 마리가 끄는 쟁기질은 호리질이라 하고 소 두 마리가 끄는 쟁기질을 겨리질이라 하지

겨반지기 (이름씨) 잘 까부르지 못해 겨가 많이 섞인 쌀 ⓑ겨반지기를 얻어다가 잘 까불러서 쌀을 제법 얻었다

겨우 (어찌씨) **1** 매우 힘들게 ⓑ가고 싶던 한배곳에 겨우 붙었다 비슷한말 가까스로 **2** 기껏해야 ⓑ아침부터 바삐 움직이더니 겨우 이걸 해놓은 거니?

겨우내 (어찌씨) 겨울 동안 내내 ⓑ깊은 멧골짜기에 내린 눈은 겨우내 녹지 않았다

겨우살이[1] (이름씨) **1** 겨울을 남 ⓑ옛날에는 춥고 배고픈 겨우살이가 얼마나 고달팠을까 ⇐ 월동 **2** 겨울을 지내는 동안 먹고 입고 지낼 것들 ⓑ가을에 겨우살이를 마련해놓아야 마음이 든든하다

겨우살이[2] (이름씨) **1** 살아 있는 나무에 붙어서 자라는 푸나무를 통틀어 이르는 말 **2** 참나무, 밤나무들 가지에 더부살이하여 새 둥지 꼴로 둥글게 자라는 늘푸른나무 ⓑ한때 굿혹에 좋다고 겨우살이가 남아나지 않았지

겨우석달 (이름씨) **1** '겨울+석달' 짜임새 ⓑ겨우석달 내내 눈이 오긴 또 처음이다 ⇐ 삼동 **2** 세 해 겨울 ⓑ나라를 지키러 떠난 오빠는 겨우석달이 지나고서야 돌아왔다

겨울 (이름씨) 한 해 네 철 가운데 맨 마지막 철. 가을과 봄 사이로 날씨가 춥다 ⓑ겨울이 다 되어야 솔이 푸른 줄 안다 (슬기말) **겨울 불담이 불은 어머니보다 낫다** 겨울에는 따뜻한 것이 으뜸이다

겨울나기 (이름씨) 겨울을 나는 것 한뜻말 겨우살이 ⇐ 월동

겨울눈 (이름씨) 가을에 생겨 겨울을 넘기고 이듬해 봄에 싹트는 나무눈 ⓑ겨울눈은 모진 추위를 겨우내 견디며 봄을 맞아 싹을 틔운다 맞선말 여름눈

겨울맞이 (이름씨) 한 해 스물네 철 가운데 열아홉째 철. 열한달 여드레쯤으로 겨울이 비롯되는 때라 이 철 앞에 보리나 밀을 심는다 ⇐ 입동

겨울방학 ⇒ 겨울배움쉼

겨울배움쉼 (이름씨) 겨울철 한창 추울 때 배움을 쉬는 일 ⇐ 겨울방학

겨울새 (이름씨) 가을철에 노녘에서 날아와 우리나라에서 겨울을 나고 이듬해 봄에 노녘으로 다시 돌아가 여름을 보내는 철새. 두루미, 고니, 물오리, 기러기, 갈가마귀 따위가 있다

겨울옷 (이름씨) 추운 겨울철에 입는 옷 ⇐ 동복

겨울잠 (이름씨) 개구리, 뱀, 곰, 다람쥐 같은 것이 겨울 동안 잠자는 것처럼 땅속이나 굴속에 틀어박히는 일 ⓑ겨울잠에 든 다람쥐는 자다 깨기를 되풀이한다 한뜻말 여름잠 ⇐ 동면

겨울철 (이름씨) 겨울인 때 ⓑ요즘은 겨울철에도 가람이 잘 얼지 않아 ⇐ 동계. 동절기

겨자 (이름씨) 밭에 심어 가꾸는 풀. 노란 꽃이 피며 잎과 줄기는 먹고 씨는 맵고 옷곳해서 양념이나 낫개로 쓴다

겨집 (이름씨) 암컷인 사람. 노릇에 따라 할머니, 어머니, 아주머니, 언니, 누나, 아가씨 들로 부른다. 아기를 배고 낳을 수 있다 ⓑ오늘날에는 온누리에서 사내와 겨집이 어깨를 나란히 하고 살아간다 한뜻말 계집. 꽃. 가시 맞선말 사내 ⇐ 여. 여자. 여성. 여류

겨집꾸밈 (이름씨) 사내가 겨집처럼 차려 입거나 그런 차림새 ⇐ 여장

겨집배곳 (이름씨) 꽃님들만 다닐 수 있는 배곳 한뜻말 꽃배곳 ⇐ 여학교

겨집서낭 (이름씨) 겨집인 서낭 한뜻말 겨집검. 꽃검. 가시검 ⇐ 여신

겨집아이 (이름씨) 암컷인 사람 가운데 아직 어린 사람 ⇐ 여아

겨집얼이다 (움직씨) 사내가 겨집을 아내로 들이다 ⓑ마흔 넘은 아들을 겨집얼이니 이제 걱정이 없다 한뜻말 장가들다 맞선말 남진얼이다

격집종 이름씨 종살이하는 겨집 ⓑ옛날에 잘 사는 집에서 딸을 시집보낼 때 겨집종을 딸려 보냈다지 ⇐ 하녀

격 ⇒ 감. 깜냥. 자리

격감 ⇒ 크게 줄어듦. 크게 줄어들다

격납고 ⇒ 날틀집

격년 ⇒ 해거리

격노 ⇒ 크게 골냄. 크게 골내다. 발끈하다

격돌 ⇒ 부딪침. 맞섬. 부딪치다. 맞서다. 세차게 부딪치다

격동 ⇒ 북새통. 크게 바뀜. 크게 흔들림. 크게 바뀌다. 크게 흔들리다. 뒤설레다. 북새통을 이루다

격랑 ⇒ 너울. 물너울. 놀

격려 ⇒ 북돋움. 북돋우다. 북돋아주다

격렬하다 ⇒ 세차다. 거칠다. 거세다

격류 ⇒ 거센 흐름. 세찬 흐름. 힘찬 물결. 거센 물결

격리 ⇒ 떼어놓기. 갈라놓기. 떼어놓다. 갈라놓다

격무 ⇒ 힘든 일. 고된 일

격벽 ⇒ 칸막이바람

격변 ⇒ 크게 바뀜. 빠르게 바뀜. 크게 바뀌다. 빠르게 바뀌다

격분 ⇒ 크게 골냄. 크게 골내다. 불같이 골내다

격상 ⇒ 높임. 올림. 높이다. 올려주다

격식 ⇒ 틀. 사부주

격심 ⇒ 매우 셈. 아주 세다. 매우 세다

격앙 ⇒ 크게 골냄. 발끈함. 크게 골내다. 발끈하다. 들끓다

격언 ⇒ 슬기말. 가리말

격월 ⇒ 달거리

격월간 ⇒ 달걸러내기. 달걸러펴냄

격음 ⇒ 거센소리

격일 ⇒ 날거리. 하루거리. 하루돌이

격자무늬 ⇒ 문살무늬. 바둑널무늬. 석쇠무늬

격전지 ⇒ 큰 싸움터. 모진 싸움터

격조 ⇒ 뜸함. 사이뜸

격주 ⇒ 이레거리. 이레돌이

격증 ⇒ 부쩍 늚. 갑자기 늘어남. 부쩍 늘다. 갑자기 늘어나다

격지 이름씨 ❶여러 겹으로 쌓여 붙은 켜 ❷몸돌에서 떼어 낸 돌 조각

격지격지 어찌씨 ❶여러 켜켜로 ❷켜켜마다

격차 ⇒ 다름. 틈. 사이

격찬 ⇒ 높이 기림. 크게 기리다. 높이 기리다

격추 ⇒ 쏘아 떨어뜨림. 쏘아 떨어뜨리다

격침 ⇒ 쳐 가라앉힘. 쳐 가라앉히다

격퇴 ⇒ 물리침. 무찌름. 물리치다. 무찌르다. 막아내다. 쳐부수다

격투 (格鬪) ⇒ 싸움. 드잡이. 싸우다. 드잡이하다

격투 (激鬪) ⇒ 세차게 싸움. 세차게 싸우다

격투기 ⇒ 드잡이놀이. 드잡이짓

격파 ⇒ 깨뜨림. 쳐부숨. 무찌름. 깨뜨리다. 쳐부수다. 무찌르다

격하 ⇒ 낮춤. 떨어뜨림. 낮추다. 떨어뜨리다

격하다 (激-) ⇒ 거세다

격하다 (隔-) ⇒ 사이가 뜨다. 떨어지다

격화 ⇒ 세차짐. 거세짐. 세차지다. 거세지다

겪다 움직씨 ❶어렵거나 힘든 일을 맞아 치르다 ⓑ할머니 얼굴은 모진 어려움을 겪은 삶을 그대로 보여주었다 ⇐ 경험하다 ❷손님이나 여러 사람에게 먹을 것을 갖추어 손님치레하다 ⓑ아들 장가보내면서 큰 손님 겪느라 애 많이 썼어요 ❸사람을 사귀어 지내다 ⓑ사람은 겪어보아야 그 됨됨이를 알 수 있다

겪이 이름씨 먹을거리를 차려 손님치레하는 일 ⓑ모심기 철 놉겪이는 온갖 일을 거뜬히 해내던 어머니한테도 만만찮은 일이었다

견 ⇒ 깁

견갑골 ⇒ 어깨뼈

견고 ⇒ 단단함. 튼튼함. 단단하다. 튼튼하다. 탄탄하다

견과류 ⇒ 굳은열매

견디다 움직씨 ❶어렵거나 힘들어도 잘 버티거나 살아가다 ⓑ소나무는 추위에 잘 견딘다 ❷어려운 매개에서도 제 모습을 지니다 ⓑ가죽신이라 그런지 열 해를 신어도 잘 견딘다

견딜심 이름씨 밖에서 오는 누름이나 찌름 따위를 참고 견디어 내는 힘 ⇐ 지구력. 인내력

ㄱ

견문 ⇒ 듣보기

견물생심 ⇒ 보면 갖고 싶음

견본 ⇒ 보기

견습 ⇒ 보배움. 보익힘. 보배우다. 보익히다. 배워익힘. 배워익히다

견식 ⇒ 알음

견실하다 ⇒ 여물다. 튼실하다. 알차다. 영글다

견우 ⇒ 소치기

견우성 ⇒ 소치기별

견원지간 ⇒ 개납사이

견인 ⇒ 끎. 끌어당김. 끌다

견인차 ⇒ 끌수레

견적 ⇒ 어림셈. 보임셈

견적서 ⇒ 어림셈종이

견제 ⇒ 다잡기. 억누르기. 잡도리. 다잡다. 억누르다. 잡도리하다

견주다 움직씨 어떻게 다른지 알아보려고 서로 마주대어 보다 ⓑ이 말과 저 말이 어떻게 다른지 견주어보아라 한뜻말가즐비다 ⇐ 비교하다 **견줌**

견줌늘수 이름씨 두 바뀜수 견줌이 같을 때 그 같은 값. 'ㄱ=aㄴ'에서 'a'를 이른다 ⇐ 비례상수

견줌표 이름씨 무엇을 견줘 그 열매를 차례차례 적거나 그림으로 나타내는 표 ⇐ 비교표

견줘보기 이름씨 ❶보기를 들어 견주어 봄 ⇐ 비례 ❷두 숱 견줌이 다른 두 숱 견줌과 같음 ⇐ 비례

견학 ⇒ 보배움. 보배우다

견해 ⇒ 생각

겯고틀다 움직씨 서로 버티어 겨루고 뒤틀다. '겯다'는 '대, 싸리 따위를 서로 어긋매끼게 엮어 짠다'는 뜻이고, '틀다'는 '서로 꼬이게 돌리다'는 뜻인데 이 두 말이 겹쳐 생긴 말이다

겯다[1] 움직씨 ❶기름 따위가 흠뻑 배다. 또는 흠뻑 배어들게 하다 ⓑ더운 날씨에 끌수레를 고치느라 땀과 기름에 옷이 다 결었다 비슷한말절다 ❷일이나 솜씨가 익어서 몸에 배다 ⓑ꽤 오래 결은 일이라 곧 끝내고 올게

겯다[2] 움직씨 ❶대나 갈대, 싸리채 같은 오리로 씨와 날을 어긋매껴 엮거나 짜다 ⓑ대삿자리를 성글게 결었다 ❷서로 어긋매껴 끼거나 걸치다 ⓑ우리는 서로 어깨를 겯고 빙빙 돌며 힘차게 노래한 뒤 문을 나섰다 ❸실꾸리를 만들려고 실을 어긋맞게 감다 ⓑ우리는 저마다 겨루기라도 하듯 부지런히 실꾸리를 결었다

결[1] 이름씨 ❶나무나 돌, 종이, 살갗 바탕에 깃든 짜임새나 무늬 ⓑ결이 거친 숫돌. 결이 고운 나무 ❷(물 흐름이나 바람 움직임) 높낮이나 세고 여린 느낌이나 켜 ⓑ고른 숨결. 부드러운 바람결

결[2] 이름씨 ❶'겨를' 준말 ⓑ쉴 결이 없다 ❷('결에'로 써서) 때나 사이라는 뜻 ⓑ어느결에 그 일을 다 했어?

결[3] 이름씨 ❶됨됨이 바탕 ⓑ그 사람은 드물게 결이 고운 사람이야 ❷발끈하기 잘하는 마음바탕 ⓑ언니가 이제 결이 좀 삭았는지 말을 붙인다 익은말 **결을 내다** 발끈하다 **결을 삭이다** 마음을 누그러뜨리다 **결이 바르다** 마음씨가 곧고 바르다

-결 뒷가지 얼핏 스쳐 지나는 동안 ⓑ꿈결. 잠결

결격 ⇒ 깜냥안됨. 감모자람

결결이 어찌씨 ❶일이 생기는 그때마다 ⓑ할머니는 결결이 장가는 언제 가느냐고 물어보신다 ❷틈을 두고 이따금씩

결곡하다 그림씨 생김새나 마음씨가 야무져서 빈틈없다 ⓑ고 자그마한 몸뚱이는 나라를 되찾으려는 결곡한 마음씨로 똘똘 뭉쳐 있는 것 같았다

결과 ⇒ 열매. 끝. 뒤. 뒤끝

결국 ⇒ 마침내. 드디어

결근 ⇒ 쉼. 빠짐. 빠지다. 쉬다. 안 나오다

결기 이름씨 ❶발끈하기 잘하는 마음바탕 ⓑ결기가 나다. 결기를 부리다 준말결 ❷잘못되고 그릇된 일을 보고만 있지 못하는 굳센 마음씨 ⓑ결기가 센 한얼이 아버지가 그런 그릇된 일을 가만히 보고 있겠어?

결너비 [이름씨] 물결뭠에서 같은 높이를 가진 서로 이웃한 두 점 사이 길이 ⇐ 파장

결단 ⇒ 맺끊음. 맺고 끊다. 맺끊다

결단력 ⇒ 맺고 끊는 힘. 맺끊힘. 매듭짓는 힘

결단코 ⇒ 반드시. 아예. 죽어도. 조금도

결딴 [이름씨] 아주 망가뜨리거나 못쓰게 만들거나 없어지는 일 ㉥돌잔꽃 풀밭이 진덧물로 결딴이 났다 ⇐ 퇴폐. 패망 **결딴나다 결딴내다**

결떪수 [이름씨] 번결이나 소릿결이 한 짹 동안 되풀이되는 떨림수 ⇐ 주파수

결떪수띠 [이름씨] 결떪수 테두리 ⇐ 주파수대

결렬 ⇒ 갈라짐. 갈라섬. 갈라지다. 갈라서다

결로 ⇒ 이슬맺힘

결론 ⇒ 끝맺음. 마무리. 맺는말. 맺음말

결론짓다 ⇒ 끝맺다. 마무리하다

결리다 [움직씨] 몸을 움직이거나 숨을 쉴 때 몸 어디가 아프거나 뻐근하다 ㉥낫질을 한참 했더니 어깨가 결린다

결막 ⇒ 이음청. 눈껍질청

결막염 ⇒ 삼눈

결말 ⇒ 끝. 마무리. 끝장. 끝맺음

결말짓다 ⇒ 끝맺다. 매듭짓다. 마무리하다. 끝내다

결뭠 [이름씨] [1] 물결 움직임 ㉥센바람에 못물에도 결뭠이 인다 한뜻말 물결뭠 ⇐ 파동 [2] 사람 사이에 어떤 일이 퍼져 커다란 끼침을 미침 ㉥땅기름 결뭠으로 몬값이 크게 오른다 ⇐ 파동

결박 ⇒ 묶음. 얽어맴. 잡아맴. 묶다. 얽어매다. 잡아매다. 오라지우다

결백 ⇒ 깨끗함. 허물없음. 잘못없음. 깨끗하다. 허물없다. 잘못없다

결벽 ⇒ 깨끗버릇

결별 ⇒ 헤어짐. 갈라섬. 헤어지다. 갈라서다

결부 ⇒ 이음. 끌어붙임. 잇다. 끌어붙이다. 끌어대다

결빙 ⇒ 얼음. 얼어붙음. 얼다. 얼어붙다

결빙기 ⇒ 얼음철. 얼철

결사 ⇒ 죽기살기

결산 ⇒ 마감셈

결석 (結石) ⇒ 돌

결석 (缺席) ⇒ 빠짐. 안 나감. 빠지다. 안 나가다

결선 ⇒ 으뜸뽑기. 으뜸겨룸. 끝내기

결성 ⇒ 짬. 이룸. 얽어짬. 짜다. 만들다. 이루다. 얽어짜다

결속 ⇒ 묶음. 얽맴. 묶다. 얽매다

결속선 ⇒ 꼰줄. 묶는줄. 이음줄

결손 ⇒ 모자람. 축남

결승 ⇒ 대매. 맞대매. 판가리. 판가름

결승전 ⇒ 대매. 판가리. 판가리싸움

결식아동 ⇒ 굶는 아이

결실 ⇒ 열매. 열매맺이

결실기 ⇒ 열매철

결심 ⇒ 마음먹음. 다짐. 마음먹다. 마음굳히다. 다짐하다

결어 ⇒ 맺음말. 마무리말

결여 ⇒ 모자람. 빠짐. 빔. 없음. 모자라다. 빠지다. 없다. 비다

결연 ⇒ 맺음. 이음. 손잡음. 맺다. 손잡다. 잇다

결원 ⇒ 빠진 자리. 빈자리. 사람 빔

결의 (決意) ⇒ 마음먹음. 다짐. 마음먹다. 다지다. 뜻하다

결의 (決議) ⇒ 내림. 뜻모음. 하기로 함. 내리다. 하기로 하다. 뜻 모으다

결의 (結義) ⇒ 맺음. 손잡음. 맺다. 손잡다

결장 ⇒ 잘록창자

결재 ⇒ 좋다고 함. 됐다고 함. 좋다고 하다. 됐다고 하다

결전 ⇒ 대매 싸움. 대매. 판가리싸움. 판가리

결절 ⇒ 멍울

결점 ⇒ 모자람. 흉. 티. 얼. 얼룩

결정 (結晶) ⇒ 값. 보람

결정 (決定) ⇒ 하기로 함. 마음 굳힘. 못박음. 하기로 하다. 잡다. 마음 굳히다. 못박다. 아퀴 짓다. 마음먹다. 매듭짓다

결제 ⇒ 돈냄. 돈갚다. 돈내다

결집 ⇒ 뭉침. 모임. 뭉치다. 모이다

결찌 [이름씨] 이러저러하게 줄이 닿는 먼 아음 ㉥누구 결찌라고 그를 섭섭하게 함부로 다

루겠느냐 한뜻말 곁붙이

결창 이름씨 사람이나 등뼈짐승 가슴이나 배 안에 든 여러 가지 그릇을 통틀어 이르는 말. 양, 창자, 애, 콩팥, 이자, 지라 따위가 있다 ⇐ 내장

결코 ⇒ 아예. 죽어도. 조금도

결탁 ⇒ 짬. 손잡음. 짜다. 한통속되다. 손잡다

결투 ⇒ 싸움. 싸우다

결판 ⇒ 판가름. 끝장

결판나다 ⇒ 판가름나다. 끝장나다

결핍 ⇒ 모자람. 없음. 빠짐

결함 ⇒ 흉. 티. 모자람

결합 ⇒ 맺음. 붙음. 이음. 맺다. 붙다. 맞붙다. 잇다

결항 ⇒ 빠짐. 거름. 빠지다. 거르다

결핵 ⇒ 허파앓이

결행 ⇒ 해나감. 해치우다. 밀어붙이다. 밀고나가다

결혼 ⇒ 짝맺이. 짝맺음. 짝맺다. 시집장가가다. 한살되다

결혼상담소 ⇒ 재여리집

결혼식 ⇒ 잔치. 짝맺이. 짝맞이

겸 ⇒ 함께. 맞. 아울러

겸비 ⇒ 고루 갖춤. 두루 갖춤. 고루 갖추다. 아울러 갖추다. 두루 갖추다

겸사겸사 ⇒ 하는 김에

겸상 ⇒ 맞놓개

겸손 ⇒ 낮춤. 저낮춤. 낮추다. 저낮추다

겸연쩍다 ⇒ 멋쩍다. 남부끄럽다. 부끄럽다

겸용 ⇒ 함께 씀. 두루 씀. 함께 쓰다. 아울러 쓰다. 두루 쓰다

겸임 ⇒ 아울러 맡음. 아울러 맡다. 함께 맡다. 같이 맡다

겸하다 ⇒ 아우르다. 곁들이다

겹 이름씨 ❶몬 낯과 낯, 금과 금이 거듭된 것 ⓑ겹으로 꼰 밧줄. 겹으로 지은 두루마기 맞선말 홑 ❷거듭된 것을 세는 하나치 ⓑ한 겹. 세 겹. 여러 겹 ❸(낱말을 만들 때 써) 거듭된 것, 덧놓인 것, 안과 거죽이 있는 것이라는 뜻 ⓑ겹갈이. 겹고리매듭. 겹이불

겹갈이 이름씨 한 골을 가면서 갈고 돌아오면서 그 위를 다시 가는 것 ⓑ겹갈이와 홑갈이

겹겨루기 이름씨 뜰공놀이나 놓개공놀이에서 서로 두 사람씩 짝을 지어 하는 놀이 ⇐ 복식. 복식경기

겹겹이 어찌씨 여러 겹으로 ⓑ하도 추워서 옷을 겹겹이 껴입었다

겹고리 이름씨 겹으로 된 고리 ⓑ겹고리매듭. 겹고리무늬

겹곱수 이름씨 밑천 는 만큼이 벌이 늚에 미치는 보람과 그 벌이 늚이 자아내는 보람을 모아 나타내는 셈값

겹그림씨 이름씨 둘 넘는 말뿌리로 이루어진 그림씨. 누르푸르다, 검붉다 따위

겹길미 이름씨 어느 때마다 길미를 밑돈에 얹어 그것을 밑돈으로 다시 길미를 쳐나가는 셈 ⇐ 복리

겹꽃 이름씨 꽃잎이 여러 겹으로 겹쳐 피는 꽃 ⓑ찔레꽃, 함박꽃은 겹꽃이다 맞선말 홑꽃

겹낱말 이름씨 두 낱 넘는 낱말이 모여서 이루어진 낱말 한뜻말 겹씨 ⇐ 복합어

겹노래 이름씨 두 사람이 서로 다른 가락으로 함께 노래 부르기 ⇐ 이중창

겹눈 이름씨 여러 낱눈이 벌집 꼴로 모여 있는 눈 ⓑ잠자리, 메뚜기, 매미 눈은 겹눈이다 맞선말 홑눈

겹다 그림씨 ❶힘에 부쳐 해내거나 버티기 어렵다 ⓑ처음 하는 낫질이 나한테는 힘에 겹다 ❷어떤 느낌이 솟구쳐 억누르기 어렵다 ⓑ아들을 잃은 누나는 슬픔에 겨워 몸부림쳤다 ❸때나 철이 지나거나 기울어서 늦다 ⓑ어머니는 한낮이 겨워서야 저자에서 돌아왔다

겹닿소리 이름씨 둘 넘게 쪼갤 수 있는 닿소리. ㅊ(ㅈ+ㅎ), ㅋ(ㄱ+ㅎ), ㅌ(ㄷ+ㅎ), ㅍ(ㅂ+ㅎ), ㄲ, ㄸ, ㅃ, ㅆ, ㅉ, ㄳ, ㄵ, ㄶ, ㄺ, ㄻ, ㄼ, ㄽ, ㄾ, ㄿ, ㅀ, ㅄ 들이 있다 ⇐ 이중자음. 복자음

겹마음 이름씨 둘 넘는 마음이 함께 있는 것 ⇐ 복합심리

겹말 이름씨 같은 뜻을 가진 말을 겹쳐 만든

말 ㉥오늘날 '역전 앞', '동해바다', '고목나무'처럼 겹말을 많이 쓰는데 어리석기 짝이 없다

겹모임 이름씨 두 모임 ㄱ과 ㄴ이 있을 때 모임 ㄱ, ㄴ에 함께 딸리는 밑숫 모두로 이루어진 모임. 'ㄱ∩ㄴ'으로 나타낸다 ⇐ 교집합

겹바라지 이름씨 추위나 시끄러운 소리를 막으려고 두 겹으로 만든 바라지 ⇐ 이중창

겹바지 이름씨 솜을 넣지 않고 두 겹으로 지은 바지 ㉥여름에 겹바지를 입으면 덥지?

겹받침 이름씨 서로 다른 닿소리가 겹쳐서 된 받침 ㉥겹받침에는 ㄳ, ㄵ, ㄶ, ㄺ, ㄻ, ㄼ, ㄽ, ㄾ, ㄿ, ㅀ, ㅄ 들이 있다

겹벌이 이름씨 한 사람이 벌이나 재주 쓰임 때문에 한꺼번에 두 가지 일을 하는 것 ⇐ 투잡

겹사돈 이름씨 사돈 사이에 다시 사돈이 된 때. 사돈이 겹으로 되었다는 뜻 ㉥옛날에는 좁은 고장 안에서 며느리와 사위를 서로 삼다 보면 집안끼리 겹사돈이 되기 일쑤였다

겹사라지 이름씨 헝겊이나 종이를 겹쳐 만들어서 기름에 결은 담배쌈지 ㉥그는 슬그머니 고개를 숙이며 겹사라지에 손을 대었다

겹살림 이름씨 ❶한 집보가 나뉘어 따로 차리는 살림 ㉥솔이네는 어미와 아비가 시골과 서울에서 겹살림을 한다 ❷아내를 두고 고마를 얻어 따로 차리는 살림 ㉥사내는 겹살림하다가 들켜서 아내에게 내쫓겼다

겹셈 이름씨 잉글말 따위에서 둘 넘는 사람이나 몬 뭠이나 모습을 나타내는 말 꼴. 이름씨, 갈이름씨와 그것을 받는 움직씨 따위에 나타난다 한뜻말 거듭셈 맞선말 홑셈 ⇐ 복수

겹소리 이름씨 둘 넘게 쪼갤 수 있는 소리 ㉥'ㅑ', 'ㅕ', 'ㅛ', 'ㅠ', 'ㅊ', 'ㅌ', 'ㅋ', 'ㅍ' 같은 소리는 겹소리다

겹숫수 이름씨 참수와 빈수로 나타내는 수. ㄱ, ㄴ을 참수, i를 빈수 하나치(i^2=-1)라고 할 때 ㄱ+ㄴi로 나타내는 것 ⇐ 복소수

겹실 이름씨 두 올 넘게 드린 실 한뜻말 겹올실 ⇐ 복사. 합사

겹씨 이름씨 두 낱 넘는 낱말이 모여서 이루어진 낱말. 달밤(달+밤), 날아오르다(날다+오르다), 돌아가다(돌다+가다) 따위 한뜻말 겹낱말 맞선말 홑낱말 ⇐ 복합어. 합성어

겹어찌씨 이름씨 둘 넘는 뿌리로 이루어진 어찌씨. '또다시', '곧바로' 따위 ⇐ 복합부사

겹움직씨 이름씨 둘 넘는 말뿌리로 이뤄진 움직씨. '돌아오다', '마주잡다' 따위 ⇐ 복합동사

겹월 이름씨 임자말과 풀이말 사이가 두 디위 넘게 맺어진 월. 곧 둘 넘는 마디로 된 월 ㉥'달은 흐릿하고 별은 밝게 빛난다.'는 겹월이다 ⇐ 겹문장. 복합문

겹이름씨 이름씨 둘 넘는 말 뿌리로 이루어진 이름씨. '나무다리', '봄바람' 따위 ⇐ 복합명사

겹잎 이름씨 잎자루 하나에 잎이 여러 낱 붙어 있는 잎. 아까시나무 잎, 탱자나무 잎 따위가 있다 맞선말 홑잎

겹자락 이름씨 하늬옷 저고리나 겉옷 섶을 깊게 겹치게 하고 단추를 두 줄로 단 것 ㉥겹자락을 잘 여며 찬바람 맞지 않도록 해

겹치다 움직씨 ❶여러 겹으로 놓다 ㉥깔개 두 낱을 겹쳐 깔면 찬기가 덜 올라온다 비슷한말 포개다 ❷여러 일이 한꺼번에 일어나다 ㉥가뭄에 불볕더위까지 겹쳐 한낮에는 밖에서 일하기 힘들었다

겹토씨 이름씨 둘 넘는 토씨가 아울린 것 ⇐ 복합조사

겹홀소리 이름씨 둘 넘는 홑홀소리로 이루어져 첫소리와 끝소리가 다른 홀소리. 'ㅑ', 'ㅒ', 'ㅕ', 'ㅖ', 'ㅘ', 'ㅙ', 'ㅛ', 'ㅝ', 'ㅞ', 'ㅠ', 'ㅢ' 따위가 있다 한뜻말 거듭홀소리 ⇐ 이중 모음. 중모음

겻불 이름씨 겨를 태우는 불. 겻불이 뭉근하고 시원치 않은 데서 마뜩잖은 것을 빗댄 말 ㉥시원치 않은 겻불이라도 쬐니 살 것 같다

-경 ⇒ 쯤. 께. 무렵

경각 (頃刻) ⇒ 눈 깜짝할 새

경각 (警覺) ⇒ 깨우침. 일깨움

경각심 ⇒ 일깨우는 마음. 얼차림

ㄱ

경감 ⇒ 줄임. 덜어냄. 줄이다. 덜다. 덜어내다

경거망동 ⇒ 섣부른 짓. 하롱거림. 가볍게 굶. 오두방정. 호들갑

경건하다 ⇒ 믿음깊다. 삼가다

경계 (警戒) ⇒ 살핌. 다잡음. 살피다. 다잡다. 잡도리하다

경계 (境界) ⇒ 살피. 어름. 이에짬. 이음짬

경계망 ⇒ 지킴그물. 살핌그물

경고 ⇒ 살피라고 알림. 삼가게 알림. 마음 쓰라고 알리다. 미리 알리다

경골 (硬骨) ⇒ 굳뼈. 굳은뼈

경골 (頸骨) ⇒ 목뼈

경공업 ⇒ 해깝짓일

경과 ⇒ 지남. 지나감. 넘어감. 지나다. 지나가다. 넘어가다

경관 (景觀) ⇒ 볼거리. 구경거리

경관 (警官) ⇒ 지킴이. 돌봄이. 깨살핌이

경구 ⇒ 깨우침말

경구개음 ⇒ 센하느라지소리

경구약 ⇒ 먹는 약

경금속 ⇒ 해깝쇠붙이

경기 (競技) ⇒ 놀이. 겨루기

경기 (景氣) ⇒ 장사. 금새. 살림매개

경기 (驚氣) ⇒ 까무러치기. 까무러치기앓이

경기 (京畿) ⇒ 서울옆

경기장 ⇒ 놀이터. 겨룸터

경내 ⇒ 터안. 울안. 살피안. 테안. 얼안

경도 (經度) ⇒ 날줄. 날금

경도 (硬度) ⇒ 굳기

경량급 ⇒ 해깝갈래

경력 ⇒ 겪은일. 한 일. 해본일

경련 ⇒ 떨림. 쥐남. 뒤틀림. 떨리다. 쥐나다. 뒤틀리다

경례 ⇒ 절

경로 (經路) ⇒ 지난길. 길. 겪은일

경로 (敬老) ⇒ 어른섬김. 어른받듦

경로당 ⇒ 어른섬김집. 늙보집. 늙은이집

경로석 ⇒ 어른자리. 어른섬김자리. 늙보자리

경륜 (經綸) ⇒ 솜씨. 다스림

경륜 (競輪) ⇒ 따르릉겨루기. 두바퀴겨룸

경리 ⇒ 셈

경리원 ⇒ 셈꾼

경마 ⇒ 말타고 겨루기. 말타기놀이

경마장 ⇒ 말타기놀이터. 말타고겨룸터

경망스럽다 ⇒ 방정맞다. 주책없다. 호들갑스럽다. 가볍다. 까불다. 촐랑대다

경매 ⇒ 겨룸팔이. 겨뤄팔기

경매장 ⇒ 겨룸팔이터. 겨뤄팔기터

경멸 ⇒ 깔봄. 얕봄. 업신여김. 낮추봄. 깔보다. 업신여기다. 낮추보다. 얕보다. 얕잡다. 아래로보다

경미하다 ⇒ 가볍다. 대수롭잖다

경박하다 ⇒ 가볍다. 호들갑스럽다. 되양되양하다. 소락소락하다. 촐랑거리다

경배 ⇒ 절함. 저쑤움. 우러러 절하다. 저숩다. 저쑷다

경범죄 ⇒ 해깝허물

경보 (競步) ⇒ 걷기겨루기. 빨리 걷기

경보 (警報) ⇒ 깨살핌알림

경부고속국도 ⇒ 서울가마메빠른길

경부선 ⇒ 서울가마메긴수렛길

경비 (經費) ⇒ 돈. 쓰임돈. 씀씀이. 옴니암니. 비발

경비 (警備) ⇒ 살핌. 지킴. 지키다. 살피다. 지켜보다

경비원 ⇒ 문지기. 지킴이. 지기

경사 (慶事) ⇒ 좋은 일. 기쁜 일

경사 (經絲) ⇒ 날실

경사·경사도 (傾斜) ⇒ 기울기. 비탈. 가풀막. 물매. 비알

경사로 ⇒ 비탈길. 가풀막길. 가팔막길

경사스럽다 ⇒ 기뻐할 만하다. 즐거워할 만하다

경사지다 ⇒ 비탈지다. 비스듬하다. 가풀막지다. 기울다

경상 ⇒ 조금 다침. 가볍게 다침

경상비 ⇒ 늘씀돈. 늘듬돈

경색 ⇒ 막힘. 꽉 막힘. 막히다. 꽉 막히다

경서 ⇒ 가르침글. 가르침책. 거룩책

경선 (經線) ⇒ 날줄. 날금

경선 (競選) ⇒ 뽑기. 뽑다

경솔하다 ⇒ 가볍다. 방정맞다. 섣부르다. 되양되

양하다. 자발없다

경수 ⇒ 센물

경시 ⇒ 깔봄. 업신여김. 얕봄. 낮추봄. 깔보다. 업신여기다. 얕보다. 낮게 보다. 낮추보다. 우습게 보다

경시대회 ⇒ 겨룸잔치. 겨룸놀이

경신 ⇒ 바꿈. 고침. 바꾸다. 새롭게 하다. 고치다

경악 ⇒ 놀람. 깜짝 놀람. 자지러짐. 놀라다. 깜짝 놀라다. 놀라 자빠지다. 자지러지다

경애 ⇒ 사랑함. 우러름. 사랑하다. 우러르다

경어 ⇒ 높임말

경연 ⇒ 겨룸. 다툼. 겨루다. 다투다

경영 ⇒ 꾸림. 다스림. 건사함. 건사하다. 꾸리다. 꾸려나가다. 다스리다

경외 ⇒ 어려워함. 두려워함. 우러름. 어려워하다. 두려워하다. 우러르다

경우 ⇒ 때. 일. 마당

경운기 ⇒ 갈이틀

경원 ⇒ 멀리함. 따돌림. 꺼림. 멀리하다. 따돌리다. 꺼리다. 싫어하다. 미워하다

경위 (經緯) ⇒ 가리. 가리새. 영문

경위 (經緯) ⇒ 날과 씨. 지나온 길. 날줄씨줄. 날금씨금

경위 (警衛) ⇒ 지킴. 지킴이

경유 ⇒ 해깝기름

경유 ⇒ 들름. 거침. 들르다. 거치다

경음 ⇒ 된소리

경음악 ⇒ 해깝가락

경음악단 ⇒ 해깝가락떼

경음화 ⇒ 된소리되기

경의 ⇒ 우러름 뜻

경이감 ⇒ 놀라움. 놀라운 느낌

경이롭다 ⇒ 놀랍다. 야릇하다

경인고속도로 ⇒ 서울마도구루빠른길

경인선 ⇒ 서울마도구루긴수렛길

경작 ⇒ 지음. 가꿈. 부침. 여름지이. 짓다. 여름짓다. 가꾸다. 부치다. 심어 가꾸다

경작지·경지 ⇒ 부침땅. 논밭. 여름지이땅

경쟁 ⇒ 겨룸. 다툼. 겨루다. 다투다

경쟁력 ⇒ 겨루는 힘. 겨룸힘

경쟁심 ⇒ 겨루는 마음. 겨룸마음

경쟁자 ⇒ 겨룸이

경적 ⇒ 고동. 수레고동

경전 ⇒ 거룩책

경제 ⇒ 살림

경제력 ⇒ 살림힘

경조사 ⇒ 기쁜일 궂은일

경종 ⇒ 일깨움. 고동

경주 (慶州) ⇒ 서라벌

경주 (競走) ⇒ 달리기

경주 (傾注) ⇒ 기울임. 쏟음. 기울이다. 다하다. 쏟다. 쏟아붓다

경중 ⇒ 가벼움과 무거움. 무게

경지 ⇒ 금안땅. 높이. 자리

경지면적 ⇒ 논밭넓이

경지정리 ⇒ 논밭다듬기. 논밭손질

경직 ⇒ 굳음. 굳어짐. 뻣뻣해짐. 굳다. 굳어지다. 딱딱해지다

경질 (更迭) ⇒ 바꿈. 갈아치움. 바꾸다. 갈다. 갈아치우다. 갈아내다

경질 (硬質) ⇒ 단단한 바탕. 여문 바탕

경찰·경찰관 ⇒ 깨살핌이. 돌봄이. 지킴이

경찰서 ⇒ 깨살핌집

경찰청 ⇒ 깨살핌큰집

경첩 이름씨 문을 여닫을 수 있도록 문틀과 문짝에 한쪽씩 붙여 달아 서로 맞물리게 만든, 꼴이 같은 두 쪽 쇳조각 ㉥문이 삐걱거려 낡은 경첩을 새것으로 바꾸었다

경청 ⇒ 귀기울임. 새겨들음. 귀담아들음. 귀기울이다. 새겨듣다. 귀담아듣다. 귀여겨듣다

경추 ⇒ 목등뼈. 목뼈

경축 ⇒ 함께 기뻐함. 함께 기뻐하다

경치 ⇒ 구경거리. 볼거리

경치다 ⇒ 꾸지람 듣다. 혼나다

경칩 ⇒ 잠깸

경칭 ⇒ 높임말

경쾌하다 ⇒ 가뿐하다. 가볍고 날래다. 시원시원하다. 선드러지다

경탄 ⇒ 놀람. 놀라다. 입벌어지다. 무릎치다

경품 ⇒ 곁들이. 덧거리

경합 ⇒ 겨루기. 겨룸. 맞섬. 겨루다. 맞서다

경향 ⇒ 쏠림. 기울어짐. 낌새

경험 ⇒ 겪음. 겪어봄. 지내봄. 겪다. 겪어보다. 지내보다

경험담 ⇒ 겪은 이야기

경혈 ⇒ 날굼. 나숨바늘자리. 뜸자리

경호 ⇒ 지킴. 보살핌. 지키다. 보살피다. 감싸다

경화 ⇒ 굳음. 굳어짐. 딱딱해짐. 굳다. 굳어지다. 딱딱해지다

경화증 ⇒ 굳음늪

경황 ⇒ 겨를. 빈틈. 짬. 나위

경황없다 ⇒ 겨를없다. 바쁘다. 쉴때없다

곁[1] 이름씨 ❶사람이나 몬 바로 옆이나 앞이나 뒤 ㉥그렇게 멀뚱히 서 있지 말고 내 곁으로 와 ❷가까이에서 보살펴주거나 도와줄 만한 사람 ㉥가시어미는 곁이 많아 늙어서도 외롭지 않았다

곁-[2] 앞가지 (어떤 이름씨 앞에 붙어) '줄기에서 갈라져 나가거나, 줄기에 딸린'을 뜻하는 말 ㉥곁가지. 곁뿌리. 곁방

곁가다 움직씨 곧바로 가지 않고 그 새 딴 길로 가다 ㉥곁가지 말고 곧장 다녀오너라

곁가지 이름씨 처음 가지에서 곁으로 갈라진 작은 가지 ㉥과일나무 곁가지는 이른 봄에 잘라준다

곁갈래 이름씨 ❶핏줄이 맏할아버지나 작은할아버지 밑으로 내려간 갈래 ⇐ 방계 ❷밑줄기에서 갈라져 나간 작은 갈래

곁골목 이름씨 처음 길에서 곁으로 갈라져 나간 골목 ㉥곁골목으로 금세 사라졌다

곁꾼 이름씨 곁에서 일을 거들어 주는 사람 ㉥우리말집 일을 고르님이 곁꾼으로 많이 도왔다 ⇐ 보좌관. 비서

곁눈[1] 이름씨 얼굴은 돌리지 않고 눈알만 옆으로 돌려 보는 눈 ㉥동무는 옆자리에 앉은 사람을 곁눈으로 슬쩍 본다

곁눈[2] 이름씨 잎겨드랑이에서 돋는 싹 ㉥취나물을 뜯으면 바로 아래 잎겨드랑이에서 곁눈이 돋는다

곁눈질 이름씨 곁눈으로 보는 짓 ㉥아람이는 아이한테 곁눈질을 몇 디위 하더니 슬그머니 방을 나갔다

곁님 이름씨 곁에서 서로 돌보거나 아끼는 사람. 가시버시 사이에 쓴다 ⇐ 배우자

곁다리 이름씨 바탕을 이루지 않고 곁에 달린 것 ㉥다른 사람 일에 곁다리로 끼어들지 말고 두고 봅시다 ⇐ 엑스트라

곁닿동그라미 이름씨 세모꼴 한 결과 다른 두 결 이음금에 만나는 동그라미 ⇐ 방접원

곁두리 이름씨 끼니 사이에 잠깐 쉴 때 먹는 밥 ㉥밤에 먹는 곁두리는 언제 먹어도 맛있다 한뜻말 샛밥. 참. 새참 ⇐ 간식

곁듣다 움직씨 구경꾼으로서 듣다 ㉥오늘 일은 곁듣는 이가 많아 금세 퍼지겠다 ⇐ 방청하다

곁들이 이름씨 ❶으뜸되는 맛갓에 어울리는 먹을거리 ㉥돼지고기구이에 온갖 남새가 곁들이로 올랐다 ❷따로 덧붙여 주는 것 ㉥노래자랑 모임에서 한가락 뽑았더니 곁들이로 번힘밥솥을 하나 주었다

곁들이다 움직씨 ❶으뜸되는 먹을 것에 어울리는 다른 맛갓을 함께 갖추다 ㉥세겹살에 상추쌈을 곁들여 먹었다 ❷어떤 일에 어울리는 다른 일을 함께하다 ㉥아지매는 노래를 부르다가 신이 나자 춤을 곁들여 신명을 돋우었다

곁마기 이름씨 ❶푸른빛이나 노랑 바탕에 붉은빛 겨드랑이, 깃, 끝동, 고름을 단 저고리 ㉥시집가는 아우에게 주려고 밤새 곁마기를 만드느라 바늘을 잡은 손가락이 욱신거렸다 ❷겨집 저고리 겨드랑이 안쪽에 댄 헝겊

곁말 이름씨 다른 말을 빌려 에둘러 나타내는 말 ㉥저네끼리 곁말을 하면서 나를 따돌렸다 한뜻말 변말 ⇐ 은어

곁맛갓 이름씨 술에 곁들인 맛갓 한뜻말 술곁 ⇐ 안주

곁매 이름씨 둘이 싸울 때, 곁에 있던 딴사람이 한쪽을 거들어 치는 매 ㉥가시버시가 싸우는데 시어머니가 며느리한테 곁매를 들

었다

결밥 이름씨 밥에 곁들여 먹는 맛갓 ㉥새로 돋아나는 잣나물 무침을 점심 결밥으로 내놓았다 비슷한말 건건이 ⇐ 반찬

결방 이름씨 ❶안방에 딸려 붙은 방 ㉥우리는 어릴 적 결방에서 많이 지냈다 ❷다른 사람 집 한쪽을 빌려 쓰는 방이나 집 ㉥결방살이 설움을 살아보지 않은 사람이 어찌 알랴

결방망이질 이름씨 남이 방망이를 두드릴 때 옆에서 따라 하는 방망이질. 또는 남에게 듣기 싫은 소리를 할 때 함께 거들어 말하는 짓 ㉥결방망이질을 하는 사람이 더 얄밉다 한뜻말 결매질

결방살이 이름씨 남 집 결방을 빌려서 사는 살이 ㉥옛날엔 결방살이 안 해본 사람이 드물었다 한뜻말 결방살림

결불 이름씨 ❶쏘개 쏠 때 과녁 옆에 있다가 맞는 쏘개알. 또는 가까이 있다가 맞는 벼락 ㉥내가 잡혀갈 때 나를 알거나 동무라는 까닭으로 결불을 맞은 사람이 많았지 ❷얻어 쬐는 불. 또는 가까이하여 얻는 도움 ㉥그 사람한테 잘 보여야 결불이라도 쬐지 ❸남이 켰거나 남이 든 불 ㉥결불에 밤길을 걷다

결붙다 움직씨 무엇에 딸려서 덧붙다 ㉥함께 달리기는 몸에도 좋고 재미까지 결붙으니 얼마나 좋습니까?

결붙이 이름씨 마디 수가 먼 집안붙이 ㉥돌쇠는 결붙이조차 하나 없는 가여운 아이였다 ⇐ 종친

결사돈 이름씨 바로 사돈 사이가 아니고 같은 돌림인 곁갈래 사돈 ㉥바로 사돈 언아우가 결사돈인데 부를 때는 그냥 사돈이라고 한다

결손 이름씨 바치 밑에서 일을 배우는 따름이 ⇐ 도제. 제자

결쇠 이름씨 제 열쇠가 아니고 갈음하여 쓰는 다른 열쇠 한뜻말 맞쇠

결쇠질 이름씨 제 짝이 아닌 열쇠로 자물쇠를 여는 일 ㉥한참이나 젓가락 끝으로 결쇠질을 해보아도 자물쇠가 열리지 않았다 한뜻말 맞쇠질

결수 이름씨 ❶수술 하나를 여러숱 다른 따름수로 나타내는 맺음냄에서 몬 갈래에 따라 달라지는 견줌늘수 ⇐ 계수 ❷뜻말 글자와 숫자로 된 냄에서 숫자를 뜻말글자에 마주하여 이르는 말. '3ㄱ²+2ㄴ'에서 '3, 2' 따위이다

결순 ⇒ 결싹

결술 이름씨 밥을 먹을 때 곁들여 조금 마시는 술 ⇐ 반주

결싹 이름씨 푸나무 줄기 결에서 돋아나는 싹 ㉥결싹을 자르면 그 잘린 싹에서 또 결싹이 나온다 ⇐ 결순

결쐐기 이름씨 ❶쐐기 결에 덧박는 작은 쐐기 ㉥결쐐기까지 박아두었으니 틈이 벌어질 일이 없을 거야 ❷남 일에 끼어들거나 덧붙어서 함께 헤살놓는 것 ㉥아저씨는 남 말에 결쐐기 박는 나쁜 버릇이 있다 익은말 **결쐐기를 박다** 딴사람 말에 곁들여 말을 덧붙이다

결앓이늦 이름씨 한 가지 앓이에 곁들여 일어나는 다른 앓이 한뜻말 덧들앓이. 함께난 앓이 ⇐ 합병증

결이름 이름씨 누리그물에서 쓰는 이를 알아보는 이름 한뜻말 덧이름 ⇐ 아이디. 애칭. 별칭

결주다 움직씨 가까이하도록 속을 터주다 ㉥고을지기는 아랫사람 가운데 한 사람에게만 결주나 봐

결줄기 이름씨 밑줄기에서 뻗어난 딸린 줄기

결쪽 이름씨 가까운 집안붙이 ㉥모처럼 모든 결쪽이 한자리에 모였다

결채 이름씨 몸채 결에 딸린 집채 ㉥큰문을 지나 마당으로 들어서면 왼쪽에 결채가 있었어

계 (計) ⇒ 셈. 모둠셈

계 (戒) ⇒ 삼감

계 (係) ⇒ 빗. 맡은 곳

계·계모임 (契) ⇒ 맺. 맺모임

계간 ⇒ 철내기. 철펴냄

계고 ⇒ 살펴 알림. 살펴 알리다

계고장 ⇒ 알림글

계곡 ⇒ 골. 골짜기. 우금

계교 ⇒ 꾀. 잔꾀. 잔재주. 꿍꿍이. 속임수. 알랑수

계급 ⇒ 서흐레

계기 (契機) ⇒ 때. 터무니. 고비. 기틀. 발판. 밑바탕. 터전

계기 (計器) ⇒ 재개

계단 ⇒ 섬. 섬돌. 디딤돌

계단갈이 ⇒ 다랑갈이

계단답 ⇒ 다랑논. 다랑이. 논다랑

계도 ⇒ 일깨움. 깨우쳐 이끔. 일깨우다. 깨우쳐 이끌어주다

계란 ⇒ 달걀

계략 ⇒ 꾀. 잔꾀. 잔재주. 꿍꿍이. 속임수. 알랑수

계량 ⇒ 잼. 저울질. 재다. 저울질하다. 달다

계면놀이 [이름씨] 무당이 돈이나 쌀을 얻으려고 집집마다 돌아다니며 하는 굿 ⓑ어릴 때 계면놀이 구경이 재밌었다 [한뜻말]계면굿

계면떡 [이름씨] 굿 끝에 무당이 구경꾼에게 돌리는 떡 ⓑ굿 구경하려면 계면떡이 나올 때까지 해라

계면쩍다 [그림씨] 몹시 거북하거나 쑥스러워 부끄럽다 ⓑ언니는 잘했다는 말을 들으면 계면쩍은 듯 머리를 긁적였다

계명·계이름 ⇒ 소리마디이름

계모 ⇒ 의붓어머니. 새어머니

계몽 ⇒ 깨우침. 일깨움. 깨달아 알게 하다. 일깨우다

계발 ⇒ 일깨움. 열어줌. 깨우쳐줌. 일깨우다. 열다. 깨우쳐주다

계산 ⇒ 셈. 셈하다. 헤아리다. 치르다

계산기 ⇒ 셈틀

계산서 ⇒ 셈적이. 셈표

계속 ⇒ 이어함. 잇다. 잇달다. 이어하다

계속·계속하여 ⇒ 줄곧. 내리. 잇달아

계수 ⇒ 곁수. 붙임수

계승 ⇒ 이어받음. 물려받음. 뒤따름. 잇다. 이어받다. 물려받다. 뒤따르다

계시 ⇒ 깨우쳐 보임. 가르쳐 보임. 깨우쳐 보이다. 가르쳐 보이다

계시다 [움직씨] '있다' 높임말 ⓑ아버지는 마룻방에 앉아 계셨다

계약 ⇒ 다짐. 맺기. 다짐하다. 맺다

계약금 ⇒ 다짐돈

계약서 ⇒ 다짐글. 맞글발

계열 ⇒ 갈래

계원 ⇒ 빗아치. 맡은이

계율 ⇒ 삼감. 바른삶. 지킬것

계절 ⇒ 철

계절풍 ⇒ 철바람

계제 ⇒ 매개. 때

계좌 ⇒ 셈데. 돈자리. 셈자리

계주 ⇒ 이어달리기

계책 ⇒ 꾀. 잔꾀. 잔재주

계측 ⇒ 잼. 헤아림. 재다. 달다

계층 ⇒ 갈래. 자리. 또래. 뜨레

계통 ⇒ 줄기. 갈래. 뜨레

계획 ⇒ 얽이. 얼개. 얼거리. 밑그림. 얽다. 꾀하다. 마음먹다. 밑그림 그리다

계획표 ⇒ 얽이표

고[1] [이름씨] 옷고름 따위를 맬 때 풀리지 않도록 한 가닥을 잡아 빼어 고리꼴로 한 것 ⓑ고가 빠지지 않게 단단히 묶어라

고[2] [매김씨] '그'를 귀엽게 여겨 이르는 말 ⓑ고 녀석 참 예쁘게 생겼네

고[3] [갈이름씨] '그'보다 가리키는 테두리가 작은 느낌을 주는 말 ⓑ딱 고만큼만 더 주세요

고 (故) ⇒ 죽은. 돌아가신

고가 (古家) ⇒ 헌 집. 옛집

고가 (高價) ⇒ 비싼 값. 높은 값

고가다리 ⇒ 구름다리

고가도로 ⇒ 구름다릿길

고가사다리 ⇒ 구름사다리

고갈 ⇒ 다함. 없어짐. 바닥남. 떨어짐. 마르다. 없어지다. 바닥나다. 다하다. 동나다. 떨어지다

고개[1] [이름씨] 목 뒷등. 또는 머리 ⓑ나는 그 사람 말에 고개를 끄덕였다

고개[2] [이름씨] **1** 메나 언덕을 넘어 다니게 난 비탈길 ⓑ이 고개만 넘으면 할머니 집이 나

온다 **2** 일 고비나 꼭대기 ⓑ이 일이 잘되면 어려운 고개 하나를 넘는 셈이다

고개마 이름씨 사라사고장을 달리 이르는 말 ⇐ 영남

고개새 이름씨 밝달큰줄기 새녘 고장 ⇐ 영동

고개새쇠길 이름씨 사라사고장 나리고을에서 가시부루고장 가시나고을까지 놓인 쇠길 ⇐ 영동선

고개티 이름씨 고개를 넘어가는 가파른 길 ⓑ 누나가 혼자 어두운 고개티를 터덜터덜 올라왔다

고객 ⇒ 손님

고갯길 이름씨 고개를 오르내리는 길 ⓑ아버지는 지겟짐을 지고 가파른 고갯길을 넘어가셨다

고갯마루 이름씨 고개 가장 높은 자리 ⓑ고갯마루에 다다르자 시원한 바람이 불어왔다

고갯짓 이름씨 고개를 끄덕이거나 흔들거나 돌리는 움직임 ⓑ어머니는 고갯짓으로 길 건너쪽을 가리켰다

고갱이 이름씨 **1** 푸나무 줄기 한가운데에 있는 부드러운 속 ⓑ배추 고갱이 **2** 알맹이. 자위 ⓑ'누구나 깨달을 수 있다'는 말씀은 부처님 가르침 고갱이다 ⇐ 중추

고것 갈이름씨 **1** '그것'을 귀엽게 여겨 이르는 말 ⓑ고것 참 맛있어 보이네 **2** '그것' 테두리를 좁혀서 이르는 말 ⓑ겨우 고것만 먹을 거야?

고견 ⇒ 좋은 생각. 뛰어난 생각. 훌륭한 생각

고결하다·고고하다 ⇒ 높다. 깨끗하다. 훌륭하다

고고학 ⇒ 혜옛갈

고공 ⇒ 높은 하늘

고관 ⇒ 높은 벼슬. 난 이

고관절 ⇒ 볼기뼈 절구와 넓적다리뼈 사이 마디

고구려 ⇒ 가고리

고구마 이름씨 줄기는 넝쿨이 되어 땅 위로 뻗으며 땅속뿌리가 살쪄서 이룬 덩이. 잎줄기도 나물로 먹는다 ⓑ솥에 찐 고구마는 김치하고 먹어야 제맛이다

고국 ⇒ 제 나라. 우리나라

고군분투 ⇒ 혼자 애씀. 외롭게 싸움. 혼자 애쓰다. 외롭게 싸우다

고궁 ⇒ 옛임금집

고귀하다 ⇒ 훌륭하다. 높다

고금 이름씨 '말라리아'를 배달나숨갈에서 부르는 말

고금 ⇒ 예나 이제나. 예이제

고급 ⇒ 좋은 것. 비싼 것. 뛰어난 것

고기[1] 이름씨 **1** 사람이 먹는 온갖 짐승 살 ⓑ 이 고기 참 부드럽고 맛있네 **2** '물고기' 줄임말 ⓑ이 고기는 가시가 너무 많아서 먹기가 힘들어

고기[2] 갈이름씨 '거기'보다 가리키는 테두리가 작은 말 ⓑ고기에 지우개 있잖아

고기가게 이름씨 소고기나 돼지고기, 닭고기 따위를 파는 가게 ⓑ얘야, 고기가게에 가서 소고기 국거리 좀 사 오너라 ⇐ 푸줏간. 정육점. 고깃간

고기그물 이름씨 물고기를 잡는 데 쓰는 그물 한뜻말 고기잡이그물 ⇐ 어망

고기떼알아보개 이름씨 고깃배 바닥에서 저너머소릿결을 되쏘아 물속 고기떼를 알아보는 틀 ⇐ 어군탐지기

고기먹이숨받이 이름씨 숨받이 고기를 먹고 사는 숨받이 ⇐ 육식동물

고기밥 이름씨 **1** 물고기 먹이 **2** 미끼 ⓑ고기밥을 던져놓으면 언젠가 걸려들겠지 익은말 **고기밥이 되다** 물에 빠져 죽다

고기소 이름씨 고기를 얻으려고 기르는 소 ⇐ 육우

고기순대 이름씨 다져 양념한 고기를 소나 돼지 창자에 채워 넣어 익힌 맛갓 ⇐ 소시지

고기압 ⇒ 높빈기누름. 높바람누름

고기잡이 이름씨 **1** 내나 가람, 바다에서 물고기나 바닷고기를 잡는 일 ⓑ우리는 냇가에서 고기잡이를 하며 놀았다 ⇐ 어로. 어업. 어획 **2** 고기를 잡아 살림을 꾸리는 사람 ⇐ 어민. 어부

고기잡이 네철살이 이름씨 지난날 윤선도가 지은 노래 ⇐ 어부사시사

고기잡이보탬 [이름씨] 조개가 입을 벌리고 쉴 때 황새가 조개살을 먹으려고 주둥이를 넣자 조개가 물어 싸우는 사이 고기잡이한테 둘 다 잡힘 ⇐ 어부지리

고기잡이연모 [이름씨] 고기잡이를 할 때 쓰는 여러 가지 연장 ⇐ 어구

고기잡이일 [이름씨] 바다에서 나는 것들을 잡거나 거둬들이는 일 ⇐ 어로작업

고기잡이터 [이름씨] **1** 고기잡이를 하는 곳 ⇐ 어장 **2** 많은 바다 밑감이 있어서 고기잡이 일을 하기에 좋은 곳. 바다시렁이 넓고 찬무대와 더운무대가 만나는 곳이다

고깃간 ⇒ 고기가게

고깃국 [이름씨] 고기를 넣어 끓인 국 [ㅂ]고깃국에는 뭐니 뭐니 해도 무와 파가 들어가야 제맛이 나

고깃국물 [이름씨] 고기를 삶아 낸 물 ⇐ 육수

고깃덩어리 [이름씨] 덩어리로 된 짐승 고기 [ㅂ]갓 잡은 커다란 고깃덩어리가 줄줄이 매달려 가는 것을 보면 끔찍하다

고깃배 [이름씨] 고기잡이를 하는 배 ⇐ 어선

고깃배나루 [이름씨] 고깃배가 드나드는 나루 [한뜻말]고깃배나들목 ⇐ 어항

고깃살 [이름씨] **1** 물고기 살코기 [한뜻말]물고깃살 ⇐ 어육 **2** 물고기와 짐승 살코기를 함께 이르는 말

고깔 [이름씨] 옛날에 중이나 굿쟁이가 쓰던, 세모지게 만든 쓰개 [ㅂ]얇은 깁 하얀 고깔은 고이 접어서 나빌레라

고깝다 [그림씨] 섭섭하여 마음이 언짢다 [ㅂ]내 말을 너무 고깝게 여기지 말아라 ⇐ 야속하다

고꾸라지다 [움직씨] 몸이 앞으로 고부라져 넘어지다 [ㅂ]앞서 달리던 아이가 돌부리에 걸려 고꾸라졌다

고난 ⇒ 괴로움. 힘듦. 어려움. 가시밭길

고놈 [갈이름씨] '그놈'을 낮추거나 귀엽게 이르는 말 [ㅂ]고놈 참 힘이 세구나

고뇌 ⇒ 괴로움. 시름. 걱정. 근심. 시달리다

고누 [이름씨] 땅이나 종이에 말밭을 그리고, 두 쪽으로 나뉘어 말을 많이 따는 것을 겨루는 놀이. 밭고누, 우물고누, 열두밭고누 따위가 있다 [ㅂ]너 어릴 때 고누놀이 해봤어?

고니 [이름씨] 목이 길고 온몸은 새하얗고 부리는 노랗고 다리는 검은 물새 [ㅂ]저것 봐, 고니가 물고기를 잡아먹네 ⇐ 백조

고다 [움직씨] **1** 단단한 것을 물러지거나 우러나도록 삶다 [ㅂ]닭을 푹 고아서 먹었다 **2** 졸아서 짙게 엉기도록 끓이다 [ㅂ]어머니는 무쇠솥에 엿을 고았다

고다라 [이름씨] 사라사고장 노녘에 있는 고을. 베와 김술로 이름났다 ⇐ 안동

고단하다 [그림씨] 지쳐 몸이 늘어지고 나른하다 [ㅂ]다솜이는 동무들과 신나게 노느라 고단했던지 자리에 눕자마자 곯아떨어졌다 ⇐ 피곤하다

고달 [이름씨] 점잔을 빼고 거들먹거리는 짓 [ㅂ]송이는 돈을 좀 벌었는지 고달을 부리며 젠체한다

고달프다 [그림씨] **1** 몸이 매우 지쳐 느른하다 [ㅂ]우리는 밤새도록 걸었는데도 고달픈 줄 몰랐다 **2** (마음이나 매개가) 지칠 만큼 어렵고 안타깝다 [ㅂ]지난날 여름지기는 큰물과 가뭄으로 고달프게 살아왔다

고대 [어찌씨] **1** 이제 막 [ㅂ]너만 고대 온 게 아니라 나도 고대 왔어 **2** 바로 곧 [ㅂ]놀이가 끝나면 고대 집으로 돌아오너라

고대 (古代) ⇒ 옛날. 옛적

고대 (苦待) ⇒ 몹시 기다림. 애타게 바람. 기다리다. 목 빠지게 기다리다. 몹시 기다리다. 바라다. 애타게 바라다

고대광실 ⇒ 크고 좋은 집

고대국가 ⇒ 옛나라

고대로 [어찌씨] '그대로'를 조금 힘주거나 귀엽게 이르는 말 [ㅂ]고대로 흉내 내봐

고대소설 ⇒ 옛 이야기

고데기 ⇒ 지지개. 머리카락지지개

고도 (古都) ⇒ 옛서울

고도 (孤島) ⇒ 외딴섬

고도 (高度) ⇒ 높이

고도리[1] 이름씨 고등어 새끼

고도리[2] 이름씨 옛날 도둑잡는집에서 허물보목을 졸라 죽이는 일을 맡아 하던 사람 한뜻말자리개미

고도화 ⇒ 높임. 높아짐. 높이다. 높아지다

고독 ⇒ 외로움. 쓸쓸함. 외롭다. 쓸쓸하다

고동 이름씨 ❶몰거나 움직이게 하는 틀 ㉥물길 고동을 틀다 ❷알리려고 길게 내는 소리 ㉥뱃고동을 울리다 ❸(일을 해나가는 데서) 가장 종요로운 점이나 기틀 ㉥그런 일꾼을 만난 것이 고동이 되어 이 일을 잘 해낼 수 있었죠

고동 (鼓動) ⇒ 염뛺. 염뜀. 두근거림

고동개 이름씨 번공을 번힘줄에 잇거나 번힘줄과 번힘줄을 잇는 구실을 하는 연장 ⇐ 소켓

고동색 ⇒ 구릿빛. 검누른빛

고동치다 ⇒ 염통뛰다. 두근거리다

고되다 그림씨 하는 일이 매우 힘들고 괴롭다 ㉥땅떼기가 고된 일인데도 그 사내는 끄떡없었다 ⇐ 피곤하다

고두밥 이름씨 몹시 되고 꼬들꼬들한 밥 ㉥밥물이 적었던지 고두밥이 되었네

고두쇠 이름씨 ❶작두 따위 머리에 가로 끼우는 쇠 ❷문짝 치레 두 쪽을 맞추어 끼우는 쇠 ㉥저 문짝은 고두쇠가 빠져나가고 없어 쓸 수가 없다

고두저고리 이름씨 메를 올릴 때 겨집이 입는 저고리 ㉥멧밥을 올리기 앞 아내는 고두저고리를 꼼꼼하게 매만졌다

고둥 이름씨 소용돌이꼴 딱딱한 껍데기 속에 부드러운 몸이 들어 있는 소라, 다슬기, 우렁이 따위를 두루 일컫는 말 ㉥그 어린것이 고둥을 한 사발이나 주워왔네

고드래 이름씨 발이나 돗자리 따위를 엮을 때 날을 감아 매어 늘어뜨리는 조그마한 돌. '고드랫돌' 준말 ㉥고드래는 돌로도 만들지만 흰흙그릇이나 나무로 만들기도 한다

고드름 이름씨 위에서 아래로 떨어지던 물이 막대기 꼴로 얼어붙어 매달린 것 ㉥날이 추워서 그런지 처마 끝에 고드름이 주렁주렁 달렸다 ⇐ 빙주 슬기말 **고드름 장아찌 같다** 고드름으로 장아찌를 담으면 녹아 싱거운 물이 되는데서 맹물같이 싱거운 사람을 빗대어 일컫는 말

고드름똥 이름씨 ❶고드름같이 뾰족하게 눈 똥 ❷방이 매우 추움을 빗댈 때 쓰는 말 ㉥고드름똥 싸게 춥다

고들빼기 이름씨 메와 들에 자라며, 봄과 가을에 어린잎과 뿌리를 먹는 나물. 맛이 쌉쌀하여 흔히 '쓴나물'이라고도 부른다. 나물로 무쳐 먹거나 김치를 담가 먹는다 ㉥고들빼기김치

고등 ⇒ 높음

고등교육 ⇒ 높배움

고등동물 ⇒ 등뼈숨받이. 등뼈짐승. 짐승

고등어 이름씨 몸이 길쭉하며 등은 푸른 바탕에 검은 물결무늬가 있고 배는 흰빛인 바닷물고기

고등학교 ⇒ 높배곳

고등학생 ⇒ 높배움이

고딕체 ⇒ 굵은 글자꼴. 돋움꼴

고라니 이름씨 노루보다 작고 머리에 뿔은 없고 몸빛은 누르붉은 짐승

고락 이름씨 낙지가 내뿜는 먹물. 또는 먹물이 든 낙지 배때기 ㉥낙지를 잡아 올리자마자 고락을 픽 내뿜었다

고락 (苦樂) ⇒ 괴로움과 즐거움

고랑 이름씨 두 이랑 사이에 좁고 길게 들어간 곳 ㉥이랑이 고랑 되고 고랑이 이랑 된다

고래[1] 이름씨 바닷물에 살면서 새끼를 낳아 젖을 먹여 기르는, 물고기처럼 생긴 짐승 슬기말 **고래 싸움에 새우 등 터진다** 센 사람들 싸움에 까닭 없이 여린 사람들이 다친다 익은말 **고래 등 같다** 집이 매우 높고 크다

고래[2] 이름씨 구들장 밑으로 불과 내가 나가는 길 ㉥날씨가 추워져서 둥거리를 고래 안쪽으로 밀어넣었다

고래고래 어찌씨 몹시 골이 나서 남을 꾸짖을 때 목소리를 한껏 높여 외치는 꼴 ㉥엄

마는 나를 못마땅하게 여기며 고래고래 소리쳤다
고래로 ⇒ 예로부터. 예부터. 옛날부터
고래술 이름씨 매우 많이 마시는 술. 또는 그런 사람 한뜻말 말술. 술고래 ⇐ 대주. 호주
고래실 이름씨 바닥이 깊고 물길이 좋아 기름진 논 ⓑ가뭄이 깊어 고래실도 바닥이 쩍쩍 갈라졌다 한뜻말 구레논. 고래실논 ⇐ 옥답. 상답
고래잡이배 이름씨 고래를 잡는 배 ⇐ 포경선
고랭지 ⇒ 높은데
고랭지농업 ⇒ 높은데여름지이
고렇다 그림씨 고것과 같다. '고러하다' 준말 ⓑ요렇고 고렇고 조렇더라도 우리는 가는 쪽으로 하자
고려 (考慮) ⇒ 생각. 헤아림. 생각하다. 헤아려보다
고려 (高麗) ⇒ 고리
고려자기 ⇒ 고리모래그릇
고려장 ⇒ 고리곶
고려청자 ⇒ 고리파란모래그릇
고령 ⇒ 나이 많은 이. 많은 나이
고령토 ⇒ 흰흙
고루 어찌씨 ❶더하고 덜함이 없이 모두 똑같게 ⓑ벗들에게 이 빵을 고루 나누어 주어라 ⇐ 평균되게 ❷여러 가지를 빠짐없이 ⓑ오빠는 얼굴도 잘생기고 키도 크고 씨름도 잘하고 고운 마음씨까지 고루 갖추었다
고루고루 어찌씨 여럿이 다 고르게 ⓑ먹을 것도 고루고루 나눠 먹고 살림집도 고루고루 나눠 쓰면 좋겠지요
고루나눔 이름씨 고르게 나누어 줌 ⇐ 평등분배
고루뽑기 이름씨 한 사람이 한표씩 찍는 뽑기 ⇐ 평등선거
고루쓰기 이름씨 여러 무리나 고장에서 골고루 사람을 뽑아 씀 ⇐ 탕평책
고루하다 ⇒ 케케묵다. 낡아빠지다. 고지식하다
고르다[1] 움직씨 여럿 가운데서 어떤 것을 가려내다 ⓑ사과 맛과 딸기 맛 가운데 어느 것을 고를까? ⇐ 선택하다. 택하다. 엄선하다
고르다[2] 움직씨 울퉁불퉁한 바닥이나 땅을 반반하게 하거나 들쭉날쭉한 것을 가지런히 하다 ⓑ땅을 고르다
고르다[3] 그림씨 더하고 덜함이 없이 모두 똑같다 ⓑ벗과 나는 할아버지가 주신 밤을 고르게 나누었다
고르롭다 그림씨 한결같이 고른 느낌이 있다 ⓑ고르로운 들숨과 날숨
고른값 이름씨 숱이나 바탕을 한결같이 고르게 한 값 ⇐ 평균값. 평균치
고른마음 이름씨 마음을 닦아 고요하고 고른 마음 ⇐ 평정심. 평등심
고른한낮 이름씨 해가 날금을 지나는 고른 때 ⇐ 평균정오
고른힘 이름씨 ❶나라사이벼리에서 모든 나라는 똑같은 힘과 할일을 가진다는 생각 ⇐ 평등권 ❷으뜸벼리에서 모든 백성은 벼리 앞에 똑같은 힘을 가진다는 생각 ⇐ 평등권
고름[1] 이름씨 다친 데가 곪아서 생긴 누르스름하고 끈끈한 물 ⓑ다친 데를 그냥 놔두었더니 부풀어 올라 아프다가 고름이 생겼다
고름[2] 이름씨 '옷고름' 준말 ⓑ날씨가 차니 옷깃을 여미고 고름을 단단히 매어라
고름[3] 이름씨 ❶한결같이 고르게 한 숱이나 바탕 ⇐ 평균. 형평 ❷여러 수나 같은 갈래 숱 가운뎃값을 갖는 수 ⇐ 평균
고름굄늪 이름씨 코뼈 속에 고름이 괴는 앓이 ⇐ 축농증
고름틀 이름씨 길고 좁게 네모진 나무를 곧눕으로 눕히고 그 아래에 다리를 달아 그 위를 다니면서 몸뭠하는 데 쓰는 틀 ⇐ 평균대
고름품삯 이름씨 일잣대벼리에 잡은 덤삯, 에움돈 따위를 셈할 때 잣대가 되는 품삯. 흔히 이마적 석 달 동안 번 모든 품삯을 일한 날로 나눠 셈한다 ⇐ 평균임금
고름흐름 이름씨 고름이 끊임없이 흘러나오는 늪 ⇐ 농루
고리[1] 이름씨 가늘고 긴 쇠붙이나 줄을 둥글게 구부려 만든 몬 ⓑ문고리. 열쇠고리
고리[2] 이름씨 ❶껍질을 벗긴 고리버들 가지.

옷 따위를 담는 그릇이나 키를 만드는 데 쓴다 **2**고리버들 가지나 대오리 따위로 엮거나 종이로 짜맞춰 옷이나 여러 가지 몬을 담아둘 수 있게 만든 그릇 ㉥고리에 가득 담긴 옷

고리[3] 이름씨 무엇을 넣어두려고 네모꼴로 만든 몬. 또는 그것을 세는 하나치 ㉥능금고리. 책고리. 나물 다섯 고리 ⇐ 상자. 박스. 궤

고리[4] 이름씨 왕건이 서울을 보소누에 두고 뒷세나라를 하나로 아울러 918해에 세운 나라 ⇐ 고려

고리다 그림씨 **1**썩은 풀이나 곯은 달걀에서 나는 냄새와 같다 ㉥발을 얼마나 안 씻었으면 이렇게 고린가 **2**마음 쓰는 것이나 하는 짓이 잘고 더럽다 ㉥삯 얻어 사는 우리집 임자는 그다지 고린 구석이 있는 건 아니야

고리대금 ⇒ 돈놀이. 비싼돈

고리삭다 그림씨 젊은이답지 않게 말짓이나 몸짓이 힘없이 처져서 늙은이 같다 ㉥저 아이는 말짓이나 몸짓이 고리삭은 데가 많다

고리타분하다 그림씨 **1**생각이나 말이 낡아 따분하다 ㉥아까 들려준 할아버지 옛날이야기는 좀 고리타분하다, 그지? **2**냄새가 좋지 못하고 달걀 썩은 것처럼 역겹고 퀴퀴하다 ㉥얼마나 오래 안 빨았던지 그 사내 버선에선 고리타분한 냄새가 물씬 풍겼다

고리해가림 이름씨 달이 해 한가운데만 가리고 그 둘레는 가리지 못하여 해가 고리 꼴로 보이는 해가림 ㉥고리해가림은 가락지같이 보여서 하늘에 손가락을 살며시 걸어보았다 ⇐ 고리일식

고릴라 이름씨 납 갈래 가운데 몸집이 가장 크고 몸 얼개가 사람과 많이 닮은 짐승

고립 ⇒ 외따로됨. 외떨어짐. 외떨어지다. 외따로되다

고마[1] 이름씨 작고 어린 것. 또는 사내가 아내 말고 데리고 사는 다른 겨집 ㉥무뚝뚝한 사내도 고마 집에 와서는 '까꿍' 한다는 우스갯소리가 있다 한뜻말 시앗 ⇐ 첩. 소실

고마[2] 이름씨 삼가 높이 여김

고마나라 이름씨 '곰나루' 옛이름 한뜻말 고마나리 ⇐ 웅진. 공주. 금강

고마아들 이름씨 고마가 낳은 아들 ⇐ 서자

고마움 이름씨 우러르는 마음 ㉥나는 언제나 우리말을 살려 써 온 분들한테 고마움을 느낀다

고마하다 움직씨 삼가 높이 여기다 ㉥옛사람들은 나라님을 고마하였다

고막 ⇒ 귀청

고만고만하다 그림씨 모두 비슷비슷하다 ㉥키가 고만고만한 아이들이 하는 짓도 고만고만하다

고만조만하다 그림씨 그저 고만한 크기이다 ㉥고만조만한 아이들이 모여 물고기를 잡는다 큰말 그만저만하다

고맙다 그림씨 남이 베풀어준 도움이 마치 곰(=땅)이 우리를 먹여 살려주고 보살펴주는 것처럼 마음이 흐뭇하고 기쁘다 ㉥언제나 우리를 보살펴줘서 고맙습니다 ⇐ 감사하다

고매하다 ⇒ 훌륭하다. 높다

고명 이름씨 먹을거리 위에 얹어 꼴과 빛깔을 돋보이게 하고 맛을 더하는 것을 통틀어 이르는 말 ㉥잔치국수에는 달걀지단과 김을 고명으로 많이 얹는다 한뜻말 꾸미 ⇐ 토핑

고명딸 이름씨 아들이 여럿 있는 집에 오로지 하나뿐인 딸 ㉥순이는 그 집안 고명딸이라 어릴 때부터 귀염을 많이 받고 자랐어 한뜻말 외동딸 맞선말 외동아들

고모 ⇒ 아비누이. 아비뉘

고모부 ⇒ 아비뉘버시

고목 (古木) ⇒ 늙은나무. 늙낭

고목·고사목 (枯木) ⇒ 죽은나무

고무 이름씨 고무나무 진을 굳혀서 만든 몬. 끈기가 있고 잘 튀며 번힘, 물, 바람이 지나가지 않아 여러 가지 살림살이를 만드는 데에 쓴다

고무공 이름씨 고무로 만든 공

고무끼우개 이름씨 이음매나 틈새 따위에 물이나 빈기가 새지 않도록 끼워넣음. 또는 그

런 몬. 고무나 가죽, 삼실, 구리, 납 따위로 만든다 ⇐ 패킹

고무널 [이름씨] 고무로 만든 널 ⇐ 고무판

고무다리 [이름씨] 고무나 나무 따위로 만들어 붙인 발 ⇐ 의족

고무딸기 [이름씨] 키는 3미터쯤으로 구붓하고 굽은 가시와 곧은 가시가 있으며 열매는 일고여덟달에 검붉은 알로 뭉치어 익는다 ⇐ 복분자

고무래 [이름씨] 낟알이나 흙, 재 같은 것을 그러모으거나 고루 펴는 데 쓰는 연장 ㉥쨍쨍 햇볕 아래서 보리 낟알을 고무래로 그러모으느라 비지땀을 흘렸다

고무바람주머니 [이름씨] 고무로 만든 바람주머니 ⇐ 고무풍선

고무밴드 ⇒ 고무띠

고무부레 [이름씨] 헤엄칠 때 쓰는 몬. 고무바퀴처럼 생겼는데 가운데 구멍이 뚫려 있고 바람을 불어넣게 되어있다 한뜻말 바퀴주머니 ⇐ 튜브

고무손 [이름씨] 손이 없는 사람에게 만들어 붙이는 손. 고무나 나무, 쇠붙이로 만든다 ⇐ 의수

고무신 [이름씨] 고무로 만든 신

고무쏘개 [이름씨] 'Y' 꼴 가지 두 끝에 고무줄을 매고 가죽이나 헝겊을 다른 쪽 고무줄 끝에 매어 만든 장난감. 작은 돌멩이를 넣어 쏘아 새를 잡을 수 있다

고무장갑 ⇒ 고무손끼개

고무줄놀이 [이름씨] 놀이 가운데 하나. 고무줄을 가로지르고 노래에 맞추어 줄을 넘으면서 고무줄이 발에 닿지 않게 넘거나 다리를 높이 걸며 노는 놀이 ㉥너도 어릴 때 고무줄놀이 하는 줄을 끊어 봤어? 한뜻말 고무줄넘기

고무찰흙 [이름씨] 찰흙처럼 몰랑몰랑해서 여러 가지 몬을 빚으면서 놀 수 있게 고무로 만든 것

고무총 ⇒ 고무쏘개

고무판 ⇒ 고무널

고무풍선 ⇒ 고무바람주머니

고문 ⇒ 족침. 밥냄. 밥받이. 족대김. 밥내다. 족쳐묻다. 족치다. 족대기다

고물[1] [이름씨] 배 뒤 끝쪽 ㉥고물에 기대앉아 부서지는 너울을 바라본다 한뜻말 밑뒤 맞선말 뱃머리. 밑앞 ⇐ 선미

고물[2] [이름씨] [1] 맛과 꼴을 내려고 떡 겉에 묻히는 팥이나 콩가루 또는 깨 같은 것 ㉥넌 팥고물 시루떡이 좋아, 콩고물 시루떡이 좋아? [2] 보잘것없는 낱찍 ㉥그 일자리에는 고물 같은 것은 좀 없나?

고물[3] [이름씨] 우물마루를 놓는 데에 귀틀 두 낱 사이께 ㉥우리 마루는 한 고물 마루이다

고물 (古物) ⇒ 마병

고물상 ⇒ 마병장사. 마병가게

고물장수 ⇒ 마병장수. 마병팔이

고민 ⇒ 애태움. 속태움. 애태우다. 속태우다. 찬가슴앓다. 괴로워하다

고민거리 ⇒ 걱정거리

고바우 [이름씨] 짜고 쩨쩨한 사람 ㉥야, 이 쩨쩨한 고바우 같은 놈아!

고발 ⇒ 일러바침. 고자질. 일러바치다. 고자질하다. 찌르다

고배 ⇒ 쓴잔

고백 ⇒ 털어놓음. 밝힘. 털어놓다. 밝히다. 까놓다

고별 ⇒ 헤어짐알림. 떠남알림. 떠난다고 알리다

고부 ⇒ 어이며느리. 어이며늘

고분 ⇒ 옛무덤

고분고분 [어찌씨] 말이나 몸짓이 바르고 부드러운 꼴 ㉥고분고분 말을 잘 듣는 버시

고분고분하다 [그림씨] 말이나 몸짓이 바르고 부드럽다 **고분고분히**

고분군 ⇒ 옛무덤들. 옛무덤무리

고분벽화 ⇒ 옛무덤 바람그림

고분자 ⇒ 높갈씨

고붓하다 [그림씨] 조금 고부라지다. '곱다'에서 온 말 ㉥어머니 등이 요 몇 해 사이에 몰라보게 고붓해졌다 큰말 구붓하다 센말 꼬붓하다

고비[1] [이름씨] 일을 하는 동안 가장 힘들거나

종요로운 때 ⓑ왜놈한테서 나라를 찾으려던 사람들은 죽을 고비를 여러 디위 넘겼다 비슷한말 고빗사위 ⇐ 절정. 분기

고비[2] 이름씨 글월 같은 것을 꽂아두려고 종이로 주머니나 고리처럼 만들어 바람에 붙인 몬 ⓑ고비에 꽂아둔 지난 글월 뭉치를 다 가져와 보렴

고비[3] 이름씨 한 포기에서 여러 싹이 서로 안고 보듬어 차례대로 무리 지어 흰 솜털을 뒤집어쓰고 나는 나물. 어린싹을 뜯어 데쳐 말려 묵나물로 쓴다 한뜻말 꼬치미

고비꾀 이름씨 뜻밖 고스락에 쓰는 꾀 ⇐ 비상수단

고비낫개 이름씨 뜻밖 고스락에 쓰는 낫개 ⇐ 비상약

고비느낌 이름씨 고비에 놓였거나 고비가 닥쳐올 때 드는 뒤숭숭한 느낌 ⇐ 위기감

고비늙다 그림씨 지나치게 늙다 ⓑ오래 사는 것은 좋지만 고비늙어서는 아니 되지요

고비짓말 이름씨 배나 날틀 또는 바드러운 곳에서 건져달라고 할 때 보내는 줄없는 짓말 ⇐ 에스오에스

고빗사위 이름씨 가장 종요롭고 아슬아슬한 때 ⓑ사람은 한 뉘 동안 살아가면서 여러 차례 고빗사위를 맞는다 비슷한말 고비. 한고비. 고비판 ⇐ 절정. 클라이맥스. 분기점. 분수령

고뿔 이름씨 온몸이 뜨거워지고 코가 막히거나 콧물이 나며 머리가 아픈 앓이 ⇐ 감기

고삐 이름씨 말이나 소를 몰거나 부리려고 재갈이나 코뚜레, 굴레에 잡아매는 줄 ⓑ아버지는 고삐를 바싹 잡고 무논에서 써레질을 한다 한뜻말 이까리

고사 (考査) ⇒ 묻풀. 재봄. 물음풀이

고사 (告祀) ⇒ 식게. 비나리

고사 (故事) ⇒ 옛이야기. 옛일

고사 (固辭) ⇒ 마다함. 마다하다

고사 (枯死) ⇒ 말라 죽음. 말라 죽다

고사리 이름씨 이른 봄에 싹이 뿌리줄기에서 돋아나는데 꼭대기가 꼬불꼬불하게 말리고 흰 솜 같은 털로 온통 덮인 여러해살이풀. 어린싹은 데쳐 말렸다 나물로 먹는다

고사리갈래 이름씨 대롱다발 푸나무 가운데 꽃이 피지 않고 홀씨로 퍼지는 한 갈래. 돋되기 흐름에선 이끼 푸나무와 씨앗 푸나무 가운데에 있다 ⇐ 양치류

고사장 (考査) ⇒ 묻풀터. 재봄터. 물음풀이터

고사하고 (固辭) ⇒ 그만두고. 커녕. 말할 것도 없고

고삭부리 이름씨 힘이나 기운이 없고 여려 앓이치레를 잘하는 사람 ⓑ그 집은 버시가 고삭부리라서 힘든 일은 각시가 도맡아 한다

고산 ⇒ 높은 메

고산병 ⇒ 메멀미. 높메앓이

고샅 이름씨 짚집지붕을 일 때 쓰는 새끼. 이엉을 얹기 앞이나 뒤에 지붕 위에 건너질러서 맨다 ⓑ고삿이 튼튼해야 지붕이 바람에 날아가지 않는다

고상하다 ⇒ 훌륭하다. 거룩하다. 점잖다

고샅 이름씨 ❶시골 마을 좁은 골목길 ⓑ오랜만에 나서 자란 마을 고샅으로 들어서니 가슴이 뭉클해진다 한뜻말 고샅길 ❷좁은 골짜기 사이 ⓑ저 고샅에는 낭떠러지도 많고 깊은 웅덩이도 여럿 있어 찾는 발걸음이 끊이지 않는다

고샅길 이름씨 시골 마을 좁은 골목길

고생 ⇒ 애씀. 욕봄. 애쓰다. 욕보다

고생대 ⇒ 옛난뉘

고생물학자 ⇒ 옛산것갈이

고서·고서적 ⇒ 옛책. 낡은 책

고서점 ⇒ 옛책 가게

고성 ⇒ 큰 목소리. 큰 소리

고성능 ⇒ 힘좋음. 쓰임새좋음

고성방가 ⇒ 큰 소리 지르기. 크게 노래 부르기

고섶 이름씨 무엇을 두는 데나 그릇에서 손쉽게 찾을 수 있는 맨 앞쪽. 손만 내밀면 바로 찾을 수 있는 가까운 데 ⓑ바로 고섶에 두고도 한참을 찾았네

고소 ⇒ 하소. 하소하다

고소공포증 ⇒ 높은데무서움

ㄱ

고소인 ⇒ 하소보

고소장 ⇒ 하소종이

고소하다 그림씨 ❶볶은 깨나 참기름 따위에서 나는 맛이나 냄새와 같다 ㉥어디서 깨를 볶는지 고소한 냄새가 풍겨 온다 한뜻말꼬시다 ❷얄미운 사람이 잘못되는 것을 보고 속이 시원하고 재미있다 ㉥넌 내가 골탕 먹는 것이 그렇게 고소하냐?

고속 ⇒ 빠름

고속도로 ⇒ 빠른수렛길. 빠른길

고속버스 ⇒ 빠른수레. 빠른버스

고속철도 ⇒ 빠른쇠길

고속화 ⇒ 빠르게하기

고수 이름씨 미나리갈래에 딸린 한해살이풀. 잎은 잘게 째진 깃꼴잎이고 여름에 흰꽃이 핀다. 맛과 내음이 남달라 좋아하는 이도 있고 싫어하는 이도 있다 한뜻말고수풀 ⇐ 향유

고수 (高手) ⇒ 윗길. 윗이. 뛰어난 사람. 빼어난 사람

고수 (鼓手) ⇒ 북재비

고수 (固守) ⇒ 굳게 지킴. 굳게 지키다

고수레 이름씨 ❶메나 들에서 먹거리를 먹을 때나 굿쟁이가 굿을 할 때 도깨비에게 먼저 바친다고 먹거리를 조금 떼어 던지는 일 ㉥들밥을 먹을 때면 어머니가 '고수레' 하고 먹을 것을 조금 떼어 풀밭에 던지고 나서 밥을 먹었다 ❷(느낌씨) 도깨비에게 먹거리를 조금 떼어 던지면서 그때 외치는 소리

고수련 이름씨 앓는 이를 여러 가지로 돕는 일 ㉥우리는 일벗이 앓을 때는 틈이 나는 대로 서로 고수련을 하겠다고 나섰다 ⇐ 병간호

고수머리 이름씨 꼬불꼬불하게 말려 있는 머리털 ㉥우리 언아우는 엄마를 닮아 모두 고수머리다

고수버들 이름씨 가지가 고수머리처럼 꼬불꼬불한 버들 ㉥우리 마을 우물가엔 큰 고수버들이 한 그루 있다

고수부지 ⇒ 둔치. 가람턱

고스락 이름씨 아주 바드럽고 과가른 때 ⇐ 비상

고스락문 이름씨 불이 나거나 갑작스러운 일이 일어났을 때 쓰려고 마련한 문 ⇐ 비상구

고스락돈 이름씨 뜻밖 고스락에 쓰려고 마련한 돈 ⇐ 비상금

고스락밥 이름씨 뜻밖 고스락에 쓰려고 마련한 밥 ⇐ 비상식량

고스락판 이름씨 뜻밖 고스락이 벌어진 매개 ⇐ 비상사태

고스란히 어찌씨 조금도 모자라거나 바뀌지 않고 오롯이 ㉥아우는 억수같이 쏟아지는 비를 고스란히 맞으며 뛰어왔다

고스러지다 움직씨 벼나 보리를 벨 때가 지나 이삭이 너무 익어서 고개가 푹 꼬부라지다 ㉥가을 날 볕이 좋을 때는 벼를 마를 대로 마르도록 논에 세워두었다가 고스러진 뒤에 거둔다

고슬고슬 어찌씨 밥 따위가 질지도 되지도 않게 잘된 모습 ㉥고슬고슬 잘된 밥

고슬고슬하다 그림씨 밥 따위가 질지도 되지도 않게 잘되어 있다

고슴도치 이름씨 등에 단단하고 뾰족한 가시가 나 있는 작은 짐승

고습다 그림씨 고소한 맛이 있다 ㉥어머니가 만들어주신 주먹밥 냄새가 아주 고습다

고시 ⇒ 묻풀. 재봄. 물음풀이

고시랑거리다 움직씨 군소리를 좀스럽게 자꾸 늘어놓다 ㉥오빠는 배가 또 아프다며 앓는 소리로 고시랑거렸다 큰말구시렁거리다 **고시랑대다**

고시랑고시랑 어찌씨 군소리를 좀스럽게 자꾸 늘어놓는 모습 ㉥고시랑고시랑 잔소리 좀 그만해라 큰말구시렁구시렁 **고시랑고시랑하다**

고시조 ⇒ 옛노래

고심 ⇒ 애씀. 속끓임. 애쓰다. 속썩이다. 속끓이다. 찬가슴앓다

고아 ⇒ 어버이 없는 아이. 외로운 아이

고아원 ⇒ 어버이 없는 아이 집. 외로운 아이 집

고안 ⇒ 생각해냄. 생각해내다. 생각하다

고압 ⇒ 센누름새

고약 ⇒ 끈끈낫개

고약하다 [그림씨] [1]얼굴이나 말씨, 마음씨 따위가 사납다 ㉥고약한 사람. 고약한 말버릇 ⇐ 악독하다 [2]냄새나 맛, 꼴, 소리 따위가 마음에 거슬리게 나쁘다 ㉥물고기가 썩어서 고약한 냄새를 풍긴다 [3]날씨나 바람 따위가 거칠고 사납다 ㉥고약한 바람과 너울 탓에 사흘째 고기잡이를 못 나갔다

고얀 [매김씨] 마음씨나 몸짓 말짓이 몹시 고약한 ㉥저런 고얀 놈들!

고양 ⇒ 높임. 북돋움. 높이다. 드높이다

고양나무 [이름씨] 잎은 둥그스름하고 가죽바탕이며 나무바탕이 단단한 늘푸른떨기나무. 나무로 이름새김을 파거나 그림을 새긴다 ⇐ 회양목. 고양목

고양이 [이름씨] 예로부터 쥐를 잘 잡아 집에서 기르기도 하는 짐승. 발바닥에 살이 많아 다닐 때 소리가 거의 나지 않아 먹잇감에 다가가기 쉬우며 어두운 곳에서도 잘 볼 수 있다

고어 ⇒ 옛말

고언 ⇒ 쓴소리

고역 ⇒ 힘든 일. 어려운 일

고열 ⇒ 아주 뜨거움

고옥 ⇒ 오래된 집. 옛집

고온 ⇒ 뜨겁기

고온다습하다 ⇒ 무덥다

고요 [이름씨] [1]조용하고 잠잠한 꼴 ㉥고요가 깃든 멧속 [2]바람세기가 0인 바람이 없는 매개. 땅 위에서는 내가 똑바로 올라가고 바다에서는 물낯이 잔잔하다 [3]느낌바람과 그릇된 마음을 떨치고 첫 생각을 이어 살펴 기쁨과 즐거움이 가득한 마음이 한 곳에 모아짐 ⇐ 삼매. 선

고요바다 [이름씨] 조용하고 잠잠한 꼴 ㉥고요가 깃든 멧속 ⇐ 태평양

고요바다싸움 [이름씨] 1941해부터 1945해까지 니혼과 유에스 사이에 벌어진 싸움. 니혼이 참구슬휨을 쳐들어가 비롯되어 니혼이 두 손 들어 끝났다 ⇐ 태평양전쟁

고요하다 [그림씨] [1]소리도 움직임도 없다 ㉥고요한 밤 [2]움직이지도 흔들리지도 않다 ㉥숨을 한참 동안 알아차렸더니 마음이 고요하다 ⇐ 평온하다. 평정하다. 평탄하다

고욤 [이름씨] 고욤나무 열매. 감과 비슷하나 아주 작고 익어도 떫은맛이 있다. 고욤에서 감이 나왔다고 한다 [슬기말] **고욤 일흔이 감 하나만 못하다** 작은 것이 많아도 큰 것 하나보다 못하다

고용 (雇用) ⇒ 부림. 들임. 부리다. 들이다. 쓰다

고용인 (雇用人) ⇒ 일꾼부림이

고용인 (雇傭人) ⇒ 품팔이꾼. 품꾼. 삯꾼. 삯팔이꾼

고운때 [이름씨] 그다지 보기 싫지 않을 만큼 옷 따위에 조금 묻은 때 ㉥누나는 고운때가 살짝 내려앉은 치마저고리를 입고 나들이를 나갔다

고운미영 [이름씨] 미영실을 써서 날실은 가늘고 촘촘하게, 씨실은 굵은 실로 짠 천. 부드럽고 반들반들하다. 털실이나 깁실로도 짠다 준말 고운명 ⇐ 포플린

고운체 [이름씨] 올이 가늘고 구멍이 잔 체 ㉥떡가루를 고운체로 한 디위 더 쳐서 떡을 안쳤다 한뜻말 가는체 맞선말 굵은체

고원 ⇒ 더기. 덕. 높은 벌

고위 ⇒ 윗자리. 높은 자리

고위도 ⇒ 높은 씨금

고유명사 ⇒ 홀이름씨. 홀로이름씨

고유문화 ⇒ 터삶꽃. 겨레삶꽃

고유어 ⇒ 텃말. 어미말. 겨레말

고유음 ⇒ 제소리

고육지책 ⇒ 막꾀. 끝꾀. 마지막꾀

고을 [이름씨] 여러 마을을 모아서 부르는 이름 ㉥한밭 고을에 나락이 넘실거린다 ⇐ 시. 군

고을가름 [이름씨] 뽑기에서 어떤 잣대로 나눠 놓은 땅 살피 ⇐ 지역구

고을모둠 [이름씨] 지난날 글 배우는 아이들이 어떤 책 아무 쪽이나 펼치고 거기에 있는

글자가 들어가는 고을 이름을 누가 많이 찾아내는가를 겨루는 놀이. 땅알음을 넓혀 주는 놀이이다 ⓑ고을모둠을 했다 하면 내가 으뜸이었지

고을밖 이름씨 고을 테두리 밖 ⇐ 시외

고을밖버스 이름씨 어떤 고을 바깥으로만 다니는 버스 ⇐ 시외버스

고을안 이름씨 고을 테두리 안 맞선말 고을밖 ⇐ 시내

고을안버스 이름씨 어떤 고을 안에서만 다니는 버스 맞선말 고을밖버스 ⇐ 시내버스

고을우두머리 이름씨 조선 때 조금 작은 고을을 다스리던 으뜸 마을지기 ⇐ 현감

고을지기 이름씨 고을 살림을 맡아보는 사람 ⇐ 시장. 군수

고음 ⇒ 높은 소리

고의 이름씨 사내 여름 홑바지 ⓑ우리 어릴 때만 하더라도 다 고의적삼 입고 자랐지

고의로 ⇒ 일부러. 부러. 짐짓. 일껏

고의말 이름씨 고의 허리를 접어 여민 사이 ⓑ고의말에 손을 넣다 한뜻말 고의춤 준말 괴춤

고이 어찌씨 ❶곱게 ⓑ고이 매만진 얼굴 ❷값지게 ⓑ고이 간직하다 ❸고요하게 ⓑ가신이여, 고이 잠드소서 ❹처음대로 오롯이 ⓑ말없이 고이 보내드리오리다

고이고이 어찌씨 매우 곱게 ⓑ고이고이 기른 우리 아이

고이다 움직씨 우묵한 곳에 물이나 내, 냄새 따위가 모이다 ⓑ장마 뒤라 샘에 물이 고여서 넘쳐흘렀다 준말 괴다

고인 ⇒ 죽은 사람. 가신 이. 가신 님

고인돌 이름씨 큰 돌을 몇 낱 밑에 받치고 그 위에 넓적한 돌을 덮어놓은 옛 무덤 ⓑ어릴 적 맨날 올라가 놀던 우리 동네 뒷바위가 고인돌이라니!

고자[1] 이름씨 아이를 배게 하지 못하는 사내

고자세 ⇒ 뻣뻣함. 잘난 체함. 건방짐

고자쟁이 이름씨 고자질하는 사람 ⓑ보람이는 고자쟁이니까 걔 앞에서는 말조심해야 해 슬기말 **고자쟁이 먼저 죽는다** 함부로 남 말을 옮기는 사람은 그 끝이 좋지 않다

고자질 이름씨 남 잘못을 일러바치는 짓 ⓑ한길이는 어제 별이를 꼬집은 것을 아버지한테 고자질할까 봐 마음을 졸였다 **고자질하다**

고작 어찌씨 기껏 따져보아야 ⓑ고작 한다는 소리가 돈 달라는 거야? 비슷한말 기껏해야

고장 이름씨 ❶잇달아 있는 여러 고을을 아울러 이르는 말 ⓑ사라사고장. 온바라고장 ❷어떤 것이 많이 나거나 있는 곳 ⓑ내가 자란 곳은 능금 고장으로 이름난 다고부루이다

고장 ⇒ 망가짐. 못씀. 듣지않음

고장나다 ⇒ 망가지다. 못쓰다. 듣지않다

고장말 이름씨 고장 사람이 쓰는 말. 곳곳 고장말에는 우리말이 잘 간직되어 우리말을 되살리는 밑거름으로 삼을 만하다 ⇐ 토박이말. 방언

고장물 이름씨 빨래나 설거지, 몸 씻은 물처럼 이미 써서 더러워진 물 한뜻말 고지랑물 큰말 구정물

고장북 이름씨 판소리를 추어주는 장단에 쓰는 북 한뜻말 소리북

고장빛깔 이름씨 어떤 고장이 지닌 남다른 바람빛, 버릇 따위 보람 한뜻말 고장보람 ⇐ 향토색

고장사람 이름씨 텃사람 ⇐ 토박이. 토착민. 토인

고장제다스림 이름씨 그 고장 살림을 그 고장 사람들이 뽑은 이들이 스스로 다스리는 짜임 ⇐ 지방자치

고장줄 이름씨 태어난 곳이 같아서 맺어지는 사람 사이 ⇐ 지연

고장지기 이름씨 고장 살림을 맡아보는 사람 ⇐ 도지사. 지방관

고장지킴이 이름씨 스스로 나서서 고장을 지키는 사람들 ⇐ 향토예비군

고쟁이 이름씨 배달옷 안에 입는, 가랑이 통은 넓고 아래 끝은 솔게 된 겨집 속옷 가운데 하나 ⓑ속속곳 위에 고쟁이, 고쟁이 위에 단속곳, 단속곳 위에 치마를 입는다

고저 ⇒ 높고 낮음. 높낮이

고적 (古跡) ⇒ 옛터. 옛자취

고적하다 (孤寂-) ⇒ 외롭고 쓸쓸하다

고전 (古典) ⇒ 옛책. 옛글

고전 (苦戰) ⇒ 시달림. 힘들게 싸움. 시달리다. 어려움을 겪다. 힘들게 싸우다

고전무용 ⇒ 옛춤

고전문학 ⇒ 옛말꽃

고전음악 ⇒ 옛노래

고정 ⇒ 붙박아둠. 굳힘. 붙박아두다. 굳히다

고정관념 ⇒ 붙박이생각. 굳은생각

고조 ⇒ 높임. 들끓음. 북받침. 북받치다. 들뜨다. 들끓다

고조부모 ⇒ 넷뉘할배할매

고조선 ⇒ 옛배달

고조할머니 ⇒ 넷뉘할머니

고조할아버지 ⇒ 넷뉘할아버지

고졸 ⇒ 높배곳마침

고종·고종사촌 ⇒ 아비뉘아들. 아비뉘딸

고주망태 이름씨 술을 아주 많이 마셔서 얼을 차리지 못하는 꼴 ⓑ오랜만에 옛 벗을 만나 고주망태가 되도록 술을 마셨다

고주몽 ⇒ 가도모. 가두무

고주박 이름씨 소나무를 베고 남은 그루터기가 땅에 박힌 채 썩은 것 ⓑ고주박 위에 살며시 앉아 솔바람을 쐬곤 했지

고주파 ⇒ 높떨림수

고즈넉하다 그림씨 고요하고 아늑하다 ⓑ간밤에 비가 내려 그런지 둘레가 더 고즈넉하다 **고즈넉이**

고증 ⇒ 옛일을 따져 밝힘. 옛일을 따져 밝히다

고지[1] 이름씨 명태 이리 ⓑ밸로는 밸젓을 담그고 알로는 알젓을 담그며 고지로는 맛있는 곁밥을 만드는 물고기가 뭘까

고지[2] 이름씨 삯을 미리 받고 다른 사람을 갈음하여 여름짓는 일. 또는 그렇게 받는 삯 ⓑ보릿고개에 쌀 두 섬을 고지 먹고, 그해 봄부터 가을까지 내내 자리품을 갚느라고 허리를 펼 날이 없었다

고지[3] 이름씨 호박이나 가지 들을 납작납작하게 썰거나 길게 오려서 말린 것 ⓑ호박고지. 가지고지

고지 (告知) ⇒ 알림. 알리다

고지 (高地) ⇒ 높은 땅

고지대 ⇒ 높은 곳

고지서 ⇒ 알림종이

고지식하다 그림씨 바탈이 외곬으로 곧고 간사위가 없다 ⓑ아버지는 고지식하여 무엇이든 곧이곧대로만 한다

고진감래 ⇒ 애쓴 끝에 즐거움이 옴

고질 ⇒ 오랜 버릇. 굳은 버릇

고질병 ⇒ 찌든앓이. 오랜앓이

고집 ⇒ 억지. 우김. 이퉁. 떼. 떼쓰다. 우기다. 억지부리다

고집불통 ⇒ 곧은박이. 목곧이

고집쟁이 ⇒ 우김쟁이. 떼쟁이. 이퉁쟁이

고착 ⇒ 굳음. 들러붙음. 뿌리박다. 굳다. 들러붙다

고찰 (考察) ⇒ 생각. 살핌. 헤아림. 생각하다. 헤아리다. 살피다

고찰 (古刹) ⇒ 옛 절

고참 ⇒ 묵은딩이. 묵은이

고철 ⇒ 헌쇠

고체 ⇒ 굳덩이. 딱덩이. 단단덩이

고체연료 ⇒ 여문땔감

고쳐먹다 움직씨 달리 생각하거나 다른 마음을 가지다 ⓑ이제부터라도 마음을 고쳐먹고 우리말을 살려 써봐

고초 ⇒ 어려움. 괴로움

고추 이름씨 **1** 열매는 길둥근꼴로 처음에는 풀빛이나 익으면서 차츰 빨갛게 되며 맛이 매운 남새. 잎은 나물로 먹고 풋열매는 된장에 찍어 날로 먹기도 한다. 익은 열매는 빻아서 고춧가루를 만들어 양념으로 쓴다 **2** 어린아이 자지

고추냉이 이름씨 둥근꼴 잎이 뿌리에서 떨기로 나는 풀. 땅속줄기는 살이 많고 매운맛이 있어 양념으로 쓴다

고추바람 이름씨 살을 에는 듯 모질게 부는 찬바람 ⓑ고추바람이 어찌나 매섭게 불던지 걸음을 옮겨놓기가 힘들었다

고추밭 이름씨 고추를 기르는 밭 ⓑ한여름에는 며칠만 안 가봐도 고추밭에 풀이 자라 고추 골을 덮는다

고추뿔 이름씨 두 쪽 다 곧게 선 소뿔. '곧추선 뿔'이라는 뜻 ⓑ고추뿔이 바짝 선 우리 소는 동네에서 으뜸가는 싸움소다

고추양념찜 이름씨 풋고추를 갈라 씨를 빼고 그 속에 여러 양념을 넣어 찐 맛갓 ⓑ어머니가 해주시던 고추양념찜이 그리울 때가 있다

고추잠자리 이름씨 가을에 흔히 볼 수 있는 몸이 붉은 잠자리 ⓑ고추잠자리가 우리 집 마당에 가득한 걸 보니 가을이 한창인가?

고추장 이름씨 찹쌀과 엿기름으로 빚은 단술을 걸쭉하게 고아 졸여 고춧가루와 소금을 넣어 잘 저어 삭힌 먹을거리 ⓑ고추장은 지렁, 된장과 함께 우리 먹거리에 없어서는 안 될 밑감이다

고춧가루 이름씨 붉은 고추를 말린 뒤 빻은 가루 ⓑ올 김장에는 고춧가루를 조금 더 넣어야겠다

고충 ⇒ 어려움. 괴로움

고취 ⇒ 부추김. 불어넣음. 북돋움. 부추기다. 북돋우다. 불어넣다

고층 ⇒ 높켜. 여러켜

고치[1] 이름씨 ❶벌레가 번데기로 될 때 실을 내어 지은 집 ⓑ솔벌레는 여름에 솔잎에 고치를 짓고 그 속에서 번데기가 되고 나비가 되어 나온다 ❷누에가 실을 게워 제 몸을 둘러싸서 가운데가 조금 잘록한 길둥근꼴로 만든 집 ⓑ넉잠 잔 누에를 섶에 올렸더니 고치를 짓기 비롯하네

고치[2] 이름씨 물레로 실을 자으려고 솜을 고칫대에 말아 뺀 것 ⓑ어릴 적 엄마가 수수깡으로 고치 만드는 걸 가르쳐 주었다

고치다 움직씨 ❶망가지거나 못 쓰게 된 것을 다시 쓸 수 있게 하다 ⓑ삐걱거리던 문을 고치니 새 문이 된 듯하다 ❷그릇되거나 틀린 것을 바르게 하다 ⓑ아래에서 틀린 글월을 찾아서 바르게 고치세요 ❸안 좋은 버릇이나 마음을 바르게 하다 ⓑ입에 맞는 먹거리만 골라 먹던 버릇을 고치고 났더니 이제 무엇이든 맛있게 잘 먹는다 ❹모습이나 몸새를 새롭게 하다 ⓑ처음에는 내 말을 시뻐하더니 이야기가 깊어지자 앉음새를 고쳐 앉았다 ❺이름이나 꼴을 다르게 하다 ⓑ그 자리에 왔던 사람들은 모두 한자말 이름을 우리말 이름으로 고쳤다 ❻앓이를 낫게 하다 ⓑ배앓이는 밥을 먹을 때 천천히 꼭꼭 씹어 먹는 버릇을 들이지 않으면 고치기 어렵다

고침이 이름씨 망가지거나 못쓰게 된 몬을 고치는 사람 ⇐ 수리공

고칫대 이름씨 솜으로 고치를 마는 수수깡 윗마디

고콜 이름씨 방 안에 관솔불을 켤 때 바람에 관솔을 끼울 수 있게 만들어 놓은 자리 ⓑ아버지가 고콜에 관솔을 지피는 소리가 들린다

고콜불 이름씨 고콜에 켜는 관솔불 ⓑ고콜불이 아슴푸레하게 방안을 밝혔다

고통 ⇒ 괴로움. 아픔

고팡 이름씨 세간을 넣어두는 마루를 깐 방 ⓑ새로 산 세간을 얼마 동안 고팡에 넣어두어라

고패 이름씨 깃발이나 두레박 같은 것을 높은 곳에 달아 올리고 내리는 줄을 걸치는 작은 도르래나 고리 ⓑ두레박을 빨리 끌어올리느라 줄을 세게 당겼더니 고패가 빠져서 우물 속으로 떨어졌다 ⇐ 녹로

고패집 이름씨 곧은 집채에 바른모로 이어 부엌이나 외양간 따위를 'ㄱ'꼴로 붙인 집 ⓑ옛날 짚집은 고패집 꼴이 많다

고팽이 이름씨 ❶빛깔무늬에서 소라꼴 무늬를 이름 ❷새끼나 줄을 사려놓은 한 돌림. 또는 그것을 세는 하나치 ⓑ밧줄 열 고팽이만 잘라 주시오 ❸이곳과 저곳을 한 차례 왔다 갔다 함. 또는 그것을 세는 하나치 ⓑ두 집 사이를 세 고팽이나 오고 갔으나 헛일이었다

고풍스럽다 ⇒ 예스럽다

고프다 (그림씨) 배 속이 비어서 뭔가를 먹고 싶다 ⓑ아침을 굶었더니 배가 고프네

고하다 ⇒ 알리다. 말하다. 여쭙다. 아뢰다

고학 ⇒ 일하며 배움. 벌며 배움. 일하며 배우다. 벌며 배우다

고학년 ⇒ 높배움해

고학생 ⇒ 벌며배움이

고함 ⇒ 외침. 소리침

고해 (苦海) ⇒ 괴로움 바다. 괴로움 누리

고해·고해성사 (告解) ⇒ 털어놓고 뉘우치기

고해상도 ⇒ 뚜렷하기

고행 ⇒ 제몸 괴롭히기. 가시밭길살이

고향 ⇒ 텃마을. 제고장. 자란마을

고혈압 ⇒ 높피눌림

고형 ⇒ 알갱이. 건더기

고형사료 ⇒ 건더기먹이

고혹적 ⇒ 홀릴 만한. 눈길을 사로잡는

고환 ⇒ 불알

고희 ⇒ 일흔

곡·곡조 (曲) ⇒ 가락. 노래

곡 (哭) ⇒ 울음

곡괭이 (이름씨) 쇠 두 쪽에 길고 뾰쪽한 날을 내고 가운데 구멍을 뚫어 자루를 박아 만든 연장. 단단한 땅을 파는 데 쓴다 ⓑ단단한 땅을 파는 데는 곡괭이가 으뜸이야

곡기 ⇒ 낟알기. 낟기

곡두 ⇒ (이름씨) 눈앞에 없는 사람이나 몬 따위가 마치 있는 것처럼 보였다 사라졌다 하는 일 ⓑ꼭두각시에서 '꼭두' 는 곡두에서 온 말이다 한뜻말허깨비 ⇐ 환상. 환영

곡류 (曲流) ⇒ 굽이흐름

곡류 (穀類) ⇒ 낟가지. 낟갈래

곡마단 ⇒ 놀이떼

곡면 ⇒ 굽낯

곡명·곡목 ⇒ 노래이름

곡물·곡식 ⇒ 낟

곡선 ⇒ 굽은금. 굽금. 굽은줄

곡선미 ⇒ 굽이매. 굽금매

곡성 ⇒ 울음소리

곡예 ⇒ 재주놀이

곡우 ⇒ 낟비

곡절 ⇒ 까닭. 영문. 굽이

곡조 ⇒ 가락

곡해 ⇒ 곱새김. 곱새기다

곤경 ⇒ 고비. 어려움. 어려운 고비

곤고하다 ⇒ 어렵게 살다. 어렵다

곤궁 ⇒ 가난. 쪼들림. 가난하다. 어렵다. 쪼들리다

곤댓짓 (이름씨) 뽐내며 우쭐거리는 고갯짓 ⓑ그 늙은이가 동네에서 논을 가장 많이 가졌다고 곤댓짓이 이만저만이 아니야

곤두박다 (움직씨) 높은 데서 거꾸로 내리박다 ⓑ높은 바위 위에서 웅덩이로 곤두박으며 물놀이를 했다

곤두박이다 (움직씨) 높은 데서 거꾸로 떨어지다 ⓑ높은 바위에서 물속으로 곤두박이는 아이를 보고 모두가 큰소리를 질렀다 한뜻말곤두박히다

곤두박질 (이름씨) 몸을 번드쳐 갑자기 거꾸로 내리박히는 짓 ⓑ시냇물에 발을 담그자 중태기가 물속으로 곤두박질하며 달아났다 준말곤두

곤두박질치다 (움직씨) ❶몸이 뒤집히며 거꾸로 세게 내리박히다 ⓑ섬돌을 헛디뎌 곤두박질치고 났더니 엉덩뼈가 욱신욱신한다 ❷좋지 못한 매개로 과갈이 떨어지다 ⓑ돈값이 하루아침에 곤두박질쳤다

곤두서다 (움직씨) ❶거꾸로 꼿꼿이 서다 ⓑ새미는 도깨비 이야기를 듣고는 머리카락이 곤두섰다 ❷마음이 날카로워지다 ⓑ모기를 쫓아내고 났더니 곤두섰던 마음이 가라앉았다

곤두짓 (이름씨) 뛰거나 넘거나 거꾸로 서는 따위 땅재주

곤드레만드레 (어찌씨) 술에 몹시 절어 얼을 못 차리고 몸을 가누지 못하는 꼴 ⓑ아버지가 곤드레만드레 취해 걸음조차 제대로 못 걸었다

곤란하다 ⇒ 어렵다. 딱하다. 힘들다

곤룡포 ⇒ 임금옷

곤봉 ⇒ 방망이. 몽둥이. 막대기

곤쇠 이름씨 나이만 많고 보잘것없는 사람 ⓑ남한테 곤쇠라는 소리를 듣지 않으려고 나는 하루빨리 일자리를 잡아야 했다

곤욕 ⇒ 영금

곤죽 이름씨 ❶몹시 질어서 질척거리는 것 ⓑ비가 내리자 흙길은 바로 곤죽이 되었다 ❷뒤죽박죽되어 갈피를 잡기 어려운 꼴 ⓑ다 돼가던 일이 그가 끼어들자 곤죽이 되어버렸다 ❸술을 많이 마셨거나 지쳐서 몸이 축 늘어진 꼴 ⓑ밤새 마신 술로 곤죽이 되었다

곤지 이름씨 겨집이 시집갈 때 이마 한가운데 찍는 붉은 점 ⓑ우리 누나 시집갈 때만 해도 연지 곤지 찍고 갔지

곤충 ⇒ 벌레. 버러지

곤하다 ⇒ 고단하다. 느른하다

곤혹스럽다 ⇒ 어찌할 바를 모르다. 쩔쩔매다. 어쩔 줄 모르다

곧 어찌씨 ❶때를 놓치거나 머뭇거리지 않고 ⓑ눕자마자 곧 잠이 들었다 ❷다른 말로 하면 ⓑ아이들이 곧 나라 기둥이란다 ❸멀지 않거나 오래지 않아 ⓑ이제 곧 가을이 되겠네 ❹다른 게 아니라 그대로 ⓑ아무것이나 잘 먹는 것이 곧 몸을 튼튼히 하는 길이다

곧금 이름씨 ❶휘거나 꺾이지 않은 똑바른 금 ⇐ 직선 ❷두쪽으로 끝이 없는 곧은 금 ⓑ서로 다른 두 점을 지나는 곧금은 하나 뿐이다 ⇐ 직선

곧눕 이름씨 ❶잔잔한 물처럼 판판한 꼴 ⓑ물은 다 곧눕을 이루는 바탈이 있다 ⇐ 수평 ❷땅별 끌힘 쪽에 곧모를 이루는 쪽 ⓑ터를 잡아 집을 지을 때는 곧눕자를 써서 땅을 반반하게 골라야 한다

곧눕금 이름씨 물과 하늘이 맞닿아 살피를 이루는 금 ⇐ 수평선

곧눕낯 이름씨 ❶고요한 물 겉낯 한뜻말 펀펀낯. 판판낯 ⇐ 수평면 ❷드림쇠줄에 곧서는 판판낯

곧눕자 이름씨 집을 지을 때 땅이나 문틀 따위 곧눕을 재는 자 ⓑ집 지을 때는 곧눕자를 써서 땅이 곧눕인지, 기둥이 곧섬인지를 잰다

곧다 그림씨 ❶굽거나 비뚤어지지 아니하고 바르다 ⓑ아저씨는 여든이 넘었어도 아직 허리가 곧다 ❷마음이나 뜻이 흔들림 없이 똑바르다 ⓑ그분 곧은 마음씨야 바뀔 날이 있겠느냐 슬기말 **곧기는 먹줄 같다** ❶사람 마음이 몹시 곧다 ❷겉은 곧은 체해도 속마음은 검다

곧모 이름씨 두 곧금이 만나 이루는 90데 모 한뜻말 바른모 ⇐ 직각

곧바로 어찌씨 ❶바로 곧 ⓑ빨래는 미루지 말고 곧바로 빨아 널어 ❷굽거나 비뚤어지지 않고 ⓑ오던 길을 따라 곧바로 가면 느티네 집이 나와요 ❸어디를 거치거나 들르지 않고 ⓑ일 마치는 대로 곧바로 집으로 오세요 ❹아주 가까운 때나 곳에 ⓑ곧바로 한가위네

곧섬 이름씨 금과 금, 금과 낯, 낯과 낯이 곧모를 이루는 것 ⇐ 수직

곧섬금 이름씨 어떤 곧금이나 판판낯과 곧모를 이루는 곧금 ⇐ 수직선. 수선

곧은결 이름씨 나이테와 바른모가 되게 자른 나무 낯에 나타난 결 ⓑ밤나무 그루터기 곧은결이 하도 예뻐 차마 앉지 못하겠다

곧은길 이름씨 굽지 아니하고 곧게 뻗어 나간 길 ⓑ옛날 시골길은 굽은 길이 많았는데 요즘은 곧은길이 늘어난다

곧은꽃 이름씨 옛날에 버시를 잘 섬기거나, 버시가 죽더라도 새버시를 맞이하지 않고 혼자 산 겨집 ⇐ 열녀

곧은꽃문 이름씨 곧은꽃을 기리려고 세운 문 ⇐ 열녀문

곧은박이 이름씨 외곬으로만 생각하고 말하고 몸짓하는 이 ⇐ 고집불통

곧은불림 이름씨 지은 허물을 있는 그대로 바로 말함 ⓑ그 자리에서 곧은불림하는 바보가 어디 있냐 ⇐ 이실직고 **곧은불림하다**

곧은줄기 (이름씨) 땅 위로 곧바로 서는 줄기 ⓑ버드나무, 오동나무는 곧은줄기이다 ⇐ 직경. 직립경

곧이 (어찌씨) 바로 그대로 ⓑ그 아이는 열세 살 나이가 곧이 믿기지 않을 만큼 덩치가 컸다

곧이곧대로 (어찌씨) 조금도 거짓이 없거나, 있는 그대로 ⓑ요즘은 남 말을 곧이곧대로 믿는 사람이 드물다

곧이듣다 (움직씨) 남 말을 그대로 믿다 ⓑ그 사람 말을 곧이들을 수 있겠어?

곧이어 (어찌씨) 바로 뒤따라 ⓑ바람이 세차게 불더니 곧이어 비가 왔다

곧잘 (어찌씨) **1** 가끔가다 잘 ⓑ나도 그 밥집에는 곧잘 갔다 **2** 제법 잘 ⓑ세돌이는 노래도 잘 불렀지만 춤도 곧잘 췄다

곧잡이 (이름씨) 공치기 놀이에서 둘째밭과 셋째밭 사이를 지키는 이 ⇐ 유격수. 숏스탑

곧장 (어찌씨) **1** 옆길로 빠지지 아니하고 ⓑ이 길 따라 곧장 올라가면 멧마루가 나와요 **2** 이어서 바로 ⓑ이 일 끝나고 곧장 비롯하지 **3** 어디에 들르지 않고 곧바로 ⓑ일이 끝나고 곧장 집으로 왔다

곧창자 (이름씨) 큰창자 가운데 구불잘록창자와 똥구멍 사이에 있는 창자 한뜻말 곧은창자 ⇐ 직장

곧추 (어찌씨) **1** 굽지 않고 곧게. 또는 위아래가 곧게 ⓑ어깨는 펴고 허리는 곧추 세운 뒤 코밑에서 나들숨을 알아차렸다 **2** 멈추지 않고 곧바로 ⓑ벌은 하늘에서 빙빙 돌다가 곧추 제 벌통에 쏙 들어가버렸다

곧추다 (움직씨) 굽은 것을 곧게 하다 ⓑ어릴 적 굽은 쇠줄을 곧추어 썰매를 만들었지

곧추서다 (움직씨) 꼿꼿이 서다 ⓑ염소가 뒷발로 곧추서서 걸어놓은 시래기를 빼먹고 있어

곧추안다 (움직씨) 어린아이를 곧게 세워서 안다 ⓑ아이를 곧추안고 위로 던지다시피 올렸다 내렸다 얼러준다

곧추앉다 (움직씨) 꼿꼿이 앉다 ⓑ그는 앉개에 곧추앉은 채 바깥문 쪽으로 고개를 돌렸다

골[1] (이름씨) 사람이나 짐승 머릿속에 들어 있어 온몸 얼날을 다스리는 종요로운 곳 ⇐ 뇌. 두뇌

골[2] (이름씨) **1** '골짜기' 준말 ⓑ푸른누리에서 멀지 않은 곳에 아름다운 두미르 골이 있다 **2** '고랑' 준말 ⓑ어제 보리밭을 몇 골이나 맸어? **3** 몬에 홈처럼 파인 줄 ⓑ이 아까운 소나무 널에 벌레가 골을 파놨네

골[3] (이름씨) '고을' 준말 ⓑ집 나간 아이를 찾아 이 골 저 골 안 돌아다닌 데가 없다

골[4] (이름씨) 뼛속 빈 곳에 차 있는 누른빛 부드러운 얼개. '뼛골' 준말 ⓑ골을 앓다. 골이 비다

골[5] (이름씨) 벌어지는 일을 있는 그대로 보지 못하여 생기는 언짢은 마음 ⓑ꾸준히 마음을 닦으면 골이 덜 난다 한뜻말 성 ⇐ 화. 분노 (슬기말) **골나면 보리방아 더 잘 찧는다** 골이 난 김에 기운이 올라 일이 더 잘 된다

골[6] (이름씨) 몬을 만들 때 꼴을 잡거나 뒤틀린 꼴을 바로잡는 데 쓰는 틀 한뜻말 틀. 판 ⇐ 정형

골[7] (셈씨) 10,000을 나타내는 셈씨 ⓑ'온, 즈믄, 골, 잘, 울'은 '백, 천, 만, 억, 조' 우리말이다 ⇐ 만

골 (goal) ⇒ 문. 점

골갱이 (이름씨) **1** 푸나무나 고기 따위 안에 있는 단단하거나 질긴 곳 **2** 말이나 일 알맹이 되는 줄거리 ⇐ 골자

골격 ⇒ 뼈대. 뼈

골고루 (어찌씨) 여럿이 모두 고르게. '고루고루' 준말 ⓑ먹을거리는 무엇이든 골고루 먹어야 몸에 좋다

골골거리다 (움직씨) 오랫동안 나았다 더했다 하며 시름시름 자주 앓다 ⓑ할머니는 골골거리며 자리에 누워 있은 지가 오래되었다 **골골대다**

골골샅샅 (이름씨) **1** 한 군데도 빠짐없는 모든 곳 ⓑ아버지는 앓는 아이한테 지어 먹일 낫개를 찾아 이 메 저 메 골골샅샅을 헤매고 다녔다 ⇐ 방방곡곡 **2** (어찌씨) 한 군데도

빼놓지 않고 모조리 ⓑ촛불 이야기가 실린 새뜸을 골골샅샅 죄 훑어 읽었다

골골샅샅이 어찌씨 한 군데도 빼놓지 않고 갈 수 있는 곳은 다 ⓑ골골샅샅이 뒤졌지만 어디로 빠져나갔는지 자취를 찾을 수 없네요

골골하다 움직씨 앓이가 오래되거나 몸이 튼튼하지 못하여 시름시름 앓다

골관절 ⇒ 뼈마디

골국 이름씨 소 등골이나 머릿골에 녹말이나 밀가루를 묻히고 달걀을 씌워 맑은 장국이 끓을 때 넣어 익힌 국 ⓑ웬만한 건 나도 다 먹어봤는데 골국은 아직 못 먹어봤어 ⇐ 골탕

골나다 움직씨 있는 그대로 보지 못하여 마음이 언짢다 ⓑ참말로 나는 왜 골이 날까 한뜻말부아나다 ⇐ 화나다

골남앓이 이름씨 부아앓이 ⇐ 화병. 울화병

골내다 움직씨 언짢은 마음을 드러내다 ⓑ그만한 일로 골내서야 되겠어? 한뜻말부아내다 ⇐ 화내다

골널종이 이름씨 앞뒤가 다른 널종이를 붙인 물결꼴 골이 있는 널종이. 종이고리를 만드는 데 쓴다 ⓑ오늘날 종이고리는 거의 골널종이로 만든다 ⇐ 골판지

골늧 이름씨 갑자기 골이 벌컥벌컥 나는 늧 한뜻말불늧 ⇐ 화증

골다 움직씨 잠잘 때 거친 숨결이 콧구멍을 울려 드르렁거리는 소리를 내다 ⓑ내 버시는 잘 때 코를 곤다

골대 ⇒ 문대

골동품 ⇒ 묵정이

골딱지 이름씨 '골' 낮춤말

골똘하다 그림씨 한 가지 일에 온 마음을 쏟아 딴생각이 없다 ⓑ뭘 그리 골똘히 생각해? **골똘히**

골라내다 움직씨 여럿 가운데서 어떤 것을 갈라서 따로 내놓다 ⓑ바구니에서 썩은 콩을 골라냈다 ⇐ 픽업하다

골라잡다 움직씨 여럿 가운데서 가려서 쥐다 ⓑ자, 마음에 드는 것을 골라잡아가요 한뜻말가려잡다

골리다 움직씨 남을 놀려 골이 나게 하다 ⓑ가엾은 사람을 함부로 골리면 안 되지

골마루 이름씨 **1** 배곳 배움방과 배움방을 잇는 긴 마루 ⇐ 복도 **2** 집안 방과 방 사이를 잇는 마루나 길

골마지 이름씨 지렁이나 된장, 술, 새콤이, 김치 따위 물기 많은 먹을거리 바깥쪽에 생기는 곰팡이 같은 것 ⓑ김치에 골마지가 꼈다

골막이[1] 이름씨 마을을 지켜주는 검 ⇐ 동신

골막이[2] 이름씨 골짜기 바닥과 기슭이 패거나 메워지는 것을 막으려고 돌이나 나뭇가지로 골을 가로질러 막는 것

골머리 이름씨 '머릿골' 낮춤말 ⓑ집안 땅싸움에 골머리를 앓는다 익은말 **골머리를 앓다** 어떻게 해야 할지 몰라 머리가 아플 만큼 이리저리 생각하다

골목 이름씨 큰길에서 들어가 마을 안에 이리저리 난 좁은 길 ⓑ골목 안에서도 맨 끝쪽에 곧비네 집이 있다 한뜻말골목길

골목길 이름씨 골목

골목대장 ⇒ 골목우두머리. 골목머리

골몬 이름씨 누리에 있는 모든 것 ⇐ 만물

골몬머리 이름씨 모든 목숨붙이 가운데서 으뜸. 곧 사람 ⇐ 영장

골몰 ⇒ 파묻힘. 들고팜. 골똘. 파묻히다. 들고파다. 골똘하다. 빠지다

골무 이름씨 바느질할 때 바늘귀를 눌러 밀려고 손가락에 끼는 것. 헝겊이나 가죽으로 만든다 ⓑ골무를 끼면 두꺼운 천에 바늘을 찔러넣기가 수월하다

골바람 이름씨 낮에 골짜기에서 메 위로 부는 바람 ⓑ골바람이 불 때는 치맛자락이 날리기 쉽다 맞선말멧바람

골반 ⇒ 엉덩뼈. 엉덩이뼈

골방 이름씨 집 구석진 곳에 있는 작은방 ⓑ사내는 골방에 갇혀 살다시피 했다

골배질 이름씨 얼음이 얼기 비롯하거나 풀릴 무렵 얼음을 깨고 뱃길을 내는 일. 배가 가

도록 골을 친다는 뜻이다 ⓑ뱃사공이 골배질을 하여 뱃길을 낸 뒤에야 가람을 건널 수 있었다

골백번 ⇒ 골온디위

골뱅이[1] 이름씨 '고둥' 고장말 ⓑ나는 골뱅이 무침을 으뜸으로 좋아한다

골뱅이[2] 이름씨 누리글월곳에서 덧이름과 글월곳을 나누는 뜻표. '@'로 쓴다 ⇐ 앳

골병 ⇒ 골앓이

골분 ⇒ 뼛가루

골뿌림 이름씨 밭에 고랑을 내고 고랑에 씨를 뿌리는 것 ⓑ골뿌림을 할 때 앞에 가는 사람은 씨를 뿌리고 뒤에 가는 사람은 덮는다 한뜻말 줄뿌림

골수 ⇒ 뼛골. 뼛속

골씻이 이름씨 골을 씻듯이 옛 버릇을 버리고 새 생각을 따르도록 머릿속에 쑤셔넣는 일 ⇐ 세뇌

골안개 이름씨 골짜기에 끼는 안개 ⓑ사냥꾼은 골안개가 꽉 낀 멧속으로 더 깊이 들어갔다

골앓이 이름씨 ❶좀처럼 고치기 어렵게 속으로 깊이 든 앓이 ⓑ언니는 붙잡힐 때 두들겨 맞고 오래 갇혀 있어서 골앓이가 들었겠지 ⇐ 골병 ❷호되게 맞아 받은 덜이나 지실 ⓑ그 벼락 맞을 놈 밑에 가면 골앓이 들지 ⇐ 골병

골육 ⇒ 살붙이. 피붙이. 집안사람

골육상잔·골육상쟁 ⇒ 제살뜯기. 집안싸움

골인 ⇒ 공듦. 공들어감

골자 ⇒ 알짬. 뼈대. 알맹이. 골갱이. 줄거리

골재 ⇒ 자갈모래

골절·골절상 ⇒ 뼈부러짐. 뼈금감

골조 ⇒ 뼈대. 뼈대짜임새

골죽음 이름씨 골 구실이 오롯이 멎어 처음대로 돌아가지 않고 푸나무처럼 된 일 ⇐ 뇌사

골짜기 이름씨 메와 메 사이에 깊이 패어 들어간 곳 ⓑ멧속에서 길을 잃거든 골짜기를 타고 아래로 내려오렴 준말 골. 골짝

골초 ⇒ 담배고자리

골치 이름씨 '머리'나 '머리통' 낮춤말 ⓑ생각이 많으면 골치가 아파지니 숨을 알아차려 마음을 가라앉힌다 한뜻말 머리. 머릿골

골키퍼 ⇒ 문지기

골탕 이름씨 한꺼번에 되게 야단맞거나 어려움에 빠짐 ⓑ머시마들이 짓궂게 장난을 쳐서 가시나들이 늘 골탕을 먹는다

골탕 (-湯) ⇒ 골국

골통 이름씨 ❶사람이나 짐승 골을 덮어 싼 얼개 ⓑ골통을 쥐어박다 ❷말썽꾸러기나 골치를 썩이는 사람 ⓑ콩이는 마을에서 알아주는 골통이다 ❸머리가 나쁜 사람 ⓑ아우는 골통이라서 내 말을 잘 알아듣지 못한다

골판지 ⇒ 골널종이

골편 ⇒ 뼛조각

골풀이 이름씨 ❶골을 풀려고 하는 일 ⓑ혼자 멧속에 들어가 마구 소리를 지르고 나니 골풀이가 된 것 같다 ⇐ 화풀이 ❷골을 푼다는 뜻으로 오히려 다른 사람에게 골을 냄 ⓑ엄마한테 혼난 골풀이로 애꿎은 강아지를 걷어찼다

골품제 ⇒ 뼈갈래. 뼈뜨레

골프 ⇒ 공쳐넣기

골호 ⇒ 뼛단지

골혹 이름씨 머리 속에 생기는 혹 ⓑ언니가 갑자기 어지러워 쓰러져 나숨집에 실려갔는데 머리 속에 주먹만 한 골혹이 들어있었어 ⇐ 뇌종양

곪다 움직씨 ❶다친 데나 아픈 데에 고름이 생기다 ⓑ낫에 벤 데가 곪지 않도록 쑥을 찧어 붙여 싸맸다 ❷사람살이 속에 다툼이나 썩어빠짐이 쌓여 터질 만하다 ⓑ돈과 나만 챙기는 곪아 터진 누리에 아이를 낳아 기르는 일은 쉽지 않다

곪음팡이 이름씨 몸에 들어가서 곪게 하는 팡이 ⇐ 화농균

곬 이름씨 ❶한쪽으로 트여서 나가는 쪽이나 길. 물곬, 옳은곬, 외곬, 외곬수 따위로 쓴다 ⓑ제 곬으로 흐르는 가람물 ❷물고기 떼

가 잘 다니는 길 ⓑ이은섬 둘레는 조기떼 곬이다

곯다[1] 움직씨 ❶속이 물크러져 못 쓰게 되다 ⓑ곯은 달걀. 수박이 곯았다 ❷속으로 언걸먹다 ⓑ걱정에 속이 다 곯아 문드러졌다

곯다[2] 움직씨 ❶그릇에 가득 차지 아니하다 ⓑ잔이 곯은 마지막 술그릇 ❷속이 비거나 한쪽이 푹 꺼지다 ⓑ곯은 쌀자루 ❸아주 모자라게 먹거나 굶다 ⓑ곯은 배를 졸라매고 걸음을 옮겼다

곯리다 움직씨 ❶그릇에 꼭 차지 못하게 하다. '곯다²' 입음꼴 ⓑ아이 물그릇에 물을 곯리게 따라 주었다 ❷먹는 것이 모자라 배가 고프게 하다 ⓑ어린이들 배를 곯리지 않도록 먹을 것을 넉넉히 마련하였다

곯아떨어지다 움직씨 몹시 고단하거나 술에 절어 넋을 잃고 자다 ⓑ하루 내내 풀을 베었더니 눕자마자 곯아떨어졌다

곰[1] 이름씨 ❶깊은 메에 살며 몸집이 크고 힘이 세며 느릿하게 움직이고 나무를 잘 타는 네발짐승. 겨울에는 굴속에서 겨울잠을 잔다 ❷어리석고 움직임이 느리고 무거운 사람 ⓑ건들이 그 사람, 곰도 그런 곰이 없지 슬기말 **곰 칼날 받듯 한다** 어리석거나 굼떠서 스스로를 헤살하다

곰[2] 이름씨 고기나 물고기를 진한 국물이 나오도록 푹 삶은 국

곰거리 이름씨 곰을 끓일 고기 ⓑ오늘 곰거리는 소머리다

곰곰이 어찌씨 이리저리 헤아리면서 여러모로 깊이 생각하는 꼴 ⓑ일을 제대로 헤아리려고 곰곰이 생각했다 한뜻말 곰곰

곰국 이름씨 소고기와 소뼈를 고아서 만든 국 ⇐곰탕

곰나루 이름씨 미리나 고장 '공주' 고을 옛이름 ⇐웅진

곰바지런하다 그림씨 일을 시원스럽게는 못 하지만 꼼꼼하고 바지런하다 ⓑ곰바지런한 엄지 가시나 **곰바지런히**

곰방대 이름씨 짧은 담뱃대 ⓑ할아버지는 못마땅한 얼굴로 곰방대를 문지방에 탁탁 쳤다 한뜻말 곰방이

곰배팔이 이름씨 앓이로 말미암아 팔이 꼬부라져 굽거나 팔뚝이 없는 사람

곰뱅이[1] 이름씨 사내사당떼에서 우두머리인 꼭두쇠를 도와 얽이를 맡아 보는 사람 한뜻말 곰뱅이쇠 ⇐보좌관

곰뱅이[2] 이름씨 삼을 삶아 껍질을 벗긴 뒤 한 묶음씩 묶어 말리는 것을 세는 하나치

곰보 이름씨 뜨리를 앓아 얼굴이 얽은 사람 ⓑ옛날엔 아이들이 곰보를 많이 놀렸다 한뜻말 얼금뱅이

곰비임비 어찌씨 몬이 거듭 쌓이거나 일이 거듭되는 모습 ⓑ곰비임비 쌓이는 일에 얼이 빠지는 줄 알았다 비슷한말 연거푸. 자꾸자꾸

곰삭다 움직씨 ❶옷 따위가 오래되어 올이 삭고 밑바탕이 여려지다 ⓑ옷이 곰삭아 조금만 부딪쳐도 잘 해어진다 ❷젓갈 따위가 푹 삭다 ⓑ어리굴젓이 먹기 알맞게 곰삭았다

곰살갑다 그림씨 마음씨가 부드럽고 싹싹하다 ⓑ그이가 곰살갑게 맞는 걸 보니 너를 좋아하는 것이 틀림없다 큰말 굼슬겁다

곰살궂다 그림씨 ❶몸가짐이나 마음이 부드럽고 상냥하다 ⓑ하은이는 곰살궂은 데가 있어 누구한테나 사랑을 받는다 ⇐친절하다 ❷꼼꼼하고 찬찬하다 ⓑ한울이는 일하는 걸 보니 놀랄 만큼 곰살궂다

곰상스럽다 그림씨 ❶몸가짐이나 마음이 싹싹하고 부드러운 데가 있다 ⓑ겉보기에는 곰상스러워도 나한테 하는 짓을 보면 속이 검은 것 같아 ❷마음이나 몸가짐이 잘고 좀스럽다 ⓑ그런 작은 일에 곰상스럽게 마음 쓸 것 없어 **곰상스레**

곰손이 이름씨 곰과 같이 마음이 부드럽고 듬직한 사람 ⓑ보리가 곰손이라서 여태껏 너만 바라본 거지

곰솔 이름씨 바닷가에 자라는 늘푸른나무. 나무껍질은 검고, 바늘처럼 가늘고 긴 잎이 두 낱씩 붙어 난다 ⇐해송

곰실거리다 (움직씨) 벌레 같은 것이 한데 어우러져 자꾸 꿈틀거리다 **곰실대다**

곰실곰실 (어찌씨) 벌레 같은 것이 한데 어우러져 꿈틀거리는 꼴 ⓑ밤자루를 꺼냈더니 아래쪽엔 밤벌레가 곰실곰실 꿈틀거린다 **곰실곰실하다**

곰취 (이름씨) 잎이 둥그스름하게 넓고 잎 가에는 잔 톱니가 있는 취나물. 깊은 메 축축한 곳에 잘 자라며 어린잎은 나물로 먹는다

곰탱이 (이름씨) 몸짓이 느리고 굼뜬 사람 한뜻말 곰

곰팡내 (이름씨) ❶곰팡이에서 나는 퀴퀴한 냄새 ⓑ장마가 지나고 옷넣개에서 꺼낸 옷에서 곰팡내가 퀴퀴하게 난다 ❷퀴퀴하고 고리타분한 짓이나 생각을 비긴 말 ⓑ곰팡내가 풍기는 낡은 생각으로 젊은 사람과 터놓고 이야기할 수가 없지

곰팡이 (이름씨) 어둡고 축축한 곳에 잘 생기는 좀산것. 축축한 데서는 먹을거리, 옷, 연장, 방, 마루를 가리지 않고 생겨난다

곱[1] (이름씨) ❶같은 수나 숱을 더하는 일 또는 더한 것 ⓑ하다 보니 일이 곱이나 늘어났다 한뜻말 곱절 ❷곱을 세는 하나치 ⓑ세 곱. 여러 곱. 몇 곱

곱[2] (이름씨) ❶부스럼이나 헌 데 따위에 끼는 골마지 같은 것 ❷큰창자불늦이나 피똥앓이에 걸린 사람 똥에 섞여나오는 희거나 불그레한 끈끈물 ❸눈에서 나오는 진득진득한 물. 또는 그것이 말라붙은 것 한뜻말 눈곱 ❹기름이 엉겨 굳어진 것

곱가늘다 (그림씨) 곱고 가늘다

곱꺾다 (움직씨) ❶뼈마디를 꼬부렸다 폈다 하다 ⓑ허리를 곱꺾으며 몸뭄을 했다 ❷노래 부를 때 꺾이는 목을 부드럽게 넘기려고 소리를 낮추었다가 다시 높이다 ⓑ한내가 아리랑을 부르면서 곱꺾어 넘기는 노랫가락에 모두 넋이 나갔다

곱놓다 (움직씨) 노름에서 건 돈을 곱으로 다시 걸다

곱다[1] (그림씨) 곧지 않고 휘다 ⓑ곱은 쇠실을 바르게 펴서 송곳도 만들고 얼음지치개도 만들었다

곱다[2] (그림씨) ❶손가락이나 발가락이 얼어서 잘 놀려지지 않고 뻣뻣하다 ⓑ썰매를 타다 손이 곱아서 불을 쬐었더니 아리고 근질근질하다 ❷신 것을 먹어 이가 시큰시큰하다 ⓑ신 능금을 먹었더니 이가 곱아서 다른 것도 못 먹겠다

곱다[3] (그림씨) ❶보거나 듣거나 느끼기에 참 좋다 ⓑ고운 얼굴. 고운 목소리 ❷마음이나 눈길이 부드럽고 따뜻하다 ⓑ가람이는 마음씨가 참 고와 ❸거칠지 않고 매끈하다 ⓑ살결이 몹시 곱다. 깁이 곱다 ❹가루가 아주 잘고 부드럽다 ⓑ고춧가루가 아주 곱게 빻아졌네 ❺빛깔이 맑고 밝다 ⓑ오늘은 하늘빛, 멧빛, 들빛이 고운 하루였어요 ❻사랑스럽고 값지다 ⓑ고운 님 오시는 길에 꽃을 놓아드려야지 ❼얌전하고 점잖다 ⓑ술을 마시려면 곱게 마시지, 싸움질은 왜 해? 저 둘은 만나면 곱게 헤어질 줄 모른다 ❽떳떳하다 ⓑ돈을 벌어도 곱게 벌어야지 ❾모자람 없이 알뜰하다 ⓑ그 집안은 뉘뉘로 아들딸을 곱게 길러 나라를 되찾는 데에 바쳤어 ❿자취 없이 깔끔하다 ⓑ찌든 때가 곱게 지워졌다

곱다랗다 (그림씨) ❶꽤 곱다 ⓑ메와 들에 곱다랗게 핀 온갖 꽃 ❷그대로 오롯하다. 고스란하다 ⓑ그 사람은 어릴 때 맑은 웃음을 곱다랗게 간직했다

곱다시 (어찌씨) ❶매우 곱게 ⓑ엄마 푸념을 곱다시 들었다 한뜻말 곱다랗게. 곱다라니 ❷아주 오롯이 ⓑ지난밤을 곱다시 새우고 새벽녘에 잠깐 눈을 붙였다

곱돌 (이름씨) 가장 무른 쉿돌. 반질반질하고 만지면 매끄러운 돌. 이 돌로 솥이나 불담이 따위를 만들기도 하고 낯바르개, 낫개 밑감으로도 쓴다 ⓑ오늘날 돌솥밥이라고 널리 알려진 것이 바로 곱돌솥에 지은 밥이다 ⇐ 활석

곱돌다 (움직씨) 곱아 돌다. 꼬불꼬불 휘돌다 ⓑ

지난겨울, 열 해를 곱돌아 어릴 적 동무가 찾아왔다 큰말굽돌다

곱드러지다 (움직씨) 걷어차여 고꾸라져 엎어지다 ⓑ"윽!" 하고 사내는 곱드러질 듯하더니 비틀거리며 일어났다

곱똥 (이름씨) 곱이 섞여 나오는 똥. 큰창자불늦이나 물똥 따위 앓이에 걸렸을 때 나온다

곱빼기 (이름씨) ❶일을 두 디위 거듭하는 것 ⓑ일을 곱빼기로 했네 ❷두 그릇 몫 먹을 것을 한 그릇에 담은 것 ⓑ열무국수 곱빼기

곱사 (이름씨) ❶곱사등 ❷곱사등이

곱사등 (이름씨) ❶등뼈가 굽어서 큰 혹처럼 불쑥 튀어나온 등 ⓑ내 동무 한솔이는 곱사등인데도 벗사귐도 좋고 보배움도 좋아 한 배곳 가르침이가 되었어 ❷곱사등이

곱사등이 (이름씨) 곱사등인 사람 한뜻말꼽추. 곱추. 곱사. 꼽사. 곱사등. 곱새. 꼽새

곱사위춤 (이름씨) 장구 앞에서 뒷걸음을 치면서 추는 춤 ⓑ눈웃음을 치며 곱사위춤을 추는 가시내 발걸음이 무척 가볍다 한뜻말곱사위. 겹사위

곱살끼다 (움직씨) 몹시 보채거나 짓궂게 굴다 ⓑ어린애가 배가 고파서 곱살낀다

곱살스럽다 (그림씨) 얼굴이나 마음바탕이 따뜻하고 부드러운 데가 있다 ⓑ절에 들어오니 어쩐지 말씨도 곱살스러워지고 저절로 고개가 숙어진다

곱삶다 (움직씨) 삶은 것을 거듭 삶다 ⓑ어릴 적 곱삶은 꽁보리밥을 먹고 자랐지

곱새기다[1] (움직씨) 남 말을 그릇되게 꼬아 생각하다 ⓑ남 말을 곱새길 만큼 속이 좁고 답답한 사람이 아니다 ⇐ 곡해하다

곱새기다[2] (움직씨) 되풀이하여 곰곰이 생각하다 ⓑ지난 일은 곱새기지 말고 이제 여기를 알아차려요. 스승님 가르침을 곱새긴다 비슷한말곱씹다

곱셈 (이름씨) 몇 낱 수나 틀을 곱하여 셈함 ⓑ엄마, 오늘 배곳에서 곱셈 배웠어요 맞선말나눗셈

곱송그리다 (움직씨) 몸을 잔뜩 오그리다 ⓑ어깨를 곱송그리고 식은땀까지 흘리고 자는 것을 보니 가위눌렸나 봐

곱수 (이름씨) 곱하는 수 ⇐ 승수

곱슬곱슬 (어찌씨) 털이나 실 따위가 고불고불하게 말린 꼴 ⓑ언니는 지지개로 머리털을 곱슬곱슬 지졌다 큰말굽슬굽슬

곱슬곱슬하다 (그림씨) 머리털이 곧지 않고 꼬불꼬불하다 ⓑ머리털이 곱슬곱슬한 아우

곱슬머리 (이름씨) 곱슬곱슬한 머리털 한뜻말고수머리

곱씹다 (움직씨) 말이나 생각 따위를 곰곰이 되풀이하다 ⓑ오늘 그가 한 말은 곱씹을수록 괘씸하단 말이야

곱잡다 (움직씨) 곱으로 쳐서 셈하다 ⓑ내가 가진 것을 곱잡아도 달라는 돈 가웃도 안 된다

곱절 (이름씨) 곱

곱창 (이름씨) 소 작은 창자

곱치다 (움직씨) ❶가웃으로 접어 한데 모으다 ⓑ천을 두 길로 곱쳐서 가위로 한가운데를 끊었다 ❷곱으로 셈하다 ⓑ당신이 부르는 값보다 곱쳐주면 팔겠소?

곱푼수 (이름씨) 거울이나 렌즈, 멀봄거울, 좀봄거울 따위로 몬을 볼 때 밑몬과 커진 꼴 사이 크기 푼수 ⇐ 배율

곱하기 (이름씨) 곱셈하기

곱하다 (움직씨) 같은 수를 몇 디위 더하다 ⓑ다섯에 여섯을 곱하면 서른이다

곱하임수 (이름씨) 어떤 수나 냄에 다른 수나 냄을 곱할 때 그 처음 수나 냄 ⓑ'5×6=30'에서 '5'는 곱하임수이다 ⇐ 피승수

곳 (이름씨) ❶무엇이 있는 자리나 일이 벌어지는 자리 ⓑ얼른 갔다 올 테니 여기 시원한 곳에 꼼짝 말고 있어 ❷자리를 세는 하나치 ⓑ다섯 곳. 여러 곳

곳간 ⇒ 도장. 곳집. 광

곳곳 (이름씨) 이곳저곳. 또는 여러 곳 ⓑ봄이 되면 우리나라 곳곳에는 진달래가 피어난다 **곳곳이**

곳집 (이름씨) ❶도장으로 쓰려고 지은 집 ⓑ우

리 겨레한테는 우리말을 배우고 익히는 데서 가장 종요로운 곳집이 될 우리말집이 아직 없다 ⇐ 곳간 **2** 주검가마 집 ⓑ마을 가까이 있던 곳집이 요즘은 다 사라졌다

공 이름씨 고무나 가죽 따위로 둥글게 만들어 속에 바람을 넣은 놀이연장 ⓑ공을 차다. 공을 치다. 공을 넣다. 공을 던지다. 공을 굴리다

공 (公) ⇒ 그위

공 (空) ⇒ 빔

공 (功) ⇒ 품. 애씀

공가 ⇒ 빈집

공간 ⇒ 곳. 틈. 사이. 빈 곳. 자리

공간좌표 ⇒ 곳자리표

공갈 ⇒ 윽박질. 으름. 으름장. 을러댐. 윽박지르다. 을러대다

공감 ⇒ 한마음. 한느낌. 한마음 갖다. 똑같이 느끼다

공개 ⇒ 드러냄. 터놓음. 들추어냄. 알림. 드러내다. 터놓다. 열다. 까놓다. 알리다

공개방송 ⇒ 열린널냄

공것 ⇒ 거저

공격 ⇒ 쳐부숨. 쳐들어감. 무찌름. 치다. 쳐부수다. 쳐들어가다. 무찌르다

공격수 ⇒ 몰꾼. 무찌름이

공경 ⇒ 우러름. 섬김. 우러르다. 섬기다

공고 (公告) ⇒ 두루 알림. 널리 알림. 알리다. 두루 알리다. 널리 알리다

공고문 ⇒ 알림글

공고하다 (鞏固) ⇒ 굳건하다. 튼튼하다. 든든하다. 단단하다. 여물다

공공 ⇒ 그위. 그위일

공공기관 ⇒ 그위곳

공공단체 ⇒ 그위두레. 그위모둠

공공사업 ⇒ 그위일

공공시설 ⇒ 그위집

공공연하다 ⇒ 거리낌 없다. 숨김없다

공공요금 ⇒ 그위삯

공과 ⇒ 잘잘못

공과금 ⇒ 그위낚돈

공교롭게 ⇒ 마침. 때마침

공구 ⇒ 연장. 연모

공군 ⇒ 하늘지킴이. 하늘잠개잡이

공권력 ⇒ 그위힘

공그르다[1] 움직씨 바닥을 높낮이가 없도록 편편하게 하다 ⓑ울퉁불퉁한 밭을 공글러 씨앗을 뿌렸다

공그르다[2] 움직씨 옷단을 꿰맬 때 시접을 접어 맞대어 겉으로는 바늘땀이 보이지 않도록 짧게 뜨고 안으로는 길게 뜨다 ⓑ터진 바지 솔기를 공글렀다

공극 ⇒ 틈. 빈틈. 틈새

공글리다 움직씨 **1** 땅바닥 따위를 단단하게 다지다 ⓑ다지개로 길바닥을 여러 차례 공글렀다 **2** 일을 틀림없이 끝맺다 ⓑ하던 일을 공글리어 매듭짓고 모꼬지에 늦을세라 달려갔다

공금 ⇒ 그위돈

공급 ⇒ 대줌. 줌. 대주다. 주다

공급량 ⇒ 줌숱

공급원 ⇒ 대는 이. 대주는 이. 대는 데

공기 이름씨 상수리만 한 동글동글한 다섯 낱돌로 집고 던져 받는 아이들 놀이. 또는 그 돌 ⓑ나이가 들어 공기놀이를 해봤더니 손가락이 굼떠 돌이 잘 잡히지 않더라 한뜻말 공기놀이

공기 (公器) ⇒ 밥그릇

공기 (空氣) ⇒ 바람. 빈기

공기놀이 이름씨 공기를 갖고 노는 아이들 놀이

공기주머니 ⇒ 빈기주머니

공기총 ⇒ 바람쏘개. 빈기쏘개

공기펌프 ⇒ 바람자위

공깃돌 이름씨 공기놀이할 때 쓰는 조그만 돌 ⓑ작은 밤톨만 한 몽돌이 공깃돌로 알맞다 한뜻말 공기

공넘기기 이름씨 네모난 마당 한가운데에 그물을 높게 치고 두 모둠으로 나눠 공을 땅에 떨어뜨리지 않고 손으로 세 디위 안에 맞은쪽으로 넘기는 놀이 ⇐ 배구

공넣기 이름씨 공놀이에서 공을 문이나 바구니에 넣는 일 ⇐ 슈팅

공놀이 이름씨 공으로 노는 놀이 ⓑ오늘은 공놀이 가운데 공차기 놀이와 공치기 놀이를 했다

공단 ⇒ 짓일모둠터. 짓일모인곳

공대 (工大) ⇒ 짓한. 짓갈한배곳

공대 (恭待) ⇒ 떠받듦. 받들다

공덕 ⇒ 어짊. 착함. 사랑. 베풂

공던짐이 이름씨 공치기 놀이에서 앞마당 복판에 있는 솟데에서 맞은쪽 때림이가 칠 공을 받는이 쪽으로 던지는 놀이꾼 한뜻말 던짐이 ⇐ 투수

공동 ⇒ 함께. 같이

공동경작 ⇒ 어울러짓기. 어울지이

공동구매 ⇒ 함께삼. 같이삼. 어울삼

공동묘지 ⇒ 어울무덤. 어울렁무덤

공동생활 ⇒ 어울살이. 어울렁살이

공동주택 ⇒ 어울집. 모둠집

공동체 ⇒ 어울살이. 어울렁살이. 모둠살이

공동판매 ⇒ 함께팔기. 함께팔이. 어울팔이

공들이다 ⇒ 애쓰다. 힘쓰다

공란 ⇒ 빈칸

공람 ⇒ 두루 보임. 널리 보임. 돌려봄. 두루 보이다. 널리 보이다. 돌려보다

공략 ⇒ 무찌름. 쳐들어감. 무찌르다. 쳐부수다. 몰아들어가다

공력 ⇒ 애씀. 품

공로 ⇒ 애씀. 품

공론 (公論) ⇒ 그위뜻. 무리뜻. 뭇입. 뭇뜻

공론 (空論) ⇒ 빈말. 헛말. 헛소리

공룡 ⇒ 한돔뱀. 큰돔뱀

공리 ⇒ 그위길미

공리공론 ⇒ 빈말. 빈소리. 헛말. 헛소리

공립 ⇒ 그위섬. 그위세움

공명 (共鳴) ⇒ 껴울림. 맞울림. 맞울리다. 껴울리다

공명 (功名) ⇒ 이름 떨침. 이름 떨치다

공명선거 ⇒ 바른뽑기

공명심 ⇒ 뽐내는 마음

공명정대 ⇒ 떳떳하다. 밝고 바르다

공모 (公募) ⇒ 널리 모으기. 널리 모으다

공모 (共謀) ⇒ 짬짜미. 함께 꾀함. 짬짜미하다. 함께 꾀하다

공무 ⇒ 나랏일. 그위일

공무원 ⇒ 나라일꾼. 그위일꾼

공문·공문서 ⇒ 나랏글. 그위글

공물 ⇒ 낛몬. 낛것

공박 ⇒ 몰아붙임. 따짐. 몰아붙이다. 따지다. 해대다

공방 ⇒ 치고막음. 치고막다

공방전 ⇒ 치고막기 싸움. 치막싸움

공배수 ⇒ 두루곱수

공백 ⇒ 빈곳. 빈틈. 빈자리

공범 ⇒ 한통속. 짠 사람. 한허물보

공변되다 ⇒ 치우치지 않다. 아람되지 않다

공변세포 ⇒ 여닫이잔삼

공병 ⇒ 빈병

공보 ⇒ 널리 알림. 두루 알림. 널리 알리다. 두루 알리다

공복 (空腹) ⇒ 빈속

공복 (公僕) ⇒ 심부름꾼. 이바지꾼. 그위머슴

공부 ⇒ 배움. 익힘. 글하다. 배우다. 익히다

공부방 ⇒ 배움방

공붓벌레 ⇒ 배움벌레

공비키기 이름씨 여럿이 두 쪽으로 나뉘어 한가운데 금을 그은 네모꼴 안과 밖에서 서로 공을 던져 맞히는 놀이 ⇐ 피구

공뺏기 이름씨 공차기에서 맞은쪽이 가진 공을 갑자기 빼앗음. 또는 그런 재주 ⇐ 태클

공사 (工事) ⇒ 짓기. 세우기

공사 (公私) ⇒ 그위아람

공사 (公舍) ⇒ 그위집

공사 (公事) ⇒ 그윗일

공사 (公使) ⇒ 버금시중

공사 (公社) ⇒ 그윗일터

공사다망하다 ⇒ 매우 바쁘다. 여러 가지로 바쁘다

공사비 ⇒ 짓돈

공사장 ⇒ 짓데

공산 (公算) ⇒ 됨새. 될듯함
공산·공산주의 (共産) ⇒ 고루살이길
공산국가 ⇒ 고루살이나라
공산당 ⇒ 고루살이무리. 고루살이떼
공산주의자 ⇒ 고루살이길보. 고루살이길꾼
공산품 ⇒ 짓낳몬. 짓낳것
공상 ⇒ 뜬생각. 헛생각. 헛생각하다
공생 ⇒ 함께살이. 같이살기. 어울살이. 함께 살다
공석 (公席) ⇒ 그위자리
공석 (空席) ⇒ 빈자리
공설운동장 ⇒ 그위마당
공세 ⇒ 치는 힘. 치기. 쳐들어가기
공소 ⇒ 가름걸이
공소시효 ⇒ 가름걸이때보람
공손하다 ⇒ 제낮추다. 고분고분하다. 직수굿하다
공수 (攻守) ⇒ 치고막기. 치막
공수 (空輸) ⇒ 날틀나름. 하늘나름. 나르다. 날틀로 나르다
공수표 ⇒ 빈말. 빈소리. 거짓어음. 헛어음
공습 ⇒ 하늘치기. 하늘에서 치다
공습경보 ⇒ 하늘치기깨살핌알림
공시 ⇒ 널리 알림. 두루 알림. 널리 알리다
공식 ⇒ 짠틀. 그위틀. 그위맞이. 그위냄
공신력 ⇒ 그위믿음힘. 두루믿음
공실 ⇒ 빈방
공알 이름씨 겨집 보지에 감씨 비슷하게 도드라진 곳 ⇐ 음핵
공약 ⇒ 그위다짐
공약수 ⇒ 같이이룸수. 함께이룸수
공양 ⇒ 모심. 보살핌. 맛갓먹기. 모시다. 끼니이바지하다. 보살피다
공언 (公言) ⇒ 드러내어 말함. 드러내어 말하다. 여럿한테 말하다
공언 (空言) ⇒ 빈말. 빈소리. 헛말
공업 ⇒ 몬지이. 짓일
공업고등학교 ⇒ 짓일높배곳
공업국 ⇒ 짓일나라
공업용 ⇒ 짓일쓰임
공업용수 ⇒ 짓일물
공업화 ⇒ 몬짓기. 짓일되기

공여 ⇒ 드림. 바침. 대줌. 드리다. 바치다. 대어주다
공연 ⇒ 굿해보임. 굿펼침. 굿해보이다. 굿펼치다
공연히 ⇒ 아무 까닭 없이. 쓸데없이. 괜히. 괜스레
공염불 ⇒ 빈말. 헛말. 빈말하다. 헛말하다
공영 (公營) ⇒ 그위건사. 그위꾸림
공영 (共榮) ⇒ 함께잘살기
공예 ⇒ 아름빚기. 아름빚이
공예품 ⇒ 아름빚몬
공용 (公用) ⇒ 그위씀. 모두 씀. 두루 씀
공용 (共用) ⇒ 함께씀. 함께 쓰다. 두루 쓰다
공용어 ⇒ 두루말
공원 ⇒ 그위뜰. 그위숲
공유 ⇒ 함께가짐. 두루가짐. 함께 가지다. 함께 누리다
공유지 ⇒ 두루땅
공이 이름씨 절구통이나 방아확에 든 것을 찧거나 빻는 연장 ㉥보리방아를 찧을 때는 나무공이를 쇠공이로 바꾸었다
공익 ⇒ 그위길미
공익광고 ⇒ 그위길미알림
공익광고협의회 ⇒ 그위길미알림모임
공익근무요원 ⇒ 그위길미일꾼
공인 (公人) ⇒ 그위사람
공인 (公認) ⇒ 그위앎. 두루알아줌. 두루 알아주다
공작 ⇒ 일꾸밈. 꾸미기. 만들기. 꾀하기. 꾸미다. 만들다. 꾀하다
공작대 ⇒ 일꾸밈떼. 꾀함떼
공작원 ⇒ 꾀함보
공장 (工場) ⇒ 짓곳
공장이 (工匠-) ⇒ 짓장이. 짓바치
공장주 ⇒ 짓곳님. 짓곳지기
공적 (功績) ⇒ 쌓은 보람
공적 (公的) ⇒ 그위
공전 (工錢) ⇒ 품돈. 품삯
공전 (公田) ⇒ 그위밭
공전 (公轉) ⇒ 해돌이. 해돌다
공전 (空轉) ⇒ 헛돎. 겉돎. 제자리걸음. 헛돌다. 겉돌다. 제자리걸음하다
공정 (工程) ⇒ 일됨새
공정 (公正) ⇒ 곧바름. 올바름. 치우치지않음. 곧

바르다. 올바르다. 치우치지않다
공정거래위원회 ⇒ 바른사고팖맡꾼모임
공제 ⇒ 뺌. 덞. 뗌. 빼다. 덜다. 떼다. 까다
공조 ⇒ 서로 도움. 힘 모음. 서로 돕다. 힘 모으다
공존 ⇒ 어울살이. 함께 살기. 더불어 살기. 어울살다. 함께 살다. 더불어 살다. 함께 있다
공주 ⇒ 임금딸
공주병 ⇒ 제예쁨앓이. 제뽐냄앓이
공중 (公衆) ⇒ 그위. 여럿
공중 (空中) ⇒ 하늘
공중도덕 ⇒ 두루바른삶. 그위삼감
공중전화 ⇒ 그위말틀. 두루말틀
공중제비 ⇒ 하늘제비
공지 (空地) ⇒ 빈땅. 빈터
공지 (公知) ⇒ 알림. 널리 알림. 알리다. 두루 알리다
공지사항 ⇒ 알림말. 알릴 일. 알릴 것
공직 ⇒ 그윗일자리. 나랏일자리
공집합 ⇒ 빈모임
공징이 이름씨 겨집 점쟁이
공짜 ⇒ 거저
공차기 이름씨 발로 공을 차서 맞은쪽 문에 공을 많이 넣으면 이기는 놀이. 한쪽이 열한 사람씩 모둠을 이루고 문지기 말고는 손을 쓰면 안 된다 ⇐ 축구
공차기놀이터 이름씨 공차기놀이에 알맞게 갖춘 마당 ⇐ 축구장
공책 ⇒ 빈책
공처가 ⇒ 아내 무서운 이
공청회 ⇒ 두루듣기모임
공치기 이름씨 아홉 사람씩 한쪽이 되어 맞은쪽 던짐이가 던진 공을 방망이로 쳐서 겨루는 놀이 ⇐ 야구
공치기터 이름씨 공치기 놀이를 하도록 갖춘 마당 ⇐ 야구장
공치사 ⇒ 낯내는말. 낯냄말
공칙하다 그림씨 일이 잘못되는 가탈이 야릇하다 ㉥다 이겨놓은 씨름을 공칙하게도 마지막 손잡이에 걸려 넘어졌네
공터 ⇒ 빈터
공통 ⇒ 두루. 같음
공통점 ⇒ 같은 점
공판 ⇒ 그위판가름
공판장 ⇒ 함께 파는 곳
공평 ⇒ 고름. 똑같음. 고르다. 똑같다
공포 (公布) ⇒ 널리 알림. 두루 알림. 널리 알리다. 두루 알리다
공포 (恐怖) ⇒ 무서움. 두려움
공포 (空砲) ⇒ 빈쏘개질. 헛쏘개질
공표 ⇒ 널리 알림. 널리 알리다
공학 (工學) ⇒ 짓갈
공학 (共學) ⇒ 함께 배움
공학자 ⇒ 짓갈이. 짓갈보
공항 ⇒ 날터. 날틀나루. 하늘나루
공해 (公害) ⇒ 두루더럼. 두루덜이
공해 (公海) ⇒ 그위바다. 두루바다
공허 ⇒ 빔. 허전함. 비다. 허전하다
공헌 ⇒ 이바지. 이바지하다
공화국 ⇒ 백성나라. 함께 잘사는 나라
공활하다 ⇒ 비어 넓다. 텅 비고 매우 넓다
공황 (恐慌) ⇒ 살림폭삭
공황 (恐惶) ⇒ 마음폭삭. 안절부절. 어쩔줄모름. 안절부절못하다. 어쩔 줄 모르다
공회당 ⇒ 다모임집. 두루모임집
공회전 ⇒ 헛돎. 헛돌이. 헛돌다. 헛돌리다
공훈 ⇒ 이바지
공휴일 ⇒ 쉬는날. 쉼날
공히 ⇒ 모두. 똑같이. 함께. 같이
곶 이름씨 바다나 가람 쪽으로 좁고 길게 내민 뭍 ㉥장산곶. 범꼬리곶. 간절곶
곶감 이름씨 껍질을 벗기고 말린 감. 옛날에는 흔히 꼬챙이에 꿰어 말렸다 ㉥가을 날씨가 덥고 비가 잦은 해는 곶감 말리기가 아주 어렵다 슬기말 **곶감 빼 먹듯** 아껴서 모아둔 것을 하나하나 쉽게 써 없애버림
과가르다 그림씨 바쁘다 ㉥옷곳님은 과가르게 바람맞아 입이 돌아갔다 ⇐ 급하다 **과갈이**
과감하다 ⇒ 씩씩하다. 힘차다. 거침없다
과객 ⇒ 손님. 나그네. 길손

과거 (科擧) ⇒ 배움재봄. 솜씨재봄

과거 (過去) ⇒ 지난날. 지난 적. 지난일. 한때. 옛일

과격하다 ⇒ 괄다. 괄괄하다. 지나치다. 거세다

과남풀 이름씨 잎은 마주나고 좁고 길며 여름에 짙은 하늘빛 꽃이 피는 풀 ⇐ 용담

과녁 이름씨 **1** 활터에서 쏘는 화살이 날아가 맞히는 곳. 가서 닿을 곳 ⓑ과녁에 꽂힌 화살 **2** 이루려 하는 일이나 닿고자 하는 바 ⓑ우리말집을 짓는 과녁은 우리 겨레가 우리말살이를 되찾고자 함이다 ⇐ 목표. 표적. 표적물

과녁막대 이름씨 공쳐넣기에서 구멍 자리를 알리려고 세우는 막대기 한뜻말 깃대 ⇐ 핀. 골프핀

과다 ⇒ 많음. 너무 많음. 넘침. 많다. 너무 많다. 넘치다

과단성 ⇒ 확함. 냅뜸. 다부짐

과대 ⇒ 너무 큼. 너무 크다

과대광고 ⇒ 부풀린 알림

과대망상 ⇒ 헛된 생각. 지나친 생각

과대평가 ⇒ 부풀려 매김. 부풀려 봄

과도 (果刀) ⇒ 과일칼

과도 (過度) ⇒ 지나침. 너무함. 지나치다. 너무하다

과도기 ⇒ 넘을목. 바뀔때. 철 사이

과로 ⇒ 지나치게 일함. 지나치게 일하다. 너무 일하다

과립 ⇒ 잔알갱이. 알갱이

과메기 이름씨 겨울에 언 비웃이나 꽁치를 밖에 내다 걸어 얼렸다 녹였다 하면서 말린 것 ⓑ과메기는 미역, 김, 파를 곁들여 초고추장에 찍어 먹어야 맛있지

과묵 ⇒ 말적음. 말수적음. 말없음. 말이 적다. 말수 적다. 말이 없다

과민 ⇒ 지나치게 날카로움. 지나치게 마음씀. 지나치게 날카롭다. 지나치게 마음쓰다

과밀 ⇒ 빽빽함. 빽빽하다

과반수 ⇒ 가웃 넘는 수

과보호 ⇒ 지나친 보살핌. 지나치게 지키다

과부 ⇒ 홀어미

과분 ⇒ 지나침. 넘침. 지나치다. 넘치다

과세 (過歲) ⇒ 설쇰. 설쇠다

과세 (課稅) ⇒ 낛매김. 낛매기다

과소비 ⇒ 마구쓰기. 헤픈씀

과소평가 ⇒ 낮게 봄

과속 ⇒ 너무 빠름. 너무 빠르다

과수 ⇒ 과일나무

과수원 ⇒ 과일밭

과숙 ⇒ 무르익기. 무르익다

과시 ⇒ 뽐냄. 뻐김. 자랑함. 뽐내다. 뻐기다. 자랑하다. 재다

과식 ⇒ 많이 먹음. 너무 먹음. 너무 먹다. 많이 먹다

과신 ⇒ 지나친 믿음. 너무 믿다. 지나치게 믿다

과실 (果實) ⇒ 열매. 과일. 여름

과실 (過失) ⇒ 잘못. 허물

과언 ⇒ 지나친 말. 지나치게 말하다

과업 ⇒ 할일. 몫일. 맡은 일. 일

과연 ⇒ 참말로. 참으로. 참말

과열 ⇒ 너무 데움. 지나친 더움. 달아오름. 지나치게 뜨거워지다. 달아오르다

과오 ⇒ 잘못. 허물

과외 ⇒ 밖에. 그밖

과외공부·과외수업 ⇒ 밖배움

과욕 ⇒ 지나친 하고픔. 하고픔이 지나치다

과용 ⇒ 지나치게 씀. 너무 쓰다

과음 ⇒ 너무 마심. 지나치게 마심. 지나치게 마시다

과일 이름씨 나무나 풀에서 나는, 사람이 먹을 수 있는 열매 ⓑ여름 과일 가운데는 뭐니 뭐니 해도 수박과 참외가 으뜸이다

과일물 이름씨 과일을 썰어 넣고 단것을 넣어 만든 마실 것 ⇐ 화채

과잉 ⇒ 지나침. 너무 많음. 너무 많다

과자 이름씨 밀가루나 쌀가루 따위에 단것이나 소젖 같은 것을 섞어 굽거나 기름에 튀긴 것

과자만들기 이름씨 과자나 빵을 만드는 것 ⇐ 제과

과장 ⇒ 부풀림. 부풀리다. 떠벌리다

과적 ⇒ 지나치게 실음. 너무 많이 싣다. 너무 쌓다

ㄱ

과정 (過程) ⇒ 흐름. 됨새

과정 (課程) ⇒ 배움속내. 배움테

과제 ⇒ 풀거리. 할것

과줄 이름씨 ❶밀가루를 기름과 꿀에 반죽하여 기름에 지진 맛갓 ⓑ설에 과줄과 강정, 곶감 같은 맛있는 주전부리를 실컷 했다 ⇐ 약과 ❷밀가루나 쌀가루, 단것, 달걀, 소젖, 버터 따위 밑감을 써서 만든 새참거리 ⓑ옛날 내가 어릴 적엔 과줄 사 먹는 일이 아주 드물었단다 한뜻말 과자

과중하다 ⇒ 지나치게 무겁다. 너무 무겁다. 버겁다. 힘겹다

과즙 ⇒ 과일물

과찬 ⇒ 치살림. 추어올림. 치살리다. 추어주다

과채류 ⇒ 열매남새

과태료 ⇒ 게으른값. 늑장값

과하다 움직씨 착하고 훌륭함을 기리다 ⇐ 칭찬하다

과하다 (課) ⇒ 매기다. 맡기다

과하다 (過) ⇒ 지나치다. 넘치다

과학 ⇒ 갈

과학기술 ⇒ 갈재주. 갈솜씨

과학자 ⇒ 갈이. 갈보

과히 ⇒ 지나치게

곽 이름씨 몬을 담는 작은 고리 ⓑ소젖곽. 담배곽. 성냥곽

곽밥 이름씨 집 아닌 곳에 갖고 가서 먹도록 건건이와 함께 담은 밥 ⓑ곽밥에 담을 건건이로 멸치볶음이나 오징어볶음 어때? 한뜻말 도시락

관 (冠) ⇒ 갓. 쓰개

관 (棺) ⇒ 널

관 (管) ⇒ 대롱

관 (官) ⇒ 그위집. 그위지기

관개 ⇒ 물대기. 물대다

관객 ⇒ 구경꾼

관건 ⇒ 으뜸거리. 열쇠

관계 ⇒ 아랑곳. 사이. 손. 걸림. 손대다. 말미암다. 잇다. 얽히다. 걸리다

관계끊다 ⇒ 손끊다. 발빼다. 사이끊다

관계없다 ⇒ 모르다. 괜찮다. 걱정없다. 아랑곳없다

관계자 ⇒ 걸림보. 얽힌이. 맺은이. 엮인이

관공서 ⇒ 그위집

관광 ⇒ 구경. 나들이. 구경하다. 나들이하다

관광객 ⇒ 구경꾼

관광버스 ⇒ 나들이버스

관광자원 ⇒ 볼거리

관광지 ⇒ 볼데

관기 ⇒ 그위재주꽃

관념 ⇒ 생각

관대 ⇒ 너그러움. 어짊. 너그럽다. 어질다

관두다 움직씨 ❶하던 일을 그치고 하지 않다. '고만두다' 준말 ⓑ말집 일을 관두고 나물뜯을 철이다 ❷할 일이나 하려던 일을 하지 않다 ⓑ올해 소나무심기는 관두자

관람 ⇒ 구경. 구경하다. 보다

관람객 ⇒ 구경꾼

관람권 ⇒ 구경할 힘. 볼힘

관련 ⇒ 이음고리. 잇다. 얽히다. 매이다

관례 ⇒ 내림버릇

관료·관리 (官吏) ⇒ 벼슬아치. 구실아치

관리 (管理) ⇒ 돌봄. 맡아봄. 돌보다. 맡아보다. 건사하다. 간수하다

관리비 ⇒ 건사값. 돌봄돈

관리실 ⇒ 돌봄방. 건사방

관리자 ⇒ 돌봄이. 건사꾼. 지킴이

관리직 ⇒ 돌봄일. 건사일. 돌봄자리

관망 ⇒ 바라봄. 살펴봄. 바라보다. 지켜보다. 살펴보다

관목 ⇒ 떨기나무

관문 ⇒ 길목. 고비. 목. 문턱. 들머리

관사 (官舍) ⇒ 그위집

관사 (館舍) ⇒ 손님집

관상 (觀相) ⇒ 얼굴 생김새. 낯생김

관상 (觀賞) ⇒ 구경. 보기. 보며 즐기기. 보고 즐기다

관상용 ⇒ 볼거리. 즐길거리

관상쟁이 ⇒ 낯보는이

관성 ⇒ 굳은버릇. 버릇바탈

관세 ⇒ 목낛

관세청 ⇒ 목낛맡집

관솔 이름씨 솔진이 많이 엉겨 마른 소나무 가지나 옹이 ㉥어릴 적 관솔에 불을 붙여 밤에 개울에서 가재 잡는 일이 참 즐거웠다

관솔불 이름씨 관솔에 붙인 불 ㉥낮인데도 굴속은 어두워서 관솔불을 밝혀 들고 들어갔다 준말 솔불

관습 ⇒ 버릇. 내림버릇. 두루버릇

관심 ⇒ 눈길. 마음. 마음둠. 마음 기울이다. 눈길 주다

관심사 ⇒ 마음가는 일

관악 ⇒ 부는 가락. 부는 바라

관악기 ⇒ 부는 가락틀. 부는 바라틀

관여 ⇒ 끼어듦. 끼어들다

관엽식물 ⇒ 잎보기푸나무

관용 (寬容) ⇒ 너그러움. 받아들이다. 너그러이 보아주다

관용 (慣用) ⇒ 익음. 늘 씀. 두루 씀

관용어 ⇒ 익은말. 두루쓰는말

관음증 ⇒ 눈흘레

관자놀이 이름씨 눈과 귀 사이 핏결이 뛰는 자리. 무엇을 씹을 때 움직이는 곳 ㉥골치가 아파서 관자놀이를 꾸욱 눌렀다

관장 (管掌) ⇒ 맡아봄. 맡아보다

관장 (灌腸) ⇒ 창자씻어내기. 미장질. 미장질하다. 창자 씻어내다

관저 ⇒ 벼슬아치집. 그위집

관전 ⇒ 겨룸보기. 겨룸구경. 겨룸 구경하다

관절 ⇒ 뼈마디

관절염 ⇒ 뼈마디불늦

관점 ⇒ 보는 눈

관제 ⇒ 다스림. 잡쥠

관제탑 ⇒ 하늘길 다스림쌓. 하늘길 잡쥠쌓

관조 ⇒ 비추어 봄. 비추어 보다. 마음으로 보다

관중 ⇒ 구경꾼

관중석 ⇒ 구경자리

관직 ⇒ 그윗일. 나랏일. 나랏일자리

관찰 ⇒ 살펴봄. 살펴보다. 들여다보다

관찰일기 ⇒ 살핌글

관철 ⇒ 이룸. 해냄. 이루다. 이루어 내다. 해내다

관청 ⇒ 나랏일터

관측 ⇒ 재기. 살펴 헤아림. 보아 재다. 살펴 재다

관측소 ⇒ 살핌곳

관통 ⇒ 꿰뚫음. 꿰뚫다

관하여·대하여 ⇒ ~을

관할 ⇒ 맡음. 다스림. 맡아봄. 거느리다. 다스리다. 맡아보다

관행 ⇒ 버릇된일. 해오던일. 내림버릇

관현악 ⇒ 어울가락

관현악단 ⇒ 어울가락떼. 어울가락두레

관형사 ⇒ 매김씨

관혼상제 ⇒ 갓짝궂식게

괄괄하다 그림씨 ❶마음씨가 팔팔하고 거세다 ㉥괄괄한 마음씨 준말 괄하다 ⇐ 급하다 ❷목소리 따위가 굵고 거세다 ㉥순이는 얼굴빛은 여리지만 목소리는 괄괄하다 ❸풀기가 세다 ㉥베저고리에 풀을 어찌나 많이 먹였는지 괄괄해서 살을 벨 것 같다

괄다 그림씨 ❶불 힘이 세다 ㉥불이 너무 괄아서 부침개가 탔다 ❷마음씨가 팔팔하고 지나치게 사납다 ㉥큰집 작은언니는 마음씨가 괄아서 걸핏하면 싸움질을 했다 ❸누긋한 맛이 없고 거칠게 단단하다 ㉥엿이 좀 괄다 ❹바탈이 거세고 괄괄하다 ㉥괄기는 인왕메 솔가지라

괄목 ⇒ 놀랄 만함. 놀랄 만하다. 눈부시다. 새롭게 보다. 몰라보게 달라지다. 눈비비고 다시 보다

괄시 ⇒ 업신여김. 업신여기다

괄호 ⇒ 묶음표

광 이름씨 집안 살림살이를 넣어 두는 곳 ㉥우리집 광에는 삽, 괭이, 호미, 낫, 톱, 지게, 긴대, 노끈, 물통 같은 온갖 살림살이가 다 들어있다 ⇐ 곳간. 창고

광 (光) ⇒ 빛

광각 (光覺) ⇒ 빛느낌

광각 (光角) ⇒ 빛모

광견병 ⇒ 미친개앓이

광경 ⇒ 꼴. 모습. 볼거리

광고 ⇒ 알림. 알리다. 널리 알리다

광고문 ⇒ 알림글
광고주 ⇒ 알림님. 알림지기
광고지 ⇒ 알림종이
광고탑 ⇒ 알림쌓
광고판 ⇒ 알림널
광기 ⇒ 미친 힘. 미친 기운
광대 이름씨 옛날에 판소리나 굿, 재주 따위를 일삼아 하던 사람 ⓑ옛날에는 광대를 아주 낮은 사람으로 여겼지만 오늘날은 광대가 되고 싶어 안달하는 젊은이가 많다 한뜻말 노릇바치 ⇐ 배우. 탤런트
광대하다 (廣大) ⇒ 넓다. 너르다. 크다. 드넓다
광등뼈 이름씨 엉치뼈
광란 ⇒ 미쳐 날뜀. 미쳐 날뛰다
광명 ⇒ 밝은빛. 환한빛
광목 ⇒ 무명베. 미영베
광물 ⇒ 쇳돌몬
광물성 ⇒ 쇳돌몬바탈
광물질 ⇒ 쇳돌몬밭
광범위하다 ⇒ 넓다. 매우 넓다. 너르다
광복군 ⇒ 나라 찾는 싸움꾼
광부 ⇒ 쇳돌꾼
광산 ⇒ 쇳돌메
광산촌 ⇒ 쇳돌메마을
광석 ⇒ 쇳돌
광선 ⇒ 빛살
광섬유 ⇒ 빛올실
광속·광속도 ⇒ 빛빠르기
광신 ⇒ 눈먼믿음. 무턱대고 믿다
광신도 ⇒ 눈먼 믿보
광신호 ⇒ 빛짓말
광야 ⇒ 벌판. 난벌. 너른들
광어 ⇒ 넙치
광업 ⇒ 쇳돌일
광역 ⇒ 너른. 너른곳
광역시 ⇒ 너른고을
광원 ⇒ 빛샘
광음 ⇒ 때. 해달
광의 ⇒ 너른 뜻. 넓은 뜻
광인 ⇒ 미치광이
광장 ⇒ 한터. 너른 마당
광주리 이름씨 대나 싸리, 버들 따위를 밑감으로 하여 바닥은 둥글고 촘촘하게 전은 조금 성기게 엮어 만든 그릇. 또는 그것을 세는 하나치 ⓑ광주리에 싱싱한 감 따로 무른 감 따로 담았다. 다섯 광주리
광채 ⇒ 빛살. 밝은빛
광천 ⇒ 쇳돌내
광케이블 ⇒ 빛올실줄
광택 ⇒ 빛
광통신 ⇒ 빛주고받기. 빛주받
광파 ⇒ 빛결
광포 ⇒ 미쳐 날뜀. 사나움. 미쳐 날뛰다. 사납다. 거칠다
광풍 ⇒ 거센바람. 미친바람
광학 ⇒ 빛갈
광학현미경 ⇒ 빛갈좀봄거울. 빛갈돋보기틀
광합성 ⇒ 빛지음
광혜원 ⇒ 두루사랑베풂집
광화문 ⇒ 빛문. 밝문. 빛지개
광활하다 ⇒ 너르다. 드넓다. 펀하다
괘꽝스럽다 그림씨 말이나 짓이 엉뚱하고 야릇한 데가 있다 ⓑ이 사람아, 괘꽝스럽기는! 그런 자리에서 그런 말을 하다니
괘도 ⇒ 걸그림
괘사 이름씨 도섭스럽게 이죽거리며 엇가는 짓 ⓑ이웃집 아저씨는 가끔 괘사를 부리는 게 허물이다
괘씸하다 그림씨 애먼 일을 겪어 골나고 밉살스럽다 ⓑ베푼 사랑도 잊고 대들다니, 괘씸하기 짝이 없네
괭이 이름씨 땅을 파거나 흙을 고르는 데 쓰는 여름지이 연장 ⓑ따순 물줄기가 터져 괭이와 삽으로 땅을 파고 고쳤다
괭이잠 이름씨 깊이 잠들지 못하고 자꾸 깨면서 드는 잠. '고양이잠' 준말 ⓑ무더위에 밤마다 괭이잠을 자고 나니 개운하지가 않군요 비슷한말 노루잠
괴괴하다 그림씨 쓸쓸한 느낌이 들 만큼 고요하다 ⓑ밤이 이슥해지자 온 마을이 괴괴하

였다

괴나리봇짐 (이름씨) 길 갈 때 자그마하게 꾸린 짐 ⓑ괴나리봇짐에 무얼 그리 집어넣었기에 이리도 무겁냐 준말 괴나리

괴다[1] (움직씨) 우묵한 곳에 물이나 내, 냄새 따위가 모이다 ⓑ눈에 눈물이 괴다 한뜻말 고이다

괴다[2] (움직씨) ❶술이나 지렁, 새콤이 따위가 삭을 때 거품이 부글부글 일다 ⓑ빚어놓은 술이 괴다 ❷골이 나거나 애가 타서 속이 부글부글 끓다 ⓑ가슴속에서 부글부글 괴는 마음을 억누르느라 이를 앙다물었다 ❸사람이 많이 모여 북적거리다 ⓑ사람이 괴는 것을 보니 그 집 먹을거리 맛이 좋은가 보다

괴다[3] (움직씨) ❶쓰러지거나 기울지 않도록 밑을 받쳐 단단히 자리잡게 하다 ⓑ턱을 괴다 한뜻말 고이다 ❷그릇에 과일이나 떡 같은 먹을거리 따위를 차곡차곡 쌓아올리다 ⓑ식게놓개에 올릴 떡을 식게그릇에 괴었다

괴다[4] (움직씨) 유난스레 귀여워하고 사랑하다 ⓑ아이는 괴는 대로 커 간다

괴덕스럽다 (그림씨) 참되지 않고 수선스럽다 ⓑ괜히 부끄러워진 순이는 괴덕스럽게 꽃망울을 잡아 흔들었다

괴로움 (이름씨) 마음이 생각에 시달려 슬프고 서럽고 걱정되고 쓰라린 것 ⇐ 고

괴뢰군 ⇒ 꼭두각시잠개잡이

괴상하다·괴이하다 ⇒ 야릇하다. 얄궂다

괴성 ⇒ 야릇소리

괴좇나무 (이름씨) 줄기는 가늘고 흰 잿빛이며 가시가 있고 잎은 알꼴이거나 길둥근꼴로 어긋맞게 나는 나무. 가을에 길둥근 물렁열매가 붉게 익는다. 봄에 어린싹은 먹는다 ⇐ 구기자나무

괴짜 ⇒ 야릇내기

괴춤 (이름씨) 바지 허리를 접어 여민 사이. '고의춤' 준말. 고의에는 주머니가 없어 괴춤에 손을 잘 넣는다 ⓑ할아버지는 아들에게 줄 닭을 한 마리 사고 괴춤에 깊이 넣어둔 꼬깃꼬깃한 돈을 꺼냈다 비슷한말 허리춤

괴한 ⇒ 야릇사내

괴혈병 ⇒ 잇몸피남앓이

굄 (이름씨) 어여삐 사랑함 ⓑ그 벼슬아치는 임금 굄을 많이 받았다

굄돌 (이름씨) ❶몬을 받쳐서 괴는 돌 ⓑ굄돌은 판판하고 납작해야 쓰기 좋다 ❷겉으로 드러나지 않게 보람을 가져오는 사람 ⓑ한흰샘 님이야말로 우리말을 바로 세운 굄돌이 아니었던가

굄받이 (이름씨) 귀염둥이 ⓑ그 애는 집안 어른 사랑을 모두 차지하는 굄받이다

굄질 (이름씨) 그릇에 떡이나 과일을 멋을 내어 높이 쌓아올리는 일 ⓑ식게를 올리려고 능금을 굄질하고 시루떡도 굄질했다

굉음 ⇒ 우르릉 소리. 시끄런 소리

굉장하다 ⇒ 크다. 훌륭하다. 어마어마하다. 대단하다. 엄청나다

굉장히 ⇒ 매우. 아주. 엄청나게. 대단히

교각 ⇒ 다릿기둥. 다릿발

교감 (校監) ⇒ 배곳버금지기

교감 (交感) ⇒ 주고받는느낌. 주받느낌. 느낌을 나누다

교과·교과목 ⇒ 가르침거리. 배움거리

교과서 ⇒ 배움책

교관 ⇒ 가르침이

교권 ⇒ 가르침힘

교내 ⇒ 배곳안

교단 (教壇) ⇒ 가르침섬

교단 (教團) ⇒ 믿음모임

교대 (交代) ⇒ 겨끔내기. 갈마들다

교대·교육대학 (教大) ⇒ 가르침이한배곳

교도 (教徒) ⇒ 따름이

교도 (教導) ⇒ 이끎. 가르침

교도관 ⇒ 바른 이끎이

교도소 ⇒ 바른 이끎곳. 바른 이끎데

교두보 ⇒ 버팀목. 발판. 버팀자리

교란 ⇒ 어지럽힘. 어지럽히다. 뒤흔들다

교량 ⇒ 다리

교련 ⇒ 싸움가르침

ㄱ

교류 ⇒ 주고받음. 섞여흐름. 주고받다. 오가다
교리 ⇒ 믿음가리
교만 ⇒ 건방짐. 젠체. 건방지다. 젠체하다
교목 ⇒ 큰키나무
교묘하다 ⇒ 약삭빠르다
교무 ⇒ 배곳일
교무실 ⇒ 배곳일방
교문 ⇒ 배곳문
교미 ⇒ 짝짓기. 흘레. 짝짓기하다. 흘레하다
교민·교포 ⇒ 겨레붙이. 나라밖 겨레. 더부살이 아람
교반기 ⇒ 젓개. 휘젓개
교배 ⇒ 섞붙이기. 섞붙이다
교복 ⇒ 배곳옷
교본 ⇒ 가르침책
교부 ⇒ 줌. 내어줌. 주다. 내어주다
교사 (敎師) ⇒ 가르침이
교사 (校舍) ⇒ 배움집
교사 (敎唆) ⇒ 꼬드김. 부추김. 꾐. 꼬드기다. 부추기다. 꾀다
교생 ⇒ 가르침배움이
교선 ⇒ 사귐금
교섭 ⇒ 흥정. 흥정하다
교세 ⇒ 믿음힘
교수 ⇒ 가르침이. 한배곳가르침이
교습 ⇒ 가르침. 가르치다. 익히게 하다
교시 (敎示) ⇒ 가르침. 가르쳐보임. 가르치다. 가르쳐 보이다
교시 (校時) ⇒ 배움때
교신 ⇒ 새뜸주받. 주받. 새뜸 주고받다
교실 ⇒ 배움방
교안 ⇒ 가르침얽이. 가르침밑그림
교양 ⇒ 본데
교역 ⇒ 사고팔기. 바꿈. 사고팔다. 바꾸다
교역로 ⇒ 바꿈길
교열 ⇒ 바로잡음. 고침. 바로잡다. 고치다
교외 (郊外) ⇒ 고을언저리. 고을밖
교외 (校外) ⇒ 배곳밖
교우 ⇒ 배곳벗. 배움벗
교원 ⇒ 가르침이. 배곳일꾼
교유 ⇒ 사귐. 사귀다
교육 ⇒ 배움. 가르침. 배우다. 가르치다
교육방송 ⇒ 배움널냄
교육보험 ⇒ 배움사달막이
교육부 ⇒ 배움맡
교육비 ⇒ 배움돈
교육열 ⇒ 배움바람
교육자 ⇒ 가르침이
교육장 ⇒ 배울곳. 배울데
교육정도 ⇒ 배움높이
교육청 ⇒ 배움도움집
교인 ⇒ 믿음이. 따름이
교자상 ⇒ 큰네모놓개
교장 ⇒ 배곳지기
교재 ⇒ 가르침거리. 배움거리. 가르침밑감
교전 ⇒ 싸움. 싸우다
교점 ⇒ 사귐점
교정 (校庭) ⇒ 배곳뜰. 배곳마당
교정 (校訂) ⇒ 고침. 바로잡음. 고치다. 바로잡다
교정 (矯正) ⇒ 바로잡음. 바로잡다
교제 ⇒ 사귐. 가까이 지냄. 사귀다. 가까이하다
교주 ⇒ 믿음 세운이. 믿음떼 머리
교지 ⇒ 배곳새뜸
교직 ⇒ 가르침일. 가르침일자리
교직원 ⇒ 배곳일꾼
교집합 ⇒ 겹모임. 겹친모임
교차 ⇒ 엇걸림. 마주침. 마주치다. 엇걸리다
교차로 ⇒ 갈림길
교착 ⇒ 달라붙음. 달라붙다. 제자리에 못박히다
교체 ⇒ 바꿈. 바꾸다. 갈다. 갈아끼우다
교칙 ⇒ 배곳지킬일
교탁 ⇒ 가르침놓개
교통 ⇒ 오감
교통경찰관 ⇒ 오감깨살핌이. 오감깨살핌보
교통규칙 ⇒ 오감지킴. 오감지키기
교통기관 ⇒ 오갈것. 오갈거리. 탈것
교통난 ⇒ 오감막힘. 오감붐빔
교통량 ⇒ 오감많기
교통로 ⇒ 오감길
교통망 ⇒ 오감그물

교통문제 ⇒ 오감거북. 오감막힘
교통법규 ⇒ 오감벼리. 오감지킬일
교통비 ⇒ 오감돈
교통사고 ⇒ 오감사달. 오감일터짐. 오감일남
교통수단 ⇒ 탈것. 탈거리. 오갈것. 오갈거리
교통순경 ⇒ 오감깨살핌꾼
교통신호 ⇒ 오감짓말
교통안전 ⇒ 오감일없음. 오감까딱없음
교통연구원 ⇒ 오감밝힘집
교통편 ⇒ 오갈것. 탈것. 오갈거리. 탈거리
교통표지판 ⇒ 오감알림널
교향곡·교향악 ⇒ 어울림가락
교향악단 ⇒ 어울림가락떼
교화 ⇒ 가르침. 일깨움. 깨우치다. 일깨우다. 가르쳐 이끌다
교환 ⇒ 바꿈. 맞바꿈. 주고받음. 맞바꾸다. 주고받다
교활하다 ⇒ 약다. 꾀바르다. 약삭빠르다
교황 ⇒ 믿음임금
교회 ⇒ 믿음모임. 믿음터
교훈 (校訓) ⇒ 배곳과녁
교훈 (教訓) ⇒ 가르침
구 ⇒ 가름. 고을
구간 ⇒ 가름새. 나눈 사이. 조각. 마디
구간단속 ⇒ 가름새잡도리. 가름새잡죔
구간별 ⇒ 마디마다. 가름새마다
구강 ⇒ 입속. 입안
구개음화 ⇒ 하느라지소리되기
구걸 ⇒ 빌어먹음. 동냥. 빌어먹다. 동냥하다
구경 이름씨 ❶즐기거나 재미로 봄 ⓑ요즘이야 서울 구경은 아무나 하지 ❷재미나 마음을 끄는 거리 ⓑ여름지이가락이 얼마나 신났던지 큰 구경판이 벌어졌지
구경 (口徑) ⇒ 아가리지름
구경거리 이름씨 구경할 만한 일 ⓑ떼싸움질이 뭔 구경거리라고 사람들이 모여들지?
구경꾼 이름씨 구경하는 사람 ⓑ저잣거리에서 두 사람이 실랑이를 벌이는데 곧바로 구경꾼이 몰려들었어
구경다니다 움직씨 두루 볼 만한 거리를 찾아 다른 고장이나 나라에 가다 ⇐ 여행하다
구공탄 ⇒ 구멍돌숯
구관 ⇒ 옛벼슬아치
구교 ⇒ 옛믿음. 가톨릭믿음
구구단 ⇒ 압압셈. 아홉아홉셈
구구하다 ⇒ 저마다 다르다. 떳떳하지 못하다. 좀스럽다
구국 ⇒ 나라 살림. 나라 지킴. 나라 건짐. 나라 건지다
구근 ⇒ 알뿌리
구금 ⇒ 가둠. 잡아넣음. 가두다. 잡아넣다
구급 ⇒ 먼저건짐. 빠른건짐. 먼저 건지다. 빨리 건지다
구급법 ⇒ 빠른건짐길. 으뜸돕는길. 으뜸돕기
구급차 ⇒ 빠른건짐수레. 빠른도움수레
구기 ⇒ 공놀이
구기다 움직씨 ❶종이나 천이 마구 접히거나 비벼져서 주름이나 잔금이 생기다. 또는 그렇게 하다 ⓑ새 옷을 구기지 않게 건사하느라 거북했다 작은말 고기다 센말 꾸기다 ❷일이나 살림이 어그러지고 꼬여 막히다. 또는 그렇게 하다 ⓑ그 사람이 끼어드는 바람에 막판에 일을 구겼다 ❸마음이 언짢게 되다. 또는 그렇게 하다 ⓑ알리지도 않고 갑자기 여럿이 쳐들어와서 마음이 구겼다
구기박지르다 움직씨 함부로 비비어 구기다 ⓑ아버지에게 꾸중을 들은 아우 얼굴은 구기박지른 종이처럼 일그러졌다
구기자나무 ⇒ 괴좇나무
구김살 이름씨 ❶접거나 눌러서 생긴 주름이나 잔금 ⓑ베옷이라 방망이질을 하고 다림질을 해도 구김살이 잘 펴지지 않는다 ❷마음이나 얼굴이 밝지 않고 그늘짐을 빗댄 말 ⓑ그 아이 얼굴엔 어딘가 그늘진 구김살이 엿보인다
구깃구깃 어찌씨 구김살이 많이 잡힌 꼴 ⓑ종이를 조금 구깃구깃 구겨서 불을 붙이면 불살리기가 좋다 작은말 고깃고깃 센말 꾸깃꾸깃 **구깃구깃하다**
구내 ⇒ 울안

구내매점 ⇒ 울안가게

구내식당 ⇒ 울안밥집

구대륙 ⇒ 옛뭍

구더기 이름씨 파리 알에서 까 나온 벌레. 똥 속에서 잘 자라고 차츰 꼬리가 생기고 번데기가 되었다가 파리로 된다 슬기말 **구더기 무서워 장 못 담글까** 어려움이 좀 있더라도 할 일은 한다

구덕구덕 어찌씨 물기 있는 것이 마르거나 좀 얼어서 굳어진 꼴 ⓑ물오징어를 말림덕대에 며칠 걸어놓았더니 구덕구덕 말랐어 센말 꾸덕꾸덕

구덕구덕하다 그림씨 물기 있는 것이 마르거나 좀 얼어서 굳어 있다 센말꾸덕꾸덕하다 **구덕구덕이**

구덩이 이름씨 땅이 우묵하게 파인 곳 ⓑ어제 비가 와서 구덩이에 흙탕물이 잔뜩 고였다

구도 (構圖) ⇒ 짜임. 짜임새. 얽이. 얼개

구도 (求道) ⇒ 마음닦기. 참찾기. 길찾기. 마음닦다

구독 ⇒ 사 봄. 사서 읽음. 사 보다. 사서 읽다

구동 ⇒ 돌림. 움직임. 움직이다. 돌리다. 부리다

구두 이름씨 가죽 따위로 만든 하늬신 ⓑ새로 구두를 사서 잊어버리고 몇 해 뒤에야 찾아 신었더니 구두창이 다 문드러졌어

구두 (口頭) ⇒ 말

구두계약 ⇒ 입다짐. 말다짐

구두쇠 이름씨 살림살이나 돈 쓰는 데서 몹시 아끼는 사람 ⓑ아저씨는 동네에서 이름난 구두쇠다 한뜻말노랑이

구두질 이름씨 방고래에 쌓인 재와 그을음을 쑤셔 끄집어내는 일 ⓑ옆집 아재는 구두질을 하고 온 사람처럼 온몸이 새까맣다

구둣방 이름씨 구두를 팔거나 만들거나 고치는 가게 ⓑ구둣방에서 새 구두를 하나 샀다 ⇐ 양화점

구드러지다 움직씨 말라서 빳빳하게 굳어지다 ⓑ풀 먹인 빨래가 구드러졌다 작은말고드러지다 센말꾸드러지다

구들 이름씨 방바닥 아래에 구들장을 깔고, 아궁이에 불을 지펴서 고래 속으로 불기운이 지나가게 하여 방을 따뜻하게 하는 틀. '방구들' 준말 ⓑ배달겨레 살림집에서 구들은 빼어난 살림살이이며 슬기이다 ⇐ 온돌

구들고래 이름씨 구들장 아래에 파 놓은 고랑 ⓑ구들고래에 재가 가득 차서 불기운이 잘 들어가지 않는다 한뜻말고래. 방고래

구들더께 이름씨 늙고 앓아 늘 방 안에만 있는 사람 ⓑ꾀돌이는 몸이 아팠지만 구들더께 소리를 듣기 싫어 마을을 한 바퀴 돌고 싶었다

구들목 이름씨 아궁이에서 가장 가까운 쪽 방바닥 ⓑ구돌목은 몹시 뜨거우니 데지 않게 깔개 위에서 놀아라 한뜻말아랫목

구들방 이름씨 구들을 놓아 만든 방 ⇐ 온돌방

구들장 이름씨 방고래 위에 깔아 방바닥을 만드는 얇고 넓은 돌 ⓑ우리가 방에서 뛰어놀 때마다 아버지는 구들장 내려앉는다고 걱정을 하셨다 한뜻말구들돌 익은말 **구들장을 지다** 구들방에 드러누워 있다. 방에 틀어박히다

구듭 이름씨 귀찮고 괴로운 남 뒤치다꺼리 ⓑ그 사람 때문에 한바탕 구듭을 쳤다

구럭 이름씨 끈이나 새끼로 그물 뜨듯 떠서 만든 넣개 ⓑ구럭 구멍이 숭숭 뚫려 있으니 잡힌 고기가 남아 있겠어? 한뜻말망태기 슬기말 **구럭 게 놔주겠다** 변변치 못해 저한테 돌아온 좋은 까리나 일을 붙잡지 못하고 놓쳐 버리겠다

구렁 이름씨 ❶땅이 움푹하게 깊이 팬 곳 ⓑ저 깊은 구렁에 빠지면 헤어나기 어렵다 ❷빠지면 벗어나기 어려운 바드러운 매개 ⓑ왜놈들은 우리말을 못 쓰게 하여 우리 겨레말살이를 구렁에 몰아넣었다

구렁이 이름씨 ❶집 둘레 담이나 돌무덤에서 살며 쥐나 개구리, 뱀을 잡아먹고 사는 몸집이 크고 죽개가 없는 뱀. 능구렁이, 먹구렁이, 멧구렁이가 있다 ❷엉큼하고 능글맞은 사람을 빗댄 말 ⓑ저 사람은 속에 구렁이가 여러 마리 들었을걸 슬기말 **구렁이 담 넘**

어가듯 일을 틀림없게 해내지 않고 슬그머니 얼버무림

구렁텅이 [이름씨] 구렁 가운데서도 몹시 깊고 바드러운 구렁 ㉥술과 담배도 구렁이지만 뽕이나 쪽은 더한 구렁텅이이다

구레 [이름씨] 땅이 낮아서 늘 물이 괴어 있는 곳 ㉥바위 아래 구레에는 작은 벌레가 득실거린다

구레나룻 [이름씨] 귀밑에서 턱까지 잇달아 난 나룻 ㉥구레나룻이 덥수룩하다

구레논 [이름씨] 바닥 흙이 깊고 물길이 좋아 기름진 논 [한뜻말]고래실

구령 ⇒ 시킴말. 성금말. 해라말

구루 [이름씨] '재' 옛말 ㉥누미구루. 마도구루

구루마 ⇒ 수레. 짐수레. 달구지

구류 ⇒ 잡아둠. 가두다. 잡아넣다

구르다[1] [움직씨] [1]돌면서 움직이다 ㉥돌멩이가 비탈길로 구른다 [2]하찮게 내버려지거나 널려 있다 ㉥길가에 구르는 나뭇잎과 쓰레기들. 여기저기 밑바닥을 구르던 삶 [3]누워서 뒹굴다 ㉥사내아이가 떼를 쓰며 방바닥을 떼굴떼굴 굴렀다 [4]스치며 지나가다 ㉥바닷가 모래 위를 구르는 너울 소리 [슬기말] **구르는 돌은 이끼가 끼지 않는다** 끊임없이 힘써 일하는 사람은 늘 앞으로 나아간다

구르다[2] [움직씨] [1]밑바닥이 울리도록 발을 힘있게 내리 디디다 ㉥신나서 발을 구르며 웃다 [2]그네 발널 따위에 몸무게를 실어 힘껏 누르다 ㉥힘껏 구르며 그네를 타다. 구름널을 힘껏 구르며 뜀틀을 넘다

구름 [이름씨] 물기가 엉기어 물방울이나 얼음 알갱이가 되어 하늘에 떠다니는 것 ㉥검은 구름이 잔뜩 낀 걸 보니 곧 비가 쏟아질 듯하다 [익은말] **구름이 머흘다** 구름이 사납고 궂게 끼다 [슬기말] **구름 갈 제 비 간다** 언제나 둘이 붙어다닌다

구름결 [이름씨] 구름같이 슬쩍 지나는 겨를 ㉥갈 데도 오랄 데도 없는 사람이 어쩌다 구름결에 여기를 들렀소이다

구름널 [이름씨] 멀리뛰기나 뜀틀 따위를 할 때, 뛰려고 발을 구르는 널 ㉥더 멀리 뛰려고 구름널을 있는 힘껏 밟았다 ⇐ 구름판. 도약판

구름다리 [이름씨] 길이나 골짜기 사이를 건너질러 하늘에 걸쳐놓은 다리 ㉥센바람에 구름다리가 몹시 흔들렸다 ⇐ 육교. 고가다리

구름무늬 [이름씨] 구름꼴을 본뜬 무늬. 예부터 매우 많이 쓴 무늬로 그릇이나 무덤 그림에 많다 ㉥구름무늬가 새겨진 아름다운 다리 ⇐ 구름문

구름바다 [이름씨] 날틀이나 메꼭대기 따위 높은 곳에서 볼 수 있는 넓게 깔린 구름 ㉥날틀 밖으로 보이는 구름바다가 끝없이 펼쳐진다 ⇐ 운해

구름발 [이름씨] 길게 퍼지거나 뻗은 구름 덩어리 ㉥저 구름발 좀 봐, 새녘 새목메 꼭대기 짬에 길게 뻗은 걸 보니 비가 올지도 모르겠어

구름밭 [이름씨] 메꼭대기에 높이 있는 뙈기밭 ㉥누리가 어지러우니 멧속으로 들어가 구름밭이나 일구는 게 낫겠어

구름사다리 [이름씨] [1]아주 높은 곳까지 닿을 수 있도록 만든 사다리 ㉥높은 곳에 짐을 옮길 때는 아주 긴 구름사다리를 쓴다 ⇐ 고가사다리 [2]두 사다리 사이에 사다리꼴 다리를 놓아 놀 수 있게 만든 것 ㉥구름사다리에서 떨어지지 않도록 마음 써요

구름장 [이름씨] 넓게 퍼진 두꺼운 구름 덩이 ㉥하늘에는 거무스름한 구름장이 우리 마을 쪽으로 몰려온다

구름재집 [이름씨] 고종 아버지 대원군이 살던 집 ⇐ 운현궁

구름집 [이름씨] 깊은 메에 있는 절집 ㉥두미르골 속 구름집은 가시중 혼자 살아 늘 고요했다 ⇐ 운당

구릉 ⇒ 언덕. 둔덕

구리 [이름씨] 잘 구부러지고 잘 늘어나는 검붉은 쇠붙이. 부드럽고 질겨 번힘과 더움을 잘 지나게 해 번힘줄 같은 데에 많이 쓴다

⇐ 동

구리널 이름씨 널빤지꼴 구리 위에 그림이나 글자를 새겨 박는 데 쓰는 널 ⇐ 동판. 구리판

구리다 그림씨 ❶똥이나 방귀 냄새와 같다 ⓑ방귀 냄새가 몹시 구리다 작은말 고리다 센말 꾸리다 거센말 쿠리다 ❷하는 짓이 더럽고 지저분하다 ⓑ구리게 놀다. 하는 짓이 구리다 ❸말이나 몸짓이 떳떳하지 못하고 못미덥다 ⓑ무언가 구린 구석이 있는지 눈치를 슬금슬금 본다

구리선 ⇒ 구리줄

구리줄 이름씨 구리로 만든 줄

구리판 ⇒ 구리널

구린내 이름씨 똥이나 방귀 냄새와 같은 고약한 냄새 ⓑ방 안에 구린내가 가득하다

구릿대 이름씨 진펄이나 냇가, 골짜기처럼 물기가 많은 곳에 잘 자라며 줄기가 살찌고 잎이 크며 넓은 깃꼴 겹잎에 톱니가 있는 두해살이풀. 어린 잎줄기는 나물로 먹으며 뿌리는 여러 가지 낫개로 쓴다

구릿빛 이름씨 구리 빛깔. 곧 검붉은 빛 ⓑ햇빛에 그은 구릿빛 사내 얼굴

구매 ⇒ 삼. 사들임. 사다

구매가 ⇒ 산값. 사는 값

구매력 ⇒ 살힘

구멍 이름씨 ❶뚫어지거나 파낸 자리 ⓑ구멍이 나다 ❷어려움을 헤쳐나갈 길 ⓑ빠져나갈 구멍이 없다 ❸허술한 구석이나 서로 맞지 않음을 빗댄 말 ⓑ일에 구멍이 나지 않도록 단단히 잡도리하시오

구멍가게 이름씨 조그맣게 차린 가게 ⓑ조그마한 구멍가게들이 차츰 사라진다

구멍돌숯 이름씨 구멍이 뚫린 돌숯 ⇐ 구공탄. 연탄

구멍뚫이 이름씨 ❶종이 같은 것에 구멍을 뚫는 연장 ⇐ 펀치 ❷쇠널 따위에 구멍을 뚫는 연장

구멍새 이름씨 ❶구멍 생김새 ⓑ구멍새가 큼직큼직하다 ❷사람 귓구멍 눈구멍 콧구멍 입 생김새. 얼굴 생김새 낮은 말

구멍수 이름씨 힘들고 어려운 것을 뚫고 나갈 만한 수나 길 ⇐ 방도

구멍숯가스 이름씨 구멍돌숯이 탈 때 생기는 한살남숯남이 으뜸 이름씨인 죽이개 가스 ⇐ 연탄가스

구메 이름씨 틈. '구멍' 옛말 ⓑ문 구메 사이로 바람이 숭숭 들어왔다

구메구메 어찌씨 남몰래 틈틈이. 사이사이. 새새틈틈 ⓑ외로운 어르신을 구메구메 도와드렸다

구메밥 이름씨 가두리살이하는 이에게 바람구멍으로 몰래 넣어주던 밥 ⓑ갇힌 우리들한테 밥도 제대로 주지 않던 그때 여러분이 넣어준 구메밥으로 목숨을 건졌다오 익은말 **구메밥 먹다** 가두리살이하다

구면 ⇒ 아는이. 낯익은이

구명 (救命) ⇒ 목숨건짐. 살리다. 살려내다

구명 (究明) ⇒ 밝힘. 캐냄. 밝히다. 캐다. 캐내다. 따지다

구명대 ⇒ 목숨띠

구명정 ⇒ 목숨건짐배. 목숨배

구명조끼 ⇒ 목숨등거리. 부레옷

구문 (構文) ⇒ 글짜임. 월짜임

구문 (舊聞) ⇒ 들은얘기. 아는얘기

구물구물 어찌씨 굼뜨게 움직이는 꼴 ⓑ된장에 구더기가 몇 마리 구물구물 기어다닌다 작은말 고물고물 센말 꾸물꾸물 **구물구물하다**

구미 ⇒ 입맛. 밥맛

구미호 ⇒ 꼬리아홉여우

구민 ⇒ 백성건짐. 사람살림. 아람살리다

구박 ⇒ 몰아침. 못살게 굴다. 몰아치다

구변 ⇒ 입심. 말솜씨. 말재주

구별 ⇒ 가름. 가림. 가르다. 가리다. 나누다

구보 ⇒ 달리기. 달음박질. 달음질. 담박질. 뜀박질. 뛰다. 달리다. 달음박질하다

구부러지다 움직씨 한쪽으로 굽거나 기울다 ⓑ구부러진 오이가 많아 제값 받기 어렵겠어

구부리다 움직씨 한쪽으로 굽히거나 기울이다 ⓑ손바닥이 땅에 닿게 등을 한껏 구부렸다

구부정하다 그림씨 사람 몸이나 허리, 팔 따위가 안쪽으로 좀 굽어 있다 ⓑ오랜만에 누나를 만났더니 그새 허리가 구부정해졌네

구분 ⇒ 가름. 나눔. 가림. 나누다. 가르다. 갈래짓다

구불거리다 움직씨 이리저리 구부러지다 ⓑ구불거리며 흐르는 달내 **구불대다**

구불구불 어찌씨 이리저리 구부러진 꼴 ⓑ구불구불 말티재를 넘어 수리메에 갔던 적이 벌써 쉰 해가 되었네 작은말 고불고불 센말 꾸불꾸불 **구불구불하다**

구불잘록창자 이름씨 내림잘록창자와 곧창자 사이 큰창자. 구불구불하고 엉덩뼈 안에 있으며 창자사이청에 매달려 있다 ⇐ 에스결장

구불텅구불텅 어찌씨 여러 군데가 느슨하게 구부러진 꼴 ⓑ우리는 구불텅구불텅 굽은 멧길을 흐릿한 달빛으로 가늠하며 걸었다

구불텅구불텅하다 그림씨 여러 군데가 느슨하게 구부러져 있다

구불텅하다 그림씨 느슨하게 굽다 ⓑ뒷메 작은 멧봉우리 무덤가에 가면 구불텅한 큰 소나무가 있다

구붓하다 그림씨 조금 굽은 듯하다 ⓑ오늘 아침에 저 아랫집 허리 구붓한 할머니랑 밭을 맸다 작은말 고붓하다 센말 꾸붓하다

구비 (具備) ⇒ 갖춤. 마련. 갖추다. 마련하다. 다 갖추다

구비문학 (口碑) ⇒ 입말꽃. 이야기꽃. 이야기말꽃

구쁘다 그림씨 배 속이 빈 듯하여 자꾸 먹고 싶다 ⓑ속이 더부룩하여 어제 저녁을 굶었더니 아침부터 몹시 구쁘다

구사 (驅使) ⇒ 씀. 부림. 쓰다. 부리다

구사일생 ⇒ 겨우 살아남

구상 (構想) ⇒ 얽어짬. 생각. 얽어짜다. 엮다. 생각하다. 그려보다

구상 (求償) ⇒ 물림. 받아냄. 갚게 함. 받아내다. 갚게 하다. 물리다

구상 (具象) ⇒ 꼴 있음. 꼴 갖춤

구상도 (構想圖) ⇒ 얽이그림

구상무역 ⇒ 몬몬바꾸기

구상문 ⇒ 갖춘꼴무늬. 갖춘무늬

구새 이름씨 살아 있는 나무 속이 썩어서 난 구멍. '구새통' 준말 ⓑ커다랗게 뚫린 구새에 구렁이 한 마리가 들었다 익은말 **구새 먹다** 안이 텅 비다. 속에 아무것도 들지 않다

구색 ⇒ 고루갖춤. 갖춤

구석 이름씨 **1** 구부러지거나 꺾이는 자리 안쪽 ⓑ마당 한쪽 구석에 오이와 호박을 심었다 ⇐ 코너 **2** 마음이나 무엇에서 한쪽 자리 ⓑ너, 어디 믿는 구석이 있어서 그렇게 노니? **3** 잘 드러나지 않는 외진 곳 ⓑ우리가 쫓길 때 샘은 다락방 구석에 숨어 계셨다 **4** 넓은 바깥에 견주어 안쪽 ⓑ맨날 집구석에만 처박혀 있으면 밥이 생기나 돈이 생기나

구석구석 이름씨 이 구석 저 구석 ⓑ집 안 구석구석 쌓인 쓰레기를 죄다 내다 버렸다 **구석구석이**

구석기시대 ⇒ 돌그릇때

구석바치 이름씨 방구석에 처박혀 있는 사람

구석지다 그림씨 한쪽으로 치우쳐 외지다 ⓑ새터마을은 보안골에서도 구석진 멧골 마을이다

구석차기 이름씨 공차기에서 막는 쪽 사람에 맞은 뒤에 구석으로 나간 공을 차 넣는 쪽에서 구석에 놓고 놀이터 안으로 차는 일 ⇐ 코너킥 **구석차기하다**

구설 ⇒ 입. 입길. 말썽. 말밥

구설수 ⇒ 입길에 오를수. 말밥에 얹힐수

구성 ⇒ 얼개. 짜임새. 짜다. 이루다

구성없다 그림씨 틀에 맞지 않거나 어울리지 않다 ⓑ밑천도 없는 놈이 구성없이 달려들면 남 골탕 먹이는 것밖에 더 돼? 비슷한말 멋없다

구성원 ⇒ 모인이. 이룬이

구성지다 그림씨 생긴 그대로 꾸밈없이 구수하다 ⓑ구성진 목소리로 아리랑을 부르자, 모두 눈물을 흘렸다

구세대 ⇒ 늙은이. 한물간 사람. 낡은 사람. 묵은 삶뉘

구세주 ⇒ 누리건짐이

구속 (拘束) ⇒ 멍에. 굴레. 가두다. 잡아가두다. 옭아매다. 얽매다

구속 (球速) ⇒ 공빠르기

구수하다 그림씨 ❶숭늉이나 보리차 따위에서 나는 맛이나 냄새와 같다 ⓑ가마솥에 끓인 구수한 숭늉은 우리 겨레가 맛보는 값진 차다 작은말 고소하다 ❷말이나 이야기가 마음을 끄는 맛이 있다 ⓑ구수한 말솜씨 ❸마음씨가 넉넉하고 푸근하다 ⓑ옹기종기 모여 앉아 구수하게 노는 시골 아이들

구순하다 그림씨 서로 사귀거나 지내는 데 사이가 좋고 따뜻하다 ⓑ그 집안은 마을에서도 언아우 사이가 구순하기로 이름났다 ⇐ 화목하다. 화기애애하다

구술 ⇒ 말함. 불러줌. 말하다. 이야기하다. 불러주다

구숭숭하다 그림씨 생각이 어수선하고 흩어지다 ⓑ마음이 자꾸만 구숭숭하고 애가 탔다 어지럽다 한뜻말 어지럽다

구슬 이름씨 ❶아름다운 빛깔을 지닌 단단하고 값진 돌이나 조개에 든 둥글고 반짝이는 것 ⓑ구슬 목걸이 ❷유리나 조대흙으로 동그랗게 만든 장난감 ⓑ구슬을 치고 놀다 ❸물방울이나 이슬방울이 동그랗게 맺힌 것 ⓑ호박잎에 구슬이 맺혔다가 똑 떨어진다 ❹보배같이 아름답고 뛰어난 것 ⓑ구슬 같은 글씨

구슬땀 이름씨 구슬처럼 방울방울 맺힌 땀 ⓑ구슬땀을 흘리다 비슷한말 방울땀

구슬리다 움직씨 ❶그럴듯한 말로 슬쩍 달래거나 타일러 마음을 돌리게 하다 ⓑ너는 말발이 좋으니 걔를 더 구슬려 봐 ⇐ 회유하다 ❷어떤 일을 이리저리 헤아려 생각하다 ⓑ못마땅하게만 여기지 말고 잘 구슬려서 생각해 봐

구슬못거울 이름씨 ❶그릇 속에 돋보기를 들여놓고 그 속에서 갖가지 재미있는 그림을 돌리면서 보는 장난감 ⇐ 요지경 ❷알쏭달쏭하고 야릇한 누리 일

구슬비 이름씨 가늘게 내리는 비. 빗방울이 구슬처럼 맑고 투명하게 맺히는 꼴에서 나온 말 ⓑ구슬비를 맞으며 일하다

구슬비녀 이름씨 구슬로 만든 비녀

구슬비녀꽃 이름씨 흰나리 갈래 여러해살이풀. 한여름에 흰 꽃이 핀다. 흰 꽃봉오리가 구슬비녀같이 생겼다 해서 붙은 이름이다 ⇐ 옥잠화

구슬아이 이름씨 ❶구슬 서울에 있다는 맑고 깨끗한 얼굴을 가진 꿍꿍 속 아이 ⇐ 옥동자 ❷어린 사내아이를 귀엽게 이르는 말

구슬치기 이름씨 구슬을 굴리거나 던지면서 노는 놀이 ⓑ아이들이 구슬치기와 딱지치기를 하며 논다

구슬토끼 이름씨 달 속에 산다는 토끼 ⇐ 옥토끼

구슬프다 그림씨 쓸쓸하고 슬프다 ⓑ저 구슬픈 소쩍새 울음소리는 누구 넋이뇨

구습 ⇒ 묵은 버릇. 낡은 버릇

구시가지 ⇒ 옛 저잣거리

구시대 ⇒ 옛 때

구시렁거리다 움직씨 못마땅하여 잔소리나 군소리를 듣기 싫게 자꾸 하다 ⓑ혼잣말로 구시렁거리다 작은말 고시랑거리다 **구시렁대다**

구식 ⇒ 낡은틀. 옛틀. 묵은틀

구실 이름씨 ❶어떤 자리에서 마땅히 해야 할 일이나 맡은 일 ⓑ언니가 자리를 비우면 내가 언니 구실을 해야 하니 웬만큼 어려운 게 아니다 한뜻말 노릇 ⇐ 역. 역할 ❷나랏일을 맡아보는 자리나 그 일 ⓑ구실아치 ❸낛이나 낛을 내는 일 ⓑ새경으로 다섯 섬을 받는다 쳐도 구실을 떼고 나면 남는 것이 얼마겠어?

구실 (口實) ⇒ 핑계

구실굿 이름씨 놀이꾼이 주어진 매개에서 어떤 구실을 맡아 노는 굿 한뜻말 노릇굿 ⇐ 역할극

구실단추 이름씨 셈틀에 이어져 숫자나 글자를 누르는 게 아니라 그밖에 다른 일을 하게 시키는 단추 ⇐ 펑션키

구실살이 이름씨 그위집 구실 노릇을 하는 일 ⓑ옛날에는 구실살이만이 돈을 벌고 이름

을 날린다고 여겼다 ⇐ 공무

구실아치 [이름씨] 그위집에서 벼슬아치 밑에서 일 보던 사람 ⇐ 공무원. 관리

구심력 ⇒ 갑끌힘. 복판끌힘. 가운데로 끄는 힘

구십 ⇒ 아흔

구애 (求愛) ⇒ 굄빎. 사랑빎. 굄빌다. 사랑빌다

구애 (拘礙) ⇒ 거리낌. 얽매임. 거리끼다. 얽매이다

구약 ⇒ 옛맺음. 옛다짐

구약성경 ⇒ 옛말씀. 옛다짐말

구어·구어체 ⇒ 입말

구엣꽃 [이름씨] 키는 석 자쯤 되고 가을에 꽃이 피는데 빛깔은 여러 가지인 풀. 우리나라에는 단구엣꽃과 메구엣꽃 같은 것이 절로 난다 [한뜻말]옷곳꽃 ⇐ 국화꽃

구역 ⇒ 나눈땅. 나눈곳

구역질 ⇒ 게움질. 욕지기질. 게우다. 욕지기질하다

구연동화 ⇒ 아이말굿

구옥 ⇒ 옛집. 낡은 집

구완 [이름씨] 아픈 사람이나 아기 낳은 사람을 보살피는 일 ⇐ 간호 **구완하다**

구운빵 [이름씨] 밥빵을 얇게 썰어 살짝 구운 것 ⇐ 토스트

구원 ⇒ 도움. 돕다. 건지다. 거느리치다

구월 ⇒ 아홉달. 아홉째 달

구유 [이름씨] 마소나 돼지한테 먹이를 담아주는 나무로 된 그릇 ㉥소 구유에 담긴 묵은 여물을 쳐내고 새 여물을 담아줬다

구이 [이름씨] 구울 거리에 여러 가지 양념을 하여 구운 먹을거리. 고구마, 밤 같은 것을 굽는 일을 통틀어 이르는 말 ㉥가자미구이. 갈비구이. 두부구이. 밤구이. 고구마구이

구인 (拘引) ⇒ 잡아감. 끌어가다. 잡아가다

구인 (求人) ⇒ 일꾼찾기. 사람찾다

구일 ⇒ 아흐레. 아흐렛날. 아홉날. 아홉째 날

구입 ⇒ 삼. 사들임. 사다. 사들이다

구입가 ⇒ 밑값. 산값

구장 ⇒ 공놀이터

구저분하다 [그림씨] **1** 더럽고 지저분하다 ㉥구저분한 차림새 **2** 말과 몸짓이 막되고 지저분하다 ㉥말씨가 구저분하다

구전 (口錢) ⇒ 주릅돈. 흥정돈

구전 (口傳) ⇒ 일러옴. 말이음. 일러 오다. 말로 잇다

구전문학 ⇒ 입말꽃. 말꽃

구전민요 ⇒ 물림노래. 내림노래. 물림소리. 내림소리

구절·귀절 ⇒ 글귀

구접스럽다 [그림씨] **1** 보기에 매우 더럽고 지저분하다 ㉥혼자 사는 할아버지 방이라 좀 구접스럽다 ⇐ 추하다 **2** 하는 짓이 너절하고 더럽다 ㉥남한테 빌어먹다 보니 구접스러운 데가 있다

구정 ⇒ 설

구정물 [이름씨] 무엇을 빨거나 씻어 더러워진 물 ㉥옛날엔 설거지한 구정물을 모았다가 소죽을 쑤었다 [한뜻말]구지렁물 [비슷한말]개숫물 [작은말]고장물

구제 (救濟) ⇒ 살림. 건짐. 거리춤. 살리다. 건지다. 거리치다. 거느리치다. 살려내다. 건져내다

구제 (驅除) ⇒ 없앰. 없애다. 몰아내다

구제불능 ⇒ 못건짐

구제역 ⇒ 입발굽앓이

구조 (構造) ⇒ 짜임새. 얼개. 얽이틀. 짜다. 얽다

구조 (救助) ⇒ 건짐. 살림. 건지다. 살리다. 건져내다. 돕다

구조대 ⇒ 건짐떼. 살림떼

구조대원 ⇒ 건짐이. 살림이

구조물 ⇒ 지은 것. 지은 몬

구좌 ⇒ 몫. 돈자리. 셈갈래자리

구죽바위 [이름씨] 굴껍질로 이루어진 바위. 또는 굴껍질이 다닥다닥 붙은 바위 ㉥내가 자주 찾는 구죽바위에 앉아 하늘과 바다가 맞닿은 데를 바라본다

구지레하다 [그림씨] 말이나 하는 짓이 더럽고 지저분하다 ㉥스스로는 구지레하게 옷을 입지만 아이한테는 깨끗하게 옷을 입혔다. 품 팔러 갔더니 구지레한 허드렛일만 시켰다

구직 ⇒ 일자리찾기. 일자리찾다

구질구질 어찌씨 ❶더럽고 지저분한 꼴 ⓑ먹다 남은 구질구질한 맛갓찌끼들 ❷비나 눈이 와서 날씨가 구저분한 꼴 ⓑ구질구질 진눈깨비가 내리는 날이면 군고구마 생각이 난다 ❸깨끗하지 못한 마음이나 몸새로 구접스럽게 구는 꼴 ⓑ너는 오라고도 안 했는데 왜 구질구질 따라오냐

구질구질하다 그림씨 ❶더럽고 지저분하다 ❷비나 눈이 와서 날씨가 구저분하다

구차하다 ⇒ 가난하다. 쪼들리다. 좀스럽다. 떳떳하지 못하다

구천 (九天) ⇒ 아홉하늘

구천 (九泉) ⇒ 저승. 땅속

구청 ⇒ 고을집

구청장 ⇒ 고을지기

구체적으로 ⇒ 속속들이. 낱낱이. 하나하나. 보기를 들어

구축 (構築) ⇒ 쌓아올림. 만듦. 쌓다. 쌓아올리다

구축 (驅逐) ⇒ 몰아냄. 쫓아냄. 몰아내다. 쫓아내다

구출 ⇒ 건져냄. 살림. 건지다. 살리다. 건져내다

구충제 ⇒ 벌레죽이개

구취 ⇒ 입내. 입냄새

구치소 ⇒ 잡아두는곳. 가둠곳

구타 ⇒ 때림. 때리다

구태여 어찌씨 일부러. 짓궂이. 짐짓. 흔히 아니라는 말과 함께 쓴다 ⓑ구태여 갈 것까지야 없지 않겠어?

구태의연 ⇒ 옛꼴그대로

구토 ⇒ 게움

구하다 (求) ⇒ 찾다. 바라다. 얻다

구하다 (救) ⇒ 거느리치다. 거리치다. 건지다. 살리다. 돕다

구현 ⇒ 나타냄. 드러냄. 나타내다. 드러내다

구형 (球形) ⇒ 공꼴

구형 (舊型) ⇒ 옛꼴. 낡은 꼴

구형 (求刑) ⇒ 윲 바람. 윲 바라다

구호 ⇒ 도움. 돕다. 거리춤. 도와주다. 돌보다. 보살피다. 거리치다. 거느리치다

구호단체 ⇒ 도움모둠. 도움떼

구호품 ⇒ 도움몬

구황작물 ⇒ 목숨건짐풀

구획 ⇒ 살피. 가름하다. 갈피짓다. 갈래짓다

국 이름씨 ❶고기나 물고기, 나물 들에 물을 넉넉히 붓고 간을 맞춰 끓인 먹을거리 ⓑ오늘은 흰쌀밥에 소고깃국으로 배를 든든히 채웠네 ❷국이나 찌개 따위에서 건더기를 뺀 물 ⓑ건더기는 다 건져가고 국만 남았어

국가 (國家) ⇒ 나라

국가 (國歌) ⇒ 나랏노래

국거리 이름씨 ❶국을 끓이는 데 넣는 고기, 물고기, 나물 같은 감 ⓑ엄마는 쌀을 일고 국거리를 장만했다 ❷곰국을 끓이는 데 쓰는 쇠고기나 소 안찝 따위 감 ⓑ국거리로 쇠고기 좀 사 오너라

국경 ⇒ 나라살피

국경경비·국경수비 ⇒ 나라살피지킴

국경선 ⇒ 나라살피금

국경일 ⇒ 나라기림날. 나라잔칫날

국고 ⇒ 나랏돈집. 나랏돈

국교 (國交) ⇒ 나라사귐

국교 (國敎) ⇒ 나라믿음

국군 ⇒ 나라지킴이. 나라잠개잡이

국궁 ⇒ 나라활

국그릇 이름씨 국을 담는 그릇 ⓑ밥그릇, 국그릇, 수저를 챙기다

국기 (國旗) ⇒ 나라깃발

국기 (國技) ⇒ 나라재주

국기 (國基) ⇒ 나라터전. 나라터

국기게양대 ⇒ 나라깃발걸대

국내 ⇒ 나라안

국내산 ⇒ 나라안낳이

국내선 ⇒ 나라안길

국내외 ⇒ 나라 안팎

국도 ⇒ 나랏길

국력 ⇒ 나라힘

국론 ⇒ 백성생각. 아람생각

국립 ⇒ 나라세움

국립공원 ⇒ 나라뜰
국립묘지 ⇒ 나라무덤
국면 ⇒ 판
국명 ⇒ 나라이름
국무 ⇒ 나랏일
국무위원 ⇒ 나랏일꾼
국무총리 ⇒ 버금머슴
국무회의 ⇒ 나랏일이야기. 나랏일나눔
국문 ⇒ 나랏글. 나랏글월
국문법 ⇒ 나라말본
국문학 ⇒ 나라말꽃
국물 이름씨 **1** 국이나 찌개, 김치, 젓갈 따위에서 건더기를 뺀 물 ⓑ고깃국이라도 국물을 너무 많이 잡으면 제맛이 안 난다 **2** 어떤 일을 해준 값으로 적게나마 생기는 돈 ⇐ 부수입
국민 ⇒ 백성. 아람
국민성 ⇒ 백성바탈. 아람바탈
국민소득 ⇒ 백성벌이. 아람벌이
국민연금 ⇒ 백성뒷살이돈. 아람뒷살이돈
국민의례 ⇒ 백성절. 아람절
국민투표 ⇒ 온백성찍기. 아람찍기. 찍기
국민학교 ⇒ 첫배곳
국밥 이름씨 **1** 끓인 국에 밥을 말거나 국에 미리 밥을 말아 끓인 먹을거리 ⓑ국밥을 말다 **2** 아이를 낳고 먹는 미역국과 밥 ⓑ할머니는 아이 낳고 곧 일어나 국밥까지 몸소 끓여 드셨다고 한다
국방 ⇒ 나라지킴
국방부 ⇒ 나라지킴맡
국방색 ⇒ 짙푸른빛
국법 ⇒ 나라벼리
국보 ⇒ 나라보배
국보급 ⇒ 나라보배자리. 나라보배높이
국부 (國父) ⇒ 나라버이. 나라아버지
국부 (國富) ⇒ 나라살림
국부 (局部) ⇒ 한곳. 밑
국부마취 ⇒ 군데느낌없앰. 한곳느낌없앰
국비 ⇒ 나랏돈
국빈 ⇒ 나라손님
국사 (國史) ⇒ 겨레삶자취
국사 (國事) ⇒ 나랏일
국사 (國師) ⇒ 나라스승
국산 ⇒ 나라낳이
국산품 ⇒ 나라낳이몬
국새 ⇒ 나라새김
국세 (國稅) ⇒ 나라낛
국세 (國勢) ⇒ 나라힘
국세청 ⇒ 나라낛집
국수 이름씨 밀가루나 쌀가루, 감자가루, 메밀가루 들을 반죽하여 틀에 눌러 뽑아 긴 오리로 만든 것. 또는 그것으로 만든 먹을거리 ⓑ국수를 말다. 국수를 뽑다
국수주의 ⇒ 제나라뽐냄살이. 제나라으뜸생각
국악 ⇒ 나라가락. 겨레노래
국악기 ⇒ 나라가락틀
국어 ⇒ 나라말. 우리말. 겨레말. 배달말
국어사전 ⇒ 나라말집
국어순화 ⇒ 나라말 다듬기. 나라말 바로잡기. 우리말 바로쓰기
국어학 ⇒ 나라말갈
국영 ⇒ 나라건사. 나라돌봄
국왕 ⇒ 나라임금
국외 ⇒ 나라밖
국위 ⇒ 나라낯. 나라높이. 나라힘
국유지 ⇒ 나라땅
국으로 어찌씨 제 생긴 그대로. 또는 제 주제에 알맞게 ⓑ자네가 끼어들 일이 아니니 국으로 잠자코 있게!
국익 ⇒ 나라벌이. 나라날찍. 나라도움. 나라보탬
국자 이름씨 국을 그릇에 퍼 담는 데 쓰는 자루가 긴 세간 ⓑ아무리 없는 살림이라도 솥, 순가락, 국자, 밥주걱은 있어야지
국장 ⇒ 나라궂일
국적 ⇒ 나라내기. 딸린나라. 난데나라
국정 ⇒ 나라다스림
국제 ⇒ 나라사이. 누리
국제경쟁력 ⇒ 누리겨룸힘. 나라사이겨룸힘
국제공항 ⇒ 나라사이하늘나루. 누리하늘나루
국제기구 ⇒ 나라사이얼개. 누리얼개

국제노동기구(ILO) ⇒ 나라사이일얼개. 누리일얼개
국제대회 ⇒ 누리모꼬지
국제법 ⇒ 누리벼리
국제선 ⇒ 누리배. 누릿길. 누리날틀
국제수지 ⇒ 나라사이 벌고쓰기
국제연합 ⇒ 누리나라모임. 나라두레
국제원자력기구 ⇒ 나라사이 밑씨힘얼개. 누리밑씨힘얼개
국제통화기금 ⇒ 나라사이밑돈. 누리밑돈
국제화 ⇒ 누리 하나되기. 누리 하나되다
국조 ⇒ 나라새
국채 ⇒ 나랏빚
국책 ⇒ 나라꾀
국토 ⇒ 나라땅
국학 ⇒ 나라갈
국한문 ⇒ 한글과 한자
국화 (國花) ⇒ 나라꽃
국화·국화꽃 (菊花) ⇒ 옷곳꽃. 구엣꽃
국화빵 ⇒ 옷꽃빵. 구엣꽃빵
국회 ⇒ 뽑힌이모임. 나라모임
국회의사당 ⇒ 나라모임집. 뽑힌이집
국회의원 ⇒ 나라모임일꾼. 나라뽑힌이
군- 앞가지 ❶꼭 갖출 것을 넘은. 덧붙은 ㉥군입. 군불. 군손질 ❷쓸데없는 ㉥군것. 군말. 군살. 군침. 군소리
군 (郡) ⇒ 고을
군 (軍) ⇒ 지킴이. 지킴떼. 잠개잡이. 싸울아비. 싸움떼. 쌈떼
군 (君) ⇒ 너. 그대. 자네. 임금
군가 ⇒ 지킴이노래. 잠개잡이노래
군것질 이름씨 끼니와 끼니 사이 입이 심심하거나 출출할 때 과일이나 새참거리를 가볍게 먹는 일 ㉥군것질하는 버릇만 고쳐도 살이 찌지 않을 거다
군경 ⇒ 지킴이와 깨살핌이
군계일학 ⇒ 여럿 가운데 으뜸
군고구마 이름씨 구운 고구마 ㉥추운 겨울엔 따끈따끈한 군고구마가 제맛이야
군권 ⇒ 나라지킴힘
군기 ⇒ 지킴이얼
군내 이름씨 제맛이 아닌 좋지 않은 냄새 ㉥된장에 군내가 나는 것 같아
군내 ⇒ 고을안
군눈 이름씨 쓸데없는 것에 돌리는 눈 ㉥바람피우는 데 군눈을 떴다
군단 ⇒ 무리떼
군대 ⇒ 싸울아비떼. 잠개잡이떼. 지킴이떼. 싸움떼. 쌈떼
군더더기 이름씨 쓸데없이 덧붙은 것 ㉥군더더기 붙이지 말고 있었던 그대로 말해보렴
군데 이름씨 낱낱 곳을 세는 하나치 ㉥몇 군데. 여러 군데 ⇐ 개소
군데군데 이름씨 ❶여기저기 여러 곳 ㉥군데군데를 둘러보다 ❷(어찌씨) 여기저기 여러 곳에 ㉥군데군데 흩어진 옷가지
군도 ⇒ 떼섬. 무리섬. 뭇섬
군돈 이름씨 안 써도 되는 데에 쓰는 돈 ㉥군돈을 자꾸 써서 돈이 안 모일까?
군드러지다 움직씨 ❶술에 절거나 몹시 고단해 쓰러져 자다 ㉥술에 절어 길바닥에 군드러진 아버지를 업어 왔다 작은말 곤드라지다 ❷곤두박질하여 푹 쓰러지다 ㉥아우는 섬돌에서 군드러져 발을 삐었다
군락 ⇒ 무리. 떼판. 여러 마을. 모둠살이
군량미 ⇒ 잠개잡이쌀. 지킴이쌀
군림 ⇒ 높은 자리에서 다스림. 엄청난 힘으로 남을 누르다
군막·군영 ⇒ 바오달
군말 이름씨 하지 않아도 좋을 때 쓸데없이 하는 군더더기 말 ㉥군말 말고 시키는 대로 해봐요
군무 ⇒ 무리춤. 떼춤. 무리춤 추다. 떼춤 추다
군물 이름씨 끼니때 말고 마시는 물 ㉥나숨이는 빈속에 군물을 자주 마시라고 말했다
군민 (郡民) ⇒ 고을사람
군민 (軍民) ⇒ 지킴이와 백성
군밤 이름씨 불에 구워 익힌 밤 ㉥군밤 장수
군법 ⇒ 지킴이벼리. 잠개잡이벼리
군복 ⇒ 지킴이옷. 잠개잡이옷

군복무 ⇒ 지킴일. 잠개잡이일

군불 이름씨 방을 덥히려고 때는 불 ⓑ손님이 와서 건넌방에 군불을 지폈다 익은말 **군불을 때다** ❶방을 덥게 하려고 불을 때다 ❷담배를 피우다 슬기말 **군불에 밥 짓기** 어떤 일에 곁따라 다른 일이 쉽게 이루어짐

군붓 이름씨 글이나 그림에 군더더기로 더 써넣거나 그려 넣는 것 ⓑ잘 쓰려다가는 군붓을 대기 일쑤다

군비 (軍備) ⇒ 잠개갖춤

군비·군사비 (軍費) ⇒ 지킴돈. 잠개돈

군사 (軍士) ⇒ 지킴이. 잠개잡이

군사 (軍事) ⇒ 지킴일

군사독재 ⇒ 쏘개칼 다스림

군사력 ⇒ 지킴힘

군살 이름씨 ❶지나치게 많이 먹거나 덜 움직여서 쓸데없이 붙은 살 ⓑ겨우내 군살이 찐 것 같아 한뜻말군덕살 ❷쓸데없이 붙은 것 ⓑ저쪽 큰 가게는 일하는 사람을 줄여 군살 빼기에 나섰다 ❸헌 데나 부스럼에 두드러지게 내민 군더더기 살 ⓑ헌데에 군살이 돋다 한뜻말궂은살

군색하다 ⇒ 가난하다. 쪼들리다. 을씨년스럽다. 딱하다

군생·군서 ⇒ 떼살이. 무리살이. 떼살이하다. 무리살이하다

군소국가 ⇒ 여러 작은나라

군소리 이름씨 ❶안 해도 될 쓸데없는 말 ⓑ군소리 말고 시키는 일이나 잘해라 한뜻말군말 비슷한말두말 ❷잠결, 꿈결에 하는 말 ⓑ군소리를 어찌나 해쌓던지 그 바람에 나도 깼지 뭐야 한뜻말잠꼬대 ❸몹시 앓을 때 얼을 못 차리고 하는 말 ⓑ네가 얼마나 앓았는지 군소리까지 하더라 한뜻말헛소리

군손 이름씨 쓸데없이 놀리는 손

군손님 이름씨 오라고 하지 않았는데 찾아온 손님 ⇐ 불청객

군손질 이름씨 ❶하지 않아도 될 쓸데없는 손질 ⓑ다 끝난 일이니 군손질 안 해도 된다 ❷쓸데없이 때리는 짓 ⓑ요즘이 어느 때인데 군손질하는 버릇을 못 고쳐요?

군수 (郡守) ⇒ 고을지기

군수·군용 (軍需) ⇒ 지킴이씀. 잠개잡이씀

군수품 ⇒ 지킴이쓸몬

군악 ⇒ 지킴이가락

군악대 ⇒ 지킴이가락떼

군왕 ⇒ 임금. 나라님

군의관 ⇒ 지킴이 나숨이

군인 ⇒ 잠개잡이. 싸울아비. 지킴이. 싸움보. 쌈보

군입 이름씨 ❶아무것도 먹지 않은 맨입 ⓑ아무것도 먹지 못하고 군입만 다셨다 ❷끼니 때 말고 짬짬이 먹는 것 ⓑ아이들이 군입으로 좋아할 먹을거리 ❸붙어서 얻어먹는 입 ⓑ하솔이 엄마가 놉을 하면 군입이 셋 따라온다

군자 ⇒ 어진이. 거룩이

군정 ⇒ 쏘개칼다스림

군주제 ⇒ 임금다스림

군중 ⇒ 사람무리

군집 ⇒ 모임. 무리 지음. 모이다. 꾀다. 뒤끓다. 들끓다. 모여들다. 떼 짓다. 무리 짓다

군청 ⇒ 고을일터

군청색 ⇒ 쪽빛

군축 ⇒ 잠개줄임. 잠개돈줄임

군치리 이름씨 개고기를 술곁으로 파는 술집 ⓑ군치리에서 끼니를 때우고 서둘러 일어섰다

군침 이름씨 무엇이 먹고 싶거나 까닭 없이 입안에 도는 침 ⓑ길가에서 멍게를 먹는 모습을 보고 군침이 돌았다

군턱 이름씨 살이 쪄서 턱 아래로 축 처진 살 ⓑ맞선을 보러 갔다가 그 사내 군턱을 보고 마음이 싹 달아났다

군티 이름씨 몬에 생긴 조그마한 티 ⓑ이 그릇은 군티 하나 없이 깨끗하다

군함 ⇒ 잠개잡이배

군화 ⇒ 지킴이신. 잠개잡이신

굳건하다 그림씨 ❶뜻이 굳세다 ⓑ굳건한 믿음 ⇐ 확고하다 ❷튼튼하고 단단하다 ⓑ느티나무 한 그루가 언덕 위에 굳건하게 서

있다 **굳건히**

굳기름 (이름씨) 짐승이나 푸나무에 들어있는 기름. 물에 녹지 않고 불에는 잘 타고 목숨을 살리는 힘을 준다 ⓑ그 사내는 몸에 굳기름이 많아 추위를 덜 타는 것 같더라 ⇐ 지방

굳김됨 (이름씨) 굳덩이가 물덩이를 거치지 않고 바로 김덩이 되기 ⇐ 승화

굳다[1] (움직씨) ❶무른 것이 단단해지다 ⓑ아까까지 몰랑몰랑하던 찰떡이 그새 굳었네 ❷힘살이나 뼈마디가 뻣뻣해지다 ⓑ웬일인지 다리가 굳어서 메에 못 올라가겠네 ❸살림살이가 쓰여 없어지지 않다 ⓑ술 안 마시고 담배 안 피우니 몸에도 좋고 돈도 굳고 얼마냐 좋으냐

굳다[2] (그림씨) ❶누르는 힘에 꼴이 바뀌지 않을 만큼 단단하다 ⓑ비 온 뒤 며칠이 지나니 땅이 굳어있다 ❷뜻을 바꾸지 않을 만큼 버티는 힘이 있다 ⓑ올해는 마음을 굳게 먹고 담배를 끊어야지 ❸낯빛이 흐려있거나 몸새가 딱딱하다 ⓑ윗사람한테서 잔소리를 듣고 나도 모르게 낯빛이 굳어졌나 봐 ❹몸가짐이나 마음씨가 버릇처럼 몸에 배다 ⓑ어릴 적에 굳은 버릇은 나이가 들어도 고치기 어렵다 ❺소리내기가 부드럽지 않고 딱딱하다 ⓑ혀가 굳어 말이 잘 안 된다 (슬기말) **굳은 땅에 물이 고인다** 헤프지 않고 아끼는 사람이 돈을 모은다

굳비늘 (이름씨) 쇠가죽상어 비늘처럼 단단하고 빛이 나는 마름모꼴 비늘

굳세다 (그림씨) ❶굳고 세다 ⓑ굳센 팔다리를 보면 그 사람이 힘이 세고 일을 많이 한 사람 같다 ❷처음 먹은 마음을 바꾸지 않고 그대로 밀고 나가다 ⓑ뜻이 굳센 사람이니 그 일을 틀림없이 해낼 겁니다 ⇐ 확고하다

굳어지다 (움직씨) ❶무르던 것이 단단하거나 딱딱하게 되다 ⓑ땅이 굳어지다 ❷흔들리거나 바뀌지 않을 만큼 힘이나 뜻이 세게 되다 ⓑ뜻이 굳어지다 ❸얼굴이나 몸짓 따위가 어둡고 딱딱하게 되다 ⓑ마음이 싸늘하게 굳어지다 ❹힘살이나 뼈마디가 뻣뻣하게 되다 ⓑ손발이 굳어지다 ❺말이나 몸짓, 생각 따위가 몸에 배 버릇이 되다 ⓑ말버릇이 굳어지다 ❻어떤 것이 바뀌거나 고칠 수 없게 되다 ⓑ우리 쪽이 이긴 것으로 굳어졌다고 생각했다

굳은살 (이름씨) 손바닥이나 발바닥이 어디에 자주 닿아서 단단하게 된 살 ⓑ해마다 나물뜯기가 끝나면 손바닥에 굳은살이 박인다

굳이 (어찌씨) 애써서 일부러. 또는 구태여 우겨서 ⓑ굳이 바란다면 따라오너라

굳잠 (이름씨) 깊이 든 잠. 또는 잠을 깊게 잠 한뜻말귀잠

굳젖기름 (이름씨) 소젖 굳기름을 떼어 굳힌 맛갓 ⇐ 버터

굳히다 (움직씨) 굳게 하다 ⓑ마음을 굳히다. 물엿을 굳히다

굴[1] (이름씨) ❶땅이나 바위가 속으로 깊숙이 팬 곳 ⓑ뒷메에는 사람이 앉을 만한 바위굴이 여럿 있다 한뜻말궁기. 괴 ❷메나 땅밑을 꿰뚫어 만든 길 ⓑ오늘날은 넘칠 만큼 굴을 많이 뚫는다 ⇐ 터널 ❸짐승이나 뱀, 개구리 같은 것이 사는 집 ⓑ송이 따러 다니면 너구리굴을 많이 본다

굴[2] (이름씨) 굴조개 준말. 바다 바위나 돌에 붙어사는 조개. 또는 그 살 한뜻말굴조개

굴곡 ⇒ 굽이

굴길 (이름씨) ❶땅속에 굴로 된 길 ⓑ오늘날은 굴길이 많이 뚫려 메가 엄청 부서졌다 ⇐ 터널 ❷쇳돌메에서 굿 안에 뚫어놓은 길. 사람이 드나들고 쇳돌이나 밑감을 나르거나 바람이 드나들게 한다 한뜻말굿길 ⇐ 갱도

굴김치 (이름씨) 날굴을 넣어서 담근 김치 ⓑ바닷가 마을에서는 굴김치를 잘 담가 먹는다

굴다[1] (움직씨) '구르다' 준말 ⓑ우리는 잔디밭에서 씨름하고 뛰고 굴면서 내내 놀았다

굴다[2] (움직씨) 그런 짓을 하다 ⓑ어제는 얄밉게 굴더니, 오늘은 꽤 반갑게 구네

굴다[3] (움직씨) 남이 안 좋게 되기를 바라다 ⓑ

남이 잘못되기를 굴어서야 되겠나 ⇐ 저주하다

굴다리 [이름씨] 굴로 된 길 위로 가로지른 다리 [ㅂ]그 굴다리에는 불빛이 없어서 지나가기가 조마조마하다

굴대 [이름씨] 두 수레바퀴 한가운데에 뚫린 구멍에 끼우는 긴 나무막대나 쇠막대 [ㅂ]굴대에 녹이 슬었는지 쥠쇠가 느슨해졌는지 삐거덕거리는 소리가 이어 난다 ⇐ 축

굴대바퀴 [이름씨] 굴대에 바퀴를 달아 같이 움직이게 하는 것

굴대받이 [이름씨] 돌뮘이나 곧금뮘을 하는 굴대를 받치는 것 한뜻말굴대받이구슬 ⇐ 베어링

굴뚝 [이름씨] 불을 땔 때 내가 빠져나가게 만들어 세운 것 [ㅂ]나무를 때면 파르스레한 내가 굴뚝에서 나와 흩어진다 ⇐ 연통

굴뚝같다 [그림씨] 하고 싶은 마음이 아주 세다 [ㅂ]마음은 굴뚝같지만 차마 말을 못하고 기다렸다

굴뚝새 [이름씨] 몸길이가 6~7센티미터쯤인 작은 새. 짙은 밤빛에 검은 밤빛 가로무늬가 있으며 거미 같은 벌레를 잡아먹고 산다

굴러다니다 [움직씨] 어디 한곳에 있지 않고 왔다 갔다 하다 [ㅂ]가을바람에 가랑잎이 온 마당에 굴러다닌다

굴러들다 [움직씨] 여기저기 옮겨 다니던 사람이나 몬이 한곳에 와 자리를 잡다 [ㅂ]이제 보니 그 사람 제 발로 굴러든 귀염둥이 같지 않아?

굴러먹다 [움직씨] 이곳저곳 자리를 옮겨 다니며 지내다 [ㅂ]어디서 굴러먹다 온 놈이야?

굴러오다 [움직씨] 구르며 오다 [슬기말] **굴러온 돌이 박힌 돌 뺀다** 갓 들어온 새내기가 오랜 묵은둥이를 밀어낸다

굴렁쇠 [이름씨] 아이들 놀잇감으로 쇠붙이나 대나무로 만든 둥근 테. 굴렁대나 쇠꼬챙이로 밀어서 굴리며 간다 [ㅂ]굴렁쇠를 굴리며 마을 골목길을 누비며 달렸다 한뜻말동그랑쇠. 굴레바퀴

굴레 [이름씨] [1]소나 말을 다루려고 대가리에 씌워 고삐에 이어 매는 끈으로 된 테 [ㅂ]송아지가 제법 자라 굴레를 처음 씌우면 답답해서 미쳐 날뛴다 [2]사람을 거북스럽게 얽매는 일 [ㅂ]배달겨레 사람이라면 누구라도 이 말종살이 굴레를 벗어나려고 힘써야지 [익은말] **굴레 벗은 말** 제멋대로 함부로 구는 사람을 빗댄 말 **굴레를 벗다** 얽매임에서 벗어나 홀가분하다

굴레미 [이름씨] 나무로 만든 수레바퀴 [ㅂ]땅이 고르지 않아 소달구지 굴레미가 몹시 흔들렸다

굴레바퀴 [이름씨] 굴렁쇠

굴리개 [이름씨] 둥글납작한 널 두 쪽 사이 굴대에 실 한쪽 끝을 묶어 매고 다른쪽 실 끝을 쥐고 오르내리게 굴리는 장난감 ⇐ 요요

굴리다 [움직씨] [1]구르게 하다 [ㅂ]바위를 굴리다. 눈알을 굴리다 [2]잘 다루지 않고 함부로 버려두다 [ㅂ]새 옷을 이렇게 아무데나 굴리면 쓰나 [3]나무토막 따위를 모가 나지 않게 하려고 돌려가면서 깎다 [4]생각을 이리저리 곱씹다 [ㅂ]이리저리 머리를 굴려봐도 뾰족수가 안 나오네 [5]수레를 부리다 [ㅂ]그 사람, 버스를 몇 대 굴리는 가면이야 [6]돈놀이하다 [ㅂ]돈쟁이들은 자나깨나 돈을 어떻게 굴려 더 벌까 머리를 쓴다

굴림대 [이름씨] 무거운 몬을 옮길 때 그 밑에 깔아서 굴리는 둥근 나무 한뜻말궁글대

굴림방 [이름씨] 다달이 돈을 내고 꽤 오랫동안 남 집에 머물면서 자고 먹고 하는 일. 또는 그 집 ⇐ 하숙

굴밀이 [이름씨] 굴리면서 밀고 가는 것 [ㅂ]길을 반반하게 다질 때 뮘틀 굴밀이를 널리 쓴다 ⇐ 롤러

굴복 ⇒ 손듦. 무릎꿇음. 손들다. 무릎꿇다. 지다

굴비 [이름씨] 소금에 살짝 절여 통째로 말린 조기 [ㅂ]굴비 한 두름. 굴비 엮듯 잡아가다 ⇐ 건석어

굴삭기·굴착기 ⇒ 삽수레. 땅파개. 틀가래

굴욕 ⇒ 업신여김받음

굴절 ⇒ 꺾임. 꺾이다. 휘다

굴절각 ⇒ 꺾임모

굴조개 이름씨 껍데기는 달걀꼴이고 바닷가 바위에 왼쪽 껍데기로 붙어살며 암수한몸으로 살은 맛이 좋다 한뜻말굴

굴지 ⇒ 손꼽힘. 손가락 꼽다. 손꼽힐 만하다

굴착 ⇒ 팜. 뚫음. 파다. 뚫다

굴참나무 이름씨 참나무 가운데 하나로 잎은 길둥근꼴로 톱니가 있고 어긋나게 나며 잎 뒤쪽은 흰 털이 나 있는 큰키나무. 껍질이 두꺼워 보굿 밑감으로 쓴다

굴취기 ⇒ 뿌리캐개

굴하다 ⇒ 굽히다. 꺾이다

굵다 그림씨 ❶긴 것 몸피가 크다 ⓑ저 다리 좀 봐, 공놀이꾼답게 다리가 엄청 굵네 ❷둥근 것이 부피가 크다 ⓑ올해는 날씨가 좋아서인지 밤도 굵고 고구마도 굵다 ❸생각이나 하는 짓이 통이 크다 ⓑ쩨쩨하게 굴지 말고 젊은이답게 굵게 놀아봐 ❹소리 울리는 힘이 크다 ⓑ아재는 목소리가 얼마나 굵은지 소리치면 배움방 보꾹이 날아갈 듯해 ❺피륙 올이 곱지 않아 성글고 거칠다 ⓑ올해같이 더운 여름이면 굵은 삼베 고의적삼이 생각나 ❻글씨 두께가 넓다 ⓑ큼지막하게 굵은 글씨로 '우리말살이 하자'고 써 붙였지

굵다랗다 그림씨 꽤 굵다 ⓑ그해 우리는 굵다란 통나무를 베어다 귀틀집을 지었다 한뜻말 굵직하다

굵직굵직하다 그림씨 여럿이 다 굵직하다 ⓑ먼저 굵직굵직한 밤부터 골라서 애쓴 분들한테 부쳤다

굵직하다 그림씨 굵다랗다

굶다 움직씨 ❶끼니를 거르다 ⓑ어제 저녁을 굶었더니 아침 밥맛이 아주 좋다 ❷노름이나 놀이에서 제 차례를 건너뛰다 ⓑ끝발이 안 서 이 디위에는 굶겠어

굶주리다 움직씨 ❶먹을 것이 없어서 배를 곯다 ⓑ오늘날에도 땅별에는 먹지 못해 굶주리는 아이들이 많다 ❷몹시 얻고 싶거나 하고 싶은 것을 뜻대로 못하다 ⓑ어릴 때 사랑에 굶주린 마음은 죽을 때까지 간다

굼뉘 이름씨 바람이 불지 않을 때 이는 큰 물결 ⓑ밀물과 썰물이 갈마드는 까닭으로 굼뉘가 생긴다

굼뜨다 그림씨 하는 짓이 답답할 만큼 느리다 ⓑ한돌이는 몸집이 커서 그런지 하는 일마다 굼떠 맞선말날래다

굼벵이 이름씨 ❶매미 애벌레나 풍뎅이 같은 딱정벌레 무리 애벌레. 누에와 비슷하나 길이가 짧고 똥똥하며 썩은 풀더미나 땅속에서 산다. 하는 짓이 느리다 ❷짓이 굼뜬 사람 ⓑ저 하는 짓 좀 봐, 굼벵이도 저런 굼벵이는 없어

굼부러지다 움직씨 넘어지면서 구르다 ⓑ멧등에서 놀다가 굼부러져 몇 바퀴를 굴렀는지도 모른다

굼슬겁다 그림씨 마음씨가 서근서근하고 너그럽다 ⓑ아내는 마음이 굼슬거워 동무가 많다 작은말곰살갑다

굼적 어찌씨 무겁고 더디게 몸을 움직이는 꼴 ⓑ온몸이 쑤셔서 굼적도 못 하겠어 작은말곰작. 꼼작. 꼼짝 센말꿈적. 꿈쩍 **굼적하다**

굼적거리다 움직씨 무겁고 더디게 자꾸 몸을 움직이다 ⓑ손가락 하나 굼적거리기 싫다 **굼적대다**

굼적굼적 어찌씨 무겁고 더디게 자꾸 몸을 움직이는 꼴 ⓑ두꺼비가 굼적굼적 옮겨가는 꼴을 구경하느라 아이들이 몰려들었다 **굼적굼적하다**

굼지럭 어찌씨 느리고 굼뜬 몸짓으로 움직이는 꼴 ⓑ지렁이가 굼지럭 움직인다 작은말곰지락. 꼼지락 센말꿈지럭 **굼지럭하다**

굼지럭거리다 움직씨 느리고 굼뜬 몸짓으로 잇달아 움직이다 ⓑ아버지는 늘그막에 새벽잠이 없어서 일찍 일어나 굼지럭거리는 바람에 다른 사람 잠을 깨워놓곤 했지 **굼지럭대다**

굼지럭굼지럭 어찌씨 느리고 굼뜬 몸짓으로 잇달아 움직이는 꼴 ⓑ할머니는 아까부터 굼지럭굼지럭 무언가를 찾는다 **굼지럭굼지럭**

하다

굽 이름씨 ❶소나 말 같은 짐승 발끝에 난 두껍고 단단한 발톱 ⓑ튼튼한 배달소 굽에도 앓이가 생길 때가 있다 한뜻말발굽 ❷그릇 밑바닥에 붙은 받침 ⓑ굽이 있는 듯 마는 듯한 접시 ❸구두 밑바닥 뒤축에 덧댄 것 ⓑ그 머시마는 키가 작은 것을 감추려는 듯 굽 높은 구두를 신었다

굽다[1] 움직씨 ❶불김에 쐬어 익히다 ⓑ무쇠솥 뚜껑에 돼지고기를 구웠다 ❷나무를 태워 숯으로 만들다 ⓑ참나무로 숯을 굽다 ❸흙으로 빚은 기와, 단지, 그릇을 가마에 넣고 불을 때다 ⓑ할아버지는 질그릇을 가마에서 구웠다 ❹빛박이 거꿀박이를 찍종이에 옮겨 바로박이로 만들다 ⓑ빛박이를 굽다 ❺바닷물에 햇볕을 쬐어 소금만 남게 하다 ⓑ오랫동안 소금밭에서 소금 굽는 일을 했다

굽다[2] 움직씨 ❶한쪽으로 휘다 ⓑ그 마을은 저 느티나무에서 왼쪽으로 굽어 들어간다 ❷(그림씨) 곧지 않고 한쪽으로 휘어져 있다 ⓑ허리가 굽은 할머니 익은말 **굽도 젖도 할 수 없다** 굽힐 수도 젖힐 수도 없다는 말로 막다른 데에 이르러 어찌할 길이 없다

굽다[3] 움직씨 배움이 더디어 배웠던 것을 한 해 눌러 다시 배우다 ⇐ 유급

굽다리 이름씨 그릇에 달린 높은 굽 ⓑ굽다리 접시

굽달이 이름씨 굽이 달린 접시 ⓑ메를 올릴 때 쓰는 굽달이를 깨끗이 닦아서 올려놓아라

굽도리 이름씨 ❶안바람과 방바닥이 만나는 곳에 좁게 띠꼴로 만든 데 ⓑ방구석에 곰팡이가 잘 슬어 새콤이 탄 물로 닦아내고 굽도리를 갈았다 ❷몬 기슭이 되는 곳 둘레 ⓑ할머니는 굽도리를 흰붉빛으로 감친 주머니를 늘 찼다

굽돌다 움직씨 구비구비 휘돌다 ⓑ안개가 멧모롱이를 굽돌며 흩어진다 작은말곱돌다

굽돌이길 이름씨 굽이도는 길 ⓑ누구라도 굽돌이길에서는 수레를 천천히 몰아야 한다 ⇐ 커브길

굽바자 이름씨 작은 나뭇가지로 엮은 얕은 울타리 ⓑ굽바자 너머에는 푸른 보리밭이 펼쳐졌다

굽실 어찌씨 고개나 허리를 가볍게 굽혔다가 펴는 모습 ⓑ모인 이들에게 다소곳하게 굽실 절을 했다 작은말곱실 센말꿉실 **굽실하다**

굽실거리다 움직씨 ❶고개나 허리를 자꾸 가볍게 굽혔다가 펴다 ⓑ저 사람은 잘못이라도 한 듯이 굽실거리며 걷는다 ❷남 마음을 사려고 단작스럽게 굴다 ⓑ네 앞에서 굽실거리는 것은 너한테가 아니고 네가 가진 돈 때문일 거야 **굽실대다**

굽실굽실 어찌씨 ❶고개나 허리를 자꾸 가볍게 굽혔다가 펴는 모습 ⓑ키가 큰 하늘이는 걸을 때마다 허리가 굽실굽실 흔들린다 ❷남 마음을 사려고 단작스럽게 구는 꼴 ⓑ아저씨는 수박을 사러 온 손님한테 잇달아 굽실굽실 허리를 굽힌다 **굽실굽실하다**

굽실벎 이름씨 굽실거리며 비는 일

굽어보다 움직씨 몸을 굽혀 아래를 보다 ⓑ지실고개에 올라 멀리 새녘을 굽어보면 샛바다가 보인다

굽은돌이 이름씨 모가 지게 구부러지거나 꺾여 돌아간 곳 한뜻말모퉁이

굽이 이름씨 ❶길이나 물줄기, 멧줄기 따위가 휘어서 굽은 곳 ⓑ가파른 굽이를 돌다 ⇐ 커브 ❷나무가 자랄 때나 마를 때 구부러진 곳 ⓑ나무쟁이는 나무 굽이도 살려 쓴다

굽이굽이[1] 이름씨 여러 굽이 ⓑ굽이굽이를 돌아 흘러 내려온 가라가람물은 마침내 마파다로 흘러든다

굽이굽이[2] 어찌씨 여러 굽이로 구불구불한 꼴 ⓑ굽이굽이 질마재를 돌아 올라오면 높은 곳에 벌판이 펼쳐진다

굽이돌다 움직씨 굽이져 구불구불 돌다 ⓑ이리저리 굽이도는 고갯길을 넘어 할머니 집에 갔다

굽이지다 움직씨 휘어서 구부러지다 ⓑ가파른 멧길은 굽이진 기슭을 에돌아서 뻗어있다

굽이치다 움직씨 굽이를 이루며 힘차게 흐르다 ⓑ세찬 장맛비로 시뻘건 흙탕물이 굽이쳐 흐른다

굽잇길 이름씨 굽이진 곳으로 도는 길 ⓑ굽잇길을 돌면 너른 벌판이 눈앞에 펼쳐진다

굽죄이다 움직씨 떳떳하지 못하여 힘을 못 펴다 ⓑ굽죄이는 데가 있는지 물어도 말이 없다 한뜻말 굽쥐이다 준말 굽죄다

굽히다 움직씨 ❶굽게 하다 ⓑ몸을 굽혀 나물을 뜯다 보면 허리가 아프기 마련이다 ❷생각이나 뜻을 꺾다 ⓑ저쪽이 아주 세게 나오니 우리가 굽히고 들어가자

굿[1] 이름씨 '구덩이' 준말. 또는 무덤을 쓸 때 널이 들어갈 만큼 파서 다듬은 구덩이 ⓑ널을 굿에 내릴 때 지켜보던 사람들은 모두 눈물을 흘렸다

굿[2] 이름씨 ❶숯가마 ⓑ아버지는 사람 키보다 조금 짧게 자른 굵은 참나무 토막을 굿에 차곡차곡 쌓았다 ❷구울 숯 부피를 헤아리는 하나치

굿[3] 이름씨 ❶잘못되지 않기를 바라거나 잘되기를 빌려고 무당이 벌이는 잔치 ⓑ요즘은 동네에서 굿을 보기가 쉽지 않다 ❷노릇바치가 굿말에 따라 어떤 일이나 사람을 말과 몸짓으로 구경꾼에게 보여주는 마당 재주꽃 ⇐ 연극 ❸떠들썩하거나 신명나는 구경거리 ⓑ온 동네 사람이 다 모인 걸 보니 굿이 벌어졌나 보다 슬기말 **굿 뒤에 날장구 친다** 일이 다 끝난 뒤에 쓸데없이 떠들다 한뜻말 뒷북치다 **굿이나 보고 떡이나 먹지** 남 일에 쓸데없이 끼어들지 말고 잠자코 있다가 주는 것이나 받아먹자

굿거리 이름씨 무당이 굿할 때 쓰는 장단. 굿거리장단에 맞춘다

굿거리장단 이름씨 우리 겨레 가락 가운데 하나로 느린 네 디위 치기. 한 마디가 한 장단이며 어깨가 들썩들썩 신나는 장단이다

굿것 이름씨 죽은 사람 넋이나 도깨비 따위를 일컫는 말 ⓑ몹시 앓을 때는 굿것이 보이기도 하지 비슷한말 헛것 ⇐ 귀신

굿글 이름씨 굿이나 뮘그림을 만들려고 쓴 글. 노릇바치가 할 말이나 몸짓, 꾸미개 같은 것을 꼼꼼하게 적는다 ⇐ 희곡. 시나리오

굿꾸밈 이름씨 굿이나 뮘그림, 멀봄 볼거리에서 굿말이나 굿글을 바탕으로 노릇이나 갖춤, 옷차림 따위를 두루 다루어 앞뒤 서로 어긋나지 않게 잘 만들어 내는 일 ⇐ 연출

굿꾸밈이 이름씨 굿 꾸미는 일을 맡은 사람 ⇐ 연출가

굿말 이름씨 굿이나 뮘그림, 멀봄 볼거리를 만들려고 노릇바치가 할 말이나 몸짓, 나오는 차례, 둘레에 갖출 것 따위를 꼼꼼하게 적어 놓은 글 ⇐ 각본

굿문 이름씨 구덩이나 굴을 드나드는 문 ⓑ굿문이 좁아서 몸을 옆으로 해서 겨우 들어갔다 ⇐ 갱구

굿집 이름씨 굿쟁이가 서낭을 모시고 굿하는 집 ⓑ굿집에선 요즘도 자주 굿판이 벌어진다 ⇐ 굿당

궁·궁궐·궁전 ⇒ 임금집

궁굴다[1] 움직씨 뒹굴다

궁굴다[2] 그림씨 그릇 같은 것이 겉보기보다 속이 너르다 ⓑ그 단지는 속이 궁굴어서 물이 많이 들어간다

궁굴리다 움직씨 ❶이리저리 돌려서 너그럽게 생각하다 ⓑ아이들 잘못을 볼 때마다 여울은 생각을 궁굴려보려 애썼다 ❷좋은 말로 구슬리다 ⓑ아이들이 말을 듣지 않는다고 소리지르지 말고 잘 궁굴려라

궁궁이 이름씨 미나리 갈래에 딸린 여러해살이풀. 어린싹은 나물로 하고 뿌리는 낫개로 쓴다 ⇐ 천궁

궁극적 ⇒ 끝내는. 더할 나위 없는

궁글다 그림씨 ❶단단한 것 속이 텅 비다 ⓑ우리 동네 묵은 감나무는 속이 궁근데도 감이 한 동이나 달린다 ❷소리가 웅숭깊다 ⓑ닷돌이는 몸집은 작은데 목소리는 꽤나 궁글다

궁금증 ⇒ 궁금늦. 궁금한 느낌

궁금하다 그림씨 ❶무엇이 알고 싶어 마음이

안타깝다 ⓑ왜놈 쏘개칼 밑에 다 숨죽일 때 쏘개 들고 목숨 걸어 싸운 사람들이 누군지 늘 궁금했다 **2**속이 허전하여 자꾸 먹고 싶다 ⓑ아까 배불리 먹었는데 또 입이 궁금하네

궁녀 ⇒ 임금집겨집. 임금집꽃

궁도 ⇒ 활길. 활쏘기닦음

궁둥뼈 이름씨 엉덩이뼈를 이루는 왼오른 한 짝 뼈 한뜻말앉음뼈 ⇐ 좌골

궁둥이 이름씨 앉으면 바닥에 닿는 엉덩이 아래쪽 ⓑ저 사람은 궁둥이가 무거워 앉았다 하면 일어날 줄 모른다

궁둥이안팎 이름씨 겨집이 길을 가다 바깥 사내를 마주칠 때 돌아서는 일. 궁둥이만 슬쩍 돌려 지나 보낸다고 해서 생긴 말 ⓑ옛날에는 사내 겨집이 마주치면 궁둥이안팎을 하였다 ⇐ 궁둥이내외

궁리 ⇒ 생각. 깊이 생각하다. 생각해내다

궁상맞다 ⇒ 초라하다. 꾀죄죄하다

궁색하다 ⇒ 가난하다. 쪼들리다

궁성 ⇒ 임금집 재. 임금집 구루

궁싯거리다 움직씨 잠이 안 와서 자꾸 이리저리 뒤척이다 ⓑ아내와 다툰 일이 마음에 걸려 몸을 궁싯거리며 잠을 못 이루었다 **궁싯대다**

궁싯궁싯 어찌씨 잠이 안 와서 몸을 이리저리 자꾸 뒤척이는 꼴 ⓑ밤새 궁싯궁싯 뒤척이다 새벽녘에야 겨우 잠들었다 **궁싯궁싯하다**

궁여지책 ⇒ 딱한 꾀

궁자 이름씨 알은 깊은 바다에서 낳고 한두 해 뒤에 가람을 거슬러 올라와 어미가 살았던 내나 가람에 와서 사는 몸이 긴 물고기 한뜻말긴고기 ⇐ 뱀장어. 장어

궁정 ⇒ 임금집 뜰

궁중 ⇒ 임금집 안

궁중음악 ⇒ 임금집가락

궁지 ⇒ 막힌길

궁체 ⇒ 임금집 글꼴

궁터 ⇒ 임금집터

궁핍하다·궁하다 ⇒ 가난하다. 없다

궁합 ⇒ 짝맞춰보기. 짝점

굿 이름씨 굿일 ⇐ 장사. 장례. 액

굿기다 움직씨 **1**'윗사람이 죽다'를 에둘러 이르는 말. 돌아가시다 ⓑ무슨 앓이로 갑자기 굿기었소? ⇐ 서거하다 **2**일에 까탈이 생겨 잘 안 되다 ⓑ요즘 하는 일마다 굿기니 마음 닦으러 가야겠어

굿기운 이름씨 깨달음으로 가는 길을 헤살하는 온갖 기운 ⇐ 악마

굿긴소리 이름씨 사람이 죽었음을 알리는 말이나 글 ⇐ 부음

굿긴집 이름씨 사는 사람마다 고약한 일을 겪는 기운이 나쁜 집 한뜻말몹쓸집 ⇐ 흉가

굿꽃가마 이름씨 사람 주검을 나르는 연장 한뜻말주검가마 ⇐ 상여

굿날떠퀴 이름씨 좋지 않은 일을 겪을 날떠퀴 ⇐ 액운

굿노래 이름씨 굿일 때 부르는 노래를 통틀어 이르는 말. 흔히 굿일 지낼 때 사람들이 줄지어 걸으며 죽은 이를 떠나보내는 노래 ⇐ 장송곡

굿다 그림씨 **1**비나 눈이 와서 날씨가 좋지 못하다 ⓑ궂은 날씨에 몸 잘 돌보세요 **2**언짢고 거칠다 ⓑ좋은 일 궂은일을 가리지 않는다

굿땜 이름씨 안 좋은 일을 겪을 때 앞으로 닥칠 더 큰 어려움을 미리 겪어 가볍게 넘겼다고 여김 ⇐ 액땜

굿보 이름씨 죽은 사람 아들이나 아슨아들로 굿을 맡아 치르는 이 한뜻말굿일보 ⇐ 상주

굿뵘 이름씨 사람이 죽은 집안에 찾아가서 굿보를 어루만지고 슬픔을 함께 나누는 일 ⇐ 문상

굿옷 이름씨 굿일을 치르는 동안에 입는 옷 ⇐ 상복

궂은고기 이름씨 앓이 따위로 죽은 짐승 고기 ⓑ되도록이면 궂은고기는 먹지 마라

궂은날 이름씨 **1**비나 눈이 와서 날씨가 좋지 못한 날 ⓑ궂은날도 나물 뜯으러 가나요? 맞선말마른날 **2**몹시 어려운 때 ⓑ궂은날이

있으면 좋은 날도 있기 마련이다

궂은비 이름씨 지겹도록 오랫동안 내리는 비 ㉾오시라는 내 님은 아니 오고 오지 말라는 궂은비만 내린다

궂은살 이름씨 군살

궂은소리 이름씨 사람이 죽었다는 소리 한뜻말 윈소리 ⇐ 부음. 부고

궂은이 이름씨 궂보. 궂일보 ⇐ 상주

궂은일 이름씨 ❶꺼림칙하거나 하기 싫은 일 ㉾우리나라 젊은이들이 다 궂은일을 마다하니 바깥나라 젊은이들이 도맡아 한다 ❷주검을 다루는 일 ㉾갈수록 궂은일 돈벌이가 짭짤한가 봐 ⇐ 장사. 장례

궂은지이 이름씨 날씨나 지실로 여름지이 거둘 것이 여느 때보다 훨씬 밑도는 일이나 그런 여름지이 한뜻말 궂은걷이. 그릇지이 맞선말 넉넉지이 ⇐ 흉작

궂은해 이름씨 여름지이가 잘 안 되어 걷이가 모자란 해 ㉾어지간히 궂은해라니 앞으로 보릿고개 넘길 일이 큰일이네 맞선말 넉넉해 ⇐ 흉년

궂일 이름씨 죽은 사람을 땅에 묻거나 불에 태움 한뜻말 궂 ⇐ 장사. 장례. 안장

궂일길잡이 이름씨 궂일을 맡아 이끌어주는 사람 ⇐ 장의사

궂일보 이름씨 죽은 사람 아들이나 아슨아들로 궂일을 맡아 치르는 이 ⇐ 상주

궂혹 이름씨 ❶몸 안에 나쁜 잔삼이 생겨 자라나 혹으로 자꾸 불어나는 앓이 ㉾오늘날엔 온갖 궂혹으로 죽어가는 사람이 늘어난다 ⇐ 암 ❷고치기 어려운 그릇된 것이나 버릇 ㉾비닐 쓰레기는 온갖 목숨붙이를 죽이는 궂혹이다

궂혹몬발 이름씨 사람 몸에 궂혹을 일으키는 몬발 ⇐ 발암물질

궂히다 움직씨 ❶죽게 하다 ㉾그 가시버시는 먼저 아이를 궂히고 나서 수레를 탄 채 바다로 몰아넣었다고 한다 한뜻말 죽이다 ❷일을 그르치게 하다 ㉾남을 잘되게는 못 하더라도 남 일을 궂히는 데 조금이라도 힘을 써서야 되겠나

권 ⇒ 책

권고 ⇒ 타이름. 꾐. 꾀다. 타이르다

권력자 ⇒ 힘가진 이

권리 ⇒ 힘. 바탕힘

권선징악 ⇒ 착함 돋우고 나쁨 누름

권세·권위 ⇒ 힘

권위자 ⇒ 힘있는 이. 힘가진 이

권위주의 ⇒ 힘좇기. 힘 내세우기. 힘따르기

권유 ⇒ 부추김. 타이름. 꾐. 추기다. 꾀다. 타이르다

권익 ⇒ 힘과 보탬

권장 ⇒ 북돋움. 북돋우다. 추기다

권총 ⇒ 손쏘개

권태 ⇒ 게으름. 싫증. 귀찮음. 넌더리. 시들함. 따분함. 주니

권태기 ⇒ 따분한 때. 지겨울 때. 싫을 때

권토중래 ⇒ 힘세져 옴. 추슬러 함

권투 ⇒ 주먹싸움

권하다 ⇒ 추기다

권한 ⇒ 힘

궐 ⇒ 임금집

궐기 ⇒ 들고 일어남. 들고 일어나다. 떨쳐 일어나다

궐내 ⇒ 임금집안

궤 (櫃) ⇒ 고리. 곽

궤 (軌) ⇒ 길. 제 길. 바른 길

궤도 ⇒ 길. 쇠길. 제 길. 돌길. 바른 길

궤멸 ⇒ 무너짐. 허물어짐. 무너지다. 허물어지다

궤변 ⇒ 억지. 생떼. 떼

궤짝 ⇒ 고리짝

귀 이름씨 ❶사람이나 짐승 머리에 있어 소리를 듣는 곳. 사람 귀에는 귓바퀴, 귓구멍, 귀청, 달팽이대롱 따위가 있다 ❷가려듣는 힘 ㉾그때 나한테는 아직 그 말을 새겨들을 귀가 없었다 ❸바늘에 실을 꿰는 구멍 ㉾바늘귀에 실을 못 꿸 만큼 눈이 어두워진 지 한참 되었다 ❹그릇에 따로 내는 부리 ㉾귀 달린 지렁 단지가 있으면 덜어내기 쉽다 한뜻말 귀때 ❺그릇이나 단지 왼오른쪽에 귀꼴로 달린 손잡이 ㉾무엇이 가득 든 귀

달린 단지를 들 때는 아가리와 밑동을 잡고 들어야 해 6넓은 바닥 한 모퉁이 [보]바둑널 한 귀에서 드디어 싸움이 벌어졌다 7두루마기나 저고리 섶 끝 [보]끝남이 누나는 치마 귀를 접어 쥐고 냇물을 건넜다. 귀가 맞는 적삼 8주머니 두 쪽 끝 [보]주머니 귀가 닳다 9넓적한 바닥 구석진 모퉁이나 모가 난 살림살이 모서리 [보]네 귀가 번듯한 집에 처음 살아보네 10큰돈에 붙은 작은 돈 [보]귀 달린 온골 원 [익은말] **귀가 가렵다·귀가 간지럽다** 남이 제 이야기를 한다고 여기다 **귀가 밝다** 1작은 소리도 잘 듣다 2새뜸을 얻어듣는 것이 빠르다 **귀가 솔깃하다** 듣기에 그럴듯하여 마음이 쏠리다 **귀가 아프다** 큰 소리로 떠들거나 똑같은 소리를 자꾸 하여 듣기 싫다 **귀가 얇다·귀가 여리다** 남 말을 쉽게 곧이듣다 **귀가 어둡다** 1귀가 조금 먹어 잘 듣지 못하다 2새뜸을 얻어듣는 것이 더디다 **귀에 익다** 앞에 들은 적이 있는 소리거나 자주 들은 말이나 소리이다 [슬기말] **귀에 못이 박이다** 똑같은 말을 되풀이해서 듣다 **귀에 걸면 귀걸이 코에 걸면 코걸이** 1어떻게 보는가에 따라 귀걸이도 되고 코걸이도 되듯이 보는 눈에 따라 판가름과 매기기가 달라진다 2저한테 좋게 이랬다저랬다 하다

귀가 ⇒ 집에 옴. 집에 감. 집에 오다. 집에 가다

귀감 ⇒ 보기. 거울

귀걸이 [이름씨] 1귀가 시리지 않게 털실이나 털가죽으로 만들어 귀에 거는 몬 [보]토끼털 귀걸이를 쓰고 나무하러 가면 귀가 조금도 시리지 않다 2귀에 치레로 다는 고리 [보]마음닦을 때는 귀걸이, 목걸이, 팔찌, 가락지 따위를 다 빼놓고 맨몸이 되어 닦는다

귀결 ⇒ 끝. 끝맺음. 끝맺다. 마무리하다. 매듭짓다

귀경 ⇒ 서울옴. 서울감. 서울로 돌아오다. 서울로 돌아가다

귀고리 [이름씨] 귀에 치레로 다는 고리 [보]너 귀고리 달려고 귀에 구멍 뚫었다며?

귀공자 ⇒ 논집애

귀국 ⇒ 제 나라로 돌아옴. 제 나라로 돌아감. 제 나라로 돌아오다. 제 나라로 돌아가다

귀금속 ⇒ 논쇠붙이

귀농 ⇒ 시골살이. 시골살이하다

귀농자·귀농인 ⇒ 시골살이꾼

귀대 ⇒ 무리로 돌아옴. 무리로 돌아오다

귀동냥 [이름씨] 남이 주고받는 말을 곁에서 얻어들어 아는 것 [보]으뜸머슴이 귀동냥으로 얻어들은 소리만 지껄이다 보니 맨날 그 소리가 그 소리다

귀때 [이름씨] 물따르개 주둥이처럼 그릇에 따로 내민 부리. 그 구멍으로 든 것을 따른다 [한뜻말]귀

귀뚜라미 [이름씨] 몸빛은 짙은 밤빛이고 더듬이는 몸보다 길며 뒷다리가 튼튼한 메뚜기꼴 벌레. 수컷은 날개를 비벼 소리를 낸다

귀띔 [이름씨] 어떤 일을 남이 눈치채고 알 수 있게 슬그머니 튕겨주는 것 [보]사람이 워낙 굼뜨고 무뎌서 귀띔을 해줘도 눈치를 못 챈다 ⇐ 힌트. 언질

귀로 ⇒ 돌아오는 길. 돌아가는 길

귀리 [이름씨] 잎은 가늘고 길며 열매는 벼와 비슷하나 매우 단단하고 사람이 먹거나 짐승 먹이로 쓰는 낟. 밥을 짓거나 국수를 만들거나 떡을 쪄 먹는 데 많이 쓴다

귀마개 [이름씨] 1시끄러운 소리가 들리지 않도록 하거나 물이 들어가지 않도록 귓구멍을 막는 것 [보]나는 헤엄칠 때 귀에 물이 잘 들어가서 귀마개를 쓰는 것이 좋아 [비슷한말] 귀막이 2귀가 시리지 않도록 귀를 덮는 것. 털가죽 따위로 만든다 [보]찬바람이 세게 불어 귀마개를 하고 밖으로 나갔다

귀머거리 ⇒ 귀먹은이

귀먹다 [움직씨] 귀가 들리지 않게 되다 [보]할머니는 귀먹어서 큰 소리로 말하지 않으면 못 들으신다

귀먹은이 [이름씨] 귀가 먹어서 소리를 듣지 못하는 사람 [보]귀먹은이면 버운이기 일쑤다 ⇐ 청각장애인. 농자. 농아. 귀머거리 [슬기말] **귀먹은이 세 해요 버운이 세 해라** 옛날에 겨집이

ㄱ

시집가서 남 말을 들어도 못 들은 체, 하고 싶은 말이 있어도 없는 척하고 한동안 참고 살아야 한다

귀밑머리 이름씨 ❶ 이마 한가운데서 왼쪽, 오른쪽으로 갈라 귀 뒤로 넘겨서 땋은 머리 ⓑ귀밑머리를 땋다 ❷ 뺨에서 귀밑 가까이에 난 머리털 ⓑ귀밑머리가 하얘지다 익은말 **귀밑머리 풀다** 겨집이나 사내가 땋았던 귀밑머리를 풀어 쪽을 지거나 상투를 틀다. 시집 장가를 가다 한뜻말 귀밑머리를 풀어얹다

귀밑샘 이름씨 귓바퀴 앞 아래쪽에 있는 네모뿔처럼 생긴 침샘. 샘길은 위쪽 둘째 어금니 건너 뺨 쪽으로 열린다 ⇐ 이하선

귀받이 이름씨 몬 임자가 주릅을 거치지 않고 쓰는 이와 바로 사고파는 일 ⓑ귀받이를 하면 더 많이 더 싸게 살 수가 있다 ⇐ 직거래

귀밝이술 이름씨 한달 큰보름날 아침에 마시는 술. 귀가 밝아져 좋은 새뜸을 듣는다고 하여 마신다 ⓑ한달 큰보름날에 귀밝이술이 빠져서야 되겠는가 한뜻말 귀밝이

귀부인 ⇒ 논겨집. 논가시

귀빈 ⇒ 큰손님. 큰손

귀빠지다 움직씨 누리에 태어나다 ⓑ오늘은 아내 귀빠진 날이다

귀살쩍다 그림씨 일이나 몬이 얽히고 흩어져 뒤숭숭하다 ⓑ일이 하도 귀살쩍어서 골치가 아프다

귀성 ⇒ 시골로 돌아감. 시골로 돌아가다

귀성객 ⇒ 텃마을 찾는 사람. 텃마을 가는 이

귀소성 ⇒ 돌아올 바탈. 자란 곳 그리는 마음

귀속 ⇒ 들어감. 돌아감. 딸림. 들어가다. 돌아가다. 딸리다

귀순 ⇒ 돌아옴. 안김. 돌아오다. 안기다

귀순자 ⇒ 돌아온이

귀신 ⇒ 넋깨비. 허깨비. 도깨비. 굿것. 귓것. 뜬것

귀싸대기 이름씨 귀와 뺨 어름

귀앓 이름씨 귀로 들어 앎 ⇐ 이식

귀앓이 이름씨 귓속이 곪아 앓는 앓이 ⇐ 이통. 귓병

귀얄 이름씨 풀이나 옻을 바를 때에 쓰는 솔로 돼지털이나 말총을 넓적하게 묶어 만든다 ⓑ풀은 귀얄로 나뭇결을 따라 발라야 잘 붙는다 한뜻말 풀끼얄

귀얄잡이 이름씨 귀밑에 나룻이 많이 난 사람 한뜻말 털보

귀양 이름씨 나라에 잘못한 사람을 먼 시골이나 섬으로 보내어, 얼마 동안은 그곳에서만 살게 하는 것 ⓑ귀양을 가다. 귀양을 보내다 ⇐ 유배

귀양땅 이름씨 귀양살이하는 곳 ⇐ 유배지

귀양살이 이름씨 ❶ 귀양 가서 마음대로 못 지내고 얽매여 사는 삶 ⓑ귀양살이를 하다 ❷ 외따로 떨어져 외롭게 지내는 것을 빗댄 말 ⓑ귀양살이가 따로 없다

귀엣말 이름씨 남 귀 가까이에 입을 대고 소곤거리는 말 ⓑ귀엣말로 속삭이다 한뜻말 귓속말

귀여겨듣다 움직씨 흘려버리지 않고 잘 듣다 ⓑ어른 말씀을 귀여겨들으면 잘못될 일이 없다 한뜻말 여겨듣다. 귀담아듣다 맞선말 귀넘어듣다 ⇐ 경청하다

귀여워하다 움직씨 예뻐하고 사랑스러워하다 ⓑ다솜이는 외동딸이라 제 아비가 유난히 귀여워한다

귀염 이름씨 ❶ 예쁘고 사랑스러움 ⓑ귀염을 떨다 ❷ 사랑하여 예쁘게 여기는 마음 ⓑ귀염을 받다

귀염둥이 이름씨 예쁘고 사랑스러운 짓으로 귀염을 받는 사람이나 짐승 ⓑ우리 집 귀염둥이

귀염바치 이름씨 귀염둥이

귀엽다 그림씨 예쁘고 사랑스럽다 ⓑ귀여운 모습

귀울림 이름씨 아무 소리도 나지 않는데 귀가 울리거나 윙윙거리는 소리가 나는 것처럼 느끼는 것 ⓑ귀울림이 생기다 한뜻말 귀울음. 귀울이 ⇐ 이명

귀울이 이름씨 귀울림

귀의 ⇒ 깃듦. 깃들다. 따르다

귀이개 이름씨 귓구멍 속에 생긴 때를 파내는 것 ⓑ귀이개로 귀를 후비다 한뜻말 귀지개

귀인 ⇒ 큰손님. 큰손. 논이

귀잠 이름씨 매우 깊이 든 잠 ⓑ걔는 귀잠 들어 아무리 깨워도 몰라 한뜻말 굳잠

귀재 ⇒ 재주꾼

귀족 ⇒ 논겨레. 논피붙이

귀주머니 이름씨 네모지게 만들어 아래 두 쪽에 뾰족한 귀가 나오게 한 주머니 ⓑ허리에 찬 귀주머니

귀중 ⇒ 앞. 여러분께

귀중중하다 그림씨 더럽고 지저분하다 ⓑ방 안이 귀중중하다 **귀중중히**

귀중품 ⇒ 보배. 금싸라기. 값진 것

귀중하다 (貴重) ⇒ 값지다. 보배롭다. 종요롭다. 금싸라기 같다. 놀다. 거룩하다. 높다. 훌륭하다

귀지 이름씨 귓구멍 속에 엉겨 붙은 때 ⓑ귀지를 파다

귀착 ⇒ 돌아감. 돌아옴. 다다름. 돌아가다. 돌아오다. 다다르다. 돌아와 닿다. 돌아가 닿다

귀착점 ⇒ 닿는 곳. 돌아가는 곳. 다다르는 곳. 모이는 곳

귀찮다 그림씨 마음에 들지 않고 성가시다. 또는 괴로울 만큼 싫다 ⓑ모든 것이 다 귀찮다

귀천 (貴賤) ⇒ 놀나랍. 놀고 나라움

귀천 (歸天) ⇒ 죽음. 숨짐. 죽다. 돌아가다. 숨지다. 숨넘어가다. 하늘나라로 가다

귀청 이름씨 겉귀와 가운뎃귀 사이에 있는 둥근 꼴 엷은 청. 바람 떨림에 따라 이 청이 울려 소리를 듣는다 ⓑ아저씨 목소리가 어찌나 큰지 귀청이 떨어져 나가는 줄 알았다 ⇐ 고막. 이막

귀추 ⇒ 끝. 뒤. 뒤끝. 마지막. 흐름. 일됨새

귀치레 이름씨 듣기 좋게 꾸미는 겉치레 말 ⓑ저 사람은 귀치레만 잘한다

귀코목구멍보는데 이름씨 귀나 코, 목구멍, 숨통, 밥줄에 생긴 앓이를 나수는 곳 ⇐ 이비인후과

귀퉁이 이름씨 **1**어느 한쪽으로 들어간 자리 ⓑ두 귀퉁이가 벗겨져 올라간 이마. 우리집 귀퉁이는 바로 메로 이어진다 **2**어떤 것에서 삐죽 나온 곳이나 넓적한 몬 모서리 ⓑ어찌나 끼고 읽었던지 책 네 귀퉁이가 다 닳았네 **3**귀 언저리 ⓑ주먹으로 귀퉁이를 쥐어박다

귀틀 이름씨 **1**마루를 놓으려고 굵은 나무로 가로세로 짜놓은 틀 ⓑ옛날에는 가시나무로 마루 귀틀을 놓았던 거야 **2**네모진 나무나 통나무 따위를 써서 가로세로 어긋나게 짠 틀 ⓑ귀틀집

귀틀집 이름씨 통나무를 네모꼴로 잇대어서 포개 얹은 틈을 흙으로 메워 지은 집 ⓑ깊은 멧골 속 귀틀집에서 흐릿한 불빛이 새어 나온다

귀하 ⇒ 앞. 님. 그대

귀하다 ⇒ 값지다. 값나가다. 놀다. 드물다. 거룩하다. 높다. 비싸다. 보배롭다. 훌륭하다

귀항 ⇒ 돌아옴. 돌아오다. 돌아가다. 배를 돌리다

귀향 ⇒ 텃마을로 돌아옴. 시골로 돌아오다. 텃마을로 돌아오다. 태어난 곳으로 돌아가다. 자란 곳으로 돌아가다

귀화 ⇒ 나라사람되기. 길들기. 나라사람 되다. 길들다

귀화민 ⇒ 들온백성

귀환 ⇒ 돌아감. 되돌아옴. 돌아가다. 돌아오다. 되돌아오다. 되돌아가다

귓가 이름씨 귀 가장자리 ⓑ귓가로 듣다. 귓가에 맴돌다 비슷한말 귓전

귓결 이름씨 얼핏 귀에 들리는 겨를 ⓑ귓결에 낯선 소리가 들렸다 익은말 **귓결에 듣다** 슬쩍 듣다. 뜻하지 않게 듣다

귓구멍 이름씨 귀 바깥쪽부터 귀청까지 뚫린 구멍 ⓑ귓구멍에 말뚝을 박았나, 왜 그것도 못 알아들어 익은말 **귓구멍이 넓다** 남 말을 곧이 잘 듣다

귓돈[1] 이름씨 어떤 일을 맡아 해줘서 치르는 삯 ⇐ 커미션

귓돈[2] 이름씨 벙거지 진두리 밑에 실로 꿰어 단

꾸미개

귓돌 (이름씨) 짐승 속귀에 있는 뼛조각. 물고기는 이것으로 나이를 알 수 있다 ⇐ 이석

귓등 (이름씨) 귓바퀴 바깥쪽 ⓑ머리가 귓등을 덮다 (익은말) **귓등으로 듣다** 말을 듣고도 들은 체 만 체하다 **귓등으로 흘리다** 귀담아듣지 않고 듣는 둥 마는 둥 하다. 곧 건성으로 듣다 한뜻말 귓등으로 흘려보내다

귓바퀴 (이름씨) 겉귀 드러난 곳. 물렁뼈로 되어 있고, 밖에서 들려오는 소리를 모아 그 소리가 귓구멍으로 들어가기 쉽게 한다 ⓑ부끄러워서 귓바퀴가 빨개졌다

귓밥 (이름씨) 귓바퀴 아래쪽으로 늘어진 살 ⓑ귓밥이 도톰하여 하는 일이 잘되겠다 한뜻말 귓불

귓병 ⇒ 귀앓이

귓불 (이름씨) 귓바퀴 아래쪽으로 늘어진 살 ⓑ겨집은 부끄러워서 귓불이 빨갛게 익었다 한뜻말 귓밥 (슬기말) **귓불만 만진다** 어떤 일을 더 어떻게 해 볼 길이 없어 앞으로 나타날 열매만 기다린다

귓속 (이름씨) 귀 안쪽 ⓑ귓속이 가렵다

귓속말 (이름씨) 남 귀 가까이에 입을 대고 소곤거리는 말 ⓑ귓속말을 주고받다 한뜻말 귀엣말 (익은말) **귓속말 고자질** 남 허물을 귀엣말로 소곤소곤 일러바치다

귓속질 (이름씨) ❶귀엣말로 소곤거리는 일 ❷남몰래 고자질하는 일

귓전 (이름씨) 귓바퀴 가장자리 ⓑ구슬픈 노랫가락이 귓전에 맴돈다 (익은말) **귓전으로 듣다** 남 말을 건성으로 듣다

규격 ⇒ 사부주. 대중. 틀. 짜임새

규명 ⇒ 밝힘. 따짐. 밝히다. 따지다. 따지어 밝히다

규모 ⇒ 짜임. 짜임새. 틀. 얼개. 크기. 덩치

규방 ⇒ 안방

규범 ⇒ 틀

규사 ⇒ 차돌모래. 쑥돌모래

규석 ⇒ 차돌

규수 ⇒ 색시. 아기씨. 아가씨. 큰아기

규암 ⇒ 차돌바위

규약 ⇒ 함께 지킬일

규율 ⇒ 지킬일

규정 (規程) ⇒ 지킬속내

규정 (規定) ⇒ 매김. 매기다. 금치다. 울치다

규제 ⇒ 막음. 얽맴. 말리다. 얽매다. 못하게 막다. 묶다

규칙 ⇒ 지킬 것. 지킴

규칙 동사 ⇒ 바른움직씨

규탄 ⇒ 나무람. 따짐. 나무라다. 치다. 꾸짖다. 쳐서 나무라다. 따지다

규합 ⇒ 끌어모음. 모으다. 끌어모으다

균 ⇒ 팡이. 븟

균등분배 ⇒ 고루 벼르기. 도르리

균등하다 ⇒ 고르다. 고르롭다. 똑같다. 한가지다. 일매지다. 가지런하다

균류 ⇒ 팡이무리. 븟무리

균사 ⇒ 팡이실. 븟실

균열 ⇒ 터짐. 갈라짐. 터지다. 갈라지다. 트다. 금가다. 벌어지다. 엉그름지다

균일분배 ⇒ 도르리. 고루 벼르기

균일화 ⇒ 고르게 됨. 고르게 함. 고르게 되다. 고르게 하다. 일매지게 하다

균질하다 ⇒ 고루 같다

균형 ⇒ 고름

균형미 ⇒ 고른 고움. 고른 아름다움

귤 (이름씨) 귤나무 열매. 맛이 새콤달콤한 겨울 과일

그[1] (갈이름씨) ❶말하는 이와 듣는 이가 아닌 사람. 이미 앞에서 말했거나 듣는 이가 생각하는 사람 ⓑ그는 참으로 좋은 사람이다 ❷앞에서 이미 말했거나 듣는 이가 생각하는 것을 가리킬 때 쓴다 ⓑ사랑하는 사람과 함께 사는 일, 그처럼 즐겁고 기쁜 일이 또 있겠는가

그[2] (매김씨) ❶듣는 이에게 가까이 있거나 듣는 이가 생각하는 것을 가리킬 때 쓴다 ⓑ그 책 이리 좀 줘 봐 ❷앞에서 이미 말했거나 말하는 이와 듣는 이가 모두 아는 것을 가리킬 때 쓴다 ⓑ내가 말한 그 사람이 바로 저 사람이야 ❸잘 모르거나 밝히고 싶

지 않은 일을 가리킬 때 쓰는 말 ⓑ그 무슨 까닭인지 알 수가 없다

그간 ⇒ 그동안. 그사이. 그새

그거 갈이름씨 '그것' 입말 ⓑ그거 뭐냐? 준말거

그거참 느낌씨 '그것참' 입말 ⓑ그거참, 이 일을 어쩌나. 그거참, 잘 되었네 준말거참

그것 갈이름씨 ❶듣는 이에게 가까이 있거나 듣는 이가 생각하는 것을 가리키는 말 ⓑ그것을 이리 다오 ❷앞에서 말한 것이나 알려진 것을 가리키는 말 ⓑ어떻게 그것까지 알았소? ❸'그 사람'을 낮잡아 이르는 말 ⓑ그것이 알기는 무엇을 알겠어? ❹'그 아이'를 귀엽게 이르는 말 ⓑ그것 참 귀엽게 생겼네

그것도 어찌씨 앞에서 말한 것에 더하여. 그뿐만 아니라. 게다가 ⓑ아우는 하루에 책 하나를, 그것도 날마다 읽어

그것참 느낌씨 매우 딱하거나 어이가 없을 때, 또는 뜻밖에 일이 잘 되었을 때 하는 말 ⓑ그것참, 아쉽게 됐구먼

그게 갈이름씨 '그것이' 준말 ⓑ언니가 누리에서 가장 맛있다던 그게 바로 이 망고야? 작은말고게

그곳 갈이름씨 ❶앞에서 말했거나 듣는 이나 말하는 이가 생각하는 곳을 가리키는 말 ⓑ그곳에서 잠깐 쉬고 계십시오 ⇐ 현지 ❷듣는 이가 있거나 듣는 이에게 가까운 곳을 가리키는 말 ⓑ그곳은 어때?

그글피 이름씨 글피 다음날 ⓑ오늘을 가운데 두고 지난날을 거슬러 가면 어제, 그저께, 그끄저께이고, 앞으로 올 날을 헤아리면 아제, 모레, 글피, 그글피가 된다

그길로 어찌씨 ❶어떤 곳에 닿은 그 걸음으로 ⓑ아우를 만나자마자 그길로 데려왔다 ❷어떤 일이 있은 다음 곧바로 ⓑ언니는 방으로 들어가서 픽 쓰러지더니 그길로 곯아떨어졌다

그까짓 매김씨 겨우 그만큼밖에 안 되는 ⓑ그까짓 일로 울다니 준말그깟 작은말고까짓

그깟 매김씨 '그까짓' 준말 ⓑ그깟 일로 이렇게 호들갑을 떠네

그끄저께 이름씨 그저께 바로 앞날. 오늘에서 거슬러 사흘 앞날 ⓑ그끄저께 아침부터 눈이 내렸다 준말그끄제

그끄제 이름씨 '그끄저께' 준말 ⓑ그끄제 밤에는 아침부터 내린 눈이 얼어붙었지, 뭐야

그나마 어찌씨 ❶(좋지 않거나 모자라기는 하지만) 그것이나마 ⓑ그나마 만날 수 있어서 마음이 놓인다 작은말고나마 ❷(좋지 않거나 모자라는데) 그것마저도 ⓑ허름한 집 하나 있었는데 그나마 큰물로 떠내려갔다

그나저나 어찌씨 '그러나저러나' 준말. 그것은 그렇다 치고 ⓑ밥은 먹었니? 그나저나 네 어머닌 어딜 가셨니?

그날 이름씨 앞에서 말했거나 말하는 사람과 듣는 사람이 모두 아는 어느 날 ⓑ늘 조마조마했는데 일이 터진 것은 바로 그날 아침이었다

그날그날[1] 이름씨 하루하루 ⓑ날품을 팔아 그날그날을 넘겨요

그날그날[2] 어찌씨 ❶날마다 늘 ⓑ마음닦기를 배우고 나서 그날그날 아침저녁으로 앉아요 ❷하루하루 되는대로 ⓑ갇힌 이 가운데는 어떻게든 그날그날 때우면 된다고 잘못 생각하는 사람이 있어요

그냥 어찌씨 ❶아무것도 하지 않고 그 모습 그대로 ⓑ제값을 받아야지 이 돈 받고 그냥 물러설 수 있니? 준말걍 작은말고냥 ❷그런 모습으로 줄곧 ⓑ먹지도 않고 그냥 잠만 잔다 ❸바라는 것 없이 그저 ⓑ빌려주는 게 아니고 그냥 주는 거니 받아라

그냥저냥 어찌씨 그저 그렇게. 그런대로. 되는대로 ⓑ그냥저냥 밥은 굶지 않고 산다 비슷한말그럭저럭

그네 이름씨 큰 나뭇가지나 두 기둥 사이로 가로지른 막대에 두 가닥 줄을 매어 늘이고, 줄 맨 아래에 발널을 걸쳐놓고 그 위에 올라서서 손으로 줄을 잡고 몸을 움직여 앞뒤로 왔다 갔다 하는 놀이. 또는 그런 틀 ⓑ마을 어귀에 있는 커다란 느티나무에 그네

를 걸고 그해 여름 내내 탔지

그네뛰기 [이름씨] 혼자 또는 둘이서 그네 위에 올라타 손으로 줄을 잡고 몸을 날려 앞뒤로 왔다 갔다 하는 놀이 ⓑ언니와 아우는 둘이 함께 신나게 그네뛰기를 했다

그놈 [갈이름씨] ❶듣는 이에게 가까이 있거나 듣는 이나 말하는 이가 생각하는 사내를 얕잡아 이르는 말 ⓑ그놈을 바로 이리로 데리고 와 맞선말 그년 작은말 고놈 ❷앞에서 말한 사내를 얕잡아 이르는 말 ⓑ말을 들어보니 그놈 참말 몹쓸 놈이네 ❸'그 사내아이'를 귀엽게 이르는 말 ⓑ그놈 참 잘생겼다 ❹듣는 이에게 가까이 있거나 듣는 이나 말하는 이가 생각하는 것을 얕잡아 이를 때 쓰는 말 ⓑ돈, 돈, 그놈이 뭔데 사람 속을 이리 썩이노 ❺'그것'을 가볍게 이르는 말 ⓑ그놈은 가져다가 무엇에 쓰려고?

그느르다 [움직씨] 감싸서 보살펴 주다 ⓑ닷참 언니는 한뉘토록 남을 그느르는 일을 마다하지 않았다

그늘 [이름씨] ❶빛이 어떤 것에 가려져 생긴 어두운 곳 ⓑ우리는 느티나무 그늘에서 쉬었다 ❷돌보거나 지켜주는 것 ⓑ어버이 그늘에서 벗어나 살아보니 즐거운 마음은 잠깐, 거북한 일이 한둘이 아니었다 ❸밑에 있거나 묻혀 있어 드러나지 않은 자리 ⓑ이름난 재주꾼 그늘에 묻혀 있다가 나중에야 드러나는 보배가 많다 ❹걱정 때문에 나타나는 어두운 모습 ⓑ갇힌 아들을 둔 어머니 얼굴에는 어두운 그늘이 드리웠다 **그늘지다**

그늘대 [이름씨] 긴 막대기를 세우고 위에 짚자리나 삿자리를 덮어서 지붕을 만들어 그늘을 지게 한 것 ⓑ땡볕이 너무 뜨거워서 모두 그늘대 아래로 옹기종기 모여들었다

그늘말림 [이름씨] 그늘에서 말림. 나물 따위를 그늘에서 말리는 것 ⓑ묵나물은 볕말림으로 하고 배달낫개 밑감은 그늘말림으로 하며 시래기는 바람으로 말린다 ⇐응달건조

그늘지다 [움직씨] ❶그늘이 생기다 ⓑ사생이나물이나 참나물은 그늘진 데서 잘 자란다 ❷걱정이 되어 마음이나 낯빛이 흐려지다 ⓑ집이 떠내려갈까 걱정하다가 비가 그치는 것을 보고 그늘진 얼굴이 밝아졌다 ❸눈에 잘 띄지 않는 어렵고 힘든 자리에 있다 ⓑ우리나라엔 아직 그늘진 곳에 사는 이들이 많다

그다지 [어찌씨] ❶('않다', '못하다' 따위와 함께 써) 그렇게까지는. 그러한 만큼은 ⓑ곱기는 하다만 그다지 예쁘지는 않다 한뜻말 그닥 비슷한말 그리. 그토록 작은말 고다지 ❷그렇게까지. 그러한 만큼으로 ⓑ무슨 걱정이 그다지도 많은가?

그달 [이름씨] 앞에서 말했거나 말하는 사람과 듣는 사람이 모두 아는 어느 달 ⓑ우리가 만났던 게 그달 열사흘인가?

그대 [갈이름씨] ❶벗이나 아랫사람을 점잖게 높여 가리키는 말 ⓑ그대가 여기에 웬일인가? 한뜻말 자네 ❷글에서 사람이나 어떤 것을 가깝게 가리키는 말 ⓑ사랑하는 그대에게

그대로 [어찌씨] ❶바뀌지 않고 있던 대로. 처음 모습대로 ⓑ한솔이는 기다리라는 곳에 그대로 서 있었다 작은말 고대로 ❷그것과 똑같이 ⓑ내 말을 토씨 하나 바꾸지 말고 그대로 옮겨라 ❸아무것도 하지 않고. 그냥 그렇게. 그저 ⓑ마을 뒷메를 저렇게 파헤치는데 우리가 그대로 보고 있을 수만은 없지

그동안 [이름씨] 어느 때부터 어느 때까지 사이 ⓑ그동안 잘 지냈니?

그득 [어찌씨] ❶꽉 찬 모습 ⓑ할머니는 내가 좋아하는 국수를 한 그릇 그득 말아 내오셨다 작은말 가득 ❷빈 데가 없을 만큼 많은 모습 ⓑ마당에 사람이 발 디딜 틈 없이 그득 서 있다 ❸냄새나 빛, 소리 따위가 널리 퍼진 꼴 ⓑ된장찌개 냄새가 방 안에 그득 배었다 ❹느낌, 생각 따위가 아주 많은 모습 ⓑ얼굴에 슬픔이 그득 차 있다 **그득하다**

그들먹하다 [그림씨] 어느 테두리 안에 거의 그득하다 ⓑ큰 고리짝 안에 책이 그들먹했다

그따위 갈이름씨 그러한 갈래 몬 ⓑ제발 그따위는 인제 그만 하세요

그때 이름씨 앞에서 이야기한 어떤 때 ⓑ그때 도와줘서 고마워요

그때그때 이름씨 ❶일이 벌어지거나 까리가 주어지는 때 ⓑ그때그때 슬픔은 잘 다루어야 나중에 앓이가 되지 않는다 ❷(어찌씨) 일이 벌어지거나 까리가 주어지는 때마다 ⓑ그때그때 일어나는 일을 그때그때 말해야지

그라운드 ⇒ 마당. 판

그라운드볼 ⇒ 땅공

그라인더 ⇒ 갈이틀. 갈개

그랑프리 ⇒ 큰기림

그래 느낌씨 ❶'그렇게 하겠다, 그렇다, 알았다' 따위 뜻으로 말할 때 쓰는 말 ⓑ응, 그래 ❷가볍게 놀랄 때 쓰는 말 ⓑ그래? 그 말은 처음 들어 ❸다잡아 묻거나 다짐할 때 쓰는 말 ⓑ그래, 틀림없이 아버지가 그렇게 말씀하셨다는 거지?

그래도 어찌씨 ❶'그리하여도' 준말 ⓑ아무리 그래도 어버이가 물려준 땅을 팔 수는 없다 작은말 고래도 ❷'그러하여도' 준말 ⓑ그래도 난 네가 좋다

그래서 어찌씨 ❶앞말이 뒷말 바탕이나 까닭 따위가 될 때 쓰는 말 ⓑ일찍 나섰는데도 길이 엄청 막혔어. 그래서 늦었지 비슷한말 그러므로. 따라서 작은말 고래서 ❷'그리하여서' 준말 ⓑ그걸 헐어버린다고? 그래서 네가 얻는 것이 무엇이냐 ❸'그러하여서' 준말 ⓑ걔는 말씨가 그래서 옆 사람이 다 싫어해

그래프 ⇒ 그림표

그래프용지 ⇒ 모눈종이

그래픽 ⇒ 그림책. 그림

그램 이름씨 미터벼리에 따른 무게 하나치. 4데씨 물 1세제곱센티미터를 1그램으로 하고 'g'로 나타낸다

그러게[1] 어찌씨 제가 하는 말이 옳았음을 힘주어서 하는 말 ⓑ그러게 내가 뭐랬어, 오늘 비가 온다고 했잖아

그러게[2] 느낌씨 뜻을 같이할 때 쓰는 말 ⓑ그러게 말이야

그러그러하다 그림씨 ❶다 그러하다. 그러하고 그러하다 ⓑ나는 그러그러한 일로 며칠 동안 매우 바빴다 작은말 고러고러하다 ❷크게 두드러지지 않고 비슷비슷하다 ⓑ오늘도 여느 때처럼 그러그러한 하루였다

그러께 이름씨 지지난해. 지난해 앞 해 ⓑ올해를 가운데 두고 지난날을 보면, 올해, 지난해, 그러께가 되고, 앞날을 보면, 다음해, 다다음해가 된다 ⇐ 재작년

그러나 어찌씨 ❶앞 뜻과 뒤 뜻이 다를 때 쓰는 이음말 ⓑ아이 덩치가 아주 작다. 그러나 힘은 어른 못지않더라 한뜻말 하나. 하지만. 그렇지만. 그렇지마는 ❷다만 ⓑ돈은 쓸 때는 써야지. 그러나 마구 쓰면 안 된다 ❸'그리하나' 준말 ⓑ다른 사람은 마신다. 그러나 나는 안 마신다 ❹'그러하나' 준말 ⓑ보기에는 그러나 맛은 있어

그러나저러나 어찌씨 ❶이제까지 이야기를 다른 쪽으로 돌릴 때, '그것은 그렇다 치고'라는 뜻으로 쓰는 말 ⓑ그러나저러나 이제부터 무얼 해 먹고살지? 준말 그나저나 ❷'그리하나 저리하나' 준말 ⓑ걷기도 해보고 덜 먹기도 해보지만 그러나저러나 살은 안 빠져 ❸'그러하나 저러하나' 준말 ⓑ그러나저러나 풀베기는 온터님이 맡은 일이야

그러니 어찌씨 ❶'그러하니' 뜻 ⓑ나 좀 바쁜데. 그러니 할 얘기가 있으면 다음에 하자 ❷'그렇게 하니' 준말 ⓑ언니가 그러니 아우도 그러겠지

그러니까[1] 어찌씨 ❶그런 까닭에 ⓑ배고프지 않니? 그러니까 우리 밥 먹고 하자 준말 그니까 ❷다시 말해서. 또는 바꾸어 말하자면 ⓑ우리 집은 아들만 둘, 그러니까 딸이 없는 집이에요 ❸'그리하니까', '그러하니까' 준말 ⓑ꼬라지가 그러니까 남이 웃지

그러니까[2] 느낌씨 말할 때 다른 뜻 없이 하는 말 ⓑ자, 그러니까, 제가 한 말씀 드리겠습

ㄱ

니다 준말 그니까

그러다 움직씨 ❶그렇게 하다. '그리하다' 준말 ⓑ네가 아버지 앞에서 그러니 자꾸 꾸중을 듣지 ❷그렇게 말하다 ⓑ바빠서 가지 못하겠다고 그러거든 나한테 알려줘

그러다가 어찌씨 ❶'그리하다가' 준말 ⓑ그러다가 다칠라 ❷앞일이 일어나다가 다른 일이 잇따라 일어남 ⓑ막내는 암상이 나면 느닷없이 골을 냈다. 그러다가 곧 잊고는 방긋방긋 웃었다

그러데이션 ⇒ 바림질. 바림

그러면 어찌씨 ❶'앞 뜻대로 하면 뒤 뜻대로 된다'는 뜻으로 쓰는 말 ⓑ두드려라. 그러면 열린다 한뜻말 그렇게 하면 준말 그럼 ❷앞 뜻을 받아들이거나 그것을 내세워 새로운 말을 할 때 쓰는 말 ⓑ그러면 땅 파는 일은 그만두기로 했나요? ❸'그리하면' 준말 ⓑ앞으로 또 그러면 같이 놀 때 뺄 거야 ❹'그러하면' 준말 ⓑ네 생각이 그러면 짬 날 때마다 둘레에 있는 쓰레기를 주워

그러모으다 움직씨 흩어진 것을 거두어 한데 모으다 ⓑ흩어진 갈비를 그러모아 자루에 담아 불쏘시개로 쓴다

그러므로 어찌씨 앞말이 뒷말 바탕이나 까닭 따위가 될 때 쓰는 말. 그러한 까닭으로 ⓑ태어난 것은 다 죽기 마련이다. 그러므로 나도 언젠가는 죽는다 한뜻말 그렇기 때문에. 그래서. 따라서

그러안다 움직씨 ❶두 팔로 감싸 껴안다 ⓑ언니는 뛰어오는 꼬맹이를 두 팔을 활짝 벌려 품에 그러안았다 ❷어떤 일이나 생각 따위를 늘 마음속에 간직하다 ⓑ어머니는 아들을 잃은 슬픔을 가슴에 고스란히 그러안고 산다 ❸어떤 일을 맡다 ⓑ그 일까지 그러안으면 어떻게 다 해낼 셈인지

그러자 어찌씨 ❶'그렇게 하자' 준말 ⓑ하고 싶었던 말을 남김없이 쏟아부었다. 그러자 가슴속이 후련해졌다 ❷'그리하자', '그러하자' 준말 ⓑ나도 그러자고 말했다

그러쥐다 움직씨 ❶끌어당겨 잡아 쥐다 ⓑ멱살을 그러쥐다 ❷손가락들을 손바닥 안으로 당겨서 주먹을 쥐다 ⓑ선돌은 두 주먹을 그러쥐고 덤벼들었다

그러하다 그림씨 ❶모습, 바탕 따위가 그와 같다 ⓑ저는 술을 못 마셔요. 담배도 그러하고 준말 그렇다 ❷달리 바뀐 게 없다 ⓑ할머니 삶은 옛날이나 이제나 그러해서 아직도 가난하게 산다 ❸좋지 않거나 마음에 차지 않다 ⓑ여기서 말하기는 좀 그러하니 자리를 옮겨서 얘기하자

그럭저럭 어찌씨 ❶뚜렷이 하는 것 없이 되는 대로 ⓑ그럭저럭 먹고는 살아 비슷한말 그렁저렁 ❷어찌 되는지 모르게 되어가는 대로 ⓑ한 것도 없이 그럭저럭 나이만 먹어간다

그런[1] 매김씨 ❶모습, 바탕 따위가 그러한 ⓑ그 계집은 똑똑하고 마음씨 좋은 그런 사내를 좋아한다 ❷'그리한' 준말 ⓑ네가 그런 것을 왜 말하지 않았니?

그런[2] 느낌씨 뜻밖에 놀라운 일이나 딱한 일을 보거나 들었을 때 하는 말 ⓑ그런, 고얀 일이 어딨어 비슷한말 저런

그런대로 어찌씨 마음에 차거나 썩 좋지는 않지만. '그러한 대로' 준말 ⓑ그런대로 지낼 만하다

그런데 어찌씨 ❶앞말을 이으면서 이야기를 다른 쪽으로 이끌어갈 때 쓰는 말. '그러한데' 준말 ⓑ아, 그렇군요. 그런데 그때는 왜 말을 안 했죠? ❷앞말과 어긋나게 이야기할 때 쓰는 말. '그러한데' 준말 ⓑ꼭 오기로 했어요. 그런데 끝내 오지 않네요

그런데도 어찌씨 '그러한데도' 준말 ⓑ저는 그대한테서 눈을 뗄 수가 없습니다. 그런데도 당신은 저를 보지도 않는군요

그럴듯하다 그림씨 ❶제법 그렇다고 여길 만하다 ⓑ말만 들으면 그럴듯하지만, 막상 해보면 그렇지 않아 한뜻말 그럴싸하다 ❷제법 훌륭하다 ⓑ무이는 그럴듯하게 그림을 잘 그린다

그럴싸하다 그림씨 그럴듯하다

그럼[1] 어찌씨 ❶'그러면' 준말 ⓑ그 길로 쭉 가.

그럼 그 집이 보일 거야 ❷그렇다고 하면 ⓑ네 뜻이 참말로 그럼 나도 어쩔 수 없지 ❸그리 하면 ⓑ나라뜰 안에서 그럼 안 된다

그럼[2] (느낌씨) '더 말할 것도 없이 그렇다'는 뜻으로 쓰는 말 ⓑ같이 갈래? 그럼, 그렇고 말고 한뜻말 아무렴

그렁거리다 (움직씨) 목구멍 안에 가래 같은 것이 걸려 숨 쉴 때 거치적거리는 소리가 자꾸 나다. 또는 그런 소리를 자꾸 내다 ⓑ목에서 가래가 그렁거려 마음이 잘 안 모아진다 밑말 그르렁거리다 **그렁대다**

그렁그렁[1] (어찌씨) ❶물 따위가 많이 괴어 가장자리까지 거의 찰 듯한 꼴 ⓑ옹달샘이 밤새 내린 비로 그렁그렁 차 있다 ❷눈에 눈물이 넘칠 듯이 가득 고인 모습 ⓑ앓아누운 엄마를 보자, 눈물이 그렁그렁 고이며 목이 메었다 ❸건더기는 적고 국물이 아주 많은 꼴 ⓑ찌개라고 끓였는데 건더기는 적고 국물만 그렁그렁 멀겋다 ❹물을 많이 마셔서 뱃속이 그득한 느낌 ⓑ배는 고픈데 먹을거리가 없어 물을 많이 마셨더니 배 속이 그렁그렁 찬 느낌이다

그렁그렁[2] (어찌씨) 목구멍에 가래 따위가 걸리거나 코가 막혀 숨을 잘 못 쉬어 나는 소리나 그 꼴. '그르렁그르렁' 준말 ⓑ그렁그렁 가래가 끓다 **그렁그렁하다**

그렁그렁하다 (그림씨) ❶많이 담기거나 괴어서 가장자리까지 거의 찰 듯하다 ❷눈에 눈물이 넘칠 듯이 그득 괴어 있다 ❸건더기는 적고 국물이 아주 많다

그렁하다 (그림씨) ❶많이 괴어 가장자리까지 거의 찰 듯하다 ⓑ단지에 물이 그렁할 만큼 비가 많이 왔다 ❷괴어 넘칠 듯하다 ⓑ어머니는 아들을 보자, 눈물이 그렁해서는 말했다 ❸건더기는 적고 국물이 아주 많다

그렇게 (어찌씨) ❶'그러하게' 준말. 그만큼. ⓑ그렇게 얘길 해도 못 알아듣다니 한뜻말 그리 ❷그와 같이 ⓑ왜 그렇게 골을 내니? ❸매우. 아주. 썩 ⓑ언덕길이 그렇게 가파르지는 않았다 ❹그만큼까지. 그토록 ⓑ사람이 어쩌면 그렇게 착할 수가 있지?

그렇다 (그림씨) ❶'그러하다' 준말. 꼴이나 말, 매개, 뜻이 앞에서 말한 것과 같다 ⓑ그렇다고 말을 함부로 하면 어찌하누? ❷맞거나 옳다 ⓑ"여기가 거기야?" "그렇다." ❸마음다짐을 글 첫머리에 써서 글월을 이끄는 말 ⓑ그렇다! 이제는 우리가 함께 뭉쳐야 할 때다 (익은말) **그렇고 그렇다** ❶대수롭지 않거나 시시하다 ❷드러나지 않게 사이가 남다르다 **그렇고 말고** 앞말이 옳다 한뜻말 그렇지

그렇잖다 (그림씨) '그렇지 않다' 준말 ⓑ그건 그렇잖아!

그렇지 (느낌씨) ❶'그러하지' 준말. 생각했던 것과 같다. 틀림없이 그렇다 ⓑ그렇지, 바로 그거야 한뜻말 그렇고 말고 작은말 고렇지 ❷그렇다는 거지 ⓑ말이 그렇지, 그렇게 착한 사람을 만나기가 어디 그리 쉬운가? ❸얼마 동안 잊었던 것이 생각났을 때 하는 말 ⓑ그렇지! 오늘이 네가 태어난 날이지?

그렇지만 (어찌씨) 앞말을 받아들이면서 앞 뜻과 뒤 뜻이 맞서거나 어긋날 때 쓰는 말. '그러하지만' 준말 ⓑ가기는 가겠다. 그렇지만 그 사람과는 함께 안 가 한뜻말 그러나

그려짜기 (이름씨) 무엇을 만들거나 꾸미려고 얽어 그려낸 것 ⇐ 도안

그루 (이름씨) ❶풀이나 나무 따위 아랫동아리. 또는 그것을 베고 남은 아랫동아리 ⓑ가을걷이가 끝나고 그루만 남은 빈 논이 휜해 보였다 한뜻말 그루터기 ❷심어 기른 것을 거둔 자리 ⓑ보리 그루에 콩을 심었다 ❸나무 따위를 세는 하나치 ⓑ밤나무 세 그루 ❹한 해 같은 땅에 여름짓는 디위를 세는 하나치 ⓑ두 그루 심는 논여름지이 (익은말) **그루 앉히다** 앞으로 해나갈 터전을 바로잡아 주다

그루갈이 (이름씨) 한 해에 같은 땅에서 두 디위 하는 여름지이 ⓑ이 고장에서는 밭이나 논에 봄배추 그루갈이로 콩을 많이 심는다 한

ㄱ

뜻말두그루심기. 두그루부치기. 그루뜨기 ⇐ 이모작

그루뜨기 이름씨 심을 푸나무 그루를 바꾸려고 다른 푸나무를 기르는 일 한뜻말그루갈이 ⇐ 이모작

그루벼 이름씨 ❶보리를 거두어낸 논에 그루갈이로 심은 벼 ⓑ보리 거둘 때는 날씨가 좋아야 하고 바로 이어 그루벼 심을 때는 비가 많이 와야 하니 얼마나 바쁘겠는가 한뜻말❷가을에 베어낸 그루에서 움이 자란 벼

그루잠 이름씨 깨었다가 다시 든 잠 ⓑ아까까지 뒤척이던 아이가 잠잠한 걸 보니 그루잠에 들었나 보다

그루터기 이름씨 ❶풀이나 나무 따위 밑동. 또는 그것을 베고 남은 밑동 ⓑ밤나무 그루터기에 걸터앉아 숨을 알아차린다 한뜻말그루 ❷초가 타고 남은 밑동 ⓑ절에서 쓰고 남은 초 그루터기를 많이 보내줘서 번힘 없이 살 때 그것으로 불을 밝혔다 ❸밑바탕이나 기댈 만한 것 ⓑ처음부터 기댈 그루터기가 없는 살림이라 애를 써도 좀처럼 나아지지 않았다

그룹 ⇒ 무리. 동아리

그르다 그림씨 ❶가리에 맞지 않다 ⓑ내 말 어디가 글러? 맞선말옳다 ❷일이 잘못되어 바로잡기 어렵다 ⓑ머리비누까지 쓰면 물을 깨끗이 하기는 글렀지 ❸나쁘거나 좋지 않다 ⓑ비가 와서 거름주기는 글렀다

그르렁 어찌씨 가래 따위가 목구멍에 걸려 숨쉴 때 나는 걸리적거리는 소리 ⓑ함께 마음을 닦는데 목에서 그르렁 소리가 자꾸 나서 서머한 마음이 들었다 준말그렁 작은말가르랑

그르렁거리다 움직씨 가래 따위가 목구멍 안에 걸려 숨 쉴 때마다 걸리적거리는 소리가 자꾸 나다 ⓑ할아버지는 밤새 몸은 불덩어리에 가슴은 그르렁거리며 떨렸다 준말그렁거리다 작은말가르랑거리다 **그르렁대다**

그르렁그르렁 어찌씨 가래 따위가 목구멍에 걸려 숨 쉴 때마다 자꾸 나는 걸리적거리는 소리 ⓑ가래가 끓어서 목구멍에서 그르렁그르렁 소리가 자꾸 났다 준말그렁그렁 작은말가르랑가르랑 **그르렁그르렁하다**

그르치다 움직씨 잘못해 일을 그릇되게 하다 ⓑ그렇게 촐싹거리다가는 일을 그르치겠다

그릇[1] 이름씨 ❶먹을거리나 몬 따위를 담는 세간 ⓑ우리는 밥을 다 먹은 뒤 저마다 그릇을 깨끗이 씻었다 ⇐ 용기 ❷어떤 일을 해나갈 만한 힘이나 바탕. 또는 그것을 지닌 사람 ⓑ아우는 아직 그런 큰일을 할 만한 그릇이 못 되어요 ❸무엇이 담긴 그릇을 세는 하나치 ⓑ국 한 그릇 슬기말 **그릇도 차면 넘친다** 일어났던 것은 다 기울어지게 마련이다 한뜻말달도 차면 기운다

그릇[2] 어찌씨 옳지 않게. 잘못되게 ⓑ그릇 알면 그릇 생각하고 그릇 생각하면 그릇 산다 **그릇되다**

그릇그릇 이름씨 있는 대로 여러 그릇 ⓑ그릇그릇에 물을 받아 **그릇그릇이**

그릇꼬불국수 이름씨 둥근 종이그릇에 든 꼬불국수. 끓는 물을 부어 먹는다 ⇐ 사발면. 컵라면

그릇박 이름씨 그릇을 씻어서 담아두는 함지박

그릇벼 이름씨 그릇붙이. 세간. 살림살이 한뜻말소납. 세간 ⇐ 비품

그릇씻개 이름씨 번힘으로 그릇이 저절로 씻기는 틀 ⇐ 식기세척기

그릇지이 이름씨 여름지이 거둘 것이 여느 때보다 훨씬 밑도는 일이나 그런 여름지이 한뜻말궂은지이 맞선말넉넉건이. 넉넉지이 ⇐ 흉작

그리[1] 어찌씨 ❶그렇게 ⓑ자네가 그리 생각해주니 고맙네 작은말고리 ❷그렇게까지. 그만큼 ⓑ무슨 애가 그리 걸음이 빠르니? 한뜻말그리도 ❸그다지 ⓑ그는 그리 나쁜 사람이 아니다

그리[2] 어찌씨 그곳이나 그쪽으로 ⓑ내가 그리 갈게 작은말고리

그리고 (어찌씨) ❶또. 또한. 말이나 글을 잇는 말 ⓑ다솔이는 노래를 잘 부른다. 그리고 그림도 잘 그린다 ❷셋이나 셋 넘는 말을 늘어놓을 때, 맨 뒷말 앞에 쓴다 ⓑ빨강, 검정 그리고 노랑 ❸그다음에 ⓑ밥을 먹었다. 그리고 이를 닦았다

그리기 (이름씨) 그림을 그리는 일 ⓑ은새는 물방울 그리기를 좋아한다

그리다[1] (움직씨) ❶붓 따위로 무엇을 금이나 빛깔로 나타내다 ⓑ나무를 그리다 ❷일어난 일이나 생각, 느낌 따위를 말이나 글, 노래로 나타내다 ⓑ겨레 살아온 이야기를 노래로 그리다 ⇐ 형용하다 ❸어떤 모습이나 꼴을 나타내다 ⓑ서로 손에 손을 잡고 동그라미를 그리며 춤을 추었다 ❹마음속에 떠올리거나 생각하다 ⓑ가끔 늙어빠진 내 모습을 그려본다

그리다[2] (움직씨) 사랑하는 마음으로 생각하다 ⓑ죽은 이를 그려봐야 무슨 쓸모가 있겠느냐 비슷한말 그리워하다

그리로 (어찌씨) '그리' 힘줌말 ⓑ모레까지 그리로 가면 되나요? 준말 글로

그리마 (이름씨) 지네와 가까운 벌레로 다리가 여러 켤레이고 머리에 긴 더듬이가 있는 벌레. 어둡고 축축한 곳에서 작은 벌레를 잡아먹고 산다 한뜻말 돈벌레

그리스 (이름씨) 유럽 새마녘 끝에 있는 나라로 하늬 옛삶꽃이 싹튼 곳. 여름지이가 으뜸 벌이이며 수도는 아테네

그리스도 ⇒ 누리건짐이

그리스신화 ⇒ 그리스 서낭얘기. 그리스 검얘기

그리움 (이름씨) 보고 싶어 하는 마음 ⓑ그리움도 사무치면 앓이가 된다 ⇐ 연정

그리워하다 (움직씨) 몹시 보고 싶어 하다 ⓑ돌아가신 어머니를 그리워하지 않을 사람도 있으랴 비슷한말 그리다 ⇐ 연연하다

그리하다 (움직씨) 그렇게 하다 ⓑ네가 그리하면 아우가 따라 배우겠지?

그리하여 (어찌씨) 그렇게 하여 ⓑ마을 사람 모두가 우리를 반겼다. 그리하여 우리는 그 마을에서 하루를 더 묵었다 비슷한말 그래서

그린벨트 ⇒ 말림숲. 숲띠. 숲땅. 말림갓

그릴 ⇒ 석쇠

그림 (이름씨) ❶보고 느끼고 생각하는 것이나 무엇을 있는 그대로 종이나 바람, 바닥 같은 곳에 빛깔이나 금으로 그린 것 ⓑ그림을 그리다 ⇐ 픽처 ❷매우 아름다운 꼴을 빗댄 말 ⓑ그림 같은 집을 짓고 너와 함께 살고파 (익은말) **그림이 좋다** 함께 있는 사내와 겨집이 잘 어울린다 (슬기말) **그림 속 떡** 아무리 마음에 있어도 가질 수 없는 것

그림갈무리 (이름씨) 그림 낯에 있는 빛박이나 그림꼴을 잡는 구실 ⇐ 캡처

그림글자 (이름씨) 셈틀에 주는 성금을 글자나 그림으로 나타낸 것 ⇐ 아이콘

그림꼴 (이름씨) 동그라미, 세모꼴, 공처럼 점, 금, 낯들이 만나서 이룬 꼴 ⇐ 도형

그림꾼 (이름씨) 그림을 그리는 사람 ⓑ밝음이는 보기 드문 여름지기 그림꾼에다 우리 씨앗 지킴이이다 ⇐ 화가

그림낯 (이름씨) 멀봄이나 셈틀 따위에서 그림이나 뮈그림이 나타나는 낯 ⇐ 화면

그림널[1] (이름씨) 그림을 그렸거나 붙인 널 ⓑ쓰레기를 줄이자는 그림널을 들고 우리는 북적이는 사람 앞을 지나갔다 ⇐ 그림판

그림널[2] (이름씨) 그림을 그릴 때 종이나 천을 올려놓는 널 ⇐ 화판

그림누리 (이름씨) 그림쟁이들 모둠이나 그림 그리는 살이 ⇐ 화단

그림닥종이 (이름씨) 붓으로 글씨나 그림을 그릴 때 흔히 쓰는 닥나무로 만든 종이 ⇐ 화선지

그림딱지 (이름씨) 철에 따른 열두 가지 그림이 네 낱씩 그려진 마흔여덟 낱 놀이 딱지. 놀이나 노름에 쓴다 ⇐ 화투

그림맵시 (이름씨) 그림을 그리는 흐름새나 버릇 ⇐ 화풍

그림바탕·그림밭 (이름씨) 멀봄 따위에서 빛깔, 밝기 같은 그림꼴 바탕 ⇐ 화질

그림방 (이름씨) ❶그림을 걸어놓고 보기좋도

록 만든 방 ⇐ 갤러리. 화랑 **2** 그림쟁이가 그림을 그리거나 새김장이가 몬을 새기는 따위 일을 하는 방 ⇐ 화실

그림붓다 이름씨 그림으로 그려 바람에 거는 붓다 모습 ⇐ 탱화

그림비추개 이름씨 그림 따위에 센 불빛을 비추어 그 비친 그림을 크게 만들어 뮘그림천에 비추는 틀 ⇐ 환등기

그림씨 이름씨 일이나 몬 바탈과 꼴, 있음이 어떠한지를 나타내는 낱말 갈래. 훌륭하다, 부지런하다 따위 ⇐ 형용사

그림자 이름씨 **1** 빛살이 가려져 나타난 거뭇한 그늘 꼴 ⓑ네가 어디를 가든 네 그림자가 따라온다 ⇐ 투영 **2** 물속에 비친 몬 모습 ⓑ못에 비친 달 그림자 ⇐ 투영 **3** 사람 자취 ⓑ밤이 되자 길에는 그림자 하나 얼씬하지 않았다 **4** 걱정이나 괴로움 따위로 얼굴에 나타나는 어두운 빛 ⓑ앓는 아내 걱정에 버시 얼굴에는 가끔 어두운 그림자가 스쳤다 **5** 늘 따라다니는 것을 빗댄 말 ⓑ강아지는 나를 그림자처럼 따라다닌다 **6** 좋지 않은 것을 빗댄 말 ⓑ벼슬아치가 썩어빠져서 나라 앞날에 어두운 그림자가 드리웠다 익은말 **그림자 하나 얼씬하지 않다** 한 사람도 나타나지 않다 **그림자에 가리다** 어버이나 난사람한테 가려 드러나지 못하다 **그림자조차 찾을 수 없다** 온데간데없어 도무지 찾을 수 없다

그림자놀이 이름씨 손으로 만든 사람이나 짐승 모습을 불빛으로 흰 천이나 바람 따위에 비춰 움직이는 그림자가 나타나게 하는 겨레 놀이 ⓑ아이는 밤에 엄마랑 그림자놀이를 즐겼다

그림쟁이 이름씨 그림을 그리는 것을 일삼아 하는 사람 한뜻말 그림꾼. 그림보. 그림바치 ⇐ 화가. 화백. 화공

그림종이 이름씨 그림을 그리는 데 쓰는 종이 ⇐ 화지. 도화지

그림책 이름씨 **1** 말하고자 하는 것을 그림으로 나타내고 풀이한 책 ⓑ조카에게 재미나는 그림책을 보여줬다 **2** 그림을 모은 책 ⓑ이름난 그림쟁이 그림을 한데 모은 그림책을 샀다

그림천 이름씨 기름물감을 써서 그림을 그릴 때 쓰는 천 한뜻말 바탕베 ⇐ 캔버스

그림틀 이름씨 그림, 글씨, 빛박이 같은 것을 끼울 수 있게 나무나 알루미늄 따위로 만든 틀 ⇐ 액자

그립다 그림씨 **1** 보고 싶은 마음이 애틋하다 ⓑ텃마을에 계신 어버이가 그립다 **2** 무엇이 없어서 아쉽다 ⓑ너같이 포시랍게 자란 사람이 그리울 게 뭐가 있어

그만[1] 어찌씨 **1** 더도 말고 그만큼만 ⓑ인제 그만 먹어라. 그만 좀 해라 작은말 고만 **2** 그대로 곧 ⓑ그 말에 다은이는 그만 벌컥 골을 냈다 **3** 그만큼만 하고 ⓑ오늘은 그만 헤어집시다 **4** 저도 모르는 사이에 ⓑ너무 졸려서 그만 잠이 들고 말았다 **5** 달리 어떻게 할 수 없어서 ⓑ길이 막혀 그만 늦었네요

그만[2] 매김씨 '그만한' 준말. 겨우 그만큼 ⓑ그만 일에 눈물을 흘리다니

그만그만하다 그림씨 더하거나 덜하지 않고 서로 매우 비슷비슷하다 ⓑ고구마 크기가 그만그만하다 작은말 고만고만하다

그만두다 움직씨 **1** 하던 일을 그치고 하지 않다 ⓑ해고리 돌림앓이로 장사를 그만두었다 준말 간두다 작은말 고만두다 ⇐ 퇴임하다 **2** 할 일이나 하려던 일을 하지 않다 ⓑ밖으로 나가려다가 추워서 그만두었다 ⇐ 포기하다

그만이다 그림씨 **1** 그것으로 끝이다 ⓑ가면 그만이다. 하기 싫으면 안 하면 그만이지 **2** 더할 나위 없다 ⓑ그 사람 됨됨이가 아주 그만이야 **3** 그것이면 된다. 그만큼이면 된다 ⓑ'나만 잘살면 그만'이라는 생각을 누구나 하면 이 누리가 어떻게 될까?

그만저만 어찌씨 그저 그만한 만큼

그만저만하다 그림씨 그저 그만하다 ⓑ자네가 맡은 일이 그만저만하지 않으니 마음을 다

잡아 먹게. 그만저만한 일로 골을 내고 그러느냐 작은말 고만조만하다

그만큼 이름씨 ❶ 앞서 말한 만큼 ⓑ나도 그만큼은 할 수 있다 ❷ (어찌씨) 앞서 말한 만큼으로 ⓑ그만큼 힘들다는 이야기지

그만하다[1] 움직씨 하던 일을 멈추다 ⓑ제발 잔소리 좀 그만해

그만하다[2] 그림씨 ❶ 괜찮은 만큼이다 ⓑ그만하면 방도 깨끗하고 값도 눅지 않니? 작은말 고만하다 ❷ 일이나 까닭이 그럴 수밖에 없거나 그럴 만하다 ⓑ모두가 입 다물고 있는 데에는 그만한 까닭이 있다 ❸ 부피나 크기 따위가 그만큼만 하다 ⓑ맑은 물 먹는 데에 골 원이라면, 그만한 돈은 누구나 낼 수 있지 않을까?

그물 이름씨 ❶ 날짐승이나 물고기를 잡으려고 노끈이나 실, 쇠줄 따위로 구멍이 나게 여러 매듭으로 얽은 것 ⓑ게그물. 새우그물. 참새그물 ❷ 뜰공놀이나 공넘기기 놀이에서는 놀이터 한가운데에 가로질러 높이 걸거나 늘어뜨리고 공차기 놀이에서는 문 뒤쪽에 치는, 끈으로 얽어 만든 것 ⓑ내가 찬 공이 날아가 그물에 꽂혔다 ❸ 남을 꾀거나 붙잡으려고 깔아놓은 수나 길 ⓑ오늘날 젊은이들 앞엔 한꺼번에 많은 돈을 벌 수 있다고 꾀는 온갖 그물이 쳐져 있다 ❹ 어떤 테두리나 힘이 두루 미침 ⓑ사람은 태어나면 죽고 만나면 헤어지는 그물에서 벗어날 수 없다

그물맥 ⇒ 그물줄기

그물줄기 이름씨 그물처럼 얽힌 잎줄기 ⓑ벚나무 잎은 그물줄기 잎이다 ⇐ 망상맥. 그물맥

그물코 이름씨 그물에 나 있는 구멍 ⓑ새우 같은 작은 물고기를 잡을 때는 그물코가 촘촘해야 한다

그믐 이름씨 달셈으로 그달 마지막 날. '그믐날' 준말 ⓑ우리 겨레는 섣달그믐을 작은 설로 쇠었다 한뜻말 그믐날

그믐께 이름씨 그믐날 가까이 ⓑ그믐께 만나지!

그믐달 이름씨 달셈으로 그믐에 돋는 달 ⓑ그믐달을 보는 이는 아주 부지런하거나 아주 게으르겠지? 맞선말 보름달 슬기말 **그믐달 보자고 첫저녁부터 나선다** 지나치게 일찍부터 서두른다

그믐밤 이름씨 달셈 그믐날 밤. 달이 없고 컴컴한 밤 ⓑ이 깜깜한 그믐밤에 혼자서 어떻게 걸어왔어? 슬기말 **그믐밤에 달이 뜨는 것과 같다** 일어날 수 없는 일이다

그분 갈이름씨 '그 사람' 높임말 ⓑ그분은 어디 계시냐?

그사이 이름씨 어느 때부터 다른 어느 때까지 ⓑ그사이 집안에 아무 일 없었나? 한뜻말 그동안 준말 그새 작은말 고사이 ⇐ 그간

그새 이름씨 '그사이' 준말 ⓑ그새를 못 참아서 또 마셨다고? 작은말 고새

그슬다 움직씨 불에 겉만 조금 타게 하다 ⓑ바다 것은 불에 그슬어 먹어도 맛나 한뜻말 그슬리다 ⇐ 훈연하다

그슬리다 움직씨 ❶ 불에 겉만 조금 타게 하다 ⓑ돼지 껍질은 불에 그슬러서 깨끗하게 장만하였다 한뜻말 그슬다 ❷ 불에 겉만 조금 타다 ⓑ촛불에 그슬린 머리카락

그악스럽다 그림씨 ❶ 사납고 모진 데가 있다 ⓑ밭매다가 개미집을 건드렸더니 개미가 그악스럽게 달려든다 ❷ 억척스럽고 끈질긴 데가 있다 ⓑ어떻게 이 거친 땅을 그악스럽게 일구어서 이런 좋은 밭으로 만들었소 **그악스레**

그악하다 그림씨 ❶ 사납고 모질다 ⓑ계집이 그악하기만 하지, 살림은 잘 살 줄 모른다 ❷ 멧줄기가 바드럽고 사납다 ⓑ우리 마을 뒷메는 그악하게 솟아오른 가파른 멧줄기로 겹겹이 쌓였다 ❸ 억척스럽고 끈질기다 ⓑ아버지뻘 되는 이들은 한뉘토록 그악하게 일만 하며 살았다

그야 어찌씨 ❶ 앞서 한 말을 받아들여서 그렇다고 여겨서. 그것은 더 말할 것도 없이 ⓑ그야 그럴 수밖에 한뜻말 그것이야 ❷ 앞서 한

말에 그 까닭을 뜻하는 말 ㉥"그 사람 왜 이리 철없이 굴지?" "그야 어리니까 그렇지."

그야말로 [어찌씨] 말이 뜻하는 그대로. 참으로 ㉥가온이는 그야말로 착한 아이이다

그예 [어찌씨] 마지막에 가서는 그만. 마침내 ㉥그렇게 속으로 미워하더니 그예 큰소리가 났다 ⇐ 필경

그위 [이름씨] 뭇사람에게 두루 맺음 ⇐ 공

그위뜰 [이름씨] 나라나 고장, 고을이 뭇사람이 쉬고 놀 수 있게 마련한 뜰 ⇐ 공원

그위새뜸 [이름씨] 옛날에 말을 타거나 걸어서 나라에 생긴 새뜸을 알리던 일. 또는 그 글 ⇐ 공문. 파발

그위새뜸말 [이름씨] 그위새뜸을 알릴 때 타던 말 ⇐ 파발마

그위새뜸이 [이름씨] 그위새뜸을 가지고 오가던 사람 ⇐ 파발

그위일 [이름씨] 뭇사람에게 두루 맺어지는 일 ⇐ 공공. 공무

그위일꾼 [이름씨] 나라나 고장, 고을 일을 맡아 보는 사람 한뜻말 나라일꾼 ⇐ 공무원

그위집 [이름씨] 나라나 고장에서 아람에게 도움을 주려고 지은 집 ⇐ 공공시설. 공사. 관. 관공서

그윽하다 [그림씨] [1]깊숙하고 아늑하다 ㉥시냇물 흐르는 소리가 그윽하게 들리는 시골 마을에 살자 [2]뜻이나 마음, 생각, 낯빛이 깊고 잔잔하다 ㉥어머니는 그윽한 눈길로 잠든 아들을 바라보았다 [3]느낌이 드러나지 않고 잔잔하다 ㉥으름꽃 내음이 그윽하게 풍겨오네

그을다 [움직씨] 햇볕, 내 따위를 오래 쐬어 검어지다 ㉥봄볕에 그은 거무튀튀한 살갗

그을리다 [움직씨] [1]그을게 하다 ㉥새 솥은 날 솔잎을 태워 여러 디위 솥밑을 그을려야 솥을 오래 쓸 수 있다 [2]그을게 되다 ㉥밀구이 해 먹는 아이들 입이 새카맣게 그을렸다

그을음 [이름씨] 어떤 것이 불에 탈 때 불꽃과 함께 내에 섞여 나오는 먼지 같은 검은 가루 ㉥나무 때던 시골 부엌은 그을음이 앉아 온통 새까맸다

그을음내 [이름씨] 그을음이 섞인 내 ⇐ 매연

그이 [갈이름씨] [1](조금 높이는 말로) 그 사람 ㉥그이는 어느 나라에서 온 분입니까? [2]겨집이 남에게 거기 없는 버시나 사랑님을 가리키는 말 ㉥아버님, 오늘 그이가 조금 늦겠답니다

그저 [어찌씨] [1]이제까지 줄곧 ㉥어제도 오늘도 그저 비가 내린다 [2]그 꼴대로 그렇게 ㉥아버지는 말없이 나를 그저 바라보았다 [3]남다르거나 두드러지지 않고 ㉥해날인데도 딱히 갈 데도 없어 그저 집에서 쉬었어 [4]달라지지 않고 오직 ㉥낮이나 밤이나 그저 잠만 자니? [5]다른 생각이나 마음이 없이 ㉥그저 해 본 말이다 [6](남을 나무라거나 헐뜯을 때) 아닌 게 아니라 참말로 ㉥처음부터 나는 그저 그럴 줄 알았지 [7]대단한 것 없이 다만 ㉥그저 한낱 일꾼일 뿐이다 [8]아무 말이나 구실 없이 ㉥제 잘못이니 그저 한 디위만 봐 주십시오 [9]더할 나위 없이 ㉥그저 좋아서 웃는 저 얼굴 좀 봐 [익은말] **그저 그만이다** 더 말할 나위 없이 좋다

그저께 [이름씨] 어제 바로 앞날 ㉥그저께는 밤늦게 집에 들어왔어 준말 그제

그제야 [어찌씨] 그때에야 비로소 ㉥어머니는 내가 들어오자 그제야 자리에 누웠다 한뜻말 그제서야

그중 ⇒ 그 가운데

그즈음 [이름씨] 그 무렵 ㉥어머니는 그즈음 자주 딸 집에 가서 지냈다

그지 [이름씨] 끝 ⇐ 한도. 한계

그지없다 [그림씨] [1]끝이 없다 ㉥어머니 사랑은 그지없다 한뜻말 가없다. 끝없다 [2]이루 다 말할 수 없다 ㉥기쁘기 그지없다 **그지없이**

그쪽 [갈이름씨] [1]듣는 이에게 가까운 쪽 ㉥그쪽으로 사람 보낼까? [2]말하는 이와 듣는 이가 이미 아는 곳 ㉥그쪽 일은 어떻게 돼 갑니까? [3]말하는 이와 듣는 이가 이미 아

는 사람 ⓑ그쪽 생각은 어떤 것 같소? ❹ 듣는 이를 가리키는 말 ⓑ그쪽은 뭘 할 거야?

그쯤[1] 이름씨 그만한 만큼 ⓑ그쯤에서 그만두자 한뜻말 그만큼 작은말 고쯤

그쯤[2] 어찌씨 그만한 만큼으로 ⓑ그쯤 넣었으면 됐어

그치다 움직씨 ❶ 더 움직이지 않거나 더 하지 않다 ⓑ비가 그치다. 울음을 그치다 비슷한말 멎다. 멈추다 ❷ 더 나아가지 않거나 어떤 자리에 머무르다 ⓑ말로만 그쳐서는 아무 일도 할 수 없다

그토록 어찌씨 그러한 만큼까지. 그렇게까지 ⓑ그토록 보살펴 주셔서 고맙습니다

그해 이름씨 앞에 말했거나 말하는 이와 듣는 이가 아는 옛날 어느 해, (또는) 이야기하려는 어느 해 ⓑ그해 겨울은 몹시 추웠다

극 (劇) ⇒ 굿

극 (極) ⇒ 한고비. 고비. 끝

극구 ⇒ 온갖 말로. 온 힘으로

극기 ⇒ 제맘이김. 제이김. 어려움이김. 어려움참음. 제 마음을 이기다. 괴로움을 참다. 어려움을 이기다

극단 (劇壇) ⇒ 굿떼

극단 (極端) ⇒ 끝. 맨 끝. 막말. 마지막. 한쪽 끝. 치우침

극단론 ⇒ 막말. 치우친 생각

극대하다 ⇒ 매우 크다. 가장 크다. 더할 수 없이 크다

극대화 ⇒ 가장 크게 함. 가장 크게 됨. 가장 크게 하다. 가장 크게 되다

극도 ⇒ 꼭대기. 머리 끝. 더할 수 없음

극도로 ⇒ 몹시. 아주. 매우. 무척. 대단히

극동 ⇒ 새녘끝. 새끝

극락 ⇒ 더없이 즐거운 곳. 하늘나라

극력 ⇒ 힘껏. 힘다해, 안간힘

극렬분자 ⇒ 막가꾼. 막가는 놈. 막가는 이

극렬하다 ⇒ 매섭다. 모질다. 막가다

극명하다 ⇒ 똑똑히 밝히다. 똑똑하다. 환하다. 매우 또렷하다

극미하다 ⇒ 매우 하찮다. 매우 작다. 매우 적다

극복 ⇒ 이겨냄. 물리침. 이겨내다. 이기다. 물리치다. 뚫다. 무릅쓰다

극본 ⇒ 굿글. 굿말

극비 ⇒ 아무도 모름

극비리 ⇒ 남몰래. 살짝. 아무도 모르게

극빈자 ⇒ 가난뱅이. 알가난뱅이. 몹시 가난한 사람

극빈하다 ⇒ 몹시 가난하다

극성스럽다 ⇒ 억세다. 억척스럽다. 드세다. 세차다. 서낙하다. 이악하다

극세사 ⇒ 가는 실. 아주 가는실

극소수 ⇒ 몇몇. 아주 적음

극소화 ⇒ 매우 작게 함. 매우 작게 하다. 매우 적게 하다

극심하다 ⇒ 대단하다. 엄청나다. 그악하다

극악무도하다 ⇒ 아주 나쁘고 모질다

극약 ⇒ 죽개. 거진 죽개

극언 ⇒ 막말

극음악 ⇒ 굿가락

극작가 ⇒ 굿지음이. 굿글님. 굿글쟁이

극장 ⇒ 노릇마당. 굿터

극존칭 ⇒ 아주 높임

극지방 ⇒ 끝고장. 마끝데. 노끝데

극진하다 ⇒ 깍듯하다. 끔찍하다. 더할 나위 없다

극찬 ⇒ 기림. 기리다. 크게 기리다

극치 ⇒ 한끝. 끝. 맨 윗자리. 막바지

극피동물 ⇒ 가시껍질숨받이

극한 (極限) ⇒ 끝. 막바지. 막다른 곳

극한 (極寒) ⇒ 된추위. 모진 추위

극한상황 ⇒ 막다른 판. 막다른 고비. 막다른 골목. 막바지

극형 ⇒ 죽임

극화 ⇒ 굿으로 만듦. 굿으로 만들다

극히 ⇒ 매우. 몹시. 아주

근 이름씨 엿온(600) 그램과 똑같은 무게 하나치. 남새는 너온(400) 그램을 말한다

근 (近) ⇒ 거의. 가까운

근 (根) ⇒ 뿌리. 망울. 멍울

근 (筋) ⇒ 힘살. 힘줄

근간(根幹) ⇒ 밑줄기. 뼈대. 바탕. 뿌리. 뿌리줄기

근간(近間) ⇒ 요사이. 요즈음. 요새. 요즘

근거 ⇒ 터전. 터무니. 턱. 바탕. 밑바탕. 따르다. 뿌리 두다. 터전을 두다. 자리 잡다. 터무니 삼다

근거리 ⇒ 가까운 길이. 가까이

근거없다 ⇒ 터무니없다. 생급스럽다. 얼토당토않다. 생게망게하다. 턱없다. 엉터리없다

근거지 ⇒ 터. 터전. 제바닥. 밑바탕. 기틀. 자리. 바탕

근검 ⇒ 조리차. 알뜰함. 부지런하고 아낌. 조리차하다. 알뜰하다. 부지런하고 아끼다

근교 ⇒ 고을둘레. 고을가까이

근근이 ⇒ 겨우. 겨우겨우. 가까스로. 어렵사리. 힘들게

근기 ⇒ 바탕힘

근년 ⇒ 요 몇 해 새

근대 [이름씨] 밭에 심어 가꾸는 잎줄기남새. 줄기는 곧고 높이 150센티미터쯤으로 이른 여름에 누른풀빛 작은 꽃이 모여 피며 잎과 줄기는 나물로 무쳐 먹거나 국을 끓여 먹는다

근대 ⇒ 낳일때

근대국가 ⇒ 낳일때나라

근대화 ⇒ 낳일때되기

근데 [어찌씨] '그런데' 준말 [ㅂ]어서 오세요. 근데 어제 일은 어떻게 된 거요?

근래 ⇒ 이사이. 이즈음. 요즘. 요즈음. 요사이

근력 ⇒ 힘살힘

근로 ⇒ 일함. 일하다. 부지런히 일하다. 땀흘리다

근로자 ⇒ 일꾼. 삯꾼. 막벌이꾼. 막일꾼

근린 ⇒ 이웃. 이웃집. 가까운 이웃. 가까운 곳

근린공원 ⇒ 둘레 그위뜰

근면성 ⇒ 부지런함

근면하다 ⇒ 부지런하다. 바지런하다. 꾸준하다. 실쌈스럽다

근무 ⇒ 일. 일하다. 일 다니다. 일 나오다

근무지·근무처 ⇒ 일터. 일자리. 일할 곳. 일하는 데

근방 ⇒ 가까운 곳. 곁. 가장자리. 가녘. 언저리.

근본 ⇒ 뿌리. 바탕. 밑자리. 밑바탕. 밑절미. 기틀. 씨. 터

근사모으다 [움직씨] 오랫동안 애써 그윽이 힘을 모으다

근사하다 ⇒ 가깝다. 비슷하다. 비스름하다. 웬만하다. 어지간하다. 그럴싸하다. 그럴듯하다. 영절스럽다. 괜찮다. 멋있다

근삿값·근사치 ⇒ 어림값

근성 ⇒ 마음보. 마음바탕. 뚝심. 버릇. 타고난 버릇. 깡다구

근소하다 ⇒ 적다. 아주 적다

근속 ⇒ 내리 일함. 내리 일하다. 이어 일하다

근시 ⇒ 졸보기. 졸보기눈. 바투보기. 바투보기눈

근시안적 ⇒ 눈앞 일에만 사로잡힌. 앞날을 내다보지 못한

근신 ⇒ 삼감. 삼가다. 조심하다

근심 [이름씨] 마음이 놓이지 않아 속을 태우거나 답답해함. 또는 그 마음 [ㅂ]근심으로 밤을 지새우다 [비슷한말]걱정 ⇐ 하념 **근심하다**

근심스럽다 [그림씨] 마음이 놓이지 않아 속을 태우는 데가 있다 [ㅂ]게으른 아들 앞날이 근심스럽다 [비슷한말]걱정스럽다 **근심스레**

근엄하다 ⇒ 점잖다. 드레지다

근원 ⇒ 밑바닥. 뿌리. 샘. 샘자리. 까닭

근원지 ⇒ 자국. 밑바닥. 샘자리

근위대·근위병 ⇒ 임금곁 지킴이. 임금곁 잠개잡이

근육 ⇒ 힘살. 대살

근육질 ⇒ 대살. 힘살바탕

근일 ⇒ 요사이. 이즈음

근저 ⇒ 밑. 밑바탕. 바탕. 뿌리. 기틀

근절 ⇒ 없앰. 뿌리 뽑음. 없애다. 없애버리다. 뿌리 뽑다. 싹 자르다

근접 ⇒ 가까이 다가감. 비슷함. 다가가다. 다가오다. 가까이 가다. 가깝다. 가까이 닿다. 가직하다. 밭다. 비슷하다

근정 ⇒ 삼가 드림

근조 ⇒ 삼가 슬픔나눔

근지럽다 [그림씨] 1 무엇에 살이 닿아 스칠 때처럼 몸이 오그라들며 짜릿짜릿하여 견디기 어렵다 [ㅂ]아우는 배를 만져주는 내 손

길이 근지러운 듯 몸을 움츠렸다 작은말 간지럽다 ❷어떤 일을 몹시 하고 싶어 참기 어렵다 ⓑ그는 말을 하고 싶어서 입이 근지러웠다

근질거리다 움직씨 ❶근지러운 느낌이 자꾸 들다 ⓑ실바람 보슬비에 낯이 근질거리고 함박꽃은 한들한들 춤춘다 작은말 간질거리다 ❷마음이 들뜨거나 짜릿짜릿하게 되다 ⓑ열흘 동안 앉아 있었더니 온몸이 뻐근하고 근질거려 달리기라도 하고 싶다 **근질대다**

근질근질 어찌씨 ❶근지러운 느낌이 자꾸 나는 꼴 ⓑ풀잎이 목에 닿아 근질근질 견디기 어렵네 ❷참기 어려울 만큼 어떤 일을 자꾸 하고 싶어 하는 꼴 ⓑ동무들에게 두 사람이 사귄다고 말하고 싶어서 입이 근질근질하였다 **근질근질하다**

근채 ⇒ 뿌리남새

근처 ⇒ 언저리. 이웃. 가두리. 가녘. 둘레. 곁

근친 ⇒ 살붙이. 피붙이. 집안. 한집안. 가까운 살붙이

근하신년 ⇒ 새해큰절. 설절올림

근해 ⇒ 갓바다. 앞바다

근해어 ⇒ 갓바닷고기

근황 ⇒ 요즘나기. 요즘뭠. 요즘일

글 이름씨 ❶말이나 소리를 눈으로 보아 알 수 있도록 그려 나타낸 것 ⓑ일찍 글을 읽고 썼다 ⇐ 글자 ❷배워 아는 깊이나 너비나 결. 갈 또는 앎 ⓑ글깨나 배웠다는 사람이 두루 잘 사는 누리를 이룩하는 데 이바지해야 하고말고 ❸생각, 마음, 느낌, 뜻, 일, 삶, 믿음 같은 온갖 이야기를 어느 틀에 따라 줄거리를 짜맞춰 읽고 배우도록 엮은 꾸러미 ⓑ글이 쉽게 읽힌다

글갈무리 이름씨 나중에 보거나 쓰기 좋게 글을 그대로 갈무리하는 일 ⇐ 복사. 글저장

글감 이름씨 글을 쓸 밑거리 ⓑ마음속 미움을 어떻게 녹일까가 글감으로 떠올랐다 한뜻말 글거리 ⇐ 소재

글게 이름씨 말이나 소털을 빗기는 연모 ⓑ오랜만에 글게로 소털을 빗겨주었다 한뜻말 글겅이

글공부 ⇒ 글배움

글귀 이름씨 ❶글 한 토막이나 한 마디 ⇐ 어구 ❷글을 배우고 깨우치는 힘

글꼴 이름씨 글 생김새 ⓑ나라말집은 마루부리 글꼴로 쓰기로 했다 ⇐ 글씨체. 서체

글널 이름씨 글을 쓰는 널 ⇐ 자판. 키보드. 글자판

글노래 이름씨 어떤 가락을 느낄 수 있게 지은 글 한뜻말 노래. 노랫글 ⇐ 시

글다듬기 이름씨 글을 지을 때 여러 디위 생각하여 고치고 다듬음 ⇐ 퇴고

글동무 이름씨 글을 같이 배우는 동무 한뜻말 글벗 ⇐ 클라스메이트

글동티 이름씨 쓴 글이 벼리에 걸리거나 말썽을 일으켜 동티가 난 일 ⇐ 필화

글따짐글 이름씨 글이나 책을 보고 그 속내가 좋고 나쁘고, 옳고 그름을 따져 쓴 글 ⇐ 서평

글뛰다 움직씨 그리워하는 마음이 뒤끓다 ⓑ곱분이를 볼 때마다 내 마음이 왜 이리 글뛰는지 모르겠어

글라스 ⇒ 유리. 유리그릇

글러브 ⇒ 가죽손끼개

글레기 이름씨 '글보쓰레기' 준말. 여러 사람에게 도움되는 글을 쓰기보다 몇몇 사람에게 도움되는 글을 쓰는 낮은 무리 ⇐ 기레기

글리코사이드 이름씨 단무리가 안 단무리와 막남이나 살남밑씨로 묶인 갈씨

글말 이름씨 이야기할 때 쓰는 입말이 아닌, 글에서 쓰는 말 ⓑ오늘 우리 말살이에는 물소리, 바람 소리 같은 입말이 밀려나고 딱딱한 글말이 많아졌다

글말꽃 이름씨 ❶입말꽃으로 내려오던 것을 글로 붙들어 적은 말꽃 ⇐ 문학 ❷처음부터 글자로 적어 글말로 만든 말꽃

글말틀 이름씨 글이나 그림, 빛박이 같은 것을 번힘짓말로 바꾸어서 보내기. 또는 그런 틀 ⇐ 팩스. 팩시밀리

ㄱ

글맛 이름씨 글에서 나타나는 맛 ⇐ 필치

글머리 이름씨 글을 비롯하는 첫머리 ⇐ 서두

글발 이름씨 ❶적어놓은 글 ⓑ서라벌 마메에는 시라때 바위에 새긴 글발이 남아 있다 ⇐ 문장 ❷써놓은 글자 짜임새 ⓑ돌오름 글은 글발이 골라 온누리에 이름을 날렸다 ❸글줄기. 글 앞뒤 흐름 ⓑ길게는 썼지만, 가리새가 없어 글발이 서지 않는다

글방 이름씨 ❶옛날 고을 아이에게 글을 가르치던 곳. 나라에서 이끌던 곳이 아니다 ⓑ글방에 다니다 ⇐ 서당 ❷책을 쌓아두고 글을 읽는 방 한뜻말책방 ⇐ 서재

글벗 이름씨 ❶같은 곳에서 함께 배운 동무 한뜻말글동무 ⇐ 문우. 클라스메이트 ❷글로써 사귄 벗

글보람 이름씨 글을 쓰고 나누면서 기쁘고 흐뭇한 보람

글소경 이름씨 글을 읽고 쓸 줄 모르는 사람 한뜻말글장님 ⇐ 문맹인

글속 이름씨 배움에서 얻은 깨달음 깊이 ⓑ나는 배움이 때, 글속도 뒤지지 않고 일도 잘하려고 했다

글숲 이름씨 온갖 나무가 숲을 이루듯 삶과 사람과 살림을 담은 온갖 글이 모여 숲을 이뤄 사람 삶을 새롭게 북돋우는 곳

글숲집 이름씨 글숲이 우거진 집 한뜻말말꽃집 ⇐ 문학관

글썽 어찌씨 눈에 눈물이 넘칠 듯이 가득한 꼴 ⓑ아이 눈에는 눈물이 글썽 맺혔다 **글썽하다**

글썽거리다 움직씨 눈에 눈물이 넘칠 듯이 가득하게 괴다 **글썽대다**

글썽글썽 어찌씨 눈에 눈물이 넘칠 듯이 자꾸 가득하게 괴는 꼴 ⓑ아들이 살아 돌아왔다는 말에 어머니 눈에 눈물이 글썽글썽 맺혔다 **글썽글썽하다**

글쎄 느낌씨 ❶남이 묻거나 바라는 것에 또렷이 말하지 못할 때 쓰는 말 ⓑ글쎄, 가봐야 알지 ❷제 뜻을 다시 힘주어 말하거나 우길 때 쓰는 말 ⓑ아 글쎄, 아까 말한 대로 해보라니까

글쓰기 이름씨 생각이나 겪은 일 따위를 글로 적는 것 ⓑ책읽기는 글쓰기 밑바탕이다

글쓴이 이름씨 글을 쓴 사람. 지은이 ⓑ글쓴이 생각이 가장 종요롭다 ⇐ 저자. 필자

글쓴이이름 이름씨 ❶글을 써 낼 때 쓰는 이름 ⇐ 필명 ❷글이나 글씨를 잘 써서 떨치는 이름

글씨 이름씨 ❶쓴 글꼴 ⓑ글씨가 큼직하여 읽기 좋다 ❷글을 쓰는 수나 길 ⓑ글씨 써보기 ⇐ 글자 ❸말을 잡아두는 어떤 표 ⓑ한글은 누리에서 으뜸가는 글씨이다

글씨그림쟁이 이름씨 붓글씨도 쓰고 그림도 그리는 사람 ⇐ 서화가

글씨꼴 이름씨 ❶글씨를 써 놓은 꼴 ⇐ 필체 ❷글씨 꼴이나 솜씨 ⇐ 필적

글씨차례 이름씨 글씨를 쓸 때 긋 차례 ⇐ 필순

글씨체·글자체 ⇒ 글꼴. 글씨꼴

글월 이름씨 말이나 소리를 눈으로 보아 알 수 있도록 그려 나타낸 것 ⓑ글월을 잘 쓰려면 책을 많이 읽어야지 한뜻말글 ⇐ 편지. 편지글

글월꽂이 이름씨 글월을 꽂아두는 데 ⇐ 편지꽂이

글월동무 이름씨 글월을 주고받으며 사이좋게 지내는 동무나 벗 한뜻말글월벗 ⇐ 펜팔

글월종이 이름씨 글월을 쓰는 종이 ⇐ 편지지

글월주머니 이름씨 글월을 넣을 수 있도록 만든 작은 주머니 ⇐ 편지봉투

글월통 이름씨 글월을 모아두거나 새뜸 나름이가 글월 따위를 넣어두고 가는 통 ⇐ 편지함

글일 이름씨 글이나 글종이를 다루는 일 ⇐ 사무

글일꾼 이름씨 글을 쓰거나 바로잡거나, 엮는 일을 하는 사람 ⇐ 작가. 편집자. 교정자. 교열자

글일방 이름씨 글일하는 방 ⇐ 사무실

글일연장 이름씨 글일을 보는데 쓰는 연장 ⇐ 사무기계. 사무기기

글일터 [이름씨] 글일을 보는 곳 ⇐ 사무소

글일판 [이름씨] 글일을 맡아보는 판 ⇐ 사무국

글자 ⇒ 글. 낱글

글자락 [이름씨] 알리거나 밝히는 이야기를 적은 글 ⇐ 포스팅. 게시물. 게시문

글자취 [이름씨] 갖가지 일이나 이야기를 적어 남긴 글 ⇐ 기록. 기록물

글자판 ⇒ 글널

글장님 [이름씨] 글을 못 배워 읽거나 쓸 줄 모르는 사람 [한뜻말]글소경 ⇐ 문맹인

글재주 [이름씨] 글을 쉽게 깨치거나 잘 짓는 솜씨 [보]글재주가 없다 ⇐ 글재간

글종이 [이름씨] 글 쓰는 종이. 글을 쓰기 좋게 칸을 넣은 종이 ⇐ 원고지. 원고용지

글지이 [이름씨] 생각이나 느낌을 글로 쓰는 일 [보]글지이를 좋아하다

글짓기 [이름씨] 이루고 싶은 뜻이나 꿈, 생각을 담거나, 보고 듣고 느끼고 겪고 싶은 삶이나 모습, 이야기를 헤아리거나, 앞으로 이런 일이 일어나면 어떠할지를 마음에 그리면서 글을 짜서 적는 일

글칸종이 [이름씨] 글자 수를 세기 쉽게 네모 칸이 그려진 글 쓰는 종이 ⇐ 원고지. 원고용지

글칼잡이 [이름씨] 글을 잘 해 벼슬한 사람과 칼을 잘 써 벼슬한 사람을 아울러 이르는 말 [한뜻말]붓칼잡이 ⇐ 양반

글품쟁이 [이름씨] 글 쓰는 데에 드는 품을 파는 사람 [보]한낱 글품쟁이라고 우습게 보지 마라

글피 [이름씨] 오늘부터 사흘 뒤에 오는 날. 모레 다음 날 [보]아제, 모레, 글피 사흘 동안 쉽니다

긁다 [움직씨] **1**손톱이나 뾰족한 것으로 바닥이나 거죽을 거칠게 문지르거나 자국을 내다 [보]등을 긁다 **2**갈퀴 따위로 그러모으다 [보]솔잎을 긁다 **3**온갖 수를 써서 빠짐없이 챙기다 [보]집안 쌀 한 톨까지 다 긁어 갔다 **4**뾰족하거나 날카롭고 넓은 끝으로 무엇에 붙은 것을 떼어내거나 벗겨 없애다 [보]누룽지를 박박 긁다 **5**남을 건드려 마음을 언짢게 하거나 헐뜯다 [보]씨름 이야기를 하면 그 아이 속을 긁어놓지 않겠니? **6**아무렇지도 않은 일을 괜히 건드리다 [보]가만있으면 그냥 넘어갈 일인데 왜 자꾸 긁어? **7**무엇을 살 때 카드로 값을 치르다 [보]카드를 긁다 [익은말] **가려운 데를 긁어주다** 꼭 있어야 할 것을 잘 알아서 채워 주다 [슬기말] **긁어 부스럼** 아무렇지도 않은 일을 괜히 건드려서 크게 만들다

긁어모으다 [움직씨] **1**긁어서 한곳으로 모으다 [보]있는 것 없는 것 다 긁어모아 보냈지 **2**온갖 수를 써서 남 것을 빼앗아 모으다 [보]왜놈들이 나라에서 값나가는 것은 다 긁어모아 가지고 갔다

긁적거리다 [움직씨] **1**손톱이나 뾰족한 것으로 바닥이나 거죽을 자꾸 이리저리 문지르다 [보]머리를 긁적거리다 **2**되는대로 글을 쓰거나 그림을 마구 그리다 [보]뭘 맨날 긁적거리니? **3**자꾸 건드려 마음을 언짢게 하다 [보]아내는 남 속도 모르고 아침부터 긁적거렸다 **긁적대다**

긁적긁적 [어찌씨] **1**손톱이나 뾰족한 것으로 바닥이나 거죽을 잇달아 긁는 모습 [보]보람이는 멋쩍어서 머리만 긁적긁적 긁었다 **2**되는대로 자꾸 글을 쓰거나 그림을 마구 그리는 모습 [보]아우는 바닥에 쭈그려 앉아 나뭇가지로 뭔가를 긁적긁적 그렸다 **긁적긁적하다**

긁히다 [움직씨] 바닥이나 거죽이 손톱이나 뾰족한 것 따위에 스치어 자국이 나다 [보]수레 왼쪽 문짝에 긁힌 자국이 있어

금[1] [이름씨] **1**접거나 긋거나 한 자국 [보]옷 접힌 자리에 금이 생겼다 **2**쪼개지거나 갈라지지 않고 터지기만 한 자리 [보]독에 금이 가서 물이 줄줄 샜다

금[2] [이름씨] **1**파는 사람이 팔 것에 붙인 값 [보]오늘 저자에 쌀금이 꽤 센데? **2**비싼 것을 사고팔 때 흥정꾼이 내놓은 몬값 [보]소를 팔러 왔는데 흥정꾼이 금을 눅게 보네

금(金) ⇒ 보

ㄱ

금가다 움직씨 ❶몬이 터져서 금이 생기다 ⓑ금간 된장 단지 ❷서로 사이가 벌어지다 ⓑ나라 머슴을 누굴 뽑든 너랑 나랑 금갈 일이 뭐 있어

금강 ⇒ 고마나라. 고마나리

금강산 ⇒ 보배메

금강석 ⇒ 굳센돌. 단단돌. 으뜸돌

금고 ⇒ 가둠. 잡아넣음. 잡아 가둠

금고 ⇒ 돈광. 돈곳

금과옥조 ⇒ 꼭 지킬 일. 보배벼리

금관 ⇒ 보갓

금관악기 ⇒ 놋쇠가락틀

금광 ⇒ 보돌. 보굴

금광맥 ⇒ 보줄

금광석 ⇒ 보돌

금괴 ⇒ 보덩이

금긋다 움직씨 어떤 끝으로 잡다 ⓑ술 마시는 이와 담배 피우는 이는 딱 금그어 못 오게 한다 ⇐ 한정하다

금기 ⇒ 꺼림. 가림. 꺼리다. 가리다. 못하게 하다

금기시 ⇒ 꺼림칙하게 봄. 꺼림칙하게 보다. 가리다. 못할 일로 생각하다

금나다[1] 움직씨 파는 사람과 사는 사람이 값이 잡혀 사고팔 수 있게 되다 ⓑ오늘 고춧값이 높게 금났네

금나다[2] 움직씨 ❶옷이나 종이 따위가 구겨져 잔금이 생기다 ⓑ다려서 입고 나오지, 금난 옷을 그냥 입고 나왔어? ❷몬이 터져서 금이 생기다 ⓑ옛날엔 금난 단지도 테를 메워서 오래 썼다

금년·금년도 ⇒ 올해. 이해

금높다 그림씨 몬 따위 값이 비싸다 맞선말 금낮다

금놓다 움직씨 파는 사람이 값을 매겨 부르다 ⓑ오늘 쌀 한 말은 얼마에 금놓았어?

금리 ⇒ 길미

금맥 ⇒ 돈줄. 보줄기

금메달 ⇒ 보보람목걸이. 보목걸이

금명간 ⇒ 오늘이나 아제 사이. 가까운 때

금모래 ⇒ 반짝모래. 보싸라기

금물 ⇒ 못할 일. 안될 일

금박 ⇒ 종이보

금밖갈점 이름씨 한쪽 금을 밖갈하는 점 맞선말 안갈점 ⇐ 외분점

금반지 ⇒ 보가락지

금발 ⇒ 누런 머리. 노랑머리

금방 ⇒ 이제 곧. 이제 막

금붕어 ⇒ 보빛고기

금붙이 ⇒ 보붙이

금상 ⇒ 보보람

금상첨화 ⇒ 깁위꽃

금새 이름씨 몬값 높낮이 ⓑ금새를 알아보다 ⇐ 시세

금색 ⇒ 보빛

금생 ⇒ 이삶

금서 ⇒ 말림책

금석문 ⇒ 돌새김글

금석학 ⇒ 돌새김글갈

금성 ⇒ 샛별. 개밥바라기. 어둠별

금성 (錦城) ⇒ 바라

금세 어찌씨 이제 바로. 곧 ⓑ둘이 그렇고 그렇다는 말이 금세 퍼졌다

금세 (今世) ⇒ 이삶. 이 누리

금세기 ⇒ 이 온해

금속 ⇒ 쇠붙이

금속음 ⇒ 쇳소리

금속화폐 ⇒ 쇠붙이돈. 쇠돈

금수 ⇒ 날길짐승. 날짐승과 길짐승

금수강산 ⇒ 아름가람메. 아름누리

금시 ⇒ 이제 막. 바로 이제

금시초문 ⇒ 듣느니 처음

금식 ⇒ 굶기. 굶음. 굶다

금실 이름씨 가시버시 사랑 ⓑ금실 좋은 가시버시

금싸라기 ⇒ 보싸라기

금액 ⇒ 값. 돈. 돈머리

금언 ⇒ 깨우침말. 슬기말

금연 ⇒ 담배 못핌. 담배 끊다

금요일 ⇒ 쇠날

금욕 ⇒ 마음억누름. 안 어름. 안 어르다. 고픔 누

르다

금융 ⇒ 돈

금융기관 ⇒ 돈집

금융업 ⇒ 돈일

금은방 ⇒ 보수가게

금의환향 ⇒ 잘돼마을옴. 잘되어 텃마을 옴

금일 ⇒ 오늘. 요사이

금일봉 ⇒ 돈 한 주머니

금자동이 ⇒ 보배아이

금자탑 ⇒ 빛자취. 큰 자국. 큰 보람

금잔디 이름씨 멧기슭에서 자라고 뜰에도 많이 심는 풀. 누르스름한 빛깔을 띠는 고운 잔디이다 ⓑ저 집 마당에는 금잔디가 깔렸어

금전 ⇒ 돈. 보돈. 쇠돈

금전출납부 ⇒ 돈나듦책

금조각 이름씨 쪽금 ⇐ 선분

금주 (禁酒) ⇒ 술끊기. 술못마심. 술끊다

금주 (今週) ⇒ 이 이레

금줄 ⇒ 삼감줄

금지 ⇒ 막음. 막기. 못하게 함. 막다. 말리다. 못하게 하다

금지옥엽 ⇒ 보배둥이. 사랑둥이

금테 ⇒ 보테. 누렁테

금품 ⇒ 돈. 돈몬

금화 ⇒ 보돈

급 ⇒ 높이

급감 ⇒ 갑자기 줆. 갑자기 줄다. 갑자기 줄이다

급강·급강하 ⇒ 갑자기 내림. 갑자기 내려오다. 갑자기 내리다. 내리박히다

급거 ⇒ 서둘러. 갑자기

급격하다 ⇒ 빠르고 세차다

급격히 ⇒ 갑자기 세게. 빨리 세게

급경사 ⇒ 된비탈. 된비알. 가풀막

급경사로 ⇒ 된비탈길. 된비알길. 가풀막길

급경사지 ⇒ 비알땅. 비탈땅. 가파른 땅

급구 ⇒ 바삐 찾음. 바삐 찾다

급급하다 (汲汲) ⇒ 골똘하다

급급하다 (急急) ⇒ 매우 바쁘다

급기야 ⇒ 마침내. 마지막에 가서는

급등 ⇒ 갑자기 오름. 갑자기 오르다. 뛰다. 갑자기 뛰다

급락 ⇒ 갑자기 내림. 갑자기 내리다. 갑자기 떨어지다. 곤두박질치다

급랭 ⇒ 빨리 얼림. 빨리 식힘. 빨리 식히다. 빨리 식다

급료 ⇒ 삯. 품삯. 달품삯

급류 ⇒ 센물살. 여울물. 여울

급박하다 ⇒ 숨가쁘다. 숨차다. 바쁘다. 밭다. 갑작스럽다

급변 ⇒ 확바뀜. 확 바뀌다

급사 ⇒ 갑자기 죽음. 갑자기 죽다

급상승 ⇒ 갑자기 치솟음. 갑자기 치솟다

급선무 ⇒ 서둘일. 바쁜일

급성 ⇒ 과갈바탈. 갑작바탈

급소 ⇒ 목숨자리. 사북

급속도 ⇒ 아주빠르기

급속히 ⇒ 빠르게. 빨리. 재빨리. 바삐. 매우 빠르게

급수 ⇒ 물대줌. 물 보내다. 물 주다. 물 대다. 물 대주다. 물 넣다

급수관 ⇒ 물대롱

급수기 ⇒ 물주개

급수지 ⇒ 물대주는 못

급수차 ⇒ 물수레

급습 ⇒ 덮침. 덮치다. 갑자기 덮치다. 갑자기 쳐들어가다

급식 ⇒ 맛갓줌. 밥줌. 밥주다. 먹거리 주다

급식비 ⇒ 밥값. 맛갓돈. 먹거리돈

급식소 ⇒ 먹거리 주는곳. 밥주는곳

급식실 ⇒ 밥먹는방. 밥주는방

급여 ⇒ 품삯. 품값. 품삯 주다. 품값 주다

급유 ⇒ 기름넣음. 기름 넣다. 기름 치다. 기름 주다

급작스럽다 그림씨 미처 생각할 틈도 없이 매우 바삐 일어난 느낌이 있다 ⓑ날씨가 급작스럽게 추워졌어 작은말 갑작스럽다

급전 ⇒ 바쁜 돈. 비싼 돈

급정거 ⇒ 갑자기 멈춤. 갑자기 멈추다. 갑자기 서다

급제 ⇒ 붙음. 붙다. 걸리다

급조 ⇒ 서둘러 대충 만듦. 서둘러 대충 만들다. 서

둘러 만들다. 대충 만들다

급증 ⇒ 갑자기 늘어남. 갑자기 늘다. 늘어나다. 빠르게 늘다. 갑자기 늘리다. 갑자기 붇다

급진파 ⇒ 확 바꾸자는 무리

급출발 ⇒ 갑자기 떠남. 갑자기 떠나다. 왈칵 떠나다

급파 ⇒ 빨리 보냄. 빨리 보내다

급하게·급히 ⇒ 갑자기. 서둘러. 바쁘게. 바삐. 빨리. 재빨리. 곧. 얼른. 부리나케. 숨가쁘게

급하다 ⇒ 과가르다. 바쁘다. 갑작스럽다. 팔팔하다. 괄괄하다. 숨가쁘다. 서둘다. 서두르다

급행 ⇒ 바삐감. 바삐 가다. 빨리 가다. 서둘러 가다

급행열차 ⇒ 빨리 가는 긴수레. 빠른긴수레

급회전 ⇒ 빨리 돎. 갑자기 돎. 갑작돌아. 과갈돌이. 빨리 돌다. 빨리 돌리다. 갑자기 돌다. 갑자기 돌리다

급훈 ⇒ 가름가르침

긋 이름씨 글씨나 그림에서 붓 따위로 한 디위 그은 줄이나 점. 또는 그것을 세는 하나치 ⓑ이 글자는 긋수가 열 긋이다 ⇐ 획

긋다[1] 움직씨 ❶뾰족한 것이나 붓 따위로 그리거나 자취를 남기다 ⓑ땅바닥에 금을 그어 고누판을 만들었다 ❷불을 일으키려고 성냥개비를 누렁에 대고 당기다 ⓑ성냥을 긋다 ❸밥값이나 술값 따위를 바로 내지 않고 나중에 치르는 것으로 하다 ⓑ단골 가게에서 외상으로 긋고 밥을 먹었다 ❹일 살피를 똑똑히 짓다 ⓑ저마다 맡을 일을 긋지 말고 함께하고 치우자

긋다[2] 움직씨 ❶비가 그치다 ⓑ비가 잠깐 긋는 듯하더니 다시 쏟아졌다 ❷비가 그치기를 기다리다 ⓑ처마 밑에서 비를 그었다

긋수 이름씨 글씨나 그림에서 붓 따위로 한 디위 그은 줄이나 점 수 ⓑ이 글자는 긋수가 몇 긋인가요? ⇐ 획수

긋차례 이름씨 글씨를 쓸 때 긋을 긋는 차례 ⇐ 획순

긍정 ⇒ 옳게 여김. 예 하다. 옳게 여기다. 맞다고 하다. 끄덕이다

긍지 ⇒ 자랑. 자랑하는 마음. 떳떳한 마음

기 (旗) ⇒ 깃발

기 (氣) ⇒ 숨. 숨통. 풀. 기운. 있는 힘

기각 ⇒ 물리침. 퇴짜놓음. 물리치다. 퇴짜놓다

기간 (期間) ⇒ 동안. 날짜. 때 사이

기간 (基幹) ⇒ 줄기. 줄거리. 바탕줄기. 바탕. 뼈대

기간산업 ⇒ 바탕낳일. 줄기낳일

기간요원 ⇒ 자위일꾼. 줄기일꾼

기갈 ⇒ 배고픔과 목마름

기강 ⇒ 벼리

기개 ⇒ 꿋꿋한 마음

기거 ⇒ 머묾. 지냄. 머물다. 묵다. 지내다. 살다

기겁 ⇒ 매우 놀람. 매우 놀라다

기계 ⇒ 틀. 연장. 연모

기계문명 ⇒ 틀삶빛. 틀삶

기계체조 ⇒ 틀몸뭄

기고 ⇒ 글 보냄. 글 보내다

기고만장 ⇒ 잘난 척함

기골 ⇒ 뼈대. 몸집. 생김새. 엄장

기공 (技工) ⇒ 솜씨. 솜씨꾼

기공 (氣孔) ⇒ 숨구멍

기공 (起工) ⇒ 첫삽. 첫삽 뜨다

기공식 ⇒ 첫삽뜨기. 첫삽맞이

기관 (機關) ⇒ 뮘틀

기관 (氣管) ⇒ 숨통. 숨대

기관 (器官) ⇒ 틀. 얼개. 그릇

기관사 ⇒ 뮘틀몰이

기관실 ⇒ 뮘틀방

기관장 ⇒ 뮘틀지기

기관지 ⇒ 숨통가지. 숨대가지

기관차 ⇒ 뮘틀수레

기관총 ⇒ 뮘틀쇠불. 뮘틀쏘개

기괴하다 ⇒ 야릇하다

기교 ⇒ 솜씨. 재주. 손재주. 너름새. 잡을손

기구 (氣球) ⇒ 바람공. 바람배

기구 (機構) ⇒ 얼개. 만듦새. 짜임. 모임

기구 (器具) ⇒ 연모. 연장. 세간. 살림살이. 그릇

기구하다 ⇒ 사납다. 세다. 가탈 많다

기권 ⇒ 버림. 손뗌. 버리다. 빠지다. 손떼다. 물러서다

기근 ⇒ 굶주림

기금 ⇒ 밑돈. 밑천

기기 ⇒ 연모. 틀. 그릇

기꺼워하다 [움직씨] 기쁘게 여기다 ⓑ아들이 가시벗을 데려오자 어머니는 몹시 기꺼워했다 [준말]기꺼하다

기꺼이 [어찌씨] 기쁘게 ⓑ그럼, 어려운 동무를 기꺼이 도와줘야지 [한뜻말]기껍게 ⇐ 흔쾌히

기껍다 [그림씨] 마음속으로 기쁘다 ⓑ사내는 기꺼운지 얼굴에 환한 웃음을 지었다 ⇐ 흔연하다

기껏 [어찌씨] 힘이 미치는 데까지 ⓑ기껏 거들어줬는데 고맙다는 말도 없네

기껏해야 [어찌씨] ❶기껏 한다고 해야 ⓑ아이 걸음인데 기껏해야 큰길까지 겨우 갔을걸요 [비슷한말]잘해야 ❷아무리 높거나 많게 잡아도 ⓑ기껏해야 서른쯤 됐을까

기나길다 [그림씨] 몹시 길다 ⓑ먹을 것도 땔감도 모자라는데 기나긴 겨울을 어떻게 나지?

기내 ⇒ 날틀안

기내식 ⇒ 날틀안밥

기념 ⇒ 기림. 기리다. 쇠다. 생각하다

기념관 ⇒ 기림집

기념물 ⇒ 기림몬. 기릴 것

기념비 ⇒ 기림돌. 기림새김돌

기념식 ⇒ 기림잔치. 기림맞이

기념일 ⇒ 기림날

기념탑 ⇒ 기림쌓

기념품 ⇒ 기림몬

기는줄기 [이름씨] 땅 위로 기어서 뻗는 줄기. 고구마, 호박, 수박, 딸기 따위 줄기 ⓑ수박을 기를 때는 기는줄기에서 뻗어 나오는 줄기는 다 따준다 [한뜻말]뛰엄줄기. 땅덩굴줄기

기능 (機能) ⇒ 구실. 노릇

기능 (技能) ⇒ 솜씨. 손재주. 재주. 너름새

기능공 ⇒ 바치. 쟁이

기능성 ⇒ 쓸모

기다 [움직씨] ❶배를 바닥에 붙이거나 아래쪽으로 두고 팔다리를 짚어 움직여 가다 ⓑ아이가 엉금엉금 기어다닌다 ❷개미, 가재, 게, 뱀, 지렁이 따위가 발을 놀리거나 배로 움직여 나아가다 ⓑ이 풀숲에서는 뱀이 잘 기어 나온다 ❸아주 느리게 움직이다 ⓑ그렇게 기다가는 오늘 해 안에 다 해내겠나? ❹남에게 눌리어 꼼짝 못 하고 단작스럽게 굴다 ⓑ아랫사람은 짓밟지만 윗사람에게는 설설 긴다 [슬기말] **기지도 못하면서 날려 한다** 쉬운 일도 못 하면서 훨씬 어려운 일을 하려고 나선다

기다랗다 [그림씨] 꽤 길다 ⓑ아재는 머리를 기다랗게 땋아 늘어뜨렸다 [맞선말]짤따랗다 [준말]기닿다

기다리다 [움직씨] ❶어떤 사람이나 때가 미치어 오거나 일 따위가 이루어지기를 바라다 ⓑ아내가 버시 오기를 손꼽아 기다린다 ❷얼마 동안을 참고 견디다 ⓑ한 달만 더 기다려주시면 어떻게든 돈을 마련하겠습니다

기단 (氣團) ⇒ 바람덩이

기단 (基壇) ⇒ 터전. 밑바탕

기대 [이름씨] ❶춤추는 아이를 봐주고 따라다니는 겨집 ❷무당이 굿을 할 때 가락을 맡은 사람 ⓑ기대가 무당춤을 따라 장구를 신나게 친다

기대 (期待) ⇒ 바람. 바라다

기대감 ⇒ 바라는 마음

기대다 [움직씨] ❶몸이나 몬을 무엇에 비스듬히 대다 ⓑ기둥에 몸을 기대다 ❷남한테 마음을 붙이거나 도움을 받다 ⓑ남한테 기대지 말고 스스로 살아보아라

기대서다 [움직씨] 무엇에 몸을 대어 비스듬히 서다 ⓑ담벼락에 기대서다

기도 (氣道) ⇒ 숨길

기도 (企圖) ⇒ 꾀함. 꾀하다. 벼르다. 하려 하다. 움직이다

기도 (祈禱) ⇒ 빎. 비손. 빌다. 비손하다

기독교 ⇒ 그리스도 가르침. 예수 가르침

기동대 ⇒ 재빠른떼

기동력 ⇒ 빠른힘

기동성 ⇒ 빠른바탈. 빠름새

기둥 [이름씨] **1** 집 주춧돌 위에 세워 보나 도리 따위를 받치는 나무. 또는 돌이나 쇠 따위로 모나거나 둥글게 만들어 곧추 높이 세운 것 ㉥기둥을 세우다 **2** 밑에서 위로 곧게 세워 어떤 것을 받치거나 버티는 가늘고 긴 것 ㉥땅에 기둥을 박고 가림천을 치다 **3** 집안이나 모임, 나라에서 기댈 만한 종요로운 사람을 빗댄 말 ㉥맏아들인 마노는 집안 기둥이다 **4** 어떤 마음이나 생각이 발붙이는 밑바탕이나 그 믿음을 빗댄 말 ㉥내 삶 임자는 나 스스로라는 기둥에 튼튼히 기대서자

기둥꼴결 [이름씨] 뜨거운 바윗물이 땅위에서 식어 굳으면서 갈라져 기둥꼴로 된 결 ⇐ 주상절리

기둥코 [이름씨] 위 아래 사슬코 사이에 세워 뜨는 코

기득권 ⇒ 따논 자리. 차지한 자리. 얻어가진 힘

기라성 ⇒ 뭇샛별. 뭇살별

기량 ⇒ 재주. 솜씨

기러기 [이름씨] 오리와 비슷하나 목이 길고 다리가 짧으며 가람이나 바다 기슭, 늪가에 사는 새. 가을에 우리나라에 와서 겨울을 나고 봄에 북쪽으로 가는 나그네새이다

기레기 ⇒ 글레기

기력 ⇒ 힘. 기운

기로 ⇒ 갈림길. 갈림목. 고비

기록 ⇒ 적바림. 적발. 자국. 적다. 쓰다. 적어두다. 적바림하다. 올리다. 싣다. 끼적이다. 담다. 담아두다

기록문 ⇒ 적바림글

기록물 ⇒ 적바림몬

기뢰 ⇒ 물속터지개

기류 ⇒ 바람흐름. 바람결

기르기 [이름씨] 물고기나 굴, 김 같은 것을 사람이 기르는 일 ⇐ 양식. 양식업

기르다 [움직씨] **1** 아이나 짐승, 푸나무를 보살펴 자라게 하다 ㉥돼지를 기르다 비슷한말 키우다 ⇐ 양육하다 **2** 사람을 가르쳐 키우다 ㉥스승은 훌륭한 사람을 많이 길러 내었다 **3** 몸이나 마음 힘을 더 세고 크게 하다 ㉥참는 힘을 기르다 **4** 버릇 따위를 몸에 익게 하다 ㉥일찍 자고 일찍 일어나는 버릇을 길러야 한다 **5** 머리카락이나 나룻 따위를 깎지 않고 길게 자라도록 놔두다 ㉥나룻을 기르다 **6** 아픈 것을 제때 고치지 않고 더 나빠지도록 내버려두다 ㉥고뿔이라고 우습게 보고 기르면 큰코다친다

기른딸 [이름씨] 남 딸을 데려다 제 딸처럼 기른 딸 ⇐ 수양딸. 수양녀. 양녀. 양딸

기른심 [이름씨] 사람이 밭에 심어 가꾼 심. 뿌리는 희고 통통하며 낫개로 널리 쓴다 ⇐ 인삼

기른아들 [이름씨] **1** 조카 벌 되는 이를 데려다가 삼은 아들 ⇐ 양자. 양아들 **2** 남 아들을 데려다가 삼은 아들

기른어버이 [이름씨] 기른 아들로 들어간 집 어버이 ⇐ 양부모

기름 [이름씨] **1** 물보다 가볍고 불에 잘 타고 조금 끈적거리고 미끈미끈하며 물에 잘 풀리지 않는 바탕을 가진 몬을 통틀어 이르는 말. 짐승 살, 가죽이나 푸나무 씨앗에서 얻는다 ㉥들기름을 두르고 감자를 볶아라 **2** 땅속에서 퍼낸 '땅기름'을 달리 이르는 말 ㉥우리나라에는 기름이 한 방울도 나지 않는다 ⇐ 석유 **3** 얼굴이나 살갗에서 나오는 끈적거리는 것 ㉥얼굴에 기름이 번들거린다 **4** 굳기름 ㉥옆집 아저씨는 배에 기름이 잔뜩 껴서 몹시 뚱뚱하다 [익은말] **기름을 끼얹다** 느낌이나 움직임을 부추겨 더 안 좋아지게 하다 센말 기름을 붓다 **기름을 치다** 일이 잘되도록 뒷돈을 쓰다

기름곳 [이름씨] 물고기나 굴, 김 같은 것을 사람이 기르는 곳 한뜻말 기름터 ⇐ 양식장. 양어장

기름공이 [이름씨] 자지. '참기름이 나게 하는 방앗공이' 뜻

기름기 [이름씨] **1** 어떤 몬에 묻거나 섞인 기름 기운 ㉥배추를 수레에 실을 때 기름기가 묻지 않게 바닥에 종이고리를 깔았다 **2** 얼굴이나 살갗에 나타나는 기름 기운 ㉥한꽃님은 잘 먹었는지 살갗에 기름기가 자르르

돈다 ❸고기에 섞인 기름덩이 ⓑ국거리로 사 온 소고기에 기름기가 좀 많다

기름기름 어찌씨 모두가 낱낱이 길쭉한 꼴 ⓑ텃밭에 심어놓은 파가 기름기름 잘 자란다 작은말 갸름갸름

기름나라 이름씨 땅기름이 나는 나라 ⇐ 산유국

기름나물 이름씨 반들거리는 작은 잎이 성기게 모여 큰 잎을 이루며 높이 자라는 여러해살이풀. 한여름에 작고 흰 꽃이 많이 피며 긴 둥근꼴 열매를 맺는다. 어린잎은 나물로 먹는다

기름도치 이름씨 물방개

기름때 이름씨 기름이 묻은 데에 먼지가 앉아 낀 때 ⓑ옷에 기름때가 찌들었다

기름떡 이름씨 참깨나 들깨, 콩 같은 기름 밑감을 찧어 시루에 쪄서 기름을 짤 보자기에 싼 덩어리

기름띠 이름씨 바다나 가람 위에 기름이 흘러나와 띠처럼 떠있는 것 ⓑ배에서 새어 나온 기름이 둥그런 기름띠를 이루며 바다에 떠 있다

기름물 이름씨 푸나무나 팡이, 잔살이 따위를 기르는 살감숫이 든 물 ⇐ 배양액

기름물감그림 이름씨 기름에 갠 물감으로 그리는 그림 ⇐ 유화

기름배 이름씨 밑기름이나 땅기름 따위 기름을 실어나르는 배 ⇐ 유조선. 탱커

기름샘 이름씨 땅기름을 뽑아 내려고 땅을 판 우물 ⇐ 유정

기름수레 이름씨 큰 기름통을 갖추고 기름을 실어나르는 수레 ⇐ 유조차

기름쓰임푼수 이름씨 수레를 타고 가는 데 드는 기름 부피를 거리와 때에 견준 값 ⇐ 연비

기름울 이름씨 배 같은 데서 흘러나온 기름을 막으려고 물낯 위에 펼치는 울 ⇐ 오일펜스

기름쟁이 이름씨 미꾸라지와 비슷하나 몸은 엷은 누런 밤빛에 거무스름한 얼룩 무늬가 있는 민물고기. 얕고 맑은 내 모래 속에 산다

기름종이 이름씨 ❶기름을 먹인 종이 ⓑ점심에 갈치구이를 시켰는데 이 집에서는 기름종이 위에 올려 내놓았다 ⇐ 유지 ❷얼굴 따위 기름을 없애는 데에 쓰는 종이 ⓑ기름종이로 번들거리는 얼굴을 닦았다

기름지다 그림씨 ❶먹을거리에 기름이 많다 ⓑ기름진 먹을거리 ❷사람이나 짐승이 살찌고 기름기가 많다 ⓑ고양이가 뭘 먹어서 저렇게 기름져 보일까? ❸땅이 매우 걸다 ⓑ저 아래 서 마지기 논은 아주 기름져서 거름을 안 해도 된단다

기름터 이름씨 기름곳 ⇐ 양식장. 양어장

기름파스텔 이름씨 가루물감을 기름에 섞어 굳힌 것 ⇐ 크레파스

기름하다 그림씨 좀 긴 듯하다 ⓑ늘품이는 헌칠한 키와 기름한 얼굴로 뭇 가시나 마음을 사로잡았다 작은말 갸름하다 여린말 길쯤하다

기름흙 이름씨 푸나무를 기르는데 쓰려고 거름을 섞은 흙 ⇐ 배양토

기리다 움직씨 뛰어나고 훌륭한 일이나 그것을 이룬 사람을 추어서 말하다 ⓑ우리 겨레는 해마다 한글날이 되면 세종 임금을 기린다 ⇐ 칭찬하다. 찬사를 드리다

기린 (麒麟) ⇒ 목기리

기린아 ⇒ 빼어난 사람. 뛰어난 사람. 뛰어난 젊은이

기림 이름씨 남 좋은 일을 함께 기뻐함 ⇐ 축하. 표창

기림그릇 이름씨 잘 했음을 기리려고 주는 그릇 ⇐ 트로피

기림글 이름씨 식게를 지낼 때 넋에게 올리는 글 ⇐ 축문

기림날 이름씨 기쁜 일을 기리는 날 ⇐ 축일

기림노래 이름씨 함께 기뻐하여 부르는 노래 ⇐ 축가

기림돈 이름씨 짝맺이나 잔치에서 함께 기뻐하여 내는 돈 ⇐ 축의금

기림돌 이름씨 죽은이를 기려 세운 돌 ⇐ 추모비

기림말 이름씨 기뻐하고 기리는 뜻을 나타내는 말이나 글 ⇐ 축사

기림맞이 이름씨 어떤 일을 기리려고 마련한 자리 ⇐ 축하식. 기념식

기림손 이름씨 함께 기뻐하려고 온 손님 한뜻말 기림손님. 잔치손님 ⇐ 하객. 축하객

기림술 이름씨 기리는 뜻으로 마시는 술 ⇐ 축배

기림쌓 이름씨 나라를 지키려고 싸우다 숨진 사람들 뜻을 기리려고 쌓거나 세운 것 ⇐ 현충탑

기림잔치 이름씨 함께 기뻐하려고 여는 잔치 ⇐ 축하연

기림종이 이름씨 잘 했음을 기리려고 주는 종이 ⇐ 표창장

기립 ⇒ 일어섬. 일어남. 일어나다. 일어서다

기마병 ⇒ 말탄잠개잡이. 말탄싸울아비

기마술 ⇒ 말 타는 솜씨. 말 타는 재주

기마전 ⇒ 말탄싸움. 말타고 싸우기

기막히다 ⇒ 숨막히다. 질리다. 엄청나다. 어마어마하다. 벙벙하다. 놀랄 만하다

기만·기망 ⇒ 속임. 속여넘김. 눈가림. 꾐. 속이다. 속여먹다. 속여 넘기다. 속임질하다. 눈가림하다. 꾸며대다. 야바위치다. 어루꾀다. 거짓말하다. 꾀다

기만책·기만행위 ⇒ 속임질. 가장질. 알랑수. 얼렁수. 꾐수

기명 ⇒ 이름 씀. 이름 쓰다. 이름 적다. 이름 써넣다

기묘하다 ⇒ 야릇하다. 놀랍다

기물 ⇒ 그릇. 연모

기미 이름씨 살갗이 촉촉하지 않은 채 센 햇볕을 오래 받거나, 몸 앓이나 마음 괴로움 따위로 얼굴에 생기는 거뭇한 얼룩 ㉺ 요즘 힘들고 어려운지 아내 얼굴에 부쩍 기미가 끼었다

기미 (幾微) ⇒ 낌새. 눈치. 속눈치. 짬수

기민하다 ⇒ 날쌔다. 날래다. 재다. 재빠르다. 잽싸다. 약삭빠르다. 꾀바르다. 발밭다

기밀 ⇒ 몰래. 몰래길. 틈막이

기반 ⇒ 기틀. 터전. 바탕. 밑바탕. 자리

기발하다 ⇒ 뛰어나다. 놀랍다. 빼어나다

기백 ⇒ 배짱. 냅뜰새. 내뛸새. 씩씩힘. 팔팔얼

기법 ⇒ 재주. 솜씨

기벽 ⇒ 야릇한 버릇

기별 ⇒ 새뜸

기병 ⇒ 말잠개잡이. 말싸울아비

기병대 ⇒ 말잠개잡이떼. 말싸울아비떼

기복 ⇒ 높낮이. 오르내림. 울퉁불퉁

기본 ⇒ 밑바탕. 바탕. 터전. 뿌리

기본권 ⇒ 바탕힘

기본예절 ⇒ 바탕보배움

기본형·기본형태 ⇒ 으뜸꼴. 바탕꼴

기부 ⇒ 베풂. 주다. 베풀다. 이바지하다

기부금 ⇒ 베풂돈

기분 ⇒ 마음. 느낌

기분전환 ⇒ 마음바뀜. 느낌바뀜

기분좋다 ⇒ 신나다. 즐겁다

기분파 ⇒ 느낌따름이

기뻐하다 움직씨 기쁘게 여기다 ㉺ 장난감을 받은 아이가 뛸 듯이 기뻐했다 맞선말 슬퍼하다 ⇐ 희희낙락하다

기쁘다 그림씨 마음이 흐뭇하고 넉넉하다 ㉺ 다시 만나게 되어 참 기쁘네요 맞선말 슬프다 ⇐ 흔연하다. 흔쾌하다

기쁜마음 이름씨 기쁘거나 흐뭇한 마음 ⇐ 환심

기쁜빛 이름씨 기뻐하는 얼굴빛 ⇐ 희색

기쁜소리 이름씨 ❶ 사람은 누구나 참되게 부지런히 마음닦으면 스스로 깨달음을 이룰 수 있다는 말 ⇐ 복음 ❷ 기뻐서 지르는 소리 ⇐ 환성

기쁨 이름씨 흐뭇하고 좋은 마음 느낌 ㉺ 멀리 간 사랑 님 글월을 받자 보라 눈에는 기쁨이 넘쳐났다 맞선말 슬픔 ⇐ 환희. 희열. 희열감

기쁨소리 이름씨 기쁨에 겨워 크게 내지르는 소리 ⇐ 환호성

기쁨슬픔 이름씨 기쁨과 슬픔을 함께 이름 ⇐ 희비

기사 (騎士) ⇒ 말탄이

기사 (棋士) ⇒ 바둑둠이

기사 (技士) ⇒ 바치

기사 (技師) ⇒ 바치. 몰이바치

기사 (記事) ⇒ 글. 일글
기사회생 ⇒ 되살아남. 죽다가 살아남
기삿거리 ⇒ 글거리
기상 (氣象) ⇒ 날씨
기상 (氣像) ⇒ 꿋꿋. 꿋꿋함
기상 (起牀) ⇒ 일어남. 일어나다
기상대 ⇒ 가지날씨집
기상이변 ⇒ 날씨바뀜
기상청 ⇒ 날씨집
기색 ⇒ 얼굴빛. 낯빛. 눈치. 속눈치. 티. 낌새
기생 (寄生) ⇒ 더부살이. 붙살이. 붙어살다. 얹혀 살다
기생 (妓生) ⇒ 재주꽃
기생식물 ⇒ 더부살이풀. 붙살이풀
기생충 ⇒ 붙살이벌레
기선 (汽船) ⇒ 김배
기선제압 (機先) ⇒ 덜미짚기. 앞손쓰기
기성복 ⇒ 지은옷. 가게내기
기성세대 ⇒ 나이든 쪽. 나이든 또래. 이룬 삶뉘
기성품 ⇒ 가게내기. 찍은치
기세 ⇒ 힘. 풀. 서슬. 바람. 기운
기소 ⇒ 판가름걸기. 판가름걸다
기수 (基數) ⇒ 밑수. 바탕수
기수 (旗手) ⇒ 깃발잡이
기수 (機首) ⇒ 날틀머리
기수 (騎手) ⇒ 말꾼. 말몰이. 말몰이꾼
기숙 ⇒ 묵음. 머무름. 묵다. 몸붙이다. 몸담다
기숙사 ⇒ 묵는집
기숙사생 ⇒ 묵는이
기술 (技術) ⇒ 솜씨. 손끝. 손꾀, 손재주. 재주
기술 (記述) ⇒ 씀. 적다. 쓰다. 적어 두다
기술자 ⇒ 바치. 쟁이
기스 ⇒ 생채기
기스락 [이름씨] **1** 기슭 가장자리 ⓑ마을 뒷메 기스락엔 온통 밤나무밭이었다 [한뜻말]기슭도리. 기스랑. 기스리 **2** 지붕 처마 끝 ⓑ기스락에서 떨어지는 빗물 소리에 잠이 깼다
기스락물 [이름씨] 처마 끝에서 떨어지는 빗물이나 눈석임물. 또는 고드름이 녹은 물 ⓑ처마 끝에서 기스락물이 얼어 길쭉길쭉한 고드름이 달렸다 [한뜻말]처맛물 ⇐ 낙숫물
기슭 [이름씨] **1** 메나 처마 따위에서 비탈진 곳 아래쪽 ⓑ그 집은 햇빛이 잘 드는 언덕 기슭에 자리 잡았다 **2** 바다나 가람 따위 물과 닿은 땅 ⓑ배를 가람기슭에 대고 닻을 내렸다
기습 ⇒ 몰래 덮침. 갑자기 쳐들어감. 몰래 덮치다. 몰래 치다. 갑자기 쳐들어가다
기승 ⇒ 대단. 한창. 억척
기아 (飢餓) ⇒ 굶주림. 주림
기아 (棄兒) ⇒ 버린아이
기압 ⇒ 빈기누름. 빈기누름힘
기약 ⇒ 다짐. 다지다
기어 ⇒ 빠르기바꾸개
기어가다 [움직씨] **1** 어떤 곳을 기어서 가다 ⓑ아기가 방바닥을 기어간다 [비슷한말]기어다니다 ⇐ 포복하다 **2** 수레 따위가 매우 천천히 가다 ⓑ길이 막혀서 버스가 기어간다
기어들다 [움직씨] **1** 기어서 또는 기는 듯한 모습으로 들어가거나 들어오다 ⓑ비가 많이 오니 뱀이 처마 밑 돌 틈으로 기어든다 **2** 남이 모르도록 슬금슬금 안으로 들어가거나 들어오다 ⓑ밤늦게 막내가 살그머니 집으로 기어들었다 **3** 다가들거나 파고들다 ⓑ서늘해지자 모두 이불 속으로 기어들었다 **4** 움츠러져 들어가다 ⓑ샛별이는 주눅이 들어 목소리가 기어들어 갔다 **5** 다른 사람 밑으로 들어가다 ⓑ돈을 다 쓴 아우가 이제 슬슬 아버지 밑으로 기어들겠지
기어오르다 [움직씨] **1** 기어서 올라가다 ⓑ나무에 기어오르다 **2** 윗사람에게 버릇없이 굴다 ⓑ오냐오냐했더니 머리 꼭대기까지 기어오르는구나
기어이·기어코 ⇒ 끝내. 끝끝내. 틀림없이. 꼭. 반드시. 어김없이
기억 ⇒ 새김. 마음새김. 생각남. 잊지않음. 욈. 외다. 떠오르다. 생각나다. 새기다
기억력 ⇒ 욀힘. 지닐힘
기억상실 ⇒ 옛일잊음. 못욈
기억장치 ⇒ 욈틀. 욈차리개

기업 ⇒ 벌일

기업가 ⇒ 벌일꾼. 벌일보

기업체 ⇒ 벌일덩이

기여 ⇒ 이바지. 이바지하다. 애쓰다. 돕다

기여금 ⇒ 이바짓돈

기역 ⇒ 기윽

기염 ⇒ 불꽃기운. 큰소리. 날파람. 힘찬 기운

기예 ⇒ 솜씨. 재주

기온 ⇒ 빈기 따습기

기온계 ⇒ 빈기 따습기 재개

기와 이름씨 흙으로 굽거나 돌가루 따위로 만들어 지붕을 이는 데 쓰는 몬 ⓑ지붕에 비가 새서 서까래에 곰팡이가 슬어 기와를 갈았다 슬기말 **기와 한 잎 아껴서 대들보 썩힌다** 조그마한 것을 아끼다가 오히려 큰 덜이를 본다

기와지붕 이름씨 기와를 이은 지붕 ⓑ어릴 적 우리 마을엔 기와지붕을 인 집이 한 집뿐이었다

기와집 이름씨 지붕을 기와로 인 집 ⓑ옛날엔 기와집에 살면 부러움을 샀다

기왕 ⇒ 앞서. 지난날

기왕에 ⇒ 내친김에. 내친걸음에

기왕지사 ⇒ 지난 일. 옛날 일

기용 ⇒ 씀. 쓰다

기우 ⇒ 군걱정. 헛걱정

기우뚱 어찌씨 몬이나 몸이 한쪽으로 조금 기울어진 모습 ⓑ거센 물결에 배가 한쪽으로 기우뚱 기울었다 작은말 갸우뚱 센말 끼우뚱 **기우뚱하다**

기우뚱거리다 움직씨 몬이나 몸이 자꾸 이쪽저쪽으로 기울어지며 흔들리다. 또는 그렇게 하다 ⓑ누나는 고개를 기우뚱거리며 버시가 보낸 글월을 읽었다 **기우뚱대다**

기우뚱기우뚱 어찌씨 몬이나 몸이 자꾸 이쪽저쪽으로 기울어지게 흔들리는 꼴 ⓑ수레가 울퉁불퉁한 길로 접어들자 실은 짐도 덩달아 기우뚱기우뚱 흔들렸다 **기우뚱기우뚱하다**

기우제 ⇒ 비굿

기운 이름씨 ❶살아서 움직이는 힘 ⓑ세찬이는 팔 기운이 세서 팔씨름에 진 적이 없다 ⇐ 혈기. 활력 ❷눈에 보이지는 않지만 느껴지는 것 ⓑ들에 나갔더니 따뜻한 봄기운이 물씬 풍겨왔다 ❸알아차릴 만한 낌새 ⓑ몸살 기운이 있어서 오늘은 좀 쉬어야겠다 ❹낫개나 술을 먹어 생기는 힘 ⓑ사내는 술기운을 빌려 그동안 못했던 말을 쏟아냈다 ❺하늘과 땅 사이에 가득 차서, 모든 것이 나고 자라는 힘 바탕 ⓑ흙 한 줌, 풀 한 포기에도 하늘 기운이 스며 있다

기운 (氣運) ⇒ 낌새. 바람. 빛

기운바탕 이름씨 움직일 힘이 나오는 밑뿌리 ⇐ 활력소

기운차다 그림씨 힘이 가득하고 넘치는 듯하다 ⓑ목소리가 기운차다 한뜻말 힘차다 ⇐ 활발하다

기울 이름씨 밀이나 귀리 따위 가루를 쳐내고 남은 속껍질

기울거리다 움직씨 ❶몬이 이리저리 자꾸 기울어지다 ❷고개를 이리저리 기울이며 자꾸 엳보거나 살피다

기울기 이름씨 어떤 것이 얼마만큼 기울어졌는가를 나타내는 것 ⓑ기울기가 아주 가파른 언덕길 한뜻말 물매. 비탈 ⇐ 경사

기울다[1] 움직씨 ❶비스듬하게 한쪽이 낮아지거나 비뚤어지다 ⓑ바람에 걸린 그림이 한쪽으로 기울었다 ❷다른 것에 견주어 그것보다 못하다 ⓑ버시 집안이 가시 집안보다 좀 기울어 보인다

기울다[2] 움직씨 ❶마음이나 생각 따위가 어느 한쪽으로 쏠리다 ⓑ일을 미루자는 쪽으로 마음이 기울었다 ❷해나 달 따위가 지다 ⓑ달도 차면 기운다 ❸일 따위 흐름이나 매개가 옛날보다 못하다 ⓑ아버지 장사가 어려워져서 집안이 기울었다

기울이다 움직씨 ❶기울게 하다 ⓑ몸을 기울이다 ❷한군데로 모으거나 쏠리게 하다 ⓑ보살핌꾼은 마음을 기울여 아픈 사람을 돌봤다

기움말 이름씨 임자말과 풀이말만으로는 뜻이 오롯하지 않은 글월에서 오롯하지 않은 곳을 도와 뜻을 오롯하게 하는 꾸밈말 ⓑ하늘이는 이끎이가 되었다 에서 '이끎이가' 가 기움말이다 ⇐ 보어. 보충어

기웃 어찌씨 무엇을 보거나 찾으려고 고개나 몸을 조금 기울이는 모습 ⓑ아이는 부엌을 이리 기웃 저리 기웃 먹을 것을 찾았다 센말 갸웃 여린말 끼웃 **기웃하다**

기웃거리다 움직씨 ❶무엇을 보거나 찾으려고 고개나 몸을 이쪽저쪽으로 자꾸 기울이다 ⓑ낯선 사람이 밖에서 우리 집을 기웃거린다 센말 끼웃거리다 ❷남 것을 가지고 싶은 마음으로 자꾸 슬금슬금 넘겨다보다 ⓑ그 가시나 집 앞을 지날 때면 나도 모르게 그 집 안을 기웃거리게 되었어 **기웃대다**

기웃기웃 어찌씨 ❶무엇을 찾거나 보려고 고개나 몸 따위를 이쪽저쪽으로 자꾸 기울이는 모습 ⓑ큰소리가 나길래 궁금해서 나도 모르게 옆집을 기웃기웃 쳐다봤다 ❷남 것을 갖고 싶은 마음으로 슬금슬금 자꾸 넘겨다보는 모습 ⓑ웬 사람이 기웃기웃 우리 집을 담 너머로 보네 **기웃기웃하다**

기웃하다 그림씨 한쪽이 조금 낮거나 비뚤다 ⓑ나래는 고개를 기웃하게 숙이고 걷는 버릇이 있다 작은말 갸웃하다 센말 끼웃하다

기원 (祈願) ⇒ 바람. 빎. 빌다. 발괄하다. 비손하다

기원 (起源) ⇒ 생겨남. 뿌리. 생겨나다. 생기다

기원 (紀元) ⇒ 해. 예해

기원전 ⇒ 해앞. 예해앞

기원후 ⇒ 해뒤. 예해뒤

기윽 이름씨 한글 닿소리 글자 'ㄱ' 이름. 'ㄱ' 이름을 한자로 적은 대로 읽으면 '기역'이나 우리말 '기윽' 을 적은 한자임으로 '기윽' 으로 한다 ⓑ낫 놓고 기윽도 모른다

기음 이름씨 논밭에 난 쓸모없는 풀 ⓑ한낮에 기음을 뽑다가 더위 먹었어 준말 김

기이다 움직씨 어떤 일이 남에게 알려지는 것을 꺼려 숨기다 ⓑ남 눈을 기이는 일이라 가슴이 뜨끔뜨끔 켕겼다 비슷한말 속이다

기이하다 ⇒ 야릇하다

기인 ⇒ 까닭. 말미. 말미암다

기일 (忌日) ⇒ 식겟날. 꺼리는 날

기일 (期日) ⇒ 날짜. 마감날

기입 ⇒ 써넣음. 적음. 써넣다. 적다. 적어 넣다. 쓰다. 올리다

기자 ⇒ 글님. 글씀이. 글보

기자재 ⇒ 밑감. 밑틀. 바탕연장

기자회견 ⇒ 글님만남. 글보만남

기장[1] 이름씨 줄기는 꼿꼿하고 잎은 좁고 길며 이삭은 가을에 익는데 열매가 많이 붙는 낟. 가뭄에 잘 견디고 메마른 땅에서도 잘 자라 밭에 많이 심는다. 열매는 좁쌀보다 조금 크고 엷은 누런빛으로 밥에 넣어 먹거나 떡이나 술, 엿 따위 밑감으로 쓴다

기장[2] 이름씨 옷 길이 ⓑ바지 기장이 길다

기장 ⇒ 날틀지기

기재 ⇒ 적음. 써넣음. 적다. 적어놓다. 쓰다. 써넣다. 넣다. 싣다

기저 ⇒ 밑. 밑바닥. 바탕. 바닥

기저귀 이름씨 똥과 오줌을 받아내려고 다리 사이에 채우는 부드러운 천이나 종이 ⓑ아기가 기저귀를 차고 기어다닌다 한뜻말 살걸레

기적 (汽笛) ⇒ 고동. 김피리

기적 (奇蹟) ⇒ 놀랄 일

기절 ⇒ 까무러침. 까무러치다. 얼빠지다

기절초풍 ⇒ 놀람. 자지러짐. 숨막힘

기점 (基點) ⇒ 밑점. 밑곳

기점 (起點) ⇒ 비롯점

기정사실 ⇒ 뻔한 일. 이미 잡힌 일. 굳은 일

기조 ⇒ 밑가락. 바탕. 밑바탕

기존 ⇒ 이미 있음. 내려옴. 이미 있다

기죽다 ⇒ 풀죽다. 얼다. 얼어붙다

기준 ⇒ 대중. 가늠. 가늠자. 가늠바탕. 잣대. 밑보기

기준량 ⇒ 바탕잣대. 바탕크기

기중기 ⇒ 들틀

기증 ⇒ 드림. 바침. 주다. 바치다. 드리다. 내놓다

기지 (機智) ⇒ 슬기. 꾀

기지 (基地) ⇒ 터전. 터자리. 집터. 바탕

기지개 [이름씨] 두 팔을 벌려 위로 뻗으면서 몸과 다리를 쭉 펴는 일 ㉥한잠 자고 나서 기지개를 늘어지게 켰다
기지떡 [이름씨] 더운 물에 반죽한 쌀가루에 막걸리를 넣어 띄워 고명을 얹어 찐 떡 ⇐ 증편
기진맥진 ⇒ 노그라짐. 힘 빠짐
기질 ⇒ 바탕. 몸바탕. 타고난 바탕
기차 ⇒ 긴수레. 줄수레. 뱀수레
기차놀이 ⇒ 긴수레놀이
기차역 ⇒ 긴수레나루
기차표 ⇒ 긴수레표
기착지 ⇒ 들름 곳. 머뭄 곳
기찻길 ⇒ 긴수렛길. 쇠길
기척 [이름씨] 누가 있는 줄을 알 수 있게 하는 자취나 소리 ㉥누가 따라오는 기척이 들려 뒤를 돌아봤다
기체 (氣體) ⇒ 바람덩이. 김덩이
기체 (機體) ⇒ 날틀덩이
기초 ⇒ 바탕. 밑바탕. 밑절미. 자리. 터. 터전. 기틀. 바닥. 밑바닥. 말미암다
기초과학 ⇒ 바탕갈
기초자치단체 ⇒ 제다스림고을. 바탕제다스림골
기축 (機軸) ⇒ 마룻대. 굴대
기축통화 (基軸) ⇒ 누리바탕돈
기층 ⇒ 밑. 밑바닥. 바닥. 아래쪽
기층문화 ⇒ 겨레삶꽃. 바탕삶꽃
기치 ⇒ 깃발. 내세움말
기침 [이름씨] **1**숨길 끈끈청이 건드려져 갑자기 터져 나오는 날숨 ㉥기침을 콜록콜록하다 **2**목소리를 가다듬거나 목구멍에 걸린 가래를 떼려고 하거나 기척을 낼 때 일부러 내는 소리. 기침에는 마른기침, 날기침, 곤두기침, 목기침, 줄기침, 헛기침 따위가 있다 ㉥기척을 내느라고 작게 기침을 했다
기타 ⇒ 그 밖. 나머지
기탁 ⇒ 맡겨둠. 맡기다. 맡겨두다
기탁금 ⇒ 맡긴 돈. 내놓은 돈
기탁자 ⇒ 맡긴 이
기탄없다 ⇒ 거리낌 없다. 꺼림 없다. 어려움 없다. 숨김없다. 터놓다

기특하다 ⇒ 귀엽다. 착하다. 갸륵하다. 훌륭하다
기틀 [이름씨] 어떤 일에서 가장 종요로운 바탕 ㉥나라 기틀을 다지다 ⇐ 기반. 기초 [익은말] **기틀이 잡히다** 종요로운 틀이 다 잡혀 제구실을 하다
기판 ⇒ 터 널
기포 ⇒ 거품. 바람방울
기폭장치 ⇒ 터트림틀
기폭점 ⇒ 터짐점
기폭제 ⇒ 터뜨리개
기표 ⇒ 표찍기. 표 찍다
기표소 ⇒ 표찍는곳
기품 ⇒ 높은기운. 좋은기운
기풍 ⇒ 마음가짐. 흐름새. 모둠살이흐름. 모둠살이몸가짐
기피 ⇒ 꺼림. 싫어함. 꺼리다. 멀리하다. 싫어하다. 사위하다. 미워하다. 끼이다
기필코 ⇒ 반드시. 어김없이. 꼭. 틀림없이
기하학 ⇒ 땅잼갈
기한 ⇒ 날짜. 마감. 마감날
기합 ⇒ 얼차려. 당조짐. 조짐. 힘넣기. 힘모으기
기행 ⇒ 나들이
기행문 ⇒ 나들이글
기현상 ⇒ 튀는 일. 띄는 일. 띄는 꼴. 남다른 일. 남다른 꼴
기형 ⇒ 엇꼴. 엇난꼴. 야릇한 꼴
기형아 ⇒ 엇꼴아이
기호 (記號) ⇒ 뜻표
기호 (嗜好) ⇒ 즐김. 좋아함. 입맛. 즐기다. 좋아하다
기호품 ⇒ 즐길치. 즐길거리. 좋아하는 것
기혼자 ⇒ 핫아비. 핫어미
기화 (氣化) ⇒ 바람됨. 김됨. 김되기
기화 (奇貨) ⇒ 핑계. 빌미. 보배
기회 (機會) ⇒ 까리. 때. 틈. 사품. 고비. 기틀. 새짬. 짬. 겨를. 바람. 통. 가리
기회균등 ⇒ 까리고름. 고른까리
기회보다 ⇒ 노리다. 엿보다. 야수다
기획 ⇒ 일꾀함. 일꾸밈. 일얽이. 얽이 짜다. 꾀하다. 일 꾸미다

기후 ⇒ 날씨

기후위기 ⇒ 날씨고비

긴 이름씨 윷놀이에서 제 말이 남 말을 쫓아 잡을 수 있는 길이. 모를 치면 잡을 수 있는 길이를 '제긴'이라 한다 ⓑ이쪽 말이 저쪽 말을 잡을 수 있는 자리에 이르는 것을 '긴이 닿다'라고 하지

긴가락 이름씨 셋째와 넷째 소리 사이와 일곱째와 여덟째 소리 사이는 가웃소리이고 나머지는 온소리인 가락 ⇐ 장조

긴가민가 어찌씨 그런지 안 그런지 ⓑ내 살던 옛집이 이 집인지 저 집인지 긴가민가 하다

긴고기 이름씨 궁자 ⇐ 뱀장어. 장어

긴급 ⇒ 바쁨. 숨가쁨. 갑작스러움. 바쁘다. 숨가쁘다. 갑작스럽다

긴급하게·긴급히 ⇒ 갑작스레. 갑자기. 빨리. 재빨리. 얼른

긴긴 매김씨 길고 긴. 아주 긴. '기나긴' 준말 ⓑ긴긴 해달. 긴긴 나달

긴대 이름씨 대나 나무로 만든 밋밋한 긴 막대기 ⓑ빨랫줄을 긴대로 받쳐놓아라 ⇐ 장대

긴대같다 그림씨 긴 막대같이 긴 꼴이다 ⇐ 장대같다

긴대같이 어찌씨 긴대가 내리꽂듯이 빗발이 퍼붓다 ⇐ 장대같이

긴대높이뛰기 이름씨 긴대를 잡고 뛰어와서 긴대를 짚고 높이 뛰어 가로지른 막대를 넘는 놀이 ⇐ 장대높이뛰기

긴대비 이름씨 긴대처럼 빗발이 굵고 세차게 쏟아지는 비 ⓑ갑작스러운 긴대비에 손쓸새도 없이 온몸이 흠씬 젖었다 한뜻말 작달비 ⇐ 장대비

긴둥글 이름씨 판판낯 위 두 잡은 점에서 떨어진 거리를 더한 값이 언제나 같은 점 자취 ⇐ 타원

긴둥글꼴 이름씨 길쭉하게 둥글게 된 판판낯 그림꼴이나 그런 꼴로 된 것 ⇐ 타원형

긴막대 이름씨 높이뛰기나 발썰매 따위 몸뭐놀이에서 쓰는 긴 막대 한뜻말 작대 ⇐ 폴

긴밀하다 ⇒ 가깝다. 빽빽하다. 빈틈없다

긴박하다 ⇒ 숨가쁘다. 숨차다. 바쁘다. 갑작스럽다. 마음 죄다

긴소리 이름씨 **1** 길게 늘어놓는 말 ⓑ긴소리 말고 시키는 대로만 해 한뜻말 긴말 **2** 낱말을 이루는 소리 가운데 다른 소리보다 길게 내는 소리 ⓑ타는 말이 아니라 입에서 나오는 말은 긴소리로 내야 한다

긴소리섬 이름씨 도가 으뜸소리인 소리섬. 셋째소리와 넷째소리, 일곱째소리와 여덟째 소리 사이가 가웃소리이다 ⇐ 장음계

긴수레 이름씨 줄수레 ⇐ 기차

긴수레나루 이름씨 긴수레 타고 내리는 곳. 앞마당 한뜻말 줄수레나루 ⇐ 기차역

긴수레나루앞 이름씨 긴수레 타고 내리는 곳 앞마당 한뜻말 줄수레나루앞 ⇐ 역전

긴수레나루일꾼 이름씨 긴수레나루에서 수레표를 팔고 받는 따위 일을 맡아보는 사람 한뜻말 줄수레나루일꾼 ⇐ 역무원

긴요하다·긴하다 ⇒ 종요롭다

긴장 ⇒ 켕김. 팽팽함. 죔. 당김. 죄다. 켕기다. 팽팽하다. 숨막히다

긴주둥뱀 이름씨 더운곳 가람이나 늪에 사는 짐승. 입이 크고 날카로우며 머리와 몸이 길쭉하고 짧은 네 다리와 긴 꼬리가 있다 ⇐ 악어

긴축 ⇒ 졸라맴. 줄임. 졸라매다. 죄다. 줄이다. 바짝 줄이다

긴칼 이름씨 싸움에 쓰려고 허리에 차는 긴 칼 맞선말 짧은칼 ⇐ 장검

긴팔 이름씨 손목까지 내려오는 소매. 또는 그런 옷 ⓑ날씨가 추워지자 긴팔로 갈아입었다 비슷한말 긴소매

긷다 움직씨 우물, 샘, 내에서 바가지나 두레박으로 물을 퍼서 그릇에 담다 ⓑ어릴 적 우리는 마을 우물에서 물을 길어다가 먹었다

길[1] 이름씨 **1** 사람이나 수레, 또는 짐승이 지나다닐 수 있는 너비로 죽 이어진 곳 ⓑ마을 뒤 재 너머로 마넉골 가는 길이 나 있다 ⇐ 통행로 **2** 배나 날틀이 물 위나 하늘에서 잡아놓고 다니는 곳 ⓑ배가 다니는 길 **3**

걷거나 탈것을 타고 어느 곳으로 가는 길이 ⓗ먼 길과 가까운 길 **4**사람이나 모둠살이가 걸어온 자취 ⓗ지난 온 해 동안 겨레가 걸어온 길을 꼼꼼히 되돌아본다 **5**사람이나 모둠살이가 나아가려는 쪽이나 과녁 ⓗ겨레를 하나로 잇는 길로 우리 모두 나아갑시다 **6**어떤 자리에 주어진 노릇 ⓗ스승이 걸어가야 할 길 **7**무엇을 하는 수 ⓗ그렇게 큰돈을 마련할 길이 없구나 **8**어떤 일이 끝나자마자 곧바로 ⓗ이야기를 듣는 길로 집을 나섰다 **9**어떤 일을 하는 동안이나 때 ⓗ집에 가는 길에 옛 동무를 만났다

길[2] 이름씨 **1**무엇을 오래 써서 매끄럽고 쓰기에 좋게 된 것 ⓗ길이 난 신 **2**짐승을 잘 가르쳐서 부리기 좋게 된 버릇 ⓗ길이 잘 든 소 **3**어떤 일에 잘 익은 솜씨 ⓗ시골살이에 제법 길이 들었다

길[3] 이름씨 **1**사람 키만 한 길이 ⓗ얼마나 깊어? 사람 두 길은 너끈히 되겠어 **2**길이 하나치 ⓗ열 길 물속은 알아도 한 길 사람 속은 모른다

길[4] 이름씨 몬 쓸모가 좋고 하찮은 높이 ⓗ윗길. 아랫길

길[5] 이름씨 두루마기나 저고리에서 섶과 겨드랑이 아래에 댄 것을 뺀 몸통 쪽 넓고 긴 곳

길가 이름씨 길 곁. 길 두 쪽 가장자리 ⓗ길가에 핀 꽃 비슷한말길섶. 길옆. 길켠 ⇐ 노변

길가게 이름씨 길가 한데에 벌여놓고 하는 장사 한뜻말한뎃장사 ⇐ 노점. 노점상

길갈래 이름씨 이리저리 번은 쇠돌메 안에 난 길 ⓗ길갈래에서 길을 잃지 않도록 마음 써라 ⇐ 갱도

길갓집 이름씨 길가에 있는 집 ⓗ저기 보이는 길갓집이 네가 찾는 그 집이다

길거리 이름씨 사람이나 수레 따위가 많이 다니는 길 ⓗ길거리에 사람이 생각보다 많이 없네 한뜻말거리 익은말 **길거리에 나앉다** 머물 곳도 마련하지 못할 만큼 가난해지다

길경 ⇒ 도라지

길그림 이름씨 길을 쉽게 찾도록 훌지게 줄여 종요로운 것만 대충 그린 그림 ⇐ 안내도. 약도

길길이 어찌씨 **1**골이 나거나 몹시 달아올라서 펄펄 뛰는 모습 ⓗ큰 개가 지나가는 사람을 보고 길길이 날뛰었다 **2**여러 길이 될 만한 높이로 ⓗ거센 불길이 길길이 치솟았다

길나무 이름씨 둘레에도 두루 좋고 아름답게 보이도록, 길을 따라 줄지어 심은 나무 ⇐ 가로수

길날짐승 이름씨 길짐승과 날짐승 ⇐ 금수

길놀이 이름씨 탈춤놀이나 마을굿 따위를 하기에 앞서 마을을 돌아 놀이판까지 가면서 벌이는 놀이 ⓗ마을 어귀에서 길놀이를 하자 뭇 아이들이 쫓아다니면서 춤을 추었다 비슷한말거리굿. 앞놀이 ⇐ 퍼레이드

길눈[1] 이름씨 길을 찾아가는 눈썰미 ⓗ나는 길눈이 어두워 한두 디위 간 곳은 잘 못 찾는다 익은말 **길눈이 밝다** 가본 길은 잊지 않고 잘 찾아간다

길눈[2] 이름씨 한 길이나 될 만큼 많이 쌓인 눈. 한 자 깊이로 온 눈은 '잣 눈'이라고 함 ⓗ이곳도 눈이 많이 오지만 길눈은 말로만 들었지 겪어본 적은 없네 맞선말자국눈

길다[1] 그림씨 **1**한쪽 끝에서 다른 쪽 끝까지, 한 점에서 다른 한 점까지 사이가 멀다 ⓗ치마 길이가 길다 맞선말짧다 **2**이어지는 동안이 오래다 ⓗ여름에는 해가 길다 **3**글이나 말 따위가 늘어지거나 많다 ⓗ그이는 입을 열면 말이 긴 사람이야 **4**소리나 한숨 따위가 오래 이어지다 ⓗ긴 한숨을 내쉬다 슬기말 **길고 짧은 것은 대어 보아야 안다** 크고 작고, 이기고 지고, 잘하고 못하고는 겨루어보거나 겪어보아야 알 수 있다

길다[2] 움직씨 머리카락이나 나룻 따위가 자라다 ⓗ짧게 깎았던 머리가 이제 제법 길었다

길동무 이름씨 길을 함께 가는 동무 ⓗ어찌 보면 우리 모두는 바른 삶길을 찾아가는 길동무이다 한뜻말길벗 ⇐ 도반

길둥글다 [그림씨] 길쭉하고 둥글다 ㉥길둥근 참외. 길둥근 아주까리

길든사슴 [이름씨] 몸길이는 1.8미터, 어깨 높이 1미터쯤 되며 여러 갈래 큰 뿔이 있는 사슴. 들살이 하기도 하고 집짐승으로도 기르는데 다리가 길고 억세어 마소처럼 부린다. 이끼붙이를 먹고 가을철에 언땅에 떼 지어 다니며 노끝 고장에 퍼져 있다 ⇐ 순록

길들다 [움직씨] **1** 짐승을 잘 가르쳐 부리기에 좋게 되다 ㉥말이 길들다 **2** 오래 써서 매끄럽고 쓰기 좋게 되다 ㉥잘 길든 솥 **3** 서투르던 것이 익숙하게 되다 ㉥수레몰이에 길들다

길들이다 [움직씨] **1** 짐승을 잘 가르쳐서 부리기 좋게 하거나 따르게 만들다 ㉥돌고래를 길들였다 **2** 오래 매만져서 보기 좋거나 쓰기 좋게 만들다 ㉥새로 산 구두를 길들이느라 애를 먹었다 **3** 맞추어 익숙하게 하다 ㉥못 먹던 고수를 잘 먹을 만큼 입맛을 길들였다

길들임이 [이름씨] 돌고래, 코끼리, 개 같은 짐승을 길들이는 사람 ⇐ 조련사

길라잡이 [이름씨] **1** 길을 이끌어주는 사람이나 어떤 것 ㉥낯선 길을 갈 땐 이제 길라잡이 없인 못 다니겠어 한뜻말 길잡이 ⇐ 가이드. 인도자. 내비. 내비게이션 **2** 어떤 일을 이루도록 도움을 주는 것 ㉥이 책은 우리말을 배우는 다른 나라 사람에게 좋은 길라잡이가 될 거네

길래 [어찌씨] 오래도록 길게 ㉥따님과 한뉘토록 길래 잘 살겠습니다

길마 [이름씨] 짐을 싣거나 수레를 끌게 하려고 소나 말 등에 얹는 몬 ㉥아버지는 소 등에 길마를 얹고 가메들까지 가서 말라 죽은 나무를 실어 왔다 ⇐ 안장 [슬기말] **길마 무거워 소 드러누울까** **1** 남 일에 부질없이 걱정할 것이 없음을 빗댄 말 **2** 어떤 일을 앞두고 힘이 모자랄까 두려워하지 말라는 말

길마중 [이름씨] 올 사람을 맞으러 길에 나가 기다리는 일 ㉥큰 메에 나물 뜯으러 간 어머니 길마중을 나갔다

길모퉁이 [이름씨] 길이 구부러지거나 꺾여 돌아간 자리 ㉥나는 얼른 길모퉁이에 숨었다가 동무를 놀래줬다

길목 [이름씨] **1** 넓은 길에서 좁은 길로 들어가는 어귀 ㉥오른쪽 길목을 돌면 보이는 첫째 집이 우리 집이다 한뜻말 길나들이. 길머리 **2** 길에서 거쳐 지나가는 종요로운 곳 ㉥길목을 지키다

길목버선 [이름씨] 먼 길을 갈 때 신는 기름한 버선 ㉥먼 길을 갈 때는 예부터 길목버선을 챙겼어

길몸살 [이름씨] 먼 길에 지치고 시달려 생긴 노곤함이나 앓이 ⇐ 여독

길몽 ⇒ 좋은 꿈

길미 [이름씨] **1** 돈을 빌려 쓴 값으로 무는 돈 ㉥빚돈을 못 갚았더니 길미가 눈덩이처럼 불어났다 ⇐ 이자 **2** 보탬이 되는 것 ㉥겨울 한철 군고구마 장사는 길미가 쏠쏠해

길미푼수 [이름씨] 빌려 쓴 돈에 붙는 길미 푼수 ⇐ 이율. 이자율

길벗 [이름씨] 길을 함께 가는 벗 ㉥우리말 살려 쓰는 길에서 만난 좋은 길벗이야 한뜻말 길동무

길사람 [이름씨] 길에서 만나는 낯선 사람 ㉥시골살이에서 길사람 만나기는 쉽지 않아

길삯 [이름씨] 어떤 곳을 지나는 데 내는 돈 ㉥올해 빠른길 길삯이 조금 올랐다 ⇐ 통행료

길삯문 [이름씨] 빠른길이나 돈 내는 길에서 길삯을 받는 곳 ⇐ 톨게이트

길섶 [이름씨] 길 가장자리. 흔히 풀이 나 있는 곳을 가리킨다 ㉥길섶에 핀 코스모스 비슷한말 길가. 길옆 ⇐ 노변

길속 [이름씨] 오로지 한 가지 일을 오래하여 익숙해진 일 속내 ㉥아우는 제 일에 아직 길속이 트이지 않아서 답답해한다

길손 [이름씨] 먼 길을 가다 어디 머무르거나 묵어가는 사람 ㉥잠깐 머물다 가는 길손이 있는가 하면 오래 묵는 길손도 있다

길술집 [이름씨] 손수레 따위에 네 기둥을 세우

고 천을 씌워 옮길 수 있는 술집. 흔히 밤에 한길가나 빈터에서 국수와 술, 곁술 따위를 판다 ⇐ 포장마차

길숨받이 이름씨 뱀 무리에 딸린 기어다니는 숨받이 ⇐ 파충류. 길동물

길쌈 이름씨 실을 내어 옷감을 짜는 모든 일 ⓑ예전엔 배달겨레 거의 모든 어머니가 길쌈을 하여 옷을 지어 입었다 ⇐ 방직. 방적

길쌈놀이 이름씨 실을 내어 옷감을 짜는 모습을 나타낸 춤 ⓑ길쌈놀이는 옛날 아낙네가 함께 모여 힘든 길쌈을 하면서 부르던 노래와 춤에서 말미암는다

길이[1] 이름씨 ❶한쪽 끝에서 다른 쪽 끝까지 사이 ⓑ길이를 재다 ❷어떤 때에서 다른 때까지 동안 ⓑ밤 길이가 길어지다 ❸책이나 글 따위가 길고 짧은 것 ⓑ글월 길이가 길어지면 군말이 섞이기 쉽다 ❹세로 ⓑ짐을 길이로 세워서 넣어라

길이[2] 어찌씨 오랫동안 내내 ⓑ나라를 되찾다 돌아가신 님은 이름을 길이 빛내리 한뜻말 길이길이 비슷한말 오래

길일 ⇒ 좋은 날

길잡이 이름씨 ❶길을 이끌어주는 사람이나 어떤 것 ⓑ길잡이 노릇을 하다 한뜻말 길라잡이 ⇐ 가이드. 안내원. 지도자. 리더 ❷나아갈 곳을 가리켜주거나 바라는 것을 이룰 수 있도록 이끌어주는 것 ⓑ이 말집은 우리말을 알아가는 데 좋은 길잡이가 될 것이다 ⇐ 안내

길재주 이름씨 길을 닦아 여러 가지 재주를 부리는 일 ⇐ 도술

길조 (吉兆) ⇒ 좋은 낌새

길조 (吉鳥) ⇒ 좋은 새

길짐승 이름씨 걷거나 기어다니는 짐승을 통틀어 이르는 말 ⓑ이 메에는 길짐승이 많이 산다

길쭉길쭉 어찌씨 여럿이 다 조금 긴 모습 ⓑ엄마는 오늘도 길쭉길쭉 자라난 김을 뽑느라 바쁘다

길쭉길쭉하다 그림씨 여럿이 다 조금 길다

길쭉하다 그림씨 조금 길다 ⓑ누림이는 턱이 좀 길쭉하다 **길쭉이**

길쯤하다 그림씨 꽤 긴 듯하다 ⓑ길쯤하니 알맞게 자란 가지를 따 밥에 쪄서 참기름에 무쳤다

길차다 그림씨 ❶아주 매끈하게 길다 ⓑ길차게 자란 대나무 ❷나무가 우거져 깊숙하다 ⓑ길찬 소나무숲

길처 이름씨 나들잇길에 가까운 곳 ⓑ이 길처는 나도 처음 와보는 곳이다

길체 이름씨 외진 곳. 한쪽으로 치우친 구석 자리 ⓑ내 집은 길체에 있어 고라니가 낮에 운다

길턱 이름씨 ❶길 가장자리에 조금 높이 쌓은 턱 ⓑ길턱이 높으면 늙은이가 길에 내려서기 바드러워 ❷수레가 빨리 달리지 못하게 길을 가로질러 봉긋 솟게 만든 턱 ⓑ배곳 앞에는 길턱이 있다

길표 이름씨 길을 찾기 쉽도록 길이나 쪽을 나타낸 알림널 ⇐ 이정표

길품 이름씨 먼 길을 걷는 수고. 또는 심부름을 다녀오고 삯을 받는 일 ⓑ길품을 들이다 익은말 **길품을 팔다** 심부름으로 먼 길을 다녀오고 삯을 받다

길하다 ⇒ 좋다. 흐뭇하다

길항 ⇒ 맞섬. 맞버티다. 맞서다. 대들다

길흉 ⇒ 좋궂. 좋고나쁨

김[1] 이름씨 ❶물이 뜨거운 기운을 받아 바뀐 바람덩이 ⓑ물이 끓으면서 김이 났다 ❷찬 기운을 받아서 엉긴 작은 물방울 ⓑ쇠그릇에 얼음물을 담아 놓았더니 그릇 바깥에 김이 서렸다 ❸숨쉴 때 입에서 나오는 더운 기운 ⓑ날씨가 어찌나 추운지 입에서 김이 난다 익은말 **김이 빠지다·김이 새다·김이 식다** 재미나 하고자 하는 마음이 없어지다

김[2] 이름씨 얕은 바다 바위에 이끼처럼 붙어사는 붉은빛 바닷말. 가을에 생겨 겨울에서 이른 봄철까지 자란다. 뜯어 얇게 펴 말려 먹거리로 쓴다

김[3] 이름씨 논밭에 저절로 나서 자라는 풀 ⓑ

올해 벼 심은 논에 김을 두 디위 맸다 ⇐ 잡초

김[4] (이름씨) 일을 하는 겨를이나 말미암은 바람 ⓑ이렇게 찾아온 김에 하룻밤 자고 가거라

김덩이 (이름씨) 빈기나 내처럼 갈씨 사이가 멀고 엉기는 힘이 없어 갈씨마다 제껏 놀며 어떤 꼴이 없어 따습기나 누르기에 따라 쉽게 바뀌는 몬 한뜻말바람덩이 ⇐ 기체

김매기 (이름씨) 논밭에 자란 풀을 뽑는 일 ⓑ모내기를 하고 스무날 뒤에 애벌 김매기를 한다 비슷한말풀매기

김물 (이름씨) 물을 끓여 올라오는 김을 식혀 소금기와 더럼을 뺀 물. 빛깔이나 냄새, 맛이 없으며, 될갈 해보기나 낫개 따위에 쓴다 ⇐ 증류수

김뮘틀 (이름씨) 김 힘으로 움직이는 틀 ⇐ 증기기관

김바탈 (이름씨) 여느 따습기에서 물덩이가 김덩이가 되어 날아 흩어지는 바탈 ⇐ 휘발성

김바탈기름 (이름씨) 여느 따습기에서 물덩이로 된 기름이 김덩이처럼 날아 흩어지는 기름. 땅기름에서 뽑아낸다 ⇐ 휘발유

김받이 (이름씨) 물덩이를 끓여 생긴 김을 식혀 다시 물덩이로 만드는 일. 여러 가지가 섞인 물덩이로부터 저마다 다른 끓는점을 써서 물덩이를 따로따로 나눌 수 있다 한뜻말김잡이 ⇐ 증류

김발 (이름씨) **1** 김을 기를 때 김 홀씨가 붙어 자라도록 바닷속에 세워두는 발 ⓑ김발을 막다 **2** 김밥을 말 때 쓰는 것으로 기름하게 다듬은 대로 엮은 발 ⓑ김밥을 만들어 먹으려고 김발을 샀다

김밥 (이름씨) 살짝 구운 김 위에 밥을 얇게 펴놓고 여러 가지 소를 박아 둘둘 말아 싸서 썰어 먹는 맛갓 ⓑ아제 나들이 가는데 무슨 김밥 싸 줄까?

김빠지다 (움직씨) **1** 마실 것 따위가 처음 맛이나 냄새가 없어져서 싱겁게 되다 ⓑ김빠진 사이다 **2** 재미나 하고자 하는 마음이 사라져서 힘이 빠지다 ⓑ미리 알려주면 김빠져서 재미없어

김술 (이름씨) 낟이나 고구마로 빚은 술을 끓여 김을 식힌 술 ⇐ 소주

김장 (이름씨) **1** 겨우내 먹으려고 김치를 한꺼번에 많이 담그는 일. 또는 그렇게 담근 김치 ⓑ오늘 여럿이 모여 김장을 했다 **2** 겨우내 먹을 김치를 담그려고 심은 배추나 무 ⓑ김장을 들이다

김장독 (이름씨) 겨울 동안 먹으려고 늦가을에 한꺼번에 많이 담근 김치를 담아두는 독 ⓑ지난해 땅에 묻은 김장독을 깨끗이 씻어 내고 물을 부어 우렸다

김장철 (이름씨) 겨울 동안 먹을 김치를 한꺼번에 많이 만드는 때. 늦가을에서 이른 겨울 사이 ⓑ김장철이 다가오니 한바탕 바빠지겠다

김치 (이름씨) 무나 배추 따위를 소금에 절였다가 고춧가루, 파, 마늘, 젓갈 따위 양념을 넣어 버무린 뒤 익힌 먹을거리 ⓑ김치는 우리 겨레 으뜸 먹을거리이다

김치냉장고 ⇒ 김치시원틀

김치시원틀 (이름씨) 김치를 오래도록 맛있게 갈무리하는 시원한 틀 ⇐ 김치냉장고

김치찌개 (이름씨) 뚝배기나 냄비에 국물을 밭게 잡고 김치와 갖은양념을 넣어 끓인 찌개

김칫국 (이름씨) **1** 김치에서 생기는 국물 ⓑ차가운 열무 김칫국에 양념을 하여 국수를 말아 먹었다 **2** 김치를 넣어 끓인 국 ⓑ추운 겨울에는 콩나물 김칫국이 입맛을 돋운다 (슬기말) **떡 줄 사람은 생각도 않는데 김칫국부터 마신다** 남 속내도 모르고 제 바람대로 될 거라 생각하고 움직인다

김칫보 (이름씨) 김치를 담아 먹는 보시기. 밥그릇 꼴과 같으나 그보다 훨씬 작다 한뜻말김치보시기

김피리 (이름씨) 긴수레나 배 따위에서 김을 내뿜는 힘으로 피리소리를 내는 틀이나 그 소리 ⇐ 기적

깁 (이름씨) 누에고치에서 실을 뽑아 바탕을 좀

거칠게 짠 천 ⇐ 비단. 명주. 견

깁결 이름씨 깁 짜임새 ⓑ깁결이 아주 곱다 ⇐ 비단결

깁길 이름씨 쭝귀낳이 깁이 아시아 안뭍을 거쳐 하늬마아시아, 뭍에운바다까지 이어지던 옛 새하늬 장삿길 ⇐ 비단길

깁다 움직씨 **1** 옷이나 천이 떨어지거나 해어진 곳을 그대로 맞붙게 꿰매거나 거기에 다른 천을 대어 꿰매다 ⓑ해진 옷을 깁다 **2** 글이나 책에 모자란 것을 채우다 ⓑ옛날에 낸 책을 이참에 새로 고치고 기워 펴냈다

깁스 이름씨 부러지거나 금이 간 뼈를 못 움직이게 천을 감고 재반죽을 발라 단단히 굳힌 것 ⓑ다리뼈가 부러져 깁스를 해놓아 꼼짝 못 해 ⇐ 석고붕대

깁실 이름씨 누에고치에서 뽑은 실 ⇐ 비단실

깁옷 이름씨 깁으로 지은 옷 ⇐ 비단옷

깃[1] 이름씨 **1** 저고리나 두루마기, 웃옷 목에 둘러대어 앞에서 여밀 수 있도록 된 곳 ⓑ모처럼 두루마기를 입으려는데 동정 깃이 구겨져 못 입고 나갔네 한뜻말 옷깃 ⇐ 칼라 **2** 때가 잘 타는 이불 위쪽이나 베개 겉에 덧대는 천 ⓑ이불과 베개는 깃만 벗겨 따로 빨아요

깃[2] 이름씨 **1** 새 몸을 덮은 털 ⓑ깃을 다듬다 한뜻말 깃털 **2** 새 날개 ⓑ깃을 접다

깃[3] 이름씨 외양간, 마굿간, 닭둥우리 밑에 까는 짚이나 마른풀 ⓑ외양간을 쳐내고 새 깃으로 깔아주었다

깃[4] 이름씨 무엇을 나눌 때 저마다 앞으로 돌아올 한 몫 ⓑ한 깃을 따로 떼어놓다

깃고대 이름씨 깃을 달 때 목뒤로 돌아가는 옷깃 뒤쪽 ⓑ깃고대가 바로 서도록 앞으로 좀 당겨보련?

깃공 이름씨 깃털로 엮어 치고 받을 수 있게 한 공 ⇐ 셔틀콕

깃공치기 이름씨 채를 한 손에 쥐고 깃공을 서로 치고 받으면서 넘기는 놀이 한뜻말 깃공놀이 ⇐ 배드민턴

깃다[1] 움직씨 논밭에 김이 어우러지게 많이 나다 ⓑ묵은 밭에 억새가 깃어 발 디딜 틈이 없었다

깃다[2] 움직씨 '깃들이다' 옛말

깃대 이름씨 깃발을 매다는 긴 막대기 ⓑ깃대가 바람에 꺾이는 걸 보니 좋지 않은 일이 일어나려나

깃들다 움직씨 **1** 냄새나 빛 따위가 아늑하게 서려 들다 ⓑ어둠이 깃든 물아이골 **2** 웃음이나 노여움, 애 따위가 어리거나 스미다 ⓑ웃음이 깃든 얼굴. 값진 땀이 깃든 열매 **3** 삶 자취가 아로새겨지다 ⓑ우리말 마디마다 우리 겨레 삶과 얼이 깃들어 있다

깃들이다 움직씨 **1** 새나 짐승이 보금자리를 만들어 그 속에 살다 ⓑ여우도 제 굴이 있고 하늘을 나는 새도 깃들일 곳이 있다 **2** 어느 곳에 사람이 살거나 집이 자리 잡다 ⓑ이 마을에는 우리 집안 사람이 일찍부터 깃들이었다고 한다 **3** 무엇이 머물러 자리를 잡다 ⓑ우리 마음속에 깃들여 있는 깨달음 씨앗을 싹 틔워 꽃피우자

깃발 이름씨 깃대에 매단 천 조각 ⓑ깃발이 바람에 펄럭인다

깃봉 이름씨 깃대 꼭대기에 꽂는 공같이 동그란 것 ⓑ깃봉을 끼워야 깃발이 빠져나가지 않지

깃저고리 이름씨 깃과 섶을 달지 않은 갓난애 저고리 ⓑ깃저고리를 잘 간직했다가 나중에 아이가 다 크고 나면 보여주어라 한뜻말 배냇저고리

깃털 이름씨 새 몸을 덮은 털 ⓑ옷이 날개라더니 깁옷이 이렇게 깃털같이 가벼울 줄이야 한뜻말 깃

깊다 그림씨 **1** 위에서 바닥까지 사이가 멀다 ⓑ두 길이나 되는 깊은 물 맞선말 얕다 **2** 가에서 안까지 또는 겉에서 속까지 사이가 멀다 ⓑ능어리버섯을 따려면 깊은 골짜기로 들어가야 한다 **3** 땅 겉에서 어떤 곳이 푹 꺼지다 ⓑ바닥이 깊은 논 **4** 생각이 듬쑥하다 ⓑ그는 속이 깊어서 남에게 함부로 말하지 않는다 **5** 넉넉하거나 높다 ⓑ배움이

깊다. 깊은 잠 **6** 때가 오래되다 ⓑ밤이 깊었으니 여기서 자고 가세요 **7** 어둠이나 안개 따위가 자욱하고 짙다 ⓑ안개가 얼마나 깊게 드리웠던지 한 치 앞이 안 보였다 **8** 사이, 마음, 사귐 따위가 두텁고 가깝다 ⓑ둘은 옛날부터 남이 부러워할 만큼 깊은 사이이다 **9** 담긴 속내가 넉넉하고 종요롭다 ⓑ우리말을 살려 쓰는 일은 우리 겨레 삶을 제대로 살려내는 깊은 뜻이 담겨 있다

깊드리 (이름씨) **1** 바닥이 깊은 논 ⓑ예전엔 밭을 논으로 쳤는데 오늘날은 깊드리 논을 메워 밭을 만든다 맞선말 높드리 **2** 값이나 쓸모가 갑자기 뚝 떨어짐 ⓑ장마가 긴 탓인지 고춧값이 깊드리네

깊드리배미 (이름씨) 바닥이 깊은 논배미

깊숙이 (어찌씨) **1** 위에서 바닥까지 또는 겉에서 속까지 사이가 멀고 으슥하게 ⓑ땅속 깊숙이 뿌리를 내리다 한뜻말 깊숙하게 **2** 넉넉하거나 지나치게 ⓑ이 일에 깊숙이 끼지 마십시오 **3** 어둠이나 안개 따위가 자욱하고 으슥하게 ⓑ저녁 어둠이 깊숙이 깔릴 때쯤 먼 아재가 느닷없이 찾아왔다 **깊숙하다**

깊은숨 (이름씨) 일부러 허파 속에 빈기가 많이 드나들도록 숨을 쉬는 것 ⇐ 심호흡

깊이[1] (이름씨) **1** 위에서 바닥까지 또는 겉에서 속까지 길이 ⓑ가람물 깊이가 꽤 깊다. 깊이가 얕다 **2** 생각이 듬쑥함 ⓑ그 사람은 어딘지 모르게 깊이가 있다 **3** 속내가 지닌 알참이나 무게 ⓑ배움에 깊이를 더하다

깊이[2] (어찌씨) **1** 겉에서 속까지 멀리 떨어지게 **2** 생각이 가볍지 않고 속이 깊게 **3** 속내가 깊거나 알차게

까까 (이름씨) 과자나 과줄 아이 말

까까머리 (이름씨) **1** 머리털을 빡빡 깎은 머리. 아주 짧게 자른 머리 ⓑ까까머리를 하다 비슷한말 빡빡머리 **2** 머리털을 빡빡 깎은 사람 ⓑ저기 서 있는 까까머리 젊은이는 누구인가?

까까중 (이름씨) **1** 까까머리를 한 사람을 놀리는 말 ⓑ까까중 머리가 햇빛을 받아 반짝거렸다 한뜻말 까까중이 **2** 빡빡 깎은 중 머리나 그런 머리를 한 중

까꿍 (느낌씨) 아기를 귀여워하며 어르는 소리 ⓑ아가야, 까꿍!

까뀌 (이름씨) 나무를 한 손으로 찍어 깎는 데 쓰는 연장. '자귀'와 비슷하나 좀 작다 ⓑ아버지는 마당에서 소나무 가지를 까뀌로 찍어 가며 지게를 만들었다

까끄라기 (이름씨) 벼나 보리 낟알 겉껍질에 붙은 나룻 ⓑ보리를 떨었더니 까끄라기가 몸에도 옷에도 붙어 따끔거린다 준말 까라기. 까락 큰말 꺼끄러기

까끌거리다 (움직씨) 매끄럽지 못하고 거칠고 따가운 느낌이 나다 ⓑ입안이 까끌거려 밥맛도 모르겠어

까끌까끌 (어찌씨) 매끄럽지 못하고 조금 거칠고 따가운 느낌 ⓑ그이 턱나룻이 까끌까끌 거칠다 센말 꺼끌꺼끌

까끌까끌하다 (그림씨) 매끄럽지 못하고 조금 거칠고 따가운 느낌이다 센말 꺼끌꺼끌하다

까나리 (이름씨) 바닷속 모랫바닥에 사는 물고기. 가늘고 긴 몸에 등은 푸르고 배는 수빛이다

까나리젓 (이름씨) 바다에 나는 작은 물고기인 까나리를 소금에 절여 삭힌 것 ⓑ김치는 입맛에 맞춰 멸치젓이나 까나리젓, 새우젓을 넣어 맛을 낸다

까놓다 (움직씨) 감춰왔던 마음속 생각이나 속내를 숨김없이 털어놓다 ⓑ아주 까놓고 이야기하자

까다[1] (움직씨) **1** 껍질이나 껍데기 따위를 벗기다 ⓑ밤껍질을 까다 **2** 알을 품어 새끼가 껍질을 깨고 나오게 하다 ⓑ암탉이 병아리를 까다 **3** 옷을 벗거나 내려 속살을 드러내다 ⓑ엉덩이를 까다 **4** 치거나 때리다 ⓑ구둣발로 정강이를 까다 **5** 남 흉이나 모자란 데를 들추어 헐뜯다 ⓑ고루는 툭하면 술자리에서 윗사람을 깠다 **6** 술병 마개를 따고 마시다 ⓑ진달래꽃술 두 병을 깠다 **7** 뒤집어 보여주다 ⓑ뭘 숨기고 있는지 손

에 있는 걸 까서 보여줘 8 들추어 밝히다 ⓑ까면 다 나오게 되어 있어 9 눈을 크게 부릅뜨다 ⓑ그렇게 눈깔을 까고 쳐다보면 어떻게 할 건데?

까다[2] 움직씨 말만 앞세워 입을 놀리다 ⓑ뻥만 까는 놈

까다[3] 움직씨 1 셈에서 빼다 ⓑ품삯에서 밥값을 까다 2 몸에 붙은 살이 빠지거나 돈 따위가 줄다 ⓑ어찌나 크게 앓았던지 며칠 사이에 얼굴이 몹시 깠더라 3 돈 따위를 빼거나 모자라게 하다 ⓑ노름으로 그 많은 돈을 거의 다 깠다

까다롭다 그림씨 1 사부주나 속내, 일 따위가 다루기가 어렵다 ⓑ나물을 알맞게 데치기는 꽤 까다롭다 2 마음씨나 버릇, 좋아하는 것 따위가 모나거나 까탈스럽다 ⓑ보나는 마음씨가 까다로워서 그런지 입맛도 까다롭다 **까다로이**

까닭 이름씨 어떠한 일이 일어나는 매개나 속내 ⓑ언니가 왜 골을 내는지 그 까닭을 모르겠다 한뜻말 영문 ⇐ 이유. 사유. 연고. 연유

까닭글 이름씨 일 까닭을 적은 글 ⇐ 사유서

까대기 이름씨 1 잠깐 동안만 쓰려고 대충 지은 집 ⓑ외딴 밭에 쉬기도 하고 여름지이 연장을 넣어두려고 까대기를 하나 지었다 ⇐ 가건물 2 집 바람이나 담 따위에 덧붙여서 지은 허술한 칸살 ⓑ집 뒤쪽으로 까대기를 달아 보일러를 앉혔다

까득거리다 움직씨 어린아이가 귀엽게 소리 내어 자꾸 웃다 ⓑ자, 이제 그만 까득거리고 조용히 해요 **까득대다**

까득까득 어찌씨 어린아이가 귀엽게 소리 내어 웃는 꼴이나 그 소리 ⓑ아이들이 까득까득 웃어쌓는다 **까득까득하다**

까들거리다 움직씨 잘난 체하며 자꾸 버릇없이 굴다. '까드락거리다' 준말 ⓑ아랑은 까들거리며 온 동네를 휘젓고 다녔다 **까들대다**

까들까들 어찌씨 잘난 체하며 가볍고 본데없이 구는 꼴 ⓑ쟤는 쥐뿔도 없으면서 왜 까들까들 굴지? **까들까들하다**

까딱 어찌씨 1 고개나 꽁지, 손목, 손가락 따위를 아래위로 깜찍하고 세게 움직이는 꼴 ⓑ내가 들어가자 다운이는 말없이 일어나 고개만 까딱 숙였다 큰말 끄떡 2 조금이라도 움직이거나 어긋나는 꼴 ⓑ모르고 덤비다가 까딱 잘못하면 큰코다칠걸 **까딱하다**

까딱거리다 움직씨 1 고개나 꽁지, 손목, 손가락 따위를 아래위로 자꾸 깜찍하고 세게 움직이다 ⓑ고개를 까딱거리다 2 작은 몬이 이리저리 자꾸 움직이다 ⓑ이삿짐이 자갈길을 들어서자 그릇들이 까딱거리며 부딪치는 소리가 난다 **까딱대다**

까딱까딱 어찌씨 1 고개나 꽁지, 손목, 손가락 따위를 아래위로 자꾸 깜찍하고 세게 움직이는 꼴 ⓑ동무가 멀리서, 오라고 까딱까딱 손짓을 했다 큰말 끄떡끄떡 2 작은 몬이 이리저리 조금씩 자꾸 움직이는 꼴 ⓑ길이 고르지 않아 수레가 흔들리니 쌓아놓은 작은 짐 꾸러미가 까딱까딱 흔들렸다 **까딱까딱하다**

까딱수 이름씨 맞은 쪽이 잘못하기를 바라는 얕은 수 ⇐ 요행수

까딱없다 그림씨 달라지지 않고 아무 걸림이나 어려움이 없다 ⓑ나는 며칠 밤을 새워도 까딱없다 큰말 끄떡없다 **까딱없음 까딱없이**

까딱하면 어찌씨 1 조금이라도 어긋나면 ⓑ이런 꼬부랑길에서는 까딱하면 큰일 난다 비슷한말 아차하면 2 조그만 일만 있으면. 걸핏하면 ⓑ언니는 까딱하면 골을 낸다

까라지다 움직씨 기운을 못 차릴 만큼 몹시 나른하거나 기운이 빠져 축 늘어지다 ⓑ땡볕에서 풀을 뽑았더니 몸이 까라진다

까르르 어찌씨 1 자지러지게 깔깔 웃는 소리나 그 꼴 ⓑ재미난 일이라도 있는지 모두 까르르 웃음을 터뜨렸다 한뜻말 까르륵 2 갓난아기가 갑자기 자지러지게 우는 소리나 그 꼴 ⓑ갑작스러운 기척에 놀란 젖먹이가 까르르 울음을 터뜨렸다 **까르르하다**

까르르거리다 움직씨 1 자지러지게 잇달아 웃다 ⓑ아이 셋을 한데 모아놨더니 어찌나

까르르거리는지 얼이 빠지겠다 한뜻말까르륵거리다 **2** 갓난아기가 몹시 자지러지게 잇따라 울다 ⓑ아기가 배앓이를 하는지 까르륵거리며 운다 **까르르대다**

까르르까르르 어찌씨 **1** 자지러지게 자꾸 웃는 소리나 그 모습 ⓑ이야기가 재밌는지 아이들이 까르르까르르 소리를 내며 자지러지게 웃었다 한뜻말까르륵까르륵 **2** 갓난아기가 몹시 자지러지게 자꾸 우는 소리나 그 모습 ⓑ아기가 배가 고픈지 갑자기 까르륵까르륵 울었다 **까르르까르르하다**

까리 이름씨 **1** 어떤 일을 하기 좋은 때나 수 ⓑ이런 좋은 까리는 자주 오지 않는다 ⇐ 기회 **2** 길거리를 떠돌아다니는 사람 ⓑ까리라고 함부로 업신여기지 말자

까마귀 이름씨 **1** 온몸이 검으며 부리가 굵고 날카로운 텃새 **2** 몹시 까맣게 된 것을 빗댄 말 ⓑ까마귀 발 슬기말 **까마귀 겉 검다고 속조차 검을쏘냐** 까마귀가 검기로 속도 검겠냐 **까마귀 고기를 먹었나** 잘 잊어버리는 사람을 놀리거나 나무라는 말 **까마귀 날자 배 떨어진다** 아무 이음고리도 없는 일이 뜻밖에 맞물리어 일어나 마치 어떤 이음고리가 있는 것처럼 보인다 ⇐ 오비이락

까마귀새뜸 이름씨 도무지 새뜸이 없다

까마득하다 그림씨 **1** 매우 멀어서 들리거나 보이는 것이 뚜렷하지 않다. '까마아득하다' 준말 ⓑ까마득하게 멀리서 비추는 불빛 여린말가마득하다 **2** 매우 오래되어 생각이 뚜렷하지 않다 ⓑ동무로 사귀던 때가 까마득한 옛날이다 **3** 어찌할 바를 모르다 ⓑ앞으로 먹고살 일이 까마득하다 **4** 아무 것도 알지 못하거나 생각나지 않다 ⓑ요즈음 바빠서 난날조차 까마득하게 잊었다 **5** 나이 따위 틈이 몹시 나다 ⓑ글쎄, 까마득하게 어린것이 말을 놓지 않겠어? **까마득히**

까마반지르하다 그림씨 까맣고 반지르르하다 ⓑ마당에 내려앉은 까마귀 날개가 까마반지르하다 여린말가마반지르하다

까막까치 이름씨 까마귀와 까치 ⓑ이랑아, 너 까막까치가 사람 똥 먹는 거 봤어?

까막까치다리 이름씨 달셈 일곱달 이렛날 소몰이와 베짬이를 만나게 하려고 까마귀와 까치가 미리내에 놓는다는 다리 ⇐ 오작교

까막눈 이름씨 **1** 글을 못 배워 읽고 쓸 줄 모름 ⓑ할머니는 글을 깨쳐 겨우 까막눈을 벗어났다 ⇐ 문맹 **2** 글을 못 배워 읽고 쓸 줄 모르는 사람 ⓑ그 사람은 거렁뱅이지만 까막눈은 아니었다 한뜻말까막눈이 ⇐ 문맹인 **3** 어떤 일을 도무지 모르는 사람 ⓑ난 이쪽 일에는 까막눈이다

까막눈이 이름씨 글을 읽고 쓸 줄 모르는 사람 ⇐ 문맹인

까막뒤짐 이름씨 **1** 임자 몰래 뒤지는 일 ⓑ도둑은 남 집에 들어가 방마다 샅샅이 까막뒤짐을 하였다 **2** 찾는 것이 어디에 있는지 모르고 어방 대고 뒤지는 일 ⓑ종요로운 것을 잘 갈무리한다고 두고는 어디 둔 지 잊어버려 까막뒤짐을 할 때가 있다

까막잡기 이름씨 술래가 헝겊 따위로 눈을 가리고 다른 사람을 잡는 놀이 **까막잡기하다** 슬기말 **까막잡기하는 셈이다** 서로 찾으려고 돌아다니다

까막장사 이름씨 몰래 하는 장사 ⓑ어느 때 어느 나라에도 까막장사가 뿌리 뽑히지 않는 까닭이 무엇일까 한뜻말뒷사고팔기 ⇐ 밀매매. 암거래 **까막장사하다**

까막저자 이름씨 벼리에 어긋나게 몰래 사고파는 저자 ⓑ까막저자에는 돈과 사람이 넘쳐났다 ⇐ 암시장

까망 이름씨 깜장

까맣다 그림씨 **1** 몹시 검다 ⓑ머루알같이 까만 눈동자 맞선말하얗다 큰말꺼멓다 여린말가맣다 **2** 매우 높거나 멀어서 눈길이 미치기 어렵다. 또는 사이가 아득하게 멀다 ⓑ아내 뒷모습이 까맣게 멀어졌다 **3** 생각나거나 아는 바가 없다 ⓑ우리가 어릴 때 동무였음을 까맣게 잊어버렸다 **4** 헤아릴 수 없이 많다 ⓑ불난 메에 고사리 뜯으러 사람들이 까맣게 모여들었다 **5** 기다리는 마음이 그

럽고 사무치다 ⓑ어머니는 눈이 까맣게 딸을 기다렸으나 오지 않았다 **6**괴로워서 가슴이 답답하고 안타깝다 ⓑ집 나간 아들을 찾지 못해 어머니는 속이 까맣게 탔다 **7**몹시 놀라거나 무서워 낯빛이 어둡다 ⓑ곱단이는 쏘개 멘 사람을 보자 까맣게 질려 울음을 터뜨렸다

까매지다 움직씨 몹시 검게 되다 ⓑ햇볕에 그을려 얼굴이 까매지다 맞선말하얘지다 큰말꺼매지다 여린말가매지다

까먹다 움직씨 **1**껍질을 벗기거나 껍데기를 깨뜨려 속에 든 것을 꺼내어 먹다 ⓑ밤을 까먹다 **2**무엇을 잊어버리다 ⓑ이름을 까먹다 **3**돈이나 때를 헛되이 다 없애다 ⓑ밑천을 까먹다 **4**군것질을 하는 데 돈을 쓰다 ⓑ책 사라고 준 돈을 까먹어버렸다

까무느다 움직씨 높은 데를 파서 깎아 내리다 ⓑ메를 다 까무느고 공놀이마당을 만들어 재꼈다 한뜻말까뭉개다

까무대대하다 그림씨 산뜻하지 않게 까무스름하다 ⓑ까무대대한 얼굴

까무러지다 움직씨 **1**얼이 가물가물해지다 ⓑ아버지는 기침을 잇달아 세게 하시더니 까무러졌다 여린말가무러지다 **2**촛불이나 빛이 작고 흐릿해지면서 꺼질 듯 말 듯 하다 ⓑ아이들이 한가득 든 방에 작은 호롱불 하나가 차츰 까무러지네

까무러치다 움직씨 넋을 잃고 쓰러지다 ⓑ어머니는 아들이 죽었다는 말을 듣고 그 자리에서 까무러쳤다 한뜻말자물치다 준말까물치다 여린말가무러치다 ⇐ 혼절하다

까무레하다 그림씨 빛깔이 엷게 조금 까만 듯하다 ⓑ가시는 까무레한 살갗에 좀 여린 듯한 몸매였다 큰말꺼무레하다 여린말가무레하다

까무룩 어찌씨 얼이 갑자기 흐려지는 꼴 ⓑ낮에 일을 부지런히 했더니 저녁을 먹자마자 까무룩 잠이 들었다

까무룩하다 그림씨 **1**까마득하게 멀다 ⓑ걸음이 빠른지 아까 떠난 사람이 까무룩하게 멀어졌다 **2**불빛이 꺼질 듯 말 듯 하다 ⓑ바다를 비추던 불빛대 불이 까무룩해 보인다

까무스름하다 그림씨 좀 깜은 듯하다 ⓑ머시마가 미끈하게 생기고 살갗이 까무스름하다

까무잡잡하다 그림씨 좀 짙게 깜다 ⓑ들일을 많이 해서 얼굴이 까무잡잡하다 큰말꺼무접접하다 여린말가무잡잡하다

까무칙칙하다 그림씨 칙칙하게 깜다 ⓑ까무칙칙한 까마귀 한 마리가 아침부터 마당에서 짖어쌓는다 큰말꺼무칙칙하다 여린말거무칙칙하다

까물거리다 움직씨 **1**작고 여린 불빛이 몹시 흐릿해지며 꺼질 듯 말 듯 비치다 ⓑ손불빛이 까물거리며 곧 꺼질 듯하다 **2**멀리 있는 것이 작고 흐릿하여 보일 듯 말 듯 하다 ⓑ저 멀리 외딴집에서 비치는 불빛이 까물거린다 **3**지난 일이 어렴풋하여 생각이 날 듯 말 듯 하다 ⓑ어릴 때 어머니랑 나물 뜯으러 갔던 일이 까물거리며 떠오른다 **까물대다**

까물까물 어찌씨 **1**작고 여린 불빛이 몹시 흐릿해지며 자꾸 꺼질 듯 말 듯 한 꼴 ⓑ까물까물 저절불이 사람이 가지도 않았는데도 깜박거린다 **2**멀리 있는 것이 작고 흐릿하여 자꾸 보일 듯 말 듯 한 꼴 ⓑ하늘 높이 날아가는 흰 날틀이 까물까물 멀어져 간다 **3**지난 일이 어렴풋하여 자꾸 생각이 날 듯 말 듯 한 꼴 ⓑ싸울아비들만 살고 여느 사람은 못 들어가는 그곳에서 살던 일이 까물까물 떠오른다 **까물까물하다**

까뭉개다 움직씨 까무느다

까미 이름씨 얼굴이나 털빛이 까만 사람이나 짐승을 일컫는 말 ⓑ흰털 어미한테서 까미 새끼도 한 마리 나왔다네

까바치다 움직씨 속속들이 들추어내어 일러바치다

까발리다 움직씨 **1**껍데기를 벌려 젖히고 속에 있는 것을 드러나게 하다 ⓑ조개를 까

발려 속살을 꺼내 먹었다 **2** 숨겨진 것이나 속내 따위를 속속들이 들추어내다 ⓑ쏘개칼 든 왜한테 빌붙었거나 왜를 섬긴 무리들은 낱낱이 까발려 겨레 앞에 무릎 꿇려야 한다 ⇐ 폭로하다

까밝히다 움직씨 드러내어 밝히다 ⓑ비싼 손가방을 받아서 왜 광에 뒀는지 까밝혀야지 ⇐ 폭로하다

까부르다 움직씨 **1** 키를 위아래로 흔들어 티나 쭉정이, 검불 따위를 날려버리다 ⓑ콩을 까불러서 자루에 담았다 준말까불다 **2** 키질하듯이 위아래로 흔들다 ⓑ엄마가 우는 아이를 까부르며 달랜다

까부수다 움직씨 세게 치거나 때리거나 하여 부수다 ⓑ바위를 까부수다

까불거리다 움직씨 흔들려 움직이거나 방정맞게 자꾸 까불다 ⓑ얘야, 나이가 그만하면 이제 까불거리는 짓도 그만둬야지 **까불대다**

까불까불 어찌씨 흔들려 움직이거나 방정맞게 자꾸 까부는 꼴 ⓑ잠자리가 바람에 까불까불 춤춘다 **까불까불하다**

까불다 움직씨 **1** 키를 위아래로 흔들어 티나 쭉정이, 검불 따위를 날려버리다. '까부르다' 준말 ⓑ키로 팥을 까불다 **2** 위아래로 흔들거나 흔들리다 ⓑ새가 꽁지를 까불며 깃을 친다 **3** 넘치게 촐랑거리거나 방정맞게 굴다 ⓑ까불던 아이가 그새 의젓해졌네 **4** 건방지고 주제넘게 굴다 ⓑ여기가 어디라고 함부로 까불어

까불이 이름씨 몹시 촐랑거리고 까부는 사람 ⓑ이 동네 까불이가 어디 갔나 했네 한뜻말까부새

까붐질 이름씨 낟알을 키로 까불러서 잡것을 날리는 일 ⓑ바람 분다, 어서 까붐질하자 한뜻말키질

까세다 움직씨 사람이나 몬을 되게 치다 ⓑ날 놀리는 짓을 그만두지 않으면 확 까세버릴 거야!

까스러지다 움직씨 잔털 같은 것이 거칠게 일어나다 ⓑ맨손으로 일을 했더니 손톱 밑이 까스라졌다

까슬거리다 움직씨 매끄럽지 못하고 까칠하고 빳빳한 느낌이 자꾸 들다 ⓑ찬바람에 쓸린 손등 거죽이 까슬거렸다 **까슬대다**

까슬까슬 어찌씨 **1** 살결이나 어떤 것 거죽이 매끄럽지 않고 자꾸 까칠하거나 빳빳한 꼴 ⓑ낯을 씻으니 나룻이 까슬까슬 손에 닿는다 큰말꺼슬꺼슬 여린말가슬가슬 **2** 마음씨가 보드랍지 못하고 매우 까다로운 꼴 ⓑ언니는 어릴 적부터 먹을 것에 까슬까슬하여 늘 깁이 있어야 했단다 **까슬까슬하다**

까옥 어찌씨 까마귀가 우는 소리 ⓑ한밤에 까마귀가 까옥 울면 마을에 나많은이가 죽는다는 믿음이 있었다 **까옥하다**

까옥거리다 움직씨 까마귀가 우는 소리가 잇달아 나다 ⓑ오늘은 웬 뭇 까마귀가 이렇게 까옥거려쌓노? **까옥대다**

까옥까옥 어찌씨 까마귀가 잇달아 우는 소리 ⓑ까마귀 몇 마리가 까옥까옥 시끄럽게 울어 댔다 **까옥까옥하다**

까지 토씨 **1** 때나 곳이 미치는 끝. 또는 어떤 테두리 끝 ⓑ여기서 저기까지 모두 우리 땅이다. 아침부터 저녁까지 놀았다 **2** 어떤 것이 매우 지나침 ⓑ굳이 이렇게까지 안 하셔도 됩니다 **3** 그 위에 더하여. 또는 그 밖에 더 ⓑ밤도 늦었고 비까지 내리니 묵고 가거라

까지다 움직씨 **1** 껍질 따위가 벗겨지다 ⓑ돌부리에 걸려 넘어지는 바람에 무릎이 까졌다 **2** 돈 따위가 없어지거나 줄어들다 ⓑ노름판에서 까진 돈만 생각하면 잠이 안 온다 **3** '되바라지다' 낮춤말 ⓑ어린놈이 너무 까져서 못쓰겠구나

까짓[1] 매김씨 대수롭지 않은. 하찮은 ⓑ까짓 먹을거리로 나를 꼬시냐?

까짓[2] 느낌씨 대수롭지 않아 무엇을 그만두거나 씩씩하게 차고 나설 때 쓰는 말 ⓑ까짓, 아무것도 아닌데 내가 하고 말지 뭐 한뜻말까짓것

까짓것 [이름씨] 대수롭지 않은 것 ㉥까짓것을 가지고 그렇게 수선을 피워야 되겠니?

까치 [이름씨] 머리에서 등까지는 검고 번들거리며 어깨와 배는 희며 꽁지는 검은 풀빛인 텃새 ㉥아침에 까치가 울면 반가운 손님이 온다지!

까치걸음 [이름씨] [1]까치발로 살살 걷는 걸음 ㉥조용히 까치걸음으로 지나갔다 [2]두 발을 모아 함께 뛰는 종종걸음. 아이들이 기쁠 때 뛰는 걸음 ㉥아제 나들이 간다는 말을 듣자 아이들은 까치걸음을 뛰며 좋아했다

까치놀 [이름씨] 멀리 땅끝금이나 물마루 위에 저녁노을이 비껴서 울긋불긋한 모습 ㉥저 멀리 까치놀이 피어 곱게 물든 바다를 보라

까치두루마기 [이름씨] 다섯빛으로 지은 두루마기. 까치설빔으로 입는다 ㉥지난날에는 흔히 설날 치레로 까치두루마기를 지어 입었다

까치발[1] [이름씨] 발뒤꿈치를 들고 발끝으로 서는 것 ㉥구경꾼이 하도 많아서 까치발을 하고서야 겨우 볼 수 있었다

까치발[2] [이름씨] 시렁 같은 데서 널빤지를 올려놓게 바람이나 기둥에 받치는 바른모꼴 나무나 쇠

까치밥 [이름씨] 까치 따위 날짐승이 먹으라고 따지 않고 남겨두는 몇 낱 감 ㉥감나무 꼭대기에 까치밥으로 감 두 낱을 남겨놓았다

까치살무뱀 [이름씨] 머리는 세모꼴이며 정수리에 화살 꼴 흰 무늬가 있고 센 죽이개를 가진 뱀. 검은빛과 흰빛이 섞인 몸 빛깔이 까치를 닮아 까치살무뱀이라 한다

까치설날 [이름씨] 섣달그믐날. 설 앞날을 아이가 이르는 말 ㉥지난 까치설날엔 눈이 유난히 많이 내렸다 한뜻말까치설. 작은설

까치집 [이름씨] [1]까치둥지 ㉥앙상한 나뭇가지 위엔 까치집 하나만 덩그러니 남았다 [2]마구 헝클어진 머리를 빗댄 말 ㉥머리에 까치집을 지었네

까치체 ⇒ 까치춤

까치춤 [이름씨] 타고난 나쁜 기운을 몰아내려고 하는 굿에서 까치처럼 발을 떼며 추는 춤사위 ㉥굿거리장단에 맞춰 까치춤을 추는 무당 발걸음이 사뿐사뿐 가볍다 ⇐ 까치체

까치콩 [이름씨] 줄기가 덩굴로 뻗고 희거나 보랏빛 꽃이 피어 열매 맺는데 꼬투리 안에는 네댓 낱 낱 콩이 들어 있다 ⇐ 편두

까칠까칠 [어찌씨] 야위거나 매말라 살갗이나 털 같은 곳 여기저기가 매우 거친 꼴 ㉥못 먹어 야윈 어린이는 얼굴이 까칠까칠 핏기가 없어 보인다 큰말꺼칠꺼칠 여린말가칠가칠

까칠까칠하다 [그림씨] 야위거나 매말라 살갗이나 털 같은 곳 여기저기가 매우 거칠다 큰말꺼칠꺼칠하다 여린말가칠가칠하다

까칠하다 [그림씨] [1]살갗이나 털이 부드럽지 않고 거칠다 ㉥앓고 나더니 얼굴이 까칠하네 큰말꺼칠하다 여린말가칠하다 [2]마음씨나 바탕이 부드럽지 못하고 매우 까다롭다 ㉥오빠는 일할 때 까칠해서 일동무가 어려워한다

까탈 [이름씨] [1]이런저런 트집을 잡아 까다롭게 구는 것 ㉥까탈 좀 그만 부리고 하던 대로 합시다 [2]일이 잘 안 되도록 헤살 놓는 것 ㉥처음에는 까탈이 많았는데 이제는 자리 잡아 잘된다 **까탈스럽다** [익은말] **까탈을 부리다** 일을 헤살 놓으려고 트집을 잡아 까다롭게 굴다 여린말가탈

까탈없이 [어찌씨] 아무런 말썽 없이 ㉥반드시 그 사람 손을 거쳐야 까탈없이 마무리된다

까투리 [이름씨] 꿩 암컷 ㉥장끼와 까투리가 푸드득 소리를 내며 날아올랐다 한뜻말암꿩 맞선말장끼. 수꿩

깍 [이름씨] 짚신이나 미투리 앞 두 쪽 운두를 이루는 낱낱 신울 한뜻말총

깍깍 [어찌씨] 까치가 자꾸 우는 소리 ㉥아침부터 까치가 깍깍 울어댄다 **깍깍하다**

깍깍거리다 [움직씨] 까치 우는 소리가 자꾸 나다 ㉥아침부터 까치가 깍깍거리는 걸 보니 반가운 손님이 오려나 보다 **깍깍대다**

깍두기 [이름씨] [1]무를 작고 네모나게 썰어서 소금에 절인 뒤 고춧가루 따위 양념과 함께 버무려 만든 김치 ㉥깍두기를 담그다 [2]어느 쪽에도 끼지 못하는 사람을 빗댄 말 ㉥고무줄놀이에서 내가 깍두기가 돼서 이쪽에 붙었다 저쪽에 붙었다 했어

깍둑깍둑 [어찌씨] 조금 단단한 것을 대중없이 자꾸 써는 꼴 ㉥무를 깍둑깍둑 썰다 센말꺽둑꺽둑

깍둑썰기 [이름씨] 무 따위를 가로세로 네모반듯하게 써는 것 ㉥당근도 깍둑썰기를 해서 넣어야 보기가 좋다 한뜻말엿모썰기

깍듯하다 [그림씨] 남을 받드는 몸가짐이나 움직임이 반듯하다 ㉥그 사내는 마지막 절을 하는 차림새가 참으로 깍듯했다 **깍듯이**

깍쟁이 [이름씨] [1]제 것만 챙기면서 씀씀이가 짜고 쩨쩨한 사람 ㉥그는 제 주머니에 들어온 돈은 조금도 쓰지 않는 깍쟁이이다 [2]얄밉도록 약삭빠른 사람 ㉥부드러워 보이지만 여간 깍쟁이가 아니다

깍정이 [이름씨] 참나무 열매인 도토리를 둘러싸고 있는 종지 꼴 밑받침 ㉥도토리 깍정이는 아이들 소꿉놀이에서 밥그릇이나 국그릇으로 쓰기에 꼭 알맞다

깍지[1] [이름씨] 콩이나 팥 따위 꼬투리에서 알맹이를 까낸 껍질 ㉥콩깍지와 여물을 섞어 소죽을 쑤었다

깍지[2] [이름씨] 두 손 손가락을 서로 엇갈리게 해서 바싹 맞추어 잡은 꼴 ㉥두 손을 깍지 끼고 크게 기지개를 켰다

깍지[3] [이름씨] 활을 쏠 때 시위를 잡아당기려고 엄지손가락 아랫마디에 끼는 뿔로 만든 것 ㉥활 쏘게 자네 깍지 좀 빌려주소

깍짓동 [이름씨] [1]콩깍지가 줄기에 달린 채로 크게 묶은 단 [2]몹시 뚱뚱한 사람 몸집 ㉥깍짓동 같은 털보 마누라는 큰 몸집을 뒤뚱거리며 걸어왔다

깍짓손[1] [이름씨] 깍지를 낀 손 ㉥두 사람은 마을 사람이 볼까 봐 함께 낀 깍짓손을 슬그머니 뒤로 감추었다

깍짓손[2] [이름씨] 활시위를 잡아당길 때 엄지손가락에 깍지를 낀 손 ㉥활을 쏜 뒤 깍짓손을 천천히 활에서 떼었다

깎곳 [이름씨] 돈을 받고 머리카락을 자르거나 다듬어 주는 곳 ⇐ 이발소

깎다 [움직씨] [1]칼 따위로 거죽이나 껍질을 얇게 벗겨내다 ㉥밤을 깎다 [2]풀이나 털 따위를 잘라내다 ㉥잔디를 깎다 [3]값 따위를 낮추어 덜어내다 ㉥비싼데 좀 깎아주세요 [4]볼썽이나 낯, 이름 따위를 헐어내리다 ㉥버시 흉보는 건 가시 제 낯 깎는 일이지 [5]공을 한옆으로 빗겨 치거나 차서 빙글빙글 돌게 하다 ㉥공을 깎아 차서 문 안으로 넣었다 [6]웃자란 손톱, 발톱을 잘라내다 ㉥손톱을 깎다 [7]나무나 돌 따위를 자르거나 다듬다 ㉥도담이는 통나무를 깎아서 집을 짓는다 [8]모든 것을 다 바치다 ㉥뼈를 깎듯 온 힘을 기울여 우리말을 찾아내고 살려낸다

깎보 [이름씨] 돈을 받고 남 머리털을 깎아 다듬는 사람 한뜻말머리깎이 ⇐ 이발사

깎아내리다 [움직씨] 어떤 사람 됨됨이나 가진 힘을 헐뜯어서 떨어지게 하다 ⇐ 폄훼하다

깎아썰기 [이름씨] 감자나 무 따위를 깎듯이 엇비슷하게 써는 것 ㉥소고깃국에 넣는 무는 깎아썰기 할 때 더 맛있다 비슷한말어슷썰기

깎아지르다 [그림씨] 벼랑 따위가 깎아 세운 듯 가파르다 ㉥깎아지른 벼랑 위쪽에서 쏠이 쏟아져 내렸다

깎은선비 [이름씨] 미끈하고 말쑥하게 잘 차려입은 선비 ㉥해사하게 생긴 깎은선비가 찾아왔어요

깎이다 [움직씨] [1]칼 따위로 거죽이나 껍질이 얇게 벗겨지다 ㉥밤껍질이 깎이다 [2]값 따위가 낮추어져 줄다 ㉥그 사람 탓에 내 달삯이 깎였다 [3]볼썽, 낯, 이름 따위가 떨어지다 ㉥네 잘못으로 집안사람 낯이 깎였다 [4]손톱이나 발톱이 잘라지다 ㉥어쩌다 보니 아이 손톱이 너무 많이 깎였다 [5]풀이나 털 따위가 잘리다 ㉥풀깎개로 논둑, 밭

둑을 깎으며 지나가니 깎인 풀이 뒤에 쌓인다

깎임 이름씨 비나 바람, 가람물, 얼음덩이 따위가 땅거죽이나 바위를 차츰 개먹어 들어감 ⇐ 침식

깐 이름씨 마음속으로 헤아려 보는 생각이나 가늠 ⓑ제 깐에는 잘할 수 있을 거라 여겼겠지 한뜻말 딴 익은말 **깐을 보다** 마음속으로 가늠하거나 남 속을 떠보다

깐깐이 이름씨 몸짓이나 마음바탕이 빈틈이 없는 사람 ⓑ우리 바데는 보기와 달리 깐깐이다

깐깐하다 그림씨 ❶질기고 차지다 ⓑ한여름 깐깐한 뙤약볕이 내리쬐자 호박잎이 흐느적거린다 ❷하는 짓이나 마음씨 따위가 까다로울 만큼 빈틈이 없다 ⓑ깐깐하게 따지다 **깐깐히**

깐죽거리다 움직씨 쓸데없는 말을 밉살스럽고 짓궂게 자꾸 지껄이다 ⓑ아우가 깐죽거리는 바람에 나는 더 골이 났다 작은말 깐족거리다 **깐죽대다**

깐죽깐죽 어찌씨 쓸데없는 말을 밉살스럽고 짓궂게 자꾸 지껄이는 모습 ⓑ저놈 깐죽깐죽 구는 꼬라지가 보기 싫어 내가 떠나야겠다 **깐죽깐죽하다**

깐줄기 이름씨 말이나 글에서 겉으로 드러내지 않고 속에 깔아 나타내기. 또는 그 속내 ⓑ꼴통들이 깐줄기를 드러내지 않고 좋다고 하는지 알 수 없어요

깐지다 그림씨 마음바탕이 까다로울 만큼 빈틈없고 야무지다 ⓑ내 동무 깐돌이는 이름처럼 얼마나 깐진지 모른다

깔개 이름씨 눕거나 앉을 자리에 까는 것을 통틀어 이르는 말 ⓑ바닥이 차니 깔개를 깔고 앉게 ⇐ 방석

깔깔 어찌씨 참지 못하고 크고 가볍게 웃는 소리 ⓑ아이가 깔깔 웃었다 큰말 껄껄 **깔깔하다**

깔깔거리다 움직씨 참지 못하고 큰 소리로 자꾸 웃다 ⓑ늘 울던 아이가 이제 저렇게 깔깔거리며 웃어요 **깔깔대다**

깔깔하다 그림씨 ❶살갗에 닿는 느낌이 보드랍지 못하고 거칠다 ⓑ깔깔한 삼베 저고리 큰말 껄껄하다 ❷혓바닥이 깔끄럽고 입맛이 없다 ⓑ어제 술을 마셔서 그런지 입안이 깔깔하다 ❸눈에 티 같은 것이 들어가서 몹시 따끔거리고 아프다 ⓑ머리를 감는데 비눗물이 눈에 들어가 깔깔하게 아프다

깔끄럽다 그림씨 ❶털 따위가 살갗에 닿아서 따끔거리는 느낌이 있다 ⓑ보리를 털고 났더니 까끄러기가 옷 속에 들어가서 여기저기 깔끄럽다 ❷매끄럽지 못하고 까칠까칠하다 ⓑ아버지 손은 굳은살이 박히고 거칠어서 내 몸에라도 닿으면 아주 깔끄러웠다

깔끔말틀 이름씨 손말틀에 누리그물 주반과 알음찾기 같은 셈틀 구실을 더한 알음틀 ⇐ 스마트폰

깔끔하다 그림씨 ❶모습이나 차림새 따위가 매끈하고 깨끗하다 ⓑ할아버지는 늘 옷차림새가 깔끔했다 비슷한말 깨끗하다. 말끔하다. 매끈하다 ❷솜씨가 야물고 알뜰하다 ⓑ집안일 하는 손질이 깔끔하다 ❸속으로 생각하는 것이 깜찍하다 ⓑ고랑은 저자에서 살 것을 알뜰하게 고르고 깎을 줄 아는 깔끔한 아가씨였다

깔다 움직씨 ❶바닥에 펴놓다 ⓑ돗자리를 잔디 위에 깔다 ❷돈을 여기저기 빌려주거나 무엇을 팔려고 내놓다 ⓑ아주머니는 돈을 여기저기 깔아놓고 길미를 받아 챙겼다 ❸무엇을 밑에 두고 누르다 ⓑ베개를 깔고 앉지 마라 ❹꼼짝 못 하게 남을 억누르다 ⓑ아랫사람을 그렇게 깔고 뭉개다니 ❺목소리를 가라앉혀서 낮고 굵게 내다 ⓑ너도 목소리 깔고 말하니 무섭다 ❻느낌이나 생각을 바탕에 놓다 ⓑ아재는 늘 제가 옳다는 생각을 깔고 말을 한다 ❼눈을 아래로 내리뜨다 ⓑ아름이는 눈을 아래로 깔고 다소곳하게 말했다 ❽배를 바닥에 대다 ⓑ나는 어릴 적에 배를 깔고 엎드려서 책을 읽었다 ❾사람을 여기저기 곳곳에 두다 ⓑ여기저기 사람을 깔아두었으니 그놈은 이

제 독 안에 든 쥐이다

깔따구 [이름씨] ❶사람이나 짐승 피를 빨아먹으며 여느 모기보다 더 달라붙는 벌레 ㉥끈질기게 달라붙는 깔따구 ❷몹시 여윈 사람을 비긴 말 ㉥깔따구와 뚱뚱보

깔딱 [어찌씨] ❶숨이 끊어질 듯 말 듯 하는 소리나 꼴 ㉥숨을 한 디위 깔딱 몰아 쉬었다 ❷힘없이 물 따위를 목구멍으로 조금 삼키는 소리나 모습 ㉥물을 한 모금 깔딱 마셨다 ❸고개 따위가 가볍게 뒤로 넘어가는 모습 ㉥고개가 깔딱 젖혀지다 **깔딱이다 깔딱하다**

깔딱거리다 [움직씨] ❶숨이 끊어질 듯 말 듯 하는 소리가 자꾸 나다 ㉥할아버지는 숨을 깔딱거리며 몸을 가누지 못하고 쓰러졌다 ❷힘없이 물 따위를 목구멍으로 조금 삼키는 소리가 자꾸 나다 ❸얇고 빳빳한 몬 바닥이 자꾸 뒤틀리거나 뒤집히는 소리가 나다 **깔딱대다**

깔딱깔딱 [어찌씨] ❶숨이 자꾸 끊어질 듯 말 듯 하는 소리나 꼴 ㉥물에 빠진 새 새끼가 숨이 깔딱깔딱 넘어간다 ❷물 따위를 목구멍으로 조금씩 자꾸 삼키는 소리나 꼴 ㉥며칠째 아무것도 못 드신 할머니 목구멍으로 물을 넣어주자 깔딱깔딱 넘어갔다 ❸얇고 빳빳한 몬 바닥이 자꾸 뒤틀리거나 뒤집히는 소리 ㉥강아지 눈꺼풀이 깔딱깔딱 뒤집히려고 했다 **깔딱깔딱하다**

깔때기 [이름씨] 물 따위를 병에 부을 때 쓰는 나팔 꼴 몬 ㉥병에 깔때기를 꽂고 들기름을 부었다

깔리다 [움직씨] ❶바닥에 펼쳐져 놓이다 ㉥자갈이 깔리다 ❷돈이나 몬을 여기저기서 빌려 가거나 팔리게 내놓이다 ㉥여기저기 깔린 돈이 아직 많다 ❸밑에 놓여 눌리다 ㉥바퀴에 깔리다 ❹꼼짝 못 하고 억눌리다 ㉥아버지는 밖에서는 큰소리를 치지만 집에서는 어머니에게 깔려 꼼짝 못 한다 ❺널리 퍼지다 ㉥앞이 안 보일 만큼 안개가 자욱이 깔렸다 ❻드러나지 않은 느낌이나 생각이 바탕에 있다 ㉥그 사람 말에는 비아냥이 깔렸네

깔밋하다 [그림씨] 꼴이나 차림새가 자그맣고 깔끔하다 ⇐ 아담하다

깔보다 [움직씨] 얕잡아 보다 ㉥어리다고 깔보다가는 큰코다친다 ⇐ 천시하다. 경멸하다

깔아뭉개다 [움직씨] ❶무엇을 밑에 두고 짓이겨 누르다 ㉥새끼를 깔아뭉갠 어미 돼지 ❷무엇을 숨겨 알리지 않거나 일을 질질 끌다 ㉥제 잘못을 깔아뭉개고 대충 넘어가지겠어? ❸억눌러버리거나 업신여기다 ㉥그 집 버시는 가끔 아내 말을 깔아뭉개곤 했다

깔짝거리다 [움직씨] ❶잘게 쏠거나 긁거나 핥거나 하다 ㉥고양이가 물을 깔짝거리며 마셨다 ❷성가시고 귀찮게 굴다 ㉥내 앞에서 제발 좀 깔짝거리지 마라 **깔짝대다**

깔짝깔짝 [어찌씨] ❶자꾸 잘게 쏠거나 긁거나 핥거나 하는 꼴 ㉥낚싯대를 드리우자마자 붕어가 깔짝깔짝 입질을 했다 ❷자꾸 성가시고 귀찮게 구는 꼴 ㉥쟤는 왜 여기서 깔짝깔짝 귀찮게 하노? **깔짝깔짝하다**

깔창 [이름씨] 신 안쪽 바닥에 까는 몬 ㉥신에 깔창을 깔면 발바닥이 한결 포근해

깔축없다 [그림씨] 조금도 줄거나 모자람이 없다 ㉥상추 스무 포기를 옮겨 심어 깔축없이 잘 길렀다

깜깜 [어찌씨] ❶아주 까맣게 어두운 모습 ㉥벗 여섯이 깜깜 어둠 때 들이닥쳤다 ❷어떤 일을 아예 모르고 있거나 잊은 모습 ㉥깜깜 새뜸이 좋은 새뜸인가?

깜깜방 [이름씨] 밖에서 빛이 들어오지 못하도록 꾸며 놓은 방. 흔히 빛박이를 드러나게 하거나 갈에서 해보기를 할 때 쓴다 ⇐ 암실

깜깜이 [이름씨] 어떤 일을 조금도 모르고 하는 짓. 또는 그런 짓을 하는 사람 ㉥그 사람이 벼 여름지이에는 으뜸가는 일꾼이지만 과일나무 기르는 데는 깜깜이야 ⇐ 생판

깜깜하다 [그림씨] ❶몹시 어둡다 ㉥별빛조차 흐릿한 깜깜한 밤 큰말껌껌하다 센말캄캄하

다 **2** 아는 것이 아주 없다 ⓑ나는 노래는 좀 하지만 가락글에는 깜깜해 **3** 어떤 일을 풀어갈 길이 없다 ⓑ혼자서 아이를 키우며 살아갈 생각을 하니 눈앞이 깜깜했다

깜냥 이름씨 일을 헤아려 해낼 만한 힘이나 재주 ⓑ제 깜냥껏 해보겠습니다 ⇐ 역량

깜냥깜냥이 어찌씨 저마다 깜냥대로 ⓑ다들 깜냥깜냥이 일을 곧잘 하네요

깜다 그림씨 매우 짙게 감다 ⓑ어느 날 두돌이가 멋쟁이들처럼 깜은 눈거울을 끼고 나타나서 동네 사람들이 깜짝 놀랐다 큰말 껌다 여린말 감다

깜박이 이름씨 **1** 수레 앞뒤에 깜박거리는 불. 오른돌이, 왼돌이를 하거나, 수레금을 바꿀 때 쓴다 ⓑ뒤 수레를 생각해서 꼭 깜박이를 켭시다 한뜻말 깜빡이 **2** 셈틀봄널 그림낯에 글자를 넣거나 고칠 자리에서 깜박거리게 만들어놓은 보람 ⇐ 커서

깜부기 이름씨 **1** 깜부기앓이에 걸려서 까맣게 된 옥수수, 보리, 밀 따위 이삭 ⓑ할아버지와 옥수수밭에서 깜부기를 뽑아냈다 **2** 얼굴빛이 까만 사람을 빗댄 말 ⓑ그 깜부기가 일은 잘 하는가? **3** 둥거리를 때고 난 뒤 알불을 꺼뜨려 만든 뜬숯. '깜부기숯' 준말

깜부기불 이름씨 거의 꺼져가는 깜부기 숯불 ⓑ여기는 언 몸을 녹여 줄 깜부기불 하나 없다 준말 깜부기

깜부기앓이 이름씨 보리나 밀, 옥수수 이삭에 깜부기팡이가 붙어살아 이삭이 까만 가루 덩이로 되는 앓이

깜부기팡이 이름씨 보리나 밀, 옥수수 이삭 몸에 더부살이로 불어나는데 잔삼에서 먹을 것을 빨아들여 이삭을 검게 만드는 팡이

깜빡 어찌씨 **1** 불빛이나 별빛이 빠르게 밝았다가는 어두워지고 어두웠다가는 밝아지는 꼴 ⓑ저 멀리 불빛이 깜빡 빛났다 큰말 끔뻑 여린말 깜박 **2** 눈을 아주 짧은 동안에 감았다가 뜨는 꼴 ⓑ눈을 깜빡 떴다 다시 감았다 **3** 얼이 아주 짧은 동안에 잠깐 흐려지는 꼴 ⓑ마구 내려치는 몽둥이질에 깜빡 얼이 나갔다 **4** 생각이 잠깐 나지 않는 꼴 ⓑ새뜸을 알린다는 걸 깜빡했다 **깜빡이다 깜빡하다**

깜빡거리다 움직씨 **1** 불빛이나 별빛이 빠르게 밝았다가는 어두워지고 어두웠다가는 밝아지기를 되풀이하다 ⓑ호롱불이 몇 디위 깜빡거리더니 스르르 꺼졌다 큰말 끔뻑거리다 여린말 깜박거리다 **2** 눈을 아주 짧은 동안에 자꾸 감았다가 뜨다 ⓑ먼지가 들어갔는지 눈이 따끔해 깜빡거리게 된다 **3** 생각이나 얼이 들었다 나갔다 하다 ⓑ아버지는 남은 힘이 거의 없어 얼조차 깜빡거리는 것 같았다 **깜빡대다**

깜빡깜빡 어찌씨 **1** 불빛이나 별빛 따위가 자꾸 밝았다 어두워졌다 하는 꼴 ⓑ달이 없는 어두운 밤하늘에는 별이 더 깜빡깜빡 빛난다 큰말 끔뻑끔뻑 여린말 깜박깜박 **2** 눈을 자꾸 감았다 뜨는 꼴 ⓑ어머니는 얼마나 놀랐는지 눈만 깜빡깜빡 움직일 뿐이었다 **3** 생각이나 얼이 자꾸 몹시 흐려지는 꼴 ⓑ어릴 적 생각이 자꾸 깜빡깜빡 잊혀진다 **깜빡깜빡하다**

깜장 이름씨 까만 빛깔이나 물감 ⓑ깜장 고무신 한뜻말 까망 큰말 껌정 여린말 감장

깜짝[1] 어찌씨 갑자기 놀라는 꼴 ⓑ글동무 숲노래가 갑자기 찾아와서 깜짝 놀랐다 큰말 끔쩍 **깜짝이다 깜짝하다**

깜짝[2] 어찌씨 눈을 살짝 감았다가 뜨는 모습 ⓑ별이는 목에 칼이 들어와도 눈도 깜짝 안 할 사람이다 큰말 끔쩍 여린말 깜작 **깜짝이다 깜짝하다**

깜짝거리다[1] 움직씨 갑자기 자꾸 놀라다 ⓑ깜짝거리는 아이 모습에 마음이 아팠다 **깜짝대다**

깜짝거리다[2] 움직씨 눈을 자꾸 살짝 감았다가 뜨다 ⓑ은새는 오가는 말을 알아듣지 못하는지 눈만 깜짝거렸다 **깜짝대다**

깜짝깜짝[1] 어찌씨 갑자기 자꾸 놀라는 모습 ⓑ아무것도 아닌 일에 그리 깜짝깜짝 놀라니 할 말이 없다 **깜짝깜짝하다**

깜짝깜짝[2] 어찌씨 눈을 자꾸 살짝 감았다가 뜨는 모습 ⓑ언니는 무슨 일이 벌어지는지 모른 채 눈만 깜짝깜짝했다 **깜짝깜짝하다**

깜짝알림 이름씨 갑작스럽거나 빼어난 일이 있을 때 따로 내는 새뜸 한뜻말 갑작알림 ⇐ 호외

깜짝이야 느낌씨 깜짝 놀랐을 때 내는 소리 ⓑ아유, 깜짝이야!

깜찍하다 그림씨 ❶몸집이나 생김새가 작고 귀엽다 ⓑ깜찍한 얼굴 ❷하는 짓이 생각보다 약삭빠르고 다랍다 ⓑ어린것이 깜찍하게 내 마음을 떠보려 하다니

깝살리다 움직씨 ❶살림을 흐지부지 다 없애다 ⓑ오빠는 있는 살림도 다 깝살릴 사람이지 ❷찾아온 사람을 따돌려 보내다 ⓑ힘들게 여기까지 찾아온 어미를 깝살리다니! 에라이 못된 놈! ❸어떤 까리를 놓치다 ⓑ내가 어떻게 얻은 까리인데 그리 어이없게 깝살리느냐?

깝신 어찌씨 고개나 몸을 얼핏 방정맞게 숙이는 꼴 ⓑ나를 보자 아이는 고개를 깝신 숙여 절했다

깝신거리다 움직씨 고개나 몸을 방정맞게 자꾸 숙였다 들었다 하다. 또는 채신없이 까불거리다 ⓑ아이들은 가르침이를 보자 반가워 깝신거렸다 비슷한말 까불다. 나대다 큰말 껍신거리다 **깝신대다**

깝신깝신 어찌씨 고개나 몸을 방정맞게 자꾸 숙였다 들었다 하는 꼴. 또는 채신없이 까불거리는 꼴 ⓑ아이들은 배곳지기를 보자, 또다시 깝신깝신 절을 했다 큰말 껍신껍신 **깝신깝신하다**

깝죽거리다 움직씨 ❶방정맞게 잇달아 마구 까불다 ⓑ마을에선 보미가 제 아비만 믿고 저리 깝죽거린다며 수군거렸다 ❷잘난 체하며 아니꼽게 굴다 ⓑ개가 깝죽거리는 꼴은 더는 못 봐주겠더라 **깝죽대다**

깝죽깝죽 어찌씨 ❶방정맞게 자꾸 움직이는 꼴 ⓑ팔을 아무렇게나 깝죽깝죽 흔들다가 그만 뼈마디가 툭 빠져버렸다 큰말 껍죽껍죽 ❷주제넘게 자꾸 까불거나 잘난 체하는 꼴 ⓑ말끝마다 깝죽깝죽 나서서 끼어들지 마라 **깝죽깝죽하다**

깝치다[1] 움직씨 어떤 일을 빨리하도록 조르다 ⓑ길미를 빨리 갚지 않으면 돈집은 덧돈까지 붙여 갚도록 깝친다 한뜻말 다그치다 ⇐ 재촉하다

깝치다[2] 움직씨 방정맞게 마구 까불다 ⓑ나비 제비야 깝치지 마라 비슷한말 깝죽거리다

깡 이름씨 어떤 일에도 끝까지 견디는 힘이나 마음 ⓑ깡으로 버티다 한뜻말 깡다구

깡그리 어찌씨 하나도 남김없이 ⓑ깡그리 먹어 치우다. 깡그리 빼앗다 비슷한말 모조리

깡그리다 움직씨 일을 거두어 끝을 맺다 ⓑ어찌어찌 서둘러 일을 깡그렸다

깡깡이 이름씨 둥근 오동나무 통에 굽고 가는 나무를 자루처럼 박고 그 끝과 통머리를 두 줄 깁실로 걸쳐 매어 놓고 이 실을 다른 깁실로 만든 활시위로 문질러 소리를 내는 가락틀 ⓑ그 동무는 깡깡이 켜는 솜씨가 매우 뛰어났다 ⇐ 해금

깡다구 이름씨 어떤 일에도 끝까지 견디는 힘이나 마음 ⓑ깡다구가 세다 한뜻말 깡. 배짱

깡똥 어찌씨 조금 짧은 다리로 가볍게 뛰는 꼴 ⓑ한배미는 가볍게 울타리를 깡똥 뛰어넘었다 큰말 껑뚱 여린말 강동 **깡똥하다**

깡똥거리다 움직씨 조금 짧은 다리로 가볍게 자꾸 뛰다 ⓑ깡똥거리며 뛰어다니는 아이들이 새삼 귀엽다 **깡똥대다**

깡똥깡똥 어찌씨 ❶조금 짧은 다리로 가볍게 자꾸 뛰는 꼴 ⓑ토끼가 풀밭에서 깡똥깡똥 뛰어다닌다 큰말 껑뚱껑뚱 여린말 강동강동. 깡동깡동 ❷차분하지 못하고 채신없이 자꾸 가볍게 굴다 큰말 껑뚱껑뚱 여린말 강동강동. 깡동깡동 **깡똥깡똥하다**

깡똥하다 그림씨 속엣것이 드러날 만큼 입은 옷이 지나치게 짧다 ⓑ새로 산 옷이 보기보다 몹시 깡똥해서 남 눈치가 자꾸 보인다 여린말 강동하다

깡마르다 그림씨 ❶물이 없이 바싹 메마르다 ⓑ비가 오지 않아 깡말라 버린 논 한뜻말 강

마르다 [2]몹시 마르고 여위다 [ㅂ]깡마른 몸

깡시골 [이름씨] 아주 깊은 곳에 있는 시골 [ㅂ]쇠동골이야말로 깡시골이었는데 번듯한 마을이 되었어

깡충 [어찌씨] 짧은 다리로 힘차게 뛰어오르는 모습 [ㅂ]고라니는 깡충 뛰어서 번힘울타리를 가볍게 넘어갔다 큰말껑충 센말깡쭝 여린말강종

깡충거리다 [움직씨] 짧은 다리로 힘차게 자꾸 뛰어오르다 [ㅂ]어른들이 나들이버스에서 깡충거리며 논다 여린말강중거리다 **깡충대다**

깡충깡충 [어찌씨] 짧은 다리를 모으고 힘있게 자꾸 솟구치는 모습 [ㅂ]솔이는 장난감을 받고 신이 나서 깡충깡충 뛰어다녔다 큰말껑충껑충 센말깡쭝깡쭝 여린말강중강중 **깡충깡충하다**

깡통 [이름씨] [1]얇은 쇠붙이로 만든 통 [ㅂ]깡통차기는 깡통을 멀리 차고 다들 숨어버리면 술래가 주워다 제자리에 놓고 숨은 아이들을 찾는 놀이이다 [2]아는 것 없이 머리가 텅 빈 사람을 이르는 말 [ㅂ]그 사람이 말은 번드르르하게 하지만 알고 보면 속은 깡통이야

깡패 [이름씨] [1]모진 힘을 써서 나쁜 짓을 일삼는 사람이나 그 무리 [ㅂ]조무래기 깡패라고 하기에는 깔볼 수 없는 무서운 누리가 되었어! ⇐ 폭력배 [2]아람 위에 자리잡고 아람이 일한 것을 빼앗아 먹고사는 무리들. 나라 안에 있는 안깡패와 나라 밖에서 센 힘으로 여린 나라를 등치는 밖깡패가 있다

깡패나라믿음틀 [이름씨] 돈 많고 힘센 나라가 다른 나라를 힘으로 눌러 제멋대로 주무르는 얼개 ⇐ 제국주의

깨 [이름씨] 참깨와 들깨 따위를 통틀어 이르는 말 [ㅂ]참깨 들깨 노는데 아주까리는 못 노냐 [익은말] **깨가 쏟아지다** 몹시 아기자기하고 재미가 나다. 가시버시 사이가 좋다

깨갱 [어찌씨] 개가 아프거나 무서워서 지르는 소리 [ㅂ]다들 개를 끼고 돌아 깨갱 소리 듣기가 어렵다 큰말끼깅

깨갱거리다 [움직씨] 개가 아프거나 무서워서 깨갱 소리를 자꾸 내다 [ㅂ]큰 개가 작은 개를 물어서 물린 개가 깨갱거린다 **깨갱대다**

깨갱깨갱 [어찌씨] 개가 아프거나 무서워서 자꾸 지르는 소리 [ㅂ]싸움에 진 개가 깨갱깨갱 소리를 냈다 **깨갱깨갱하다**

깨고물 [이름씨] 참깨, 그 가운데도 검은깨를 볶아 곱게 빻아 만든 고물. 떡에 묻힌다 한뜻말깨바심

깨금 [이름씨] 깨금나무 열매. 도토리와 비슷하나 조금 납작하고 껍질과 보늬를 벗긴 노르스름한 속살은 고소하고 맛있다 한뜻말개암

깨금깨금 [어찌씨] 어떤 움직임을 티가 나지 않게 조금씩 천천히 하는 꼴 [ㅂ]지킴이 발소리가 들리자 모두가 깨금깨금 흩어졌다

깨금발 [이름씨] 한 발을 들고 한 발로 섬. 또는 그런 꼴 [ㅂ]아름이는 고무줄을 깨금발로 뛰어넘었다 비슷한말깨끼발

깨끔하다 [그림씨] 깨끗하고 말끔하다 [ㅂ]방을 참 깨끔하게 치워놓았네

깨끗하다 [그림씨] [1]때나 먼지가 없이 말끔하다 [ㅂ]깨끗한 옷 [2]맑다 [ㅂ]깨끗한 시냇물 [3]밝고 바르다 [ㅂ]깨끗한 벼슬아치 [4]맛이 개운하다 [ㅂ]뒷맛이 깨끗하다 [5]남은 것이나 자취가 없다 [ㅂ]밥그릇을 깨끗하게 비우다 [6]좀스럽게 매달리지 않아 섭섭하지 않다 [ㅂ]깨끗하게 받아들이다 [7]아무 일 없이 말짱하다 [ㅂ]다친 곳이 깨끗하게 아물다 **깨끗이**

깨다[1] [움직씨] [1]술기운 따위가 사라지고 생각이 또렷하게 돌아오다 [ㅂ]술이 깨다 [2]깨달을 수 있게 생각이나 마음이 열리다 [ㅂ]우리는 늘 새로운 것을 받아들일 만큼은 깨어 있어야겠지 [3]잠이나 꿈에서 벗어나다 [ㅂ]제발 꿈 깨서 스스로 살길을 찾아봐

깨다[2] [움직씨] 알로 품었던 새끼가 껍질을 깨고 나오다 [ㅂ]알에서 깬 병아리

깨다[3] [움직씨] [1]단단한 것을 쳐서 조각을 내

다 ㉥그릇을 깨다 ❷기운이나 느낌을 어그러뜨리다 ㉥긴 말 없음을 깨고 아내가 먼저 입을 열었다 ❸부딪히거나 맞거나 하여 다치다 ㉥넘어져서 무릎을 깨다 ❹어려운 걸림돌 따위를 넘어서다 ㉥서로 못 믿는 마음을 깨고 나서야 사이가 좋아졌다 ❺다짐 따위를 지키지 않거나 그만두다 ㉥끝까지 함께 가자던 다짐을 깬 게 아닐까? ❻오랫동안 이어져온 생각이나 틀에서 벗어나다 ㉥굳어진 생각 틀을 깨지 않고 두루 하나 될 수 있을까

깨단하다 (움직씨) 오래 생각 못하던 일을 어떤 실마리로 깨달아서 환하게 알다 ㉥마음닦기를 한 뒤로 하늘이는 깨단했는지 삶이 바뀐 것 같아요

깨닫다 (움직씨) ❶누리흐름을 꿰뚫어 보아 모든 괴로움에서 벗어나 온갖 것을 환히 알다 ㉥깨달은 분이 말하길 사람은 누구라도 부지런히 참되게 마음닦으면 깨달을 수 있다고 밀했다 ❷모르던 것을 깨쳐서 참뜻을 환히 알다 ㉥'나'가 참말로 무엇인지 나날이 알아차리고 깨달아 가는 삶을 살다 ⇐ 터득하다 ❸느끼거나 알아차리다 ㉥잘못을 깨닫다

깨달은이 (이름씨) 마음을 닦아 모든 마음더럼에서 벗어나 오롯이 깨달음을 이룬 사람 한뜻말 부처. 붓다 ⇐ 불

깨달음 (이름씨) 누리 돌아가는 속내를 꿰뚫어 보아 모든 괴로움에서 벗어나 환히 다 앎 ㉥깨달음을 얻고자 한뉘토록 바르게 살고 마음을 한곳에 모으고 슬기를 기른다

깨뜨리다 (움직씨) '깨다' 힘줌말. 깨지게 하다 ㉥거울을 깨뜨리다 한뜻말 깨트리다 ⇐ 파괴하다. 파기하다

깨물다 (움직씨) ❶아랫니와 윗니로 으깨지게 물다 ㉥오도독 밤 한 톨을 깨물었다 ❷밖으로 나타나려는 느낌이나 말 따위를 꾹 눌러 참다 ㉥새롬이는 울음이 나오려고 해서 입술을 깨물었다 (슬기말) **깨물어서 아프지 않은 손가락 없다** 아들딸이 아무리 많아도 어버이에게는 모두 보배롭다

깨바심 (이름씨) 깨고물

깨버리다 (움직씨) ❶밑감이나 글월 따위를 없애다 ⇐ 파기하다 ❷다짐한 것을 어기다

깨부수다 (움직씨) ❶단단한 것을 쳐서 조각을 내다 ⇐ 파괴하다 ❷잘못된 생각을 없애거나 무슨 일이 이루어지지 않도록 막다

깨살핌 (이름씨) ❶깨어 살핌 ⇐ 경찰 ❷나라와 모둠살이를 지키고 아람 목숨과 살림살이를 지켜주는 일. 또는 그 일을 하는 짜임 ⇐ 경찰

깨살핌보·깨살핌이 (이름씨) 깨살핌 일을 하는 사람 ⇐ 경찰관. 순경. 보안관

깨살핌집 (이름씨) 깨살핌 일을 맡아 보는 그위집 ⇐ 경찰서

깨소금 (이름씨) 볶은 참깨를 빻은 것. 또는 거기에 소금을 넣어 만든 양념 ㉥삶은 달걀을 깨소금에 찍어 먹다 (익은말) **깨소금 맛이다** 미운 사람이 잘못되는 것을 보고 고소해하며 기뻐하다

깨알 (이름씨) 깨 씨 낱알. 또는 그만큼 작은 것을 빗댄 말 ㉥깨알 같은 글씨

깨어나다 (움직씨) ❶잠이나 꿈, 술기운 따위에서 벗어나 처음으로 돌아오다 ㉥잠에서 깨어나다 준말 깨나다 ❷어떤 생각에 깊이 빠졌다가 나오거나 얼을 차리다 ㉥헛된 꿈에서 깨어나다 ❸살림이나 생각이 나아지다 ㉥한글을 만든 뒤로 많은 사람이 글깜깜이에서 깨어났다 ❹처음 제 빛을 찾다 ㉥이제야 얼굴빛이 깨어나는구나

깨우기 (이름씨) 필름이나 빛박이종이에 낫개를 묻혀 찍힌 모습이 나타나게 하는 것 ⇐ 현상

깨우다 (움직씨) ❶잠이나 꿈 따위에서 벗어나게 하다 ㉥자는 사람을 흔들어 깨우다 ❷필름이나 빛박이종이에 낫개를 묻혀 찍힌 모습이 나타나게 하다

깨우치다 (움직씨) 깨달아 알게 하다 ㉥아우가 드디어 제 잘못을 깨우쳤어

깨우침말 (이름씨) 깨우쳐주는 짧은 말 ⇐ 금언

깨작거리다 (움직씨) '깨지락거리다' 준말. 먹는

ㄱ

것이나 하는 짓이 마음에 들지 않아 마지못해 하다 ⓑ배가 부른지 젓가락으로 밥을 깨작거리며 먹는 둥 마는 둥 한다 큰말께적거리다 **깨작대다**

깨작깨작 어찌씨 글씨나 그림 따위를 아무렇게나 잘게 자꾸 그리거나 쓰는 모습 **깨작깨작하다**

깨지다 움직씨 ❶단단한 것이 여러 조각이 나다. '깨어지다' 준말 ⓑ접시가 바닥에 떨어져 깨졌다 ❷다짐이나 일 따위가 틀어지다 ⓑ모임이 깨지다 ❸얻어맞거나 부딪혀 다치다 ⓑ넘어져 무릎이 깨졌다 ❹세웠던 것이 무너지다 ⓑ다람이가 세운 가장 빨리 달리기 적바림이 깨졌다 ❺한동안 이어지던 느낌이나 생각 따위가 갑자기 바뀌다 ⓑ난데없는 울음소리에 집안 고요함이 깨졌다 ❻겨루기 따위에서 지다 ⓑ우리 쪽이 씨름에서 깨졌다

깨지락거리다 움직씨 먹을거리를 달갑지 않게 자꾸 억지로 굼뜨게 먹다 큰말깨작거리다 **깨지락대다**

깨지락깨지락 어찌씨 ❶먹을거리를 달갑지 않게 자꾸 억지로 굼뜨게 먹는 꼴 ⓑ밥을 깨지락깨지락 먹다 준말깨작깨작 ❷하기 싫은 일을 자꾸 억지로 게으르게 하는 꼴 **깨지락깨지락하다**

깨치다 움직씨 일이 돌아가는 속내, 참뜻 따위를 깨달아 알다 ⓑ한글을 깨치다

깻묵 이름씨 ❶기름을 짜고 남은 깨 찌꺼기 ⓑ나는 미꾸라지 통발에 밑밥으로 깻묵을 넣었다 ⇐ 유박 ❷기름을 짜고 남은 찌끼 ⓑ콩깻묵. 해바라기 깻묵 슬기말 **깻묵에도 씨가 있다** 언뜻 보면 없는 것 같지만 꼼꼼히 보면 있다

깻잎 이름씨 들깻잎과 참깻잎을 통틀어 이르는 말이나 그 가운데도 들깻잎 ⓑ고기를 깻잎에 싸서 먹다

깽깽 어찌씨 강아지가 아프거나 부대껴 내는 소리 ⓑ큰 개한테 물린 강아지가 깽깽 소리를 지른다 **깽깽하다**

깽깽거리다 움직씨 강아지가 아프거나 부대껴 자꾸 깽깽 소리를 내다 ⓑ강아지가 밤새 깽깽거렸다 **깽깽대다**

꺼끔하다 그림씨 잦던 것이 한참 동안 뜸하다 ⓑ빗소리가 잠깐 꺼끔해지자 매미 소리가 시끄럽게 들렸다 한뜻말뜸하다

꺼내다 움직씨 ❶안에 든 것을 밖으로 내다 ⓑ빼닫이에서 바느질감을 꺼내다 ❷이야기나 생각 따위를 말로 드러내다 ⓑ조용한 가운데 누나가 불쑥 말을 꺼냈다

꺼드럭거리다 움직씨 몹시 젠체하며 자꾸 버릇없이 굴다 준말꺼들거리다 **꺼드럭대다**

꺼드럭꺼드럭 어찌씨 몹시 젠체하며 자꾸 버릇없이 구는 꼴 ⓑ돌이는 누나한테 꺼드럭꺼드럭 젠체하며 가르치려 하다니 말이 돼? **꺼드럭꺼드럭하다**

꺼들먹거리다 움직씨 신이 나서 젠체하며 자꾸 버릇없이 굴다 ⓑ돈 많이 벌었다고 보람이 저 꺼들먹거리는 꼴 좀 봐 **꺼들먹대다**

꺼들먹꺼들먹 어찌씨 신이 나서 젠체하며 자꾸 버릇없이 구는 꼴 **꺼들먹꺼들먹하다**

꺼떡거리다 움직씨 주제에 맞지 않게 잘난 체하며 자꾸 버릇없이 굴다 ⓑ돌쇠는 멧돼지를 한 마리 잡았다고 꺼떡거리며 마을로 들어왔다 여린말꺼덕거리다 **꺼떡대다**

꺼떡꺼떡 어찌씨 주제에 맞지 않게 잘난 체하며 자꾸 버릇없이 구는 꼴 ⓑ짱구는 마을지기가 된 뒤로 무슨 큰 벼슬이나 한 듯이 자꾸 몸을 꺼떡꺼떡 뒤로 젖히고 걸었다 **꺼떡꺼떡하다**

꺼뜨리다 움직씨 ❶잘못하여 불을 꺼지게 하다 ⓑ불씨를 꺼뜨리다 한뜻말꺼트리다 ❷잘못하여 틀을 움직이는 힘을 끊어지게 하다 ⓑ줄을 잘못 건드려 셈틀을 꺼뜨렸다

꺼리다 움직씨 ❶잘못될까 봐 마주치지 않거나 싫어하다 ⓑ나래는 남 앞에 나서서 말하는 것을 꺼린다 ⇐ 기피하다 ❷내키지 않아 마음에 걸리다 ⓑ나는 마음에 꺼릴 만한 일은 하지 않고 산다

꺼림칙하다 그림씨 마음에 걸려서 언짢고 싫은

느낌이 있다 ⓑ그 사람을 혼자 두는 것이 왠지 꺼림칙하다 한뜻말 께름칙하다

꺼멓다 그림씨 빛깔이 짙게 검다 ⓑ얼굴이 꺼멓게 그을었다 작은말 까맣다 여린말 거멓다

꺼무레하다 그림씨 엷게 꺼무스름하다

꺼벙이 이름씨 야무지지 못하고 조금 모자란 듯한 사람을 이르는 말 ⓑ동무들은 어수룩한 나를 꺼벙이라고 놀렸다

꺼벙하다 그림씨 ❶모습이나 차림새가 덥수룩하고 엉성하다 ⓑ꺼벙한 차림을 한 사내 ❷마음씨나 바탕이 야무지지 못하고 조금 모자란 듯하다. 또는 하는 짓이 어수룩하고 엉성하다 ⓑ하랑이는 늘 실실거리고 웃어서 꺼벙해 보인다

꺼병이 이름씨 ❶어린 꿩 새끼 ⓑ꺼병이가 잘 날지 못한다고 붙잡으려고 하면 얼마나 빠르게 숨었다 달아났다 하는지 모른다 ❷겉꼴이 어울리지 않게 거칠게 생긴 사람 ⓑ꺼병이 꼴이 어떤 꼴인지 알려면 돌이 아버지를 보면 돼

꺼지다[1] 움직씨 ❶불이 사위거나 빛이 사라지다 ⓑ바람에 촛불이 꺼지다 ❷틀 따위 움직임이 멈추다 ⓑ멀봄이 저절로 꺼지다 ❸거품 따위가 가라앉아 사라지다 ⓑ거품이 꺼지다 ❹느낌이나 마음이 사라지거나 풀어지다 ⓑ잔뜩 골났던 마음 불길이 꺼지니 힘이 빠진다 ❺목숨이 끊어지다 ⓑ꺼져 가는 목숨 ❻눈앞에서 없어지다 ⓑ아무것도 모르면서 나불대지 말고 꺼져

꺼지다[2] 움직씨 ❶바닥 따위가 내려앉다 ⓑ방바닥이 꺼지다 ❷눈이나 볼 따위 몸 어떤 데가 우묵하게 들어가다 ⓑ고단해서 그런지 눈이 푹 꺼졌네

꺼진불메 이름씨 뿜이 오롯이 끝난 불메 ⇐ 사화산

꺼칠꺼칠 어찌씨 여위거나 메말라 살갗 따위가 매끈하지 않고 매우 거친 꼴 ⓑ찬바람에 손등이 꺼칠꺼칠해졌다 작은말 까칠까칠 여린말 거칠거칠

꺼칠꺼칠하다 그림씨 여위거나 메말라 살갗 따위가 매끈하지 않고 매우 거칠다 작은말 까칠까칠하다 여린말 거칠거칠하다

꺼칠하다 그림씨 여위거나 메말라 살갗 따위가 매끈하지 않고 거칠다 ⓑ황새같이 말랐고 꺼칠하게 늙어 옛날에 그 씩씩하던 모습이 간 데 없다

꺼풀 이름씨 여러 겹으로 된 껍질이나 껍데기 켜 ⓑ벼를 한 꺼풀, 두 꺼풀 벗겨내니 쌀이 새하얘졌다 작은말 까풀

꺽꺽[1] 어찌씨 ❶목구멍에서 숨이나 말이 막히는 소리나 그 꼴 ⓑ놀라 자빠진 한솔이는 꺽꺽 숨이 막히는 소리를 냈다 ❷숨이 막힐 만큼 우는 소리나 그 꼴 ⓑ어머니가 돌아가신 슬픔을 참을 수 없어 꺽꺽 소리 내어 울었다 **꺽꺽하다**

꺽꺽[2] 어찌씨 장끼 우는 소리

꺽꺽거리다 움직씨 ❶목구멍에서 숨이나 말이 막히는 소리를 자꾸 내다 ⓑ목구멍에 떡이 막혀 꺽꺽거렸다 ❷숨이 막힐 만큼 자꾸 우는 소리를 내다 ⓑ꺽꺽거리며 말하니 도무지 알아들을 수가 있어야지 **꺽꺽대다**

꺽꺽하다 그림씨 ❶바탕이 억세어서 나긋나긋한 맛이 없다 ⓑ꺽꺽한 보리밥이 목구멍에 걸려 넘어가지 않는다 ❷글월이나 말씨가 부드럽지 못하고 딱딱하다 ⓑ꺽꺽한 말씨

꺽다리 이름씨 키 큰 사람을 이르는 말. '키꺽다리' 준말 ⓑ내 동무 그루는 꺽다리라고 불렸다 한뜻말 키다리

꺽지 이름씨 어른 손바닥 만한 납작한 물고기로 어두운 잿빛 바탕에 예닐곱 낱 검은 가로무늬가 있고 주둥이가 크다. 우리나라에서만 살고 맛이 좋다

꺽지다 그림씨 마음씨가 억세고 꿋꿋하다 ⓑ우람이는 덩치도 크지만 꺽져서 일도 잘한다

꺽짓손 이름씨 억세게 거머쥐고 휘어잡는 솜씨와 꾀 ⓑ씨억씨억한 마음씨와 무엇이든 해내는 꺽짓손에 몹시 끌렸다 익은말 **꺽짓손이 세다** 사람을 휘어 부릴 만큼 억세다

꺾꽂이 이름씨 푸나무 줄기, 가지, 잎 따위를

자르거나 꺾어 흙 속에 꽂아 뿌리를 내리게 하는 일 ⓑ뽕나무 꺾꽂이를 여럿 해봤는데, 너무 가물어서 거의 죽었다

꺾다 움직씨 ❶휘어 부러뜨리다 ⓑ나뭇가지를 꺾다 ❷얇은 것을 구부리거나 굽히다 ⓑ솔기를 꺾다 ❸몸 한 군데를 구부리거나 굽히다 ⓑ허리를 꺾어 절하다 ❹생각이나 말이나 뜻을 제대로 펴지 못하게 하다 ⓑ아이들 풋풋한 생각을 너무 꺾지 마시오 ❺목청이나 가락 따위를 한껏 높였다가 갑자기 낮추다 ⓑ목소리를 꺾다 ❻술을 마시다 ⓑ일꾼들은 함께 한잔 꺾으며 맺힌 것을 풀었다 ❼겨루기나 싸움 따위에서 이기다 ⓑ우리는 드디어 맞수를 꺾었다 ❽나아가는 쪽을 바꾸어 돌리다 ⓑ네거리에서 오른쪽으로 꺾어라

꺾쇠 이름씨 두 쪽 끝을 꺾어 꼬부려 'ㄷ' 꼴로 만들고 두 끝을 날카롭게 간 쇠토막. 잇댄 나무를 벌어지지 않게 하는 데 쓴다 ⓑ이곳에 꺾쇠를 박아 나무 사이가 벌어지지 않게 하자 ⇐설자

꺾은금 이름씨 여러 가지 길이와 쪽을 가진 금을 차례로 이은 금 ⓑ꺾은금으로 그린 표는 한 달 동안 날씨 바뀜을 서로 견주어 볼 때 쓰기 좋다 ⇐꺾은선

꺾은금 그림표 이름씨 나타내려는 것을 점으로 찍고 점을 곧게 이은 그림표 ⇐꺾은선 그래프

꺾은선 ⇒꺾은금

꺾은선그래프 ⇒꺾은금그림표

꺾이다 움직씨 ❶구부러지거나 부러지다 ⓑ나뭇가지가 바람에 꺾였다 ❷힘이나 기운, 생각 따위가 덜해지다 ⓑ더위가 한풀 꺾이다 ❸길 따위가 굽어지다 ⓑ이 길을 쭉 따라가면 멧모랑지에서 길이 꺾이고 내쳐 돌아가면 그 집이 나와

껄껄 어찌씨 우렁찬 목소리로 시원스럽게 웃는 소리 ⓑ큰 소리로 껄껄 웃다 작은말 깔깔 **껄껄하다**

껄껄거리다 움직씨 잇달아 우렁찬 목소리로 시원스럽게 웃는 소리를 내다 ⓑ웃음을 못 참고 큰 소리로 껄껄거렸다 **껄껄대다**

껄껄하다 그림씨 ❶딱딱하고 꺼칠꺼칠하다 ⓑ껄껄한 나무 껍질을 낫으로 매끈하게 다듬었다 ❷마음씨가 거칠고 억세다 ⓑ이 사람아, 손님한테 그렇게 껄껄해서 어떻게 장사를 해먹겠어

껄끄럽다 그림씨 ❶꺼끄러기나 털 따위가 살에 닿아서 뜨끔거리는 느낌이 있다 ⓑ보릿단을 옮겼더니 온몸이 껄끄럽다 작은말 깔끄럽다 ❷미끄럽지 못하고 껄껄하거나 꺼칠꺼칠하다 ⓑ나뭇결이 껄끄럽다. 껄끄러운 보리밥 ❸마음에 썩 내키지 않고 거북한 데가 있다 ⓑ그를 만나기가 껄끄럽다

껄끔껄끔 어찌씨 꺼끄러기 같은 것이 자꾸 살에 닿아 뜨끔거리는 꼴 ⓑ등에 무엇이 들어갔는지 껄끔껄끔 자꾸 찌른다 **껄끔껄끔하다**

껄떡 어찌씨 ❶힘없이 목구멍으로 물을 넘기는 소리나 그 꼴 ⓑ단술 한모금을 껄떡 삼켰다 ❷숨이 끊어질 듯 말 듯 하는 소리나 그 꼴 ⓑ껄떡 숨이 끊어진 줄 알았는데 한참 있다가 푸 하고 내쉰다 **껄떡하다**

껄떡거리다 움직씨 ❶힘없이 목구멍으로 물 같은 것을 자꾸 넘기다 ❷숨이 끊어질 듯 말 듯 하는 소리가 자꾸 나다 **껄떡대다**

껄떡껄떡 어찌씨 ❶힘없이 목구멍으로 물 같은 것을 자꾸 넘기는 소리나 그 꼴 ⓑ목이 마른지 찬물 한 그릇을 껄떡껄떡 다 마신다 ❷숨이 끊어질 듯 말 듯하는 소리가 자꾸 나는 꼴이나 그 소리 ⓑ수레에 치인 고라니가 숨을 껄떡껄떡 힘겹게 쉬다가 곧 숨이 끊어졌다 **껄떡껄떡하다**

껄떼기 이름씨 농어 새끼

껄렁하다 그림씨 ❶말이나 하는 짓이 들떠 믿음직스럽지 않다 ⓑ흐트러진 옷차림을 한 그는 매우 껄렁해 보였다 ❷하찮고 시시하다 ⓑ껄렁한 이야기 그만하고 일이나 하자

껌 이름씨 고무에 단것, 영생이 따위를 섞어 만들어 입에 넣고 오래 씹으면서 단맛을 빨아

먹고는 뱉는 씹을거리 ⓑ껌을 질겅질겅 씹다

껌껌하다 그림씨 ❶아주 어둡다 ⓑ껌껌한 밤 작은말깜깜하다 센말컴컴하다 ❷마음이 엉큼하다 ⓑ속이 껌껌한 사람

껌벅 어찌씨 ❶큰 불빛이나 별빛 따위가 확 밝아졌다 어두워지는 모습 ⓑ저 멀리 섬에서 커다란 불빛이 껌벅 비추었다 한뜻말끔벅 작은말깜박 센말껌뻑 ❷큰 눈을 확 감았다 뜨는 모습 ⓑ아랑은 눈을 껌벅하며 오라고 손짓을 한다 **껌벅이다 껌벅하다**

껌벅거리다 움직씨 ❶큰 불빛이나 별빛 따위가 자꾸 어두워졌다 밝아졌다 하다 ⓑ한밤이 되자 짓말불이 껌벅거리는 노란 불로 바뀌었다 작은말깜박거리다 센말껌뻑거리다 ❷큰 눈을 자꾸 감았다 떴다 하다 **껌벅대다**

껌벅껌벅 어찌씨 ❶큰 불빛이나 별빛 따위가 자꾸 어두워졌다 밝아졌다 하는 모습 ⓑ나는 다짐한 대로 손불빛으로 동무들한테 껌벅껌벅 불을 비췄다 ❷큰 눈을 자꾸 감았다 떴다 하는 모습 ⓑ오빠는 나를 바라보며 큰 눈만 껌벅껌벅 움직일 뿐 아무 말이 없다 **껌벅껌벅하다**

껍데기 이름씨 ❶달걀이나 조개 따위 겉을 싸는 단단한 것 ⓑ굴 껍데기 ❷알맹이를 빼내고 겉에 남은 것 ⓑ베개 껍데기를 벗기다 ❸거짓이나 눈속임을 빗댄 말 ⓑ알맹이는 남고 껍데기는 가라

껍죽거리다 움직씨 ❶제 주제에 맞지 않게 자꾸 함부로 까불거나 잘난 체하다 ⓑ껍죽거리고 너스레나 잘 떨던 아저씨가 내 생각을 물어보는 것이 좀 야릇했다 ❷신이 나서 몸이나 몸 어디를 자꾸 방정맞게 함부로 움직이다 ⓑ새미 아버지가 마을지기가 되더니 큰 벼슬이라도 한 듯 껍죽거리고 마을을 돌아다닌다 **껍죽대다**

껍죽껍죽 어찌씨 ❶제 주제에 맞지 않게 자꾸 함부로 까불거나 잘난 체하는 꼴 ❷신이 나서 몸이나 몸 어디를 자꾸 방정맞게 함부로 움직이는 꼴 **껍죽깝죽하다**

껍질 이름씨 ❶겉을 싼 단단하지 않은 몬켜 ⓑ귤껍질. 소나무 껍질 ❷짐승 가죽이나 사람 살갗 ⓑ여름 쉴 때 바닷가에 갔다 왔더니 어깨가 타서 껍질이 일어나 ❸매미나 뱀이 벗어놓은 허물 ⓑ막 벗어놓은 뱀 껍질을 보고 뱀인 줄 알고 깜짝 놀랐어

껍질눈 이름씨 나뭇가지나 줄기 껍질 위에 좁쌀알처럼 돋은 숨구멍 ⓑ껍질눈과 꽃눈 비슷한말껍질틈 ⇐ 피공. 피목

-껏 뒷가지 ❶(이름씨에 붙어 어찌씨를 만듦) 닿는 데까지. 그 끝까지 ⓑ힘껏. 마음껏. 해껏 ❷(움직씨 -는 꼴에 붙어 어찌씨를 만듦) ⓑ아는껏 써봐. 하는껏 해보세요 ❸(몇몇 때어찌씨에 붙어) 그 끝까지 ⓑ이제껏. 아직껏. 여태껏

껑충 어찌씨 ❶긴 다리를 모아 높이 솟구쳐 뛰는 모습 ⓑ노루가 울타리를 껑충 뛰어 넘어갔다 작은말깡충 센말껑쭝 여린말겅중 ❷차례를 많이 건너뛰는 모습 ⓑ몸값이 껑충 뛰었다 **껑충하다**

껑충거리다 움직씨 긴 다리를 모으고 힘있게 높이 솟구쳐 뛰다 ⓑ고라니가 껑충거리며 남새밭을 가로질러 뛰어갔다 여린말겅중거리다 **껑충대다**

껑충껑충 어찌씨 ❶긴 다리를 모으고 힘있게 높이 자꾸 솟구쳐 뛰는 꼴 ⓑ고라니가 울타리를 넘어 껑충껑충 메로 뛰어 달아났다 작은말깡총깡총 여린말겅중겅중 ❷일 따위를 차근차근 나아가기보다 한꺼번에 건너뛰는 꼴 ⓑ그 그림 값은 하루가 다르게 껑충껑충 뛰었다 **껑충껑충하다**

껑충하다 그림씨 ❶키나 길이가 퍽 크다 ⓑ그 자리엔 키가 장승처럼 껑충한 사내가 서 있었다 작은말깡총하다 여린말겅중하다 ❷치마나 바지 같은 것이 덜렁하니 꽤 짧다 ⓑ껑충한 치마

께 토씨 ❶'에게' 높임말 ⓑ할아버지께 무슨 일이 일어났어? ❷일이 미치는 쪽을 높이는 말 ⓑ아버지께 여쭤봐야겠다 ❸일 임자이거나 일이 비롯되는 곳 ⓑ어려운 일이 생

길 때마다 어머니께 도움을 받았다

-께 뒷가지 ❶그때 가까이 ⓑ섣달그믐께 이 자리에서 서로 보기로 했다 ⇐ 경 ❷그곳 가까이 ⓑ가슴께까지 물이 차올랐다

께서 토씨 임자말을 높일 때 쓰는 임자자리토. '~가, ~이' 높임말 ⓑ할아버지께서 하신 말씀

께지럭거리다 움직씨 ❶먹기 싫은 듯이 자꾸 억지로 굼뜨게 먹다 준말 께적거리다 ❷하기 싫은 일을 자꾸 게으르고 굼뜨게 하다 **께지럭대다**

께지럭께지럭 어찌씨 ❶먹을거리를 달갑지 않게 매우 게으르고 굼뜨게 자꾸 먹는 꼴 ⓑ께지럭께지럭 순가락질만 하다 준말 께적께적 ❷하기 싫은 일을 억지로 매우 게으르고 굼뜨게 자꾸 하는 꼴 ⓑ일이 하기 싫어 께지럭께지럭 주무르고만 있다 **께지럭께지럭하다**

껴묻거리 이름씨 굿일 지낼 때 주검과 함께 묻는 것을 통틀어 이르는 말 ⇐ 부장물. 부장품

껴안다 움직씨 ❶두 팔로 감싸 안다 ⓑ아이를 껴안다 ⇐ 포옹하다 ❷혼자서 여러 가지 일을 떠맡다 ⓑ나라말집 일은 몇 사람이 껴안고 갈 일이 아니다 ❸어떤 일 따위를 너그럽게 받아들이다 ⓑ오빠는 언제나 내 잘못을 껴안아준다

껴울림 이름씨 맞울림 ⇐ 공명

껴입다 움직씨 ❶입은 옷 위에 겹쳐 입다 ⓑ추워서 옷을 잔뜩 껴입었다 ❷몸에 맞지 않는 옷을 억지로 입다 ⓑ언니는 맞지도 않는 옷을 억지로 껴입어 숨도 제대로 못 쉬었다

꼬기다 움직씨 종이나 피륙 같은 것이 조금 비벼지거나 접혀 잔금이 생기다. 또는 그렇게 하다 ⓑ한돌이는 닷골 원짜리 한 닢을 꼬기고 꼬기어 좀주머니에 쑤셔 넣었다

꼬김살 이름씨 종이나 피륙 같은 것이 조금 비벼지거나 접혀 생긴 잔금 ⓑ돌이는 오늘 순이를 만나려고 다리미로 바지 꼬김살을 부지런히 편다

꼬깃꼬깃 어찌씨 꼬김살이 세게 가도록 자꾸 구기는 꼴 ⓑ종이를 꼬깃꼬깃 접다 큰말 꾸깃꾸깃 여린말 고깃고깃 **꼬깃꼬깃하다**

꼬까삐 이름씨 참꽃 필 철 가시나 머시마 꽃나들이. '꽃갚이'에서 온 말. 시집 장가 못 가고 죽은 가시나 머시마 무덤, 머슴 살다 죽은 이 무덤에 꽃을 바침

꼬까신 이름씨 아이 말로, 알록달록하고 곱게 지은 아이 신 ⓑ어머 우리 아기 예쁜 꼬까신을 신었네 한뜻말 고까신. 때때신

꼬깔춤 이름씨 이불을 들썩이며 어르는 짓

꼬꼬[1] 이름씨 '닭' 아이 말 ⓑ엄마, 꼬꼬가 알을 낳았어요 한뜻말 꼬꼬닭

꼬꼬[2] 어찌씨 암탉이 우는 소리 ⓑ암탉은 꼬꼬 하며 병아리를 모았다

꼬꼬댁 어찌씨 암탉이 알을 낳거나 놀랐을 때 내는 소리 ⓑ놀란 닭들이 꼬꼬댁 소리를 내면서 달아났다 **꼬꼬댁하다**

꼬꼬댁거리다 움직씨 암탉이 알을 낳거나 놀랐을 때 내는 소리가 자꾸 나다 **꼬꼬댁대다**

꼬꼬댁꼬꼬댁 어찌씨 암탉이 알을 낳거나 놀랐을 때 잇달아 내는 소리 **꼬꼬댁꼬꼬댁하다**

꼬끼오 어찌씨 수탉이 우는 소리 ⓑ날이 밝았는지 멀리서 꼬끼오 닭 우는 소리가 들려왔다

꼬나물다 움직씨 '담배나 빨부리를 입에 물다'를 얕잡은 말 ⓑ어린 것이 담배를 꼬나물고 다니다니!

꼬나보다 움직씨 못마땅한 눈초리로 남을 흘겨보다 ⓑ제가 잘못해서 혼나고서는 괜히 나를 꼬나본다

꼬느다[1] 움직씨 ❶무거운 몬 한쪽 끝을 쥐고 다른 쪽 끝을 들어올리다 ⓑ팔매는 찌르개를 꼬나 잡아 쥐고 달려가다 힘껏 내던졌다 ❷마음을 잔뜩 가다듬고 무엇을 힘주어 쥐다 ⓑ나는 붓을 꼬느고 글을 쓸 마음을 다졌다

꼬느다[2] 움직씨 잘잘못을 따져 매기다 한뜻말 꼲다 ⇐ 평가하다

꼬다 움직씨 ❶둘 넘는 가닥을 비벼 엇감아 한

줄을 이루다 ⓑ새끼를 꼬다 ❷몸 어디를 뒤틀다 ⓑ다리를 꼬다 ❸남 마음에 거슬릴 만큼 빈정거리다. '비꼬다' 준말 ⓑ내 말을 꼬지 마라

꼬다케 어찌씨 불이 괄지도 꺼지지도 않고 고스란히 살아 있는 꼴 ⓑ저녁에 묻어둔 불담이불이 밤새 꼬다케 살아 있다

꼬드기다 움직씨 ❶종이솔개를 올라가게 하려고 솔개줄을 잡아 젖히다 ⓑ종이솔개줄을 꼬드기면 솔개가 하늘 높이 날아오른다 ❷남을 부추겨 마음을 불러일으키다 ⓑ풀돌이가 동네 아이들을 꼬드겨 떼 지어 바닷가로 놀러 갔다

꼬들꼬들 어찌씨 먹을 것이 잘 익었으나 씹기에 좀 단단한 꼴 ⓑ밥이 꼬들꼬들 술밥처럼 되어서 씹기는 힘들지만 맛은 고소하다 여린말 고들고들

꼬들꼬들하다 그림씨 먹을 것이 잘 익었으나 씹기에 좀 단단하다 여린말 고들고들하다

꼬락서니 이름씨 '꼴' 낮춤말 ⓑ비 맞은 생쥐 꼬락서니를 하고 왜 거기 서 있니? 한뜻말 꼬라지

꼬랑지 이름씨 꼬리 ⓑ꼬랑지 빠지게 달아났다 한뜻말 꽁지

꼬르륵 어찌씨 ❶배가 고프거나 속이 안 좋을 때 나는 소리 ⓑ하루 내내 밥을 안 먹었더니 배에서 꼬르륵 소리가 자꾸 난다 큰말 꾸르륵 ❷물 따위가 비좁은 구멍으로 가까스로 빠져나갈 때 토막으로 끊겨 나는 소리 ⓑ마개를 여니 꼬르륵 물이 빠져나간다 ❸닭이 놀라서 내는 소리 ⓑ족제비를 본 닭이 꼬르륵 소리를 내며 횃대로 날아올랐다 **꼬르륵하다**

꼬르륵거리다 움직씨 ❶배가 고프거나 속이 안 좋을 때 자꾸 끓는 소리가 나다 ⓑ어젯밤부터 굶었더니 뱃속이 꼬르륵거렸다 ❷물 따위가 비좁은 구멍으로 가까스로 빠져나갈 때 토막으로 끊기는 소리가 자꾸 나다 ⓑ통 속 물이 꼬르륵거리며 좁은 아가리를 빠져나갔다 ❸닭이 놀라 자꾸 소리를 내다 ⓑ놀란 닭이 달아나며 꼬르륵거렸다 **꼬르륵대다**

꼬르륵꼬르륵 어찌씨 ❶배가 고프거나 속이 안 좋아 자꾸 꼬르륵하는 소리가 나는 꼴 ⓑ살 뺀다고 굶었더니 뱃속에서 자꾸 꼬르륵꼬르륵 소리가 나서 부끄러웠다 ❷물 따위가 비좁은 구멍으로 가까스로 빠져나갈 때 나는 소리 **꼬르륵꼬르륵하다**

꼬리 이름씨 ❶짐승 꽁무니나 몸뚱이 끝에 내밀어 뻗친 것 ⓑ강아지가 꼬리를 흔든다 ❷맨 뒤끝 ⓑ콩나물 무치게 콩나물 꼬리 좀 따줘 ❸일이나 사람이 남긴 자취 ⓑ꼬리가 잡히지 않도록 모든 것을 없애버렸다 ❹어떤 무리 끝 ⓑ늦게 온 나는 긴 줄 꼬리에서 기다려야 했다 익은말 **꼬리를 감추다** 자취를 감추고 숨다 **꼬리가 길다** ❶어떤 일을 남모르게 하거나 잘못된 일을 오랫동안 하다 ❷드나들 때 문을 닫지 않다 **꼬리를 물다** 잇따라 가다. 끊임없이 이어지다 **꼬리를 밟히다** 몰래 하던 짓을 들키다 슬기말 **꼬리가 길면 밟힌다** 아무리 남모르게 하더라도 오래되면 마침내 들킨다

꼬리별 이름씨 빛나는 긴 꼬리를 끌고 해 둘레를 길둥글게 그리며 뛰는 별. 밝고 둥근 머리와 긴 꼬리로 이루어지며 꼬리가 나타나기 앞에는 알아보기 어렵다 한뜻말 꽁지별 ⇐ 혜성

꼬리자루 이름씨 물고기 뒷지느러미 맨 뒤쪽 지느러미 살 밑바닥과 꼬리 지느러미 밑바닥 사이 쪽

꼬리지느러미 이름씨 물고기 꼬리를 이루는 지느러미. 나아갈 힘을 주며 가는 쪽을 제때에 잘 맞춰준다 ⓑ물고기는 바위 밑에 머리와 몸통은 숨기지만 꼬리지느러미까지 못 감출 때가 있다

꼬리표 이름씨 ❶몬을 어디로 부칠 때, 받는 이와 부치는 이, 사는 곳, 이름을 적어 한쪽 끝에 매다는 표 ⓑ가방에 제 이름을 적은 꼬리표를 붙여 먼저 보냈다 ❷어떤 사람에게 따라다니는 좋지 않은 뭇사람 말이나 값매

김 ㉥좀생이 아버지는 도둑놈이라는 꼬리표가 달렸다 [익은말] **꼬리표가 붙다** 안 좋다는 딱지가 붙어다니다

꼬마 [이름씨] [1] 어린아이를 귀엽게 이르는 말 ㉥꼬마야, 몇 살이야? 비슷한말 꼬마둥이. 꼬맹이 [2] 조그마한 것을 귀엽게 이르는 말 ㉥이 더위에는 이런 꼬마 부채라도 어디야 [3] (놀리는 말로) 키가 작은 사람을 이르는 말. 꼬맹이. 작다리 ㉥또래들이 나를 늘 꼬마라고 불렀다

꼬마둥이 [이름씨] 어린아이를 귀엽게 일컫는 말

꼬막 [이름씨] 껍데기에 부챗살 꼴로 골이 나 있는 작은 조개. 얕은 바다 모래나 진흙에서 살며 맛이 부드럽고 쫄깃쫄깃하다 한뜻말 살조개

꼬맹이 [이름씨] '꼬마둥이' 준말 ㉥꼬맹이님, 이리 와봐요!

꼬물거리다 [움직씨] [1] 매우 좀스럽고 굼뜨게 뭐다 ㉥굼벵이가 꼬물거리며 기어간다 큰말 꾸물거리다 [2] 조금 게으르고 굼뜨게 뭐다 ㉥꼬물거리지 말고 빨리빨리 나오너라 [3] 몸 어느 곳을 좀스럽고 느리게 자꾸 뭐다 ㉥발가락을 꼬물거리다 **꼬물대다**

꼬물꼬물 [어찌씨] 매우 좀스럽고 굼뜨게 움직이는 모습 ㉥젖은 땅 위를 꼬물꼬물 돌아다니는 지렁이를 지켜봤다 큰말 꾸물꾸물 여린말 고물고물 **꼬물꼬물하다**

꼬박[1] [어찌씨] 고스란히 그대로 ㉥꼬박 사흘이 걸리다. 밤을 꼬박 새우다 비슷한말 꼬박이 센말 꼬빡 **꼬박이다 꼬박하다**

꼬박[2] [어찌씨] [1] 머리나 몸을 잠깐 숙였다 드는 모습 ㉥꼬박 고개만 숙여 절을 했다 큰말 꾸벅 [2] 깜빡 잠이 드는 꼴 ㉥마음 닦을 때 몹시 졸려서 나도 모르게 꼬박 잠이 들었다 **꼬박이다 꼬박하다**

꼬박거리다 [움직씨] 머리나 몸을 앞으로 자꾸 숙였다가 들다 ㉥몸 둘 바를 몰라 고개만 꼬박거렸다 **꼬박대다**

꼬박꼬박 [어찌씨] [1] 조금도 어김없이 그대로 이어하는 모습 ㉥방값을 밀리지 않고 꼬박꼬박 잘 냈다 [2] 남이 시키는 대로 따르는 꼴 ㉥그 아이는 하라는 대로 꼬박꼬박 잘 따라 했다 **꼬박꼬박하다**

꼬박이 [어찌씨] '꼬박' 힘줌말 ㉥밤을 꼬박이 샜기 때문에 눈이 절로 감겼다 한뜻말 꼬박껏

꼬부라지다 [움직씨] 한쪽으로 꼬붓하게 굽어지다 ㉥등이 꼬부라진 할머니와 다리를 저는 할아버지가 걸어간다

꼬부랑 [이름씨] [1] 꼬부라짐 ㉥꼬부랑 할머니가 꼬부랑 고갯길을 넘어간다 [2] (어찌씨) 꼬부라진 꼴 ㉥우리 마을로 오려면 길이 꼬부랑 구부러진 곳을 지난다

꼬부랑거리다 [움직씨] [1] 여러 군데가 작게 꼬부라지다 ㉥고수버들 가지가 꼬부랑거리며 뻗어나간다 [2] 자꾸 세게 등이나 허리를 꼬부리다 ㉥그 할머니는 꼬부랑거리며 내 앞으로 걸어왔다 **꼬부랑대다**

꼬부랑글 [이름씨] 하늬나라 글 ㉥나는 꼬부랑 글을 읽을 줄 몰랐는데 요즘 조금 깨쳤어

꼬부랑글씨 [이름씨] 볼품없이 서투르게 쓴 글씨 ㉥아이들이 처음에는 꼬부랑 글씨를 쓰지만 두 해만 익혀도 예쁘게 쓴다

꼬부랑길 [이름씨] 꼬불꼬불 이리저리 구부러진 길 ㉥선돌박이에서 사벌고을 가려면 꼬부랑길로 된 재를 넘어야 한다 큰말 꾸부렁길 여린말 고부랑길

꼬부랑꼬부랑 [어찌씨] [1] 여러 군데가 작게 꼬부라진 꼴 ㉥꼬부랑 할머니가 꼬부랑꼬부랑 휘어진 길을 꼬부랑 지팡이를 짚고 걸어오신다 [2] 자꾸 등이나 허리를 꼬부리는 꼴 ㉥한나절 나물을 뜯으려면 허리를 꼬부랑꼬부랑 폈다 구부렸다 셀 수 없이 한다 **꼬부랑꼬부랑하다**

꼬부리다 [움직씨] 한쪽으로 꼬붓하게 굽히다 ㉥허리를 꼬부리다 큰말 꾸부리다 여린말 고부리다

꼬불거리다 [움직씨] 이리저리 고부라지다 ㉥눈앞에서 꼬부랑 글씨가 꼬불거렸다 **꼬불대다**

꼬불국수 [이름씨] 국수를 김으로 익히고 기름

에 튀겨 말린 바로먹거리 ⇐ 라면

꼬불꼬불 어찌씨 이리저리 고부라지는 꼴 ⓑ 담쟁이 줄기가 꼬불꼬불 벽을 타고 기어 올라갔다 큰말 꾸불꾸불 여린말 고불고불 **꼬불꼬불하다**

꼬붓하다 어찌씨 제법 굽은 듯하다 ⓑ개울 따라 쭉 뻗은 길이라더니 막상 와보니 군데군데 꼬붓한 데가 많았다

꼬시래기 이름씨 바닷가 바위에 붙어 자라는 바닷말. 검붉은 빛깔을 띠고, 긴 머리카락처럼 생겼다. 나물로 먹는다 ⓑ꼬시래기는 피를 맑게 해준다고 하여 여러 가지 맛갓으로 만들어 먹는다

꼬이다[1] 움직씨 ❶하는 일 따위가 바라는 대로 되지 않고 이리저리 걸리다 ⓑ하는 일마다 꼬여서 되는 게 없다 ❷마음이나 생각, 속바탕 따위가 이리저리 걸리다 ⓑ싫어하던 사람이 잘되는 걸 보니 괜히 마음보가 꼬였다

꼬이다[2] 움직씨 ❶벌레 따위가 한곳에 많이 모여들다 ⓑ아무데나 쓰레기를 버리니 파리가 꼬이지 한뜻말 꾀다 ❷사람이 한곳에 많이 모이다 ⓑ밥맛이 좋은지 그 가게는 사람이 늘 꼬인다

꼬이다[3] 움직씨 그럴듯한 말이나 몸짓 따위로 남을 속여 제 생각대로 끌다 ⓑ누나나 언니가 좋은 데 가자고 꼬이더라도 따라가지 마라 한뜻말 꾀다

꼬이다[4] 움직씨 ❶실이나 줄 따위가 이리저리 뒤엉키다 ⓑ줄이 자꾸 꼬인다 한뜻말 꾀다 ❷몸 어느 곳이 엉키거나 뒤틀리다 ⓑ아무것도 안 하고 집에 있으니 심심해서 몸이 비비 꼬였다

꼬장꼬장 어찌씨 ❶가늘고 긴 것이 굽지 않고 쭉 곧은 꼴 ⓑ바지랑대로 쓰기에는 꼬장꼬장 곧은 물푸레나무가 좋다 ❷늙은이 몸이 굽지 않고 꼿꼿하고 튼튼한 꼴 ⓑ할아버지는 지팡이 없이도 꼬장꼬장 잘만 걸어 다니신다 ❸사람됨이 곧고 꿋꿋한 꼴 ⓑ아저씨같이 꼬장꼬장한 사람이 그런 일을 받아들일 것 같니?

꼬장꼬장하다 그림씨 ❶가늘고 긴 것이 굽지 않고 쭉 곧다 ❷늙은이 몸이 굽지 않고 꼿꼿하고 튼튼하다 ❸사람됨이 곧고 꿋꿋하다

꼬질꼬질 어찌씨 ❶몹시 뒤틀리고 꼬불꼬불한 꼴 ⓑ바위틈에서 외틀어져 꼬질꼬질 자라난 늙은 소나무 ❷옷이나 몸에 때가 많아 매우 지저분한 꼴 ⓑ그 아이는 꼬질꼬질 땟국이 줄줄 흐르는 옷을 걸쳤다

꼬질꼬질하다 그림씨 ❶몹시 뒤틀리고 꼬불꼬불하다 ❷옷이나 몸에 때가 많아 매우 지저분하다

꼬집다 움직씨 ❶엄지와 검지로 살을 집어서 뜯듯이 당기거나 비틀다 ⓑ볼을 꼬집다 ❷뚜렷하게 집어서 드러내다 ⓑ딱 꼬집어 말하기는 뭐하지만 아무튼 네가 잘못한 것 같아 ❸남 마음이 언짢게 비틀어 말하다 ⓑ남 아픈 데를 그렇게 꼭 꼬집어야겠니?

꼬챙이 이름씨 가늘고 뾰족한 나무막대나 쇠막대 ⓑ막힌 수챗구멍을 꼬챙이로 쑤셔 뚫었다

꼬챙이모 이름씨 가물 때 꼬챙이로 논바닥에 구멍을 뚫어 심는 모 한뜻말 강모. 작대기모

꼬치 이름씨 ❶'꼬챙이' 준말 ⓑ꼬치에 곶감을 꿰었다 ❷꼬챙이에 꿴 먹을거리 ⓑ꼬챙이에 닭고기를 끼워서 닭꼬치를 만들었다 ❸꼬챙이에 꿴 것을 세는 하나치 ⓑ곶감 한 꼬치

꼬치구이 이름씨 가는 꼬챙이에 꿰어 구운 맛갓 ⓑ꼬치구이는 여러 가지 밑감을 한 디위에 맛 볼 수 있는 먹거리이다 ⇐ 산적

꼬치꼬치[1] 어찌씨 몸이 몹시 여위고 마른 모습 ⓑ바우는 몸이 꼬치꼬치 말라서 앙상하다

꼬치꼬치[2] 어찌씨 낱낱이 따지거나 묻는 모습 ⓑ임자인 백성들은 머슴인 나라일꾼한테 나랏일을 마땅히 꼬치꼬치 캐물어야 한다

꼬치미[1] 이름씨 꼬챙이에 꿴 먹을거리 ⓑ할아버지는 닭 꼬치미를 좋아한다 한뜻말 꼬치

꼬치미[2] 이름씨 키는 1미터쯤 자라고 뿌리줄기

는 덩이 꼴이며 어린싹은 주먹 꼴로 끝이 말린 채 흰 솜털에 쌓여있는 나물. 어린싹을 데쳐 말렸다가 묵나물로 한다 한뜻말 고비

꼬투리 [이름씨] [1] 콩이나 팥처럼 씨가 들어 있는 껍질 [ㅂ]풋콩을 베어 불에 그슬어 익혀 콩꼬투리를 까서 푸른콩을 먹는 맛이란! [2] 남을 나쁘게 말하거나 헐뜯을 만한 거리 [ㅂ]어머니는 내가 하는 일마다 꼬투리를 잡고 싶을까

꼭[1] [어찌씨] [1] 어떤 일이 있어도 [ㅂ]오늘까지 이 일을 꼭 끝마치겠습니다 [2] 조금도 어김없이 [ㅂ]비가 오려고 하면 꼭 팔다리가 쑤신다 ⇐ 필연 [3] 아주 잘 [ㅂ]옷이 몸에 꼭 맞다 [4] 매우 마음에 들어 흐뭇하게 [ㅂ]새로 산 가방이 마음에 꼭 든다 [5] 아주 비슷하게 [ㅂ]오랜만에 돌아온 집이 낯설어 꼭 남 집에 온 것 같았다

꼭[2] [어찌씨] [1] 야무지게 힘을 주어 누르거나 죄는 모습 [ㅂ]꼭 다문 입술 큰말 꾹 [2] 애써 참거나 견디는 모습 [ㅂ]눈물을 꼭 참다 [3] 깊숙이 숨거나 들어박히는 모습 [ㅂ]그는 일이 없을 때는 집에만 꼭 처박혀 있다

꼭대기 [이름씨] [1] 높이가 있는 것 맨 위쪽 [ㅂ]나무 꼭대기. 지붕 꼭대기 ⇐ 정상. 정점 [2] 일터 맨 윗자리나 그 자리에 있는 사람 [ㅂ]어디서나 꼭대기 노릇 하기란 쉬운 일이 아니다 [3] 머리 맨 위쪽 [ㅂ]머리 꼭대기에서 발끝까지 몸 곳곳에서 일어나는 느낌을 알아차린다

꼭두각시 [이름씨] [1] 꼭두각시놀음에 나오는 여러 가지 사람 꼴 [ㅂ]꼭두각시를 가지고 놀다 [2] 남이 시키는 대로 하는 사람이나 무리를 빗댄 말 [ㅂ]이젠 이 꼭두각시 노릇도 그만둘 때가 된 것 같다

꼭두각시놀이 [이름씨] 꼭두각시를 가지고 놀던 우리나라 옛 탈놀이 [ㅂ]요즈음은 꼭두각시놀이를 구경하기가 매우 어렵다 한뜻말 꼭두각시놀음

꼭두각시춤 [이름씨] 꼭두각시와 같은 모습을 하고 틀에 따라 추는 춤 [ㅂ]꼭두각시춤인 '꼬마 각시'를 어린아이가 앙증맞고 깜찍하게 춘다

꼭두새벽 [이름씨] 매우 이른 새벽 [ㅂ]꼭두새벽부터 일하다 한뜻말 첫새벽 ⇐ 꼭두식전

꼭두서니 [이름씨] [1] 줄기는 네모지고 속이 비고 잔가시가 있으며 한 마디에 염통꼴 잎이 넷씩 나며 가을에 노란 꽃이 피는 덩굴풀. 뿌리는 물감과 낫개로 쓴다 [2] 꼭두서니로 만든 빨간 물감이나 그 빛깔 [ㅂ]꼭두서니 뿌리를 삶아 옷감에 빨간 물을 들였다

꼭뒤 [이름씨] 뒤통수 한가운데 [ㅂ]씨름에서, 샅바를 쥐지 않은 손으로 맞은쪽 꼭뒤를 짚어 누르며 넘어뜨리는 재주를 '꼭뒤잡이'라고 한다

꼭뒤지르다 [움직씨] [1] 어떤 힘이 위에서 누르다 한뜻말 꼭뒤누르다 ⇐ 압제하다 [2] 앞질러 가로채서 말하거나 미리 손쓰다 [ㅂ]살아보려고 들어온 사람을 꼭두질러 내쫓으면 나만 우세할 것 아니오

꼭지[1] [이름씨] [1] 그릇 뚜껑이나 연장에 달린 볼록한 손잡이 [ㅂ]냄비 뚜껑 꼭지. 소댕 꼭지 [2] 잎이나 열매가 가지에 달려 있게 하는 작은 줄기 [ㅂ]고추 꼭지를 따다 [3] 물이나 가스를 틀고 막는 연모 [ㅂ]물길 꼭지를 꼭 잠가라 [4] 거지나 딴꾼 우두머리 [ㅂ]저 사람이 저래 봬도 옛날에 어떤 무리 꼭지 노릇 했대 [4] 배달종이로 종이솔개를 만들 때 머리 가운데에 붙이는 것 [ㅂ]내 종이솔개엔 붉은빛 꼭지를 달았다 [5] 어떤 몬 끄트머리 [ㅂ]담배 꼭지까지 타도록 피웠다

꼭지[2] [이름씨] [1] 모숨을 지어 잡아맨 것을 세는 하나치 [ㅂ]미역 두 꼭지를 사 오너라 [2] 글을 세는 하나치 [ㅂ]새뜸에 글 한 꼭지를 썼다 ⇐ 편

꼭지각 ⇒ 꼭지모

꼭지딴 [이름씨] 꼭지쇠

꼭지모 [이름씨] 세모꼴에서 밑결 맞은쪽 꼭지를 이루는 모

꼭지솔개 [이름씨] 머리 가운데에 꼭지가 붙은 솔개 [ㅂ]솔개 이마에 둥근 해와 달처럼 꼭

지가 붙어 있으면 꼭지솔개, 가웃달꼴이 붙어 있으면 가웃달솔개라고 한다

꼭지쇠 이름씨 ❶거지나 딴꾼 우두머리 ⓑ보덩이를 꺼내 보이자 꼭지쇠 눈빛이 번뜩였다 한뜻말꼭지딴 ❷번힘공 밑에 튀어나온 쇠

꼭짓점 이름씨 ❶맨 꼭대기를 이루는 점 ⓑ아우와 나는 어머니를 꼭짓점으로 세모꼴을 이루며 왼쪽과 오른쪽에 앉았다 ❷여러 모꼴에서 두 곁이 만나 모를 이루는 점. 또는 그림에서 두 곁이 만나는 점 ⓑ앞메 꼭짓점은 뾰족해서 네댓 사람밖에 함께 못 올라선다

꼭짓집 이름씨 빨래를 해주고 그 꼭지 수대로 삯을 받는 집 ⓑ오다가 꼭짓집에 들러 맡긴 빨랫감을 찾아오너라

꿇는이 이름씨 잘잘못을 따져서 값을 매기는 사람 한뜻말꼬늠이 ⇐ 평가자

꿇다 움직씨 잘되고 못됨을 값 매기다 ⓑ처음 만난 사람을 이리저리 꿇아 봐서 좀 거북했다 ⇐ 평가하다. 평하다

꼴[1] 이름씨 ❶생김새나 됨됨이 ⓑ세모꼴. 사람 꼴 ⇐ 형. 형식. 형태. 패턴. 양상. 양태 ❷사람 모습을 낮잡아 이르는 말 ⓑ그 꼴로 어딜 그렇게 돌아다녔니? ❸어떤 일이 이루어지는 매개 ⓑ나라말 꼴에, 나라님 꼴까지 도무지 이 나라가 어디로 가려나?

꼴[2] 이름씨 말이나 소에게 먹이는 풀 ⓑ소먹이꾼이 벤 꼴을 싯달타에게 베풀었다 ⇐ 목초

-꼴 뒷가지 그만큼이다 ⓑ한 낱에 100원꼴

꼴값 이름씨 얼굴값 또는 꼴에 어울리는 몸짓을 비꼬는 말 ⓑ가시나가 생긴 꼴값을 한다더니 그런 까닭이 있었구먼 익은말 **꼴값하다** 얼굴값을 하다. 아니꼬운 짓을 하다 한뜻말꼴값떨다

꼴글 이름씨 박는데 쓰는 글자판 ⇐ 활자

꼴글책 이름씨 꼴글로 찍은 책 ⇐ 활자본

꼴깍 어찌씨 ❶적은 물이나 먹을거리 따위가 목구멍이나 좁은 구멍으로 한꺼번에 넘어가는 소리나 그 모습. '꼴까닥' 준말 ⓑ침을 꼴깍 삼키다 비슷한말꼴딱 큰말꿀꺽 센말꼴칵 ❷해가 하늬녘으로 져서 아주 넘어가 버리는 꼴 ⓑ해가 꼴깍 넘어가자 갑자기 서늘해졌다 ❸작은 것이 물속에 아주 잠겨버리는 꼴 ⓑ다운이가 허우적거리다가 물속으로 꼴깍 가라앉자 아라 언니가 건지러 뛰어들어갔다 ❹숨이 아주 넘어가서 죽어버리는 꼴 ⓑ마지막 숨이 꼴깍 넘어갔다 **꼴깍하다**

꼴깍거리다 움직씨 적은 물이나 먹을거리가 목구멍이나 좁은 구멍으로 한꺼번에 넘어가는 소리가 자꾸 나다 ⓑ잘 차려진 밥놓개를 보고 너도나도 침을 꼴깍거렸다 **꼴깍대다**

꼴깍꼴깍 어찌씨 ❶적은 물이나 먹을거리 따위가 목구멍이나 좁은 구멍으로 한꺼번에 잇달아 넘어가는 소리나 그 꼴 ⓑ물을 꼴깍꼴깍 마셨다 ❷골이 나는 것을 겨우 참는 꼴 ⓑ골이 나서 침만 꼴깍꼴깍 삼켰다 **꼴깍꼴깍하다**

꼴다른배 이름씨 옛날에 다른 나라 배를 이르던 말 ⇐ 이양선

꼴딱 어찌씨 ❶먹을거리 따위를 목구멍으로 한꺼번에 삼키는 소리나 그 모습 ⓑ떡을 꼴딱 삼키다 큰말꿀떡 ❷넘칠 만큼 아주 꽉 들어찬 모습 ⓑ목구멍이 꼴딱 찰 만큼 맘껏 먹었다 ❸온밤을 자지 못하고 오롯이 새우는 꼴 ⓑ밤을 꼴딱 새우다 ❹해가 아주 지는 모습 ⓑ해가 꼴딱 넘어갔다 ❺아주 오롯이 굶는 꼴 ⓑ먹을 것이 떨어져 이틀을 꼴딱 굶었다 **꼴딱하다**

꼴딱거리다 움직씨 먹을거리 따위를 꼴딱 삼키는 소리가 자꾸 나다 ⓑ침을 꼴딱거리는 소리가 귀에 거슬렸다 **꼴딱대다**

꼴딱꼴딱 어찌씨 ❶먹을거리를 목구멍으로 자꾸 삼키는 꼴이나 그 소리 ⓑ침을 꼴딱꼴딱 삼켰다 큰말꿀떡꿀떡 ❷여럿이 다 넘칠 만큼 꽉 찬 꼴 ⓑ독마다 흰쌀이 꼴딱꼴딱 차 있다 ❸여럿이 다 온 밤을 자지 못하고 오롯이 새우는 꼴 ⓑ느티 어머니가 돌아가시자 동무들은 꼴딱꼴딱 밤을 새웠다 ❹오롯이 굶은 꼴 ⓑ나은 먹을거리를 달라, 몸

뭐 동안을 늘려달라고 하면서 가두리에 갇힌 우리는 꼴딱꼴딱 닷새를 굶었다 **꼴딱꼴딱하다**

꼴뚜기 [이름씨] 오징어처럼 뼈 없는 물고기로 오징어보다 작고 둥근 몸통에 다리는 열 낱이고 다리엔 두 줄로 된 빨판이 있는 바닷고기. 밤에는 빛을 낸다 [ㅂ]꼴뚜기를 꼬치에 꿰어 구워 먹으면 맛이 좋대요

꼴뚜기질 [이름씨] 가운뎃손가락만을 세워 남 앞에 내밀어 업신여기는 짓

꼴리다 [움직씨] **1** 자지가 어르고 싶어 팽팽해지다 [ㅂ]사내들이 꼴리는 대로 풀 수 있으면 많은 허물이 줄어들겠지 **2** 어떤 일이 마음에 들지 않아 몹시 골이 나다 [ㅂ]어린놈이 말을 놓으니 밸이 꼴려 견딜 수 없었다

꼴말 [이름씨] **1** 몇 낱 수나 틀 사이 셈할 때 쓰는 표. '+', '-', 따위 ⇐ 부호 **2** 어떤 뜻을 나타내려 쓰는 표

꼴바꿈 [이름씨] 임자씨가 꼴을 바꿈 ⇐ 변형

꼴밭 [이름씨] 소나 말이 먹을 꼴이 많이 난 곳 [ㅂ]작은 언덕을 넘어가자 푸른 꼴밭이 널려 있었다

꼴불견 ⇒ 꼴못봐줌. 못볼꼴

꼴사납다 [그림씨] 하는 짓이나 모습이 보기에 아주 좋지 않다 [ㅂ]그 사람 잘난 척하는 짓이 꼴사나워 못 보겠다

꼴새 [이름씨] 생긴 모습이나 그 만듦새 ⇐ 양식

꼴시늉말 [이름씨] 어떤 짓이나 꼴을 흉내 낸 말. 엉금엉금. 줄레줄레. 또박또박. 따위 [한뜻말]짓시늉말 ⇐ 의태어

꼴찌 [이름씨] 차례에서 맨 끝 [ㅂ]달리기에서 꼴찌로 들어오다 [한뜻말]꼬바리 ⇐ 꼴등

꼴통 [이름씨] **1** 머리가 나쁜 사람 [ㅂ]이런 꼴통, 이것도 모르다니! **2** 억지나 우김이 세서 남 말은 씨가 안 먹혀 골치를 썩이는 사람 [ㅂ]그 사람 깃발 들고 맨날 거리로 나가는 옛것지킴 꼴통이야

꼴표 [이름씨] **1** 글월에 어떤 뜻을 나타내는 표. 마침표, 따옴표, 쉼표, 묶음표, 이음표 따위 ⇐ 부호 **2** 덧수나 뺄수를 나타내는 표. +표, -표, ×표, ÷표 따위 ⇐ 부호

꼼꼼그림 [이름씨] 매우 꼼꼼하게 그린 그림 [한뜻말]찬찬그림 ⇐ 세밀화

꼼꼼하다 [그림씨] 빈틈 없이 작은 데까지 또렷하다 [ㅂ]미르는 모든 일에 꼼꼼하다 ⇐ 면밀하다 **꼼꼼히**

꼼냥이 [이름씨] 작은 것까지 몹시 아끼는 사람 [ㅂ]석돌이 그 사람 이제 보니 웬만한 꼼냥이가 아니야 [한뜻말]구두쇠

꼼바르다 [그림씨] 마음이 좁고 지나치게 쩨쩨하다 [ㅂ]다슬은 너무 꼼발라서 버시감으론 싫어 ⇐ 편협하다

꼼지락 [어찌씨] 매우 좀스럽고 굼뜨게 움직이는 모습 [ㅂ]굼벵이가 죽은 듯이 있어서 살짝 건드렸는데 갑자기 꼼지락 움직였다 [큰말]꿈지럭 **꼼지락하다**

꼼지락거리다 [움직씨] 매우 좀스럽고 굼뜨게 자꾸 움직이다 [ㅂ]수줍어서 아무 말도 못 하고 손가락만 꼼지락거렸다 **꼼지락대다**

꼼지락꼼지락 [어찌씨] 매우 좀스럽고 굼뜨게 자꾸 움직이는 모습 [ㅂ]지렁이가 꼼지락꼼지락 기어가는 모습을 가만히 지켜보았다 **꼼지락꼼지락하다**

꼼짝 [어찌씨] **1** 몸을 작게 움직이는 모습 [ㅂ]토끼가 뛸 때마다 허리를 한 디위씩 꼼짝 놀린다 [큰말]꿈쩍 **2** 움직이거나 바뀌어서는 안 될 것이 조금이라도 움직이거나 바뀌는 모습 [ㅂ]다시 올 때까지 꼼짝 말고 여기 그대로 있어라 **꼼짝하다** [익은말] **꼼짝 못 하다** 조금도 기를 펴지 못하다. 또는 오금을 쓰지 못하다

꼼짝거리다 [움직씨] 몸을 작게 자꾸 움직이다 [ㅂ]마음닦기 때에 몸이 저려와 나도 모르게 발가락을 꼼짝거렸다 **꼼짝대다**

꼼짝꼼짝 [어찌씨] 몸을 작게 자꾸 움직이는 모습 [ㅂ]마음닦다가 가만히 있지 못해 엉덩이를 꼼짝꼼짝 움직였다 **꼼짝꼼짝하다**

꼼짝달싹 [어찌씨] (흔히 '하지 못하다', '않다'와 함께 써) 몸을 아주 조금 움직이는 모습 [ㅂ]아버지한테 그만 잡혀서 꼼짝달싹 못 하게

됐다 **꼼짝달싹하다**

꼼짝없이 (어찌씨) 어쩔 수 없이. 또는 도무지 빠져나갈 수 없이 ㉥꼼짝없이 도둑으로 몰리겠네 비슷한말 갈데없이

꼽다 (움직씨) ❶셈을 하거나 날짜를 세려고 손가락을 하나씩 꼬부리다 ㉥손가락을 꼽으며 언니가 돌아올 날을 기다렸다 ❷보기로 들거나 첫머리에 두다 ㉥그 막국수집은 이 고장에서는 가장 맛있다고 꼽는 곳이다

꼽등이 (이름씨) 몸 빛깔은 쇠털 빛이며 날개가 없고 등이 곱사등이처럼 몹시 굽고 뒷다리가 긴 벌레. 튼튼하여 잘 뛰며 축축한 곳에 살면서 죽은 벌레 따위를 먹는다

꼽사리 (이름씨) 남이 노는 판에 거저 끼어드는 일. 또는 그런 사람 ㉥가진 거 하나 없으면서 꼽사리를 끼니 모두 싫어하였다

꼽사리꾼 (이름씨) 검은돈을 받거나 거저 얻는 것을 좋아하는 사람 ㉥어디 할 일이 없어 노름판에서 개평 뜯는 꼽사리꾼이 되었어?

꼽추 (이름씨) 등뼈가 굽어서 등이 불룩하게 나온 사람 ㉥꼽추라고 놀리지 마라, 똑같은 사람이다 한뜻말 곱사등이 ⇐ 척추장애인

꼽히다 (움직씨) ❶어떤 테두리나 자리 안에 들다 ㉥한돌이는 이 마을에서 돈 많기로 세 손가락 안에 꼽힌다 ❷뽑혀 첫머리에 놓이다 ㉥노을이는 이 마을에서 노래 잘하는 사람으로 꼽힌다

꼿꼿하다 (그림씨) ❶휘거나 굽지 않고 쭉 곧다 ㉥대나무는 여느 나무와 달리 그 꼴이 꼿꼿하다 큰말 꿋꿋하다 ❷마음이 곧고 굳세다 ㉥이 고을지기는 마음이 바르고 꼿꼿해서 검은돈을 받지 않는다 **꼿꼿이**

꽁꽁 (어찌씨) ❶물이나 무엇이 아주 단단하게 언 꼴 ㉥개울물이 꽁꽁 얼었다 ❷아주 단단하게 묶거나 꾸리는 꼴 ㉥우리는 그해 열 달 보름날 꽁꽁 묶여 짐짝처럼 짐수레에 실려 마메로 끌려갔다

꽁다리 (이름씨) 짤막하게 남은 동강이나 끄트머리 ㉥그때는 길에 떨어진 담배 꽁다리를 주워 피웠다

꽁무니 (이름씨) ❶짐승이나 새 등골뼈 끝이 되는 곳이나 벌레 배 끝 언저리 ㉥거미는 꽁무니에서 뽑아낸 줄로 집을 짓는다 ❷사람 몸에서 엉덩이가 있는 뒤쪽 ㉥아이가 하루 내내 엄마 꽁무니만 졸졸 좇아다녔다 ❸어떤 것 맨 뒤나 끝 ㉥우리는 밥을 먹으려고 늘어선 줄 꽁무니에 섰다 (익은말) **꽁무니를 빼다** 슬그머니 물러서거나 달아나다

꽁무니바람 (이름씨) 뒤에서 불어오는 바람

꽁보리밥 (이름씨) 보리쌀로만 지은 밥 ㉥꽁보리밥을 물에 말아 풋고추를 고추장에 찍어 먹으면 꿀맛이다 한뜻말 곱삶이

꽁알거리다 (움직씨) 마음이 토라져서 자꾸 종알거리다 큰말 꿍얼거리다 **꽁알대다**

꽁알꽁알 (어찌씨) 마음이 토라져서 자꾸 종알거리는 소리나 그 꼴 ㉥아내는 뭐가 마음에 안 드는지 아까부터 혼자 꽁알꽁알 입속말을 자꾸 한다 큰말 꿍얼꿍얼 **꽁알꽁알하다**

꽁지 (이름씨) ❶새 꽁무니에 꼬리처럼 달린 깃 ㉥꿩은 수컷이 암컷보다 꽁지가 길고 아름답다 한뜻말 꼬랑지. 꽁지깃 ❷기다란 것이나 몸통 맨 끝 쪽 ㉥우리가 담 너머로 돌을 한꺼번에 던지자 짭새들은 꽁지에 불붙은 들쥐처럼 부리나케 달아났다 (익은말) **꽁지가 빠지게** 몹시 빨리 달아나는 꼴 (슬기말) **꽁지 빠진 새 같다** 꼭 있어야 할 것이 빠져 차림이 점잖지 못해 보이거나 볼품없다

꽁지깃 (이름씨) '꽁지' 힘줌말 ㉥장끼가 꽁지깃을 빳빳하게 세우고 콩밭 고랑을 달려간다

꽁초 (이름씨) 피우고 남은 담배 끄트머리 ㉥꽁초를 재떨이에 버리다

꽁치 (이름씨) 머리 꼴이 뾰족하고 몸통이 둥글고 길며, 등이 검푸르고 배가 흰 바닷물고기. 난바다에 살고 찬물과 더운물이 만나는 곳에 잘 모여들며 고기는 기름이 많고 맛이 좋다

꽁하다 (그림씨) ❶마음이 트이지 못해 속이 좁고 말이 없다 ㉥아무 일도 아닌데 뭘 그렇게 꽁해 있니? ❷마음속에 벼르는 마음이

있다 ㉡사내 너석이 어쩜 그렇게 꽁한지

꽂개 이름씨 ❶번힘을 지나가게 하는 연모 ㉡물 묻은 손으로 꽂개를 꽂으면 번힘을 느껴 깜짝 놀란다 ⇐ 플러그 ❷아이들이 한 자쯤 되는 나무막대기를 진흙에 얼마나 깊이 꽂아 넣는가 하는 내기

꽂다 움직씨 ❶쓰러지거나 빠지거나 떨어지지 않도록 꼭 끼워 넣다 ㉡머리에 비녀를 꽂다 ❷내던져 거꾸로 박히게 하다 ㉡내가 오랜만에 들배지기로 맞선이를 모래판에 꽂았다 ❸모를 내거나 모종을 하다 ㉡한 논배미 두 논배미 모를 꽂는 대로 들판은 푸르러졌다 ❹윷놀이에서 말을 뒷밭에 놓다 ㉡윷 걸을 놀아 말을 뒷밭에 꽂았다

꽂을대 이름씨 쏘개나 내쏘개에 불터지개를 재거나 쏘개 구멍 안을 닦는 데 쓰는 쇠꼬챙이

꽂을땜 이름씨 납널이나 구리널에서 틀린 글자를 도려내고 그 자리에 바른 글자를 꽂아 때움 ⇐ 상감

꽃 이름씨 ❶푸나무 불림틀. 꽃받침, 암술, 수술, 꽃잎으로 이루어지며 거의 빛깔이 곱고 냄새가 좋다 ㉡꽃이 아름답게 피다 ❷'여자'한테 밀려난 우리말. 옛말은 '가시' ㉡꽃님은 왼쪽에, 사내님은 오른쪽에 앉으세요 ⇐ 숙녀. 여. 여자. 여성. 여류 ❸씨앗이나 열매를 맺으려는 숨결을 품은 푸나무 ㉡살사리꽃을 심다 ❹여러 사람이 좋아하는 사람이나 아름다운 사람 ㉡새로 들어온 일꾼은 키가 크고 예뻐서 우리 일터 꽃이다 ❺가장 빛나거나 잘 나가는 때 ㉡꽃 같은 나이 ❻종요로운 알맹이 ㉡우리말살이는 겨레 삶을 드높이는 꽃이다 ❼뜨거운 기운이 올라 살갗에 좁쌀처럼 발갛게 돋아나는 것 ㉡밤새 앓고 난 아이 볼에 꽃이 오톨도톨 돋았다 익은말 **꽃을 피우다** ❶흔히 어떤 이야기로 한창 즐기거나 때를 보내다 ❷어떤 일이 무르익거나 잘되다

꽃가꿈이 이름씨 꽃가꾸기를 일삼아 하는 사람 ⇐ 원예사

꽃가두배추 이름씨 잎 빛깔은 흰빛, 노란빛, 누르붉은빛, 흰붉은빛 같이 여러 가지이고 가운데가 넓적하고 둥근 덩어리가 생겨 구경거리로 가꾸거나 먹을 수도 있다 ㉡거리 곳곳을 알록달록한 꽃가두배추로 가꾸어 놓았다 ⇐ 꽃양배추

꽃가락지 이름씨 꽃으로 만든 가락지 ㉡토끼풀로 만든 꽃가락지를 사이좋게 나눠 꼈다 ⇐ 꽃반지

꽃가루 이름씨 꽃 수술에 붙어 있다가 암술로 옮아 씨를 맺게 하는 가루 ㉡벌과 나비는 꽃 사이를 오가며 꽃가루를 옮기는 구실을 한다 ⇐ 화분

꽃가루받이 이름씨 수술 꽃가루가 암술머리에 붙어서 열매를 맺는 것. 바람, 벌레, 새 따위나 사람 손을 거쳐 이루어진다 ㉡올해는 꿀벌이 많아서 꽃가루받이가 잘됐다 한뜻말 가루받이 ⇐ 수분. 수정

꽃가지 이름씨 꽃이 달린 가지 ㉡새앙나무 꽃가지와 땅버들 꽃가지를 꺾어 꽃그릇에 꽂아 놓았다

꽃검 이름씨 겨집 검 ⇐ 여신

꽃게 이름씨 얕은 바다 모래땅에 떼 지어 살며 밤에 움직이는 게. 등딱지는 옆으로 퍼진 마름모꼴이고 집게발이 크고 길며 다리가 모두 넓적하여 헤엄을 잘 친다. 삶으면 새빨개져 마치 꽃 같아 보여 꽃게라 불린다

꽃고리 이름씨 꽃을 모아 고리처럼 둥글게 만든 것. 목에 걸거나 다른 것에 달아 기쁨, 슬픔을 나타낸다 ⇐ 화환

꽃구름 이름씨 여러 가지 빛깔을 띤 아름다운 구름 ㉡하늘을 수놓은 꽃구름 ⇐ 채색구름

꽃국물 이름씨 고기를 삶아낸 뒤에 맹물을 타지 않은 짙은 국물 ㉡꽃국물은 저기 저 사내부터 주시게 한뜻말 꽃물 ⇐ 전국. 진국

꽃굴레 이름씨 어린아이 머리에 씌우는 굴레. 다섯 빛 깁 조각으로 만들어 구슬을 달고 보빛 실로 글씨를 박거나 여러 꽃송이로 꾸며 만든 머리 치레 ㉡돌 빛박이를 찍으려고 꽃굴레를 씌우니 아이가 귀찮은지 벗어버

린다

꽃그늘 이름씨 활짝 핀 꽃나무 아래에 드리워진 그늘 ⓑ개나리 노란 꽃그늘 아래 가지런히 놓인 꼬까신 하나

꽃글 이름씨 ❶같은 빛깔 꽃으로 새긴 글 ⓑ꽃글로 '우리말 사랑'이라 썼다 ❷늘 아름답게 빛나 즐거운 글. 또는 꽃다이 사랑 담아 쓴 글 ⓑ내가 보리한테서 꽃글을 받았다고 모두가 부러워하고 시샘했다

꽃길 이름씨 꽃이 핀 길. 또는 꽃으로 꾸민 길 ⓑ앞으론 꽃길만 걷자

꽃깨살핌이 이름씨 겨집으로 깨살피는 일을 맡은 사람 ⇐ 여경

꽃꺾기 이름씨 노는 겨집과 어르는 일

꽃꼭지 이름씨 꽃이 달리는 작은 가지 한뜻말꽃자루

꽃꽂이 이름씨 꽃이나 나뭇가지를 바구니나 그릇에 보기 좋게 꾸며 꽂는 일. 또는 그런 솜씨 ⓑ꽃꽂이를 배우다

꽃나무 이름씨 ❶꽃이 피는 나무 ⓑ아이는 꽃나무에 달린 꽃을 따달라고 떼를 쓴다 ❷꽃이 피는 풀과 나무 또는 꽃이 없더라도 두고 보면서 즐기는 모든 푸나무를 통틀어 이르는 말 ⓑ올봄에 꽃나무 몇 가지를 사다 심었다 한뜻말꽃풀. 풀꽃나무 ⇐ 화초

꽃나이 이름씨 한창 젊은 나이 ⇐ 방년

꽃내기 싸울아비 이름씨 한꽃내기 두꽃내기 세꽃내기 싸울아비를 통틀어 이르는 말 ⇐ 영관급 장교

꽃내음 이름씨 꽃에서 나는 냄새 ⓑ으름덩굴 꽃내음이 마당을 가득 채운다 준말꽃내

꽃놀이 이름씨 꽃을 찾아다니며 보고 즐기는 놀이 ⓑ꽃놀이를 즐기다 비슷한말꽃구경. 꽃다림

꽃눈 이름씨 자라서 꽃이 될 눈 ⓑ새앙나무 꽃눈이 벌써 제법 자랐다

꽃눈개비 이름씨 눈같이 떨어지는 꽃보라 ⓑ당신과 함께 꽃눈개비를 맞으니 너무 기쁩니다

꽃님 이름씨 가시를 곱게 부르는 말 ⇐ 여성. 여인. 여자

꽃다발 이름씨 여러 송이 꽃을 하나로 묶은 것 ⓑ꽃다발 한 아름을 안겨주었다

꽃다지[1] 이름씨 ❶오이나 가지, 호박 같은 것 맨 첫 열매 ⓑ흔히 꽃다지는 나중 열매보다 크기가 작더라 ❷맨 처음. 어떤 일 꼭대기 ⇐ 꽃등

꽃다지[2] 이름씨 앙증맞게 작은데 뿌리잎은 넓고 줄기잎은 좁으며 이른 봄에 싹이 돋았나 싶으면 바로 꽃대를 내어 노랑 꽃을 피우는, 들이나 논밭에 두루 나는 두해살이풀. 온몸에 짧은 털이 빽빽하게 나 있으며 어린 잎과 싹은 먹는다

꽃단장 ⇒ 꽃치레

꽃달임 이름씨 봄에 참꽃이 필 때 그 꽃을 따서 부침개를 부치거나 떡에 넣어 여럿이 모여 먹는 놀이 ⇐ 화전놀이 **꽃달임하다**

꽃답다 그림씨 ❶꽃같이 아름답다 ⓑ꽃다이 아름다운 우리말 ❷꽃으로 갖춰야 할 아름다움이 있다 ⓑ보기에도 곱고 내음도 좋아야 꽃다운 꽃이라 할 수 있다 ❸아주 젊다 ⓑ언니는 꽃다운 나이에 시집을 갔다

꽃대 이름씨 꽃자루가 달리는 줄기 ⓑ꽃대가 올라오다

꽃돋이 이름씨 살갗에 좁쌀만한 부스럼이 많이 돋는 것. 또는 그 부스럼 ⇐ 발진

꽃돗자리 이름씨 꽃모습을 놓아 짠 돗자리. 가비고시섬에서 만든 것이 이름났다 ⇐ 화문석

꽃동산 이름씨 ❶꽃이 많이 핀 작은 메나 언덕 ⓑ온갖 꽃들이 활짝 피어 꽃동산을 이루다 비슷한말꽃밭 ❷보기 좋고 살기 좋은 곳을 빗댄 말 ⓑ앞에는 바다가 있고 뒤에는 나지막한 좋은 메가 있으니 꽃동산이 따로 없다

꽃동이 이름씨 꽃을 심어 가꾸는 동이 ⇐ 화분

꽃두레 이름씨 시집갈 나이가 된 겨집 한뜻말아가씨 ⇐ 처녀

꽃두루 이름씨 장가갈 나이가 된 사내 ⇐ 총각

꽃등 이름씨 맨 처음. 또는 어떤 일 꼭대기

꽃등에 이름씨 꽃에 모여 꿀을 빨아먹는 등에.

파리 무리에 딸리지만 생김새는 벌에 가깝고, 애벌레는 긴 꼬리가 있고 더러운 물에 살아서 '꼬리구더기'라고 한다

꽃때알림이 이름씨 ❶꽃으로 꾸며 만든 때알림이 ⓑ아이는 서로 제 좋아하는 꽃때알림이를 구경하느라 신이 났다 ⇐ 꽃시계 ❷어린이가 '해바라기'를 달리 일컫는 말 ⓑ꽃때알림이가 한낮 해를 가리키는 걸 보니 낮밥 먹을 때가 되었네요

꽃떨기나무 이름씨 꽃이 피는 떨기나무를 통틀어 이르는 말. 참꽃, 덩굴하늬찔레 따위

꽃마리 이름씨 몸에는 털이 있고 넓은 알꼴 잎이 뿌리에서 여러 낱이 더부룩하게 나고 그 가운데서 줄기가 나와 가지가 많이 벋는 두해살이풀. 어린잎은 나물로 먹는다

꽃말 이름씨 꽃마다 갖는 보람에 따라 뜻을 담아 붙인 말. 빛깔에 따라 꽃말이 생겨나기도 한다 ⓑ해바라기는 늘 해를 바라본다고 해서 '기다림'이라는 꽃말을 가진다

꽃망울 이름씨 아직 피지 않은 어린 꽃봉오리 ⓑ봄이 되자 개나리가 노란 꽃망울을 터뜨렸다 비슷한말 망울. 몽우리

꽃맞이 이름씨 꽃 필 무렵에 하는 굿 ⓑ요즘은 꽃맞이보다 꽃잔치를 많이 한다 한뜻말 꽃맞이굿

꽃맺이 이름씨 꽃이 진 뒤에 바로 맺는 열매 ⓑ올해는 꽃맺이가 많네

꽃멀미 이름씨 봄 꽃내음과 아름다움에 어지러움을 느끼는 것 ⓑ꽃그늘에 앉아 꽃멀미를 느껴보자꾸나

꽃모 이름씨 다른 곳에 옮겨 심으려고 기른 어린 꽃이나 꽃나무 ⓑ꽃모를 나눠주다 준말 꽃모 **꽃모하다**

꽃무늬 이름씨 꽃 모습 무늬 ⓑ꽃무늬 치마 ⇐ 꽃문양

꽃무덤 이름씨 아까운 나이에 죽은 젊은이 무덤

꽃물 이름씨 ❶꽃잎을 짓이겨 짜낸 물 ⓑ엄마랑 같이 손톱에 봉숭아 꽃물을 들였다 ❷불그스름한 살빛을 빗댄 말 ⓑ사랑한다는 말을 듣자 얼굴에 꽃물이 들었다 ❸고기를 삶아낸 뒤 맹물을 타지 않은 짙은 국물 ⓑ짙은 꽃물이 뱃속에 들어가자 온몸이 따뜻해졌다

꽃미투리 이름씨 꽃무늬를 놓은 미투리 ⓑ아버지는 내가 신을 꽃미투리를 곱게 삼아주셨다

꽃바구니 이름씨 여러 가지 꽃을 담아서 꾸민 바구니 ⓑ어버이날에 꽃바구니를 만들어 드렸다

꽃바람 이름씨 봄꽃 필 무렵에 부는 바람 ⓑ꽃바람이 세차다

꽃바치 이름씨 굿이나 뮘그림에 나오는 사람으로 꾸며 그 노릇을 하는 꽃 한뜻말 꽃노릇바치 ⇐ 여배우

꽃바치다 움직씨 흔히 검이나 돌아가신 분께 꽃을 올리다 ⇐ 헌화

꽃받침 이름씨 꽃 가장 바깥쪽에서 꽃잎을 받쳐 지켜주는 것 ⓑ꽃받침이 꽃을 감싼다

꽃밥 이름씨 수술 끝에 붙은 꽃가루와 이것을 감싸는 꽃가루주머니 ⓑ호박벌이 온몸에 꽃밥을 잔뜩 묻힌 채 이 꽃 저 꽃 호박꽃을 옮겨 다닌다

꽃방망이 이름씨 꽃가지를 꺾어 길고 둥글게 꼬챙이에 둘러 묶어 방망이 꼴로 만든 것. 아이들이 이것을 가지고 논다 ⓑ꽃방망이를 휘두르자 옷곳한 꽃 냄새가 퍼졌다

꽃밭 이름씨 ❶꽃을 심어 가꾼 밭 ⓑ꽃밭에 물을 주다 ⇐ 화단 ❷꽃이 많이 핀 곳 ⓑ마을 뒤 언덕에는 꽃들이 흐드러지게 피어 꽃밭을 이뤘다 ❸아름이, 또는 아름이가 많이 모인 곳 ⓑ우람이 일터는 꽃님들이 많아서 아주 꽃밭이다

꽃배곳 이름씨 겨집들만 다닐 수 있는 배곳 한뜻말 겨집배곳 ⇐ 여학교

꽃뱀 이름씨 ❶등은 푸른 빛이 도는 어두운 잿빛에 검은 얼룩이 넉 줄 있고 옆구리는 누런 바탕에 붉은 무늬가 있는 뱀 ⓑ바위 밑으로 꽃뱀 한 마리가 기어들어 갔다 ⇐ 유혈목이 ❷사내에게 짐짓 다가가 몸을 맡기고

돈이나 보배를 우려내는 겨집 ⓑ어리숙한 마돌은 꽃뱀에게 걸려 많은 돈을 뜯겼다

꽃벗 이름씨 서로 사랑하는 꽃인 벗 한뜻말가시벗 ⇐ 여자친구

꽃벗함께노래 이름씨 사내 겨집이 모둠을 나누어 함께 노래하기 ⇐ 혼성합창

꽃병 이름씨 꽃을 꽂으려고 만든 병 ⓑ꽃병이 꽃보다 더 예쁘다 ⇐ 화병

꽃보라 이름씨 바람에 날려 흐드러지게 지는 꽃잎 ⓑ보리는 꽃보라 속으로 가뭇없이 사라졌다

꽃봉오리 이름씨 ❶아직 피지 않고 망울만 맺힌 꽃 ⓑ봄비가 내리자 뒤울 안 살구나무 꽃봉오리가 터질 듯 부풀었다 한뜻말봉오리 준말꽃봉 ❷앞날이 환한 젊은이나 그 나이 때 ⓑ그 해 닷 달, 모도로(빛고을)에서는 많은 꽃봉오리가 나라를 바로 세우려고 몸을 바쳤다

꽃부침 이름씨 꽃잎을 붙여 부친 부꾸미 한뜻말꽃부꾸미 ⇐ 화전

꽃불 이름씨 이글이글 타오르는 불 ⓑ꽃불에 둘러서서 우리는 굳은 다짐을 하였다

꽃비 이름씨 ❶꽃잎처럼 가볍게 흩뿌리듯이 내리는 비 ⓑ새벽에 내린 꽃비에 풀이 촉촉하게 젖었다 ❷꽃잎이 비가 내리듯 가볍게 흩뿌리는 꼴 ⓑ바람에 벚꽃이 꽃비가 되어 흩날린다

꽃빛발 이름씨 내뻗치는 꽃빛 힘 ⓑ꽃비가 되어 내리는 눈부신 꽃빛발

꽃사슴 이름씨 누런 털에 흰 털이 꽃무늬처럼 고루 나 있는 사슴 ⓑ꽃사슴 무리가 숲에서 풀을 뜯는다

꽃삽 이름씨 꽃나무를 옮겨 심거나 가꾸는 데 쓰는 작은 삽 ⓑ꽃을 옮겨 심게 꽃삽 좀 가져와

꽃샘 이름씨 이른 봄, 꽃이 필 무렵 추위 ⓑ봄을 시샘하듯 꽃샘이 찾아와 추웠다 한뜻말잎샘

꽃샘바람 이름씨 이른 봄, 꽃이 필 무렵에 부는 쌀쌀한 바람 ⓑ며칠 따뜻하더니 오늘은 꽃샘바람이 불어 날이 쌀쌀하다

꽃샘잎샘 이름씨 꽃과 잎이 필 무렵 찬 날씨. 이른 봄 추위 한뜻말꽃샘추위 슬기말 **꽃샘잎샘에 설늙은이 얼어 죽는다** 달셈 셋 달, 넷 달 이른 봄도 날씨가 꽤 차다

꽃샘추위 이름씨 꽃샘

꽃소금 이름씨 ❶지렁을 담글 때 위에 뜬 메주에 뿌리는 소금 ⓑ물에 뜬 메주에 꽃소금을 담뿍 쳤다 ❷물에 녹여 거르고 고아 잘게 빻은 소금 ⓑ아내는 나물을 무칠 때 꽃소금을 쓰곤 했다

꽃손 이름씨 꽃나무가 쓰러지지 않게 세워주는 막대기

꽃송이 이름씨 ❶꽃꼭지 위 꽃 모두 ⓑ찔레 꽃송이가 줄기에 조롱조롱 매달려 있다 ❷앞날이 환할 젊은이 ⓑ겨레 앞날을 짊어질 젊은 꽃송이

꽃술 이름씨 꽃에서 수술과 암술을 아우르는 말 ⓑ벌 나비가 꽃술에 앉아 꿀을 빤다

꽃시계 ⇒ 꽃때알림이

꽃신 이름씨 꽃무늬나 여러 빛깔로 곱게 꾸민 신 ⓑ예쁜 꽃신 한 켤레

꽃싸움 이름씨 ❶여러 가지 꽃을 꺾어 모아 누가 더 많은가를 가리는 내기 ⓑ이른 봄에 진달래 필 때쯤 꽃을 한아름씩 꺾어다 꽃싸움을 했다 준말꽃쌈 ❷꽃술을 마주 걸어 당겨서 누구 것이 먼저 떨어지는가를 겨루는 내기 ⓑ나는 꽃싸움에서 늘 으뜸이었다

꽃싸움꾼 이름씨 겨집싸울아비 ⇐ 여군

꽃씨 이름씨 꽃이 맺는 씨앗 ⓑ민들레 꽃씨가 바람에 흩날리니

꽃아욱 이름씨 꽃을 보려고 심어 가꾸는 꽃풀. 잎은 둥그스름하고 여름에 붉은빛, 흰붉빛, 흰빛 같은 여러 가지 빛깔로 꽃이 핀다 ⇐ 제라늄

꽃앓이 이름씨 스피로헤타라는 돌리개꼴 팡이로 걸리는 앓이 ⇐ 매독

꽃양배추 ⇒ 꽃가두배추

꽃일다 움직씨 꽃이 피다. 깨끗하게 되어 나타나다 ⓑ온누리에 뭇 목숨을 두루 잘 살리

ㄱ

는 아름다운 참 길이 꽃일기를!

꽃임금 [이름씨] 겨집 임금 ⇐ 여왕

꽃임금개미 [이름씨] 알을 낳을 수 있는 암개미. 흔히 일개미보다 크며 개미떼 우두머리이다 ⇐ 여왕개미

꽃임금벌 [이름씨] 알을 낳을 수 있는 암벌. 몸이 크며 벌 모임떼 우두머리이다. 꿀벌에서는 한 떼에 한 마리만 있다 ⇐ 여왕벌

꽃잎 [이름씨] 꽃을 이루는 하나하나 잎조각 [ㅂ] 꽃잎이 떨어지다 ⇐ 꽃판. 화순. 화엽. 화판

꽃자루 [이름씨] 꽃이 달리는 작은 가지 [ㅂ] 복사꽃은 나뭇가지에 달라붙어 피지만 벚꽃은 나뭇가지에서 나온 긴 꽃자루에 대롱대롱 핀다 [한뜻말] 꽃꼭지

꽃자리[1] [이름씨] 꽃무늬를 놓아 짠 돗자리 [ㅂ] 여름날 꽃자리에 둘러앉아 강냉이를 쪄 먹었다 [준말] 꽃돗자리 ⇐ 화문석

꽃자리[2] [이름씨] 꽃이 달렸다 떨어진 자리 [ㅂ] 여기가 꽃자리가 틀림없다 [익은말] **꽃자리 좁다** 마음이 너그럽지 못하고 생각이 좁다

꽃잔치 [이름씨] 흐드러지게 많이 핀 꽃을 여러 사람이 모여 즐기는 일 ⇐ 꽃축제

꽃잠 [이름씨] **1** 시집 장가가서 첫날 함께 자는 잠 [ㅂ] 버시가 술 마시고 곯아떨어져 꽃잠도 제대로 못 잤어 **2** 깊이 든 잠 [ㅂ] 벗이 오랜만에 와서 늦게까지 이야기하다가 꽃잠이 들어 아침 늦게 일어났다

꽃장사높배곳 [이름씨] 가시나들이 장사를 배우러 다니는 높배곳 ⇐ 여상

꽃줄기 [이름씨] 꽃이 달리는 줄기. 땅속줄기나 비늘줄기에서 곧바로 갈라져 나와 잎을 달지 않고 꽃을 피우는 줄기. 민들레꽃이나 제비꽃에서 볼 수 있다 [ㅂ] 바람에 민들레 꽃줄기가 흔들린다 ⇐ 화경

꽃중 [이름씨] 집살이를 떠나 마음닦아 모든 괴로움에서 벗어나 깨달음을 이루려는 겨집 ⇐ 비구니. 여승

꽃지짐놀이 [이름씨] 옛날에 달셈 셋 달 만사흘에 찹쌀이나 밀가루 반죽에 참꽃을 올려 부쳐먹고 놀던 봄놀이 ⇐ 화전놀이

꽃지짐이 [이름씨] **1** 여러 가지 빛깔로 물들인 찹쌀가루를 반죽하여 꽃꼴틀로 찍어서 지진 먹을거리 [ㅂ] 꽃지짐이 빛깔이 알록달록하니 보기에도 먹음직스럽다 [한뜻말] 꽃부침개 ⇐ 화전 **2** 찹쌀가루를 반죽하여 진달래꽃, 개나리꽃, 구엣꽃 같은 꽃잎을 붙여서 기름에 지진 먹을거리 [ㅂ] 달셈 셋 달 사흘 온 동네 사람들이 모여 꽃지짐이를 부쳐 먹었다

꽃집 [이름씨] 꽃이나 푸나무 또는 종이꽃을 파는 곳 [ㅂ] 꽃집에 들러 예쁜 꽃다발을 하나 샀다 [한뜻말] 꽃가게 ⇐ 화방. 화원. 화초집

꽃집님말 [이름씨] 꽃과 아이, 푸름이, 집보 같은 일을 맡아보는 나라 일터 ⇐ 여성가족부

꽃차례 [이름씨] 줄기나 가지에 꽃이 달리는 꼴. 꽃대가 갈라진 꼴에 따라 여러 가지로 나뉜다

꽃촛불 [이름씨] 빛깔을 들인 초. 흔히 짝맺이할 때 쓴다 ⇐ 화촉

꽃치기 [이름씨] 마흔여덟 잎으로 된 놀이딱지. 철 따라 솔, 벚꽃, 구엣꽃 같은 열두 가지 그림이 네 잎씩 모두 마흔여덟 잎에 그려져 있다 ⇐ 화투

꽃트림 [이름씨] 일곱 달 보름날 두레꾼을 앞세워 마을 사람들이 노는 일 ⇐ 백중놀이

꽃피다 [움직씨] **1** 어떤 일이 한창 일어나거나 벌어지다 [ㅂ] 반가운 손님이 와서 온 집안에 웃음이 꽃피었다 **2** 어떤 일이 더 낫거나 좋게 되다 [ㅂ] 우리말을 말마디마다 살려 쓰면 우리말이 더욱 꽃핀다

꽃피우다 [움직씨] **1** 어떤 일을 활짝 드러나게 하다 [ㅂ] 사랑을 꽃피우다 **2** 어떤 일을 더 낫게 하거나 잘되게 하다 [ㅂ] 우리 삶꽃을 크게 꽃피우려면 우리말을 잘 다듬어 살려 써야 한다

꽃하늬배추 [이름씨] 꽃가두배추 ⇐ 꽃양배추

꽃한배곳배움이 [이름씨] 한배곳에 다니는 꽃배움이 ⇐ 여대생

꽃향기 ⇒ 꽃내음. 꽃옷곳

꽃헤엄옷 [이름씨] 젖과 샅만 가린 겨집 헤엄옷 [한뜻말] 젖샅옷 ⇐ 비키니

꽃호르몬 이름씨 꽃님 알집에서 나오는 호르몬. 달거리 일이나 꽃님 불이틀, 씨받이 일 따위를 돌본다 ⇐ 여성호르몬

꽈르르 어찌씨 많은 물이 좁은 목으로 갑자기 쏟아지는 소리나 그 꼴 ⓑ물꼬를 터주었더니 물이 꽈르르 논으로 쏟아진다 거센말콰르르 **꽈르르하다**

꽈르릉 어찌씨 무엇이 터지거나 천둥이 치며 울리는 소리 ⓑ비가 세차게 내리고 꽈르릉 천둥소리가 났다 거센말콰르릉 **꽈르릉하다**

꽈르릉거리다 움직씨 무엇이 터지거나 천둥이 치며 울리는 소리가 자꾸 나다 ⓑ검은 구름이 몰려오고 하늘에서 꽈르릉거리는 소리가 들리자 세찬 빗줄기가 쏟아졌다 **꽈르릉대다**

꽈리[1] 이름씨 메와 들에 자라거나 집 둘레에 심어 가꾸는 풀. 여름에 노르스름한 꽃이 잎겨드랑이에 하나씩 피며 둥근 물렁열매는 붉게 익는다. 열매는 아이가 입으로 부는 놀잇감이 된다

꽈리[2] 이름씨 살갗이 부르터 그 안에 물이 고인 것 ⓑ곡괭이로 땅을 오래 파서 손바닥에 꽈리가 생겼다 한뜻말물집

꽈배기 이름씨 **1** 밀가루나 찹쌀가루를 반죽하여 엿가락처럼 가늘고 길게 늘여 두 가닥으로 꽈서 기름에 튀겨낸 먹을거리 ⓑ배가 출출해서 주전부리로 꽈배기를 사다 먹었다 **2** 비꼬거나 돌려서 이야기하는 일. 또는 그렇게 말하는 사람 ⓑ꽈배기냐? 그렇게 비꼬아서 말하게

꽉 어찌씨 **1** 힘껏 누르거나 잡거나 묶는 꼴 ⓑ미끄러지지 않게 손잡이를 꽉 잡아라 **2** 가득 차거나 막힌 꼴 ⓑ가게에 손님이 꽉 찼다 **3** 슬픔이나 괴로움 따위를 드러내지 않으려고 애써 참는 꼴 ⓑ아들 잃은 아픔을 꽉 참다

꽉꽉 어찌씨 **1** 잔뜩 힘을 들여서 자꾸 단단히 누르거나 잡거나 묶는 모습 ⓑ밥그릇에 밥을 꽉꽉 눌러 담다 **2** 빈틈없이 가득 차거나 막힌 꼴 ⓑ옷이 옷장에 꽉꽉 차 있다

꽐꽐 어찌씨 많은 물이 빨리 쏟아져 흐를 때 나는 소리나 그 꼴 ⓑ소낙비에 개울물이 꽐꽐 흘렀다 센말콸콸 **꽐꽐하다**

꽐꽐거리다 움직씨 많은 물이 빨리 쏟아져 흐르는 소리가 자꾸 나다 ⓑ얼었던 골짜기 물이 녹자 꽐꽐거리며 아래로 흘러내렸다 **꽐꽐대다**

꽝[1] 이름씨 **1** 제비뽑기 따위에서 뽑히지 않아 얻을 것이 없음 ⓑ쇠돌은 이디위에도 뽑기에서 또 꽝이 나왔다 **2** 마음이나 눈에 차지 않음 ⓑ그 사람 노래 솜씨는 꽝이다

꽝[2] 어찌씨 **1** 무겁고 단단한 것이 바닥에 떨어지거나 다른 것과 부딪쳐 울리는 소리 ⓑ문을 꽝 닫다 거센말쾅 **2** 쏘개를 쏘거나 무엇이 터지거나 천둥이 울리는 소리 ⓑ천둥이 꽝 하고 쳤다

꽝꽝 어찌씨 **1** 무겁고 단단한 것이 바닥에 떨어지거나 다른 것과 부딪쳐 자꾸 울리는 소리 ⓑ아재는 골이 얼마나 났는지 이 문 저 문을 닫치는 대로 꽝꽝 닫았다 거센말쾅쾅 **2** 쏘개를 쏘거나 무엇이 터지거나 천둥이 자꾸 울리는 소리 ⓑ아닌 한밤에 어디서 쏘개 쏘는 소리가 꽝꽝 들렸다 **3** 매우 단단하게 굳어지거나 얼어붙는 꼴 ⓑ냇물이 꽝꽝 얼었다 **꽝꽝하다**

꽝꽝거리다 움직씨 무거운 것이 바닥에 떨어지거나 부딪쳐 울리는 소리가 자꾸 나다 ⓑ밤새 윗집에서 나는 꽝꽝거리는 소리에 잠을 잘 수가 없었다 **꽝꽝대다**

꽝다리 이름씨 조기 새끼

꽤 어찌씨 **1** 조금 더. 매우 ⓑ그곳까지는 꽤 멀다 비슷한말적잖이 **2** 제법 괜찮을 만큼 ⓑ다솜이는 그림을 꽤 잘 그린다

꽥 어찌씨 목청을 높여 갑자기 새되게 지르는 소리나 그 꼴 ⓑ갑자기 소리를 꽥 질렀다 큰말꿱

꽥꽥 어찌씨 갑자기 목청을 높여 잇따라 지르는 소리나 그 모습 ⓑ돼지우리 여기저기에서 돼지 멱을 따는지 꽥꽥 소리를 질러댄다 큰말꿱꿱 **꽥꽥하다**

ㄱ

꽥꽥거리다 움직씨 갑자기 목청을 높여 지르는 소리를 자꾸 내다 ⓑ골이 잔뜩 난 아우는 언니에게 꽥꽥거렸다 **꽥꽥대다**

꽹과리 이름씨 놋쇠로 동그랗게 만들어 한 손에 들고 채로 쳐서 소리를 내는 가락몬. 징보다는 작으며 놀이에서 뜬쇠가 치고, 굿할 때도 쓴다 ⓑ꽹과리 소리에 어깨춤이 절로 났다

꾀 이름씨 일을 잘 꾸며내거나 풀어내는 남다른 생각이나 길 ⓑ우리는 이곳을 벗어날 수 있는 좋은 꾀를 생각해냈다 ⇐ 계략. 계책

꾀꼬리 이름씨 ❶몸빛은 노랗고 눈에서 뒷머리에 걸쳐 검은 띠가 있으며 꽁지와 날개 끝은 검고, 울음소리가 매우 아름다운 여름 철새. 가는 나뭇가지에 질긴 끈을 묶어 매달고 그 끝에 둥지를 짓는다 ❷목소리가 고운 사람을 빗댄 말 ⓑ노랫소리가 꾀꼬리 저리 가라 한다

꾀꼴꾀꼴 어찌씨 꾀꼬리가 잇따라 우는 소리 ⓑ깜찍한 저 꾀꼬리 꾀꼴꾀꼴 울음 운다 **꾀꼴꾀꼴하다**

꾀꾀로 어찌씨 가끔 틈을 타서 넌지시 ⓑ언니는 엄마 몰래 꾀꾀로 놀러 다녔다

꾀다[1] 움직씨 ❶벌레나 짐승이 한 곳에 많이 모여들다 ⓑ날이 가무니 웅덩이에 모기 애벌레가 꾄다 한뜻말 꼬이다 ❷사람이 한곳에 비좁게 많이 모이다 ⓑ길목이라 이 밥집엔 손님이 늘 꾄다

꾀다[2] 움직씨 그럴듯한 말이나 몸짓으로 남을 속이거나 부추겨서 스스로 바라는 대로 이끌다 ⓑ아버지 몰래 언니를 꾀어 봄나들이 가려다가 들켰다 한뜻말 꼬이다 ⇐ 회유하다

꾀돌이 이름씨 ❶꾀가 많아 귀여운 어린 사람 ⓑ조카는 꾀돌이다 ❷꾀를 부려 남을 잘 속여넘기는 사람 ⓑ한동네 사람을 여러 차례 속이니 꾀돌이라고 손가락질 받지

꾀바르다 그림씨 어려운 일을 잘 비껴가는 꾀가 있다 ⓑ꾀바르게 살림하다

꾀병 ⇒ 꾀앓이

꾀보 이름씨 꾀가 많은 사람 ⓑ마을에 어려운 일이 생기면 힘보도 있어야 하지만, 꾀보도 있어야 한다 한뜻말 꾀꾼. 꾀자기. 꾀쟁이

꾀부리다 움직씨 어려운 일을 이리저리 잘 비껴가며 제 잇속을 차리다 ⓑ재는 살살 꾀부리면서 일을 제대로 하지 않는다 한뜻말 꾀쓰다

꾀송거리다 움직씨 그럴듯한 말로 남을 자꾸 꾀다 ⓑ사내는 다음날 또 찾아와서 한동안 나를 꾀송거렸다

꾀쓰다 움직씨 꾀부리다

꾀앓이 이름씨 거짓으로 앓는 짓 ⓑ꽃부리는 일하기 싫어 꾀앓이를 부렸다 ⇐ 꾀병 슬기말 **꾀앓이에 말라 죽겠다** 꾀앓이를 하려면 먹지도 않고 누워 있어야 하니 마를 수밖에 없다는 뜻으로, 꾀를 부리며 일하지 않는 사람을 비꼬는 말

꾀음꾀음 어찌씨 달콤하거나 그럴듯한 말로 남을 자꾸 꾀는 꼴 ⓑ가지 않겠다는 아이를 갖은 말로 꾀음꾀음 달래서 겨우 데리고 갔다 준말 꾐꾐 **꾀음꾀음하다**

꾀쟁이 이름씨 꾀가 많은 사람 ⓑ돌샘은 그저 꾀쟁이가 아니라 아주 슬기로운 꾀쟁이이다

꾀죄죄하다 그림씨 ❶옷차림이나 모습이 매우 지저분하고 볼품없다 ⓑ꾀죄죄한 옷차림 여린말 괴죄죄하다 ❷마음 씀씀이나 하는 짓이 너그럽지 못하고 매우 좀스럽다 ⓑ꾀죄죄하게 굴지 말고 마음 좀 넓게 가져라

꾀하다 움직씨 어떤 일을 이루려고 뜻을 두거나 힘을 쓰다 ⓑ나한테 도움 될 것만 꾀하기보다 모두에게 도움 될 일을 생각하면 어떨까 ⇐ 기도하다. 도모하다

꾐 이름씨 어떤 일을 할 마음이 나도록 다른 사람을 속이거나 부추기는 것 ⓑ마루는 동무 꾐에 빠져 담배를 피웠다 한뜻말 꼬임 ⇐ 유인

꾐수 이름씨 어떤 일을 할 마음이 나도록 다른 사람을 속이거나 부추기는 길이나 수 한뜻말 꼬임수 ⇐ 유인책. 회유책

꾸기다 움직씨 ❶종이나 천이 마구 접히거나

비벼져서 주름이나 잔금이 생기다. 또는 그렇게 하다 ⓑ새 옷이 꾸기지 않게 옷걸이에 걸어 놓아라 작은말 꼬기다 여린말 구기다 ❷일이나 살림이 어그러지고 꼬여 막히다. 또는 그렇게 하다 ⓑ일을 꾸기지 않으려면 내 말을 따르세요 ❸마음이 언짢게 되다. 또는 그렇게 하다 ⓑ나들이 가려 했는데 비가 와서 마음이 아주 꾸겼다

꾸다[1] 움직씨 ❶잠을 자는 동안 마음에서 여러 가지를 보고 느끼고 겪다 ⓑ돼지꿈을 꾸어 왠지 좋은 일이 일어날 것 같다 ❷마음에 품거나 그리다 ⓑ젊었을 때는 꿈을 크게 꾸어야 한다

꾸다[2] 움직씨 뒤에 되갚기로 하고 얼마 동안 빌려 쓰다 ⓑ돈을 꾸다

꾸덕꾸덕 어찌씨 물이 묻거나 축축한 어떤 거죽이 조금 마르거나 얼어서 굳은 꼴 ⓑ추운 날 떡을 밖에 내놓으면 꾸덕꾸덕 굳어진다 여린말 구덕구덕

꾸덕꾸덕하다 그림씨 물이 묻거나 축축한 어떤 거죽이 조금 마르거나 얼어서 꽤 굳어 있다 여린말 구덕구덕하다 **꾸덕꾸덕이**

-꾸러기 뒷가지 (어떤 이름씨 뒤에 붙어) 어떤 것이 지나치거나 많은 사람 ⓑ장난꾸러기. 잠꾸러기. 눈치꾸러기

꾸러미 이름씨 ❶한데 뭉치거나 싼 것 ⓑ짐 꾸러미 ⇐ 패키지 ❷한데 뭉치거나 싼 것을 세는 하나치 ⓑ짐을 옮기느라 옷을 여러 꾸러미로 쌌다 ❸달걀 열 알을 묶어 세는 하나치 ⓑ달걀 한 꾸러미

꾸리다 움직씨 ❶짐 따위를 싸서 묶거나 가방 따위에 넣다 ⓑ나들이하려고 가방을 꾸렸다 ❷일을 해나가거나 살림을 알뜰하게 이끌다 ⓑ어머니는 알뜰하게 집안살림을 잘 꾸렸다 ❸집이나 자리, 이야기를 보기 좋게 손질하다 ⓑ고단한 내 님이 쉴 수 있도록 얼른 잠자리를 꾸려야지

꾸며만듦 이름씨 없는 일을 있는 것처럼 꾸며 만듦 ⇐ 허구

꾸물거리다 움직씨 ❶조금씩 느리게 자꾸 뮈다 ⓑ굼벵이가 꾸물거린다 ❷게으르거나 굼뜨게 굴다 ⓑ꾸물거리지 말고 얼른 나와 ❸몸 어느 곳을 느리게 자꾸 뮈다 ⓑ발가락을 꾸물거리다 **꾸물대다**

꾸물꾸물 어찌씨 ❶조금씩 느리게 자꾸 뮈는 모습 ⓑ벌레가 꾸물꾸물 움직였다 여린말 구물구물 ❷굼뜨고 게으르게 뮈는 모습 ⓑ그루는 때가 다 되어서야 꾸물꾸물 기어 나왔다 ❸몸 어느 쪽을 자꾸 느리게 뮈는 꼴 ⓑ손가락을 꾸물꾸물 움직이며 조금도 가만있지를 못했다 **꾸물꾸물하다**

꾸미 이름씨 ❶국수나 만둣국, 떡국 같은 것에 맛을 돋구려고 덧놓는 고기붙이나 나물, 과일 쪽 같은 것 ⓑ국수에 정구지 데쳐 무친 꾸미를 얹어 먹었다 한뜻말 고명 ⇐ 토핑 ❷국이나 찌개를 만들 때에 넣는 고기붙이 ⓑ김치찌개에 돼지고기 꾸미를 넣고 끓였더니 훨씬 맛있다

꾸미개 이름씨 ❶옷이나 돗자리 따위 가장자리를 꾸미는 헝겊 오리 ⓑ치마 끝자락이 밋밋해 보여 작은 꽃꼴 꾸미개를 붙였더니 보기가 좋았다 한뜻말 치렛거리. 치렛감 ⇐ 장식물 ❷무엇을 곱게 꾸미는 데 쓰는 몬 ⓑ옛무덤에 주검과 함께 묻혔던 것 가운데는 가슴 꾸미개도 있었다 ⇐ 액세서리. 장식물. 장식품

꾸미기 이름씨 ❶꾸미는 일 ⓑ나는 꾸미기에 재주가 없다 ❷두 사람 넘게 한데 어울려 여러 가지 모습을 만들어내는 모둠몸뮘 ⓑ어릴 적 배곳마당에서 두 사람 어깨 위에 한 사람 올라서기를 하거나 넷 엎드린 몸 위에 셋, 그 위에 둘, 그 위에 하나 같은 꾸미기를 하고 놀았다 ⇐ 매스 게임

꾸미다 움직씨 ❶매만지거나 손질하여 보기 좋게 하다 ⓑ언니는 예쁘게 꾸미고 맞선을 보러 나갔다 ⇐ 장식하다 ❷거짓이나 없는 것을 그렇지 않은 듯이 보이다 ⓑ꾸며낸 이야기 ❸바느질을 하다 ⓑ저고리를 꾸미다 ❹글 따위를 지어서 만들다 ⓑ쓰기 귀찮아서 미뤄둔 나날적기를 꾸미느라 밤을 새웠

다 ❺살림을 갖추거나 두다 ⓑ보금자리를 꾸미다 ❻어떤 일을 짜고 꾀하다 ⓑ요즘 나 몰래 무슨 일을 꾸미지?

꾸민이야기 (이름씨) 없는 일을 진짜 있는 것처럼 꾸며서 지은 이야기 맞선말 참이야기 ⇐ 허구

꾸밈 (이름씨) ❶꾸미는 일 ⓑ누나는 머리 치레 꾸밈에 마음을 쏟았다 ⇐ 장식 ❷낯바르개를 바르거나 문질러 얼굴을 곱게 함 ⇐ 화장 ❸말이나 글을 더 또렷하고 아름답게 나타내는 일 ⓑ그분 글은 꾸밈없이 있는 그대로 나타내어 깔끔하다 ❹참이 아닌데 참인 것처럼 나타내는 것 ⓑ마음바탕이 바르고 꾸밈이 없다

꾸밈대 (이름씨) 꾸밀 때 쓰는 연장. 거울이 달리고 빼닫이가 있어 온갖 꾸미개를 올려놓거나 넣어둔다 ⇐ 화장대

꾸밈말 (이름씨) 어떤 말을 꾸미는 말. '아름다운 사람'에서 '아름다운'은 꾸밈말이다 한뜻말 꾸밈씨 ⇐ 수식어

꾸밈새 (이름씨) 꾸민 꼴 ⓑ우리 입말 아름다움은 우리 겨레 삶 속에서 태어나 갈고 닦인 말 꾸밈새에 있다

꾸밈씨 (이름씨) 다른 말 앞에서 그 말을 꾸미는 낱말. 매김씨, 어찌씨가 있다 ⓑ'예쁜 꽃'이라는 말에서 '예쁜'은 '꽃'을 꾸며주는 꾸밈씨이다 한뜻말 꾸밈말 ⇐ 수식사

꾸밈없다 (그림씨) 거짓이 없이 참되고 깨끗하다 ⓑ그 사람 꾸밈없는 마음씨가 내 마음을 끌어당겼다

꾸벅 (어찌씨) ❶머리와 몸을 앞으로 숙였다가 드는 꼴 ⓑ꾸벅 절하다 센말 꾸뻑 ❷잠깐 잠이 들거나 조는 모습 ⓑ꾸벅 잠이 들었다 **꾸벅이다 꾸벅하다**

꾸벅거리다 (움직씨) 머리나 몸을 잇달아 앞으로 숙였다가 들다 ⓑ앓는 닭처럼 고개를 꾸벅거렸다 **꾸벅대다**

꾸벅꾸벅 (어찌씨) ❶머리나 몸을 앞으로 자꾸 숙였다가 드는 모습 ⓑ마루에 앉은 할머니가 꾸벅꾸벅 졸고 계셨다 ❷조금도 어김없이 그대로 이어하는 모습 ⓑ아저씨는 길미를 밀리지 않고 꾸벅꾸벅 잘 냈다 ❸남이 시키는 대로 그저 따르는 모습 ⓑ엄지는 구시렁거리지 않고 시키는 대로 꾸벅꾸벅 일만 했다 **꾸벅꾸벅하다**

꾸부러지다 (움직씨) ❶한쪽으로 굽게 되다 ⓑ꾸부러진 바지랑대를 받친 빨랫줄이지만 빨래 널기에는 그만이다 ❷마음이 비뚤어지다 ⓑ네가 마음 쓸 때 보면 꾸부러진 데가 있다

꾸부리다 (움직씨) 한쪽으로 휘게 굽히다 ⓑ나는 풀린 신 끈을 묶으려고 무릎을 꾸부렸다 작은말 꼬부리다 여린말 구부리다

꾸부정하다 (그림씨) 좀 꾸부러지다 ⓑ꾸부정한 소나무 작은말 꼬부장하다 여린말 구부정하다

꾸불거리다 (움직씨) 이리저리 많이 구부러지다 ⓑ길이 꾸불거려서 수레가 이리저리 흔들렸다 작은말 꼬불거리다 여린말 구불거리다 **꾸불대다**

꾸불꾸불 (어찌씨) 이리로 저리로 구부러진 꼴 ⓑ꾸불꾸불 굽은 길 **꾸불꾸불하다**

꾸붓하다 (그림씨) 좀 굽은 듯하다 ⓑ꾸붓한 지팡이 작은말 꼬붓하다 여린말 구붓하다

꾸역거리다 (움직씨) ❶먹을거리 따위를 한꺼번에 입에 넣고 잇달아 먹다 ❷한군데로 많은 사람이 잇따라 몰려가거나 들어오다 ❸내나 김이 많이씩 자꾸 올라오다 **꾸역대다**

꾸역꾸역 (어찌씨) ❶먹을거리 따위를 한꺼번에 입에 넣고 잇달아 먹는 모습 ⓑ밥을 꾸역꾸역 먹어 치웠다 ❷한군데로 많은 사람이 잇따라 몰려가거나 들어오는 모습 ⓑ일꾼들이 꾸역꾸역 거리로 쏟아져 나온다 ❸내나 김이 많이씩 자꾸 생기는 모습 ⓑ아궁이에서 내가 꾸역꾸역 올라왔다 ❹마음이 생기거나 치미는 꼴 ⓑ버시 미워하는 마음이 꾸역꾸역 치밀었다 **꾸역꾸역하다**

꾸준하다 (그림씨) 한결같이 부지런하고 끈덕지다 ⓑ우리말 살리는 길을 꾸준하게 걷자

꾸중·꾸지람 (이름씨) 아랫사람 잘못을 꾸짖는 말 ⓑ어른께 꾸지람을 들었다 ⇐ 힐책

꾸짖다 움직씨 잘못을 가리켜 따끔하게 말하거나 알아듣도록 말하다 ⓑ거짓말하는 아이를 꾸짖었다 한뜻말 꾸중하다. 꾸지람하다 ⇐ 야단치다. 질책하다. 책망하다. 혼내다

꾹 어찌씨 ❶여무지게 힘주어 누르거나 잡거나 조이는 모습 ⓑ입을 꾹 다물다 작은말 꼭 ❷매우 애써서 참거나 견디는 모습 ⓑ눈물을 꾹 참다 ❸어디에 붙박혀 있는 모습 ⓑ방에 꾹 틀어박혀 꼼짝도 하지 않다

꾹돈 이름씨 꾹 찔러주는 돈 ⇐ 뇌물

꾼 이름씨 어떤 일을 잘 하는 사람 ⓑ그새 꾼이 다 되었네

-꾼 뒷가지 ❶어떤 일을 쭉 해오거나 잘하는 사람. 어떤 일을 바치로 하는 사람 ⓑ살림꾼. 땅꾼. 익살꾼 ❷어떤 일을 버릇처럼 하거나 즐겨 하는 사람 ⓑ낚시꾼. 사냥꾼 ❸어떤 일이나 자리에 모인 사람 ⓑ품팔이꾼. 구경꾼

꿀 이름씨 꿀벌이 꽃에서 빨아다가 벌집에 모아두는, 달고 끈끈한 것. 몸에 좋은 여러 가지 살감이 골고루 들어 있어 몸이 여리거나 앓는 사람한테 좋다 ⓑ언니는 해마다 아카시아꿀, 밤꿀, 진달래꿀을 딴다 슬기말 **꿀 먹은 버운이** ❶버운이가 꿀을 먹고 나서 속생각을 나타낼 수 없는 것처럼 속에 품은 생각을 드러내지 못하고 덤덤히 있는 사람 ❷남몰래 일을 저지르고 모른 체하고 시치미를 떼는 사람

꿀꺽 어찌씨 ❶물이나 먹을거리가 목구멍이나 좁은 구멍으로 한꺼번에 넘어가는 소리나 그 모습 ⓑ침을 꿀꺽 삼키다 작은말 꼴깍 밑말 꿀꺼덕 ❷느낌이나 노염, 말, 울음 따위를 억지로 참는 모습 ⓑ하고 싶은 말을 꿀꺽 참았다 ❸옳지 못하게 다른 사람 돈 따위를 제 것으로 만드는 모습 ⓑ남 돈을 거짓말로 꿀꺽 삼켰다 **꿀꺽하다**

꿀꺽거리다 움직씨 물이나 먹을거리 따위가 목구멍이나 좁은 구멍으로 한꺼번에 넘어가는 소리가 자꾸 나다 ⓑ마음닦기 할 때 옆 사람이 침을 꿀꺽거리는 소리가 거슬려 마음이 잘 모아지지 않았다 **꿀꺽대다**

꿀꺽꿀꺽 어찌씨 ❶물이나 먹을거리 따위가 목구멍이나 좁은 구멍으로 한꺼번에 자꾸 넘어가는 소리나 그 꼴 ⓑ목이 몹시 말라 찬물 한 바가지를 꿀꺽꿀꺽 삼켰다 ❷골난 느낌이나 하고픈 말, 울음 따위를 겨우 참는 모습 ⓑ나라 빼앗긴 설움에 속으로 눈물을 꿀꺽꿀꺽 삼켰다 ❸옳지 못한 길이나 수로 남 것을 자꾸 제 것으로 만드는 꼴 ⓑ남 돈을 꿀꺽꿀꺽 삼키더니 드디어 꼬리가 밟혔네 **꿀꺽꿀꺽하다**

꿀꿀[1] 어찌씨 물 따위가 굵은 줄기로 흐르는 소리 ⓑ세차게 쏟아진 소나기가 꿀꿀 소리를 내며 개울로 흘러 들어갔다 작은말 꼴꼴 **꿀꿀하다**

꿀꿀[2] 어찌씨 돼지가 내는 소리 ⓑ돼지가 꿀꿀 소리를 내어 쉽게 잠들지 못했다 **꿀꿀하다**

꿀꿀거리다 움직씨 ❶물 따위가 굵은 줄기로 흐르는 소리가 자꾸 나다 ❷돼지가 자꾸 소리를 내다 ⓑ돼지가 배고파서 내내 꿀꿀거렸다 **꿀꿀대다**

꿀꿀하다 그림씨 ❶마음이 시무룩하고 처져 있다 ❷날이 궂거나 흐려 있다

꿀단지 이름씨 꿀을 담아 두는 작은 질그릇 ⓑ옛날 할아버지가 꿀을 꿀단지에 넣어 감춰 두고 혼자 먹다 아이들에게 들킨 이야기 들어봤어? 슬기말 **꿀단지를 파묻어놓다** 좋은 것을 감추어두다

꿀떡[1] 이름씨 ❶떡가루에 꿀물을 내려서 밤, 대추, 잣, 붉은 팥, 강낭콩 따위를 켜마다 넣고 찐 떡. 또는 꿀이나 단것을 섞어서 만든 떡 ⓑ나는 달짝지근한 꿀떡을 좋아한다 ❷물에 반죽한 쌀가루를 들기름에 얇고 동글납작하게 부쳐 꿀에 찍어 먹는 떡

꿀떡[2] 어찌씨 ❶물이나 먹을거리 따위를 목구멍으로 한꺼번에 삼키는 소리나 그 모습 ⓑ떡을 꿀떡 삼켰다 ❷골난 마음을 겨우 삭이는 모습 ⓑ나는 어쩔 수 없어서 불덩어리 같은 마음을 꿀떡 참았다 ❸남 것을 옳지 못하게 제 것으로 만드는 모습 ⓑ거

스름돈을 돌려주지 않고 꿀떡했다 **꿀떡이다 꿀떡하다**

꿀떡거리다 [움직씨] 물이나 먹을거리 따위를 목구멍으로 한꺼번에 삼키는 소리를 자꾸 내다 **꿀떡대다**

꿀떡꿀떡 [어찌씨] **1** 물이나 먹을거리 따위를 목구멍으로 한꺼번에 자꾸 삼키는 소리나 그 꼴 **2** 골난 마음을 겨우 자꾸 삭이는 모습 **3** 남 것을 옳지 못하게 제 것으로 자꾸 만드는 모습 **꿀떡꿀떡하다**

꿀리다 [움직씨] **1** 쭈그러지거나 우그러져 구김살이 지다 [보] 술을 드시고 길에 쓰러진 아버지를 들쳐 업고 왔는데 두루마기가 온통 꿀려 있었다 **2** 힘찬 기운이나 매개 따위가 줄거나 꺾이다 [보] 올해 가을걷이가 지난해만 못한 걸 보니 살림이 차츰 꿀리는 것은 또렷했다 **3** 마음이 켕기다 [보] 마을지기가 뭇 핀잔에도 잠잠한 걸 보니 뭔가 꿀리는 데가 있나 봐 **4** 힘이나 기운이 남에게 좀 눌리다 [보] 한길이 네가 미르돌이한테 꿀릴 게 뭐가 있노?

꿀맛 [이름씨] **1** 꿀에서 나는 맛 [보] 달콤한 꿀맛 **2** 꿀처럼 달거나 입맛이 당기는 맛 [보] 땀 흘려 일한 뒤에 먹는 밥맛은 언제나 꿀맛이다 **3** 매우 재미있거나 보탬이 됨을 빗댄 말 [보] 요즘 장사가 잘되어서 일하는 재미가 꿀맛이다

꿀물 [이름씨] **1** 꿀을 탄 물 [보] 술 먹은 다음 날에 꿀물을 마시면 속이 빨리 풀린다 **2** 꿀처럼 단 물 [보] 이 과일에서 나오는 물은 꿀물이다 **3** 애쓴 보람이나 나아진 삶 [보] 빗돌은 어머니 등골을 빼 꿀물을 빨고 산다고 해야 할까

꿀밤 [이름씨] 주먹 끝으로 머리를 살짝 때리는 짓 [보] 꿀밤을 맞다 [비슷한말] 알밤

꿀벌 [이름씨] 꿀을 따 모으는 벌. 우두머리 암벌 한 마리를 가운데 두고 몇골 마리가 무리 지어 산다. 수펄과 암펄은 새끼를 치는 일만 하고 일벌이 꿀을 따고 새끼를 키우고 집을 돌본다 ⇐ 양봉

꿀벌치기 [이름씨] 꿀을 얻으려고 벌을 기름 ⇐ 양봉

꿀샘 [이름씨] 꽃이나 잎 따위에서 단물을 만들어 내는 곳 [보] 꿀벌이 이 꽃 저 꽃 꿀샘을 찾아다니며 꿀을 빨아 모은다

꿀찜하다 [그림씨] 배는 안 고픈데 입이 뭔가 먹고 싶어하다 [보] 비도 오고 꿀찜해서 빈대떡을 부쳐 먹었다

꿀철 [이름씨] 꽃에서 꿀이 나는 때 ⇐ 유밀기

꿇다 [움직씨] **1** 무릎을 구부려 바닥에 대다 [보] 무릎을 꿇고 잘못을 빌다 **2** 마땅히 할 차례에 못 하다 [보] 시내 같은 머리 좋은 배움이도 첫해는 떨어져서 한 해를 꿇고 한배곳에 들어갔다

꿇리다 [움직씨] 무릎을 꿇게 하다. '꿇다' 입음꼴 [보] 무릎을 꿇리고 꾸짖었다

꿇어앉다 [움직씨] 무릎을 구부려 바닥에 대고 앉다 [보] 할아버지 앞에 꿇어앉아 말씀을 들었다 [준말] 꿇앉다

꿈 [이름씨] **1** 잠자는 동안에 깨어 있을 때처럼 여러 가지를 보고 느끼고 겪는 것 [보] 돌아가신 아버지가 꿈에 나타났다 **2** 아직 이루지 못했지만 이루고 싶은 바람이나 과녁 [보] 어렸을 때 네 꿈은 무엇이었니? ⇐ 희망 **3** 이루어지기 힘든 헛된 바람이나 생각 [보] 헛된 꿈은 얼른 버리는 것이 좋다 [익은말] **꿈에도 생각지 못하다** 조금도 생각지 못하다 [슬기말] **꿈보다 꿈풀이가 좋다** 참으로 일어난 일보다 그 풀이가 좋다. 언짢은 일을 좋게 풀이하다 **꿈에 본 돈이다** 아무리 좋아도 손에 넣을 수 없다

꿈같다 [그림씨] **1** 맘에 들어 기쁘거나 흐뭇하다 [보] 그곳에서 지낸 날이 아주 좋아 꿈같다 **2** 덧없고 헛되다 [보] 철이 없는 아우는 늘 꿈같은 이야기를 한다

꿈결 [이름씨] **1** 꿈을 꾸는 사이 [보] 꿈결에 본 듯하다 **2** 덧없이 빠르게 지나가는 동안 [보] 또 한 해가 꿈결에 지나가는구나 [익은말] **꿈결 같다** **1** 꿈을 꾸는 것 같다 **2** 덧없이 빠르다

꿈길 (이름씨) 꿈을 꾸는 흐름 ㉥꿈길을 함께 할 사람들을 머릿속에 그려본다

꿈꾸다 (움직씨) ❶꿈을 꾸다 ㉥아기가 자면서 꿈꾸는지 입가에 웃음을 띠네 ❷일이 이루어지기를 바라거나 뜻을 세우다 ㉥그대가 꿈꾸는 것이 꼭 이루어지길 바랍니다

꿈나라 (이름씨) ❶꿈속에 펼쳐지는 누리 ㉥나는 밤새 꿈나라를 노니느라 늦잠을 잤다 ❷'잠'을 빗댄 말 ㉥저녁을 먹자마자 나는 꿈나라로 떨어졌다 ❸일어날 수도 이루어질 수도 없다고 여기는 곳 ㉥꿈나라에서나 있을까 말까 한 일 (익은말) **꿈나라로 가다** 깊이 잠이 들다

꿈나무 (이름씨) 자라서 훌륭한 일을 해낼 아이 ㉥어린이 여러분은 앞으로 이 나라를 짊어질 꿈나무예요

꿈속 (이름씨) ❶꿈을 꾸는 동안. 꿈새 누리 ㉥돌아가신 할아버지가 꿈속에 나타났다 ⇐ 몽중 ❷우리가 사는 곳과 동떨어진 헛된 곳 ㉥센나라가 우리를 도와주러 왔다느니 그런 꿈속 같은 이야기는 그만두게

꿈자리 (이름씨) 꿈에 나타난 일이나 그 속내 ㉥어머니는 꿈자리가 사나우면 아들딸에게 안 좋은 일이 일어날까 걱정했다

꿈쟁이 (이름씨) 앞날을 그리는 꿈을 많이 가진 이 ㉥흔히 어린 시절 꿈쟁이가 뜻을 이루기 마련이지요

꿈지럭 (어찌씨) 매우 느리게 몸을 움직이는 모습 ㉥자벌레가 꿈지럭 움직이는 바람에 우리 모두 깜짝 놀랐다 작은말꼼지락 **꿈지럭하다**

꿈지럭거리다 (움직씨) 매우 느리게 자꾸 몸을 움직이다 ㉥늙은이는 어떻게든 몸을 조금이라도 일으키려고 꿈지럭거렸다 **꿈지럭대다**

꿈지럭꿈지럭 (어찌씨) 몸을 매우 느리게 자꾸 움직이는 모습 ㉥내가 여러 차례 부르자 그제서야 아저씨는 꿈지럭꿈지럭 몸을 일으켰다 **꿈지럭꿈지럭하다**

꿈쩍 (어찌씨) ❶굼뜬 몸을 느리고 크게 뮈는 꼴 ㉥곰이 꿈쩍 일어났다 작은말꼼짝 ❷뮈거나 바뀌어서는 안 될 것이 뮈거나 바뀌는 꼴 ㉥너 이 자리에 꿈쩍 말고 있어 ❸갑자기 소스라치게 놀라는 꼴 ㉥꿈쩍 놀라 일어서다 ❹눈을 한 디위 얼핏 꾹 감았다가 뜨는 꼴 ㉥눈에 만든 눈물을 넣고 꿈쩍 감았다 떠본다 **꿈쩍이다 꿈쩍하다** (익은말) **꿈쩍 못 하다** 남에게 눌리어 움츠러들다 **꿈쩍 안 하다** ❶조금도 움직이지 않다 ❷자기 뜻을 굽히지 않다 ❸밖으로 드나들지 않고 들어박혀 있다 ❹어떤 곳에 조금도 나타나지 않다

꿈쩍거리다 (움직씨) 굼뜬 몸을 자꾸 느리고 크게 움직이다 ㉥드러누운 소를 여럿이 달라붙어 일으키려 하자 소가 마침내 꿈쩍거렸다 **꿈쩍대다**

꿈쩍꿈쩍 (어찌씨) ❶굼뜬 몸을 자꾸 느리고 크게 움직이는 꼴 ㉥덫에 걸린 멧돼지가 거의 숨이 끊어진 채 다리만 꿈쩍꿈쩍 움직였다 ❷몸이 자꾸 소스라치게 놀라는 꼴 ㉥마음씨가 여린 달님은 조그만 소리에도 꿈쩍꿈쩍 잘 놀란다 ❸눈을 꾹 감았다 떴다 하는 꼴 ㉥아기는 어디서 배웠는지 나한테 꿈쩍꿈쩍 눈짓을 한다 **꿈쩍꿈쩍하다**

꿈틀 (어찌씨) 몸 어느 한쪽을 이리저리 구부려 움직이는 꼴 ㉥똬리를 틀고 있던 뱀이 갑자기 꿈틀 움직였다 **꿈틀하다**

꿈틀거리다 (움직씨) ❶몸 한 곳을 이리저리 구부리며 자꾸 움직이다 ㉥눈썹을 꿈틀거리며 나를 노려보았다 ❷생각이나 느낌 따위가 갑자기 자꾸 일어나다 ⇐ 태동하다 **꿈틀대다**

꿈틀꿈틀 (어찌씨) ❶몸 한 곳을 자꾸 구부리거나 비트는 모습 ㉥비가 내려 촉촉한 마당에 지렁이가 꿈틀꿈틀 기어간다 ❷생각이나 느낌 따위가 갑자기 자꾸 일어나는 꼴 ㉥자꾸만 어디론가 멀리 떠나고 싶은 마음이 속에서 꿈틀꿈틀 일어났다 **꿈틀꿈틀하다**

꿈풀이 (이름씨) 꿈에 나타난 것을 풀어서 앞으로 있을 일을 헤아리는 것 ㉥꿈에 일어난

일이나 꿈풀이를 종요롭게 여기지 마라. 모든 것이 일어나서 사라질 뿐이다 ⇐ 해몽

꿉꿉하다 그림씨 ❶조금 축축하다 ⓑ빨래가 덜 말라서 꿉꿉하다 ❷날씨가 언짢을 만큼 추지고 덥다

꿋꿋이 어찌씨 ❶휘거나 구부러지지 않고 쭉 곧게 ⓑ마을 어귀에 심은 나무는 큰바람에도 꿋꿋이 서 있다 작은말 꼿꼿이 ❷뜻이나 마음가짐이 무르지 않고 굳게 ⓑ아랑이는 어려움 속에서도 꿈을 잃지 않고 꿋꿋이 살아간다 ❸얼거나 말라 굳어서 ⓑ떡이 꿋꿋이 말라서 채그릇 위에 올리고 다시 쪘다

꿋꿋하다 그림씨 ❶휘거나 구부러지지 않고 제법 단단하다 ⓑ여든이 넘었는데도 아저씨는 아직 허리가 꿋꿋하다 ❷뜻이나 마음가짐이 무르지 않고 굳세다 ⓑ머리가 허연데도 마음은 참으로 꿋꿋했다 ❸마르거나 얼어서 조금 굳다 ⓑ꿋꿋한 인절미

꿍꽝 어찌씨 ❶북 같은 것이 크고 작게 엇바뀌어 떠들썩하게 울리는 소리 ⓑ하양무리, 파랑무리로 나눈 온갖 놀이판을 부추기느라 꿍꽝 북소리가 울렸다 거센말 쿵쾅 ❷터지개 따위가 크고 작게 엇바뀌어 터지며 나는 소리 ⓑ꿍꽝하고 무엇인가 터지는 소리가 크게 들려왔다 ❸단단하고 큰 것이 서로 부딪치는 소리 ⓑ세워둔 짐이 바람에 넘어지면서 꿍꽝 소리를 냈다 ❹발로 마룻바닥 따위를 구르는 소리 ⓑ윗집 아이가 꿍꽝 소리를 내며 마루를 뛰어다닌다 **꿍꽝하다**

꿍꽝거리다 움직씨 ❶북소리 따위가 크고 작게 엇바뀌어 떠들썩하게 들리다 ⓑ밤새 잔치를 벌이느라 꿍꽝거리는 소리 때문에 잠을 잘 수가 없었다 ❷터지개 따위가 크고 작게 엇바뀌어 터지는 소리가 자꾸 나다 ⓑ우크라이나에서는 밤이고 낮이고 꿍꽝거리는 소리가 들린다지. 그 나라 백성을 생각하면 가슴이 아프다 ❸단단하고 큰 것이 서로 부딪치는 소리가 자꾸 나다 ⓑ밤새 센바람이 몰아쳐 밖에 있던 솥단지 뚜껑이 들썩이며 꿍꽝거렸다 ❹발로 마룻바닥 따위를 구르는 소리가 나다 ⓑ놀러 온 꼬맹이가 넓은 방에서 하루 내내 뛰어다니며 꿍꽝거렸다 **꿍꽝대다**

꿍꽝꿍꽝 어찌씨 ❶북같은 것을 크고 작게 엇바뀌어 떠들썩하게 잇달아 치는 소리 ⓑ하루 내내 꿍꽝꿍꽝 북 치는 소리가 들린다 거센말 쿵쾅쿵쾅 ❷터지개 따위가 크고 작게 엇바뀌어 터지며 잇달아 나는 소리 ⓑ검은 구름이 몰려오고 꿍꽝꿍꽝 천둥소리가 나더니 소나기가 쏟아졌다 ❸단단하고 큰 것이 잇달아 서로 부딪치는 소리 ⓑ센바람이 몰아쳐 꿍꽝꿍꽝 집안 살림이 다 부서진다 ❹발로 마룻바닥 따위를 잇달아 구르는 소리 ⓑ아이가 마루 위를 꿍꽝꿍꽝 뛰어다닌다 **꿍꽝꿍꽝하다**

꿍꿍 이름씨 머리 속에 그림 ⇐ 상상

꿍꿍그림 이름씨 무엇을 보지 않고 생각하여 그린 그림 한뜻말 생각그림 ⇐ 상상화

꿍꿍이 이름씨 겉으로 드러내지 않고 속으로 어떤 일을 꾸미는 것이나 그런 사람 ⓑ저 사람들 우물쭈물하는 게 무슨 꿍꿍이가 있는 거 아냐? 한뜻말 꿍꿍이속. 꿍꿍이셈 ⇐ 마각. 흑막

꿍꿍힘 이름씨 머리속에 그리는 힘 ⇐ 상상력

꿩 이름씨 닭과 비슷한 텃새. 알록달록하면서 검은 점이 있고 수컷은 목이 푸르고 그 위에 흰 줄이 있으며 꼬리가 길고 '꿩' 하고 크게 운다. 수컷은 장끼, 암컷은 까투리라 한다 슬기말 **꿩 갈음 닭** 꼭 알맞은 것이 없을 때 그보다는 못하지만 비슷한 것으로 갈음한다 **꿩 먹고 알 먹는다** 한 가지 일로 여러 낱을 더 얻는다

꿰다 움직씨 ❶실이나 끈 따위를 구멍이나 틈으로 넣어서 빼다 ⓑ실을 바늘에 꿰다 ❷옷이나 신 따위를 입거나 신다 ⓑ나는 일터에 늦지 않으려 서둘러 신을 꿰었다 ❸막대기나 꼬챙이로 뚫어서 꽂다 ⓑ곶감을 꼬챙이에 꿰다 ❹어떤 것을 뚫고 지나가다 ⓑ배에서 쏘개알이 꿰고 나간 자리를 찾아내다 ❺숲속이나 벌판을 가로지르다 ⓑ숲

속을 꿰고 다니며 잃어버린 아이를 찾았다 [6]어떤 일이나 매개를 훤히 다 알다 [ㅂ]누리는 시골에서 자라 푸나무 이름을 줄줄 꿴다

꿰뚫다 [움직씨] [1]이쪽에서 저쪽까지 꿰어서 뚫다 [ㅂ]화살이 과녁을 꿰뚫다 ⇐ 관통하다 [2]길이나 가람이 이쪽 끝에서 저쪽 끝까지 지나다 [ㅂ]냇물이 들판 가운데를 꿰뚫어 흐른다 [3]일 속내나 매개, 까닭 따위를 속속들이 잘 알다 [ㅂ]그 사람은 우리 땅에서 나는 나물을 속속들이 꿰뚫었다

꿰뚫어보다 [움직씨] 날카로운 앎과 느낌으로 일몬 속내를 꿰뚫어서 보다 ⇐ 투시하다. 통찰하다 **꿰뚫어봄**

꿰매다 [움직씨] [1]해지거나 뚫어진 데를 바늘로 깁거나 얽어매다 [ㅂ]한 뜸 한 뜸 꿰매어 밤새 옷을 다 기워놓았다 [2]어지럽게 벌어진 일을 매만져 허물이 없도록 바로잡다 [ㅂ]틀어진 일을 어렵사리 꿰맸다

꿰미 [이름씨] [1]어떤 것을 꿰는 데 쓰는 끈이나 꼬챙이 따위. 또는 거기에 무엇을 꿴 것 [ㅂ]노가리를 사 왔는데 꿰미에서 잘 빠지지가 않네 [2]끈 따위로 꿴 것을 세는 하나치 [ㅂ]곶감 두 꿰미. 소낭버섯 한 꿰미

꿴구슬 [이름씨] 둥근 나무 구슬을 실에 꿴 것 ⇐ 염주

뀌다 [움직씨] 방귀 따위를 몸 밖으로 내보내다 [ㅂ]방귀를 뀌다

끄나풀 [이름씨] [1]길지 않은 끈 나부랭이 [ㅂ]끄나풀로 동여매다 [2]남 앞잡이 노릇을 하는 사람 [ㅂ]뽕쟁이 끄나풀을 잡아들이다

끄느름하다 [그림씨] [1]날이 흐려 어둑어둑하다 [ㅂ]비가 오려는지 하늘이 끄느름하다 한뜻말 끄무레하다 [2]불땀이 뭉근하다 [ㅂ]모닥불에는 끄느름한 겻불만 남아 사위어간다 **끄느름히**

끄다[1] [움직씨] [1]타는 것을 타지 못하게 하다 [ㅂ]촛불을 끄다 [2]움직이는 연장이나 틀을 멈추게 하다 [ㅂ]멀봄을 끄다 [3]과가른 일을 마무리 짓다 [ㅂ]먼저 과가른 불부터 끄고 보자

끄다[2] [움직씨] [1]덩이를 깨어 헤뜨리다 [ㅂ]아이는 숟가락으로 밥을 뚝뚝 끄서 입에 넣었다 [2]바람을 풀다 [ㅂ]죽어도 바람이나 끄고 죽게 낯이라도 한 디위 보여주게

끄덕 [어찌씨] 고개 따위를 앞으로 가볍게 숙였다가 드는 모습 [ㅂ]아무 말도 못 하고 고개만 끄덕 숙였다 센말 끄떡 **끄덕이다 끄덕하다** [익은말] **끄덕도 하지 않다·끄떡 않다** 조금도 흔들리거나 뭐지 않다

끄덕거리다 [움직씨] 고개 따위를 잇달아 아래위로 가볍게 움직이다 [ㅂ]누이가 맞는 말만 하길래 나는 고개만 끄덕거렸다 **끄덕대다**

끄덕끄덕 [어찌씨] [1]고개 따위를 아래위로 가볍게 자꾸 움직이는 모습 [ㅂ]잔뜩 주눅이 든 아이는 내 말에 끄덕끄덕 고갯짓만 했다 [2]어떤 것이 이리저리 자꾸 움직이는 모습 [ㅂ]수레가 몹시 흔들리자 올려놓은 작은 짐들도 덩달아 끄덕끄덕 흔들렸다 **끄덕끄덕하다**

끄떡없다 [그림씨] 어떤 일이 있어도 흔들리지 않고 그대로이다 [ㅂ]이 옷 한 벌이면 어떤 추위에도 끄떡없다 작은말 까딱없다 ⇐ 확고부동하다

끄르다 [움직씨] [1]맺은 것이나 맨 것을 풀다 [ㅂ]보따리를 끄르다 [2]잠근 것이나 채운 것을 열다 [ㅂ]자물쇠를 끄르다

끄무레하다 [그림씨] [1]날이 흐리고 어둑어둑하다 [ㅂ]장마철에는 날마다 하늘이 끄무레하다 한뜻말 끄느름하다 여린말 그무레하다 [2]불땀이 뭉근하다 [ㅂ]끄무레해지는 불에 부채질을 하여 되살리다

끄물거리다 [움직씨] [1]날이 활짝 개지 않고 자꾸 흐려지다 [ㅂ]날이 끄물거리더니 어느새 비가 내린다 [2]불빛 같은 것이 환히 비치지 않고 꺼질 듯이 자꾸 여려지다 [ㅂ]촛불이 끄물거려 밤에 책 읽기가 어렵다 **끄물대다**

끄물끄물 [어찌씨] [1]날씨가 활짝 개지 않고 자꾸 흐려지는 모습 [ㅂ]끄물끄물한 날씨 탓인지 온몸이 들쑤신다 [2]불빛 같은 것이 환

ㄱ

히 비치지 않고 꺼질 듯이 자꾸 여려지는 모습 ⓑ호롱불이 끄물끄물 꺼질 듯 탄다 **3**내나 김 따위가 몹시 천천히 움직이는 꼴 ⓑ굴뚝에서 내가 끄물끄물 올라온다 **끄물끄물하다**

끄잡다 움직씨 **1**잡아당겨 움켜쥐다 ⓑ엄마 바짓가랑이를 끄잡고 떼를 써봐야 쓸모가 없네 **2**남 마음이 나에게 기울게 하다 ⓑ짓궂게 장난하는 까닭은 그 가시내 마음을 끄잡으려는 데 있겠지

끄집어내다 움직씨 **1**속에 있는 것을 밖으로 집어내다 ⓑ갯벌에 빠진 발을 끄집어내다 **2**허물이나 잘못을 들추어내다 ⓑ남 허물을 끄집어내다 **3**이야깃거리를 일부러 꺼내다 ⓑ왜 또 내 이야기를 끄집어내니? **4**찾아내다 ⓑ닷새만 일할 수 있는 사람을 끄집어내지 못했다

끄트러기 이름씨 **1**끊어내거나 깎아낸 자잘한 나뭇조각 ⓑ톱질하고 남은 끄트러기는 모아서 아궁이로 가져갔다 **2**쓰고 남은 것 ⓑ오늘 일하고 남은 끄트러기만 모아서 버리면 끝이다

끄트머리 이름씨 **1**끝이 되는 곳 ⓑ골목 끄트머리 **2**어떤 일을 풀 수 있는 실마리 ⓑ파헤침이는 죽은이 일 끄트머리라도 잡으려고 온갖 애를 썼다

끈 이름씨 **1**매거나 꿰는 데 쓰는 가늘고 긴 것. 노, 줄, 실, 헝겊, 가죽 오리 따위 ⓑ신 끈을 꼭 묶어야 메 오르기에 좋다 **2**기댈 만한 말미줄 ⓑ한 해 여름지이를 해서 그 끈으로 겨우 먹고사는데 큰물에 다 떠내려갔으니 살길이 까마득했다 슬기말 **끈 떨어진 뒤웅박** 기댈 데가 아무데도 없는 사람 한뜻말 끈 떨어진 갓. 끈 떨어진 종이솔개

끈기 이름씨 **1**질기고 차진 기운 ⓑ이렇게 끈기 있는 밥은 처음 먹어 본다 **2**질기게 견디어 나가는 힘 ⓑ오직 끈기 하나로 버틴다

끈끈띠 이름씨 끈적하게 달라붙는 속이 비치는 띠 한뜻말 붙임띠 ⇐ 스카치테이프

끈끈물 이름씨 끈끈샘 따위에서 나온 끈끈한 물 ⓑ사람 몸에는 쓸개와 이자, 지라 같은 곳에서 끈끈물이 나와 우리가 먹은 맛갓을 삭이는 데 도움을 준다 ⇐ 끈끈액. 점액. 진액

끈끈샘 이름씨 살갗이나 끈끈청에 있는 끈끈물을 내는 샘 ⓑ그러고 보니 땀샘 침샘 눈물샘도 끈끈샘 가운데 하나네

끈끈이 이름씨 **1**매우 끈끈하여 무엇이 붙으면 잘 떨어지지 않아 쥐나 파리 따위를 잡는 데 쓰는 것 ⓑ파리가 끈끈이에 달라붙었다 **2**바탕이나 마음씨가 끈질긴 사람 ⓑ그는 워낙 끈끈이라서 빌려준 돈을 끝까지 받아낸다

끈끈이귀개 이름씨 줄기 높이는 어른 한 뼘쯤이고 잎은 가웃달꼴로 끈끈한 물을 내어 벌레를 잡는 풀. 이른 여름에 흰 꽃이 피고 들에서 자란다

끈끈청 이름씨 삭임틀, 숨길, 오줌길 따위 안쪽을 덮은 끈끈하고 부드러운 청 ⓑ고뿔이 들었는지 콧구멍 속 끈끈청에서 자꾸 콧물이 나온다 ⇐ 점막. 끈끈막

끈끈하다 그림씨 **1**질기고 차진 기운이 있다 ⓑ반죽이 끈끈하다 **2**몸에 땀이 배거나 때가 끼어 느낌이 산뜻하지 않다 ⓑ땀이 배어 끈끈하다 **3**물기가 있어 눅눅하다 ⓑ끈끈한 바닷바람 **4**마음이 달라붙는 데가 있다 ⓑ그 사람 끈끈한 눈길을 느낄 때마다 거북하다 **5**사이가 매우 가깝다 ⓑ우리는 끈끈한 사이다 **끈끈히**

끈덕지다 그림씨 꿋꿋하게 잘 참고 꾸준하다 ⓑ그 사람 이름을 알아내려고 끈덕지게 물고 늘어졌다 비슷한말 끈질기다

끈적거리다 움직씨 끈끈한 것이 자꾸 척척 들러붙다 ⓑ맨손으로 더덕 껍질을 벗겼더니 하루 내내 손이 끈적거린다 **끈적대다**

끈적끈적 어찌씨 끈끈한 것이 척척 들러붙는 모습. '끈적' 힘줌말 ⓑ제발 사람한테 끈적끈적 들러붙지 말아라 **끈적끈적하다**

끈지다 그림씨 오래 버티는 끈기가 있다

끈질기다 그림씨 오래 견디는 힘이 있고 질기

다 ㉥이 풀뿌리는 끈질겨서 잘 안 뽑혀. 싫다는데도 끈질기게 따라다녀

끈히 어찌씨 끈질기게 ㉥밉살스럽고 얄미운 마음도 있지만 끌리는 마음도 끈히 생겨났다

끊기다 움직씨 ❶'끊다' 입음꼴. 끊어지다 ㉥메가 무너져 길이 끊겼다. 뉘가 끊기다 ❷'끊다' 하임꼴. 끊게 하다 ㉥세돌에게 쇠줄을 끊기다. 아우에게 담배를 끊기다

끊다 움직씨 ❶실이나 줄, 끈 따위 이어진 것을 잘라 동강을 내다 ㉥실을 끊다 ⇐ 절단하다. 단절하다 ❷사이를 이어지지 않게 하다 ㉥보람은 오랜 벗과 크게 다툰 뒤 사이를 끊었다 ❸하던 일을 하지 않거나 멈추게 하다 ㉥이야기 흐름을 끊다 ❹버릇처럼 해오던 것을 더 하지 않다 ㉥담배를 끊다 ❺대주던 것을 멈추다 ㉥물길을 끊다 ❻돌리거나 가져다주던 것을 못 하게 하다 ㉥새뜸을 끊다 ❼오가지 못하도록 길 따위를 막다 ㉥다리를 끊다 ❽하던 말을 잠깐 멈추거나 멈추게 하다 ㉥그는 말을 끊고 가만히 하늘을 쳐다보았다 ❾말을 하거나 글을 읽을 때 마디와 마디 사이에서 짧게 멈추다 ㉥그는 큰 목소리로 또박또박 끊어서 말했다 ❿옷감을 잘라서 사다 ㉥옷감을 끊다 ⓫표 따위를 사다 ㉥날틀표를 끊다 ⓬어음 같은 돈표를 내다 ㉥어음을 끊다 ⓭목숨을 이어지지 않게 하다 ㉥목숨을 끊다 ⓮말틀 따위로 말이나 생각을 주고받는 것을 그만두다 ㉥말틀을 끊다 ⓯주고받는 것이나 셈 따위를 끝내거나 매듭짓다 ㉥일꾼은 밀린 품삯을 끊어달라고 했다 ⓰때나 빠름겨루기에서 과녁을 얼마 만에 지나다 ㉥온 미터를 11짹에 끊다 ⓱배움터에 돈을 내고 이름을 올리다 ㉥수갈배움표를 끊다 ⓲생각이나 눈길을 그만두다 ㉥지난 일 생각을 오롯이 끊다

끊이다 움직씨 ❶쭉 하던 것이나 이어지던 것이 끊어지다 ㉥이 샘물은 가뭄에도 끊이지 않고 솟아난다 ❷뒤가 달리어 없어지다 ㉥이 잔치는 며칠째 사람 발길이 끊이지 않고 이어진다

끊임없이 어찌씨 끊이지 않고 이어져 ㉥아침부터 끊임없이 눈이 내렸다 ⇐ 면면히. 부단히

끌 이름씨 나무에 홈을 파거나 구멍을 뚫는 데 쓰는 연장 ㉥푸른누리 첫 집은 끌로 나무에 홈을 파고 구멍을 내어 지었다

끌그물 이름씨 물에 넣고 끌어서 물고기를 잡는 자루처럼 생긴 그물 ㉥다솔이는 고깃배로 끌그물을 끌어 바다 바닥에 있는 물고기를 잡는다

끌끌 어찌씨 마음에 들지 않거나 안타까워 혀를 차는 소리 ㉥아버지는 집안사람들이 다투는 걸 보고 못마땅하여 혀를 끌끌 찼다

끌끌거리다 움직씨 마음에 들지 않아 혀를 자꾸 차다 ㉥아지매는 술 마신 아들이 이리저리 비틀거리는 모습을 보고는 혀를 끌끌거렸다 **끌끌대다**

끌끌하다 그림씨 사람 됨됨이가 맑고 바르고 씩씩하다 ㉥아버지 없이 자란 귀염이는 남 못잖게 끌끌하였다

끌끔하다 그림씨 ❶깨끗하고 미끈하다 ㉥사내 손은 몸뚱이와 달리 끌끔했다 작은말 깔끔하다 ❷솜씨가 알뜰하고 여물다 ㉥며느리 끌끔한 일솜씨가 마음에 들었다

끌다 움직씨 ❶바닥에 댄 채로 잡아당겨 움직이다 ㉥아들은 긴 바지를 접지 않고 질질 끌고 다닌다 ❷바퀴 달린 것을 움직이게 하다 ㉥수레를 끌다 ❸짐승을 부리다 ㉥소를 끌다 ❹뒤따르게 하거나 이끌어나가다 ㉥아저씨는 무리를 끌고 밥 먹는 곳에 들어갔다 ❺말이나 글 따위를 다른 데서 따오다 ㉥여러 책에서 온갖 것을 끌어다 글을 썼다 ❻해보라거나 꾀어서 따라 뒤게 하다 ㉥그 동무가 함께 가자고 끄는데도 바빠서 못 갔다 ❼마음이나 눈길을 쏠리게 하다 ㉥마음닦이는 남 눈길을 끌지 않도록 마음 써야 한다 ❽어느 곳에 이르도록 늘이다 ㉥물을 끌다. 번힘줄을 끌다 ❾말이나 소리를 길게 빼어 늘이다 ㉥말을 끌지

말고 또박또박 끊어서 해라 ⑩어떤 일을 늦추거나 미루다 ⓑ더는 끌지 말고 이달 안으로 해 보내요

끌려가다 (움직씨) 억지로 따라가다 ⓑ바람이는 줏대 없이 늘 남 말에 끌려간다 맞선말끌려오다

끌리다 (움직씨) ❶'끌다' 입음꼴. 잡아당겨지다 ⓑ치마가 바닥에 끌리다. 마음이 끌리다 ❷'끌다' 하임꼴. 끌게 하다 ⓑ말에게 달구지를 끌렸다

끌밋하다 (그림씨) 깨끗하고 훤칠하다 ⓑ끌밋하게 넓은 이마가 참 마음에 들었다 비슷한말헌칠하다

끌박다 (움직씨) 거꾸로 박다 ⓑ두발수레를 타다가 논에 끌박아서 옷이 다 젖었어

끌쇠끝 (이름씨) 끌쇠에서 쇠붙이를 끌어당기는 힘이 가장 센 두 끝. 노끝과 마끝

끌쇠돌 (이름씨) 쇠붙이를 끌어당기는 쇠돌 ⇐ 자철광. 자철석

끌수레 (이름씨) 무거운 짐이나 여름지이틀을 끄는 수레 ⇐ 트랙터. 끌차

끌신 (이름씨) 뒤축은 없고 발 앞쪽만 꿰어 신는 신 ⇐ 슬리퍼

끌어가다 (움직씨) ❶사람이나 짐승을 억지로 데리고 가거나 붙잡아 가다 ⓑ쏘개칼잡이들은 우리를 굴비 엮듯 엮어서 죄다 끌어갔다. 도둑이 소를 몰래 끌어갔다 ❷이야기나 낌새, 생각 따위를 바라는 쪽으로 옮겨가다 ⓑ그 녀석은 잘 나가다가 꼭 이야기를 엉뚱한 데로 끌어간다 ❸일이나 무리를 도맡아 이끌다 ⓑ잔치를 끌어가다 ❹좋은 자리나 돈을 주어 사람을 데려가다 ⓑ별이 일을 크게 일으키려 뛰어난 사람을 죄다 끌어간다

끌어내다 (움직씨) ❶끄집어서 밖으로 내다 ⓑ짐을 끌어내다 ❷사람이나 짐승을 억지로 나오게 하다 ⓑ돼지를 우리에서 끌어내다 ❸새것이나 생각, 슬기, 힘, 말들이 드러나거나 드러나게 하다 ⓑ으뜸 이끎이는 다른 사람 슬기나 힘을 한껏 끌어낸다

끌어내리다 (움직씨) ❶잡아끌어서 아래쪽으로 내리다 ⓑ할머니 어깨에서 가방을 끌어내렸다 맞선말끌어올리다 ❷힘 있는 자리에서 내려오게 하다 ⓑ백성을 임자로 못 모시는 나라머슴은 언제라도 끌어내려야 한다 ❸대중이나 값을 떨어뜨리다 ⓑ금새를 끌어내리다

끌어당기다 (움직씨) ❶제 쪽으로 당겨서 가까이 오게 하다 ⓑ밤마다 이불을 끌어당기는 싸움이 벌어졌다 ❷어떤 쪽으로 마음을 기울게 하다 ⓑ돌이는 사람을 끌어당기는 힘이 있다

끌어들이다 (움직씨) ❶사람을 끌어서 어떤 곳으로 들어오게 하다 ⓑ낯선 사람을 집안에 끌어들이다. 모임에 끌어들이다 ⇐ 포섭하다 ❷모르거나 아랑곳없는 일에 손 대게 하다 ⓑ노름판에 끌어들이다 ❸돈을 모으거나 얻어오다 ⓑ아재는 남 돈을 끌어들여 장사하다 다 털어먹었다 ❹나라 안에 딴나라 힘이 들어오게 하다 ⓑ우리 겨레 웃대가리들이 오랫동안 딴나라 힘센 것들을 끌어들여 빌붙어 살아가는 바람에 백성들은 아직도 긴 싸움을 벌인다

끌어안다 (움직씨) ❶두 팔로 가슴에 가까이 당겨 껴안다 ⓑ아기를 끌어안다 ❷일을 떠맡다 ⓑ오빠는 많은 일을 혼자서 끌어안았다 ❸어떤 것을 알아주고 감싸주다 ⓑ나라 팔아먹은 사람들 허물을 끌어안다

끌어오다 (움직씨) ❶어떤 것을 잡아당겨 가져오다 ⓑ나물자루를 마당으로 끌어오다 ❷사람이나 짐승을 억지로 데리고 오거나 붙잡아 오다 ⓑ그놈을 당장 이리로 끌어와 ❸물 따위를 쓸 수 있도록 가져오다 ⓑ골짜기에서 먹을 물을 끌어오다 ❹돈을 여기저기에서 얻어오다 ⓑ벗한테서 돈을 끌어오다 ❺일이나 무리를 도맡아 이끌다 ⓑ장사가 잘되지 않아 가게를 힘겹게 끌어온다네 ❻눈길이나 마음 따위를 자꾸 가지게 하다 ⓑ사람을 끌어오는 맛집은 다 솜씨가 있다 ❼때나 일을 늦추거나 미루어오다 ⓑ

이 일을 한 달이나 끌어왔다 ❽말이나 글 따위를 가져다 쓰다 ⓑ그는 늘 재미있는 보기를 끌어와 어려운 것도 쉽게 말한다 ❾더 나은 삯이나 자리를 주어 사람을 데려오다 ⓑ이 일을 잘 끝내려면 뛰어난 젊은이를 많이 끌어와야 해

끌어올리다 움직씨 ❶잡아당겨서 위쪽으로 올리다 ⓑ짐을 짐칸으로 끌어올리다 맞선말 끌어내리다 ❷힘이나 자리를 높아지게 하다 ⓑ임금은 그를 높은 자리로 끌어올려 주었다 ❸눈높이나 값을 높아지게 하다 ⓑ사람 보는 눈을 끌어올려 좋은 길벗으로 함께 마음닦아 가요

끌탕 이름씨 속을 태우는 걱정

끓는점 이름씨 물이 끓어오르는 점 ⓑ물 끓는 점은 100데이고 기름 끓는점은 150데에 가깝다 맞선말 어는점 ⇐ 비등점. 비점

끓다 움직씨 ❶물 따위가 몹시 뜨거워져서 소리를 내면서 김이 나고 거품이 솟아오르다 ⓑ물이 끓다 ❷지나치게 뜨거워지다 ⓑ이마가 펄펄 끓는다 ❸먹은 것이 잘 안 삭거나 아파서 배 속에서 소리가 나다 ⓑ점심 먹은 게 잘못돼서 배 속이 부글부글 끓는다 ❹가래가 목구멍에 붙어서 숨 쉬는 대로 소리가 나다 ⓑ할아버지는 늘그막에 목에 늘 가래가 끓었다 ❺어떤 기운, 느낌 따위가 세차게 솟아나다 ⓑ푸름이 젊은 피가 끓어 넘쳤다 ❻많이 모여 우글거리거나 몹시 떠들다 ⓑ쓰레기 더미에 파리가 끓었다 ❼속이 언짢거나 골이 나다 ⓑ그 말을 들으니 속이 부글부글 끓었다 슬기말 **끓는 국에 맛 모른다** ❶과가른 일을 겪으면 바르게 보지 못한다 ❷까닭도 모르고 함부로 군다

끓어오르다 움직씨 ❶물 따위가 끓어서 솟구쳐 올라오다 ⓑ나물 삶을 물이 끓어오른다 ❷목구멍 가래가 끓어서 올라오다 ⓑ가래가 목구멍까지 끓어올라 말도 제대로 못했다 ❸어떤 기운이나 느낌 따위가 세차게 솟아나다 ⓑ노염이 부글부글 끓어오르는 것이 느껴졌다

끓이다 움직씨 ❶'끓다' 하임꼴. 끓게 하다 ⓑ물을 따끈하게 끓이다. 어머니는 철이 덜 든 아들 때문에 늘 애를 끓였다 ❷먹을거리를 익혀 만들다 ⓑ찌개를 끓이다

끔벅 어찌씨 ❶큰 빛이 확 어두워졌다 밝아지는 모습 ⓑ바다 저 멀리서 불빛이 끔벅 반짝였다 한뜻말 껌벅 작은말 깜박 센말 끔뻑 ❷눈을 확 감았다 뜨는 모습 ⓑ아재는 마뜩잖은 얼굴로 눈만 끔벅 감았다 떴다 **끔벅이다 끔벅하다**

끔벅거리다 움직씨 ❶빛이 자꾸 어두워졌다 밝아졌다 하다 ⓑ메 위 불빛이 끔벅거렸다 ❷눈을 자꾸 느리게 감았다 뜨다 ⓑ아무 말도 못하고 두 눈만 끔벅거렸다 **끔벅대다**

끔벅끔벅 어찌씨 ❶빛이 확 잇달아 어두워졌다 밝아지는 모습 ⓑ불빛이 바람에 끔벅끔벅했다 작은말 깜박깜박 센말 끔뻑끔뻑 ❷눈을 확 잇달아 감았다 뜨는 꼴 ⓑ잠이 덜 깼는지 미르는 눈을 끔벅끔벅했다 **끔벅끔벅하다**

끔쩍[1] 어찌씨 눈을 잠깐 세게 감았다가 뜨는 꼴 ⓑ다음이는 아무 말 없이 눈만 끔쩍 움직였다 작은말 깜짝 **끔쩍이다 끔쩍하다**

끔쩍[2] 어찌씨 좀 갑자기 놀라는 꼴 ⓑ마흔 해 만에 동무가 찾아와서 끔쩍 놀랐다 **끔쩍이다 끔쩍하다**

끔쩍거리다[1] 움직씨 자꾸 눈을 잠깐 세게 감았다가 뜨다 ⓑ잠이 깨지 않아 눈을 끔쩍거렸다 **끔쩍대다**

끔쩍거리다[2] 움직씨 좀 갑자기 자꾸 놀라다 ⓑ갑자기 나를 부르는 소리에 끔쩍거리며 얼른 숨었다 **끔쩍대다**

끔쩍끔쩍[1] 어찌씨 자꾸 눈을 잠깐 세게 감았다가 뜨는 꼴 ⓑ무슨 일인지 영문을 몰라 눈만 끔쩍끔쩍했다 **끔쩍끔쩍하다**

끔쩍끔쩍[2] 어찌씨 좀 갑자기 자꾸 놀라는 모습 ⓑ별님은 바람에 흔들리는 나뭇가지에도 끔쩍끔쩍 놀랄 만큼 여렸다 **끔쩍끔쩍하다**

끔찍하다 그림씨 ❶진저리나게 모질다 ⓑ1937

해 난징 떼죽임은 사람이 저지른 가장 끔찍한 일이다 ⇐ 잔학하다. 잔혹하다. 흉측하다 ❷ 대단히 크거나 많아서 놀랍다 ⓑ이 여름에는 참말 비가 끔찍하게 온다 ❸다른 사람을 아끼고 보살피는 마음이 아주 크다 ⓑ그 버시는 아내를 사랑하는 마음이 끔찍하다

끗 이름씨 ❶접쳐서 파는 천 접힌 것을 세는 말 ⓑ미영 열 끗을 끊어 오너라 ❷노름 따위에서 셈을 치는 수를 나타내는 하나치 ⓑ여섯 끗

끗발 이름씨 노름 따위에서 좋은 끗수가 잇달아 나오는 기운 ⓑ이렇게 끗발이 오르기는 처음인 걸

끗수 이름씨 끗으로 센 수 ⓑ내 끗수는 여덟 끗이야

끙 어찌씨 몹시 앓거나 안간힘을 낼 때 내는 소리 ⓑ사내는 끙 소리를 한 디위 내더니 큰 바위를 번쩍 들어 올렸다 **끙하다**

끙끙 어찌씨 몹시 앓거나 안간힘을 낼 때 자꾸 내는 소리 ⓑ온터는 그때 얻어맞은 일이 꿈에 나타나 자면서 끙끙 소리를 냈다나 비슷한말 낑낑 **끙끙하다**

끙끙거리다 움직씨 몹시 앓거나 안간힘을 낼 때 나는 소리를 자꾸 내다 ⓑ고뿔에 걸려 밤새 끙끙거리며 앓았다 **끙끙대다**

끝 이름씨 ❶때나 곳 맨 뒤 ⓑ처음과 끝. 골목 끝 ⇐ 한계 ❷긴 것에서 가는 쪽 맨 마지막 ⓑ막대기 끝. 바늘 끝. 손가락 끝 ❸일이나 차례 마지막 ⓑ그가 끝으로 들어왔다 ❹(흔히 '끝에'로 써) 어떤 짓이나 일 열매로 ⓑ오래 애쓴 끝에 드디어 다 해냈다 ❺어떤 길이로 말아놓은 피륙을 세는 하나치 ⓑ무명 세 끝 ⇐ 필 익은말 **끝 간 데 없다** 끝이 보이지 않을 만큼 까마득하다 **끝도 가도 없다** 갈피를 잡을 수 없을 만큼 얽히고 많다 **끝이 보이다** 일이나 때, 사이가 마지막에 이르다

끝값 이름씨 모가치 사고파는곳에서 그 날 마지막 사고판 모가치 값 ⇐ 종가

끝끝내 어찌씨 '끝내' 힘줌말 ⓑ끝끝내 백성이 이긴다

끝나다 움직씨 ❶일이 다 이루어져 마무리되다 ⓑ싸움은 아직 끝나지 않았다 ❷때나 곳에서 이어지던 것이 다 되어 없어지다 ⓑ여름이 끝나다. 길이 끝나다 ❸배곳이나 일터에서 하루 일을 마치다 ⓑ배움이 끝나는 대로 집으로 와 ❹어떤 일이나 사이가 아주 그릇되다 ⓑ그 일로 우리 사이가 끝났다 ❺더 할 수 없을 만큼 이야기나 일이 잘 안 풀리다 ⓑ다 끝난 이야기니 더 말하지 마라 ❻더 꿈이 없게 되다 ⓑ단골손님마저 끊기면 우리 가게는 참말 끝나는 거지 ❼무엇이 무엇으로 끝을 이루다 ⓑ한글 닿소리는 'ㄱ'으로 비롯해서 'ㅎ'으로 끝난다

끝나루 이름씨 날틀이나 긴수레, 버스 따위 탈것이 맨 끝에 서는 곳 ⇐ 터미널

끝남모임 이름씨 밑숫 낱수가 끝나는 모임 ⇐ 유한집합

끝남잔수 이름씨 잔수점 아래 어떤 자리에서 끝나는 잔수 ⇐ 유한소수

끝내 어찌씨 ❶나중까지 내내 ⓑ날 도와준 사람이 누군지 끝내 알 수 없었다 비슷한말 드디어. 마침내 ❷맨 나중에 가서 ⓑ꿈을 끝내 이루다

끝내다 움직씨 '끝나다' 하임꼴. 끝까지 하여 다 이루다 ⓑ일을 끝내자마자 엄마를 만나러 갔다. 오랜 남집살이를 끝내고 내 집을 마련했다. 그 사람하고는 끝냈으니 더 만날 일이 없다

끝내주다 움직씨 매우 멋지거나 훌륭하다 ⓑ그 사람 일할 때 갈무리하는 건 끝내주지

끝돈 이름씨 몬값 나머지를 마지막으로 치르는 돈 ⓑ끝돈을 치르다 ⇐ 끝전

끝마무리 이름씨 일 끝맺기 ⓑ끝마무리를 잘하다

끝마치다 움직씨 일을 끝내어 마치다 ⓑ이제 막 일을 끝마치고 나가려던 참이었어

끝말 이름씨 말이나 글 마지막 ⓑ끝말을 얼버무리다

끝말잇기 이름씨 한 사람이 한 낱말을 말하면 다음 사람이 그 말 끝소리마디로 비롯하는 낱말을 대면서 이어가는 놀이 ⓑ끝말잇기를 하다 보니 우리말을 잘하게 되었다

끝매듭 이름씨 실이나 끈 따위를 묶어 끝에 마디를 맺은 자리. 또는 어떤 일 마무리 ⓑ끝매듭을 풀다

끝맺다 움직씨 일이나 말, 글을 마무리하다 ⓑ하던 일을 마저 끝맺고 생각해보지요

끝물 이름씨 ❶과일이나 푸성귀, 바다것 따위에서 그해 맨 나중에 나는 것 ⓑ끝물 고추까지 다 따버려서 고추밭이 앙상하다 맞선말 만물 ⇐ 막물 ❷어떤 때 마지막 무렵 ⓑ찬바람 부는 걸 보니, 이제 올여름도 끝물이다

끝바꿈 이름씨 움직씨나 그림씨 끝이 여러 가지로 바뀌는 일 ⇐ 활용. 어미변화 **끝바꿈하다**

끝소리 이름씨 ❶한 소리마디 끝에 나는 닿소리 ⓑ'집'에서 끝소리는 'ㅂ'이다 한뜻말받침소리 ⇐ 종성 ❷어떤 말마디나 낱말 끝에 나는 소리 ⓑ'고기'와 '감' 끝소리는 'ㅣ'와 'ㅁ'이다

끝손보다 움직씨 하던 일을 마무리 짓다 ⓑ일이란 끝손보는 것이 가장 종요롭다

끝씨 이름씨 번힘돌길이나 번힘틀에서 번힘끝을 잇는 곳에 붙이는 쇠붙이 ⇐ 단자

끝없다 그림씨 끝나는 데가 없다 ⓑ언제 죽을지 몰라 끝없이 두렵다 비슷한말가없다. 그지없다. 더없다. 바이없다 ⇐ 한없다

끝없돌길 이름씨 수레바퀴 둘레에 시우널로 만든 띠를 걸어 놓은 틀. 땅과 닿는 낯이 크므로 험한 길, 비탈길도 갈 수 있다. 싸움수레, 쇠덮개수레, 땅수레 따위에 쓰인다 ⇐ 무한궤도

끝없모임 이름씨 밑숫 낱수가 끝없는 모임. 누리수모임, 펀펀낯 위 점 모두 모임 따위가 있다 ⇐ 무한집합

끝인사 ⇒ 끝절

끝자락 이름씨 ❶옷이나 피륙 따위 마지막 아래쪽 ⓑ아기가 엄마 치마 끝자락을 붙잡고 아장아장 걷는다 ❷멧기슭 마지막 곳 ⓑ메 끝자락에는 집 몇 채가 옹기종기 모여있다 ❸어떤 일이나 때 마지막 무렵 ⓑ봄 끝자락에 벗과 나들이를 다녀왔다

끝자리 이름씨 ❶가장 낮은 자리 ⓑ그는 일터에서 아직도 맨 끝자리에 있다 ❷맨 마지막 자리 ⓑ늦게 오는 바람에 맨 끝자리에 앉았다 ❸값 끄트머리 자리 ⓑ태어난 날 끝자리가 2와 7인 사람만 오늘 입마개를 살 수 있다

끝장 이름씨 ❶어떤 일 마지막 ⓑ처음에는 참되게 이야기를 나누었지만 끝장에는 서로를 헐뜯는 싸움판이 되었다 ❷일이 잘못되어 다 그르침 ⓑ윗사람이 잘못하면 우리는 모두 끝장이다 ⇐ 파국 익은말 **끝장을 보다** 끝까지 하여 열매를 맺거나 마무리를 짓다

끝장나다 움직씨 ❶하는 일이 마무리되다 ❷처음 일이 결딴이 나서 무너지거나 없어지다 ⇐ 파멸하다

끝절 이름씨 헤어질 때나 일을 마칠 때, 또는 글월에서 마무리할 때 하는 말이나 절 ⓑ끝절을 하다 ⇐ 끝인사

끝점 이름씨 ❶온점. 마침표 ⓑ글을 마칠 때 끝점을 반드시 찍어라 ❷버스나 긴수레가 마지막 서는 곳 ⓑ나는 잠이 들어 끝점에 가서야 내렸다 ⇐ 종점

끝틀 이름씨 셈틀 복판다룸틀에서 맨끝에 붙은 틀. 복판다룸틀에 이어져 알감을 넣기도 하고 빼내기도 한다 ⇐ 터미널

끼[1] 이름씨 ❶아침, 점심, 저녁과 같이 날마다 때에 맞춰 먹는 밥. 또는 그 일 ⓑ끼를 거르다 한뜻말끼니 ❷밥 먹는 것을 세는 하나치 ⓑ하루 세끼를 꼬박꼬박 먹다

끼[2] 이름씨 ❶남달리 두드러지는 마음결이나 마음바탕 ⓑ네 끼를 마음껏 펴볼 일을 찾아라 ❷바람을 피우거나 허튼짓을 하는 기운 ⓑ그는 끼가 많아 여러 가시내를 만나고 다녔다

끼끗하다 그림씨 ❶미끈하고 산뜻하다 ⓑ햇무가 끼끗하게 잘 자랐다 ❷싱싱하고 깨끗하다 ⓑ가시내 얼굴이 끼끗하다

ㄱ

끼다[1] 움직씨 ❶'끼우다' 준말. 넣다 ⓑ자물쇠에 열쇠를 끼어 돌렸다 ❷겨드랑이나 다리, 손가락 사이에 넣어서 누르거나 죄어 빠지지 않게 하다 ⓑ겨드랑이에 책을 끼다 ❸팔을 맞은쪽 사람 겨드랑이 밑으로 넣어 빠지지 않게 서로 걸다 ⓑ두 젊은이가 서로 팔을 끼고 걸어간다 ❹몸에 걸치거나 꿰다 ⓑ손싸개를 끼다 ❺곁에 두거나 가까이하다 ⓑ장난감을 끼고 살다 ❻여러 낱을 덧붙이거나 겹치다 ⓑ옷을 여러 벌 끼어 입고도 벌벌 떨었다 ❼남 힘을 빌리거나 부려 쓰다 ⓑ윗사람을 끼고 장사하다 ❽어떤 곳을 옆에 두다 ⓑ가람이 마을을 끼고 흐른다

끼다[2] 움직씨 ❶내나 김 따위가 퍼져서 서리다 ⓑ하늘에 먹구름이 잔뜩 끼었다 ❷때나 먼지 따위가 엉겨 붙다 ⓑ설거지를 바로 안 해서 그릇에 기름때가 끼었다 ❸이끼나 곰팡이 따위가 생겨서 엉기다 ⓑ그늘진 곳 바위에는 푸른 이끼가 끼어서 미끄럽다 ❹얼굴이나 목소리에 어떤 낌새나 기운이 어리어 돌다 ⓑ얼굴에 걱정이 끼었다 ❺물 겉낯이 살짝 얼거나 서리나 성에가 생겨 내돋다 ⓑ가람물에 살얼음이 낀다

끼다[3] 움직씨 ❶'끼이다' 준말 ⓑ문틈에 돌이 끼어 문이 열리지 않는다 비슷한말 박히다 ❷여럿 가운데 섞이어 들다 ⓑ여러 사람 틈에 스스럼없이 끼어 한데 어울렸다 ❸어떤 때나 날이 들어있다 ⓑ설이 끼어 있어서 몬이 오가는 데 며칠 더 걸린다

끼룩끼룩 어찌씨 기러기나 갈매기 같은 새가 좀 짧게 자꾸 우는 소리. '끼루룩끼루룩' 준말 ⓑ하얀 갈매기가 끼룩끼룩 소리를 내면서 푸른 바다 위를 난다 **끼룩끼룩하다**

-끼리 뒷가지 (이름씨나 갈이름씨 아래에 써) 그들만 함께 ⓑ언니들은 자기네끼리만 놀고 나는 따돌렸다

끼리끼리 어찌씨 떼를 지어 따로따로 ⓑ끼리끼리 어울려 다닌다

끼어들다 움직씨 ❶사람이나 수레 따위가 틈이나 사이에 비집고 들어서다 ⓑ무슨 일인가 싶어 구경꾼 사이를 비집고 끼어들었다 준말 껴들다 ⇐ 편입하다 ❷다른 사람 일에 나서거나 달려들다 ⓑ우리 일에 끼어들지 마라 ❸여럿 가운데 들어가 섞이다 ⓑ우리 모임에는 제 몫만 챙기려는 사람은 끼어들지 못합니다

끼얹다 움직씨 ❶물이나 가루 따위를 다른 것 위에 흩어지게 뿌리다 ⓑ몸에 물을 끼얹었다 ❷막말이나 거친 말을 마구 퍼붓다 ⓑ다빈이는 거친 막말을 끼얹고는 그대로 나가버렸다

끼우개 이름씨 ❶이은 자리나 틈새 따위에 물이나 빈기가 새지 않도록 끼워 넣는 것 ⇐ 패킹 ❷닿는 두 몬이나 곳이 다치지 않도록 그 사이에 대는 것 ⇐ 패킹

끼우다 움직씨 ❶사이에 넣고 죄어 안 빠지게 하다 ⓑ나무 기둥과 흙바람 사이 벌어진 틈에 솜 조각을 끼워 막았다 ❷걸려 있게 꿰거나 꽂다 ⓑ지짐이 꽂이에 파, 쇠고기, 소낭버섯들을 끼웠다 ❸여럿 가운데 끼어들거나 섞여 들게 하다 ⓑ책을 사면 책받침을 끼워준다. 나도 씨름판에 끼워줘

끼이다[1] 움직씨 ❶틈에 박히거나 꽂히다 ⓑ나무뿌리가 바위틈에 끼였다 ❷걸려 있게 꿰이거나 꽂히다 ⓑ문틈에 손가락이 끼여 멍들었다 ❸여럿 사이에 섞이다 ⓑ나도 슬그머니 놀이판에 끼였다

끼이다[2] 움직씨 사람을 꺼리고 싫어하다 ⓑ남을 끼이면 바로 하늘이 너한테 앙갚음한다

끼익 어찌씨 수레 따위가 갑자기 멈출 때 나는 소리. 또는 빽빽한 문을 여닫을 때 나는 소리 ⓑ밤길에 갑자기 고라니가 튀어나와 수레를 멈췄더니 끼익 소리가 크게 났다

끼인각 ⇒ 끼인모

끼인모 이름씨 두 결 또는 두 곧은금 사이에 끼인 모 ⓑ끼인모가 클수록 벌어짐이 크다 한뜻말 사잇모 준말 낀모 ⇐ 협각. 끼인각. 사잇각

끼적 어찌씨 글씨나 그림을 아무렇게나 쓰거나 그리는 꼴 ⓑ잠든 벗 얼굴에 장난으로

그림을 끼적였다 **끼적이다**

끼적거리다 [움직씨] **1** 글씨나 그림을 아무렇게나 잇달아 쓰거나 그리다 ㉥아이가 땅바닥에 주저앉아 나뭇가지로 글씨를 끼적거린다 비슷한말 끄적거리다 **2** 먹을거리를 마음에 없이 굼뜨게 먹다 ㉥아들은 아침밥을 젓가락으로 끼적거리다가 조금 먹고 집을 나갔다 **끼적대다**

끼적끼적 [어찌씨] **1** 글씨나 그림 따위를 아무렇게나 자꾸 쓰거나 그리는 꼴 ㉥새뜸에 낼 글을 끼적끼적 몇 자 적었다 비슷한말 끄적끄적 **2** 자꾸 굼뜨게 먹다 ㉥입맛이 없는지 젓가락으로 밥을 끼적끼적 먹는 둥 마는 둥 했다 **끼적끼적하다**

끼치다[1] [움직씨] **1** 소름이 돋아나다 ㉥생각만 해도 소름 끼치는 일이다 **2** 기운이나 냄새가 덮치듯이 밀려들다 ㉥고기 비린내가 코에 훅 끼쳤다

끼치다[2] [움직씨] **1** 언걸이나 괴로움, 사랑을 주거나 입히다 ㉥걱정을 끼치다. 수고를 끼치다. 오랜 종살이를 벗어나지 못했다면 나라 잃은 슬픔을 뒷사람에게 두고두고 끼칠 뻔했다 **2** 끼얹어 뿌리다 ㉥어! 시원해. 물 한 바가지 더 끼쳐주게 **3** 무엇을 뒷날에 남기다 ㉥돈을 벌어가지고 밭도 좀 사고 집도 짓고 아들딸도 많이 끼쳐놓고 마음껏 살아보고 싶소

끽 [어찌씨] **1** 몹시 놀라서 외마디로 길게 지르는 소리 ㉥덫에 걸린 멧돼지가 끽 소리를 질렀다 **2** 수레가 갑자기 서거나 무엇이 불현듯 부딪쳐서 나는 소리 ㉥아이가 길에 불쑥 뛰어나와서 수레가 끽 소리를 내며 재빨리 멈췄다

끽소리 [이름씨] ('없다' '못 하다' '말다' 같은 말과 함께 써) 조금 못마땅하거나 맞서는 말이나 몸새 ㉥모두 끽소리도 못 하고 얌전히 앉아 있었다 작은말 깩소리

끽하다 [움직씨] 할 수 있는 만큼 한껏 하다 ㉥네가 끽해봐야 아침앉기 사흘이나 갈까

낄낄 [어찌씨] 억지로 웃음을 참으면서 입속으로 웃는 소리나 그 꼴 ㉥입을 가리고 낄낄 웃다 거센말 킬킬

낄낄거리다 [움직씨] 억지로 웃음을 참으면서 입속으로 소리를 내며 자꾸 웃다 ㉥강냉이를 먹으며 우리는 낄낄거렸다 거센말 킬킬거리다 **낄낄대다**

낌새 [이름씨] 무엇을 알아차릴 수 있는 눈치 ㉥아버지는 우리가 밤나들이한 것을 아무런 낌새도 채지 못했다 ⇐ 기미

낑 [어찌씨] 몹시 아프거나 힘에 겨워 괴롭게 내는 외마디 소리 **낑하다**

낑낑 [어찌씨] 몹시 아프거나 힘에 겨워 괴롭게 자꾸 내는 소리 ㉥아지매가 낑낑 소리를 내며 무거운 짐을 지고 간다 **낑낑하다**

낑낑거리다 [움직씨] 몹시 아프거나 힘에 겨워 괴롭게 자꾸 외마디 소리를 내다 ㉥비탈길로 통나무를 낑낑거리며 메고 온 뒤 무릎앓이가 났다 **낑낑대다**

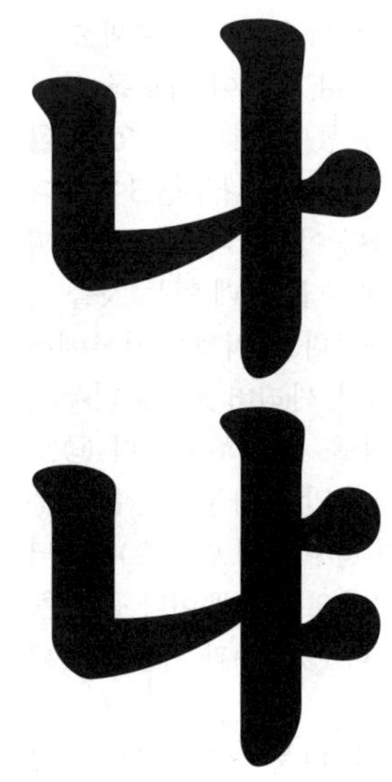

나 (갈이름씨) 말하는 사람이 스스로를 나타내는 말 ⓑ나 먹자니 싫고 남 주자니 아깝네

나가눕다 (움직씨) ❶좀 나가서 눕다 ⓑ마당 모깃불 옆 멍석에 벌렁 나가 누웠다 ❷일을 그만두거나 못하겠다고 버티다 ⓑ머시마가 더는 못하겠다고 나가눕자 가시나가 달래려고 다가갔다

나가다 (움직씨) ❶안에서 밖으로 가거나 뒤에서 앞으로 가다 ⓑ아침을 먹고 밭에 나가 김맸다 ❷살거나 있던 곳, 자리, 무리에서 다른 곳으로 가거나, 더는 그곳에 있지 않다 ⓑ아이가 집 나간 지 닷새째다 ⇐ 탈퇴하다. 퇴장하다 ❸터전을 더 넓은 데로 옮기다 ⓑ배움을 마치면 더 넓은 누리로 나가 살게나 ❹일터에 다니다 ⓑ아버지는 책 펴내는 곳에 나갑니다 ❺무엇이 잘 팔리다 ⓑ날씨가 더워 그런지 수박이 잘 나가네요 ❻번힘이 끊어지다 ⓑ번힘이 나가서 온 동네가 캄캄하다 ❼값이나 무게가 얼마에 이르다 ⓑ이 질그릇은 값이 얼마나 나갑니까? ❽얼이 없어지다 ⓑ아들이 죽었다는 말을 듣고 어머니는 얼이 나간 듯 눈물만 흘린다

나가떨어지다 (움직씨) ❶어떤 곳에서 물러나면서 세게 넘어지다 ⓑ언니는 얼음판에 미끄러져 벌렁 나가떨어졌다 ❷어떤 무리에서 아주 벗어나다 ⓑ한길이는 그 일 때문에 우리한테서 나가떨어진 거지 ❸몹시 지쳐서 힘을 못 쓰고 늘어져 눕다 ⓑ풀 하루 깎고 나가떨어지는 거야?

나가시 (이름씨) 그위집에서 집집마다 내게 하던 그위돈 ⓑ동네 사람 나가시에 얹혀사는 주제에 어디서 돈이 나서 한턱을 내겠소?

나귀 (이름씨) '당나귀' 준말. 말과 비슷하나 말보다 작고 귀가 긴 짐승. 몸이 튼튼하여 부리기 좋다

나그네 (이름씨) 나도는 사람. 살거나 있던 곳, 자리, 무리에서 다른 곳으로 가거나, 더는 그곳에 있지 않는 사람 ⓑ길 가는 나그네

나그네새 (이름씨) 깃들어 알을 까거나 한철을

나거나 하지 않고 봄가을에 지나가며 잠깐 들르는 철새. 물떼새, 도요새 따위

나그네집 이름씨 나그네에게서 돈을 받고 묵을 방을 빌려주는 집 한뜻말 손집 ⇐ 여관. 호텔

나긋나긋 어찌씨 몸씨나 말씨가 부드럽고 상냥한 꼴 ⓑ그 꽃님 목소리는 늘 나긋나긋해 **나긋나긋하다**

나긋이 어찌씨 느낌이 부드럽게 ⓑ나긋이 불어오는 봄바람 한뜻말 나긋하게

나긋하다 그림씨 느낌이 부드럽다 ⓑ나긋한 살결을 느끼다

나깨 이름씨 메밀을 갈아 가루를 체에 쳐내고 남은 속껍질 ⓑ개떡은 나깨, 노깨, 보릿겨 따위를 반죽하여 둥글넓적하게 만들어 찐다

나꿔채다 움직씨 낚아채다

나나니벌 이름씨 허리는 실같이 가늘고 몸빛은 검은데 나무속이나 땅속에 구멍을 파고 사는 벌

나난구리 이름씨 노녘 하늘 큰곰자리에서 가장 뚜렷이 보이는 국자꼴 일곱별 한뜻말 국자별 ⇐ 북두칠성

나날 이름씨 하루하루 이어지는 날들 ⓑ시골살이를 하다 보니 눈코 뜰 새 없이 바쁜 나날이야

나날말 이름씨 나날살이에 쓰는 말 ⇐ 상용어. 일상어

나날살이 이름씨 날마다 되풀이하는 삶 ⇐ 일상생활

나날쓸것 이름씨 먹을거리나 입을거리처럼 나날살이에 꼭 있어야 하는 것 ⇐ 생필품

나날이 어찌씨 ❶날마다 ⓑ아기 말이 나날이 느는구나 ❷하루도 빠짐없이 ⓑ누리에는 나날이 온갖 일이 일어난다

나노미터 이름씨 빛 결너비처럼 짧은 길이를 나타내는 하나치. 1나노미터는 1미터를 열 잘 디위 나눈 하나이다. 뜻말은 nm

나누기 이름씨 ❶나눗셈하기 ⓑ오늘은 곱하기와 나누기를 배우겠어요 ❷마음이나 생각을 터놓고 서로 주고받는 일 ⓑ오늘 함께 일하고 어땠는지 마음 나누기 해봐요

나누다 움직씨 ❶둘이나 여럿이 되도록 하다 ⓑ밤 한 주머니를 몫몫으로 나누었다 ❷나눗셈을 하다 ⓑ6을 2로 나누면 3이 된다 ❸한 핏줄을 저마다 이어받다 ⓑ우리는 피를 나눈 언니, 아우다 ❹한데 있는 것을 어떤 잣대에 따라 가르다 ⓑ버섯을 자루에서 꺼내 솔버섯, 밤버섯, 싸리버섯들로 나누었다 ❺말이나 생각을 서로 주고받다 ⓑ오랜만에 벗과 만나 속말을 나누었다 ❻먹을거리를 함께 먹다 ⓑ이렇게 만났으니 저녁이나 나누고 헤어져요 ❼기쁨이나 즐거움, 괴로움을 함께 겪다 ⓑ슬픔과 기쁨을 함께 나누다

나누어떨어지다 움직씨 나눗셈에서 나머지 없이 몫이 온수로만 되다 ⓑ나누어떨어지는 나눗셈

나누어주다 움직씨 몫을 지어서 갈라 주다 ⇐ 분배하다

나눔수 이름씨 나누기에서 어떠한 수를 나누는 수 ⇐ 제수

나눗셈 이름씨 어떤 수가 다른 수 몇 곱이 되는지 알아내는 셈 ⓑ곱셈은 쉬운데 나눗셈은 아직 어려워요 맞선말 곱셈

나뉘다 움직씨 '나누다' 입음꼴 ⓑ거기가 다섯 갈림길로 나뉘는 길목이라 그 집을 찾기가 쉽지 않아

나뉜몸 이름씨 한 몸덩이에서 갈라진 몸 ⓑ올케는 마치 오라버니 나뉜몸 같다 ⇐ 분신

나뉨 이름씨 한 몬이나 모둠, 생각이 갈라져 나뉨 ⓑ겨레 나뉨. 생각 나뉨 ⇐ 분열

나뉨수 이름씨 ❶나누기에서 어떤 수로 나뉘는 수 ⇐ 피제수 ❷옹근수, 푼수로 나타낼 수 있는 수. 옹근수와 갈수가 있으며 잔수로 나타내면 끝있잔수나 돌이잔수가 된다 ⇐ 유리수

나는접시 이름씨 누리 여러 곳에서 보았다고 하는 접시꼴 날틀 ⇐ 비행접시

나다[1] 움직씨 ❶겉이나 밖으로 나타나다 ⓑ싹이 나다. 땀이 나다. 샘이 나다. 피가 나다.

내가 나다 ❷뱃속아이나 짐승 새끼가 어미 몸 밖으로 나오다 ⓑ나는 시골에서 나서 시골에서 자랐다 ❸저절로 생기거나 일하여 만들다 ⓑ예로부터 구러바라에서 나는 배, 다고부루에서 나는 능금을 알아주었다 ❹뛰어난 사람이 생기거나 나타나다 ⓑ개천에서 미르 난다 ❺무엇이 낳아지다 ⓑ저자에 갔더니 벌써 햇밤과 햅쌀이 났더라 ❻구멍이나 자국이 생기다 ⓑ자루에 구멍이 난 줄도 모르고 고춧가루를 담다니 ❼돈이나 몬 따위가 생기다 ⓑ이 떡은 어디서 났어? ❽마음이 일다 ⓑ눈이 오니까 네 생각이 나서 말틀을 걸었어 ❾느낌이 일어나거나 나타나다 ⓑ아까부터 구수한 냄새가 나는데, 무슨 냄새지? ❿어떤 일이 알려지거나 책, 새뜸에 실리다 ⓑ오늘 새뜸에 난 글 좀 봐 ⓫보람이나 열매가 나타나다 ⓑ끝장이 나다. 보람이 나다 ⓬말썽이나 일이 벌어지다 ⓑ불이 나다. 배앓이가 나다 ⓭짬이나 겨를이 생기다 ⓑ짬이 나서 언니 집에 일손을 도우러 다녀왔어 ⓮쓰던 것을 쓰지 않아 비다 ⓑ빈자리가 나다. 집이 나다 ⓯길이나 문 따위가 어느 쪽으로 트이다 ⓑ바다로 난 길 ⓰어떤 나이에 이르다 ⓑ일곱 살 난 아들 ⓱생김새나 됨됨이가 뛰어나다 ⓑ입을수록 멋이 나는 옷. 난 사람 ⓲여럿이 얽히는 일이 생기다 ⓑ일자리가 나다. 싸움이 나다 ⓳(어, 아 꼴 움직씨에 붙어) 그 움직임이 뜻하는 것을 여러 디위 겪거나 치르다 ⓑ먹어나다. 읽어나다. 보아나다. 자라나다 ⓴(어, 아 꼴 움직씨에 붙어) 그 움직임이 이어지다 ⓑ피어나다. 깨어나다. 살아나다. 뻗어나다 ㉑(어, 아 꼴 그림씨에 붙어) 그림씨가 뜻하는 바탈이 얼마만큼에 이름을 나타내다 ⓑ부러워나다. 반가워나다 [슬기말] **난 가난 든 가면이** 겉으로는 가난하게 보이나 속으로는 알찬 사람 [한뜻말]난 거지 든 가면이

나다[2] [움직씨] ❶철이나 동안을 지내다 ⓑ시골에서 겨울을 나다 ❷살림을 차리려고 갈라져 나오다 ⓑ작은아들이 살림을 나다

-나다 [뒷가지] (어떤 이름씨에 붙어) 그런 바탈이 있음을 나타내는 말 ⓑ맛나다. 재미나다. 짜증나다

나다니다 [움직씨] 밖으로 나가 여기저기로 돌아다니다 ⓑ밤늦도록 나다니지 말게

나달[1] [이름씨] 흘러가는 때. 날과 달이라는 뜻 ⓑ우리 사랑은 나달이 지나도 바뀌지 않기를 [한뜻말]해달 ⇐ 세월

나달[2] [이름씨] 나흘이나 닷새쯤 ⓑ일은 나달 안에 끝내도록 해주시오

나대지 ⇒ 빈터. 알땅

나돌다 [움직씨] ❶밖으로 나가서 여기저기로 돌다 ⓑ엄마한테 꾸지람을 들은 아우는 하루 내내 나돌았다 ❷말이나 새뜸이 여기저기 퍼지다 ⓑ옆집 큰아들이 빈털터리가 되었다는 말이 나돈다 ❸무엇이 이리저리 돌아다니거나 여기저기 눈에 띄다 ⓑ저자에 거짓 돈이 나돈다 ❹기운이나 마음이 겉으로 드러나다 ⓑ슬기 나도는 가시나 얼굴

나동그라지다 [움직씨] 뒤로 물러나면서 넘어져 구르다. 또는 내팽개쳐지다 ⓑ언니가 힘껏 밀치자 바위가 나동그라졌다. 빈 그릇이 나동그라지며 깨졌다

나뒹굴다 [움직씨] ❶뒤로 물러나면서 넘어져 이리저리 구르다 ⓑ몹쓸 놈들 발길에 걷어차여 나뒹굴었어 ❷이리저리 마구 엉기어 구르다 ⓑ모래판에서 나뒹굴며 노는 아이들 ❸제자리에 있지 않고 어지럽게 널려 이리저리 구르다 ⓑ방바닥에 나뒹구는 옷가지

나드리[1] [이름씨] 가람이나 내가 굽은 곳 바깥쪽 낮은 터

나드리[2] [이름씨] 큰길에서 동떨어진 마을로 들어가는 갈림길에 붙는 땅이름. 우리나라 땅이름에 많다 ⓑ곱들나드리. 쇠나드리. 배나드리. 너븐나드리 ⇐ 입구

나들가게 [이름씨] 마을에 있는 작은 가게. 집에서 가볍게 드나드는 곳에 있는 가게 ⓑ나들가게에 뛰어가서 마실 것 좀 사 오렴

나들개 [이름씨] 김뭡틀이나 속탐뭡틀 실린더 속

에서 오감뭄을 하는 것 ⇐ 피스톤

나들곳 이름씨 나들문이 있는 자리 ⇐ 현관

나들길 이름씨 나들이를 가는 길 ⓑ나들길부터 마음이 설렌다 ⇐ 투어

나들다 움직씨 ❶어떤 곳에 많은 것이 들고 나고 하다 ❷어떤 곳에 자주 왔다 갔다 하다 ❸여러 곳에 자주 들고 나고 하다

나들돈 이름씨 나간돈과 들온돈 한뜻말나들 ⇐ 수지

나들마당 이름씨 마을에서 가볍게 가까이 드나들 수 있는 열린 자리나 곳 ⓑ우리 나들마당에서는 배울거리가 많다 ⇐ 문화센터. 광장

나들목 이름씨 나가고 들고 하는 길목 ⓑ한밭 나들목이 수레로 붐빈다 ⇐ 인터체인지. 출입구

나들문 이름씨 집이나 큰집, 모둠집 따위를 드나드는 입새에 있는 문

나들벗 이름씨 나들이를 같이 다니는 벗 ⓑ얘는 내 나들벗이야

나들이 이름씨 집을 잠깐 떠나 가까운 곳을 다녀오는 일 ⓑ쉬는 날 나들이 가기로 했다 ⇐ 행차 **나들이하다**

나들이날틀 이름씨 손님을 태워 나르는 날틀 ⇐ 여객기

나들이배 이름씨 손님을 태워 나르는 배 ⇐ 여객선

나들이옷 이름씨 나들이할 때 입는 옷 ⓑ곱게 차려입은 나들이옷 한뜻말갈음옷 ⇐ 외출복

나들이채비 이름씨 나들이할 때 차림과 몬⇐ 여장. 행장

나들잇벌 이름씨 나들이할 때 입는 좋은 옷이나 신 ⓑ멋진 나들잇벌을 갖고 싶다

나들집 이름씨 마을에서 가볍게 드나들 만한 집 ⓑ우리 마을 나들집에는 맛있는 군것질거리가 가득하다

나들책 이름씨 다른 나라를 나들이 하는 사람이 지니는 작은 책. 어느 나라 사람임을 나타낸다 한뜻말나들표 ⇐ 여권

나들터 이름씨 마을에서 가볍게 드나들 수 있는 곳 ⓑ드디어 우리 마을에도 나들터가 새로 문을 열었다 ⇐ 문화센터

나뜨다 움직씨 물 위나 하늘에 나타나 뜨다 ⓑ 가람 위에 나룻배가 나뜨다. 흰구름 둥둥 나뜬 하늘

나라 이름씨 같은 땅에 사는 사람들로 이루어지고 백성이 임자로서 스스로를 다스리는 짜임을 갖춘 모둠살이. 임금이 임자이거나 몇몇 돈 많은 사람들이 임자이거나 쏘개칼을 잡은 잠개잡이들이 임자인 곳처럼 아직도 제대로 나라 꼴을 못 갖춘 나라 같지 않은 나라도 많다 ⓑ우리 겨레가 세울 백성이 참 임자되는 나라 이름은 아름나라가 좋을까 아침나라가 좋을까. 아니면 해나라, 빛나라, 배달나라가 좋을까

나라갈 이름씨 제 나라에만 있는 발자취, 말, 삶버릇, 믿음, 나라틀, 솜씨꽃 따위를 깊이 파고드는 갈. 말갈, 나라삶꽃갈, 겨레삶갈, 겨레삶자취갈 따위 ⇐ 국학

나라걱정이 이름씨 나라가 잘못될까 걱정하며 잘되도록 하는 사람 ⇐ 우국지사

나라깃발 이름씨 한 나라를 뜻하도록 만든 깃발. 우리나라는 큰끝깃발이다 ⇐ 국기

나라꽃 이름씨 나라를 갈음하여 나타낼 만한 꽃 ⓑ우리나라 나라꽃은 우리말로 무엇으로 하면 좋을까?

나라님 이름씨 나라 임자 ⓑ저마다 스스로가 나라님인 줄 모르고 나라머슴 온 것을 나라임자 온 듯이 다들 몰려나와 반기며 맞았다

나라땅 이름씨 한 나라가 다스리는 곳 ⇐ 국토

나라말 이름씨 제 나라 말 ⓑ사람은 모름지기 나라말을 잘 배워 익혀 써야지 ⇐ 국어

나라모임 이름씨 아람이 뽑은 갈음남으로 이뤄진 벼리짓는 곳. 아람 뜻을 받들어 벼리를 짓고 나라살림말과 벼리가름말을 지켜보고 잡도리한다 ⇐ 국회

나라뭠그림 이름씨 우리나라 뭠그림 ⇐ 방화

나라밖겨레 이름씨 나라 밖에 사는 우리 겨레 ⇐ 재외동포

나라사귐 이름씨 다른 나라와 사이좋게 사귀

는 일 ⇐ 외교

나라사귐꾀 이름씨 다른 나라를 사귀는 꾀 ⇐ 외교정책

나라사귐맡 이름씨 다른 나라를 사귀는 꾀와 사귐다짐 같은 일을 맡아보는 곳 ⇐ 외교부

나라사귐이 이름씨 다른 나라에 살면서 제 나라를 갈음나서 사귀는 일을 하는 사람 ⇐ 외교관

나라사귐힘 이름씨 한 나라가 다른 나라와 사귈 수 있는 힘 ⇐ 외교권

나라사랑 이름씨 제 나라를 사랑하는 것 ⇐ 애국

나라사랑노래 이름씨 우리나라 노래 ⇐ 애국가

나라사랑마음 이름씨 제 나라를 사랑하는 마음 ⇐ 애국심

나라사랑이 이름씨 나라 사랑하는 사람 ⇐ 애국자. 애국지사

나라사이씨돈 이름씨 여러 나라에서 번 돈을 모아두었다가 나라살림이 어려운 나라에 빌려주는 일을 하는 곳 ⇐ 아이엠에프

나라사이얼개 이름씨 나라 사이에 어떤 과녁이나 뭠을 하려고 둘 넘는 나라가 모여 이루는 짜임덩이 ⇐ 국제기구

나라사이일얼개 이름씨 나라마다 일갖춤과 일꾼자리를 좋게 하려고 엮은 나라사이얼개 ⇐ 국제노동기구

나라살림 이름씨 나라 다스림 가운데 벼리짓기와 벼리가름을 뺀 나라살림살이. 벼리 아래에서 벼리 다스림을 받으며 나랏일을 함 한뜻말 벼리살림 ⇐ 행정

나라살림꾼 이름씨 나라살림을 맡아보는 일꾼 한뜻말 벼리살림꾼 ⇐ 행정관

나라살림맡 이름씨 나라 다스리는 세 힘 나눔에 따라 나라살림을 맡아보는 곳 한뜻말 벼리살림맡 ⇐ 행정부

나라살림터 이름씨 나라살림을 맡아보는 그위집 한뜻말 벼리살림터 ⇐ 행정기관

나라새 이름씨 나라를 갈음나는 새 ⇐ 국조

나라시중 이름씨 나라를 갈음나서 다른 나라에 가서 나라사귐을 맡아보는 자리. 또는 그런 사람 ⇐ 대사

나라안살림맡 이름씨 나라살림을 새롭게 하고 고장살림을 스스로 하게 하며 나라안살림을 맡아보는 그위집 ⇐ 행정안전부

나라지킴 이름씨 다른 나라가 쳐들어오거나 나라 사이 사이좋음을 깨뜨리는 일을 미리 막고 나라가 홀로 서서 아무 일 없도록 지키는 일 ⇐ 안보. 호국

나라헤살꾼 이름씨 자기 나라나 겨레, 다스림이를 거스른 사람 한뜻말 나라헤살이 ⇐ 역적

나락 이름씨 낟알이라는 뜻으로 '벼'를 달리 이르는 말 ⓑ나락이 벌써 알을 뱄네

나락 (奈落) ⇒ 구렁텅이

나락뒤주 이름씨 벼를 갈무리하려고 짚을 엮어 둘러치고 이엉으로 지붕을 만든 것

나란걸음 이름씨 ❶나란히 내딛는 걸음 ❷모두 나란히 움직이는 모습으로 나아가는 걸음

나란대 이름씨 사람 키만 한 네 기둥 위에 막대기 두 낱을 나란히 올리고 어깨너비만큼 벌려놓은 몸뭠틀 ⇐ 평행봉

나란하다 그림씨 여럿이 줄을 지어 늘어선 모습이 가지런하다 ⓑ자란 마을로 가는 길가에 소나무들이 나란하게 늘어서서 나를 반겼다 ⇐ 평행하다

나란히 어찌씨 여럿이 늘어선 꼴이 가지런하게 ⓑ아이들이 잔디밭에 나란히 앉았다

나란히금 이름씨 한 반반낯 위에 나란히 있어 서로 만나는 일이 없는 두 곧은 금 한뜻말 나란금 ⇐ 평행선

나란히꼴 이름씨 마주 보는 두 짝 곁이 서로 나란한 네모꼴 ⇐ 평행사변형

나랍꾸러기·나랍더기 이름씨 남에게 업신여김을 받는 사람이나 몬 ⇐ 천덕꾸러기

나랍다 그림씨 ❶지체나 자리 따위가 낮다 ⓑ옛날에는 노릇바치들이 나랍다고 여겼다 ❷하는 짓이나 모습이 점잖지 못하고 상스럽다 ⓑ하는 짓이 나라워 남한테 손가락질을 받는다 ❸너무 흔하여 놀지 않다 ⓑ흔해빠져 나라운 때알림이를 하나 나한테 주

었다

나랍더기 이름씨 남에게 업신여김을 받는 사람이나 몬 한뜻말 나랍꾸러기 ⇐ 천더기. 천덕구니. 천덕꾸러기

나랏돈 이름씨 나라에서 쓰는 돈. 또는 앞으로 쓰려고 모아 둔 돈 ⓑ나랏돈을 제 주머닛돈처럼 여기는 나라머슴들이 쨌다

나랏빚 이름씨 나라가 나라 안팎 사람들에게 갚아야 할 돈 ⓑ백성 짐인 나랏빚을 알뜰하게 쓰지 않는 멍청한 나라일꾼이 아직도 있다며? ⇐ 국채

나랏일 이름씨 백성을 임자로 모시고 알뜰히 보살피는 일 ⓑ우리 나라지기는 나랏일을 올바르게 꿰뚫어 알고 있을까? ⇐ 국사

나랏일꾼 이름씨 나랏일을 맡아서 하는 사람 ⇐ 공무원. 공직자

나래[1] 이름씨 **1** 날게 하는 것 ⓑ나비는 나래를 접으며 꽃 위에 내려앉았다 한뜻말 날개 **2** 어떤 일을 할 수 있는 힘과 씩씩한 마음 ⓑ마음을 바르게 닦지 않으면 온갖 생각에 나래를 달아주는 꼴이 된다

나래[2] 이름씨 논밭을 반반하게 펴는 여름지이 연장. 써레와 비슷하나 아래에 발을 갈음하여 널빤지를 가로 대어 자갈이나 흙 따위를 밀어내는 데 쓴다

나래[3] 이름씨 배를 젓는 연장 가운데 하나. 메보다 짧으며 두 낱으로 되어 배 두 켠에서 젓는다

나래글발 이름씨 나래로 나르는 글월을 통틀어 이르는 말 ⇐ 우편물

나루 이름씨 **1** 가람이나 내, 바다에서 사람이나 짐을 실어나르는 작은 배가 닿는 곳 ⓑ배가 나루로 들어온다 **2** 줄수레가 떠나거나 멈춰 서는 곳 ⇐ 역

나루고을 이름씨 바다나루로 이루어진 고을 ⇐ 항도. 항구도시

나루지기 이름씨 나루터를 지키는 사람 ⓑ아저씨는 요즘 나루지기로 산다 한뜻말 나루터지기

나루터 이름씨 **1** 가람이나 내, 바다에서 나룻배가 뜨고 닿는 곳 ⓑ나루터는 배를 기다리는 사람들로 붐볐다 **2** 배를 대어 사람과 짐이 뭍이나 배로 오르내릴 수 있는 곳 ⇐ 부두

나룻 이름씨 입 둘레나 턱 또는 뺨에 난 털 ⓑ할아버지는 빙긋이 웃으며 흰 나룻을 쓰다듬었다 ⇐ 수염

나룻배 이름씨 나루에서 사람이나 짐을 실어 나르는 작은 배 ⓑ나룻배에 탄 아버지 모습

나룻뿌리 이름씨 밑뿌리와 곁뿌리가 나눠지지 않고 뿌리줄기에서 나룻처럼 가늘게 많이 뻗은 뿌리. 벼나 보리, 밀에서 볼 수 있다 한뜻말 털뿌리 ⇐ 수염뿌리

나르개 이름씨 **1** 몬을 나르는 데 쓰는 작은 연장 ⇐ 캐리지. 컨베이어 **2** 쇠붙이나 가웃흐름덩이에서 번힘을 흐르게 하는 알씨 ⇐ 전도체

나르기 이름씨 흙이나 모래, 자갈 같은 것을 바람이나 물 힘으로 다른 곳으로 옮기는 일 ⇐ 운반작용

나르다 움직씨 사람이나 짐을 한 곳에서 다른 곳으로 옮기다 ⓑ이삿짐을 날라야 하는데 일손이 모자라네

나른하다 그림씨 기운이 풀리거나 빠져서 아무것도 할 마음이 나지 않다 ⓑ봄이 되니 온몸이 나른하다 큰말 느른하다

나름 이름씨 **1** 됨됨이나 하기에 달린 것 ⓑ사람 나름. 보기 나름 **2** 저마다 가진 힘이나 보람 ⓑ네 나름대로 해라

나름삯 이름씨 나르는 삯으로 주거나 받는 돈 한뜻말 짐삯 ⇐ 운송비

나름이 이름씨 먹는 곳에서 밥이나 그릇을 나르는 사람

나름일 이름씨 돈을 받고 사람을 태워 주거나 몬을 실어나르는 일 ⇐ 운송업

나리[1] 이름씨 벼슬아치를 높여 부르던 말 ⓑ사또 나리

나리[2] 이름씨 메와 들에 절로 나서 자라는 참나리, 멧나리, 솔나리, 말나리, 땅나리들을

통틀어 이르는 말. 여름에 예쁜 꽃이 핀다

나릿나릿 (어찌씨) **1** 몸짓이 좀 느리고 굼뜬 꼴 ⓑ언니 손놀림은 나릿나릿 굼뜨다 **2** 사이나 짜임새가 느슨하거나 성근 꼴 ⓑ가마니 새끼는 나릿나릿 꼬아야 걸리는 데가 없다 **나릿나릿하다**

나막신 (이름씨) 옛날에 나무를 깎아서 만든 신. 앞뒤에 굽이 달려 비 올 때 많이 신었다

나많다 (그림씨) 나이가 많다 ⓑ요즘 나많은 사람 알아주나요?

나많은이 (이름씨) 나이 많은 이 ⓑ나많은이라고 다 같은 뜨레가 아니야 ⇐ 노인

나머지 (이름씨) **1** 모두에서 얼마큼을 빼고 남은 것 ⓑ이 돈에서 쓰고 나머지는 네가 가져라 ⇐ 여분. 여타 **2** 어떤 일을 하다가 다 못 마치고 남은 것 ⓑ오늘 못 한 나머지 일은 나중에 해라 **3** 나눗셈에서 나누어떨어지지 않고 남은 수 ⓑ11을 5로 나누면 나머지가 1이다 **4** ('-ㄴ', '-은', '-던' 뒤에 써) 어떤 일이나 뭠 열매 ⓑ기쁜 나머지 눈물이 났다. 놀란 나머지 소리를 질렀다

나무 (이름씨) **1** 줄기와 가지가 단단한 바탕으로 된 여러해살이 목숨 ⓑ여러 가지 나무를 한 그루씩 심었다 **2** 집을 짓거나 세간을 만드는 데에 쓰려고 손질한 밑감 ⓑ나무로 책놓개를 만들다 **3** 불을 피우려고 알맞게 잘라놓은 땔감. 땔나무 준말 ⓑ얼른 나무 한 짐 해놓자

나무가위 (이름씨) 나뭇가지를 자르는 가위 ⇐ 전정가위. 전지가위

나무갓 (이름씨) 나무에서 가지와 잎이 많이 달린 줄기 위쪽

나무거울 (이름씨) 겉보기는 그럴듯하나 아무 쓸모가 없는 것. 또는 그런 사람 ⓑ걘 겉보기와는 달리 나무거울이야

나무굿[1] (이름씨) 주검을 큰 나뭇가지에 매달아 놓는 굿. 뜨야기 따위 돌림앓이로 죽은 아이를 이렇게 굿지냈다

나무굿[2] (이름씨) **1** 주검을 거적에 싸서 땅에 묻고 그 위에 나무를 심는 굿 ⇐ 수목장 **2** 주검을 불에 태워 그 뼛가루를 나무 아래 묻거나 뿌리는 굿 ⇐ 수목장

나무꼴 (이름씨) 갈래나 터전에 따른 보람을 지닌 나무 모습 ⇐ 수형

나무꼴그림 (이름씨) 점을 이어 나뭇가지꼴로 나타낸 그림 ⇐ 수형도

나무꾼 (이름씨) 메에서 땔나무를 해다가 팔아서 먹고사는 사람 ⓑ나무꾼과 하늘가시나

나무나이 (이름씨) 나무 나이 ⓑ이 잣나무는 나무나이가 온해는 넘은 것 같아 ⇐ 수령

나무날 (이름씨) 이레 가운데 달날부터 쳐서 넷째 날 ⇐ 목요일

나무늘보 (이름씨) 더운 나라 숲속에서 나뭇잎이나 열매를 따먹고 사는 잔나비 비슷하게 생긴 짐승. 움직임이 매우 느리고 잠을 많이 잔다

나무라다 (움직씨) **1** 잘못을 가리키며 알아듣도록 말하다 ⓑ스승님은 싸운 아이들을 나무랐다 **2** 못마땅하게 여겨 모자란 점을 말하거나 탓하다 ⓑ일을 나무랄 데 없이 잘 끝냈다 ⇐ 비난하다. 힐난하다

나무막대 (이름씨) 가늘고 긴 나무토막

나무말미 (이름씨) 오랜 장마 가운데에 날이 잠깐 개어 풋나무를 말릴 만한 겨를 ⓑ올해 장마 때에는 나무말미도 없이 줄곧 비가 내렸다

나무밥 (이름씨) 나무를 톱으로 자르거나 대패로 다듬을 때 나오는 나무 부스러기

나무발 (이름씨) 다리가 아프거나 걷기 어려운 사람이 서거나 걸을 때 겨드랑이에 끼는 지팡이 한뜻말 짝지발. 짝지팡이 ⇐ 목발

나무별 (이름씨) 해에서 다섯째로 가까운 떠돌이별. 해 둘레 떠돌이별 가운데 가장 크고 해돌이 돌은 11.86해쯤 된다 ⇐ 목성

나무숲 (이름씨) 볼거리로나 나무바탈을 알아내려고 여러 가지 나무를 심어 기르는 곳 ⇐ 수목원

나무심기 (이름씨) 어린나무나 모를 심거나 큰 나무를 옮겨 심는 일 ⇐ 식목. 조림

나무쌓 (이름씨) 나무로 여러 켜나 높고 뾰쪽하

게 세운 쌓 ⇐ 목탑

나무아지 이름씨 어리고 잔 나뭇가지 ⓑ파릇파릇 새잎이 싹트는 나무아지

나무오리 이름씨 가늘고 긴 나뭇조각

나무절구 이름씨 통나무 속을 파서 만든 절구. 집에서 마늘이나 고춧가루를 빻는 데 쓴다

나무젓가락 이름씨 나무를 자르거나 깎아 만든 젓가락

나무줄기 이름씨 나무뿌리에서 가지까지 뻗은 줄기. 외대로 자라는 것과 여러 대로 자라는 것이 있다

나무초리 이름씨 나뭇가지 가느다란 끝 쪽 ⓑ나무초리 끝에 나비가 앉아 쉰다

나무토막 이름씨 나무가 잘리거나 부러져서 생긴 토막 ⓑ나무토막으로 썰매 발통도 만들고 송곳도 만들었다

나무하다 움직씨 메에 가서 낫이나 톱으로 나무를 자르거나 베어서 땔나무를 마련하다 ⓑ톱을 챙겨 뒷메로 나무하러 갔다

나문재 이름씨 바닷가 소금기가 있는 땅에서 자라는 풀. 잎은 어린 소나무 잎 같고 어린 싹은 먹는다

나물 이름씨 사람이 먹을 수 있는 풀이나 나뭇잎. 또는 그것으로 만든 먹을거리 ⓑ꽃바구니 옆에 끼고 나물 캐는 아가씨

나물죽개 이름씨 나물을 날것으로 먹어 죽개가 쌓여 생긴 앓이 ⇐ 채독

나뭇가지 이름씨 나무줄기에서 뻗어나간 가지 ⓑ나뭇가지에 앉은 참새

나뭇결 이름씨 나무를 세로로 자른 낯에 나타나는 무늬나 결 ⓑ나뭇결이 고운 마루

나뭇단 이름씨 땔나무를 묶은 단 ⓑ땔나무가 떨어졌으니 부엌에 나뭇단 좀 들여줘

나뭇더미 이름씨 나무를 많이 쌓아 가려놓은 더미 ⓑ시골에서는 해마다 소깝이나 물거리를 해다가 나뭇더미를 가려놓는다

나뭇잎 이름씨 나무줄기나 가지에 달리는 잎 ⓑ나뭇잎을 배 삼아 물에 띄워 노는 소꿉놀이

나뭇진 이름씨 나무껍질이나 나무살에서 흘러나오는 진 ⇐ 수액. 수지. 수즙. 목즙

나바라 이름씨 노미리나 하늬녘에 있는 고장. 가르치고 배우기를 종요롭게 여겨 높배곳이 다섯낱 있다. 흔히 과일과 남새 따위를 키우거나 소를 치는 일, 올실이나 번힘몬을 만드는 일을 많이 한다 ⇐ 청주

나바라노 이름씨 서울 옆고장 갑하늬녘에 있는 고을. 벼 여름지이와 밭여름지이 밖에도 하늬머루, 복숭아를 많이 한다 ⇐ 시흥

나박김치 이름씨 무를 얇고 네모지게 썰어서 절인 것에 미나리, 고추, 파, 마늘, 재피, 새앙을 넣고 국물이 많게 담근 김치 ⓑ어머니는 봄이 되면 나박김치를 잘 담근다

나발 이름씨 ❶쇠붙이로 긴 대롱같이 만든 부는 가락틀. 입에 대고 부는 쪽은 가늘고 맞은쪽은 호박꽃처럼 퍼진 꼴이다 ⓑ아침 나발 소리에 잠이 깼다 ⇐ 나팔 ❷함부로 떠벌리는 그릇된 말이나 허튼 소리 ⓑ헛나발. 개나발 ❸앞말을 업신여기거나 얕잡을 때 쓰는 말 ⓑ임금이고 나발이고. 빚이고 나발이고

나발꽃 이름씨 잎은 세 갈래로 갈라지고 잎 둘레는 밋밋하며 줄기에 어긋나게 나고 여름에 왼쪽으로 감기는 덩굴줄기에 나발 꼴로 피는 꽃. 아침에 피고 한낮에 오므라든다 ⇐ 나팔꽃

나발바지 이름씨 가랑이가 아래쪽으로 내려가면서 나발 꼴로 퍼진 바지 ⓑ한때 나발바지가 뜬 적이 있다 ⇐ 나팔바지

나방 이름씨 나비 비슷하나 나비보다 살이 찌고 밤에 뛰는 벌레. 쉴 때는 날개를 편다 ⓑ나방과 나비를 가려 볼 줄 아는 눈

나번득이다 움직씨 함부로 나가 쏘다니거나 돌아치다 ⓑ그렇게 나번득이다가는 큰코다칠걸

나병 ⇒ 문둥앓이

나부끼다 움직씨 얇은 것이 바람을 받아 가볍게 움직이다 ⓑ깃발만 바람에 홀로 나부낀다

나부대다 움직씨 가만히 있지 못하고 철없이

촐랑거리다 ⓑ애야, 나부대지 말고 가만히 좀 있어라 비슷한말 나대다

나부라지다 움직씨 나부죽이 바닥에 늘어지다 ⓑ지게를 벗자마자 땅바닥에 그대로 나부라졌다

나부랭이 이름씨 ❶헝겊이나 종이, 지푸라기 따위 작은 오라기 ⓑ방바닥에 헝겊 나부랭이들이 흩어져 있다 ❷사람이나 몬을 하찮게 이르는 말 ⓑ이것도 살림 나부랭이라고 차린 거냐

나부루 이름씨 온바라고장 마녘 바닷가에 있는 고을 ⇐ 여수

나부룩하다 그림씨 늘어진 모습이 차분하다 ⓑ가느다란 목덜미가 나부룩한 머리에 덮였다

나부죽이 어찌씨 ❶작은 것이 좀 넓고 펀펀한 듯하게 ⓑ좀 나부죽이 생긴 얼굴에 웃음을 머금었다 ❷납작하게 천천히 엎드리는 꼴 ⓑ우리는 할배한테 나부죽이 절을 했다

나부죽하다 그림씨 작은 것이 좀 넓고 펀펀한 듯하다 ⓑ나부죽한 그릇

나불거리다 움직씨 ❶종이나 천 같은 가벼운 것이 바람에 가볍게 자꾸 움직이다 ⓑ바람에 깃발이 나불거린다 ❷가볍게 입을 놀려 말하거나 까불어대다 ⓑ주둥이를 나불거리며 이어 떠든다 **나불대다**

나불나불 어찌씨 ❶종이나 천 같은 가벼운 것이 바람에 가볍게 움직이는 꼴 ⓑ봄바람에 치맛자락이 나불나불 흔들린다 ❷가볍게 입을 놀려 말하거나 까불어대는 모습 ⓑ아이가 말을 배우더니 나불나불 잘도 지껄인다 **나불나불하다**

나붓거리다 움직씨 종이나 천 같은 가벼운 것이 바람에 좀 빠르게 자꾸 움직이다 ⓑ바람에 깁 목도리가 나붓거린다 **나붓대다**

나붓나붓 어찌씨 천이나 종이 같은 얇은 것이 바람을 받아 좀 빠르고 가볍게 움직이는 꼴 ⓑ바람에 문종이가 나붓나붓 떨린다 **나붓나붓하다 나붓나붓이**

나붓이 어찌씨 얌전하게 고개를 숙여 절하는 꼴 ⓑ며느리는 나한테 나붓이 절을 했다

나붙다 움직씨 밖으로 드러나게 붙다 ⓑ잃어버린 강아지를 찾는다는 글이 골목마다 나붙었다

나비[1] 이름씨 몸은 가늘고 두 날개는 넓적하고 온갖 무늬가 있으며 나방과 달리 날개를 접고 앉으며 꽃꿀이나 나무물을 빨아먹고 사는 벌레

나비[2] 이름씨 종이나 천 같은 것 가로 길이 ⓑ옷감 나비가 좁아 옷 짓기가 까다롭다

나비나물 이름씨 줄기가 무더기로 나며 흰자밭이 많아 집짐승 먹이로 좋은 풀. 어린싹과 잎은 나물로 한다 한뜻말 콩대가리

나비넥타이 ⇒ 나비목댕기

나비눈 이름씨 못마땅해서 눈알을 굴려, 보고도 못 본 체하는 눈짓

나비매듭 이름씨 실이나 끈으로 나비꼴로 만든 매듭

나비물 이름씨 옆으로 쫙 퍼지게 끼얹는 물

나비잠 이름씨 아이들이 날개 펼친 나비처럼 두 팔을 벌리고 자는 잠 ⓑ아기가 나비잠을 잔다

나비질 이름씨 낟에 섞인 쭉정이, 검부러기, 먼지 따위를 날리려고 키로 부쳐 바람을 일으키는 일 ⓑ요즘은 시골에서 나비질하는 모습을 보기가 어렵다

나비춤 이름씨 나비가 날듯이 추는 춤

나빠지다 움직씨 나쁘게 되다 ⓑ속이 더 나빠져서 며칠 동안 흰죽을 먹었다 ⇐ 악화되다

나쁘다 그림씨 ❶무엇이 좋지 않아 마음에 안 든다 ⓑ종이가 나쁘다. 거짓말은 나쁘다 ❷마음씨가 좋지 않다 ⓑ마음보가 나쁘다 ❸몸 어디가 좋지 않다 ⓑ눈이 나쁘다 ❹사이가 벌어져 가깝지 않다 ⓑ사이가 나쁘다 ❺먹은 것이 양에 차지 않다 ⓑ점심을 나쁘게 먹었다 ❻몸에 좋지 않다 ⓑ담배는 몸에 나쁘다

나쁜깨비 이름씨 사람들을 괴롭히거나 못된 짓을 하게 하는 아주 나쁜 뜬것, 또는 그런 짓을 하는 못된 사람 ⇐ 악마

나쁜꾀 (이름씨) 남을 괴롭히려는 아주 고약하고 못된 꾀 한뜻말 못된꾀 ⇐ 흉계

나쁜꿈 (이름씨) 기운 따위가 좋지 않은 꿈 ⇐ 악몽. 흉몽

나쁜떼 (이름씨) 도둑질이나 때리는 일 같이 나쁜 짓을 일삼는 사람 무리 ⇐ 악당

나쁜뜬말 (이름씨) 아주 좋지 않다고 알려진 뜬말이나 뭇사람 말 ⇐ 악명

나쁜뜻 (이름씨) 남을 좋지 않게 하려는 나쁜 마음 ⇐ 악의

나쁜마음 (이름씨) 사람으로서 지녀야 할 마음에 어긋나는 마음가짐 맞선말 좋은마음. 착한마음 ⇐ 악덕

나쁜말 (이름씨) 남을 나쁘게 말하거나 좋지 않은 일이 일어나도록 퍼붓는 말 한뜻말 몹쓸말 맞선말 좋은말 ⇐ 악담

나쁜버릇 (이름씨) 옛날부터 내려오는 나쁜 내림버릇 ⇐ 폐습

나쁜벼리 (이름씨) 사람살이에 도움이 되지 않고 오히려 헤살을 끼치는 나라 짜임새나 얼개 ⇐ 악법

나쁨 (이름씨) 사람으로서 마땅히 해야 할 것에 견줘 어긋나 좋지 않은 것 맞선말 착함 ⇐ 악

나사·나사못 ⇒ 타래못. 돌림못

나서다 (움직씨) **1** 밖이나 앞으로 나와 서다 ⓑ집을 나섰다 **2** 나타나거나 생기다 ⓑ드디어 땅을 사겠다는 사람이 나섰다 **3** 어떤 일에 끼어들거나 가로맡다 ⓑ쓸데없이 남 일에 나서지 마라 **4** 어떤 일을 비롯하다 ⓑ돈을 벌려고 고구마 장수로 나섰다 **5** 발을 들여놓다 ⓑ우리말을 살려 쓰는 길에 나서다

나선 ⇒ 소용돌이금

나선은하 ⇒ 소용돌이 미리내

나선형 ⇒ 소라꼴. 소용돌이꼴

나수개 (이름씨) 앓이를 고치는 데 쓰는 틀이나 연장 ⇐ 의료기기

나수다 (움직씨) 앓이를 다스려 낫게 하다 ⓑ어떤 앓이라도 낫개바늘로 나수는 용한 나숨이가 있다고?

나숨 (이름씨) 앓이를 고치는 재주나 솜씨로 앓이를 다스리는 일 ⇐ 의료. 치료

나숨갈 (이름씨) 앓이를 미리 막고 고쳐 몸을 튼튼하게 하는 것을 파고드는 갈 ⇐ 의학

나숨갈이 (이름씨) 나숨갈을 파고드는 사람 ⇐ 의학자

나숨방 (이름씨) 앓이를 나수려고 앓는이가 머무는 방 ⇐ 병실. 입원실

나숨집 (이름씨) 앓는이를 샅샅이 살펴보고 앓이를 고치는 여러 가지 갖출것과 나숨이가 마련된 곳 ⇐ 병원. 의원. 한의원

나숨집듦 (이름씨) 나숨집에 들어감 ⇐ 입원

나숨집쉼 (이름씨) 나숨집이나 나숨이가 하루 또는 한동안 아픈이를 돌보지 않고 쉬는 일 ⇐ 휴진

나숨채 (이름씨) 나숨집 안에 앓는이가 머무는 집 한 채 한 채 ⇐ 병동

나슨하다 (그림씨) **1** 마음이 탁 풀리어 힘씀이 없다 ⓑ마감날에 맞춰 일을 끝내고 나슨하게 한잠 푹 잤다 큰말 느슨하다 **2** 늘어지거나 죄어 매지 않아 헐겁다 ⓑ말뚝을 나슨하게 박아서 좀 있다가 다 쓰러졌어 **나슨히**

나아가다 (움직씨) **1** 앞으로 가다 ⓑ누리는 풀숲을 헤치며 나아갔다 **2** 어떤 일을 이루려고 애써 나가다 ⓑ겨레를 하나로 잇는 길로 우리 함께 나아갑시다 **3** 하는 일이 차츰 되어가다 ⓑ올해 나물 뜯기가 잘되어 나아갑니까?

나아지다 (움직씨) 어떤 일이 좋아지다 ⓑ날마다 조금씩 걸었더니 무릎이 한결 나아졌다 ⇐ 향상되다

나앉다 (움직씨) **1** 앞으로 나아가거나 나와서 앉다 ⓑ모두 방에서 나와 시원한 마루에 나앉았다 **2** 집을 잃고 쫓겨나거나 한데 나와 살다 ⓑ이러다가 잘못하면 길바닥에 나앉을 수도 있어 **3** 뒤로 물러나서 자리를 잡고 앉다 ⓑ내가 할게, 저리 좀 나앉아라 **4** 하던 일을 그만두거나 물러나다 ⓑ아들한테 맡기고 나앉으려고?

나약하다 ⇒ 여리다. 야리다. 무르다. 가냘프다

나어리다 그림씨 나이가 어리다 ⓑ나어린 아우

나열 ⇒ 벌여놓음. 벌이다. 벌여놓다. 줄짓다

나오는사람들 이름씨 뮘그림이나 굿, 널냄 들에 나오는 사람들 ⇐ 출연진

나오다 움직씨 ❶안에서 밖으로, 속에서 겉으로, 또는 뒤에서 앞으로 오다 ⓑ방에서 나오다. 땀이 나오다. 싹이 나오다 ❷드러나거나 생기거나 어디에 나타나다 ⓑ아내는 배탈이 나서 모임에 못 나왔다 ❸책이나 새뜸 들에 실리다 ⓑ오늘 새뜸에 나온 것 봤니? ❹배움터를 마치다 ⓑ어머니는 늘그막에 한배곳을 나왔다 ❺말이나 소리, 숨이 밖으로 나다 ⓑ그 입에서 무슨 말이 나올지 궁금하다 ❻말이나 느낌 따위가 나타나다 ⓑ울음이 나오다. 웃음이 나오다 ❼일하는 곳을 그만두다 ⓑ동무는 다니던 일터를 나와 쉰다 ❽앞으로 내밀다 ⓑ요새 많이 먹었더니 배가 좀 나오네 ❾낳아 널리 퍼지다 ⓑ새 책이 나오다 ❿벼리가 생겨 누리에 알려지다 ⓑ으뜸벼리, 벼리, 성금이 모두 우리말로 오롯이 나와야 한다

나온값 이름씨 굿이나 새뜸 같은 데 나가서 노릇이나 말을 하고 받는 돈 ⇐ 출연료

나온곳 이름씨 새뜸이나 무엇이 처음 나온 곳 ⇐ 출처

나옴책 이름씨 배움이가 배곳에 나오는지 안 나오는지 적는 책 ⇐ 출석부

나외 어찌씨 되풀이하여. 거듭. 다시 ⓑ나외 죽살이 아니하니라 한뜻말나외어

나외다 움직씨 ❶거듭하다. 되풀이하다. 되뇌다 ❷도지다 ⇐ 재발하다

나우 어찌씨 ❶조금 많은 듯하게 ⓑ값을 나우 쳐주다 ❷어서. 더 ⓑ이 된장국을 나우 좀 먹어라 ❸좀 낫게 ⓑ나우 모시다

나위 이름씨 ('없다'와 함께 써) 더 할 수 있는 틈 ⓑ더할 나위 없는 삶을 살았다 ⇐ 여지

나이 이름씨 나서 살아온 해 ⓑ나이가 많다. 나이가 어리다 준말나 ⇐ 연령. 연세

나이떡 이름씨 한달 한보름에 밥입 나이 수만큼 순가락으로 쌀을 떠서 빚어 만든 떡. 이 떡을 먹으면 나쁜 기운을 물리칠 수 있다고 믿었다

나이또래 이름씨 나이가 같거나 비슷한 무리 ⇐ 연배

나이차례 이름씨 나이에 따른 차례 ⇐ 연차

나이테 이름씨 ❶나무줄기를 가로로 자른 곳에 나타나는 나이를 알려주는 둥근 테 ⓑ나이테는 한 해에 하나씩 생기니까 그걸로 나무 나이를 알 수 있어 ⇐ 연륜 ❷물고기 나이를 알아볼 수 있는 줄무늬

나이티 이름씨 나이에서 풍기는 느낌 ⓑ아무리 젊은이처럼 굴어도 너도 이제 나이티가 난다

나이프 ⇒ 주머니칼. 칼

나일가람 이름씨 아프리카 갑금 가까이서 비롯하여 높새쪽으로 흘러 뭍에운바다로 들어가는 가람. 길이가 6,690킬로미터로 누리에서 가장 긴 가람이다 ⇐ 나일강

나일론 이름씨 만든 올실. 가볍고 부드럽고 됨새가 세며 쓸림에 잘 견디고 좀체 구겨지지 않는다. 물기를 빨아들이지 못하며 불이나 뜨거움에 못 견딘다. 옷, 밧줄, 실, 끈, 가방 따위에 널리 쓴다

나자빠지다 움직씨 ❶뒤로 넘어지다 ⓑ몸을 뒤로 젖히다가 그만 잘못하여 나자빠졌네 한뜻말나가자빠지다 ❷할 일을 안 하고 배짱을 부리며 되게 버티다 ⓑ일을 잔뜩 벌여놓고 못 하겠다고 나자빠지다니

나전스럽다 그림씨 일하는 것이나 몸짓이 느려터지다 ⓑ한돌이 그 사람 그렇게 나전스러울 수가 없어, 옆에 있는 나까지 속이 터져 죽을 참이야

나전이 이름씨 바쁠 것이 하나도 없어 일을 천천히 느리게 하는 사람 ⓑ그 사람, 나전이도 그런 나전이가 없어. 속 터져 죽겠어

나전칠기 ⇒ 자개그릇

나절 이름씨 ❶하룻낮 가웃 ⓑ한나절. 가웃나절 ❷낮 어느 무렵. 낮 어느 동안 ⓑ아침나절. 저녁나절

나중 이름씨 ❶ 때가 얼마 지난 뒤 ⓑ나중에 하겠다고 했어요 ❷ 먼저 하는 일 다음 ⓑ먼저 할 일과 나중 할 일 ⇐ 후 ❸ 마지막 ⓑ맨 나중에 왔다

나지다 움직씨 ❶ 잃어버렸거나 보이지 않던 것이 나타나다 ⓑ메굽이를 돌아가자 너른 벌판이 나졌다 ❷ 어떤 수가 생기다 ⓑ달리 뾰족한 수가 나지지 않자 아버지는 우리를 다 데리고 서울로 왔다

나지라기 이름씨 자리나 서흐레가 낮은 사람이나 몬 ⓑ저 같은 나지라기가 무슨 좋은 생각이 있겠어요?

나지리 어찌씨 ('보다', '여기다'와 함께 써) 나보다 못하게 ⓑ그 사람을 나지리 보고 업신여기다가 큰코다친다

나지막하다 그림씨 조금 낮다 ⓑ나지막한 언덕. 나지막한 목소리

나직이 어찌씨 좀 작고 낮게 ⓑ나직이 속삭이다. 물새가 물 위를 나직이 난다

나직하다 그림씨 자리나 소리가 좀 낮다 ⓑ구름이 나직하게 떠 있네

나찍 이름씨 스스로 제 모습 찍기 ⓑ나찍이 잘 나왔네 ⇐ 셀카

나찍놀이 이름씨 스스로 제 모습을 찍으며 놀기 ⓑ나찍놀이도 이제 재미없다 ⇐ 셀카놀이

나체 ⇒ 알몸. 벌거숭이

나치즘 이름씨 히틀러를 우두머리로 한 나치스 무리 다스림 생각

나침반·나침판 ⇒ 쪽알림이

나타나다 움직씨 ❶ 안 보이거나 없던 것이 눈에 뜨이다 ⓑ해가 지자 하늘에 별이 나타났다 ❷ 생각이나 낯빛이 겉으로 드러나다 ⓑ술을 많이 마셔 애가 나빠지자 오빠 얼굴에는 검은빛이 나타났다 ❸ 어떤 열매가 이루어지거나 생겨나다 ⓑ낫개를 먹었더니 좋은 보람이 나타났다

나타내다 움직씨 ❶ 겉으로 드러내다 ⓑ고마움을 무엇으로 나타내면 좋을까 ⇐ 표면화. 표출하다. 표하다. 표현하다 ❷ 어떤 열매를 그대로 드러내다 ⓑ사람은 사는 만큼 마음을 나타낸다

나타냄불 이름씨 틀이 어떠한지 나타내는 불 ⇐ 표시등

나태 ⇒ 게으름. 게으르다

나트륨 이름씨 희고 납과 같은 부드러운 쇠붙이. 먹는 소금을 이루는 밑감이 되며 바닷물이나 바위소금 따위에 많이 들어 있다

나팔 ⇒ 나발

나팔관 ⇒ 나발대롱

나팔꽃 ⇒ 나발꽃

나팔바지 ⇒ 나발바지

나팔수 ⇒ 나발불이. 나발불보

나푼나푼 어찌씨 매우 가볍게 자꾸 움직이거나 나부끼는 꼴 ⓑ나푼나푼 배곳 가요 **나푼나푼하다 나푼나푼히**

나풀거리다 움직씨 바람에 날려 자꾸 가볍게 흔들리다 ⓑ바람에 머리카락이 나풀거린다 **나풀대다**

나풀나풀 어찌씨 얇은 것이 바람에 날려 자꾸 가볍게 흔들리는 꼴 ⓑ노랗게 물든 나뭇잎이 나풀나풀 떨어진다 **나풀나풀하다**

나프탈렌 ⇒ 좀약

나하맞춤 이름씨 ❶ 때맞춰 잘된 일 ⓑ일손이 달릴 때 조카가 놀러 왔다가 나하맞춤으로 거들어 주었다 ❷ 일부러 맞춘 것처럼 딱 알맞거나 어울리는 것 ⓑ구리나 들판은 나락 기르기에 나하맞춤이다 ⇐ 안성맞춤

나환자 ⇒ 문둥이

나흘 이름씨 ❶ 그달 넷째 날 ⓑ다음 달 나흘에 만나요 한뜻말 나흗날 ⇐ 4일 ❷ 네 날 ⓑ나흘 동안

낙 ⇒ 즐거움. 재미

낙관 ⇒ 좋게 봄. 밝게 봄. 좋게 보다. 밝게 보다

낙낙하다 그림씨 ❶ 크기나 길이, 부피 같은 치수가 조금 크거나 남다 ⓑ바지 품이 낙낙해서 일하기 좋다 ❷ 굳거나 세지 않고 다루기 좋게 부드럽고 만만하다 ⓑ낙낙한 일감. 그 사람은 낙낙하다

낙농 ⇒ 젖소치기. 젖염치기

낙농업 ⇒ 젖여름지이. 젖소여름지이

낙농품 ⇒ 소젖먹거리
낙담 ⇒ 넋놓음. 넋잃음. 풀죽음. 넋놓다. 넋잃다. 애떨어지다. 풀죽다
낙도 ⇒ 외딴섬
낙동강 ⇒ 가라가람
낙뢰 ⇒ 벼락
낙마 ⇒ 말에서 떨어짐. 말에서 떨어지다
낙망 ⇒ 꿈잃음. 넋잃음. 꿈잃다. 넋잃다
낙방 ⇒ 떨어짐. 미역국 먹음. 미끄러짐. 떨어지다. 미역국 먹다. 미끄러지다
낙상 ⇒ 넘어져 다침. 떨어져 다침. 넘어지다. 떨어지다
낙서 ⇒ 끼적거림. 끼적거리다
낙석 ⇒ 진돌. 지는 돌. 떨어지는 돌
낙선 ⇒ 떨어짐. 떨어지다
낙수받이 ⇒ 물받이
낙숫물 ⇒ 기스락물. 처맛물
낙승 ⇒ 쉽게 이김. 쉽게 이기다. 가볍게 이기다
낙심 ⇒ 넋놓음. 풀죽음. 넋놓다. 풀죽다. 넋나가다. 뒤꼭지치다. 뒤통수치다
낙양 ⇒ 저녁볕. 저녁해
낙엽 ⇒ 진잎. 갈잎. 가랑잎
낙엽관목 ⇒ 갈잎떨기나무
낙엽교목 ⇒ 갈잎큰키나무
낙엽림 ⇒ 진잎숲. 갈잎숲
낙엽송 ⇒ 잎갈소나무
낙엽수 ⇒ 갈잎나무
낙엽수림 ⇒ 갈잎숲
낙오 ⇒ 뒤떨어짐. 뒤처짐. 뒤떨어지다. 처지다. 뒤지다
낙오자 ⇒ 뒤짐보. 처짐보. 뒤진이. 처진이
낙원 ⇒ 아름누리. 기쁨누리. 하늘누리. 꿈누리
낙인 ⇒ 불새김. 더러운 이름
낙점 ⇒ 점찍음. 점찍다. 뽑다
낙제 ⇒ 떨어짐. 떨어지다. 미끌어지다. 물먹다. 눌러앉다
낙조 ⇒ 놀. 노을. 노을빛. 지는 햇빛. 저녁볕. 저녁햇살. 저녁햇빛
낙지 [이름씨] 둥근 몸통에 빨판 있는 다리가 여덟 낱 달린, 뼈 없이 물컹한 바다 목숨. 헤살꾼을 만나면 먹물을 뿜어 제 몸을 지키거나 달아난다 ㉥너, 산낙지 먹어봤어?
낙차 ⇒ 떨어진 높이. 떨군 높이
낙찰 ⇒ 일받기. 거머잡기. 일받다. 거머잡다
낙천적 ⇒ 좋게 봄. 밝게 봄
낙타 ⇒ 약대
낙태 ⇒ 애 지움. 아이 뗌. 애 지우다. 아이 떼다. 아이 지다
낙하 ⇒ 떨어짐. 지다. 내리다. 떨어지다
낙하산 ⇒ 널찜막이
낙하점 ⇒ 진 곳. 질 곳. 내린 곳. 내릴 곳
낙향 ⇒ 시골로 내려감. 내려옴. 시골로 내려가다. 내려오다
낙화 ⇒ 진꽃. 꽃 짐. 꽃 지다
낙후 ⇒ 뒤짐. 뒤지다. 뒤떨어지다
낚다 [움직씨] 1 물고기를 낚시에 걸리게 하여 잡다 ㉥메기를 낚다 2 꾀나 수를 부려 사람을 제 손아귀에 넣거나 길미를 얻다 ㉥두 낱을 사면 하나를 더 준다고 내걸어 손님을 낚다
낚시 [이름씨] 1 미끼를 꿰어 물고기를 잡는 데 쓰는 갈고리처럼 생긴 연모 ㉥낚시를 물에 드리우자마자 찌가 쑥 들어갔다 [한뜻말]낚싯바늘 2 '낚시질' 준말 ㉥다음 흙날에 낚시하러 가자 3 남을 손아귀에 넣거나 길미를 얻으려고 쓰는 꾀 ㉥좋았어, 드디어 던져놓은 낚시에 걸려들었군
낚시걸이 [이름씨] 1 씨름에서 맞선이 다리 안으로 제 다리를 넣어서 걸어 당기는 재주 ㉥이랑은 맞선이인 고랑을 낚시걸이로 보기 좋게 넘어뜨렸다 2 남한테서 많은 것을 얻어내려고 미끼 삼아 먼저 작은 것을 주는 꾀 ㉥저자에서 거저 엿을 준 것은 조청을 팔려는 낚시걸이였다 **낚시걸이하다**
낚시꾼 [이름씨] 낚시하는 사람
낚시질 [이름씨] 낚시로 물고기를 잡는 일 [준말] 낚시
낚시터 [이름씨] 낚시질하는 곳
낚싯대 [이름씨] 낚싯줄을 매는 가늘고 긴 대
낚싯바늘 [이름씨] 미끼를 꿰어 물고기를 낚는

작은 쇠갈고리 한뜻말낚시

낚싯줄 [이름씨] 낚싯바늘을 매어 다는 가는 줄

낚아채다 [움직씨] [1]갑자기 세게 잡아당기다 ㉥반갑다고 그렇게 세게 팔을 낚아채면 어떡해 [2]다른 사람 몬을 빼앗거나 가로채다 ㉥두 놈이 달려오더니 잽싸게 내 가방을 낚아채지 뭔가

낛 [이름씨] 나라나 고을에서 쓸 몫으로 백성한테서 거둬들이는 돈 ⇐ 세금. 조세

낛일 [이름씨] 낛돈을 매기고 거두어들이는 일 ⇐ 세무

낛일집 [이름씨] 나라낛집 밑에서 나라낛일을 보는 고장이나 고을 낛일 그위집 한뜻말구실집 ⇐ 세무서

낛쪽종이 [이름씨] 삯이나 낛을 냈다는 뜻으로 붙이는 작은 종이 ⇐ 인지

낛푼수 [이름씨] 낛을 매기는 푼수 ㉥모두벌이 낛 낛푼수는 네 갈래로 나눠 더 매겨간다 ⇐ 세율

난 (欄) ⇒ 칸. 자리

난 (亂) ⇒ 일떠섬

난 (卵) ⇒ 알

난간 ⇒ 가막이. 가막개

난감하다 ⇒ 어렵다. 딱하다. 답답하다. 어쩔 줄 모르다

난개발 ⇒ 막삽질

난관 (難關) ⇒ 고비. 목. 어려운 고비. 어려운 목. 걸림돌

난관 (卵管) ⇒ 알길. 알대롱

난국 ⇒ 고비. 어려운 고비. 어려운 판. 어려운 때

난날 [이름씨] 사람이 누리에 태어난 날 ㉥내 난날은 닷달 스무 아흐레이다 ⇐ 생일

난날놓개 [이름씨] 난날잔치로 꾸민 놓개 한뜻말난날차림 ⇐ 생일상

난날떠퀴 [이름씨] 태어난 해, 달, 날, 때를 보고 살매를 내다보기 ⇐ 사주팔자

난날잔치 [이름씨] 난날을 기리고 베푸는 잔치 ⇐ 생일잔치

난달[1] [이름씨] 사람이 태어난 달 ㉥내 난달은 달셈 닷달이다 ⇐ 생월

난달[2] [이름씨] 길이 여러 갈래로 나뉘는 너른 곳 ㉥덤밑은 난달이라 닷새 저자가 열리기 딱 좋은 곳이다

난대 ⇒ 따뜻한 곳. 따신 곳. 따신 데

난데 [이름씨] [1]집 바깥 ㉥오늘은 추우니까 난데 자지 말고 방에 들어와서 자 [2]제 고장이 아닌 다른 고장 ㉥난데 사람을 사위로 얻었다던데 ⇐ 객지. 타지. 타처. 타향 [3]태어나거나 나온 고장 ㉥난데를 모르다 ⇐ 본적

난데살이 [이름씨] 제 태어난 곳이 아닌 다른 고장에 가서 사는 삶 ⇐ 객지살이. 타향살이 **난데살이하다**

난데없다 [그림씨] 갑자기 불쑥 나와서 어디서 온지 알 수 없다 ㉥난데없는 울음소리에 다들 어리둥절했다

난도질 ⇒ 마구 치고 벰. 마구 치고 베다

난동 ⇒ 날뜀. 미쳐 날뜀. 날뛰다

난두 [이름씨] 모두. 또는 한데 더해서 ㉥저마다 훌륭한 솜씨를 뽐냈지만 난두가 흙냄새 나는 재주꾼들을 넘지 못했다

난두나무 [이름씨] 난디나무

난뒤 [이름씨] 태어난 뒤 ㉥아슨아들이 난뒤 여섯달 됐다고? ⇐ 생후

난든벌 [이름씨] 나들이옷과 집에서 입는 옷을 아울러 이르는 말. 난벌과 든벌 ㉥오늘 저자에 나가서 가시랑 난든벌을 한 벌씩 갖추었다

난든집 [이름씨] [1]나고 들고 하는 집 [2]손에 익어서 생긴 재주 ㉥저 아저씨는 난든집이라 쉽게 일을 끝낼 수 있을 거요

난디나무 [이름씨] 높이는 3미터쯤이고 잎은 깃꼴 겹잎으로 어긋나며 여름에 흰 꽃이 줄기 끝에 피고 열매는 먹거나 낫개로 쓴다 한뜻말 난두나무. 분디나무 ⇐ 산초나무

난로 ⇒ 데우개

난롯불 ⇒ 데우갯불

난류 ⇒ 더운무대. 더운물띠

난리 ⇒ 일. 싸움. 큰쌈

난립 ⇒ 마구 나섬. 마구 서다. 마구 나서다

난만 ⇒ 너른. 너른하다

난맥·난맥상 ⇒ 엉망. 엉망진창. 범벅. 뒤범벅
난무 ⇒ 날뜀. 날뛰다. 마구 추다. 흩날리다
난민 ⇒ 뿌리뽑힌이. 새삶찾이. 떠돌이
난민촌 ⇒ 떠돌이마을. 뿌리뽑힌이 마을
난바다 이름씨 뭍에서 멀리 떨어진 바다 ⓑ언니는 난바다에 고기잡이 나갔다 한뜻말먼바다 맞선말앞바다. 든바다 ⇐ 원양. 원해
난방 ⇒ 방덥힘. 따뜻한 방
난방기 ⇒ 방덥힘틀. 방덥히개
난방비 ⇒ 방덥힌값
난방시설 ⇒ 방덥힘틀. 방덥히개
난방장치 ⇒ 방덥힘틀. 방덥히개
난벌 ⇒ 막베기. 마구베기
난벌 이름씨 나들이할 때 입는 옷이나 신 맞선말든벌
난봉 이름씨 술과 어르기에 빠져 놀아나는 짓 ⓑ여보! 왜 여기서 이렇게 난봉을 부려요?
난봉꾼 이름씨 술과 어르기에 빠져 놀아나는 사람 ⓑ난돌은 거짓말쟁이에 난봉꾼인데 어찌 그 말을 믿겠소 비슷한말놀량패
난사 ⇒ 마구 쏨. 마구 갈김. 마구 비춤. 마구 쏘다. 마구 갈기다. 마구 비추다
난사람 이름씨 남보다 두드러지게 잘난 사람 ⇐ 태두. 엘리트
난산 ⇒ 겨우 낳음. 힘들게 낳음. 겨우 낳다. 힘들게 낳다
난상토론 ⇒ 낱낱밝힘. 낱낱따짐. 끝밝힘
난색 (難色) ⇒ 꺼림빛. 싫은빛. 싫은 눈치
난색 (暖色) ⇒ 따뜻한 빛깔
난생 (卵生) ⇒ 알낳이
난생처음 ⇒ 나고 처음. 난 뒤 처음
난세 ⇒ 힘든 누리. 막누리
난세포 ⇒ 알잔삼
난센스 ⇒ 엉터리. 웃음거리. 우스운 일. 어이없는 일
난소 ⇒ 알집
난시 ⇒ 어릿보기
난용종 ⇒ 알닭. 알오리. 알새
난이도 ⇒ 어렵기와 쉽기
난이들 이름씨 엄청나게 넉넉하게 사는 사람들 ⇐ 상류층
난입 ⇒ 쳐들어옴. 쳐들어오다. 막 들어오다
난자 ⇒ 알
난잡하다 ⇒ 어수선하다. 너저분하다. 막되다. 지저분하다. 더럽다. 너절하다
난장맞다 ⇒ 몰매 맞다. 마구 얻어맞다
난장질하다 ⇒ 몰매질하다
난장판 ⇒ 뒤죽박죽. 엉망진창
난쟁이 이름씨 키가 매우 작은 사람 ⓑ내가 너희들 사이에 끼니 꼭 난쟁이가 된 것 같아 맞선말키다리
난전 ⇒ 길가게
난점 ⇒ 어려운 점. 힘든 점
난제 ⇒ 어려운 일. 힘든 일
난조 ⇒ 엉망. 엉클어짐
난중일기 ⇒ 싸움속날적이
난질 이름씨 **1** 겨집이 바람나서 사귄 사내와 달아나는 일 ⓑ그때 학이가 난질이 나서 머시마와 함께 나한테 왔지 **2** 술과 어르기에 빠져 질펀하게 놀아나는 일 **난질하다**
난질꾼 이름씨 술과 어르기에 빠져 질펀하게 놀아나는 사람
난처하다 ⇒ 딱하다. 어정쩡하다. 어렵다. 꺼림칙하다. 답답하다. 어찌할 줄 모르다. 빼도박도 못하다
난청 ⇒ 귀어두움. 귀먹음
난치병 ⇒ 힘든 앓이. 어려운 앓이. 고치기 힘든 앓이
난타 ⇒ 짓두들김. 두들기다. 짓두들기다. 마구 치다
난투극 ⇒ 주먹다짐
난파 ⇒ 부서짐. 깨어짐. 부서지다. 깨어지다. 배 부서지다
난파선 ⇒ 깨진 배. 부서진 배. 뒤집힌 배
난폭하다 ⇒ 거칠다. 사납다. 우락부락하다
난항 ⇒ 어려움. 힘든 길. 어려운 뱃길. 걸림돌
난해 이름씨 사람이 누리에 태어난 해 ⓑ내 난해는 즈믄 아홉 온 마흔아홉 해이다 ⇐ 생년
난해달날때 이름씨 태어난 해, 달, 날, 때 ⇐ 생년월일시. 사주

난해하다 ⇒ 어렵다. 까다롭다. 힘들다

난형난제 ⇒ 어금버금. 어슷비슷. 어금지금

난황 ⇒ 달걀노른자

낟 이름씨 사람에게 먹을거리가 되는 쌀, 보리, 콩, 조, 기장, 수수, 밀, 옥수수 따위 알갱이를 통틀어 이르는 말 ⓑ할머니가 좁쌀을 뿌려주니 이 닭 저 닭이 서로 낟을 쫀다 ⇐ 곡. 곡물. 곡식. 양곡

낟가리 이름씨 볏단이나 보릿단을 낟알이 붙은 채로 쌓아올린 큰 더미 ⓑ들판에 낟가리가 쌓인다

낟비 이름씨 한 해 스물네 철 가운데 여섯째 철. 넷달 스무날 무렵이며 봄비가 내려 온낟을 기름지게 한다는 뜻으로 이때 못자리를 마련한다 ⇐ 곡우

낟알 이름씨 껍질을 까지 않은 낟 알갱이 ⓑ제 손으로 여름지은 이는 낟알 하나도 못 버린다

낟알털기 이름씨 가을하여 논밭에서 거둔 낟대나 이삭, 꼬투리에서 낟알을 털어 거두는 일 한뜻말 바심 ⇐ 타작

날[1] 이름씨 ❶하루 밤낮 동안 ⓑ우리는 같은 날 태어났어 ❷하루 낮 동안 ⓑ날이 저물자 멧돼지들이 밭으로 내려왔다 ❸날씨 ⓑ날이 궂은 것이 곧 비가 오려나 봐 ❹날짜 ⓑ언제 하루 날 잡아서 다 같이 떡 해 먹자 ❺때 ⓑ죽는 날까지 하늘을 우러러 ❻('날이면', '날에는' 꼴로 써) 어떤 일이 일어나는 때 ⓑ아버지가 아는 날에는 우리 모두 쫓겨날 거야 ❼날수를 세는 하나치 ⓑ여러 날. 스무날 익은말 **날이면 날마다** 하루도 빠짐없이 **날 새다** 어떤 일을 못 하게 되다

날[2] 이름씨 ❶무엇을 베거나 자르고 깎는 데 쓰는 연장에서 날카롭고 얇은 곳 ⓑ날이 무딘 연장은 아무 쓸모가 없다 ❷접어서 날카롭게 줄이 선 곳 익은말 **날이 서다** ❶연장 날이 날카롭다 ❷말이나 글, 마음짓, 몸짓들이 날카롭다

날[3] 이름씨 천이나 돗자리, 짚신 따위를 짤 때 세로로 놓는 실이나 노, 새끼 ⓑ짚신 날. 베틀 날 맞선말 씨

날- 앞가지 ❶(어떤 이름씨 앞에 붙어) 익지 않은. 익히지 않은 ⓑ날밤. 날고구마. 날나물 ❷마르지 않은. 말리지 않은 ⓑ날벼. 날고추 ❸굽거나 삶지 않은 ⓑ날기와 ❹맨 그대로 ⓑ날가죽 ❺모진 ⓑ이 날도둑놈아 ❻쓸모없는 ⓑ날밤을 새우다 ❼뜻밖 ⓑ이 무슨 마른하늘에 날벼락 같은 소리냐 ❽매우 세찬 ⓑ날바람. 날바다 ❾아무것도 깔지 않은 ⓑ날바닥 ❿궂일을 다 치르지 않은 ⓑ날송장

날강도 ⇒ 날도둑

날개 이름씨 ❶날아다니는 데 쓰는 것 ⓑ까마귀 날개. 잠자리 날개. 나비 날개 한뜻말 나래 ❷날틀 같은 것이 뜰 수 있도록 몸뚱이 두 옆에 가로 댄 것 ⓑ날틀 날개 ❸바람이나 물 힘으로 돌아가게 만든 몬에서 바람이나 물 힘을 받는 곳 ⓑ바람개비 날개 ❹바람을 일으키는 몬 몸통에 달린 바람개비 ⓑ오래된 바람틀 날갯소리에 잠이 깼다 ❺생각이나 꿈을 펼치는 것을 빗댄 말 ⓑ꿈 날개를 펴다. 생각 날개를 펴다 익은말 **날개가 돋치다** ❶어떤 것이 빨리 팔려 나가다 ❷어떤 것이 빠르게 퍼지다

날개꽃 이름씨 날개글발 값을 낸 뜻으로 새뜸몬에 붙이는 그림표 한뜻말 나래꽃. 나름표 ⇐ 우표

날개돋이 이름씨 애벌레가 날개 있는 어른벌레가 되는 것 ⇐ 우화. 등선

날개바퀴틀 이름씨 누름힘이 센 흐름덩이를 날개바퀴 날개에 부딪쳐 돌이힘을 얻는 뮘틀 ⇐ 터빈

날개집 이름씨 한 집채 안에 몸채 왼쪽 오른쪽으로 죽 뻗친 곁채

날갯죽지 이름씨 새 날개가 붙어 있는 몸 한 곳 ⓑ퍼덕거리는 오리 날갯죽지 밑에 손을 넣어 붙잡았다

날갯짓 이름씨 날개를 펴서 위아래로 움직이는 것 ⓑ새가 힘차게 날갯짓하며 물 위로 날아오른다

날거리 (이름씨) 하루씩 거름 ⇐ 격일

날것 (이름씨) 익히거나 말리지 않은 고기나 남새 따위 ⓑ아버지는 뭐든 날것으로 먹는 걸 좋아한다 ⇐ 생것

날고기 (이름씨) 익히거나 말리지 않은 고기 ⓑ여름철엔 되도록 날고기를 먹지 않는 게 좋다 ⇐ 생고기

날고기살 (이름씨) 물고기살을 날로 발라 잘게 썰어 새콤고추장이나 지렁에 찍어 먹는 맛갓 ⇐ 사시미. 회

날고뛰다 (움직씨) ❶날기도 하고 뛰기도 하는 것처럼 몹시 날래게 움직이다 ⓑ시골 배곳에서 날고뛴다 해도 서울 가면 힘 못 쓸걸 ❷재주나 힘이 썩 뛰어나다 ⓑ우리 배곳에서는 샛돌이만큼 날고뛰는 사람은 없어

날과일 (이름씨) ❶날 것인 싱싱한 과일 ⇐ 생과일 ❷무르익지 않은 과일

날굴 (이름씨) 익히거나 소금에 절이지 않은 굴 ⓑ아버지는 날굴을 김치와 함께 먹기를 즐긴다 ⇐ 생굴

날금 (이름씨) 땅별을 마끝과 노끝으로 지나는 낮으로 잘랐을 때, 그 낯과 땅별 겉낯이 만난다고 생각하는 금 한뜻말마노금 맞선말씨금 ⇐ 자오선

날김치 (이름씨) 아직 익지 않은 김치 ⇐ 생김치

날깁실 (이름씨) 삶아 익히지 않은 깁실 한뜻말날실 ⇐ 생사

날나무 (이름씨) 벤 뒤에 아직 마르지 않은 나무 ⇐ 생나무

날나물 (이름씨) 익히거나 말리지 않은 날로 된 나물 ⇐ 생나물

날냄새뜸 (이름씨) 날마다 펴내는 새뜸 ⇐ 일간신문

날널냄 (이름씨) 이제 일어나는 일을 그대로 내보내는 널냄 ⇐ 생방송

날다[1] (움직씨) ❶무엇이 하늘에 떠서 자리를 옮겨가다 ⓑ새가 난다. 날틀이 난다. 꽃씨가 바람을 타고 난다 ❷재빨리 움직이다 ⓑ멧돼지 소리에 깜짝 놀라 나는 듯이 달렸다 (익은말) **난다 긴다 하다·날고 기다** 재주나 솜씨가 매우 뛰어나다

날다[2] (움직씨) ❶빛깔이 바래어 엷어지거나 없어지다 ⓑ빛깔이 날다. 물이 날다 ❷물이 줄어지거나 없어지다 ⓑ뚜껑을 열어 두었더니 알콜이 날아 없어졌어 ❸냄새가 없어지다 ⓑ기름내가 다 날아갔다

날다[3] (움직씨) ❶깁이나 베, 무명 따위를 길게 늘여 실을 만들다 ⓑ베 나는 날 어머니는 아침 일찍부터 불을 피워 실에 풀칠해 말릴 마련을 하였다 ❷베나 가마니, 돗자리를 짜려고 날을 베틀에 걸다

날다람쥐 (이름씨) 나무에서 나무로 날아다니는 다람쥐. 나무속 구멍에 살고 잘 내려오지 않는다. 앞다리와 뒷다리 사이에 털로 덮인 나는청이 있어 네 다리를 펼치면 날개가 되어 멀게는 50미터까지 난다

날달걀 (이름씨) 익히지 않은 달걀 ⓑ날달걀에 들기름을 떨어뜨려 먹으면 배가 든든하다

날닭 (이름씨) 산닭 또는 잡아서 익히지 않은 닭

날더위너비 (이름씨) 하루에 따습기가 가장 높을 때와 낮을 때 다르기 한뜻말날씨너비 ⇐ 일교차

날도둑 (이름씨) 몹시 못된 도둑 ⓑ혼자 사는 할머니 집을 털다니 그런 날도둑이 어딨어?

날도래 (이름씨) 머리, 가슴, 배가 검고 앞날개에 검은 점이 있는 모기와 비슷한 벌레

날돈 (이름씨) ❶쓸데없는 곳에 마구 쓰는 돈 ❷쓸데가 잡히지 않은 거저돈

날땅 (이름씨) ❶사람이 파거나 갈지 않은 생긴 그대로 있는 땅 한뜻말맨땅 ⇐ 생땅 ❷거름을 주지 않았거나 가꾸지 않은 땅 ❸아무것도 깔지 않은 땅

날떠퀴 (이름씨) 그날그날 살매 ⇐ 운. 운수

날뛰다 (움직씨) ❶날듯이 껑충껑충 뛰다 ⓑ말이 날뛰다 ❷거칠고 세차게 덤비다 ⓑ누리 무서운 줄 모르고 날뛴다 ❸느낌을 억누르지 못하여 마구 덤비거나 세게 굴다 ⓑ기뻐 날뛰다. 좋아라 날뛰다 ❹어떤 일에 빠져들어 아주 바쁘게 몰아치다 ⓑ모내기 철이라 여름지기들은 누구나 바쁘게 날뛰었다

날라리[1] (이름씨) 나무 대롱에 여덟 낱 구멍을 뚫고, 끝에는 깔때기꼴 놋쇠를 대고, 부리에 갈대로 만든 혀를 끼워 부는 겨레가락틀 ⇐ 태평소

날라리[2] (이름씨) **1** 말과 짓이 어설프고 들떠서 못미더운 사람 ⓑ하는 짓이 날라리임이 틀림없다 **2** 야무지게 하지 않고 아무렇게나 대충 하는 일 ⓑ무슨 일을 그렇게 날라리로 하는가 한뜻말 날림 **3** 일하지 않고 건들거리며 노는 짓 또는 그런 사람

날래다 (그림씨) 뭠이나 일하는 솜씨가 매우 빠르다 ⓑ슬옹이는 어찌나 발걸음이 날랜지 벌써 한 바퀴 돌고 왔단다

날렵하다 (그림씨) **1** 가볍고 재빠르다 ⓑ얼마나 이 일을 오래 했는지는 저 날렵한 손놀림이 말해 주네 **2** 아주 날씬하고 맵시가 있다 ⓑ버선발이 날렵하다 **3** 알거나 익히는 것이 매우 빠르다 ⓑ미르는 배움이 날렵해서 어릴 때 글을 빨리 익혔다

날로[1] (어찌씨) 날이 갈수록 ⓑ아픈 곳이 날로 좋아지는 듯하다 비슷한말 나날이

날로[2] (어찌씨) 익히지 않은 채로. 날것 채로 ⓑ아버지는 물고기를 잡으면 거의 날로 먹곤 했다 ⇐ 생으로 (익은말) **날로 먹다** 어떤 것을 힘들이지 않고 해내거나 거저 차지하다

날름 (어찌씨) **1** 혀나 손 따위를 날쌔게 내밀었다가 들이는 꼴 ⓑ혀를 날름 내밀다 **2** 날쌔게 입에 넣거나 손에 쥐는 꼴 ⓑ강아지가 떨어지는 고깃조각을 날름 받아먹었다 **3** 불길이 밖으로 날쌔게 나왔다 들어가는 꼴 ⓑ바람이 거꾸로 불자 불길이 날름 아궁이 밖으로 삐져나왔다 **날름하다**

날름거리다 (움직씨) **1** 혀나 손 따위를 잇달아 날쌔게 내밀었다가 들이다 **2** 불길이 기운차고 날래게 자꾸 밖으로 드나들다 **3** 바라는 마음으로 자꾸 입맛을 다시며 엿보다 **날름대다**

날름날름 (어찌씨) **1** 혀나 손 따위를 잇달아 날쌔게 내밀었다가 들이는 꼴 ⓑ도마뱀이 기어가다 멈추고 날름날름 혀를 내민다 **2** 불길이 기운차고 날래게 자꾸 밖으로 나왔다 들어가는 꼴 ⓑ불길은 날름날름 힘차게 타오른다 **3** 바라는 마음으로 입맛을 다시며 엿보는 꼴 ⓑ내가 엿 먹는 모습을 보고 조카가 날름날름 입맛을 다신다 **날름날름하다**

날름쇠 (이름씨) **1** 무자위 아래위에 막았다 열었다 하도록 된 얇은 쇠붙이 한뜻말 날름 ⇐ 안전판. 밸브 **2** 몬이 퉁겨지게 하려고 마련한 걸턱이 있는 쇠. 무엇이 닿기만 하면 풀리게 된다 **3** 쏘개방아쇠를 걸었다가 떨어뜨리는 쇠

날리다[1] (움직씨) '날다' 입음꼴. 바람을 받아 나부끼다 ⓑ눈발이 날리다. 깃발이 날리다

날리다[2] (움직씨) **1** '날다' 하임꼴. 날게 하거나 띄우다 ⓑ바람이 살살 불어서 종이날틀을 날리기가 좋구나 **2** 이름 따위를 널리 알리다 ⓑ한때 씨름으로 이름을 날리던 사람 **3** 가진 것을 보람 없이 잃거나 없애다 ⓑ노름에 빠져 돈을 다 날렸다 **4** 일을 대충대충 거칠게 하다 ⓑ글씨를 날려쓰는 버릇

날림 (이름씨) 제대로 하지 않고 아무렇게나 하는 일 ⓑ날림으로 지은 집이라 겨울엔 몹시 춥다

날림치 (이름씨) 아무렇게나 날림으로 만든 몬 ⇐ 졸속

날마다 (어찌씨) 하루도 빠지지 않고 ⓑ요즘 날씨가 좋아서 집 밖에 날마다 나가 ⇐ 매일. 연일

날맛갓 (이름씨) 익히지 않은 먹을거리 ⇐ 날음식

날머리 (이름씨) 볶거나 지지지 않은 생긴 그대로인 머리 ⇐ 생머리

날면들면 (어찌씨) 나갔다 들어갔다 하는 꼴 ⓑ한솔이가 잔치 내내 날면들면 온갖 심부름을 다 했지

날모 (이름씨) 곧모보다 작은 모 맞선말 무딘모 ⇐ 예각

날문 (이름씨) **1** 나가는 문 **2** 양 아래쪽에서 샘창자와 잇닿은 곳. 돌림 힘살이 많아 조여 주므로 먹은 것이 내려가는 것을 맞춰 준다

⇐ 유문

날바다 이름씨 아무것도 거칠 것 없이 끝없이 넓은 바다

날바닥 이름씨 아무것도 깔지 않은 바닥 ⓑ이 추운 날씨에 날바닥에 그냥 앉으면 어떡하니 한뜻말맨바닥

날바람 이름씨 ❶몹시 센바람 ❷사내거집 사이에서 몹시 들뜬 것 ⓑ날바람 피우다. 날바람 나다

날받이 이름씨 짝맺이나 집옮김 같은 큰일을 치르려고 좋고 나쁨을 따져 날을 가려 받는 일 ⓑ어머니는 누나를 좋은 날 시집보내려고 날받이에 마음을 썼다 ⇐ 택일 **날받이하다**

날밤[1] 이름씨 익히거나 말리지 않은 밤 ⓑ나는 날밤, 군밤, 삶은 밤 다 좋아한다 ⇐ 생밤. 생률

날밤[2] 이름씨 자지 않고 꼬박 새우는 밤 ⓑ너도 날밤 새워 일했던 적이 있어?

날밤집 이름씨 밤을 새우면서 장사하는 집 ⓑ아, 서울엔 날밤집이 많고도 많구나

날밭 이름씨 윷판에서 말이 나가는 맨 끝 밭. 쨀밭 다음 밭

날벌레 이름씨 날아다니는 벌레 ⓑ거미줄에 날벌레가 걸려서 버둥거린다

날벳빛 이름씨 삼베를 막 짜 놓았을 때 빛. 약대 털빛 ⇐ 베이지빛

날벼락 이름씨 ❶맑은 날에 치는 벼락 ⓑ마른 하늘에 날벼락이 친다 ❷갑작스럽게 일어난 나쁜 일 ⓑ그 사람이 죽다니, 이 무슨 날벼락이야? ❸호된 꾸지람이나 나무람 ⓑ아버지가 아시면 날벼락이 떨어질 텐데

날붙이 이름씨 칼이나 낫, 도끼 따위 날이 선 연장을 통틀어 이르는 말 ⓑ잘 갈아놓은 날붙이

날비 이름씨 비 올 낌새도 없이 갑자기 조금 내리는 비 ⓑ아침에 길가가 젖은 걸 보니 새벽에 날비가 뿌렸나?

날빛 이름씨 햇빛. 또는 햇빛을 받아서 나는 온누리 빛 ⓑ새봄 날빛이 파르스름히 내 방에 비쳤다

날사람 이름씨 ❶그 일에 아랑곳하지 않는 사람 ❷아무 잘못이 없는 사람 ⇐ 생사람

날사리 이름씨 조기 떼가 바닷가 가까이에 와서 알을 낳은 뒤 먼바다로 나가는 일. 또는 그 때 ⓑ우리 마을은 들사리에 잡지 말고 날사리 때 잡아요 맞선말들사리

날삯 이름씨 하루하루 셈하는 품삯 ⓑ할머니는 날삯 바느질로 엄마를 키웠다고 한다 ⇐ 일당

날삯꾼 이름씨 날마다 품삯을 받고 일하는 사람 ⇐ 일용근로자

날삯일 이름씨 날마다 품삯을 받고 하는 일 ⇐ 일용직

날셈 이름씨 그날그날 날짜, 이렛날들이 한 잎마다 낱낱이 적힌 책 ⇐ 일력

날소젖 이름씨 소에서 짜낸 그대로인 소젖 ⇐ 생우유

날송장 이름씨 ❶죽은 지 얼마 안 된 송장 ⓑ날송장을 자주 보면 바르게 사는 데 도움이 된다 ❷옷을 갈아입히고 베로 묶는 마무리를 하지 않은 송장 ⓑ옛날에 돌림앓이가 돌았을 때는 날송장을 그냥 떠메고 가서 메에 묻었단다

날쇠 이름씨 안팎에 주석을 입힌 얇은 쇠널

날수 이름씨 일하는 날을 센 값 ⓑ일한 날수가 모자라서 한 달 치를 못 받았다 ⇐ 일수

날숨 이름씨 내쉬는 숨 ⓑ날숨과 들숨을 숨마다 알아차리다 맞선말들숨

날실 이름씨 베틀에 세로로 걸린 실 ⓑ베를 짤 때는 날실에 씨실이 가로질러 드나들며 짠다 맞선말씨실

날쌀 이름씨 익히지 않은 쌀 ⇐ 생쌀

날쌈 이름씨 남새나 나물을 날로 쌈싸 먹는 일

날쌔다 그림씨 뭠이 날 듯이 가벼우며 빠르다 ⓑ아이는 날쌘 고라니처럼 메를 달려 내려갔다 비슷한말날래다

날씨 이름씨 그때그때 햇빛, 구름, 바람, 비, 물기, 따습기, 누름기 들을 품는 하늘뭠 ⓑ날씨가 궂다. 날씨가 맑다. 흐린 날씨

날씨고비 이름씨 날씨가 갑자기 자주 바뀌어서 바드러움이 커지는 것 ⓑ온누리 곳곳이 날씨고비를 맞아 누리를 더럽히는 사람 삶을 뿌리에서 다시 돌아본다 ⇐ 기후위기

날씨그림 이름씨 어떤 곳 날씨를 나타낸 그림 ⇐ 일기도

날씨알림 이름씨 날씨집에서 새뜸이나 널냄에 날씨를 미리 알려 주는 것 ⇐ 일기예보

날씬하다 그림씨 ❶몸이 가늘고 호리호리하여 맵시가 있다 ⓑ날씬한 몸매. 물 찬 제비같이 날씬하다 ❷차림새가 시원스럽고 가뜬하다 ⓑ선이라도 보러 가나, 와 저렇게 날씬하게 차려입었노

날아가다 움직씨 ❶날아서 움직여 가다 ⓑ기러기 떼가 가지런하게 날아간다 맞선말 날아오다 ❷붙은 것이 떨어져 없어지거나 가진 것이 흩어져 없어지다 ⓑ빚에 집마저 날아가고 맨몸이 되었다 ❸매우 빠르게 움직이다 ⓑ일흔이 넘었는데 송이밭에만 들어가면 펄펄 날아간다 ❹낯빛이나 기운이 가시어 없어지다 ⓑ낮잠을 자고도 아직 얼굴에 잠기운이 덜 날아갔다

날아다니다 움직씨 날아서 여기저기 왔다 갔다 하다 ⓑ방 안에 파리가 날아다닌다. 꿩이 날아다니는 겨울 보리밭

날아들다 움직씨 ❶날아서 들어가거나 들어오다 ⓑ새집으로 날아드는 새 ❷뜻하지 않게 나타나다 ⓑ여러 곳에서 날아드는 주먹 ❸생각이 머리에 떠오르다 ⓑ안 좋은 생각이 날아들었다

날아오다 움직씨 ❶날아서 움직여 오다 ⓑ나비가 내 쪽으로 훨훨 날아왔다 맞선말 날아가다 ❷뜻하지 않게 나타나거나 어쩌다가 들어오다 ⓑ생각지도 못했던 새뜸이 날아왔다

날아오르다 움직씨 ❶날아서 위로 올라가다 ⓑ태 소리에 놀라 참새 떼가 논에서 한꺼번에 날아올랐다 ❷'높은 곳까지 날래게 오르다'를 부풀려 이르는 말 ⓑ꾹대기까지 한달음에 날아올라 갔지

날음식 ⇒ 날맛갓. 날먹을것

날인 ⇒ 새김찍기. 새김찍다

날일 이름씨 날마다 품삯을 받으며 하는 일 ⓑ큰아버지는 일흔이 넘어서도 날일을 하셨다

날적이 이름씨 날마다 그날 겪은 일이나 느낀 것을 적는 글 한뜻말 나날글 ⇐ 일기

날조 ⇒ 꾸며댐. 지어냄. 꾸며대다. 지어내다. 거짓으로 꾸미다. 거짓으로 둘러대다

날종이 이름씨 기름을 먹이지 않은 종이 ⓑ날종이를 바르고 말린 뒤 기름을 먹인다 맞선말 기름종이

날죽음 이름씨 ❶쓸모없는 죽음 ❷뜻밖 일로 죽음 ⇐ 횡사 **날죽음하다**

날줄 이름씨 ❶피륙이나 가마니, 돗자리 따위에서 세로로 된 실이나 줄 ⓑ할머니는 어릴 때부터 베틀에 앉아 날줄 사이로 북을 넣어 삼베를 짰다고 한다 맞선말 씨줄 ❷땅별 위 자리를 나타내려고 노끝과 마끝을 이어 세로로 그은 줄 ⇐ 경선

날짐승 이름씨 꿩이나 까치처럼 날아다니는 짐승 ⓑ열 해 앞만 해도 이 메에 날짐승이 참 많았지요 ⇐ 조류

날짜 이름씨 ❶어느 날 ⓑ만나기로 한 날짜가 언제지? ❷어떤 일을 하는 데 걸리는 날 수 ⓑ그 일을 끝내려면 아직 날짜가 남았다 ❸어느 해, 어느 달, 며칠날이 가리키는 그 날 ⓑ언니는 어제 날짜로 우리나라를 떠났다

날찍 이름씨 일한 열매로 얻는 길미 ⓑ처음으로 남새를 길러 팔았는데 날찍이 짭짤했다 ⇐ 소득

날청 이름씨 날개 같은 얇은 청 ⇐ 비막

날치 이름씨 긴 가슴지느러미를 날개처럼 써서 물 위를 날아오르는 바닷물고기 ⓑ은빛 날치가 떼를 지어 바닷물 위로 날아오른다

날치기 이름씨 ❶남 돈이나 몬을 날쌔게 가로채는 짓. 또는 그런 사람 ⓑ날치기와 소매치기 ❷대충 설쳐서 만들어 놓은 것 ⓑ날치기 지나감. 날치기로 지은 밥집

날카롭다 그림씨 ❶날이 서거나 끝이 매우 가늘어지다 ㉥송곳 끝이 날카로우니 찔리지 않게 해라 맞선말 무디다 ❷일을 헤아리거나 따지는 힘이 빠르고 뛰어나다 ㉥날카롭게 묻는 걸 보면 제법 알아들은 사람 같아 ❸눈, 귀, 코, 혀, 몸에 미치는 힘이 확 세다 ㉥냄새가 날카롭게 코를 찌른다 ❹재빠르게 느끼다 ㉥얼날이 날카롭다 ❺눈빛이나 낯빛이 사납고 매섭다 ㉥날카로운 눈빛

날탕 이름씨 ❶어떤 일을 하는 데 아무 재주나 연장도 없이 마구잡이로 하는 일이거나 그렇게 하는 사람 ❷아무것도 가진 것이 없거나 없는 사람 ⇐ 백수 ❸큰소리를 치거나 달콤한 말로 남을 속이는 일, 또는 그렇게 하는 사람

날트집 이름씨 괜히 트집을 잡는 것 ⇐ 생트집

날틀[1] 이름씨 길쌈할 때 실을 뽑아내는 틀. 열 낱 구멍에 저마다 가락을 꿰어 열올 실을 한 줄로 뽑아낸다 ㉥날틀 셋째 가락에서 끊어진 실을 잇다

날틀[2] 이름씨 기름을 때서 그 힘으로 하늘에 떠서 날아다니는 탈것 ㉥밤하늘에 반짝이며 지나가는 날틀 ⇐ 비행기

날틀떼 이름씨 서너 날틀이 짝을 지어 어떤 꼴을 갖춰 나는 일 ⇐ 편대

날틀몰이·날틀몰이꾼 이름씨 날틀을 어떤 쪽과 빠르기로 움직이도록 다루는 재주와 감을 갖춘 사람 ⇐ 조종사. 비행사. 파일럿

날틀사다리 이름씨 날틀을 타고 내릴 때 쓰는 사다리 ⇐ 트랩

날틀지기 이름씨 손님 타는 날틀에서 으뜸 맡은이. 흔히 으뜸날틀몰이가 맡는다 ⇐ 기장

날틀집 이름씨 날틀을 넣어 두거나 손질하는 집 ⇐ 격납고

날파람 이름씨 ❶어떤 몬이 빠르게 날아가는 결에 이는 바람 ㉥긴수레가 지나갈 때 날파람이 크게 일어나고 날틀이 뜰 때는 날파람이 더 세게 일어난다 ❷날쌘 움직임이나 날카로운 기운을 빗댄 말

날품 이름씨 하루하루 삯을 받고 파는 품 ㉥그때는 날품을 팔아서 아픈 어버이를 먹여 살렸다 ⇐ 일용

날품팔이 이름씨 하루하루 품삯을 받고 하는 일. 또는 그런 일을 하는 사람 ㉥일터를 잃고 날품팔이로 목에 풀칠을 한다 ⇐ 일공. 일급노동자

날피 이름씨 말이나 짓이 알차지 못한 사람 ㉥어머니는 나에게 날피를 사귀면 안 된다고 말했다

날핏줄 이름씨 염에서 피를 몸 곳곳에 보내는 핏줄. 핏줄 바람이 두껍고 튐새가 크다 ⇐ 동맥

날회다 움직씨 더디다. 천천히 하다 ㉥너 아직 날회라. 크게 날회야 함이 외니

낡다 그림씨 ❶몬이 오래되어 헐고 너절하다 ㉥낡은 집. 옷이 낡다 ❷요즘에 뒤떨어져 새롭지 않다 ㉥낡은 생각. 새말과 낡은 말

남 이름씨 ❶나 말고 다른 사람 ㉥아람이는 남이 뭐라든 제 일만 한다 ❷다른 나라나 다른 겨레 ㉥남나라가 아무리 좋을 손 제 나라 제 겨레만 할까? ❸아음이나 피붙이가 아닌 사람 ㉥멀리 있는 아음은 가까운 남보다 못하다 ❹맺어지지 않거나 오고 감이 없는 사람 ㉥이제부터 넌 남이다 익은말 **남 살 같다** 살갗에 느낌이 없다 슬기말 **남 다리 긁는다** ❶기껏 하는 일이 끝내 남 좋은 일로 된다 ❷해야 할 일을 모르고 엉뚱한 일을 한다

남 (南) ⇒ 마

남 (男) ⇒ 사내

남 (藍) ⇒ 쪽. 쪽빛

남국 ⇒ 마나라

남극 ⇒ 마끝

남극대륙 ⇒ 마끝한뭍

남극해 ⇒ 마끝바다

남기다 움직씨 ❶'남다' 하임꼴. 다 쓰지 않고 나머지가 그대로 있게 하다 ㉥밥을 남기면 쓰나 ❷무엇을 어디에 남게 하다 ㉥우리는 아픈 사람을 남기고 자리를 떠났다 ❸무엇을 나중에까지 물려주다 ㉥이름을 남기다

❹장사에서 길미를 내다 ⓑ갑절로 길미를 남겼다 ❺어디를 가까이 두다 ⓑ힘껏 달려 과녁을 몇 걸음 남기고 따라잡았다

남김없이 어찌씨 ❶하나도 빼지 않고 다 ⓑ숨기지 말고 남김없이 털어놓아라 한뜻말 모조리. 죄다 ❷아주 넉넉하게 ⓑ손님한테 남김없이 베풀어라

남남 이름씨 남과 남 ⓑ가시버시는 돌아서면 남남이다

남녀 ⇒ 안팎. 겨집사내. 가시나머시마. 가시버시. 꽃벗. 산꽃

남녀고용평등 ⇒ 사내겨집일자리고름

남녀공학 ⇒ 안팎배움. 산꽃배움. 꽃벗배움. 가시나머시마 함께 배움

남녀노소 ⇒ 두루사람. 모든이. 산꽃늙젊

남녀유별 ⇒ 사내겨집다름

남녀평등 ⇒ 안팎고름. 산꽃고름

남녘 ⇒ 마녘

남다 움직씨 ❶나머지가 있다 ⓑ밥이 남다 맞선말 모자라다 ❷있던 곳에 그대로 있다 ⓑ어미 새는 떠나고 새끼 새만 둥지에 남았다 ❸때나 멀기가 얼마쯤 더 있다 ⓑ동무와 다시 만나기로 한 때까지 이제 하루 남았다 ❹잊혀지지 않거나 뒤에까지 이어지다 ⓑ그 이름은 길이 남을 것이다 ❺길미가 나다 ⓑ어떤 장사가 많이 남을까? ❻해야 할 일이 더 있다 ⓑ낱말 풀이 뒤에 쓰임새 보기를 입말에서 더 찾을 일이 남았다 ❼나누기나 빼기에서 어떤 수가 처지다 ⓑ10을 3으로 나누면 몫이 3이고 1이 남는다

남다르다 그림씨 남과 유난히 다르다 ⓑ언니는 어려서부터 글짓기에 남달랐다 ⇐ 특별하다. 특수하다. 특유하다

남단 ⇒ 마끝. 마녘 끝

남달리 어찌씨 남과 아주 다르게 ⓑ나는 어렸을 때부터 남달리 덩치가 컸대 ⇐ 특별히. 특히

남대문 ⇒ 마한문

남도민요 ⇒ 마녘노래. 마녘소리

남동 ⇒ 마새

남동부 ⇒ 마새고장

남동생 ⇒ 사내 아우

남동쪽 ⇒ 마새녘. 마새쪽

남동풍 ⇒ 마새바람

남루하다 ⇒ 낡다. 해지다. 너절하다. 초라하다. 허름하다

남매 ⇒ 오뉘. 오누이. 오누

남매간 ⇒ 오뉘사이. 오누이사이. 오누사이

남먼저 이름씨 남보다 먼저 ⓑ엄마는 남먼저 일어나서 새벽밥을 지었다

남모르다 그림씨 저는 알고 남이 알지 못하다 ⓑ다은이가 남모르는 어려움을 겪는 줄을 몰랐어

남몰래 어찌씨 남모르게. 겉으로 드러나지 않게 ⓑ남몰래 도와주다 ⇐ 암암리에

남문 ⇒ 마문. 마지개

남미 ⇒ 마아메리카

남바위 이름씨 옛날에 추위를 막으려고 머리에 쓰던 것. 겉 아래쪽 가장자리에 털가죽을 둘러 붙여 앞은 이마를 덮고 뒤는 목과 등을 덮는 쓰개이다 ⓑ남바위를 뒤집어쓰고 눈길을 나섰다 ⇐ 방한모

남반구 ⇒ 마땅별

남발 ⇒ 막 찍어냄. 마구 펴냄. 마구 찍어내다. 마구 펴내다. 마구 끊어내다

남방·남부 ⇒ 마녘. 마고장

남방식 고인돌 ⇒ 마녘고인돌

남벌 ⇒ 마구 벰. 함부로 벰. 마구 베다. 함부로 베다

남볼썽 이름씨 남을 볼 떳떳한 얼굴 ⓑ남볼썽 사납게 어찌 옷을 그렇게 차려입었어?

남부 ⇒ 마고장. 마녘

남부끄럽다 그림씨 남을 보거나 마주하기가 부끄럽다 ⓑ오늘 우리 삶이 나중에 뒷사람들한테 남부끄럽지 않아야겠죠

남부럽잖다 그림씨 매개가 좋아서 남이 부럽지 않다 ⓑ우리 집은 옛날에는 남부럽잖게 살았다는데

남북 ⇒ 마노

남북 적십자 회담 ⇒ 마노 붉더하기 모임얘기

남북 회담 ⇒ 마노 모임얘기

남북대화 ⇒ 마노 마주 이야기

남북전쟁 ⇒ 마노싸움

남북통일 ⇒ 마노하나되기. 마노하나

남북한 ⇒ 마노배달

남빙양 ⇒ 마얼음바다

남빛 ⇒ 쪽빛

남사당 ⇒ 산사당. 수사당

남사당놀이 ⇒ 산사당놀이. 수사당놀이

남사당패 ⇒ 산사당떼. 수사당떼

남사스럽다·남세스럽다 (그림씨) 남한테 놀림이나 비웃음을 받을 만큼 부끄럽다 ⓑ옷 입고 다니는 꼴이 남사스러워서, 원 한뜻말 남우세스럽다

남산 ⇒ 마메

남산제비꽃 ⇒ 마메제비꽃

남상거리다 (움직씨) ❶좀 얄망스럽게 자꾸 넘겨다보다 ❷좀스럽게 남 것을 바라서 자꾸 까리를 엿보다 ❸물 같은 것이 그릇에 차서 넘칠 듯하다 **남상대다**

남상남상 (어찌씨) ❶좀 얄망스럽게 넘겨다보는 꼴 ⓑ다빈이는 능금을 남상남상 넘겨보다가 가장 큰 것을 얼른 제 앞으로 끌어다 놓았다 ❷좀스럽게 남 것을 바라서 까리를 엿보는 꼴 ⓑ고양이가 쥐를 남상남상 엿보다가 드디어 한 마리를 덮쳤다 ❸물 같은 것이 그릇에 차서 넘칠 듯한 꼴 ⓑ국그릇에 국물이 남상남상 넘칠 듯한다 **남상남상하다**

남새 (이름씨) 무, 배추, 미나리, 상추, 오이 따위 먹으려고 심은 나물 ⓑ텃밭 비닐집에 남새를 가꾸어 먹는다 한뜻말 푸성귀 ⇐ 채소. 야채

남새독 (이름씨) 감자나 고구마 같은 남새를 담아 두는 큰 독. 싸리로 엮어 만들어 겉에 흙이나 종이를 발랐다 ⇐ 채독

남새밭 (이름씨) 남새를 가꾸는 밭 ⓑ우리 남새밭엔 들깨, 상추, 가지, 고추, 토마토, 쑥갓이 자란다 ⇐ 채마밭. 채소밭

남새붙이 (이름씨) 사람이 먹을 수 있는 남새에 딸린 것들 ⇐ 야채류. 채소류

남색 (藍色) ⇒ 쪽빛

남색 (男色) ⇒ 비역

남생이 (이름씨) 냇가나 연못에 사는, 등딱지가 밤빛이고 물갈퀴가 있는 작은 거북

남서 ⇒ 마하늬

남서부 ⇒ 마하늬고장. 마하늬녘

남서쪽 ⇒ 마하늬녘. 마하늬쪽

남서풍 ⇒ 마하늬바람

남성 ⇒ 사나이. 사내. 산. 수컷

남성복 ⇒ 사내옷

남성적 ⇒ 사내다운

남성호르몬 ⇒ 사내호르몬. 수호르몬

남실거리다 (움직씨) ❶작은 그릇에 물 따위가 넘칠 듯하다 ⓑ물동이 물이 남실거린다 ❷느낌이나 기운이 가득 차서 넘칠 듯하다 ⓑ입가에 웃음이 남실거린다 **남실대다**

남실남실 (어찌씨) ❶작은 그릇에 물 따위가 넘칠 듯한 꼴 ⓑ그릇에 남실남실 넘칠 듯한 물 ❷느낌이나 기운이 가득 차서 넘칠 듯한 꼴 ⓑ긴 속눈썹 안에서 기쁨이 남실남실 흐르는 까만 눈 ❸작은 것이 보일 듯 말 듯 떠오르는 꼴 ⓑ저 먼바다 끝에서 돛단배가 남실남실 떠오른다 ❹바람이나 물결이 부드럽게 굽이쳐 뛰는 꼴 ⓑ남실남실 부는 봄바람. 물결이 남실남실한다 ❺부드럽고 가볍게 움직이는 꼴 ⓑ가라고 줄 위에서 남실남실 춤추는 하얀 손가락 **남실남실하다**

남실바람 (이름씨) 나뭇잎이 흔들릴 만큼 부드럽게 부는 바람. 얼굴에 바람기를 느낄 수 있다. 바람세기가 둘째인 바람

남씨 ⇒ 마씨

남씨금 ⇒ 마씨금

남아 ⇒ 사나이. 사내아이. 산

남아돌다 (움직씨) 넉넉해서 다 쓰고도 남다 ⓑ요즘 겨를이 남아돌아서 뭔가 배워볼까 하는데

남용 ⇒ 마구 씀. 마구 쓰다. 함부로 쓰다. 아무렇게나 쓰다. 마구 휘두르다

남우세 (이름씨) 남에게서 받는 놀림이나 비웃음 ⓑ그런 차림으로 모임에 나갔다가는 남

우세 받지

남우세스럽다 (그림씨) 남에게 놀림과 비웃음을 받을 만큼 부끄럽다 ⓑ이런 얘기를 하면 남우세스럽지만, 제 아들이 좀 모자랍니다 한뜻말남사스럽다. 남세스럽다

남움직씨 (이름씨) 그 움직임에 부림말이 있어야 하는 움직씨. '입다', '잡다', '쓸다' 따위 ⇐ 타동사

남원 ⇒ 미리구루

남위 ⇒ 마씨

남위선 ⇒ 마씨금

남유럽 ⇒ 마유럽

남은꼴 (이름씨) 보이던 것이 사라진 뒤에도 그 모습이 얼마 동안 눈에 남아 보이는 것 ⇐ 잔상

남은모임 (이름씨) 쪽모임과 모두모임 사이인 두 모임 ㄱ과 ㅁ에서 모두모임 ㅁ밑숫으로서 쪽모임ㄱ에 품기지 않는 밑숫 모두로 이루어진 모임 ⇐ 여집합

남은밭 (이름씨) 공치기 놀이에서 치는 게 끝나고 지킴으로 바뀔 때 밭에 달림이가 남은 것 ⇐ 잔루

남음 (이름씨) 들어온 돈이 나간 돈보다 많아 돈이 남는 일 ⇐ 흑자

남자 ⇒ 사내. 사나이. 산

남잡이 (이름씨) 남한테 나쁘게 하는 짓 (슬기말) **남잡이가 제잡이** 남한테 나쁘게 하는 것이 곧 저를 나쁘게 하는 일

남장 ⇒ 사내 차림

남정네 ⇒ 사내들. 산네

남존여비 ⇒ 사내위로 겨집알로. 산위꽃아래

남진 ⇒ 지아비. 사내

남진 (南進) ⇒ 마녘 나아감. 마 나아가다. 마녘 가다

남진아비 ⇒ 핫아비

남진어미 ⇒ 핫어미

남진얼이다 ⇒ 사내얼이다

남짓 (이름씨) 어떤 것에 차고 조금 남는 만큼 ⓑ서른 살 남짓. 한 달 남짓

남짓하다 (그림씨) 어떤 것에 차고 조금 남다 ⓑ저 사내는 두 몫 남짓하게 일한다

남쪽 ⇒ 마쪽. 마녘

남청색 ⇒ 검파랑빛. 쪽파랑빛

남측 ⇒ 마녘

남침 ⇒ 마치기. 마녘침

남탕 ⇒ 사내멱곳

남태평양 ⇒ 마고요바다

남파 ⇒ 마보냄. 마보내다

남편 ⇒ 지아비. 사내. 바데. 버시. 짝. 짝꿍. 곁님. 곁짝. 바깥사람

남풍 ⇒ 마파람. 앞바람. 건들마

남하 ⇒ 마녘감. 마녘가다. 마로 가다

남학생 ⇒ 사내 배움이. 머시마 배움이. 산 배움이

남한강 ⇒ 마한가람

남한산성 ⇒ 마한메재. 마한메구루

남해 ⇒ 마파다

남해대교 ⇒ 마파다큰다리

남해안 ⇒ 마파닷가

남향 ⇒ 마쪽

남향집 ⇒ 마쪽집

남회귀선 ⇒ 마되돌이금

남획 ⇒ 마구 잡기. 마구 잡다. 함부로 잡다. 씨를 말리다

납 (이름씨) 잘 녹거나 늘어나고 무르며 무거운 잿빛 쇠붙이. 납땜할 때나 번힘흐름막이로 쓴다 ⓑ몸에 납이 많이 쌓이면 몸무게가 빠지고 밥맛이 없고 게우기 쉽다 ⇐ 연

납·잔나비 (이름씨) 사람을 뺀 젖먹이짐승 가운데 가장 머리가 좋고 숲이나 나무 위에 살며 온몸에 긴 털이 나 있는 숨받이. 나무타기에 좋은 다섯 발가락을 가진 모든 짐승을 일컫는 이름. 긴팔납, 다람쥐납, 고릴라, 오랑우탄, 침팬지들이 모두 이에 딸린다 한뜻말잔납 ⇐ 원숭이. 신

납골당 ⇒ 뼈모신집

납기 ⇒ 댈 날짜. 낼 날짜

납덩이같다 (그림씨) ❶낯에 핏기가 없다 ⓑ얼굴이 납덩이같이 파르하얗다 ❷몸이 무겁고 나른하다 ⓑ몸이 납덩이같이 무겁다 ❸둘레 기운이 어둡고 무겁다 ⓑ다들 납덩이

같이 아무 말이 없었다
납득 ⇒ 알아들음. 받아들임. 알아듣다. 받아들이다. 알아차리다. 곧이듣다
납땜 [이름씨] 납을 녹여서 구멍이 뚫리거나 금이 간 쇠붙이를 때우는 것 [보]금이 간 곳을 납땜으로 붙였다
납땜인두 [이름씨] 납땜할 때 쓰는 인두
납량 ⇒ 서늘맞이
납본 ⇒ 책 바치기. 책 바치다. 책 갖다주다
납부 ⇒ 바침. 돈냄. 바치다. 돈 내다. 돈 넣다
납세 ⇒ 낛냄. 낛내다
납세자 ⇒ 낛냄이. 낛냄보
납입 ⇒ 돈냄. 돈내다. 돈넣다. 바치다
납입금 ⇒ 내는돈
납자루 [이름씨] 푸른 밤빛이고 납작한 민물고기. 물풀이 우거진 곳에 산다
납작 [어찌씨] **1** 몸을 바닥에 대며 냉큼 엎드리는 꼴 [보]나는 몸을 숨기려고 바닥에 납작 엎드렸다 **2** 받아먹거나 말대꾸를 할 때 입을 얄팍하게 재빨리 벌리고 닫는 꼴 [보]납작 받아먹는다 **3** 판판하고 얇으면서 좀 넓은 것이 단단히 달라붙은 꼴 [보]무쇠솥 바닥에 누룽지가 납작 달라붙었다 **납작하다**
납작거리다 [움직씨] **1** 몸을 바닥에 대며 냉큼 냉큼 엎드리다 **2** 받아먹거나 말대꾸를 할 때 입을 자꾸 얄팍하게 재빨리 벌리고 닫다 **납작대다**
납작납작 [어찌씨] **1** 몸을 바닥에 대며 냉큼냉큼 엎드리는 꼴 [보]풀을 베다가 벌집을 건드려 모두가 납작납작 엎드렸다 **2** 받아먹거나 말대꾸를 할 때 입을 자꾸 얄팍하게 재빨리 벌리고 닫는 꼴 [보]입만 납작납작 다시다 **3** 여럿이 얇고 판판하고 조금 넓은 꼴 [보]떡을 먹기 좋게 납작납작 썰었다 **납작납작하다**
납작못 [이름씨] 대가리가 둥글납작하고 크며 바늘이 짧아 손으로 눌러 박게 된 쇠못 ⇐ 압정. 압핀
납작발 [이름씨] 발바닥 가운데가 안으로 오목하지 않고 밋밋한 발 ⇐ 평발
납작솔 [이름씨] 키가 작고 가지가 옆으로 퍼진 소나무 ⇐ 반송
납작칼 [이름씨] 거친 곳이나 쓸데없는 곳을 파낼 때 쓰는 칼
납작코 [이름씨] 콧등이 낮게 가로퍼진 코. 또는 그런 코를 가진 사람 [보]매부리코와 납작코 [익은말] **납작코가 되다** 움츠러지고 풀이 죽다
납작하다 [그림씨] **1** 판판하거나 얄팍하면서 조금 넓다 [보]납작한 돌멩이. 납작한 얼굴 **2** 힘이나 기운이 꺾여 볼품없이 풀죽다 [보]힘센 깡패나라들이 코가 납작해지기는커녕 아직도 누리 곳곳에서 버젓이 작은 나라 등쳐먹는다
납지리 [이름씨] 몸이 납작하고 옆구리에 옅은 푸른 띠가 있으며 주둥이가 뾰쪽한 민물고기
납치 ⇒ 붙들어감. 몰래 잡아감. 붙들어가다. 잡아가다. 몰래 잡아가다. 보쌈하다
납품 ⇒ 대어줌. 갖다줌. 넣다. 대다. 대어주다. 갖다주다. 보내다
낫 [이름씨] 풀이나 나무, 낟 따위를 베는 데 쓰는 여름지이 연장 [슬기말] **낫 놓고 기역도 모른다** 'ㄱ'처럼 생긴 낫을 보고도 'ㄱ' 글을 모르니, 곧 글을 모르는 사람이란 뜻
낫가락 [이름씨] 낫이 가늘고 길쭉해서 붙은 이름 [보]낫가락을 하나씩 챙겨들고 나무하러 가요
낫가락질 [이름씨] 낫으로 풀이나 나무, 낟 따위를 베는 일 [한뜻말]낫질
낫개 [이름씨] **1** 앓이나 다친 데를 고치거나 미리 앓지 않도록 손쓰는 것. 먹거나 바르거나 몸속에 넣거나 한다 [보]낫개를 먹다. 낫개를 바르다. 낫개를 짓다 ⇐ 약. 약품 **2** 몸이나 마음에 좋은 것을 빗댄 말 [보]이런 쓴 일들이 다 나중에는 낫개가 될 거야 ⇐ 약
낫개감 [이름씨] 낫개를 짓는 데 쓸 수 있는 밑감 [한뜻말]낫개거리. 낫개밑감 ⇐ 약재. 약재료
낫개그릇 [이름씨] 낫개를 담는 데 쓰는 통이나 그릇 ⇐ 약통
낫개넣개 [이름씨] 몸에 낫개를 넣는 나수개 가

운데 하나 ⇐ 주사기

낫개달임틀 이름씨 낫개를 달이는 데 쓰는 질그릇 ⇐ 약탕기

낫개몬 이름씨 낫개가 되는 몬 ⇐ 약물

낫개물 이름씨 먹거나 몸을 담그거나 하면 몸에 좋은 샘물 ⇐ 약수

낫개바늘 이름씨 ❶사람 몸에 있는 구멍을 찔러서 앓이를 다스리는 데 쓰는 바늘 ⇐ 침. 약침 ❷몸에 낫개를 넣는 데 쓰는 나수개 끝에 달린 바늘 ⇐ 주삿바늘

낫개발 이름씨 낫개가 몸에 나타내는 보람 ⓑ 그집 낫개는 낫개발이 좋아 ⇐ 약발. 약효

낫개밥 이름씨 찹쌀을 물에 불려서 시루에 찐 뒤에 꿀이나 검단것, 참기름, 대추, 지렁, 밤을 넣고 다시 시루에 찐 밥 ⓑ보름날 낫밥을 먹는 일은 시라 때부터 내림이다 ⇐ 약밥

낫개방동사니 이름씨 방동사니 갈래에 딸린 여러해살이풀. 뿌리줄기는 곳곳에 옷곳내가 있는 덩이줄기가 나는데 낫개로 쓴다 ⇐ 향부자

낫개보 이름씨 나라에서 됨본메를 받아 낫개를 짓는 사람 한뜻말 낫개지이 ⇐ 약사

낫개손 이름씨 ❶아이들 아픈 데를 마음껏 만지면 낫는다고 어루만져주는 어른 손 ⓑ엄마 손은 낫손 ⇐ 약손 ❷낫손가락. 다섯 손가락 가운데 넷째 손가락 ⓑ엄마는 숟가락에 가루낫개와 물낫개를 함께 담아 낫손으로 천천히 저었다

낫개손가락 이름씨 가운뎃손가락과 새끼손가락 사이에 있는 손가락 ⓑ가락지는 흔히 왼 낫손가락에 낀다 ⇐ 약손가락. 약지

낫개솜 이름씨 기름기와 잡티를 빼내고 나쁜 기운을 없앤 솜. 다친 데 쓴다 ⓑ무릎이 까지면 낫솜에 낫개를 묻혀 닦는다 ⇐ 약솜

낫개술 이름씨 낫개로 마시는 술 ⇐ 약주

낫개씀 이름씨 낫개를 지어주거나 씀 ⇐ 투약

낫개인박임 이름씨 어떤 낫개를 끊기 어려워 되풀이하여 쓰거나 마시는 일 ⇐ 약물중독

낫개줌 이름씨 낫개바늘을 써서 핏줄이나 살 속에 낫개를 넣는 일 ⇐ 주사. 투약

낫개집 이름씨 낫개보가 낫개를 지어주거나 파는 곳 ⇐ 약국

낫개틀 이름씨 낫개를 짜는 데 쓰는 나무틀. 달일 낫개감을 손천으로 싸거나 삼베 주머니에 넣어 홈에 끼우고 위에서 눌러 짠다 ⓑ우리집 마루 구석에는 옛날에 쓰던 낫개틀이 아직 있어 ⇐ 약틀

낫개풀 이름씨 낫개로 쓰는 풀 한뜻말 낫풀 ⇐ 약초

낫낫하다[1] 그림씨 굵지 않은 나뭇가지가 좀 길고 곧다 ⓑ낫낫한 회초리

낫낫하다[2] 그림씨 ❶보드랍고 무르다 ⓑ낫낫한 살결 ❷상냥하다 ⓑ낫낫한 말씨

낫다[1] 움직씨 ❶아프거나 다친 곳이 고쳐지거나 아물다 ⓑ푹 쉬었더니 고뿔이 다 나았다 ❷마음 괴로움이 덜하여 풀어지다 ⓑ어머니 마음속에 서린 괴로움도 많이 나은 듯하다

낫다[2] 그림씨 서로 견줘보아 더 좋거나 앞서다 ⓑ언니보다 아우 솜씨가 낫다 맞선말 못하다

낫잡다 움직씨 좀 넉넉하게 치다 ⓑ손님이 더 올지 모르니 먹을거리를 낫잡아 마련해라

낫질 이름씨 낫으로 풀이나 나무, 낟 따위를 베는 일 ⓑ낫질이 서투르다 한뜻말 낫가락질

낭군 ⇒ 버시

낭독 ⇒ 읊기. 읊조림. 읊다. 읊조리다. 소리내어 읽다

낭떠러지 이름씨 깎아지른 듯이 높이 솟거나 비탈진 곳 ⓑ저 앞은 즈믄 길 낭떠러지다

낭랑하다 ⇒ 맑고 또랑또랑하다

낭보 ⇒ 좋은 새뜸. 반가운 새뜸

낭비 ⇒ 헤프게 씀. 헤프게 쓰다. 함부로 쓰다. 마구 쓰다. 헛되이 쓰다. 써버리다. 마구 뿌리다. 물쓰듯하다. 날리다

낭설 ⇒ 뜬새뜸. 헛새뜸. 뜬소리. 헛소리. 허튼소리. 거짓말

낭송 ⇒ 읊음. 읊다. 읊조리다. 외다. 소리내어 읊다

낭자 이름씨 ❶겨집이 머리를 꾸미는 데 쓰는 딴머리. 쪽진 머리 위에 덧대어 얹고 긴 비녀를 꽂는다 ❷시집간 겨집이 뒷통수에 땋

아 틀어 올려 비녀를 꽂은 머리털. 또는 그렇게 틀어 올린 머리털

낭자 ⇒ 아가씨. 아기씨. 가시나. 꽃님. 순이

낭자하다 ⇒ 여기저기 흩어지다. 어지럽게 흩어지다. 왁자지껄하다. 왁자하다. 떠들썩하다

낭창하다 ⇒ 회양회양하다. 한들거리다

낭패 ⇒ 어그러짐. 어그러지다. 박타다. 틀어지다. 비꾸러지다

낮 이름씨 ❶해가 뜰 때부터 질 때까지 동안 ㉥낮과 밤. 낮이 차츰 짧아진다 ❷해가 가장 높이 떠 있는 동안. '한낮' 준말 ㉥가을이라지만 아직 낮에는 햇살이 무척 따갑다 익은말 **낮이고 밤이고** 언제나. 늘

낮거리 이름씨 낮에 하는 어르기

낮결 이름씨 한낮부터 해가 저물 때까지를 가웃으로 나누었을 때 그 앞 때 ㉥좀 더 부지런하면 저녁때까지 끌지 않고 낮결에 해치울 수 있겠다

낮교대 ⇒ 낮바꿈. 낮갈마들이

낮다 그림씨 ❶아래에서 위까지 길이가 짧다 ㉥담이 낮다. 구두 굽이 낮다 맞선말높다 ❷어떤 잣대에 미치지 못하다 ㉥여기는 품삯이 다른 데보다 낮다 ❸소리가 가라앉거나 작다 ㉥밤에는 시끄럽지 않게 낮은 소리로 이야기하렴 ❹좋지 못하거나 아래에 있다 ㉥쓰임새가 낮은 옷 ❺기운이나 마음가짐이 적거나 모자라다 ㉥요즘은 그위집에서도 한자말과 꼬부랑말을 안 쓰려는 다짐이 낮다

낮말 이름씨 낮에 하는 말 맞선말밤말 슬기말 **낮말은 새가 듣고 밤말은 쥐가 듣는다** 말은 살펴서 해야지 함부로 하면 안 된다

낮밥 이름씨 낮에 먹는 밥 한뜻말점심

낮번 ⇒ 낮지킴

낮보다 움직씨 '낮추보다' 준말. 남을 업신여겨 낮게 보다 ㉥겉모습만 보고 사람을 낮보면 안 된단다

낮은소리자리표 이름씨 가락글에서 낮은 소리를 나타내려고 만든 뜻말 맞선말높은소리자리표 ⇐ 낮은음자리표

낮은음자리표 ⇒ 낮은소리자리표

낮잠 이름씨 낮에 자는 잠 ㉥낮잠을 즐기다 맞선말밤잠

낮잡다 움직씨 ❶지닌 값어치보다 낮게 치다 ㉥값을 낮잡아 불러서 내지 않고 기다리다가 끝판에 임자를 만났다 ❷낮추어 보거나 가볍게 여기다 ㉥옷차림으로 사람을 낮잡아 보지 말게. 깡패나라들은 작은 나라를 늘 낮잡아 다룬다

낮지킴 이름씨 낮에 맡아 지킴 맞선말밤지킴 ⇐ 낮번

낮추다 움직씨 ❶낮게 하다. '낮다' 하임꼴 ㉥소리를 낮추다. 값을 낮추다 맞선말높이다 ❷스스로를 내세우지 않다 ㉥익은 벼가 고개를 숙이듯이 스스로를 낮추다 ❸아랫사람한테 하듯이 말을 놓다 ㉥어르신, 말씀 낮추세요

낮추보다 움직씨 남을 업신여겨 저보다 낮게 보다 ㉥사람을 차림새만 보고 낮추보면 안 되지 준말낮보다

낮춤말 이름씨 ❶'하게', '해라'처럼 남을 높이지 않고 쓰는 말 맞선말높임말 ⇐ 반말 ❷무엇을 낮추어 이르는 말 ㉥입 낮춤말은 아가리이다 ❸말하는 사람이 스스로를 낮추는 말 ㉥'우리' 낮춤말은 '저희'이고 '나' 낮춤말은 '저'이다

낮춤하다 그림씨 조금 낮은 듯하다 ㉥다모나섬에는 바람이 세어 지붕이 낮춤한 집이 많다

낮피눌림 이름씨 피눌림이 제대로인 때보다 낮은 눚. 피눌림이 낮아서 날핏줄 피가 몸속 그릇으로 넉넉히 돌기 어려운 때를 이른다. 나른하고 머리가 아프고 어깨가 결린다 ⇐ 저혈압

낯 이름씨 ❶눈, 코, 입 따위가 있는 머리 앞쪽 ㉥낯을 씻다. 낯을 붉히다 한뜻말얼굴 ⇐ 면. 안면 ❷남을 떳떳하게 마주 보는 모습 ㉥아비로서 너희를 볼 낯이 없구나 ❸서로 얼굴이나 알고 지내는 사이 ㉥이제 보니 저 사람 낯이 있네 ❹얼굴에 나타나는 마음

흐름 ⓑ웃는 낯. 무서운 낯 익은말 **낯 간지럽다** 부끄럽다 **낯 뜨겁다** 남 보기에 몹시 부끄럽다 **낯이 깎이다** 떳떳하지 못하다 **낯이 두껍다** 뻔뻔하고 부끄러운 줄을 모르다

낯가리다 움직씨 어린아이가 처음 보는 사람을 싫어하다 ⓑ아기가 낯가리지 않고 나한테도 방긋방긋 잘 웃는다

낯가림 이름씨 어린아이가 처음 보는 사람을 보기 싫어하는 것 ⓑ우리 아기는 이제 한창 낯가림할 때야 **낯가림하다**

낯꽃 이름씨 얼굴에 드러나는 마음 느낌 ⓑ네 낯꽃을 보니까 마음에 들지 않는 것 같구나 한뜻말 낯빛 ⇐ 표정

낯꽃피다 움직씨 얼굴에 밝은 빛이 돌다 ⓑ요즘 좋은 일이 있나 봐, 낯꽃핀 걸 보니

낯내다 움직씨 남 앞에 떳떳하게 나서거나 마구 자랑하다 ⓑ마동은 여러 사람 앞에 낯내려 하지 않았다

낯닦개 이름씨 낯이나 손을 닦는 천 ⇐ 수건. 타월

낯모르다 움직씨 누구인지 모르다. 처음 보다 ⓑ낯모르는 사람이 집에 찾아왔다

낯바르개 이름씨 낯이나 손이 트거나 거칠어지는 것을 막으려고 바르는 것 ⇐ 크림

낯빛 이름씨 ❶낯 빛깔 ⓑ낯빛이 검은데 어디 아픈 거 아니니? 한뜻말 얼굴빛 ⇐ 안색. 혈색 ❷낯에 나타난 마음 ⓑ낯빛이 어둡다. 낯빛이 달라지다. 낯빛을 살피다 한뜻말 낯꽃

낯설다 그림씨 ❶낯이 눈에 익지 않다 ⓑ낯선 사람. 낯선 사이 맞선말 낯익다 ❷꼴이나 살림살이가 눈에 익지 않거나 몸에 배지 않다 ⓑ낯선 남땅에 내몰려 괴로움을 겪다

낯익다 그림씨 앞에 보거나 여러 디위 겪어서 눈에 익다 ⓑ낯익은 얼굴. 낯익은 길 맞선말 낯설다

낯지킴힘 이름씨 제 얼굴이나 모습이 함부로 빛박이에 찍히지 않을 힘 ⇐ 초상권

낯짝 이름씨 '낯' 낮춤말 ⓑ네놈이 무슨 낯짝으로 다시 왔느냐 한뜻말 얼굴짝 슬기말 **낯짝 보자 이름 짓는다** 얼굴을 보면 됨됨이를 알 수 있다

낯치레 이름씨 낯바르개를 바르거나 문질러 얼굴을 곱게 꾸미는 일 한뜻말 낯꾸밈 ⇐ 화장

낯치렛감 이름씨 얼굴에 바르거나 문질러 곱게 꾸미는 데 쓰는 몬 한뜻말 꾸밈몬 ⇐ 화장품

낯켕길힘 이름씨 물 겉낯이 스스로 줄어들어 되도록 작은 넓이를 가지려는 힘 ⇐ 표면장력

낯하다 움직씨 서로 얼굴을 마주보다 ⓑ나는 왜인지 그 사람하고는 낯하기 싫어 ⇐ 대면하다

낱 이름씨 ❶셀 수 있는 몬 하나하나 ⓑ오이를 고리째 말고 낱으로 팔아 보는 게 어때? ⇐ 개 ❷셀 수 있는 몬을 세는 하나치 ⓑ능금 다섯 낱. 밤 두 낱

낱값 이름씨 낱낱 값 ⓑ낱값이 비싸다 ⇐ 단가

낱개 ⇒ 낱낱

낱권 ⇒ 낱책

낱낱 이름씨 하나하나 ⓑ배추 모 낱낱을 잘 보듬어 심었다

낱낱이 어찌씨 하나도 빠뜨리지 않고 ⓑ낱낱이 얘기하다. 낱낱이 들추어내다 한뜻말 하나하나

낱내 이름씨 말소리에서 가장 짧은 마디 ⓑ'맘닭기'는 세 낱내 '맘', '닭', '기'로 나뉘고 첫낱내 '맘' 첫소리는 'ㅁ', 가운뎃소리는 'ㅏ', 끝소리는 'ㅁ'이다 한뜻말 소리마디 ⇐ 음절

낱눈 이름씨 숨받이 겹눈을 이루는 여러 작은 눈 하나하나

낱뜨기 이름씨 낱낱으로 파는 몬 ⓑ몇 낱은 낱뜨기로 팔아보고 나머지는 고리짝으로 파는 게 어떤가

낱말 이름씨 어떤 뜻을 가지며 따로 떨어져서 말 구실을 하는 가장 작은 말마디 ⓑ우리말 낱말 속살을 우리말로 풀어내는 일은 대단히 종요롭다 ⇐ 단어

낱말떼 이름씨 어떤 테두리 안에서 쓰는 낱말 모두나 그 낱수 ⇐ 어휘

낱말수수께끼 이름씨 낱말 가로줄과 세로줄에서 귀뜸말을 써서 낱말을 풀어나가는 수수

께끼 ⇐ 낱말퍼즐

낱말얼개 이름씨 낱낱 낱말을 짜맞춘 짜임새 ⇐ 어휘체계

낱말퍼즐 ⇒ 낱말수수께끼

낱뿌림 이름씨 씨앗을 알맞게 띄어서 한 곳에 하나 또는 몇 낱씩 고르게 뿌리는 것 ⇐ 점뿌림 **낱뿌림하다**

낱소리 이름씨 소리마디를 짜 이루는 이름씨로 낱낱소리 ⓑ낱소리 몇 낱이 모여 소리마디를 이룬다 ⇐ 음소

낱수 이름씨 한 낱씩 낱으로 셀 수 있는 몬 수 ⓑ능금 한 바구니 낱수가 다해서 몇 낱이야? ⇐ 개수

낱알 이름씨 하나하나 알 ⓑ땅바닥에 떨어진 쌀 낱알을 주웠다

낱이 이름씨 어떤 무리나 모둠을 이루는 한 사람 한 사람 한뜻말낱사람 ⇐ 개인

낱잎 이름씨 한 잎 한 잎 ⓑ우리 가게는 종이를 낱잎으로는 팔지 않아요 ⇐ 낱장

낱자 이름씨 소리글을 적는 바탕이 되는 낱낱 글자 ⓑ'말' 낱자는 'ㅁ, ㅏ, ㄹ' 이다

낱장 ⇒ 낱잎

낱책 이름씨 한 묶음인 책에서 하나하나 ⓑ낱책으로 된 책

낱흥정 이름씨 한데 모아서 하지 않고 낱으로 하는 흥정 ⓑ조기 한 손을 낱흥정으로 샀다

낳다[1] 움직씨 ❶솜이나 고치, 삼, 털 따위로 천을 짤 실을 만들다 ⓑ깁실을 낳다 ❷실로 천을 짜다 ⓑ무명을 낳다

낳다[2] 움직씨 ❶아기, 새끼, 알을 몸 밖으로 내어놓다 ⓑ알을 낳다. 아이를 낳다 ❷무엇을 이루거나 가져오다 ⓑ걷는 것은 좋은 생각을 낳는다 ❸고장이나 나라에서 사람을 내다 ⓑ우리 겨레가 낳은 뛰어난 사람을 손꼽다 ❹어떤 마음을 일으키다 ⓑ굳센 뜻은 굳센 믿음을 낳는다

낳보 이름씨 ❶몬을 만드는 사람 ⇐ 생산자 ❷푸나무처럼 살아가는데 드는 살감을 스스로 만들 수 있는 산것 ⇐ 생산자

낳은아비 이름씨 나를 낳은 아버지 ⓑ선돌은 열 살이 될 때까지 낳은아비가 누군지 몰랐다 ⇐ 생부

낳이·낳몬 이름씨 ❶사람이 살아가는데 드는 것을 만듦 ⓑ알낟낳이 ⇐ 산물. 생산 ❷베를 짜는 일 ❸어떤 고을에서 짠 피륙 ⓑ샛골낳이. 고다라낳이

낳이감 이름씨 낳이에 쓰는 감 ⇐ 생산재

낳이것 이름씨 만든 것 ⇐ 생산물

낳이든돈 이름씨 낳이에 드는 돈 ⇐ 생산비

낳이몬 이름씨 낳은 몬 ⇐ 생산품

낳이바탈 이름씨 ❶하나치 일을 들여 만든 낳이몬 숱 ⇐ 생산성 ❷땅, 밑감, 일 따위 낳이 여러 이룸씨들을 들인 숱과 그것으로 이뤄낸 낳이것 푼수

낳이방 이름씨 ❶아기를 낳는 방 ⇐ 산실 ❷어떤 일이 일어나는 곳 ⓑ이곳은 앞으로 우리말갈이들 낳이방이 될 것이다 ⇐ 산실

낳이숱 이름씨 어느 동안에 낳은 숱 ⇐ 생산량

낳이일모둠살이 이름씨 낳이일에 바탕을 둔 모둠살이 ⓑ오늘날은 넷째 낳이일모둠살이라 부른다 ⇐ 산업사회

낳이터 이름씨 낳은 곳 ⇐ 생산지

낳이흐름 이름씨 밑감을 넣어서 몬이 만들어지는 모든 흐름 ⇐ 생산공정

낳일 이름씨 사람이 살아가는 데 드는 것을 만드는 일. 여름지이, 고기잡이, 짓일, 섬김일들이 있다 ⇐ 산업

낳일길 이름씨 낳일에 쓰는 길. 흔히 낳몬을 실어나르는 데 쓴다 ⇐ 산업도로

낳일되기 이름씨 낳일이 되거나 낳일되게 함 ⇐ 산업화

낳일뒤엎기 이름씨 1760해 무렵부터 온 해쯤 동안 유럽에서 일어난 낳이쏨씨와 사람살이짜임이 크게 바뀐 일. 작은 손짓일 낳이에서 큰 짓일터 낳이로 바뀜 ⇐ 산업혁명

낳일살이 이름씨 사람살이 바탕이 짓일을 으뜸으로 하는 살이 ⇐ 산업사회

낳일지실 이름씨 일꾼이 일하다가 입는 지실 한뜻말낳일 언걸 ⇐ 산업재해

내[1] 이름씨 가람으로 흘러드는 물줄기. 가람보다 가늘고 시내보다 넓다 ⓑ뒷메에 기대어 자리 잡은 우리 집 앞으로는 내가 흐른다

내[2] 이름씨 몬이 불에 탈 때 뿌옇게 일어나 눈과 숨길을 따끔하게 하는 기운 ⓑ내를 마시다. 눈에 내가 들어가다 ⇐ 연기

내[3] 이름씨 '냄새' 준말 ⓑ밥 타는 내. 옷곳한 내

내[4] 갈이름씨 ❶'나' 다음에 '가'가 붙을 때 '나'가 바뀐 꼴 ⓑ내가 그곳으로 가겠다 ❷'나'에 '의'가 붙어 줄어든 말 ⓑ내 것. 내 고장 슬기말 **내 배 다치랴** 누가 주제넘게 나를 건드리겠느냐 **내 코가 석 자** 내 일이 먼저라 남을 돌볼 겨를이 없다

내 (內) ⇒ 안. 속

내각 (內角) ⇒ 안모

내각 (內閣) ⇒ 나라살림. 나라다스림

내걸 이름씨 냇가에 만든 기다란 논 ⓑ냇가 옆 내걸에는 모래땅이라 땅콩이 잘 된다

내걸다 움직씨 ❶바깥이나 앞쪽에 내어 걸다 ⓑ비가 올 것 같으니 빨래를 밖에 내걸지 마라 ❷무엇을 이루려고 목숨 따위를 내놓다 ⓑ모두 목숨을 내걸고 싸웠다 ❸어떤 일을 하는 데 무엇을 내세우다 ⓑ갇혀 있을 때 만남 동안을 늘려줄 것을 내걸고 밥을 굶었다 ⇐ 표방하다 ❹놀음이나 놀이에서 줄 것을 다짐하다 ⓑ소 한 마리를 내걸고 씨름판을 벌였다

내걸리다 움직씨 어떤 것을 바깥이나 앞쪽으로 나와 걸리게 하다 ⓑ셋달 첫날 집집마다 문 앞에 깃발이 내걸렸다

내걺 이름씨 어떤 일에 돈이나 값진 것을 내세움 ⓑ잃어버린 강아지를 찾아주는 이한테 줄 내걺 돈을 올렸지만 아직 아무 새뜸이 없다 ⇐ 현상

내과 ⇒ 속보는데

내구성 ⇒ 견딜새. 견딜바탈. 질김새. 질김바탈

내국 ⇒ 나라안. 제나라

내국인 ⇒ 나라사람. 나라안사람. 제나라사람

내기 이름씨 무엇을 걸어놓고 이기고 짐을 겨루는 일 ⓑ여기서 누가 빨리 달리는지 내기하자

-내기 뒷가지 ❶그 고장에서 태어나 자란 사람 ⓑ서울내기. 시골내기. 뜨내기 비슷한말 뜨기 ❷'그러한 사람'임을 일컫는 말 ⓑ웬만내기. 풋내기. 새내기

내깔기다 움직씨 ❶오줌이나 똥, 침 따위를 바깥쪽으로 힘차게 함부로 누거나 뱉다 ⓑ제비가 내깔긴 똥이 마루에 덕지덕지 눌어붙었다 ❷말을 갑자기 함부로 내뱉다 ⓑ아버지가 내깔겼던 말이 한뉘토록 지워지지 않는다 ❸쏘개 따위를 함부로 마구 쏘아대다

내깔리다 움직씨 ❶여기저기 어지럽게 내버리다 ⓑ광에는 언니가 세간을 만들다가 내깔린 온갖 것들이 수북이 쌓였다 ❷어지럽히고 돌보지 않다 ⓑ내가 어질러 내깔린 방을 아내가 말끔히 치워놓았네

내내 어찌씨 처음부터 끝까지 이어서 ⓑ겨울내내. 하루 내내 한뜻말 내 비슷한말 줄곧

내년 ⇒ 다음해. 이듬해. 오는해

내놓다 움직씨 ❶밖으로 꺼내서 놓다 ⓑ집 밖에 내놓으면 내가 가지러 갈게 ❷가진 것을 내주다 ⓑ할머니는 굶은 사람에게 밥을 내놓으셨다 ❸생각 따위를 여러 사람에게 드러내다 ⓑ좋은 생각 있으면 내놓으세요 ❹집이나 방을 팔거나 빌려준다고 알리다 ⓑ집을 내놓다. 방을 내놓다 ❺'내놓고' 꼴로 써서 숨김없이 드러내다. ㉠이제는 아예 내놓고 딸 자랑을 한다 ❻짐승이나 아이를 밖에서 돌아다닐 수 있게 해주다 ⓑ소를 들판에 내놓고 키운다 ❼몸 어디를 겉으로 드러내다 ⓑ요즘 젊은이들은 배꼽을 내놓고 다니기도 한다네 ❽무엇을 빼거나 버리다 ⓑ내놓은 아들. 나를 내놓고는 모두 웃었다 ❾자리를 그만두고 물러나다 ⓑ벼슬을 내놓고 시골로 내려가다

내다 움직씨 ❶안에서 밖으로 나오게 하다 ⓑ땀을 내다. 앉개를 밖으로 내다 ❷새것을 만들거나 짓다 ⓑ마을에 큰길을 내다 ❸

돈 따위를 주거나 바치다 ⓑ저녁값을 내다. 낛을 내다 ❹생각 따위를 내놓다 ⓑ이 생각을 낸 사람이 누굽니까? ❺돈을 얻다 ⓑ빚을 내다 ❻소리나 냄새를 밖으로 드러나게 하다 ⓑ부스럭거리는 소리를 내다. 방귀 냄새를 내다 ❼틈을 만들다 ⓑ겨를을 내다 ❽힘 따위를 더하다 ⓑ힘을 내다. 기운을 내다 ❾생기거나 일어나게 하다 ⓑ먼지를 내다. 날소깝을 태워 검은 내를 내다 ❿마음이나 느낌을 일어나게 하다 ⓑ골을 내다. 샘을 내다. 짜증을 내다 ⓫거름 따위를 논밭에 옮기거나 주다 ⓑ밭에 거름을 내다. 논에 두엄을 내다 ⓬모, 싹을 옮기다 ⓑ논에 모를 내다 ⓭쌀, 보리, 콩 따위를 팔다 ⓑ쌀을 내어 빚을 갚다 ⓮책이나 새뜸을 만들어 펴다 ⓑ새 책을 내다. 새뜸을 내다 ⓯살림, 가게 따위를 처음 차리다 ⓑ가게를 내다. 아우에게 살림을 내어 주다 ⓰구멍이나 자국 따위를 만들다 ⓑ구멍을 내다. 눈밭에 발자국을 내다 ⓱먹을거리를 이바지하다 ⓑ저녁을 내다. 한턱을 내다 ⓲일을 마무리하다 ⓑ끝을 내다 ⓳불을 붙게 하다 ⓑ이 멧불은 저절로 났을까, 누가 냈을까? ⓴어떤 곳이 사람을 드러나게 하다 ⓑ그 배곳은 뛰어난 사람을 많이 냈다 ㉑멋이나 맛을 있게 하다 ⓑ들기름으로 맛을 내다. 웬일로 멋을 다 내고? ㉒이름이나 새뜸을 알리다 ⓑ이름을 내다. 좋은 새뜸을 내다 ㉓움직씨 '-아', '-어' 꼴 뒤에 써서, 제힘으로 끝내다 ⓑ견디어내다. 만들어내다

내다보다 [움직씨] ❶안에서 밖을 보다 ⓑ밖을 내다보니 비가 내리네 [맞선말]들여다보다 ❷멀리 앞을 보다 ⓑ저 멀리 새목메를 내다보았다 ❸앞일을 미리 헤아려 알다 ⓑ나라 일꾼들이 누리 일을 한 치 앞도 못 내다보다니

내다보이다 [움직씨] ❶안에서 밖이 보이다 ⓑ바다가 내다보이는 집 ❷속이 겉으로 드러나 보이다 ⓑ속이 훤히 내다보이는 말

내다판돈 [이름씨] 다른 나라에 내다판 몬 돈 ⇐ 수출액

내다판몬 [이름씨] 다른 나라에 팔아 보내는 몬 ⇐ 수출품

내다팔다 [움직씨] 밖에 가져다 팔다 ⇐ 수출 **내다팔기**

내닫다·내달리다 [움직씨] ❶밖이나 앞으로 기운차게 달리다 ⓑ힘차게 내닫는 걸음. 한달음에 내달았다 ⇐ 활주하다 ❷내처 이어 달리다 ⓑ우리는 배곳까지 달린 뒤에 왔던 길을 다시 내달렸다

내달 ⇒ 다음달. 새달

내달다 [움직씨] ❶밖이나 앞쪽에 달다 ⓑ깃발을 내달다 ❷한쪽으로 더 이어 붙이다 ⓑ방 세 칸을 더 내달아 지은 바깥채

내달음길 [이름씨] 날틀이 내려앉거나 뜰 때 달리는 길 ⇐ 활주로

내대다 [움직씨] ❶밖이나 앞으로 내밀어서 무엇에 가까이 가져가거나 닿게 하다 ⓑ놀래주려고 장난감 쏘개를 갑자기 동무 앞가슴에 내댔다 ❷맞은쪽에 내어놓고 들이대다 ⓑ갇힌 사람을 모두 풀어놓으라고 내댔다 ❸굳센 다짐으로 마주 들이대다 ⓑ우리는 눈물터지개를 쏘아대는 짭새들 앞에 어깨 겯고 맨가슴으로 내댔다 ❹함부로 말하거나 마구 거칠게 굴다 ⓑ나는 골이 나서 되는 말 안 되는 말 마구 내댔다

내던지다 [움직씨] ❶안에서 밖으로 던지다 ⓑ수레 문밖으로 쓰레기를 내던지다니! ⇐ 투척하다 ❷아무렇게나 세차게 던지다 ⓑ나는 더워서 옷을 벗어 내던지고 물에 뛰어들었다 ❸내버리고 돌아보지 않다 ⓑ아저씨는 일자리를 내던지고 시골로 돌아갔다 ❹말을 아무렇게나 내뱉다 ⓑ내가 잔소리를 해대자 오빠는 "이 가시나가!" 하며 내던지고는 밖으로 나갔다

내돋다 [움직씨] 안에서 밖이나 겉으로 내밀어 나오다

내동댕이치다 [움직씨] 아무렇게나 힘껏 던지다 ⓑ은솔이는 책가방을 마루에 내동댕이치고서 밖으로 달려나갔다

내두르다 움직씨 ❶밖으로 내어 흔들다 ⓑ바라지 밖으로 손을 내둘렀다 ❷이리저리 마구 흔들다 ⓑ주먹을 내두르며 덤비다 ❸가슴이 뭉클하거나 놀라서 혀를 몹시 차다 ⓑ과녁 한가운데를 쏘아 맞추자 구경꾼은 모두 혀를 내둘렀다

내디디다 움직씨 ❶어느 금 밖이나 앞으로 디디다 ⓑ밖이 캄캄해서 한 발도 내디딜 수 없었다 ❷바깥이나 앞쪽으로 걸음을 내걷다 ⓑ오롯이 우리말살이 하는 발걸음을 성큼 내디뎠다 준말내딛다 ❸어떤 일을 처음 하다 ⓑ시골살이 첫걸음을 내디디다

내딛다 움직씨 '내디디다' 준말 ⓑ뱀이 지나가자 발길을 내딛다 말고 문득 걸음을 멈추었다

내란 ⇒ 집안싸움. 나라안싸움

내레이션 ⇒ 굿밖 풀이. 줄거리 풀이

내려가다 움직씨 ❶높은 데서 낮은 데로나 위에서 아래로 가다 ⓑ물이 흘러 내려가다 맞선말올라오다 ⇐ 하강하다 ❷서울이나 더 큰 고장에서 떠나가다 ⓑ시골에 내려가서 자리잡다 ❸값이나 소리가 적어지거나 낮아지다 ⓑ목소리가 내려가다. 쌀값이 내려가다 ⇐ 하락하다 ❹뒷날로 이어져 가다 ⓑ겨레말 살려 쓰기는 우리 겨레가 오래도록 내려가면서 해나갈 훌륭한 일이다 ❺짜임에서 성금이나 얽이, 알림 따위가 아래로 가다 ⓑ얽이가 내려가다 ❻먹은 것이 잘 삭다 ⓑ아침 먹은 것이 잘 내려가지 않는다

내려놓다 움직씨 ❶들거나 위에 있는 것을 아래쪽으로 내려서 놓다 ⓑ짐을 내려놓다. 아이를 내려놓다 ❷수레 따위가 사람을 어디에 떨구어놓다 ⓑ긴수레는 마지막 나루에서 사람을 모두 내려놓았다 ❸어떤 일을 그만두다 ⓑ하던 일을 다 내려놓고 시골로 왔지요 ❹달라붙은 마음이나 근심 걱정을 그만두다 ⓑ마음닦을 때는 어떤 생각이 일어나든 바로 내려놓고 숨이나 느낌으로 돌아온다

내려다보다 움직씨 ❶위쪽에서 아래쪽을 보다 ⓑ지붕에서 마당을 내려다보다 맞선말올려다보다 ❷눈을 내리뜨고 보다 ⓑ내가 나무라자 아우는 땅바닥만 내려다보았다 ❸저보다 한참 낮추어 보다 ⓑ누구라도 사람을 내려다볼 수는 없지

내려다보이다 움직씨 위쪽에서 아래에 있는 것이 보이다 ⓑ멧등성이에선 넓은 들판이 다 내려다보인다

내려보내다 움직씨 ❶위에서 아래로 내려가게 하다 ⓑ밧줄을 내려보내다 ❷높은 곳이나 위에서 잡은 것 또는 시킬 거리를 아래쪽이나 아랫사람에게 알리거나 내리다 ⇐ 하달하다

내려서다 움직씨 높은 데서 낮은 데로 옮아 서다 ⓑ언니가 한 섬돌 내려서자 나와 키가 비슷해졌다 맞선말올라서다

내려쓰다[1] 움직씨 ❶글을 어떤 줄보다 아래쪽에 자리 잡아 쓰다 ⓑ사는 곳을 쓰고 이름을 내려써라 ❷세로로 쓰다 ⓑ옛날에는 글을 내려썼다

내려쓰다[2] 움직씨 쓰개를 머리에 푹 눌러쓰다 ⓑ바람이 세어서 벙거지를 푹 내려쓰고 옷깃도 여몄다

내려앉다 움직씨 ❶아래로 꺼지거나 무너져 내리다 ⓑ지붕이 내려앉다 ❷내려가 앉거나 내려와 앉다 ⓑ먼지가 내려앉다. 참새떼가 나락논에 내려앉았다 ❸안개나 어둠 따위가 깔리거나 끼다 ⓑ어둠이 내려앉다 ❹일터에서 낮은 자리로 떨어지다 ⓑ일터에서 낮은 자리로 내려앉았다 ❺몹시 놀라거나 걱정이 되어 마음이 무거워지다 ⓑ헤어지자는 말을 듣자 가슴이 덜컥 내려앉았다 ❻둘레 기운 속에 잠겨버리다 ⓑ마을은 쥐 죽은 듯 고요함이 내려앉았다

내려오다 움직씨 ❶높은 데서 낮은 데로나 위에서 아래로 오다 ⓑ메에서 내려오다. 메를 내려오다 맞선말올라가다 ⇐ 하강하다 ❷서울이나 더 큰 고장에서 떠나오다 ⓑ시골로 내려오다 ❸옛날부터 이어져 오다 ⓑ입에서 입으로 이어 내려오던 이야기 ❹무엇이

어디까지 이어져 미치다 ⓑ발목까지 내려온 치마

내려찍다 움직씨 날붙이로 위에서 아래로 찍다 ⓑ도끼로 통나무를 내려찍었다 한뜻말내리찍다

내려치다 움직씨 **1** 위에서 아래로 때리거나 치다 ⓑ말뚝을 내려쳐 박았다 한뜻말내리치다 **2** 호되게 때리거나 치다 ⓑ골이 나서 주먹으로 책얹개를 내려쳤다

내력 ⇒ 자취. 까닭. 내림. 겪은 일

내로라하다 움직씨 두드러지거나 이름나다 ⓑ내로라하는 사람. 내로라하는 집안

내륙 ⇒ 안뭍

내륙국 ⇒ 뭍나라

내리 어찌씨 **1** 위에서 아래로 ⓑ이름을 내리 보아가다 **2** 처음부터 끝까지. 잇달아 ⓑ내리 한 달을 놀았다. 사흘 내리 비가 왔다 한뜻말줄곧 **3** 함부로 마구 ⓑ내리 짓밟다

내리- 앞가지 **1** (주로 움직씨 앞에 붙어) 아래로 ⓑ내리긋다. 내리밀다. 내리사랑 맞선말치-. 올리- **2** 줄곧 ⓑ내리읽다. 내리외다 **3** 세차게. 함부로 ⓑ내리깎다. 내리쬐다

내리갈기다 움직씨 위에서 아래쪽으로 거세게 치거나 쏘다 ⓑ여름지기싸울아비들은 언덕 위쪽에서 올라오는 왜놈들한테 쏘개를 내리갈겼다

내리구르다 움직씨 위쪽에서 아래쪽으로 굴러 내리다 ⓑ바위가 내리굴러 수렛길을 가로막았다 준말내리굴다

내리긋다 움직씨 **1** 위에서 아래로 금을 긋다 ⓑ붓에 힘을 주어 한 디위에 쭉 내리그어라 맞선말치긋다 **2** 잇달아 금을 긋다 ⓑ흰종이에 자꾸 금만 내리긋는다

내리기 이름씨 어버이 몸바탕이 아들딸에게 옮는 것 한뜻말내림 ⇐ 유전

내리까다 움직씨 **1** 위에서 아래로 까다 ⓑ도끼로 나무그루터기를 내리까서 땔감을 마련했다 **2** 거세게 치거나 때리다 ⓑ막대기로 맞은쪽 머리를 겨누고 내리깠으나 빗맞았다 **3** 다른 사람 잘못을 거칠게 나무라다 ⓑ샛돌은 남을 나무랄 때 앞뒤 가리지 않고 내리깐다

내리깔다 움직씨 **1** 눈을 가늘게 뜨고 내려다보다 ⓑ눈을 내리깔고 세 걸음 앞 땅을 보며 숨을 알아차리면서 걷다 **2** 목소리를 조용하고 낮게 내다 ⓑ목소리를 내리깔다 **3** 자리 따위를 아래쪽으로 깔거나 펴다 ⓑ아랫목에 이불을 내리깔았다

내리꼰지다 움직씨 높은 데서 아래로 쏜살같이 내려오다 ⓑ큰 너울이 작은 배를 내리꼰져서 배가 뒤집힐 뻔했다

내리꽂다 움직씨 **1** 위에서 아래쪽으로 꽂다 ⓑ낫을 소나무 가지에 내리꽂아 싹둑 베었다 **2** 높은 곳에서 아래로 내리박히다 ⓑ우리는 저마다 바위에 올라갔다가 물웅덩이로 내리꽂았다

내리끊임 이름씨 두 옆에서 당기는 힘으로 위쪽 땅덩이가 아래로 미끄러져 내린 땅끊임 ⇐ 정단층

내리누르다 움직씨 **1** 위에서 아래로 힘줘 누르다 ⓑ맞잡이 목을 힘껏 내리눌러 이겼다 ⇐ 압박하다 **2** 느낌 따위가 무겁게 짓누르다 ⓑ답답함이 마음을 내리누른다 **3** 꼼짝하지 못하게 억지로 누르다 ⓑ옛날에는 벼슬아치들이 백성들을 내리눌렀다 ⇐ 압도하다. 압박하다

내리는곳 이름씨 긴수레나 버스, 배, 날틀 따위 탈것에서 내리는 곳 맞선말타는곳 ⇐ 하차장

내리다 움직씨 **1** 탈것 따위에서 땅이나 바닥으로 옮겨 서다 ⓑ나룻배에서 내리다 맞선말오르다. 타다 **2** 날틀 따위가 아래로 뛰어 땅이나 바닥에 닿아 멈추다 ⓑ돌고지날틀이 들판에 내렸다 **3** 값 따위가 낮아지거나 떨어지다 ⓑ쌀값이 내렸다 **4** 아래로 늘어뜨리거나 옮기다 ⓑ돛을 내리다. 짐을 내리다 **5** 눈이나 비, 이슬 따위가 떨어지다 ⓑ비가 내린다 **6** 뿌리를 땅속으로 뻗다 ⓑ옮겨 심은 나무가 뿌리를 내렸다 **7** 어둠이 깃들거나 안개가 짙어지다 ⓑ땅거미가 내렸다 **8** 먹은 것이 삭다 ⓑ낮밥이 잘 내리

지 않아 속이 더부룩하다 ❾살이 찌거나 부은 것이 빠지다 ㉥호박을 먹으면 부은 살이 빨리 내린다 ❿검 기운 따위가 사람 몸에 들다 ㉥서낭 내린 사람 ⓫가루 따위를 체에 쳐서 거르다 ㉥밀가루를 체에 내리다

내리닫이 이름씨 두 짝 바라지문이 위아래로 여닫게 된 문

내리뜨다 움직씨 눈길을 아래쪽으로 가늘게 뜨다 ㉥눈을 지그시 내리뜨다 맞선말치뜨다

내리막 이름씨 ❶아래로 비탈진 곳 ㉥오르막이 있으면 내리막이 있다 맞선말오르막 ❷힘 따위가 한창때를 지나 떨어지거나 잦아드는 것 ㉥무더운 더위도 내리막에 접어들었다 한뜻말내리막길

내리막길 이름씨 ❶아래로 비탈진 길 ㉥고개만 넘으면 내리막길이다 맞선말오르막길 ❷힘 따위가 한창때를 지나 떨어지거나 잦아드는 것 ㉥예순이 넘었으니 이제 삶 내리막길로 들어섰다 한뜻말내리막

내리받이 이름씨 비탈진 곳에서 아래로 내려가는 쪽 ㉥아이들은 비닐 자루를 엉덩이에 깔고 눈 쌓인 내리받이를 신나게 내달렸다 맞선말치받이

내리사랑 이름씨 ❶윗사람이 아랫사람에게 주는 사랑. 흔히 아들딸을 사랑하는 어버이 마음 맞선말치사랑 ❷여러 언아우 사이에서 위에서 아래로 내려가는 사랑 슬기말 **내리사랑은 있어도 치사랑은 없다** 윗사람이 아랫사람을 사랑하기는 쉬워도 아랫사람이 윗사람을 사랑하기는 어렵다

내리쏟다 움직씨 ❶구름이나 해 따위가 비나 햇빛을 한꺼번에 아래로 내려보내다 ㉥시커먼 구름이 갑자기 소나기를 내리쏟는다 ❷물이나 낱으로 된 몬을 위에서 아래로 한꺼번에 나오게 하다 ㉥물대롱이 터져 물통 물이 내리쏟는다

내리읽기 이름씨 처음부터 끝까지 훑어 읽음 ⇐ 통독

내리쬐다 움직씨 햇볕이 아래로 세게 비치다 ㉥햇볕이 내리쬐는 한낮

내리치다 움직씨 ❶위에서 아래로 치거나 때리다 ㉥망치로 못을 내리쳐 박았다 ❷호되게 때리거나 치다 ㉥주먹으로 마룻바닥을 내리치다. 거센 바람과 함께 세찬 빗줄기가 내리쳤다

내릴톱 이름씨 나무를 세로로만 켜는 데 쓰는 톱 맞선말동가리톱

내림 이름씨 ❶어버이나 한아비로부터 생김새나 재주가 이어 물려오는 바탕 ㉥내가 눈이 작은 것은 집안 내림이다 한뜻말내리기 ⇐ 유전. 내력 ❷어떤 모둠이나 모둠살이, 겨레에서 지난 때에 이미 이루어져 물려 내려오는 생각이나 버릇, 몸짓 따위 ⇐ 전통

내림갈 이름씨 내림씨 밑바탈, 내림씨와 밑꼴발 사이맺음 따위를 파고드는 갈 ⇐ 유전학

내림굿 이름씨 서낭이 내린 사람이 무당이 되려고 할 때 하는 굿

내림바탕 이름씨 목숨바탈 내림을 이끄는 몬. 좁은 뜻으로는 내림씨 ⇐ 유전 물질

내림삶꽃 이름씨 그 나라에서 생겨 물려 내려오는 타고난 삶꽃 ⇐ 전통문화

내림삶버릇 이름씨 그 고장 사람들이 물려 내리며 즐기는 삶버릇 ⇐ 토속

내림씨 이름씨 산것 낱낱 내림을 나타내는 까닭이 되는 씨 ⇐ 유전자

내림아름 이름씨 옛날부터 물려 내려오는 아름다움 ⇐ 전통미

내림잘록창자 이름씨 가로잘록창자와 구불잘록창자 사이 큰창자. 배 안 왼쪽에서 아래로 곧게 내려간다 ⇐ 하행결장

내림표 이름씨 가락글에서 소리 높이를 제 소리보다 가웃소리 내리라는 뜻말. '♭'로 나타낸다

내막 ⇒ 셈속. 속내. 일속. 속셈

내맡기다 움직씨 ❶내주어서 아주 맡겨버리다 ㉥살림을 며느리에게 내맡기다 ❷되는대로 내버려두다 ㉥몸을 물결에 내맡기고 떠 있다

내면 ⇒ 안쪽. 안. 속. 속마음. 속생각

내면세계 ⇒ 마음속. 속마음

내모레 ⇒ 글피

내몰다 (움직씨) ❶사람이나 짐승을 테두리 밖으로 쫓아내다 ⓑ짐승을 울 밖으로 내몰다. 모든 잠개잡이를 사람살이에서 내몰 날을 꿈꾼다 ❷수레나 짐승을 앞으로 세차게 몰다 ⓑ넓은 길에 들자 수레를 내몰았다 ❸일을 다그치다 ⓑ엄마가 빨리 가자고 내모는 통에 빈손으로 나왔다

내무 ⇒ 안살림. 안일

내무반 ⇒ 살림방. 안일방

내밀다 (움직씨) ❶밖이나 앞으로 나가게 하다 ⓑ손을 내밀다. 혀를 내밀다 ❷남에게 미루어버리다 ⓑ언니는 늘 귀찮은 일은 나에게 내밀었다 ❸생각 따위를 세게 내세우다 ⓑ배짱을 내밀어봤자 답답한 건 너야 ❹받으라고 내어주다 ⓑ돈다발을 아내에게 내밀었다 ❺밀어붙여 내보내다 ⓑ낯선 사람을 집 밖으로 내밀었다 ❻힘있게 그대로 쭉 밀다 ⓑ어려운 일이지만 처음 생각한 대로 내밀어 봐야지 ❼그 자리에 가다 ⓑ느지막이 잔칫집에 얼굴을 내밀었다 ❽늘어선 줄이나 겉에서 튀어나오다 ⓑ앞으로 내민 덧니

내바치다 (움직씨) ❶꺼내어서 바치다 ⓑ나랏빚을 갚으려고 아끼던 보가락지를 빼서 내바쳤다 ❷목숨을 바치다 ⓑ나라를 되찾으려고 목숨까지 내바쳐 싸운 한아비들

내방 ⇒ 찾아옴. 찾아오다. 만나러 오다

내방객 ⇒ 손님. 손

내뱉다 (움직씨) ❶입 밖으로 뱉어 내보내다 ⓑ침을 내뱉다 ❷마음에 내키지 않는 듯이 마구 말하다 ⓑ생각 없이 한마디 내뱉다 ❸'말하다' 낮춤말 ⓑ거친말을 내뱉다

내버려두다 (움직씨) ❶건드리지 않고 그대로 두다 ⓑ혼자 하도록 내버려두다 ❷보살피지 않다 ⓑ길거리에 어린아이를 내버려두다니

내버리다 (움직씨) ❶아주 버리다 ⓑ쓰레기를 내버리다 ⇐ 폐기하다 ❷버려두고 돌보지 않다 ⓑ다친 사람을 내버리고 떠나다. 나라를 지키려 목숨을 내버리다

내벽 ⇒ 안바람

내보내다 (움직씨) ❶밖으로 나가게 하다 ⓑ소떼를 풀밭으로 내보내다 ❷있던 곳에서 아주 나가게 하다 ⓑ일철이 끝나 일꾼을 내보내다 ❸소리새뜸이나 멀봄, 새뜸 따위에 나게 하다 ⓑ새뜸마다 똑같은 소리만 내보낸다 ❹사람을 가둔 곳에서 풀어주다 ⓑ나라 찾은 날에 갇힌 사람들을 좀 내보낼까? ❺배곳을 나오거나 쉬던 사람을 일터로 가게 하다 ⓑ해마다 배곳에선 배움이들을 일터로 내보낸다

내보낸곳 (이름씨) 깨살핌이를 내보낸 곳 ⇐ 파출소

내보이다 (움직씨) ❶속에 넣어 둔 것을 꺼내어 보이다 ⓑ돈다발을 넌지시 내보이다 ❷속마음이나 생각 따위를 겉으로 나타내다 ⓑ검은 속내를 내보이다 ❸밖으로 드러나 보이다 ⓑ바람에 치마가 들려 올라가니 하얀 속곳이 내보였다. 덧니를 내보이며 웃는 환한 얼굴

내복 ⇒ 속옷. 안옷

내복약 ⇒ 먹는약

내부 ⇒ 안. 안쪽. 속

내분 ⇒ 집안싸움. 집안다툼

내분점 ⇒ 안갈점. 금안갈점

내불리다 (움직씨) ❶서리나 성에가 밖으로 생기다 ⓑ수레 앞 유리에 성에가 내불렸다 ❷소금이나 단 것이 겉낯에 내돋다 ⓑ찬 곳에 두었는데도 곶감 겉에 하얗게 가루가 내불렸다 ❸새싹이나 꽃망울이 밖으로 조금 도드라지다 ⓑ찔레 꽃망울이 벌써 내불린다 ❹마음이나 느낌이 겉에 나타나다 ⓑ긴 한숨을 내쉬며 문밖을 나서는 한돌 얼굴에는 마음속 괴로움이 내불렸다

내비·내비게이션 ⇒ 길잡이. 길도우미

내비치다 (움직씨) ❶빛이 앞이나 밖으로 비치다 ⓑ불빛이 밝게 내비치다 ❷속 것이 겉으로 드러나 보이다 ⓑ속살이 내비치는 옷

❸모습 따위를 드러내다 ⓑ잠깐 얼굴을 내비치다 ❹생각이나 뜻을 밖으로 나타내다 ⓑ속내를 내비치다 ⇐ 암시하다

내빈 ⇒ 손님. 손

내빼다 (움직씨) 달아나다 ⓑ"불이야!" 하는 소리에 검은 그림자가 쏜살같이 내뺐다

내뻗다 (움직씨) ❶뻗어나가다 ⓑ마을에서 한길로 길게 내뻗은 길. 호박 덩굴이 담 너머로 내뻗었다 ❷내처 뻗대다 ⓑ끝까지 아니라고 내뻗어 봤자다 ❸앞이나 밖으로 내서 뻗다 ⓑ주먹을 내뻗어도 언니한테 안 닿았다

내뽑다 (움직씨) ❶목이나 팔 따위를 길게 뻗어내다 ⓑ아이들은 저자 간 어머니를 목을 내뽑고 기다렸다 ❷숨이나 소리, 노랫가락을 길게 뽑아내다 ⓑ아주머니가 한가락 길게 내뽑고는 스스로 북받쳐 눈물을 흘렸다 ❸안에서 밖으로 뽑아내다 ⓑ칼을 내뽑다 ❹한결 더 빠르게 달리다 ⓑ빠른 길에 들어서자 수레를 내뽑았다

내뿜다 (움직씨) ❶밖으로나 앞으로 속엣것을 밀어내다 ⓑ굴뚝에선 허연 내를 내뿜었다 ❷냅다 뿜다 ⓑ물푸개가 물을 콸콸 내뿜는다 ❸말을 힘차게 하다 ⓑ그분은 구름같이 모인 사람 앞에서 우리말을 되찾아야 한다고 우레같이 내뿜었다 ❹빛이나 냄새, 소리를 세차게 내보내다 ⓑ난바다로 가는 배들이 한꺼번에 고동 소리를 내뿜는다

내사 ⇒ 몰래 살핌. 몰래 살피다. 몰래 캐다. 미리 알아보다

내색 ⇒ 낯빛. 낯낌새. 얼굴에 드러내다. 티내다

내생 ⇒ 다음 삶. 올 삶

내성 (耐性) ⇒ 견딜바탈

내성 (內城) ⇒ 안재. 안구루

내성적 ⇒ 암된

내세 ⇒ 올 뉘. 오는 뉘

내세우다 (움직씨) ❶나와 서게 하다 ⓑ키 큰 아이를 줄 맨 앞에 내세우다 ❷어떤 일에 나서게 하거나 앞장서게 하다 ⓑ큰아들을 내세워 일을 맡겼다 ❸생각 따위를 내놓거나 드러내다 ⓑ그렇게 끝까지 굽히지 않고 제 뜻만 내세우니, 누가 좋아하겠는가? ⇐ 주장하다. 표방하다 ❹내놓고 드러내어 뽐내다 ⓑ아무것도 내세울 게 없다. 어디에 내세워도 부끄럽지 않다

내세움말 (이름씨) 내세우고 싶은 말이나 벼리 따위를 짧게 나타낸 글귀 ⇐ 표어. 캐치프레이즈

내수성 ⇒ 물견딤새. 물막새

내수용 ⇒ 집안씀씀이. 나라안쓰기. 나라안씀씀이. 안씀씀이

내숭 (이름씨) ❶속마음과는 아주 다르게 말과 몸짓을 꾸며서 보이는 것 ⓑ내숭을 떨다 ❷수줍음 타는 일을 놀림투로 이르는 말 ⓑ좋으면 좋다고 할 것이지 웬 내숭이니?

내쉬다 (움직씨) 숨을 밖으로 내보내다 ⓑ가쁜 숨을 내쉬다 맞선말 들이쉬다

내습성 ⇒ 물견딤새. 물기견딤새. 물기막새

내시 ⇒ 안모심이

내시경 ⇒ 몸속 보는 거울. 속봄거울

내신 ⇒ 속 알림

내실 ⇒ 알참. 알속

내심 ⇒ 속마음. 마음속. 속. 속뜻. 속셈. 속생각. 셈속. 뱃속. 소가지. 안통

내심 ⇒ 안갑점

내쏘개 (이름씨) 불터지개 힘으로 터지개를 멀리 내쏘는 잠개 ⇐ 대포. 포

내쏘개곳 (이름씨) 내쏘개를 두어 쏠 수 있도록 튼튼하게 갖춘 곳 ⇐ 포대

내쏘개소리 (이름씨) 내쏘개를 쏠 때 나는 소리 ⇐ 포성

내쏘개싸울아비 (이름씨) 내쏘개를 맡아 쏘는 싸울아비 ⇐ 포병

내쏘개알 (이름씨) 내쏘개에 쓰는 알 ⇐ 포탄

내쏘다 (움직씨) ❶밖이나 앞에 대고 쏘다 ⓑ고라니 쪽으로 화살을 내쏘았다 ❷마구 쏘다 ⓑ무서워서 고개를 숙인 채 쏘개를 내쏘았다 ⇐ 포격하다 ❸센 빛을 환히 비추다 ⓑ날카로운 눈빛을 내쏘다 ❹말을 날카롭고 앙칼지게 하다 ⓑ퉁명스럽게 내쏘는 말버릇

내쏨 이름씨 복판에서 바큇살처럼 여러 쪽으로 내뻗침 ⇐ 방사

내쏨더움 이름씨 해에서 땅별에 오는 더움처럼 내쏘아 오는 더움 ⇐ 복사열. 방사열

내쏨빛살 이름씨 라듐이나 우라늄, 토륨 같은 밑씨자위가 부서질 때 그 안에서 나와 매우 빠르게 흐르는 알파살, 베타살, 감마살 ⇐ 방사선

내쏨힘 이름씨 라듐이나 우라늄, 토륨 따위 밑숫이 그 밑씨자위를 부수면서 내쏨빛살을 내는 일이나 바탈 ⇐ 방사능

내안개 이름씨 수레에서 나오는 가스나 짓곳에서 나오는 내가 안개처럼 된 것. 겨울철 날씨가 맑고 바람이 없는 밤에서 아침 사이에 빈기가 차가워질 때 많이 생긴다 ⇐ 스모그

내야 ⇒ 안뜰

내야수 ⇒ 안뜰지기

내어맡기다 움직씨 내맡기다

내역·명세 ⇒ 속가름. 잔속. 속내

내역서·명세서 ⇒ 속적기. 속가름글

내연 ⇒ 속탐

내연기관 ⇒ 속탐뮘틀

내열 ⇒ 더움 견딤. 뜨거움 견딤

내열 유리 ⇒ 더움 견딤유리

내열성 ⇒ 더움견딤새

내염성 ⇒ 소금견딤새

내오다 움직씨 **1** 안에서 밖으로나 뒤에서 앞으로 가져오다 ⓑ할머니는 손님이 왔다고 옥수수를 내왔다 **2** 짜임이나 틀을 꾸리다 ⓑ우리는 짓곳 푸름이짜임도 내오고 여름지이 푸름이짜임도 내오고 한배곳 배움이짜임도 내왔다

내왕 ⇒ 오감. 오가다. 다니다

내외 (內外) ⇒ 안팎. 가시버시. 아내바데

내외 (內外) ⇒ 낯가림. 낯가리다. 사내겨집비키다. 산꽃비키다

내외간 ⇒ 안팎 사이. 가시버시 사이

내용 ⇒ 속내. 속. 알맹이. 알속

내용물 ⇒ 속에 든 것

내우외환 ⇒ 안팎걱정

내음 이름씨 코로 맡아서 느낄 수 있는 온갖 기운 ⓑ봄 내음. 바다 내음. 텃마을 내음 한뜻말 내. 냄새 ⇐ 향기

내의 ⇒ 속옷. 안옷

내일 ⇒ 아제. 다음날

내일모레·낼모레 ⇒ 아제모레

내자 ⇒ 곁님. 아내. 가시

내장 (內臟) ⇒ 안찝. 결창

내장 (內裝) ⇒ 안꾸밈. 안치레

내장 (內藏) ⇒ 갖춤. 갖추다. 들어 있다

내장재 (內裝材) ⇒ 안꾸밈감. 안치렛감

내재 ⇒ 담김. 속에 있다. 들어 있다. 담기다

내적 ⇒ 안으로

내전 ⇒ 나라안싸움. 집안싸움

내접원 ⇒ 안닿동글

내젓다 움직씨 **1** 앞이나 밖으로 내어 휘젓다 ⓑ어슬이가 멀리서 손을 내저으며 뛰어왔다 **2** 머리나 고개를 흔들다 ⓑ아픈 아이를 살펴보던 나숨이는 고개를 절레절레 내저었다 **3** 물 따위를 세게 휘젓다 ⓑ아버지는 새끼손가락으로 막걸리를 휘휘 내젓고는 그릇째 들이켰다 **4** 앞이나 밖으로 나래를 젓다 ⓑ한결이는 힘차게 나래를 내저으며 나아갔다

내정 (內定) ⇒ 미리잡기. 미리잡음. 미리 잡다

내정 (內政) ⇒ 안살림. 안다스림. 나라살림. 나라안다스림

내조 ⇒ 집안도움. 안도움. 아내도움. 아내가 남편을 도우다

내주 ⇒ 다음 이레. 올 이레

내주다 움직씨 **1** 속에서 꺼내어 주다 ⓑ곳간에서 쌀을 내주다 **2** 가진 것을 남에게 넘겨주다 ⓑ거스름돈을 내주다 ⇐ 할애하다 **3** 지녔던 자리를 남에게 넘겨주다 ⓑ아랫목을 내주다 ⇐ 양보하다 **4** 살림을 차려주거나 가게를 열어주다 ⓑ살림을 따로내주다 **5** 밝힘글을 떼주다 ⓑ사는사람표를 내주다

내지 ⇒ 또는

내지르다 (움직씨) ❶소리를 냅다 지르다 ⓑ방문을 확 열었더니 누나가 소리를 빽 내질렀다 ❷밖이나 앞으로 세게 차거나 뻗치다 ⓑ주먹을 내지르다 ❸길을 돌지 않고 냅다 질러가다 ⓑ따라잡으려고 멧길을 내질러 뛰어갔다 ❹마구 낳다 ⓑ아이들을 여덟이나 내질러 놓았으니 먹고살 길이 아득하다 ❺아무렇게나 누다 ⓑ오줌을 밭에 내질렀다 ❻어떤 일을 벌이다 ⓑ하여튼 일을 내질렀으니 이젠 무를 수도 없다

내쫓기다 (움직씨) ❶밖으로 내몰리다 ⓑ집에서 내쫓겼다 ❷있던 자리에서 억지로 나가게 되다 ⓑ일터에서 내쫓기다

내쫓다 (움직씨) ❶밖으로 몰아내다 ⓑ도둑고양이를 집 밖으로 내쫓았다 ❷있는 자리에서 억지로 나가게 하다 ⓑ놀부는 품값도 주지 않고 머슴을 내쫓았다

내찜 (이름씨) 더운 내를 쐬거나 그것에 찜 한뜻말 내쐼 ⇐ 훈증

내찜고기 (이름씨) 오래 두고 먹으려고 소금에 절인 고기를 내에 익혀 말리면서 그 내가 들어가게 한 고기 ⇐ 훈제

내처 (어찌씨) ❶하는 김에 끝까지 ⓑ가는 김에 내처 집까지 바래다주었다 ❷한결같이 줄곧 ⓑ나흘째 내처 내리는 비

내측 ⇒ 안쪽

내치다 (움직씨) ❶밖으로 내쫓거나 물리치다 ⓑ안팎깡패를 내쳐야 겨레가 살아난다 ❷내던지다 ⓑ거름을 배추밭에 내쳐 뿌렸다 ❸힘껏 뿌리치다 ⓑ말리는 아내 손을 내치고 나라를 되찾으러 떠났다

내친걸음 (이름씨) ❶이미 나선 걸음 ⓑ내친걸음에 가시어미집도 들러야겠다 ❷이미 비롯한 일 ⓑ내친걸음에 이 일을 끝내자

내친김 (이름씨) ❶(흔히 '내친김에' 꼴로 써) 이미 길을 나선 김 ⓑ내친김에 큰딸 집도 들렀다 ❷이미 일을 비롯한 바람 ⓑ내친김에 나머지 얘기까지 꺼내놓았다

내키다[1] (움직씨) 하고 싶은 마음이 나다 ⓑ풀깎기는 내켜서 하는 일이라 힘든 줄 모르겠어

내키다[2] (움직씨) 불길이 방고래로 들지 않고 거꾸로 아궁이 쪽으로 나오다 ⓑ굴뚝 쪽에서 바람이 불어 자꾸 내키는 바람에 방이 안 데워지네

내키다[3] (움직씨) 넓히려고 바깥쪽으로 물리어 내다 ⓑ담을 내켜 안마당을 넓힌다 맞선말 들이키다

내탐 ⇒ 몰래알이. 남모르게 살펴보다

내통 ⇒ 몰래짬. 몰래짜다. 통짜다. 한통속되다. 배맞다. 몰래 알리다

내팽개치다 (움직씨) ❶냅다 던져 버리다 ⓑ집에 오자마자 가방을 내팽개치고 고기 잡으러 갔다 ❷돌보지 않고 버려두다 ⓑ어린아이를 내팽개치고 떠날 수밖에 없었던 마음 ❸일 따위에서 손을 놓다 ⓑ집안일은 내팽개치고 싸돌아다니기만 한다

내평 ⇒ 속내

내포 ⇒ 담음. 품음. 담다. 띠다. 품다. 속에 지니다. 속에 들다

내피 ⇒ 속가죽. 속껍질. 보늬

내한 ⇒ 추위견딤. 추위를 견디다

내한성 (耐旱性) ⇒ 가뭄견딤새

내한성 (耐寒性) ⇒ 추위견딤새

내항 (內港) ⇒ 안나루

내항 (內項) ⇒ 안마디

내해 ⇒ 앞바다. 안바다

내행성 ⇒ 안떠돌이별

내향 ⇒ 안쪽

내향성 ⇒ 안쪽 바탈

내홍 ⇒ 집안다툼. 집안싸움

내화성 ⇒ 불견딤새

내환 ⇒ 아내 앓이. 집안걱정. 나라걱정

내후년 ⇒ 다담해. 다다음해

냄 (이름씨) 바람글이나 내는글을 내기 ⇐ 출원

냄비 (이름씨) 먹을 것을 끓이거나 삶는 데 쓰는 그릇. 솥보다 둘레 높이가 낮고 뚜껑과 손잡이가 있다 ⓑ냄비에 국을 끓이다

냄새 (이름씨) ❶코로 맡아 느낄 수 있는 온갖 기운 ⓑ구수한 냄새. 냄새를 풍기다 한뜻말 내.

내음 ❷ 어떤 것에서 느낄 수 있는 남다른 낌새 [ㅂ] 저 사람들한테서는 뭔가 구린 냄새가 난다 [익은말] **냄새를 맡다** 눈치나 낌새를 알아차리다 **냄새를 피우다** 어떤 티를 나타내다

냄새느낌 [이름씨] 코로 냄새를 맡는 느낌 [한뜻말] 내느낌 ⇐ 후각

냄새족제비 [이름씨] 족제비 비슷하고 크기는 고양이 만한 짐승. 온몸이 긴털로 덮였으며 똥구멍에서 고약한 냄새를 풍겨 스스로를 지킨다 ⇐ 스컹크

냅다[1] [그림씨] 내가 눈이나 목구멍을 찔러 아리고 맵고 쓰라린 느낌이 있다 [ㅂ] 불을 피우니 내워서 도무지 눈을 뜰 수가 없어 [한뜻말] 내구럽다

냅다[2] [어찌씨] 몹시 세차고 빠르게 [ㅂ] 냅다 던지다. 냅다 뛰다

냅뛰다 [움직씨] 매우 빠르고 재게 뛰다

냅뜨다 [움직씨] ❶ 힘차게 앞질러 나서다 [ㅂ] 솔은 힘든 고비에는 먼저 냅뜨는 씩씩한 푸름이다 ❷ 불쑥불쑥 끼어들어 나서다 [ㅂ] 제발 아무데나 불쑥불쑥 냅뜨지 마라

냅뜰새 [이름씨] ❶ 망설이거나 머뭇거리지 않고 씩씩하게 잘 견디는 바탈 [ㅂ] 꽃다지는 냅뜰새가 없기는 하지만 퍽 얌전하지요 [한뜻말] 내뛸새 ⇐ 냅뜰성 ❷ 무슨 일에나 나서서 끼어들기를 좋아하는 바탈

냅뜰힘 [이름씨] 거침없이 앞질러 나서는 힘 [ㅂ] 냅뜰힘이 많았으면 그렇게 어버이 집에 얹혀살겠어요?

냅킨 ⇒ 앞수건. 앞가리개

냇가 [이름씨] 내 가장자리. 내와 닿아 있는 기슭 [ㅂ] 옛날엔 냇가에서 빨래를 했다 [슬기말] **냇가 돌 닳듯** 냇가 돌이 반들반들하게 닳듯이 쉴새 없이 부대끼고 시달려 약아지고 모질어짐

냇내 [이름씨] 무엇이 탈 때 나는 냄새 [ㅂ] 쌓인 낙엽을 태웠더니 냇내가 골짜기에 가득하다 [한뜻말] 내굴내

냇물 [이름씨] 내에 흐르는 물 [ㅂ] 가물어서 냇물까지 말랐다

냉가슴 ⇒ 찬가슴

냉각 ⇒ 식음. 식다. 차가워지다. 식히다. 차게 하다

냉각기 (冷却期) ⇒ 식은 때. 식는 동안. 가라앉는 동안

냉각기 (冷却器) ⇒ 식히개

냉각수 ⇒ 식힘물

냉갈령 [이름씨] 매정하고 쌀쌀한 몸씨와 마음씨 [ㅂ] 서릿발 같은 아내 냉갈령을 마주하면 넉살 좋은 아저씨도 몸과 마음이 굳어진다

냉과리 [이름씨] 잘 구워지지 않아서 불을 붙이면 내와 냄새가 나는 숯 [ㅂ] 절골 아저씨 숯은 냉과리가 섞였으니 다음에는 사지 말자

냉국 ⇒ 찬국

냉기 ⇒ 찬 느낌. 찬기운. 찬기

냉담하다 ⇒ 쌀쌀하다. 쌀쌀맞다. 차다. 차갑다. 매정하다. 매정스럽다. 야멸차다. 매몰스럽다. 매몰차다. 매몰하다. 싸늘하다

냉대 (冷待) ⇒ 쌀쌀맞다

냉대 (冷帶) ⇒ 버금추운곳

냉동 ⇒ 얼림. 얼리다

냉동고 ⇒ 얼림광

냉동기 ⇒ 얼리개. 얼림틀

냉동선 ⇒ 얼음배. 얼림배

냉동식품 ⇒ 얼린 먹거리

냉동실 ⇒ 얼림칸. 얼음칸

냉동어 ⇒ 얼린 물고기

냉동저장 ⇒ 얼림갈무리

냉랭하다 ⇒ 차다. 차디차다. 차갑다. 쌀쌀하다. 쌀쌀맞다. 싸늘하다. 매몰스럽다. 매몰차다

냉매 ⇒ 식히개. 얼리개

냉면 ⇒ 찬국수

냉방 ⇒ 찬방

냉방기 ⇒ 찬방틀

냉방병 ⇒ 찬방앓이

냉소 ⇒ 찬웃음. 비웃음. 코웃음. 비웃다

냉수 ⇒ 찬물. 맹물

냉수마찰 ⇒ 물천문지르기. 찬물문지르기. 찬물천문지르기

냉수욕 ⇒ 찬물미역. 찬물멱

냉습포 ⇒ 찬물찜질. 얼음찜질

냉엄하다 ⇒ 빈틈없다. 차갑다

냉온저장 ⇒ 찬갈무리

냉이 [이름씨] 이른 봄에 들에서 자라며 작고 흰 꽃이 몰려 피고 잎은 깃꼴로 갈라지는 두해살이풀. 어린잎과 뿌리는 나물로 무치거나 국으로 끓여 먹는다

냉장 ⇒ 시원갈무리. 찬갈무리

냉장고 ⇒ 시원광. 찬광

냉장실 ⇒ 찬 칸. 시원 칸

냉전 ⇒ 속싸움. 찬싸움

냉정하다 (冷情) ⇒ 쌀쌀하다. 쌀쌀맞다. 푸접없다. 야멸치다. 매몰차다. 매몰스럽다. 살차다. 차갑다. 싸늘하다. 매정하다. 야나치다. 몽총하다. 차다

냉정하다 (冷靜) ⇒ 차분하다. 찬찬하다

냉채 ⇒ 찬남새

냉철하다 ⇒ 찬찬하다. 차분하고 날카롭다. 차분하고 빈틈없다

냉커피 ⇒ 찬커피

냉큼 [어찌씨] 머뭇거리지 않고 가볍게 빨리 [ㅂ] 냉큼 먹어 치우다. 냉큼 들어오너라

냉탕 ⇒ 찬물. 찬멱물

냉풍 ⇒ 찬바람

냉하다 ⇒ 차다. 차갑다. 찹찹하다. 싸늘하다

냉해 ⇒ 찬덜이. 찬 언걸

냉혈동물 ⇒ 찬피짐승. 매정한 사람. 매서운 놈. 모진 놈

냉혈한 ⇒ 모진 놈. 매서운 놈. 매정한 사람

냉혹하다 ⇒ 차갑다. 쌀쌀하다. 매섭다. 맵짜다. 몰강스럽다. 야멸치다. 매몰차다. 살차다. 모질다

냠냠 [어찌씨] 맛있게 먹는 소리나 그 꼴 [ㅂ]아이가 떡을 냠냠 먹는다 **냠냠하다**

냠냠거리다 [움직씨] 어린아이가 맛있게 먹는 소리를 자꾸 내다 **냠냠대다**

냠냠이 [이름씨] '먹을 것' 아이 말 [ㅂ]아가, 냠냠이 먹자

냠냠하다 [그림씨] 먹고 난 뒤에 성에 차지 않아 더 먹고 싶다 [ㅂ]아무리 더 먹고 싶어 냠냠해도 먹을 게 더는 없어

냥 [이름씨] 보나 수 같은 놀쇠붙이나 배달낫개 들 무게를 나타내는 말. 한 냥은 열 돈이다

너[1] [갈이름씨] [1]말하는 이가 동무나 또래, 손아랫사람을 가리키는 말 [ㅂ]너랑 나랑 둘이 놀러갈까? [2]어떤 것을 사람으로 빗대어 가리키는 말 [ㅂ]오 밝은 달이여, 너 참 아름답다

너[2] [매김씨] (돈, 말, 되, 홉, 발, 푼 따위 말 앞에 써) '넷'을 나타내는 말 [ㅂ]보 너 돈. 콩 너 말. 새끼 너 발. 너 푼

너겁 [이름씨] 괸 물 위에 떠서 몰려 있거나 물가에 밀려 나오는 검불 [ㅂ]가뭄이 들어 못에는 너겁이 켜켜이 쌓였다

너구리 [이름씨] [1]여우보다 작고 주둥이가 뾰족하며 꼬리가 뭉툭하다. 낮에는 굴속에서 잠을 자고 밤에 움직인다 [2]엉큼하고 의뭉하며 능청스러운 사람을 빗댄 말 [ㅂ]그놈은 너구리 같아서 속을 아무도 몰라 [익은말] **너구리를 잡다** 닫힌 곳에서 불을 피우거나 담배를 태워 내를 많이 내다

너그러이 [어찌씨] 감싸 받아들이는 넓은 마음으로 [ㅂ]남 잘못을 너그러이 받아들이기는 참으로 쉽지 않다

너그럽다 [그림씨] [1]마음이 넓고 어질다 [ㅂ]할아버지는 늘 입가에 너그러운 웃음을 띠었다 ⇐ 관대하다. 후덕하다. 아량있다 [2]너비 따위가 넉넉하게 넓다 [ㅂ]집터는 너그러우며 앞이 막히지 않아야 좋다 [3]기울기가 가파르지 않다. 크게 비탈지지 않다 [ㅂ]너그러운 멧줄기. 너그럽게 비탈진 풀밭 [4]움직임이 느릿느릿하다 [ㅂ]가람이 너그럽게 흐른다

너글너글하다 [그림씨] 매우 너그럽고 시원스럽다

너끈하다 [그림씨] [1]어느 잣대에 차고도 남다 [ㅂ]이 쌀이면 온 사람 밥을 지어도 너끈하겠다 [2]해낼 힘이 남으리만큼 넉넉하다 [ㅂ]그 일은 나 혼자서라도 너끈하게 해낼 수 있지 **너끈히**

너나들이 [이름씨] 너니 나니 하고 부르며 허물없이 지냄. 또는 그런 사이 [ㅂ]우리는 한마

을에서 너나들이로 함께 지내던 사이였다 **너나들이하다**

너나없이 어찌씨 누구나 할 것 없이 모두 ⓑ너나없이 바쁜 요즘 사람들

너널 이름씨 솜을 넣어 만든 커다란 겨울 덧버선 ⓑ이런 추운 곳에서도 너널 한 켤레면 발 시릴 일이 없다

너누룩하다 그림씨 ❶사납던 날씨나 떠들썩하던 일이 좀 수그러져 잠잠하다 ⓑ사납던 바람이 어느새 너누룩하게 가라앉았다 ❷몹시 무겁던 앓이가 잠깐 가라앉다 ⓑ좀 낫는 듯하다가는 다시 더해지고 그러다가는 또 너누룩하고 아마도 여느 앓이는 아닌 것 같아요 ❸느낌이나 마음이 좀 느긋하다 ⓑ골을 냈던 버시가 아내 말을 듣고 좀 너누룩한 낯빛을 지닌다

너더분하다 그림씨 ❶여러 가지가 뒤섞여 널브러져 어지럽다 ❷말이 어수선하고 쓸데없이 길다

너덜 이름씨 돌이 많이 흩어진 비탈. '너덜겅' 준말 ⓑ언니가 산 메는 곳곳이 너덜이었다 한뜻말돌너덜

너덜거리다 움직씨 ❶여러 가닥이 어지럽게 늘어져 흔들리다 ⓑ하도 자주 읽은 책이라 책꺼풀이 너덜거린다 ❷주제넘게 입을 너불거리며 자꾸 까불다 ⓑ듣기 좋은 말도 지나치게 되풀이 너덜거리면 듣기 싫어진다 **너덜대다**

너덜너덜 어찌씨 ❶여러 가닥이 어지럽게 늘어져 흔들리는 꼴 ⓑ나는 마음에 드는 옷은 너덜너덜 해질 때까지 입는다 ❷주제넘게 입을 너불거리며 자꾸 까부는 꼴 ⓑ수다쟁이처럼 너덜너덜 지껄이지 마라 **너덜너덜하다**

너덧 셈씨 어림쳐서 넷이나 다섯쯤 한뜻말네댓. 너더댓. 네다섯

너도나도 어찌씨 서로 겨루듯이 모두. 누구를 가릴 것 없이 ⓑ너도나도 도우려고 발을 벗고 나섰다

너도밤나무 이름씨 잎은 달걀꼴이고 물결무늬 톱니가 있으며 암수한그루인 참나무. 열매는 쪽밤과 같고 10달에 익고 오사섬에서 자란다

너럭바위 이름씨 넓고 펀펀한 바위 ⓑ너럭바위에 짐을 내려놓고 잠깐 쉬었다

너럭배 이름씨 가람이나 못 따위에서 크고 무거운 짐이나 많은 사람을 건네주는 배

너레 이름씨 매우 넓고 큰 바위로 된 땅바닥 한뜻말너럭바위. 바닥돌 ⇐ 암반

너르다 그림씨 ❶두루 다 넓고 크다 ⓑ너른 들판. 너른 마당 ❷마음 씀씀이나 생각이 너그럽고 크다 ⓑ너른 마음씨

너르듣다 움직씨 한창 피어 흐드러지게 떨어지다 ⓑ벚꽃이 너르들으니 마치 딴 누리에 온 듯하다

너른마루 이름씨 넓게 마련해 놓은 마루 ⇐ 대청마루

너른하다 그림씨 꽃이 활짝 피어 고운 빛이 넘쳐흐르다 ⓑ온갖 꽃이 너른하게 피어 어우러진 무라이골 ⇐ 난만하다

너름새 이름씨 ❶널리 손을 뻗쳐 얻거나 이루어내는 솜씨 ⓑ너름새가 좋다 ❷매우 너그러운 마음씨 ⓑ아줌마가 키는 작달막했지만 너름새 있게 손님들을 맞았다 ❸우리나라 소리 광대들이 이야기 줄거리를 노래로 부르면서 하는 몸짓

너리·너리늪 이름씨 이틀에서 고름이 나는 앓이 한뜻말이틀고름샛길. 이틀고름흐름 ⇐ 치조농루

너머 이름씨 ❶(담, 고개, 집, 울, 메 따위와 함께 써) 넘거나 지나서 저쪽 ⓑ메 너머. 고개 너머 ❷(어찌씨) 어떤 잣대를 넘게 ⓑ끝내려면 두달 너머 걸린다

너멀봄 이름씨 구글이 건사하는 뮘그림 나누기. 누리그물에서 쓰는 이가 뮘그림을 올리고 보들으며 나눌 수 있는 똑맞춤 ⇐ 유튜브

너무 어찌씨 지나치게. 훨씬 넘어서게 ⓑ너무 크다. 너무 늦다. 너무 멀다

너무나 어찌씨 '너무' 힘줌말 ⓑ너무나 힘들다. 너무나 가슴이 아프다

너무너무 어찌씨 '너무' 힘줌말 ⓑ너무너무 싫다. 너무너무 가엽다

너무하다 움직씨 ❶말이나 몸짓이 거슬리게 지나치다 ⓑ아무리 높은 자리에 있다지만 젊은 사람이 나이 든 사람한테 너무하네 ❷(그림씨) 좋지 않은 일이 지나치다 ⓑ그쯤이면 바람도 너무하지

너부데데하다 그림씨 얼굴이 둥그스름하고 너부죽하다 ⓑ꽃분이는 얼굴이 너부데데하여 몸집도 커 보인다

너부러지다 움직씨 ❶힘이 빠져 너부죽이 바닥에 늘어지다 ⓑ아이들은 멧길을 올라 꼭대기에 이르자 모두 풀밭에 너부러졌다 ❷죽어 넘어지다 ⓑ재바람을 기어오르는 왜놈들한테 바위를 굴러내리고 활을 쏘았더니 모두 너부러졌다

너부죽이 어찌씨 ❶좀 넓은 듯하게 ⓑ그 사람 낯이 너부죽이 생겼더라 ❷넓적하게 천천히 엎드리는 꼴 ⓑ우리는 스승께 너부죽이 절을 올렸다

너부죽하다 그림씨 좀 넓은 듯하다 ⓑ돌이는 몸통과 팔다리가 튼튼하고 얼굴은 너부죽했다

너불거리다 움직씨 ❶엷은 천이나 종이들이 가볍게 자꾸 나부끼다 작은말 나불거리다 ❷쓸데없이 함부로 입을 자꾸 놀리다 **너불대다**

너불너불 어찌씨 ❶엷은 천이나 종이들이 가볍게 자꾸 나부끼는 꼴 ⓑ느티나무 잎이 다 떨어지고 몇 잎이 남아 바람에 너불너불 춤춘다 작은말 나불나불 ❷쓸데없이 함부로 입을 자꾸 놀리는 모습 ⓑ꼴은 그렇게 생겨도 말은 너불너불 얼마나 잘하는지 **너불너불하다**

너붓거리다 움직씨 엷은 천이나 종이들이 자꾸 나부끼어 흔들리다 ⓑ야자나무 잎들이 바닷바람에 너붓거린다 작은말 나붓거리다 **너붓대다**

너붓너붓 어찌씨 엷은 천이나 종이들이 자꾸 나부끼어 흔들리는 꼴 작은말 나붓나붓하다 **너붓너붓하다**

너비 이름씨 넓이가 있는 것을 가로로 건너지른 길이 ⓑ가람 너비. 너비를 줄이다 ⇐ 폭

너비아니 이름씨 얄팍하게 저며 갖은양념을 하여 구운 쇠고기 ⓑ너비아니 굽는 냄새가 코를 찌른다

너새[1] 이름씨 ❶기와지붕 두 옆 'ㅅ' 꼴 위를 마루가 지게 기와를 덮은 곳 ❷지붕을 이는 데 기와처럼 쓰는 얇은 돌 조각이나 나뭇조각 ⓑ서까래 위에 흙을 바르고 너새를 얹어서 집을 지었다

너새[2] 이름씨 기러기와 비슷하나 몸집이 훨씬 큰 새로 시베리아나 몽고에서 살다가 추운 겨울을 우리나라에서 난다

너설 이름씨 머흔 바위나 돌 따위가 삐죽삐죽 튀어나온 곳 ⓑ너설을 내려갈 때 발을 헛디디지 않도록 조심해

너스레 이름씨 ❶남을 웃기거나 제 잘났다고 떠벌리는 말솜씨 ⓑ그 걸쭉한 너스레에 우리 모두 크게 웃었다 ❷흙구덩이나 그릇 아가리 바닥에 걸쳐놓아 그 위에 놓는 몬이 빠지거나 바닥에 닿지 않게 하는 막대기 ⓑ구덩이를 깊게 파고 너스레를 놓고 그 위에 가는 나뭇가지와 나뭇잎을 올리고 흙을 덮어 범 잡는 허방다리를 만들었다 익은말 **너스레를 떨다** 짐짓 말을 떠벌려 늘어놓다 **너스레를 부리다** 수다스러운 말을 늘어놓으면서 능청스럽게 굴다 한뜻말 너스레를 피우다

너와 이름씨 ❶지붕을 일 때 기와처럼 쓰는 얇은 널조각이나 두꺼운 나무껍질 ❷너새

너와집 이름씨 지붕을 너와로 인 집 ⓑ우리 마을에는 아직도 너와집 몇 채가 남아 있다

너운너운 어찌씨 '너울너울' 옛말 ⓑ너운너운 오는 구름 기운이 두껍다

너울[1] 이름씨 사나운 큰 바다 물결 ⓑ큰 너울이 올 적마다 물컥 갯내가 코를 찔렀다 준말 놀 ⇐ 파도. 파랑

너울[2] 이름씨 ❶옛날에 겨집들이 나들이할 때 얼굴을 가리려고 쓰던 천으로 된 가리개 ⓑ

너울 쓴 새색시 ❷참모습을 가리려고 쓰는 거짓탈 ⓑ너울을 벗어던진 왜얼이들

너울가지 이름씨 남과 잘 사귀는 솜씨 ⓑ나는 너울가지가 없어서 좋은 사람을 만나도 가까워지기가 힘들어 한뜻말 사귐새. 붙임새 준말 너울 ⇐ 친화력

너울거리다 움직씨 ❶물결이나 늘어진 천, 나뭇잎 따위가 부드럽고 느릿하게 굽이져 자꾸 움직이다 ⓑ봄 햇살에 아지랑이가 너울거린다 ❷팔이나 날개 따위를 활짝 펴고 자꾸 위아래로 부드럽게 움직이다 ⓑ하얀 갈매기가 날아오르며 날개를 너울거린다 **너울대다**

너울너울 어찌씨 ❶물결이나 늘어진 천, 나뭇잎 따위가 부드럽고 느릿하게 굽이져 자꾸 움직이는 꼴 ⓑ함박눈이 너울너울 춤을 추며 내린다 ❷팔이나 날개 따위를 활짝 펴고 자꾸 위아래로 부드럽게 움직이는 꼴 ⓑ황새가 나래를 너울너울 나부끼며 날아간다 ❸해가 떨어질 듯 떨어질 듯 지는 꼴 ⓑ해는 하늬메로 너울너울 진다 **너울너울하다**

너울막이둑 이름씨 바다 센 물결을 막아 나루 안을 고요하게 하고자 쌓아올린 둑 ⇐ 방파제

너울벼락 이름씨 바닷속에서 땅이 흔들리거나 불메가 터져 바닷물이 갑자기 사납고 크게 일어나서 바닷가를 뒤덮는 물결 ⓑ너울벼락에 바닷가 집이 온통 부서졌다 ⇐ 쓰나미. 해일

너울타기 이름씨 너울을 써서 널빤지를 타고 너울 속을 빠져나가며 즐기는 놀이 ⇐ 파도타기. 서핑

너저분하다 그림씨 ❶어지럽게 마구 널려 있어 깨끗하지 못하다 ⓑ집안이 너저분하니까 좀 치우자 ❷말이 쓸데없이 많고 길다 ⓑ 헛소리만 너저분하게 늘어놓고 가네

너절하다 그림씨 ❶허름하고 지저분하다 ⓑ 너절한 옷가지 ❷보잘것없고 시시하다 ⓑ 딸네 집 세간살이가 너절해서 엄마는 마음이 아팠다

너털거리다 움직씨 ❶여러 가닥이 매우 어지럽게 늘어져 흔들거리다 ❷소리를 크게 내어 털털하게 웃다 **너털대다**

너털너털 어찌씨 ❶여러 가닥이 매우 어지럽게 늘어져 흔들거리는 꼴 ⓑ할머니 허리춤에 맨 주머니끈이 걸을 때마다 너털너털 춤을 춘다 ❷소리를 크게 내어 털털하게 웃는 꼴 ⓑ서로 잘났다고 떠들어대도 길손은 너털너털 웃기만 했다 **너털너털하다**

너털웃음 이름씨 크게 소리를 내어 털털하게 웃는 웃음 ⓑ물에 빠진 내 꼴을 보고 모두 너털웃음을 터뜨렸다 ⇐ 파안대소. 폭소

너테 이름씨 얼음 위에 다시 물이 흘러서 여러 겹으로 얼어붙은 얼음 비슷한말 덧얼음

너트 ⇒ 암타래못. 암돌림못. 암못

너풀거리다 움직씨 엷은 것이 바람에 힘있게 자꾸 나부끼다 **너풀대다**

너풀너풀 어찌씨 엷은 것이 바람에 힘있게 자꾸 나부끼는 꼴 ⓑ봄바람에 두루마기 자락이 너풀너풀 휘날린다 **너풀너풀하다**

너흘다 움직씨 쥐가 이로 쏠아서 부스러기를 늘어놓다. '널'을 길게 소리 냄 ⓑ늙은이는 마루방에 놓아둔 제 널을 쥐가 너흔 것을 보고 자리에 눕고 말았다 한뜻말 널다

너희 갈이름씨 ❶말하는 이가 동무나 또래, 아랫사람 여럿을 가리키는 말 ⓑ엄마는 오늘 바쁘니까 너희끼리 놀아라 ❷말 듣는 사람을 가리키는 말 ⓑ요즘 너희 아버지는 어떻게 지내시니?

넉 매김씨 (달, 섬, 자 따위 앞에 써) '넷'을 나타내는 말 ⓑ보리 넉 섬. 삼베 넉 자. 넉 달 뒤

넉가래 이름씨 낟이나 눈 따위를 밀어서 한데 모으는데 쓰는 넓적한 연장 ⓑ눈이 많이 와서 넉가래로 밀어야겠다

넉넉잡다 움직씨 넉넉할 만큼 남도록 잡다 ⓑ 넉넉잡고 사흘이면 될걸요

넉넉지이 이름씨 여름지이가 잘 됨 ⓑ올 여름지이도 넉넉지이가 될 것 같다 한뜻말 넉넉걷이 맞선말 그릇지이. 궂은지이 ⇐ 풍작

넉넉하다 그림씨 ❶크기나 무게 따위가 차고도 남음이 있다 ⓑ밥을 넉넉하게 했는데도 모자라네 ❷살림살이가 모자라지 않고 쓰고 남을 만하다 ⓑ집안이 넉넉하다 ⇐ 풍족하다. 풍요롭다. 여유롭다 ❸마음이 넓다 ⓑ마음이 넉넉한 사람 ⇐ 후하다

넉넉해 이름씨 여름지이가 잘되어 걷이가 많은 해 ⓑ올해도 넉넉해가 들어 낟과 과일이 잘 되었다 맞선말 궂은해 ⇐ 풍년

넉넉해노래 이름씨 넉넉해 기쁨을 나타낸 겨레 노래 ⇐ 풍년가

넉넉히 어찌씨 ❶크기나 무게 따위가 차고도 남음이 있게 ⓑ물을 넉넉히 붓다 ❷살림살이가 모자라지 않게 ⓑ우리는 자랄 때 넉넉히 살지 못했다 ❸잘 어림쳐서 헤아릴 수 있게 ⓑ넉넉히 꿰뚫어 알다

넉살 이름씨 부끄러워하지 않고 아니꼬운 것도 잘 견디는 마음씨나 몸가짐 ⓑ걘 넉살이 좋아 어디 가서도 굶지는 않을 거야

넉장거리 이름씨 팔다리를 쫙 벌리고 뒤로 벌떡 나자빠지는 짓 ⓑ장난으로 동무를 살짝 밀쳤더니 아예 넉장거리로 누워 버렸다 **넉장거리하다**

넋 이름씨 사람 몸 안에 있던 얼이 몸이 죽을 때 몸에서 빠져나와 바뀐 이름 ⓑ넋을 달래다. 넋을 기리다 한뜻말 얼 ⇐ 혼. 혼령. 혼백 익은말 **넋을 놓다** 얼을 잃고 멍하게 되다 **넋을 잃다·넋이 나가다** 아무 생각도 못 하고 멍하게 되다 ⇐ 혼비백산하다 **넋이 오르다** 신바람이 나서 느낌이 북받쳐 일어나다 **넋이 빠지다** 얼을 잃을 만큼 어떤 것에 빠지다 슬기말 **넋이야 신이야 한다** 하고 싶었던 말을 거침없이 털어놓다

넋굿 이름씨 죽은이 넋을 어루만지는 굿 ⇐ 위령제

넋나다 움직씨 ❶호되게 꾸지람이나 나무람을 듣다 비슷한말 넋살나다. 넋쫄나다 ⇐ 혼나다 ❷매우 놀라거나 힘들거나 무서워서 얼이 빠지다

넋두리 이름씨 ❶푸념 같은 것을 길게 늘어놓는 말 ⓑ슬기는 어제부터 넋두리만 늘어놓네 ❷무당이 죽은 사람 넋을 갈음해서 하는 말 ⓑ마을 사람들이 둑 위에 서서 무당 춤과 넋두리를 구경했다

넋살 이름씨 '넋' 힘줌말 ⇐ 혼쌀 익은말 **넋살이 나다** 되게 혼이 나다

넋집 이름씨 한아비 넋을 모셔 놓은 집 ⇐ 사당

넋쫄 이름씨 '넋' 힘줌말 ⇐ 혼쫄

넋풀이 이름씨 죽은 사람 맺힌 마음을 풀어줌. 또는 푸는 굿 ⇐ 진혼

넋풀이굿 이름씨 죽은 사람 맺힌 마음을 풀어주는 굿 ⇐ 진혼제

넌더리 이름씨 지긋지긋하게 몹시 싫은 생각 ⓑ이제 떠돌이 삶에 넌더리가 나 준말 넌덜 ⇐ 혐오감 익은말 **넌더리가 나다** 싫어서 진저리가 나다

넌덕 이름씨 너털웃음을 치며 솜씨 있게 말을 늘어놓는 일 ⓑ너 또 무슨 말로 넌덕을 부리려고 그러니?

넌덕스럽다 그림씨 너털웃음을 치며 솜씨 있게 말을 늘어놓는 재주가 있다 ⓑ언니가 앞질러서 넌덕스럽게 말을 하는 바람에 나는 입을 다물었다

넌덜머리 이름씨 넌더리 낮춤말 ⓑ말꼬리 잡고 따지는 사람은 넌덜머리가 나

넌듯 어찌씨 가볍게 재빨리 구는 꼴 ⓑ배불뚝이는 무거운 몸을 뒤뚱거리며 넌듯 잰체하며 걷는다

넌지시 어찌씨 드러나지 않게 가만히 ⓑ넌지시 건네다. 넌지시 떠보다

넌출 이름씨 뻗어 나가 길게 늘어진 푸성귀 줄기. 다래 줄기, 칡 줄기 따위 ⓑ호박 넌출

널 이름씨 ❶판판하고 넓게 켠 나뭇조각 ⓑ널집. 널을 깐 마루 한뜻말 널빤지 ⇐ 판. 판자. 판때기 ❷널뛰기할 때에 쓰는 널빤지 ⓑ보름날 널뛰기도 차츰 사라져간다 ❸송장을 넣는 나무틀 ⓑ널을 짜다. 어머니 주검은 널에 담지 못하고 대발로 둘둘 말아 묻었다

널결 이름씨 널빤지에 나타난 나뭇결 ⇐ 판목

널공치기 이름씨 나무로 만든 널 가운데에 그

물을 치고 손채로 공을 쳐 넘겨 이기고 지는 것을 겨루는 놀이 ⇐ 탁구. 핑퐁

널냄 이름씨 라디오나 멀봄을 거쳐 널리 듣고 볼 수 있게 소리나 뭠그림을 번결로 바꾸어 내어 보냄 ⇐ 방송

널냄곳 이름씨 널냄살림을 갖추고 라디오나 멀봄널냄을 하는 곳 ⇐ 방송국

널냄터 이름씨 널냄곳을 꾸려나가는 벌데 ⇐ 방송사

널다[1] 움직씨 볕을 쬐거나 바람을 쐬려고 펼쳐 놓다 ⓑ빨래를 널다. 겨울 이불을 햇볕에 널어놓다

널다[2] 움직씨 쥐나 개 따위가 이로 쏠거나 씹어서 부스러기를 늘어놓다 ⓑ마루에 둔 나무통을 쥐가 널었다. 개가 뼈다귀를 널다

널다리 이름씨 널빤지를 깔아 만든 다리 ⇐ 판교

널돌 이름씨 널빤지같이 뜬 돌 ⇐ 판돌. 판석

널따랗다 그림씨 시원하게 넓다 ⓑ널따란 바위. 마당이 널따랗다

널뛰기 이름씨 긴 널빤지 가운데를 괴어놓고 두 사람이 마주 보며 두 끝에 올라서서 한 사람씩 뛰어오르는 놀이 ⓑ치맛자락을 두 손으로 여며 쥐고 널뛰기를 하는 아낙네들

널뛰다 움직씨 널 두 끝에 한 사람씩 올라가 갈마들어 위로 올라갔다 내려갔다 하다

널름 어찌씨 ❶혀끝을 빨리 내밀었다 들이는 꼴 ⓑ뱀이 혀를 널름 내밀며 노려보는 듯하다 ❷무엇을 빨리 받아먹는 꼴 ⓑ두꺼비가 파리를 널름 낚아챘다 **널름하다**

널름거리다 움직씨 ❶혀끝을 빨리 잇달아 내밀었다 들이다 ❷무엇을 잇달아 빨리 받아먹다 **널름대다**

널름널름 어찌씨 ❶혀끝을 빨리 잇달아 내밀었다 들이는 꼴 ⓑ산돌은 혀를 널름널름 내밀며 나를 놀렸다 ❷무엇을 잇달아 빨리 받아먹는 꼴 ⓑ곰탱이는 뼈다귀를 주는 대로 널름널름 받아먹는다 ❸무엇을 잇달아 날쌔게 집어 가지는 꼴 ⓑ아이들이 주는 과자를 널름널름 두 손으로 받아 챙긴다 ❹불길이 꼬리를 휘저으며 타오르는 꼴 ⓑ불길이 하늘 높이 치솟으며 널름널름 큰 나무를 통째로 삼킨다 **널름널름하다**

널리 어찌씨 ❶넓게 ⓑ널리 퍼지다 ❷마음 씀씀이가 크고 너그럽게 ⓑ널리 헤아려 받아 주십시오

널리다 움직씨 ❶'널다' 입음꼴. 볕을 쬐거나 바람을 쐬도록 펼쳐놓아지다 ⓑ빨랫줄에 널린 빨래 ❷여기저기 많이 흩어져 퍼지다 ⓑ방바닥에 어지럽게 널린 책부터 치우렴

널문 이름씨 ❶널빤지로 만든 문 한뜻말 널쪽문 ⇐ 판문. 판자문 ❷무덤 밖에서 안으로 나진 문 ⇐ 현실문

널문곳 이름씨 서울옆고장 수리구루 고을 싸울아비 살피금에 놓인 마을 한뜻말 널문마을 ⇐ 판문점

널문곳만남 이름씨 겨레끼리 싸움을 끝내려고 1951해 10달에 널문곳에서 열린 두 쪽 사이 싸움 멈춤 만남. 1953해 7달 27날에 싸움 멈춤 다짐을 맺었다 ⇐ 판문점 회담

널바자 이름씨 널빤지로 둘러싼 울타리 ⓑ해맑음은 뒤뜰에 널바자를 쳤다

널박이 이름씨 ❶널로 박거나 박아낸 책 ⇐ 판박이 ❷널에 박은 듯이 똑같아 바뀜이 없는 것 ⇐ 판박이

널밥 이름씨 널뛰기를 할 때 몸무게에 따라 가운데 굄으로부터 두 쪽으로 저마다 차지하는 널 길이

널방 이름씨 옛 무덤 속에 주검이 놓인 방 ⇐ 곽실. 광실. 묘실

널방아 이름씨 널 한가운데를 받치고서 두 끝에 올라타거나 앉은 다음에 서로 오르내리도록 하는 놀이틀 ⇐ 시소

널브러지다 움직씨 ❶되는대로 널려 있거나 흩어지다 ⓑ방바닥에는 옷가지들이 널브러져 있다 ❷너부죽이 바닥에 늘어지다 ⓑ마구 널브러진 주검들

널빈지 이름씨 가게 앞쪽에 대는 널문 준말 빈지 ⇐ 셔터

널빤지 이름씨 판판하고 넓게 켠 나뭇조각 ⓑ

바닥에 널빤지를 깔다 한뜻말 널빤때기 준말 널 ⇐ 판목. 판자. 패널

널새김 이름씨 나무 조각에 그림이나 글씨를 새김 ⇐ 판각

널새김책 이름씨 널 새긴 것으로 박은 책 ⇐ 판각본

널수레 이름씨 주검을 담은 널을 실어나르는 수레 ⇐ 영구차

널어놓다 움직씨 널어서 벌여놓다 ⓑ멍석에 고추를 널어놓고 밤 주우러 갔다

널종이 이름씨 두껍고 단단하게 널빤지꼴로 만든 종이 ⇐ 판지

널집 이름씨 널빤지로 지은 집 ⇐ 판잣집

널집마을 이름씨 널집이 모여 있는 매우 가난한 동네 ⇐ 판자촌

널쭈다 움직씨 ❶위에 있던 것을 아래로 떨어뜨리다 ⓑ애야, 이거 널쭈지 말고 두 손으로 잘 받쳐서 할아버지 갖다 드려라 ❷가졌던 것을 빠트려 흘리다

널찍하다 그림씨 꽤 너르다 ⓑ널찍한 마당

널틀 이름씨 새뜸이나 책 같은 것을 박는 틀 크기 ⇐ 판형

널판자·널판지 ⇒ 널빤지

넓다 그림씨 ❶차지하는 낯이나 바닥, 테두리가 크다 ⓑ넓고 넓은 바다 맞선말 좁다 ❷너비가 길다 ⓑ두 팔을 넓게 벌리고 기지개를 켜면 몸이 시원하다 ❸마음 쓰는 것이 크고 너그럽다 ⓑ나는 다른 사람이 못되게 굴어도 얼굴 한 디위 찌푸리지 않을 만큼 마음이 넓은 사람이 되고 싶다 ❹널리 미치거나 아는 사람이 많다 ⓑ저 사람은 발이 넓어서 너한테 도움을 줄 수 있을 거다

넓은잎나무 이름씨 잎이 넓은 나무들 ⇐ 활엽수

넓은잎나무숲 이름씨 참나무 같은 넓은잎나무로 이루어진 숲 ⇐ 활엽수림

넓은잔대 이름씨 잎이 넓고 온몸에 털이 있는 잔대. 싹과 뿌리를 날로 먹거나 데쳐 무쳐 먹는다

넓이 이름씨 테두리 안 크기 ⓑ방은 두 사람이 겨우 누울 만한 넓이였다 ⇐ 면적

넓이뛰기 이름씨 누가 가장 멀리 뛰는지 겨루는 놀이 한뜻말 멀리뛰기. 너비뛰기

넓적다리 이름씨 다리에서 무릎 위쪽 ⓑ땔감을 나르다가 넘어져 넓적다리에 멍이 들었다 한뜻말 넙다리 ⇐ 대퇴

넓적다리뼈 이름씨 엉덩이에서 무릎 사이에 있는 뼈 ⇐ 대퇴골

넓적부리 이름씨 부리가 밥숟가락처럼 넓적하여 넓적부리라 불리는 새. 수컷 어깨 깃은 검푸르며 암컷은 집오리와 비슷하다

넓적부리도요 이름씨 몸길이는 한 뼘쯤 되며 철에 따라 털 빛깔이 바뀌고 부리 끝은 넓적하며 게를 많이 잡아먹는 나그네새

넓적하다 그림씨 두께가 얇으면서 넓다 ⓑ밀가루 반죽을 홍두깨로 넓적하게 편다

넓죽하다 그림씨 길쭉하고 넓다 ⓑ넓죽한 얼굴이 오늘따라 시무룩하다

넓히다 움직씨 ❶넓게 하다 ⓑ집을 넓히다 ⇐ 확장하다 ❷너비를 크게 하다 ⓑ길을 넓히다 ❸마음 씀씀이를 크고 너그럽게 하다 ⓑ마음을 넓히면 누구와도 사이좋게 지낸다 ❹널리 미치게 하다 ⓑ젊을 때 여러 나라를 돌며 보는 눈을 넓히자

넘겨다보다 움직씨 ❶고개를 들어 가리개 너머로 건너 쪽을 보다 ⓑ아이는 까치발을 하고 담장을 넘겨다보았다 한뜻말 넘어다보다 ❷남 것을 차지하고 싶어서 마음을 그리로 돌리다 ⓑ다른 사람 돈은 넘겨다보면 안 된다 ❸넘겨짚어 알아보다 ⓑ남 마음을 넘겨다보다 ❹남 일에 마음이 끌려 바라보다 ⓑ아이들은 선생님이 하는 일을 자꾸 넘겨다보았다

넘겨주다 움직씨 남에게 넘겨 남 것이 되게 하다 ⓑ자리를 넘겨주다 ⇐ 양도하다

넘겨짚다 움직씨 ❶남 생각이나 한 짓을 터무니없이 어림잡아 판가름하다 ⓑ큰언니는 내가 제 옷을 몰래 입었을 거라고 넘겨짚고는 따지고 들었다 ❷무엇을 떠보려고 어림잡아 앞질러 말하다 ⓑ가름걸보는 넘겨짚으며 어떻게든 나를 잡아넣으려고 했다

넘고처지다 움직씨 이 대중에는 지나치고, 저 대중에는 못 미치다 ⓑ일을 넘고처지지 않게 잘 판가름해서 해라

넘기다 움직씨 ❶어떤 때나 테두리를 벗어나 지나게 하다 ⓑ이 디위 겨울은 또 어떻게 넘겨야 할지 걱정이다 ❷내주거나 맡기다 ⓑ땅을 큰딸에게 넘기기로 했다 ❸어려움이나 고비 따위를 벗어나거나 빠져나오다 ⓑ언니는 죽을 고비를 가까스로 넘기더니 새사람이 된 듯했다 ❹먹을 것이나 침 따위를 목구멍으로 넘어가게 하다 ⓑ목이 메어 밥을 넘기지 못했다 ❺종이쪽을 젖히다 ⓑ말집을 한 쪽 한 쪽 넘기면서 우리말을 찾다 ❻머리카락 따위를 어느 한쪽으로 가게 하다 ⓑ앞머리를 빗어 왼쪽으로 넘기다 ❼대수롭지 않게 여겨 지나치다 ⓑ내 말을 가볍게 넘기지 마라 ❽위로 넘어가게 하다 ⓑ담 너머로 짐 꾸러미를 넘기다 ❾선 것을 넘어뜨리다 ⓑ나무를 베어 앞으로 넘기다 ❿가득 차서 밖으로 넘치게 하다 ⓑ국물을 넘기지 않으려고 불을 줄이다 ⓫사냥꾼이 쏘개를 쏘아 짐승을 못 맞히고 놓치다

넘나들다 움직씨 ❶살피를 넘어갔다 넘어왔다 하다 ⓑ멧속에 집을 지었더니 걸핏하면 다람쥐가 담을 넘나든다 ❷어떤 곳이나 이곳저곳을 왔다 갔다 하다 ⓑ저자꾼들은 닷새 저자를 이리저리 넘나들며 장사를 했다 ❸서로 왔다 갔다 하며 허물없이 지내다 ⓑ이웃집과 서로 넘나들며 살갑게 지낸다

넘나물 이름씨 ❶원추리. 놀기서리 ❷원추리 잎과 꽃으로 무쳐 먹는 나물

넘놀다 움직씨 ❶넘나들며 놀다 ❷나비나 새 따위가 오르락내리락하며 날다 ⓑ넘노는 나비를 잡으려고 어린 조카는 한참을 뛰어다녔다 ❸물결이나 불같은 것이 넘실거리거나 바람에 가볍게 흔들리다 ⓑ하늘과 바다가 맞닿은 곳을 넘노는 바닷물결 ❹마음이 가라앉지 않고 자꾸 끓어올랐다 내렸다 하다 ⓑ코밑에서 숨을 알아차리려고 애쓰지만 마음은 온갖 군데를 넘노네

넘늘다 움직씨 ❶남 마음을 맞추려고 온갖 짓을 꾸미며 쩨쩨하게 굴다 ⓑ웃대가리한테 굽실거리며 넘느는 꼴이란 ❷점잔을 빼면서 제멋대로 놀아나다 ⓑ앞에서는 에헴 하면서 뒤에서는 겨집질과 술판으로 넘느는 놈이다

넘다 움직씨 ❶어떤 때나 테두리 따위에서 벗어나 지나다 ⓑ늘 어리게만 보이던 아우가 벌써 마흔 살이 넘었단다 ❷낮은 데서 높은 데를 지나 낮은 데로 가다 ⓑ담을 넘다 ❸살피를 건너 지나다 ⓑ우리 어머니는 동강금을 넘어 마녘으로 내려와서 늘 그곳을 그리워한다 ❹어려움이나 고비 따위를 겪어 지나다 ⓑ보릿고개를 넘던 때가 엊그저께 같은데 쌀이 남아도는 때가 올 줄이야 ❺무엇을 건너거나 지나가다 ⓑ껑충 뛰어 도랑을 넘었다 ❻가득 차고 나머지가 밖으로 나오다 ⓑ물독에서 물이 넘다 ❼칼날 따위를 지나치게 갈아 날이 한쪽으로 쏠리다 ⓑ칼날을 너무 오래 갈아 날이 넘었다

넘버 ⇒ 셈말. 차례. 디위 이름. 차례수

넘별누리모둠 이름씨 별누리가 몇온 낱 모인 무리 ⇐ 초은하단

넘보다 움직씨 ❶남 것을 가지고 싶어서 마음을 그리로 돌리다 ⓑ남 것을 넘보는 사람치고 잘 풀린 이를 보기 어렵다 ❷남을 얕잡아 낮추어 보다 ⓑ글방 아이들이 나를 무자이 아들이라고 넘보았다 한뜻말 깔보다

넘소릿결 이름씨 사람 귀에 소리로 들리는 끝떨림수를 넘어서 들을 수 없는 소릿결 ⇐ 초음파

넘실거리다 움직씨 ❶가람물이 넘어날 듯이 크게 굽이쳐 뛰다 ⓑ가람물이 넘실거리며 흐른다 ❷물결처럼 부드럽고 느리게 굽이치다 ⓑ검은빛 긴 머리카락이 넘실거린다. 즐거움이 방 안에 넘실거렸다 **넘실대다**

넘실넘실 어찌씨 ❶가람물이 넘어날 듯이 크게 굽이쳐 뛰는 꼴 ⓑ큰비가 와서 냇물이 넘실넘실 굽이쳐 흐른다 ❷물결처럼 부드

렵고 느리게 굽이치는 꼴 ⓑ논에는 넘실넘실 나락이 물결친다 ❸아주 큰 것이 보일 듯 말 듯 솟아오르는 꼴 ⓑ아침 해가 바다 위로 넘실넘실 떠오른다 ❹어떤 기운 따위가 넘쳐날 듯이 그득 어린 꼴 ⓑ얼굴마다 기쁨이 넘실넘실 어리었다 ❺물 따위가 그득 차서 넘칠 듯한 꼴. 못물이 불어나서 넘실넘실 밀개를 넘칠 듯하다 **넘실넘실하다**

넘어가다 움직씨 ❶바로 선 것이 한쪽으로 기울어지거나 쓰러지다 ⓑ센바람에 짚더미가 넘어갔다 ❷힘이나 맡은 일, 가진 것 따위가 한쪽에서 다른 쪽으로 옮겨가다 ⓑ있던 밭마저 이미 다른 사람 손에 넘어갔다 ❸다음 차례나 때, 또는 다른 것으로 옮겨가다 ⓑ이 일은 그만 덮어두고 다음으로 넘어가자 ❹해나 달이 지다 ⓑ해가 너울너울 하늬메 너머로 넘어간다 ❺종이쪽이 젖혀지다 ⓑ책잎 넘어가는 소리만 들렸다 ❻숨이 멈추다 ⓑ아들은 끝내 숨이 아주 넘어가고 말았다 ❼꾐이나 속임수에 마음을 빼앗겨 말려들다 ⓑ잔꾀에 넘어가다. 제 꾀에 제가 넘어갔다 ❽입안에서 목구멍으로 지나가다 ⓑ입맛이 없어 밥이 잘 넘어가질 않는다 ❾어떤 일이 끝나거나 지나가다 ⓑ어려운 고비가 아무 일 없이 넘어갔다 ❿노랫소리나 가락이 막힘없이 불리거나 놀아지다 ⓑ노래가 구성지게 넘어간다 ⓫어떤 때나 일이 지나가다 ⓑ또 한 해가 넘어간다 ⓬높은 것 위를 지나서 가다 ⓑ고개를 넘어가다 ⓭어떤 일을 대수롭지 않게 지나치다 ⓑ이 디위 일은 어물쩍 넘어가지 않을 것 같다 ⓮반하거나 쏠리다 ⓑ꽃같이 예쁜 모습과 상냥한 말씨에 그 사내는 홀딱 넘어가고 말았다

넘어나다 움직씨 물이나 담긴 것이 그릇에 차서 밖으로 넘쳐나오다

넘어다보다 움직씨 ❶고개를 들어 가린 것 너머로 보다 ⓑ담 너머로 이웃집 마당을 넘어다보았다 ❷어떤 것을 바라서 마음에 두다 ⓑ살남은 윗자리로 올라갈 까리를 넘어다보았다

넘어뜨리다 움직씨 ❶바로 선 것을 쓰러뜨리다 ⓑ나무를 베어 넘어뜨리다 ❷누리는 것이나 힘을 꺾거나 잃게 하다 ⓑ맞은쪽 무리를 넘어뜨리려고 우리는 밤잠을 아껴가며 힘썼다

넘어서다 움직씨 ❶높은 것 위를 넘어서 지나다 ⓑ고개를 넘어설 무렵에 날이 저물었다 ❷살피가 되는 곳을 넘어서 건너거나 벗어나다 ⓑ부엌문을 넘어서려는 닭들을 회초리를 저어 쫓았다 ❸어떤 잣대나 어려운 때 또는 테두리를 넘어서 벗어나다 ⓑ고비를 넘어서다. 아이는 한 살을 넘어서자 혼자 서서 걸었다 ❹마음 따위가 다른 쪽으로 기울어지다 ⓑ돌샘은 끝까지 우리 쪽으로 넘어서지 않았다 ❺누구를 이기거나 앞지르다 ⓑ여름지이에서는 아버지를 넘어설 사람이 없다

넘어오다 움직씨 ❶바로 선 것이 이쪽으로 기울어지거나 쓰러지다 ⓑ담장이 넘어오는 바람에 사람들이 다쳤다 ❷사람이나 몬, 힘, 일 따위가 이쪽으로 옮겨오다 ⓑ일거리가 우리에게 많이 넘어왔다 ❸차례나 때가 옮겨오다 ⓑ이미 오래 앞에 혼자 다스리던 때에서 백성이 임자되는 때로 넘어왔다 ❹먹은 것이 목구멍을 거쳐 입으로 나오다 ⓑ멀미를 하여 아침 먹은 것이 넘어올 것만 같다 ❺마음속 말이나 느낌이 목구멍으로 나오다 ⓑ참말로 싫다는 말이 목구멍으로 넘어올 뻔했다 ❻높은 것 위를 지나서 오다 ⓑ마넉골에서 걸어서 당만디고개를 넘어왔다 ❼살피를 넘다 ⓑ굶어 죽지 않으려고 엔벤 땅으로 넘어왔다

넘어지다 움직씨 ❶한쪽으로 기울어지며 바닥에 닿다 ⓑ울타리가 바람에 넘어져서 일으켜 세우느라 애를 먹었다. 나무도 앞뒤가 있어 마녘으로 넘어지면 엎어졌다 하고 노녘으로 넘어지면 자빠졌다고 말한다 ❷어떤 일을 그르치거나 제구실을 못 하다 ⓑ손님이 없어 가게가 하나둘씩 넘어진다 ❸

마음이나 뜻이 견뎌내지 못하고 주저앉다 ⓑ죽을 고비를 몇 차례나 넘긴 그분이 그만한 일에 넘어지지 않아

넘쳐나다 (움직씨) ❶가득 차서 넘어나다 ⓑ온갖 나물이 밭에 넘쳐났다 ❷가득 차서 밖으로 흘러나오다 ⓑ꼬마 눈에는 눈물이 곧 넘쳐날 것 같았다 ❸힘이나 느낌이 매우 세게 일어나다 ⓑ얼굴에는 기쁨이 넘쳐났다

넘쳐흐르다 (움직씨) ❶가득 차서 밖으로 흘러내리다 ⓑ둑을 모래주머니로 쌓다가 가람물이 넘쳐흐르자 사람들은 다 달아났다 ❷기운이나 느낌이 가득 차서 겉으로 드러나 보이다 ⓑ온몸에 힘이 넘쳐흐르게 살아야 제대로 사는 거지

넘치다 (움직씨) ❶가득 차서 밖으로 흘러나오다 ⓑ비가 많이 와서 논마다 물이 철철 넘쳤다 ⇐ 포화하다 ❷대중을 훨씬 넘다 ⓑ요즘에는 어디를 가나 쓰레기가 넘친다 ❸느낌 따위가 세게 일어나다 ⓑ기쁨이 두 눈에 넘친다 ❹알맞지 않게 지나치다 ⓑ저한테 넘치는 자리를 바라지는 않아요

넙데기 (이름씨) ❶너부죽한 꼴 ❷낯닦개

넙적·넙죽 (어찌씨) ❶말을 하거나 무엇을 받아먹을 때 입을 너부죽이 닁큼 벌렸다 닫는 꼴 ⓑ술을 주는 대로 넙죽 받아 마시다 ❷몸을 넓게 바닥에 대며 닁큼 엎드리는 꼴 ⓑ바닥에 넙죽 엎드리다 ❸망설이지 않고 선뜻 움직이는 꼴 ⓑ시원이는 돈을 넙죽 받아 넣었다

넙적거리다·넙죽거리다 (움직씨) ❶말을 하거나 무엇을 받아먹을 때 입을 너부죽이 닁큼닁큼 벌렸다 다물었다 하다 ⓑ강아지가 입을 넙죽거리며 고기를 받아먹는다 ❷몸을 너부죽이 바닥에 대며 닁큼닁큼 엎드리다 **넙적대다 넙죽대다**

넙적넙적·넙죽넙죽 (어찌씨) ❶무엇을 받아먹을 때 입을 너부죽이 냉큼냉큼 벌렸다 다물었다 하는 꼴 ❷몸을 너부죽이 바닥에 대며 냉큼냉큼 엎드리는 꼴 **넙적넙적하다 넙죽넙죽하다**

넙치 (이름씨) 바다 모랫바닥에 붙어 사는 바닷물고기로 몸길이는 30~40센티미터이고 위아래로 넓적하며 길둥근꼴이다. 두 눈은 몸 왼쪽에 있고 입이 크며 이가 날카롭다. 몸 아래쪽은 희고 위쪽은 어두운 밤빛이다 ⇐ 광어

넛할머니 (이름씨) 아비 어미오랍겨집 ⇐ 아버지 외숙모

넛할아버지 (이름씨) 아비 어미오랍 ⇐ 아버지 외숙

넝마 (이름씨) 오래되어 헐거나 해어져 쓰지 못하는 옷가지나 천조각 ⓑ넝마가 다 된 옷을 걸치고 다니다

넝마주이 (이름씨) 넝마나 헌 종이 따위를 주워 모으는 사람. 또는 그런 일

넝쿨 (이름씨) 길게 뻗어나가 다른 것을 감기도 하고 덮기도 하는 푸나무 줄기 ⓑ호박 넝쿨. 고구마 넝쿨. 다래 넝쿨. 머루 넝쿨 한뜻말 덩굴

넝쿨지다[1] (움직씨) 푸나무 줄기가 덩굴이 되어 뻗다 ⓑ오이가 대울타리 사이로 넝쿨져 뻗어나갔다

넝쿨지다[2] (그림씨) 마음이 뒤틀려 비꼬이다 ⓑ넝쿨진 아이 마음을 어떻게 풀어주지?

넣는곳 (이름씨) 몬 따위를 넣는 구멍 ⇐ 투입구

넣다 (움직씨) ❶속이나 안에 들어가게 하다 ⓑ사태를 솥에 넣고 푹 끓이다 ❷사람을 어디에 딸리게 하거나 들어가게 하다 ⓑ내로라하는 선비들은 그이를 선비 축에 넣지 않았다 ❸섞거나 타다 ⓑ김치찌개에 돼지고기를 넣다 ❹어떤 테두리 안에 들어 있게 하다 ⓑ쓰레기 덜 만들기를 이야깃거리에 넣자 ⇐ 포함하다 ❺어떤 모임이나 배움터, 일터 따위에 들어가게 하다 ⓑ올해 아이를 배움터에 넣었다 ❻무엇이 제대로 움직이도록 돌보다 ⓑ바느질틀에 기름을 넣다 ❼돈집에 돈을 맡기다 ⓑ품삯을 다 돈책에 넣다 ❽무늬나 글자 따위를 그리거나 새기거나 적어 두다 ⓑ소매 끝에 무늬를 넣다 ❾사이에 다른 사람을 끼어들게 하다 ⓑ그

곳에서는 나한테 메지기로 들어오라고 사람을 넣어 넌지시 알려왔다 [10]힘 따위를 더하다 ㉥어깨에 힘을 넣다 [11]아궁이 따위에 불을 지피다 ㉥새벽에는 군불을 넣어야 한다 [12]갖다주다 ㉥나는 어릴 적에 아침 일찍 집집마다 새뜸을 넣고 배움터에 갔다 [13]흙 속에 씨앗을 심다 ㉥감자씨를 마지기가웃 넣었다 [14]제 것으로 만들거나 힘이 미치게 하다 ㉥그 책을 손에 넣었다 [15]더하거나 셈에 들게 하다 ㉥이 돈까지 넣어서 세봐요

넣은돈 [이름씨] 돈책이나 돈자리에 넣은 돈 ⇐ 입금액

넣은돈표 [이름씨] 돈 넣을 때 쓰는 종이 ⇐ 입금표

네[1] [갈이름씨] [1]'너' 다음에 '가'가 붙을 때 '너'가 바뀐 꼴 ㉥네가 했느냐 [2]'너'에 '의'가 붙어 줄어든 말 ㉥너와 네 아우

네[2] [매김씨] '넷'이라는 뜻 ㉥네 마리. 네 자루

네[3] [느낌씨] [1]윗사람 부름에 받아 말하거나 묻는 말에 그러하다고 할 때 쓰는 말 ㉥네, 부르셨습니까? [2]윗사람이 해달라고 맡기거나 시키는 말에 그리하겠다고 할 때 쓰는 말 ㉥네, 알겠습니다 [3]윗사람 말을 재우쳐 물을 때 쓰는 말 ㉥네? 다시 한 디위 말씀해 주세요 [4]윗사람에게 조르거나 다그칠 때 하는 말 ㉥나도 같이 가면 안 되나요, 네?

-네 [뒷가지] [1](어떤 낱말 뒤에 붙어) '매개가 같은 사람'을 뜻하는 말 ㉥아낙네. 우리네 [2](사람을 나타내는 낱말 뒤에 붙어) 그 사람 피붙이나 집 ㉥샛별네. 아비뉘네

네거리 [이름씨] 길이 네 갈래로 갈라진 곳 ⇐ 사거리

네검 [이름씨] 네 쪽을 맡은 검. 새녘은 파란 미르, 하늬녘은 흰 범, 마녘은 붉은 아시, 노녘은 검은 거북뱀 ⇐ 사신

네굽 [이름씨] 말이나 소 따위 네 발에 달린 굽

네굽질 [이름씨] [1]네발짐승이 네굽을 내젓는 것 [2]사람이 네 활개를 내젓는 짓 ㉥아이가 아무리 네굽질을 하며 장난감을 졸라도 엄마는 끄떡도 안했다

네글한자 [이름씨] 수글 네 글자로 이루어진 말 ⇐ 사자성어

네까짓 [매김씨] 너처럼 하찮은 ㉥네까짓 게 나한테 까불어

네꼴나숨갈 [이름씨] 사람 몸바탕을 큰볕이, 큰그늘이, 잔볕이, 잔그늘이로 나눠 몸꼴에 따라 앓이를 낫게 해야 한다는 나숨갈. 조선 고종 때 이제마가 내세웠다 ⇐ 사상의학

네낯 [이름씨] 앞뒤왼오른 네 쪽 ⇐ 사면

네놈 [갈이름씨] 사내를 얕잡아 일컫는 말 ㉥네놈이 뭘 안다고 입을 나불거려

네눈박이 [이름씨] [1]두 눈 위에 흰 점이 있어 언뜻 보기에 눈이 넷으로 보이는 개 [2]허리에 네 줄로 돌려 표를 낸 독 ㉥줄 수에 따라 크기가 다른데 네눈박이면 매우 큰 독이다

네댓 [셈씨] [1]넷이나 다섯 ㉥네댓 먹어 보이는 사내아이 [2](매김씨) 넷이나 다섯 ㉥네댓 사람

네마디 [이름씨] 아버지 언아우 아들딸과 나 사이 ⇐ 사촌

네마디아비뉘 [이름씨] 아버지 네마디 누이 ⇐ 종고모. 당고모. 종고. 당고

네모 [이름씨] [1]네 낱 모 ㉥네모를 그리다 ⇐ 사각 [2](수갈) 네모꼴 준말 ⇐ 사각형

네모꼴 [이름씨] [1]네모가 진 꼴 ㉥세모꼴과 네모꼴 ⇐ 사각형 [2](수갈) 네 낱 곧금조각으로 둘러싸인 펀펀 그림 ㉥깔개를 바른 네모꼴로 만들었다

네모나다 [그림씨] 네모꼴로 되어 있다 ㉥얼굴이 네모나 보이는 사내

네모뿔 [이름씨] 밑낯이 네모꼴인 모뿔 ⇐ 사각뿔

네모지다 [그림씨] 네모를 이루다 ㉥밭을 네모지게 둘러선 돌담

네모찌 [이름씨] 네모가 나도록 쪼갠 나무

네몬놀이 [이름씨] 네 사람이 저마다 꽹과리, 징, 장구, 북을 가지고 어우러져 치는 놀이 ⇐ 사물놀이

네바퀴 [이름씨] 네낱 바퀴 ⇐ 사륜

네바퀴몰이 이름씨 뭍틀 힘을 네 바퀴에 보내 몲 ⇐ 사륜구동

네발짐승 이름씨 발이 넷인 짐승. 소, 말, 돼지, 사슴, 고라니, 개 따위 ⓑ네발짐승같이 기다 ⇐ 사족동물

네별내기 이름씨 닷별내기 아래이고 세별내기 위인 별단이 ⇐ 대장

네온사인 ⇒ 글씨불빛. 불빛글씨

네제곱 이름씨 같은 수를 네 디위 곱함. 또는 그렇게 하여 얻은 수 ⓑ둘 네제곱은 열여섯이다 ⇐ 사승

네쪽낮 이름씨 곳을 나타내는 세쪽낮에 때를 더한 것 ⇐ 사차원

네쪽초노래 이름씨 아무에게도 도움받지 못하는 외롭고 힘든 매개 ⇐ 사면초가

네철 이름씨 봄, 여름, 가을, 겨울 ⇐ 사계. 사계절. 사철

네철쑥 이름씨 **1** 구엣꽃 갈래에 딸린 여러해살이풀. 개울가 모래땅에 난다. 높이는 30~100센티미터이고, 잎은 어긋나는데 꽃이 피지 않는 가지 끝에서는 뭉쳐나며, 이른 가을에 노란 꽃이 핀다. 어린잎은 먹고 낫개로도 쓴다 ⇐ 사철쑥. 인진쑥 **2** 구엣꽃 갈래에 딸린 잎지는 넓은잎떨기나무. 높이는 1미터쯤이며, 잎은 어긋나고 깃꼴이다. 8월에 노란 머리꼴꽃이 잎겨드랑이에서 피고 열매는 11월에 익는다. 어린잎은 먹거나 말린 뒤 낫개로 쓴다 한뜻말 더위지기 ⇐ 사철쑥

네트 ⇒ 그물

네트워크 ⇒ 새뜸그물. 그물짜임. 알림그물

네티즌 ⇒ 누리꾼. 누리님

네티켓 ⇒ 누리절

넥타이 ⇒ 목댕기. 목매개

넷 셈씨 셋에 하나를 더한 수 ⓑ넷에 다섯을 더하면 아홉이다 ⇐ 사

넷달 이름씨 한 해 열두 달 가운데 넷째달 ⇐ 4월

넷째[1] 셈씨 여럿을 앞에서부터 셀 때 네 디위째 ⓑ넷째, 술과 담배를 끊는다

넷째[2] 매김씨 여럿을 앞에서부터 셀 때 네 디위째 ⓑ위에서 넷째 줄

넷째[3] 이름씨 언아우 누나누이 가운데에 네 디위째 태어난 사람 ⓑ옆집 아이 여섯 가운데 넷째가 나와 나이가 같다

넷째낳일 이름씨 알감, 나숨, 배움, 베풂낳일 같은 알음이 모인 낳일 ⇐ 제사차산업

녀석 이름씨 **1** 사내를 낮추어 이르는 말 ⓑ건방진 녀석. 생각했던 대로 녀석은 집에 없었다 **2** 어린 사내아이를 귀엽게 이르는 말 ⓑ요 녀석 똘똘하게 생겼네

년[1] 이름씨 **1** 겨집을 낮잡아 이르는 말 ⓑ못된 년. 몹쓸 년 **2** 어린 겨집아이를 귀엽게 이르는 말 ⓑ고년 참 귀엽네

년[2] (年) ⇒ 해

년간 ⇒ 해사이. 해새. 해동안

년년이 ⇒ 해마다

년대 ⇒ 해뉘

년도 ⇒ 해

년생 ⇒ 해남

녘 이름씨 **1** 어떤 때 무렵 ⓑ해 뜰 녘. 해거름 녘 **2** 어떤 쪽 ⓑ개울녘 둔치에 늘어선 나무들. 밭 한 녘에 감나무가 두세 그루 서 있다. 새녘. 마녘

노[1] 이름씨 실이나 삼 또는 질긴 종이 따위로 가늘게 비비거나 꼰 줄 ⓑ노를 꼬다 비슷한말 노끈

노[2] 어찌씨 늘. '노상' 준말 ⓑ노 찾아오던 벗

노[3] 이름씨 해 뜨는 쪽을 바라볼 때 왼쪽 ⇐ 북

노 ⇒ 나래. 메

노가다 ⇒ 막일꾼. 일꾼

노가다판 ⇒ 막벌이판. 막벌이일터. 막일터

노가리[1] 이름씨 **1** 다른 낟과 섞어서 심지 않고 오직 한 가지 낟만 심는 여름지이 ⓑ강냉이 노가리. 밀 노가리 한뜻말 흩어뿌림 **2** 씨를 흩어뿌려 심는 일 ⓑ노가리로 뿌리다 한뜻말 흩어뿌림

노가리[2] 이름씨 명태 새끼 ⓑ술곁으로는 노가리가 으뜸이지

노가리[3] 이름씨 '거짓말'을 짬짤찮게 나타내는

말 ⓑ노가리 풀다. 노가리 떨다 익은말 **노가리 까다** 수다 떨다

노간주나무 이름씨 바늘잎 늘푸른큰키나무. 검붉은 동그란 열매를 맺고 나무는 집을 짓거나 세간을 만드는 데에 쓴다. 어린나무는 소 코뚜레로 널리 쓴다

노견 ⇒ 갓길

노계 ⇒ 늙은 닭

노고 ⇒ 품. 힘. 애씀

노고지리 이름씨 '종다리' 옛말 ⓑ노고지리 우짖는 소리

노곤하다 그림씨 지쳐서 나른하다 ⓑ땀 흘려 일했더니 온몸이 노곤하다

노골적 ⇒ 드러내 놓고. 까놓고. 숨김없이. 있는 그대로

노골화하다 ⇒ 드러내다. 드러나다. 숨김없이 까놓다

노구 ⇒ 늙은 몸

노구거리 이름씨 둘 다 안으로 구부러져 하나는 높고 하나는 낮은 쇠뿔

노구메 이름씨 메내 검에게 식게 지내려고 놋쇠나 구리로 만든 작은 솥에 지은 메 ⓑ서낭이 자네 같은 좋은 사위를 내려주었는데 노구메 한 그릇이야 못 올리겠나

노굿 이름씨 콩이나 팥 따위 꽃. 이 꽃이 피는 것을 '노굿이 일다'라 함 ⓑ붉게 물든 가람과 함께 노굿이 인 밭들이 군데군데 보였다

노그라지다 움직씨 ❶몸이 몹시 고단하여 축 처지다 ⓑ추운 날씨에 땔감을 한 수레 해왔더니 집에 오자마자 그 자리에 노그라졌다 ❷어떤 일에 마음이 쏠려 얼을 못차리게 되다

노글노글 어찌씨 ❶좀 무르고 보드라운 꼴 ⓑ오징어가 노글노글 잘 익었다 ❷마음씨나 몸짓이 좀 무르고 보드라운 꼴 ⓑ송이는 윗사람을 언제나 노글노글 상냥하게 받든다

노글노글하다 그림씨 ❶좀 무르고 보드랍다 ❷마음씨나 몸짓이 좀 무르고 보드랍다

노기 ⇒ 골난 빛. 골난 기운. 노염빛

노깨 이름씨 굵은체에 내린 밀가루를 다시 고운체에 내리고 남은 찌끼

노끈 이름씨 실이나 삼, 종이 따위를 가늘게 비비거나 꼬아서 만든 끈 ⓑ노끈 열 발. 노끈으로 묶다

노끝 이름씨 ❶끌돌이 가리키는 노녘 끝 ⇐ 엔극. 북극 ❷땅꽂이 노녘 끝 ⇐ 북극

노끝바다 이름씨 노끝을 복판으로 노아메리카와 유라시아 두 큰뭍에 둘러싸인 바다. 여름 말고는 한 해 내내 얼어있다 ⇐ 북극해

노끝별 이름씨 작은곰자리에서 가장 밝은 별 ⇐ 북극성

노끝점 이름씨 땅꽂이 노녘 끝 ⇐ 북극점

노년 ⇒ 늘그막. 늙마. 늙바탕. 늙은이

노년기 ⇒ 늙은 때

노녘 이름씨 노끝으로 보는 쪽 맞선말마녘 ⇐ 북쪽. 북녘

노놓치다 움직씨 허물보를 잡았다가 슬쩍 놓아주다. 일부러 놓아주고 놓친 것처럼 하다 ⓑ돈을 받고 허물보를 노놓치는 놈들은 가만두지 않겠다

노느다 움직씨 여러 몫으로 나누다 ⓑ여럿이 꼭 같이 노나 가져라 한뜻말도르다

노느매기 이름씨 몬을 여러 몫으로 노느는 일 ⓑ똑같이 노느매기를 하자 한뜻말몫 ⇐ 배당. 할당. 쿼터

노느몫 이름씨 몬을 여럿으로 갈라 노느는 몫 ⓑ노느몫이 많다. 적은 노느몫을 가지다 한뜻말노늠몫

노닐다 움직씨 ❶즐겁게 놀면서 거닐다 ⓑ활짝 핀 벚꽃 아래를 동무들과 노닐었다 ❷새 같은 것이 한곳에서 날아가며 즐기다 ⓑ물새들이 하루 내내 물 위를 귀엽게 날아 스치며 즐거이 노닌다

노다지[1] 이름씨 ❶많이 쏟아져 나오는 보배나 쇠돌 ⓑ노다지를 캐러 가는 꿈을 꿨어 ❷생각보다 값진 것이 훨씬 많이 나오는 일. 또는 그 몬 ⓑ노다지를 만나다 ❸손쉽게 많은 돈을 얻을 수 있는 일감이나 몬을 비긴 말 ⓑ저기는 언젠가 노다지가 쏟아질

땅이다

노다지[2] 어찌씨 노상 ⓑ노다지 웃기만 한다

노닥거리다 움직씨 조금 수다스럽게 재미있는 말을 자꾸 늘어놓다 ⓑ언니와 노닥거리다 보니 어느새 날이 밝아온다 **노닥대다**

노닥노닥[1] 어찌씨 좀 수다스럽게 잔말을 늘어놓는 꼴 ⓑ동무들은 떡을 놓고 둘러앉아 노닥노닥 지껄인다 **노닥노닥하다**

노닥노닥[2] 어찌씨 해지고 찢어진 곳을 여기저기 깁거나 덧붙인 꼴 ⓑ할아버지는 다 떨어진 모시 두루마기를 노닥노닥 기워 입으셨다

노닥노닥하다 그림씨 해지고 찢어진 곳이 여기저기 기워지거나 덧붙여지다

노닥이다 움직씨 수다스럽게 잔말을 늘어놓다 ⓑ그 동무가 노닥이는 소리를 듣다가 늦었어

노대바람 이름씨 바람세기 열째인 바람. 몹시 거세게 불어 나무가 뽑히고 집에 언걸을 주는 바람

노도 ⇒ 큰물결. 너울. 놀. 물너울. 물놀. 골난 물결

노도누미 이름씨 서울 옆 고장 윗녘에 자리 잡은 도누미 위쪽 고장 ⇐ 황해북도

노돌목싸움 이름씨 이순신 싸울아비 이끎이가 1598해에 노돌목 앞바다에서 왜 도둑떼를 크게 무찌른 싸움 ⇐ 노량해전

노동 ⇒ 일. 막일. 일하다

노동가 ⇒ 일노래. 들노래

노동계 ⇒ 일누리. 일모임

노동량 ⇒ 일거리. 일크기. 일많기

노동력 ⇒ 품. 일품. 일힘

노동복 ⇒ 일옷. 들옷

노동부 ⇒ 일곳. 일맡

노동요 ⇒ 일노래. 들노래

노동일 ⇒ 일날

노동임금 ⇒ 품삯. 일삯

노동자 ⇒ 일꾼. 막일꾼. 막벌이꾼. 삯꾼. 품팔이꾼. 삯팔이꾼

노동조합 ⇒ 일두레

노되돌이금 이름씨 한봄 날에 같금에 있는 해가 차츰 노녘으로 가다가 한여름 날에 이금에 이르러 다음날부터 다시 마녘으로 돌아가는 노씨 23데 27갈 씨금 ⇐ 북회귀선

노둣돌 이름씨 말을 타거나 내릴 때 발돋움으로 쓰려고 문 앞에 놓은 큰 돌

노땅 ⇒ 늦벗. 늦은님. 늦님. 늦깎이

노땅별 이름씨 같금을 어름으로 땅별을 둘로 나누었을 때 노녘 땅 ⇐ 북반구

노란복 이름씨 바다에 살다가 알을 낳으러 가람으로 올라오는 바닷물고기. 몸은 둥글길쭉하며 간과 껍질에 죽이개가 있다 ⇐ 황복

노란불 이름씨 수레 빠르기를 줄이라고 켜는 노란빛 가다서다불. 파란불에서 빨간불로 바뀌기 바로 앞에 켜진다 ⓑ가다서다불에 노란불만 깜빡이면 천천히 가라는 뜻이다

노랑 이름씨 노란 빛깔이나 노란 물감 ⓑ노랑 병아리. 노랑 저고리

노랑꽃 이름씨 ❶빛깔이 노란 꽃 ⓑ개나리는 노랑꽃이다 ❷굶주리고 지치고 앓아 노랗게 된 얼굴 ⓑ노랑꽃이 돈다. 노랑꽃이 피다

노랑나비 이름씨 빛깔이 노란 나비를 통틀어 이르는 말 ⓑ노란 꽃인 줄 알았는데 노랑나비였어!

노랑이 이름씨 ❶노란 것 ⓑ그 노랑이 나한테 던져 줘 한뜻말노랭이 ❷생각이 좁고 다랍고 쩨쩨한 사람 ⓑ그 사람 보기보다 노랑이야 한뜻말구두쇠. 노랭이

노랗다 그림씨 ❶달걀노른자나 개나리꽃 빛깔과 같다 ⓑ노란 꽃. 참외가 노랗게 익어간다 ❷얼굴에 핏기가 없고 노르스름하다 ⓑ너무 오래 굶어서 아이 얼굴이 노랗게 되었다 ❸졸아들거나 시들어 힘이 꺾여 있다 ⓑ노랗게 떴다. 벌써부터 남 호주머니를 뒤지다니 싹수가 노랗다

노래 이름씨 ❶말에 가락을 붙이거나 목소리로 가락을 나타낸 것 ⓑ노래를 하다. 노래를 흥얼거리다 ❷어떤 가락을 느낄 수 있게 지은 글 ⇐ 시 ❸같은 말을 자꾸 되풀이

해서 졸라댐 [ㅂ]아이들은 물놀이 가자며 노래를 부른다 [4]기리고 드높여 높이 떠받드는 것을 빗댄 말 [ㅂ]이럴 때일수록 나라 팔아먹은 놈들은 더욱 드세게 센나라에 기대야 한다고 노래를 부른다 [5]새 따위가 지저귐. 또는 그런 소리 [ㅂ]새들이 노래를 부른다

노래굿 [이름씨] 하고 싶은 말을 노래로 부르면서 하는 굿 ⇐ 가극. 오페라

노래기 [이름씨] 마디발벌레 가운데 하나. 한 마디에 짧은 발이 두 짝 있으며 어디에 닿으면 몸이 둥글게 말리고 노린내를 풍긴다

노래꾸러미 [이름씨] 여러 낱 부른 노래나 켠 노래 따위를 하나로 묶어 만든 몬. 소리담개나 소리널처럼 여러 꼴로 나온다 ⇐ 앨범

노래떼 [이름씨] 노래도 부르면서 함께 가락을 다루려고 모인 떼 한뜻말 가락떼 ⇐ 악단

노래마당 [이름씨] 가락을 켜거나 불어서 듣는 사람이 가락을 즐기게 하는 모임 한뜻말 가락잔치 ⇐ 콘서트

노래방 [이름씨] 노래를 부르며 놀 수 있도록 마련된 가게 [ㅂ]어제 동무들과 저녁을 먹고 노래방에서 함께 노래를 부르며 놀았다

노래자랑 [이름씨] 누가 더 노래를 잘 부르는지 겨루며 즐기는 놀이 [ㅂ]동네 노래자랑 큰 모임에서 샛돌이가 으뜸을 먹었다

노래짓기 [이름씨] 노래를 새로 짓는 일 한뜻말 가락짓기 ⇐ 작곡

노랫가락 [이름씨] 노래에서 높고 낮고 길고 짧고 크고 작은 소리가 이어지는 것 [ㅂ]구성진 노랫가락 ⇐ 곡조

노랫말 [이름씨] 노랫가락에 붙인 말 [ㅂ]노랫말을 짓다. 노랫말이 아름답다 ⇐ 가사

노랫소리 [이름씨] 노래를 부르는 소리 [ㅂ]노랫소리가 간드러지다

노랭이 [이름씨] 노랑이

노략질 ⇒ 소드락질. 앗다. 빼앗다. 빼앗아 가다

노량으로 [어찌씨] 놀아가면서 느릿느릿 [ㅂ]일을 그렇게 노량으로 하니 언제 끝나겠는가 한뜻말 놀량으로

노량해전 ⇒ 노돌목싸움

노려보다 [움직씨] [1]미움이 담긴 눈초리로 쏘아보다 [ㅂ]무서운 눈으로 노려보다 [2]가지고 싶어 눈여겨보다 [ㅂ]고양이가 쥐를 노려본다. 아이들은 하나 남은 떡을 노려보았다

노력 ⇒ 애씀. 애쓰다. 힘쓰다. 힘들이다. 애면글면하다

노련미 ⇒ 익은 맛. 손익은 맛

노련하다 ⇒ 솜씨 있다. 손익다

노령 ⇒ 늙은 나이. 늘그막

노령산맥 ⇒ 갈재멧줄기

노령연금 ⇒ 늙은뒷살이돈

노령화 ⇒ 늙어짐. 나이듦

노령화 사회 ⇒ 늙은이누리. 늙보 쌘 살이

노루 [이름씨] 사슴 비슷한 젖먹이 짐승. 몸빛은 누른 밤빛이고 꼬리는 아주 짧고 수컷은 세 갈래로 돋은 뿔이 있으며 겁이 많아 잘 놀라며 빨리 뛴다

노루궁뎅이 [이름씨] 살아있는 참나무 줄기에 붙어 자라는 노루 엉덩이처럼 생긴 버섯. 날로도 먹고 데쳐서 먹는다

노루귀 [이름씨] 잎이 뿌리에서 모여나고 잎자루가 길며 염통꼴 잎이 세 갈래로 갈라지고 뒷면이 깁처럼 반들반들한 여러해살이풀. 어린싹은 먹고 깁나물이라고도 한다

노루막이 [이름씨] 메에서 막다른 꼭대기. 노루는 내리막길을 잘 못 달려 꼭대기가 막다른 곳이 된다는 뜻으로 생긴 말

노루발[1] [이름씨] [1]쟁기 볏 뒤 아래쪽에 붙은 세모꼴 구멍이 있는 것 [2]과녁에 꽂힌 화살을 뽑는 데 쓰는, 노루발처럼 갈라진 것 ⇐ 장족 [3]한쪽은 못을 박는 데 쓰고 다른 한쪽은 못을 빼는 데 쓰도록 만든 장도리 [4]바느질틀에서, 바늘이 오르내릴 때 바느질감을 알맞게 눌러주는 것 [5]문 따위를 열린 채 움직이지 않도록 하는 것

노루발[2] [이름씨] 들이나 숲속 응달에 살며 여름에 흰 꽃이 피는 여러해살이풀. 잎이나 줄기는 피를 멈추거나 죽이개를 없애는 데 쓴다

노루잠 이름씨 깊이 들지 못하고 자꾸 놀라 깨는 잠 ⓑ깜빡 노루잠이 들었다가 불이 나는 꿈을 꾸었어 비슷한말 괭이잠

노르다 그림씨 달걀노른자 빛깔처럼 밝고 또렷하다 ⓑ어릴 때는 노른 옷을 좋아해 즐겨 입었다

노르스름하다 그림씨 조금 노르다 ⓑ참외가 노르스름한 게 엄청 달겠는데 큰말 누르스름하다

노른자위 이름씨 ❶알 흰자위에 둘러싸인 동글고 노란 것 ⓑ달걀 노른자위 준말 노른자 ❷없어서는 안 되거나 가장 쓸모가 있는 것을 빗댄 말 ⓑ서울 한복판 노른자위 땅

노름 이름씨 돈이나 값나가는 것을 걸고 서로 내기를 하는 일 ⓑ노름에 빠지다. 노름으로 논밭을 다 날리다 한뜻말 돈내기 ⇐ 도박. 투전

노름판 이름씨 노름을 벌이는 곳 ⓑ하루하루 힘들여 모은 돈을 노름판에서 곱다시 잃어버렸다

노릇 이름씨 ❶벌이로 삼는 일 ⓑ가르침이 노릇. 여름지기 노릇 ❷맡은 바 일 ⓑ아비 노릇. 사람 노릇 한뜻말 구실 ❸일이 되어가는 꼴이나 그 됨됨이 ⓑ사람 사는 노릇은 즈믄 가지 골 가지라. 손님이 임자 노릇을 하다 ❹굿에서 맡는 구실 ⓑ노릇바치 ⇐ 연기 ❺일이나 일 매개 ⓑ기가 찰 노릇이다. 그 젊은 나이에 죽다니, 이 노릇을 어쩌지?

노릇노릇 어찌씨 군데군데 노르스름한 꼴 ⓑ노릇노릇하게 구운 빵 한뜻말 노릿노릿

노릇노릇하다 그림씨 군데군데 노르스름하다

노릇바치 이름씨 뮘그림이나 굿에서 이야기 속 사람으로 나와 그 사람노릇을 하는 이 한뜻말 노릇꾼. 광대 ⇐ 배우. 탤런트

노리개 이름씨 ❶겨집 옷 저고리 고름이나 치마허리 따위에 몸치레로 다는 것 ⓑ날마다 노리개를 엇차다 ⇐ 패물. 액세서리 ❷심심풀이로 가지고 노는 것 ⓑ거울을 노리개 삼다 ❸즐기려고 데리고 노는 겨집 ⓑ이 마을에서 잡혀간 겨집들은 오랑캐 노리개가 되었다

노리개동이 이름씨 좋아하여 가까이 두고 귀여워하며 기르는 개나 고양이, 새 같은 숨받이 한뜻말 노리개숨받이 ⇐ 애완동물

노리갯감 이름씨 좋아하여 가까이 두고 귀여워하거나 즐기려고 하는 몬이나 짐승 따위 ⇐ 애완용

노리다[1] 움직씨 ❶빼앗거나 가지려고 벼르다 ⓑ돈을 노리다 ⇐ 호시탐탐하다 ❷겨를이나 짬, 틈을 잡으려고 엿보다 ⓑ말을 걸 틈을 노리다 ❸미움이 담긴 눈초리로 쏘아보다 ⓑ매서운 눈으로 그 사람을 노렸다 ❹무엇을 얻거나 이루고자 온 마음을 쏟아서 애쓰다 ⓑ혼자 잘되기를 노리기는 쉬우나 여럿이 두루 잘되기를 노리는 일은 쉽지 않다

노리다[2] 움직씨 휘몰아서 갈겨 베다 ⓑ세워둔 짚단을 한 디위에 노리기란 쉽지 않다

노리다[3] 그림씨 ❶털이 타는 냄새나 노래기 냄새와 같다 ⓑ노린 냄새가 나다 큰말 누리다 ❷익은 염소 고기나 노루 고기 맛과 같다 ⓑ노루 고기처럼 맛이 노린 고기도 양념을 잘하면 맛있다 ❸마음 쓰는 것이 다랍고 쩨쩨하다 ⓑ그 노랭이가 얼마나 노린지 남한테 돈 한 푼 안 쓴다

노린내 이름씨 타는 털이나 여우, 노래기 따위에서 나는 노린 냄새 ⓑ노린내가 코에 거슬렸다

노린재 이름씨 여섯모꼴 몸은 작고 납작하며 몸에서 고약한 노린내가 나는 벌레. 오이, 호박, 참외, 무 같은 거의 모든 남새나 과일에 나쁜 벌레이다

노림꾼 이름씨 값이 오르내림에 따른 큰 벌이를 노리고 사고파는 일을 일삼아 하는 사람 ⇐ 투기꾼

노림수 이름씨 ❶바둑에서 일부러 엉뚱한 곳에 두거나 맞은쪽 잘못을 노리고 두는 수 ❷까리를 노리고 쓰는 꾀 ⓑ노림수에 걸려들다 ⇐ 투기

노릿노릿 어찌씨 노릇노릇

노릿하다 그림씨 맛이나 냄새가 조금 노린 듯하다 ⓑ아무리 꿀맛이라 해도 고기는 노릿해서 먹기 싫어

노망 ⇒ 늙얼빔. 늙얼뜸

노면 ⇒ 길바닥

노면정지 ⇒ 길고르기. 길바닥고르기. 길닦기

노모 ⇒ 늙어미. 늙은 어머니

노목 ⇒ 늙은 나무

노무 ⇒ 품팔이. 품일. 막일. 삯일. 일

노무자 ⇒ 품팔이꾼. 삯일꾼. 일꾼

노문 이름씨 노녘으로 난 문 ⇐ 북문

노미리나 이름씨 우리나라 가운데에 있어 바다에 닿지 않는 고장. 땅속 밑감이 많아 돌가루 짓곳이 많으며 사람들이 많이 찾는 수리메가 있다 ⇐ 충북

노바다 이름씨 잉글나라와 벨기에, 네델란드, 도이취, 덴마크, 스웨덴 들에 둘러싸인 바다. 물고기가 많이 잡히며 땅기름도 많이 난다 ⇐ 북해

노박 어찌씨 줄곧. 늘. 끊이지 않고 잇따라 ⓑ술 먹고 노박 밖으로 싸돌아다니기만 한다 한뜻말노상. 맨날

노박덩굴 이름씨 메나 들에 자라며 잎이 길둥근 갈잎덩굴나무. 어린잎과 줄기는 나물로 먹고 열매로는 기름을 짠다

노박이로 어찌씨 **1**줄곧 ⓑ노박이로 비를 맞다 **2**붙박이로 오래 ⓑ나는 한여름이면 노박이로 바닷가에서 보낸다. 할머니는 그 낡은 집에서 노박이로 살아왔다고 한다

노반 ⇒ 길바탕. 쇠길바탕

노발대발 ⇒ 몹시 골냄. 붉으락푸르락하다. 몹시 골내다. 펄펄 뛰다

노벨보람 이름씨 스웨덴 사람인 노벨이 돈을 대어 마련한 보람. 누리에서 해마다 여러 쪽에서 깊이 파고들어 참을 밝혀내거나 사람살이에 이바지하여 가장 뚜렷한 열매를 맺은 사람이나 모둠에 준다 ⇐ 노벨상

노벨상 ⇒ 노벨보람

노변 ⇒ 길가. 길섶. 길턱

노병 ⇒ 늙은 싸울아비

노부모 ⇒ 늙은 어버이

노부부 ⇒ 늙은 가시버시

노부인 ⇒ 마나님. 늙은 아낙

노비 ⇒ 종. 사내종과 계집종

노뼈 ⇒ 위팔뚝뼈

노사 ⇒ 임자와 일꾼

노상 어찌씨 **1**언제나. 늘 ⓑ할아버지 방에는 노상 군입거리가 끊이질 않는다 한뜻말노박 **2**아주 ⓑ그 일을 노상 모르는 것은 아니다

노상 (路床) ⇒ 길바탕. 쇠길바탕

노상 (路上) ⇒ 길바닥. 길거리. 거리. 길 위

노상강도 ⇒ 길도둑. 길거리도둑. 거리도둑

노상적치물 ⇒ 길에 쌓아둔 몬. 길에 내놓은 몬

노새 이름씨 암말과 수나귀 사이에서 난 집짐승. 말보다 조금 작으며, 생김새는 나귀에 가깝고 몸이 튼튼하며 힘이 세어 무거운 짐과 먼 길에 잘 견디고 새끼를 낳지 못한다 맞선말버새

노선 ⇒ 길. 가는 길

노선도 ⇒ 길그림

노소 ⇒ 늙은이와 젊은이

노송 ⇒ 늙은솔. 늙은 소나무

노쇠하다 ⇒ 늙다. 늙어빠지다. 낡다. 낡아빠지다

노숙 (露宿) ⇒ 한뎃잠. 한둔

노숙하다 (老熟) ⇒ 길나다. 잘하다

노숙자 ⇒ 한뎃잠이. 한뎃잠보

노스탤지어 ⇒ 텃마을 생각. 자란 마을 생각. 어릴 때 생각

노승 ⇒ 늙은 스님. 늙은 중

노심초사 ⇒ 근심. 애태움. 애타다. 애쓰다. 걱정하다. 근심하다. 속태우다

노씨 이름씨 갑금에서 노끝까지 고르게 나눈 씨금. 갑금이 0데이고 노끝이 90데이다 ⇐ 북위

노씨금 이름씨 갑금 노쪽 위 높이를 나타내는 금 ⇐ 북위선

노아메리카 이름씨 아메리카 한뭍 노녘. 캐나다, 유에스, 멕시코가 있다 ⇐ 북아메리카

노안 (老顔) ⇒ 늙은 얼굴. 주름진 얼굴. 나이든 얼

굴. 늙은이 얼굴

노안 (老眼) ⇒ 늙은 눈

노야기 이름씨 꿀풀 갈래에 딸린 한해살이풀. 온몸에 잔털이 나고 줄기는 모가 나며 잎은 달걀꼴이다 ⇐ 향유

노약자 ⇒ 돌볼이. 늙은이와 여린이

노약자석 ⇒ 돌볼이자리

노여움 이름씨 골나는 느낌 ⓑ오른끝 아베 같은 이를 생각하면 노여움이 머리끝까지 치받는다 준말노염

노역 ⇒ 일. 품일. 힘든 일

노역장 ⇒ 일터. 품일터

노엽다 그림씨 골날 만큼 못마땅하고 섭섭하다 ⓑ너무 노엽게 생각 말게

노예 ⇒ 종. 종놈

노예근성 ⇒ 종놈바탕. 종놈버릇. 종놈바탈

노예생활 ⇒ 종살이

노옹 ⇒ 할아범. 하르방

노유럽 이름씨 유럽 노녘인 아이슬란드, 덴마크, 스웨덴, 노르웨이, 핀란드 들이 있는 곳 ⇐ 북유럽

노을 이름씨 해가 뜨거나 질 무렵, 하늘이 햇빛을 받아 붉게 물드는 모습 ⓑ붉은 노을이 곱게 물든 하늬녘 하늘 준말놀 ⇐ 낙조. 석양

노이로제 ⇒ 얼날늦

노인·노인네 ⇒ 늙은이. 늙으신네. 어르신. 어르신네. 나많은이

노인장 ⇒ 늙으신이. 어르신

노인정 ⇒ 늙은이집. 어른집. 늙보집

노인회 ⇒ 어른 모임. 늙은이 모임

노임 ⇒ 삯. 품삯. 일삯. 품값. 품돈

노자 ⇒ 늙은이

노자 ⇒ 길품삯. 길삯. 길돈

노작 ⇒ 힘들인 일. 애쓴일. 애쓴 몬

노장[1] (老將) ⇒ 늙은 싸울아비머리

노장[2] (老丈) ⇒ 늙은 중

노장층 (老壯層) ⇒ 늙은이와 한창때 사람

노적 이름씨 남 마음에 들려고 일부러 지어서 하는 말이나 낯빛, 몸짓 따위 ⓑ생김새는 조그마한데 노적이 대단하다 한뜻말노죽. 벌쩍

노적 ⇒ 한데 쌓음. 한데 쌓다

노적가리 ⇒ 한뎃가리

노적쟁이 이름씨 노적을 잘 부리는 사람 ⓑ시골 마을에는 노적쟁이를 찾아보기 어렵다

노점·노점상 ⇒ 한뎃가게. 길가게

노정 (路程) ⇒ 길. 가는 길

노정 (露呈) ⇒ 드러내 보임. 드러내다. 나타내다

노제 ⇒ 길식게. 문앞식게

노조 ⇒ 일두레

노조원 ⇒ 일두렛꾼

노죽 이름씨 노적

노지 ⇒ 한데

노지재배 ⇒ 한데가꾸기. 한데가꿈

노처녀 ⇒ 나든 아가씨. 나든 가시나. 늙은 꽃두레

노천 ⇒ 한데. 바깥

노천굴·노천채굴 ⇒ 버덩파기

노천극장 ⇒ 한뎃굿터. 산디

노총 이름씨 남에게 알려서는 안 될 일 ⓑ노총을 남에게 알리면 어떻게 해? ⇐ 천기 익은말 **노총을 지르다** 노총을 남에게 알리다

노총각 ⇒ 나든 머시마. 늙은 꽃두루

노출 ⇒ 드러남. 드러나다. 나타나다. 알려지다. 들통나다

노카운트 ⇒ 안 셈. 셈 안 함

노코멘트 ⇒ 말 안 함. 입 닫음. 할 말 없음

노크 ⇒ 손기척. 두드리다. 손기척하다

노터치 ⇒ 손대지마. 건들지마

노트 ⇒ 빈책. 적바림. 쓰기

노파 ⇒ 할멈. 할미. 할망

노파람 이름씨 노녁에서 불어오는 바람 ⓑ노파람은 더러 눈과 함께 휘몰아친다 ⇐ 북풍

노파리 이름씨 짚이나 종이, 삼을 꼰 노로 결은 신. 겨울에 집안에서 신는다 익은말 **노파리가 나서 좋다** 노파리가 신이라 '신이 나다' 할 때 '신'과 서로 소리가 같아서 '신이 나서 좋다'라는 뜻

노파심 ⇒ 군걱정. 헛걱정

노폐물 ⇒ 묵은 찌꺼기. 버림치. 찌꺼기. 쓰레기. 버릴 몬

노포 (老鋪) ⇒ 오래된 가게. 물림가게. 뒤뉘가게

노포 (弩砲) ⇒ 쇠뇌

노폭 ⇒ 길너비

노하다 ⇒ 골내다. 노여워하다. 골나다. 부아나다

노하우 ⇒ 숨은 솜씨. 갈닦은 솜씨. 갈닦은 재주. 미립

노해 이름씨 바닷가에 펼쳐진 벌판 ⓑ노햇사람과 멧골사람

노화 ⇒ 늙음. 나이듦. 늙어지다

노화방지 ⇒ 늙음막기. 나이듦막기

노환 ⇒ 늙은이앓이

노회하다 ⇒ 능갈맞다. 능갈치다

노획 ⇒ 빼앗음. 뺏다. 빼앗다. 뺏어 가지다. 싸워서 빼앗다

노후 (老後) ⇒ 늙마. 늘그막. 늙은 뒤

노후하다 (老朽) ⇒ 낡다. 낡아 빠지다. 낡아 쓸모없다. 늙어 쓸모없다. 헐다

녹 (祿) ⇒ 벼슬삯

녹 (綠) ⇒ 보믜

녹각 ⇒ 사슴뿔

녹녹하다 그림씨 ❶촉촉한 기운이 좀 있다 ❷물기나 기름기가 있어 딱딱하지 않고 무르며 보드랍다

녹는점 이름씨 단단덩이가 녹아 물덩이가 되는 따습기

녹다 움직씨 ❶얼음이 물이 되다 ⓑ꽁꽁 언 얼음이 녹다. 밤새 쌓인 눈이 녹다 맞선말 얼다 ⇐ 해빙하다 ❷굳거나 딱딱한 것이 뜨거워져 물러지거나 걸죽하게 되다 ⓑ쇠가 녹다. 엿이 녹다 맞선말 굳다 ❸언 몸이 풀리다 ⓑ방 안에 들어오니 언 몸이 녹았다 ❹언짢은 마음이 풀리다 ⓑ서운한 마음이 봄눈 녹듯 사라졌다 ❺일이 잘못되어 보잘것없게 되다 ⓑ된서리로 호박잎이 다 녹았다 ❻맛이 좋고 아주 부드럽다 ⓑ바나나가 입에서 살살 녹는다 ❼풀어져 섞이다 ⓑ소금이 물에 녹다 ❽술을 많이 마시거나 술에 빠지다 ⓑ술에 녹고 외로움에 찌든 모습 ❾생김새나 됨됨이에 몹시 반하거나 홀리다 ⓑ아리따운 겨집 눈빛에 녹아들었다 ❿몹시 지쳐서 나가떨어지다 ⓑ고단하여 녹아떨어지다 ⓫스며들거나 함께 어우러지다 ⓑ이 글에는 글쓴이 삶과 겪은 것이 녹아 있다

녹두 ⇒ 푸른팥

녹두나물 ⇒ 숙주나물

녹록하다 ⇒ 하잘것없다. 대수롭지 않다. 보잘것없다. 시시하다. 만만하다. 호락호락하다. 데데하다

녹말 ⇒ 농마. 앙금가루

녹물 ⇒ 보믜물

녹비 ⇒ 거름

녹색 ⇒ 풀빛

녹색등 ⇒ 푸른불

녹색말 ⇒ 푸른말

녹색식물 ⇒ 푸른푸나무

녹슬다 ⇒ 보믜다

녹아내리다 움직씨 ❶녹아서 밑으로 처지다 ⓑ따스한 햇볕에 개울가 얼음이 녹아내린다 ❷느낌 따위가 누그러지다 ⓑ슬픔이 녹아내리다

녹용 ⇒ 사슴보들뿔

녹음 (綠陰) ⇒ 숲그늘. 우거진 숲

녹음 (錄音) ⇒ 소리 담기. 소리 담다. 소리 뜨다. 말소리 담다

녹음기 ⇒ 소리따개. 소리담개

녹음감 이름씨 녹임물 가운데 녹아 풀린 몬. 소금물 안 소금 따위 ⇐ 용질

녹이다 움직씨 ❶얼음을 물이 되게 하다 ⓑ고드름을 녹이다 맞선말 얼리다 ❷굳거나 딱딱한 것을 물러지거나 걸죽해지게 하다 ⓑ쇠를 녹여 틀에 붓는다 ❸언 몸을 풀리게 하다 ⓑ여기 와서 추위에 언 몸을 좀 녹이렴 ❹느낌을 누그러지게 하다 ⓑ이 사람아 그만 했으면 됐으니 골난 마음을 좀 녹이게 ❺풀어 섞이게 하다 ⓑ물감을 물에 녹이다 ❻몹시 반하게 하거나 홀리게 하다 ⓑ고운님 눈자위는 아주 맑아서 내 가슴을 녹인다

녹임감 이름씨 녹임물을 만들 때 녹을 것을 녹

이는 몬 ⓑ물에 꿀을 넣으면 물이 녹임감이 되어 꿀을 녹인다 ⇐ 용매

녹임물 이름씨 어떤 몬이 다른 몬에 녹아 섞인 물. 소금물, 단것물 따위 ⇐ 용액

녹작지근하다 그림씨 녹아내릴 듯이 힘이 빠지고 몹시 나른하다 ⓑ하루 내내 밭을 맸더니 온몸이 녹작지근하다

녹조 ⇒ 푸른말

녹조류 ⇒ 푸른말무리

녹즙 ⇒ 남새물. 푸새물

녹지 ⇒ 풀밭. 잔디밭. 숲. 푸른 땅

녹지대 ⇒ 풀밭. 수풀. 숲. 푸른 땅

녹진녹진 어찌씨 말랑말랑하면서 끈끈하고 물기가 있는 꼴 ⓑ녹진녹진한 찰떡을 보니 군침이 돈다

녹진녹진하다 그림씨 말랑말랑하면서 끈끈하고 물기가 있다

녹차 ⇒ 푸른 찻잎. 푸른 찻물. 푸른차

녹초 이름씨 ❶힘이 풀려 늘어진 모습 ⓑ녹초가 되어 잠이 든 모습을 보니 짠하다 ❷낡고 헐어서 못 쓰게 된 모습 ⓑ이 틀은 녹초가 다 되었으니 갖다 버려라 ❸술에 절어 얼이 나간 모습 ⓑ술을 얼마나 마셨는지 녹초가 되었다

녹취 ⇒ 소리 뜸. 소리 뜨다. 소리 담다

녹화 (綠化) ⇒ 푸르게 가꿈. 푸르게 가꾸다. 나무 심다

녹화 (錄畫) ⇒ 그림 뜸. 그림 뜨다. 빛박이 뜨다. 그림 담다

녹화방송 ⇒ 뒴그림 따 보냄

녹황색 ⇒ 푸르누른빛

녹회색 ⇒ 푸르잿빛

논 이름씨 물을 대어 벼를 심어 가꾸는 땅 ⓑ논 열 마지기. 논을 매다. 논에 모를 심다 ⇐ 답

논거 ⇒ 따짐바탕. 밝힘바탕. 밝힘까닭

논고 ⇒ 따져알림. 밝혀알림. 따져 알리다

논급 ⇒ 말함. 말하다. 이야기하다. 말이 미치다

논길 이름씨 논 사이에 난 좁은 길 ⓑ논길로 새참을 이고 가는 아낙네

논농사 ⇒ 논여름지이

논다니 이름씨 웃음과 몸을 파는 겨집 ⇐ 매춘부

논두렁 이름씨 물이 괴도록 논가를 흙으로 둘러막은 두둑 ⓑ날가리를 묶어 논두렁에 쭉 늘어놓아라 비슷한말 논둑

논두렁길 이름씨 논두렁으로 난 길

논두렁콩 이름씨 논두렁에 심어 가꾸는 콩 ⓑ나는 쇠꼬챙이로 논둑에 구멍을 뚫고 어머니는 그 구멍에 논두렁콩을 심었다

논둑 이름씨 논가에 높고 길게 쌓아올린 둑 ⓑ물을 빼려고 논둑을 무지르다. 장마에 논둑 터지듯 사람이 밀려들다 비슷한말 논두렁

논둑길 이름씨 논둑 위로 난 길

논란 ⇒ 말씨름. 말씨름하다. 입씨름하다. 옥신각신하다

논리적으로 ⇒ 가리새 있게. 갈피 잡아. 앞뒤가 맞게

논몸 이름씨 ❶임금 몸 ⇐ 옥체 ❷몸을 높여 이르는 말

논문 ⇒ 갈글

논물 이름씨 논에 괸 물

논박 ⇒ 따짐. 따지다. 따져 말하다. 치다. 까다

논밭 이름씨 논과 밭을 아울러 이르는 말 ⓑ논밭을 일구다 ⇐ 전답

논배미 이름씨 논두렁으로 둘러싸여 하나하나 나뉜 땅 ⓑ다락논 논배미에 물을 대는 여름지기

논벌 이름씨 논으로 이루어진 넓고 펀펀한 땅 ⓑ논벌에서는 가을걷이가 한창이다

논병아리 이름씨 못이나 웅덩이에 살며 물속에 잠기기를 잘하고 물풀줄기를 기둥 삼아 둥우리를 만드는 새. 가을에 날아오는 겨울새이다 한뜻말 농병아리

논보리 이름씨 논에 심는 보리 ⓑ어릴 적 논보리밭에서 독새를 베어다 썰어 말려 소먹이를 장만했어

논삶이 이름씨 진갈이 비슷한말 물갈이 맞선말 마른갈이 **논삶이하다**

논설·논술 ⇒ 따져 말함. 따져 적음. 따져 말하다

논설문 ⇒ 따짐글. 가램글. 가리글
논설위원 ⇒ 가램글말꾼. 가리글말꾼
논쇠붙이 이름씨 매우 적게 나서 비싼 쇠붙이. 보, 수, 흰보 따위를 이르며 될갈 맞뭠을 거의 일으키지 않고 아름다운 빛을 낸다 ⇐ 귀금속
논의 ⇒ 이야기. 이야기하다
논이 이름씨 지혜가 높고 드문 사람 ⇐ 귀인
논일 이름씨 논에서 하는 일 ⓑ아침에는 논일 하고 낮에는 풀을 벴다
논쟁 ⇒ 가램. 말다툼. 다툼말. 가래다. 입씨름하다. 말싸움하다. 말다툼하다. 따지다
논점 ⇒ 자위. 가랫점
논제 ⇒ 말머리. 머리말
논조 ⇒ 말버릇. 글버릇
논증 ⇒ 따져 밝힘. 따져 밝히다
논지 ⇒ 글뜻. 말뜻
논틀 이름씨 ❶어떤 테두리 안에 있는 논배미 ❷논두렁 위로 꼬불꼬불하게 난 좁은 길 한뜻말 논틀길
논틀길 이름씨 논두렁 위로 난 좁은 길 ⓑ엄마가 새참을 논틀길에 내려놓았다
논틀밭틀 이름씨 논두렁이나 밭두둑을 따라 난 좁고 꼬불꼬불한 길 ⓑ아이들이 한 줄로 서서 좁은 논틀밭틀을 걸어간다
논평 ⇒ 따져 말함. 따져 말하다
논하다 ⇒ 말하다. 따지다
놀 이름씨 '노을' 준말. 하늘이 햇살로 벌겋게 물든 것 ⓑ놀이 붉게 타다. 하늘에 빨간 놀이 드리운다
놀고먹다 움직씨 하는 일 없이 놀면서 지내다 ⓑ남이 놀고먹는 꼴을 좋게 볼 사람이 있을까
놀금 이름씨 몬을 팔 때 꼭 받아야 할 가장 낮은 값 ⓑ두릅 한 꿰미에 놀금으로 두골 원을 불렀다
놀기서리 이름씨 메와 들에 자라는 나물. 여름에 노랗거나 누르붉은 꽃이 피고 어린싹은 먹는다. 임금놀기서리, 큰놀기서리, 놀기서리, 애기놀기서리가 있다 한뜻말 원추리

놀다[1] 움직씨 ❶재미있고 즐겁게 때를 보내다 ⓑ냇가에서 물고기 잡으며 놀다 ❷어떤 일을 하다가 얼마 동안을 쉬다 ⓑ겨울에는 노는 날이 많다 ❸하는 일이 없이 지내다 ⓑ요즘 일을 그만두고 논다 ❹어떤 것이 쓰이지 않고 그대로 있다 ⓑ노는 땅 있으면 좀 빌려줘 ❺박힌 것이 헐거워 이리저리 뛰다 ⓑ호미가 자루에서 흔들흔들 논다 ❻밴 아기가 뱃속에서 움직이다 ⓑ뱃속 아기가 노는 것이 느껴진다 ❼새, 물고기, 짐승 따위가 돌아다니다 ⓑ멧등에는 소 떼가 풀을 뜯고 논다 ❽몸 어느 한쪽이 한결같이 움직이다 ⓑ손가락이 잘 놀지 않는다 ❾술과 노름에 빠지거나 마음이 들떠 바르게 못 살다 ⓑ옛날에 놀던 가락이 있었지 ❿어느 한 곳에서 지내다 ⓑ이 바닥에서 논지 여러 해째다 ⓫남을 얕보아 놀리거나 마음에 들지 않는 짓을 비꼬는 말 ⓑ놀고 있네. 아예 날 가지고 놀지 그래 ⓬비슷한 무리끼리 어울리다 ⓑ끼리끼리 논다 ⓭들떠서 가볍게 움직이다 ⓑ건방지게 놀다. 싱겁게 놀다 ⓮구실, 헤살 같은 낱말과 함께 써 그렇게 움직이거나 그런 꼴을 보이다 ⓑ구실을 놀다. 헤살을 놀다 ⓯어떤 놀이를 하여 이기고 짐을 겨루다 ⓑ고누를 놀다. 윷을 놀다
놀다[2] 그림씨 드물어서 얻기 어렵다 ⓑ돈이 얼마나 노면 흔한 옷 한 벌 못 해 입나? ⇐ 귀하다
놀라다 움직씨 ❶생각지도 못한 일로 가슴이 두근두근하다 ⓑ옆집 아들이 갑작스레 죽어 엄청 놀랐다 ❷갑자기 두려움을 느끼다 ⓑ아이가 우렛소리에 몹시 놀란 것 같애 ❸어처구니없다 ⓑ아무 데서나 거리낌 없는 저 모습에 놀랄 수밖에 ❹뛰어나거나 훌륭하여 마음이 뭉클하다 ⓑ빼어난 말재주에 적이 놀랐다 ❺몸 어느 쪽이 여느 때와 달리 뛰다 ⓑ안 먹던 우유를 마셨더니 배가 놀랐는지 우르릉 쾅쾅거린다
놀랍다 그림씨 ❶훌륭하거나 대단하다 ⓑ놀

라운 힘. 집이 놀랍게 크다 ❷갑작스러워 두렵거나 떨리다 ⓑ죽었다던 사람이 나타나는 바람에 모두 놀라워 벌어진 입을 다물지 못했다 ❸매우 남다르다 ⓑ그 아줌마가 버시와 멱살잡이로 싸웠다니 그저 놀라울 뿐이다 ⇐ 희한하다

놀래다 움직씨 뜻밖 일을 벌여 남을 무섭게 하거나 놀라게 하다. '놀라다' 하임꼴 ⓑ밤에 하얀 옷을 입고 나와 모두를 놀래 주었지

놀러가다 움직씨 ❶재미있게 즐기려고 가다 ⓑ동무 집에 놀러가다 맞선말 놀러오다 ❷이웃이나 아음, 동무 집에 찾아가다 ⓑ작은아버지 집에 놀러가다

놀리다[1] 움직씨 ❶짓궂게 굴거나 웃음거리로 만들다 ⓑ좀 서툴다고 남을 놀리면 못 써 ⇐ 희롱하다 ❷모자라거나 잘못한 것을 들어서 말하다 ⓑ오줌싸개라고 놀리다

놀리다[2] 움직씨 ❶몸 어느 한쪽을 이리저리 움직이다 ⓑ손을 재빠르게 놀리다 ❷손에 잡고 마음대로 다루어 쓰거나 움직이게 하다 ⓑ젓가락을 부지런히 놀리다 ❸일 따위를 시키지 않고 쉬게 내버려두다 ⓑ일꾼을 하루도 놀리지 않는다 ❹땅이나 돈 따위를 쓰지 않고 그대로 두다 ⓑ일손이 모자라 멀쩡한 밭을 몇 해째 놀린다 ❺마음 내키는 대로 마구 말하다 ⓑ그렇게 입을 놀리다가는 큰코다친다

놀림[1] 이름씨 웃음거리로 만드는 짓 ⓑ어릴 때 땅꼬마라고 놀림을 받았지 ⇐ 조롱. 희롱

놀림[2] 이름씨 몸 어느 한쪽이나 어떤 것을 움직이는 짓 ⓑ발놀림. 거리낌 없는 붓놀림

놀림감 이름씨 놀림이 될 만한 것. 또는 그런 사람 ⓑ놀림감이 되다. 놀림감으로 삼다 한뜻말 노리개. 노리갯감

놀림거리 이름씨 놀려먹을 만한 거리나 그런 사람 ⓑ내가 어쩌다가 그 사람들 놀림거리가 되었지?

놀림말 이름씨 비웃으며 놀리는 말 ⓑ머시마들 놀림말에도 끄떡없는 씩씩한 가시나

놀부 이름씨 ❶'흥부 이야기'에 나오는 마음씨가 나쁘고 심술궂은 사람 ❷마음씨가 고약하고 심술궂은 사람을 빗댄 말 ⓑ아랫마을 가겟집 아저씨는 놀부같이 쩨쩨하다

놀부전 ⇒ 놀부 이야기

놀음 이름씨 ❶여러 사람이 모여 즐겁게 노는 것. '놀음놀이' 준말 ⓑ큰 조카는 옷차림과 놀음에만 빠졌다 ❷예로부터 내려오는 판소리, 춤, 탈놀음, 굿 따위를 통틀어 이르는 말 ⓑ이제 놀음 한번 신나게 놀아보세

놀음차 이름씨 잔치 때에 춤꾼이나 소리꾼, 가락바치에게 주는 돈 한뜻말 해웃값

놀이 이름씨 ❶여러 사람이 모여서 즐겁게 노는 일 ⓑ오늘은 보름날이라 윷놀이, 줄다리기 같은 재미있는 놀이를 했다 ❷예로부터 내려오는 판소리, 춤, 탈놀음, 굿 따위를 통틀어 이르는 말 ⓑ이 놀이떼는 흔히 보기 어려운 여러 놀이를 보여준다 ❸다 함께 지키기로 한 것을 따라 노는 일 ⓑ공기놀이. 제기놀이 ⇐ 플레이 ❹(어떤 이름씨 뒤에 붙어) 따라 하면서 노는 일 ⓑ소꿉놀이. 엄마놀이

놀이공원 ⇒ 놀이동산

놀이기구 ⇒ 놀이틀

놀이꾼 이름씨 뭠 놀이를 잘해서 여러 사람 가운데서 뽑힌 사람 ⇐ 선수

놀이나감 이름씨 놀이꾼이 놀이하러 마당에 나감 ⇐ 출장

놀이돌이 이름씨 놀이를 좋아하거나 즐겁고 신나게 잘 노는 머시마

놀이동산 이름씨 놀 수 있도록 여러 가지 놀잇거리를 모아놓은 곳 ⓑ아이는 쉬는 날이면 놀이동산에 가자고 졸랐다

놀이떼 이름씨 소리, 춤, 굿 따위 놀이를 하고 다니는 사람들 무리 ⓑ오랜만에 찾아온 놀이떼에 온 마을이 떠들썩하다

놀이마당 이름씨 ❶여러 사람이 모여 노래나 판소리, 춤, 탈놀음, 굿 같은 것을 하며 노는 일. 또는 그런 자리 ⓑ놀이마당을 펼치다 ❷겨루기 놀이를 할 수 있도록 갖춰진 마당이나 풀밭 따위 ⇐ 경기장. 필드

놀이방 이름씨 ❶ 돈을 받고 어린이들을 어버이로부터 맡아 돌보아주는 집 ⓑ옆집 맞벌이 가시버시는 아이를 놀이방에 보낸다 ❷ 아이들이 놀 수 있도록 따로 마련한 곳 ⓑ이 방은 우리 아이들 놀이방으로 씁니다

놀이벌레 이름씨 ❶ 놀이를 매우 좋아하거나 즐기는 사람 한뜻말 놀이버러지 ❷ 오로지 놀이만 할 생각뿐, 다른 일에는 마음이 없는 사람 한뜻말 놀이버러지

놀이순이 이름씨 놀이를 좋아하거나 즐겁고 신나게 잘 노는 가시내

놀이시설 ⇒ 놀이틀

놀이터 이름씨 ❶ 아이들이 놀이를 하는 곳 ⓑ어린이 놀이터. 그 개울은 낮에는 벌거숭이 마을 아이들이 와글거리는 놀이터가 되었다 ❷ 여러 사람이 자주 모이는 곳을 빗댄 말 ⓑ이 나무 아래는 마을 할머니들 놀이터다

놀이틀 이름씨 타거나 오르거나 움직이거나 돌리면서 놀 수 있도록 마련한 틀 ⇐ 놀이기구. 놀이시설

놀이판 이름씨 소리, 춤, 굿 따위 놀이를 하며 노는 자리 ⓑ놀이판을 마련하다

놀이하다 움직씨 ❶ 여러 사람이 모여서 즐겁게 놀다 ⓑ마을 사람들이 모여서 놀이하며 즐긴다 ❷ 판소리나 춤, 탈놀음, 굿 따위를 하다 ⓑ재비들이 놀이하며 마을을 돈다

놀잇감 이름씨 아이들 놀이에 쓰는 몬 한뜻말 장난감

놀잇돈 이름씨 노느라 쓰는 돈 ⇐ 유흥비

놈 이름씨 ❶ '사내' 낮춤말 ⓑ이런 죽일 놈. 쥐뿔도 없는 놈 맞선말 년 ❷ '사내아이'를 귀엽게 이르는 말 ⓑ저기서 노는 놈이 제 아들입니다 ❸ 짐승이나 몬을 가볍게 이르는 말 ⓑ고구마를 큰 놈으로 골라갖고 오너라 ❹ 사람을 가깝게 이르는 말 ⓑ마음씨는 착한 놈입니다 ❺ '놈으' 꼴로 써, 못마땅히 이르는 말 ⓑ빌어먹을 놈으 집구석. 웬 놈으 비가 이렇게 오나 ❻ 싸우거나 겨루는 맞은쪽 사람이나 그 무리 ⓑ놈들이 언제 나타날지 모르니 물샐틈없이 지켜

놉 이름씨 하루하루 품삯을 받고 일을 하는 품팔이 일꾼이나 그 일꾼을 부리는 일 한뜻말 날품팔이

놉다 그림씨 노엽다

놋 이름씨 '놋쇠' 준말

놋갓장이 이름씨 놋그릇을 만드는 일로 밥벌이하는 사람

놋그릇 이름씨 놋쇠로 만든 그릇 ⓑ놋그릇 두 벌. 놋그릇을 닦다

놋다리밟기 이름씨 노사라사고장 고다라 고을 한 달 한보름날 겨집들만 모여 하는 놀이. 한 줄로 서서 허리를 굽혀 앞사람을 끌어안고 머리를 앞사람 궁둥이에 대어 길게 다리를 만들면 그 위로 족두리를 쓴 어린 임금딸이 두 쪽에 모심이를 거느리고 놋다리 노래에 맞추어 걸어가는 놀이

놋쇠 이름씨 구리에 버금납을 섞어 만든 쇠붙이. 만들기 쉽고 녹이 슬지 않아, 그릇 따위를 만드는 데 두루 쓴다 ⓑ놋쇠 그릇 준말 놋

농 (弄) ⇒ 장난. 우스갯소리. 우스개

농 (膿) ⇒ 고름

농 (籠) ⇒ 옷넣개

농가 ⇒ 여름지기집

농간 ⇒ 잔꾀. 속임수

농간부리다 ⇒ 잔꾀부리다. 잔꾀를 쓰다. 속임수 쓰다

농경 ⇒ 여름지이

농경기 ⇒ 여름지이철

농경지 ⇒ 여름지이터. 여름지이땅. 논밭. 갈이땅. 부침땅

농고 ⇒ 여름지이 높배곳

농과 ⇒ 여름지이 갈래

농구 ⇒ 바구니공놀이. 바구니공넣기

농구장 ⇒ 바구니공놀이터

농군 ⇒ 여름지기

농기계 ⇒ 여름지이틀

농기구 ⇒ 여름지이연장

농노 ⇒ 종

농단 ⇒ 홀로 차지함. 홀로 차지하다. 혼자 차지

하다
농담 (弄談) ⇒ 우스갯소리. 웃음엣소리. 우스개. 우스갯소리 하다
농담 (濃淡) ⇒ 짙고 옅음
농도 ⇒ 짙음새
농땡이 이름씨 일을 하지 않으려 꾀를 부리며 게으름을 피우는 짓. 또는 그런 사람
농락 ⇒ 놀림. 언구럭. 가지고 놂. 놀리다. 주무르다. 가지고 놀다
농로 ⇒ 여름지이길. 논길. 밭길
농루 ⇒ 고름흐름
농림 ⇒ 여름지이숲. 열음숲
농림축산식품부 ⇒ 여름지이숲 짐승낳 맛갓맡. 열음숲짐승낳맛갓맡
농마 이름씨 날 앙금가루 ⇐ 녹말
농막 ⇒ 밭집. 여름지기쉼터
농민 ⇒ 여름지기
농민군 ⇒ 여름지기싸울아비
농번기 ⇒ 여름지이철
농법 ⇒ 여름지이수
농부 ⇒ 여름지기
농부가 ⇒ 여름지기 노래
농사 ⇒ 여름지이
농사꾼 ⇒ 여름지기
농사법 ⇒ 여름지이. 여름지이수
농사일 ⇒ 여름지이일
농사짓다 ⇒ 여름지이하다. 여름짓다
농사철 ⇒ 여름지이철
농산물 ⇒ 여름지은 것. 여름낳몬
농서 ⇒ 여름지이책
농성 ⇒ 붙박아 버팀. 붙박아 버티다. 한자리에서 버티다
농수산 ⇒ 여름지이 고기잡이
농수산물 ⇒ 여름짓고 고기잡은 것. 들물난 것
농아 (聾兒) ⇒ 귀머거리. 귀머거리 아이
농아 (聾啞) ⇒ 귀머거리와 벙어리
농아자 (聾啞者) ⇒ 귀머거리와 벙어리
농악 ⇒ 두레굿
농악놀이 ⇒ 두레굿놀이
농악대 ⇒ 두레굿떼
농약 ⇒ 여름지이낫개
농어 이름씨 가을, 겨울철에 강어귀에 알을 낳고 어려서는 민물에서 살다가 첫겨울에 바다로 가는 굳은 뼈 바닷물고기. 몸이 옆으로 납작하며 등은 검푸르고 배는 엷은 잿빛이다
농어민 ⇒ 여름지기고기잡이꾼
농어업 ⇒ 여름지이고기잡이일
농어촌 ⇒ 여름지이고기잡이마을
농업 ⇒ 여름지이
농업고등학교 ⇒ 여름지이높배곳
농업국 ⇒ 여름지이나라
농업소득 ⇒ 여름지이벌이
농업용수 ⇒ 여름지이물
농업인 ⇒ 여름지기
농업임금 ⇒ 여름지이품삯
농업자금 ⇒ 여름지이밑천
농업협동조합 ⇒ 여름지이두레
농요 ⇒ 여름지이 노래
농원 ⇒ 여름지이뜰. 여름지이동산
농익다 ⇒ 무르익다. 무르녹다
농자재 ⇒ 여름지이 밑감
농작물 ⇒ 심어 가꿀 거리. 여름지을 거리
농장 ⇒ 여름지이터. 논밭
농지 ⇒ 여름지이땅. 여름지이터. 논밭. 부침땅. 갈이땅
농지조성 ⇒ 논밭일구기
농촌 ⇒ 시골마을. 여름지이마을
농축 ⇒ 바짝 졸임. 바짝 졸이다. 짙게 졸이다. 졸이다
농축산물 ⇒ 여름지이 짐승낳몬
농축액 ⇒ 졸인물
농축유 ⇒ 졸인젖
농치다 움직씨 좋은 말로 마음을 풀어 노그라지게 하다 ㉥토라진 아내를 농치려 했으나 아내는 시큰둥했다
농치다 ⇒ 장난치다. 우스갯소리하다
농토 ⇒ 여름지이터. 여름지이땅. 논밭. 부침땅. 갈이흙. 갈이땅
농투성이 ⇒ 여름지기

농하다 ⇒ 장난치다. 싱거운 소리 하다. 우스갯소리 하다

농한기 ⇒ 겨릅철. 쉴철

농협 ⇒ 두레

농후하다 ⇒ 짙다. 뚜렷하다

높갈씨 이름씨 아울몬 가운데 갈씨 숱이 하나골 넘는 갈씨. 또는 될갈 모임으로 거의 셀 수 없는 밑씨가 모인 갈씨 ⇐ 고분자

높게더기 이름씨 더기에 있는 펀펀한 땅 ⇐ 고원

높낮이 이름씨 높고 낮음 ⓑ높낮이가 없는 조용한 목소리로 말하다. 일에는 높낮이가 없다 ⇐ 고저

높다 그림씨 ❶아래에서 위까지 길이가 길다 ⓑ높은 물결. 메가 높다 맞선말낮다 ❷바닥에서 위까지 떨어진 사이가 멀다 ⓑ가을에는 하늘이 높다 ❸나타낼 수 있는 값이 잣대값보다 위에 있다 ⓑ피눌림이 높다. 따습기가 높다 ❹자리나 크기, 바탕, 힘, 쓸모 따위가 어떤 잣대보다 위에 있다 ⓑ배움이 높다. 보는 눈이 높다. 높은 벼슬 ❺값 따위가 여느 것보다 위에 있다 ⓑ값을 높게 매겼다. 높은 품삯 ❻소리가 소리섬에서 위쪽에 있다 ⓑ높은 목청. 코 고는 소리가 아주 높다 ❼이름 따위가 널리 알려지다 ⓑ그는 씨름판에서는 이름이 높다 ❽기운이 힘차고 대단하다 ⓑ잠개잡이를 몰아내려는 기운이 하늘을 찌를 듯이 높다 ❾어떤 생각이 다른 생각보다 많다 ⓑ갇힌 이를 다 풀어주라는 소리가 높다 ❿꿈이나 바람이 크다 ⓑ뜻은 높게, 일은 차분히 ⓫(어른이) 나이가 많다 ⓑ나이가 높은 어른 ⓬땅이 둘레보다 위에 있다 ⓑ이 마을은 높은 데 자리 잡아서 큰물 걱정은 없다 ⓭바닷물 낯보다 위에 있다 ⓑ저 메는 바닷물 낯보다 즈믄 미터 높다

높다랗다 그림씨 무던히 높다 ⓑ담이 높다랗다. 버드나무 가지에 댕기를 높다랗게 매달아 놓았다

높데 이름씨 ❶흙이나 돌을 모아 쌓은 식게터 ⇐ 단 ❷가르치거나 말하는 이가 서도록 좀 높게 만들어 놓은 자리

높드리 이름씨 ❶골짜기 높은 곳 ⓑ무라이 골 높드리를 넘어 대박등에 가야 소낭버섯이 많다 ❷높고 메마른 곳에 있는 논밭 ⓑ비를 기다리다 높드리 논에 메밀을 심었다 한뜻말천둥지기

높떨림수 이름씨 떨림수가 30킬로헤르츠 넘는 번힘쇠끌결 ⇐ 고주파

높메앓이 이름씨 높은 메에 올랐을 때 살남이 모자라서 나타나는 앓이. 노곤하고 어지럽고 머리가 아프거나 속이 메스껍다 ⇐ 고산병

높배곳 이름씨 갑배곳을 나온 사람에게 높은 배움과 낳일 배움을 베푸는 배곳. 세 해 동안 배우며 삶꽃쪽과 낳일쪽으로 나뉜다 ⇐ 고등학교

높산것 이름씨 몸속 뭠틀이 구실에 따라 여러 가지로 나아진 산것. 흔히 등뼈 숨받이를 일컫는다 ⇐ 고등생물

높새 이름씨 높새바람

높새바람 이름씨 우리나라에서 봄부터 첫여름에 걸쳐 높새녘에서 불어오는 덥고 메마른 바람 한뜻말높새 맞선말갈마바람 ⇐ 북동풍

높새쪽 이름씨 노녘과 새녘 사이 ⇐ 북동쪽

높씨금 이름씨 마끝과 노끝에 가까운 씨금 ⇐ 고위도

높은소리자리표 이름씨 닷줄 가운데 둘째 줄이 사(G) 소리섬이 됨을 나타내는 뜻표 맞선말낮은소리자리표 ⇐ 높은음자리표

높이[1] 이름씨 ❶바닥에서 꼭대기까지 길이 ⓑ메 높이. 집 높이 ❷바닥에서 위로 솟은 길이 ⓑ나무가 어른 키 높이만큼 자랐다 ❸세모꼴 그림에서 꼭짓점에서 밑결에 그은 바로금 길이

높이[2] 어찌씨 높게 ⓑ책을 높이 쌓다. 구름이 하늘 높이 떠 있다. 뜻을 높이 기리다. 품삯을 높이 쳐주다. 높이 모시다. 소리 높이 읽다. 다른 사람 생각을 높이 받들다

높이다 움직씨 ❶높게 하다. '높다' 하임꼴 맞선말낮추다 ❷윗사람한테 하듯이 말을 올리거

나 우러러 받들다 ㉥어른께 말씨를 높이다

높이뛰기 이름씨 땅 위에 어느 높이로 가로놓인 가름대를 뛰어넘어 겨루는 놀이. 다리넘겨뛰기, 등지고뛰기 따위가 있다 ㉥물미작대기를 짚고 높이뛰기를 겨루다

높임말 이름씨 높이는 뜻을 담은 말 ㉥높임말로 말하다 맞선말낮춤말 ⇐ 존댓말

높직하다 그림씨 꽤 높다 ㉥높직한 언덕. 높직한 오두막 맞선말나직하다

높집 이름씨 집안에 여러 빌림방이 있는 하늬스러운 크고 높은 집 ⇐ 빌딩

높짓일 이름씨 수레나 배, 쇠지기 같은 무겁고 큰 몬을 만드는 낳이일 ⇐ 중공업

높푸르다 그림씨 높고 푸르다 ㉥높푸른 가을하늘

높피눌림 이름씨 피눌림이 제대로인 것보다 높은 늧. 가장 높은 피눌림이 150~160mmHg 넘거나 가장 낮은 피눌림이 90~95mmHg 넘는 때를 말한다 ⇐ 고혈압

높하늬녘 이름씨 노녘과 하늬녘 가운데 ⇐ 북서향

높하늬바람 이름씨 높하늬녘에서 부는 바람 ⇐ 북서풍

놓개 이름씨 밥을 차려 내거나 책을 올려놓고 보거나 할 수 있게 만든 연장을 통틀어 이르는 말 ⇐ 상. 탁상. 탁자. 테이블

놓개차림 이름씨 놓개에 먹을거리를 차리는 일. 또는 차려진 놓개 ⇐ 상차림

놓다 움직씨 **1** 손으로 잡거나 쥐거나 누르던 것을 멈추거나 손을 펴서 떨어지게 하다 ㉥잡은 것을 놓다 맞선말잡다 **2** 제 맘대로 움직이도록 풀어주다 ㉥잡은 것 가운데 어린 물고기는 놓아 보낸다 **3** 짐승을 가두거나 매지 않고 제 맘대로 뛰게 하다 ㉥소를 놓아 먹이다 **4** 하고 싶은 대로 하게 내버려두다 ㉥아들을 너무 놓아 키운 것 같아 **5** 몬을 어떤 곳에 두다 ㉥다 쓴 것은 꼭 제자리에 놓도록 해라 **6** 걱정 따위를 마음속에 두지 않거나 풀어 없애다 ㉥겨우 한시름을 놓았다 **7** 기운 따위를 못 차리다 ㉥잠깐 넋을 놓다 **8** 하던 일을 그만두다 ㉥일손을 놓은 지 한참 됐다 **9** 앓이를 낫게 하려고 낫개바늘이나 낫개주개를 찌르다 ㉥어깨에 낫개바늘을 놓다 **10** 남한테 무엇을 해대다 ㉥남 일에 헤살을 놓다. 핀잔을 놓다. 으름장을 놓다 **11** 어떤 것을 마련하여 갖추다 ㉥개울에 다리를 놓다. 구들을 놓다 **12** 무늬 따위를 박거나 새기다 ㉥질그릇에 찔레 무늬를 놓았다 **13** 풀어야 할 일로 보다 ㉥이 일을 놓고 더는 옳으니 그르니 하지 말자 **14** 으뜸 먹을 것에 다른 것을 섞어 넣다 ㉥밥에 콩을 놓다. 떡에 대추를 놓다 **15** 불을 지르거나 붙이다 ㉥논둑에 쥐불을 놓다 **16** 돈이나 집, 땅 따위를 삯을 받고 빌려주다 ㉥방을 놓다 **17** 사냥하려고 길들인 매를 띄워 보내다 ㉥꿩을 잡으려고 매를 놓다 **18** 심어 가꾸거나 기르다 ㉥시루에 콩나물을 놓아 먹다 **19** 빨리 가도록 힘을 더하다 ㉥잰걸음을 놓다. 줄달음을 놓다 **20** 옷이나 이불에 솜이나 털을 넣다 ㉥이불에 솜을 놓다 **21** 쏘개를 쏘다 ㉥쏘개를 놓다 **22** 짐승이나 물고기를 잡으려고 갖추어 차리다 ㉥덫을 놓다. 그물을 놓다 **23** 값을 셈하여 매기다 ㉥좋은 값을 놓다 **24** 셈널 따위를 써서 셈을 하다 ㉥셈널을 놓다 **25** 바둑이나 윷 따위에서 돌이나 말을 널이나 밭 위에 두다 ㉥먼저 여섯 점을 놓고 아버지와 바둑을 두었다 **26** ('앞에 놓고' 꼴로 써) 보는 쪽에 두다 ㉥아우 집을 앞에 놓고 발길을 돌렸다 **27** 말을 높이지 않고 낮추다 ㉥우리는 처음부터 서로 말을 놓았다 **28** 빠뜨리고 안 가지고 가다 ㉥집에 돈을 놓고 왔다 **29** 셈할 때 보태다 ㉥둘에 셋을 놓으면 다섯이다 **30** 배를 띄워 나아가게 하다 ㉥나루에 배를 놓아 먼 곳으로 가 버린 임 **31** 한꺼번에 달려들어 마구 때리다 ㉥몰매를 놓다 **32** 노름이나 내기에서 돈을 걸다 ㉥돈 놓고 돈 먹기 **33** 틀 따위를 부려 이어지게 하다 ㉥수레를 120킬로미터로 놓고 달렸다 **34** 금을 긋다 ㉥먹줄을 놓다 **35** (움직씨

-아, -어 꼴 뒤에 써) 앞말이 뜻하는 뭠을 끝난 채로 두다 ⓑ문을 열어놓아라 36(풀이씨 -아, -어 꼴 뒤에 써) 앞말이 뜻하는 것이 이어지다 ⓑ더워놓아서 잠이 안 온다

놓돌 이름씨 바둑에서 오랫동안 치고 막는 데 가장 좋은 자리에 놓는 돌 ⇐ 정석

놓아기르다 움직씨 밖에 풀어 놓아 풀을 뜯거나 먹이를 먹게 하다 ⓑ어릴 적엔 닭과 개는 놓아기르고 소도 메에 풀어놓을 때가 많았다 한뜻말 놓아먹이다

놓아두다 움직씨 ❶들었던 것을 내려서 어디에 두다 ⓑ들었던 가방을 옆에 놓아두다 준말 놔두다 ❷잘못을 바로잡지 않고 그냥 내버려두다 ⓑ쓰레기를 냇가에 내다 버리는 것을 더는 그대로 놓아둘 수 없다 ❸건드리지 않거나 돌보지 않고 그대로 두다 ⓑ다친 사람을 그냥 놓아두면 목숨을 잃을 수도 있다. 제발 나 좀 가만히 놓아둬

놓아주다 움직씨 ❶갇히거나 잡힌 것을 풀어주다 ⓑ잡은 고기를 놓아주다 준말 놔주다 ❷주던 힘을 멈추어 그대로 있게 하다 ⓑ당기던 팔을 놓아주다

놓이다 움직씨 '놓다' 입음꼴. 놓아지다 ⓑ마음이 놓이다. 다리가 놓이다. 그물이 놓이다

놓치다 움직씨 ❶어떤 때를 지나쳐 그냥 넘기다 ⓑ시집갈 나이를 놓치다. 때를 놓치다 ❷쥐거나 잡거나 들고 있다가 떨어뜨리다 ⓑ한빛이는 잡았던 밧줄을 놓치고 아래로 굴러 떨어졌다 ❸잡거나 얻을 수 있는 것을 그렇게 하지 못하다 ⓑ다 이긴 놀이를 놓치다 ❹얻거나 가졌다가 도로 잃어버리다 ⓑ잡았던 고기를 놓치다 ❺듣거나 보거나 느껴서 알 수 있는 것을 지나쳐 보내다 ⓑ한마디도 놓치지 않으려고 애쓰다 ❻탈것을 제때에 타지 못하다 ⓑ버스를 놓치다

놔두다 움직씨 놓아두다

뇌 ⇒ 골. 머릿골

뇌관 ⇒ 깡. 불대롱

뇌까리다 움직씨 ❶아무렇게나 되는대로 지껄이다 ⓑ앞으로 잘하겠다고만 뇌까린다 ❷같은 말이나 언짢은 말을 되어서 말하다 ⓑ그 사내는 혼잣말처럼 두고 보자고 뇌까렸다

뇌꼴스럽다 그림씨 아니꼽고 얄밉다 ⓑ맵돌이 거들먹거리는 꼬락서니가 어찌나 뇌꼴스럽던지…

뇌다 움직씨 ❶지나간 일이나 한 말을 거듭 말하다 ⓑ머리를 다친 아버지는 입버릇처럼 같은 말만 뇌었다 비슷한말 되뇌다 ❷굵은체로 한 디위 쳐놓은 가루를 가는체로 다시 치다

뇌동 ⇒ 붙좇음. 덩달아 날뜀. 따라 춤추다. 붙좇다. 덩달아 날뛰다

뇌두 ⇒ 심머리

뇌두개골 ⇒ 골머리뼈

뇌리 ⇒ 마음속. 머릿속

뇌막 ⇒ 골청. 머릿골청

뇌물 ⇒ 검은돈. 꾹돈

뇌사 ⇒ 골죽음

뇌성 ⇒ 천둥소리. 천둥. 우레

뇌성마비 ⇒ 골앓못뮘

뇌쇄 ⇒ 얼뺌. 애태움. 녹이다. 녹여내다. 얼빼다. 얼빠지다. 애타다. 애태우다

뇌수 ⇒ 머릿골. 골

뇌신경 ⇒ 골얼날

뇌실 ⇒ 골방

뇌염 ⇒ 골불늦

뇌우 ⇒ 천둥비. 우레비

뇌전증 ⇒ 지랄앓이

뇌졸중 ⇒ 골피막힘

뇌종양 ⇒ 골혹

뇌진탕 ⇒ 골울림

뇌척수 ⇒ 골등골

뇌출혈 ⇒ 골피남. 골피샘. 골피터짐

뇌하수체 ⇒ 골밑샘

뇌혈관 ⇒ 골핏줄

뵛보 이름씨 됨됨이가 나랍고 더러운 사람 ⓑ겉보기에는 점잖아 보였는데 알고 보니 뵛보일 줄이야

누 [갈이름씨] '누구' 준말 [ㅂ]누가 이런 장난을 쳤나

누 (樓) ⇒ 다락집

누 (累) ⇒ 괴로움. 덜이

누각 ⇒ 다락집

누계 ⇒ 모두셈. 다 셈

누구 [갈이름씨] [1]어떤 사람인지 몰라 묻는 말 [ㅂ]저 사람이 누구입니까? [2]('도'나 '나'와 함께 써) 그 어떤 사람 [ㅂ]이 일은 누구도 할 수 있다. 누구나 허물이 있을 수 있다 [3]이름을 짚어 말할 수 없는 사람을 두루 이르는 말 [ㅂ]누구를 만나느라고 좀 늦었어. 누구더러 이래라저래라 하는 거야

누구누구 [갈이름씨] [1]누구와 누구라는 뜻으로 여러 사람을 두루 가리키는 말 [ㅂ]누구누구 가릴 것 없이 아무라도 오게 하자 [2]잘 모르는 여러 사람이나 어떤 사람들인지 물을 때 쓰는 말 [ㅂ]거기 누구누구 갔어?

누그러뜨리다 [움직씨] 누그러지게 하다 [ㅂ]꺼져! 하는 말에 골이 팍 났으나 차츰 마음을 누그러뜨렸다

누그러지다 [움직씨] [1]맺히거나 딱딱한 마음이나 몸짓이 풀어지다 [ㅂ]아버지 얼굴빛이 아까보다 한결 누그러졌다 [2]추위나 바람, 비 따위가 여려지거나 덜하다 [ㅂ]한낮이 지나자 더위가 누그러지네 [3]마음씨가 부드러워지다 [ㅂ]버시 골났던 마음이 좀 누그러졌나 보다 [4]한창 세던 것이 덜해지다 [ㅂ]아픔이 누그러지다

누글누글 [어찌씨] [1]메마르지 않고 눅눅해서 매우 부드러운 꼴 [ㅂ]누글누글 무른 반죽 [2]마음씨나 몸새가 꿋꿋하지 않고 매우 무르고 부드러운 꼴 [ㅂ]언니는 마음씨가 누글누글해서 도무지 맺고 끊는 맛이 없다

누글누글하다 [그림씨] [1]메마르지 않고 눅눅해서 매우 부드럽다 [2]마음씨나 몸새가 꿋꿋하지 않고 매우 무르고 부드럽다

누긋누긋 [어찌씨] [1]메마르지 않고 좀 눅눅한 꼴 [ㅂ]반죽이 국수틀에 넣기 좋게 누긋누긋 알맞아야지 너무 무르면 국수가 잘 뽑히지 않아 [2]마음이 부드러운 꼴 [ㅂ]누긋누긋 반죽이 좋은 사람

누긋누긋하다 [그림씨] [1]메마르지 않고 좀 눅눅하다 [2]마음이 넉넉하고 부드럽다

누나 [이름씨] [1]사내가 손위 누이를 이르거나 부르는 말 [ㅂ]누나는 늘 나를 챙겨준다 한뜻말누부 [2]나이가 적은 사내가 손위 계집을 살갑게 이르거나 부르는 말 [ㅂ]모르는 건 옆집 누나한테 물어보면 다 가르쳐줘

누누이 ⇒ 여러 디위 자꾸. 여러 차례 거듭. 되풀이하여

누님 [이름씨] '누나' 높임말 [ㅂ]누님이 우리 사내아우 둘을 키워냈다

누다 [움직씨] 똥이나 오줌을 몸 밖으로 내어 보내다 [ㅂ]오줌을 누다

누대 ⇒ 여러 뉘

누더기 [이름씨] 해지거나 뜯어진 곳에 다른 천을 대어 누덕누덕 기운 헌 옷이나 이불 [ㅂ]그 옷을 입으니 꼭 누더기를 걸친 것 같네

누덕누덕 [어찌씨] 해지거나 터진 곳을 여기저기 너저분하게 기운 꼴 [ㅂ]누덕누덕 기운 옷

누덕누덕하다 [그림씨] 해지거나 터진 곳을 여기저기 너저분하게 기워져 있다

누드 ⇒ 벌거숭이. 알몸뚱이. 알몸. 맨몸

누락 ⇒ 뺌. 빼다. 빼먹다. 빠지다. 빠뜨리다

누락자 ⇒ 빠진이

누런물결 [이름씨] 논에서 벼가 누렇게 익어 물결치는 모습 ⇐ 황금물결

누런보 [이름씨] [1]보가 누런 까닭에 다른 쇠붙이와 갈라서 쓰는 말 한뜻말누런쇠 ⇐ 황금 [2]돈이나 값비싼 몬을 견주어 일컫는 말

누런빛 [이름씨] 익은 벼 빛깔 [ㅂ]오랫동안 쓰지 않은 이불에 누런빛이 돈다 한뜻말노란빛. 누렁 ⇐ 황금빛. 황금색. 황색

누런색 ⇒ 누런빛

누렁 [이름씨] 반들거리는 노란 몬. 불이 잘 붙어 성냥이나 불씀 밑감으로 쓴다 ⇐ 황

누렁개 [이름씨] 털빛이 누런 개 [ㅂ]누렁개가 한 마리 뒤를 따라온다 ⇐ 황구

누렁된물남 [이름씨] 누렁된 쇠와 심을 섞어 얻

는, 불에 잘 타는 김덩이로 저절로 나는 것은 불메가스나 쇳돌내 따위에 들어 있다 ⇐ 황화수소

누렁된카드뮴 [이름씨] 카드뮴 녹은 물에 누렁된 물남을 지나게 할 때 생기는 누런 앙금 ⇐ 황화카드뮴

누렁물 [이름씨] ❶빛이 누런 물 ❷썩은 흙에서 나온 더러운 물 ❸물이 맑지 않아 먹을 수 없는 우물

누렁사람 [이름씨] 살갗 빛깔에 따라 나눈 사람 갈래 가운데 하나. 흔히 검은 눈과 머리털, 판판한 얼굴, 낮은 코를 가졌으며 아시아 쪽 새녘에 많이 산다 한뜻말누렁이 ⇐ 황인종

누렁살남몬 [이름씨] 누렁과 살남이 아울러 만들어진 몬 ⇐ 황산화물

누렁소 [이름씨] 털빛이 누런 소 ㉥누렁소와 검정소 ⇐ 황우

누렁심 [이름씨] 빛깔과 냄새가 없고 끈적끈적한 물덩이. 쇠붙이를 녹일 만큼 심바탈이 세다 ⇐ 황산

누렁심구리 [이름씨] 구리를 묽은 누렁심에 넣고 끓이면 생기는 푸른 앙금 ⇐ 황산구리

누렁쏘가리 [이름씨] 쏘가리와 비슷한데, 온몸이 누런빛이다. 저절기림몬이다 ⇐ 황쏘가리

누렁우물 [이름씨] 물이 맑지 않아 먹지 못하는 우물 맞선말먼물

누렁이 [이름씨] ❶빛깔이 누런 짐승이나 사람 ㉥누렁이가 반갑게 꼬리를 흔든다 한뜻말누렁개 ⇐ 황구 ❷빛깔이 누런 몬 ㉥누렁이랑 빨강이랑 파랑이

누렁흙 [이름씨] ❶붉은빛을 띤 누렇고 거무스름한 흙 ⇐ 황토 ❷사람이 죽은 뒤에 그 넋이 가서 산다고 하는 누리 ⇐ 황토

누렁흙빛 [이름씨] 누렁흙 빛깔과 같이 붉은빛을 띤 누런 밤빛 ⇐ 황토색

누렇다 [그림씨] ❶익은 벼처럼 짙게 누르다 ㉥벼가 누렇게 익은 들녘 작은말노랗다 ❷못 먹거나 앓아 핏기가 없고 누르께하다 ㉥누렇게 뜬 얼굴

누레지다 [움직씨] 누렇게 되다 ㉥흰옷이 누레지다 작은말노래지다

누룩 [이름씨] 술을 빚는 데 쓰는 밑감. 굵게 간 밀이나 낟알 가루를 반죽하여 둥글납작한 덩이로 만들어 띄워 곰팡이를 불려 만든다 ㉥발뒤꿈치로 누룩을 디디다 ⇐ 효모

누룩곰팡이 [이름씨] 누룩에서 생기는 곰팡이. 술을 만드는 데 쓴다

누룩치 [이름씨] 속이 비고 뿌리는 굵고 잎은 깃꼴로 째진 여러해살이풀. 이른 봄 부드러운 줄기와 잎은 먹는다

누룽지 [이름씨] ❶솥 바닥에 눌어붙은 밥 ㉥누룽지까지 박박 긁어먹었다 한뜻말눌은밥 ❷솥 바닥에 눌어붙은 밥에 물을 부어 끓인 것

누르께하다 [그림씨] 엷지도 짙지도 않게 누르다

누르다[1] [움직씨] ❶어디에 힘이나 무게를 더하다 ㉥일꾼들 밥은 꾹꾹 눌러서 담아라 ❷마음대로 못 하게 힘을 쓰다 ㉥아랫사람을 힘으로 눌러서야 쓰나 ⇐ 압박하다 ❸느낌이나 생각을 나타내지 않고 참다 ㉥노염을 누르며 기다렸다 ❹겨루어 이기다 ㉥줄다리기에서 이웃 마을을 겨우 눌렀다 ⇐ 압도하다 ❺국수틀로 국수를 만들다 ㉥국수를 누르고 콩묵을 만들었다 ❻얼마 동안 내내 머물다 ㉥자람이는 한동안 그곳에 눌러 있기로 했다

누르다[2] [그림씨] 보나 호박꽃 빛깔과 같다 ㉥땅은 누르고 바다는 파랗다

누르불그레하다 [그림씨] 누런빛을 띠면서 엷게 불그스름하다

누르스름하다 [그림씨] 조금 누르다 ㉥오이지가 누르스름해진 걸 보니 알맞게 삭았나 보다 비슷한말누르스레하다 작은말노르스름하다

누르익다 [움직씨] 낟이나 과일이 누렇게 익다 ㉥누르익은 벼

누르칙칙하다 [그림씨] 산뜻하지 않고 짙게 누렇다

누른모래 [이름씨] 봄에 고비모래벌에서 날아온 누른 먼지가 빈기 속에 떠다니는 일 한뜻말흙모래. 흙먼지 ⇐ 황사

누른모래바람 (이름씨) 쭝궈 땅에 있는 모래벌이나 누렁흙 벌판에서 가는 모래가 센 바람 타고 하늘로 올랐다가 다시 땅으로 차츰 내려오는 일. 봄이나 첫여름에 우리나라로 많이 날아온다 한뜻말 흙모래바람. 흙먼지바람 ⇐ 황사현상

누른미르절 (이름씨) 노사라사 고장 사라부루에 있던 절. 이제는 터만 남아 있으나, 시라 선덕꽃임금 때 지었다. 아홉켜나무쌓과 솔거가 그렸다는 바람그림은 남아있지 않다 ⇐ 황룡사

누름감개 (이름씨) 몸 한쪽을 꽉 조이는 감개. 부러지거나 삔 곳을 감는다 ⇐ 압박붕대

누름단추 (이름씨) 눌러서 소리를 울리거나 무엇을 움직이게 하는 단추같이 생긴 것 ⓑ위에 있는 누름단추만 누르면 됩니다 한뜻말 누름쇠 ⇐ 버튼

누름새 (이름씨) 누르는 힘 크기 ⇐ 압도. 압력

누름솥 (이름씨) 뚜껑을 꽉 닫아 솥안 누름힘을 높일 수 있는 솥 ⇐ 압력솥

누름틀 (이름씨) 지렛대나 기름누르개 같은 누르는 힘을 써서 쇠붙이꼴을 찍어내는 틀 ⇐ 프레스

누릇누릇 (어찌씨) 군데군데가 다 누르스름한 꼴. ⓑ누릉지가 누릇누릇 잘 눌었어

누릇하다 (그림씨) 좀 흐릿하게 누르스름하다. ⓑ부침개를 누릇하게 잘 부쳤네

누리[1] (이름씨) ❶땅덩어리. 땅별 위 ⓑ이 누리에 사람이 사람을 죽이는 일이 멈추기를! ⇐ 지구 ❷사람이 누리는 모든 곳. 모든 모둠살이 ⓑ누리일. 누리살이. 우리겨레 꿈은 밝은 누리를 이루는 일이다 ⇐ 세계. 세상 ❸있는 모든 것 ⓑ온 누리. 언젠가 사람들이 달나라로 누리 나들이를 할 날이 올까? ⇐ 우주. 코스모스 ❹사람 힘이 더해지지 않고 저절로 생겨나고 사라지며 이루어지는 모든 것 ⓑ누리흐름. 누리나숨. 누리배움터 ⇐ 자연

누리[2] (이름씨) 하늘에서 빗방울이 찬 기운을 만나 얼어서 떨어지는 덩어리 ⓑ지난밤에 누리가 많이 내려 호박과 고구마가 크게 다쳤다 한뜻말 모레 ⇐ 우박

누리가게 (이름씨) 누리그물에 연 가게 ⇐ 인터넷 쇼핑몰

누리갈 (이름씨) 누리뭔을 파고드는 갈. 몬갈, 산것갈, 될갈, 땅갈, 별갈 따위 ⇐ 이과. 자연과학

누리그릇 (이름씨) 누리 여러 나라 재주꾼들이 모여 벌이는 놀이 잔치. 그 가운데서도 공차기 놀이가 가장 잘 알려졌다 ⇐ 월드컵

누리그물 (이름씨) 온누리 그물을 서로 이어서 온갖 알거리를 찾아볼 수 있게 한 큰 그물 ⇐ 포털 사이트. 인터넷 사이트. 웹. 웹사이트

누리그물나들목 (이름씨) 누리그물에 마당을 열어 달랭이와 대는이를 이어주고 흥정을 붙이는 짜임 ⇐ 플랫폼

누리그물돈집일 (이름씨) 누리그물을 거쳐 돈을 넣었다 뺐다 하는 돈집 일을 보는 것 ⇐ 인터넷뱅킹

누리그물자취 (이름씨) 누리그물에 들어오거나 드나든 길을 남긴 모습 ⇐ 접속 기록. 접속 정보

누리글 (이름씨) 셈틀을 켜서 누리널에 올리거나 쓰는 글. 누리모임에 올리거나 쓰는 글. 누리그물에 올라와서 읽는 글 ⇐ 인터넷 게시물

누리글월 (이름씨) 셈틀을 켜서 누리판에서 주고받는 글월 ⇐ 이메일

누리글집 (이름씨) 제 삶 속 생각이나 나날살이, 파고든 일을 비롯하여 제 뜻대로 글을 써 올리는 누리그물자리 ⇐ 블로그

누리기운 (이름씨) 누리에 일어나는 모든 것을 다스린다고 믿는 기운

누리꾼 (이름씨) 누리그물을 쓰는 사람 ⓑ누리꾼 생각을 살피다 ⇐ 네티즌

누리날씨다짐 (이름씨) 땅별이 따뜻해지는 것을 막으려고 나라마다 따슨집가스를 덜 내도록 하는 다짐 ⇐ 세계기후협약

누리다[1] (움직씨) 삶을 마음껏 즐기거나 맛보다 ⓑ기쁨을 누리다 작은말 노리다 ⇐ 향유하다

누리다[2] (그림씨) ❶짐승 고기나 털이 타는 냄새가 나다 ⓑ털이 타는 냄새가 누려서 역겹다

❷익은 염소 고기나 노루 고기 같은 데서 나는 맛과 같다 ㉥이 고기 맛이 좀 누리다. 돼지고기도 된장 넣고 잘 삶으면 누린내가 가신다 ❸하는 짓이나 마음 쓰는 것이 매우 쩨쩨하다 ㉥그 노랭이가 얼마나 누린지 남한테 돈 한 푼 안 쓴다

누리돌 이름씨 사람 손길이 닿지 않아 생긴 그대로인 돌 ⇐ 자연석

누리돌별길잡이틀 이름씨 돌길을 도는 만든 돌별을 써서 땅위 몬이 자리한 씨자리, 날자리, 높이를 알려주는 짜임 ⇐ 지엔에스에스. 범지구위성항법장치

누리마실 이름씨 누리그물 여러 곳을 두루 찾아다니면서 글을 읽거나 그림, 빛박이, 뮘그림을 보거나 살피는 일 ⇐ 웹서핑

누리맛갓여름지이짜임 이름씨 1945해 온누리 아람 사는 높이를 올리고 먹거리와 여름낳몬을 많이 키워 나누어 먹게 하려고 만든 누리 모임 가운데 하나. 맡은곳은 이탈리아 로마에 있다 ⇐ 국제식량농업기구. 에프에이오

누리모임 이름씨 누리그물에서 온갖 글이나 그림, 빛박이, 뮘그림, 이야기 들을 올리거나 나누도록 마련한 곳 ⇐ 인터넷 카페. 인터넷 동호회

누리몬 이름씨 누리에 저절로 생겨난 것 ⇐ 자연물

누리밑감 이름씨 저절로 있어 사람 삶이나 낳이일에 쓸 수 있는 몬이나 일힘을 통틀어 이르는 말 한뜻말 저절밑감 ⇐ 자연자원. 천연자원

누리배움터 이름씨 나무나 풀, 짐승, 벌레 같은 것을 보고 배우는 곳 ⇐ 자연학습장

누리벼리 이름씨 누리 모든 몬을 다스리는 말미 열매 벼리 ⇐ 자연법. 자연법칙

누리살이 이름씨 사람이 이 누리에서 살아가는 일 ⇐ 세상살이 **누리살이하다**

누리새뜸 이름씨 누리그물에 들어가서 이야기를 올리기도 하고 읽기도 하는 새뜸 ⇐ 인터넷 신문

누리수 이름씨 하나에서 비롯하여 하나씩 더하여 얻을 수 있는 모든 수. 1, 2, 3, 4⋯ 따위 ⇐ 자연수

누리아름 이름씨 사람 손길이 가지 않은 누리 있는 그대로 아름다움 ⇐ 자연미

누리언걸 이름씨 가뭄이나 큰물처럼 누리에서 저절로 일어나는 일로 말미암아 받은 언걸 ⇐ 자연재해

누리없다 그림씨 누리에 견줄 것이 없다 ⇐ 세상없다

누리우러름 이름씨 해, 달, 별, 땅을 비롯하여 누리에 생겨난 모든 것을 검으로 여겨 우러르는 것 ⇐ 자연숭배

누리이웃 이름씨 누리그물에서 스스로 가까이 지내는 사람

누리일 이름씨 누리에서 일어나는 온갖일 ⇐ 세상만사

누리자취 이름씨 누리가 생겨나 바뀌어 온 자취 ⇐ 자연사

누리저자 이름씨 누리그물에 마련한 저자. 누리집에 몬을 올려서 사고파는 너른 저자 ⇐ 인터넷쇼핑몰

누리적바림삶꽃 이름씨 1995해부터 누리가 사라지지 않도록 꼭 지켜야 할 것으로 잡은 종요로운 적바림삶꽃 ⇐ 세계기록유산

누리지기 이름씨 누리모임을 돌보거나 이끄는 사람. 또는 누리그물을 돌보거나 다스리는 사람

누리집 이름씨 누리그물에서, 우리 스스로 여러 가지 글, 그림, 빛박이, 뮘그림, 이야기들을 올리거나 나누도록 마련한 곳 ⇐ 홈페이지

누리터전 이름씨 메, 가람, 바다, 들처럼 저절로 누리가 이룬 터전 ⇐ 자연환경

누리판 이름씨 셈틀에서 만나거나 어울리는 곳. 나라나 자리를 가리지 않고 만나거나 이어서 어울리도록 하는 곳이다 ⇐ 인터넷

누린내 이름씨 ❶짐승 고기에서 나는 메스꺼운 기름 냄새 ㉥고기 삶는 누린내가 가득하다 ❷짐승 고기나 털 따위가 타는 냄새 ㉥고기를 태웠더니 누린내가 집안에 널리

퍼졌다

누림 이름씨 흐뭇한 삶 ⇐ 복지

누림나라 이름씨 아람이 모두 흐뭇한 삶을 사는 나라 ⇐ 복지국가

누림날 이름씨 아람들이 해마다 때맞춰 지켜 즐기는 날. 설날, 한보름날, 수릿날, 한가윗날 따위

누림살이 이름씨 아람 한 사람 한 사람이 마음껏 흐뭇하게 사는 삶 ⇐ 복지사회

누림집 이름씨 여러 사람이 삶을 잘 누리도록 돕는 집 ⇐ 복지관

누릿누릿 어찌씨 누릇누릇

누릿하다 그림씨 좀 흐리게 누르스름하다

누마루 ⇒ 다락마루

누명 ⇒ 덤터기. 애먼 허물

누미 이름씨 '늪' 옛말

누미구루 이름씨 옛 가고리 때 이름. 늪이 있는 구루란 뜻. 곧 바다로 둘러싸인 곳 ⇐ 해주

누븐자래기 이름씨 눈자라기

누비 이름씨 옷감 두 겹 사이에 솜을 넣고 줄줄이 홈질하는 바느질. 또는 그렇게 만든 것 ⓑ누비 솜옷

누비다 움직씨 ❶천을 두 겹으로 포개고 그 사이에 솜을 넣어 틀바느질이나 손바느질로 죽죽 줄이 지게 박다 ⓑ이불을 누비다 ❷줄이 죽 생기도록 박아서 긋다 ⓑ천에 글자를 누비다 ❸이리저리 거리낌 없이 다니다 ⓑ우리는 어깨를 겯고 노래를 부르며 거리를 누볐다 ❹생각을 하나하나 이어가다 ⓑ엄마와 함께했던 지난 일을 또박또박 누비며 떠올렸다 ❺싹이 안 난 빈자리를 따라가며 씨앗을 뿌리거나 모를 내다 ⓑ김장 무밭을 누비며 빈자리에 새로 씨를 넣었다 ❻찡그리다 ⓑ무엇이 못마땅해서 이마를 그렇게 잔뜩 누비고 있어?

누비옷 이름씨 옷감 안쪽에 솜이나 따뜻한 털을 넣고 누벼서 지은 옷 ⇐ 패딩

누비이불 이름씨 누벼서 만든 이불 ⓑ겨울에는 누비이불을 덮는다

누설 ⇒ 흘림. 새어나감. 흘리다. 새다. 흘러나오다. 새어나가다

누수 ⇒ 물 샘. 새어나오는 물

누수답 ⇒ 시루논

누액 ⇒ 눈물

누에 이름씨 누에나방 애벌레. 알에서 깰 때는 검은 털로 덮였다가 뒤에 잿빛이 되어 뽕잎을 먹고 커서 넉잠 자고 다 자라면 실을 내어 고치를 짓고 그 안에서 번데기가 되었다가 나방이 되어 나와 한살이를 마치는 벌레

누에고치 이름씨 누에가 실을 내뿜어 제 몸을 둘러싼 둥글고 길쭉한 집. 이것을 풀어서 깁실을 뽑아낸다 ⓑ누에고치에서 실을 뽑다

누에나방 이름씨 누에 번데기에서 된 나방. 몸은 밝은 잿빛이며 암컷과 수컷이 짝지은 뒤 알을 낳고 곧 죽는다

누에머리 이름씨 누에 대가리 꼴로 솟은 메꼭대기

누에머리손톱 이름씨 너비에 견주어 길이가 짧은 엄지손가락 손톱

누에방 이름씨 누에를 치는 방 ⓑ나는 어릴 적에 가끔 누에방에서도 잤다 ⇐ 잠실

누에치기 이름씨 고치를 얻으려고 누에를 치는 일 ⓑ옛날 우리 마을에서는 집집마다 누에치기를 했다 ⇐ 양잠

누운다리 이름씨 베틀 앞다리와 뒷다리에 걸쳐 가로대를 물린, 굵고 기다란 두 나무 한뜻말 베틀다리

누이 이름씨 ❶사내한테 손위이거나 손아래인 겨집 ⓑ나는 어린 누이가 둘 있다 준말뉘 ❷썩 가까이 사귀는 사내 겨집 사이에서 나이가 아래인 겨집을 살갑게 이르는 말

누이다[1] 움직씨 ❶'눕다[2]' 입음꼴 ⓑ잘 누인 베 ❷'눕다[2]' 하임꼴 ⓑ날모시를 누이다

누이다[2] 움직씨 ❶눕히다 ⓑ아기를 자리에 누이다 준말뉘다 ❷무엇을 가로놓이게 두다 ⓑ막대기를 바닥에 누이다

누이다[3] 움직씨 똥이나 오줌을 몸 밖으로 내보내게 하다. '누다' 하임꼴 ⓑ아이를 밖에 데려가서 오줌을 누이고 오너라 준말뉘다

누이동생 이름씨 ❶손아래 누이 ⇐ 여동생 ❷아음 가운데서 같은 돌림 사이 손아래 겨집

누이딸 이름씨 누이가 낳은 딸 ⇐ 생질녀

누이바꿈 이름씨 두 사내가 서로 맞은쪽 누이에게 장가감 ⓑ둘은 누이바꿈을 하고 아주 잘 지내

누이아들 이름씨 누이가 낳은 아들 ⇐ 생질

누적 ⇒ 포개 쌓음. 쌓다. 쌓이다. 포개 쌓다. 포개 쌓이다

누전 ⇒ 번힘 샘. 번힘이 새다

누전차단기 ⇒ 두꺼비집. 번힘샘막개

누진 ⇒ 차츰 올라감. 차츰 높아짐. 차츰 올라가다. 차츰 높아지다

누진세 ⇒ 차츰낛

누차 ⇒ 여러 디위. 여러 차례

누추하다 ⇒ 더럽다. 지저분하다. 너절하다. 허름하다

누출 ⇒ 새어 나옴. 새다. 새 나가다. 새 나오다. 가로새다

누치 이름씨 입가에 뻣뻣한 긴 털이 하나씩 있고 등은 푸른빛에 붉은빛, 배 바닥은 희읍스름하며 더운물을 좋아하는 민물고기. 잘 못 참는 바탈이 있다

눅거리 이름씨 ❶싼값으로 몬을 사는 일 한뜻말 싼거리 ❷싼값으로 산 몬 ⓑ눅거리 지짐. 눅거리 가락지 한뜻말 싼거리 ⇐ 저가품 ❸속내가 보잘것없는 것 ⓑ눅거리 사랑

눅눅하다 그림씨 ❶좀 축축하다 ⓑ눅눅한 갯바람. 눅눅한 옷 ❷무르고 부드럽다 ⓑ김이 눅눅하다 작은말 녹녹하다

눅다[1] 그림씨 ❶반죽이 무르다 ⓑ밀가루 반죽이 눅다 ❷물기를 받아 부드럽다 ⓑ튀김은 바삭바삭할 때 맛이 있지 눅으면 제맛이 안 나 ❸누긋하며 너그럽다 ⓑ마음이 눅은 오빠는 늘 상냥하다 ❹날씨가 푸근하다

눅다[2] 그림씨 몬값이 어느 잣대보다 적다 ⓑ뭇값이 눅다 한뜻말 싸다

눅이다 움직씨 ❶누긋누긋하게 하다 ⓑ딱딱한 떡은 불 위에 눅여 말랑말랑해지면 먹어 ❷마음을 눅쳐서 너그럽게 가지다 ⓑ과가른 마음을 조금 눅여 생각하다 ❸목소리를 낮추고 부드럽게 하다 ⓑ눅인 소리로 말하다

눅잦다 움직씨 누그러져 가라앉거나 잦아들다 ⓑ아버지 목소리가 아까보다 훨씬 눅잦아졌다

눅지다 움직씨 ❶추운 날씨가 좀 풀리다 ⓑ그렇게 춥던 날씨가 좀 눅지는구나 ❷기운이 부드러워지다 ⓑ눅진 기운 ❸반죽이 물러 늘어지다 ⓑ칼국수 반죽이 좀 눅지다

눅진눅진 어찌씨 ❶누긋하면서 찰기가 있는 꼴 ⓑ여름철에는 엿을 좀 괄게 만들어야 눅진눅진 들러붙지 않는다. 구리줄은 눅진눅진 잘 휘어진다 ❷바탈이 매우 누그러진 꼴 ⓑ웬만해선 따지지 않고 눅진눅진 늘어지는 돌이 아범도 이 일은 못 참겠는지 버럭했다

눅진눅진하다 그림씨 ❶누긋하면서 찰기가 있다 ❷바탈이 매우 누그러져 있다

눈[1] 이름씨 ❶빛을 받아 몬을 볼 수 있는 느낌문 ⓑ눈을 뜨다 ⇐ 안 ❷무엇을 바라보는 눈길이나 생각 ⓑ부러운 눈으로 바라보다. 어안이 벙벙해진 눈 ❸보는 힘 ⓑ눈이 좋다. 눈이 어둡다 ❹따지고 파고들고 가려내는 힘 ⓑ보는 눈이 바르고 빈틈없다 ❺사람들 눈길 ⓑ보는 눈이 많다. 사람 눈이 무섭다 ❻한바람 한복판 ⓑ한바람 눈 ❼몰래 엿보아 살피는 사람을 비겨 이르는 말 ⓑ곳곳에 우리를 지켜보는 눈이 있다 익은말 **눈에 밟히다** 잊히지 않고 자꾸 눈에 떠오르다 **눈에 이슬이 맺히다** 눈물이 글썽하다 **눈에 차다** 넉넉하게 마음에 들다 **눈 맞다** 마음이 서로 사맞다 **눈 밖에 나다** 믿음을 잃고 미움을 받다 **눈이 빠지게 기다리다** 몹시 애타게 기다리다 슬기말 **눈 가리고 아웅** ❶제 눈을 가리면 앞이 보이지 않으니, 마치 온몸을 숨긴 듯이 여겨 마음 놓고 아웅 한다는 뜻. 곧 빤히 속이 들여다보이는 것을 숨겨보려고 얕은수를 쓰는 것 ❷아무 보람도 없는 일을 쓸데없이 억지로 하는 체함

눈[2] 이름씨 하늘에 떠 있던 물기가 찬 기운에 얼어서 땅 위로 떨어지는 하얀 솜 같은 작은 얼음 ⓑ눈이 그치다 슬기말 **눈 온 위에 서리 내린다** 엎친 데 덮친다

눈[3] 이름씨 풀이나 나무 싹이 막 터져 돋아나는 자리. 또는 그 싹 ⓑ나뭇가지에 눈이 튼다

눈[4] 이름씨 자나 저울 따위에서 길이 따위를 나타내는 금 ⓑ저울 눈을 속여 판다 한뜻말 눈금

눈[5] 이름씨 ❶그물 따위에서 코와 코를 이어 이룬 구멍 ❷바둑널에서 가로줄과 세로줄이 만나는 점

눈가 이름씨 눈 가장자리나 언저리 ⓑ어머니 눈가 주름에서 푸근함을 느낀다 비슷한말 눈언저리

눈가금 이름씨 눈을 크게 보이려고 눈가를 따라 그리는 금 ⇐ 아이라인

눈가늠 이름씨 눈으로 보아서 헤아리거나 잣대에 대어 보는 일 ⓑ이제 눈가늠으로도 무게를 알 수 있다

눈가래 이름씨 눈을 치우는 데 쓰는 넉가래 ⓑ눈이 많이 와서 빗자루로 안되겠다, 눈가래 가져와

눈가루 이름씨 눈송이가 부서진 잔 가루 ⓑ바라지 틈으로 눈가루가 스며든다

눈가리개 이름씨 눈을 가리는 것. 천이나 가죽으로 만들어 잘 때나 눈앓이를 할 때 쓴다 ⇐ 안대

눈가물 이름씨 졸리거나 지쳐 눈꺼풀이 자꾸 내려 덮여 눈을 깜짝거리는 것 ⓑ순이는 졸려서 눈가물을 하면서도 바느질을 이어갔다

눈거울 이름씨 잘 안 보이는 눈을 잘 보이게 하려거나 바람, 먼지 햇빛을 막으려고 눈에 쓰는 것 ⇐ 안경

눈거울가게 이름씨 눈거울을 파는 가게 ⇐ 안경점

눈거울테 이름씨 눈거울알을 둘러 낀 테두리 ⇐ 안경테

눈게염 이름씨 하고 싶거나 갖고 싶어 눈여겨보는 기운 ⓑ옆집 사람이 엄마 드시라고 갖고 온 살구에 아우가 자꾸만 눈게염을 들였다 ⇐ 눈독 익은말 **눈게염 들이다** 무엇을 하고 싶거나 갖고 싶어 마음이 사로잡히다

눈곱 이름씨 ❶눈에서 나오는 진득진득한 것. 또는 그것이 말라붙은 것 ❷아주 적거나 작은 것 ⓑ글쎄, 밥을 눈곱만큼 밖에 안 주더라

눈구름 이름씨 ❶눈을 내리거나 머금은 뿌연 구름 ⓑ눈구름이 끼는 것을 보니 눈이 내리려나 봐요 ❷눈보라가 구름처럼 뽀얗게 이는 것 ⓑ눈구름이 몰아쳐 앞을 보기 어려웠다

눈굽 이름씨 눈구석이나 가장자리 ⓑ왈칵 가슴이 뭉클해지면서 눈굽이 뜨거워졌다

눈그물청 이름씨 눈알 가장 안쪽에 있으면서 눈얼날이 퍼져 있는 맑고 얇은 청. 바깥 빛이 이 청에서 꼴을 맺으면 눈얼날이 그것을 큰골겉켜에 있는 보는느낌 겉켜로 알린다 한뜻말 그물청 ⇐ 망막

눈금 이름씨 ❶자나 저울 따위에서 길이나 무게를 나타내는 금 ⓑ눈금을 재다 ❷눈으로 어림잡아 긋는 금 ⓑ사금파리를 튀겨 땅에 눈금을 그으며 놀았다

눈금판 이름씨 눈금이 새겨진 판

눈기 이름씨 눈치 또는 눈에서 나오는 밝은 기운 ⓑ눈기가 좋다. 눈기가 있다. 그 사람은 눈기가 빠르다

눈까비 이름씨 비에 섞여 내리는 눈 한뜻말 진눈개비. 진눈 까비

눈깜짝새 이름씨 ❷아주 적거나 작은 것 ⓑ밥을 눈깜짝새에 먹었다 한뜻말 눈깜짝할새 ⇐ 순간

눈껍질청 이름씨 눈꺼풀 안쪽과 눈알에서 보이는 흰자 쪽과 눈알밖청을 덮는 청. 눈알 쪽은 속이 비치며 눈꺼풀 쪽은 핏줄이 많이 퍼져 있어 붉게 보인다 ⇐ 결막

눈꼴시다 그림씨 하는 짓이 거슬리어 보기에 아니꼽다 ⓑ예쁜 척하는 꼴이 눈꼴시어 못

보겠네 한뜻말 눈꼴틀리다

눈곱 이름씨 눈곱

눈꽃 이름씨 나뭇가지 따위에 꽃이 핀 것처럼 얹힌 눈이나 서리 ⓑ나뭇가지에 온통 눈꽃이 피었다

눈나라 이름씨 눈이 많이 오는 나라나 고장 ⇐ 설국

눈나숨집 이름씨 눈이 아플 때 고치러 가는 곳 한뜻말 눈보는데 ⇐ 안과

눈낫개 이름씨 눈을 낫게 하는 것 ⇐ 눈약. 안약

눈높이 이름씨 ❶바닥에서 서 있는 사람 눈까지 높이 ❷어떤 것을 바라보는 생각 높이 ⓑ눈높이를 맞추다

눈대중 이름씨 눈으로 보아 어림잡아 헤아림 ⓑ밥물을 눈대중해서 맞추었다 한뜻말 눈어림

눈댐렌즈 이름씨 돋봄거울이나 멀봄거울에서 눈을 대고 들여다보는 렌즈 ⇐ 접안렌즈

눈덧신 이름씨 눈에 빠지지 않도록 신 바닥에 대는 넓적한 덧신. 칡, 노, 새끼 따위로 얽어 만든다 ⇐ 설피

눈덩이 이름씨 눈을 뭉쳐 만든 덩이 ⓑ눈덩이처럼 불어나다

눈독 ⇒ 눈게염

눈동자 ⇒ 눈자위

눈두덩 이름씨 눈언저리 두두룩한 곳 ⓑ눈두덩이 시퍼렇게 멍들어서 밖에 나갈 수가 있어야지

눈딱부리 이름씨 크고 툭 불거진 눈. 또는 그런 눈을 가진 사람 한뜻말 딱부리눈

눈딱총 이름씨 못마땅하거나 미워서 쏘아보는 것 ⓑ둘은 서로 미워하며 질세라 눈딱총을 쏘며 지나간다

눈맛 이름씨 눈으로 보고 느끼는 맛 ⓑ잘 차린 잔치 맛갓이 눈맛을 돋군다

눈망울 이름씨 눈자위가 있는 곳 ⓑ아이들이 까만 눈망울을 굴리며 말끄러미 쳐다본다

눈먼이 이름씨 앞 못 보는 이. 열닷 온해(15세기) 책 '능엄경언해'에는 소경을 '눈먼이'라 하였다. 더 높임말은 장님이다 ⓑ눈먼이가 눈을 뜨고 앉은이가 걷는 누리 한뜻말 장님 ⇐ 소경. 봉사. 시각장애인

눈물단지 이름씨 잘 우는 사람을 놀리는 말

눈물바람 이름씨 눈물을 많이 흘리는 모습을 빗댄 말 ⓑ웃으며 나간 아이가 눈물바람으로 돌아왔다

눈물받이 이름씨 눈물이 흘러내리는 곳에 있는 사마귀

눈물샘 이름씨 눈구멍 바깥 위쪽 구석에 있는, 눈물을 만들어 내보내는 샘 ⓑ눈물샘이 터지다

눈물짓다 움직씨 몹시 슬프거나 기뻐서 눈물을 흘리거나 눈물이 고이다 ⓑ엄마는 어려서 헤어진 언니 이야기만 나오면 눈물짓는다

눈바다 이름씨 흰눈이 덮인 넓은 벌판

눈발[1] 이름씨 줄을 죽죽 긋는 것처럼 내리는 눈 줄기 ⓑ눈발이 가늘어 길을 나섰다 익은말 **눈발이 서다** 눈이 곧 내릴 듯이 하늘에 눈발이 생기다

눈발[2] 이름씨 눈이 보는 쪽이나 곳 ⓑ살뜰히 바라보는 눈발 한뜻말 눈길

눈밝씨 이름씨 눈밝풀 열매. 차를 달여 마시고 높피눌림앓이나 눈이 흐릿한데 낫개로 쓴다 ⇐ 결명자

눈밝풀 이름씨 잎이 짝수 깃꼴 겹잎인 차풀 가운데 하나. 길쭉한 꼬투리 속에 든 열매는 가늘고 길며 구부러진 꼴로 풀빛이다 ⇐ 결명초

눈방울 이름씨 눈알을 방울에 견줘 이르는 말 ⓑ무슨 일로 골이 났는지 눈방울을 굴리네

눈밭 이름씨 온통 눈으로 덮인 넓은 땅

눈병 ⇒ 눈앓이

눈보라 이름씨 센바람에 휘몰아쳐 날리는 눈 ⓑ눈보라가 휘몰아치는 겨울 들판

눈부시다 그림씨 ❶빛이 세서 바로보기 어렵다 ⓑ햇빛이 눈부셔서 앞을 볼 수가 없다 ❷한 일이 매우 훌륭하고 뛰어나다 ⓑ눈부신 보람 ❸생김새나 차림이 눈이 어지러울 만큼 보기 좋다 ⓑ얼굴이 눈부시게 밝다 ⇐

현란하다. 화려하다. 황홀하다. 휘황찬란하다

눈부처 이름씨 눈자위에 비쳐 나타난 사람 모습 ⓑ눈부처가 비치는 맑은 눈자위

눈비 이름씨 ❶눈과 비 ⓑ눈비가 많이 온 해는 여름지이가 잘 된다 ❷눈과 섞여 내리는 비 ⓑ눈비가 섞여 내려 마당이 질퍽거린다

눈비음 이름씨 남 눈에 들려고 겉으로만 꾸미는 일 ⓑ눈비음으로 일하면 다 티가 나 비슷한말 눈치레 ⇐ 치장 **눈비음하다**

눈빛[1] 이름씨 눈에 나타나는 기운. 또는 눈에서 비치는 빛 ⓑ차가운 눈빛. 눈빛이 매섭다

눈빛[2] 이름씨 눈처럼 흰빛 ⓑ눈빛처럼 하얀 꽃

눈뿌리 이름씨 눈 안쪽 ⓑ눈뿌리가 아찔하다. 눈뿌리를 끌다 익은말 **눈뿌리를 끌다** 궁금함을 일으켜 마음이 쏠리게 하다

눈사람 이름씨 눈을 뭉쳐서 사람 모습으로 만든 것 ⓑ길 복판에 세워둔 눈사람

눈사태 ⇒ 눈 무너짐. 눈 쓸림

눈살 이름씨 ❶두 눈썹 사이에 잡힌 주름 ⓑ짜증을 내며 눈살을 찌푸리다 ⇐ 양미간 ❷눈에 힘을 주고 쏘아보는 기운 ⓑ눈살을 보내다 비슷한말 눈총

눈석이·눈석임 이름씨 쌓인 눈이 녹아 흐르는 일 ⓑ눈석임으로 길이 진창이 됐구먼

눈석이물·눈석임물 이름씨 쌓인 눈이 녹아 흐르는 물 ⓑ이른 봄이면 깊은 멧속에서 눈석임물이 흘러내린다 한뜻말 눈녹이물

눈설다 그림씨 눈에 익지 않다 ⓑ낯설고 눈선 한뎃살이

눈설레 이름씨 찬바람에 눈이 휘몰아치는 것 ⓑ곧 봄이라는데 어찌 눈설레가 멎지를 않는지

눈속임 이름씨 남 눈을 속이는 짓 ⓑ눈속임을 한두 디위야 하겠지만 오래 하면 곧 들통난다 **눈속임하다**

눈송이 이름씨 내리는 눈 하나하나 송이 ⓑ나뭇가지엔 눈송이가 흰 꽃처럼 피었다

눈시울 이름씨 눈언저리에 속눈썹이 난 곳 ⓑ눈시울을 적시다. 눈시울을 붉히다

눈싸움[1] 이름씨 서로 마주 보며 오랫동안 눈을 깜짝이지 않기를 겨루는 놀이 ⓑ두 사람은 언뜻 눈길이 마주치자 눈싸움이라도 하듯 뚫어지게 서로를 쏘아보았다 한뜻말 눈겨룸 **눈싸움하다**

눈싸움[2] 이름씨 뭉친 눈을 서로 던져 맞히는 놀이 ⓑ아이들은 눈싸움하느라 오랜만에 신이 났다

눈썰매 이름씨 눈 위에서 타거나 끄는 썰매 ⓑ겨울에 눈이 오면 내리막길에서 눈썰매를 타고 놀았다

눈썰매장 ⇒ 눈썰매터

눈썰미 이름씨 한두 디위 본 것을 곧 그대로 해내는 재주 ⓑ푸름이는 워낙 눈썰미가 있는 사람이라 곧바로 따라 할 거야

눈썹 이름씨 ❶두 눈두덩 위에 가로로 모여 난 짧은 털 ⓑ눈썹을 치켜올리다. 눈썹 하나 까딱하지 않고 거짓말을 한다 ❷눈시울에 난 털. 속눈썹 ⓑ눈썹을 붙이다

눈씨 이름씨 쏘아보는 눈힘 ⓑ깨살핌이는 매서운 눈씨로 나를 쏘아 보았다

눈알 이름씨 눈구멍 안에 박힌 알 같은 동그란 것 ⓑ눈알을 부라리다 ⇐ 안구

눈알유리 이름씨 잘 보이게 하려고 눈자위에 붙이는 얇은 유리 ⇐ 콘택트렌즈

눈앎 이름씨 눈에 보여 앎 ⇐ 안식

눈앓이 이름씨 눈이 아픈 온갖 앓이 ⇐ 눈병. 안질

눈앞 이름씨 ❶눈으로 볼 수 있는 아주 가까운 곳 ⓑ눈앞에 두고도 못 찾는다. 눈앞에서 벌어진 일 ⇐ 안전. 목전 ❷아주 가까운 앞날 ⓑ딸 치우는 일이 마침내 눈앞에 닥쳐왔다 ❸맞닥뜨린 자리 ⓑ돈이 다 떨어지니 눈앞이 캄캄했다

눈약 ⇒ 눈낫개

눈어리기 이름씨 재빠른 손놀림이나 속임수를 써서 깜짝 놀랄 일을 해 보이는 구경거리 ⇐ 마술

눈어림 이름씨 눈으로 보아 어림잡아 헤아림 ⓑ눈어림으로 봐도 저 호박이 더 무겁겠는

데 한뜻말눈대중

눈에비친그림 [이름씨] 어느 때에 본 몬 꼴을 펀펀낯에 나타낸 그림 ⇐ 투시도

눈엣가시 [이름씨] 몹시 미워 늘 눈에 거슬리는 사람 ㉥눈엣가시 같던 그놈이 사라지니 속이 다 시원하군

눈여겨보다 [움직씨] 잘 살펴보다 ㉥몸짓 하나하나를 눈여겨보다

눈요기 ⇒ 눈즐김

눈웃음 [이름씨] 소리 없이 눈으로만 가만히 웃는 웃음 ㉥할머니는 늘 나와 눈이 마주칠 때면 눈웃음을 지었다

눈이슬 [이름씨] 눈물을 이슬에 비겨 이르는 말 ㉥아이들이 울자, 어머니 눈에도 눈이슬이 맺혔다

눈인사 ⇒ 눈절

눈자라기 [이름씨] 아직 곧추앉지 못하는 어린아이 ㉥조카는 아직 눈자라기라 꼭 잡고 앉힌다

눈자루 [이름씨] 툭 불거져 나온 눈에 붙은 기름한 자루. 게나 새우에서 볼 수 있다

눈자위 [이름씨] 눈알 한가운데 있는 빛이 들어가는 작은 자리. 눈조리개로 둘러싸였으며 빛 세기에 따라 그 크기가 맞추어진다 ㉥기쁨에 젖은 까만 눈자위 ⇐ 눈동자

눈조리개 [이름씨] 눈알밖청과 맑빛꺾개 사이에서 빛 세기를 맞추는 둥그스름한 얇은 청 ⇐ 홍채

눈즐김 [이름씨] 눈으로 보기만 하면서 즐기는 일 ⇐ 눈요기

눈질 [이름씨] 눈으로 흘끔 보는 짓 ㉥눈질로 훔쳐보다 **눈질하다**

눈짐작 ⇒ 눈대중. 눈어림

눈짓 [이름씨] 눈을 움직여 어떤 뜻을 남에게 알리는 짓 ㉥눈짓을 주고받다 **눈짓하다**

눈청 [이름씨] 눈알 앞 바깥쪽을 이루는 속 비침청. 이 청을 거쳐 빛이 눈으로 들어온다 한뜻말맑은 청 ⇐ 각막

눈초리 [이름씨] [1]귀 쪽으로 가늘게 좁아진 눈 가장자리 ㉥눈초리가 올라간 사람 한뜻말눈꼬리 [2]눈길 ㉥사나운 눈초리와 부드러운 눈초리

눈총 [이름씨] 싫거나 미워서 내쏘는 눈길 ㉥눈총을 주다 비슷한말눈살

눈치 [이름씨] [1]남 마음이나 일 낌새를 알아채는 힘 ㉥눈치 보이다. 눈치를 보다. 눈치가 없다 비슷한말눈치코치 ⇐ 센스 [2]생각이 드러나는 어떤 모습이나 몸짓 ㉥가고 싶어 하는 눈치다

눈치꾼 [이름씨] 남 눈치를 보아가며 움직이는 사람 ㉥이제 눈치꾼 노릇은 그만두어야지

눈치채다 [움직씨] 어떤 일 낌새나 남 마음 따위를 살펴 알아채다 ㉥꾸지람 들을 것을 눈치채고 달아났네 비슷한말거니채다

눈치코치 [이름씨] '눈치' 힘줌말 ㉥나라고 눈치코치도 없을 것 같니?

눈칫밥 [이름씨] 남 눈치를 보아가며 얻어먹는 밥 ㉥나는 어려서 어버이를 여의고 큰집에서 눈칫밥 먹고 자랐단다

눈코 [이름씨] 눈과 코 ㉥일하느라 눈코 뜰 새 없다 [익은말] **눈코 뜰 새 없다** 몹시 바쁘다

눈큰메 [이름씨] 가시부루 새녘에 있는 이름있는 메. 빼어난 봉우리가 많아서 사람들이 즐겨 찾는 곳이다. 나라뜰 가운데 하나이고 높이는 1,708미터 ⇐ 설악산

눈퉁이 [이름씨] 눈두덩 볼록한 곳

눈확 [이름씨] 눈구멍 ㉥둥그런 얼굴에 쏙 우므러진 눈확에 눈물이 가득 고였다

눈흘레 [이름씨] 눈으로 보기만 해서 맞은쪽과 어르는 일을 생각하는 것 ⇐ 관음증

눈힘 [이름씨] 눈으로 무엇을 보는 힘 ㉥눈거울을 끼지 않고 글을 보시다니, 눈힘이 참 좋네요 ⇐ 시력

눋내 [이름씨] 밥이 눌어서 나는 냄새

눋다 [움직씨] 누런빛이 나도록 살짝 타다 ㉥밥이 눋는 냄새가 구수하게 난다

눌눌하다 [그림씨] 빛깔이 흐릿하게 누르다 ㉥치마 빛깔이 너무 눌눌해서 마음에 들지 않아

눌러놓다 [움직씨] [1]무거운 것을 얹어 날아가

거나 부풀지 못하게 하다 ⓑ메주로 장을 담고 무거운 돌로 눌러놓았다 ❷함부로 굴지 못하게 하다 ⓑ아이들은 가끔 기운이 너무 뻗치지 않도록 눌러 놓아야 할 때가 있다

눌러듣다 움직씨 ❶탓하지 않고 너그럽게 듣다 ⓑ언니로서 아우가 뭐라고 하든 좀 눌러들어주지 그러니 ❷그대로 이어 듣다 ⓑ말이 끝날 때까지 모두 눌러들었다

눌러살다 움직씨 다른 곳에 더 가지 않고 한곳에 머물러 살다 ⓑ시집온 곳에 내처 눌러살았다

눌러쓰다 움직씨 ❶쓰개를 푹 내려쓰다 ⓑ갈옷에 쇠털 패랭이를 눌러쓰다 ❷힘주어 글씨를 쓰다 ⓑ아이가 글씨를 꾹꾹 눌러쓴다

눌러앉다 움직씨 ❶앉았던 자리에 그대로 이어 앉다 ⓑ한곳에 눌러앉다 ❷맡은 일이나 같은 일자리에 내내 머무르다 ⓑ돌봄 자리에 아직까지 눌러앉아 있어 ❸어떤 곳에 자리 잡고 깊숙이 들어앉다 ⓑ그들은 밝메큰 줄기 깊숙한 곳에 눌러앉은 이들이다

눌리다[1] 움직씨 ❶'누르다' 입음꼴. 어떤 곳에 힘이나 무게가 더해지다 ⓑ짐짝에 어깨가 눌려 숨쉬기가 어렵다 ❷마음대로 하지 못하게 되다 ⓑ옆집 사내는 아내에게 눌려 어깨를 못 펴고 산다

눌리다[2] 움직씨 먹은 것이 얹히거나 숨이 막혀 답답하게 느끼다 ⓑ고기를 좀 많이 먹었더니 눌려서 밤새 뒤척였어

눌리다[3] 움직씨 누른빛이 나도록 조금 태우다. '눋다' 하임꼴 ⓑ남은 밥을 눌려 누룽지를 만들어 놓으면 잘 쓸 때가 있다

눌변 ⇒ 서툰 말솜씨. 더듬는 말솜씨

눌은밥 이름씨 ❶누릿하게 눌어붙은 밥 한뜻말 누룽지 ❷솥 바닥에 눌어붙은 밥에 물을 부어 끓인 밥 ⓑ구수한 눌은밥을 먹다

눕다[1] 움직씨 ❶등이나 옆구리를 바닥에 대고 몸을 가로놓다 ⓑ쉬려고 이부자리에 누웠다 맞선말 일어나다 ❷앓아서 일어나지 못하다 ⓑ아파서 사흘 동안을 누워 지냈다 ❸(가벼운 것이나 푸나무가) 곧추서지 않고 바닥에 닿거나 모로 넘어지다 ⓑ센바람이 불자 풀이 눕는다

눕다[2] 움직씨 무명이나 모시 같은 것을 잿물에 삶아 희고 부드럽게 하다 ⓑ무명을 눕다

눕다[3] 움직씨 길미는 치르고 밑돈은 그대로 빚으로 있다 ⓑ길미 갚기도 겨우 했으니 밑돈 즈믄골 원은 그대로 누웠지 뭐

눕히다 움직씨 ❶'눕다[1]' 하임꼴 ⓑ자는 아기를 살며시 자리에 눕혔다 한뜻말 누이다 맞선말 일으키다 ❷넘어뜨리거나 거꾸러뜨리다 ⓑ내 동무들은 우리 논에서 누렇게 여문 벼를 베어 눕혔다

눙치다 움직씨 마음을 풀어 누그러지게 하다

뉘[1] 이름씨 겉껍질이 벗겨지지 않은 채 쌀에 섞인 낟알 ⓑ뉘를 고르다. 뉘가 섞인 쌀

뉘[2] 갈이름씨 '누구' 준말 ⓑ거 뉘시오? 이게 뉘 거요?

뉘[3] 이름씨 살아 있는 때나 누리 ⓑ한 뉘토록 섬기리라 ⇐ 일생. 세상. 세대

뉘[4] 이름씨 아들딸한테서 받는 사랑이나 되갚음 ⓑ젊어서 온갖 어려움을 겪더니 늙어서야 뉘를 보는구나

뉘누리 이름씨 ❶물이 흘러 내뻗는 힘 한뜻말 너울. 물살 ❷물이 빙빙 돌아 바닥으로 흘러 빠지는 곳. 또는 그런 흐름 ⓑ못굴을 빼자 뉘누리가 일어나며 물이 빠져나간다 한뜻말 소용돌이

뉘뉘 이름씨 여러 뉘에 걸쳐 이어 내려온 동안 ⇐ 대대. 역대

뉘뉘로 어찌씨 여러 뉘를 이어서 ⇐ 대대로. 역대로

뉘다[1] 움직씨 ❶'누이다[1]' 준말. 눕히다 ⓑ아픈 사람을 자리에 뉘다 ❷무엇을 가로놓이게 두다 ⓑ지게를 뉘다

뉘다[2] 움직씨 '누이다[3]' 준말 ⓑ아이에게 똥을 뉘다

뉘앙스 ⇒ 말맛. 말느낌

뉘엿뉘엿 어찌씨 ❶해가 지려고 메나 하늘땅금 너머로 조금씩 넘어가는 모습 ⓑ해가

뉘엿뉘엿 하늬메를 넘어간다 **2**게울 듯 게울 듯 속이 메스꺼운 꼴 ⓑ웃음 판다는 말이 거슬리어 속엣것이 뉘엿뉘엿 올라올 듯하다

뉘엿뉘엿하다 그림씨 **1**해가 지려고 메나 하늘땅금 너머로 조금씩 넘어가는 때에 있다 ⓑ해가 뉘엿뉘엿 하늬메를 넘어간다 **2**게울 듯 게울 듯 속이 메스껍다

뉘우쁘다 그림씨 뉘우치는 생각이 있다 한뜻말 뉘쁘다 ⇐ 후회스럽다

뉘우치다 움직씨 제 잘못을 깨닫고 스스로 마음속으로 꾸짖다 ⓑ잘못을 뉘우치기는 쉬우나 똑같은 잘못을 싹 끊기는 어렵다 ⇐ 반성하다. 회개하다. 후회하다

뉘우침 이름씨 스스로 제 잘못을 깨닫고 마음속으로 꾸짖기 ⓑ뉘우침과 슬픔이 한꺼번에 나를 덮쳤다 ⇐ 반성. 회개. 회심. 후회

뉘우침글 이름씨 스스로 잘못이나 모자람을 돌이켜보며 쓴 글 ⇐ 반성문

뉴스 ⇒ 새뜸

뉴페이스 ⇒ 새얼굴. 새사람

느글거리다 움직씨 먹은 것이 내려가지 않아 자꾸 속이 메스껍고 느끼하다 **느글대다**

느글느글 어찌씨 먹은 것이 내려가지 않아 속이 몹시 메스껍고 느끼한 꼴 ⓑ어제저녁 돼지고기구이를 맛있게 먹었는데 아직도 속이 느글느글 차 있는 느낌이야 비슷한말 니글니글 **느글느글하다**

느긋하다[1] 그림씨 기름진 것을 먹었거나 먹은 것이 잘 내리지 않아 속이 좀 느끼하다 ⓑ느긋한 배

느긋하다[2] 그림씨 마음에 모자람이 없어 넉넉하다 ⓑ느긋한 마음으로 기다리자 ⇐ 여유롭다

느껍다 그림씨 느낌이 가슴에 사무치며 깊다 ⓑ뭡그림을 보면서 뭔가 느꺼운 마음이 치밀었다

느끼다 움직씨 **1**보고 듣고 냄새 맡고 맛보고 살갗에 닿아 알아차리다 ⓑ추위를 느끼다. 아픔을 느끼다 **2**마음속으로 깨닫거나 알아차리다 ⓑ뭇 눈길을 온몸에 느끼다 **3**손수 보거나 겪어 어떤 생각을 갖다 ⓑ얼굴을 보자마자 일이 잘못되었음을 느꼈다

느끼하다 그림씨 **1**속에 거슬릴 만큼 기름기가 많다 ⓑ나는 느끼한 먹을거리를 좋아하지 않는다 **2**기름기 많은 것을 먹어서 속이 거북하다 ⓑ부침개를 너무 먹었더니 속이 느끼하다 **3**말이나 몸짓 따위가 느물거려 눈에 거슬리다 ⓑ저이는 말을 느끼하게 해서 징그럽다

느낌 이름씨 **1**눈, 귀, 코, 혀, 몸, 마음을 거쳐 받아들이는 것 ⓑ너무 추워 손가락에 느낌이 없어졌다. 가슴이 갑갑한 느낌. 철새처럼 떠나고 싶은 느낌 **2**몬 값어치나 바뀜 따위를 알아내는 마음 힘 ⓑ저 사람은 아름다움을 알아내는 느낌이 뛰어나다

느낌글 이름씨 어떤 일을 겪어 느낀 바를 쓴 글 ⇐ 소감문

느낌문 ⇒ 느낌글. 느낌월

느낌표 이름씨 마침표 가운데 하나. 놀람이나 성금 따위를 나타내는 '!' 이름

느닷없다 그림씨 나타나는 모습이 아주 뜻밖이고 갑작스럽다 ⓑ느닷없는 소나기에 다들 물에 빠진 생쥐 꼴이 되었다

느닷없이 어찌씨 뜻밖에. 또는 갑작스럽게 ⓑ한밤에 벗이 느닷없이 불쑥 나타났다 한뜻말 마수없이 ⇐ 홀연히

느럭느럭 어찌씨 매우 느리고 굼뜨게 움직이는 꼴 ⓑ걸음도 느린 애가 말도 느럭느럭 한다 **느럭느럭하다**

느런히 어찌씨 죽 벌여 있는 꼴 ⓑ새참을 먹고 우리는 느런히 앉아 쉬었다. 느런히 들어찬 밤나무

느루 어찌씨 느직하게. 또는 한꺼번에 몰아치지 않고 늘여서 ⓑ한겨울을 나도록 땔감을 느루 써야 할 텐데

느른하다 그림씨 지쳐서 힘이 없다 ⓑ일을 마치고 나면 느른해서 꼼작도 못하겠다

느릅나무 이름씨 키가 15미터쯤 자라고 잎은 어긋나며 길둥근꼴로 톱니가 있는 나무. 어

린잎은 먹거나 짐승 먹이로 쓰고 나무껍질은 낫개로 쓴다

느리다 (그림씨) ❶빠르지 못하고 더디다 ⓑ굼벵이처럼 느리게 움직인다. 일하는 것이 느리다 맞선말빠르다 ❷기울기가 가파르지 않고 덜하거나 밋밋하다 ⓑ느린 멧비탈 ❸마음이 누그러져 굼뜨다 ⓑ저 사람은 온갖 일에 다 느리다 ❹꼬임새나 짜임새가 느슨하거나 성글다 ⓑ새끼를 너무 되게 꼬지 말고 좀 느리게 꼬게 ❺소리가 높지 않으면서 늘어져 길다 ⓑ느린 가락과 잦은 가락. 말이 느린 사람

느림보 (이름씨) 움직임이 느리고 굼뜬 사람 ⓑ느림보 걸음. 느림보 같은 말

느릿느릿 (어찌씨) ❶움직임이 재지 못하고 매우 느린 모습 ⓑ느릿느릿 걷다 ❷짜임새나 꼬임새가 매우 느슨하거나 성긴 모습 ⓑ미끈하게 느릿느릿 꼰 새끼

느릿느릿하다 (그림씨) ❶움직임이 재지 못하고 매우 느리다 ❷짜임새나 꼬임새가 매우 느슨하거나 성기다

느릿하다 (그림씨) 조금 느린 듯하다 ⓑ느릿한 걸음걸이

느물거리다 (움직씨) ❶능청스럽게 굴다 ❷쇠북이나 피리 소리가 자취를 남기며 아득하게 곳곳으로 울려 퍼지다 **느물대다**

느물느물 (어찌씨) ❶능청스럽게 구는 꼴 ⓑ느물느물 웃는 꼴에 질려버렸다 ❷쇠북이나 피리 소리가 자취를 남기며 아득하게 곳곳으로 울려 퍼지는 꼴 ⓑ이른 아침 쇠북소리가 느물느물 온 마을을 울렸다 ❸불길이 굽이쳐 올라가거나 비치어 오는 꼴 ⓑ여름밤 모닥불이 느물느물 피어오른다 ❹물결 같은 것이 가볍고 느리게 넘실거리는 꼴 ⓑ장맛비에 불어난 가람물이 느물느물 넘실대며 흘러간다 **느물느물하다**

느슨하다 (그림씨) ❶잡아맨 끈이나 줄 따위가 풀리기 쉽게 헐겁다 ⓑ허리띠가 느슨하다 작은말나슨하다 ❷돌림못 따위가 헐겁게 죄어지다 ⓑ돌림못이 풀려 느슨하다 ❸마음이 풀어져 힘이 없다 ⓑ알아차릴 때는 마음을 느슨하게 하고 굳어진다 싶으면 다시 풀도록 ❹느낌이 두드러지지 않고 깊고 그윽하다 ⓑ입가엔 느슨한 웃음이 서린다

느어리 (이름씨) 겉은 거칠고 큰 비늘꼴 조각이 있고 자랄수록 거무튀튀해지며 나발처럼 속이 빈 버섯 ⇐ 능이

느즈러지다 (움직씨) ❶조인 마음이 풀려 느릿해지다 ⓑ시골에 오니 하루하루가 느즈러진다 ❷꼭 졸라맨 줄이나 끈 따위가 느슨해지다 ⓑ배달옷 옷고름은 잘 느즈러져 고쳐 매기 일쑤다 ❸밀리거나 늦추어지다

느지 (이름씨) 좋거나 나쁜 일이 일어날 낌새 ⓑ이토록 센 바람이 부는 것은 좋은 느지 아니다 한뜻말늦 ⇐ 징조. 조짐

느지감치 (어찌씨) 꽤 늦게 ⓑ느지감치 일어나 길을 나섰다 한뜻말느지거니 맞선말일찌감치

느지막하다 (그림씨) 때를 지나 꽤 늦다 ⓑ오늘은 쉬는 날이라 느지막하게 아침을 먹었다

느직하다 (그림씨) ❶알맞은 때보다 좀 늦다 ⓑ아침 느직해서 들로 나갔다 ❷겨를이 넉넉하다 ⓑ온터님은 날짜를 느직하게 잡는 버릇이 있다

느질느질 (어찌씨) 자꾸 느리게 뭐는 꼴 ⓑ아침부터 바람이 불더니 저녁 무렵에 느질느질 비가 내린다

느질다 (그림씨) 말이나 하는 짓이 몹시 느리다 ⓑ이웃집 아저씨는 말이 느질어 듣는 이가 답답하다. 느질느질 걷지 말고 좀 싸게싸게 오너라

느타리 (이름씨) 버드나무나 뽕나무 그루터기에서 절로 자라는 버섯. 요즈음은 볏짚이나 톱밥에 기르기도 한다

늑골 ⇒ 갈빗대. 갈비뼈. 갈비

늑대 (이름씨) ❶개와 비슷한데 몸집이 더 크고 매우 사나우며 떼 지어 사는 짐승 ❷겨집에게 엉큼한 마음을 품은 사내를 빗댄 말 ⓑ이 엉큼한 늑대!

늑대별 (이름씨) 큰개자리에서 가장 밝은 푸른빛을 띤 흰빛 별. 하늘에서 볼 수 있는 가장

밝은 별이다 ⇐ 시리우스

늑막 ⇒ 가슴청

늑막염 ⇒ 가슴청불늦

늑장 이름씨 느릿느릿 꾸물거리는 짓 ⓑ늑장을 부리다. 늑장을 피우다 한뜻말늦장

늑장부림 이름씨 겉으로는 일을 하지만 일부러 일을 게을리해서 일터 임자에게 덜이를 끼치는 일 ⇐ 태업

늑줄주다 움직씨 ❶팽팽한 종이솔개 줄을 좀 늦추어주다 ⓑ늑줄주다가 줄이 얽혀 종이솔개 싸움을 하고 말았다 ❷다그치지 않고 조금 늦추다 ⓑ일꾼들을 하루 내내 닦달하지 말고 늑줄줄 때도 있어야지

는개 이름씨 늘어진 안개. 비 가운데 가장 여린 비 ⓑ골짜기마다 피어오르는 는개

는실난실 어찌씨 ❶사내겨집 사이에 야릇하고 너저분하게 노는 꼴 ⓑ그들은 시답잖은 말들을 는실난실 주고받았다. 꽃들이 는실난실 손짓하며 피었다 ❷익숙하고 솜씨가 있어 느긋하게 일을 꾸려나가는 꼴 ⓑ아저씨는 나락논에 김매기도 는실난실 잘한다 **는실난실하다**

는적는적 어찌씨 몬이 힘없이 물러지거나 자꾸 힘없이 처지는 꼴 ⓑ반죽이 는적는적 질어져져서 솔떡 빚기가 어렵다 **는적는적하다**

는적는적하다 그림씨 몬이 힘없이 물러지거나 자꾸 힘없이 쳐지는 느낌이 있다

늘 어찌씨 언제나 ⓑ늘 말이 없는 그 사람 ⇐ 항상

늘그막 이름씨 늙을 무렵이나 늙었을 때 ⓑ늘그막에 얻은 아이라 더 귀엽다 준말늙마 ⇐ 황혼. 노년. 퇴행기

늘다 움직씨 ❶처음보다 더 크게, 더 많게, 더 길게 되다 ⓑ몸무게가 늘다. 잔소리가 늘다. 돼지가 열 마리로 늘었다 맞선말줄다 ❷솜씨나 재주, 슬기가 더 나아지다 ⓑ칼 쓰는 솜씨가 날로 는다. 노래도 자꾸 하면 늘지 ❸가진 것이나 살림살이가 넉넉해지다 ⓑ살림이 불 일듯이 늘었다 ❹때나 날이 길어지다 ⓑ일하는 날이 더 늘었다

늘름 어찌씨 ❶혀나 손을 재빨리 내밀었다 들이는 꼴 ⓑ동네 아이들이 혀를 늘름 내밀며 새로 온 아이를 놀린다 작은말날름 ❷손을 빨리 내밀어 무엇을 슬쩍 가지는 꼴 ⓑ아버지께서 주시는 돈을 늘름 받아 속주머니에 집어넣었다 **늘름하다**

늘름거리다 움직씨 ❶혀끝을 잇달아 빠르게 내밀었다 들였다 하다 ❷무엇을 자꾸 재빠르게 받아 가지다 **늘름대다**

늘름늘름 어찌씨 ❶혀끝을 잇달아 빠르게 내밀었다 들였다 하는 꼴 ⓑ구렁이가 기어가면서 긴 혀를 늘름늘름 내민다 ❷무엇을 자꾸 재빠르게 받아 가지는 꼴 ⓑ아이는 절을 하고 어른들이 주는 돈을 늘름늘름 받아 챙겼다 ❸불길이 꼬리를 휘두르며 타오르는 꼴 ⓑ아궁이 불길이 늘름늘름 혀를 내민다 ❹바라는 마음으로 엿보는 꼴 ⓑ개는 군침을 흘리며 매달아 놓은 고기를 늘름늘름 올려다본다 **늘름늘름하다**

늘리다 움직씨 '늘다' 하임꼴. 처음보다 크거나 많게 하다 ⓑ살림을 늘리다. 일하는 날을 늘리다. 사람이 더 오자 아내는 국건덕를 더 넣고 물을 흥덩하게 늘려 잡았다 ⇐ 확충하다

늘맡꾼 이름씨 어떤 일을 늘 맡아 하는 사람 ⇐ 상임위원

늘맡꾼모임 이름씨 어떤 일을 늘 맡아 하는 사람 모임 ⇐ 상임위원회

늘비하다 그림씨 ❶여기저기 많이 늘어서 있거나 놓여 있다 ⓑ이 집에 오늘 잔치를 하는지 사람들이 마당에 늘비하네 ❷크고 작은 것들이 죽 벌려 있다 ⓑ독과 단지가 늘비한 장독대

늘상 ⇒ 늘

늘씬하다 그림씨 ❶몸이 가늘고 키가 커서 맵시가 있다 ⓑ몸매가 늘씬하다 작은말날씬하다 ❷미끈하게 길다 ⓑ늘씬한 나무가 길가에 줄 서 있다 ❸('늘씬하게' 꼴로 써) 몸을 가누지 못할 만큼 축 늘어지다 ⓑ몹쓸 놈들한테 걸려 늘씬하게 얻어맞았다

늘어나다 (움직씨) ❶처음보다 커지거나 길어지거나 많아지다 ⓑ고무줄이 늘어나다. 주름살이 늘어나다. 사람이 늘어나다 맞선말줄어들다 ❷처음보다 더 넉넉해지다 ⓑ살림이 늘어나다

늘어놓다 (움직씨) ❶줄을 지어 벌여놓다 ⓑ한 줄로 늘어놓다 ⇐ 나열하다 ❷여기저기에 어수선하게 두다 ⓑ부엌에 그릇을 어지럽게 늘어놓았다 ❸여러 가지 일을 한꺼번에 여기저기 벌여놓다 ⓑ늘어놓은 일이 한두 가지가 아니다 ❹수다스럽게 말을 많이 하다 ⓑ오랜만에 아내에게 푸념을 늘어놓았지만 안 하니만 못했다 ❺여러 가지 보기나 일을 낱낱이 죽 벌여놓다 ⇐ 열거하다

늘어뜨리다 (움직씨) 한쪽 끝을 아래로 처지게 하다 ⓑ머리를 곱게 땋아 길게 늘어뜨렸다

늘어서다 (움직씨) 길게 줄지어 서다 ⓑ집들이 처마를 맞대고 촘촘히 늘어섰다

늘어세우다 (움직씨) 길게 줄지어 서게 하다. '늘어서다' 하임꼴 ⓑ배움이들을 한 줄로 늘어세우고 저마다 돌을 한 덩이씩 나르게 했다

늘어지다 (움직씨) ❶어떤 것 끝이 아래로 처지다 ⓑ버드나무 가지 끝이 아래로 축축 늘어졌다 비슷한말처지다 ❷늘어나서 길어지다 ⓑ바지 고무줄이 늘어져 추어올리다 나중에는 아예 쥐고 걸었다 ❸기운이 풀려 몸을 바로 가지지 못하다 ⓑ밤을 새웠더니 온몸이 늘어진다 ❹('늘어지게' 꼴로 써) 몸이 늘어나리만큼 길게 또는 실컷 ⓑ늘어지게 기지개를 켠다 ❺여기저기 많이 흩어져 놓이다 ⓑ옷가지들이 방바닥에 어지럽게 늘어졌다 ❻빠르지 못하고 느려지다 ⓑ발걸음이 늘어지다 ❼말이나 글이 쓸데없이 길어지다 ⓑ그 사람은 입을 열었다 하면 늘어져서 끝날 줄을 모른다 ❽걱정 없이 잘 있다 ⓑ우린 늘어지게 잘 살아

늘옴치래기 (이름씨) 늘었다 줄었다 하는 것 ⓑ이 늘옴치래기 살림에 뭔들 마다할 까닭이 있나

늘옴치힘살 (이름씨) 똥구멍이나 오줌통, 양뒷문들 둘레에 있어 늘어나면 다시 오무리는 노릇을 하는 힘살 ⇐ 괄약근. 늘옴치근

늘옷 (이름씨) 늘 입는 옷 ⇐ 평복. 상복

늘이다 (움직씨) ❶처음보다 길게 하다 ⓑ바짓단을 늘이다. 엇비슷한 말을 엿가락처럼 늘이다 ⇐ 연장하다 ❷아래로 길게 처지게 하다 ⓑ이불을 담벼락에 늘여 걸었다 ❸널리 벌여 놓다 ⓑ멧돼지가 많아져서 울타리를 더 늘였다 ⇐ 확장하다

늘인판 (이름씨) 몸뭄놀이에서 틀에 맞춘 때 안에 이기고 짐이 판가름 나지 않을 때 그 놀이를 더 이어 가는 것 ⇐ 연장전

늘임금 (이름씨) ❶어떤 일이나 생각, 몸짓 따위가 끊이지 않고 더 이어지는 것 ⇐ 연장선 ❷어떤 곧금 한쪽 끝에서 그쪽으로 늘인 곧금 ⇐ 연장선

늘임표 (이름씨) 가락글에서 소리표나 쉼표 위아래에 붙어 처음 장단보다 두세 곱 길게 늘여 치라는 뜻표

늘찡거리다 (움직씨) 느른한 몸짓으로 쉬엄쉬엄 느리게 움직이다 ⓑ누가 있다고 그렇게 늘찡거려? **늘찡대다**

늘찡늘찡 (어찌씨) 느른한 몸짓으로 쉬엄쉬엄 느리게 움직이는 꼴 ⓑ재는 늦다면서 저렇게 늘찡늘찡 걸어가네 **늘찡늘찡하다**

늘치분하다 (그림씨) 힘이 빠져 몹시 느른하다 ⓑ힘이 빠져 두 어깨가 늘치분하게 축 늘어졌다

늘크데하다 (그림씨) 힘차고 씩씩하지 못하고 느른하고 힘이 없다 ⓑ풀잎은 언제 봐도 늘크데한 사람이다 한뜻말늘크레하다

늘크레하다 (그림씨) 늘크데하다

늘편하다 (그림씨) 퍼질러 앉거나 누운 꼴이 편편하고 넓다

늘푸른나무 (이름씨) 네 철 내내 잎이 푸른 나무를 통틀어 이르는 말. 소나무, 대나무, 동백나무 따위가 있다 ⇐ 상록수

늘푸른떨기나무 (이름씨) 네 철 내내 잎이 푸른 떨기나무 ⇐ 상록관목

늘품 (이름씨) 앞으로 좋아질 됨됨이나 바탕 ⓑ

하는 짓을 보니 늘품이 도무지 없다 ⇐ 진취성

늙다 움직씨 ❶나이를 많이 먹다 ⓑ누구나 늙기 마련이다 ⇐ 연로하다 ❷한창때를 지나 힘이나 기운이 빠지다 ⓑ이제는 늙어서 옛날 같지 않다 ❸지나치게 익거나 자라다 ⓑ너무 늙은 호박 ❹겉모습 따위가 제 나이보다 더 들어 보이다 ⓑ며칠 새에 폭삭 늙어버렸다 ❺알맞은 때가 지나다 ⓑ늙은 새버시에 앳된 새가시. 늦게서야 한배곳에 들어온 늙은 배움이 ❻(그림씨) (흔히 '늙은' 꼴로 써) 나이를 많이 먹다 ⓑ늙은 여우. 늙은 할머니

늙돌봄집 이름씨 갈 곳 없는 늙은이를 받아들여 돌보는 그위 돌봄집 ⇐ 양로원

늙마 이름씨 '늘그막' 준말 ⓑ나는 내가 자란 마을로 돌아가서 늙마를 보내고 싶다 ⇐ 노년

늙몸·늙은몸 이름씨 나이가 들어 움직이기 힘든 몸

늙바탕 이름씨 늙어 버린 판 ⇐ 노년

늙수그레하다 그림씨 꽤 늙어 보이다 ⓑ아저씨는 머리가 하얗고 주름이 있어 나이보다 늙수그레하다

늙얼빔 이름씨 늙어 얼이 빠져 삶을 제대로 못 가림 ⓑ할머니는 다리를 다친 데다 늙얼빔까지 들어 몸도 제대로 못 움직이고 했던 말을 하루에 열두 디위도 더 해 오래 못 사실 것 같다 ⇐ 노망. 치매

늙은이 이름씨 늙은 사람 ⓑ젊은 애가 늙은이처럼 구네 ⇐ 노인

늙젊이 이름씨 늙은이와 젊은이 ⇐ 노소

늚따름수 이름씨 홀로 따름수 값이 커질수록 이에 짝진 따름숫값이 커지는 따름수 맞선말 줆따름수 ⇐ 증가함수

늠그다·능그다 움직씨 낟 껍질을 벗기려고 물에 적시어 애벌 찧다 ⓑ겉보리를 늠그다. 수수를 능그다

늠름하다 ⇒ 의젓하다. 씩씩하다

늡늡하다 그림씨 너그럽고 씩씩하다 ⓑ저런 늡늡한 젊은이를 보면 누구나 사위삼고 싶지

늣 이름씨 뜻을 갖는 가장 작은 말 하나치 ⓑ'옛날이야기책'은 옛, 날, 이야기, 책, 네 늣으로 이뤄진 말이다 ⇐ 형태소

늣늣하다 그림씨 ❶펀펀하거나 곧다 ⓑ나는 바지랑대 감으로 늣늣한 참나무를 골라 베어왔다 ❷마음을 늦추어 수그러지다

늣말 이름씨 낱 늣으로 된 말 ⓑ하늘, 땅, 사람은 늣말이다 한뜻말 홑낱말 ⇐ 단일어

능 이름씨 빠듯하지 않게 넉넉히 잡은 틈 ⓑ능을 주다. 능을 두다

능 ⇒ 임금 무덤. 임금아내 무덤

능가 ⇒ 앞섬. 넘어섬. 앞서다. 넘어서다. 뛰어넘다. 더 낫다

능갈맞다 그림씨 능갈스럽다

능갈스럽다 그림씨 얄밉도록 엉큼하면서 안 그런 척하다 ⓑ능갈스러운 웃음 한뜻말 능갈맞다

능갈치다 그림씨 매우 약삭빠르고 엉큼하다 ⓑ능갈치게 말하는 꼴 좀 보소

능구렁이 이름씨 ❶움직임이 느리고 독이 없는 뱀 ❷엉큼하고 의뭉스러운 사람을 빗댄 말 ⓑ능구렁이 같은 사람

능글능글하다 그림씨 엉큼하고 뻔뻔스럽다 ⓑ그 능글능글한 얼굴 좀 치워라

능글맞다 그림씨 뻔뻔스럽고 엉큼하고 모질다 ⓑ오빠는 능글맞게 웃으며 입을 열었다

능금 이름씨 능금나무 열매. 맛이 좋아 으뜸가는 과일이다 ⓑ능금을 한 소쿠리 사다 놓고 둘이서 다 먹었다 ⇐ 사과

능동 ⇒ 제힘

능동사 ⇒ 제힘움직씨

능동성 ⇒ 하고 싶음. 스스로 나섬

능동적 ⇒ 하고 싶은. 나서는

능두다 움직씨 빠듯하지 않고 넉넉하여 남음이 있다. 또는 마음이 느긋하고 너그럽다 ⓑ손님이 올 수도 있으니 밥을 능두어 마련하여라. 두루마기를 지을 때는 능두어 낙낙하게 지어야지

능란하다 ⇒ 멋지다. 훌륭하다. 솜씨 있다. 익숙하다

능력 ⇒ 깜냥. 힘. 재주. 일새. 일솜씨. 솜씨

능력껏 ⇒ 힘껏. 기운껏. 재주껏

능률 ⇒ 할 일 푼수

능멸 ⇒ 깔봄. 업신여김. 깔보다. 넘보다. 업신여기다. 낮추보다. 업신여겨 깔보다

능사 ⇒ 잘하는 일

능선 ⇒ 등성이. 멧등. 멧마루

능소니 이름씨 곰 새끼

능수 ⇒ 좋은 솜씨

능수능란하다 ⇒ 솜씨가 좋다

능수버들 이름씨 잎은 길쭉하고 끝은 뾰쪽하며 가늘고 긴 가지가 아래로 축 늘어진 갈잎나무 ⇐ 수양버들

능숙하다 ⇒ 손싸다. 손익다. 손재다

능어리 이름씨 느어리. 옷곳버섯 ⇐ 향버섯

능이 ⇒ 느어리. 능어리. 옷곳버섯

능준하다 그림씨 대중에 차고도 남아 넉넉하다 ⓑ그 힘이라면 사내 서넛은 능준하게 막아낼 수 있고말고

능쪽 이름씨 햇볕이 들지 않고 늘 그늘이 지는 쪽 ⓑ볕쪽과 능쪽

능참봉 ⇒ 임금무덤지기

능청 이름씨 마음속은 엉큼하면서 겉으로는 아무렇지도 않은 것처럼 꾸미는 모습 ⓑ능청을 떨다. 능청을 부리다

능청맞다 그림씨 마음속은 엉큼하면서 겉으로는 아무렇지도 않은 척하다 ⓑ그 겨집은 능청맞게 거짓말을 하곤 해

능청스럽다 그림씨 마음속은 엉큼하면서 겉으로는 아무렇지도 않은 척하는 데가 있다 ⓑ그 아이는 나이에 견줘 능청스럽다기 보다 어리석은 것 아닐까?

능통하다 ⇒ 훤히 알다. 거침없다. 막힘없다. 밝다. 잘하다

능하다 ⇒ 뛰어나다. 막힘없다. 밝다. 잘하다

능히 ⇒ 쉽게. 막힘없이. 수월히

늦- 앞가지 ❶때나 철이 늦은 ⓑ늦더위. 늦거름. 늦심기. 늦되다 ❷나이 든. 늘그막에 된 ⓑ늦깎이. 늦둥이. 늦부지런

늦가을 이름씨 가을이 끝나갈 무렵 ⓑ잎이 떨어진 늦가을 모습은 을씨년스럽다

늦겨울 이름씨 겨울이 다 갈 무렵 ⓑ맵고 찬 바람 부는 늦겨울 날씨

늦깎기 이름씨 나이가 들어 늦게 머리를 깎는 일 ⓑ늦깎기에 남집살이를 하니 눈물이 났다

늦깎이 이름씨 ❶나이를 많이 먹고 중이 된 사람 ⓑ늦깎이 중 맞선말 올깎이 ❷나이 든 뒤에 일을 배우거나 일을 비롯하는 것. 또는 그런 사람 ⓑ마흔에 아들을 얻은 늦깎이 아빠 ❸열매, 남새 따위가 늦게 익은 것

늦다 움직씨 ❶어느 때에 뒤지다 ⓑ오늘도 배곳에 늦었다 맞선말 이르다 ❷어떤 일이 이루어지는 바가 느리다 ⓑ말 터지는 것이 저렇게 늦어서야 한뜻말 더디다 ❸가락, 움직임 따위 빠르기가 느리다 ⓑ늘 한발이 늦다 ❹알맞을 때나 한창일 때를 지나다 ⓑ늦은 저녁을 먹었다 ❺밤이 이슥하다 ⓑ너무 늦게 다니지 마라

늦닿음 움직씨 미리 잡은 때보다 늦게 이르다 ⓑ오늘 날틀이 하늘나루에 많이 늦닿아서 집에 가는데 애를 먹었다 ⇐ 연착 **늦닿다**

늦더위 이름씨 여름이 끝날 무렵까지 이어지는 더위 ⓑ늦더위가 한창이다 맞선말 일더위

늦되다 움직씨 ❶낟이나 열매 따위가 제철보다 늦게 여물거나 익다 ⓑ올해는 감이 늦되어 한가위가 다 되었는데도 아직 시퍼렇다 맞선말 올되다. 일되다 ❷나이보다 철이 늦게 들다 ⓑ또래보다 늦되다 맞선말 올되다. 일되다 ❸어떤 일을 하는 데 남보다 더 걸리고 늦다 ⓑ이 사람은 뭐든지 늦되어서 일이 더뎌

늦둥이 이름씨 ❶늘그막에 낳은 아들딸 ⓑ쉰이 다 돼서 늦둥이를 보았는데 걔가 장가든다니 ❷하는 짓이 어설프고 똑똑하지 못한 사람 ⓑ겉보기는 늦둥이 같아도 속이 알토란같이 꽉 찬 사람이오

늦마 이름씨 제철이 지난 뒤에 지는 장마. '마'

는 장마 옛말 ㉥올해 마을 줄다리기는 늦마 때문에 열리지 못했다 한뜻말늦장마

늦바람 [이름씨] [1]저녁 늦게 부는 바람 ㉥여름에도 늦바람은 제법 서늘하지 [2]나이가 들어 늦게 난 바람 ㉥돌이 아비는 어쩌다 늦바람이 나서 돈을 다 날렸다지

늦벼 [이름씨] 제철보다 늦게 여무는 벼 ㉥서리가 내린 다음 늦벼를 거둬들였다 맞선말올벼

늦봄 [이름씨] 봄철 마지막 무렵 ㉥온갖 잎사귀가 푸른빛을 더해가는 늦봄이라야 철쭉이 피지

늦부지런 [이름씨] [1]늙어서 부리는 부지런 ㉥젊어서는 빈둥거리다 늦부지런이 들어 밤낮없이 일한다오 [2]뒤늦게 서두르는 부지런 ㉥늦부지런 부리지 말고 어두워지니 집에 갑시다

늦사리 [이름씨] 철 늦게 먹을거리를 거둬들이는 일. 또는 그 먹을거리 ㉥늦사리에 바쁜 일손 맞선말오사리

늦심기 [이름씨] 제철보다 늦게 낟이나 남새를 심는 일 ㉥올해는 날이 가물어 모도 늦심기가 되겠구먼

늦여름 [이름씨] 여름이 끝나가는 무렵 ㉥늦여름인데 장마가 이어진다

늦잎 [이름씨] 제철이 지나도록 지지 않은 잎 ㉥첫눈이 내렸는데도 늦잎이 밤나무 가지에 매달려 있다

늦잠 [이름씨] 아침 늦게까지 자는 잠 ㉥늦잠 좀 자게 가만둬라

늦잠꾸러기 [이름씨] 아침 늦게까지 자는 버릇이 있는 사람 ㉥막내는 늦잠꾸러기다 한뜻말늦잠쟁이

늦잡다 [움직씨] 날짜나 때를 늦추어 잡다 ㉥아무리 늦잡아도 해끝까지는 마쳐야 한다

늦잡죄다 [움직씨] 느지막이 잡도리를 하다 ㉥늦잡죄면 오히려 제때에 못 맞출 수도 있다

늦장 [이름씨] 일을 느리게 하거나 꾸물거리는 것 ㉥늦장 부리지 말고 얼른 나와 한뜻말늑장

늦장마 [이름씨] 제철이 지난 뒤에 지는 장마 ㉥늦장마가 지다 한뜻말늦마

늦추 [어찌씨] [1]늦게 ㉥늦추 오다 [2]느슨하게 ㉥고추 줄을 늦추 매다

늦추다 [움직씨] [1]'늦다' 하임꼴. 때를 늦어지게 하다 ㉥만나는 날짜를 아제로 늦추다 ⇐ 연기하다 [2]다잡지 아니하고 조금 풀어주다 ㉥가다듬은 마음을 늦추지 마라 [3]빠르기를 느리게 하다 ㉥숨이 차면 걸음을 늦추고 따라와 [4]바싹 다그치지 않고 느슨하게 하다 ㉥쳐들어가는 것을 늦추지 말게 [5]물매를 가파르지 않게 하다 ㉥이곳은 눈이 많이 오니 지붕을 얹을 때 물매를 너무 늦추지 말게

늦추위 [이름씨] 제철보다 늦게 오거나 늦게까지 이어지는 추위 ㉥늦추위에 얼어 죽겠다

늦 [이름씨] 어떤 일이 일어나려는 낌새. 또는 먼저 보이는 빌미 ㉥쪽빛 바닷물은 이제 곧 가을이라는 늦이다 비슷한말싹수 ⇐ 징조. 조짐. 증상. 증세

늦무리 [이름씨] 어떤 앓이 때문에 여러 가지로 일어나는 늦 ⇐ 증후군

늪 [이름씨] [1]땅바닥이 둘러 패어서 늘 많은 물이 깊지 않게 괴어 갈대 같은 온갖 물살이풀이 우거진 곳 ㉥늪은 온갖 목숨붙이가 사는 아름누리이다 [2]빠져나오기 어려운 매개를 견준 말 ㉥삶은 괴로운 늪이다

늪지 ⇒ 늪터. 늪땅

늪지대 ⇒ 늪땅. 늪터

닐리리 [어찌씨] 피리나 퉁소, 새납 같은 부는가락틀을 불 때 나는 소리를 흉내낸 말

닐리리야 [이름씨] 우리나라 복판고장에서 입으로 불려 내려오는 노래. 닐리리야를 되풀이 글귀로 소리하며 굿거리장단으로 부른다

-니 [뒷가지] 꽃 곧 겨집을 뜻하는 가장 높이는 말 ㉥어머니. 할머니. 아주머니

니글거리다 [움직씨] 속이 메스꺼워서 곧 게울 듯하다 ㉥어제 튀김을 먹었더니 아직도 속이 니글거린다 **니글대다**

니글니글 [어찌씨] 속이 메스꺼워서 곧 게울 듯한 꼴 ㉥펄펄 끓는 기름 솥만 봐도 속이 니글니글하네 **니글니글하다**

니나노 이름씨 서울옆고장 소리에서 소리 끝에 되풀이하여 부르는 소리

니스 이름씨 몬겉이나 바닥에 발라서 물에 젖지 않고 빛이 나게 바르는 바르개

니은 이름씨 한글 닿소리 글자 'ㄴ' 이름

니켈 이름씨 흰 수빛으로 잘 늘어나고 잘 펴지며 바람이나 물, 알칼리에 삭지 않아 쇠붙이를 섞는 밑감이나 입히는 밑감으로 많이 쓴다

니코틴 이름씨 담뱃잎 속에 들어 있는 죽개

니트 ⇒ 뜨게. 뜨개질

니퍼 ⇒ 끊개. 자르개

니혼 이름씨 아시아 새녘 끝에 있는 섬나라. 산불메, 더운샘이 많고 땅흔들림이 잦다. 서울은 도쿄 ⇐ 일본

니혼골불늦 이름씨 늦여름에 모기가 퍼뜨리는 돌림앓이. 걸리면 몸이 불덩이처럼 뜨겁고 머리가 몹시 아프다 ⇐ 일본뇌염

니혼납 이름씨 니혼 추운 곳에 사는 잿빛 털 납 ⇐ 일본원숭이

니혼말 이름씨 니혼 사람들이 쓰는 말 ⇐ 일본말

니혼사람 이름씨 니혼에 사는 사람 ⇐ 일본인

닉네임 ⇒ 덧이름. 딴이름

님 이름씨 ❶사랑하여 그리워하는 사람 ⓑ그리운 님. 님은 갔습니다 한뜻말 임 ❷임자 ⇐ 주인

님 이름씨 바느질에 쓰는 토막 친 실을 세는 말 ⓑ한 님

-님 뒷가지 ❶(어떤 이름씨 뒤에 붙어) '높임'을 뜻하는 말 ⓑ아주버님. 아우님. 벗님 ❷(사람이 아닌 이름씨 뒤에 붙어) '높임'을 뜻하는 말 ⓑ달님. 해님. 별님

닢[1] 이름씨 돈이나 가마니, 멍석 같은 납작한 것을 세는 말 ⓑ그 집 뒷마당 넓이는 멍석 서너 닢쯤 된다

닢[2] 이름씨 얇고 잘게 썰어 기름에 튀긴 맛갓 ⓑ감자닢 ⇐ 칩

닢[3] 이름씨 (번씨짓갈에서) 모인 돌길에 붙이는 작은 가웃흐름덩이 조각 ⇐ 칩

다[1] (어찌씨) ❶남거나 빠지지 않게. 모조리. 몽땅 ⓑ아침밥을 다 먹었다 ❷어떤 짓이나 꼴이 끝에 이르렀음을 나타내는 말 ⓑ신이 다 닳았다 ❸뜻밖 일에 기쁘거나 놀라거나 비꼴 때 쓰는 말 ⓑ별꼴 다 보겠네. 기뻐서 눈물이 다 난다 ❹어떤 것이든지 ⓑ너희 둘 다 마음에 든다 ❺거의 ⓑ내게 마음 쓰는 것을 보니, 너도 이제 다 컸구나 ❻바라는 일을 이룰 수 없거나 못 할 때 쓰는 말 ⓑ이렇게 비가 오니 나들이는 다 갔군

다[2] (이름씨) ❶남거나 빠짐이 없는 모든 것 ⓑ내가 가진 것은 이게 다야 ❷가장 좋은 것 ⓑ돈이 다는 아니야

다[3] (씨끝) ❶풀이씨 으뜸꼴임을 나타내는 말 ⓑ웃다. 먹다. 크다 ❷그림씨에 붙어 어떤 것을 있는 그대로 나타내는 말 ⓑ들판이 넓다

다가가다 (움직씨) ❶어떤 쪽으로 더 가까이 가다 ⓑ불을 쬐러 앞으로 바짝 다가갔다 맞선말다가오다 ❷누구와 가까이 있고 싶어서 곰살궂게 마주하다 ⓑ먼저 마음을 열고 다가가렴

다가놓다 (움직씨) 어떤 데로 가까이 가져다 놓다 ⓑ밥놓개를 내 가까이로 다가놓아 줘

다가들다 (움직씨) ❶어떤 데로 더 가까이 가거나 오다 ⓑ아기가 문득 엄마 품속으로 다가들었다 ❷맞서 덤비다 ⓑ골이 날 대로 나서 그놈한테 맨주먹으로 다가들었다

다가붙다 (움직씨) ❶어떤 데로 더 가까이 붙다 ⓑ센바람이 불어 아이가 담벼락에 바짝 다가붙었다 ❷둘이나 여럿 사이에 서로 가까이 붙다 ⓑ멧골에 밤이 깊어지자 추워서 둘은 서로 다가붙었다

다가서다 (움직씨) ❶어떤 쪽으로 더 가까이 서다 ⓑ낭떠러지 가까이 다가서지 마시오 ❷어떤 틀이나 잣대에 가까이 이르다 ⓑ내 나이 예순에 다가서니 비로소 하늘이 어렴풋이 보일 듯하다

다가쓰다 (움직씨) 돈이나 몬 따위를 쓰기로 한 때보다 앞당겨 쓰다 ⓑ다음 달 쓸 돈을 자

꾸 다가쓰다 보면 돈이 모자랄 때가 있다 맞선말당겨쓰다

다가앉다 움직씨 어떤 데로 더 가까이 와서 앉다 ⓑ내 옆으로 조금 더 다가앉게

다가오다 움직씨 ❶어떤 쪽으로 더 가까이 오다 ⓑ내게 다가오는 검은 그림자가 보인다 맞선말다가가다 ❷어떤 일이나 때가 가까이 닥치다 ⓑ곧 추운 겨울이 다가온다

다각도 ⇒ 여러 모. 여러 갈래. 여러 가지

다각형 ⇒ 여러모꼴

다갈색 ⇒ 밤빛. 흙빛

다감하다 ⇒ 느낌이 넉넉하다

다공관 ⇒ 여러 구멍대롱

다과 ⇒ 차와 과줄. 차와 과자

다과회 ⇒ 차 과줄 모임

다구지다 그림씨 ❶생김새나 몸씨가 옹골차고 야무지다 ⓑ오빠는 키가 땅딸막한데 튼튼하고 다구지다 ❷마음씨가 굳세고 당차다 ⓑ낯선 곳에 가서는 마음을 다구지게 먹어야 한다

다국적 기업 ⇒ 여러 나라에 걸친 벌일

다그다 움직씨 ❶어느 쪽으로 가까이 옮기다 ⓑ책을 바싹 제 앞으로 다그다 ❷때나 날짜를 앞당기다 ⓑ새뜸터에서 글 마감날을 다가서 모레까지 글을 내야 한다 ❸일을 서두르다 ⓑ물이 불어나기 앞에 내를 건너야 해서 걸음을 다그었다 ❹숨을 가쁘게 몰아쉬다 ⓑ할머니가 숨을 다가 몰아쉬는 것을 보니 오래 못 사실 것 같다

다그치다 움직씨 ❶일을 빨리 끝내려고 몹시 서두르다 ⓑ일손을 다그치다 ❷일이나 짓을 하라고 몰아붙이다 ⓑ아빠는 사람들에게 일을 빨리 마무리하라고 다그쳤다

다글다글 어찌씨 작은 알 같은 것이 많이 널려 구르는 꼴 ⓑ놓개 위에서 다글다글 구르는 콩알들

다금바리 이름씨 등은 보라에 푸른빛이고 배는 흰빛, 깊은 곳에 사는 바닷물고기

다급하다 ⇒ 과가르다. 매우 바쁘다. 서두르다. 숨가쁘다

다기 ⇒ 찻그릇

다녀가다 움직씨 어디에 들렀다 가다 ⓑ집에 틈나는 대로 한번 다녀가리다

다녀오다 움직씨 어디에 들렀다 돌아오다 ⓑ엄마, 배곳에 잘 다녀오겠습니다

다년간 ⇒ 여러 해 동안

다년생식물·다년초 ⇒ 여러해살이풀

다능하다 ⇒ 못하는 게 없다. 재주 많다. 잘하다

다니다 움직씨 ❶볼일이 있어 어떤 곳을 드나들다 ⓑ아침마다 마실물을 뜨러 샘터에 다닌다 ❷지나가고 지나오다 ⓑ이 마을에는 버스가 하루에 네 디위 다닌다 ❸이리저리 가고 오다 ⓑ아이들이 뛰놀며 다닌다 ❹배곳이나 일터 같은 곳에 줄곧 나가다 ⓑ배곳에 다니다. 일터에 다니다 ❺무엇을 하려고 움직이다 ⓑ사냥을 다니다. 구경을 다니다 ❻탈것이 오가다 ⓑ배가 다니다. 긴수레가 다니다 ❼어떤 곳에 잠깐 들르다 ⓑ할아버지가 우리 집에 다니러 오셨다

다다르다 움직씨 ❶어느 곳에 이르다 ⓑ우리는 먼바다를 헤매다 조그만 섬에 다다랐다 준말다닫다 ❷어느 때가 다 되거나 오다 ⓑ배움쉼 때가 다다랐다 ❸대목에 이르다 ⓑ끝맺음에 다다르다 ❹어떤 잣대에 이르다 ⓑ낱말풀이를 마치기엔 열에 일곱에도 다다르지 못했다

다닥다닥 어찌씨 ❶조금 작은 것들이 한곳에 많이 붙은 꼴 ⓑ갯가 바위에 따개비들이 다닥다닥 나있다 큰말더덕더덕 센말따닥따닥 ❷자질구레하게 여기저기 많이 붙이거나 기운 꼴 ⓑ버선 뒤꿈치를 기운 자국이 다닥다닥 나있다 **다닥다닥하다**

다달이 어찌씨 달마다 ⓑ홀로 사는데도 다달이 적지 않은 돈이 들어간다

다도해 ⇒ 섬 많은 바다

다독 ⇒ 많이 읽기. 많이 읽다

다독거리다 움직씨 ❶흩어지기 쉽거나 허벅허벅한 것을 살살 두드려 다지다 ⓑ모래집이 무너질까 아이는 조심스레 다독거렸다 ❷귀엽고 사랑스러워 가볍게 두드리다 ⓑ아

이가 더는 울지 않도록 살살 다독거렸다 **다독대다**

다독다독 (어찌씨) ❶흩어지거나 부스러지기 쉬운 것을 살살 두드려 다지는 꼴 ⓑ돌쇠는 불담이 안에 삭은 재를 다독다독 눌렀다 센말따독따독 ❷귀엽고 사랑스러워 가볍게 두드리는 꼴 ⓑ할아버지는 아이 등을 다독다독하며 쓰다듬었다 ❸아이를 재우려고 가볍게 두드리는 꼴 ⓑ엄마는 아기가 잠들 때까지 가슴을 다독다독 두드려주었다 ❹남 모자란 데를 감싸고 달래는 꼴 ⓑ일하기 싫어하는 아이를 다독다독 달래가며 쉬운 일부터 하나씩 하게 했다 **다독다독하다 다독이다**

다듬다 (움직씨) ❶맵시 있게 손으로 매만지거나 가꾸다 ⓑ손톱, 발톱을 다듬다 ❷거친 바탕을 반듯하고 고르게 하다 ⓑ끌과 망치로 단단하고 검은 돌을 매끈하게 다듬었다 ❸못 쓸 것을 가려서 떼어내다 ⓑ파를 다듬고 마늘 껍질을 벗겼다 ❹글 따위를 짜임새 있게 고치다 ⓑ저녁나절까지 새뜸에 올릴 글을 다듬었다 ❺목소리를 매끄럽게 고르다 ⓑ헛기침을 몇 차례 하고 목소리를 다듬어 한가락 뽑았다 ❻다듬이질하다 ⓑ누나는 밤마다 옷감을 다듬느라 방망이질을 했다

다듬이질 (이름씨) 옷이나 옷감 따위를 다듬잇돌에 놓고 방망이로 두드려 구김살을 펴고 반드럽게 하는 짓 ⓑ겨울밤이면 집집마다 다듬이질 소리가 또랑또랑하게 온 동네에 울려 퍼졌다 준말다듬질

다듬잇돌 (이름씨) 다듬이질할 때 옷감 밑에 받치는 돌

다듬잇방망이 (이름씨) 다듬이질할 때 쓰는 방망이

다듬질 (이름씨) ❶다 짓거나 새긴 것을 끝으로 매만지는 짓 ⓑ매끄러운 기둥 바탕은 다듬질 솜씨에 달려있다 ❷'다듬이질' 준말

다떠위다 (움직씨) 많은 사람이 한곳에 모여 시끄럽게 떠들고 마구 덤비다 ⓑ가게에 사람들이 얼마나 다떠위는지 발 디딜 틈조차 없었다

다라이 ⇒ 대야. 함지박

다락 (이름씨) ❶집 보꾹과 지붕 사이 빈칸을 써서 몬을 두거나 사람이 쉬도록 지은 곳 ⓑ술래가 된 나는 다락에 숨은 아우를 찾아냈다 ❷기둥을 높이 세우고, 그 위에 바람이 없는 마루를 놓아 지은 집 ⓑ다락에 올라 시름에 잠긴 고을 나리가 멀리 하늘을 쳐다본다 ❸배달집에서 부엌 위에 딴 켜를 만들어 살림살이를 넣어두는 곳 ⓑ다락은 아이들이 좋아하는 곶감, 꿀, 강정, 고욤 들이 있는 아름누리다

다락갈이 (이름씨) 비탈진 땅에 켜켜로 논밭을 만들어 낟이나 남새를 심어 가꾸는 일 ⇐ 계단갈이. 계단경작

다락같다 (그림씨) ❶덩치가 매우 크다 ⓑ큰불이 번지더니 갑자기 다락같이 위로 솟구쳐 오른다 ❷값이 매우 높다 ⓑ올해 고춧값이 다락같이 뛰었다

다락논·다랑논 (이름씨) 멧비탈에 높이를 달리하여 켜켜이 만든 좁고 긴 논배미 ⓑ다랑논 배미 배미마다 뉘뉘로 이어진 옛 어른들 손길이 느껴진다

다락다락 (어찌씨) ❶자꾸 성가시게 대들면서 조르는 꼴 ⓑ아이가 놀잇감을 사달라고 다락다락 졸라댄다 큰말더럭더럭 ❷귀찮거나 두려울 만큼 바득바득 다가오는 꼴 ⓑ집삯 낼 날이 다락다락 다가온다 ❸물방울 따위가 많이 맺혀 매달린 꼴 ⓑ호박잎에 다락다락 맺힌 이슬방울

다락마루 (이름씨) 다락처럼 높게 만든 마루 ⇐ 누마루

다락방 (이름씨) 지붕 바로 밑에 다락처럼 높게 꾸며 지은 방 ⓑ갑길님은 쫓기게 되자 다락방에서 두 해 넘게 숨어 지냈다

다락밭 (이름씨) 멧비탈에 높이를 달리하여 켜켜이 만든 좁고 긴 밭뙈기 ⓑ저녁 무렵 다락밭을 갈고 들깨 씨를 뿌렸다

다람쥐[1] (이름씨) 가장 잘 달리는 쥐라는 뜻으로

붙은 이름이며, 등에 검은 줄이 다섯 낱 있고, 도탑고 긴 꼬리에 몸은 누런 밤빛이다. 솔씨, 도토리, 밤, 작은 벌레 따위를 먹고, 나무를 잘 탄다. 날다람쥐, 참다람쥐, 하늘다람쥐 따위가 있다

다람쥐[2] 이름씨 셈틀에서 깜박이를 움직여 어떤 것을 골라 성금을 내리거나 일차림표를 하게 하는 틀 ⇐ 마우스

다랍다 그림씨 **1** 때나 찌꺼기 따위가 있어서 좀 지저분하다 ㉥그렇게 다라운 손으로 어떻게 맛갓을 먹니? **2** 말이나 짓이 깨끗하지 못하거나 좀 쩨쩨하다 ㉥가면이 소리를 듣는 사람이 다랍게 돈 골 원을 내놓는단 말이야?

다랑귀 이름씨 두 손으로 붙잡고 매달리는 짓 ㉥겨집이 덩치 큰 사내에게 다랑귀를 뛰며 반가이 맞는다 익은말 **다랑귀를 떼다** 몹시 매달리며 조르다

다랑어 이름씨 몸은 베 짜는 북과 같고 머리는 뾰족하고 등은 검고 배는 흰 바닷물고기

다랑이 이름씨 다랑논

다래 이름씨 **1** 우리나라에서 저절로 나는 열매 가운데 가장 단 과일. 다래나무 열매로 속살은 옅은 풀빛이며 까만 씨가 많다 **2** 아직 피지 않은 미영 열매

다래끼[1] 이름씨 속눈썹 뿌리에 팡이가 들어가 눈시울이 곪아 생기는 작은 부스럼 ㉥일을 너무 많이 해 다래끼가 나기도 한다

다래끼[2] 이름씨 아가리가 좁고 바닥이 넓적한 작은 바구니. 대나 싸리로 만든다 ㉥나물을 한 다래끼 뜯어 멧등성이를 내리 달렸다

다래나무 이름씨 멧골짜기나 멧기슭에서 잘 자라는 갈잎 덩굴나무. 굵은 덩굴을 따라 늦봄에 흰 꽃이 피고, 꽃이 진 뒤 푸르스름한 열매가 달려 가을에 익는다

다량 ⇒ 무더기. 많음

다량입하 ⇒ 많이 들어옴

다루다 움직씨 **1** 어떤 몬이나 일거리를 뜻한 대로 매만지거나 다스리다 ㉥가온이는 노래를 잘할 뿐만 아니라 가락틀도 잘 다룬다 **2** 사람이나 짐승을 다스리거나 부리다 ㉥몽골 사람들은 어려서부터 조랑말을 다루는 재주를 배운다 **3** 어떤 것을 사고파는 일을 하다 ㉥고을 저자에서는 제 고장 먹거리를 더 많이 다룬다 **4** 글이나 말짓기 바탕감으로 삼다 ㉥다음 모꼬지에서 우리말 살려 쓰기를 다룬다 **5** 가죽 같은 것을 손질하여 부드럽게 하다 ㉥소가죽을 다루어 북을 만든다 **6** 맡아서 건사하거나 팔다 ㉥돈을 다루다 **7** 땅을 잘 가꾸어 살림을 꾸리다 ㉥땅을 잘 다루지 못하는 사람이 땅을 지니면 안 된다 **8** 어떤 일을 맡아서 하다 ㉥동네일을 다루다. 판가름일을 다루다

다르다 그림씨 **1** 둘이 서로 같지 않다 ㉥겉 다르고 속 다르다 맞선말 같다 **2** 여느 것보다 두드러지다 ㉥될성부른 나무는 떡잎부터 다르다 한뜻말 딴

다른 매김씨 **1** 같지 않은 ㉥잠은 같이 자도 꿈은 다른 꿈을 꾼다 **2** 그 밖. 여느 ㉥우리가 여기 모인 까닭은 다른 게 아니라, 우리 겨레가 어떻게 해야 한자말을 버리고 우리말을 되살려 쓸 날을 앞당길까를 찾는 일이다

다름 이름씨 **1** 셈한 값과 나온 값 사이 틀림 ㉥다름이 크다. 다름이 나다 ⇐ 오차 **2** 얽이나 어림이 어긋나서 생기는 잘못 ㉥이 일은 다름이 한치도 없이 되어가야 해 **3** (수갈) 참값과 비슷값 사이 틀림

다름없다 그림씨 여러모로 보아 똑같다 ㉥어제와 다름없이 오늘을 살아가는가?

다리[1] 이름씨 **1** 사람과 짐승 몸통에 붙어서 서거나 걷거나 뛰는 일을 맡은 것 ㉥오래 걸었더니 다리가 아프다 **2** 몬 아래쪽에 붙어 그것을 받치는 것 ㉥놓개다리. 앉개다리 **3** 눈거울알을 끼운 테에서 귀에 걸게 된 곳 ㉥눈거울다리 **4** 오징어나 문어 같은 것 머리에 여러 낱 달려 있어 헤엄치거나 먹이를 잡는 그릇 슬기말 **친 사람은 다리 오그리고 자도 맞은 사람은 다리 펴고 잔다** 남에게 언걸

을 입힌 사람은 마음이 안절부절 못하나 언걸 입은 사람 마음은 오히려 고요하다

다리[2] 이름씨 **1**개울이나 가람, 바다, 골짜기, 길 따위를 건널 수 있게 맞은쪽으로 가로질러 지은 것 ⓑ여울은 배곳에 오가며 날마다 긴 다리를 건너 다닌다 **2**사람 사이를 이어주는 것 ⓑ이곳 사람들은 두세 다리 건너면 다 아는 사이이다. 내가 다른 사람한테 다리를 놓아 줄게 **3**가운데 거쳐 가야 하는 섬 ⓑ우리말 살려 쓰기가 자리 잡으려면 여러 다리를 거쳐야 한다

다리[3] 이름씨 머리숱이 많아 보이게 꾸미려고 덧넣은 딴 머리 ⓑ이슬은 머리를 예쁘게 꾸미려고 다리를 달아 쪽을 쪘다

다리[4] 이름씨 자리가 높고 낮은 턱 ⓑ마침내 여섯 해가 지나서야 내 벼슬이 한 다리 올랐다

다리갱이 이름씨 '다리' 낮춤말 ⓑ고얀 녀석 같으니라고, 다리갱이를 분질러 버릴까 보다

다리걸이 이름씨 딴 사람 다리를 발로 걸어 넘어뜨리는 일. 씨름에서 덧걸이, 밭걸이, 안걸이 따위를 통틀어 이르는 말 ⓑ마침내 다리걸이 한판으로 올해 씨름 으뜸자리에 올랐다

다리다[1] 움직씨 옷이나 천 따위 구김을 펴거나 주름을 잡으려고 다리미나 인두 따위로 눌러 문지르다 ⓑ바지보다 치마를 다려 줄을 세우는 것이 더 어렵다

다리다[2] 움직씨 낫개나 꿀 같은 것을 많이 먹었을 때 속이 화끈거리고 쓰리다 ⓑ단것을 많이 먹었더니 속이 좀 다린다

다리다[3] 움직씨 앞으로 잡아당기다 ⓑ슬근슬근 톱질이야, 밀 거니 다리 거니 타다 보면 박 속에 금빛이 비친다네 한뜻말당기다

다리맵시 이름씨 다리 생김새 ⓑ다리맵시가 미끈하다 ⇐ 각선미

다리몽둥이 이름씨 다리 낮춤말 ⓑ한 디위 더 그러면 다리몽둥이를 부러뜨려 놓을 거야

다리미 이름씨 바닥을 뜨겁게 달구어 옷이나 옷감 따위 구김살을 펴거나 주름을 잡아주는 틀 ⓑ옷을 빤 뒤에 다리미로 주름을 곱게 폈다

다리미질 이름씨 다리미로 옷이나 옷감 따위 구김살을 펴거나 주름을 잡아주는 일 ⓑ여름에 다리미질을 하느라 땀을 뻘뻘 흘린다 준말다림질

다리밟이 이름씨 열두 달 내내 마을 사람들이 나쁜 일을 겪지 않고, 다리가 아프지 않도록, 달셈 한달 보름날 밤에 마을에 가까운 열두 다리를 밟는 일. 다리밟이에 앞서 해뜰 무렵에는 귀밝이술을 마시고 부럼을 깨물며 찹쌀, 기장, 찰수수, 검정콩, 붉은팥 다섯 가지를 섞어 지은 밥을 먹는 내림이 아직 남아있다

다리뼈 이름씨 다리를 이루는 뼈 ⓑ다리가 아픈 뒤라야 다리뼈가 종요로운 줄 안다 슬기말 **다리뼈가 맏아들이라** 걸을 수 있는 다리가 맏아들만큼 종요롭고 믿음직스럽다

다리살 이름씨 넙덕다리 안쪽

다리속곳 이름씨 다리살을 가리려고 치마 가장 안쪽에 받쳐 입는 속옷 ⓑ다리속곳을 벗고 씻다

다리쇠 이름씨 불담이 위에 뚝배기나 냄비를 올려놓을 때 걸치는 연모

다리쉼 이름씨 오래 걷거나 서서 오래 일하다가 얼마 동안 다리를 쉬는 일 **다리쉼하다**

다리아랫소리 이름씨 머리를 다리 아래까지 숙여 내는 소리라는 뜻으로, 남에게 도움을 받으려고 굽실거리며 하는 소리를 이르는 말 ⓑ빌어먹어도 다리아랫소리 하기는 싫다

다리품 이름씨 길을 걷는 데 드는 힘 ⓑ일터가 멀어져서 모레부터는 다리품을 더 팔아야 한다

다림 이름씨 가늠쇠를 써서 곧섬과 곧눕을 헤아리는 일 ⓑ집을 지을 때 다림을 잘 보아 바탕을 잡아야 한다 익은말 **다림을 보다** **1** 곧섬인지 곧눕인지 겨냥대고 살펴보다 **2** 보탬이 되는지 덜이가 되는지 겨냥대고 살펴보다

다림방[1] (이름씨) 다리미질을 하도록 꾸린 방
다림방[2] (이름씨) 쇠고기나 돼지고기 따위를 매달아놓고 팔던 가게 ⓑ나라가 무너지고 멧골에 숨어 살던 사람들 가운데 몇몇은 다림방 저잣거리에 끼어 들어와 살았다 한다
다릿골 (이름씨) 다리뼈 속에 있는 골 (익은말) **다릿골이 빠지다** 많이 걸어서 다리가 몹시 고단하고 힘이 없다
다릿골독 (이름씨) 배가 불룩하고 매우 큰 독 ⓑ마당 한쪽에 메줏덩이를 품은 다릿골독이 펑퍼짐하게 앉아있다
다릿돌 (이름씨) 도랑이나 개울 속에 디딤돌 삼아 띄엄띄엄 놓은 돌 ⓑ올 여름비가 엄청나게 쏟아져 앞 도랑 다릿돌이 뒤틀렸다
다릿목 (이름씨) 다리가 놓인 길목 ⓑ저쪽 다릿목에서 기다릴게 (슬기말) **다릿목 아래서 나리 꾸짖기** 바로 말 못하고 잘 들리지 않는 곳에서 푸념을 늘어놓다
다릿몸 (이름씨) 다리 으뜸되는 몸. 곧 다릿발과 다릿발 위를 가로 건너지르는 것 ⇐ 상판
다릿발 (이름씨) 다리를 받치는 기둥 한뜻말다릿기둥 ⇐ 교각
다릿짓 (이름씨) 쓸데없이 다리를 움직이는 짓 ⓑ아이 때 다릿짓을 못 하도록 버릇을 고쳐준다
다만 (어찌씨) ❶다른 것이 아니라 오직 ⓑ나는 다만 우리 겨레가 하나로 뭉치길 바랄 뿐이다 ❷('-라도'가 붙은 낱말 앞에 써) 적어도. 그쯤은 ⓑ아주머니, 다만 하나라도 사주세요 ❸(앞서 말한 것에 이어서) 한 가지를 덧붙일 때 쓰는 말 ⓑ집에 즐길 거리라곤 없다. 다만 먹을거리는 그득하다
다망하다 ⇒ 매우 바쁘다
다모나벚나무 (이름씨) 다모나섬에서 자라는 벚나무 ⇐ 왕벚나무
다모나섬 (이름씨) 우리나라 마하늬쪽에 있는 가장 큰 불메섬. 짐승을 많이 기르고 여름지이, 숲일, 물낳이일도 많이 하며 무잠이와 말로 이름났다 ⇐ 탐라. 제주도
다모임 (이름씨) 모임ㄱ과 ㄴ에서 모임ㄱ 밑숫과 모임ㄴ 밑숫 모두로 이루어진 모임. 'ㄱUㄴ'으로 나타낸다 ⇐ 합집합
다모작 ⇒ 여러그루짓기
다목다리 (이름씨) 찬 기운을 쐬어 살빛이 검붉게 된 다리 ⓑ쌀쌀한 빗속을 뚫고 흠뻑 젖어 돌아온 아우 다목다리를 엄마가 따스한 손길로 어루만진다
다목적 ⇒ 여러 과녁
다못 (어찌씨) 다만 ⓑ일하고 받는 돈은 적더라도, 다못 일은 제대로 가르쳐 주셔요
다문금 (이름씨) 굽금 위 한 점이 한 쪽으로 움직여 다시 떠난 점으로 되돌아오는 굽금 ⇐ 폐곡선
다문다문 (어찌씨) ❶때가 잦지 않고 동안이 조금씩 뜬 꼴 ⓑ잘 지낸다는 말은 다문다문 들었네 큰말드문드문 ❷곳곳이 배지 않고 사이가 좀 떨어진 꼴 ⓑ그 깊은 멧골엔 집이 다문다문 있었다
다문다문하다 (그림씨) ❶때가 잦지 않고 동안이 좀 뜨다 ❷곳곳이 배지 않고 사이가 좀 떨어져 있다
다문화 ⇒ 여러 삶꽃. 뭇삶꽃
다물다 (움직씨) 위아래 입술이나 마주 보는 두 쪽 몬을 맞대다 ⓑ물어봐도 입술을 다물고 말을 하질 않아
다물다물 (어찌씨) 곳곳에 무더기로 쌓인 꼴 ⓑ쇠꼴이 헛간에 다물다물 쌓였다
다박나룻 (이름씨) 짧고 촘촘하게 난 나룻 ⓑ털보 다박나룻이 내 팔에 닿으니 보리까끄라기 스치는 것 같다 ⇐ 다박 수염
다박다박 (어찌씨) 작고 느린 걸음으로 힘없이 걷는 꼴 ⓑ아침나절 길을 나선 젊은이는 해 저물어 작은 절로 다박다박 들어갔다 큰말더벅더벅. 다북다북 센말타박타박
다박머리 (이름씨) 짧고 촘촘하게 난 머리털. 또는 그런 머리털을 지닌 아이 ⓑ아이 다박머리를 쓰다듬어주다 큰말더벅머리
다반사 ⇒ 흔한 일
다발 (이름씨) ❶꽃이나 푸성귀, 돈 따위 묶음 ⓑ배추 다발이 크다 ❷꽃이나 푸성귀, 돈

따위 묶음을 세는 하나치 ⓑ쪽파 두 다발 주세요

다발다발 어찌씨 보드라운 것들이 잇달아 매달리거나 늘어진 꼴 ⓑ옅은 보랏빛 초롱꽃이 다발다발 달렸다 큰말더불더불 **다발다발하다**

다발지역·빈발지역 ⇒ 잦은 곳. 자주 일어나는 곳

다방면 ⇒ 여러 모. 이모저모

다밭다 그림씨 몹시 짧다 ⓑ강아지 털을 다밭게 깎았다

다보록 어찌씨 털이나 나룻, 풀, 작은 나뭇가지 따위가 짧고 촘촘하게 돋은 꼴 ⓑ밀밭에선 밀이 서로 속삭이며 다보록 자란다 큰말더부룩 **다보록이 다보록하다**

다보록다보록 어찌씨 털, 나룻, 풀, 작은 나뭇가지 따위가 여럿이 짧고 촘촘하게 돋은 꼴 ⓑ다보록다보록 자란 잔솔들로 뒤덮인 들메 **다보록다보록하다**

다보탑 ⇒ 여러보배쌓. 뭇보쌓

다복다복 어찌씨 풀이나 나무 따위가 여기저기 촘촘하고 소복한 꼴 ⓑ새로 심은 잔디가 다복다복 살아났다 큰말더북더북 **다복다복하다**

다복솔 이름씨 가지가 촘촘하게 난 어린 소나무 ⓑ다복솔로 뒤덮인 우리 마을 뒷메

다복하다 ⇒ 잘 누리다

다부지다 그림씨 **1** 생김새가 옹골차다 ⓑ가슴팍이 떡 벌어진 다부진 몸매를 마주하니 내 오금이 저려온다 **2** 일 해내는 몸씨나 솜씨가 빈틈없고 야무지다 ⓑ힘들고 어렵게 살아보지 않은 아이는 다부진 구석이 모자라기 쉽다 **3** 힘에 겨운 일을 견뎌낼 만큼 굳세고 야무지다 ⓑ마음을 다부지게 먹다

다부치홰 이름씨 말린 다북쑥을 칡으로 칭칭 동여매서 만든 횃불 ⓑ다부치홰를 밭 둘레에 매달아 놓으면 쑥 타는 냄새 탓에 멧돼지나 고라니 따위가 가까이 오지 못한다

다북쑥 이름씨 짙푸른빛을 띠는 여러해살이풀. 줄기가 다 자라면 석 자쯤 되며 잎은 긴 알꼴에 한두 디위 깃 꼴로 째지고 잎 뒤쪽은 젖빛 솜털이 배게 나고 냄새가 남다르다

다분히 ⇒ 적잖이. 제법 많이

다불거리다 움직씨 가늘고 보드라운 털 따위가 늘어져 흐느적거리다 **다불대다**

다불다불 어찌씨 가늘고 보드라운 털 따위가 늘어진 꼴 ⓑ머리가 바람에 다불다불 흩날린다 큰말더불더불 **다불다불하다**

다붓다붓 어찌씨 여럿이 다 매우 가깝게 붙은 꼴 ⓑ여섯 오누이는 어머니 곁에 다붓다붓 앉았다 **다붓다붓하다**

다붓하다[1] 그림씨 매우 가깝게 붙다 ⓑ아이들이 다붓하게 붙어 앉아 고누를 한다 **다붓이 다붓하다**

다붓하다[2] 그림씨 조용하고 호젓하다 ⓑ앞마당은 사람들이 오가지만 뒤뜰은 다붓하기만 하다

다붙다 움직씨 틈새 없이 바싹 다가붙다 ⓑ저 집 가시버시가 팔짱 끼고 다붙어 걷는다

다빡거리다 움직씨 앞뒤 헤아리지 않고 가벼이 불쑥불쑥 굴다 **다빡대다**

다빡다빡 어찌씨 앞뒤 헤아리지 않고 가벼이 불쑥불쑥 구는 꼴 ⓑ아람이는 새내기답게 다빡다빡 덤빈다 큰말더뻑더뻑 **다빡다빡하다**

다뿍 어찌씨 조금 넘치는 듯한 꼴 ⓑ어머니가 밥을 사발에 다뿍 담았다 큰말드뿍 **다뿍하다**

다뿍거리다 움직씨 여럿이 넘치는 듯하다 **다뿍대다**

다뿍다뿍 어찌씨 여럿이 조금 넘치는 듯한 꼴 ⓑ밥을 다뿍다뿍 담아라 **다뿍다뿍하다**

다사다난하다 ⇒ 일도 많고 어려움도 많다

다사하다 그림씨 조금 따뜻하다 ⓑ봄철 어린 누에일수록 더 다사하게 보살펴야 한다 큰말다스하다. 드스하다 센말따사하다

다산 ⇒ 아이 많이 낳음. 새끼 많이 낳음

다살림이 이름씨 스스로를 잘 살아 모든 이를 살리는 사람 한뜻말다스림이 ⇐ 정치가

다섯 셈씨 넷에 하나를 보탠 수 ⓑ어머니는 아들 다섯을 낳았다

다섯잎꽃 이름씨 꽃잎이 다섯 낱인 꽃. 이음꽃, 복숭아꽃 따위가 있다 ⇐ 오판화

다섯째 셈씨 넷째 다음 ⓑ한돌은 우리 마을에서 다섯째 손가락 안에 들 만큼 잘 산다

다섯콩 이름씨 공기놀이나 공깃돌을 재미있게 이르는 말 ⓑ다섯콩을 놀다

다세대 ⇒ 여러 살림

다세대주택 ⇒ 여러 살림집

다소 ⇒ 많고적음. 얼마큼. 조금. 더러

다소간 ⇒ 많든 적든. 얼마큼. 적이

다소곳하다 그림씨 얌전하고 고르다. 고개를 숙이고 말없이 조용하다 ⓑ갓 시집 온 며느리가 어른들 앞에 다소곳이 앉았다 큰말 다수굿하다 **다소곳이**

다소라도 ⇒ 얼마큼. 적이나

다솜 이름씨 사랑. 애틋한 사랑

다수 ⇒ 많은 사람. 여럿. 무더기

다수확 ⇒ 많이 남. 많이 거두어들임

다스름 이름씨 우리 가락을 제대로 타기에 앞서 빠르기나 가락, 숨을 고르고 가락틀에 손을 익히려고 먼저 짧은 가락을 타 보는 일. 또는 그 노래 ⓑ하늬 노래에서는 찾아볼 수 없는 다스름은 그 자리에서 바로 일어나는 느낌과 마음에 따라 한다

다스리다 움직씨 모두 불에 태우거나 물에 녹여 곧 살라서 처음 것은 다 사라지게 하고 오롯이 하나로 만들어 누구나 고루 사랑하여 다 살리다. '다술다'에서 온 말 ⓑ스스로 마음을 다스리다. 온누리를 다스리던 이들도 모두 한 무더기 흙으로 돌아간다. 물을 다스려 큰물과 가뭄을 막다 ⇐ 통치하다

다스림 이름씨 스스로를 다 살라서 누구든지 고루 사랑하여 다 살림 ⇐ 정치

다스림누리 이름씨 다스림이들 모임 ⇐ 정계

다스림벼리 이름씨 나라살림곳이나 다스림떼가 내세우는 다스림꾀 줄기 ⇐ 정강

다스림이 이름씨 다스리는 사람 한뜻말 다살림이 ⇐ 정치가. 집정관

다스림힘 이름씨 아람을 다스리는 힘 ⇐ 정권

다슬기 이름씨 맑은 개울 같은 민물에 사는 고둥. 거무스레한 껍질은 단단하지만 삶아서 속을 꺼내 먹는다 ⓑ아이들이 물속에서 미역을 감으며 다슬기를 잡는다

다슬다 움직씨 몬 낯이 매끈하게 닳다

다슴어미 이름씨 아버지가 다시 장가들어 맞은 어머니 한뜻말 의붓어미

다습 이름씨 소, 말, 개 따위 다섯 살을 이르는 말 ⓑ우리 소가 올해 다습이다

다시 어찌씨 ❶어떤 일이나 말을 되풀이하여 ⓑ꺼진 불도 다시 보자 ❷되돌아 ⓑ봄이 다시 왔다. 오던 길을 다시 가다 ❸다음에 또 ⓑ다시 그런 말 하지 마라 ❹고쳐서 새로 ⓑ처음부터 다시 해라 ❺하다가 그친 일이나 짓을 이어서 ⓑ어제 하던 것을 다시 하자

다시 ⇒ 맛국물. 우린 국물

다시다 움직씨 ❶밥을 먹을 때처럼 입과 혀를 놀리다 ⓑ씁쓸한 입맛을 다시다. 빈 입만 다시고 기다렸지 ❷('무엇' 이나 '아무것' 과 함께 써)맛갓을 조금 먹다 ⓑ아무것도 다시지 못했어

다시래기 이름씨 궂보를 웃기고 달래려 이웃 사람들이 하는 더러섬 고을 굿거리. 다시래기는 '다시 낳다' 또는 '여럿이 모여 즐거움을 나눈다'는 뜻이다

다시마 이름씨 넓고 길고 두꺼우며 쭈글쭈글 주름진 띠 꼴 몸통을 바닷속 바위에 붙이고 사는 바닷말 ⓑ우리 아들은 다시마를 기름에 튀긴 다시마튀각을 좋아해

다시아비 이름씨 어머니가 다시 짝맺어 맞은 아버지 ⓑ아이들이 다시아비 밑에 자라는 것을 어미는 가슴 아파한다 한뜻말 의붓아비 ⇐ 계부

다시어미 이름씨 아버지가 다시 짝맺어 맞은 어머니 ⓑ아무래도 다시어미 티가 나제? 한뜻말 의붓어미 ⇐ 계모

다식 ⇒ 낟가루 과자

다양성 ⇒ 여러 꼴새

다양하게 ⇒ 여러모로. 여러 꼴로. 여러 가지로

다양하다 ⇒ 여러 꼴이다. 여러 가지로 많다

-다오 움직씨 남한테 해달라는 말. '달다'가 말 속에서 바뀐 꼴 ⓑ나를 풀어다오. 안 그러

면 죽여 다오

다옥하다 (그림씨) 풀이나 나무 따위가 자라나서 우거지다 ⓑ돌보지 않고 내버려둔 메어귀에 대숲이 다옥하게 자랐다 ⇐ 무성하다

다올대 (이름씨) 베틀 도투마리를 밀어 넘겨 베날실을 푸는 긴 막대기 ⓑ엄마가 베 짜다 말고 갑작스레 다올대를 쥔 채 버선발로 쫓아 나오신다

다용도 ⇒ 두루치기. 여러 쓰임새. 갖가지 쓰임새

다우치다 (움직씨) 다그치다 ⓑ무리를 다우쳐 메꼭대기까지 단숨에 올라섰다

다운 ⇒ 쓰러짐. 넘어짐. 나가떨어짐

다운로드 ⇒ 내려받기. 내려받음

다운타운 ⇒ 저잣거리

다원화 ⇒ 여러 곬으로. 여러 곬으로 나누기

다육과 ⇒ 살찐 열매. 살열매

다육식물 ⇒ 살찐푸나무

다음 (이름씨) ❶차례나 자리에서 어떤 것 바로 뒤 ⓑ다음 해날에 잣 주우러 가자. 한가위 다음 날. 다음 달. 다음 해 준말담 ❷어떤 일이 끝난 뒤 ⓑ살림이 넉넉한 다음에야 사람들 사이에 베푸는 마음이 난다 ❸얼마 동안이 지난 뒤 ⓑ다음에 만나 일을 마저 하기로 했다 ❹('~가 아닌 다음에야' 꼴로 써) '~가 아니고서야'라는 뜻으로, 그것이 아님을 힘주어 하는 말 ⓑ멧돼지가 아닌 다음에야 밭을 이 꼴로 헤집어 놓을 수 있어?

다음가다 (움직씨) 바로 다음 차례가 되다 ⓑ집안에서 내가 엄마 다음가는 사람이다. 바라는 게 많기는 놀부 다음갈 만해

다의어 ⇒ 여러뜻말

다이내믹하다 ⇒ 힘차다

다이너마이트 ⇒ 막대터지개

다이를까 (느낌씨) 그 말 뒤에 오는 말이 너무나 옳고 뚜렷해서 더 낱낱이 밝히지 않아도 될 때 쓰는 말 ⓑ다이를까! 깊고 넓은 어버이 사랑

다이빙 ⇒ 속꽂이. 물속 곤두박질

다이아몬드 ⇒ 으뜸보배

다이어트 ⇒ 줄여 먹기. 적게 먹기. 맞춰 먹기

다이얼 ⇒ 돌리개

다이옥신 ⇒ 죽이개

다자꾸 (어찌씨) 무턱대고. 덮어놓고. 다짜고짜로 ⓑ돈 없는 나더러 다자꾸 돈 달라고 하면 어떻게

다자엽식물 ⇒ 뭇떡잎푸나무

다작 ⇒ 많이 지음. 많이 짓다. 많이 만들다

다잡다 (움직씨) ❶단단히 잡다 ⓑ도끼를 다잡고 통나무를 힘껏 내려쳤다 ❷다그쳐 바로잡다 ⓑ어렵고 힘든 일터에서는 일꾼을 미리 다잡아야 말썽이 덜 난다 ❸들뜬 마음을 다그쳐 잡다 ⓑ벅차오르는 마음을 다잡고 다시 여느 때처럼 지낸다 ❹단단히 잡도리하다 ⓑ다잡을 길 없이 흐르는 눈물 ❺참을 콕 집어내거나 밝히다 ⓑ이 싸움을 한마디로 다잡아 말하긴 어렵다

다잡이 (이름씨) (늦추어진 것을) 바싹 잡아 조이는 일 ⓑ밭임자가 하루 내내 다잡이를 해대는 통에 허리 펴고 쉴 겨를도 없었어

다잡이하다

다재다능 ⇒ 재주 많음

다정다감하다 ⇒ 살갑다. 곰살갑다. 곰살궂다. 여리다

다정스럽다 ⇒ 살갑다. 곰살갑다. 곰살궂다. 따뜻하다

다정큼나무 (이름씨) 여름에 꽃이 피고 둥근 열매가 맺혀 가을에 까맣게 익는 늘푸른떨기나무. 한 해 내내 따스한 바닷가 햇볕 바른 멧기슭에 자라며 나무껍질은 그물 물들이기에 쓴다

다정하다 ⇒ 살갑다. 곰살갑다. 곰살궂다. 따뜻하다. 사이좋다

다져넣다 (움직씨) ❶꼭꼭 누르거나 다져서 넣다 ⓑ지렁을 뜨고 메주를 짓부숴 단지에 차곡차곡 다져넣었다 ❷굳게 가다듬어 새기다 ⓑ낱낱 사람이 임자 되는 누리를 꼭 이루어내고야 말겠다는 생각을 마음 깊이 다져넣었다

다조지다 (움직씨) ❶말이나 일을 바싹 죄어치다 ⓑ무턱대고 털어놓으라 다조지니, 난들

어떻게 해 준말다좇다 ❷다그쳐 아퀴 짓다 ⓑ풀베기를 다조져 이달 안으로 마치자 ❸ 일이나 말을 선불리 하지 못하도록 단단히 잡도리하다

다종·다종류 ⇒ 여러 가지

다좨개 이름씨 빈기나 그 밖 김덩이를 다좨는 틀 ⇐ 컴프레서

다좨다 움직씨 다잡아 좨다 ⓑ헐거워진 돌리개를 바싹 다좨었다

다중 ⇒ 무리. 뭇사람. 여러 사람. 많은 사람

다중성 ⇒ 겹별

-다지[1] 뒷가지 ('이', '그', '저' 같은 말 뒤에 붙어) ~에 이를 만큼 ⓑ이다지도 기쁠 줄은 난 참 말 몰랐어요

-다지[2] 씨끝 '-다 하지' 준말. 맺음끝으로 써 어떤 일을 캐묻거나 알아보는 말 ⓑ제 먹을 것은 있어도 남 줄 것은 아마 없다지. 한 해 얽이를 끝냈다지

다지기 이름씨 고추나 마늘 따위를 함께 섞어 다진 양념 ⓑ멀건 배추 된장국에 다지기를 한 숟가락 넣으니 맛이 확 살아났다

다지다[1] 움직씨 ❶마음이나 뜻을 가다듬어 굳게 하다 ⓑ세운 뜻을 굳게 다지다 ❷밟거나 치거나 눌러 단단하게 하다 ⓑ집 지을 땅을 마련하여 터를 여러 디위 다졌다 ❸단단히 알아보아 아퀴 짓다 ⓑ이달 안에 꼭 해내라고 또다시 다졌다 ❹힘이나 알음, 재주를 더 뛰어나게 하다 ⓑ배운 것을 다지고 또 다지다 ❺어떤 바탕이나 기틀을 굳고 튼튼하게 하다

다지다[2] 움직씨 여러 차례 칼로 썰거나 두드려서 잘게 만들다 ⓑ마늘이나 새앙은 칼등으로 다진다

다지르다 움직씨 다짐을 받아내려고 다지다 ⓑ엄마는 나에게 아무한테도 그 일을 말하면 안 된다고 다질렀다

다직하다 그림씨 ('다직하면', '다직해서', '다직해야' 꼴로 써) 기껏 많이 쳐보다 ⓑ일해서 날마다 버는 돈이 다직해야 열골 원이다

다진양념 이름씨 끓는 지렁에 마늘, 새앙, 고춧가루를 넣어 섞고 참기름을 더해 얼큰하고 고소하게 만든 양념 ⓑ곰국에 다진양념을 넣다 ⇐ 다대기

다질리다 움직씨 ❶뒷말 없도록 다짐을 받다. '다지르다' 입음꼴 ⓑ버섯 철이라 누구도 함부로 메를 돌아다니지 말라고 다질리었다 ❷갑자기 어떤 일을 겪거나 부닥치다 ⓑ낭떠러지에 다질리듯 갑자기 생각이 꽉 막혔다

다짐 이름씨 ❶뜻이나 마음을 단단히 굳히기 ⓑ새내기는 끝까지 마음닦아 보겠다고 다짐했다 ⇐ 맹세. 약속 ❷터다지기 ⓑ길에 작고 거친 돌을 깔고 다짐을 해가면서 새 길을 내었다 ❸('받다', '두다' 와 함께 써) 꼭 그렇게 하겠다고 말하는 것 ⓑ다짐을 받다. 다짐을 두다 ⇐ 약속. 확답. 확약. 확언 **다짐하다**

다짐글 이름씨 어떤 일을 꼭 하겠다고 다짐하는 글 ⇐ 계약서. 약정서

다짜고짜 어찌씨 일 가리새 따위를 말하거나 옳고 그름을 따지지 않고 마구 ⓑ동무는 나를 만나자마자 다짜고짜 밥집으로 끌고 들어갔다 한뜻말다짜고짜로 비슷한말덮어놓고. 무턱대고. 다자꾸

다채롭다 ⇒ 울긋불긋하다. 눈부시다

다치다[1] 움직씨 ❶부딪치거나 맞아서 몸이 헐거나 깨지다 ⓑ달리다 넘어져 얼굴과 팔꿈치를 다쳤다 ❷마음을 언짢게 하다 ⓑ다른 이 마음을 다치지 않도록 늘 살피게 ❸ 남 가진 것에 덜이를 끼치다 ⓑ백성 것은 털끝도 다치지 마라

다치다[2] 움직씨 ❶건드리거나 손을 대다 ⓑ그림은 보기만 하지 손끝 하나 다치지 마라 ❷일을 벌이거나 다루다 ⓑ한 디위 다친 일은 끝까지 밀어붙여라

다친데 이름씨 몸을 다친 곳 ⇐ 상처

다친이 이름씨 몸을 다친 사람 ⇐ 부상자

다큐멘터리 ⇒ 적바림뭠그림

다투다 움직씨 ❶서로 잘잘못을 따져가며 싸우다 ⓑ벗과 다투고 나니 남은 하루 내내

마음이 무겁다 **2** 힘이나 자리를 얻으려 겨루다 ⓑ둘은 서로 으뜸 자리를 놓고 다투는 사이다 **3** 아주 작은 것이나 짧은 동안까지 아끼다 ⓑ오늘 안으로 모내기를 끝내려고 작은 짬도 다투어 일했다 **4** 남보다 먼저 하려고 서두르다 ⓑ비가 그치자 대나무 싹들이 앞을 다투어 올라온다 **5** (동안을 나타내는 말과 함께 써) 매개가 매우 과가르다 ⓑ갈쌕을 다투는 목숨 **6** 틀림없음을 겨루다 ⓑ나노미터를 다투다

다툼 이름씨 다투는 것 ⓑ자리 다툼. 다툼을 벌이다

다팍거리다 움직씨 작은 걸음으로 앞을 헤아리지 않고 마구 걸어가다 **다팍대다**

다팍다팍 어찌씨 작은 걸음으로 앞을 헤아리지 않고 마구 걸어가는 꼴 ⓑ걸음마를 떼자 아이는 물이고 진 데고 가리지 않고 다팍다팍 잘도 돌아다닌다 큰말더펵더펵 **다팍다팍하다**

다팔거리다 움직씨 **1** 다보록한 것이 조금 길게 늘어져 흩날리다 **2** 들떠서 가볍게 움직이다 **다팔대다**

다팔다팔 어찌씨 **1** 다보록한 것이 조금 길게 늘어져 흩날리는 꼴 ⓑ버드나무 가지가 늘어져 다팔다팔 흔들린다 큰말더펄더펄 **2** 들떠서 가볍게 움직이는 꼴 ⓑ아들 녀석이 다 큰 줄 알았는데 아직도 다팔다팔 덤벙댄다 **다팔다팔하다**

다하다 움직씨 **1** 있던 것이 다 없어지다. 끝이 나다 ⓑ목숨을 다하여 나라를 지키다 **2** 맡은 일을 다 끝내다 ⓑ할 일을 다하다 **3** 마음, 힘, 몬 따위를 모두 들이다 ⓑ앞서가는 버섯꾼을 앞지르려 있는 힘을 다했다. 힘을 다하여 우리말을 살리다

다항식 ⇒ 여러마디틀

다행히 ⇒ 잘되어. 일이 잘되어. 뜻밖에 잘되어

다홍·다홍색 ⇒ 짙붉은빛. 더붉은빛. 짙빨강. 더빨강

닥 이름씨 닥나무 껍질. 우리 한아비들이 즐겨 쓰던 종잇감 ⓑ닥을 벗기다

닥굿 이름씨 껍질을 벗기려 닥나무를 넣고 찌는 구덩이 또는 솥 ⓑ닥굿이 새까맣게 그을었다 **닥굿하다**

닥나무 이름씨 기슭에 절로 나거나 밭둑 같은 곳에 심어 가꾸는 갈잎떨기나무. 잎은 어긋나고 알꼴이며 열매는 뱀딸기와 비슷하다. 잔털이 많은 어린잎은 먹고, 열매는 낫개로 쓰고, 나무껍질은 종잇감으로 쓴다

닥종이 이름씨 닥나무 껍질로 만든 종이 ⓑ문에 닥종이를 새로 바른다 한뜻말배달종이 ⇐ 한지

닥지닥지 어찌씨 **1** 때나 먼지 같은 것이 많이 낀 꼴 ⓑ마루에 먼지가 닥지닥지 앉았다 한뜻말닥작닥작 큰말덕지덕지 **2** 다가붙을 만큼 빼곡히 들어앉은 꼴 ⓑ나뭇가지에 참새들이 닥지닥지 앉아 종알댄다 **닥지닥지하다**

닥치다[1] 움직씨 **1** 가까이 바싹 다다르다 ⓑ너울이 눈앞에 닥치니 오금이 저린다 **2** ('닥치는 대로' 꼴로 써) 이것저것 가릴 것 없이 앞에 나타나거나 눈에 띄다 ⓑ닥치는 대로 먹다. 닥치는 대로 때려 부수다

닥치다[2] 움직씨 입을 다물어 말을 그치다 ⓑ잔소리가 많네, 그만 입 닥쳐

닥치다[3] 움직씨 다그치다. 몰아붙이다 ⓑ멱살을 부여잡고 닥치며 다시 물었다

닦꽃 이름씨 짝맺지 않고 홀로 마음닦는 꽃 ⇐ 수녀

닦꽃집 이름씨 닦꽃들이 모여서 마음닦으며 사는 곳 ⇐ 수녀원

닦다 움직씨 **1** 때나 먼지 따위를 없애거나 반드럽게 하려고 문지르다 ⓑ방바닥을 닦다. 구두를 닦다 **2** 물기를 훔치다 ⓑ눈물을 닦다. 엎질러진 물을 좀 닦아라 **3** 바닥을 고르게 다져서 만들다 ⓑ집터를 닦다. 길을 닦다 **4** 바탕을 마련하다 ⓑ우리 겨레 살림 바탕을 든든히 닦다. 한자말을 몰아내고 우리말 살릴 길을 닦다 **5** 솜씨나 재주를 배우고 익히다 ⓑ새 갈을 닦다. 배달말을 닦다 **6** 몸이나 마음, 짓을 다스려 바르게 기르다 ⓑ마음을 닦다. 몸을 닦아 집

을 돌보고 나라를 다스리다 **7**셈을 맞추어 밝히다 ⓑ아무리 셈을 닦아보아야 틀림이 없을 거예요

닦달 이름씨 **1**남을 단단히 윽박질러서 나무람 ⓑ가르침이 앙칼진 닦달에 배움이들은 뒤꽁무니를 뺐다 **2**몬을 손질하고 매만짐 ⓑ톱이며 낫 닦달에 가웃나절이 훌쩍 지났다 **3**먹을거리를 밥짓기 좋게 다듬음 ⓑ남새 닦달은 내가 할 테니 너는 쌀을 안쳐줘

닦달하다 움직씨 **1**손질하고 매만지다 ⓑ아버지는 지게와 낫을 닦달한 뒤 나무하러 갔다 한뜻말닥달하다 **2**마구 몰아대어 나무라거나 을러메다 ⓑ아내는 지아비를 닦달해 돈 쓴 데를 알아냈다 **3**못 견디게 다그치다 ⓑ아비는 닦달하는 아이들에 못 이겨 고깃집으로 갔다 **4**어려움을 이겨내도록 길들이다 ⓑ품 팔아 살면서 고른 누리를 이루고야 말겠다는 굳은 뜻에 닦달되었다

닦아내개 이름씨 얼굴에 바른 것을 깨끗이 닦아내는 데 쓰는 것 ⇐ 클린징크림

닦아세우다 움직씨 꼼짝 못하게 휘몰아 나무라다 ⓑ가르침이는 배움방에 늘 늦게 들어오는 배움이들을 나무라며 되게 닦아세웠다

닦음새 이름씨 깨끗하게 다듬고 아름다이 꾸민 꼴 ⓑ닦음새로 꾸민다고 참말로 예뻐지나?

닦음질 이름씨 깨끗하게 닦는 일 ⓑ배움방 안을 구석구석 닦음질했다 **닦음질하다**

단[1] 이름씨 **1**푸성귀나 작은 나무, 짚 따위 묶음 ⓑ열무를 단으로 사다 **2**푸성귀나 짚 따위 묶음을 세는 하나치 ⓑ배추 다섯 단

단[2] 이름씨 옷자락이나 소매, 깃, 바짓가랑이 따위 가장자리를 안으로 접어 붙이거나 꿰맨 곳 ⓑ속치마 단이 떨어져 다시 꿰맸다 한뜻말옷단

단 (但) ⇒ 다만. 오직

단 (段) ⇒ 가름

단 (單) ⇒ 홑. 낱

단 ⇒ 높데

단가 ⇒ 낱값

단가살이 ⇒ 홋홋살이. 홋홋살림

단감 이름씨 맛이 달고 단단한 감 ⓑ올해 불룩배기에서 산 단감 맛이 좋았어

단거리 이름씨 단으로 묶은 땔나무 ⓑ땔나무를 단거리로 사다가 마당에 쌓았다

단거리 ⇒ 짧은 길

단걸음에 ⇒ 한걸음에. 한숨에

단검 ⇒ 짧은칼

단것 이름씨 맛이 달고 물에 잘 녹는 덩이. 단수수나 단무를 밑감으로 만든다 ⇐ 설탕

단것물 이름씨 단것을 탄 물 ⇐ 설탕물

단것발림 이름씨 **1**겉에 단것을 발라서 달콤하게 하는 것 ⓑ오늘날 쓴 낫개는 단것발림이 많다 ⇐ 사탕발림 **2**보잘것없는 돈이나 몬 또는 달콤한 말로 사날 좋게 맞춰주며 얼러 넘기는 것 또는 얼림수 ⓑ일꾼들에게 웃돈을 주는 것은 부림이들이 자주 쓰는 단것발림일 수 있다

단것조림 이름씨 단것과 소젖 따위를 섞어 오래 고아서 만든 과자 ⇐ 캐러멜

단결 ⇒ 뭉침. 모임. 뭉치다. 모이다. 묶다

단계 ⇒ 걸음. 걸음새. 걸음결. 차례. 서흐레

단고기 이름씨 개고기를 에둘러 이르는 말 ⓑ우리 겨레는 무더운 날 모여 단고기를 먹어왔다

단고기튀김 이름씨 소고기나 돼지고기에 앙금가루를 입혀 튀긴 것에 새콤이, 지렁, 단것, 남새 따위를 넣고 끓인 앙금가루물을 끼얹은 맛갓 ⇐ 탕수육

단골 이름씨 **1**외곬으로 늘 잡아두고 찾아가거나 사고파는 곳이나 그런 사람 ⓑ낮밥은 단골 밥집에서 사 먹는다 한뜻말단골무당 **2**굿할 때마다 잡아놓고 부르는 무당 ⓑ할머니들은 흔히 무당이나 단골 무당을 '당골래'라고 불렀지

단골말 이름씨 버릇처럼 자주 쓰는 말 ⓑ입만 열면 한자말 버리자는 단골말을 한다

단골손님 이름씨 단골로 사주거나 팔아주는 사람 ⓑ살림살이가 나아지자, 단골손님까

지 늘었다 맞선말 뜨내기손님 준말 단골

단골집 [이름씨] 외곬으로 늘 잡아두고 찾아가거나 사고파는 집 ㉥나는 밥 뿐만 아니라 옷도 단골집에서 산다 한뜻말 단골

단과 ⇒ 한 갈래

단교 ⇒ 끊음. 갈라섬. 나라 사이 끊음. 끊다. 갈라서다. 돌아서다. 등지다

단국 ⇒ 배달나라

단군 ⇒ 한배. 한배검. 배달임금

단근질 [이름씨] 벼리 어긴 갚음으로 쇠를 불에 달구어 살을 지지는 짓 ㉥아무리 단근질을 해도 입을 열지 않았다 **단근질하다**

단기 (檀紀) ⇒ 밝해

단기 (短期) ⇒ 짧은 때. 짧은 날

단기간 ⇒ 짧은 동안

단김 [이름씨] **1** 먹을거리가 지닌 제맛 ㉥단김이 빠진 옥수수 **2** 달아올라 뜨거운 김 ㉥펄펄 끓는 소고깃국에서 단김이 솟았다

단김에 [어찌씨] 좋은 때 가기 앞에. 뜨거울 때 ㉥쇠뿔도 단김에 빼라 한뜻말 단결에

단꿈 [이름씨] **1** 달콤한 꿈 ㉥단꿈을 꾸다 **2** 아기자기하고 달콤한 느낌에 젖은 것을 빗댄 말 ㉥단꿈에 빠지다

단내[1] [이름씨] 달콤한 냄새 ㉥아이 입에서 단내가 났다

단내[2] [이름씨] **1** 뜨거워 눋거나 달아서 나는 냄새 ㉥솥에서 감자 눌은 단내가 난다 한뜻말 눋내 **2** 몸이 몹시 뜨거워져서 입이나 코에서 나는 내 ㉥고뿔이 들어 몸은 불덩어리고 입에선 단내가 난다

단념 ⇒ 생각끊음. 생각버림. 놓아버림. 생각을 끊다. 생각을 버리다. 놓아버리다. 그만두다. 닻을 감다

단단담개 [이름씨] 셈틀에서 알감을 갈무리하는 곳 ⇐ 하드디스크

단단하다 [그림씨] **1** 힘을 받아도 쉽게 그 꼴이 바뀌거나 부서지지 아니하다 ㉥단단한 땅에 물이 고인다 **2** 부드럽거나 무르지 않고 야무지고 튼튼하다 ㉥잘 벼린 이 낫은 팔뚝만한 나무도 한 디위에 벨 수 있을 만큼 단단하다 **3** 속이 차서 알속이 있다 ㉥올해 배추가 속이 꽉 차서 단단하다 **단단히**

단답형 ⇒ 홑풀이꼴

단도 ⇒ 짧은 칼

단도직입적 ⇒ 여러 말 할 것 없이 바로. 곧바로. 다짜고짜

단독 ⇒ 하나. 한사람

단독으로 ⇒ 혼자 힘으로. 혼자서. 혼자. 홀로. 홀몸으로. 따로

단독주택 ⇒ 한살림집. 한채집

단돈 [이름씨] 아주 적은 돈 ㉥단돈 몇 푼에 팔려가다

단동 ⇒ 한 동

단둘 [이름씨] 오직 두 사람 ㉥밤이 깊도록 단둘이 만나다

단락 ⇒ 끝. 매듭. 메지

단락짓다 ⇒ 매듭짓다. 메지짓다. 끝내다. 끝맺다. 끊다. 마무리하다

단란하다 ⇒ 오순도순하다. 구순하다

단련 ⇒ 닦음. 익힘. 불림. 닦다. 익히다. 불리다. 불림하다

단막극 ⇒ 한판굿

단말 ⇒ 끄트머리. 끝

단말기 ⇒ 끝틀

단맛 [이름씨] 꿀이나 단것을 먹을 때 나는 달콤한 맛 ㉥단맛에 인이 박여 단것을 맛갓에 넣으면 안 돼요 [슬기말] **단맛 쓴맛 다보다** 즐거운 삶과 괴로운 삶을 다 겪다

단면 ⇒ 자른낯

단면도 ⇒ 자른낯그림

단명 ⇒ 짧은 목숨. 목숨이 짧다. 일찍 죽다,

단모음 ⇒ 홑홑소리

단목 (檀木) ⇒ 박달나무

단무 [이름씨] 잎은 근대 같고 뿌리는 무처럼 길둥근데 맛이 달아 단것을 만드는 밑감으로 쓴다. 추운 곳에서도 자란다 ⇐ 사탕무

단무지 [이름씨] 무를 통째로 시들하게 말린 뒤에 소금과 쌀겨 속에 겹겹이 쌓고 띄워 담근 노란빛 짠지. 달고 신 여러 양념을 더한 물에 담가 만들기도 한다 ㉥김밥 쌀 때 단

무지가 없으면 맛이 안 나

단묵 [이름씨] 단맛 나는 과일즙 같은 것에 우뭇가사리 따위를 넣어 흐물흐물하게 굳힌 맛갓 ⇐ 젤리

단문 (短文) ⇒ 짧은 글. 토막글

단문 (單文) ⇒ 홑월

단물 [이름씨] **1** 칼슘이나 마그네슘 같은 것이 들어있지 않거나 적게 들어있어 비누가 잘 풀리는 부드러운 물 ㉥단물에 빨래를 하면 비누 거품이 많이 일어 때가 잘 빠진다 [맞선말] 센물 ⇐ 연수 **2** 개울이나 가람, 연못 물 같은 민물을 짠물에 견준 말 ㉥가재, 새우, 미꾸라지 같은 단물에 사는 고기를 잡았다 [맞선말] 짠물. 바닷물 **3** 단맛 나는 물 ㉥배를 한 입 베어 무니 단물이 줄줄 흐른다 **4** 남새나 나물을 절이거나 삶을 때 제맛이 나는 물 ㉥단물이 빠지지 않게 살살 짜라 **5** 고기붙이를 오래 끓이거나 고아서 우러나온 물 ㉥소꼬리뼈 곰국 단물이 뽀얗다 **6** 단것에 짙게 졸인 물 ㉥솔잎 단물 **7** 알짜배기를 빗대어 이르는 말 ㉥그 겨집이 단물만 쏙쏙 빨아먹고 사내를 차버렸다

단물나다 [움직씨] 옷 따위가 오래되어서 빛깔이 바래고 바탕이 해지다 ㉥몸에 맞는 바지라고 몇 해째 입었더니 드디어 단물났다

단박 [이름씨] 맛이 쓰지 않아 먹을 수 있는 박 ㉥단박 나물을 좋아하는 우리 누나

단박·단박에 [어찌씨] 바로 곧. 그 자리에서 바로 ㉥이 쓰레기를 단박 치워라. 손을 보고 단박에 그를 알아보았다

단발 ⇒ 짧은 머리. 머리 자르다. 머리 깎다

단발머리 ⇒ 짧은 머리

단방에 ⇒ 한숨에. 댓바람에

단배[1] [이름씨] 단맛 나는 배 ㉥고뿔이 들었을 때, 단배 속을 파내고 새앙, 대추, 도라지 따위를 채 썰어 넣고 꿀을 조금 더한 뒤 배 뚜껑을 닫아 푹 쪄먹으면 좋다

단배[2] [이름씨] 입맛이 당겨 밥을 달게 많이 먹을 수 있는 배 ㉥단배를 주리다. 단배를 곯리다

단백뇨 ⇒ 흰자받오줌. 젖빛오줌

단백사위 [이름씨] 윷놀이에서 막판에 다다랐을 때 이쪽에서 던지는 윷으로 나지 못하면 저쪽에서는 도만 쳐도 낼 판일 때 이쪽 말 [익은말] **단백사위 촉 간다** 한 디위 잘못으로 끝장난다

단백질 ⇒ 흰자받

단번에 ⇒ 한숨에. 곧장. 곧바로. 댓바람에. 대뜸

단벌 ⇒ 홑벌

단봇짐 ⇒ 홑봇짐. 조촐한 봇짐. 거뜬한 봇짐

단봉낙타 ⇒ 외몬다위. 외혹약대

단비 [이름씨] 꼭 내려야 할 때 알맞게 오는 비 ㉥가뭄에 단비 오듯 한다

단상 (斷想) ⇒ 짧은 글

단상 (壇上) ⇒ 높데 위

단색 ⇒ 한빛. 홑빛

단서 ⇒ 실마리. 첫머리. 끄트머리. 열쇠. 가리사니

단선 ⇒ 외줄. 외가닥

단세포 ⇒ 홑잔삼

단소 ⇒ 짧은 피리

단속 ⇒ 잡도리. 잡죔. 다잡다. 다스리다. 잡도리하다. 당조짐하다. 잡죄다

단속곳 [이름씨] 속속곳과 치마 사이에 입는 속곳 ㉥아무도 없이 혼자 되자 봄이는 젖은 단속곳을 벗어 널었다

단손 ⇒ 혼잣손. 홑손

단손에 ⇒ 손쉽게. 빠르게. 잽싸게

단솥 [이름씨] 불에 달아 뜨거운 솥 ㉥단솥에 갑자기 물을 붓지 말아라 [슬기말] **단솥에 물 붓기** **1** 조금도 겨를이 없이 버쩍버쩍 없어짐을 이르는 말 **2** 매개가 이미 기울어 손써도 보람이 없음을 빗댄 말

단쇠 [이름씨] 불에 달아 뜨거운 쇠 ㉥쉬 오른 단쇠가 쉬 식는다

단수 (斷水) ⇒ 물끊김. 물끊기. 물 끊다. 물 끊기다

단수 (單數) ⇒ 홑수. 홑셈

단수수 [이름씨] 수수와 같으나 줄기는 마디 사이가 짧고 몹시 단맛이 나 단것 밑감으로 쓰는 수수 ⇐ 사탕수수

단순 ⇒ 쉬움. 조촐함. 숫됨. 쉽다. 조촐하다. 숫되

다. 알기 쉽다

단순노동자 ⇒ 막일꾼

단술 이름씨 엿기름을 우린 물에 밥알을 넣어 삭힌 뒤에 끓인 것 ㉥오늘은 참에 단술을 마셨다 ⇐ 감주. 식혜

단숨에 ⇒ 한숨에

단시간 ⇒ 짧은 동안. 잠깐

단시일 ⇒ 가까운 날. 짧은 동안

단식 (斷食) ⇒ 굶기. 굶다

단식 (單式) ⇒ 맞겨룸

단신 (單身) ⇒ 홑몸. 혼자

단신 (短信) ⇒ 짤막새뜸

단신 (短身) ⇒ 작은 키

단심 ⇒ 뜨거운 마음. 참된 마음

단아하다 ⇒ 정갈하다. 깔밋하다. 조촐하다. 깔끔하다. 반듯하다

단알낫개 이름씨 먹기 좋게 단맛 나는 것으로 겉을 감싼 알낫개 ㉥단알낫개를 만들어 요즘은 낫개 먹기가 아주 좋다 ⇐ 당의정

단양 ⇒ 사보부루

단어 ⇒ 낱말

단언 ⇒ 잘라 말함. 막말함. 잘라 말하다. 막말하다

단얼음 이름씨 얼음을 눈처럼 잘게 갈아 단맛 나는 것들을 섞은 먹을거리 ㉥여름에는 단팥이 들어간 단얼음이 잘 팔린다 ⇐ 빙수

단역 ⇒ 곁들이 구실. 곁들이 노릇

단연·단연코 ⇒ 두말할 나위 없이

단열 ⇒ 열막이. 열 막다

단열재 ⇒ 열막잇감

단오·단오절 ⇒ 수릿날. 수리

단원 (團圓) ⇒ 끝. 마지막. 마무리

단원 (單元) ⇒ 배움 마디

단원 (團員) ⇒ 이룸이

단위 ⇒ 낱자리. 하나치

단위면적 ⇒ 낱자리 넓이

단음 ⇒ 짧은소리

단이슬 이름씨 ❶모든 목숨붙이에게 도움이 되는 이슬 ㉥단이슬에 몸을 적시다 ⇐ 감로 ❷온누리가 두루 잘 지내면 하늘이 내린다는 단맛 나는 이슬 ㉥단이슬을 사람이 마시면 늙지도 죽지도 않는다는데 참말일까?

단일 ⇒ 하나뿐. 오직 하나. 한 가지

단일민족 ⇒ 한겨레

단일식물 ⇒ 짧은볕푸나무

단일어 ⇒ 늣말. 홑낱말

단일팀 ⇒ 한동아리

단일화 ⇒ 하나로 됨. 하나됨. 하나로 되다. 하나로 만들다. 하나되다

단자 (單子) ⇒ 홑씨

단자 (端子) ⇒ 끝씨

단자방 ⇒ 홑씨방

단작맞다·단작스럽다 그림씨 하는 짓이 매우 쩨쩨하고 다랍다 ㉥몇 푼 가지고 단작맞은 짓을 한다. 돈벌이에만 단작스럽게 달라붙는다 큰말던적맞다. 던적스럽다 **단작스레**

단잠 이름씨 아주 달게 깊이 자는 잠 ㉥밤샘을 하고 누웠더니 곧 단잠에 빠져들었다 한뜻말 꿀잠

단장 ⇒ 꾸밈. 매만짐. 손질함. 가꿈. 꾸미다. 매만지다. 손질하다. 가꾸다. 치레하다

단장 ⇒ 모둠지기. 무리지기

단적으로 ⇒ 한마디로. 여러 말 할 것 없이. 잘라 말해서. 막말로. 곧바르게

단전 (斷電) ⇒ 번힘끊김. 번힘 끊다

단전 (丹田) ⇒ 힘샘

단절 (斷切) ⇒ 자름. 끊음. 자르다. 끊다. 동강내다

단절 (斷絕) ⇒ 사이 끊음. 끝냄. 담쌓음. 끊다. 끝내다. 담쌓다. 발 빼다. 손 씻다

단점 ⇒ 나쁜 점. 모자람. 빈틈

단접기 이름씨 치마나 소매 따위 단을 접는 것 ㉥단접기를 할 때 너덜너덜한 실밥이 풀리지 않게 마무리해라

단정 (斷定) ⇒ 딱 자름. 딱 자르다. 잘라 말하다. 못박다. 딱 잘라 판가름하다

단정하다 (端正) ⇒ 깔밋하다. 얌전하다. 바르다. 깔끔하다. 조촐하다

단정하다 (端整) ⇒ 깨끗하다. 말끔하다. 말쑥하다. 정갈하다

단조롭다 ⇒ 지겹다. 지루하다

단졸임 이름씨 과일에 단 것을 넣고 뭉근하게

졸여 만든 맛갓 ⇐ 잼

단종 ⇒ 씨끊어짐. 씨가 끊어지다. 더는 만들지 않다

단지 이름씨 목이 짧고 아래위는 좁아 배가 부른 질그릇. 꼴이나 쓰임새에 따라 김치 단지, 뜸단지, 요강단지, 꿀단지처럼 쓴다 ⓑ지렁 단지는 늘 볕 드는 뜰에 내놓았다 ⇐ 항아리

단지 (但只) ⇒ 다만. 오직. 오로지

단지 (團地) ⇒ 모둠터. 두럭

단지곰 이름씨 닭이나 토끼, 구렁이 따위를 낫개로 지으려 단지에 넣고 푹 삶아 짙은 국물이 나오게 한 것 ⓑ살, 가죽, 뼈가 모두 검은 닭을 단지곰으로 마련하여 꾸준히 마셨다 **단지곰하다**

단지떡 이름씨 찹쌀 반죽에 손가락을 넣어 단지처럼 속이 비게 해서 끓는 물에 익혀 콩가루를 묻혀 만든 떡 ⓑ그 해 더위를 물리친다며 단지떡을 빚어 먹는다

단지럽다 그림씨 말과 하는 짓이 다랍다 ⓑ아저씨 하는 짓이 단지럽다 한뜻말단작스럽다 큰말던지럽다

단짝 ⇒ 짝동무. 짝벗. 홀짝

단청 ⇒ 빛깔무늬

단체 ⇒ 모둠. 동아리. 무리

단체생활 ⇒ 모둠살이

단초 ⇒ 실마리. 열쇠

단총박이 이름씨 짚 속대로 꼰 총을 박아서 지은 짚신 ⓑ단총박이를 삼아 신다

단추[1] 이름씨 ❶옷고름이나 끈을 갈음하여 벌어진 두 옷자락을 여밀 수 있게 한쪽에 달아 다른 쪽에 낸 구멍에 끼우도록 한 것 ⓑ단추를 끼우다 ❷틀을 움직이거나 다루려고 마련한 작은 꼭지 ⓑ이 단추를 누르면 틀에 불이 일어나요 한뜻말누름단추

단추[2] 이름씨 단으로 묶은 푸성귀 ⓑ할머니가 밭에서 막 베어 온 부추로 단추를 지어 쌓아놓고 판다

단축 ⇒ 줄임. 앞당김. 줄이다. 앞당기다

단출내기 이름씨 밥입이 많지 않거나, 차림이 홋홋하여 단출한 사람 ⓑ요즘은 단출내기나 아예 엄지머리로 사는 사람도 많다

단출하다 그림씨 ❶밥입이 많지 않아 홋홋하다 ⓑ둘이서 단출하게 사니 살림값이 덜 든다 작은말단촐하다 ❷일이나 차림새가 거추장스러운 것 없이 홀가분하다 ⓑ단출한 차림으로 길을 나서다 **단출히**

단춧고리 이름씨 단추를 끼우려 헝겊, 끈 따위로 지은 고리 ⓑ겉옷 앞자락에 달린 단춧고리에 큰 단추를 꿰어 옷을 여민다 준말단춧고

단춧구멍 이름씨 옷 따위에 단추를 끼우도록 째서 지은 구멍 ⓑ단춧구멍이 작아 단추 끼우기가 어렵다

단층 (單層) ⇒ 홑켜. 한 켜

단층 (斷層) ⇒ 땅끊임

단칸방 ⇒ 한칸방

단칸살이 ⇒ 한칸살이. 한칸살림

단칼에 ⇒ 한칼에

단판 ⇒ 한판

단팥묵 이름씨 팥앙금, 우무, 단것을 함께 쑤어서 굳힌 맛갓 ⇐ 양갱

단팥죽 이름씨 팥을 삶아 으깨어 단것을 넣어 달게 만든 먹을거리

단편 ⇒ 토막. 조각

단편극 ⇒ 짧은굿. 토막굿

단편소설 ⇒ 짧은이야기. 토막이야기

단편적 ⇒ 한 토막만 보는. 한 쪽만 생각하는. 토막진

단풍 ⇒ 물든잎. 잎물듬

단풍나무 ⇒ 신나무

단풍놀이 ⇒ 물든잎놀이

단합 ⇒ 뭉침. 뭉치다

단항식 ⇒ 홑마디틀

단행 ⇒ 밀고 나감. 해치움. 밀고 나가다. 해치우다

단행본 ⇒ 홑벌책

단호하다 ⇒ 굳다. 흔들림 없다. 똑 부러지다. 어김없다

닫굽금 이름씨 닫힌 굽은금 ⇐ 폐곡선

닫다[1] 움직씨 ❶도로 제자리로 보내어 막다

㉯문을 닫고 빗장을 지른다 ❷입을 다물고 말하지 않다 ㉯아버지는 고개를 수그린 채 굳게 입을 닫았다 ❸가게 같은 곳이 하루 일을 마치고 쉬거나 아예 일을 그만두다 ㉯돌림앓이가 번져 가게 문을 닫았다 ❹모임 따위를 끝마치다 ㉯오늘 모임은 이만 닫겠습니다 ❺마음을 내보이거나 터놓지 않다

닫다[2] 움직씨 빠르게 뛰어가다 ㉯나는 새도 떨구고 닫는 짐승도 못 가게 한다. 닫는 말에 채찍질하다. 잘 가노라 닫지 말며 못 가노라 쉬지 마라 한뜻말 달리다

닫새 이름씨 아프리카 모래밭이나 거친 땅에 살며 날지 못하고 빨리 달리는 새 ⇐ 타조

닫아걸다 움직씨 문이나 바라지를 닫고 고리를 걸거나 빗장을 지르다 ㉯비바람이 몰아쳐 문이란 문은 다 닫아걸었어

닫음 이름씨 굿이나 노래 잔치, 큰일 같은 것이 끝남. 또는 끝냄 ⇐ 폐막

닫음굿 이름씨 어떤 일을 치르고, 끝맺는 마지막 맞이나 굿 한뜻말 닫음맞이 ⇐ 폐막식

닫자무리 이름씨 새로운 것을 받아들이지 않고 옛 짜틀과 삶꽃을 그대로 이어 나가자는 무리 ⇐ 수구파

닫집 이름씨 임금이나 깨달은이같이 높거나 거룩한 이 자리 위에 아주 아름답게 처마나 보꾹같이 꾸며놓은 것. 흔히 절 안 부처꼴을 앉힌 자리 위에 만들어 단다 ⇐ 감실. 당가

닫치다 움직씨 ❶열린 문짝이나 서랍 따위를 세게 닫다 ❷입을 굳게 다물다

닫히다 움직씨 '닫다'입음꼴. 트이거나 열린 것이 막히다 ㉯바람에 문이 닫힌다

-달 '-다고 할' 준말 ㉯아이고, 준다는데 싫달 사람이 있겠습니까?

달[1] 이름씨 ❶땅덩이 둘레를 도는 하나뿐인 별. 햇빛을 되비추어 밤에 밝은 빛을 낸다 ❷달빛 ㉯달 밝은 밤이다 슬기말 **달 보고 짖는 개** 아무렇지도 않은 일에 놀라거나 두려워하는 사람

달[2] 이름씨 ❶한 해를 열둘로 나눈 것 가운데 하나 ㉯그달 할 일을 그달에 다 마쳐라 ❷한 해를 열둘로 나눈 것을 세는 하나치 ㉯석 달 동안 일하고 쉬다 ⇐ 개월

달[3] 이름씨 갈대와 비슷하게 생기고 가람가나 못가에 자라는 여러해살이풀. 마디에 잔털이 많고 덩굴로 자란다. 이른 가을 때와 같은 꽃이 핀다 한뜻말 달풀

달[4] 이름씨 종이솔개를 만들 때 뼈대를 이루는 머리, 허리, 가운데, 네 귀에 대는 가늘게 쪼갠 댓개비 ㉯종이가 찢어지지 않게 달을 잘 붙이는 것이 종요로워

-달 뒷가지 곳. 땅 ㉯별달. 난달. 멧달

달가닥 어찌씨 단단하고 작은 것이 맞부딪치는 소리 ㉯주무시는 아버지를 깨우지 않도록 달가닥 소리 하나 내지 않고 밥을 지었다 준말 달각 큰말 덜거덕 센말 딸가닥. 딸까닥 거센말 달카닥 **달가닥하다**

달가닥거리다 움직씨 단단하고 작은 것이 잇달아 맞부딪치다 ㉯부엌에서 달가닥거리며 설거지하는 소리가 들린다 큰말 덜거덕거리다 **달가닥대다**

달가닥달가닥 어찌씨 단단하고 작은 것이 잇달아 맞부딪치는 소리 ㉯아이들이 공기놀이하는 소리가 달가닥달가닥 들린다 큰말 덜거덕덜거덕 센말 딸가닥딸가닥 **달가닥달가닥하다**

달가당 어찌씨 단단하고 작은 것이 맞부딪쳐 가볍게 울리는 소리 ㉯처마 밑 바람방울이 바람에 흔들리며 달가당 소리가 난다 준말 달강 큰말 덜거덩 **달가당하다**

달가당거리다 움직씨 단단하고 작은 것이 잇달아 맞부딪쳐 울리다 **달가당대다**

달가당달가당 어찌씨 단단하고 작은 것이 잇달아 맞부딪쳐 울리는 소리 ㉯소가 파리를 쫓으려 머리를 움직일 때마다 달가당달가당 방울이 울린다 큰말 덜거덩덜거덩 **달가당달가당하다**

달가림 이름씨 달이 땅별 그림자에 가려 한쪽이나 모두가 어두워지는 것 ⇐ 월식

달가웃 이름씨 한 달 하고도 보름 ⇐ 달반

ㄷ

달각 어찌씨 '달가닥' 준말 **달각하다**

달각거리다 움직씨 단단하고 작은 것이 자꾸 맞부딪치다 **달각대다**

달각달각 어찌씨 단단하고 작은 것이 자꾸 맞부딪치는 소리 ⓑ부엌에서 달각달각 소리가 나더니, 조금 있다가 구수한 냄새가 흘러나온다 큰말덜걱덜걱 센말달깍달깍. 딸각딸각. 딸깍딸깍 거센말달칵달칵 **달각달각하다**

달갑다 그림씨 마음에 들어 달게 여기다 ⓑ오늘 마침 달가운 손님이 찾아왔다 맞선말쓰겁다 **달가이 달갑게**

달강거리다 움직씨 단단하고 작은 것이 잇달아 맞부딪쳐 소리가 울려 나다 **달강대다**

달강달강[1] 어찌씨 단단하고 작은 것이 잇달아 맞부딪쳐 울려 나는 소리 ⓑ바지 주머니에 들어있는 호두알이 달강달강 노래를 한다 큰말덜겅덜겅 센말달깡달깡. 딸강딸강. 딸깡딸깡 거센말덜컹덜컹 밑말달가당달가당 **달강달강하다**

달강달강[2] 어찌씨 어린아이를 데리고 시장질할 때 노래에 붙이는 말 ⓑ달강달강 우리 아가. 잘도 논다 우리 아가 비슷한말달공달공. 달궁달궁. 시장달공

달개 이름씨 처마 끝에 잇대어 짓거나 챙을 달아 몸채에 잇대어 지은 칸이나 집 ⓑ아래채에 달개를 내어 구멍가게라도 차려야겠어 한뜻말달개집

달개비 이름씨 살이 많은 줄기 마디마디에 염통꼴 잎이 나며, 여름에 하늘빛 작은 꽃이 피는 한해살이풀. 어린싹은 먹는다 ⇐ 닭의장풀

달걀 이름씨 닭이 낳은 알 ⓑ날달걀이나 달걀부침 보다 달걀찜을 좋아한다 한뜻말닭알 ⇐ 계란 슬기말 **달걀로 바위치기** 너무 힘이 없어서 아무리 해도 이기거나 해낼 수 없음

달걀가리 이름씨 달걀로 쌓은 가리. 곧 있을 수 없는 일. 쓸데없는 꿍꿍이

달걀꼴 이름씨 달걀처럼 갸름하게 둥근 모습 ⓑ앵두나무잎은 서로 어긋나고 거꿀달걀꼴이다 한뜻말알꼴 ⇐ 난형. 난상. 달걀형

달걀꾸러미 이름씨 달걀을 한 줄로 세워 볏짚으로 싼 꾸러미 ⓑ아침나절에 달걀꾸러미를 묶었다 한뜻말닭알꾸리. 달걀꾸리

달걀노른자 이름씨 ❶달걀 속에서 흰자위가 둘러싸고 있는 노른 데 ⓑ달걀채를 만들 때 달걀노른자와 흰자는 따로따로 부쳐야 보기가 좋아 ⇐ 난황 ❷어떤 몬에서 가장 종요로운 곳 ⓑ서울에서도 달걀노른자 같은 땅을 가진 이들이 겨레말을 얼마나 살려쓸까?

달걀말이 이름씨 달걀을 얄팍하게 부쳐서 돌돌 만 먹을거리 ⓑ달걀말이에 파, 당근, 둥글파 같은 갖가지 남새를 넣으면 좋다

달걀버섯 이름씨 어릴 때는 달걀꼴이고 갓 빛깔이 새빨갛지만 독이 없고 맛 좋은 버섯

달걀옷 이름씨 먹을것을 기름에 지지거나 부칠 때 밑감에 입히려고 풀어놓은 달걀 ⓑ물고기 살에 달걀옷을 입혀 굽자

달걀채 이름씨 달걀 흰자와 노른자를 따로따로 얇게 부쳐서 채 썬 고명

달거리[1] 이름씨 한 달을 거름 ⓑ돈이 모자라 다달이 책을 못 내고 달거리로 낸다 ⇐ 격월

달거리[2] 이름씨 ❶한달에 한 디위 앓는 돌림앓이 ❷다 자란 겨집 아기집에서 다달이 피가 나오는 일. 열 서너 살에서 쉰살 안팎까지 아이 배고 젖 먹일 때를 빼고는 네이레 마다 나온다. 달거리할 때가 되면 몸이 아플 뿐 아니라, 마음도 날카로워진다 한뜻말몸엣것 ⇐ 생리. 월경. 멘스

달거문고 이름씨 둥근 울림통에 가늘고 긴 목에 네 줄이 걸린 우리 가락틀 ⇐ 월금

달게십가비 이름씨 별꽃과 비슷하나 조금 크고 잎은 마주나고 알꼴로 끝이 뾰족하며 다섯여섯달에 흰 꽃이 가지 끝에 피는 두해살이 또는 여러해살이풀. 어린잎 줄기는 먹는다 한뜻말달기씨깨비. 잣나물 ⇐ 쇠별꽃

달고치다 움직씨 ❶뭇매를 때리다 ⓑ달고치는데 아니 맞을 수가 없다 한뜻말달구치다 ❷무엇을 알아내려고 바짝 죄어대다 ⓑ겨집이라고 만만히 보고 달고치면 큰코다쳐 ❸

냅다 몰아대다 ⓑ까딱하면 왼쪽으로 기울었다고 달고치니 미리 마음 써야 할 거야

달곰하다 그림씨 감칠맛 있게 달다 ⓑ아직 다래가 덜 익어서 썩 달곰하진 않다 비슷한말 달금하다 거센말 달콤하다

달구 이름씨 땅을 단단하게 다지는 데 쓰는 연모 ⓑ달구로 집터를 단단히 다지는 일이 종요롭다

달구다 움직씨 **1** 불에 올려 몹시 뜨겁게 하다 ⓑ무쇠솥을 달구어 콩을 볶았다 **2** 불을 많이 때서 방을 덥게 하다 ⓑ날씨가 추워지니 방을 뜨끈뜨끈하게 달구어라 **3** 생각이나 마음을 끓어오르게 하다 ⓑ우리 모두 가슴을 뜨겁게 달구어 왜놈들을 단김에 몰아내자 **4** 기운 따위를 들끓게 하다 ⓑ쳐들어온 무리를 내쫓는 싸움이 온 마을 사람들을 뜨겁게 달구었다

달구비 이름씨 빗발이 달구처럼 굵게 쏟아지는 비 ⓑ달구비가 쏟아지니 들판에서 일하던 사람들이 다 집으로 뛰어간다

달구지 이름씨 마소가 끄는 짐수레 ⓑ아버지는 달구지에 땔나무를 싣고 아들 사는 곳까지 날라주었다

달구치다 움직씨 **1** 봐주지 않고 뭇매를 때리다 ⓑ달구치는 매 안 맞을 재주 있나 한뜻말 달고치다 비슷한말 다그치다. 몰아붙이다 **2** 꼼짝 못 하게 몰아치다 ⓑ아무리 달구쳐도 쓸모없어

달굿대 이름씨 땅을 다지는 데 쓰는 굵고 큰 나무토막 ⓑ달굿대로 집터를 다진다 한뜻말 나무달굿대

달궁달궁 어찌씨 돈이나 몬 따위를 다 써서 남은 것이 거의 없는 꼴 ⓑ쌀도 달궁달궁, 땔나무도 달궁달궁 **달궁달궁하다**

달그락 어찌씨 단단하고 작은 것이 가볍게 맞부딪쳐 흔들리는 소리 ⓑ방에서는 밥을 먹는지 숟가락 부딪치는 달그락 소리만 들린다 큰말 덜그럭 센말 딸그락 **달그락하다**

달그락거리다 움직씨 단단하고 작은 것이 잇달아 부딪쳐 흔들려 소리가 나다 **달그락대다**

달그락달그락 어찌씨 단단하고 작은 것이 잇달아 맞부딪쳐 흔들리는 소리 큰말 덜그럭덜그럭 **달그락달그락하다**

달그랑 어찌씨 작고 얇은 쇠붙이 따위가 가볍게 부딪쳐 울리는 소리 ⓑ멀리서 달그랑 쇠북소리가 그윽이 들린다

달그랑거리다 움직씨 작고 얇은 쇠붙이 따위가 무엇에 가벼이 부딪쳐 잇달아 소리가 울려나다 **달그랑대다**

달그랑달그랑 어찌씨 작고 얇은 쇠붙이 따위가 무엇에 가벼이 부딪쳐 잇달아 울리는 소리 ⓑ누렁소 목에 매단 방울이 달그랑달그랑 소리 난다 큰말 덜그렁덜그렁 센말 딸그랑딸그랑 **달그랑달그랑하다**

달그림자 이름씨 **1** 어떠한 것이 달빛에 비쳐 생기는 그림자 ⓑ달그림자가 가람 위에 길게 눕다 **2** 달이 물이나 거울에 비쳐 생긴 그림자

달근달근하다 그림씨 재미있고 마음에 들다 ⓑ할아버지는 옛이야기를 달근달근하게 풀어낸다

달금하다 그림씨 조금 달다 ⓑ이번에 지은 단술이 달금하다 비슷한말 달곰하다 거센말 달큼하다 **달금히**

달기둥 이름씨 달이 물에 비칠 때, 그 물결로 말미암아 기둥처럼 길어진 달그림자 ⓑ달기둥이 가람에 뻗치다

달기살 이름씨 소 다리 안쪽에 붙은 살 ⓑ달기살을 넣어 김치찌개를 끓였다

달길 이름씨 달이 하늘 위에서 지나는 겉보기 자리길. 해길과 달리 한곳에 박혀있지 않고 늘 달라진다 ⓑ달길을 따라가는 별 무리 ⇐ 백도

달꼴 이름씨 달처럼 둥근 꼴 ⓑ달꼴 벌낫으로 벼를 베어 보면 어떨까? ⇐ 월형

달끝 이름씨 한 달이 끝나는 무렵 ⓑ모았다가 달끝에 셈하자 ⇐ 월말

달나라 이름씨 달을 땅별에 비겨 나라처럼 이르는 말 ⓑ달나라에는 누가 살고 있을까? ⇐ 월궁

달나이 이름씨 ❶달이 땅별과 해 사이에 들어선 때부터 지나간 날짜 ⓑ달나이도 모르고 고깃배를 띄운다 ⇐ 월령 ❷목숨붙이가 나서 자란 동안을 달수로 따져 헤아리는 것 ⓑ달나이가 넉 달 된 아이 ⇐ 월령

달날 이름씨 이레가 비롯하는 첫째 날 ⇐ 월요일

달낯 이름씨 달 겉 쪽을 사람 얼굴에 빗대 일컫는 말 ⓑ달낯이 어둡다 ⇐ 달표면. 월면

달넘이 이름씨 달이 막 지는 것 ⓑ달넘이와 더불어 날이 밝아온다 한뜻말달지기 맞선말달돋이 ⇐ 월몰

달놀음 이름씨 달밤에 모여 노는 놀이 ⓑ개울가에서 달놀음을 여는 겨집들

달님 이름씨 달을 사람처럼 생각하고 높여 이르는 말 ⓑ차마 달님 보기에도 부끄럽다

달다[1] 움직씨 ❶잇대어 붙이다 ⓑ수레를 길게 이어 단 긴수레 ❷한곳에 갖추어 붙이다 ⓑ보람널을 달다. 단추를 달다 ❸몬 따위를 한곳에 걸거나 매어놓다 ⓑ깃발을 달다. 돛을 달다 ❹노랫말에 가락을 붙이다 ⓑ노랫말에 가락을 달다 ❺윷밭에 처음으로 말을 놓다 ⓑ우리 쪽이 먼저 말을 달았다 ❻글이나 말에 풀이를 덧붙이다 ⓑ풀이말을 달다. 토를 달아서 읽다 ❼셈한 것을 적어놓다 ⓑ외상을 달다 ❽('달고 다니다' 꼴로 써) 곁에 있게 하거나 따르게 하다 ⓑ늘 겨집애를 달고 다닌다 ❾몬이나 틀을 쓸 수 있게 어디에 놓다 ⓑ말틀을 달다. 수레에 시원바람을 달다 ❿글이나 그림, 노래에 이름을 지어서 붙이다 ⓑ이 그림에는 무슨 이름을 달면 좋을까?

달다[2] 움직씨 ❶쇠나 돌 따위가 불에 닿아 몹시 뜨거워지다 ⓑ무쇠솥이 뜨겁게 달았을 때 기름을 둘러야 지짐이 눌어붙지 않는다 ❷덥거나 부끄러워서 몸이나 얼굴이 뜨거워지다 ⓑ더운 날씨에 내 얼굴이 발갛게 달았다. 얼굴이 화끈 달았다 ❸안타깝고 조마조마해지다 ⓑ물에 빠진 아이를 보고 어찌할 바를 몰라 안절부절 몸이 달았다 ❹입안이나 코안이 마르고 뜨겁다 ⓑ목구멍이 달았는지 뜨겁다 ❺(끓이거나 익힐 때) 물이 졸아들다 ⓑ낫개단지에 물이 알맞게 달았는지 봐줘

달다[3] 움직씨 저울로 무게를 헤아리다 ⓑ몸무게를 달아보다

달다[4] 움직씨 ❶('달라', '다오' 꼴로 써) 말하는 이가 듣는 이에게 무엇을 주기를 말하다 ⓑ일한 품삯을 제대로 쳐 달라고 말했다. 물을 달라. 책을 다오 ❷(도움움직씨로 써) 앞말이 뜻하는 짓을 해 줄 것을 말하다 ⓑ그렇게 보고만 있지 말고 뭐라도 좀 해다오. 내 눈을 봐달라고 말했다

달다[5] 움직씨 살갗이 얼어서 부르트다 ⓑ날씨가 추워서 손등이 달아 쓰라린다

달다[6] 그림씨 ❶꿀 같은 맛이다 ⓑ익어 떨어진 다래가 무척 달다 맞선말쓰다 ❷맛이 입에 당기도록 좋다 ⓑ아버지는 찔게거리가 적어도 밥을 달게 먹는다 ❸마음이 푸근하고 좋다 ⓑ아주 달게 한숨 잤다 ❹('달게' 꼴로 써) 마땅히 여기다 ⓑ어떤 읊이라도 달게 받겠다 슬기말 **달면 삼키고 쓰면 뱉는다** 도움이 될 때는 가까이하지만 쓸모가 없어지면 멀리하듯 제 알속만 꾀한다

달달[1] 어찌씨 춥거나 무서워서 자그마한 몸을 자꾸 떠는 꼴 ⓑ밤길에 추워서 볼이 달달 떨린다 큰말덜덜 **달달하다**

달달[2] 어찌씨 수레바퀴 따위가 단단한 바닥에서 가볍게 굴러가는 소리나 그 꼴 ⓑ쇠바퀴가 달달 굴러간다 큰말덜덜 센말딸딸 **달달하다**

달달[3] 어찌씨 ❶낟알을 이리저리 휘저으며 볶거나 맷돌에 가는 꼴 ⓑ아내는 그저 말없이 콩만 달달 볶는다 큰말들들 ❷사람을 못살게 들볶는 꼴 ⓑ아이는 나를 하루 내내 달달 들볶았다 ❸이리저리 들쑤셔 뒤지는 꼴 ⓑ도둑이 들어 온 집안을 달달 들쑤셔 놓았다

달달[4] 어찌씨 글 따위를 막힘 없이 외는 꼴 ⓑ긴비는 책을 하도 읽어서 나중에는 달달 외게 되었다

달달거리다 움직씨 ❶춥거나 무서워 몸이 자꾸 떨리다 ⓑ얼마나 춥던지 온몸을 달달거리며 떨었다 ❷작은 바퀴가 단단한 바닥을 구르며 잇달아 소리를 내다 ⓑ손수레에 거름을 싣고 달달거리며 끌고 갔다 **달달대다**

달달하다 그림씨 조금 달다 ⓑ수숫대는 씹으면 씹을수록 달달한 맛이 난다 비슷한말달곰하다

달덜찬애 이름씨 달이 차기에 앞서 지레 낳은 아이 ⓑ아주머니는 애 밴 지 일곱 달 만에 달덜찬애를 낳았다 ⇐ 미숙아

달덩이 이름씨 ❶크고 둥근 달 ⓑ보름이 가까워 오자 달덩이는 둥글고 밝았다 ❷둥글고 환하게 생긴 사람 얼굴 ⓑ우리 각시 얼굴은 달덩이 같다

달돋이 이름씨 달이 막 돋아 오르는 것 ⓑ어릴 적 달돋이를 보러 아이들은 모두 메에 올랐다 맞선말달넘이 ⇐ 월출

달동네 이름씨 멧마루나 멧비탈에 다닥다닥 붙여 집을 짓고 사람들이 모여 사는 마을. 높은 곳이라 달이 바로 앞에 있다고 해서 붙인 이름이다 ⓑ우리는 달동네에 열두 해째 산다

달떡 이름씨 ❶달꼴로 둥글게 만든 흰떡 ⓑ우리는 둥글게 앉아 솜씨껏 달떡을 빚었다 ❷솔떡 만드는 가루 반죽으로 둥글넓적하게 만들어 솔떡과 함께 찐 떡

달라붙다 움직씨 ❶들뜨지 않고 바싹 붙다 ⓑ먼지가 달라붙다. 몸에 착 달라붙는 옷 큰말들러붙다 ❷가까이 붙좇아 따르다 ⓑ엄마에 달라붙어 떨어지지 않으려는 아이 ⇐ 애착하다 ❸끈덕지게 어떤 일에 매달리다 ⓑ우리말 살려 쓰는 일에 달라붙어 끝을 보자 ⇐ 집착하다 ❹맞서서 겨루거나 대들다 ⓑ모두 달라붙어 우리 겨레를 갈라놓는 바깥 힘을 몰아내자 ❺입맛에 딱 맞다 ⓑ김치가 잘 익어 입에 착 달라붙는다

달라지다 움직씨 ❶그 앞과 다르게 되다 ⓑ생각이 달라지다. 때가 달라지다 ❷사람이 좋게나 나쁘게 바뀌다 ⓑ스스로는 달라졌다고 떠벌리는데 매한가지 같지 않아?

달랑[1] 어찌씨 ❶작은 방울이나 매달린 몬이 흔들리는 소리나 그 꼴 ⓑ송아지 방울이 달랑 울린다 큰말덜렁 센말딸랑 ❷갑자기 놀라거나 무서울 때 가슴이 옴찔하며 울리는 꼴 ⓑ바스락 소리에도 가슴이 달랑 놀란다 ❸가볍고 귀엽게 움직이는 꼴 ⓑ아버지가 오시면 아이는 달랑 뛰어나와 팔에 매달렸다 ❹차분하지 못하고 좀 가볍게 까부는 꼴 ⓑ맡겨뒀으면 알아서 할 텐데 자네가 달랑 나서서 이러니저러니 하지 말게 **달랑하다**

달랑[2] 어찌씨 ❶하나만 남은 꼴 ⓑ모두 떠나고 나만 혼자 달랑 남아 이곳을 지킨다 큰말덜렁 센말딸랑 ❷가진 것이 적어 가뿐한 꼴 ⓑ가방 하나 달랑 메고 떠나고 싶어

달랑거리다 움직씨 작은 방울이 흔들리며 소리가 잇달아 나다 **달랑대다**

달랑게 이름씨 두 집게발 크기가 같지 않고 등딱지가 네모꼴로 짙은 잿빛을 띤 작은 바닷게. 우리나라 하늬바다와 마파닷가에서 물이 빠진 모래땅에 구멍을 파고 산다

달랑달랑 어찌씨 ❶작은 방울 따위가 흔들리며 잇달아 나는 소리 ⓑ보꾹에 달랑달랑 매달린 북어 한 마리 큰말덜렁덜렁 센말딸랑딸랑 ❷갑자기 놀라거나 무서울 때 가슴이 옴찔하며 자꾸 울리는 꼴 ⓑ작은 일에도 가슴이 달랑달랑 놀란다 ❸가볍고 귀엽게 자꾸 움직이는 꼴 ⓑ달랑달랑 춤을 추며 노래하는 동네 아이들 ❹차분하지 못하고 좀 가볍게 자꾸 까부는 꼴 ⓑ초롱이 아버지는 달랑달랑 몸을 놀려서 어른 같지가 않다 ❺작은 것이 자꾸 흔들리는 꼴 ⓑ어린이집 가방이 아이 등에서 달랑달랑 춤을 춘다 **달랑달랑하다**

달랑쇠·달랑이 이름씨 차분하지 못하고 몹시 담방거리고 까부는 사람 ⓑ우리 마을 달랑쇠가 하루 내내 쏘다닌다 큰말덜렁쇠. 덜렁이

달래 이름씨 동그랗고 작은 알뿌리에서 대롱꼴 긴 잎이 나고, 봄에 꽃대가 나와 보랏빛

꽃이 피는 나물. 생김새나 냄새, 맛 따위는 파나 마늘 같아서 봄철 입맛을 돋운다. 밭둑이나 묵은 밭 자리, 언덕들에서 잘 자란다

달래각시 이름씨 ❶풀을 가지고 놀잇감으로 만든 각시 ⓑ달래각시를 만들다 ❷어린 나이에 짝지은 겨집 ⓑ아버지는 어린 딸을 달래각시로 들여보내고 쓰린 가슴을 달랬다

달래다 움직씨 ❶마음이 풀리도록 타이르거나 구슬리다 ⓑ좋은 말로 살살 달래야지 ❷스스로 마음을 가라앉히다 ⓑ놀란 가슴을 달래다

달래달래 어찌씨 가볍게 간들간들 걷거나 움직이는 꼴 ⓑ망아지가 어미 뒤를 달래달래 따라간다 큰말덜레덜레 거센말탈래탈래

달래락저히락 어찌씨 달래기도 하고 으르기도 하는 꼴 ⓑ가지 않겠다는 아이를 달래락저히락해서 배곳에 보냈다

달램 이름씨 어떤 몬이나 품을 알맞은 값에 사려는 뭠 ⇐ 수요

달램수 이름씨 달래서 꾀기 한뜻말꾐수 ⇐ 회유책

달램숱 이름씨 달램 크기 ⇐ 수요량

달랭이[1] 이름씨 천을 짤 때, 실을 감아서 북 안에 넣는 씨 실톳 ⓑ달랭이에 씨실을 감다

달랭이[2] 이름씨 달래

달러 이름씨 유에스 돈. 한 달러는 온 센트이다

달려가다 움직씨 달려서 가다 ⓑ비가 와서 집으로 달려갔다 맞선말달려오다

달려들다 움직씨 ❶와락 덤벼들다 ⓑ그 놈이 갑자기 달려들어 내 멱살을 잡았다 ❷무엇을 하려고 발벗고 나서다 ⓑ셋돌이 달려든다고 그 일이 풀릴 것 같진 않아

달려오다 움직씨 달려서 오다 ⓑ멀리서 아들이 나를 보자 달려왔다

달력 ⇒ 달셈책. 달셈표

달로 어찌씨 달이 갈수록 ⓑ일솜씨가 달로 나아진다 한뜻말다달이

달롱 어찌씨 ❶가볍게 들거나 메는 꼴 ⓑ어린이들이 가방을 달롱 메고 나들이 간다 ❷옷 따위가 조금 들려 보이는 꼴 ⓑ누이는 달롱 들리는 치마를 입었다 **달롱하다**

달롱달롱 어찌씨 ❶자꾸 가볍게 들거나 메는 꼴 ⓑ지게수레가 달롱달롱 짐을 들어 한곳에 쌓는다 ❷잇달아 조금 들려 보이는 꼴 ⓑ요즘 꽃님들 치마가 어느 나라나 달롱달롱 들려 보인다

달름 어찌씨 ❶옷 따위가 조금 들려 보이는 꼴 ⓑ달름 들린 치마 ❷가볍게 매달린 꼴 ⓑ꾀꼬리집이 밤나무 가지 끝에 달름 매달려 있다 **달름하다**

달리 어찌씨 다르게 ⓑ이것 말고 달리 수가 없다

달리기 이름씨 어떤 길이를 잡아놓고 함께 달려 빠르기를 겨루는 놀이. 온 미터, 두온 미터, 네온 미터, 즈믄 미터 달리기 따위가 있다

달리다[1] 움직씨 ❶열매 따위가 맺혀 붙어있다 ⓑ참외가 그래도 제법 달렸다 ❷쓸 수 있도록 붙어있다 ⓑ두 날개가 달린 새 ❸어떤 곳에 걸리거나 붙어있다 ⓑ수레에 달린 길잡이 ❹무엇에 기대다 ⓑ죽고 사는 것은 마음먹기에 달렸다 ❺무겁게 실리다 ⓑ졸음이 달린 눈 ❻글이나 말에 풀이가 덧붙거나 보태지다 ⓑ어려운 말에는 풀이가 달려야 알기 쉬워

달리다[2] 움직씨 ❶사람이나 짐승이 다리를 놀려 앞으로 빠르게 나아가다 ⓑ나는 늦어서 배곳까지 달렸다 ❷수레나 말 따위를 빨리 가게 하다 ⓑ오늘 먼 길을 달려 오느라 아내가 애썼어 ❸수레나 배가 빨리 움직이다 ⓑ수레가 달리다. 버스가 달리다 ❹때가 빨리 지나가다 ⓑ때가 번개처럼 달리다 ❺마음이 쏠리다 ⓑ한가위 때라 마음이 텃마을로 달린다

달리다[3] 움직씨 힘이나 재주, 몬 따위가 뒤를 잇대지 못할 만큼 모자라다 ⓑ시골에 나이 많은 사람이 많아 일손이 달린다 ⇐ 품귀하다

달리하다 움직씨 여느 것과는 서로 다르게 가지다 ⓑ생각을 달리하다. 믿음을 달리하다.

얽이를 달리하다

달린옷 이름씨 윗도리와 아랫도리가 하나로 잇달린 옷 ⓑ옅은 하늘빛 달린옷이 날씨랑 잘 어울린다 한뜻말통옷 ⇐ 원피스

달림길 이름씨 달리기하려고 만든 길 ⓑ쉬는 날 가까운 배곳에 가서 달림길을 달려 세 바퀴 돌았다 ⇐ 트랙

달막거리다 움직씨 ❶어느 한쪽이 조금씩 들렸다 놓였다 하다 ❷손이나 어깨, 궁둥이 따위가 조금 쳐들렸다 놓였다 하다 ❸말하려는 듯이 입술을 조금 움직이다 **달막대다**

달막달막 어찌씨 ❶어느 한쪽이 조금씩 들렸다 놓였다 하는 꼴 ⓑ두더지가 흙을 달막달막 들추며 지렁이를 찾아다닌다 한뜻말달망달망 큰말들먹들먹 ❷손이나 어깨, 궁둥이 따위가 조금 쳐들렸다 놓였다 하는 꼴 ⓑ언니가 어깨를 달막달막하며 흐느낀다 ❸말하려는 듯이 입술을 조금 움직이는 꼴 ⓑ아우는 입을 달막달막하며 무슨 말을 할까 말까 망설이는 듯했다 ❹가슴이 조금 울렁이는 꼴 ⓑ그 말에 가슴이 달막달막 울렁였다 **달막달막하다**

달막이다 움직씨 ❶가벼운 것이 들렸다 놓였다 하다 ⓑ손님이 속옷을 달막이기만 하고 사지는 않았다 ❷어깨나 궁둥이가 가볍게 들렸다 놓였다 하다 ⓑ노을이는 쇠북이 울리기만 기다리며 궁둥이를 달막였다 ❸벅차서 가슴이 가볍게 설레다 ⓑ돌이는 순이와 나들이 갈 일로 가슴이 달막였다 ❹말하려는 듯이 입술을 열 듯 말 듯 하다 ⓑ우리는 숨죽인 채 달막이는 할머니 입술만 바라보았다 ❺다친 데나 헌데가 조금 쑤시다 ⓑ어제 삔 발목이 달막여서 걷기가 힘들어

달망달망 어찌씨 달막달막 ⓑ어깨를 달망달망하며 춤을 추다 큰말들멍들멍 **달망달망하다**

달망지다 그림씨 보기보다 알차고 단단하다 ⓑ무가 달망지게 자랐네

달맞이 이름씨 한보름과 한가위 내림놀이로, 달이 뜰 때 높은 곳에 올라 저마다 바람을 빌거나 고마움을 나타내며 달을 맞는 놀이. 또는 한 해 여름지이를 달 빛깔에 따라 미리 헤아리는 놀이 ⓑ달셈 한 달 한보름날 땅거미가 질 무렵 메나 들로 달맞이 가자 한뜻말달마중 **달맞이하다**

달맞이꽃 이름씨 버들잎처럼 가늘고 길둥근 잎은 톱니가 있으며 여름날 저녁 무렵 노란 꽃이 피었다가 아침에 지는 두해살이풀. 아주 작고 까만 씨는 기름을 짜서 먹거나 낫개로 쓴다 ⇐ 월견초

달머슴 이름씨 달마다 품삯을 받고 사는 머슴. 또는 그런 머슴살이 ⓑ아우는 달머슴으로 들어가 매우 어렵사리 살아간다

달모습 이름씨 달 나이에 따라 바뀌는 달 모습 ⓑ달모습이 그새 그믐달로 바뀌었네 ⇐ 월상

달모임 이름씨 다달이 모임 ⓑ옛날엔 마을 사람들이 다달이 달모임을 했지 ⇐ 월례회

달무늬 이름씨 눈썹 꼴, 둥근 꼴, 덜 둥근 꼴 따위 달 모습으로 된 무늬 ⓑ달무늬로 방을 꾸몄더니 달 방에 든 느낌이다

달무리 이름씨 달 둘레에 나타나는 둥그렇고 허연 테 ⓑ달무리가 끼면 비가 온다는 말이 있다

달물 이름씨 한 달에 얼마씩 값을 쳐주고 물장수에게 사는 물 ⓑ우리 가게는 달물을 쓴다

달물결 이름씨 달빛이 그윽하게 비낀 물결 ⓑ달물결이 일고 그 위를 놀잇배가 떠다닌다

달바자 이름씨 울타리를 지을 때, 달풀 줄기를 엮어 만든 것 ⓑ달바자를 친 솔이네 집이 아늑해 보인다

달반 ⇒ 달가웃

달발 이름씨 달풀 줄기를 엮어 만든 발 ⓑ달발을 짜다

달밤 이름씨 달이 뜬 밤. 달이 떠서 밝은 밤 ⓑ달밤엔 밤길 걷기가 좋다 ⇐ 월야

달벼름 이름씨 몬값을 다달이 얼마씩 나누어 내는 일 ⇐ 월부

달변 ⇒ 잰 입

달변가 ⇒ 말 잘하는 이. 입잰이

달별 이름씨 ❶땅별과 같은 떠돌이별이 이끄는 힘에 기대어 그 둘레를 따라 도는, 달과 같은 별 ⓑ떠돌이별은 해를 가운데 두고 그 둘레를 돌고, 달별은 떠돌이별 둘레를 돈다 ⇐ 위성 ❷달과 별 ⓑ하늘에 달별이 밝게 빛난다

달보드레하다 그림씨 조금 달큼하다 ⓑ달보드레한 단술

달불이 이름씨 시골에서 달셈 한달 열나흗날 저녁에 콩 열두 알을 수수깡 속에 넣어 우물에 띄웠다가 이튿날 새벽에 꺼내어 보고 콩이 물에 불은 크기를 가늠하여 그달에 비가 얼마나 내릴지를 헤아려 그해 여름지이를 가늠해 보는 일 ⓑ달불이를 해보니 올해도 크게 거두겠네

달붓기 이름씨 몬값이나 빚 따위를 달마다 나눠 얼마씩 치르는 것 ⓑ달붓기로 빚을 갚아나가 이제 다 갚았다

달빛 이름씨 달에서 비쳐 오는 빛 ⓑ달빛도 반짝 물고기도 반짝 ⇐ 월광

달뿌리풀 이름씨 뿌리줄기가 땅 위로 뻗고 마디마다 뿌리가 나고 잎은 갈댓잎처럼 좁고 긴 풀. 냇가 모래땅에 잘 자라며 베어 말렸다가 발이나 바자를 만든다 한뜻말달풀 준말달

달삯[1] 이름씨 한 달마다 셈하는 품삯 ⓑ달마다 그믐께 달삯을 받는다 ⇐ 월급

달삯[2] 이름씨 ❶집이나 방을 다달이 빌려쓰는 일. 또는 그 돈 ⓑ이 집은 뒷다짐돈 한잘 원에 달삯이 서온골 원이다 ⇐ 사글세. 월세 ❷달마다 삯을 받고 빌려주는 방. 또는 달마다 삯을 내고 빌려쓰는 방 한뜻말달삯방

달삯날·달품삯날 이름씨 달삯을 받기로 된 날 ⓑ달삯날이 지났는데 아직 달삯을 안 주네. 달품삯날 갚기로 하고 서른골 원을 빌렸다 ⇐ 월급날

달삯방 이름씨 다달이 삯을 내고 빌려주거나 빌려쓰는 방 ⇐ 사글셋방. 월세방

달성 ⇒ 이룸. 거둠. 이루다. 거두다

달셈[1] 이름씨 달마다 하는 셈 ⓑ이 벌데는 아직 달셈으로 품삯을 치른다

달셈[2] 이름씨 ❶달이 땅별을 한 바퀴 도는 동안, 곧 스무아흐레나 서른 날을 한 달로 잡고 한 해를 열두 달로 하는 셈 맞선말해셈 ⇐ 음력. 태음력 ❷한 해 가운데 달, 날, 스무네철, 이레, 기림날, 쉬는 날 따위를 날짜에 따라 적은 것 한뜻말달셈책 ⇐ 달력

달셈책 이름씨 한 해 가운데 달, 날, 스무네철, 이레, 기림날, 쉬는 날 따위를 날짜에 따라 적은 것 한뜻말달셈표 ⇐ 달력. 캘린더

달소수 이름씨 한달이 좀 지나는동안 ⓑ아들이 달소수 만에 집에 왔다 한뜻말달포 ⇐ 한달여

달쇠 이름씨 문짝 따위를 보꾹에 달아매는 갈고리쇠 ⓑ달쇠에 문짝을 달았다

달싸닥 어찌씨 궁둥이를 가볍고 힘없이 느리게 붙이며 앉는 꼴 ⓑ아이가 더는 못 걷겠는지 그 자리에 달싸닥 주저앉았다 **달싸닥하다**

달싸닥거리다 움직씨 ❶여럿이 다 궁둥이를 가볍고 힘없이 느리게 앉다 ❷다리를 힘없이 옮기며 느리게 걷다 **달싸닥대다**

달싸닥달싸닥 어찌씨 ❶여럿이 다 궁둥이를 가볍고 힘없이 느리게 붙이며 앉는 꼴 ⓑ높은 메에 오른 사람들이 달싸닥달싸닥 풀밭에 주저앉았다 ❷다리를 힘없이 옮기며 느리게 걷는 꼴 ⓑ이렇게 달싸닥달싸닥 걸어서야 언제 집에 가겠니? **달싸닥달싸닥하다**

달싹 어찌씨 ❶몸이나 몸 한쪽을 조금 들었다 놓는 꼴 ⓑ옷을 입히려고 하자 아이가 다리를 달싹 들었다 큰말들썩 센말딸싹 ❷궁둥이를 가볍고 힘없이 붙이며 앉는 꼴 ⓑ할머니는 지팡이를 놓고 마루에 달싹 걸터앉았다 ❸가벼운 몬이 조금 떠들렸다 내려앉는 꼴 ⓑ문종이가 바람에 달싹 나부꼈다 ❹말을 알아들을 수 없을 만큼 입술만 살짝 벌렸다 다무는 꼴 ⓑ센 놈한테는 입도 달싹 못하면서 우리 같은 사람이나 들볶지 ❺마음이 가볍게 들뜬 꼴 ⓑ빨리 놀러가고 싶어 달싹 부푸는 마음을 겨우 누르고 시

침을 뗐다 **달싹하다**

달싹거리다 (움직씨) ❶몸이나 몸 한쪽을 잇달아 조금 들었다 놓았다 하다 ❷말을 알아들을 수 없을 만큼 얼버무리면서 입술을 조금 벌렸다 다물었다 하다 ❸몸이나 어깨 따위를 방정맞게 흔들며 걷다 **달싹대다**

달싹꿍 (어찌씨) 조금 들렸다 힘없이 떨어지는 꼴 ⓑ참새가 꼬리를 달싹꿍 흔든다

달싹달싹 (어찌씨) ❶몸이나 몸 한쪽을 잇달아 조금 들었다 놓았다 하는 꼴 ⓑ나는 어쩔 줄 몰라 엉덩이를 달싹달싹 뒤척였다 큰말들썩들썩 센말딸싹딸싹 ❷말을 알아들을 수 없을 만큼 얼버무리면서 입술을 조금 벌렸다 다물었다 하는 꼴 ⓑ입술만 달싹달싹 하지 말고 똑바로 말해 ❸몸이나 어깨 따위를 방정맞게 흔들며 걷는 꼴 ⓑ아이들은 저마다 떡을 하나씩 들고는 달싹달싹 걸어온다 ❹가벼운 몬이 잇달아 떠들렸다 내려앉았다 하는 꼴 ⓑ아이들은 좀이 쑤셔 엉덩이를 달싹달싹 어쩔 줄을 모른다 **달싹달싹하다**

달싹쿵달싹쿵 (어찌씨) 조금 들떠서 떠들어대는 꼴 ⓑ아이들은 새로 벗을 만나 사귀느라 서로 달싹쿵달싹쿵 떠들어댄다 **달싹쿵달싹쿵하다**

달싹하다 (그림씨) 붙은 것이 조금 들떠 있다 ⓑ보꾹에 바른 종이가 달싹하게 일어났다

달아나다 (움직씨) ❶잡히지 않으려고 빨리 내닫다 ⓑ젖 먹던 힘까지 내어 겨우 달아났다 한뜻말달아빼다 ❷바드러움을 비껴 내빼다 ⓑ한 디위 달아난 사람이 제 발로 찾아오겠나? 한뜻말빼소니치다 ⇐ 도망가다. 도망치다. 도주하다. 피난하다 ❸때가 빠르게 지나가다 ⓑ가을이 언제 왔는지 모르게 달아났다 ❹떨어져 없어지다 ⓑ단추가 달아났는지 어디로 가고 없다 ❺느낌 따위가 사라지다 ⓑ밥맛이 달아나다. 잠이 달아나다

달아내다 (움직씨) 덧대어 늘이다 ⓑ빗물이 덜 들이치도록 처마를 달아내었다

달아다니다 (움직씨) ❶빠른 걸음으로 다니다 ⓑ달아다니다 못해 뛰어갔다 ❷바쁘게 돌아다니다 ⓑ큰물 난 집들을 돌보느라 오금에 바람이 일도록 달아다녔다

달아매다 (움직씨) ❶아래로 드리워 잡아매다 ⓑ가방 뒤에는 '말마디마다 우리말을'이라고 쓴 띠를 달아맸다 ❷그 자리를 뜨지 못하도록 끈 같은 것으로 매어놓다 ⓑ강아지를 감나무에 달아매었다 ❸꼼짝 못 하게 얽어매다 ⓑ멧돼지를 올가미에 몰아넣고 달아매는 것이 아니라 멀리 쫓아버리는 것입니다 (슬기말) **달아매인 돼지가 누운 돼지 나무란다** 어려운 매개에 있는 사람이 저보다 나은 매개에 있는 사람을 딱히 여긴다 한뜻말그슬린 돼지가 달아매인 돼지 타령한다

달아보다 (움직씨) 사람 됨됨이를 살피다 ⓑ드레를 달아보다

달아오르다[1] (움직씨) ❶쇠붙이 같은 몬이 몹시 뜨거워지다 ⓑ데우개가 달아오르다 ❷마음이나 몸이 뜨거워지다 ⓑ부끄러워 얼굴이 달아오른다. 고뿔로 온몸이 달아오르다 ❸둘레기운이 무르익다 ⓑ춤판 기운이 달아오르자 모두가 춤판으로 나왔다

달아오르다[2] (움직씨) 빠르게 달려 오르다 ⓑ멧비탈을 달아올라 멧돼지를 몰았다

달안개 (이름씨) ❶달밤에 피어오르는 안개 ⓑ달안개가 낀 가메들 못가를 거닐고 싶다 ❷달빛이 안개처럼 뿌옇게 보이는 것 ⓑ오랜만에 달안개에 젖어 달밤을 걸어본다

달앗메 (이름씨) 노미리나 고장 나도 고을에 있는 메 ⇐ 월악산

달음박질 (이름씨) 서둘러 힘차게 달려가는 것 ⓑ달아다니자더니 달음박질한다 한뜻말뜀박질 준말달음질

달이다 (움직씨) ❶어떤 것이 짙게 되도록 끓이다 ⓑ지렁을 달이는 냄새가 집안에 가득하다 ❷어떤 것이 우러나도록 끓이다 ⓑ배달낫개를 아들에게 달여 먹이는 것이 어머니 바람이었다

달이슬 (이름씨) 달빛 어린 이슬 ⓑ달이슬 밟으며 버섯을 따러 다녔다

달인 ⇒ 빼어난 이. 솜씨꾼

달자라 [이름씨] 하늘에 떠 있는 달과 물속에 사는 자라처럼 매개가 매우 크게 다름을 빗대어 이르는 말 [ㅂ]너하고 나는 달자라만큼 다르다 ⇐ 월별

달자리 [이름씨] 달풀로 엮어 만든 자리 [ㅂ]달자리가 깔린 마루

달지기 [이름씨] 땅과 하늘이 맞닿아 보이는 금 너머 그 아래로 달이 지는 것 [ㅂ]새벽녘 달지기를 본 적 있어? ⇐ 월몰

달집 [이름씨] 달셈 한 달 한보름 달맞이할 때 달이 뜨면 불을 질러 온누리를 달처럼 밝게 하려고 쌓은 나무 무더기. 날대나무로 뼈대를 만들고 짚과 날 솔을 덮어 쌓아 만든다 [ㅂ]올해도 절터 만댕이에 달집을 지으려고 짚과 대나무를 메어 날랐다

달집태우기 [이름씨] 달집에 불을 놓고 달을 보면서 여름지이가 잘되기를 비는 달맞이 놀이 [ㅂ]달집태우기를 하러 동네 아이들이 모여들었다 한뜻말달집에 불놓기

달짝지근하다 [그림씨] 엷게 달콤한 맛이 있다 [ㅂ]단술이 달짝지근하게 잘 빚어졌다 준말달짜근하다 큰말들쩍지근하다 거센말달착지근하다

달창 [이름씨] 닳거나 해진 밑창 [ㅂ]옛날에는 언니한테서 물려받은 신이 닳고 닳아 달창이 나는 때가 흔했다 **달창나다**

달창나다 [움직씨] [1]오래 써서 해어지거나 구멍이 뚫리다 [ㅂ]신발 바닥이 벌써 달창났다 [2]많은 것을 조금씩 써서 다 없어지다 [ㅂ]겨우내 파먹었더니 그 많던 먹을거리가 다 달창났다

달치기 [이름씨] 달마다 품삯을 받고 사는 머슴살이 [ㅂ]열 해를 이 집 저 집 돌며 달치기로 살았다 한뜻말달품팔이

달카닥 [어찌씨] 작고 단단한 것이 부딪쳐 나는 소리 [ㅂ]큰문을 달카닥 닫아걸었다. 달카닥 자물쇠가 잠긴다 한뜻말달칵 큰말덜커덕 센말딸카닥 **달카닥하다**

달카닥거리다 [움직씨] 작고 단단한 것이 잇달아 부딪치는 소리가 나다 한뜻말달칵거리다 **달카닥대다**

달카닥달카닥 [어찌씨] 작고 단단한 것이 잇달아 부딪쳐 나는 소리 [ㅂ]문이 달카닥달카락 소리를 낸다. 베틀에서 베 짜는 소리가 달카닥달카닥 난다 한뜻말달칵달칵 큰말덜커덕덜커덕 센말딸카닥딸카닥 **달카닥달카닥하다**

달카당 [어찌씨] 작고 단단한 것이 부딪쳐 울리는 소리 [ㅂ]소달구지가 달카당 소리를 내며 지나간다. 빈 도시락통에서 달카당 소리가 난다 한뜻말달캉 큰말덜커덩 센말딸카당 **달카당하다**

달카당거리다 [움직씨] 작고 단단한 것이 잇달아 부딪쳐 소리가 울려 나다 한뜻말달캉거리다 큰말덜커덩거리다 센말딸카당거리다 **달카당대다**

달카당달카당 [어찌씨] 작고 단단한 것이 잇달아 부딪쳐 울리는 소리 [ㅂ]빈 수레가 달카당달카당 굴러간다. 엄마가 개수대에서 달카당달카당 설거지를 한다 한뜻말달캉달캉 큰말덜커덩덜커덩 센말달까당달까당 **달카당달카당하다**

달칵 [어찌씨] '달카닥' 준말 [ㅂ]말틀로 말싸움을 하다가 저쪽이 소리를 지르자 말틀을 달칵 내려놓았다 큰말덜컥 센말딸칵 **달칵하다**

달칵거리다 [움직씨] '달카닥거리다' 준말 [ㅂ]아우가 무엇을 찾는지 빼닫이를 달칵거리며 뒤진다 큰말덜컥거리다 센말딸칵거리다 **달칵대다**

달칵달칵 [어찌씨] '달카닥달카닥' 준말 [ㅂ]바람이 세게 부는지 바라지가 달칵달칵 움직인다 큰말덜컥덜컥 센말딸칵딸칵 **달칵달칵하다**

달캉 [어찌씨] '달카당' 준말 [ㅂ]솥뚜껑이 달캉 소리를 내며 미끄러져 열렸다 큰말덜컹 센말딸캉 **달캉하다**

달캉거리다 [움직씨] '달카당거리다' 준말 [ㅂ]아버지가 손수레를 달캉거리며 끌고 오신다 큰말덜컹거리다 센말딸캉거리다 **달캉대다**

달캉달캉 [어찌씨] '달카당달카당' 준말 [ㅂ]냄비에는 무엇이 끓는지 달캉달캉 소리가 난다

큰말덜컹덜컹 센말딸캉딸캉 **달캉달캉하다**

달콤삼삼하다 그림씨 단맛이 조금 나며 삼삼하다 ⓑ고구마 맛탕이 달콤삼삼하다

달콤새큼하다 그림씨 단맛이 조금 나며 새큼하다 ⓑ달콤새큼하게 무친 나물이 입맛을 돋운다

달콤쌉쌀하다 그림씨 단맛이 조금 나며 쌉쌀하다 ⓑ취나물 장아찌가 맛이 들어 달콤쌉쌀하다

달콤씁쓸하다 그림씨 단맛이 조금 나며 씁쓸하다 ⓑ머위 장아찌 맛이 달콤씁쓸하다

달콤하다 그림씨 ❶감칠맛 나게 꽤 달다 ⓑ떡이 달콤하니 입에 맞다 비슷한말달금하다 여린말달곰하다 ❷재미를 느낄 만큼 아기자기한 맛이 있다 ⓑ어릴 적 많이 들은 달콤한 옛날이야기

달큼하다 그림씨 맛깔스럽게 꽤 달다 ⓑ달큼한 다래를 한 소쿠리 주워 왔다

달팽이 이름씨 둥글게 말린 껍데기를 지고 다니면서 그 속에 살고 머리에 더듬이 두 짝이 있는 작은 숨받이

달포 이름씨 한 달 조금 넘는 동안. 한 달 남짓 ⓑ딸이 집을 나간 뒤 달포가 되었다 한뜻말달소수

달풀 이름씨 달뿌리풀

달풀이 이름씨 한 달부터 섣달까지 다달이 날씨나 여름지이를 여러 가지 놀이나 노래로 미리 풀어내어 나쁜 기운을 막고자 하는 것 ⓑ동무들과 달풀이 노래를 하고 놀았다

달품[1] 이름씨 달풀 꽃대에 무리 지어 이삭 꼴로 피는 꽃 ⓑ가람바람에 달품이 흩어 날린다

달품[2] 이름씨 한 달에 얼마씩 삯을 받고 파는 품 ⓑ달품과 날품

달품팔이 이름씨 다달이 품삯을 치르기로 하고 품을 파는 일. 또는 그런 사람 ⓑ달품팔이하며 산 지가 벌써 서른 해가 넘었구나 한뜻말달치기 ⇐ 월급쟁이

달필 ⇒ 잘 쓰는 글씨

달하다 ⇒ 이르다. 다다르다

닭 이름씨 대가리에 볏이 있고, 날개가 있으나 멀리 날지 못하고 다리가 튼튼한 날짐승. 알이나 고기를 먹으려고 기른다

닭갈비 이름씨 닭 가슴꼴을 이루는 뼈와 거기에 붙은 살. 또는 그것으로 지은 먹을거리 ⓑ이름은 다 같은 갈비인데 닭갈비는 참말로 먹을 것이 없구나 슬기말 **닭갈비도 핥으면 떼기 어렵다** 도움될 것도 없으나 그렇다고 버리기도 아깝다

닭강정 이름씨 닭을 튀긴 뒤에 갖은양념을 하여 조린 먹을거리 ⓑ닭강정은 우리 겨레 내림 맛갓이다

닭고집 ⇒ 굳은 생각. 붙박이 생각

닭곰탕 ⇒ 닭곰국

닭구이 이름씨 닭고기를 저미고 갖은양념에 재워 구운 먹을거리 ⓑ닭구이에 남새를 곁들여 먹다

닭국 이름씨 닭고기와 무, 파, 마늘을 함께 넣어 끓여 낸 국 ⓑ닭국은 깔끔하고 산뜻한 국물 맛이 으뜸이다

닭기르기 이름씨 닭치기 ⇐ 양계

닭김치 이름씨 ❶어린 닭 뱃속에 다진 쇠고기, 버섯, 두부 따위를 양념하여 넣고 삶은 뒤에, 닭살을 잘게 째고 뱃속에 넣은 것을 헤뜨려서 그릇에 담고, 닭 국물을 받쳐 기름을 걷은 뒤에 햇김치 국물을 붓고 얼음을 띄워 차게 만든 먹을거리 ❷삶은 닭고기를 째어 깍두기에 섞어 넣어 지은 먹을거리 ⓑ닭김치를 담그다

닭꼬치 이름씨 닭고기를 꼬치에 꿰어 구워 갖은양념을 한 먹을거리

닭놓이 이름씨 닭을 밖에 놓아기르는 것 ⓑ멧골에서는 닭놓이로 닭을 친다 **닭놓이하다**

닭대가리 이름씨 잘 외우지 못하고 어리석은 사람을 일컫는 말 ⓑ사람이 아무리 어리석더라도 닭대가리라고는 할 수 없지

닭둥우리 이름씨 ❶짚이나 댑싸리 따위로 바구니처럼 엮어 닭을 넣어두는 몬 ⓑ닭둥우리에서 알을 품다 ❷둥우리로 된 닭 보금자리 한뜻말닭둥지

닭둥지 이름씨 닭이 알을 낳거나 알을 품을 수 있게 짚 따위로 엮어 지은 보금자리 ⓑ닭둥지에 알을 낳다

닭때 이름씨 하루를 열둘로 나누어 헤아리는 수에 따라 '닭'에 맞는 때. 저녁나절 여섯 때부터 여덟 때까지 ⇐ 유시

닭똥 이름씨 닭이 누는 똥. 흰 쪽은 오줌이다 ⓑ닭똥 같은 눈물을 뚝뚝 흘리며 슬퍼했다

닭띠 이름씨 닭해에 난 사람 ⓑ언니는 닭띠이다

닭벼룩 이름씨 닭벼슬 살갗 밑에서 피를 빨아 먹어 닭에게 여러 가지 앓이를 일으키는 작은 벌레

닭벼슬·닭볏 이름씨 닭 머리에 톱니 꼴로 얹힌 붉은 살덩이 ⓑ닭벼슬이 될망정 쇠꼬리는 되지 마라

닭볶음 이름씨 닭고기를 토막 쳐서 파, 마늘 따위 갖은양념을 넣고 볶은 먹을거리 ⓑ낮밥을 상추를 곁들인 닭볶음으로 차렸다

닭살 이름씨 털을 뽑은 닭 껍질처럼 도톨도톨한 사람 살갗 ⓑ갑자기 추위가 느껴지더니 살갗에 닭살이 돋았다

닭서리 이름씨 떼거리를 지어서 남 닭을 몰래 훔치거나 잡아먹던 놀이 ⓑ놀이 삼아 하는 닭서리에 시골 살림 결딴난다

닭싸움 이름씨 ❶닭끼리 싸움을 붙여 이기고 짐을 겨루는 놀이 ⓑ어릴 적 마을 언저리에서 닭싸움을 붙이며 놀았다 준말닭쌈 ⇐ 투계 ❷한쪽 다리를 접어 올려 손으로 잡고 외다리로 뛰면서 올린 다리로 맞은쪽을 치거나 밀어서 쓰러뜨리는 놀이 ⓑ솔울은 닭싸움을 하다가 뒤로 벌렁 넘어졌다 한뜻말무릎싸움. 깨금발싸움

닭알옷 이름씨 먹을거리 위에 얹거나 덮으려고 달걀을 얇게 부친 것 ⓑ볶음밥 위에 닭알옷을 입혀 손님들 앞에 내놓았다 한뜻말달걀옷

닭어리 이름씨 닭을 가두어 기르거나 넣어 가지고 다니려고 만든 몬. 나뭇가지나 싸리 따위로 엮어 짓는다

닭우리 이름씨 닭을 가두어 기르는 우리 ⓑ옛날에는 닭놓이로 닭을 길렀는데 요즘은 닭우리에서 키운다 ⇐ 닭장

닭울녘 이름씨 새벽에 닭이 울 즈음 ⓑ오랫동안 닭울녘에 일어나 앉았다 한뜻말닭울이. 달구리. 밝을녘

닭의장풀 ⇒ 달개비

닭장 ⇒ 닭우리

닭잦추다 움직씨 새벽녘에 닭이 홰를 치며 울다 ⓑ닭잦추는 소리가 잦아든다

닭저냐 이름씨 닭고기를 얇게 저며서 밀가루를 묻히고 달걀 푼 것을 씌워 기름에 지진 먹을거리

닭적 ⇒ 닭꼬치

닭조림 이름씨 닭고기를 지진 뒤에 갖은양념을 하여 조린 먹을거리 ⓑ닭조림으로 입맛을 되찾다

닭지짐이 이름씨 삶은 닭고기에 젓국을 넣고 갖은양념을 하여 다시 지져낸 것 ⓑ닭지짐이를 해서 어른들께 올렸다

닭찜 이름씨 닭을 잘게 칼질해서 지져 기름을 뺀 뒤 달달한 양념을 묻혀 국물이 바특하도록 서서히 조린 먹을거리 ⓑ저 가게가 닭찜을 잘하는 집이다

닭치기 이름씨 닭을 기르는 일 ⓑ두 늙은이가 닭치기를 해서 살아간다 한뜻말닭기르기 ⇐ 양계

닭치는곳 이름씨 여러 가지 것을 갖추고 닭을 먹여 기르는 곳 ⓑ닭치는곳이 가까이 있어서 여름엔 냄새가 난다 한뜻말닭기르기 ⇐ 양계장

닭튀김 이름씨 닭고기를 토막 친 뒤 밀가루를 입혀 기름에 튀긴 먹을거리 ⓑ요즘은 닭튀김이란 말조차 '치킨'에 밀려났다 ⇐ 치킨

닭해 이름씨 닭띠 해. 돌아가는 열두 해 가운데 열째 해 ⓑ닭해에 난 사람은 머리가 좋고 꾀가 많으며 일을 잘 이루어낸다고 한다 ⇐ 유년

닭활개 이름씨 활짝 편 닭 날갯죽지 ⓑ우리집 수탉이 닭활개를 치며 우렁차게 운다

닭홰 [이름씨] 닭우리나 닭어리 속에 닭이 올라앉을 수 있게 가로지른 홰 [ㅂ]닭은 잘 때는 꼭 닭홰에 오른다

닮다 [움직씨] [1]핏줄로 이어져 생김새, 됨됨이, 몸짓이 아랫뉘사람이 윗뉘사람과 거의 같다 [ㅂ]아슨아들이 할아버지를 닮았다 [2]생김새, 됨됨이, 몸짓이 다른 것과 같은 데가 많다 [ㅂ]살쾡이를 본 아이들은 고양이와 닮았다고 말한다 [3]무엇을 본뜨거나 끼침을 입어 그것과 같아지다 [ㅂ]스승을 닮다. 걸음걸이를 닮다. 눈은 제 마음을 닮는다

닮은꼴 [이름씨] 서로 닮은 사이인 두 그림꼴

닮음 [이름씨] 한 그림꼴을 늘이거나 줄인 그림꼴이 다른 그림꼴과 같은 두 그림꼴

닮음푼수 [이름씨] 두 닮은 그림꼴을 서로 견준 푼수

닳다 [움직씨] [1]모지라지거나 줄다 [ㅂ]문턱이 닳도록 드나든다 [2]눈치가 빠르고 꾀바르다 [ㅂ]어린아이가 벌써 닳을 대로 닳았다 [3]추위에 살이 얼어서 붉어지다 [ㅂ]매서운 찬바람에 살이 닳다 [4]물 같은 것이 졸아들다 [ㅂ]국물이 닳다 [5]써서 줄다 [ㅂ]아까 켰는데 벌써 초가 다 닳아간다

닳아먹다 [움직씨] 닳아빠지다

닳아빠지다 [움직씨] 눈치가 빠르고 꾀발라서 착한 맛이 없다 [ㅂ]닳아빠진 서울내기 장사꾼한테 시골 사람이 어떻게 맞서고요

담[1] [이름씨] 집 둘레를 둘러막으려고 흙, 돌, 구운 흙 같은 것을 쌓아올린 것 [ㅂ]우리 동네에는 울타리는 거의 없어지고 돌담, 흙담으로 바뀌었다 비슷한말바자. 울타리 ⇐ 담장

담[2] [이름씨] 머리를 빗을 때 빗에 빗기는 머리털 결 [ㅂ]담이 좋고 반질반질하고 매끄러운 머리

담[3] [이름씨] 스피로헤타라는 돌리개꼴 팡이로 걸리는 앓이 ⇐ 매독

담 (痰) ⇒ 가래. 결림. 뭉침

담·담낭 (膽) ⇒ 쓸개. 열

담가 ⇒ 들것. 마주잡이

담가먹다 [움직씨] 김치, 젓갈 따위를 담가서 맛이 든 뒤에 먹다 [ㅂ]어머니는 봄이면 나박김치를 담가먹었다

담갈색 ⇒ 옅은 밤빛

담고리 [이름씨] 담 모퉁이 [ㅂ]담고리를 끼고 돌아 나오면 우물가였다

담관·담도·쓸개관 ⇒ 열물길. 쓸개물길

담그다 [움직씨] [1]물 같은 것 속에 넣어두다 [ㅂ]맑은 시냇물에 발을 담그기만 해도 온갖 시름이 사라지는 듯하다 [2]김치, 젓갈, 술, 단술 같은 것을 삭히거나 익히거나 띄우려고 갖은 밑감을 버무려 그릇에 넣다 [ㅂ]술을 담그다. 젓갈을 담그다 [3]담금질하다 [ㅂ]담글수록 더 단단해지는 쇠

담근먹이 [이름씨] 옥수수나 풀 따위를 잘게 썰어 깊은 구덩이나 도랑 같은 데에다 갈무리해 둔 짐승 먹이 [ㅂ]젖소에게 담근먹이를 주는 집이 느는 것 같아 ⇐ 매장사료. 사일리지

담금질 [이름씨] [1]쇠를 불에 달구었다 물이나 기름에 넣어 식히는 일 [ㅂ]담금질할수록 날이 서는 칼 [2]낚시를 물속에 담갔다 건졌다 하는 일 [ㅂ]담금질만 하고 있으려니 따분하다

담기다 [움직씨] '담다' 입음꼴. '담그다' 입음꼴 [ㅂ]사랑이 담긴 말. 물에 담긴 수박

담꾼 [이름씨] 무거운 짐을 메어 날라주는 품팔이 일꾼 [ㅂ]담꾼을 불러 땔감을 쌓았다

담날 [이름씨] '다음 날' 준말 [ㅂ]우리 담날 또 만나자 ⇐ 내일

담낭 ⇒ 쓸개주머니

담넘이 [이름씨] 담을 넘는 일 [ㅂ]구렁이 담넘이 하듯 어물쩍 넘어가지 말게 한뜻말담넘기 ⇐ 월장. 월담 **담넘이하다**

담다 [움직씨] [1]무엇을 그릇 같은 데에 넣다 [ㅂ]그 해 도토리와 상수리가 얼마나 많이 떨어졌던지 가마니에 주워 담았다 [2]생각이나 속내를 싣거나 나타내다 [ㅂ]이 굿은 달동네 사람들 삶을 담았다 [3]어떤 느낌을 깃들게 하다 [ㅂ]웃음을 가득 담은 해바라기 얼굴 [4]어떤 데서 일을 하거나 거기에 들어가 있다 [ㅂ]푸른누리에 몸을 담고 일한 지 두 달

째인가?

담담하다 [그림씨] ❶마음을 두지 않거나 거리낌이 없다 ⓑ더 늙으면 담담하게 죽음을 맞아야 하지 않을까 큰말덤덤하다 ❷말할 자리에서 말을 하지 않고 잠자코 있다 ⓑ담담하게만 있지 말고 말 좀 해봐 **담담히**

담담하다 (淡淡-) ⇒ 맑다. 차분하다. 깔끔하다. 산뜻하다. 엷다

담담해 [이름씨] 다음 다음 해 ⇐ 후년

담당 ⇒ 짐. 몫. 일. 맡은이. 맡은 일. 맡은 곳. 맡다. 짊어지다

담당자 ⇒ 맡은이

담대하다 ⇒ 배짱 좋다. 뱃심 좋다. 통 크다

담력 ⇒ 배짱. 뱃심

담론 ⇒ 이야기

담마루 [이름씨] 담 등성이 ⓑ담 위를 꾸미려고 담마루에 몽돌을 박았다

담마진 ⇒ 두드러기

담박에 ⇒ 단박에

담박하다 ⇒ 맑다. 산뜻하다. 깔끔하다. 깨끗하다

담방[1] [어찌씨] 작은 것이 물에 떨어져 잠길 때 나는 소리 ⓑ밤나무에서 익은 밤이 담방 물속으로 떨어졌다 큰말덤벙 거센말탐방 **담방이다 담방하다**

담방[2] [어찌씨] 조금 들뜬 몸짓으로 아무데나 뛰어드는 꼴 ⓑ남 일에 가볍게 담방 끼어들지 말아요

담방거리다[1] [움직씨] 작은 것이 잇달아 물에 떨어져 잠기는 소리가 나다 **담방대다**

담방거리다[2] [움직씨] 조금 들뜬 짓으로 자꾸 허둥거리다

담방담방[1] [어찌씨] 작은 것이 잇달아 물에 떨어져 잠길 때 나는 소리 ⓑ동글납작한 돌을 골라 물 위로 스치듯 담방담방 튀기게 던졌다 큰말덤벙덤벙 거센말탐방탐방 **담방담방하다**

담방담방[2] [어찌씨] 조금 들뜬 짓으로 자꾸 허둥거리는 꼴 ⓑ아랫마을 아재는 아무 일에나 담방담방 나선다

담방지다 [그림씨] 키가 알맞고 다부지다 ⓑ담방진 키에 어깨가 딱 벌어진 사나이

담배 [이름씨] 줄기는 곧게 자라고 넓고 길둥근 잎이 촘촘히 나는 풀. 잘 익은 잎을 말려 피우는데 쓴다. 담배에 든 니코틴에는 긋혹을 일으키는 몬이 들어있다 ⇐ 연초

담배고자리 [이름씨] 담배를 몹시 피워대는 사람 ⓑ밝음 버시는 하루에도 담배를 두 갑 피우는 담배고자리였다 ⇐ 골초

담배꼬투리 [이름씨] ❶마른 담뱃잎에 남은 단단한 줄기 ⓑ담배꼬투리를 모두 떼어내고 담배를 말았다 ❷담배 꽁다리 ⓑ재떨이에 담배꼬투리가 수북이 쌓이다 ⇐ 담배꽁초

담배쌈지 [이름씨] 담배를 넣어서 가지고 다니는 주머니 ⓑ담배쌈지에 손때가 새까맣게 묻었다

담배씨 [이름씨] ❶담배 씨 ❷아주 작거나 적은 것을 빗댄 말 ⓑ담배씨만큼만 보여주소 [슬기말] **담배씨로 뒤웅박을 판다** 사람이 아주 잘거나 잔소리가 많다

담배풀 [이름씨] 잎 가장자리에 톱니가 있으며 위로 올라갈수록 작아지는 여러해살이풀. 늦여름에 누런 꽃이 줄기와 가지에 하나씩 피며 꽃이 붙은 잎줄기와 뿌리는 낫개로 쓰인다 한뜻말여우오줌

담백하다 ⇒ 깨끗하다. 깔끔하다. 산뜻하다

담뱃잎 [이름씨] 담배에서 나는 잎. 잘 익은 잎은 말려 피우는데 쓴다 ⇐ 연초

담벼락 [이름씨] 담이나 그 바깥 낯 ⓑ큰비에 담벼락이 무너져 담을 새로 쳐야 해 ⇐ 담벽 [슬기말] **담벼락하고 말하는 셈이다** 미욱하고 억지를 부려 도무지 알아듣지 못하는 사람과는 말해봐야 쓸모없다

담보 ⇒ 볼모. 볼모 잡다. 볼모 잡히다

담보물 ⇒ 볼모 잡힌 것. 맡긴 것. 맡은 것

담북장 [이름씨] ❶삶은 콩을 더운 곳에 두고 빨리 띄워서 소금, 고춧가루를 넣어 만든 장 ⓑ겨울철 불담이 위엔 뚝배기에 담북장이 바글바글 끓는 채로 아침밥을 먹었지 한뜻말뜸북장 ⇐ 청국장 ❷메줏가루에 쌀가루, 고춧가루를 섞고 물을 부은 뒤에 새앙과 소금을 쳐서 익힌 장 ⓑ겨울철 뚝배기 담북

장 맛을 알면 배달겨레 입맛을 익힌 셈이다 ⇐ 청국장

담불[1] 이름씨 ❶벼를 온 섬씩 묶어 세는 하나치 ⓑ가면이집 아저씨가 볏담불 하나 크기 논을 둘째 아들에게 물려주었다나 ❷낟알 가마나 나무를 높이 쌓아놓은 무더기 ⓑ땔나무가 담불로 쌓였다

담불[2] 이름씨 말이나 소 나이 열 살 ⓑ조랑말이 올해로 담불이 되었다 한뜻말열릅. 여릅

담비 이름씨 족제비와 비슷하나 그보다 더 크고 털이 고우며 무리 지어 살면서 사냥도 무리 지어 하는 먹이사슬 맨 윗자리에 있는 짐승. 노루, 고라니, 도마뱀, 개구리, 들쥐 따위를 잡아먹고 이른 봄에 한배에 새끼 한두 마리를 낳는다

담빡 어찌씨 아무 생각 없이 가볍게 움직이는 꼴 ⓑ시냇물에 담빡 들어갔다가 차가워서 얼른 튀어나왔다 큰말덤뻑

담뿍 어찌씨 ❶가득히 담기거나 들어찬 꼴 ⓑ밥을 그릇에 담뿍 담았다 큰말듬뿍 ❷붓에 먹을 넉넉히 묻힌 꼴 ⓑ붓에 먹물을 담뿍 묻히고 힘차게 붓을 놀렸다 ❸밝은 기운이 얼굴에 가득 어리는 꼴 ⓑ얼굴에 담뿍 웃음을 머금고 우리를 맞았다 ❹느낌이나 생각, 마음 따위가 넉넉한 꼴 ⓑ사랑이 담뿍 담긴 말씀 **담뿍하다 담뿍이**

담뿍담뿍 어찌씨 ❶여러 군데 다 가득 담기거나 들어있는 꼴 ⓑ먹물을 담뿍담뿍 묻혀 붓글씨를 써 내려간다 큰말듬뿍듬뿍 ❷밝은 기운이 얼굴에 매우 가득 어리는 꼴 ⓑ흐뭇한 기운이 얼굴에 담뿍담뿍 넘치는 아이들

담뿍담뿍하다 그림씨 ❶여러 군데 다 가득 담기거나 들어있다 ❷밝은 기운이 얼굴에 가득 어려 있다

담살이 이름씨 ❶머슴. 또는 머슴살이 ⓑ그래봬도 담살이를 세 해나 한 사람이야 ❷더부살이 ⓑ외양간에서 담살이라도 하게 해 주소

담상담상 어찌씨 조금 성기거나 다문다문한 꼴 ⓑ봄이 되니 담상담상 풀이 돋아난다 큰말듬성듬성

담상담상하다 그림씨 조금 성기거나 다문다문하다

담색 ⇒ 엷은 빛

담석·담결석 ⇒ 쓸갯돌. 열돌

담소 ⇒ 이야기. 이야기하다. 이야기 나누다

담수 ⇒ 민물. 단물

담수관개 ⇒ 물 가두어 대기. 물 괴어 대기

담수어 ⇒ 민물고기

담수조 ⇒ 민물말

담시 ⇒ 이야기노래

담쌓다 움직씨 ❶담을 만들다 ⓑ예부터 게으른 사람이 담쌓는다는 말이 있다 ❷사이를 끊다 ⓑ그 사람과는 담쌓고 지낸다

담쏙담쏙 어찌씨 갖고 싶은 마음을 잔뜩 부려 손으로 쥐거나 팔로 안는 꼴 ⓑ나래가 꿀떡을 담쏙담쏙 집어 들었다

담아내다 움직씨 ❶그릇 따위에 담아서 내놓다 ⓑ텃밭에서 기른 가지를 데쳐 무쳐서 저녁 찔게로 담아냈다 ❷글에 속내를 나타내다 ⓑ기쁜 마음을 담아낸 글을 읽으니 내 마음도 기쁘다

담액·담즙 ⇒ 쓸갯물. 열물

담요 ⇒ 시욱. 털요. 털솜요

담은감 이름씨 소금물에 담가 떫은맛을 뺀 감 ⇐ 침감. 침시

담임 ⇒ 맡음. 맡다

담자균 ⇒ 자루곰팡이

담자색 ⇒ 엷보라빛

담자포자 ⇒ 자루곰팡이 홀씨

담쟁이덩굴 이름씨 봄에 염통꼴 잎이 자라 세 갈래로 갈라지고, 여름에 꽃이 피며, 가을에 머루알같이 작고 까만 열매가 조랑조랑 달리는 덩굴나무. 담이나 벼랑, 나무 따위에 달라붙어 덩굴을 뻗어 살아간다 한뜻말담쟁이

담적색·담홍색 ⇒ 엷붉은빛

담집 이름씨 기둥을 갈음하여 흙담이나 돌과 흙을 섞은 담을 쳐서 벽을 삼고 지붕을 얹

은 집 ⓑ흙으로 지은 담집은 여름에 시원하고 겨울에 따뜻하다 한뜻말 흙담집

담차다 ⇒ 무서움이 없다. 오달지다

담청색 ⇒ 엷파랑빛

담타기 이름씨 남에게 씌우거나 남에게서 넘겨받은 허물이나 걱정거리 ⓑ일이 잘못되어 모든 담타기를 내가 썼다 큰말 덤터기

담틀 이름씨 흙담을 쌓을 때 쓰는 널 틀. 속에 흙을 넣어 다진 다음 이것을 떼어내면 그 속에 있는 흙이 굳어 담이 된다 ⓑ밤새 담틀에 흙을 부어 넣고 다져 집을 짓다니

담판 ⇒ 따짐. 판가름. 따지다. 판가름하다

담합 ⇒ 남몰래 짬. 짬짜미. 몰래 짜다. 짬짜미하다

담화 ⇒ 말. 이야기. 이야기를 주고받다

담화문 ⇒ 알림글. 밝힘글

담황색 ⇒ 엷누런빛

답 ⇒ 논

답·답안 ⇒ 풀이. 참. 참값. 푼것

답글 ⇒ 덧글

-답다 뒷가지 (어떤 이름씨 뒤에 붙어) '그 말이 지닌 바탕과 속내를 가짐'을 뜻하는 말 ⓑ사람다운 사람. 너답다

답답하다 그림씨 ❶숨이 막힐 듯하다 ⓑ더운데다 방이 좁아 답답하다 ❷몹시 안타깝다 ⓑ내 말을 못 알아들으니 어떤 말을 해야 좋을지 답답하다 ❸하는 짓이 시원스럽지 못하다 ⓑ이 답답한 사람아! 속 시원히 말 좀 해봐 ❹비좁거나 막히어 마음에 틈이 없다 ⓑ여기 오면 앞메가 높아 좀 답답하다 ❺앓이나 걱정 따위로 가슴이 거북하다 ⓑ집 나간 아들이 사흘째 돌아오지 않아 가슴이 답답하다

답례 ⇒ 갚는 절. 사랑갚음. 고마움 갚음

답변 ⇒ 밝힘. 대꾸. 대척. 맛갊다. 밝히다. 대꾸하다. 대척하다

답보 ⇒ 제자리걸음. 주춤. 멈춤. 한자리에 머무르다

답사 (踏査) ⇒ 찾아가 봄. 돌아다니며 알아봄. 찾아가 보다. 돌아다니며 알아보다

답사 (答辭) ⇒ 맛갊말

답삭 어찌씨 ❶냉큼 움켜잡거나 안는 꼴 ⓑ엄마는 아장아장 걷는 아이를 답삭 안아 올렸다 큰말 덥석 거센말 탑삭 ❷잘망스럽게 받아먹는 꼴 ⓑ아이가 떡을 답삭 받아먹는다 **답삭이다**

답삭거리다 움직씨 ❶잇달아 냉큼 움켜잡거나 안다 ❷잘망스럽게 자꾸 받아먹다 **답삭대다**

답삭답삭 어찌씨 ❶잇달아 냉큼 움켜잡거나 안는 꼴 ⓑ아이들 손을 답삭답삭 잡았다 큰말 덥석덥석 거센말 탑삭탑삭 ❷잘망스럽게 자꾸 받아먹는 꼴 ⓑ군것질거리를 답삭답삭 받아먹는 아이들 **답삭답삭하다**

답새다 움직씨 ❶두드려 패거나 다그치다 ⓑ지나가는 사람을 붙잡고 답새는 못난 놈들 비슷한말 답새우다 ❷넘다 족치다 ⓑ뒤서는 아이를 이끌어주기는커녕 답새는 좀생이들

답세기 이름씨 짚이나 잎 따위가 말라 잘게 부스러진 찌꺼기 ⓑ답세기를 모아 불을 좀 지르고 오너라

답습 ⇒ 좇음. 뒤좇음. 따름. 뒤따름. 따라감. 흉내냄. 자국 밟음. 좇다. 뒤좇다. 따르다. 뒤따르다. 따라가다. 흉내 내다. 자국 밟다

-답시고 씨끝 ('~다고', '~다고 하여'라는 뜻으로 써) 스스로 그러하다고 여김을 빈정대는 말 ⓑ그대가 뭐 잘났답시고 그리 으스댑니까?

답실답실 어찌씨 머리카락이나 나룻 같은 털이 꽤 돋아난 꼴 ⓑ나룻이 답실답실 돋은 턱

답실답실하다 그림씨 머리카락이나 나룻 같은 털이 꽤 돋아나 있다

답쌓이다 움직씨 ❶한데 들이덮쳐 쌓이다 ⓑ골짜기를 메우다시피 떡갈잎이 답쌓였다 준말 답쌔다 ❷한꺼번에 들이몰리다 ⓑ사람들이 답쌓인 틈을 비집고 겨우 수레가 빠져나왔다

답안지·답지·답안 ⇒ 풀이 종이

답작거리다 움직씨 ❶손으로 좀스럽게 걷어쥐거나 잡다 ❷아무 일이나 가리지 않고 까

불며 끼어들다 **답작대다**

답작답작 어찌씨 ❶손으로 좀스럽게 건어쥐거나 잡는 꼴 ⓑ장난감을 답작답작 쥐다 큰말 덥적덥적 ❷아무 일이나 가리지 않고 까불며 끼어드는 꼴 ⓑ붓돌이는 아무 일에나 답작답작 잘 나선다 ❸스스럼없이 붙임새 있게 좀 잘망스레 구는 꼴 ⓑ찰거머리처럼 답작답작 붙어 돌아가다 **답작답작하다**

답작이다 움직씨 ❶아무데나 끼어들기를 잘하다 ⓑ남 일에 답작이지 말고 제 일이나 제대로 해요 ❷까불며 너울가지 있게 굴다 ⓑ뻗대지만 말고 남한테 답작일 때도 있어야지

답장·답신 ⇒ 글대꾸. 글대꾸하다

답치기 이름씨 되는대로 함부로 덤벼드는 짓 ⓑ그렇게 답치기를 놓으면 될 일도 안 된다

답하다 ⇒ 맛갊다

닷 앞가지 (세는 말 앞에서) '다섯'을 뜻함 ⓑ닷되. 닷 말. 닷 섬. 닷 마지기

닷가지놀이 이름씨 한 사람이 다섯 가지 놀이를 함께 치러 겨루는 놀이. 멀리뛰기, 찌르개 던지기, 두온 미터 달리기 따위가 있다 ⇐ 오종경기

닷골꼴 이름씨 잔뜩 찡그린 얼굴 ⇐ 오만상

닷곱 이름씨 다섯 홉. 곧 가웃 되를 이른다 ⓑ그 센 술을 닷곱이나 마셨다니 안 죽은 것만도 어디야? 슬기말 **닷곱에도 끼어들고 서 홉에도 끼어든다** 남 일에 너무 자잘한 데까지 끼어든다

닷곱장님 이름씨 눈이 매우 나쁜 사람을 놀리는 말 ⓑ닷곱장님 된 셈치고 딱 잡아뗐다 한뜻말 가웃장님 ⇐ 약시

닷광대놀이 이름씨 한보름날에 마사라사 고장 하늬녘에서 놀던 탈 놀이 ⇐ 오광대놀이

닷금종이 이름씨 가락글을 그리려고 다섯금을 그려놓은 종이 ⇐ 오선지

닷낟 이름씨 쌀, 보리, 조, 콩, 기장 ⇐ 오곡

닷낟밥 이름씨 찹쌀에 기장, 차수수, 검콩, 붉은 팥을 넣고 지은 밥. 한달 한보름에 지어 먹는다 ⇐ 오곡밥

닷낟온열매 이름씨 온갖 낟과 과일 ⇐ 오곡백과

닷눈 이름씨 바둑돌 놀이 가운데 하나. 둘이서 흰 돌과 검은 돌을 갈마들어 놓아 다섯 돌을 한 줄로 먼저 놓으면 이긴다 ⇐ 오목

닷다 움직씨 사랑하다 ⓑ미움과 닷옴

닷달 이름씨 한 해 가운데 다섯째 달 ⇐ 오월

닷마을안개속 이름씨 어떻게 된 셈인지 갈피를 못 잡음 ⇐ 오리무중

닷맛씨나무 이름씨 알꼴 잎은 톱니가 있고 어긋맞게 나며 이른 여름에 희붉은 꽃이 피고 둥근 물열매는 늦여름부터 익는 덩굴나무. 열매인 닷맛씨는 물을 짜 마시거나 낫개 밑감으로 쓴다 ⇐ 오미자나무

닷메배곳 이름씨 1907해에 겨레얼을 일깨우려고 이승훈이 세운 배곳 ⇐ 오산학교

닷바탕 이름씨 쇠, 물, 나무, 불, 흙 ⇐ 오행

닷별내기·닷별이 이름씨 지킴이 가운데 별 다섯 단 이. 가장 높은 자리에 앉은 사람 ⇐ 원수

닷빛 이름씨 빨강, 파랑, 노랑, 하양, 검정 다섯 빛 ⇐ 오색

닷빛구름 이름씨 여러 가지 빛이 섞인 것처럼 보이는 구름 ⇐ 오색구름

닷빛딱따구리 이름씨 나무에 구멍을 파고 들어가 사는 텃새. 머리와 꼬리는 붉은 무늬가 있고 몸은 검고 흰 무늬가 알록달록하다 ⇐ 오색딱따구리

닷빛실 이름씨 여러 빛깔이 나는 실 ⇐ 오색실

닷새 이름씨 ❶다섯 날 ⓑ닷새 만에 한 디위씩 돌아가며 일을 한다 ⇐ 5일 ❷그 달 다섯째 날 ⓑ다음 달 닷새에 쌀 팔러 간다

닷새굿일 이름씨 사람이 죽은 지 닷새 만에 지내는 궂일 ⓑ시골에선 닷새궂일은 드물고 거의 사흘궂일이다 ⇐ 오일장

닷새저자 이름씨 닷새에 한 디위씩 서는 저자 ⓑ덤밑 저자는 닷새저자이다 ⇐ 오일장

닷젓 이름씨 닷 달에 잡은 새우로 담근 젓 ⇐ 오젓

닷쪽검 이름씨 다섯 쪽을 지키는 검. 푸른 검,

흰 검, 붉은 검, 검은 검, 노란 검 ⇐ 오방신장

닷쪽빛 이름씨 다섯 쪽을 나타내는 빛깔. 새녘은 푸름, 하늬녘은 하양, 마녘은 빨강, 노녘은 검정, 가운데는 노랑 ⇐ 오방색

닷품엿골 이름씨 닷품은 염, 허파, 간, 지라, 콩팥이고, 엿골은 양, 쓸개, 큰창자, 작은창자, 오줌통, 삼초이다 ⇐ 오장육부

닷하나여섯 쿠데타 이름씨 1961해 5달 16날에 박정희를 비롯한 한떼 싸울아비들이 쏘개를 들고 나라힘을 차지한 일 ⇐ 오일육군사정변

닷한가람 이름씨 유에스와 캐나다에 걸쳐있는 다섯 큰 가람. 슈피리어, 미시간, 휴런, 이리, 온타리오 가람이다 ⇐ 오대호

닷한바다 이름씨 고요바다, 큰하늬바다, 인디아바다, 마끝바다, 노끝바다를 말한다 ⇐ 오대양

당 (當) ⇒ 마다. 앞에

당 (黨) ⇒ 동아리. 무리. 떼. 떼거리. 떨거지

당 (糖) ⇒ 단것

당감잇줄 이름씨 미투리나 짚신 총에 꿰어 신 넓이를 줄이고 늘이는 끈 ⓑ짚신이 작아 발이 아파서 당김잇줄을 조금 늘려 맸다

당겨듣다 움직씨 ❶어떤 참말을 다른 이보다 먼저 듣다 ⓑ새뜸을 당겨듣다 ❷남 말을 제멋대로 먼저 가르거나 제 뜻대로 풀이하다 ⓑ누구 말도 가벼이 당겨듣지 마라

당겨먹다 움직씨 ❶뒤에 먹기로 된 것을 먼저 앞질러 먹다 ⓑ이른 봄부터 쌀이 떨어져 보리든 옥수수든 닥치는 대로 당겨먹는다 ❷값을 나중에 치르기로 하고 먼저 먹다 ⓑ민빚으로 당겨먹으면 그것도 버릇이 될 수 있다

당겨쓰다 움직씨 ❶뒤에 쓰기로 한 것을 먼저 앞질러 쓰다 ⓑ살림돈이 모자라 맡긴 돈을 당겨쓴다 ❷값을 나중에 치르기로 하고 먼저 쓰다 ⓑ밑감을 당겨써서라도 보꾹을 고쳐야겠다 ❸쓰기로 한 것을 갈음하여 다른 데에 돌려쓰다 ⓑ마루를 놓으려고 마련한 솔널을 당겨써서 앉개를 만들었다

당겨오다 움직씨 앞당겨 끌어오다 ⓑ걷어찼던 이불을 당겨와 배를 덮었다

당골 이름씨 점을 치거나 굿을 하는 것을 일삼아 하는 사람. 흔히 꽃님을 이른다 ⇐ 무당

당골래 이름씨 어떤 집안에 딸리거나 단골로 점을 쳐 주는 점바치

당구 ⇒ 빛공 맞추기

당그랑 어찌씨 울림이 좋은 작고 단단한 것이 가볍게 맞부딪칠 때 나는 소리 ⓑ놋쇠 그릇이 당그랑 부딪치는 소리가 들렸다 **당그랑하다**

당그랑거리다 움직씨 울림이 좋은 작고 단단한 것이 이어서 가볍게 맞부딪치는 소리를 내다 ⓑ가방에 매달린 방울이 당그랑거렸다 **당그랑대다**

당그랑당그랑 어찌씨 울림이 좋은 작고 단단한 것이 이어서 가볍게 맞부딪칠 때 나는 소리 ⓑ누렁소 목에 매단 방울 소리가 당그랑당그랑 울린다 큰말 덩그렁덩그렁 **당그랑당그랑하다**

당그랗다 그림씨 높이 솟아 우뚝 드러나다 ⓑ빈 배움방에 혼자 당그랗게 남았다 큰말 덩그렇다

당근 이름씨 긴 뿔 꼴로 조금 단 맛이 나는 불그스레한 뿌리남새 ⓑ볶음밥에 둥글파와 당근을 잘게 썰어 넣었다 ⇐ 홍당무

당글당글 어찌씨 작은 것이 단단하고 동글동글한 꼴 ⓑ늦봄 볕이 좋아 밀알이 당글당글 잘 여문다

당글당글하다 그림씨 작은 것이 단단하고 동글동글하다

당금 ⇒ 이제 막. 바로 이제

당기다 움직씨 ❶무엇을 잡아끌다 ⓑ마치 범 꼬리를 잡은 듯 이 일을 당기지도 놓지도 못하겠다 맞섣말 밀다 ❷입맛을 돋게 하다 ⓑ딸기가 내 입맛을 당긴다 ❸활줄에 화살을 매어 잡아끌다 ⓑ활을 당기다 ❹때를 앞으로 옮기다 ⓑ가기로 한 날보다 이틀을 당겨 떠났다 ❺마음이 끌리다 ⓑ소낭버섯 따는 데에 마음이 당긴다

당길속 이름씨 바라거나 가지고 싶은 속마음 ⓑ당길속으로 자꾸 가방을 만지작거린다

당김 이름씨 어떤 힘이 몬 복판굴대에 나란히 바깥쪽으로 미칠 때 몬이 늘어나는 일 ⇐ 인장

당김줄 이름씨 ❶잡아당기도록 갖추어 놓은 줄 ❷가슴힘살을 키우는 몸품 연장. 두 손잡이 사이에 고무줄이나 출렁쇠를 달아 늘였다 오므렸다 할 수 있게 만든다

당나귀 이름씨 아프리카에 뛰놀던 짐승을 길들인 것으로 말보다 몸이 작으나 힘이 세고 잘 견뎌 부리기에 알맞은 짐승. 귀가 길고 쫑긋하며 털빛은 누른 밤빛이다 슬기말 **당나귀 귀 치레** 지나친 겉치레는 오히려 보기에 좋지 않다

당년 ⇒ 그해

당년초 ⇒ 한해살이풀. 한해치기. 그해치기

당년치 ⇒ 그햇것

당년치기 ⇒ 그해치기

당뇨 ⇒ 무조가리. 단오줌

당달봉사 이름씨 눈은 떴으나 볼 수 없는 사람 ⓑ너 당달봉사야? 그것을 못 봤다니 한뜻말 눈뜬장님. 뜬소경 ⇐ 청맹과니

당당[1] 어찌씨 쇠붙이 그릇이나 가락틀 따위를 잇달아 칠 때 나는 소리 ⓑ징이 당당 울린다 큰말 덩덩

당당[2] 어찌씨 ('멀다'와 함께 써) 갈 길이 한참 남아있음을 나타내는 말 ⓑ서울 가려면 아직 당당 멀었다

당당하다 ⇒ 버젓하다. 의젓하다. 어엿하다. 번듯하다. 떳떳하다

당대 ⇒ 그때

당도 ⇒ 다다름. 닿음. 이름. 닥침. 다다르다. 닿다. 이르다. 닥치다

당도리 이름씨 바다로 다니는 큰 나무배

당돌하다 ⇒ 올차다. 야무지다. 당차다. 오달지다. 달망지다. 되바라지다. 살똥스럽다

당락 ⇒ 붙고 떨어짐

당면 ⇒ 닥침. 앞둠. 마주함. 맞닥뜨림. 부닥뜨림. 닥치다. 앞두다. 마주하다. 맞닥뜨리다. 부닥뜨리다

당면 ⇒ 앙금국수

당번·당직 ⇒ 맡은이. 차례로 맡다

당부 (當否) ⇒ 옳고 그름

당부 (當付) ⇒ 하도록 함. 단단히 시킴. 하도록 하다. 단단히 시키다

당분 (糖分) ⇒ 단맛거리

당분간 (當分間) ⇒ 얼마 동안. 아직

당사자·당인·당자 ⇒ 걸린이. 얽힌이. 맺은이. 엮인이

당선자 ⇒ 뽑힌이. 뽑힘보

당수 이름씨 메밀가루나 쌀, 보리, 좁쌀, 푸른팥 같은 낟을 물에 불리어 간 것이나 마른 메밀가루에 술을 쳐서 미음처럼 묽게 쑨 먹을거리 ⓑ당수 먹은 강아지처럼 들떠서 여기저기 쏘다닌다

당숙 ⇒ 아재. 아저씨

당시 ⇒ 그때

당신 갈이름씨 ❶가시버시 사이에서 서로 맞은쪽을 부르거나 이르는 말 ⓑ당신! 사랑하는 당신 한뜻말 그대 ❷맞은 쪽을 높여 이르는 말 ⓑ당신께서는 국수를 안 좋아하시죠? ❸썩 가깝지 않은 사이에서 맞은쪽을 높여 이르는 말 ⓑ당신은 누구십니까? ❹맞서 싸우거나 말다툼할 때 맞은쪽을 깔보아 이르는 말 ⓑ당신이 뭔데 나한테 당신이라고 말해요?

당실 어찌씨 ❶작은 것이 귀엽게 떠 있는 꼴 ⓑ쪽박이 우물에 당실 떠 있다 큰말 덩실 ❷팔다리를 가볍고 신나게 놀리는 꼴 ⓑ당실 춤추는 아이 **당실하다**

당실거리다 움직씨 ❶작은 것이 잇달아 귀엽게 떠 있다 ❷팔다리를 가볍고 신나게 자꾸 놀리다 **당실대다**

당실당실 어찌씨 ❶작은 것이 잇달아 귀엽게 떠 있는 꼴 ⓑ큰물이 나서 호박과 박이 당실당실 떠내려간다 큰말 덩실덩실 ❷팔다리를 가볍고 신나게 자꾸 놀리는 꼴 ⓑ몸을 당실당실 흔들며 춤을 신나게 춘다 한뜻말 다당실다당실 큰말 덩실덩실 **당실당실하다**

당실하다 그림씨 ❶맵시 있게 덩그렇다 ⓑ높이 솟은 문이 당실하니 멋있다 큰말덩실하다 ❷귀엽게 동그랗다 ⓑ이슬이 당실하게 풀잎에 맺혔네 **당실히**

당싯거리다 움직씨 어린아이가 누워 춤을 추듯 팔다리를 귀엽게 자꾸 놀리다 **당싯대다**

당싯당싯 어찌씨 어린아이가 누워 춤을 추듯 팔다리를 귀엽게 자꾸 놀리는 꼴 ⓑ아기가 포대기 위에서 당싯당싯 몸을 놀린다 큰말덩싯덩싯 **당싯당싯하다**

당아 어찌씨 아직 ⓑ서울 닿으려면 당아 멀었다

당액 ⇒ 단물

당연지사 ⇒ 마땅한 일

당연하다 ⇒ 마땅하다. 떳떳하다. 두말할 나위 없다

당연히 ⇒ 마땅히. 으레. 모름지기. 두말할 것 없이

당월 ⇒ 그달

당위성 ⇒ 마땅함

당유·연유 ⇒ 단조림젖

당의정 ⇒ 단알낫개

당일 ⇒ 그날

당일치기 ⇒ 그날치기. 제날치기

당장 ⇒ 바로. 곧바로. 냉큼

당조짐 이름씨 마음잡도록 단단히 조지는 일 ⓑ남 탓하기보다 스스로 당조짐해야지

당지 ⇒ 그곳. 그 땅. 그 자리

당지다 움직씨 눌려 단단하게 굳어지다 ⓑ당진 밭을 갈아 김장 무를 심었다

당차다 그림씨 나이나 몸집 따위에 견주어 야무지고 오달지다 ⓑ아이가 키는 비록 작지만 당차다

당처 ⇒ 바로 거기. 바로 그 자리

당첨 ⇒ 뽑힘. 뽑히다

당첨금 ⇒ 맞은돈. 뽑힌돈

당초 ⇒ 맨 처음. 아예. 도무지

당초문 ⇒ 덩굴무늬

당최 ⇒ 처음부터 도무지

당코 이름씨 겨집 저고리 깃에서 고름이나 단추를 다는 자리에 뾰족하게 내민 끝 ⓑ저고리 길이가 늘어나면서 당코 깃이 사라지고 둥그레 깃 꼴로 바뀌었다

당콩 이름씨 강낭콩을 다르게 이르는 말 ⓑ쌀에 당콩을 알맞게 안쳐 지은 밥을 먹었다

당탁하다 움직씨 어떤 일에 맞닥뜨리다 ⓑ막상 당탁해보니 만만한 일이 아니었다

당하다 ⇒ 겪다. 이겨내다. 마땅하다. 맞닥뜨리다. 알맞다

당해 ⇒ 바로 그해

당혹·당황 ⇒ 어리둥절함. 놀람. 어리둥절하다. 어쩔 줄 모르다. 놀라다

닻 이름씨 배가 물위에 서 있게 밧줄이나 쇠줄에 매어 물 밑바닥에 박히게 하는 갈고리꼴 틀 ⓑ닻을 내리다. 닻을 거두다

닻가지 이름씨 가지처럼 뻗어 땅에 박히는 닻갈고리. 네 갈고리, 두 갈고리가 있다 ⓑ닻가지가 바위틈에 걸리다

닻감다 움직씨 ❶닻줄을 감아 끌어 올리다 ⓑ자 떠나자, 닻 감고 떠나자 ❷하던 일을 그만두다 ⓑ나를 버시로 생각한다면 오늘부터 그 노릇은 닻감아 버리게

닻더느래 이름씨 나무 닻이 움직이지 않도록 이은 줄 ⓑ긴 그물이 덜 흔들리게 닻더느래를 이었다

닻돌 이름씨 닻이 가벼울 때 물속에 가라앉히려고 닻에 매어 다는 돌 ⓑ닻돌을 내리고 배 띄울 마련에 다들 바쁘다

닻밭 이름씨 배가 멈추어 닻을 내리는 데 ⓑ닻밭에 이르러 닻을 내린다 한뜻말닻터

닻배 이름씨 두 닻을 마주 보도록 벌려 두 쪽 나무 기둥에 묶어두고 그 사이에 그물을 쳐서 밀물 때 들어온 고기가 썰물 때 걸리도록 잡는 틀 ⓑ우리는 닻배로 조기를 많이 잡는다

닻별 이름씨 가을철 밤하늘에 작은곰자리 으뜸별을 가운데 두고 큰곰자리 일곱 별과 마주 선 'W' 꼴 별자리 비슷한말길잡이별 ⇐ 카시오페이아자리

닻보습 이름씨 나무로 된 닻가지 끝에 끼우는 보습 날 꼴 쇠 ⓑ닻보습이 많이 닳아 새것

으로 갈았다

닻보이기 이름씨 배가 떠나려고 내렸던 닻을 걷어 올리는 짓 ⓑ닻보이기를 마치고 돛을 천천히 펼쳤다

닻주낙 이름씨 닻을 써서 바다 밑바닥에 놓는 주낙 ⓑ밑바닥 가까운 데 고기를 낚으려 닻주낙을 늘였다

닻줄 이름씨 닻을 매다는 줄. 밧줄이나 쇠줄로 되어 있다

닻혀 이름씨 혀처럼 달린 닻가지 끝 ⓑ닻혀에 닻보습을 끼운다

닿다 움직씨 ❶바싹 붙어 틈이 없다 ⓑ손이 줄 끝에 닿다 ❷어디에 이르거나 다다르다 ⓑ 구러바라를 떠나 두 때새 남짓 걸려 서울에 닿았다 ⇐ 도착하다 ❸어디에 힘이나 끼침이 미치다 ⓑ무엇이든 닿는 대로 도와드릴게요 ❹때나 까리가 오다 ⓑ까리가 닿으면 꽃구경 가고 싶다 ❺다른 것과 이어지다 ⓑ갑배곶 벗들과 손이 닿았다 ❻새뜸이 가다 ⓑ새뜸이 가 닿았는지 그 날 잔치에 왔더라

닿소리 이름씨 홀소리에 닿아서 나는 소리. 홀글자 열넷과 겹글자 다섯이 있다 ⇐ 자음

닿치다 움직씨 몬이 세차게 마주 닿다. '닿다' 힘줌말 ⓑ그릇이 돌에 닿치어 깨졌다

대[1] 이름씨 옆으로 뻗은 땅속줄기에서 어린 싹이 나와 자라는데, 곧추선 줄기는 두두룩한 마디가 잇달아 있고 속은 비고 마디에 가지가 나며, 드물게 벼 이삭 같은 꽃이 피어 지고 나면 곧 말라 죽는 여러해살이 늘푸른나무. 대 싹은 먹는다

대[2] 이름씨 ❶푸나무 줄기 ⓑ수수 대가 곧고 튼튼하다 ❷가늘고 긴 막대기 같은 것 ⓑ 토마토 포기 마다 대를 세우고 묶어 주었다 ❸줏대나 마음가짐 ⓑ미루는 대가 센 사람이다 ❹담뱃대를 줄인 말

대[3] 이름씨 ❶길고 가는 것을 세는 하나치 ⓑ 화살 다섯 대 ❷몇 차례 때리는지를 세는 하나치 ⓑ주먹으로 한 대 맞다. 너 몇 대 맞으면 참말을 하겠냐? ❸낫개바늘을 몇 차례 꽂았는지를 세는 하나치 ⓑ낫개바늘을 열 대 맞았다 ❹담배를 낱으로 세는 하나치 ⓑ하루에 몇 대나 피웁니까?

대- 앞가지 한. 곧바로 ⓑ대번. 대매. 대미처

대 (對) ⇒ 짝. 맞

대 (垈) ⇒ 터. 땅

대가 (代價) ⇒ 값. 삯. 욼. 보람

대가 (大家) ⇒ 큰 집. 뛰어난 사람. 손꼽히는 사람. 큰님

대가람 ⇒ 큰 절

대가리 이름씨 ❶짐승 머리 ⓑ돼지 대가리를 놓개에 올리고 마을사람들이 절을 하고 올해 소냥버섯이 많이 나길 빌었다 ❷몬 앞쪽 또는 꼭대기 ⓑ못 대가리. 콩나물 대가리를 따고 발도 끊었다 ❸사람 머리를 낮추어 이르는 말 ⓑ네 대가리는 돌이냐? ❹ '없다'와 어울려 어떤 것을 더 낮잡는 말 ⓑ 맛대가리가 없다

대가족 ⇒ 큰집보. 큰밥입

대각 어찌씨 작고 단단한 것이 가볍게 부딪치거나 부러질 때 나는 소리 ⓑ큰바람에 나무가 대각 부러졌다 큰말데걱 센말대깍. 때각. 때깍 **대각하다**

대각 ⇒ 맞모

대각거리다 움직씨 작고 단단한 것이 잇달아 가볍게 부딪치거나 부러질 때 소리가 나다 ⓑ놋그릇 씻는 소리가 대각거린다 **대각대다**

대각대각 어찌씨 작고 단단한 것이 잇달아 가볍게 부딪치거나 부러질 때 나는 소리 ⓑ멀리서 말굽 소리가 대각대각 들린다 큰말데걱데걱 센말대깍대깍. 때각때각. 때깍때깍 **대각대각하다**

대각선 ⇒ 맞모금

대갈 이름씨 말발굽이 다치지 않게 쇳조각을 덧대어 붙일 때 박는 징 ⓑ대갈을 박다

대갈놀음 이름씨 ❶짐승이 대가리나 뿔로 서로 싸우는 짓 ⓑ사슴끼리, 소는 소끼리 수놈들은 만나면 대갈놀음한다 ❷우두머리인 척하는 짓 ⓑ골목에서 대갈놀음이나 하

고 노는 못난이

대갈마치 이름씨 ❶말발굽에 대갈을 박을 때 쓰는 마치 ⓑ대갈마치로 두들겨 박아라 ❷갖은 어려움을 헤쳐 나온 몹시 야무진 사람을 빗댄 말 ⓑ그 사람은 다 닳은 대갈마치 같다

대갈못 이름씨 대가리가 큰 쇠못 ⓑ둥그런 대갈못을 치다

대갈쟁이 이름씨 머리가 남달리 큰 사람 ⓑ한돌이는 대갈쟁이에다 발도 엄청 크다

대갓끈 이름씨 아주 가는 댓가지를 잘라서 실에 꿰어 만든 갓끈 ⓑ삿갓에 대갓끈을 달았다

대강 ⇒ 벼리. 줄거리. 얼추. 어지간히. 어름어름. 건듯건듯

대강령 ⇒ 벼리. 큰 줄거리

대갚음 ⇒ 앙갚음. 안갚음. 윾

대개 ⇒ 줄거리. 거의. 얼추

대거 ⇒ 왕창. 한꺼번에

대거리 (代) ⇒ 갈마들이. 바꾸어 떠맡음

대거리 (對) ⇒ 대듦. 대드는 짓

대검 (帶劍) ⇒ 칼 참. 칼 차다. 칼 꽂다

대검 (大劍) ⇒ 큰 칼. 긴 칼

대검·대검찰청 (大檢) ⇒ 큰가름걸이집

대게 이름씨 샛바다 깊은 물에 사는 게. 다리 꼴이 대나무를 닮아서 붙은 이름이다

대견스럽다 그림씨 보기에 모자람 없이 흐뭇하고 자랑스러운 데가 있다 ⓑ어린 나이에도 으뜸자리에 올랐으니 대견스럽다 **대견스레**

대견하다 그림씨 보기에 모자람 없이 흐뭇하고 자랑스럽다 ⓑ묻는 말에 또박또박 말하는 딸이 대견하다 ⇐ 기특하다

대결 ⇒ 판가름. 싸움. 다툼. 겨룸. 맞섬. 싸우다. 다투다. 겨루다. 맞서다

대경실색 ⇒ 놀람. 아주 놀라다. 질리다

대계 ⇒ 큰 얼개. 큰 얽이. 큰 뜻

대고 어찌씨 이어 자꾸 ⓑ대고 우기다. 사람들이 대고 밀고 나온다

대고 (大鼓) ⇒ 큰북

대고조 ⇒ 한사리. 큰사리

대과 ⇒ 큰 허물. 큰 잘못

대관 (大官) ⇒ 높은 벼슬

대관 (貸館) ⇒ 집빌림. 집빌려줌

대관령 ⇒ 큰고개

대관목 ⇒ 큰좀나무. 큰떨기나무

대관절 ⇒ 짧게 말해서. 무릇

대괄호 ⇒ 큰묶음표

대교 ⇒ 큰다리

대교목 ⇒ 큰키나무

대구 (大口) ⇒ 큰입고기

대구 (大邱) ⇒ 다고부루

대구루루 어찌씨 작은 것이 단단한 바닥에서 구르는 소리나 그 꼴 ⓑ조개 입을 벌리니 흰 구슬이 대구루루 굴러 나왔다 큰말 데구루루 센말 때구루루 **대구루루하다**

대구탕 ⇒ 큰입고깃국

대국 (對局) ⇒ 바둑두기. 한판붙기. 맞서기. 맞짱뜨기. 판 벌이다. 판 차리다. 맞닥뜨리다

대국 (大國) ⇒ 큰나라

대국적 ⇒ 널리 보는. 멀리 보는. 크게 보는

대군 (大群) ⇒ 큰무리

대군 (大軍) ⇒ 큰 싸울아비

대굴대굴 어찌씨 ❶작고 둥근 것이 자꾸 굴러가는 꼴 ⓑ구슬이 대굴대굴 굴러 수챗구멍에 빠져 버렸다 큰말 데굴데굴 센말 때굴때굴 ❷이리저리 마구 뒹구는 꼴 ⓑ'앞서가세요 나는 이미 글렀어요'라고 써 붙인 수레를 보고 배꼽을 잡고 대굴대굴 굴렀다 **대굴대굴하다**

대궁[1] 이름씨 푸나무 줄기 ⓑ대궁이 굵은 걸로 골라 뽑아 오너라

대궁[2] 이름씨 먹다가 그릇 안에 남은 밥. '대궁밥' 준말 ⓑ하루 내내 굶었으니 대궁이라도 좀 다오 맞선말 숫밥 ⇐ 잔반

대규모 ⇒ 넓음. 많음. 큼

대그락 어찌씨 작고 단단한 것이 맞닿아서 나는 소리나 그 꼴 큰말 데그럭 센말 때그락 **대그락하다**

대그락거리다 움직씨 작고 단단한 것이 잇달아 맞닿아서 소리가 나다 **대그락대다**

대그락대그락 어찌씨 작고 단단한 것이 잇달아 맞닿아서 나는 소리나 그 꼴 ⓑ부엌에서 대그락대그락 설거지 소리가 난다 큰말 데그럭데그럭 센말 때그락때그락 **대그락대그락하다**

대그르르 어찌씨 가늘거나 작은 몬 가운데서 조금 굵거나 큰 꼴 ⓑ아들이 해온 싸릿가지를 보니 대그르르 쓸만하겠다 **대그르르하다**

대근하다 그림씨 견디기 힘들고 만만치 않다 ⓑ일이 보기보다 대근해서 마음을 단단히 먹었다

대글대글 어찌씨 ❶가늘거나 작은 몬 가운데서 몇 낱이 조금 굵거나 큰 꼴 ⓑ대글대글한 콩을 골라 솥에 넣고 볶았다 큰말 디글디글 센말 때글때글 ❷밥알이 꼬들꼬들한 꼴 ⓑ여보 오늘은 밥이 대글대글 설익었어요

대글대글하다 그림씨 ❶가늘거나 작은 몬 가운데서 몇 낱이 조금 굵거나 크다 큰말 디글디글하다 센말 때글때글하다 ❷밥알이 꼬들꼬들하다

대금 (大笒) ⇒ 젓대

대금 (代金) ⇒ 값. 돈

대금 (貸金) ⇒ 돈놀이. 꿔주는 돈. 빌려준 돈

대금업자 ⇒ 돈놀이꾼. 빚놀이꾼

대기 (待期) ⇒ 기다림. 때를 기다리다

대기 (大忌) ⇒ 몹시 꺼림. 몹시 꺼리다. 싫어하다

대기 (大氣) ⇒ 바람. 빈기

대기 (大旗) ⇒ 큰 깃발

대기 (大器) ⇒ 큰 그릇. 큰사람

대기소 ⇒ 기다리는 곳

대기실 ⇒ 기다림방

대기오염 ⇒ 빈기더럼

대기층 ⇒ 빈기켜

대깔 이름씨 대나무를 얇게 쪼갠 부스러기 ⓑ광주리를 짓느라 대깔이 수북하게 쌓였다

대꾸 이름씨 ❶남 말을 받아 제 뜻을 말하는 것. 또는 그 말 ⓑ아우는 대꾸도 잘하고 사귐새도 좋다 ❷남 말을 받아들이지 않고 맞서는 말 ⓑ무어라 해도 대꾸하지 않았다 한뜻말 말대꾸. 대척 **대꾸하다**

대꾼하다 그림씨 눈이 안으로 쑥 들어가고 싱싱한 기운이 없다 ⓑ밤을 새웠는지 눈이 대꾼해서 멍하니 앉아있어 큰말 데꾼하다 센말 때꾼하다

대끼다[1] 움직씨 무엇에 부대껴 갈고 닦이다 ⓑ끊이지 않는 손님에 대끼다 보니 생각이 남다르다

대끼다[2] 움직씨 애벌 찧은 낟알에 다시 물을 조금 쳐서 깨끗하게 찧다 ⓑ어머니는 동냥얻으러 온 사람에게 대낀 보리쌀을 퍼 주었다

대나무 이름씨 '대'를 나무로 보아 일컫는 말

대납 ⇒ 무리꾸럭. 갈음하여 냄. 무리꾸럭하다. 갈음하여 물다. 갈음하여 내다

대낮 이름씨 환히 밝은 낮 ⓑ대낮같이 밝은 한가위 보름달 ⇐ 백주 슬기말 **대낮 올빼미** 어떤 것을 보고도 알아보지 못하고 멍청하게 있음

대노 ⇒ 크게 골냄. 크게 골내다

대놓고 어찌씨 거림낌 없이 마구 ⓑ너는 어른한테 무슨 소리를 그렇게 대놓고 하니?

대뇌 ⇒ 큰골

대뇌피질 ⇒ 큰골겉켜

대님 이름씨 배달옷 바짓가랑이 끝자락을 가지런히 모아 다리에 졸라매는 끈 ⓑ꽃대님을 치고 고운님 만나러 나갔다

대다 움직씨 ❶무엇에 닿게 하다 ⓑ문에 귀를 대고 엿들어도 각시방은 잠잠하다 ❷말미로 삼거나 몸짓을 드러내다 ⓑ잘못해놓고 이 핑계 저 핑계 댄다. 무슨 구실을 대고 빠져나갈지 머리를 쓴다. 못 가는 까닭을 대느라 머리를 굴렸다 ❸돈 따위를 마련해 주다 ⓑ장사 밑천을 대다. 배움돈을 대다 ❹탈것을 세우거나 머물게 하다 ⓑ비가 와서 수레를 문 앞에 대고 얼른 달려 들어갔다 ❺맞대어서 견주다 ⓑ서로 키를 대 봐, 누가 큰지 보게 ❻말하거나 밝히다 ⓑ누가 잘못했는지 바르게 대라. 이름을 대다 ❼무엇을 써서 일을 하다 ⓑ붓을 대다. 하

도 말을 안 들어 아들한테 매를 댔다 **8** 논밭에 물을 끌어오다 ⓑ논에 물을 대다 **9** 겨누거나 그쪽으로 돌리다 ⓑ언다 대고 말을 놓니? 쏘개부리를 대고 두 손을 들라 했다 **10** 제때에 맞추다 ⓑ늦지 않게 대 와 **11** 무엇을 뒤에 받치다 ⓑ빈책에 책받침을 대고 써라 **12** 먹을것 따위를 먹거나 마시다 ⓑ술이든 커피든 몸에 나쁜 것은 입에 대지 않는다 **13**('-아', '-어' 꼴 뒤에 써) 그 짓을 자꾸 되풀이하다 ⓑ몰아대다. 졸라대다. 싸워대다. 떠들어대다

-대다 [뒷가지] (흉내말 뒤에 붙어) '그 소리나 몸새가 잇달아 이어짐'을 나타내는 말 ⓑ출랑대다. 나불대다. 달랑대다. 종알종알대다 한뜻말-거리다

대다수 ⇒ 거의 모두. 거의 다

대단원 ⇒ 마감. 끝

대단하다 [그림씨] **1** 여느 것과 비길 바 없이 더하거나 지나치다 ⓑ무리가 많으면 우두머리 자리가 그리 대단하지 않다고 할 수 없다 **2** 아주 종요롭다 ⓑ우리말 살이에서 한자말을 몰아내는 것은 대단한 일이다 **3** 몹시 뛰어나다 ⓑ참나님은 멧나물 뜯는 데는 대단해 **4** 아주 크거나 많다 ⓑ큰 비 끝에 눈까지 내려 냇물이 대단하게 불었다

대단히 [어찌씨] 매우. 몹시. 아주 ⓑ한뉘를 홀로 지내는 것은 대단히 어렵고 힘든 일이다

대담 (對談) ⇒ 이야기함. 마주 말함. 이야기하다. 마주 말하다

대담하다 (大膽) ⇒ 어버리 크다. 배짱 두둑하다. 씩씩하다

대답 ⇒ 밝힘. 받아 말하기. 말대꾸. 대척. 맛갊다. 말대꾸하다

대대 (大隊) ⇒ 큰떼

대대로 (代代) ⇒ 뉘뉘로

대대로 [어찌씨] 일 꼴을 보아 되어가는 대로 ⓑ서두를 것 없다. 대대로 해라

대대적 ⇒ 아주 크게. 아주 큰

대도 ⇒ 옳은길. 바른길. 큰길

대도시 ⇒ 큰고을

대독 ⇒ 갈음읽기. 갈음읽다

대동 (大同) ⇒ 한데 뭉침

대동 (帶同) ⇒ 데려감. 데려가다

대동 (大棟) ⇒ 지붕마루. 미르마루

대동단결 ⇒ 한데 뭉침. 한데 뭉치다

대동맥 ⇒ 큰날핏줄

대동소이하다 ⇒ 엇비슷하다. 비스름하다. 어금지금하다. 어금버금하다. 거의 같다

대두 (大豆) ⇒ 콩

대두 (擡頭) ⇒ 고개듦. 일어남. 나타남. 고개 들다. 일어나다. 나타나다

대두박 ⇒ 콩깻묵

대두병 ⇒ 한됫병. 됫병

대두유 ⇒ 콩기름

대등 ⇒ 비슷함. 같음. 맞먹음. 비슷하다. 같다. 맞먹다. 엇비슷하다

대등거리 [이름씨] 대로 엮어 지은 등거리 ⓑ등에 걸쳐 입는 홑옷에 땀이 배지 않도록 대등거리를 껴입었다

대뜸 [어찌씨] 그 자리에서 곧 ⓑ내 말을 듣자 대뜸 얼굴빛이 밝아졌다

대략 ⇒ 어림잡아. 어섯. 얼추. 대충

대량 (大樑) ⇒ 대들보

대량으로 (大量-) ⇒ 많이. 한꺼번에 많이

대령 (待令) ⇒ 성금기다림. 성금기다리다. 성금갖춤. 성금갖추다

대령 (大領) ⇒ 세꽃내기

대로[1] [이름씨] **1** 그 꼴로 ⓑ있는 대로 말해 봐 **2**~하는 바와 같이 ⓑ바라는 대로 이뤄지기를! **3**~을 좇아서. ~하는 데 따라 ⓑ하라는 대로 할게요 **4** 하는 족족 ⓑ보는 대로 사 달랜다 **5**('대로' 앞 뒤에 풀이말이 되풀이되어) 무엇이 지나치다 ⓑ지칠 대로 지쳐 집에 오자 쓰려졌다. 국이 식을 대로 식었다 **6**~하는 대로 바로 ⓑ집에 닿는 대로 바로 말틀 걸어줘요

대로[2] [토씨] **1** 앞말에 붙어 그 말에 따라 어긋남이 없음 ⓑ할테면 벼리대로 해 봐라 **2** 따로따로 갈라짐 ⓑ큰 것은 큰 것대로 따로 모아 두어. 너는 너대로 살고 나는 나대

로 살자

대로 (大路) ⇒ 큰길. 한길

대로 (大怒) ⇒ 크게 성냄. 크게 성내다

대롱 이름씨 속이 비고 가느스름한 대 토막 ⓑ 가는 대롱으로 물을 빨아 마셨다 ⇐ 관. 파이프. 호스

대롱 어찌씨 작은 것이 매달려 있거나 매달려 흔들리는 꼴 ⓑ푸른누리 댕이 대롱 매달려 바람에 흔들린다

대롱가락틀 이름씨 누름가락틀 가운데 하나. 길이와 크기가 다른 대롱 여러 낱을 차례로 늘어놓고 대롱에 바람을 보내 소리를 낸다 ⇐ 파이프오르간

대롱거리다 움직씨 작은 것이 매달려 자꾸 흔들리다 **대롱대다**

대롱대롱 어찌씨 작은 것이 매달려 자꾸 흔들리는 꼴 ⓑ처마 끝에 매달린 호박이 바람에 대롱대롱 흔들린다 **대롱대롱하다**

대륙 ⇒ 한뭍

대륙붕 ⇒ 바다시렁. 뭍시렁

대리 ⇒ 갈음. 갈음하다

대리모 ⇒ 씨받이. 아이낳이

대리석 ⇒ 따리돌

대리인 ⇒ 갈음이. 갈음보

대리점 ⇒ 갈음가게

대립 ⇒ 맞섬. 겨룸. 맞서다. 겨루다

대립절 ⇒ 맞선마디

대립종 ⇒ 굵은씨

대마루 이름씨 ❶지붕 위 가장 높게 마루턱이 진 곳 ⓑ거센 바람에 대마루가 싱싱 운다 ❷일이 되고 안 되고 이기고 짐이 판가름 나는 마지막 판 ⓑ이 싸움은 백성 삶이 앞으로 나아가느냐 뒤로 물러나느냐를 가름하는 대마루판 싸움이다

대마루판 이름씨 일이 판가름 나는 종요로운 판

대마사 ⇒ 삼실

대마유 ⇒ 삼씨기름

대마초 ⇒ 삼잎

대말 이름씨 아이들이 말타기 놀이할 때 두 다리로 걸터타고 끌고 다니는 대나 막대기 ⓑ 대말 타며 놀던 옛 벗이 그립다 ⇐ 죽마

대망 (待望) ⇒ 바람. 기다림. 바라다. 기다리다

대망 (大望) ⇒ 큰 꿈

대매 이름씨 ❶노름이나 내기 따위에서 마지막 겨루기 ⇐ 결승. 결승전 ❷딱 한 디위 때리는 매 ⓑ왜놈을 대매에 때려 눕힌 흰범

대매출 ⇒ 마구팔기. 떨이

대맥 ⇒ 보리

대머리 이름씨 머리털이 빠져서 벗어진 머리 ⓑ여덟 때 일터 가는 대머리 머시마, 오늘도 만나려나 기다려지네

대면 ⇒ 마주봄. 맞봄. 마주보다. 맞보다. 낯하다

대명사 ⇒ 갈이름씨

대모 (代母) ⇒ 갈음어미

대목 이름씨 ❶가장 종요로운 고비나 때 ⓑ이 이야기에서 둘이 헤어지는 데가 아슬아슬한 대목이다 ❷어떤 일을 앞에 둔 가장 종요로운 때 ⓑ설 대목 저자를 보러 간다. 한가위 대목에 한 몫 잡아야 될텐데 ❸일 어떤 몫이나 거리 ⓑ이 나들이에서 종요로운 대목이 바로 여기이다

대목 (大木) ⇒ 큰나무. 나무쟁이. 지위

대못 ⇒ 큰못

대못박이 ⇒ 큰못박이

대문 ⇒ 큰문

대문자·대자 ⇒ 큰글씨

대물리다 ⇒ 내리 물려주다

대물림 ⇒ 뉘물림. 내리물림. 내리 물려주다

대물변상 ⇒ 다른 것으로 물어줌

대미 ⇒ 끝. 마감. 맨 마지막

대미지 ⇒ 생채기. 헌데. 다침

대미처 어찌씨 곧바로 ⓑ새뜸을 받자 대미처 모꼬지에 갔다

대밑 이름씨 ❶어떤 것 아래 기슭이나 밑동에 잇닿았거나 가까운 곳 ⓑ밝메 대밑에 자리 잡은 마음닦는 마을 ❷어떤 때를 바로 앞둔 때 ⓑ설 대밑이라 집집마다 돈 쓸 일이 많다

대바구니 이름씨 대로 엮어서 지은 바구니 ⓑ

살구는 요즘 가늘게 쪼갠 대를 서로 어긋매끼게 끼어 대바구니를 엮느라 바쁘다

대바늘 [이름씨] 대나무로 만든 바늘 ㉥대바늘로 털옷 뜨는 일을 배웠어

대바늘뜨개 [이름씨] 대로 만든 바늘로 뜨는 손뜨개 ㉥대바늘뜨개로 겨울 쓰개를 지어 줄게

대바르다 [그림씨] [1]생각이 똑바르고 세다 비슷한말 통바르다 [2]마음이나 마음바탈이 곧고 바르다 비슷한말 통바르다

대받다 [움직씨] 남 말이나 뜻에 맞서 들이대다 ㉥지나치게 해달래서 우리는 안된다고 대받았다

대발 [이름씨] 가늘게 쪼갠 대로 엮은 발 ㉥마루 앞에 대발을 쳐놓으니 겉옷을 벗고 있어도 마음이 놓여

대번에 [어찌씨] 한 디위에 곧. 곧바로 ㉥대번에 알아보다

대범 (大凡) ⇒ 무릇

대범하다 (大汎) ⇒ 너그럽다. 덤덤하다

대법관 ⇒ 큰가름보

대법원 ⇒ 큰가름집

대법원장 ⇒ 큰가름집지기

대변 (代辯) ⇒ 갈음말. 갈음하여 말하다

대변 (對邊) ⇒ 맞쪽. 맞곁

대변 (大便) ⇒ 똥

대변보다 ⇒ 똥누다. 뒤보다

대변인 ⇒ 갈음말꾼

대별 ⇒ 크게 나눔. 크게 나누다. 크게 가르다

대보름 ⇒ 큰보름. 한보름

대본 ⇒ 바탕책

대부 ⇒ 꿔줌. 빌려줌. 꿔주다. 빌려주다

대부금 ⇒ 꿔준 돈. 빌려준 돈

대부분 ⇒ 거의 다

대부업자 ⇒ 돈꿔준이

대분수 ⇒ 데림갈수. 데림갈셈

대비 [이름씨] 가는 댓가지나 대오리를 엮어 지은 비 ㉥대비로 마당을 쓸면 깨끗이 쓸린다

대비 (對比) ⇒ 견줌. 견주다

대비 (對備) ⇒ 마련. 마련하다. 미리 갖추다. 미리 마련하다. 미리 차리다. 미리 챙기다

대비녀 [이름씨] 대나무로 만든 비녀 ㉥잘 다듬은 대비녀를 머리에 꽂고 저자에 갔다

대빗 [이름씨] 참대로 만든 머리빗 ㉥아침마다 대빗으로 머리를 빗고 배곳에 간다

대사 (大事) ⇒ 큰일

대사 (臺詞) ⇒ 굿말

대사 (大師) ⇒ 중. 스님. 스승

대사 (大使) ⇒ 나라시중

대사관 ⇒ 나라시중집

대살[1] [이름씨] 대나무로 만든 화살

대살[2] [이름씨] 단단하고 야무지게 찐 살 맞선말 푸석살

대살지다 [그림씨] 몸이 강파르고 야무지다 ㉥누이 버섯감이 대살지게 생겼더라

대삿갓 [이름씨] [1]속대로 서로 어긋매끼게 엮어 지은 삿갓 ㉥옛날엔 비가 오면 대삿갓을 쓰고 도롱이를 걸쳤지 준말 대갓 [2]중이 쓰는 삿갓 ㉥스님이 쓰는 대삿갓은 여느 삿갓보다 좀 작다

대삿자리 [이름씨] 대를 얇게 쪼개어 서로 어긋매끼게 엮은 자리 ㉥우리집 갓방에는 대삿자리가 깔려 있었고 그 방에서 새끼를 꼬았다

대상 (大賞) ⇒ 으뜸보람

대상 (隊商) ⇒ 장사떼. 약대몰이장사꾼

대상 (對象) ⇒ 맞. 거리. 마주하는 것

대상포진 (帶狀疱疹) ⇒ 띠꼴물집

대서 ⇒ 큰더위

대서다 [움직씨] [1]대들어 맞서다 ㉥요즘 대선다고 두들겨 맞을 사람이 어디 있어? [2]바짝 가까이 서거나 뒤를 잇대어 서다 ㉥이름을 부르는 대로 한 사람씩 일어나서 대섰다

대서양 ⇒ 큰하늬바다

대서특필 ⇒ 크게 다룸. 크게 다루다. 두드러지게 나타내다

대선 (大選) ⇒ 으뜸머슴뽑기

대설 ⇒ 큰눈

대성 ⇒ 크게 이룸. 크게 이루다. 뜻을 이루다. 크게

되다

대성공 ⇒ 크게 이룸. 크게 이루다

대성통곡 ⇒ 큰 울음. 큰소리로 울다. 울부짖다

대성황 ⇒ 꽉 들어참. 큰 이룸

대세 ⇒ 큰 흐름. 큰 물결. 흐름새. 큰바람. 고비

대소 이름씨 활을 만들 때 쓰는, 길이 55센티미터쯤 되는 대나무 토막 ⓑ대소로 활대를 만들었다

대소 ⇒ 크고 작음

대소금·대통소금 이름씨 한쪽이 막힌 대나무 통 속에 볕소금을 다져 넣고 누렁흙으로 막아, 큰불에 아홉 디위 거듭 구워 내어 얻은 가루. 피를 맑게 하여 애불늦 따위 고치기 어려운 앓이를 나수는 데 쓴다 ⇐ 죽염

대소변 ⇒ 똥오줌

대소사 ⇒ 크고 작은 일. 온갖 일. 모든 일

대수 이름씨 종요로운 일 ⓑ돈벌이가 뭐 그리 대수인가? 먼저 사람이 되어야지

대수롭다 그림씨 (흔히 '않다'와 함께 써) 종요롭게 여길 만하다 ⓑ날씨 고비를 대수롭지 않게 여기는 웃대가리들을 아람들이 끌어내렸다

대수리 이름씨 머리 꼭대기와 목덜미가 벗겨진 사나운 새. 매나 수리와 닮았으나 날개가 더 크고 온몸이 어두운 밤빛이다

대순 ⇒ 대싹

대순환 ⇒ 큰피돌기

대숲 이름씨 대나무로 이루어진 숲 비슷한말 대밭 ⇐ 죽림

대승 ⇒ 크게 이김. 썩 나음. 썩 좋음. 크게 이기다

대식가 ⇒ 많이 먹는 사람. 배큰이

대신 ⇒ 갈음. 갈음하다

대아내 이름씨 대오리로 길둥글게 엮어 만든 것. 여름밤에 시원하게 하려고 끼고 잔다 ⇐ 죽부인

대안 ⇒ 갈음꾀. 갈음생각. 더 좋은 꾀. 더 좋은 수

대안학교 ⇒ 갈음배곳

대야 이름씨 낯이나 손발을 씻을 때 물 담는 그릇 ⓑ대야에 두 발을 담그고 더위를 식힌다

대양 ⇒ 큰바다. 난바다. 한바다

대어 ⇒ 큰고기

대여 ⇒ 빌려줌. 빌려주다. 꿔주다

대여금 ⇒ 꿔준돈

대여섯 셈씨 **1** 다섯이나 여섯쯤 ⓑ집에 내려온 멧돼지는 대여섯이나 되었다 준말 대엿 **2** (매김씨) 다섯이나 여섯쯤 ⓑ강아지 대여섯 마리가 골목길에 떼로 몰려다니더라

대여점 ⇒ 꿔주는가게

대역 ⇒ 갈음노릇. 갈음이. 갈음보

대역죄인 ⇒ 갈아엎을이. 뒤엎을이

대열 ⇒ 세로줄. 앞뒷줄

대엿달 이름씨 달셈 다섯째 달과 여섯째 달을 아울러 이르는 말. 여름 한철 ⓑ대엿달 길고 긴 해 슬기말 **대엿달 고뿔은 개도 안 걸린다** 춥지도 않은 대엿달에 고뿔 앓는 사람은 시원찮다 **대엿달 소나기는 쇠등을 두고 다툰다** 소 한쪽 등은 소나기를 맞고 다른 쪽 등은 맞지 않는다. 곧 소나기가 아주 좁은 곳에서도 내리는 데가 있고 내리지 않는 데가 있다

대엿새 이름씨 닷새나 엿새 ⓑ여기서 걸어서 서울을 가려면 대엿새 걸린다

대오 ⇒ 가로줄. 옆줄

대오리 이름씨 가늘게 쪼갠 댓개비 ⓑ대오리를 결어서 만든 바구니

대왕 ⇒ 큰임금. 앞임금

대외 ⇒ 나라밖

대용 ⇒ 갈음. 갈음하다. 갈음하여 쓰다

대용량 ⇒ 큰들이

대우 ⇒ 높임. 다룸. 높이다. 다루다

대우리 이름씨 대로 만든 우리 ⓑ병아리를 대우리에 가두다

대울타리 이름씨 대를 쪼개어 결어 짓거나, 대를 촘촘히 심은 울타리 ⓑ너른 마당 둘레로 온통 대울타리를 쳤다 준말 대울 ⇐ 죽책

대원 (隊員) ⇒ 떼보

대원 (大願) ⇒ 큰 바람

대위 ⇒ 세밥풀내기

대응 ⇒ 맞댐. 짝지음. 맞대다. 짝짓다

대응각 ⇒ 짝진모
대응변 ⇒ 짝진결
대응점 ⇒ 짝진점
대응정점 ⇒ 짝진꼭짓점
대의 (大意) ⇒ 줄거리. 대충 뜻
대의명분 ⇒ 떳떳구실. 떳떳까닭. 바른구실. 떳떳이름
대인 ⇒ 어른
대입 ⇒ 갈아넣기. 갈아 넣다. 바꾸어 넣다
대입 ⇒ 배곳듦
대자 이름씨 대나무로 만든 자 ⓑ대를 잘 말려 지은 대자는 휨이 적다 ⇐ 죽척
대자리 이름씨 얇은 대오리를 엮어 만든 자리 ⓑ여름에 대자리를 깔고 누우면 시원하다
대자보 ⇒ 바람새뜸. 널새뜸
대작 ⇒ 큰지음. 빼난지음
대작하다 ⇒ 마주하여 술 마심. 마주 앉아 술 마시다. 주거니 받거니 하며 마시다
대장 (大將) ⇒ 우두머리. 머리. 마리. 네별내기
대장 (臺帳) ⇒ 셈책
대장 (隊長) ⇒ 떼 우두머리. 떼머리
대장 (大腸) ⇒ 큰창자
대장간 이름씨 쇠를 달구어 온갖 연장을 만드는 집 ⓑ대장간에서 호미, 낫, 칼을 벼렸다 한뜻말쇠짓터. 풀뭇간 ⇐ 철공소
대장부 ⇒ 사나이. 큰사내. 산
대장장이 이름씨 시우쇠를 달구어 온갖 쇠붙이 연장 따위를 만드는 일을 밥벌이로 하는 사람 ⓑ대장장이는 참나무 숯불에서 벌겋게 단 쇠를 꺼내 망치로 두드린다 준말대장 ⇐ 철공
대장정 ⇒ 먼길
대적 ⇒ 맞섬. 맞붙음. 덤빔. 맞겨룸. 맞서다. 맞붙다. 덤비다. 맞겨루다. 맞서 싸우다
대전 (大田) ⇒ 한밭
대전 (大戰) ⇒ 큰싸움
대절 ⇒ 빌려줌
대접 이름씨 국이나 숭늉 따위를 담는, 위가 넓적하고 키가 낮으며 뚜껑이 없는 그릇 ⓑ목이 말라 물 한 대접을 벌컥벌컥 들이켰다
대접 ⇒ 손님치레. 손겪다. 손님치레하다. 한턱내다. 우러러 모시다. 다루다
대접살 이름씨 소 사타구니에 붙은 고기
대접젖 이름씨 아래로 처지지 않고 대접을 엎어놓은 것 같은 꽃님 젖무덤
대정맥 ⇒ 큰들핏줄
대조 ⇒ 견줌. 견주다. 비기다. 대보다. 맞대다. 맞대보다
대졸 ⇒ 한배곳 나옴
대종교 ⇒ 큰검가르침. 한배검가르침
대좌 ⇒ 마주앉음. 마주앉다
대줌집 이름씨 나라살림살이하는 곳 가운데 하나. 나라살림에 있어야 할 몬을 사들이고 대주고 돌보는 일과 온갖 짓일 다짐을 맺는 일을 한다 ⇐ 조달청
대중 이름씨 **1** 어떤 잣대 ⓑ여느 서울 사람이 쓰는 말을 대중으로 우리 대중말을 삼았다 ⇐ 표준 **2** 어림으로 헤아리는 것 ⓑ얼굴이 앳되게 생겨 나이를 대중 잡기 어렵다
대중 (大衆) ⇒ 무리. 뭇사람. 많은 사람
대중때 이름씨 어떤 나라나 어떤 고장에서 쓰는 대중이 되는 때. 우리나라는 새날 135데를 바탕 노마금으로 한 고름 해때를 쓴다 ⇐ 표준시
대중말 이름씨 한 모둠살이에서 여느 사람들이 두루 쓰는 말 ⓑ온 나라에서 뭇사람이 두루 쓰는 말을 대중말로 삼아야지! ⇐ 표준말
대중매체 ⇒ 두루알림길. 두루새뜸
대중몸무게 이름씨 나이, 사내겨집, 키에 따라 대중이 되는 몸무게. 어른은 흔히 센티미터로 나타낸 키 값에서 100을 빼고 0.9를 곱한 값을 킬로그램으로 나타낸다 ⇐ 표준체중
대중문화 ⇒ 아람삶꽃. 백성삶꽃
대중삼음 이름씨 대중이 되거나 되게 함 한뜻말잣대맞춤 ⇐ 표준화
대중없다 그림씨 **1** 어림할 수 없다 ⓑ아침에는 일찍 일하러 가지만 집에 올 때는 대중없다 **2** 가늠할 수 없게 터무니없다 ⓑ마님

은 대중없이 도섭스러워 누구도 마음을 맞추기 어렵다

대중화 ⇒ 널리 퍼짐. 널리 펴기. 널리 퍼지다

대지 (大地) ⇒ 뭍. 넓은 땅. 땅덩어리

대지 (垈地) ⇒ 집터. 집자리

대지르다 움직씨 ❶찌르듯 대들거나 맞서다 ㉥더는 물러설 곳이 없으니 마지막으로 임자를 만나 대질러 보는 수밖에 없다 ❷무턱대거나 갑작스럽게 굴다 ㉥장사가 끝났다는데도 막무가내로 대지르며 안으로 들어왔다 ❸날카롭게 대들듯 묻다 ㉥남 나이는 왜 묻죠? 하고 대질렀다

대지팡이 이름씨 참대로 지은 지팡이 ㉥옛날 어른들은 대지팡이를 짚고 다니지는 않았다

대질 ⇒ 무릎맞춤. 무릎맞춤하다

대짜·대짜배기 ⇒ 아주 큰 것. 왜뚜리

대쪽 이름씨 ❶대 조각 ㉥대쪽과 배달종이로 종이솔개를 만들었다 ❷올곧은 마음씨 ㉥마음씨가 대쪽 같다

대책 ⇒ 맞설꾀. 맞설길. 막을꾀

대처 ⇒ 손씀. 맞서 치름. 손쓰다. 맞서 치르다. 길을 마련하다

대척하다 움직씨 ❶남 말을 듣고 그대로 받아들이지 않고 그 자리에서 제 뜻을 펴다 ㉥이슬이는 묻는 말에는 대척도 않고 차츰 울음소리만 키워 갔다 ❷마주 받거나 맞서다 ㉥나라 낫을 두고 두 나라가 날카롭게 대척했다

대첩 ⇒ 크게 이김. 크게 이기다

대청·대청마루 ⇒ 큰마루

대체 (大體) ⇒ 바탕줄거리. 도무지

대체 (代替) ⇒ 갈음. 바꿈. 갈음하다. 갈다. 바꾸다

대체로 ⇒ 무릇. 얼추. 거의 다

대체에너지 ⇒ 갈음일힘

대추 이름씨 대추나무 열매. 맛이 달아 날로 먹거나 말려서 쓴다 ㉥검붉게 잘 익은 대추만 골라 따고 나머지는 남겨뒀다

대추나무 이름씨 가지에 듬성듬성 가시가 있고 잎은 길둥근꼴인 넓은잎나무. 이른 여름에 꽃이 피고 가을에 열매가 검붉게 익는다

대출 ⇒ 빌려줌. 꿔줌. 빌려주다. 꿔주다

대충 어찌씨 어지간히 추리듯이. 또는 어림으로 헤아려서 ㉥하는 짓을 보니 웃대가리들 숨은 뜻을 대충 알겠다 ⇐ 약. 대강. 대략 **대충하다**

대충대충 어찌씨 일이나 짓을 얼버무려 넘기는 꼴 ㉥가진 이는 대충대충 풀어주고 없는 사람은 이 잡듯이 잡아 가둔다

대치 (代置) ⇒ 갈음. 갈음하다. 갈아넣다. 바꿔놓다

대치 (對峙) ⇒ 맞섬. 맞서다. 맞버티다

대칭 (臺秤) ⇒ 앉은뱅이저울

대칭 (對稱) ⇒ 맞섬

대칭각 ⇒ 맞모. 맞선모

대칭축 ⇒ 맞선대. 맞섬대

대타 ⇒ 갈음치기. 갈음침보. 갈음 치다

대토 ⇒ 갈음땅. 갈음흙

대통 ⇒ 트임. 열림. 트이다. 크게 열리다

대통령 ⇒ 으뜸머슴

대퇴·대퇴부 ⇒ 넓적다리

대퇴근 ⇒ 넓적다리힘살

대파 ⇒ 크게 이김. 쳐부숨. 크게 깨뜨리다. 쳐부수다

대파 ⇒ 큰파

대판 ⇒ 한바탕

대패 이름씨 나무를 반반하고 곱게 밀어 다듬는 연장 ㉥대패를 당길 때 힘을 반듯이 주고 당겨봐

대패 ⇒ 크게 짐. 크게 지다

대팻밥 이름씨 대패질 할 때 깎여 나오는 얇은 나무 오리나 나뭇조각 ㉥대팻밥이 얇은 종이처럼 나온다

대평원 ⇒ 넓은벌. 넓은들. 넓은 풀벌

대포 이름씨 큰 술그릇. 또는 거기에 담긴 술 ㉥대포 한 그릇 하세

대포 ⇒ 큰불쏘개. 내쏘개

대폭 ⇒ 크게. 많이

대폭발 ⇒ 크게 터짐. 크게 터지다

대표 ⇒ 뽑힌이. 갈음이. 갈음남. 갈음나다

ㄷ

대표단 ⇒ 갈음남무리
대표자 ⇒ 갈음남이
대표작 ⇒ 갈음남지음
대푼 이름씨 돈 한 푼. 아주 적은 돈 ⇐ 땡전
대풍 ⇒ 넉넉걷이. 푸진걷이
대피 ⇒ 숨기. 숨다. 비키다
대피소 ⇒ 숨을 데. 비킬 데. 감출 곳
대필 ⇒ 갈음씀. 갈음 쓰다
대하 ⇒ 큰새우
대하다 ⇒ 마주하다. 마주보다. 맞서다. 맞보다. 겨루다
대하소설 ⇒ 겨레삶이야기
대학·대학교 ⇒ 한배곳. 한배움터
대학생 ⇒ 한배움이
대학생활 ⇒ 한배움살이
대학원 ⇒ 더배곳. 더배움터
대한 ⇒ 큰추위
대한민국 ⇒ 배달나라. 아름나라
대합 ⇒ 무명조개
대합실 ⇒ 기다림방
대항 ⇒ 맞버팀. 맞섬. 맞버티다. 앙버티다. 맞서다. 맞대들다. 맞붙다
대해 ⇒ 한바다. 허허바다. 큰바다
대행 ⇒ 갈음. 갈음하다. 바꿔하다
대행업 ⇒ 갈음일
대행진 ⇒ 여럿 줄지어 감
대형 ⇒ 큰 것. 왜뚜리
대형마트 ⇒ 큰가게
대호 ⇒ 큰항아리
대화 ⇒ 마주이야기. 마주말하기. 마주말. 마주 말하다
대환영 ⇒ 큰 반김. 크게 반겨맞이. 크게 반기다. 크게 반겨맞다
대회 ⇒ 큰모임. 모꼬지. 큰몯
댁 ⇒ 집. 아내
댈물 이름씨 불을 끄거나 논밭에 물 대기, 짓일, 마실 물 따위에 쓰려고 먼 곳에서 물을 끌어옴 한뜻말 끌물 ⇐ 용수
댐 ⇒ 둑
댑바람 이름씨 노녘에서 불어오는 큰 바람 ⇐ 북풍
댑싸리 이름씨 줄기는 곧고 가지가 많으며 잎은 바소꼴로 어긋맞게 나는 한해살이풀. 밭가에 절로 자라 여름에 옅은 풀빛 꽃이 피며 씨앗은 약으로 쓰고, 어린잎은 먹고, 줄기로 빗자루를 만든다
댓 셈씨 ❶다섯쯤 ⓑ손님은 다 해봐야 댓이래 ❷(매김씨) 다섯쯤 ⓑ내 보기에 댓 사람이 달려들더라도 옮기기 힘들 것 같다
댓개비 이름씨 대나무를 짜개어 가늘게 깎은 개비 ⓑ댓개비와 그물을 들고 고기잡이 가다
댓글 ⇒ 덧글
댓다 어찌씨 덮어놓고 막. 억세게 마구 ⓑ댓다 몰아대다. 댓다 내밀다
댓닭 이름씨 몸이 크고 뼈대가 튼튼하며 깃털이 성기고 힘살이 잘 자란 닭. 힘이 세어 싸움닭으로 기르며 고기 맛이 좋으나 알을 많이 낳지 않는다 ⇐ 투계
댓돌 ⇒ 섬돌. 섬
댓바람 이름씨 ❶일이나 때를 맞아 서슴없이 곧 ⓑ그가 죽었다는 새뜸을 듣자 댓바람에 달려왔다 ❷일이나 때를 맞아 딱 한디위 ⓑ물 한사발을 댓바람에 비웠다 ❸이른 때 ⓑ새벽 댓바람부터 남 집을 쳐들어오다니 **댓바람에**
댓잎 이름씨 대나무 잎 ⓑ댓잎은 몸 불기운을 가라앉히는 데 쓴다 ⇐ 죽엽
댓줄기 이름씨 ❶대나무 줄기 ⓑ댓줄기가 곧고 매끄럽다 ❷좍좍 내리쏟는 굵은 빗줄기나 물줄기 ⓑ댓줄기처럼 퍼붓는 비
댕 이름씨 쇠붙이로 만들어 치거나 흔들어 소리를 내는 몬 ⓑ댕을 울려라 ⇐ 종
댕가당 어찌씨 ❶작은 쇠붙이 같은 것이 부딪치거나 떨어질 때 맑게 울려 나는 소리 ⓑ숟가락이 부엌 바닥에 떨어져 댕가당 소리가 났다 준말 댕강 ❷작은 물방울이 쇠널에 떨어질 때 나는 소리 ⓑ빗방울이 놋대야에 댕가당 떨어진다 **댕가당하다**
댕가당거리다 움직씨 작은 쇠붙이 같은 것이

잇달아 부딪치거나 떨어질 때 맑게 소리가 울려 나다 **댕가당대다**

댕가당댕가당 어찌씨 작은 쇠붙이 같은 것이 잇달아 부딪치거나 떨어질 때 맑게 울려 나는 소리 ⓑ놋그릇 부딪치는 소리가 댕가당댕가당 들린다 큰말 뎅거덩뎅거덩 센말 땡가당땡가당 **댕가당댕가당하다**

댕강[1] 어찌씨 '댕가당' 준말 ⓑ멀리서 워낭 소리가 댕강 들린다

댕강[2] 어찌씨 ❶작은 몬이 곧바로 잘리거나 부러지는 꼴 ⓑ밭 매다 호미가 댕강 부러졌다 ❷어디에 달려있던 것이 한 디위에 떨어져 나가는 꼴 ⓑ왜놈 목을 한칼에 댕강 내려쳤다 ❸어떤 것이 바짝 마른 꼴 ⓑ참숯이 댕강 말라 불땀이 좋다

댕강거리다 움직씨 ❶작은 쇠붙이 같은 것이 잇달아 부딪치거나 부러질 때 맑게 소리가 울려 나다 ❷작은 물방울이 잇달아 쇠널에 떨어질 때 소리를 내다 **댕강대다**

댕강댕강[1] 어찌씨 ❶작은 쇠붙이 같은 것이 잇달아 부딪치거나 부러질 때 맑게 울려 나는 소리 ⓑ거센 바람에 쇠북이 댕강댕강 울린다 큰말 뎅겅뎅겅 센말 땡강땡강 ❷작은 물방울이 잇달아 쇠널에 떨어질 때 나는 소리 ⓑ쇠통에 빗물 떨어지는 소리가 댕강댕강 들린다 **댕강댕강하다**

댕강댕강[2] 어찌씨 어디에 달려있던 것이 한 디위에 잇달아 떨어져 나가는 꼴 ⓑ왜놈들이 난찡에서 중국 사람들 목을 댕강댕강 셀 수 없이 쳐 날렸다

댕그랑 어찌씨 ❶작은 방울이나 워낭 따위가 흔들리면서 울려나는 소리 ⓑ방울이 댕그랑 울린다 큰말 뎅그렁 센말 땡그랑 ❷작은 쇠붙이 따위가 부딪치면서 맑게 울려나는 소리 ⓑ솥뚜껑에 숟가락이 댕그랑 떨어진다

댕그랑거리다 움직씨 작은 쇠붙이나 방울 따위가 흔들리면서 울리는 소리가 자꾸 나다 **댕그랑대다**

댕그랑댕그랑 어찌씨 작은 쇠붙이나 방울 따위가 흔들리면서 잇달아 울려나는 소리 ⓑ멀리서 워낭 소리가 댕그랑댕그랑 울려 온다 **댕그랑댕그랑하다**

댕기 이름씨 길게 땋은 가시나 머리 끝에 다는 고운 헝겊 ⓑ누나는 머리 감아 곱게 땋고는 붉은 댕기를 드리었다

댕기다 움직씨 불을 옮아 붙게 하다 ⓑ볏짚에 불을 댕기다

댕기풀이 이름씨 아이가 어른이 될 때 어른굿을 한 뒤 동무들에게 한턱 내는 일

댕댕[1] 어찌씨 ❶느즈러지지 않고 켕기어 팽팽한 꼴 ⓑ활줄을 댕댕 켕기게 매면 화살이 멀리 간다. 짜게 먹고 잤더니 얼굴이 댕댕 부었다 ❷골이 나서 얼굴빛이 날카로워진 꼴 ⓑ얼마나 골이 났는지 골난 빛이 얼굴에 댕댕 어려있다 ❸몸이 단단하고 기운찬 꼴 ⓑ사타구니에 가래톳이 댕댕 멍울이 졌다 ❹놀라거나 어쩔 줄 몰라 하지 않고 떳떳한 꼴 **댕댕하다**

댕댕[2] 어찌씨 작은 쇠붙이를 잇달아 칠 때 나는 소리 ⓑ모임을 알리는 쇠북소리가 댕댕 울린다 **댕댕하다**

댕댕거리다 움직씨 작은 쇠붙이를 잇달아 칠 때 소리가 나다 **댕댕대다**

댕댕이 이름씨 잎은 알꼴에 잔털이 많고 다른 나무에 감아 올라가는 여러해살이 덩굴풀. 덩굴과 뿌리는 오줌을 잘 나오게 하는 낫개로 쓴다

댕소리 이름씨 쇠북을 치는 소리 ⓑ마치는 댕소리가 울린다 ⇐ 종소리

더 어찌씨 ❶(움직씨와 함께 써) 그 위에 보태어 ⓑ더 주다. 좀 더 먹어. 조금만 더 기다리자 맞선말 덜 ❷어떤 잣대보다 세게. 어느만큼 보다 넘게 ⓑ이쪽은 물이 더 깊다. 얼굴이 더 빨개지다. 소리를 더 키우자 슬기말 **더도 말고 덜도 말고 늘 가윗날만 같아라** 한가윗날처럼 잘 먹고 잘 입고 걱정 없이 살고 싶다

더구나 어찌씨 이미 넘치는데 그 위에 또 ⓑ나이도 많고 더구나 무릎도 안 좋은 사람이 버섯 따러 간다고

더군다나 어찌씨 '더구나' 힘줌말 ⓑ그 고갯길

은 가팔라서 어른도 넘기 어려운데 더군다나 어린 네가 넘어왔다니

더그매 [이름씨] 지붕 밑과 보꾹 사이 빈 곳 [보] 더그매에 다락을 놓으면 쓸모가 많아

더기 [이름씨] 높은 곳에 있는 펀펀한 땅 [한뜻말]덕. 높은 벌 ⇐ 고원

더껑이 [이름씨] 걸쭉한 물덩이 거죽에 엉겨 굳거나 말라서 생긴 꺼풀 [보]어릴 적 팥죽 더껑이가 참 맛있었다

더께 [이름씨] 몬 위에 앉은 거칠고 찌든 때 [보] 마루에 더께가 잔뜩 내려앉았다

더낫이 [이름씨] 몸을 골고루 좋게 하고 버티는 힘을 키워주는 낫개 [한뜻말]더낫개 ⇐ 보약

더넘스럽다 [그림씨] 다루기에 버거운 데가 있다 [보]멧짐승 막이줄 밑 풀베기는 이제 나한테는 좀 더넘스럽다

-더니 [씨끝] **1**(말줄기에 두루 붙어) 지난 일이 까닭이 됨을 나타내는 말 [보]날씨가 무덥더니 비가 온다. 부지런히 일하더니 돈도 벌고 좋은 자리에 앉았다 **2**지난 어떤 일이 다른 일과 맞섬을 나타내는 말 [보]아까는 바람이 불더니 이제 비가 온다. 가난하게 살더니 어느새 가면이가 되었다 **3**어떤 일을 먼저 말하고 이어 다른 풀이를 함을 나타내는 말 [보]곱단이는 얼굴이 곱더니 마음씨도 곱다. 그 떡은 보기에도 좋더니 맛도 좋다 **4**이미 겪은 것에 견줘 돌이켜 봄 [보] 그해 겨울은 눈이 오기도 오더니

더더구나 [어찌씨] '더구나' 힘줌말 [보]눈이 퍼붓는데 더더구나 바람까지 부네

더더군다나 [어찌씨] '더군다나' 힘줌말

더더욱 [어찌씨] '더욱' 힘줌말 [보]앞으로도 더더욱 힘써 일해다오

더덕 [이름씨] 이른 봄에 싹이 나 다른 나무줄기를 감아 벋으며 길둥근꼴 잎은 네 낱이 모여 어긋나고 늦여름부터 이른 가을에 쇠북꼴 꽃이 피고 튀는 열매를 맺는 덩굴풀. 뿌리는 맛이 좋아 으뜸가는 먹을거리여서 늦가을에서 이른 봄에 걸쳐 캐 먹는다. 멧불이 나거나 나무를 베어버리면 저절로 많이 자란다. 오늘날엔 기르는 사람이 많다

더덕더덕 [어찌씨] **1**작은 것들이 곳곳에 지저분하게 붙어있는 꼴 [보]방 안은 온통 작은 빗박이가 더덕더덕 붙어 있다. 얼굴에 밥이 더덕더덕 붙었네 [작은말]다닥다닥 [센말]떠덕떠덕 **2**보기 싫을 만큼 지저분하게 여기저기 기운 꼴 [보]그 중은 더덕더덕 기운 누더기 한 벌로 살아간다

더덕더덕하다 [그림씨] **1**작은 것들이 곳곳에 지저분하게 붙어있다 [작은말]다닥다닥 [센말]떠덕떠덕 **2**보기 싫을 만큼 지저분하게 여기저기 기워져 있다

더덜 [이름씨] 더하기와 덜기 ⇐ 가감 **더덜하다**

더덜곱난 [이름씨] 더하기, 덜기, 곱하기, 나누기 ⇐ 가감승제

더덜얽힘 [이름씨] 서로 더덜이 얽힌 사이 ⇐ 이해관계

더덜없이 [어찌씨] 더하고 덜함이 없이 [보]더덜없이 딱 맞아떨어지다 ⇐ 가감 없이

더덩실 [어찌씨] 팔과 다리를 가볍게 흔들며 춤추는 꼴 [보]살아 돌아온 아들을 맞아 어머니는 더덩실 춤을 춘다

더덩실거리다 [움직씨] 팔과 다리를 가볍게 흔들며 잇달아 춤을 추다 **더덩실대다**

더덩실더덩실 [어찌씨] 팔과 다리를 가볍게 흔들며 잇달아 춤추는 꼴

더뎅이 [이름씨] 헌데 딱지나 때 같은 것이 살이나 살갗에 덧붙어서 굳어진 것 [보]낫에 베인 손가락 헌데에 더뎅이가 앉았다 [준말]더데

더듬거리다 [움직씨] **1**무엇을 찾거나 알아보려고 손으로 자꾸 더듬다 **2**말을 하거나 글을 읽을 때 술술 펴 나오지 못하고 자꾸 더듬다 **더듬대다**

더듬다 [움직씨] **1**잘 보이지 않는 것을 찾으려고 손으로 이리저리 만지다 [보]깜깜한 데서 성냥을 찾느라 여기저기를 더듬었다 **2**똑똑히 모르는 것을 어림으로 여기저기 찾다 [보]날이 어두워져서 멧길을 더듬어 내려왔다 **3**마음속으로 헤아리다 [보]지난날을 더듬어 생각에 잠겼다 **4**말하거나 글 읽을

때 술술 나오지 않고 자꾸 막히다 ⓑ내 동무 산돌이는 어려서 말을 더듬었다

더듬더듬 어찌씨 ❶무엇을 찾거나 알아보려고 손으로 더듬는 꼴 ⓑ어둠 속에서 더듬더듬 벗어놓은 옷을 찾았다 작은말다듬다듬 센말떠듬떠듬 ❷말을 하거나 글을 읽을 때 술술 펴 나오지 못하고 자꾸 더듬는 꼴 ⓑ개는 어릴 적에는 더듬더듬 말을 더듬더니 크니까 싹 없어졌어 ❸잘 모르는 길을 헤아려 이리저리 찾는 꼴 ⓑ처음 가는 길이라 이 골목 저 골목 더듬더듬 헤매면서 찾아다녔다 ❹뚜렷하게 떠오르지 않는 것을 이리저리 생각하는 꼴 ⓑ지난 밤에 무슨 일이 있었는지 더듬더듬 생각을 떠올려본다 **더듬더듬하다**

더듬이[1] 이름씨 마디발숨받이 머리 쪽에 있는 냄새 맡기와 닿는 느낌을 맡아보는 느낌문. 먹이를 찾고 잡아먹히지 않고 몸을 지키는 구실을 한다 ⓑ개미는 더듬이로 길을 찾고 먹이를 알아낸다 ⇐ 촉각. 촉수

더듬이[2] 이름씨 하늘 높이 세워서 번결을 내보내거나 번결을 받아들이는 번힘줄로 된 틀 ⇐ 안테나

더듬이[3] 이름씨 말을 더듬는 사람

더듬질 이름씨 자꾸 더듬는 일

더디 어찌씨 늦게. 느리게 ⓑ나는 밥을 조금 더디 먹는다

더디다 그림씨 ❶몸짓이나 몸뭠, 일에 걸리는 동안이 오래다 ⓑ걸음이 더디다. 일이 더디다 ❷나아감이 뜨다 ⓑ말 배우는 게 더딘 걸 보면 머리가 썩 좋진 않나 봐!

-더라 씨끝 (맺음을 나타내는 풀이토로 낮춤 말자리에 써) 지난 일을 돌이켜 생각함 ⓑ어제는 참 덥더라. 아침에 마을 사람들이 소낭버섯 따러 가더라

더러[1] 토씨 (묻거나 시키거나 해달라는 사람을 가리키는 임자씨에 붙어) 에게. 한테 ⓑ누구더러 가져오라 할까요? 언니더러 물어보는 게 좋겠어요 비슷한말에게

더러[2] 어찌씨 ❶얼마쯤 ⓑ저자에 햇밤이 더러 나왔더라 ❷이따금. 때때로 ⓑ더러 만나다. 더러 찾아가다 ❸(이름씨) 얼마쯤 ⓑ말을 잘 안 섞는 그 사람을 더러는 못마땅히 여겼다

더러섬 이름씨 마온바라 하늬마쪽에 있는 섬 ⇐ 진도

더러섬개 이름씨 개 한 갈래. 몸은 짙누런빛 또는 흰빛이며, 귀는 뾰족하게 서고 꼬리는 왼쪽으로 말린다. 더러섬에서 나는 우리나라 개로, 저절기림몬이다 ⇐ 진돗개

더러움 이름씨 더러운 것 또는 더러워지는 것 ⓑ더러움을 타는 천 준말더럼

더럭 어찌씨 ❶갑자기 세게 나타나는 꼴 ⓑ더럭 두려움이 몰려왔다 ❷아주 많이 ⓑ어디 가서 돈이나 더럭 번다면 이 일을 막을 텐데 ❸갑자기 뛰거나 소리를 내는 꼴 ⓑ문을 더럭 열어젖혔다 **더럭하다**

더럭더럭 어찌씨 ❶잇달아 아주 많이 ⓑ모두 밥만 더럭더럭 먹어쌓는다 작은말다락다락 ❷자꾸 대들면서 몹시 조르는 꼴 ⓑ아이는 따라가겠다고 더럭더럭 떼를 쓴다 ❸가리에 밝지 못해 어리석게 구는 꼴 ⓑ어찌 보면 바보 같고 어찌 보면 얼간이같이 얼토당토않은 짓을 더럭더럭 해댄다

더럼 이름씨 '더러움' 준말 ⓑ마음 더럼을 씻어내다

더럽다 그림씨 ❶때나 먼지, 찌꺼기 따위가 끼거나 섞여 있어 깨끗하지 못하다 ⓑ기름에 찌든 더러운 옷. 더러운 구정물. 온갖 쓰레기로 바닷물이 더러워져 물고기가 떼로 죽는다 작은말다랍다 ❷말이나 몸짓이 못되거나 막되다 ⓑ어린아이를 괴롭히는 더러운 짓을 하다니 ❸사람살이가 썩어 어지럽다 ⓑ돈만 떠받드는 더러운 웃대가리들 ❹일이 뜻대로 되지 않아 시시하고 마음에 들지 않다 ⓑ하루 내내 똑같은 일을 되풀이하려니 더러워서 못 해 먹겠다 ❺어수선하게 여기저기 널려 지저분하다 ⓑ동네 사람들이 냇가에 쓰레기를 아무렇게나 갖다 버려 내가 더럽다 ❻('더럽게' 꼴로 써) 지나치게

ⓑ너무 더럽게 아끼지 마라

더럽히다 움직씨 '더럽다' 하임꼴. 몬이나 이름, 믿음 따위를 더럽게 하다 ⓑ이름을 더럽힐 수 있는 일을 꼭 해야 하나?

더리다 그림씨 ❶감에 맞지 않아 마음에 달갑지 않다 ❷싱겁고 어리석다 ❸마음이 더럽고 잔달다

더리도비 이름씨 가시부루 노하늬녘에 있는 고장. 누에 치는 일을 많이 해왔으며 더리도비 펀펀들에서 쌀이 많이 난다 한뜻말더러도비 ⇐ 철원

더미 이름씨 ❶같은 것들이 한데 많이 쌓인 큰 덩어리 ⓑ쓰레기 더미. 돌더미 비슷한말덩어리. 무더기 ❷한데 쌓인 큰 덩어리를 세는 하나치 ⓑ다섯 더미

더미구름 이름씨 '뭉게구름'을 다르게 이르는 말 ⓑ뭉실뭉실 더미구름이 떠간다 ⇐ 적운

더배곳 이름씨 한배곳을 나온 사람이 어떤 갈래 갈을 오로지하려고 파고드는 배움 ⇐ 대학원

더벅거리다 이름씨 앞을 헤아리지 않고 힘없이 걷다 **더벅대다**

더벅더벅 어찌씨 앞을 헤아리지 않고 힘없이 걷는 꼴 ⓑ어디를 가는지도 생각 않고 더벅더벅 길을 따라 갔다 작은말다박다박 거센말터벅터벅 **더벅더벅하다**

더벅머리 이름씨 더부룩하게 난 머리털. 또는 그런 머리털을 가진 사람 ⓑ나들이 옷차림이 더벅머리에는 좀 어울리지 않는구나 슬기말 **더벅머리 댕기 치레하듯** 바탕이 좋지 않은 것에 지나치게 겉치레를 하면 어울리지 않는다

더부룩하다[1] 그림씨 ❶머리털이나 입거웃 따위가 거칠고 촘촘하다 ⓑ보름 만에 나룻이 더부룩하게 자랐다 거센말터부룩하다 ❷푸나무가 우거져 수북하다 ⓑ더부룩한 숲이 멧기슭을 덮어버렸다

더부룩하다[2] 그림씨 먹은 것이 잘 삭지 않아 뱃속이 답답하고 그들먹하게 부르다 ⓑ배가 더부룩하다

더부살이 이름씨 ❶남 집에 살면서 품삯을 받아 살아가는 일. 또는 그런 사람 ⓑ더부살이가 오히려 임자 걱정한다 ❷푸나무에 붙어사는 것 ⓑ겨우살이는 자작나무에 더부살이한다 한뜻말붙살이 ❸남 집 곁방을 빌려 살거나 얹혀사는 일 ⓑ우리가 짝 맺은 지 다섯 해 만에 더부살이를 벗어났다 **더부살이하다**

더부살이마디벌레 이름씨 셀 수 없이 많은 마디가 잇닿아 자라고, 자라는 대로 그 마디가 끊어져 불어나며 등뼈숨받이 창자에 더부살이하는 벌레 ⇐ 촌충

더불어 어찌씨 함께. 한가지로 ⓑ더불어 잘사는 누리. 추위와 더불어 큰눈이 온단다. 미움과 더불어 뜨거운 눈물이 쏟아졌다 **더불다**

더블드리블 ⇒ 거듭몰기

더블베이스 이름씨 바이올린 닮은 줄가락틀 가운데 덩치는 가장 크지만 가장 낮은 소리를 내는 가락틀

더블샤프 ⇒ 겹올림표

더블클릭 ⇒ 두디위딸깍

더블펀치 ⇒ 거듭치기. 거푸치기

더블플랫 ⇒ 겹내림표

더빙 ⇒ 뒤친소리넣기. 뒤친말입히기

더뻑 어찌씨 앞뒤를 안 가리고 불쑥 움직이는 꼴 ⓑ밤을 줍다가 밤송이를 더뻑 만졌다 작은말다빡 **더뻑하다**

더뻑거리다 움직씨 앞뒤를 안 가리고 자꾸 불쑥 뛰다 **더뻑대다**

더뻑더뻑 어찌씨 앞뒤를 안 가리고 자꾸 불쑥 뛰는 꼴 ⓑ막 배밀이를 배운 아기가 무엇이든 더뻑더뻑 잡는다 **더뻑더뻑하다**

더없다 그림씨 그 위에 더하거나 바랄 것이 없다 ⓑ헤어졌던 집님을 한가위에 만날 생각을 하니 더없이 기쁘다 **더없이**

더욱 어찌씨 이제보다 더 높거나 깊숙이 ⓑ날이 갈수록 일손이 더욱 달린다 ⇐ 한층

더욱더 어찌씨 '더욱' 힘줌말 ⓑ가만있어도 더욱더 땀이 난다 ⇐ 더한층

더욱더욱 어찌씨 갈수록 더욱. 할수록 더욱 ⓑ더욱더욱 우리말을 알아간다

더욱이 어찌씨 그 위에다 또 ⓑ날도 추운데 더욱이 눈까지 온다

더운곳 이름씨 한 해 두루 따습기가 스무 데 씨를 넘는 곳 ⇐ 열대

더운금 이름씨 따뜻하고 가벼운 바람덩이가 차고 무거운 바람덩이 쪽으로 가서 이어졌다 끊어졌다 하는 낯을 타고 그 위로 오르며 만들어지는 금 ⇐ 온난전선

더운날씨 이름씨 따습기가 몹시 높은 날 ⇐ 염천

더운무대 이름씨 갈금 가까이에서 높씨금 쪽으로 흐르는 따뜻한 바닷물 한뜻말 더운 물띠 맞선말 찬무대 ⇐ 난류

더운물 이름씨 따뜻하게 데운 물 ⓑ더운물로 손을 깨끗이 씻어라 맞선말 찬물 ⇐ 온수

더운물띠 이름씨 갈금 가까이에서 높씨금 쪽으로 흐르는 따뜻한 바닷물 ⇐ 난류

더운밤 이름씨 방밖 따습기가 25데 씨를 넘는 밤 ⇐ 열대야

더운비숲 이름씨 비가 많이 내리는 더운 곳 숲 ⇐ 열대우림

더운숲 이름씨 더운 고장 숲 ⇐ 열대숲

더운피동물 ⇒ 더운피숨받이

더운피숨받이 이름씨 둘레 따습기에 아랑곳없이 몸 따습기가 늘 따뜻한 숨받이. 사람과 젖먹이 짐승과 새는 더운피숨받이다 한뜻말 더운피짐승 맞선말 찬피숨받이 ⇐ 온혈동물. 정온동물. 항온동물

더움 이름씨 ❶ 덥거나 뜨거운 기운 ⓑ더움은 몬을 늘어나게 한다 ⇐ 열 ❷ 몸 더움 ⓑ고뿔을 며칠 앓아 몸에 더움이 높다

더워짐 이름씨 땅별 빈기가 더워지는 일 ⇐ 온난화

더위 이름씨 ❶ 여름철 더운 날씨나 더운 기운 ⓑ이제 더위가 한풀 꺾였어 맞선말 추위 ❷ 더위 먹은 앓이 ⓑ어느 해 더위를 먹었을 때 수박 속에 꿀과 배 따위를 넣고 우물 속에 드리워 두고서 한통을 통째 먹었다

더위잡다 움직씨 ❶ 높은 데에 오르려고 무엇을 끌어 잡다 ⓑ가파른 메를 오를 때는 나뭇가지나 나무 밑동을 더위잡고 오르면 쉽다 ❷ 기댈 수 있는 든든하고 굳은 터를 잡다 ⓑ집터를 잡을 때는 물가에서 떨어지고, 가파른 멧기슭이 아니라 조금 높직한 데를 더위잡는다

더위지기 이름씨 뿌리잎은 잎자루가 있고 깊이 찢어지며 줄기잎은 잎자루가 없는 쑥 ⇐ 인진. 인진쑥. 사철쑥

더위팔기 이름씨 달셈 한 달 한보름날 이른 아침에 처음으로 만난 사람에게 이름을 불러 대꾸하면 '내 더위 사요' 하면서 그해 더위를 팔게 되어 스스로는 더위를 먹지 않는다는 내림 믿음

더치다 움직씨 ❶ 나아가던 앓이가 다시 나빠지다 ⓑ고뿔이 더치지 않도록 몸 잘 돌보세요 ⇐ 악화되다 ❷ 남을 건드려서 언짢게 하다 ⓑ가만히 있는 사람 괜스레 건드려서 마음만 더쳐 놓고 가네

더치페이 ⇒ 제몫내기

더킹 ⇒ 몸 굽히기. 윗몸 낮추기

더트다 움직씨 더듬어 찾다 ⓑ더덕을 캐려고 온 메를 더트며 지나갔다

더펄거리다 움직씨 ❶ 더부룩한 것이 길게 늘어져 바람에 날려 흔들리다 ❷ 찬찬하지 못하고 들떠서 멋대로 굴다 **더펄대다**

더펄더펄 어찌씨 ❶ 더부룩한 것이 길게 늘어져 바람에 날려 흔들리는 꼴 ⓑ말 탄 이 머리털이 바람에 더펄더펄 나부낀다 작은말 다팔다팔 ❷ 찬찬하지 못하고 들떠서 멋대로 구는 꼴 ⓑ다온이는 말이 많은 데다 아무 일에나 더펄더펄 끼어들기를 좋아하지 ❸ 덤벙대며 빨리 걷는 꼴 ⓑ그 머시마는 더펄더펄 내를 가로질러 건넌다 **더펄더펄하다**

더펄이 이름씨 찬찬하지 못하고 더펄거리는 사람 ⓑ그 애가 덤벙거리는 더펄이인 줄만 알았더니 뜻밖에도 똑똑한 데가 있어

더하기 이름씨 덧셈하기 맞선말 빼기 ⇐ 가산. 플러스

더하기끝 이름씨 두 번끝 사이에 번힘흐름이 지날 때 번힘누름이 높은쪽 끝 맞선말 빼기끝 ⇐ 양극

더하기바탈 이름씨 앓이에 걸렸는지 알아보려고 재보기를 해보니 앓이에 걸린 것으로 나옴 ⇐ 양성

더하기번짐 이름씨 더하기번힘을 띤 번짐. 몬이 빼기번힘 보다 더하기번힘을 많이 가진 꼴이다 ⇐ 양전하

더하기번힘 이름씨 김 헝겊으로 유리 막대기를 문질러 번힘이 일어났을 때 그 유리 막대기에 일어난 번힘. 또는 그런 바탈 번힘 ⇐ 양전기

더하기자 이름씨 +자와 같은 꼴 ⇐ 십자

더하다 움직씨 ❶그 위에 보태서 늘리거나 많게 하다 ⓑ둘에다 셋을 더하면 다섯이다 맞선말 빼다 ❷커지거나 깊어지다 ⓑ고뿔이 어제보다 더하다 맞선말 덜하다

더하임수 이름씨 어떤 수나 냄에 다른 수나 냄을 더할 때에 그 처음 수나 냄. '3+4=7'에서 '3'을 이른다 ⇐ 피가수

더한모임 이름씨 두 모임 ㄱ과 ㄴ이 있을 때, 모임 ㄱ 밑숫과 모임 ㄴ 밑숫 모두로 이루어진 모임. 'ㄱ∪ㄴ'로 나타낸다 ⇐ 합집합

더한층 ⇒ 더욱. 더욱더

더함수 이름씨 어떤 수나 틀에 다른 수나 틀을 더할 때에 더하는 수나 틀. '3+4=7'에서 '4'를 이른다 ⇐ 가수

덕 ⇒ 어짊. 베풂. 품. 너그러움. 도움. 보살핌. 베푼힘

덕담 ⇒ 좋은말. 착한말

덕망 ⇒ 너른품. 드레

덕분·덕택 ⇒ 베풂. 도움. 보살핌. 베푼힘

덕석 이름씨 볏짚으로 만들어 낟을 말릴 때 쓰는 몬

덕석몰이 이름씨 강강술래 한 대목. 앞소리꾼이 '몰자, 몰자, 덕석을 몰자'를 매기면 놀이꾼이 모두 따라 부르면서 맨 앞사람이 왼쪽으로 둥글게 돌며 복판을 잡으면 뒤따르는 놀이꾼들이 멍석을 말듯이 겹겹이 돌아드는 놀이이다

덕성 ⇒ 어짊. 너그러움. 숭굴숭굴함

덕수궁 ⇒ 큰숨집

덕장 이름씨 물고기를 말리려고 덕을 매어놓은 곳. 또는 그 덕 ⓑ덕장에 걸린 명태가 한창 말라간다

덕지덕지 어찌씨 ❶먼지나 때가 여러 겹 끼거나 묻어 더러운 꼴 ⓑ바닥 곳곳에 곰팡이가 덕지덕지 피었다 작은말 닥지닥지 ❷어떤 몸씨나 마음씨가 밖으로 많이 드러난 꼴 ⓑ두 볼에 심술주머니가 덕지덕지 붙었네 ❸한곳에 잔뜩 덧붙거나 겹친 꼴

덕행 ⇒ 어진 짓. 착한 짓

덖다[1] 움직씨 때가 진뜩 끼어 찌들거나 때가 덕지덕지 붙다 ⓑ풀깎개로 풀을 벴더니 풀물이 덖은 바짓가랑이가 무겁다

덖다[2] 움직씨 물기가 조금 있는 고기나 찻잎 또는 낫개밑감을 물을 더 붓지 않고 솥에 넣어 타지 않을 만큼 익히다 ⓑ찻잎을 덖다. 쇠고기를 덖어 국을 끓였더니 아버지가 좋아하신다

던져넣다 움직씨 사람이나 몬 따위를 쓰일 곳에 넣다 ⇐ 투입하다

던지다 움직씨 ❶팔을 움직여 손에 든 몬을 멀리 보내다 ⓑ공을 멋지게 던져 나무를 맞혔다 ❷몸을 내밀어 뛰어들거나 앉거나 눕다 ⓑ지쳐서 이부자리에 몸을 던지듯이 쓰러졌다 ❸표를 찍다 ⓑ깨끗한 한 표를 던져 좋은 일꾼을 뽑아야지 ❹하던 짓을 그만두거나 걷어치우다 ⓑ일감을 던지다. 붓을 던지다 ❺아낌없이 내놓다 ⓑ하나뿐인 목숨을 던져 나라를 건져낸 거룩한 한아비님을 어찌 다 셀 수 있으리오 ❻말을 건네거나 웃음을 짓다 ⓑ그루는 놀랄 만한 물음을 던지고는 사라졌다. 넌지시 웃음을 던지고는 제자리로 갔다 ❼바둑 따위 겨룸에서 한 쪽에서 진 것을 그만 받아들이고 끝내다 ⓑ검은 돌을 쥔 쪽에서 먼저 돌을 던지네 ❽뜬말을 내거나 물결을 일으키다 ⓑ뜬말을 던지다. 그들이 밝혀낸 것은 몬갈

누리에 새 물결을 던진 셈이 된다 ❾높은 곳에서 바닥에 내려뜨리다 ㉥남은 기와를 지붕에서 던지고 밑에서 받았다 ❿어떤 짓을 맞은쪽에 대고 하다 ㉥물음을 던지다. 웃음을 던지다

던지럽다 그림씨 말이나 짓이 못나고 더럽다 ㉥그 보다 더 던지럽게 굴면 그게 사람이겠어? 작은말단지럽다

던짐이 이름씨 공치기 놀이에서 앞마당 복판에 있는 솟데에서 맞은쪽 때림이가 칠 공을 받는이 쪽으로 던지는 놀이꾼 한뜻말공던짐이 맞선말받는이 ⇐ 투수. 피처

덜 어찌씨 ❶어떤 짓이 오롯할 만큼 이르지 못하게 ㉥잠이 덜 깼는지 하품이 자꾸 나온다 맞선말더 ❷어느만큼 못 미치게 ㉥어제보다는 덜 춥다

덜거덕 어찌씨 크고 단단한 것끼리 맞부딪칠 때 토막으로 끊어지며 나는 소리 ㉥방문이 덜거덕 열렸다 준말덜걱 작은말달가닥 센말덜꺼덕. 떨꺼덕 거센말덜커덕 **덜거덕하다**

덜거덕거리다 움직씨 크고 단단한 것끼리 맞부딪칠 때 토막으로 끊어지며 잇달아 소리를 내다 작은말달가닥거리다 센말덜꺼덕거리다 **덜거덕대다**

덜거덕덜거덕 어찌씨 크고 단단한 것끼리 맞부딪칠 때 토막으로 끊어지며 잇달아 나는 소리 ㉥거센 바람에 바라지가 덜거덕덜거덕 흔들린다 작은말달가닥달가닥 센말덜꺼덕덜꺼덕 **덜거덕덜거덕하다**

덜거덩 어찌씨 단단하고 큰 것끼리 맞부딪칠 때 울리어 나는 소리 ㉥바람에 문이 덜거덩 열린다 작은말달가당 센말덜꺼덩 **덜거덩하다**

덜거덩거리다 움직씨 단단하고 큰 것끼리 맞부딪칠 때 잇달아 소리가 울려 나다 작은말달가당거리다 센말덜꺼덩거리다 **덜거덩대다**

덜거덩덜거덩 어찌씨 단단하고 큰 것끼리 맞부딪칠 때 잇달아 울려 나는 소리 ㉥긴수레가 빠르게 달리자 짐칸 쪽에서 덜거덩덜거덩 소리가 났다 작은말달가당달가당 센말덜꺼덩덜꺼덩 **덜거덩덜거덩하다**

덜걱 어찌씨 '덜거덕' 준말 작은말달각 센말덜꺽 거센말덜컥 **덜걱하다**

덜걱거리다 움직씨 든든하고 큰 몬이 가볍게 부딪치는 소리가 자꾸 나다 작은말달각거리다 센말덜꺽거리다 **덜걱대다**

덜걱덜걱 어찌씨 든든하고 큰 몬이 부딪칠 때 가볍게 잇달아 나는 소리 ㉥수레에 실은 연장이 울퉁불퉁한 길을 갈 때는 덜걱덜걱 소리가 난다 작은말달각달각 센말덜꺽덜꺽 **덜걱덜걱하다**

덜겅 어찌씨 단단한 것이 가볍게 부딪칠 때 울리어 나는 소리 ㉥무쇠 솥뚜껑을 덜겅 열고 감자를 꺼냈다 작은말달강 센말덜껑. 떨겅 거센말덜컹 **덜겅하다**

덜겅거리다 움직씨 단단한 것이 가볍게 부딪칠 때 소리가 잇달아 울려 나다 작은말달강거리다 센말덜껑거리다 **덜겅대다**

덜겅덜겅 어찌씨 단단한 것이 가볍게 부딪칠 때 잇달아 울려 나는 소리 ㉥짐수레가 덜겅덜겅 소리를 내며 내달린다 작은말달강달강 센말덜껑덜껑 **덜겅덜겅하다**

덜거럭·덜그럭 어찌씨 단단하고 큰 것이 가볍게 맞부딪칠 때 흔들리면서 끊겨 나는 소리 ㉥센바람에 느티나무 가지가 지붕에 부딪쳐 덜그럭 소리가 났다 작은말달가락·달그락 센말덜꺼럭·덜끄럭 **덜거럭하다·덜그럭하다**

덜거럭거리다·덜그럭거리다 움직씨 단단하고 큰 것이 가볍게 맞부딪칠 때 잇달아 흔들리면서 끊기는 소리가 나다 작은말달가락거리다·달그락거리다 센말덜꺼럭거리다·덜끄럭거리다 **덜거럭대다·덜그럭대다**

덜거럭덜거럭·덜그럭덜그럭 어찌씨 단단하고 큰 것이 가볍게 맞부딪칠 때 잇달아 흔들리면서 끊겨 나는 소리 ㉥지붕 위에서 기와이는 소리가 덜거럭덜거럭 들린다 작은말달가락달가락·달그락달그락 센말덜꺼럭덜꺼럭·덜끄럭덜끄럭 **덜거럭덜거럭하다·덜그럭덜그럭하다**

덜그렁 어찌씨 얇고 큰 쇠붙이 같은 것이 가볍게 부딪칠 때 울려 나는 소리 ㉥나물 삶는

솥뚜껑이 바람에 덜그렁 소리를 내며 떨어졌다 작은말 달그랑 센말 덜끄렁 **덜그렁하다**

덜그렁거리다 움직씨 얇고 큰 쇠붙이 같은 것이 가볍게 부딪칠 때 소리가 잇달아 울려 나다 작은말 달그랑거리다 센말 덜끄렁거리다 **덜그렁대다**

덜그렁덜그렁 어찌씨 얇고 큰 쇠붙이 같은 것이 가볍게 부딪칠 때 잇달아 울려 나는 소리 ⓑ대나무 토막 부딪는 소리가 덜그렁덜그렁 내 마음을 울린다 작은말 달그랑달그랑 센말 덜끄렁덜끄렁 **덜그렁덜그렁하다**

덜깨다 움직씨 생각이나 슬기 따위가 모자라다 ⓑ스스로 앞선 나라 사람이라고 뽐내는 이들이 참으로는 덜깬 사람들이 많아

덜깬겨레 이름씨 다른 겨레를 힘으로 억누르거나 속이거나 윽박질러 제 겨레나 제 나라 배를 채우는 겨레 ⇐ 야만족. 미개족

덜깬사람 이름씨 다른 사람을 힘으로 억누르거나 속이거나 윽박질러 제 배를 채우는 사람 ⇐ 미개인

덜깸·덜깬짓 이름씨 살빛이나 사는 곳이나 잘사나 못사나, 배웠냐 못 배웠냐, 사내냐 겨집이냐 따위에 얽매여 사람을 높고 낮게 보는 짓 ⇐ 야만. 미개

덜다 움직씨 ❶빼내어 줄이거나 적게 하다 ⓑ아홉에서 둘을 덜면 일곱이다 맞선말 보태다. 더하다 ⇐ 감하다 ❷줄어들게 하다 ⓑ힘을 덜다. 아픔을 덜다. 수고를 덜다

덜덜 어찌씨 ❶춥거나 두려워 몸을 몹시 떠는 꼴 ⓑ추워서 움츠린 채 몸을 덜덜 떨다 ❷단단한 바닥 위를 큰 바퀴 같은 것이 굴러가는 소리나 그 꼴 ⓑ소달구지가 덜덜 지나가다 ❸맷돌이 돌며 큰 낟알을 탈 때 나는 소리나 그 꼴 ⓑ맷돌에 날콩 타는 소리가 덜덜 난다 ❹한자리에 가만있지 못하고 여기저기 돌아다니는 꼴 ⓑ어딜 그렇게 덜덜 쏘다니니? **덜덜하다**

덜덜거리다 움직씨 ❶춥거나 두려워 몸을 자꾸 몹시 떨다 ⓑ무서워 몸을 덜덜거리며 떨다 ❷수레바퀴 같은 것이 굴러가는 소리가 자꾸 나다 ⓑ수레가 덜덜거리며 굴러간다 ❸맷돌이 돌며 큰 낟알을 타는 소리가 잇달아 나다 ⓑ맷돌에 도토리 타는 소리가 덜덜거린다 **덜덜대다**

덜덜이 이름씨 찬찬하지 못하고 함부로 덤비는 사람 ⓑ그런 덜덜이한테 일을 맡겼으니 돌아다니기나 하지 언제 일을 하겠어

덜덜하다 그림씨 ❶차분하지 못하고 덤비다 ⓑ네가 보기에 덜덜하다고 속이 없는 줄 아니? ❷꽁하거나 까다롭지 않고 텁텁하다 ⓑ언니는 새침데기이고 아우는 덜덜하다

덜되다 그림씨 ❶말이나 하는 짓이 가리에 어긋나고 마땅찮다 ⓑ덜된 소리. 덜된 사람 ❷잘 익지 않고 못 미치다 ⓑ배가 고프겠지만 떡이 덜되어 기다려야 해

덜떨어지다 그림씨 아이 티를 못 벗어나 나이에 견주어 어리고 굼뜨다 ⓑ덜떨어진 소리 그만하고 일이나 부지런히 해

덜렁[1] 어찌씨 여럿 속에서 딱 하나만 남은 꼴 ⓑ배움방에 혼자 덜렁 남다 작은말 달랑 센말 떨렁 **덜렁하다**

덜렁[2] 어찌씨 ❶큰 방울이 흔들리며 나는 소리 ⓑ멀리서 쇠북소리가 덜렁 울린다 ❷갑자기 놀라거나 무서울 때 가슴이 뜨끔하게 울리는 꼴 ⓑ수레가 물에 잠겼다는 소리에 가슴이 덜렁 내려앉았다

덜렁거리다 움직씨 ❶큰 방울 같은 것이 흔들리면서 소리가 잇달아 나다 ⓑ말방울 소리가 덜렁거린다 작은말 달랑거리다 ❷마음이 들떠서 가볍게 자꾸 까불다 ⓑ아무 데고 덜렁거리며 싸돌아다니지 말고 뭐든 차분히 해보게 **덜렁대다**

덜렁덜렁 어찌씨 ❶큰 방울이 흔들리며 잇달아 나는 소리 ⓑ덜렁덜렁 워낭소리를 내는 소를 몰고 집으로 돌아왔다 작은말 달랑달랑 센말 떨렁떨렁 ❷무엇이 매달려 흔들리는 꼴 ⓑ거센 바람에 보람널이 덜렁덜렁 흔들린다 ❸갑자기 놀라거나 무서울 때 가슴이 뜨끔하게 자꾸 울리는 꼴 ⓑ가슴이 덜렁덜

렁 뛰고 다리가 부르르 떨렸다 **덜렁덜렁하다**

덜렁이 [이름씨] 마음이 찬찬하지 못하고 덜렁거리는 사람 ㉥나는 비받이를 자꾸 잃어버리는 덜렁이다

덜맞갈수 [이름씨] 나뉨수가 나눗수와 같거나 나눗수보다 큰 갈수 ⇐ 가분수

덜미 [이름씨] **1** 목 뒤쪽과 그 아래 가까이 ㉥덜미를 잡다. 덜미를 누르다 **2** 몸과 아주 가까운 뒤쪽 ㉥어두운 밤길을 가는데 덜미에서 사람 기척이 났다

덜미꾼 [이름씨] 꼭두각시놀음바치 ㉥꼭두각시를 노는 덜미꾼들은 여러 곳을 떠돌며 빌어먹었다

덜썩 [어찌씨] **1** 크기가 우람한 꼴 ㉥덜썩 큰 키에 어깨가 안으로 오므라들었다 **2** 매우 큰 것이 힘없이 바닥에 떨어지거나 넘어지는 소리나 그 꼴 ㉥담이 덜썩 무너졌다 **3** 갑자기 주저앉는 꼴 ㉥아내가 "어머나!" 하더니 덜썩 주저앉았다 **4** 뜻밖에 갑작스러운 꼴 ㉥덜썩 아버지가 몸져누웠다

덜썩거리다 [움직씨] **1** 갑자기 잇달아 주저앉다 **2** 매우 큰 것이 힘없이 바닥에 잇달아 떨어지거나 넘어지다 **덜썩대다**

덜썩덜썩 [어찌씨] **1** 갑자기 잇달아 주저앉는 꼴 ㉥"열 갈 동안 쉽니다" 하자 일꾼들이 덜썩덜썩 풀밭에 주저앉았다 **2** 매우 큰 것이 힘없이 바닥에 떨어지거나 넘어지는 소리나 그 꼴 ㉥거센 비바람에 흙돌담이 덜썩덜썩 무너졌다 **3** 힘없이 느리게 걷는 꼴 ㉥아내가 지쳤는지 덜썩덜썩 걸음걸이가 힘이 없어 보인다 **덜썩덜썩하다**

덜커덕 [어찌씨] **1** 단단하고 큰 것이 세게 맞부딪칠 때 거칠게 끊겨 나는 소리 ㉥달리던 수레가 갑자기 덜커덕하더니 멈췄다 [준말]덜컥 **2** 몹시 놀라거나 무서울 때 가슴이 내려앉는 꼴 ㉥그 말을 듣자 가슴이 덜커덕 내려앉았다 **3** 어떤 일이 갑자기 일어나는 꼴 ㉥비바람에 담벼락이 덜커덕 무너졌다 **덜커덕하다**

덜커덕거리다 [움직씨] **1** 단단하고 큰 것이 세게 맞부딪칠 때 잇달아 거칠게 끊기는 소리가 나다 **2** 몹시 놀라거나 무서울 때 자꾸 가슴이 내려앉다 **덜커덕대다**

덜커덕덜커덕 [어찌씨] **1** 단단하고 큰 것이 세게 맞부딪칠 때 잇달아 거칠게 끊겨 나는 소리 ㉥멧길로 들어서자 수레가 덜커덕덜커덕 자갈길을 힘겹게 올라간다 **2** 몹시 놀라거나 무서울 때 자꾸 가슴이 내려앉는 꼴 ㉥두려움이 덜커덕덜커덕 밀려온다 **3** 어떤 일이 갑자기 일어나는 꼴 ㉥돌림앓이가 돌아 자고 나면 사람들이 덜커덕덜커덕 죽어 나간다 **덜커덕덜커덕하다**

덜커덩 [어찌씨] **1** 크고 단단한 것끼리 세게 부딪칠 때 거칠게 울려 나는 소리 ㉥덜커덩 소리 나는 수레에 몸을 싣고 먼 길을 갔다 **2** 몹시 놀라거나 무서워 가슴이 내려앉는 꼴 ㉥누가 내 뒤를 밟지 않나 싶어 가슴이 덜커덩 내려앉았다 **덜커덩하다**

덜커덩거리다 [움직씨] **1** 크고 단단한 것끼리 세게 부딪칠 때 자꾸 거칠게 소리가 울려 나다 **2** 몹시 놀라거나 무서울 때 가슴이 자꾸 내려앉다 **덜커덩대다**

덜커덩덜커덩 [어찌씨] **1** 크고 단단한 것끼리 세게 부딪칠 때 자꾸 거칠게 울려 나는 소리 ㉥수레가 돌밭을 덜커덩덜커덩 지나간다 **2** 몹시 놀라거나 무서울 때 가슴이 자꾸 내려앉는 꼴 ㉥누가 내 뒤를 밟는지 가슴이 덜커덩덜커덩 내려앉는다 **덜커덩덜커덩하다**

덜컥 [어찌씨] '덜커덕' 준말 **덜컥하다**

덜컥거리다 [움직씨] 든든하고 큰 몬이 거세게 부딪칠 때 가볍게 소리가 잇달아 나다 **덜컥대다**

덜컥덜컥 [어찌씨] 든든하고 큰 몬이 거세게 부딪칠 때 가볍게 잇달아 나는 소리 ㉥아이들이 문을 덜컥덜컥 열었다 닫았다 한다 **덜컥덜컥하다**

덜컹 [어찌씨] '덜커덩' 준말 ㉥바람이 바라지틀을 덜컹 울린다 **덜컹이다 덜컹하다**

덜컹거리다 [움직씨] 든든하고 큰 몬이 거세게 부딪칠 때 잇달아 소리가 울려 나다 **덜컹대다**

덜컹덜컹 [어찌씨] 든든하고 큰 몬이 거세게 부딪칠 때 잇달아 울려 나는 소리 ㉥센 바람에 바라지문이 덜컹덜컹 소리를 내며 흔들린다 **덜컹덜컹하다**

덜하다 [움직씨] 앞보다 적어지거나 세지 않거나 못하다 ㉥오늘은 어제보다 일을 덜했다. 아픔이 덜하다 맞선말 더하다

덤1 [이름씨] [1] 치를 값에 좀 더 얹어주거나 받는 몬. 또는 그런 짓 ㉥사과 열 낱을 사면 덤으로 한 낱을 준다 ⇐ 보너스 [2] 맞바둑에서 집을 셀 때 검은 돌이 흰 돌 쪽에 몇 집을 더 주는 일 ㉥덤을 치르고도 한 집을 이겼다

덤2 [이름씨] 깎아지른 듯한 언덕 ㉥덤밑 저잣거리 한뜻말 낭떠러지

덤덤하다 [그림씨] [1] 아무 말이 없고 낯빛이 바뀌지 않다 ㉥모두 신이 났는데도 보리는 혼자 덤덤하네 [2] 맛갓 맛이 싱겁고 밍밍하다 ㉥된장찌개가 어째 덤덤하다 [3] 다른 낌새 없이 여느 때와 마찬가지다 ㉥나날이 하는 일이라 이젠 손님을 덤덤하게 맞이한다 [4] 따분하고 답답하다 ㉥나는 마음이 덤덤할 때는 오솔길을 걷는다 **덤덤히**

덤밑 [이름씨] 낭떠러지 밑에 있는 마을이나 벌판. 우리나라 땅 이름으로 널리 쓰인다

덤받이 [이름씨] [1] 겨집이 앞 버시에게서 배거나 낳아서 데리고 들어온 아들딸 ㉥배달겨레는 옛날에 덤받이를 굴러 들어온 보배로 여겨 알뜰살뜰 돌봤다 [2] 덤으로 받는 것 ㉥사람들을 호리느라 처음 사는 것보다 덤받이를 많이 준다

덤벙1 [어찌씨] 큰 것이 물에 떨어져 잠길 때 나는 소리 ㉥돌다리를 건너다 미끄러져 덤벙 물에 빠졌다 작은말 담방 거센말 텀벙 밑말 덤버덩 **덤벙이다 덤벙하다**

덤벙2 [어찌씨] 서두르며 덤비는 꼴 ㉥빨갛게 익은 멧딸기를 따려고 풀숲에 덤벙 들어갔다가 가시에 찔렸다 작은말 담방

덤벙거리다 [움직씨] [1] 크고 무거운 것이 자꾸 물에 떨어지는 소리가 잇달아 나다 ㉥아이들은 물속에서 덤벙거리며 물장구를 쳤다 [2] 들떠서 아무 일에나 함부로 자꾸 뛰어들다 ㉥덤벙거리지 말고 찬찬히 좀 해봐 **덤벙대다**

덤벙덤벙1 [어찌씨] [1] 큰 것이 물에 자꾸 떨어져 잠길 때 나는 소리 ㉥우리는 가람에 뛰어들어 덤벙덤벙 물장구를 쳤다 작은말 담방담방 거센말 텀벙텀벙 [2] 큰 눈물방울이 떨어지는 꼴 ㉥눈에서는 눈물방울이 덤벙덤벙 떨어졌다 **덤벙덤벙하다**

덤벙덤벙2 [어찌씨] 몹시 서두르며 덤비는 꼴 ㉥어수룩하게 여기고 덤벙덤벙 뛰어들었다가는 큰코다친다 작은말 담방담방

덤벨 ⇒ 벙어리방울

덤벼들다 [움직씨] 덤비며 달려들다 ㉥고양이가 냅다 덤벼들어 한입에 쥐를 물어 갔다

덤불 [이름씨] 작은 나뭇가지나 덩굴, 풀 따위가 우거져서 어수선하게 엉클어진 수풀 ㉥꽃뱀이 덤불 속으로 사라진다

덤불김치 [이름씨] 무 잎과 무 줄기, 배추 지스러기로 담근 김치

덤비다 [움직씨] [1] 함부로 대들다 ㉥죽기로 마음먹고 덤비는 사람에게는 누구도 이길 수 없다 [2] 무엇을 이루려고 셈 없이 함부로 돌아치다 ㉥앞뒤 없이 덤벼 일을 벌인다고 돈이 벌어지나 [3] 찬찬하지 못하고 서두르다 ㉥너무 덤비지 말고 마음을 가라앉혀라 [4] 버릇없이 건방지게 굴다 ㉥언니들한테 함부로 덤비니 두들겨 맞지

덤삯 [이름씨] 잡힌 삯 밖에 따로 더 주는 삯 ⇐ 수당, 보너스

덤터기 [이름씨] 남에게 넘겨씌우거나 남에게서 넘겨받은 걱정거리 ㉥덤터기를 씌우는 줄 알았지만 모른 채 했다 [익은말] **덤터기를 쓰다** 남한테서 억지로 애먼 일을 겪거나 큰 걱정거리를 떠안다

덤프트럭 ⇒ 단박부림수레

덤핑 ⇒ 막팔기. 막넘김

덥다 [그림씨] **1** 따습기가 높다 [ㅂ]여름은 덥고 겨울은 춥다 [맞선말]춥다 **2** 몸에 뜨거움이 있다 [ㅂ]옷을 마구 껴입었더니 덥다 **3** 마음이 뜨겁다 [ㅂ]사람이 차면 되나, 더워야지 **4** 몬 따습기가 높다 [ㅂ]더운 국물이라도 드셔요 **5** 배달나숨갈에서 낫개가 몸을 따뜻하게 하는 바탈이 있다 [ㅂ]바탈이 더운 낫개풀

덥석 [어찌씨] **1** 빠르고 힘있게 물거나 움켜잡는 꼴 [ㅂ]손을 덥석 잡다 [작은말]답삭 [거센말]텁석 **2** 품에 가득 끌어안는 꼴 [ㅂ]동무는 반가워서 나를 덥석 안았다 **3** 스스럼없이 마구 구는 꼴 [ㅂ]그런 골치 아픈 일을 앞뒤 안 가리고 덥석 맡아 나서다니 **4** 성큼 받아먹거나 받아 쥐는 꼴 [ㅂ]물고기가 미끼를 덥석 물었다 **덥석이다**

덥석거리다 [움직씨] 빠르고 힘있게 잇달아 물거나 움켜잡다 **덥석대다**

덥석덥석 [어찌씨] **1** 빠르고 힘있게 잇달아 물거나 움켜잡는 꼴 [ㅂ]누에를 덥석덥석 쥐어 옮겨놓았다 [작은말]답삭답삭 [거센말]텁석텁석 **2** 잇달아 품에 가득 끌어안는 꼴 [ㅂ]아이들을 덥석덥석 끌어안다 **3** 스스럼없이 자꾸 마구 구는 꼴 [ㅂ]사람이 서글서글해서 어려운 일도 덥석덥석 맡아서 잘 해낸다 **4** 성큼성큼 받아먹거나 받아 쥐는 꼴 [ㅂ]낚시를 담글 때마다 물고기가 덥석덥석 미끼를 문다 **덥석덥석하다**

덥수룩하다 [그림씨] 털이 촘촘하게 나서 수북하게 뒤덮이다 [ㅂ]나룻이 덥수룩하게 자랐다 [거센말]텁수룩하다

덥적거리다 [움직씨] **1** 무슨 일에나 가리지 않고 자꾸 끼어들다 [작은말]답작거리다 **2** 스스럼없이 남에게 자꾸 붙임성 있게 굴다 **덥적대다**

덥적덥적[1] [어찌씨] **1** 무슨 일에나 가리지 않고 자꾸 끼어드는 꼴 [ㅂ]어디서나 덥적덥적 잘도 끼어 노는 벗 [작은말]답작답작 **2** 스스럼없이 남에게 자꾸 붙임성 있게 구는 꼴 [ㅂ]여름이는 처음 보는 사람과도 덥적덥적 잘 사귄다 **3** 시원스럽게 움직이는 꼴 [ㅂ]개구리 덥적덥적 길을 가노라니 **덥적덥적하다**

덥적이다 [움직씨] **1** 무슨 일에나 가리지 않고 끼어들다 [ㅂ]아저씨는 마을 궂은 일에도 덥적이고 다니느라 늘 바쁘다 [작은말]답작이다 **2** 스스럼없이 남에게 붙임성 있게 굴다 [ㅂ]아주머니는 마을 아이들 옷에 묻은 흙을 덥적덥적 털어준다

덧[1] [이름씨] 아주 짧은 동안 [ㅂ]집 떠나온 지 한 해가 되었는데 덧없이 흘러간 것 같아

덧[2] [이름씨] 빌미 [ㅂ]그 말이 덧이 되어 싸움이 일어났다

덧- [앞가지] **1** (어떤 이름씨나 움직씨에 붙어) 거듭된. 덧붙인. 겹쳐 신거나 입는 [ㅂ]덧깃. 덧날. 덧신. 덧문. 덧대다. 덧나다 **2** 이미 있는 것에 더 넣은 [ㅂ]덧물. 덧죽. 덧국 **3** 이미 있던 것이 없어지거나 못쓰게 되어 그곳에 다시 더한 [ㅂ]덧모. 덧심기

덧감 [이름씨] 바탕으로 쓰는 감에 덧붙여 쓰는 감 [ㅂ]이 국은 옷곳감이나 물씨같은 덧감을 하나도 넣지 않고 끓인 소고기국이다 ⇐ 첨가물

덧거름 [이름씨] 푸나무가 자랄 때에 밑거름에 보태려고 더 주는 거름 [ㅂ]고춧잎을 보니 거름기가 모자라 덧거름을 주었다

덧거리 [이름씨] **1** 잡힌 것 밖에 덧붙이는 것 [ㅂ]제 몫보다 덧거리가 더 많다니 배보다 배꼽이 더 크군 ⇐ 보너스 **2** 참에 보태어 없는 일을 덧붙여 말하거나 덧붙이는 말 [ㅂ]아낙은 손님이 생각 없이 내쏘는 덧거리 말에 마음이 아팠다

덧게비 [이름씨] 다른 것 위에 쓸데없이 다시 엎어대는 일 **덧게비치다**

덧굳히다 [움직씨] **1** 제대로 되지 않는 일을 더욱 그르치게 하다 [ㅂ]나물에 검불이 섞인 것을 내버려두면 나중에는 더욱 일을 덧굳힌다 **2** 비나 눈이 이어 내려 날씨가 더 나빠지다 [ㅂ]봄 날씨가 갈수록 덧굳히는 듯하다

덧그림 이름씨 그림 위에 비침종이를 대고 그대로 떠서 그리는 그림

덧글[1] 이름씨 누리그물에 오른 글 밑에 읽은 사람 느낌을 짧게 남기는 글 ⓑ제 글을 따끔하게 따지는 덧글을 달아줘서 고마워요 ⇐ 답글. 댓글

덧글[2] 이름씨 옛일을 뒤쫓아 쓰거나 덧붙여 쓰는 일 ⇐ 추서

ㄷ

덧나가다 움직씨 ❶엇나가다 ⓑ하늬쇠 지붕을 이을 때 아래 받침대가 보이지 않아 못이 덧나갈 때가 많다 ❷제 길에 들어서지 못하고 그릇된 길로 나가다 ⓑ아이들을 기를 때는 늘 덧나가지 않도록 잘 살펴야 한다

덧나다[1] 움직씨 ❶나아가던 앓이가 더 나빠지다 ⓑ다친 데가 덧나지 않게 잘 돌보아라 ❷다른 사람이 집적거려 골나다 ⓑ말 한마디 잘못한 것이 봄이 마음을 덧나게 하여 서먹서먹해졌다 ❸어떤 까닭으로 제대로 되지 않다 ⓑ입맛이 덧나 밥을 못 먹겠어 ❹사이가 나빠지다 ⓑ두 언아우는 언제나 덧나지 않고 사이좋게 지낸다

덧나다[2] 움직씨 이미 나있는 것 위에 덧붙어 나다 ⓑ덧난 발톱이 신에 닿아 걷기가 거북하다

덧놓다 움직씨 놓은 위에 겹쳐 놓다 ⓑ아주머니가 그릇 위에 그릇을 덧놓았다

덧니 이름씨 가지런히 난 이에서 밖으로 삐어져 난 이 ⓑ노을이는 웃을 때마다 덧니가 보여 예쁘다

덧대다 움직씨 ❶어떤 것에 다른 것을 덧붙여 대다 ⓑ단춧구멍에 가죽을 덧대어 박았다 ❷군더더기로 덧붙여 대거나 무엇을 구실 삼아 핑계를 대다 ⓑ이것저것 덧대며 빠져나가려 한다

덧두리 이름씨 ❶잡아놓은 돈 말고 얼마만큼 더 보태는 돈 ⓑ이달에는 달삯 말고도 덧두리가 많이 나왔어요 한뜻말 웃돈 ⇐ 보너스. 프리미엄 ❷싸게 사서 비싸게 팔아 남긴 돈 ⓑ이 곳은 장사꾼이 덧두리를 치는 일이 없어 몬값이 싸다 ❸몬을 서로 바꿀 때 값을 쳐서 모자란 만큼 보태어 주는 돈 ⓑ몬이 달려서 덧두리를 주고도 사기 어렵다

덧따름수 이름씨 한 바뀜수가 다른 바뀜수 냄으로 나타냄으로써 홀로따름수와 딸림따름수가 나눠지는 따름수 ⇐ 양함수

덧머리 이름씨 머리 위에 덧쓰게 머리털로 만든 것 ⓑ어느 머슴이 덧머리를 쓴다는 뜬말이 나돈다 ⇐ 가발

덧먹이 이름씨 집짐승에게 모자라는 살감을 보태주는 먹이 ⇐ 보충사료

덧문 이름씨 이미 있는 문에 덧붙여 단 문 ⓑ춥지 않게 덧문을 달아야겠다

덧물 이름씨 ❶이미 잡은 물 위에 더 넣는 물 ⓑ손님이 열 사람이나 더 온다니 국물에 덧물을 잡아야겠다 ❷못이나 가람 따위 얼음 위에 괸 물 ⓑ따뜻한 날씨에 얼음판은 온통 덧물이 졌다

덧바르다 움직씨 바른 것 위에 더 바르다 ⓑ바닥과 바람을 새 종이로 바른 뒤에 굽도리를 덧발랐다

덧버선 이름씨 ❶버선 위에 겹쳐 신는 큰 버선 ⓑ덧버선을 신고도 발이 시리다 ❷하늬버선 위에 겹쳐 신거나 맨발에 신는 목 없는 버선 ⓑ발이 시려서 덧버선을 신었다

덧보기 이름씨 산사당놀이 다섯째 놀이. 탈놀음으로 춤보다는 우스개와 몸놀림이 더 두드러진다

덧불 이름씨 있는 불에 덧놓아 피우는 불 ⓑ꺼져가는 불무더기에 덧불을 놓았다

덧붙다 움직씨 붙은 것 위에 겹쳐 붙다 ⓑ군더더기가 덧붙어 돈이 더 들었다. 여러 겹 덧붙인 종이

덧붙이다 움직씨 ❶붙은 것 위에 겹쳐 붙이다 ⓑ바닥에 종이를 덧붙여 바르는 게 좋겠다 ❷보태어 말하다 ⓑ끝으로 한 말씀만 덧붙이겠습니다

덧뺄셈 이름씨 덧셈과 뺄셈 ⇐ 가감법

덧셈 이름씨 어떤 수에 어떤 수를 더하는 셈 ⓑ아슨아들이 덧셈, 뺄셈을 배워 와서 한참

재미나게 셈한다 맞선말 뺄셈 ⇐ 가산

덧수 이름씨 0보다 큰 수 한뜻말 보탬수 맞선말 뺄수 ⇐ 양수

덧신 이름씨 신 위에 겹쳐 신는 신 ⓑ이곳에선 모두가 덧신을 신고 안을 드나들 수 있다

덧쓰다[1] 움직씨 ❶글을 쓴 뒤에 보태 쓰다 ⓑ어머니께 드리는 글월을 쓴 뒤에 빠뜨린 것이 있어 덧써 보냈다 ❷글씨를 쓴 위에 덧대 쓰다 ⓑ아이가 점금으로 된 흐릿한 글씨 위에 덧쓰며 글씨를 익힌다

덧쓰다[2] 움직씨 ❶머리에 쓴 위에 또 쓰다 ⓑ추운 날 메에 오르느라 빵쓰개 위에 챙이 있는 쓰개를 덧쓰고 나갔다 ❷머리까지 덮은 위에 또 덮다 ⓑ추워서 솜이불 위에 털겉옷을 덧쓰고 잤다

덧쓰다[3] 움직씨 돈이나 낫개를 쓴 뒤에 보태 쓰다 ⓑ아내는 군돈을 덧쓸 때가 더러 있다

덧씌움 이름씨 몬 겉을 나무진 같은 엷은 것으로 입히는 일 ⇐ 코팅

덧없다 그림씨 ❶동안이 빠르게 흘러 빈 듯하고 쓸쓸하다 ⓑ덧없는 나날살이라도 내 한 몸 튼튼하고 마음이 고요하면 더할 나위 없다 ❷보람이나 쓸모가 없어 허전하고 헛되다 ⓑ고운님 새뜸은 구름처럼 덧없다 ⇐ 허망하다. 허무하다 ❸알맹이가 없어 뜬구름 잡는 듯하다 ⓑ덧없는 생각 **덧없이**

덧옷 이름씨 ❶겉에 덧입는 옷 ⓑ추운 겨울에 덧옷도 입지 않고 나들이를 했더니 고뿔 기운이 있다 ⇐ 코트 ❷일할 때 옷이 더러워지지 않도록 옷 위에 덧입는 옷 ⓑ풀깎개로 풀을 벨 때는 두꺼운 덧옷을 입고 한다

덧옹근수 이름씨 0보다 큰 옹근수. 곧 누리수 ⇐ 양의정수

덧이름 이름씨 누리그물에서 쓰는 이가 누구인지 밝혀주는 본메. 글자나 수로 이뤄진다 한뜻말 곁이름 ⇐ 아이디. 애칭. 별칭. 닉네임

덧입다 움직씨 입은 옷 위에 껴입다 ⓑ쌀쌀하면 그 위에 털옷을 덧입어라

덧칠 ⇒ 덧바름. 덧바르다

덧풀이 이름씨 덧붙이는 풀이 ⇐ 주. 각주

덩 이름씨 임금 딸이 타던 큰 가마

덩굴 이름씨 길게 벋어나가면서 다른 것을 감기도 하고 땅바닥에 퍼지기도 하여 얽혀 덮이는 푸나무 줄기 ⓑ칡덩굴이 밭둑을 뒤덮다 못해 밭으로 건너왔다 한뜻말 넝쿨

덩굴나무 이름씨 머루나 으름, 다래처럼 덩굴이 벋어나가는 나무

덩굴손 이름씨 푸나무 덩굴이 다른 것을 감아 줄기를 달라붙게 하는 실 같은 것 ⓑ오이도 사람 손 같은 덩굴손을 써서 다른 것을 붙잡고 오르며 자란다

덩굴푸나무 이름씨 완두, 고구마, 머루, 다래처럼 줄기가 곧추 자라지 못하고 덩굴이 뻗는 푸나무

덩굴풀 이름씨 환삼덩굴이나 살괭이풀, 새콩처럼 덩굴이 뻗는 풀

덩그렁[1] 어찌씨 ❶덩그렇게 우뚝 솟은 꼴 ⓑ저 멀리 덩그렁 우뚝 솟은 밝달큰줄기 ❷덩그러니 빈 꼴 ⓑ복작거리던 잔칫집에 손님이 다 가고 나니 덩그렁 빈집만 남았다

덩그렁[2] 어찌씨 울림이 좋은 크고 단단한 것이 가볍게 맞부딪칠 때 나는 소리 ⓑ솥뚜껑을 두드리는 덩그렁 소리가 울린다 **덩그렁하다**

덩그렁거리다 움직씨 울림이 좋은 크고 단단한 것이 가볍게 맞부딪칠 때 소리가 잇달아 나다 **덩그렁대다**

덩그렁덩그렁 어찌씨 울림이 좋은 크고 단단한 것이 가볍게 맞부딪칠 때 잇달아 나는 소리 ⓑ멀리서 덩그렁덩그렁 쇠북소리가 들렸다 **덩그렁덩그렁하다**

덩그렇다 그림씨 ❶높이 우뚝 솟다 ⓑ굴뚝이 덩그렇게 서 있다 ❷넓은 데가 휑하니 비다 ⓑ머릿글만 덩그렇게 써놓은 배움널. 재는 다 허물어지고 재문만 덩그러니 남아있다 ❸시원하고 훤칠하다 ⓑ덩그렇게 큰 키 **덩그러니**

덩달아 어찌씨 남 속도 모르고 하는 대로 따라서 ⓑ애들은 엄마가 울먹이면 덩달아 운다

덩더꿍 [어찌씨] 북이나 장구를 신나게 두드리는 소리 ㉥나도 덩더꿍 너도 덩더꿍, 서로 제 갈 길만 간다 **덩더꿍하다**

덩더꿍덩더꿍 [어찌씨] 북이나 장구를 신나게 잇달아 두드리는 소리 ㉥'물러나라' 라고 소리 지르며, 우리들은 어깨를 겯고 덩더꿍덩더꿍 북소리에 맞춰 배움문 밖으로 밀려 나갔다 **덩더꿍덩더꿍하다**

덩덩 [어찌씨] [1]북, 장구, 작은북을 칠 때 나는 소리 ㉥덩덩 덩더꿍 하는 가락소리가 들렸다 [2]하는 일 없이 들떠있는 꼴 ㉥종살이 한다는 걸 제대로 안다면 눈 깜짝할 사이인들 덩덩하며 살 수 있겠어요? **덩덩하다**

덩덩거리다 [움직씨] 북이나 장구 따위를 치는 소리가 자꾸 나다 **덩덩대다**

덩실 [어찌씨] 팔다리를 크고 신나게 너울거리는 꼴 ㉥소리가락이 들리자 덩실 춤 추는 할머니 [작은말]당실 **덩실하다**

덩실거리다 [움직씨] 팔다리를 크고 신나게 자꾸 너울거리며 춤을 추다 ㉥신나는 가락에 맞추어 어깨가 절로 덩실거린다 [작은말]당실거리다 **덩실대다**

덩실덩실 [어찌씨] [1]팔다리를 크고 신나게 자꾸 너울거리는 꼴 ㉥할아버지가 덩실덩실 춤춘다 [작은말]당실당실 [2]매우 큰 것이 둥둥 떠서 흘러가는 꼴 ㉥큰비에 집이 떠내려가면서 지붕 위에 있던 박까지 덩실덩실 떠간다 **덩실덩실하다**

덩실하다 [그림씨] 집 따위가 크고 시원스럽게 높다 ㉥모둠살이 첫해 여름지어 쌀가마니를 덩실하게 쌓아놓았더니 마음이 흐뭇하였다 [작은말]당실하다

덩어리 [이름씨] [1]한데 크게 뭉쳐진 것 ㉥메주 두 덩어리. 덩어리가 크다 [한뜻말]덩이 [2]뭉친 것을 세는 하나치 ㉥다섯 덩어리 [3]여럿이 모여 하나로 뭉친 떼 ㉥지킴이들은 마을 사람들과 덩어리가 되어 왜놈들과 싸웠다

-덩어리 [뒷가지] 어떤 이름씨에 붙어 그러한 바탈을 가진 것 ㉥걱정덩어리. 골칫덩어리. 말썽덩어리

덩이 [이름씨] [1]한데 작게 뭉쳐진 것 ㉥쇳덩이. 눈덩이 [한뜻말]덩어리 [2]뭉친 것을 세는 하나치 ㉥눈 세 덩이. 주먹밥 다섯 덩이만 싸 줘요

-덩이 [뒷가지] 어떤 이름씨에 붙어 그러한 바탈을 가진 것 ㉥고깃덩이. 핏덩이. 흙덩이

덩이뿌리 [이름씨] 살감을 갈무리하는 덩이꼴을 이룬 뿌리. 고구마, 무 따위에서 볼 수 있다

덩이줄기 [이름씨] 살감을 갈무리하는 덩이꼴을 이룬 땅속 줄기. 감자, 뚱딴지 따위에서 볼 수 있다

덩치 [이름씨] 몸 크기. 몸 부피 ㉥나이에 견주어 덩치가 크다 ⇐ 체구

덩칫값 [이름씨] 덩치에 어울리는 짓 ㉥덩칫값 좀 해라

덩크슛 ⇒ 공내리꽂기

덫 [이름씨] [1]짐승을 꾀어 잡는 틀 ㉥붓 만들려고 그러나? 누가 족제비 덫을 놓았네 [2]남을 헐뜯으려고 꾸민 약은 꾀 ㉥힘을 잡은 사람들이 온갖 덫을 놓아 애먼 사람들을 옭아 넣으려고 해 ⇐ 함정

덮개 [이름씨] [1]이불, 처네, 홑이불처럼 잘 때 덮는 것 ㉥춥지 않도록 덮개를 두껍게 덮고 잤다 [2]위에다 덮어 두거나 덮어 싸는 것 ㉥상추씨와 배추씨를 뿌려놓고 검은 천을 덮개로 덮었다 ⇐ 시트. 커버 [3]겨울 쓰개에서 귀와 볼을 가리는 것 ㉥토끼털 귀덮개

덮개돌 [이름씨] 고인돌에서 굄돌이나 받침돌 위에 올린 큰 돌 ㉥우리 마을에 남은 덮개돌은 낮에는 고추 말리는 데 쓰고 저녁에는 머슴들 잠자리였다

덮다 [움직씨] [1]가리거나 막으려고 펴서 씌우거나 펴놓다 ㉥자는 아이한테 이불을 살며시 덮어주었다 [2]열린 데를 가리다 ㉥솥뚜껑을 덮다. 지렁 단지를 덮다 [3]펼친 것을 닫다 ㉥졸려서 책을 덮었다 [4]잘못 따위를 감추다 ㉥잘못을 덮다. 지난 일을 덮다 [5]무엇이 어떤 데를 휩싸다 ㉥먹구름이 하늘을 덮다. 나라를 되찾은 기쁨이 온 나라를 덮었다 [6]빈 데 없이 들어차거나 둘러싸다

ⓑ안개가 자욱하게 덮은 골짜기

덮다지다 움직씨 돌이나 돌가루, 아스팔트 따위로 길을 덮어 다지다 ⇐ 포장하다

덮다진길 이름씨 돌이나 돌가루, 아스팔트 따위로 덮어 다진 길 ⇐ 포장도로

덮밥 이름씨 볶거나 부치거나 튀긴 밑감을 밥 위에 얹어 먹는 맛갓 ⓑ달걀덮밥. 고기덮밥. 오징어덮밥

덮어놓고 어찌씨 무턱대고 마구 ⓑ덮어놓고 가잔다네 ⇐ 무조건

덮어쓰다 움직씨 **1** 보이지 않도록 덮어 가리다 ⓑ이불을 푹 덮어쓰고 누웠다 비슷한말 뒤집어쓰다 **2** 다른 사람 잘못이나 지나친 짐을 홀로 떠맡다 ⓑ나만 그 짓을 한 것이 아닌데 덤터기를 덮어썼다 **3** 가루나 물 따위가 온몸에 뿌려지다 ⓑ바람에 먼지를 덮어썼다 **4** 머리가 푹 덮이도록 내려쓰다 ⓑ바람이 차서 쓰개를 푹 덮어썼다

덮어씌우다 움직씨 **1** 덮어 가리게 하다 ⓑ물닦개로 얼굴을 덮어씌우고 뜨거움이 내리길 기다린다 **2** 잘못이나 걱정거리를 남한테 미루거나 떠넘기다 ⓑ네가 잘못해 놓고 왜 나한테 덮어씌우는 거야? **3** 가루나 물 따위를 온몸에 뿌리다 ⓑ배곳을 마친 기림으로 밀가루를 벗에게 덮어씌웠다

덮이다 움직씨 '덮다' 입음꼴 ⓑ먹구름으로 덮인 하늘

덮치다 움직씨 **1** 여러 일이 겹쳐 닥치다 ⓑ나라를 찾은 데다 땅까지 받는 기쁨이 덮쳤다 **2** 갑자기 위에서 내리누르다 ⓑ거센 너울이 배 위로 덮치며 하얗게 부서져 내린다 **3** 좋지 않은 일이 가까이 닥쳐오다 ⓑ눈온 뒤 추위라, 엎친 데 덮친 꼴이다 ⇐ 엄습하다 **4** 무엇을 찾아내려고 갑자기 들이닥치다 ⓑ한밤에 짬새들이 덮쳤지만 우리는 미리 알고 빠져나갔다 ⇐ 피습하다

데[1] 이름씨 **1** 곳 ⓑ낮은 데서 높은 데로. 사는 데. 갈 데 **2** 때 ⓑ얹힌 데는 이 낫개가 잘 들어 **3** 일. 것 ⓑ달래는 데 이틀이 걸렸다. 배우는 데 좋은 책. 나무랄 데 없는 머시마

데[2] 이름씨 **1** 씨나 에프 따습기 하나치 ⓑ아홉달 복판이 지났는데도 아침 따습기가 스무 데 넘는다 ⇐ 도 **2** 모를 재는 하나치. 한 데는 바른모 아흔 가운데 하나이다. 수 오른 어깨에 °를 두어 나타낸다 ⓑ두같곁세모꼴 꼭지모가 곧모이면 두 밑모는 마흔다섯 데이다 **3** 소리 높낮이 하나치

-데 씨끝 **1** 낮춤말에서 지난날 겪은 것을 돌이켜 말함을 나타냄 ⓑ둘이 걸어가는 것을 보니 참말로 보기 좋데. 가시나가 키는 크데 **2** '-던가' 라는 뜻 ⓑ그딴 소리 누가 하데? 각시감이 마음씨가 곱데?

데구루루 어찌씨 단단하고 큰 것이 아무렇게나 빨리 굴러가는 꼴 ⓑ돌덩이가 데구루루 메 아래로 굴러간다 작은말 대구루루 센말 떼구루루 **데구루루하다**

데굴거리다 움직씨 어떤 것이 자꾸 구르다 ⓑ공이 데굴거리며 굴러간다 **데굴대다**

데굴데굴 어찌씨 **1** 큰 것이 아무렇게나 잇달아 구르는 꼴 ⓑ가파른 멧길에서 잘못 디딘 돌멩이가 데굴데굴 아래로 굴러간다 작은말 대굴대굴 센말 떼굴떼굴 **2** 큰 눈망울을 아무렇게나 마구 굴리는 꼴 ⓑ그만한 일에 놀라서 눈을 데굴데굴 굴리다니 **데굴데굴하다**

데그럭 어찌씨 크고 단단한 것들이 서로 맞닿아 나는 소리 ⓑ부엌에서 설거지하는 소리가 데그럭 난다 작은말 대그락 센말 떼그럭 **데그럭하다**

데다 움직씨 **1** 불이나 뜨거운 김에 살이 닿아 다치거나 헐다 ⓑ불에 데다. 김에 데다. 뜨거운 물에 덴 놈, 숭늉 보고 놀란다 **2** 몹시 괴롭거나 놀라서 질려버리다 ⓑ네가 술 마시는 것도 이제 데 빠졌다

데데하다 그림씨 시원치 않고 보잘것없다 ⓑ데데한 것. 데데한 사람. 난 데데하게 살지 않을 거야

데드라인 ⇒ 마감날

데려가다 움직씨 아랫사람이나 짐승을 함께 거느리고 가다 ⓑ여느 때는 아이를 맡아 돌

보다가 이레 끝에는 엄마에게 데려간다 맞선말 데려오다

데려다주다 움직씨 어느 곳까지 함께 거느리고 가 주다 ⓑ길남이 나를 집 앞까지만 데려다주고 그냥 갔다

데려오다 움직씨 아랫사람이나 짐승을 함께 거느리고 오다 ⓑ갖바치를 마을로 데려와서 일을 시키기로 했다 맞선말 데려가다

데리다 움직씨 ('데리고', '데리러', '데려' 꼴로 써) 아랫사람이나 짐승을 함께 있게 하거나 거느리다 ⓑ왜 굳이 밤에 아이를 데리러 가니?

데릴사위 이름씨 딸을 버시집으로 보내지 않고 가시집에서 데리고 사는 사위 ⓑ한돌을 데릴사위 삼아 그 많은 일을 다 시켰다

데림갈수 이름씨 옹근수와 맞갈수가 모여 이루어진 수 ⇐ 대분수

데면데면하다 그림씨 ❶사람을 맞이하는 몸씨가 살뜰하지 않고 무뚝뚝하고 서먹하다 ⓑ낯설어서인지 데면데면하게 굴었다 ❷마음씨가 꼼꼼하지 않아 하는 짓이 가볍다 ⓑ우람이는 허우대가 커서 데면데면한 줄 알았는데 이렇게 찬찬하고 살뜰할 줄이야

데밀다 움직씨 ❶밖에서 안으로 들어가게 밀다 ⓑ닫힌 문 틈으로 돌리개를 데밀어 문을 열었다 한뜻말 들이밀다 ❷장사나 일에 돈이나 몬을 마구 대다 ⓑ조카 장사에 밑천을 데밀어 도와 주었다

데뷔 ⇒ 처음 나옴. 첫발 내디디다. 처음 나오다

데삶다 움직씨 푹 삶지 않고 살짝 익게 삶다 ⓑ시금치를 데삶았나, 왜 이렇게 질기지?

데생·소묘 ⇒ 민그림

데시근하다 그림씨 ❶말이나 짓이 가리가 없고 흐리멍덩하다 ⓑ그런 데시근한 사람을 왜 데려왔어? ❷말이나 짓이 씨가 먹히지 않고 미적지근하다 ⓑ그렇게 데시근하게 나오니 어떻게 해야 좋지?

데시리터 이름씨 부피를 재는 하나치. 열에 한 리터. 'dL'이나 'dl'로 나타낸다 ⓑ나는 하루에 물을 스무 데시리터는 마신다

데우다 움직씨 식었거나 찬 것을 덥게 하다 ⓑ물을 데우다. 밥을 데우다 ⇐ 가열하다

데이터 ⇒ 바탕감. 바탕거리. 밑거리. 밑바탕

데이터베이스 ⇒ 밑감바탕

데이트 ⇒ 만남. 만나다

데익다 움직씨 푹 무르게 익지 않고 설익다 ⇐ 반숙하다

데치다 움직씨 ❶끓는 물에 살짝 익히다 ⓑ고사리를 데치다. 나물을 데치다 ❷몹시 꾸짖어 풀이 죽게 하다 ⓑ얼마나 애를 데쳤기에 저렇게 얼이 다 빠졌어?

데퉁맞다 그림씨 말이나 짓이 몹시 거칠고 미련하다 ⓑ가게지기는 내가 물어도 아주 데퉁맞게 맛갊았다. 오빠는 데퉁맞은 데가 있어서 어머니한테 잔소리를 듣는다 한뜻말 데퉁궂다

덴가슴 이름씨 어떤 일에 몹시 덴 사람이 비슷한 일에 놀라 두려워하는 마음 ⓑ큰불에 놀란 덴가슴이라 불만 보면 가슴이 벌렁벌렁한다

덴데 이름씨 불이나 뜨거운 것 따위에 뎀. 또는 그 생채기 ⇐ 화상. 열상

덴바람 이름씨 된바람. 노파람

델타 ⇒ 세모벌. 물뚝섬

뎀뿌라 ⇒ 튀김

뎅거덩 어찌씨 큰 쇠붙이 같은 것이 여기저기 부딪치면서 웅글게 나는 소리 ⓑ던진 돌이 무쇠솥에 부딪쳐 뎅거덩 소리가 났다 준말 뎅겅 작은말 댕가당 **뎅거덩하다**

뎅거덩거리다 움직씨 큰 쇠붙이 같은 것이 여기저기 부딪치면서 잇달아 웅글게 소리가 나다 작은말 댕가당거리다 **뎅거덩대다**

뎅거덩뎅거덩 어찌씨 큰 쇠붙이 같은 것이 여기저기 부딪치면서 잇달아 웅글게 나는 소리 ⓑ대장간에서 연장 부딪치는 소리가 뎅거덩뎅거덩 들린다 작은말 댕가당댕가당 **뎅거덩뎅거덩하다**

뎅겅 어찌씨 ❶큰 쇠붙이 같은 것이 부러지거나 부딪치면서 웅글게 나는 소리 ⓑ큰 돌을 파내려고 괭이를 젖혔더니 괭이목이 뎅

경 부러졌다 작은말 댕강 ❷무엇이 한 디위에 좀 무겁게 떨어지는 꼴 ⓑ허벅지 굵기 만한 무를 한칼에 내려치니 뎅겅 떨어져 나갔다 **뎅겅하다**

뎅겅거리다 움직씨 ❶큰 쇠붙이 같은 것이 부러지거나 부딪치면서 잇달아 웅글게 소리가 나다 작은말 댕강거리다 ❷무엇이 한디위에 좀 무겁게 자꾸 잘리거나 부러져서 떨어지다 **뎅겅대다**

뎅겅뎅겅 어찌씨 ❶큰 쇠붙이 같은 것이 부러지거나 부딪치면서 잇달아 웅글게 나는 소리 ⓑ푸른누리에 들어서자 뎅겅뎅겅 점심때를 알리는 댕소리가 들렸다 작은말 뎅강뎅강 센말 뗑겅뗑겅 ❷무엇이 한디위에 좀 무겁게 자꾸 잘리거나 부러져서 떨어지는 꼴 ⓑ잘 마른 나뭇가지를 뎅겅뎅겅 분질러서 군불을 땠다 **뎅겅뎅겅하다**

뎅그렁 어찌씨 ❶큰 방울이나 워낭 같은 것이 흔들리면서 웅글게 울리는 소리 ⓑ시골 배곳에서 울리는 뎅그렁 소리에 아이들이 몰려나왔다 작은말 댕그랑 센말 뗑그렁 ❷큰 쇠붙이 같은 것이 부딪치면서 웅굴게 울리는 소리 ⓑ국통에 그릇 부딪치는 소리가 뎅그렁 울렸다 **뎅그렁하다**

뎅그렁거리다 움직씨 ❶큰 방울이나 워낭 같은 것이 흔들리면서 잇달아 웅글게 소리가 울려 나다 작은말 댕그랑거리다 센말 뗑그렁거리다 ❷큰 쇠붙이 같은 것이 부딪치면서 잇달아 웅글게 소리가 울려 나다 **뎅그렁대다**

뎅그렁뎅그렁 어찌씨 ❶큰 방울이나 워낭 같은 것이 흔들리면서 잇달아 웅글게 울리는 소리 ⓑ뎅그렁뎅그렁 방울소리가 울렸다 작은말 댕그랑댕그랑 센말 뗑그렁뗑그렁 ❷큰 쇠붙이 같은 것이 부딪치면서 잇달아 웅굴게 울리는 소리 ⓑ처마 끝에 매달린 굵은 대나무 토막이 부딪쳐 뎅그렁뎅그렁 울린다 **뎅그렁뎅그렁하다**

뎅뎅 어찌씨 큰 쇠붙이 같은 것을 잇달아 칠 때 나는 소리 ⓑ절 쇠북소리가 멀리서 뎅뎅 울린다 작은말 댕댕 센말 뗑뗑 **뎅뎅하다**

뎅뎅거리다 움직씨 큰 쇠붙이 같은 것을 잇달아 칠 때 소리가 울려 나다 ⓑ소가 걸을 때마다 워낭소리가 뎅뎅거린다 작은말 댕댕거리다 센말 뗑뗑거리다 **뎅뎅대다**

도 이름씨 윷놀이에서 윷가락 세 짝이 엎어지고 한 짝이 잦혀진 꼴 ⓑ도는 돼지를 뜻하며 끗수는 한 끗이다

도 토씨 ❶'더함'을 나타내는 도움토 ⓑ나도 갈까? ❷'같음'을 나타내는 도움토 ⓑ오늘 아니면 모레도 좋아 ❸'느낌'을 나타내는 도움토 ⓑ야, 달도 밝다 ❹' 힘줌'을 나타내는 도움토 ⓑ꼴도 보기 싫다 ❺'이음'을 나타내는 풀이토 ⓑ가도 가도 눈 덮인 길

도(度) ⇒ 만큼. 높이. 데

도(道) ⇒ 길

도가니[1] 이름씨 ❶쇠붙이를 녹이는 데 쓰는 우묵한 그릇 ⓑ도가니에선 시뻘건 쇳물이 뿜어져 나왔다 ❷어려움을 겪는 매개나 센 싸움이 벌어지는 꼴 ⓑ배움이들은 종살이에서 벗어나는 싸움 도가니에서 늘 앞장섰습니다 ❸여러 사람이 신나서 들끓는 꼴 ⓑ사람들이 신바람 도가니에 빠진 듯했다

도가니[2] 이름씨 소 무릎 종지뼈와 거기에 붙은 고깃덩이 ⓑ도가니를 오래 삶아 우려낸 곰국으로 저녁을 먹었다

도가머리 이름씨 ❶머리털이 부스스하게 일어선 사람 ❷새 대가리에 길고 더부룩하게 난 털

도감 ⇒ 그림책. 빛박이책

도갱이 이름씨 짚신이나 미투리 뒤축에서 돌기총까지 건너간 줄

도거리 이름씨 ❶따로 나누지 않고 한데 몰아치는 일 ❷되사거나 되팔지 않기로 하고 몬을 사고파는 일

도공 ⇒ 질바치. 오지바치

도교 ⇒ 늙은이가르침

도구 이름씨 물이 흘러 빠져나가는 작은 도랑 한뜻말 물곬

도구 ⇒ 연장. 연모

도구루 이름씨 노도누미고장 노녘 끝에 있는

고을 이름 ⇐ 황주

도굴 ⇒ 몰래팜. 몰래 파다. 몰래 캐내다

도굴꾼 ⇒ 두더지꾼

도금 ⇒ 물입힘. 보물 입히다. 수물 입히다. 물 올리다

도급 ⇒ 도맡기. 도맡다

도기 ⇒ 질그릇. 오지그릇

도깨비 이름씨 예로부터 오래된 빗자루에 짐승 피를 묻혀서 지어냈다고 하며 옛이야기 속에 자주 나타나는 이야깃감. 생김새는 몹시 사나운 사람을 닮아, 머리에 뿔이 나고 방망이를 가지고 다니며 남다른 힘과 재주를 가지고 사람을 호리기도 하고 짓궂은 놀이로 사람을 두렵게도 하며 요즘엔 살을 붙여 어리숙하기도 하고 속기도 잘하며 때로는 가난하고 착한 사람을 도와주는 꼴로도 그린다

도깨비뜨물 이름씨 '술'을 달리 이르는 말 ⓑ하루라도 도깨비뜨물을 마시지 않으면 못 견딜 만큼 인이 박였다

도깨비방망이 이름씨 ❶아무 뜻도 없이, 아무데나 마구 휘두르는 방망이 ⓑ하는 짓이 꼭 도깨비방망이 휘두르듯 한다 ❷까닭을 도무지 알 수 없는 것 ⓑ꼭 도깨비방망이 같아 무슨 까닭인지 알 수 없다

도깨비불 이름씨 ❶어두운 밤에 낡고 오래된 집, 썩은 나무, 축축한 땅, 무덤 따위에서 절로 번쩍이는 푸른 빛 불꽃 ⓑ아저씨가 도깨비불에 홀려 멧속을 헤매다 왔다며? ❷까닭 모르게 일어난 불 ⓑ메에 도깨비불이 나지 않도록 잘 살펴요

도꼭지 이름씨 어느 쪽에서 으뜸가는 사람 ⓑ그 사람, 바람빛그림에는 도꼭지야

도끼 이름씨 쐐기꼴로 된 쇠 날에 대가리 쪽으로 자루가 길게 박혀 나무를 패거나 찍는데 쓰는 연장 ⓑ재주 좋은 도끼라도 제 자루는 못 찍는다. 헌 도끼

도끼나물 이름씨 절에서 쇠고기 따위 고기붙이를 이르는 변말

도나캐나 어찌씨 하찮은 아무나. 또는 무엇이나 ⓑ뻔하지 뭐, 도나캐나 막 하는 소리지

도난 ⇒ 도둑맞기. 도둑맞다. 손타다

도넛 ⇒ 가락지빵

도누미 이름씨 서울 옆 고장 윗녘에 자리잡은 고장. 도구루와 누미구루를 아우르는 말. 높새녘은 메가 많고 높으며 마하늬녘은 넓은 들과 낮은 언덕으로 되었고 하늬바다와 만난다 ⇐ 황해도

도다녀오다 움직씨 갔다가 꾸물거리지 않고 올 길을 빨리 오다. '도다녀가다'란 말도 있음 ⓑ집에 일도 있고 날도 저물고 하여 도다녀왔다

도달 ⇒ 이름. 다다름. 이르다. 닿다. 미치다. 부닥치다

도담도담 어찌씨 어린아이가 말썽 없이 잘 놀며 자라는 꼴 ⓑ제 아들딸 자라는 건 언제 컸는지도 모르는데, 아슨아들딸이 도담도담 커가는 것은 어찌나 귀여운지

도담하다 그림씨 야무지고 깨끔하게 도드라지다 ⓑ도담하게 흘러내린 어깨는 한눈에도 잘 생긴 사람임을 드러냈다.

도당 ⇒ 떼. 무리. 떼거리. 떨거지. 동아리

도대체 ⇒ 아무리 해도. 도무지

도덕 ⇒ 따를 길. 바른 삶

도도록도도록 어찌씨 여럿이 모두 복판이 좀 솟아서 볼록한 꼴 ⓑ땅벌에 쏘인 푸른밭몸 여기저기가 도도록도도록 부풀어 올랐다

도도록이 어찌씨 복판이 좀 솟아서 볼록하게 ⓑ도도록이 나온 아기 이마 한뜻말 볼록 준말 도독이

도도록하다 그림씨 복판이 좀 솟아 볼록하다 ⓑ아이를 밴 이웃집 며느리 아랫배가 도도록하니 불러온다

도도하다 그림씨 혼자 잘난 척하며 매우 건방지다 ⓑ둘레는 거들떠보지도 않고 도도하게 걸어간다

도도하다 (滔滔) ⇒ 힘차다. 거침없다. 막을 길 없다

도돌이표 이름씨 가락글에서 어떤 곳을 되풀이

치거나 노래하라는 표. '𝄇'로 나타낸다

도둑 이름씨 남 것을 훔치거나 빼앗는 짓 또는 그런 사람 ⓑ어제 집에 도둑이 들어서 쓸 만한 건 죄다 털렸어

도둑눈 이름씨 밤에 사람이 모르는 새 내린 눈 ⓑ자고 나니 도둑눈이 온누리를 하얗게 덮었어

도둑막이 이름씨 도둑맞지 않도록 미리 막음 ⇐ 방범

도둑맞다 움직씨 도둑에게 무엇을 잃거나 빼앗기다 ⓑ도둑맞으면 어미 품도 들쳐본다더니

도둑잡는머리 이름씨 옛날에 도둑 잡는 일을 맡아서 하던 곳 우두머리 ⇐ 포도대장

도둑잡는집 이름씨 옛날에 도둑이나 허물보를 잡거나 다스리던 그위집 ⇐ 포도청

도둑잡이 이름씨 옛날에 도둑잡는집에 딸려 도둑을 잡던 사람 ⇐ 포졸

도둑장가 이름씨 남에게 알리지 않고 몰래드는 장가 ⓑ날마다 어울리던 벗에게서 새뜸이 뜸하더니 어쩌다 도둑장가라도 갔나?

도둑질 이름씨 남 것을 훔치거나 빼앗는 짓 ⓑ도둑질한 사람은 오그리고 자고 도둑맞은 사람은 발 펴고 잔다 ⇐ 도적질. 절도질

도듬[1] 이름씨 함께 맡아 함께하는 길 ⓑ두 도듬으로 할까, 세 도듬으로 할까

도듬[2] 이름씨 치레삼아 테두리를 도도록하게 꾸미는 것 ⓑ한밝달 하늘못 빛박이를 예쁘고 도듬이 있는 빛박이틀에 넣어 걸어 두었다

도라지 이름씨 메에 절로 나거나 밭에 심어 가꾸며 잎은 길둥글고 어긋맞게 나며, 여름에 쇠북 꼴 꽃이 줄기나 가지 끝에 달리는 여러해살이풀. 뿌리는 맛있는 나물이며 낫개로도 쓴다 ⓑ낮밥에 도라지와 오이를 섞어 무쳐 내놓았다 준말 도랏 ⇐ 길경

도란거리다 움직씨 ❶나직한 목소리로 살갑게 조용히 서로 잇달아 이야기하는 소리가 나다 ⓑ바람에 풀잎들도 도란거린다 ❷살갑게 들려오는 물 흐르는 소리가 나다 **도란도란대다**

도란도란 어찌씨 ❶나직한 목소리로 살갑게 조용히 서로 잇달아 이야기하는 소리나 꼴 ⓑ세 누이가 모여 밤새 도란도란 이야기꽃을 피운다 ❷살갑게 들려오는 물 흐르는 소리나 꼴 ⓑ도란도란 주절대는 개울물 소리가 들려온다 **도란도란하다**

도랑 이름씨 ❶작은 개울 ⓑ도랑에 소를 넣어 두고 우리는 미꾸라지를 잡았다 ❷물이 흐르도록 골처럼 된 곳 ⓑ논도랑. 밭도랑. 실도랑 슬기말 **도랑 치고 가재 잡는다** ❶한 가지 일로 두 가지 보탬을 본다 ❷일 차례가 뒤바뀌어 애쓴 보람이 없다

도랑창 이름씨 지저분하고 더러운 도랑 ⓑ한눈을 팔다 도랑창에 빠져 옷을 다 버렸다

도래 이름씨 ❶문을 닫은 다음 저절로 열리지 못하게 다는 갸름한 나무 메뚜기 ❷소, 말, 염소 따위에 맨 고삐가 꼬이지 않고 잘 돌게 하려고 굴레 또는 목사리와 고삐 사이에 단 것

도래 (渡來) ⇒ 건너옴. 건너오다

도래 (到來) ⇒ 이름. 이르다. 닥치다. 다가오다

도래솔 이름씨 무덤가에 둘러선 소나무 ⓑ작은 갓쟁이 안가 무덤 도래솔은 가장 아름다웠다

도랫굽이 이름씨 바위나 메를 안고 돌아가는 굽이 ⓑ저 갈매기도 샛바다 기슭, 어느 이름 없는 도랫굽이에서 나서 자랐겠지

도량 (度量) ⇒ 너그러움. 헤아리다. 재다. 달다

도량 (道場) ⇒ 절

도량형기 ⇒ 재개. 자. 되. 저울

도려내다 움직씨 빙 둘러 베거나 파내다 ⓑ사내들이 뜯어온 나물은 거칠어서 세진 곳을 도려내고 데쳐 무쳤다

도련님 이름씨 ❶장가들지 않은 시동생을 높여 이르거나 부르는 말 ⓑ도련님은 아직 나이가 어려 말보다 나귀가 어울리지 않을까요? ❷도령을 높여 이르는 말 ⓑ저기 가는 저 도련님, 뉘 집 아들이지요?

도렷도렷 어찌씨 흐리멍덩하지 않고 맑고 똑

똑한 꼴 [ㅂ]눈망울이 도렷도렷 빛나다 큰말 두렷두렷 센말 또렷또렷

도령 [이름씨] 머시마를 높여 이르는 말

도로 [어찌씨] [1]있던 대로 [ㅂ]주었다가 도로 빼앗다 비슷한말 다시 [2]했던 짓을 새로 이어서 [ㅂ]옷 가게를 도로 열다 [3]되돌아서 [ㅂ]가다가 도로 왔다고?

도로 ⇒ 길. 길거리

도로공사 ⇒ 길닦기

도로망 ⇒ 길짜임. 길그물

도로변·도롯가 ⇒ 길가. 길옆

도로보수 ⇒ 길고치기

도로아미타불 ⇒ 헛일. 헛짓. 헛노릇

도로이정표 ⇒ 길표

도로포장 ⇒ 길덮기

도롱뇽 [이름씨] 도마뱀처럼 다리가 넷 달린 물뭍 숨받이. 머리는 납작하고 몸통은 둥글길쭉하며 짙은 밤빛을 띠고 눈은 툭 불거지고 등마루에 오목한 골이 지고 꼬리에 노란 줄이 있다. 어려서는 개울이나 못에서 살다가 자라면 축축한 땅속이나 잎 더미 속에서 살며 마디벌레, 지렁이 따위를 잡아먹고 산다

도롱이 [이름씨] 짚이나 띠 따위로 엮어 어깨나 허리에 걸쳐 두르던 옛날 비옷 [ㅂ]도롱이를 어깨에 걸쳐 두르고 들일하러 나갔다

도루묵[1] [이름씨] 비늘이 없고 입과 눈과 알이 크며 등은 누런 밤빛에 잿빛 얼룩무늬가 있고 배는 흰 바닷물고기. 샛바다에 많이 난다

도루묵[2] [이름씨] [1]처음 삶으로 되돌아감 [ㅂ]새 삶을 잘 꾸려가는데 뭐 때문에 옛삶으로 도루묵이 되겠소 [2]제 곬에 들어서서 제대로 되던 일이 다시 잘못되는 것 [ㅂ]고쳐 온 밥솥이 도루묵이 되었소

도르다[1] [움직씨] [1]둘레를 돌거나 빙 돌게 하다 [ㅂ]텃밭을 울타리로 돌라 막았다 큰말 두르다 [2]어떤 차례 따위를 두루 거치거나 끝마치다 [ㅂ]열살인데 갑배곳에서 배울 것을 다 돌랐다고? [3]돈이나 돈거리를 요리조리 마련하다 [ㅂ]돈을 돌라 집 지을 밑감을 사모았다 [4]요리조리 그럴듯하게 속이다 [ㅂ]달콤한 말로 남을 도르지 마라 [5]몫몫으로 나누어 돌리다 [ㅂ]돌떡을 이웃에 돌랐다 ⇐ 안배하다 [6]남 것을 몰래 빼돌리다 [ㅂ]신발을 슬쩍 돌라신다 [7]속여 가로챘던 것을 도로 내놓다 [ㅂ]꿀꺽했던 것을 도르라니 내놓을 수밖에

도르다[2] [움직씨] 제대로 삭이지 못하고 도로 입 밖으로 내뱉다 [ㅂ]멀미 탓에 아침 먹은 것을 죄다 돌랐다 한뜻말 게우다 ⇐ 토하다. 토역질하다

도르래 [이름씨] 무거운 것을 조금 더 쉽게 들어 올리거나 내리려고, 높은 데 매어 단 바퀴에 줄이나 사슬 따위를 걸어 힘이 걸리는 쪽을 바꾸거나 힘을 크게 내게 하는 틀 [ㅂ]도르래로 대들보를 들어 올렸다 ⇐ 활차

도르르 [어찌씨] [1]종이나 빳빳한 것이 튀게 말리는 꼴 [ㅂ]불 위에서 도르르 말리는 마른 오징어 [2]작고 동그스름한 것이 가볍게 구르는 소리나 그 꼴 [ㅂ]오빠 귀밑으로 도르르 땀방울이 굴러 내린다

도르리 [이름씨] 여럿이 차례 없이 맛갓을 돌려가며 함께 내어 먹는 일 [ㅂ]오늘은 노는 날이라 동네 사람들이 먹을거리를 이것저것 갖고 나와 도르리를 했어

도리 [이름씨] 서까래를 받치려고 기둥과 기둥 사이에 걸쳐놓는 나무 [ㅂ]도리에 서까래를 얹다

도리 ⇒ 참길. 바른길

도리기 [이름씨] 여러 사람이 거두어 모아 같은 맛갓을 나눠 먹는 일 [ㅂ]비 오는 날이면 앞 각단 사람들은 도리기로 한데 모여 맛갓을 즐겼다 ⇐ 추렴. 각출

도리깨 [이름씨] 이삭에 달린 낟알을 두드려 떼는데 쓰는 긴 막대기 꼴 연장. 장대 끝에 회초리 너댓 낱을 달아 돌게 만든다 [ㅂ]도리깨를 후려쳐 콩을 털었다

도리깨아들 [이름씨] [1]도리깨채에 달려 이삭을 후려치는 몇 낱 회초리 [ㅂ]도리깨아들이 마음같이 따라주지 않아 도리깨질이 쉽지 않

다 ❷어버이 말을 잘 듣지 않는 버릇없는 아들딸 ⓑ누구 말도 듣지 않고 도리깨아들 같은 짓을 하고 다닌다

도리다 움직씨 ❶둥글게 빙 돌리어 베거나 파다 ⓑ자란 머리를 밑은 도려서 깎고 위는 다듬었다 ❷어떤 데를 지우거나 지우려고 자국을 남기다 ⓑ솎아 벨 나무를 도려 두었다

도리도리 느낌씨 어린아이에게 도리질을 시킬 때 하는 말 ⓑ도리도리 짝짜꿍!

도리바리 이름씨 범을 이르는 심마니 말

도리어 어찌씨 헤아리거나 바라는 것과 아주 다르거나 거꾸로 ⓑ밥값도 치르지 않고 도리어 돈을 달란다 준말되레

도리없다 ⇒ 하릴없다. 속절없다

도리질 이름씨 ❶말귀를 겨우 알아듣는 아이가 어른이 시키는 대로 머리를 이리저리 돌리는 아양 ❷'싫다' 또는 '아니다'라는 뜻으로 머리를 이리저리 흔드는 짓 ⓑ쑥 달인 물을 마셔보라고 하니 도리질 치며 나간다

도림질 이름씨 실톱으로 널빤지를 오리거나 새겨 여러 가지 꼴을 만드는 일

도마 이름씨 고기·푸성귀 따위를 칼로 썰거나 다질 때, 밑에 바치는 나무토막이나 널빤지 ⓑ도마에 오른 고기가 칼을 무서워하랴

도마 (跳馬) ⇒ 뜀틀

도마뱀 이름씨 온몸에 비늘이 있고 네 다리는 짧으며 꼬리는 길둥글고 끝이 뾰족한 뱀. 꼬리를 잡으면 끊어진다

도막 이름씨 ❶짧고 작게 잘린 동강 또는 그것을 세는 하나치 ⓑ갈치를 샀더니 도막으로 잘라 준다. 물고기 두 도막 ❷'동안'이나 '사이' ⓑ두 저자 도막이 지나면 한가위이다

도망 ⇒ 달아남. 뺑소니. 달아나다. 뺑소니치다. 꽁무니 빼다. 꼬리 감추다. 내빼다

도맡다 움직씨 (일 따위를) 한데 몰아 홀로 다 해내거나 돌보다 ⓑ아재가 늘 어려운 일을 도맡아 풀어준다

도매 ⇒ 받힘. 모개팔이

도매가 ⇒ 받힘값. 모개값

도매상 ⇒ 받힘집. 받힘장사. 받힘장사꾼

도매시장 ⇒ 받힘저자

도메인 ⇒ 누리그물곳

도면 ⇒ 마련그림. 겨냥그림. 얼개그림. 간잡이그림

도모 ⇒ 꾀. 꾀하다. 꾸미다

도무지 어찌씨 ❶아무리 해도 끝내 ⓑ기쁨과 들뜬 마음에 도무지 잠을 못 이루겠다 ⇐ 도대체 ❷아무리 헤아려 보아야 ⓑ보낸 사람 칸에 써진 이름은 도무지 알 수가 없다

도미 이름씨 참돔·붉돔·감성돔 따위를 모두 일컫는 말이지만, 가장 좁은 뜻으로는 참돔만을 부르는 이름. 몸은 너부죽하고 길둥글며 우리나라 가까운 바다 밑에 살고 봄철에 알을 낳는다. 우리나라 둘레에서 많이 잡히고 맛이 좋다 준말돔

도미노 ⇒ 이어번짐. 이어퍼짐

도민 (道民) ⇒ 고장사람

도민 (島民) ⇒ 섬사람

도박 ⇒ 돈내기. 노름

도박사 ⇒ 노름꾼. 설레꾼

도발 ⇒ 일으킴. 싸움걸기. 거우다. 싸움 걸다. 일으키다

도배 ⇒ 방바름. 방치레. 종이 바름. 방 바르다. 종이 바르다

도배장이 ⇒ 바름쟁이

도배지 ⇒ 바름종이

도벽 ⇒ 도둑버릇. 훔치는 버릇. 나쁜 손버릇

도보 ⇒ 걷기

도복 ⇒ 놀이옷. 길옷

도사 ⇒ 깨달은 사람. 참사람

도사리다 움직씨 ❶두 다리를 꼬부리어 왼발은 오른 무릎 아래에 괴고 오른발은 왼 무릎 아래에 괴어 앉다 ⓑ할아버지는 몸을 잔뜩 도사리고 앉아 나를 노려보았다 ❷긴 것을 사리다 ⓑ뱀이 몸을 도사리고 풀숲에서 쉰다 ❸짓이나 말 따위 뒤끝을 감추다 ⓑ말을 잘 도사린 탓에 큰 일로 번지지 않고 일이 마무리되었다 ❹마음이나 생각이 깊숙이 자리 잡다 ⓑ어눌한 체 해도 그 속

ㄷ

에는 엉큼한 마음이 도사리고 있다 5마음을 조여 얼날을 모으다 ⓑ눈초리를 도사리고 바라보다 6어디에 자리 잡고 까리를 엿보며 꼼짝 않다 ⓑ거미가 거미줄을 쳐놓고는 한쪽 끝에 도사리고 있다 7앞으로 일어날 일 낌새가 숨어있다 ⓑ남을 아프게 하는 데는 나를 아프게 하는 싹이 도사리고 있다

도산·파산 ⇒ 쓰러짐. 문닫음. 쓰러지다. 넘어가다. 문 닫다

도살 (屠殺) ⇒ 죽임. 잡음. 죽이다. 잡다. 궂히다. 잡아 죽이다. 마구 죽이다

도살 (盜殺) ⇒ 몰래잡음. 몰래 잡다

도새 이름씨 샛바닷가에서 봄가을 흐린 날씨에 불어오는 안개 섞인 찬 바닷바람

도서 (圖書) ⇒ 책

도서 (島嶼) ⇒ 섬

도서관 ⇒ 책광. 책숲. 책숲집

도서실 ⇒ 책숲방

도서전 ⇒ 책잔치

도선 (導船) ⇒ 길잡이배. 이끎배

도선 (導線) ⇒ 이끌줄

도선사 ⇒ 배길잡이

도선장 ⇒ 나루터

도섭·도섭질 이름씨 1주책없이 능청맞고 수선스럽게 이랬다저랬다 하는 일 ⓑ너무 그렇게 주책없이 도섭을 부리지 말게 ⇐ 변덕 2바뀜이나 뭠이 매끄럽지 않고 들쑥날쑥함 ⓑ몹시 도섭이 센 날씨 3솜씨나 재주를 부려 꼴을 여러 가지로 바꾸는 것 ⓑ웬만한 사람은 빛남이 언니가 말로 도섭을 부리면 넘어가지 않을 수 없었다 익은말 **도섭을 부리다·피우다·쓰다** 능청스럽게 수선을 떨거나 이랬다저랬다 하다

도섭스럽다 그림씨 능청스럽게 수선을 떨며 이랬다저랬다 하다 ⓑ달아나야 할 사람이 절은 무슨 절, 도섭스러운 소리 하지도 마라 ⇐ 변덕스럽다

도성·도읍 ⇒ 으뜸고을. 서울

도술 ⇒ 길재주

도시 ⇒ 고을

도시가스 ⇒ 고을가스

도시락 이름씨 1먹을 것을 담아 손쉽게 가지고 다닐 수 있게 만든 그릇 또는 그 속에 건건이와 함께 담은 밥 ⓑ김밥 도시락과 머위 밥 도시락을 싸 들고 물가로 나들이 갔다 2낮밥을 담아 갈 때 썼던 고리버들이나 대오리 따위를 엮어 지은 길둥근 꼴 작은 고리짝 ⓑ먼 메에 나무하러 갈 때 대오리 도시락을 싸갔다

도식·무위도식 ⇒ 놀고먹기. 놀고먹다

도식적 ⇒ 버릇된. 인박힌. 몸에 밴

도심지 ⇒ 저자복판. 고을복판

도안 ⇒ 그려짜기

도야 ⇒ 갈닦기. 갈닦다. 갈고닦다

도약 ⇒ 뛰어오름. 뜀뛰기. 뜀뛰다. 뛰어오르다. 솟구치다

도약판 ⇒ 발구름널

도열 ⇒ 늘어섬. 줄지움. 늘어서다. 줄지어 서다

도예 ⇒ 그릇빚기

도예가 ⇒ 그릇빚이

도와리 이름씨 먹은 것이 얹혀 게우고 물똥을 싸는 과갈 양앓이. 쉰 것이나 찬 것을 먹거나 배를 갑자기 차게 했을 때 일어날 수 있다 ⇐ 곽란. 토사곽란

도외시 ⇒ 눈 밖에 남. 눈 밖에 둠. 눈 밖에 두다. 제쳐놓다

도요새 이름씨 긴 부리 및 다리와 옅은 밤빛 바탕에 짙은 밤빛 무늬 몸뚱이를 가진 철새. 가람가나 바닷가 물속을 걸어 다니며 물고기나 마디벌레 따위를 잡아먹는다. 푸른도요, 누른도요, 검은도요 따위가 있다

도요지 ⇒ 가마터

도우미 이름씨 도움을 주어야 할 사람 옆에서 크고 작은 심부름을 해 주는 사람 ⓑ일손이 모자라 집안일을 해줄 도우미를 불렀다

도울마음 이름씨 남 어려움을 도와주거나 애먼 일을 풀어 주려는 마음 ⇐ 의협심

도움그림씨 이름씨 으뜸그림씨나 으뜸움직씨 아래에 써 그 말을 도와 풀이말이 되도록

하는 그림씨. 듣지 않다, 가고 싶다. 에서 않다, 싶다 ⇐ 보조형용사

도움날개 이름씨 날틀이 옆으로 흔들리지 않게 하고 나가는 쪽을 돌릴 때 올렸다 내렸다 하며 쓰는 으뜸 날개 뒤쪽에 붙은 날개 ⇐ 보조날개

도움닫기 이름씨 높이뛰기, 멀리뛰기, 던지기 따위에서 뛰는 힘을 크게 하려고 미리 얼마만큼 떨어져서 뛰어가는 짓 ⓑ도움닫기에서 마지막 발을 딱 알맞은 곳에 내딛었다

도움말 이름씨 도움이 되게 거들거나 들려주는 말 ⓑ글 짓는데 도움말을 해주었다 ⇐ 조언. 상담. 카운슬링. 팁

도움말꾼 이름씨 배움이나 살아가는 일을 이끌어 주고 도움말을 주는 사람 ⇐ 상담원. 카운슬러

도움빛 이름씨 두 빛깔이 섞여 하양이나 검정이 되는 두 빛깔 한뜻말맞빛 ⇐ 보색

도움뿌리 이름씨 풀이씨 복판에 붙어 그것을 도와 씨줄기를 이루는 조각. '-답-', '-거리-' 따위 ⇐ 보조어근

도움싸울아비 이름씨 제 쪽을 도우려고 나선 싸울아비들 ⇐ 지원군

도움움직씨 이름씨 으뜸움직씨나 으뜸그림씨 아래에서 그것을 도와 풀이말을 이루는 움직씨. "유리를 깨 버렸다.", "글월을 읽어보다." 에서 '버리다', '보다' ⇐ 보조동사. 조동사

도움주기 이름씨 공차기나 공넣기에서 공을 넣기 좋은 곳에 있는 사람에게 보내주는 일 ⇐ 어시스트

도움줄기 이름씨 풀이씨 줄기와 끝 사이에 들어가 뜻을 더하면서 줄기 한 쪽이 되는 조각. '-겠-', '-었-', '-시-' 따위 ⇐ 보조어간

도움토씨 이름씨 임자씨나 어찌씨, 풀이씨에 붙어 여러 뜻으로 돕는 구실을 하는 토씨. '나비만이 갈 수 있다' 에서 '만', '당신이 보아서는 안 된다'에서 '는' 따위 ⇐ 보조사

도움풀이씨 이름씨 도움움직씨와 도움그림씨를 아울러 이르는 말 ⇐ 보조용언

도읍지 ⇒ 으뜸고을터

도이칠란트 이름씨 유럽 가운데에 있는 나라. 작은 나라들로 나눠 있다가 1871해에 뭉치고 둘째누리큰싸움 뒤에 둘로 나뉘었다가 1990해에 다시 하나로 되었다. 여러 가지 짓일이 꽃핌. 서울은 베를린 ⇐ 독일

도인 ⇒ 갈닦이

도입 ⇒ 들옴. 들여옴. 들여오다

도자기 ⇒ 질그릇. 오지그릇. 흰흙그릇

도장 이름씨 세간이나 그밖에 여러 가지 몬을 넣어두는 곳 ⓑ어머니는 맛있는 튀밥을 도장에 갈무리하고 쇠를 채워두었다 한뜻말광 ⇐ 창고. 곳간

도장 (圖章) ⇒ 새긴이름

도장 (道場) ⇒ 닦는곳

도장 (塗裝) ⇒ 발라꾸밈. 바름. 발라 꾸미다. 바르다

도장공 (塗裝工) ⇒ 발라꾸밈이. 바름이

도저히 ⇒ 끝내. 아무리해도

도적 ⇒ 도둑. 밤손

도전 ⇒ 맞섬. 맞서다. 싸움 걸다. 덤비다. 덤벼들다. 대들다. 집적거리다. 달려들다. 겨루다

도정 ⇒ 찧음. 찧다. 쓿다. 대끼다. 능그다. 늠그다

도제 ⇒ 곁손

도중 ⇒ 동안. 사이. 길

도중하차 ⇒ 하다말기. 하다 말다

도지다[1] 움직씨 ❶앓이 따위가 낫다 말고 도로 세지다 ⓑ고뿔이 도져 끝내 자리에 누웠다 ❷노여움이 가라앉다가 다시 나다 ⓑ돈 달라는 소리에 노여움이 다시 도졌다 ❸없어졌던 것이 되살아나거나 다시 퍼지다 ⓑ떠돌이 버릇이 도져 집을 다시 나섰다

도지다[2] 그림씨 ❶지나치게 세다 ⓑ도지게 꾸짖다. 도지게 때리다 ❷몸이 여무지고 단단하다 ⓑ꺽쇠는 차돌같이 도진 몸을 지닌 사람이다

도지사 ⇒ 고장지기

도착 ⇒ 닿음. 닿다. 이르다

도처 ⇒ 곳곳. 군데군데

도첩 ⇒ 그림책

도청 ⇒ 엿들음. 엿듣다. 숨어 듣다. 몰래 듣다

도청 ⇒ 고장집

도출 ⇒ 끌어냄. 끌어내다. 찾아내다. 이끌어내다

도취 ⇒ 얼빠짐. 얼빠지다. 쏠리다

도쿄 [이름씨] 니혼 간토 고장 도쿄 휨에 있는 고을. 니혼 서울이고 다스림과 살림, 삶꽃 한복판이다

도탄 ⇒ 진구렁과 불구덩이. 아주 어려움. 더러움

도탑다 [그림씨] **1**(마음이나 사귐새 따위가) 깊고 탄탄하다 [ㅂ]벗 사이에서도 서로 도타운 마음이 없으면 싸움이 잦다 큰말두텁다 ⇐ 돈독하다. 돈후하다 **2**마음 씀씀이가 알뜰하고 크다 [ㅂ]꺽정이는 겉보기보다 속마음이 도탑고 따스하다 **3**꽤 두껍다 [ㅂ]도타운 솜바지. 도타운 솜이불

도태 ⇒ 가려냄. 솎아냄. 가려내다. 솎아내다. 걸러내다. 추리다

도토리 [이름씨] 떡갈나무, 갈참나무, 졸참나무, 신갈나무 따위 열매를 통틀어 이르는 말. 단단한 껍질을 벗기고 가루를 내어 묵을 만들어 먹는다 [ㅂ]구럭을 들고 도토리 주우러 가자

도톰하다 [그림씨] 보기 좋게 알맞게 두껍다 [ㅂ]가지를 도톰하게 어슷 썰었다 큰말두툼하다

도통 (都統) ⇒ 모두. 도무지. 아무리해도

도통 (道通) ⇒ 깨달음. 꿰뚫음. 깨달음을 얻다. 꿰뚫다

도투락 [이름씨] '도투락댕기' 준말

도투락댕기 [이름씨] 어린 계집아이가 드리는 붉은 보랏빛 헝겊으로 두 끝을 뾰족하게 접은 댕기 [ㅂ]도투락댕기를 드리고 널뛰던 가시나들이 떠오른다

도투마리 [이름씨] 베를 짜려고 날실을 감아 놓은 틀. 베틀 앞다리 너머 채머리 위에 얹어 두고 베를 짜면서 당기면 돌아가면서 날실이 풀어진다

도투마리집 [이름씨] 베틀 도투마리 꼴로 지은 집. 고다라 고을에서 부엌을 가운데 두고 두 쪽에 방을 한 칸씩 이어 지은 집

도트라지 [이름씨] 들이나 길가에 절로 자라는 한해살이풀. 세모꼴 둥근 잎은 어긋나며 톱니가 있고 여름에 잘고 누런 풀빛 꽃이 이삭꼴로 핀다. 어린잎은 나물로 먹고 줄기는 지팡이를 만든다 한뜻말명아주

도틀어 [어찌씨] 이러니저러니 할 것 없이 죄다 몰아서 [ㅂ]일을 잘 끝내려면 도틀어 마루에게 맡겨야지 한뜻말도파니

도파니 [어찌씨] 도틀어 [ㅂ]글을 쓰는 일이라면 도파니 숲노래가 맡아 해야지

도편수 ⇒ 머리나무쟁이

도포 (塗布) ⇒ 바름. 바르다

도포 (道袍) ⇒ 두루마기. 두루막

도표 ⇒ 그림표

도피처 ⇒ 내뺄 곳. 숨을 곳

도하 ⇒ 내건넘. 내 건너다. 가람 건너다

도합 ⇒ 몯셈. 모은셈. 모두 더해. 몰밀어

도항 ⇒ 바다건너기. 바다 건너다. 배로 건너다

도해 ⇒ 그림풀이

도형 ⇒ 그림꼴

도화선 ⇒ 부싯깃. 불실. 빌미

도화지 ⇒ 그림종이

도회지 ⇒ 큰고을. 큰물

독 [이름씨] 김치나 술, 지렁을 담가 두는 데 쓰는 큰 오지그릇이나 질그릇 [ㅂ]물독. 쌀독. 김장독

독 ⇒ 죽개. 죽이개

독가게 [이름씨] 독을 파는 가게 ⇐ 옹기전

독감 ⇒ 된고뿔

독과점업 ⇒ 외목장사

독농가 ⇒ 앞선여름지기. 밑보기여름지기

독단적 ⇒ 제멋대로. 제 마음대로

독도법 ⇒ 땅그림읽기

독려 ⇒ 다그침. 채찍질. 다그치다. 다잡다. 북돋우다

독립 ⇒ 홀로서기. 제힘살이. 따로서기. 감장

독립가옥 ⇒ 외딴집

독립국 ⇒ 홀로선나라. 제힘살이나라

독립심 ⇒ 제살힘

독무대 ⇒ 혼잣마당. 혼잣판

독바치 [이름씨] 독을 굽는 것을 일삼아 하는 사람 ⇐ 옹기장이

독방·독실 ⇒ 혼잣방
독백 ⇒ 혼잣말. 혼잣말하다. 혼잣소리하다
독보적 ⇒ 뛰어난. 빼어난
독불장군 ⇒ 외톨이. 외돌토리
독사 ⇒ 죽개뱀
독사진 ⇒ 외톨 빛박이. 혼빛박이
독산 ⇒ 민메. 민둥메. 벌거숭이메
독살스럽다 ⇒ 모질다. 사납다
독생자 ⇒ 외사람. 외아들
독서 ⇒ 책읽기. 책 읽다. 글 읽다. 책 보다
독서광 ⇒ 책벌레
독서대 ⇒ 책얹개
독서삼매 ⇒ 책읽기 빠지기. 책읽기에 빠지다
독선적 ⇒ 홀로 옳다고 믿는. 제 잘난 체하는
독설 ⇒ 모진말. 막말. 모진 말하다. 막말하다
독수리 ⇒ 대수리
독식 ⇒ 혼자 다 먹음. 혼자 다 가지다. 홀로 차지하다
독신 ⇒ 홀몸. 외톨이. 혼잣몸. 외돌토리
독신생활 ⇒ 혼자살이
독실 ⇒ 두텁다. 깊다. 알차다
독약 ⇒ 죽이개
독일 ⇒ 도이칠란트
독자 (讀者) ⇒ 읽는이
독자 (獨子) ⇒ 외아들. 외동이. 외둥이
독자적 ⇒ 혼자. 혼자만. 홀로 하는. 제 나름으로. 혼자 생각으로
독장수 이름씨 독을 팔아 먹고사는 사람 ⇐ 옹기장수
독재 ⇒ 판침. 제멋대로함. 판치다. 제멋대로 하다. 활개치다
독점 ⇒ 혼자차지. 혼자 차지하다. 외목차지하다. 혼자 휩쓸다
독점업 ⇒ 외목장사
독종 ⇒ 모진 놈. 못된 놈
독주 ⇒ 혼자놀기
독주 ⇒ 혼자뜀. 혼자 뛰다. 외딴치다. 앞서나가다
독지가 ⇒ 갸륵한 이. 참된 이
독창 ⇒ 홀노래. 혼잣소리. 혼잣노래
독창성 ⇒ 애짓기. 애짓는힘
독창적 ⇒ 애짓는
독창회 ⇒ 혼잣노래판. 홀노래마당
독촉 ⇒ 다그침. 잦추름. 조름. 다그치다. 잦추르다. 조르다. 보채다
독특 ⇒ 남다름. 남다르다. 두드러지다. 뛰어나다
독파 ⇒ 다읽음. 다읽다. 읽어내다
독하다 ⇒ 모질다. 억세다. 굳세다
독학 ⇒ 혼자배움. 혼자 배우다. 혼자 익히다
독해 ⇒ 읽어냄. 읽어앎. 읽어내다. 읽어알다
독후감 ⇒ 읽은 느낌
돈 이름씨 **1** 사람살이에서 두루 몬값이나 일한 값을 세는 잣대로 삼는 종이나 쇠 ⓑ돈이 잘 돌다. 돈이 마르다. 돈을 벌다 ⇐ 현금. 현찰. 화폐. 통화 **2** 몬값 ⓑ시곗돈을 싸게 매기다. 비싼 돈 주고 산 옷 **3** 무엇을 하는 데 드는 값 ⓑ돈이 많이 들어 집을 한쪽만 고쳤다 **4** 가진 것이나 살림살이 ⓑ돈이 많은 사람 **5** 옛날 돈이나 무게 열 푼을 세는 하나치 ⓑ다섯 돈짜리 팔찌를 사다 익은말 **돈을 먹다** 몰래 돈을 받다 슬기말 **돈에 침 뱉는 놈 없다** 사람은 누구나 돈을 종요롭게 여긴다 **돈이 돈을 번다** 돈이 많아야 길미를 많이 남긴다 **돈이 장사다** 돈 힘이 장사와 같이 세다
돈가스 ⇒ 돼지너비튀김. 돼지고기튀김
돈값 이름씨 돈이 지니는 살 힘. 돈으로 몬이나 품을 살 수 있는 힘 ⇐ 통화가치
돈거리 이름씨 팔면 돈을 좀 받을 수 있는 몬
돈내기[1] 이름씨 얼마만큼 일을 하면 얼마만큼 삯을 준다고 미리 잡고 하는 일 ⓑ땅떼기를 돈내기로 하다. 멧나물 한 근에 닷즈믄 원 값에 돈내기로 나물을 뜯다 맞선말 날일
돈내기[2] 이름씨 **1** 돈을 걸고 하는 내기 ⓑ돈내기 바둑. 돈내기 윷놀이 **2** 돈이나 값진 것을 걸고 주사위나 여러 가지 노름거리를 써서 서로 내기를 하는 일 ⇐ 노름. 투전
돈넣기 이름씨 돈책이나 돈자리에 돈을 넣거나 보내기 ⇐ 입금
돈놀이 이름씨 돈을 빌려주고 길미를 받는 일 ⓑ가면이들은 돈놀이로 돈을 아주 많이 번

다 ⇐ 대금업

돈누리 [이름씨] 돈만 있으면 무엇이든 마음대로 할 수 있음을 일컬음 ⇐ 황금만능

돈늚 [이름씨] 나라 안에 돈을 많이 찍어 내어 돈값이 떨어지고 몬값이 올라가는 일 ⇐ 인플레이션

돈더미 [이름씨] **1** 돈을 쌓아놓은 더미 [ㅂ] 돈더미에 올라앉았다 **2** 아주 많은 돈 [ㅂ] 어느 절에서는 부처님 오신 날 돈더미를 몇 가마니나 담았다나

돈독 (돈毒) ⇒ 돈밝힘. 돈 밝히다

돈독하다 (敦篤) ⇒ 두텁다. 도탑다. 알차다. 알뜰하다

돈머리 [이름씨] 얼마라고 이름을 붙인 돈 크기 [ㅂ] 돈머리가 많고 적음을 떠나 그 마음이 종요롭지 [한뜻말] 돈머릿수 ⇐ 금액. 액수

돈몬나들곳 [이름씨] 돈이나 몬을 내어주거나 받는 곳 ⇐ 출납창구

돈바꿈 [이름씨] 서로 갈래가 다른 돈끼리 바꾸는 일 ⇐ 환전

돈방석 [이름씨] 돈벌이가 아주 잘되는 매개 [ㅂ] 올해 선돌박이 사람들은 소낭버섯을 따서 돈방석에 앉았다

돈벌이 [이름씨] 돈을 버는 일 [ㅂ] 돈벌이가 될 만한 일을 찾아 나서다

돈벼락 [이름씨] 갑자기 한 디위에 많이 생긴 돈 [ㅂ] 돈벼락을 맞다

돈사다 [움직씨] 낟을 팔아 돈을 마련하다 [ㅂ] 햅쌀과 햇밤을 돈사야 한가위 빔을 마련할 텐데

돈셈 [이름씨] 나가고 들어오는 돈을 따져서 셈을 함 ⇐ 회계

돈육 ⇒ 돼지고기

돈자리 [이름씨] 돈을 맡긴 사람 이름으로 돈머리가 늘고 주는 것을 적어둔 자리 [ㅂ] 내 돈자리를 만들고 먼저 골 원을 맡겼다 ⇐ 계좌

돈저냐 [이름씨] 잎돈 크기로 만든 저냐

돈주머니 [이름씨] **1** 돈을 넣어두는 주머니 [ㅂ] 어머니는 늘 돈주머니를 허리에 찼다 **2** 돈이 나올 구멍 [ㅂ] 아픈 사람 돈주머니부터 알아보고 앓는 이를 받고 안 받고 하는 나숨집 민낯을 봐요

돈줄 [이름씨] 돈을 돌려쓸 만한 줄 [ㅂ] 돈줄을 찾다. 돈줄이 생기다

돈지네 [이름씨] 지네와 비슷하나 다리가 더 길고 머리에 긴 더듬이가 있는 마디발벌레. 축축한 곳에 잘 산다

돈집 [이름씨] 돈을 맡아주거나 맡긴 돈으로 남에게 빌려주거나 어음 덜이를 하거나 몫을 사는 일 따위를 하는 곳 ⇐ 은행

돈찾기틀 [이름씨] 돈집에 맡긴 돈을 저절로 꺼내 쓸 수 있게 만든 틀 ⇐ 현금인출기

돈책 [이름씨] 돈집 같은 데서 돈을 맡기고 빌려주고 찾고 하는 일을 적어두는 책 ⇐ 통장

돈치기 [이름씨] 쇠돈을 던져서 땅바닥에 늘여놓고 그것을 맞히면서 내기를 하는 놀이 **돈치기하다**

돈키 [이름씨] **1** 돈 크기 [ㅂ] 절값 돈키도 높아져서 설 절값으로 골 원 주기는 부끄럽다 **2** 돈으로 치르는 몬값 크기 [ㅂ] 돈키가 높아서 이제 집 사기는 글렀어

돈키호테꼴 [이름씨] 먹고사는 나날 삶을 하찮게 여기고 제 나름 생각이 옳다는 데에 사로잡혀 제멋대로 구는 사람을 빗댄 말 ⇐ 돈키호테형

돈타령 [이름씨] 돈을 달라고 칭얼거리거나 돈 이야기를 노래 삼아 자꾸 짓궂게 외우는 짓 [ㅂ] 가난한 살림살이였지만 아내는 돈타령 한 적이 없었다

돈팔이 [이름씨] **1** 배운 것, 솜씨, 뛰어난 재주를 오로지 돈을 버는 데만 써먹으려고 애쓰는 일 [ㅂ] 오늘날 나숨이 가운데 참 나숨이도 있지만 돈팔이도 있다 **2** 떠돌아다니며 배운 것, 솜씨, 재주나 몬을 팔아 먹고사는 사람 [ㅂ] 햇둥글파와 햇마늘 장사에는 아직 돈팔이가 있다 [한뜻말] 돌팔이

돈표 [이름씨] 진짜 돈처럼 쓸 수 있게 한 종이쪽. 그것을 펴낸 돈집에 가져가면 돈으로 바꾸어 준다 ⇐ 수표

돈후 ⇒ 도타움. 너그러움. 어짊. 도탑다. 너그럽다.

어질다

돋나다 그림씨 매우 두드러지게 뛰어나다

돋난이 이름씨 뛰어난 사람 ⇐ 위인

돋다·돋아나다 움직씨 ❶살갗에 무엇이 밖으로 내밀다 ⓑ혓바늘이 돋다. 여드름이 돋다 ❷해나 달이 하늘에 떠오르다 ⓑ해가 돋다 ❸낯빛이 얼굴에 나타나다 ⓑ얼굴에 환한 빛이 돋다 ❹입맛이 몹시 당기다 ⓑ입맛이 돋다 ❺속에서 겉으로 생겨나오다 ⓑ싹이 돋다. 날개가 돋다 ❻골이 나다 ⓑ아우가 잔뜩 돋아 말도 안 한다

돋되기 이름씨 목숨붙이가 오랜 동안에 걸쳐 조금씩 몸 얼개나 구실이 바뀌어 더 나아짐 맞선말졸되기 ⇐ 진화

돋되기생각 이름씨 산것이 조촐한 것에서 돋되어 몸 얼개나 구실이 뒤얽혀 나아져 왔다는 생각 ⇐ 진화론

돋듣개 이름씨 잘 들리지 않는 사람 귀에 꽂아 좀 잘 들리게 해 주는 연장 ⇐ 보청기

돋보기 이름씨 작은 것이 크게 보이는 볼록한 눈거울이나 유리알 ⓑ돋보기를 코에 걸고 새뜸을 찬찬히 읽는다 ⇐ 확대경

돋보다 움직씨 있는 것보다 더 높이 보거나 좋게 보다 ⓑ남을 얕보지도 말고 돋보지도 마라

돋보이다 움직씨 다른 것보다 한결 나아 보이다 ⓑ장구가락이 돋보인다

돋우다·돋구다 움직씨 ❶위로 도드라지게 하다 ⓑ심지를 돋우다 ❷위로 높아지게 하다 ⓑ발끝을 돋우다 ❸두두룩하게 만들다 ⓑ땅콩 밭에 북을 돋우다 ❹크게 하거나 세게 하다 ⓑ목청을 돋우다 ❺느낌이나 기운을 부추기거나 더 나게 하다 ⓑ입맛을 돋우다. 부아를 돋우다 ❻얼날을 건드려 굳어지게 하다 ⓑ얼날을 돋우다

돋움 이름씨 높아지게 밑을 괴어서 받치는 것 ⓑ아이가 돋움 위에 올라서서 단추를 누른다

돋움내기 이름씨 올록볼록한 쇠무늬널 사이에 종이나 천, 가죽, 쇠널 따위를 끼워 세게 눌러 돋을무늬를 만드는 일이나 그런 수 ⇐ 엠보싱

돋움대 이름씨 여러 사람 앞에서 제 뜻을 말하거나 가르치는 사람이 잘 보이게 올라서도록 만든 곳 ⇐ 연단

돋을무늬 이름씨 도드라지게 나타낸 무늬

돋을볕 이름씨 해돋이 무렵 솟아오르는 햇볕 ⓑ새해 첫날 돋을볕 보러 멧꼭대기에 오른 이들

돋을새김 이름씨 바탕감 거죽에 도드라지게 새긴 것 또는 그러한 일 ⓑ돌에다 일곱별을 돋을새김하다 맞선말오목새김 준말돋새김 ⇐ 양각. 부각. 부조

돋이 이름씨 도드라지게 돋아난 데 ⇐ 돌기

돋찍기 이름씨 뮘그림이나 멀봄에서 나오는 사람이나 뒷그림을 그림낯에 크게 나타내는 일 한뜻말바투찍기 ⇐ 클로즈업

돋치다 움직씨 밖으로 도드라지다. '돋다' 힘줌말 ⓑ책이 날개 돋친 듯 팔린다 **돋치기**

돌[1] 이름씨 ❶모래보다 크고 바위보다 작은 단단한 덩이 ⓑ맞은쪽이 돌로 치면 돌로 치고, 떡으로 치면 떡으로 쳐라 ❷바둑놀이에 쓰는 희거나 검은 돌 ⓑ맞은쪽에서 먼저 돌을 거두었다 ❸몸속에 돌처럼 단단하게 엉겨 붙은 것 ⓑ나숨이들이 콩팥돌을 깬다 ❹머리가 나쁜 사람 ⓑ아무리 돌한테 말을 해봐도 쓸모없다

돌[2] 이름씨 ❶아기가 난 날로부터 한 해가 되는 날 ⓑ돌쟁이에게 돌잡이를 하게 하니 돈을 집어 들었다 ❷어린아이가 태어난 뒤로 그 날이 되풀이되는 햇수를 세는 하나치. 흔히 아이가 서너 살 될 때까지 쓴다 ⓑ올해로 두 돌을 맞는다 ❸어떤 일이 비롯된 날 뒤로 그 날이 되풀이되는 햇수를 세는 하나치 ⓑ우리가 서로 만난 지 벌써 세 돌이 되었네

돌- 앞가지 ❶(어떤 푸나무 이름 앞에 붙어) 메와 들, 바다에 절로 자란 ⓑ돌배. 돌감. 돌미나리. 돌미역. 돌김 ❷(어떤 숨받이 이름 앞에 붙어) 됨바탕이 낮은. 잘거나 막된 ⓑ

돌굴. 돌생포 ❸애를 밸 수 없는 ⓑ돌겨집 ❹제 구실을 못하거나 거짓된 ⓑ돌중

돌가루 이름씨 ❶돌이 잘게 부스러진 가루 ❷돌잿돌과 진흙, 잿반죽을 섞어 이긴 것을 구워 빻은 가루. 모래나 자갈, 물과 섞어 바닥, 바람, 기둥 들을 만든다 ⇐ 시멘트

돌개바람 이름씨 더운 고장에서 자주 일어나고, 몹시 세게 기둥 꼴을 이루며 빙빙 도는 바람 ⓑ돌개바람이 불어 나뭇잎사귀들이 감겨 올라간다 비슷한말 회오리바람

돌격 ⇒ 쳐들어감. 무찌름. 쳐들어가다. 무찌르다. 냅다 치다

돌계단 ⇒ 디딤돌. 섬돌

돌고드름 이름씨 돌잿돌 바위굴 보꾹에 고드름같이 달린 돌잿돌. 땅속물에 녹아 있던 돌잿가루가 물기가 날아가면서 다시 엉겨 생긴다 ⇐ 종유석. 석종유

돌고래 이름씨 주둥이가 새부리처럼 생기고 몸통은 검푸르며 배 쪽이 희고 등지느러미가 크며 떼를 지어 살고 작은 물고기를 잡아먹는 조그만 고래. 머리가 좋고 길들이기가 쉬워 재주놀이터 따위에 잡아 가두어 많이 기른다

돌그릇 이름씨 돌로 만든 연장 ⇐ 석기

돌그릇때 이름씨 돌로 칼이나 도끼, 그릇 같은 것을 만들어 쓰던 때 ⇐ 석기시대

돌기 ⇒ 돋이

돌기둥 이름씨 돌을 다듬어 지은 기둥 ⓑ주춧돌 위에 돌기둥을 세우고 집을 지었다 ⇐ 석주

돌기총 이름씨 짚신이나 미투리 허리 두 쪽에 엄지총을 당겨 맨 굵은 총

돌길 이름씨 번힘이 어떤 점을 떠나 흐름덩이를 돌아 떠난 점에 되돌아오기까지 길 ⇐ 회로

돌길그림 이름씨 번힘이 어떤 점을 떠나 흐름덩이를 돌아 떠난 점에 되돌아오기까지 길 ⇐ 회로도

돌꼇 이름씨 실을 감고 푸는데 쓰는 연장. 굴대에 '+'꼴로 나무를 대고 네 끝에 짧은 막대를 꽂아 실을 감는다 한뜻말 돌고지

돌꼇날틀 이름씨 돌림날개를 뭠틀로 돌려서 생기는 뜨는 힘과 나가는 힘으로 나는 날틀 한뜻말 돌고지날틀 ⇐ 헬리콥터

돌나물 이름씨 멧기슭 축축한 곳이나 돌 틈에서 절로 나는 여러해살이풀. 줄기 마디마다 뿌리가 나오고, 살찌고 길둥근꼴 잎은 잎자루 없이 세 낱씩 돌려나고, 늦봄에 꽃이 핀다. 어린잎과 줄기는 나물로 먹으며, 잎에서 나는 물은 벌레에 쏘이거나 불에 덴데 바르는 낫개로 쓴다

돌날 이름씨 아이 첫돌이 되는 날

돌너덜길 이름씨 돌이 많이 깔린 비탈길

돌널 이름씨 그림을 그리거나 글씨를 새기도록 반반하게 다듬은 돌로 된 얇은 널 ⇐ 석판

돌널그림 이름씨 돌널에 그림이나 글을 새겨 찍어낸 그림 ⇐ 석판화

돌널무덤 이름씨 깬 돌이나 널 돌을 잇대어 널을 만들어서 쓴 무덤. 옛날 푸른구리연모 때 많이 썼다 ⇐ 석관묘

돌다 움직씨 ❶어떤 것을 가운데 두고 그 둘레를 따라 둥글게 움직이다 ⓑ달이 땅별을 돈다. 땅별은 한 해에 해를 한 바퀴 돈다 ⇐ 회전하다 ❷가던 쪽에서 다른 쪽으로 틀다 ⓑ왼쪽으로 돌면 가람이 보인다 ❸어떤 테두리 안에서 차례로 옮겨지다 ⓑ잘못된 글이 돌아 다닌다. 돌림고뿔이 온누리에 한창 돈다 ❹돈이나 몬감이 잘 쓰이다 ⓑ돈이 잘 돌아야 나라살림이 나아진다 ❺자리를 옮겨 다니다 ⓑ아버지는 일자리가 적은 고을로만 도는 바람에 집에서 늘 나가 사셨다 ❻제대로 움직이다 ⓑ바느질틀이 잘 돈다. 물레방아가 쉴 새 없이 돈다 ❼처음 생각이나 뜻, 선자리를 바꾸다 ⓑ참 쪽으로 돌다. 왼쪽에서 오른쪽으로 돌다 ❽틀이나 짓곳이 제구실을 하여 뮈다 ⓑ하루도 쉬지 않고 짓곳이 잘 돈다 ❾어떤 기운이나 눈물 같은 것이 생겨나다 ⓑ눈물이 핑 돌다 ❿(눈, 머리 같은 말과 함께 써) 얼을 못 차

리게 아찔해지거나 얼이 나가다 ⓑ그 사람 머리가 좀 돈 것 같지 않아? ⓫어떤 생각이 꼬리를 물고 잇달다 ⓑ이게 좋을지 저게 좋을지 온갖 생각이 머릿속에 빙빙 돈다

돌다리 이름씨 돌로 놓은 다리 ⓑ돌다리도 두들겨 보고 건너라 ⇐ 석교

돌담 이름씨 돌로 쌓은 담 ⓑ아이들이 돌을 이고 지고 하여 돌담을 쌓았다 ⇐ 석장 슬기말 **돌담 구멍에 족제비 눈깔** 돌담에 족제비가 많이 살아 어디에나 흔하게 많음

돌대 이름씨 ❶돌 됨 복판이 되는 곧은 줄 ⇐ 축. 회전축 ❷도는 굴대

돌대가리 이름씨 ❶몹시 어리석어 잘 돌지 않는 머리. 머리가 몹시 나쁘거나 일솜씨가 몹시 서툰 사람 ⓑ미르는 어릴 적에 돌대가리라고 놀림을 받았다 ⇐ 석두 ❷늘 제 생각을 굽히지 않고 우기는 사람 ⓑ끝까지 우기는 데, 아주 돌대가리 같아

돌덩이 이름씨 돌 낱낱 덩이. 바위보다 작고 돌멩이보다 큰 돌 ⓑ돌덩이를 날라다 가르침이 담을 쌓았다

돌도끼 이름씨 돌그릇때에 쓰던 돌로 만든 도끼

돌돌 어찌씨 ❶작은 것이 여러 겹으로 말리는 꼴 ⓑ종이를 돌돌 말아 두면 간수하기 쉽다 큰말둘둘 센말똘똘 ❷작고 둥그스름한 것이 가벼이 굴러가는 소리 ⓑ빨래틀이 돌돌 잘 돌아간다 ❸적은 시냇물이 좁은 목으로 부딪치며 흐르는 소리나 꼴 ⓑ돌돌 흐르는 찬물을 얼굴에 끼얹었다

돌돌거리다 움직씨 ❶작고 둥그스름한 것이 가벼이 굴러가는 소리가 잇달아 나다 ⓑ구슬이 돌돌거리며 내 앞으로 굴러온다 ❷적은 시냇물이 좁은 목으로 부딪치며 흐르는 소리가 잇달아 나다 ⓑ시냇물이 돌돌거리며 흐른다 **돌돌대다**

돌떡 이름씨 아이 돌날을 기뻐하여 만들어 먹는 떡 ⓑ돌떡을 만들어 마을에 돌렸다

돌라놓다 움직씨 ❶여럿을 동그랗게 벌려놓다 ⓑ오늘은 손님이 있어서 밥놓개에 여러 가지 맛갓을 돌라놓았다 큰말둘러놓다 ❷생각이나 하던 일을 바꿔놓다 큰말둘러놓다

돌라대다 움직씨 ❶일이 되도록 하려고 돈이나 몬을 돌려서 대다 ⓑ집 짓는 데 드는 돈을 잘 돌라댔다 큰말둘러대다 ❷그럴듯한 말로 살짝 넘겨 꾸며대다 ⓑ그렇게 돌라대지 말고 바른대로 말해 봐 큰말둘러대다 ❸둘레를 따라 빙 돌려가며 대다 ⓑ집 울타리를 대오리로 돌라댔다

돌라맞추다 움직씨 ❶다른 몬으로 갈음하여 맞추다 ❷말을 그럴듯하게 꾸며 대어 맞추다

돌라보다 움직씨 ❶이리저리 골고루 살펴보다 ⓑ콩밭에 나가 군데군데 돌라보았다 큰말둘러보다 ❷서로 돌려가며 보다 ⓑ그림책을 여럿이 돌라봤다

돌라싸다 움직씨 ❶동그랗게 둘레를 에워싸다 ⓑ꼬마들이 엿장수를 돌라싸고 침만 흘린다 큰말둘러싸다 ❷둘레를 동그랗게 감싸다 ⓑ그릇이 깨지지 않게 종이로 돌라쌌다

돌라앉다 움직씨 (둘보다 많은 사람이) 동그랗게 돌라서 앉다 ⓑ꼬마들이 가르침이 곁에 돌라앉아 얘기를 듣는다 큰말둘러앉다

돌라주다 움직씨 몫몫을 갈라서 나누어주다 ⇐ 배분하다

돌려놓다 움직씨 ❶가던 쪽에서 다른 쪽으로 바꾸다 ⓑ바람 쪽으로 놓았던 책놓개를 문쪽으로 돌려놓았다 비슷한말돌라놓다 ❷어떤 까닭으로 일에서 축에 들지 않다 ⓑ집안일에서 나만 돌려놓고 뭔가를 수군거린다 ❸따로 떼어 놓거나 남겨두다 ⓑ굵은 밤은 가려서 시원한 곳에 돌려놓게 ❹잘못된 생각이나 일솜씨를 바로잡다 ⓑ두름님 말은 밥을 먹고 나서 과일을 먹던 우리 버릇을 돌려놓았다 ❺몹쓸 사람이나 몹쓸 것으로 따돌리다 ⓑ제 생각만 하는 따로님은 모둠살이에서 차츰 돌려놓아졌다

돌려받다 움직씨 도로 받게 되다 ⓑ서로님은 빌려준 돈을 한 푼도 돌려받지 못해서 속이 쓰리겠지 ⇐ 환수하다

돌려버리다 움직씨 ❶다른 쪽으로 돌리다 ⓑ버시는 내 말을 우스갯소리로 돌려버리네 ❷쓸데없게 만들다 ⓑ그렇게 굳게 다짐해 놓고는 없던 일로 돌려버리다니 ❸어떤 것으로 판가름하다 ⓑ마을 사람들은 꾀돌이를 나쁜 사람으로 돌려버릴 참이야

돌려보내다 움직씨 ❶갖고 온 것을 되가져가게 하다 ⓑ보내온 돈을 받을 수가 없어 돌려보냈지 ⇐ 환송하다 ❷찾아온 사람을 되돌아가게 하다 ⓑ손님을 그냥 돌려보내니 마음이 짠해

돌려보다 움직씨 ❶둥근 것을 돌리며 보다 ⓑ순이랑 땅별밑뜸을 돌려보며 여러 나라를 찾아 봤어 ❷돌리는 것을 해보다 ⓑ새로 산 풀깎개를 돌려보니 소리가 아주 부드러워 ❸여러 사람이 돌려가며 보다 ⓑ푸른누리 사람들은 일찍이 무탄트를 돌려보았다오 ⇐ 회람하다

돌려쓰다 움직씨 ❶쓸 돈이나 몬을 다른 곳에서 빌리거나 얻어 쓰다 ⓑ이 돈을 먼저 앓이 고치는 데 돌려쓸 수밖에 없겠어요 ❷쓸모를 바꾸어 가며 쓰다 ⓑ우리 글은 소리글자라 글자수는 적지만 돌려쓰는 길이 많고도 많아서 배우고 쓰기가 쉽다

돌려주다 움직씨 ❶도로 주거나 갚다 ⓑ빌려간 돈을 언제 돌려줄래? ⇐ 환급하다 ❷돈 따위를 꿔주거나 빌려주다 ⓑ갑자기 돈 쓸 일이 있으니 먼저 온골 원만 돌려줄 수 있겠어?

돌려짓기 이름씨 같은 땅에 온갖 낟이나 남새를 해마다 바꾸어 심어 가꾸는 일 ⓑ돌려짓기를 하면 땅심을 높일 수 있다네 ⇐ 윤작

돌리개 이름씨 타래못을 돌려서 박거나 빼는 연장 한뜻말타래못돌리개 ⇐ 드라이버

돌리다 움직씨 ❶한곳을 가운데로 하여 제자리에서 한쪽으로 뛰게 하다 ⓑ때틀 바늘을 돌려 네 때에 맞추었어 ❸하던 말이나 이야기를 끊고 다른 말이나 이야기로 바꾸다 ⓑ말머리를 돌리다 ❹건너 쪽으로 둘러대다 ⓑ이야기를 다른 데로 돌리는 바람에 할 말을 못다했어 ❺딴 일터로 보내다 ⓑ집안일 하던 사람들을 하루 아침에 짓곳으로 돌렸다네 ❻다른 데로 옮겨 보내다 ⓑ여름지이하던 사람을 버섯 따는 데로 돌리면 얼마나 따겠어 ❼다른 데 쓰기로 한 돈이나 밑감 같은 것을 내다 ⓑ부엌 고치는 데 쓸 나무를 마루 놓는 데로 돌려 쓰기로 했어 ❽무엇을 나눠 보내다 ⓑ돌떡을 온동네에 돌렸지 ❾마음을 두고 줄곧 생각하다 ⓑ우리말을 살려 쓰는 데로 마음을 돌렸어 ❿한동안 빌리다 ⓑ한달 동안만 돈을 돌리면 되는데 ⓫임자에게 갚아주거나 보내주다 ⓑ이웃집에서 빌려왔던 풀깎개를 돌려주었다 ⓬달라졌던 것을 다시 처음대로 돌아가게 하다 ⓑ과일 밭을 다시 남새밭으로 돌리고 과일은 밭둑에 심었다 ⓭남이 차지하게 하거나 구실을 바꾸다 ⓑ아우는 밭을 가지고 집과 논은 언니한테 돌렸다 ⓮어떤 구실을 바꾸다 ⓑ오늘날엔 부림소를 모두 고기소로 돌렸다 ⓯제 자리로 되찾다 ⓑ모내기를 마치고 나니 한 숨을 돌릴 만하다 ⓰바드러운 앓이에서 벗어나다 ⓑ이제 아버지 앓이가 바드러운 고비를 넘기는 듯하였다 ⓱고까운 마음이나 노여움을 풀다 ⓑ미운 마음을 돌리기가 그리 쉽겠나 ⓲한데 어울리지 못하게 떼어놓다 ⓑ동네아이들은 서울에서 온 수리를 돌리고 저희들끼리 놀았단다

돌림 이름씨 겨레붙이 아음 사이에서 위아래를 나타내는 말 ⓑ'규'자 돌림은 나한테는 아재비뻘이다 ⇐ 항렬

돌림고뿔 이름씨 돌림고뿔 좀알살이로 걸리는 고뿔. 몸이 뜨거워지고 허파불늦, 가운데귀불늦, 골불늦을 일으킬 수 있다 ⇐ 인플루엔자

돌림노래 이름씨 ❶한 사람씩 차례로 돌아가며 부르는 노래 ⓑ돌림노래를 즐겁게 듣고 있다가 내 차례가 다가오자 갑자기 가슴이 콩닥콩닥 뛰었어 ❷같은 가락을 한 마디씩 먼저 부르고 뒤따라 부르는 노래 ⓑ두 떼

로 나누어 돌림노래를 불렀다 ⇐ 윤창

돌림못 이름씨 몬 겉에 타래꼴로 홈이 나 있고 머리에는 돌리개로 돌릴 수 있도록 홈이 나 있는 몬 한뜻말타래못 ⇐ 나사. 나사못

돌림뱅이 이름씨 이리저리 떠돌며 돈거리를 파는 사람 ⓑ오늘 그릇 돌림뱅이가 저자에 돌아다니던데 맞선말앉은장수 ⇐ 행상

돌림병 ⇒ 돌림앓이

돌림앓이 이름씨 **1** 옮겨다니며 퍼지는 앓이 ⓑ해고리 좁알살이만큼 우리 삶을 바꿔놓은 돌림앓이가 또 있을까 ⇐ 역병. 전염병 **2** '장티푸스'를 이르던 말 ⇐ 염병

돌림자 이름씨 피붙이 곁가지에서 같은 돌림에 있는 사람들끼리 이름에 함께 넣어 쓰는 글자 ⓑ돌림자를 보니 집안사람 아재비 뻘이다

돌림쟁이 이름씨 남에게 따돌림을 받는 사람 ⇐ 왕따

돌림줄뚱앓이 이름씨 티푸스 팡이가 창자에 들어가 일으키는 돌림앓이. 입으로 옮겨져 한 이레에서 두 이레 숨은 뒤에 나타난다 ⇐ 장티푸스

돌림턱 이름씨 여럿이 돌아가며 한턱씩 내는 일

돌마낫적 이름씨 첫돌이 될동말한 아이 적 ⓑ돌마낫적 빛박이를 보면 나는 할머니를 쏙 빼닮았다

돌맞이 이름씨 돌을 맞아 벌이는 잔치나 굿 ⓑ집님끼리 뜰에서 아슨아들 돌맞이를 벌였다

돌멘 (dolmen) ⇒ 고인돌

돌멩이 이름씨 돌덩이보다 작고 자갈보다 큰 돌 ⓑ돌멩이를 던져 과녁을 맞췄다

돌무덤 이름씨 돌을 쌓아올려 만든 높은 무덤. 돌무지무덤, 고인돌, 돌널무덤 따위가 있다 ⇐ 석총

돌무지 이름씨 돌이 매우 많이 쌓여 깔린 땅 또는 그렇게 만든 것 ⓑ큰 돌무지를 찬찬히 살피며 걸었다

돌무지무덤 이름씨 주검을 넣은 돌널 위에다 흙이 아닌 돌만으로 덮어 쌓아올린 무덤 ⓑ옛 가고리 터로 가서 돌무지무덤을 둘러보았다 ⇐ 적석총

돌물 이름씨 땅꼴에 따라 어느 곳에서 소용돌이치는 물 흐름 ⓑ큰 들메 물떠러지 아래 미르못에는 돌물이 늘 흐른다

돌바람 이름씨 돌로 쌓은 바람 ⇐ 석벽

돌박메 이름씨 나무는 잘 자라지 않고 돌과 바위가 많은 메 ⇐ 돌박산

돌반죽 이름씨 돌가루에 모래와 자갈 따위를 알맞게 섞고 물에 반죽한 것. 만들기가 쉽고 튼튼해서 다리나 길, 집 짓기 따위에 종요로운 밑감으로 쓴다 ⇐ 콘크리트

돌발 ⇒ 갑자기 일어남. 갑자기 일어나다. 뜻밖에 일어나다

돌발사고 ⇒ 벼락일. 갑작스러운 일

돌방아 이름씨 넓고 둥근 돌 위에 작고 둥근 돌을 세로로 세우고, 작은 돌에 나무를 메워 이 작은 돌을 소가 끌어 돌려 낟알을 찧거나 빻을 수 있게 만든 맷돌 ⇐ 연자매. 연자방아

돌배나무 이름씨 메나 들에 절로 자라는 멧돌배, 좀돌배, 콩돌배 따위 넓은잎큰키나무를 통틀어 일컫는 말. 열매는 여느 배보다 훨씬 작고 딱딱하나 먹기도 하고 낫개로도 쓴다

돌번지 이름씨 둥근 통꼴로 된 돌 두 끝에 구멍을 내고 손잡이를 달아 굴려 밭 고를 때 쓰는 연장

돌변 ⇒ 갑자기 바뀜. 갑자기 달라지다. 갑자기 바뀌다

돌별길잡이 이름씨 만든 돌별을 써서 무슨 일이 일어나는 곳을 똑바로 알아내는 틀 ⇐ 위성항법장치. 지피에스

돌별널냄 이름씨 땅 위에서 보낸 번결이 만든 돌별을 거쳐 듣몸이한테 가는 널냄 ⇐ 위성방송

돌별빛박이 이름씨 만든돌별에서 찍어 보낸 빛박이 ⇐ 위성사진

돌별이음 이름씨 다른 나라나 멀리서 벌어지는

일을 돌별로 받아 보내는 일 ⇐ 위성중계

돌보다 [움직씨] 마음을 두고 보다 [보]하루 내내 아이를 돌보면 저녁땐 파김치가 된다

돌봄이 [이름씨] 보살펴 도와주는 사람 ⇐ 보호자

돌봄집 [이름씨] 아이나 아픈 사람을 보살펴 도와주는 집

돌부리 [이름씨] 땅 위에 내민 돌 뾰족한 데 [보]어젯밤 돌부리에 걸려 넘어져 무릎이 까졌어

돌부처 [이름씨] **1** 돌에 새기거나 돌로 만든 부처 꼴 [보]돌부처에게 두 손 모아 빌어 본들 무슨 수가 날까? ⇐ 석불 **2** 곧은박이에다 아주 무딘 사람 [보]저 사람은 꿈쩍없는 돌부처라 말해봐야 헛일이야 **3** 아주 착한 사람 [보]돌부처도 시앗을 보면 돌아 앉는다

돌비늘 [이름씨] 물고기 비늘이나 널빤지처럼 얇게 쪼개지는 돌 ⇐ 운모

돌비알 [이름씨] 깎아 세운 듯한 돌벼랑 [보]절터에 물탕 옆 돌비알 위로 난 길을 걸을 때면 아슬아슬한 느낌이다

돌산 ⇒ 돌메

돌서더릿길 [이름씨] 돌이 많이 깔린 길

돌서덜 [이름씨] 냇가나 가람가에 돌이 많은 곳 [보]벼락놀메에는 돌서덜이 많아 걷기가 수월찮다

돌섬 [이름씨] 사라사 고장 오사 고을에 딸린 불메섬. 우리나라에서 가장 새녘에 있는 섬이다 [한뜻말]독섬 ⇐ 독도

돌솜 [이름씨] 뱀무늬돌이나 뿔번쩍돌이 올실 바탕으로 바뀐 것. 깁실처럼 빛나고 솜과 같이 부드러우면서 질겨 더움과 추위를 막는데 썼지만 궂혹을 일으키는 첫째가는 몬으로 밝혀져 2009해부터 못 쓴다 ⇐ 석면

돌술레 [이름씨] **1** 옛날에 허물보 목을 베기 앞에 얼굴에 재를 바른 뒤 사람들 앞에 내돌리던 일 ⇐ 회술레 **2** 남이 감추거나 숨기는 일을 들추어내어 널리 퍼뜨리는 일

돌숯 [이름씨] 아주 오래 앞에 땅속에 묻힌 푸나무가 오랫동안 땅누름과 땅더움을 받아 생긴 타기 쉬운 검은 쇳돌 ⇐ 석탄

돌숯쇳돌 [이름씨] 돌숯을 캐내는 쇳돌메 ⇐ 탄광

돌싹 [이름씨] 돌재굴 돌고드름에서 떨어지는, 숯살돌재가 섞인 물방울이 엉겨서 된 대싹 꼴 돋이 ⇐ 석순

돌쌓 [이름씨] 돌로 만든 쌓 [보]부처나라절에 있는 이름난 두 돌쌓은 뭇보배쌓과 샤카쌓이다 ⇐ 돌탑. 석탑

돌아가다 [움직씨] **1** 떠났던 곳이나 오던 길로 다시 가다 [보]모두 텃마을로 돌아가 살고 싶겠지만 쉽지는 않다 **2** 어떤 것을 가운데 두고 둥글게 움직이다 [보]바람개비가 잘도 돌아간다 **3** 처음 꼴로 다시 되다 [보]바쁜 일에서 손을 놓고 여느 때로 돌아가 느긋이 쉰다 **4** 가까운 길을 두고 멀리 에둘러 가다 [보]이 길로 가면 도둑떼를 만날 수 있으니 다른 길로 돌아가자 **5** 차례로 물려지다 [보]날마다 집집이 돌아가며 마을길을 지키기로 했다 **7** 제구실을 해 나가다 [보]열해가 넘었는데 빨래틀이 잘 돌아간다 **8** 마음이 어디에 미치다 [보]바쁜 철이라 남새 돌보는 데까지는 손이 돌아가지 않는다 **9** 여기저기 옮겨지다 [보]마을에서는 날마다 온갖 새뜸이 돌아간다 **10** 돌림앓이가 퍼져가다 [보]아직도 고뿔이 돌아가고 있어 **11** 모퉁이를 꺾어가다 [보]저 귀퉁이를 돌아가면 가게가 보인다 **12** 얼이 제자리를 벗어나다 [보]저 사람 머리가 살짝 돌아갔어 **13** '죽다' 높임말 [보]어머니 돌아가신지 마흔해가 가까워 온다 **14** 끝나다 [보]한껏 애썼지만 모든 것이 물거품으로 돌아갔다 **15** 몫이 차례지다 [보]마을 울력 일한 품값이 올해는 집집마다 얼마씩 돌아갈까?

돌아눕다 [움직씨] 누웠던 쪽을 맞은 쪽으로 바꾸어 눕다 [보]팔이 저려와 다른 쪽으로 돌아누웠다 [슬기말] **돌아누우면 남남이다** 가시버시는 가장 가까운 사이지만 돌아누우면, 곧 마음을 돌리면 남남이 된다

돌아다니다 [움직씨] **1** 이리저리 쏘다니다 [보]밤거리를 함부로 돌아다니지 마라 **2** 널리 퍼지다 [보]요즘 고뿔이 널리 돌아다닌다

돌아보다 [움직씨] **1** 고개를 뒤로 돌려 보다 [보]

아이가 멀어져 가는 엄마를 돌아보고 또 돌아본다 ❷지난 일을 다시 생각하다 ⓑ제 삶을 다시 돌아보련다 ❸돌아다니며 두루 살피다 ⓑ옛 배움방을 낱낱이 돌아보았다 ❹돌보다 ⓑ물가에 놀러 나온지라 눈을 떼지 않고 아이를 돌아본다

돌아서다 움직씨 ❶뒤로 보고 서다 ⓑ노릇바치가 뒤로 돌아서서 나를 흘낏 노려보았다 ❷더 못 나아가고 다른 데로 가다 ⓑ비가 와서 구경도 못하고 돌아섰다 ❸매개 따위가 달라지다 ⓑ쌀값이 다시 오름새로 돌아섰다 ❹제대로 돌아가다 ⓑ좀처럼 배앓이가 돌아서지 않는다. 이제야 입맛이 좀 돌아서는 듯하다 ❺생각이 서로 등지다 ⓑ가시버시가 돌아서면 남남이 된다 ❻다른 쪽으로 바꾸어 서다 ⓑ방으로 들어가려다 돌아서서 먼저 부엌으로 들어갔다 ❼처음 있던 곳으로 돌아오려고 나서다 ⓑ일을 마치고 돌아섰을 때는 밤이 늦었다

돌아앉다 움직씨 ❶앉은쪽을 맞은쪽으로 바꾸어 앉다 ⓑ가까운 벗 쪽으로 돌아앉아 이야기를 나누었다 준말돌앉다 ❷맞은쪽으로 보고 앉다 ⓑ아들은 돌아앉은 채 아버지한테 말했다 ❸(돌아 앉아서 꼴로 써서) 뒤에서 또는 보지 않는 데서 ⓑ앞에서는 좋다고 하고 돌아앉아서는 나쁘다고 한다

돌아오다 움직씨 ❶갔던 곳에서 도로 오다 ⓑ배움터에서 집으로 돌아오다 ❷없어졌거나 잃어버렸던 것이 처음 꼴로 다시 바뀌다 ⓑ집 나갔던 아들이 두 달 만에 돌아왔다 ❸어떤 테두리 안에서 때가 닥쳐오다 ⓑ내 차례가 돌아오다. 봄철이 돌아오다 ❹제 몫으로 벼름 받다 ⓑ저한테까지 돌아올 몫이 없을 것 같네요

돌아치다 움직씨 나대며 여기저기 다니다 ⓑ도울님이 온동네를 돌아치며 냇가에 쓰레기를 버리지 말자고 하소한다

돌알[1] 이름씨 삶은 달걀

돌알[2] 이름씨 ❶구슬돌로 만든 눈거울알 ❷둥근 꼴 돌

돌얼음집 이름씨 돌을 쌓아 만든 얼음광 ⇐ 석빙고

돌연 ⇒ 문득. 갑자기. 느닷없이

돌연사 ⇒ 뜻밖 죽음. 날 죽음

돌옷 이름씨 돌이나 바위 거죽 축축한 곳에 난 이끼

돌이그릇 이름씨 피돌기 갈래를 이루는 대롱꼴 그릇. 사람은 염통, 핏줄, 림프대롱 따위이다 ⇐ 순환기

돌이날개 이름씨 복판굴대를 가운데 두고 돌아서 뜰힘이 생기는 날개. 돌꼈날틀 날개 따위를 이른다 ⇐ 회전날개

돌이마음 이름씨 마음을 돌이켜 먹음 ⇐ 회심

돌이문 이름씨 굴대를 가운데 두고 빙빙 돌려서 드나들게 만든 문. 큰 집채나 사람 많은 곳 나들문에 만든다 ⇐ 회전문

돌이뮘 이름씨 몬이 돌 때 둘레를 늘 한결같은 길이로 도는 뮘. 땅별 제돌이 따위 ⇐ 회전운동

돌이수 이름씨 도는 것이 어느 때 동안에 돌대 둘레를 도는 디위 수 ⇐ 회전수

돌이잔수 이름씨 잔수점 아래 어떤 자리로부터 어떤 수들이 같은 차례로 끝없이 되풀이 되는 잔수. 0.333…이나 3.1414…따위 ⇐ 순환소수

돌이키다 움직씨 ❶다른 쪽으로 돌리다 ⓑ곱단이가 고개를 돌이켜 나를 빤히 보았다 ❷지난 일을 다시 생각하다 ⓑ옛일을 찬찬히 돌이켜 볼 때가 있나요? ⇐ 회고하다 ❸생각을 가다듬거나 되살리다 ⓑ미워하는 마음을 돌이켜 웃으며 마주하다 ❹처음대로 바꾸다 ⓑ돌이키기 힘든 잘못을 저지른 적이 있었지

돌이틀 이름씨 온몸에 피를 돌려 골고루 살감을 주면서 묵은 찌꺼기를 받아내는 갈래 짜임. 염통, 들핏줄, 날핏줄, 실핏줄 들이다 한뜻말돌이얼개 ⇐ 순환계. 순환계통

돌입 ⇒ 뛰어듦. 들어감. 갑자기 들어가다. 뛰어들다. 비롯하다

돌잔꽃풀 이름씨 키는 두 자쯤이고 잎은 어긋

나며 바소꼴이거나 길둥글며 톱니가 있는 풀. 어린잎은 먹는다 ⇐ 개망초

돌잔치 이름씨 돌날에 베푸는 잔치 ㉥요즘 돌잔치는 겉만 번지르르한 보여주기에다 바가지다

돌잡이 이름씨 ❶첫 돌날에 돌놓개를 차려놓고 아이한테 차린 것 가운데서 마음대로 골라잡게 하는 일. 돈, 낟, 국수, 실, 책, 붓, 활 가운데서 무엇을 잡느냐에 따라 아이 앞날을 미리 내다보는 내림버릇이다 ㉥오늘은 아이 돌잡이 날이다 ❷난 지 첫돌이 되거나 또는 그 또래 아이 ㉥돌잡이 하려는데 돌잡이가 잠들었네 한뜻말돌장이. 돌쟁이

돌장이 이름씨 돌 다루기를 일로 하는 사람 ⇐ 석수. 석수장이

돌재·돌잿가루 이름씨 돌잿돌을 구워서 만든 흰 가루. 또는 이 가루에 물을 부어 반죽한 것 ⇐ 석회

돌잿돌 이름씨 조개껍데기나 숨받이 뼈가 바다 밑에 쌓여서 굳은 돌. 돌가루 밑감으로 쓴다 한뜻말석회암 ⇐ 석회석

돌진 ⇒ 무찌름. 쳐들어가다. 냅뛰다. 냅뜨다. 무찌르다

돌짬 이름씨 갈라진 돌과 돌 틈 ㉥돌짬에 뿌리를 내린 저 소나무 좀 보게

돌쩌귀 이름씨 문짝을 문기둥에 달고 여닫는 데 쓰는 쇠붙이 결개 슬기말 **돌쩌귀에 녹이 슬지 않는다** ❶쉬지 않고 부지런히 하면 아무 일이 없다. ❷늘 쓰는 몬은 썩지 않는다 **돌쩌귀에 불 나겠다** 문을 자주 여닫는다

돌창[1] 이름씨 '도랑창' 준말 ㉥비릿한 시궁 냄새가 나는 돌창 옆을 지날 때 애써 숨을 참았다

돌창[2] 이름씨 온통 돌이 깔린 곳 ㉥돌창에서 자갈을 골라 바구니에 담았다

돌창자 이름씨 위는 빈창자에 이어지고 아래는 큰창자에 이어지는 작은창자 가운데 하나 ⇐ 회장

돌출 ⇒ 불거짐. 튀어나옴. 불거지다. 튀어나오다. 쑥 나오다. 갑자기 나타나다

돌층계·돌계단 ⇒ 디딤돌. 섬돌

돌치기 이름씨 조금 큰 돌을 세워 두고 저마다 서로 다른 돌을 손으로 던지거나 발로 차거나, 머리에 이거나 등에 지거나 배에 얹거나 어깨에 얹거나 다리 사이에 끼우거나 하여 쳐서 세운 돌을 맞히거나 자빠뜨리는 아이들 놀이 ㉥돌치기를 하며 해가는 줄 모르고 놀았다

돌칼 이름씨 옛날 돌그릇때, 돌로 만든 칼 ㉥돌칼을 갈아 나무를 베었겠지요

돌탑 ⇒ 돌쌓

돌파 ⇒ 깨뜨림. 뚫음. 뚫다. 깨뜨리다. 뚫고 나가다. 무찌르다

돌파구 ⇒ 실마리. 나갈길. 뚫을길

돌팔매·돌팔매질 이름씨 돌멩이를 멀리 날려서 던지는 짓 ㉥돌팔매로 참새를 쫓다 ⇐ 투석

돌팔이 이름씨 ❶옛날에 떠돌아다니면서 굿을 해주거나 품이나 재주, 몬 따위를 팔아 먹고살던 사람 ㉥돌팔이 장님. 돌팔이 당골래 ❷갖출 것을 제대로 갖추지 못한 엉터리 나숨이 ㉥돌팔이 나숨이

돌풍 ⇒ 갑작바람

돌피 이름씨 피와 비슷하나 피보다 키가 작은 한해살이풀 ㉥논에서 돌피를 뽑았다

돌핀 ⇒ 돌고래

돌하르방 이름씨 마을을 지켜주고 바람을 들어준다는 벅수 같은 것으로, 다모나 고장 사람들이 흔히 믿는 마음속 한아비를 돌로 깎아 지은 것 ㉥아들딸이 잘되게 해달라고 돌하르방에게 빌었다

돌확 이름씨 돌을 파서 만든 방아확 ㉥아지매 집 디딜방아 돌확은 꽤 깊었다

돎책숲집 이름씨 수레에 책을 싣고 돌아다니며 책을 빌려주는 책숲집 ⇐ 순회도서관

돔 ⇒ 둥근 지붕

돔바르다 그림씨 매우 다랍고 쩨쩨하다 ㉥소람이는 씀씀이가 돔발라서 마을 사람들이 좋아하지 않는다

돕다 움직씨 ❶남 일이 잘되도록 힘을 보태다 ㉥짬나는 대로 부엌일을 돕는다 ⇐ 협조하

다 [2]돈이나 몬을 보내 목숨을 살리거나 바드러움에서 벗어나게 하다 ㉥온누리 굶주리는 아이들을 우리 함께 도와요 [3]먹거리나 낫개를 써서 기운이나 입맛을 좋게 하다 ㉥밥을 차릴 때 입맛을 돕는 제피 장아찌를 마련하지요 [4]느낌을 돋우다 ㉥달 밝은 밤에 한들한들 바람까지 부니 옛사랑 느낌을 도우나니 [5]어떤 일이 잘되도록 북돋우다 ㉥푸나무를 잘 자라게 돕는 것은 똥오줌이 으뜸이다 [6]'빨리 가도록' 이란 뜻 ㉥많이 편찮으시다고 해서 밤길을 도와 달려왔어요 [7]뒤를 받쳐주다 ㉥우리가 힘껏 도울 테니 우리말 살리는 일을 끝내주세요 [8]바르게 살도록 이끌어 주다 ㉥스승 도움으로 나는 바르게 사는 길을 찾았다

돗바늘 [이름씨] 썩 크고 굵은 바늘. 이불, 돗자리, 구두, 가죽 같은 것을 꿰매는 데 쓴다

돗수 ⇒ 눈수

돗자리 [이름씨] 왕골이나 골풀 줄기를 잘게 쪼개서 친 발이 가는 자리. 흔히 여름철 방이나 마루 깔개로 쓴다 ㉥돗자리를 펴다. 돗자리를 깔다

동[1] [이름씨] 크게 한 덩이를 지은 묶음. 또는 그것을 세는 하나치. 곶감 온 접, 볏짚 온 단, 베 쉰 끝, 새앙 열 접, 붓 열 자루, 조기 두즈믄 마리 ㉥감 한 동을 나무째 다 팔았다

동[2] [이름씨] [1]앞뒤가 들어맞는 가리. 몬과 몬을 잇는 마디 또는 가름하는 매듭 ㉥맞은쪽 생각을 잠재우려 동을 달아 마무리 지었다 [2]때를 나타내는 '동안' 줄임말 ㉥엄마가 먼저 떠나고 내가 조금 동이 떠서 뒤따랐다 [3]배달옷 소매에서 딴 천을 이어 대거나 물감을 들여 빛 다르게 두른 것 ㉥끝동. 빛동저고리 [익은말] **동을 달다** 말을 덧붙여서 하다

동[3] [이름씨] 풀이나 남새에서 나와 꽃이 피는 줄기 ㉥비가 온 뒤라 꽃밭 꽃들은 너도나도 우긋이 동이 서 올랐다 [익은말] **동이 서다** 동이 꼿꼿이 자라나다 **동이 지다** 동이 통통히 생기다

동[4] [이름씨] 윷놀이에서 말이 첫 밭에서 끝 밭을 거쳐 난 것이 몇 디위인지 세는 하나치. 또는 말을 세는 하나치 ㉥이쪽은 이미 석 동 났다

동 (銅) ⇒ 구리

동 (東) ⇒ 새

동 (棟) ⇒ 채. 집. 용마루

동감 ⇒ 같이 느낌. 같이 느끼다. 같이 생각하다

동갑 ⇒ 같은나이. 한나이. 또래

동강 [어찌씨] 긴 것이 토막으로 잘라지는 꼴 ㉥밤나무가 바람에 동강 부러졌다

동강·동강이 [이름씨] [1]긴 것이 잘리거나 쓰고 남은 작은 조각 ㉥나무동강. 초동강 [2]짤막한 것을 세는 하나치 ㉥나무를 세 동강으로 자르다

동강금 [이름씨] 노씨 38데 씨금. 우리나라가 둘째누리큰싸움 뒤에 마노로 나뉜 살피금 ⇐ 삼팔선

동강나다 [움직씨] 잘려서 여러 동강이 되다 ㉥괭이 자루가 동강났다

동강동강 [어찌씨] 여러 동강으로 잘리거나 끊어지는 꼴 ㉥찔레 새싹을 잘라 껍질을 벗기고 동강동강 잘라 나눠먹었다

동강옷 [이름씨] 윗옷과 아래옷이 둘로 나뉜 옷 ⇐ 투피스

동거 ⇒ 함께삶

동거생활 ⇒ 함께 살기

동거인 ⇒ 함께사는사람. 한집사람

동격 ⇒ 같은자리

동결 ⇒ 얼음. 얼어붙음. 얼다. 얼리다. 묶다. 묶이다

동결건조 ⇒ 얼말리기

동경 (憧憬) ⇒ 그리워함. 그리워하다. 그리다. 흐놀다. 글뛰다

동경 (東經) ⇒ 새날금

동경심 ⇒ 그리움

동계 ⇒ 겨울철

동고동락 ⇒ 더불어살기. 더불어 살다

동곳 [이름씨] 상투가 풀리지 않게 꽂는 몬 [익은말] **동곳을 빼다** 무릎을 꿇다. 두 손을 들다 ⇐ 항복하다

동공 ⇒ 눈자위

동구 ⇒ 마을 어귀

동굴 ⇒ 굴

동굴벽화 ⇒ 굴바람그림

동그라미 이름씨 ❶어떤 점에서 똑같이 떨어진 낱낱 점을 이은 굽은 금 또는 그것으로 둘러싸인 낯. 끊이거나 모가 없도록 부드럽게 하나로 이은 것 ⓑ걸음쇠로 동그라미를 그린다 준말동글 ⇐ 원 ❷동그랗게 그리거나 동그랗게 된 것 ⓑ맞는 말에 동그라미를 치다 ❸돈 ⓑ동그라미를 남몰래 숨기다

동그라미그림표 이름씨 동그라미를 가웃지름으로 나누어 조각크기로 푼수를 나타낸 그림표 준말동글그림표 ⇐ 원그래프

동그라미둘레 이름씨 어느 점에서 똑같이 떨어진 곳 자취 한뜻말동글둘레 ⇐ 원둘레

동그라지다 움직씨 넘어지면서 도그르르 구르다 ⓑ소낭버섯 따러 비탈을 오르다가 헛디뎌 동그라졌다

동그랑땡 이름씨 돼지고기 살을 잘게 이기고 두부나 나물 따위를 섞어 주물러 조금씩 떼어 동글납작하게 밀가루와 달걀을 씌워 기름에 지진 먹을거리 ⓑ한쪽에선 동그랑땡을 지지고 다른 쪽에선 떡을 친다 한뜻말돼지저냐

동그랗다 그림씨 공처럼 끊이거나 모가 없도록 부드럽게 하나로 잇다 ⓑ놀라서 눈을 동그랗게 뜨고 바라본다 큰말둥그렇다 센말똥그랗다

동그래지다 움직씨 또렷이 동그랗게 되다 ⓑ반죽을 손바닥으로 동그래지도록 굴린 뒤에 방망이로 민다 큰말둥그래지다 센말똥그래지다

동그랭이 이름씨 팥죽에 낟알 가루를 반죽하여 동글동글하게 빚어 넣은 덩이 ⇐ 새알심

동그마니 어찌씨 외따로 오하게 ⓑ아들을 장가보내고 동그마니 혼자 남을 생각을 해본다

동그스름하다 그림씨 보기에 조금 동글다 ⓑ얼굴이 동그스름한 쪽이다 큰말둥그스름하다 센말똥그스름하다

동글납작하다 그림씨 생김생김이 동글고 납작하다 ⓑ동글납작한 돌로 물수제비 놀이하던 옛일이 떠올랐다

동글다 그림씨 공처럼 작게 둥글다 ⓑ어깨를 동글게 움츠리고 앉는다 큰말둥글다 센말똥글다

동글동글하다 그림씨 여럿이 다 동글거나 매우 동글하다 ⓑ동글동글한 돌멩이로 가득한 몽돌바닷가를 걸었다 큰말둥글둥글하다 센말똥글똥글하다

동글둘레 이름씨 어떤 점에서 같은 길이에 있는 점 자취 ⇐ 원주

동글둘레모 이름씨 동글둘레에서 한 점부터 그은 두 낱 쪽금이 만드는 모 ⇐ 원주각

동글둘레푼수 이름씨 동글둘레 길이와 그 지름이 이루는 푼수. 값은 3.14쯤이며 'π'로 나타낸다 ⇐ 원주율

동기 (動機) ⇒ 까닭. 터무니. 기틀

동기 (冬期) ⇒ 겨울철

동기간 (同氣間) ⇒ 언아우 오랍뉘 사이

동기동창 ⇒ 글벗. 글방동무

동나다·동이 나다 움직씨 모두 팔리거나 써서 떨어지거나 없다 ⓑ할 얘기가 동나다. 수북이 쌓였던 배추가 벌써 동났다 ⇐ 매진하다. 품절하다

동남 ⇒ 새마. 새쪽과 마쪽 사이

동냥 이름씨 거지나 중 같은 이가 먹을 것을 얻으려 마을을 돌아다니는 일. 또는 그렇게 해서 얻은 것 ⓑ마녘나라에서 검붉은 옷을 입고 동냥을 얻으러 나갔다 ⇐ 구걸 **동냥하다**

동냥젖 이름씨 남 젖을 얻어먹는 일 또는 그 젖 ⓑ동냥젖을 먹고 자랐지만 이제는 어엿한 나라 기둥이다

동냥중 이름씨 동냥으로 먹고사는 중 ⇐ 탁발승

동네 이름씨 시골에서 여러 집이 모여 사는 곳

동네방네 ⇒ 온 마을. 이 마을 저 마을

동년배 ⇒ 또래

동녘 ⇒ 새녘

동대다 움직씨 차례가 끊이지 않거나 어떤 것이 바닥나지 않도록 잇대다 ⓑ이듬해 봄까지 동대어 먹을 만큼 낟이 많다

동댕이치다 움직씨 ❶세게 들어 막 내던지다 ⓑ넘어지면서 쌀바가지를 동댕이쳤다 ❷하던 짓을 딱 그만두다 ⓑ비 오는 날엔 나물 뜯기를 동댕이치고 싶다

동돌 이름씨 ❶무거워서 쉽게 옮기거나 들어낼 수 없는 돌 ❷무거워서 한두 날 겨우 져 나를 수 있는 큰 버력

동동 어찌씨 ❶작은 북 따위를 칠 때 잇달아 가볍게 울리는 소리 ⓑ북을 동동 두드리며 낯바르개를 팔러 다닌다 큰말둥둥 ❷몹시 춥거나 안타까운 마음에 발을 가볍게 자꾸 구르는 꼴 ⓑ수레로 꽉 막힌 길에서 옴짝달싹 못하고 발만 동동 굴렀다 ❸작은 것이 떠 있거나 떠서 움직이는 꼴 ⓑ닭고기 국물 위에 기름이 동동 뜬다 ❹작은 것이 매달린 꼴 ⓑ감 하나가 나무에 동동 매달린 채 바람에 흔들린다 **동동하다**

동동거리다 움직씨 ❶작은 북 따위를 치는 소리가 잇달아 나다. 또는 그런 소리를 가볍게 내다 ⓑ당골래가 작은 북을 동동거리며 무언가를 중얼거린다 큰말둥둥거리다 ❷몹시 춥거나 안타까운 마음에 발을 가볍게 자꾸 구르다 ⓑ여름지이로 바쁜 아홉 달은 동동거리는 동안에 지나가 버린다 **동동대다**

동등 ⇒ 같음. 마찬가지. 같은 자리에 있다. 마찬가지다. 같다

동떨어지다 움직씨 ❶둘 사이가 멀리 벌어지다 ⓑ무리들과 너무 동떨어지지 마라 ❷서로 멀리하여 따로 되다 ⓑ참과 동떨어진 풀이를 했다 ⇐ 현격하다

동뜨다 그림씨 ❶동안이 뜨다 ⓑ이웃마을 아저씨는 동뜨게 찾아온다 ❷다른 것보다 훨씬 뛰어나다 ⓑ한메는 푸름이 가운데도 동뜨게 훌륭하다 ⇐ 월등하다 ❸여느 것과 다르다 ⓑ참꽃님 동뜬 섬김은 나리 마음을 녹여놓았다

동란 ⇒ 어지러움. 큰일

동량 ⇒ 기둥. 기둥감. 들보. 들보감. 큰들보. 기둥과 들보

동력 ⇒ 힘. 힘바탕. 뮘힘

동료 ⇒ 일벗. 일동무

동맥 ⇒ 날핏줄

동맹 ⇒ 뭉침. 동무하기. 벗하다. 손잡다. 뭉치다

동메달 ⇒ 구리목걸이

동면 ⇒ 겨울잠

동명이인 ⇒ 이름 같은이

동무 이름씨 ❶마음이 서로 맞아 가깝게 사귀는 사람 ⓑ서울 가는 길동무가 되어 주기로 했다 ⇐ 친구. 붕우 ❷어떤 일을 하는데 서로 짝이 되거나 함께하는 사람 ⓑ젊은이를 동무 삼아 메에 오르다 한뜻말일벗 ⇐ 동료

동무장사 이름씨 두 사람 넘는 이들이 함께하는 장사 ⇐ 동업

동문서답 ⇒ 헛말대꾸. 엉뚱대꾸

동물 ⇒ 숨탄것. 숨받이. 짐승

동반 ⇒ 길동무. 길벗. 함께 다니다. 짝하다. 길벗하다

동반자 ⇒ 짝. 길벗. 길동무. 동무

동방 ⇒ 새쪽. 새녘

동복 (冬服) ⇒ 겨울옷. 겨우살이

동복누이 (同腹) ⇒ 한배누이. 한어미누이

동봉 ⇒ 함께보냄. 한데넣음. 함께 부치다. 한데 넣다

동부 ⇒ 새쪽

동부레기 이름씨 뿔이 날 만큼 큰 송아지

동북 ⇒ 높새. 된새

동분서주 ⇒ 바삐다님. 바삐 돌아다니다. 이리저리 뛰어다니다

동사 (凍死) ⇒ 얼어죽음. 얼어 죽다

동사 (動詞) ⇒ 움직씨. 뮘씨

동사무소·주민센터·행정복지센터 ⇒ 마을일터. 마을그윗곳

동산 이름씨 ❶집이나 마을 가까이 있는 메 ⓑ뒷동산에 올라 보름달을 맞았다 ❷집안이나 집 가까이 꾸며 놓은 뜰이나 작은 숲 ⓑ텃마을을 떠올리는 동산 ❸고요하고 흐뭇

한 곳을 비긴 말 ⓑ꽃동산. 춤동산. 노래동산

동산 (動産) ⇒ 돈과 세간

동산 (東山) ⇒ 새메

동산가꾸기 이름씨 꽃이나 남새, 과일 같은 여름지이 ⇐ 원예농업

동산바치 이름씨 남새나 과일, 꽃들을 심어 가꾸기를 일삼아 하는 사람 ⇐ 원예사. 정원사

동상 (銅像) ⇒ 새김꼴. 구리꼴

동상 (凍傷) ⇒ 얼음박임. 얼음. 살갗얾

동상·상동 (同上) ⇒ 위와 같음

동색 (銅色) ⇒ 구릿빛

동색 (同色) ⇒ 한빛. 같은빛. 한통속. 한 동아리

동생 이름씨 ❶한 어버이한테서 난 아들딸로서 손아래인 사내나 겨집 ⓑ사내동생과 누이동생 ❷아우 ⓑ내 동생은 나와 네 살 터울이다 ❸같은 돌림 아음 가운데 나보다 나이가 아래인 사람

동서 (東西) ⇒ 새하늬. 여기저기

동서 (同棲) ⇒ 한사위. 한며느리

동서고금 ⇒ 새하늬예이제. 새갈예이제

동서남북 ⇒ 새하늬마노. 새저마노

동석 ⇒ 같이 앉음. 같이 앉다. 한 자리에 앉다. 자리를 같이 하다

동성 (同性) ⇒ 한바탈. 한새

동성 (同姓) ⇒ 같은 가. 한가

동성연애자 ⇒ 면. 살벗. 살동무

동세·동셰 이름씨 겨집언아우에 장가든 사내 사이나 그런 사람 또는 언아우에 시집온 겨집사이나 그런 사람 ⓑ사내 동세와 겨집 동셰 슬기말 **동세보고 춤추란다** 내가 하고 싶으나 나서지 못하고 남을 부추겨 내 바람을 이루어 보려고 하다

동숙 ⇒ 함께 잠. 함께 자다. 한방에서 자다

동승 ⇒ 함께 탐. 함께 타다. 어울려 타다

동시 (同時) ⇒ 한때. 아울러. 무엇과 함께

동시 (童詩) ⇒ 아이 노래

동시다발 (同時多發) ⇒ 한때 한꺼번에. 한때 자주

동시대 (同時代) ⇒ 한때

동시랗다 그림씨 보기에 둥그스름하다 ⓑ그 가시나는 얼굴이 동시랗게 생겼어

동시통역 ⇒ 말바로뒤침

동식물 (動植物) ⇒ 숨붙이

동신 (洞神) ⇒ 골막이

동실 어찌씨 ❶작은 것이 물이나 하늘에 떠 있는 꼴 ⓑ물 위에 동실 떠있는 종이배 ❷동그스름한 꼴 ⓑ아가씨는 눈을 동실 뜨고 쳐다본다

동실거리다 움직씨 작은 것이 물위나 하늘에 가볍게 떠서 자꾸 움직이다 **동실대다**

동실동실 어찌씨 ❶작은 것이 물위나 하늘에 가볍게 떠서 자꾸 움직이는 꼴 ⓑ보름달이 구름 속을 헤치고 동실동실 떠간다 ❷매우 동그스름한 꼴 ⓑ동실동실 발갛게 익은 상수리 ❸여럿이 다 동그스름한 꼴 ⓑ외톨이 밤알처럼 얼굴은 하나같이 동실동실 곱게 생긴 아이들 **동실동실하다**

동심 (童心) ⇒ 아이마음

동심 (同心) ⇒ 한마음

동아따기 이름씨 한 아이가 앞장서고 그 뒤 여러 아이가 앞사람 허리를 잡고 줄지어 서면 다른 아이가 줄 밖에서 줄을 뒤좇아 맨뒤 아이를 붙잡아 제 뒤에 붙여 줄을 짓게 하여 서로 다 잡으면 이기는 놀이

동아리[1] 이름씨 같은 뜻을 가지고 모인 무리 ⓑ동아리 모임에서 숲 가꾸는 이야기를 나눴다 한뜻말 모임 ⇐ 클럽. 팀

동아리[2] 이름씨 긴 것 몸을 위아래 몇 동강으로 나누어 가리킬 때 그 한쪽 ⓑ윗동아리. 가운뎃동아리. 아랫동아리 ⇐ 파트

동아줄 이름씨 굵고 튼튼하게 꼰 줄 ⓑ보름날 마을 잔치 때 줄다리기할 동아줄을 마련했다

동안 이름씨 ❶어느 때부터 어느 때까지 사이 ⓑ동안이 오래되다. 그 동안 ❷데와 데 사이 ⓑ우리 집은 배곳에서 동안이 멀지 않다 ❸피붙이끼리 사이 ⓑ한집안 사람이나 동안이 얼마인지 모른다 ⇐ 촌수

동안 ⇒ 아이얼굴. 아이같은 얼굴. 아이낯. 어린 낯. 앳된 얼굴

동안거 ⇒ 겨울마음닦기

동양 ⇒ 새녘. 아시아

동양화 ⇒ 새녘그림. 아시아그림

동업 ⇒ 얼렁장사. 동무장사. 한갈래일

동여매다 움직씨 **1** 감거나 둘러서 잡아내거나 묶다 ⓑ따붙인 나뭇가지를 노끈으로 단단히 동여맸다 **2** 멋대로 움직이지 못하도록 어떤 틀 속에 가두다 ⓑ잘하려고 스스로를 너무 동여매지 마라 슬기말 **동여맨 사람이 푼다** 맺은 사람이 풀어야 한다는 뜻으로 제가 저지른 일은 제가 풀어야 한다 ⇐ 결자해지

동영상 ⇒ 뮘그림

동요 (童謠) ⇒ 아이 노래

동요 (動搖) ⇒ 흔들림. 흔들리다. 갈팡질팡하다. 들썩이다. 술렁거리다

동원 (動員) ⇒ 끌어댐. 한데 모으다. 끌어대다. 풀어놓다

동의 ⇒ 한뜻. 맞장구. 뜻이 같다. 끄덕이다. 맞장구치다

동의어 ⇒ 한뜻말

동이 이름씨 **1** 물 긷는 데 쓰는 질그릇. 둥글고 배가 부르고 아가리가 좁으며, 두 옆으로 손잡이가 달렸다 ⓑ물을 길어 동이를 머리에 인다 **2** 풀이1을 세는 하나치 ⓑ오늘 아침 나절에 물 다섯 동이를 여다 날랐다

동이다 움직씨 실이나 줄, 끈 같은 것으로 감거나 둘러서 잡아매거나 묶다 ⓑ볏단을 동여 논둑에 쌓았다. 허리를 질끈 동이고 길을 나섰다 슬기말 **감나무 밑에서 갓 쓰지 말고 외밭에서 신을 동이지 말라** 쓸데없이 못 미더운 짓을 하지 마라

동이비 이름씨 동이로 붓듯이 많이 쏟아지는 비 ⓑ동이비가 올 거라니 비 잡도리를 잘 해 두거라 한뜻말 큰비 ⇐ 폭우. 호우

동일 ⇒ 같음. 같다. 한가지다. 다름없다. 틀림없다

동일시 ⇒ 같게 보기. 같게 보다. 한가지로 보다. 남과 나를 하나로 보다

동자 이름씨 밥 짓는 일 ⓑ늙으신 어버이를 모실 때는 하루 세 끼 동자에 마음을 다해야 해

동자 (童子) ⇒ 사내아이

동자 (瞳子) ⇒ 눈자위

동자승 ⇒ 어린중

동작 ⇒ 몸짓. 몸놀림. 몸뮘. 손놀림. 잡을손

동장 ⇒ 마을지기. 마을우두머리

동장군 ⇒ 된추위

동전 ⇒ 구리돈. 쇠돈

동절기 ⇒ 겨울철

동점 ⇒ 같은점

동정 이름씨 배달옷 저고리 깃 위에 조붓하게 덧 꾸미는 희고 빳빳한 헝겊 오리 ⓑ검은 저고리에 하얀 동정. 동정도 못 다는 며느리가 맹물 발라 머리는 빗어 뭐에다 쓸꼬 슬기말 **동정 못 다는 며느리 맹물 발라 머리 빗는다** 일은 할 줄 모르면서 맵시만 내는 밉살스러운 짓을 이르는 말

동정 (動靜) ⇒ 낌새. 기척. 움직임

동정 (童貞) ⇒ 숫보. 숫이

동정 (同情) ⇒ 두남둠. 가엾게 여김. 가엾게 여기다. 불쌍히 여기다. 두남두다. 역성들다

동정심 (同情心) ⇒ 알심. 가엾이 여기는 마음

동조 ⇒ 맞장구. 맞장구치다. 한 뜻이 되다. 뜻이 같다

동족 ⇒ 한겨레. 제살붙이. 같은 씨. 같은겨레

동족상잔 ⇒ 겨레싸움. 집안싸움. 집안다툼

동족어 ⇒ 겨레말. 한갈래말. 어미말

동종 ⇒ 한 씨. 한 갈래. 같은 씨. 같은 갈래

동지 (同志) ⇒ 한뜻. 같은뜻. 뜻맞음이. 뜻같은이

동지 (冬至) ⇒ 한겨울

동질 ⇒ 한 바탈. 한 바탕. 한밭

동짓날 ⇒ 한겨울날

동쪽 ⇒ 새녘. 새쪽

동참 ⇒ 함께함. 함께하다. 들어가다. 끼어들다. 손잡다

동창생 ⇒ 글벗

동창회 ⇒ 글벗몯. 글벗모임

동채 이름씨 **1** 수레 또는 달구지 ⓑ동채를 끌다 **2** 동채싸움 할 때, 수레에 갈음하여 쓰는 것 ⓑ동채를 높이 들어 맞은쪽 동채에

눌리지 않도록 하였다

동채싸움 (이름씨) 긴 나무 두 낱을 서로 얽고 머리 쪽에 이끎이를 태운 뒤, 두 쪽이 서로 밀고 누르고 하면서 힘을 겨루는 사내 놀이 ⓑ밀고 밀리는 동채싸움이 드디어 끝났다 ⇐ 차전놀이

동체 (同體) ⇒ 한 몸

동체 (胴體) ⇒ 몸통. 몸뚱이

동치미 (이름씨) 무를 통째 넣고 소금물을 많이 부어 담근 김치 ⓑ동치미는 국물 맛이다

동침 ⇒ 함께잠. 함께 자다. 살섞다. 어르다

동태 (凍太) ⇒ 얼린 명태

동태·동향 (動態) ⇒ 흐름새. 움직임. 낌새

동토대 ⇒ 언땅

동트다 (움직씨) 아침이 되어 새녘 하늘이 밝아오다 한뜻말 새트다

동티 (이름씨) **1** 건드리지 않을 것을 건드려서 생긴 걱정거리 ⓑ동티가 나지 않게 식게를 모시기 앞에는 몸을 깨끗이 씻는다 **2** 건드려서는 안될 땅을 파거나 나무 같은 것을 베거나 돌 같은 것을 다치거나 하여 그 일을 맡은 서낭이 골을 내어 받게 된다는 언걸 ⓑ마을 사람들은 동티가 두려워 마을 안에 거치적거리는 큰 나무를 못 벤단다

동파 ⇒ 얼어터짐. 얼어 터지다

동판 ⇒ 구릿널

동포애 ⇒ 겨레사랑

동풍 ⇒ 샛바람

동학교 ⇒ 한울길가르침

동해 ⇒ 샛바다

동해안 ⇒ 샛바닷가

동행 ⇒ 함께감. 함께 가다. 더불다

동향 (同鄕) ⇒ 한 고장. 한 텃마을

동향 (東向) ⇒ 새쪽. 새녘 보다. 새녘을 마주하다

동헌 ⇒ 고을집. 고을 그윗집

동형 ⇒ 한 꼴

동호회 ⇒ 뜻맞몬. 뜻 맞는 모임. 뜻 같은 모임

동화 ⇒ 아이 얘기. 어린이 이야기

동화 ⇒ 같아짐. 같아지다. 닮다. 닮아 가다

돛 (이름씨) 바람힘으로 배가 나아가도록 돛대에 매달아 높게 펼친 넓은 바람받이 천 ⓑ돛을 돛대에 달아 올리다

돛단배 (이름씨) 돛대에 넓은 천을 매달고 높게 펼쳐 바람을 받아 달리도록 지은 배 ⓑ돛단배가 거센 바람을 만나 쏜살같이 달린다 준말 돛배 ⇐ 범선

돛대 (이름씨) 돛을 매어 달도록 배 위에 높게 세운 기둥 ⓑ돛대를 세우다

돛배놀이 (이름씨) 돛배를 타고 빨리 달리기를 겨루는 놀이 ⇐ 요트경기

돼지 (이름씨) **1** 몸이 뚱뚱하고 다리와 꼬리는 짧고 주둥이가 삐죽하며, 아무것이나 잘 먹어 기르기 쉬운 젖먹이 집짐승. 고기는 맛이 좋아 여러 사람이 즐기고 세겹살은 우리나라 사람이 더욱 즐긴다. 가죽은 쓸모 있는 것을 만드는 바탕감으로 쓴다 ⓑ돼지는 축축한 곳에서 뒹굴기를 좋아한다 한뜻말 돝 **2** 무엇을 많이 바라고 미욱한 사람 ⓑ제 뱃속만 챙기는 돼지 같은 놈 한뜻말 꿀돼지 **3** 몹시 살찐 사람 ⓑ어릴 적 내 놀림 이름이 돼지였다 **4** 윷놀이에서 '도'를 달리 이르는 말 ⓑ첫판부터 돼지가 나왔다

돼지감자 (이름씨) 뚱딴지

돼지띠 (이름씨) 돼지해에 태어난 사람 띠 ⓑ엄마도 나도 같은 돼지띠다

돼지우리 (이름씨) 돼지를 가두어 기르는 곳 ⓑ돼지우리를 손질하여 돼지 새끼를 들였다 ⇐ 돈사

돼지저냐 (이름씨) 동그랑땡

돼지치기 (이름씨) 돼지를 먹여 기르는 일 ⇐ 양돈

돼지코 (이름씨) 얼굴을 앞에서 쳐다볼 때 코끝이 위로 들려서 콧구멍이 드러나 보이는 코 또는 그런 코를 가진 사람 ⓑ산들이 좋아서 돼지코를 벌름거리며 웃는다

되 (이름씨) **1** 가루나 낟, 물 따위를 되는 데 쓰는 네모꼴 나무그릇 또는 쇠그릇 ⓑ되가 넉넉한 걸 보니 너그러운 사람 같다 ⇐ 승 **2** 부피를 재는 하나치. 열 홉이 한 되가 되고 열 되가 한 말이 된다 ⓑ밀가루 두 되를 샀다 한뜻말 됫박 (슬기말) **되로 주고 말로 받는다**

조금 주고 많이 받다. 조금 건드렸다가 크게 앙갚음을 받다

되- [앞가지] ❶도로 [ㅂ]되가지다. 되넘다. 되돌아가다. 되받다. 되넘기. 되뇌기 ❷거꾸로. 도리어 [ㅂ]되걸리다. 되잡다 ❸다시 [ㅂ]되새기다. 되살아나다. 되씹다. 되풀이

-되 [토씨] ❶어떤 말을 베풀면서 그것과 이어지는 속내를 덧붙일 때 [ㅂ]비가 오되 세차게 온다. 나물은 나물이되 참나물이어야 한다 ❷맞서는 뜻을 이을 때 [ㅂ]글은 잘 쓰되 말은 잘 못한다. 몸집은 작되 마음보는 크다 ❸끼움말을 쓸 때 [ㅂ]누군가 말하되 또순이가 꼭 온단다. 낯선이가 묻되 이 메에도 소낭버섯이 많이 나냐고?

되가지다 [움직씨] 도로 가지다 [ㅂ]군이 안 받겠다고 해서 되가지고 온다

되감다 [움직씨] 도로 감거나 다시 감다 [ㅂ]풀린 털실을 실감개로 되감았다

되게(되오. 되우) [어찌씨] 아주. 몹시 [ㅂ]한동안 가슴이 답답할 만큼 되게 괴로웠다. 요즘 하는 짓이 여느 때와 되게 다르다

되곱쳐 [어찌씨] 도로 [ㅂ]버섯 따러 갔다가 다리가 아파 되곱쳐 돌아왔다

되뇌다 [움직씨] 한 말을 자꾸 되풀이하다 [ㅂ]같은 넋두리를 잇달아 되뇌었다

되는대로 [어찌씨] 함부로. 아무렇게나 [ㅂ]꿈도 접고 되는대로 하루하루 버틴다

되다[1] [움직씨] ❶어떤 틀과 꼴이 생겨나거나 이루어지다 [ㅂ]그림이 다 되면 먼저 보자 ❷무엇이 다른 바탈로 바뀌거나 나아지다 [ㅂ]가난한 나라에서 살기 좋은 나라로 되었다. 마음을 닦으면 차츰차츰 마음이 깨끗하게 된다 ❸어떤 자리를 누릴만한 사람으로 바뀌다 [ㅂ]좋은 버시감이 되려면 참되고 부지런해야지 ❹좋은 바탈이나 바탕감을 갖추다 [ㅂ]된 사람이 난 사람보다 낫다 ❺어떤 짓이 가리에 어긋나지 않거나 쓰임에 맞다 [ㅂ]말이 되는 소리를 해야지 ❻뜻하는 것이 비롯되거나 이루어지다 [ㅂ]사랑하게 되다. 곱게 되다 ❼어느 때, 나이, 철 따위에 이르다 [ㅂ]떠날 때가 된 줄 아는 슬기를 길러라. 겨울이 되니 바람이 쌀쌀하다 ❽날짜가 지나다 [ㅂ]조카가 떠난 지 두 해가 된다 ❾잘 자라거나 우거지다 [ㅂ]올해는 벼도 잘되었고 밤도 잘되었다 ❿~로 끝나다 [ㅂ]아이 싸움이 어른 싸움으로 되었다 ⓫이루어지거나 바뀌다 [ㅂ]물이 끓으면 김이 된다 ⓬무엇이 어떤 수에 차거나 이르다 [ㅂ]둘에 다섯을 곱하면 열이 된다. 숱이 얼마 되지 않는 머리카락 ⓭누구와 어떤 사이다 [ㅂ]앞으로 제 아내가 될 사람입니다 ⓮어떤 구실을 맡아하다 [ㅂ]보람이가 좋은 글을 많이 쓰더니 드디어 글쟁이가 되었다 ⓯돈이 모이다 [ㅂ]꼬박꼬박 돈을 모았더니 큰돈이 되었다 ⓰목숨이 끝나거나 죽다 [ㅂ]바느질틀이 못 쓰게 되다 ⓱('되도록' '될수록'처럼 써) 할 수 있는 데까지 [ㅂ]되도록 우리말로 말하는 버릇을 길러요

되다[2] [움직씨] 말이나 되 따위로 가루, 낟, 물 같은 것이 얼마나 되는지 헤아리다 [ㅂ]밤은 말로 되어 팔고 쌀은 되로 되어 사왔다

되다[3] [그림씨] ❶밥이나 죽, 반죽 같은 것이 물이 적어 빡빡하다 [ㅂ]풀을 되게 쑤다. 밥을 질지도 되지도 않게 해라 ❷줄 같은 것이 몹시 켕겨 팽팽하다 [ㅂ]빨랫줄을 아주 되게 매어 높아 옷 널기가 버겁다 ❸힘에 부치거나 견디기 힘들다 [ㅂ]일이 되다. 어린 것이 배움이 너무 되었는지 바로 쓰러져 잠들었네요 ❹'된' '되게' 꼴로 써, 호되게 또는 몹시 세게 [ㅂ]비 온 뒤에 바람이 되게 분다 ❺질기가 매우 질다 [ㅂ]지렁이 되다 ❻비탈이 가파르다 [ㅂ]된 비탈

-되다 [뒷가지] 움직임, 바탈, 꼴 따위를 뜻하는 낱말이나 뿌리에 붙어 제움직씨나 그림씨를 이룬다 [ㅂ]걱정되다. 참되다. 그릇되다

되도록 [어찌씨] 할 수 있는 데까지 [ㅂ]되도록 싱겁게 먹는다

되돌다 [움직씨] 다시 돌거나 거꾸로 돌다 [ㅂ]바퀴가 되돌면서 수레가 물러났다

되돌리다 [움직씨] ❶다시 처음 꼴이 되게 하다

ⓑ옛날 내 모습으로 되돌리고 싶다 ⇐ 환원하다 **2** 하던 쪽에서 맞은쪽으로 거꾸로 바꾸다 ⓑ가던 발길을 되돌려 집으로 왔다 **3** 도로 돌려주다 ⓑ빌렸던 책을 임자한테 되돌렸다

되돌아가다 움직씨 다시 돌아가다 ⓑ나고 자란 곳으로 되돌아가고 싶어

되돌아보다 움직씨 **1** 앞서 보던 것을 다시 보다 ⓑ가던 길을 멈추고 되돌아보며 눈시울을 적신다 **2** 지난 일을 다시 생각해 보다 ⓑ지난 한 해를 꼼꼼히 되돌아보았다 ⇐ 회고하다. 회상하다

되돌아서다 움직씨 도로 돌아서다 ⓑ헤어지기 아쉬워 자꾸 되돌아서는 발길

되돌아오다 움직씨 도로 돌아오다 ⓑ일을 마치고 집으로 되돌아왔다. 내가 벗에게 보낸 글월이 자꾸 되돌아온다 ⇐ 회귀하다

되돌이금 이름씨 노되돌이금과 마되돌이금이 있다. 해가 이 두 금 사이를 오간다고 보임. 요즘은 노씨금 23데26, 마씨금 23데26 이다 ⇐ 회귀선

되똥되똥 어찌씨 작고 묵직한 것이나 몸이 복판을 잃고 이리저리 기울며 흔들리는 꼴 ⓑ줄수레가 떠나자 시렁 위에 있던 물병이 되똥되똥 흔들리다 쓰러졌다 큰말 뒤뚱뒤뚱 **되똥되똥하다**

되레 어찌씨 '도리어' 준말 ⓑ도와 주려고 한 일이 되레 성가시게 한 것 아닌지 모르겠어요

되모시 이름씨 버시랑 헤어지고 짝맺이 안한 가시나처럼 구는 이 ⓑ너랑 헤어진 그 꽃님이 되모시인 척 한다는 데

되묻다[1] 움직씨 **1** 묻는 것을 도리어 묻다 ⓑ왜 그렇게 묻는지 되물었다 **2** 거듭하여 묻다 ⓑ같은 말로 되물어도 아무 말이 없다

되묻다[2] 움직씨 **1** 땅에 다시 묻다 ⓑ김치독을 묻으려고 땅을 팠는데 돌이 많아 되묻고 자리를 옮겨 다시 팠다 **2** 감추었던 생각이나 느낌을 꺼내려다 다시 묻다 ⓑ오래된 얘기를 꺼내다 말고 가슴속에 되묻었다 **3** 일으키던 몸을 다시 수그리다 ⓑ일어나려다 졸려서 다시 이불 속에 몸을 되묻었다

되바라지다 움직씨 **1** 톡 바라져 너그럽게 감싸주는 맛이 없다 ⓑ오빠는 자꾸 되바라지게 말을 해서 가까운 벗이 적다 비슷한말 바라지다 **2** 지나치게 바라져 저만 알다 ⓑ젊은이가 고개를 빳빳이 들고 되바라지게 묻는다 **3** 말과 짓이 너그럽지 못하고 엇되다 ⓑ되바라진 짓을 자주 해서 남 미움을 잘 산다 **4** 그릇 같은 것이 운두가 옆으로 딱 바라지다 ⓑ되바라진 버치에 물을 따랐다

되받다 움직씨 **1** 도로 받다 ⓑ빌려준 돈을 되받았다 **2** 남 말을 받아들이지 않고 엇서며 대들다 ⓑ어른이 타이르는 말을 따지듯 되받았다 큰말 뒤받다 **3** 거꾸로 받아서 넘기거나 치다 ⓑ배지기하는 동무를 되받아 쓰러뜨렸다

되밟다 움직씨 **1** 도로 밟다 ⓑ어릴 적 뛰놀던 마을을 서른 해 만에 되밟듯 찾아왔다 **2** 지난날 겪은 일을 다시 더듬어 생각하다 ⓑ지난날을 되밟으며 생각에 잠겼다

되비치다 움직씨 **1** 한 디위 비쳤다가 다른 것에 되쏘아 다시 비치다 ⓑ수레 불빛이 유리에 되비친다 ⇐ 반영 **2** 몬 그림자나 뭔그림이 다시 나타나 보이다 ⓑ어떤 바보가 물에 되비친 제 모습에 반했다고?

되사 이름씨 말을 하나치로 셀 때에 말로 되고 남은 한 되쯤

되산날 이름씨 예수 되산날을 기리는 날 ⇐ 부활절

되살다 움직씨 **1** 죽거나 없어지던 것이 다시 살다 ⓑ죽은 사람이 참말로 되살 수 있을까? ⇐ 소생하다 **2** 힘을 다시 찾다 ⓑ시들하던 고구마가 물을 주니 되살았다 **3** 잊었던 생각이나 느낌이 다시 일다 ⓑ옛일이 자꾸만 되살아 떠오른다

되살아나다 움직씨 **1** 죽었거나 없어졌던 것이 다시 살아나다 ⓑ또 다른 바깥 힘에 부추겨져 되살아난 왜놈 앞잡이들 ⇐ 부활하다. 회생하다 **2** 어떤 마음이 일어나다 ⓑ어머

니가 돌아가셨을 때 겪은 슬픔이 되살아났다

되살이 [이름씨] 다친 곳이 되살아나거나 몸 한쪽이 떨어져 나갔을 때 그 곳을 끊임없이 고쳐주는 일 ⇐ 재생

되살이눈 [이름씨] 산 것 몸에서 다친 데가 살아날 때 다친 쪽에 처음 생긴 눈 ⇐ 재생아

되살이비누 [이름씨] 먹거리에 쓰고 나서 버리는 기름을 써서 만든 비누 ⇐ 재생비누

되살이숲 [이름씨] 벤 나무 그루터기나 뿌리, 땅속줄기에서 다시 움이 자라나 이루어지는 숲 ⇐ 재생림

되새기다 [움직씨] ❶ 입속에 든 것을 자꾸 씹다 [ㅂ]밥 한술 떠 넣고 되새기고 또 한술 떠 넣고 되새기고… ❷ 자꾸 골똘히 생각하다 [ㅂ] 눈 내리는 바라지 밖을 보며 그리운 옛일을 되새겼다 ❸ 소나 염소 같은 풀짐승이 먹은 것을 입으로 게워 다시 씹다 [ㅂ]소가 밤새 여물을 되새긴다 [한뜻말]되새김하다. 새김질하다 ❹ 지난날에 마음 깊이 간직했던 가르침이나 어떤 느낌을 다시 마음속에 깊이 새기다 [ㅂ]깨친 이 가르침을 마음 깊이 되새기며 나날을 살아간다

되새김양 [이름씨] 소나 염소 따위 되새김질 짐승 밥통 [한뜻말]새김양

되새김짐승 [이름씨] 새김양으로 되새김질하는 짐승. 소나 염소, 약대, 사슴 같은 짐승이 이에 딸린다

되술래잡다 [움직씨] 잘못을 빌어야 할 사람이 도리어 남을 나무라다 [ㅂ]오늘날도 안팎 깡패들은 아람들을 속이며 되술래잡이 놀이를 즐긴다 ⇐ 적반하장

되쏨 [이름씨] 한쪽으로 나아가던 물결뭠이 다른 몬 겉낯에 부딪쳐 나아가던 쪽을 거꾸로 바꾸는 일 ⇐ 반사

되쏨거울 [이름씨] 빛살을 받아서 맞은 쪽으로 내쏘아 비치는 거울 ⇐ 반사경

되쏨결 [이름씨] 이음몬 속을 나아가는 떨림이 다른 이음몬과 닿아 되쏘며 쪽을 바꾸어 나아가는 떨림 ⇐ 반사파

되쏨길미 [이름씨] 벼리가 어떤 욋을 매김으로써 아람이 건너 누리는 길미 ⇐ 반사이익

되쏨널 [이름씨] 빛되쏨을 써서 밝기를 알맞게 하는 널 ⇐ 반사판

되쏨더움 [이름씨] 볕이나 불에 닿은 몬에서 내쏘는 더움 ⇐ 반사열

되쏨빛 [이름씨] 몬 겉낯에 부딪쳐 되비치는 빛살 ⇐ 반사광

되쏨푼수 [이름씨] 들빛 기운에 마주한 되쏨빛 기운 푼수 ⇐ 반사율

되씹다 [움직씨] ❶ 자꾸 씹다 [ㅂ]얼렁뚱땅 씹어 넘기지 말고 꼭꼭 되씹어 삼켜라 ❷ 자꾸 되풀이하여 같은 말이나 생각을 하다 [ㅂ]스승 말씀을 되씹다 보면 말뜻을 조금씩 깨달을 수 있다 [한뜻말]곱씹다

되알지다 [그림씨] ❶ 몹시 올차고 야무지다 [ㅂ] 벼 이삭이 되알지게 여물었다 ❷ 힘주는 맛이나 억짓손이 몹시 세다 [ㅂ]가랑잎이 지고 나면 머지않아 되알진 칼바람이 불어오리라 ❸ 힘에 겨워 벅차다 [ㅂ]일이 몹시 되알져 힘이 달린다

되양되양하다 [그림씨] 말이나 짓이 가볍다 [ㅂ]허우대는 큼직한 사람이 저렇게 되양되양하다니!

되잡다 [움직씨] 도로 잡다

되지기[1] [이름씨] 한 되 들이 씨를 뿌릴 만한 넓이 땅. 열 되지기가 한 마지기이다 [ㅂ]고작 밭 열 되지기로 먹고살지요

되지기[2] [이름씨] 찬밥을 더운밥 위에 얹어 찌거나 데운 것 [ㅂ]되지기라도 가릴 때가 아니다

되지못하다 [그림씨] 보잘것없거나 옳지 못하다 [ㅂ]되지 못한 녀석 같으니라고

되직하다 [그림씨] 묽지 않고 좀 된 듯하다 [ㅂ]되직하게 쑨 풀. 밀가루 반죽이 되직하다

되짚다 [움직씨] ❶ 다시 짚다 [ㅂ]작대기로 되짚으면서 풀이하였다 ❷ ('되짚어'로 써) 곧 그대로 되돌아 [ㅂ]되짚어 생각하다. 되짚어 묻다

되찾다 [움직씨] 다시 찾다 [ㅂ]잃어버린 신을 되찾았다 ⇐ 탈환하다

되찾음 [이름씨] 되찾거나 되돌이킴 ㉥줏대 되찾음. 튼튼 되찾음 ⇐ 회복

되치기 [이름씨] 쳐 오는 것을 도리어 받아침 ㉥맞은쪽을 되치기로 넘어뜨렸지 ⇐ 역습

되치다 [움직씨] ('되쳐' 꼴로 써) 되짚어. 되돌아 ㉥오던 길을 되쳐 가다. 되쳐 묻다

되치이다 [움직씨] [1]남에게 넘겨씌우려다가 제가 도로 뒤집어쓰다 ㉥남을 수렁에 빠뜨리려다가는 되치일걸 [2]하려는 일이 뒤집혀서 거꾸로 되다 ㉥지나치게 일을 하면 되치이어 몸이 결딴날 수 있어

되팔다 [움직씨] 샀던 것을 도로 팔다 ㉥쓰지 않는 세간붙이를 되팔아서 살림에 보탰어 ⇐ 전매하다

되풀이[1] [이름씨] 한 말이나 일 또는 그 짓을 자꾸 함 ㉥같은 잘못을 되풀이하네 ⇐ 반복 **되풀이하다**

되풀이[2] [이름씨] [1]낟 한 되 값이 얼마인지 푸는 셈 [2]낟을 되질하여 파는 일 [3]어떤 부피를 되로 헤아리는 일 ㉥그때만 해도 한 되 두 되 되풀이로 사들이는 집이 많았어

되풀이치기 [이름씨] 얼마만큼 사이를 두고 되풀이하여 맞수를 치는 것 ⇐ 파상공격

된- [앞가지] [1]물기가 아주 적은 ㉥된밥. 된풀 [2]아주 센 ㉥된서리. 된시름. 된바람 [3]목청 터지는 소리가 나는 ㉥된소리. 된비읍 [4]겪기 괴로운 ㉥된고비 된꾸중 [5]겹으로 꼰 ㉥된꼰실. 된빔. 된빔실

된갈 [이름씨] 높하늬. 된하늬 ㉥된갈에 물결이 거칠게 출렁인다 ⇐ 북서풍

된기윽 [이름씨] 한글 닿소리 글자 'ㄲ' 이름 ⇐ 쌍기역

된더위 [이름씨] 되게 찌는 더위 ⇐ 폭서. 폭염

된디읃 [이름씨] 한글 닿소리 글자 'ㄸ' 이름 ⇐ 쌍디귿

된똥 [이름씨] 물기가 적어 덩이로 뭉쳐 나오는 똥 ㉥나도 한때 된똥 누고 살았지

된마 [이름씨] 샛마파람 ⇐ 동남풍

된마파람 [이름씨] 샛마파람 준말된마 ⇐ 동남풍

된맛 [이름씨] 아주 센 괴로움을 겪는 맛 ㉥그놈이 된맛을 봐야 제 얼을 차리지 비슷한말매운맛. 쓴맛

된바람 [이름씨] [1]빠르고 세게 부는 바람 [2]노녘에서 불어오는 바람 한뜻말노파람 ⇐ 북풍 [3]바람세기 여섯째 바람. 큰 나뭇가지가 흔들리고 번힘줄이 운다

된받침 [이름씨] 같은 닿소리가 겹쳐서 된 받침. ㄲ, ㅆ이 있다 ⇐ 쌍받침

된밥 [이름씨] 되게 지은 밥 ㉥된밥을 물에 말아 먹었다

된불 [이름씨] [1]바로 사북을 맞히는 쏘개알 ㉥송아지만한 범이 된불 한탕에 나뒹굴었다 [2]센 때림 ㉥저 애도 언젠가는 된불을 맞아봐야 얼을 차리겠지

된비 [이름씨] 몹시 퍼붓는 비 ㉥된비 맞으며 끄떡없이 밤을 줍는 언니

된비알 [이름씨] 몹시 기울어진 비탈 ㉥뒷메 소낭버섯 길은 거의 된비알이다

된비읍 [이름씨] 한글 닿소리 글자 'ㅃ' 이름 ⇐ 쌍비읍

된새바람 [이름씨] 높새녘에서 불어오는 바람 ⇐ 북동풍

된서리 [이름씨] [1]늦가을에 아주 되게 내리는 서리 ㉥된서리 맞은 호박잎 맞선말무서리 [2]센 때림 ㉥다른 나라에 가서 나라를 더럽히고 온 나리들은 모두 된서리를 맞아야 돼요

된서방 [이름씨] 까다롭고 버릇이 못되어 아내를 못살게 볶아대는 버시 ㉥늦게 만난 서방이 어찌 꼭 된서방이냐?

된소나기 [이름씨] 억수로 퍼붓는 소나기 ㉥먹장구름이 끼는 걸 보면 아무래도 된소나기가 쏟아질 것 같다

된소리 [이름씨] 목구멍 힘살에 힘을 주어, 되게 내는 'ㄲ, ㄸ, ㅃ, ㅆ, ㅉ' 닿소리 ㉥빙글빙글 된소리는 뻥글뻥글이다

된시읏 [이름씨] 한글 닿소리 글자 'ㅆ' 이름 한뜻말된시옷 ⇐ 쌍시옷

된여울 [이름씨] 물결이 세차게 흐르는 여울

된장 [이름씨] [1]콩을 밑감으로 써서 메주를 쑤

어 장을 담그고 지렁을 떠내고 남은 건더기 ⓑ된장에 풋고추를 찍어 먹었다 ❷알맞게 간을 맞춘 소금물에 메주를 담가 익혀 지렁을 떠내지 않고 그냥 먹는 장

된장국 이름씨 물을 끓이면서 표고버섯, 무, 감자, 고구마, 호박, 파, 마늘 같은 남새를 익는 차례에 따라 넣고 남새가 다 익어갈 때 된장을 풀어 간을 맞춘 국 ⇐ 토장국

된장잠자리 이름씨 메밀잠자리

된지읒 이름씨 한글 닿소리 글자 'ㅉ' 이름 ⇐ 쌍지읒

된추위 이름씨 몹시 센 추위 ⓑ메에 올랐던 사람들이 된추위로 손발이 얼었다 한뜻말 한추위 ⇐ 폭한. 혹한

된코 이름씨 아주 호되게 두들겨 맞음 ⓑ된코를 얻어맞다. 된코에 걸리다

된통 이름씨 ❶헤어나기 어려운 매개 ⓑ된통을 만나다. 된통에 걸리다 ❷(어찌씨) 되게. 온통 ⓑ된통 꾸중을 들었다

될갈 이름씨 몬밭 짜임새와 바탈, 이룸씨나 몬밭 사이 맞뭄 같은 것을 파고들어 밝혀내는 갈 ⇐ 화학

될갈거름 이름씨 될갈로 만든 거름. 막남 거름, 빛나르개심 거름, 칼리 거름, 섞은 거름이 있다 ⇐ 화학비료

될갈맞뭄 이름씨 둘 넘는 몬 사이에 될갈바뀜이 일어나 다른 몬으로 바뀌는 일 ⇐ 화학반응

될갈몬·될갈몬밭 이름씨 될갈 갈닦을 거리가 되는 몬이나 어떤 몬 바탈을 바꾸어 새로 만든 몬 ⇐ 화학물질

될갈올실 이름씨 될갈로 만든 올실 ⇐ 화학섬유

될갈이 이름씨 될갈을 일삼아 파고드는 사람 ⇐ 화학자

될갈짓일 이름씨 될갈 가리나 바뀜을 써서 여러 가지 새로운 몬을 만들어 내는 짓일. 땅기름될갈, 여름지이낫개, 될갈거름, 돌가루 짓일 따위 ⇐ 화학공업

될갈힘 이름씨 될갈 맞뭄에 따라 몬 바탈이 바뀔 때 생기는 힘 ⇐ 화학에너지

될머리수 이름씨 모임에서 어떤 일을 잡을 때 있어야 될 사람수 ⇐ 정족수

될새 이름씨 어떤 일이 틀림없이 일어날 만큼을 나타내는 수 ⇐ 확률

될성부르다 그림씨 앞으로 잘될 것 같다 슬기말 **될성부른 나무는 떡잎부터 안다** 앞으로 훌륭하게 될 사람은 어릴 때부터 그 싹이 보인다

될수록 어찌씨 될 수 있는 데까지 ⓑ오늘은 될수록 집에 일찍 들어오너라

됨됨보 이름씨 됨됨이가 훌륭한 사람 ⇐ 인격자

됨됨이 이름씨 사람이나 몬 된 품이나 생김새 ⓑ사람 됨됨이로 보아 앞으로 훌륭하게 되겠다

됨본메 이름씨 해도 된다는 본메 ⇐ 허가증

됨새 이름씨 일이 되어 가는 꼴새

됩다 어찌씨 도리어 ⓑ잘못은 제가 저질러 놓고 됩다 골을 낸다

됫밑 이름씨 낟을 되로 되고 남는, 한 되에 못 미치는 낟

됫박 이름씨 되

됫병 이름씨 한 되를 담을 수 있는 크기 병

두 매김씨 둘 ⓑ두 마음. 두 자루. 두 마을 ⇐ 양 슬기말 **두손이 맞아야 소리가 난다** ❶무슨 일이나 두 쪽에서 서로 뜻이 맞아야 이루어진다 ❷서로 똑같아서 싸운다 **두손에 떡** ❶두 가지 좋은 일을 어느 것부터 해야 할지 모르겠다 ❷두 가지 좋은 일이 한디위에 생김

두각 ⇒ 머리끝. 뛰어난 모습

두간하다 그림씨 드물지 않고 잦다 ⓑ들꽃님은 두간하게 우리 집을 찾아온다

두같결 이름씨 그림꼴 두 결 길이가 같음. 또는 그런 두 결 ⇐ 이등변

두같결세모꼴 이름씨 두 결 길이가 같은 세모꼴 ⇐ 이등변삼각형

두개골 ⇒ 머리뼈. 골통뼈

두건 ⇒ 머리쓰개. 쓰개

두겁 이름씨 가늘고 길게 난 것 끝에 씌우는 덮개 ⓑ시누대로 붓두겁을 만들었다

두겹실 이름씨 두 올을 겹으로 드린 실 ⇐ 이겹실. 이갑사

두결 이름씨 ❶두 가장자리 ⓑ길 두결에 여러 가지 꽃을 심었네 ⇐ 양변 ❷같음표와 안같음표 왼결과 오른결을 아울러 이르는 말

두고 어찌씨 ❶내내 ⓑ봄, 여름, 가을, 겨울 네 철을 두고 꽃이 피는 고장이다 ❷마주하고 ⓑ너를 두고 하는 말이 아니다 ❸어떻게 되어 가는지 얼마 동안 살피는 꼴 ⓑ두고 보자는 사람 무섭지 않더라

두고두고 어찌씨 몹시 오랫동안에 걸쳐 끊임없이 ⓑ옥수수를 두고두고 먹을 만큼 거두어 들였다. 네가 준 옷은 두고두고 간직하고 싶어

두고보다 움직씨 ❶어떤 것을 그대로 두고 얼마 동안 살펴보다 ⓑ옆집 사람이 밤을 또 주워가는지 좀 두고보자 ❷앞으로 어떻게 될지 몰라 두고 살피다 ⓑ푸른 달래를 한 디위 쳤으니 무벌레가 번질지 수구러들지 두고봅시다 ❸'두고보자' 꼴로 써 앞으로 꼭 앙갚음하겠다고 벼르다 ⓑ어디 두고 보자 꼭 갚아주겠다

두구리 이름씨 ❶늘 골골 앓아서 낫개를 달고 사는 사람 ⓑ이 사람은 낫개두구리를 끼고 사는 두구리일세 ⇐ 약골 ❷배달낫개를 달이는 데 쓰는 자루가 달린 놋그릇 ⇐ 약탕관

두근거리다 움직씨 매우 놀라 가슴이 자꾸 뛰다 ⓑ한 밤에 문 두드리는 소리에 가슴이 두근거린다 작은말 도근거리다 **두근대다**

두근두근 어찌씨 몹시 놀라거나 안절부절못하여 가슴이 자꾸 뛰는 꼴 ⓑ긴칼님은 울안에 들어와서 굵은 밤을 주워갈 때 가슴이 두근두근 뛰지도 않나 봐 **두근두근하다**

두길긴뜨기 이름씨 코바늘뜨기에서 바늘로 실을 두 디위 감아 두 코씩 빼서 뜨는 일 ⓑ두길긴뜨기로 꽃받침 두 낱을 떴다

두길마보기 이름씨 두 군데 다리를 걸치고 제게 맞는 쪽으로 붙좇으려고 살피는 일 ⓑ두길마보기로 살면 일마다 마음이 조마조마 할 수밖에 없겠지

두꺼비 이름씨 개구리 닮은 물뭍 숨받이. 개구리보다 조금 크고 살가죽이 두껍고 우툴두툴하며, 벌레나 지렁이 따위를 잡아먹고 무논이나 늪에 알을 낳는다 ⓑ한결님은 살가죽이 두꺼워 동무들이 두꺼비라 놀린다 슬기말 **두꺼비 파리 잡아먹듯** 아무것이나 닥치는 데로 날름날름 받아먹음

두꺼비집 이름씨 ❶술바닥이 들어가 박히게 된 보습 날 빈 속 ⓑ두꺼비집에서 보습 날을 빼다 ❷두껍집. 열 때 미닫이문이 바람속으로 들어가도록 만든 것 ❸번힘 흐름을 끊거나 이어서 알맞게 다룰 수 있도록 만든 두꺼비꼴 틀 ⓑ두꺼비집을 열고 끊어진 납쇠줄을 갈았다 ⇐ 차단기. 안전개폐기

두껍다 그림씨 ❶두께가 넓다 ⓑ널빤지가 두껍다 ❷(낯가죽과 함께 써) 부끄러운 줄 모르다 ⓑ낯가죽이 두껍다

두껍닫이 이름씨 미닫이를 열 때, 그 문짝이 바람속으로 들어가 가려지도록 만든 문 ⓑ두껍닫이를 두니, 겉보기에 방이 아주 깔끔해졌다

두께 이름씨 넓이를 가진 몬에서 두 낯 사이 길이 ⓑ책 두께가 얇다

두꽃내기 이름씨 꽃내기 싸울아비 가운데 하나. 한꽃내기 위이고 세꽃내기 아래이다 ⇐ 중령

두끝 이름씨 ❶더하기 끝과 빼기 끝 ⇐ 양극. 양끝 ❷노끝과 마끝

두날톱 이름씨 두 쪽에 날이 있는 톱. 한쪽은 켜는 톱날이고 한족은 자르는 톱날이다 ⇐ 양날톱

두남두다 움직씨 ❶잘못된 것을 눈감아주고 도와주다 ⓑ어여삐 여긴다고 마냥 두남둘 일이 아니다. 제아들이라고 두남두면 버릇이 나빠진다 ❷가엾게 여기어 돌봐주다 ⓑ아랫마을에 혼자 사는 할머니가 땔나무를 할 때 마을 젊은이들이 두남둔다

두낯 이름씨 어떤 몬 두 겉쪽 또는 안과 겉 ⇐ 양면

두뇌 ⇒ 골. 머리골. 머리. 슬기. 든사람

두눈거울 이름씨 두 눈을 대고 보는 멀봄거울 ⇐ 쌍안경

두다 움직씨 ❶어떤 데에 있게 놓다 ㊊물병은 문밖에 둡니다 ❷어떤 곳에 건사하다 ㊊주워 온 밤을 가려서 굵고 좋은 것은 시원한 곳에 둔다. 겨우내 두고 먹을 김치 ❸손대지 않고 그대로 남게 하거나 내쳐 버리다 ㊊벌레 먹은 밤은 줍지 말고 둬라 ❹바탕에 딴 밑감을 섞어 넣다 ㊊밥에 콩을 두니 맛이 한결 낫다 ❺(옷, 이부자리, 방석들을 꾸밀 때) 속에 솜이나 깃털 같은 것을 펴놓다 ㊊이불에 솜을 넉넉하게 두었구나 ❻갖춤틀이나 얼개를 만들어 놓거나 차려놓다 ㊊부엌 앞에 새 마루를 두었더구나. 안방과 부엌에 쪽문을 두었지 ❼짜임이나 틀을 내오거나 만들어 놓다 ㊊셈틀을 새로 갖추고 참말 다듬는 일터를 두었어 ❽아들딸이나 손아랫사람이 있다 ㊊아들딸을 여섯이나 두었다지 ❾어떤 일자리에 사람을 쓰다 ㊊부엌에 새로 사람을 두려고 한다네 ❿무엇으로 삼거나 마련하다 ㊊제대로 된 우리 말집을 짓는 터전을 푸른누리에 두고 머리를 맞대고 일했어요 ⓫바둑. 장기, 고누 들로 이기고 짐을 겨루다 ㊊바둑을 한판 둬 볼까? ⓬마음속에 생각이 일어나다 ㊊다른 사람이 어떻게 살든 마음에 두지 말고 제 마음을 닦아라 ⓭때와 곳이 한갓지다 ㊊잠깐 동안이라도 틈을 두지 말고 내내 들숨과 날숨을 알아차려요 ⓮('두고'로 써) 어떤 것을 거리로 삼고 ㊊하늘을 두고 다짐하였어. 너를 두고 하는 말이 아냐 ⓯(움직씨 끝 '아' '어' 꼴과 함께 써) 그 짓이 끝난 채로 있다 ㊊먹어두다 남겨두다. 걸어두다. 놓아두다

두더지 이름씨 냄새를 잘 맡고 귀가 밝으며 눈은 제구실을 못하지만 주둥이가 뾰족하고 발바닥이 삽처럼 달려 땅에 굴을 쉽게 파서 그 속에 사는 짐승. 개구리나 지렁이, 벌레를 잡아먹고 논두렁을 뚫거나 기르는 푸나무를 못살게 굴기도 한다

두더지꾼 이름씨 무덤을 몰래 파서 그 속에 있는 것을 훔치는 사람 ㊊한때 두더지꾼이 서라벌임금 무덤을 몰래 파서 온갖 보배를 파내어 팔아넘겼다 ⇐ 도굴꾼

두더지소금 이름씨 두더지 창자를 빼고 그 속에 넣어 불에 구웠다가 꺼낸 소금. 잇몸이 헐어 해어질 때 낫개로 쓴다 ㊊두더지소금으로 이를 닦다 ⇐ 약소금

두더지짝맺이 이름씨 주제를 모르고 엉뚱하게 바람 ⇐ 두더지혼인

두덩 이름씨 ❶가녘이나 기슭으로 돌아가며 두두룩한 곳 ㊊물이 남실남실 두덩을 넘어 흘러내렸다 ❷둔덕 ㊊풀이 우거진 두덩 ❸눈두덩 ㊊두덩이 부석부석한 것을 보니 며칠밤을 센 것 같았다 ❹불두덩 ㊊앞으로 넘어져서 나무에 부딪쳤는지 두덩이 뻐근했다 슬기말 **두덩에 누운 소** 아무 일도 하지 않고 놀며 지냄

두동베개 이름씨 ❶갓 짝맺은 가시버시가 함께 베는 긴 베개 ㊊두동베개를 놓고 잔 때가 그리워 ❷두사람이 함께 베고 자도록 길게 만든 베개

두동싸다 그림씨 ❶이렇게 할까 저렇게 할까 망설이면서 마음을 굳히지 못하다 ❷하나밖에 없지만 두 낱이 있는 것처럼 보이거나 두 몫 구실을 하다

두동지다 그림씨 ❶두 동강이 나 서로 아랑곳없이 동떨어지다 ㊊갖은 서러움과 괴로움을 말 한마디 못하고 참으면서 모질고 쌀쌀맞은 두동진 사람살이를 겪고 또 겪었다 ❷서로 어긋나 앞뒤가 맞지 않다 ㊊윗사람이 내뱉는 두동진 말 때문에 머리가 어질어질하였다

두두룩하다 그림씨 가운데가 솟아서 불룩하다 ㊊가방에 옷을 잔뜩 쑤셔 넣어 배가 두두룩해졌다

두둑[1] 이름씨 ❶논이나 밭 가장자리에 살피를 이루도록 두두룩하게 만든 것 ㊊두둑에 심은 콩 ❷논밭에 골을 타서 두둑하게 한 곳 ㊊비닐집 안 밭두둑에 상추, 무, 배추가 한

창 자란다 ❸둘레보다 두두룩한 곳 ⓑ두둑을 좀 허물어 밭을 넓혔다

두둑[2] 어찌씨 가운데가 수북하게 쌓이거나 돈아난 것처럼 좀 불룩한 꼴 ⓑ예부터 사내는 코가 두둑해야 알속이 있다고 한다

두둑두둑 어찌씨 여럿이 다 가운데가 수북하게 쌓이거나 돋아난 것처럼 좀 불룩한 꼴 ⓑ아이들이 흙을 두둑두둑 쌓아 놓고 소꿉놀이를 한다

두둑하다 그림씨 ❶매우 두껍다 ⓑ배달겨레말집이 나오면 아마도 제법 두둑하겠지 작은말 도독하다 ❷가운데가 조금 불룩하다 ⓑ삽으로 고랑을 파서 이랑을 두둑하게 쌓았다 ❸넉넉하게 남다 ⓑ뱃집이 두둑해서 많이 먹을 뿐만 아니라 배짱도 좋다

두둔하다 ⇒ 감싸주다. 역성들다

두둥실 어찌씨 ❶물위나 하늘에 가볍게 떠 있거나 떠오르는 꼴 ⓑ보름달이 두둥실 새메에 떠오르네 ❷가볍게 팔다리를 놀리며 신나게 춤을 추는 꼴 ⓑ마을 사람들은 두둥실 춤을 추며 보름밤을 즐겼어

두드러기 이름씨 먹은 것이 잘못되거나 살갗이 가려움을 일으키는 것에 닿아 살가죽이 부풀어 오르며 가려운 것 또는 그 앓이 ⓑ두드러기가 나다. 두드러기가 깊어지다 ⇐ 알레르기

두드러지다 그림씨 ❶눈에 띄게 뚜렷하다 ⓑ글씨가 두드러져 보이게 불을 비춰 봐. 두드러지게 튀어나온 알통 작은말 도드라지다 ⇐ 현저하다. 특이하다. 혁혁하다 ❷쑥 드러나서 불룩하다 ⓑ두드러진 이마. 배가 두드러지게 불러온다

두드리다·두들기다 움직씨 ❶소리가 나도록 잇달아 다치다 ⓑ문을 두드리다. 북을 두들기다 ❷잇달아 누르다 ⓑ글씨판을 빠르게 두드려 글을 써요 ❸세게 때리다 ⓑ회초리로 꽃분이 종아리를 두들겨 패다가 그것도 모자라 이제 등짝을 두드리네 ❹몹시 세게 나무라거나 따지다 ⓑ남 잘못을 있는 대로 파내어 두들기지는 말어 ❺몹시 마음을 들뜨게 하거나 크게 울리게 하다 ⓑ온누리 사람 마음을 세차게 두드리는 스승 말씀 **두드려 두들겨**

두들개 이름씨 흙그릇을 빚을 때, 바탕흙을 두드려 단단하게 하는 연장 ⓑ두들개로 두드려 그릇 겉에 무늬를 내지 ⇐ 박자

두떡잎푸나무 이름씨 떡잎이 하나 뿐인 외떡잎에 마주 하여 떡잎이 둘인 푸나무. 줄기가 살쪄 잎줄은 그물 꼴이다 ⇐ 쌍떡잎식물

두럭 이름씨 ❶놀이도 하고 노름도 하려고 여러 사람이 모인 떼 ⇐ 집단 ❷여러 집이 한데 모인 모둠

두런거리다 움직씨 낮은 목소리로 잇달아 이야기를 나누다 ⓑ마을 어른들이 모두 모여 두런거리며 어두운 낯빛으로 뭔가를 이야기하더라고 작은말 도란거리다 **두런대다**

두런두런 어찌씨 낮은 목소리로 잇달아 이야기를 나누는 꼴 또는 그 소리 ⓑ두런두런 속삭이는 아지매들 **두런두런하다**

두렁 이름씨 ❶논배미나 밭뙈기 사이를 막은 두둑 ⓑ어머니는 두렁에 콩을 심어 가꾸었지 ❷독이나 단지 같은 것을 놓으려고 부엌 한쪽에 턱이 지게 쌓은 곳 ⓑ겨울이면 나는 부엌 두렁에 놓인 물독에 물을 길어다 부었다오 슬기말 **두렁에 든 소** 어디를 가나 먹을 것이 많음

두렁서리 이름씨 논두렁 위에 난 풀을 낫으로 베어 없애는 일

두렁이 이름씨 ❶배 아래를 둘러 가리는 치마 같은 아이 옷 ⓑ두렁이를 걸친 아이 ❷아기를 둘러업게 만든 치마 꼴로 말기와 띠가 달린 포대기 ⓑ아기를 두렁이로 둘러업은 젊은 꽃님

두렁콩 이름씨 논두렁이나 밭두둑에 심어 가꾸는 콩 ⓑ나는 논두렁에 구멍을 뚫고 어머니는 두렁콩을 심었어

두레[1] 이름씨 ❶여름지기들이 힘을 모아 함께 일하려고 만든 모임 ⓑ우리 마을에선 스무 집이 두레를 짜 날마다 한 집씩 돌아가며 김매기와 풀베기를 했다 ⇐ 협동조합 ❷두

레굿 ⓑ수릿날 마을 사람들이 모여 두레를 놀았다 ⇐ 농악

두레[2] 이름씨 ❶둥근 켜로 된 시루떡 덩이 ⓑ돈을 모아 두었다가 한가위때 두레를 해먹자 ❷시루떡 덩이를 세는 하나치 ⓑ얻은 떡이 두레 가웃이나 돼

두레굿 이름씨 두레꾼이 꽹과리, 징, 장구, 북, 버꾸, 피리, 날라리 따위를 불고 치며 탈춤과 재주를 곁들인 겨레놀이 ⓑ우리겨레는 설, 한보름, 수릿날, 한가위 같은 때는 온 마을 사람들이 모여 두레굿을 하고 잔치를 벌였다 한뜻말두레놀이 ⇐ 농악. 풍물놀이

두레굿재비 이름씨 바람몬놀이에서 바람몬을 치거나 부는 사람 ⇐ 풍물재비

두레길쌈놀이 이름씨 달셈 일곱달이나 여덟달에 마을 겨집들이 한곳에 모여 길쌈을 하며 노는 놀이

두레놀이 이름씨 두레굿 ⇐ 풍물놀이

두레농사 ⇒ 두레지이

두레떼 이름씨 꽹과리, 징, 장구, 북, 버꾸, 피리, 날라리 따위를 불고 치며 탈춤과 재주를 곁들여 노는 무리 ⇐ 풍물패

두레먹다 움직씨 ❶여럿이 둘러앉아 먹다 ❷두레꾼들이 먹을 것을 마련하여 모여 놀다

두레박 이름씨 우물물을 길으려 줄을 길게 맨 바가지 ⓑ두레박으로 바로 길어 올린 물맛이 으뜸이지

두레지이 이름씨 여러 사람이 두레를 짜서 함께 여름지이를 하는 것 ⇐ 두레농사

두려빼다 움직씨 ❶어느 한곳을 뭉떵 빼다 ⓑ살거내 앞메를 두려빼고 온통 짓곳을 지었다 ❷구루 또는 맞꾼들이 머무는 곳을 쳐들어가 차지하다 ⓑ왜놈들이 가다구루를 두려빼고 차지하였다

두려움 이름씨 두려운 느낌 ⓑ나이가 들수록 두려움이 줄어들어 나중에는 두려움을 모르지

두려워하다 움직씨 ❶걱정되고 꺼려지다 ⓑ어둠을 두려워하지 마라 ❷우러러 마주하기 어려워하다 ⓑ어른을 두려워할 줄 알아야지

두렵다 그림씨 ❶걱정되고 마음에 몹시 꺼리다 ⓑ한 해 한 해 나이 들어가는 것이 두렵지 않느냐 ❷맞은쪽을 가까이하기 어렵다 ⓑ옛 사람들은 하늘을 두려워하면서 바르게 살려고 애썼어

두렷두렷[1] 어찌씨 무엇이 흐리거나 섞갈리지 않고 똑똑하고 환한 꼴 ⓑ꽃순이는 글씨를 두렷두렷 힘있게 써 내려갔어 작은말도렷도렷 센말뚜렷뚜렷

두렷두렷[2] 어찌씨 눈을 자꾸 굴리며 여기저기 살피는 꼴 ⓑ아버지는 웬 낯선 사람들인가 싶어 방안 사람들을 두렷두렷 살피는 것 같았어 센말뚜렷뚜렷

두렷하다 그림씨 무엇이 흐리거나 섞갈리지 않고 똑똑하고 환하다 ⓑ눈과 코, 입이 두렷하여 시원스러운 얼굴이었어 작은말도렷하다 센말뚜렷하다

두령·두목 ⇒ 우두머리. 모가비. 꼭지딴. 웃대가리

두루 어찌씨 ❶이것저것 다 ⓑ만나야 할 사람을 두루 만났다. '하소', '잡수소' 같은 말은 서라벌 고을에선 어른들한테 높임말로 두루 쓰는 말이지요 ❷이것저것 헤아려서 ⓑ푸른누리와 맺어진 사람들한테 두루 밤을 보냈단다

두루낫개 이름씨 온갖 앓이를 고치는데 두루 쓰는 낫개 ⇐ 만병통치약

두루더럼 이름씨 뭇사람 삶에 두루 미치는 여러 가지 더럼 ⓑ먹을거리 두루더럼도 날이 갈수록 늘어난다. ⇐ 공해

두루두루 어찌씨 '두루' 힘줌말 ⓑ온누리 모든 사람이 두루두루 잘 사는 누리를 만들어요

두루뜻 이름씨 ❶(삶갈)여러 생각 속에서 두루 미치는 것을 뽑아내어 아울러 얻은 생각 ⇐ 개념 ❷(사람살이갈)하나 하나 일에서 가려뽑은 두루미치는 생각 ⇐ 개념

두루마기 이름씨 나들이할 때 바지 저고리 위에 걸쳐 입는 옷자락이 무릎아래까지 내려오는 배달옷 ⓑ한가위날 식게를 모시러 두루마기를 차려 입었다 준말두루막

두루마리 이름씨 종이를 가로로 길게 이어서 둥글게 만 것 또는 그 꼴 ⓑ첫 배곳을 마치는 잔칫날 두루마리를 펴며 읽어 내려갔다. 이곳에선 두루마리 뒷종이를 아껴 써요

두루마리구름 이름씨 땅위 두 킬로미터 못 미치는 하늘에 뭉실뭉실 큰 덩이들로 덮인 잿빛 구름. 구름 사이로 하늘이 보이기도 한다

두루메 이름씨 마사라사, 노온바라, 마온바라 세 고장에 걸쳐 있는 메 ⇐ 지리산

두루뭉술하다 그림씨 ❶날카롭게 모나지도 않고 아주 둥글지도 않고 둥그스름하다 ⓑ얼굴이 두루뭉술한데다 마음씨도 부드러워 ❷몸짓 또는 몸씨나 마음씨 따위가 이도 저도 아니게 또렷하지 않다 ⓑ사내는 과가르고 곧고 아내는 느긋하고 두루뭉술하다네

두루미 이름씨 우리나라 새 가운데 가장 키가 크며 목, 다리, 부리가 매우 긴 겨울 철새. 몸통은 흰빛이고 눈가, 턱밑, 목 쪽과 꼬리는 검은 빛이며 머리 꼭대기에는 붉은 살가죽이 드러나 있다. 흰두루미, 먹두루미, 재두루미 따위가 있다 ⓑ나래를 펴고 나는 두루미가 무척 아름다워 ⇐ 학

두루보기 이름씨 두루 널리 쓰이는 보기 ⇐ 통례

두루봄 이름씨 어떤 낳일쪽 낳이몬을 두루 모아 벌여 놓고 널리 자랑하고 파는 모임이나 잔치 ⇐ 박람회

두루봄바람 이름씨 누구에게나 다 좋도록 슬슬 맞이하는 일 또는 그런 사람 ⓑ곰살이 아버지는 마을에서도 이름난 두루봄바람이라 사람들이 다 좋아한단다 ⇐ 두루춘풍

두루빛 이름씨 모둠이나 짜임에서 여러 가지 일을 두루 맡아보는 사람 ⇐ 총무

두루뽑기 이름씨 어른이 되면 누구나 뽑을 수 있는 뽑기 ⇐ 보통선거

두루생각 이름씨 많은 이가 두루 옳다고 여기는 생각이나 말 ⇐ 여론, 통념

두루쓰기 이름씨 여느 사람에게 널리 쓰임 ⇐ 통용

두루이름씨 이름씨 '사람', '짐승', '메', '가람'과 같이, 모든 일과 몬에 두루 쓰는 이름씨 맞선말홀이름씨 ⇐ 보통명사

두루주머니 이름씨 허리에 차는 작은 주머니. 아래는 둥글고 위는 아가리에 잔주름을 잡고 두 끈을 꿰어 당기면 오그라지게 만든다

두루춘풍 ⇒ 두루봄바람

두루치기[1] 이름씨 ❶한 가지 것을 이리저리 둘러쓰는 것 또는 그 몬 ⓑ칼을 두루치기로 쓴다고? ❷어느 하나를 꼭 집어 말하지 않고 여럿을 들떼어놓는 것 ⓑ잘못한 사람들을 두루치기로 혼내면 애먼 사람은 어떻게 해 ❸한사람이 여러 가지 일을 잘 다루는 것 또는 그런 사람 ⓑ두레는 일도 잘하고 놀기도, 살림도 잘하는 두루치기라며 ⇐ 팔방미인

두루치기[2] 이름씨 쇠고기, 돼지고기, 조갯살, 낙지 따위에 갖은 남새와 양념을 넣고 볶아 만든 먹을거리 ⓑ두루치기를 하는데도 바탕감이나 볶는 솜씨에 따라 가지가지이다

두르개 이름씨 둘러쳐서 바람을 막기도 하고 무엇을 가리려고 치는 세간 한뜻말가리개 ⇐ 병풍

두르다 움직씨 ❶둘레를 빙 돌거나 동그라미를 그리듯 하다 ⓑ한내가 돌곶이 마을을 두르고 흘러 한가람으로 들어가지 작은말도르다 ❷가를 돌아가며 잇대거나 치다 ⓑ울타리를 두르다. 테를 두르다 ❸고르게 바르다 ⓑ쇠판에 기름을 두르다 ❹곧장 가지 않고 먼 길을 에돌다 ⓑ큰길을 따라 둘러서 가다 ❺둥글게 내저어 흔들다 ⓑ횃불을 휘휘 두르다 ❻싸서 감거나 띠다 ⓑ머리띠를 두르다 ❼치마 따위를 입다 ⓑ앞치마를 두르다 ❽돈이나 돈거리를 이리저리 찾아내다 ⓑ돈 좀 빨리 두를 데를 찾아보세요 ❾이리저리 꾸며대며 속이다 ⓑ어린 사람이라고 함부로 둘러 먹으면 안 된다 ❿사람을 마음대로 다루다 ⓑ힘 있다고

사람을 함부로 두르는 거야?

두르르 어찌씨 ❶넓은 종이나 빳빳한 것이 퉁새 있게 말리는 꼴 ⓑ가게 아저씨는 종이를 두르르 말아서 내줬다 ❷둥그스름한 것이 굴러가는 꼴이나 그 소리 ⓑ발틀로 터진 곳을 두르르 박았다

두름 이름씨 ❶조기 따위 물고기를 절여 말린 뒤 스무 마리를 열 마리씩 두 줄로 짚으로 엮어 놓은 것 또는 그것을 세는 하나치 ⓑ굴비 한 두름을 사 오너라 ❷고사리 따위 멧나물 열 모숨을 엮은 것 또는 그것을 세는 하나치 ⓑ취나물을 세 두름이나 보내왔으니 우린 무얼 보낼꼬…

두름길 이름씨 둘러서 가는 길 ⓑ차라리 두름길로 가는 게 낫겠지. 지름길과 두름길 ⇐ 우회로. 우회도로

두름새 이름씨 ❶재치있게 두루 둘러대는 솜씨 ⓑ끝난이는 두름새가 좋아 모래밭에 떨궈 놔도 잘 살끼라 ❷너그럽고 간사위 있는 바탈 ⓑ두름새가 있는 일꾼

두름성 ⇒ 두름새. 두름손

두름손 이름씨 일을 뛰어나게 잘하는 솜씨 ⓑ바우는 두름손이 좋은 사람이야 ⇐ 두름성. 돌림성. 주변머리. 수완

두릅나무 이름씨 멧기슭 햇볕 바른 데나 골짜기에서 자라는 갈잎 좀나무. 줄기와 잎에 억센 가시가 있고, 잎은 깃꼴로 어긋나며, 여름에 흰 꽃이 피고, 가을에 짙은 가지빛깔 열매가 달린다. 어린싹은 나물로 먹고, 껍질과 뿌리는 낫개로 쓴다 ⓑ두릅은 엄싹과 함께 봄나물 가운데서 으뜸으로 치는 나물이죠

두리 이름씨 ❶('두리에 뭉치다'로 써) 하나로 뭉치게 되는 복판 둘레 ⓑ이끎이 두리에 하나로 굳게 뭉치자 ❷둘레 ⓑ어두우니 두리를 잘 살피며 걸어요

두리- 앞가지 크고 둥근 ⓑ두리기둥. 두리줌치. 두리광주리

두리감 이름씨 납작하지 않고 몸통이 볼록한 감. 흔히 곶감으로 만든다 한뜻말 두리 ⇐ 둥시

두리놓개 이름씨 크고 둥근 놓개. 집에서 여럿이 둘러앉아 먹기 좋다 ⓑ어릴 적 아버지만 빼고 온 집님이 두리놓개에 둘러앉아 밥을 먹었어 ⇐ 두리반

두리두리 어찌씨 큰 눈알을 이리저리 돌리며 살피는 꼴 ⓑ벚꽃이 활짝 핀 꽃길을 걸으며 언니는 눈부신 꽃잎을 두리두리 둘러보며 환하게 웃었지

두리두리하다 그림씨 얼굴이나 눈 생김새가 시원하고 보기 좋게 크고 둥글다 ⓑ사내가 얼굴이 두리두리하고 어깨가 쩍 벌어졌어

두리둥실 어찌씨 물이나 하늘에 가볍게 떠뮈는 꼴 ⓑ돛단배가 두리둥실 바다 위를 떠간다

두리뭉실 어찌씨 ❶모나지도 둥글지도 않고 둥그스름한 꼴 ⓑ두리뭉실하게 생긴 모개야말로 못생긴 과일이지 ❷이것도 저것도 아니게 뚜렷하지 않다 ⓑ그 둘은 두리뭉실 사귀다가 끝내 헤어졌다

두리반 ⇒ 두리놓개

두리번거리다 움직씨 눈을 크게 뜨고 이리저리 자꾸 휘둘러보다 ⓑ한 사내가 마을 둘레를 두리번거리며 돌아다닌다는데요 작은말 도리반거리다 **두리번대다**

두리번두리번 어찌씨 큰 눈을 굴리며 이리저리 휘둘러 보는 꼴 ⓑ물가로 내려가 물속을 두리번두리번 살펴보았지 **두리번두리번하다**

두말 이름씨 ❶한입으로 이미 한 말과 다르게 하는 말, 곧 이러니저러니 하는 말 ⓑ두말 말고 따라오게 ❷한마디 한 위에 더 하는 말, 곧 이랬다저랬다 하는 말 ⓑ한 입으로 두말은 하지 않으마

두매한짝 이름씨 다섯 손가락. 젓가락 두 짝을 한매라 한다. 그래서 두 매 한 짝은 다섯 짝이 된다

두머리수레 이름씨 말 두 마리가 끄는 수레 ⇐ 쌍두마차

두멍 이름씨 물을 많이 담아 두고 쓰는 큰 가마나 독 ⓑ우물에서 물을 길어다 두멍에 가득 채우는 게 내 일이었어 ⇐ 탱크

두멍수레 이름씨 땅기름이나 프로페인, 될갈낫개 따위 물덩이나 김덩이를 많이 실어 나를 수 있는 두멍을 갖춘 짐수레 ⇐ 탱크로리

두메 이름씨 온갖 푸나무와 뭇 목숨이 한데 어울려 살아 숨쉬는 숲을 품어 싱그럽게 사는 터전 ⓑ두메살이는 맑은 하늘, 빛나는 햇살, 깨끗한 물, 시원한 바람, 저절 여름지이, 나물밥, 마음닦기와 잘 어울린다 ⇐ 두메산골. 벽지

두목 ⇒ 우두머리. 머리. 모가비. 꼭지

두바퀴 이름씨 사람이 타고 앉아 두 다리 힘으로 바퀴를 돌려서 가게 하는 탈것. 앉개에 올라앉아 두 손으로 손잡이를 잡고 두 발로 밟개를 밟는다 ⇐ 자전거

두밥풀내기 이름씨 밥풀내기 싸울아비 가운데 하나. 한밥풀내기 위이고 세밥풀내기 아래이다 ⇐ 중위

두벌 이름씨 애벌 다음에 두 디위째 하는 일 ⓑ두벌매기. 두벌갈이. 두벌김

두벌일 이름씨 처음에 한 일이 잘못되어 다시 하는 일 ⓑ두벌일을 하지 않게 처음부터 꼼꼼히 해라

두벌잠 이름씨 들었던 잠에서 깨었다 다시 드는 잠 ⓑ두벌잠이 들어 아침에 늦게 일어났어

두벌죽음 이름씨 주검을 살피려고 속을 갈라 헤쳐 보거나 주검을 불에 태우는 일

두별내기 이름씨 별 둘 단 싸울아비 이끎이 ⇐ 소장

두부 ⇒ 콩묵. 조피

두불실 이름씨 초나 호롱 하나에 불실이 둘 있는 것 ⇐ 쌍심지

두살남막남 이름씨 살남과 막남으로 이루어진 붉은 밤빛 김덩이. 코를 찌르는 냄새가 나고 빈기를 더럽힌다 ⇐ 이산화질소

두살남숯남 이름씨 숨받이가 숨을 내쉬거나 숯남이 든 몬이 탈 때 나오는 김덩이. 빛깔과 냄새가 없고 빈기보다 무겁다 ⇐ 이산화탄소

두상 ⇒ 머리

두상화 ⇒ 머리꼴꽃

두샛바람 이름씨 새새마녘에서 불어오는 바람 ⓑ두샛바람이 불면 얼었던 땅도 마음도 시나브로 풀리겠지 ⇐ 동동남풍

두서 ⇒ 가리. 가리새. 차례. 갈피

두서넛 셈씨 둘이나 셋이나 넷 ⓑ감 두서넛을 가져오게

두서없이 ⇒ 앞뒤 없이. 차례 없이. 갈피없이. 가리새 없이

두선거리다 움직씨 겨우 알아들을 수 있는 낮은 목소리로 말을 주고받다 **두선대다**

두선두선 어찌씨 겨우 알아들을 수 있는 낮은 목소리로 말을 주고받는 소리 또는 그 꼴 ⓑ큰 어미겨집아우와 작은 어미겨집아우가 와서 어머니랑 셋이 모이면 밤새 두선두선 말소리가 그치지 않았다 **두선두선하다**

두세 매김씨 둘이나 셋 ⓑ두세 사람이면 되고 말고

두셋 셈씨 둘이나 셋 ⓑ두셋이라도 좋아

두아울노래 이름씨 여럿이 둘로 나뉘어 두 가락을 함께 부르기 ⇐ 이부합창

두알갈오기 이름씨 저마다 다른 두 알이 씨받이되어 태어난 갈오기. 생김새, 암수, 내림씨들이 다르다 ⇐ 이란성쌍둥이

두어 매김씨 '두엇' 매김꼴 ⓑ두어 사람. 두어 군데. 두어 뙈기. 두어 낱. 두어 해

두어서넛 셈씨 둘이나 서넛

두억시니 이름씨 사납고 못된 장난을 한다는 꿍꿍 속 귀것 ⇐ 야차

두엄 이름씨 집짐승 똥오줌과 풀, 나무 싹, 짚, 갈잎 따위를 섞어 썩힌 거름 ⓑ보리밭에는 곰삭은 두엄을 밑거름으로 낸 뒤 씨를 뿌리고 흙을 살짝 덮는다 준말 둼 ⇐ 퇴비

두엄터 이름씨 두엄을 쌓아 모으는 자리 ⇐ 퇴비장

두엇 셈씨 둘쯤 ⓑ애를 두엇 더 낳을 걸 그랬나 준말 둿

두여머조자기 이름씨 숲속이나 골짜기에 자라는 풀. 풀빛 꽃이 피고 열매는 붉게 익으며 뿌리는 낫개로 쓴다 한뜻말 털람생이. 찰람생이 ⇐ 천남성

두유 (豆乳) ⇒ 콩물. 콩국

두유 (豆油) ⇒ 콩기름

두음 ⇒ 머릿소리

두이레 [이름씨] 아이가 태어난 지 열나흘이 되는 날 ㉥아기 낳고서 두이레가 지났다 ⇐ 두칠

두절 ⇒ 끊김. 막힘. 끊어지다. 막히다

두절개 [이름씨] 두 절 사이를 오가는 개. 두 가지 일을 한꺼번에 하는 사람

두쪽 [이름씨] 두 곳이나 둘 낱낱 ⇐ 양쪽. 양측. 양편

두켜집 [이름씨] 두 켜로 지은 집 ⇐ 이층집

두텁다 [그림씨] [1]서로 맺은 사이가 몹시 굳고 깊다 ㉥둘 사이 사귐이 매우 두터워요 작은말 도탑다 ⇐ 돈독하다. 화목하다 [2]두께가 크다 ㉥날씨가 추우니 두터운 옷을 입고 밖에 나가요 맞선말 얇다 [3]믿음이나 사랑이 알뜰하고 크다 ㉥둘레사람들한테서 두터운 믿음을 받았다 [4]모자람이 없이 넉넉하다 ㉥좋은 집안에다 좋은 배곳을 나와서 아는 사람이 두텁다 [5]그늘이나 어둠이 짙다 ㉥느티나무 그늘이 두텁다

두텁떡 [이름씨] 찹쌀가루를 꿀에 반죽하여 꿀에 절인 귤과 대추소를 박고 꿀팥을 두둑하게 켜로 안쳐서 찐 것을 네모나게 잘라 만든 떡 ㉥손님이 두텁떡을 사와서 막 맛있게 먹었어

두통 ⇒ 머리앓이. 바람머리

두툼널 [이름씨] [1]새벽질을 하고 그 위에 기름 먹인 종이를 바른 방바닥 ⇐ 장판 [2]'두툼널 종이' 준말

두툼널종이 [이름씨] 방바닥에 바르는 기름먹인 종이 ⇐ 장판지

두툼하다 [그림씨] 꽤 두껍다 ㉥두툼한 손과 넓적한 발 작은말 도톰하다

두트레방석 [이름씨] 짚으로 둥글게 엮은 두툼한 방석. 걸 수 있게 한쪽에 고리를 달아 독을 덮는 데에 썼다

두팔저울 [이름씨] 두 쪽으로 똑같은 접시가 달려있어 한쪽에는 달 것을, 다른 쪽에는 드림쇠를 놓아 편편하게 다는 저울 한뜻말 접시저울. 어깨저울 ⇐ 양팔저울. 천칭

두해살이 [이름씨] 싹이 터 자라다가 대는 죽고 뿌리에서 다음해에 다시 싹이 돋아 열매를 맺고 죽는 일

두해살이풀 [이름씨] 보리, 무, 냉이처럼 첫해에 싹이 터 자라다가 대는 죽고 이듬해에 뿌리에서 다시 싹이 나 자라 꽃이 피고 열매 맺어 죽는 풀 ㉥밭에 나는 김은 두해살이풀이 많다 준말 두해살이

둑[1] [이름씨] [1]높은 길을 내려고 흙과 돌로 쌓아올린 언덕 ㉥우리 마을에도 냇둑을 새로 쌓고 둑 위로 길을 내면서 나물과 물고기가 자랄 터전을 잃었다 [2]큰물이 져서 넘치는 것을 막거나 물을 가두려고 가람이나 늪 또는 바다 둘레를 돌이나 흙, 돌가루 따위로 막아 높게 쌓은 언덕 ㉥큰물이 져 둑 위로 물이 넘친다 한뜻말 물둑 ⇐ 제방 [3]보를 만들거나 논밭을 지키려고 쌓은 언덕 ㉥지난 큰비와 큰바람에 둑이 무너져 길이 끊기고 논둑이 터져 벼가 물에 휩쓸렸다

둑[2] [이름씨] 윷놀이에서 두 동 ㉥둑이 났다

둔각 ⇒ 무딘모

둔각삼각형 ⇒ 무딘모세모꼴

둔감 ⇒ 무딤. 무디다. 둘하다. 뜨다. 투미하다. 미련하다

둔갑 ⇒ 몰래바꿈. 바꾸다. 감추다

둔덕 [이름씨] 두드러지게 언덕이 진 곳 ㉥어릴 적 우리 마을 앞 둔덕은 아이들 놀이터였다

둔재 ⇒ 굼뜬 재주. 재주 없는 사람

둔치 [이름씨] 가람이나 못 따위 가장자리 ㉥가람 둔치에 낚시꾼들이 몰렸다 ⇐ 고수부지

둔탁 ⇒ 무딤. 무겁고 무디다. 굼뜨다. 굵고 거칠다

둔하다 ⇒ 무디다. 굼뜨다. 느리다. 둘되다. 재주 없다. 솜씨 없다

둔화 ⇒ 무디어짐. 무디어지다. 수그러지다

둘 [셈씨] 하나에 하나를 더한 수 ㉥귀는 둘이고 입은 하나다 [익은말] **둘도 없다** 오직 그것뿐이고 더는 없다. 더없이 값지다 [슬기말] **둘이 먹다가 하나가 죽어도 모르겠다** 맛이 아주

좋다

둘- 앞가지 (짐승 암컷을 나타내는 이름 앞에 붙어)새끼나 알을 낳지 못하는 ㉥둘암소. 둘암말. 둘암캐. 둘암탉. 둘암퇘지. 둘암컷

둘되다 그림씨 상냥하지 못하고 미련하고 무디다

둘둘 어찌씨 ❶둥그런 것이 가볍게 구르는 소리나 그 꼴 ㉥굴렁쇠를 둘둘 굴리며 골목길을 내달았지 작은말돌돌 센말뚤뚤 ❷몬이 여러 겹으로 둥글게 감기거나 말리는 꼴 ㉥저녁이면 이슬에 젖지 않게 멍석을 둘둘 말아 놓았다

둘러대다 움직씨 ❶잇달아서 힘차게 냅다 두르다 ㉥땅파개가 바위를 뚫느라 둘러대는 소리가 시끄럽다 ❷일이 되도록 이리저리 두루 갖다 대다 ㉥돈을 둘러댈 줄 알아야 장사를 잘하지 ❸그럴듯한 말로 꾸며대다 ㉥요즘 웃대가리들이 걸핏하면 무슨 말이든지 둘러댄다

둘러맞추다 움직씨 ❶다른 것으로 갈음하여 갖다 맞추다 ㉥누나는 이리저리 둘러맞추어 돈을 마련했다 ❷그럴듯한 말로 비슷하게 꾸며 맞추다

둘러매다 움직씨 둘둘 감아서 두 끝을 마주 매다 ㉥어깨에 노란띠를 둘러매고 걸었다 작은말돌라매다

둘러메다 움직씨 들어 올려서 어깨에 걸치다 ㉥쌀자루를 어깨에 둘러메고 절에 갔다

둘러보다 움직씨 두루 살펴보다 ㉥삿자리를 하나 엮으려고 대밭을 둘러보았다 작은말돌라보다

둘러봄배 이름씨 바다를 둘러보며 살피는 나룻배 ⇐순시선

둘러서다 움직씨 어떤 곳 둘레를 따라 늘어서다 ㉥저자 복판에 둘러서서 거리굿을 즐겼다 작은말돌라서다

둘러싸다 움직씨 ❶둘레를 빙 에워싸다 ㉥아이들이 할아버지 둘레를 둘러싸고 옛이야기를 듣는다 작은말돌라싸다 ⇐포위하다 ❷둘레를 둘러서 막거나 가리다 ㉥포대기로 아기를 둘러싼 채 뛰어간다 한뜻말둘러치다 ❸('둘러싸고' 꼴로 써)어떤 것을 이야기거리 가운데에 놓다 ㉥어버이한테서 물려받은 돈과 땅을 둘러싸고 아들딸 사이에 한판 싸움이 벌어졌다

둘러싸이다 움직씨 ('둘러싸다' 입음꼴) 둘레가 에워싸이다 ㉥우리나라는 세쪽이 바다로 둘러싸였다

둘러쓰다 움직씨 ❶둘러서 몸을 가리다 ㉥하도 추워 이불을 둘러쓰고 잤다 ❷머리에 얹거나 눌러 쓰다 ㉥늘 벙거지를 둘러쓰고 다닌다 ❸가루나 물 따위를 뒤집어쓰다 ㉥갑작바람에 마루가 먼지를 둘러썼다 ❹남 잘못을 넘겨받아 지다 ㉥서로 아니라고 우기는 바람에 잘못한 탓을 내가 둘러썼다

둘러씌우다 움직씨 ❶('둘러쓰다' 하임꼴) 두르거나 내려덮어 보이지 않게 하다 ㉥얇은 천으로 방 한쪽을 둘러씌우고 방치레를 마쳤다 ❷머리에 얹거나 눌러쓰게 하다 ㉥아들에게 벙거지를 둘러씌우고 서둘러 길을 나섰다 ❸가루나 물 따위를 마구 떨어지게 하다 ㉥미운 아이들한테 밀가루를 둘러씌우고 달아났다 ❹남 잘못을 넘겨받게 하다 ㉥제 허물을 옆 사람에게 둘러씌우려 했다

둘러앉다 움직씨 여럿이 둥글게 앉다 ㉥모두 밥놓개에 둘러앉아 이야기꽃을 피운다 작은말돌라앉다

둘러업다 움직씨 번쩍 들어올려서 업다 ㉥엄마는 등에 아이를 둘러업고 머리에는 쌀자루를 이고 저자에 간다 비슷한말둘쳐업다

둘러치다 움직씨 ❶둘레를 따라서 막거나 가리다 ㉥울타리로 뒤뜰을 둘러쳤더니 집이 한결 아늑해진 느낌이야 ❷빙빙 둘러서 감다 ㉥몹시 추워서 목도리를 목과 머리에 칭칭 둘러치고 나갔어 ❸말을 이리저리 둘러맞추다 ㉥미르메 사람들이 말로 이리저리 둘러쳐서 어려움을 벗어나려는 건 아니겠지 ❹휘둘러서 세게 내리치다 ㉥둘러치나 메어치나 매한가지라고

둘레 이름씨 ❶몬 테두리 또는 바깥 언저리 ㉥

큰 마당 둘레에 팽나무가 줄지어 선 배곳 ⇐ 주위. 외연 **2** 무엇 가를 한 바퀴 돈 길이 ⓑ 잣나무 둘레가 한 아름이 넘어

둘레고을 이름씨 큰고을 둘레에 자리잡아 고을살림이 큰고을살림 아래에 묶인 고을 ⓑ 서울 가까이 있는 고을들은 서울 둘레고을이랄 수 있어 ⇐ 둘레도시. 위성도시

둘레도시·위성도시 ⇒ 둘레고을

둘레둘레 어찌씨 **1** 곳곳을 이리저리 살펴보는 꼴 ⓑ 벗어놓은 때알림이를 찾느라 방안을 몇 디위나 둘레둘레 살펴도 안 보여 **2** 여러 사람이 빙 둘러앉은 꼴 ⓑ 아이들은 둘레둘레 모여 앉아 이야기꽃을 피워요

둘레방석 이름씨 둥그렇게 엮어 만든 방석

둘레춤 이름씨 꿀벌들이 가까이에 꽃이 있다고 알릴 때 추는 춤

둘리다 움직씨 **1** 둘레가 빙 감싸이다 ⓑ 가람으로 둘린 고을 **2** 가를 돌아가며 잇대지다 ⓑ 쇠테를 둘린 물동이 **3** 둥글게 내저어 흔들리다 ⓑ 둘리는 횃불이 차츰 사그라져간다 **4** 먼 데를 거치게 되다 ⓑ 한참 둘린 길을 따라가니 바로 그 집이 나왔어 **5** 둘리듯이 입히다 ⓑ 목에 둘린 목도리를 벗다 **6** 싸여 감기거나 띠게 하다 ⓑ 머리에 둘린 띠를 풀다 **7** 돈을 마련해 주다 ⓑ 돈이 둘려 가까스로 빚을 갚았다 **8** 쌓여서 가려지다 ⓑ 함박눈에 둘린 절이 고즈넉하다 **9** 그럴듯한 꼬임에 속다 ⓑ 달콤한 말에 할머니가 둘려서 한끼를 내주었다

둘잡이 이름씨 **1** 말 하나로 맞은 쪽 말 둘을 잡음 ⇐ 일거양득 **2** 한 가지 일을 해서 두 가지 보탬을 얻는 것 ⇐ 일거양득

둘째 셈씨 '첫째' 다음 ⓑ 둘째 아들은 아픈이를 나수는 일을 해요 슬기말 **둘째 며느리 삼아 봐야 맏며느리 착한 줄 안다** 견줄 것이 없으면 참 값어치를 알기 어렵다

둘째가다 움직씨 어떤 자리나 차례에서 두 디위째 가다 익은말 **둘째가라면 설워하겠다** 첫째로 갈 만하다

둘째낳일 이름씨 짓일, 몬만들기, 집 짓기처럼 밑감으로 새 것을 만들어 내는 일 ⇐ 제이차 산업

둘째누리큰싸움 이름씨 1939해~1945해 사이에 잉글나라, 프랑스, 유에스, 소비에트가 도이치, 이탈리아, 니혼한테 싸워 이긴 싸움 ⇐ 제이차세계대전

둘째아버지 이름씨 아버지 언아우 가운데 둘째

둘째어머니 이름씨 둘째아버지 아내

둘하다 움직씨 무디고 미련하다 ⓑ 처음에는 아내가 둘하다고 느꼈지만 살아보니 엄청 재바르고 똑똑하다

둠 이름씨 **1** 수레를 세워 두는 곳 ⇐ 주차장 **2** 수레를 세워 두기 ⇐ 주차

둣달 이름씨 한 해 가운데 둘째 달 ⇐ 이월

둥[1] 이름씨 **1** ('-는둥 -는둥' 꼴로 써) 이렇다 거니 저렇다 거니 함 ⓑ 마을 사람들은 아직도 뒷메에 곰이 산다는 둥 없다는 둥 서로 생각이 나뉘었다 **2** ('-는둥 -마는(만,말) 둥' 꼴로 써) 무엇을 하는 듯도 하고 하지 않은 듯도 함 ⓑ 맡은 일을 하는 둥 마는 둥 망설이기만 할 거요

둥[2] 어찌씨 **1** 북 칠 때와 같이 우렁차게 나는 소리 ⓑ 북소리는 둥, 가얏고는 둥기당기 울린다 **2** 마음이 들뜨는 꼴 ⓑ 한돌이는 두순이를 만날 생각만 해도 마음이 둥 뜨는 느낌이야 **3** 종이솔개나 바람공이 하늘에 가볍게 떠오른 꼴 ⓑ 저 봐, 바람공이 하늘에 둥 떠오르네

둥개다 움직씨 일을 가마리 못해 쩔쩔매며 뭉개다 ⓑ 누구 도움도 못 받고 혼자서 둥개다가 때를 놓쳤어요

둥개둥개 느낌씨 어린아이를 안거나 쳐들고 어를 때 하는 소리 ⓑ 우리 아가 둥개둥개 잘도 잔다 둥개둥개

둥개질 이름씨 어린아이를 안거나 쳐들고 어르는 짓 ⓑ 아까부터 누나가 아우를 안고 둥개질로 달래는구나

둥거리 이름씨 통나무를 알맞은 길이로 잘라서 쪼갠 땔나무 ⓑ 겨울을 나려고 둥거리를 많이 패 두었다 ⇐ 장작

둥거리불 이름씨 둥거리에 붙은 불 ⇐ 장작불

둥구미 이름씨 짚으로 둥글고 깊게 엮어 만든 그릇 ⓑ둥구미에 콩을 담아 갈무리하면 딱이야 한뜻말 멱둥구미

둥굴레 이름씨 멧비탈이나 들에 절로 나며 땅속 줄기는 살이 많고 길게 옆으로 뻗으며 줄기는 모가 지고 잎은 길둥근 여러해살이풀. 뿌리줄기는 달여 마시고 어린싹은 나물로 한다

둥그렇다 그림씨 뚜렷하게 둥글거나 둥글게 보이다 ⓑ보름달이 둥그렇게 새녘 하늘에 떠오른다 작은말 동그랗다 센말 뚱그렇다

둥그스름하다 그림씨 조금 둥글거나 둥근 듯하다 ⓑ둥그스름한 얼굴. 둥그스름한 무덤

둥근기둥 이름씨 한 곧금이 그와 나란한 곧금 둘레를 한 바퀴 돌아 생기는 굽낯으로 둘러싸인 덩이 ⇐ 원기둥

둥근꼴 이름씨 둥그런 꼴 ⓑ하늘에는 갈가마귀 떼가 둥근꼴로 날아 오르내린다 ⇐ 원형

둥근놓개 이름씨 둥그런 놓개 ⇐ 원탁

둥근뿔 이름씨 밑낯이 둥글고 옆낯이 굽은 뿔꼴 덩이 ⇐ 원뿔. 원추

둥근뿔꼴 이름씨 밑낯이 둥글고 옆낯이 굽고 끝이 뾰쪽한 꼴 ⇐ 원뿔형. 원추. 원추형

둥근파 이름씨 둥글파 ⇐ 양파

둥글넓적이 이름씨 큰 접시처럼 둥글 넓적하고 가운데가 도도록한 것. 던지기놀이에 쓴다 ⇐ 원반

둥글넓적하다 그림씨 생김새가 둥글면서 좀 넓다 ⓑ호떡을 둥글넓적하게 빚어 배불리 먹었다 작은말 동글납작하다

둥글다 그림씨 ❶동그라미나 공처럼 어느 한 곳에서 바깥 가장자리까지 길이가 같다. 동그라미나 공과 꼴이 같다 ⓑ둥근 보름달이 구름 속에서 나와 밝게 비춘다 작은말 동글다 ❷마음씨가 모난 데 없이 두루 너그럽다 ⓑ샛돌은 됨됨이가 둥글어서 아이들이 많이 따른다 ⇐ 원만하다 ❸어떤 금이나 꼴이 둥그렇게 되다 ⓑ달도 기울면 다시 둥근다. 꼬마들이 다치지 않게 책놓개 모서리를 모두 둥글게 다듬어라

둥글돌놀이 이름씨 네 사람이 한쪽이 되어 두 모둠이 얼음판 위에서 둥글넓적한 돌을 굴려 미끄러지게 해서 과녁에 넣는 놀이 ⇐ 컬링

둥글둥글 어찌씨 ❶여럿이 다 둥글거나 썩 둥근 꼴 ⓑ사람이 모도 좀 나야지 호박같이 둥글둥글 살기만 해서야 되겠나 ❷마음씨가 모난 데 없이 두루두루 너그러운 꼴 ⓑ한뉘토록 나름 둥글둥글 살아온 셈이다

둥글둥글하다 그림씨 ❶여럿이 다 둥글거나 썩 둥글다 ❷마음씨가 모난 데 없이 두루두루 너그럽다

둥글파 이름씨 잎은 속이 비었고 송곳꼴로 끝이 뾰족하며 여러 낱 잎이 굵어져서 둥근 비늘줄기를 이루는 두해살이 남새. 둥근 비늘줄기를 먹는데 옷곳하고 맛이 좋다 한뜻말 둥근파 ⇐ 양파

둥둥[1] 어찌씨 큰 북을 잇달아 칠 때와 같이 자꾸 우렁차게 나는 소리 ⓑ아랫마을에서 꽹과리 소리에 이어 둥둥 북소리가 울렸다

둥둥[2] 어찌씨 ❶큰 몬이 물위나 하늘에 떠서 움직이는 꼴 ⓑ큰물이 져 가람 위를 집들이 둥둥 떠내려간다 작은말 동동 ❷낌새나 마음이 들뜬 꼴 ⓑ나들이 나서자마자 마음이 둥둥 떠서 잇달아 콧노래를 부른다 ❸사람들에게 떠받들리는 꼴 ⓑ사람들한테 둥둥 떠받들려 살다 보니 어느새 제 생각만 하는 좀생이가 되었다

둥둥거리다 움직씨 큰북 따위를 치는 소리가 잇따라 나다 ⓑ둥둥거리는 북소리에 맞추어 아이들이 신나게 춤을 추네 작은말 동동거리다 거센말 퉁퉁거리다 **둥둥대다**

둥실 어찌씨 ❶둥그스름한 꼴 ⓑ새색시가 얼굴이 둥실 보름달같이 곱네 ❷몬이 물 위나 하늘에 떠있는 꼴 ⓑ아침 해가 둥실 새메에 떠올랐다

둥실거리다 움직씨 물 위나 하늘에 가볍게 떠서 자꾸 움직이다 **둥실대다**

둥실둥실 어찌씨 ❶물 위나 하늘에 가볍게 떠

서 자꾸 움직이는 꼴 ⓑ푸른 하늘에 둥실둥실 떠다니는 하얀 구름 작은말 동실동실 **2** 여럿이 다 둥그스름한 꼴 ⓑ둥실둥실 빚어 놓은 메주덩이 **둥실둥실하다**

둥우리 이름씨 **1** 짚이나 대, 싸리 따위로 고리처럼 엮어 만든 그릇 ⓑ둥우리에 호박을 담아 갈무리했다 **2** 닭이 알을 낳거나 깃들도록 짚이나 싸리로 만든 우리 ⓑ닭이 둥우리 안에 알을 낳고 나온다 **3** 기둥과 칸살을 나무로 세운 뒤 새끼로 얽어 지은 것 ⓑ새로 지은 둥우리에 횃대를 쳤다

-둥이 뒷가지 (어떤 이름씨나 말뿌리에 붙어) 그런 바탈을 지닌 사람이나 짐승 ⓑ귀염둥이. 바람둥이. 흰둥이. 검둥이

둥주리 이름씨 **1** 싸리나 짚으로 운두가 꽤 높게 엮거나 결어 만든 그릇 ⓑ두엄 담은 둥주리 **2** 사람이 들어가 앉을 만큼 큼직하게 짚으로 엮어 만든 것. 추울 때 집 밖을 지키는 사람이 들어가 앉거나 말 등에 얹어 그 안에 사람이 앉아 타고 다니는 데 썼다

둥지 이름씨 **1** 풀이나 나뭇가지 따위를 엮어 지은 새 보금자리 ⓑ제비가 처마 밑에 둥지를 틀었다 **2** 벌레나 짐승이 한데 모여 사는 집 ⓑ벌 둥지를 건드렸다가는 큰코다친다 **3** 사람이 사는 집이나 나날살이 하는 데를 빗댄 말 ⓑ달동네를 떠나 큰 고을 둘레에 새로운 둥지를 마련했다 ⇐ 안식처 **4** 좋지 못한 짓을 하는 사람들이 틀고 앉았거나 움직이는 터전으로 삼는 곳 ⓑ한때 도둑떼가 깊은 메속 절을 빼앗아 둥지를 틀고 앉은 적이 있었다

둥치 이름씨 큰 나무 밑동 ⓑ참나무 둥치에 앉아 쉬었다 가자

뒤 이름씨 **1** 보는 쪽에 맞서는 쪽 ⓑ뒤를 보고 울지 말고 앞을 보고 웃자 맞선말 앞 ⇐ 후면. 후방 **2** 보이지 않는 곳이나 겉으로 드러나지 않은 것 ⓑ남 뒤에서 손가락질하지 마라. 하던 일을 다른 사람에게 넘기고 우리는 뒤로 빠지자 **3** 다음이나 나중 ⓑ일을 뒤로 미루고 하루 쉬자. 뒤에 들은 이야기 맞선말 앞 ⇐ 이후. 연후 **4** 앞선 것 다음 ⓑ앞선 일꾼이 떠나고 우리는 그 뒤를 이었다 **5** 끝이나 마지막 쪽 ⓑ글을 쓴 뒤에 날짜와 이름을 적었다. 이야기 뒤가 좀 늘어지는 것 같지 않아? **6** 뒤를 이을 아들딸과 아슨아들딸 ⓑ그 가면이 집이 뒤가 끊길 판이라 지 **7** 어느 높이에 못 미치는 꼴이나 크기 ⓑ남들 뒤도 따라가기에 버겁다. 그냥 뒤에 묻어가기로 했다 **8** 어떤 일을 잘해 나가도록 안받침 하거나 돌봐주는 힘 ⓑ뒤를 봐주는 사람이 있어. 뒤를 밀어줄 테니 마음껏 해봐 **9** 어떤 일로 말미암은 자국이나 자취 ⓑ집을 옮긴 뒤가 아직 어수선하다. 손댄 뒤가 말끔하네 **10** 사람 똥 ⓑ뒤가 마려워 참고 오느라 애먹었어. 일하다 말고 갑작스레 뒤를 보러 갔지 **11** 뒤끝이나 뒷일 ⓑ맡은 일은 뒤를 잘 마무리해 버릇하게. 그 일이 있고는 뒤가 좋아졌단다 **12** 좋지 않은 마음이 일어난 다음에 이어지는 마음 ⓑ큰 머슴은 뒤가 있는 사람이래 **13** 노녘 ⓑ우리마을에도 감나무 밭이 많지만 뒤로 가면 더 많아 **14** 사람 궁둥이 ⓑ뒤가 무거운 사람 슬기말 **뒤로 오는 범은 속여도 앞으로 오는 살매는 못 속인다** 사람은 타고난 살매에 따라 사는 것이지 그것을 제 마음대로 할 수는 없다 **뒤로 호박씨 깐다** 겉으로는 얌전하고 어리석은 체하며 속으로는 엉큼한 짓을 한다 **뒤에 볼 나무는 그루를 돋운다** 뒷일을 생각하는 사람은 미리부터 마련한다

뒤- 앞가지 **1** (어떤 움직씨나 이름씨 앞에 붙어) 함부로. 마구. 몹시 ⓑ뒤흔들다. 뒤끓다. 뒤섞다. 뒤범벅 **2** (어떤 움직씨 앞에 붙어) 거꾸로 ⓑ뒤엎다. 뒤바꾸다. 뒤놓다 **3** (어떤 움직씨 앞에 붙어) 온통. 모두 ⓑ뒤덮다

뒤곁 이름씨 집 뒤에 있는 뜰과 마당 ⓑ뒤곁에 심은 감나무가 멋지게 자란다

뒤꽁무니 이름씨 몬 맨 뒤나 맨 끝 ⇐ 후미

뒤꿈치 이름씨 **1** 발 뒤쪽 발바닥과 발목사이 불룩한 쪽 ⓑ뒤꿈치 들었다 내리기로 종아리 뭉친 살을 풀어준다 **2** 신이나 버선 따

위와 발뒤꿈치가 닿는 쪽 ⓑ하늬버선 뒤꿈치가 늘 먼저 닳아 못쓰게 된다 ❸제 할 힘이나 바탕이 가장 낮을 때 ⓑ제발 남 뒤꿈치만이라도 따라가라

뒤끓다 움직씨 ❶한데 뒤섞이어 마구 끓다 ⓑ놀이터가 꼬마들로 뒤끓었다 ❷느낌이나 생각이 세차게 일어나다 ⓑ걱정이 뒤끓어 잠을 설친 밤 ❸어떤 생각에 가슴이 벅차 마구 뛰다 ⓑ머슴들이 바깥에서 나라 얼굴에 똥칠을 하고 돌아와서 사람들 가슴이 뒤끓는 것 같다

뒤끝 이름씨 ❶일 맨 나중이나 끝 ⓑ일마다 뒤끝을 잘 마무리하는 사람 ❷어떤 일이 있은 바로 뒤 ⓑ무더위 뒤끝이라 햇볕에 탄 살갗을 잘 돌보아야 한다 ❸좋지 않은 느낌이 있은 다음에도 그대로 남아 있는 느낌 ⓑ워낙 본데가 없는 사람이라 뒤끝이 찜찜하다 익은말 **뒤끝 없다** 언짢은 느낌이나 일을 마음속에 담아두지 않다

뒤놀다[1] 움직씨 ❶한 곳에 붙어있지 않고 이리저리 몹시 흔들리다 ⓑ거센 너울에 배가 뒤놀아 손님들이 거의 다 멀미를 했다 ❷여기저기 떠돌아다니다 ⓑ너도 이제 나이가 그만하면 뒤놀던 삶을 마무리하고 어디 한 곳에 붙어 살지 그래

뒤놀다[2] 움직씨 뻣뻣하게 굳어져서 제대로 움직이지 않다 ⓑ너무 다그치지 마시오. 손이 뒤놀아서 제대로 일을 못하겠어요

뒤늦다 그림씨 이미 제때가 지나 꽤 늦다 ⓑ제 잘못을 깨달았으나 이미 뒤늦었다. 뒤늦은 나이에도 새로운 일을 비롯하는 것은 마음이 푸르러서야

뒤대 이름씨 어느 고장에 견주어 그 노녘에 있는 고장 ⓑ뒤대로 갈수록 추워 맞선말 앞대

뒤대다[1] 움직씨 ❶바로 말하지 않고 비뚜로 말하다 ⓑ뒤대지 말고 똑바로 말해라 ❷거꾸로 가르치다 ⓑ오늘날 너멀봄꾼들이 참을 가리고 거짓을 뒤대는 일이 잦아

뒤대다[2] 움직씨 ❶뒷돈을 끊임없이 대주다 ⓑ아들한테 돈과 집 지을 밑감을 뒤대어 주었지요 ❷뒤를 따라서 대어서다 ⓑ아내가 따라나서자 누이도 뒤댔다

뒤덮다 움직씨 ❶빈 데 없이 모두 덮다 ⓑ밤새 내린 눈이 온 마을을 하얗게 뒤덮었다네 ❷어떠한 힘이 두루두루 미치며 퍼지다 ⓑ두려움이 온 마을을 뒤덮었겠구나 ❸가림이 없이 마구 덮다 ⓑ바람에 가랑잎과 종이 부스러기가 날려와 마당을 뒤덮었고요

뒤덮이다 움직씨 ❶(뒤덮다 입음꼴) 아주 눌려 가려지다 ⓑ이 곳은 이른 봄이면 하늘이 먼지로 뒤덮이는 날이 많아요 ❷어떤 힘이나 느낌으로 가득 차다 ⓑ소값이 크게 떨어져 저자는 한숨과 놀라움으로 뒤덮였다

뒤돌아보다 움직씨 ❶등뒤로 눈을 돌려보다 ⓑ수레가 빵빵거리는 소리에 놀라 뒤돌아보았더니 봄비가 아닌가 ❷떠나는 뒷자리를 돌아가며 살펴보다 ⓑ쉬던 곳을 뒤돌아보고 말끔히 치웠다

뒤따르다 움직씨 ❶뒤를 좇아서 따르다 ⓑ앞서가던 짐수레가 뒤집히자 뒤따르던 두 수레가 잇달아 부딪쳤다네 ❷어떤 일에 이어지다 ⓑ이 일을 해내려면 어려움이 뒤따르는 건 불을 보듯 훤해 ❸어떤 일로 말미암아 새것이 나오다 ⓑ쌀값을 올리면 뒤따를 일이 한 두 가지가 아니지요

뒤떨어지다 움직씨 ❶빠르기나 높이, 힘 따위에 얼마만큼 이르지 못하다 ⓑ이 메 오름에서 뒤떨어지는 사람이 없도록 모두 애써 주세요 ⇐ 낙오되다. 낙후되다 ❷다른 것보다 뒤에 처지다 ⓑ수레 뒤를 따를 때 좀 뒤떨어져 가거라 ❸뒤에 떨어져 남다. 처지다 ⓑ아우 혼자 뒤떨어져서 집을 본다 ❹생각이나 옷차림이 흐름에 맞지 않고 낡다 ⓑ차림새나 옷맵시가 흐름에 뒤떨어져 보인다 ⇐ 낙오되다

뒤뚱거리다 움직씨 몸이나 몬이 바로 서지 못하고 쓰러질 듯이 이리저리 자꾸 기울이다 ⓑ두바퀴를 타고 울퉁불퉁한 시골길을 뒤뚱거리며 달렸다 작은말 되뚱거리다 **뒤뚱대다**

뒤뚱뒤뚱 어찌씨 ❶몬이 복판을 잃고 이리저

리 매우 바드럽게 기울어지는 꼴 ⓑ땅파개가 비탈에서 큰 바위를 빼내느라 뒤뚱뒤뚱 넘어질 듯 일한다 ❷몸을 이리저리 매우 바드럽게 기울어지며 걷는 꼴 ⓑ봄님은 무릎이 아파 가끔 뒤뚱뒤뚱 걷기도 하지 **뒤뚱뒤뚱하다**

뒤뜨다 움직씨 ❶뒤받아서 대들다 ⓑ어른 말에 뒤뜨고 싶더라도 조금 참아라 ⇐ 반항하다 ❷뒤틀려서 들뜨다 ⓑ방문이 낡아 뒤떠 열리지 않는다

뒤뜨락 이름씨 뒤뜰 ⇐ 후원

뒤뜰 이름씨 집채 뒤에 있는 뜰 ⓑ어릴 적 집 뒤뜰에 머귀나무가 있었지 한뜻말 뒤뜨락 맞선말 앞뜰 ⇐ 후원

뒤란 이름씨 집 뒤에 울타리를 둘러친 안 ⓑ뒤란에는 밤을 묻어 마치 작은 무덤이 여럿 있는 것 같았어 ⇐ 후원

뒤룩거리다 움직씨 두리두리한 눈알을 자꾸 굴리다 **뒤룩대다**

뒤룩뒤룩[1] 어찌씨 두리두리한 눈알을 자꾸 굴리는 꼴 ⓑ젊은이는 눈을 뒤룩뒤룩 굴리며 목에 힘을 주어 말했다 작은말 되록되록 센말 뛰룩뛰룩 **뒤룩뒤룩하다**

뒤룩뒤룩[2] 어찌씨 군살이 처지도록 살이 쪄서 뚱뚱한 꼴 ⓑ할아버지는 나이살이 들었는지 볼따구니에 살이 뒤룩뒤룩 올랐다 작은말 되록되록 센말 뛰룩뛰룩 **뒤룩뒤룩하다**

뒤몰다 움직씨 함부로 마구 몰다 ⓑ우리는 어두워지면 소떼를 뒤몰아 집으로 돌아왔다

뒤바꾸다 움직씨 ❶자리나 차례를 처음과 달리 고치다 ⓑ봄을 맞아 집안 세간을 뒤바꿔서 놓아 보았더니 느낌이 한결 새로워 ❷자리나 차례를 서로 옮기다 ⓑ오래 수레를 타고 가야해서 서로 자리를 뒤바꿔 앉으며 갔어 ❸아주 다른 꼴이나 바탕으로 고치다 ⓑ생각을 바꾸면 삶도 조금씩 뒤바뀌어

뒤바람 이름씨 ❶노녘에서 불어오는 바람 ⓑ뒤바람이 몰아치는 겨울을 외진 시골에서 나 보렴 ⇐ 북풍 ❷뒤에서 불어오는 바람 ⓑ뒤바람을 맞으며 걸었다

뒤받다 움직씨 ❶남이 한 말을 뒤를 이어받아서 말하다 ⓑ길남이 아버지가 '맞아요 그렇게 합시다.' 하고 마을지기 말을 뒤받자 모두 잠잠해졌지뭐 ❷맞갖잖은 말씨로 뒤에서 치받다 ⓑ모두가 좋다고 하는데 여울이만 뒤받았다지 아마

뒤밟다 움직씨 남이 무슨 일을 하는지 살피려고 몰래 뒤를 따라가다 ⓑ오늘 내가 큰 머슴을 뒤밟아 볼까! 참말로 술을 마시는지

뒤범벅 이름씨 여러 가지가 마구 섞갈리어 낱낱이 갈피를 잡을 수 없게 된 모습 ⓑ소낙비가 억세게 내렸으니 시골길이 흙탕물과 쓰레기로 뒤범벅이 되었지 싶어

뒤보다[1] 움직씨 남을 뒤에서 돌보아 주다 ⓑ아저씨는 이웃집 아이들을 뒤보면서 남몰래 착한 일을 한 거지 ⇐ 후원하다

뒤보다[2] 움직씨 똥을 누다 ⓑ할아버지는 새벽에 일어나 뒤보는 버릇이 있다

뒤보다[3] 움직씨 헷갈려 잘못 보다 ⓑ길에서 지나가는 사람을 동무로 뒤보고 어깨를 붙잡았다

뒤뿔치기 이름씨 남 밑에서 그 뒤를 거두며 애쓰는 일 ⓑ제힘살이에 앞서 뒤뿔치기를 해 보는 것도 좋아

뒤서다 움직씨 ❶남 뒤에 서다 ⓑ우리는 앞서거니 뒤서거니 하며 큰 마당을 돌아 달렸지 맞선말 앞서다 ❷남보다 뒤떨어지거나 처지다 ⓑ슬미는 누구에게도 뒤서지 않을 마음과 힘을 가졌지만 아직 꽃피우지 못했지요 한뜻말 뒤지다 맞선말 앞서다

뒤섞다 움직씨 ❶마구 섞거나 한데 섞다 ⓑ갖은양념을 뒤섞어서 파무침을 내었지 ❷말이나 생각을 마구 섞어 얼버무리다 ⓑ제 생각을 일에 뒤섞지 않고 차분하게 일을 마무리 지었다

뒤섞이다 움직씨 ❶('뒤섞다' 입음꼴) 마구 섞이거나 한데 섞이다 ⓑ사람들이 뒤섞여 아이를 찾을 수가 없네 ❷말이나 생각이 마구 섞이어 서로 갈피를 못 잡게 되다 ⓑ오늘 우리말은 한자말과 꼬부랑말이 뒤섞여

범벅말이 되었다 ⇐ 혼돈하다

뒤설레 [이름씨] 몹시 서두르며 떠들썩하게 구는 짓 ㉥이것저것 시키며 뒤설레를 떨었다. 뒤설레를 놓아 본들 때늦었어

뒤설레다 [움직씨] 몹시 설레다 ㉥반가움과 기쁨으로 마음이 몹시 뒤설렜다

뒤세우다 [움직씨] ('뒤서다' 하임꼴) 뒤에 서게 하거나 따르게 하다 ㉥아이를 뒤세우고 걸어도 보고 앞세우고 걸어도 봐

뒤숭숭 [어찌씨] [1]뒤섞이거나 얽혀 종잡을 수 없는 꼴 ㉥나라일이 이렇게 뒤숭숭 어지러운데 웃대가리가 거짓말만 늘어놓다니 [2]궁금하거나 걱정스러운 생각에 얼이 어지러운 꼴 ㉥마음만 뒤숭숭 설레고 일이 손에 안 잡혀

뒤숭숭하다 [그림씨] [1]뒤섞이거나 얽혀 종잡을 수 없다 ㉥온 방 안에는 옷가지며 책들이 뒤숭숭하게 널브러져 있더라 [2]궁금하거나 걱정스러운 생각에 얼이 어지럽다 ㉥까치소리에도 내 마음은 뒤숭숭해진다 [3]둘레 기운이 들떠있다 ㉥몇사람이 들어와 소낭버섯을 따갔다고 온 마을이 뒤숭숭해져서야! ⇐ 흉흉하다

뒤스르다 [움직씨] 일이나 몬을 가다듬느라고 이리저리 바꾸거나 돌려쓰다 ㉥일을 가르쳐줄 때 뒤스르기만 하지 말고 매듭을 지어야 한다고 똑똑히 말하게

뒤싸움 [이름씨] 서로 나쁜 뜻을 품고 드러나지 않게 다툼 ⇐ 암투

뒤쓰레질 [이름씨] 일을 마친 뒤 그 자리에 생긴 쓰레기를 쓸어내는 일 ㉥하고 많은 목숨붙이 가운데 사람만이 쓰레기를 내니 우리가 뒤쓰레질을 해야 하는 까닭이다

뒤안길 [이름씨] [1]늘어선 집들 뒤쪽으로 난 길 ㉥고을 뒤안길을 걸어봐야 그 고을 맛을 느낄 수 있어 [2]다른 것에 가려 여느 사람 눈이나 생각이 미치지 않는 곳 ㉥내 젊을 때 뒤안길. 돈만 좇는 누리 뒤안길에는 가난과 서러움이 있기 마련이지

뒤앓이 [이름씨] [1]어떤 일 뒤에 생기는 앓이 ㉥일마다 뒤앓이가 없게 하라 ⇐ 후유증 [2]어떤 앓이 뒤에 생기는 앓이 ㉥무릎을 째고 기운 자리는 아무 뒤앓이도 없다 ⇐ 후유증

뒤앓이막이모자람늦 [이름씨] 앓이막이 힘을 없애는 바이러스 탓에 바깥에서 들어오는 앓이일개를 조금도 막아낼 수 없게 되는 앓이 [한뜻말]에이즈 ⇐ 후천면역결핍증

뒤어금니 [이름씨] 앞어금니 안쪽에 세 낱씩 있는 이. 젖니로서는 나지 않고 위·아래·왼·오른쪽 모두 열두 낱이 있다. 셋째 뒤어금니를 '사랑니'라고 하는데 나지 않는 수도 있다

뒤얽히다 [움직씨] 마구 얽히다 ㉥덩굴과 덩굴이 뒤얽혀 헤쳐 나갈 수가 없다

뒤엉기다 [움직씨] 마구 엉기다 ㉥고추에 진딧물이 뒤엉겼어

뒤엉키다 [움직씨] [1]실이나 노끈 같은 것이 풀기 힘들 만큼 서로 얽혀서 한 덩이가 되다 ㉥머리카락이 바람에 뒤엉켰다 [2]한데 서로 얽히다 ㉥벌레들이 뒤엉켜 꼬물댄다 [3]생각 같은 것이 이것저것 한데 뒤섞이다 ㉥갖은 생각이 뒤엉켜 머리가 아프다

뒤엎다·뒤집어엎다 [움직씨] [1]힘으로 나라나 나라살림살이얼개를 때려 부수거나 없애고 새것으로 바꾸다 ㉥온 누리 낡은 틀을 뒤엎고 모든 사람이 고르게 임자 되는 누리를 이룩하려고 사람들이 오랫동안 꿈꾸어 왔다 ⇐ 전복시키다 [2]뒤집어 그 속에 있는 것을 엎지르다 ㉥밥놓개를 뒤엎다 [3]위와 아래가 뒤집히도록 엎어놓다 ㉥널빤지를 뒤엎어 놓았다 [4]생각이나 일얽이, 일꾀에 맞서다 ㉥하려던 것을 뒤엎고 처음부터 다시 생각했다 [5]시끄럽게 떠들고 어수선하게 만들다 ㉥품삯이 마음에 차지 않는다며 일꾼들이 일터를 뒤집어엎었다

뒤엎이다 [움직씨] [1]('뒤엎다' 입음꼴) 새로운 것으로 바뀌거나 없어지다 ㉥나라가 뒤엎이고 사람들은 새로운 삶을 살았다 [2]뒤집히거나 넘어져 그 속에 담긴 것이 쏟아지다 ㉥밥놓개가 뒤엎이면서 밥과 국이 쏟아졌

다 ❸ 위와 아래가 서로 바뀌다 ⓑ 우렛소리에 하늘땅이 뒤엎일 듯하였다 ❹ 일이 틀어지거나 다른 것으로 바뀌다 ⓑ 하던 일이 뒤엎여 새 일을 찾아야 했다

뒤엣것 이름씨 뒤에 오는 것이나 뒤에 있는 것 ⇐ 후자

뒤울림 이름씨 방안에서 소리를 내던 몬이 소리를 멈춘 뒤에도 방안에서 되울린 소리로 얼마 동안 소리가 울리는 것

뒤울안 이름씨 뒤란

뒤웅박 이름씨 박을 쪼개지 않고 둥근 채로 꼭지 둘레에 구멍만 뚫거나 꼭지 쪽을 베어내어 그 속을 파낸 바가지. 씨앗을 갈무리하는 데 쓴다 준말 뒤웅 슬기말 **뒤웅박 차고 바람 잡는다** 터무니 없는 짓을 하며 떠벌리고 돌아다닌다

뒤웅스럽다 그림씨 생김새가 뒤웅박처럼 미련한 데가 있다 ⓑ 떡보는 생김새가 뒤웅스러운데다 하는 짓도 미련곰탱이다

뒤잡다 움직씨 마구 꽉 잡다 ⓑ 언니는 맞은쪽 샅바를 뒤잡고 있는 힘을 다해 당기면서 다리를 걸어 넘어뜨렸다

뒤적거리다 움직씨 ❶ 이리저리 들추며 자꾸 뒤지다 ⓑ 그릇박을 뒤적거려 접시를 꺼내 고른다 작은말 되작거리다 ❷ 누운 쪽을 자꾸 바꿔 돌리다 ⓑ 아우가 옆에서 뒤적거려 잠을 설쳤네 ❸ 이리저리 자꾸 뒤집다 ⓑ 찔게를 먹지 않고 뒤적거리기만 하면 안되지 **뒤적대다**

뒤적뒤적 어찌씨 ❶ 몬을 이리저리 들추어서 자꾸 뒤지는 꼴 ⓑ 새로 사 온 책을 뒤적뒤적 뒤지며 줄거리를 대충 살펴보았다 ❷ 몸을 누워서 이쪽저쪽으로 움직이는 꼴 ⓑ 잠이 오지 않아서 뒤적뒤적 뒤척이다 새벽에 잠들었다 ❸ 이리저리 자꾸 뒤집는 꼴 ⓑ 비에 젖은 보릿단을 뒤적뒤적 헤쳐놓았다 **뒤적뒤적하다**

뒤주 이름씨 ❶ 쌀 따위를 담아두는 세간. 네 기둥이 있고 널로 막아서 만들고 짧은 발이 있다. 뚜껑은 위로 나고 앞쪽은 여닫게 만든다 ⓑ 며늘아, 뒤주에 가서 쌀 좀 퍼 오너라 저녁 안치게 ❷ 뒤주곳간 준말 ❸ 뗏목이 잘 흘러내리도록 가람기슭이나 여울목, 굽은돌이 들에 만들어 놓은 귀틀 슬기말 **뒤주 밑이 긁히면 밥맛이 더 난다** 쌀이 없어진 뒤에 밥맛이 더 난다. 곧 무엇이 없어진 것을 보면 더 애틋하게 생각나고 안타깝게 여겨진다

뒤죽박죽 어찌씨 ❶ 마구 뒤섞여 걷잡을 수 없는 꼴 ⓑ 새로 온 일꾼이 일을 제대로 못해 일이 뒤죽박죽이 되기 일쑤야 ⇐ 혼란 ❷ 생각이나 마음이 뒤숭숭한 꼴 ⓑ 밤새 머리를 굴려 보았지만 가닥이 잡히지 않고 뒤죽박죽 헝클어지기만 한다

뒤지다[1] 움직씨 ❶ 무엇을 찾으려고 들추어 헤치거나 더듬다 ⓑ 그 때 짭새들이 우리집을 샅샅이 뒤졌겠지. 값나가는 돌을 찾느라 가람 돌밭을 다 뒤졌다네 준말 뒤다 ⇐ 수사하다 ❷ 책장이나 종잇장을 낱낱이 들추어 넘겨보다 ⓑ 땅이름이 생긴 까닭을 살피려 옛 책을 뒤져 보았어 ❸ 땅을 일구거나 파헤치다 ⓑ 비탈밭을 뒤지고 들깨 씨를 뿌렸다 ❹ 여기저기로 찾아 돌아다니다 ⓑ 버랭이를 찾으러 온 메를 뒤지고 다닌 적도 있어

뒤지다[2] 움직씨 ❶ 빠르기, 높이, 힘 따위가 처지거나 떨어지다 ⓑ 우리말살이를 누구에게도 뒤지지 않도록 말마디마다 배달말을 쓰도록 애쓴단다 한뜻말 뒤서다. 후지다 맞선말 앞서다 ⇐ 낙후되다 ❷ 걸음이나 나아감이 뒤떨어지다 ⓑ 우리말쓰기 겨룸에서 뒤지지 않도록 배움이들이 애써서 우리 배곳이 으뜸을 먹었지 ❸ 미치지 못하다 ⓑ 생각보다 일 솜씨가 뒤지는 사람이더라

뒤진나라 이름씨 사람이 임자임을 덜 깨쳤거나 뭇 목숨을 하찮게 여기는 사람들이 사는 나라 맞선말 앞선나라 ⇐ 후진국

뒤짐떼 이름씨 허물을 밝혀내고 허물 지은이를 잡아내는 사람들 ⇐ 수사대

뒤집다 움직씨 ❶ 속과 겉, 위와 아래, 앞과 뒤가 서로 바뀌게 하다 ⓑ 거센 물결이 배를

뒤집어 엎었지 ⇐ 전도하다. 역전시키다 **2**말이나 생각을 맞선자리에서 살펴보다 [ㅂ]내가 싸게 샀다는 것은 뒤집어 보면 남이 제값 못 받고 팔았다는 뜻이겠지 **3**이미 있던 생각이나 말을 거꾸로 바꾸다 [ㅂ]어찌 되었든 내뱉은 말을 뒤집지 마라 **4**시끄럽고 어수선하게 만들다 [ㅂ]왜놈들이 들이닥쳐서 온 마을을 뒤집어 놓았다던데 **5**눈을 크게 부라리다 [ㅂ]눈을 허옇게 뒤집고 나한테 대들었어 **6**힘으로 나라나 나라살림살이얼개를 없애 치우고 새것으로 바꾸다 [ㅂ]돈이 임자인 누리를 뒤집고 사람 사람이 임자 되는 누리를 일구어야 하지 않을까

뒤집어쓰다 [움직씨] **1**가루나 물 따위로 머리 위에서 온몸에 걸쳐 내리받다 [ㅂ]가문 날씨에는 밭에서 흙먼지를 뒤집어쓰고 일할 때가 잦아 [준말]뒤쓰다 **2**허물이나 잘못을 애꿎게 넘겨받다 [ㅂ]온갖 궂은 일은 내가 다 뒤집어쓰지 않을 수 없어 **3**탈이나 쓰개를 마구 쓰다 [ㅂ]탈을 뒤집어쓰고 춤추는 이가 누굴까 **4**머리로부터 온몸에 내리 덮어쓰다 [ㅂ]마음 닦는데 온몸이 덜덜 떨려서 이불을 푹 뒤집어썼어

뒤집어씌우다 [움직씨] '뒤집어쓰다' 하임꼴

뒤집어엎다 [움직씨] **1**위 아래가 뒤집히게 엎다 [ㅂ]거름을 뿌리고 끌수레로 밭을 뒤집어엎은 뒤에 골을 탔다 **2**다스림틀을 온 백성 힘과 뜻으로 없애거나 바꿔버리다 [ㅂ]오늘날 새나라 사람들은 낡은 다스림틀을 뒤집어엎고 아람이 임자인 나라를 세워 나간다 **3**어떤 생각이나 다스림틀에 맞서다 [ㅂ]돈이 사람보다 먼저인 틀은 무엇이든 다 뒤집어엎어야지

뒤집히다 [움직씨] '뒤집다' 입음꼴 ⇐ 전도되다

뒤쪽 [이름씨] **1**마주보는 쪽과 맞선 쪽 [ㅂ]밤길을 걷는데 뒤쪽에서 갑자기 부스럭거리는 소리가 들려 깜짝 놀랐어 [맞선말]앞쪽 ⇐ 뒤편. 후면. 후방. 후편 **2**노녘 [ㅂ]볕 잘 드는 쪽으로 집을 앉히면 집 뒤쪽은 절로 노녘이 된다 **3**엇나가거나 맞선 쪽 [ㅂ]옳은 일과 뒤쪽이 되는 일 [익은말] **뒤쪽을 파다** 비뚤어져 엇나가다

뒤쫓기다 [움직씨] **1**('뒤쫓다' 입음꼴) 뒤를 따라 잡히지 않으려 내몰리다 [ㅂ]도둑이 딴꾼에 뒤쫓겨 허둥지둥 달아났다 **2**마구 쫓기다 [ㅂ]빚쟁이한테 뒤쫓기다 끝내 진구렁에 빠진 꼴이야

뒤쫓다 [움직씨] **1**잡으려 뒤를 빠르게 따라가다 [ㅂ]이제는 토끼가 거북이를 뒤쫓아 달렸더래 **2**마구 쫓다 [ㅂ]모기떼를 뒤쫓으려 쑥을 태워 놓고 덕석에 둘러 앉았지. 다짜고짜로 뒤쫓아 와 걸음아 날 살려라 하고 달아났어

뒤채 [이름씨] 한 울타리 안 뒤쪽에 있는 집채 [맞선말]앞채

뒤처리·뒷감당·뒷담당·뒷수습 ⇒ 뒷갈망. 뒷마무리. 뒷마감. 뒷막이. 뒷설거지. 뒷바라지. 뒤치다꺼리

뒤처지다 [움직씨] **1**무리에서 떨어져 뒤에 처지거나 남겨지다 [ㅂ]걷다가 뒤처지는 사람은 수레를 타고 간다 ⇐ 낙오되다 **2**힘이나 높이 따위가 여느 것에 못 미치다 [ㅂ]시골보다 큰고을 아이들이 절로 낫는 힘이 뒤처진다

뒤척거리다 [움직씨] **1**이리저리 함부로 들추며 자꾸 뒤지다 [ㅂ]쓰레기더미를 뒤척거려 쓸만한 것을 찾아내 봐 [작은말]되착거리다 **2**누운 쪽을 자꾸 바꿔 돌리다 [ㅂ]밤새 몸을 뒤척거리며 깊은 잠을 못 잤어 **뒤척대다**

뒤척뒤척 [어찌씨] **1**몬을 이리저리 들추며 함부로 자꾸 뒤지는 꼴 [ㅂ]보람이는 옷장문을 열고 언니가 입던 예쁜 옷을 찾으려고 뒤척뒤척 뒤졌다 **2**제 몸을 스스로 자꾸 엎치락뒤치락하는 꼴 [ㅂ]잠자리에 들었으나 잠이 오지 않아 몸을 뒤척뒤척 뒤집었다 **뒤척뒤척하다**

뒤축 [이름씨] **1**신 뒤꿈치 쪽에 대는 창과 굽으로 이루어진 데 [ㅂ]뒤축이 높은 신을 샀지만 신을 엄두가 안나 **2**발꿈치 뒤쪽으로 불룩하게 나온 데 [ㅂ]꽉 조이는 신을 신었

더니 뒤축이 아파 ❸버선 따위 발꿈치 뒤쪽으로 불룩하게 나온 데가 닿는 곳 ⓑ버선 뒤축이 벌써 해졌네

뒤치다 (움직씨) ❶엎어진 것을 젖혀놓거나 자빠진 것을 엎어놓다 ⓑ익은 부침개를 차례로 뒤쳐 내느라 바빴어 ❷한 나라 말로 된 글을 다른 나라 말로 바꾸다 ⓑ잉글말이나 왜말을 우리말로 뒤칠 때 오롯이 우리겨레 말을 써서 뒤쳐야지 비슷한말 옮기다 ⇐ 번역하다

뒤치다꺼리 (이름씨) ❶뒤에서 일을 보살펴 거들어줌 ⓑ나도 일흔이 넘었으니 남 뒤치다꺼리는 그만둬야지 준말 치다꺼리 ❷일 끝난 뒤 남은 일 마무리하기 ⓑ마을 사람들이 잔치 뒤치다꺼리까지 도와주고 갔어

뒤치락엎치락 (어찌씨) 자꾸 뒤치었다 엎치었다 하는 꼴 ⓑ뒤치락엎치락 겨룬 끝에 마침내 우리가 이겼어 **뒤치락엎치락하다**

뒤침말 (이름씨) 뭠그림이나 멀봄, 그림낮에 이름, 마주이야기, 풀이들을 써 넣은 글자 ⇐ 자막

뒤침이 (이름씨) 뒤치는 사람 ⇐ 번역가, 번역인

뒤탈 (이름씨) ❶어떤 일 뒤에 생기는 앓이 ⓑ일마다 뒤탈 없게 하라 ❷어떤 앓이 뒤에 생기는 앓이 ⓑ무릎을 째고 기운 자리는 아무 뒤탈도 없다

뒤통수 (이름씨) 머리 뒤쪽 ⓑ너는 뒤통수를 긁적이는 버릇이 있네 ⇐ 후두 (익은말) **뒤통수를 때리다·뒤통수를 치다** ❶뜻대로 되지 않아 멋쩍어 하다 ❷뒤에서 호되게 갈기다

뒤퉁스럽다 (그림씨) 생각이 투미하여 엉뚱한 일을 잘 저지르다 ⓑ우리 큰 머슴이 뒤퉁스러워 엉뚱한 일을 잘 벌려 여러 사람을 골탕 먹인다 작은말 되퉁스럽다

뒤틀다 (움직씨) ❶이리저리 꼬듯이 틀다 ⓑ온몸을 뒤틀고 마지못해 앉아 듣는구나 ❷일이 안 되도록 이리저리 막다 ⓑ소낭버섯을 같이 따서 같이 나누자고 마을 사람들이 거의 다 마음을 맞췄지만 몇 사람이 일을 뒤틀어 버렸다 ❸마음을 다치게 하거나 비틀어 놓다 ⓑ터무니없는 말로 내 속을 뒤틀어 놓았어 ❹서로 겯고 버티다 ⓑ두 씨름꾼은 서로 이기려고 뒤트는 바람에 끝내 비기고 말았어

뒤틀리다 (움직씨) ❶('뒤틀다' 입음꼴) 이리저리 꼬듯이 틀어지다 ⓑ몸이 뒤틀리면서 발이 엉키는 바람에 넘어졌다 ❷이리저리 막혀 일이 안 되다 ⓑ하던 일이 뒤틀려서 그만두었다 ❸마음이 다치거나 비틀리다 ⓑ배알이 뒤틀려 더는 못 하겠어

뒤판 (이름씨) 모두를 가웃씩 둘로 나눈 것 뒤쪽 판 ⇐ 후반

뒤판겨룸 (이름씨) 공차기나 손공 따위 겨룸에서 때를 둘로 나눠 싸울 때 뒤쪽 겨룸 맞선말 앞판겨룸 ⇐ 후반전

뒤편 ⇒ 뒤쪽

뒤표 (이름씨) 벼리를 어기고 몰래 사고파는 수레표나 들표 따위 ⇐ 암표

뒤풀이 (이름씨) ❶놀이나 굿이 끝난 뒤 함께 한 사람들이 갖는 마무리 모임 ⓑ곧 뒤풀이가 있으니 조금만 기다려요 ⇐ 여흥 ❷어떤 말이나 글 아래에 그 뜻풀이 비슷하게 노래같이 지어 붙인 말 ⓑ글 뒤풀이

뒤흔들다 (움직씨) ❶이리저리 몹시 흔들다 ⓑ바람이 갈대숲을 뒤흔들고 지나간다 ❷소리나 떨림이 크게 울리다 ⓑ우렛소리가 땅꽃이를 뒤흔들었다 ❸큰 물둘레를 일으키다 ⓑ우리나라 젊은 노래꾼이 온누리를 뒤흔들며 우리 겨레를 빛낸다

뒤흔들리다 (움직씨) ❶('뒤흔들다' 입음꼴) 이리저리 몹시 흔들리다 ⓑ자갈길에 들어선 수레가 뒤흔들렸다 ❷소리나 떨림으로 크게 울리다 ⓑ불메 터지는 소리에 하늘땅이 뒤흔들렸다 ❸큰 물둘레가 일어나다 ⓑ머슴들 거짓말로 온 나라가 뒤흔들렸다

뒷가고리 (이름씨) 901해에 궁예가 세운 나라이름. 뒤에 '태봉'으로 바꿈 ⇐ 후고구려

뒷가웃 (이름씨) 가웃씩 둘로 나눈 것 뒤쪽 맞선말 앞가웃 ⇐ 후반

뒷가지 (이름씨) ❶낱말 뒤에 붙어 그 뜻을 더하

거나 바꾸거나 말 흐름을 고르는 노릇을 하는 씨가지 ㉥털보에서 '보', 귀염둥이에서 '둥이'가 뒷가지이다 ⇐ 접미사 ❷뒤로 난 가지

뒷간 이름씨 똥오줌을 누도록 마련한 곳 ⇐ 변소. 화장실

뒷갈망 이름씨 어떤 일을 끝맺는 일 ㉥무슨 일이든 뒷갈망을 잘해야지

뒷갈이 이름씨 ❶낟을 거둔 뒤에 논밭을 가는 일 ㉥늦가을에 뒷갈이를 해 놓으면 이듬해 낟이 잘 자라 ❷벼를 베고 난 뒤에 보리나 밀, 남새를 심는 일 ㉥우리 고장에선 벼 뒷갈이로 보리나 밀을 심어 **뒷갈이하다**

뒷갱기 이름씨 칡 껍질이나 헝겊 따위로 짚신이나 미투리 도갱이를 감아서 쌈. 또는 그 감 **뒷갱기하다**

뒷거래 ⇒ 몰래 사고팔기. 몰래 주고받기. 뒷오감

뒷거름 이름씨 푸나무가 자라는 동안에 더 주는 거름 ㉥오이 밭에 뒷거름을 제때에 알맞게 줘야 두고두고 달려

뒷걱정 이름씨 어떤 일로 말미암아 뒷날에 생기는 걱정 한뜻말뒷근심 ⇐ 후환

뒷걸음 이름씨 ❶발을 뒤로 떼며 걷는 걸음 ㉥천천히 뒷걸음치다가 갑자기 달아났어 맞선말앞걸음 ❷처음보다 못하거나 뒤떨어짐 ㉥올 한 해 살림살이도 나아지기는커녕 뒷걸음을 했다 ⇐ 퇴보. 퇴행

뒷골목 이름씨 ❶큰길 뒤에 있는 작은 골목 ㉥고루는 두 해째 뒷골목 허름한 집에 혼자 살아 ❷나라 손길이 덜 미치거나 좀 으슥한 곳 ㉥뒷골목 깡패

뒷곳 이름씨 사람이 똥이나 오줌을 누도록 만든 곳 ㉥어릴 적에는 밤에 뒷곳 가는 것이 가장 무서웠어 한뜻말정낭 ⇐ 변소. 화장실

뒷공론 ⇒ 쑤군거림. 쑤군거리다. 뒷말하다. 뒷소리하다

뒷구멍 이름씨 ❶뒤에 있는 구멍 ㉥수레들이 뒷구멍으로 시커먼 김을 내뿜는다 ❷똥구멍 ❸드러내지 않고 남 눈에 띄지 않게 뒤로 넌지시 푸는 길이나 수 ㉥뒷구멍으로 달러를 사서 비싸게 팔아. 돌배는 한배곳도 뒷구멍으로 들어갔다지 ❹남 허물이나 떳떳하지 못한 구석 ㉥새로 온 사람은 뭘 하던 사람인지 뒷구멍을 좀 캐봐야겠지 슬기말 **뒷구멍으로 호박씨 깐다** 겉으로는 얌전한 체하면서 남 안 보는 데서나 속으로는 온갖 짓을 다 한다

뒷글 이름씨 ❶밑글 끝에 덧붙인 글 한뜻말덧붙임글 ⇐ 후기 ❷책잎이나 글쓴종이 뒤에 글씨를 씀 ⇐ 배서

뒷길 이름씨 ❶집채나 마을 뒤에 있는 길 ㉥뒷길로 다니는 게 빠르다 ⇐ 후면도로 ❷떳떳하거나 올바르지 못한 길이나 짓 ㉥예나는 잘못을 저질러 잡혀간 사람을 뒷길로 빼내는 일을 해 ❸앞길. 앞으로 겪을 일 ㉥여울은 아버지를 잘 만나 뒷길이 쭉 뻗었어

뒷날 이름씨 앞으로 닥쳐올 날 ㉥그 얘기는 뒷날로 미루어 두자 맞선말앞날 ⇐ 후일. 훗날

뒷누리 이름씨 ❶뒤에 올 누리 ⇐ 후세 ❷뒤에 올 누리에 살 사람들 ⇐ 후세

뒷늪 이름씨 앓은 뒤에도 남은 앓이 늪 한뜻말뒷덧 ⇐ 후유증

뒷다리 이름씨 ❶네발짐승 몸 뒤쪽에 있는 다리 ㉥토끼는 뒷다리가 길어 빠르게 메를 뛰어오른다 맞선말앞다리 ❷두 다리를 앞뒤로 벌렸을 때 뒤에 놓인 다리 ㉥앞다리와 뒷다리를 되도록 멀리 벌려 서 봐요 ❸책놓개나 앉개 따위 뒤쪽 다리 ㉥부러진 앉개 뒷다리를 고쳤다 익은말 **뒷다리 긁다** 다 끝난 말을 다시 하여 엉뚱하게 굴다 **뒷다리를 잡다** 벗어나지 못하게 구린 데를 들추다

뒷다짐 이름씨 ❶어떤 일몬이나 사람을 맡아서 틀림이 없음을 밝힘 ⇐ 보증 ❷빚진 이가 빚을 갚지 아니할 때 빚진이를 갈음하여 빚을 갚을 것을 다짐함 ⇐ 보증 **뒷다지다**

뒷다짐이 이름씨 뒷다짐하는 사람 ⇐ 보증인

뒷닫짐돈 이름씨 뒷다짐하는 돈 ⇐ 보증금

뒷담화 ⇒ 뒷말. 헐뜯는 말. 헐뜯는 짓

뒷덜미 이름씨 목덜미 아래 어깻죽지 사이 ㉥딴꾼이 도둑 뒷덜미를 잡아끌고 갔다 작은말

덜미

뒷덫 (이름씨) 어떤 일 뒤에 꾸며 놓은 나쁜 꾀 ⓑ그 사람은 윗자리를 지키려고 온갖 다라운 뒷덫을 놓았다

뒷돈 (이름씨) **1** 남 몰래 주고 받는 돈 ⓑ아직도 뒷돈을 받고 허물을 감싸주는 걸보가 있다니 한뜻말 검은돈 ⇐ 음성자금 **2** 뒤에 잇달아 대서 쓰는 밑천 **3** 장사판이나 노름판 같은 데에 뒤를 대는 돈

뒷동산 (이름씨) 집이나 마을 뒤에 있는 작은 메나 언덕 ⓑ어릴 때 뒷동산에 올라 밤과 꿀밤을 줍던 생각이 난다

뒷마감 (이름씨) 일 뒤를 마물러 끝내기 ⓑ뒷마감을 깔끔히 하였네 **뒷마감하다**

뒷마당 (이름씨) 집 뒤에 있는 마당 ⓑ뒷마당에 감나무 잎이 쌓였다 맞선말 앞마당

뒷마디 (이름씨) **1** 이어지는 이야기나 글월 따위 뒤쪽 맞선말 앞마디 **2** 둘 넘는 틀이나 수줄을 이루는 여러 수 가운데 다른 수보다 나중에 있는 수 맞선말 앞마디 ⇐ 후항

뒷마무리 (이름씨) 뒤끝을 마무리하는 것 ⓑ뒷마무리를 잘 하는 사람이 좋은 일꾼이지 **뒷마무리하다**

뒷막이 (이름씨) **1** 어떤 몬 뒤쪽에 대서 막는 일 또는 거기 쓰는 널빤지 따위 ⓑ나무로 만든 그릇벼 뒤쪽에 널빤지로 뒷막이를 했다 **2** 일 뒤끝을 맺기 ⓑ탈이 나지 않도록 뒷막이를 단단히 해라 한뜻말 뒷마감

뒷말 (이름씨) **1** 이어지는 이야기 뒤를 잇는 말 ⓑ이야기가 아주 재미있어 뒷말이 궁금해지네 맞선말 앞말 **2** 일이 끝난 뒤 보지 않는 데서 이러쿵저러쿵하는 이야기 ⓑ뒷말이 없도록 하자고 했지만 끝나고 나니 뒷말이 더 많아 한뜻말 뒷소리 ⇐ 뒷소문. 후문

뒷맛 (이름씨) **1** 무엇을 먹은 뒤에 입안에 남는 맛 ⓑ뒷맛이 깔끔하다 **2** 일을 마친 뒤 느낌 ⓑ어째 뒷맛이 좀 씁쓸하네 ⇐ 여운

뒷맡보 (이름씨) 앞서 맡아보던 사람 뒤를 이어 그 일을 맡아보는 사람 한뜻말 뒷맡이 ⇐ 후임자

뒷면 ⇒ 뒤쪽. 뒷낯

뒷모습 (이름씨) 뒤로 드러난 모습 ⓑ떠나야 할 때를 아는 이 뒷모습은 참 아름답다

뒷모임 (이름씨) 짝맺이를 마친 뒤 다시 조촐하게 가지는 모임

뒷문 (이름씨) **1** 집 뒤쪽이나 옆으로 난 문 ⓑ바쁠 때는 자주 뒷문으로 다녀 맞선말 앞문 ⇐ 후문 **2** 올바르거나 떳떳하지 못한 길 ⓑ뒷문으로 한배곳에 들어갔단다

뒷물결 (이름씨) **1** 큰 물결이 지나간 뒤에 일어나는 잔물결 ⇐ 여파 **2** 어떤 끝난 뒤에 남아 미치는 끼침

뒷바다라 (이름씨) 892해에 견훤이 세운 나라. 936해에 고리에 무너짐 ⇐ 후백제

뒷바라지[1] (이름씨) **1** 뒤에서 보살펴 도와주는 것 ⓑ아우 뒷바라지 하느라 어머니가 지쳐 몸져누웠다 준말 바라지 **2** 뒤치다꺼리 ⓑ아이 셋 뒷바라지가 그리 쉬운 줄 아느냐 **뒷바라지하다**

뒷바라지[2] (이름씨) 방에 바람이나 빛이 들도록 뒷바람 위쪽에 낸 작은 바라지 ⓑ뒷바라지를 거쳐 노을빛이 들어오는 방

뒷받침 (이름씨) **1** 뒤에서 받쳐주는 것 또는 그 몬 ⓑ뒷받침은 튼튼히 해줄 테니 부지런히 배우고 익히게 ⇐ 지원. 후원 **2** 뒤에서 보살펴주고 도와주는 것. 또는 그런 사람이나 몬 ⓑ나라말을 바로잡는 일은 마땅히 나라가 나서서 뒷받침해야지 ⇐ 후원. 지원 **뒷받침하다**

뒷발 (이름씨) **1** 네발짐승 뒤에 달린 두 발 ⓑ곰이 뒷발로 선 것 봤어? 맞선말 앞발 **2** 사람이 두 발을 앞뒤로 벌렸을 때 뒤쪽에 놓인 발 ⓑ뒷발로 도움닫기를 힘차게 밀면서 앞으로 튀어 나가라 맞선말 앞발

뒷방 (이름씨) **1** 집 뒤쪽에 있는 방 ⓑ앞방과 뒷방 **2** 집 큰방 뒤에 딸린 방 ⓑ안방과 뒷방

뒷방살이 (이름씨) **1** 큰방에서 물러나 뒷방에서 지내는 삶. 큰마누라 노릇을 빼앗긴 삶 ⓑ시앗에게 모든 힘을 빼앗기고 뒷방살이 하는 아주머니 **2** 절에서 맡은 일을 내려놓고

뒷방에서 지내는 삶 ㉥절에서 조용히 뒷방살이 하면서 마음닦는 늙은 비구니

뒷배 [이름씨] 겉으로 드러나지 않게 남 뒤를 보살펴 주는 일 ㉥뒷배를 봐주던 아버지가 돌아가시니 이제 내 손으로 모든 일을 갈망해야 한다 ⇐ 후원

뒷배포 ⇒ 다잡기. 다잡다

뒷보 [이름씨] [1]같은 배곳을 나중에 나온 사람 한뜻말뒷이. 뒷사람 맞선말앞보 ⇐ 후배 [2]늦게 비롯하여 갈이나 삶이나 나이가 뒤진 무리 ⇐ 후진

뒷부분 ⇒ 뒤쪽

뒷북치다 [움직씨] 뒤늦게 너스레를 떨다 ㉥일이 터지고 나서 뒷북쳐봐야 쓸데없지

뒷빛살 [이름씨] 빛박이 찍을 때 몬에서 되쏘는 빛 말고 몬 뒤에서 곧장 빛박이로 들어오는 햇빛이나 다른 빛살. 몬 꼴을 흐리게 하므로 되도록 이 빛 없이 찍는 것이 좋다 ⇐ 역광

뒷사고팔기 [이름씨] 벼리를 어기면서 물래 몬을 사고파는 일. 곧바르지 않은 값으로 흔히 사고판다 한뜻말까막장사 ⇐ 암거래 **뒷사고팔다**

뒷사람 [이름씨] 뒤에 있는 사람. 뒷누리 사람 ⇐ 후대. 후배. 후생. 후세. 후손. 후예. 후자

뒷살이돈 [이름씨] 다스림맡이나 벌데에서 어느 때 동안 아람에게 해마다 주는 돈. 일터를 마쳤거나 뚜렷한 큰일을 한 사람과 나이가 들었거나 아픈 사람에게 준다 ⇐ 연금

뒷설거지 [이름씨] [1]차려 먹고 난 뒤에 그릇을 씻고 치움 ㉥손님이 모두 떠나고 뒷설거지만 남았어 [2]일을 치른 뒤에 하는 뒷거둠이나 끝맺음 ㉥그 일 뒷설거지를 깔끔하게 해라 한뜻말뒷갈망

뒷세나라 [이름씨] 시라, 뒷바다라, 뒷가고리 세나라 ⇐ 후삼국

뒷셈 [이름씨] 값이나 삯 따위를 나중에 치름 한뜻말나중셈 ⇐ 후불. 후급

뒷소리 [이름씨] [1]일이 끝난 뒤에 보지 않는 데서 이러니저러니 하는 말 ㉥큰 잔치를 둘러싸고 뒷소리가 좀 많겠어? 한뜻말뒷말 [2]뒤에서 힘을 북돋아주는 소리 ㉥아우에게 힘내라고 뒷소리를 쳤다 [3]한 사람이 먼저 앞소리를 메기면 뒤따라 여럿이 함께 부르는 소리 ㉥즐거운 앞소리에 맞추어 '쾌지나 칭칭나네' 뒷소리를 매겼다 한뜻말뒷노래. 받는소리 맞선말앞소리 ⇐ 후렴

뒷손 [이름씨] [1]뒤로 내미는 손 ㉥수줍은 듯 돌아서더니 뒷손으로 글월을 건넨다 [2]몰래 또는 뒤로 슬그머니 내밀어 받는 손 ㉥뒷손을 벌려 꾹돈을 챙겼다 [3]어떤 일을 마친 뒤에 다시 하는 손질 ㉥뒷손 보는 일이 없도록 처음부터 깨끗이 손질해

뒷손없다 [그림씨] 일 뒤를 마무리하는 재주나 마음이 없다 ㉥뒷손없는 사람에게 일을 맡기지 마라

뒷손질[1] [이름씨] [1]손을 몸 뒤로 돌려 하는 짓 ㉥빨리 따라오라며 뒷손질로 나를 불렀다 [2]남 몰래 뒤에서 손을 쓰는 짓 ㉥일꾼들이 마음 놓고 일할 수 있도록 우두머리가 뒷손을 쓴 것 같아 [3]뒤에서 남을 헐뜯거나 나무라는 일 ㉥어른답지 못한 짓을 보고 뒷손질을 해댔다 한뜻말뒷손가락질

뒷손질[2] [이름씨] [1]일을 거의 마치거나 무엇을 만든 뒤에 뒷마무리하기 ㉥여름지이는 뒷손질이 많이 가는 일이다 [2]잘못되거나 부서진 데를 다시 고치기 ㉥이 연모를 뒷손질해주는 데는 따로 있네 ⇐ 애프터서비스

뒷시중 [이름씨] 뒤를 보살펴 시중 드는 일 ㉥할머니 뒷시중은 내가 들 거야

뒷심 [이름씨] [1]남 뒤에서 도와주는 힘 ㉥뒷심에 기대지 말고 제힘으로 서라 [2]어떤 일을 이어 끌고 나가거나 견디어 내는 힘 ㉥뒷심이 센 사람이 어려움이 닥쳐도 너끈히 해낼 거야

뒷아내 [이름씨] 아내를 여의었거나 갈라선 사람이 다시 맞은 아내 한뜻말뒷가시 ⇐ 후실. 후취. 재취. 후처

뒷이야기 [이름씨] [1]잇따라 이어지는 이야기 뒤쪽 ㉥뒷이야기가 궁금해서 귀를 쫑긋하고

들었어 준말뒷얘기 **2**일이 벌어진 뒤에 따라 나오는 이야기 ⓑ그 일을 맡은이로부터 뒷이야기를 들어보자 ⇐ 후일담 **3**뒤에서 하는 이야기 **4**노래나 이야기, 굿말에서 줄거리가 끝난 다음, 나오는 사람들 뒷삶을 짧게 밝힌 것 한뜻말맺음이야기

뒷일 이름씨 어떤 일이 있은 뒤에 생기거나 일어난 일 ⓑ자네한테 뒷일을 맡기고 가네 ⇐ 후사. 훗일

뒷일꾼 이름씨 종요로운 일을 하는 사람을 도와주거나 허드렛일을 하는 사람 ⓑ미장이 뒷일꾼도 해보고 나무장이 뒷일꾼도 해봤어요 ⇐ 데모도

뒷전 이름씨 **1**뒤쪽 가까운 언저리 ⓑ큰 마당 뒷전에서 벗들과 놀았다 **2**(앞뒤 차례에서) 나중 자리 ⓑ하라는 배움은 뒷전이고 오로지 놀이에 빠져 산다 **3**겉으로 드러나지 않는 뒤쪽 ⓑ뒷전에 물러나 있는 사람 **4**배 뒤쪽 전 ⓑ배 뒷전에 기대 앉아 끝없이 펼쳐지는 바다를 바라본다 **5**뒷전놀이. 뒷전풀이

뒷전놀이 이름씨 무당 열두거리 굿에서 마지막 굿을 노는 일

뒷정리 ⇒ 뒷마무리. 뒷마감. 뒷막이. 뒷갈망. 뒷설거지

뒷조사 ⇒ 몰래캠. 몰래 캐다. 몰래 살피다

뒷종이 이름씨 뒷일 볼 때 쓰는 부드러운 종이 ⇐ 화장지. 휴지. 티슈

뒷줄 이름씨 **1**뒤쪽 줄 ⓑ아무도 모르게 뒷줄에 앉아서 구경했지 맞선말앞줄 ⇐ 후열 **2**뒷배가 되어주는 힘 또는 그러한 사람 ⓑ뒷줄이 든든하다고 함부로 까불지 마라

뒷짐 이름씨 두 손을 등 뒤로 돌리어 맞쥐는 것 ⓑ아들 녀석이 뒷짐을 지고 어슬렁거리는 버릇이 있어요

뒷짐결박 ⇒ 뒷짐묶음

뒷짐묶음 이름씨 두 손을 등 뒤로 잦혀 묶음

뒷집 이름씨 집 뒤쪽으로 이웃한 집 ⓑ우리집 감나무가 뒷집에까지 뻗어 무른 감을 뒷집에서도 따먹었어 슬기말 **뒷집 며느리 시집살이 잘하는 바람에 앞집 며느리는 절로 된다** 둘레에 잘하는 사람이 있으면 그 보기를 따서 못하는 사람도 잘하게 된다 **뒷집 짓고 앞집 뜯어 내란다** 저한테 밑지는 일이라고 먼저 자리 잡은 사람한테 못하게 하며 제 속셈만 차리려는 짓

뒷책 이름씨 먼저 나온 책에 이어 나온 책 한뜻말나중책 ⇐ 하권

뒷흥정 이름씨 몰래 사고 팖 한뜻말까막장사 ⇐ 밀매매

뒹굴다 움직씨 **1**누워서 이리저리 구르다 ⓑ동네 아이들이 모래밭에서 뒹굴며 논다 **2**여기저기 어지러이 널려 구르다 ⓑ갈잎이 길바닥에 뒹군다 **3**하는 일 없이 늘 퍼더버리고 빈둥빈둥 놀다 ⓑ보라는 일은 하지 않고 먹고 놀고 먹고 뒹군다

뒹굴뒹굴 어찌씨 **1**누워서 이리저리 자꾸 구르는 꼴 ⓑ뒹굴뒹굴 구르며 팔다리를 뻗으며 몸을 풀었다 **2**할 일 없이 빈둥빈둥 노는 꼴 ⓑ뒹굴뒹굴 빈둥거리지만 말고 저 쓰레기나 좀 치워

드나나나 어찌씨 들어가거나 나오거나 ⓑ허우대는 어른 같지만 마음이 아이라 드나나나 걱정이다

드나들다 움직씨 **1**자주 들어가고 나가고 하다 ⓑ문턱이 닳도록 드나든다. 드나드는 길목 준말나들다 **2**어떤 곳을 잡아놓고 다니다 ⓑ우리나라를 드나들며 보따리 장사하는 사람들 **3**줄이나 높이, 크기 따위가 고르지 못하고 들쭉날쭉하다 ⓑ줄이 삐뚤삐뚤 드나들어서야 어디 쓰겠나, 똑바로 줄 맞춰 서 봐요 **4**마음이나 생각이 아리송하게 들락날락하다 ⓑ얼이 드나들어 옛날 그 일이 아리하게 생각이 날 듯 말 듯 한다 슬기말 **드나드는 개가 꿩을 문다** 부지런한 사람이 일을 해내고 돈을 번다

드난 이름씨 남 집 문 옆방에 붙어살면서 안채로 드나들며 그 집 일을 도와줌. 또는 그런 사람 ⓑ남 집에서 드난으로 살아간다

드난돈 이름씨 들고 난 돈 ⇐ 입출금

드난살이 이름씨 남 집에서 드난으로 사는 삶

드날리다 움직씨 ❶손으로 들어 날리다 ⓑ종이솔개를 드날렸다 ❷드러내어 널리 떨치다 ⓑ한흰샘님은 우리말과 우리글을 파고들어 우리 겨레가 우리말글살이에 자리잡도록 하여 이름을 드날렸다

드넓다 그림씨 활짝 트여서 아주 넓다 ⓑ드넓은 잔디밭에서 아이들이 뛰어논다 ⇐ 광활하다

드놀다 움직씨 들썩거리며 이리저리 흔들리다 ⓑ마룻바닥이 드놀아 자칫 발이라도 삘까 걱정이야

드높다 그림씨 몹시 높다 ⓑ드높은 가을 하늘

드높임 이름씨 기운이나 얼을 북돋워 높임 ⇐ 앙양

드다루다 움직씨 ❶들어서 다루다 ⓑ드다루기 까다로운 큰 독 ❷세게 다루다 ⓑ쭈그리고 앉아 반짝이는 쇠줄을 드다루는 일꾼

드다르다 그림씨 아주 다르다 ⓑ우리말과 한자말은 뿌리에서 드다르다

드디어 어찌씨 무엇을 하고 난 맨 뒤. 오래 기다린 뒤 ⓑ아! 드디어 내 집을 마련했노라

드라마 ⇒ 멋굿

드라이버 ⇒ 돌리개. 타래못돌리개

드라이아이스 ⇒ 마른얼음

드라이클리닝 ⇒ 마른 빨래. 기름 빨래

드러나다 움직씨 ❶가려져 안 보이던 것이 겉으로 나타나다 ⓑ장사 밑천이 드러날까 조바심이 나 ⇐ 노출하다 ❷감추거나 숨기던 일을 남이 알게 되다 ⓑ환하게 드러난 가장 센 나라가 품은 검은 마음 ❸더없이 알맞거나 좋다 ⓑ아이들 놀이터로는 잘 드러난 곳이다 ❹잘 보이지 않거나 흐릿하던 것이 두드러져 보이다 ⓑ너무 드러나게 움직이지 마라 ❺알려지지 않았던 일이 널리 알려지다 ⓑ하늘에 있는 별나라는 나날이 조금씩 드러나네 ⇐ 판명되다

드러내다 움직씨 드러나게 하다 ⓑ뱃살을 드러낸 채 조는 아저씨. 속마음을 드러낸 적이 그다지 없다 ⇐ 표시하다. 표명하다

드러눕다 움직씨 ❶제 마음대로 눕다 ⓑ아이들이 하나 둘 풀밭에 드러누웠다 ❷앓아서 자리에 눕다 ⓑ차츰 몸이 야위어가더니 마침내 자리에 드러누웠다 ❸길게 놓이다 ⓑ가람기슭을 따라 드러누운 옥수수밭 ❹어떤 힘을 받아 자빠지거나 넘어지다 ⓑ풀깎개로 풀을 쳐 나가니 우거진 넝쿨이 드러눕는다

드럼 ⇒ 하늬북

드럼통 이름씨 ❶쇠널로 기둥꼴로 둥글게 만들어 기름 같은 것을 담는 통 ⓑ시골에서는 드럼통에 기름을 받아놓고 쓴다 ❷키에 견줘 몹시 뚱뚱한 사람 ⓑ얼마나 먹었으면 저렇게 드럼통이 되었을까

드레 이름씨 사람 됨됨이로 풍기는 점잖은 무게 ⓑ나이에 견주어 드레가 있어 보인다 ⇐ 품격

드레스 ⇒ 겨집겉옷. 아이겉옷

드레싱 ⇒ 양념

드레지다 그림씨 ❶사람됨됨이가 가볍지 않고 점잖아 무게가 있다 ⓑ나무는 또래 동무들과 달리 몸가짐이 제법 드레져보였다 ⇐ 품위있다 ❷몬 무게가 가볍지 않다

드레질 이름씨 ❶됨됨이가 무겁고 가벼운지 떠보는 일 ⓑ맑음이가 어떻게 나오는지 드레질을 한 디위 해볼까 ❷몬 무게를 헤아리는 짓 ⓑ나는 드레질을 해서 가벼운 것을 골랐다 **드레질하다**

드론 ⇒ 번뜩날틀

드르렁 어찌씨 ❶크고 시끄럽게 울리는 소리 ⓑ미닫이가 드르렁 열리며 낯선 사람이 불쑥 들어왔지 뭐예요 ❷크고 시끄럽게 코고는 소리 ⓑ아저씨 코고는 소리가 드르렁 울린다 **드르렁하다**

드르렁거리다 움직씨 ❶크고 시끄럽게 자꾸 소리가 울리다 ⓑ코를 드르렁거리는 소리에 잠을 깼다 작은말 다르랑거리다 ❷크고 시끄럽게 코를 자꾸 골다 **드르렁대다**

드르렁드르렁 어찌씨 ❶크고 시끄럽게 자꾸 울리는 소리 ⓑ쇠널을 두드려 펴는 쇠메질

소리가 드르렁드르렁 울린다 **2**크고 시끄럽게 코를 자꾸 고는 소리 ⓑ건넌방에 든 손님 코고는 소리가 드르렁드르렁 커서 밤잠을 설쳤다 **드르렁드르렁하다**

드르르 (어찌씨) **1**바퀴 같은 것이 딱딱한 것 위로 가볍게 굴러가는 소리나 꼴 ⓑ일꾼은 바퀴를 드르르 굴려 헌 바퀴를 뺀 자리에 끼워 넣었다 **2**몬이 가볍게 쓸리는 소리나 꼴 ⓑ미닫이가 드르르 열렸다가 스르르 닫혔다 **3**물방울이나 땀방울, 눈물방울 같은 것이 굴러내리는 꼴 ⓑ땀방울이 드르르 이마를 타고 내려와 굴러 떨어졌다 **4**무엇에 익숙하여 거침없는 꼴 ⓑ일솜씨가 좋아 부엌살림을 잠깐 사이에 드르르 해치우데. 멧속에 살면서도 누리 돌아가는 일을 드르르 꿰고 있더라 **드르르하다**

드르륵 (어찌씨) **1**큰 것이 얼마만큼 구르다 딱 멎는 소리나 그 꼴 ⓑ여닫이를 드르륵 열고 나왔다 작은말다르륵 센말뜨르륵 **2**큰 것이 미끄러져 나갈 때 세게 나는 소리 ⓑ나락방아가 드르륵 소리를 내며 돌아간다 **드르륵하다**

드르륵거리다 (움직씨) **1**큰 것이 얼마만큼 구르다 자꾸 우뚝우뚝 멎는 소리가 나다 **2**큰 것이 미끄러져 나갈 때 자꾸 세게 소리가 나다 **드르륵대다**

드르륵드르륵 (어찌씨) **1**큰 것이 얼마만큼 구르다 자꾸 우뚝우뚝 멎는 소리나 그 꼴 ⓑ더워서 우리는 바라지문을 드르륵드르륵 열어젖혔다 **2**큰 것이 미끄러져 나갈 때 자꾸 세게 나는 소리 ⓑ아이들이 얼음판을 드르륵드르륵 지치며 달린다 **3**쏘개를 잇달아 쏠 때 나는 소리 ⓑ옛 한아비들은 왜놈들을 골짜기로 몰아놓고 쏘개를 드르륵드르륵 갈겨 다 죽였다 **드르륵드르륵하다**

드리다[1] (움직씨) **1**('주다' 높임말) 윗사람에게 건네어 갖게 하다 ⓑ어머님께 살림에 보탤 목돈을 드렸다 **2**('하다' 높임말) 사람에게 말을 하거나 말씀을 올리다 ⓑ한 말씀만 드리겠습니다 **3**하늘이나 서낭, 부처님에게 비는 일을 하다 ⓑ검님께 두 손 모아 우러름을 드렸다 한뜻말올리다 **4**'아', '어' 꼴 다음에 써 그 움직씨가 뜻하는 바를 높이면서 해주다 ⓑ어머니를 도와드리다. 알려드리다

드리다[2] (움직씨) **1**실이나 끈, 새끼 몇 가닥을 하나로 땋거나 꼬다 ⓑ짚에다 삼노를 섞어 든든하게 밧줄을 드렸다 **2**땋은 머리 끝에 댕기를 늘어뜨리다 ⓑ머리에 빨간 댕기를 드렸다

드리다[3] (움직씨) 집에 방이나 문, 마루 같은 것을 만들거나 내오다 ⓑ이불을 넣어둘 다락을 새로 드렸다

드리다[4] (움직씨) 그 날 장사를 그만두고 문을 닫다 ⓑ오늘은 가게를 드리고 일찍 집에 가야겠다

드리다[5] (움직씨) 낟에 섞인 검불이나 티끌 같은 것을 바람에 날리다 ⓑ벼를 바람에 드려서 쭉정이를 말끔히 골라냈다

드리없다 (그림씨) 때에 따라 바뀌어 한결같지 않다 ⓑ베품돈은 많기도 하고 적기도 하여 드리없었다

드리우다 (움직씨) **1**무엇이 위에서 아래로 처져 늘어지거나 늘어지게 하다 ⓑ나들문에 대나무발을 드리웠다 **2**아랫사람에게 가르침을 주다 ⓑ스승이 드리우는 가르침을 깊이 새겨라 **3**이름이나 쌓은 보람이 길이 알려지게 하다 ⓑ그 이름을 온누리에 드리우리라 **4**(어둠, 그늘, 그림자, 구름 같은 낱말과 함께 써) 깃들거나 끼다 ⓑ어둠이 드리우자 다들 일손을 거두고 집으로 돌아갔다

드릴 (drill) ⇒ 타래송곳

드림가게 (이름씨) 베 파는 가게 ⇐ 드림전

드림금 (이름씨) **1**(수갈) 곧눕낮에 바로 선 쪽에 놓인 곧금 ⇐ 드림선. 수선 **2**(몬갈) 땅별 무게힘이 미치는 쪽 곧 곧눕낮에 곧선금

드림말 (이름씨) 책이나 글 같은 것을 올리거나 바칠 때 쓰는 말 ⓑ가르침이 일을 끝마치는 스승께 드림말을 썼다 ⇐ 헌사

드림선 ⇒ 드림금

드림셈 이름씨 한 번에 하지 않고 여러 차례 나누어 주고받는 셈 ⓑ번힘말리개를 사고 세 해 동안 드림셈을 치렀다 ⇐ 할부. 분액

드림셈돈 이름씨 ❶여러 디위 나누어 내는 돈 ⇐ 할부금 ❷몫으로 나누어 주는 돈

드림셈팔이 이름씨 몬은 미리 주고 몬값은 여러 차례로 나누어 받는 팔이 ⇐ 할부판매

드림쇠 이름씨 저울대 한쪽에 걸거나 저울널에 올려놓는 어떤 무게를 지닌 쇠 한뜻말저울쇠. 다림쇠 ⇐ 저울추

드림쇠줄 이름씨 드림쇠를 실로 매어 늘어뜨릴 때 그 실이 이루는 금이나 줄. 곧 펀펀낯과 곧모를 이루는 곧섬금 ⇐ 연직선

드림전 ⇒ 드림가게

드림천 이름씨 알리거나 내세우고 싶은 것을 써서 드리운 천 한뜻말걸개천 ⇐ 현수막

드림흥정 이름씨 사고팔 때 값을 여러 차례 주고받기로 하는 흥정 ⓑ드림흥정으로 새 수레를 사기로 했다

드무 이름씨 크고 넓적하게 생긴 독 ⓑ물드무. 어머니는 동이물을 여다 드무에 쏟아 부었다

드무새 이름씨 여러 가지 세간과 그릇붙이 따위 살림살이에 쓰는 것 ⓑ간밤에 들꽃 집 세간 드무새를 옮겨 주었다

드문값 이름씨 드물기 때문에 크게 쳐주는 값어치 ⇐ 희소가치

드문드문 어찌씨 ❶여러 것이 사이가 배지 않고 뜬 꼴 ⓑ올해는 들깨를 드문드문 심었다 작은말다문다문 센말뜨문뜨문 ❷때가 잦지 않고 동안이 많이 뜬 꼴 ⓑ손님이 드문드문 찾아온다 슬기말 **드문드문 걸어도 황소 걸음** 느리나 오히려 믿음직스럽고 알차다

드문씨 이름씨 드물어서 매우 논 몬이나 씨 ⓑ마구 까부수고 파헤치는 오늘사람 삶은 드문씨 목숨붙이가 늘어나게 한다 ⇐ 희귀종

드문앓이 이름씨 매우 드물어서 쉽게 걸리지 않는 앓이 ⓑ나와 가깝던 막내 아재가 몹쓸 드문앓이로 돌아가시니 누리가 텅 빈 것 같다 ⇐ 희귀병. 희소병

드물다 그림씨 ❶흔하거나 많지 않다 ⓑ드물게 보는 꽃이다 맞선말흔하다 ⇐ 희소하다. 희한하다. 희귀하다 ❷놓인 사이가 뜨다 ⓑ모를 조금 드물게 심었다 맞선말배다 ❸걸린 동안이 뜨다 ⓑ이 길은 탈것이 드물게 지나다닌다 맞선말잦다 슬기말 **드물어도 아이가 든다** 어떤 일이 더디더라도 이루어지기는 한다

드살 이름씨 ❶제 뜻을 굽히지 않고 남을 휘어잡으며 드세게 구는 것 ⓑ드살이 센 사람 ❷남이 마음 놓지 못하게 우락부락하게 구는 짓이나 바탈 ⓑ드살에 못 견뎌 오빠는 올캐와 헤어졌다

드설레이다 움직씨 몹시 설레이다 ⓑ오늘따라 바람이 거세고 바닷물이 드설레인다

드세다 그림씨 ❶힘이나 기운이 매우 세다 ⓑ드센 기운. 드센 손아귀 ❷바탈이 몹시 사납고 거칠다 ⓑ마음 바탈이 드세서 걸핏하면 싸움질이다 ❸집터를 지키는 검이 매우 사납다 ⓑ이 집은 터가 드세어서 사는 사람마다 좋지 않은 일이 일어난다는데 참말일까?

드세차다 그림씨 몹시 세차다 ⓑ눈보라가 드세차게 휘몰아치는 밤에 언니가 갑자기 찾아왔다

드잡이 이름씨 ❶서로 머리나 멱살을 움켜잡고 싸우는 짓 ⓑ드잡이를 놓았다 ❷빚을 갚지 못할 때 가마나 솥을 떼어 가거나 그릇 같은 것을 가져가는 짓 ⓑ떼거리로 몰려와 닥치는 대로 가져가는 드잡이를 치렀다 ⇐ 압수. 몰수 익은말 **드잡이가 나다** 드잡이 판이 벌어지다 **드잡이를 놓다** 드잡이 판을 벌리다

드잡이놀이 이름씨 두 사람이 맞서 드잡이를 벌려 이기고 짐을 가리는 놀이. 씨름, 주먹싸움, 맨손씨름 따위 ⇐ 격투기. 투기

드팀가게 이름씨 여러 가지 옷감을 파는 가게 ⇐ 포목점. 드팀전

드팀새 이름씨 틈이 생긴 만큼이나 낌새 ⓑ드

팀새가 조금도 없이 세차게 밀어붙였다 ⇐ 여지

드팀전 ⇒ 드팀가게

득남득녀 ⇒ 아들딸 낳음

득달같다 [그림씨] 조금도 늦추지 않다 ㉥내가 그렇게 했다면 아버지가 득달같은 성금을 내렸을 거야 **득달같이**

득득 [어찌씨] [1]금을 길게 자꾸 긋는 소리나 그 꼴 ㉥마당에다 놀이판을 만드느라 막대기로 땅에 금을 득득 그었다 [2]크고 단단한 것이 거칠게 자꾸 긁히는 소리나 그 꼴 ㉥비듬이 많은 하은이는 머리를 득득 긁었다 [3]많은 물이 갑자기 얼 때 나는 소리나 그 꼴 ㉥가람물이 비로소 득득 얼어붙었다

득세 ⇒ 힘얻음. 힘 얻다

득시글 [어찌씨] 사람이나 짐승, 벌레 따위가 떼로 모여서 어수선하게 뛰는 꼴 ㉥날씨가 추워지자 고뿔 든 사람들이 나숨집으로 득시글 모여들었다 **득시글하다**

득시글거리다 [움직씨] 사람이나 짐승, 벌레 따위가 떼로 모여서 자꾸 어수선하게 뛰다 **득시글대다**

득시글득시글 [어찌씨] 사람이나 짐승, 벌레 따위가 떼로 모여서 자꾸 어수선하게 뛰는 꼴 ㉥한가위가 다가오자 저자 거리는 사람들로 득시글득시글 왁자지껄했다 **득시글득시글하다**

득실거리다 [움직씨] [1]어떤 것이 많이 모여 어수선하게 움직이다 [2]무엇이 많이 널려 있다 **득실대다**

득실득실 [어찌씨] [1]어떤 것이 많이 모여 어수선하게 움직이는 꼴 ㉥바구미가 쌀자루 속에 득실득실했다 [2]무엇이 많이 널려 있는 꼴 ㉥며칠 동안 집을 비웠더니 아이들이 벗어놓은 빨랫감이 이 방 저 방 득실득실 널려 있다 **득실득실하다**

득음 ⇒ 소리깨침

득점 ⇒ 점수 얻음. 얻은 점수

득표 ⇒ 표얻기. 얻은표

든거지난가면이 [이름씨] 살림살이가 아주 가난하면서도 밖에 나가서는 돈이 많아 보이는 사람. 또는 그런 매개 ㉥딸깍발이치고 든거지난가면이 아닌 이가 얼마나 있을까 맞선말든가면이난거지

든거지난부자 ⇒ 든거지난가면이

든돈 [이름씨] 무엇을 하는 데 들어간 돈 ⇐ 실비. 비용. 코스트

든든하다 [그림씨] [1]쉽게 깨지거나 바뀌지 않고 세다 ㉥든든한 참나무 몽둥이 [2]헐겁게 놀거나 풀려나가지 않게 되다 ㉥못을 든든하게 박았다 [3]몸이 아프지 않고 튼튼하다 ㉥아이들을 든든하게 키우다 [4]바탕이 굳건하다 ㉥든든한 살림살이 [5]너그럽고 미덥다 ㉥우리말을 살려내는 일도 든든한 사람으로 꾸려야 이루어 낼 수 있다 [6]마음이 허전하거나 조마조마하지 않고 배심이 있다 ㉥이 어려운 때를 이겨내려면 저마다 속이 든든해야 한다 [7]다짐이 굳세다 ㉥마음을 든든히 먹고 겨레말로만 글을 쓴다 [8]깊이 뿌리를 박다 ㉥뿌리가 든든해야 나무가 튼튼히 자란다 [9]배가 불러 허수한 느낌이 없다 ㉥할 일이 많아 아침을 든든하게 먹어두었다 [10]입은 옷이 따뜻하여 춥지 않다 ㉥날씨가 추우니 옷을 든든히 입고 나가자 [11]여느 높이보다 세다 ㉥일어나자마자 밤을 줍자고 든든하게 일러 두었어요

든말틀 [이름씨] 들고 걸어 다니면서 가까운 곳에 있는 사람과 주고받는 말틀 ⇐ 워키토키

든바다 [이름씨] 뭍에서 멀지 않은 바다 ㉥든바다에서 물질하는 잠네는 물질을 잘 못한다 ⇐ 근해

든바람 [이름씨] [1]일이나 때를 맞아 서슴없이 곧 ㉥든바람에 달려와 힘든 일을 거들었다 [2]일이나 때를 맞아 딱 한디위 ㉥목이 말랐던지 물 한그릇을 든바람에 비웠다 [3]이른 때 ㉥든바람에 남 집을 쳐들어 오다니

든버릇 [이름씨] 몸에 배어 고치기 어려운 버릇 ㉥사람 마음을 들쑤셔 놓듯 글 쓰는 것은 글레기들한테 오랜 든버릇 같아

듣손[1] 이름씨 ❶('듣손에'로 써) 일을 하는 김에 ⓑ듣손에 밤을 마저 손질했다 ❷('듣손으로'로 써) 망설이지 않고 곧 ⓑ밤을 주워 와서 듣손으로 밤틀을 돌려 껍질을 깠다

듣손[2] 어찌씨 곧바로. 얼른 ⓑ짐꾼 둘만 붙여주면 밤새 메를 뒤져 소낭버섯이든 능어리를 듣손 한 짐 따오리다

듣이 이름씨 재봄에 걸린 사람 ⇐ 진사

듣지 토씨 ❶어느 것으로 되어도 괜찮다는 뜻을 나타내는 말 ⓑ무슨 일을 하든지 부지런히 하여라. 누가 오든 괜찮다 ❷(-든지 -든지 꼴로 써) 어느 쪽이 되더라도 괜찮다는 뜻을 더 뚜렷이 나타내는 말 ⓑ비가 오든지 말든지 괜찮다. 오이든지 가지든지 가져와라. 죽든지 말든지. 하든지 말든지. 가든지 오든지

듣그럽다 그림씨 떠드는 소리가 듣기 싫다 ⓑ우리말이 처음엔 듣그럽지만 자주 쓰다 보면 귀에 익고 눈에 익고 입에 익을 게다

듣기 이름씨 남 말을 알아듣는 일 ⓑ듣기, 읽기를 많이 할수록 쓰기, 말하기가 한결 쉬워진다

듣는힘 이름씨 귀로 소리를 듣는 힘 ⓑ나이가 들수록 듣는힘이 떨어진다 ⇐ 청력

듣다[1] 움직씨 ❶이야기를 거쳐 어떤 일을 알다 ⓑ둘이 밤새 달아났다는 이야기 들었어? ❷소리를 귀로 느끼다 ⓑ메에서 나는 뻐꾸기 소리를 들었다. 이야기를 듣고 받아 적었다 ⇐ 청취하다 ❸말뜻을 알아서 받아들이다 ⓑ내 말을 너무 서운하게 듣지 마라 ❹시키거나 이르는 말을 따르다 ⓑ어려서는 엄마 말을 잘 들었다 ❺추어주거나 꾸짖는 말을 받아 들이다 ⓑ잘못했으니 꾸지람을 들어도 싸다 슬기말 **들은 귀는 즈믄 해요 한 입은 사흘이라** 모진 말을 한 사람은 쉽게 잊어버리지만 그 말을 들은 사람은 쉽게 잊어버리지 못한다

듣다[2] 움직씨 ❶연모나 틀이 제대로 움직이다 ⓑ손잡이가 부러져 맷돌이 말을 듣지 않는다 ❷어떤 앓이를 고치는 데 쓸모가 있다 ⓑ머리가 아플 때는 이 낫개가 잘 듣는다

듣다[3] 움직씨 빗물이나 눈물 따위가 방울져 떨어지다 ⓑ마른하늘에서 갑자기 빗방울이 뚝뚝 듣는다 익은말 **듣거니 맺거니** 눈물 따위가 글썽글썽하거나 맺혀 떨어지다

듣보기 이름씨 듣고 보는 것 ⓑ오롯이 우리말로 꾸미는 새뜸인 배달겨레소리를 듣보기 한 적 있나요? ⇐ 시청

듣보기배움 이름씨 잘 배우도록 하려고 있는 그대로를 보거나, 땅그림, 새끼꼴, 뮘그림, 멀봄, 라디오 같은 것을 써서 하는 배움 ⇐ 시청각교육

듣보기장사 이름씨 한 군데 또는 한 몬에 들어박힌 장사가 아니고 뜨내기로 값어치 흐름을 듣보아 가며 뜻밖에 찾아오는 한몫만을 바라고 하는 장사 ⓑ듣보기장사는 때를 못 만나면 애 말라 죽을 짓이지요 ⇐ 투기상

듣보다 움직씨 ❶듣고 보고 하다 ⓑ하늘이는 듣본 것이 많아 아무 일이나 척척 해냈다 ❷무엇을 찾거나 얻느라고 여기저기 알아보다 ⓑ제값을 쳐주는 데가 있는지 듣보아 주게

듣본데 이름씨 듣고 보아 아는 슬기나 솜씨 ⇐ 에티켓, 예절

듣봄이 이름씨 멀봄을 보고 듣는 사람 ⇐ 시청자

들[1] 이름씨 ❶높고 낮음이 거의 없이 고르고 넓게 트인 땅 ⓑ마을 앞에는 넓은 들이 펼쳐진다 ⇐ 평야 ❷논밭으로 이루어진 넓은 땅 ⓑ기름진 들에 나가 무르익은 벼를 돌보았다 익은말 **들을 놓다** 들일을 하다가 끼니때가 되어 일손을 놓다

들[2] 이름씨 ❶앞에 들어 보인 것 모두 ⓑ사람, 짐승, 푸나무 들이 살아있다 ⇐ 등 ❷앞에 들어 보인 것과 같은 것이 그 밖에 더 있음 ⓑ가지, 오이, 고추 들을 키운다 비슷한말 따위 ⇐ 등

들[3] 토씨 ❶(임자씨에 붙어) 둘보다 많음 ⓑ우리들. 아이들 ❷늘어놓는 것이 둘보다 많음 ⓑ어서들 오시오. 모두 이리들 오세

요. 빨리 걸어들 보세. 그대로들 있어

들-[1] 앞가지 ❶(어떤 움직씨 앞에 붙어) 아주. 몹시. 매우 ⓑ들볶다. 들끓다. 들까불다. 들떠들다 ❷세게, 들입다 ⓑ들두들기다. 들뒤지다. 들부수다. 들솟다

들-[2] 앞가지 ❶(푸나무 이름 앞에 붙어) 저절로 자라는 ⓑ들깨. 들뽕. 들꽃. 들풀 ❷(숨받이 이름 앞에 붙어) 절로 사는 ⓑ들개. 들고양이. 들꿩. 들짐승

들가방 이름씨 들고 다니는 가방 ⓑ들가방을 사줄까, 멜가방을 사줄까

들것 이름씨 사람이나 몬을 나를 때 쓰는 앞뒤에서 맞드는 틀 ⓑ쓰러진 사람을 들것으로 날랐다

들고꿰다 움직씨 훤하게 속속들이 잘 알다 ⓑ남돌이는 우리나라 멧나물을 들고뀄다

들고나다 움직씨 ❶남 일에 끼어들어 나서다 ⓑ아이들 싸움에 어른들이 들고나서 어른 싸움으로 번졌다 ❷집에 있는 몬을 팔려고 함부로 가지고 나가다 ⓑ언니는 한때 보릿쌀자루를 들고 나가 능금으로 바꿔먹었다 ❸들고일어나다 ⓑ으뜸머슴 거짓말에 골이 난 사람들이 들고나서 물러가라고 소리쳐 외친다

들고일어나다 움직씨 ❶기운차게 떨쳐 일어나다 ⓑ바람이 세게 불자 종이가 들고일어났다 ❷맞서서 힘있게 일어서다 ⓑ심으라는 벼를 안 심었다고 벼슬아치들이 벼를 뽑아버리자 여름지기들이 하나같이 들고 있어났다

들고장 이름씨 ❶들이 넓은 고장 ⓑ언니는 두메 마을에서 나서 들고장으로 시집을 갔다 ❷논, 밭이 많은 고장 ⓑ들고장과 멧고장

들고파다 움직씨 한가지 일에 파고들어 부지런히 배우고 익히다 ⓑ우리말을 들고판 지 어느새 열 해가 지났구나 ⇐ 연구하다

들구엣꽃 이름씨 메나 들에 절로 난 구엣꽃들을 일컫는 말. 단구엣꽃, 쑥부쟁이, 메구엣꽃 따위 ⇐ 들국화

들국화 ⇒ 들구엣꽃. 들옷꽃

들글 이름씨 배곳이나 벌데 같은 곳에 들어가려고 내는 글 ⓑ어느 한배곳에 들글을 낼지 조카는 머리를 한참 굴린다 ⇐ 원서

들기름 이름씨 들깨로 짠 기름 ⓑ들기름으로 나물을 무치니 제맛이 난다

들길 이름씨 들에 난 길 ⓑ가을이면 들길을 거닐며 널린 메뚜기를 잡았지

들까불다 움직씨 몹시 까불다 ⓑ작은 수레라서 좁은 논둑길도 잘 다녔지만 왠지 들까부는 느낌을 받았다

들깨 이름씨 ❶잎은 꼭지가 길고 넓은 알꼴이고, 들내가 나며, 줄기는 네모나고 가지가 많이 벋어 가지 끝 기다란 꽃송이에서 잘고 둥근 열매가 달리는 한해살이풀. 씨를 짠 기름은 불 밝히는 데, 겯는 데, 먹는 데 쓴다 ⓑ어머니는 들깨를 떨어 까불려서 물에 씻어 말렸다 ❷들깨 씨

들깨보숭이 이름씨 들깨 꽃송이를 데쳐 찹쌀풀을 발라 말린 뒤 기름에 튀겨 먹는 절 맛갓

들꽃 이름씨 들에 절로 피는 꽃 ⓑ쑥부쟁이, 찔레, 으름 같은 들꽃은 내음과 빛깔이 그윽하고 곱다 ⇐ 야생화

들꾀다 움직씨 한곳에 여럿이 모여들다 ⓑ된장에 구더기가 들꾀지 않게 잘 갈무리해야 해

들끓다 움직씨 ❶뜨거워져서 몹시 끓다 ⓑ가마에서 물이 들끓어 김이 막 나 ❷둘레 기운이 몹시 뜨거워지다 ⓑ거짓말하는 나라님을 끌어내리려는 기운이 온 나라에 들끓어 ❸기쁨, 놀라움, 미움 같은 마음이 세게 솟구치다 ⓑ촛불을 든 사람들은 어리석고 못난 웃대가리를 끌어내리고는 기쁨으로 들끓었지 ❹여럿이 한곳에서 복닥복닥 붐비다 ⓑ저잣거리는 닷새 만에 이고 지고 와서 사고팔려는 사람들로 들끓었어

들나물 이름씨 들에서 절로 나는 나물 ⓑ가람둑에 들나물 싹이 파릇파릇 돋아났다

들날리다 움직씨 힘이나 이름 따위가 크게 드러나 널리 떨치다. 또는 그렇게 되게 하다 ⓑ보름은 쓴 글이 널리 읽히면서 대번에 글

쟁이로 이름을 들날렸다

들내 [이름씨] 들깨나 들기름에서 나는 냄새 ㉥들내가 고소하게 난다

들녘 [이름씨] [1]두메에서 떨어져 너른 들이 있는 곳이나 고을 ㉥들녘을 가로질러 난 길 [2]들이 있는 쪽 ㉥들녘을 멍하니 바라보며 엄마 생각에 젖는다 [슬기말] **들녘 소경 머루 먹듯** 멋도 모르고 덤벙대는 꼴

들노래 [이름씨] 모찌기소리, 모심기소리, 김매기소리 들과 같이 논밭에서 일하며 부르는 노래 ㉥이름난 들노래로는 더러섬들노래, 바라들노래, 구루나들노래 들이 있다 한뜻말 일노래 ⇐ 노동요. 노동가

들놀다 [움직씨] 들썩거리며 이리저리 흔들리다

들놀이 [이름씨] 들에서 노는 놀이 ㉥아이가 들놀이를 다녀온 뒤 씩씩해졌어 비슷한말 모꼬지 ⇐ 야유회. 피크닉 **들놀이하다**

들다[1] [움직씨] [1]밖에서 안으로 가거나 오다 ㉥더워서 멱을 감으려고 물에 들었다 [2]별이나 빛, 그늘 같은 것이 어디에 미치다 ㉥볕이 잘 드는 집. 이제 그늘이 들었다 [3]길이나 곬을 잡아서 거기로 가거나 오다 ㉥지름길로 접어 들었다 [4]들이다 ㉥불이 잘 드는 아궁이 [5]살거나 묵으려고 집이나 방 같은 데에 자리잡다 ㉥해맑음님이 들 집이라 돈을 많이 들여 고친다 [6]어디에 무엇이 담기다 ㉥다섯말이 드는 물독 [7]어디에 무엇이 품어지다 ㉥뉘가 든 쌀. 내 이야기가 들어있는 책 [8]어떤 때가 오거나 닥치다 ㉥느티나무 잎이 누레지는 것을 보니 곧 겨울이 들겠다 [9]수나 셈에서 어떤 것이 어떤 모임에 함께하거나 그 안에 품어지다 ㉥'다' 모임에 든 'ㅂ' [10]걸리거나 뽑히다 ㉥하님은 배움터에서 잘 외기로 열손가락 안에 든다 [11]빛깔이나 물감 같은 것이 몬에 옮겨지거나 스미다 ㉥물이 잘 드는 천 [12]무엇에 있어야 하거나 쓰이다 ㉥품이 들다. 돈이 들다. 부엌 앞에 새마루를 놓는데 소나무널이 많이 들었다 [13]어떤 때가 오거나 닥치다 ㉥느티나무 잎이 누레지는 것을 보니 곧 겨울이 들겠다 [14]적지 않은 나이에 이르다 ㉥나이가 드니 모든 것이 젊을 때와 다르다 [15]속이나 안에 무엇이 생겨나 있다 ㉥배추가 속이 들고 무가 알이 들 때다. 새끼가 들다. 알이 든 물고기 [16]익혀 먹는 먹거리나 열매 같은 것이 제맛이 생기다 ㉥맛이 든 김치 [17]몸에 어떤 앓이가 생기다 ㉥고뿔이 들다. 몸에 추위가 들다 [18]이루어지다 ㉥잠이 들다. 뜻이 들다 [슬기말] **드는 줄은 몰라도 나는 줄은 안다** 돈이나 밥입이 붇는 것은 눈에 잘 띄지 않으나, 그것이 줄어드는 것은 눈에 잘 띈다 **든 버릇 난 버릇** 한 디위 든 버릇은 타고난 바탕처럼 고치기 힘들다

들다[2] [움직씨] [1]아래에 놓인 것을 위로 올리다 ㉥바위를 번쩍 들어 둑 밑에 놓았다. 어릴 적 책보따리를 들고 배곳에 다녔다 [2]몸 한쪽을 위쪽으로 쳐들어 올리다 ㉥고개를 들고 두팔을 위로 들어봐요 [3]어떤 몬을 손에 쥐거나 가지다 ㉥사람들은 아이 어른 할 것 없이 모두 촛불을 들고 나왔다 [4]먹거나 마시다 ㉥점심으로 뭘 드시고 싶습니까? [5]보기나 본메로 삼거나 내보이다 ㉥보기를 들어 말하다. 잘못을 들어 나무라다 [6](주로 '들고' 꼴로 써) 어떤 것을 거리로 하여 ㉥마을 앞내에 다리를 놓는 것을 들고나와 이야기하였다

들다[3] [움직씨] [1]비나 눈이 그치고 날이 개다 ㉥장마 이레만에 날이 들었다 [2]흐르던 땀이 그치다 ㉥땀이 많이 나니 좀 들면 일을 하자

들대 [이름씨] 가까운 들녘 ㉥우리 마을에선 새들 같은 들대 논 값이 아무래도 벌판보다 비쌌다

들돌 [이름씨] 힘을 키우려고 들었다 놓았다 하는 데 쓰는 둥근 돌. 또는 돌이나 쇠 따위로 지은 틀 ㉥모심기를 끝낸 마을 젊은이들이 들돌들기 놀이를 즐겼다 ⇐ 역기. 바벨

들돌들기 [이름씨] 무거운 들돌을 들어 올려 그 무게를 겨루는 놀이. 몸무게에 따라 서흐레

가 달라지며 두 갈래 놀이가 있다 한뜻말 쇠돌들기 ⇐ 역기. 역도

들들 어찌씨 **1** 큰 바퀴 따위가 단단한 바닥을 굴러가는 소리나 그 꼴 ㉥들들 굴러가는 수레 작은말 달달 **2** 낟알 따위를 가마에 넣고 휘저어가면서 닦거나 볶는 소리나 꼴 ㉥깨를 들들 볶다 **3** 낟알 따위를 타갤 때 맷돌이 돌아가는 소리나 꼴 ㉥맷돌에 콩을 넣고 들들 돌렸다 **4** 눈을 크게 뜨고 눈알을 이리저리 굴리면서 움직이는 꼴 ㉥눈알을 들들 굴리며 두 주먹을 불끈 쥐었다 **5** 남을 못살게 굴면서 몹시 들볶는 꼴 ㉥일만 하면 이래라저래라 들들 볶아댄다 **6** 마구 들쑤셔 뒤지는 꼴 ㉥도둑이 들어 서랍과 옷장을 들들 뒤지며 방을 엉망으로 만들어 놓았다 **7** 춥거나 무서워 몸을 크게 떠는 꼴 ㉥찬비를 맞았더니 몸이 들들 떨린다 한뜻말 덜덜 작은말 달달 **들들하다**

들들거리다 움직씨 **1** 큰 바퀴 따위가 단단한 바닥을 굴러가는 소리가 자꾸 나다 **2** 춥거나 무서워 몸이 자꾸 크게 떨리다 **들들대다**

들때밑 이름씨 힘있는 집안에서 일하는 밑사람 ㉥안팎 깡패들 못된 짓을 떠맡아 하는 것은 들때밑 몫이었다 ⇐ 하수인

들떠다니다 움직씨 **1** 이리저리 떠돌아다니다 ㉥들떠다니며 사는 것이 목숨 처음 모습 아닐까 **2** 무턱대고 돌아다니다 ㉥젊을 때야 들떠다니다가도 나이가 들면 어딘가에 자리 잡지

들떼어놓다 움직씨 꼭 집어 바로 말하지 않다 ㉥윗사람이 여러 사람들에게 '이래서 되겠어요?' 하고 들떼어놓고 말했다

들뜨다 움직씨 **1** 얇고 넓은 것이 붙었던 데에서 속으로 떨어져 들려 일어나다 ㉥바람에 바른 종이가 들떠서 일어났다 **2** 마음이 가라앉지 않고 들썽하게 되다 ㉥마음이 들떠 일이 손에 안 잡히네 작은말 달뜨다 ⇐ 흥분하다 **3** 살빛이 누르고 부석부석하게 되다 ㉥얼굴이 누렇게 들떠 아픈 사람 같다 **4** 열이 들었다 나갔다 하다 ㉥할머니는 몹시 앓아 몸이 불덩이처럼 뜨겁고 열이 들떠 헛소리까지 한다 **5** 둘레 기운이 신나서 들끓다 ㉥가을부터 겨울까지 촛불을 들어 못난 웃대가리를 끌어내리게 되자 사람들은 들떠서 모두 거리로 나왔다

들띄우다 움직씨 들뜨게 하다 ㉥물 건너 놀러가자고 사람을 들띄우고는 여태껏 가뭇없다

들띄워놓다 움직씨 **1** 붙어 있는 두 몬들 사이가 떨어지게 하여 놓다 ㉥바닥에 물이 고여 바닥종이를 들띄워놓고 말렸다 **2** 두루뭉술하게 말하거나 글을 쓰다 ㉥그렇게 들띄워놓고 말하지 말고 콕 찍어서 말해주게

들락거리다 움직씨 자꾸 들어왔다 나갔다 하다 ㉥배고파서 부엌에 들락거렸다 **들락대다**

들락날락·들랑날랑 어찌씨 자꾸 들어왔다 나갔다 하는 꼴 ㉥우리는 싸리버섯을 잘못 먹고 밤새 뒷곳을 들락날락 오갔다. 아무 때나 누구든 들랑날랑 오갈 수 있는 집 **들락날락하다 들랑날랑하다**

들러리 이름씨 짝맺이할 때 새버시나 새가시를 이끌고 곁드는 사람 ㉥내가 들러리 서기로 했다

들러붙다 움직씨 **1** 끈덕지게 잘 붙다 ㉥바람이 세게 불어 옷에 흙먼지가 많이 들러붙었다 준말 들붙다 작은말 달라붙다 **2** 부쩍 붙어 끈기 있게 따르다 ㉥아까부터 낯선 사내가 들러붙어 따라온다 **3** 아주 끈덕지게 마음을 모으다 ㉥'나란 무엇인가?' 물음에 오직 한마음으로 들러붙어 자나깨나 파고들었다

들레다 움직씨 시끄럽게 떠들다 ㉥사람들이 밤새 북 치고 장구 치고 들레는 바람에 밤잠을 설쳤네

들려오다 움직씨 소리나 새뜸이 들리다 ㉥막 들려오는 저 소리 딱따구리 소리 아니야?

들려주다[1] 움직씨 **1** 이야기나 소리를 듣게 해주다 ㉥낡은 것을 짓부시는 새 노래를 들려주었다 **2** 말이나 이야기로 알려주다 ㉥

엄청난 사람들이 촛불을 들고 나왔다는 새뜸을 들려주었다

들려주다[2] 움직씨 들어서 손에 쥐여주다 ⓑ아이에게 꽃다발을 들려주었다

들르다 움직씨 지나가는 길에 어느 곳에 잠깐 들어가 머물다 ⓑ나물 뜯고 오다가 샘물터에 들러 물을 마시고 왔다

들리다[1] 움직씨 ❶('듣다' 입음꼴) 듣게 되다 ⓑ노랫소리가 들린다. 네가 한 말은 내가 잘못했다는 말로 들린다. 좋지 않은 소리가 들리던데 ❷('듣다' 하임꼴) 듣게 하다 ⓑ방울소리를 아이에게 들리자 방긋 웃었다. 이야깃감을 들리고 줄거리를 적어오라고 했다

들리다[2] 움직씨 ❶들어지다 ⓑ누리가 배지기를 나한테 쓰자 내 몸뚱이가 번쩍 들렸다 ❷('들다' 하임꼴) 들게 하다 ⓑ아이에게 무거운 짐을 들리지 마라

들리다[3] 움직씨 ('들다' 입음꼴) 들게 되다 ⓑ고뿔이 들려 일을 하지 못했다. 서낭이 들린 채 굿을 펼쳤다

들리다[4] 움직씨 지나는 길에 어떤 곳에 잠깐 거치다 ⓑ아침 먹고 잠깐 들렀다 가게나

들마 이름씨 저녁이 되어 가게문을 닫을 무렵 ⓑ들마에 손님들이 떼로 모여 들이닥쳤다 ⇐ 폐장시간

들마루 이름씨 방문 바로 앞에 잇달아 들인 쪽마루

들말 이름씨 메나 들에 저절로 나서 자란 말 ⇐ 야생마

들맞추다 움직씨 겉으로 알랑거려 남 마음을 맞추다 ⓑ일터에서 억눌리는 버시 마음을 들맞추기가 쉽지 않다

들머리 이름씨 ❶골목이나 마을 따위로 들어가는 어귀 ⓑ마을 들머리에 돌을 세우고 큼직하게 '새터마을'이라고 새겼다 ⇐ 초입 ❷어떤 일이 비롯되는 첫머리 ⓑ책을 쓴 까닭을 들머리에 써 놓았다 ❸들 한쪽 옆이나 가장자리 ⓑ어머니는 논을 가는 아버지한테 참을 이고 와서는 들머리에 내려놓고 기다렸다 ❹밀물이 비로소 들어올 때

들머리판 이름씨 있는 것을 모조리 들어먹고 끝장이 나는 판 ⓑ백성이 이뤄 놓은 열매를 웃대가리들이 들머리판으로 하려나 보지

들먹거리다 움직씨 ❶몬이 통째로나 한쪽이 들렸다 내려앉았다 하다 ⓑ들먹거리는 가슴을 겨우 가라앉혔다 ❷손이나 어깨, 엉덩이 같은 몸 어디가 조금 쳐들렸다 놓였다 하다 **들먹대다**

들먹들먹 어찌씨 ❶몬이 통째로나 한쪽이 들렸다 내려앉았다 하는 꼴 ⓑ둘이서는 꼼짝도 않던 돌이 넷이 달려드니 들먹들먹 움직였다 ❷손이나 어깨, 엉덩이 같은 몸 어디가 조금 쳐들렸다 놓였다 하는 꼴 ⓑ다솜은 우는지 어깨가 들먹들먹 들썩거렸다 ❸발을 조금 쳐들며 걸어가는 꼴 ⓑ마을지기는 사람들 앞에서 한바탕 떠들고는 들먹들먹 골목으로 사라졌다 ❹들떠 가슴이 울렁이는 꼴 ⓑ어머니를 보자 가슴이 들먹들먹 울음이 터질 것 같았다 ❺말을 할 듯 입술을 자꾸 열었다 닫았다 하다 ⓑ입만 들먹들먹 뀔뿐 아무 말도 하지 않았다 **들먹들먹하다**

들멍거리다 움직씨 ❶몬이 통째로나 한쪽이 들렸다 내려앉았다 하다 ❷손이나 어깨, 엉덩이 같은 몸 어디가 조금 쳐들렸다 놓였다 하다 **들멍대다**

들멍들멍 어찌씨 ❶몬이 통째로나 한쪽이 들렸다 내려앉았다 하는 꼴 ⓑ바람이 어찌나 센지 물통이 들멍들멍 흔들렸다 ❷손이나 어깨, 엉덩이 같은 몸 어디가 조금 쳐들렸다 놓였다 하는 꼴 ⓑ해맑음님은 방바닥이 어찌나 뜨거운지 궁둥이를 자꾸 들멍들멍 치켜들었다 **들멍들멍하다**

들메 이름씨 들 가까이 나지막한 메 ⇐ 야산

들메끈 이름씨 신이 벗어지지 않도록 신을 발에 동여매는 끈 ⓑ신이 좀 헐렁하여 들메끈으로 동여매고 메를 올랐다

들목 이름씨 들어가는 맨 첫머리 ⇐ 입구

들몰 이름씨 들이 끝나는 곳 ⓑ설미는 들몰 쪽으로 멀어져가는 아우한테서 눈을 뗄 수가 없었다

들문 이름씨 ❶들어가는 문 ⇐ 입구 ❷밥줄과 양이 이어지는 곳 ⇐ 분문

들바라지 이름씨 바깥쪽으로 밀어 올려 열게 된 문 ⓑ들바라지를 밀어 올려 여니 시원한 바람이 한가득 들어왔다

들바람 이름씨 ❶들에서 부는 바람 ⓑ거친 들바람이 불어와 바라지문을 닫았다 ❷바다에서 뭍으로 들이 부는 바람 ⓑ시원한 들바람에 설레는 마음

들밥 이름씨 들에서 먹는 밥 ⓑ들밥은 왜 언제나 맛있을까

들배지기 이름씨 씨름할 때 맞선이 배를 껴안고 배높이에 들어올렸다가 제 몸을 슬쩍 돌리면서 넘어뜨리는 재주 ⓑ한돌은 가장 잘하는 들배지기로 세 판을 내리 이겼다

들보 이름씨 칸과 칸 사이 두 기둥을 건너지르는 나무. 도리와는 'ㄴ'꼴, 마룻대와는 '+'꼴을 이룬다 ⓑ들보와 도리가 짜임새 있게 서로 잡아주어야 집이 튼튼하다

들볶다 움직씨 ❶다른 사람에게 잔소리하거나 떼를 써서 자꾸 못살게 굴다 ⓑ사람을 그리 들볶으니 될 일도 안 되겠다 ❷뒤떠들며 어수선하게 부산을 피우다 ⓑ지난밤 그처럼 들볶던 하늘은 어느새 말끔히 가셨다

들볶이다 움직씨 '들볶다' 입음꼴 ⓑ아내에게 들볶이지 않으려면 하자는 대로 해야지 어떡하겠어?

들부시다 움직씨 함부로 막 부시다 ⓑ성난 너울이 무엇이든 집어 삼킬 듯 바닷가를 들부신다

들불 이름씨 들에 난 불 ⓑ마음을 깨끗이 닦을 수 있다는 새뜸이 들불처럼 온누리에 번진다

들사리 이름씨 고기떼들이 알을 슬려고 뭍 쪽으로 가까이 들어오는 것 또는 그때 ⓑ그 마을 사람들은 조기를 들사리에 잡지 않고 날사리에 잡는대 맞선말 날사리

들삯 이름씨 어떤 곳에 들어갈 때 내는 삯 ⇐ 입장료

들살이 이름씨 들에 베집을 짓고 무엇을 배우거나 쉬는 삶 ⇐ 캠핑

들삶 이름씨 메나 들에서 저절로 나서 자라는 일이나 그런 산것 ⇐ 야생

들소 이름씨 들이나 수풀 속에 절로 사는 소. 우리나라 소보다 크고 어깨 쪽이 불룩 솟아 있다

들숨 이름씨 들이쉬는 숨 ⓑ들숨과 날숨을 쉬어지는 대로 알아차린다 맞선말 날숨 익은말 **들숨 날숨 없다** 꼼짝달싹할 수 없다

들싸다 움직씨 드세게 귀찮게 굴다 ⓑ달라면 주고 해달라면 해주는 어머니를 들싸다니, 이 못난 놈아!

들싸움 이름씨 밖에서 벌이는 싸움 ⇐ 야전

들싸움나숨집 이름씨 싸움터에서 다친 사람을 돌보려고 싸움터 가까이에 세운 나숨집 ⇐ 야전병원

들썩 어찌씨 ❶몸이나 몸 한쪽을 쳐들었다 놓았다 하는 꼴 ⓑ울음을 참느라 어깨만 들썩했다 ❷몸을 좀 흔들며 걷는 꼴 ⓑ해님은 들썩이며 옆길로 가버렸다 ❸마음이 들떠서 움직이는 꼴 ⓑ나를 좋아하나 싶어 마음이 들썩 흔들렸다 ❹왁자지껄하게 떠드는 꼴 ⓑ마을길을 넓혀준다는 말에 마을이 들썩했다 **들썩하다 들썩이다**

들썩거리다 움직씨 ❶몸이나 몸 한쪽을 자꾸 쳐들었다 놓았다 하다 작은말 달싹거리다 센말 뜰썩거리다 ❷몸을 좀 흔들며 자꾸 걷다 **들썩대다**

들썩들썩 어찌씨 ❶몸이나 몸 한쪽을 자꾸 쳐들었다 놓았다 하는 꼴 ⓑ웃음을 가까스로 참느라 어깨만 들썩들썩했다 ❷몸을 좀 흔들며 자꾸 걷는 꼴 ⓑ달님은 못 들은 척하며 들썩들썩 옆길로 가버렸다 ❸마음이 들떠서 자꾸 움직이는 꼴 ⓑ나를 좋아하는게 아닌가 하는 생각에 마음이 들썩들썩 흔들렸다 ❹왁자지껄하게 자꾸 떠드는 꼴 ⓑ뜬말이 돌아 마을이 들썩들썩했다 **들썩들**

썩하다

들쑤시다 [움직씨] [1]구멍이나 짬새 같은 것을 들입다 쑤시다 ㉥좁은 구멍을 들쑤셔서 넓혔다 [2]마구 손을 대 어수선하게 만들다 ㉥집 보라 했더니 세간살이를 온통 들쑤셔 놓았네 [3]찌르는 듯이 몹시 아프다 ㉥밤에 춥게 잤는지 무릎이 들쑤신다 [4]귀찮게 들볶아서 보채다 ㉥나는 엄마를 들쑤셔서 끝내 새 옷을 샀다 [5]얼이나 마음을 못 견디게 쑤셔대다 ㉥가만히 있는 사람 괜히 들쑤시지 마라 [6]몹시 들뜨다 ㉥속이 들쑤셔서 가만 있지 못하고 온 동네를 휘젓고 다녔어

들쑥날쑥 [어찌씨] 들어가기도 하고 비죽 나오기도 하여 고르지 못한 꼴 ㉥푸른 숲 사이로 들쑥날쑥 흰 바위가 솟은 밝메 **들쑥날쑥하다**

들쑹날쑹 [어찌씨] 좀 들어가기도 하고 좀 삐주름히 나오기도 하여 가지런하지 못한 꼴 ㉥멧등성이에 올라서자 봉우리들이 들쑹날쑹 끝없이 이어졌다

들쓰다 [움직씨] [1]위에서부터 아래까지 푹 덮어쓰다 ㉥추워서 이불을 들쓰고 잤다 [2]잘못이나 짐을 억지로 떠맡다 ㉥빚멍에를 들쓰고 일에서 물러났다 [3]가루나 물 따위를 온몸에 함빡 뒤집어쓰다 ㉥밀가루 방아를 빻고 온 어머니가 온몸에 하얗게 밀가루를 들썼다. 흰 눈을 수북하게 들쓰고 고요히 서 있는 앞메 [4]쓰개를 머리에 되는대로 얹거나 푹 눌러쓰다 ㉥쓰개를 푹 들쓰고 입마개를 한 채 짬새를 따돌리며 잽싸게 골목으로 들어가 감쪽같이 사라졌다

들씌우다 [움직씨] '들쓰다' 하임꼴. 들쓰게 하다 ㉥남에게 잘못을 들씌워서야 쓰겠나! 아이에게 누비이불을 들씌워 안고 나왔다

들어가다 [움직씨] [1]밖에서 속이나 안으로 가다 ㉥오리가 물속으로 들어갔다 [2]새로 주거나 날라지다 ㉥이름난 밥집에 가지와 호박이 수레째 들어간다 [3]안쪽으로 우므러져 우묵하게 되다 ㉥모퉁이를 돌아 안으로 우묵히 들어온 곳에 집을 지었다 [4]번힘이나 널냄 얼개가 갖춰지다 ㉥우리 마을에도 번힘이 들어가고 몇 해 있다가 멀봄까지 들어갔다 [5]어떤 재주가 받아들여지다 ㉥새 재주가 한 디위 들어가면 낡은 재주는 물러난다 [6]생각이나 삶꽃이 밖에서 끼침을 미치다 ㉥돈바람이 사람살이에 들어가면 모든 것을 집어삼킨다 [7]바깥 힘이 테두리 안으로 스며들다 ㉥첫 배곳 문을 닫는다는 말을 듣자 우리마을 사람들은 배움맡으로 몰려 들어갔다 [8]짜임이나 모둠, 배곳 들에 다니다 ㉥배곳에 들어갈 나이가 됐어 [9]어떤 방이나 집을 잡고 머물거나 살다 ㉥우리는 시골 빈집을 대충 고치고 들어가 살았다 [10]테두리 안에 품어지다 ㉥여기서 찍으면 푸른누리가 다 들어갑니다 [11]돈이나 밑감, 수고들이 쓰이다 ㉥새마루를 까는데 줄잡아 서온골 원이 더 들었어 [12]말이나 글을 알게 되어 머리에 남다 ㉥스승 말씀은 누구한테나 머리에 쏙쏙 들어갔다 [13]어떤 새뜸이나 속내가 알려지다 ㉥아마도 이 말이 어머니 귀에까지 들어갔겠지 [14]알음이나 참을 깊이 알아나가다 ㉥들어갈수록 더 쉬워지는 깨달은 이 말씀 [15]겉으로 두드러지던 것이 풀이 죽어 여려지거나 사라지다 ㉥위에서 떵떵거리던 놈들이 백성이 들고 일어나니까 쏙 들어갔다 [16]새롭게 비롯되다 ㉥서울살이를 버리고 새롭게 시골살이로 들어갔다 [17]어떤 생각이 생기다 ㉥우리말로 생각하고 꿈꾸고 말해야겠다는 생각이 들어갔다 [18]('아' '어' '여' 꼴 다음에 써) 움직씨가 나타내는 짓이 비롯되거나 이어지다 ㉥누에가 뽕을 먹어 들어가다. 마루에 물이 스며 들어가네

들어내다 [움직씨] [1]들어서 밖으로 내놓다 ㉥방에서 몇몇 세간붙이를 들어냈더니 훤해졌다 [2]사람을 있는 자리에서 쫓아내다 ㉥마을 사람들이 새로 들어온 놈이 궂은 짓만 하고 다닌다고 마을에서 들어냈다 [3]있던 것을 말끔히 없애 치우다 ㉥옷장에 쌓

였던 안 입는 옷을 말끔히 들어내어 아름다운가게로 보냈다 [4]박여 있거나 숨어있던 이들을 붙잡아내다 ㉥방안에 함께 사는 거미나 그리마, 개미 따위를 들어낼 생각 말고 다른 생각은 없을까?

들어맞다 [움직씨] [1]틀림없이 맞다 ㉥만나보니 네 말이 들어맞았네 ⇐ 적중하다. 해당하다 [2]빈틈없이 꽉 차게 끼이다 ㉥신이 발에 딱 들어맞아 ⇐ 일치하다

들어맞히다 [움직씨] '들어맞다' 하임꼴. 틀림없이 맞히다 ㉥점바치가 지난 일들을 족집게처럼 들어맞히네

들어먹다 [움직씨] [1]돈이나 밑돈 따위를 헛되이 써서 다 없애 치우다 ㉥노름하느라 있는 것 없는 것 다 들어먹었다 [2]남 것을 주지 않고 제 것으로 만들다 ㉥다른 사람 땅까지 속여서 들어먹었다

들어박히다 [움직씨] [1]나돌아 다니지 않고 한군데만 붙어있다 ㉥메 속에 들어박혀 마음을 닦는다 [2]몬 속을 깊이 뚫고 들어가 빠지지 않다 ㉥바람에 들어박힌 쏘개알. 앞쪽으로 가시나무들이 꽉 들어박혀 더는 헤치고 나갈 수가 없다 [3]밖으로 드러나지 않게 깊이 들어가다 ㉥들어박힌 밤가시는 바로 빼라 [4]깊이 숨다 ㉥부엌에 들어온 쥐를 쫓았는데 어디에 들어박혔는지 꼼짝 않는다 [5]집에 지내다 ㉥옛날에는 꽃님들이 집에 들어박혀 집안일만 했지만 요즘은 다 밖에 나와 일한다

들어붓다 [움직씨] [1]그릇에 담긴 물 따위를 들어 다른 데에 붓다 ㉥물을 길어다 물독에 들어부었다 [2]비가 퍼붓듯이 쏟아지다 ㉥갑자기 소나기가 들어붓는다

들어서다 [움직씨] [1]안쪽으로 옮겨 서거나 옮겨 가다 ㉥오랜만에 텃마을 사립문을 들어섰다 [2]무엇이 비롯되다 ㉥이렇게 더운 걸 보니 무더위 철에 들어서나 보다. 우리나라도 이제 잘사는 나라 줄에 들어섰다고들 한다 비슷한말 접어들다 [3]어디에 터를 잡고 서다 ㉥이 골짜기에도 새집이 많이 들어섰다 [4]사람이나 짐승 배 속에 아이나 새끼가 생기다 ㉥아무래도 아기가 들어선 것 같다 [5]어떤 일에 접어들다 ㉥궂은일에 들어서야 빛이 난다

들어앉다 [움직씨] [1]안으로 들어가 앉다 ㉥방안으로 들어앉아라 [2]안쪽으로 다가서 앉다 ㉥아랫목으로 더 들어앉으세요 [3]어디에 터를 잡다 ㉥이 골목에 들어앉은 가게가 스무 곳도 넘는다 [4]자리를 제 몫으로 하여 앉다 ㉥일꾼이 임자로 들어앉을 누리를 꿈꾼다 [5]바깥일을 그만두고 들어박혀 지내다 ㉥이제 나도 들어앉아 지낼 나이가 되었구나. 집에만 들어앉았던 아내가 바깥일을 하러 나갔다 [6]깊숙한 곳에 자리하다 ㉥우리집은 큰길에서 들어앉은 곳에 자리잡았어요 [7]가슴이나 마음속에 깃들거나 자리잡다 ㉥고르님 마음속에는 스승님 가르침이 굳건히 들어앉아 있다

들어앉히다 [움직씨] ('들어앉다' 하임꼴) 들어앉게 하다 ㉥아이를 안쪽으로 들어앉혔다

들어오다 [움직씨] [1]안으로 오다 ㉥방안으로 들어오너라 [2]새로 보내주거나 나르다 ㉥오늘은 집 지을 밑감이 들어올 날이다 [3]안쪽으로 우므러져 우묵하게 되다 ㉥모퉁이를 돌아 안으로 우묵 들어온 곳에 집을 지었다 [4]번힘이나 널냄 얼개가 갖춰지다 ㉥촛불을 밝히다가 번힘이 들어오니 이렇게 밝을 수가 없구나 [5]어떤 재주가 들어와 일하게 되다 ㉥새 재주가 들어오면 헌 재주는 물러나기 마련이다 [6]생각이나 삶꽃 끼침이 밖에서 미치어 오다 ㉥새로운 삶꽃이 들어오니 삶 하나하나가 새롭다 [7]바깥 힘이 어떤 테두리 안으로 번어 들다 ㉥샛바다를 넘어 들어온 왜놈 도둑떼가 바닷가마을을 휩쓸고 지나갔다 [8]짜임이나 모둠, 배곳 들을 이루는 사람이 되다 ㉥미리는 새로 한배곳에 들어온 배움이다 [9]어떤 방이나 집을 잡으려고 찾아들다 ㉥잠잘 곳에 들어와 보니 이곳에선 잠이 올 것 같지 않다 [10]어떤 테두리 안에 딸리다 ㉥이달에

들어와 벌써 서리가 세 디위째 내렸다 ⑪어떤 새뜸이나 속내가 알려지다 [ㅂ]오늘 아침 들어온 새뜸에 따르면 이달 안에 얼음이 얼 수도 있단다 ⑫벌이가 있거나 돈이 생기다 [ㅂ]다달이 온골 원이 들어온다 ⑬둘 사이나 짬에 끼이다 [ㅂ]우리 둘 사이에 왜 순돌이가 비집고 들어와? ⑭말이나 글 속내를 알게 되다 [ㅂ]책을 펼쳐 보았으나 도무지 눈에 들어오지 않았다 [슬기말] **들어오는 보람도 차던진다** 제 잘못으로 제게 차려지는 보람을 잃어버린다 **들어온 놈이 동네 팔아 먹는다** 나중에 끼어든 사람이 처음부터 있던 사람들을 그르친다

들어주다 [움직씨] 다른 사람이 바라는 대로 하게 하다 [ㅂ]내가 바라는 것을 아버지가 들어줄 수 있을까? ⇐ 허가하다. 허락하다

들여가다 [움직씨] ①밖에서 안으로 가져가다 [ㅂ]아버지 방에 밥놓개를 차려 들여갔다 ②사서 집으로 날라가다 [ㅂ]살림이 넉넉한지 앞집에선 새 빨래틀을 들여갔다

들여다보다 [움직씨] ①밖에서 안쪽을 보다 [ㅂ]방안을 들여다보니 값진 세간이 그득하였다 ②속셈을 꼼꼼히 살피다 [ㅂ]내 속을 빤히 들여다보는 것 같았다 ③가까이에서 찬찬히 눈여겨보다 [ㅂ]고개를 숙여 내 손바닥을 들여다본다. 저울 눈금을 꼼꼼히 들여다보렴 ④어디 짬을 내어 들르다 [ㅂ]네 집에 이따가 들여다보마 ⑤되비치는 것을 거쳐 무엇을 비춰보다 [ㅂ]멧그림자가 거꾸로 비친 물속을 들여다보며 옛 생각에 잠겼다 ⑥가늠하여 눈여겨보다 [ㅂ]일꾼들 마음을 잘 들여다보고 거기에 맞게 들어주는 것이 좋겠어요

들여다보이다 [움직씨] ('들여다보다' 입음꼴) 밖에서 속이 잘 보이다 [ㅂ]어깻죽지 속살이 다 들여다보이는 옷. 뻔히 들여다보이는 거짓말을 하다니

들여대다 [움직씨] ①안쪽으로 다가 대다 [ㅂ]수레를 안으로 들여대요 ②돈이나 몬을 대어주다 [ㅂ]밑감을 제 때에 들여대야 쉬지 않고 짓곳이 돌아간다

들여쓰기 [이름씨] 글을 쓸 때 새 대목을 왼쪽 한 칸을 띄우고 쓰기 [ㅂ]들여쓰기 버릇을 처음부터 배워 익히는 게 좋다

들여오다 [움직씨] ①밖에서 안으로 가져오다 [ㅂ]얘들아 밥놓개를 안으로 들여오너라 ②무엇을 가져오거나 사 오다 [ㅂ]짓곳 지을 돈과 장사 밑돈을 나라 바깥에서 들여왔다 ⇐ 구입하다. 도입하다

들열쇠 [이름씨] 셈틀 글널에서 줄을 바꾸거나 성금을 치어 넣는 열쇠 ⇐ 엔터키

들온떼 [이름씨] 어떤 곳에 들어온 무리 ⇐ 입장단

들온말 [이름씨] 다른 나라 말에서 들어와 그 나라 말로 된 낱말 [ㅂ]버스나 피아노, 카드 따위가 들온말이다 [맞선말]텃말 ⇐ 외래어

들온삶꽃 [이름씨] 다른 나라에서 들어온 삶꽃 ⇐ 왜래문화

들온씨 [이름씨] 다른 나라에서 들어온 푸나무나 숨받이 ⇐ 왜래종

들온이 [이름씨] 어떤 곳에 들어온 사람 ⇐ 입장객

들은귀 [이름씨] ①듣고 알게 된 것. 들어 겪은 것 [ㅂ]괜한 말이 아니고 들은귀가 있어서 하는 말이다 ②저한테 보탬이 되는 말을 귀담아 들어 놓치지 않는 재주 [ㅂ]들은귀가 밝아 살림살이 솜씨가 뛰어나다

들을이 [이름씨] 말을 듣는 사람 [ㅂ]열 사람이 온마디 말을 하여도 끝내는 들을이 나름이다 [맞선말]말할이 ⇐ 청취자. 청자

들이 [이름씨] ①그릇 안 빈 곳 크기 [ㅂ]바가지도 들이가 모두 제멋대로다 ⇐ 용량. 용적 ②(수나 부피를 나타내는 말과 함께 써서) 그 하나치가 가리키는 만큼 담을 수 있는 그릇 [ㅂ]한 말 들이. 두 되 들이

들이- [앞가지] ①들입다, 몹시, 함부로, 마구 [ㅂ]들이붓다. 들이 부시다. 들이덤비다 들이쑤시다 ②갑자기 [ㅂ]들이닥치다

들이- [앞가지] 안쪽으로 [ㅂ]들이끼우다. 들이마시다. 들이쉬다. 들이밀다

들이긋다 [움직씨] ①금을 안쪽으로 긋다 [ㅂ]아이가 숯붓으로 금을 들이긋는다 ②금을 이

어서 긋다 ⓑ나람은 갑자기 빛깔붓을 들더니 종이에 파란 금을 들이긋는다 ❸앓이가 몸 밖으로 나가지 않고 안으로 몰리다 ⓑ할머니는 앓이가 들이그었던지 내내 일어나지 못하신다 ❹숨이나 내 따위를 들이켜다 ⓑ아저씨는 코를 들이그었다가는 시커먼 가래침을 문밖으로 퉤하고 뱉는다

들이다[1] 움직씨 ('들다' 하임꼴) 들게 하다 ⓑ품을 많이 들여 만든 옷. 군것질에 맛을 들이다. 윷놀이에 재미를 들이다. 손님을 방에 들이다. 물감을 들이다. 뜸을 들이다. 땀 좀 들이고 하자

들이다[2] 움직씨 불이나 내가 아궁이 안쪽으로 잘 들어가다 ⓑ아궁이에 불이 잘 들인다

들이닥치다 움직씨 ❶갑자기 닥치거나 마구 밀려들다 ⓑ밤늦게 들이닥친 손님 치르느라 잠을 설쳤다 ❷갑자기 때가 이르다 ⓑ머지않아 겨울이 들이닥칠 텐데 잘 데가 마땅찮아 큰일이다

들이대다 움직씨 ❶바싹 가까이 가져다 대다 ⓑ주먹을 코앞에 들이대고 칠 듯이 굴었다. 내 앞에 수레를 들이대고 길을 막아버렸다 ❷돈 따위를 치다꺼리로 대어주다 ⓑ잘 살피지 않고 밑돈을 들이댔다가 다 날렸다 ❸물을 끌어다 대다 ⓑ논에 물을 들이댔다 ❹뻣뻣하게 내세우거나 마구 대들다 ⓑ아무도 나서지 않는 바람에 내가 들이대지 않을 수 없었다 ❺맞닥쳐 힘있게 해재끼다 ⓑ제 밭 옆길에 수레를 세워두고 비켜주지 않아 할 수 없이 들이대고 수레를 빼게 했다

들이마시다 움직씨 ❶물 따위를 목구멍으로 마구 넘기다 ⓑ목이 말라 물을 벌컥벌컥 들이마셨다 ❷숨을 입이나 코로 빨아들이다 ⓑ숨을 크게 들이마시며 들뜬 마음을 가라앉혔다 ⇐ 흡입하다

들이밀다[1] 움직씨 ❶안쪽으로 밀다 ⓑ옷넣개를 바람 쪽으로 들이밀었다 ❷밖에서 안으로 들여보내다 ⓑ지개 밑으로 종이를 들이밀었다 ❸어떤 일에 접어들다 ⓑ한자말을 한마디씩 버리며 말하더니 어느새 우리말로만 글을 써서 배달겨레소리에 들이밀었다 ❹어떤 일을 꺼내다 ⓑ참삶을 살자는 이야기가 깊어지자 또순이는 우리 삶을 뿌리에서 바꿀 일들을 들이밀었다 ❺어디에 돈이나 몬, 힘을 밀어넣다 ⓑ노름에 빠지자 샛돌은 꾼돈까지 들이밀었다 ❻바싹 갖다 대다 ⓑ지개를 빼꼼 열고 고개를 들이밀었다

들이밀다[2] 움직씨 함부로 마구 밀다 ⓑ나를 담벼락으로 들이밀며 때릴 듯이 주먹을 불끈 쥐었다

들이받다 움직씨 머리를 들이대어 받다 ⓑ송아지가 흙구덩이에 머리를 들이받으며 논다

들이손가락 이름씨 엄지손가락과 집게손가락을 통틀어 이르는 말 ⓑ짜지도 않은지 들이손가락으로 찔게를 집어먹는다

들이쉬기 이름씨 헤엄에서, 머리통이 다 물 밖으로 나오지 않게 머리를 옆으로 돌려 입만 나오게 해서 숨을 들이마시기 ⓑ들이쉬기와 팔놀림, 발놀림이 어우러져야 빠르게 헤엄친다

들이쉬다 움직씨 숨을 들이켜 쉬다 ⓑ숨을 들이쉴 때 알아차리고 내쉴 때 알아차려요

들이치다[1] 움직씨 ❶비나 눈 따위가 안으로 세차게 뿌리다 ⓑ빗물이 마루까지 들이쳤다 준말 들치다 ❷햇빛 따위가 안으로 비치다 ⓑ따뜻한 햇살이 방안에까지 들이쳤다

들이치다[2] 움직씨 ❶마구 세게 치다 ⓑ우리 쪽이 공을 몰아 들이치며 맞은쪽으로 물밀듯이 밀려갔다 ❷들이닥치면서 세차게 때리거나 치다 ⓑ깨살핌이들이 방으로 들이치자 노름꾼들이 달아나기 바빴다 ⇐ 습격하다

들이켜다 움직씨 물 따위를 마구 마시다 ⓑ목이 말라 찬물을 한 바가지 들이켰다 ⇐ 흡입하다

들일 이름씨 들에서 하는 일 ⓑ들일을 하느라 집일을 미뤘더니 집안이 어수선하다

들입다 어찌씨 세차게. 잇달아 세차게 ⓑ목이 타서 물을 들입다 입에 부어 넣었다

들장미 ⇒ 들찔레

들쥐 이름씨 집쥐에 견주어 들에 사는 쥐 ⓑ들쥐를 잡으려고 곳곳에 덫을 놓았다

들짐 이름씨 나들이하는 사람이 들고 가는 짐 한뜻말손짐 ⇐ 수하물

들짐승 이름씨 들에 사는 짐승 ⓑ나는 집짐승보다 들짐승이 좋아 ⇐ 야생동물. 야수

들쭉날쭉 어찌씨 ❶들쑥날쑥 ⓑ바위가 들쭉날쭉 솟아있다 ❷일 할 때가 이르기도 하고 늦기도 하여 고르지 않는 꼴 ⓑ이곳 삶은 일어나는 때, 밥 먹는 때, 일하는 때, 마음닦는 때, 자는 때가 들쭉날쭉 바뀌지 않고 한결같다

들쭉날쭉하다 그림씨 조금 들어가기도 하고 나오기도 하여 가지런하지 않다 ⓑ바닷가 땅이 들쭉날쭉하여 조만치 보여도 걸어가면 멀다

들창코 이름씨 코끝이 들려 콧구멍이 들여다 보이는 코, 또는 그런 사람 ⓑ들창코인들 어떠리, 타고 난 대로 살아야지

들추다 움직씨 ❶겉에 가린 것을 헤치거나 들어 올리다 ⓑ드리워진 천을 들추었더니 값진 것이 그득 쌓여있더라 ❷무엇을 찾으려고 안을 뒤지다 ⓑ책을 들춰가며 끓인 찌개인데 생각만큼 맛은 없네 ❸겉에 덮인 몬 한쪽 머리를 쳐들어 올리다 ⓑ앞섶을 들추다 ❹책이나 글 쓴 종이 같은 것을 한끝을 쳐들어 번져 넘기다 ⓑ책을 들추다 ❺감추거나 가리워 나타나지 않는 일을 찾아 드러나게 하다 ⓑ젊은 날 그 잊을 수 없는 보름밤을 들추어 보았다 ❻지난 일을 돌이켜보다 ⓑ옛날얘기를 들추면서 제 자랑을 늘어놓았다 ❼마음을 움직이게 지난 일을 드러내며 자꾸 들쑤시거나 부추기다 ⓑ옛적에 어머니를 들추어 아버지와 처음 만난 이야기를 들었다

들치기 이름씨 임자 눈을 속여 잽싸게 몬 따위를 훔쳐 들어 내가는 짓이나 그런 사람 ⓑ소매치기가 내 지갑을 들치기했다

들크무레하다 그림씨 조금 달콤하다 ⓑ푸른 풀밭과 어우러져 핀 들크무레한 꽃내음이 바람결에 묻어왔다

들큰하다 그림씨 감칠맛 없이 좀 달다 ⓑ벌써 조팝꽃이 하얗게 피었고 들큰한 꽃내음이 바람에 실려온다

들큼하다 그림씨 산뜻한 맛 없이 좀 달다 ⓑ새로 캔 칡뿌리를 씹으니 들큼한 맛과 냄새가 물씬 난다

들키다 움직씨 숨기고 몰래 하는 일이 그만 남 눈에 뜨이다 ⓑ아이들이 수박 서리하다 임자한테 들켜 혼이 났다

들턱 이름씨 새집에 옮겨온 뒤 한턱 내는 일 ⓑ새집을 마련하고 벗들을 불러 들턱을 내는 날이라 바쁘다

들통[1] 이름씨 들고 다니게 손잡이가 달린 통 ⓑ들통으로 물을 길어왔다

들통[2] 이름씨 감추거나 잘못한 일이 드러난 판 ⓑ말하면 될 것을 저렇게 쉬쉬하며 감출 때는 까밝혀 들통을 내는 수밖에 없다 ⇐ 탄로

들통나다 움직씨 숨기거나 감춘 것이 밝혀져 알려지다 ⓑ거짓말이 들통났는데도 뻔뻔하기 짝이 없네 ⇐ 발각되다. 탄로나다

들틀 이름씨 무거운 몬을 들어올려 아래위나 옆으로 옮기는 틀 한뜻말낚시들틀 ⇐ 기중기. 크레인

들판[1] 이름씨 들을 이룬 벌판 ⓑ가을걷이가 막 끝난 들판에서 벼이삭을 주웠다

들판[2] 이름씨 다 들어먹고 끝장나는 판 ⓑ그 많던 밑천도 다 들판이 났다 밑말들머리판

들표 이름씨 어떤 곳에 들어갈 때 내는 표 ⇐ 입장권

들풀 이름씨 들에 절로 나는 풀 ⓑ들풀처럼 살다 들풀처럼 땅으로 돌아가는 삶 ⇐ 야생초

들핏줄 이름씨 염으로 들어가는 핏줄 맞선말날핏줄 ⇐ 정맥

들힘 이름씨 무엇을 들 수 있는 힘

듬뿍 어찌씨 ❶차고 넘칠 만큼 가득한 꼴 ⓑ밥그릇에 밥을 듬뿍 담아 일꾼들에게 내놓

았다 ❷생각이나 느낌이 큰 꼴 ㉥우리말집 엮는 일을 하게 되어 가슴 듬뿍 기쁨을 느낀다

듬뿍듬뿍 [어찌씨] 여럿이 다 차고 넘칠 만큼 가득한 꼴 ㉥밤이 한창 벌어 자루마다 듬뿍듬뿍 주워 오던 때도 이제 지났다

듬뿍듬뿍하다 [그림씨] 여럿이 다 차고 넘칠 만큼 가득하다

듬뿍하다 [그림씨] ❶차고 넘칠 만큼 가득하다 ❷생각이나 느낌이 크다

듬성듬성 [어찌씨] 배지 않고 성기거나 드문드문한 꼴 ㉥마당에 풀이 듬성듬성 나 있다 작은말 담상담상

듬성듬성하다 [그림씨] 배지 않고 성기거나 드문드문하다

듬쑥하다 [그림씨] ❶부피나 수가 매우 넉넉하다 ㉥그런 큰 장사는 듬쑥한 밑천 없이는 어림도 없어 ❷옷이나 그릇이 큰 듯하며 맞다 ㉥언니가 입던 옷인데 나한테 듬쑥하게 맞다 ❸사람됨이 가볍지 않고 속이 깊다 ㉥됨됨이가 듬쑥한 사위가 마음에 드는지 엄마는 버시한테 푹 빠졌다

듬직하다 [그림씨] ❶몸뚱이가 크고 하는 짓이 차분하며 무게가 있어 미덥다 ㉥젊은이가 듬직하고 믿음이 간다 한뜻말 든직하다 ❷무엇이 크고 묵직하여 굳건하다 ㉥뒷메에 솟은 듬직한 바위가 마을을 내려다 보는 듯하다 ❸나이가 지긋하게 많다 ㉥나이가 듬직한 사람이 어디론가 뛰어간다 ❹힘을 쓰는 꼴이 옹골차고 든든하다 ㉥웃통을 벗고 나무를 찍는 모습이 듬직하다

듯 [이름씨] ❶(풀이씨 매김꼴 '은, 는, 을' 아래에 써) 비슷하거나 같은 만큼 ㉥부러운 듯 바라본다 ❷아마도 그럴 것이다 ㉥어디서 본 듯한 얼굴이다. 비가 올 듯하다 ❸그러는 척, 그러는 체 ㉥잘 난 듯 거들먹거린다 ❹('한 듯 만 듯, 하는 듯 마는 듯, 할 듯 말 듯'으로 써) 그런 것 같기도 하고 아닌 것 같기도 하다 ㉥말을 할 듯 말 듯 하다가 입을 다물었다 ❺('할 듯 할 듯'으로 써) 어떤 일이 일어날 것처럼 보임 ㉥눈물이 날 듯 날 듯하면서도 나지는 않았다

-듯 [뒷가지] (줄기에 붙어) 비슷하거나 같은 만큼 ㉥동이로 퍼붓듯 쏟아지는 비. 너도 알듯 난 그런 사람이 아니다

듯이 [이름씨] ❶'듯' 힘줌말. (풀이씨 매김꼴 '은, 는, 을' 아래에 써) 아주 비슷하거나 같은 만큼 ㉥천둥소리가 하늘을 무너뜨릴 듯이 울렸다 준말 듯 ❷아마도 거의 그럴 것이다 ㉥이제 떠나는 게 좋을 듯이 여겨진다 ❸참말로 그러는 척, 그러는 체 ㉥잘 아는 듯이 이야기하던데요

-듯이 [뒷가지] '-듯' 힘줌말. (줄기에 붙어) 아주 비슷하거나 같은 만큼 ㉥불을 보듯이 빤한 일이다. 땀이 비 오듯이 쏟아진다 준말 -듯

등 [이름씨] ❶사람이나 짐승 몸통에서 가슴과 배 뒤쪽 ㉥사람은 다 등 따시고 배부른 삶을 꿈꾼다 ⇐ 배 ❷몬 따위 위쪽이나 뒤쪽 ㉥칼 등으로 마늘을 다졌다 ⇐ 배면 ❸멧등성이 준말 ㉥등이 긴 메. 우리 마을엔 마녘으로 절터메 오른 등이 길게 뻗어 내린다 ❹뒤를 밀어주는 힘 ㉥아버지를 등에 업고 저렇게 까분다 [익은말] **등 돌리다** 뜻을 같이 하던 사람들한테서 돌아서다 **등이 달다** 일이 갑자기 몰려 등이 화끈거리도록 덥다 **등 따시고 배 부르다** 먹고 입고 자는 것이 넉넉하다

등 (燈) ⇒ 밝히개. 밝개. 빛내개. 불

등 (等) ⇒ 들. 따위

등거리 [이름씨] ❶소매가 짧거나 없는 웃옷. 땀받이로 속에 입는 것과 치레나 추위막이로 겉에 입는 것이 있다 ㉥더운 여름철 일할 때 등거리만 입고 일하면 시원하다 ⇐ 조끼 ❷배자 ㉥추워서 안에 털이 달린 등거리를 껴입었다

등걸 [이름씨] ❶큰 줄기를 잘라내고 난 나무 밑동 ㉥참나무 등걸에 걸터앉았다 ❷밑뿌리나 바탕 ㉥한 등걸 밑에 태어나 오순도순 자랄 때와 달리 이제는 뿔뿔이 흩어져 사네 [슬기말] **등걸이 없는 휘추리가 있나** 아비어미

없는 아들딸이 없으니 어른을 잘 섬겨라

등걸음치다 움직씨 주검을 옮겨가다

등걸이 이름씨 앉개 등쪽에 씌우는 덮개

등걸잠 이름씨 ❶옷을 입은 채 깔개도 덮개도 없이 아무 데서나 자는 잠 ⓑ등걸잠이나마 눈 좀 붙였더니 한결 낫다 비슷한말 말뚝잠 ❷무릎을 쪼그리고 앉아서 이마를 두 무릎 사이에 쑥 박고 자는 잠 ⓑ밤긴수레를 기다리며 나루터에서 쪼그리고 앉아 등걸잠을 잤다

등겨 이름씨 ❶벼 겨 ⓑ여물에다 콩깍지, 등겨를 넣고 소죽을 끓였다 준말 겨 ❷겉겨와 쌀겨 ⓑ어릴 적 여물과 등겨를 넣고 소죽을 쑤는 일은 아이들 몫이었다 슬기말 **등겨 먹던 개는 들키고 쌀 먹던 개는 안 들킨다** 나쁜 일을 크게 저지른 사람은 들키지 않아 아무 일 없고, 작은 잘못을 저지른 사람은 들켜 넋살이 나는 일은 예나 이제나 똑같다

등고선 ⇒ 같은높이금. 한높이금

등골 이름씨 ❶등 한가운데로 길게 고랑진 곳 ⓑ등골에 흘러내리는 땀 ❷등뼈 속에 있는 흰 잿빛 자위얼날갈래. 길이는 한 자 가웃이고 둥근 기둥 꼴이며 위쪽은 머리뼈안 숨골로 이어지고 아래쪽 끝은 둘째 허리뼈쯤에서 끝난다 ⓑ언제까지 어미 등골을 뽑아 먹고 살래? ⇐ 척수 익은말 **등골 빠지다** 견디기 어려울 만큼 몹시 힘이 들다 **등골 우리다** 남 것을 꼬드기거나 윽박질러 빼앗다 **등골이 오싹하다** 매우 놀라거나 두려워 등줄기에 소름이 끼치다

등골 ⇒ 등뼈

등교 ⇒ 배곳감. 배곳에 가다

등굽잇길 이름씨 등처럼 굽은 길

등극 ⇒ 으뜸자리오름. 으뜸자리에 오르다. 임금자리에 오르다

등글개 이름씨 나무나 대, 뿔 따위로 끝을 갈퀴꼴로 구부리고 긴 자루가 달리게 만든 등 긁는 연장

등글개고마 이름씨 등 가려운 데를 긁어주는, 늙은이가 데리고 사는 젊은 고마

등글기 이름씨 다른 사람 그림이나 다른 곳에 쓰던 그림을 그대로 모뜨는 일

등긁이 이름씨 등글개

등급 ⇒ 서흐레

등기 ⇒ 올림. 적기. 올리다. 적어넣다

등기우편 ⇒ 적은새뜸나름

등꼬부리 이름씨 ❶등이 꼬부라진 늙은이 ⓑ어느덧 등꼬부리 늙은이가 다 되었다 한뜻말 등곱쟁이 ❷곱사등이 ⓑ어릴 때부터 그 아이는 등꼬부리였다

등날 이름씨 멧줄기에서 등마루에 날카롭게 선 줄 ⓑ뒷메 오를 때 등날을 따라 가면 쉽게 꼭대기에 이른다

등단 ⇒ 발들임. 오르다. 발 들이다. 나타나다

등대 ⇒ 불빛대. 불빛집

등대기톱 이름씨 톱몸이 아주 얇으며 이가 잘고 날어김도 작은 톱. 구부러지기 쉬워 등에 쇠를 댄다

등대지기 ⇒ 불빛지기

등댓불 ⇒ 배이끎불

등덜미 이름씨 뒷 등 위쪽

등돌리다 움직씨 사이를 끊고 따돌리거나 밀어내다

등등 (等等) ⇒ 따위. 들

등등하다 (騰騰) ⇒ 드높다. 시퍼렇다

등딱지 이름씨 게나 거북처럼 등을 이룬 단단한 껍데기

등락 ⇒ 오르내림. 오르내리다

등록 ⇒ 올림. 올려실음. 올리다. 싣다. 올려 싣다. 달다. 적다

등록금 ⇒ 배움돈

등록증 ⇒ 올림본메

등마루 이름씨 ❶등뼈가 있는 두두룩한 자리 ⓑ늙고 야윈 등마루가 도드라지게 느껴진다 ⇐ 척주 ❷멧등성이나 물결 따위 두두룩하게 높은 곳 ⓑ배가 물결 등마루에 얹혔을 때 잠깐 아찔했다 한뜻말 멧등성마루. 멧마루

등메 이름씨 가장자리를 헝겊으로 줄을 두르고 뒤에 부들자리를 대어서 꾸민 돗자리 한

뜻말 꽃돗자리. 꽃자리 ⇐ 화문석

등멱 (이름씨) 여름철에 윗도리를 벗은 채 손을 짚고 엎드려 등에 물을 끼얹으며 윗몸을 씻는 일 한뜻말 등물 ⇐ 등목

등모 (이름씨) 서로 크기가 같은 모 ⇐ 등각

등모세모꼴 (이름씨) 바른세모꼴 ⇐ 등각삼각형

등목 ⇒ 등물

등물 (이름씨) 여름철에 윗도리를 벗고 엎드려 등에 물을 끼얹어 씻는 일 ⓑ등물도 무더위를 날리는데 한 몫 한다 한뜻말 등멱 ⇐ 등목

등반 ⇒ 메 탐. 메 오름. 메 타다. 메 오르다. 기어오르다. 멧집짓다

등받이 (이름씨) **1** 앉개에 앉을 때 등이 닿는 데 ⓑ등받이가 있어야 앉을 때 마음이 놓인다 **2** 베나 무명으로 지어 등만 덮을 만하게 걸치는 웃옷 ⓑ날씨가 더워 등받이를 걸치고 나갔다 한뜻말 등거리

등배뭠 (이름씨) 다리를 벌리고 서서 등과 배 뭠을 하려고 허리를 앞뒤로 구부렸다 젖혔다 하는 몸짓 ⇐ 등배운동

등배운동 ⇒ 등배뭠

등변다각형 ⇒ 바른여러모꼴

등변사각형 ⇒ 마름모꼴

등변삼각형 ⇒ 바른세모꼴

등본 ⇒ 통째 베낌

등분 ⇒ 고루나눔

등불 ⇒ 밝힘불

등뼈 (이름씨) 등뼈숨받이 등마루를 이루는 낱낱 뼈. 등뼈는 머리뼈 아래에서 엉덩이까지 서른두 낱 남짓 뼈가 둥근기둥 꼴로 이어져 있는데, 위쪽부터 목뼈 일곱 낱, 가슴등뼈 열두 낱, 허리뼈 다섯 낱, 엉치뼈 다섯 낱, 꼬리뼈 서너너덧 낱 있다 ⇐ 척추

등뼈동물 ⇒ 등뼈숨받이

등뼈숨받이 (이름씨) 등뼈를 줏대 삼아 몸을 받쳐 사는 숨받이. 등뼈숨받이라도 햇빛을 못 보고 자라는 아이들은 등뼈가 물러져 일찍이 곱사등이가 될 수 있다 한뜻말 등뼈짐승 ⇐ 척추동물. 유척동물

등사 ⇒ 베낌. 베끼다. 박아내다

등산 ⇒ 메 오름. 메 오르다. 메 타다

등산복 ⇒ 메타기옷. 메오름옷

등선 ⇒ 하늘오름

등성이 (이름씨) **1** 사람이나 짐승 등마루가 되는 데 ⓑ엎드리게 해 놓고 등성이를 손바닥으로 골고루 꾹꾹 눌러주었다 **2** 메 등줄기 ⓑ뒷메는 등성이가 가팔라 오르면 숨이 찬다 한뜻말 멧등성이. 멧등

등수 ⇒ 서흐레수

등식 ⇒ 같기냄. 같기틀

등신 ⇒ 얼뜨기. 얼간이. 뜬것

등심 (이름씨) 소 등뼈에 붙은 기름기 많고 부드러운 살

등심선 ⇒ 같은깊이금. 한깊이금

등쌀 (이름씨) 몹시 억누르거나 못살게 구는 짓 ⓑ겨우 얻은 말미를 아이들과 마누라 등쌀에 시달렸다

등압선 ⇒ 같은누름금. 한누름금

등외 ⇒ 나지라기. 아랫길. 아래치. 퍼드레기

등용 ⇒ 뽑아씀. 뽑아 쓰다. 올려 쓰다

등용문 ⇒ 뜻이룸. 드날림. 높이됨

등원 (等圓) ⇒ 지름이 같은 동그라미

등원 (登院) ⇒ 나라모임가기

등유 ⇒ 불켤기름

등잔 ⇒ 호롱

등잔걸이 ⇒ 호롱걸이

등잔불 ⇒ 호롱불

등장 ⇒ 나옴. 나오다. 오르다

등장인물 ⇒ 나오는 사람

등정 ⇒ 멧부리오름. 꼭대기에 오르다

등줄기 (이름씨) **1** 등마루에 있어 두두룩하게 줄이 진 데 ⓑ등줄기에 식은땀이 흘렀다 **2** 등마루를 이루는 줄기 ⓑ어제는 밝메 등줄기를 탔다

등지느러미 (이름씨) 물고기 등에 있는 지느러미. 헤엄을 칠 때 쓰며 몸이 어느 한 쪽으로 기울어지지 않게 해준다

등지다 (움직씨) **1** 무엇을 등 뒤에 두다 ⓑ집이 메를 등지고 가람을 보고 앉았다 맞선말 안다 준말 지다 **2** 어디를 떠나거나 멀리하다 ⓑ큰

일이 터져 사람들이 텃마을을 등지고 다른 데로 흩어졌다 [한뜻말]버리다 **3** 남과 사이가 어그러지다 [보]아우와 한동안 등지고 살다 이제 가까이 지낸다 [한뜻말]돌아서다

등짐 [이름씨] 등에 진 짐 [보]등짐으로 돌을 날라 담을 쌓았다

등짐장수 [이름씨] 몬을 등에 지고 다니며 파는 사람 ⇐ 보부상. 행상

등치다 [움직씨] **1** 남 등을 때리다 [보]가시나들이 머시마들 등치고는 저만치 달아났다 **2** 옳지 않게 남 것을 빼앗다 [보]착한 사람을 등치는 무리들이 어디에나 있다 [한뜻말]등쳐먹다 [슬기말] **등치고 간 내먹다** 겉으로는 도와주는 척하면서 속으로는 못살게 군다 **등치고 배 문지르다** 등을 치고는 아픈 등은 놔두고 슬며시 엉뚱하게 배를 어루만져 달래는 체하다

등태 [이름씨] 짐을 져 나를 때 등이 배기지 않도록 짚으로 엮어 등에 걸치거나 지게 등 닿는 곳에 붙이는 것

등판 [이름씨] **1** 몸 등을 이루는 넓적한 곳 **2** 앉개 따위 등을 대게 된 곳

등판(登板) ⇒ 던지러나옴

등하교 ⇒ 배곳오감

등한·등한시 ⇒ 허투루봄. 섬서하다. 허투루 보다. 데면데면하게 보다

등허리 [이름씨] 등과 허리 쪽

등헤엄 [이름씨] 위를 보고 바로 누워 두 팔을 갈마들어 돌려 물을 밀치면서 두 발로 물장구 치는 헤엄치기 [한뜻말]송장헤엄 ⇐ 배영

등호 ⇒ 같기표

디굴디굴 [어찌씨] **1** 큰 몬이나 사람이 마구 잇달아 굴러가는 꼴 [보]봄에 얼음이 녹자 비탈에서 돌덩이들이 디굴디굴 굴러 내려왔다 **2** 눈을 부릅뜨고 눈알을 크게 굴리는 꼴 [보]눈망울을 디굴디굴 굴리며 나한테 대들었다

디귿 ⇒ 디읃

디글디글 [어찌씨] **1** 가늘거나 작은 몸 가운데서 몇 낱이 드러나게 굵거나 큰 꼴 [보]광에 가서 디글디글 큰 것으로 감자 다섯 낱만 가져와 **2** 밥알이 설익었거나 너무 된 꼴 [보]점심에 먹은 볶음밥이 되어서 디글디글 씹기가 어려웠다

디글디글하다 [그림씨] **1** 가늘거나 작은 몸 가운데서 몇 낱이 드러나게 굵거나 크다 [보]디글디글하게 굵은 고구마는 먹을 것은 많지만 값은 싸다 **2** 밥알이 설익었거나 너무 되어 꾸들꾸들하다 [보]오늘 아침밥알은 디글디글해서 먹기가 거북했다

디디개 [이름씨] 신

디디다 [움직씨] **1** 발을 올려놓고 서다 [보]길에 돌이 많아 발을 디디기가 어렵다 [준말]딛다 **2** 발을 올려놓고 누르다 [보]살얼음 위에 살며시 발을 디뎌보았다 **3** 반죽한 것을 천 조각에 싸서 발로 내리눌러 덩이를 짓다 [보]밀기울을 반죽하여 누룩을 디뎠다 **4** 어려운 고비를 겪어 나오다 [보]우리말을 살리는 길에 놓인 가시밭길을 디디고 넘어서서 가리라

디디미 [이름씨] '신' 심마니 말. 속디디미는 속에 신는 하늬버선 [보]싸게 판다 해서 줄위가게에서 디디미를 두 켤레 샀더니 싼 게 비지떡이었다 [한뜻말]디디개

디딜개 [이름씨] 발을 디디게 된 틀 [보]도마대가 높아 디딜개를 밟고 올라서서 칼질을 했다 [한뜻말]딛개 ⇐ 페달

디딜방아 [이름씨] 굵은 나무 한끝에 공이를 박고 갈라진 두 쪽 끝은 발로 디뎌 공이가 돌확에 들고 나면서 돌확에 든 낟알을 찧거나 빻는 방아 [보]디딜방아를 밟아 나락을 찧었다

디딤널 [이름씨] 발을 디디려고 놓은 널 [보]힘껏 달려와서 디딤널에 발을 놓자마자 뛰어올랐다 [한뜻말]디딜널 ⇐ 디딤판

디딤돌 [이름씨] **1** 디디고 다닐 수 있게 겉을 고르게 다듬어 드문드문 놓은 돌 [보]뒤채에서 부엌까지 디딤돌을 놓았더니 비가 와도 질지 않아 다니기 좋다 **2** 마루 아래나 부엌 앞에 디디고 오르내리도록 놓은 돌 [보]디딤

돌을 밟고 마루로 올라섰다 한뜻말 섬돌 ⇐ 댓돌 ❸어떤 물음을 푸는 바탕 ⓑ노마 사람들이 오가며 자주 만나는 것은 갈라진 겨레를 잇는 디딤돌이다

디밀다 움직씨 ❶안쪽으로 밀다 ⓑ옷넣개를 바람쪽으로 더 디밀어 주세요 ❷안으로 들여보내다 ⓑ문틈으로 글발을 디밀고는 달아났지 ❸어떤 일에 돈이나 몬을 대주다 ⓑ메를 사는 데 돈을 다 디밀었어

디스카운트 ⇒ 에누리. 값깍기

디스크 ⇒ 소리넣개

디스크 ⇒ 물렁뼈 빠짐

디스토마 ⇒ 애붙살이. 애붙살이벌레. 허파붙살이벌레. 붙살이벌레앓이

디위 이름씨 ❶되풀이되는 차례수를 세는 말 ⓑ하루에 세 디위 밥 먹는다. 나는 이 배곳 여섯 디위 배움마침이다 ⇐ 번. 회 ❷차례를 나타내는 말 ⓑ다음 디위에는 네가 밥 해 ❸자리 ⓑ내 몸 져버하는 마음으로 남 마음 져버보면 거룩이 디위에 못 갈까 걱정이다

디윗수 이름씨 돌아오는 차례 수 ⓑ나는 지난달보다 이 달에 카드 쓴 디윗수가 줄었다 ⇐ 횟수

디읃 이름씨 우리글 닿소리 'ㄷ' 이름 ⓑ디읃은 니은 다음이고 리을 앞이다 ⇐ 디귿

디자이너 ⇒ 멋지음이

디자인 ⇒ 멋지음. 멋짓다

디저트 ⇒ 입가심. 입씻이

디젤기관 ⇒ 땔기름뮘틀

디젤기관차 ⇒ 땔기름뮘틀수레

디지털 ⇒ 수 냄

디지털시계 ⇒ 수 냄 때틀. 수 냄 때알림이

디지털카메라 ⇒ 수 냄 찍개. 수 냄 빛박이틀

디프테리아 ⇒ 흰목구멍앓이

딕누리 이름씨 서흐레나 다리, 마루 따위 가장자리에 어느 높이로 세워 사람이 떨어지지 않도록 하면서 꾸미개로 삼는 것 한뜻말 쪽마루. 내민마루. 뜬마루 ⇐ 난간. 발코니. 베란다

딛다 움직씨 '디디다' 준말

딜리트키 ⇒ 지움단추

딩동 어찌씨 부름방울 따위가 울리는 소리 ⓑ문 쪽에서 딩동 소리가 나자 할머니가 신을 끌고 나가신다

딩동거리다 움직씨 부름방울 따위가 울리는 소리가 자꾸 나다

딩동딩동 어찌씨 부름방울 따위가 잇따라 울리는 소리 **딩동딩동하다**

딩딩하다 그림씨 ❶물렁물렁하지 않고 단단하다 ⓑ바람을 채웠더니 바퀴가 딩딩하여 잘 굴러간다 작은말 댕댕하다 센말 띵띵하다 거센말 팅팅하다 ❷느즈러지지 않고 켕겨서 팽팽하다 ⓑ자고 일어나니 얼굴이 딩딩하게 부었다 ❸밑바탕이 옹골차고 든든하다 ⓑ돌쇠는 힘꼴이 딩딩하다 ❹힘이 이만저만 아니게 든든하다 ⓑ요즘 들어 더욱 힘이 딩딩해진 달러 값이 하늘 높은 줄 모르게 올라간다 ❺몹시 골이 난 것 같다 ⓑ시어머니가 서슬이 딩딩하니 며느리가 풀이 죽는다

따갑다 그림씨 ❶살갗이 불에 닿은 것같이 날카롭게 쑤시는 느낌이 있다 ⓑ햇볕이 따갑게 내리쬔다 ❷벌에 쏘일 때처럼 매우 아픈 느낌이나 맵짜게 쑤시는 듯하다 ⓑ모진 바람에 싸락눈이 얼굴을 따갑게 후려갈겼다 ❸따지거나 타이르는 것이 매섭고 날카롭다 ⓑ잘못한 나를 쳐다보는 눈초리가 모두 무척 따갑다 **따갑게**

따개꾼 이름씨 남 몸이나 주머니를 슬쩍 뒤져 돈 따위를 훔치는 짓 또는 그러한 사람 ⓑ따개꾼 손놀림이 워낙 잽싸 언제 주머니를 털었는지 모른다 한뜻말 소매치기

따개비 이름씨 삿갓 꼴 몸 위쪽은 마름모꼴 입이 있고, 부연 쥐빛 바탕에 흰 금이 있는 껍질에 싸여 있으며, 바닷물이 드나드는 갯바위에 붙어사는 조개 ⓑ마파닷가에도 밖에서 들어온 따개비가 토박이 따개비를 밀어내고 자리 잡는다고 한다

따개비쓰개 이름씨 조개 껍데기처럼 둥글납작하게 생긴 쓰개

따귀 이름씨 ('때리다', '맞다' 같은 말과 함께

써) 뺨을 일컫는 말 ⓑ따귀를 후려 갈기다. 따귀를 치다. 따귀를 맞다 한뜻말빰따귀

따끈따끈하다 그림씨 매우 따끈하다 ⓑ불을 많이 지펴 방이 따끈따끈하다. 따끈따끈한 소젖 큰말뜨끈뜨끈하다

따끈하다 그림씨 제법 따갑게 덥다 ⓑ따끈한 아랫목. 따끈한 물 한 모금으로 속을 달랬다 큰말뜨끈하다

따끔 어찌씨 ❶갑자기 불에 닿은 것처럼 몹시 따가운 느낌이 있는 꼴 ⓑ불을 지피다가 잘못하여 따끔 불에 손을 데었다 큰말뜨끔 ❷날카로운 것에 찔릴 때와 같은 느낌이 있는 꼴 ⓑ벌에 따끔 쏘여 깜짝 놀랐다 ❸콕 찔릴 때와 같은 마음 느낌이 있는 꼴 ⓑ어머니 꾸중 소리가 따끔 마음을 찔렀다

따끔따끔하다 그림씨 ❶갑자기 불에 닿은 것처럼 몹시 따가운 느낌이 자꾸 있다 ⓑ바닷가에 다녀온 뒤에 살갗이 따끔따끔하다 ❷날카로운 것에 찔릴 때와 같은 느낌이 있다 ⓑ밤을 털다가 밤송이에 맞아 머리가 따끔따끔하다 ❸콕 찔릴 때와 같은 마음 느낌이 자꾸 있다 ⓑ딸이 꾸지람을 듣고 우는 모습을 보니 마음이 따끔따끔하다

따끔하다 그림씨 ❶갑자기 불에 닿은 것처럼 몹시 따가운 느낌이 있다 ⓑ국을 푸다 국솥에 손이 닿아 따끔했다 ❷날카로운 것에 찔릴 때와 같은 느낌이 있다 ⓑ무릎이 아파 낫개놓기를 맞을 때 따끔했다 ❸콕 찔릴 때와 같은 마음 느낌이 있다 ⓑ자꾸 놀리는 녀석에게는 따끔한 맛을 보여줘야 한다

따내다 움직씨 ❶붙은 것을 떼어내다 ⓑ새길을 내느라 멧모퉁이를 따냈다 ❷뒤쫓아 오거나 따라오는 놈들을 못 따라오게 하다 ⓑ작은 무리로 갈라져 뿔뿔이 흩어져서 짬새들을 따냈다

따님 이름씨 남 딸을 높여 부르는 말 ⓑ똑 부러진 따님을 두셔서 부럽습니다

따다[1] 움직씨 ❶붙은 것을 잡아떼다 ⓑ가을에는 밤과 감을 따고 소낭버섯도 딴다 ❷(글, 말 따위에서) 쓸 만한 데를 가려 뽑아 쓰다 ⓑ남 글월을 따서 쓸 때는 어디서 따온 지를 밝힌다 맞선말잃다 ❸(노름, 내기, 겨룸 따위에서 이겨) 돈이나 몬을 차지하여 가지다 ⓑ노름에선 작은 돈은 따고 큰돈을 잃는다 ❹애쓴 열매로 무엇을 받거나 벌다 ⓑ마지막 겨룸에서 우리가 한 점 따기도 어렵다 ❺그대로 도려내거나 오려내다 ⓑ보람님 글씨를 따다가 푸른누리 보람널을 만들었다 ❻가져다 그대로 따르다 ⓑ아버지 이름을 따서 가게 이름을 지었다

따다[2] 움직씨 ❶살갗 따위를 째거나 찔러 터뜨리다 ⓑ물집을 따다. 물고기 배를 따다 ❷꽉 막은 것을 뜯다 ⓑ뚜껑을 따다. 마개를 따다 ❸문을 열고 들어서다 ⓑ잠긴 문을 어떻게든 따고 우린 안으로 들어갔다 ❹갈아서 째거나 흩어지게 파내다 ⓑ보습으로 밭고랑을 따서 보리씨를 뿌렸다 ❺물꼬를 터서 물이 흐르게 하다 ⓑ물꼬를 따서 아래 논에 물을 댔다

따다[3] 그림씨 서로 아랑곳없이 다르다 ⓑ둘은 같은 일을 겪고도 따게 말한다

따다닥거리다 움직씨 움직이는 바큇살에 세게 부딪치는 소리가 잇달아 나다 **따다닥대다**

따다닥따다닥 어찌씨 움직이는 바큇살에 세게 부딪치는 소리가 잇달아 나는 꼴 여린말다다닥다다닥 **따다닥따다닥하다**

따닥따닥 어찌씨 ❶조그만 알 같은 것들이 배게 붙어 있는 꼴 ⓑ따닥따닥 붙은 머루알 여린말다닥다닥 ❷조그맣고 하찮은 것들이 배게 많이 모여 있거나 붙어있는 꼴 ⓑ바위에 따닥따닥 붙은 따개비. 따닥따닥 오두막이 붙어 있는 달동네

따닥따닥하다 그림씨 자그마한 것들이 곳곳에 매우 많이 붙어 있다 ⓑ감나무 가지마다 감이 따닥따닥하게 열렸네 여린말다닥다닥하다

따독거리다 움직씨 ❶흩어지기 쉽거나 좀 허벅허벅한 것을 자꾸 두드려 누르다 여린말다독거리다 ❷아기를 재울 때 배나 등을 가만

가만 자꾸 두드려 주다 **따독대다**

따독따독 어찌씨 ❶흩어지기 쉽거나 좀 허벅허벅한 것을 자꾸 두드려 누르는 꼴 ⓑ들깨를 옮겨 심고 흙을 따독따독 다독여줬다 여린말다독다독 ❷아기를 재울 때 배나 등을 가만가만 자꾸 두드려 주는 꼴 ⓑ칭얼거리는 아이를 안고 등을 따독따독 두드려 재웠다 **따독따독하다**

따돌리다 움직씨 ❶남을 멀리하거나 떼어내어 서로 맺지 못하게 하다 ⓑ잘 못하더라도 따돌리지 말고 가르쳐 함께 가야지 한뜻말깝살리다 ❷뒤따르던 것을 딴데로 떼어 버리다 ⓑ꾀를 써서 감쪽같이 아우를 따돌리고 우리끼리 놀러 갔다 **따돌림**

따들싹하다 그림씨 ❶여럿이 좀 큰소리로 떠들어 시끄럽다 ⓑ밤새 멧돼지가 내려와 밤나무 밭을 뒤졌다고 밥 먹으면서 따들싹했다 큰말떠들썩하다 ❷새뜸이 퍼져서 좀 왁자지껄하다 ⓑ'집을 좀 더 제대로 고쳐야지.' '그만하면 됐지 헌 집을 얼마나 더 고쳐' 하면서 따들싹했다

따듬따듬 어찌씨 말을 하거나 글을 읽을 때 자꾸 더듬는 꼴 ⓑ낱말 하나하나를 따듬따듬 읽지 말고 글월을 또박또박 읽도록 익혀야지 큰말떠듬떠듬 여린말다듬다듬 **따듬따듬하다**

따듯하다 그림씨 딱 좋을 만큼 조금 덥다 ⓑ따듯하고 폭신한 솜이불 아래 몸을 누이자 스르르 잠이 들었다 큰말뜨듯하다 센말따뜻하다

따따부따 어찌씨 딱딱한 말씨로 잘잘못을 따지고 다투는 소리 또는 그 꼴 ⓑ네가 왜 따따부따 남 일에 끼려고 하느냐

따뜻금 이름씨 따뜻하고 가벼운 빈기덩이가 차고 무거운 빈기덩이 쪽으로 옮겨 끊기는 낯을 타고 그 위로 오르며 만들어지는 금 ⇐ 온난전선

따뜻하다 그림씨 ❶딱 좋을 만큼 덥다 ⓑ봄바람이 따뜻하여 싹이 파릇파릇 돋아난다 큰말뜨뜻하다 여린말따듯하다 ⇐ 훈훈하다 ❷마음 씀씀이나 몸에서 풍기는 기운이 포근하고 부드럽다 ⓑ어머니가 아들딸을 따뜻하게 보살핀다 ⇐ 훈훈하다

따라 토씨 (가끔 이름씨에 붙어) 여느 때와 달리 ⓑ오늘따라 일이 힘들게 느껴져

따라가다 움직씨 ❶남 뒤를 좇아가다 ⓑ강아지 세 마리가 임자를 따라간다 ❷길 따위를 그대로 밟아 가다 ⓑ둑을 따라가다가 오른쪽으로 돌았다 ❸앞선 것에 이를 만큼 가까이 가다 ⓑ글를 외는 데서 그를 따라갈 사람이 없다 ❹무엇을 좇아서 해 가다 ⓑ아이는 어미 아비 짓을 그대로 따라간다

따라나서다 움직씨 ❶남이 가는 대로 같이 나서다 ⓑ나는 어머니를 따라나서려 했지만 모두들 붙잡았다 ❷뒤떨어진 데로부터 앞선 데까지 뒤따라 가다 ⓑ앞선 사람들을 잡으려고 서둘러 따라나섰다

따라다니다 움직씨 ❶남 뒤를 좇아서 다니다 ⓑ이제 남 뒤를 그만 따라다니고 홀로서기 할 때가 되었다 ❷사람이나 글월, 몬이 늘 함께 다니다 ⓑ빚쟁이에게 따라다니는 빚을 스스로 갚지 않고는 어찌 할 수 없다

따라서 어찌씨 (앞에 오는 월이나 마디가 나타내는 뜻을 받아) 그러함으로 말미암아. 그렇기 때문에 ⓑ온 메가 울긋불긋 물들고 나면 따라서 잎이 떨어지고 날씨도 추워질 것이다 준말따라

따라세우다 움직씨 ❶뒤에서 좇아가서 나란히 세우다 ⓑ뒤처졌던 우리가 맨 앞에 서도록 따라세웠다 ❷뒤떨어진 데에서 앞선 데까지 올라서게 하다 ⓑ시골 배움이들도 누리그물로 배워서 고을 아이들을 얼마든지 따라세울 수 있다

따라오다 움직씨 ❶남 뒤를 좇아오다 ⓑ누군가 내 뒤를 따라오는 것 같아 자꾸 뒤를 돌아보았다 ❷무엇을 좇아서 그대로 해 오다 ⓑ우리 겨레는 돌아가신 어버이를 우러러 식게 지내는 것을 따라온다 ❸앞선 자리에 이를 만큼 좇아오다 ⓑ네 아무리 발버둥쳐도 달리기에서 나를 따라올 수 없다 ❹

어떤 일이 다른 일과 함께 일어나다 ㉥애써 일한다 해도 큰돈이 저절로 따라오는 것이 아니다

따라잡다 [움직씨] 앞선 것을 따라가서 나란히 되다 ㉥앞서 달리는 사람을 겨우 따라잡았다

따라지 [이름씨] [1]노름판에서 한 끗 ㉥오늘은 어째 따라지만 잡히네 [2]보잘것없거나 하찮은 사람이나 몬 ㉥어쩌다 내 삶이 따라지 삶이 되었지?

따라지목숨 [이름씨] 남에게 매어 사는 값 없고 보람없는 목숨 ㉥아무리 따라지목숨이라지만 내가 밥을 굶어서야 되겠나!

따로 [어찌씨] [1]딴 갈래로 ㉥엄마와 따로 산다. 바보가 따로 있는 것은 아니다 [2]다른 데나 다른 때에 ㉥따로 남다. 따로 보내다. 따로 만나다

따로나다 [움직씨] 밑집에서 딴 살림을 차려 나가다 ㉥언니가 갑배곳에 들어가자 서라벌에 살림을 따로났다 ⇐ 분가하다

따로따로 [어찌씨] 저마다 따로. 한 데 섞이지 않고 저마다 떨어져서 ㉥밥솔들이 이제는 따로따로 흩어져 산다

따르다[1] [움직씨] [1]남 뒤를 좇다 ㉥불끔수레가 앞서고 다른 수레가 그 뒤를 따랐다 [2]길 따위를 있는 그대로 좇다 ㉥가람을 따라 내려가면 큰 마을이 나옵니다 [3]앞선 것에 이를 만큼 가까이 가다 ㉥찔게 맛내는 데는 아내 솜씨를 따를 사람이 없다 [4]해야 할 것이나 하게 된 것을 지켜 그대로 하다 ㉥나는 군소리 없이 아버지 뜻을 따랐다 [5]무엇을 좋아하여 가까이 붙좇다 ㉥그 애는 나를 언니처럼 따랐다 [6]무엇을 밑따서 그와 같게 하다 ㉥아이들은 가르침이를 따라서 노래를 불렀다 [7]어떤 일이 딴 일과 함께 일어나다 ㉥말만 하면 안되고 말에는 몸짓이 따라야 한다 ⇐ 수반되다 [8]어떤 일이 다른 것에 맞추어 달라지다 ㉥생김새가 사람마다 다르듯이 걸음걸이도 사람에 따라 다르다

따르다[2] [움직씨] 물이 담긴 그릇을 기울여 조금씩 흐르게 하다 ㉥호롱에 기름을 따라 부었다

따르릉 [어찌씨] 두발수레나 말틀에서 울리어 나는 소리 ㉥두발수레가 따르릉 울리며 지나간다

따름 [이름씨] (풀이씨 'ㄹ', '을' 꼴 뒤에 써) 그뿐 ㉥그저 말없이 눈물만 흘릴 따름이다

따름수 [이름씨] 두 바뀜수 사이에 어떤 맺음이 있을 때 한 바뀜수 값이 잡히면 그에 따라 값이 잡히는 다른 바뀜수 ㉥'y=ax+b'에서 'x'는 바뀜수이고 'y'는 따름수이다 ⇐ 함수

따름이 [이름씨] [1]스승으로부터 가르침을 받거나 받은 사람 ⇐ 제자 [2]예수 가르침을 받아 그 뒤를 따르는 사람 ⇐ 사도 [3]누리그물에서 어떤 사람 글을 즐겨 찾고 따르는 사람 ⇐ 팔로어. 팬

따름짓 [이름씨] 누리그물에서 어떤 사람 글을 즐겨 찾고 따르는 일 ⇐ 팔로우잉

따리붙이다 [움직씨] 남 마음을 사려고 알랑거리다

따먹다 [움직씨] [1]따서 먹다 ㉥오늘 메에 올랐다가 머루와 다래를 따먹었다 [2]바둑이나 고니를 두며 남 말을 잡아먹다 ㉥언니와 장기를 두다가 말로 코끼리를 따먹었다 [3]사내가 겨집과 그릇되게 어르다 ㉥머시마들은 가시나들을 따먹으려고 애쓴다

따발쏘개 [이름씨] 똬리 꼴 둥글납작한 튐알집을 끼운 뭄틀쏘개 ㉥곰보야, 곰보야, 너 왜 곰보고? 서여덟금 넘다가 따발쏘개 맞았다. 몇 대 맞았노? 일흔 두 대 맞았다

따발총 ⇒ 따발쏘개

따분하다 [그림씨] [1]재미없이 싫증나고 갑갑하다 ㉥노는 날인데도 할 일도 딱히 없고 따분하기 짝이 없다 [2]착 까부라져서 힘이 없다 ㉥갑자기 몸에 힘이 빠지면서 따분해졌다 [3]이럴 수도 저럴 수도 없어 거북하다 ㉥그렇게 무턱대고 조르기만 하니 나도 따분할 수밖에 없다

따붙이기 [이름씨] 나무 바탕을 좋게 하거나 불

리려고 한 나무에 다른 나무 가지나 눈을 따다 붙이는 일. 같거나 비슷한 갈래 따붙일 가지를 붙을 나무 물대롱과 껍질 사이에 딱 맞게 잇는다 ⇐ 접. 접붙이기

따비 [이름씨] 풀뿌리를 뽑거나 밭가는 데 쓰는 연모. 쟁기보다 작고 보습이 좁게 생겼다 ㉥따비로 갈 만한 좁은 밭떼기에 기댄 넉넉지 않은 살림

따사롭다 [그림씨] 포근하고 따뜻한 느낌이 있다 ㉥따사로운 엄마 손길이 그립다 [여린말]다사롭다

따숩다 [그림씨] 알맞춤하게 따뜻하다

따스개 [이름씨] 번힘이나 가스, 땅기름 따위를 써서 방 안을 따뜻하게 하는 틀 ⇐ 라디에이터. 난로. 히터

따스하다 [그림씨] 좀 따뜻하다 ㉥불을 조금 땠는데도 방바닥이 따스하다 [큰말]뜨스하다 [여린말]다스하다

따슨곳 [이름씨] 땅별 더운곳과 추운곳 사이에 있는 따뜻한 곳 ⇐ 온대

따슨곳숲 [이름씨] 따뜻한 곳에서 우거진 숲. 참나무, 밤나무 따위 잎지는넓은잎나무와 소나무, 잣나무 따위 바늘잎나무가 있다 ⇐ 온대림

따슨광 [이름씨] 지은 맛갓을 따뜻하게 갈무리하는 고리 꼴 틀 ⇐ 온장고

따슨기운 [이름씨] 따뜻한 기운 [맞선말]찬기운 ⇐ 온기

따슨바람 [이름씨] 따뜻한 바람 ⇐ 온풍. 훈풍

따슨집가스 [이름씨] 땅별 빈기를 더럽혀 따슨집되기를 일으키는 가스. 두살남숯남, 메탄 따위 가스 ⇐ 온실가스

따슨집되기 [이름씨] 빈기 가운데 있는 물방울, 두살남숯남, 메탄 같은 것이 따슨방 유리 지붕처럼 빛은 받아들이고 더운 기운은 내보내지 않아 땅거죽이 따뜻해지는 일 ⇐ 온실효과

따습기 [이름씨] 따뜻한 만큼 ⇐ 온도

따습기재개 [이름씨] 따습기를 재는 연장 ⇐ 온도계

따습다 [그림씨] 알맞게 따뜻하다 ㉥나무 땐 시골집 방 안은 언제나 따습다 [큰말]뜨습다 [여린말]다습다

따시다 [그림씨] 따뜻하다 ㉥봄은 아직 멀었지만 한낮이 되면 볕살에서는 제법 따시다

따오기 [이름씨] 해오라기 비슷한데 몸집이 크고 아래로 길게 굽은 부리는 검고, 온몸은 발그레한 흰빛이고 다리는 누르스름하며 대가리는 털이 없고 붉은 여름 철새. 나무 위에 둥지를 짓고 물가에서 물고기나 개구리, 게 따위를 잡아먹는다 ㉥옛날에 흔했던 따오기가 이제는 씨가 말라간다

따오다 [움직씨] **1** 달렸거나 붙었거나 돋은 것을 떼오다 ㉥잘 익은 감을 한 바구니 따왔다 **2** 남 말이나 글에서 쓸 곳을 가려 뽑아오다 ㉥푸르메 노래에서 '살어리, 살어리랐다. 푸르메 살어리랐다.'를 따왔다

따옥따옥 [어찌씨] 따오기가 우는 소리 ㉥끼룩끼룩 울어 기러기요, 따옥따옥 울어 따오기다

따옴표 [이름씨] 다른 말이나 글에서 따올 때 쓰는 큰따옴표(“ ”), 작은따옴표(‘ ’) 이름

따위 [이름씨] **1** (이름씨나 다른 말 아래에 써) 그와 같은 것들 ㉥콩나물, 오이 따위 찔게거리를 샀다 **2** 말하는 것을 하찮게 일컫는 말 ㉥이 따위를 무엇에 쓰려고 가져왔느냐

따지기 [이름씨] 이른 봄에 얼었던 흙이 풀리려고 할 무렵 ㉥그해 설은 마침 따지기라 어버이 무덤에 다녀오는 길은 신에 진흙이 엄청 달라붙었다

따지다 [움직씨] **1** 옳고 그른 것을 밝혀 가리다 ㉥잘잘못을 따져 물었다 **2** 셈을 낱낱이 헤아리다 ㉥이리저리 잘 따져보고 일을 벌였지만 그것 마저 쉽지 않네 **3** 얽이를 세우거나 일을 하는 데에 들어가는 것을 차근차근 헤아리고 살펴보다 ㉥일을 벌일 때는 미리 여러 가지를 따지고 나서 해도 늦지 않을 텐데 **4** 무엇을 밝히려고 꼼꼼히 캐어묻다 ㉥맡은 일을 제대로 했는지 꼼꼼히 따져 보았다

따짐글 이름씨 ❶좋고 나쁨이나 값어치 따위를 파헤쳐 따지는 일 ⇐ 평론 ❷흔히 솜씨꽃몬이 좋고 나쁜지, 값어치는 어떤지 따위를 파헤쳐 따짐

따짐이 이름씨 따지기를 일삼아 하는 사람 ⇐ 평론가

ㄷ

딱[1] 어찌씨 단단한 것이 서로 부딪치거나 부러질 때 나는 소리나 그 꼴 ⓑ젓가락이 딱 부러졌네

딱[2] 어찌씨 ❶활짝 바라지거나 한껏 벌어진 꼴 ⓑ딱 벌어진 가슴. 하는 짓을 보니 입이 딱 벌어지네 ❷꼭 맞닿거나 들어맞는 꼴 ⓑ눈을 딱 감고 들어보아라. 눈이 딱 마주치자 슬며시 눈길을 돌렸다 ❸굳세게 버티는 꼴 ⓑ큰 바위가 길을 딱 가로막고 섰다 ❹단단히 들어붙은 꼴 ⓑ입을 딱 다물고 노려본다. 곁에 딱 붙어 서서 잠깐도 떨어지질 않네 ❺아주 멎거나 서버리는 꼴 ⓑ나래가 들어오자 갑자기 웃음소리가 딱 그쳤다 ❻아주 막혀버리는 꼴 ⓑ너무 놀라 숨이 딱 멎는 듯했다. 구멍이 딱 막혀 물이 빠지지 않네 ❼사이를 끊거나 자르는 꼴 ⓑ내 말은 듣지 않고 딱 잘라 말했다 ❽몹시 싫거나 언짢은 꼴 ⓑ비 오는 날 나물 뜯기는 딱 싫어 익은말 **딱 부러지게** 아주 굳세게 **딱 잡아떼다** 능청스럽게 하지 않은 체하거나 모르는 체하다

딱동무 이름씨 서로 마음을 터놓고 지내는 가까운 동무 ⓑ옛날엔 딱동무도 많았지만 이제 나이들어 손꼽을 만하게 남았다

딱따구리 이름씨 까막딱따구리, 메딱따구리, 닷빛딱따구리, 크낙새 따위를 통틀어 이르는 말. 숲속에 살며 날카로운 발톱으로 나무줄기에 매달려 뾰족하고 단단한 부리로 나무에 구멍을 뚫어 그 속에 있는 벌레를 잡아먹고 산다 ⓑ도토리 딱따구리는 나무줄기를 파고 도토리를 넣어두고 겨우내 먹을거리로 쓴다

딱딱[1] 어찌씨 단단한 것이 마주치거나 부러질 때 잇달아 나는 소리 또는 그 꼴 ⓑ톱니바퀴가 딱딱 맞물려 돌아간다. 이를 딱딱 부딪치며 간다 큰말 떡떡

딱딱[2] 어찌씨 ❶여럿이 다 잘 들어맞거나 맞닿는 꼴 ⓑ내가 생각한 대로 셈이 딱딱 맞아떨어졌다 큰말 떡떡 ❷자꾸 서로 마주치는 꼴 ⓑ눈길이 딱딱 마주쳤다. 딱딱 뿔을 마주치며 힘을 겨루는 염소 ❸잇달아 단단히 들어붙는 꼴 ⓑ담벼락을 따라 종이를 딱딱 붙이니 떡떡 들러붙었다 ❹잇달아 활짝 바라지거나 한껏 벌어진 꼴 ⓑ모두 입이 딱딱 벌어졌다 ❺잇달아 굳세게 버티는 꼴 ⓑ아무도 들어오지 못하게 어귀를 딱딱 막아섰다 ❻여럿이 다 아주 멎거나 서버리는 꼴 ⓑ북이 울리자 배를 들어 올리던 사슬도르래가 딱딱 멎었다 ❼사이를 잇달아 끊거나 자르는 꼴 ⓑ곁가지는 치고 고갱이만 딱딱 잘라 말했다 ❽여럿이 다 막히는 꼴 ⓑ촛불을 든 사람들이 빛지개 네거리를 꽉 메우자 서울 한복판길에는 수레들이 딱딱 멈춰 섰다 ❾자꾸 으르며 대드는 꼴 ⓑ새내기가 묵은딩이 말에 딱딱 맞선다

딱딱거리다[1] 움직씨 단단한 것이 서로 부딪치거나 부러지는 소리가 자꾸 나다 ⓑ너무 추워서 이가 절로 딱딱거린다 **딱딱대다**

딱딱거리다[2] 움직씨 딱딱한 말씨로 소리를 크게 내어 으르대다 ⓑ구실아치가 나한테 어찌나 딱딱거리는지 괜히 풀이 죽었다 **딱딱대다**

딱딱종이 이름씨 올실에 풀을 더해서 뜨거운 채로 꽉 눌러 널꼴로 만든 단단한 종이 ⇐ 하드보드지

딱딱하다 그림씨 ❶매우 굳고 단단하다 ⓑ바닥이 너무 딱딱해서 엉덩이가 아프다 ❷몸에서 풍기는 매무새가 부드럽지 않고 굳다 ⓑ말씨가 너무 딱딱해 골난 것처럼 보인다. 딱딱한 만남 ❸이야기나 글이 어렵고 재미가 없다 ⓑ가르침이 말씀이 너무 길고 딱딱해서 졸렸다 ❹삶이 아기자기하지 못하고 메마르다 ⓑ우리 삶은 너무 딱딱해서도 안되고 그렇다고 널브러져서도 안된다

딱밤 [이름씨] 가운데 손가락을 구부려 손톱께를 엄지 손가락으로 눌러 맞은 쪽 이마에다 튕겨 손톱낯으로 때리는 짓. 맞을 때 딱 소리가 나며 아프다

딱벗 [이름씨] 딱동무 ⇐ 딱친구

딱새 [이름씨] 참새만 하고 몸빛은 붉은 밤빛과 검은 빛이 섞인 텃새로 마을이나 가까운 숲에 산다 [ㅂ]봄이 오기 바쁘게 딱새 암수 두 마리가 집을 짓느라 마당을 부지런히 오간다

딱쏘개 [이름씨] 불쏨을 종이에 싸서 세게 치면 터지도록 만든 아이들 장난감 [ㅂ]어릴 적 딱쏘개를 터뜨리며 놀았다 ⇐ 딱총

딱정벌레 [이름씨] 풍뎅이, 장수풍뎅이, 하늘소, 사슴벌레 따위와 같이 겉날개가 단단한 딱지로 된 벌레를 통틀어 이르는 말. 흔히 앞날개가 두껍고 딱딱하며 두 날개가 등 가운데서 맞닿고 턱은 커서 무엇을 씹기에 알맞다 [ㅂ]지금까지 땅별에서 알아낸 산것을 모두 한 줄로 세울 때 열에 하나는 딱정벌레라고 한다 ⇐ 갑충

딱지[1] [이름씨] **1** 헌 데나 다쳐서 살갗이 벗겨진 데에 고름, 피, 진물 따위가 말라붙은 조각 [ㅂ]손가락으로 코딱지를 후벼파지 말게나. 부스럼 딱지가 앉았다 **2** 게나 새우, 가재, 소라, 거북 따위 몸을 싸고 있는 단단한 껍데기 [ㅂ]게딱지에 밥을 비벼먹으면 입맛이 돌아온다 **3** 손목때알림이 같은 것 겉껍데기 [ㅂ]때알림이딱지. 보딱지 **4** 만들 때부터 종이에 붙은 티 [ㅂ]요즘은 재주가 좋아 모든 종이가 딱지 한 점 없는 깨끗한 종이이다 [익은말] **딱지가 덜 떨어지다** 아직 어린 아기 머리에서 쇠딱지가 다 떨어지지 못했다는 뜻으로, 어린 티를 벗어나지 못한 꼴

딱지[2] [이름씨] **1** 나름표나 장사표 처럼 어떤 그림이나 무늬를 그리거나 글씨를 써넣어 무슨 표로 쓰는 종이조각 [ㅂ]어느 날 갑자기 벼리집에서 온 사람이 집과 세간에 겨뤄팔기 딱지를 붙이고 갔다 **2** 놀이딱지 [ㅂ]어릴 때 딱지놀이에 빠져 따 모은 딱지가 한 섬은 되었다 **3** (어떤 말과 함께 써) 그 말이 나타내는 보람으로 다른 것을 매김 [ㅂ]나라 팔아먹은 사람들한테는 '나라 판 놈'이라는 딱지가 붙었다

딱지[3] [이름씨] 안됨 또는 물리침 [ㅂ]늘품은 꽃벗한테서 딱지를 맞고 방안에 틀어박혔대

-딱지 [뒷가지] (좋지 않은 마음이나 됨됨이를 가리키는 이름씨 뒤에 붙어) 얕잡아 일컬음 [ㅂ]소갈딱지. 골딱지. 심술딱지. 철딱지

딱지꽃 [이름씨] 뿌리가 굵고 잎은 깃꼴 겹잎으로 어긋맞게 나며 노란 꽃이 가지 끝에 모여 피는 여러해살이풀. 어린싹은 먹는다

딱지놀이 [이름씨] 딱지를 갖고 노는 여러 가지 놀이 [ㅂ]여남은 살 먹었을 무렵 날마다 딱지놀이를 했다

딱지치기 [이름씨] 남 딱지를 내 딱지로 두드려 뒤집어 따먹거나 금 안에 있던 딱지를 금 밖으로 쳐내어 따먹는 아이들 놀이 [ㅂ]딱지치기에 빠지면 해가는 줄 모르고 끼니도 잊고 빨려 든다

딱총 ⇒ 딱쏘개

딱총나무 [이름씨] 잎은 깃꼴 겹잎이고 잔잎은 바소꼴인 갈잎 좀나무. 어린잎과 싹은 먹는다

딱친구 ⇒ 딱벗. 딱동무

딱하다 [그림씨] **1** 애처롭고 가엾다 [ㅂ]혼자 사는 할머니가 무거운 앓이에 걸리니 딱하기 짝이 없다 ⇐ 측은하다 **2** 뜻대로 되지 않거나 일을 다루기가 어려워서 안타깝다 [ㅂ]딱한 일. 딱한 매개

딱히 [어찌씨] 콕 집어서 [ㅂ]딱히 갈 데도 없고 할 일도 없어서 집에서 죽친다네

딴[1] [이름씨] **1** 제 나름 잘한다는 생각 [ㅂ]내 딴은 잘한다고 한 일인데요 **2** 까닭이 될 만한 생각 [ㅂ]딴은 그래. 딴은 네 말이 맞아

딴[2] [매김씨] 아랑곳없이 다른 [ㅂ]딴 사람. 딴 것. 딴 꿈. 딴 주머니를 차다. 딴 뜻이 없다

딴[3] [이름씨] 따위 [ㅂ]그 딴 것은 싫다. 그 딴 짓은 더는 하지 마라. 그 딴 말로 나를 속이려 드느냐

딴것 이름씨 다른 것 ⓑ이 국수 말고 먹을 게 딴것은 없소?

딴꾼 이름씨 도둑을 잡는 그위집에 매여 벼슬아치 심부름으로 그 일을 거들던 사람 ⓑ도둑에도 떳떳한 도둑이 있고 딴꾼에도 꼭지가 있다 준말딴

딴나라돈 이름씨 한 나라 안에 있는 다른 나라 돈 ⇐ 외환

딴나라보낸이 이름씨 ❶새뜸을 알아보고 내보내려고 다른 나라에 보낸 새뜸일터 사람 ⇐ 특파원 ❷빼난 일을 하려고 보낸 사람 ⇐ 특파원

딴누리 이름씨 이 누리 밖 다른 누리 ⇐ 별세계. 별세상

딴데살이 이름씨 제 난 곳이 아닌 다른 고장에 사는 일 ⓑ딴데살이 외로움을 달래며 텃마을로 돌아가기를 꿈꾼다 ⇐ 타향살이

딴딴하다 그림씨 ❶무르지 않고 매우 굳다 ⓑ질기고 딴딴한 물푸레나무로 도끼자루를 해 박았다 ❷몹시 굳세고 야무지다 ⓑ차돌처럼 딴딴하게 보이는 몸매가 부럽다

딴마음 이름씨 ❶다른 것을 생각하는 마음 ⓑ숨을 알아차릴 때는 어떤 딴마음이 일어나더라도 제쳐두고 숨으로 돌아온다 ❷가져야 할 생각과 어긋나는 그릇된 마음 ⓑ딴마음을 품다. 딴마음을 먹다 ⇐ 흑심

딴말·딴소리 이름씨 ❶주어진 틀에 아랑곳없는 말 ⓑ묻는 말에 엉뚱하게 딴말만 늘어놓는다 ❷미리 다짐했거나 잡은 것과 어그러지는 다른 말 ⓑ나중에라도 딴말하기 없기야

딴머리 이름씨 밑머리에 덧대어 얹은 머리 ⇐ 가발

딴생각 이름씨 이제 종요롭게 다루는 일 말고 다른 생각 ⇐ 여념

딴이름 이름씨 처음 가진 이름 말고 달리 부르는 이름이나 허물없이 쓰려고 지은 이름 ⇐ 호. 별명. 별칭. 애칭. 닉네임

딴전 이름씨 하는 일과 아주 아랑곳없는 말이나 짓 ⓑ하던 일은 잊어버리고 딴전만 부렸다

딴죽치다 움직씨 다짐했던 일을 딴전을 부리며 어기다 한뜻말딴죽걸다 ⇐ 위반. 위약

딴채 이름씨 몸채 곁이나 뒤에 따로 지은 채 ⇐ 별당. 별채

딴청 이름씨 딴 목청. 어떤 일과는 아랑곳없는 딴말이나 딴짓 ⓑ아버지는 여쭙는 말에 잠자코 있다가 날씨가 추워졌지? 하고 딴청을 피웠다

딴판 이름씨 꼴이 아주 동떨어지게 ⓑ그 집 언아우는 얼굴이 딴판 다르더라

딸 이름씨 겨집으로 태어난 아이 ⓑ요즘 젊은 어버이는 딸을 더 낳고 싶어 한대 ⇐ 여식. 여아 슬기말 **딸은 제 딸이 고와 보이고 낟알은 남 낟알이 부러워 보인다** 아이는 제 아이가 남 아이보다 나아 보이고 몬은 남 것이 제 것보다 좋아 보인다

딸가닥·딸각 어찌씨 딴딴하고 작은 것이 맞부딪칠 때 토막으로 끊기어 나는 소리나 그 꼴 ⓑ열쇠로 문 여는 소리가 딸가닥 들렸다 **딸가닥하다 딸각하다**

딸가닥거리다·딸각거리다 움직씨 딴딴하고 작은 것이 맞부딪칠 때 토막으로 잇달아 끊기는 소리가 나다 **딸가닥대다 딸각대다**

딸가닥딸가닥·딸각딸각 어찌씨 딴딴하고 작은 것이 맞부딪칠 때 토막으로 잇달아 끊기어 나는 소리나 그 꼴 ⓑ부엌에서 딸가닥딸가닥 설거지하는 소리가 난다 **딸가닥딸가닥하다 딸각딸각하다**

딸강 어찌씨 딴딴하고 작은 것이 맞부딪칠 때 짧게 울려나는 소리나 그 꼴 ⓑ국솥을 바쁘게 내오다 뚜껑을 딸강 떨어뜨렸다 **딸강이다 딸강하다**

딸강거리다 움직씨 딴딴하고 작은 것이 맞부딪칠 때 잇달아 짧게 소리가 울려 나다 **딸강대다**

딸강딸강 어찌씨 딴딴하고 작은 것이 맞부딪칠 때 잇달아 짧게 울려나는 소리나 그 꼴 ⓑ아이가 가지고 놀 때마다 깡통안에 든 구슬이 딸강딸강 소리가 난다 **딸강딸강**

하다

딸그락 어찌씨 딴딴하고 작은 것이 맞부딪칠 때 흔들리면서 나는 소리나 그 꼴 ⓑ밥을 먹다가 숟가락을 놓쳐 딸그락 바닥에 떨어졌다 **딸그락하다**

딸그락거리다 움직씨 딴딴하고 작은 것이 맞부딪칠 때 흔들리면서 소리가 잇달아 나다 **딸그락대다**

딸그락딸그락 어찌씨 딴딴하고 작은 것이 맞부딪칠 때 흔들리면서 잇달아 나는 소리나 그 꼴 ⓑ아침 일찍 어머니는 부엌에서 딸그락딸그락 조심스레 밥을 짓는다 **딸그락딸그락하다**

딸그랑 어찌씨 얇고 작은 쇠붙이 같은 것이 부딪칠 때 세게 울리어 나는 소리 ⓑ돈을 꺼내는데 구릿돈이 딸그랑 땅바닥에 떨어졌다 **딸그랑하다**

딸그랑거리다 움직씨 얇고 작은 쇠붙이 같은 것이 부딪칠 때 소리가 잇달아 세게 울려 나다 **딸그랑대다**

딸그랑딸그랑 어찌씨 얇고 작은 쇠붙이 같은 것이 부딪칠 때 잇달아 세게 울리어 나는 소리 ⓑ먼 절에서 딸그랑딸그랑 저녁 쇠북소리가 들린다 **딸그랑딸그랑하다**

딸기 이름씨 줄기가 땅위로 벋으면서 뿌리를 내리고 봄에 꽃이 피고 열매는 여름에 빨갛게 익는 열매남새. 요즈음은 비닐집에서 많이 길러 이른 철에 먹는다. 그 밖에도 멧딸기, 멍석딸기, 나무딸기, 뱀딸기 따위가 있다

딸기코 이름씨 코끝이 익은 딸기 빛처럼 빨갛게 된 코 ⓑ추운 데로 한 바퀴 돌았더니 딸기코가 되었네

딸까닥 어찌씨 딴딴하고 작은 것이 세게 맞부딪칠 때 세게 끊겨 울리는 소리나 그 꼴 ⓑ집안이 고요하여 사람이 없는 줄 알았는데 딸까닥 문이 열리며 호리호리한 가시나가 나왔다 거센말

딸까닥거리다 움직씨 딴딴하고 작은 것이 세게 맞부딪칠 때 잇달아 세게 끊겨 울리는 소리가 나다 **딸까닥대다**

딸까닥딸까닥 어찌씨 딴딴하고 작은 것이 세게 맞부딪칠 때 잇달아 세게 끊겨 울리는 소리나 그 꼴 ⓑ아내가 부엌에서 딸까닥딸까닥 소리를 내며 그릇을 씻는다 **딸까닥딸까닥하다**

딸깍 어찌씨 딴딴한 것이 굳은 데 부딪칠 때 나는 소리나 그 꼴 ⓑ줄수레가 이음짬을 지날 때마다 딸깍 소리가 났다 **딸깍하다**

딸깍거리다 움직씨 딴딴한 것이 굳은 데 잇달아 부딪칠 때 자꾸 소리가 나다 **딸깍대다**

딸깍누름 이름씨 셈틀 다람쥐 단추를 누르는 일 ⇐ 클릭

딸깍딸깍 어찌씨 딴딴한 것이 굳은 데 자꾸 부딪칠 때 잇달아 나는 소리나 그 꼴 ⓑ문을 두드리자 그 집 딸이 신을 딸깍딸깍 끌며 나왔다 **딸깍딸깍하다**

딸깍발이 이름씨 **1** 신이 없어 마른 날에도 나막신을 신는다는 뜻으로 가난한 선비를 일컫던 말 ⓑ몸에 지닌 것이라고는 무디어진 붓 한 자루뿐인 딸깍발이외다 **2** 일본사람을 낮잡은 말

딸꾹 어찌씨 딸꾹질하는 소리나 그 꼴 ⓑ아까부터 딸꾹 하며 딸꾹질이 멈추지 않는데 아내가 혼자 뭘 몰래 먹었냐며 놀린다 **딸꾹하다**

딸꾹거리다 움직씨 잇따라 딸꾹질하는 소리가 나다 **딸꾹대다**

딸꾹딸꾹 어찌씨 잇따라 딸꾹질하는 소리 **딸꾹딸꾹하다**

딸꾹질 이름씨 가름청 떨림으로 들숨이 헤살을 받아 목구멍에 울려서 소리나는 늧 ⓑ너 혼자 뭘 먹었기에 딸꾹질을 하니?

딸내미 이름씨 어린 딸을 귀엽게 이르는 말 ⓑ저 예쁜 가시나는 누구 집 딸내미지?

딸랑 어찌씨 작은 방울이 흔들리면서 세게 나는 소리나 그 꼴 ⓑ방울이 딸랑 울리네 큰말 떨렁 작은말 달랑 거센말 탈랑 **딸랑이다 딸랑하다**

딸랑거리다 움직씨 **1** 작은 방울이 흔들리면서 세게 나는 소리가 잇달아 나다 ⓑ딸랑거리

며 콩묵장수가 오자 사람들이 모여들었다 큰말떠렁거리다 작은말달랑거리다 거센말탈랑거리다 ❷차분하지 못하고 매우 가볍게 까불다 ⓑ어른이 오시면 딸랑거리지 말고 찬찬하게 굴어라 **딸랑대다**

딸랑딸랑 어찌씨 작은 방울이 흔들리면서 잇달아 세게 나는 소리나 그 꼴 ⓑ강아지 방울이 딸랑딸랑 울린다 큰말떨렁떨렁 작은말달랑달랑 거센말탈랑탈랑 **딸랑딸랑하다**

딸랑이 이름씨 흔들면 딸랑딸랑 소리가 나는 어린아이 놀잇감 ⓑ아이들이 딸랑이를 가지고 논다

딸려묻기 이름씨 죽은 사람과 가까웠던 사람이나 짐승을 딸려 함께 묻는 일 ⓑ옛날에는 임금이 죽으면 딸려묻기로 산 사람까지 같이 묻는 내림이 있었다니 참 ⇐ 순장. 부장

딸리다 움직씨 ❶제 홀로 서지 못하고 다른 것에 매어 있거나 붙어 있다 ⓑ수레에 딸린 여줄가리. 우리 모둠에 열 사람이 딸려서 일한다 ⇐ 속하다 ❷어떠한 모임이나 핏줄, 줄기 따위 갈래에 들다 ⓑ고래는 젖먹이짐승에 딸린다 ❸'따르다' 하임꼴 ⓑ어린 딸을 할머니에게 딸려 보냈다

딸린것 이름씨 기르거나 먹여 살리는 밥입 ⓑ딸린것이 많아 짬내기도 힘든다 ⇐ 부양가족

딸린나라 이름씨 센나라 둘레에 가까이 붙어 있어 그 끼침을 받는 작은 나라 ⇐ 위성국

딸린수레 이름씨 뒴힘 없이 끌수레에 붙여 짐이나 사람을 실어나르는 수레 ⇐ 트레일러

딸림 이름씨 으뜸되는 것에 딸려 붙음

딸림소리 이름씨 겹홀소리에서 그 소리마디를 이루는 기둥소리 앞이나 뒤에 딸린 가웃홀소리 ⓑ'아이'에서 '이'는 딸림소리이다

딸림어울림소리 이름씨 긴가락에서는 솔, 시, 레로 짧은가락에서는 미, 솔, 시로 이뤄지는 어울림소리 ⇐ 딸림화음

딸림이 이름씨 옆에 있으면서 여러 가지 심부름 하는 사람 ⓑ아난다는 스물다섯 해 동안 깨달은이 딸림이 노릇을 했다 한뜻말딸림뱅이. 딸림보 ⇐ 종자. 시자

딸림치 이름씨 종요로운 몬을 만드는 데에 더불어 생기는 몬 한뜻말딸림몬 ⇐ 부산물

딸림화음 ⇒ 딸림어울림소리

딸막 어찌씨 ❶작은 것이 좀 들렸다가 내려앉는 꼴 ⓑ갑자기 센바람이 부니 빈 물통이 딸막 흔들린다 ❷몸 한쪽이 조금 쳐들렸다가 내려지는 꼴 ⓑ웃음을 참느라 애쓰는지 어깨가 딸막 들썩인다 **딸막이다**

딸막거리다 움직씨 ❶작은 것이 통째로나 어느 한쪽이 자꾸 좀 들렸다가 내려앉다 ❷몸 한쪽이 자꾸 조금 쳐들렸다가 내려지다 **딸막대다**

딸막딸막 어찌씨 ❶작은 것이 통째로나 어느 한쪽이 자꾸 좀 들렸다가 내려앉는 꼴 ⓑ국이 끓자 국 솥뚜껑이 딸막딸막 들렸다 놓였다 한다 ❷몸 한쪽이 자꾸 조금 쳐들렸다가 내려지는 꼴 ⓑ나갈까 말까 엉덩이를 딸막딸막 들었다 놓았다 하며 망설였다 **딸막딸막하다**

딸보 이름씨 ❶속이 좁고 너그럽지 못한 사람 ❷키도 작고 몸집도 작아 보잘것없는 사람 한뜻말따라지

딸싹 어찌씨 가벼운 것이 쳐들렸다 내려 앉았다 하는 꼴 ⓑ제 잘못을 아는지 꾸짖어도 입도 딸싹 못한다 **딸싹하다**

딸싹거리다 움직씨 ❶가벼운 것이 자꾸 쳐들렸다 내려 앉았다 하다 ❷마음이 들떠서 흔들리다 **딸싹대다**

딸싹딸싹 어찌씨 ❶가벼운 것이 자꾸 쳐들렸다 내려 앉았다 하는 꼴 ⓑ어깨를 딸싹딸싹 흔들며 걷는다 ❷마음이 들떠서 흔들리는 꼴 ⓑ남비처럼 딸싹딸싹 움직이는 마음은 오래 가지 못한다 **딸싹딸싹하다**

딸아 이름씨 계집아이 ⓑ우리 순난이 못 봤어요? 저기 물가에 딸아 몇이 놀던데 거기 있는가

딸아기 이름씨 남 딸아이를 귀엽게 이르는 말 ⓑ아이! 어쩜 이집 딸아기가 참 밉상일세

딸아이 이름씨 ❶남에게 제 딸을 이르는 말 ⓑ딸아이가 아직 서툰 게 많으니 잘 보살펴주

십시오 존말딸애 ⇐ 딸자식 2딸인 아이 ⓑ아빠는 두 딸아이와 함께 산다 존말딸애

땀[1] 이름씨 1(흔히 더울 때나 일을 많이 했을 때) 사람이나 짐승 살가죽에서 내돋는 찝찔한 물 ⓑ버섯을 따러 메를 한바퀴 돌았더니 온몸이 땀 범벅이다. 손에 땀을 쥐게 하는 씨름판 2애씀이나 힘씀 따위를 빗댄 말 ⓑ땀 빠지게 일했다. 우리 겨레 피와 땀으로 일군 배달나라 익은말 **땀을 들이다** 땀이 날 때 잠깐 쉬면서 몸을 시원하게 하다

땀[2] 이름씨 1바느질할 때 실을 꿴 바늘로 한 군데씩 뜬 자국 ⓑ땀이 고운 바느질 2바늘로 한 군데씩 뜬 자국을 세는 하나치 ⓑ한 땀 두 땀

-땀 뒷가지 (어떤 이름씨 말뿌리에 붙어) 불기운이 세고 여림을 나타냄 ⓑ불땀

땀구멍 이름씨 몸안에서 땀이 밖으로 나오는 살갗 구멍 ⓑ날이 더워 땀구멍에선 쉴 새 없이 땀이 흘러나온다

땀나다 움직씨 1땀이 몸밖으로 나오다 ⓑ날마다 땀날 만큼 일을 하던가 달리기라도 해야지 2매우 힘들거나 애가 써지다 ⓑ막일 하러 가서 땀나게 일하면 빌어먹는다는 그릇된 믿음이 있어

땀내 이름씨 땀이 묻은 옷이나 몸에서 나는 냄새 ⓑ땀내 나는 옷. 땀내를 풍기다

땀띠 이름씨 땀이 살갗 안에 고이면서 살갗에 발긋발긋 돋은 살갗앓이. 좁쌀같이 돋아 따끔거린다 ⓑ목과 엉덩이에 땀띠가 돋았다

땀바가지 이름씨 땀을 몹시 흘려 후줄근해짐. 또는 그런 사람

땀방울 이름씨 물방울처럼 맺힌 땀 덩이 ⓑ밥 먹을 때 이마에 땀방울이 송골송골 맺힌다

땀범벅 이름씨 온몸과 옷이 땀으로 범벅이 된 꼴 ⓑ온통 땀범벅이 된 일꾼들이 씩씩하게 쌀가마를 메어 나른다

땀뺄집 이름씨 몸을 뜨겁게 해서 땀을 내어 몸을 낫게 하는 곳 ⇐ 한증막

땀샘 이름씨 젖먹이 짐승 살갗에 있으며 땀을 만들어 내보내는 샘 ⓑ뜨거운 물에 몸을 담그면 몸이 뜨거워지고 그것을 알맞게 맞추려 땀샘 움직임이 바빠진다

땀수 이름씨 바늘로 뜬 자국 수 ⓑ마음이 어수선할 때는 한 땀 한 땀 땀수를 세어가며 바느질한다

땀자국 이름씨 땀이 흐른 자국 ⓑ일꾼들이 땀자국을 소매로 쓱쓱 문지르며 밥을 먹으러 들어온다

땃두릅·땅두릅 이름씨 줄기는 사람키 만하고 곧추 자라며 잎은 깃꼴 겹잎인 여러해살이풀. 뿌리는 여러 가지 낫개감으로 쓰고 어린잎과 줄기는 데쳐서 먹는다

땅[1] 이름씨 1땅별에서 바닷물을 빼고 남은 데 ⓑ하늘과 땅. 땅별 겉넓이로 보아 넷에 하나는 땅이다 2그 고장 또는 그곳 ⓑ내가 사는 땅에는 마늘이 잘 자란다 3나라에서 다스리는 힘이 미치는 넓이 ⓑ돌섬은 우리 땅 ⇐ 영토. 영지 4논밭과 집터 ⓑ보잘것없는 세 마지기 땅이지만 우리를 먹여 살리는 땅이다. 집을 앉힐 땅을 샀다 ⇐ 토지 5흙 ⓑ메마른 땅. 기름진 땅 ⇐ 토양 익은말 **땅에 떨어지다** 훌륭한 이름이나 믿음 따위를 잃다 **땅이 꺼지게·땅이 꺼지도록** (한숨 쉴 때) 아주 크고 깊게 슬기말 **땅 짚고 헤엄치기** 어떠한 일을 쉽게 할 수 있다

땅[2] 어찌씨 1쏘개알이 터져 나오는 소리 ⓑ뒷메에서 땅 하고 쏘개 쏘는 소리가 났다 큰말떵 거센말탕 2작은 쇠붙이나 딴딴한 것이 부딪칠 때 나는 소리 ⓑ망치로 솥뚜껑을 땅 두드렸다

땅- 앞가지 바탈이나 보람이 아주 센 ⓑ땅꼬마. 땅딸보. 땅돈

땅갈이 이름씨 1여름지으려고 땅을 가는 일 ⓑ겨울이 와 땅이 얼기 앞에 땅갈이를 마무리해야 한다 2뭡힘을 써서 땅을 가는 연장 ⓑ땅갈이를 팔아 먹으려고 벌데마다 갖은 수를 쓴다

땅강아지 이름씨 귀뚜라미와 비슷하나 몸빛은 누르불그레하거나 거무스레하고 온몸에

부드럽고 짧은 털이 촘촘히 나 있는 벌레. 허리가 잘룩하여 쉽게 몸을 굽힐 수 있고 앞다리는 땅을 잘 팔 수 있어 땅속에 살며 땅속 벌레를 잡아먹거나 푸나무 뿌리를 갉아 먹고 산다

땅개 이름씨 ❶몸집이 작고 다리가 짧은 개 ⓑ수레 밑으로 파고드는 이웃집 개도 땅개이다 ❷키가 작고 야무지며 잘 싸돌아 다니는 사람 ⓑ내 동무 어릴 적 딴이름이 땅개였다

땅거미[1] 이름씨 해가 진 뒤 차츰 어두워지는 것 ⓑ땅거미가 내린다. 땅거미가 진다

땅거미[2] 이름씨 몸빛은 검붉고 대가리가 크고 마른 땅이나 돌 틈에 집을 짓고 사는 거미

땅검 이름씨 땅을 지키고 돌보는 서낭 ⇐ 지신

땅고르기 이름씨 ❶땅을 다듬거나 다져서 고르는 것 ⇐ 정지 ❷날을 심기에 앞서 땅을 갈아 부드럽게 하는 일

땅구슬 이름씨 멧속 그늘진 곳에 자라고 봄에 보랏빛 꽃이 피는 풀. 둥근 덩이줄기는 낫개로 쓴다 한뜻말땅방울 ⇐ 현호색

땅굴 이름씨 ❶땅속으로 뚫은 굴 ⓑ어떻게 사람이 두더지처럼 땅을 파 길을 내고 다닐 생각을 했을까? ⇐ 토굴 ❷땅을 파서 굴처럼 만든 곳 ⓑ땅굴에 갈무리한 감자와 능금

땅그네 이름씨 땅에 기둥을 박아 세우고 매단 그네 ⓑ땅그네 타는 맛은 아무래도 나뭇가지에 매단 그네만 못하지

땅기다 움직씨 ❶몹시 켕기어지다 ⓑ살갗이 땅기다. 째고 기운곳이 땅긴다 ❷끌어당겨서 가까이 오게 하다 ⓑ어린 딸을 땅겨 무릎에 앉혔다

땅기름 이름씨 땅속에 묻힌 검은 기름 ⇐ 석유

땅기름될갈 이름씨 땅기름이나 저절가스로 여러 될갈몬을 만들어내는 짓일 ⇐ 석유화학

땅기름될갈짓일 이름씨 땅기름이나 저절가스로 여러 가지 몬을 만들어내는 짓일 ⇐ 석유화학공업

땅까불 이름씨 암탉이 혼자서 몸을 땅바닥에 대고 비비적거림 ⓑ암탉 한 마리가 거름더미에서 땅까불을 하네 **땅까불하다**

땅꼬마 이름씨 키가 몹시 작은 사람 ⓑ싸울아비 노릇할 때 언제나 맨 늦게 나오던 땅꼬마가 떠오른다

땅꼴그림 이름씨 땅 겉낯 모습이나 물줄기, 땅 쓰임새, 사람 사는 마을, 길 따위 자리 매개를 나타낸 그림 ⇐ 지형도

땅꽂이 이름씨 땅별 제돌이굴대. 노끝과 마끝을 잇는 굴대로 해돌이 돌길낯에 66.5데쯤 기울어져 있다 한뜻말땅굴대 ⇐ 지축

땅꾼 이름씨 메나 들로 다니면서 뱀을 잡아 파는 사람 ⓑ땅꾼은 그물을 쳐서 뱀을 깡그리 잡는 짓을 해서는 안 된다

땅끊임 이름씨 땅거죽이 위나 아래로 움직여 땅거죽에 갈라진 틈이 생겨 땅켜가 어긋난 일 ⇐ 단층

땅끊임낯 이름씨 땅끊임뭠으로 어긋난 두쪽 땅이 서로 닿는 낯 ⇐ 단층면

땅내 이름씨 땅에서 나는 냄새 ⓑ비가 그치니 땅내가 참 좋다 익은말 **땅내 맡다** 푸나무가 새 땅에 뿌리를 내리고 살게 되다 슬기말 **땅내가 고소하다** 머잖아 죽게 될 것 같다

땅더럼 이름씨 사람이나 산것에 나쁜 무거운 쇠붙이나 될갈몬이 땅에 쌓이는 일. 구리나 서러, 카드뮴 같은 무거운쇠붙이나 벌레죽이개 같은 만든 여름지이낫개 따위로 땅이 더럽혀진다 ⇐ 토양오염

땅덩어리·땅덩이 이름씨 땅 큰 덩이 ⓑ땅덩이가 넓다. 우리나라는 땅덩이가 크지 않은 나라이다 ⇐ 영토

땅돈 이름씨 몹시 적은 돈 ⓑ주머니에 땅돈 하나 없다

땅따먹기 이름씨 땅바닥에 한 뼘 크기 동그라미를 그리고, 저마다 납작 돌을 세 디위 튕겨서 제 금 안으로 들어와 땅을 따먹어 나가는 어린이 놀이 ⓑ애들 땅따먹기 하듯 종이 쪼가리 위에 금 그었다고 제 땅이 되는가

땅딸보 이름씨 키가 작고 똥똥한 사람 ⓑ내가

땅딸보라서 뛰기보다 구르기를 잘한다

땅땅 어찌씨 ❶작은 쇠붙이나 딴딴한 것이 자꾸 부딪칠 때 울려 나는 소리나 그 꼴 ⓑ대장간에서 땅땅 두들기는 소리가 났다 큰말 떵떵 거센말 탕탕 ❷허울만 번지르르하고 큰소리를 잇달아 치는 꼴 ⓑ말로만 땅땅 큰소리치지 말아 큰말 떵떵 ❸남에게 을러대거나 벼르는 꼴 ⓑ모레까지 몽땅 갚으라고 땅땅 으르고 갔다 ❹쏘개알 같은 것이 잇달아 터져 나오는 소리 ⓑ쏘개 소리가 땅땅 울린다 ❺몹시 거침없이 튀기는 꼴 ⓑ땅땅 튀기면서 대들고 나섰다 **땅땅하다**

땅땅거리다[1] 움직씨 힘과 돈을 뽐내며 거들먹거리다 ⓑ많은 사람들이 돈 많이 벌어 남부럽지 않게 땅땅거리며 살고 싶어한다 **땅땅대다**

땅땅거리다[2] 움직씨 ❶작은 쇠붙이나 딴딴한 것이 자꾸 부딪칠 때 소리가 울려 나다 ❷허울만 번지르르하고 큰소리를 잇달아 치다 **땅땅대다**

땅떼기 이름씨 못을 파거나, 길이나 보를 낼 때 흙을 파 옮기는 일

땅뙈기 이름씨 얼마 안되는 논밭 ⓑ송곳 하나 꽂을 땅뙈기라도 있으면 모를까…

땅뜀 이름씨 무거운 몬을 들어 땅에서 뜨게 하는 일 ⓑ그 뜻은 더욱 아득하여 함부로 땅뜀을 할 길이 없었다. 이야기를 어떻게 비롯해야 할지 땅뜀도 할 수 없었다 익은말 **땅뜀도 못하다** 조금도 어림잡거나 알아낼 수 없다. 또는 엄두도 못 내다

땅매개갈 이름씨 땅 매개와 가리, 곧 뭍과 바다 자리와 꼴, 메내, 여러 나라 고을 터전 같은 것을 사람 삶과 맺어 파고드는 갈 ⇐ 지리학

땅뭠말 이름씨 땅별이 제돌이하면서 해 둘레를 돈다는 말 ⇐ 지동설

땅밑켜 이름씨 땅 밑에 지은 집켜 ⇐ 지하층

땅바닥 이름씨 ❶땅 맨바닥 ⓑ새뜸을 듣자마자 그대로 땅바닥에 주저앉았다 ❷땅거죽. 땅겉 ⓑ온갖 풀들이 자라나 땅바닥을 뒤덮었다 ⇐ 지면. 지표

땅밭갈 이름씨 땅별 짜임새, 겉, 생겨난 자취 같은 것을 밝혀내는 갈 ⇐ 지질학

땅밭뉘 이름씨 땅별이 이루어진 뒤부터 삶자취 앞까지 뉘 ⇐ 지질시대

땅벌 이름씨 땅속에 집을 짓고 사는 벌 ⓑ땅벌처럼 모진 데가 있어야 돈을 모으지 슬기말 **땅벌 집 보고 꿀 돈 내어 쓴다** 될지 안 될지 모를 일을 갖고 길미를 미리 당겨쓰는 어리석음

땅벼락 이름씨 땅에 내리치는 벼락 ⓑ그렇잖아도 마을 사람들이 땅벼락같이 갋겠다고 벼르고 있다는군

땅별 이름씨 해에서 셋째로 가까운 떠돌이별. 사람과 온갖 목숨붙이가 사는 곳으로 돌별로 달이 있다. 제돌이돌은 24때쯤이고 해돌이돌은 365날쯤이다 ⇐ 지구

땅별밑뜸 이름씨 땅별을 밑떠 만든 새끼꼴. 마노 굴대를 23.5 데 기울어져 마음대로 돌 수 있게 둥근 통같이 만든다 한뜻말 새끼땅별 ⇐ 지구의. 지구본

땅볕 이름씨 땅에 내리쪼이는 볕 ⓑ한여름 땅볕 아래 누워서 뭉게구름을 쳐다본다

땅보는이 이름씨 집을 짓거나 무덤을 쓸 좋은 자리와 쪽을 잡아주는 사람 ⇐ 지관

땅보탬 이름씨 사람이 죽은 뒤에 땅에 묻히는 것 ⓑ밥맛이 없는 걸 보니 땅보탬할 때가 되었나? **땅보탬하다**

땅볼 이름씨 공차기나 공치기 놀이에서 땅 위로 굴러가는 공 ⓑ땅볼 치기로 한 점을 보탰다

땅뺏기 이름씨 땅따먹기

땅서낭 이름씨 사람들보다 높아 땅을 지키고 돌본다고 믿는 어떤 것 ⇐ 지신

땅속길 이름씨 땅밑을 파서 그 속으로 사람이나 수레가 다닐 수 있게 만든 길 ⇐ 지하통로. 지하도

땅속꽃싸울어미 이름씨 겨집으뜸지킴이 얼굴을 한 장승 ⇐ 지하여장군

땅속물 이름씨 땅속에 스며든 빗물 ⓑ땅속물에서 알맞게 걸러진 먼물이 냄새도 거의 없

고 맛도 좋다 ⇐ 지수. 지하수

땅속밑감 이름씨 땅속에 있어 아직 파내지 않은 밑감 ⇐ 지하자원

땅속방 이름씨 집채 아래 땅밑을 파고 들인 방 ⇐ 지하실

땅속수레 이름씨 땅속에 굴을 파서 놓은 쇠길 위를 달리는 수레 ⇐ 지하철

땅속수레나루 이름씨 땅속수레를 타고 내리는 나루 ⇐ 지하철역

땅속줄기 이름씨 둥글파나 감자, 마늘처럼 땅속에 묻힌 줄기. 살감이 이곳에 갈무리된다

땅수레 이름씨 흙을 밀어내어 땅을 다지거나 땅낯을 고르고 펀펀하게 하는 일에 쓰는 수레 ⇐ 불도저

땅심 이름씨 푸나무를 길러 낼 수 있는 땅이 가진 힘 한뜻말 땅힘 ⇐ 지력

땅윗결 이름씨 땅 거죽을 따라 퍼지는 번결 ⇐ 지상파

땅윗물 이름씨 땅 겉을 흐르거나 고인 온갖 물 ㉥땅윗물은 온갖 목숨붙이가 먹고 사는 물이다 ⇐ 지표수

땅임자 이름씨 ❶땅 가진 사람. 또는 그 땅에서 사는 사람 ⇐ 지주. 땅주인 ❷가진 땅을 남에게 빌려주고 돈을 받는 사람 ⇐ 지주

땅자리 이름씨 참외나 수박 거죽이 땅에 닿아 빛깔이 바뀌고 거칠거칠한 것

땅재주 이름씨 앞곤두나 뒷곤두, 팔걸음처럼 손으로 땅을 짚거나 짚고 넘으며 부리는 재주 ㉥광대가 팔로 걸었다 잇달아 뒤집어 엎었다 온갖 땅재주를 부린다

땅잼갈 이름씨 땅을 재려고 그림꼴을 파고들다 비롯하였고 그림꼴 바탈, 곧 길이, 꼴, 놓인 자리 따위를 파고드는 수갈 한 쪽 ⇐ 기하학

땅주름 이름씨 땅켜 가로누름으로 물결처럼 주름진 꼴 ⇐ 습곡

땅주릅 이름씨 땅을 사고파는 일을 흥정해 주는 사람 ⇐ 복덕방. 부동산소개업자. 공인중개사

땅줄 이름씨 번힘줄 한 곳을 땅에 잇는 줄. 번힘에 다칠까 봐 번힘틀과 땅을 이어준다 ⇐ 접지선

땅켜 이름씨 알갱이 크기, 빛깔, 이룸씨 따위가 서로 달라서 위아래 물에된바위와 가려지는 물에된바위 덩이 ⇐ 지층

땅콩 이름씨 줄기는 기거나 서고, 잎은 알꼴로 마디마다 네 겹인 밭에 심어 가꾸는 한해살이풀. 땅속에서 꼬투리가 달리는 열매는 맛이 좋아 먹거리로 두루 쓴다 ㉥모래땅에 땅콩을 키우면 땅심을 높인다

땅터지개 이름씨 땅속에 묻어두어 그 위를 사람이나 수레 따위가 지나가면 터지도록 만든 터지개 ⇐ 지뢰

땅터지개밭 이름씨 땅터지개가 여기저기 묻힌 곳 ⇐ 지뢰밭

땅흔들림 이름씨 땅속에 오랫동안 쌓인 힘이 갑자기 치솟으면서 땅거죽이 흔들리는 일 ㉥엊그제 일어난 땅흔들림으로 좀 놀랐지만 다들 알아차림을 이어갔다 한뜻말 땅뛰 ⇐ 지진

땅흔들림띠 이름씨 땅이 자주 흔들리는 곳 ⇐ 지진대

땅흔들림바다넘이 이름씨 바다 밑 땅이 흔들릴 때 바닷물이 뭍으로 넘쳐오는 것 ⇐ 지진해일

땅흔들림재개 이름씨 땅이 흔들릴 때 땅흔들림을 재는 틀 ⇐ 지진계

땋다 움직씨 머리털이나 실 같은 것을 세 가닥 넘게 가르고 서로 어긋나게 엮어 한 가닥으로 짓다 ㉥머리를 두 갈래로 땋았다

때[1] 이름씨 ❶지난 적, 이제, 올 적으로 끝없이 고르게 이어지는 흐름 ㉥때가 돈이다. 때로는 네 생각하느라 잠 못 이룬다. 때와 곳을 잡았다. 어느 때가 좋을까? 때는 흐르는 물과 같다 ⇐ 시간 ❷일하기 알맞은 고비 ㉥때를 만나다. 때를 놓치다. 때맞춰 잘 왔다. 때아닌 벚꽃이 피었다. 때도 없이 졸라댄다 ❸끼니 ㉥때를 거르고 다니지 마라 ❹적 ㉥외로울 때도 많았다. 어렸을 때 다니던 배곳이다 ⇐ 시기. 시절 ❺철 ㉥때는 바야흐로 가을이다 ⇐ 계절 ❻뉘 ㉥우리 때에 무

슨 호강을 누리겠다고 그러느냐 ⇐ 시대. 연대

때[2] (이름씨) ❶숨받이 몸이나 몬에 앉거나 묻은 먼지 같은 것 ⓑ맨손으로 거름을 주었더니 손에 때가 잔뜩 끼었다. 흰옷은 때가 잘 탄다 ❷더럽게 쩨쩨한 짓 ⓑ때 묻지 않은 마음 ❸까닭 없이 덮어쓴 더러운 이름 ⓑ때를 벗다

때구루루 (어찌씨) 작은 것이 세게 구르는 꼴 ⓑ밤송이가 비탈을 때구루루 굴러 내려왔다 센말떼구루루 여린말때그르르

때굴때굴 (어찌씨) 작은 것이 자꾸 세게 구르는 꼴 ⓑ상수리가 때굴때굴 굴러 내려와서 골짜기에 무더기로 모였다

때그릇 (이름씨) 다음 때에 알리려고 요즘을 잘 보여주는 글이나 몬을 넣고 막아 땅속에 깊이 묻어두는 그릇 ⇐ 타임캡슐

때기 (이름씨) 볏단이나 보릿단 따위를 넓적한 돌에 메어쳐서 이삭을 떠는 일 한뜻말태질

때까치 (이름씨) 까치보다 좀 작고 등은 잿빛, 가슴과 배는 흰 새. 멧속에 몇 마리씩 몰려다니며 개구리, 벌레나 나무 열매를 먹고 산다

때깔 (이름씨) 눈에 선뜻 드러나 비치는 겉모습과 빛깔 ⓑ때깔이 고운 낯빛

때끝 (이름씨) 일을 끝내기로 잡은 때 ⇐ 시한

때끝붙임 (이름씨) 어떤 일에 때끝을 붙임. 또는 그 일 ⇐ 시한부

때노래 (이름씨) 고리 가운데쯤에 생겨나 조선 때 널리 퍼진 우리나라 내림노래. 첫가름, 갑가름, 끝가름으로 나뉘는데 가락을 붙여 소리처럼 부르기도 한다 ⇐ 시조

때늦다 (그림씨) 제 때보다 늦다 ⓑ오늘따라 아버지가 때늦게 들어오셨다

때다 (움직씨) 아궁이 따위에 불을 지펴 타게 하다 ⓑ둥거리를 때서 구들을 데웠다. 군불을 때다

때다름 (이름씨) 땅별 위 두 곳 사이에 생기는 고장 때 다름. 날금 15데마다 한 때새 다르다 ⇐ 시차

때닦개 (이름씨) 때를 미는 데 쓰는 깔끄러운 닦개 ⓑ나는 살갗이 여려 씻을 때 때닦개를 쓰지 않는다 ⇐ 때수건

때때로 (어찌씨) 때에 따라서 드문드문 ⓑ때때로 들른다. 때때로 찾아뵌다 ⇐ 시시로

때때맡돈 (이름씨) 돈을 맡기고 찾는 것을 아무 때나 마음대로 할 수 있는 돈책 맡돈 ⇐ 보통예금

때때신 (이름씨) 빛깔이 알록달록 고운 아이 신 ⓑ설날 때때옷을 입고 때때신을 신고 할배 집에 갔다

때때옷 (이름씨) 빛깔이 알록달록하여 고운 옷 ⓑ설날이면 때때옷을 입고 어른들께 절을 올렸다

때려치우다 (움직씨) 하던 일을 그만두다 ⓑ이 짓도 이제 때려치울 때가 되었나 봐

때로 (어찌씨) ❶잦지 않게 가끔 ⓑ배우고 때로 익히면 즐겁지 아니한가 ❷때에 따라서 ⓑ때로 냇물이 아래로 흐르지 않는다

때리다 (움직씨) ❶세차게 두드리거나 후려치다 ⓑ손바닥으로 뺨을 때리다니! ⇐ 폭행하다 ❷맨손이나 손에 쥔 것 따위로 아프도록 치다 ⓑ회초리로 등짝을 때렸다. 어미 가슴을 때리는 말을 내뱉었다 ⇐ 구타하다 ❸(마음, 머리와 함께 써) 세게 치다 ⓑ오랜만에 듣는 아리랑 가락이 가슴을 때린다 ❹말이나 글로 남 잘못을 떠벌리거나 나무라다 ⓑ나라 일꾼들 잘못으로 사람이 많이 죽어서 날마다 새뜸에서 때린다 ❺값을 놓아 부르다 ⓑ주릅이 때리는 값이면 아무도 군말이 없다 ❻('때려'꼴로 써) 마구 또는 함부로 ⓑ때려 마시자. 때려 부숴라. 때려먹었더니 힘들다 ❼뭘로 치듯이 아픈 느낌이 들다 ⓑ하도 등골이 때려서 참기 힘들다. 그놈 참 골 때리는 녀석이네 (슬기말) **때리는 시어미보다 말리는 시누이가 더 밉다** 겉으로는 도와주는 척 하면서 뒤로는 헐뜯고 다니는 사람이 더 밉다 **때린 놈은 가로 가고 맞은 놈은 가운데로 간다·때린 놈은 다릴 못 뻗고 자도 맞은 놈은 다릴 뻗고 잔다** 남에게 잘

못한 사람은 마음이 놓이질 않고 괴로움을 겪은 사람은 오히려 마음을 놓는다

때림이 이름씨 공치기 놀이에서 방망이를 가지고 때리는 자리에서 공을 치는 놀이꾼 ⇐ 타자

때마침 어찌씨 어떤 때에 알맞게 ⓑ때마침 기다리던 글월이 왔다. 배가 고플 때쯤 때마침 쇠북이 울렸다

때맞추다 움직씨 때에 맞도록 하다 ⓑ끼니는 때맞춰 먹어야지

때멈춤 이름씨 공놀이하다가 놀이꾼을 바꾸거나 새 꾀를 내려고 놀이를 잠깐 멈추는 일 ⇐ 타임아웃

때문 이름씨 (어떤 말 뒤에 써) 그 말이 다른 일 말미가 됨 ⓑ늦은 게 비 때문만은 아니야. 산들은 빚 때문에 꼼짝달싹 할 수 없다

때묻다 움직씨 ❶쓰거나 입어서 더러워지다 ⓑ때묻은 옷 ❷오래 써서 손에 익다 ⓑ내가 즐겨 쓰는 때묻은 연장 ❸낡은 생각으로 낡게 살아가다 ⓑ솜씨는 좋지만 길손님도 때묻은 생각으로 바라지를 크게 내는 집은 지을 수 없었다

때밀이 이름씨 멱감는 곳에서 멱감는 사람 몸 때를 밀어 씻어주는 사람이나 그 일 ⓑ한때 서울에서 때밀이는 제법 큰 돈을 버는 일자리였다

때벗이 이름씨 살림이나 삶꽃, 생각 따위가 여러모로 낡고 뒤떨어져 눈뜨지 못한 데에서 벗어나는 것 **때벗이하다**

때보람 이름씨 어떤 보람이 이어지는 동안 ⓑ가름걸이 때보람 ⇐ 시호

때빠르기 이름씨 한 때새 동안 나아간 길이 ⇐ 시속

때새 이름씨 ❶어떤 때에서 어떤 때까지 사이 ⓑ놀 때는 때새가 참 빨리 간다 ⇐ 시간 ❷어떤 일을 할 틈 ⓑ나랑 이렇게 실랑이 할 때새가 없는데 ❸어떤 일을 하기로 잡은 때 ⓑ쉬는 때새. 아침 먹을 때새 ❹하루를 스물넷으로 나누어 세는 하나치 ⓑ여기서 거기까지는 다섯 때새가 걸려

때새표 이름씨 ❶때새를 나누어 때새마다 할 일을 적은 표 ⇐ 시간표 ❷날틀이나 배, 버스, 긴수레 따위가 떠나고 닿는 때새를 적은 표 ⇐ 시간표

때수건 ⇒ 때닦개

때알림이 이름씨 때를 나타내거나 때를 재는 틀 ⓑ쇠북이 울려 때알림이를 보니 벌써 10때가 되었네 한뜻말 때틀 ⇐ 시계

때우다 움직씨 ❶뚫어지거나 해진 데에 딴 조각을 붙이거나 끼워서 메우다 ⓑ가마솥을 때워서 쓴다 ❷제대로 하지 못하고 대충 치러 넘기다 ⓑ아침은 떡으로 때우고 왔어 ❸모질고 사나운 날떠퀴를 쉽고 가벼운 일로 겪어 벗어나다 ⓑ그나마 조금 다친 것으로 다른 지실을 미리 때운 셈이야

때틀[1] 이름씨 지난 적이나 올 적으로 타고 갈 수 있다고 생각하는 틀 ⇐ 타임머신

때틀[2] 이름씨 때를 재거나 알려주는 틀 한뜻말 때알림이 ⇐ 시계

땔감 이름씨 불 땔 거리 ⓑ겨울을 나려고 참나무 둥거리로 땔감을 마련했다 한뜻말 땔거리 ⇐ 연료

땔나무 이름씨 땔감으로 쓸 나무 ⓑ땔나무를 해서 지고 메에서 내려왔다 ⇐ 화목

땜납 이름씨 납과 주석을 섞어 잘 녹게 만든 쇠붙이. 날쇠나 함석 같은 것을 때워 붙이거나 때워 구멍을 막는다

땜막대 이름씨 땜질에서 이어붙일 곳을 녹여 붙이는 데 쓰는 막대꼴 밑감 ⇐ 용접봉

땜장이 이름씨 땜질로 밥벌이 삼는 사람 ⓑ땜장이가 줄어 솥을 때워 쓰려고 해도 때울 곳이 없다 ⇐ 용접공

땜질 이름씨 뚫어지거나 금 간 데를 깁거나 때우는 것 ⓑ큰길이 여기저기 파여서 땜질투성이다 준말 땜 ⇐ 용접

땜통 이름씨 ❶뮘그림에서 바드러운 마당을 찍을 때 노릇바치를 갈음하여 노릇하는 사람 ⇐ 스턴트맨 ❷어떤 일을 맡은 사람이 그 일을 할 수 없을 때에 갈음하여 맡아 해 주는 사람 ⇐ 대역

땟국 이름씨 때가 녹아 섞인 물기 ⓑ땟국이 자르르 흐르는 일옷

땟국물 이름씨 '땟국' 힘줌말

땟물 이름씨 ❶때가 많이 섞인 더러운 물 ⓑ홀아비 살이라 그런지 옷에서 땟물이 줄줄 흐른다 ❷훤하거나 매끈하게 잘나지 못한 때깔 ⓑ서울에 와서 살더니 땟물을 좀 벗었네. 찌든 옷을 비누를 풀어 삶았더니 땟물이 쏙 빠졌다

땡[1] 이름씨 ❶그림딱지 같은 노름 따위에서 같은 짝을 뽑는 일 ⓑ땡을 뽑았으니 그쪽이 먼저 하시오 밑말땡땡구리 ❷뜻밖에 걸려든 좋은 일 ⓑ오늘은 땡 잡은 날이라고 히죽거렸다

땡[2] 어찌씨 작은 댕이나 그릇 따위 쇠붙이를 두드리는 소리 ⓑ틀렸음을 알리는 땡 소리에 어깨가 축 처졌다 큰말뗑 여린말댕

땡감 이름씨 아직 익지 않은 떫은 감 ⓑ땡감을 소금물에 담가두면 떫은맛이 가시고 달아진다

땡강 어찌씨 ❶작은 쇠붙이 같은 것이 부러지거나 부딪치면서 짧게 울려 나는 맑은 소리 ⓑ땡강 쇠북이 울린다 ❷작은 물방울이 쇠널 같은 곳에 떨어지면서 세게 나는 소리 ⓑ처맛물이 쇠 대야에 떨어지는 소리가 땡강 들린다 **땡강하다**

땡강거리다 움직씨 ❶작은 쇠붙이 같은 것이 부러지거나 부딪치면서 잇달아 짧게 맑은 소리가 울려 나다 ❷작은 물방울이 쇠널 같은 곳에 떨어지면서 소리가 잇달아 세게 나다 **땡강대다**

땡강땡강 어찌씨 ❶작은 쇠붙이 같은 것이 부러지거나 부딪치면서 잇달아 짧게 울려 나는 맑은소리 ⓑ배곳 쇠북이 땡강땡강 울리네, 어서 가보자 ❷작은 물방울이 쇠널 같은 곳에 떨어지면서 잇달아 세게 나는 소리 ⓑ헌 지붕널 위로 빗물 떨어지는 소리가 잇달아 땡강땡강 들린다 **땡강땡강하다**

땡그랑 어찌씨 작은 방울이나 쇠북 같은 것이 흔들리면서 세게 울리어 나는 맑은소리 ⓑ주머니에서 쇠돈이 땡그랑 떨어졌다 **땡그랑하다**

땡그랑거리다 움직씨 작은 방울이나 쇠북 같은 것이 흔들리면서 세게 울려 맑은 소리가 나다 **땡그랑대다**

땡그랑땡그랑 어찌씨 작은 방울이나 쇠북 같은 것이 흔들리면서 세게 울려 나는 맑은 소리 ⓑ네팔에서 사 온 작은 놋쇠그릇은 나무막대로 조금만 건드려도 땡그랑땡그랑 맑은 소리를 낸다 **땡그랑땡그랑하다**

땡땡[1] 어찌씨 작은 쇠북 같은 쇠붙이를 잇달아 칠 때 울리는 소리 ⓑ배곳 쇠북이 땡땡 울린다 **땡땡하다**

땡땡[2] 어찌씨 ❶몹시 부르거나 부어서 속이 딴딴하게 된 꼴 ⓑ벌에 쏘여서 발이 땡땡 부어 디디기가 어렵네 ❷눌러도 우그러들지 않을 만큼 굳고 딴딴한 꼴 ⓑ가람물이 땡땡 얼어붙었다

땡땡거리다 움직씨 작은 쇠북 같은 쇠붙이를 잇달아 칠 때 소리가 울려 나다 **땡땡대다**

땡땡이[1] 이름씨 손잡이가 달린 작은 북처럼 생긴 어린아이 놀잇감. 흔들면 땡땡 소리가 난다

땡땡이[2] 이름씨 일하기 싫어 빈둥빈둥 게으름을 피우는 짓 ⓑ땡땡이를 놓다. 땡땡이를 치다. 땡땡이를 까다. 땡땡이를 부리다

땡땡이중 이름씨 꽹과리 따위를 치며 동냥을 다니는 중답지 않은 중 ⓑ중옷을 입었지만 마음은 닦지 않고 베풂 받는 것에 마음을 쓰는 땡땡이중

땡땡하다 그림씨 ❶몹시 부르거나 부어서 속이 딴딴하다 ❷눌러도 우그러들지 않을 만큼 굳고 딴딴하다

땡볕 이름씨 뜨겁게 내리쬐는 햇볕 ⓑ땡볕에 빨래를 널어놓았다. 땡볕에 너무 오래 있지 마라

땡잡다 움직씨 뜻밖에 좋은 일이 크게 생기다 ⓑ남들은 돈 써가며 얼굴이나 이름을 알리려는데 언니는 가만히 앉아서 땡 잡은 셈이네요 ⇐ 횡재하다

땡중 이름씨 술을 마시거나 고기를 먹는 것처럼 중이 지켜야 할 삼감을 지키지 않는 중 한뜻말 땡추. 땡추중 ⇐ 파계승

떠가다 움직씨 하늘이나 물 위에서 뛰어 가다 ⓑ구름이 떠간다. 나뭇잎이 떠간다. 배가 떠간다

떠꺼머리 이름씨 장가가거나 시집갈 나이가 넘은 머스마나 가시나가 땋아 늘인 긴 머리 ⓑ아재는 나이가 서른이 넘도록 짝맺이를 하지 못해 떠꺼머리를 하고 다녔다지

떠나가다 움직씨 있던 자리를 떠서 다른 데로 가다 ⓑ싸움터로 떠나간 아들을 그리워했다

떠나다 움직씨 ❶다른 데로 몸을 움직여 가다 ⓑ이곳에서 떠난 지가 오래다 ❷없어지거나 사라지다 ⓑ그 생각이 떠나질 않네 ❸일하러 나서다 ⓑ낚시를 떠났다 ❹이어진 데서 벗어나거나 끊다 ⓑ잘잘못을 떠나서 누가 먼저 했는지를 따져봅시다. 고기는 물을 떠나 살 수 없다 ❺('누리' 따위와 함께 써) 죽다 ⓑ어젯밤에 그가 조용히 누리를 떠났다

떠나보내다 움직씨 한 곳에서 다른 곳으로 옮겨가도록 하다 ⓑ긴수레나루에서 벗을 떠나보내고 돌아왔다

떠나오다 움직씨 다른 곳에서 이쪽으로 움직여 오다 ⓑ텃마을 떠나온 지도 어느덧 열두 해가 넘었다

떠내다 움직씨 ❶물 같은 것이나 그 위에 뜬 것을 퍼내다 ⓑ바가지로 국물을 떠내어라 ❷뗏장 따위를 흙이 딸린 채로 파내다 ⓑ잔디를 떠내고 모래를 깔았다 ❸짐승 살이나 기름 쪽을 얇고 넓게 도려내다 ⓑ갈비에 붙은 기름을 가위로 떠냈다

떠내려가다 움직씨 물에 뜨거나 잠겨서 흘러 내려가다 ⓑ쓰레기가 떠내려가다 얽혀 쌓였다

떠넘기다 움직씨 ❶제 할 일을 남에게 억지로 넘기다 ⓑ아우가 심부름을 내게 떠넘겼다 ❷무거운 짐을 바닥에서 띄워서 딴 데로 넘기다 ⓑ메라도 떠넘길 힘찬 기운

떠다니다 움직씨 ❶하늘이나 물 위에 떠서 오가다 ⓑ가까운 바다에 여러 돛단배가 떠다닌다 ⇐ 표류하다 ❷자리잡을 마땅한 데가 없어 이리저리 오가다 ⓑ닷새 저자터를 나날이 떠다니는 장사를 그만두고 싶다

떠다밀다 움직씨 ❶힘껏 앞으로 나아가게 하다 ⓑ뒤에서 떠다미는 바람에 앞으로 고꾸라졌다 ❷제 할 일을 남에게로 미루다 ⓑ맡은 일을 떠다밀고 서로 모른 체하면 안 되지

떠다밀리다 움직씨 '떠다밀다' 입음꼴 ⓑ쏟아져 나오는 사람들에게 떠다밀려 섬돌 너머로 굴러떨어질 뻔했다. 그 잔꾀에 떠다밀리는 바람에 내가 떠맡을 수밖에 없었다

떠돌다 움직씨 ❶머물 데 없이 이리저리 돌아다니다 ⓑ마땅한 일자리가 없어 막일꾼으로 떠돌며 살았다 ❷하늘이나 물 위에 떠서 돌아다니다 ⓑ하늘을 떠도는 구름처럼 살고 싶다 비슷한말 떠다니다 ⇐ 표류하다 ❸말이나 뜬말이 여기저기 퍼져 돌아다니다 ⓑ뜬말로 떠돌던 것이 참말로 드러났다 ❹느낌이나 마음이 드러나 보이다 ⓑ집안에 여느 때 보지 못했던 싸늘한 기운이 떠돌았다. 입가에 웃음이 떠돈다 ❺냄새 같은 것이 둘레에 감돌다 ⓑ나물을 참기름으로 무쳤더니 집안에 고소한 냄새가 떠돈다

떠돌아다니다 움직씨 ❶머물 데 없이 이리저리 다니다 ⓑ한뉘를 떠돌아다니며 살았다 ❷하늘이나 물 위에 떠서 이리저리 옮기다 ⓑ먼지가 방안에 엄청 떠돌아다닌다 ❸말이나 뜬말이 널리 퍼지다 ⓑ얄궂은 뜬말이 고을에 떠돌아다녔다

떠돌이 이름씨 머물 데 없이 곳곳을 떠돌아다니는 사람 ⓑ젊었을 적에 서울로 나가 떠돌이로 세 해를 보냈다 ⇐ 방랑자

떠돌이별 이름씨 해 둘레를 갈 길 따라 돌아다니는 별 ⓑ땅별, 샛별, 불별은 떠돌이별이다 맞선말 붙박이별 ⇐ 행성. 유성

떠들다 움직씨 ❶시끄럽게 큰 목소리로 말하

다 ⓑ아이들이 떠들며 논다 ❷이야기를 널리 퍼뜨리다 ⓑ새뜸에서 떠들만한 큰일은 뭉개고 조그만 일을 크게 떠든다 ❸남 마음을 끌려고 일, 생각 따위를 두드러지게 내세우다 ⓑ말로는 하늘땅을 바꾼다고 떠들어 댔지만 정작 누리가 달라진 것은 크게 없다

떠들썩하다 움직씨 여러 사람이 한 데 모여 시끄럽게 떠들다 ⓑ옆집에서 돌잔치 하느라 떠들썩한 소리가 들린다

떠듬거리다 움직씨 말을 하거나 글을 읽을 때 술술 나오지 않고 자꾸 막히다 ⓑ여러 사람 앞에 나서면 나도 모르게 말을 떠듬거린다 작은말 따듬거리다 여린말 더듬거리다 **떠듬대다**

떠듬떠듬 어찌씨 말을 하거나 글을 읽을 때 잇달아 몹시 더듬는 소리나 그 꼴 ⓑ내 어릴 적 동무는 글을 읽을 때도 말할 때도 떠듬떠듬 몹시 더듬었다 **떠듬떠듬하다**

떠름하다 그림씨 ❶열매가 다 익지 않아 조금 떫은맛이 있다 ⓑ떠름한 감을 맛있다고 먹는다 ❷마음에 달갑게 여기지 않다 ⓑ장사꾼이 떠름한 낯으로 손님을 맞이하면 못쓴다

떠맡기다 움직씨 ('떠맡다' 하임꼴) 제 할 일을 남에게 억지로 넘겨주다 ⓑ요즘은 아이 키우는 일을 아내한테만 떠맡기지 않지요

떠맡다 움직씨 어떤 일을 오롯이 짊어지다 ⓑ남 빚까지 떠맡아 갚느라 힘들어요

떠먹다 움직씨 (숟가락 같은 것으로) 떠서 먹다 ⓑ밥을 겨우 한술 떠먹었다

떠메다 움직씨 ❶무거운 짐 따위를 쳐들어서 어깨에 걸치거나 올려놓다 ⓑ마을사람들이 멧돼지 한 마리를 떠메고 내려왔다 ❷어떤 일을 떠맡다 ⓑ나서는 사람이 없어, 할 수 없이 내가 그 일을 떠멨다

떠밀다 움직씨 ❶힘껏 앞으로 나아가게 하다 ⓑ거센 물살이 몸뚱이를 떠미는 바람에 물속으로 빨려 들어갔다 ❷제 할 일을 남에게 미루다 ⓑ할 수 없이 제 잘못을 벗한테 떠밀고 빠져나왔어요

떠밀리다 움직씨 ❶('떠밀다' 입음꼴) 뒤에서 힘을 받아 앞으로 나아가게 되다 ⓑ큰 물결에 더는 떠밀리지 않게 바위를 꼭 붙잡았다 ❷할 일을 억지로 넘겨받다 ⓑ여러 사람 등쌀에 떠밀려 내가 나설 수밖에 없었다

떠받다 움직씨 ❶머리나 뿔로 힘껏 밀어치다 ⓑ소가 골이 나면 임자라도 떠받는단다 ❷무너지거나 주저앉지 않도록 밑에서 받치다 ⓑ이 집은 배흘림기둥이 지붕을 떠받는다 비슷한말 떠받치다

떠받들다 움직씨 ❶밑을 받치어 쳐들다 ⓑ커다란 접시를 떠받들고 서있다 ❷우러러 섬기거나 값지게 다루다 ⓑ막내라고 너무 떠받든다. 우리는 깨달은 분을 스승으로 떠받듭니다

떠받들리다 움직씨 ❶('떠받들다' 입음꼴) 밑이 받쳐져 위로 쳐들리다 ⓑ바람에 뿌리가 떠받들린 채로 나무가 넘어져 있다 ❷우러러 섬겨지거나 값지게 다루어지다 ⓑ그는 죽어서도 훌륭한 스승으로 떠받들린다

떠받치다 움직씨 ❶떨어지거나 쓰러지지 못하게 밑에서 받쳐서 버티다 ⓑ이 기둥으로는 무거운 지붕을 떠받칠 수 없다 ❷나라를 오래 버티도록 하다 ⓑ나라를 떠받치고 이끌어갈 젊은이들이 한자리에 모였다

떠받히다 움직씨 ❶('떠받다' 입음꼴) 머리나 뿔에 떠받음을 입다 ⓑ어릴 때 소 가까이 다가가다가 소에게 떠받힌 생각이 난다 ❷무너지거나 주저앉지 않도록 밑에서 받쳐지다 ⓑ무너질 듯한 집이 참나무기둥에 떠받힌 채 겨우 버틴다

떠버리·떠벌이 이름씨 떠벌거리기를 잘하는 사람 ⓑ떠버리 짝꿍이 쉬지 않고 말을 걸어와 일을 못 하겠다

떠벌거리다 움직씨 자꾸 부풀려 수다스럽게 떠들어대다 ⓑ제 둘레 사람은 아랑곳하지 않고 떠벌거리며 제 자랑만 늘어놓았다 **떠벌대다**

떠벌떠벌 어찌씨 자꾸 부풀려 수다스럽게 떠

들어대는 꼴 ⓑ웃대가리들이 입만 열면 떠벌떠벌 거짓말을 늘어놓는다 **떠벌떠벌하다**

떠벌리다 움직씨 부풀려 수다스럽게 떠들다 ⓑ새봄은 늘 아들 자랑을 떠벌리고 다닌다

떠보다 움직씨 ❶무게를 저울로 달아보다 ⓑ돼지고기 한 덩이를 저울에 떠보았다 ❷말과 몸짓으로 그 사람 됨됨이를 헤아려보다 ⓑ곱단이가 나한테 마음이 있는지 넌지시 떠보는 말을 걸어온다 ❸(에둘러서 하는 말이나 짓으로) 남 속뜻을 넌지시 알아보다 ⓑ아까부터 별님이 달님 속을 떠보느라 여러 말을 해 쌓는다

떠살이·뜬살이 이름씨 물속이나 물 위에 떠돌며 사는 잔살이 ⓑ온갖 말갈래, 개구리밥, 통발 따위는 떠살이 목숨붙이다 ⇐ 부유생물

떠세 이름씨 돈이나 힘을 내세워 젠체하고 억지를 쓰는 짓 ⓑ떠세를 부리다. 돈많은 떠세 **떠세하다**

떠안다 움직씨 도맡다 ⓑ고추 따는 일도 내가 떠안아야지, 어쩌겠어

떠엎다 움직씨 ❶떠서 뒤집어 엎다 ⓑ밭을 떠엎고 닭똥을 뿌렸다 ❷어떤 일이나 흐름을 뒤집어엎어 끝을 내다 ⓑ새 으뜸머슴이 앞 으뜸머슴 하던 일들을 자꾸 떠엎었다 ❸들레어 시끄럽게 하다 ⓑ골이 난 아버지가 소리 치며 집안을 떠엎었다

떠오르다 움직씨 ❶뜨거나 솟아서 위로 오르다 ⓑ달이 새녘에 떠올랐다 ❷생각이 나다 ⓑ좋은 생각이 꼬리를 물고 떠올랐다 ❸눈길을 끌거나 마음을 사로잡을 만큼 두드러지다 ⓑ그 소리꾼이 새로운 별로 떠올랐다. 앞으로 인도네시아가 큰 저자로 떠오르겠지 ⇐ 부상하다

떠올리다 움직씨 ❶('떠오르다' 하임꼴) 뜨거나 솟아서 위로 오르게 하다 ⓑ밭을 매다가 지난해 돌아가신 아버지를 떠올렸다 ❷생각이 나게 하다 ⓑ지난 일을 떠올려 곱씹기보다 너그럽게 받아들이자 ⇐ 연상하다

떠퀴 이름씨 일이 잘되거나 잘못된다고 믿는 기운 ⇐ 운

떡[1] 이름씨 ❶낟이나 낟 가루를 찌거나 삶아 치고 빚어 만든 온갖 먹을거리 ⓑ잔칫날에 먹을 떡을 미리 마련했다 ❷'떡밥' 준말 ⓑ떡을 더 풀자 고기가 모여들었다 ❸머리가 한데 뭉친 것을 빗댄 말 ⓑ머리를 며칠 못 감았더니 떡이 되었다 익은말 **떡 먹듯** 쉽게 함 슬기말 **떡 본 김에 굿한다·떡 본 김에 식게 지낸다** 어쩌다 얻은 까리에 늘 생각하던 일을 해치운다 **떡 줄 사람은 생각지도 않는데 김칫국부터 마신다** 맞은쪽은 생각지도 않는데 미리부터 다 된 일로 여긴다

떡[2] 어찌씨 ❶어깨, 가슴, 입 따위가 활짝 벌어진 꼴 ⓑ놀란 나머지 떡 벌어진 입을 다물지 못했다 작은말 딱 ❷아주 맞닿거나 들어맞는 꼴 ⓑ내 어림이 떡 들어맞았다 ❸꿋꿋이 버티는 꼴 ⓑ골목 어귀에 어떤 놈이 떡 버티고 있어 다른 길로 돌아갔다 ❹아주 단단히 들러붙는 꼴 ⓑ둘이 서로 떡 붙어 떨어질 줄 모르네

떡[3] 앞가지 (어떤 이름씨 앞에 붙어) 썩 작은. 어린. 무른 ⓑ떡잎. 떡조개. 떡싹. 떡애기. 떡두꺼비 같은 아들. 떡쇠

떡가래 이름씨 고수레떡을 둥글고 길게 뽑아 알맞은 크기로 자른 흰떡 ⓑ떡가래 몸피가 굵으니 떡볶이가 더 먹음직스럽네

떡가루 이름씨 떡을 만들려고 빻은 낟 가루 ⓑ한가위가 코앞이니 떡가루를 빻아 와야지

떡갈나무 이름씨 잎은 길둥글고 잎가에 물결꼴 톱니가 있으며, 늦봄에 밤빛 꽃이 이삭꼴로 피고, 가을에 도토리가 달리는 갈잎큰키나무. 열매로 묵을 쑤어 먹는다 슬기말 **떡갈나무에 회초리 나고 바늘 간 데 실이 따라간다** 둘이 서로 가깝게 맺어있다

떡값 이름씨 ❶떡을 사거나 빚는 값 ⓑ바탕감이 비싸 떡값도 올랐다 ❷설이나 한가위 때 덤으로 일꾼에게 주는 돈 ⓑ설 떡값을 많이 받았다 ❸일거리를 따올 때 함께 겨룬 쪽들과 짬짜미로 따낸 쪽이 다른 이들에게 돌리는 돈 ⓑ일감보다는 떡값이나 한몫 챙겨볼까 ❹장사치 따위가 검은 속셈으

로 벼슬아치에게 갖다 바치는 돈 ⓑ떡값이 곧 꾹돈인 셈이지

떡고물 이름씨 ❶떡 거죽에 묻히거나 떡 켜 사이에 넣는 고물 ⓑ아이들 입맛은 떡이 떡고물 맛이겠지 ❷뒷일을 봐주고 얻는 돈이나 몬 ⓑ건히는 낫이 적다고 떨어지는 떡고물이 적을까? 익은말 **떡고물이 떨어지다** 딸려 나오는 것이 덤으로 생기다

떡국 이름씨 가래떡을 어슷하고 얇게 썰어 맑은 장국에 끓인 먹거리 ⓑ아랫녘에선 설날 만두를 넣지 않고 떡국을 끓여 먹는다 익은말 **떡국을 먹다** 설을 쇠어서 나이 한 살을 더 먹다

떡널 이름씨 ❶떡을 칠 때 쓰는 두껍고 널찍한 널 ❷기름틀을 이루는 한 몫으로 기름떡을 올려놓는 널. 두꺼운 널조각에 빙 둘러, 또 복판을 더하기표 꼴로 홈을 파 기름이 그리로 흘러내리게 된다

떡눈 이름씨 물기가 있어 척척 붙는 눈

떡니 이름씨 앞니 가운데에 있는 위아래 두 낱씩 넓적한 이

떡돌 이름씨 떡을 칠 때 쓰는 넓적하고 반반한 돌 ⓑ떡돌을 마련하고 싶은 어머니 바람이 몇 해 만에 이루어졌다

떡메 이름씨 흰떡이나 인절미 따위를 만들려고 찐 쌀을 치는 메. 굵고 짧은 나무토막 가운데에 자루가 달려 있다 ⓑ떡메를 내려치는 일이 그저 힘든 게 아니다

떡밥 이름씨 ❶떡을 만들려고 시루 따위에서 지은 밥 ⓑ떡밥을 쪘다 ❷쌀겨에 콩가루, 깻묵, 번데기 가루 따위를 섞어 반죽한 낚시 미끼 ⓑ떡밥을 알맞게 뿌려야 고기떼가 잘 모인다 준말 떡

떡방아 이름씨 떡쌀을 방아로 빻는 일. 또는 그 방아 ⓑ한가위가 다가오니 떡쌀을 담갔다가 떡방아를 찧어 와야겠어 슬기말 **떡방아 소리 듣고 김칫국 찾는다** 해줄 사람은 생각지도 않는데 미리부터 다된 일로 알고 움직인다

떡보[1] 이름씨 떡을 몹시 즐겨서 많이 먹는 사람. ⓑ돌빛 언니는 밥보다 떡이라는 떡보였다

떡보[2] 이름씨 떡을 찔 때 펴거나 떡돌에 떡을 칠 때 흩어지지 않게 싸는 보자기 ⓑ어머니는 삼베 떡보를 펴고 배시리떡을 쪘다

떡볶이 이름씨 가래떡을 토막 내어 갖은 나물과 양념을 넣어 볶은 먹을거리 ⓑ배움이 새참거리로 떡볶이만한 먹을거리가 드물다

떡비 이름씨 가을에 내리는 비. 가을에 비가 오면 떡을 해먹는 데서 생긴 말

떡살 이름씨 떡을 눌러 떡 꼴과 무늬를 찍어내는 연모 또는 그것으로 찍어낸 무늬 ⓑ어릴 적 자주 본 떡살은 질흙으로 구운 푸른빛 구엣꽃 무늬였다

떡쇠 이름씨 아주 무른 쇠 ⇐ 탄소강

떡시루 이름씨 떡을 찌는 시루

떡쌀 이름씨 떡을 만들 쌀 ⓑ떡쌀을 한 말 물에 담갔다

떡쑥 이름씨 줄기는 곧게 서고 잎은 좁은 버들잎 꼴로 어긋맞게 나며 온몸이 흰 솜털로 덮인 두해살이풀. 메와 들에 절로 나고 어린싹과 잎으로 쑥떡을 빚는다

떡잎 이름씨 ❶씨앗에서 처음 싹 터 나오는 잎 ⓑ될성부른 나무는 떡잎부터 알아본다 ⇐ 자엽 ❷무나 배추, 파 따위에서 누렇게 시든 겉잎 ⓑ배추 떡잎을 떼어내고 소금에 절였다

떡조개 이름씨 작은 생포

떡판 ⇒ 떡널

떡하니 어찌씨 보란듯이 느긋하거나 의젓하게 ⓑ아우는 떡하니 문 앞에 버티고 서서 돈을 좀 주지 않으면 물러서지 않을 기운이었다

떨거덕 어찌씨 딴딴하고 큰 몬이 맞부딪칠 때 토막으로 끊기어 나는 소리나 그 꼴 ⓑ빗장을 떨거덕 잠그다 **떨거덕하다**

떨거덕거리다 움직씨 딴딴하고 큰 몬이 맞부딪칠 때 잇달아 토막토막 끊기는 소리가 나다 **떨거덕대다**

떨거덕떨거덕 어찌씨 딴딴하고 큰 몬이 맞부딪

칠 때 잇달아 토막토막 끊겨 나는 소리나 그 꼴 ⓑ떨거덕떨거덕 소리를 내며 수레가 지나갔다 **떨거덕떨거덕하다**

떨거덩 어찌씨 딴딴하고 큰 몬이 부딪칠 때 좀 길게 울리어 나는 소리 ⓑ지붕을 이으려고 사온 쇠널을 내릴 때 마다 떨거덩 소리가 난다 **떨거덩하다**

떨거덩거리다 움직씨 딴딴하고 큰 몬이 부딪칠 때 잇달아 좀 길게 소리가 울려 나다 **떨거덩대다**

떨거덩떨거덩 어찌씨 딴딴하고 큰 몬이 부딪칠 때 잇달아 좀 길게 울리어 나는 소리나 그 꼴 ⓑ드럼통이 굴러가는 소리가 떨거덩떨거덩 시끄럽게 들린다 **떨거덩떨거덩하다**

떨거둥이 이름씨 살림을 함부로 다 써 없애 버린 사람

떨거지 이름씨 아음붙이나 한통속으로 지내는 무리 ⓑ떨거지가 많은 집안. 구실아치와 그 떨거지가 마을에서 갖은 나쁜 짓을 부린다

떨걱 어찌씨 딴딴하고 큰 몬이 부딪칠 때 좀 세게 나는 소리 ⓑ바람에 큰문이 떨걱 닫혔다 **떨걱하다**

떨걱거리다 움직씨 딴딴하고 큰 몬이 부딪칠 때 자꾸 세게 소리가 나다 **떨걱대다**

떨걱떨걱 어찌씨 딴딴하고 큰 몬이 부딪칠 때 자꾸 세게 나는 소리 ⓑ소달구지가 자갈길을 떨걱떡걱 소리를 내며 지나간다 **떨걱떨걱하다**

떨겅 어찌씨 딴딴하고 큰 몬이 부딪칠 때 울리어 나는 소리 ⓑ괭이가 큰 돌에 부딪쳐 떨겅 부러졌다 **떨겅하다**

떨겅거리다 움직씨 딴딴하고 큰 몬이 부딪칠 때 잇달아 소리가 울려 나다 **떨겅대다**

떨겅떨겅 어찌씨 딴딴하고 큰 몬이 부딪칠 때 잇달아 울려 나는 소리 ⓑ멀리서 망치소리가 떨겅떨겅 들린다 **떨겅떨겅하다**

떨구다 움직씨 ❶땅에 떨어지게 하다 ⓑ대나무 막대로 밤송이를 두드려 떨구었다 ❷(눈물을) 흘리다 ⓑ고개를 숙이고 눈물을 뚝뚝 떨군다 ❸(머리, 고개, 어깨 들을) 아래로 처지게 하거나 낮추다 ⓑ꾸짖는 말에 고개를 떨구고 말없이 앉아 있다 ❹눈길을 아래로 내리깔다 ⓑ걸을 때 눈길을 떨구고 서너 발자국 앞을 보며 숨을 알아차리며 걷는다 ❺(성금, 글월, 얾이 같은 것을) 내려보내다 ⓑ한달 얾이를 떨구다 ❻(뒤를 대지 못하여 밀감, 일감, 먹을거리 같은 것을) 떨어지게 하다 ⓑ겨울 동안 땔나무를 떨구지 않으려면 부지런히 나무를 주워 와야 한다 ❼(값이나 매개를) 낮추다 ⓑ남은 밤을 다 팔려면 값을 좀 떨구어 내놓아야겠다 ❽뽑는 데서 뽑히지 못하게 하다 ⓑ우리말을 빼어나게 쓰지 못하는 사람을 떨구었다 ❾(좋지 못한 매개에) 놓이게 하거나 굴러 빠지게 하다 ⓑ아이들을 할머니집에 떨구고 저마다 제 볼일을 보러 갔다 ❿(배었던 아이를) 지우다 ⓑ벌써 두 디위나 고을 나 숨집에 가서 아기를 떨구고 왔다던데요 ⓫잡았거나 붙들었다가 놓치다 ⓑ떨군 가오리 덕석 가오리!

떨그럭 어찌씨 딴딴하고 큰 몬이 맞부딪칠 때 흔들리면서 토막으로 끊기어 나는 소리나 그 꼴 ⓑ손님 밥그릇 마련하는 소리가 떨그럭 난다 **떨그럭하다**

떨그럭거리다 움직씨 딴딴하고 큰 몬이 맞부딪칠 때 흔들리면서 잇달아 토막토막 끊기는 소리가 나다 **떨그럭대다**

떨그럭떨그럭 어찌씨 딴딴하고 큰 몬이 맞부딪칠 때 흔들리면서 잇달아 토막토막 끊겨 나는 소리 ⓑ부엌에서 어머니 밥 짓는 소리가 떨그럭떨그럭 잠결 너머로 들린다 **떨그럭떨그럭하다**

떨그렁 어찌씨 얇고 큰 쇠붙이 같은 것이 부딪칠 때 길게 울리어 나는 소리나 그 꼴 ⓑ하늬쇠 지붕에 밤 떨어지는 소리가 떨그렁 울린다 **떨그렁하다**

떨그렁거리다 움직씨 얇고 큰 쇠붙이 같은 것이 부딪칠 때 소리가 잇달아 길게 울려 나다 **떨그렁대다**

떨그렁떨그렁 어찌씨 얇고 큰 쇠붙이 같은 것

이 부딪칠 때 잇달아 길게 울리어 나는 소리 ⓑ수레가 흔들릴 때마다 짐칸에 실은 연장들이 부딪쳐 떨그렁떨그렁 소리를 낸다 **떨그렁떨그렁하다**

떨기 (이름씨) 푸나무 한 뿌리에서 여러 줄기가 무더기로 난 것. 또는 그것을 세는 하나치 ⓑ찔레꽃 떨기. 한 떨기 꽃송이를 피우려고 봄부터 소쩍새가 울었다

떨기나무 (이름씨) 키가 작고 으뜸줄기가 뚜렷하지 않고 밑동에서 가지가 많이 뻗는 나무. 진달래, 개암나무, 앵두나무 따위가 있다 ⓑ떨기나무는 너덜밭에서도 잘 자란다 맞선말큰키나무 ⇐ 관목

떨널 (이름씨) 떨림널

떨다[1] (움직씨) **1** 얇은 것이 좁은 너비로 빠르게 잇달아 흔들리다 ⓑ나뭇잎이 바람에 떤다 **2** 춥거나 두려워 몸이나 마음이 몹시 흔들리다 ⓑ추워서 덜덜 떨었다. 밤새 두려워 떨었다 **3** 목소리 울림을 몹시 일으키다 ⓑ목소리를 가늘게 떨며 속삭이듯 말했다 **4** 가볍게 자꾸 하거나 그런 마음씨를 내다 ⓑ그만한 일에 부산 떨지 말고 조용히 좀 있어. 아양을 떨다 **5** 몹시 아껴 좀스럽게 굴다 ⓑ엄지는 돈 조금 쓰는 것도 발발 떤다

떨다[2] (움직씨) **1** 달렸거나 붙은 것을 떨어지게 하다 ⓑ벼 낟알을 떨었다. 오랜만에 책에 쌓인 먼지를 떨었다 거센말털다 **2** 셈을 할 때 한 쪽을 덜어내다 ⓑ품삯에서 먼저 받은 돈을 떨었다. 밑천까지 다 떨어 먹었다 비슷한말빼다. 나누다 **3** 팔다 남은 것을 모두 사거나 팔다 ⓑ저자가 끝나가니 싸게라도 떨고 가자 **4** 언짢은 생각을 잊거나 없애다 ⓑ온갖 걱정을 떨어 버려라 **5** 돈이나 몬을 있는 대로 다 써 없애다 ⓑ가진 돈을 다 떨어 꽃나무를 사왔다 **6** 남 살림을 모조리 훔치거나 빼앗다 ⓑ도둑들은 가면이 집만 골라 값진 것을 떨어갔다

떨떠름하다 (그림씨) **1** 열매가 다 익지 않아 맛이 떫다 ⓑ감이 아직 떨떠름하다 **2** 마음에 썩 달갑지 않다 ⓑ못마땅한 듯 떨떠름한 얼굴로 나타났다 한뜻말떨떨하다

떨떨 (어찌씨) 큰 바퀴 같은 것이 단단한 바닥 위에서 굴러가는 소리나 그 꼴 ⓑ나무를 한 짐 실은 달구지가 비탈길에서 떨떨 소리를 내며 내려간다 **떨떨하다**

떨떨거리다 (움직씨) 큰 바퀴 같은 것이 단단한 바닥 위에서 자꾸 굴러가는 소리가 나다 **떨떨대다**

떨떨하다 (그림씨) **1** 매우 뜻밖 일이나 어수선한 일로 얼이 갈피를 못 잡게 흐릿하다 ⓑ뜻밖 일로 떨떨해서 길 잃은 사람처럼 머뭇거렸다 **2** 마음이 썩 내키지 않다 ⓑ시켜서 하긴 했어도 왠지 떨떨하다 비슷한말떨떠름하다 **3** 머릿속이 울리고 어질어질하다 ⓑ술 마신 뒤에는 늘 머리가 떨떨하다 비슷한말얼떨떨하다 **4** 똑똑하지 못하고 흐릿하고 모자라다 ⓑ시내는 늘 일을 떨떨하게 해놓는다 **5** 됨됨이에 어울리지 않아 볼품이 없다 ⓑ떨떨한 차림새로 나다닌다

떨뜨리다[1] (움직씨) **1** 떨쳐내어 자랑하다 ⓑ설날 때때옷을 떨뜨리고 어른들께 설 절을 했다 **2** 힘을 드러내어 뽐내다 ⓑ나라머슴들이 낡은 생각으로 벼슬이나 한 듯 떨뜨리고 다니는 못난 이들이 아직 있다

떨뜨리다[2] (움직씨) 떨어뜨려 드리우다 ⓑ'뽑힌 이들은 뽑는 사람이 임자임을 늘 새겨라'는 드림천을 문 앞에 떨뜨렸다

떨렁 (어찌씨) **1** 큰 방울 같은 것이 흔들리면서 세게 나는 소리나 그 꼴 ⓑ참새떼를 쫓는 방울소리가 떨렁 울리자 새떼가 놀라 달아난다 **2** 마음이 가라앉지 못하고 매우 가볍게 까부는 꼴 ⓑ그렇게 떨렁이다가는 한배곳에 붙기 어려울걸 **3** 갑자기 놀라거나 두려울 때 가슴이 뜨끔하게 울리는 느낌 ⓑ막상 그리던 사람을 보자 가슴이 떨렁 내려앉았다 **떨렁이다 떨렁하다**

떨렁거리다 (움직씨) **1** 큰 방울 같은 것이 흔들리면서 소리가 잇달아 세게 나다 **2** 묵직한 몬이 바닥에 떨어지면서 소리가 잇달아 울

려 나다 **떨렁대다**

떨렁떨렁 [어찌씨] ❶큰 방울 같은 것이 흔들리면서 잇달아 세게 나는 소리나 그 꼴 ㉥파리를 쫓느라 소가 목을 흔들 때마다 떨렁떨렁 방울소리가 난다 ❷묵직한 몬이 바닥에 떨어지면서 잇달아 울려 나는 것과 같은 소리나 그 꼴 ㉥땔나무를 실어 와 부릴 때마다 떨렁떨렁 소리가 난다 ❸마음이 가라앉지 못하고 매우 가볍게 잇달아 까부는 꼴 ㉥올해 높배곳을 마칠 아이가 저렇게 느긋하게 떨렁떨렁 돌아다니기만 하다니! ❹갑자기 놀라거나 두려울 때 잇달아 가슴이 뜨끔하게 울리는 느낌 ㉥얼마나 놀랐던지 아직도 가슴이 떨렁떨렁, 다리는 후들후들 떨린다 **떨렁떨렁하다**

떨리다[1] [움직씨] ❶('떨다1' 입음꼴) 추위나 두려움, 설렘 따위로 말미암아 몸이 빠르고 잦게 흔들리다 ㉥그 말을 듣더니 보람이 입술이 파르르 떨린다. 그 노래꾼을 생각만 해도 가슴이 떨린다 ❷목소리가 몹시 고르지 않아 울림이 세게 일어나다 ㉥목소리는 떨렸지만 힘이 느껴졌다

떨리다[2] [움직씨] ❶('떨다2' 입음꼴) 붙어 있던 것이 떨어져 나오다 ㉥옷에 달라붙은 도깨비 바늘이 잘 떨리지 않는다 ❷무리나 일자리 따위에서 떨어져 나가다 ㉥모두 우리말을 익혀서 겨레말 동아리에서 떨려 난 사람은 아무도 없다

떨림 [이름씨] ❶어떤 몬이 한 점을 복판에 두고 아래위나 두 옆으로 왔다 갔다 하는 뭘 ㉥나는 앉개에 앉아 바람에 걸린 때틀 드림쇠 떨림을 바라보았다 한뜻말 떨기 ⇐ 진동 ❷한결같이 떠는 낌새 ㉥이웃에 큰 집을 짓느라고 땅을 깊이 파는 바람에 땅 떨림이 우리 집까지 느껴진다

떨림널 [이름씨] 목소리 번힘흐름을 소리로 바꾸어주는 얇은 쇠널 ⇐ 진동판. 떨림판

떨림소리 [이름씨] 피리나 큰피리 같은 대롱가락틀을 불거나 목소리를 떨어 내는 소리 ⇐ 비브라토. 진동음

떨림수 [이름씨] 한 짹 동안 되풀이되는 결뭘수 ⇐ 진동수. 주파수

떨림판 ⇒ 떨림널

떨어뜨리다 [움직씨] ❶위에 있던 것을 아래로 내려지게 하다 ㉥새쏘개로 새를 쏘아 땅에 떨어뜨리다니 ⇐ 투하하다 ❷뒤에 처지게 하다 ㉥뒤따르던 수레를 떨어뜨리고 앞서갔다 ❸가지고 있던 것을 놓치거나 빠뜨려서 흘리다 ㉥지갑을 길에 떨어뜨렸는지 주머니에 없다 한뜻말 떨구다 ❹옷이나 신 따위를 해져서 못 쓰게 하거나 다 써 버리다 ㉥얼마나 돌아다녔기에 신을 다 떨어뜨렸냐 ❺눈길이나 고개를 아래쪽으로 두다 ㉥묻는 말에 고개를 떨어뜨리고 눈물만 흘린다 ❻하고자 하는 마음을 빼앗다 ㉥일한 삯을 제대로 쳐 주지 않으면 일할 마음을 떨어뜨린다 ❼(이름, 자리, 몬 따위 값을) 싸게 하거나 낮추다 ㉥젊은이 떼죽음으로 나라 이름값을 크게 떨어뜨렸다. 나라 밖에서 쌀을 사들여 와 쌀값을 떨어뜨렸다 ❽몬을 모두 써서 뒤가 달리게 하다 ㉥석 달 먹을 쌀을 두 달 만에 떨어뜨렸다 ❾어떠한 자리에 뽑지 않다 ㉥다음에 뽑을 때는 묵은 이들은 다 떨어뜨리고 새사람을 뽑아요 ❿사람이나 몬 사이를 멀어지게 하거나 떼어놓다 ㉥엄마, 아무리 우리 사이를 떨어뜨리려고 해도 이미 늦었어. 옛날과 오늘을 따로 떨어뜨려 놓고 볼 수 없다

떨어지다 [움직씨] ❶위에서 아래로 내려지다 ㉥눈물이 떨어지다. 빗방울이 떨어지다 ❷붙어 있던 데서 따로 떼어지다 ㉥메에 올랐다가 나뭇가지에 걸려 단추가 떨어졌다 ❸두 곳 사이가 벌어져 있다 ㉥배곳에서 우리 집까지는 멀리 떨어져 있다 ❹서로 함께하지 못해 뒤로 처지거나 남게 되다 ㉥무리에서 떨어져 홀로 멧속을 헤맸다. 일자리 때문에 집님과 떨어져 산다 ❺다른 것과 견주어 덜하거나 못하게 되다 ㉥그는 됨됨이가 다른 사람보다 떨어지지 않는다 ❻좋지 못한 데에 이르다 ㉥노름해서 진 빚 때문에

한별은 끝내 구렁텅이에 떨어졌다 7이름이나 자리, 몬 값이 싸지거나 낮아지다 ⓑ밀가루 값이 지난해와 견주어 많이 떨어졌다 ⇐ 폭락하다 8윗사람이나 가다서다불 따위가 무엇을 하도록 시키거나 알려주다 ⓑ빨간불이 떨어져서 멈춰 섰다. 갑자기 위에서 성금이 떨어져서 우리는 일을 마치고야 집에 갔다 9셈을 하고 얼마만큼 나머지가 생기다 ⓑ할아버지가 남긴 돈이 큰아들에게 떨어졌다 10뒤를 대지 못하여 있던 것이 남김없이 다 없어지다. 바닥나다 ⓑ쌀이 떨어져 굶어야 할 판이다. 일감이 떨어져 다른 일을 찾는다 11어떠한 자리에 오르거나 뽑히지 못하다 ⓑ고장일꾼 뽑는 데서 떨어졌다. 아들이 올해도 한배곳에 떨어졌다 12마음이나 느낌, 앓이, 버릇, 숨 따위가 줄거나 없어지다 ⓑ입맛이 떨어졌어. 고뿔이 떨어졌다. 숨 떨어진 아우 13배 속 아기가 죽어서 나오다 ⓑ골에 하나라도 애가 떨어질까 두렵다 14나눗셈에서 옹근수로 나누어져 나머지가 없다 ⓑ셈이 딱 맞게 떨어졌다 15가려던 곳에 이르다 ⓑ새벽녘에 텃마을에 떨어졌다 16일이 맡겨지다 ⓑ이참에 힘든 일이 내게 떨어졌다 17해나 달이 지다 ⓑ어느새 해가 하늬메에 떨어졌다 18잠에 깊이 빠져들다 ⓑ깊은 잠에 떨어졌다

떨이 이름씨 1팔다 남은 것을 다 떨어서 싸게 팔기 ⓑ아주머니한테 팔다 남은 남새를 떨이로 안겼다 2나무를 깎거나 자를 때 떨어져 나가는 조각 ⓑ마루 놓고 남은 떨이를 모아 군불을 뗐다

떨치다[1] 움직씨 1세게 떨어지게 하다 ⓑ매달리는 아이를 떨치고 갔다 2생각이나 느낌 따위를 아주 버리다 ⓑ어머니는 아이한테 무슨 일이 일어날까 봐 두려움을 떨칠 수 없었다

떨치다[2] 움직씨 1돌림 앓이나 생각 따위가 두루 미치거나 넓혀가다 ⓑ새로운 고뿔이 다시 힘을 떨친다 2이름이나 기운이 높아지고 널리 알려지다 ⓑ나숨이로서 널리 이름을 떨쳤다

떨침노래 이름씨 사람들이 크게 좋아하여 널리 퍼진 노래 ⇐ 히트곡

떨켜 이름씨 잎이 질 무렵 잎자루와 가지가 붙은 곳에 생기는 잔삼켜. 물기가 빠져나가는 것과 팡이가 들어오는 것을 막는다 ⇐ 분리층. 이층

떫다 그림씨 1덜 익은 감처럼 입안이 텁텁하다 ⓑ감이 덜 익어 아직 좀 떫다 2하는 짓이 덜되고 마음에 차지 않다 ⓑ같이 하자는데, 왜 내 말이 떫나?

떳떳하다 그림씨 하는 짓이나 생각이 번듯하여 조금도 틀리거나 굽힘이 없다 ⓑ나는 잘못한 게 하나 없으니 떳떳하다 ⇐ 당당하다

떵떵[1] 어찌씨 1큰 쇠붙이나 단단한 몬이 세게 부딪칠 때 웅글게 울려나는 소리나 그 꼴 ⓑ쇠북이 떵떵 울린다 2속내 없이 큰소리만 함부로 치는 꼴 ⓑ아는 것 없이 큰소리만 떵떵 치다니! 3남을 함부로 을러대거나 벼르는 꼴 ⓑ요즘 떵떵 을러멘다고 누가 풀 죽겠나 4세차게 마구 맞서거나 튀기는 꼴 ⓑ네가 떵떵거리니 나도 떵떵 맞설 수밖에 없잖아 **떵떵하다**

떵떵[2] 어찌씨 단단하게 막 얼어붙거나 말라붙거나 굳어진 꼴 ⓑ떵떵 얼어붙은 물고기 더미를 내려쳐도 잘 떨어지지 않는다

떵떵거리다 움직씨 1떵떵 소리를 자꾸 내다 ⓑ수레를 고치느라 아까부터 떵떵거리는 소리가 난다 작은말 땅땅거리다 2자꾸 떵떵 소리치거나 으르다 ⓑ윗사람이 나타나자 갑자기 떵떵거리던 모습은 사라졌다 3돈과 힘을 뽐내며 건방지게 거들먹대다 ⓑ소라는 조용한 사람이지만 떵떵거리는 집안에서 자라서 때로는 거들먹거리기도 한다 **떵떵대다**

떼[1] 이름씨 1사람이나 숨받이, 몬이 한 데 많이 몰려있는 것 ⓑ동네 아이들이 떼로 몰려다니며 수박 서리를 한단다. 기러기 떼 줄지어 난다 2다스림 뜻이 같은 사람들이 다스림힘을 잡아 다스림 뜻을 펴려는 짜임

⇐ 정당

떼[2] 이름씨 마땅치 않게 억지를 부리거나 우기는 짓 ⓑ아무리 떼를 써 봐도 쓸데없다 한뜻말 투정. 투세

떼[3] 이름씨 ❶긴 나무토막이나 통나무 같은 것을 엮어 물 위에 띄워서 타고 다니거나 물을 건너는 것 ⓑ떼를 놓다. 떼다리 ❷물에 띄워 나르려고 통나무를 엮어서 묶은 것. 흔히 사람이 타고 몰거나 배로 끈다 ⓑ떼를 몰다. 떼를 타다 한뜻말 떼나무

떼[4] 이름씨 그물을 뜨게 하는 몬. 유리나 고무, 나무, 쇠 같은 것으로 둥글거나 실북 꼴을 만들어 그물 웃벼리에 단다 ⓑ바다에 떼를 띄우다

떼[5] 이름씨 흙이 붙은 뿌리째로 떠낸 잔디 ⓑ서로님 가시 무덤에 떼를 떠다 입혔다

떼구루루 어찌씨 어떤 것이 아무렇게나 세게 굴러가는 꼴 ⓑ얼었던 땅이 녹자 메에서 돌멩이들이 떼구루루 굴러내려 온다

떼구름 이름씨 떼를 이룬 구름 ⓑ새녘 하늘에서 떼구름이 몰려온다

떼굴 어찌씨 큰 몬이 아무렇게나 짧으면서 세게 구르는 꼴 ⓑ수박이 떼굴 구르며 돌에 부딪쳐 금이 갔다 **떼굴하다**

떼굴거리다 움직씨 큰 몬이 아무렇게나 짧으면서 세게 자꾸 굴러가다 **떼굴대다**

떼굴떼굴 어찌씨 큰 몬이 아무렇게나 짧으면서 세게 자꾸 굴러가는 꼴 ⓑ벗어놓은 소낭버섯 가방이 떼굴떼굴 굴러 골짜기까지 내려간다 작은말 때굴때굴 여린말 데굴데굴 **떼굴떼굴하다**

떼그럭 어찌씨 크고 단단한 것들이 서로 맞닿아서 토막으로 끊기어 나는 소리나 그 꼴 ⓑ곡괭이가 큰 돌에 부딪쳐 떼그럭 소리와 함께 불이 번쩍했다 **떼그럭하다**

떼그럭거리다 움직씨 크고 단단한 것들이 서로 맞닿아서 잇달아 토막토막 끊기는 소리가 나다 **떼그럭대다**

떼그럭떼그럭 어찌씨 크고 단단한 것들이 서로 맞닿아서 잇달아 토막토막 끊겨 나는 소리나 그 꼴 ⓑ쇠돌메에서는 파면 팔수록 많은 쇠돌들이 떼그럭떼그럭 쏟아져 나온다 **떼그럭떼그럭하다**

떼나무 이름씨 긴 나무토막이나 통나무 같은 것을 엮어 물 위에 띄워서 타고 다니는 것 ⓑ큰 가람가 통나무를 베어서 떼나무를 엮어 가람물을 따라 큰 고을로 내려온다 ⇐ 뗏목

떼노래 이름씨 많은 사람이 떼 지어 같은 노래를 부름, 또는 그런 노래 ⇐ 떼창

떼논 이름씨 한 물꼬에 여러 배미로 크게 떼 지어 붙은 논 ⓑ끝 닷 마지기는 일곱 배미가 붙어 있는 떼논이었다

떼다[1] 움직씨 ❶붙었던 것을 떨어지게 하다 ⓑ바닥에 붙은 종이를 뗐다 ❷닫힌 것을 뜯어서 열다 ⓑ누나가 보낸 글월부터 빨리 떼보자 ❸보던 것에서 눈길을 돌려 더는 보지 않다 ⓑ보람이는 가람이한테서 잠깐도 눈길을 떼지 않는다 ❹모두에서 한쪽을 갈라내다 ⓑ밥값을 떼고 돈을 다 써버렸다 ❺발을 옮기거나 걷기를 비롯하다 ⓑ땅에서 발을 떼면 안 됩니다. 걸음마를 뗐다 ❻말문을 열거나 말을 비롯하다 ⓑ잠자코 듣다가 갑자기 입을 뗐다. 말문을 떼다 ❼밟을 것을 거쳐 내주다 ⓑ수레표를 떼다. 오감표를 떼다 ❽하던 일을 그만두거나 사이를 끊다 ⓑ내가 다가가자 일꾼들이 일손을 떼고 나를 쳐다보았다 ❾늘 하던 것을 그만두다 ⓑ젖을 떼다. 입술을 뜯는 버릇을 떼다 ❿다 배우거나 쓰거나 읽거나 하여 끝마치다 ⓑ세 살에 한글 읽기를 뗐다 ⓫어떤 자리에서 물러나게 하다 ⓑ벼슬을 떼고 시골로 내려갔다 ⓬사이나 동안을 벌어지게 하다 ⓑ여덟 걸음씩 떼어서 밤나무를 심었다 ⓭함께 있던 것을 따로 있게 하다 ⓑ아이를 가시집에 떼고 왔다 ⓮밴 아이를 지우다 ⓑ어쩔 수 없이 아이를 떼야 했다 ⓯팔거리를 뭉텅이로 사다 ⓑ배추를 밭뙈기째 떼어 포기로 팔았다

떼다[2] 움직씨 남에게 꾸고는 돌려주지 않다 ⓑ

오라비가 누이 돈을 떼고 얼마나 버티겠나

떼다리 이름씨 떼로 놓은 다리 ⓑ떼다리를 건너 남 나라로 들어갔다

떼다스림 이름씨 떼를 바탕으로 이루어지는 다스림. 둘 넘는 떼가 함께나 갈마들어 다스림힘을 맡는다 ⇐ 정당정치

떼도둑 이름씨 떼를 지어 빼앗는 도둑 ⇐ 화적

떼돈 이름씨 엄청 많은 돈 ⓑ떼돈 생길 일이라도 있나, 왜 이리 서둘러?

떼룩떼룩 어찌씨 큰 눈알을 자꾸 굴리는 꼴 ⓑ눈을 떼룩떼룩 굴리며 윽박지르던 처음과는 달리 고요한 기운에 눌려 한결 다소곳해졌다 **떼룩떼룩하다**

떼밀다 움직씨 힘을 주어 밀다 ⓑ꽉 찬 버스에 올라타고 떨어지지 않으려고 어깨로 떼밀고 안으로 파고 들어갔다

떼배 이름씨 ❶떼처럼 통나무로 엮어 만든 배. 무엇을 실어나르거나 가람을 건너는 데 쓴다 ❷떼

떼싸움 이름씨 무리로 하는 싸움 ⓑ고개 넘어 마을 아이들과 우리마을 아이들이 떼싸움을 벌렸다 ⇐ 패싸움

떼쓰다 움직씨 제 생각이나 바람만을 억지로 내세우다 ⓑ아이들이 그렇게 떼쓰고 조른다고 다 들어줄 수 없지

떼어먹다 움직씨 ❶남에게 갚아야 할 것을 갚지 않고 묵새기다 ⓑ빚이 너무 많아 언니한테 꾼 돈은 떼어먹어야 할 판이다 준말떼먹다 ⇐ 포탈하다 ❷따로 떼어내서 먹다 ⓑ찰떡을 떼어먹다. 엿을 떼어먹다 ❸남 것이나 모둠 것을 그릇되게 써버리거나 차지하다 ⓑ돈을 떼어먹다 ⇐ 횡령하다

떼우다 움직씨 ❶'떼다[1]' 입음꼴 ⓑ먼 할아버지는 벼슬을 떼우고 시골로 쫓겨났다 ❷아들딸이나 언아우를 잃다 ⓑ아재 집은 누나 밑으로 셋을 뜨리와 뜨야기로 떼웠다

떼이다 움직씨 '떼다[2]' 입음꼴. 남에게 빌려준 것을 못 받게 되다 ⓑ누이가 오라비에게 돈을 떼였다

떼장이 이름씨 떼를 잘 쓰는 사람 ⓑ징징거리는 것이 떼장이들이 부리는 약은 꾀다

떼죽음 이름씨 한꺼번에 떼지어 죽음 ⓑ가람물이 더러워지면서 물고기가 떼죽음을 했다 ⇐ 몰살 **떼죽음하다**

떼창 ⇒ 떼노래

뗀돌연모 이름씨 돌그릇때에 돌을 깨서 만든 돌연모 ⇐ 뗀석기. 타석기. 타제석기

뗀석기 ⇒ 뗀돌연모

뗀표 이름씨 몬을 싸게 살 수 있거나 돈 내는 것처럼 어떤 곳에 들어갈 수 있는 표 ⇐ 쿠폰

뗏목 ⇒ 떼나무

뗏목다리 ⇒ 떼나무다리. 떼다리

뗑 어찌씨 큰 쇠북을 칠 때 울려나는 소리 ⓑ이른 아침에 뗑 하고 첫 쇠북이 울리면 일어난다 작은말땡 여린말뎅 **뗑하다**

뗑거덩 어찌씨 큰 쇠붙이 같은 것이 부딪치면서 웅글고 세게 나는 소리나 그 꼴 ⓑ뗑거덩 쇠붙이가 부러지는 소리가 들린다 작은말땡가당 여린말뎅거덩 **뗑거덩하다**

뗑거덩거리다 움직씨 큰 쇠붙이 같은 것이 여기저기 부딪치면서 소리가 잇달아 웅글고 세게 나다 작은말땡가당거리다 여린말뎅거덩거리다 **뗑거덩대다**

뗑거덩뗑거덩 어찌씨 큰 쇠붙이 같은 것이 여기저기 부딪치면서 잇달아 웅글고 세게 내는 소리나 그 꼴 ⓑ돌밭을 가는 쟁기가 돌에 부딪칠 때마다 뗑거덩뗑거덩 소리가 난다 작은말땡가당땡가당 여린말뎅거덩뎅거덩 **뗑거덩뗑거덩하다**

뗑겅 어찌씨 ❶큰 쇠붙이 같은 것이 부러지거나 부딪칠 때 짧으면서 세게 내는 웅근 소리 ⓑ밭을 매다가 호미가 갑자기 뗑겅 부러졌다 작은말땡강 여린말뎅겅 ❷큰 물방울이 하늬쇠널 같은데 떨어지는 소리 ⓑ소나기가 쏟아져 지붕을 이고 남은 하늬쇠널에 뗑겅 소리를 낸다 **뗑겅하다**

뗑겅거리다 움직씨 ❶큰 쇠붙이 같은 것이 부러지거나 부딪칠 때 잇달아 짧으면서 세게 내는 웅근 소리가 나다 작은말땡강거리다 여린말뎅겅거리다 ❷큰 물방울이 하늬쇠널 따

위에 세게 떨어지는 소리가 자꾸 나다 **뗑겅대다**

뗑겅뗑겅 어찌씨 ❶큰 쇠붙이 같은 것이 부러지거나 부딪칠 때 잇달아 짧으면서 세게 내는 웅근 소리 ⓑ쇠북이 뗑겅뗑겅 울린다 작은말 땡강땡강 여린말 뎅겅뎅겅 ❷큰 물방울이 하늬쇠널 따위에 세게 자꾸 떨어지는 소리 ⓑ소나기가 지나가며 하늬쇠널 위를 뗑겅뗑겅 두드린다 **뗑겅뗑겅하다**

뗑그렁 어찌씨 큰 방울이나 쇠북이 흔들리면서 세게 울려나는 소리 ⓑ저녁앉기를 알리는 쇠북소리가 뗑그렁 울린다 작은말 땡그랑 여린말 뎅그렁 **뗑그렁하다**

뗑그렁거리다 움직씨 큰 방울이나 쇠북이 자꾸 흔들리면서 세게 소리가 울려 나다 작은말 땡그랑거리다 여린말 뎅그렁거리다 **뗑그렁대다**

뗑그렁뗑그렁 어찌씨 큰 방울이나 쇠북이 자꾸 흔들리면서 세게 울려나는 소리 ⓑ귓가에 뗑그렁뗑그렁 쇠북소리가 맴돈다 작은말 땡그랑땡그랑 여린말 뎅그렁뎅그렁 **뗑그렁뗑그렁하다**

뗑뗑 어찌씨 큰 쇠북 같은 쇠붙이를 잇달아 칠 때 나는 소리 ⓑ먼 절에서 울리는 쇠북소리가 뗑뗑 여기까지 들린다 작은말 땡땡 여린말 댕댕거리다 **뗑뗑하다**

뗑뗑거리다 움직씨 큰 쇠북이나 그릇 같은 쇠붙이를 두드리는 소리가 잇달아 나다 작은말 땡땡거리다 여린말 뎅뎅거리다 **뗑뗑대다**

뗑하다 그림씨 ❶단단히 부딪치거나 얻어맞은 것처럼 얼얼하거나 울리게 아프다 ⓑ머리가 뗑해서 아무 생각도 안난다 ❷얼이 몹시 얼떨떨하다 ⓑ아버지가 세차게 꾸지람을 하는 바람에 석돌은 얼이 뗑했다

또 어찌씨 ❶일이나 짓이 거듭하여 ⓑ같은 잘못을 또 했구나 ❷그뿐이 아니고 더 ⓑ흰 눈이 한 송이 또 한 송이 내린다 한뜻말 또한 ❸이미 주어진 그 위에 ⓑ한마디 또 한마디. 퍼담고 또 퍼담다 ❹앞일 다음에 ⓑ처음에 찔레꽃을 불렀는데 또 무엇을 부를까? ❺(모르다, 않다, 없다 와 같이 써 넘겨주는 뜻을 힘줘) 그래도 ⓑ이른 봄이라면 또 몰라도 한겨울에 호박과 오이가 나오다니! ❻(낱말이나 글월을 이어주는 뜻) 그리고 ⓑ메와 바다, 들과 가람 또 고을과 마을 ❼흔히 입말에서 갈이름씨 뒤에 끼움말처럼 쓴다 ⓑ이건 또 뭐야! 넌 또 무슨 소리야! ❽앞뒤에 놓인 같은 낱말 사이에서 그 낱말이 가리키는 속내를 아니라거나 못 미덥게 여기는 뜻 ⓑ돈은 또 무슨 돈을 달라고. 나들이는 또 무슨 나들이를 간다고

또각또각 어찌씨 작은 구둣발로 딱딱한 바닥을 걸어갈 때 잇달아 나는 소리나 그 꼴 ⓑ또각또각 걸어가는 구둣발 소리로 보아 가벼운 발걸음인 듯하다

또그르르 어찌씨 작고 무거운 것이 세게 구르는 꼴 ⓑ동글동글한 돌이 비탈을 또그르르 굴러 내려간다

또글또글 어찌씨 ❶낟이나 열매가 단단하게 익은 꼴 ⓑ또글또글 여문 콩알을 품은 꼬투리가 견디다 못해 저절로 터진다 ❷별이 야무지게 반짝반짝 빛나는 꼴 ⓑ뭇별이 하늘에 또글또글 셀 수 없이 박혀 반짝인다

또는 어찌씨 그렇지 않으면 ⓑ함께하실 분은 저마다 좋아하는 일을 찾아서 이쪽 또는 저쪽으로 가시면 됩니다 ⇐ 내지, 혹은

또다시 어찌씨 거듭하여 다시 ⓑ마음으로 받아들이지 않으면 같은 잘못을 또다시 저지른다 ⇐ 재차

또닥또닥 어찌씨 작은 것을 가볍게 자꾸 두드릴 때 잇달아 나는 소리나 그 꼴 ⓑ멀리서 또닥또닥 다듬이질 소리가 들린다 **또닥또닥하다**

또랑또랑 어찌씨 ❶눈빛이나 목소리가 아주 또렷하고 똑똑한 꼴 ⓑ또랑또랑한 목소리로 얘기를 나눈다 ❷얼이 맑고 똑똑한 꼴 ⓑ아이들이 또랑또랑한 얼로 '백성을 가르치는 바른 소리'를 외웠다 **또랑또랑하다**

또래 이름씨 ❶나이나 높이가 서로 같거나 비슷한 것 ⓑ동무는 같은 또래끼리 논다 ❷크기나 됨됨이, 꼴 같은 것이 같거나 어금

지금한 것 ㉥크지도 작지도 모나지도 않고 꼭 이 또래 돌멩이로만 골라 보게

또렷또렷 [어찌씨] ❶흐리거나 섞갈리지 않고 매우 똑똑한 꼴 ㉥맑은 눈이 또렷또렷 빛난다 큰말뚜렷뚜렷 여린말도렷도렷 ❷말이나 소리가 아주 깨끗하게 들리는 꼴 ㉥시내는 하고 싶은 말을 또렷또렷 잘 밝힌다 ❸얼이나 생각이 흐리지 않고 아주 맑은 꼴 ㉥옛날 생각이 또렷또렷 떠오른다

또렷하다 [그림씨] 흐리거나 뒤섞이지 않고 하나같이 똑똑하다 ㉥나는 돌아가신 아버지가 했던 말씀을 아직도 또렷하게 간직한 채 살아간다 큰말뚜렷하다 여린말도렷하다 ⇐ 역력하다. 역연하다

또르르 [어찌씨] ❶작은 종이 같은 것이 휨새 있게 말리는 꼴 ㉥바닥을 바르고 남은 종이를 또르르 말아서 갈무리했다 ❷작고 동그스름한 것이 가볍게 구르는 꼴이나 그 소리 ㉥아이가 제 앞으로 또르르 굴러오는 공을 잡는다

또바기 [어찌씨] 늘 한결같이 꼬박꼬박 ㉥길미를 틀림없이 또바기 냈다

또박 [어찌씨] 언제나 틀림없이 꼭 그렇게 ㉥하루도 빠지지 않고 또박 왔다

또박또박[1] [어찌씨] 발자국 소리를 또렷이 내며 잇달아 걸어가는 꼴이나 그 소리 ㉥한 걸음 한 걸음 알아차리며 또박또박 걸어간다 큰말뚜벅뚜벅

또박또박[2] [어찌씨] ❶한 토막씩 똑똑하게 말을 하거나 글을 읽거나 글씨를 쓰는 꼴 ㉥젊은 사람이 말을 참 또박또박 잘하네 ❷차례나 벼리를 하나도 어기지 않고 그대로 하는 꼴 ㉥슬옹은 맡은 일을 또박또박 잘해낸다 ❸마음속으로 또렷이 새겨두는 꼴 ㉥스승 말씀을 한마디 놓치지 않고 또박또박 가슴에 새겼다

또아리 [이름씨] ❶짐을 일 때에 머리 위에 얹어 짐을 괴는, 짚이나 헝겊으로 고리 꼴로 만든 것 ㉥어머니는 물동이로 물을 여 나를 때 꼭 또아리를 받쳤다 ❷갈퀴발 다른 끝을 모아 휘감아 잡아맨 곳

또지 [이름씨] '짐승'을 뜻하는 가시부루 고장말

또한 [어찌씨] ❶마찬가지로 ㉥쓸 만하면서 또한 값도 싸야 한다 ⇐ 역시 ❷거기에다가 더 ㉥날씨는 우중충하지 또한 마음은 쓸쓸하지 엎친 데 덮친 꼴이다 한뜻말또

똑[1] [어찌씨] ❶작은 물방울 같은 것이 떨어지는 소리나 그 꼴 ㉥물방울이 이마에 똑 떨어진다 큰말뚝 ❷작고 단단한 것이 부러지거나 끊어지며 야무지게 나는 소리나 그 꼴 ㉥손가락뼈가 똑 부러진 줄도 모르고 참다가 퉁퉁 부어오르고야 알았다 큰말뚝 ❸단단한 것을 가볍고 작게 두드리는 소리 ㉥똑, 똑, 누군가 문을 두드린다 ❹거침없이 떼거나 자르는 꼴 ㉥긴 대를 써서 높은 데 달린 감을 똑 땄다

똑[2] [어찌씨] ❶이어지던 것이 갑자기 그치는 꼴 ㉥며칠 만에 비가 똑 그쳤어. 고뿔이 똑 떨어졌다 큰말뚝 ❷다 쓰고 없는 꼴 ㉥주머니에 돈이 똑 떨어졌네 큰말뚝 ❸말씨나 몸짓을 굳게 하거나 자르는 꼴 ㉥웅얼거리지 말고 똑 부러지게 말을 해

똑[3] [어찌씨] ❶조금도 틀림없이 ㉥저 너석 하는 짓이 똑 제 아비를 닮았군 ❷더덜없이 맞춤하게 ㉥싱싱한 아침 바람을 맞으며 달리기하는 건 몸이 튼튼해지는 데는 똑 좋은 일이야

똑같다 [그림씨] 조금도 다름없이 같다 ㉥내 동무들은 나이가 나와 똑같다

똑같음 [이름씨] 할 일이나 짐, 감 따위가 모두에게 고르고 똑같음 ⇐ 평등

똑딱 [어찌씨] ❶야무진 소리가 동안 뜨게 울리는 소리 ㉥나무젓가락이 똑딱 부러졌다 ❷똑딱배 뭡틀 같은 것이 내는 소리 ㉥똑딱배가 똑딱이며 바다로 나간다 **똑딱이다 똑딱하다**

똑딱거리다 [움직씨] ❶딴딴한 것을 요리조리 가볍게 자꾸 두드리다 ❷때알림이 같은 작은 틀이 잇따라 돌아가는 소리가 나다 **똑딱대다**

ㄷ

똑딱단추 (이름씨) 위아래 두짝으로 된 단추. 가운데가 쏙 나온 위짝과 푹 들어간 아래짝을 맞출 때 똑딱 소리가 나서 된 말

똑딱똑딱 (어찌씨) ❶딴딴한 것을 요리조리 가볍게 자꾸 두드리는 소리 ⓑ오빠는 아무거나 똑딱똑딱 잘도 고친다 큰말뚝딱뚝딱 거센말톡탁톡탁 ❷때알림이 같은 작은 틀이 잇따라 돌아가는 소리 ⓑ자려고 눕기만 하면 똑딱똑딱 소리가 더 커지는 것 같다 ❸야무진 소리가 동안 뜨게 자꾸 울리는 소리 ⓑ뒷집에서 다듬이 소리가 똑딱똑딱 밤늦게까지 들린다 **똑딱똑딱하다**

똑딱배 (이름씨) 똑딱 소리를 내는 배 ⓑ똑딱배를 타고 검섬에 놀러갔다

똑똑 (어찌씨) ❶작고 단단한 것이 자꾸 떨어지거나 부러지거나 끊어지는 소리나 그 꼴 ⓑ감나무 가지는 사람 몸무게에도 똑똑 잘 부러진다 큰말뚝뚝 ❷작은 물방울 같은 것이 자꾸 떨어지는 소리나 그 꼴 ⓑ물방울이 똑똑 떨어진다 ❸작고 단단한 것을 이어서 가볍게 두드리는 소리 ⓑ남 방에 들어가려면 문 앞에서 똑똑 두드리고 기다린다 ❹거침없이 잇따라 자르거나 떼는 꼴 ⓑ길가에 핀 쑥부쟁이 꽃송이를 똑똑 땄다

똑똑하다 (그림씨) ❶환히 알 수 있게 또렷하다 ⓑ흐릿하게 보이던 것이 눈거울을 썼더니 똑똑하게 보인다 ❷틀림없다 ⓑ똑똑한 얽이 ❸가리가 밝고 또렷하다 ⓑ보라는 동무들 가운데서 가장 똑똑하다 ❹셈이 바르고 틀림이 없다 ⓑ셈이 똑똑해야 달 끝에 잘 맞아 떨어진다

똑바로 (어찌씨) ❶기울거나 숙지 않고 바르게 ⓑ나를 똑바로 쳐다봐라 ❷어그러지지 않고 올바르게 ⓑ똑바로 얘기를 해라

똑바르다 (그림씨) ❶비뚤어지거나 어그러지지 않고 아주 곧바르다 ⓑ글줄이 똑바르게 잘 썼네 ❷조금도 그릇되거나 어그러지지 않고 아주 올바르다 ⓑ말과 하는 짓이 똑발라야 사람답게 살 수 있다

똘기 (이름씨) 채 익지 않은 과일 한뜻말풋과일

똘똘 (어찌씨) ❶작은 것이 여러 겹으로 말려지는 꼴 ⓑ식게를 지내고 돗자리를 똘똘 말아 제자리에 둔다 ❷작은것이 똥그스름하게 뭉쳐진 꼴 ⓑ눈싸움이 벌어지니 저마다 눈을 똘똘 뭉쳐 이 사람 저 사람한테 마구 던지며 신나게 놀았다 ❸작고 똥그스름한 것이 굴러가는 꼴 ⓑ구슬치기 할 때 구슬에 가장 알맞은 힘을 주어야 똘똘 굴러 바라는 구멍에 들어간다

똘똘이 (이름씨) 똑똑하고 슬기로운 아이를 달리 이르는 말 ⓑ저 녀석은 동네 어른들에게서 똘똘이라는 소리를 듣는다

똘똘하다 (그림씨) ❶매우 똑똑하고 슬기롭다 ⓑ한내는 어린 나이에 견주어 말솜씨가 좋고 똘똘하다 여린말돌돌하다 ⇐ 영특하다 ❷단단하고 야무지다 ⓑ잘 익고 빛깔 좋고 똘똘한 밤을 따로 골라냈다

똥 (이름씨) ❶사람이나 짐승이 먹은 것이 삭고 남아 몸 밖으로 나오는 찌꺼기 ⓑ갑자기 똥이 마렵네 ⇐ 대변. 분 ❷쇠붙이가 녹아 나오는 찌꺼기 ⓑ구리 똥. 납똥. 쇠똥 ❸먹물이 튀어 말라붙은 자국 ⓑ먹똥을 감쪽같이 지웠네 (슬기말) **똥 묻은 개가 겨 묻은 개 나무란다** 제 허물은 더 크면서 하찮은 남 허물을 나무란다

똥간 (이름씨) 뒷간. 뒷곳

똥값 (이름씨) 터무니없이 싼 값 ⓑ감자가 한꺼번에 쏟아져 나와 똥값이다 한뜻말똥금. 싼값 ⇐ 헐값

똥개 (이름씨) 똥을 먹고 사는 개. 옛날엔 개는 되도록 밥을 주지 않고 마을에 돌아다니면서 똥구당가에 눈 똥이나 아이 똥을 먹고 살았다. 사람 똥을 먹고 눈 개똥은 거름기가 많아 마늘 밭에 넣었다 ⓑ'워리' 하고 부르면 이웃집 똥개가 달려와 아이 똥을 먹고 간다

똥거름 (이름씨) 똥으로 된 거름 ⓑ수박이나 참외 거름으로는 뭐니뭐니 해도 똥거름이 으뜸이다

똥구멍 (이름씨) 사람이나 짐승 창자 끝에 달려

똥을 누거나 방귀를 뀌는 구멍 ⓑ똥구멍이 간지러울 때는 더부살이 벌레를 없애는 낫개를 먹는다 ⇐ 항문 슬기말 **똥구멍 찢어지게 가난하다** 몹시 가난하다 **똥구멍으로 호박씨 깐다** 겉으로는 얌전한 체하나 남이 보지 않는 데서 엉큼한 짓을 한다

똥그라미 이름씨 똥그랗게 생긴 꼴이나 몬 ⓑ마당에 똥그라미를 그려놓고 동무들과 여러 놀이를 했다 여린말동그라미

똥그랑땡 이름씨 동그랑땡 ⓑ똥그랑땡을 해준다니 오늘 저녁은 밥이 절로 넘어가겠다

똥그랗다 그림씨 또렷하게 동글다

똥그릇 이름씨 똥오줌을 누는 그릇 한뜻말뒤그릇 ⇐ 변기

똥글똥글 어찌씨 여럿이 다 똥그랗게 생긴 꼴 ⓑ팥죽에 넣을 새알을 똥글똥글 접시 가득 빚었다

똥글똥글하다 그림씨 여럿이 다 또는 아주 똥그랗다

똥금 이름씨 똥값

똥누다 움직씨 똥을 몸 밖으로 내보내다 ⓑ똥누고 밑 안 닦은 사람 같다 슬기말 **똥누러 갈 적 마음 다르고 올 적 마음 다르다** 제가 바쁠 때는 매달리다가 일을 마치면 모른 체한다

똥동이 이름씨 걸터 앉아서 똥오줌을 누는 물씻이 똥그릇 ⇐ 변기. 양변기

똥똥하다 그림씨 ❶키가 작고 살이 쪄서 몸집이 옆으로 퍼지고 굵다 ⓑ몸이 똥똥해도 달리기는 잘한다 큰말뚱뚱하다 거센말통통하다 ❷어느 한쪽이 붓거나 부풀어서 도드라지다 ⓑ똥똥한 단지. 벌에 쏘여 손가락이 똥똥하게 부어올랐다

똥마렵다 그림씨 똥이 나올듯한 느낌이다 ⓑ똥마려운 걸 참을 장사는 없다

똥물 이름씨 ❶똥이 섞인 물 ⓑ아버지는 똥물을 장군에 퍼담아 지고 보리밭에 내었다 ❷몹시 게울 때 마지막에 나오는 누르스름한 물 ⓑ술을 너무 많이 마셔 게우고 또 게우고 마지막엔 똥물까지 게웠다 ❸물똥 ⓑ싸리버섯을 잘못 먹고 밤새 똥물을 쏘았다

똥바가지 이름씨 똥이나 똥물을 퍼내는 바가지 ⓑ아버지는 똥바가지로 똥물을 퍼서 똥장군에 담아, 지게에 지고 가서 보리밭에 주었다 익은말 **똥바가지를 쓰다** 애먼 일을 겪다

똥배 이름씨 똥똥하게 불러서 나온 배 ⓑ똥배가 나오면 덜 먹고 부지런히 움직여야지

똥수레 이름씨 ❶똥을 퍼서 나르는 수레 ⇐ 분뇨차. 똥차 ❷헌 수레 ⓑ똥수레가 앞에서 알짱거려 빨리 갈 수가 없었다 익은말 **똥수레가 밀리다** 짝맺이할 아우가 있는데도 위로 짝맺지 못한 언니가 있는 때

똥싸다 움직씨 ❶똥을 가누지 못하고 마구 누다 ⓑ우리 아가 예쁘게 똥쌌네 ❷몹시 힘들다 ⓑ아이고 너무 힘들어 똥쌀 뻔했어

똥장군 이름씨 똥오줌을 담아 나르는 오지나 나무로 된 그릇 ⓑ아버지는 똥장군에 똥을 퍼서 보리밭에 거름으로 주었다

똥줄 이름씨 바쁘게 내갈기는 똥 줄기 익은말 **똥줄 타다** 몹시 마음 졸이거나 애타다 **똥줄 빠지다** 몹시 꾸지람을 들어 바쁘게 달아나다

똥차 ⇒ 똥수레

똥칠 이름씨 ❶똥을 묻히는 짓 ⓑ똥칠할 때까지 살지 말아야지 ❷낯을 못 들만한 짓 ⓑ네가 우리 집안에 똥칠 하다니

똥통 이름씨 ❶뒷곳에 똥이 담긴 통 ❷똥을 담아 나르는 통 ⓑ깨달은이 따름이가 된 니디는 똥통에 똥을 퍼서 나르던 사람이다 ❸낡아빠지거나 좋지 않은 것 ⓑ똥통 배곳

똥파리 이름씨 똥에 잘 모여드는 파리 ⓑ깊은 멧속에서 똥을 누면 다 누기 앞서 반드시 똥파리가 날아온다

똬리 이름씨 ❶짐을 일 때 머리 위에 얹어서 짐을 괴는 데 쓰는 짚이나 헝겊 따위로 지은 고리 ⓑ똬리를 머리 위에 얹고 동이를 조심스레 이었다 밑말또아리 ❷둥글게 빙빙 사려 놓은 것 또는 그런 꼴 ⓑ날이 추워지니 뱀이 햇빛을 받으며 똬리를 틀고 꼼짝 않고 있다

똬리쇠 이름씨 숫타래못을 조일 때 굳히려고

암타래못 밑에 받쳐 끼우는 쇠널 고리 한뜻말 자릿쇠 ⇐ 와셔

뙈기 이름씨 살피를 지은 논밭 한 가름 또는 그것을 세는 하나치 ㉥이 터는 여러 논 뙈기를 밀어 한 배미로 만들었다

뙤다 움직씨 ❶실로 짠 그물코나 바느질 땀이 터지다 ㉥지난해에 쓰던 모기장을 꺼내서 뙨 구멍을 기웠다 ❷몬 한 귀퉁이가 조금 깨져 떨어지다 ㉥바둑돌 가장자리가 뙤었다

뙤약볕 이름씨 되게 내리쬐는 뜨거운 볕 ㉥뙤약볕 아래에서 밭일을 오래 하지 마시오

뚜껑 이름씨 ❶그릇이나 고리 아가리를 덮는 것 ㉥뚜껑을 덮어 이불 속에 넣어 두어도 밥이 조금씩은 식는다 ❷막거나 가리려고 겉에 씌우는 것 ㉥붓 뚜껑을 닫았다 비슷한말 두겁

뚜렷뚜렷[1] 어찌씨 ❶흐리거나 섞갈리지 않고 똑똑한 꼴 ㉥안개가 걷히고 메꾸대기가 뚜렷뚜렷 나타난다 작은말 또렷또렷 여린말 두렷두렷 ❷말이나 소리가 아주 깨끗하게 들리는 꼴 ㉥멀리서도 소리가 뚜렷뚜렷 잘 들린다 ❸얼이나 생각이 흐리지 않고 아주 맑은 꼴 ㉥그 잔소리가 내 머리에 아직도 뚜렷뚜렷 남아있다

뚜렷뚜렷[2] 어찌씨 눈을 자꾸 굴리며 여기저기 살피는 꼴 ㉥내 방을 뚜렷뚜렷 둘러보았다 여린말 두렷두렷 **뚜렷뚜렷하다**

뚜렷하다 그림씨 흐리거나 섞갈리지 않고 똑똑하다 ㉥그 사람은 줏대가 뚜렷하여 남 말에 휘둘리지 않았다 작은말 또렷하다 여린말 두렷하다 ⇐ 확연하다, 역연하다

뚜벅뚜벅 어찌씨 발을 크게 내짚을 때 잇달아 나는 소리나 그 꼴 ㉥한내는 힘찬 발걸음으로 뚜벅뚜벅 걸어왔다 작은말 또박또박 **뚜벅뚜벅하다**

뚝[1] 어찌씨 ❶단단한 것이 떨어지는 소리나 그 꼴 ㉥새똥이 수레 거울에 뚝 떨어졌다 작은말 똑 ❷단단한 것이 부러지거나 끊어지는 소리 또는 그 꼴 ㉥오래된 나뭇가지가 뚝 부러졌다 작은말 똑 ❸물방울이 떨어지는 소리나 그 꼴 ㉥비 온 뒤에 느티나무에서 물방울이 뚝 떨어졌다 ❹아주 거침없이 떼거나 자르는 꼴 ㉥제 품삯에서 얼마를 뚝 떼어 함께한 무리들에게 한턱 냈다 ❺단단한 것을 무디게 두드리는 소리 ㉥방문을 한 디위 뚝 치고는 문을 벌컥 열었다 **뚝하다**

뚝[2] 어찌씨 ❶이어지던 것이 아주 갑자기 그치는 꼴 ㉥칭얼대던 아이가 아빠를 보자 울음을 뚝 그쳤다 작은말 똑, 딱 ❷말씨나 몸짓을 아주 굳게 하거나 자르는 꼴 ㉥더는 못하겠다며 뚝 잘라 말했다 작은말 똑, 딱 ❸다 쓰고 하나도 없는 꼴 ㉥신나게 놀러 다니다가 돈이 뚝 떨어지자 집으로 돌아왔다

뚝[3] 어찌씨 ❶어떤 값이나 차례 따위가 두드러지게 떨어진 꼴 ㉥나라 바깥에서 콩을 들여오니 콩값이 뚝 떨어졌다 ❷서로 멀리 떨어진 꼴 ㉥우리 집은 큰길에서 뚝 떨어져 아주 조용하다

뚝딱 어찌씨 ❶단단한 것이 이쪽저쪽 부딪칠 때 고르지 않게 나는 소리 ㉥대장간에서 망치소리가 여기서 뚝딱 저기서 뚝딱 몹시 시끄럽다 작은말 똑딱 거센말 툭탁 ❷일을 손쉽게 거침없이 대강 해치우는 꼴 ㉥밥 한 그릇을 한 숨에 뚝딱 해치웠다 **뚝딱하다**

뚝딱거리다 움직씨 ❶단단한 것이 이쪽저쪽 부딪칠 때 잇달아 고르지 않게 소리가 나다 작은말 똑딱거리다 거센말 툭탁거리다 ❷일을 손쉽게 거침없이 자꾸 대강대강 해치우다 **뚝딱대다**

뚝딱뚝딱 어찌씨 ❶단단한 것이 이쪽저쪽 부딪칠 때 잇달아 고르지 않게 나는 소리 ㉥숲속에서 오두막 짓는 소리가 뚝딱뚝딱 울려 퍼졌다 ❷일을 손쉽게 거침없이 자꾸 대강대강 해치우는 꼴 ㉥마을 잔치에 가려고 마음이 들떠서 일을 뚝딱뚝딱 해치우고는 서둘러 떠났다 **뚝딱뚝딱하다**

뚝뚝 어찌씨 ❶아주 멀리 떨어져 있는 꼴 ㉥우리 마을은 이웃집이 뚝뚝 떨어져 있다 ❷값이나 차례 따위가 잇달아 크게 떨어지는 꼴

ⓑ집값이 날마다 뚝뚝 떨어지는 판이라 팔리질 않는다 ❸단단한 것이 자꾸 떨어지거나 끊어질 때 크게 나는 소리나 그 꼴 ⓑ땔나무를 뚝뚝 끊어서 아궁이에 넣는다 ❹굵은 물방울 같은 것이 자꾸 떨어지는 소리나 그 꼴 ⓑ구름이 몰려오는가 싶더니 비가 뚝뚝 떨어진다 ❺무엇을 자꾸 떼거나 자르는 꼴 ⓑ이불 겉을 빨려고 꿰맨 데를 뚝뚝 뜯어서 내놓았다 ❻단단한 것을 자꾸 두드리는 꼴 ⓑ수박이 잘 익었나 뚝뚝 두드려본다 ❼갑자기 자꾸 멎거나 그치는 꼴 ⓑ배곳에서 갈가마귀 떼처럼 쏟아져 나오던 아이들이 긴수렛길 앞에서 뚝뚝 멈춰섰다

뚝뚝하다 (그림씨) ❶부드럽거나 살가운 맛이 없이 굳다 ⓑ마음씨가 뚝뚝해서 꽃님을 잘 사귀지 못한다 ❷바탕이 굳고 단단하거나 빳빳하다 ⓑ뚝뚝한 마대 천. 옷감이 뚝뚝해서 아이들 옷을 짓기에 알맞지 않다

뚝배기 (이름씨) 찌개나 장국을 끓이는 데 쓰는 작은 오지그릇 ⓑ뚝배기에 된장찌개가 보글보글 끓는다 (슬기말) **뚝배기 깨지는 소리** 목소리가 곱지 못하고 거칠다 **뚝배기보다 장맛이 좋다** 겉모습에 견주어 속내가 훨씬 낫다

뚝보 (이름씨) 무뚝뚝한 사람

뚝쇠 (이름씨) 마음씨가 몹시 뚝한 사람 ⓑ언니 버시는 보기엔 뚝쇠 같아도 사귀어 보면 얼마나 살가운데

뚝심 (이름씨) 굳세게 버티어 내거나 갑자기 견뎌내는 힘 ⓑ새별님은 뚝심이 매우 세다

뚝지 (이름씨) 길이는 한 뼘쯤 되고 앞쪽은 둥글고 뒤쪽은 넓적한 물고기

뚤뚤 (어찌씨) ❶큰 것이 여러 겹으로 말리는 꼴 ⓑ식게를 지내고 돗자리를 뚤뚤 말아 갈무리했다 ❷아무렇게나 뭉쳐 싸거나 뭉쳐진 꼴 ⓑ온갖 짐을 뚤뚤 뭉쳐 수레에 싣고 바쁘게 떠났다 ❸크고 둥그스름한 것이 굴러가는 꼴 ⓑ큰비가 오고 천둥이 잇달아 치며 비탈진 곳에서는 돌들이 뚤뚤 굴러 내려온다

뚤렁 (어찌씨) ❶큰 물방울 같은 것이 떨어져 내리는 소리나 그 꼴 ⓑ아저씨 눈에서는 이슬방울이 맺히더니 무릎 위에 뚤렁 떨어졌다 ❷묵직한 것이 바닥에 뚝 떨어지는 소리나 그 꼴 ⓑ바람이 불자 아람이 번 밤송이에서 알밤이 뚤렁 떨어진다 **뚤렁하다**

뚤렁뚤렁 (어찌씨) ❶큰 물방울 같은 것이 잇달아 떨어지는 소리나 그 꼴 ⓑ우리가 쪽대로 고기 잡던 물웅덩이엔 굵은 빗방울이 뚤렁뚤렁 떨어졌다 ❷묵직한 것이 바닥에 잇달아 떨어지며 울려나는 소리나 그 꼴 ⓑ활짝 번 밤송이에선 바람이 일 때마다 알밤이 뚤렁뚤렁 떨어졌다 **뚤렁뚤렁하다**

뚫다 (움직씨) ❶구멍을 내다 ⓑ닥종이를 가웃 접어 송곳으로 구멍을 뚫고 끈을 꿰어 책을 맸다. 자고 나면 멧속으로 굴을 뚫어 길을 낸다 ❷막히거나 가려진 것을 헤치거나 가르고 나가다 ⓑ사람들 틈을 뚫고 들어갔다 ❸어려운 고비를 벗어나면서 헤치다 ⓑ맞선 쪽 버팀자리를 마침내 뚫었다 ❹돈을 돌려쓰거나 일을 풀어갈 실마리를 찾다 ⓑ돈줄을 뚫을 사람을 찾아주세요 ❺깊이 파고들어 깨닫다 ⓑ좋은 열매를 얻으려면 한 우물을 뚫어라

뚫리다 (움직씨) ❶('뚫다' 입음꼴) 파이거나 쪼여 구멍이 나다 ⓑ바지게 곳곳에 구멍이 뚫려 보기 싫어 새것으로 갈았다 ❷막힌 것이 사라져 다른 곳과 이어지다 ⓑ다리가 놓여 드디어 섬으로 가는 길이 뚫렸다 ❸마개나 막이가 사라져 안팎이 서로 이어지다 ⓑ똥동이가 단단히 막혀 뚫리지 않는다

뚫새김 (이름씨) 새김에서 새길거리 테두리만 남겨놓고 나머지는 깎거나 파서 구멍이 나도록 만들거나 테두리만 파서 구멍이 나도록 만드는 것 ⇐ 투각

뚫어지다 (움직씨) ❶뚫리어 구멍이 나다 ⓑ뒤를 밟아 왔는데 갑자기 마을 안으로 뚫어진 골목으로 사라졌다 ❷길 따위가 열려 지나가게 되다 ⓑ굴이 뚫어져 고을로 가는

길이 짧아졌다

뚱겨주다 움직씨 눈치챌 수 있도록 넌지시 알려 주다 ⓑ새미는 집을 떠나고 싶다는 말을 아우에게 넌지시 뚱겨주었다 작은말 똥겨주다 ⇐ 훈수하다

뚱기다 움직씨 ❶팽팽하게 켕긴 줄을 당겼다 놓아 소리를 나게 하다 ⓑ가얏고를 뚱기며 노래를 부른다 ❷모르던 일 따위를 눈치채도록 슬며시 일깨워 주거나 일러주다 ⓑ잠자코 있다가 슬며시 한마디를 뚱기는 바람에 나도 눈치챘다

뚱기적거리다 움직씨 ❶뚱뚱한 몸으로 매우 무디고 느리게 자꾸 기우뚱하다 ❷하기 싫어 이리저리 몸을 움직이다 **뚱기적대다**

뚱기적뚱기적 어찌씨 ❶뚱뚱한 몸으로 매우 무디고 느리게 자꾸 기우뚱하는 꼴 ⓑ뚱보 아줌마가 뚱기적뚱기적 걸으며 가게로 들어간다 ❷하기 싫어 이리저리 몸을 움직이는 꼴 ⓑ쌀가마를 메고 뚱기적뚱기적 겨우 걸음을 떼놓는다 **뚱기적뚱기적하다**

뚱깃거리다 움직씨 굼뜬 몸집을 자꾸 기우뚱거리다 **뚱깃대다**

뚱깃뚱깃 어찌씨 굼뜬 몸집을 자꾸 기우뚱거리는 꼴 ⓑ뚱띵이 아줌마가 뚱깃뚱깃 걸어오는 꼴을 마을 아지매들이 웃으며 바라본다 **뚱깃뚱깃하다**

뚱딴지[1] 이름씨 ❶하는 짓이나 생각이 지나치게 엉뚱한 것 ⓑ모처럼 만났는데 자꾸 뚱딴지처럼 굴 거야? ❷번힘줄을 매거나 번힘이 다른 곳으로 흐르지 않게 막아주는 그릇통 ⓑ번힘바치가 뚱딴지를 달고 번힘줄을 늘인다 익은말 **뚱딴지 같은 소리** 느닷없이 하는 엉뚱한 말

뚱딴지[2] 이름씨 잎은 작은 해바라기 잎 같고 땅속줄기는 감자 꼴이고 줄기는 사람 키보다 크며 온몸에 잔털이 난 여러해살이풀. 어린잎은 나물로 먹고 감자는 사람과 짐승 먹이, 낫개로 쓴다 한뜻말 돼지감자. 뚝감자

뚱뚱 어찌씨 ❶살이 쪄서 몸이 가로 퍼진 꼴 ⓑ살만 뚱뚱 쪄서 일은 하지 않고 게으름만 피운다 작은말 똥똥 거센말 퉁퉁 ❷어느 한 곳이 붓거나 부풀어 두드러진 꼴 ⓑ발을 삐어 발등이 뚱뚱 부었다

뚱뚱보 이름씨 살이 쪄서 뚱뚱한 사람 ⓑ벗들이 나보고 뚱뚱보라고 놀려댄다 준말 뚱보

뚱뚱하다 그림씨 ❶살이 쪄서 몸집이 옆으로 퍼지다 ⓑ요즘 너무 많이 먹어서 뚱뚱한 아이들이 부쩍 늘었다 작은말 똥똥하다 거센말 퉁퉁하다 ⇐ 비만하다 ❷어느 한쪽이 붓거나 부풀어서 불룩하다 ⓑ배가 뚱뚱하게 부른 단지

뚱보 이름씨 ❶말수가 적고 너울가지가 없는 사람 ⓑ뚱보라는 말을 듣긴 해도 남을 잘 챙겨준다 ❷뚱뚱보

뚱하다 그림씨 ❶못마땅하여 말이 없고 시무룩하다 ⓑ밤잠을 설쳤더니 몸도 찌뿌둥하고 마음도 뚱했다 ❷말수가 적고 너울가지가 없다 ⓑ노을은 뚱해서 남 사귀기가 어렵다

뛰놀다 움직씨 ❶이리 뛰고 저리 뛰면서 놀다 ⓑ너른 마당에서 아이들이 뛰논다 ❷가슴 같은 것이 세게 뛰다 ⓑ순이를 보고 뛰노는 가슴을 눌러 참고 한참만에 입을 열었다

뛰다 움직씨 ❶선 자리에서 몸이 솟구쳐 오르다 ⓑ높이 뛰어서 울타리를 넘어볼까? ❷널 끝에 선 두 사람이 엇바꾸어 오르고 내리다 ⓑ널 뛰는 꽃님들 ❸값이나 값어치가 갑자기 오르다 ⓑ슬기가 늘면 제 몸값은 뛰게 마련이다 ⇐ 급등하다 ❹물방울이나 흙탕물이 세게 솟아오르면서 흩어지다 ⓑ흙탕물이 뛰어서 옷에 얼룩이 졌다 ❺염통이 피를 보내면서 발딱발딱 뛰다 ⓑ소꿉놀던 벗을 다시 만난다는 설렘에 가슴이 뛴다 ⇐ 고동치다 ❻몹시 대단한 기운이나 몸씨를 나타내다 ⓑ펄펄 뛰며 골을 내다. 뜬말이 얼토당토않다며 펄쩍 뛰었다 ⇐ 약동하다 ❼발을 재게 놀려 빨리 나아가다 ⓑ너른 마당을 한 바퀴 뛰었다 한뜻말 달리다. 달음질하다 ❽빠르게 달아나다. 튀다. 토끼

다 ⓑ잡히면 끝장이니 젖 먹던 힘까지 내어 뛰어 **9** 부지런히 일하다 ⓑ이대로 몇 해만 뛰면 더는 벌이를 하지 않아도 돼 **10** 차례를 건너거나 넘기다 ⓑ바느질 땀이 뛰었네 **11** 수레 따위가 길에서 달리다 ⓑ짐수레가 얼마 뛰지 않아서 아직은 새것이나 마찬가지다 **12** 줄을 앞뒤로 오가며 솟구쳐 오르락내리락하다 ⓑ우리 그네 뛰러 가자 슬기말 **뛰는 놈 위에 나는 놈 있다** 잘난 사람이 있으면 그보다 더 잘난 사람이 있다

뛰뛰빵빵 어찌씨 **1** 수레나 긴수레가 잇달아 고동을 울리는 소리 ⓑ뛰뛰빵빵 긴수레가 고동을 울리며 서라벌 새벽을 깨운다 **2** (이름씨) 수레나 긴수레 ⓑ뛰뛰빵빵 타고 할머니 집에 가자

뛰룩 어찌씨 두리두리한 눈알을 매우 힘차게 굴리는 꼴 ⓑ두꺼비가 눈알을 뛰룩 굴리며 엉금엉금 기어간다 **뛰룩하다**

뛰룩거리다 움직씨 두리두리한 눈알을 매우 힘차게 자꾸 굴리다 **뛰룩대다**

뛰룩뛰룩[1] 어찌씨 두리두리한 눈알을 매우 힘차게 자꾸 굴리는 꼴 ⓑ퉁방울 같은 눈을 뛰룩뛰룩 굴리며 사람들을 을러메었다 작은말 뙤록뙤록 여린말 뒤룩뒤룩 **뛰룩뛰룩하다**

뛰룩뛰룩[2] 어찌씨 군살이 처지도록 살이 몹시 쪄서 매우 뚱뚱한 꼴 ⓑ며칠 잔뜩 먹었더니 뛰룩뛰룩 살이 쪘어 작은말 뙤록뙤록 여린말 뒤룩뒤룩

뛰룩뛰룩하다 그림씨 군살이 처지도록 살이 몹시 쪄서 매우 뚱뚱하다

뛰뮈다 움직씨 힘차게 뛰어 움직이다 ⇐ 약동하다

뛰어가다 움직씨 발을 아주 재게 놀려 빨리 가다 ⓑ사람들이 모여 웅성거리는 쪽으로 빨리 뛰어갔다 맞선말 뛰어오다

뛰어나가다 움직씨 뛰어서 밖으로 나가다 ⓑ배곳에서 집에 돌아오자마자 옷을 갈아입고 잽싸게 물가로 뛰어나갔다

뛰어나다 그림씨 여럿 가운데서 훨씬 높거나 낫다 ⓑ미리내는 속셈에 뛰어난 재주가 있다 ⇐ 탁월하다. 특출나다

뛰어나오다 움직씨 뛰어서 밖으로 나오거나 갑자기 나타나다 ⓑ앞뒤 재지 않고 집을 뛰어나오긴 했으나 딱히 갈 데가 없네

뛰어내리다 움직씨 몸을 날려 높은 데서 아래로 내리다 ⓑ지붕에서 뛰어내리다 발이 접질렸다

뛰어넘다 움직씨 **1** 뛰어서 높은 데를 넘다 ⓑ도둑은 쫓기자 담을 훌쩍 뛰어넘어 달아났다 **2** 차례 따위를 거르고 넘어가다 ⓑ이 일은 뛰어넘고 다음 일부터 하자 **3** 생각이나 솜씨가 잣대를 넘어서다 ⓑ아이들 솜씨가 어른을 뛰어넘었다

뛰어놀다 움직씨 이리저리 뛰면서 놀다 ⓑ어릴 적 뛰어놀던 너른 마당이 그립다 준말 뛰놀다

뛰어다니다 움직씨 발을 재게 놀려 여기저기 마구 다니다 ⓑ일자리를 얻으려 이곳저곳 뛰어다녔다

뛰어들다 움직씨 **1** 뛰어서 안으로 들어가거나 들어오다 ⓑ아이가 엄마를 보자마자 품속으로 뛰어들었다 **2** 갑자기 들어오거나 들어가다 ⓑ소나기를 비키려고 메오름이들이 집으로 뛰어들었다 **3** 힘차게 달려들다 ⓑ물불을 가리지 않고 이 일에 뛰어들었다 **4** 어떤 일에 끼어들다 ⓑ춤판에 뛰어들다. 윷놀이판에 뛰어들다

뛰어오다 움직씨 발을 아주 재게 놀려 빨리 오다 ⓑ보슬이는 빨리 알려줄 이야기가 있다며 내게 뛰어왔다 맞선말 뛰어가다

뛰어오르다 움직씨 **1** 뛰어서 높은 데로 오르다 ⓑ달리는 말에 뛰어올라 타기는 쉽지 않다 ⇐ 도약하다 **2** 값이나 값어치가 갑자기 많이 오르다 ⓑ기름값이 한 달 새 두 곱이나 뛰어올랐다 ⇐ 등귀하다

뛰쳐나가다 움직씨 **1** 힘있게 뛰어 나가다 ⓑ가슴이 답답하여 집밖으로 뛰쳐나가 멧속을 걸었다 **2** 어디에서 떠나가다 ⓑ집을 뛰쳐나간 뒤 닷새가 지나도록 돌아오지 않았다

뛰쳐나오다 움직씨 **1** 힘있게 뛰어 나오다 ⓑ

송아지 두 마리가 뛰쳐나와 마구 달린다 ❷어디에서 떠나오다 ⓑ윗사람과 싸운 뒤 일터에서 뛰쳐나왔다

뛸내기 이름씨 어떤 길이를 잡아놓고 함께 달려 빠름을 겨루는 놀이

뜀 이름씨 ❶발을 모으고 몸을 솟구쳐 앞으로 나가는 것 ⓑ뜀을 뛰다 ❷몸을 솟구쳐 높은 데로 오르거나 넘는 것 ⓑ뜀을 뛰어 물웅덩이를 건넜다 ⇐ 도약

뜀뛰기 이름씨 ❶큰 마당에서 벌이는 놀이로서 멀리뛰기, 높이뛰기, 막대 높이뛰기. 세발뛰기 따위를 통틀어 이르는 말 ⓑ뜀뛰기는 짧은 동안 마음을 한곳에 모으는 힘을 길러준다 ⇐ 도약 ❷두발을 모으고 위로 뛰어 올랐다 땅에 내렸다 하는 맨손 뀜 ⓑ뜀뛰기는 힘살에 튕기는 힘을 길러주고 염통과 허파를 튼튼하게 한다 ⇐ 도약

뜀뛰다 움직씨 두 발을 모아 몸을 솟구쳐 앞으로 나가거나 높은 데로 오르다 ⓑ어릴 때 줄넘기로 뜀뛰는 힘을 기르면 좋다

뜀박질 이름씨 ❶두 발을 모아 몸을 위로 솟구쳐 앞으로 나아가거나 위로 오르는 짓 ⓑ뜀박질을 잘하면 흔히 줄넘기도 잘한다 준말 뜀질 ❷서둘러 뛰어 달려감 ⓑ아라는 뜀박질 잘한다고 슬며시 뽐낸다 한뜻말 달음박질

뜀틀 이름씨 ❶사다리꼴 나무틀을 여러 켜로 포개놓고 맨 위쪽을 가죽이나 베로 씌운 것 ⓑ뜀틀 위에서 물구나무서기를 하면서 놀았다 ⇐ 도마 ❷두 손으로 뜀틀을 짚고 뛰어넘는 놀이 ⓑ오늘은 뜀틀을 네 턱까지 넘었다

뜀틀넘기 이름씨 뜀틀을 뛰어넘는 놀이. 도움닫기, 발구름, 뛰어넘기, 땅닿기 따위 몸짓을 한다

뜨개바늘 이름씨 뜨개질하는데 쓰는 바늘

뜨개실 이름씨 뜨개질하는데 쓰는 실

뜨개옷감 이름씨 실로 뜨개질한 것처럼 짠 옷감 ⇐ 편직물

뜨개질 이름씨 ❶옷이나 목도리 따위를 뜨개실로 뜨는 일 ⓑ누나는 옷을 짓느라 쉴 겨를도 없이 뜨개질을 한다 ⇐ 편물. 편직 ❷남 마음속을 떠보는 짓 ⓑ말이 없는 사람이라 무슨 생각을 하는지 모르니 넌지시 뜨개질이나 해볼까

뜨개천 이름씨 실로 뜨개질한 것처럼 짠 천 ⇐ 편직. 편직물

뜨개틀 이름씨 실로 뜨개질한 것처럼 짜는 틀 ⇐ 편직기. 편물기

뜨갯것 이름씨 뜨개질하여 만든 옷이나 자잘한 옷가지 따위 ⇐ 편물

뜨겁다 그림씨 ❶불에 닿는 느낌이다 ⓑ뜨거운 햇볕. 뜨거운 불담이 ❷사랑이나 보살핌이 가슴에 울리도록 깊다 ⓑ뜨거운 어버이 사랑 ❸느낌이 매우 크고 후덥다 ⓑ가슴 뜨거운 이야기 ❹부끄러워 얼굴이 몹시 화끈하다 ⓑ낯이 뜨거워 얼굴을 못 들고 다니겠다 익은말 **뜨거운 맛을 보다** 커다란 아픔이나 어려움을 겪다

뜨게가시버시 이름씨 짝맺이를 하지 않고, 오다가다 만나서 함께 사는 사내와 겨집 ⇐ 뜨게부부

뜨게부부 ⇒ 뜨게가시버시

뜨끈뜨끈 어찌씨 ❶꽤 뜨겁게 더운 꼴 ⓑ불을 지폈더니 방안이 뜨끈뜨끈하구나 작은말 따끈따끈 ❷부끄럽거나 서머하여 얼굴이 달아오른 꼴 ⓑ순이는 돌쇠를 보자 뜨끈뜨끈 얼굴이 달아오르는 것을 어찌할 수 없었다

뜨끈뜨끈하다 그림씨 꽤 뜨겁게 덥다

뜨끈하다 그림씨 ❶뜨겁게 덥다 ⓑ이제야 비로소 방 아랫목이 뜨끈해졌다 작은말 따끈하다 ❷부끄럽거나 서머하여 얼굴이 후끈하다 ⓑ거짓말이 들통이 나서 얼굴이 뜨끈하게 달아올랐다 ❸가슴이 울렁이거나 슬퍼서 눈언저리가 뜨겁다 ⓑ고마움에 눈굽이 뜨끈하다

뜨끔거리다 움직씨 ❶갑자기 아픔을 세게 느끼다 ❷마음이 크게 다치거나 찔리다 **뜨끔대다**

뜨끔뜨끔 어찌씨 ❶갑자기 아픔을 세게 느끼

는 꼴 ⓑ다친 데가 뜨끔뜨끔 아파왔다 **2** 마음이 크게 다치거나 찔리는 꼴 ⓑ스승 말씀을 듣고 가슴이 뜨끔뜨끔하여 쳐다볼 수 없었다 **뜨끔뜨끔하다**

뜨끔뜨끔하다 그림씨 갑자기 불에 닿은 것처럼 자꾸 뜨거운 느낌이 있다

뜨끔하다 그림씨 **1** 갑자기 불에 닿은 것처럼 뜨거운 느낌이 있다 ⓑ뜨끔해서 보니 손에 불똥이 날아와 앉았네 작은말 따끔하다 **2** 갑자기 다쳤을 때처럼 매우 아픈 느낌이 들다 ⓑ덴 자국이 아문 뒤에도 딱딱한 데에 부딪치면 뜨끔하다 **3** 마음이 크게 다치거나 찔리는 느낌이 있다 ⓑ내 마음이 들킨 것 같아 속으로 뜨끔했다 **4** (움직씨) 세게 찔리다 ⓑ터지개가 탕 터지는 소리에 뜨끔하는 것을 보니 이런 일을 처음 겪나 보군요

뜨내기 이름씨 **1** 살길을 찾아 떠돌아다니는 것 또는 떠돌며 사는 사람 ⓑ사람이 누구나 왔다가는 뜨내기 삶인데 뭘 그리 움켜쥐나 **2** 한자리에 배겨서 꾸준히 하지 못하고 자꾸 뜨면서 일하는 사람 ⓑ얼핏 봐도 뜨내기 같지는 않고 어딘가 마음을 끈다

뜨내기손님 이름씨 어쩌다 한 두 디위 찾아오는 손님 맞선말 단골손님

뜨내기장사 이름씨 **1** 한곳에 자리잡고 늘 하는 장사가 아니고 돈벌이가 될 만한 것을 찾아서 그때그때 하는 장사 **2** 이리저리 떠돌아다니면서 하는 장사

뜨다[1] 움직씨 **1** 가라앉지 않고 물 위에 있거나 물 위로 솟아오르다 ⓑ떼나무가 바다에 뜬 채 흔들린다. 기름방울은 물 위에 잘 뜬다 맞선말 가라앉다 ⇐ 부유하다. 부상하다 **2** 하늘에 솟아오르거나 머무르다 ⓑ하늘에 뜬 뭉게구름. 날틀이 하늘에 떠 날아간다 **3** 해나 달, 별 따위가 돋아 오르다 ⓑ해가 뜨다. 달이 뜨다 비슷한말 돋다. 솟다 맞선말 지다 **4** 착 달라붙지 않고 틈이 벌어지다 ⓑ바닥이 군데군데 떠서 풀로 다시 붙였다 **5** 남에게 빌려준 것을 못 받게 되다 ⓑ벗에게 꿔준 돈이 그만 떴네 **6** 줄이 끊어져 제멋대로 날아가다 ⓑ잘 날던 종이솔개가 뜨자 아이는 발을 동동 굴렀다 **7** 셈틀 누리집 따위에 올라와 나타나다 ⓑ누리집 알림널에 뜬 새 뜸을 살폈다 **8** 사람들 마음을 사로잡아 갑자기 이름을 날리다 ⓑ젊은 노릇바치들이 나라 안에서만 뜨는 것이 아니라 누리 곳곳에서 뜬다 **9** 어디에 사로잡혀 마음이 들썩이다 ⓑ마음이 뜰 때는 숨을 알아차려 마음을 가라앉혀요

뜨다[2] 움직씨 **1** (큰 데서 한 쪽을) 떼어 내다 ⓑ얼음장을 떠서 날랐다 **2** (삽이나 숟가락, 그릇으로) 담아서 들다 ⓑ물을 바가지로 떠 마셨다. 밥을 숟가락으로 떠 먹는다 **3** 물에 있는 것을 건어 내거나 건져 내다 ⓑ물고기를 그물로 떠서 여기에 담아라 **4** 짐승을 잡아 다섯 토막을 내어 갈라놓다 ⓑ멧돼지를 잡아 다섯 토막으로 떴다 **5** 고기나 물고기 살을 얇게 저미다 ⓑ고깃집 아주머니가 넙치를 얇게 떠서 내준다 **6** 종이나 김 따위를 만들다 ⓑ김을 뜰 때는 빠르고 부드럽게 움직일수록 낯이 고르다

뜨다[3] 움직씨 **1** 감았던 눈을 벌리다 ⓑ이른 새벽에 눈을 떴다 맞선말 감다 **2** 앞을 못 보던 눈이 보는힘을 얻다 ⓑ장님이 어느 날 갑자기 눈을 떴다. 글눈을 뜨다 **3** 처음으로 귀로 듣게 되다 ⓑ갓난아이가 드디어 귀를 떴다 **4** 무엇을 들으려고 귀를 쫑긋했다 ⓑ솔찬이 말에 시내는 귀를 번쩍 떴다 슬기말 **뜨고도 못 보는 당달봉사** 눈으로 보고도 알지 못하는 사람이라는 뜻으로 배우지 못해서 글을 읽지 못하는 사람

뜨다[4] 움직씨 **1** 실이나 털 같은 것으로 코를 엮어서 옷이나 그물 따위를 만들다 ⓑ그물을 떠놓아라. 바지 밑자락을 떠서 마무리했다 **2** 실을 꿴 바늘로 한 땀 한 땀 바느질하다 **3** 먹실로 살갗을 꿰어 그림이나 자국을 새기다 ⓑ마음이 얼룩지면 몸에 그림을 뜨는 것이 아무렇지도 않나봐 **4** 앓이를 다스리려고 아픈 자리에 쑥을 놓아 불을 붙여 태우다 ⓑ아픈 무릎에 뜸을 떴다

뜨다[5] (움직씨) ❶메주나 누룩, 두엄 따위 물기 있는 것이 쌓여서 제 더운김에 썩거나 삭은 모습으로 바뀌다 ⓑ메주 뜨는 냄새가 퀴퀴하다 ❷앓고 난 뒤에 얼굴빛이 누르고 살갗이 부푼 것같이 되다 ⓑ앓고 나더니 얼굴이 누렇게 떴다

뜨다[6] (움직씨) ❶딴 데로 가려고 있던 곳을 떠나다 ⓑ시골살이를 하려고 서울을 떴다. 그가 일터를 뜬 지 오래되었다 ❷('누리'와 함께 써) 죽다 ⓑ할아버지가 오늘 누리를 떴다

뜨다[7] (움직씨) ❶(저울 따위로) 달다 ⓑ고기를 저울에 뜨니 두 근만큼이다 ❷맞은쪽 속마음을 알아보려고 에두르는 말이나 몸짓을 넌지시 걸어보다 ⓑ그놈 속을 한 디위 떠보시오

뜨다[8] (움직씨) ❶보기를 따라 그와 같게 하다 ⓑ이 고장 땅모습을 떠서 세워놓은 그림입니다 ❷겨냥그림 따위를 그리다 ⓑ집 겨냥그림을 떴다

뜨다[9] (움직씨) ❶푸나무를 옮겨 심으려고 뽑다 ⓑ모판에서 모를 떠 알맞춤하게 모춤을 지었다. 떼를 떠다 어머니 무덤 둘레에 심었다 ❷물에 가라앉지 않은 것을 건어내거나 건져내다 ⓑ반도로 새우를 떴다. 들깨를 물에 넣어 쭉정이를 떠냈다

뜨다[10] (움직씨) ❶무거운 것을 바닥에서 위로 치켜올리다 ⓑ잠개잡이 살이 때 지렛대로 바위를 뜨고 개구리를 잡아먹는 것을 보았다 ❷씨름에서 맞은쪽을 들어올리다 ⓑ새달이 배지기로 새별을 떠서 메꼰졌다 ❸뿔로 세게 떠밀거나 밀치다 ⓑ황소가 뿔로 뜨려고 한다

뜨다[11] (그림씨) ❶몸짓이 느리고 더디다 ⓑ걸음이 아주 뜨구나 ❷느낌이 무디다 ⓑ겪어보니 젊은이가 눈치가 뜬 사람이네 ❸입이 무거워 말수가 적다 ⓑ온터는 입이 떠서 듣기만 한다 ❹칼날 따위가 무디다 ⓑ둥거리를 많이 팼더니 도끼날이 떴다 ❺불기운에 뜨거워지거나 식는 바탈이 무디다 ⓑ다리미 쇠가 떠서 잘 데워지지 않는다 ❻동안이 오래다 ⓑ가까운 곳에 살아도 동무와 만난 지 동안이 제법 떴다 ❼이곳과 저곳이 떨어져 있다 ⓑ배곳과 집 사이가 좀 뜬다 (슬기말) **뜬 솥도 달면 힘들다** 불에 무딘 솥도 한 차례 달면 쉬 식지 않듯이 됨됨이가 부드러워 보이던 사람도 한 디위 골이 나면 무섭다

뜨뜻하다 (그림씨) ❶뜨겁지 않을 만큼 알맞게 따뜻하다 ⓑ뭐니뭐니 해도 겨울을 뜨뜻하게 지내려면 구들방이 으뜸이야 ❷부끄러워 얼굴에 뜨거운 느낌이 있다 ⓑ여러 사람 앞에 꾸지람을 들으니 낯이 뜨뜻하기 짝이 없다

뜨락 (이름씨) 뜰

뜨레 (이름씨) 값어치 무게나 높낮이를 가늠하는 잣대 ⓑ사람이라고 다 같나? 사람에도 다 뜨레가 있지. 감자를 굵은 것과 잔 것을 뜨레를 지어 담아라 ⇐ 반열. 체급. 품계

뜨레돌 (이름씨) 조선 때에 뜨레를 새겨서 임금 집 앞뜰에 세운 돌 ⇐ 품계석. 품석

뜨르르[1] (어찌씨) ❶바퀴 같은 것이 굳은 바닥으로 굴러가는 소리나 그 꼴 ⓑ굴대에서 바퀴가 빠져 뜨르르 굴러간다 ❷큰 몬이 떨어지면서 울려나는 소리나 그 꼴 ⓑ하늬쇠 지붕에 떨어진 누리가 뜨르르 굴러떨어진다 **뜨르르하다**

뜨르르[2] (어찌씨) ❶새뜸이 널리 퍼져나가는 꼴 ⓑ한내는 마을에서도 알가면이라는 새뜸이 뜨르르 퍼져있다 ❷무엇에 익숙하여 막힘이 없는 꼴 ⓑ슬기는 아무리 어려운 일이라도 뜨르르 해치웠다

뜨르르뜨르르 (어찌씨) ❶바퀴 같은 것이 굳은 바닥으로 굴러가면서 잇달아 나는 소리나 그 꼴 ⓑ잠개잡이를 잔뜩 실은 수레들이 뜨르르뜨르르 굴러가며 먼지를 뽀얗게 일으킨다 ❷큰 몬이 떨어지면서 자꾸 울려나는 소리나 그 꼴 ⓑ날이 풀리자 돌덩이들이 뜨르르뜨르르 굴러내린다 **뜨르르뜨르르하다**

뜨르르하다 (그림씨) ❶새뜸이 널리 퍼져 떠들썩

하다 ❷무엇에 익숙하여 막힘이 없다

뜨리 이름씨 어린 아이들이 많이 걸리는 과갈 돌림앓이. 몸이 불덩이처럼 뜨거워지고 오슬오슬 떨리면서 온몸에 좁쌀 같은 바람꽃이 돋는다 한뜻말 항것 ⇐ 천연두. 마마

-뜨리다 뒷가지 움직씨 뿌리나 '아', '어' 꼴에 붙어 그 뒤에 힘을 줄 때 쓰는 말 ⓑ무너뜨리다. 떨어뜨리다. 자빠뜨리다. 깨뜨리다. 넘어뜨리다 한뜻말 -트리다

뜨리막이 이름씨 뜨리를 미리 막으려고 몸에 넣는 백신 ⇐ 종두

뜨막하다 그림씨 사람들이 오고 가거나 새뜸이 자주 있지 않다 ⓑ몇 해 앞만 해도 버스가 자주 다녔는데 요즘은 뜨막해요

뜨문하다 그림씨 ❶배지 않고 사이가 드물다 ⓑ올해는 고추를 좀 뜨문하게 심어야지 여린말 드문하다 ❷때가 잦지 않고 드물다 ⓑ아들이 뜨문하게 새뜸을 알려주지만 어머니 마음은 흐뭇하기 짝이 없다

뜨물[1] 이름씨 ❶쌀이나 보리쌀 같은 낟을 씻어 낸 뿌연 물 ⓑ아람이는 고운 살갗을 갖고 싶어 날마다 아침에 뜨물로 얼굴을 씻는다 ❷먹거리를 다루거나 먹은 뒤에 버리게 된 것 ⓑ날마다 맏은이가 뜨물을 가져다 돼지에게 준다 ⇐ 잔반

뜨물[2] 이름씨 풀이나 나뭇잎, 가지에 붙어 물을 빨아먹는 벌레 한뜻말 진딧물

뜨악하다 그림씨 ❶마음이 선뜻 내키지 않아 꺼림칙하다 ⓑ다들 뜨악한 얼굴만 지어서 내가 나서게 되었다 ❷마음이 맞지 않아 서먹하다 ⓑ사귄 지 얼마 되지 않아 좀 뜨악하지만 말을 주고받으며 서로를 알아간다

뜨야기 움직씨 몸이 뜨거워지고 온몸에 좁쌀 같은 바람꽃이 돋는 돌림앓이. 옛날 봄철에 어린아이들이 많이 걸렸다 한뜻말 꽃돌림앓이 ⇐ 홍역

뜨음하다 그림씨 잦던 것이 한동안 즘즛하다 ⓑ손님 발길도 요즘 들어 뜨음하다. 비가 뜨음해지자 천천히 구름이 걷혔다 준말 뜸하다

뜨이다[1] 움직씨 ❶('뜨다' 입음꼴) 감았던 눈이 벌어지다 ⓑ쉬는 날이라 그런지 아침 늦게야 눈이 뜨였다 준말 띄다 ❷눈에 들어오거나 나타나 보이다 ⓑ어제까지 못 보던 것이 눈에 뜨인다 ❸남보다 훨씬 두드러지게 드러나다 ⓑ메에 올라 소리치는 사람이 눈에 뜨이게 줄었다 ❹귀가 솔깃해지거나 잘 들리게 되다 ⓑ처음 듣는 소리에 귀가 번쩍 뜨였다

뜨이다[2] 움직씨 ❶('뜨다' 입음꼴) 큰 데서 한 쪽이 떼이다 ⓑ천에서 뜨인 옷감으로 저고리를 지었다 ❷담겼던 것이 덜어내지거나 퍼내지다 ⓑ삽이 낡아 모래가 잘 뜨이지 않네 ❸물에서 건어 내지거나 건져 올려지다 ⓑ떼로 잡힌 멸치가 그물에 뜨여 올라온다 ❹짐승 살코기가 얼마만큼 얇게 저며지거나 떼이다 ⓑ물고기 흰 살이 얇게 뜨여 접시에 담긴다 ❺종이나 김 따위가 만들어지다 ⓑ닥이 좋지 않아 종이가 잘 뜨이지 않는다

뜨이다[3] 움직씨 ('뜨다5' 입음꼴) 뜨게 하다 ⓑ그물이 튼튼하게 뜨였다. 털실로 뜨인 버선이 따뜻하다. 등에 뜸을 뜨였더니 한결 나아졌다

뜨이다[4] 움직씨 ❶무거운 것이 바닥에서 위로 치켜 올려 지다 ⓑ지렛대를 써야 겨우 뜨일 만큼 무거운 돌이 군데군데 깔려있다 ❷씨름 따위 맞선이에게 번쩍 쳐들리다 ⓑ키 작은 사람이 키 큰 사람에게 뜨이고도 넘어지지 않고 다시 버티다니, 대단하다

뜨직뜨직 어찌씨 말이나 짓이 매우 느리고 더딘 꼴 ⓑ시원이는 천천히 걸어가며 나한테 뜨직뜨직 말을 건넨다

뜬것 이름씨 떠돌아다니는 못된 넋 ⓑ도깨비도 사람들에게 잘 알려진 뜬것이다 ⇐ 귀신

뜬공 이름씨 공치기 놀이에서 때림이가 공을 하늘 높이 쳐 올리거나 그 친 공 ⇐ 플라이볼

뜬구름 이름씨 ❶하늘에 떠다니는 구름 ⓑ뜬구름이 떠다닌다 ❷누리 일이 덧없음을 빗댄 말 ⓑ온 누리에 일어나는 일이 뜬구름

같으니 너무 애쓰지 말게나 익은말 **뜬구름 잡다** 뚜렷하지 않거나 빤하지 않아 알 수 없다

뜬금 이름씨 ❶저잣거리나 가게에서 무엇을 팔려고 내놓은 값 ⓑ뜬금에 사고팔았다 ❷('뜬금으로', '뜬금에' 꼴로 써) 바로 보지 않고 머리에 남아있는 생각으로 ⓑ뜬금으로 외우다. 뜬금으로 내리엮다

뜬금없다 그림씨 금을 띄우지 않고 사거나 팔려고 한다는 뜻으로 미리 풀어야 할 타래를 풀지도 않고 갑자기 일을 매듭지으려고 덤벼든다는 뜻 ⓑ오랜만에 만난 샛별이 뜬금없이 큰돈을 꾸어 달라네

뜬깨비 이름씨 몹쓸 깨비 ⇐ 악귀

뜬눈 이름씨 밤에 잠을 못 자고 새운 눈 ⓑ어제도 밤새 뒤척거리다가 뜬눈으로 새웠다

뜬돈 이름씨 어쩌다가 저절로 생긴 돈 ⓑ한얼이가 뜬돈이 생겼다며 한턱 내겠다고 나오라고 하네

뜬뜬하다 그림씨 ❶매우 야무지고 굳다 ⓑ마음을 닦으면 마음이 고요하고 뜬뜬해진다 여린말든든하다 ❷배가 매우 부르다 ⓑ아침을 뜬뜬하게 먹었더니 참 생각이 없다 ❸눌러도 손이 들어가지 않을 만큼 단단하다 ⓑ발뒤꿈치에 굳은살이 뜬뜬하게 박혔다 ❹느물느물하고 배심이 좋다 ⓑ아버지는 들었는지 못 들었는지 꿈쩍 않고 뜬뜬하게 앉아 계신다 ❺마음이 놓일 만큼 미덥다 ⓑ어머니는 네가 있어 마음이 뜬뜬하다고 말한다 ❻믿고 기댈 만큼 돈이 넉넉하다 ⓑ봄내도 가난에서 벗어나 이제 제법 살림이 뜬뜬하다 ❼옷차림이 아주 따뜻하고 두텁다 ⓑ날씨가 제법 추워졌으니 옷을 뜬뜬하게 입어라

뜬말 이름씨 터무니없이 떠돌아다니는 이야기 ⓑ뜬말을 밑천 삼아 이야기가 자꾸 불어난다. 뜬말에 귀가 솔깃했던 스스로를 뉘우쳤다 한뜻말뜬소리 ⇐ 유언비어. 낭설. 루머. 헛소문. 뜬소문

뜬벌이 이름씨 어쩌다가 닥치는 대로 생기는 일자리에서 하는 벌이 ⓑ간난이 아버지는 뜬벌이로 딸을 키우며 겨우 살아간다

뜬불 이름씨 ❶겨불이나 톱밥불처럼 너무 세지 않고 오래가는 불 ⓑ쇠줄을 뜬불에 묻어서 띄우다 ❷타오르는 센 불길로부터 알맞게 떨어진 곳에서 그 뜨거움을 받을 때 불 ⓑ젖은 신을 뜬불에 말렸다

뜬살이 이름씨 물에 떠서 사는 좀산것. 눈에 보이지 않을 만큼 작고 물고기 먹이가 된다. 뜬살이숨받이와 뜬살이풀이 있다 ⇐ 플랑크톤. 부유생물

뜬살이풀 이름씨 물속이나 물 위에서 물흐름 따라 떠다니며 사는 풀 ⇐ 식물플랑크톤

뜬소리 이름씨 바람처럼 떠도는 이야기 한뜻말뜬말 ⇐ 풍문. 풍설

뜬소문 ⇒ 뜬말. 뜬소리

뜬쇠[1] 이름씨 무쇠. 무른쇠

뜬쇠[2] 이름씨 두레패나 굿패, 걸립패에서 머리 꽹과리를 치며 모두를 이끄는 사람 ⓑ말뚝이는 뜬쇠가 되어 꽹과리를 치며 긴꼬리쓰개를 돌리고 춤을 추며 한껏 신명이 났다

뜬표 이름씨 ❶물 위에 띄워 어떤 과녁으로 삼는 것 ⇐ 부표 ❷배가 아무 탈없이 다니도록 놓는 길 알림표. 여나 여울 같은 것을 알린다 ⇐ 부표

뜯기다 움직씨 ❶('뜯다' 입음꼴) 한 쪽이 따로 떨어져 나오다 ⓑ개가 싸우다가 살점이 뜯겨나가 피를 흘린다 ❷집짐승에게 풀을 뜯어먹게 하다 ⓑ소에게 풀을 뜯기고 나는 풀밭에 누웠다 ❸붙었던 것이 떨어지다 ⓑ겉종이가 뜯긴 채 짐꾸러미가 왔다 ❹남에게 돈 따위를 빼앗기다 ⓑ깡패에게 몇 해 동안 많은 돈을 뜯겼다 ❺짜여 있던 것이 따로따로 떨어지다 ⓑ센 비바람에 문종이가 다 뜯겼다

뜯다 움직씨 ❶붙은 자리에서 떼어내다 ⓑ멧나물을 뜯으러 아침일찍 메에 올랐다. 쑥을 뜯어 쑥떡을 해먹었다 ❷조각조각 떼어내다 ⓑ구운 오징어를 한입에 먹기 좋을 만큼씩 뜯었다. 오랜만에 갈비 좀 뜯어볼까

[3]맞추었던 것을 따로따로 떼어내다 ㉥틀을 뜯었다가 도로 맞추었다. 쓸모없게 된 수레를 뜯어 쓸 만한 것을 골라냈다 [4](돈이나 살림, 남 힘을) 억지로 긁어서 빼앗다 ㉥가게에서 돈을 뜯던 깡패들이 죄다 잡혔다 [5]붙거나 닫힌 것을 떼거나 찢거나 하다 ㉥지붕을 뜯고 새로 이었다 [6]줄가락틀 줄을 퉁겨 소리를 내다 ㉥가얏고를 뜯노라면 누리 시름이 싹 달아난다 [7]남 잘못이나 모자람을 억지로 잡아내다 ㉥다운이는 남 아픈 데를 뜯어내어 까발리는 것을 즐기는 것 같아

뜯어고치다 [움직씨] [1]뜯어내어 잘못된 것을 고치다 ㉥키가 크니 치마가 짧아져 뜯어고쳤다 [2]잘못된 것을 바로잡아 고치다 ㉥써 놓았던 글을 다시 보니 몇 군데를 뜯어고쳐야겠다

뜯어놓다 [움직씨] 무엇을 조각으로 떼내다 ㉥낡은 종이를 먼저 뜯어놓은 뒤에 새 종이를 발랐다

뜯어말리다 [움직씨] 어우러져 싸우는 것을 따로따로 떼어서 못하게 말리다 ㉥싸움은 여러 사람이 달려들어 뜯어말리고서야 겨우 끝이 났다

뜯어맞추다 [움직씨] 이것저것 뜯어다가 새로 맞추다 ㉥헌 집을 몇 채 뜯어다가 새로 큰 집을 뜯어맞춰 지었다

뜯어먹다 [움직씨] [1]뜯어서 먹다 ㉥시골에 와서 멧나물을 뜯어먹으며 산다 [2]무엇을 써서 삶을 꾸려가다 ㉥큰 메 밑에 들어오면 메에서 뜯어먹고 살 거리가 많다 [3]낡은 삶에서 남한테서 빼앗아 먹다 ㉥땅을 많이 가진 사람들은 땅을 빌려주고 그 땅을 부치는 사람들을 뜯어먹고 산다

뜯어보다 [움직씨] [1]찢거나 떼어서 속을 보다 ㉥종이 주머니를 아직 뜯어보지 않았다 [2]이모저모 꼼꼼하게 살펴보다 ㉥시집 온 각시 얼굴을 요모조모 뜯어보았다 [3]글 뜻을 서투르게나마 겨우 알아보다 ㉥나라 바깥에서 들여온 책을 더듬거리며 뜯어보았다

뜰 [이름씨] 집안 앞뒤 왼오른쪽에 달린 빈터 ㉥뜰에 꽃과 나무를 심었다. 뜰이 넓은 집 ⇐ 정원

뜰공놀이 [이름씨] 놀이터 한가운데에 어른 허리께 높이에 그물을 치고 두 쪽으로 갈라서서 공을 채로 갈마들어 쳐서 넘기는 놀이 ⇐ 정구. 테니스

뜰공놀이공 [이름씨] 뜰공놀이에 쓰는 공 ⇐ 정구공. 테니스공

뜰공놀이마당 [이름씨] 뜰공놀이 하는 마당 ⇐ 정구장. 테니스장

뜰나무 [이름씨] 뜰에 심어 가꾸는 나무 ㉥키가 클수록 뜰나무로는 알맞지 않다 ⇐ 정원수

뜰뜰 [어찌씨] 바퀴 같은 것이 단단한 바닥 위에서 굴러가는 소리나 그 꼴 ㉥굴레바퀴를 뜰뜰 굴리며 노는 아이들 **뜰뜰하다**

뜰뜰거리다 [움직씨] 바퀴 같은 것이 단단한 바닥 위에서 굴러가는 소리가 나다 **뜰뜰대다**

뜰먹 [어찌씨] [1]몬 모두나 한쪽이 힘들게 들렸다 내려앉는 꼴 ㉥여럿이 힘을 모아 된장독을 뜰먹 옆으로 굴려 옮겼다 [여린말]들먹, [2]손이나 어깨, 궁둥이 들 몸 한쪽이 쳐들렸다 놓이는 꼴 ㉥어깨를 뜰먹이며 엎드려 운다 [3]들떠서 가슴이 몹시 설레는 꼴 ㉥열흘 만에 땅속에 갇혀 있다 살아나온 사람 이야기에 가슴이 뜰먹 뭉클했다 **뜰먹이다 뜰먹하다**

뜰먹거리다 [움직씨] [1]몬 모두나 한쪽이 힘들게 자꾸 들렸다 내려앉다 [여린말]들먹거리다 [2]손이나 어깨, 궁둥이 들 몸 한쪽이 자꾸 쳐들렸다 놓이다 **뜰먹대다**

뜰먹뜰먹 [어찌씨] [1]몬 모두나 한쪽이 힘들게 자꾸 들렸다 내려앉는 꼴 ㉥꽝꽝 터지개 소리에 온 메가 뜰먹뜰먹 흔들렸다 [작은말]딸막딸막 [여린말]들먹들먹 [2]손이나 어깨, 궁둥이 들 몸 한쪽이 자꾸 쳐들렸다 놓이는 꼴 ㉥방바닥이 너무 뜨거워서 다들 궁둥이를 뜰먹뜰먹 들지 않을 수 없었다 [3]들떠서 가슴이 몹시 자꾸 설레는 꼴 ㉥웬일인지 가슴이 뜰먹뜰먹 울렁거린다 **뜰먹뜰먹하다**

뜰석 [어찌씨] 무거운 것이 쳐들렸다가 내려앉는 꼴 [ㅂ]지렛대로 바위를 뜰석 들었다 놓았다 하면서 물고기를 잡았다 여린말들석 **뜰석하다**

뜰석거리다 [움직씨] [1]무거운 것이 자꾸 쳐들렸다가 내려앉다 [2]설레어 마음이 매우 들뜨다 **뜰석대다**

뜰석뜰석 [어찌씨] [1]무거운 것이 자꾸 쳐들렸다가 내려앉는 꼴 [ㅂ]바위를 뜰석뜰석 움직일 때마다 바위 밑에 있던 개구리와 메기가 튀어나왔다 여린말들석들석 [2]설레어 마음이 매우 들뜨는 꼴 [ㅂ]기쁜 새뜸에 처음에는 어깨가 뜰석뜰석 떨리다가 끝내 온몸이 와들와들 떨린다 **뜰석뜰석하다**

뜰심·뜰힘 [이름씨] 물이나 하늘에 뜨게 하거나 뜨는 힘 [ㅂ]무엇이 물 위로 뜨는 것은 뜰심 때문이다 ⇐ 부력. 부양력. 양력

뜰채 [이름씨] 낚시에서 고기를 건져 올리는 그물 [ㅂ]뜰채로 큼지막한 망둥이를 건져 올렸다

뜸[1] [이름씨] 무엇을 찌거나 삶아서 익은 뒤에 불을 낮추고 뚜껑을 덮은 채로 얼마쯤 놓아두어 속속들이 잘 익도록 하는 것 [ㅂ]멧꼭대기에서 밥을 지을 때는 누를심이 낮아 밥알이 설기 쉬우므로 뚜껑에 돌을 올려 뜸을 들인다

뜸[2] [이름씨] 한 동네나 마을 안에서 조금씩 따로 한데 모여 있는 곳 [ㅂ]해마다 한가위에는 위뜸과 아래뜸이 겨루는 씨름판을 벌인다

뜸[3] [이름씨] 앓이를 다스리려고 뜸쑥을 비벼 잘게 빚어 알맞은 살갗 위에 올려놓고 불을 붙여 태우는 일. 살이 달 만큼 태워 그 뜨거움과 쑥 기운이 살 속에 스며들어 앓이를 물리친다 [ㅂ]등줄기를 내리 따라 뜸을 떴다 ⇐ 구

뜸[4] [이름씨] 짚이나 띠, 부들 따위로 엮어 지은 거적. 비나 바람, 볕을 가리는 데 쓴다 [ㅂ]갈대로 뜸을 엮어 처마 밑에 쳤다

뜸[5] [이름씨] 물에 띄워 그물이나 낚시 따위 고기잡이 연장을 위쪽으로 잡아주는데 쓰는 것 [ㅂ]그물 위쪽에 뜸을 달아 물 위로 뜨게 하였다

뜸[6] [이름씨] 뜸씨나 팡이 따위 좀산것이 살음어울몬을 나누어 알코올갈래, 살음심갈래, 두살남숯남 따위를 생기게 하는 일 한뜻말띄우기 ⇐ 발효

뜸단지 [이름씨] 그릇 안 빈기를 줄이며 부스럼 자리에 붙여 고름이나 나쁜 피를 뽑아내는 단지 ⇐ 부황단지

뜸들이다 [움직씨] [1]어떤 일이나 말을 얼른 하지 않고 사이를 두거나 머뭇거리다 [ㅂ]그만 뜸들이고 어제 있었던 일을 낱낱이 말해봐 [2]더움을 여리게 한 채로 얼마쯤 두어서 속속들이 익게 하다 [ㅂ]조금만 기다려, 밥 뜸들이고 있으니까 곧 줄게

뜸밑 [이름씨] 뜸씨 ⇐ 발효균

뜸부기 [이름씨] 검거나 가짓빛 몸통에 목과 다리가 길며 발가락이 길어서 감탕에도 빠지지 않으며 대가리 위에 빨간 볏이 있는 여름철새. '뜸북뜸북' 소리 내어 운다고 뜸부기 또는 뜸북새라 부른다. 개울이나 가람가 갈대숲이나 논에서 살며 벌레나 풀씨 따위를 먹는다 [ㅂ]뜸부기가 울던 못자리와 논이 그립다

뜸쑥 [이름씨] 뜸을 뜨는 데 쓰는 쑥 [ㅂ]삔 다리에 뜸쑥을 떴다

뜸씨 [이름씨] [1]제물에 바뀌는 일이 없고 다른 살음몬을 바꾸는 일을 하는 흰자밭 비슷한 것을 통틀어 이르는 말. 모든 산것몸에 들어 있으면서 산것몸에서 일어나는 온갖 일을 북돋우는 흰자밭 [ㅂ]뜸씨를 써서 술, 지렁뿐 아니라 앓이를 다스리는 낫개 따위를 만든다 한뜻말뜸밑. 뜸팡이 ⇐ 발효균. 효소 [2]산것 안에서 만들어지는 높갈씨 아울몬. 다른 산것을 바뀌게 한다

뜸지기 [이름씨] 마을 안 뜸을 갈음나고 이끄는 사람 ⇐ 반장

뜸팡이 [이름씨] 뜸씨 ⇐ 누룩

뜸하다 [그림씨] '뜨음하다' 준말. 잦거나 세던 것

이 한동안 즘즛하다 ⓑ저자터에 밤이 깊어 오가던 발길도 뜸해졌다

뜻 이름씨 ❶무엇을 하려고 속으로 먹은 마음 ⓑ뜻을 크게 세워라. 뜻 있는 곳에 길이 있다 ⇐ 의지 ❷말이나 글 또는 몸짓으로 나타내는 속내 ⓑ뜻이 어렵다. 무슨 뜻인지 잘 모르겠다 ⇐ 의미 ❸어떤 일이나 짓이 지니는 그럴만한 까닭이나 값어치 ⓑ오늘 이런 말을 하는 뜻은 한 사람을 나무라서 온 사람한테 알리려는 데 있다 ⇐ 의의 슬기말 **뜻과 같이 되니까 입맛이 바뀐다** 오래 바라던 것이 이루어지니까 벌써 싫증을 느낀다

뜻글자 이름씨 어떤 꼴을 본뜨거나 그림으로 그려서, 그 뜻을 나타내는 글 ⓑ뜻글자 가운데 으뜸은 수글이다 맞선말 소리글자 ⇐ 표의문자

뜻나눔 이름씨 어떤 일을 따져보고 뜻을 나눔 ⇐ 토의. 회의

뜻나눔거리 이름씨 같이 머리를 맞대고 살피고 따져봐야 할 일들 ⇐ 안건

뜻나눔방 이름씨 따져보고 뜻을 나누려고 모임을 여는 방 ⇐ 회의실

뜻나눔적이 이름씨 어떤 일을 따져보고 뜻 나눈 것을 꼼꼼히 적은 글 ⇐ 토의. 회의록

뜻대로 어찌씨 마음먹은 대로 ⓑ나물 뜯을 사람들이 뜻대로 잘 모아졌다

뜻말 이름씨 (낱낱 말이) 어떤 뜻을 나타내는 말 ⓑ우리말은 소리가 물 흐르듯 아름다울 뿐만 아니라 뜻이 깊은 뜻말이다

뜻맞추다 움직씨 어떤 일을 두고 서로 뜻을 주고 받아 맞추다 ⓑ이 일은 모둠살이 하는 사람들이 다 모여 뜻맞추는 것이 좋겠어요 ⇐ 의논하다 **뜻맞춤**

뜻맞춤모임 이름씨 여러 사람이 모여 서로 뜻을 나누고 맞추려고 여는 모임 ⇐ 협의회

뜻매김 이름씨 어떤 말이나 일, 몬 뜻을 뚜렷이 밝혀 매기는 일이나 그 뜻 ⇐ 정의

뜻뭠 이름씨 어떤 일을 이루고자 하는 뜻 움직임 ⇐ 의지작용

뜻바꿈 이름씨 낱말이 처음 꼴대로나 소리를 더덜하여 그 뜻을 여러 가지로 바꾸는 일 ⓑ'아침 먹다'에서 아침은 아침밥으로 뜻바꿈한 말이다 ⇐ 의미변화

뜻밖 이름씨 생각 밖. 생각조차 못한 것 ⓑ이렇게 갑자기 찾아오다니 참 뜻밖이다

뜻밖에 어찌씨 뜻하지 않게. 뜻하지 않은 때에 ⓑ뜻밖에 돈이 생겨 어디에 쓸지 모르겠다 ⇐ 의외로

뜻밖잘됨 이름씨 뜻밖에 잘돼 가는 것 ⇐ 요행

뜻씨름 이름씨 어떤 일을 두고 남 생각을 따지고 들어 그 잘못을 밝혀 제 뜻이 옳음을 말함 ⇐ 토론

뜻씨름모임 이름씨 뜻씨름하는 모임 ⇐ 토론회

뜻있다 그림씨 ❶남다른 생각과 마음이 있다 ⓑ잘사는 고장을 만들려고 뜻있는 사람들이 한자리에 모였다 ❷겉으로 드러나지 않은 속내가 있다 ⓑ내가 허둥대는 것을 보며 엄지는 뜻있는 웃음을 지었다 ❸어떤 일이 값어치가 있다 ⓑ겨울철을 뜻있게 보내려고 온갖 꾀를 내놓고 이야기를 나누었다

뜻틀 이름씨 참을 밝히려고 가리에 따라 짠 틀 ⇐ 이론

뜻표 이름씨 어떤 뜻을 나타내는 데 쓰는 여러 가지 표나 그림 ⇐ 기호

뜻풀이 이름씨 어떤 낱말이나 글월이 가진 뜻을 알기 쉬운 말로 밝혀 말함 ⓑ낱말마다 쉽게 뜻풀이를 하고 보기말을 우리말로 들어가며 말집을 짓는 일이 뜻깊다

뜻하다 움직씨 ❶어떤 뜻을 품거나 마음을 먹다. 앞으로 무엇을 하리라는 생각을 가지다 ⓑ뜻한 바가 있어 나라 바깥으로 몬갈을 배우러 떠났다 ❷('아니다'와 함께 써) 미리 헤아리거나 생각하다 ⓑ갑자기 내게 뜻하지 않은 일이 일어났다 ❸어떤 속내가 지닌 뜻을 나타내다 ⓑ일을 많이 한 것이 꼭 잘한 것을 뜻하지는 않는다. 마지막 남긴 말이 무엇을 뜻하는지 아직도 알 수 없다

띄다 움직씨 '뜨이다 1' 준말 ⓑ며칠 앓고 나더니 눈에 띄게 핼쑥해졌다

띄어쓰기 이름씨 글을 쓸 때 낱말과 낱말 사이

를 띄어 쓰는 일. 또는 그에 딸린 지킬 것 ⓑ띄어쓰기한 글은 읽기 쉽고 글 뜻을 알기도 쉽다

띄엄띄엄 어찌씨 ❶사이가 배지 않고 드문 꼴 ⓑ이 마을은 집이 띄엄띄엄 떨어져 있다 ❷잇달아 하지 않고 동안이 뜬 꼴 ⓑ잎새님은 너무 띄엄띄엄 말해서 듣는 이가 속 터진다

띄엄띄엄하다 그림씨 ❶서로 사이가 배지 않고 드물다 ⓑ나무를 띄엄띄엄하게 심어 놓았다 ❷이어서 하지 않고 동안이 뜨다 ⓑ그렇게 일을 띄엄띄엄하다가는 쫓겨나기 좋겠다

띄우다[1] 움직씨 ❶글월이나 짐꾸러미 따위를 보내다 ⓑ벗에게 오랜만에 글월을 띄웠다 준말띄다 ❷고비를 맞아 맞은쪽 움직임을 알아보려 먼저 움직이다 ⓑ이제 마지막 수를 띄워야 할 때입니다 ❸누리그물 알림널에 글을 올리다 ⓑ일부러 시끄러울 거리를 띄워 뭇소리를 들어보자

띄우다[2] 움직씨 ❶물이나 하늘에 뜨게 하다 ⓑ바람이 세게 불어 배를 띄우기 힘들겠다 준말띄다 ❷마음을 기쁘게 하다 ⓑ바람잡이가 가라앉은 내 마음을 띄워주었다 ❸다른 사람을 지나치게 치켜세우다 ⓑ사람을 너무 띄우지 마세요. 그러다 떨어지면 큰일 납니다 ❹셈틀 따위를 써서 그림이나 글이 나타나게 하다 ⓑ어제 보았던 뮌그림을 다시 띄워 보세요

띄우다[3] 움직씨 ('뜨다[6]' 하임꼴) 메주 따위를 뜨게 하다 ⓑ누룩을 띄워서 고두밥에 섞어 삭이면 막걸리가 된다

띄우다[4] 움직씨 (곳과 곳이나 때와 때 사이가) 떨어지게 하다 ⓑ들깨 모를 붙여 심지 말고 포기 사이를 좀 넉넉하게 띄워 심으세요 준말띄다

띠[1] 이름씨 사람이 난 해를 짐승 이름으로 넌지시 드러내어 이르는 말. 쥐, 소, 범, 토끼, 미르, 뱀, 말, 염, 납, 닭, 개, 돝에 띠를 붙여 난 해를 나타낸다

띠[2] 이름씨 ❶옷 위로 가슴이나 허리를 둘러매는 끈 ⓑ어려운 고비를 넘기려면 이제부터 허리띠를 졸라매고 살아야지 ❷흔히 너비가 좁고 기다란 것을 통틀어 이르는 말 ⓑ바다에 기름띠가 길게 퍼져 있어 많은 사람이 달려들어 걷어낸다

띠그림표 이름씨 견주는 수나 숱 또는 푼수 따위를 띠 꼴로 나타낸 표 ⇐대그래프

띠꼴물집 이름씨 사람 몸 얼날마디에 엎드려 있던 작은 뜨리 좀알살이가 움직이면서 생기는 앓이 ⇐대상포진

띠다 움직씨 ❶띠나 끈을 두르다 ⓑ가죽끈을 허리에 띠고 앉았다 ❷어떤 것을 몸에 지니다 ⓑ칼을 허리에 띠었다 ❸일을 맡아 지니다 ⓑ종요로운 일을 띠고 바다를 건넜다 ❹빛깔을 지니거나 드러내다 ⓑ구리빛을 띤 듬직한 얼굴 ❺(기운이나 느낌, 낯빛 따위를) 나타내다 ⓑ웃음을 띤 채 돌아섰다 ❻어떤 바탈을 가지다 ⓑ오늘 모임도 두루고루살이 뜻을 띠는 모꼬지였다 ❼번힘 기운을 가지다 ⓑ번힘을 띠다

띠룩 어찌씨 큰 눈알을 힘있게 굴리는 꼴 ⓑ낯을 일그러뜨리며 핏발 선 눈을 띠룩 굴렸다 **띠룩하다**

띠룩거리다 움직씨 큰 눈알을 힘있게 자꾸 굴리다 **띠룩대다**

띠룩띠룩 어찌씨 큰 눈알을 힘있게 자꾸 굴리는 꼴 ⓑ힘찬은 큰 눈알을 띠룩띠룩 굴리며 당장 무슨 벼락을 내릴 것 같은 서슬이었다 **띠룩띠룩하다**

띠배 이름씨 바다에서 나는 띠로 엮는 배 ⓑ띠배에 허수아비를 실어 바다에 띄우고 당집에서 올해도 고기가 많이 잡히기를 빌었다

띠쇠 이름씨 ❶허리띠 따위를 죄어 굳히는 틀을 갖춘 꾸미개 ⇐버클 ❷나무로 만든 것에 꺾어 대거나 휘감아 두 몬이 벌어지지 않게 하는 좁고 긴 쇠널

띠씨름 이름씨 허리에 띠를 하나 매고 그것을 잡고 하는 씨름 ⓑ어릴 적 아이들 씨름은 다 띠씨름이었지

띠앗·띠앗머리 [이름씨] 언니와 아우, 오누이 사이에 사랑하고 아끼는 마음 ⓑ한 핏줄인 아들딸 사이에서도 띠앗 없이 싸우는 사람이 많아지다니

띠우다 [움직씨] ('띠다' 하임꼴) 남에게 띠나 끈을 두르게 하다 ⓑ아이에게 머리끈을 곱게 띠워주었다

띠종이 [이름씨] 종이돈 뭉치 한가운데를 둘러 감아 매는 좁은 종이 오리 ⓑ띠종이를 떼어내고 돈을 세어 보았다

띠지 ⇒ 띠종이

띠지기 [이름씨] 두더지 ⓑ띠지기 한 마리가 논둑에 땅굴을 파서 논물이 아래 논으로 많이 흘러갔다

띠지다 [이름씨] 논밭을 만들려고 땅을 뒤집어엎으면서 돌이나 나무뿌리 같은 것을 걸러내다 한뜻말일구다 ⇐ 개간하다 **띠지기**

띠짐 [이름씨] 처음으로 논밭을 일구는 일 ⇐ 개간

띳집 [이름씨] 띠로 지붕을 이어 지은 집 ⓑ오가는 이 없는 깊은 멧골에 띳집을 짓고 혼자 조용히 산다

띵띵 [어찌씨] 부르거나 부어서 속이 뜬뜬한 꼴 ⓑ온몸이 띵띵 부어서 당장은 아무 일도 못 하겠다

띵띵이 [이름씨] 구두쇠 ⓑ그 사람 보기보다 웬만한 띵띵이가 아니야

띵띵하다 [그림씨] 몹시 부르거나 부어서 속이 뜬뜬하다 ⓑ띵띵하게 부은 다리가 어떻게 하면 잘 나을까?

띵하다 [그림씨] **1** 슬며시 속으로 울리게 아프다 ⓑ술 마신 다음 날은 머리가 띵하게 아프다 **2** 얼이 얼떨떨하다 ⓑ방안에 들어서던 도담은 저를 보고 짜드라 웃어쌓는 꽃님들을 띵해서 바라봤다

라

-라 [씨끝] [1](잡음씨 줄기 '이-, 아니-' 따위에 붙는 이음끝으로 써) 까닭이나 바탕 [ㅂ]여기서 걷기엔 먼 곳이라 수레를 타고 갑시다 [2](잡음씨 줄기 '아니-'에 붙는 이음끝으로 써) 맞서는 뜻 [ㅂ]그 일을 다룬 것은 아우가 아니라 접니다 [3](잡음씨 줄기 '이-, 아니-' 따위에 붙는 베풂꼴 맺음끝으로 써) 느낌이나 물음 [ㅂ]뭣이, 그게 아니라? 그 짓은 사람이 할 짓이 아니라 [4](받침 없는 움직씨 줄기에 붙는 맺음끝으로 써) 시킴 [ㅂ]오라 마녘으로, 가자 노녘으로!

-라 [씨끝] '해라' 할 자리에 써, 성금 뜻을 나타내는 맺음끝 [ㅂ]오라 한다고 오고 가라 한다고 갈 사람이 아니다

라 [이름씨] 여섯 디위째 소리섬 이름

라고·이라고 [토씨] [1](받침 없는 임자말에 써) 어떤 일을 따옴 [ㅂ]이 나무는 소나무이고 저 나무는 잣나무라고 한다 준말라 [2]어떤 것을 두고 꼭 집어 가리킴 [ㅂ]나라고 못할 까닭이 없지. 여기가 어디라고 함부로 주둥이를 놀리느냐

라는·이라는 [토씨] [1]'라 하는' 준말. 어떤 것을 두고 꼭 집어서 드러내는 뜻 [ㅂ]나의 잘못이 아니라는 사실을 아무도 믿어주지 않았다 [2]어떤 일을 따옴 [ㅂ]'발 없는 말이 즈믄 마을 간다.' 라는 슬기말을 요즘은 잘 쓰지 않는 듯하다

라도·이라도 [토씨] (받침 없는 말에 붙는 도움토로 써) 한발 물러서거나 힘주어 말하는 뜻 [ㅂ]꿈이라도 꾸었으면 좋으련만. 누구라도 먼저 온 사람이 가질 수 있다

-라도·이라도 [씨끝] (잡음씨 줄기 '이-, 아니-' 따위에 붙는 이음끝으로 써) 그렇다고 치거나 한발 물러서는 뜻 [ㅂ]구슬이 서 말이라도 꿰어야 보배다. 굳이 비싼 것이 아니라도 좋으니 하나만 사다오

라디에이터 ⇒ 데우개. 식히개

라디오 [이름씨] [1]번결을 써서 소리를 보냄 [2]새뜸이나 노래, 군말 따위를 번결로 보낸 것을 들을 수 있게 만든 틀 [ㅂ]우리 시골집

에서도 처음 라디오를 사왔을 때 모두 놀란 듯이 둘레에 모여 앉아 들었다

라면 ⇒ 꼬불국수

-라면·이라면 토씨 (어떤 것을 두고 따져 말할 때 쓰는 도움토로) '라 하면' 준말 ⓑ지난해에 해 봤던 겨룸이라면 차라리 해볼 만하다. 술떡이라면 어디 한입 먹어 보자

라벨 ⇒ 이름표

라서·이라서 토씨 (흔히 갈이름씨에 붙는 토로 써) 꼭 집어 가리키는 힘줌말 '함부로', '기꺼이' 뜻 ⓑ뉘라서 저 바다를 끝이 없다 하는가 준말라

-라서·이라서 씨끝 (까닭이나 바탕을 나타내는 이음끝 '-라'에 도움토 '서'가 붙어) '-라' 힘줌말 ⓑ풀깎개를 잘 다룰 줄 몰라서 아직은 일이 서툴다

라스트 ⇒ 끝. 마지막

-라야 씨끝 ❶(잡음씨 줄기 '이-, 아니-' 따위에 붙는 이음끝으로 써) 뚜렷이 따져 이어주는 뜻 ⓑ소리가 덜 나는 옷이라야 입을 수 있다 한뜻말-래야 ❷하찮게 여기며 접어주는 뜻 ⓑ나하고 가까운 어릴 적 벗이라야 둘뿐일 걸

라야·이라야 토씨 (받침 없는 말에 두루 붙는 도움토로 써) 애써서 따지고 드는 뜻 ⓑ아제라야 그 일이 어찌 될지 조금은 가늠할 수 있겠다. 너라야 그만한 일을 할 수 있지

라운드 (round) ⇒ 판

라운지 ⇒ 쉴곳. 쉬는방

라이벌 (rival) ⇒ 맞. 맞잡이. 맞선이. 겨루다. 다투다

라이터 ⇒ 불. 불켜개

라이트 (light) ⇒ 빛. 불. 빛틀

라인 (line) ⇒ 금. 줄. 길

라일락 ⇒ 수수꽃다리

-라지 씨끝 ❶'-라고 하지' 뜻. 어떤 일을 에둘러 시키거나 해 보라는 씨끝 ⓑ아우도 하나 먹으라지. 좀 빨리 해 보라지 ❷남 말하듯 빈정거리는 말씨 ⓑ저들끼리 잘 해보라지. 올테면 와보라지

라켓 (racket) ⇒ 공채

라텍스 ⇒ 고무나무진

-락 씨끝 (뜻이 맞서는 두 움직씨나 그림씨로서 받침 없는 줄기마다 붙는 이음끝으로 써) 두 가지 꼴이나 움직임이 서로 되풀이함 ⓑ비가 오락가락한다. 마땅찮은지 낯빛이 붉으락푸르락했다

란 토씨 ❶('라는' 또는 '라는 것은' 줄임말) 어떤 것을 꼭 집어서 힘주어 말하다 ⓑ이 일이 비롯된 것이 언제부터란 말인가 ❷(임자말에 붙어) 꼭 집어 드러내 놓다 ⓑ노래란 제 생각을 드러내는 또 다른 꼴로 된 말이다

-람 씨끝 ❶(흔히 받침 없는 움직씨 줄기에 붙는 낮춤말 물음 맺음끝으로 써) '-랬나 뭐'라는 뜻. 가볍게 핀잔을 주거나 언짢음을 나타낸다 ⓑ잘못한 게 누구인데, 언제 누가 그렇게 하람? ❷(잡음씨 줄기에 붙는 낮춤말 물음 맺음끝으로 써) '-란 말인가'라는 뜻. 가볍게 핀잔을 주거나 언짢음을 나타낸다 ⓑ나 원 참, 이게 무슨 짓이람?

-랍시고 씨끝 (잡음씨 줄기에 붙는 이음끝으로 써) 어떤 것이라거나 아니라는 것을 못마땅하게 여겨 빈정거려 말할 때 쓴다 ⓑ야, 이걸 일이랍시고 해놓은 거야?

랑데부 (rendez-vous) ⇒ 만남

래프팅 ⇒ 빠른물타기

램프 ⇒ 호야

랩 (rap) ⇒ 아니리

랩 (wrap) ⇒ 싸개. 덮개. 씌우개

랭킹 (ranking) ⇒ 차례매김. 차례. 자리

-랴 씨끝 ❶(받침 없는 줄기에 두루 붙는 물음꼴 맺음끝으로 써) 느낌을 곁들여 되묻거나 제가 하고자 하는 것을 두고 맞은쪽 생각이 어떠한지 물어봄 ⓑ여기서 무엇을 더 바라랴? 같이 가랴? ❷(잡음씨나 움직씨 줄기에 '-랴, -랴' 꼴로 거듭 써) 무엇을 죽 들어 말하거나 여러 일을 두루 하고자 함 ⓑ떡이랴 밥이랴 차려놓았으니 어서 많이 들 드시오. 요즘 일하랴 가르치랴 몸이 둘

이라도 모자란다오
략 ⇒ 줄임. 추림
량 ⇒ 수레
-러 씨끝 (흔히 받침 없는 움직씨 줄기에 붙는 이음끝으로 써) 하고자 하는 노림수나 과녁 ⓑ너를 만나러 여기까지 왔다. 일하러 가야겠다
러닝 ⇒ 달리기
러닝셔츠 (running shirt) ⇒ 속옷
러시아 이름씨 유럽 한뭍 새녘에서 시베리아에 걸쳐 있는 누리에서 땅덩이가 가장 넓은 나라. 짜르가 오로지 다스리다가 1917해에 뒤집혀 소비에트 두루살이 나라가 되었다가 1990해줄에 들어 러시아가 세워졌다. 사람들은 슬라브 겨레이고 말은 슬라브말이며 서울은 모스크바이다
러시아워 (rush hour) ⇒ 몰릴 때. 붐빌 때
러허날적이 이름씨 박지원이 쓴 책 이름. '러허'는 오늘날 '청더' 고을 옛 이름이고 그 옆을 흐르는 가람 이름이기도 하다. 박지원은 1780해에 넉 달 동안 청나라 러허를 다녀오며 보고 듣고 이야기 나눈 것을 적었다 ⇐ 열하일기
럭비 ⇒ 길둥근공놀이
럭스 ⇒ 빛밝기
-런가 씨끝 ❶(잡음씨 줄기 '이-, 아니-' 따위에만 붙는 물음꼴 맺음끝으로 써) '-던가' 뜻 ⓑ지나온 날을 돌이켜보니 꿈이런가 하노라 ❷느낌을 띤 물음 ⓑ아니, 자네 그 옛날 글벗이 아니런가?
런던 이름씨 템즈가람가에 자리잡은 오랜 배나루 고을로 잉글나라 서울. 누리살림 복판터이며 돈흐름 한가운데이다. 그리니치 하늘누리보는곳과 큰잉글 온몬집이 있다
-런들 씨끝 ❶(잡음씨 줄기 '이-, 아니-' 따위에만 붙는 이음끝으로 써) '-던들'을 예스럽게 부르는 말. 지난 일을 달리 생각해 보거나 한발 물러설 때 쓴다 ⓑ이런들 어떠하리, 저런들 어떠하리 ❷어림하여 물러설 때 쓴다 ⓑ아무리 들고 난 사람이런들 갈고 다듬어 돼먹지 않으면 무엇에다 쓰리요
레몬 이름씨 버금더움 고장에서 자라며 네 철 잎이 푸르고 열매는 귤보다 조금 작고 길쭉하며 새콤한 맛이 세다
레벨 (level) ⇒ 높이. 자리. 가늠. 대중
레스토랑 ⇒ 하늬밥집. 밥집
레슨 (lesson) ⇒ 배움. 맞춤 배움
레슬링 ⇒ 맨손씨름
레이더 (radar) ⇒ 더듬이. 번결더듬이. 하늘 더듬이
레이디 ⇒ 겨집. 아낙네. 꽃님
레이스 (race) ⇒ 달리기. 겨루기
레이저 ⇒ 빛살쏘개
레이크 (rake) ⇒ 쇠갈퀴
레인 (lane) ⇒ 달림길. 헤엄길. 굴림길
레인지 ⇒ 불덕
레일 (rail) ⇒ 쇠길
레저 (leisure) ⇒ 겨를. 겨를 놀이. 쉴참
레저산업 ⇒ 놀이장사
레저용품 ⇒ 놀이연모
레코드 (record) ⇒ 소리널. 적어두기
레크레이션 (recreation) ⇒ 놀이. 즐기기
레퍼토리 (repertory) ⇒ 차림. 노래 차림
렌즈 이름씨 유리나 구슬돌을 갈아서 볼록하거나 오목하게 만든 것. 크게나 작게 볼 수 있어 눈거울이나 좀봄거울에 쓴다
렌터카 ⇒ 꾼수레. 빌린수레
령 (齡) ⇒ 나이. 살
로 토씨 ❶('ㄹ'받침을 뺀 받침 없는 임자씨에 붙어 어찌자리토로 써) 솜씨나 연장 ⓑ생각한 바를 글로 써라. 배추를 칼로 다듬어라 한뜻말 로써 ❷밑감 ⓑ밀가루로 풀을 쑤었다. 쇠붙이로 낫을 만들었다 ❸때 ⓑ아제로 받기를 마감하니 서두르십시오. 님과 헤어진 지도 어제로 한 해가 지났다 ❹자리나 감목 ⓑ너를 이제까지 도움이로 썼다. 가르침이로 그런 짓을 해도 되나? ❺쪽이나 갈피 ⓑ둘이서 골짜기로 들어가 살자. 위로 올려라 ❻까닭 ⓑ큰물로 말미암아 개울을 건널 수 없다. 고뿔로 배곳에 가지 못

했다 **7**무엇을 하는 사람 ⓑ끝내 나로 하게 한 까닭이 뭐냐? **8**어떤 꼴이 되는 감 ⓑ여기가 가람이 바다로 빠지는 어귀다

로·로 해서·로 하여·로 하여서 [토씨] **1**(받침이 없거나 'ㄹ'받침이 있는 임자씨에 붙여 써) 말미암아 ⓑ그 아들 녀석 하나로 하여 애를 많이 썩혔다. 내 서울살이로 해서 큰고을 삶이 만만치 않다는 것을 알았어요 **2** 거쳐서 ⓑ골목길로 해서 집으로 돌아왔다

로고 ⇒ 낯표. 이름표

로는 [토씨] (자리토 '로'에 도움토 '는'이 더해져) 그 뜻에 힘을 주거나 그 뜻을 다른 것과 뚜렷이 갈라준다 ⓑ사내로는 쉬운 일일지라도 겨집에게는 힘들 수가 있다

로마 [이름씨] 이탈리아 서울. 이탈리아 복판쯤에 있는 큰 고을로 옛 로마 때 삶 자취가 많이 남아 있다

로마글자 [이름씨] 라틴말을 적은 뒤부터 잉글말을 비롯하여 오늘날 유럽 여러 나라에서 널리 쓰는 글자. A, B, C, … a, b, c, …

로망 (roman) ⇒ 꿈. 큰꿈. 바람. 긴 이야기

로봇 (robot) [이름씨] 사람 꼴을 갖추고 걷고 말하고 온갖 일을 할 수 있는 틀 한뜻말 꼭두각시

로부터 [토씨] ('ㄹ'받침을 뺀 받침 없는 임자씨에 붙어) 비롯하는 뜻을 더욱 뚜렷이 나타낸다 ⓑ그 뜬말이 누구로부터 나온 것인가. 그때로부터 지금까지 열 해를 기다렸지요. 여기로부터 걸어가야 해요

로비 (lobby) ⇒ 나들간. 골마루. 기다림방. 뒷흥정. 까막흥정

로서 [토씨] (자리나 감목을 나타내는 토인 '로'에 도움토 '서'가 더해져서) 그 뜻을 더욱 뚜렷이 나타낸다 ⓑ그분은 배달말 살림이로서 한뉘를 살았다. 이제 나로서 더는 할 말이 없으니 가 보게나

로션 (lotion) ⇒ 살결물

로스구이 (roast) ⇒ 숯불구이

로써 [토씨] 솜씨나 연장, 밑감, 때 따위를 나타내는 토 '로' 힘줌말 ⓑ나무와 돌과 모래로써 집을 지을 수 있겠지. 드디어 오늘로써 지긋지긋한 일을 마쳤다

로열박스 (royalbox) ⇒ 높은 자리. 큰손 자리

로열티 (royalty) ⇒ 솜씨값. 이름값

로켓 ⇒ 뿜어나르개

로키멧줄기 [이름씨] 노아메리카 하늬 쪽에 있는 멧줄기. 알래스카, 캐나다, 유에스, 멕시코 가운데까지 걸쳐 있다

로터리 (rotary) ⇒ 돌이거리. 둥근네거리. 돌이판

로프 (rope) ⇒ 밧줄. 바. 줄

롤러 (roller) ⇒ 굴밀이. 굴림대. 누름틀

-롭다 [뒷가지] (홀소리로 끝난 이름씨 말 뿌리에 붙는 뒷가지로 써) '그럴 만하다.' '그러하다' ⓑ새롭다. 까다롭다. 날카롭다. 슬기롭다. 괴롭다. 종요롭다. 외롭다. 따사롭다

롱슛 (long shoot) ⇒ 멀리 차넣기. 멀리 던져넣기

롱패스 (long pass) ⇒ 멀리주기

-료 (料) ⇒ 삯. 값. 돈. 밑감. 거리. 바탕

루머 (rumor) ⇒ 뜬말

루비 ⇒ 붉은구슬. 붉구슬

룰 (rule) ⇒ 지킴틀

-류 (類) ⇒ 꼴. 갈래

류머티즘 ⇒ 뼈마디앓이

르네상스 ⇒ 삶꽃되삶

를 [토씨] (받침 없는 임자말에 붙어) 남움직씨 부림이 됨 ⓑ강아지를 키운다. 메를 오른다. 뒤를 보고 소리를 질렀다. 이곳을 비롯하여 갈 데가 널려있다. 요즘은 일터마다 이레에 닷새를 일한다

-리 [씨끝] **1**(받침 없는 줄기 뒤에 두루 붙여 써) 어림이나 느낌 ⓑ가보지 않고서 어찌 알리 **2**움직씨 줄기에 붙어 그렇게 할 뜻을 나타낸다 ⓑ네가 가면 나도 따라가리

리 (釐) ⇒ 즈믄에 하나

리 (里) ⇒ 마을

리가 없다 (理) ⇒ 까닭이 없다

리그전 (league戰) ⇒ 돌림겨룸

-리까 [씨끝] **1**(받침 없는 줄기 뒤에 두루 붙는 물음 끝으로 써) 어림으로 되묻는 뜻 ⓑ날이 춥고 밤이 깊었는데 이 깊은 곳까지 누

가 찾아오리까? ❷움직씨 줄기에 붙어 그렇게 할 뜻을 맞물어 봄 ⓑ나리, 이제 제가 어찌하면 되오리까?

-리니 (씨끝) ❶(받침 없는 줄기 뒤에 두루 붙는 이음끝으로 써) 어림짐작으로 까닭이나 말미 ⓑ이제 해가 곧 지리니 집으로 돌아가야겠다 ❷(움직씨 줄기에 붙어) 그렇게 할 뜻을 미리 나타낸다 ⓑ곧장 건너 집에 다녀오리니 조금만 기다려주게나

-리다·-리라·-리로다 (씨끝) ❶(받침 없는 줄기와 'ㄹ'받침 줄기 뒤에 두루 붙는 베풂꼴 맺음끝으로 써) 어림 ⓑ비가 개이고 별이 나타나리다. 아마도 곧 그가 오리라. 한여름 밤 꿈에 그치리로다 ❷(움직씨 줄기에 붙어) 그렇게 할 뜻 ⓑ나 이제 숲으로 돌아가리다. 반드시 이루고 말리라. 꼭 너를 다시 만나리로다

리더 (leader) ⇒ 길잡이. 목대잡이. 앞장

리더십 (leadership) ⇒ 이끌 힘

리드 (lead) ⇒ 이끎. 이끌다. 앞서다

리드선 ⇒ 이음줄

리듬 (rhythm) ⇒ 가락. 흐름결

리듬감 ⇒ 가락느낌

리듬악기 ⇒ 가락틀

리듬체조 ⇒ 가락몸묌

리메이크 ⇒ 새지음

리모컨 ⇒ 멀다루개

리바운드볼 (rebound ball) ⇒ 튄공. 튀어나온 공

리본 (ribbon) ⇒ 댕기. 띠. 먹끈

리본체조 ⇒ 띠몸묌

리사이틀 ⇒ 혼노래하기. 혼소리내기

리셉션 ⇒ 맞이잔치

리스본 (이름씨) 포루투갈 서울. 큰하늬바다에 닿아있는 배나루 고을로 짓일이 꽃피웠다

리스트 (list) ⇒ 찾음표. 이름표

리시브 (receive) ⇒ 공 받다. 받아넘기다

리어카 (rear car) ⇒ 손수레. 뒤 수레

-리에 (裡) ⇒ 속에. 안에. 가운데

리을 (이름씨) 한글 닿소리 글자 'ㄹ' 이름

리코더 ⇒ 하늬피리

리터 (이름씨) 들이 하나치로 가로, 세로, 높이가 한 미터인 여섯낯 덩이에 들어가는 4데 씨이 물을 즈믄 몫으로 나눈 가운데 하나. 'L'이나 'l'로 나타낸다 ⓑ어른 한 사람이 하루에 적어도 1리터 물은 마신다고 한다

리트머스 ⇒ 붉보라물감

리트머스종이 ⇒ 붉보라물감종이

리포터 (reporter) ⇒ 알림꾼

리포트 (report) ⇒ 알림글

리프트 ⇒ 오르내리개. 들개

리허설 (rehearsal) ⇒ 마무리해봄

린스 (rinse) ⇒ 헹굼 비누

릴레이경주 (relay競走) ⇒ 이어달리기

림프 (이름씨) 피처럼 몸안을 돌면서 살갗과 앓이막이 맞덩이를 나르는 일을 하는 물. 림프샘에서 나와 림프줄을 타고 흐른다

림프관 ⇒ 림프줄

림프샘 (이름씨) 림프줄 군데군데에 있는 매듭꼴 작은 짜임. 림프 속 좀팡이를 거르는 구실을 한다 ⇐ 림프절

림프절 ⇒ 림프샘

림프줄 (이름씨) 림프를 실어나르는 줄. 핏줄처럼 온몸에 그물같이 퍼져 있다 ⇐ 림프관

링 (ring) ⇒ 가락지. 고리. 겨룸 터. 바구니 테

링크 (link) ⇒ 자리이음. 이음. 이음고리

링크 (rink) ⇒ 얼음마당. 얼음판. 달림길

마[1] 이름씨 메나 들에 자라거나 밭에 심어 가꾸는 여러해살이 덩굴풀. 뿌리는 먹거나 낫개로 쓴다 ⓑ마를 갈아 마시면 몸에 좋다

마[2] 이름씨 네 쪽 가운데 하나. 해가 뜨는 곳 오른쪽 ⓑ마녘으로 난 바라지가엔 나비 한 마리가 노닌다 맞선말 노 ⇐ 남

마[3] 이름씨 옷감 길이를 재는 하나치. 석 자 길이 ⓑ미영배 한 마를 잘라 포대기를 만들었다

마 (魔) ⇒ 걸림돌. 거침새. 거침돌. 가탈. 언걸. 헤살. 궂다

마 (麻) ⇒ 삼

마 (馬) ⇒ 말

마가나무 이름씨 높은 메에 자라는 갈잎큰키나무. 가지 끝에 흰 꽃이 배게 모여 피고 가을에 붉게 물든 잎과 빨간 열매는 볼거리로 좋으며 열매나 껍질은 낫개로 쓴다 ⇐ 마가목

마가린 이름씨 흔히 푸나무 기름을 굳혀 버터와 비슷한 꼴로 만든 먹을거리 ⓑ어릴 적 뜨거운 쌀밥에 마가린을 넣어 비벼 먹었다

마가목 ⇒ 마가나무

마각 ⇒ 속셈. 못된 속셈. 숨긴 속셈. 꿍꿍이속

마감 이름씨 ❶하던 일을 다 함. 하던 일을 다 하는 때 ⓑ콩 터는 일을 마감할 때가 되었다 ❷잡은 날 끝. 어느 때가 다 됨 ⓑ올해 한배곳 들글 내는 마감이 언제지?

마감금 이름씨 자르는 금이라는 뜻으로 붙는 이와 떨어지는 이가 갈리는 금 한뜻말 끊는금. 끝금 ⇐ 커트라인. 한계선

마개 이름씨 아가리나 구멍 따위를 막는 몬 ⓑ마개가 잘 안 따지네 비슷한말 뚜껑

마고자 이름씨 우리 내림 옷. 저고리에 두르는 웃옷. 저고리와 비슷하나 깃과 고름이 없고 맞섶으로 되어 여미지 않으며 단추를 두 낱 단다 ⓑ엷붉은 저고리에 파르스름한 마고자를 입었다

마구 어찌씨 ❶앞뒤를 재지 않고 매우 세차게 ⓑ아이가 발길로 제 동무를 마구 찼다 준말 막 ❷가리거나 살피지 않고. 아무렇게나.

되는대로 ㉥쓰레기를 마구 버리지 마라

마구 ⇒ 말연장

마구간 ⇒ 외양간. 말우리

마구루 이름씨 서울둘레 고장 한가운데에 있고 고장 살림을 하는 곳 ⇐ 수원

마구리 이름씨 ❶길쭉한 몬 두 끝머리 낯 ㉥서까래 마구리 ❷길쭉한 몬 두 끝에 대는 몬 ㉥베개 마구리

마구먹다 움직씨 제대로 살피거나 가리거나 따져 보지 않고 먹다 ⇐ 과식하다

마구발방 이름씨 함부로 하는 말이나 짓 ㉥그저 어린애처럼 마구발방만 하면 되겠냐?

마구쓰다 움직씨 제대로 살피거나 가리거나 따져 보지 않고 쓰다 ⇐ 낭비하다. 과소비하다. 무단 사용하다

마구잡이 이름씨 이것저것 따지지 않고 닥치는 대로 마구 하는 짓이나 사람 ㉥일을 마구잡이로 하다

마구하다 움직씨 제대로 살피거나 가리거나 따져 보지 않고 하다 ⇐ 무단 행동하다

마군 ⇒ 도깨비무리

마굴 ⇒ 도깨비굴

마귀 ⇒ 못된 도깨비. 헤살깨비. 헤살꾼

마귀할멈 ⇒ 도깨비할멈

마그네슘 이름씨 불에 탈 때 흰빛을 내므로 빛박이틀 비추개나 불꽃놀이 밑감으로 쓰는 흰빛 가벼운 쇠붙이 밑숫

마그넷 ⇒ 쇠끌이

마그마 ⇒ 바윗물. 바위녹은물

마까질 이름씨 저울로 몬 무게를 달아보는 일 ㉥되질은 될수록 줄어도 마까질은 달수록 는다 한뜻말저울질 ⇐ 계량

마끝 이름씨 마녘 끝 ㉥마끝은 언제나 겨울이다 ⇐ 남극. 에스극

마끝바다 이름씨 마끝한뭍을 둘러싼 바다. 마끝에서 마씨 55데 까지 바다. 한 해 내내 얼음에 덮여있고 고래잡이가 잦다 ⇐ 남극해

마끝한뭍 이름씨 마끝점을 복판으로 펼쳐진 더기 한뭍. 날씨가 몹시 추워 사람은 살지 않고 펭귄, 고래, 바다아롱범 따위가 산다 ⇐ 남극대륙

마나님 이름씨 가시버시 사이에서, 버시 쪽에서 가시 쪽을 부드럽고 포근하게 높이는 이름. 서로 아끼거나 돌보는 사이라는 마음을 담아 부르는 이름 ㉥마나님이 한 말씀하신다

마냥[1] 어찌씨 ❶언제까지나 이어서 ㉥그렇게 마냥 놀다가는 오늘 안에 일 다 하겠나 ❷실컷. 마음껏 ㉥아이들이 마냥 떠든다 ❸차고 넘치게 ㉥마냥 기쁘다

마냥[2] 이름씨 마냥모

마냥모 이름씨 한여름 지나 제철보다 썩 늦게 내는 모 ㉥마냥모 심으려는데 일손이 모자라서 어쩌나 한뜻말마냥

마네킹 ⇒ 사람틀. 몸틀. 꼭두사람

마녀 ⇒ 모진꽃. 못된 겨집. 모진 겨집

마녘 이름씨 마쪽이나 마쪽 땅. 해 돋는 오른쪽 ㉥마녘에서 불어오는 바람을 마파람이라 한다 한뜻말아랫녘 맞선말노녘 ⇐ 남쪽

마노 이름씨 마녘과 노녘 ⇐ 남북

마노금 이름씨 어떤 곳에서 노끝과 마끝을 지나 땅별을 둘러싸게 하늘에 꿍꿍으로 그은 금 한뜻말날금 ⇐ 자오선

마노배달 이름씨 마배달과 노배달을 아울러 이르는 말 ⇐ 남북한

마노싸움 이름씨 유에스에서 종살이를 없애자는 노녘과 이어가자는 마녘 사이에 일어난 나라안싸움. 1860해에 링컨이 으뜸머슴이 되자 마녘 여러 고장이 뭉친 나라에서 빠지면서 싸움이 일어나 1865해에 마녘이 손들어 끝남 ⇐ 남북전쟁

마노하나 이름씨 마노로 갈라진 우리 겨레와 나라를 하나로 잇는 일 ⇐ 남북통일

마누라 이름씨 ❶마님. 마나님. 오늘날에는 '마누라'가 서로 아끼면서 높이려고 일컫는 말이 아닌, 마치 낮추거나 얕보는 말로 잘못 퍼지고 쓰기 일쑤이다 ㉥마누라, 이것 좀 봐요 ❷나이 지긋한 아낙을 일컫는 말 ㉥저 집 마누라는 맨날 어디로 저리 다니지?

마늘 이름씨 잎이 가늘고 길며 둥근 비늘줄기

가 있는 남새. 또는 이 비늘줄기. 비늘줄기 속에는 여러 쪽으로 덩이가 모인다. 맵고 톡 쏘는 맛이 있어 종요롭게 양념으로 쓴다 [ㅂ]마늘 한 접에 얼마예요?

마늘각시 [이름씨] 깐 마늘처럼 하얗고 반반한 색시 [ㅂ]우리 아우가 마늘각시를 얻었네

마늘모 [이름씨] 마늘쪽처럼 세모진 꼴 [ㅂ]이것이 마늘모 꼴로 생긴 글씨다

마늘모눈 [이름씨] 위쪽 눈꺼풀이 마늘모 꼴로 세모진 눈 [ㅂ]우는 아이를 달랠 줄 몰라 엄마는 마늘모눈을 하고 속태운다

마늘장 [이름씨] 마늘 양념을 한 장 [ㅂ]상추쌈을 마늘장에 싸 먹는다

마늘종 [이름씨] 마늘 꽃줄기. 무르고 부드러운 것은 쪄 먹거나 장아찌로 만들어 먹는다

마니산 ⇒ 마리메

마니아 ⇒ 즐김이

마님 [이름씨] **1**가시버시 사이에서, 버시 쪽에서 가시 쪽을 부드럽고 포근하게 높이는 이름. 서로 아끼거나 돌보는 사이라는 마음을 담아 부르는 이름. 또는 옛날 벼슬아치 집안 아낙을 높여 부르던 말 [ㅂ]마님께서는 아직 주무십니다 **2**나리 같은 말 뒤에 붙여 그 사람을 높이는 뜻 [ㅂ]나리마님께서 찾으십니다

마다 [움직씨] 짓찧어 잘게 조각내다. '마'가 길게 소리 남 [ㅂ]마늘 좀 마 줄래? [한뜻말]마스다

-마다 [토씨] 낱낱이 모두 [ㅂ]우리 마을 사람들은 해마다 설날이면 함께 모여 윷놀이를 한다

마다하다 [움직씨] 받아들이지 않고 물리치거나 싫다고 하다 [ㅂ]덮어놓고 다 받아줄 게 아니라 안 좋은 것은 마다할 줄도 안다

마담 ⇒ 마님. 마나님. 아주머니. 지기

마당 [이름씨] **1**집이나 둘레나 가까이에 펀펀하게 닦아 놓은 땅 [ㅂ]마당 넓은 집. 배곳 마당 **2**어떤 일을 벌이거나 하는 곳 [ㅂ]씨름 마당 **3**어떤 일을 하거나 이루는 때 [ㅂ]일을 마무리하는 마당에 처음부터 다시 하라니요! **4**판소리나 탈춤 같은 이야기 자락을 세는 하나치 [ㅂ]판소리 열두 마당

마당굿 [이름씨] 굿에 모여든 도깨비들을 돌려보낸다는 뜻으로 대문 밖 마당에서 벌이는 마지막 굿 [ㅂ]벼슬아치들 잘못을 꼬집으려는 놀이로 마당굿을 펼치곤 했다

마당극 ⇒ 마당굿

마당놀이 [이름씨] 큰 마당에서 철 따라 여는 여러 겨레놀이 [ㅂ]해마다 가을걷이와 땔감 마련을 한 뒤 마당놀이를 한다

마당발 [이름씨] **1**볼이 넓어 넓적한 발 [ㅂ]내 발은 마당발이라 신이 커야 한다 [한뜻말]납작발 ⇐ 평발. 편발 **2**여기저기 아는 이가 많은 사람 [ㅂ]마당발이라 모르는 이가 없다

마당밟이·마당밟기 [이름씨] 한달 큰보름 무렵 땅검님을 달래어 말썽 없는 한 해를 비는 겨레놀이. 마을 사람들이 두레굿꾼을 앞세우고 집집마다 도는데, 이때 집임자는 먹을 거리나 낟, 돈으로 맞이한다 [ㅂ]한달 큰보름에는 나라 안 곳곳에서 쥐불놀이나 마당밟기 같은 여러 겨레놀이를 즐긴다 [한뜻말]땅검밟기 ⇐ 지신밟기

마당쇠 [이름씨] 머슴이나 종을 부르는 말 [ㅂ]마당쇠야, 뒷방에 군불을 지피렴

마당조개 [이름씨] 껍데기 길이가 10센티미터쯤이고 껍질 빛은 희거나 검거나 잿빛이고 속살은 흰 조개. 바닷가 진흙 모래 속에 산다

마당지기 [이름씨] 마당을 지키는 사람이란 뜻에서 어떤 모임 일을 맡아 하는 사람 [ㅂ]언니는 그 모임 마당지기를 열 해째 한다 [한뜻말]모임지기

마당질 [이름씨] 두드려 털어서 낟알을 거두는 일 [ㅂ]우리 집에선 콩 마당질이 한창이다 ⇐ 추수. 타작

마당홀어미 [이름씨] 어미집에서 짝맺기를 하고 버시집으로 가기 앞에 버시를 여읜 겨집

마대 ⇒ 자루

마도누미 [이름씨] 우리나라 복판 하늬쪽에 있는 고장. 누미구루가 으뜸고을이다 ⇐ 황해남도

마도로스 ⇒ 먼바다뱃사람

마도요 [이름씨] 도요새 가운데 가장 큰 새. 바닷가에 무리 지어 살고 긴 다리와 부리로 얕은 물속을 걸어 다니며 먹이를 잡는다

마되돌이금 [이름씨] 한가을 날에 갈금에 있는 해가 차츰 마녘으로 가다가 한겨울 날에 이 금에 이르러 다음날부터 다시 갈금으로 돌아가는 마씨 23데 27갈 씨금 ⇐ 남회귀선

마디 [이름씨] [1]푸나무 줄기에서 가지나 잎이 나는 잘록하거나 도도록한 자리 ㉥이 대나무는 저 대나무보다 마디가 길다 [2]새우나 누에 같은 벌레 몸에서 비슷한 사이를 두고 잘록하게 들어가거나 도도록하게 나온 자리 ㉥지네는 몇 마디이지? [3]뼈와 뼈가 이어진 자리 ㉥일을 많이 했더니 손가락 마디마다 아프다 [4]말이나 글, 노래 한 토막 ㉥또랑또랑한 목소리로 노래 한마디 해 봐 [5]가락흐름글에서 세로줄로 나누어진 가장 작은 도막 ㉥이 가락흐름글은 몇 마디로 되어 있지? [6]마음속에 맺히고 얽히어 쉽게 풀리지 않는 것 ㉥어르고 달래어 딸 마음에 맺힌 마디를 풀어주었다 [7]냄에서 덧셈표나 뺄셈표로 나누어진 곳

마디글 [이름씨] 말마디가 하나 되도록 짓는 글 ㉥이야기 모두 마디글로 쓰니 쉽게 읽혔다

마디꽃 [이름씨] 논이나 물가, 진펄에서 자라는 한해살이풀. 마디마다 많은 가지를 내고 작은 잎이 마주 붙는다. 여름에 불그레한 작은 꽃이 핀다 ㉥마디꽃이 한창이다 한뜻말 눈마디꽃

마디다 [그림씨] [1]쉽게 닳거나 없어지지 않다 ㉥어제 만든 비누는 참 마디네 맞선말 헤프다 [2]더디게 자라다 ㉥이 꽃나무는 참말로 마디게 자란다

마디마디 [이름씨] [1]낱낱 마디 ㉥다리 마디마디가 다 쑤시고 아프다 [2](어찌씨) 마디마다 ㉥마디마디 이끼 되어 맺혔네

마디발벌레 [이름씨] 마디발숨받이 ⇐ 절족동물. 절지동물

마디발숨받이 [이름씨] 몸은 작고 여러 낱 고리 마디이며, 자라면서 탈바꿈하는 숨받이 한뜻말 마디발벌레 ⇐ 절족동물. 절지동물

마디벌레나방 [이름씨] 벼 줄기와 잎을 먹는 벌레 한뜻말 벼대벌레 ⇐ 이화명충. 이화명나방

마디풀 [이름씨] 길가나 언덕, 들판에 무리 지어 자라는 작은 한해살이풀. 가지를 많이 치는 포기로 자라고 여름내 불그레한 꽃이 조그맣게 핀다. 그늘에 말려 낫개로 쓴다

마땅별 [이름씨] 갈금을 어름으로 땅별을 둘로 나누었을 때 마녘 땅 ⇐ 남반구

마땅새 [이름씨] 가리에 맞아 바르고 떳떳한 바탈 ⇐ 정당성

마땅지킴 [이름씨] 갑자기 애꿎게 쳐들어오는 것을 막으려고 치고 나갈 수밖에 없는 일 ⇐ 정당방위

마땅찮다 [그림씨] '마땅하지 않다' 준말. 썩 마음에 들지 않아 싫다 ㉥버시어미는 며느리가 하는 짓을 늘 마땅찮게 여겼다

마땅하다 [그림씨] [1]어울려 알맞다 ㉥일을 맡길 마땅한 이를 찾아요 [2]어떤 일이 갈피에 맞거나 옳다 ㉥잘못된 일은 바로잡아야 마땅하지 [3]마음에 들어 좋다 ㉥하는 짓이 아주 마땅하진 않아

마뜩잖다 [그림씨] 썩 마음에 달갑지 않다 ㉥네가 하는 짓이 마뜩잖지만 이제 어쩌겠니?

마뜩하다 [그림씨] [1]마음에 들어 좋다 ㉥나는 그놈 짓거리가 마뜩하지 않아 [2]서로 잘 맞거나 어울리다 ㉥깡총한 뒷머리와 마뜩한 목덜미

마라 [이름씨] 마소 두 마리를 부릴 때 오른쪽 마소를 이르는 말. 또는 오른쪽으로 가라고 외치는 말 맞선말 외나

마라톤 ⇒ 먼길달리기. 오래달리기

마력 (魔力) ⇒ 남다른 힘. 야릇한 힘. 끌힘

마력 (馬力) ⇒ 말힘

마련 [이름씨] [1]미리 헤아려 갖춤 ㉥집 마련부터 해야지 ⇐ 준비 [2]무엇을 하려는 속셈 ㉥여기다 집 하나 작게 지을 마련이었다 [3]그러한 채로 있거나 그런 만큼 ㉥몹시 망설였던 마련으로 어찌할 줄 몰랐다 [4]그렇게 되는 것이 마땅함 ㉥사람은 누구나 죽기

마련이다 **마련되다 마련하다**

마련그림 (이름씨) 집 지을 얼개나 꼴, 치수 따위를 어떤 틀에 따라 그린 그림 ⇐ 도면. 설계도

마렵다 (그림씨) 똥이나 오줌을 누고 싶다 ⓑ밥을 먹으려는데 갑자기 똥이 마려웠다

마루[1] (이름씨) ❶방 바깥쪽에 바닥과 사이를 띄우고 깐 널빤지. 또는 그 널빤지를 깔아 놓은 곳 ⓑ마루가 있는 집은 참 살갑다. 마루 밑에 별 들 때가 있다 ❷방과 방 사이 넓은 자리 ⓑ저녁 먹고 마루에 모여 이야기 좀 하자 ⇐ 대청. 청

마루[2] (이름씨) ❶길게 등성이가 진 메나 지붕 꼭대기 ⓑ해가 하늬메 마루에 걸렸다 ❷물결이 일 때 치솟은 꼭대기 ⓑ돛단배가 너울 마루에 올랐을 땐 보이고 내려갈 땐 안 보인다 ❸일 고비 ⓑ일은 마침내 열매를 맺을 마루에 올라섰다

마루[3] (이름씨) 어떤 것에서 첫째. 또는 어떤 일 잣대 ⓑ이 뜻을 마루로 삼는다

마루터기 (이름씨) 메나 지붕에서 두드러지게 솟아 있는 곳 ⓑ고개 마루터기에 올라섰을 때 해가 졌다 준말 마루턱

마룩 (이름씨) 물과 건더기가 있는 먹을거리에서 건더기를 뺀 물 ⓑ국솥에 마룩을 더 부어라

마룻바닥 (이름씨) 방 바깥에 널빤지를 깐 바닥 ⓑ여름에 마룻바닥은 아주 시원하다

마르다[1] (움직씨) ❶젖거나 진 데서 물기가 날아가 없어지다 ⓑ바람과 햇볕에 빨래가 잘 마른다 맞선말 젖다 ❷흐르는 물이나 고인 물이 줄어서 없어지다 ⓑ샘이 깊은 물은 가물에도 마르지 않는다 ❸목이나 입에 침이 없거나 적어져서 물을 마시고 싶어지다 ⓑ한참 뛰었더니 목이 마르다 ❹살이 빠지다. 야위다 ⓑ가슴앓이를 하더니 몸이 말랐구나 ❺돈이나 살림이 다 써 없어지다 ⓑ주머닛돈이 말랐다 ❻씨 따위가 조금도 남지 않고 없어지다 ⓑ젊은 일손은 씨가 마르다 시피 되었다 ❼느낌이나 뜻 같은 것이 식거나 없어지다 ⓑ나라 사랑하는 마음이 많이 말라버렸다

마르다[2] (움직씨) 천이나 나무 따위를 쓸모에 맞게 자르거나 베다 ⓑ옷감을 떠다가 마른 뒤 설빔을 손수 해 입었다

마른갈이 (이름씨) 논에 물을 대지 않고 가는 일, 또는 그런 논 ⓑ오늘은 하루 내내 다랑논을 마른갈이하였다 맞선말 물갈이. 논삶이. 진갈이 **마른갈이하다**

마른걸레 (이름씨) 물에 적시지 않고 쓰는 걸레 ⓑ갖신은 마른걸레로 문질러 주면 반질반질해진다 맞선말 물걸레

마른기침 (이름씨) 가래 없이 나오는 기침 ⓑ별비는 가슴을 두드리며 마른기침을 해댔다

마른논 (이름씨) 물을 대지 않은 논 ⓑ마른논에 물대기다 맞선말 무논. 진논

마른눈 (이름씨) 비나 물기가 섞이지 않고 내리는 눈 ⓑ마른눈이 펑펑 내린다 맞선말 진눈

마른땀 (이름씨) 마음이 몹시 조이고 놀랐을 때 흐르는 땀 ⓑ얼마나 마음이 조였는지 이마에서 마른땀이 흘러내렸다 한뜻말 식은땀

마른반찬 ⇒ 마른 건건이. 마른 건개. 마른 찔개

마른밥 (이름씨) ❶주먹같이 뭉쳐서 단단하게 만든 밥 ⓑ메에 오를 때는 마른밥에 짠지면 넉넉해 비슷한말 주먹밥 ❷국 없이 마른 건건이만으로 먹는 밥 ⓑ얼른 먹은 마른밥에 속이 더부룩하다

마른버짐 (이름씨) 얼굴 쪽에 진물 없이 까슬까슬하게 번지는 흰 살갗 앓이 ⓑ희끗희끗 마른버짐이 피었네 비슷한말 진버짐

마른번개 (이름씨) 맑은 하늘에서 치는 번개 ⓑ파란 하늘에 마른번개가 치더니 갑자기 비구름이 몰려왔다

마른북어 (이름씨) 물고기 명태를 찬바람에 말려 얼부풀고 빛깔이 누르스름하게 된 것. 살이 부드럽고 맛이 좋다 ⇐ 황태

마른빨래 (이름씨) 틀이나 때지움이를 써서 물 없이 빠는 빨래 ⓑ겨울옷은 마른빨래할 것이 많다 맞선말 물빨래 ⇐ 드라이클리닝. 마른세탁

마른일 (이름씨) 바느질이나 길쌈처럼 손이나

발에 물을 묻히지 않고 하는 일 ⓑ어머니는 마른일 진일 가리지 않고 했다

마른입 이름씨 아무것도 먹거나 마시지 않은 채로 있는 입 ⓑ마른입으로 일하러 가다

마른천둥 이름씨 갠 하늘에서 치는 우레 ⓑ웬 마른천둥이야

마른침 이름씨 애가 타거나 마음을 졸였을 때 입안이 말라 아주 적게 나오는 침 ⓑ너무 떨려 나도 몰래 마른침을 꿀꺽 삼켰다

마른하늘 이름씨 비나 눈 없이 맑게 갠 하늘 ⓑ마른하늘에 날벼락

마른행주 이름씨 물에 적시지 않고 그릇 따위를 닦는 데 쓰는 헝겊 ⓑ오래 넣어 둘 그릇은 마른행주로 닦아야 한다 맞선말 물행주

마름[1] 이름씨 땅임자를 갈음하여 땅 빌려주는 일을 맡아 하던 사람 ⓑ마름이 땅임자보다 더 힘을 부린다

마름[2] 이름씨 늪 같은 데서 절로 자라는 물풀이나 그 열매. 잎은 세모지고 여름에 흰 꽃이 핀다 ⓑ이 못엔 마름이 많이 자란다

마름[3] 이름씨 옷감이나 피륙 따위를 치수에 맞춰 재거나 자름

마름모·마름모꼴 이름씨 네 곁 길이가 똑같고 마주 보는 곁이 나란하며 두 맞모금이 한가운데서 곧서 만나는 네모꼴 ⓑ하나같이 마름모꼴로 반듯하게 썬 깨강정

마름바치 이름씨 옷을 마름하는 일을 일삼아 하는 사람 ⓑ가을은 나라 안에서 으뜸가는 마름바치가 되는 것이 꿈이었다 한뜻말 마름장이 ⇐ 재단사

마름새 이름씨 마름질하여 놓은 꼴새. 또는 그렇게 만들어 놓는 일 ⓑ긴 통바지 마름새가 그럴듯하다 **마름새하다**

마름쇠 이름씨 끝이 송곳처럼 날카로운 네 갈래 쇠못. 도둑이나 나쁜 사람을 막으려고 길목 같은 데에 뿌려 둔다 ⓑ마름쇠를 잔뜩 던져 놨으니, 누구도 그냥은 못 들어와요

마름이 이름씨 마르는 사람 ⇐ 재단사

마름장이 이름씨 마름질하는 사람 한뜻말 마름바치 ⇐ 재단사

마름질 이름씨 옷감이나 나무 따위를 쓸모에 맞게 재어 자르거나 베는 일 ⓑ옷감을 펼쳐 놓고 마름질을 건성건성 했다 ⇐ 커팅 **마름질하다**

마름집 이름씨 땅임자 논밭 부치는 일을 돌보는 사람 집 ⓑ내가 짝을 맺어준 사람은 마름집 아들이었다

마리 이름씨 짐승이나 물고기, 벌레 따위를 세는 하나치 ⓑ토끼 두 마리

마리가나 이름씨 옛날 사라부루 나라 때 임금을 뜻하던 말 ⓑ그때 몇 임금은 마리가나라 부르고 麻立干이라 썼다

마리메 이름씨 가비고시섬에 있는 메. 멧꼭대기에 배달임금이 하늘에 식게를 지내려고 쌓았다는 높데가 있다 ⇐ 마니산

마립간 ⇒ 마리가나

마마 이름씨 옛날 임금과 그 집보들을 높여 부르던 말 ⓑ어마마마. 아바마마. 마마님

마마 ⇒ 뜨리. 항것

마메 이름씨 고을이나 마을 마녘에 있는 메 ⇐ 남산

마멸하다·마모하다 ⇒ 닳다. 닳아 없어지다. 닳아 빠지다

마무르다 움직씨 ❶몬 가장자리를 꾸며서 일을 끝맺다 ⓑ마지막으로 두루마기 단을 마물렀다 ❷하던 일이나 말끝을 맺다 ⓑ끝내 말끝을 마무르지 못하고 떠났다 한뜻말 마무리다

마무리 이름씨 하던 일을 끝맺음 ⓑ일은 마무리를 잘해야 하고, 사람 사이는 헤어질 때 잘해야 한다 **마무리하다**

마무리뭄 이름씨 몸뭄을 마치고 몸을 푸는 가벼운 뭄 ⇐ 정리운동

마바리 이름씨 짐을 실은 말이나 그 짐 ⓑ아저씨는 말을 세우고 먼저 마바리를 묶었던 끈을 풀었다

마바리꾼 이름씨 마바리를 몰고 다니는 사람 ⓑ마바리꾼은 아이들한테 길을 비키라고 소리 질렀다

마법·마술 ⇒ 놀랍다. 꽃솜씨. 빛. 빛손. 대단하다. 재주. 눈어리기. 눈속이기

마법사·마술사 ⇒ 얼른쟁이. 눈어림이. 눈속임이

마병 이름씨 오래된 헌 몬 ⇐ 고물

마병장수 이름씨 오래된 헌 몬을 사고파는 사람 ⇐ 고물장수

마봄바늘 이름씨 늘 마녘을 보는 바늘 ⇐ 지남침

마부 ⇒ 말부림이

마분지 ⇒ 두껍종이. 단단종이

마비 ⇒ 굳음

마사 ⇒ 갈이모래. 굵은 모래

마사지다 움직씨 부서지다

마사지하다 ⇒ 문지르다. 어루만지다. 주무르다. 두드리다

마사토 ⇒ 갈이모래흙

마산 ⇒ 마다라

마상이 이름씨 통나무 속을 파서 만든 작은 배 한뜻말쪽배. 구유배. 통나무배 ⇐ 카누

마새바람 이름씨 마새녘에서 불어오는 바람 ⇐ 남동풍

마소 이름씨 말과 소 ⑪마소 새끼는 시골로 사람 새끼는 서울로

마소수레 이름씨 말수레와 소수레 ⇐ 우마차

마소탈춤놀이 이름씨 서울 가까이 마소 고을에 물려 내려오는 탈놀음 가운데 하나 ⇐ 양주 별산대놀이

마속 이름씨 낟을 되는 말들이

마수 이름씨 그날 처음 파는 것으로 미루어 헤아리는 장사 날떠퀴. 또는 '마수걸이' 준말 ⑪오늘은 애밴이가 첫 손님으로 와서 마수가 좋다

마수 (魔手) ⇒ 검은 손. 검은 손길. 못된 손길. 엉큼한 손길

마수걸이 이름씨 맨 처음으로 몬을 파는 일. 또는 거기서 얻은 벌이 ⑪오늘은 마수걸이도 못 했다

마수없이 어찌씨 갑자기. 난데없이 ⑪집에 들어가는데 고양이가 마수없이 나타나 깜짝 놀랐다 한뜻말느닷없이

마술 (馬術) ⇒ 말다루기. 말다룸씨

마스다 움직씨 ❶어떤 몬을 못 쓰도록 가루를 내다 ⑪몰려오는 잠개잡이들을 다 마스겠다 한뜻말마다 ❷낡은 생각틀 따위를 없애다 ⑪낡은 생각을 마스고 늘 거듭 태어나야 한다 ❸세운 적바림이나 잣대를 깨거나 뛰어넘다 ⑪오래달리기 적바림을 마스고 새로운 빠르기를 일궈냈다

마스카라 ⇒ 속눈썹 먹. 속눈썹그리개

마스코트 ⇒ 지킴이. 업

마스크 ⇒ 입마개. 입가리개. 낯가리개

마스터 ⇒ 쟁이. 스승. 우두머리. 모가비

마시다 움직씨 ❶물이나 술 따위를 목구멍으로 넘기다 ⑪물을 마시다 ❷바람이나 냄새 따위를 입이나 코로 들이쉬다 ⑪숨을 깊이 들여 마시니 마음이 한결 가라앉았다

마실 이름씨 ❶살림집이 모여 이룬 삶터 ⑪우리 마실은 이웃 마실보다 조금 작다 ❷이웃집이나 가까운 곳에 놀러 다니는 일 ⑪할머니는 동네에 마실 가시면 해 저물 때야 돌아오신다 한뜻말마을

마실꾼 이름씨 마실을 다니는 사람 ⑪우리 할머닌 이름난 마실꾼이다

마실빔 이름씨 마실을 앞두거나 맞이하려고 새로 장만하는 옷이나 입을 거리

마씨 이름씨 갈금에서 마끝에 이르기까지 씨금. 한씨금을 0데로 하여 마끝 90데에 이른다 ⇐ 남위

마씨금 이름씨 갈금 마쪽 아래 높이를 나타내는 금 ⇐ 남위선

마애불 ⇒ 벼랑부처

마약 ⇒ 뽕. 쪽. 얼흐리개. 마구낫

마약범 ⇒ 뽕쟁이. 쪽쟁이

마요네즈 이름씨 과일무침을 할 때 과일이나 남새에 끼얹은 양념. 달걀노른자와 푸나무 기름, 새콤이, 소금들을 섞는다

마우스 ⇒ 다람쥐. 다람이. 생쥐

마우스질 ⇒ 다람쥐질. 딸깍질

마을 이름씨 ❶여러 살림집이 모여 이룬 곳 ⑪이웃 마을. 먼 마을 한뜻말동네. 마실 ❷이웃에 놀러 다니는 일 ⑪마을 가다. 마을 다니

다 [한뜻말]마실 3 너온 미터쯤 되는 길이 하나치. 곧 0.4킬로미터쯤 되는 길이 [준말]말

마을문고 ⇒ 마을책집

마을일꾼 [이름씨] 마을 일을 맡아서 하는 사람

마을지기 [이름씨] 마을을 갈음나서 일을 맡아보는 사람 [ㅂ]길손 아버지가 우리 마을 새 마을지기로 뽑혔어 ⇐ 통장. 이장

마을책집 [이름씨] 마을에 있는 책집. 마을에 사는 사람이 가까이에서 쉽게 찾아갈 수 있는 책집 [한뜻말]동네책방

마을회관 ⇒ 마을집. 마을모임집. 마을어울터. 마을어울누리. 마을사랑터

마음 [이름씨] 1 빛보다 16~17곱 빨리 일어나 무엇을 알고는 사라지고 또 알고는 사라지는 흐름. 마음을 둘로 나누면 처음 마음과 마음이룸씨로 나눈다 [ㅂ]기쁜 마음이 샘솟는다 2 생각과 느낌 따위가 일어나거나 자리 잡는 자리 [ㅂ]숨을 이어 바라보면 마음이 가라앉고 가벼워진다 3 마음씨 [ㅂ]마음이 곱다. 마음이 착하다. 마음이 모질다 4 뜻. 다짐 [ㅂ]마음을 굳게 먹다. 배달말 살리는 길에 마음 다지고 나선 사람 [익은말] **마음에 새기다** 잊지 않게 마음에 깊이 간직하다 **마음을 놓다** 걱정이 없어져 마음을 고요히 지니다 ⇐ 안심하다 **마음을 잡다** 들뜬 마음을 다잡아 가라앉게 하다

마음가라앉히개 [이름씨] 마음을 가라앉히는 낫개 ⇐ 청심환. 진정제

마음가짐 [이름씨] 어떤 일에 마음을 쓰고 가누는 모습이나 결 [ㅂ]밝고 새로운 마음가짐으로 함께 일해보자

마음결 [이름씨] 마음을 쓰는 품이나 바탕 [ㅂ]곱단이는 마음결이 참 곱다 [한뜻말]마음씨

마음고름 [이름씨] 고요하고 고른 마음 ⇐ 평정. 평등심

마음껏 [어찌씨] 있는 힘과 뜻, 슬기를 다하여 [ㅂ] 즐기고 싶은 만큼 마음껏 즐겨라

마음끌림 [이름씨] 좋게 여기는 느낌 ⇐ 호감

마음놓기 [이름씨] 걱정을 내려놓고 느긋한 마음을 지님 ⇐ 안도. 안심

마음닦기 [이름씨] 몸 마음 틀에서 일어나는 것을 있는 그대로 바라보아 마음을 닦는 일 ⇐ 수행. 명상. 참선

마음닦는집 [이름씨] 함께 모여 마음 닦고 사는 곳 ⇐ 수도원. 명상원

마음닦이 [이름씨] 마음을 닦아서 깨달으려는 사람 ⇐ 수도사. 수행자. 명상가. 구도자

마음대로 [어찌씨] 마음이 내키는 대로 [ㅂ]뭘 하든 마음대로 해 봐

마음더럼 [이름씨] 마음이 온갖 생각에 시달려 괴로움 ⇐ 번뇌

마음먹다 [움직씨] 무엇을 하겠다고 생각을 하다 [ㅂ]모든 것은 마음먹기에 달렸다 ⇐ 결심하다

마음보 [이름씨] 마음을 먹거나 쓰는 속 바탕 [ㅂ] 마음보가 저리 고약해서 어쩌나 ⇐ 심보

마음사맞음 [이름씨] 마음에서 마음으로 뜻이 알려짐 ⇐ 이심전심

마음쓰다 [움직씨] 1 뜻한 대로 이루도록 작은 곳까지 살피다 [ㅂ]어떻게든 아들을 살리려고 마음썼다 ⇐ 신경쓰다 2 남을 돌보거나, 마음을 따뜻하게 베풀다 [ㅂ]내게 더는 마음 쓰지 말고 살아라

마음씨 [이름씨] 마음을 쓰는 꼴새. 마음 씀씀이 [ㅂ]마음씨가 참 곱고 바르다

마음앎 [이름씨] 마음에 생각이나 느낌이 일어남 ⇐ 의식

마음자리 [이름씨] 마음 밑바탕 [ㅂ]무슨 일이든 이루어 내려면 마음자리가 굳건해야 해 ⇐ 심지

마음풀다 [움직씨] 꽁하게 닫혔던 안 좋은 마음을 열어 너그럽게 받아들이다 ⇐ 화해하다

마이너스 ⇒ 빼기. 덜기. 모자람. 밑짐. 줄다

마이동풍 ⇒ 들은 체 만 체. 듣는 둥 마는 둥

마이크 ⇒ 소리 키우개. 소리 키움틀

마이페이스 ⇒ 혼멋. 제멋. 나대로. 나답게. 제대로. 혼길. 제길

마일 [이름씨] 모든 나라가 따르기로 한 미터 재기를 따르지 않는 잉글나라와 유에스에서 쓰는 길이 하나치. 1마일은 1609미터쯤

된다

마임 ⇒ 몸짓굿. 말없는굿

마작 이름씨 언저리. 어떤 곳 가까이

마저 어찌씨 ❶남김없이. 죄다 ⓑ먹던 밥을 마저 먹었다 ❷(토씨) 어떤 말에 붙어 어떤 것 위에 더함을 뜻함 ⓑ너마저 떠난다고?

마적떼 ⇒ 말탄도둑떼

마전 이름씨 날 베를 삶거나 빨아 볕에 바래는 일 ⓑ기저귀감을 마전하였다 ⇐ 표백

마전가루 이름씨 삭은 재에 재숫을 빨아들여 만든 흰 가루 ⇐ 표백제

마제석기 ⇒ 간돌연모. 간돌연장. 다듬돌연모

마주 어찌씨 ❶곧바로 앞으로 ⓑ마주 나가다 ❷두 쪽에서 서로 바라보고 ⓑ서로 얼굴을 마주 보고 웃어봐 ❸한쪽에서 하는 짓과 같은 짓으로 맞받아서 ⓑ메울림이 마주 들려온다

마주나기 이름씨 푸나무 줄기 마디마디에 두 잎이 꼭 마주 붙어 나는 것 ⓑ제피나무는 분디나무와 달리 마주나기 한다

마주이야기 이름씨 두 사람이나 여러 사람이 마주 보고 이야기하는 일. 또는 그 이야기 ⇐ 대화

마주치다 움직씨 ❶서로 똑바로 부딪치다 ⓑ두 손바닥도 마주쳐야 소리가 난다 ❷뜻하지 않게 서로 만나다 ⓑ길을 가다 옛 동무와 마주쳤다 ❸눈길이 서로 닿다 ⓑ맞은쪽에서 걸어오던 사람과 눈이 마주쳤다 ❹어떤 일에 부닥치다 ⓑ뜻하지 않는 일에 마주쳐도 놀라지 않는다

마주하다 움직씨 앞에 두다 ⓑ얼굴을 마주하고 앉으니 더 가까워지는 느낌이다

마중 이름씨 오는 사람이나 손님을 나가서 맞아들이는 일이나 길 ⓑ언니가 온다니 마중 나가야지 맞선말배웅 ⇐ 환영 **마중하다**

마중물 이름씨 ❶깊은 샘에 있는 물을 물뽑개로 빨아올리기에 앞서 한 바가지쯤 물뽑개에 붓는 물 ❷바라는 일을 일으키거나 어떤 일이 좋게 바뀌도록 하는 말미나 까리 ⓑ이 책이 우리 겨레가 우리말을 되찾는 마중물이 되었으면 합니다

마지기 이름씨 논밭 넓이를 헤아리는 하나치. 한 마지기는 한 말 씨앗을 심을 만한 땅 넓이이다 ⓑ맏아버지는 일흔 마지기 넘게 여름지이를 하였다

마지노선 ⇒ 끝지킴금

마지막 이름씨 맨 나중 ⓑ마지막 잎새. 마지막 날 한뜻말맨 끝 ⇐ 피날레

마지못해 어찌씨 마음이 내키지는 않지만 어쩔 수 없이 ⓑ마지못해 하는 일이니 제대로 될 까닭이 있겠나?

마지않다 움직씨 '마지아니하다' 준말. 앞말 뜻을 참으로 바라다 ⓑ일이 잘되기를 바라 마지않습니다

마직물 ⇒ 삼베

마진 ⇒ 남는 돈. 남긴 돈

마질 이름씨 낟이나 가루 따위를 말로 되는 일 ⓑ마질을 넉넉하게 하다 **마질하다**

마쪽 이름씨 네 쪽 가운데 노와 맞선 쪽. 해 뜨는 오른쪽 ⓑ푸른누리는 서울 마쪽에 있다 맞선말노쪽 ⇐ 남쪽

마차 ⇒ 말달구지. 말수레

마찬가지 이름씨 견준 것이 한가지로 같음 ⓑ이리 가나 저리 가나 서울 가기는 마찬가지다

마찰 ⇒ 비벼댐. 문지름. 갈음. 갈다. 문지르다. 비비다. 비벼대다

마찰력 ⇒ 비빔힘. 부딪는힘. 맞섬힘

마찰음 ⇒ 갈이소리. 스침소리

마천루 ⇒ 높이 솟은 집채. 하늘닿을집

마취 ⇒ 느낌재움. 느낌재우다

마치[1] 어찌씨 거의 비슷하게 ⓑ사람 말귀를 저렇게 잘 알아듣다니, 개가 마치 사람 같네 ⇐ 흡사

마치[2] 이름씨 쇠뭉치에 자루를 박아 만든 연장. 망치보다 작고 못을 박거나 두드리는 데 쓴다 ⓑ마치로 못을 박았다 슬기말 **마치가 가벼우면 못이 솟는다** 윗사람이 무겁지 않으면 아랫사람이 덤벼든다

마치다[1] 움직씨 해오던 일이나 흐름을 모두 이

루거나 끝내다. 또는 그것이 끝나다 ㉥내 할 일을 다 마쳤다 ⇐ 필하다. 파하다

마치다[2] 움직씨 ❶말뚝이나 못을 박을 때 속에서 무엇이 받치다 ㉥고추 말뚝을 박는데 땅속에 딱딱한 것이 마친다 ❷무엇이 부딪는 것처럼 몸 한 곳이 아프게 결리다 ㉥아까부터 옆구리가 마친다 ❸생각이 사라지지 않고 속에 걸린 듯하다 ㉥나날이 힘들다는 곁님 투정이 가슴에 마쳐왔다

마치질 이름씨 마치로 무엇을 박거나 두드리는 일 ㉥새 집터에는 마치질 소리가 한창이다

마침[1] 어찌씨 ❶어떤 일이나 때에 딱 맞게 ㉥기다리던 참인데, 마침 잘 왔다 ❷바라거나 기다리지도 않았는데 뜻밖에 ㉥목이 마른데 마침 아우가 마실 것을 건넸다

마침[2] 이름씨 모임이나 말나눔이 끝남 ⇐ 폐회

마침가락 이름씨 일이나 몬이 마침 딱 들어맞음 ㉥그 고리는 뒤주로 마침가락이다

마침구이 이름씨 애벌구이한 흙그릇에 잿물을 발라 마지막으로 굽는 일 ㉥오늘은 마침구이한 그릇들을 꺼내 볼 참이다 **마침구이하다**

마침굿 이름씨 큰 모임이나 모임 같은 것을 마치고 치르는 굿 한뜻말마침잔치 ⇐ 폐회식

마침꼴 이름씨 ❶말이나 글에서 한 월이 끝남을 나타내는 끝말 ㉥이 월은 이름씨가 마침꼴로 쓰였다 ❷노래나 노래 마디가 끝남을 나타내는 가락 ㉥마침꼴 가락이 좀 어설프다

마침내 어찌씨 어떤 일이 마지막에 이르러 ㉥애타게 바라던 일이 마침내 이루어졌다 한뜻말드디어 ⇐ 필경

마침말 이름씨 모임 같은 것을 마칠 때 하는 말 한뜻말마무리말 ⇐ 폐회사

마침몰라 어찌씨 그때를 겪으면 어찌 될지 모르나

마침표 이름씨 글에서 한 월이 끝남을 나타내는 온점(.), 물음표(?), 느낌표(!) 들이 있다 ㉥마침표를 찍어야 오롯한 한 월이 된다 ⇐ 종지부

마칼바람 이름씨 높하늬바람. 거의 뱃사람들 사이에 쓰인다 ㉥맵짠 마칼바람이 분다 ⇐ 북서풍

마켓 ⇒ 저자. 가게

마크 ⇒ 표. 뜻말

마큰문 이름씨 서울 네 큰문 가운데 하나. 서울 마녘, 서울 나루 가까이 있다 ⇐ 숭례문

마타리 이름씨 우리나라 낮은 메와 들에서 자라는 여러해살이풀. 가을에 가지 끝에 작은 꽃이 노랗게 빽빽이 모여 핀다. 봄에 어린 싹은 나물로 먹는다 한뜻말참야고디이

마투리 이름씨 낟알을 섬이나 가마로 잴 때 한 섬이나 한 가마가 되지 못하고 남은 것 ㉥두 섬 마투리

마트 ⇒ 큰 가게

마파람 이름씨 마녘에서 불어오는 바람 ㉥마파람이 불어와 땀을 식혀 준다 슬기말 **마파람에 게 눈 감추듯** 맛갓을 몹시 빨리 먹어 치우는 꼴

마풀 이름씨 바다에서 나는 말 갈래를 통틀어 이르는 말. 자라는 바다 깊이와 빛깔에 따라 푸른 말, 붉은 말, 밤빛 말로 나뉜다

마피아 ⇒ 떼도둑

마하 이름씨 날틀이나 이끎터지개 따위 빠르기를 나타내는 하나치. 마하 1은 1짹에 340미터쯤 빠르기다

마하늬 이름씨 마녘과 하늬녘 사이 쪽 ⇐ 남서

마하늬바람 이름씨 마하늬녘에서 불어오는 바람 ⇐ 남서풍

마후라 ⇒ 목도리

마흔 셈씨 '열' 네 곱 ㉥나이가 마흔을 넘어서니, 살림을 조금은 알 것 같다

마흔아흐레식게 이름씨 사람이 죽은 지 이레마다 식게를 지내 일곱째 이레인 마흔아흐렛날 지내는 마지막 식게. 죽은이가 좋은 곳에 태어나기를 빈다 ⇐ 사십구재

막[1] 어찌씨 바로 조금 앞에. 바로 이때. 바야흐로 ㉥수레가 막 떠났다. 이제 막 왔다. 막 떠나려고 한다

막[2] (어찌씨) **1**매우 세차게 ⓑ눈물이 막 쏟아졌다 한뜻말마구 **2**아무렇게나 함부로 ⓑ잡히는 대로 막 집어 던졌다 한뜻말마구

막 (幕) ⇒ 막이천. 가림천

막 (膜) ⇒ 청

막- (앞가지) **1**(이름씨 따위에 붙어) 거칠거나 바탕이 낮은 ⓑ막베. 막고춧가루. 막낳이 **2**(이름씨 따위에 붙어) 되는대로 또는 마구 하는 ⓑ막말. 막벌이. 막일 **3**(풀이씨에 붙어) 거칠거나 마구 하는 ⓑ막보다. 막살다

막- (앞가지) (어떤 이름씨에 붙어) 맨 나중 것 ⓑ막수레. 막달

-막 (뒷가지) **1**(풀이씨 뿌리에 붙어) 그런 곳 ⓑ가풀막. 내리막. 오르막 **2**(풀이씨 줄기에 붙어) 무렵 ⓑ늘그막

막간 ⇒ 사이

막강하다 ⇒ 아주 세다. 힘세다. 매우 세다. 엄청나다. 버겁다

막걸리 (이름씨) 맑은 술을 떠내지 않고 그대로 걸러 짜서 빛깔이 희뿌옇고 시큼한 우리 겨레 술 ⓑ보리 베고 나서 막걸리를 한 그릇 마셨다 ⇐ 탁주

막국수 (이름씨) 거친 메밀가루로 굵게 뽑아 만든 거무스름한 국수 ⓑ내가 여름 나기에 좋은 먹거리는 막국수다

막남 (이름씨) 빈기 속에 온에 일흔여덟쯤 들어 있으며 맛, 냄새, 빛깔이 없고 산 것 몸 속에서 흰자밭을 이룬다 ⇐ 질소

막남살남몬 (이름씨) 막남과 살남이 아울러 이뤄진 몬 ⇐ 질소산화물

막내·막내둥이 (이름씨) 언니 아우 가운데 맨 나중에 난 이 ⓑ우리 엄마는 막내라 귀염을 많이 받고 자랐다 맞선말만이

막노동 ⇒ 막일. 허드렛일

막다 (움직씨) **1**이쪽과 저쪽 또는 길 따위가 이어지지 않게 하다 ⓑ귀를 막다. 길을 막다 맞선말트다 **2**앞이 트이지 않게 쌓거나 둘러싸다 ⓑ대나무로 촘촘하게 울타리를 쳐서 집 둘레를 막았다 **3**남이 하려는 일이나 짓을 못 하게 하다 ⓑ스승이 내 말을 막았다 ⇐ 엄금하다 **4**어떤 일이 일어나지 않게 미리 손쓰다 ⓑ메에 나무를 많이 심으면 큰물지는 것을 막을 수 있다 **5**바깥에서 쳐들어오는 것에 맞서 지키다 ⓑ재를 높이 쌓고 밤새 지킴이를 세워둬 누가 쳐들어온다 해도 다 막아냈다 ⇐ 방어하다 **6**추위나 햇빛, 바람 따위가 미치지 못하게 하다 ⓑ바람막이숲은 바다에서 불어오는 바람을 막아준다 **7**베풀어주려는 뜻을 받지 않고 물리치다 ⓑ제 좋은 뜻을 막지 말아 주세요 **8**갚아야 할 돈을 다짐한 대로 치르다 ⓑ빚으로 빚을 막았다

막다르다 (그림씨) 더 나아갈 수 없도록 앞이 막혀 있다 ⓑ막다른 골목에서 돌아선 개는 범보다 더 무섭다 (익은말) **막다른 골목** 더는 어떻게 할 수 없을 때

막달 (이름씨) 아이를 낳을 달 ⓑ막달이 되니까 배가 부르고 몸이 무거워 밖을 나다닐 수 없었다

막대·막대기 (이름씨) 가늘고 기다랗게 자른 나무나 나뭇가지 ⓑ긴 막대기로 밤나무 가지를 후려치니 밤이 후드득 떨어졌다

막대그래프 ⇒ 막대그림표

막대자석 ⇒ 막대끌돌

막대잡이 (이름씨) **1**소경에게 말할 때 그 '오른쪽'을 이르는 말. 소경이 오른손에는 막대를 쥐고 왼손에는 부채를 쥐는 데서 온 말 ⓑ왼손에 들고 있는 보따리를 막대잡이 쪽으로 옮겨 드세요 맞선말부채잡이 **2**길라잡이 ⓑ우리말을 잘 살려 쓰라는 스승님 말씀을 말살이 막대잡이로 삼았다

막대풍선 ⇒ 막대바람배. 막대바람주머니

막대하다 ⇒ 어마어마하다. 엄청나다. 매우 크다. 매우 많다. 숱하다. 대단하다

막더위 (이름씨) 한 해 스물네 철 가운데 열네 째 철. 여덟 달 스무사흘 무렵이며 여름이 지나 더위도 가시고 시원한 가을을 맞이하는 때이다 ⇐ 처서

막돼먹다 (그림씨) '막되다' 낮춤말 ⓑ그 사내는

괄괄한 데다 말을 툭툭 내뱉기는 하지만 막돼먹은 사람은 아니야

막되다 (그림씨) **1** 말이나 하는 짓거리가 버릇없고 거칠다 ⓑ막된 사람처럼 굴지 마 **2** 거칠고 나쁘다 ⓑ막된 일

막뒤 ⇒ 가림뒤

막둥이 (이름씨) '막내'를 귀엽게 이르는 말 ⓑ얘가 우리 집 막둥이야

막론하고 ⇒ 말할 것 없이. 가리지 않고. 따지지 아니하고

막막하다[1] (漠漠) ⇒ 끝없다. 아득하다. 멀다. 드넓다. 너르다. 널찍하다. 아스라하다

막막하다[2] (寞寞) ⇒ 괴괴하다. 쓸쓸하다. 고요하다. 답답하다

막말 (이름씨) 아무렇게나 되는대로 하는 말 ⓑ다시 만날지도 모르니 서로 막말은 하지 말지 **막말하다**

막먹이 (이름씨) 고기든 풀이든 낟이든 다 먹는 것 ⇐ 잡식

막먹이짐승 (이름씨) 고기든 풀이든 낟이든 다 먹는 숨받이 ⇐ 잡식동물

막무가내 ⇒ 억지. 꼼짝달싹 않음

막바지 (이름씨) **1** 일 마지막께 ⓑ드디어 막바지에 이르렀다 **2** 막다른 곳 ⓑ우리 집은 메골짜기 막바지에 있다

막벌이 (이름씨) 아무 일이든지 닥치는 대로 해서 돈을 버는 일 ⓑ살림을 꾸려가려면 막벌이라도 해야지

막베먹다 (움직씨) 처음 밑천이나 몬을 함부로 잘라 쓰다 ⓑ살림 밑천을 그렇게 막베먹으면 되겠나

막사 ⇒ 천집

막사리 (이름씨) 얼음이 얼기 바로 앞 밀물 ⓑ열한 달 바다는 막사리라 차가운 기운이 넘친다

막상 (어찌씨) 어떤 일에 정작 부닥쳐 보니 ⓑ그 사람을 꼭 만나고 싶었는데 막상 만나보니 딱히 할 말이 없다

막상막하 ⇒ 어금버금. 어슷비슷. 어금지금

막새·막새기와 (이름씨) 처마 끝을 마무리하는 데 쓰는 기와. 반달꼴 암막새와 둥근 꼴 수막새가 있다 ⓑ지붕 끝에 막새들을 새로 얹어야겠다

막새바람 (이름씨) 가을에 부는 선선한 바람 ⓑ막새바람 불 때가 나들이하기엔 가장 좋지

막서다 (움직씨) 어려움 없이 대들다. 마구 대들다 ⓑ이 녀석아, 그렇게 버릇없이 어른에게 막서면 쓰나

막서리 (이름씨) 남 집에서 막일하며 사는 사람 ⓑ그 어른은 오랫동안 옆집 막서리였다고 한다

막수레 (이름씨) 그날 마지막으로 떠나거나 다다른 수레 ⓑ헐레벌떡 뛰었지만 막수레를 놓쳤다 맞선말 첫수레 ⇐ 막차

막술 (이름씨) 먹을 때 마지막으로 드는 숟갈 ⓑ막술을 들고 길 나섰다 맞선말 첫술

막심 (이름씨) 막남, 살남, 물남으로 이루어진 물덩이. 코를 찌르는 냄새가 나며 빛깔은 없다. 센 심바탈을 띠며 빈기 속에서 코를 찌르는 냄새가 난다 ⇐ 질산

막심하다 ⇒ 엄청나다. 대단하다. 매우 크다. 말할 수 없다

막쓰다[1] (움직씨) 글이나 글씨를 아무렇게나 되는대로 쓰다 ⓑ글씨를 함부로 막쓰지 마라

막쓰다[2] (움직씨) 돈이나 몬 따위를 아무렇게나 허투루 쓰다 ⓑ돈을 그렇게 물 쓰듯이 막쓰면 뭔 살림이 되겠니?

막쓰다[3] (움직씨) 위에서부터 내리 푹 덮어쓰다 ⓑ모자를 막쓰다

막아내다 (움직씨) 끝까지 막다 ⓑ누가 쳐들어와도 끝까지 막아낼 힘을 길러라

막아서다 (움직씨) 앞을 가로막다 ⓑ내 앞길을 막아서는 이, 누구도 성하지 못하리

막역하다 ⇒ 가깝다. 허물없다. 너나들이하다

막연하다 ⇒ 아득하다. 어렴풋하다. 가맣다. 캄캄하다

막연히 ⇒ 그저. 멍청히

막이낫개 (이름씨) 햇빛이나 물것이 몸에 닿거나 스미는 것을 막으려고 쓰는 낫개 ⇐ 차단제

막이쓰개 (이름씨) 머리를 바드러운데서 지키려

고 쓰는 쓰개 ⇐ 안전모

막일 이름씨 ❶이것저것 가리지 아니하고 닥치는 대로 하는 일 ⓑ막일로 하루하루 벌어먹고 산다 ❷종요롭지 아니한 허드렛일 ⓑ아버지는 막일도 마다하지 않고 기꺼이 해낸다

막일꾼 이름씨 막일을 일삼아 하는 사람

막잇감 이름씨 흐름덩이나 숫씨로부터 떨어져 있어 더움이나 번힘이 잘 흐르지 않는 몬 ⇐ 절연체

막자사발 이름씨 알낫개를 갈아서 가루로 만드는 데 쓰는 흰흙그릇이나 유리그릇

막잡이 이름씨 ❶아무렇게나 마구 쓰는 몬 ⓑ이건 막잡이니 한 디위 쓰고 버려도 좋다 ❷좋은 것을 골라내고 남은 찌꺼기 ❸'마구잡이' 준말

막장[1] 이름씨 메주를 잘게 부수고 푹 퍼진 보리밥에 섞어 띄운 된장. 지렁을 뜨지 않는다

막장[2] 이름씨 ❶파거나 뚫는 일을 하는 일터 ⓑ돌숯 파내는 곳 막장이 무너져 사람들이 다쳤다 ❷마구리 ❸멧골 끝 ⓑ이 골짜기 막장에서 고개를 넘으면 마을이 나온다

막전막후 ⇒ 가림앞뒤. 일앞뒤

막중하다 ⇒ 무겁다. 대단히 무겁다. 대단하다. 매우 종요롭다

막직하다 그림씨 부피가 작은데 견줘 보기보다 무겁다 ⓑ그 종이 주머니 속엔 뭐가 들었는지 제법 막직하다

막질 이름씨 다른 사람한테 함부로 굴거나 제멋대로 하는 짓 ⓑ요즘은 옛날과 달라 함부로 막질하다가는 큰코다친다 ⇐ 갑질 **막질하다**

막질 ⇒ 청밭

막차 ⇒ 막수레

막창자 이름씨 큰창자 위 끝과 작은창자가 이어진 곳에 자그마하게 내민 창자 ⓑ막창자가 막히면 몸이 몹시 뜨거워지고 크게 앓는다 ⇐ 맹장

막창자꼬리앓이 이름씨 막창자 아래쪽에 있는 막창자꼬리에 생기는 불늦. 오른쪽 아랫배가 몹시 아프고 더움, 메스꺼움, 게움 같은 늦이 나타난다 ⇐ 맹장염. 충수염

막청 이름씨 겨집 높은 소리 ⇐ 소프라노

막춤 이름씨 짜인 틀 없이 마음 내키는 대로 아무렇게나 추는 춤 ⓑ함께 나들이 간 옛 동무들은 가람가 모래밭에서 막춤을 추며 즐겼다 한뜻말 허튼춤

막치 이름씨 ❶되는대로 마구 만들어 바탕이 낮은 몬 ⓑ가을걷이 하거들랑 막치로 귀틀집이라도 하나 마련하게 ❷마지막으로 만든 몬

막판 이름씨 어떤 일이 끝나갈 무렵 ⓑ막판에 이야기가 엉뚱한 데로 흘러갔다

막팔기 이름씨 덜이를 무릅쓰고 모가치나 빚표를 싼값에 팔아 버리는 일 ⇐ 투매

막하다 움직씨 말이나 짓을 함부로 아무렇게나 하다 ⓑ제발 아무 말이나 막하지 말아 주세요 한뜻말 마구하다

막후 ⇒ 가림뒤. 뒷구멍. 뒷전. 뒤

막히다 움직씨 ❶길 따위가 뚫려 있지 않다 ⓑ길이 막혀서 돌아가야 한다 ❷앞이 트이지 않게 높이 쌓이거나 둘러싸이다 ⓑ우리집은 높은 멧자락으로 앞뒤가 꽉 막힌 곳에 있다 ❸일이 어렵거나 매끄럽지 않거나 잘 풀리지 않다 ⓑ돌림앓이가 번져 장삿길이 막혔다 ❹힘이 모자라거나 뒤가 꿀려 꼼짝 못 하게 되다 ⓑ갑자기 생각이 막히니 바보처럼 입을 다물 수밖에 없었다. 말문이 막힌다 ❺숨이나 기운 흐름이 매끄럽지 않게 되다 ⓑ오랜만에 사람 가득한 땅밑수레를 타니 숨이 탁 막혔다

막힘없다 그림씨 일이 매끄럽게 잘 풀려 거칠 것이 없다 ⓑ막힘없이 술술 이야기도 잘 풀어냈다 한뜻말 거침없다

만 이름씨 ❶(임자말 뒤에서 '하다'나 '못하다'와 함께 써) 견주는 만큼 ⓑ크기가 머리만 하다. 첫째만 못하다. 덩치가 꼭 나만 하다 ❷(움직씨 '을' 꼴 아래에 '하다'와 함께 써) 할 수 있다 ⓑ혼자서도 해낼 만하다. 알 만

한 사람

만 (萬) ⇒ 골

만 (滿) ⇒ 꽉 찬. 가득

만 (灣) ⇒ 물굽이. 휨

만개 ⇒ 활짝핌. 한창핌. 한창 피다. 활짝 피다. 활짝 열다. 활짝 열리다

만경창파 ⇒ 허허바다. 넓은 바다. 한바다. 난바다

만경하다 움직씨 눈에 깨끗한 기운이 없어지다 ㊀나는 너무나 놀라서 부들부들 떨면서 만경하다시피 눈에 힘이 빠졌다

만고 ⇒ 오랫동안. 오랜 나달

만고강산 ⇒ 오랜 누리. 오랜 메내

만국 ⇒ 온나라. 모든 나라. 많은 나라. 여러 나라

만국기 ⇒ 온나라 깃발

만국박람회 ⇒ 온나라두루봄. 누리두루봄

만기되다 ⇒ 날짜 차다. 마감되다

만기재배 ⇒ 늦가꾸기

만끽하다 ⇒ 즐기다. 누리다. 마음껏 누리다. 한껏 마시다. 실컷 맛보다

만나다 움직씨 ❶뜻밖에 또는 다짐에 따라 어떤 곳에서 사람을 마주하다 ㊀그위뜰에서 동무와 만나기로 했다 ❷길이나 가람 따위가 서로 마주 닿다 ㊀두물머리에서 마한가람과 노한가람이 만난다 ❸누구와 남다르게 맺다 ㊀좋은 길벗을 만나 뿌듯했다. 우리 딸은 버시를 잘 만났다 ❹어떤 일을 겪다 ㊀크게 마음먹으니 어떤 어려움을 만나도 끄떡없겠다 ❺무엇을 하다가 비 따위를 맞다 ㊀느릿느릿 걷다가 소나기를 만났다 ❻어떤 때를 맞이하다 ㊀참으로 좋은 누리를 만나 기쁘게 잘 산다

만나보기 이름씨 만나서 이야기 나누는 일 ⇐ 인터뷰. 면접. 회견

만난 ⇒ 고비. 가시밭. 고개. 온갖 어려움. 많은 어려움

만날 ⇒ 날마다. 언제나. 늘. 맨날

만남 이름씨 둘이나 여럿이 한자리에서 서로 마주 보는 일 ㊀우리 만남은 아주 오래 앞에 마련된 거야 ⇐ 회동

만남벗 이름씨 만나서 이야기를 할 사람 ㊀오늘은 만남벗을 처음 만나기로 잡은 날이다 ⇐ 상담자

만남손님 이름씨 만나서 이야기를 할 사람이나 손님 ㊀만남손님으로는 다섯 분을 모셨어요 ⇐ 회견자. 출연자. 게스트

만년 (晩年) ⇒ 늘그막. 늙마. 늙바탕. 늙판

만년 (萬年) ⇒ 언제나. 내내

만년설 ⇒ 골해눈. 언눈. 늘 언눈

만년송 ⇒ 부처손. 눈잣나무

만년필 ⇒ 샘붓

만능 ⇒ 다 잘함. 두루 잘함. 거침없음. 막힘없음

만단 ⇒ 온갖. 여러 가지

만단고초 ⇒ 모든 힘든 일. 온갖 어려움

만단시름 ⇒ 온갖시름

만담 ⇒ 익살. 우스개. 우스갯소리

만대 ⇒ 오래도록

만대이 이름씨 멧등성이에서 가장 높은 곳 ㊀한보름날 저마다 먼저 달을 보려고 멧만대이로 올라갔다 한뜻말마루. 만댕이

만도리 이름씨 벼를 심은 논에서 그해 마지막 김매기 ㊀우리 아들이 와서 올해 만도리를 다 끝내고 갔다네 한뜻말세벌매기 **만도리하다**

만돌린 이름씨 몸통은 달걀을 세로로 쪼갠 것 같은 꼴로 뒤쪽이 볼록하고, 작은 세모나 네모꼴 채로 네 겹줄을 퉁겨서 소리를 내는 하늬줄가락틀

만두 이름씨 밀가루 같은 것을 반죽하여 소를 넣고 빚은 맛갓 ㊀내가 가장 즐겨 먹는 맛갓은 만두이다

만두껍질 이름씨 만두를 빚으려고 밀가루를 반죽하여 얇고 동그랗게 만든 것 ㊀만두껍질은 너무 두껍지 않게 밀어야 한다 ⇐ 만두피

만두소 이름씨 만두에 넣는 거리. 배추나 콩묵, 고기 따위를 다져서 만든다 ㊀만두소를 많이 넣어야 만두가 맛있다

만두피 ⇒ 만두껍질

만든깁 이름씨 누에고치에서 뽑은 깁이 아닌 사람이 만든 깁 ⇐ 인견

만든돌별 이름씨 땅별 둘레를 돌도록 로켓을

써서 쏘아 올린 만든 틀. 과녁과 쓰임에 따라 갈돌별, 주받돌별, 싸움돌별, 날씨돌별 따위로 나눈다 ⇐ 인공위성

만든올실 이름씨 삼이나 솜, 털에서 뽑은 올실이 아닌 사람이 만든 올실 ⇐ 인조섬유

만들다 움직씨 ❶어떤 밑감을 가지고 몬이 생겨나게 하다 ⓑ장난감을 만들다. 빵을 만들다 ❷어떤 모임이나 무리를 짜다 ⓑ책 읽기 동아리를 만들었다 ❸나라 벼리나 짜임 따위 틀을 짓다 ⓑ이 참에 새 으뜸벼리를 만들어야겠다 ❹글이나 노래를 짓거나 책 따위를 펴내다 ⓑ아이들이 쓴 배곳살이 글을 모아 책으로 만들었다 ❺짬이나 틈, 겨를을 내다 ⓑ짬을 만들다. 틈을 만들다 ❻돈을 마련하거나 장만하다 ⓑ밑천을 두둑이 만들었다 ❼사람을 뛰어난 일꾼으로 키우다 ⓑ두 아들을 훌륭한 나숨이로 만들었다 ❽(-로, -를 뒤에 써) 그 모습대로 되게 하다 ⓑ나라를 더욱 힘있게 만들었다

만듦일 이름씨 짓곳에서 한꺼번에 많은 몬을 만드는 일 ⇐ 제조

만땅 ⇒ 가득. 꽉 참. 가득 참. 가득 채움

만료 ⇒ 끝남. 마감. 끝나다. 마치다. 다되다

만류 ⇒ 말림. 붙듦. 붙잡음. 말리다. 붙들다. 붙잡다. 붙들어 말리다

만리장성 ⇒ 골말긴재

만리장천 ⇒ 골말 하늘. 높먼 하늘

만리타국 ⇒ 먼 남나라. 먼 딴나라

만리타향 ⇒ 먼 딴곳. 먼먼 딴곳

만만가게 이름씨 하루 내내 문을 열어 드나들기 만만한 가게 ⇐ 편의점

만만찮다 그림씨 ❶다루기 쉽게 호락호락하지 않다 ⓑ그 사람 덩치를 보니 다루기가 만만찮겠네. 사흘 안에 끝내기엔 일이 생각보다 만만찮다 ❷적지 않고 꽤 많다 ⓑ길거리에서 남새를 팔지만 하루벌이가 만만찮다

만만하다 그림씨 ❶다루기 쉽게 호락호락하다 ⓑ부드럽게 보여도 만만한 사람은 아니다 ⇐ 편하다 ❷몬이 무르고 보드랍다 ⓑ어금니가 빠져 씹을 수 없으니 만만한 먹거리만 찾게 된다

만만하다 (滿滿) ⇒ 넉넉하다. 넘치다. 푼푼하다. 능준하다. 푼더분하다. 가득하다

만면 ⇒ 온 낯. 온 얼굴. 얼굴 가득. 얼굴에 가득하다 **만면하다**

만무방 이름씨 ❶버릇없이 뻔뻔한 사람 ⓑ저런 뻔뻔한 만무방이 또 있나! ⇐ 무법자. 악한 ❷아무렇게나 생긴 사람 ⓑ어미겨집동생 생김새는 만무방이지만 마음은 바다처럼 넓다

만무하다 ⇒ 조금도 없다. 있을 수 없다

만물 ⇒ 모든것. 온갖것

만물상 (萬物商) ⇒ 온갖팔이가게. 온갖것 가게

만물상 (萬物相) ⇒ 온갖모습바위. 온갖꼴바위

만물지중 ⇒ 온갖 것 가운데

만민 ⇒ 온 아람. 모든 사람

만반 ⇒ 온갖. 모든 것. 빈틈없음

만발 ⇒ 넘치다. 흐드러지다. 가득하다. 빛나다. 눈부시다. 한창. 활짝. 한창 피다. 한창 퍼지다. 활짝 피다

만백성 ⇒ 모두. 온 사람. 모든 아람

만병 ⇒ 온갖앓이

만병통치 ⇒ 다 나숨. 두루 나숨. 두루 들음

만병통치약 ⇒ 두루낫개

만보 이름씨 일꾼에게 그 일 하나치가 끝날 때마다 한 낱씩 주는 표. 일이 다 끝난 뒤 표 수만큼 삯을 셈한다 ⓑ일꾼들은 저녁마다 만보 딱종이를 하나씩 받아다 고이 모았다 ⇐ 전표

만복 ⇒ 큰 누림. 온 땡

만부득이 ⇒ 어쩔 수 없이. 할 수 없이. 마지못해

만사 ⇒ 모든 일. 온갖 일

만사형통 ⇒ 두루 잘됨. 두루 트임

만삭 ⇒ 달참. 몸풀달. 막달

만생식물 ⇒ 덩굴풀. 덩굴

만생자 ⇒ 늦둥이

만생종·만종 ⇒ 늦씨. 늦벼

만석 ⇒ 다 참. 자리 참. 꽉 참. 빈자리 없음. 가득. 잔뜩. 한가득

만석꾼 ⇒ 골섬꾼. 큰 가면이. 많이 가진 이
만선 ⇒ 배가득. 배그득. 꽉 찬 배
만성 ⇒ 질질 끄는. 오래 끄는. 늘어진. 버릇. 되풀이
만성병 ⇒ 오랜앓이. 끄는 앓이
만세 (萬歲) ⇒ 길이 누림. 좋다
만세 (萬世) ⇒ 오래도록. 오랜뒤. 오랜나달
만수기 ⇒ 물찬때
만수무강 ⇒ 오래 튼튼
만수받이 이름씨 ❶아주 귀찮게 구는 말이나 짓을 좋게 잘 받아주는 일 ⓑ할머니가 혼자 아이들 만수받이를 다 해냈다 ❷굿할 때 하나가 소리하면 다른 이가 따라서 같은 소리를 받는 일 ⓑ하늬는 만수받이도 변변히 하지 못하고 우물쭈물하였다
만시지탄 ⇒ 늦은 뉘우침
만신 ⇒ 온몸
만신창이 ⇒ 엉망진창. 엉망. 생채기투성이. 허물투성이
만약 ⇒ 어쩌다가. 어쩌면. 설마. 문득. 뜻밖에. 하다가
만연 ⇒ 널리 퍼짐. 번짐. 돎. 돌다. 퍼지다. 번지다. 널리 번지다. 널리 퍼지다
만용 ⇒ 나댐. 함부로 나댐. 함부로 설침. 함부로 덤빔. 함부로 날뜀
만우절 ⇒ 속임날. 속임 놀이날
만원 ⇒ 꽉 참. 다 참. 사람 가득. 자리 없음
만월 ⇒ 온달. 보름달. 둥근달
만유인력 ⇒ 누리 끌힘
만인 ⇒ 뭇사람. 모든 사람. 많은 사람
만일 ⇒ 하다가. 어쩌다가. 어쩌면. 설마. 문득. 뜻밖으로
만장 ⇒ 기림깃발. 기림나래. 나래. 글나래
만장일치 ⇒ 한뜻. 한목소리. 한결같음. 모두 좋음. 다 한마음
만전 ⇒ 빈틈없음. 틀림없음. 빠짐없음
만점 ⇒ 다 맞음. 온. 빛나다
만조 ⇒ 참물. 물때. 물참
만족 ⇒ 마음에 듦. 달가움. 마뜩함. 마음에 들다. 흐뭇하다. 달갑다. 뿌듯하다. 마음에 차다
만족감 ⇒ 흐뭇함. 뿌듯함. 달가움

만족스럽다 ⇒ 마음에 차다. 흐뭇하다. 달갑다
만종 (晩鐘) ⇒ 저녁 댕. 저녁 쇠북
만지다 움직씨 ❶손을 대어 건드리거나 주무르다 ⓑ엄마가 가만히 내 손을 만졌다 ❷어떤 몬을 다루거나 일을 하다 ⓑ그 늙은 이는 가락틀을 잘 만진다 ❸무엇을 고치거나 손질하다 ⓑ아버지는 신 만지는 일을 한다 ❹돈을 벌어서 가지다 ⓑ모처럼 목돈을 만졌다
만지작거리다 움직씨 가볍게 주무르듯이 자꾸 만지다 ⓑ푸름이는 묻는 말에 대꾸는 하지 않고 팔찌만 만지작거렸다 **만지작대다**
만지작만지작 어찌씨 몬을 가볍게 주무르듯이 자꾸 만지는 꼴 ⓑ각시는 다소곳이 고개를 숙이고 옷고름만 만지작만지작 주무른다 **만지작만지작하다**
만질만질하다 그림씨 만지거나 주무르기 좋게 매끄럽고 부드럽다 ⓑ가람가에서 만질만질한 조약돌을 한 움큼 주웠다
만찬 ⇒ 저녁밥. 저녁잔치
만천하 ⇒ 온 누리
만추 ⇒ 늦갈. 늦가을
만취 ⇒ 곤드레. 곤드레만드레. 곤드레만드레하다. 곤드레하다. 거나하다. 불콰하다
만치·만큼 이름씨 ❶(이름씨 뒤에서) 견주는 것과 같거나 비슷하게 ⓑ나도 너만큼 잘할 수 있어 ❷(-은, -는, -을 뒤에 써) 그와 같은 높이 ⓑ놀고 싶은 만큼 실컷 놀다 와라 ❸(-은, -는, -을 뒤에 써) 어떤 일 말미 ⓑ땀 흘린 만큼 열매는 크고 넉넉했다
만평 ⇒ 꼬집음. 비꼬는 그림. 꼬집다. 따지다. 비꼬다. 까발리다. 그림으로 꼬집다. 그림으로 비꼬다
만하다 그림씨 ❶(-ㄹ 뒤에서) 그만큼에 이르다 ⓑ옮길 만하다. 믿을 만하다 ❷(-ㄹ 뒤에서) 하기에 맞거나 값어치가 있다 ⓑ먹을 만하다. 그럴 만하다
만학 ⇒ 늦배움
만행 ⇒ 못된 짓. 몹쓸 짓
만혼 ⇒ 늦짝맺이. 늦한살되기
만화 ⇒ 이야기그림

만화가 ⇒ 이야기그림보. 이야기그림이

만화경 ⇒ 온갖무늬거울. 알록달록거울

만화영화 ⇒ 이야기뮘그림

만화책 ⇒ 이야기그림책

만회 ⇒ 돌이킴. 따라잡음. 돌이키다. 따라잡다. 되돌리다. 되갚다

많다 그림씨 ❶수나 무엇이 어떤 잣대보다 더 있다 ⓑ내에 물이 많다. 비가 많이 내린다 맞선말 적다 ❷세기가 어떤 잣대보다 더하다 ⓑ많이 알다. 재주가 많다 ❸모자라지 않고 넉넉하다 ⓑ먹을 것이 많으니 마음껏 드셔요 **많이**

맏- 앞가지 ❶맏이 ⓑ맏아들. 맏언니 ❷첫째. 맨 ⓑ맏웃방 ❸그해에 처음 나온 ⓑ맏나물. 맏배

맏님 이름씨 맨 윗사람. 으뜸가는 임 ⓑ저 다스림이는 우리나라 맏님이 될만한 사람이다

맏동서 ⇒ 맏한사위. 맏한며늘

맏딸 이름씨 가장 먼저 낳은 딸 ⓑ맏딸은 살림 밑천이라는 말이 있다 한뜻말 큰딸 맞선말 막내딸

맏뜻 이름씨 처음 먹은 마음 ⓑ맏뜻을 끝까지 밀고 나가라 ⇐ 초지

맏며느리 이름씨 맏아들과 짝 맺은 꽃 ⓑ언니는 가난한 집 맏며느리로 시집갔다 한뜻말 큰며느리 맞선말 막내며느리

맏물 이름씨 과일이나 푸성귀, 바다풀 따위에서 그해 맨 처음 나는 것 ⓑ아재네 과일 밭에서 나는 능금은 맏물이 가장 크고 달아 맞선말 끝물

맏배 이름씨 짐승이 낳거나 까는 첫 새끼 ⓑ새끼 때부터 기른 소가 맏배를 낳았는데, 어찌나 기쁘던지. 맏배병아리

맏사흘 이름씨 달마다 셋째 날 ⇐ 초사흘

맏손녀 ⇒ 맏아슨딸

맏손자 ⇒ 맏아슨아들

맏아들 이름씨 맏이로 낳은 아들 ⓑ맏아버지는 맏아들 노릇을 톡톡히 하신다 한뜻말 큰아들 맞선말 막내아들 ⇐ 장자

맏아버지 이름씨 아버지 맏언니 ⇐ 백부

맏아슨딸 이름씨 아슨딸 가운데 맏이

맏아슨아들 이름씨 아슨아들 가운데 맏이

맏어머니 이름씨 아버지 맏언니 아내 ⇐ 백모

맏이 이름씨 ❶언니 아우 가운데 맨 먼저 태어난 사람 ⓑ옛말에 맏이가 흔들리면 집안이 들썩인다는 말이 있다 맞선말 막내 ❷나이가 남보다 많음. 또는 그런 사람 ⓑ보람이는 우리 일터에서 가장 맏이다

맏잡이 이름씨 맏아들이나 맏며느리 ⓑ우리집 맏잡이가 받으러 갈 겁니다

맏형 ⇒ 큰언니. 맏언니

말[1] 이름씨 ❶생각이나 느낌이나 마음을 나타내고 알리고자 할 때 내는 목소리나 이 소리에 담긴 뜻 ⓑ내 말 좀 들어봐 ⇐ 언어 ❷목소리로 생각이나 느낌이나 마음을 나타내고 알리는 짓이나 말하는 품 ⓑ말뚝이는 말이 몹시 거칠다 ⇐ 언사 ❸어떤 알진 생각이나 마음을 담은 줄거리나 이야기 ⓑ어머니는 내 말을 가만히 들어 주었다 ❹낱말이나 글귀, 글월 따위를 통틀어 이르는 말 ⓑ내 마음을 나타낼 마땅한 말이 없다 ❺떠도는 말이나 뜬소리 ⓑ곧 집값이 바닥을 칠 것이라는 말이 있다 익은말 **말 같지 않다** 말이 가리에 맞지 않다 **말만 앞세우다** 말 먼저 하고 참말로 하지는 않다 **말을 놓다** 반말을 하다 슬기말 **말로는 못 할 말이 없다** 몸짓이 따르지 않는 말은 무슨 말이든 할 수 있다 **말 많은 집은 장맛도 쓰다** 말이 많으면 집안이 시끄럽다 **말속에 말 들었다** 말 속에 깊은 뜻이 들어 있다 **말이 많으면 쓸 말이 적다** 말이 많을수록 쓸모 있는 말이 적다 **말이 씨가 된다** 늘 말하던 것이 그대로 되었을 때 쓰는 말 **말 한마디로 즈믄 냥 빚을 갚는다** 말을 잘하면 몹시 어려운 일도 풀 수 있다

말[2] 이름씨 얼굴과 다리가 길며 목에 갈기가 있고 꼬리에 긴 털이 있는 짐승. 힘이 좋고 빨리 달릴 수 있어 수레를 끌거나 사람이 타는 데 쓴다 슬기말 **말 살에 쇠 살** 말고기를 쇠고기라 우긴다는 뜻으로 알맞지 않은 말

을 한다 **말꼬리에 붙은 파리가 즈믄 마을 간다** 남 힘에 기대어 기운을 편다

말[3] 이름씨 ❶낟이나 물, 가루 따위 부피를 되는 데 쓰는 그릇. 열 되가 들어가게 나무나 쇠붙이를 써서 둥근 기둥 꼴로 만든다 ⓑ그 쌀을 말로 되면 한 말 남짓 되겠네 ❷부피를 나타내는 하나치. 낟이나 물, 가루 따위 부피를 잴 때 쓴다. 한 말은 열 되이다 ⓑ보리 두 말

말[4] 이름씨 ❶고누나 윷놀이 따위를 할 때 말판에서 놀이틀에 따라 옮기는 작은 몬 ⓑ윷놀이할 때 걸이 나오면 말을 세 칸 옮긴다 ❷'馬'자를 새긴 장기짝. 한쪽에 둘씩 넷이 있고 앞으로 두 칸 옆으로 한 칸, 또는 앞으로 한 칸 옆으로 두 칸 옮겨 다닌다 ⓑ장기에서는 말을 잘 쓰면 이기기 쉽다

말[5] 이름씨 똥오줌을 함께 이르던 옛말 ⓑ메나 들에서 밤을 날 때는 말 눌 곳을 미리 알아둬야 해

말[6] 이름씨 열두 띠를 나타내는 말 가운데 말띠를 뜻함 ⇐ 오

말[7] 이름씨 '마을' 준말. 너온 미터

말[8] 이름씨 물속에서 자라는 꽃을 피우지 않는 푸나무를 통틀어 이르는 말

말 (末) ⇒ 끝

말가웃 이름씨 한 말 하고도 가웃쯤 ⓑ말가웃쯤 되는 참깨로 기름을 짰다 한뜻말 말아웃 ⇐ 한 말 반

말갈 이름씨 말이나 말글살이를 깊이 알아보아 밝혀내는 일 ⇐ 어학. 언어학

말갈기 이름씨 말 목덜미에서 등까지 난 긴 털 ⓑ말갈기 휘날리며 멋지게 달려오는 하얀 말

말갈래 이름씨 말이 퍼져간 갈래에서 볼 때 한 갈래로 묶이는 말 겨레붙이 한뜻말 말겨레 ⇐ 어족

말갈망 이름씨 말을 하고 난 뒤 누가 따질 때 바로잡아 거두는 일 ⓑ말갈망도 못 할 사람이 그런 막말은 왜 했느냐

말갈이 이름씨 말을 깊이 알아보아 밝혀내는 일을 하는 사람 ⇐ 어학자. 언어학자

말갛다 그림씨 ❶아무것도 안 섞여 곱게 맑다 ⓑ비 갠 뒤 하늘이 말갛다 ❷국물 따위가 묽다 ⓑ콩나물 국물이 말갛다 ❸눈이 맑고 싱싱하다 ⓑ아기 눈은 말갛다 ❹얼이나 앎이 또렷하다 ⓑ찬바람을 맞으니 얼이 말갛게 깨어났다

말거머리 이름씨 물속에서 작은 숨받이 피를 빨아 먹는 큰 거머리. 등에 검은 세로줄이 다섯 나 있다

말걸기 이름씨 더불어 마음을 나누려고 먼저 말을 거는 일 ⓑ고루는 넉살이 좋아 낯선 이를 만나도 말걸기를 잘한다 ⇐ 말수작

말겨레 이름씨 말갈래 ⇐ 어족

말결 이름씨 어떤 말을 하는 때에 덩달아 ⓑ우리말살이가 얼마나 종요로운지 얘기하는 말결에 우리말 이름 짓기도 했다

말경 ⇒ 끝 무렵. 끝판. 막판. 막바지. 늙마. 늙바탕

말괄량이 이름씨 말이나 짓이 거칠고 덜렁거리며 장난을 좋아하는 가시나 ⓑ우리 집 막내는 아무도 못 말리는 말괄량이다

말광 이름씨 말을 모아 차근차근 늘어놓고 풀이한 책 ⓑ우리말광을 맨 처음 펴낸이는 문세영 님이다 한뜻말 말모이. 말집 ⇐ 사전

말굳다 그림씨 ❶말이 더듬더듬 막히다 ⇐ 어눌하다 ❷말 속내나 말이 부드럽지 못하고 거칠다 ⇐ 어눌하다

말굽 이름씨 ❶말 둥근 발톱 ⓑ말굽 소리가 새벽잠을 깨운다 한뜻말 말발굽 ❷안쪽 끝을 말 발톱꼴로 만들어 추녀 두 쪽으로 붙이는 서까래 한뜻말 말굽추녀

말굽끌돌 이름씨 말 발톱꼴로 생긴 끌돌. 길쭉한 동그라미를 자른 꼴이다 ⓑ말굽끌돌을 가지고 다니며 흐트러진 못을 주워 담았다

말굽쇠 이름씨 말 발톱이 닳는 것을 막으려고 말 발바닥에 대어 붙이는 쇳조각 ⓑ말발에 멋진 말굽쇠를 신겼다 ⇐ 말편자

말굽자석·말굽지남철 ⇒ 말굽끌돌

말귀 이름씨 ❶말이 뜻하는 속살 ⓑ아직도 내 말귀를 못 알아들었어? ❷남이 하는 말뜻

을 잘 알아듣는 힘이나 재주 ⓑ듣는 사람 말귀가 밝아야 같은 말을 다시 하지 않는다 익은말 **말귀가 밝다** 남이 하는 말을 잘 알아듣다

말글 이름씨 말과 글을 함께 이름 ⇐ 언문

말글살이 이름씨 사람 삶 가운데 말을 하고 듣는 것과 글을 읽고 쓰는 살이 ⇐ 언어생활

말기 이름씨 우리옷에서 치마나 바지 맨 위에 둘러댄 허리에 닿는 곳 ⓑ저고리 섶 밑으로 하얀 치마 말기가 살짝 드러났다 준말말

말기 ⇒ 끝판. 끝장. 끝장 때. 막바지. 막판 때. 늙바탕

말꼬리 이름씨 말을 마무리하는 맨 끝 ⓑ말꼬리를 흐리지 말고 제대로 말해 봐. 말꼬리 물고 늘어지지 마 비슷한말말끝 맞선말말머리

말꼬투리 이름씨 따지거나 티를 뜯으려는 마음으로 말속에서 찾아낸 트집거리. 또는 말이 나오는 가장 종요로운 기틀 ⓑ버시는 툭하면 내 말꼬투리를 잡고 늘어진다

말꼭지 이름씨 말 첫머리 ⓑ처음에는 말꼭지를 떼기가 어렵지요

말꽃 이름씨 말이나 글, 삶을 뜻겹쳐 드러내는 짜임새. 입말꽃에서 글말꽃, 번씨말꽃으로 바뀌어 왔고 크게 놀이말꽃, 노랫말꽃, 이야기말꽃으로 갈래짓는다 ⇐ 문학

말꽃지은것 이름씨 노래, 이야기, 굿말 같은 말꽃 갈래에 드는 지은 것 ⇐ 문학작품

말꽃집 이름씨 글쓴이 한뉘나 애지은 노래, 이야기, 굿말들을 벌여 놓은 곳 ⇐ 문학관

말꾸러기 이름씨 ❶잔말이 많은 사람 ⓑ두레는 말꾸러기라 자잘한 말이 끝이 없다 ❷말썽을 잘 일으키는 사람 ⓑ재는 말꾸러기라서 어버이 속을 많이 뒤집겠어

말꾼[1] 이름씨 짐 실는 말을 몰고 다니며 일하는 사람 ⓑ요즘도 티베트 고장에 가면 말꾼을 만날 수 있다 한뜻말말몰이. 말몰이꾼

말꾼[2] 이름씨 ❶소리가 나오지 않는 뮘그림을 돌릴 때 속내를 풀이하거나 말을 흉내 내어 말하던 사람 ⇐ 변사 ❷말을 아주 잘하는 사람

말끄러미 어찌씨 아무 생각을 하지 않고서 어느 곳을 바라보는 모습 ⓑ딸내미 얼굴을 말끄러미 바라보며 엄마는 가만히 웃었다 큰말물끄러미

말끔 어찌씨 남김없이 모두 ⓑ저 쓰레기를 말끔 한꺼번에 불살라 버렸으면 좋겠다

말끔하다 그림씨 ❶어지러운 것 없이 환하고 깨끗하다 ⓑ어지럽던 방을 말끔하게 쓸고 닦았더니 마음이 환해졌다 ❷남김없이 모두 ⓑ걱정일랑 말끔하게 털어버려라 **말끔하게. 말끔히**

말끝 이름씨 ❶말을 마무리하는 맨 끝 ⓑ푸름이는 말끝이 참 다부지다 한뜻말말꼬리 맞선말말머리 ❷말 첫머리 ⓑ아저씨는 이리저리 두리번거리며 말끝을 꺼냈다

말냄틀 이름씨 말틀에서 말을 보내는 그릇 ⇐ 송화기

말냉이 이름씨 들판이나 밭둑에서 자라는 한해 또는 여러해살이풀. 뿌리잎은 무더기로 나고 줄기에는 가는 잎이 어긋난다. 봄에 어린싹은 나물로 한다

말년 ⇒ 늘그막. 늙바탕. 늙마

말높낮이 이름씨 말소리에서 서로 다른 높낮이와 셈여림 ⇐ 어조. 억양

말눈치 이름씨 말하며 드러나는 속생각 ⓑ주고받는 말눈치로 봐서는 아무래도 일이 늦어질 것 같네

말다[1] 움직씨 ❶하던 일이나 짓거리를 그만두다 ⓑ일하다 말고 어딜 가? ❷이어지거나 되어오던 일이 그치다 ⓑ눈이 내리다 말았다 ❸어떤 짓이나 꼴을 하지 못하게 하다 ⓑ시끄럽게 떠들지 마라 ❹끝나버린 일이 아쉽거나 안타깝다 ⓑ끝내 떠나고 말았다 ❺어떤 일을 꼭 이루어 내겠다고 다짐하거나 이루어 내어 매듭짓다 ⓑ우리말집 다듬기를 꼭 해내고야 말겠다 ❻-을 빼다. - 아니다 ⓑ빵 말고 밥을 먹고 싶다 ❼('-거나 말거나', '-건 말건', '-거니 말거니', '-나 마나', '-든지 말든지', '-ㄹ까 말까', '-지 말지'처럼 써) 그만두다. 아니하다 ⓑ눈이 오거나 말

거나 아이들이 밖에서 뛰논다 8('-자마자' 꼴로 써) 어떤 짓이나 꼴이 잇따르다 ⓑ밥을 먹자마자 일하러 나갔다 9('-고 말고', '-다 마다' 꼴로 써) 말뜻을 힘주다 ⓑ되고말고. 작다마다 10('-고', '-고야' 꼴로 써) 끝마치다 ⓑ남은 밭을 다 매고 말았다

말다[2] 움직씨 1 넓적한 종이나 자리 따위를 돌돌 감아 제 몸을 싸고돌게 하다 ⓑ돗자리를 말다 2 종이나 김 따위 얇고 넓적한 몬에 싸서 돌돌 감다 ⓑ김밥을 말다

말다[3] 움직씨 밥이나 국수 따위를 물이나 국물에 넣다 ⓑ김칫국에 밥 말아 먹고 장구 치고 나오너라

말다듬기 이름씨 종살이와 가웃종살이하는 사이에, 우리말에 끼어든 어려운 한자말이나 하늬말을 쉬운 우리말로 짜임새 있게 다듬어 겨레말살이를 바로잡는 일 ⓑ들온말은 말다듬기를 해서 누구나 쉬운 우리말을 쓸 수 있게 한다

말다짐 이름씨 1 말로 다짐하거나 그런 다짐 한뜻말 입다짐 ⇐ 언약 2 본메글 따위를 만들지 않고 말로만 맺는 다짐 한뜻말 말다짐 ⇐ 구두계약 **말다짐하다**

말다툼 이름씨 말로 옳고 그름을 따져 서로 싸우는 것 ⓑ동무와 말다툼을 벌였다 ⇐ 언쟁. 논쟁 **말다툼하다**

말단 ⇒ 끄트머리. 맨 끝. 맨 아래. 끝. 맨 꼴찌. 끝머리. 회두리

말달리기 이름씨 말을 타고 빨리 앞으로 나가는 일 ⓑ우리 한아비들은 어릴 때부터 말달리기를 즐겨 했다

말대꾸 이름씨 남 말을 그대로 받아들이지 않고 맞서는 품새로 말하는 것 ⓑ말대꾸도 자꾸 하다 보면 버릇된다 비슷한말 대꾸 **말대꾸하다**

말대답 ⇒ 말대꾸. 맛갊다

말더듬이 이름씨 말을 매끄럽게 하지 못하고 자꾸 막히는 것 또는 그런 사람 ⓑ나는 너무 놀라서 말더듬이처럼 떠듬거렸다

말동무 이름씨 벗 삼아 쉽게 더불어 이야기 나눌 수 있는 사람 ⓑ속 깊은 말동무 하나 있으면 참 좋으련만 한뜻말 말벗 **말동무하다**

말됨새 이름씨 말하는 됨됨이나 꼴 ⓑ아직 거친 말됨새를 고치지 않았더라 ⇐ 말본새

말뒤치기 이름씨 서로 다른 말을 쓰는 사람 사이에서 뜻이 사맞도록 말을 옮겨줌 ⇐ 통역

말뒤침이 이름씨 서로 다른 말을 쓰는 사람 사이에서 뜻이 사맞도록 말을 옮겨주는 사람 ⇐ 통역관

말똥가리 이름씨 수리새 한 갈래로 메와 들에 사는 우리나라 겨울 철새. 등은 검은 밤빛이고 배는 누르스름하며 쥐나 두더지, 개구리 따위를 먹고 산다 ⓑ말똥가리 울음소리는 듣기에 매우 멋지다

말똥거리다 움직씨 눈만 동그랗게 뜨고 다른 생각 없이 말끄러미 쳐다보다 **말똥대다**

말똥구리 이름씨 몸은 납작하고 검은빛이며 껍질이 딱딱한 긴 동그라미 꼴 작은 벌레 비슷한말 쇠똥구리

말똥말똥 어찌씨 1 또렷이 눈을 뜨고 말끄러미 쳐다보는 꼴 ⓑ그 가시나는 눈알이 말똥말똥 빛났다 큰말 멀뚱멀뚱 2 얼이 아주 맑고 또렷해지는 모습 ⓑ밤이 깊었는데도 잠은 오지 않고 얼이 말똥말똥하다 3 눈이 아주 맑고 싱싱한 꼴 ⓑ갑자기 나타난 나를 어머니는 말똥말똥 쳐다만 보았다 **말똥말똥하다**

말똥말똥하다 그림씨 1 눈이 아주 맑고 싱싱하다 ⓑ얼굴도 잘생긴 데다 눈까지 말똥말똥하다 큰말 멀뚱멀뚱하다 2 얼이 아주 맑고 뚜렷하다 ⓑ범에 물려 가도 얼이 말똥말똥하면 살아나는 구멍이 있다

말똥하다 그림씨 1 눈이 맑고 싱싱하다 맞선말 멀뚱하다 2 얼이 맑고 또렷하다

말뚝 이름씨 끝을 뻬죽하게 만들어 땅에 두드려 박아 세우는 굵은 막대기 ⓑ밭 가에 길 따라 죽 말뚝을 박았다

말뚝고기·말뚝망둥이 이름씨 몸이 가늘고 납작하며 머리는 둥글고 눈이 불룩 솟은 바닷물고기

말뚝비녀 이름씨 겨집들이 머리에 꽂는 뒤꽂이 한가지. 좀 납작하고 끝이 가늘어져 뾰족하고 대가리에 여러 무늬를 새겼다 ⓑ한뉘토록 말뚝비녀 하나로 머리를 쪽지던 우리 어머니

말뚝이 이름씨 **1** 겨레 탈춤에서 종 구실을 하는 이. 말뚝이탈을 쓰고 지체 높은 이들을 우스꽝스럽게 비꼬고 골탕 먹인다 ⓑ말뚝이가 제 항것을 날카롭고 우스꽝스럽게 비꼬는 말을 듣노라면 아주 속이 시원하다니까! **2** 겨레 탈춤에 쓰는 탈 가운데 하나. 말뚝이 구실을 맡은 이가 쓰는데 탈춤 갈래에 따라 모습이 조금씩 다르다 ⓑ나도 저 말뚝이를 꼭 써보고 싶어 한뜻말 말뚝이탈

말뚝이탈 이름씨 탈놀이에서 말뚝이가 쓰는 탈 한뜻말 말뚝이

말뚝잠 이름씨 곧게 앉거나 선 채로 거북하게 자는 잠 ⓑ얼마나 고단했는지 말뚝잠을 자는데도 코를 골더라

말뚝잠 ⇒ 말뚝비녀

말뜨다 그림씨 말이 술술 나오지 않고 자꾸 막히거나 굼뜨다 한뜻말 말굳다 ⇐ 어눌하다

말뜻 이름씨 말이 가지는 뜻이나 속내 ⓑ내 말뜻을 알겠니?

말라깽이 이름씨 몸이 바싹 여윈 사람 ⓑ그 말라깽이가 언제 이리 통통하게 살이 올랐을까?

말라리아 ⇒ 하루거리. 이틀거리. 고금

말라붙다 움직씨 물이 마르면서 엉겨 붙거나 들어붙다 ⓑ긴 가뭄으로 못이 말라붙었다

말라비틀어지다 움직씨 **1** 몹시 마르다 ⓑ못 먹어 말라비틀어진 아이 팔다리 **2** 말라서 쪼글쪼글 뒤틀리다 ⓑ말라비틀어진 무말랭이

말랑거리다 움직씨 **1** 몬이 무르고 보드랍다 한뜻말 몰랑거리다 큰말 물렁거리다 **2** 사람 몸이나 바탈이 매우 무르고 아주 여리다 **말랑대다**

말랑말랑 어찌씨 **1** 몬이 무르고 보드라운 꼴 ⓑ나무에서 말랑말랑 저절로 익은 빨간 감을 손잡이로 따 먹는 재미 한뜻말 몰랑몰랑 큰말 물렁물렁 **2** 사람 몸이나 바탈이 매우 무르고 아주 여린 꼴 ⓑ곱단이는 말랑말랑 여린 사람이 아니다

말랑말랑하다 그림씨 몬이 매우 무르고 보드랍다 ⓑ이제 막 쪄낸 떡이라 말랑말랑하고 맛있다 한뜻말 몰랑몰랑하다 큰말 물렁물렁하다

말랑하다 그림씨 **1** 몬이 무르고 보드랍다 ⓑ잘 익기는 했지만 말랑하게 무르려면 보름쯤 기다려야 한다 한뜻말 몰랑하다 큰말 물렁하다 **2** 사람 몸이나 바탈이 무르고 썩 여리다 ⓑ여윈 데다 오래 누웠기에 힘살이 다 빠지고 살이 말랑하다

말레이시아 이름씨 새마 아시아에 있으며 고무와 땅기름, 나무 같은 밑감이 넉넉한 나라. 서울은 쿠알라룸푸르

말려들다 움직씨 **1** 종이나 천, 얇은 쇠널 따위가 돌아가는 틀 같은 것에 감기어 들어가다 ⓑ수레바퀴에 손닦개가 말려들어 갔다 **2** 모르는 사이 둘레 느낌이나 매개에 휩쓸려들다 ⓑ신명나는 춤판에 말려들어 신나게 한판 놀았다 **3** 좋지 않은 일에 차츰 휩쓸려 들다 ⓑ몰래 보배를 나라 안으로 들여오는 일에 말려들어 엄청 어려움을 겪었다

말로 ⇒ 끝. 끝장. 뒤끝. 막바지

말롱질 이름씨 아이들이 말타기를 흉내 낸 장난이나 놀이

말리다[1] 움직씨 **1** 젖거나 진 것 물기를 다 날려서 없애다 ⓑ젖은 옷을 햇볕에 말렸다 **2** 흐르는 물이나 고인 물을 없애다 ⓑ올여름 된더위는 마을 샘물을 모두 말려 버렸다 **3** 입이나 목에 물기를 적게 하여 물을 마시고 싶게 하다 ⓑ마실 것 가운데에는 오히려 목을 말리는 것들도 있다 **4** 살이 빠져 야위게 하다 ⓑ보고 싶은데 못 만나는 것보다 사람을 말리는 일은 없다 **5** 나날살이 돈이나 몬 따위를 다 써 없애다 ⓑ두루는 소 판 돈을 노름으로 다 말려 없앴다 **6** 씨 따위를 조금도 남기지 않고 없애

다 ㉥여름지으며 벌레 없애개를 치더니 앞가람 물고기 씨를 다 말렸다 **7** 느낌이나 하고 싶은 마음 따위를 없애다 ㉥그렇게 옥죄고 몰아붙이면 하려는 마음을 오히려 다 말린다

말리다[2] 움직씨 **1** 남이 하려는 일을 못 하게 막다 ㉥싸움은 말리고 흥정은 붙이라고 했다 **2** 메에 있는 나무나 풀 따위를 베지 못하도록 잡도리하고 가꾸다 ㉥메지기가 멧나물도 대놓고 뜯지 못하도록 메를 말린다

말리다[3] 움직씨 넓적한 종이나 자리 따위가 돌돌 감아지다 ㉥돌돌 말린 종이를 거꾸로 말아서 폈다

말린명태 이름씨 얼리고 말리기를 거듭하여 살이 부풀어 마른 명태 ⇐ 북어. 황태

말림갓 이름씨 나무나 풀을 함부로 베지 못하게 하고 가꾸는 메. 나무갓과 풀갓이 있다 ㉥어릴 적 마을 뒤 말림갓은 동무들이랑 놀기 좋은 곳이었다 한뜻말 갓

말마디 이름씨 **1** 월을 이루며 띄어쓰기 바탕인 가장 작은 낱낱 말 ㉥두솔은 말마디를 또박또박 끊어서 읽는다 한뜻말 말토막 ⇐ 어절 **2** 뜻을 가지고 홀로 말뭉치로 쓰이는 낱말 ㉥저절되기 쪽에서는 '로봇,' '틀다리' 같은 말마디를 흔히 쓴다

말마투리 이름씨 해야 할 말을 다 하지 않고 남기는 말 ㉥내가 말마투리를 남겼더니 궁금한지 바싹 다가와 앉더라고

말막음 이름씨 **1** 남한테서 어떤 말이 나오지 않도록 미리 막이를 하는 것이나 그런 말 ㉥꾸중 듣지 않도록 말막음해야겠는데, 어떻게 하지? **2** 주고받던 이야기 끝을 막는 것 ㉥그 일은 다짐한 대로 합시다 하고 말막음을 해버렸다

말맛 이름씨 말에 따르는 느낌과 맛. 말을 나누는 맛 ㉥말할 때 말맛이 있고 없고는 듣는 이마다 다르게 받아들인다 한뜻말 말느낌 ⇐ 어감

말매미 이름씨 우리나라에서 사는 매미 가운데 가장 크고 검은 몸빛과 맑은 날개인 매미. 첫해에는 알로 나뭇가지에서 나고 알에서 깨어난 벌레는 땅속에서 나무뿌리 물을 빨아 먹으며 너댓 해를 살다 어른벌레가 된다 ⇐ 왕매미

말맵시 이름씨 말하는 모습이나 품새 ㉥가람은 생김새도 멋지지만 말맵시도 곱다

말머리 이름씨 **1** 이야기할 때 말 첫마디 ㉥아재는 헛기침하며 어렵게 말머리를 꺼냈다 ⇐ 어두 **2** 이야기할 때 끌어내는 말이 가는 쪽 ㉥말머리를 돌리다. 말머리를 바꾸다

말머리아이 이름씨 짝맺이 하자마자 곧 배서 낳은 아이 ㉥누이는 말머리아이를 갖고 좋아했다

말멋 이름씨 말에서 느끼는 멋. 말을 나누는 멋 ㉥말멋이 있으면 사람이 끌리게 마련이다

말모이 이름씨 **1** 여러 낱말을 차곡차곡 늘어놓고 풀이한 책 한뜻말 말집. 말광 ⇐ 사전 **2** 1910해 무렵 한흰샘님을 비롯한 여러 말갈이들이 엮었던 우리나라 첫 말집. 끝내지는 못함

말몫 이름씨 **1** 마당질한 뒤 땅임자 몫을 치러 주고 여름지기 몫으로 마당에 남아 있는 낟알 ㉥다 거둬보니 말몫이 겨우 두 섬 될까 말까 **2** 말질한 몫으로 주는 낟알 ㉥말몫을 받아 와서 오늘도 겨우 끼니를 때웠네

말몰이 이름씨 **1** 말을 몰고 다니는 일 ㉥하늬돌은 말몰이를 잘해서 고장 겨룸에 나갔다 **2** 짐 싣는 말을 모는 일을 하는 사람 ㉥아재는 여름지이도 하지만 말몰이로 더 알려졌다 한뜻말 말꾼. 말몰이꾼

말몰이꾼 이름씨 짐 싣는 말을 몰고 다니는 일을 하는 사람 ㉥스승 할아버지는 말몰이꾼이면서 장사꾼이었다 한뜻말 말꾼. 말몰이

말무리 이름씨 같은 말을 쓰면서 함께 어울려 사는 사람무리 ⇐ 언중

말문 이름씨 **1** 말할 때 여는 입 ㉥말문을 열다. 말문이 막히다 **2** 말을 꺼내도록 돕는 고리 ㉥잘난 사람을 만날 때면 흉잡힐까 두려워 선뜻 말문을 열기가 어렵다

말문 (末文) ⇒ 맺음말. 마무리

말미 이름씨 ❶어떤 일에 매인 사람이 다른 일로 말미암아 얻는 겨를 ㉥이레 동안 말미를 주시면 잘 헤아려 아퀴를 지을게요 ❷열매가 맺는 까닭이나 바탕이 되는 것 ㉥누리는 말미 열매, 열매 말미로 물려 돌아간다 한뜻말까닭. 영문 ⇐ 원인

말미 (末尾) ⇒ 끝. 맨 끝. 끄트머리. 뒤끝. 끝머리. 뒤꼬리. 회두리. 마지막

말미글 이름씨 일 말미를 적은 글 ⇐ 사유서

말미놀이 이름씨 더위 비껴 쉼곳에서 보내는 쉼 ⇐ 바캉스

말미암다 움직씨 ❶(무엇이) 까닭이 되다 ㉥너로 말미암아 내 기쁨이 더 커졌다 ❷어떤 곳을 거쳐 오다. 어느 곳을 지나서 가다 ㉥다고부루에서 한밭을 말미암아 서울로 갔다

말미잘 이름씨 바닷가 바위에 붙어살며 둥근 기둥꼴 몸 위쪽에 있는 입 둘레 꽃더듬이손으로 먹이를 잡아먹는 숨받이

말미줄 이름씨 사람 사이가 맺어지는 길 ⇐ 인연. 연줄. 배경

말밑[1] 이름씨 말로 되고 남는 우수리 ㉥말밑이서 되나 된다

말밑[2] 이름씨 어떤 말이 생겨난 뿌리와 자취 ㉥바다 말밑은 바라이다 ⇐ 어원

말밑천 이름씨 ❶말을 끊지 않고 이어 가는 밑감 ㉥똑똑한 사람들과 오래 얘기하려니 말밑천이 달리네 ❷말하느라 애를 씀 ㉥그런 말 했다가 말밑천도 못 건지면 어떡하려고요

말바꿈표 이름씨 글에서 앞말에 풀이를 덧붙일 때 쓰는 월 표 '-' 이름 ㉥엄마는 절로 나는 나물-취나물, 삽주싹, 쑥, 민들레 들-을 좋아한다

말받틀 이름씨 말틀을 받는 그릇 ⇐ 수화기

말발 이름씨 듣는 이가 그 말대로 하게 할 만한 말솜씨 ㉥오빠는 말발이 세어 그대로 따를 수밖에 없어

말발굽 이름씨 말 둥근 발톱 ㉥차츰 거칠게 다가오는 말발굽 소리 한뜻말말굽

말밤쇠 이름씨 쇠그물을 얼기설기 엮어놓은 것 ⇐ 철조망

말밥[1] 이름씨 한 말쯤 되는 쌀로 지은 밥 ㉥말밥은 지어야 난두가 먹을 수 있겠어요

말밥[2] 이름씨 좋지 못한 이야깃거리 ㉥오늘 술자리에서 별내가 말밥에 올랐다

말버릇 이름씨 입에 배어 말할 때 나타나는 말됨새나 말을 막 하는 말맵시 ㉥말버릇이 고약하다 비슷한말입버릇 ⇐ 말투. 어투

말벌 이름씨 몸은 짙은 누런빛이고 배 쪽이 굵고 길며, 온몸에 긴 털이 나 있는 벌. 말라죽거나 오래된 나무속 또는 땅속에 살며, 작은 벌레들을 잡아먹는다 ⇐ 왕벌

말벗 이름씨 동무 삼아 쉽게 이야기를 할 수 있는 사람 ㉥우리는 서로 좋은 말벗이다 한뜻말말동무 **말벗하다**

말벗김 이름씨 마름이 여름지기한테서는 벼를 넉넉하게 되어 받아 땅임자에게 적게 되어 주고 그 나머지를 가로채는 것 **말벗김하다**

말복 ⇒ 끝된더위

말본 이름씨 낱말과 월 짜임, 쓰임 차례, 씨갈래 따위 말 벼리를 다룸 한뜻말말벼리 ⇐ 어법. 문법

말본갈 이름씨 말 짜임과 쓰임 차례, 씨갈래 따위 말 벼리를 깊이 파고들어 짜임새 있게 밝혀내는 갈 ⇐ 문법학

말본새 ⇒ 말됨새

말불버섯 이름씨 여름에서 가을에 숲 그늘진 곳이나 풀밭에서 나는 희고 공처럼 생긴 버섯. 머리끝에 난 구멍으로 홀씨가 먼지와 같이 퍼진다. 어린 것은 먹는다

말비침 이름씨 맞은쪽이 눈치챌 만큼 넌지시 말로 깨우쳐 주는 일 ㉥엄마는 내 말비침에 마음이 언짢았는지 손말틀도 받지 않는다

말빚 이름씨 대꾸해 주거나 말해 주어야 할 것을 아직 하지 못한 채로 있는 것 ㉥나는 아버지께 많은 말빚을 지고 산다

말뿌리 이름씨 한 낱말에서 뜻 복판이 되는 것.

'걱정스럽다'에서 '걱정', '사랑하다'에서 '사랑' ⇐ 어근

말살 ⇒ 없앰. 뿌리뽑음. 없애다. 지워버리다. 뭉개다

말석 ⇒ 끝자리. 꼴찌

말세 ⇒ 막 때. 끝판. 막판

말소 ⇒ 없앰. 도려냄. 지움. 없애다. 도려내다. 지우다

말소리 이름씨 ❶말하는 소리 ⓑ상냥하고 고운 말소리 ⇐ 언성 ❷사람 목에 있는 소리틀에서 나오는 가장 작은 소리마디. 크게는 닿소리와 홀소리가 있다 ⓑ말소리는 내쉬는 숨이 목청을 울려서 목 안 또는 입안을 지날 때 나온다 한뜻말목소리

말소수 이름씨 한 말 남짓한 낟알 ⓑ하루 품삯으로 쌀을 말소수 받아왔다

말속 이름씨 말 가운데 ⇐ 언중

말솜씨 이름씨 말로 남을 깨우치고 알아듣게 하는 재주 ⓑ한길은 말솜씨가 뛰어나 사람들 마음을 쉽게 끈다 한뜻말말재주 ⇐ 화술. 언변

말수 이름씨 말할 때 들어있는 말마디 수 ⓑ길남이는 말수가 아주 적은 사람이지 한뜻말말수더구

말수더구 이름씨 ❶늘어놓은 말마디 수더구 ⓑ샛돌은 말수더구가 적고 일 잘하는 젊은이야 한뜻말말수 ❷늘어놓은 말솜씨

말수레 이름씨 말이 끄는 수레 ⓑ말수레를 몰며 밥벌이하니 가난하기 그지없었다

말수작 ⇒ 말걸기. 말걸기하다

말숲 이름씨 말을 모아 차곡차곡 늘어놓고 풀이한 책 한뜻말말집. 말모이 ⇐ 사전

말시답 이름씨 말대꾸 ⓑ얼굴엔 웃음을 머금고 말시답하기 바빴다

말실수 ⇒ 말허물. 말잘못. 말잘못하다

말싸움 이름씨 말로 옳고 그름을 따지며 서로 싸우는 것 ⓑ어느새 다 큰 아들에게 말싸움으로는 내가 이길 수 없구나 한뜻말말다툼

말썽 이름씨 일을 들춰내어 트집이나 일거리를 만드는 말이나 짓 ⓑ말썽을 부리다 ⇐ 트러블

말썽거리 이름씨 트집이나 다툼질이 될 만한 일이나 어떤 것 ⓑ그 일이 말썽거리가 되지 않게 잘 마무리해

말썽꾸러기 이름씨 자주 트집을 잡거나 다툼질이 될 일을 잘 일으키는 사람 ⓑ그 술꾼은 이 마을에서 이름난 말썽꾸러기다 한뜻말말썽꾼. 말썽쟁이 ⇐ 악동

말썽쟁이 이름씨 말썽꾸러기

말쑥하다 그림씨 ❶지저분하지 않고 깨끗하다 ⓑ아이들 마음은 깨끗하고 말쑥하다 큰말멀쑥하다 ❷겉모습이 말끔하고 깨끗하다 ⓑ저 사내는 늘 옷차림이 말쑥하다 ❸미끈하고 깨끗하다 ⓑ통나무를 말쑥하게 다듬었다 ❹아무것도 없이 번번하다 ⓑ어릴 적 우리 고장 메들은 말쑥하게 벗겨져 큰 나무라곤 아주 드물었다

말씀 이름씨 ❶윗사람 말. 또는 맞은쪽 사람 말을 높여 이르는 말 ⓑ어버이 말씀을 잘 들으면 사는 데 큰 도움이 된다 ❷윗사람이나 맞은쪽 사람에게 제 말을 낮춤 ⓑ제가 말씀드리겠습니다

말씨 이름씨 ❶말하는 버릇 됨됨이 ⓑ말씨가 직수굿하다 ⇐ 말투. 어투. 언사 ❷말에서 풍기는 느낌 ⓑ상냥한 말씨. 쌀쌀맞은 말씨 ⇐ 어감. 어조 ❸고장 말로 나타나는 남다른 바탕 ⓑ들어보니 여기 말씨가 아니네

말아웃 이름씨 한 말 가웃 ⓑ함지박에 담긴 쌀이 말아웃은 되니 떡을 하기에는 넉넉할 거야 한뜻말말가웃 ⇐ 한 말 반

말안됨 이름씨 말이 앞뒤가 가리에 맞지 않음 ⇐ 어불성설

말안장 ⇒ 말앉개

말앉개 이름씨 말잔등에 얹어서 사람이 타기 좋게 만든 몬 ⓑ말앉개 없이 말을 탄다면 엉덩이가 남아나질 않겠지 ⇐ 말안장. 안장

말약 ⇒ 가루낫개

말없이 어찌씨 ❶아무 말도 아니 하고 ⓑ한동안 말없이 땅바닥만 내려다보았다 한뜻말잠자코 ❷아무 말썽 없이 ⓑ올해 배움마침굿

은 말없이 잘 지나갔다

말엽 ⇒ 끝 무렵

말오줌나무 [이름씨] 말오줌대

말오줌대 [이름씨] 고추나무 갈래에 딸린 갈잎 좀나무. 잎은 깃꼴 겹잎으로 마주나며 어린 잎은 나물로 한다

말음 ⇒ 끝소리. 받침

말음법칙 ⇒ 일곱끝소리되기

말일 ⇒ 그믐날. 그믐. 마지막날. 끝날. 막날

말임자 [이름씨] 말하는 사람 [ㅂ]뒤에서 들리는 구슬방울 같은 목소리에 아무 생각 없이 말임자를 돌아보았다 ⇐ 화자

말자루 [이름씨] 여럿이 말을 주고받는 자리에서 말을 이끌어가는 힘 [ㅂ]아음들이 다 모인 자리에서 아직 어린 조카가 말자루를 쥐었다

말자취 [이름씨] 어떤 낱말이 오랫동안 지나면서 바뀌거나 거듭난 여러 모습 ⇐ 어휘사. 어휘변천사

말잔등 [이름씨] 말 몸통에서 배 맞선 곳 [ㅂ]말잔등에 말앉개가 없는 걸 보니 아직 길들이지 않았나 봐

말잡이 [이름씨] 낟알을 말이나 되로 되는 사람 [ㅂ]내가 말잡이를 몇 해를 해왔는데 쌀가게 일이 힘들어

말장난 [이름씨] **1** 말을 주고받으며 즐기는 일 [ㅂ]동무랑 말장난하며 노는 재미도 쏠쏠하다 **2** 알맹이나 속내 없이 그럴듯하게 엮어대는 말 [ㅂ]그 사람 글은 말장난에 지나지 않는다 **말장난하다**

말재간 ⇒ 말솜씨. 말주변. 말재주

말재기 [이름씨] 쓸데없는 말을 수다스럽게 꾸며대는 사람 [ㅂ]마을마다 반드시 말재기가 하나씩 있어 작은 일도 부풀려 시끄럽게 만들기 일쑤다

말재주 [이름씨] 말을 솜씨 있게 잘하는 힘 [ㅂ]푸름이는 말재주가 있다 [한뜻말]말솜씨 ⇐ 언변

말전주 [이름씨] 여러 사람 말을 좋지 않게 옮겨 서로 멀어지게 하는 것 [ㅂ]말전주를 일삼는 사람은 멀리하는 게 좋아

말조심 ⇒ 말챙김. 말살핌. 말알아차림. 말다스림. 말챙기다. 말살피다

말주머니 [이름씨] **1** 말거리를 많이 가진 것 [ㅂ]오랜만에 동무를 만났더니 말주머니를 풀어 때 흐르는 줄 모르고 들었다 **2** 이야기 그림에서 주고받는 말을 써넣는 둥근 주머니 꼴 그림 [ㅂ]이 그림책엔 말주머니가 많지 않다 ⇐ 말풍선

말주먹 [이름씨] 옳으니 그르니 하는 다툼판에서 주고받는 나쁜 말이나 거친 말 [ㅂ]자잘한 말을 주고받다가 골이 나니 말주먹이 오갔다

말주변 [이름씨] 말을 매끄럽게 하거나 이리저리 잘 둘러대는 재주 [ㅂ]씩씩이는 얼굴도 잘생긴 데다 말주변까지 타고났다 ⇐ 언변

말주비 [이름씨] 툭하면 옳고 그름을 따져 까다롭게 구는 사람 [ㅂ]너 같은 말주비도 없을 거야 ⇐ 시빗주비

말줄기 [이름씨] 풀이씨가 쓰일 때 바뀌지 않는 쪽. '보고', '보니', '보았어' 들에서 '보-'이고, '먹고', '먹어서', '먹었지' 들에서 '먹-' 따위 ⇐ 어간

말줄임표 [이름씨] 글월표 '…' 이름 [한뜻말]말없음표

말질[1] [이름씨] 이러니저러니 하고 말로 다투거나 쓸데없이 말을 옮기는 것 [ㅂ]마을 사람들도 더는 아버지를 놓고 말질하진 않았다 **말질하다**

말질[2] [이름씨] 말로 되는 일 [ㅂ]되질과 말질 **말질하다**

말집[1] [이름씨] 추녀가 네 쪽으로 빙 돌아가게 모말 꼴로 지은 집 [ㅂ]배달겨레는 말집에 살고 쫑궈 겨레는 뱃집에 산다 [한뜻말]모말집

말집[2] [이름씨] 말을 모아 차곡차곡 늘어놓고 풀이한 책 [ㅂ]여섯 해 가까이 배달말을 배달말답게 풀이하는 말집을 엮는다 [한뜻말]말모이. 말광 ⇐ 사전

말짓 [이름씨] 말로 하는 것 ⇐ 언행. 언동

말짓거리 [이름씨] 생각이나 느낌을 함부로 나타내는 말이나 그런 짓 [ㅂ]버릇없이 그런

말짓거리를 하다니

말짓기 [이름씨] 이야기를 짓는 일. 때로는 말이나 이야기를 꾸미거나 참에 맞지 않게 억지로 내놓는 일 ㉥쓸데없이 다른 사람을 놓고 말짓기를 하거나 말이나 퍼나르면 믿을 수 없는 사람이 되는 거지

말짓기놀이 [이름씨] 말을 짓거나 끝말 이어가기, 말 외우기 따위 말로 하는 놀이 ㉥어려서 나는 아우와 말짓기놀이를 자주 했다

말짓기앓이 [이름씨] 말을 참에 맞지 않게 꾸며서 넋두리해대지만, 거짓인 줄 모르는 앓이 ㉥나이 든 사람 가운데 말짓기앓이에 걸린 사람이 꽤 있다

말짓기증 ⇒ 말짓기앓이

말짱 [어찌씨] 조금도 남김없이 모두 ㉥여기저기 늘어진 것을 말짱 치우니 광안이 넓다 한뜻말말끔히

말짱하다[1] [그림씨] [1]티나 허물이 없고 오롯하다 ㉥열 해째 입는 옷인데도 아직 말짱하다 큰말멀쩡하다 ⇐ 흠없다 [2]얼이 흐리지 않고 또렷하다 ㉥얼이 말짱할 때 얘기하지 [3]지저분한 것이 없이 아주 깨끗하다 ㉥하늘이 말짱하게 갰다 [4]속마음이 있고 약삭빠르다 ㉥어린아이인데도 눈치가 말짱하다 [5]그른 짓을 하는 품새가 능청스럽고 뻔뻔하다 ㉥이웃이 어제 내게 한 말은 말짱한 거짓말이었다

말짱하다[2] [그림씨] 마음 바탕이 무르고 만만하다 ㉥내가 그런 속임수에 넘어갈 만큼 말짱하게 보였나 봐

말째다 [그림씨] [1]거북하고 언짢다 ㉥몸을 바늘로 찌르는 것처럼 왜 이렇게 말째고 아프지? [2]사람이나 일이 다루기에 까다롭다 ㉥그 쇠붙이는 까다로운 것이어서 다루기가 말째고 어려웠다

말차 ⇒ 가루차

말차례 [이름씨] 말이나 글에서 임자말과 부림말. 풀이말이 놓이는 차례 ⇐ 어순

말참견 ⇒ 말 끼어들기. 입놀림

말초 ⇒ 끝. 끝가지

말초신경 ⇒ 가지얼날

말총 [이름씨] 말갈기나 말 꼬리털 ㉥아버지는 말총으로 만든 갓을 몹시 아꼈다

말총갓 [이름씨] 말갈기나 말 꼬리털로 만든 머리쓰개. 높은 벼슬아치들이 썼다 ㉥말총갓은 바람에 걸어둔 채로 두고 좀체 쓰는 일은 없었다

말총머리 [이름씨] 조금 긴 머리칼을 말꼬리처럼 하나로 묶은 머리 꼴 ㉥말총머리를 한 사내

말총벌 [이름씨] 검은 몸빛에 검은 긴 털이 드문드문 난 벌. 암컷은 긴 말총 꼴 알 낳는 대롱이 있다

말추렴 [이름씨] 남들이 말하는 데 한몫 끼어 말하는 것 ㉥아이들을 꾸짖을 때는 다른 이가 말추렴을 들지 않는 게 좋아 **말추렴하다**

말캉거리다 [움직씨] 너무 익어 물크러질 만큼 매우 말랑하거나 여기저기가 말랑하다 비슷한말몰캉거리다 큰말멀컹거리다. 물컹거리다 **말캉대다**

말캉말캉 [어찌씨] 너무 익어 물크러질 만큼 매우 말랑하거나 여기저기가 말랑한 모습 ㉥감이 말캉말캉 너무 익어 만지면 터질 것 같아 비슷한말몰캉몰캉. 말랑말랑 큰말멀컹멀컹. 물컹물컹 **말캉말캉하다**

말캉하다 [그림씨] 물크러질 만큼 말랑하다 ㉥머위 줄기가 말캉하게 잘 삶아졌다 비슷한말몰캉하다 큰말멀컹하다. 물컹하다

말코지 [이름씨] 몬을 걸려고 바람에 걸거나 박아놓은 나무 갈고리나 걸개 ㉥말코지에 옷을 걸었다

말큰말큰 [어찌씨] 무르고 보드랍게 느껴질 만큼 매우 무른 꼴 ㉥말큰말큰 잘 익은 토마토가 먹음직하다 큰말물큰물큰 **말큰말큰하다**

말큰하다 [그림씨] 무르고 부드러운 느낌이 날 만큼 말랑하다 ㉥도라지나물이 말큰하게 잘 익었다 큰말물큰하다

말타기 [이름씨] [1]말을 타고 달리기 [2]동무들 등을 말로 삼아 타고 노는 아이들 놀이 ㉥

아이들이 마당에서 말타기 하며 논다 **말타기하다**

말타기놀이 이름씨 둘로 나누어 말 타는 것을 따라서 하는 놀이. 한 쪽은 앞사람 허리를 잡고 구부리고 다른 쪽은 그 구부린 잔등 위에 올라탄다 ⓑ어릴 적 겨울이면 마을 아이들과 짚동가리 옆에서 말타기놀이하며 놀았다 한뜻말말타기

말토막 이름씨 말마디

말투 ⇒ 말씨. 말버릇. 말맵시

말틀 이름씨 말소리를 번결이나 번힘흐름으로 바꾸었다가 다시 말소리로 바꾸어 멀리 떨어진 사람이 서로 이야기할 수 있게 만든 틀 ⇐ 전화기

말틀돈집일 이름씨 말틀로 돈을 주고받고 하는 일 ⇐ 텔레뱅킹

말판[1] 이름씨 고누나 윷놀이 따위에서 말이 가는 길을 그린 판 ⓑ설이 며칠 안 남았으니 윷과 말판을 미리 챙겨 두어야지

말판[2] 이름씨 여럿이 서로 말을 주고받는 자리 ⓑ말판을 벌리니 같이 말을 나눌 수밖에

말편자 ⇒ 말굽쇠

말풍선 ⇒ 말주머니

말하다 움직씨 ❶생각이나 느낌 따위를 말로 나타내다 ⓑ네 생각을 말해 봐 ❷어떤 일을 말로 알려주다 ⓑ그 일을 속속들이 말해 줄 수 있겠니? ⇐ 언급하다. 언명하다 ❸무엇을 해달라거나 맡기다 ⓑ일자리 좀 알아봐 달라고 오빠에게 말했다 ❹말리는 뜻으로 타이르거나 꾸짖다 ⓑ엄마는 딸에게 밤늦게 집 밖을 돌아다니지 말라고 단단히 말했다 ❺따져 매기거나 값치다 ⓑ옆집 사람은 내 글을 아주 좋게 말했다 ❻어떤 영문이나 속내, 꼴새 따위를 나타내 보이다 ⓑ좋은 열매를 맺은 것은 일 맡은이들이 그만큼 애써 일했음을 말한다 ❼('말하자면' 꼴로 써) 앞말 속내를 알기 쉽게 다른 말로 바꾸거나 앞말에 풀이말을 덧붙이다. 이를테면 ⓑ내가 힘들 때마다 도와준 사람은 말하자면 내 지킴이인 셈이다 ❽('~으로 말하면' 꼴로 써) 다지거나 힘주다 ⓑ꼼꼼한 걸로 말하면 우리 언니를 따라갈 사람이 없다

말할이 이름씨 말하는 사람 맞선말들을이 ⇐ 화자

말허두 ⇒ 말머리. 말첫머리

말허리 이름씨 하는 말 가운데 ⓑ어찌하다가 어른 말허리를 꺾어 버려서 꾸중 들었지

말휘갑 이름씨 다시는 말을 못 하도록 말로 입막음을 하는 것 ⓑ말이 딸리면 말휘갑으로 소리라도 크게 질러버려

맑다 그림씨 ❶티가 섞이거나 흐리지 않다 ⓑ냇물이 아주 맑다 맞선말흐리다 ❷구름이나 안개가 끼지 않다 ⓑ맑게 갠 하늘 맞선말흐리다 ❸바람에 더러운 것이 섞이지 않아 숨쉬기에 시원하고 산뜻하다 ⓑ우리 마을 뒷메에 오르면 바람이 아주 맑다 ❹소리 따위가 가볍고 또랑또랑하여 듣기에 산뜻하다 ⓑ맑은 목소리 ❺마음이 거짓이 없다 ⓑ걱정을 내려놓으니 마음이 다시 맑구나 ❻얼이나 앎이 또렷하고 초롱초롱하다 ⓑ맑고 밝게 생각을 이어가려면 깨어나야 한다 ❼살림이 넉넉하거나 변변하지 않다 ⓑ맑은 살림에 몹시 고단하다

맑빛꺾개 이름씨 눈알 한가운데 빛이 들어가는 곳 바로 뒤에 붙은 볼록거울 꼴 됨새 있는 속비침덩이 ⇐ 수정체

맑음 이름씨 구름이나 안개가 끼지 않은 날씨 ⓑ오늘 날씨는 비 온 뒤 맑음입니다

맘 이름씨 '마음' 준말 ⓑ맘 놓고 푹 쉬어

맘껏 어찌씨 마음껏 ⓑ맘껏 놀아

맘닦스승 이름씨 마음을 깊이 닦도록 가르치는 사람 ⇐ 선사

맘대로 어찌씨 마음대로 ⓑ네 맘대로 해

맘대로힘살 이름씨 등뼈짐승 힘살 가운데 맘대로 늘옴치뭄을 할 수 있는 힘살. 손발 힘살 따위 맞선말제대로힘살 ⇐ 수의근

맘마 이름씨 '밥' 아이 말 ⓑ아가야, 맛있는 맘마 먹자

맘먹다 움직씨 '마음먹다' 준말 ⓑ모처럼 맘먹고 뒷메에 올랐다

맘보 이름씨 '마음보' 준말 ⓑ맘보를 곱게 써야지 ⇐심보

맘씨 이름씨 '마음씨' 준말 ⓑ맘씨가 어찌 저리 고운지

맙소사 느낌씨 어처구니없는 일을 보거나 겪을 때 한숨 쉬듯 내는 소리 ⓑ맙소사, 아니 뭔 소리야!

맛[1] 이름씨 ❶먹을거리 따위를 혀에 댈 때 일으키는 느낌 ⓑ나물 맛이 쓰다 ❷어떤 일이나 드러난 것에서 받는 느낌이나 기운 ⓑ삯이 넉넉해서 일할 맛이 난다 ❸제대로라고 느끼는 흐뭇한 느낌 ⓑ맑고 싱그러운 바람을 실컷 들이마시는 이 느낌, 바로 이 맛에 메에 오르지

맛[2] 이름씨 맛조개

맛갊다 움직씨 부르거나 묻거나 무엇을 시킬 때 그에 따르다 ⓑ즈믄 디위 불러도 맛갊을 사람이 없더이다 ⇐ 응하다. 대답하다. 회답하다

맛갑다 그림씨 '알맞다', '마땅하다' 옛말

맛갓 이름씨 맛난 것. 먹을거리 ⓑ가장 맛있는 맛갓은 어버이한테 먼저 바치더라 ⇐ 음식

맛깔 이름씨 먹을거리 맛 느낌이나 바탈 ⓑ보기도 좋고 맛깔도 좋은 봄나물 무침

맛깔스럽다 그림씨 ❶입맛이 당기게 먹음직스럽다 ⓑ김치가 맛깔스럽게 잘 익었네 한뜻말 맛깔지다 ❷마음에 들다 ⓑ할머니는 말을 참 맛깔스럽게 한다

맛깔지다 그림씨 먹거리가 입맛에 맞다 한뜻말 맛깔스럽다

맛나다 그림씨 맛이 좋다 ⓑ맛난 호박떡. 얼큰한 김치찌개가 혀에 감길 만큼 맛나다 한뜻말 맛있다 맞선말 맛없다

맛님 이름씨 ❶윗사람 ⓑ맛님이니 아랫것이니 하는 것이 없어진 오늘이 참으로 좋은 누리이다 ⇐ 상전 ❷무슨 일이든 제 마음대로 하려는 사람 ⇐ 상전

맛맛으로 어찌씨 ❶입맛을 새롭게 하려고 이것저것 조금씩 바꾸어 가며 다른 맛으로 ⓑ좋은 먹을거리도 맛맛으로 먹어야 살맛 나는 거지 ❷맛있는 대로 ⓑ맛맛으로 쉴 새 없이 먹는다

맛바르다 그림씨 맛있게 먹던 음식이 다 없어져 모자란 듯하다 ⓑ차가운 단술이 맛있다고 금방 다 먹어서 맛바르다

맛보기 이름씨 ❶맛이 어떠한지 알려고 조금 내놓은 먹거리나 그것을 먹어보는 일 ⓑ국수가 잘 삶아졌는지는 맛보기로 알 수 있다 ⇐ 시식 ❷힘이나 마음을 쏟아 어떤 일을 제대로 하기에 앞서 가볍게 해보는 것 ⓑ책집을 바로 꾸려가기보다는 맛보기로 다른 책집에서 일해보는 건 어때? ❸책이나 뮘그림에서 줄거리를 어림할 수 있도록 간추려서 살짝 보여주거나 들려주는 것 ⓑ이 뮘그림은 맛보기만 봐서는 어떤 이야기가 펼쳐질지 도무지 알 수가 없다 ⇐ 예고편

맛보다 움직씨 ❶먹을거리 맛이 어떠한지 조금 먹어 보다 ⓑ엄마가 담근 김치를 맛보았다 ❷몸소 겪어 보거나 느껴보다 ⓑ집 떠난 고달픔을 맛보면 집이 얼마나 포근한 곳인지 저절로 안다 ❸얼빠질 만큼 매우 놀라다 ⓑ뜨겁게 맛보고서야 늦는 버릇을 고쳤다 **맛보기**

맛살 이름씨 맛조개 속살 ⓑ국을 끓일 때 맛살만 넣어도 참말로 시원한 맛이 난다

맛없다 그림씨 ❶어떤 먹을거리가 맛이 나지 않거나 좋지 않다 ⓑ맛없는 먹을거리도 배고프면 달게 먹는다 맞선말 맛있다 ❷재미가 적어 싱겁다 ⓑ마음 나눌 이웃 하나 없으면 시골 삶이 맛없다

맛있다 그림씨 먹을거리 맛이 좋다 ⓑ엄마가 해주시는 밥은 늘 먹어도 맛있다

맛장수·맛장이 이름씨 아무 멋이나 재미도 없이 싱거운 사람 ⓑ그 사람 생김새는 그럴 듯한데 알고 보면 맛장수야

맛조개 이름씨 조가비가 앞뒤로 길며 둥그스름한 네모꼴에 가깝고 겉은 누렇거나 검은 풀빛인 조개. 가람 어귀나 민물이 흘러드는 가까운 바다에 산다 준말 맛

망 (網) ⇒ 그물. 그물얽이

망 (望) ⇒ 살핌

망 이름씨 아이들 네쪽치기 놀이에서 쓰는 작고 납작한 돌 ⓑ멋진 망돌을 찾았다

망가뜨리다·망가트리다 움직씨 부수거나 찌그러지게 하여 못 쓰게 하다 ⓑ강아지가 텃밭을 마구 짓밟아 남새들을 망가뜨려 놓았다 ⇐ 파손하다. 훼손하다

망가지다 움직씨 ❶부서지거나 찌그러져 못 쓰다 ⓑ거센 비바람에 비받이가 망가졌다 ⇐ 파손되다 ❷어떤 일됨새나 흐름 따위가 좋지 않다 ⓑ오래 이어온 바느질 동아리는 다 망가졌다

망각하다 ⇒ 잊다. 잊어버리다. 까먹다. 깜박하다

망개나무 이름씨 가시가 있는 줄기는 곧추 자라다 덩굴이 되고, 잎은 길둥글며 가을에 열매가 붉게 익는 넓은잎나무. 나뭇잎은 반질반질하여 떡을 싸면 오래 갈무리된다 한뜻말망개덩굴 ⇐ 청미래덩굴

망개떡 이름씨 망개잎으로 싼 떡. 망개잎으로 싸면 떡이 잘 쉬지 않는다 ⓑ망개떡 사려! 밤늦게 들려오는 소리

망건 ⇒ 상투싸개. 그물쓰개

망국 ⇒ 나라잃음. 나라사라짐

망고 이름씨 마아시아나 새마아시아처럼 더운 나라에서 저절로 잘 자라 흔하게 먹을 수 있는 열매. 누르푸르게 잘 익으면 매우 옷곳하고 맛있다

망극하다 ⇒ 그지없다. 끝이 없다. 가없다

망나니 이름씨 ❶말이나 짓거리가 몹시 막된 사람 ⓑ언니는 술만 마시면 망나니가 된다 ⇐ 패륜아 ❷예전에 죽을 짓을 저지른 이를 목 벨 때 그 일을 맡아 하던 사람 ⓑ망나니는 목을 베기에 앞서 칼춤을 추곤 했다 ❸마디로 이루어진 다리를 가진 벌레 가운데 노래기 무리. 건드리면 둥글게 말리고 고약한 노린내를 풍긴다. 햇볕을 싫어하고 갈잎 밑이나 풀집 지붕에 많이 산다

망년회 ⇒ 해넘이 모임. 해넘이 모꼬지. 새해맞이. 섣달맞이

망대·망루 ⇒ 살핌집. 살핌다락집. 지킴다락집

망동어 ⇒ 망둥이

망두석·망주석 ⇒ 돌지킴이. 무덤돌. 무덤지킴돌

망둥이 이름씨 바닷물과 가람물이 만나는 곳이나 가람여울에 사는 물고기. 머리와 입이 크고 등에는 얼룩무늬가 있으며 지느러미 힘으로 진흙 바닥을 기어다니기도 한다 ⓑ망둥이가 뛰면 꼴뚜기도 뛴다 슬기말 **숭어가 뛰니까 망둥이도 뛴다** 남이 한다고 하니까 앞뒤 재지 않고 덩달아 나선다

망라 ⇒ 두루갖춤. 통틀음. 한데모음. 모으다. 통틀다. 휘몰아 넣다. 끌어모으다. 빠짐없이 모으다. 한데 모으다

망령 (亡靈) ⇒ 넋. 두억시니

망령 (妄靈) ⇒ 얼흐림

망령스럽다 ⇒ 얼흐리다. 괘꽝스럽다

망막 ⇒ 그물청. 눈그물청

망망대해 ⇒ 허허바다. 큰바다. 한바다. 난바다

망망하다 ⇒ 넓고 아득하다. 펀하다. 넓고 멀다. 어둡고 아득하다

망명 ⇒ 나라떠남. 나라밖달아남. 나라를 떠나다. 다른 나라로 달아나다

망모 ⇒ 죽은 어미. 돌아가신 어머니. 죽은 어머니

망발 ⇒ 허튼소리. 말허물. 헛소리하다

망보다 ⇒ 지키다. 지켜보다. 살피다. 살펴보다

망부 (亡夫) ⇒ 죽은 지아비

망부 (亡父) ⇒ 죽은 아버지

망부석 (望夫石) ⇒ 버시바람돌. 굳돌. 기다림돌

망사 ⇒ 그물실. 그물천. 그물베

망상 ⇒ 허튼 생각. 헛된 생각. 걱정. 끌탕. 근심

망새 이름씨 ❶기와집 미르마루나 지붕골 끝에 얹는 꾸밈 기와 ⇐ 치미 ❷집 'ㅅ' 꼴 머리너새 끝에 얹는 미르머리 꼴 기와

망석중 이름씨 ❶나무로 만든 사람 꼴. 팔다리에 줄을 매어 이 줄을 움직여 춤을 추인다 ⓑ망석중놀이. 끈 떨어진 망석중 비슷한말꼭두각시 ❷남이 하는 대로 따라 움직이는 사람 ⓑ저 나름대로 살아야지. 망석중 노릇이나 해야겠어?

망설이다 이름씨 이리저리 생각만 하고 마음을 잡지 못하다 ⓑ한돌은 그 일을 꼭 해야 할

지 며칠째 망설이기만 한다

망신 ⇒ 부끄러움. 우세. 남우세. 우세하다. 남우세하다. 초라떼다. 낯깎이다. 똥칠하다

망아지 이름씨 말 새끼 ⓑ들판에서 뛰어노는 망아지. 송아지와 망아지

망어·망언 ⇒ 허튼말. 허튼소리. 헛소리. 거짓말

망연자실 ⇒ 어리둥절. 어리벙벙. 얼빠짐. 어리둥절하다. 어리벙벙하다. 넋놓다. 얼빠지다. 얼떨떨하다. 어안이 벙벙하다

망연하다 ⇒ 아득하다. 멀뚱하다. 넋놓다. 얼빠지다

망연히 ⇒ 아득히. 멀거니. 물끄러미. 멍하게, 멍하니. 우두커니

망울 이름씨 ❶소젖이나 풀 따위 속에 작게 엉키거나 뭉친 덩이 ⓑ어제 쑨 밀가루 풀에 망울이 졌다 큰말멍울 ❷아직 피지 않았으나 곧 피어나려고 가만히 뭉친 어린 꽃 ⓑ꽃들이 벌써 망울을 터뜨린다 한뜻말꽃망울 ❸눈알 앞쪽 도톰한 곳 ⓑ커다란 눈망울에 눈물이 그렁그렁 고였다 한뜻말눈망울 ❹몸속에 앓이로 생기는 동글동글한 몬 ⓑ두 달 앞부터 왼쪽 가슴께 망울이 하나 잡힌다

망울망울 어찌씨 ❶작고 동그란 망울이 한데 엉키거나 뭉쳐서 동글동글한 모습 ⓑ이슬이 꽃잎 위에 망울망울 맺혔다 큰말멍울멍울 ❷하나하나 망울마다 **망울망울하다**

망울지다 움직씨 망울이 생기다 ⓑ참꽃이 망울져 곧 피겠다

망원경 ⇒ 멀봄거울. 멀보기거울

망원렌즈 ⇒ 멀봄렌즈

망월 ⇒ 보름달. 달맞이

망유리 ⇒ 쇠그물유리

망자 ⇒ 죽은이. 떠난이. 돌아가신 이. 죽은 사람

망정 이름씨 (흔히 '-으니, -기에 망정이지' 꼴로 써) 좋거나 잘됨 ⓑ그쯤에서 멈추었기에 망정이지 그러지 않았다면 된통 어려울 뻔했어

망조 ⇒ 결딴날 늧. 잘못될 낌새. 노란 싹수. 싹수없음

망종 ⇒ 씨뿌리기

망중한 ⇒ 바쁜틈. 바쁜짬

망초 ⇒ 잔꽃풀

망측하다·망칙하다 ⇒ 볼썽사납다. 꼴사납다. 어처구니없다

망치 이름씨 단단한 몬이나 불에 달군 쇠, 끌이나 못을 두드리는 데 쓰는 쇠로 만든 연장. 마치보다 크고 무거우며 자루도 길다 ⓑ망치로 못을 박다가 손가락을 다쳤다

망치다 ⇒ 그르치다. 잘못하다. 잡치다. 결딴내다. 못되게 하다. 못쓰게 하다

망치질 이름씨 망치로 두드리는 일 ⓑ아침부터 망치질 소리가 시끄럽다

망태·망태기 ⇒ 그물태기. 짚그물가방. 새끼그물태기. 새끼그물가방

망태버섯 ⇒ 그물갓버섯

망토 ⇒ 어깨걸침옷. 어깨옷. 어깨두름옷

망하다 ⇒ 거꾸러지다. 엎어지다. 넘어지다. 결딴나다. 고약하다. 기울어지다. 그릇되다. 잘못되다. 끝장나다. 잡치다. 그르치다

망향 ⇒ 텃마을그리움. 텃마을그리워하다

맞 이름씨 맞선이 옛말 ⓑ금술이와 나는 씨름 맞이다 ⇐ 맞수

맞- 앞가지 ❶(어떤 이름씨 앞에서) 마주하는. 서로 엇비슷한 ⓑ맞바둑. 맞싸움. 맞장구 ❷(어떤 움직씨 앞에서) 마주, 서로 엇비슷하게 ⓑ맞바꾸다. 맞서다

맞갈수 이름씨 나뉨수가 나눗수보다 작은 갈수. 1/3, 3/5 따위 ⇐ 진분수

맞갖다 그림씨 마음이나 입맛에 꼭 맞다 ⓑ마음에 맞갖지 않은 일자리라 싫다고 했다

맞걸다 움직씨 마주 보는 두 쪽을 서로 걸다 ⓑ손가락을 맞걸고 다짐했지, 늘 함께하자고

맞겨룸 이름씨 뜰공놀이나 놓개공놀이에서 두 쪽이 한 사람씩 나서서 겨루는 놀이 ⇐ 단식

맞그네 이름씨 발널에 두 사람이 마주 올라서서 뛰는 그네 ⓑ맞그네를 뛰면 그네뛰기가 덜 무섭다 한뜻말겹그네

맞글발 이름씨 사고파는 두 쪽이 함께 간수하

는 글종이 ⇐ 계약서

맞꼭지각 ⇒ 맞꼭지모. 맞꼭지귀

맞남 이름씨 살아있는 몸 속에 들어가면 몸 피말강이 안에 맞덩이를 만들게 하는 몬. 거의 모든 팡이와 죽이개가 이에 딸린다 ⇐ 항원

맞니혼 이름씨 니혼에 맞서 싸우는 일 ⓑ3.1뭘은 맞니혼 홀로서기 뭘이었다 ⇐ 항일

맞니혼뭘 이름씨 니혼 쏘개칼 깡패들이 쳐들어온 것에 맞서 싸운 뭘 ⇐ 항일운동

맞다[1] 움직씨 ❶물음 풀이가 틀리지 아니하다 ⓑ풀이가 맞다 ❷말이나 느낌, 일 따위가 틀림이 없다 ⓑ내 느낌은 잘 맞는 편이다 ❸그렇거나 옳다 ⓑ네 말이 맞아 ❹맛이나 따습기, 물기 따위가 알맞다 ⓑ엄마가 해주는 먹을거리는 내 입에 잘 맞는다 ❺더하거나 덜하지 않고 알맞다 ⓑ새로 산 신이 내 발에 잘 맞다 ❻어떤 짓이나 생각, 매개 따위가 다른 것과 다르지 아니하고 같거나 어울리다 ⓑ한집에 사는 가시버시라 해도 생각이 꼭 맞는 건 아니야 ❼모습이나 느낌, 끌리는 마음 따위가 어울리거나 같다 ⓑ내 고운 곁님은 부드러운 걸 좋아하는 나와 잘 맞는다. 이 일은 내게 잘 맞아서 다른 일을 찾을 생각이 없다

맞다[2] 움직씨 ❶오는 사람이나 몬을 바른 마음으로 받아들이다 ⓑ손님은 반갑게 맞아야 한다 ❷서로 싸우거나 겨루는 이, 또는 어떤 힘에 맞서다 ⓑ우리 마을 사람들은 마을로 쳐들어오는 못된 무리를 맞아 씩씩하게 싸웠다 ❸어떤 때를 맞이하다 ⓑ한가위를 맞았다 ❹눈이나 비, 우박 따위가 몸에 닿다 ⓑ서리 맞은 호박잎 같다 ❺매김값을 받다 ⓑ나라말 풀이에서 다 맞았다 ❻좋지 않은 일을 겪다 ⓑ언니에게 노래도 못한다고 퉁바리를 맞았다 ❼밥입으로 받아들여 데려오다 ⓑ그 사내는 참한 겨집을 아내로 맞았다

맞다[3] 움직씨 ❶바깥으로부터 어떤 힘이 끼쳐 때림을 겪거나 몸을 다치다 ⓑ회초리로 손바닥을 맞았다. 뺨을 맞다 ❷아픈 몸이 낫도록 낫개바늘을 찌르다 ⓑ배가 아파서 낫개놓기를 맞았다 ❸쏘거나 던지거나 하여 한 몬이 다른 몬에 세게 닿다 ⓑ화살이 과녁에 똑바로 맞았다 ❹좋지 않은 일을 겪다 ⓑ도둑을 맞다. 야단을 맞다

-맞다 뒷가지 (이름씨나 말뿌리 따위에 붙어 그림씨를 만들어) 앞말뜻을 그대로 잇다 ⓑ쌀쌀맞다. 앙증맞다. 방정맞다. 익살맞다. 징글맞다

맞다들다 움직씨 맞닥치다 ⓑ올해는 여러 괴로운 일을 맞다들어야 했다

맞닥뜨리다·맞닥트리다 움직씨 ❶갑자기 마주 보고 만나다 ⓑ골목에서 이웃집 아저씨와 맞닥뜨렸다 ❷좋지 않은 일 따위를 바로 마주치다 ⓑ두남이는 아무리 어려운 일에 맞닥뜨려도 조금도 물러서지 않는다

맞닥치다 움직씨 ❶마주 닥치다 ⓑ길가다 빚쟁이를 맞닥치다니! ❷함께 닥치다 ⓑ달리기에서 첫째와 둘째가 거의 함께 맞닥쳤다

맞단추 이름씨 암단추 수단추를 맞추어 채우는 단추 ⓑ아이들 옷에는 맞단추를 달아야 입고 벗기 쉬워 한뜻말 똑딱단추

맞닿다 움직씨 마주 붙어 빈틈이 없다 ⓑ하늘과 맞닿은 바다

맞대결 ⇒ 맞겨룸. 맞싸움

맞대꾸 이름씨 남 말을 맞받는 대꾸 ⓑ어른들 말마다 바로바로 맞대꾸하는 것은 좋지 않아 **맞대꾸하다**

맞대다 움직씨 ❶서로 마주 닿게 하다 ⓑ저 나라 사람들은 서로 뺨을 맞대며 절을 하더군 ❷마주 대어 붙이다 ⓑ다 같이 머리를 맞대고 잘 생각해봐 ❸같은 높이에서 서로 견주다 ⓑ씨름을 누가 더 잘하는지 맞대어 볼까? ❹노름이나 내기에서 돈이나 몬을 두 쪽에서 서로 걸다 ⓑ판돈으로 얼마를 맞댈까? ❺(흔히 '맞대고', '맞대 놓고' 꼴로 써) 똑바로 마주하다 ⓑ사람을 맞대고 꾸짖는 건 좋지 않아

맞대매 이름씨 딱 두 사람이 마지막 이김과 짐

을 겨룸 ⓑ저 두 사람이 다시 맞대매를 하게 될 줄이야 **맞대매하다**

맞대면 ⇒ 마주보기. 맞보기

맞덩이 이름씨 몸속에 들어와 앓이를 일으키는 팡이를 죽이려고 몸속에서 만들어지는 몸밭 한뜻말 맞둥이 ⇐ 항체

맞돈 이름씨 몬을 사고팔 때, 그 자리에서 바로 치르는 몬값 ⓑ돈 많은 집 외상보다 비렁뱅이 맞돈이 좋다

맞두다 움직씨 바둑이나 장기, 고누 따위를 똑같은 감목과 잣대로 두다 ⓑ마침 또래를 만나 바둑을 재미있게 맞두었다

맞들다 움직씨 ❶ 몬을 맞은쪽에서 마주 들다 ⓑ엄마와 나는 무거운 단지를 맞들었다 ❷ 힘을 모아서 하다 ⓑ하얀 종이 하나도 맞들면 낫다 ⇐ 협력하다

맞먹다 움직씨 ❶ 길이나 부피, 숱, 키 따위가 엇비슷하다 ⓑ아들 키가 엄마 키와 맞먹는다 ❷ 힘이나 자리, 삶높이 따위가 거의 비슷하다 ⓑ아우가 언니한테 맞먹으려 든다

맞모 이름씨 여러모꼴에서 한 곁이나 한 모와 마주하는 모 ⇐ 대각. 맞각

맞모금 이름씨 여러모꼴에서 서로 이웃하지 않는 두 꼭짓점을 잇는 곧금 ⇐ 대각선

맞무리·맞떼 이름씨 떼다스림에서 다스림힘을 잡고 있지 않은 무리 ⇐ 야당

맞물다 움직씨 ❶ 아래윗니나 입술, 주둥이, 부리 같은 것을 마주 물다 ⓑ그는 마음을 굳게 다지듯 어금니를 맞물었다 ❷ 끊어지지 않고 이어서 닿다 ⓑ힘든 일이 꼬리에 꼬리를 맞문다 ❸ 한 몬을 두 쪽에서 마주 물다 ⓑ강아지 두 마리가 고깃덩이를 맞물고 싸운다

맞물리다 움직씨 ❶ 아래윗니나 입술, 주둥이, 부리 같은 것이 마주 물리다. '맞물다' 입음꼴 ⓑ굳게 맞물린 어금니 ❷ 끊어지지 않고 이어 닿이다 ⓑ기다리는 사람들 줄이 꼬리에 꼬리가 맞물려 끝이 없다 ❸ 한 몬이 두 쪽에서 마주 물리다 ⓑ톱니바퀴는 서로 맞물려야 잘 돌아간다 ❹ 무엇이 서로 가깝게 얽히며 어우러지다 ⓑ이 일은 그 일과 맞물린다

맞뮘 이름씨 ❶ 어떤 뮘에 거스르는 뮘이 생김. 또는 그 뮘 ⇐ 반작용 ❷ 몬 ㄱ이 몬 ㄴ에 힘을 뮐 때 ㄴ이 똑같은 크기 거꿀쪽 힘을 ㄱ에 미치는 뮘 ⇐ 반작용

맞미닫이 이름씨 문틀 한 홈에서 두 짝이 만나게 된 미닫이 ⓑ맞미닫이를 끝까지 다 열어서 가까스로 짐짝을 들였다

맞바꾸다 움직씨 더 보태거나 빼지 아니하고 어떤 것을 주고 다른 것을 받다 ⓑ옷과 쌀을 맞바꾸었다 ⇐ 교환하다

맞바꿈 이름씨 서로 바꿈 ⇐ 호환

맞바라기 이름씨 마주 바라보이는 곳 ⓑ우리 집 맞바라기엔 큰 바위메가 있다 한뜻말 맞은바라기

맞바람 이름씨 ❶ 맞은쪽에서 불어오는 바람 ⓑ추운 겨울날에 맞바람을 맞으며 가람길을 거닐었다 ⇐ 역풍 ❷ 두 쪽에서 마주 부는 바람 ⓑ찬바람과 따뜻한 바람이 맞바람이 되어 냇가에서 마주친다 ❸ 짝이 피우는 바람에 마주 피우는 바람 ⓑ버시가 바람을 피우자, 가시도 보란 듯이 맞바람을 피웠다

맞바로 어찌씨 마주 똑바로 ⓑ맞바로 바람을 맞으며 걸었다

맞받다 움직씨 ❶ 맞바로 부딪치거나 들이받다 ⓑ모퉁이를 돌다가 두 사람이 서로 맞받았다 ❷ 바람이나 빛, 눈길 따위를 맞바로 받다 ⓑ햇빛을 맞받으며 걸으면 눈이 부신다 ❸ 남이 하는 말이나 노래 따위를 곧바로 뒤따라 하다 ⓑ우리는 앞사람 노래를 맞받아 부르며 즐겁게 놀았다 ⇐ 회답하다 ❹ 남이 하는 말이나 짓거리 따위에 맞바로 맞서다 ⓑ버시는 내 말을 맞받아 따졌다

맞받이 이름씨 맞은쪽에서 마주 바라보이는 곳 ⓑ맞받이 언덕에 큰 소나무가 한 그루 있다

맞배지붕 이름씨 처마와 지붕마루 길이가 같은 지붕. 지붕이 두 쪽으로 비스듬해서 추녀 없이 용마루까지 옆쪽이 세모꼴로 된 지

붕 ⓑ우리 옛날 살림집은 맞배지붕이 드물다 한뜻말 뱃집지붕

맞버티다 움직씨 맞은쪽 힘이나 생각 따위를 받아들이지 않고 서로 맞서 버티다 ⓑ둘은 맞버티며 서로 한 발도 물러서지 않았다

맞벌이 이름씨 가시버시가 둘 다 일을 하고 돈을 버는 살림 ⓑ요즘은 맞벌이하는 가시버시가 아주 흔하다 **맞벌이하다**

맞보기 이름씨 높낮이 값이 없고 바닥이 고른 눈거울 ⓑ맞보기를 끼다

맞보다 움직씨 '마주보다' 준말. 서로 마주 바라보다

맞본메 이름씨 어떤 것이 옳지 않음을 맞서는 대목을 들어 밝히는 일 한뜻말 맞본짱 ⇐ 반증

맞부딪치다 움직씨 ❶마주 부딪치다. 또는 서로 힘있게 마주 닿다 ⓑ낡은 수레바퀴가 땅바닥과 맞부딪치며 수선스럽게 지나간다 ❷마주 부딪치게 하다. 또는 힘있게 마주 닿게 하다 ⓑ두 손바닥을 맞부딪쳐 소리를 냈다

맞불 이름씨 ❶나무가 우거진 곳에서 불을 끄려고 맞은쪽에서 마주 놓는 불 ⓑ맞불을 놓아 불길을 잡았다 ❷남 담뱃불에 마주대고 담뱃불을 붙이는 것 ⓑ그 담뱃불에 맞불 좀 붙입시다

맞붙다 움직씨 ❶서로 마주 닿다 ⓑ얼음끼리 맞붙어 잘 떨어지지 않는다 ❷싸움이나 내기 따위에서 서로 맞서 겨루다 ⓑ알아주는 두 재주꾼이 맞붙었다

맞붙이 이름씨 ❶가운데에 사람을 넣지 않고 얼굴을 맞대고 마무리 짓기 ⓑ똑 부러지게 마무리하려면 맞붙이 하는 게 좋아 ❷겨울에 입는 겹옷. 앞섶을 마주 겹쳐서 매게 되어 있다 ⓑ헐렁한 맞붙이 소매 속에 손을 넣다

맞비겨떨어지다 움직씨 셈한 것이 남거나 모자람 없이 서로 꼭 맞다 ⓑ나랑 언니 생각이 맞비겨떨어지기는 처음이네

맞상대 ⇒ 맞선이. 맞은쪽. 맞

맞서다 움직씨 ❶서로 마주 서다 ⓑ푸름이는 걸핏하면 저를 놀리고 괴롭히는 녀석과 오늘 어엿이 맞섰다 ❷굽히지 않고 마주 겨루어 버티다 ⓑ오늘 모임에서는 저마다 생각이 팽팽히 맞서는 바람에 끝내 뜻을 모으지 못했다 ⇐ 저항하다. 힐항하다. 길항하다 ❸어떤 일을 바로 만나거나 부닥치다 ⓑ우리 할아버지는 갑작스럽게 죽음과 맞서게 되었다

맞선 이름씨 짝맺이할 사람끼리 만나서 보는 선 ⓑ엄마가 늘어놓는 잔소리를 비켜 미루던 맞선을 보러 나갔다

맞선말 이름씨 서로 뜻이 맞서는 말 ⓑ높다 와 낮다, 앞과 뒤는 맞선말이다 ⇐ 반대말. 반의어

맞선이 이름씨 ❶마음이나 몸을 다치게 하거나 아프게 한 사람 한뜻말 맞 ⇐ 원수 ❷힘이나 재주가 비슷비슷한 사람 한뜻말 맞잡이 ⇐ 맞수. 적수. 맞적수. 호적수

맞섬 이름씨 두 점이나 두 금, 두 그림꼴이 한 점이나 한 금, 한 판판낯에 서로 마주 보는 자리에 있는 일 ⇐ 대칭

맞섬꼴 이름씨 한 점이나 곧금, 판판낯을 복판으로 두 쪽에 같은 크기와 길이에 마주 있는 꼴 ⇐ 대칭도형

맞손 이름씨 마주 잡은 손 ⓑ가시나들은 머시마들과 맞손을 잡고 마을 마당에서 춤을 췄다

맞수 ⇒ 맞은쪽. 맞선이. 맞

맞아들이다 움직씨 ❶오는 사람을 안으로 받아들이다 ⓑ손님을 반갑게 맞아들였다 ❷깍듯하게 집붙이로 받아들이다 ⓑ엄마는 그 젊은이를 기꺼이 사위로 맞아들였다

맞아떨어지다 움직씨 ❶(흔히 '꼭', '딱', '잘', '척척' 따위와 함께 써) 조금도 틀림없이 꼭 맞다 ⓑ내 생각이 딱 맞아떨어졌다 ❷가락 따위에서 흐름이나 숨이 어울려 매끄럽다 ⓑ노랫말과 가락이 멋지게 맞아떨어졌다

맞울림 이름씨 ❶떨림수가 많은 소리굽쇠 두 낱을 놓고 하나를 울리면 옆에 있는 다른 하나도 함께 울리는 일 ⓑ놋쇠 그릇을 막

대로 두드리면 맞울림으로 곁에 있는 놋쇠 그릇도 운다 ⇐ 공명 **2** 남 생각이나 말에 끌려 저도 같은 생각을 함 ⓑ다시 나라를 팔아먹은 부끄러운 날이라는 말에 맞울림을 느꼈다 ⇐ 공명

맞은돈 이름씨 제비뽑기에서 뽑혔을 때 뽑힌이가 받는 돈 ⇐ 당첨금

맞은바라기 이름씨 마주 바라보이는 곳 ⓑ길 건너 맞은바라기에 떡집이 있었어 한뜻말맞바라기

맞은쪽 이름씨 **1** 마주 바라보는 곳 ⓑ내 건너 맞은쪽에 돌이네 집이 있다 **2** 마주 보거나 선 사람 ⓑ맞은쪽이 먼저 공을 차지하여 우리 쪽으로 치고 들어오면 막기로 했다 ⇐ 상대방

맞은편 ⇒ 맞은쪽

맞이굿 이름씨 옛날 부여에서 섣달에, 하늘에 식게 지내고 날마다 모여 잘 먹고 노래하고 춤추던 굿 ⇐ 영고

맞이마루 이름씨 손님을 맞아 모시려고 꾸민 넓은 방이나 마루 ⓑ손님들과 밥은 밖에서 먹고 차는 집에 와서 맞이마루에서 마셨다 한뜻말손님마루 ⇐ 응접실

맞이방 이름씨 찾아오는 사람을 맞는 방

맞이하다 움직씨 **1** 바깥사람이 오는 것을 깍듯이 받아들이다 ⓑ손님을 맞이하다 **2** 집붙이나 일벗으로 받아들이다 ⓑ벗 누이를 아내로 맞이했다 **3** 기릴 때나 철을 반갑게 받아들이다 ⓑ다가오는 설날을 기쁘게 맞이해야지

맞잔치 이름씨 가시집에서 짝맺이 잔치를 하고 그날 바로 버시집에 가서 또 잔치를 하고 가시집에 와서 첫날밤을 보내고 사흘만이나 날을 받아 시집으로 들어가던 짝맺이

맞잡다 움직씨 **1** 서로 마주 잡다 ⓑ오랜만에 만난 동무와 반가운 마음에 한참 동안 손을 맞잡았다 **2** 힘이나 값어치, 숱, 푼수 따위가 서로 비슷하다 ⓑ저 두 씨름꾼은 힘도 재주도 맞잡는다 **3** 맞대들다 ⓑ며느리는 시어머니가 하는 말이라면 꼬박꼬박 맞잡는다 익은말 **손을 맞잡다** 서로 뜻을 같이하여 가깝게 힘을 모으다

맞잡이 이름씨 **1** 서로 힘이 같거나 비슷한 두 사람이나 몬 ⓑ맞잡이끼리 씨름하게 되니 판가름이 나질 않는다 한뜻말맞선이 ⇐ 호적수 **2** 둘이 마주 잡고 쓰는 반두 ⓑ맞잡이로 고기 잡던 옛날 생각이 난다

맞잡이질 이름씨 맞잡이로 고기를 잡는 일 ⓑ점심 먹고 동무와 맞잡이질 하자고 말해놨다 **맞잡이질하다**

맞장구 이름씨 **1** 서로 마주치는 장구 ⓑ한 쪽에는 징과 꽹과리를 쳐대고 다른 쪽에서는 맞장구를 치며 돌아갔다 한뜻말맞장단 ⇐ 호응 **2** 남 말에 덩달아 따라 말하거나 부추기는 일 ⓑ내 말에 맞장구치며 고개를 끄덕였다 ⇐ 호응 **맞장구치다**

맞장구질 이름씨 **1** 서로 마주 서서 장구를 치는 일 **2** 남 말에 덩달아 따라 말하거나 부추겨 말하는 것 ⓑ동무들 맞장구질에 나는 절로 신났다 한뜻말맞장단질

맞장단 이름씨 **1** 서로 가락을 맞추는 장단 한뜻말맞장구 ⇐ 호응 **2** 남이 하는 말이나 짓을 그대로 받아들여서 하는 말이나 몸짓 ⓑ맞장단을 치기는커녕 핀잔을 주었지 ⇐ 호응 **맞장단치다**

맞장·맞짱 이름씨 낱맞낱으로 맞서 싸우는 것 ⓑ나랑 맞장뜨고 싶은 사람 있으면 나와 봐 **맞장뜨다·맞짱뜨다**

맞절 이름씨 서로 깍듯하게 마주하는 절 ⓑ맞절하면 서로를 섬기는 마음이 우러난다 **맞절하다**

맞줄임 이름씨 뭇수에서 나뉨수와 나눗수를 함께 줄여 나누는 일 ⇐ 약분 **맞줄임하다**

맞질리다 움직씨 두 쪽이 서로 내뻗치어 마주 질리게 되다 ⓑ내가 지나는 길과 곱단이가 지나는 길이 맞질려 우리는 다시 만났다

맞짝맺이 이름씨 **1** 새가시와 새버시가 저들끼리 맺은 짝맺이 ⓑ저 가시버시는 맞짝맺이했어 ⇐ 연애결혼 **2** 새살림 차릴 때 드는 돈을 똑같이 무는 짝맺이 ⓑ요즘은 우리나라

도 새살림 차릴 때 맞짝맺이를 많이 하지
맞쪽 (이름씨) 서로 맞서는 두 곳 한뜻말 두쪽 ⇐ 양쪽
맞추다 (움직씨) ❶ 서로 떨어진 조각을 제자리에 맞게 대어 붙이다 ⓑ 찢어진 옷을 제대로 맞추어 꿰맸다 ❷ 서로 같은지 다른지 견주어 살피다 ⓑ 내 풀이와 동무 풀이를 맞추어 보았다 ❸ 서로 어긋남이 없이 들어맞거나 어울리다 ⓑ 같이 일하면서 우리는 서로 마음을 맞추어 갔다 ❹ 어떤 잣대나 푼수에 어긋나지 않게 하다 ⓑ 어머니는 내 입맛에 맞추어 먹을거리를 만들어 주신다 ❺ 많기나 크기를 잡아놓은 것에 맞게 하다 ⓑ 모인 사람에 맞추어 밥그릇을 마련했다 ❻ 줄이나 차례 따위를 똑바르게 하다 ⓑ 줄 맞추어 똑바로 서보세요 ❼ 다른 사람 뜻에 맞게 움직이다 ⓑ 푸름이는 내 마음을 잘 맞추어준다 ❽ 잡아놓은 때 따위를 넘기지 아니하다 ⓑ 동무와 만나기로 한 때에 맞추어 집을 나섰다 ❾ 어떤 크기나 품을 가진 몬을 만들게 하다 ⓑ 어제 옷을 한 벌 맞추었다 ❿ 어떤 것에 입을 닿게 하다 ⓑ 할머니는 내 뺨에 입을 맞추었다 **맞춤**
맞춤번힘누름 (이름씨) 번힘연장이 제대로 돌도록 줘야 하는 바탕 번힘누름 ⇐ 정격전압
맞춤번힘흐름 (이름씨) 번힘연장이 제대로 돌 때 흐르는 번힘값 ⇐ 정격전류
맞춤법 ⇒ 맞춤길, 맞춤매
맞팡이낫개 (이름씨) 맞팡이 몬밭으로 된 낫개 ⇐ 항생제
맞팡이몬밭 (이름씨) 잔살이나 좀팡이를 못 살게 하거나 죽이는 몬밭 ⇐ 항생물질
맞하소 (이름씨) 첫 판가름에 따르지 아니하여 윗가름집에 다시 판가름해 줄 것을 하소하는 일 ⇐ 항소
맞히다[1] (움직씨) 풀이를 틀리지 않게 하다. '맞다' 하임꼴 ⓑ 세 물음 가운데 둘을 맞혔다
맞히다[2] (움직씨) ❶ 눈이나 비 따위를 맞게 하다. '맞다' 하임꼴 ⓑ 깜빡 잊고 빨래를 안 걷는 바람에 밤새 옷에 이슬을 맞혀 버렸다 ❷ 좋지 아니한 일을 입게 하다 ⓑ 그 머스마는 오늘도 내게 바람을 맞혔다
맞히다[3] (움직씨) ❶ 낫개바늘이나 낫개놓기 따위로 나숨을 받게 하다. '맞다' 하임꼴 ⓑ 아이가 안 맞으려 바둥대는 바람에 겨우 낫개놓기를 맞혔다 ❷ 몬을 쏘거나 던져서 다른 몬에 닿게 하다 ⓑ 화살을 과녁에 맞혔다
맟다 (움직씨) '마치다' 준말. 끝이 나다 ⓑ 밤이 맟도록 이야기했는데도 하나도 나른하질 않네
맡기다 (움직씨) ❶ 어떤 일을 하도록 떠넘기다. '맡다' 하임꼴 ⓑ 이 종요로운 일을 누구에게 맡기지? ❷ 어떤 몬을 건사하게 하다 ⓑ 동무에게 잠깐 가방을 맡기고 손을 씻었다 ❸ 돌보거나 보살피도록 하다 ⓑ 언니는 내게 조카들을 맡기고 볼일을 보러 갔다 ❹ 큰 힘이나 흐름에 기대어 따르다 ⓑ 죽고 사는 것은 하늘에 맡겨야지 ❺ 어떤 일을 다른 사람이 가말게 하다 ⓑ 그 일을 어떻게 할지는 네 판가름에 맡길 테니 알아서 해봐 ❻ 제 몸을 어딘가에 기대거나 내던져 두다 ⓑ 일에 파묻혔던 그는 잠깐 등받이에 몸을 맡긴 채 잠이 들었다 ❼ 볼모로 삼다 ⓑ 팔찌를 맡기고 돈을 빌렸다 ❽ 다른 사람에게 내주어 꾸려나가게 하다 ⓑ 그는 살던 집을 아우에게 맡기고 텃마을을 떠났다 ❾ 어떤 자리나 노릇을 하게 하다 ⓑ 아들에게 일터지기 자리를 맡겼다 ❿ 일감을 내주다 ⓑ 옷을 빨랫집에 맡겼다 ⓫ 돈 따위를 불릴 셈으로 넣어 두다 ⓑ 버시는 아버지로부터 물려받은 돈을 돈집에 맡겼다
맡긴돈 (이름씨) 돈집 같은 곳에 맡긴 돈 ⇐ 예치금
맡꾼 (이름씨) 모둠이나 짜임에서 뽑혀 어떤 일을 맡아 하는 사람 ⇐ 위원
맡꾼머리·맡꾼지기 (이름씨) 맡꾼 가운데 으뜸인 사람 ⇐ 위원장
맡꾼모임 (이름씨) 맡꾼들이 이야기 나누는 모임 ⇐ 위원회
맡다[1] (움직씨) ❶ 일이나 구실을 넘겨받아 짊어

지다 ㉥아버지가 돌아가시자 큰아들이 집안일을 맡았다 ❷어떤 자리나 노릇을 몫으로 가지다 ㉥푸름이는 배움터에서 이끎이를 맡았다 ❸몬을 받아서 건사하다 ㉥나는 잠깐 동무 가방을 맡아주었다 ❹돌보거나 보살피다 ㉥나는 언니가 일터에 나가는 동안 조카를 맡아 보았다 ❺몬이나 자리를 차지하다 ㉥긴수레에 미리 타서 자리를 맡아 놓았다 ❻언다 ㉥일터에서 쉴 때를 맡아 어머니를 보러 갔다

맡다[2] [움직씨] ❶코로 냄새를 느끼다 ㉥풀 냄새를 맡으면 머리가 맑아진다 ❷어떤 일 낌새를 눈치채다 ㉥야바위꾼은 돈 냄새를 잘 맡는 재주가 있는 것 같아

맡돌봄이 [이름씨] 모둠이나 짠틀, 벌데 같은 데서 일과 일꾼을 맡아 다스리는 사람 ⇐ 임원

맡아보다 [움직씨] 맡아서 하다 ㉥언니는 일터에서 셈일을 맡아본다

매[1] [이름씨] 잘못을 바로잡거나 괴로움을 주려고 사람을 때리는 일. 또는 그때 쓰는 막대기나 몽둥이, 회초리 따위 ㉥내가 잘못을 저지르면 어머니는 가끔 매를 들었다 [슬기말] **매도 먼저 맞는 놈이 낫다** 겪어야 할 일이라면 아무리 어렵고 괴롭더라도 먼저 치르는 게 낫다

매[2] [이름씨] 독수리보다 작고 부리와 발톱은 날카로운 갈고리꼴이며, 날쌔게 날면서 작은 새나 병아리 따위를 잡아먹는 새. 사냥하는 새로도 쓰며 우리나라 저절기림몬이다

매[3] [어찌씨] 염소 따위 울음소리 ㉥새끼 염소가 매~~, 매~~ 하고 울어댄다

매[4] [이름씨] 젓가락 한 벌을 세는 하나치 ㉥젓가락 한 매

매[5] [어찌씨] 여느 만큼보다 더 ㉥고추를 매 빻아라

매[6] [이름씨] ❶난을 가는 연장. 둥글넓적한 돌 두 짝을 포개고 윗돌 아가리에 갈 난을 넣어 손잡이를 돌리는 연장 밑말돌매. 맷돌 ❷난 겉겨를 벗기는 여름지이 연장

매[7] [이름씨] 바람 겉을 곱게 바르는 데 쓰는 흙. 잿빛에 끈기 있고 부드럽다

매[8] [이름씨] '곰팡이' 옛말

매[9] [이름씨] 일을 해내는 길이나 수 ㉥살 매를 가르쳐 줍소 ⇐ 방법. 방도

매 (枚) ⇒ 쪽. 낱

매 (每) ⇒ 늘. 언제나. 하나하나. 마다. 그때마다. 자주

-매 [뒷가지] 생김새. 맵시 ㉥몸매. 눈매. 입매. 옷매

매각 ⇒ 팖. 팔아버림. 팔다. 팔아버리다. 팔아먹다. 팔아넘기다. 팔아치우다

매갈이 [이름씨] 벼를 매통에 갈아서 겉겨만 벗긴 쌀을 만드는 일

매갈이쌀 [이름씨] 벼 겉껍질만 벗겨낸 쌀 한뜻말 누렁쌀 ⇐ 현미

매개 [이름씨] 일이 되어 가는 모습 ㉥얼개를 어떻게 짜야 할지는 일 매개를 봐가면서 천천히 생각해요 ⇐ 형편. 컨디션 [익은말] **매개를 보다** 일이 되어 가는 모습을 살피다

매개 ⇒ 다리놓기. 이어줌. 맺어줌. 다리를 놓다. 맺어주다. 이어주다. 사이 들다. 옮기다

매개체 ⇒ 이어주는 것. 맺어주는 것

매구 [이름씨] 즈믄 해 묵은 여우가 바뀌어서 된다는 내림 이야기 속 짐승 ㉥이웃 마을에 매구가 나타나 아이들 애를 꺼내 먹었단다

매구놀이 [이름씨] 시골 마을에서 달셈 한달 보름까지 집집마다 다니며 두레굿을 하는 오랜 내림놀이 ㉥어디선가 들려오는 매구놀이 소리에 몸이 들썩거린다 ⇐ 지신밟기

매국 ⇒ 나라팔이

매국노 ⇒ 나라 판 이. 나라 팔아먹은 이. 나라 저버린 이. 겨레 저버린 이

매기다 [움직씨] ❶어떤 잣대에 따라 값이나 높고 낮음, 좋고 나쁨 따위를 잡다 ㉥열매에 값을 매기다 비슷한말 매다 ⇐ 사정하다. 평하다 ❷어떤 보람을 해두다 ㉥쪽마다 쪽수를 매기면 나중에 찾기가 쉽다

매기단하다 [움직씨] 일 뒤끝을 깨끗하게 맺다 ㉥오늘 일은 이쯤에서 매기단하자

매긴값표 이름씨 파는 사람이 매겨 놓은 값표 ⇐ 정가표

매김씨 이름씨 이름씨나 갈이름씨, 셈씨 앞에 써 그것이 어떠함을 나타내는 낱말 갈래. 한, 어느, 여러 따위

매끄러지다 움직씨 비탈지거나 얼음판이나 눈 위, 진흙탕 같은 곳에서 한쪽으로 밀리거나 넘어지다 ⓑ얼음판에서 매끄러져 넘어졌다 큰말미끄러지다

매끄럽다 그림씨 ❶거침없이 절로 밀려나갈 만큼 반드럽다 ⓑ살갗이 매끄럽다 비슷한말매끈하다 큰말미끄럽다 ❷글이나 말에서 앞뒤 흐름이 거북하지 않고 마땅하다 ⓑ글을 참 매끄럽게 잘 쓰네요 ❸수더분하지 않고 약삭빠르다 ⓑ겨울이는 하는 짓이 뺀질뺀질하고 매끄러워

매끈거리다 움직씨 흉이나 거친 데가 없이 부드럽고 곧다 큰말미끈거리다 **매끈대다**

매끈매끈 어찌씨 흉이나 거친 데가 없이 부드럽고 곧은 꼴 ⓑ자작나무가 하나같이 매끈매끈 잘 뻗어 있다 큰말미끈미끈

매끈매끈하다 그림씨 매우 매끈하다 ⓑ방바닥에 기름을 발랐더니 아주 매끈매끈하다 큰말미끈미끈하다

매끈하다[1] 그림씨 ❶흉이나 거친 데가 없이 부드럽고 곧다 ⓑ엄마는 나이가 들어도 살갗이 매끈하다 큰말미끈하다 ❷생김새가 곱싹하고 말쑥하다 ⓑ매끈하게 생긴 노래하는 사람들

매끈하다[2] 움직씨 손이나 발이 붙지 않고 미끄러지거나 밀려나가다 ⓑ마룻바닥에 깨똥나무 흰 가루를 잔뜩 발라놓으면 매끈하여 가르침이가 멋모르고 들어오다 미끄러져 엉덩방아를 찧곤 했다 큰말미끈하다

매끌매끌 어찌씨 몹시 매끄러운 꼴 ⓑ오이 비누가 아주 매끌매끌했다 큰말미끌미끌 **매끌매끌하다**

매끼 이름씨 몬을 묶는 새끼나 끈 ⓑ아우는 나뭇단 매끼로 쓸 칡넝쿨을 걷어다 놓았다

매끼니 ⇒ 끼니마다

매나니 이름씨 ❶어떤 일을 하는데 아무것도 없이 맨손뿐인 것 ⓑ매나니로 와서 이렇게 큰 밭 풀을 다 뽑겠다고? 한뜻말맨털터리 ❷건건이 없는 맨밥 ⓑ매나니로야 손님을 모실 순 없지

매너 ⇒ 몸가짐. 버릇. 짓

매너리즘 ⇒ 틀박임

매년 ⇒ 해마다. 늘. 노상. 꼬박꼬박. 으레

매니저 ⇒ 보살핌이. 돌봄이

매니큐어 ⇒ 손톱물. 손톱꽃물. 꽃물

매다[1] 움직씨 ❶끈이나 밧줄 두 끝을 엇걸고 잡아당겨 매듭을 짓다 ⓑ나는 달리기에 앞서 신 끈을 단단히 고쳐 매었다 비슷한말묶다 맞선말풀다 ❷붙박인 몬에 줄이나 끈 따위로 잇대어 묶다 ⓑ소를 말뚝에 매어 두었다 ❸줄이나 끈 따위로 어떤 몬을 가로 걸거나 드리우다 ⓑ할아버지는 아슨아들딸이 놀 수 있도록 뒤뜰 나무에 그네를 매어 두셨다 ❹줄이나 끈 따위로 꿰매거나 둘러서 어떤 것을 만들다 ⓑ그동안 써둔 글들을 한데 모아 책을 맸다. 시렁을 매다. 붓을 매다 ❺허리띠 따위를 몸에 알맞게 조여 두르다 ⓑ차에 타면 걸띠를 매야 한다 ❻소나 말 같은 집짐승을 기르다 ⓑ그는 자란 마을로 돌아가 소를 열 마리나 맨다 ❼옷감을 짜려고 날아 놓은 날실에 풀을 먹여 말리다 ⓑ베를 매다

매다[2] 움직씨 논밭에 난 풀을 뽑다 ⓑ김을 매다

매다[3] 움직씨 어떤 잣대에 따라 값이나 높고 낮음, 좋고 나쁨 따위를 잡다 ⓑ장사꾼들은 팔 몬 값을 매는 일에 마음을 많이 쓴다 비슷한말매기다

매달 ⇒ 달마다

매달다 움직씨 ❶줄이나 끈, 실 따위로 잡아매어 달아 놓다 ⓑ무시래기를 줄에 매달았다 ❷남에게 기대어 도움을 받다 ⓑ오직 내게만 목숨줄을 매달고 사는 집님들이 가끔 짐스러울 때가 있다 ❸목을 옭아매어 죽거나 죽이다 ⓑ오죽 힘들면 스스로 목을 매

달고 싶어질까
매달리다 움직씨 ❶줄이나 끈, 실 따위에 잡아매어 달리다. '매달다' 입음꼴 ⓑ곶감이 처마 아래 매달렸다 ❷붙들고 늘어지다 ⓑ밖에 나가지 말라고 엄마 치맛자락을 붙잡고 매달렸다 ❸딸려 붙다 ⓑ집 짓는 나무쟁이가 솜씨가 좋으면 여러 일꾼이 그에게 매달려 함께 일을 나눈다 ❹어떤 일에 깊이 몸과 마음이 사로잡히다 ⓑ한뉘토록 돈 버는 일에만 매달려 살아왔다 ⇐ 집착하다 ❺무엇에 붙어 기대다 ⓑ어려울 땐 아내에게 매달리기도 한다
매도 (賣渡) ⇒ 팖. 팔아넘김. 팔아버림. 팔다. 팔어넘기다. 팔어먹다. 팔아버리다
매도 (罵倒) ⇒ 꾸짖음. 나무람. 꾸짖다. 몹시 꾸짖다. 나무라다. 침 뱉다
매독 ⇒ 꽃앓이. 담
매듭 이름씨 ❶노나 실, 끈 따위를 잡아매어 마디를 이룬 것 ⓑ매듭을 짓다. 매듭을 풀다 ❷일이 잘되어 가지 못하고 막히거나 어려운 대목 ⓑ이 일은 요 매듭만 잘 풀면 나아질 거야 ❸일을 하는 길에서 마지막 ⓑ일은 매듭을 잘 지어야지 ❹끈이나 실을 잡아매어 고리를 짓거나 마디를 엮어서 만든 치렛거리 ⓑ엄마는 재미로 매듭을 배우신다
매력 ⇒ 호릴맛. 감칠맛. 당길맛. 끌맛
매련 이름씨 어리석고 알아차림이 무딘 데가 있음 ⓑ매련 그만 떨고 얼을 차려야지 큰말 미련 **매련하다**
매련스럽다 그림씨 어리석고 알아차림이 무딘 데가 있다 ⓑ매련스럽기는 매한가지다 큰말 미련스럽다
매련통이 이름씨 몹시 미련한 사람 ⓑ제발 매련통이처럼 굴지 말고 좀 똑똑해져야지
매료 ⇒ 사로잡음. 사로잡힘. 홀림. 사로잡다. 끌다. 호리다. 눈길 끌다. 반하다. 홀리다. 사로잡히다. 빠지다. 미치다. 끌리다
매립 ⇒ 메움. 묻음. 메우다. 메다. 묻다. 파묻다
매립지 ⇒ 메운 땅

매만지다 움직씨 ❶더 곱고 좋게 하려고 손으로 가다듬다 ⓑ누이는 거울을 보면서 헝클어진 머리를 매만졌다 ❷손끝으로 조몰락거리며 자꾸 만지다 ⓑ나는 부드러운 이불깃을 매만지며 깊은 잠 속으로 빠져들었다
매매 ⇒ 사고팖. 흥정. 장사. 흥정하다. 사고팔다. 장사하다
매머드 ⇒ 옛코끼리. 매우 큰
매몰 ⇒ 묻음. 묻힘. 파묻음. 파묻힘. 묻다. 파묻다. 묻어두다. 묻히다. 파묻히다
매몰차다 그림씨 ❶살가운 맛이 없고 매우 쌀쌀맞다 ⓑ나는 헤어질 때 매몰차게 돌아섰다 ⇐ 야박하다 ❷목소리가 날카롭고 옹골지다 ⓑ아버지는 잘못을 저지른 아들을 매몰차게 나무랐다
매무새 이름씨 옷이나 머리 따위를 바로잡아 입거나 손질한 꼴새 ⓑ옷매무새를 바로잡다. 머리매무새
매무시 이름씨 옷을 입을 때 깔끔하도록 매고 여미는 뒷마무리 ⓑ나는 집을 나설 때마다 매무시를 잘 살폈다 **매무시하다**
매미[1] 이름씨 말매미, 참매미, 유지매미, 쓰르라미, 털매미, 애매미 따위를 통틀어 이르는 말. 말밑은 'ᄆᆞ암+이'로 '맴- 하는 것'
매미[2] 이름씨 ❶겨집 벗은 아랫도리 ❷몸 파는 겨집
매미채 이름씨 매미나 벌레를 잡는 데 쓰는 연장. 긴 막대 끝에 둥근 그물주머니가 달려 있다 ⓑ매미채로 고추잠자리를 잡았다
매번 ⇒ 때마다. 그때마다. 늘. 자주. 차례마다. 디위마다
매복 ⇒ 숨어있음. 몸감춤. 숨어있다. 몰래 숨다. 몸을 감추다. 엎드려 있다
매부 ⇒ 누이 버시
매부리코 이름씨 매부리같이 코끝이 안으로 휘어진 코. 또는 그런 코를 가진 사람 ⓑ내 버시는 매부리코에 입술이 얇다
매사 ⇒ 일일이. 일마다. 모든 일
매삼매삼 어찌씨 조마조마하여 안절부절못하고 돌아치는 모습 ⓑ어머니가 아프다는 얘

기를 듣고는 큰아들은 매삼매삼 마루를 서성였다

매상 (買上) ⇒ 사들이기

매상 (賣上) ⇒ 팔기. 판 돈머리

매생이 [이름씨] 마녘 바다 갯벌에서 잘 자라는 바닷말. 검푸른 빛에 대롱꼴이고 가지는 없다. 어린 파래와 비슷하나 더 가늘고 부드럽고 달다 [ㅂ]마녘 바닷가 마을에선 굴 넣은 매생잇국을 아주 즐겨 먹는다

매섭다 [그림씨] **1** 무서울 만큼 아주 매몰차고 쌀쌀맞다 [ㅂ]눈길이 매섭다 **2** 찬바람이 세게 불거나 매우 춥다 [ㅂ]바람이 매섭게 분다. 매서운 추위

매수 ⇒ 삼. 사들임. 꾀어냄. 사다. 사들이다. 제 쪽으로 끌어들이다. 돈으로 꾀어 들이다

매스게임 ⇒ 모둠뮘

매스껍다 [그림씨] **1** 먹은 것이 자꾸 올라올 듯한 느낌이 좀 있다 [ㅂ]수레멀미가 나서 속이 매스껍다 [큰말]메스껍다 **2** 마음가짐이나 짓 따위가 거슬리게 아니꼽다 [ㅂ]좀 높은 자리에 있답시고 뻐기는 꼴이 매스껍다

매스미디어 ⇒ 알림길. 두루알림새뜸. 두루알림길

매스컴 ⇒ 말길. 뭇주받. 두루알림길

매슥 [어찌씨] 먹은 것이 올라올 듯한 느낌이 나는 꼴 [ㅂ]아까부터 먹은 것이 매슥 올라올 듯 속이 울렁거린다 **매슥하다**

매슥거리다 [움직씨] 먹은 것이 올라올 듯한 느낌이 자꾸 나다 **매슥대다**

매슥매슥 [어찌씨] 먹은 것이 올라올 듯한 느낌이 자꾸 나는 꼴 [ㅂ]먹은 것이 매슥매슥 자꾸 올라온다 **매슥매슥하다**

매시간 ⇒ 때새마다. 한 때마다

매시근하다 [그림씨] 아프거나 지쳐서 온몸에 힘이 없고 나른하다 [ㅂ]부지런히 통나무를 쪼갰더니 팔다리가 매시근하다

매시기 ⇒ 그때마다. 때마다

매실나무 [이름씨] 잎보다 흰 꽃과 흰붉 꽃이 먼저 피어 맏여름에 푸른 매실을 따는 과일나무

매실매실 [어찌씨] 되바라지고 반드러워 얄미운 꼴 [ㅂ]남 일하는데 뒷짐이나 지고 이래라저래라 하니 속이 매실매실 뒤집힌다 **매실매실하다**

매양 ⇒ 언제나. 늘

매연 ⇒ 그을음내

매오로시 [어찌씨] 처음부터 끝까지 그대로 꼭 같이 [ㅂ]어머니는 예나 지금이나 매오로시 아버지를 사랑한다 [한뜻말]한결같이

매우 [어찌씨] 여느 보다 훨씬 더 [ㅂ]우리 오빠는 매우 믿음직하다

매우틀 [이름씨] 가지고 다닐 수 있게 만든 임금이 뒤보는 그릇 [ㅂ]지금도 옛 임금집에 가면 매우틀을 볼 수 있다 ⇐ 매화틀

매운바람 [이름씨] 살을 엘 듯이 몹시 찬 바람

매운탕 ⇒ 매운 찌개

매월 ⇒ 달마다. 다달이

매이다 [움직씨] **1** 끈이나 줄 따위 두 끝이 엇걸리고 잡아당겨져 마디가 만들어지다. '매다' 입음꼴 [ㅂ]구두끈이 잘 매였다 [맞선말]풀리다 **2** 끈이나 줄 따위가 몸에 둘리거나 감겨 마디가 만들어지다 [ㅂ]허리에 매인 돈 자루가 두툼하다 **3** 붙박인 것에 끈이나 줄 따위로 잇대어 묶이다 [ㅂ]쇠사슬에 매여 바둥거리는 강아지가 안쓰럽다 **4** 끈이나 줄 따위가 어떤 몬에 가로 걸리거나 드리워지다 [ㅂ]처마 밑에 매인 줄에 곶감이 먹음직스럽게 달려 있다 **5** 남이나 무엇에 딸려 부림을 받다 [ㅂ]그 머슴은 땅임자에 매여 늘 힘들게 일했다 **6** 억눌리거나 옭아지는 판에 놓이다 [ㅂ]아버지는 돈에 매여 사는 삶에서 좀처럼 벗어나지 못했다

매일 ⇒ 날마다. 나날이. 하루하루. 언제나. 툭하면

매일반 ⇒ 마찬가지. 매한가지

매입 ⇒ 사들이기. 사들임. 사다. 사들이다

매잡이[1] [이름씨] **1** 매듭이 단단한 세기 [ㅂ]매잡이가 아주 단단하다 **2** 일을 맺어 마무르는 것 [ㅂ]모든 일은 매잡이가 종요롭다

매잡이[2] [이름씨] **1** 매를 잡는 일 **2** 매를 잡는 사람 [ㅂ]눈 덮인 멧속에서 매잡이를 만났다 **매잡이하다**

매장 (賣場) ⇒ 파는 곳. 파는 데. 가게
매장 (埋藏) ⇒ 묻음. 묻힘. 묻다. 파묻다. 묻혀 있다. 깔아뭉개다. 따돌리다
매점 (賣店) ⇒ 가게
매점 (買占) ⇒ 사재기
매점매석 ⇒ 사재기
매정스럽다·매정하다 그림씨 얄미울 만큼 쌀쌀맞고 따뜻하지 않다 ⓑ딸은 매정스럽게도 딱 잘라서 더 도와줄 수는 없다고 말했다 ⇐ 야박하다
매제 ⇒ 누이버시
매조이 이름씨 매통이나 맷돌 이를 정으로 쪼아 날카롭게 하는 일 **매조이다 매조이하다**
매조이꾼 이름씨 매통이나 맷돌 이를 정으로 쪼아 날카롭게 하는 일로 밥벌이하는 사람 한뜻말매죄료장수
매조지 이름씨 ❶끝을 동여매서 단단히 매듭짓는 일 ⓑ떡싸개 매조지를 잘해서 들고 가기 쉽게 만들어라 ❷일 끝을 단단히 맺어 마무르기 ⓑ먼저 쓰던 글부터 매조지를 하고 다음 글쓰기로 가자 **매조지다**
매죄료장수 이름씨 매통이나 맷돌 닳은 이를 정으로 쪼아 날카롭게 만드는 일로 밥벌이하는 사람 한뜻말매조이꾼
매주 ⇒ 이레마다
매지구름 이름씨 비를 머금은 검은 조각구름 ⓑ매지구름 피어오르는 저 멧골짜기
매지근하다 그림씨 따뜻한 기운이 조금 있는 듯하다 ⓑ마룻바닥이 매지근하다 비슷한말매작지근하다 큰말미지근하다
매진 (賣盡) ⇒ 바닥남. 동남. 다 팔림. 바닥나다. 동나다. 떨어지다. 다 팔리다
매진 (邁進) ⇒ 힘씀. 애씀. 힘쓰다. 애쓰다. 힘들이다. 힘써 나아가다. 안간힘을 다하다
매질[1] 이름씨 ❶매로 때리는 것 ⓑ아이 키울 때 매질하면 아이 가슴에 거친 기운을 심어준다 ❷잘못을 고쳐주어 좋은 길로 이끎 ⓑ여러모로 모자라니 많이 가르쳐주고 매질해 주셔요 **매질하다**
매질[2] 이름씨 바람 같은 거죽에 매흙을 바르는 일 ⓑ누르흙 바른 부뚜막에 마무리로 매끄럽게 매흙질하였다 한뜻말매흙질 **매질하다**
매질[3] 이름씨 맷돌에다 낟알을 가는 일 ⓑ어머니는 손수 매질하여 콩죽을 쑤어 주었다
매질 ⇒ 이음몬. 맺음몬
매체 ⇒ 알림길. 알림노릇. 알림새뜸. 알림몬
매춘부 ⇒ 논다니
매출 ⇒ 팖. 내다팖. 팔다. 팔아먹다. 내다 팔다
매출가 ⇒ 파는 값
매출액 ⇒ 판돈. 팔린 돈머리
매캐하다 그림씨 내나 곰팡이 따위 냄새가 조금 맵고 싸하다 ⓑ고무 타는 냄새가 매캐하다
매콤하다 그림씨 냄새나 맛이 어느만큼 맵고 알알하다 ⓑ찌개 맛이 매콤하다
매큼하다 그림씨 냄새나 맛이 조금 매운 듯하다 ⓑ어린애가 벌써 매큼한 김치를 잘 먹는다
매통 이름씨 벼 겉껍질을 벗기는 데 쓰는 여름지이 연장. 통나무를 잘라 위아래 두 짝으로 되어 있다 ⓑ예전에는 매통, 절구, 맷돌 따위를 써서 낟알 껍질을 벗겼답니다 ⇐ 목마
매트 ⇒ 깔개
매트리스 ⇒ 푹신요
매표구 ⇒ 표 파는 데
매표소 ⇒ 표 파는 곳
매한가지 이름씨 이러나저러나 마찬가지 ⓑ둘 다 어리석기는 매한가지다
매해 ⇒ 해마다
매형 ⇒ 누나 버시
매혹 ⇒ 홀림. 얼빠짐. 호림. 얼뺌. 홀리다. 얼빠지다. 넋빠지다. 사로잡히다. 푹 빠지다. 호리다. 사로잡다. 얼빼다. 넋빼다
매화 ⇒ 매실나무꽃
매화틀 ⇒ 매우틀
매회 ⇒ 디위마다. 때마다
매흙 이름씨 흙바람이나 흙담을 곱게 바르는 데 쓰는 끈기 적은 보드라운 잿빛 흙 ⓑ매흙으로 담을 바르니 집 둘레가 깔끔해졌다

매흙물 이름씨 오지그릇 몸에 덧씌우는 물. 그릇에 물이나 김이 스며들지 못하게 하고 겉이 반질반질하게 한다 한뜻말 맷물. 오짓물 ⇐ 유약

맥 (脈) ⇒ 피뙴. 결뙴. 힘. 기운. 흐름. 일 속내

맥 (麥) ⇒ 보리

맥놀이 ⇒ 물결놀이. 뙴놀이

맥락 ⇒ 줄거리. 내림줄. 핏줄줄기

맥맥하다 그림씨 **1** 코가 막혀 숨쉬기가 갑갑하다 ㉥고뿔 기운으로 코가 맥맥하다 **2** 머리가 잘 돌지 않아 생각이 감감하다 ㉥어떤 말로 달래야 할지 맥맥하기 그지없었다 **3** 기운이 막혀 갑갑하다 ㉥어머니가 눈 빠지게 나를 기다린다고 생각하니 가슴 한 구석이 맥맥했다

맥박 ⇒ 피뙴. 결뙴

맥빠지다 ⇒ 힘빠지다. 김빠지다. 김새다. 헛김나다

맥아 ⇒ 보리길금. 엿기름

맥아당 ⇒ 엿. 보리엿

맥없이 ⇒ 힘없이. 시름없이. 기운없이

맥주 ⇒ 보리술

맥지근하다 그림씨 힘이 빠져 녹작지근하다 ㉥해가 뉘엿뉘엿 기울 무렵엔 온몸이 맥지근해져 더 걷기도 힘들었다

맥진 (脈盡) ⇒ 김빠짐. 힘빠짐. 김빠지다. 힘빠지다. 물 내리다. 지치다

맥진 (脈診) ⇒ 염뙴재기. 손목짚기

맥쩍다 그림씨 **1** 심심하고 재미가 없다 ㉥나는 그런 노래는 맥쩍어서 싫어 **2** 서먹하고 부끄러워 쑥스럽다 ㉥사내 말이 맥쩍어 겨집은 얼굴을 붉혔다

맨[1] 매김씨 가장. 여럿 가운데 첫째가는 ㉥맨 처음. 맨 먼저

맨[2] 어찌씨 다른 것은 섞이지 아니하고 온통 ㉥이곳에는 맨 참나무뿐이다

맨- 앞가지 다른 것이 없는 ㉥맨몸. 맨주먹

맨가슴 이름씨 아무것도 입지 않아 그대로 드러난 가슴 ㉥앞섶을 풀어 맨가슴을 드러내니 한결 시원했다

맨꽁무니 이름씨 아무 밑천 없이 맨주먹으로 일을 함. 또는 그렇게 일하는 사람 ㉥처음 장사하는 사람이 맨꽁무니로 어떻게 하려고 그래

맨날 어찌씨 **1** 날마다 늘 ㉥그는 맨날 배가 고프다고 한다 **2** 때를 가리지 않을 만큼 자주 ㉥윗집에선 맨날 시끄럽게 노랫소리가 들린다

맨눈 이름씨 눈거울 따위를 쓰지 않고 바로 보는 눈 ㉥그 벌레는 너무 작아서 맨눈으로는 잘 안 보인다

맨드라미 이름씨 온 누리에 퍼져 있는 비름무리 한해살이풀. 큰 줄기는 곧고 붉으며 잎은 어긋나고 달걀꼴이다. 여름에 닭벼슬 꼴 꽃줄기에 붉은빛, 노란빛, 흰빛 꽃이 핀다

맨드리 이름씨 **1** 옷을 입고 매만진 맵시 ㉥같은 옷도 입은 사람에 따라 맨드리가 다르다 **2** 몬이 만들어진 꼴새 ㉥물그릇 맨드리가 딱 내 마음에 든다

맨땅 이름씨 **1** 아무것도 깔지 않은 땅 ㉥맨땅에 앉아 버릇해서 궁둥이가 늘 지저분하다 **2** 거름을 주거나 가꾸지 않은 땅 ㉥우리집은 맨땅에 남새를 길러 먹는다 익은말 **맨땅에 머리를 박다** 터무니없는 일에 덤벼들거나 다른 이 도움 없이 혼자서 일을 해가다

맨몸 이름씨 **1** 아무것도 입지 않은 몸 ㉥푸름이는 맨몸으로 씻으러 들어갔다 한뜻말 알몸 **2** 아무것도 가지지 못한 매개 ㉥언니는 맨몸으로 새 일을 벌였다

맨바닥 이름씨 아무것도 깔지 않은 바닥 ㉥물것이 많으니, 맨바닥에 함부로 앉지 마라

맨발 이름씨 아무것도 신지 않은 발 ㉥나는 맨발로 흙길을 잘 걷는다 익은말 **맨발 벗고 나서다** 스스로 힘껏 나서다

맨밥 이름씨 **1** 건건이 없는 밥 ㉥갓 지은 따끈한 밥은 맨밥만 먹어도 아주 맛있다 **2** 좁쌀로만 지은 밥 ㉥오랜만에 차지고 맛난 맨밥을 배불리 먹었다 한뜻말 강조밥

맨살 이름씨 아무것도 입거나 걸치지 않아 그대로 드러난 살 ㉥나는 맨살에 찬물 닿는

것을 엄청 싫어한다

맨션 ⇒ 큰집. 좋은집. 큰모둠집

맨손 [이름씨] **1**아무것도 끼거나 감지 않은 손 ㉥맨손으로 눈을 뭉쳐 눈사람을 만들었더니 손이 얼얼하다 **2**아무것도 가지지 않은 매개 ㉥뒷집 아우는 맨손으로 서울 가서 큰돈을 벌었다 비슷한말빈손 **3**벌이가 없고 가진 것도 없는 사람 ⇐ 백수

맨손맛갓 [이름씨] 숟가락, 젓가락 없이 손으로 쉽게 집어 먹을 수 있는 맛갓 ⇐ 핑거푸드

맨손몸뭠 [이름씨] 아무것도 가지지 않고 맨손으로 하는 몸뭠 ⇐ 맨손체조

맨손씨름 [이름씨] 맨손으로 넘어뜨리거나 조르거나 눌러 이기는 놀이 ⇐ 유도

맨손체조 ⇒ 맨손몸뭠

맨송맨송 [어찌씨] **1**머리나 털 같은 곳에 털이 없어 반반한 꼴 ㉥우리 집안은 나룻이 많지 않아 턱이 맨송맨송 깨끗하다 큰말맨숭맨숭 **2**메에 나무와 풀이 없어서 반반한 모습 ㉥옛날 서라벌 마메는 나무 한 그루 없는 맨송맨송 벌거숭이였다 **3**술을 마시고도 얼이 조금도 흐릿하지 않고 말짱한 꼴 ㉥늘끝 언니는 말술을 마시고도 맨송맨송 멀쩡했다 **4**아무 일거리도 없는 꼴 ㉥이렇게 맨송맨송 있다가는 다 굶어죽을 판이니 우리 들고 일어나요

맨송맨송하다 [그림씨] **1**머리나 털 같은 곳에 털이 없어 반반하다 ㉥아버지는 맨송맨송한 아래턱을 만지작거렸다 큰말맨숭맨숭하다 **2**메에 나무와 풀이 없어서 반반하다 ㉥맨송맨송한 메는 오를 맛이 안 난다 **3**술을 마시고도 얼이 조금도 흐릿하지 않고 말짱하다 ㉥오늘은 아무리 마셔도 술기운이 돌지 않고 맨송맨송하네 **4**아무 일거리도 없어 심심하고 멋쩍다 ㉥맨송맨송한 날이 이어져 지겹다

맨숭맨숭 [어찌씨] '맨송맨송' 큰말 ㉥나룻을 깎고 맨숭맨숭 깔끔해진 턱을 쓰다듬는다. 그렇게나 술을 마시고도 맨숭맨숭 얼이 말짱하다니!

맨숭맨숭하다 [그림씨] '맨송맨송하다' 큰말 ㉥시골살이에 익숙하지 않은 보리한테는 나날이 맨숭맨숭한 날이었다

맨앞·맨앞장 [이름씨] 앞장서거나 맨 앞인 사람 ⇐ 선봉. 필두

맨앞낳일 [이름씨] 새로운 솜씨나 재주를 써서 벌이를 잘하는 낳일 ⇐ 첨단산업

맨얼굴 [이름씨] 꾸밈거리를 바르거나 문질러 곱게 다듬지 않은 처음 얼굴 ㉥맨얼굴로 지내다 보면 당최 꾸미고 가꿀 마음이 안 들어 비슷한말민낯

맨입 [이름씨] **1**아무것도 먹지 않은 입 ㉥집으로 찾아온 손님을 맨입으로 보내다니 **2**아무런 값도 치르지 않음 ㉥사람살이에서 맨입으로 되는 일이 거의 없다 [슬기말] **맨입으로 드난한다** 할 일은 하지 않고 말만 늘어놓는다

맨주먹 [이름씨] **1**아무것도 가지지 않은 빈주먹 ㉥망이는 덤벼오는 놈들과 맨주먹으로 싸웠다 **2**돈 따위가 마련되지 않음을 비겨 이르는 말 ㉥아버지는 맨주먹으로 그 일을 일구어냈다

맨처음 [이름씨] 일이 생기기 비롯한 처음 ⇐ 애당초. 애시당초

맨털터리 [이름씨] 어떤 일을 하는데 아무것도 없이 맨손뿐인 것 ㉥여름지이 도와준다고 온 사람들이 일손싸개도 없이 모두 맨털터리였다 한뜻말매나니

맨홀 ⇒ 땅구멍

맬띠 [이름씨] 수레나 날틀에서 사람 몸을 앉개에 붙들어 매는 띠. 사달이 났을 때 세게 부딪치지 않게 한다 한뜻말걸띠 ⇐ 안전띠. 안전벨트

맴 [이름씨] **1**서서 몸을 뱅뱅 돌리는 일 **2**동그라미를 그리며 빙빙 도는 일

맴돌다 [움직씨] **1**제자리에서 몸을 뱅뱅 돌다 ㉥맴돌기 놀이를 하면 머리가 어지럽고 속이 메스껍다 **2**어떤 곳에서 빙빙 돌며 움직이다 ㉥사람들은 두 손바닥을 가슴 앞에 모은 채 쌍 언저리를 맴돌았다 **3**생각이나

느낌, 모습 따위가 자꾸 떠오르다 ⓑ헤어지기를 못내 아쉬워하던 동무 얼굴이 눈가에 맴돈다 ❹더 나아지지 않고 제자리걸음하다 ⓑ애써 여름지이한 쌀값이 올해도 바닥을 맴돈다

맴돌말 (이름씨) 기둥 둘레 둥근 널 위에 나무말을 여럿 매달아 사람을 태워 빙글빙글 돌아가게 하는 놀이틀 ⇐ 회전목마

맴돌이 (이름씨) ❶맴을 도는 일 ❷소용돌이치기 ❸반반낯 그림꼴이 같은 반반낯 위에 있는 한 곧은 금을 굴대로 하여 한 바퀴 돌았을 때 이루어진 덩이 한뜻말 돌림덩이 ⇐ 회전체

맴맴[1] (이름씨) ❶'맴' 힘줌말 ❷(어찌씨) 아이들이 맴을 돌 때에 부르는 소리나 그 모습 ⓑ고추 먹고 맴맴 달래 먹고 맴맴

맴맴[2] (어찌씨) 매미가 우는 소리 ⓑ한여름이면 매미들 맴맴 소리가 온 누리를 가득 메운다

맵다 (그림씨) ❶고추나 겨자와 같이 맛이 알알하다 ⓑ김치가 맵다 ❷마음씨가 사납고 모질다 ⓑ시집살이가 맵다 ❸날씨가 몹시 춥다 ⓑ겨울바람이 맵다 ❹내 따위가 눈이나 코를 아리게 하다 ⓑ나무 태우는 내가 맵다 ❺곧고 바르며 맺고 끊는 힘이 있고 야무지다 ⓑ아우는 일을 맵게 잘 치른다

맵시 (이름씨) 아름답고 보기 좋은 꼴새 ⓑ옷차림이 맵시가 있다 ⇐ 태깔

맵시꾼 (이름씨) 새 옷을 선보일 때 그것을 입고 사람들 앞에서 옷맵시를 보이는 사람 ⇐ 패션모델

맵시짓 (이름씨) 맵시를 부리는 몸짓 ⇐ 태가락

맵싸하다 (그림씨) 맵고 싸하다 ⓑ고추가 맵싸하다

맵자하다 (그림씨) 꼭 맞게 어울려 맵시가 있다 ⓑ네가 그 옷을 입으니 맵자하게 잘 맞는구나

맵짜다 (그림씨) ❶맛갓 맛이 맵고 짜다 ⓑ엄마가 만든 먹거리는 모두 맵짰다 ❷바람 따위가 매섭게 사납다 ⓑ맵짠 바람이 휘몰아친다 ❸야무지고 옹골차다 ⓑ보기보다 살림 솜씨가 맵짜다는 소리를 들었어

맷가마리 (이름씨) 매맞아 마땅한 사람

맷돌 (이름씨) 낟알을 가는 데 쓰는 돌로 만든 연장. 둥글넓적한 두 짝을 포개고 윗돌 구멍에 낟알을 넣으면서 손잡이를 돌려서 간다 ⓑ삶은 콩을 맷돌에 곱게 갈아 콩국수를 만들었다 한뜻말 돌매

맷맷하다 (그림씨) 생김새가 매끈하게 곧고 길다 ⓑ자작나무들은 하나같이 맷맷해서 보기 좋아 큰말 밋밋하다

맷물 (이름씨) 매흙물 한뜻말 오짓물 ⇐ 유약

맷방석 (이름씨) 맷돌을 돌릴 때 밑에 까는 둥근 짚 멍석 ⓑ어릴 적 자주 쓰던 맷방석은 지름이 2미터쯤 되었을까?

맷손 (이름씨) ❶매통이나 맷돌을 돌리는 손잡이 ⓑ맷손을 잘 잡고 힘주어 돌려라 ❷매질할 때 매가 세고 여리기 ⓑ다 같은 손인데도 새어머니 맷손은 유난히 맵다

맷집 (이름씨) ❶매를 견뎌내는 힘 ⓑ빛구름은 몸집이 작아도 맷집은 좋다 ❷때려도 잘 견딜 만하게 통통한 살집 ⓑ보람이는 너무 말라 맷집이 없어 보인다

맹견 ⇒ 사나운 개

맹견주의 ⇒ 개살핌

맹공·맹공격 ⇒ 세게 침. 힘차게 침. 세게 치다. 호되게 쳐부수다. 세차게 쳐부수다. 힘차게 쳐들어가다. 힘차게 밀어붙이다

맹꽁 (어찌씨) 맹꽁이 우는 소리

맹꽁맹꽁 (어찌씨) 맹꽁이가 자꾸 우는 소리 **맹꽁맹꽁하다**

맹꽁이 (이름씨) ❶개구리와 비슷하나 머리가 작고 몸집이 통통하며 누런 바탕에 푸른빛 또는 검은빛 무늬가 있는 물뭍 숨받이. 밤에 벌레를 잡아먹고 여름철 흐리거나 비 올 때 시끄럽게 운다 ❷똑똑하거나 야무지지 못하고 생각이 돌아가지 않는 막힌 사람 ⓑ맹꽁이도 그런 맹공이가 없어, 시키는 일은 눈곱만큼도 어기지 않아 (슬기말) **오뉴월 맹꽁이도 울다가 그친다** 끝없이 이어질 것 같은 일도 마침내 끝이 있다

맹독 ⇒ 센 죽이개

맹랑하다 ⇒ 어이없다. 딱하다. 어렵고 딱하다. 똘똘하고 깜찍하다. 깜찍하다

맹렬하다 ⇒ 사납다. 세차다. 드세다. 거세다. 억세다. 뜨겁다. 힘차다

맹목적 ⇒ 덮어놓고. 도나캐나. 마구.

맹문 이름씨 ❶일이 벌어져 온 흐름 ㉥너는 맹문도 모르고 덤빈다고 일이 될 것 같으냐? ❷일이 벌어져 온 흐름을 알지 못함 ㉥살림 일에 맹문인 사람한테 나라살림을 맡기면 어떻게 되나?

맹문이 이름씨 일이 벌어져 온 흐름을 알지 못하는 사람 ㉥나라 바깥에서 열 해를 보냈지만 푸름이는 나라 안 다스림에 맹문이가 아니었다

맹물 이름씨 ❶아무것도 타지 않은 물 ㉥그는 살 빼려고 사흘 동안 맹물만 조금 마셨다 ❷말과 하는 짓이 야무진 데 없이 묽고 싱거운 사람 ㉥재주깨나 있나 했더니 아주 맹물이네!

맹세 ⇒ 다짐. 다짐하다

맹수 ⇒ 무서운 짐승. 사나운 짐승. 범

맹신 ⇒ 눈먼 믿음. 그냥 믿음. 빠지다. 미치다. 덮어놓고 믿다

맹아[1] (盲兒) ⇒ 소경아이. 눈먼아이

맹아[2] (盲啞) ⇒ 소경과 벙어리

맹아[3] (萌芽) ⇒ 싹. 새싹. 눈. 움. 처음

맹연습 ⇒ 힘껏 해보기. 힘껏 익히기

맹위 ⇒ 거센 힘. 거센 기운. 서슬 푸름

맹인 ⇒ 소경. 장님. 봉사. 판수. 눈먼이

맹장 (盲腸) ⇒ 막창자. 막힌밸

맹장 (猛將) ⇒ 날랜싸울아비. 힘센싸움이. 사나운이

맹점 ⇒ 어둔 점. 못본 점. 어두운 점. 미치지 못한 점. 좋지 못한 바. 안 보이는데

맹종 ⇒ 덮어놓고 따름. 덮어놓고 따르다. 덮어놓고 좇다. 무턱대고 따르다

맹추 이름씨 똑똑하지 못하고 흐리멍덩한 사람 ㉥그것도 모르면 맹추지

맹추위 ⇒ 매서운 추위. 매운 추위

맹탕 ⇒ 싱거운 국. 맹물 같은 국. 무턱대고 그냥. 옹골차지 못한 이. 싱거운 사람

맹호 ⇒ 범. 사나운 범

맹활약 ⇒ 눈부신 움직임. 뛰어난 움직임. 힘찬 움직임

맺다 움직씨 ❶물방울이나 땀방울 따위가 생겨나 있다 ㉥풀잎에 이슬이 맺었다 ❷열매나 꽃망울을 이루다 ㉥올해는 감나무가 감을 많이 맺었다 ❸실이나 끈을 얽어 매듭을 만들다 ㉥풀리지 않게 단단히 노끈 매듭을 맺은 걸 보니 참 꼼꼼한 사람이구나 ❹하던 일을 끝내다 ㉥그 이야기는 그렇게 끝을 맺는구나 ❺어떤 사이나 줄을 이루다 ㉥늘봄은 일벗으로 지내던 새봄과 가시버시 사이를 맺었다

맺히다 움직씨 ❶물방울이나 땀방울 따위가 생겨 매달리다. '맺다' 입음꼴 ㉥새파란 풀잎에 맺힌 이슬방울 ❷열매나 꽃망울 따위가 생겨나다 ㉥앞뜰 어린 감나무에 감이 제법 맺혔다 ❸실이나 끈 따위가 얽혀 매듭이 만들어지다 ㉥단단히 맺힌 매듭을 푸느라 애먹었다 ❹살 속에 피가 뭉치다 ㉥모서리에 부딪힌 다리에 피멍이 맺혔다 ❺풀리지 않고 응어리로 남아 있다 ㉥가슴에 가득 맺힌 이 설움을 어이할거나 익은말 **맺힌 데가 있다** ❶탁 트이지 못하고 막힌 데가 있다 ❷사람 됨됨이가 꽉 짜인 데가 있다

머거리 이름씨 부리그물

머구리[1] 이름씨 개구리

머구리[2] 이름씨 부리그물

머귀나무[1] 이름씨 잎이 아주 넓고 크며 나무는 빨리 자라고 가볍고 물러 옷넣개를 만들거나 가락틀을 만드는 데 쓴다 ⇐ 오동나무

머귀나무[2] 이름씨 줄기 높이는 15m쯤이고 가시가 많으며 잎은 깃꼴 겹잎으로 길둥글며 잔 톱니가 있는 나무

머금다 움직씨 ❶입속에 넣은 채 뱉거나 씹거나 삼키거나 하지 않다 ㉥나는 소금물을 입안에 한참 머금었다 ❷눈에 눈물을 글썽거리기만 하고 흘리지 않다 ㉥눈물을 머금

고 어서 가라는 손짓만 했다 [3]생각이나 느낌을 얼굴이나 몸짓에 조금 드러내다 [ㅂ]얼굴에 기쁨을 머금었다 [4]풀이나 나무가 이슬이나 빗방울 같은 물기를 지니다 [ㅂ]아침이슬 머금은 저 꽃잎을 보라! [5]어떤 기운을 띠거나 품다 [ㅂ]햇살 가득 머금은 땅을 맨발로 걸어보라

머나멀다 [그림씨] 매우 멀다 [ㅂ]머나먼 길을 걸어 여기 왔다

머드러기 [이름씨] [1]과일이나 남새, 물고기 따위 많은 것 가운데 다른 것에 견주어 크거나 굵은 것 [ㅂ]그렇게 머드러기만 빼가면 나머지는 팔지 못해요 [2]여럿 가운데 가장 좋은 몬이나 사람 [ㅂ]서울 아재는 우리 집안 머드러기로 늘 여겨졌다

머루 [이름씨] 멧골짜기 나무숲에 자라며 넓적한 잎이 달리는 잎지는 덩굴나무. 덤불을 이루거나 다른 나무에 감겨 올라 살며 가을에 열매가 검게 익고 잎은 붉게 물든다. 잘 익은 머루는 날로 먹거나 술을 담근다 [슬기말] **소경 머루 먹듯** 좋고 나쁨을 가리지 못하고 이것저것 아무것이나 가지는 꼴

머루단것 [이름씨] 과일이나 벌꿀에 들어 있는 단 것 ⇐ 포도당

머리[1] [이름씨] [1]사람이나 짐승 목 위쪽에 얼굴과 머리털이 있는 곳 [ㅂ]머리를 끄덕였다 [2]사람 몸에서 머릿골이 들어 있고 단단한 뼈로 둘러싸인 곳 [ㅂ]머리가 띵하고 아프다 [3]생각하고 헤아리는 재주 [ㅂ]푸름이는 머리가 좋다 [4]머리에 난 털. 머리털 [ㅂ]머리를 감았더니 개운하다 [5]무리 가운데 우두머리 [ㅂ]배둥이 각시는 마을 꽃님 모임 머리 노릇을 한다 [6]몬 앞쪽이나 위 [ㅂ]짐을 잔뜩 실은 배가 왼쪽으로 더 기울기 앞에 재빨리 머리를 오른쪽으로 돌려 바로잡았다 [7]일이 비롯하거나 맨 처음 [ㅂ]새로 만들려는 동아리 일이 머리부터 잘 풀려가니 기쁘다 [8]어떤 때가 비롯될 무렵 [ㅂ]해 뜰 머리 [9]한쪽 옆이나 가장자리 [ㅂ]밥놓개머리에 숟가락이 가지런히 놓였다 [10]일 한 차례나 한 판 [ㅂ]한 머리 큰바람이 지나고 고요해졌다 [11]소리표에서 희거나 검은 둥근 곳 [ㅂ]온소리표 머리는 하얗다 [익은말] **머리를 얹다** 땋아 늘어뜨린 머리를 걷어 올려서 낭자를 한 데서 겨집이 시집을 가다 **머리를 모으다** 여럿이 함께 일을 꾀하거나 생각을 나누다 **머리를 숙이다** [1]무릎 꿇거나 굽실거리는 마음가짐을 보이다 [2]마음속으로 크게 느끼어 받아들이거나 우러르는 뜻을 나타내다 **머리를 싸매다** 있는 힘과 마음을 다하다 **머리를 짜다** 몹시 애를 써서 생각하다

머리[2] [이름씨] [1]덩어리를 이룬 숱 크기 [ㅂ]올해 벌어들인 돈 가운데 가장 큰 머리는 곶감을 팔아 번 것이다 [2]얼마라고 이름 붙인 돈 크기 [ㅂ]받을 돈머리가 얼마지?

머리글 [이름씨] 책이나 글 따위 첫머리에 책 속내나 글 쓴 속뜻을 간추려 적은 글 [ㅂ]머리글 이야기만으로도 글쓴이가 우리말을 얼마나 아끼는지 알 수 있다 한뜻말 머리말. 앞글 ⇐ 전문

머리글자 [이름씨] [1]알파벳을 쓸 때 낱말이나 글월 처음에 쓰는 큰 글자 ⇐ 대문자 [2]한 낱말 첫머리에 나오는 글자

머리깎개 [이름씨] 머리를 깎을 때 쓰는 틀. 빗처럼 생긴 두 날 칼을 겹쳐 그 가운데 하나를 움직여 머리털을 자른다. 이 틀을 만든 곳 이름이 '바리캉'이다 ⇐ 바리캉. 이발기

머리깎이 [이름씨] 돈을 받고 남 머리털을 깎아 다듬는 사람 ⇐ 이발사

머리꼭대기 [이름씨] 사람 머리 위 한가운데 [ㅂ]마음을 머리꼭대기에 두고 그곳에서 일어나는 느낌을 알아차려요 [익은말] **머리꼭대기에 앉아 있다** 다른 사람 생각이나 짓을 꿰뚫어 그를 얕잡아 본다

머리꼭두 [이름씨] 머리 가장 높은 곳 [ㅂ]가을이는 머리꼭두에 벼락이 떨어져도 꿈쩍 않을 사람이야

머리꼭지 [이름씨] 머리 맨 위 가운데 [ㅂ]할아버지는 내 동무들을 머리꼭지에서 발끝까지 하나하나 살펴보셨다

머리꽂이 이름씨 머리에 치레로 꽂는 꾸미개 ⓑ순이는 머리꽂이로 흰 조팝나무 꽃을 꽂았다 비슷한말머리꾸미개

머리꾸미개 이름씨 머리 치레할 때 꽂아 꾸미는 몬 ⓑ나는 머리꾸미개 없는 민머리가 좋다 비슷한말머리꽂이

머리꾸밈새 이름씨 머리를 다듬어 보기 좋게 꾸미는 꼴 ⇐ 헤어스타일

머리끝 이름씨 머리 위 맨 가장자리 또는 머리털 끝 ⓑ머리끝에서 발끝까지 온몸에 가녀린 떨림이 흐른다

머리띠 이름씨 이마나 머리에 둘러매는 띠 ⓑ노란 머리띠가 참 예쁘다 ⇐ 헤어밴드

머리막이쓰개 이름씨 머리가 부딪쳐 다치는 것을 막으려고 하는 쓰개. 흔히 쇠나 플라스틱으로 되어 있고 바드러운 곳에서 일하는 사람들이나 저절두바퀴 수레꾼들이 쓴다 ⇐ 헬멧

머리말 이름씨 **1** 책이나 글 따위 첫머리에 책 속내나 책 쓴 속뜻을 간추려 적은 글 ⓑ책을 읽을 때 머리말부터 찬찬히 읽어나가면 책 속내를 가늠할 수 있다 한뜻말머리글 ⇐ 서문. 프롤로그 **2** 말이나 글, 이야기 따위에서 말하려는 속내를 간추려 먼저 알리는 대목 ⓑ바로 이 대목이 바탕글 머리말이라고 볼 수 있다 ⇐ 서론

머리말리개 이름씨 젖은 머리를 말리는 틀. 찬바람이나 더운 바람이 나오며 머리 꼴을 다듬는 데도 쓴다 ⇐ 헤어드라이어

머리맡 이름씨 누운 사람 머리 바로 위나 가까이 ⓑ잠든 아이 머리맡에 이야기책이 있다

머리매무새 이름씨 머리를 얌전하고 바르게 다듬는 일 또는 그런 모습 ⓑ어머니는 거울을 보며 옷깃을 여미고 머리매무새를 가다듬었다

머리무덤 이름씨 쫑귀 지린고장에 있는 가고리 때 돌무덤 ⇐ 장군총

머리방 이름씨 겨집 머리나 얼굴을 곱게 다듬어 주는 가게 ⇐ 미용실. 헤어숍

머리불 이름씨 수레나 두바퀴 앞쪽에 달아 비추는 밝힘불 ⇐ 전조등. 헤드라이트

머리빗 이름씨 머리를 빗는 데 쓰는 가늘고 긴 살이 달린 몬 ⓑ나는 촘촘한 머리빗이 좋다

머리뼈 이름씨 사람이나 짐승 머리를 이루는 뼈 ⓑ사람 머리뼈는 머릿골을 싸고 있는 머릿골 머리뼈와 얼굴을 이루고 있는 얼굴 머리뼈로 크게 나뉜다 ⇐ 두개골

머리새뜸 이름씨 가장 종요로운 새뜸. 새뜸에서는 눈에 잘 띄는 맨 위쪽에 싣고 널냄에서는 맨 먼저 다룬다 ⇐ 톱뉴스

머리쓰개 이름씨 머리에 얹거나 덮어쓰는 몬 ⓑ머리쓰개가 잘 어울린다 ⇐ 모자

머리채 이름씨 길게 늘어진 머리털 ⓑ머리채를 잡을 만큼 크게 싸웠다

머리처네 이름씨 시골 아낙네가 나들이할 때 머리에 쓰던 쓰개. 장옷보다 짧고 소매가 없다 한뜻말처네

머리천 이름씨 머리에 둘러 감는 천. 시크 가르침을 믿는 사람들이 많이 쓴다

머리치레 이름씨 머리를 보기 좋게 꾸미는 일 ⓑ머리치레하는 데 오래 걸린다 **머리치레하다**

머리카락 이름씨 머리털 하나하나 가닥 ⓑ나는 여름철에 머리카락이 많이 빠진다 한뜻말머리. 머리털 준말머리칼 익은말 **머리카락이 서다** 몹시 놀라거나 무서움을 느끼다 슬기말 **머리카락에 홈 파겠다** 생각이 좁고 너그럽지 못하다. 솜씨가 매우 꼼꼼하다

머리칼 이름씨 '머리카락' 준말 ⓑ머리칼이 바람에 날린다

머리털 이름씨 머리에 난 털 ⓑ머리털이 반질반질하고 매끄럽다 한뜻말머리. 머리카락 익은말 **머리털 나고 처음이다** 이제까지 한 차례도 겪어보지 못한 일을 처음으로 겪다 **머리털이 곤두서다** 무섭거나 놀라서 마음이 졸아들고 날카로워지다

머리통 이름씨 **1** 머리둘레 ⓑ나는 태어날 때부터 머리통이 크다 **2** '머리' 낮춤말 ⓑ언니는 꼬박꼬박 말대꾸하는 아우 머리통을

쥐어박았다

머리핀 ⇒ 머리꽂이

머릿결 이름씨 머리카락 생김새 ㉥부러워라, 빛나는 머릿결을 가졌네

머릿골 이름씨 머리뼈 속에 있는 골 ㉥머릿골이 비었나? ⇐ 두뇌

머릿기름 이름씨 머리 꼴새를 좋게 하거나 머리칼을 튼튼하게 하려고 머리에 바르는 기름 ㉥옆집 멋쟁이 아저씨는 언제나 번들번들 머릿기름을 바르고 다닌다

머릿돈 이름씨 어떤 일을 비롯할 때 먼저 내는 돈 ⇐ 착수금

머릿돌 이름씨 큰 집 따위를 지을 때 짓는 사람이나 날짜 같은 것을 새겨 앉히는 돌 ㉥집채가 언제 지어졌는지를 알려면 머릿돌에 적힌 날짜를 보면 된다

머릿방 이름씨 안방 뒤나 옆에 붙은 방 ㉥안방에서 모여 살았고 손님이 오면 머릿방에 군불을 넣었다 한뜻말 멀방

머릿살 이름씨 ❶머릿속에 있는 얼날 줄 ❷머리 또는 머릿속 ㉥그 일만 생각하면 머릿살이 아프다 익은말 **머릿살을 앓다** 골치를 앓다 **머릿살이 아프다** 골치가 아프다 **머릿살이 어지럽다** 마음이 어수선하고 뒤숭숭하다

머릿속 이름씨 ❶생각 따위가 이루어지는 머리 안 ㉥머릿속에 생각이 많아서 잠이 오지 않는다 ❷골이 차 있는 머리뼈 속 익은말 **머릿속이 비다** 알아서 깨닫거나 생각하는 힘이 없다

머릿이름 이름씨 ❶앞에 세우는 이름 ❷첫 닿소리나 글씨를 하나씩 따서 이은 새 이름 ⇐ 이니셜

머무르다 움직씨 ❶움직이거나 나아가다가 멈추다 ㉥긴수레가 한밭나루에 머물렀다 준말 머물다 ❷움직이지 않고 한자리에 그대로 있다 ㉥사흘을 집에만 머물렀더니 좀이 쑤신다 ❸어떤 자리에서 더 나아가지 못하고 그치다 ㉥올 한 해 애써 더 일했으나 벌이는 제자리에 머물렀다

머무름표 이름씨 글월 꼴말 ';' 이름. 글월을 끊었다가 이어 풀이할 때 쓴다 한뜻말 마침쉼표 ⇐ 세미콜론

머무적거리다 움직씨 말이나 짓을 시원스럽게 안 하고 자꾸 망설이면서 꾸물대다 ㉥제 생각을 말할까 말까 잠깐 머무적거렸다 한뜻말 머뭇거리다 **머무적대다**

머무적머무적 어찌씨 말이나 짓을 시원스럽게 안 하고 자꾸 망설이면서 꾸물대는 모습 **머무적머무적하다**

머물다 움직씨 '머무르다' 준말 ㉥열흘 머물 마련이 되었나요?

머뭄번힘·멎번힘 이름씨 몬을 비빌 때 생기는 번힘처럼 뛰지 않고 머무르는 번힘 ⇐ 정전기

머뭇거리다 움직씨 말이나 짓 따위를 선뜻 못하고 자꾸 망설이다 ㉥그렇게 머뭇거리지만 말고 할 말 있으면 맘 놓고 해 봐 한뜻말 머무적거리다 **머뭇대다**

머뭇머뭇 어찌씨 말이나 짓 따위를 선뜻 못하고 자꾸 망설이는 모습 ㉥겨우 입을 떼고 머뭇머뭇 말했다 **머뭇머뭇하다**

머뭇하다 움직씨 말이나 짓 따위를 선뜻 못하고 잠깐 망설이다 ㉥손을 들까 말까 머뭇하는 사이에 그만 차례를 놓쳤다

머슴 이름씨 흔히 여름지기 집에서 먹고 자며 일을 해주고 삯을 받던 사내 ㉥저 집은 머슴을 둘이나 두었다

머슴살이 이름씨 남 집에서 머슴꾼으로 살아가는 것 ㉥머슴살이를 스무 해나 했다 **머슴살이하다**

머시마 이름씨 사내아이 ㉥짓궂기로 말할 것 같으면 어지간한 머시마도 그 가시나를 따라오지 못했다 한뜻말 머스마 맞선말 가시나

머시마동무 이름씨 사랑하는 사이인 머시마 한뜻말 머시마벗 맞선말 가시나동무. 꽃동무. 꽃벗 ⇐ 남자친구. 보이프렌드

머쓱하다 그림씨 ❶키가 어울리지 않게 커서 멋없다 ㉥똘이는 키만 머쓱하게 클 뿐 마음은 아기 같아 ❷얼굴 깎이는 일을 겪어

열없다 ⓑ핀잔받고 머쓱해서 어깨를 들썩했다

머위 이름씨 물기 있는 메와 들에서 절로 나기도 하고 가꾸기도 하는 여러해살이풀. 이른 봄 부드럽고 무른 꽃대 꼴 줄기가 먼저 나오고 둥근 잎이 줄기 밑에서 올라오는데 잎과 줄기는 나물로 먹는다

머저리 이름씨 똑똑하지 못하고 얼떨떨한 사람 ⓑ이 머저리 같은 사람아, 얼 좀 차려 한뜻말멍텅구리. 모지리

머지다 움직씨 ❶종이솔갯줄이 저절로 끊어지다 ⓑ센 바람에 줄이 머진 채 종이솔개가 하늘 높이 날아갔다 ❷머무르다 ❸맡기다

머지않아 어찌씨 오래 걸리지 않아 ⓑ머지않아 봄이 온다

머춤하다 움직씨 잠깐 멈칫하다

머츰하다 그림씨 이어서 내리던 눈이나 비 따위가 잠깐 잦아들어 멎는 듯하다 ⓑ아침이 되니 빗발이 조금 머츰하다

머플러 ⇒ 목도리

머흘다 그림씨 거칠고 사납다 ⓑ흰 눈이 잦아진 골에 구름이 머흘레라

먹[1] 이름씨 ❶벼루에 물을 붓고 갈아서 글씨를 쓰거나 그림을 그리는 데 쓰는 검은 몬 ⓑ먹을 갈다 ❷벼루에 먹을 갈아 만든 검은 물 ⓑ먹으로 그린 그림 한뜻말먹물 슬기말 **먹을 가까이하면 검어진다** 좋지 못한 사람과 사귀면 그 사람을 닮아 나쁜 것에 물든다

먹- 앞가지 검은빛 ⓑ먹구름. 먹감. 먹돔. 먹나비

먹거리 이름씨 사람이 살아가려고 먹는 온갖 것 ⓑ깨끗한 먹거리가 깨끗한 몸을 만든다고 생각해 비슷한말먹을거리 ⇐ 양식

먹거지 이름씨 여러 사람이 모여서 벌이는 잔치 ⓑ겨울에는 시골 사람들도 자주 모여 먹거지를 벌인다 ⇐ 회식. 파티

먹구렁이 이름씨 누룩뱀. 검은 무늬가 많고 크다

먹구름 이름씨 ❶몹시 검은 구름 ⓑ비가 내리려는지 먹구름이 하늘을 가득 덮었다 ❷어떤 일이 좋지 않은 때에 놓임 ⓑ두 사람 사이에 먹구름이 끼어있는 것 같다

먹국 이름씨 주먹 속에 쥔 몬 수를 알아맞히는 아이들 놀이

먹그릇 이름씨 벼루에 먹을 갈 때 쓰는 물을 담아 두는 그릇 ⇐ 연적

먹꾼 이름씨 이야기를 듣는 사람 한뜻말듣는이 ⇐ 청취자

먹다[1] 움직씨 ❶먹거리 따위를 입을 거쳐 배 속에 들여보내다 ⓑ밥을 먹다 ❷담배 따위를 피우다 ⓑ담배를 먹다 ❸내 따위를 들이마시다 ⓑ탄내를 먹다 ❹어떤 마음이나 느낌을 품다 ⓑ마음을 단단히 먹어! ❺나이를 더하거나 어떤 나이에 이르다 ⓑ스무 살 먹은 젊은이 ❻무섭거나 놀랍다고 느끼다 ⓑ무서움 먹은 얼굴 ❼꾸중이나 핀잔 따위를 듣거나 겪다 ⓑ실컷 일해주고 핀잔만 잔뜩 먹었네 ❽검은돈을 받아 가지다 ⓑ검은돈 먹은 것 같아서 마음이 자꾸 켕기네 ❾남는 돈을 챙겨 가지다 ⓑ남은 돈은 나눠 먹어야지 ❿물이나 물기 따위를 빨아들이다 ⓑ물 먹은 솜이불은 무겁다 ⓫어떤 자리나 때를 얻거나 누리다 ⓑ내기에서 으뜸을 먹었어 ⓬공놀이 내기에서 점수를 잃다 ⓑ맞은쪽에게 한 공 먹었다 ⓭매 따위를 맞다 ⓑ어린아이는 언니가 날린 센 주먹을 먹고 나동그라졌다 ⓮남 돈을 다루거나 맡은 사람이 그 돈을 제 것으로 하다 ⓑ돈지기가 일터 돈을 몰래 먹은 것이 드러났다 ⓯날 선 연장이 몬을 깎거나 자르는 힘을 미치다 ⓑ칼이 잘 먹지 않는다 ⓰물이나 기름 따위가 스며들거나 고루 퍼지다 ⓑ기름 먹은 종이. 무명옷은 물을 잘 먹는다 ⓱벌레나 팡이 따위가 풀이나 몬에 파들어가거나 퍼져 못쓰게 하다 ⓑ벌레 먹은 밤이 많다 ⓲돈이나 몬, 힘 따위가 들거나 쓰다 ⓑ집을 새로 고치는데 생각보다 돈이 많이 먹는다 ⓳일됨새가 좋지 않거나 어떤 짓이 지나쳐 앞말이 뜻하는 것을 힘주거나 다지다 ⓑ집임자는 일꾼들을 종처럼

부려 먹는다 [익은말] **먹고 닮다** 매우 비슷하게 닮다 **먹고 들어가다** 어떤 일을 할 때 보탬을 미리 얻고서 사이 맺다 **먹고 떨어지다** 어떤 일에서 애쓰지 않고도 뚜렷한 얻음이나 열매가 있다 **더위 먹다** 여름철에 더위 때문에 몸에 말썽이 생기다 [슬기말] **먹고 죽자 해도 없다** 몹시 드물어 아무리 얻으려 해도 없다 **먹을 때는 개도 때리지 않는다** **1** 비록 하찮은 짐승일지라도 밥을 먹을 때는 때리지 않는다 **2** 먹을 때는 잘못한 일이 있더라도 때리거나 꾸짖지 않는다

먹다 [2] [움직씨] 귀나 코가 막혀서 제구실을 못하다 ㉥귀를 먹은 지 벌써 오래다

먹먹하다 [그림씨] **1** 소리가 잘 들리지 않고 귀먹은 것 같다 ㉥날틀이 하늘로 오를 때 내 귀가 잠깐 먹먹했다 **2** 어떤 느낌이 차올라 가슴이 막히다 ㉥오래 못 뵌 어머니가 앓아누웠다는 말에 가슴이 먹먹했다

먹물 [이름씨] **1** 먹을 갈거나 풀어서 만든 검은 물 ㉥나는 붓에 먹물을 찍어 마음을 모아 글씨를 썼다 [한뜻말] 먹 **2** 먹빛같이 검은 물 ㉥오징어 먹물 **3** 배움이 좀 많은 사람 ㉥먹물들은 가끔 말만 많고 몸소 하지는 않아 [익은말] **먹물을 먹다·먹물이 들다** 책을 읽어 글을 익히다

먹물그림 [이름씨] 먹물을 붓에 찍어 그리는 그림 ㉥잔디님은 노랫말을 잘 지었지만 먹물그림도 잘 그렸어 ⇐ 묵화. 수묵화

먹물치 [이름씨] 무른몸숨받이 가운데 하나로 몸길이는 발끝까지 서 미터쯤이며 몸통은 공처럼 생겼고 여덟 낱 발에는 빨판이 있고 머리는 다리가 붙은 쪽에 있는 바다 물고기 ⇐ 문어

먹바름 [이름씨] **1** 낯을 구기거나 좋은 이름을 더럽히는 것 ㉥어버이 낯에 먹바름할 아들딸은 있어도 아들딸 낯을 더럽힐 어버이는 없다 **2** 먹물을 바르는 것 ㉥먹바른 검널에 글씨를 쓰는 샘 **먹바름하다**

먹보 [1] [이름씨] 먹기만 잘하는 사람 ㉥먹보라서 그런지 살이 쪘구나 [한뜻말] 먹석이. 먹세기

먹보 [2] [이름씨] 게염 많고 엉큼한 사람 ㉥하나같이 속이 먹보라서 저네끼리 싸우기 일쑤다

먹보 [3] [이름씨] '귀머거리' 고장말 ㉥차쟁이 아들은 어릴 때 귀 앓고 난 뒤 먹보가 되었다

먹붓 [이름씨] 먹물에 찍어서 글씨 쓰는 붓 ㉥먹붓으로 그려낸 대나무 숲이 고즈넉하다

먹빛 [이름씨] 먹과 같은 검은빛 ㉥먹빛으로 물든 종이 위에 뾰족한 쇠끝으로 그림을 그린다 ⇐ 먹색

먹새 [이름씨] **1** 먹을거리를 먹는 많기 ㉥그 송아지는 먹새가 좋아서 곧 살이 찔 거야 [한뜻말] 먹음새 ⇐ 먹성 **2** 먹을거리를 먹는 모습이나 몸가짐 ㉥조카는 먹새가 대단히 까다롭다 **3** 갖가지 먹을거리를 마련하여 먹는 솜씨나 꼴 ㉥그 집안은 먹새가 좋아

먹색 ⇒ 먹빛

먹성 ⇒ 먹새

먹솜 [이름씨] 먹물 적신 솜뭉치. 흔히 널그림이나 기림돌글뜨기를 할 때 쓴다 ㉥살짝 적신 먹솜을 가볍게 두드려야 한다

먹어써눔 [이름씨] 산 것이 몸 밖에서 얻은 살감몬을 몸 안에서 쓰고 찌꺼기를 내보내는 일 ⇐ 물질대사. 신진대사

먹은금 [이름씨] 몬을 살 적에 든 돈 ㉥먹은금은 받아야지 ⇐ 본전

먹을거리 [이름씨] 먹을 수 있거나 먹을 만한 거리 ㉥엄마는 먹을거리를 장만하러 저자에 갔어요

먹을알 [이름씨] **1** 그다지 힘들지 않게 차지한 알속. 또는 날찍으로 삼을 만한 거리 ㉥저잣거리를 쫓아다니니 그래도 먹을알이 붙고 심심찮아 좋았다 **2** 보가 많이 박힌 보돌이나 보줄

먹음새 [이름씨] **1** 먹을거리를 먹는 많기나 몸가짐 ㉥하늘이는 먹음새가 좋아 어떤 거든 잘 먹어 [한뜻말] 먹새 **2** 먹을거리를 만들어 먹는 솜씨나 꼴 ㉥내 동무 집 먹음새는 우리 집과 비슷해서 그 집밥은 잘 먹는다

먹음직스럽다 [그림씨] 아주 꽤나 먹음직하다 ㉥

노랗고 포실한 호박떡이 먹음직스럽다

먹음직하다 그림씨 먹고 싶은 생각이 날 만큼 입맛을 돋우는 데가 있다 ⓑ잔칫날에는 먹음직한 맛갓이 가득하다

먹이 이름씨 집짐승에게 주는 먹을거리나 짐승이 살아가려고 먹는 모든 것 ⓑ강아지에게 먹이를 주었다

먹이그물 이름씨 목숨붙이 누리에서 여러 먹이사슬이 이리저리 그물처럼 뒤얽혀 있는 짜임 ⓑ오늘 산것갈 배움에서는 얽히고설킨 먹이그물을 배우고 익혔다

먹이나숨 이름씨 먹을거리 바탕이나 이룸씨, 숱 들을 알맞게 맞추어 앓이를 고치거나 미리 막는 수 ⇐ 식이요법

먹이다 움직씨 **1** 먹을거리 따위를 입을 거쳐 배속에 들어가게 하다 ⓑ엄마는 아기에게 밥을 먹였다 **2** 무서움이나 놀람 따위를 느끼게 하다 ⓑ할아버지는 아이들에게 무서움을 먹이려고 도깨비 이야기를 들려주었다 **3** 꾸중이나 핀잔 따위를 듣게 하거나 겪게 하다 ⓑ그런 짓거리는 어버이를 엿 먹이는 일이다 **4** 검은돈을 주다 ⓑ수돌은 일터에서 한 자리 오를 셈으로 윗사람에게 검은돈을 먹였다 **5** 공놀이 내기에서 점수를 잃게 하다 ⓑ맞은쪽에 시원하게 한 대 먹였다 **6** 매 따위를 맞히다 ⓑ아이에게 꿀밤을 먹였다 **7** 물이나 기름 따위가 스며들거나 고루 퍼지게 하다 ⓑ엄마는 모시저고리에 풀을 먹였다 **8** 연장이나 틀 따위에 몬이나 밑감을 넣다 ⓑ할아버지는 작두에 풀을 먹이고 나는 발판을 밟았다 **9** 집짐승 따위를 기르다 ⓑ우리집은 소를 열 마리 먹인다 익은말 **먹여 살리다** 살림을 이어갈 수 있도록 돌보아 주다

먹이사슬 이름씨 산 것들 먹고 먹히는 이음 고리가 사슬처럼 이어지는 것 ⓑ사람 누리나 짐승 누리나 다 먹이사슬로 온통 얽혀있다

먹이사슬쌓 이름씨 먹이사슬에 따른 산것 수와 숱을 나타내는 세모쌓 ⇐ 먹이피라미드

먹이연쇄 ⇒ 먹이사슬

먹이풀 이름씨 먹이로 쓰려고 기르는 풀 ⇐ 사료작물

먹이피라미드 ⇒ 먹이사슬쌓

먹잇감 이름씨 먹이가 될 수 있는 온갖 거리 ⓑ들쥐는 고양이한테 좋은 먹잇감이다

먹자 이름씨 나무장이가 나무에 먹으로 금을 그을 때 쓰는 'ㅜ' 꼴 자 ⓑ아들아, 광에 가서 먹자 좀 가져와라 한뜻말 미레자 ⇐ 티자

먹장 이름씨 먹 조각. 하나하나 먹 ⓑ글을 쓰도록 먹장을 갈아 먹물을 만들어 드렸다

먹장구름 이름씨 먹빛같이 시꺼먼 구름 ⓑ먹장구름이 하늘을 덮고 번쩍하더니 동이비가 쏟아졌다

먹종이 이름씨 가운데에 받치고 써서 위아래 종이에 글자가 똑같이 찍히게 하는 먹 바른 검은 종이 ⓑ논밭을 사고팔 때는 요즘도 먹종이를 대고 다짐글을 쓴다

먹중 이름씨 검은 웃옷을 입은 중

먹중탈 이름씨 마구루 탈놀이나 소바히탈춤에 쓰는 탈. 붉은 얼굴에 눈가에 흰 점과 검은 점이 있고 머리카락은 꼬불꼬불하고 눈과 코, 입이 크며 이마와 코에 혹이 있다 ⓑ탈춤에 나오는 먹중탈을 쓴 먹중은 나이 많은 스님을 놀리고 꾀가 많다

먹지 ⇒ 먹종이. 베낌종이

먹칠 ⇒ 먹바름. 낯구김. 낯깎음. 먹바르다. 검게 바르다. 낯 구기다. 낯 깎다. 낯 깎아내리다. 낯 깎아먹다. 낯 더럽히다

먹통 이름씨 **1** 먹물을 넣는 통 **2** 나무쟁이가 먹줄을 치는 데 쓰는 나무그릇 한뜻말 먹줄통 **3** 일에 어둡고 답답한 사람 ⓑ저 사람 앞뒤가 콱 막힌 먹통이야 **4** 몬이나 사람 쓰임새가 제대로 되지 않음 ⓑ손말틀이 아까부터 먹통이네

먹히다 움직씨 **1** 먹을거리 따위가 입을 거쳐 배속에 들여보내지다 ⓑ토끼가 늑대에게 잡아 먹혔다 **2** 어떤 말이나 짓이 잘 받아들여지다 ⓑ오랜만에 내 말이 동아리 모임에서 먹혔다 **3** 모습이나 소리 따위가 다른 것에 묻혀 보이지 않거나 들리지 않게 되다

ⓑ한쪽에서 부르는 아리랑 노래는 꽹과리 소리에 먹혀 들리지 않았다 ❹돈이나 몬, 힘 따위가 들거나 쓰이다 ⓑ집 짓는 일에는 많은 돈이 먹힌다 ❺먹을거리를 잘 먹거나 저절로 먹다 ⓑ걱정거리가 많아 밥이 잘 안 먹힌다 익은말 **씨알도 안 먹힌다** 말이나 짓이 가리새가 없거나 하여 조금도 받아들여지지 않는다

먼가래 이름씨 제집을 떠나 죽은 사람 송장을 잠깐 그곳에 묻는 일 ⓑ어디서 온 사람인지도 모르고 죽었는데 먼가래를 쳐야지 어쩌겠나

먼길 이름씨 멀리 떨어진 길이 ⓑ누이는 날마다 먼길을 버스로 오간다 ⇐ 원거리

먼데 이름씨 ❶멀리 떨어진 곳 ❷뒷간 익은말 **먼데를 보다** 뒷간에 가서 뒤를 보다

먼동 이름씨 날이 밝을 무렵 새녘 하늘 ⓑ먼동이 트다

먼메 이름씨 멀리 떨어진 메 ⓑ먼메 너머엔 무엇이 있을까? ⇐ 먼산

먼메바라기 이름씨 ❶먼 곳만을 우두커니 바라보는 일. 또는 늘 그런 사람 ⓑ엄마가 돈 벌러 떠난 뒤 돌이는 기운 없이 그저 먼메바라기가 되었다 한뜻말먼메배기. 먼메보기 ⇐ 먼산바라기 ❷한눈을 파는 짓

먼메배기 이름씨 먼메바라기 ⇐ 먼산배기

먼물 이름씨 먹을 수 있는 우물물 ⓑ길 가던 사람들도 우리 마을 먼물을 마시고는 맛있다고 한다 한뜻말먼우물

먼바다 이름씨 ❶뭍에서 멀리 떨어진 바다 ⓑ배는 먼바다로 고기 잡으러 나갔다 한뜻말한바다 맞선말앞바다 ❷날씨 알림에서 우리나라를 한가운데로 잡고 뭍에서 샛바다는 20킬로미터, 하늬바다와 마파다는 40킬로미터 너머 바다 ⓑ먼바다에서 물결이 높이 인다

먼발치 이름씨 ❶좀 멀찍이 떨어진 곳 ⓑ나는 옛 사내벗이 먼발치에서 바라본다는 걸 알았다 한뜻말먼장 ❷(흔히 '되다'와 함께 써) 먼 사돈 사이 ⓑ저분은 나와 먼발치가 되는 사람이다

먼빛 이름씨 멀리서 얼핏 본 모습이나 그런 스쳐봄 ⓑ먼빛으로는 수수하게 보이더라만

먼싸움꾼 이름씨 멀리 싸우러 가는 떼 ⇐ 원정군

먼우물 이름씨 먹을 수 있는 우물물 한뜻말먼물

먼장 이름씨 먼발치

먼장질 이름씨 가까이 다가가지 못하고 멀찍이 떨어진 곳에서 쏘개나 활 따위를 쏘는 일 ⓑ활 가진 싸움꾼들은 먼장질을 해댔다 **먼장질하다**

먼저 이름씨 ❶어느 때나 자리에 앞서. 먼저처럼 해라 맞선말나중 ❷(어찌씨) 때나 차례에서 앞서 ⓑ내가 먼저 할게 슬기말 **먼저 먹는 놈이 임자** 먼저 가지는 사람이 임자 **얌전한 고양이 부뚜막에 먼저 올라간다** 겉으로는 얌전한 척하고 속으로는 딴짓하거나 제 알속을 다 차린다

먼저하기 이름씨 아직 다른 사람이 하지 않을 적에 먼저 하는 일

먼지 이름씨 바람에 섞여 날리거나 몬에 쌓이는 몹시 잘고 가벼운 티끌 ⓑ책꽂이에 먼지가 뽀얗게 쌓였네 슬기말 **먼지도 쌓이면 큰 메가 된다** 아무리 작은 것이라도 자꾸 모이면 나중에 큰 덩어리가 된다 **털어서 먼지 안 나는 사람 없다** 누구나 다 조금씩 허물은 있다

먼지구름 이름씨 구름처럼 높이 뜬 많은 먼지 ⓑ큰 집채를 허물었을 때 큰 먼지구름이 일어 그 둘레가 온통 뿌옇다

먼지더미 이름씨 먼지가 많이 모여 쌓인 큰 덩어리 ⓑ요즘도 먼지더미 속에서 돌봄 없이 자라는 아이들이 있다니

먼지떨음 이름씨 ❶옷 먼지를 떤다는 뜻으로 오랜만에 하는 나들이 ⓑ사랑이는 곧 다가올 먼지떨음 생각에 마음이 들떴다 ❷겨우 옷 먼지만 떨 뿐이라는 뜻으로 아프지 않게 가볍게 어린아이를 때리는 일 ⓑ할아버지 먼지떨음에 아이는 눈물을 뚝뚝 흘리며 어쩔 줄 모른다 ❸노름이나 내기 따위를 할 때 제대로 붙기 앞에 한 디위 겨루어 보

는 것 ⓑ윷놀이 한판 먼지떨음으로 해보았다

먼지떨이 이름씨 먼지를 떠는 데 쓰는 연장. 말총이나 새털, 헝겊오라기 같은 것을 묶고 가는 자루를 박아서 만든다 ⓑ먼지떨이로 구석구석 말끔히 먼지를 떨어라 한뜻말 총채. 떨이개

먼지바람 이름씨 먼지나 모래, 메마른 흙가루 같은 것이 떠올라 둘레가 흐려져 온통 뿌옇게 되는 센 바람 ⓑ민둥메 아랫마을이라 가뭄이 길어지니 툭 하면 먼지바람이 인다

먼지발 이름씨 사람이나 짐승, 수레 같은 것이 빨리 지나가면서 일으켜 길게 날리는 먼지 ⓑ여덟 바퀴 큰 수레가 쌩~~ 하고 달리니 한동안 먼지발이 가라앉질 않았다

먼지버섯 이름씨 여름에서 가을까지 숲이나 길가에 나는 먹지 못하는 버섯. 희고 둥글납작한데 다 자라면 조각으로 갈라지며 먼지처럼 홀씨가 날린다

먼지빨개 이름씨 번힘을 써서 빈기를 빨아들이는 힘으로 작은 쓰레기나 먼지가 빨려들어 통 속 먼지 자루에 채우는 틀 ⇐ 청소기

먼지잼 이름씨 비가 겨우 먼지나 날리지 않을 만큼 땅을 축이게 옴 ⓑ가을비가 겨우 먼지잼으로 내렸다네 **먼지잼하다**

먼지투성이 이름씨 몸이나 몬에 먼지가 가득 묻은 모습이나 그 몬 ⓑ먼지투성이인 채로 밥 먹을 생각은 아예 말고 어서 씻고 나오너라

멀거니 어찌씨 얼 나간 사람처럼 멍청히 ⓑ할머니는 힘없이 멀거니 앉아 계셨다 비슷한말 우두커니

멀겋다[1] 그림씨 ❶흐릿하게 맑다 ⓑ비가 와서 앞 개울물이 맑지 않고 멀겋다. 워낙 메가 높고 추운 고장이라 낮이라 해도 멀건 햇빛이 잠깐 비칠 뿐이다 ❷국물 따위가 매우 묽다 ⓑ국이 건더기는 거의 없고 멀건 국물뿐이다 ❸눈에 싱싱한 기운 없이 흐릿하다 ⓑ아저씨는 술을 마셔서인지 눈이 멀게서 앉았더라

멀겋다[2] 그림씨 어리둥절하여 얼빠진 듯 멍하다 ⓑ사람들은 하룻밤 새 큰바람으로 지붕이 날아가 버린 집을 멀겋게 바라보았다

멀기[1] 이름씨 바람이 불다가 멎거나 여려질 때 또는 바람 부는 쪽이 크게 바뀔 때 바다에 일어나는 큰 물결 ⓑ바다에 끝없이 멀기가 인다

멀기[2] 이름씨 ❶몬이나 곳 따위 두 낱이 떨어진 사이 ⓑ멀기가 멀다 ⇐ 거리 ❷어떤 때 동안 갈만한 길이 ⓑ집에서 배곳까지는 한 때새 멀기다 ❸사람과 사람 사이에 느껴지는 길이 ⓑ새로 사귄 벗과는 멀기가 안 느껴진다 ❹견주어 보는 두 낱 사이 다름 ⓑ생각과 참에는 멀기가 있기 마련이다

멀끔하다 그림씨 훤하게 깨끗하다 ⓑ겉은 멀끔하게 생긴 사람이 그런 짓을 하다니

멀다[1] 움직씨 ❶눈힘이나 듣는힘 따위를 잃다 ⓑ나이가 들어서 눈도 귀도 차츰 멀어 간다 ❷어떤 생각에 빠져 헤아리는 힘을 잃다 ⓑ돈에 눈이 멀다. 사랑에 눈이 멀다

멀다[2] 그림씨 ❶사이가 많이 떨어지다 ⓑ오늘따라 집에 가는 길이 멀게 느껴진다 맞선말 가깝다 ❷어떤 잣대에 많이 모자라다 ⓑ그 재주로는 으뜸이 되기에 아직 멀었다 ❸서로 사이가 살갑지 않고 서먹서먹하다 ⓑ나는 가시엄마가 늘 멀게 느껴진다 ❹때와 때 사이가 길거나 오래다 ⓑ새벽이 오려면 아직 멀었다 ❺핏줄 사이가 매우 뜨다 ⓑ그이와 나는 먼 집안 사이다 ❻어떤 때나 사이가 채 얼마 되지 않다 ⓑ사흘이 멀다 하고 술을 마신다

멀뚱거리다 움직씨 멀건 눈알을 자꾸 굴리며 물끄러미 쳐다보다 **멀뚱대다**

멀다루개 이름씨 멀리 떨어진 틀을 다루는 연장 ⇐ 리모컨

멀뚱멀뚱[1] 어찌씨 ❶눈알이 멍하고 기운이 없는 모습 ⓑ그 말을 듣고 일할 마음이 없어졌는지 하던 일을 멈추고 멀뚱멀뚱 앉아만 있다 ❷얼 나간 사람처럼 눈만 멀거니 뜨고 쳐다보는 모습 ⓑ축 늘어진 채 하늘만

멀뚱멀뚱 바라보았다 **멀뚱멀뚱하다**

멀뚱멀뚱[2] 어찌씨 국물 따위에 건더기가 적거나 덜 끓어서 멀건 꼴 ⓑ국이 왜 이리 멀뚱멀뚱해! **멀뚱멀뚱하다**

멀뚱멀뚱하다[1] 그림씨 눈빛이나 얼 따위가 멍청하고 힘이 없다

멀뚱멀뚱하다[2] 그림씨 채 끓지 않거나 국물만 많아서 멀겋다 ⓑ갈빗국을 덜 끓인 탓인지 국물이 멀뚱멀뚱하고 맛이 없다

멀뚱하다 그림씨 눈빛이나 얼이 멍청하고 기운이 없다 ⓑ자리에 누운 채 할머니는 나를 멀뚱히 쳐다만 본다

멀리 어찌씨 ❶때나 곳 사이가 많이 떨어져서 ⓑ그 일은 멀리 내다보고 해야 할 일이다. 내 사랑은 멀리 떠났다 ❷높이 다름이 아주 크게 ⓑ내기가 김빠지니 너무 멀리 앞서 가지 마라 ❸먼 때나 먼 곳 ⓑ멀리까지 잘 들리게 소리쳐라. 멀리서 개 짖는 소리가 들린다

멀리눈 이름씨 가까이 있는 것은 잘 못 보고 멀리 있는 것을 잘 보는 눈 한뜻말멀리보기 ⇐ 원시

멀리던지기 이름씨 공이나 무엇을 멀리 던지는 놀이

멀리뛰기 이름씨 제자리나 도움닫기로 잡은 금에서 되도록 멀리 뛰어 닿은 멀기를 따지는 땅 위 겨루기 ⓑ멀리뛰기를 할 때는 하늘을 나는 것 같다

멀리멀리 어찌씨 아주 멀리 ⓑ아무도 찾아내지 못할 곳으로 멀리멀리 달아나거라

멀리부림 이름씨 멀리 떨어진 멀봄이나 틀, 연장들에 짓말을 보내 부리는 일 ⇐ 원격제어

멀리하다 움직씨 ❶사람을 가까이하지 않고 사이를 두거나 꺼리다 ⓑ나는 그 사람을 멀리했다 맞선말가까이하다 ❷어떤 것을 삼가거나 꺼리다 ⓑ아프고 나니 술을 멀리할 수밖에 없었다

멀미[1] 이름씨 ❶수레나 배, 날틀 따위를 탔을 때 그 흔들림 탓에 메스껍고 어지러운 것 ⓑ배를 타기만 하면 멀미가 난다 ❷진저리가 날 만큼 싫어짐 ⓑ그 일이라면 이젠 멀미가 난다 ❸어떤 느낌이나 기운에 깊이 빠졌을 때 느끼는 어지럼 ⓑ꽃밭에 오래 있으니 꽃 멀미가 난다

멀미[2] 이름씨 '물결' 고장말

멀봄 이름씨 널냄곳에서 보내는 뭠 그림과 소리를 번결로 받아서 볼 수 있게 만든 틀 ⇐ 텔레비전

멀봄거울 이름씨 렌즈를 써서 멀리 있는 것을 똑똑히 보는 연장 ⓑ지실마루에 올라 멀봄거울로 샛바다를 보았다 ⇐ 망원경

멀쑥하다 그림씨 ❶시원스럽게 훤하고 깨끗하다 ⓑ생김새가 멀쑥하다 작은말말쑥하다 ❷멋없이 크고 무르다 ⓑ저 젊은이는 키만 멀쑥하지 제 밥벌이도 변변찮다

멀쩡하다 그림씨 ❶티나 허물이 없고 바탕 그대로 성하다 ⓑ멀쩡한 옷을 이렇게 버리다니! 작은말말짱하다 ❷얼이 아주 맑고 또렷하다 ⓑ술을 그렇게나 많이 마셨는데도 멀쩡하다 ❸지저분한 것이 없이 아주 깨끗하다 ⓑ멀쩡하던 하늘이 갑자기 캄캄해졌다 ❹속마음이 있고 아주 약삭빠르다 ⓑ둘째 아이는 눈치가 멀쩡해서 꾸중 들을 짓은 잘 안 한다 ❺그른 짓을 하는 꼴이 뻔뻔하다 ⓑ멀쩡한 얼굴로 거짓말하다니 다시 마주치기도 싫다

멀찌감치 어찌씨 사이가 꽤 떨어지게 ⓑ불티 튀기지 않게 멀찌감치 물러나거라 비슷한말멀찍이

멀찍이 어찌씨 꽤 멀리 ⓑ두 사람은 다투기라도 한 듯 멀찍이 떨어져 걸었다 비슷한말멀찌감치

멀칭재배 ⇒ 덮어가꾸기. 덮어기름

멀컹거리다 움직씨 물크러질 만큼 아주 무르다 ⓑ미역을 너무 데쳐서 멀컹거린다 비슷한말물컹거리다 작은말말캉거리다 **멀컹대다**

멀컹멀컹 어찌씨 물크러질 만큼 아주 무른 모습 ⓑ감자를 잘못 갈무리해서 멀컹멀컹 물러져 버려야겠다 비슷한말물컹물컹 작은말말캉말캉 **멀컹멀컹하다**

멀컹멀컹하다 그림씨 물크러질 만큼 매우 무르다 ⓑ오이김치가 오래되어 멀컹멀컹해졌다 비슷한말 물컹물컹하다 작은말 말캉말캉하다

멀컹하다 그림씨 물크러질 만큼 무르다 ⓑ머위 줄기가 멀컹하게 잘 삶아졌다 비슷한말 물컹하다 작은말 말캉하다

멀테 이름씨 ❶'어림' 옛말 ⓑ이것이 그 큰 멀테일 따름이라 ❷'대충' 옛말 ⓑ아직은 그 이름만 멀테 알려줄 뿐이더라

멀티미디어 ⇒ 겹겹사잇몬

멈추개 이름씨 움직이는 수레나 틀을 멈추게 하는 것 ⇐ 제동장치. 브레이크

멈추다 움직씨 ❶움직임이나 소리가 그치다 ⓑ온 숲을 메우던 매미 울음소리가 갑자기 멈추었다 비슷한말 멎다 ❷비나 눈 따위가 그치다 ⓑ세차게 쏟아지던 비가 갑자기 멈추었다 ❸움직이거나 나아가던 것을 그만두게 하다 ⓑ발걸음을 잠깐 멈추고 푸른 하늘을 올려다보았다

멈춤돌길 이름씨 만든돌별이 멈춘 것처럼 도는 돌길. 땅별 제돌이와 같은 빠르기로 하늬쪽에서 새쪽으로 돌면 땅별 한 점에서 볼 때 만든돌별이 멈춘 듯이 보인다. 씨금 0데, 35,786킬로미터 높이 돌길 ⇐ 정지궤도

멈칫 어찌씨 하던 움직임을 갑자기 멈추는 꼴 ⓑ앞에서 달려오는 개를 보고 멈칫 섰다 **멈칫하다**

멈칫거리다 움직씨 하던 움직임을 머뭇거리며 망설이다 ⓑ그렇게 멈칫거리지 말고 할 말 있으면 시원하게 말해 봐 **멈칫대다**

멈칫멈칫 어찌씨 ❶하던 움직임을 머뭇거리며 망설이는 모습 ⓑ어려운 말이라 꺼내기가 멈칫멈칫 망설여진다 ❷여럿이 다 하던 움직임을 갑자기 멈추는 모습 ⓑ아이들이 배움방에서 짓궂게 장난치며 놀다가 가르침이가 들어오자 멈칫멈칫, 하던 짓을 멈추었다 **멈칫멈칫하다**

멈칫하다 움직씨 하던 일이나 몸짓을 갑자기 멈추거나 멈추게 하다 ⓑ나무 사이로 들리는 멧돼지 울음소리에 두 다리가 멈칫했다

멋 이름씨 ❶생김새나 차림새, 품새 따위가 말쑥하고 보기 좋은 꼴 ⓑ누이는 잔뜩 멋을 부리고 집을 나섰다 ❷점잖고 썩 좋은 느낌 ⓑ우리 옷에는 우리 겨레 멋이 담겨 있다 ⇐ 풍취

멋굿 이름씨 멀봄에서 나오는 사람들 말과 짓을 바탕으로 나타내는 재주 ⇐ 드라마

멋놀이 이름씨 멋스럽게 노는 일 ⇐ 풍류

멋대로 어찌씨 하고 싶은 대로. 또는 제 마음대로 ⓑ내 멋대로 살아보는 것도 때로는 괜찮지

멋들어지다 그림씨 아주 멋지다 ⓑ잔비는 멋들어지게 노래했다

멋모르다 움직씨 영문이나 속내 따위를 잘 알지 못하다 ⓑ멋모르면서 끼어들지 마

멋스럽다 그림씨 멋진 데가 있다 ⓑ멋스러운 기와지붕 ⇐ 풍미있다

멋없다 그림씨 ❶끄는 맛이 없다 ⓑ그 사람 참 멋없어 맞선말 멋있다 ❷모습이 보기에 잘 어울리지 않고 말쑥하지 않다 ⓑ그 사람 옷차림은 도무지 멋없어

멋있다 그림씨 ❶마음에 썩 들게 훌륭하다 ⓑ나는 마음이 넓고 따뜻한 사내가 멋있더라 맞선말 멋없다 ❷보기에 말쑥하거나 잘 어울려서 좋다 ⓑ옷을 그렇게 멋있게 차려입으니 딴사람 같네

멋쟁이 이름씨 멋있게 차려입은 사람이나 멋을 잘 부리는 사람 ⓑ옷맵시를 보면 솔이는 대단한 멋쟁이다

멋즐김이 이름씨 멋을 즐기는 사람 ⇐ 풍류객

멋지다 그림씨 ❶아주 멋이 있다 ⓑ그림이 참 멋지다 ❷꽤 훌륭하다 ⓑ그것, 참 멋진 생각이네!

멋지음 이름씨 옷이나 몬, 집 같은 것을 멋지고 쓸모 있게 지으려고 마음속에 그리거나 머리로 생각한 것을 그림으로 드러낸 것 ⇐ 디자인

멋지음이 이름씨 멋지음을 하는 사람 ⇐ 디자이너

멋쩍다 그림씨 ❶하는 짓이나 꼴이 제 높이에

어울리지 않다 ⓑ이 나이에 어린애들과 놀자니 참 멋쩍네 ⇐ 어색하다 ❷쑥스럽다 ⓑ저를 그렇게 추어올리시니 멋쩍네요 비슷한말 계면쩍다

멍 (이름씨) ❶세게 맞거나 부딪쳐서 살갗 아래 피가 맺힌 것 ⓑ엎어져서 무릎에 멍이 들었다 ❷아픔을 겪어 마음에 남은 자취 ⓑ아픈 아들 걱정으로 어머니 가슴은 멍이 들었다 ❸어떤 일로 입은 된불 ⓑ아재는 그 일로 말미암아 이름에 큰 멍이 들었다

멍게 (이름씨) 바닷속 바위 같은 곳에 붙어살며 몸은 길쭉한 공 꼴이고 붉고 단단한 껍질이 울퉁불퉁한 숨받이. 사람들이 즐겨 먹는 속살은 노랗다 한뜻말 우렁쉥이

멍군 (이름씨) ❶장기에서, 맞은쪽이 임금을 잡으려는 수를 막는 수 ⓑ아저씨가 멍군으로 받아친다 ❷(느낌씨)장기에서, 맞은쪽이 임금을 잡으려고 할 때 막으면서 하는 말 ⓑ"멍군!"하면서 되받아치는 아버지 목소리가 아주 즐겁고 시원스럽다

멍들다 (움직씨) ❶맞거나 부딪쳐 살갗에 퍼렇게 피가 맺히다 ⓑ풀베개로 풀을 베다가 돌이 날아와 정강이가 멍들었다 ❷마음이 다치다 ⓑ멍든 내가슴

멍멍 (어찌씨) 개 짖는 소리 ⓑ멍멍! 개 짖는 소리에 밖을 내다보았다

멍멍하다 (그림씨) ❶얼이 빠진 것같이 어리벙벙하다 ⓑ배가 뒤집혔다는 소리에 너무 놀라 멍멍할 뿐이었다 비슷한말 멍하다 ❷소리가 잘 들리지 않고 귀 안이 울리면서 멍하다 ⓑ아버지가 시끄럽게 틀어놓은 멀봄 소리에 귀가 다 멍멍해졌다 한뜻말 먹먹하다

멍석 (이름씨) 짚으로 꼰 새끼를 네모지게 엮어 만든 큰 깔개. 흔히 낟알 같은 것을 널어 말리는 데 쓴다 ⓑ아버지와 동네 사람들은 마당에 멍석을 깔고 술판을 벌였다. 볕 좋은 날 어머니는 벼를 멍석에 널었다 한뜻말 덕석 (익은말) **멍석을 깔다·펴다** 어떤 일을 할 때나 자리를 마련하다 (슬기말) **멍석 구멍에 생쥐 눈 뜨듯** 무서워서 몸을 숨기고 바깥을 몰래 엿보는 꼴 **하던 지랄도 멍석 펴 놓으면 안 한다** 그냥 둬도 잘하던 일을 더 잘하라고 살펴주면 안 한다

멍석딸기 (이름씨) 줄기가 땅 위로 뻗어가고 둥글둥글한 꼴 겹잎과 갈고리꼴 가시가 성글게 달리는 딸기나무 한가지. 늦은 봄에 꽃이 피고 여름에 커다란 열매가 붉게 익는다. 햇빛 잘 드는 멧기슭, 밭둑에서 잘 자라는데 열매는 먹으며 몸기운을 돋우는 데도 쓴다

멍석말이[1] (이름씨) ❶멍석을 둘둘 마는 것 또는 그렇게 만 멍석 ⓑ꼼꼼하게 멍석말이한 것을 차곡차곡 쌓아두었다 ❷옛날에 제대로 죽음맞이를 치르지 않고 주검을 멍석에 말아서 산골짜기에 내다 버리던 일 ⓑ집도 절도 없이 떠돈 동냥아치가 마을 어귀에서 죽으니 동네 어른들이 나서서 멍석말이라도 해줬다 ❸옛날 힘 있는 집안에서 아랫사람을 멍석에 말아 놓고 뭇매질을 하는 것이나 그런 매질 ⓑ술망나니였던 사내는 동네 사람들로부터 호되게 멍석말이를 겪었다 **멍석말이하다**

멍석말이[2] (이름씨) ❶두레굿놀이에서 한 줄로 죽 서서 소용돌이 꼴로 돌아들어 치거나 거꾸로 풀어 나오는 마당 ❷마구루 탈춤놀이에서 추는 춤. 오른손과 왼손을 갈마들어 뒷머리에서 앞으로 젖히며 맴돈다

멍석잠 (이름씨) 바깥에서 멍석을 깔고 자는 잠 ⓑ하루 내내 논김을 매고 그대로 멍석잠을 잤다

멍에 (이름씨) ❶소나 말 목에 얹어 수레나 쟁기를 끄는 구부러진 나무막대 ⓑ오빠는 소에 멍에를 메우고 밭으로 나갔다 ❷쉽게 벗어날 수 없는 굴레나 얽매임 ⓑ아버지는 밥입들을 먹여 살려야 하는 집어른 자리가 멍에처럼 느껴졌다 (익은말) **멍에를 메다·쓰다** 마음대로 움직일 수 없도록 얽매이다

멍울 (이름씨) ❶소젖이나 풀, 물에 갠 밀가루 따위에서 생기는 작게 엉키거나 뭉친 덩이 ⓑ미숫가루를 탈 때 대충 저었더니 멍울이

많다 작은말 망울 ❷몸 안에 말썽이 생겨 둥글둥글하게 만져지는 작은 덩어리 ㉥넙다리에 멍울이 섰다 ❸어떤 일로 마음에 생긴 생채기나 괴로움 ㉥아들 잃은 어미 가슴에 맺힌 멍울을 누가 풀어줄 수 있을까

멍첨지 이름씨 돈으로 벼슬을 산 사람 ㉥돈만 있으면 개도 멍첨지

멍청이 이름씨 아둔하고 어리석은 사람 ㉥이런, 멍청이 같으니라고! 한뜻말 멍텅구리. 바보

멍청하다 그림씨 ❶무디고 어리벙벙하다 ㉥마당에서 뭘 해야 할지를 몰라 멍청하게 서 있기만 했다 비슷한말 벙벙하다 ❷일을 제대로 헤아리거나 다루는 재주가 없다. 또는 어리석다 ㉥일을 그렇게 다루다니 멍청하기 짝이 없네! 비슷한말 미련하다

멍텅구리 이름씨 ❶아둔하고 어리석은 사람 ㉥거기서 바른대로 말해버리면 어떡해, 이 멍텅구리야! 한뜻말 멍청이. 머저리 ❷병목이 좀 두툼하게 올라온 한 되들이 병 ㉥이 멍텅구리 병은 생긴 대로 한 되는 넉넉히 들어가네 ❸몸길이는 한 자쯤이며 흙빛이고 잔 점이 많은 바닷물고기. 몸이 통통하고 가슴지느러미가 크며 배에 빨판이 있어 바위에 붙는다. 손으로 움켜잡을 만큼 느려서 이렇게 이름 붙었다 ㉥요즘 멍텅구리가 제철이라 찌개 밑감으로 잘 팔린다 한뜻말 뚝지

멍하다 그림씨 ❶얼이 나간 것처럼 가만히 있다 ㉥멍하니 앉아 먼 하늘을 본다 ❷몹시 놀라거나 기운에 눌려 얼을 차리지 못하게 얼떨떨하다 ㉥술을 좀 마셨더니 머릿속이 멍하다

멎다 움직씨 ❶움직임이나 소리가 그치다 ㉥코피가 한참 동안 멎지를 않았다 비슷한말 멈추다 ❷비나 바람, 눈 따위가 그치다 ㉥바람이 멎으며 고요해졌다

메[1] 이름씨 둘레 땅보다 높이 솟은 땅덩이 ㉥메를 넘어가는 게 지름길이다 ⇐ 산

메[2] 이름씨 ❶식게 지낼 때 올리는 밥 ㉥메를 올리다 ❷임금집에서 '밥'을 이르던 말 ㉥메를 안치거라

메[3] 이름씨 묵직하고 둥그스름한 나무나 쇠에 자루를 박아 무엇을 치거나 박을 때 쓰는 몬 ㉥메로 떡을 치다

메[4] 이름씨 ❶메꽃 ❷메꽃 뿌리. 희고 가늘며 부드럽고 맛은 들척지근하여 날로도 먹고 떡으로도 해 먹는다 ㉥메 캐러 가자

메[5] 이름씨 개미나 쥐, 게 같은 것이 구멍을 뚫으려고 갉아서 파내놓은 흙 ㉥앞뜰에 개미들이 잔뜩 메를 쌓아놓았다

메[6] 이름씨 물을 헤쳐 배를 나아가게 하는 것 ⇐ 노

메- 앞가지 낟이나 맛갓이 메진 것 ㉥메벼. 메조. 메수수. 메떡

-메 뒷가지 (어떤 낱말 말뿌리에 붙어) 가까이. 둘레 ㉥셋집메. 아궁이메

메가폰 ⇒ 소리나발

메구루 이름씨 다른 맞잡이들이 쳐들어오는 것을 막으려고 메 위에 쌓은 재 한뜻말 메재 ⇐ 산성

메기 이름씨 대가리는 넓적하고 아가리는 크며 비늘이 없고 미끈거리는 민물고기. 입아귀 두 쪽에 긴 나룻이 둘씩 있고 가을이면 깊은 물웅덩이에 들어가 겨울을 난다 슬기말 **메기가 눈은 작아도 저 먹을 것은 알아본다** 아무리 아는 게 없는 사람도 제 살길은 다 갖춘다

메기다[1] 움직씨 ❶두 무리가 노래를 주고받을 때 한 무리가 먼저 부르다 ㉥앞소리꾼이 시원하게 앞소리를 메기자, 뒤쪽에서 신나게 뒷소리를 받는다 ❷둘이 마주 잡고 톱질할 때 한 사람이 밀어주다 ㉥톱을 메기다

메기다[2] 움직씨 ❶화살을 시위에 물리다 ㉥화살을 시위에 메기고 과녁을 바라보았다 ❷윷놀이에서 말을 마지막 날밭에 옮겨 놓다 ㉥우람이는 마지막 말을 메기고는 팔짱 낀 채 느긋하게 기다렸다

메꽃 이름씨 밭이나 들에 절로 나는 여러해살이 덩굴풀. 잎은 화살쇠꼴이고 여름에 나팔꽃처럼 생긴 엷붉은 꽃이 피며 뿌리는 먹

는다

메꾸다 (움직씨) **1** 뚫려 있거나 비어 있는 곳을 막거나 채우다 ⓑ길 가운데 움푹 팬 곳을 빨리 메꾸세요 **2** 빈자리나 모자라는 것을 채워넣다 ⓑ해마다 이맘때면 일터에서는 빈자리를 메꾸느라 어수선하다 **3** 때를 그럭저럭 보내다 ⓑ일터를 잃은 사람들에겐 하루하루 메꾼다는 것도 쉽지 않지

메나리 (이름씨) 논밭에서 일하면서 부르는 여름지이 노래 가운데 하나 ⓑ첫여름 들녘에선 메나리 가락이 구성지게 들린다

메내 (이름씨) **1** 메와 내 **2** 나라 땅 ⓑ어미나라 메내

메뉴 ⇒ 차림표. 보기표

메다[1] (움직씨) **1** 어깨에 걸치거나 올려놓다 ⓑ죽은 소나무를 베어 둘이서 어깨에 메고 내려왔지 **2** 어떤 할 일이나 자리를 맡다 ⓑ이웃 동무 버시는 나라 큰살림 일을 메고는 어깨가 매우 무겁다고 한다

메다[2] (움직씨) **1** 뚫려 있거나 비어 있던 곳이 막히거나 묻히다 ⓑ수챗구멍이 메어 물이 빠지지 않는다 **2** 어떤 곳이 막히듯이 가득 차다 ⓑ집 마당 어귀가 가득 멜 만큼 사람이 몰려들었다 **3** 어떤 느낌이 북받쳐 목이나 가슴이 막힌 듯하다 ⓑ아주 고마워서 목이 메었다. 슬픔에 목이 메어 말을 잇지 못했다

메다[3] (움직씨) **1** '메우다' 준말. 통 따위 둥근 몬에 테를 끼우다 ⓑ통에 테를 메었다 **2** 체나 어레미 따위 바퀴에 쳇불을 맞추어 씌우다 ⓑ구멍 난 쳇바퀴에 쳇불 바꿔 메어라 **3** 북이나 장구를 가죽이나 천을 판에 씌워 만들다 ⓑ아재는 북 메는 솜씨가 아주 뛰어나다 **4** 말이나 소 목에 멍에를 얹어 매다 ⓑ아버지는 소 목에 멍에를 메고 밭으로 나가셨다 **5** 활대에 시위를 걸다 ⓑ사냥꾼은 활에 시위를 메고 이리저리 당겨보았다

메달 ⇒ 목걸이. 보람목걸이

메들리 ⇒ 이어 부르기. 이어 부르는 노래

메떡[1] (이름씨) 멥쌀 따위 메진 낟으로 만든 떡 ⓑ메떡은 식으면 퍼석하게 된다 맞선말 찰떡

메떡[2] (이름씨) 메꽃 뿌리를 섞어서 찐 떡 ⓑ어려서 메떡을 먹어본 적이 있다

메떡[3] (이름씨) '흰떡' 고장말

메떨어지다 (그림씨) 말이나 짓이 매끄럽지 못하여 어울리지 않고 엉성하다 ⓑ메떨어진 말솜씨

메뚜기[1] (이름씨) 몸이 길쭉하고 옆은 풀빛이며 뒷다리가 길어 잘 뛴다. 논에서 벼를 갉아먹거나 여러 가지 풀을 먹는다 ⓑ논 가에 메뚜기가 팔짝팔짝 뛰는 걸 보니 여름이네

메뚜기[2] (이름씨) 문빗장이나 활팔찌 같은 몬에 달아 그 몬이 벗어나지 않도록 꽂는 연장. 나무나 뿔 같은 것을 깎아 만든다

메롱 (느낌씨) 흔히 어린아이들이 남을 놀리려고 혀를 쏙 내밀며 하는 말 ⓑ메롱! 오줌싸개래요

메리야스 ⇒ 무명천. 무명속옷

메마르다 (그림씨) **1** 땅이 물기가 없고 기름지지 않다 ⓑ메마른 땅에는 여름지이가 잘 안된다 ⇐ 황량하다. 황폐하다 **2** 기름기와 살이 없어 살결이 까슬까슬하다 ⓑ나이가 드니 살결도 메말라간다 **3** 나날살이에서 느낌이 몹시 무디고 마음이 팍팍하다 ⓑ요즘 삶도 마음도 메마른 느낌이다 ⇐ 황폐하다 **4** 목소리가 부드럽지 못하고 가칠가칠하다 ⓑ삶이 힘드니 목소리마저 메마르다 **5** 비나 눈이 내리지 않아 강마르다 ⓑ메마른 날씨가 이어진다 싶더니 멧불이 잦네

메모 ⇒ 쪽종이. 쪽글. 적발. 적기. 적바림. 적바림하다

메모리 ⇒ 눈금. 알림적발. 알림눈금. 잘 욈. 욈

메무너짐 (이름씨) 큰비나 땅흔들림, 불메 따위로 메허리 바윗돌이나 흙이 갑자기 무너지는 일 한뜻말 메쏠림 ⇐ 산사태

메밀 (이름씨) 줄기는 곧고 잎은 염꼴인 한해살이풀. 여름에 흰 잔꽃이 모여 피며 검고 세모진 열매는 가루 내어 국수나 묵을 만들어 먹는다 ⓑ뭐니 뭐니 해도 여름에는 메밀국수지!

ㅁ

메밀곶이 [이름씨] 물기가 없고 거칠어서 메밀 따위만 심을 수 있는 땅 ㉥이런 메밀곶이를 그 비싼 값을 주고 산 거냐?

메밀국수 [이름씨] 메밀가루를 으뜸 밀감으로 해서 만든 국수 ㉥시원한 먹거리로는 메밀국수가 으뜸이다

메밀꽃 [이름씨] [1]메밀에 핀 꽃 [2]바다에 너울이 일어 하얗게 부서지는 거품

메밀눈 [이름씨] 메밀처럼 작고 세모진 눈 ㉥아들내미가 제 아버지 메밀눈을 닮았구먼

메밀잠자리 [이름씨] 보리를 거둘 때부터 이른 가을까지 들이나 냇가, 마을 가까이에 떼지어 날아다니는 잠자리. 누런 밤빛 몸에, 배와 등에는 검은 세로줄이 있다 한뜻말된장잠자리

메바다 [이름씨] 메와 바다 ⇐ 산해

메부수수하다 [그림씨] 말이나 짓이 매끄럽지 않고 시골티가 나다 ㉥다롱은 잔뜩 꾸미고 나왔지만 어딘지 모르게 메부수수했다

메스 ⇒ 칼

메스껍다 [그림씨] [1]속이 울렁울렁하며 게울 듯싶다 ㉥기름진 걸 많이 먹었더니 속이 메스껍다 비슷한말느글거리다. 게울듯하다 ⇐ 역하다 [2]하는 짓이나 마음씨가 몹시 못마땅하고 거슬리다 ㉥돈 좀 있다고 거들먹거리는 꼴을 보면 속이 메스껍다 비슷한말아니꼽다 ⇐ 역겹다. 역하다

메스실린더 ⇒ 눈금유리대롱. 눈금대롱

메슥거리다 [움직씨] 속이 자꾸 울렁거려 게우려는 느낌이 들다 ㉥뱃멀미로 속이 메슥거리고 머리가 아프다 **메슥대다**

메슥메슥 [어찌씨] 속이 몹시 울렁거려 게우려는 느낌이 자꾸 나는 꼴 ㉥마당에서 빙글빙글 맴돌았더니 속은 메슥메슥 머리는 어찔어찔 쓰러질 것 같다 **메슥메슥하다**

메시지 ⇒ 알림말. 알림글

메쏠림 [이름씨] 큰비나 땅 흔들림 같은 것으로 메에서 돌과 흙이 무너져 내리는 일 한뜻말메무너짐 ⇐ 산사태

메아리 [이름씨] [1]소리가 메나 낭떠러지, 굴 바람 따위에 부딪쳐 되돌아 울려오는 소리 ㉥메에 올라 "사랑해" 하고 외치자, "사랑해, 사랑해, …." 하는 메아리가 온 메에 울려 퍼졌다 한뜻말메울림 [2]소리물결이나 번힘물결 같은 잔물결이 걸림돌에 부딪쳐 되쏘아 되돌아 울려오는 일

메어치다 [움직씨] 어깨 위로 들어 올렸다가 바닥으로 힘껏 내리치다 ㉥잔뜩 골이 난 아이는 메었던 가방을 바닥에 메어쳤다 준말메치다

메언덕 [이름씨] 메가 언덕처럼 낮아진 곳

메오름 [이름씨] 메에 오르는 것 한뜻말메타기. 메오르기 ⇐ 등산. 산행

메오름이 [이름씨] 메에 오르는 사람 ⇐ 등산객

메우다[1] [움직씨] [1]뚫려 있거나 비어 있는 곳을 막거나 채우다 ㉥아버지는 흙으로 구덩이를 메웠다 [2]어떤 곳을 가득 채우다 ㉥헤아릴 수 없이 많은 사람이 길을 가득 메웠더라니까 [3]빈자리나 모자라는 것을 채워 넣다 ㉥일하던 사람들이 일터를 떠나버렸으니, 빈자리를 메울 사람을 찾아야 해 [4]때를 그럭저럭 보내다 ㉥심심한 저녁나절을 그림 그리기로 메우곤 했지

메우다[2] [움직씨] [1]통 따위 둥근 몬에 테를 끼우다. '메다³' 처음말 ㉥머리에 쓴 그물쓰개가 머리에 테를 메운 것 같아 답답하다 [2]체나 어레미 따위 바퀴에 쳇불을 맞추어 씌우다 ㉥가는체를 다시 메웠다 [3]북이나 장구 따위를 천이나 가죽을 씌워서 만들다 ㉥할배가 메운 북은 참으로 튼튼하다 [4]말이나 소 목에 멍에를 얹어 매다 ㉥멍에를 메운 소를 앞세우고 느릿느릿 멧길을 올라간다 [5]활대에 시위를 걸다 ㉥활에 시위를 메우고 화살을 하나 뽑아 들었다

메우다[3] [움직씨] [1]남새나 마른 물고기 같은 것에 양념을 넣어 버무리다 ㉥꽃나물을 맛나게 메웠다 [2]국수사리에 양념과 꾸미를 얹고 국물을 부어 먹을 수 있게 하다 ㉥국수를 메워 놨으니 퍼지기 앞에 드세요

메이다[1] [움직씨] [1]어깨에 걸쳐지거나 올려 놓

이다 ⓑ좁은 어깨에 메인 커다란 가방이 꽤 무거워 보인다 ❷어떤 일이나 몫을 지게 되거나 맡게 되다 ⓑ밥입을 먹여 살려야 하는 메인 무게가 꽤 무겁다

메이다[2] (움직씨) (어떤 사람이 다른 사람에게 가방이나 짐을) 어깨에 걸치거나 올려놓게 하다 ⓑ나는 오빠에게 가방을 메이고 홀가분하게 걸었다

메이커 ⇒ 만든이. 만든데. 이름난 표

메일 ⇒ 누리글. 누리글월

메조소프라노 ⇒ 버금막청. 가운뎃소리

메조포르테 ⇒ 조금 세게

메조피아노 ⇒ 조금 여리게

메주 (이름씨) 푹 삶은 콩을 찧어 덩이 지은 다음 곰팡이가 생기도록 띄워 말린 것. 지렁이나 된장 따위를 담그는 밑감으로 쓴다 ⓑ방안에 메주 뜨는 냄새가 퀴퀴하다 (슬기말) **콩으로 메주를 쑨다 하여도 곧이듣지 않는다** 아무리 있는 대로 말해도 믿지 않는다 **팥으로 메주를 쑨대도 곧이듣는다** 참말인지 아닌지 알아보지도 않고 남 말을 무턱대고 믿는다 **강아지 메주 먹듯 한다** 강아지가 메주를 좋아하듯이 먹을거리를 매우 맛있게 먹는다

메주콩 (이름씨) 메주를 쑤는 데 쓰는 콩. 흔히 흰콩이고 더러 검은콩도 쓴다 ⓑ메주콩은 아주 잘 불려야 한다

메줏가루 (이름씨) 말린 메주를 빻은 가루 ⓑ고추장을 담글 때 우리 엄마는 늘 메줏가루를 넣으셨다

메줏볼 (이름씨) 살쪄서 축 늘어진 볼 ⓑ메줏볼이 진 아래턱이 굼떠 보이게 한다

메지 (이름씨) ❶일 한가지 한가지가 끝나는 마디 ⓑ일을 할 때는 메지를 잘 지어야 한다 ❷바람돌이나 흙바람돌을 쌓을 때 서로 닿는 곳 ⓑ메지마다 하얀 흙을 채워 바른다

메지다 (그림씨) 반죽이나 밥, 떡 따위가 끈기가 적다 ⓑ메진 쌀. 밀반죽이 메지다

메추라기 (이름씨) 들판에서 풀씨나 낟알을 먹고 사는 꿩 갈래 겨울 철새. 몸은 둥글고 꽁지가 뭉툭하며 몸은 밤빛 바탕에 검은 잔무늬가 있다. 알과 고기를 먹으려고 기르기도 한다 (한뜻말)메추리

메추리 (이름씨) 메추라기

메치다 (움직씨) '메어치다' 준말 ⓑ씨름꾼은 맞은쪽을 가볍게 메쳤다

메카 (이름씨) ❶사우디아라비아 하늬녘에 있는 고을로 이슬람 가르침을 편 마호멧이 태어난 곳 ❷어느 쪽 복판이 되어 사람들이 많이 찾거나 우러르는 곳

메커니즘 ⇒ 움직틀. 가리틀. 흐름틀

메탄 (이름씨) 숯남 밑씨 하나와 물남 밑씨 넷으로 이뤄진 가장 수수한 숯된 물남. 빛깔이나 맛, 냄새가 없고 불이 잘 붙는 김덩이이다

메트로놈 ⇒ 때맞추개. 장단맞추개

메허리 (이름씨) ❶메에서 높이가 가운데쯤 되는 곳 ⓑ이제 겨우 메허리까지 왔는데 못 가겠다면 어떻게 해 ⇐ 산허리 ❷멧등성이에서 잘록하게 들어간 곳 ⓑ메허리에 걸린 구름이 메마루로 천천히 올라간다

멕시코 (이름씨) 노아메리카 마녁에 있는 나라로 미영과 커피를 내다 팔고 여러 가지 땅속밑감이 넉넉하다. 서울은 멕시코고을이다

멘토 ⇒ 길잡이. 길지기. 삶지기

멘티 ⇒ 말벗. 삶벗. 길벗

멜가방 (이름씨) 어깨에 걸어 멜 수 있도록 멜끈이 달린 가방 ⓑ땅속긴수레를 탈 때는 멜가방이 쓰기에 좋다 ⇐ 배낭

멜끈 (이름씨) 멜빵

멜라토닌 ⇒ 잠재우개

멜로디 ⇒ 가락. 노랫가락

멜론 ⇒ 하늬참외

멜빵 (이름씨) ❶짐 따위를 어깨에 걸어 메는 줄 ⓑ구두닦이 아저씨는 구두닦이 통에 멜빵을 달아서 어깨에 메고 다녔다 (한뜻말)멜끈. 질빵 ❷바지나 치마 따위가 흘러내리지 않도록 어깨에 걸치는 끈 ⓑ뚱뚱한 아저씨는 바지에 멜빵을 달아서 입고 다녔다 ❸지게나 멜가방, 작은 깍 따위에 어깨에 메도록

달린 끈 ⓑ어깨에서 깍 멜빵이 자꾸 흘러내렸다

멤버 ⇒ 몯이. 모인 사람. 모인이

멥쌀 이름씨 메벼를 찧은 쌀 ⓑ엄마는 멥쌀에 찹쌀을 섞어 밥을 짓는다 맞선말 찹쌀

멧갈치 이름씨 깊은 바다에 사는 갈치 비슷한 물고기 ⇐ 산갈치

멧검 이름씨 멧서낭 ⇐ 산신. 산신령

멧골 이름씨 ❶메와 메 사이 골짜기 ⇐ 산골 ❷두메. 깊은 멧속 ⓑ어릴 적 멧골에서 자란 이는 저절로 많이 누린 사람이다

멧곳 이름씨 메가 많은 곳 ⇐ 산지

멧괴불주머니 이름씨 멧속 물기가 많은 곳에 잘 자라며 이른 봄에 노란 꽃이 피는 풀. 나물같이 생겼으나 죽이개풀이다 ⇐ 산괴불주머니

멧그늘 이름씨 메가 햇빛을 가려 생긴 그늘 ⇐ 산그늘

멧기슭 이름씨 멧비탈이 끝나는 아래쪽 ⓑ우리 마을은 멧기슭에 자리 잡았어

멧길 이름씨 메 속에 난 길

멧꼭대기 이름씨 메 맨 꼭대기 ⓑ우리 마을 앞 멧꼭대기에 구름이 걸리면 비가 와

멧나물 이름씨 메에서 저절로 자라는 나물 ⓑ쑥부쟁이나 취나물, 밤나물 같은 나물은 멧나물이다 ⇐ 산나물

멧나물비빔밥 이름씨 밥에 온갖 멧나물과 양념을 넣고 비빈 밥 ⇐ 산나물비빔밥. 산채비빔밥

멧내 이름씨 메와 내를 함께 이르는 말 ⇐ 산천. 산하

멧누에 이름씨 메에 저절로 자라는 누에. 몸빛은 검누르고 누에보다 크다 ⇐ 산누에

멧느타리 이름씨 참나무 갈래 죽은 나무나 가랑잎이 많은 곳에 나며 희거나 맑은 잿빛인 버섯. 먹을 수 있다 ⇐ 산느타리

멧달래 이름씨 메와 들에 절로 자라는 나물. 엷붉은 꽃은 꽃대 끝에 둥글게 모여 피며 봄에 뿌리째 캐어 나물로 한다

멧닭 이름씨 한밝달이나 높은 곳에 사는 들꿩 가운데 하나. 수컷은 검고 목에 푸른빛이 돌고 암컷은 어두운 밤빛에 얼룩무늬가 있다. 나무 열매와 나무 싹을 먹는다

멧대추 이름씨 메에 절로 자라는 대추나무 열매

멧더미 이름씨 일이나 몬이 아주 많음을 비겨 이르는 말 ⇐ 산더미

멧도둑 이름씨 메에 둥지를 틀고 도둑질하는 사람 ⇐ 산적

멧돼지 이름씨 깊은 메에 살며 돼지와 비슷하나 머리뼈는 좁고 주둥이가 길고 목이 짧은 네발짐승. 검은 흙빛이나 잿빛 뻣뻣한 털로 덮여 있고 날카로운 송곳니가 밖으로 뻗어 나왔다

멧들 이름씨 메와 들 ⇐ 산야

멧등성이 이름씨 메 등줄기

멧딸기 이름씨 멧딸기나무 열매. 빛깔이 붉고 대단히 오곳하다 ⇐ 산딸기

멧딸기나무 이름씨 멧기슭이나 벌판에 자라는 갈잎나무. 줄기에 가시가 많고 대엿 달에 흰 꽃이 피고 여름에 멧딸기가 붉게 익는다 ⇐ 산딸기나무

멧딸나무 이름씨 잎은 알꼴에 톱니가 없으며 잎 뒤에 누른 밤빛 털이 있는 넓은잎 큰키나무. 늦봄에 꽃이 피고 가을에 열매가 붉게 익는다 ⇐ 산딸나무

멧마늘 이름씨 뿌리에서 두세잎이 나며 깊은 멧속에 자라는 나물. 맛이 마늘과 비슷하다

멧마루·멧만디 이름씨 멧등성이에서 가장 높은 곳 ⇐ 산마루

멧마루타기 이름씨 멧마루를 따라 걸으며 많은 봉우리를 넘어가는 일 ⇐ 종주

멧마을 이름씨 멧속에 있는 마을 ⇐ 산촌

멧모롱이 이름씨 멧모퉁이가 휘어들어 간 곳 ⓑ멧모롱이를 돌아가자 멀리 옛집이 보였다

멧모퉁이 이름씨 멧기슭에서 바깥쪽으로 쑥 불거져 나온 곳

멧물 이름씨 메와 물. 누리바람빛 ⇐ 산수

멧물그림 이름씨 아시아그림에서 메와 물이 어

우러진 누리를 그린 그림 ⇐ 산수화

멧미나리 이름씨 미나리와 비슷한데 키가 크고 멧기슭에 자란다

멧바람 이름씨 밤에 멧등성이에서 골짜기로 부는 바람 맞선말 골바람

멧밭 이름씨 멧속에 있는 밭

멧봉우리 이름씨 메에서 높이 솟은 곳 한뜻말 멧부리. 봉우리 ⇐ 산봉우리

멧부리 이름씨 멧등성이나 멧봉우리 높은 꼭대기 ⓑ멧부리에 오르면 하늘에 이른 듯이 가슴이 뻥 뚫린다 한뜻말 멧봉우리. 봉우리

멧부추 이름씨 부추와 비슷한데 메에서 절로 자라는 나물. 잎과 비늘줄기를 먹는다

멧불 이름씨 메에서 난 불 ⓑ봄에 가물 때는 저절로 멧불이 나기 쉬워 마음을 써야 한다 ⇐ 산불

멧불막이 이름씨 멧불을 미리 막고 멧불을 끄는 일 ⇐ 산불방지

멧비둘기 이름씨 몸은 파란 잿빛에 검은 무늬가 있고 멧속에서 푸나무 씨나 열매를 먹고 사는 텃새

멧비장이 이름씨 이른 봄에 메에서 나는 나물. 잎은 깃꼴로 오롯이 갈라졌고 여름과 가을에 엷붉은 꽃이 가지 끝에 핀다. 어린잎은 먹는다 한뜻말 삼베나물

멧비탈 이름씨 멧기슭이나 메허리에서 비탈진 곳 ⇐ 산비탈

멧뽕나무 이름씨 메에서 절로 자라는 뽕나무

멧사람 이름씨 ❶메에서 나오는 것으로 먹고 살아가는 사람 ❷메 오르기를 남달리 좋아하거나 즐기는 사람 ⇐ 산악인

멧사람모임 이름씨 메를 사랑하거나 메 오르기를 즐기는 사람들 모임 ⇐ 산악회

멧새 이름씨 얼굴과 목에는 희고 검은 무늬, 등엔 밤빛에 검은 무늬가 있는 참새와 비슷한 텃새 ⓑ눈 내린 숲속에 멧새가 내려와 노니네 한뜻말 멥새

멧서낭 이름씨 메를 맡아 지킨다고 여겨지는 검 또는 서낭 한뜻말 멧검 ⇐ 산신. 산신령

멧속 이름씨 메 깊숙한 골짜기 ⇐ 산중

멧솔새 이름씨 휘파람새 갈래에 드는 새로 몸빛은 어두운 밤빛이고 배는 희다. 벌레를 잡아먹는 여름새로 넓은잎나무 숲에 산다 ⇐ 산솔새

멧쌈물쌈 이름씨 누리에서 일어나는 온갖 어렵고 힘든 일 ⓑ할아버지는 젊어서 멧쌈물쌈 다 겪었다고 한다 ⇐ 산전수전

멧쑥 이름씨 잎 뒤쪽에 흰 털이 빽빽이 난, 메에서 자라는 쑥

멧안개 이름씨 메에 끼는 안개

멧언덕 이름씨 메가 언덕처럼 낮아진 곳 ⇐ 산언덕

멧염 이름씨 벼랑이나 가파른 바위 위에 사는 짐승. 털은 잿빛이고 뾰족한 긴 뿔이 둘 나 있다 한뜻말 멧염소 ⇐ 산양

멧자락 이름씨 밋밋하게 비탈진 메 아래쪽 ⇐ 산자락

멧줄기 이름씨 높은 메에서 길게 뻗어나간 줄기 ⇐ 산맥

멧짐승 이름씨 메에 사는 짐승 ⇐ 산짐승

멧집 이름씨 ❶멧속에 있는 집 ⇐ 산장 ❷메에 오르는 사람들이 쉬거나 묵을 수 있게 지은 집

멧집짓다 움직씨 메에 오르다

멧토끼 이름씨 메에 사는 토끼. 털빛은 잿빛을 띤 밤빛이고 뒷다리가 길어 오르막을 잘 오른다 ⇐ 산토끼

며느리 이름씨 아들 가시 ⓑ저 집 며느리는 시어미와 참 살갑게 지내는 것 같아서 보기가 좋아 비슷한말 새아기 ⇐ 자부

며느리밑씻개 ⇒ 살괭이아재비. 사광이아재비. 가시덩굴여뀌

며느리발톱 이름씨 ❶수탉이나 장끼 따위 발목에 돋아난 뿔꼴 발톱. 또는 소나 말 뒷발톱 ⓑ저 날카로운 싸움닭 다리에 며느리발톱 좀 봐라 ❷새끼발톱 바깥쪽에 따로 덧난 발톱 ⓑ새끼발톱에 덧난 며느리발톱을 칼로 찢어냈다

며느리배꼽 ⇒ 살괭이풀. 사광이풀. 참가시덩굴여뀌

며늘아기 이름씨 '며느리'를 귀엽게 이르는 말 ⇐ 자부

며칟날 이름씨 그달 몇째 되는 날 ⓑ너 태어난 날이 이달 며칟날이지? 한뜻말며칠

며칠 이름씨 ❶그 달 가운데 몇째 되는 날. '며칟날' 준말 ⓑ오늘이 며칠이지? ❷몇 날 ⓑ나는 며칠 동안 집에서 쉬기만 했다

멱 [1] 이름씨 목 안쪽 ⓑ가시아배는 눈 하나 깜짝 않고 칼로 닭 멱을 땄다 익은말 **멱따는 소리** 듣기 싫게 꽥꽥 지르는 소리 **멱을 틀어쥐다** 가장 종요로운 대목을 잡아 꼼짝 못 하게 하다

멱 [2] 이름씨 짚으로 날을 촘촘히 엮어서 만든 그릇. 흔히 낟알을 담는 데 쓴다 ⓑ어머니는 가마니 쌀을 멱에 가득 퍼 담아 이웃집에 가져갔다 한뜻말멱서리

멱 [3] 이름씨 '미역1' 준말 ⓑ아이들은 개울가에서 신나게 멱을 감으며 놀았다 익은말 **멱을 감다** 냇물에서 물장구치며 몸을 씻다

멱 [4] 이름씨 '미역2' 준말 ⓑ멱과 다시마

멱둥구미 이름씨 짚으로 둥글고 깊게 엮어 만든 낟알 담는 그릇 ⓑ할머니는 검은콩을 멱둥구미에 담아 두었다 한뜻말둥구미

멱살 이름씨 ❶사람 목 안쪽 언저리 살. 또는 그 언저리 ⓑ배움이 동무 둘이 멱살을 잡고 무섭게 밀치며 싸운다 ❷사람 목 앞쪽이 닿는 옷깃 ⓑ얼마나 골이 났는지 대번에 맞은쪽 사람 멱살을 거머쥐었다 익은말 **멱살을 들다** 멱살을 추켜잡다

멱서리 이름씨 짚으로 날을 촘촘히 엮어 만든 낟알을 담는 그릇 ⓑ엄마는 잔뜩 쌓인 쌀자루에서 쌀을 바가지로 퍼 멱서리에 담았다 한뜻말멱2

면 이름씨 사내끼리 어르기에서 사랑을 받는 쪽

면 (面) ⇒ 얼굴. 낯. 거죽. 겉. 바닥. 쪽

면 (綿) ⇒ 무명. 무명실

면 (麪) ⇒ 밀가루. 보릿가루. 국수

면 (面) ⇒ 솔고을

면경 ⇒ 손거울. 낯거울

면구스럽다 ⇒ 부끄럽다. 서머하다. 낯이 뜨뜻하다

면담 ⇒ 만나보기. 이야기나누기. 이야기하다. 만나보다. 이야기 나누다. 마주이야기하다

면대 ⇒ 마주보기. 마주하기. 마주보다. 마주하다. 만나다. 만나보다

면대칭 ⇒ 낯맞섬

면도 ⇒ 나룻깎기. 나룻깎다. 털깎다

면도칼 ⇒ 나룻깎이 칼

면류 ⇒ 국수붙이. 국수갈래

면면이 ⇒ 앞앞이. 저마다. 제가끔. 낱낱이

면면하다 ⇒ 끊임없다

면모 ⇒ 얼굴. 낯. 모습. 겉모습. 됨됨이. 생김새

면목 ⇒ 얼굴. 낯. 생김새. 남볼썽. 얼굴 생김새

면목없다 ⇒ 남세스럽다. 우세스럽다. 볼 낯 없다. 서머하다. 서머서머하다. 부끄럽다. 남우세스럽다. 맥쩍다. 낯없다

면밀하다 ⇒ 빈틈없다. 꼼꼼하다. 찬찬하다. 빠짐없다

면박 ⇒ 핀잔. 타박. 핀잔주다. 핀잔하다. 타박하다. 나무라다

면발 ⇒ 국숫발

면봉 ⇒ 솜막대

면사무소 ⇒ 솔고을 일터

면사포 ⇒ 낯깁베

면상 ⇒ 얼굴. 얼굴바닥. 낯. 낯가죽. 낯바닥. 낯바대기. 낯짝

면섬유 ⇒ 무명올실. 무명실. 미영올실

면세점 ⇒ 낛없는 가게

면세품 ⇒ 낛없는 몬

면수 ⇒ 쪽수

면식 ⇒ 알음. 얼굴앎

면실유 ⇒ 무명씨기름

면양 ⇒ 털염소

면역 ⇒ 앓이막이. 무딤

면장 ⇒ 솔골지기

면장갑 ⇒ 미영손끼개

면적 ⇒ 넓이

면전 ⇒ 눈앞. 보는 앞

면전에 ⇒ 맞대고. 맞대놓고

면접 ⇒ 만나보기. 만남. 만나보다. 만나 이야기 나누다

면제 ⇒ 벗겨줌. 빼줌. 벗겨주다. 벗어나다. 빼어주다. 덜어주다

면제품 ⇒ 미영것. 미영몬

면직 ⇒ 자름. 내쫓음. 목자르기. 물러나게 하다. 내쫓다. 자르다. 목자르다. 그만두게 하다

면직물 ⇒ 미영. 미영베. 무명천

면책 ⇒ 벗어남. 덮어줌. 벗어나다. 벗다. 묻지 않다. 덮어두다

면치레 ⇒ 낯닦음. 낯세움. 낯세우다

면포 ⇒ 미영. 미영베. 무명. 무명베. 무명천

면피 (面皮) ⇒ 낯가죽

면피 (免避) ⇒ 벗어나기. 벗어나다

면하다 (免) ⇒ 벗어나다. 벗겨 주다. 벗기다

면하다 (面) ⇒ 부닥치다. 마주보다. 맞바로 보다. 마주하다. 맞닥뜨리다

면학 ⇒ 부지런히 배움. 힘써 배움. 부지런히 배우다. 꾸준히 배우다. 배움에 힘쓰다

면허 ⇒ 솜씨됨. 바치됨. 됨. 해도됨

면허증 ⇒ 됨본메

면화 ⇒ 미영. 무명

면화씨 ⇒ 미영씨. 무명씨

면회 ⇒ 만나보기. 얼굴보기. 만나다. 만나보다. 얼굴 보다

멸가치 이름씨 축축한 메골짜기나 들에서 자라는 여러해살이풀. 줄기는 흰 거미줄 같은 털로 덮여 있고 잎은 둥근 콩팥꼴로 어긋나며 어린싹은 먹는다

멸구 이름씨 몸은 옅은 밤빛이고 배와 다리는 누런 흰빛이며 벼와 남새에 큰 언걸을 입히는 벌레. 긴 마디가 있는 주둥이가 있고 홑눈은 겹눈 밑에 있다 한뜻말 벼멸구

멸균 ⇒ 팡이 다 죽임. 팡이 죄 없앰. 팡이 다 죽이다. 팡이 없애다

멸망 ⇒ 없어짐. 사라짐. 끝장남. 없어지다. 사라지다. 결딴나다. 끝장나다

멸시 ⇒ 깔봄. 얕보기. 깔보다. 업신여기다. 내려다보다. 낮추보다. 낮보다. 얕보다. 얕잡아보다

멸종 ⇒ 씨마름. 씨말림. 씨없앰. 씨끊김. 씨 말리다. 씨 없애다. 씨 마르다. 싹쓸이하다

멸치 이름씨 따뜻한 물 위쪽에서 떼 지어 떠돌아다니는 작은 바닷물고기. 몸은 가늘고 길며 둥근 꼴이고 등은 검푸른 빛 배는 반짝이는 흰빛이다. 말리거나 젓을 담가 먹는다

멸치고래 이름씨 나룻고래무리 가운데 가장 작은 바다짐승. 등은 푸른빛이 도는 검은 잿빛이고 배와 꼬리 밑은 희다. 꼬리 끝에 털이 있고 멸치나 작은 물고기 따위를 먹고 산다 한뜻말 정어리고래

멸하다 ⇒ 없어지다. 죄다 없어지다. 없애다. 없애 버리다. 쳐부수다

명[1] (命) ⇒ 목숨

명[2] (命) ⇒ 성금. 시킴

명[3] (名) ⇒ 이름. 사람

명 이름씨 미영 ⓑ어머니는 명을 심어 가꿔 솜을 따서 명베를 짰다

명가 ⇒ 이름난 집안. 난집안. 지체 높은 집안

명개 이름씨 갯가나 흙탕물이 지나간 자리에 앉은 고운 흙 ⓑ소나기가 명개를 부셨다

명개부심 이름씨 장마 끝에 쌓인 명개를 부시어 낼 만큼 오는 비 ⓑ명개부심이 한차례 퍼붓고 지나갔다 한뜻말 개부심

명견 ⇒ 이름난 개. 훌륭한 개

명곡 ⇒ 이름난 가락. 이름난 노래. 뛰어난 노래

명관 ⇒ 훌륭한 벼슬아치

명기 (名記) ⇒ 이름적기. 이름쓰다. 이름적다. 이름쓰다

명기 (銘記) ⇒ 새김. 새겨둠. 새겨 두다. 잊지 않다. 아로새기다. 마음에 새기다

명기 (名妓) ⇒ 빼재주꽃

명년 ⇒ 다음해. 오는해

명단 ⇒ 이름적음표

명답 ⇒ 잘한 풀이. 훌륭한 풀이

명당 ⇒ 좋은 터. 좋은 자리

명도 (明度) ⇒ 밝기

명도 (明渡) ⇒ 내줌. 비워줌. 넘김. 내주다. 비워주다. 넘기다. 넘겨주다

명란젓 ⇒ 알밥젓

명랑하다 ⇒ 밝다. 환하다. 구김살 없다. 티 없다. 밝고 시원하다
명령 ⇒ 시킴. 성금. 일러두다. 시키다. 말하다
명령문 ⇒ 시킴글. 시킴월. 성금글
명령형 ⇒ 시킴꼴. 성금꼴
명료하다 ⇒ 똑똑하다. 또렷하다. 뚜렷하다. 환하다. 밝다
명망 ⇒ 이름 알려짐. 이름높음
명맥 ⇒ 목숨. 목숨바탕. 목숨줄
명멸 ⇒ 깜박거림. 깜박깜박. 깜박거리다. 깜박깜박하다. 나타났다 사라졌다 하다
명명 ⇒ 이름지음. 이름짓다. 이름하다. 이름붙이다
명명백백하다 ⇒ 매우 뚜렷하다
명목 ⇒ 이름. 구실. 까닭
명문 (名文) ⇒ 훌륭한 글. 이름난 글. 뛰어난 글
명문 (名門) ⇒ 훌륭한 집안. 지체 높은 집안. 이름난 배움터
명물 ⇒ 이름난 것. 이름난 이
명백하다 ⇒ 또렷하다. 뚜렷하다. 빤하다. 뻔하다. 똑똑하다. 밝다. 틀림없다. 환하다
명복 ⇒ 저승누림
명분 ⇒ 까닭. 슬기. 이름. 내세울 구실
명사 (名士) ⇒ 이름난 이. 이름난 선비. 이름보
명사 (名詞) ⇒ 이름씨
명사수 ⇒ 활 잘 쏘는 이. 쏘개 잘 쏘는 이
명산 ⇒ 이름난 메
명산지 ⇒ 이름난 곳
명상 ⇒ 마음닦기
명석하다 ⇒ 똑똑하다. 똘똘하다. 환하다. 밝다. 슬기롭다
명성 ⇒ 이름. 들날리는 이름. 알려진 이름
명세·명세서 ⇒ 속가름표. 속내표
명소 ⇒ 이름난 곳. 멋진곳. 좋은곳
명수 ⇒ 솜씨꾼. 뛰어난 솜씨꾼
명승 ⇒ 뛰어난 볼거리. 이름난 볼거리
명승지 ⇒ 이름난 곳. 볼거리 좋은 곳
명시 ⇒ 밝힘. 보임. 드러냄. 밝히다. 보여주다. 보이다. 드러내 보이다. 똑똑히 보이다
명실공히 ⇒ 말 그대로. 이름 그대로. 겉과 속이 한가지로
명실상부하다 ⇒ 말 그대로다. 이름 그대로다. 속과 겉이 똑같다. 앞뒤가 들어맞다
명심 ⇒ 새김. 아로새김. 잊지않음. 마음에 새김. 잊지 않다. 새겨듣다. 아로새기다. 새겨 두다. 마음에 새기다. 마음에 두다
명아주 (이름씨) 도트라지
명암 ⇒ 검밝기. 밝고 어두움
명약관화하다 ⇒ 뻔하다. 환하다. 뚜렷하다. 또렷하다
명언 ⇒ 훌륭한 말. 새겨들을 말. 뜻깊은 말
명예 ⇒ 자랑. 좋은 이름. 자랑스러운 이름. 자랑스러움
명예회복 ⇒ 허물벗음. 자랑되찾음. 이름되찾음. 허물 벗다. 자랑을 되찾다
명왕성 ⇒ 어둠검별
명월 ⇒ 보름달. 밝은 달
명의 (名義) ⇒ 이름
명의 (名醫) ⇒ 이름난 나숨이. 훌륭한 나숨이
명인 ⇒ 이름난 이. 뛰어난 사람. 재주꾼
명일 (明日) ⇒ 아제. 다음날. 이튿날
명일 (名日) ⇒ 누림날
명일 (命日) ⇒ 죽은 날. 돌아가신 날
명작 ⇒ 빼지은 것. 이름난 지은 것. 훌륭한 지은 것
명장 (名匠) ⇒ 이름난 솜씨꾼. 뛰어난 솜씨꾼. 솜씨꾼
명장 (名將) ⇒ 으뜸머리. 훌륭한 우두머리. 뛰어난 우두머리. 빼어난 우두머리
명절 (名節) ⇒ 누림날
명조 (明朝) ⇒ 아제아침. 다음날 아침. 이튿날 아침
명조체 ⇒ 바탕글씨
명주 (明紬) ⇒ 깁
명주 (名酒) ⇒ 이름난 술. 좋은 술
명주바람 ⇒ 깁바람
명주실 ⇒ 깁실
명줄 ⇒ 숨줄
명중 ⇒ 딱 맞힘. 가운데 맞힘. 들어맞다. 바로 맞다. 바로 맞히다. 들어맞히다
명지바람 ⇒ 깁바람

명찰 (名札) ⇒ 이름표

명찰 (名刹) ⇒ 이름난 절

명창 (名唱) ⇒ 뛰어난 소리꾼. 노래장이. 난소리꾼

명철하다 (明哲) ⇒ 밝다. 똑똑하다. 똘똘하다. 환하다. 슬기롭다

명철하다 (明徹) ⇒ 뚜렷하다. 빈틈없다

명치 이름씨 사람 가슴뼈 아래 한가운데 오목하게 들어간 곳 ⓑ밥 먹은 게 체했는지 명치가 너무 아프다 비슷한말 오목가슴. 복장

명칭 ⇒ 이름

명쾌하다 ⇒ 시원하다. 시원스럽다. 밝고 말끔하다

명탐정 ⇒ 뛰어난 살펴알이꾼. 훌륭한 살펴알이꾼. 뛰어난 발쇠꾼

명태 이름씨 몸길이와 굵기가 어른 팔뚝만 하고 맛이 산뜻해 우리나라 사람이 좋아하는 물고기. 찬물을 좋아해 샛바다 위쪽에서 많이 잡힌다

명태창자젓 이름씨 명태 창자에 소금과 고춧가루를 넣고 담근 젓 ⇐ 창난젓

명패 ⇒ 이름쪽. 이름판

명품 ⇒ 뛰어난 몬. 이름난 것. 훌륭한 지은 것

명필 ⇒ 뛰어난 글씨

명하다 ⇒ 시키다. 말하다. 하게 하다. 자리를 맡기다

명함 ⇒ 이름. 이름종이. 이름쪽종이

명현 (名賢) ⇒ 어진이

명현 (明顯) ⇒ 드러남. 뚜렷이 나타남. 나타나다. 뚜렷이 나타나다. 드러나 보이다

명화 ⇒ 훌륭한 그림. 이름난 그림. 뛰어난 그림. 훌륭한 뭠그림

명확하다 ⇒ 똑똑하다. 또렷하다. 뚜렷하다. 틀림없다. 환하다

몇 셈씨 **1**그리 많지 않은 얼마쯤 수 ⓑ이 일을 하려면 사람 몇이 더 있어야 해 **2**잘 모르는 수를 물을 때 쓰는 말 ⓑ나이가 몇이야? **3**(매김씨) 그리 많지 않은 수 ⓑ몇 달 뒤에 다시 올게

몇몇 셈씨 '몇' 힘줌말 ⓑ나는 어제 동무 몇몇이랑 바닷가에 놀러갔다

몇즈믄 셈씨 즈믄 몇 곱 ⇐ 수천

모[1] 이름씨 **1**옮겨 심으려고 가꾸어 기른 어린 벼 ⓑ못줄에 맞추어 모를 심었다 **2**옮겨 심으려고 기른 벼 아닌 온갖 어린싹 ⓑ비가 그치면 꽃밭에 모를 옮겨 심어야겠다 익은말 **모를 내다** 모를 못자리에서 논으로 옮기다 **모를 붓다** 못자리를 만들어 씨를 뿌리다

모[2] 이름씨 **1**윷놀이에서 윷가락 넷이 모두 엎어진 것. 끗수는 다섯이다 ⓑ윷말을 던졌는데 또 모가 나왔다 **2**윷판 다섯째 밭 ⓑ모에 있는 윷말을 잡았다 익은말 **모 아니면 도** 골라잡은 끝이 매우 좋을 수도 있고 아주 나쁠 수도 있으나 좋을 것이라고 여기고 씩씩하게 못박음

모[3] 이름씨 **1**몬 거죽으로 튀어나온 뾰족한 귀퉁이 ⓑ모 없는 자갈돌처럼 둥글둥글하게 살아 비슷한말 모서리 **2**모퉁이나 구석 ⓑ저쪽 모에 서 있어라 **3**금과 금, 바닥과 바닥 끝이 만나 꼭짓점을 이루는 곳 ⓑ서랍 모에 무릎을 부딪쳤어 **4**조각이나 쪽 ⓑ어느 모로 봐도 그 젊은이는 괜찮은 사람이야 **5**까다롭거나 티가 나는 마음씨 ⓑ저 사람은 따뜻하고 모난 데가 없어 참 좋아 **6**몸을 비껴 튼 옆쪽 ⓑ나는 늘 모로 누워 잔다 **7**콩묵이나 묵을 네모지게 썰어 놓은 덩이 ⓑ저것보다 모가 더 큰 콩묵인데 값은 이게 더 싸네 **8**콩묵이나 묵 따위 덩이를 세는 하나치 ⓑ콩묵 한 모만 사다 줄래? 익은말 **눈에 모가 서다** 골난 눈매로 보다 슬기말 **모가 지면 구르지 않는다** 마음씨가 너그럽지 못하면 사람 사이가 좋지 않을 수 있다

모 (毛) ⇒ 털. 털올실

모 (母) ⇒ 어머니. 엄마. 어멈. 어미

모 (某) ⇒ 아무개. 아무. 어떤. 어느

모가비 이름씨 **1**떼거리 우두머리 **2**탈놀이 이끎이

모가지 이름씨 **1**'목'을 나랍게 이르는 말 ⓑ닭 모가지를 비틀어도 새벽은 온다고 하잖아 **2**어떤 자리에서 내보내는 것을 달리 이

르는 말 ⓑ그렇게 자꾸 게으름을 피우면 모가지야 ❸낟 이삭이 달린 곳 ⓑ잘 봐, 익은 벼들은 저렇게 모가지를 숙이고 있잖아 (익은말) **모가지가 잘리다** 어떤 일이나 자리에서 내쫓기다 **모가지를 날리다** 어떤 일이나 자리에서 내보내다

모가치 (이름씨) 몫으로 돌아오는 몬 ⓑ우리 모가치만 남기고 나머지 것들은 다 팔아버립시다 ⇐ 주식

모가치벌데 (이름씨) 모가치를 찍어 내어 여러 사람으로부터 밑천을 마련하는 벌데 ⇐ 주식회사

모개 (이름씨) ❶모조리 한데 묶은 수 ❷낟 이삭이 달린 곳 (한뜻말)모개미. 목 ❸윷판 모에서 방으로 가는 둘째 자리

모개로 (어찌씨) 온통 한데 몰아서. 있는 대로 모두 ⓑ이 능금은 모개로 얼마요?

모개모개 (어찌씨) 여러 가지를 모개로 ⓑ가게 앞 널빤지 위에는 여러 과일이 모개모개 쌓였다

모개지다 (그림씨) 죄다 한데 모아지다 ⓑ모개진 돌을 하나씩 들어다 날라라

모개흥정 (이름씨) 모개로 하는 흥정 ⓑ가게에서 이것저것 골라놓고 모개흥정을 했다

모갯돈 (이름씨) 모개져서 머릿수가 많은 돈 ⓑ푼돈을 모아 모갯돈으로 만들어야지

모계 (母系) ⇒ 어미갈래. 어미핏줄

모계사회 ⇒ 어미쪽살이. 어미핏줄살이

모골 ⇒ 털과 뼈. 온몸

모공 ⇒ 털구멍

모과나무 (이름씨) 봄에 엷붉은 꽃이 피고 가을에 울퉁불퉁한 열매가 노랗게 익는 나무. 열매인 모과는 차를 달이거나 낫개로 쓴다

모교 ⇒ 제 배움터. 제 배곳. 우리 배곳

모국 ⇒ 제나라. 우리나라

모국어 ⇒ 제나라 말. 우리나라말

모권사회 ⇒ 어미피내림살이. 어미쪽내림살이

모권제도 ⇒ 어미쪽삶. 어미피살림살이

모근 ⇒ 털뿌리

모금 (이름씨) 물이나 빈기 따위를 입안에 한 차례 머금는 만큼을 세는 하나치 ⓑ물 한 모금. 담배 한 모금

모금 (募金) ⇒ 돈걷기. 돈모으기. 돈모으다. 돈걷다

모금함 ⇒ 돈 걷는 통

모기 (이름씨) 암컷이 길고 뾰족한 입으로 사람이나 짐승 피를 빨아 먹는 벌레 (슬기말) **모기 보고 칼 빼기** 대수롭지 않은 일에 너무 크게 덤빔

모기둥 (이름씨) ❶모가 난 기둥 ❷밑낯은 여러 모꼴이고 옆낯은 네모꼴인 여러낯덩이. 세모기둥, 네모기둥, 닷모기둥, 엿모기둥 들이 있다 ⇐ 각기둥

모기장 ⇒ 모기그물. 모기막이그물

모기향 ⇒ 모기쫓내. 모기쫓는 내

모깃불 (이름씨) 모기를 쫓으려고 쑥 따위를 태워 내를 피우는 불 ⓑ모깃불 좀 피워라

모깃소리 (이름씨) ❶모기가 날 때 내는 가느다란 소리 ⓑ모깃소리가 귀에 앵앵거려 잠을 잘 수가 없다 ❷아주 가늘고 힘없는 소리 ⓑ그렇게 모깃소리로 말하니 알아들을 수가 없어. 좀 큰 소리로 말해 봐

모꼬지 (이름씨) 놀이나 잔치 따위로 여러 사람이 모이는 일 ⓑ이 디위 새내기 모꼬지는 언제래? (비슷한말)들놀이 ⇐ 야유회. 파티. 연회 **모꼬지하다**

모나다 (그림씨) ❶몬 모습에 모가 있거나 어떤 일에 두드러진 자취가 있다 ⓑ우리 버선은 모나지 않고 부드럽게 굽은 멋을 잘 보여준다 ❷마음바탈이나 짓 따위가 둥글지 못하고 까다롭다 ⓑ모나지 않게 살아야 사람 사이가 두루 매끄럽다 ❸쓸모 있는 구석이 있다 ⓑ적은 돈이라도 모나게 쓸 줄 알아야 한다 (슬기말) **모난 돌이 정 맞는다** 마음바탈이 둥글지 못하고 까다로운 사람은 남이 치기 쉽다. 너무 뛰어난 사람은 남에게 미움을 받기 쉽다

모낭 ⇒ 털주머니

모내기 (이름씨) 모를 못자리에서 쪄다가 심을 논에 옮기는 일 ⓑ요즘 시골에서는 모내기

가 한창이네 ⇐ 이앙 **모내기하다**

모내다 움직씨 모를 못자리에서 쪄서 논으로 옮기다

모녀 ⇒ 어이딸. 어미딸. 어머니와 딸

모녀지간 ⇒ 어이딸 새. 어머니와 딸 사이

모년 ⇒ 어떤 해. 아무 해. 어느 해

모노그램 ⇒ 맞춤글자

모노드라마 ⇒ 혼자굿. 홀로굿

모노레일 ⇒ 외줄수렛길

모놀로그 ⇒ 혼잣말. 혼잣소리

모눈종이 이름씨 바둑널 꼴처럼 여러 세로줄과 가로줄을 같은 크기로 가늘게 그린 종이 ㉥모눈종이로도 바둑 놀이를 할 수 있다

모니터 ⇒ 셈틀봄널. 지켜보개. 뜻알림

모닥불 이름씨 잎나무나 검불, 삭정이 같은 것을 모아 태우는 불 또는 그 불더미 ㉥우리는 밤새도록 모닥불을 피워놓고 둘러앉아 노래 부르며 놀았다

모닥불놀이 이름씨 들살이에서 피우는 모닥불. 또는 그것을 둘러싼 놀이 ⇐ 캠프파이어

모대기다 움직씨 ❶괴롭거나 안타깝거나 하여 몸을 이리저리 뒤틀며 움직이다 ㉥밤새 가려워서 잠 한숨 못 자고 모대기었다 ❷(어떤 일이나 생각이 안 풀려) 이리저리 애써 생각하다 ㉥오랫동안 모대기던 끝에 새 재주를 알아냈다

모더니즘 ⇒ 이제삶꼴. 요즘살이

모데 이름씨 모 크기 ⇐ 각도

모데라토 ⇒ 여느 빠르기로

모델 ⇒ 밑. 밑보기. 밑본 이

모델케이스 ⇒ 밑보기

모델하우스 ⇒ 밑보기집. 구경집

모도리 이름씨 조금도 빈틈없이 야무진 사람 ㉥생긴 것만 봐도 아주 모도리라니까

모독 ⇒ 더럽힘. 더럽히다

모두 어찌씨 ❶빠짐없이 함께 ㉥모두 자리에서 일어서 주셔요. 우리 모두 바다로 가자 한뜻말다. 몽땅 비슷한말남김없이. 모조리. 빠짐없이 ❷빠짐없이 보태어 ㉥오늘 모임에 모두 열 사람이 왔다. 이 돈을 모두 이웃돕기에 보낼게요 비슷한말통틀어 ❸(이름씨) 빠짐없는 온 덩이 ㉥그것은 모두가 바라는 바다 비슷한말다

모두다 움직씨 ❶손이나 발 따위를 한데 모으다 ㉥차렷! 소리를 듣고 모두다 두발을 한데 모두었다 ❷추려서 한데 모으다 ㉥밑감을 낱낱이 모두어 거짓을 밝혔다 ❸한곳에 마음을 두다 ㉥사람들은 모두 길거리에 걸린 비꼼그림에 눈길을 모두었다 ❹한데 몰다 ㉥가쁜 숨을 모두어 쉬며 미끄러운 눈길을 올랐다

모두뜀 이름씨 두 발을 한데 모아 붙이고 뛰는 뜀 ㉥길이 질퍽질퍽하고 물웅덩이가 많아 모두뜀을 뛰듯이 하여 집으로 돌아왔다 한뜻말모두발뜀. 모둠발뜀 **모두뜀하다**

모두머리 이름씨 겨집 머리털을 한 가닥으로 땋아서 둥그스름하게 쪽 찐 머리 ㉥머리를 두 갈래로 땋지 말고 모두머리를 해보는 게 좋을 것 같아

모두모임 이름씨 ❶쪽모임이나 남은모임에 마주하여 그 바탕이 되는 밑숫 모두로 이루어진 모임 ⇐ 전체집합 ❷이룸이 모두가 모여 어떤 일을 뜻나눔 ⇐ 총회

모두배움이모임 이름씨 한 배곳 안에 있는 모든 배움이를 묶는 모임 ⇐ 총학생회

모두벌이 이름씨 쓴 돈을 빼지 않고 벌어들인 모든 돈 ⇐ 총소득

모두벌이낛 이름씨 낛 내는 이 모든 벌이를 더한 모두벌이에 매기는 낛 ⇐ 종합소득세

모두뽑기 이름씨 아람을 갈음할 사람을 모두 한꺼번에 뽑기 ⇐ 총선

모두셈 이름씨 수나 숱을 한데 더하여 셈함 ⇐ 총계. 합계

모두숱 이름씨 모든 숱이나 무게 ⇐ 총량

모둠 이름씨 작은 크기 모임 ㉥우리는 네 사람씩 모둠을 짜서 생각을 나누고 모았다 ⇐ 팀

모둠꽃밭 이름씨 나무와 꽃을 어울려 심은 꽃밭. 가운데에는 나무나 키가 큰 꽃나무를 심고 둘레에는 차츰 키가 작은 꽃을 심어

어디서도 보일 수 있게 꾸민 꽃밭이다 ㉥ 요즘 모둠꽃밭을 만드는 재미에 푹 빠져서 크고 작은 꽃나무를 사들인다네

모둠발 이름씨 가지런히 한 자리에 모아 붙인 두 발 ㉥모둠발을 하고 마주 섰다

모둠밥 이름씨 여러 사람이 나눠 먹으려고 함께 담은 밥 ㉥빙 둘러앉아 모둠밥을 먹었다

모둠사람 이름씨 모둠에 든 사람 ⇐ 모둠원

모둠살이 이름씨 여러 사람이 어울려서 살아가는 함께살이 ㉥모둠살이를 하려면 무엇보다도 마음이 숭굴숭굴해야겠지 ⇐ 공동체생활. 단체생활

모둠셈 이름씨 한데 몰아 셈함 ⇐ 통계. 합산

모둠셈밑감 이름씨 모둠셈을 내는데 바탕이 되는 밑감 ⇐ 통계자료

모둠셈집 이름씨 모둠셈을 내는 나라살림살이 집. 사람수, 몬값 같은 모둠셈을 낸다 ⇐ 통계청

모둠셈표 이름씨 모둠셈을 나타낸 표 ⇐ 통계표

모둠원 ⇒ 모둠사람

모둠일 이름씨 모둠이 힘을 모아 하는 몸짓 ⇐ 팀워크

모둠집 이름씨 큰 집채 안에 여러 집이 살 수 있도록 켜켜로 쌓아 모둠으로 지은 집 ⇐ 아파트

모든 매김씨 빠지거나 남지 않은 ㉥모든 사람은 값어치가 똑같다

모들뜨기[1] 이름씨 눈을 모들뜨는 것 또는 그런 사람 ㉥아랑이 사팔뜨기라면 어랑은 모들뜨기이다

모들뜨기[2] 이름씨 몸무게 복판을 잃고 세게 자빠지거나 나가떨어지는 꼴 ㉥비탈에서 발을 헛디뎌 모들뜨기로 나자빠졌다

모들뜨다 움직씨 무엇을 볼 때 두 눈자위를 안쪽으로 몰아 뜨다 ㉥소미는 꼼꼼히 볼 때는 모들뜬 눈이 된다

모듬걸이 이름씨 씨름에서 맞은쪽 두 발을 가지런히 붙여서 발을 걸어 넘어뜨리는 재주

모뜨기 이름씨 모를 내려고 모판에서 모를 뽑는 일 ㉥모뜨기할 때 부르는 노래 한뜻말 모찌기

모뜨다 움직씨 남이 하는 것을 그대로 따라하다 ㉥늘 남을 모뜨지 말고 네 나름대로 해봐 한뜻말 모찌다 **모뜨기**

모뜬소리 이름씨 더러섬 겨레내림노래. 모판에서 모를 뽑을 때 부른다 ㉥모내기철이면 우리 마을에선 구성진 모뜬소리가 자주 들렸다

모락모락 어찌씨 **1** 말썽 없이 곱게 잘 자라는 모습 ㉥아이들이 모락모락 잘 커간다 큰말 무럭무럭 **2** 내나 김, 냄새 같은 것이 조금씩 피어오르는 모습 ㉥모락모락 밥 짓는 냄새가 난다 **3** 어떤 생각이나 느낌이 잇달아 조금씩 떠오르는 모습 ㉥슬픔이 모락모락 피어오를 때면 들길을 걷곤 했다 **4** 떠도는 이야기가 들리거나 낌새 따위가 보이는 것 ㉥하늬돌이 곧 각시를 맞이할 거라는 이야기가 마을에서 모락모락 피어오른다

모란 이름씨 뜰이나 꽃밭에 심어 가꾸는 갈잎떨기나무. 늦봄에 붉거나 흰 꽃이 크고 아름답게 줄기 끝에 하나씩 핀다. 뿌리껍질을 말려 낫개로 쓴다

모래 이름씨 돌이 저절로 잘게 부서진 작은 알갱이들 ㉥가람가에 하얀 모래가 넓게 펼쳐졌다 슬기말 **모래 위에 지은 집·모래 위에 쌓은 재** 밑바탕이 튼튼하지 못하여 오래가지 못할 몬이나 일 ⇐ 사상누각

모래때알림이 이름씨 장구처럼 생긴 유리그릇 안에 가는 모래를 넣고 작은 구멍으로 떨어지는 모래가 얼마나 많은지 헤아려 때를 알게 만든 연장 ㉥가끔 찜질방에 가면 모래때알림이를 볼 수 있다 한뜻말 모래때틀 ⇐ 모래시계

모래무지[1] 이름씨 몸은 가늘고 길둥글며 머리가 크고 입술에 돌기가 많고 한 짝 털이 있는 민물고기. 몸은 엷은 누런빛으로 배는 희고 잔 점이 많다. 가람 모랫바닥에 사는데 흰자발이 많아 고기 맛이 좋다

모래무지[2] (이름씨) 모래가 쌓인 더미 ㉥바람이 실어다 쌓은 모래무지가 군데군데 퍼져 있다

모래바위·모랫돌 (이름씨) 모래가 뭉쳐 단단히 된 바위 ⇐ 사암

모래밭 (이름씨) **1** 가람가나 바닷가에 모래가 깔려있는 곳 ㉥바닷가 모래밭에서 아이들이 모래집도 짓고 굴도 파고 소꿉놀이도 하며 논다 **2** 흙에 모래가 많이 섞인 밭 ㉥땅콩은 모래밭에 심어야 잘 된다 (슬기말) **모래밭에서 바늘 찾기** 아무리 애써도 찾을 수 없음

모래벌판 (이름씨) 모래가 덮인 넓고 반반한 땅 ㉥확 트인 모래벌판을 보면 막 달리고 싶다 ⇐ 사막

모래베 (이름씨) 모래나 유리 가루를 바른 종이나 베 ⇐ 사포

모래베질 (이름씨) 모래베로 몬거죽을 문지르는 일 ㉥밥놓개에 모래베질을 해서 매끈하게 다듬었다 ⇐ 사포질

모래사장 ⇒ 모래톱. 모래벌판

모래성 ⇒ 모래집. 모래재. 모래더미

모래시계 ⇒ 모래때알림이

모래알 (이름씨) 모래 낱낱 알갱이 ㉥모래알이 햇빛에 반짝인다

모래주머니 (이름씨) **1** 모래를 넣은 주머니 ㉥마을 사람들은 큰물을 막고자 냇가에 모래주머니로 둑을 쌓았다 **2** 닭이나 새 밥통 뒤쪽에 있는 주머니. 삼킨 모래나 잔돌을 채워 먹은 것을 으깨어 부수는 일을 한다 ㉥사람들은 닭 모래주머니를 닭똥집이라 하며 구워 먹기도 한다 **3** 지렁이나 벌레 모이주머니에 이어져 있는 곳. 속에 든 모래알이나 이 같은 것으로 먹은 것을 으깨어 부순다 ㉥지렁이에게도 모래주머니가 있다니!

모래집 (이름씨) **1** 알이나 젖먹이 짐승 뱃속아이를 둘러싼 얇은 청. 그 속에는 아기집물이 들었다 ⇐ 양막 **2** 모래로 지은 작은 집

모래집물 (이름씨) 뱃속아이를 지켜주며 아이를 낳을 때는 흘러나와 쉽게 낳게 한다 ㉥더러 아이 밴 사람이 일을 너무 많이 하면 아이도 낳기 앞에 모래집물이 터질 때가 있다 한뜻말 아기집물 ⇐ 양수

모래찜질 (이름씨) 여름에 뜨거운 모래 속에 몸을 묻고 땀을 내는 일 ㉥모래찜질을 했더니 몸이 좀 가벼워진 것 같네 **모래찜질하다**

모래톱 (이름씨) 바닷가나 가람가에 모래가 깔린 넓고 큰 벌판 ㉥너울이 모래톱에 부딪쳐 새하얗게 부서진다 비슷한말 모래벌판

모래판 (이름씨) **1** 모래를 많이 깔아 놓은 펀펀한 곳 ㉥아이들이 놀이터 모래판에서 장난질하며 신나게 논다 **2** 씨름판 또는 씨름하는 사람들을 비기어 이르는 말 ㉥그 사람은 모래판에서 알아주는 이다

모래흙 (이름씨) 모래가 많이 섞인 흙. 물은 잘 빠지지만 땅힘은 낮다 ㉥모래흙은 여느 흙과 달리 메마르다

모략 ⇒ 잔꾀. 잔재주. 속임수. 잔꾀 부리다. 잔재주 부리다. 속이다. 올가미 씌우다. 올가미질하다

모레[1] (이름씨) 이틀 뒷날 ㉥모레 만나자 맞선말 그제. 그저께

모레[2] (이름씨) 누리 ⇐ 우박

모로 (어찌씨) **1** 비껴서 ㉥종이를 똑바로 안 자르고 모로 잘랐네 **2** 옆쪽으로 ㉥모로 누워 봐 (슬기말) **모로 가도 서울만 가면 된다** 무슨 수를 써서라도 이룰 바만 이루면 된다

모롱이 (이름씨) 메모퉁이가 휘돌아간 곳 ㉥아버지는 마을 밖 모롱이를 돌아갈 때까지 자꾸 뒤돌아보았다

모루 (이름씨) 대장간에서 불에 달군 쇠를 올려놓고 두드릴 때 받침으로 쓰는 무거운 쇳덩이 ㉥두 사람은 쇳덩이를 모루 위에 올려놓고 바꿔가며 메질을 해댔다

모르다 (움직씨) **1** 무엇을 알지 못하거나 느끼거나 생각해 내지 못하다 ㉥일을 하느라 밖에 비가 내리는 것도 몰랐다 **2** 어떤 일을 아랑곳하지 않거나 마음에 두지 않다 ㉥보람이가 마을 일을 하든 말든 난 몰라요 **3** 무엇을 갈피를 세워 풀어 밝히지 못

하다 ⓑ일이 어떻게 돌아가는지 도무지 모르겠다 ❹아직 일어나지 않은 일을 미리 생각하거나 어림잡지 못하다 ⓑ이 일이 어떻게 흘러가고 어떻게 마무리될지는 아무도 몰라 ❺어떤 일이나 사람을 겪거나 사귀지 않다 ⓑ저 두 사람은 서로 모르는 사이인가 봐 ❻무엇을 할 수 있는 앎이나 재주, 생각을 지니지 못하다 ⓑ난 김치를 어떻게 담그는지 몰라 ❼어떤 느낌 따위를 느끼지 못하다 ⓑ선돌은 슬픔이라는 걸 모르는 사람 같다 ❽뚜렷하지 않은 것을 어림잡아 헤아리거나 걱정하다 ⓑ어쩌면 둘을 사귀게 하는 일이 이루어지지 않을지도 몰라 ❾('얼마나 -는지·은지 모르다' 꼴로 써) 매우 그러하다. 매우 그리하다 ⓑ나는 그 사람을 만나 도움을 받게 된 게 얼마나 고마운지 모르겠다 익은말 **모르면 몰라도·모르긴 몰라도** 반드시 그러하다고 말할 수는 없지만 열에 아홉은 슬기말 **모르는 것이 부처·모르면 낫개요 아는 게 앓이** 아무것도 모르면 차라리 마음이 고요하여 좋으나, 좀 알면 옳고 그름을 따지고 걱정거리가 많아져 도리어 나쁘다

모르쇠 이름씨 덮어놓고 모르는 체하거나 모른다고 밀막는 것 ⓑ개똥이는 입을 꼭 다물고 모르쇠로 발뺌했다

모르타르·몰탈 ⇒ 돌가루반죽

모름이 이름씨 어떤 일을 잘 모르는 사람 한뜻말 모름쟁이 ⇐ 문외한

모름지기[1] 어찌씨 갈피를 따져 보건대 마땅히 ⓑ사람은 모름지기 더불어 살 줄 알아야 한다 한뜻말 반드시

모름지기[2] 어찌씨 모르긴 몰라도. 아마 ⓑ돌이는 모름지기 순이가 부끄러워서 얼굴을 붉힌 거라고 생각했다

모리배 ⇒ 길미 꾀하는 무리

모말 이름씨 낟알을 되는 말 가운데 하나. 네모가 반듯하다 ⓑ모말로 열 디위씩 되어라

모말집 이름씨 추녀가 네 쪽으로 빙 돌아가게 지은 반듯한 네모꼴 집 ⓑ우리 겨레는 예로부터 모말집에서 산 것 같다 한뜻말 말집

모면 ⇒ 벗어남. 잘 넘김. 벗어나다. 헤어나다. 넘기다. 잘 넘기다

모멸 ⇒ 업신여김. 깔봄. 얕봄. 업신여기다. 깔보다. 낮추보다. 얕보다. 내려보다. 낮보다. 넘보다. 얕잡다

모멸감 ⇒ 얕보이는 느낌. 깔보이는 느낌

모모이 어찌씨 이런 쪽 저런 쪽마다 ⓑ종요로운 일을 할 때는 모모이 짚어보고 낱낱이 따져봐라

모반 ⇒ 뒤엎으려 함. 뒤엎기. 뒤엎으려하다. 뒤엎다

모발 ⇒ 털. 터럭. 머리카락. 머리털

모방 ⇒ 따라하기. 흉내. 모뜨기. 모뜨다. 좇다. 따르다. 흉내내다. 시늉하다. 따라하다. 따라가다

모범 ⇒ 거울. 보기. 우러러보기. 따라할것

모범생 ⇒ 뛰어난 배움이. 훌륭한 배움이. 으뜸보기 배움이. 밑보기감 배움이

모비 이름씨 어린싹을 옮겨심는데 때맞춰 오는 비 ⓑ때마침 모비가 내리는구나

모빌 ⇒ 흔들개비

모뿔 이름씨 밑낯은 여러모꼴이고 옆낯은 세모꼴인 여러낯덩이. 세모뿔, 네모뿔, 닷모뿔, 엿모뿔 들이 있다 ⇐ 각뿔

모뿔대 이름씨 모뿔을 그 밑낯에 나란한 펀펀낯으로 잘라 작은 각뿔을 버리고 난 나머지 여러낯덩이 ⇐ 각뿔대

모사 (模寫) ⇒ 모뜸. 베낌. 흉내그림. 모뜨다. 옮겨그리다. 베껴 그리다

모사 (謀事) ⇒ 꾀하기. 꾸미기. 일꾸밈. 꾀쟁이. 일을 꾀하다. 일을 꾸미다

모살이 이름씨 옮겨심은 모가 땅에 뿌리를 내려서 푸르싱싱하게 사는 것 ⓑ아버진 논을 돌아보며 모살이가 잘 된 걸 기뻐하였다 한뜻말 살암

모삽 이름씨 어린싹을 옮겨심을 때 쓰는 작은 삽 ⓑ모삽을 들고 취나물을 옮겨 심었다

모색 ⇒ 찾기. 수찾기. 찾다. 어루더듬다. 더듬질하다. 더듬어 찾다

모서리 이름씨 ❶몬에서 모가 진 가장자리 ⓑ

문 모서리에 찍혀 피가 났다 ❷여러 낯덩이에서 낯 살피를 이루는 쪽금 ⓑ이 그림꼴은 열두 모서리를 가진다 ❸어떤 것 한 조각 ⓑ이 글에는 삶을 바라보는 지은이 눈한 모서리가 잘 드러난다

모선 (母線) ⇒ 어미금

모선 (母船) ⇒ 어미배

모섬유 ⇒ 털올실

모성애 ⇒ 엄마사랑. 어미사랑. 어머니사랑. 아들딸사랑. 새끼사랑

모세관 ⇒ 실핏줄. 실대롱

모세혈관 ⇒ 실핏줄

모션 ⇒ 몸짓. 움직임. 몸놀림

모순 ⇒ 어긋남. 맞질림. 두동짐. 두동지다. 맞질리다. 어긋나다

모숨 이름씨 ❶줌 안에 들만한 볏모나 담뱃잎 같은 길고 가느다란 것 ⓑ저자에 들러 모숨으로 파는 부추를 사왔다. 모숨이 큰 것도 있고 조금 작은 것도 있다 ❷한 줌 안에 들어올 만큼 길고 가느다란 몬을 세는 하나치 ⓑ담배 두 모숨. 고추모 한 모숨

모습 이름씨 ❶사람이나 짐승 생김생김이나 됨됨이 또는 겉보기 ⓑ그 아이는 웃는 모습이 참 예쁘다 ❷겉으로 나타난 꼴 ⓑ서로를 섬기는 사람들 모습은 언제 보아도 아름답다 ⇐ 양상 ❸어떤 것 자취나 자리 ⓑ아내를 가만히 보고 있으면 티 없이 맑은 겨집아이 모습이 언뜻언뜻 보인다

모시 이름씨 ❶올실을 얻고자 키우는 여러해살이풀. 잎은 달걀 꼴이며 뒤쪽에 잔털이 있고 여름에 수꽃은 누런 흰빛, 암꽃은 엷푸른빛으로 핀다. 껍질 올실로는 옷감이나 배 밧줄, 고기잡이 그물 따위를 만들며 뿌리는 낫개로 쓴다 ❷모시 줄기 껍질에서 뽑은 실로 날실과 씨실을 엇바꾸어 짠 천. 삼베보다 곱고 질기며 달라붙지 않아 여름 옷감으로 많이 쓴다 ⓑ모시 치마가 참 곱다 슬기말 **모시 고르다 베 고른다** 좋은 것을 고르려다가 나쁜 것을 고르게 되다. 처음 뜻하던 바와는 사뭇 다른 것을 붙들고 우물거리다

모시다 움직씨 ❶(높임말로) 어떤 곳으로 데리고 가거나 오다 ⓑ집까지 모셔다드릴게요 ❷웃어른을 가까이 있으면서 잘 받들다 ⓑ어버이를 잘 모시는 게 사람 노릇 가운데 으뜸이지 ❸종요로운 몬 따위를 어떤 곳에 잘 섬겨두다 ⓑ그 그림이 무슨 보배라도 되는 듯이 떠받들어 모시네 ❹우러르는 사람에게 어떤 감목을 갖게 하거나 자리에 있게 하다 ⓑ내게 큰 깨우침을 주신 어른을 그날부터 스승으로 모셨다 ❺우러르는 마음으로 높이 받들다 ⓑ마음속에 하느님을 모시고 산다 ❻주검을 어떤 곳에 묻다 ⓑ할머니를 할아버지 곁에 모셨다 ❼(식게를) 지내다 ⓑ우리는 엊그제 아버지 식게를 모셨다

모시조개 이름씨 얕은 바다 모래땅이나 개펄 진흙에 살며, 껍데기는 둥근 꼴이고 누런 흙빛인 조개 ⓑ쌀뜨물에 냉이와 된장, 모시조개, 마늘을 넣고 국 끓여 먹으면 참 시원한데 한뜻말가무락조개

모심기 이름씨 모를 논에 심는 일

모심기틀 이름씨 사람이 타거나 걸으며 모를 심는 틀 ⇐ 이앙기

모심다 움직씨 내놓은 모를 논에 심다

모양 ⇒ 꼴. 모습. 생김새

모양있다 ⇒ 맵시 있다. 예쁘다. 보기 좋다. 멋있다

모양내다 ⇒ 꾸미다. 멋내다

모양새 ⇒ 꼴새. 차림새. 생김새. 됨됨이. 낯

모여들다 움직씨 여럿이 한곳으로 모이다 ⓑ구경꾼들이 씨름판으로 모여들었다 익은말 **구름같이 모여들다** 한꺼번에 많이 모여들다

모욕 ⇒ 깔봄. 업신여김. 깔보다. 업신여기다. 넘보다

모유 ⇒ 어미젖. 엄마젖. 참젖

모으기 이름씨 그림이나 나래꽃, 돈, 책, 따위를 모으는 일 ⇐ 컬렉션

모으다 움직씨 ❶나뉘거나 흩어진 것들을 한 통치다 ⓑ낙엽을 한데 모아 태웠다 ❷생각이나 슬기, 힘, 눈길을 한곳에 두다 ⓑ마음

을 한데 모으면 안 될 일이 없다 3 돈이나 몬 따위를 써 없애지 않고 많아지게 하다 [ㅂ]한 해 한 해 돈을 모아서 내 집을 샀다 4 사람들을 한 곳으로 오게 하거나 어떤 모임에 들게 하다 [ㅂ]마땅한 일꾼을 모아야 일을 꾸려갈 수 있지 5 어떤 몬을 거두어 들이다 [ㅂ]좋은 그림을 모으는 데 오롯이 빠져 있다 6 무엇이 사람들 마음이나 눈길을 끌다 [ㅂ]아내는 예쁜 옷차림으로 사람들 눈길을 모으곤 했다

모음 ⇒ 홀소리

모음곡 ⇒ 모음가락. 모음노래

모음이 [이름씨] 무엇을 모으는 사람 ⇐ 수집가

모음조화 ⇒ 홀소리어울림

모의 (毛衣) ⇒ 털옷

모의 (謀議) ⇒ 짜고 꾸밈. 일꾸밈. 꾀함. 꾀하다. 짜다. 짝짜꿍이하다. 짜고 꾸미다. 일 꾸미다

모이 [이름씨] 닭이나 오리, 거위와 같은 날짐승들 먹이 [ㅂ]아이가 닭에게 모이를 주는 모습이 귀엽다 [비슷한말]먹이

모이다 [움직씨] 1 어떤 곳이나 모임에 몰려들거나 들어오다 [ㅂ]우리 마을 사람들은 오늘 저녁에 마을 모임터에서 모이기로 했다 2 나뉘거나 흩어진 것들이 가까이 있게 되거나 한통쳐지다 [ㅂ]작은 개울이 모여 큰 가람을 이룬다 3 돈이나 몬 따위가 들어와 쌓이다 [ㅂ]이달에는 꽤 많은 돈이 모였다 4 힘이나 뜻, 마음 따위가 합쳐져 하나로 되다 [ㅂ]훌륭한 일을 하고자 하는 사람들 뜻이 모여 좋은 모임이 꾸려졌다 5 마음이나 눈길이 무엇에 끌리어 쏠리다 [ㅂ]멋진 옷차림을 하고 나타난 누이에게 사람들 눈길이 모였다 6 어떤 몬이 무엇에 쓰려고 거두어들여지다 [ㅂ]모으는 헌책이 웬만큼 모이면 아이들 배움터에 가져다 준다

모이주머니 [이름씨] 닭이나 새 먹이삭임틀 가운데 하나. 밥줄에 이어진 주머니로 먹은 것을 잠깐 모아 삭기 쉽게 한 다음 모래주머니로 보낸다 [ㅂ]닭은 모이주머니 아래 모래주머니가 있어서 먹은 걸 부수어 삭일 수 있다

모이통 [이름씨] 모이를 담아주는 그릇 [ㅂ]모이통이 다 비었는지 살펴봐라

모인돌길 [이름씨] 돌길이룸씨가 모두 터 널 위나 터 널 안에 서로 떨어질 수 없도록 하나로 된 번씨돌길 ⇐ 집적회로

모인이 [이름씨] 어떤 모임을 함께하는 사람 ⇐ 회원

모임 [이름씨] 1 어떤 뜻을 가지고 여러 사람이 한자리에 모이는 일 [ㅂ]나물을 배우는 동아리는 달마다 넷째 나무날에 모임을 연다 ⇐ 회. 회동 2 같은 과녁을 가진 사람들이 모여서 만든 동아리 [ㅂ]우리는 올봄에 우리말을 배우고 익히는 모임을 만들었다 ⇐ 연합회 3 테두리가 잡힌 밑숫들 모임 ⇐ 집합

모임돈 [이름씨] 모임을 열고 끌어가는데 드는 돈 ⇐ 회비

모임동안 [이름씨] 뜻 나눔이나 모임이 비롯한 때부터 끝나는 때까지 동안 ⇐ 회기

모임마침 [이름씨] 모임을 마치는 일 ⇐ 폐회

모임새뜸 [이름씨] 모둠이나 모임이 새뜸을 알리려고 펴내는 것 ⇐ 회보. 회지

모임지킬것 [이름씨] 모임에 모인이들이 꼭 따라야 하는 다짐 ⇐ 회칙

모임집 [이름씨] 어떤 모둠이나 마을 같은 데서 모임터로 쓰려고 지어놓은 집 [ㅂ]마을모임집. 늙은이모임집 ⇐ 회관

모임터 [이름씨] 모임을 가지는 자리나 모이는 곳. 여럿이 모여서 이야기를 나누거나 일하거나 생각을 나누는 터 [ㅂ]이참에 우리 모임터를 옮겨보는 건 어때? ⇐ 회의장

모자 (母子) ⇒ 어이아들. 어미아들. 어머니와 아들

모자 (帽子) ⇒ 쓰개. 머리쓰개

모자라다 [움직씨] 1 어떠한 잣대에 미치지 못하다 [ㅂ]혼자서 그 많은 일을 다 하려니 힘이 모자란다 [맞선말]남다 ⇐ 부족하다 2 머리 쓰는 힘 따위가 어느 사람만큼 미치지 못하다 [ㅂ]그 사람은 착하기는 한데 좀 모자라 보인다

모자람 [이름씨] 모자라서 뒤떨어지거나 잘못되

어 떳떳하지 못한 점 ⇐ 결점. 단점. 약점

모자반 이름씨 바닷가 바위에 붙어 자라며, 짙은 흙빛 잎에 작은 구슬 꼴 빈기주머니가 많이 달린 바닷말. 말리면 파래지고 말려서 먹거나 거름 밑감으로 쓴다

모자이크 ⇒ 조각무늬. 조각무늬그림. 쪽모이. 쪽무이

모자지간 ⇒ 어이아들. 어머니와 아들 사이

모작 ⇒ 가짜그림. 모뜬 것. 베낀그림. 베끼다. 모뜨다. 흉내내다

모제품 ⇒ 털붙이

모조 ⇒ 모뜨기. 등글기

모조리 어찌씨 하나도 빠짐없이 모두 ⓑ햇볕 좋은 날 엄마는 이불을 모조리 꺼내어 마당 빨랫줄에 널곤 했다 비슷한말 남김없이. 죄. 죄다

모조지 ⇒ 질긴 종이

모조품 ⇒ 거짓몬. 널박이. 모뜬 것. 등글기

모종 (某種) ⇒ 어떤 가지

모종 (-種) ⇒ 모

모종비 ⇒ 모비

모종삽 ⇒ 모삽

모지다 그림씨 ❶꼴이 둥글지 않고 모가 나 있다 ⓑ모진 기둥에 받혀 혹이 났다 ❷마음씨가 부드럽지 못하고 지나치게 딱딱하거나 차갑다 ⓑ나루는 모진 데가 없어서 사람들이 좋아한다 ❸모질다

모지라지다 움직씨 몬 끝이 닳아 없어지다 ⓑ밥주걱이 모지라진 걸 보니 아주 오래 썼나 보다 큰말 무지러지다

모지락스럽다 그림씨 보기에 모질고 억세다 ⓑ마음이 모지락스러운 돌쇠도 어머니 생각을 하면 울컥 울음이 솟구친다 ⇐ 악랄하다

모지랑이 이름씨 끝이 닳아서 모지라진 몬 ⓑ이 집은 빗자루도 모지랑이, 붓도 모지랑이, 딱붓도 모지랑이 뿐이네

모지름 이름씨 괴로움을 견디거나 무엇을 이루려고 안타까이 모대기기 ⓑ덜덜 떨지 않으려고 이를 악물고 모지름을 썼다 익은말 **모지름을 쓰다·모지름을 치다** 괴로움을 견디거나 무얼 이루려고 애쓰다

모직 ⇒ 털실천

모직물 ⇒ 털붙이. 털옷감

모질다 그림씨 ❶마음씨나 말이 몹시 매섭고 맵다 ⓑ마음을 모질게 먹고 이겨내 봐 ⇐ 잔인하다 ❷힘이나 기운 따위가 몹시 매섭고 사납다 ⓑ제 새끼를 저리 모질게 때리다니 ⇐ 포학하다 ❸참고 견디기 힘든 일을 잘 배겨 낼 만큼 억세다 ⓑ아우는 그 힘든 아픔을 모질게 잘 견뎌내었다 ❹괴로움이나 아픔이 지나치다 ⓑ나는 손수레로 장사하면서 모진 괴로움을 다 견뎌내고 마침내 탄탄하게 자리 잡았다 슬기말 **모진 놈 옆에 있다가 벼락 맞는다** 나쁘거나 못된 사람을 가까이 하면 반드시 어려움을 겪는다

모질음 이름씨 괴로움과 아픔을 견디어 내려고 모질게 쓰는 힘 ⓑ다친 곳이 덧나 곪은 데를 째고 고름을 뽑아내는 동안 아저씨는 모질음을 쓰며 아픔을 견뎠다 ⇐ 진력

모집 ⇒ 모음. 뽑음. 뽑다. 모으다. 모아들이다

모집다 움직씨 ❶잘못이나 허물을 또렷하게 집어 가리키다 ⓑ가르침이는 배움이들 허물을 하나하나 모집어 밝혔다 ❷모조리 집다 ⓑ떨어뜨린 구슬을 남김없이 다 모집어라

모집단 ⇒ 다모임. 어미모임

모짝 어찌씨 하나도 빠짐없이 모조리 ⓑ엿을 먹다가 위 아랫니가 모짝 빠져버렸다 한뜻말 모조리

모쪼록 어찌씨 될 수 있는 대로 바라건데 부디 ⓑ모쪼록 네가 하는 일이 잘 되길 바란다 한뜻말 아무쪼록

모찌 ⇒ 찹쌀떡

모찌기 이름씨 모를 내려고 모판에서 모를 뽑는 일 한뜻말 모뜨기

모처럼 어찌씨 ❶애써 벼르거나 마음을 먹고 ⓑ모처럼 마음먹고 하는 일인데 잘 돼야지 ❷어쩌다가. 오랜만에 ⓑ모처럼 하늘이 맑게 갰네

모체 ⇒ 밑둥. 밑몸. 뿌리. 어미몸. 으뜸몸. 밑둥치

모춤 이름씨 서너 움큼씩 묶은 볏모 ㉥모를 쪄서 모춤을 만들었다. 모춤이 크다. 모춤을 잡아 지게에 실었다 한뜻말 못단

모춤모춤[1] 이름씨 모를 묶은 하나하나 모춤 ㉥모춤모춤이 하나같이 튼튼하다

모춤모춤[2] 어찌씨 모를 모춤씩 묶은 꼴 ㉥써레질을 한 논에는 모들을 모춤모춤 고르게 던져 놓았다

모춤하다 그림씨 길이나 부피가 어느만큼보다 좀 지나치다 ㉥저고리 소매길이가 모춤해서 끝을 잘라내야겠다

모친 ⇒ 어머니. 어머님

모탕 이름씨 나무를 패거나 바닥에 몬을 쌓을 때 밑에 받쳐 놓는 나무토막 ㉥아버지는 굵고 튼튼한 모탕에 나무토막을 놓고 도끼로 팼다

모태 이름씨 떡널에 얹어 놓고 한 디위에 쳐낼 수 있는 떡 부피

모태 ⇒ 어미삼안. 기틀. 밑바탕

모터 ⇒ 힘틀. 뮘틀

모터보트 ⇒ 뮘틀배

모텔 ⇒ 잠집. 쉴집. 쉼집

모투저기다 움직씨 돈이나 몬을 아껴서 조금씩 모으다 ㉥노을은 여섯 달 동안 수레 삯을 모투저기어 입고 싶던 옷을 샀다 ⇐ 저축하다

모퉁이 이름씨 ❶구부러지거나 꺾이는 곳 ㉥저 모퉁이를 돌아가면 아랫동네 동무 집이 보인다 한뜻말 굽은돌이 ❷모가 져 구부러지거나 꺾이는 자리 ㉥방 한 모퉁이에 책을 쌓았다 ❸어느 곳에서 안쪽으로 들어간 곳 ㉥나는 이 넓은 누리 어느 모퉁이에 어엿한 내 집을 마련할까 ❹일이나 때 대목 ㉥이렇게 바쁜 모퉁이에 어떻게 놀러갈 생각을 하겠어

모티브 ⇒ 으뜸생각. 으뜸느낌

모판 이름씨 못자리 사이사이를 떼어 긴 네모꼴로 다듬어 놓은 곳. 이곳에 볍씨를 뿌려 모를 키운다 ㉥모판에 물을 대고 미리 싹 틔운 볍씨를 뿌렸다

모포 ⇒ 털요. 털깔개. 털덮개

모피 ⇒ 짐승가죽. 털가죽. 털붙이

모함 ⇒ 올가미씌우기. 옭아맴. 허방에 빠뜨리다. 헐뜯다. 올가미 씌우다. 얽어 넣다. 쏘개질하다. 하리놀다

모험 ⇒ 무릅씀. 엄두냄. 무릅쓰다. 엄두를 내다. 덮어놓고 하다

모형 (母型) ⇒ 어미꼴

모형 (模型) ⇒ 바탕틀. 보기. 틀. 거푸집. 새끼꼴

모호하다 ⇒ 흐리터분하다. 알쏭달쏭하다. 아리송하다

목 이름씨 ❶사람이나 짐승 몸에서 머리와 몸통을 잇는 잘록한 곳 ㉥아우는 목이 길다 ❷밥줄과 숨길로 이어지는 입 안 깊숙한 곳 ㉥고뿔에 걸려 목이 아프다 비슷한말 목구멍 ❸사람 머리와 몸통을 잇는 속에 있는 소리 내는 틀이나 그 틀을 거쳐 나오는 소리 ㉥소리를 많이 질렀더니 목이 쉬었다 비슷한말 목청. 목소리 ❹어떤 몬에서 아구리에 가까운 곳 ㉥이 비신은 목이 길다 ❺줄수레를 타고 내리는 곳 ⇐ 역 ❻자리가 좋아 장사가 잘되는 곳이나 길 따위 ㉥이곳은 목이 좋아서 장사가 잘된다 ❼어떤 길에서 다른 곳으로는 빠져나갈 수 없는 종요롭고 좁은 곳 ㉥그들이 달아나지 못하도록 목을 잘 지켜라 ❽낟 이삭이 달린 곳. 모개. 모개미 ㉥벼 이삭이 축축 늘어진 벼 목 ❾일이 되어가는 가운데 가장 종요로운 대목 ㉥요즘은 모내기가 한창인 바쁜 목이다 익은말 **목을 놓아 울다** 참거나 삼가지 않고 소리를 크게 내어 울다 **목이 빠지게 기다리다** 오랫동안 애를 태우며 기다리다 **목이 잠기다** 목이 쉬어 소리가 잘 나오지 않다 **목이 타다** 몹시 목이 마르다

목각 ⇒ 나무새김. 칼그림

목거리 이름씨 목이 붓고 아픈 앓이 ㉥목거리가 덧났다

목걸이 이름씨 꾸밈새로 목에 거는 몬 ㉥하늘이는 예쁜 꽃으로 목걸이를 만들어 누나에게 걸어주었다

목격 ⇒ 봄. 몸소봄. 보다. 몸소 보다. 똑똑히 보다. 눈으로 보다

목격자 ⇒ 본이. 몸소 본이

목곧이 (이름씨) 억지가 세어서 남에게 호락호락 굽히지 않는 사람 ⓑ오빠 목곧이 바탈을 잘 아는 순이는 아까부터 마음이 조마조마 했다 ⇐ 고집불통

목공 ⇒ 나무일. 나무다룸이

목공소 ⇒ 나무일터. 나무일하는 곳

목공예 ⇒ 나무다듬기. 나무깎이

목공예품 ⇒ 나무꽃몬

목관 (木棺) ⇒ 널. 나무널

목관 (木管) ⇒ 나무대롱

목관 악기 ⇒ 나무가락틀

목구멍 (이름씨) 밥줄과 숨길로 이어지는 입 안 깊숙한 곳 ⓑ목구멍에 가래가 끓는다 비슷한말 목 (익은말) **목구멍에 풀칠한다** 굶지 않을 만큼 겨우 먹고 산다 (슬기말) **목구멍이 포도청** 먹고살려면 차마 하지 못할 일까지도 할 수 밖에 없음

목구지 (이름씨) 목소리를 높여 이어서 부름 ⓑ마루 위에 서서 누나가 큰소리로 목구지를 해대자 용케 알아듣고 조카가 달려왔다

목기 ⇒ 나무그릇

목기리 (이름씨) 젖먹이 짐승 가운데 가장 커서 키가 6미터쯤 되고 목과 다리가 매우 긴 짐승. 부드러운 나뭇잎을 먹고 살며 암컷은 봄에 새끼 한 마리를 낳는다 ⇐ 기린

목깃 (이름씨) 목을 여미도록 된 윗옷 깃 한뜻말 옷깃

목낛 (이름씨) 한 나라에서 그 나라살피를 지나 들어오는 팔몬에게 매기는 낛 ⇐ 관세

목낛맡집 (이름씨) 목낛과 맺어진 일을 맡아보는 그위집 ⇐ 관세청

목낛집 (이름씨) 날틀나루, 바다나루, 나라살피에 세워져 목낛과 맺어진 일을 맡아보는 그위집 ⇐ 세관

목단 ⇒ 모란

목담 (이름씨) 버력으로 쌓은 담

목대 (이름씨) ❶목. 모가지 ❷멍에 두 쪽 끝 구멍에 꿰어 소 목 두 쪽에 대는 가는 나무 ⓑ목대를 잡고 앞으로 당겼다 ❸돈치기에서 던진 돈을 맞히는 데 쓰는 몬. 쇠돈을 두세 겹 붙이고 구멍에 막대를 박아 만들거나, 납 따위로 동글납작하게 만든다

목대잡다 (움직씨) 여러 사람을 거느리고 일을 시키다 ⓑ일터에서 목대잡는 건 쉽지 않다

목대잡이 (이름씨) 여러 사람을 맡아 거느리고 일을 시키는 사람 ⓑ목대잡이가 있어야 일이 제대로 굴러가지

목댓줄 (이름씨) 목에 있는 큰 핏줄 ⇐ 경동맥

목덜미 (이름씨) 목 뒤쪽과 그 아래 언저리 ⓑ난 부드러운 강아지 목덜미를 쓰다듬는 걸 좋아해 비슷한말 덜미 (익은말) **목덜미를 잡히다** 어떤 허물이나 종요로운 곳을 잡히다. 비낄 수 없게 잘못이 드러나다

목도 (이름씨) 두 사람 넘게 짝이 되어 뒷덜미나 어깨에 긴 막대기를 얹어 무거운 몬을 메고 나르는 일 ⓑ몇 사람씩 짝을 지어 목도로 땔나무를 날랐다

목도 ⇒ 봄. 보다. 눈으로 보다. 몸소 보다. 똑똑히 보다

목도리 (이름씨) ❶추위를 막거나 멋을 내려고 목에 두르는 몬 ⓑ목도리를 안 했더니 목이 많이 시렸다 ⇐ 마후라. 머플러 ❷개나 고양이, 마소 따위 목에 두르는 고리. 가죽이나 천으로 만들고 방울을 달기도 한다 ⓑ강아지가 목도리를 벗으려고 안간힘을 쓴다

목도장 ⇒ 나무이름새김

목돈 (이름씨) ❶한몫이 될 만한 꽤 많은 돈 ⓑ푼돈 모아 목돈 만들기는 어려워도 목돈을 푼돈으로 만들기는 쉽다 비슷한말 뭉칫돈. 모갯돈. 큰돈 맞선말 푼돈 ❷굿할 때 차리는 데 쓰라고 무당에게 먼저 주는 돈. 또는 놀이 할 때 광대에게 주는 돈 ⓑ할아버지는 그 광대 주머니에 목돈을 넣어주셨다

목동 ⇒ 채꾼. 소몰이. 소몰이꾼. 소치기. 양치기

목두기 (이름씨) ❶이름이 무엇인지 모르는 도깨비 ⓑ무당질하면서 목두기 이야기를 처

음 듣는다 ❷나무를 다듬을 때 잘라버린 나무개비 한뜻말목두개비

목두르개 이름씨 멋을 내거나 추위를 막으려고 목에 두르거나 머리에 쓰는 얇은 천 ⇐ 스카프

목련 ⇒ 가지꽃

목례 ⇒ 눈절

목록 ⇒ 죽보기. 늘어놓기

목마 (木馬) ⇒ 나무말. 발돋움

목마 (木磨) ⇒ 매통

목마 (牧馬) ⇒ 말기르기. 말키우기

목마르다[1] 그림씨 ❶물 따위가 몹시 마시고 싶다 ⓑ너무 목말라서 견딜 수가 없다 ❷몹시 바라거나 아쉬운 때에 놓이다 ⓑ어려움에 부딪힌 오빠는 도와줄 손길을 목마르게 기다렸다 슬기말 **목마른 놈이 샘 판다** 가장 과가르고 아쉬운 사람이 그 일을 서둘러 한다 **목마른 이에게 물 먹이기 쉽다** 힘없거나 아쉬운 사람은 작은 미끼로도 쉽게 호릴 수 있다

목마르다[2] 움직씨 어떤 것을 몹시 바라다 ⓑ어릴 때 엄마랑 같이 살지 못한 조카는 늘 사랑에 목말랐다

목마름늪 이름씨 ❶입술이나 입안, 목 따위가 몹시 마르는 느낌 ⇐ 조갈증 ❷목마름으로 물을 많이 마시고 맛갓을 많이 먹으나 몸은 여위고 오줌이 많아지는 앓이 ⇐ 조갈증

목말 이름씨 남 어깨 위에 올라타는 것 ⓑ어릴 때 아버지는 자주 목말을 태워주었다 한뜻말 무등

목매다 움직씨 ❶죽거나 죽이려고 끈이나 줄로 목을 걸어 매다 ⓑ어렸을 때 목매어 죽는다는 말을 듣고 너무도 무서웠다 한뜻말목매달다 ❷오롯이 어떤 것에 기대다 ⓑ이웃 빵집 아저씨는 빵을 잘 만드는 것보다 남이 매기는 값에 목맨 사람 같다

목매달다 움직씨 ❶죽거나 죽이려고 끈이나 줄로 목을 걸어 매달다 ⓑ아저씨는 가난을 이겨내기가 너무 어려워 목매달아 죽을 마음을 먹기도 했단다 한뜻말목매다 ❷오롯이 어떤 것에 기대다 ⓑ아버지는 일에 목매단 사람처럼 죽으라고 일만 했다

목메 ⇒ 나무메. 메

목메다 움직씨 기쁨이나 설움 같은 느낌이 복받쳐서 목이 막히거나 잠기다 ⓑ아들이 살아있다는 말에 엄마는 기쁨에 겨워 목메어 울었다

목목이 어찌씨 종요로운 길목마다 ⓑ길이란 길은 목목이 다 지키는구나

목물 이름씨 ❶허리를 굽혀 엎드린 사람에게 허리에서부터 목까지 물을 끼얹어 씻어주는 일 ⓑ어릴 때 무더운 여름날이면 어머니가 목물을 많이 해 주셨지 한뜻말등목. 등물 ❷사람 목에 닿을 만큼 깊은 물 ⓑ느리게 흐르면 목물이라도 건널 수 있다 **목물하다**

목밑 이름씨 가장 종요로운 때, 가장 종요로운 고비를 앞둔 때 ⓑ요즘이야말로 우리말이 사는 길로 갈지 죽는 길로 갈지 가늠하는 바로 목밑이다

목밑샘 이름씨 목 밑에 있는 샘으로 몸을 자라게 하고 살감을 받아들이거나 내보낸다 ⇐ 갑상샘

목발 (木발) ⇒ 나무발. 지겟다리

목발 (木鉢) ⇒ 바리. 바리때

목불인견 ⇒ 차마 못 봄. 차마 볼 수 없다. 자닝하다

목비 이름씨 모내기할 무렵에 한목 오는 비 ⓑ날이 가물어서 걱정했는데 때맞춰 목비가 오니 마음이 크게 놓였다

목뼈 이름씨 등뼈 가장 위쪽 뼈. 목 있는 곳에 일곱 낱 있다 ⓑ눈밭에서 썰매를 타다가 목뼈를 크게 다쳤다

목뿔뼈 이름씨 아래턱뼈와 목구멍 물렁뼈 사이에 있는 말굽꼴 뼈 한뜻말혀뼈

목사 (牧使) ⇒ 고을지기. 고을아치

목사 (牧師) ⇒ 길잡이. 이끎이

목사리 이름씨 소 모가지 위로 두르는 굵은 줄과 아래로 두르는 가는 줄로 된 굴레

목석 ⇒ 나무돌. 나무와 돌. 무뚝뚝이. 아무 느낌도 없는 사람. 돌부처

목선 ⇒ 나무배

목성 (木星) ⇒ 나무별

목성 (木性) ⇒ 나뭇결

목소리 이름씨 ❶목구멍에서 나는 소리 ⓑ목소리가 곱다 ⇐ 성음 ❷내세우는 뜻이나 생각 ⓑ나라님은 백성들 목소리에 귀 기울여야 한다 ❸목에 있는 소리틀에서 나오는 가장 작은 소리마디. 크게는 닿소리와 홀소리가 있다 ⓑ목소리를 잃어 말을 하지 못한다

목수 ⇒ 나무쟁이. 나무바치. 지위

목숨 이름씨 사람이나 짐승이 숨을 쉬며 사는 바탕힘 ⓑ목숨 값어치는 누구나 똑같다 익은말 **목숨을 거두다** 숨이 끊어져 죽다 **목숨을 끊다** 스스로 죽거나 남을 죽이다 **목숨을 바치다** 다른 사람이나 무엇에 목숨을 내놓다 **목숨을 잃다** 죽다

목숨붙이 이름씨 목숨이 있는 모든 것 ⇐ 생명체

목숨사달막이 이름씨 사달막이에 든 사람이 죽거나 어느 나이에 이르면 돈 얼마를 주기로 하고 드는 사달막이 ⇐ 생명보험

목숨앗이 이름씨 잡아먹는 숨받이를 잡아먹히는 숨받이에 맞서 이르는 말 ⓑ쥐한테 뱀, 진딧물에 무당벌레, 쥐한테 고양이는 목숨앗이이다 ⇐ 천적

목숨짓갈 이름씨 사람 힘으로 산 것이 가진 여러 구실을 다루고 바꾸는 재주 ⇐ 생명공학

목숨힘 이름씨 목숨이 지닌 힘 ⇐ 생명력

목어 ⇒ 나무고기

목요일 ⇒ 나무날

목욕 ⇒ 멱. 미역. 멱감다. 미역감다

목욕탕 ⇒ 몸 씻는 데. 몸 씻는 곳

목운동 ⇒ 목풀기. 목뮘

목울대 이름씨 목구멍 가운데에 있는 소리를 내는 틀 ⓑ나는 힘들다는 말이 목울대까지 차올랐지만 이를 악물고 참았다 비슷한말 목. 목청. 울대

목이 ⇒ 나무버섯

목자 ⇒ 염치기. 돌봄이. 돌보는 이

목자르다 움직씨 어떤 사람을 일터에서 쫓아내다 ⓑ몇 차례나 일렀는데도 바로잡지 않으니 목잘라야겠어 한뜻말 밥줄끊다 ⇐ 해고하다. 파면하다

목작약 ⇒ 모란

목장 ⇒ 짐승 치는 곳. 짐승터전. 짐승터

목장갑 ⇒ 미영손끼개

목재 ⇒ 나무. 나뭇감

목재상 ⇒ 나무장사꾼

목적 ⇒ 과녁. 뜻. 갈 길. 하려는 일. 하려는 바. 마음뜻. 과녁으로 삼다. 과녁으로 잡다. 할 바로 삼다. 갈 곳으로 잡다. 마음먹다

목적격 ⇒ 부림자리

목적격조사 ⇒ 부림자리토씨

목적어 ⇒ 부림말

목적지 ⇒ 갈 곳. 가려는 곳. 닿을 곳

목전 ⇒ 눈앞. 코앞. 코밑. 한 치 앞

목젖 이름씨 목구멍 안쪽 뒤끝에 아래로 드리운 둥그스름한 살 ⓑ고뿔로 목젖이 부었다

목제 ⇒ 나무로 만듦. 나무몬

목조 ⇒ 나무로 지음. 나무집

목조건물 ⇒ 나무집

목중 이름씨 먹중 ⓑ목중춤을 추는 사람들

목질 ⇒ 나무바탕. 나무결

목차 ⇒ 벼리. 차례. 속판

목청 이름씨 ❶목구멍 가운데에 있는, 소리를 내는 틀 ⓑ아이들은 목청이 터지도록 노래를 불렀다 비슷한말 목. 목울대. 울대 ❷목에서 울려 나오는 소리 ⓑ목청이 굵다 익은말 **목청을 돋우다** 목소리를 높이다 **목청을 뽑다** 큰 목소리로 노래를 부르다

목청껏 어찌씨 있는 힘껏 소리를 내어 ⓑ가슴이 답답하면 벌판에 나가 목청껏 소리 질러 봐

목초 ⇒ 꼴. 먹이풀. 소풀

목축 ⇒ 짐승치기. 짐승기르기

목축업 ⇒ 짐승치기일

목침 ⇒ 나무 베개

목탁 ⇒ 나무방울

목탄 ⇒ 숯. 그림숯

목탄화 ⇒ 숯그림

목탑 ⇒ 나무쌓

목판 ⇒ 널. 널조각. 널빤지. 널쪽

목판화 ⇒ 나무새김그림. 칼그림. 찍은그림

목표 ⇒ 과녁. 이룰 일. 이룰 것. 닿을 곳. 뜻함

목표물 ⇒ 과녁. 맞힐 몬

목풀기 이름씨 목을 이리저리 돌리거나 굽히면서 목을 부드럽게 해주는 일 ㉥목뼈가 굳지 않도록 목풀기를 늘 부지런히 해주세요 ⇐ 목운동

목화 ⇒ 명. 미영

목화솜 ⇒ 미영솜

목화씨 ⇒ 미영씨

몫 이름씨 ❶여럿으로 나누어 저마다 가지는 많기 ㉥내 몫은 얼마야? 비슷한말 노느매기 ❷나눗셈에서 나눠떨어지는 값 ㉥8을 2로 나누면 몫은 4이다 ❸저마다 맡은 일이나 구실 ㉥네가 벌인 일이니, 갈무리도 네 몫이지

몫몫이 어찌씨 한몫 한몫으로 ㉥스승님은 덩이 엿을 한아름 들고 와서 아이들에게 몫몫이 나누어 주었다

몫벌데 이름씨 몫을 사고파는 일을 맡아 하는 벌데 ⇐ 주식회사

몫씨 이름씨 더는 나눌 수 없는 기운 가장 작은 하나치 ⇐ 양자

몫씨틀갈 이름씨 알씨와 알씨모둠을 다루는 요즘 몬갈 바탕 뜻틀. 알씨가 갖는결뭠과 알씨 겹바탈, 잼에서 자리와 뭠푼수를 함께 똑바르게 잴 수 없는 것 들을 다룬다 ⇐ 양자역학

몫저자 이름씨 몫을 팔고 사는 저자 ⇐ 주식시장

몬 이름씨 ❶꼴을 갖춘 것 ㉥언니는 때알림이와 책 같은 몬을 나한테 주었다 ⇐ 물건 ❷사고팔 수 있게 모습을 갖춘 것 ㉥상추와 김밥 같은 몬과 마실 거리를 샀다 ⇐ 물건. 물품 ❸있는 것 모든 바탕을 이루는 흙, 물, 불, 바람들을 통틀어 이르는 말. 김덩이, 물덩이, 단덩이 세 꼴로 있다 ㉥누리에 있는 모든 몬은 흙, 물, 불, 바람 네 큰 몬으로 가를 수 있다 ⇐ 물질 ❹어떤 꼴을 이룬 목숨 없는 단단한 것 ㉥건네준 보따리엔 무거운 몬이 들었는지 묵직하였다 ⇐ 물체

몬돈 이름씨 돈 노릇하는 몬. 돈을 쓰지 않고 몬몬바꿈 때 처음 생겼고 낟, 피륙, 보, 수 같은 것을 썼다 ⇐ 상품화폐. 물품화폐

몬몬바꿈 이름씨 몬과 몬끼리 서로 바꿈 ⇐ 물물교환

몬밭 이름씨 '몬바탕' 준말. 누리 이름씨로 여러 누리 꼴을 일으키는 알맹이로 어느 곳을 차지하고 무게가 있다 ⇐ 물질. 품질

몬살종이 이름씨 잡힌 가게에서 종이에 적힌 값만큼 몬을 살 수 있는 힘 종이 ⇐ 상품권

몬삶빛 이름씨 몬을 바탕으로 이루어진 삶빛 ⇐ 물질문명

몬순 ⇒ 철바람

몬이름 이름씨 ❶몬 하나하나 이름 ⇐ 품명. 제품명 ❷몬갈래 이름 ⇐ 품목

몬존하다 그림씨 ❶마음씨가 차분하다 ❷차림새가 초라하다 ㉥그때는 몬존하기 짝이 없어 못 갔어요

몯셈 이름씨 모두 모아. 몰밀어. 모두 모은 셈 ⇐ 합계

몯이 이름씨 어떤 모임이나 모둠에 든 사람 ⇐ 회원

몯점 이름씨 ❶볼록거울이나 오목거울에서 빛이 모이는 점 ⇐ 초점 ❷찍을 거리가 가장 똑똑하게 보이는 점 ⇐ 초점 ❸사람들 마음이 모이는 점 ⇐ 초점

몯점길이 이름씨 거울 같은 것 복판에서 몯점까지 길이 ⇐ 초점거리

몰강스럽다 그림씨 매우 모질고 억세며 끈덕지다 ㉥몰강스럽기가 굶주린 짐승 같다 ⇐ 잔혹하다

몰개[1] 이름씨 바닷물이 출렁이는 물결 ㉥바다에 나가면 늘 몰개를 잘 살펴야 해 비슷한말 물고개 ⇐ 파도

몰개[2] 이름씨 여울에 모여 사는 민물고기. 몸이 가늘고 길며 빨리 움직이고 반짝이는 흰빛이다

몰개[3] 이름씨 모래

몰골 이름씨 볼품없게 된 얼굴이나 모습 ㉥여

러 해 만에 돌아온 언니는 몰골이 초라했다 비슷한말 꼴 ⇐ 모양새

몰글 이름씨 몰아서 쓰는 글 ⓑ나는 몰글 쓰기를 싫어하지만, 자주 몰글을 쓰곤 한다

몰다 움직씨 ❶무엇을 어디로 움직여 가게 하다 ⓑ아버지가 소를 몰고 밭으로 가셨다 ❷틀이나 탈것을 부리다 ⓑ그이는 짐수레를 잘 몬다 ❸무엇으로 여기거나 닦아세우다 ⓑ사람들은 노을을 도둑으로 몰았다 ❹한곳에 모으거나 한통치다 ⓑ엄마는 먹다 남은 건건이들을 한꺼번에 몰아 찌개를 끓였다 ❺말미암아 어떤 끝을 만들어내다 ⓑ조그마한 일이 크나큰 바람을 몰고 왔다

몰두 ⇒ 파고듦. 빠져듦. 파묻힘. 들고파다. 빠지다. 골똘하다. 잠기다. 달라붙다. 들러붙다. 미치다. 파묻히다

몰라보다 움직씨 ❶보아서 알아차리지 못하다 ⓑ동무 얼굴이 몰라보게 좋아졌다 맞선말 알아보다 ❷섬겨야 할 사람에게 아무렇게나 굴다 ⓑ어른을 몰라보는 아이들을 보면 마음이 거북하다 ❸참된 값어치를 제대로 매기지 못하다 ⓑ사람들이 너 같은 보배를 몰라보다니

몰라주다 움직씨 ❶알아주지 않거나 헤아려주지 못하다 ⓑ내 마음을 그렇게도 몰라주다니 맞선말 알아주다 ❷제대로 봐주거나 좋게 쳐주지 않다 ⓑ사람들이 내 재주를 몰라주니 섭섭하다

몰락 ⇒ 무너짐. 스러짐. 지워지다. 사그라지다. 스러지다

몰랑거리다 움직씨 사람 몸이나 몬이 무르고 보드랍다 ⓑ몰랑거리는 엄마 가슴을 아기가 만지작거린다 한뜻말 말랑거리다 큰말 물렁거리다 **몰랑대다**

몰랑몰랑 어찌씨 ❶사람 몸이나 몬이 무르고 보드라운 꼴 ⓑ곶감이 몰랑몰랑 딱 이제 먹기에 알맞다 한뜻말 말랑말랑 큰말 물렁물렁 ❷사람 밑바탕이 매우 무르고 여린 꼴 ⓑ한나는 어려서부터 시키면 시키는 대로 몰랑몰랑 잘 따라 하였다 **몰랑몰랑하다**

몰랑몰랑하다 그림씨 ❶사람 몸이나 몬이 무르고 보드랍다 ⓑ가래떡을 몰랑몰랑하게 구워 주세요 한뜻말 말랑말랑하다 큰말 물렁물렁하다 ❷사람 밑바탕이 매우 무르고 여리다

몰랑하다 그림씨 ❶사람 몸이나 몬이 무르고 조금 보드랍다 ⓑ콩묵이 몰랑하니 이 없는 어른들이 먹기 딱 알맞다 한뜻말 말랑하다 큰말 물렁하다 ❷사람 밑바탕이 좀 무르고 여리다 ⓑ저렇게 몰랑해서야 어디 가서 밥술이나 벌어먹을까

몰래 어찌씨 남이 모르게 가만히 ⓑ동무 가방을 몰래 감추었다

몰래걸음 이름씨 둘레에서 헤아리거나 느끼지 못하는 사이에 조용히 걷는 일

몰래꾼 이름씨 한 나라나 모둠 살림 속내를 몰래 알아내어 다른 나라나 모둠에 주는 사람 ⇐ 스파이. 간첩

몰래다님 이름씨 남몰래 살피고 돌아다니는 일 ⇐ 잠행

몰래말 이름씨 남이 모르게 하려고 제들끼리만 알 수 있게 만든 뜻말이나 말 한뜻말 몰래글 ⇐ 암호

몰래모임 이름씨 벼리에 따라 알리지 않고 몰래 만든 모임 ⇐ 비밀모임. 비밀결사

몰래몰래 어찌씨 아주 모르게 ⓑ아무도 모르게 꼭꼭 감추며 몰래몰래 사랑하는 사람을 사귀었다

몰래밟기·몰래좇기 이름씨 둘레에서 헤아리거나 느끼지 못하는 사이에 조용히 뒤를 따라가는 일 ⇐ 미행

몰래보다 움직씨 ❶다른 사람이 일구거나 얻거나 알아낸 것을 그 사람이 헤아리거나 느끼지 못하는 사이에 조용히 보다 ⇐ 부정행위. 커닝하다 ❷다른 사람 몸이나 몸짓을 그 사람이 헤아리거나 느끼지 못하는 사이에 함부로 보다 ⇐ 관음증

몰래뽑기 이름씨 누구를 뽑는지 남이 모르게 하는 뽑기 ⇐ 비밀선거. 비밀투표

몰래사랑 이름씨 둘레에서 헤아리거나 느끼지 못하는 사이에 하거나 나누는 사랑 ⇐ 비밀연애

몰래찍다 움직씨 둘레에서 알지 못하는 사이에 조용히 빛박이로 찍다 ⇐ 도촬

몰래하다 움직씨 둘레에서 알지 못하는 사이에 조용히 하다

몰려가다 움직씨 **1** 여럿이 떼를 지어 어느 한 쪽으로 가다 ⓑ이름난 노래쟁이가 나타나자 사람들이 그곳으로 몰려갔다 맞선말 몰려오다 **2** 구름 따위가 한꺼번에 밀려나가다 ⓑ먹구름이 메 너머로 몰려가자 하늘이 다시 말개졌다

몰려나오다 움직씨 여럿이 떼를 지어 나오다 ⓑ아이들이 배움터에서 우르르 몰려나왔다

몰려다니다 움직씨 여럿이 떼를 지어 다니다 ⓑ아이들이 할 일 없이 이리저리 몰려다녔다

몰려들다·몰려오다 움직씨 **1** 여럿이 떼를 지어 들어오다 ⓑ구경꾼들이 놀이판으로 몰려들었다 **2** 구름이나 너울 따위가 한꺼번에 몰리다 ⓑ먹구름이 몰려드는 걸 보니 비가 오려나 보네 **3** 떠퀴나 가난 따위 기운이 한꺼번에 많이 닥치다 ⓑ지난해는 집안에 안 좋은 일이 몰려드는 것 같았는데 지나고 보니 슬기롭게 잘 넘긴 것 같아 **4** 주럽이나 들뜸 따위가 한꺼번에 많이 닥치다 ⓑ밤새 일을 했더니 주럽이 몰려든다

몰리다 움직씨 **1** 바라지 않는 쪽으로 떠밀리다. '몰다' 입음꼴 ⓑ이러지도 저러지도 못하는 딱한 터수에 몰렸다 **2** 무엇으로 여겨지거나 닦아세워지다 ⓑ그 사람은 도둑으로 몰렸다 **3** 여럿이 한곳으로 모여들다 ⓑ놀이판에 사람들이 많이 몰렸네 **4** 무엇이 한꺼번에 많이 닥치다 ⓑ요즘 일에 몰려 쉴 짬이 없다 **5** 무엇이 모자라 어려움을 겪다 ⓑ오빠는 요즘 돈에 몰려 무척 힘들어한다

몰매 이름씨 여러 사람이 한꺼번에 달려들어 마구 때리는 매 ⓑ말을 함부로 했다가는 몰매를 맞을 수도 있다 한뜻말 뭇매 ⇐ 집단폭력. 집단폭행

몰매글 이름씨 여러 사람이 어느 한 사람한테 달려들어 한꺼번에 나무라거나 꾸짖는 글 ⓑ요즘 말 한마디 잘못하면 몰매글 맞기 십상이다 ⇐ 악플 세례

몰몰아 어찌씨 모두 몰아서 ⓑ남새 값은 몰몰아 닷즈믄 원입니다

몰밀다 움직씨 모두 한곳으로 몰다 ⓑ어질렀으면 제꺽제꺽 치워야지 그렇게 몰밀어 놓으면 어떡하니

몰빵 이름씨 다른 곳은 살피지 않고 그저 한곳으로 모두 가도록 하는 일이나 짓 ⓑ다른 일은 다 제치고 빵 만드는 일에만 몰빵했다

몰사 ⇒ 떼죽음. 죄다 죽음. 떼죽음하다. 죄다 죽다. 무리죽음하다. 씨가 마르다

몰살 ⇒ 다 죽임. 씨말림. 죄다 죽이다. 싹쓸이하다. 씨를 말리다

몰상식하다 ⇒ 얼토당토않다. 못되다. 본데없다

몰수 ⇒ 다뺏음. 거둬들임. 거둬들이다. 모조리 빼앗다

몰씬[1] 어찌씨 잘 익거나 물러서 보드랍고 몰랑한 꼴 ⓑ감이 몰씬 잘 물렀다 큰말 물씬

몰씬[2] 어찌씨 **1** 김이나 내 같은 것이 조금 솟아오르는 꼴 ⓑ걸을 때마다 흙먼지가 몰씬 일었다 큰말 물씬 **2** 코를 푹 찌를 만큼 지나친 냄새가 풍기는 꼴 ⓑ시큼한 김치 냄새가 몰씬 났다

몰씬거리다 움직씨 **1** 김이나 내 같은 것이 자꾸 많이 솟아오르다 큰말 물씬거리다 **2** 지나친 냄새가 자꾸 풍기다 **몰씬대다**

몰씬몰씬[1] 어찌씨 잘 익거나 물러서 매우 보드랍고 몰랑한 꼴 ⓑ감이 몰씬몰씬 잘 물렀다 큰말 물씬물씬

몰씬몰씬[2] 어찌씨 **1** 김이나 내 같은 것이 자꾸 많이 솟아오르는 꼴 ⓑ굴뚝에서 하얀 내가 몰씬몰씬 솟아올랐다 큰말 물씬물씬 **2** 지나친 냄새가 자꾸 풍기는 꼴 ⓑ어디선가 구린 냄새가 몰씬몰씬 풍겨왔다 **몰씬몰씬**

하다

몰씬몰씬하다 (그림씨) 잘 익거나 물러서 매우 보드랍고 몰랑하다 ⓑ물고구마가 아주 몰씬몰씬하게 잘 익어서 술술 넘어간다 큰말물씬물씬하다

몰씬하다 (그림씨) 잘 익거나 물러서 보드랍고 몰랑하다 ⓑ살구는 몰씬하게 익었을 때 먹어야 배탈이 안 나 큰말물씬하다

몰아내다 (움직씨) **1** 밖으로 쫓거나 몰아서 나가게 하다 ⓑ밖에 모이를 잔뜩 뿌려놓고 닭 우리에서 닭 떼를 몰아냈다 비슷한말쫓아내다. 내쫓다 **2** 어떤 터수에서 벗어나게 하다 ⓑ드나드는 숨을 가만히 바라봄으로써 어지러운 생각을 몰아냈다

몰아넣다 (움직씨) **1** 몰아서 안으로 들어가게 하다 ⓑ돼지들을 우리에 몰아넣었다 **2** 어떤 터수에 빠지게 하다 ⓑ모두가 한통속이 되어 나를 막다른 골목에 몰아넣었다

몰아대다 (움직씨) 얼을 차릴 수 없을 만큼 자꾸 닦달하거나 한쪽으로 내몰다 ⓑ일을 빨리 하라고 몰아대니까 머리가 어리벙벙해져서 오히려 일이 더 안 돼 비슷한말몰아붙이다

몰아붙이다 (움직씨) **1** 한쪽으로 밀어서 그리로 가게 하다 ⓑ동무는 나를 구석으로 몰아붙이며 따졌다 **2** 어떤 터수나 쪽으로 몰려가게 하다 ⓑ으뜸일꾼은 일꾼들에게 이달 끝까지 일을 다 마치라고 매정하게 몰아붙였다

몰아세우다 (움직씨) **1** 몹시 다그치며 내몰다 ⓑ나를 거짓말쟁이라고 몰아세우지 마 **2** 마구 나무라거나 꾸짖다 ⓑ옆집 아저씨는 사람들 앞에서 아버지를 마구 몰아세웠다

몰아쉬다 (움직씨) 숨을 한꺼번에 모아 쉬다 ⓑ할아버지는 긴 한숨을 몰아쉬고는 천천히 입을 열었다

몰아주다[1] (움직씨) **1** 여러 차례에 나눠 줄 것을 한꺼번에 주다 ⓑ일터에서 여러 달 밀린 품삯을 이달에 몰아주었다 **2** 여러 사람에게 나눠 줄 것을 한 사람에게 모아서 주다 ⓑ우리는 살림살이가 어려운 일벗에게 일감을 몰아주었다

몰아주다[2] (움직씨) 여럿이 하나를 다그치며 몰아세우거나 따돌리다 ⓑ배곳 아이들 모두 입을 모아 불쌍한 다솜을 몰아주었다

몰아치다 (움직씨) **1** 비나 바람, 눈, 추위 따위가 세게 몰려 닥치다 ⓑ비바람이 몰아치는 바람에 옷이 다 젖었다 **2** 한꺼번에 서둘러 하다 ⓑ그 많은 일을 하루 만에 몰아쳐서 해 버렸다 **3** 기를 펴지 못할 만큼 엄청 나무라거나 다그치다 ⇐ 통박하다

몰염치 ⇒ 낯 두꺼움. 뻔뻔함. 낯 두껍다. 뻔뻔하다. 츱츱하다

몰이 (이름씨) **1** 짐승이나 물고기를 잡으려고 목으로 몰아 쫓는 일. 또는 그렇게 몰아 쫓는 사람 ⓑ오빠는 토끼몰이를 잘한다 **2** 수레를 모는 사람 ⇐ 운전사. 운전수. 운전자

몰이꾼 (이름씨) 몰이를 하는 사람 ⓑ몰이꾼들이 멧돼지를 몰기 비롯했다

몰이됨본메 (이름씨) 수레를 몰아도 된다는 본메 ⇐ 운전면허증

몰이방 (이름씨) 긴수레나 큰 틀을 몰거나 뛰는 데 쓰는 방 ⇐ 운전실

몰이잡이 (이름씨) 수레나 긴수레, 배, 두바퀴 들이 가는 쪽을 바꾸거나 움직이는 데 쓰는 손잡이 ⓑ처음 수레를 몰 때 몰이잡이를 놓치지 않도록 마음써야 해 ⇐ 운전대

몰인격하다 ⇒ 사람답지 못하다

몰인정 ⇒ 매정함. 매몰참. 매정하다. 매섭다. 매몰차다. 쌀쌀하다

몰입 ⇒ 빠짐. 골똘함. 빠지다. 골똘하다. 미치다. 들러붙다

몰지각하다 ⇒ 철없다. 가리새 없다. 생각이 없다. 생각이 모자라다

몰캉거리다 (움직씨) 아주 몹시 무르고 부드럽다 ⓑ바로 만든 콩묵이 김이 나며 몰캉거리니 입맛이 절로 당긴다 비슷한말말캉거리다 큰말물컹거리다. 멀컹거리다 **몰캉대다**

몰캉몰캉 (어찌씨) 아주 몹시 무르고 부드러운 모습 ⓑ누름솥에 누런 호박을 푹 삶았더니 몰캉몰캉 잘도 물렀다 비슷한말말캉말캉 큰말

물컹물컹. 멀컹멀컹 **몰캉몰캉하다**

몰캉몰캉하다 그림씨 매우 무르고 부드럽다 비슷한말 말캉말캉하다 큰말 물컹물컹하다. 멀컹멀컹하다

몰캉하다 그림씨 아주 무르고 부드럽다 ⓑ몰캉하게 잘 익은 다래가 눈길을 끈다 비슷한말 말캉하다 큰말 물컹하다. 멀컹하다

몰큰[1] 어찌씨 무르고 보드라운 느낌이 날 만큼 말랑한 꼴 ⓑ아기 볼에 손을 살짝 대니 몰큰 보드랍게 느껴진다 큰말 물큰

몰큰[2] 어찌씨 코를 찌를 만큼 냄새가 풍기는 꼴 ⓑ물고기 썩는 냄새가 몰큰 풍겨왔다 큰말 물큰 **몰큰하다**

몰큰거리다 움직씨 매우 무르고 보드라운 느낌이 날 만큼 말랑말랑하다 ⓑ그릇에 담긴 도토리묵을 만져보니 아직은 덜 굳어서 몰큰거린다 큰말 물큰거리다

몰큰몰큰[1] 어찌씨 매우 무르고 보드라운 느낌이 날 만큼 말랑말랑한 꼴 ⓑ다래가 몰큰몰큰 잘 익었다 큰말 물큰물큰

몰큰몰큰[2] 어찌씨 코를 찌를 만큼 냄새가 자꾸 풍기는 꼴 ⓑ어디선가 똥냄새가 몰큰몰큰 코를 찌른다 큰말 물큰물큰 **몰큰몰큰하다**

몰큰몰큰하다 그림씨 아주 무르고 보드라운 느낌이 날 만큼 매우 말랑말랑하다 큰말 물큰물큰하다

몰큰하다 그림씨 무르고 보드라운 느낌이 날 만큼 말랑하다 ⓑ아내는 입에 살살 녹는 몰큰한 얼음보숭이를 좋아한다 큰말 물큰하다

몰키다 움직씨 한곳에 빽빽하게 모이다 ⓑ닷새저자에 사람들이 몰키었다

몸 이름씨 ❶사람이나 짐승 머리부터 발끝까지 모두 ⓑ몸이 크다. 몸이 튼튼하다 비슷한말 몸통. 몸집 ❷몬 밑바탕을 이루는 곳 ⓑ날개가 떨어지고 몸만 남은 잠자리를 보니 너무 가엾다. 날틀 몸은 날기 좋게 만들었다 ❸있는 그대로 사람 ⓑ빗방울님은 갈이 무엇인지 몸으로 보여줬다. 너나 할 것 없이 모두가 보배로운 몸이다 ❹달거리로 나오는 피. 몸엣것 ⓑ열흘이 지났는데 나와야 할 몸 알림이 없다 익은말 **몸에 배다** 여러 차례 되풀이하거나 겪어서 익숙해지다 **몸을 바치다** 어떤 일을 하고자 목숨을 버리거나 몸을 아끼지 않고 일하다 **몸을 붙이다** 어떤 곳에 몸을 기대어 살다 **몸을 풀다** 아이를 낳다 **몸이 나다** 몸에 살이 올라 뚱뚱해지다

몸가짐 이름씨 몸을 움직이거나 거두는 것 ⓑ어머니는 내게 몸가짐을 바르게 하라고 늘 말했다 ⇐ 처세. 처신. 태도. 태세. 포즈. 품행

몸가축 이름씨 몸을 매만져서 잘 거둠 ⓑ몸가축을 게을리하니 몸이 빨리 망가지는 듯하다 ⇐ 몸단장 **몸가축하다**

몸갖춤 이름씨 옷이나 신 따위를 갖추어 몸을 차리는 것 ⓑ오빠는 언제나 몸갖춤을 잘하고 나들이한다 ⇐ 몸단장 **몸갖춤하다**

몸거북이 이름씨 몸 어느 곳이 오롯하지 못하거나 그 구실을 잃어버린 사람 ⇐ 장애인. 불구자. 병신

몸거울 이름씨 온몸이 다 비치는 큰 거울 ⓑ살림방에는 큰 몸거울이 구석에 자리 잡았다

몸굿 이름씨 몸에 내린 검을 맞아서 무당이 되려고 검에게 비는 굿

몸놀림 이름씨 몸을 움직이는 것 ⓑ젊은이는 몸놀림이 빠르다 **몸놀림하다**

몸닦기 이름씨 나쁨을 물리치고 착함을 북돋아 마음과 몸짓을 바르게 닦기 ⇐ 수신

몸닦달 이름씨 ❶몸을 튼튼하게 하려고 견디기 어려울 만큼 힘든 것을 이겨내며 몸을 길들이는 것 ⓑ젊었을 때 몸닦달을 잘해야 한다 ❷얼굴이나 몸매, 몸차림을 매만져서 다듬는 일 **몸닦달하다**

몸단장 ⇒ 몸가축. 몸갖춤. 몸차림. 몸가축하다. 몸갖춤하다. 몸차림하다. 몸치레하다

몸달림이 이름씨 몸 어느쪽이 달리거나 마음힘이 성하지 못해 나날살이나 두루살이에 어려움이 있는 사람 한뜻말 성찮은이 ⇐ 장애인

몸담다 움직씨 어떤 일에 몸 붙이고 일하다 ⓑ이제껏 아이들 가르치는 일에 몸담아 왔다

몸던지다 움직씨 어떤 일에 온갖 마음을 다 기

울이다 ⇐ 투신하다

몸덩이 [이름씨] 몸 한뜻말 몸뚱이

몸돋움 [이름씨] 몸에 좋은 것을 먹어 몸 살감을 돋움 ⇐ 보신. 몸보신

몸돌보기 [이름씨] 앓이에 걸리지 않도록 잘 돌보아 오래 살기를 꾀함 ⇐ 양생

몸동작 ⇒ 몸짓. 몸뮘. 몸움직임

몸뒤짐 [이름씨] 몸에 무엇을 감추고 있는가 해서 몸을 샅샅이 들추거나 헤치는 일 [ㅂ]백성이 임자되기 앞에는 젊은이들이 가끔 길거리에서 몸뒤짐을 겪곤 했다 ⇐ 몸수색

몸때[1] [이름씨] 달거리하는 때 [ㅂ]몸때가 되면 어김없이 기운이 없고 짜증이 난다 ⇐ 생리일. 생리때

몸때[2] [이름씨] 몸에 낀 때 [ㅂ]몸때는 자주 밀지 않는 게 좋다고들 한다

몸때틀 [이름씨] 몸에 지닐 수 있게 만든 작은 때알림이 한뜻말 몸때알림이 ⇐ 몸시계. 회중시계

몸뚱이 [이름씨] ❶머리와 팔, 다리를 뺀 몸 덩치 [ㅂ]두레는 몸뚱이는 커졌는데 하는 짓은 아직 어린애다 한뜻말 몸통. 몸집 ❷몸 [ㅂ]몸뚱이 하나 먹여 살리는 일이 쉬운 게 아니다

몸매 [이름씨] 몸맵시나 꼴새 [ㅂ]몸매가 좋으면 옷이 잘 받는다 비슷한말 몸맵시. 몸씨

몸맨두리 [이름씨] 몸 모습과 몸가짐 [ㅂ]키도 훌쭉하고 얼굴 생김이나 몸맨두리가 참으로 곱군

몸맵시 [이름씨] 몸을 곱게 다듬어 보기 좋은 꼴 [ㅂ]나이가 들어도 아직은 몸맵시가 제법이다 비슷한말 몸매

몸무게 [이름씨] 사람이나 짐승 몸 무겁기 [ㅂ]몸무게가 좀 늘었다

몸물 [이름씨] 숨받이 몸속에 있는 핏줄이나 짜임 사이를 채우고 있는 피, 림프, 골등골물 따위를 통틀어 이르는 말 ⇐ 체액

몸뮘 [이름씨] 몸을 튼튼하게 하려고 움직이는 일 ⇐ 운동. 체조

몸뮘잔치 [이름씨] 여러 사람이 모여 여러 가지 몸뮘 놀이를 하는 모임이나 잔치 ⇐ 운동회. 체전

몸밑천 [이름씨] 돈이나 땅 같은 값진 것이나 뛰어난 재주가 없이 오로지 몸만 밑천으로 함 [ㅂ]나야말로 몸밑천으로 여기까지 왔다

몸바침 [이름씨] 몸과 마음을 바쳐 있는 힘을 다함 한뜻말 목숨바침 ⇐ 헌신. 희생

몸바탕 [이름씨] 날 때부터 몸이 지닌 남다른 제바탕 [ㅂ]몸바탕에 따라 맞는 낫개를 써야 한다 한뜻말 몸밭 ⇐ 체질

몸밖씨받이 [이름씨] 엄마 몸 밖에서 이루어지는 씨받이. 물에 사는 숨받이에 흔히 있는데, 물속에 낳은 알에 얼씨가 붙어서 씨받이한다 ⇐ 체외수정

몸보신 ⇒ 몸돋움

몸부림 [이름씨] ❶마음이 몹시 솟구칠 때 몸을 마구 내흔드는 짓 [ㅂ]마님은 노여움을 이기지 못해 몸부림을 치며 울부짖었다 ❷잠잘 때 이리저리 몸을 뒤치는 일 [ㅂ]나는 잘 때 몸부림을 치지 않는다 ❸어떤 일을 이루고자 할 때나 힘든 터수에서 벗어나고자 할 때 안간힘을 쓰는 것 [ㅂ]삶이 통째로 무너진 자리에서 다시 일어나고자 몸부림을 쳤다 [익은말] **몸부림치다** 벗어나려고 안간힘을 쓰다

몸빛 [이름씨] 몸 겉에 나타나는 빛깔 [ㅂ]몸빛이 하얀 개미가 나무 기둥을 다 갉아먹었다

몸빼 [이름씨] 꽃님들이 일할 때 쉽게 통으로 입을 수 있는 고무줄 바지 [ㅂ]집에서 이런저런 허드렛일 할 때는 몸빼가 가장 좋아

몸사르기 [이름씨] 제 몸을 불에 태움 ⇐ 분신

몸살 [이름씨] 몸이 몹시 고단하거나 지쳐서 생기는 앓이로 팔다리가 쑤시고 나른하며 몸이 오슬오슬 춥고 떨린다 [ㅂ]몸살이 났는지 온몸이 쑤시고 으슬으슬 추워 [익은말] **몸살이 나다** ❶몸살을 앓다 ❷어떤 일을 하고 싶어 안달이 나다

몸살림풀 [이름씨] 몸을 살리거나 따뜻하게 하는 풀 ⇐ 약초. 허브

몸새 [이름씨] 몸을 뉘거나 가누는 꼴 비슷한말 몸씨 ⇐ 자세

몸서리 [이름씨] 몹시 무섭거나 싫어서 몸이 떨

리는 일 ⓑ그 끔찍한 옛일이 떠오르면 몸서리가 난다 비슷한말 넌더리. 진저리. 진절머리. 신물

몸서리치다 움직씨 몹시 무섭거나 진절머리가 나서 몸이 떨리다 ⓑ우리 아버지는 옛날 우리나라 마노싸움터에 싸울아비로 겪었던 일을 떠올리면 늘 몸서리치곤 하였다

몸소 이름씨 누구를 시키거나 거치지 않고 제 몸으로 ⓑ남새를 몸소 길러 먹는 데에는 남다른 기쁨이 있다 한뜻말 손수

몸수색 ⇒ 몸뒤짐

몸시계 ⇒ 몸때틀. 몸때알림이

몸시중 이름씨 가까이 있으면서 여러 가지 심부름을 하는 일 ⓑ나이가 드니 누가 몸시중이라도 들어주면 좋겠어

몸싸움 이름씨 맨몸으로 서로 부딪치며 벌리는 싸움 ⓑ아이 둘이 몸싸움을 벌인다

몸씨 이름씨 ❶몸을 보기 좋게 매만진 모습 ⓑ몸씨 좋다 한뜻말 몸매. 몸맵시 ❷몸가짐 ⇐ 태도

몸안그릇 이름씨 몸안 여러 얼개. 저마다 어떤 구실을 하여 산것 목숨을 이어준다 ⇐ 장기

몸안씨받이 이름씨 엄마 몸 안에서 이루어지는 씨받이. 짝짓기로 얼씨가 암컷 몸 안에 들어가 그곳에서 씨받이가 이루어진다 ⇐ 체내수정

몸앎 이름씨 몸에 닿아 앎 ⇐ 신식

몸엣것 이름씨 달거리. 또는 달거리할 때 나온 피 ⓑ슬슬 몸엣것이 나올 때가 됐는데 한뜻말 몸것 ⇐ 월경 **몸엣것하다**

몸움직임 이름씨 몸이나 손발 따위를 이리저리 바꿔가며 놀리는 것 한뜻말 몸짓 ⇐ 몸동작

몸져눕다 움직씨 앓이나 아픔이 커서 몸을 가누지 못하고 드러눕다 ⓑ아들이 술과 노름에서 헤어 나오지 못하자 어머니는 몸져눕고 말았다 한뜻말 앓아눕다

몸조리 ⇒ 몸돌봄. 몸보살핌

몸조심 ⇒ 몸살핌. 몸마음씀

몸종 이름씨 옛날에 지체 있는 집 겨집 몸 가까이에서 잔심부름하던 겨집종 ⓑ언년이는 열세 살에 그 집 몸종으로 들어갔다

몸주체 이름씨 제 몸을 거두거나 가누는 일 ⓑ제 몸주체도 못 하는 놈이 뭘 하겠느냐

몸지킴이 이름씨 다른 사람 곁에 있으면서 그 사람이 다치지 않도록 지켜 주는 사람 ⇐ 보디가드

몸집 이름씨 몸 덩치 ⓑ언니버시는 몸집이 좋다 비슷한말 덩치 익은말 **몸집을 불리다** 힘 따위를 키우다

몸짓 이름씨 몸을 놀리는 짓 ⓑ가시버시는 서로에게 곧잘 몸짓으로 사랑을 나타내면 좋다 ⇐ 액션 **몸짓하다**

몸짓굿 이름씨 말없이 낯빛과 몸짓으로 속내를 보여주는 굿 한뜻말 버운이굿. 버운이놀음 ⇐ 무언극. 팬터마임. 마임

몸차림 이름씨 옷이나 신 같은 것으로 몸 차림새를 갖추는 것 ⓑ몸차림하는 데 돈을 제법 많이 쓰나 보군 한뜻말 몸치레 ⇐ 몸단장 **몸차림하다**

몸채 이름씨 여러 채로 된 살림집에서 바탕이 되는 집채 ⓑ그 집은 몸채와 아래채로 나뉘었다

몸체 ⇒ 몸통

몸치레 이름씨 몸을 보기 좋고 맵시 있게 하려고 하는 꾸밈 ⓑ이제 너도 아이 엄마가 되었으니 몸치레보다 마음닦기를 힘써라 한뜻말 몸차림 **몸치레하다**

몸치장 ⇒ 몸가축. 몸꾸밈. 몸차림. 몸가축하다. 몸닦달하다. 몸치레하다. 몸차림하다. 몸 꾸미다

몸태질 이름씨 악에 받치거나 안 좋은 느낌이 북받쳐서 제 몸을 부딪거나 내던짐 ⓑ나는 몸태질이라도 해서 내 답답함을 알리고 싶었다 **몸태질하다**

몸통 이름씨 ❶사람이나 짐승 몸에서 바탕이 되는 가슴과 등, 배로 이루어진 가운데 ⓑ나는 오징어 몸통을 좋아하고, 아우는 다리를 좋아한다 ❷몬이나 집채 가운데가 되는 곳

몸틀 이름씨 사람 꼴 틀 ⓑ몸틀에 입혀 놓은 대로 옷을 사면 잘 어울리겠다 ⇐ 인형. 마

네킹

몸풀기 (이름씨) 틀에 꽉 짜인 몸 움직임을 하기에 앞서 가볍게 몸을 움직여주는 것 ⇐ 워밍업

몸풀다 (움직씨) 아이를 낳다 ⓑ색시는 일곱 달 만에 몸을 풀었는데 아들이었다 ⇐ 해산하다

몸풀이 (이름씨) 아이를 낳는 것 ⓑ며느리 몸풀이는 언제냐 ⇐ 해산

몸피 (이름씨) **1** 몸통 굵기 ⓑ힘겨루기하는 사람들은 아무래도 몸피가 굵어진다 **2** 활 줌통 굵기 ⓑ활을 고를 때에는 몸피를 잘 살펴야 한다 한뜻말 줌피

몸흙 (이름씨) **1** 떠 옮기는 푸나무 뿌리에 붙은 흙 ⓑ몸흙을 붙인 채 나무를 옮겨 심어야 잘 산다 **2** 심이나 남새를 심어 가꾸는 데 쓰는 거름을 섞은 흙 ⓑ몸흙을 듬뿍 넣어야 남새가 잘 자란다

몸흙하나 (이름씨) 몸과 흙은 둘이 아니고 하나. 곧 제 땅에서 자란 것이 몸에 잘 맞는다 ⇐ 신토불이

몹시 (어찌씨) 더할 수 없이 지나치게 ⓑ날씨가 몹시 춥네 비슷한말 매우. 되게. 아주. 무척. 퍽. 대단히. 무지

몹쓸 (매김씨) 못되고 고약한 ⓑ누구한테든 몹쓸 짓을 해서는 안 되지

몹쓸내기 (이름씨) 아주 나쁜 짓을 하는 고약한 사람 ⇐ 악한

몹쓸말 (이름씨) 남이 잘못되기를 바라거나 잘못되라고 퍼붓는 말 한뜻말 나쁜말 맞선말 좋은 말 ⇐ 악담

몹쓸쏘개알 (이름씨) 아주 고약하고 모진 사람이 쏜 쏘개알 ⇐ 흉탄

몹쓸앓이 (이름씨) 고치기 힘든 앓이 ⇐ 고질병. 악질병

몹쓸집 (이름씨) 사는 사람마다 몹쓸 일을 겪는 좋지 않은 집 한뜻말 궂긴집 ⇐ 흉가

몹쓸짓 (이름씨) 아주 고약하고 모진 짓 한뜻말 막된짓 ⇐ 악행

못[1] (이름씨) 쇠나 나무 따위로 만든 가늘고 끝이 뾰족한 몬. 나무를 맞붙이거나 바람에 박아서 몬을 걸도록 할 때 쓴다 ⓑ바람에 박힌 보기 싫은 못을 빼라 (익은말) **못을 박다** 노엽거나 아픈 생각을 마음속 깊이 맺히게 하다 **못이 박히다** 노엽거나 아픈 생각이 마음속 깊이 맺히다

못[2] (이름씨) 살가죽이 되풀이 스치거나 눌려서 두껍게 된 자리 ⓑ일을 많이 해서 손바닥에 못이 박혔다 한뜻말 굳은살

못[3] (이름씨) 넓고 깊게 파인 땅에 물이 늘 고인 곳 ⓑ우리 집 못에는 가물치와 긴고기가 산다 ⇐ 연못. 호수

못[4] (어찌씨) (움직씨 앞에 써) 할 수 없거나 해서는 안 됨. 이루어지지 않음 ⓑ머리가 아파서 일을 못 하겠다 맞선말 잘 (슬기말) **못 먹는 감 찔러나 본다** 제 것이 되지 못할 바에야 남도 제대로 못쓰게 한다

못갖춘마디 (이름씨) 때표에 나와 있는 때에 모자라는 마디 ⓑ못갖춘마디는 맨 처음 마디와 끝마디를 한통치면 한 마디로 채워진다 맞선말 갖춘마디

못굴 (이름씨) 못물을 빼는 물 아구리 ⓑ못굴을 빼면 물이 밑으로 빠지므로 뉘누리가 생겨 아이들한테는 큰 구경거리였다

못나다 (움직씨) **1** 얼굴이 못생기거나 예쁘게 생기지 아니하다 ⓑ그 집 아들은 잘생기지도 않았지만 못나지도 않았다 비슷한말 못생기다. 밉다 맞선말 잘생기다. 잘나다 **2** 마음씨나 마음 힘, 머리, 재주 따위가 모자라다 ⓑ저 쉬운 일도 스스로 못 해내다니 못났다 (슬기말) **못난 겨집이 늦바람 나면 속곳 밑에 단추 단다** 어수룩한 사람이 어디에 사로잡히면 엉뚱하게 지나치게 된다 **못난 놈 잡아들이라면 없는 놈 잡아간다** 아무리 잘난 놈이라도 돈이 없으면 못난 놈이 된다 **못난 색시 달밤에 삿갓 쓰고 나선다** 가뜩이나 미운 사람이 더 보기 싫은 짓만 한다

못난느낌 (이름씨) 스스로 남보다 못하거나 모자란다는 느낌 ⇐ 열등감

못난생각 (이름씨) 못난느낌에 사로잡힌 생각 ⇐ 열등의식

못난이 [이름씨] [1]모자라거나 어리석은 사람 [ㅂ]못난이처럼 굴지 말고 좀 잘해 봐 비슷한말 못난쟁이. 바보 [2]잘 생기지 못한 사람이나 몬 [ㅂ]능금 못난이는 내가 먹고 좋은 것은 남 나눠 준다

못내 [어찌씨] [1]잊지 못하고 늘 [ㅂ]할아버지는 먼저 떠난 할머니를 못내 그리워하신다 [2]참지 못할 만큼 매우 [ㅂ]언니는 내 말에 못내 고마워하며 눈물을 글썽였다 비슷한말 그지없이

못다 [어찌씨] 미처 다하지 못하게 [ㅂ]너에게 못다 한 말이 있어

못다하다 [움직씨] 미처 다하지 못하다

못단 [이름씨] 서너 움큼씩 묶은 볏모 [ㅂ]논바닥엔 못단들이 여기저기 흩어져 있다 한뜻말 모춤

못동 [이름씨] 파들어가는 구덩이에 갑자기 나타난 딴딴한 곳 [ㅂ]우물을 파는데 못동이 나타났다

못되다 [그림씨] [1]마음씨나 하는 짓이 나쁘거나 고약하다 [ㅂ]못된 짓을 하면 제 마음도 거북할 수밖에 없지 [2]일이 제 뜻대로 되지 못하다 [ㅂ]책 펴내는 일이 못되면 어쩌지? 맞선말 잘되다 [슬기말] **못된 송아지 엉덩이에 뿔 난다** 사람답지 못한 사람이 건방지고 엇나가는 짓만 한다

못마땅하다 [그림씨] 마음에 썩 들지 않아 안 좋다 [ㅂ]아내는 내가 하는 말이 못마땅한지 눈살을 찌푸렸다 맞선말 마땅하다

못물두레 [이름씨] 어떤 고을 안에 여름지이 땅임자들이 모여 여름지이에 쓸 물을 얻고자 못을 만들고 보살피려는 뜻으로 만든 두레 ⇐ 수리조합

못미더운이 [이름씨] 허물을 저지르지 않았을까 여겨지나 아직 판가름을 받지 않은 사람 ⇐ 피의자

못미덥다 [그림씨] 믿음 바탕이 없어 마음에 차지 않다 맞선말 미덥다 ⇐ 회의적이다

못박다 [움직씨] [1]다른 사람에게 애끓는 생각을 마음속 깊이 맺히게 하다 [ㅂ]집안일을 겨집이 할 일이라고만 못박는 건 말도 안 돼 [2]움직이지 못하게 못으로 붙어 있게 하다 [ㅂ]못 박다가 손을 다쳤지 뭐야 [3]다른 사람 가슴을 아프게 하다 [ㅂ]내가 어머니 가슴에 못박는 말을 했을지도 몰라 [4]딱 잘라 말하다 [ㅂ]애가 어찌나 야무진지 제 일은 알아서 한다고 못박더라니까 ⇐ 확정하다

못밥 [이름씨] 모내기할 때 일하다가 들판에서 먹는 밥 [ㅂ]밥때를 놓칠까 봐 서둘러 못밥을 이고 갔다

못버섯 [이름씨] 먹는 버섯으로 솔숲에서 잘 난다. 생김새는 못 꼴이고 갓은 노란 밤빛이다가 자라면 붉은 밤빛으로 바뀐다

못볼꼴 [이름씨] 하는 짓이나 꼴이 차마 볼 수 없을 만큼 우습고 거슬림 비슷한말 꼴값 ⇐ 꼴불견

못비 [이름씨] 모를 다 낼 만큼 넉넉히 오는 비 [ㅂ]올해는 못비가 제때 내려줘서 얼마나 마음이 놓이는지 몰라

못살다 [움직씨] [1]성가시고 견디기 힘들다 [ㅂ]아우를 왜 그렇게 못살게 구니? [2]가난하게 살다 [ㅂ]못산다고 업신여기는 건 모자라는 짓이야 맞선말 잘살다 [3]살지 못하거나 나날살이를 잘 못하다 [ㅂ]끝내는 같이 못살고 떠났어요

못생기다 [움직씨] 얼굴이나 됨됨이가 그다지 변변하지 못하다 [ㅂ]못생긴 얼굴도 자꾸 보면 못생긴 줄 모른다 비슷한말 못나다. 밉다 맞선말 잘생기다. 잘나다

못쓰다 [움직씨] [1]얼굴이나 몸이 나빠지다 [ㅂ]끼니도 거르고 일에만 파묻혀 있더니 얼굴이 영 못쓰게 되었네 [2]옳거나 바람직하지 않다 [ㅂ]무엇이든 지나치면 못쓰니까

못자리 [이름씨] [1]논에 볍씨를 뿌리는 일 [ㅂ]못자리할 볍씨는 싹이 잘 텄는가? [2]볍씨를 뿌려 모를 기르는 곳 [ㅂ]아버지는 못자리를 돌보시느라 바쁘다 **못자리하다**

못잠늦 [이름씨] 얼이 들뜨거나 얼날여림, 몸 마음이 고단하여 밤에 잠이 잘 오지 않는 앓이 [ㅂ]못잠늦에는 숨 알아차리기가 가장 좋

은 낫개이다 한뜻말 못잠앓이 ⇐ 불면증

못지않다 그림씨 어떤 것에 뒤지지 않다 ⓑ저 아이는 어른 못지않게 일을 잘한다

못하다[1] 움직씨 ❶무엇을 할 힘이 없거나 어떤 잣대에 못 미치다 ⓑ가람이는 술과 담배를 못해 맞선말 잘하다 ❷앞말이 뜻하는 것이 이루어지지 않거나 그것을 이룰 재주가 없다 ⓑ난 바빠서 이달 모임에 가지 못할 것 같아 ❸어떤 일이나 짓을 막다 ⓑ이 나물은 먹지 못한다

못하다[2] 그림씨 ❶('만'. '보다' 다음에 써) 무엇에 견주어 덜하거나 낮다 ⓑ몸이 젊을 때만 못하다 ❷('못해도', '못하여도' 꼴로 써) 적어도 ⓑ그 일은 아무리 못해도 석 달은 걸릴걸 ❸(그림씨 '지' 다음에 써) 않다 ⓑ 그렇게 말하는 것은 옳지 못하다 ❹('다 못하여' 꼴로 써) 더는 어찌할 수 없다 ⓑ배가 고프다 못해 쓰리다, 쓰려

몽고반점 ⇒ 몽골파랑점

몽고어 ⇒ 몽골말

몽고족 ⇒ 몽골겨레

몽골 이름씨 아시아 높새녘에 있는 나라. 노쪽은 러시아, 마쪽은 쭝궈에 닿아 있으며, 안몽골과 밖몽골로 나뉜다

몽골겨레 이름씨 몽골 높은벌 고장에 사는 여러 작은 갈래 겨레가 모인 아시아 사람무리. 몽골말을 쓰는 누렁사람들로 오랜 내림으로 짐승 돌보는 떠돌이 삶을 살아왔다 ⇐ 몽고족

몽골말 이름씨 몽골겨레가 쓰는 말 두루 다. 알타이 말갈래 가운데 하나

몽골파랑점 이름씨 몽골 겨레 갓난아이 엉덩이에 있는 파랑점 ⓑ갓난아기 엉덩이 몽골파랑점을 보면 몽골 겨레인지 알 수 있어 ⇐ 몽골반점

몽구리 이름씨 바짝 짧게 깎은 머리. 중을 놀리는 말 ⓑ머리카락이 긴 놈을 잡아 몽구리로 깎아라

몽그라뜨리다 움직씨 몽그라지게 하다 ⓑ천천히 부드럽게 저으면서 달걀물을 몽그라뜨리면 된다

몽그라지다 움직씨 무른 것이 작은 알맹이로 뭉치다 ⓑ콩묵물이 조금씩 몽그라진다

몽글거리다 움직씨 ❶덩이진 몬이 말랑하고 매끄러운 느낌이 자꾸 들다 큰말 뭉글거리다 ❷먹은 것이 가슴에 뭉친 듯한 느낌이 자꾸 들다 ⓑ먹은 것이 얹혔는지 가슴께가 몽글거린다 ❸어떤 느낌이 올라와 자꾸 가슴이 차는 듯하다 ⓑ집안사람들이 잘못을 저지른 일을 생각하면 골이 나며 가슴이 몽글거린다 **몽글대다**

몽글다 움직씨 낟알 까끄라기나 허섭스레기가 없이 알속 있게 깨끗하다 ⓑ흰콩이 아주 몽글게 잘 손질되었다

몽글리다 움직씨 ❶낟알 까끄라기나 허섭스레기를 떨어 깨끗하게 하다 ⓑ할머니는 이삭을 몽글리며 올해 여름지이가 잘되었다며 기뻐하였다 ❷어려운 일을 겪게 하여 여물게 만들다 ⓑ겪을 때 힘든 일일수록 지나고 보면 우리를 몽글린 것이 된다 ❸옷맵시를 가뜬하게 차려 다듬다 ⓑ누나는 봄이 오기도 앞에 봄옷을 몽글리어 놓았다

몽글몽글 어찌씨 ❶덩어리가 되어 몽그라진 몬이 물렁하고 매끄러운 꼴 ⓑ팥죽 속에 든 몽글몽글 무른 새알이 팥죽보다 더 맛있다 큰말 뭉글뭉글 ❷구름이나 내 따위가 덩어리가 되어 동그스름하니 잇달아 나오는 모습 ⓑ나무 땐 굴뚝에선 푸르스름한 내가 몽글몽글 피어오른다 ❸살이 올라서 포동포동한 모습 ⓑ온결이가 살이 몽글몽글 쪄서 딱 보기 좋네 ❹생각이 조금씩 자꾸 떠오르는 꼴 ⓑ일 속에 파묻혀도 몇몇이 그릇된 짓을 저지른 집안일이 몽글몽글 떠오른다

몽글몽글하다 그림씨 ❶덩어리가 되어 몽그라진 몬이 말랑말랑하고 매끄럽다 ⓑ순콩묵국이 몽글몽글하니 씹는 맛이 좋다 큰말 뭉글뭉글하다 ❷살이 올라서 보드랍고 통통하다 ⓑ길고양이가 살이 몽글몽글 올라 구석구석 돌아다닌다

몽니 이름씨 고약하고 사납게 구는 바탈 ⓑ영글은 가끔 몽니를 부릴 때가 있어

몽달이 이름씨 밤에 나무 따위가 꼭 사람같이 보이는 것 ⓑ이웃집 아저씨가 당만디 고개를 넘어오다가 죽은 참나무 밑동을 몽달이 도깨비인 줄 알고 밤새 씨름하였다

몽당 이름씨 몬 끝이 닳아 몽톡하게 무뎌진 꼴 ⓑ싸리비가 몽당 짧아졌다

몽당숯붓 이름씨 오래 써서 아주 짧게 닳은 딱붓 ⓑ요즘은 몽당숯붓 가진 사람도 거의 없을 듯 한뜻말 몽당딱붓 ⇐ 몽당연필

몽당연필 ⇒ 몽당숯붓

몽당이 이름씨 ❶뾰족한 끝이 닳아서 거의 못 쓰게 된 몬 ⓑ몽당이가 된 숯붓 ❷노끈이나 실 따위를 공처럼 감거나 얽은 뭉치 ⓑ털실 몽당이

몽돌 이름씨 모나지 않은 둥근 돌 ⓑ밤새 도르르 도르르 몽돌 구르는 소리를 들으며 잔그 바닷가 밤을 잊을 수 없다

몽둥이 이름씨 조금 굵고 기름한 막대기. 흔히 사람이나 짐승을 때리는 데 쓴다 ⓑ사냥꾼은 몽둥이로 멧돼지를 내리쳤다 비슷한말 매. 방망이

몽드라지다 그림씨 끝이 뾰족하지 않고 무뎌지다 ⓑ아버지가 늘 쓰던 몽드라진 지게막대기

몽따다 움직씨 알고 있으면서 모른 체하다 ⓑ그 동무는 끝까지 시치미를 떼고 몽땄다

몽땅[1] 어찌씨 있는 대로 다 모아 ⓑ세찬 비에 옷이 몽땅 젖어 버렸다 비슷한말 다. 모두. 모조리. 죄. 남김없이. 빠짐없이. 싹

몽땅[2] 어찌씨 한쪽이 대번에 잘리거나 끊어지는 꼴 ⓑ긴 머리가 몽땅 잘리니 좀 서운하다 큰말 뭉떵 거센말 몽탕

몽땅몽땅 어찌씨 잇달아 자꾸 대번에 잘리거나 끊어지는 꼴 ⓑ나무 자르는 틀에 밀어넣은 나무들은 쉴 새 없이 몽땅몽땅 잘려 나갔다 큰말 뭉떵뭉떵 거센말 몽탕몽탕

몽땅하다 그림씨 작게 자르거나 끊은 것처럼 짤막하다 ⓑ키가 컸는지 치마가 몽땅해졌다 큰말 뭉떵하다

몽똑 어찌씨 가는 몬 끝이 끊어져 뭉뚱그린 것처럼 짧고 무딘 꼴 ⓑ지게 작대기가 몽똑 부러져 쉬지 못하고 내쳐왔어 큰말 뭉뚝 거센말 몽톡

몽똑몽똑 어찌씨 여러 낱 가는 몬 끝이 끊어져 뭉뚱그린 것처럼 아주 짧고 무딘 꼴 ⓑ어머니는 콩나물발을 몽똑몽똑 끊어 식게에 올릴 맛갓을 마련하였다 큰말 뭉뚝뭉뚝 거센말 몽톡몽톡

몽똑몽똑하다 그림씨 여럿이 다 몽똑하다 ⓑ어린 노루 새끼들이 몽똑몽똑한 꼬리를 흔들며 멧속으로 달아났다 큰말 뭉뚝뭉뚝하다 거센말 몽톡몽톡하다

몽똑하다 그림씨 가는 몬 끝이 끊어져 뭉뚱그린 것처럼 짧고 무디다 ⓑ키가 몽똑하다 큰말 뭉뚝하다 거센말 몽톡하다

몽롱하다 ⇒ 흐리멍덩하다. 흐릿하다. 어렴풋하다. 가물가물하다

몽매 ⇒ 꿈. 꿈속

몽매간 ⇒ 꿈속. 꿈꾸는 동안

몽매하다 ⇒ 어리석다. 어둡다. 아둔하다. 덜 깨다

몽상 ⇒ 꿈꾸기. 헛생각. 꿈꾸다. 헛꿈꾸다. 헛생각하다

몽상가 ⇒ 꿈쟁이. 헛생각꾼

몽실 어찌씨 몽그라지거나 살이 올라서 보드랍고 무른 꼴 ⓑ아기 팔이 젖살이 올라 몽실 닿는 느낌이 좋다 큰말 뭉실

몽실몽실 어찌씨 ❶몽그라지거나 살이 올라서 매우 보드랍고 무른 꼴 ⓑ몽실몽실 빵들이 먹음직스럽게 부풀었다 큰말 뭉실뭉실 ❷구름이나 내 따위가 소담스럽게 떠오르는 모습 ⓑ흰 구름이 몽실몽실 피어오른다 **몽실몽실하다**

몽실몽실하다 그림씨 ❶몽그라지거나 살이 올라서 매우 보드랍고 무른 느낌이 있다 ⓑ아기 팔뚝이 몽실몽실하다 큰말 뭉실뭉실하다 ❷구름이나 내 따위가 소담스럽게 떠오르는 듯하다 ⓑ맑은 하늘에 하얀 구름이 몽실몽실하게 피어오른다

몽실하다 그림씨 몽그라지거나 살이 올라서 보드랍고 무르다 ⓑ아기 볼살이 몽실하다 큰말뭉실하다

몽유병 ⇒ 꿈노닐앓이

몽유병환자 ⇒ 꿈노닐이

몽유하다 ⇒ 꿈노닐다

몽정 ⇒ 꿈물. 꿈물 싸다

몽중 ⇒ 꿈속. 꿈결

몽짜 이름씨 몽니를 부리는 짓이나 그런 사람 ⓑ그렇게 몽짜를 부리면 부릴수록 네 몫은 줄 거야

몽총하다 그림씨 너울가지가 없이 새침하고 쌀쌀하다 ⓑ그렇게 몽총해서야 큰일을 어떻게 가마리하겠는가?

몽치 이름씨 짤막하고 단단한 몽둥이 ⓑ몽치로 뒤통수를 얻어맞은 것처럼 어안이 벙벙하다

몽치다 움직씨 ❶함께 어울려 덩어리가 되다 ⓑ아람들이 한마음으로 몽치면 어떤 그릇된 힘도 물리칠 수 있다 ❷괴로움 따위가 가슴 속에 얽히거나 맺히다 ⓑ온통 슬픔이 몽쳐서 돌처럼 굳어버렸다 ❸한데 모아 작은 덩어리를 짓다 ⓑ실을 몽치다

몽키다 움직씨 여럿이 한데 모여 덩어리가 되다

몽타주 ⇒ 짜맞춘그림. 짜맞춘낯그림

몽탕 어찌씨 굳은 몬을 대번에 자르거나 끊는 꼴 ⓑ가시나가 긴 머리를 몽탕 자르고 나라를 되찾고자 왜놈들과 싸우겠다는 마음을 먹기는 쉬운 일이 아니다 큰말뭉텅 센말몽땅

몽톡 어찌씨 가는 몬 끝이 몹시 짧고 무딘 꼴 ⓑ몽톡 잘린 듯한 토끼 꼬리 큰말뭉툭 센말몽똑

몽톡몽톡 어찌씨 여러 가는 몬 끝이 몹시 닳아서 짧고 무딘 꼴 ⓑ아이들은 하나뿐인 숯붓 끝이 몽톡몽톡 닳도록 글을 썼다 큰말뭉툭뭉툭 센말몽똑몽똑

몽톡몽톡하다 그림씨 여러 가는 몬 끝이 매우 짧고 무디다 ⓑ칼을 잘 갈 줄 몰라 우리집 칼은 하나같이 몽톡몽톡하다 큰말뭉툭뭉툭하다 센말몽똑몽똑하다

몽톡하다 그림씨 가는 몬 끝이 아주 짧고 무디다 ⓑ낫을 쓰기만 하고 갈지 않아 날이 다 몽톡하다 큰말뭉툭하다 센말몽똑하다

몽환 ⇒ 꿈. 꿈같은 생각. 헛된 생각. 터무니없는 꿈

뫼[1] 이름씨 사람 무덤 ⓑ아버지는 할머니 할아버지 뫼를 잘 가꾸고 보살핀다 한뜻말무덤 익은말 **뫼를 쓰다** 묏자리를 잡아서 주검을 묻다

뫼[2] 이름씨 '메' 옛말 ⓑ사람은 제 아니 오르고, 뫼만 높다 하더라

뫼지기 이름씨 뫼를 지키며 돌보는 사람 ⓑ외딴집 늙은이는 뫼지기 일로 한뉘를 살았다

묏자리 이름씨 뫼를 쓸 자리. 또는 쓴 자리 ⓑ엄마 묏자리는 햇볕이 잘 들고 앞이 탁 트였다

묘 ⇒ 무덤. 뫼

묘계 ⇒ 꾀. 재주. 좋은 수. 뾰족수. 용한 꾀

묘기 ⇒ 재주. 용한 재주. 뛰어난 솜씨

묘년 ⇒ 토끼해

묘목 ⇒ 나무모. 모나무. 모

묘미 ⇒ 좋은 맛. 재미

묘방 ⇒ 뾰족수. 좋은 수. 좋은 길. 용한 수

묘비 ⇒ 무덤돌. 무덤새김돌

묘사 ⇒ 그려냄. 풀어냄. 그리다. 그려내다

묘소 ⇒ 무덤. 뫼

묘수 ⇒ 뾰족수. 좋은 길. 좋은 꾀. 좋은 수. 용한 솜씨

묘안 ⇒ 좋은 생각. 좋은 꾀. 좋은 길. 뾰족수

묘약 ⇒ 좋은 낫개. 뛰어난 낫개

묘연하다 ⇒ 아물아물하다. 아득하다. 흐릿하다. 감감하다. 가마득하다. 가물가물하다

묘자리 ⇒ 묏자리. 무덤자리

묘지 ⇒ 묏자리. 무덤. 뫼

묘지기 ⇒ 뫼지기. 무덤지기

묘책 ⇒ 좋은 꾀. 뾰족수. 좋은 생각. 용한 꾀. 좋은 길

묘판 ⇒ 못자리. 모판

묘하다 ⇒ 야릇하다. 뛰어나다. 아름답다. 잘나다.

예쁘다. 약빠르다

무[1] 이름씨 잎은 깃꼴로 뿌리에서 뭉쳐나고 뿌리는 둥글고 길며 살이 많고 봄에 흰빛 꽃이 피는 남새. 흰 뿌리와 잎을 먹으며 김치나 깍두기, 나물로 쓴다 슬기말 **무 밑동 같다** 아무도 돌보아주는 이 없이 홑지고 외롭다

무[2] 이름씨 윗옷 겨드랑이 아래에 대는 딴 너비

무 ⇒ 없음. 비김

무가당 ⇒ 단 것 없음. 단것 안넣음

무가치하다 ⇒ 값없다

무감각하다 ⇒ 느낌 없다

무개차 ⇒ 지붕 없는 수레. 민덮개수레

무거리 이름씨 낟 따위를 빻아 체에 가루를 치고 남은 찌꺼기 ㉥이 무거리 고춧가루는 따로 모아서 다시 빻아야겠어요

무겁다 그림씨 ❶무게가 크게 나가다 ㉥가방이 무겁다 맞선말가볍다 ❷맡은 일이나 그 구실이 크고 종요롭다 ㉥값지고 무거운 일을 내가 맡았다 ⇐ 엄중하다 ❸잘못이나 앓이 따위가 지나치거나 크다 ㉥앓이가 너무 무거워서 끝내 몸져누웠다 ❹힘이 빠져서 움직이기 힘들다 ㉥주럽이 쌓여 몸이 매우 무겁다 ❺움직임이 느리고 굼뜨다 ㉥하루님은 윗사람이 시키는 일이 내키지 않아 무겁게 고개만 끄덕였다 ❻기운 따위가 어둡고 답답하다 ㉥말 없던 딸이 무거운 목소리로 겨우 말한다 ❼소리나 빛깔 따위가 어둡다 ㉥구름이 무겁게 내려앉더니 비가 쏟아졌다 ❽낛돈이나 욼값이 많다 ㉥요즘 나라가 낛을 퍽 무겁게 매긴다 ❾애 밴 배가 불러 움직이기 어렵다 ㉥애 밴 지 아홉 달째가 되니 몸이 몹시 무겁다 ❿마음이 즐겁지 않고 그늘지다 ㉥내가 한 말이 엄마 마음을 아프게 한 것 같아 마음이 꽤 무겁더라

무겁될갈짓일 이름씨 무겁 짓일과 될갈 짓일 ⇐ 중화학공업

무겁짓일 이름씨 부피에 견주어 무게가 많이 나가는 몬을 만드는 짓일. 틀, 쇠, 배, 수레, 뭡틀수레, 날틀 같은 것을 만든다 ⇐ 중공업

무겁틀 이름씨 집을 짓거나 땅을 파헤치는 데 쓰는 무거운 틀이나 수레 ⇐ 중장비

무게 이름씨 ❶어떤 몬을 땅별 복판에서 당기는 힘 크기 ㉥이 짐 무게가 꽤 나가네 ❷어떤 것이 지닌 값어치 ㉥사람들은 이 책을 무게 있는 책으로 꼽는다 ❸사람 말이나 짓, 됨됨이가 차분하고 의젓하기 ㉥저 사람 말에는 무게가 있다 비슷한말드레 익은말 **무게를 잡다** 점잖은 척하며 기운을 무겁게 하다

무게복판 이름씨 몬 어느 한 점을 받치거나 매달았을 때 그 몬이 기울지 않고 고르게 있게 하는 점 ⇐ 중심. 무게중심

무게중심 ⇒ 무게복판

무경험자 ⇒ 풋내기. 햇병아리

무고 (誣告) ⇒ 옭아넣음. 쏘개질. 옭아 넣다. 얽어 넣다. 쏘개질하다

무고죄 ⇒ 거짓허물. 쏘개질허물

무고하다 (無故) ⇒ 까닭 없다. 아무 일 없다

무곡 ⇒ 춤노래. 춤가락

무공 ⇒ 싸움보람

무공해 ⇒ 두루더럼 없음. 두루덜이 없음

무관심 ⇒ 데면데면함. 덤덤함. 데면데면하다. 덤덤하다. 끌리지 않다

무관하다 ⇒ 괜찮다. 얼토당토않다. 이음고리가 없다. 아랑곳하지않다

무구하다 ⇒ 깨끗하다. 맑다. 때묻지 않다. 잘못 없다

무궁무진 ⇒ 끝없음. 가없음. 끝없다. 끊임없다. 가없다. 그지없다

무궁하다 ⇒ 끝없다. 그지없다. 아득하다. 가없다

무궁화 ⇒ 나날핌꽃. 이어피는꽃. 이음꽃

무근하다 ⇒ 터무니없다. 뿌리 없다. 턱없다. 얼토당토않다

무기 ⇒ 잠개. 싸움연모. 싸움연장

무기고 ⇒ 잠개집. 잠개광. 싸움연모광. 싸움연장광

무기력하다 ⇒ 힘없다. 기운없다. 물렁하다. 문문하다. 만만하다

무기명 ⇒ 이름안씀

무기물 ⇒ 쇳돌몬. 안산것

무기질 ⇒ 쇳돌몬밭. 안산밭

무기징역 ⇒ 끝없이가둠

무기한 ⇒ 때없음. 마감없음

무꾸리 (이름씨) ❶무당이나 점쟁이에게 좋을지 안 좋을지 점치는 일 ⓑ옛날에는 새해가 되면 집집마다 무꾸리를 해보았다 ❷무당. 점쟁이 ⓑ어머니는 무꾸리한테 앞날을 물어보러 자주 다닌다 **무꾸리하다**

무난하다 ⇒ 쉽다. 괜찮다. 수월하다. 무던하다. 어지간하다. 수수하다. 어렵지 않다

무남독녀 ⇒ 외동딸. 외딸

무너뜨리다·무너트리다 (움직씨) ❶쌓여 있거나 서 있는 것을 허물어 내려앉게 하다 ⓑ아이는 모래벌판에서 되풀이해서 모래집을 지었다가 무너뜨렸다 ❷굳게 잡힌 짜임새나 틀 따위를 깨뜨리다 ⓑ어버이가 지닌 돈을 큰아들에게 많이 남겨줘야 한다는 나라 벼리를 오래 앞에 무너뜨렸다 ❸힘을 빼앗거나 나라를 넘어뜨리다 ⓑ제 나라 힘을 키우고자 남 나라를 무너뜨리는 일은 나쁜 짓이다 ❹굳은 생각이나 뜻, 얼개 따위를 깨다 ⓑ제가 가진 굳은 믿음을 스스로 무너뜨리는 일은 매우 어렵다 ❺잣대나 울 따위를 뚫거나 깨다 ⓑ남이 못 들어오게 단단히 세워둔 마음속 울타리는 누구도 무너뜨리기 어려워 ❻힘 따위를 없애거나 여리게 하다 ⓑ돌이 아버지는 씨름할 때마다 맞선이를 대번에 무너뜨린다 ❼어떤 모습이나 마음가짐 따위를 깨다 ⓑ부디 그 일을 이루려는 마음을 무너뜨리지 말고 끝까지 애써나가요 ❽내기나 겨룸에서 이기다 ⓑ그 내기에서 언니는 맞은쪽을 무너뜨리고 다음 판가리로 나아갔다 ❾겨집을 억지로 다루거나 홀려 몸을 빼앗다 ⓑ그 몹쓸 놈은 때를 노리다가 마침내 이웃집 아낙을 무너뜨리고 말았다 ❿낯 따위를 깎아내리다 ⓑ아버지는 낯을 무너뜨릴 만한 일은 안 하셔

무너지다 (움직씨) ❶쌓여 있거나 서 있는 것이 허물어져 내려앉다 ⓑ큰비에 냇가 다리가 무너졌어 ❷몸이 힘을 잃고 쓰러지거나 밑바닥으로 내려앉다 ⓑ늘봄은 크게 다쳐 통째로 무너진 몸을 다시 일으켜 세운다 ❸틀 따위가 깨지다 ⓑ슬슬 오래되고 낡은 믿음이 무너지는 느낌이 들어 ❹힘이 없어지거나 나라가 넘어지다 ⓑ백성들이 두 쪽으로 갈라져 싸움을 해대던 나라는 끝내 무너지고 말았다 ❺잡아놓은 얼개나 생각 따위가 뜻대로 되지 못하고 깨지다 ⓑ굳게 잡아놓은 일 얼개가 한순간에 무너져 버렸다 ❻슬픈 일 따위를 겪어 마음이 한꺼번에 내려앉다 ⓑ사랑하던 짝이 헤어지자고 하자 사내는 가슴이 무너져 내렸다 ❼잣대나 울 따위가 뚫리거나 깨지다 ⓑ에워싼 담이 무너지자 갇혀있던 이들이 다 풀려났다 ❽힘 따위가 없어지거나 여려지다 ⓑ따스한 봄바람이 불어오자 매섭던 추위도 속절없이 무너져 버렸다 ❾어떤 모습이나 마음가짐 따위가 깨지다 ⓑ오래 품었던 바람이 무너지자 나는 한동안 마음을 잡을 수가 없었다 ❿내기 따위에서 지다 ⓑ오늘 내기에서는 우리 쪽이 힘없이 무너지고 말았다니까

무너짐막이 (이름씨) 멧비탈이나 언덕이 무너지거나 허물어지지 않게 나무를 심거나 미리 막는 일 ⇐ 사방. 사태막이

무넘기 (이름씨) ❶논에 물이 알맞게 고이면 나머지는 저절로 아래로 흐르도록 논두렁 한 곳을 낮춘 곳 ⓑ장마철이면 논둑이 터지지 않게 무넘기를 잘 손봐야 한다 한뜻말 무넘이 ❷봇물을 대려고 만든 둑 ⓑ봇물이 우리 논 무넘기로 흘러들어왔다

무녀 ⇒ 무당

무녀리 (이름씨) ❶한배에 낳은 여러 마리 가운데 맨 먼저 나온 새끼 ⓑ무녀리 한 마리를 공짜로 얻어다 길렀다 ❷말이나 짓이 좀 모자란 듯한 사람 ⓑ너 같은 무녀리는 이따금 그렇게 퉁바리맞기도 해

무념무상 ⇒ 빈마음. 비운 마음. 고요함

무논 (이름씨) ❶물을 가둔 논 ⓑ아버지는 무논에서 물갈이와 써레질을 했다 ❷물을 쉽게

댈 수 있는 좋은 논 ⓑ이곳 논들은 가뭄 걱정 안 해도 되는 무논일세

무눅다 (그림씨) 물기운이 많고 여리다 ⓑ우리 아이는 워낙 무눅어서 다른 아이들하고 싸우는 일이 없어

무느다 (움직씨) 쌓인 것을 무너지게 하다 ⓑ메를 무느고 바다를 메꾼다

무능력 ⇒ 힘없음. 할 줄 모름

무능자 ⇒ 허수아비. 손방

무능하다 ⇒ 힘없다. 재주없다

무늬 (이름씨) ❶몬 겉 바탕에 아롱져 나타난 고른 꼴 ⓑ이 옷은 무늬가 참 곱네 ❷옷감이나 새김 몬 따위를 아름답게 꾸미는 여러 가지 솜씨 ⓑ나무에 예쁜 무늬를 새겨 보자

무단 ⇒ 제멋대로 함. 함부로 함. 몰래 함. 까닭 없음. 말 없음

무단가출 ⇒ 집나감. 집 나가다. 몰래 집 나가다

무단정치 ⇒ 쏘개칼로 다스리기

무단히 ⇒ 아무 까닭 없이. 무턱대고. 함부로. 제 마음대로. 아무 말 없이

무당 (이름씨) 굿으로 하늘에 계신 서낭과 사람을 이어주는 구실을 하는 사람. 당집에서 서낭을 모셔 와 사람들이 가슴속에 맺혔던 아픔과 슬픔을 드러내 보이며 지친 삶 구석구석을 씻어내고 서낭한테서 도움을 받도록 하는 굿놀이를 이끈다 ⓑ무당과 굿을 그릇된 믿음으로 잘못 아는 이들이 아직도 많다 ⇐ 무녀 (슬기말) **무당이 제 굿 못하고 소경이 저 죽을 날 모른다** 남 일을 도와줄 수는 있어도 제 일을 제가 다루기는 어렵다

무당개구리 (이름씨) 멧골짜기나 늪에 사는 개구리. 등은 푸르거나 밤빛이고 배는 붉은 바탕에 검은 무늬가 있다. 몸에 사마귀 같은 작은 혹이 있다

무당벌레 (이름씨) 몸 위쪽은 달걀꼴이고 아래쪽은 납작하며 날개는 붉거나 노란 바탕에 검고 동그란 무늬가 곳곳에 있는 벌레. 진딧물을 잡아먹는다 한뜻말 점벌레

무대 (이름씨) 어떤 쪽과 빠르기로 움직이는 바닷물 흐름 한뜻말 물띠 ⇐ 해류

무대 ⇒ 마당. 춤판. 굿터

무더기 (이름씨) ❶한데 수북이 쌓였거나 뭉친 것 ⓑ아이들이 눈사람을 만들다 말았는지 눈 무더기가 쌓였어 ❷한데 수북이 쌓였거나 뭉친 것을 세는 하나치 ⓑ책 한 무더기

무더기눈 (이름씨) 짧은 동안 앞이 안 보이게 쏟아지는 많은 눈 ⓑ한낮에 갑자기 날이 컴컴해지더니 무더기눈이 내리퍼부었다

무더기비 (이름씨) 짧은 동안 억수로 쏟아붓는 많은 비 ⓑ캄캄한 어둠 속에 무더기비가 무섭게 퍼부었다 한뜻말 모다기비 ⇐ 집중호우

무더위 (이름씨) 물기와 뜨겁기가 높아 찌는 듯 견디기 어려운 더위 ⓑ세찬 소나기가 한바탕 지나가자 무더위가 한풀 꺾였다 ⇐ 폭서. 폭염

무던하다 (그림씨) ❶너무 처지거나 뛰어나지 않고 어지간하다 ⓑ나는 너무 뛰어난 사람보다 무던한 사람이 좋더라 비슷한말 웬만하다. 그만하다 ❷마음바탕이 너그럽고 수더분하다 ⓑ그 사람 참 무던하고 착하지

무덤 (이름씨) ❶주검이나 남은 뼈를 땅에 묻어 놓은 곳 ⓑ여기가 할아버지 무덤이다 한뜻말 뫼 ❷싱싱한 기운이나 기쁨을 갉아먹는 곳이거나 그런 둘레 ⓑ벌이 좋은 이름난 일터가 젊은이 꿈을 갉아먹는 무덤일 수 있다 (슬기말) **제가 제 무덤을 판다** 저를 망치는 어리석은 짓을 한다 **핑계 없는 무덤 없다** 잘못을 저지르고도 구실을 대고 까닭을 붙이는 사람을 비꼬는 말

무덤메 (이름씨) 한아비 무덤이 있는 메 ⇐ 선산

무덥다 (그림씨) 물기와 뜨겁기가 높아 찌는 듯 견디기 어렵게 덥다 ⓑ가만있어도 땀이 줄줄 흐를 만큼 날씨가 무덥다 비슷한말 덥다. 후덥지근하다

무데뽀 ⇒ 무턱대고

무도 ⇒ 춤

무도하다 ⇒ 막되다

무도회 ⇒ 춤판. 춤모임

무독하다 ⇒ 죽이개없다

무동 ⇒ 춤아이. 춤추는애. 재주꾼 아이

무두질 (이름씨) 날가죽이나 실 따위를 매만져서 부드럽게 만드는 일 ⓑ길손은 쇠가죽을 오랫동안 무두질하여 멋진 북을 만들었다

무드 ⇒ 풍김새

무등 (이름씨) 남 어깨 위에 올라타는 것 ⓑ어릴 때 아버지께 무등 태워 달라고 자주 졸랐다 한뜻말 목말

무디다 (그림씨) ❶송곳 끝이나 칼날 같은 것이 날카롭지 않고 뭉툭해지다 ⓑ칼이 무뎌서 잘 들지 않아 맞선말 날카롭다 ❷느끼고 깨닫는 힘이 적거나 모자라다 ⓑ그런 눈치도 못 챈 것 보니 좀 무디네 ❸소리가 또렷하지 않고 투박하다 ⓑ북소리는 꽹과리 소리에 견주면 아주 무디다 ❹몸짓이나 손놀림이 빠르지 못하고 더디다 ⓑ일에 닳은 손끝이 무디어 바늘 잡은 손이 어설프다 ❺말이나 짓이 일 자위를 찌르는 날카로움이나 힘이 없다 ⓑ그 글쟁이도 나이가 드니 글힘이 두루뭉술 많이 무디어졌구나 ❻말쑥하고 산뜻한 맛이 없고 투박하다 ⓑ나는 무디게 생긴 놋수저가 참 좋더라

무딘모 (이름씨) 90데보다 크고 180데보다 작은 모 ⇐ 둔각

무딘모세모꼴 (이름씨) 세 안 모 가운데 한 모가 무딘모인 세모꼴 ⇐ 둔각삼각형

무따래기 (이름씨) 남 일에 함부로 헤살을 놓는 사람들

무뚝뚝이[1] (이름씨) 말이나 짓이 부드럽고 살갑지 않아 무뚝뚝한 사람 ⓑ꽃순이는 무뚝뚝이에 골을 잘 내는 버시와 사느라고 속앓이를 많이 한다

무뚝뚝이[2] (어찌씨) 말이나 짓이 부드럽고 살갑지 않게 ⓑ늙은이는 사람들이 물어쌓는 것이 귀찮다는 듯 무뚝뚝이 몇 마디 짧게 말했다

무뚝뚝하다 (그림씨) 상냥스럽지 못하고 투박하여 살가운 맛이 없다 ⓑ무뚝뚝한 사람한테는 말 건네기가 어렵다 맞선말 상냥하다

무라지 (이름씨) 새색시가 엄마집에 첫나들이 갔다가 돌아오면서 해 가지고 오는 이바지 맛갓 한뜻말 무라디 **무라지하다**

무람없다 (그림씨) 삼가고 살피지 않아 버릇없다 ⓑ무람없는 짓을 함부로 해 보인다

무람없이 (어찌씨) 버릇없이. 함부로. 건방지게. 삼가거나 살피지 않고 ⓑ요즘은 무람없이 구는 게 대수롭지 않다

무람하다 (그림씨) 부끄러워 삼가고 마음 쓰는 데가 있다 ⇐ 조심스럽다

무량하다 ⇒ 헤아릴 수 없다. 끝없다. 그지없다. 셀 수 없다

무럭무럭 (어찌씨) ❶아무 일 없이 힘차게 잘 자라는 모습 ⓑ아이들이 무럭무럭 자라는 건 보기만 해도 흐뭇하다 작은말 모락모락 ❷내나 냄새, 김 따위가 잇달아 푸지게 떠오르는 모습 ⓑ푹 젖은 옷에선 김이 무럭무럭 피어났다 ❸어떤 생각이나 느낌이 자꾸 떠오르는 모습 ⓑ이젠 큰 고을로 나가 살아봐야겠다는 생각이 무럭무럭 커졌다

무럽다 (그림씨) 물것에 물린 자리가 근지럽고 가렵다 ⓑ모기 물린 자리가 무러워 자꾸 긁는다

무려 ⇒ 자그마치

무력 ⇒ 주먹. 쏘개칼. 잠개힘

무력하다 ⇒ 힘없다. 기운없다

무렵 (이름씨) 어떤 일이 이루어지거나 벌어지는 때 앞뒤 ⓑ해 질 무렵 한뜻말 답

무례하다 ⇒ 무람없다. 발칙하다. 버릇없다. 본데없다. 못되다

무례히 ⇒ 버릇없이. 발칙하게. 본데없이

무뢰배 ⇒ 몹쓸놈. 망나니. 개구쟁이. 못된 무리

무뢰한 ⇒ 망나니. 몹쓸놈

무료 ⇒ 거저. 그냥

무료하다 ⇒ 심심하다. 재미없다. 멋쩍다. 따분하다. 지루하다

무르녹다 (움직씨) ❶과일이나 먹을거리 따위가 다 익어 흐무러지다 ⓑ말캉하게 무르녹은 감을 보고는 당장 한입에 쭉 빨아먹었다 ❷일이나 모습이 한창 이루어지는 때이다 ⓑ봄이 한창 무르녹는 다섯째 달에 아버지

는 돌아가셨다

무르다[1] (움직씨) 잘 익어서 물렁물렁해지다 ㉥딴딴하던 감이 많이 물러졌네 비슷한말 물컹하다 맞선말 단단하다 **무름** (익은말) **꼭지가 무르다** 때가 제대로 무르익다

무르다[2] (움직씨) ❶사거나 바꾼 몬을 돌려주고 돈이나 몬을 도로 찾다 ㉥허물이 있는 몬은 물러야지 ❷이미 한 일을 처음대로 되게 하다 ㉥저지른 잘못은 무르기 어려우니 늘 마음을 잘 살펴라 ❸있던 자리에서 뒤로 옮겨가게 하다 ㉥뒤로 좀 물러 앉아주겠니?

무르다[3] (그림씨) ❶작은 힘에도 모습이 바뀔 만큼 바탕이 여리다 ㉥이 무른 살을 어떡하면 좋나 맞선말 단단하다 ⇐ 연하다 ❷물기가 많아 빡빡하지 않다 ㉥밀가루 반죽이 많이 무르네 ❸뜻이나 마음이 작고 여리다 ㉥언니는 마음이 너무 물러서 살아가기가 늘 고달프다 맞선말 당차다 ❹일 다루는 솜씨가 야무지지 못하다 ㉥그 사람은 일솜씨가 물러서 도무지 일거리가 적다 (슬기말) **무른 감도 쉬어 가면서 먹어라** 아무리 쉬운 일이라도 덤비지 말고 차근차근히 해야 한다 **무른 땅에 말뚝 박기** 몹시 하기 쉬운 일. 힘 있는 사람이 힘없고 여린 사람을 업신여기고 괴롭히는 것

무르익다 (움직씨) ❶열매나 낟 따위가 익을 대로 다 익다 ㉥감이 무르익은 걸 보니 가을은 가을이구나 맞선말 설익다 ❷때나 일이 한창 깊어지거나 이루어지다 ㉥그들 사랑이 아름답게 무르익어 간다 맞선말 설익다 ❸느낌이나 기운이 있는 대로 부풀어 오르다 ㉥갓 짝맺은 둘 사랑은 더할 나위 없이 무르익었다

무르춤하다 (움직씨) 뜻밖 일에 가볍게 놀라 갑자기 물러서듯 하다 ㉥사납게 덤벼들던 개가 휘두르는 막대에 놀라 무르춤하고 멈춘다

무르팍 (이름씨) 무릎 ㉥무르팍으로 기다

무륵하다 (그림씨) 매우 흔하고 많다 ㉥이 밭 저 밭에 보리가 무륵하게 팰 때가 되었다 한뜻말 수두룩하다

무른감 (이름씨) 흠뻑 익어 말랑말랑한 감 한뜻말 물렁감 ⇐ 홍시. 연시

무른낫개 (이름씨) 무르게 만들어 살갗에 바르는 낫개. 부드러워 잘 발라지며 다친 살갗에 바른다 한뜻말 바르는낫개 ⇐ 연고

무른몸숨받이 (이름씨) 숨받이 가운데 마디발숨받이 다음으로 많은 씨를 품는 숨받이무리로 뿔조개, 달팽이, 민달팽이, 조개, 굴, 오징어, 문어 들이 들어간다 ⇐ 연체동물

무름새 (이름씨) 부드럽고 무르며 여린 바탕 ⇐ 무름성. 유연성

무름하다 (그림씨) 알맞게 또는 꽤 무르다 ㉥감이 무름하니 할머니가 좋아하신다

무릅쓰다 (움직씨) ❶어떤 힘들거나 어려운 일이 있어도 그것을 견디고 참다 ㉥아우는 어려움을 무릅쓰고 하고자 하는 일에 뛰어들었다 ❷머리 위로부터 그대로 뒤집어쓰다 ㉥추위에 떨던 노을이는 방에 들어오자마자 이불을 무릅쓰고 온몸을 녹였다

무릇[1] (이름씨) 들이나 밭에서 절로 자라는 여러해살이풀. 땅속에 둥근 알꼴 비늘줄기가 있고 마늘과 비슷하게 생긴 잎이 나온다. 어린잎과 줄기는 먹는다 한뜻말 물구지. 물랭이

무릇[2] (어찌씨) 두루 헤아려 보건대 ㉥무릇 나라는 백성이 임자임을 늘 새겨야 한다

무릉도원 ⇒ 아름누리. 멋진누리

무릎 (이름씨) 넓적다리와 정강이 사이 뼈마디가 있는 앞쪽 ㉥할머니는 맨날 무릎이 시리다고 한다 (익은말) **무릎을 꿇다** 두 손 들거나 머리 굽히다 **무릎을 꿇리다** 두 손 들게 하거나 머리 굽히게 하다 **무릎을 치다** 갑자기 놀라운 걸 알게 되거나 좋은 생각이 떠오르다 **무릎을 마주하다·같이하다·맞대다** 서로 가까이 마주 앉다

무릎걸음 (이름씨) 무릎을 꿇고 걷는 걸음 ㉥방안에서 자주 무릎걸음을 하다 보니 어느새 바지 무릎이 닳았다

무릎맞춤 (이름씨) 다른 사람을 앞에 두고 서로

마주해서 앞서 한 말을 되짚어 옳고 그름을 따져 가리는 일 ⓑ무릎맞춤을 해야 제대로 말할 거냐? ⇐ 대질 **무릎맞춤하다**

무릎바지 이름씨 가랑이가 무릎까지 내려오는 짧은 바지

무릎뼈 이름씨 무릎 앞 한가운데 작은 종지꼴 오목한 뼈 한뜻말 종지뼈 ⇐ 슬개골

무릎장단 이름씨 가락에 맞추어 무릎을 치는 일 ⓑ아이들은 둘러앉아 무릎장단을 치며 즐겁게 노래했다

무릎치기[1] 이름씨 씨름에서 맞은쪽 바깥 무릎을 쳐서 넘어뜨리는 씨름 수 ⓑ무릎치기를 잘하는 씨름꾼이 올해 으뜸 씨름꾼이다

무릎치기[2] 이름씨 가랑이가 무릎까지 내려오는 짧은 바지

무리[1] 이름씨 여럿이 한데 모여 뭉친 것 ⓑ어제 메에 올랐다가 멧돼지 무리와 마주쳤다 한뜻말 떼

무리[2] 이름씨 ❶함께 일하는 사람들이 한꺼번에 떼 지어 나오는 때 ⓑ아이들이 배움을 마치고 배움터에서 나올 무리다 ❷철이나 매개에 따라 몬 따위가 한꺼번에 무더기로 나오는 때 ⓑ요즘은 저자에 밤이 한창 나올 무리다

무리[3] 이름씨 ❶물에 불린 쌀을 맷돌에 간 뒤 가라앉힌 앙금 ⓑ엄마는 무리로 부침개를 만들어 주셨다 밑말 쌀무리 ❷무릿가루로 쑨 풀 ⓑ그들은 무리풀을 먹이고 다듬어서 빛이 매우 희고 단단한 두루마리를 만드는 일을 한다 밑말 무리풀

무리[4] 이름씨 아주 작은 물방울이 차 있을 때 해나 달 둘레에 생기는 불그스름한 둥근 빛 테 ⓑ으스름 무리 먹은 달빛에 옛 생각이 난다 밑말 빛무리

무리 (無理) ⇒ 억지. 생떼. 우기다. 힘겹다. 억지스럽다

무리꾸럭 이름씨 남 빚이나 밑진 것을 갈음해서 물어주는 것 ⓑ우리 먹고살 것도 모자라는데 무리꾸럭이 웬 말이에요? **무리꾸럭하다**

무리무리 어찌씨 때를 따라 한목씩 묶어서 나오는 꼴 ⓑ김장철이 되니 무, 배추가 무리무리 저자에 나온다 한뜻말 물물이

무리수 ⇒ 안나뉨수

무리하게 ⇒ 우격으로. 억지로. 우격다짐으로. 턱없이

무릿매 이름씨 ❶여럿이 한꺼번에 달려들어 마구 때리는 매 ⓑ마을 으슥한 빈터에서 무릿매를 맞던 아이가 끝내 쓰러졌다 한뜻말 몰매. 뭇매. 뭇매 ⇐ 집단폭력. 집단폭행 ❷끈에 맨 작은 돌을 휘두르다가 한쪽 끝을 놓아 멀리 던지는 팔매 ⓑ소 먹이러 갔다가 무릿매를 멀리 던지기 놀이를 했던 어릴 때가 있었지 한뜻말 줄팔매

무마 ⇒ 달램. 가라앉힘. 달래다. 가라앉히다. 어루만지다. 쓰다듬다

무말랭이 이름씨 ❶무를 건개로 쓰려고 썰어 말린 것 ⓑ무말랭이가 달싹하니 맛있다 한뜻말 무오가리 준말 말랭이 ❷아주 볼품없이 된 것 ⓑ오랜만에 만난 동무는 그동안 많이 아팠는지 무말랭이 같은 얼굴을 하고서 나타났다

무명 이름씨 무명실로 짠 피륙 ⓑ할머니는 살아 계실 때 무명으로 치마저고리를 손수 지어 입었다 준말 명

무명 (無名) ⇒ 이름 없음. 이름 모름. 이름 알려지지 않음

무명실 이름씨 솜을 자아 만든 실 ⓑ엄마는 올이 터진 옷을 무명실로 곱게 꿰매어 주셨다 준말 명실

무명씨 ⇒ 이름 없는 사람. 이름 모르는 사람

무명조개 이름씨 세모꼴에 가까운 둥근 꼴로 껍데기가 두껍고 겉은 매끄러우며 속살은 맛이 좋은 조개 ⇐ 대합

무명지 ⇒ 넷째 손가락

무모하다 ⇒ 어리석다. 생각 없다. 터무니없다. 미련하다. 턱없다. 억지스럽다

무문토기 ⇒ 민흙그릇. 민무늬흙그릇

무미건조하다 ⇒ 메마르다. 재미없다. 맹물맛이다. 맛없다. 재미없고 메마르다. 뜻없다

무미하다 ⇒ 맛없다. 재미없다. 뜻없다. 물맛이다. 메마르다

무방비 ⇒ 마련없음. 채비없음. 마련없다. 채비없다

무방하다 ⇒ 괜찮다. 좋다. 거리낄 것 없다. 아무일 없다

무법자 ⇒ 막된놈. 막된이. 몹쓸놈. 만무방. 막사는 이

무법천지 ⇒ 막판누리. 끝판누리. 막가는 누리

무법하다 ⇒ 막되다. 못되다. 버릇없다

무변하다 ⇒ 그지없다. 가없다. 끝없다

무병하다 ⇒ 아픈 데 없다. 성하다. 튼튼하다

무보수 ⇒ 거저. 삯 없음

무분별하다 ⇒ 못 가리다. 가리사니 없다. 철없다. 생각 없다

무비판적 ⇒ 아무 생각 없는. 따지지 않는. 덮어놓고 따르는

무사 ⇒ 싸울아비

무사고 ⇒ 일없음

무사태평 ⇒ 걱정없음. 시름없음. 걱정 없다. 시름없다. 근심 없다. 아무 생각 없다

무사하다 ⇒ 일없다. 잘 지내다. 아무일없다. 사달없다

무사히 ⇒ 잘. 일없이

무산계급 ⇒ 품팔이. 품팔이꾼. 삯일꾼. 없는이

무산시키다 ⇒ 못하게 하다. 흩어버리다. 깨뜨리다

무산하다 ⇒ 사라지다. 흩어지다. 없어지다. 깨지다. 흐지부지 흩어지다

무살 [이름씨] 물렁물렁하게 많이 찐 살 [ㅂ]무살이 자꾸 찐다

무상 (無償) ⇒ 거저

무상하다 (無常) ⇒ 덧없다. 속절없다. 부질없다. 끊임없이 바뀌다

무색 (무色) ⇒ 물빛

무색 (無色) ⇒ 빛깔없음

무색하다 ⇒ 볼낯 없다. 부끄럽다. 빛없다. 낯없다. 보잘것없다. 빛깔이 없다

무생물 ⇒ 안산것. 숨없는것

무서리 [이름씨] 늦가을에 처음 오는 묽은 서리 [ㅂ]밤새 무서리는 또 그렇게 내렸지 맞선말 된서리

무서움 [이름씨] 무서워하는 것이나 무서운 느낌 [ㅂ]우리 아이는 무서움이 많아 비슷한말 두려움

무선 ⇒ 줄 없음

무선전화기 ⇒ 손말틀

무섬 [이름씨] '무서움' 준말 [ㅂ]그 사람 덩치는 큰데 밤 무섬을 많이 타

무섭다 [그림씨] [1]어떤 것에 꺼려지거나 무슨 일이 일어날까 마음 졸이다 [ㅂ]나는 뱀도 무섭고 멧돼지도 무섭다 [2]깜짝 놀랄 만큼 몹시 사납다 [ㅂ]낯선 사람이 무섭게 노려봤다 [3]푼수가 매우 지나치다 [ㅂ]아버지는 돈을 벌어야 한다는 마음으로 무섭게 일하셨다 [4]어떤 일이 일어나는 것이 걱정되다 [ㅂ]도둑이 들어올까 봐 무서워 [5]그렇게 하자마자 곧바로 [ㅂ]그 책은 나오기가 무섭게 팔려나갔대 [슬기말] **무섭다니까 바스락거린다** 남 허물을 알고 더욱 힘들게 한다

무성영화 ⇒ 말없는 뮘그림

무성음 ⇒ 안울림소리. 맑은소리

무성하다 ⇒ 우거지다. 깃다. 다옥하다. 숲지다

무소 [이름씨] 아프리카나 아시아 풀밭이나 숲에 사는 풀먹이짐승. 다리가 짧고 살갗은 두꺼우며 코 위에 큰 뿔이 하나나 둘 나 있다 한뜻말 코뿔소

무소부지 ⇒ 모르는 것 없음. 다 앎

무소불위 ⇒ 못할짓 없음. 못할일 없음. 막나감

무소속 ⇒ 안딸림. 몸담지 않음

무소식 ⇒ 새뜸 없음. 알림 없음

무솔다 [움직씨] [1]땅에 물기가 많아 푸성귀 같은 것이 물러서 썩다 [ㅂ]배추가 무솔어서 썩는다 [2]비가 많이 내려 땅이 질벅질벅하게 되다 [ㅂ]장마철이라 밭이 퍽 무솔다

무쇠 [이름씨] [1]쇠에다 숯남을 더해 시우쇠보다 무른 쇠. 빛이 검고 녹이 잘 슬지만 단단하고 꼴 만들기가 쉬워 솥이나 그릇 만드는 데 널리 쓴다 [ㅂ]무쇠솥에 밥을 지으면 밥맛이 아주 좋다 [2]단단하고 굳센 것 [ㅂ]

무쇠주먹. 무쇠다리 (슬기말) **무쇠도 갈면 바늘이 된다** 꾸준히 애쓰면 아무리 어려운 일이라도 이룰 수 있다

무쇠붙이 (이름씨) **1** 쇠붙이를 녹여 거푸집에 부어 만든 몬 ⇐ 주물 **2** 무쇠로 된 쇠붙이

무쇠짓곳 (이름씨) 쇠붙이를 녹인 쇳물을 틀 속에 부어 굳혀 몬을 만드는 짓곳 ⇐ 주물공장

무수기 (이름씨) 썰물과 밀물 때 높이 다르기 ⓑ하늬 든바다는 무수기가 세다

무수다 (움직씨) 닥치는 대로 때리거나 부수다 ⓑ저 집 아저씨는 술에 빠지면 살림을 자주 무순다

무수리 (이름씨) 임금집에서 쓸닦기 따위 잔심부름을 맡던 겨집종 ⓑ내가 무수리도 아니고 왜 맨날 나만 쓸닦기해야 해?

무수하다 ⇒ 많다. 숱하다. 수두룩하다. 하고많다. 하고하다. 그지없다. 쇠털같이 많다

무술 (이름씨) 식게를 지낼 때 술을 갈음하여 쓰는 맑은 물

무술 ⇒ 싸움재주. 싸움수

무슨 (매김씨) **1** 모르는 일이나 속내를 물을 때 쓰는 말 ⓑ무슨 뜻으로 그런 말을 한 거야? **2** 무엇을 딱히 가리키지 않고 이를 때 쓰는 말 ⓑ우리 딸은 무슨 일이든 찬찬히 해나간다 **3** 못마땅한 일에 좋지 않은 마음을 담아 말할 때 쓰는 말 ⓑ무슨 바람이 이렇게 차지? **4** 맞서는 뜻을 힘주어 이르는 말 ⓑ네 주제에 사랑은 무슨 사랑 **5** 나를 내세우지 않으려는 뜻으로 쓰는 말 ⓑ무슨 수고랄 게 있나요?

무승부 ⇒ 비김. 피장파장. 비슷함

무시 ⇒ 깔봄. 업신여김. 깔보다. 모른 체하다. 업신여기다. 얕잡다. 얕보다. 우집다

무시래기 (이름씨) 무 잎사귀나 그것을 말린 것 ⓑ요즘같이 찬바람 불 때면 무시래기 된장국이 으뜸이지

무시로 ⇒ 때 없이. 아무 때나

무시무시하다 (그림씨) 몹시 무서운 느낌이 있다 ⓑ아이들은 다들 무시무시한 이야기를 좋아하지

무시무종하다 ⇒ 처음도 끝도 없다

무시험 ⇒ 안재봄. 재봄없음

무식쟁이 ⇒ 눈뜬장님. 까막눈. 모름쟁이. 못배운이

무식하다 ⇒ 아는 게 없다. 어리석고 아둔하다. 본데없다

무신경하다 ⇒ 무디다. 느낌 없다

무심 (이름씨) 땅에서 캐내어 말리지 않은 심 한뜻말 날심 ⇐ 수삼

무심결에 ⇒ 얼결에. 얼떨결에

무심코 ⇒ 아무 생각 없이

무심하다 ⇒ 데면데면하다. 생각 없다. 느낌이 없다. 걱정없다. 나몰라라하다

무심히 ⇒ 그저. 생각 없이. 멍하니. 멍청히

무안하다 ⇒ 부끄럽다. 볼 낯 없다. 서머하다. 낯뜨겁다. 손부끄럽다. 낯없다. 남부끄럽다. 뻘쭘하다. 쑥스럽다

무애하다 ⇒ 막힘 없다. 거침없다. 끝이 없다. 가없다. 그지없다

무어[1] (갈이름씨) **1** 모르는 것을 가리키는 말 ⓑ오늘 저녁에는 무어 해 먹지? 준말 머. 뭐 밑말 무엇 **2** 뚜렷하지 않거나 꼭 집어 말할 수 없는 것을 가리키는 말 ⓑ그 사람 얼굴을 보면 무어 할 말이 있는 것 같은데 (익은말) **무어니 무어니 해도** 이것저것 말할 수 있더라도

무어[2] (느낌씨) **1** 놀랐을 때 하는 말 ⓑ무어, 그게 정말이야? 준말 머. 뭐 밑말 무엇 **2** 남 말에 되물을 때 하는 말 ⓑ무어? 왜 불렀어? **3** 맞은쪽 말에 가볍게 맞서거나 어떤 걸 일깨워줄 때 하는 말 ⓑ걔도 그리 잘한 게 없을 건데 무어 **4** 흔히 어리광을 피울 때 말끝에 덧붙이는 말 ⓑ예쁜 옷도 안 사주면서 무어 **5** 바라는 마음을 다 접고 그냥 받아들일 때 하는 말 ⓑ사람 사는 누리가 다 그렇지 무어

무언 ⇒ 말 없음. 입닫음

무언극 ⇒ 몸짓굿

무언중 ⇒ 말 없는 가운데

무엄하다 ⇒ 버릇없다

무엇 (갈이름씨) ❶모르는 것을 가리키는 말 ㉥그 가방 안에 무엇이 들었어? 준말 무어. 뭐. 머. 뭣. 멋 ❷뚜렷하지 않거나 꼭 집어 말할 수 없는 것을 가리키는 말 ㉥팔에 무엇이 났어 (슬기말) **무엇이 떨어지기를 기다린다** 애쓰지는 않으면서 뜻밖에 좋은 떠퀴를 바라고 기다린다

무엇하다 (그림씨) 꼭 집어 어떻다고 할 수는 없지만 기껍지 않고 좀 거북하다 ㉥까다로운 일터 윗사람을 따로 만난다는 게 무엇하긴 하지만 집안 살림이 걸린 일이니 어쩔 수 없지

무역 ⇒ 사고팖. 사고팔기. 나라사이 사고팔기

무역항 ⇒ 나라새나루. 사고파는나루. 사팔나루

무연고하다 ⇒ 걸림 없다. 까닭 없다. 이음고리 없다

무연탄 ⇒ 내 없는 돌숯. 내 안 나는 돌숯

무염식 ⇒ 간없는밥

무예 ⇒ 쌈재주. 싸움수

무용 ⇒ 춤

무용가 ⇒ 춤꾼. 춤자이

무용곡 ⇒ 춤노래

무용담 ⇒ 쌈꾼얘기. 씩씩하게 싸운 이야기. 잘한 일 이야기

무용수 ⇒ 춤꾼. 춤자이

무용지물 ⇒ 혹. 쓸데없는 것. 쓸모없는 사람. 어중이

무용하다 ⇒ 쓸데없다. 쓸모없다. 볼일 없다

무원고립하다 ⇒ 도움이 없다. 외롭게 되다. 외톨이가 되다

무위도식 ⇒ 놀고먹기. 빈둥거림. 놀고먹다. 빈둥거리다

무으다 (움직씨) 쌓다

무의미하다 ⇒ 뜻없다. 값어치 없다. 부질없다. 쓸데없다

무의식 ⇒ 모름. 캄캄함

무의식적 ⇒ 생각 없이. 모르는 사이에. 얼결에

무의촌 ⇒ 나숨이 없는 마을

무이다[1] (움직씨) ❶털이 빠져 살이 드러나다 ㉥머리털은 무이고 이가 빠져서 얼른 알아보지 못하였다 준말 미다[1] ❷팽팽한 종이나 가죽 같은 것을 잘못 건드려 구멍을 내다

무이다[2] (움직씨) ❶일이나 말 따위를 가운데서 끊어버리다 ❷해 달라는 것을 딱 잘라 물리치다

무익하다 ⇒ 도움 안되다. 좋을 게 없다. 도움될 게 없다

무인 (無人) ⇒ 사람 없음

무인 (武人) ⇒ 잠개잡이

무인도 ⇒ 알섬. 빈섬. 사람없는섬

무일푼 ⇒ 털터리. 빈털터리. 맨손. 맨몸. 빈손. 벌거숭이. 한 푼 없음

무임 ⇒ 거저

무임승차 ⇒ 거저탐. 거저수레. 거저수레타기. 수레거저탐

무자격 ⇒ 감목없음. 감안됨

무자리[1] (이름씨) 세 나라 때부터 생겨난 떠돌이붙이. 메와 들을 떠돌아다니며 사냥과 고리를 만들어 파는 일을 했고 나중에 광대나 짐승잡이가 되었으며 '고리쟁이'라고 부르기도 함 ⇐ 무자이. 백정

무자리[2] (이름씨) 논에 물을 대야 하는 곳 ㉥우리 논에는 못물이 닿아 무자리에 물 걱정은 없다

무자리논 (이름씨) 물이 잘 빠지지 않고 늘 물이 고인 논 ㉥이래 봬도 여긴 무자리논이라서 나락 거두는 게 쏠쏠해

무자맥질 (이름씨) 물속에 들어가서 팔다리를 놀리며 떴다 잠겼다 하는 일 ㉥더운 날엔 바닷속에서 무자맥질하며 노는 게 으뜸이다 **무자맥질하다**

무자본 ⇒ 밑천없음. 밑돈없음

무자비하다 ⇒ 매정하다. 호되다. 쌀쌀하다. 모질다

무자식 ⇒ 아들딸 없음

무자위 (이름씨) 물을 높은 곳으로 퍼 올리는 틀 ㉥소금물을 퍼 올리던 무자위들도 곳곳에 일없이 서 있다 한뜻말 물푸개 ⇐ 펌프. 양수기

무자이 (舞-) ⇒ 춤자이

무자이 (巫玆伊) ⇒ 무자리

무자이불 [이름씨] 짝맺이 때 마련하는 푹신하고 부드러운 이불

무작위로 ⇒ 마음대로. 마음 내키는 대로. 멋대로. 아무렇게나

무작정 ⇒ 무턱대고. 덮어놓고. 다짜고짜. 어찌 되었거나. 그저

무작하다 [그림씨] 아는 것이 없고 드세다 ㉥그도 그럴 것이 무작한 왜놈들이 무슨 짓인들 못 하겠습니까

무잠이 [이름씨] 물속으로 자맥질하여 들어가는 것이나 물속에서 일하는 사람 ㉥하고많은 일 가운데 무잠이라니! ⇐ 잠수부. 해녀

무잠이질 [이름씨] 무잠이를 하는 일 ㉥애들 굶기지 않으려고 무잠이질로 젊은 날을 다 보냈다

무장[1] [어찌씨] 갈수록 더 ㉥날씨가 무장 더워만 간다. 무장 기쁘다

무장[2] [이름씨] 씨름에서 맞은 쪽 머리 위와 턱을 잡아서 빙 도려 넘기는 재주

무장 (武裝) ⇒ 싸움채비. 싸움갖춤. 싸움채비하다

무장 (武將) ⇒ 잠개꾼. 싸울아비

무장다리 [이름씨] 씨받이 무에서 나온 꽃줄기 ㉥무장다리가 많이 나온 걸 보니 올해 무씨앗 걱정은 없겠는걸

무저울 [이름씨] 꼬리별 끝에 나란히 있는 두 별 ㉥무저울이 반듯한 걸 보니 올해 여름지이는 잘되겠소

무적 ⇒ 겨룰이 없음. 맞선이 없음. 맞없음. 매우 셈. 가장 셈

무전 ⇒ 번결

무전기 ⇒ 번결틀

무절제 ⇒ 못참음. 못누름. 참지 못하다. 삼가지 않다. 못 억누르다

무정란 ⇒ 홀알. 민눈알

무정하다 ⇒ 매정하다. 매몰차다. 매몰스럽다. 쌀쌀하다. 아랑곳없다. 차갑다

무제 ⇒ 이름없음

무제한 ⇒ 끝없음. 가없음. 마음껏

무조가리 [이름씨] 오줌에 단것이 많이 섞여 나오는 앓이. 앙금가루 먹어써눕을 맞춰주는 인슐린이 모자라서 생긴다 ⇐ 당뇨. 당뇨병

무조건 ⇒ 덮어놓고. 다짜고짜. 무턱대고. 그저. 밑도 끝도 없이

무조건반사 ⇒ 덮어놓고 되쏨

무좀 [이름씨] 손바닥이나 발바닥, 손톱, 발톱, 발가락 사이에 잘 생기며 쉽게 잘 퍼지는 살갗앓이. 살갗에 작은 물집이 생기거나 갈라지거나 살가죽이 벗어져 몹시 가렵다 ㉥여름이 되면 무좀이 더 말썽을 부린다

무죄 ⇒ 잘못 없음. 허물없음

무중력 ⇒ 무게없음

무지 [이름씨] 무더기로 쌓인 더미 ㉥자갈 무지에 가서 자갈 몇 낱 주워 오너라

무지 (拇指) ⇒ 엄지손가락. 엄지가락. 엄지손. 엄지

무지 (無知) ⇒ 아는 게 없음. 아는 게 없다. 미련하고 어리석다. 모르다. 배운 것 없다

무지개 [이름씨] 빈기 가운데 떠도는 수많은 물방울에 햇빛이 되비쳐 해 맞은쪽 하늘에 둥근 꼴로 나타나는 빨감노풀파쪽보 일곱 빛깔 줄띠 ㉥무지개를 보면 마음이 환해진다

무지개다리 [이름씨] 두 끝은 낮고 가운데는 둥글게 솟은 무지개꼴 다리 ⇐ 홍예다리

무지개빛 [이름씨] 빨강 감빛 노랑 풀빛 파랑 쪽빛 보라 같은 일곱 빛깔

무지개천 [이름씨] **1** 무지개무늬나 그림을 담은 천 **2** 여러 가지 빛실로 짜거나 그림을 곱게 넣은 천. 또는 빛깔이나 무늬가 아름다운 천

무지기 [이름씨] 옛날에 겉치마가 퍼지게 하려고 치마 밑에 셋, 다섯, 일곱 켜로 입던 짧은 통치마. 흰 모시와 같은 빳빳한 천으로 만들고 끝을 여러 빛깔로 물들여 가장 긴 것이 무릎 아래에 이르고 차츰 짧아져 다 입으면 무지갯빛을 이루게 하였다 ㉥속옷으로 무지기를 입었다

무지러지다 [움직씨] 몬 끝이 몹시 닳거나 잘라져 없어지다 ㉥오래 썼더니 마당비가 다 무지러졌다

무지렁이 [이름씨] **1** 일이나 일 매개에 어둡고

어리석은 사람 ⓑ시골구석 사람이라고 다 무지렁이가 아니다 ❷끝이 닳아서 무지러진 몬 ⓑ무지렁이 빗자루 그만 쓰고 아궁이에 불살라야겠다

무지르다[1] (움직씨) ❶몬 한 곳을 잘라 버리거나 끊어버리다 ⓑ벼베기를 해야 하니 논둑을 무질러 물을 빼놓아라 ❷말을 다 맺지 못하고 흐지부지 그만두다 ⓑ일터를 그만두겠다는 말끝을 무지르고 다짜고짜 다른 일감을 잔뜩 던져주었다 ❸길을 가로지르다 ⓑ겨울이면 난 없는 밭을 무질러 다녔다

무지르다[2] (움직씨) 닥치는 대로 막 밀거나 주먹으로 힘껏 내지르다 ⓑ살림이든 뭐든 다 무지르고픈 마음을 겨우 누르고 집을 나섰다

무지막지하다 ⇒ 무작하다. 무지무지하다. 감때사납다. 감사납다

무지몽매 ⇒ 어리석음. 바보. 아는 게 없고 어두움. 어리석다. 멍청하다

무지무지 (어찌씨) ❶아주 놀랄 만큼 대단히 ⓑ무지무지 사랑한다 ❷매우 거칠고 드세게 ⓑ무지무지 아프다

무지무지하다 (그림씨) ❶아주 놀랄 만큼 대단하다 ⓑ나는 엄마를 무지무지하게 좋아해 ❷매우 거칠고 드세다 ⓑ이 일은 막상 해보니 무지무지하게 힘드네

무직 ⇒ 일자리 없음

무진장하다 ⇒ 엄청나다. 헤아릴 수 없다. 무지무지하다. 매우 많다. 엄청나게 많다

무질 (이름씨) 일하려고 물속에 잠겨 들어가는 것 ⇐ 잠수

무질서하다 ⇒ 어지럽다. 너더분하다. 어수선하다. 갈피를 잡을 수 없다. 뒤엉키다

무쪽같다 (그림씨) ❶생김새가 몹시 못나다 ⓑ무쪽같다고 놀려대던 아이들이 저만치 달아났다 ❷하는 짓이 변변치 못하다 ⓑ할머니는 살뜰한 살림꾼인데 무쪽같은 나는 허둥대기만 한다

무찌르다 (움직씨) ❶닥치는 대로 쳐서 짓부수거나 없애다 ⓑ온 누리 오랑캐를 다 무찌르고 착한 사람들이 임자 되는 날을 꿈꾼다 ❷가리지 않고 마구 쳐들어가다 ⓑ다른 나라를 힘으로 무찌르는 게 옳은 일일까

무차별 ⇒ 앞뒤 가리지 않음. 마구잡이

무참하다 ⇒ 끔찍하다

무채색 ⇒ 빛깔 없음

무책임 ⇒ 할일 안함. 할 일 안 하다. 맡은 일 안 하다

무척 (어찌씨) 다른 것과 견줄 수 없이 ⓑ그 가시버시는 서로를 무척 사랑한다 비슷한말 아주. 퍽. 매우. 몹시

무척추동물 ⇒ 민등뼈숨받이

무청 (이름씨) 무 잎과 줄기 ⓑ엄마는 무청으로 시래깃국을 끓였다

무춤 (어찌씨) 놀라거나 서먹한 느낌이 들어서 하던 짓을 갑자기 멈추는 모습 ⓑ한결은 문을 들어서다 말고 무춤 발을 멈췄다

무취하다 ⇒ 냄새가 없다

무치다 (움직씨) 나물 따위에 간과 양념을 섞어서 버무리다 ⓑ오늘 아침에는 시금치나물을 무쳐 먹었다

무침 (이름씨) 남새나 말린 물고기, 바닷말 따위에 갖은양념을 하여 무친 건건이 ⓑ콩나물무침이 아주 맛있네. 마른 오징어무침

무탈하다 ⇒ 잘 지내다. 스스럼없다

무턱대고 (어찌씨) 잘 헤아려 보지 않고 마구 ⓑ일터지기는 얘기도 차근차근 안 하고 무턱대고 소리만 질렀다

무통 ⇒ 아픔 없음. 아프지 않음

무표정하다 ⇒ 덤덤하다. 굳다. 딱딱하다. 드러내지 않다

무풍지대 ⇒ 바람 없는 곳. 아무 움직임이 없는 곳

무한궤도 ⇒ 끝없돌길

무한대 ⇒ 그지없이 큼

무한정 ⇒ 끝이 없음. 끝이 없이

무한집합 ⇒ 끝없는모임

무한하다 ⇒ 끝없다. 그지없다. 가없다. 더없다. 아득하다. 말할 나위 없다. 더할 나위 없다. 헤아릴 수 없다

무한히 ⇒ 끝없이. 그지없이. 더없이. 가없이

무허가 ⇒ 하라고 안함. 못하게 함

무형 ⇒ 꼴없음. 모습없음

무형문화재 ⇒ 꼴없는 삶꽃몬

무화과 ⇒ 꽃없는 열매

무효 ⇒ 쓸모없음. 값없음. 보람 없다. 쓸모없다. 값어치가 없다

무휴 ⇒ 쉼없음. 쉬는 날 없음

무희 ⇒ 춤꽃. 춤겨집. 춤자이

묵 이름씨 도토리나 메밀, 녹두 따위 앙금을 되게 쑤어 굳힌 먹거리 ⓑ도토리를 주워다 갈아서 묵을 만들어 먹었어

묵과 ⇒ 덮어둠. 눈감음. 덮어두다. 덮어놓다. 모르는 체하다. 그냥 지나치다. 눈감아 주다. 그냥 넘기다. 슬쩍 넘기다

묵나물 이름씨 봄에 뜯어 데쳐 말려두었다가 겨울부터 이듬해 봄에 걸쳐 먹는 멧나물 ⓑ아버지는 기운 없는 어머니를 도우려고 묵혀뒀던 묵나물로 된장국을 끓였다

묵념 ⇒ 속으로 빔. 마음속빌기. 속으로 빌다. 마음으로 빌다. 속으로 생각하다

묵다[1] 움직씨 **1** 어떤 때를 지나서 오래되다 ⓑ새해맞이에 앞서 묵은 때를 벗기는 마음으로 몸을 씻었다 **2** 논이나 밭, 땅, 집 따위가 쓰지 않은 채 그대로 남다 ⓑ요즘 시골에는 묵는 땅과 집이 널렸다고 해 **3** 어떤 일을 이루지 못하고 한 해 넘게 해를 보내다 ⓑ그 집 아들은 한 해 묵고 다음 해에 배움터에 들어갔지 슬기말 **묵은 거지보다 햇거지가 더 어렵다** 힘든 일도 오래 해본 사람이 처음 하는 사람보다 참는 힘이 크다 **묵은 낙지 꿰듯** 일이 아주 쉬움 **묵은 낙지 캐듯** 무슨 일을 대번에 시원히 해치우지 않고 두고 두고 조금씩 하는 것 **묵은장 쓰듯** 조금도 아끼지 않고 헤프게 쓴다

묵다[2] 움직씨 어떤 곳에서 얼마 동안 머무르다 ⓑ올여름에는 시골 언니 집에서 한 달 묵었다 ⇐ 숙박하다. 투숙하다

묵독하다 ⇒ 눈으로 읽다. 마음속으로 읽다. 소리 없이 읽다

묵묵부답 ⇒ 말없음

묵묵하다 ⇒ 말없다. 덤덤하다. 가만하다

묵묵히 ⇒ 말없이. 덤덤히. 입 다물고. 소리 없이. 가만히. 잠자코

묵밭 이름씨 여름지이를 하지 않고 내버려둔 밭 ⓑ멧비탈 햇볕 바른 곳에 큰 묵밭이 하나 있다 한뜻말 묵정밭 ⇐ 휴전. 휴경지

묵사리 이름씨 바다 기슭 가까이 밀려든 조기들이 알을 슬려고 머무는 일 또는 그 때 ⓑ요즘이 묵사리인가?

묵사발 ⇒ 묵대접. 박살

묵삭다 움직씨 몬이 아주 오래되어 썩은 것처럼 되다 ⓑ우리집은 비록 묵삭았지만 언제나 웃음꽃이 피었다

묵살 ⇒ 모른체함. 뭉갬. 뭉개기. 모른체하다. 뭉개다. 깔아뭉개다. 덮어버리다

묵상 ⇒ 깊은 생각. 마음속으로 깊이 생각하다

묵새기다 움직씨 **1** 괴로운 마음이나 북받침 따위를 애써 참아 넘기다 ⓑ슬픔을 묵새기다 **2** 한곳에 머물면서 하는 일 없이 날을 보내다 ⓑ맨날 조막만 한 방구석에서 묵새기는 일이 그리 싫지 않은가 봐

묵은것 이름씨 꽤 지나도록 쓰지 않고 그대로 둔 것

묵은눈 이름씨 쌓인 눈이 오랫동안 녹지 않고 얼음처럼 된 것

묵은디이 이름씨 **1** 어떤 일을 오래 겪어 잘 아는 사람 ⓑ보미님은 새로 들어온 일꾼이지만 그쪽 일엔 묵은디이죠 맞선말 새내기 **2** 어떤 때를 오래 지나 묵은 몬이나 일 ⓑ오늘 뒷메에 올랐다가 묵은디이 더덕을 몇 뿌리 캤단다

묵은설절 이름씨 섣달그믐날 저녁에 그해를 보내며 웃어른에게 하는 절 ⓑ묵은설절은 언제 드리러 가니? ⇐ 묵은세배

묵은세배 ⇒ 묵은설절

묵은지 이름씨 오랫동안 묵혀 푹 익은 김장김치 ⓑ요즘 세겹살에 곰삭힌 묵은지를 함께 먹는 바람이 불어

묵은해 이름씨 새해를 맞이하여 지난해를 이르

는 말 ⓑ묵은해가 가고 새해가 왔다

묵음 ⇒ 나지 않는 소리. 숨은 소리

묵이 이름씨 오래 두었던 일이나 몬 ⓑ세 해 묵이를 오늘에서야 마쳤다

묵이배 이름씨 배 가운데 하나로, 딸 때에는 맛이 떫고 빡빡하나 오래 묵힐수록 맛이 좋아지는 배

묵인 ⇒ 모른 체하기. 눈감아주기. 모른 체하다. 눈감아주다. 보아주다. 슬쩍 넘기다

묵재 이름씨 불 꺼지고 남은 식은 재 ⓑ이미 모닥불은 꺼지고 묵재만 남았다

묵정밭 이름씨 여름지이를 하지 않고 내버려 둔 밭 ⓑ언덕 아래로 보이는 묵정밭에는 잔솔과 억새들이 우거졌다 한뜻말 묵밭 ⇐ 휴전. 휴경지

묵정이 이름씨 ❶오래되고 묵어서 드문 옛것 ⓑ묵정이 논밭. 우리집 둘레는 옛 가마터라서 땅을 파면 묵정이 그릇이 제법 나온다 ⇐ 골동품 ❷때 느낌을 잃은 무딘 사람이나 몬

묵주머니 이름씨 ❶묵물을 짜는 주머니 ⓑ묵주머니를 둘이서 잡고 흔들며 묵물을 걸렀다 ❷마구 주물러놓아 뒤죽박죽되거나 볼품없게 된 것 ⓑ노름판을 묵주머니로 만들어야겠어 ❸말썽나지 않게 잘 달래고 어르는 일 ⓑ다툼은 그럭저럭 묵주머니가 되어 갔다

묵주머니판 이름씨 뭉개고 짓이겨져서 뒤죽박죽이 되는 판 ⓑ아버지 떠난 뒤 집안 꼬락서니가 아주 묵주머니판이다

묵직묵직 어찌씨 여러 몬 하나하나 무게가 꽤 무거운 모습 ⓑ겉보기보다 묵직묵직 혼자 들기엔 버겁다

묵직묵직하다 그림씨 여럿이 다 묵직하거나 매우 묵직하다 ⓑ가을걷이 뒤 묵직묵직한 벼가마니가 마당에 쭉 늘어서 있다

묵직하다 그림씨 ❶꽤 무겁다 ⓑ책이 많이 들었는지 가방이 묵직하다 ❷사람이 점잖고 무게가 있다 ⓑ저 사람은 언제 보아도 묵직해서 사위로 삼고 싶어

묵향 ⇒ 먹냄새

묵화 ⇒ 먹그림. 먹물그림

묵히다 움직씨 ❶때를 지나서 오래되게 하다. '묵다' 입음꼴 ⓑ술은 묵힐수록 깊은 맛이나 ❷논이나 밭, 땅, 집 따위를 쓰지 않은 채 그대로 두다 ⓑ집을 오래 묵혔더니 곳곳에 곰팡이가 피고 거미줄이 쳐졌다 ❸재주를 드러내지 않고 지내다 ⓑ그 좋은 재주를 묵히고만 있지 말고 이제 좀 써 봐

묶다 움직씨 ❶끈이나 줄을 매듭짓다 ⓑ길을 나서기에 앞서 신 끈을 단단히 묶어라 비슷한말 매다 맞선말 풀다 ❷막거나 못하게 하다 ⓑ치솟는 집값을 묶는 벼리가 마련되었다 ❸기둥이나 나무 따위에 붙들어 매다 ⓑ감나무가 얼지 않도록 밑동에 짚을 두둑이 대서 묶어 놓았다 ❹끈이나 줄 따위로 사람이나 몬을 단단히 잡아매다 ⓑ덩치가 큰 이불을 둘둘 말아 끈으로 묶어서 들고 갔다 ⇐ 포박하다 ❺한데 붙어있도록 끈이나 줄로 감아 매다 ❻여럿을 한데 모으거나 한통치다 ⓑ그동안 써온 글들을 묶어 책을 펴내려고 합니다

묶띠 이름씨 다친 데를 감는 긴 헝겊. 바람이 잘 드나드는 미영베나 거즈로 만든다 ⇐ 붕대

묶음 이름씨 ❶한데 모아서 묶어 놓은 것 ⓑ그 머시마가 내게 들꽃으로 꽃묶음을 만들어 주던걸 ❷묶어 놓은 덩이를 세는 하나치 ⓑ종이 한 묶음

묶음표 이름씨 글월표 가운데 하나. 작은 묶음표, 갑묶음표, 큰 묶음표가 있다 ⇐ 괄호

묶이다 움직씨 ❶끈이나 줄 따위가 매듭으로 만들어지다. '묶다' 입음꼴 ⓑ길을 나서기에 앞서 신 끈이 잘 묶여 있는지 챙겨봐라 ❷막히거나 못하게 되다 ⓑ집값이 묶이는 바람에 팔려던 집을 도로 걷어 들였다 ❸기둥이나 나무 따위에 붙들려 매이다 ⓑ염소가 나무에 묶여 있다 ❹끈이나 줄 따위로 어떤 사람이나 몬이 단단히 잡아매이다 ⓑ그 사람은 두 손이 꽁꽁 묶인 채 끌려갔다 ⇐ 포박되다 ❺한데 붙어있도록 끈이나

줄로 감아매이다 ⓑ겨울 채비로 깔끔하게 묶인 나뭇단을 차곡차곡 쌓았다 ❻여럿이 한데 모이거나 한통쳐지다 ⓑ그동안 써온 글들이 책으로 묶여 나왔으니까 꼭 사 봐

문 이름씨 ❶사람이나 몬이 드나들도록 틔워 놓은 곳. 또는 그곳에 달아놓고 여닫게 만든 것 ⓑ바람이 들어오지 않게 문을 잘 닫아 ❷공차기 따위에서 공을 넣는 곳 ⓑ누리가 찬 공이 아쉽게도 문을 빗겨 나갔다 ❸거쳐야 할 길목이나 고비 ⓑ들어가기 쉽지 않은 그 배움터에 들어간 건 좁은 문 하나를 지난 셈이야 익은말 **문을 닫다** ❶하루 일을 마치다 ❷일을 그만두다 **문을 열다** ❶하루 일에 들어가다 ❷일을 새로 벌이다 ❸바깥나라에서 새것을 들어오게 하다 ❹사람을 누구나 받아들이다

문 (文) ⇒ 글. 월. 글월

문간 ⇒ 문언저리

문간방 ⇒ 문옆방

문고 ⇒ 책집. 책방. 책모음집

문고리 이름씨 문을 여닫거나 손잡이로 쓰거나 걸어 잠그려고 문에 다는 고리 ⓑ잘 때는 문고리를 잘 걸어 잠그게나

문고판 ⇒ 작은 책

문골 이름씨 문틀

문과 ⇒ 사람갈. 사람갈쪽

문구 (文具) ⇒ 쓸거리. 그릴거리. 쓰거나 그리는 연장. 쓰거나 그리는 몬

문구 (文句) ⇒ 글귀

문구멍 이름씨 문에 뚫린 구멍 ⓑ밖이 시끌벅적하여 문구멍으로 내다보니 한 무리 사람들이 몰려 들어왔다

문구점·문방구·문방구점 ⇒ 쓸거리 가게. 글연모 가게

문기둥 이름씨 문짝을 달려고 문 이쪽과 저쪽 끝에 세운 기둥 또는 문짝을 받치는 기둥 ⓑ문기둥에 기대어 책 읽는 게 좋아 ⇐ 문설주

문단 (文段) ⇒ 글토막. 글메지. 대목

문단 (文壇) ⇒ 말꽃누리. 글님누리. 글쟁이 떼

문단속 ⇒ 문잠금. 빗장걸기. 문 잠그다. 빗장 걸다. 차깔하다

문닫다 움직씨 하던 일을 그만두다 ⇐ 폐관하다. 폐업하다. 폐장하다

문답 ⇒ 묻고 풂. 묻고 풀다

문대 이름씨 공차기나 손공 따위 공놀이에서 쓰는 문 두 기둥과 가로대 ⇐ 골대

문덕 어찌씨 제법 큰 덩이로 끊어지거나 잘리는 꼴 ⓑ고깃집 임자가 시퍼런 칼로 돼지고기 살점을 문덕 베어 내 주었다

문덕문덕 어찌씨 제법 큰 덩이로 자꾸 뚝뚝 끊어지거나 잘라지는 꼴 ⓑ어머니는 밀가루 반죽을 문덕문덕 떼어 끓는 물에 던져 넣어 맛있는 수제비를 쑤었다

문둥병 ⇒ 문둥앓이

문둥앓이 이름씨 살갗이 썩고 뼈마디가 문드러져서 얼굴과 손발이 일그러지는 몹쓸 앓이 ⓑ옛날에는 문둥앓이를 앓는 이들이 많았다 ⇐ 나병. 문둥병. 한센병

문둥이 이름씨 문둥앓이로 살갗이 썩고 뼈마디가 문드러져서 얼굴과 손발이 일그러진 사람 ⓑ나를 문둥이라고 소곤대는 사람들 말에 마음속에 깊은 생채기가 났다 ⇐ 나환자. 한센병 환자

문드러지다 움직씨 ❶썩거나 물러서 힘없이 처져 떨어지다 ⓑ감이 너무 익어 문드러졌다 비슷한말 물러지다. 짓무르다. 썩다 ❷마음이 매우 괴로워 견디기 어렵게 되다 ⓑ아들 일로 속이 문드러지는 것 같다

문득 어찌씨 ❶생각이나 느낌 같은 게 갑작스럽게 떠오르는 모습 ⓑ길을 걷다가 문득 네가 어제 한 말이 생각나더라 비슷한말 갑자기. 불현듯 센말 문뜩 ❷하던 움직임을 갑자기 멈추는 모습 ⓑ어미아우는 신나게 떠들다가 문득 말을 멈추었다

문란하다 ⇒ 어지럽다. 지저분하다. 부산스럽다. 흐트러지다. 썩다. 썩어빠지다. 썩어문드러지다

문맥 ⇒ 글발. 글줄기. 글흐름

문맹 ⇒ 글장님. 까막눈이. 글깜깜이. 눈뜬장님

문맹자 ⇒ 글장님. 까막눈이. 글깜깜이. 눈뜬장님

문맹퇴치 ⇒ 글 깨치기. 글 가르침

문명 ⇒ 삶빛

문명인 ⇒ 삶빛이. 삶빛보. 삶빛님

문문하다 그림씨 **1** 무르고 부드럽다 ㉥감자를 문문하게 쪄 먹자 **2** 사람이 대가 세지 않고 무르다 ㉥내가 그렇게 문문하냐

문물 ⇒ 온삶꽃

문방사우 ⇒ 종이와 붓과 먹과 벼루. 종이 붓 먹 벼루

문벌 ⇒ 지체. 집안

문법 ⇒ 말본

문법학 ⇒ 말본갈

문병 ⇒ 아픈이 보러가기. 아픈이 보러 가다

문살 이름씨 문짝에 종이를 바르거나 유리를 끼우는 데에 뼈대가 되는 가는 나무오리나 대오리 ㉥아버지는 대나무를 깎아서 문살을 짰다

문살무늬 이름씨 문살 꼴로 가로세로 줄이 난 꼴 ⇐ 격자무늬

문상 ⇒ 궂뵘. 가신님 보기. 궂뵈다. 가신님 뵈다. 궂일뵘

문서 ⇒ 글월. 글쓴종이

문설주 ⇒ 문기둥. 지개기둥

문신 ⇒ 몸무늬. 먹새김. 먹뜨기. 살갗그림. 먹실넣다. 먹물뜨다

문안 (文案) ⇒ 글발. 글짜기

문안 (問安) ⇒ 뵘. 여쭙기. 뵈다. 여쭙다

문양 ⇒ 무늬꼴. 무늬생김새. 무늬

문어 ⇒ 글말

문어 ⇒ 먹물치

문어체 ⇒ 글말씨. 글말꼴

문언저리 이름씨 큰문이 있는 곳 옆 ⇐ 문간

문얼굴 이름씨 문짝이 들어앉을 자리에 짜인 테두리 나무 ㉥드나들기 어두우니 문얼굴 위에 불을 하나 달자 한뜻말 문틀

문옆방 이름씨 문 옆에 있는 방

문예 ⇒ 말꽃

문외한 ⇒ 모름이. 모름쟁이

문의 ⇒ 물어봄. 묻기. 묻다. 물어보다

문인 ⇒ 글꾼. 글님. 글지이. 글짓는 이. 글쓰는 이

문자 ⇒ 글자. 글씨

문장 ⇒ 글. 글월. 글발. 월

문장가 ⇒ 글지이. 글꾼

문장력 ⇒ 글재주

문장부호 ⇒ 글월표. 글월점

문장성분 ⇒ 글월조각. 글이름씨

문전성시 ⇒ 문앞북적

문제 ⇒ 말썽. 풀거리. 물음. 사달

문제시 ⇒ 트집잡음. 말썽삼기. 꼬투리잡기. 말썽삼다. 트집 잡다. 꼬투리 잡다. 핑계 삼다

문제아 ⇒ 돌볼아이. 말썽꾼. 말썽꾸러기

문제없다 ⇒ 걱정 없다. 근심 없다. 어렵지 않다

문제점 ⇒ 풀거리. 걱정거리. 풀 일. 풀어야 할 일

문제지 ⇒ 물음종이

문중 ⇒ 집안

문지기 이름씨 **1** 드나드는 문을 지키는 사람 ㉥문지기가 지키는 문을 들어갈 때는 좀 거북한 느낌이 들어 **2** 공차기나 손공 따위에서 문을 지키는 놀이꾼 ㉥우리 문지기가 니혼 놀이꾼이 몰고 와서 차 넣은 공을 잘 막아냈다 ⇐ 키퍼

문지르다 움직씨 무엇을 눌러 대고 이리저리 밀거나 비비다 ㉥손으로 아픈 팔을 문질렀더니 좀 낫군

문지방 ⇒ 문넘이

문진 ⇒ 앓이봄

문집 ⇒ 글모음책

문짝 이름씨 문틀이나 바라지틀에 끼우는 문이나 바라지 하나하나 짝 ㉥문을 그렇게 세게 쾅 닫으면 문짝이 남아나겠나?

문책 ⇒ 나무람. 나무라다. 꾸짖다

문체 ⇒ 글꼴

문초하다 ⇒ 밥내다. 따져묻다. 캐묻다

문턱[1] 이름씨 **1** 문 밑에 닿는 문넘이 위쪽 ㉥할머니는 우리가 문턱에 걸터앉거나 문턱을 밟는 걸 보면 얼굴을 찌푸리곤 하셨지 **2** 어떤 일을 거의 이루거나 어떤 때가 될 무렵 ㉥겨울로 들어서는 문턱에 와 있다 익은말 **문턱이 높다** 들어가거나 마주하기가 어렵다 **문턱이 닳도록 드나들다** 매우 자주

드나들다
문턱[2] 어찌씨 몬이 덩이로 툭 끊어지거나 잘라지는 꼴 ⓑ봄이 오자 가람 위 얼음이 문턱 끊어져 물을 따라 떠내려갔다
문턱문턱 어찌씨 몬이 큰 덩이로 툭툭 끊어지거나 잘라지는 꼴 ⓑ날이 풀리니 냇가 얼음이 발 디딜 때마다 문턱문턱 끊어졌다 **문턱문턱하다**
문틀 이름씨 문짝을 달 수 있게 만든 틀 ⓑ문틀을 똑바로 달지 않으면 나중에 문이 뒤틀린다 한뜻말 문얼굴
문틈 이름씨 닫힌 문이 벌어져 사이가 난 자리 ⓑ문틈 사이로 찬바람이 숭숭 들어온다
문틈종이 이름씨 문틈으로 새어 들어오는 바람을 막으려고 바르는 종이 ⓑ문틈종이를 새로 발랐더니 웃바람이 한결 적어졌다 ⇐ 문풍지
문패 ⇒ 집이름
문풍지 ⇒ 문틈종이. 바람막이 종이
문필가 ⇒ 글꾼. 글쟁이. 글지이
문하 ⇒ 스승 밑. 가르침 밑
문하생 ⇒ 배움이. 배우는 사람. 가르침 받는 이
문하시중 ⇒ 으뜸 벼슬
문학 ⇒ 말꽃
문학가 ⇒ 말꽃쟁이. 말꽃보
문학관 ⇒ 말꽃집. 글숲집
문학작품 ⇒ 말꽃지음. 말꽃지은 것
문헌 ⇒ 옛책. 옛글발
문호 (門戶) ⇒ 문. 지체
문호 (文豪) ⇒ 큰말꽃쟁이. 큰글쟁이. 난글꾼
문화 ⇒ 삶꽃
문화관광부 ⇒ 삶꽃나들이맡
문화권 ⇒ 삶꽃울. 삶꽃테두리
문화생활 ⇒ 삶꽃살이
문화센터 ⇒ 삶꽃터. 삶꽃마당. 누림마당. 누림터. 살림마당. 살림터
문화시설 ⇒ 삶꽃갖춤. 삶꽃갖춤터
문화어 ⇒ 삶말. 삶꽃말
문화유산 ⇒ 물림삶꽃. 내림삶꽃
문화인 ⇒ 삶꽃보. 삶꽃사람
문화재 ⇒ 삶꽃몬
문화재청 ⇒ 삶꽃몬집
묻다[1] 움직씨 ❶가루나 풀, 물 따위가 다른 몬에 들러붙거나 자취가 남게 되다 ⓑ옷에 흙이 묻었네 ❷함께 덧붙다 ⓑ네 수레로 갈 때 나도 좀 묻어 타자
묻다[2] 움직씨 ❶속에 넣고 흙이나 다른 몬으로 쌓아 덮다 ⓑ남새밭에 거름을 묻어 주었다 ❷드러내지 않고 속 깊이 감추다 ⓑ언니는 그 아픈 이야기를 가슴속에 묻었다 ❸어떤 몬에 얼굴을 수그리고 기대어 보이지 않게 하다 ⓑ엄마는 얼굴을 베개에 묻고 소리 없이 울었다 ❹앉개나 이불 같은 데에 몸을 푹 잠그다 ⓑ오빠는 긴 앉개에 몸을 묻고 눈을 감았다
묻다[3] 움직씨 ❶무엇을 알아내거나 밝히려고 다른 이에게 말하다 ⓑ지나가는 사람에게 길을 물었다 ❷일이나 잘잘못을 따져 밝히다 ⓑ이 일을 도맡아 해온 사람에게 잘잘못을 물어야겠다
묻어가다 움직씨 함께 따라가거나 섞여가다 ⓑ너희들 바깥나라 나들이 갈 때 나 좀 묻어가면 안 될까? 맞선말 묻어오다
묻어두다 움직씨 ❶어떤 몬을 땅속이나 다른 깊은 곳에 감추어 두다 ⓑ땅을 살 때는 길게 묻어둔다고 생각하고 사는 게 좋다 ❷느낌 따위를 겉으로 드러내지 않고 속에 간직하거나 감추다 ⓑ어려서 어버이 잃은 슬픔을 가슴 깊이 묻어두고 산다
묻어오다 움직씨 함께 따라오거나 딸려 오다 ⓑ미지근한 바람결에 어디선가 칡꽃 내음이 물씬 묻어오네 맞선말 묻어가다
묻히다[1] 움직씨 가루나 풀, 물 따위를 다른 몬에 들러붙게 하거나 자취가 남게 하다. '묻다' 하임꼴 ⓑ옷에 흙을 묻혔다
묻히다[2] 움직씨 ❶속에 넣어져 흙이나 다른 몬으로 쌓아 덮이다. '묻다' 입음꼴 ⓑ가락지가 풀밭에 묻혀 찾을 수가 없다 ❷일이 드러나지 않고 속 깊이 감추어지다 ⓑ가슴속에 묻힌 이야기는 굳이 꺼내고 싶지 않다

❸앉개나 이불 같은 데에 몸이 푹 잠겨지다 ⓑ딸은 이불 속에 묻힌 채 늦게까지 일어나지 않았다 ❹어떤 매개에 휩싸이다 ⓑ봄이 오자 마을이 통째로 온갖 꽃 속에 묻힌 것 같다 ❺어떤 곳에 들어박히다 ⓑ할아버지는 늘그막에 시골에 묻혀 지냈다 ❻어떤 일에 골똘하다 ⓑ올해는 일에 묻혀 지내느라 네 철이 오고 가는지도 몰랐다 ❼모습이 무엇에 가려지거나 소리가 어떤 것에 섞여 들리지 않게 되다 ⓑ언니 뒷모습이 차츰 어둠에 묻혀 보이지 않았다

물[1] 이름씨 ❶구름이 비가 되어 떨어져 내나 가람, 바다를 이루고 또 땅속으로도 흐르며 모든 목숨이 살아가는 데에 꼭 있어야 하는 몬 ⓑ찬물 한 그릇을 마셨다 ❷못이나 내, 가람, 바다 따위를 두루 일컬음 ⓑ물고기는 물에서 산다 ❸밀물과 썰물 ⓑ하루 두 디위 물이 들고 나간다 ❹물기가 많은 것 ⓑ물감자. 물비누. 물고구마 ❺어떤 곳에서 겪은 일이나 그것이 미치는 힘을 비기어 이르는 말 ⓑ서울에 자리 잡고 살려면 먼저 서울 물을 좀 먹어야지 ❻마실 거리나 술 따위를 빗대어 일컫는 말 ⓑ물장사 익은말 **물에 빠진 생쥐** 온몸이 비나 물에 흠뻑 젖어 초라하다 **물 건너가다** 더는 돌이킬 수 없이 되다 **물 쓰듯 하다** 마구 헤프게 쓰다 슬기말 **물 만난 고기** 어려운 매개에서 벗어나 힘차게 움직이다 **물 본 기러기, 꽃 본 나비** 바라던 것을 이루어 우쭐거리며 뽐내는 것 **물에 물 탄 듯, 술에 술 탄 듯** 말이나 하는 짓이 뚜렷하지 않고 어물거리고 망설이기만 하는 꼴 **물에 빠지면 지푸라기라도 잡는다** 매우 아슬아슬하고 가쁜 터수에 놓이면 아무리 하찮은 것이라도 붙잡으려 한다

물[2] 이름씨 물감이 몬에 묻어 드러나는 빛깔 ⓑ저고리에 들인 물이 빠졌다. 감물을 잘 들인 바지

물[3] 이름씨 물고기나 남새, 과일들이 싱싱한 만큼 ⓑ물 좋은 갈치. 한 물간 딸기

물[4] 이름씨 ❶옷을 한 디위 빨래하는 동안 ⓑ한 물 밖에 안 빤 옷 ❷남새나 물고기 같은 것이 때때로 동안을 두고 한몫씩 무리로 나오는 차례 ⓑ맏물 오이. 끝물 고추

물[5] 이름씨 갓 깬 누에를 다른 종이로 쓸어 놓는 차례

물 (物) ⇒ 것. 몬. 갓

물가 이름씨 못이나 내, 가람, 바다 따위 물 있는 곳 가장자리 ⓑ아이들이 물가에서 흙장난하며 논다 ⇐ 연안. 호반

물가 (物價) ⇒ 몬값. 금새

물가꾸기·물가꿈 이름씨 푸나무를 흙에 심지 않고 살감을 녹인 물로만 키우는 것 ⓑ요즘은 물가꾸기로 여름지이를 짓는 곳도 있다던데 ⇐ 수경재배

물갈이[1] 이름씨 논에 물을 대고 논을 가는 일 ⓑ마른갈이를 한 뒤에 물을 대고 물갈이를 하고 써래로 썰어야 모심기를 할 수 있다 비슷한말 논삶이. 진갈이 맞선말 마른갈이 **물갈이하다**

물갈이[2] 이름씨 제 사는 곳이 아닌 다른 곳 물이 몸에 맞지 않아 탈이 나는 일

물갈이[3] 이름씨 ❶물고기 유리독이나 헤엄터 따위 물을 가는 일 ❷모둠이나 짜임 이름이를 크게 바꿈 ⓑ이참에 나이 많은 사람들 싹 물갈이합시다

물갈퀴 이름씨 ❶개구리나 기러기, 오리 따위 발가락 사이를 이어주는 엷은 청 ⓑ개구리나 오리 물갈퀴를 보면 부채 생각이 난다 한뜻말 발가락사이청 ❷사람이 물속에서 움직이거나 헤엄칠 때 발에 끼는 오리발 꼴 몬 ⓑ헤엄치기를 처음 배울 때 물갈퀴를 끼면 쉽게 나아갈 수 있다

물감 이름씨 ❶천이나 가죽 따위에 빛깔을 들이는 몬 ⓑ언니는 누런 흙을 물에 녹여 하얀 무명옷에 흙빛 물감을 들였다 비슷한말 물 ⇐ 색소. 안료 ❷그림을 그릴 때 빛깔을 들이는 밑감 ⓑ요즘 막내는 물감으로 그림 그리는 재미에 푹 빠졌다 한뜻말 그림물감

물감그림 이름씨 물감을 물에 풀어 그린 그림 ⇐ 수채화

물감칼 이름씨 그림물감이나 찌끼를 긁어내는 데 쓰는 칼 ⇐ 팔레트나이프

물개 이름씨 몸에 잿빛 가는 털이 빽빽이 나 있고 네 다리는 지느러미 꼴을 하고 있어 헤엄을 잘 치는 바다짐승. 몸이 둥글고 길쭉하며 귀는 작고 입가에 털이 있으며 떼 지어 산다

물거리 이름씨 싸리 같은 잎 지는 작은 나무나 잔가지로 된 땔감. 겨울에 바로 쪄다가 땔나무로 쓰기도 하고 말렸다 때기도 한다

물거미 이름씨 ❶물풀이 많은 고인 물이나 흐름이 느린 물에서 사는 거미. 몸은 작고 네 겹 다리만 긴데, 물 위에 떠다니며 숨을 쉰다 ❷물 위에 떠다니는 거미와 비슷하게 생긴 게아재비나 소금쟁이 같은 벌레 슬기말 **물거미 뒷다리 같다** 물거미 뒷다리가 길고 가늘다는 뜻으로, 몸이 가늘고 다리는 길어 멋없이 키만 큰 사람

물거품 이름씨 ❶물에 생기는 거품 ⓑ너울이 하얀 물거품을 일으키며 다가온다 ⇐ 포말 ❷애쓴 것이 헛되게 된 터수 ⓑ오랫동안 꾸어 온 꿈이 물거품이 되었다 한뜻말헛것

물건 ⇒ 것. 갓. 몬

물걸레 이름씨 물에 적셔 쓰는 걸레. 또는 물에 적신 걸레 ⓑ엄마는 날마다 물걸레로 방바닥을 훔친다 비슷한말진걸레 맞선말마른걸레

물것 이름씨 사람이나 짐승 살에 붙어서 피를 빨아 먹는 모기나 벼룩, 이, 빈대 같은 벌레 ⓑ여름에는 물것들이 판을 친다

물결 이름씨 ❶물이 바람에 움직여 겉쪽이 위아래로 움직이는 모습 ⓑ파란 물결이 춤을 춘다 비슷한말물이랑 ⇐ 파도 ❷사람이 크게 무리를 지어 잇달아 밀려드는 꼴 ⓑ넓은 거리를 걸개그림 든 사람 물결이 한차례 쓸고 지나갔다 ❸너울처럼 움직이는 어떤 꼴이나 사람들 뭘 ⓑ푸른 물결. 셋째 물결 익은말 **물결을 타다** 때 흐름에 맞게 움직이다

물결금 이름씨 물결 꼴처럼 구불구불한 금 ⓑ새로 산 수레에 누군가 뾰족한 것으로 물결금을 그어놨다 ⇐ 물결선

물결꼴 이름씨 어떤 일이 사이를 두고 차례로 되풀이되는 꼴 ⇐ 파상

물결높이 이름씨 물결이 일 때 그 높이 ⇐ 파고

물결무늬 이름씨 ❶물결 생김새와 같은 무늬 ⓑ물결무늬가 새겨진 배불뚝이 단지를 하나 사 왔다 ⇐ 파문 ❷어떤 일이 다른 데에 미치는 끼침

물결뮘 이름씨 ❶물 위에 바람이 일어 겉쪽이 위아래로 움직이는 물결 흐름 ⓑ끝없이 물결뮘이 일며 바닷물은 춤을 춘다 한뜻말잔물결. 결뮘 ⇐ 파동 ❷사람무리에서 어떤 일들이 퍼져 커다란 힘을 미침 ⓑ소 값 물결뮘으로 소 치던 사람들 한숨이 깊어간다 ❸마음에 일어나는 하고픔이나 움직임

물결바지 이름씨 헝겊을 여러 겹 겹쳐 성기게 꿰매 만든 바지. 나팔바지나 통치마와 같은 꼴 ⓑ밭일을 나가려고 물결바지로 갈아입었다

물결선 ⇒ 물결금

물결치다 움직씨 ❶물결을 이루며 크게 일렁이다 ⓑ바닷물이 춤추듯 물결친다 ⇐ 파도치다 ❷느낌이 북받쳐 오르거나 설레다 ⓑ나라를 되찾은 기쁨이 가슴마다 물결치던 그날을 잊을 수 없다 ❸사람이나 무엇이 무리 지어서 움직이다 ⓑ거리는 이미 잔치를 즐기러 나온 사람들로 물결쳤다

물결타기 이름씨 ❶길쭉한 널빤지에 올라서서 물결을 따라 나아가거나 물결 사이를 빠져나가면서 즐기는 놀이 ⇐ 파도타기. 서핑 ❷스스로 생각하거나 움직이기보다 다른 사람이나 흐름, 말에 따라 움직이거나 휩쓸리는 일 ❸누리그물 여러 곳을 찾아다니면서 글을 읽거나 그림, 빛박이, 뮘그림을 보거나 이야기를 살피는 일. 곧 온갖 누리집을 누비는 일 ⇐ 웹서핑

물결표 이름씨 글월표 '~'. 어디에서 어디까지를 나타낼 때 쓴다

물계[1] 이름씨 어떤 일 매개나 속내

물계[2] 이름씨 찹쌀 속에 섞인 멥쌀 같아 보이는 쌀알

물고개 이름씨 커다란 물결 ⓑ바다에선 물고개가 이는지 잘 살펴야 한다 ⇐ 파도

물고기 이름씨 물에서 살며 아가미와 지느러미, 흔히 비늘이 있는 숨받이 ⓑ맑은 바닷물 속에서 물고기가 떼 지어 헤엄친다 준말 고기 ⇐ 어류 슬기말 **물고기는 물을 떠나 살 수 없다** 서로 두터운 사이라 떨어질 수 없다 **물고기도 제 놀던 물이 좋다 한다** 익숙한 곳이 낯선 곳보다 낫다

물고기단지 이름씨 ❶물고기를 기르는 데 쓰는 유리 따위로 만든 그릇이나 단지 ⓑ물고기를 잘 기르려면 한 디위씩 물고기단지를 씻어줘야 한다 ⇐ 어항 ❷물고기를 잡는 데 쓰는 단지 꼴 작은 유리통 ⓑ바위틈 옆에 둔 물고기단지 속에 물고기 세 마리가 들어 있었다 ⇐ 어항

물고기묵 이름씨 물고기 살을 으깨어 앙금가루와 양념을 더해 익혀서 굳힌 맛갓 ⇐ 어묵

물고기붙이 이름씨 등뼈숨받이 가운데 물속에서 헤엄쳐 다니는 물고기 갈래. 몸은 거의 흐름꼴이며 비늘로 덮여 있고 지느러미와 부레가 있으며 아가미로 숨쉰다 ⇐ 어족

물고기자리 이름씨 가을철 마녘 하늘에서 볼 수 있는 두 마리 물고기가 끈으로 이어진 꼴을 한 별자리. 열두 날 별자리 가운데 열두째 별자리다 ⓑ내 별자리는 물고기자리야 ⇐ 쌍어궁

물고기저자 이름씨 물고기 파는 저자 ⇐ 어시장

물고기조개붙이 이름씨 물고기붙이와 조개붙이를 함께 이르는 말 ⇐ 어패류

물곬 이름씨 물이 흘러 빠져나가는 작은 도랑 한뜻말 도구

물공놀이 이름씨 일곱사람이 한쪽이 되어 헤엄치면서 맞은쪽 문에 공을 넣는 놀이 ⇐ 수구

물관 ⇒ 물대롱

물구나무서기 이름씨 두 손을 어깨너비로 벌려 바닥을 짚고 몸을 거꾸로 해서 서는 것 ⓑ나는 가끔 벽에 기대 물구나무서기를 한다 한뜻말 거꾸로서기 준말 물구나무

물구지 이름씨 '무릇' 고장말. 들이나 밭에서 절로 자라는 여러해살이풀. 땅속에 둥근 알꼴 비늘줄기가 있고 마늘과 비슷하게 생긴 잎이 나온다. 어린잎과 줄기는 먹는다 한뜻말 무릇. 물랭이

물구지우림 이름씨 물구지 알뿌리를 물에 우려 쓴맛을 빼고 만든 맛갓

물굳 이름씨 물과 굳은 것 가운데에 있는 것. 물덩이와 굳덩이 가운데 몬발 ⇐ 액정

물굽이 이름씨 가람줄기나 바다가 굽어진 곳 ⓑ가람 물굽이가 들을 감고 돌아 흐른다

물굿 이름씨 주검을 물속에 넣어 굿을 지냄 ⇐ 수장

물귀신 ⇒ 물넋깨비. 물헛깨비. 끌어들이는 이

물기 이름씨 축축한 물기운 ⓑ물기가 채 마르지 않은 머리로 바깥에 나갔더니 고뿔이 들었어

물기둥 이름씨 솟구쳐 뻗치거나 내리쏟아지는 굵은 물줄기 ⓑ너울이 솟구쳐 큰 물기둥을 이룬 저 모습 좀 봐

물기재개 이름씨 물기를 재는 연장 ⇐ 습도계

물길[1] 이름씨 마실물, 쓰레질물, 불끌물을 마련하려고 짜임새 있게 갖춘 물 대롱 ⇐ 수도

물길[2] 이름씨 ❶물 위로 배를 타고 다니는 길 ⓑ물길 따라 멧길 따라 떠돌며 산 지가 어느덧 서른 해가 되었다 비슷한말 뱃길 ❷물이 흐르는 길 ⓑ마을 사람들은 냇물을 끌어다 쓰고자 마을로 이어지는 물길을 냈다 ⇐ 수로. 수도. 배수로

물길대롱 이름씨 물길물이 흐르는 대롱 ⇐ 수도관

물길물 이름씨 윗물길에서 나오는 물 ⇐ 수돗물

물김치 이름씨 국물이 많게 담은 김치 ⓑ나박물김치가 봄 입맛을 돋군다

물깊이 이름씨 바다나 가람 같은 물 깊이 ⓑ이 웅덩이는 물깊이가 깊어 바드러우니 물놀이하지 마셔요

물꼬 이름씨 ❶논에 물이 넘나들도록 만들어 놓은 좁은 목 ⓑ비가 많이 오는 날이면 아버지와 나는 논 물꼬를 보러 논배미마다 다녔다 비슷한말 논꼬 ❷어떤 일이 비롯되는

첫걸음 ⓑ서먹하던 두 사람 사이에 드디어 이야기 물꼬가 트였다

물꼭지 이름씨 물대롱에서 물이 나오게 하거나 나오는 물을 막을 수 있는 볼록한 손잡이 ⓑ물은 물꼭지에서 나오는 것을 그대로 마셔도 됩니다 ⇐ 수도꼭지

물끄러미 어찌씨 우두커니 한 곳만 바라보는 모습 ⓑ오라버니는 아무 말 없이 꽃밭에 나는 나비만 물끄러미 바라보았다 작은말 말끄러미

물끓이개 이름씨 번힘을 써서 쉽게 물을 끓이는 그릇 ⇐ 커피포트

물나라 이름씨 ❶큰물 진 곳 ⓑ지난달에 큰비가 내려 여러 곳이 물나라가 되었다 ❷가람이나 큰못 같은 곳이 많거나 바다로 둘러싸인 나라 ⓑ핀란드는 얼음이 흘러내린 큰못이 많아서 물나라로 일컫는다

물난리 ⇒ 큰물

물날 이름씨 이레 가운데 달날 부터 쳐서 셋째 날 ⇐ 수요일

물날다 움직씨 처음 빛깔이 바뀌어 흐릿해지다 ⓑ치마가 물날아서 더 못 입겠다

물남 이름씨 모든 몬 가운데 가장 가벼운 김덩이 밑숫. 빛깔과 냄새와 맛이 없고 불에 타기 쉽다 ⇐ 수소

물남터지개 이름씨 무거운 물남 밑씨자위끼리 녹아 뭉쳐 헬륨 밑씨가 생겨날 때 나오는 엄청난 힘을 써서 만든 터지개 ⇐ 수소폭탄

물낯 이름씨 물 겉낯 ⇐ 수면

물낳몬 이름씨 물에서 나는 것 ⇐ 수산물

물낳이 이름씨 물이나 바다에서 낳음 ⓑ물낳이 저자. 물낳이 먹거리 ⇐ 수산

물낳이두레 이름씨 고기잡이, 물낳이일꾼, 물낳몬 손봄이가 저들 살림자리와 낳이힘을 높이려고 만든 두레 ⇐ 수산업협동조합

물낳이일 이름씨 물고기나 조개 따위를 잡거나 따고 기르는 일. 또 말리거나 먹기 좋게 만드는 일 ⓑ이곳은 바다가 가까워 일찍이 물낳이일이 꽃피었다 ⇐ 수산업

물너울 이름씨 바다 같은 넓은 물에서 크게 움직이는 물결 ⓑ바람이 불 때마다 물너울이 넘실댄다 준말 물놀 ⇐ 파도. 파랑

물놀 이름씨 '물너울' 준말

물놀이 이름씨 ❶물가나 물속에서 하는 놀이 ⓑ다음 이레에 무더위가 찾아온다는데 바다로 물놀이나 하러 갈까? ❷잔잔한 물낯에 바람이 일어 잔물결이 이는 것 ⓑ아침 햇살을 받아 물놀이가 반짝인다

물높이 이름씨 가람이나 내, 못 따위 물 높이 ⓑ큰물로 한가람 물높이가 바드러운 물높이에 가까워진대 ⇐ 수위

물누름 이름씨 물이 누르는 힘 ⇐ 수압

물눈거울 이름씨 물놀이하거나 헤엄칠 때 눈에 물이 들어가지 않도록 쓰는 몬 ⓑ물놀이하다가 물눈거울을 잃어버렸다 ⇐ 물안경. 수경

물다[1] 움직씨 더위나 물기에 떠서 썩다 ⓑ더운 날씨 탓에 고기가 물어 버렸다 비슷한말 물쿠다 슬기말 **물어도 준치** 처음부터 좋고 훌륭한 것은 비록 썩어도 그 밑바탕에는 바뀜이 없다

물다[2] 움직씨 ❶윗니와 아랫니 또는 두 입술 사이에 끼우고 빠져나가지 않도록 조금 세게 누르다 ⓑ사내는 잇달아 담배를 입에 물고 빨았다 ❷윗니와 아랫니 사이에 끼운 채로 생채기가 날 만큼 세게 누르다 ⓑ개가 사람을 물었다 ❸이나 빈대, 모기 같은 벌레가 주둥이 끝으로 살을 찌르다 ⓑ잠결에 모기가 팔을 물었다 ❹보탬이 되는 것이나 사람을 얻다 ⓑ돈 많은 아낙을 물었다 ❺입 속에 넣어 두다 ⓑ소금물 한 모금을 입에 물고 입 안을 헹궜다 익은말 **물고 늘어지다** 어떤 일을 진득하게 붙잡고 놓지 아니하다

물다[3] 움직씨 ❶갚아야 할 것을 치르다 ⓑ나는 가게에 가서 외상값을 물어 주었다 ❷남에게 입힌 언걸을 돈으로 갚아 주거나 처음대로 해 주다 ⓑ내 가방을 망가뜨린 사람이 내게 가방 값을 물어 주었다

물닦개 이름씨 손이나 얼굴을 닦는 데 쓰는 물에 적신 천이나 종이 ⓑ밥 먹기 앞에 물닦

개로 손을 대충 닦았다 ⇐ 물수건

물닭 이름씨 생김새는 뜸부기와 비슷하나 조금 작고 수컷 머리에는 붉은 볏이 있는 여름새. 논이나 진펄, 물 있는 곳에 풀잎이나 나무 싹, 벌레들을 먹고 산다

물대롱 이름씨 **1** 집이나 짓곳에 대롱을 거쳐 물을 보내주는 얼개 ⓑ드디어 우리집에도 물대롱물이 나오는구나 ⇐ 물관. 수도관 **2** 물을 뽑아내는 대롱 ⇐ 배수관

물댈얼개 이름씨 물을 쉽게 쓸 수 있게 갖춘 얼개 ⇐ 수리시설

물더럼 이름씨 냇물이나 바닷물이 쓰레기나 개숫물, 거름기 같은 온갖 버린 것이 섞여 더러워짐 한뜻말 물더러워짐 ⇐ 수질오염

물덤벙불덤벙 어찌씨 물인지 불인지 가리지 않고 마구 덤비는 꼴 ⓑ물덤벙불덤벙 그렇게 아무 일에나 덤벼들지 마셔

물덤벙술덤벙 어찌씨 아무 일에나 헤아리지 않고 함부로 덤비는 꼴 ⓑ일 속내도 모르고 물덤벙술덤벙 나서지 마라 한뜻말 술덤벙물덤벙

물덩이 이름씨 물처럼 어떤 부피는 있지만 딱 잡힌 꼴 없이 흐르는 몬. 밑씨나 나눔씨 거리가 김덩이보다는 좁고 굳덩이에 견주면 엉김힘이 작다 ⇐ 액체

물데우개 이름씨 물을 데워 뜨거운 물이나 김을 내어 방을 데우는 틀 ⇐ 보일러. 온수기

물도랑 이름씨 물이 흐르게 낸 도랑 또는 물이 흐르는 도랑

물독 이름씨 물을 담아 두는 독 ⓑ엄마는 물독에 물을 부어 하루쯤 가라앉힌 뒤 위쪽 맑은 물만 쓴다

물돈 이름씨 마땅히 치러야 하거나 남에게 끼친 지실을 물어주는 돈 한뜻말 에움돈 ⇐ 배상금

물돌이마을 이름씨 노사라사 고장 고다라 고을에 있는 마을. 가라가람이 마을을 휘돌아 흐른다 ⇐ 하회마을

물돌이탈 이름씨 사라사 고장 고다라 고을 물돌이마을에서 굿을 할 때 쓰던 나무로 만든 탈. 고리 끝쯤에 만든 것으로 우리나라에서 가장 오래된 탈로 오리나무로 만들었다 한다 ⇐ 하회탈

물동이 이름씨 물을 긷거나 담아 두는 동이 ⓑ나는 냇물을 바가지로 떠서 물동이에 담았다 슬기말 **물동이 이고 하늘 보기** 물동이를 머리에 이고 하늘을 보면 동이에 가려서 하늘이 잘 보일 까닭이 없다는 뜻으로, 흐름에 맞지 않고 지나친 일이나 어리석은 짓거리

물되기 이름씨 김덩이가 차지거나 눌려 물로 바뀌거나 단덩이가 녹아 물이 되는 것 한뜻말 물됨 ⇐ 액화

물된김 이름씨 김덩이를 차게 하거나 눌러 물이 된 김 ⇐ 액화가스

물된땅기름김 이름씨 땅기름 가운데 프로판이나 부탄처럼 끓는점이 낮은 숯된 물남을 눌러 물된 김 ⇐ 액화석유가스

물된저절김 이름씨 메탄 같은 저절김을 내리누르고 엄청 차게 하여 물된 김 ⇐ 액화천연가스

물두멍 이름씨 물을 길어다 담는 큰 독 ⓑ물두멍에 물을 가득 채워 놓았으니 며칠 동안은 쓸 수 있겠다

물둘레 이름씨 잔잔한 물 위에 돌을 던질 때 동그라미를 그리며 이루는 물무늬 한뜻말 물동그라미

물들다 움직씨 **1** 빛깔이 스며들어 퍼지거나 옮아서 묻다 ⓑ하루 내내 꽃내음 맡으며 꽃밭에서 놀고 있자니 내 몸에도 꽃내가 물드는 것 같다 **2** 벌어지는 일이나 생각, 버릇 따위를 닮아 가다 ⓑ버릇 나쁜 동무들과 자꾸 어울리면 그렇게 물들 수 있으니 잘 살펴야 한다

물들덩이 이름씨 잔삼이 자위나뉠 때 나타나는 실꼴이나 막대 꼴 몬. 알칼리 물감에 물이 잘 든다. 안에 내림씨를 품어 내림과 암수를 잡는데 종요로운 노릇을 한다 ⇐ 염색체

물들이 이름씨 두 갈래 넘는 물줄기가 한데 모이는 곳 ⓑ아버지는 여러 골짜기가 모여

물들이 하는 곳에 그물을 던졌다

물들이다 (움직씨) ❶스며들어 퍼지게 하거나 옮아서 묻게 하다. '물들다' 하임꼴 ⓑ아내는 흰머리를 검게 물들였다 ❷번어지는 일이나 생각, 버릇 따위를 닮아가게 하다 ⓑ우리는 스스로도 모르는 사이에 제 생각을 남에게 물들인다

물따르개 (이름씨) 물이나 술 따위를 담아 데우거나 따르게 만든 그릇. 귀때와 손잡이가 달렸다 ⇐ 주전자

물따습기 (이름씨) 물 따뜻하기 ⇐ 수온

물땅땅이 (이름씨) 몸이 온통 반들거리는 검은 빛이며 물방개와 비슷한 벌레. 못이나 논 같은 고인물에 산다

물때[1] (이름씨) ❶밀물이 들 때나 썰물이 질 때 ⓑ바다에서 일해 먹고사는 이는 물때를 잘 알아야 한다 ❷밀물이 들어오는 때 ⓑ개펄에서 일하는 이들은 물때만 쉰다 한뜻말 물참 ❸낚시에서 물고기가 가장 잘 낚이는 때 ⓑ낚시꾼들은 물때에 맞춰 낚싯대를 드리운다 한뜻말 손때. 물거리

물때[2] (이름씨) 물에 섞인 깨끗하지 못한 것이 옮아 붙어서 끼는 때 ⓑ얼굴 씻는 대야에 물때가 끼었다

물때[3] (이름씨) 일이 돌아가는 판 ⓑ아직은 물때가 썩 좋지 않다

물때[4] (이름씨) 이끼 ⓑ바위에 물때가 새파랗게 끼었네

물때틀 (이름씨) 물을 작은 구멍으로 똑똑 떨어뜨려서 그 많기를 헤아려 때를 알게 만든 연장 ⓑ옛날엔 해때틀과 물때틀을 썼다 ⇐ 물시계

물떠러지 (이름씨) 높은 벼랑 위에서 아래로 떨어지는 물 ⓑ우리 고장은 높은 메와 맑은 물떠러지가 자랑거리이다 ⇐ 폭포. 폭포수

물떼새 (이름씨) 갯벌이나 늪, 가람가, 바닷가에 사는 새. 봄가을에 지나가는 나그네새와 겨울 철새가 있다

물똥 (이름씨) ❶배앓이할 때 나오는 물기가 많은 묽은 똥 ⓑ뭘 잘못 먹었는지 물똥이 내리쏟는다 한뜻말 물찌똥 ⇐ 하리 ❷튀겨서 생기는 크고 작은 물 덩이 ⓑ물놀이 때 물똥을 서로 퍼부어 밀리면 지는 거지

물뚝섬 (이름씨) 가람 물에 밀린 모래가 쌓여 이루어진 세모벌. 또는 그런 섬 한뜻말 물둑섬. 세모벌 ⇐ 삼각주. 델타

물띠 (이름씨) ❶배가 지나가면서 일으킨 물거품이 띠처럼 길게 뻗은 줄기 ⓑ배가 움직이자 하얀 물띠가 길게 뻗어갔다 ❷어떤 쪽과 빠르기로 움직이는 바닷물 흐름 한뜻말 무대 ⇐ 해류

물량 ⇒ 많기

물러가다 (움직씨) ❶있던 자리에서 뒤로 옮겨가다 ⓑ놀이터에서 아이들이 다 물러간 뒤 푸름이는 혼자서 뜀박질했다 ❷철이나 추위, 더위, 어둠 따위가 사라져 가다 ⓑ장마가 이제 막 물러갔다 ❸하던 일이나 자리를 내놓고 떠나가다 ⓑ일을 그만둘 때는 언제 어떻게 물러가느냐가 종요롭다 ❹윗사람 앞에 있다가 도로 나가다 ⓑ이만 물러가겠습니다 ❺잡혀 있던 일이나 날짜가 뒤로 밀리다 ⓑ만남 날짜가 물러갔다

물러나다 (움직씨) ❶있던 자리에서 뒤쪽으로 몸을 옮기다 ⓑ늦게 온 아이가 앞자리로 들어오자 아이들은 뒤로 조금씩 물러나 앉았다 비슷한말 물러서다 ❷윗사람 앞에 있다가 도로 나오다 ⓑ우리는 스승을 찾아뵙고 곧 그 자리에서 물러났다 ❸하던 일이나 자리를 내놓고 나오다 ⓑ언니는 오랫동안 몸담아왔던 자리에서 물러났다 비슷한말 그만두다 ⇐ 퇴임하다. 하야하다 ❹꼭 짜이거나 붙어 있던 몬 틈이 벌어지다 ⓑ오늘은 뼈마디마디가 물러난 듯 힘이 없어

물러서다 (움직씨) ❶있던 자리에서 뒤나 옆으로 몸을 옮기다 ⓑ사람들이 수레 안으로 올라타자 그 아이는 몇 걸음 뒤로 물러섰다 ❷맡았던 자리를 내놓거나 하던 일을 그만두고 나오다 ⓑ버시는 예순이 되자 하던 일에서 물러섰다 ❸맞서서 버티던 일이나 내세우던 생각을 그만두다 ⓑ나는 마음이

여려서 부딪침이 있는 자리에선 곧잘 물러서고 말아 ⇐ 후퇴하다

물렁거리다 [움직씨] 자꾸 몬이 무르고 보드라운 느낌이 있다 [ㅂ]아이가 물렁거리는 고무공을 가지고 논다 작은말 말랑거리다. 몰랑거리다 **물렁대다**

물렁물렁 [어찌씨] **1** 몬이 무르고 보드라운 꼴 [ㅂ]감이 물렁물렁 잘 물렀다 작은말 말랑말랑. 몰랑몰랑 **2** 지켜야 할 벼리가 매우 무르고 만만한 꼴 [ㅂ]쓰레기를 못 버리게 하는 벼리가 그렇게 물렁물렁 솜방망이니 누가 지키겠어? **3** 사람 몸이나 바탕이 매우 무르고 아주 여린 꼴 [ㅂ]오래 자리에 누워만 있으니 몸이 물렁물렁 굳은살이 다 빠졌다

물렁물렁하다 [그림씨] **1** 몬이 매우 무르고 부드럽다 [ㅂ]엄마 살은 물렁물렁해서 좋아 작은말 말랑말랑하다. 몰랑몰랑하다 **2** 지켜야 할 벼리가 매우 무르다 [ㅂ]돈 많고 힘센 사람한테는 벼리가 물렁물렁하다 **3** 사람 몸이나 마음씨 따위가 무르고 썩 여리다 [ㅂ]사람이 그렇게 물렁물렁하니까 딴 사람들이 만만하고 우습게 보는 거야

물렁뼈 [이름씨] 뼈 가운데 무른 뼈. 뼈와 뼈가 이어지는 곳이나 귀와 코 따위에 있다 [ㅂ]귀 물렁뼈를 만져보면 매우 부드럽다 ⇐ 연골

물렁팥죽 [이름씨] **1** 물렁물렁한 팥죽 **2** 제 뜻 없이 남 말을 잘 듣는 매우 무른 사람 [ㅂ]그 동무는 키만 크지 물렁팥죽이야 **3** 딴딴하지 못하고 무르게 된 몬 [ㅂ]떡 반죽이 질어서 물렁팥죽이 되었다

물렁하다 [그림씨] **1** 몬이 무르고 부드럽다 [ㅂ]구운 호박고구마가 물렁해서 먹기 좋네 비슷한말 멀렁하다 작은말 말랑하다. 몰랑하다 **2** 지켜야 할 벼리가 무르고 만만하다 [ㅂ]수렛길 벼리가 물렁하니 사람들이 제대로 지킬 생각을 안 한다 **3** 사람 몸이나 마음씨 따위가 무르고 썩 여리다 [ㅂ]물렁한 사람이라고 얕보면 안 되지

물레 [이름씨] **1** 솜이나 털 같은 것을 자아서 실을 뽑는 오래된 연장 [ㅂ]우리 집에는 할머니가 쓰던 물레가 남아 있다 **2** 흙그릇을 만들 때 흙을 빚거나 무늬를 넣는 데 쓰는 연장 [ㅂ]물레를 돌리며 흙그릇을 빚노라면 마음이 가라앉는다

물레가락 [이름씨] 물레로 실을 뽑을 때 실이 감기는 쇠꼬챙이 [ㅂ]물레가락에 착착 감기는 실을 보면 뿌듯하다

물레걸음 [이름씨] 천천히 뒷걸음치는 걸음 [ㅂ]손수레를 끌고 좁은 길을 갈 때는 물레걸음이 좋아 한뜻말 뒷걸음질 **물레걸음하다**

물레바퀴 [이름씨] **1** 물레에 딸린 바퀴. 바퀴가 돌면 가락이 돌면서 실을 감는다 **2** 물레방아에 붙은 큰 바퀴. 흐르는 물힘으로 돌면서 방아를 움직인다

물레방아 [이름씨] 떨어지는 물 힘으로 큰 바퀴를 돌려 낟알을 찧는 연장. 큰 나무 바퀴와 굴대에 이어진 공이가 오르내리며 낟알을 찧거나 빻는다 [ㅂ]물레방아가 쿵덕거리며 돌아간다 비슷한말 물방아

물레새 [이름씨] 울음소리가 물레질하는 소리와 비슷하여 붙은 이름이며 높은 나무에 집을 짓고 사는 새 한뜻말 숲할미새

물려받다 [움직씨] 남에게서 돈이나 자리 또는 재주, 배움 따위를 넘겨받다 [ㅂ]우리 겨레는 한아비로부터 우리 얼이 담긴 말을 물려받았다 맞선말 물려주다

물려주다 [움직씨] 남에게 돈이나 자리 또는 재주, 배움 따위를 넘겨주다 [ㅂ]아버지는 아들에게 해오던 일을 물려주었다 맞선말 물려받다

물론 ⇒ 말할 것도 없이. 말할 나위 없이

물리다[1] [움직씨] **1** 다시 먹기 싫어지다 [ㅂ]밥은 날마다 먹어도 물리지 않는다 한뜻말 질리다 **2** 다시 보거나 마주하기 싫어지다 [ㅂ]멀리 넓게 펼쳐진 바다는 아무리 봐도 물리지 않는다

물리다[2] [움직씨] **1** 이빨로 생채기가 날 만큼 세게 눌리다. '물다' 입음꼴 [ㅂ]아기가 개한테 물리지 않게 잘 살펴라 **2** 이나 벼룩, 모기 따위 벌레에게 주둥이로 살이 찔리다 [ㅂ]조

그만 모기에게 팔을 물렸다 ❸몸이나 몬이 바퀴나 틀, 지퍼 따위에 끼이다 ⓑ땅밀수레 문짝에 옷이 물려서 크게 다칠 뻔했다 ❹남에게 가진 것을 빼앗길 자리에 놓이다 ⓑ그놈한테 잘못 물렸다가 큰일을 치렀어

물리다[3] (움직씨) 굳은 것을 물렁거리게 하다 ⓑ마른 나물은 물려서 무쳐야 한다

물리다[4] (움직씨) ❶사거나 바꾼 것을 되돌려주고 돈이나 몬을 찾다. '무르다' 하임꼴 ⓑ나는 새로 산 옷에 얼룩이 보여서 물렸다 ❷이미 한 일을 없던 것으로 하다 ⓑ언니는 내게 바둑 한 수를 물렸다 ❸굿 따위로 넋깨비를 쫓아내다 ⓑ그 사내는 푸닥거리로 넋깨비 물리는 일을 한다 ❹잡아놓은 때를 뒤로 늦추다. 미루다 ⓑ나는 이달에 끝내야 할 일 때문에 벗과 만날 날을 한 달 뒤로 물렸다 ❺사람이나 몬을 물러서게 하거나 다른 데로 가져가게 하다 ⓑ버시는 저녁밥을 먹은 뒤 차린 것을 물리고 아랫목에 이불을 깔았다 ❻돈이나 자리를 이을 사람에게 내어 주다 ⓑ뒤를 이어 내리 물릴 값진 것은 그 얼이지요

물리다[5] (움직씨) ❶이빨이나 입술 사이에 끼운 채로 살짝 세게 누르게 하다. '물다' 하임꼴 ⓑ사내는 옆 사람에게 담배를 물리고 불을 붙여 주었다 ❷이빨 사이에 끼운 채로 생채기가 날 만큼 세게 눌리게 하다 ⓑ엄마는 강아지에게 말린 고기 한 조각을 물려주었다 ❸입속에 넣게 하다 ⓑ바른말 하는 이를 잡아 가두겠다는 것은 백성 입에 재갈을 물리는 꼴이다

물리다[6] (움직씨) ❶갚아야 할 것을 치르게 하다. '물다' 하임꼴 ⓑ사람들이 많이 모이는 때라 이름난 바닷가에선 방값을 두 곱 물린다 ❷남에게 입힌 언걸을 돈으로 갚게 하거나 처음대로 하게 하다 ⓑ밥집 유리바라지 깬 값을 손님에게 물렸다

물리치다 (움직씨) ❶쳐서 물러가게 하다 ⓑ우리나라 백성들은 힘을 모아 오랑캐를 물리쳤다 ❷치워 없애거나 이겨내다 ⓑ우리는 힘과 슬기를 모아 어려움을 물리쳤다 ❸받아들이지 않다 ⓑ애타게 도와달라는 말을 물리치기란 쉽지 않다 ⇐ 거절하다. 퇴박하다 ❹가까이 있는 사람을 멀리 있게 하거나 다른 곳으로 가게 하다 ⓑ해가 지자 할아버지는 쉬어 가라는 이웃 손길을 물리치고 집으로 돌아왔다

물리치료 ⇒ 저절나숨. 제힘나숨

물리침 (이름씨) 바치는 몬을 물리치는 일 ⇐ 퇴짜

물리학 ⇒ 몬갈

물리학자 ⇒ 몬갈이

물림가게 (이름씨) 물려받거나 물려주는 가게. 집안에서나 남한테서 물려받을 수 있다

물림낛 (이름씨) 나라낛 가운데 하나로 물려받은 천량에 매기는 낛 ⇐ 상속세

물림돈 (이름씨) 낛이나 삯을 제 때에 내지 않았다고 더 물리는 돈 ⇐ 연체금. 연체료

물림옷 (이름씨) 물려받거나 물려주는 옷

물림일 (이름씨) 물려받거나 물려주는 일

물림지기 (이름씨) 물려받거나 물려주는 사람

물림집 (이름씨) 물려받거나 물려주는 집

물마 (이름씨) 비가 많이 와서 다니기 어려울 만큼 땅 위에 넘치는 물 ⓑ소나기 뒤에 여기저기 생겨난 물마로 발이 젖었다

물마루 (이름씨) ❶바다와 하늘이 맞닿은 것처럼 보이는 두두룩한 곳 ⓑ멀리 물마루 위로 흰 구름이 피어오른다 한뜻말바닷물 마루터기 ❷높이 솟은 물 고비 ⓑ사납게 몰아치는 물마루 위로 배는 곤두박질치듯 솟아오른다

물막이 (이름씨) 물이 흘러들거나 넘쳐나지 않도록 막아내는 일 ⓑ논밭에 물을 대려고 쌓은 보는 물막이를 튼튼히 해야 한다

물막이숲 (이름씨) 물을 막고자 바닷가나 가람가에 심은 나무 ⇐ 방수림

물막이옷 (이름씨) 물이 스며드는 것을 막는 옷 ⇐ 방수복

물막잇감 (이름씨) 큰집 안에 물기가 스며들지 못하게 하려고 쓰는 밑감 ⇐ 방습재

물만두 이름씨 물에 삶아낸 만두 ㉥군만두보다는 물만두가 더 몸에 좋다

물말 이름씨 더운 아프리카 가람이나 큰못에 사는 젖먹이 짐승. 몸통은 뚱뚱하고 머리도 크며 네 다리는 짧다. 몸빛은 짙누런빛이고 털이 거의 없고 살갗은 두껍다. 낮에는 물속에 있다가 밤에 나와 푸나무 따위 먹이를 먹는다 ⇐ 하마

물맛 이름씨 물이 지닌 맛 ㉥이 샘은 물맛이 달고 좋다

물맞이 이름씨 ❶아픈 데를 고치려고 낫개물터에 가서 물을 먹고 몸을 씻는 일 ㉥여기저기 아픈 사람들이 모여 서둘러 물맞이하러 갔다 ❷작은 물떠러지를 만들어 떨어지는 물을 맞음 ㉥어머니는 마을 다른 엄마들과 함께 서른 마을 떨어진 지자 물탕에 물맞이 가곤 했다 ❸물뿌리개로 물을 뿌리면서 몸을 씻는 것 ⇐ 샤워 **물맞이하다**

물맞이방 이름씨 물뿌리개로 물을 뿌리면서 몸을 씻는 방 ⇐ 샤워실

물매[1] 이름씨 지붕이나 낟가리 따위 비탈지기 ㉥지붕 물매가 가파르다 한뜻말기울기 익은말 **물매가 뜨다** 덜 비탈지다 **물매가 싸다** 비탈이 세고 가파르다

물매[2] 이름씨 여럿이 한꺼번에 달려들어 때리는 매 ㉥높은 사람이 지나가는데 절을 늦게 했다고 물매를 맞고서는 시름시름 앓는가 보더라고 한뜻말몰매. 무릿매. 뭇매 ⇐ 집단폭력. 집단폭행

물맴이 이름씨 못이나 개울물 위에서 맴돌이하는 물방개와 비슷한 물살이벌레. 몸은 검고 빛이 나며 등과 배에 있는 겹눈으로 물 위와 물속을 모두 볼 수 있다

물물교환 ⇒ 몬몬바꿈

물물이 어찌씨 때를 따라 한목 한목 묶어서 ㉥싱싱한 남새가 물물이 나온다 한뜻말무리무리

물뭍살이 이름씨 물고기붙이와 기어다니는 벌레 사이에 있는, 물속이나 땅 위에 사는 숨받이. 개구리, 맹꽁이 따위 ⇐ 양서류

물미 이름씨 깃대나 작대기, 지팡이 따위 땅에 꽂히는 쪽 아래 끝에 끼우는 뾰족한 쇠 ㉥작대기 끝에 물미를 맞춰 끼워 놔야 땅에 꽂아도 잘 버티지

물밀다 움직씨 ❶바닷물이 뭍으로 밀려 들어오다 ㉥큰 너울을 보고 잽싸게 뛰었지만 물밀어 오는 바닷물에 바짓가랑이가 다 젖고 말았다 맞선말물써다 ❷사람이나 몬, 일감 따위가 세차게 밀어닥치다 ㉥물밀어 닥치는 손님들로 먹을거리 밑감이 바로 동났다

물밑 이름씨 ❶어떤 일이 남모르게 이루어지는 일 ㉥물밑에서 이뤄진 일이라 마을에서도 아는 사람은 나뿐이었어 ❷땅이나 나무 짜임새를 곧눕이 되게 할 때 곧눕금 아래

물밑감 이름씨 여러 가지 낳일 밑감이 되는 물 ㉥가람물과 땅속물은 종요로운 물밑감이다 ⇐ 수자원

물바다 이름씨 큰물로 넓은 곳이 온통 물에 잠긴 터수 ㉥큰비로 온 마을이 물바다가 되었군

물바심 이름씨 베어서 마르기 앞에 하는 벼바심 ㉥먹을 것이 모자라던 옛날에는 물바심으로 굶주림을 여의었다 한뜻말풋벼바심 맞선말마른바심 ⇐ 물타작 **물바심하다**

물받이 이름씨 함석 같은 것으로 처마에 달아 지붕에서 내려오는 빗물을 받아 흘러내리게 만든 것 ㉥빗방울 듣는 소리가 커질수록 물받이에서 쏟아지는 물소리도 커진다 ⇐ 낙수받이

물발 이름씨 물이 흐르거나 떨어지면서 뻗치는 힘 ㉥물발이 센 곳이니 건널 때 잘 살펴야 한다 한뜻말물살

물밥[1] 이름씨 물에 만 밥이나 물기가 많은 밥

물밥[2] 이름씨 굿을 하거나 물릴 때에 도깨비에게 준다고 물에 말아 던지는 밥 한뜻말무랍

물방개 이름씨 몸은 검푸른 빛으로 길둥근 꼴이며, 뒷다리가 크고 길며 털이 많아 헤엄을 잘 치는 벌레. 못이나 무논, 개울에 산다 한뜻말기름도치

물방아 이름씨 물 힘으로 공이를 오르내리게

하여 낟알을 찧거나 빻는 연장 ㊐할머니는 물방아로 밀을 빻았던 이야기를 들려주었다 비슷한말 물레방아 슬기말 **물방아 물도 서면 언다** 추워도 얼지 않는 물방아 물도 물방아가 멈추고 있으면 얼듯이 사람도 무슨 일이든 꾸준하고 부지런하게 하지 않으면 잘 안된다 **부지런한 물방아는 얼 새도 없다** 멎지 않고 부지런히 돌아가는 물방아는 추워도 얼어붙을 새가 없듯이 무슨 일이든 쉬지 않고 부지런히 해야 말썽이 없고 쉽사리 이루어진다

물방앗간·물방앗집 이름씨 물방아로 낟알을 찧는 집 ㊐곧 한가위라 물방앗집이 바쁘다

물방울 이름씨 물이 작고 동글동글하게 덩이진 것 ㊐푸른 나뭇잎에 물방울이 맺혀 싱그럽다

물밭 이름씨 물 바탕 ⇐ 수질

물뱀 이름씨 물속에서 살며 물고기나 개구리를 잡아먹고 사는 뱀

물범 이름씨 바다에 사는 젖먹이 짐승. 바다에서는 지느러미 같은 뒷다리로 헤엄치고 뭍에서는 앞다리로 긴다 한뜻말 바다알락범

물벼락 이름씨 갑자기 세차게 쏟아지는 물이나 그런 물을 뒤집어쓰는 일 ㊐하마터면 지나가는 수레바퀴에 물벼락을 맞을 뻔했다 ⇐ 물세례

물벼룩 이름씨 못 같은 민물에 살며, 다섯 켤레 다리로 뛰듯이 헤엄쳐 다니는 맑은 흙빛 작은 벌레

물별 이름씨 해누리에 딸리어 해에 가장 가까우며 가장 작은 떠돌이별. 해진 뒤와 해뜨기 앞에 노을 속에 흰빛으로 볼 수 있다. 여든여드레이면 해를 한 바퀴 돈다 ⇐ 수성

물병 이름씨 물을 담는 병 ㊐메에 오르거나 먼 길을 갈 때는 꼭 물병을 챙겨요

물보낌 이름씨 여러 사람을 모조리 때리는 것 ㊐가르침이는 골이 나서 배움이들을 회초리로 물보낌했다 **물보낌하다**

물보라 이름씨 물결이 바위 같은 데 세게 부딪치거나 물줄기가 세차게 뻗칠 때 안개처럼 보얗게 흩어지는 잔 물방울 ㊐물보라가 하얗게 인다

물부리[1] 이름씨 담배를 끼워서 빠는 몬 한뜻말 빨부리 ⇐ 파이프

물부리[2] 이름씨 비오기를 비는 내림버릇 가운데 하나. 집집마다 사립문에 삼감줄을 치고 병에 솔잎이 붙은 솔가지를 꽂아 거꾸로 매달고 물이 솔잎을 타고 흘러 떨어지게 한다

물불 이름씨 물과 불. 어려움이나 큰일 ㊐그 사람 골나면 물불 안 가린다 익은말 **물불을 가리지 않다** ❶어렵거나 안 좋은 수를 무릅쓰고 움직이다 ❷옳고 그름을 헤아리지 않고 마구 움직이다

물빛 이름씨 ❶물 빛깔과 같은 옅은 파랑빛 ㊐가을 하늘은 깊은 물빛을 닮았다 ⇐ 물색 ❷물감 빛깔 ㊐메골짜기 물빛이 참 곱다

물빨개 이름씨 빈기 속 물기를 빨아들이는 구실을 하는 것. 올실이나 낫개, 꾸밈몬 따위 굳어짐을 막으려고 쓴다 한뜻말 물빨아들이개 ⇐ 흡습제

물빨래 이름씨 물로 빠는 빨래 ㊐우리집에선 모든 빨래가 물빨래이다 맞선말 마른빨래 ⇐ 물세탁

물빼기 이름씨 물을 빼는 일 ⇐ 배수

물뿌리[1] 이름씨 물줄기가 나오기 비롯하는 곳 ㊐이 가람 물뿌리는 어디인고? ⇐ 발원지

물뿌리[2] 이름씨 물속에서 거름을 빨아들이는 푸나무 뿌리 ㊐개구리밥은 물뿌리로 살감을 빨아들인다

물뿌리개 이름씨 ❶꽃이나 풀에 물을 줄 때 쓰는 연장 ㊐물뿌리개로 꽃밭에 물을 주었다 한뜻말 물조리개. 조리개 ❷물맞이할 때 물을 비처럼 뿌려주는 연장 ⇐ 샤워기

물뿌림수레 이름씨 길에 먼지가 덜 나게 물을 뿌려주는 수레 ㊐온통 가물어서 큰길에는 물뿌림수레가 한 차례씩 다녀야 먼지가 덜하다 ⇐ 살수차

물뿜개 이름씨 물을 흩뿌리는 틀. 보꾹에 달아 불을 끄거나 땅에 박아 밭에 물을 준다 ⇐ 스프링쿨러

물뿜이 이름씨 ❶좁은 구멍으로 뿜어 나오는 물 ⇐ 분수 ❷좁은 구멍으로 물을 뿜어내는 틀 ⇐ 스프레이

물뿜이대 이름씨 좁은 구멍으로 물을 뿜어내는 틀을 갖춘 곳 ⇐ 분수대

물살 이름씨 물이 흐르거나 뻗어 나가는 힘 ⓑ저 여울목은 물살이 무척 세다 한뜻말 물발

물살된나트륨 이름씨 소금물을 번힘나눔하면 생기는 흰 몬. 물에 잘 녹고 알칼리바탈이 세다. 비누나 만든올실을 만드는 데 쓴다 ⇐ 수산화나트륨

물살된칼슘 이름씨 살남칼슘에 물을 부으면 생기는 흰 가루. 삭은재라고도 한다 ⇐ 수산화칼슘

물살이숨받이 이름씨 물에서 사는 숨받이 ⇐ 수생동물

물살이집 이름씨 물속에 사는 산 것들을 모아 놓고 기르는 통. 물속에 사는 것들에게 알맞도록 삶터가 갖춰져 있다 ⇐ 수족관

물살이푸나무 이름씨 물에서 사는 푸나무 ⇐ 수생식물

물새 이름씨 물이나 물가에 살면서 물속 먹이를 먹고 사는 새 ⓑ물새 떼가 나란히 노을 진 바다 위를 날아간다

물색 ⇒ 찾기. 찾다. 가려내다. 톺아보다. 고르다

물샐틈 이름씨 그릇이나 연장, 집 같은 곳에서 물이 새어 나가는 틈 ⓑ아무도 쳐들어오지 못하게 물샐틈없이 다 막아라 익은말 **물샐틈없다** 조금도 빈틈이 없다

물세례 ⇒ 물벼락

물세탁 ⇒ 물빨래

물소 이름씨 가람가나 큰못가에 떼 지어 살며 물속에 들어가기를 즐기는 소. 커다란 뿔이 활꼴로 휘어졌으며 인디아를 비롯한 마녘 고장에 많이 사는데 집짐승으로 기르고 부림소로 쓴다 ⇐ 버펄로

물소리 이름씨 물이 흐르거나 부딪칠 때 나는 소리 ⓑ홀로 고요히 멧길을 걷는데 개울 물소리가 다가와 벗하자고 하네

물속집 이름씨 옛날이야기에 나오는 물속에 있는 집 ⇐ 수궁. 용궁

물속춤 이름씨 물속에서 가락에 맞춰 여러 몸짓으로 헤엄치며 재주를 겨루는 놀이 ⇐ 싱크로나이즈드 스위밍

물속터지개 이름씨 물속에서 터지는 물고기처럼 생긴 쏘개알. 물잠김배나 싸움날틀에서 맞선 쪽 배를 치는 데 쓴다 ⇐ 어뢰

물손[1] 이름씨 반죽이나 밥, 떡 따위가 질거나 된 만큼 ⓑ물손을 보아 가면서 물을 부으시오

물손[2] 이름씨 ❶물이 묻은 손 ⓑ물손으로 번힘줄을 잡지 마라 ❷물에서 고기를 잡는 솜씨 ⓑ미르 언니는 물손이 재고 날래 물고기를 잘 잡는다

물수건 ⇒ 물닦개

물수레 이름씨 마실 물을 실어나르는 수레 ⓑ요즘처럼 된 가뭄이 들 때는 시골 여기저기에 물수레가 다녀야 한다 ⇐ 물차. 급수차

물수리 이름씨 가람이나 큰못, 바다에서 물고기를 잡아먹고 사는 겨울새. 등은 어두운 밤빛이고 머리와 배는 흰데 부리가 길고 갈고리꼴이며 발가락이 크고 날카롭다

물수제비 이름씨 얇고 둥근 돌을 물 위로 빗던져서 튀기어 가게 할 때, 튀기는 자리마다 생기는 물결 생김새

물수제비뜨다 움직씨 둥글고 얄팍한 돌을 물 위로 빗던져서 참방참방 물 위를 뛰어가게 하다 ⓑ물수제비뜰 때 종요로운 것은 먼저 얇은 돌을 고르는 일이다

물스밈켜 이름씨 모래와 자갈 따위로 이루어져 땅속물이 잘 스며드는 땅켜 ⇐ 투수층

물시계 ⇒ 물때틀. 물때알림이

물신물신 어찌씨 힘차게 잘 자라는 꼴 ⓑ아이들이 물신물신 잘 자라 주어서 늘 고맙지요 한뜻말 무럭무럭

물심양면 ⇒ 몬맘둘다

물싸울아비 이름씨 물 위를 지키던 싸울아비 ⇐ 수군

물써다 움직씨 밀려 들어왔던 바닷물이 물러나가다 ⓑ물썰 때와 물밀 때를 잘 알아놓

아라 한뜻말 써다 맞선말 물밀다 슬기말 **물썬 때는 나비잠 자다 물 들어야 조개 잡듯** 때를 놓치고 뒤늦게 나서는 게으르고 어리석은 사람

물쏘개 이름씨 물을 쏘아 보내는 장난감 ⓑ아무리 물쏘개라도 맞으면 얼마나 아픈데 ⇐ 물총

물쏘개새 이름씨 가람 가까운 벼랑에 굴을 파고 사는 여름새로 민물고기, 개구리 따위를 잡아먹고 산다. 몸은 엷푸른빛을 띠는 하늘빛이다 ⇐ 물총새

물씨 이름씨 몬 빛깔이 나타나도록 해 주는 이름씨 ⓑ물씨로 노랗게 물들인 단무지를 보니 입안에 침이 고이네 ⇐ 색소

물씬[1] 어찌씨 잘 익거나 물러서 부드럽고 물렁한 느낌 ⓑ잘 익은 물고구마가 손에 물씬 잡힌다 작은말 몰씬. 말씬

물씬[2] 어찌씨 **1** 코를 찌를 만큼 냄새가 짙게 풍기는 꼴 ⓑ시골 저잣거리에 싱싱한 날미역 냄새가 물씬 풍긴다 작은말 몰씬. 말씬 **2** 김이나 내, 먼지가 갑자기 무럭무럭 피어오르는 꼴 ⓑ가마솥 뚜껑을 여니 뿌연 김이 물씬 솟아오른다

물씬거리다 움직씨 자꾸 무럭무럭 냄새가 풍기거나 김, 내, 먼지가 피어나다 작은말 몰씬거리다 **물씬대다**

물씬물씬[1] 어찌씨 잘 익거나 물러서 매우 부드럽고 물렁한 꼴 ⓑ감이 물씬물씬 잘 물렀다 작은말 몰씬몰씬

물씬물씬[2] 어찌씨 **1** 김이나 내, 먼지 같은 것이 자꾸 무럭무럭 피어오르는 모습 ⓑ시골 마을 저녁이면 이집 저집 굴뚝에서 푸르르한 내가 물씬물씬 올라온다 작은말 몰씬몰씬 **2** 냄새가 자꾸 짙게 풍기어 코를 푹푹 찌를 듯한 꼴 ⓑ옷곳한 으름 꽃 냄새가 물씬물씬 풍겨왔다 **물씬물씬하다**

물씬물씬하다 그림씨 매우 잘 익어 부드럽고 물렁하거나 여럿이 다 물렁하다 ⓑ우리집은 요즘 물씬물씬한 감을 날마다 먹는다 작은말 몰씬몰씬하다

물씬하다 그림씨 잘 익거나 물러서 부드럽고 물렁하다 ⓑ잘 익어 물씬한 토마토를 맛보았다 작은말 몰씬하다

물씻이 이름씨 똥오줌을 물로 씻어내리기 ⇐ 수세식

물안개 이름씨 가람이나 못, 바다에서 피어오르는 안개 ⓑ물안개가 끼어 도무지 보이질 않네

물안경 ⇒ 물눈거울

물알 이름씨 낟알이나 열매가 아직 덜 여물어서 물기가 있고 말랑한 것 ⓑ나 어릴 적에는 배가 너무 고파서 보리에 물알이 잡히기 무섭게 훑어 먹곤 했어

물약 ⇒ 물낫개

물어내다[1] 움직씨 남에게 입힌 언걸을 돈으로 갚거나 처음 것 대로 되돌려 주다 ⓑ밥집에서 그릇을 깨뜨려 값을 물어냈다 비슷한말 물다. 치르다

물어내다[2] 움직씨 **1** 안에서 벌어진 일이나 말을 밖에 가서 퍼뜨리다 ⓑ누가 그 일을 밖으로 물어냈는지 모르겠다 **2** 집 안에 있는 것을 몰래 밖으로 집어내다 ⓑ한돌은 동무들과 모일 때 집에 있는 먹을거리를 물어내가서 나누어 먹고 싶었다

물어뜯다 움직씨 **1** 이빨이나 부리로 물어서 뜯다 ⓑ둘째 아이는 손톱을 물어뜯는 버릇이 있다 준말 무뜯다 **2** 모기나 거머리 같은 것이 주둥이 끝으로 피를 세게 빨다 ⓑ자는 동안 모기가 아기 팔을 물어뜯었다 **3** 남을 헐뜯어서 못 견디게 하거나 사납게 굴다 ⓑ일터 윗사람이 한 모진 말은 내 가슴을 물어뜯었다

물언걸 이름씨 큰물이 나서 입은 언걸 한뜻말 물지실 ⇐ 수재. 수해

물에된바위 이름씨 물속에 가라앉아 쌓인 것이 굳어서 된 바위 맞선말 불에된바위 ⇐ 퇴적암. 수성암. 침전암

물열매 이름씨 살과 물이 많고 속에 씨가 들어 있는 과일. 감, 귤, 하늬머루 따위가 있다 한뜻말 살열매 ⇐ 다육과

물오르다 움직씨 **1** 나무뿌리에서 물기가 스며

오르다 ⓑ이른 봄철 물오르기 앞에 나무를 옮겨 심는다 ❷사람이나 짐승이 힘이나 꼴, 매개가 좋아지다 ⓑ한창 물오른 누이는 환한 얼굴이 보기에도 눈부시다

물오리 이름씨 가람이나 큰못, 논밭에서 떼 지어 살고 우리나라에는 흔한 겨울새. 넓적한 부리와 물갈퀴가 있고 수컷 머리와 목은 엷은 푸른빛이 나며 암컷은 밤빛으로 얼룩졌다 한뜻말청둥오리

물옷 이름씨 ❶물속에서 일할 때 입는 옷 ⇐ 잠수복 ❷물에 젖은 옷

물욕 ⇒ 개염. 게염

물위 이름씨 ❶물이 흘러 내려오는 위쪽이나 그곳 맞선말물아래 ⇐ 상류 ❷물 겉낯 한뜻말물낯 ⇐ 수면

물위썰매 이름씨 물 위에서 타는 스키 ⇐ 수상스키

물윗배 이름씨 뱃전이 낮고 바닥이 펀펀한, 가람물에 다니는 배 ⇐ 수상선

물음 이름씨 묻는 일. 또는 묻는 말 ⓑ하양이는 궁금한 게 많아 물음이 많다 ⇐ 질문

물음글 이름씨 글월이 묻는 꼴로 끝나는 월 한뜻말물음월 ⇐ 의문문

물음종이 이름씨 물음이 적힌 종이 ⇐ 질문지. 문제지

물음표 이름씨 묻는 말끝에 붙이는 표. '?'로 쓴다 ⓑ묻는 월은 물음표로 끝내야 한다

물의 ⇒ 말썽

물이랑 이름씨 배가 지나갈 때 왼, 오른쪽으로 줄줄이 일어나는 물결

물자 이름씨 물 높이를 재려고 가람가나 큰못가에 세우거나 바위에 그려놓은 자 ⓑ큰물이 질 때는 물자를 때마다 잘 살펴야 한다 한뜻말물높이자

물자 ⇒ 밑감

물장구 이름씨 ❶헤엄칠 때 두 발로 물 위를 잇달아 치는 일 ⓑ아이들이 물에서 물장구를 치며 신나게 논다 한뜻말발장구 ❷물 담은 동이에 바가지를 엎어 놓고 바가지 등을 두드려서 소리를 냄. 앓이몸굿에 쓴다 ⓑ시골 할머니들이 마당에서 물장구를 치며 즐겁게 논다 한뜻말박장구

물장군 이름씨 물을 담아 나르는 나무로 된 큰 그릇 ⓑ동네 큰 잔치가 있을 때 어른들은 물장군에 물을 길어 왔다

물장군 ⇒ 개아재비

물장난 이름씨 ❶물을 가지고 노는 장난이나 물에서 하는 장난 ⓑ우리는 옷이 다 젖도록 물장난을 치며 놀았다 ❷큰물이 져서 일어나는 지실 ⓑ그 마을은 올여름 물장난으로 여름지이를 홀라당 망쳤다 **물장난하다**

물장사 이름씨 ❶물을 길어다 파는 장사 ⓑ물장사 하느라 물지게를 몸에 붙이고 살았다 ❷술이나 마실 것, 차 따위를 파는 장사 ⓑ물장사가 많이 남는다

물장수 이름씨 먹는 물을 길어다 주는 것을 일 삼는 사람

물재배 ⇒ 물가꿈

물정 ⇒ 누리 매개

물조리개 이름씨 꽃이나 푸나무에 물을 줄 때 쓰는 연장 ⓑ물조리개로 남새밭에 물을 흠뻑 주었다 한뜻말물뿌리개. 조리개

물족제비 이름씨 몸빛은 밤빛을 띤 검은빛이고 크기는 족제비와 비슷한 짐승. 흔히 물가에 사는데 물고기나 뱀, 개구리, 들쥐들을 잡아먹는다. 가죽이 좋아 집짐승으로 길러 겉옷이나 목도리를 만든다 ⇐ 밍크

물줄기 이름씨 ❶가람이나 내 따위 물이 흘러가는 줄기 ⓑ나는 물줄기를 따라 메를 올라갔다 ❷물이 힘있게 내뻗는 줄 ⓑ물줄기가 너무 세니까 꼭지를 돌려 좀 알맞게 맞추어 봐

물증 ⇒ 본메. 본메본짱. 본짱

물지실 이름씨 물언걸 ⇐ 수재. 수해

물지이 이름씨 흙 없이 물에 살감을 타서 하는 여름지이 ⇐ 수경

물질 이름씨 비바리나 무잠이가 바닷속에 들어가서 멍게나 해삼, 미역 같은 바다것을 따는 일 **물질하다**

물질 ⇒ 몬. 몬밭

물질대사 ⇒ 먹어써눔

물질문명 ⇒ 몬삶빛. 몬밭삶빛

물짐승 이름씨 물에서 사는 짐승. 물개, 물소, 물말, 고래 따위가 있다

물집[1] 이름씨 옷이나 천에 물들이는 일을 하는 집 ⓑ나는 올해부터 물집에서 일을 배우기로 했어

물집[2] 이름씨 찻집 ⓑ저기는 물집이 있던 자린데, 이제는 옷집이 들어섰네

물집[3] 이름씨 살가죽이 부풀어 올라 그 속에 물이 찬 것 ⓑ손바닥에 물집이 잡혀서 따가워

물집앓이 이름씨 어린아이 살갗에 붉고 둥근 꽃돋이가 났다가 얼마 뒤에 작은 물집으로 바뀌는 좀알살이 돌림앓이 한뜻말 작은뜨리 ⇐ 수두

물짜개 이름씨 빨래나 물들이기, 낫개 만들기 따위에서 몬속 물기를 없애는 데 쓰는 틀 ⇐ 탈수기

물찌똥 이름씨 ❶배앓이할 때 나오는 물기가 많은 묽은 똥 ⓑ아침에 먹은 소젖이 잘못된 건지 여러 차례 물찌똥을 누었다 한뜻말 물똥 ❷튀겨서 생기는 크고 작은 물 덩이 ⓑ애들 물장난에 물찌똥이 어찌나 튀던지 한뜻말 물똥

물참 이름씨 밀물이 들어오는 때 ⓑ배를 타려면 물참을 기다려야 해 한뜻말 물때

물체 ⇒ 몬

물초 이름씨 온통 물에 젖거나 그런 꼴 ⓑ갑자기 내린 비에 온몸이 물초가 되었다

물총 ⇒ 물쏘개

물총새 ⇒ 물쏘개새

물추리막대 이름씨 쟁기 성에 앞 끝에 가로로 박은 막대기. 두 끝에 봇줄을 매어 끈다

물컥 어찌씨 코를 찌를 듯이 센 냄새가 나는 꼴 ⓑ갯마을로 들어서자 비릿한 내음이 물컥 코를 찔렀다

물컹거리다 움직씨 매우 익거나 삭아서 물크러질 만큼 무르거나 물렁한 느낌이 있다 비슷한말 멀컹거리다 작은말 몰캉거리다. 말캉거리다 **물컹대다**

물컹물컹 어찌씨 물크러질 만큼 아주 무르고 부드러운 꼴 ⓑ배가 너무 익어 물컹물컹 썩은 것도 있어 빨리 먹어야겠다 비슷한말 멀컹멀컹 작은말 몰캉몰캉. 말캉말캉 **물컹물컹하다**

물컹물컹하다 그림씨 물크러질 만큼 매우 무르고 부드럽다 ⓑ얼었다 녹은 고구마가 죄다 물컹물컹하게 썩는다 비슷한말 멀컹멀컹하다 작은말 몰캉몰캉하다. 말캉말캉하다

물컹하다 그림씨 너무 익거나 삭아서 물크러질 만큼 무르고 부드럽다 ⓑ복숭아밭에 물컹한 열매가 좀 떨어져 있으니 가서 몇 낱 주워 오렴 비슷한말 멀컹하다 작은말 몰캉하다. 말캉하다

물켜다 움직씨 물을 한꺼번에 많이 마시다 ⓑ벌컥벌컥 물켜는 소리가 시원스럽다

물크러지다 움직씨 너무 무르거나 풀려서 처음 꼴이 없도록 헤어지다 ⓑ소갈비는 흐물흐물 물크러지게 삶으면 제맛이 나지

물큰 어찌씨 ❶누르거나 쥐거나 할 때 물렁한 꼴 ⓑ잘 익어 만지면 물큰 터질 듯한 다래 ❷코를 찌를 만큼 냄새가 풍기는 꼴 ⓑ여름밤 냇가에서 물큰 풍기는 칡꽃 냄새가 코를 찌른다 **물큰하다**

물큰물큰 어찌씨 ❶누르거나 쥐거나 할 때 매우 물렁한 꼴 ⓑ호박이 썩어 만질 때마다 물큰물큰 허물어진다 작은말 몰큰몰큰 ❷코를 찌를 만큼 냄새가 자꾸 풍기는 꼴 ⓑ하얀 꽃이 활짝 핀 고추나무 아래엔 옷곳한 꽃내음이 물큰물큰 풍겨 나왔다 **물큰물큰하다**

물큰하다 그림씨 ❶무르고 부드러운 것을 누르거나 쥐거나 할 때처럼 물렁하다 ⓑ갓 만든 콩묵을 손에 쥐니 따끈따끈한 게 물큰하다 작은말 몰큰하다 ❷코를 푹 찌를 만큼 냄새가 풍기다 ⓑ뒤꼍으로 돌아가니 똥냄새가 물큰하게 풍긴다

물탱크 ⇒ 물두멍

물통 이름씨 물을 긷거나 담아두는 통 ⓑ밭이

하도 가무니 물통을 지게에 지고 가서 고구마 싹에 물을 주었다

물투성이 이름씨 온통 물에 젖거나 물을 뒤집어쓴 꼴새 ⓑ비가 세차게 내리니 툇마루가 온통 물투성이이다

물퉁보리 이름씨 채 여물지 않거나 마르지 않아 물기가 많은 보리 ⓑ물퉁보리처럼 불어 터진 얼굴로 뭘 그리 째려보니?

물폭탄 ⇒ 함박비. 동이비. 큰비. 소낙비

물푸개 이름씨 물을 높은 곳으로 퍼 올리는 틀 ⓑ물푸개로 부지런히 물을 퍼 올려야 논에 모를 심는다 한뜻말무자위

물푸레나무 이름씨 잎은 깃꼴 겹잎이고 잔잎은 긴 달걀꼴인데 나무가 질겨 도낏자루를 비롯하여 온갖 연장 자루에 쓴다

물풀 이름씨 물속이나 물가에 자라는 풀 ⓑ못 안 물풀에 벌레들이 알을 낳고 산다

물품 ⇒ 몬

물할매 이름씨 우물이나 샘에 있다는 겨집깨비 ⓑ낮에 미리 물을 길어놔라, 밤늦게 우물에 갔다가 물할매라도 만나면 어쩌려고

물함박 이름씨 물을 뜨거나 쌀을 이는 데 쓰는, 통나무 속을 파서 큰 바가지같이 만든 그릇 ⓑ요즘은 물함박 만나기가 어렵다 한뜻말물함지박

물함지 이름씨 물을 담아 쓰거나 물이 담긴 통나무 그릇 ⓑ물함지와 떡함지

물힘 이름씨 **1** 물이 지닌 힘 ⇐ 수력 **2** 물이 지닌 뭠힘이나 자리힘을 쓸 때 움직임힘

물힘번힘 이름씨 물힘으로 번힘내개를 돌려 일으키는 번힘 ⇐ 수력전기

물힘번힘냄 이름씨 물힘으로 번힘내개를 돌려 번힘을 일으키는 일 ⇐ 수력발전

물힘번힘냄곳 이름씨 물힘으로 번힘내개를 돌려 번힘을 일으키는 곳 ⇐ 수력발전소

묽다 그림씨 **1** 죽이나 반죽, 풀 따위가 물기가 매우 많다 ⓑ밀가루 반죽이 묽다 비슷한말멀겋다 맞선말되다 **2** 물감이나 낫개 따위에 물이 지나치게 많다 ⓑ물감을 묽게 풀어쓰면 그림이 맑아 보인다 **3** 사람이 야무지거나 맺힌 데가 없이 무르다 ⓑ사람이 너무 묽어서 여러 사람 거느리겠니?

뭇[1] 이름씨 **1** 짚이나 땔나무, 남새 따위를 작게 한 덩이씩 만든 묶음 ⓑ지게 한 짐에 나무 다섯 뭇씩 져 날랐다 한뜻말단 **2** 물고기를 열 마리씩 세는 하나치 ⓑ조기 두 뭇 보내주세요

뭇[2] 매김씨 하나가 아닌 여럿 또는 많은 ⓑ뭇 사내를 꼬셔서 일이라도 시켜야지

뭇가름 이름씨 벼나 나무뭇을 더 작게 갈라 묶는 일 ⓑ아버지는 땔나무 큰 단을 여러 단으로 뭇가름했다 **뭇가름하다**

뭇갈림 이름씨 베어 놓은 볏단을 땅임자와 땅부침이가 가웃씩 나눠 갖던 일. 또는 그렇게 여름짓는 일 ⓑ집과 땅을 마을에서 믿을 만한 사람한테 뭇갈림으로 맡기고 올해는 쉬어요 **뭇갈림하다**

뭇다 움직씨 **1** 여러 조각을 붙이거나 이어서 만들다 ⓑ집을 떠나 바닷가에서 배를 뭇는다 **2** 여러 사람이 한데 모여서 짝이나 무리 따위를 만들다 ⓑ두레를 뭇다

뭇따래기 이름씨 **1** 잇달아 나타나 남을 괴롭히는 사람들 ⓑ배움터에서 가장 두려워할 일은 바로 뭇따래기들이다 **2** 아무 데도 쓸모없는 어중이떠중이들 ⓑ큰보름 윷놀이 판에는 뭇따래기만 모여들었다

뭇매 이름씨 여러 사람이 한꺼번에 덤비어 때리는 매 ⓑ아들은 누구에게 뭇매를 맞았는지 온몸에 시퍼렇게 멍이 들어 왔어 한뜻말몰매. 무릿매. 물매

뭇몬 이름씨 비누, 바늘, 실, 잇솔, 슈룹 같은 나날살이에 쓰는 자질구레한 것 ⇐ 잡화

뭇방치기 이름씨 함부로 남 일에 끼어드는 짓. 또는 그런 무리 ⓑ섣불리 뭇방치기하다가 몰매 맞기 일쑤다 **뭇방치기하다**

뭇별 이름씨 많은 별

뭇사람 이름씨 여러 사람 ⓑ뭇사람 사랑을 받았으니, 어찌 기쁘지 않겠는가

뭇삶갈 이름씨 목숨붙이가 살아가는 꼴이나 산것과 터전 사이 맺음을 파고드는 갈 ⇐ 생

태학

뭇삶꼴 이름씨 여러 목숨붙이가 살아가는 꼴이나 수 ⇐ 생태

뭇삶뉘 이름씨 여러 목숨붙이가 서로 끼침을 미치면서 사는 누리 ⇐ 생태계

뭇입 이름씨 여러 사람 입. 또는 여러 사람이 나무라는 말 ⓑ새말이나 다듬은 말은 뭇입에 오르내릴 만해야 우리말로 자리 잡는다

뭇짐승 이름씨 여러 짐승

뭉개다[1] 움직씨 ❶앞으로 더 나아가지 못하고 한자리에서 어물거리다 ⓑ짐을 잔뜩 실은 수레가 앞이 막혀 골목길에서 뭉갠다 ❷비척거리며 조금씩 겨우 움직이다 ⓑ앉은 채로 엉덩이를 뭉개며 옮겨갔다 ❸일을 빨리 못하고 우물우물하다 ⓑ뭉갠다고 눈치 주지만 말고 좀 나긋나긋하게 일머리를 가르쳐 줘요 비슷한말 뭉그대다 익은말 **한자리에 앉아 뭉개다** 나아가지 못하고 제자리걸음만 한다

뭉개다[2] 움직씨 ❶꼴이나 생김새가 바뀌도록 자꾸 막 문지르다 ⓑ엄마가 먹을거리를 만들 때 나는 감자 뭉개는 일을 도왔다 비슷한말 으깨다. 이개다. 짓이기다 ❷억누르고 짓밟거나 얕보다 ⓑ버시는 내 말을 그냥 뭉갰다 ❸어떤 생각을 애써 지워 버리다 ⓑ나는 슬펐던 지난여름 일을 머릿속에서 뭉갤 수 있었다 비슷한말 지우다

뭉거뜨리다 움직씨 쌓인 몬이 무너져 주저앉게 하다 ⓑ이 돌쌓을 건드려 뭉거뜨리지 않도록 살피셔요 한뜻말 뭉그러뜨리다

뭉게구름 이름씨 뭉게뭉게 피어오르는 흰 구름. 아래는 펀펀하고 위는 둥글게 솟아올라 뭉실뭉실한 꼴이며 여름에 생기는데 비는 내리지 않는다 ⓑ파란 하늘에 뭉게구름이 몽실몽실 떠 있다 비슷한말 솜구름. 메봉우리구름. 쌘구름. 더미구름

뭉게뭉게 어찌씨 ❶내나 구름 따위가 잇따라 크게 둥근 꼴로 나오는 모습 ⓑ흰 구름이 뭉게뭉게 피어오른다 작은말 몽개몽개 ❷생각이나 느낌이 잇따라 일어나는 모습 ⓑ가슴속에서 기쁨이 뭉게뭉게 피어오른다

뭉그러뜨리다 움직씨 쌓인 몬이 무너져 주저앉게 하다 ⓑ애써 쌓은 돌담을 삐뚤어졌다고 도로 다 뭉그러뜨렸다 한뜻말 뭉거뜨리다

뭉그러지다 움직씨 ❶쌓인 몬이 무너져 주저앉다 ⓑ도토리묵이 다 뭉그러졌다 한뜻말 뭉거지다 ❷엉겨서 뭉치다 ⓑ사무친 그리움이 가슴속에서 뭉그러져 돌처럼 굳어졌다 ❸썩거나 너무 물러서 처음 꼴이 없어지다 ⓑ닭을 누름솥에 넣고 푹 고았더니 뭉그러져 물이 되어 버렸다

뭉그리다 움직씨 ❶뭉뚱그려서 둥실둥실하게 만들다 ⓑ빈 가방이 쭈그러지지 않게 헌 새뜸종이를 뭉그려서 속에 넣었다 ❷돈이나 값진 것을 모아서 마련하다 ⓑ나날이 새뜸을 날라 다음 해 배움돈을 넉넉히 뭉그렸다 ❸말끝을 맺지 못하고 머뭇거리며 두리뭉실하게 마무리다 ⓑ보고 싶다는 말을 차마 다 못하고 뭉그리고 말았다

뭉그적거리다 움직씨 ❶게으르게 제자리에서 느리게 비비대며 움직이다 ⓑ푸름이는 엄마가 부르는데도 재빨리 일어날 생각을 안 하고 엉덩이를 뭉그적거리고만 있다 작은말 몽그작거리다 ❷일을 시원스레 해치우지 못하고 굼뜨게 뭉개다 ⓑ겨우 몇 움큼 되는 나물 손질하는데 한나절을 뭉그적거리네 **뭉그적대다**

뭉그적뭉그적 어찌씨 ❶앉은 자리에서 느리게 비비대며 움직이는 꼴 ⓑ무릎 뼈마디가 결딴나서 뭉그적뭉그적 엉덩이로 기면서 겨우 볼일을 본다 ❷일을 시원스레 해치우지 못하고 굼뜨게 뭉개는 꼴 ⓑ뭉그적뭉그적 때만 보내지 말고 와닥닥 해치우고 얼른 나와요 **뭉그적뭉그적하다**

뭉근하다 그림씨 불기운이 세지 않게 꾸준하다 ⓑ엄마는 소머리를 뭉근한 불에 오래 끓였다

뭉글 어찌씨 ❶뭉쳐진 덩어리 같은 것이 속 깊이 무른 꼴 ⓑ팥죽 새알이 뭉글 푹 퍼졌네 작은말 몽글 센말 뭉클 ❷먹은 것이 가슴에 뭉

친 듯한 느낌이 드는 꼴 ⓑ낮밥 먹은 것이 뭉글 가슴에 얹힌 느낌이다 ❸어떤 느낌이 북받쳐 올라와 갑자기 가슴이 꽉 차 넘치는 꼴 ⓑ재미있고 뜻깊은 가르침이 말에 모두 뭉글 기쁨이 차오르는 듯했다

뭉글거리다 움직씨 ❶덩이진 몬이 물렁하고 매끄러운 느낌이 자꾸 들다 작은말몽글거리다 센말뭉클거리다 ❷먹은 것이 가슴에 뭉친 듯한 느낌이 자꾸 들다 ❸어떤 느낌이 북받쳐 올라와 자꾸 가슴이 차는 듯하다 **뭉글대다**

뭉글뭉글 어찌씨 ❶덩어리가 되어 몽그라진 몬이 물렁하고 매끄러운 꼴 ⓑ흙은 차근차근 잘 이겨야지 뭉글뭉글 덩어리가 있으면 못써 작은말몽글몽글 센말뭉클뭉클 ❷구름이나 내 따위가 덩어리가 되어 둥그스름하니 잇달아 나오는 모습 ⓑ짓곳 굴뚝에선 하루내내 검은 내가 뭉글뭉글 솟아난다 ❸살이 많이 올라서 피둥피둥한 모습 ⓑ뭉글뭉글 살이 오른 송아지 ❹생각이 잇달아 자꾸 떠오르는 꼴 ⓑ풀밭에 누워 떠가는 구름을 쳐다보니 어릴 적 생각이 뭉글뭉글 떠오른다

뭉글뭉글하다 그림씨 ❶덩어리가 되어 뭉그러진 몬이 물렁물렁하고 매끄럽다 ⓑ냇가엔 벌써 버들강아지가 뭉글뭉글하게 피어난다 작은말몽글몽글하다 센말뭉클뭉클하다 ❷살이 올라서 부드럽고 피둥피둥하다 ⓑ엉덩이가 뭉글뭉글하게 살이 오른 새끼 돼지

뭉글하다 그림씨 ❶덩이진 몬이 무르고 미끄럽다 ⓑ복숭아가 뭉글하게 잘 익었다 센말뭉클하다 ❷먹은 것이 잘 삭지 않아 가슴에 뭉친 듯하다 ⓑ먹은 것이 가슴에 뭉글하게 걸린 듯하다 ❸어떤 느낌이 북받쳐 올라와 가슴이 갑자기 꽉 차는 듯하다 ⓑ오랜만에 언니를 만난 기쁨에 가슴이 뭉글하다

뭉떵 어찌씨 무엇을 오롯이 뚝 끊거나 크게 자르는 꼴 ⓑ처박힌 수레를 잡아끌던 밧줄이 뭉떵 끊어졌다

뭉떵뭉떵 어찌씨 잇달아 뭉떵 끊어지거나 잘라지는 꼴 ⓑ그 길던 머리카락을 뭉떵뭉떵 잘라냈다

뭉떵하다 그림씨 뚝 끊어서 뭉뚱그려 놓은 듯이 짤막하다 ⓑ가래떡을 뭉떵하게 대충 썰어 떡볶이를 해 먹지

뭉뚝하다 그림씨 굵직한 것이 끝이 짧고 무디다 ⓑ앞이 뭉뚝한 신이 나한테 잘 안 어울린다 작은말몽똑하다 센말뭉툭하다

뭉뚱그리다 움직씨 ❶하나로 뭉치거나 대충 묶어 싸다 ⓑ펄펄 끓는 아기를 뭉뚱그려 안고 나숨집에 갔다 ❷여러 가지를 하나로 품다 ⓑ뜻나눔에서 나온 생각들을 뭉뚱그려 말하자면 일터를 좋게 하자는 것이다 ⇐ 포괄하다

뭉뚱그림 이름씨 있는 그대로 그리지 않고 점이나 금, 낯, 빛깔 같은 것으로 드러낸 그림 한뜻말뽑은그림 ⇐ 추상화

뭉뚱이름씨 이름씨 겉으로 드러나는 모습을 갖추지 않은 생각을 나타내는 이름씨. 사랑, 두려움, 삶 따위가 있다 ⇐ 추상명사

뭉우리 이름씨 모난 데가 없이 뭉글뭉글하게 생긴 덩어리 ⓑ풀을 쑬 때 밀가루를 잘 풀지 않으면 뭉우리가 생긴다

뭉우리돌 이름씨 모난 데가 없이 뭉글뭉글하게 생긴 큼지막한 돌 ⓑ이쯤부터는 큰 뭉우리돌이 많으니 잘 디뎌야 해

뭉치 이름씨 ❶한데 묶거나 뭉뚱그린 덩이 또는 그것을 세는 하나치 ⓑ솜뭉치. 돈뭉치. 싸개종이 두 뭉치 ❷소 뒷다리 볼기에 붙은 고기 ⓑ오빠는 소고기 뭉치 살을 좋아한다

뭉치다 움직씨 ❶한데 모여 한 덩어리가 되다 ⓑ털실이 뭉쳤다. 흙을 뭉쳐서 지붕으로 날랐다 ❷여러 가지 생각이나 힘 따위가 하나로 굳게 모이다 ⓑ힘을 하나로 뭉치면 무서울 게 없다 ⇐ 통일하다 ❸걱정이나 노여움, 슬픔 따위가 마음속에 맺히다 ⓑ내 가슴에 뭉친 이 슬픔을 다 녹여내고 싶어

뭉클 어찌씨 ❶뭉쳐진 덩어리 같은 것이 속 깊

이 무른 꼴 ⓑ속이 썩은 호박을 만지니 뭉클 손가락이 쑥 들어간다 작은말 몽클 여린말 뭉글 ❷먹은 것이 잘 삭지 않아 가슴에 뭉친 듯한 느낌이 드는 꼴 ⓑ과가르게 삼킨 떡이 뭉클 가슴에 걸려 동치미를 들이켰다 작은말 몽클 여린말 뭉글 ❸어떤 느낌이 북받쳐 올라와 갑자기 가슴이 꽉 차 넘치는 꼴 ⓑ가슴 깊은 데서 슬픔이 뭉클 치밀어 올랐다 **뭉클하다**

뭉클거리다 움직씨 ❶덩이진 몬이 몹시 무르고 물렁하다 ⓑ뭉클거리는 선지덩이를 입에 넣고 천천히 씹었다 작은말 몽클거리다 여린말 뭉글거리다 ❷먹은 것이 잘 삭지 않아 가슴에 자꾸 뭉쳐 있는 듯하다 ❸어떤 느낌이 북받쳐 잇달아 자꾸 솟아오르다 **뭉클대다**

뭉클뭉클 어찌씨 ❶덩이진 몬이 몹시 무르고 물렁한 꼴 ⓑ푹 삶은 물고구마가 입속에서 뭉클뭉클 씹힌다 작은말 몽클몽클 여린말 뭉글뭉글 ❷구름이나 내 따위가 덩어리가 되어 둥그스름하니 잇달아 나오는 모습 ⓑ굴뚝에서 시커먼 내가 뭉클뭉클 솟아오른다 작은말 몽클몽클 여린말 뭉글뭉글 ❸어떤 느낌이 북받쳐 잇달아 자꾸 솟아오르는 꼴 ⓑ한쪽으로는 깃발 든 꼴통들이 불쌍하다는 생각이 뭉클뭉클 올라온다

뭉클뭉클하다 그림씨 덩이진 몬이 몹시 무르고 물렁하다 ⓑ물통에 오래 담가둔 감자가 물컹물컹한 것을 보니 앙금이 많이 나온 것 같다 작은말 몽클몽클하다 여린말 뭉글뭉글하다

뭉클하다 그림씨 ❶덩이진 몬이 무르고 물렁하다 ⓑ발에 뭉클한 게 밟혀 내려다보니 떨어진 감이다 작은말 몽클하다 여린말 뭉글하다 ❷먹은 것이 잘 삭지 않아 가슴에 뭉쳐 있는 듯하다 ⓑ떡 먹었던 게 아직 뭉클하니 삭지 않고 속에 남아 있는 것 같다 작은말 몽클하다 여린말 뭉글하다 ❸어떤 느낌이 북받쳐 올라와 가슴이 갑자기 꽉 차는 듯하다 ⓑ어버이 없이 홀로 크는 아이를 보니 가슴이 뭉클하다

뭉키다 움직씨 여럿이 한데 뭉쳐 한 덩어리가 되다 ⓑ아이들 떠드는 소리와 노랫소리, 짓곳에서 쇠바퀴 돌아가는 소리 따위가 뒤죽박죽 뭉키어 들렸다 작은말 몽키다

뭉텅 어찌씨 몬 한쪽이 큼직하게 잘리거나 끊어지는 꼴 ⓑ길가 벚나무 가지들이 모두 뭉텅 잘려 하룻밤 새 깡총해졌다 작은말 몽탕 센말 뭉떵

뭉텅뭉텅 어찌씨 몬 한쪽이 큼직하게 자꾸 잘리거나 끊어지는 꼴 ⓑ뭉텅뭉텅 잘린 듯한 노루 꼬리가 새삼 귀엽다 작은말 몽탕몽탕 센말 뭉떵뭉떵

뭉텅이 이름씨 한데 뭉쳐 이룬 큰 덩이 ⓑ씻을 옷이 며칠 새 한 뭉텅이 쌓였다 비슷한말 뭉치. 덩어리. 더미

뭉텅하다 그림씨 뚝 끊어서 뭉뚱그려 놓은 듯이 짤막하다 ⓑ닳고 닳은 뭉텅한 마당비 작은말 몽탕하다 센말 뭉떵하다

뭉툭 어찌씨 굵은 몬 끝이 몹시 짧고 무딘 꼴 ⓑ끝을 뭉툭 자른 나무 한끝을 뾰족하게 다듬었다 작은말 몽톡 센말 뭉뚝

뭉툭뭉툭 어찌씨 여러 몬 끝이 몹시 닳아서 짧고 무딘 꼴 ⓑ말뚝을 해 오랬더니 끝을 뭉툭뭉툭 잘라다 놓았다 작은말 몽톡몽톡 센말 뭉뚝뭉뚝

뭉툭뭉툭하다 그림씨 여러 몬 끝이 매우 짧고 무디다 ⓑ받침발로 쓸 나무는 뭉툭뭉툭하게 잘라도 된다 작은말 몽톡몽톡하다 센말 뭉뚝뭉뚝하다

뭉툭붓 이름씨 뭉툭한 속줄기에서 먹물이 스며 나오게 만들어 굵은 글씨를 쓰는 붓 ⇐ 매직펜

뭉툭하다 그림씨 굵은 몬 끝이 매우 짧고 무디다 ⓑ아기 코가 뭉툭하다 작은말 몽톡하다 센말 뭉뚝하다

뭍 이름씨 ❶바다나 가람이 아닌 땅. 물에 덮이지 않은 땅 겉 ⓑ우리가 사는 땅별은 뭍이 바다보다 훨씬 작다 비슷한말 땅 ❷섬이 아닌 큰 땅 ⓑ섬 아이는 뭍에 나가는 게 꿈이다 슬기말 **뭍에 오른 고기** ❶제 재주를 펼칠

수 없는 터수에 몰린 사람 **2** 떠퀴가 판가름나 벗어날 수 없음 **뭍에서 배 부린다** 도무지 이룰 수 없는 일을 한다

뭍길 이름씨 뭍에 난 길 ⇐ 육로

뭍사람 이름씨 섬이 아닌 땅에서 사는 사람 ⓑ뭍사람들은 섬사람들과 그 바탈이 많이 다르다

뭍싸울아비 이름씨 나라 땅을 뭍에서 지키는 싸울아비 한뜻말 뭍싸움꾼 ⇐ 육군

뭍에운바다 이름씨 유럽과 아시아, 아프리카 세 한뭍에 둘러싸인 바다. 새녘으로는 붉바다, 하늬녘으로는 큰하늬바다, 노녘으로는 검은바다와 이어진다 ⇐ 지중해

뭐 갈이름씨 **1** '무어', '무엇' 준말 ⓑ아까 뭐라고 했어? **2**(느낌씨) 뜻밖 일에 놀라거나 아쉬울 때 쓰는 말 ⓑ어쩔 수 없지, 뭐

뭐하다 그림씨 '무엇하다' 준말. 꼭 집어 어떻다고 할 수는 없지만 기껍지 않고 좀 거북하다 ⓑ강아지를 데려온다는 게 뭐하긴 하다만 혼자 둘 수가 없었어

뭔 매김씨 '무슨' 입말 ⓑ뭔 수다가 그리 많다냐?

뭘 갈이름씨 '무엇을' 준말 ⓑ배고파서 뭘 좀 먹어야겠어. 이렇게 갖다줘서 고마워요. 뭘! 오는 길에 가져왔는데

뭣 갈이름씨 '무엇' 준말 ⓑ뭣 때문에 그러는 거야?

뭣하다 그림씨 '무엇하다' 준말 ⓑ혼자 먹기가 뭣해서 밥동무나 찾아볼까 하고 나왔어

뮈다[1] 움직씨 미워하다 ⓑ남을 뮈는 것은 곧 스스로를 뮈는 것이다 슬기말 **뮈다가 괼디라도 괴다가란 뮈지마소** 미워하다가 사랑하더라도 사랑하다가는 미워하지 마소

뮈다[2] 움직씨 움직이다 ⓑ뿌리 깊은 나무는 바람에 아니 뮐세

뮈우다 움직씨 뭉클하게 하다. '뮈다²' 하임꼴 ⓑ네 애타는 마음이 하늘을 뮈우겠구나

뮘그림 이름씨 움직임 빛박이나 멀봄 그림낯, 셈틀봄널에 나타나는 꼴 ⓑ좋은 뮘그림은 우리 마음을 뭉클하게 한다 ⇐ 영화. 활동사진. 영상

뮘그림뜻나눔 이름씨 멀리 떨어진 사람끼리 뮘그림을 보며 이야기 나누는 것 ⇐ 화상회의

뮘그림말틀 이름씨 그림낯으로 맞은쪽을 서로 보면서 주고받는 말틀 ⇐ 화상전화

뮘그림벌데 이름씨 뮘그림일터 ⇐ 영화사

뮘그림일터 이름씨 뮘그림을 만들고 나눠주며 딴나라로 내보내고 딴나라에서 들여오는 일을 하는 곳 한뜻말 뮘그림벌데 ⇐ 영화사

뮘그림잔치 이름씨 여러 뮘 그림을 한데 모아 보여주는 잔치 ⇐ 영화제

뮘그림지기 이름씨 뮘그림을 만드는 데서 노릇하기, 구실 맡기 따위를 이끌고 힘을 하나로 모으는 사람 ⇐ 영화감독

뮘그림집 이름씨 뮘그림을 보여주는 곳 ⇐ 영화관

뮘그림틀 이름씨 **1** 멀봄 뮘그림을 소리에 견줘 이르는 말 ⇐ 비디오 **2** 멀봄 뮘그림 짓말을 다루는 뮘틀 ⇐ 비디오

뮘그림천 이름씨 뮘그림을 비추는 천 ⇐ 스크린

뮘찍개 이름씨 움직이는 비춤꼴을 찍어 갈무리하는 틀. 소리도 함께 갈무리한다 ⇐ 캠코더

뮘틀 이름씨 불힘, 번힘, 물힘 따위를 틀힘으로 바꾸는 틀 ⇐ 엔진. 발동기

뮘틀쏘개 이름씨 쏘개알이 저절로 재어져서 이어 쏠 수 있게 만든 쏘는 잠개 ⇐ 기관총

뮤지컬 ⇒ 춤노래굿

므스므라 어찌씨 무슨 까닭으로 ⓑ므스므라 그런 일을 했느냐?

미[1] 이름씨 하늬 가락 일곱 가락섬 가운데 셋째 소리 이름. 우리말 이름으로는 '마'

미[2] 이름씨 바다에서 나는 숨받이 가운데 하나. 검붉은 밤빛인 몸은 부드럽고 오이처럼 생겼으며 온몸에 오톨도톨한 돋이가 많다. 날로 많이 먹고 결창은 젓을 담근다 한뜻말 뮈 ⇐ 해삼

미 ⇒ 아름다움

미가공품 ⇒ 날것

미각 ⇒ 입맛. 맛. 맛느낌

미간 ⇒ 눈썹 사이. 눈살
미감 ⇒ 맛느낌
미강 ⇒ 쌀겨. 속등겨
미강유 ⇒ 쌀겨기름. 겨기름
미개인 ⇒ 덜깬사람
미개척지 ⇒ 안 일군땅. 날땅
미결 ⇒ 안 잡힘. 안 끝남. 덜갈무리. 갈무리안됨
미골 ⇒ 꼬리뼈. 꼬리대기
미공개 ⇒ 안보여줌. 숨김. 안 알리다. 안 보여주다. 알리지 아니하다. 감추다. 숨기다. 덮어두다
미관 ⇒ 볼품. 고운 볼거리
미관말직 ⇒ 낮은 벼슬. 밑벼슬. 끝벼슬
미국 ⇒ 유에스. 유에스에이
미군 ⇒ 유에스 싸울아비. 유에스 잠개잡이
미궁 ⇒ 홀림길. 홀림속. 수수께끼. 섞갈림길. 헷갈림
미꾸라지 (이름씨) ❶논이나 개울, 못 따위 흙바닥 속에 살며 몸은 둥글고 길며 몹시 미끄러운 민물고기. 주둥이에 5켤레 나룻이 있고 등은 검푸른빛에 작은 점이 많으며 배는 누르희다 ❷하는 짓이나 몸가짐새가 잽싸고 약삭빠른 사람 (슬기말) **미꾸라지 한 마리가 온 웅덩이를 다 흐린다·미꾸라지 한 마리가 온 도랑물을 다 흐린다** 못된 사람 하나가 한집안이나 여러 사람에게 안 좋은 힘을 미친다
미꾸리 (이름씨) 미꾸라지와 비슷하나 몸이 더 둥글며 입이 작고 주둥이 끝이 밑으로 달렸으며 입 가쪽으로 나룻이 다섯씩 난 민물고기
미끄러져내림 (이름씨) 비탈진 곳을 미끄러져 내림 ⇐ 활강
미끄러지다 (움직씨) ❶비탈지거나 미끄러운 곳에서 한쪽으로 밀려나거나 넘어지다 ❷길이나 쇠길, 뱃길을 따라 수레나 줄수레, 배가 거침없이 나아가다 (슬기말) **미끄러진 김에 쉬어 간다** 잘못된 때를 거꾸로 저를 살리는 쪽으로 부려 쓴다
미끄럼 (이름씨) 미끄러지는 일이나 미끄러지는 놀이 ⓑ못 얼음 위에 미끄럼 타러 가자
미끄럼틀·미끄럼판 (이름씨) 앉아서 미끄러져 내려오게 비스듬하게 만든 놀이 틀 ⓑ아이들이 놀이터에서 미끄럼틀을 타며 논다
미끄럽다 (그림씨) 거침없이 저절로 밀려 나갈 만큼 번드럽다 ⓑ마룻바닥이 미끄러워서 자빠질 뻔했다 비슷한말미끌미끌하다 작은말매끄럽다
미끈거리다 (움직씨) 미끄럽고 번드러워서 자꾸 밀리거나 빠져나가다 ⓑ큰못 위 얼음판이 아주 미끈거려서 걷기가 어렵다 작은말매끈거리다 **미끈대다**
미끈미끈 (어찌씨) ❶매우 미끄러워서 발이나 손이 붙지 않고 미끄러지거나 밀리어 나가는 꼴 ⓑ집 앞 개울을 건널 때면 이끼 낀 돌멩이가 미끈미끈 넘어질 것 같아 두렵다 ❷거친 데가 없어 절로 밀려 나갈 만큼 몹시 번드러운 꼴 ⓑ이곳 물은 하도 부드러워 비누로 씻노라면 얼굴이 미끈미끈 절로 미끄러진다
미끈미끈하다 (그림씨) 여럿이 다 미끈하거나 매우 미끈하다. 저절로 미끄러질 만큼 매우 미끄럽다 ⓑ비 온 뒤라 논둑길이 미끈미끈하다 비슷한말미끈거리다. 미끈대다 작은말매끈매끈하다
미끈하다[1] (그림씨) ❶군티나 거친 데가 없이 부드럽고 번드럽다 ⓑ무가 미끈하게 잘생겼다 작은말매끈하다 ❷차림이나 꾸밈새가 훤하고 깨끗하다 ⓑ빛박이 속 젊은 아버지는 미끈하게 잘생겼네
미끈하다[2] (움직씨) 미끄러워서 발이나 손이 붙지 않고 미끄러지거나 밀리어 나가다 ⓑ땅이 얼어서 아주 미끈하다 작은말매끈하다
미끌거리다 (움직씨) 거침없이 저절로 밀려 나갈 만큼 몹시 번드럽다 **미끌대다**
미끌기름 (이름씨) 틀이 맞닿아 비벼지는 것을 덜려고 쓰는 미끄러운 기름 ⇐ 윤활유
미끌물 (이름씨) 뼈마디 움직임을 부드럽게 해주는 끈끈하고 미끄러운 물기 ⓑ늙어 뼈마디가 닳으면 미끌물도 모자라 무릎이 시근거리고 아프다 ⇐ 활액
미끌미끌 (어찌씨) 거침없이 저절로 밀려 나갈

만큼 몹시 번드러운 꼴 ㉥미꾸라지가 미끌미끌 손가락 사이로 빠져나간다 작은말매끌매끌

미끌미끌하다 [그림씨] 거침없이 저절로 밀려 나갈 만큼 몹시 번드럽다 ㉥기름 만진 손이 미끌미끌하다 비슷한말미끄럽다 작은말매끌매끌하다

미끌하다 [움직씨] 미끄러워서 손이나 발로 잡지 못하고 미끄러지거나 밀리어 나가다 ㉥기름 묻은 접시가 미끌해서 손에서 놓치고 말았다

미끼 [이름씨] [1]물고기를 잡으려고 낚시 끝에 끼우거나 물에 뿌리는 물고기 먹이 ㉥고기가 미끼를 물었다 한뜻말고기밥. 낚싯밥. 먹이 [2]제 알속을 채우려고 남을 꾀어내는 몬이나 간사위 ㉥바우는 야바위꾼이 던진 미끼에 걸려들었다 비슷한말낚싯밥 [슬기말] **미끼 없는 낚시꾼** 어떤 일을 하는데 가장 종요로운 것을 갖추지 못한 사람 **옷곳 나는 미끼 아래 반드시 죽는 고기 있다** 마음을 끄는 꼬임에 걸려들어 죽는 줄도 모르고 덤벼들지 말라

미나리 [이름씨] 얕은 물이나 물기 있는 땅에서 자라며 여름에 희고 작은 꽃이 피고 부드러운 줄기와 잎은 남다른 내가 있어 나물로 먹는 여러해살이풀 ㉥미나리를 살짝 데쳐 양념을 넣고 조물조물 무쳐 먹으면 아주 맛나다. 날 미나리 맛이 으뜸이고 몸에 좋다

미나리꽝 [이름씨] 미나리를 심거나 가꾸는 논 ㉥오늘 집 앞 못 아래에 미나리꽝을 만들었다 한뜻말미나리논

미나리아재비 [이름씨] 메와 들, 밭둑에 자라는 여러해살이풀. 잎은 손처럼 생기고 가장자리에 톱니가 있으며 이른 여름에 노란 꽃이 핀다. 어린잎을 먹어왔으나 죽이개가 들어 있어 먹지 않는 것이 좋다 ㉥푸른 풀밭 속에 노란 미나리아재비 꽃이 상큼하다

미남 ⇒ 잘생긴 사내. 멋진 머시마

미납 ⇒ 안냄. 밀림. 안 내다. 못 내다. 내지 못하다. 밀리다

미네랄 ⇒ 쇳돌몬밭

미녀 ⇒ 잘생긴 겨집. 멋진 가시나

미는글 [이름씨] 어떤 자리나 갖출것에 알맞는 거리를 알리는 속내를 적은 글 ⇐ 추천글

미늘 [이름씨] [1]낚시나 작살 끝에 물고기가 빠지지 않게 만든 작은 갈고리 ㉥날카로운 미늘이 가물치 목구멍에 깊숙이 박혔다 [2]싸움옷에 단 비늘 꼴 쇳조각이나 가죽 조각 ㉥싸움옷엔 왜 미늘을 달았을까? ⇐ 갑옷미늘

미니 ⇒ 짧은. 작은. 꼬마. 좀. 썩 작은것

미니스커트 ⇒ 몽당치마. 짧은 치마

미다[1] [움직씨] 살이 드러날 만큼 털이 빠지다 ㉥강아지 털이 많이 미어서 불쌍해 보인다 밑말무이다[1]

미다[2] [움직씨] 종이나 가죽같이 얇은 것을 잘못 다루거나 건드려 구멍을 내거나 찢다 ㉥새로 바른 안방 문종이를 누가 미어 놓았지?

미다[3] [움직씨] 깔보아 따돌리고 멀리하다 ㉥배움이 모둠에서 서로 미면 안 될 일이지 비슷한말미우다

미다보리 [이름씨] 마사라사 높새녘에 있는 고을. 여름지이와 짐승치기를 많이 하며 이름난 절이 많다 ⇐ 밀양

미닫이 [이름씨] 문이나 바라지 따위를 옆으로 밀어서 여닫는 꼴. 또는 그런 문이나 바라지 ㉥드르륵거리는 미닫이 소리에 잠이 깼다

미닫이문 [이름씨] 옆으로 밀어 여닫는 문 ㉥방 안팎이 작을 때에는 미닫이문이 더 쓰기에 좋다 맞선말여닫이문

미달 ⇒ 모자람. 못미침. 뒤짐. 모자라다. 뒤지다. 미치지 못하다. 못 미치다

미담 ⇒ 아름다운 이야기. 흐뭇한 이야기. 갸륵한 이야기. 좋은 얘기

미대 ⇒ 그림한배곳

미더덕 [이름씨] 몸은 밤빛이고 가늘고 길며 바다 바위에 붙어사는 숨받이. 물고기 찌개나 국에 넣으면 맛이 시원하다

미덕 ⇒ 어진마음. 좋은마음. 착한마음

미덥다 (그림씨) 말이나 하는 짓이 믿을 만하다 ⓑ아버지는 생각이 바르고 마음가짐이 반듯한 큰언니가 미덥다 비슷한말 미쁘다. 믿음직하다. 든든하다

미동 ⇒ 꼼짝. 작은 뮘. 가벼운 움직임. 움찔함. 꼼짝하다. 조금 뮈다

미등 ⇒ 꼬리불. 뒷불

미라 (이름씨) 썩지 않고 잘 말라서 죽을 때 모습으로 갈무리된 사람이나 짐승 주검 ⓑ우리나라에도 아주 오래된 미라가 여럿 나왔지

미래 ⇒ 앞. 앞날. 앞일. 앞길. 올적. 뒷날

미래사 ⇒ 앞일. 먼일. 뒷일. 올적일

미래상 ⇒ 앞날 모습

미량 ⇒ 조금

미레[1] (이름씨) 소 턱밑 고기

미레[2] (이름씨) 길그물. 물고기를 통그물 안으로 이끌어 들이는 도움그물

미레자 (이름씨) 나무장이가 나무에 먹으로 금을 그을 때 쓰는 'ㅜ'자꼴 자 한뜻말 먹자 ⇐ 티자

미력 ⇒ 적은 힘. 작은 힘

미련 (이름씨) 어리석고 알아차림이 무딘 것 ⓑ미련 좀 그만 떨어라 작은말 매련 (슬기말) **미련은 먼저 나고 슬기는 나중 난다** 미련이 먼저 생기고 그다음에 슬기가 생긴다. 무슨 일을 잘못 생각하여 못쓰게 그르쳐 놓은 뒤에 이럴 걸 저럴 걸 하고 뉘우친다 **미련이 담벼락 뚫는다** 미련한 사람이 오히려 끈기가 있다

미련 ⇒ 못잊는 마음. 끊지 못하는 생각. 끈끈한 마음

미련스럽다 (그림씨) 어리석고 알아차림이 무딘 데가 있다 ⓑ저이는 좀 미련스럽기는 하지만 미더운 구석도 있어 작은말 매련스럽다

미련퉁이 (이름씨) 몹시 미련한 사람 ⓑ나는 그동안 그 사람이 말하는 것이면 무턱대고 믿고 시키는 대로 한 미련퉁이였다 작은말 매련퉁이

미련하다 (그림씨) 어리석고 알아차림이 무디다 ⓑ너는 어떨 때 보면 미련할 만큼 눈치가 없더라 비슷한말 아둔하다. 덜되다 작은말 매련하다

미련하다 ⇒ 서투르다. 서툴다

미로 ⇒ 홀림길. 숨은길. 수수께끼길. 섞갈림길. 호듯속

미루나무 (이름씨) 줄기가 아주 높이 곧게 자라고 잎은 빛이 나며 씨는 솜털로 덮인 갈잎나무. 가람가나 마을 가까이 길가에 볼거리로 많이 심는다 ⓑ미루나무 꼭대기에 조각구름이 걸려있네 ⇐ 포플러

미루다 (움직씨) **1**잡아둔 때를 뒤로 물리다 ⓑ푸름이는 일을 미루는 버릇이 있다 비슷한말 돌리다. 물리다 맞선말 당기다. 앞당기다 ⇐ 연기하다 **2**일을 남에게 넘기다 ⓑ엄마는 언니에게 집안일을 미루고 볼일을 보러 나갔다 **3**이미 알려진 것으로써 다른 것을 비추어 어림잡아 헤아리다 ⓑ그 사내가 한 말로 미루어 볼 때 그 일을 미리 알았나 봐 비슷한말 건너짚다

미르[1] (이름씨) 생각 속 짐승. 몸은 아주 큰 뱀 같고 비늘과 네 발이 있고 사슴뿔에 소귀를 지녔다 한다 ⇐ 용

미르[2] (이름씨) 열두 띠 가운데 미르 ⇐ 진

미르머리[1] (이름씨) 미르마루 두 끝이나 지붕마루 끝을 마감하는 곳에 붙이는 미르머리꼴 기와 한뜻말 망새 ⇐ 용머리

미르머리[2] (이름씨) 잎은 마주나며 여름에 줄기 끝에 보랏빛 꽃이 모여 피는 꿀풀갈래 여러해살이풀 ⇐ 용머리

미르머리뱀꼬리 (이름씨) 처음은 크고 좋으나 끝은 흐지부지 ⇐ 용두사미

미리 (어찌씨) 어떤 일이 일어나거나 어떤 일을 하기에 앞서 ⓑ우리 집에 올 거면 내가 채비할 수 있게 미리 알려줘 (슬기말) **김칫국부터 미리 마신다** 맞은쪽 속도 모르고 지레 대중으로 그렇게 될 것으로 믿고 움직인다

미리나 (이름씨) 미리수고장과 나바라 고장을 아울러 이르는 말. 또는 노미리나 고장과 마미리나 고장을 아우르는 말 ⇐ 충청도. 호서

미리내 (이름씨) 밤하늘에 흰 가람물 꼴로 길게

보이는 수많은 별무리. '미르가 사는 시내'란 뜻 ㉥여름밤에 돗자리에 누워 삶은 옥수수를 먹으며 미리내를 보는 멋을 누려보자 ⇐ 은하. 은하수

미리냄 이름씨 돈 내야 할 때가 되기 앞에 미리 내는 것 ⇐ 예납

미리막이몬 이름씨 사람 몸속에 찔러넣어 앓이를 미리 막는 데 쓰는 몬. 이것을 맞으면 우리 몸 안에 앓이 일개와 맞서 싸워 이길 힘을 길러준다 ⇐ 백신

미립 이름씨 겪어 얻은 슬기 ㉥아저씨는 여름짓는 일이라면 미립이 났다 익은말 **미립이 트다·미립이 트이다** 겪어 얻은 슬기가 생기다

미립껏 어찌씨 슬기를 잔뜩 내어

미립나다 움직씨 겪어서 일 가리새를 깨닫거나 슬기가 생기다 ⇐ 터득하다

미립자 ⇒ 좀알씨. 지릅

미만 ⇒ 안짝. 안쪽. 못 미침

미망 (迷妄) ⇒ 헤맴. 헷갈림

미망인 ⇒ 홀어미. 남은이

미명 (未明) ⇒ 어둑새벽. 어슴새벽. 꼭두새벽. 첫새벽. 새벽. 새틀녘. 새트기. 갓밝이

미명하에 (美名) ⇒ 허울좋은 이름으로. 그럴듯한 이름으로. 내세운 핑계로

미모 ⇒ 예쁜 얼굴. 아름다운 얼굴

미모사 ⇒ 엄살풀

미묘하다 ⇒ 야릇하다. 까다롭다

미물 ⇒ 벌레. 좁쌀. 좀팽이. 변변찮은 것

미미하다 ⇒ 보잘것없다. 하찮다. 시시하다. 쥐꼬리만하다. 자질구레하다. 흐릿하다. 시쁘다. 대수롭지 않다

미봉책 ⇒ 꾸려맞추기. 겉꾸림. 겉치레. 겉불끄기. 겉발림. 한때 때우기. 눈가림. 발라맞추기

미비 ⇒ 덜 갖춤. 못갖춤. 덜 갖추다. 못 갖추다. 갖추지 못하다

미쁘다 그림씨 더없이 믿음직하다 ㉥저 사람은 보기보다 하는 일이 아주 미뻐 비슷한말 미덥다

미쁜글 이름씨 다짐하는 글 한뜻말 다짐글 ⇐ 약정서

미사 이름씨 가톨릭에서 예수 마지막 저녁밥을 기려 드리는 식게 ㉥가톨릭 믿는 사람들은 해날에 미사를 드린다

미사여구 ⇒ 아름다운 말. 아름다운 글월. 달콤말. 사탕발림

미사일 ⇒ 이끎터지개

미상 ⇒ 뚜렷하지 않음. 밝혀지지 않음

미생물 ⇒ 좀산것. 잔살이

미선나무 이름씨 멧기슭 볕 바른 곳에서 자라며, 봄에 희거나 엷붉은 꽃이 잎보다 먼저 피고, 열매는 가을에 부채꼴로 익는 우리나라에만 있는 나무로 저절기림몬이다

미성년자 ⇒ 아이. 어린이. 덜어른

미세기[1] 이름씨 해와 달 끌힘으로 바닷물이 되풀이 드나드는 것. 밀물과 썰물 ㉥하늬바닷가는 미세기 물높이가 크게 다르다 ⇐ 조수. 간만

미세기[2] 이름씨 두 짝을 한쪽으로 겹쳐서 밀어 여닫는 문이나 바라지 ㉥미닫이는 문을 다 열 수 있으나 미세기는 가웃만 열린다

미세하다 ⇒ 곱다. 잘다. 가늘다. 보잘것없다. 아주 작다. 가느다랗다

미소 ⇒ 웃음. 볼웃음. 방실웃음

미수(未遂) ⇒ 못이룸. 못 이루다

미수금 ⇒ 거둘돈. 받을돈. 들올돈

미숙 ⇒ 덜익음. 설익음. 덜익다. 설익다. 서투르다

미숙련공 ⇒ 풋내기. 벗장이

미숙아 ⇒ 달못찬애. 달덜찬애

미술 ⇒ 그림. 그리기. 만들기

미술가 ⇒ 그림꾼. 그림쟁이

미술관 ⇒ 그림집

미숫가루 이름씨 여러 가지 낟알을 찌거나 볶아서 가루로 만든 먹거리 ㉥오늘 아침에는 미숫가루를 타서 밥 삼아 먹었다

미스 ⇒ 아가씨

미스터 ⇒ 님. 씨

미스터리 ⇒ 야릇함. 알 수 없음

미시적 ⇒ 잘게 본. 좁게 본

미신 ⇒ 그릇믿음. 헛믿음

미심쩍다 ⇒ 꺼림칙하다. 꺼림하다. 믿을 수 없다

미싱 ⇒ 바느질틀

미아 ⇒ 길 잃은 아이. 집 잃은 아이

미안하다 ⇒ 서머하다. 점직하다. 점하다. 볼낯없다

미약하다 ⇒ 힘없다. 여리다. 가냘프다

미얀마 이름씨 새마아시아와 인디아 사이에 있는 나라로 넓은 땅과 더운 날씨로 벼여름지이를 한 해에 두세 차례나 할 수 있어 쌀을 많이 내다 파는 나라. 거의 모든 사람들이 붓다 가르침을 따라서 절과 쌓이 많다. 서울은 네피도

미얄할미 이름씨 소바히 탈춤 같은 옛 탈춤에 나오는 할미. 밤빛이나 검은빛 바탕에 흰 점과 붉은 점이 찍힌 탈을 쓰고 논다

미어지다 움직씨 ❶가죽이나 옷, 종이 따위가 해져서 구멍이 나다 ⓑ마음에 드는 바지를 오래 입어 무릎이 다 미어졌다 ❷가슴이 찢어질 듯이 슬픔이나 답답함을 느끼다 ⓑ돌아가신 엄마가 생각날 때마다 가슴이 미어지고 눈물이 핑 돈다 ❸('미어지게' 꼴로 써) 꽉 차서 터질 듯이 ⓑ촛불을 들고 물러나라고 외치며 서울 한복판 거리를 미어지게 밀려갔다

미어터지다 움직씨 가득 차서 터질 듯하다 ⓑ엄마는 자루가 미어터지게 쌀을 담아서 홀로 사는 이웃 할머니께 갖다 드렸다

미역[1] 이름씨 냇물이나 가람에 들어가 몸을 담그고 씻거나 노는 일 ⓑ아이들이 개울에서 미역을 감는다 준말멱

미역[2] 이름씨 줄기 두 쪽에 잎이 깃꼴로 달려 얕은 바다 바위에 붙어사는 검은 밤빛 바다풀. 날로 먹거나 데쳐 먹고 말려 놓았다가 국을 끓여 먹기도 한다. 피를 맑게 한다 준말몍

미역감다 움직씨 냇물이나 가람에 들어가 몸을 씻거나 놀다 ⓑ어릴 적 밭에 갔다가 집으로 돌아가는 길에 개울에서 미역감곤 했지 준말멱감다

미역국 이름씨 미역을 넣어 끓인 국 ⓑ오늘은 내가 태어난 날이라고 엄마가 미역국을 끓여 주었다 준말멱국 익은말 **미역국을 먹다** 뽑히는 자리에 붙지 못하고 떨어지다

미연 ⇒ 미리. 미리미리. 진작

미영 이름씨 ❶키는 두자 안팎이고 손바닥 꼴 잎은 어긋맞게 나며 이른 가을에 누르거나 흰붉은 꽃이 피어 다래가 달리고 익으면 흰 솜이 피는 풀 ⇐ 목화. 코튼 ❷솜을 자아 만든 실로 짠 베 ⓑ어머니는 솜으로 미영실을 자아 베틀에서 미영베를 짜서 우리들에게 따뜻한 미영옷을 지어 입혔다 ⇐ 면

미영꽃 이름씨 미영에서 피는 꽃 ⓑ미영꽃이 지고 열매인 다래가 달리고 굵어져 익으면 벌어져 흰 솜이 나온다 ⇐ 목화꽃

미영베 이름씨 미영실로 짠 베 ⇐ 면직물. 면포

미영솜 이름씨 미영에서 얻은 솜. 열매 속 까만 씨에 붙어 있다 ⓑ솜과 씨를 떼 내려면 쐐기를 지나가게 한다 ⇐ 목화솜

미영씨 이름씨 미영에서 나는 씨. 대추씨만 하고 까만데 기름을 짜서 먹고 비누 밑감이나 낫개로 쓴다 ⓑ미영솜을 쐐기에 넣고 돌리면 미영씨와 솜이 따로 나뉜다 ⇐ 목화씨

미온적 ⇒ 미지근한. 미적지근한. 흐리멍덩한. 흐리마리한

미완·미완성 ⇒ 덜됨. 못됨. 못이룸. 못마침. 덜마침

미용 ⇒ 고운낯. 아름다운 얼굴. 얼굴가꾸기

미용사 ⇒ 머리다듬이. 털다듬이. 머리손질꾼

미용실·미장원 ⇒ 머리방. 머릿가게

미우다 움직씨 언짢게 여겨 따돌리고 멀리하다 ⓑ이웃을 미우면 내 삶이 잘 풀리지 않는다 비슷한말미다[3]

미욱스럽다 그림씨 하는 짓이 미련하고 어리석은 데가 있다 ⓑ술을 잘 못 마시는 사람이 미욱스럽게 마셔 몸도 못 가누다니

미욱하다 그림씨 하는 짓이 미련하고 어리석다 ⓑ미욱한 짓 좀 그만해라

미움 이름씨 마음에 들지 않아 싫어하고 거리끼는 마음 ⓑ미움도 키우면 자란다

미워하다 움직씨 밉게 여기다 ⓑ미움받는 일도 괴롭고 미워하는 일도 괴롭다 비슷한말싫

어하다. 꺼리다 ⇐ 혐오하다

미음[1] [이름씨] 한글 닿소리 글자 'ㅁ' 이름

미음[2] [이름씨] 쌀이나 좁쌀에 물을 넉넉히 붓고 푹 끓여 체에 걸러낸 걸쭉한 먹거리. 흔히 아픈 사람이나 어린아이들이 먹는다 [보] 할머니가 아파서 드러눕자 엄마는 미음을 끓여 드렸다 [한뜻말]보미 [준말]밈

미이다 [움직씨] 팽팽하게 켕긴 종이나 가죽이 잘못 건드려져 구멍이 나다. '미다' 입음꼴 [보] 창호지가 미여 바람이 들어온다 [한뜻말]미어지다

미인 ⇒ 예쁜이. 고운이. 아름님. 아름이

미장[1] [이름씨] 집 짓는 일 가운데 바람이나 보꾹, 바닥 따위에 흙이나 재반죽을 바르는 것 [보] 나도 웬만한 미장은 다 할 수 있다

미장[2] [이름씨] 똥이 굽아 나오지 않을 때 똥구멍에 넣는 낫개. 갱엿으로 대추씨처럼 만든다

미장공 ⇒ 미장이

미장이 [이름씨] 집 짓는 일 가운데 바람이나 보꾹, 바닥 따위에 흙이나 재반죽을 바르는 일을 하는 사람 [보] 언니는 아버지한테서 미장이 일을 물려받았다 ⇐ 미장공. 토공

미장질 [이름씨] 똥이 굳어 잘 나오지 않을 때 똥을 파내거나 낫개를 넣어 나오게 하는 일 [보] 며칠째 똥을 못 눠서 미장질이라도 해야 할까봐 **미장질하다**

미적거리다 [움직씨] **1** 무거운 것을 조금씩 앞으로 밀다 [보] 아우는 끙끙대며 커다란 가방을 미적거렸다 **2** 해야 할 일이나 날짜 따위를 자꾸 미루다 [보] 미적거리다 보니 어느새 마감날이 다가왔다 **3** 꾸물대거나 망설이다 [보] 동무는 선뜻 말대꾸를 못하고 미적거리며 눈치만 살폈다 **미적대다**

미적미적 [어찌씨] **1** 무거운 것을 조금씩 자꾸 미는 꼴 [보] 버스를 줄 서서 기다리며 쌀자루를 미적미적 앞으로 밀었다 **2** 해야 할 일이나 날짜 따위를 자꾸 미루는 꼴 [보] 잔칫날을 알리는 부름글을 써야 하는데 미적미적 미루다 오늘에야 마쳤다 **3** 자꾸 꾸물대거나 망설이는 꼴 [보] 그렇게 미적미적 늑장을 피우다간 버스를 놓치겠다 **미적미적하다**

미적지근하다 [그림씨] **1** 더운 기운이 조금 있는 듯하다 [보] 밥도 국도 식어서 미적지근하다 [비슷한말]미지근하다 [작은말]매작지근하다 **2** 맺고 끊는 데가 없이 흐리멍덩하다 [보] 엄마는 미적지근한 아버지 때문에 답답할 때가 많다

미절 [이름씨] 쇠고기 좋은 데를 떼어 내고 남은 허섭스레기. 국거리로 많이 쓴다 [보] 미절로 끓여도 국이 얼마나 맛있는데

미정 ⇒ 못잡음. 못고름. 못잡다. 오락가락하다

미주바리 [이름씨] 밑구멍. 똥구멍 [보] 줬다가 받으면 미주바리에 솔난다

미주알 [이름씨] 똥구멍을 이루는 창자 끝 쪽

미주알고주알 [어찌씨] 아주 작은 일까지 모두 다 [보] 보람이는 배움터에서 돌아오면 그날 일을 엄마에게 미주알고주알 다 말한다 [한뜻말]고주알미주알. 꼬치꼬치. 낱낱이

미지 ⇒ 모름

미지근하다 [그림씨] **1** 더운 기운이 조금 있다 [보] 찌개가 식어서 미지근하다 [비슷한말]미적지근하다 [작은말]매지근하다 **2** 생각이나 짓이 뚜렷하지 못하다 [보] 그렇게 미지근하게 말하니 누가 네 마음을 알아주겠니

미지급·미지불 ⇒ 못냄. 못치름. 못줌

미지수 ⇒ 모르는 수. 모름수

미진하다 ⇒ 못다 하다. 남아 있다

미처 [어찌씨] 아직 미치지 못하여 [보] 네가 그렇게 힘들었는지 미처 몰랐다 [비슷한말]아직. 채. 아직껏

미천하다 ⇒ 나랍다. 낮다. 알량하다. 보잘것없다. 하찮다

미추·미추골 ⇒ 꽁무니뼈

미치광이 [이름씨] **1** 얼이 잘못되어 말과 짓이 여느 사람과 다른 이 [보] 제 마음에 안 든다고 멀쩡한 사람을 미치광이로 몰아붙이다니! [한뜻말]미친 사람 ⇐ 광인 **2** 여느 사람과 달리 나쁜 짓을 거리낌 없이 함부로 하는

사람 ⓔ힘없는 사람들 눈에는 힘센 나라 하는 짓은 싸움 미치광이 같다 ❸어떤 일에 지나치게 빠져 온 얼을 쏟아붓는 사람 ⓔ그 젊은이는 춤 미치광이다

미치다[1] (움직씨) ❶얼이 잘못되어 말과 짓이 여느 사람과 다르다 ⓔ그 사람은 큰일을 겪은 뒤 미쳐버렸다 비슷한말 돌다 ❷하는 짓이 여느 사람과 다르다 ⓔ그 힘든 일을 잠도 거의 자지 않고 한 달 내내 하다니, 미쳤군 ❸어떤 일에 지나치게 빠져 온 얼을 쏟아붓다 ⓔ나는 한때 춤에 미친 적이 있었다 한뜻말 빠지다 ❹얼이 나갈 만큼 아주 괴로워하다 ⓔ힘들어 미치겠다 (익은말) **미쳐 날뛰다** 미친 듯이 마구 법석을 떨다 (슬기말) **미친 사람 말에서도 얻어들을 것이 있다** 남이 하는 말은 어떤 것이라도 귀담아들어야 한다

미치다[2] (움직씨) ❶어떤 곳에 가거나 닿거나 이르다 ⓔ착한 마음씨를 잃지 않은 아주머니 이야기가 여러 사람에게 미치어 마음을 울렸다 ⇐ 파급되다 ❷생각이나 말이 어떤 잣대나 참에 이르다 ⓔ이야기가 제 일에 미치자 곱단이는 울음을 터뜨렸다 ❸힘이나 손길이 어디에 가 닿다 ⓔ순이 손길이 집 안 구석구석 미치지 않는 데가 없었다

미터 (이름씨) ('미터' 재기에 따른) 길이를 나타내는 바탕 하나치. 땅별 노마금 '네즈믄골에 하나'로 잡고 'm'으로 나타낸다. 1미터는 100센티미터이다 ⓔ내 키는 하나 미터 일흔 센티미터이다

미투리 (이름씨) 삼 껍질로 짚신처럼 삼은 신 ⓔ미투리 한 켤레

미팅 ⇒ 모임. 만남

미풍 ⇒ 가만한 바람. 실바람. 솔솔바람. 산들바람. 선들바람. 깁바람

미풍양속 ⇒ 아름삶. 아름삶빛

미필 ⇒ 못마침. 못끝냄. 못끝내다. 못마치다. 못다하다

미행 ⇒ 뒤밟음. 뒤밟다. 몰래밟다. 몰래 뒤좇다. 뒤좇다

미혹하다 ⇒ 호리다. 홀리다. 헷갈리다

미혼 ⇒ 짝안맺음. 혼자. 홀로. 홀

미화원 ⇒ 쓰레기치움이. 땅별닦이. 쓰레질꾼. 쓰설이꾼. 아름가꿈이

미화 ⇒ 아름가꿈. 깨끗이 꾸미다. 깨끗이 가꾸다. 아름가꾸다

미흡하다 ⇒ 모자라다. 시쁘다. 못미치다. 넉넉지 못하다

믹서 ⇒ 번개맷돌. 섞음틀

믹스하다 ⇒ 섞다. 뒤섞다

민- (앞가지) ❶꾸밈없는. 덧댄 것 없는 ⓔ민물. 민저고리. 민낯. 민비녀 ❷가지지 않은. 없는 ⓔ민꽃나무. 민꼬리 ❸미리 치른. 미리 데려온 ⓔ민며느리 ❹바탕이 드러난 ⓔ민날. 민대가리

민가 ⇒ 살림집

민간·민간인 ⇒ 백성. 아람. 여느 사람

민간설화 ⇒ 옛이야기

민간신앙 ⇒ 겨레믿음. 아람믿음. 백성믿음

민간요법 ⇒ 아람나숨길. 백성나숨길

민감하다 ⇒ 날카롭다. 재빠르다

민값 (이름씨) 몬을 받기 앞서 먼저 주는 몬값 ⓔ모레 보낼 상추는 민값부터 받아야겠소 ⇐ 선금

민권 ⇒ 백성힘. 아람힘

민그림 (이름씨) 딱붓이나 나무숯 따위로 일몬 꼴과 밝기, 어둡기를 으뜸삼아 그림을 그림. 또는 그 그림

민꽃푸나무 (이름씨) 암술 수술이라 할 꽃이 없고 홀씨로 불어서 퍼지는 푸나무 ⓔ버섯, 고사리, 이끼 따위는 민꽃푸나무다 한뜻말 홀씨푸나무 ⇐ 포자식물

민날 (이름씨) 가리지 않고 날카롭게 드러난 칼날이나 찌르개날 ⓔ옛 어른들은 언제나 민날을 아래쪽으로 가게 하거나 안쪽으로 가도록 두었다

민낯 (이름씨) 꾸밈거리를 바르거나 문질러 곱게 다듬지 않은 처음 얼굴 ⓔ참 아름다움은 꾸민 얼굴이 아니라 민낯에서 나오지 한뜻말 맨얼굴

민담 ⇒ 옛이야기

민둥메 이름씨 나무가 없이 번번한 메 ⓑ안골 뒷메는 나무를 모조리 다 벤 뒤라 민둥메가 되었다

민둥산 ⇒ 민둥메. 벌거숭이메. 나무 없는 메

민들레 이름씨 봄에 희거나 노란 꽃을 피우고 하얀 털 달린 씨가 바람에 날려 퍼지는 여러해살이풀. 어린잎은 먹고 뿌리와 줄기는 낫개로 쓴다 ⓑ민들레씨가 바람에 날리며 춤을 춘다

민등뼈숨받이 이름씨 등뼈숨받이를 뺀 모든 숨받이. 등뼈가 없으며 목숨붙이가 처음 생겨난 그대로이다 ⇐ 무척추동물

민란 ⇒ 임자뭄. 아람임자되기. 백성일떠섬

민망하다 ⇒ 낯부끄럽다. 딱하고 안타깝다. 낯간지럽다

민머리 이름씨 ❶쪽지지 않은 머리나 아무것도 쓰지 않은 머리 ⓑ저마다 민머리에 누렇게 땀 밴 천을 질끈 동였다 ❷머리꼭지까지 벗어진 대머리 ⓑ오랜만에 만난 어릴 적 동무는 머리카락 한 올 남지 않은 민머리였다 ❸벼슬을 하지 못한 사람 ⓑ옛날에 꼭 벼슬을 하고 싶었지만 죽을 때까지 민머리인 채인 사람이 많았겠지

민며느리 이름씨 앞으로 며느리로 삼으려고 미리 데려다 기르는 계집아이 ⓑ가난한 집 살림에 더러 딸아이를 돈 많은 집 민며느리로 보내기도 했다 맞선말 데릴사위

민무늬 이름씨 무늬가 없음

민무늬살 이름씨 배 속 여러 몸틀이나 핏줄 따위 바람을 이루는 가로무늬가 없는 힘살 ⇐ 민무늬근. 무문근. 평활근

민물 이름씨 가람이나 못 물처럼 짠맛이 없는 물 ⓑ바닷물고기는 민물에서 살지 못하고, 민물고기는 바다에서 살지 못한다 비슷한말 단물 맞선말 바닷물

민물고기 이름씨 민물에서 사는 물고기 ⓑ민물고기는 함부로 날것으로 먹으면 안 된다 맞선말 바닷물고기

민박 ⇒ 살림집묵기. 살림집에 묵다

민방위 ⇒ 백성지킴. 아람지킴

민법 ⇒ 아람벼리

민비녀 이름씨 미르무늬를 새기지 않고 쇳돌물을 바르지 않은 비녀

민빚 이름씨 값을 나중에 치르기로 하고 몬을 사고파는 일

민사재판 ⇒ 아람일판가름

민생 ⇒ 백성살이. 아람살이. 아람삶. 백성삶

민생고 ⇒ 힘든 삶. 어려운삶. 힘든살이

민선 ⇒ 손수뽑음. 아람뽑기. 백성뽑음

민속 ⇒ 겨레삶. 겨레살이

민속놀이 ⇒ 겨레놀이

민속무·민속춤 ⇒ 겨레춤. 아람춤. 백성춤

민속촌 ⇒ 겨레삶자취마을. 겨레삶마을. 아람삶마을. 겨레삶터

민심 ⇒ 아람마음. 백성마음. 백성생각. 백성뜻

민영 ⇒ 아람건사. 백성꾸림

민요 ⇒ 겨레노래. 아람노래. 백성노래

민요제 ⇒ 겨레 노래잔치. 아람노래잔치

민원 ⇒ 아람바람. 백성바람

민원실 ⇒ 아람일 보는곳. 백성일 보는곳

민의 ⇒ 백성뜻. 아람뜻. 뭇사람뜻

민저고리 이름씨 깃이나 끝동, 고름, 곁마기 따위를 다른 빛 헝겊으로 대지 않은 저고리

민족 ⇒ 겨레

민족국가 ⇒ 겨레나라. 한겨레나라

민족성 ⇒ 겨레 바탕. 겨레 바탈

민족자결주의 ⇒ 겨레제뜻살이. 제겨레제다스림. 제겨레제뜻대로

민족정기 ⇒ 겨레기운

민족정신 ⇒ 겨레얼

민족주의 ⇒ 겨레제살이. 겨레 홀로서기. 제겨레살이

민족혼 ⇒ 겨레얼

민주 ⇒ 백성이 임자. 낱낱임자. 아람임자

민주공화국 ⇒ 아람임자나라. 백성 두루 잘사는 나라

민주국가 ⇒ 아람임자나라. 백성임자나라

민주주의 ⇒ 아람임자살이. 백성임자살이

민주화 ⇒ 아람임자되기. 백성임자되기

민중·민초 ⇒ 아람. 뭇사람. 백성

민첩성 ⇒ 재빠르기. 날쌔기. 날래기

민첩하다 ⇒ 날래다. 날쌔다. 잽싸다. 빠르다. 재빠르다. 날렵하다

민틋하다 그림씨 ❶울퉁불퉁한 곳이 없이 비스듬하게 판판하다 ⓑ바위가 민틋하게 서 있다 ❷일한 뒷자리가 깨끗하고 번번하다 ⓑ김맨 자리가 아주 민틋하다

민폐 ⇒ 백성괴롭히기. 남괴롭힘

민하다 그림씨 조금 미련하고 모자라다 ⓑ저 머시마 어딘가 좀 민하게 생겼네

민화 (民畫) ⇒ 겨레그림. 우리그림. 아람그림. 백성그림

민화 (民話) ⇒ 겨레이야기. 아람이야기. 옛날이야기. 우리이야기

민활하다 ⇒ 날쌔다. 날렵하다. 재빠르다

믿다 움직씨 ❶어떤 말이나 일을 틀림없이 그렇다고 생각하다 ⓑ나는 그 사람 말을 믿었다 ❷어떤 사람이나 무엇에 기대어 든든하게 여기다 ⓑ엄마는 어릴 적부터 할아버지를 무척 믿고 따랐다고 한다 비슷한말기대다 ❸어떤 가르침을 받들고 따르다 ⓑ나는 깨달은 사람 가르침을 믿는다 슬기말 **믿는 도끼에 발등 찍힌다** 믿던 사람이 저버리는 바람에 도리어 언걸을 입다

믿음 이름씨 ❶어떤 일이나 사람을 틀림없다고 여기는 마음 ⓑ어제 일터에서 새로 만난 사람한테 믿음이 갔다 ❷서낭이나 어떤 가르침, 가르친 사람을 옳다고 받들고 따르는 마음 ⓑ달님은 하느님 믿음이 깊은 사람이다

믿음새뭄 이름씨 16온해 유럽에서 로마 가톨릭 믿음모임이 저지른 잘못을 바로잡으려고 일으킨 새뭄 한뜻말믿음새롬 ⇐ 종교개혁

믿음직스럽다·믿음직하다 그림씨 매우 믿을 만하다 ⓑ큰딸은 언제 봐도 믿음직스럽다 비슷한말듬직하다. 든든하다. 미쁘다

믿음카드 이름씨 몬값이나 품값을 나중에 내도 되도록 돈집이 뒷다짐하는 믿음팔이에 쓰이는 카드 ⇐ 신용카드. 크레디트카드

믿음펴는이 이름씨 믿음을 널리 퍼뜨리는 사람 ⇐ 선교사

밀[1] 이름씨 밭에 기르는 낟. 한 해나 두 해 살며 마디가 있는 둥근 줄기는 속이 비고 잎은 가늘고 길다. 닷달에 꽃이 피고 엿달에 열매가 익는데 열매를 빻은 밀가루로 빵이나 국수 따위를 빚는다 ⓑ큰 방앗간에서 밀을 빻았더니 밀가루가 참 곱다

밀[2] 이름씨 꿀 찌꺼기를 끓여 짜낸 것. 누렇게 단단히 굳은 것을 번힘막개, 빛내개, 물막이로 쓴다 ⇐ 밀랍

밀가루 이름씨 밀을 빻은 가루 ⓑ나는 밀가루로 만든 먹거리를 좋아한다 슬기말 **밀가루 장사하면 바람이 불고 소금 장사하면 비가 온다** 밀가루 장사를 하려면 바람이 불어 가루가 날리고, 소금 장사를 하려면 비가 와서 소금이 녹아 버린다. 하는 일마다 가탈이 생겨 잘되지 않는다

밀개 이름씨 ❶밀가루 반죽 따위를 밀어서 얇고 넓게 만드는 연장 ❷밀어주는 구실을 하는 연장

밀걸레 이름씨 긴 자루 끝에 걸레를 달아서 바닥을 밀어 훔치는 닦개 ⓑ바닥 좀 훔치게 밀걸레를 빨아다 줘 한뜻말밀대

밀걸레질 이름씨 밀걸레로 바닥을 훔치거나 닦는 일 ⓑ밀걸레질을 많이 했더니 어깨가 아프다 **밀걸레질하다**

밀것 이름씨 밀가루로 지은 먹거리 ⓑ밀것은 몸에 좋지 않다고들 하지만 맛있는데 어떡해

밀고 ⇒ 고자질. 발쇠. 일러바침. 일러바치다. 고자질하다. 까바치다. 찌르다. 쏘개질하다. 발쇠서다. 귓속질하다

밀고자 ⇒ 발쇠꾼

밀기울 이름씨 밀을 빻아서 가루를 내고 남은 찌꺼기 ⓑ누룩은 밀기울로 만든다 비슷한말무거리

밀다 움직씨 ❶어느 쪽으로 움직이게 맞은쪽에서 힘을 주다 ⓑ아버지는 앞에서 수레를 끌고 아들은 뒤에서 밀었다 비슷한말밀치다 맞선말당기다 ❷나무 따위 겉을 문질러서 반

반하고 매끄럽게 깎다 ⓑ대패로 나무를 매끄럽게 밀었다 ❸몸이나 그릇, 몬에 묻은 지저분한 것을 떨어지게 문지르다 ⓑ멱을 감으면서 때를 밀었더니 온몸이 시원하다 ❹허물어 옮기거나 반반하게 만들다 ⓑ사람들이 집을 지을 거라며 마을 언덕을 밀어버렸다 ❺미루거나 넘기다 ⓑ모임 날을 뒤로 밀었다 ❻뒤에서 보살피고 도와주다 ⓑ내 어버이는 나라 밖에 나가서 무엇이든 배우도록 나를 아낌없이 밀었다 ❼바닥이 반반해지도록 연장을 누르면서 문지르다 ⓑ다리미로 힘껏 밀었더니 바지가 반반해졌다 ❽방망이 따위로 눌러서 얇게 펴다 ⓑ밀가루 반죽을 방망이로 얇게 밀고 칼로 썰어 칼국수를 해 먹었다 ❾어떤 자리를 갖도록 내세우거나 힘을 실어주다 ⓑ우리는 그를 동아리 이끎이로 밀었다 ❿머리카락이나 털 따위를 매우 짧게 깎다 ⓑ머리를 빡빡 밀어버렸다 익은말 **뒤를 밀다** 앞으로 나아가거나 일을 이루도록 힘을 실어주다

밀담 ⇒ 귓속말. 귀엣말. 귓속말하다. 귀엣말하다. 넌지시 말하다

밀대 이름씨 ❶긴 자루 끝에 걸레를 달아서 바닥을 밀어 훔치는 닦개 ⓑ마룻바닥을 밀대로 밀었더니 좀 깨끗해 보인다 한뜻말 밀걸레 ❷무엇을 밀 때 쓰는 연장 ⓑ국수 밀대 좀 가져다 다오

밀도 ⇒ 배기. 빽빽하기. 촘촘하기

밀떡 이름씨 밀가루로 반죽한 떡 ⓑ떡볶이는 밀떡으로 해도 맛있다

밀랍 ⇒ 밀

밀려가다 움직씨 ❶어떤 힘에 못 견디어 있던 자리에서 옮겨 가다 ⓑ뒤에서 사람들이 잇달아 들어오는 바람에 나는 앞으로 밀려갔다 ❷물결이 들어왔다가 멀리 흘러 나가다 ⓑ큰 너울이 하얀 물보라를 일으키며 밀려왔다 밀려가기를 거듭한다 ❸한꺼번에 여럿이 몰려서 가다 ⓑ아이들이 떼를 지어 놀이터 쪽으로 밀려간다

밀려나다·밀려나오다 움직씨 ❶어떤 자리에서 몰려나거나 쫓겨나다 ⓑ그는 지난해 일터에서 밀려났다 ❷어떤 힘으로 말미암아 몰리거나 떠밀리다 ⓑ이어갈 만한 보배로운 내림 삶꽃들이 하나둘 밀려나니 안타깝다

밀려들다 움직씨 ❶한꺼번에 많이 몰려서 오다 ⓑ아이들이 한꺼번에 놀이터로 밀려들었다 비슷한말 몰려들다 ❷무엇이 한꺼번에 밀어닥치다 ⓑ일이 한꺼번에 밀려드는 바람에 밤을 꼬박 새워 일했다 비슷한말 몰리다 ❸물결이 갑자기 세차게 들어오다 ⓑ저녁이 되자 밀물이 밀려들었다 ❹느낌 따위가 물결처럼 세차게 일어나다 ⓑ문득 그리움이 밀려든다

밀려오다 움직씨 ❶미는 힘에 밀려서 오다 ⓑ바다풀들이 너울에 밀려왔다 ❷물결이 흘러 들어오다 ⓑ너울이 세차게 밀려왔다 ❸한꺼번에 여럿이 몰려서 오다 ⓑ팔고 남은 남새를 그냥 준다고 하니 사람들이 구름처럼 밀려왔다 ❹어떤 힘이나 기운 따위가 막기 어려울 만큼 거세게 들어오거나 다가오다 ⓑ다른 나라 삶꽃이 물밀듯이 우리나라에 밀려왔다

밀렵 ⇒ 몰래사냥. 몰래 사냥하다

밀렵꾼 ⇒ 몰래 사냥꾼

밀리그램 이름씨 무게를 나타내는 하나치. 1밀리그램은 즈믄에 하나 그램이다. 'mg'으로 나타낸다 ⓑ이 빵에는 소금이 1밀리그램 들었다고 써 놓았다

밀리다[1] 움직씨 ❶해내지 못한 일이나 몬이 쌓이다 ⓑ빨랫감이 많이 밀렸다 비슷한말 쌓이다 ⇐ 연체되다 ❷어떤 까닭으로 뒤처지다 ⓑ남들에게 밀려 윗자리에 못 오른다고 생각하니 기운이 쭉 빠졌다 비슷한말 뒤처지다

밀리다[2] 움직씨 ❶어떤 쪽으로 움직이도록 맞은쪽에서 힘을 쓰다. '밀다' 입음꼴 ⓑ사람들에게 밀려 넘어지는 바람에 다리를 다쳤다 비슷한말 떠밀리다. 떼밀리다 ❷바닥이나 거죽에 묻은 지저분한 것이 문질려 깎이거나 닦이다 ⓑ새 그릇에 붙었던 종이가 수세미질에 밀려 조금씩 떨어졌다 ❸허물려

옮겨가거나 깎여 없어지다 ⓑ마을 언덕이 땅고르개에 밀리고 그곳에 집들이 들어섰다 비슷한말 깎이다 ❹한꺼번에 한데 몰리다 ⓑ수레가 밀려서 꼼짝 못 한다

밀리리터 이름씨 부피를 재는 하나치. 1밀리리터는 1리터를 즈문디위 나눈 하나이다. 'mL' 또는 'ml'로 나타낸다

밀리미터 이름씨 길이를 나타내는 하나치. 1밀리미터는 즈믄에 하나 미터이고 'mm'로 나타낸다 ⓑ기어가는 개미 몸길이가 2밀리미터쯤 돼 보인다

밀림 ⇒ 깊은 숲. 빽빽한 숲

밀막다 움직씨 ❶밀어서 막다 ⓑ쳐들어오는 왜 싸움꾼을 바다 길목에서 밀막았다 ❷못하게 하거나 말리다 ⓑ어머니가 끝까지 밀막는 바람에 부엌일에는 하나도 손을 못 댔어 ❸둘러대고 물리치다 ⓑ벗이 내게 맡기는 일감을 한마디로 밀막았다

밀매 ⇒ 몰래팖. 숨어팖. 몰래 팔다. 숨어 팔다. 까막장사하다. 뒷흥정하다

밀매매 ⇒ 뒷흥정. 까막장사

밀몰다 움직씨 ❶한곳으로 밀어서 몰다 ⓑ한쪽에서 밀몰아서 심어라 ❷따로 나누거나 떼지 않고 한몫으로 치다 ⓑ이 나물들 다 밀몰아서 얼마예요?

밀물 이름씨 뭍에서 밀려났던 바닷물이 다시 밀려와서 바닷물이 높아지는 모습. 또는 그 바닷물. 하루에 두 차례씩 밀려온다 ⓑ밀물 때인지 바닷물이 거의 갯둑까지 차서 철썩인다 비슷한말 든물. 들물 맞선말 썰물. 날물

밀반입 ⇒ 몰래 들여옴. 몰래 들여오다. 살짝 들여오다

밀반출 ⇒ 몰래 내감. 몰래 내가다. 살짝 내가다

밀봉 (蜜蜂) ⇒ 꿀벌

밀봉 (密封) ⇒ 꽉 막음. 꽉 막다. 꽉 닫다. 단단히 붙이다

밀사 ⇒ 몰래 보낸 이. 숨은 심부름꾼

밀사리 이름씨 조금 덜 익은 밀을 불에 그을려 먹는 것

밀서 ⇒ 몰래 보낸 글. 몰래글

밀수 ⇒ 몰래 들여옴. 몰래 들여오다. 몰래 내다팔다

밀수입 ⇒ 몰래 들여옴. 몰래 들여오다. 살짝 들여오다

밀수출 ⇒ 몰래 내다팖. 몰래 내다팔다. 몰래 내어가다. 살짝 내가다

밀수품 ⇒ 몰래 들여온 몬

밀식 ⇒ 배게 심기. 촘촘히 심다. 배게 심다

밀실 ⇒ 어둠속. 숨은방. 뒷방

밀썰물힘 이름씨 밀물과 썰물 때 바닷물이 흐르는 힘 ⇐ 조력

밀약 ⇒ 짬. 짬짜미. 짜다. 통짜다. 짬짜미하다. 짝짜꿍이하다. 뒷흥정하다

밀양 ⇒ 미다보리

밀어 (蜜語) ⇒ 살가운 말. 달콤한 말

밀어 (密語) ⇒ 몰래말. 남이 못 알아듣게 하는 말

밀어내다 움직씨 ❶맞겨루기에서 물러나게 하다 ⓑ다른 나라 삶꽃이 들어와 우리나라 삶꽃을 밀어내는 일이 많다 맞선말 끌어들이다 ❷어떤 자리에서 물러나게 하다 ⓑ백성이 낸 낛돈을 허투루 쓰는 나라 일꾼은 바로 그 자리에서 밀어내야 한다

밀어닥치다 움직씨 한꺼번에 몰려 닥치다 ⓑ된추위가 밀어닥쳤다

밀어붙이다 움직씨 ❶한쪽으로 세게 밀다 ⓑ우리는 배움방 책놓개들을 한 구석으로 밀어붙이고 바닥에 둥글게 둘러앉았다 ❷고삐를 늦추거나 틈을 주지 않고 이어 몰아붙이다 ⓑ해오던 일을 바짝 밀어붙여 모레까지 끝내자

밀월여행 ⇒ 꿀맛나들이

밀접하다 ⇒ 맞닿다. 가깝다. 두텁다. 다붙다. 다가붙다. 마주닿다

밀정 ⇒ 살핌알이꾼. 살핌알이. 발쇠꾼

밀집하다 ⇒ 배다. 빽빽하다. 빽빽하게 모이다. 촘촘히 모이다

밀짚 이름씨 밀 이삭을 떨고 난 밀 줄기 ⓑ밀짚은 이엉이나 쓰개를 만드는 데 쓴다 익은말 **그늘에 자란 밀짚 같다** 몸이 여리고 호리호리하게 키만 크다

밀짚모자 ⇒ 밀짚쓰개

밀짚쓰개 (이름씨) 밀짚이나 보릿짚 줄기로 밑테두리를 넓게 짠 여름 쓰개 ⓑ밀짚쓰개를 보면 여름지이 생각이 절로 난다

밀착 ⇒ 달라붙음. 착붙음. 붙다. 달라붙다. 착 붙다. 착 달라붙다

밀창 ⇒ 미닫이. 미닫이 바라지

밀치다 (움직씨) 힘을 주어서 세게 밀다 ⓑ무거운 짐을 든 엄마는 발로 문을 밀치고 집 안으로 들어갔다 비슷한말 밀다

밀크 ⇒ 소젖

밀틀 (이름씨) 날틀이나 배에서 뮘틀 돌이힘을 밀힘으로 바꾸는 틀. 흔히 두 날 넘는 돌이 날개로 되어있다 ⇐ 프로펠러

밀파 ⇒ 배게 뿌림. 촘촘히 뿌림. 배게 뿌리다. 촘촘히 뿌리다

밀폐 ⇒ 꽉 막음. 꽉 닫음. 막다. 단단히 막다. 꽉 막다. 꽉 닫다. 단단히 붙이다

밀항 ⇒ 몰래 배탐. 몰래 배를 타고 나가다

밀회 ⇒ 몰래 만남. 살짝 만남. 몰래 만나다. 살짝 만나다. 몰래 모이다

밉광스럽다 (그림씨) 보기에 몹시 밉살스럽다 ⓑ제 것만 챙기는 언니를 보면 밉광스럽기 짝이 없다

밉다 (그림씨) **1** 하는 짓이 마음에 들지 않고 싫다 ⓑ사람이 싫으면 그가 하는 짓도 밉다 비슷한말 거슬리다 **2** 생김새 따위가 볼꼴이 없다 ⓑ생김새가 미워 보여도 마음이 고우면 예뻐 보인다 비슷한말 못나다. 못생기다 (슬기말) **미운 아이 떡 하나 더 준다** 미운 사람일수록 더 잘해 준다 **때리는 사람보다 말리는 놈이 더 밉다** 겉으로는 생각해 주는 체하면서 속으로 헐뜯는 사람이 더 밉다 **밉다 하니 업자 한다** 가뜩이나 미운 사람이 더 미운 짓을 한다

밉살맞다 (그림씨) 마음에 매우 밉다 ⓑ밉살맞기 짝이 없는 내 짝꿍

밉살스럽다 (그림씨) 마음에 매우 밉게 느끼다 ⓑ잘난 체하며 거드름 피우는 사람을 보면 참 밉살스럽다

밋밋하다 (그림씨) **1** 생김새가 미끈하게 곧고 길다 ⓑ밋밋하고 훤칠한 젊은이들이 지나간다 작은말 맷맷하다 **2** 그다지 비탈지거나 굽이지지 않고 판판하고 비스듬하다 ⓑ뒷메는 등성이가 밋밋하여 오르기에 좋다 **3** 생김새가 두드러진 것 없이 번번하다 ⓑ밋밋하게 생긴 사람이라 더욱 마음에 든다

밍밍하다 (그림씨) **1** 제맛이 나지 않고 아주 싱겁다 ⓑ국이 너무 밍밍해서 소금으로 간을 맞추었다 **2** 술이나 담배 맛이 짙지 않고 아주 싱겁다 ⓑ이렇게 술맛이 밍밍해서야 어디 누가 사겠니?

밍크 ⇒ 물족제비

및 (어찌씨) 와. 그리고. 그 밖에. 또. 앞뒤 말을 나란히 이어주는 말. 글말에 쓰던 말. 입말로 쓸 까닭이 없다 ⓑ어린이 및 어른

및다 (움직씨) '미치다' 준말 ⓑ내 지난 삶은 스승님 가르침에 및지 못했다

밑[1] (이름씨) **1** 몬 아래나 아래쪽 ⓑ냄비 밑이 까맣게 그을었다 비슷한말 아래 맞선말 위 **2** 나이가 적거나 맡은 자리 따위가 낮음 ⓑ나이가 나보다 한참 밑이다 **3** 어떤 사람이나 무엇한테서 부리거나 보살피거나 미치는 힘 따위를 받음 ⓑ홀어머니 밑에서 자랐다 **4** 일 기틀이나 바탕 ⓑ모름지기 밑이 튼튼해야 한다 **5** 우리 옷 바짓가랑이가 갈리는 곳에 붙이는 헝겊 조각. 긴밑과 고깔밑이 있다 ⓑ우리 옷 푸른빛 바지에 보랏빛 밑을 기워 붙였다 **6** 밑구멍 ⓑ똥을 누고 밑을 씻었다 **7** 긴 몬 맨 아랫동아리 ⓑ애써 지은 집채 밑에 금이 갔다 **8** 어떤 것 바닥 또는 아래가 되는 곳 ⓑ고무신 밑이 닳아서 맨들맨들하다 **9** 어떤 일을 하는 데 바탕인 돈이나 몬, 기술, 재주 따위 ⓑ그만두더라도 밑이나 뽑고 그만둬야지 **10** 엉덩이 ⓑ할배는 보채는 아손아들 밑을 토닥여 줬다 (익은말) **밑이 가볍다** 한자리에 오래 있지 않고 자주 자리를 뜨다 **밑이 구리다** 숨겨 둔 허물이나 잘못이 있다 **밑이 무겁다·질기다** 자리를 잡고 앉으면 좀처럼 떠나지 않는다

[슬기말] **밑 빠진 독에 물 붓기** ❶아무리 힘이나 돈을 들여도 보람이 없음. ❷쓸 곳이 많아 아무리 벌어도 늘 모자람

밑[2] [이름씨] 올발라 남이 따라 할 만함 ⇐ 본

밑가리 [이름씨] 일이나 몬 바탕이 되는 가리 ⇐ 원리

밑각 ⇒ 밑모. 밑기울기

밑감 [이름씨] ❶무엇을 만드는 바탕이 되거나 으뜸되는 감 [한뜻말]밑거리 ⇐ 재료. 원료. 자재 ❷무엇을 파고들거나 살펴보는 바탕이 되는 감 ⇐ 자료

밑값 [이름씨] 밑금 ⇐ 원가

밑거름 [이름씨] ❶씨를 뿌리거나 옮겨심기 앞에 주는 거름 [ㅂ]보리 심을 밭에 밑거름을 듬뿍 주었다 ❷어떤 일을 이루는 밑이 될 바탕 [ㅂ]지금까지 해 온 모든 일이 내 삶에 밑거름이 되었어 **밑거름하다**

밑거리 [이름씨] 사람 삶과 낳이에 쓸 수 있는 밑감이나 일힘 ⇐ 자원

밑건개 [이름씨] 언제든지 꺼내 먹을 수 있게 집에 갖추어두는 건개 [ㅂ]밑건개도 너무 오래 두면 맛이 없어진다 ⇐ 밑반찬

밑결 [이름씨] 두갈결 세모꼴에서 갈결이 아닌 결 ⇐ 밑변

밑구멍 [이름씨] ❶밑이나 밑바닥에 뚫린 구멍 [준말]밑 ❷똥구멍. 밑 ❸보지. 밑 [슬기말] **밑구멍으로 호박씨 깐다** 겉으로는 어리석어 보이나 속은 엉뚱하게 딴짓을 한다

밑그림 [이름씨] ❶그림 그릴 때 빛깔 입히기에 앞서 꼴을 대충 그린 그림 [ㅂ]밑그림을 그리고 나니 그림틀이 잡힌다 ⇐ 스케치 ❷손바느질에서 바느질 바탕으로 쓰려고 종이나 헝겊에 그린 그림 [ㅂ]밑그림대로 손바느질을 하니 쉽고 재미있다 ❸만든 것이나 일 바탕에 깔린 뜻이나 얼개 [ㅂ]이 일은 밑그림 짜 놓은 대로 밀고 나가면 된다 ⇐ 계획 ❹새뜸 같은 곳에 싣는 쪽그림 ⇐ 카툰

밑글 [이름씨] ❶이미 알아서 밑천이 되는 글 [ㅂ]저 배움이는 밑글이 있어서 금방 알아들어 ❷배우는 책에서 이미 배운 쪽 글 [ㅂ]밑글에 나오는 것을 다 안다면 배우는 일은 아주 쉽다

밑금[1] [이름씨] 글월표 '_'. 글월에서 종요로운 곳을 힘주어 드러내 보일 때 쓴다 [ㅂ]밑금 친 곳은 꼭 알아두어야 한다

밑금[2] [이름씨] ❶장사치가 팔 것을 사들인 값 [한뜻말]밑값 ⇐ 원가 ❷팔 몬을 만드는 데 든 모든 돈

밑기름 [이름씨] 땅속에서 뽑아낸 그대로인 기름 ⇐ 원유

밑길 [이름씨] 밑돈과 길미 ⇐ 원리

밑꼴밭 [이름씨] 잔삼밭과 자위를 이루는 산것 바탕 몬밭 ⇐ 원형질

밑나무 [이름씨] 손질하지 않은 베어낸 그대로인 나무 ⇐ 원목

밑낳이 [이름씨] 처음 낳거나 자람 ⇐ 원산

밑널 [이름씨] 밑에 대는 널이나 밑이 되는 널 ⇐ 밑판. 원판

밑넓이 [이름씨] 부피가 있는 것 밑바닥 넓이 [ㅂ]이 냄비 밑넓이는 얼마쯤일까?

밑단 [이름씨] 치마나 바지 따위를 안으로 접어 붙이거나 감친 곳

밑돈 [이름씨] 더 많은 돈을 벌려고 장사를 하거나 깔아놓거나 묻어두는 큰돈 ⇐ 자금. 자본

밑돈몬 [이름씨] 팔릴 몬을 지으려고 쓰는 것들 가운데 땅과 품을 뺀 것 ⇐ 자본재

밑돈임자살이 [이름씨] 낱낱 사람이 땅, 집, 낳이 일, 벌데들을 가져야 한다는 살림살이틀 ⇐ 자본주의

밑돌 [이름씨] ❶밑을 받친 돌 ❷담이나 집 따위 밑바닥에 쌓은 돌 [슬기말] **밑돌 빼서 윗돌 고인다** 일한 보람이 없이 어리석은 짓을 한다

밑돌다 [움직씨] 어떤 잣대나 대중에 미치지 못하다 [ㅂ]올해 거두어들인 쌀이 지난해보다 한참 밑돌았다 [맞선말]웃돌다

밑동 [이름씨] ❶긴 몬 맨 아랫동아리 [ㅂ]집 앞 돌기둥 밑동에 꽃그림을 그려 넣었다 [비슷한말]밑. 밑동아리 ❷나무줄기에서 뿌리에 가까운 곳 [ㅂ]줄기가 잘려 나간 나무 밑동에 앉아서 곽밥을 먹었다 ❸남새 따위 푸나무

에서 굵게 살찐 뿌리 쪽 [보]배추 밑동을 잘라내고 갈랐더니 배춧속이 꽉 찼다 [슬기말] **가꿀 나무는 밑동을 높이 자른다** 어떤 일이나 앞날을 생각해서 미리 단단히 마련해 두어야 한다

밑두리콧두리 [이름씨] 똑똑히 밝히려고 속속들이 자꾸 따지거나 파고드는 꼴 [보]뭘 그렇게 밑두리콧두리 묻는 거니? [비슷한말]꼬치꼬치

밑둥치 [이름씨] 큰 나무줄기 맨 아래쪽 [보]저 떡갈나무는 밑둥치 둘레가 내 팔로 두 아름도 넘는다 [한뜻말]둥치

밑뒤 [이름씨] 배 고물 [맞선말]밑앞. 뱃머리

밑들다 [움직씨] 고구마나 감자, 무 따위 뿌리가 굵게 자라다 [보]올해 여름지이한 감자는 알차게 밑들었다 [비슷한말]뿌리들다

밑때 [이름씨] **1** 처음부터 있는 보람이나 바탕 [보]나라 임자인 사람이 사는 밑때. 우리 겨레는 배달겨레 삶대로, 우리 밑때대로 일하고 산다 ⇐ 본때 **2** 이렇다 할 밑보기로 들 만한 것 [보]밑때 있게 싸우다. 밑때 있게 일하다 ⇐ 본때 **3** 일하는 맵시 [보]솔떡을 참 밑때 있게 빚었구나 ⇐ 본때

밑뜨다 [움직씨] 무엇을 밑보기로 삼아 그대로 좇다

밑뜸 [이름씨] 밑떠 만든 것 [보]땅별밑뜸

밑말 [이름씨] **1** 줄지 않은 처음 소리마디 말 ⇐ 본딧말 **2** 뒤쳤거나 고쳐 지었거나 바뀐 말이 아닌 처음 쓴 말 ⇐ 원말

밑면 ⇒ 밑바닥. 바닥

밑밑감 [이름씨] 짓일낳이 밑감이 되는 것들. 땅기름, 돌숯, 쇠쉿돌, 밑나무 따위 ⇐ 원자재

밑바닥 [이름씨] **1** 어떤 것 바닥 또는 아래쪽 [보]구두 밑바닥이 거의 다 닳았다 [비슷한말]바닥 [준말]밑 **2** 드러난 꼴새나 일 바탕에 깔린 속뜻이나 처음 바탕 [보]이 일로 네 밑바닥이 드러났다 [준말]밑 **3** 매우 가난하고 보잘것없는 터수 [보]노을이는 젊어서는 밑바닥 삶을 살았지만, 부지런히 일해서 큰 가면이로 우뚝 섰다

밑바탕 [이름씨] 처음이나 뿌리를 이루는 바탕 [보]동무들 도움이 이 일을 이루는 밑바탕이 되었다 [비슷한말]바탕. 밑 ⇐ 본바탕

밑반찬 ⇒ 밑건개

밑받침 [이름씨] **1** 밑에 받치는 몬 [보]물그릇 밑받침 **2** 어떤 일을 이루는 바탕이나 기틀 [보]잘할 수 있다는 믿음과 잘되리라는 믿음이 내 꿈을 이루는 밑받침이 되었다 **밑받침하다**

밑밭 [이름씨] 공치기에서 공 받는이가 있는 자리 ⇐ 본루

밑배곳 [이름씨] 갈배곳에 마주하여 그 뿌리가 되는 배곳 ⇐ 본교

밑번힘 [이름씨] '밑씨힘번힘곳'을 줄여 이르는 말 ⇐ 원전

밑벼리 [이름씨] 바탕이 되는 벼리 ⇐ 원칙

밑변 ⇒ 밑결

밑보기 [이름씨] **1** 어떤 것임을 알게 하려고 보이는 것 ⇐ 본보기. 표본. 클래식 **2** 밑으로 삼거나 밑으로 보여줄 만한 것 [보]그분은 꾸밈없는 삶으로 사람 사는 밑보기를 보여줬다 ⇐ 본보기

밑불 [이름씨] 불을 피울 때 불씨가 되는 먼저 있는 산 불 [보]밑불을 잘 살려둬야 나중에 불 때기가 좋다

밑살 [이름씨] **1** 똥구멍을 이루는 창자 끝 [한뜻말]미주알 **2** 겨집 보지 **3** 국거리로 쓰는 소 볼깃살

밑새 [이름씨] **1** 어떤 몬 처음 생김새 [보]그 단지 밑새는 처음부터 좀 우그러졌다 ⇐ 본새 **2** 어떤 몸짓이나 버릇 됨됨이 [보]그 사람 말하는 밑새가 골이 난 말씨였다. 사람들 밑새를 보아하니 오늘 해지기 앞에는 다 못 마치겠다

밑쇠돌 [이름씨] 쇠돌메에서 갓 캐낸 쇠돌 ⇐ 원광석

밑숫 [이름씨] **1** 한가지 밑씨로만 이루어 더는 나눌 수 없는 몬 ⇐ 원소 **2** 모임을 이루는 낱낱 이룸씨 **3** 골몬 뿌리가 되는 늘 바뀌지 않는 이룸씨

밑숫벌여놓기 (이름씨) 어떤 모임을 나타낼 때 그 모임에 딸린 밑숫을 모두 벌여 보이는 수 ⇐ 원소나열법

밑실 (이름씨) 재봉틀 북에 감은 실 ⓑ밑실이 다 떨어졌네 한뜻말 북실 맞선말 윗실

밑씨 (이름씨) 몬을 이루는 바탕이 되는 아주 작은 알갱이 ⇐ 원자

밑씨불담이 (이름씨) 밑씨힘을 알맞은 빠르기로 맞추어 이 힘을 잘 쓰도록 한 것 ⇐ 원자로

밑씨자위 (이름씨) 밑씨 복판을 이루는 볕씨와 갑씨가 센 자위힘으로 뭉친 것. 밑씨를 거의 다 차지하며 +번짐을 가지고, 크기는 밑씨 1골에 1쯤이나 무게는 밑씨 온에 아흔아홉이 넘는다 ⇐ 원자핵

밑씨터지개 (이름씨) 밑씨자위가 나뉠 때 갑자기 큰 힘이 생기는데, 이를 때려 부수는 힘으로 쓴 터지개 ⇐ 원자폭탄

밑씨힘 (이름씨) 밑씨자위가 무너지거나 자위맞뭄이 일어날 때 생기는 힘 ⇐ 원자력

밑씨힘번힘곳 (이름씨) 자위가 쪼개져 생긴 뜨거움으로 김을 만들어 김 뭄틀을 돌려 번힘을 얻는 곳 준말 밑번힘 ⇐ 원자력발전소

밑앞 (이름씨) 배 이물 한뜻말 뱃머리 맞선말 밑뒤

밑자위잔삼 (이름씨) 자위청이 없어서 잔삼 내림알감을 담은 된갈몬밭이 잔삼밭에 있는 잔삼 ⇐ 원핵세포

밑절미 (이름씨) 다음 일이나 몬 바탕이 되는 처음부터 있는 것 ⓑ무슨 까닭으로 밑절미 없는 말로 나를 놀리는가

밑줄 ⇒ 밑금

밑지다 (움직씨) 들인 밑천이나 제 값어치보다 얻는 것이 적다 ⓑ저녁이 되어도 안 팔리는 남새들은 밑지고라도 팔았다 맞선말 남다 **밑짐** (익은말) **밑지는 장사** 남는 것이 없고 들인 것보다 더 적게 얻는 것

밑짐 (이름씨) 처음에서 덜리거나 밑지는 일 ⇐ 손해

밑짐물음 (이름씨) 남한테 밑지게 한 것을 물어줌 ⇐ 손해배상

밑집 (이름씨) 제 집보가 사는 집 ⇐ 본가

밑창 (이름씨) ❶신 바닥 밑에 붙이는 창 ⓑ구두를 날마다 신었더니 밑창이 다 닳았네 ❷맨 밑바닥 ⓑ오래된 배 밑창이 낡았다 (익은말) **밑창이 나다** 바닥이 드러나다. 다 먹거나 마셔 그릇 속이 비다 **밑창을 내다** ❶밑천을 다 써서 거덜이 나게 하다 ❷일을 끝까지 깨끗하게 해치우다 **밑창을 보다** 밑천을 다 써서 거덜이 나게 하다

밑책 (이름씨) 고치거나 베끼거나 다른 나라말로 뒤치지 않은 처음 나온 그대로 책 ⇐ 원본. 원서

밑천 (이름씨) ❶장사나 돈 버는 일을 처음 할 때 들어간 돈 ⓑ밑천이 있어야 장사를 하지 비슷한말 밑. 밑자리 ⇐ 자본 ❷어떤 일을 하는 데 바탕이 되는 돈이나 몬, 재주 따위 ⓑ어려서 익힌 글솜씨를 밑천으로 한뉘토록 글쟁이로 살았다 한뜻말 찬돈 비슷한말 밑. 밑자리 (익은말) **밑천도 못 찾다·밑천도 못 건지다** 얻으려다 오히려 밑지다 **밑천이 드러나다** ❶숨겨진 제 바탕이나 마음씨가 겉으로 나타나다 ❷밑천으로 쓰던 돈이나 몬이 다 없어지다 **밑천이 떨어지다** 이야깃거리가 바닥이 나다

밑천대다 (움직씨) ❶돈을 벌려고 어떤 일에 밑천을 들이거나 힘을 쏟다 ⇐ 투자하다 ❷돈을 벌려고 모가치나 빚표 따위를 사는 데 돈을 돌리다 ⇐ 투자하다

밑천댄이 (이름씨) 돈을 벌려고 어떤 일에 밑천을 들이거나 힘을 쏟는 사람 ⇐ 투자자

밑천맡김벌데 (이름씨) 밑천 돈을 맡아 돈댄이를 갈음하여 돈을 벌어주는 벌데 ⇐ 투자신탁회사

밑터 (이름씨) 갖가지 그위집이나 모둠 복판이 되는 짜임이나 그 짜임이 있는 곳 ⇐ 본부

밑판 ⇒ 밑널

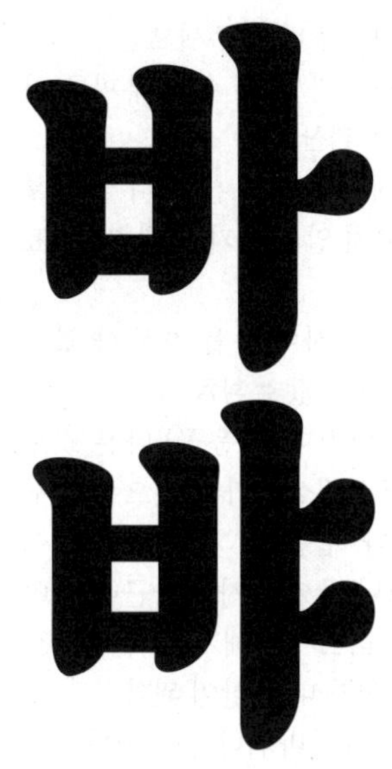

바[1] (이름씨) ❶(풀이씨 다음에 써) 앞에서 말한 '그것' ⓑ내가 말한 바대로 하시오 ❷어떤 일을 해 나갈 '수'나 '길' ⓑ너무 미안해서 어찌할 바를 모르겠다 ❸(흔히 '~에'로 써) 까리. 때 ⓑ일을 그렇게 할 바에는 아예 손을 대지 말 것이지. 그렇게 늦게 갈 바에는 자고 가

바[2] (이름씨) 여러 가닥을 꼬아 드린 굵은 줄 ⓑ수레 짐을 바로 바짝 동여라 한뜻말 참바

바가지 (이름씨) ❶박을 둘로 쪼개 만든 물푸개. 때로는 몬을 담아두는 그릇으로도 쓴다 ⓑ옛날에는 지붕 위 박을 따서 바가지를 만들었지 준말 박 ❷물을 푸는 그릇을 두루 이르는 말 ⓑ나무를 깎아 만든 바가지 ❸물이나 몬을 담아 세는 하나치 ⓑ물 한 바가지 떠 다오. 쌀 두 바가지 퍼 오너라 ❹가시가 버시한테 하는 잔소리나 푸념 ❺받을 값보다 더 높게 매겨서 받는 것 (익은말) **바가지를 긁다** 가시가 버시에게 푸념이나 잔소리를 늘어놓다 **바가지를 쓰다** 값이나 삯을 터무니없이 비싸게 치르다 **바가지를 차다** 거지가 되다

-바가지 (뒷가지) (이름씨에 붙어) 매우 지나침을 나타냄 ⓑ으이그, 이 주책바가지야. 더운 날 김을 맸더니 땀바가지가 됐네

바가지장단 (이름씨) 아낙네들이 물동이에 바가지를 엎어 놓고 가락에 맞춰 두드리는 장단 ⓑ참꽃님이 바가지장단에 맞춰 노래를 부르네

바겐세일 ⇒ 싸게팔기

바구니 (이름씨) 쪼갠 대나 싸리, 고리버들을 결어 엮어 안쪽을 깊숙하게 만든 그릇. 또는 거기에 담긴 것을 세는 하나치 ⓑ할머니는 싸리를 베다가 바구니를 엮었다. 옥수수 두 바구니 따오렴 비슷한말 소쿠리

바구미 (이름씨) 몸은 작고 길둥근 꼴로 짙은 밤빛이며 주둥이가 길게 나오고 그 옆에 더듬이가 있어 모습이 코끼리와 비슷한 벌레. 낟알을 파먹고 산다 한뜻말 쇠줄벌레

바글거리다 (움직씨) 물이 야단스럽게 끓거나 솟

ㅂ

아오르다 ⓑ쉬는 날엔 어딜 가도 사람이 바글거려. 청국장이 바글거리며 끓는다 큰말 버글거리다 **바글대다**

바글바글 어찌씨 ❶물이 야단스럽게 끓거나 솟아오르는 꼴이나 그 소리 ⓑ옹달샘이 바글바글 샘솟는다. 된장국이 바글바글 끓는다 ❷작은 거품이 많이 자꾸 일어나는 꼴 ⓑ비누 거품이 바글바글 인다 ❸사람이 한데 많이 모여 떠들썩하게 벅적거리는 꼴이나 소리 ⓑ저잣거리에 사람이 바글바글 끓는다 ❹벌레나 짐승이 한군데 많이 모여 오글거리는 꼴 ⓑ그물을 들어올리자 새우가 바글바글 끓었다 **바글바글하다**

바깥 이름씨 ❶안을 두고 그 밖이 되는 곳 ⓑ집안에만 틀어박혀 있지 말고 바깥에 나가서 바람도 좀 쐬어 한뜻말밖. 바깥쪽 맞선말안. 안쪽 ❷어떤 금이나 테두리 밖 ⓑ금 바깥에 서세요 ❸한데 ⓑ돈이 없어 바깥에서 먹고 잔 적도 있다 ⇐ 아웃

바깥나라 이름씨 제 나라가 아닌 다른 나라 ⓑ이 과일은 바깥나라에서 들어왔다 ⇐ 외국

바깥말 이름씨 바깥나라 사람이 쓰는 말 ⓑ요즘은 우리말보다 바깥말을 배우려고 더 안달이군 ⇐ 외국어

바깥양반 ⇒ 바깥사람. 버시

바깥임자 이름씨 ❶집안에서 사내 임자를 이르는 말 ⓑ이 집 바깥임자가 안 계신가요? ⇐ 바깥주인. 바깥양반 ❷아내가 지아비를 달리 이르는 말 ⓑ우리 집 바깥임자가 앓아 누웠어요 ⇐ 바깥주인

바깥쪽 이름씨 바깥에 있는 쪽. 바깥을 보는 쪽 ⓑ바깥쪽에 앉을까? 맞선말안쪽

바꾸다 움직씨 ❶어떤 것을 주고 그에 갈음하여 다른 것을 받다 ⓑ나랑 자리 바꾸자 ⇐ 교환하다 ❷처음 것이나 낡은 것을 새것으로 갈다 ⓑ이불을 바꿨다 비슷한말고치다 ❸다른 나라 말로 옮기다 ⓑ요새 한자말을 우리말로 바꾸는 일을 한다 ❹낟이나 피륙을 사다 ⓑ저자에 가서 무명 두 끝 바꿔 오너라 ❺다른 사람에게 말틀을 넘기거나 반게 하다 ⓑ어머니 좀 바꿔 주세요

바꿈셈 이름씨 하나치가 다른 수나 부피를 한 하나치로 고침 ⇐ 환산

바꿈셈표 이름씨 하나치가 다른 수나 부피를 한 하나치로 고쳐 알아보기 쉽게 만든 표 ⇐ 환산표

바꿈푼수 이름씨 나라 사이 돈을 바꿀 때 몫이 달라지는 것을 견준 값 ⇐ 환율

바뀌다 움직씨 ❶('바꾸다' 입음꼴) 다른 것으로 갈음되다 ⓑ살림살이가 새것으로 바뀌었다 ❷('바꾸다' 입음꼴) 처음 있던 꼴이 달라지다 ⓑ언니 말씨가 사근사근하게 바뀌었다 ❸때가 흐르거나 해가 달라지다 ⓑ해가 바뀌면 아이가 다섯 살이 된다

바뀐바위 이름씨 물에된바위나 불에된바위가 바뀌어 다른 바탈을 가진 바위 ⇐ 변성암

바뀐쑥돌 이름씨 질돌이나, 차돌, 돌비늘 들로 이루어진 바위. 여러 켜를 이루고 줄무늬 덩어리로 됨 ⇐ 변쑥돌. 편마암

바뀜 이름씨 같은 갈래에 딸린 것이 터전에 따라 그 바탈이나 꼴이 서로 달라지는 일 ⇐ 변이

바뀜공 이름씨 공치기에서 던짐이가 던지는 공이 때림이 가까이에서 휘거나 아래로 떨어지거나 하여 바뀌는 공 ⇐ 변화구

바뀜꼴 이름씨 ❶풀이말이 여러 가지로 바뀌는 꼴. '오다'가 '오니', '오라'처럼, '노랗다'가 '노라니', '노란'처럼 바뀐다 ⇐ 활용형 ❷한늣이 놓이는 터전에 따라 꼴이 바뀐 것 ⇐ 변이형태

바뀜새 이름씨 바뀜이 나타나는 바탈 ⇐ 변이성

바뀜수 이름씨 어떤 짝진 사이로 바뀌는 수 ⇐ 변수

바나나 이름씨 줄기가 곧게 높이 자라고 길고 큰 잎이 모여나며 초승달 꼴 열매가 무더기로 열리는 여러해살이풀. 따뜻한 곳에서 잘 자라며 노랗게 익은 열매는 달고 옷곳하다

바냐위다 그림씨 반지랍고도 쩨쩨하다 ⓑ새 배달집 임자가 워낙 바냐위어서 그 동네 사람들은 그 집에 곰국 먹으러 안 간다 ⇐ 인

색하다

바느실 이름씨 ❶바늘과 실 ㊐저고리를 꿰매려고 바느실을 찾았다 ❷바늘에 실을 꿴 것

바느질 이름씨 바늘에 실을 꿰어 옷을 짓거나 천을 꿰매는 일 ㊐난 어려서부터 바느질 솜씨가 좋아 **바느질하다**

바느질감 이름씨 바느질할 천이나 옷 ㊐바느질감을 마련하다

바느질고리 이름씨 바늘이나 실, 가위 같은 바느질 연장을 담는 그릇 ㊐바느질고리에서 가위 좀 집어 줄래? 한뜻말반짇고리

바느질삯 이름씨 삯바느질을 해주고 삯꾼이 받는 돈 ㊐바느질삯으로 받은 돈으로 쌀을 샀다

바늘 이름씨 ❶실을 꿰어 옷 같은 것을 짓거나 꿰매는 데 쓰는 끝이 가늘고 뾰족한 몬 ㊐바늘에 실을 꿰다 ❷때틀이나 저울 같은 데서 눈금을 가리키는 막대기 ㊐때알림이에는 긴바늘과 짧은 바늘이 있어 ⇐ 침 ❸찔러서 낫개를 넣으려고 다는 가늘고 날카로운 쇠 ㊐낫개 넣는 바늘 ❹뜨개질할 때 실을 뜨는 가늘고 긴 꼬챙이 ㊐코바늘. 뜨개바늘 슬기말 **바늘 가는 데 실 간다** 서로 매우 가까워 언제든지 꼭 따르게 되어 있는 두 사람이나 몬 **바늘 도둑이 소도둑 된다** 자그마한 나쁜 일도 자꾸 해서 버릇이 되면 나중에 큰 잘못을 저지른다 **바늘로 찔러도 피 한 방울 안 난다** 사람이 아주 단단하고 야무지게 생겼거나 빈틈이 없고 몹시 쩨쩨하다

바늘겨레 이름씨 ❶바늘을 꽂아서 차고 다니는 몬. 두 짝으로 되어 아래짝 속을 머리카락 같은 것으로 채우고 거기에 바늘을 꽂은 다음 위짝을 끼운다 ❷꽃방석 꼴로 자그마하게 만든 바늘꽂이 한뜻말바늘방석

바늘구멍 이름씨 ❶바늘귀 ㊐바늘구멍에 실을 꿰다 ❷바늘로 찔러서 낸 구멍 ❸바늘귀처럼 매우 작은 구멍 ㊐서울 한배곳에 들어가기란 바늘구멍에 들어가기보다 어렵다 슬기말 **바늘구멍에 황소바람 들어온다** 추울 때는 바늘구멍만 한 작은 구멍으로도 찬바람이 세게 들어온다

바늘귀 이름씨 바늘 끝에 실을 꿰려고 낸 작은 구멍 ㊐이제 눈이 어두워 바늘귀를 잘 못 꿰겠다

바늘꽂개 이름씨 바늘꽂이

바늘꽂이 이름씨 바늘을 쓰지 않을 때 꽂아 두는 몬 ㊐바늘을 바늘꽂이에 꽂아 두면 잃어버릴 일이 없어 한뜻말바늘겨레. 바늘꽂개. 바늘방석

바늘땀 이름씨 바느질에서 바늘을 한 자리 뜬 눈. 또는 그 길이 ㊐바늘땀이 촘촘하다 한뜻말땀

바늘못 이름씨 쇠붙이 따위로 바늘처럼 가늘고 뾰족하게 만든 몬 ㊐옷바늘못. 머리바늘못 ⇐ 핀

바늘받침 이름씨 꽃꽂이에서 꽃을 꽂을 수 있게 굵은 바늘이 촘촘히 박힌 쇠로 된 받침 ⇐ 침봉

바늘밥 이름씨 바느질할 때 더 쓸 수 없을 만큼 짧아진 실 동강 한뜻말바느질밥

바늘방석 이름씨 ❶꽃방석 꼴로 자그마하게 만든 바늘꽂이 ❷바늘이 돋친 방석에 앉은 것처럼 있기가 괴로운 자리 ㊐동무 집에 얹혀사는 내내 바늘방석에 앉은 것 같았다 한뜻말가시방석

바늘잎나무 이름씨 소나무나 잣나무처럼 바늘처럼 생긴 잎을 가진 나무 맞선말넓은잎나무 ⇐ 침엽수

바늘집 이름씨 바늘을 건사하려고 만든 작은 넣개

바다 이름씨 ❶땅별에서 뭍을 빼고 매우 큰 넓이로 짠물이 차 있는 곳 ㊐먼바다. 넓은 바다. 파란 바다 맞선말뭍 ⇐ 해양 ❷넘쳐나도록 매우 많은 것 ㊐물바다. 울음바다. 별바다

바다가람검 이름씨 그리스 검이야기에 나오는 바다와 가람, 샘을 다스리는 검 ⇐ 포세이돈

바다거북 이름씨 따뜻한 바다에 살며 바닷말을 먹고 사는 거북. 등딱지 길이가 1미터를 넘는다

바다검별 이름씨 해에서 여덟째로 가까운 떠돌이별. 크기는 땅별보다 3.9 곱절이고 13낱돌별이 있다 ⇐ 해왕성

바다것 이름씨 바다에 사는 숨받이 ⓑ바다 깊은 곳으로 가면 옛 꼴을 지닌 바다것을 볼 수 있다 ⇐ 해양생물

바다겉 이름씨 바닷물 바깥쪽 한뜻말바다낯 맞선말바다밑 ⇐ 해면

바다나라 이름씨 바다를 낀 나라 ⓑ우리나라는 세 쪽이 바다와 닿은 바다나라다 ⇐ 해양국

바다나루 이름씨 바닷가에 배가 드나드는 곳 한뜻말나루. 나룻목 ⇐ 항구

바다낳이몬 이름씨 바다에서 나는 숨붙이를 모두 이르는 말 ⇐ 해산물

바다넘이 이름씨 갑자기 바다에서 큰 물결이 일어나 뭍으로 넘쳐 들어오는 일 ⓑ바다넘이로 터전을 잃었다 한뜻말바다시위 ⇐ 해일

바다더럽힘 이름씨 배에서 나온 기름이나 사람살이에서 나온 온갖 쓰레기, 버린 물들이 바다로 흘러들어 바다가 더럽혀지는 일 ⇐ 해양오염

바다도랑 이름씨 큰 바다 밑바닥에 좁고 길게 도랑 꼴로 움푹 들어간 곳. 물깊이가 6즈믄미터 더 되는 것을 말하며 고요바다 하늬쪽에 많다. 필리핀 바다도랑, 니혼 바다도랑이 이름났다 한뜻말바다홈 ⇐ 해구

바다라 이름씨 우리나라 옛 세 나라 때 한 나라. 한가람 아랫녘에서 조그마한 나라로 비롯하여 엿온예순해까지 오늘날 서울 가까이와 미리나 고장과 온바라 고장에 자리잡았던 우리 겨레 옛 나라. 가고리를 세운 도모(주몽) 아들 오소(온조)가 우리구루에 세운 나라로 알려 내려온다. 한때는 배달땅 아랫녘 하늬쪽을 다 차지할 만큼 큰 나라였고 왜에 삶꽃을 물려주었으나 당과 짬짬이 한 시라에 무너졌다. 백제(百濟)로 적어놓은 처음 우리말은 '바다라', '바다', '바사라', '바사' 가운데 하나로 여겨진다 ⇐ 백제

바다몬 이름씨 물고기나 말린 물고기 또는 바다풀 따위 ⇐ 어물

바다몬가게 이름씨 바다에서 나온 것들을 파는 가게 ⇐ 어물전

바다뭍바람 이름씨 바닷가에서 밤낮으로 바뀌어 부는 바람. 낮에는 바다에서 뭍으로, 밤에는 뭍에서 바다로 분다 ⇐ 해륙풍

바다밑 이름씨 바다 밑바닥 맞선말바다겉 ⇐ 해저

바다시위 이름씨 바다밑 땅 거죽 뮘이나 바다 날씨 바뀜에 따라 갑자기 바닷물이 크게 일어서 뭍으로 넘쳐 들어오는 것 한뜻말바다넘이 ⇐ 해일

바다싸울아비 이름씨 나라 바다를 지키며 배나 자맥질배를 타고 바다에서 싸우는 일을 으뜸으로 하는 싸울아비 ⇐ 해군

바다알락범 이름씨 물범

바다오리 이름씨 섬이나 바닷가에서 사는 철새. 머리와 목은 검은빛이고 등은 검은 잿빛이며 배는 흰빛이다. 우리나라에서 봄에 무리 지어 알을 까고 겨울에는 마녘으로 내려간다

바다표범 ⇒ 물범

바다홈 이름씨 바다 밑바닥에 좁고 길게 움푹 들어간 깊은 골짜기 한뜻말바다도랑 ⇐ 해구

바다흐름 이름씨 한쪽으로 움직이는 바닷물 흐름 한뜻말무대 ⇐ 해류

바다힘 이름씨 바다에 미치거나 바다를 두고 갖는 힘 ⇐ 해상권

바닥 이름씨 ❶넓고 펀펀한 거죽 ⓑ논바닥. 땅바닥. 바닥에 앉다 ❷어떤 고장이나 테두리 ⓑ이 바닥 사람. 저자 바닥 ❸여러 켜로 이루어진 땅에서 밑에 깔린 켜 위쪽 ⓑ진흙땅바닥이 드러났다 ❹밑을 이루는 넓고 펀펀한 곳 ⓑ물이 맑아 바닥이 보인다. 신 바닥 ❺낮거나 펀펀한 땅 ⓑ큰들메는 골바닥이 통바위, 곧 너레이다 ❻집을 지을 때 밑자리 ⓑ바닥을 깎다. 바닥을 고르다 ❼밑바탕이나 값어치가 적은 모습 ⓑ어때, 저 사람 생각보다 바닥이지 않아? ❽어떤 것을 다 쓰고 없어진 꼴 ⓑ살림살이가 바닥이 났다 익은말 **바닥을 내다** 다 없애거나 써버리

다. 어떤 일을 끝장내다 **바닥을 비우다** 다 없애다 **바닥이 드러나다** 끝장이 나다. 다 써서 없어지다

바닥글 이름씨 으뜸 되는 글 ⇐ 본문

바닥금 이름씨 가장 싼 값 ⇐ 최저가

바닥나다 움직씨 ❶신 바닥 같은 것이 닳아 구멍이 나다 ⓑ바닥난 신 ❷다 써서 없어지다 ⓑ쌀이 바닥났다

바닷가 이름씨 바다와 땅이 잇닿는 곳이나 바다에 가까운 곳 ⓑ우리는 여름내 바닷가에서 살았다 ⇐ 연안. 해변. 해안

바닷가고을 이름씨 러시아 새마끝 고을 ⇐ 연해주

바닷가짓일고을 이름씨 바닷가에 있는 몬 만드는 일을 많이 하는 고을 ⇐ 임해공업도시

바닷길 이름씨 ❶배를 타고 다니는 바다에 난 길 ⇐ 해로 ❷바다를 지나서 가는 길 ⓑ바닷길이 열렸다

바닷말 이름씨 미역이나 김, 다시마와 같이 바다에서 자라는 풀 ⇐ 해초. 해조. 해조류

바닷물 이름씨 바다에 고인 짠물 ⓑ올해는 바빠서 바닷물에 한 디위도 뛰어들지 못했네 맞선말민물 ⇐ 해수

바닷물고기 이름씨 바다에서 사는 물고기 ⓑ바닷물고기를 마구 잡아대는 통에 씨가 말라간다 한뜻말짠물고기. 바닷고기 맞선말민물고기 ⇐ 염수어. 해수어

바닷물넘이 이름씨 바다밑에서 땅이 흔들리거나 불뫼가 터져서 바닷물이 일어 뭍으로 넘쳐 들어오는 것 ⇐ 쓰나미. 해일

바닷물놀이 이름씨 바닷물에 멱 감고 노는 일 ⇐ 해수욕

바닷바람 이름씨 바다에서 뭍으로 불어오는 바람 ⓑ바닷바람을 막으려고 나무를 심는다 ⇐ 해풍

바닷새 이름씨 바다에서 사는 새

바닷저자 이름씨 고기가 한창 잡힐 때 바다 위에서 열리는 물고기 저자 ⇐ 파시

바대 이름씨 홑적삼이나 고의에서 해지기 쉬운 곳에 덧댄 헝겊 조각

바데 이름씨 버시 맞선말아내 ⇐ 남편

바동거리다 움직씨 ❶어린아이가 자빠지거나 주저앉거나 매달려서 작은 팔다리를 내저으며 마구 몸을 움직이다 ⓑ꼬마가 바동거리며 떼를 쓴다 큰말바둥거리다 ❷힘겨운 데서 벗어나려고 바득바득 애쓰다 **바동대다**

바동바동 어찌씨 ❶어린아이가 자빠지거나 주저앉거나 매달려서 작은 팔다리를 내저으며 마구 몸을 움직이는 꼴 ⓑ바동바동 발버둥질을 치는 아이 큰말바둥바둥 ❷힘겨운 데서 벗어나려고 바득바득 애쓰는 꼴 ⓑ나도 모르게 바동바동 살아왔는데 이제부터는 느긋하게 살아야지 **바동바동하다**

바둑 이름씨 한 사람은 흰 돌, 다른 이는 검은 돌로 바둑널에 엇갈아 하나씩 놓으면서 이기고 짐을 겨루는 놀이. 맞은쪽 말을 에워싸서 잡는다

바둑널 이름씨 바둑을 둘 때 쓰는 가로세로 19금씩 그은 네모진 널. 금 사귐점은 361낱이다 ⇐ 바둑판

바둑돌 이름씨 바둑을 둘 때 쓰는 동글납작한 돌 한뜻말바둑알

바둑이 이름씨 털에 바둑돌을 놓은 것처럼 검은 점과 흰 점이 뒤섞인 개 ⓑ우리집 바둑이는 사람만 보면 꼬리를 친다

바둥거리다 움직씨 ❶자빠지거나 주저앉거나 매달려서 팔다리를 내두르며 몸을 마구 움직이다 작은말바동거리다 ❷힘겨운 데서 벗어나려고 애쓰다 **바둥대다**

바둥바둥 어찌씨 ❶자빠지거나 주저앉거나 매달려서 팔다리를 내두르며 몸을 마구 움직이는 꼴 ⓑ아버지는 끌려가지 않으려고 바둥바둥 애를 쓰며 왜놈들을 노려보았다 ❷힘겨운 데서 벗어나려고 애쓰는 꼴 **바둥바둥하다**

바드런길 이름씨 바드러운 길 ⇐ 험로. 준로

바드럽다 그림씨 ❶빠듯하게 아슬아슬하거나 걱정스럽다 ⓑ수렛길은 아이들에게 늘 바드럽다 ⇐ 위태롭다. 위험하다 ❷빛발 같은 것이 세어 눈에 부시거나 눈뜨기 조마조마

하다 ⓑ여름 한낮에는 햇빛이 세어 눈뜨기에 바드럽다

바득바득[1] 어찌씨 ❶억지스럽게 자주 우기거나 조르는 꼴 ⓑ언니는 제 말이 맞다고 바득바득 우겨댔다 큰말부득부득 ❷온 힘을 쏟으며 아주 애쓰는 꼴 ⓑ남은 것이나마 뺏기지 않으려고 바득바득 애썼다 **바득바득하다**

바득바득[2] 어찌씨 이 같은 것을 가는 소리나 그 꼴 ⓑ이를 바득바득 갈며 벼른다 큰말부득부득 **바득바득하다**

바들거리다 움직씨 ❶골이 나거나 추워서 몸을 가늘게 떨다 ⓑ몸을 바들거리며 잘데에서 일어났다 ❷무서워서 마음이 몹시 떨리다 **바들대다**

바들바들 어찌씨 ❶골이 나거나 추워서 몸을 가늘게 떠는 꼴 ⓑ아이가 추워서 입술을 바들바들 떤다 큰말버들버들 ❷무서워서 마음이 몹시 떨리는 꼴 ⓑ마음이 바들바들 떨린다 **바들바들하다**

바들짝 어찌씨 작은 몸을 뛰며 팔다리를 잇달아 세게 벌려 젓는 꼴

바들짝거리다 움직씨 작은 몸을 뛰며 팔다리를 잇달아 세게 젓다 **바들짝대다**

바들짝바들짝 어찌씨 작은 몸을 뛰며 팔다리를 잇달아 세게 젓는 꼴 ⓑ아이들은 물에 뛰어들어 저마다 바들짝바들짝 팔다리를 놀리며 헤엄을 친다 **바들짝바들짝하다**

바디[1] 이름씨 베틀이나 가마니틀 같은 데서 날을 고르고 씨를 치면서 짜는 연장. 베 짜는 바디는 대오리 같은 것을 빗살처럼 세워 머리빗과 같이 만들며 빗기는 일을 한다

바디[2] 이름씨 판소리에서 소리꾼이 한마당을 모두 가락으로 멋지게 다듬어 놓은 소리

바디나물 이름씨 잎은 깃꼴겹잎으로 어긋맞게 나고 여름에 누르붉거나 흰 꽃이 피며 길둥근 열매를 맺는 풀. 물기가 있는 땅에 잘 자라며 어린잎은 먹고 뿌리는 낫개로 쓴다 한뜻말까막발. 까치발

바라[1] 이름씨 놋쇠로 만들고 둥글넓적하며 서로 바깥쪽으로 배가 볼록하게 나온 두짝가락틀. 크기는 여러 가지이고 가운데 있는 구멍에 가죽끈을 꿰어 두 손에 하나씩 쥐고 마주치거나 한짝만을 채로 쳐서 소리를 낸다

바라[2] 이름씨 마온바라 고장 하늬녘 복판에 있는 고을. 마온바라 펀펀들 여름지이낳몬이 모이는 곳이다. 대나무로 만든 몬이나 배, 복숭아 따위가 이름났다 ⇐ 나주

바라가람 이름씨 가시히에서 흘러내려 마온바라 고장을 마하늬녘으로 흘러 하늬바다로 들어가는 가람 ⇐ 영산강

바라건대 어찌씨 몹시 바라는 바이니 ⓑ바라건대 갇힌 사람을 다 풀어 주소서 ⇐ 원컨대

바라나 이름씨 마미리나 높하늬녘에 있는 고을. 흔히 여름지이, 젖소치기를 많이 하고, 수레가 자주 오가는 곳으로 장사가 잘된다. 호두과자와 참외로 이름났다 ⇐ 천안

바라나세거리 이름씨 미리나 고장 아람노래 가운데 하나. 이야기 끝마디마다 '흥' 소리를 넣는다 비슷한말흥타령 ⇐ 천안삼거리

바라다 움직씨 ❶무엇이 이뤄지거나 이뤄지면 좋겠다고 생각하다 ⓑ네가 잘되기를 바란다 ❷몬을 갖고 싶어 하다 ⓑ돈을 바라고 한 일은 아니야 ❸어떤 쪽으로 보다 ⓑ앞만 바라고 뛰자

바라보다 이름씨 ❶어느 쪽을 바로 보다 ⓑ곱순이는 하던 일을 멈추고 나를 바라보았다 ❷앞으로 잘될 거라고 생각하다 ⓑ골나지 않을 날을 바라보고 날마다 마음을 닦는다 ❸멀리 앞을 내다보다 ⓑ앞날을 바라보고 부지런히 일한다 ❹부러워하며 넘겨다보다 ⓑ남들을 그만 바라보렴 ❺남 일에 끼어들지 않고 옆에서 보고만 있다 ⓑ어려운 이웃이 생기면 바라보고만 있을 수 없다 ❻제 눈으로 살피다 ⓑ남들과는 다른 눈으로 바라보아야 할 때도 있다 ❼어떤 것에 앞날을 걸다 ⓑ엄마는 오직 나 하나만을 바라보고 살았다 ❽어떤 때나 나이에 가깝게 다다르다 ⓑ벌써 쉰을 바라보는 나

이가 되었다

바라지[1] 이름씨 입을 것이나 먹을 것 또는 돈 따위를 대어 주며 뒤에서 여러 가지를 봐주는 일 ⓑ아내는 내가 가두리에서 지내는 내내 바라지를 해 주었다. 아들 바라지. 손님 바라지 한뜻말 수발

바라지[2] 이름씨 햇빛을 들이려고 바람 위쪽에 낸 작은 구멍 ⓑ바라지 밖으로 얼굴을 내밀었다 ⇐ 창

바라지구멍 이름씨 ❶바라지를 만들려고 낸 구멍. 또는 바깥사람과 무엇을 주고받으려고 낸 작은 문 ⇐ 창구 ❷이불, 솜옷, 겹옷, 대님, 버선 따위를 지을 때 안팎을 뒤집어 빼내려고 꿰매지 아니한 곳 ⇐ 창구멍

바라지다[1] 그림씨 ❶몸피가 옆으로 퍼져 넓다 ⓑ어깨가 딱 바라져 옹골차 보인다 ❷사람 속이 웅숭깊지 못하고 너울가지가 적다 ⓑ아이들이 어리숙한 데도 있어야지 바라지기만 하면 못쓴다 ❸그릇이 얕고 위가 넓다 ⓑ그릇이 바라져 국그릇으로는 안 맞다

바라지다[2] 움직씨 ❶벌어져서 사이가 뜨다 ⓑ문틈이 바라져 바람이 많이 들어온다 ❷푸나무 잎이나 가지가 넓게 퍼지다 ⓑ비를 맞고 꽃봉오리가 활짝 바라졌다

바락바락 어찌씨 ❶골이 나서 자꾸 용을 쓰거나 소리를 지르는 꼴 ⓑ바락바락 악을 쓴다고 될 일이 아니다 큰말 버럭버럭 ❷빨래 같은 것을 가볍게 조금씩 주무르는 꼴 ⓑ기저귀를 바락바락 주물러 빤다 **바락바락하다**

바람[1] 이름씨 ❶빈기누름이 바뀌거나 하여 절로 일어나는 빈기 흐름 ⓑ시원한 바람이 분다 ❷사람이나 연장 도움으로 일으켜 공 같은 것 속에 불어넣는 숨 ⓑ공 차려면 공에 바람부터 넣어야 해 ❸사내겨집 사이에서 생기는 들뜬 마음이나 몸짓 ⓑ늦은 나이에 바람이 나서 날새는 줄 모른다 ❹모둠살이에서 말, 짓, 생각 같은 것이 새로 일어남 ⓑ잉글말 쓰는 바람이 불어 너도나도 목을 맨다 ⇐ 풍. 풍조 ❺들뜬 마음이나 움직임 ⓑ오늘이 잔칫날인데 괜히 바람 넣지 마라 ❻몸이 아파 배 속에 차는 가스 ⓑ배 속에 바람이 차다 ❼얼날이 잘못되어 생기는 앓이 ⓑ큰아버지는 바람을 맞아 세 해를 누워 있다가 일어나셨다 ⇐ 풍. 중풍 ❽살아가는 어려움 ⓑ온갖 바람을 이겨내면서 꿋꿋이 살아 나가다 ❾'같은', '처럼'과 함께 써 매우 빨리 뛰는 꼴 ⓑ바람처럼 구름처럼 흘러가는 사람살이 익은말 **바람을 피우다** 제 짝이 아닌 사람과 어르다 **바람이 나다** 겨집 사내 사이에 서로 마음이 들뜨다 **바람이 들다** ❶무나 당근 같은 것이 푸석푸석해지다 ❷그릇된 생각에 빠져 마음이 들뜨다 슬기말 **바람 앞에 촛불** 목숨이나 어떤 일이 매우 바드러운 꼴

바람[2] 이름씨 어떤 일이 이루어지기를 바라는 마음 ⓑ내 바람은 네가 잘 사는 것뿐이다. 우리 바람은 오직 우리말 살려 쓰기이다 ⇐ 탐. 희망

바람[3] 이름씨 집이나 방 둘레를 막아 세운 것 ⓑ바라지를 낸 바람 ⇐ 벽

바람[4] 이름씨 ❶('~는 바람에' 꼴로 써) 까닭을 나타냄 ⓑ아기가 칭얼대는 바람에 집에서 꼼짝을 못 한다 ❷몸에 차려야 할 것을 제대로 차리지 않고 나서는 꼴. 그 옷차림 그대로 ⓑ옛 동무가 왔다는 반가운 소리에 잠옷 바람으로 뛰어나갔다

바람[5] 이름씨 실이나 새끼 따위 한 발쯤 되는 길이 ⓑ새끼 두 바람만 꼲어 오너라

바람가락 이름씨 예부터 물려 내려오는 우리나라 가락틀로 소리를 내는 가락 ⇐ 풍악

바람가락틀 이름씨 발널을 밟아 바람을 넣으면서 누르개를 눌러 떨림널을 울려 소리내는 가락틀 ⇐ 풍금. 오르간

바람가루받이꽃 이름씨 바람이 불어 꽃가루가 날라와 씨받이가 이루어지는 꽃 ⇐ 풍매화

바람갈이 이름씨 더러운 빈기를 맑은 빈기로 바꿈 ⇐ 환기. 통풍

바람갈이틀 이름씨 방안 더러운 빈기를 바깥

맑은 빈기와 바꾸는 번힘틀 ⇐ 환기통. 환풍기

바람개비 이름씨 ❶바람을 받으면 빙빙 돌아가는 놀잇감 ⓑ아이가 바람개비를 돌리며 논다 한뜻말팔랑개비 ❷바람 힘을 틀힘으로 바꾸는 연장. 낟알을 빻거나 물을 퍼올리는 따위 일에 쓴다 ⇐ 풍차

바람결 이름씨 바람이 어떤 쪽으로 불어가는 흐름새 ⓑ바람결에 꽃잎이 춤춘다

바람광 이름씨 바람을 뚫어 작은 문을 내고 만든 광. 자잘한 몬을 갈무리하는 데 쓴다 ⇐ 벽장

바람구멍 이름씨 빈기가 드나들도록 낸 구멍 ⇐ 통풍구. 환기구

바람굿[1] 이름씨 주검을 한데에 두어 비바람에 저절로 없어지게 하는 굿일 ⇐ 풍장

바람굿[2] 이름씨 주검을 태워서 남은 뼈를 가루로 내어 바람에 날려버리는 굿

바람글[1] 이름씨 여러 사람에게 알리는 글을 적어 바람이나 알림널에 붙이는 종이 ⇐ 벽보

바람글[2] 이름씨 배곳이나 벌데, 싸울아비떼에 들어가려고 내는 글 ⓑ아들아, 너는 어느 한배곳에 바람글을 내고 싶냐? ⇐ 원서

바람기 이름씨 ❶바람이 부는 기운 ⓑ바람기가 조금만 있어도 나물이 잘 마른다 ❷겨집 사내 사이에서 함부로 사귀거나 들뜬 기운 ⓑ별달마을 가시나들은 바람기가 많다며? ❸바람을 맞아 생긴 앓이 기운 ⓑ아이 낳은 뒤끝에 온 바람기가 아직 낫지 않았다

바람기운 이름씨 예부터 내려오는 밥옷집 살림살이 ⇐ 풍기

바람꽃 이름씨 ❶큰바람이 일려고 할 때 먼 메에 끼는 보얀 기운 ❷뜨야기나 뜨리를 앓을 때 살갗에 여기저기 돋아나는 붉은 점 ⇐ 열꽃

바람낯 이름씨 바람 거죽 ⇐ 벽면

바람노래 이름씨 한때에 많은 사람 마음을 끌어 많은 사람이 듣고 부르는 노래 ⇐ 유행가

바람덩이 이름씨 빈기나 내처럼 갈씨 사이가 멀고 엉기는 힘이 없어 갈씨마다 제껏 놀며 어떤 꼴이 없어 따습기나 누르기에 따라 쉽게 바뀌는 몬 한뜻말김덩이 ⇐ 기체

바람돌 이름씨 바람을 쌓는 데 쓰는 네모난 돌 ⇐ 벽돌

바람둥이 이름씨 ❶거짓말이나 허튼짓을 하고 다니는 속없는 사람 ⓑ바람둥이 말을 누가 믿어줄까? ❷바람을 곧잘 피우는 사람 ⓑ오빠는 바람둥이로 집안일은 나 몰라라 한다 ⇐ 플레이보이

바람들바탈 이름씨 바람이 잘 드나들 바탈 ⇐ 통기성

바람막이 이름씨 바람을 막는 것 또는 그 일 ⓑ바다 바람막이로는 소나무가 으뜸이다 ⇐ 방풍

바람막이숲 이름씨 바람을 막고자 가꾼 숲 ⇐ 방풍림

바람맞다 움직씨 ❶남에게 속거나, 다짐이 어긋나 헛걸음하다 ⓑ오랜만에 만나기로 한 벗에게 바람맞았다 ❷바람 앓이에 걸리다 ⓑ아버지가 바람맞은 뒤로 팔을 제대로 못 쓴다 ⇐ 중풍

바람물 이름씨 집자리나 무덤자리, 땅생김새가 사람한테 좋고 안 좋게 끼침을 미친다는 생각 ⇐ 풍수

바람물결 이름씨 바다나 가람에 바람이 세게 불어 일어나는 물결 ⇐ 풍랑. 풍파

바람물땅다스림 이름씨 땅 생김새나 땅 기운, 땅이 자리잡은 쪽을 잘 살펴 집터나 무덤자리를 잡아야 사람 삶이 잘 펼쳐진다는 생각 ⇐ 풍수지리

바람바라지 이름씨 바람이 잘 드나들도록 집 높은 곳에 내는 작은 바라지 ⇐ 통풍창

바람바퀴 이름씨 바람을 받아 도는 큰 날개바퀴가 달린 뭡틀 ⇐ 풍차

바람방울 이름씨 처마 끝에 다는 작은 쇠북. 속에는 물고기 꼴 쇳조각을 달아 바람이 부는 대로 흔들려 소리가 난다 한뜻말처마방울 ⇐ 풍경

바람배 이름씨 바람 힘으로 움직이는 배 ⇐ 풍선

바람번힘곳 이름씨 바람으로 바람개비를 돌려 번힘을 일으키는 곳 ⇐ 풍력발전소

바람벼리 이름씨 사내와 겨집이 사귈 때 지켜야 할 벼리 ⇐ 풍기

바람불담이 이름씨 밑에 바람구멍을 내어 불이 잘 붙게 만든 불담이 ⇐ 풍로

바람비 이름씨 바람에 날려 흩뿌리는 비

바람빛 이름씨 메나 들, 물, 하늘 같은 아름다운 모습 ⓑ내가 자란 곳이 다른 데와 견주어 바람빛이 아름답다 ⇐ 경치. 풍광. 풍경. 풍치

바람빛그림 이름씨 누리 볼거리를 그린 그림 ⇐ 산수화

바람빠르기 이름씨 바람이 부는 빠르기 ⇐ 풍속

바람삭이 이름씨 땅 거죽과 바윗돌이 빈기나 물 따위로 부서지는 일 ⇐ 풍화. 풍화작용

바람새·바람씨 이름씨 바람이 부는 꼴 ⓑ잔잔한 바람새. 솔솔 불어오는 바람씨가 좋아

바람새뜸 이름씨 사람들 마음이 쏠리는 일을 큰 종이에 새뜸처럼 길게 써서 여러 사람이 모이는 곳에 붙여 알리는 새뜸 ⇐ 벽신문

바람서리 이름씨 **1** 바람과 서리 ⇐ 풍상 **2** 삶에서 겪은 어려움과 수고

바람언걸 이름씨 센 바람으로 받는 언걸 한뜻말 바람지실 ⇐ 풍해

바람옷 이름씨 흐름을 타서 널리 퍼지는 옷차림 ⇐ 패션

바람옷잔치 이름씨 새 옷을 펼쳐 보이는 잔치 ⇐ 패션쇼

바람이 이름씨 바라는 사람 한뜻말바람보 ⇐ 희망자

바람이룸빌기 이름씨 바람이 이루어지기를 비는 것 ⇐ 축원

바람일개 이름씨 넓적한 살이 여러 날 달린 바퀴를 돌리면서 바람을 일으켜 낟에 섞인 쭉정이나 부스러기, 먼지 들을 날려버리는 여름지이 연장 ⇐ 풍구

바람잡다 움직씨 **1** 남을 속이려고 헛된 말짓을 하다 ⓑ세 해 안에 서울 한복판에 좋은 집을 지어 준다고 바람잡는 바람에 엿즈믄 골 원이 묶였다 **2** 마음이 들뜨다 ⓑ바람 잡고 떠돌아다녀서는 무엇 하나 얻을 것이 없다 **3** 헛된 생각으로 일을 꾸미다 ⓑ동무가 수박서리 가자고 바람을 잡았지만, 나는 집으로 왔다

바람잡이 이름씨 무슨 일을 꾸미려고 미리 사람들을 꾀는 사람 ⓑ소매치기들은 바람잡이 한둘을 끼고 논다

바람재개 이름씨 바람세기를 재는 틀 ⓑ바람재개로 바람을 재어 뱃사람들에게 알려준다 ⇐ 풍속계. 풍력계

바람종이 이름씨 바람에 바르는 종이 ⇐ 벽지

바람주머니 이름씨 얇은 고무주머니에 가벼운 바람 같은 것을 넣어 그 힘으로 높이 떠오를 수 있도록 만든 몬 ⇐ 풍선

바람직하다 그림씨 어떤 일이 바랄 만하다 ⓑ우리말 살리는 일은 아주 바람직한 일이야

바람질 이름씨 **1** 바람이 세차게 이어 부는 것 ⓑ비는 좀 수그러들었으나 바람질은 꾸준하다 **2** 들떠서 바람을 피우며 돌아다니는 짓 ⓑ봄바람에 들떠서 아까운 때를 바람질로 헛되이 보내지 말아라

바람쪽 이름씨 바람이 불어오는 쪽 ⇐ 풍향

바람쪽알림이 이름씨 바람이 불어오는 쪽을 알리는 틀 ⇐ 풍향계

바람칼 이름씨 새가 날갯짓을 하지 않고 빠르게 날 때 그 날개 ⓑ솔개가 병아리를 채러 바람칼을 세우고 소리 없이 마당에 내려앉는다

바람통 이름씨 속탐뮘틀이나 김뮘틀 따위에서 나들개가 나드는 뮘을 하는 둥글기둥꼴 통 ⇐ 실린더

바람틀 이름씨 바람 날개를 번뮘틀로 돌려 바람을 일으키는 틀 ⇐ 선풍기. 팬

바람할미 이름씨 달셈 둣달에 나쁜 마음을 부려 꽃샘바람을 불게 한다는 할미 ⇐ 이월바람. 영등할미

바람흙 이름씨 어떤 곳 날씨와 흙 매개 ⇐ 풍토

바람흙앓이 이름씨 어떤 곳 날씨나 물, 흙 같은 그 고장 매개로 생기는 앓이 ⇐ 풍토병

ㅂ

바람힘 이름씨 ❶바람 세기 ⇐ 풍력 ❷뭡힘으로서 바람이 가진 힘 ⇐ 풍력

바랑 이름씨 중이 길을 갈 때 등에 지는 큰 자루 ⓑ키가 훤칠한 중이 바랑을 지고 홀로 멧길을 걷는다 ⇐ 배낭

바래기 이름씨 옷감이나 종이 같은 것을 빨거나 하여 희게 하는 일 ⓑ바래기를 했더니 옷이 깨끗해졌네 ⇐ 표백. 탈색

바래다[1] 움직씨 볕을 받거나 물을 머금어 빛깔이 바뀌다 ⓑ바지가 오래되어 빛이 바랬네

바래다[2] 움직씨 가는 사람을 어느 곳까지 배웅하다

바래다주다 움직씨 가는 사람을 어느 곳까지 같이 가주다 ⓑ아침에 아이를 배곳까지 바래다주었다 한뜻말배웅하다

바로 어찌씨 ❶굽거나 비뚤지 않고 곧게 ⓑ줄을 바로 세우다. 목과 등을 바로 세우고 숨을 알아차린다 ❷들쑥날쑥하거나 흐트러지지 않고 가지런히 ⓑ글씨를 흘리지 말고 바로 써 ❸참과 어긋나지 않고 그대로 ⓑ거짓말하지 말고 바로 말해 ❹틀이나 크기나 잣대에 맞게 ⓑ절을 바로 하다. 옷을 바로 입다 ❺매우 가까이 ⓑ내 동무 보람은 바로 뒷집에 산다 ❻다름 아닌 그때 ⓑ집에 오자 바로 아버지가 나갔다 ❼머뭇거리지 않고 곧 ⓑ배곳에서 나오자 바로 집으로 왔다 ❽다름이 아니라 ⓑ이분이 바로 제 스승입니다

바로갈래 이름씨 핏줄이 할아버지, 아버지, 나, 아들, 아슨아들로 이어지는 갈래 ⓑ이제 아들 없는 집은 딸이 바로갈래를 잇겠지 ⇐ 직계

바로딸림 이름씨 얼개나 모둠, 사람에 바로 딸린 것 ⇐ 직속

바로먹거리 이름씨 그 자리에서 바로 쉽게 먹을 수 있는 맛갓 한뜻말바로밥. 뚝딱밥. 빠른먹거리 ⇐ 인스턴트식품

바로보기 이름씨 똑바로 봄 ⇐ 직시

바로사고팖 이름씨 사는이와 파는이가 바로 사고파는 것 ⇐ 직거래

바로잡다 움직씨 ❶굽은 것을 곧게 하다 ⓑ어긋난 뼈마디를 바로잡아 주었다 ❷그릇되거나 잘못된 것을 올바르게 고치거나 바르게 하다 ⓑ한자말 벼리를 모두 우리말로 바로잡을 때다

바로저자 이름씨 가운데 장사꾼을 거치지 아니하고 여름지기나 고기잡이가 사람들에게 제 팔것을 손수 파는 저자 ⇐ 직매장. 직판장

바르개 이름씨 가루물감을 피마자기름 같은 기름붙이와 섞어서 만든 물감을 통틀어 이르는 말. 몬에 바르면 굳어져서 고운 빛깔을 내고 몬을 지켜준다 ⇐ 페인트

바르개입힘 이름씨 가루물감을 피마자기름 같은 기름붙이와 섞어서 만든 물감을 바람이나 지붕, 문 따위에 바르는 일 ⇐ 페인트칠

바르다[1] 움직씨 ❶헝겊이나 종이 같은 것에 풀질하여 다른 것 거죽에 고르게 붙이다 ⓑ방바닥에 종이를 발랐다 ❷가루나 물, 풀 같은 것을 다른 것 거죽에 고르게 묻히다 ⓑ김에 들기름을 발라 구웠다

바르다[2] 움직씨 ❶열매껍질 속에 든 알맹이를 꺼내다 ⓑ참외씨를 바르지 말고 씨째 먹어 보게 ❷물고기 살에 붙은 뼈나 가시를 걷거나 추리다 ⓑ물고기 가시를 하나하나 발라 먹는 일도 사는 재미이다

바르다[3] 그림씨 ❶비뚤어지거나 구부러진 데 없이 곧다 ⓑ금을 바르게 잘 그었네 ❷하는 짓이나 말이 그릇되지 않다 ⓑ꽃부리는 말이 바르고 하는 짓도 바르다 ⇐ 엄정하다 ❸거짓이나 속임이 없다 ⓑ숨기지 말고 바르게 말해줘요 ❹그늘지지 않고 볕이 잘 들다 ⓑ아저씨를 볕 바른 곳에 묻어 주었다

바르르 어찌씨 ❶가볍게 떠는 꼴 ⓑ온몸이 나른해지고 손가락이 바르르 떨린다 ❷얇은 종이나 나뭇잎이 불에 쉽게 타오르는 꼴 ⓑ갈잎이 바르르 타오른다 ❸물이 가볍게 끓어오르는 꼴 ⓑ냄비에서 찌개가 바르르 끓는다 ❹가볍게 발끈 골을 내는 꼴 ⓑ아우가 바르르 골을 내며 나한테 덤벼들었다

바르집다 움직씨 **1** 파헤치거나 벌려 놓다 ㉥ 닭이 울타리 아래를 바르집어 심은 호박씨가 드러났다 **2** 숨겨진 일을 들추어내다 ㉥ 감춘 것을 꼭 바르집어 들춰내야 하겠나 **3** 작은 일을 크게 떠벌리다 ㉥잔일을 바르집어 시끄럽게 하지 말게

바른겨레소리 이름씨 **1** 백성을 가르치는 바른 소리. 1443해에 세종이 만든 우리글, 한글을 이름함 ⇐ 훈민정음 **2** 1446해에 세종이 한글을 펴낼 때 새겨 찍어 낸 밑책. 우리나라 보물이며 1997해에 누리적바림삶꽃에 올랐다

바른그림씨 이름씨 으뜸밑대로 끝바꿈하는 그림씨 ⇐ 규칙형용사

바른길 이름씨 **1** 비뚤어지거나 구부러진 데 없이 곧은길 ㉥바른길을 따라 곧장 가면, 배곳에 닿는다 ⇐ 정도 **2** 어그러지지 않고 참된 길 ㉥젊을 적 비뚤어진 나를 바른길로 이끌어준 이가 바로 그 분이다 ⇐ 정도. 도리

바른네모기둥 이름씨 밑낯이 바른네모꼴인 모기둥 ⇐ 정사각기둥

바른네모꼴 이름씨 네 곁 길이가 같고 네 모가 모두 곧모인 네모꼴 ㉥집안에 그림틀을 바른네모꼴로 꾸몄다 준말바른네모 ⇐ 정사각형. 평방형

바른말 이름씨 **1** 거짓이 아닌 참말 ㉥그 사람이 젊을 때 놀아났다는 말은 바른말이야 **2** 갈피에 맞는 옳은 말 ㉥바른말을 귀담아듣는 이가 이기겠지 ⇐ 단언. 직언 슬기말 **바른말하는 사람 귀염 못 받는다** 남 잘못을 잘 따지는 이는 모두가 꺼린다

바른모 이름씨 서로 만나는 두 곧금이 아흔 데를 이루는 모 ㉥허리를 바른모에 가깝게 굽혀 절을 했다 ⇐ 직각

바른모기둥 이름씨 밑낯이 바른여러모꼴인 모기둥 ⇐ 정각기둥

바른모뿔 이름씨 밑낯이 바른여러모꼴이고 옆낯이 모두 두같곁세모꼴인 모뿔 ⇐ 정각뿔

바른빛살 이름씨 맞바로 곧게 비치는 빛줄기 ㉥살갗을 바른빛살에 오래 태우면 좋지 않다 ⇐ 직사광선

바른삶 이름씨 사람으로서 마땅히 따르고 지켜야 할 삶 ⇐ 도덕. 윤리

바른세모꼴 이름씨 곁 길이와 안모 크기가 모두 같은 세모꼴 ⇐ 정삼각형. 등변삼각형

바른손 이름씨 바른쪽에 있는 손 ㉥바른손을 오래 써서 이제 왼손으로 쓰려고 애쓴다 한뜻말 오른손

바른여러모꼴 이름씨 곁 길이가 서로 같은 여러모꼴 ⇐ 정다각형. 정다변형

바른엿낯덩이 이름씨 여섯 낯이 모두 똑같은 바른네모꼴인 부피 그림 ⇐ 정육면체

바른움직씨 이름씨 으뜸밑대로 끝바꿈하는 움직씨 ⇐ 규칙동사

바른쪽 이름씨 노녘을 바라볼 때 새녘과 같은 쪽 ㉥바른쪽으로 돌아누웠다 한뜻말오른쪽

바리[1] 이름씨 **1** 말이나 소 같은 짐승 등에 잔뜩 실은 짐. 또는 그것을 세는 하나치 ㉥나락 바리를 실어 집으로 날랐다. 남은 짐은 다섯 바리쯤 된다 **2** 윷놀이에서 말 한 낱을 이르는 말

바리[2] 이름씨 바리때

바리데기 이름씨 **1** 지노귀굿에서 죽은 사람 넋을 저승으로 보낼 때 무당이 부르는 노래 **2** 무당이 빛동옷을 입고 모시는 젊은 꽃검

바리때 이름씨 중이 밥 얻으러 갈 때 쓰는 그릇 한뜻말바리 ⇐ 발우

바리바리 어찌씨 짐 따위를 잔뜩 꾸려놓은 꼴 ㉥곧 갔다 온다면서 왜 짐은 바리바리 싸니?

바리안베 이름씨 썩 고운 베. '한끝을 바리(밥그릇) 안에 담을 만큼 고운 베'라는 뜻

바리캉 ⇒ 머리깎개

바리케이드 ⇒ 길막이. 길막이울

바리톤 ⇒ 버금위청

바림 이름씨 빛깔을 한쪽은 짙게 하고 차츰 엷게 하여 흐르게 하는 일 한뜻말바림질

바벨 ⇒ 들돌

바보 이름씨 ❶어리석고 멍청하여 못난 사람 ⓑ참으로 바보 같은 짓을 했구나 ⇐ 팔불출 ❷사람을 얕잡아 놀리는 말 ⓑ이 바보야, 이것도 몰라?

바비큐 ⇒ 통구이

바빠나다 움직씨 몹시 바쁘다 ⓑ손수레를 넘어뜨린 샛돌이가 바빠나서 허둥지둥 나한테 달려왔다

바빠맞다 움직씨 매개가 몹시 과가르다 ⓑ배움이들이 어깨 겯고 떼 지어 문밖으로 나오자, 짭새들이 바빠맞아 벌벌 떨었다

바쁘다 그림씨 ❶일이 많거나 서둘러 해야 할 일 탓에 딴 겨를이 없다 ⓑ지금 바쁘니 이따 얘기하자 ⇐ 황급하다 ❷몹시 서둘러 빠르다 ⓑ제대로 되는 일도 없이 마음만 바쁘네. 아침부터 어디를 그렇게 바쁘게 가니? ⇐ 급하다 ❸(흔히 '~하기 바쁘게' 꼴로 써서) 어떤 짓이 끝나자마자 곧 ⓑ오빠는 숟가락을 놓기 바쁘게 일하러 나갔다 ❹한가지 일에 매달려 다른 겨를이 없다 ⓑ벼를 베느라 바빠서 사람이 옆에 온 줄도 몰랐다 슬기말 **바쁘게 찧는 방아에도 손 놀 틈이 있다** 아무리 바쁘게 방아를 찧더라도 확 속 낟알을 뒤적일 틈은 있다. 아무리 바쁠 때라도 틈을 낼 수 있다

바삐 어찌씨 아주 바쁘게 ⓑ뭘 그리 바삐 돌아다녀요?

바사기 이름씨 일과 몬에 어두워 아는 것이 없고 똑똑하지 못한 사람 ⇐ 팔삭둥이

바삭 어찌씨 ❶물기가 없는 것이 서로 닿거나 바스러지는 소리나 그 꼴 ⓑ숨어다닐 때는 곁에서 바삭 소리만 나도 소스라치게 놀랐어 큰말버석 센말바싹 ❷잎사귀 같은 것이 잘 마른 꼴 ⓑ가랑잎이 바삭 말랐다 큰말버석 센말바싹 **바삭하다**

바삭거리다 움직씨 물기가 없는 것이 서로 닿거나 잘게 바스러지는 소리가 나다 큰말버석거리다 센말바싹거리다 **바삭대다**

바삭바삭 어찌씨 ❶물기가 없는 것이 서로 닿거나 잘게 바스러지는 소리나 그 꼴 ⓑ혼자 땔나무를 하는데 바삭바삭 짐승 발자국 소리가 들렸다 큰말버석버석 센말바싹바싹 ❷잎사귀 같은 것이 잘 마른 꼴 ⓑ가을바람에 바삭바삭 마른 밤나무잎이 굴러간다 큰말버석버석 센말바싹바싹 **바삭바삭하다**

바삭바삭하다 그림씨 몬이 물기가 거의 없이 말라 있다 ⓑ억새가 가을바람에 바삭바삭하다 큰말버석버석하다 센말바싹바싹하다

바삭하다 그림씨 바스러지기 쉬울 만큼 물기가 없이 보송보송하다

바소 이름씨 곪긴 데를 째는 낫개바늘. 끝 두 쪽에 날이 있다 ⇐ 피침

바소꼴 이름씨 푸나무 잎사귀가 바소나 버들잎과 같은 꼴 ⇐ 피침형

바소쿠리 이름씨 싸리 줄기로 촘촘하게 엮어 지게에 메워 두엄이나 낟을 나르는데 쓰는 소쿠리 ⓑ아버지는 바소쿠리에 거름을 지고 보리밭으로 날랐다

바스락 어찌씨 가랑잎 같은 것을 가볍게 건드릴 때 나는 소리나 그 꼴 **바스락하다**

바스락거리다 움직씨 가랑잎같이 마른 부스러기를 가볍게 뒤적이는 소리가 자꾸 나다 ⓑ어디선가 바스락거리는 소리가 들려 귀를 쫑긋 세웠다 **바스락대다**

바스락바스락 어찌씨 ❶가랑잎 같은 것을 가볍게 잇달아 건드릴 때 나는 소리나 그 꼴 ⓑ굵은 소낭버섯을 막 따려는데 뒤에서 바스락바스락 발자국 소리가 들렸다 ❷좀스럽게 장난을 하는 꼴 ⓑ계집애들은 감나무 밑에서 바스락바스락 소꿉놀이를 하면서 장난을 친다 **바스락바스락하다**

바스러지다 움직씨 깨어지거나 터져 매우 잘게 부스러지다 ⓑ늦가을 멧길을 걸으니, 발아래에서 가랑잎 바스러지는 소리가 시끄럽다 센말빠스러지다

바스스 어찌씨 ❶몬 부스러기나 낟알 같은 것이 어지럽게 흩어지는 꼴 ⓑ쌀자루가 넘어지며 쌀이 바스스 새어 나온다 한뜻말바시시 ❷사람 머리털이나 짐승 머리털이 흐트러진 꼴 ⓑ잠자다 일어나 머리가 바스스 흐

ㅂ

트러진 채로 나왔다 **3** 앉거나 누웠다가 가만히 일어나는 꼴 ㉥문을 열자, 그때서야 아이가 바스스 일어난다 **4** 미닫이나 문 같은 것을 가만히 여는 꼴 ㉥자는 사람 깨우지 않으려고 문을 바스스 열고 밖으로 나왔다

바시시 (어찌씨) 바스스

바심[1] (이름씨) **1** 낟 이삭을 떨어 낟알을 거두는 일 ⇐ 타작. 탈곡 **2** 채 익기 앞 벼나 보리를 미리 베어 떨거나 훑는 일 한뜻말 풋바심

바심[2] (이름씨) 집 지을 나무를 깎거나 파서 다듬는 일 ⇐ 치목

바심수레 (이름씨) 낟을 베면서 낟알을 떨어내는 여름지이 연장 ⇐ 콤바인

바심틀 (이름씨) 벼나 보리 같은 이삭에서 낟알을 떨어내는 틀 ㉥어릴 적 아버지를 도와 옆에서 바심틀을 와랑와랑 밟았다 한뜻말 호롱기 ⇐ 탈곡기

바싹 (어찌씨) **1** 물이 다 마르거나 타 버린 꼴 ㉥햇볕이 좋으니 고추가 바싹 말랐다 비슷한말 바짝 큰말 버썩 **2** 아주 가까이 다가가는 꼴 ㉥낯선 이가 바싹 쫓아와 무서워 죽는 줄 알았어 **3** 일을 거침없이 빨리 마무르는 꼴 ㉥이 일을 바싹 해버리고 끝내자 **4** 몸에 세게 힘을 주거나 움츠리는 꼴 ㉥바싹 얼을 차려라 **5** 몹시 달라붙게 죄는 꼴 ㉥어려울수록 허리띠를 바싹 졸라매자 **6** 더욱 우기는 꼴 ㉥한때 꼴통이었던 사람이 올해 안에 끌어내릴 수 있다고 바싹 우긴다

바야흐로 (어찌씨) **1** 이제 바로 또는 이제 한창 ㉥바야흐로 가을이 턱밑까지 왔다 **2** 다름 아니라 바로 ㉥아버지가 스승께 드리라고 쓴 글월을 바야흐로 여기 갖고 왔어요

바오달 (이름씨) 싸울아비 머무는 곳 ⇐ 군막. 군영. 병영. 진지

바위 (이름씨) **1** 부피가 아주 큰 돌 ㉥바위가 많아서 바윗골이라 이름 지었다 한뜻말 바윗돌 ⇐ 암석 **2** 몸이 단단하고 짓이 묵직하거나 뜻이 굳은 사람 ㉥우리 동네 마돌은 바위야, 함부로 덤비지 말아 **3** 가위바위보 놀이에서 주먹을 쥐어 내미는 몸짓. 또는 그런 손 ㉥아우는 바위를 잘 낸다 (슬기말) **바위를 차면 제 발부리만 아프다** 쓸데없는 골풀이를 하면 오히려 저만 좋지 않다

바위메 (이름씨) 바위로 뒤덮여 푸나무가 없는 메 ⇐ 바위산

바위버섯 (이름씨) 겉은 잿빛에 반들거리고 안은 검고 거칠며 부드럽지만 마르면 가죽처럼 되는 버섯. 맛과 내음이 좋다 ⇐ 석이. 석이버섯

바위벼랑 (이름씨) 깎아지른 듯이 높이 솟아 바람처럼 생긴 바위 ⇐ 암벽

바위산 ⇒ 바위메

바위섬 (이름씨) 바위로 된 섬 ㉥아무도 찾지 않는 바위섬에 홀로 남았다

바위틈 (이름씨) **1** 바위에 갈라진 틈 ㉥바위틈에 게가 기어다닌다 한뜻말 바위짬 **2** 바위와 바위 사이 틈 ㉥바위틈에 발이 끼었다

바윗물 (이름씨) 땅에 깊이 묻힌 바위가 땅속 뜨거움에 녹아 죽같이 된 것 ㉥불메가 터져 시뻘건 바윗물이 흘러내렸다 ⇐ 마그마. 용암

바이 (어찌씨) 아주 ㉥어버이 사랑은 바이 견줄 데 없다. 그 집 딱한 것을 바이 모르는 바 아니지만 저도 살림이 넉넉하지 못합니다

바이러스 (이름씨) **1** 사람이나 숨받이, 푸나무에 온갖 앓이를 일으키는 좀알살이 **2** 셈틀 차림표를 망가뜨리거나 넣어 둔 알감을 지워버리는 나쁜 차림표

바이어스 ⇒ 가금

바이없다 (그림씨) **1** 조금도 어찌할 수 없다 **2** 견줄 데 없이 아주 지나치다

바이올린 (이름씨) 가운데가 잘록하고 두툼한 나무 빈 통에 네 줄을 매어 활로 문질러 소리를 내는 줄가락틀. 맑고 가벼운 소리를 내며 소리너비가 넓다

바이킹 ⇒ 배 탄 도둑떼. 배 탄 도둑겨레

바이트 (이름씨) 셈틀이 다루는 알감 숱을 나타내는 하나치. 한 바이트는 8비트이다

바자 (이름씨) 싸리나 수숫대, 널, 판자 같은 것으로 엮거나 나란히 세워 집 둘레나 남새밭

둘레를 막은 것. 또는 그렇게 둘러친 울타리 ⓑ싸리바자. 대바자

바자·바자회 ⇒ 이바지저자. 나눔 저자터

바잡다 그림씨 ❶마음이 자꾸 끌리어 참기 어렵다 ⓑ손꼽아 기다리며 바잡던 잔칫날이 다가왔네 ❷두렵고, 걱정되어 조마조마하다 ⓑ짭새들에 쫓겨 다니며 바잡던 나날을 떠올리면 이제도 소름 돋아

바잡이 이름씨 바를 잡아당기는 사람. 수레에 짐을 실은 뒤 바를 매는 사람 ⓑ저 짐을 다 실으려면 바잡이를 할 사람이 몇 있어야겠다 **바잡이하다**

바재다 움직씨 ❶쓸데없이 오가며 서성거리다 ⓑ밝은 달밤에 마음이 들떠서 마당을 바재다가 늦게야 잠들었다 ❷마음이 놓이지 않아 망설이며 머뭇거리다 ⓑ봄은 온 듯하나 아직도 바재듯 응달에는 눈이 쌓였고 얼음이 녹지 않았다

바지 이름씨 다리를 꿰는 가랑이가 둘로 되어 아랫도리에 입는 옷 ⓑ바지를 입다. 핫바지. 누비바지. 홑바지 한뜻말아랫바지

바지게 이름씨 바소쿠리를 얹은 지게

바지락·바지락조개 이름씨 민물과 섞이는 바닷가 모래펄에 사는 작은 바닷조개. 껍데기가 거칠거칠하고 무늬가 여러 가지다 한뜻말바지라기. 바지랑이

바지랑대 이름씨 빨랫줄을 받쳐주는 긴 막대 ⓑ빨랫줄이 늘어져서 더 긴 바지랑대를 찾아야겠어 슬기말 **바지랑대로 하늘 재기** 아주 할 수 없는 짓을 턱없이 하려고 함

바지런하다 그림씨 조금도 일손을 놓지 않고 꾸준히 몸을 놀리다 ⓑ바지런한 사람 큰말부지런하다

바지직 어찌씨 ❶물기 있는 것이 뜨거움에 닿아 재빨리 타거나 졸아붙을 때 나는 소리나 그 꼴 ⓑ젖은 짚을 태우니 바지직 소리가 난다 큰말부지직 ❷무른 똥을 빨리 쌀 때 조금 튀며 나는 소리 ⓑ배탈이 나서 뒷간에 갔더니 똥이 바지직 쏟아져 나온다 ❸질기고 빳빳한 것이 갑자기 조금씩 째지거나 갈라지는 소리 ⓑ팔소매가 못에 걸려 바지직 찢어졌다 **바지직하다**

바지직거리다 움직씨 물기 있는 것이 뜨거움에 닿아 잇달아 재빨리 타거나 졸아붙을 때 소리가 잇달아 나다 **바지직대다**

바지직바지직 어찌씨 ❶물기 있는 것이 뜨거움에 닿아 잇달아 재빨리 타거나 졸아붙을 때 나는 소리나 그 꼴 ⓑ냄비에서 된장찌개가 바지직바지직 탄다 큰말부지직부지직 ❷무른 똥을 빨리 쌀 때 조금 튀며 이어 나는 소리 ⓑ하루 내내 뒷간에 들락거리며 물똥을 바지직바지직 쌌다 ❸질기고 빳빳한 것이 갑자기 잇달아 조금씩 째지거나 갈라지는 소리 ⓑ치마가 뾰족한 것에 걸려 바지직바지직 뜯겼다 **바지직바지직하다**

바지춤 이름씨 바지를 입고 허리 쪽을 접어 여민 사이 ⓑ할아버지는 바지춤에서 돈을 꺼냈다

바짓가랑이 이름씨 바지에서 다리를 꿰는 곳 ⓑ이 바지는 바짓가랑이가 넓어 일하기에 수월하다 한뜻말바지통

바짓부리 이름씨 바짓가랑이 끄트머리 쪽 ⓑ다리가 짧아 바짓부리를 여러 차례 걷어올렸다

바짝 어찌씨 ❶물이 다 마르거나 졸아드는 꼴 ⓑ비가 적어 논바닥이 바짝 말랐다 비슷한말바싹 큰말버쩍 ❷아주 가까이 다가가는 꼴 ⓑ바람이 하도 세서 담에 몸을 바짝 붙였다 ❸일을 거침없이 마무르는 꼴 ⓑ조금 남은 일도 바짝 해치웁시다 ❹세게 힘을 주거나 움츠리는 꼴 ⓑ이제부터 마음을 바짝 다잡아라 ❺몹시 달라붙게 죄는 꼴 ⓑ땔감을 끈으로 바짝 졸라매라

바치 이름씨 어떤 일을 일삼아 하거나 솜씨 좋게 잘하는 사람 ⇐ 엔지니어. 전문가. 프로. 프로페셔널

-바치[1] 뒷가지 이름씨에 붙어 그것을 만들거나 그 일을 벌이로 삼는 사람 ⓑ갖바치. 동산바치. 독바치. 노릇바치. 구실바치

-바치[2] 뒷가지 이름씨에 붙어 어떤 바탈을 나

타내는 사람이란 뜻 ⓑ귀염바치, 구석바치, 주눅바치

바치나숨이 이름씨 나숨 어떤 쪽을 깊이 파고들어 깊은 앎을 지닌 나숨이 ⇐ 전문의

바치다 움직씨 ❶깍듯이 드리거나 올리다 ⓑ벼들은 첫 품삯을 어머니께 바쳤다 ⇐ 희사하다 ❷빌린 것을 돌려주거나 돌려보내다 ⓑ책숲집에 헌책을 다 바쳤다 ❸꼭 내거나 물어야 할 돈이나 몬을 갖다주다 ⓑ수레를 굴리는 사람은 모르는 새에 나라에 낛돈을 바친다 ❹한몸을 내맡기다 ⓑ한흰샘님처럼 우리말 살리는 일에 한뉘를 바친 분을 우러른다 ❺어떤 일을 하는 데 힘과 마음을 고스란히 쏟아붓다 ⓑ앓는이를 나수려고 온갖 마음을 다 바쳐 애쓴다

바치말 이름씨 갈말처럼 어느 한쪽을 파고들어 그쪽에서 더 깊은 뜻으로 쓰는 말 한뜻말 갈말 ⇐ 전문용어

바치배곳 이름씨 가운데 일꾼을 기르려고 한쪽을 깊이 파고든 뜻틀과 재주를 배우고 익히는 배곳 ⇐ 전문대학

바치일 이름씨 어느 한쪽을 깊이 파고든 알음이나 재주가 있어야 하는 일 ⇐ 전문직

바치집 이름씨 어떤 갈래 몬만을 파는 곳 ⇐ 전문점

바침 이름씨 힘없는 나라가 힘센 나라한테 여러 가지 몬을 갖다 바치던 일 ⇐ 조공

바캉스 ⇒ 말미놀이

바퀴 이름씨 ❶돌리거나 굴리려고 테 꼴로 둥글게 지은 것 ⓑ수레에 새 바퀴를 달았다. 나무 바퀴. 물레바퀴 ❷어떤 둘레를 돌아 제자리로 오는 차례를 세는 하나치 ⓑ큰 마당을 한 바퀴 돌고 올게

바퀴가방 이름씨 나들이할 때 쓸 짐을 담는 바퀴 달린 큰 가방 ⇐ 캐리어. 트렁크

바퀴널빤지 이름씨 길고 넓적한 나무널에 바퀴를 달고 그 위에 올라서서 달리는 놀이틀 ⇐ 스케이트보드

바퀴벌레 이름씨 몸은 작고 납작하며 짙은 밤빛을 띤 마디발벌레. 따뜻한 곳을 좋아하여 집안에 많이 살며 콜레라 같은 돌림앓이를 퍼뜨린다 한뜻말 민바퀴 준말 바퀴

바퀴주머니 이름씨 바람을 넣어 물에 뜨게 하는 주머니 한뜻말 뜰주머니 ⇐ 튜브

바큇살 이름씨 바퀴 가운데에서 테까지 부챗살 꼴로 뻗쳐댄 막대 ⓑ촘촘하게 박힌 바큇살. 따릉이 바큇살

바큇자국 이름씨 수레바퀴 같은 바퀴가 굴러간 자취 ⓑ바닥에 바큇자국이 뚜렷이 남았다 한뜻말 바퀴자리

바탈 이름씨 타고나거나 처음부터 지닌 마음씨 ⓑ하루는 바탈이 너그러운 사람이다 ⇐ 성질

바탕 이름씨 ❶어떤 일을 이루는 밑뿌리 ⓑ무슨 일이든 바탕을 튼튼히 다져야 이뤄낼 수 있다 ⇐ 기초. 토대 ❷사람이 나서 자란 서흐레 매개와 터전 ⓑ선 자리 바탕이 좋은 사람 ❸글씨, 그림, 무늬 같은 것을 놓는 바닥이나 그 둘레 ⓑ바탕은 흰빛이다 ❹뼈대나 틀을 이루는 것 ⓑ가마 바탕. 수레 바탕 ❺타고난 바탈이나 됨됨이 ⓑ처음 바탕은 나쁘지 않은 사람이다

바탕감 이름씨 바탕이 되는 감 ⓑ바탕감에 밑그림을 그리다

바탕글 이름씨 풀이를 하도록 주어진 글 ⓑ다음 바탕글을 잘 읽고 올바른 풀이를 하시오 ⇐ 본문. 지문. 텍스트

바탕색 ⇒ 바탕빛

바탕책 이름씨 어떤 일을 하는데 바탕이 되는 책 ⇐ 대본. 극본

바탕힘 이름씨 ❶어떤 일을 하거나 바랄 수 있는 밑에 깔린 힘이나 자리 ⇐ 권리 ❷어떤 움직임 밑뿌리가 되는 힘 ⇐ 원동력

바통 ⇒ 이음막대

바투 어찌씨 ❶두 몬 사이가 아주 가깝게 ⓑ나한테 바투 다가앉아요. 손수레를 바람에 바투 밀어놓다 ❷동안이나 길이가 아주 짧게 ⓑ잔칫날을 바투 잡았다 ❸몸 어디가 짧거나 좁게 ⓑ이마가 아주 바투 생겼네 ❹먹을거리를 끓일 때 물을 적게 ⓑ국물을

바투 잡다 **바투하다**

바투보기 이름씨 가까운 데 것은 잘 보아도 먼 데 것은 똑똑히 못 보는 눈 ⇐ 근시

바투보기눈 이름씨 ❶ 보는 힘이 여려져 가까운 데 것은 잘 보아도 먼 데 것은 똑똑히 못 보는 눈 ⇐ 근시안 ❷ 눈앞 일에만 사로잡혀 긴 뒷날 일을 헤아리는 슬기가 없음

바투찍기 이름씨 돋찍기 ⇐ 클로즈업

바툼하다 그림씨 ❶ 둘 사이가 가깝다 ⓑ 뒤쪽에 선 사람들이 있으니 바툼하게 다가앉으세요 한뜻말 바특하다 ❷ 사람이나 짐승 목이나 어떤 곳이 짧다 ⓑ 바툼한 목. 주둥이가 바툼한 강아지 ❸ 동안이 매우 짧다 ⓑ 짝맺이 날짜를 바툼하게 잡아 너무 바쁘다 ❹ 맛갓에 물이 적다 ⓑ 국물을 바툼하게 잡아 끓여라

바특이 어찌씨 ❶ 조금 가깝거나 조금 짧게 ⓑ 바특이 붙어 앉아라 ❷ 물이 적어 톡톡하게 ⓑ 찌개를 바특이 끓여

바특하다 그림씨 바툼하다

박[1] 이름씨 머리통이나 대갈통을 이르던 말 ⓑ 내 젊었을 적엔 참말로 박을 싸매고 배웠다. 깡패들과 박이 터지게 싸웠다

박[2] 이름씨 줄기는 잎아귀에서 나는 덩굴손으로 다른 것을 감고 오르며 암수 흰 꽃이 피는 한해살이 덩굴풀. 열매는 커지면서 가을에 딴딴하게 되는데 삶아 쪼개 바가지로 쓴다

박[3] 이름씨 ❶ '바가지' 준말 ⓑ 조롱박. 뒤웅박. 쪽박. 받침박 ❷ (뒷가지로 써) 무엇을 담는 그릇 ⓑ 함지박

박[4] 이름씨 허물이나 잘못을 나무람 ⓑ 나들이는 무슨 나들이냐며 어머니가 박을 주었다 한뜻말 타박. 핀잔

박 ⇒ 밤

박는재주 이름씨 박는 재주나 솜씨 ⇐ 인쇄술

박다 움직씨 ❶ 두들기거나 틀거나 찔러서 꽂다 ⓑ 말뚝을 박다. 못을 박다 ❷ 어디에 무엇을 들어가게 하거나 넣거나 붙이다 ⓑ 솔떡에 팥소를 박았더니 맛이 좋았다. 고추장에 박은 무짠지 ❸ 고개나 머리를 푹 숙이거나 어디에 들이밀다 ⓑ 아우는 짚단 속에 머리를 박고 잠이 들었다 ❹ 푸나무가 뿌리를 내려 땅속으로 뻗다 ⓑ 벼가 뿌리를 박고 사름을 했다 ❺ 씨앗을 심다 ⓑ 밭을 갈고 씨앗을 박았다 ❻ 몰래짜임을 꾸리거나 사람을 들이밀어 몰래 일하다 ⓑ 나라를 팔아먹는 사람들 속에 새누리짜임을 박는 것은 으뜸가는 일이다 ❼ 뿌리를 두다 ⓑ 온누리 목숨붙이를 두루 살리는 길은 나부터 시골에 뿌리 박고 살기이다 ❽ 빛박이나 글을 찍다 ⓑ 놀러 온 누이와 함께 빛박이를 박았다 ❾ 주먹 같은 것으로 때리다 ⓑ 가르침이는 또 틀렸다며 떡쇠 머리를 박았다 ❿ 글씨를 뚜렷이 알아볼 수 있게 힘을 넣어 쓰다 ⓑ 글씨를 또박또박 박아 썼다 ⓫ ('눈', '눈길'과 함께 써) 한 곳을 뚫어지게 바라보다 ⓑ 나서 자란 저 먼 마녘에 눈을 박고 어머니를 떠올렸다 ⓬ 실을 곱걸어서 꿰매다 ⓑ 터진 바지를 바느질틀로 주르륵 박았다 ⓭ 메를 물속에 힘주어 넣다 ⓑ 뱃사람은 메를 박으며 노래를 불렀다

박다위 이름씨 짐짝을 걸어서 메는 데에 쓰는 멜빵

박달나무 이름씨 나무속은 밤빛이고 겉은 누런빛이며 잎은 길둥글고 봄에 꽃이 피어 가을에 열매가 달리는 갈잎큰키나무. 무겁고 단단한 나무는 살림에 여러 밑감으로 쓴다 슬기말 **박달나무도 좀이 슨다** 똑똑한 이라도 잘못할 때가 있고 튼튼한 이라도 앓을 때가 있다

박대 ⇒ 외댐. 업신여김. 외대다. 업신여기다

박동 ⇒ 염뙴

박두 ⇒ 닥침. 다가옴. 닥치다. 다가오다

박람회 ⇒ 두루봄. 펼쳐봄

박력 ⇒ 힘. 기운. 굳센 힘. 힘찬 기운

박력분 ⇒ 메진 밀가루

박리다매 ⇒ 싸게 많이 팔기

박멸 ⇒ 다 없앰. 싹쓸이. 다 없애다. 싹쓸이하다

박물관 ⇒ 살림자취집. 온몬집

박박 (어찌씨) ❶야무지게 긁거나 문대는 소리나 그 꼴 ⓑ때밀이로 등을 박박 밀어주게 큰말벅벅. 북북 센말빡빡 ❷얇고 질긴 종이나 베 같은 것을 자꾸 찢는 소리나 그 꼴 ⓑ해진 옷을 박박 찢어 태웠다 큰말벅벅. 북북 센말빡빡 ❸바닥이 반반할 만큼 매끄럽게 자꾸 닦거나 깎는 꼴 ⓑ마루를 박박 문질러 닦았다 큰말벅벅 센말빡빡 ❹털이나 나룻 따위를 아주 짧게 깎은 꼴 ⓑ머리를 박박 밀었다 ❺달아올라 자꾸 떼를 쓰거나 우기는 꼴 ⓑ아이가 제 뜻을 내세워 박박 대든다. 일감을 맡겨 놓고는 어떻게든 돈을 적게 주려고 박박 애쓴다 ❻이를 자꾸 세게 가는 소리나 그 꼴 ⓑ쇳땡이는 못된 짓을 하는 놈을 보면 이를 박박 간다 ❼얼굴 따위가 몹시 얽은 꼴 ⓑ아우는 얼굴이 박박 얽은 곰보다 ❽오리 같은 것이 지르는 소리 ⓑ오리는 박박, 닭은 꼬꼬댁, 거위는 꽥꽥 ❾마음을 안타깝게 하는 꼴 ⓑ스스로 가슴을 박박 긁었지요 ❿마음을 몹시 조이게 다가오는 꼴 ⓑ떠날 때가 박박 다가온다 **박박하다**

박박거리다 (움직씨) ❶야무지게 긁거나 문대는 소리가 나다 큰말벅벅거리다. 북북거리다 센말빡빡거리다 ❷얇고 질긴 종이나 베 같은 것을 자꾸 찢는 소리를 내다 큰말벅벅거리다. 북북거리다 센말빡빡거리다 큰말벅벅거리다 센말빡빡거리다 **박박대다**

박복하다 ⇒ 못 누리다

박봉 ⇒ 적은벌이. 쥐꼬리벌이

박빙 ⇒ 살얼음

박사 ⇒ 알보

박산 (이름씨) 깨져 조각조각 부서짐 한뜻말박살. 악살

박살 (이름씨) 조각조각 부서짐 ⓑ접시가 떨어져 박살이 났다 한뜻말박산. 악살 (익은말) **박살을 내다** 조각조각 부스러뜨리다. 아주 때려 부수다

박새[1] (이름씨) 몸길이는 14cm쯤이며 머리와 날개는 검은빛을 띤 흰빛이고 등은 누런 푸른빛인 돌봄 텃새. 나무 구멍, 처마 밑, 바위틈 같은 곳에 둥지를 틀고 한배에 6~12낱 알을 낳는다

박새[2] (이름씨) 깊은 메 숲속에 사는 풀. 줄기는 곧게 자라고 잎은 좁고 길쭉하다 ⇐ 여로

박색 ⇒ 못난 얼굴

박석 ⇒ 얇은 돌

박속 (이름씨) 박 안에 씨가 박힌 하얀 곳 ⓑ박속같이 흰 살결

박속같다 (그림씨) 살갗이나 이 따위가 곱고 하얗다

박수 ⇒ 손뼉

박스 ⇒ 고리

박식 ⇒ 두루앎. 두루 알다. 널리 알다

박애 ⇒ 두루 사랑. 고루 사랑

박약하다 ⇒ 뜻이 여리다

박은것 (이름씨) 책이나 새뜸처럼 종이에 찍은 것을 두루 일컫는 말 ⇐ 인쇄물

박은곳 (이름씨) 박을 수 있는 틀을 갖추고 종이나 천에 찍는 곳 ⇐ 인쇄소

박은이 (이름씨) 책 같은 것을 찍어 내는 사람 ⓑ이 책은 섬돌이 박은이로 낸 말집이다 한뜻말찍은이 ⇐ 인쇄인

박음 (이름씨) 글이나 그림, 빛박이 같은 것을 잉크를 써서 종이나 천에 찍는 것 ⇐ 인쇄

박음널 (이름씨) 종이에 찍으려고 꼴글로 짜서 만든 널 ⇐ 활판

박음바치 (이름씨) 박는 일을 벌이로 하는 사람 ⇐ 인쇄공

박음쇠 (이름씨) 종이 여러 잎을 한데 찍어 묶는 연장. 손잡이를 누르면 'ㄷ'꼴 꺾쇠가 나와 박힌다 한뜻말종이찍개 ⇐ 호치키스. 스테이플러

박음질 (이름씨) 바늘로 천이나 가죽을 박는 일 ⓑ이 옷은 박음질이 촘촘하다

박음틀 (이름씨) 박는 틀 ⇐ 인쇄기

-박이 (뒷가지) 무엇이 박힘 ⓑ차돌박이. 점박이. 붙박이

박이다 (움직씨) ❶손바닥이나 발바닥 같은 곳에 굳은살이 생기다 ⓑ겨우내 땔나무를 했

더니 손바닥에 굳은살이 박였다 [2]버릇이 나 생각, 몸짓들이 몸에 깊이 배다 [ㅂ]달님은 몸에 박였던 술버릇을 한칼에 끊고 더는 술은 마시지 않는다

박자 ⇒ 장단. 흐름. 때. 쿵짝

박장대소 ⇒ 손뼉웃음

박절하다 ⇒ 매몰차다. 쌀쌀맞다. 차다

박제 ⇒ 짐승모뜨기

박쥐 [이름씨] 쥐와 비슷한데 앞발과 뒷발 및 꼬리 사이에 날청이 있어서 하늘을 날아다니는 젖먹이 짐승. 낮에는 굴, 바위틈, 지붕 밑, 헛간 같은 데서 쉬고 밤이면 나와 움직인다. 어두운 곳에서는 넘소릿결을 쏘아 되쏨결로 몬을 가늠한다. 먹이는 온갖 벌레이고 겨울에는 무리 지어 굴 안에서 잠을 잔다 한뜻말쥐새

박쥐구실 [이름씨] 제 속만을 차려 이리 붙고 저리 붙는 줏대 없는 짓 [ㅂ]놀부는 박쥐구실을 잘해서 높은 자리에 올랐다가 이내 고꾸라졌다 한뜻말박쥐 두 마음

박진 ⇒ 냅다 밈. 냅다 밀다. 냅다 밀고나가다

박차 ⇒ 구두 뒤축쇠

박차다 [움직씨] [1]발길로 냅다 차다 [ㅂ]나는 들뜬 마음에 문을 박차고 나갔다 [2]어려움이나 걸림돌을 힘차게 물리치다 [ㅂ]네가 하고 싶은 일이면 어떠한 어려움도 박차고 나가라 [3]자리를 냅다 뜨거나 이음새를 끊다 [ㅂ]아버지는 노여움을 참지 못해 자리를 박차고 나갔다

박치기 [이름씨] [1]무엇을 이마로 세게 받아 치는 짓 [ㅂ]언니는 박치기로 공을 멋지게 문안에 넣었다 한뜻말머리받기 ⇐ 헤딩 [2]몬을 사고팔 때 맞돈을 주고 바꾸는 일 **박치기하다**

박타다 [움직씨] [1]박을 두 쪽으로 가르다 [2]바라던 일이 어그러지다 ⇐ 낭패되다

박탈하다 ⇒ 앗다. 거두다. 없애다

박테리아 ⇒ 좀팡이. 좀버섯

박하다 ⇒ 적다. 짜다. 쌀쌀하다

박학다식 ⇒ 널리 앎. 두루 앎

박해하다 ⇒ 괴롭히다. 못살게 굴다

박히다 [움직씨] [1]박아지거나 들어가 꽂히다 [ㅂ]박혔던 헌 말뚝을 뽑고 새 말뚝을 박았다 [2]한곳에 들어앉아 오랫동안 나오지 않다 [ㅂ]아우는 방에 들어박혀 밖으로 잘 안 나온다 [3]어떤 생각이 마음에 깊이 자리잡다 [ㅂ]어느 때부터 낱낱 사람이 누리 임자라는 생각이 가슴에 박혔다

밖 [이름씨] [1]둘러싸이지 않은 곳이나 쪽 [ㅂ]추워서 밖에서 못 놀겠어. 밖에는 눈이 내려 한뜻말바깥쪽 맞선말안. 안쪽 [2]집안이 아니어서 비바람을 맞는 곳 [ㅂ]여름밤엔 밖에서 잘 때도 있다 한뜻말한데 [3]보이게 드러난 쪽 [ㅂ]밖에서는 허술해 보여도 안은 잘 꾸며져 있어 한뜻말겉 [4]땅속이나 굴이 아닌 땅 위 [ㅂ]비가 오니 뱀이 밖으로 나다닌다 [5]살피나 금을 넘은 쪽 [ㅂ]공을 맞거나 금 밖을 디디면 죽어 [6]테두리나 품에 들지 않은 일이나 자리 [ㅂ]둘은 팔짱을 끼고 골목 밖으로 사라졌다 [7](생각이나 뜻을 드러내 말하는) 나 아닌 곳 [ㅂ]속생각을 밖에 드러내다. 좀체 어려움을 입 밖에 안 낸다 [8]그것을 내놓고. 그것 말고는 [ㅂ]버시는 일밖에 모르는 사람이다. 나한테는 너밖에 없어 [9]('밖으로' 꼴로 써) 집에서 벗어난 고장이나 곳 [ㅂ]안으로는 가난한 사람을 등치고 밖으로는 센나라에 엎드린다 [10]('밖에' 꼴로 써) 오직 그것뿐 [ㅂ]그밖에 더 할 말 없어요? 이밖에 먹고 싶은 것은? [11]('밖에' 꼴로 써) 어쩔 수 없이 그렇게 됨 [ㅂ]뛰어왔으니 숨이 찰 밖에. 부지런히 일하니 잘 살 수밖에 [12]미처 그렇게까지 생각하지 못함 [ㅂ]생각 밖에 옛동무가 찾아왔어 [13]'바깥님'을 '안님'에 맞서 이르는 말 [ㅂ]안에서 하는 일을 밖에서 모르고 밖에서 하는 일을 안에서 모른다. 그런 힘든 일은 밖에서 알아서 합니다

밖갈 [이름씨] 한쪽 금을 그쪽 늘임 위에 있는 아무 점을 살피로 하여 두 쪽으로 나누는 일 맞선말안갈 ⇐ 외분

밖나루 이름씨 ❶나루가 뭍 안쪽 깊숙이 들어와 있을 때 그 바깥쪽 ⇐ 외항 ❷고을 바깥쪽에 있으면서 그 고을 문 구실을 하는 나루

밖도둑 이름씨 ❶밖에 있는 도둑 ⇐ 외적 ❷다른 나라에서 쳐들어오는 도둑 ⇐ 외적

밖들 이름씨 공치기에서 밑밭과 첫밭 둘째밭 셋째밭을 이은 금 뒤쪽에서 어김금 안쪽 ⇐ 외야

밖들지기 이름씨 공치기에서 밖들을 지키는 오른지기와 왼지기, 가운데지기를 통틀어 이르는 말 ⇐ 외야수

밖떠돌이별 이름씨 땅별보다 더 바깥에서 해둘레를 도는 별. 불별, 나무별, 흙별 따위가 있다 ⇐ 외행성

밖마당지기 이름씨 공치기 놀이에서, 바깥마당 가운데를 맡아 막는 이 ⇐ 중견수

밖모 이름씨 ❶여러모꼴에서 한 곁과 그 이웃한 곁 늘임금이 이루는 모 ⇐ 외각 ❷두 낱 곧금이 한 곧금과 저마다 다른 점에서 만나서 생기는 두 곧금 바깥쪽 모 ⇐ 외각

밖목 이름씨 견줌틀에서 바깥쪽에 있는 두 목. 곧 '2:3=4:6'에서 '2'와 '6'이다 ⇐ 외항

밖불림그릇 이름씨 몸 바깥으로 드러난 불림그릇 ⇐ 외생식기

밖빚 이름씨 다른 나라에서 꾼 빚 ⇐ 외자. 외채

밖이떼 이름씨 다른 나라 사람으로 꾸린 싸울아비 떼 ⇐ 외인부대

밖재 이름씨 두 겹으로 쌓은 재 가운데 바깥에 있는 재 한뜻말 박구루 ⇐ 외성

밖지음 이름씨 바깥나라에서 만든 것 ⇐ 외제

밖힘 이름씨 다른 나라 힘 ⇐ 외세

반 (班) ⇒ 가름

반 (半) ⇒ 가웃

반가움 이름씨 반가운 마음 ⓑ오랜만에 벗을 만난 반가움에 서로 어쩔 줄 모른다

반가워하다 움직씨 반갑게 느끼다 ⓑ설에 피붙이들이 모여 서로 반가워했다 비슷한말 기꺼워하다. 기뻐하다

반감 (反感) ⇒ 맞선뜻. 엇마음. 엇느낌. 노여움

반감 (半減) ⇒ 가웃줆. 가웃으로 줄다

반갑다 그림씨 ❶그리운 이를 만나서 마음이 가볍고 밝다 ⓑ동무가 찾아와 반가워서 밤새워 이야기했다. 반가운 손님 ❷바라던 일이 이루어져 마음이 가볍고 밝다 ⓑ오랜만에 네 글월을 받고 얼마나 반가웠는지 몰라 ❸말이나 이야기가 듣기에 솔깃하다 ⓑ맨날 싸우는 새뜸 말고 뭐 좀 반가운 새뜸은 없나?

반값 ⇒ 가웃값

반격 ⇒ 받아침

반경 ⇒ 가웃지름

반공 ⇒ 맞고루. 고루살이등짐. 고루살이맞섬

반군 ⇒ 맞쌈꾼. 맞싸울아비

반그늘·반그림자 ⇒ 겉그늘. 가웃그늘

반기 이름씨 잔치나 식게 뒤에 몫몫이 챙겨 동네 사람들에게 나눠주는 맛갓 한뜻말 봉순

반기 ⇒ 맞섬. 들고일어남

반기다 움직씨 반갑게 맞거나 반가워하다 ⓑ오랜 비가 멈추고 내리쬐는 눈부신 햇살이 우리를 반기는 듯하다

반나절 ⇒ 한겻. 가웃나절

반날 ⇒ 한나절

반납 ⇒ 돌려줌. 돌려주다. 되돌려주다

반년 ⇒ 여섯 달. 가웃해

반닫이 ⇒ 가웃닫이

반달 ⇒ 얼레달. 가웃달

반대 ⇒ 맞섬. 거스름. 맞서다. 거스르다

반대급부 ⇒ 값. 삯. 보람

반대기 이름씨 무엇을 펴거나 반죽을 밀어 얇고 납작하게 만든 것 ⓑ밀가루 반대기. 솜반대기. 엿반대기. 반대기를 만들다

반대로 ⇒ 거꾸로. 도리어. 맞서서

반대말 ⇒ 맞선말

반대쪽·반대편 ⇒ 맞선쪽

반도 ⇒ 거진섬

반도체 ⇒ 가웃흐름덩이

반동 ⇒ 되뭄. 되받이. 맞뭄

반되 ⇒ 가웃되. 다섯 홉

반두 이름씨 긴 네모꼴 두 끝에 막대로 손잡이

를 단 고기잡이 그물. 얕은 개울에서 물고기를 잡을 때 쓴다 한뜻말반도

반드럽다 그림씨 ❶반질반질 매끄럽다 ⓑ반드러운 얼음판을 건널 때는 미끄러지지 않게 마음 써라 ❷됨됨이가 어수룩하지 않고 약삭빠르다 ⓑ줄 돈을 제때에 주지 않고 얼마나 반드럽게 애를 먹이는지 말도 말게

반드시 어찌씨 틀림없이. 꼭 ⓑ반드시 새해 다짐을 지켜야지 ⇐ 필히. 필시

반들거리다 움직씨 ❶거죽이 아주 매끄럽고 빛이 나다 ⓑ달빛에 이마가 반들거린다 큰말번들거리다 센말빤들거리다 ❷하는 일 없이 빈둥거리거나 꾀를 부려 일을 안 하려고 하다 큰말번들거리다 센말빤들거리다 **반들대다**

반들반들 어찌씨 ❶거죽이 아주 매끄럽고 빛이 나는 꼴 ⓑ반들반들 검은 빛이 도는 솥 큰말번들번들 센말빤들빤들 ❷하는 일 없이 빈둥거리거나 꾀를 부려 일을 안 하려고 하는 꼴 ⓑ좋은 옷을 입고 반들반들 놀기만 하더니 그 꼴이 될 줄이야 큰말번들번들 센말빤들빤들 ❸부끄러워할 줄 모르고 뻔뻔한 꼴 ⓑ그런 못된 짓을 하고도 반들반들 내 앞에 나타나다니 ❹어리숙한 데가 없이 매끄럽고 약삭빠른 꼴 ⓑ오빠는 엄마 잔소리에 반들반들 말대꾸를 해댔다

반들반들하다 그림씨 ❶거죽이 아주 매끄럽고 빛이 나다 큰말번들번들하다 센말빤들빤들하다 ❷하는 일 없이 빈둥거리거나 꾀를 부려 일을 안 하려고 하다 큰말번들번들하다 센말빤들빤들하다 ❸부끄러워할 줄 모르고 뻔뻔하다

반듯반듯 어찌씨 ❶기울거나 찌그러지거나 귀가 나지 않고 하나하나가 아주 바르게 생긴 꼴 ⓑ들판엔 네모난 논들이 반듯반듯, 푸른 빛을 띠며 펼쳐져 있었다 큰말번듯번듯 센말반뜻반뜻 ❷생김새나 꾸밈새가 나무랄 데 없이 매우 의젓하거나 바른 꼴 ⓑ꽃님들은 솔떡을 반듯반듯 빚어 겅그레 위에 가지런히 놓았다 큰말번듯번듯 센말반뜻반뜻

반듯반듯하다 그림씨 ❶기울거나 찌그러지거나 귀가 나지 않고 하나하나가 아주 바르게 생기다 큰말번듯번듯하다 센말반뜻반뜻하다 ❷생김새나 꾸밈새가 나무랄 데 없이 매우 의젓하거나 바르다 큰말번듯번듯하다 센말반뜻반뜻하다

반듯하다 그림씨 ❶비뚤거나 기울거나 찌그러지지 않다 ⓑ반듯하게 누워 자다. 쓰개를 반듯하게 쓰다 큰말번듯하다 센말반뜻하다 ❷생김새가 잘 갖춰져 매우 훤하고 반반하다 ⓑ아들이 반듯하게 잘 생겼더군요 큰말번듯하다 센말반뜻하다 ❸마음씨나 말이 곱고 바르다 ⓑ마음을 반듯하게 가지다. 생각이 반듯해야 몸짓도 반듯하다 ❹차림새나 꾸밈새, 갖춤새가 빠지지 않다 ⓑ반듯한 집이 들어선 마을

반등 ⇒ 되오름. 되오르다. 되올라가다

반디·반딧벌레·반딧불이 이름씨 여름에 풀숲에 살고 배 끝에서 파르스름한 불빛을 내며 날아다니는 벌레 ⓑ반딧불로 별을 갈음하랴 한뜻말개똥벌레

반디빛내개 이름씨 유리대롱 안쪽 바람에 반딧몬을 바른 번힘 빛내개 한뜻말반딧빛불 ⇐ 형광등

반딧몬 이름씨 반딧불을 내는 몬. 땅기름 따위가 있다 ⇐ 형광물질. 형광체

반딧불 이름씨 ❶반딧벌레 꽁무니에서 나오는 빛나르게 불빛 ⇐ 형광 ❷반딧벌레 ❸어떤 몬이 엑스빛살이나 번씨 빛 따위를 받았을 때에 내는 제 나름 빛 ⇐ 형광

반란 ⇒ 맞섬. 들고일어남

반려 (伴侶) ⇒ 짝. 벗. 동무

반려 (返戾) ⇒ 돌려줌. 돌려주다

반론 ⇒ 되받기. 되받다. 맞말. 맞서 말하다

반만년 ⇒ 다섯즈믄 해. 가웃골 해

반말 (半-) ⇒ 낮춤말

반말 (半-) ⇒ 가웃말. 다섯되

반면 ⇒ 그러나. 그렇지만. 그러하나

반목 ⇒ 미워함. 싫어함. 티격태격. 미워하다. 싫어하다

반문 ⇒ 되묻기. 되묻다. 되받아 묻다

반물 [이름씨] 검은빛을 띤 짙은 쪽빛
반민족 ⇒ 겨레등짐. 겨레 저버림. 맞겨레
반민주 ⇒ 맞임자. 맞아람. 맞백성
반바지 ⇒ 무릎바지. 무릎치기
반박 ⇒ 되받기. 되받다. 대받다. 달려들다. 토달다. 딴죽걸다
반반하다 [그림씨] ❶바닥이 울퉁불퉁한 데가 없다 ㉥바닥이 반반하다. 반반한 길 ⇐ 평평하다 ❷바닥에 놓인 것이 없고 훤하다 ㉥손님을 맞느라 방안을 반반하게 치웠다 ❸다 드러나 보일 만큼 아무것도 없이 시원하다 ㉥불이나 나무가 다 타 버리니 반반한 메가 되었다 ❹차림새가 말쑥하고 미끈하다 ㉥밥은 굶어도 옷은 반반하게 입고 다닌다 ❺생김새가 얌전하고 곱살스럽다 ㉥얼굴이 반반하고 일 잘하고 마음씨 좋은 가시내 ❻낡거나 헐지 않아서 쓸 만하거나 말끔하다 ㉥잔칫날 입을 반반한 옷 한 벌이 없네 ❼잠이 안 와 눈이 말똥말똥하다 ㉥한밤이 지나도록 눈만 반반하고 마음은 임한테 가 있다 ❽지체가 떠들썩하고 높다 ㉥으리으리하고 반반한 집안이라고 저토록 빼길까
반발 ⇒ 대듦. 대들다. 덤비다. 맞서다. 거스르다. 들고 일어나다
반발심 ⇒ 맞서는 마음. 대드는 마음
반백 ⇒ 가웃흼. 흰머리 검은머리 섞임
반보기 ⇒ 가웃보기
반복 ⇒ 되풀이. 곱씹기. 되새김. 거듭하다
반분 ⇒ 둘로 나눔. 가웃 나눔. 둘로 나누다. 가웃 나누다
반비례 ⇒ 거꿀견줌. 거꾸로 견줌
반사 ⇒ 되쏨. 되비침. 튐. 되쏘다
반사각 ⇒ 되쏨모
반사경 ⇒ 되쏨거울
반사광·반사광선 ⇒ 되쏨빛
반사열 ⇒ 되쏨더움
반사율 ⇒ 되쏨치. 되쏨푼수
반사이익 ⇒ 건너길미. 되쏨길미
반사파 ⇒ 되쏨결
반사판 ⇒ 되쏨널. 되돌이널
반살미 [이름씨] 짝맺이한 뒤에 가시버시를 아음집에서 처음으로 맛갓을 차려놓고 부르는 일 **반살미하다**
반상회 ⇒ 동네모임. 뜸모임
반색 [이름씨] ❶몹시 반가워함 ㉥사돈집에서 나를 반색하며 맞아주었다 ❷몹시 반가운 낯빛 ㉥반색을 띠고 맞아준 할머니 **반색하다**
반생 ⇒ 가웃뉘
반석 ⇒ 너럭바위. 든든 기틀
반성 ⇒ 뉘우침. 뉘우치다. 돌아보다
반성문 ⇒ 뉘우침글
반세기 ⇒ 쉰해. 가웃온해
반소매 ⇒ 짧은 소매. 날개소매
반송 (返送) ⇒ 돌려보냄. 돌려보내다
반송 (盤松) ⇒ 납작솔
반수 ⇒ 가웃수
반숙 ⇒ 설익힘. 데익음. 덜여묾
반신반의 ⇒ 못믿음. 못 믿다. 못미덥다
반신불수 ⇒ 몸 한쪽 굳음. 한쪽안됨
반액 ⇒ 가웃값
반야 ⇒ 슬기
반어 ⇒ 거꿀말
반역 ⇒ 나라뒤엎기. 나라 뒤엎다. 나라지기 갈다
반열 ⇒ 뜨레. 자리
반염장 ⇒ 얼간
반영 ⇒ 되비침. 나타내다
반영구적 ⇒ 거진 오래. 거진 끝
반올림 ⇒ 가웃올림
반원 ⇒ 가웃동그라미. 가웃동글
반응 ⇒ 맞받기. 맞뮘. 맞뮈다. 맞받다
반응속도 ⇒ 맞뮘빠르기. 맞받는빠르기
반의어 ⇒ 맞선말
반입 ⇒ 들임. 들여오다. 들여놓다
반자 [이름씨] 나무나 종이 따위로 편편하게 만든 보꾹 ㉥반자를 들이다. 반자를 바르다 ⇐ 천장
반자치 [이름씨] 피륙 따위를 팔거나 쓰다가 남은 쪽. 한 자가 못 되는 베

반작용 ⇒ 되받이. 맞뭄. 맞짓. 되받다. 맞뮈다

반장 ⇒ 뜸머리. 뜸지기. 모둠지기

반전 ⇒ 뒤바꿈. 뒤집음. 뒤엎음. 뒤바꾸다. 뒤집다. 뒤엎다

반절 (半切) ⇒ 가웃

반절 (半-) ⇒ 가웃절

반점 ⇒ 얼루기. 얼룽이. 얼룩. 아롱이

반정부 ⇒ 맞다스림말

반제품 ⇒ 가웃짓몬

반주 (飯酒) ⇒ 곁술

반주 (伴奏) ⇒ 곁켜기. 곁치기. 곁불기

반죽 이름씨 ❶가루에 물을 부어 이긴 것 ⓑ떡반죽. 반죽이 무르다. 반죽이 되어서 물을 더했다 ❷뻔뻔스럽거나 넉살이 좋아서 주어진 매개에 잘 맞추는 마음씨 ⓑ새각시는 당찰 뿐만 아니라 반죽도 이만저만이 아닐세 ❸여러 가지가 뒤섞인 것 익은말 **반죽 좋다** 골내거나 부끄러워하지 않고 아무렇지도 않게 받아들이다

반죽음 ⇒ 거의 죽음. 파죽음. 얼죽음

반증 ⇒ 맞본메. 맞본짱

반지 (半-) ⇒ 가웃지

반지 (斑指) ⇒ 가락지

반지랍다 그림씨 ❶기름기나 물기 따위가 묻어 빛이 나고 매끄럽다 ⓑ마룻바닥에 초를 발라 문질러 놨더니 너무 반지라워서 자칫하면 미끄러지겠다 큰말번지럽다 ⇐ 윤기 나다 ❷마음씨나 하는 짓이 얄미울 만큼 매끄럽다 ⓑ술어미 솜씨가 어찌나 반지라운지 사내들이 한 디위 걸리면 엄청나게 떼인다

반지르르 어찌씨 ❶거죽이 기름기나 물기 따위로 빛나고 매끄러운 꼴 ❷말이나 짓이 알맹이 없이 겉만 그럴듯한 꼴

반지르르하다 그림씨 ❶거죽이 기름기나 물기 따위로 빛나고 매끄럽다 ❷말이나 짓이 겉만 그럴듯하고 알맹이가 없다

반지름 ⇒ 가웃지름

반짇고리 이름씨 '바느질고리' 준말. 바늘이나 실, 골무 같은 바느질거리를 넣는 그릇

반질거리다 움직씨 ❶거죽이 아주 매끄럽고 빛이 나다 ⓑ뜨물로 씻은 얼굴이 반질거린다 큰말번질거리다 센말빤질거리다 ❷게으름을 부리며 반질반질하다 ⓑ누군가 일터에서 반질거리면 다른 사람이 힘들다 큰말번질거리다 센말빤질거리다 **반질대다**

반질반질[1] 어찌씨 ❶몬 거죽이 기름기가 돌고 매끄러운 꼴 ⓑ장독간 단지들이 반질반질 빛이 났다 큰말번질번질 센말빤질빤질 ❷사람이 빤빤스럽고 얌치가 없는 꼴 ⓑ마을지기 각시는 반질반질 매끄러워 누구도 틀어쥐기 어려워 큰말번질번질 센말빤질빤질

반질반질[2] 어찌씨 게으름을 부리며 얄밉게 맡은 일을 제대로 하지 않는 꼴 큰말번질번질 센말빤질빤질 **반질반질하다**

반질반질하다 그림씨 ❶몬 거죽이 기름기가 돌고 매끄럽다 큰말번질번질하다 센말빤질빤질하다 ❷사람이 빤빤스럽고 얌치가 없다 큰말번질번질하다 센말빤질빤질하다

반짝 어찌씨 ❶작은 빛이 짧고 세게 나타나 사라지는 꼴 ⓑ물결이 반짝 일렁인다 큰말번쩍 ❷얼이나 생각이 갑자기 맑아지거나 떠오르는 꼴 ⓑ내가 뒤진 것을 알고 얼을 반짝 차렸다 ❸마음이 끌려 눈이나 귀가 얼른 뜨이는 꼴 ⓑ누나가 도와준다는 말에 눈이 반짝 뜨였다 ❹무엇을 가뿐하게 들어 올리는 꼴 ⓑ돌을 반짝 들었다 **반짝이다 반짝하다**

반짝가게 이름씨 붐비는 곳에서 잠깐만 새로운 몬 같은 것을 팔고 사라지는 가게 한뜻말반짝저자 ⇐ 팝업스토어

반짝거리다 움직씨 빛 같은 것이 잇달아 짧게 나타났다 사라지다 ⓑ별빛이 반짝거린다 큰말번쩍거리다 **반짝대다**

반짝반짝 어찌씨 ❶작은 빛이 갑자기 잠깐씩 잇달아 비치는 꼴 ⓑ감나무잎이 달빛에 반짝반짝 빛난다 ❷갑자기 얼이 드는 꼴 ⓑ미음을 먹고 한숨 자고 나서는 반짝반짝 새 얼이 나는 듯하다 **반짝반짝하다**

반짝새뜸 이름씨 빠른 새뜸 ⇐ 속보. 스팟뉴스

반쪽 ⇒ 가웃쪽

반찬 ⇒ 겅개. 건건이. 찔게

반창고 ⇒ 붙임띠

반추 ⇒ 되새김. 되새기다. 곱씹다. 되짚어보다. 되돌아보다

반추동물 ⇒ 되새김짐승. 새김질짐승

반출 ⇒ 내감. 내가다. 실어내다

반칙 ⇒ 어김. 지킴어김

반투명 ⇒ 속이 흐릿하게 보임

반편이 ⇒ 멍청이. 머저리. 바보

반평생 ⇒ 가웃뉘

반포 ⇒ 폄. 펼침. 널리 알림. 펴다. 펼치다. 널리 알리다

반포지효 ⇒ 안갚음

반품 ⇒ 무름. 무르다. 돌려보내다

반하다[1] 움직씨 ❶사랑을 느껴 마음이 끌리다 ⓑ그 겨집은 사내에게 홀딱 반했다 ⇐ 매료되다. 혹하다 ❷하는 일과 사람됨이 좋아 마음이 이끌리다 ⓑ푸름이는 우리말 살려쓰기에 반하여 시골에 눌러앉았다 ❸어떤 일에 마음이 끌려 어쩔 줄 모르다 ⓑ가시나들은 노찾사에 반해서 밥을 먹는 둥 마는 둥 제 얼이 아니었다 ⇐ 열광하다

반하다[2] 그림씨 ❶일속이 환하게 들여다보이듯 도렷하다 ⓑ반한 일로 더는 다투지 마라 큰말번하다 센말빤하다 ⇐ 명백하다 ❷눈앞에 가까워 도렷하다 ⓑ집 건너 반히 보이는 데서 애들이 논다 ❸바라보는 눈매가 말똥말똥하다 ⓑ저 사람이 나를 반히 쳐다보네 ❹어둠 속에 밝은 빛이 비치어 조금 환하다 ⓑ먼저 불빛이 반한 집에 가서 머물자 ❺바쁜 가운데 잠깐 틈이 나 좀 한갓지다 ⓑ일이 좀 반해지면 찾아뵙겠습니다 ❻괴롭던 앓이가 좀 수그러져 그만하다 ⓑ어머니는 앓이가 반하여 입맛이 도는 것 같다

반하다 ⇒ 거스르다. 어긋나다. 맞서다

반항 ⇒ 대듦. 대들다. 뒤뜨다. 되받다. 벋서다. 벋대다. 벋장대다. 대서다. 대지르다. 거스르다. 맞서다. 덤비다

반항심 ⇒ 배알티

반향 ⇒ 되울림. 메아리

반환 ⇒ 돌려줌. 돌려주다. 돌아가다. 갚다

반환점 ⇒ 되돌이곳. 되돌이점

받는이[1] 이름씨 말틀이나 글월, 몬 같은 것을 받는 사람 ⇐ 수신자. 수신인

받는이[2] 이름씨 공치기 놀이에서 밑밭을 지키며 던짐이가 던지는 공을 받는 놀이꾼 맞선말 던짐이 ⇐ 포수. 캐처

받다[1] 움직씨 ❶주는 것을 가지다 ⓑ품삯을 받았다 ❷날아오거나 떨어지는 것을 잡다 ⓑ머리로 공을 받아라 ❸흐르거나 쏟아지는 것을 담다 ⓑ그릇에 빗물을 받았다 ❹빛이나 더위, 바람 같은 것에 닿다 ⓑ온몸에 햇살을 받으니 좋다 ❺화살이나 칼, 쏘개알 따위에 맞다 ⓑ내 칼을 받아라 ❻푸나무 씨를 거두다 ⓑ깊은 멧골에서 곰취씨를 받았다 ❼갓난이를 거두다 ⓑ삼할미가 아이를 받았다 ❽사람을 맞아들이다 ⓑ밤에 든 길손을 받았다 ❾어떤 일을 겪거나 시킴을 입다 ⓑ도움을 받다. 힘을 받다. 귀염을 받다 ❿값이나 자리가 매겨지다 ⓑ으뜸 자리를 받았다. 비싼 값을 받다 ⓫내거나 무는 것을 거두어들이다 ⓑ낛돈을 받다 ⓬(모임, 짜임에) 들어오게 하다 ⓑ새내기를 받다. 몬이를 받다 ⓭해달라는 것을 그러겠다고 하다 ⓑ팥떡 한 말 맞춤을 받았다 ⓮내림을 잇다 ⓑ아버지 피를 받다 ⓯배움에 들어 듣다 ⓑ가르침을 받다 ⓰무엇을 한데 모아 장만하다 ⓑ거름을 받다. 두엄을 받다 ⓱주는 얽이나 성금을 따라 해내려고 제 것으로 삼다 ⓑ얽이를 받다. 성금을 받다 ⓲먹이는 소리를 잡아 다음 가락을 잇다 ⓑ노랫가락을 잇달아 받아 넘긴다 ⓳비받이나 해받이를 펴들다 ⓑ비받이를 받다 ⓴모개로 사들이다 ⓑ밤을 모개로 받아다 됫박으로 팔았다 슬기말 **받아 놓은 밥놓개** 이미 벌어진 일이라서 어쩔 수 없는 꼴이나 매개 **받은 밥놓개를 찬다** 제게 굴러온 즐거움을 스스로가 차버리다

받다[2] [움직씨] [1]먹을거리 같은 것이 배 속에 알맞다 ㉥오늘따라 술이 잘 받는다 [2]빛이나 꼴이 잘 어울리다 ㉥푸른빛깔이 내 얼굴에 잘 받는다 [3]낯치렛감 따위가 곱게 발리다 ㉥얼굴 살갗이 거칠해서 낯치레가 잘 안 받는다 [4]빛박이가 잘 나오다 ㉥밑얼굴보다 빛박이가 더 잘 받는다 [5]좋은 때를 가려잡다 ㉥미리 짝맺이 날을 받았다

받다[3] [움직씨] [1]몸으로 세게 부딪치다 ㉥앞서 가던 수레가 길나무를 받았다 [2]맞서 대들다 ㉥너를 괴롭히는 놈이 있으면 그냥 받아버려 [슬기말] **받는 소는 소리치지 않는다** 기꺼이 할 수 있는 힘을 가진 이는 괜히 큰소리 내지 않는다

받들다 [움직씨] [1]밑에서 받아 올려 들거나 받치다 ㉥통나무를 받들고 있어라 [2]우러러 높이 모시다 ㉥어버이를 받들어 모셨다 [3]가르침 같은 것을 속에 담고 따르다 ㉥스승 가르침을 받들다

받아내다 [움직씨] [1]내놓게 하다 ㉥글을 받아내다. 빚을 받아내다 [2]하게 하거나 익히게 하고 그 열매를 따져 보다 ㉥익힘거리를 주고 열흘 뒤에 그 열매를 받아냈다 [3]한 짓을 되갚거나 맛보게 하다 ㉥우리 겨레는 아직 왜놈 종살이 허물값을 제대로 못 받아냈다 [4]받아서 끄집어내다 ㉥꿀통에서 꿀을 받아낸다 [5]모아서 얻다 ㉥소나 돼지를 치면 거름을 저절로 받아낼 수 있다 [6]오줌똥을 시중들어 다루다 ㉥아버지는 쓰러진 어머니 똥오줌을 받아내며 산다

받아넘기다 [움직씨] [1]말이나 소리를 솜씨 있게 받아서 다루다 ㉥물음을 잘 받아넘기다. 소리를 받아넘기는 재주 [2]넘어온 공을 쳐서 맞은쪽으로 돌려보내다 ㉥넘어온 공을 제대로 받아넘기려면 몸을 바짝 낮춰라 [3]무엇을 묶음이나 다발로 사서 다른 이한테 넘겨주다 ㉥아침에 겨룸팔이터에서 쌀을 가게로 받아넘겼다 [4]머리나 뿔 같은 것으로 세차게 받아서 넘어뜨리다 ㉥황소가 울타리를 받아넘기고 들로 나갔다

받아들이다 [움직씨] [1]맞은쪽이 내는 것을 받아 거둬들이다 ㉥한때 못물두레에서 물낡을 비싸게 받아들였다 [2]다른 이가 시키거나 바라는 것을 들어주다 ㉥마을 사람들은 시내 넓히는 얽이를 받아들였다 ⇐ 수용하다. 포용하다. 허락하다 [3]어떤 말이나 뜻을 알아듣거나 그렇다고 여기다 ㉥아버지 나무람을 기꺼이 받아들였다 ⇐ 수용하다 [4](배곳이나 일터에) 받아서 들어오게 하다 ㉥올해 새내기를 많이 받아들였다 [5](새것이나 앞선 것을) 일에 끌어들이다 ㉥앞선 재주를 받아들여 비닐집을 새로 지었다 [5]매개를 잘 살펴보고 제 것으로 하다 ㉥사람은 아는 만큼 받아들인다 [6]상냥한 마음으로 고맙게 여기다 ㉥다른 이 어떤 마음이라도 받아들일 수 있게 스스로를 다스려야지

받아먹다 [움직씨] [1](주는 것을) 챙겨 먹다 ㉥아이가 과자를 주는 대로 넙죽넙죽 받아먹는다 [2](주는 것을) 받아서 가지거나 배를 채우다 ㉥검은돈을 받아먹다 [3](가르침을) 알다 ㉥아이들은 가르치는 대로 받아먹는다 [4]무엇을 끌어들이거나 받아 쓰다 ㉥다른 나라 말이나 생각을 덮어놓고 받아먹다가는 종살이하는 길밖에 없다 [5]물기나 거름 같은 것을 빨아들이다 ㉥취나물은 거름을 많이 받아먹는 나물이다

받아물다 [움직씨] [1]내주는 것을 받아들이다 ㉥바둑이가 던져주는 고기를 받아물고 좋아라 한다 [2]일이나 성금 따위를 그대로 받아들이다 ㉥요즘은 윗사람 성금이라고 덥석 받아무는 젊은이가 드물다

받아쓰기 [이름씨] [1]남이 하는 말이나 읽는 글을 들으면서 그대로 옮겨 쓰는 일 ㉥받아쓰기는 듣는 힘을 기르는 데 좋다 [2]남 글씨꼴을 밑보기로 하여 그대로 따라 쓰는 일 ㉥옥수수글꼴 받아쓰기

받아치기 [이름씨] [1]주먹싸움에서 맞은쪽이 때리는 힘으로 되치기 ㉥더는 물러설 데가 없어 받아치기에 나섰다 ⇐ 반격 [2]공넘기기

에서 맞은쪽이 때리거나 쳐서 넣는 공을 받아서 한 손이나 두 손으로 받아 뻗어 치기 ⇐ 블로킹

받자 (이름씨) ❶남이 시키거나 바라는 일 또는 끼치는 괴로움을 너그럽게 받아주는 일 ⓑ아이가 귀엽다고 너무 받자를 하면 버릇만 나빠진다 한뜻말받자위 ⇐ 관대 ❷옛날에 그 위집에서 돌려받을 난과 낛을 거둬들이는 일 **받자하다**

받치다[1] (움직씨) ❶몬 밑이나 옆에서 괴다 ⓑ떡 그릇을 접시에 받쳐 들었다 ❷옷 빛깔이나 꼴이 어울리도록 하다 ⓑ감빛 저고리에 푸른 치마를 받쳐 입었다 ❸한글로 적을 때 홀소리 낱글자 밑에 닿소리 낱글자를 붙여 적다 ❹어떤 일을 잘할 수 있도록 뒷받침해 주다 ❺햇볕이나 비를 막으려고 슈룹 같은 것을 펴 들다 ⓑ슈룹을 받치고 가라

받치다[2] (움직씨) ❶먹은 것이 삭지 않고 위로 치밀다 ⓑ낮에 먹은 것이 받쳐 저녁은 굶었다 ❷단단한 데에 닿아 몸 어디가 아프게 느껴지다 ⓑ오래 앉았더니, 엉덩이가 방석에 받치네 ❸골 따위 느낌이 세게 일어나다 ⓑ약이 받쳐 꽥 소리를 질렀다

받침 (이름씨) ❶다른 것 밑에 받쳐 괴는 것 ⓑ종이에 받침을 대고 글씨를 썼다 ❷우리말을 적는 데서 홀소리 글 밑에 받쳐 쓰는 닿소리 글 ⓑ'ㄱ' 받침. 'ㅆ' 받침. 'ㄺ' 받침

받침그림 (이름씨) 책 같은 것에서 그 알속이나 뜻을 알아보기 쉽게 도와주려고 끼워 넣는 그림 ⓑ이 어린이책은 받침그림이 마음에 들어서 샀어 한뜻말끼움그림 ⇐ 삽화

받침대 (이름씨) 무거운 것을 받쳐놓는 데 쓰는 몬 ⓑ받침대 위에 물동이를 놓았다 한뜻말버팀대 ⇐ 지지대

받침돌 (이름씨) 밑에 받쳐놓는 돌 ⓑ독 받침돌. 쌍 받침돌. 기둥 받침돌

받침소리 (이름씨) 우리말에서 끝소리가 닿소리일 때 그 끝소리

받침저울 (이름씨) 저울 가운데에 대를 세우고 가로대를 걸쳐, 두 끝에 똑같은 접시를 달아 한쪽에 달 몬을, 다른 쪽에 드림쇠를 놓아 무게를 다는 저울 한뜻말두팔저울. 어깨저울 ⇐ 천칭

받침점 (이름씨) 지렛대를 괴는 점 ⇐ 작용점

받히다 (움직씨) 머리나 뿔 따위에 부딪히다 ⓑ할아버지는 송아지 뿔에 받혀 넘어졌다

받힘 (이름씨) 몬이나 팔거리를 모개로 파는 일 ⇐ 도매

받힘술 (이름씨) 많이 담가서 술장수한테 넘겨주는 술

받힘술집 (이름씨) 술을 많이 빚어 술장사한테 넘기는 집 ⇐ 양조장

받힘장수 (이름씨) 몬을 만드는 사람과 쓰는 사람 사이에서 몬을 대주고 파는 장사꾼 ⇐ 중간상인

발[1] (이름씨) ❶사람이나 짐승 다리 끝에 붙어 땅을 디디는 구실을 하는 쪽 ⓑ많이 걸어서 발이 아프다 ❷몸 밑에 짧게 달려 그것을 받쳐주는 쪽 ⓑ뒤주에 발을 달았다 ❸걸음이나 뜀박질 ⓑ발이 느린 쪽이다 ❹걸음을 세는 하나치 ⓑ한 발 뒤로 물러서시오 ❺몸통에 달라붙어 움직여 다니는 구실을 노는 다리 ⓑ문어 발 (익은말) **발 벗고 나서다** 어떤 일에 힘껏 나서다 **발에 채다** 아주 흔하게 널려 있다 **발이 넓다** 사귀는 이가 많아 뮘 테두리가 넓다 **발이 뜸하다** 자주 다니던 것이 한동안 멈칫하다 (슬기말) **발 없는 말이 즈믄마을 간다** 말은 내뱉으면 먼 데까지 퍼지니 말을 삼가야 한다

발[2] (이름씨) ❶가늘게 쪼갠 대오리나 갈대 같은 것을 엮어 지은 것 ⓑ집 안으로 들어오는 쪽에 발을 쳤다 ⇐ 가렴 ❷물고기를 잡는 연장. 가는 싸리나 버드나무, 갈대, 참대로 문발처럼 엮어 만든다

발[3] (이름씨) 천 날실과 씨실 굵기 ⓑ발이 굵으면 옷감이 성기다. 발이 곱다

발[4] (이름씨) 두 팔을 벌린 길이나 그것을 재는 하나치 ⓑ새끼줄을 열 발이나 꼬았다

발[5] (이름씨) 앞서 없던 것이 새로 생긴 못된 버릇 ⓑ혀를 자주 차는 발을 고쳐라

발[6] 이름씨 남 뒤를 캐내어 다른 이에게 넌지시 알려주는 짓 한뜻말발쇠

-발 뒷가지 ❶죽죽 뻗은 줄기 또는 죽죽 줄이 진 것처럼 보이는 것 ⓑ눈발. 빗발. 핏발. 햇발. 국숫발 ❷빳빳하고 반드럽게 된 꼴 ⓑ다리미발. 다듬이발 ❸남은 자취나 자리 ⓑ털깎기발 ❹죽죽 내뻗치는 듯한 기운 ⓑ서릿발. 끗발

발가락 이름씨 발 앞쪽에 갈라진 데 ⓑ발가락 사이사이도 꼼꼼히 씻으렴

발가벗다 움직씨 ❶알몸이 되도록 옷을 죄다 벗다 ⓑ여름 한철이라도 발가벗고 살았으면 좋으련만 큰말벌거벗다 ❷메 흙이 드러나 보일 만치 푸나무가 없어지다 ⓑ발가벗은 메에 나무를 심었다

발가숭이 이름씨 ❶발가벗은 알몸 또는 그런 사람 ⓑ발가숭이들이 내에서 멱을 감는다 큰말벌거숭이 ❷흙이 드러나 보일 만큼 나무나 풀이 거의 없는 메 ⓑ이제 발가숭이는 거의 없고 모든 메가 나무로 우거졌다 ❸잎이 다 떨어져 가지가 드러나 보이는 나무 ⓑ잎지는 나무는 겨울이면 다 발가숭이가 된다

발가지다 움직씨 ❶껍질이 벗겨지거나 바깥으로 잦혀지다 ⓑ복숭아가 잘 익으면 껍질이 잘 발가진다 ❷감춘 것이 겉으로 드러나게 되다 ⓑ입 싼 아우 때문에 내 허물이 발가져서 부끄럽다 ❸지나치게 약삭빠르고 되바라지다 ⓑ나루는 나이도 어린 것이 발가져서 너무 버릇없이 논다

발각 ⇒ 드러남. 들킴. 드러나다. 들키다. 들통나다

발간 ⇒ 펴냄. 펴내다. 찍어내다

발갛다 그림씨 엷게 붉다 ⓑ모기 물린 자국이 발갛게 부어올랐다 큰말벌겋다

발거리 이름씨 살살한 꾀로 남을 속여 안 좋게 하는 짓 ⓑ처음에는 솔깃한 말을 늘어놓았지만 끝내 발거리를 놓았다 **발거리놓다**

발걸음 이름씨 ❶발을 옮겨서 걷는 몸짓 ⓑ발걸음도 가볍게 가자 한뜻말걸음 ❷누구를 찾아가거나 찾아오는 일 ⓑ그가 내게 발걸음 끊은 지 오래다 한뜻말발그림자 ❸뭠이나 뭐는 꼴 ⓑ백성이 나라임자 되는 발걸음은 언제나 힘차게 나아간다

발걸이 이름씨 ❶책놓개 같은 것 아래쪽에 발을 걸칠 수 있도록 가로질러 댄 나무오리 ⓑ앞 앉개 발걸이에 발을 올렸다 ❷따릉이나 말 같은 것을 탈 때 발을 올려놓도록 한 것 ⓑ오르막을 오를 때는 따릉이 발걸이를 힘껏 밟는다 ⇐ 등자. 페달

발견 ⇒ 찾아냄. 알아냄. 찾아내다. 알아내다

발곱 이름씨 발톱 밑에 낀 때 ⓑ맨발로 밭일했더니 발곱이 새카맣게 끼었다

발괄 이름씨 ❶백성이 애먼 일을 그위집에 말이나 글로 하소연하던 일 ⓑ네가 서라벌 그위집에 가서 발괄을 해보아라 ⇐ 청원. 탄원 ❷쪽들어 달라고 남에게 말하거나 하소연하기 ⓑ제 아이가 배곳에서 애꿎게 맞았다고 발괄하는 어버이가 끊이지를 않는다 ❸하늘이나 검에게 도와달라고 빎 ⓑ어머니는 나무 아래 물을 떠놓고 아우를 살려달라고 발괄했다 ⇐ 기도. 기원 **발괄하다**

발광 (發光) ⇒ 빛냄. 빛을 내다. 빛을 뿜다

발광 (發狂) ⇒ 미침. 미치다. 날뛰다

발광도료 ⇒ 빛물감. 빛냄물감

발광지 ⇒ 빛냄종이

발광체 ⇒ 제빛내개

발구르기 이름씨 ❶선 자리에서 발로 땅을 차며 올려 뛰기. 또는 그 짓 ❷높이 또는 멀리 뛰려고 달려오다가 땅에 발을 굴러 딛는 뛰기 ⓑ뜀틀을 넘으려고 발구르기에 한껏 힘을 실었다

발구름 이름씨 밑바닥이 울리도록 바닥에 발을 힘있게 내리 디디기 ⓑ사람들은 발구름을 하며 큰 소리로 노래를 따라 불렀다

발군 ⇒ 빼어남. 뛰어남. 눈에 띄다. 빼어나다

발굴 ⇒ 캐냄. 캐내다. 찾아내다

발굽 이름씨 말이나 소 같은 짐승 발끝에 있는 두껍고 단단한 발톱 ⓑ멀리서 말발굽 소리가 들린다

발그레하다 그림씨 좀 곱거나 엷게 발갛다 ⓑ

자는 아기 볼이 발그레하다 큰말벌그레하다

발그림자 이름씨 누군가를 찾는 걸음 ㉥한바탕 싸운 뒤로 그가 내게 발그림자도 않는다 비슷한말발걸음. 발김

발그스름하다 그림씨 조금 발갛다 ㉥찬 바람에 두 뺨이 발그스름하다 한뜻말발그스레하다 큰말벌그스름하다

발근 (發根) ⇒ 뿌리내리기

발근 (拔根) ⇒ 뿌리뽑기

발급 ⇒ 내줌. 끊어주다. 내주다. 떼 주다

발긋발긋 어찌씨 여기저기 산뜻하게 붉은 꼴 ㉥딸기밭에는 딸기 송이가 발긋발긋 꽃송이처럼 피어난다

발긋발긋하다 그림씨 여기저기 산뜻하게 붉다

발기 (發起) ⇒ 일으킴. 일으키다. 꾸며 일으키다

발기 (勃起) ⇒ 꼴림. 섬. 꼴리다. 서다

발기계 ⇒ 발틀

발기다 움직씨 ❶껍질을 벗기다 ㉥감자를 발기다. 밤송이를 발겨 밤톨을 주워 담았다 ❷뼈에 붙은 살이나 가시를 가려서 추리다 ㉥물고기 가시에 찔리지 않게 잘 발겨 먹어라 ❸종이나 헝겊 같은 것을 마구 찢어서 못쓰게 만들다 ㉥종이 뭉치를 발겨서 모두 태워버렸다 ❹바탕이나 허물 같은 것을 밝혀내거나 드러내다 ㉥드러나지 않은 일 속내를 발겨서 밝혀보시오

발기발기 어찌씨 ❶여러 조각으로 마구 잘게 찢는 꼴 ㉥못 쓰는 옷을 발기발기 찢어 제기를 만들었다 ❷마음을 몹시 아프게 찌르는 꼴 ㉥내 마음을 이렇게 발기발기 찢어놓는 그놈들

발길 이름씨 ❶걷거나 내지르거나 내차는 발이나 발걸음 ㉥발길 닿는 대로 떠돌다. 소 발길에 차여 몸져누웠다 ❷오고 가는 발걸음 ㉥요새 손님들 발길이 뜸하다 ❸펴거나 뻗치는 발 ㉥발길을 쭉 뻗치고 눕다

발길질 이름씨 발로 차는 짓 ㉥몇 차례 발길질을 하자 도둑이 힘없이 고꾸라졌다 한뜻말발질

발김쟁이 이름씨 못된 짓을 마구 하며 돌아다니는 사람 ㉥발김쟁이 소리 듣지 않으려면 차분히 제 일이나 해

발깃발깃 어찌씨 새뜻하게 발그레한 꼴 ㉥젖먹이가 젖을 떼고 밥살이 올라 얼굴이 발깃발깃 빛이 난다

발꿈치 이름씨 발 뒤쪽 ㉥발꿈치를 들고 마룻바닥을 살금살금 걸었다

발끈 어찌씨 ❶갑자기 골을 내는 꼴 ㉥무슨 말만 하면 발끈 골을 내니 입도 벙긋 못하겠다 큰말벌끈 ❷갑자기 되바라지게 위로 솟거나 치밀거나 나타나는 꼴 ㉥순이는 발끈 일어서서 큰소리로 말했다 ❸힘이나 기운이 불타오르는 꼴 ㉥발끈 달아올랐다가 쉬 식는 수도 있지만 내내 식지 않는 수도 있다 ❹갑자기 세게 뒤집히는 꼴 ㉥물그릇이 발끈 뒤집혔다. 온 집안이 발끈 뒤집혔다 **발끈하다**

발끈발끈 어찌씨 ❶갑자기 자꾸 골을 내는 꼴 ㉥걸핏하면 발끈발끈 골을 낸다 큰말벌끈벌끈 ❷갑자기 되바라지게 자꾸 위로 솟거나 치밀거나 나타나는 꼴 ㉥물속에서 개구리가 머리를 발끈발끈 내밀다가는 쏙 들어간다 ❸여럿이 다 뒤집어엎을 듯이 시끌시끌한 꼴 ㉥방을 쓴다, 걸레를 빤다, 마루를 닦는다고 하고 다들 발끈발끈 바빠서 굿도 그런 굿이 없었다

발끊다 움직씨 오가지 않거나 사이를 끊다 ㉥그 사람 이곳에 발끊은 지 오래됐어

발끝 이름씨 발 앞 끝 ㉥아무에게도 들키지 않으려고 발끝으로 살금살금 걸어 방으로 들어갔다 맞선말발뒤꿈치

발널 이름씨 ❶어떤 곳을 오르내리거나 건너다닐 때 발로 디디고 일하거나 다니려고 걸쳐놓은 널빤지 ㉥일꾼들이 짐을 지고 발널을 오르내린다 ⇐ 발판 ❷발을 올려놓고 놀리도록 만든 데 ㉥발틀 발널. 따릉이 발널 ⇐ 페달 ❸키를 돋우려고 발밑에 괴는 것 ㉥발널을 놓고 구경하다 한뜻말발돋움 ❹무엇을 이루려고 기대는 것 ㉥이미 먹은 것을 발널 삼아 나머지까지 먹으려 한다 ❺뛰어

오르기 쉽게 하려고 쓴 밑널 ⓑ뜀틀 발널

발놀림 이름씨 발을 이리저리 움직이는 짓 ⓑ날랜 발놀림. 오늘따라 발놀림이 가볍다 ⇐ 풋워크

발단 ⇒ 실마리. 처음. 첫걸음. 첫발

발달 ⇒ 자람. 자라다. 나아지다. 높아지다

발덧 이름씨 길을 많이 걸어서 생기는 발앓이 ⓑ나를 버리고 가시는 님은 열 말도 못 가서 발덧 난다 한뜻말발앓이 ⇐ 발병

발돋움 이름씨 ❶키를 돋우느라 발밑에 무엇을 괴거나 발끝만 디디고 서는 짓 ⓑ꽃님들은 발돋움해서 옆집 잔치를 구경했다 ❷좋아지려고 한 걸음 나아감 ⓑ쉼은 다음을 맞는 발돋움이다 **발돋움하다**

발동 ⇒ 일으킴. 일으키다. 부리다

발동기 ⇒ 뭠틀

발뒤꿈치 이름씨 발꿈치에서 발바닥을 뺀 뒤쪽 ⓑ발뒤꿈치를 들면서 머리를 옆으로 돌려 봐요 한뜻말발꿈치 준말뒤꿈치

발뒤축 이름씨 발꿈치 뒤쪽에 두둑하게 나온 데 ⓑ꽉 끼는 신을 신었더니 발뒤축이 아프다 준말뒤축

발등 이름씨 발 위쪽 ⓑ도끼질을 하다 둥거리 개비가 발등을 쳐서 퉁퉁 부어올랐다 맞선말발바닥 익은말 **발등에 불이 떨어지다** 일이 아주 과가르게 눈앞에 닥치다 **발등을 찍다** 남 일을 그르치거나 언걸을 입히다

발등눈 이름씨 발등까지 빠질 만큼 제법 많이 내린 눈

발딱 어찌씨 ❶갑자기 뒤로 반듯하게 자빠지는 꼴 ⓑ나뭇가지에 걸려 발딱 자빠졌다 큰말벌떡 ❷앉았거나 누웠다가 갑작스레 일어나는 꼴 ⓑ앉아 놀던 아이가 문밖 소리에 발딱 일어섰다 ❸발끈 ⓑ아우가 내 말 끝에 발딱 골을 냈다 ❹무엇이 갑자기 뒤로 젖혀지는 꼴 ⓑ바람에 울바자가 발딱 뒤집어졌다. 고개를 발딱 젖혔다

발딱거리다 움직씨 ❶갑자기 뒤로 반듯하게 자꾸 자빠지다 ❷무엇이 갑자기 뒤로 젖혀지다 ❸앉았거나 누웠다가 갑작스레 자꾸 일어나다 ❹힘있게 잇달아 뛰어오르다 ❺피흐름이나 염통이 빠르게 자꾸 뛰다 ❻입을 작게 벌리고 바쁘게 물을 들이켜다 **발딱대다**

발딱발딱 어찌씨 ❶갑자기 뒤로 반듯하게 자꾸 자빠지는 꼴 ⓑ아이들 회초리에 맞은 개구리들이 발딱발딱 흰 배를 내밀고 뒤로 자빠졌다 큰말벌떡벌떡 ❷무엇이 갑자기 뒤로 젖혀지는 꼴 ⓑ바람에 종이가 발딱발딱 뒤집히며 날렸다 ❸앉았거나 누웠다가 갑작스레 자꾸 일어나는 꼴 ⓑ누워 뒹굴던 아이들이 어른이 들어오자 발딱발딱 일어났다 ❹힘있게 잇달아 뛰어오르는 꼴 ⓑ햇볕이 따뜻하게 비치자, 냇물에서는 피라미며 버들피리가 발딱발딱 뛰어오른다 ❺피흐름이나 염통이 빠르게 자꾸 뛰는 꼴 ⓑ달리기를 하였더니 염통이 발딱발딱 뛴다 ❻입을 작게 벌리고 바쁘게 물을 들이켜는 꼴 ⓑ아이들은 저마다 엎드려 샘물을 발딱발딱 마신다 **발딱발딱하다**

발떠퀴 이름씨 사람이 가는 곳을 따라다니며 생기는 좋고 나쁨 ⓑ발떠퀴가 사나우니 오늘 가지 마라. 발떠퀴가 좋다

발라내다 움직씨 ❶고기 살을 뼈에서 도려내다 ⓑ저마다 갈비를 하나씩 잡고 살을 발라내어 먹는다 ❷껍질이나 거죽을 베거나 벗겨 속이나 알속을 드러내다 ⓑ느릅나무 껍질을 발라내어 푹 삶았다 ❸참꼴이나 허물 같은 것을 밝혀내거나 드러내다 ⓑ잘못을 발라낸다. 감춘 것을 발라낸다

발라당 어찌씨 ❶팔다리를 활짝 벌린 채 힘없이 뒤로 가볍게 자빠지거나 눕는 꼴 ⓑ발라당 자빠진다. 발라당 눕는다 준말발랑 큰말벌러덩 ❷참한 맛이 없이 약아빠지고 눈치가 빠른 꼴 ⓑ새로 사귄 동무는 큰 저자터에서 나고 자란 탓인지 발라당 까졌다 준말발랑

발랄하다 ⇒ 밝고 싱싱하다. 구김살이 없다

발랑 어찌씨 팔다리를 짝 벌리고 가볍게 뒤로 자빠지거나 눕는 꼴 ⓑ아기는 발랑 뒤로

누워버렸다 큰말벌렁 밑말발라당 **발랑하다**

발랑거리다 (움직씨) **1** 팔을 짝 벌리며 여럿이 가볍게 뒤로 자빠지거나 눕다 큰말벌렁거리다 밑말발라당거리다 **2** 재빠른 몸짓으로 가분가분하게 굴다 큰말벌렁거리다 **발랑대다**

발랑발랑 (어찌씨) **1** 팔을 짝 벌리며 여럿이 가볍게 뒤로 자빠지거나 눕는 꼴 ⓑ바닷물에 한참 들어가 있다가 나온 아이들은 발랑발랑 모래 위에 누웠다 큰말벌렁벌렁 밑말발라당발라당 **2** 재빠른 몸짓으로 가분가분하게 구는 꼴 ⓑ순이한테 손목을 잡힌 돌이는 얼굴이 빨개지며 발랑발랑 걸어갔다 큰말벌렁벌렁 **3** 작은 몸짓으로 마구 가볍게 기어다니는 꼴 ⓑ발랑발랑 기어다니는 아기 **4** 한쪽이 바라지면서 뒤집어지는 꼴 ⓑ부스럼은 딱지를 안고 발랑발랑 나자빠지면서 씻은 듯이 나았다 **발랑발랑하다**

발레 ⇒ 발끝춤굿

발레리나 ⇒ 발끝춤굿꾼

발령 ⇒ 성금냄. 성금내다

발로 ⇒ 드러남. 나타남. 드러나다. 나타나다

발록구니 (이름씨) 하는 일 없이 놀면서 돌아다니는 사람

발름거리다 (움직씨) 틈이나 구멍 같은 것을 자꾸 좀 작게 벌렸다 오므렸다 하다 ⓑ마른 날씨 탓인지 콧구멍이 발름거린다 큰말벌름거리다 **발름대다**

발름발름 (어찌씨) 틈이나 구멍 같은 것을 자꾸 좀 작게 벌렸다 오므렸다 하는 꼴 ⓑ밭으로 가더니 흙을 한 줌 쥐고 발름발름 냄새를 맡아보네 큰말벌름벌름 **발름발름하다**

발리다[1] (움직씨) **1** 껍질이 벗겨져 속에 든 것이 집어내지다. '바르다' 입음꼴 ⓑ살구는 익을수록 씨가 잘 발린다 **2** 뼈다귀에 붙은 살이 걷히거나 가시가 추려지다 ⓑ물고기 가시가 잘 발린 뒤에 먹게 **3** 돈이나 살림살이를 이리저리 뜯기다 ⓑ언니는 돈을 한참 발린 뒤에야 그곳에서 나왔지

발리다[2] (움직씨) **1** 두 몬 사이를 넓히거나 벌어지게 하다 ⓑ문틈 사이를 겨우 발리고 방안으로 들어갔다 큰말벌리다 **2** 껍질을 열어젖혀 속에 든 것을 드러내다 ⓑ밤송이를 까서 발리고 알밤을 주워 모았다 **3** 모인 것을 헤집어 퍼뜨리다 ⓑ닭 두 마리가 남새밭에 들어가 곳곳을 발려놓았다

발리다[3] (움직씨) **1** 풀 바른 종이 따위가 다른 것 낯에 고루 붙여지다 ⓑ바람종이가 잘 발렸다 **2** 이긴 흙 따위가 다른 것 낯에 고르게 덧붙여지다 ⓑ누렁흙이 바람에 잘 발렸어 **3** 물이나 풀, 바르개 따위가 어떤 것에 잘 묻다 ⓑ바르개가 낯에 골고루 발렸어

발림[1] (이름씨) **1** 물이나 가루들을 다른 것에 묻히거나 입히는 것 ⓑ쌀을 튀겨 단것으로 발림을 했다 **2** 다른 이 마음에 들도록 살살 달래는 일 ⓑ장사치 발림에 넘어가 바가지를 썼다

발림[2] (이름씨) 판소리에서 재미를 돋우려고 곁들이는 몸짓이나 손짓 ⓑ판소리는 이야기를 소리와 아니리로 엮고 발림을 곁들인다 한뜻말너름새

발만스럽다 (그림씨) 두려워하거나 삼가는 데가 없이 꽤 버릇없다 ⓑ배움이가 가르침이한테 대들거나 맞받아치다니 이런 발만스러운 일이 어디 있겠어요?

발맘발맘 (어찌씨) **1** 발길이 닿는 대로 한 걸음 한 걸음 천천히 걷는 꼴 ⓑ엄마는 어린아이 손을 잡고 발맘발맘 걸어 윗마을로 갔다 한뜻말발면발면. 발밤발밤 **2** 한 발 한 발씩 어떤 자국 뒤를 살펴 따르는 꼴 ⓑ꽃님은 메에 가서 오지 않는 언니 걱정에 언니 발자국을 발맘발맘 따라갔다

발맞추다 (움직씨) **1** 여럿이 걸을 때 같은 쪽 발을 때맞춰 떼어놓다 ⓑ단짝을 만나 얘기를 나누며 발맞추어 걸었다 **2** 말이나 몸짓을 같은 쪽으로 해 나아가다 ⓑ모두 발맞춰 풀 뽑는 일을 했다

발매 (이름씨) 메에 자라는 나무를 한목에 베어 냄 ⓑ푸른누리 앞메는 일흔 해쯤 앞에 발매를 놓아 소나무를 깡그리 없앤 바람에

아직도 소낭버섯이 잘 나지 않는다 ⇐ 벌목 익은말 **발매 놓다** 촘촘히 있는 나무를 한 디 위에 베어버리다

발매꾼 이름씨 메에서 나무를 한목에 베어내는 사람들 ⇐ 벌목꾼

발명 ⇒ 새로 만듦. 만들어냄

발목 이름씨 ❶다리와 발이 잇닿은 곳 ⓑ공을 차다 넘어져 발목을 삐었다 한뜻말발모가지 ❷다리와 발이 달린 연장이나 갖춤틀에서 다리와 발이 잇닿은 곳 ⓑ아이들은 발목이 얕은 지게에 저마다 나무를 한 짐씩 해 왔다 익은말 **발목을 잡히다** ❶일에 꽉 잡혀 벗어나지 못하다 ❷잘못이 드러나 모자란 데가 잡히다

발바닥 이름씨 발 아래쪽 너른 데, 곧 서거나 걸을 때 땅에 닿는 발 밑바닥 ⓑ많이 걸었더니 발바닥에 물집이 잡혔다 맞선말발등

발바심 이름씨 보리 이삭이나 콩깍지를 발로 밟아 낟알을 떨어내는 일 ⓑ콩이 잘 말라 발바심으로 떨었다네

발바투 어찌씨 ❶발 앞에 바짝 닥치는 꼴 ❷때를 놓치지 않고 재빠르게

발발 어찌씨 ❶몸이나 몸 어디를 가늘게 떠는 꼴 ⓑ아이가 입술을 발발 떨며 개울에서 돌아왔다 ❷몸을 바닥에 붙이고 기는 꼴 ⓑ아기가 난지 여섯 달이 지나자 발발 기어 다닌다 ❸잰걸음으로 잘 돌아다니는 꼴 ⓑ그 어른은 여든이 넘었지만, 온 들판을 발발 돌아다닌다 ❹땀을 많이 흘리는 꼴 ⓑ숨가쁘게 솔버섯을 따러 메를 누비니 땀이 발발 난다 ❺골이 몹시 나서 애를 쓰는 꼴 ⓑ악에 받쳐 발발 날뛴다 **발발하다**

발발 ⇒ 터짐. 터지다. 벌어지다

발발거리다 움직씨 ❶몸이나 몸 어디를 가늘게 자꾸 떨다 ❷몸을 바닥에 붙이고 기다 **발발대다**

발밤발밤 어찌씨 발맘발맘

발밭다 움직씨 까리를 놓치지 않고 재바르게 붙잡아 쓸 줄 알다 ⓑ시골 사람들이 어리숙한 것 같아도 돈 되는 일이라면 얼마나 발밭게 달려드는지 몰라

발버둥·발버둥이·발버둥질 이름씨 ❶눕거나 주저앉아 두 다리를 잇달아 바꾸며 뻗었다 오므렸다 하는 몸짓 ⓑ묶인 손을 풀어 달라 발버둥을 쳤다 한뜻말버둥질 ❷갖은 힘이나 꾀를 다해 애쓰는 것 ⓑ돈을 좀 더 벌어 보겠다고 발버둥을 치며 살았다 한뜻말버둥질

발볌발볌 어찌씨 ❶한 걸음 한 걸음 천천히 더듬듯이 걸어가는 꼴 ⓑ우는 아이를 겨우 달래어 업고 깜깜한 마을 길을 발볌발볌 돌았다 ❷어둠이나 내, 안개 같은 것이 살그머니 밀려드는 꼴 ⓑ땅거미가 발볌발볌 기어든다 ❸철이 살그머니 다가오는 꼴 ⓑ철은 속일 수 없어 눈 덮인 밭둑에서 냉이싹을 틔우고 얼음 덮인 개울 밑에서 물소리를 조잘거리며 봄철은 발볌발볌 다가온다

발병 (-病) ⇒ 발덧. 발앓이

발병 (發病) ⇒ 앓이 남. 앓다

발본색원 ⇒ 뿌리뽑기. 싹쓸이함

발부리 이름씨 ❶발끝에서 뾰족한 데 ⓑ골난다고 돌을 차면 제 발부리만 아프지 ❷어떤 것 밑바탕이나 밑둥치 ⓑ밝메 멧부리에 올랐더니 새노녘 발부리 아래로 솔메 내 물줄기가 흐릿하게 보인다

발붙이다 움직씨 ❶무엇에 기대거나 어디에 머물 곳을 마련하다 ⓑ이 땅에 내가 발붙일 곳이라곤 없구나 ⇐ 의지하다 ❷어떤 자리에 가까스로 들어서다 ⓑ구경꾼들이 너무 많아 발붙일 틈도 없다

발붙임 이름씨 기댈만한 곳이나 발판으로 삼을 만한 데 ⓑ발붙임을 마련했으니 여기서 벌이해야겠다 ⇐ 의지처

발비 이름씨 빗발이 눈에 보일 만큼 굵은 비

발뺌 이름씨 스스로 맺은 일에 따르는 짐을 지지 않고 수를 써서 빠짐 ⓑ제 잘못이 없다고 끝내 발뺌했다 **발뺌하다**

발사 ⇒ 쏨. 쏘다. 불질하다

발샅 이름씨 발로 걸음을 걸은 심부름 삯 ⓑ이웃집 아저씨 심부름을 해주고 발샅을 받

았다
발산 ⇒ 퍼짐. 풍김. 흩어지다. 퍼지다. 풍기다. 뿜다
발상 ⇒ 생각. 생각 내다
발상지 ⇒ 일어난 데. 싹튼 곳
발샅·발새 이름씨 발가락과 발가락 사이 ㉥발샅에 낀 때꼽재기만도 못한 녀석이 내 앞에서 까분다
발생 ⇒ 생김. 생기다. 생겨나다. 일어나다. 나오다. 나타나다
발생률 ⇒ 생기는 푼수
발생지 ⇒ 생긴터. 돋움터
발설 ⇒ 말냄. 말 내다. 일러바치다
발성 ⇒ 소리냄. 말 꺼냄. 소리내다
발송 ⇒ 부침. 보냄. 부치다. 보내다
발송지 ⇒ 보내는 곳. 부치는 곳
발쇠 이름씨 남 뒤를 캐서 다른 사람에게 알려주는 것 ㉥저 죽일 놈이 우리 일을 왜놈들한테 발쇠 섰단 말인가? 한뜻말발 익은말 **발쇠를 서다** 남이 쉬쉬하는 것을 알아내어 다른 쪽에 넘겨주다
발쇠꾼 이름씨 발쇠를 서는 사람 ㉥그런 발쇠꾼을 믿고 온갖 이야기를 나누었으니! ⇐ 스파이. 정보원. 탐정
발숫물 이름씨 발을 씻는 데 쓰는 물 ㉥따뜻한 발숫물을 아버지께 떠다 드렸다
발신 ⇒ 띄움. 보냄. 띄우다. 보내다
발신기 ⇒ 보내개
발심 ⇒ 뜻냄. 마음냄. 뜻 내다. 마음 내다
발썰매 이름씨 ❶눈 위를 지치고 다니는 나무로 만든 긴 놀이 연장 ⇐ 스키 ❷나무로 만든 긴 놀이 연장으로 눈 위를 지치는 뀜 ⇐ 스키
발썰매터 이름씨 발썰매를 익히거나 타고 노는 곳 ⇐ 스키장
발아 ⇒ 싹틈. 싹트다. 눈트다. 움트다
발아현미 ⇒ 싹눈쌀. 씨눈쌀
발악 ⇒ 몸부림. 악씀. 몸부림하다. 악쓰다
발앓이 이름씨 길을 오래 걷거나 하여 발에 생긴 탈 한뜻말발덧 ⇐ 발병
발암물질 ⇒ 궂혹몬밭
발언 ⇒ 말. 말하다. 말 꺼내다
발언권 ⇒ 말 자리. 말할 몫. 말할 힘
발열 ⇒ 뜨거워짐. 더움. 뜨거워지다
발우 ⇒ 바리때
발원 ⇒ 비롯. 비롯하다. 일어나다
발원지 ⇒ 비롯한 곳. 일어난 데
발육 ⇒ 자람. 자라다. 커지다
발음 ⇒ 소리. 소리내다
발의 ⇒ 말. 말 꺼내다. 말 내다
발자국 이름씨 ❶발로 밟은 곳에 남는 자국 ㉥눈 위에 발자국이 또렷하게 찍혔다 ⇐ 족적 ❷발을 떼어놓는 걸음 ㉥발자국 소리 ❸발걸음을 세는 하나치 ㉥한 발자국 한 발자국 살금살금 다가갔다 한뜻말발짝
발자취 이름씨 ❶발로 밟고 지나갈 때 남는 꼴 ㉥마루에 발자취가 남지 않도록 신을 헝겊으로 감쌌다 ❷지나간 갖가지 삶을 비긴 말 ㉥우리 겨레 발자취를 되돌아보는 짬을 가졌다 ⇐ 역사
발자취글 이름씨 배운 자취와 일한 자취를 적은 글 한뜻말삶자취글 ⇐ 이력서
발자하다 그림씨 ❶마음씨가 과가르다 ㉥천천히 해야지 발자하게 날뛰면 될 일도 안 된다 ❷꺼리거나 망설임이 없다
발작 ⇒ 지랄. 갑자기 일어나다. 지랄하다
발장구 이름씨 ❶헤엄에서 두 발을 차례로 들었다 놓았다 하는 짓 ㉥발장구 세게 치며 물살을 헤쳤다 한뜻말물장구 ❷아기가 엎드려 기려고 두 발을 들었다 놓았다 하는 짓 ㉥아기가 기어보려고 발을 들었다 놓았다 하며 발장구를 친다
발장단 이름씨 가락에 맞추어 발끝이나 발뒤꿈치를 들썩이며 맞추는 장단 ㉥신나는 가락에 발장단을 맞췄다
발재봉틀 ⇒ 발틀
발전 (發展) ⇒ 나아짐. 좋아짐. 나아지다. 좋아지다
발전 (發電) ⇒ 번힘냄
발전기 ⇒ 번힘내개. 번힘낳틀
발전소 ⇒ 번낳곳. 번힘냄곳. 번힘낳곳

발정 ⇒ 암내. 암내 내다. 암내 나다

발족 ⇒ 비롯. 첫발뗌. 비롯하다. 첫발을 떼다. 생기다

발주 ⇒ 맞춤. 맞추다

발진 (發疹) ⇒ 꽃돋이. 꽃돋다. 꽃솟다

발진 (發進) ⇒ 떠남. 떠나다. 앞으로 나아가다

발짓 이름씨 발을 움직이는 짓 ⓑ발짓 손짓을 섞어가며 이야기했다 맞선말손짓

발짝 이름씨 발자국 준말 ⓑ한 발짝 뒤로 물러서시오

발차 ⇒ 떠남. 뜸. 떠나다. 떠나가다. 뜨다

발차기 이름씨 ❶손발기 따위 드잡이놀이에서, 발로 차는 몸짓 ❷헤엄에서, 다리로 물을 차는 몸짓 **발차기하다**

발채 이름씨 지게에 메워 거름이나 흙, 자갈, 같은 짐을 싣는 몬. 싸리를 조개 꼴로 결어서 접었다 폈다 할 수 있게 만든다 ⓑ아버지는 싸리로 발채, 바구니 따위를 손수 엮어 썼다 한뜻말바소쿠리

발췌 ⇒ 뽑아씀. 뽑아쓰다. 가려뽑다. 골라내다. 따다. 추리다

발치 이름씨 ❶누웠을 때 발이 있는 쪽 ⓑ다른 사람 발치에 겨우 잠자리를 마련했다 맞선말머리맡 ❷아래쪽이나 꼬리 쪽이 되는 곳 ⓑ메 발치로 내려와 자리를 잡았다

발치 ⇒ 이뽑기. 이뽑다

발칙하다 그림씨 하는 짓이 아주 버릇없거나 괘씸하다 ⓑ발칙한 것, 누구 앞이라고 헛소리를 지껄이느냐

발칫잠 이름씨 남 발치에서 자는 잠

발칵 어찌씨 ❶문을 갑자기 여는 꼴 ⓑ문이 발칵 열리며 누가 쑥 들어왔다 큰말벌컥 ❷갑자기 크게 골을 내는 꼴 ⓑ내 이야기를 듣던 언니가 발칵 골을 냈다 ❸뜻밖에 일이 갑작스럽게 벌어져서 온통 뒤집히는 꼴 ⓑ큰아들 일로 집안이 발칵 뒤집혔다 ❹조금도 자지 않고 고스란히 밤을 새우는 꼴 ⓑ잔치 마련하느라 온밤을 발칵 새웠다

발칵거리다 움직씨 ❶물이나 술 같은 마실 거리를 시원스럽게 들이켜는 소리를 자꾸 내다 ⓑ사내는 찬물을 발칵거리며 마셨다 큰말벌컥거리다 ❷진흙이나 밀가루 따위 반죽을 주무르거나 밟는 소리가 자꾸 나다. 또는 그런 소리를 자꾸 내다 **발칵대다**

발칵발칵 어찌씨 ❶문을 갑자기 자꾸 여는 꼴 ⓑ센바람에 앞뒷문이 발칵발칵 열렸다 큰말벌컥벌컥 ❷매우 갑작스레 기운을 내는 꼴 ⓑ어제 저녁을 잘 먹었더니 오늘 힘이 발칵발칵 나네 ❸뜻밖에 일이 갑작스럽게 벌어져서 자꾸 온통 뒤집히는 꼴 ⓑ아들딸이 많은 데다 아슨아들 아슨딸까지 많다 보니 집안을 발칵발칵 뒤집는 일이 수두룩하다 ❹매우 갑작스레 종이 같은 것을 자꾸 뒤집는 꼴 ⓑ골이 났는지 조카는 발칵발칵 소리를 내며 책장을 번졌다 ❺갑자기 크게 골을 자꾸 내는 꼴 ⓑ발칵발칵 골을 낸다고 일이 되겠느냐 ❻마실 것을 매우 시원스럽게 들이켜는 꼴 ⓑ풀을 베고 온 온터님은 물을 발칵발칵 들이켰다 **발칵발칵하다**

발코니 ⇒ 딕누리. 내민마루. 쪽마루. 뜬마루

발탁 ⇒ 뽑기. 뽑아쓰기. 뽑다. 고르다. 가려뽑다

발탄강아지 이름씨 ❶막 걸음을 걷기 비롯한 강아지 ❷할 일 없이 짤짤거리며 다니는 사람

발톱 이름씨 ❶발가락 끝을 덮어 지켜주는, 뿔같이 단단한 곳 ⓑ긴 발톱을 깎았다 ❷바닥을 파거나 버티는 갖춤틀에서 박히거나 버티게 만든 끝 쪽 ⓑ땅파개 바가지 발톱. 세모대 발톱

발틀 이름씨 ❶사람이 발로 움직일 수 있도록 지은 틀 ⓑ지난날 발틀로 낟알을 털었다 맞선말손틀 ⇐ 발기계 ❷발을 까닥이며 돌리는 바느질틀 ⓑ발틀로 이불을 누볐다 맞선말손틀 ⇐ 발재봉틀

발파 ⇒ 터뜨림. 터뜨리다

발판 ⇒ 발널

발포 ⇒ 쏨. 쏘다. 놓다

발표 ⇒ 알림. 나타냄. 내놓음. 나타내다. 내놓다. 알리다. 널리알리다. 드러내다

발표회 ⇒ 알림몯. 알림모임

발품[1] (이름씨) 걸어 다니며 애쓰는 짓 ⓑ보리는 발품이 많이 드는 일을 하며 산다 비슷한말 걸음품. 다리품 (익은말) **발품을 팔다** 무엇을 얻으려고 스스로 걸어 다니며 애를 쓰다

발품[2] (이름씨) 여러 사람이 한 이불을 덮고 누울 때 두 짝으로 갈라 서로 머리를 맞은쪽에 두고 다리를 사이사이에 엇갈려 끼워 맞은쪽 발을 품는 누움새 ⓑ사람은 많은 데다 이불은 하나뿐이어서 우리는 발품으로 누워 잤다

발하다 ⇒ 피다. 생기다. 드러나다. 뿜다. 보내다. 나다

발행 ⇒ 펴냄. 펴내다. 찍다

발행인·발행자 ⇒ 펴낸이

발허리 (이름씨) 발바닥 가운데 잘록하게 들어간 쪽 ⓑ발허리가 판판하면 오래 걷기가 힘들다

발헤엄 (이름씨) ❶팔은 안 쓰고 발로 치는 헤엄 ⓑ발헤엄으로 내를 건넜다 ❷몸통은 세우고 발만 움직여서 나가는 헤엄 ⓑ꼿꼿이 선 채로 발헤엄을 쳐서 오래도록 물에 떠 있었다

발현 ⇒ 나타냄. 나타나다. 드러나다

발호 ⇒ 날뜀. 날뛰다

발화 (發話) ⇒ 소리내기. 말하기

발화 (發火) ⇒ 불남. 불냄. 불나다. 불내다. 불붙다. 불지르다. 쏘다

발화점 ⇒ 처음 불난 자리. 불난곳

발효 (發效) ⇒ 힘비롯. 힘미침. 쓰기비롯. 힘미치다

발효 (醱酵) ⇒ 뜸. 띄우기

발효균 ⇒ 뜸밑. 뜸팡이

발효효소 ⇒ 뜸씨. 뜸팡이

발휘 ⇒ 떨침. 떨치다. 드러내다. 나타내다

발흥 ⇒ 일떠남. 힘차게 일어나다. 일떠나다

밝기 (이름씨) ❶귀나 눈이 얼마나 좋은지 또는 빛이 얼마나 밝은지를 나타내는 크기 ⓑ아흔 넘은 할머니는 아직도 눈 밝기가 좋아 바늘귀에 실을 금방 꿴다 ❷밝은 것 ⓑ밝기와 어둠이 엇바뀌는 춤판

밝다[1] (움직씨) 밤이 지나고 환해지며 날이 새다

밝다[2] (그림씨) ❶눈이나 귀가 좋다 ⓑ귀가 밝다. 눈이 밝다 ❷막힘없이 잘 알다 ⓑ할아버지는 여름지이에 밝다. 누리 돌아가는 것에 밝은 사람이다 ❸뚜렷하고 바르다 ⓑ섬김새가 밝다. 내다보는 눈이 밝다 ❹얼날이 날카롭다 ⓑ잠귀가 밝다. 눈치가 밝다

밝다[3] (그림씨) ❶빛이 환하다 ⓑ달 밝은 가을밤이다. 방안을 더 밝게 했다 ❷가볍고 산뜻하고 시원하다 ⓑ밝은 옷을 즐겨 입는다 ❸새해가 새로 비롯하다 ⓑ묵은해가 가고 새해가 밝았다 ❹즐겁고 구김살이 없다 ⓑ낯빛이 밝다 ❺앞날이 탁 트이다 ⓑ우리말 살리는 일은 앞날이 밝다

밝달멧줄기 (이름씨) 아리나리 높새녘에서 마하늬 쪽으로 뻗어내려 우리나라와 살피를 이루는 멧줄기 ⇐ 장백산맥

밝달큰줄기 (이름씨) 한밝달 꼭대기에서 뻗어내려 두루메 꼭대기에 이르는 길이가 1,500킬로미터쯤 되는 멧줄기 ⇐ 백두대간

밝아지기 (이름씨) 뭠그림이나 멀봄에서 그림낯이 처음에 어둡다가 차츰 밝아지는 일 맞선말 어두워지기 ⇐ 페이드인

밝은이 (이름씨) 슬기와 됨됨이가 아주 뛰어나서 길이 우러름을 받을 만한 사람 ⓑ밝은이도 제 잘못을 모를 때가 있다 한뜻말 어진이 ⇐ 성인. 철인

밝을녘 (이름씨) 날이 새어 밝아 올 때 ⓑ밝을녘을 틈타 일찌감치 장삿길을 나섰다

밝히다 (움직씨) ❶어두움을 환히 밝게 하다 ⓑ길을 밝히다. 방안에 촛불을 밝혔다 ❷좋은 생각이나 꾀를 내놓다 ⓑ사람은 스스로 앞날을 밝히는 임자이다 ❸참이나 가리를 따져 똑똑히 알려주다 ⓑ스승은 설이 왜 설인지 그 말밑을 밝혀주셨다 ❹밤을 새우다 ⓑ아기가 아파서 이틀 밤을 꼬박 밝혔다 ❺누리를 참으로 밝히다 ⓑ스승 가르침은 참 살길을 환히 밝혀준다 ❻'눈'과 함

께 써 오롯이 얼날을 모으다 ⓑ눈을 밝혀 살피다 ❼지나치게 좋아하거나 입에 당겨 즐기다 ⓑ저 겨집은 사내를 지나치게 밝힌다

밟다 움직씨 ❶발바닥을 대거나 발바닥으로 누르다 ⓑ수북한 갈잎을 밟으며 걸었다 ❷어떤 곳을 손수 가거나 오다 ⓑ일흔이 돼서야 내 나라 내 땅을 처음 밟아 본다 ❸발을 바닥에 디디다 ⓑ오랜만에 텃마을 땅을 밟았다 ❹어떤 일을 이루려 차례를 거치다 ⓑ바깥나라로 나가려고 날틀나루에서 밟을 일을 거쳤다 ❺가는 곳을 알아내려 남몰래 그 뒤를 따르다 ⓑ사내 뒤를 밟았다 ❻해보거나 겪어보다 ⓑ춤판을 밟아 본 노릇바치 ❼남을 괴롭히거나 억누르다 ⓑ지렁이도 밟으면 꿈틀하는 거야 한뜻말짓밟다 ❽겪었던 바를 또다시 겪다 ⓑ나라 빼앗긴 서러운 길을 다시 밟지 않으려면 모두 임자 된 마음으로 살아야 한다

밟다듬이 이름씨 ❶천이나 종이 같은 것을 발로 밟아 구김살을 펴지게 다듬는 일 ⓑ주름진 바지를 밟다듬이로 폈다 한뜻말발담 ❷발로 짓밟으며 때리는 것 ⓑ오늘날엔 잘못을 저지른 아이라도 밟다듬이는 해선 안 되지 **밟다듬이하다**

밟히다 움직씨 ❶'밟다' 입음꼴 ⓑ발에 밟히다 ❷'밟다' 하임꼴. 밟게 하다 ⓑ풀을 베어다 외양간에 넣어 소에게 밟혀 거름을 낸다

밤[1] 이름씨 ❶저녁 어두운 때부터 새벽 밝기까지 동안 ⓑ밤이 되어 다들 집으로 돌아갔다 맞선말낮 ❷앞날과 기쁨이 없는 괴로운 삶 ⓑ종살이하는 서른여섯 해 동안 우리 겨레는 캄캄한 밤을 보냈다

밤[2] 이름씨 밤나무 열매. 가시가 많이 난 송이에 싸였으며 겉껍데기 안에 보늬가 있다. 여러 가지 살감이 넉넉히 들어있어 몸에 좋다 ⓑ날밤. 구운 밤. 찐 밤. 풋밤

밤고구마 이름씨 밤처럼 속에 물이 적어 팍팍한 맛이 나는 고구마 ⓑ밤고구마에는 동치미가 제짝이다 맞선말물고구마

밤길 이름씨 밤에 가거나 걷는 길 ⓑ어릴 적 어머니 뒤를 따라 밤길을 자주 걸었다 ⇐ 야행

밤나무 이름씨 가지가 많아 감나무처럼 둥근 꼴이며 이른 여름에 꽃이 피고 가을에 가시 많은 송이에 싸인 열매가 달리는 갈잎큰키나무. 우리나라 멧기슭에 두루 저절로 자라며 꽃은 좋은 꿀감이고 열매는 좋은 먹을거리이다

밤낮[1] 이름씨 밤과 낮 ⓑ아버지는 밤낮을 가리지 않고 일을 한다 ⇐ 주야

밤낮[2] 어찌씨 언제나. 늘 ⓑ너는 밤낮 하라는 일은 하지 않고 놀기만 하느냐?

밤낮없이 어찌씨 늘. 언제나 ⓑ아이는 밤낮없이 옷 사달라 노래를 부른다

밤내 어찌씨 밤 동안 내내 ⓑ밤내 비가 내렸다

밤눈 이름씨 밤에 보는 눈힘 ⓑ고양이는 밤눈이 밝다

밤늦다 그림씨 밤이 깊다 ⓑ언니가 밤늦게 술에 절어 들어 왔다 ⇐ 야심하다

밤도둑 이름씨 밤에 남 것을 훔치는 짓. 또는 그 사람 ⓑ시골집에 밤도둑에다 낮도둑까지 들어 고추를 걷어 간다네 한뜻말밤손. 밤손님 ⇐ 밤도적

밤말 이름씨 밤에 하는 말 슬기말 **밤말은 쥐가 듣고 낮말은 새가 듣는다** 늘 말을 가려서 해라

밤물잡이 이름씨 밤에 물고기나 새우, 가재 따위를 잡는 일

밤바람 이름씨 밤에 부는 바람 ⓑ밤바람이 차다. 서늘한 밤바람

밤밥[1] 이름씨 밤늦게 먹는 밥 ⓑ밤밥은 먹을 때는 좋으나 이튿날 아침이 되면 속이 더부룩하다 ⇐ 야식. 밤참

밤밥[2] 이름씨 보늬를 벗긴 밤을 두고 지은 밥. 날밤을 넣어 짓기도 하고 말린 밤으로 짓기도 한다 ⓑ쌀 위에 말린 밤을 얹어 지은 밤밥이 참 맛있다

밤배곳 이름씨 밤에 가르칠 수 있게 갖춘 배곳 ⇐ 야간학교. 야학

밤배움 이름씨 밤에 배움 ⇐ 야학

밤볼 이름씨 밤을 문 것처럼 살이 볼록하게 찐

볼
밤볼거리 (이름씨) 밤에 볼만한 구경거리 ⇐ 야경
밤빛[1] (이름씨) 어둠 속에서 빛을 내거나 또는 그런 몬 ⇐ 야광
밤빛[2] (이름씨) 여문 밤 겉껍데기 빛깔처럼 검은 빛을 띤 싯누런빛 ⇐ 암갈색
밤사이 (이름씨) 밤이 지나는 동안 ⓑ오랜만에 벗을 만나 밤사이 밀린 얘기를 나눴다 준말 밤새 ⇐ 야간
밤살이 (이름씨) 낮에는 쉬고 밤에 먹이 찾아 움직이는 짐승들 삶 버릇 ⇐ 야행성
밤살이짐승 (이름씨) 흔히 밤에 움직이는 짐승 ⓑ부엉이와 박쥐는 밤살이짐승이다 ⇐ 야행성동물
밤살핌 (이름씨) 옛날에 밤에 돌아다니며 바드러운 일을 미리 막는 것 ⇐ 순라
밤새껏 (어찌씨) 밤이 새도록 꼬박 ⓑ밤새껏 눈이 와 온 누리가 하얘졌다
밤새다 (움직씨) 밤이 지나서 날이 밝아 오다 ⓑ보름날 밤이면 밤새도록 앉고 싶다
밤새우다 (움직씨) 잠을 자지 않고 온 밤을 보내다 ⓑ재미있는 이야기책에 빠져 밤새워 읽었다
밤소경 (이름씨) 눈그물청에 있는 검밝기를 알아채는 잔삼 힘이 모자라 밤에 몬이 잘 보이지 않는 앓이 ⇐ 야맹증
밤손·밤손님 (이름씨) ❶밤에 찾아오는 손님 ⓑ동네 아저씨는 늘 밤늦게 찾아와서 우리한테는 밤손님이다 ❷밤도둑 ⓑ어제 우리 집에 밤손이 들었다 ⇐ 밤도적
밤송이 (이름씨) 밤알을 싸고 있는 가시 많은 껍데기 ⓑ밤송이가 절로 벌어지며 알밤이 떨어진다
밤이슬 (이름씨) 밤사이에 맺히는 이슬 ⓑ쉬는 날이면 밤이슬을 맞으며 덤밑에서 집에까지 걸어왔다
밤일 (이름씨) ❶밥벌이로 밤에 나가 일하는 것 ⇐ 야근 ❷어르기를 에둘러 이르는 말
밤잠 (이름씨) 밤에 자는 잠 ⓑ옆집에서 밤새 떠들어 대는 바람에 밤잠을 설쳤다 맞선말 낮잠
밤저자 (이름씨) 밤에 열리는 저자 ⇐ 야시장
밤중 ⇒ 한밤
밤지기 (이름씨) 그위집이나 벌데, 배곳 들에서 밤에 자면서 지키는 일. 또는 그 사람 ⇐ 숙직
밤참 (이름씨) 밤이 깊어 먹는 맛갓 ⇐ 야식
밤콩 (이름씨) 빛깔과 맛이 밤과 비슷하고 알이 썩 굵은 콩
밤톨 (이름씨) ❶밤 낱알 ⓑ밤톨이 굵다 ❷덩치가 작은 사람 ⓑ밤톨만 한 녀석이 어디서 까불어
밤하늘 (이름씨) 밤 동안 하늘 ⓑ뭇별이 반짝이는 밤하늘
밥 (이름씨) ❶쌀, 보리, 강냉이 같은 낟알에 물을 알맞게 부어 낟알이 풀어지지 않게 끓여 잦힌 먹거리 ⓑ밥은 하늘이다. 밥이 똥이 되고 똥은 또 다른 목숨붙이가 먹는 밥이 된다 ❷끼니로 먹는 것을 통틀어 이르는 말 ⓑ밥은 다 함께 나눠 먹을 때 밥맛이 좋다 ❸온갖 목숨붙이 먹이 ⓑ물고기 밥. 누에 밥 ❹잡아먹히거나 빼앗아 먹히는 쪽을 비겨 이르는 말 ⓑ서른여섯 해 동안 배달겨레는 왜놈 밥이 되었다 ⇐ 호구 ❺널뛰기할 때 몸무게에 따라 가운데 괴는 데에서 저마다 차지하는 널 길이 ⓑ누나는 나한테 널 밥을 조금 더 많이 놓아 주었다 ❻무엇을 베거나 깎을 때 생기는 밑감 부스러기 ⓑ톱밥. 가위밥. 대패밥 ❼바늘땀 ⓑ한 밥 한 밥 호아 나갔다 (익은말) **밥 먹듯 하다** 나날살이에 흔히 있는 일처럼 자주 일어나다
밥값 (이름씨) 밥을 먹고 내거나 먹는 데 드는 돈 ⇐ 식대
밥그릇 (이름씨) ❶밥을 담는 그릇 ⓑ밥그릇을 작은 것으로 바꿨다 ❷밥벌이로서 일자리를 달리 이르는 말 ⓑ서로 밥그릇 싸움만 한다
밥남은통 (이름씨) 먹고 남은 맛갓 찌꺼기를 담는 통 ⇐ 잔반통
밥내다 (움직씨) 허물보에게 때리거나 불로 지져 잘못을 말하게 하다 한뜻말 밥받이하다 ⇐ 문

초하다. 고문하다

밥놓개 이름씨 밥과 건건이를 차린 놓개 ⓑ밥놓개를 차리다 ⇐ 밥상

밥뒤 이름씨 밥 먹은 뒤 ⇐ 식후

밥맛 이름씨 ❶밥에서 나는 맛 ⓑ밥맛이 좋은 쌀로 밥을 지었다 ❷밥이 당기는 기운 ⓑ부지런히 일을 했더니 어찌나 밥맛이 당기는지. 밥맛이 난다 ⇐ 식욕 익은말 **밥맛이 없다** 아니꼽고 마뜩잖아 마음이 멀어지다

밥물 이름씨 ❶밥 지을 때 잡는 물 ⓑ쌀이 어떤 쌀이냐, 얼마나 불었느냐에 따라 밥물을 알맞게 잡아야 해. 밥물이 넘는다 ❷밥을 만 물 ❸밥이 우르르 한두 디위 끓은 다음에 줄어든 걸쭉한 물

밥물림 이름씨 갓난아기에게 밥을 먹일 때 밥을 미리 씹어서 아기에게 되먹이는 일

밥밑 이름씨 밥을 지을 때 쌀 밑에 놓는 보리쌀, 콩, 팥, 기장, 조 따위 낟 ⓑ보리쌀로 밥밑을 두었다

밥밑콩 이름씨 밥에 두어 먹는 콩 ⓑ내 밥그릇에는 쌀보다 밥밑콩이 더 많다

밥받이 이름씨 허물보를 때리거나 들볶아 털어놓게 하던 일 한뜻말밥내기 ⇐ 문초. 취조. 고문 **밥받이하다**

밥벌레 이름씨 일하지 않고 밥만 먹는 사람 ⓑ그 사람, 일은 하지 않고 밥만 먹어대는 밥벌레야 ⇐ 식충. 식충이

밥벌이 이름씨 ❶먹고살려고 하는 벌이 ⓑ날마다 새벽에 밥벌이하러 나간다 ⇐ 직업 ❷밥을 먹고 살아갈 만한 벌이 ⓑ가난한 나라에서는 많은 이들이 밥벌이하기도 어렵다 **밥벌이하다**

밥보 이름씨 밥을 남달리 많이 먹는 이 ⓑ나는 군것질보다 밥만 좋아하는 밥보라네

밥부재 이름씨 겅그레 위에 펼쳐 고두밥을 찔 때 쓰거나 밥놓개를 덮는데 쓰는 삼베로 된 보자기 한뜻말밥보자. 밥보자기 ⇐ 밥상보

밥빵 이름씨 끼니로 먹게 만든 빵 한뜻말끼니빵 ⇐ 식빵

밥살 이름씨 젖먹이가 젖을 떼고 밥을 먹어 찌는 살 ⓑ밥살이 통통하게 오른 아이

밥삶 이름씨 먹고 사는 삶 ⓑ우리집도 밥삶을 좀 쉽게 하도록 고치자 ⇐ 식생활

밥상 ⇒ 밥놓개

밥솥 이름씨 밥을 짓는 솥 ⓑ밥솥에 밥을 안쳤다

밥숟가락 이름씨 ❶밥 먹는 데 쓰는 숟가락 ⓑ밥놓개에 사람 수만큼 밥숟가락을 놓았다 한뜻말밥술 준말밥숟갈 ❷숟가락으로 뜨는 밥 부피 ⓑ바우는 밥숟가락이 커서 몇 숟가락이면 밥 한 그릇을 다 비운다 ❸얼마 되지 않는 밥, 또는 겨우 밥이나 먹는 살림살이 ⓑ어릴 적 밥숟가락이나 겨우 뜨며 살았다 익은말 **밥숟가락을 놓다** 숨이 끊어지다

밥술 이름씨 밥숟가락 익은말 **밥술이나 먹다** 살림살이가 쏠쏠하다

밥알 이름씨 밥 낱낱 알 ⓑ밥알을 천천히 꼭꼭 씹어 먹는 것이 대단히 종요롭다 한뜻말밥풀 익은말 **밥알을 세다** 께지럭거리며 밥을 잘 먹지 않다 **밥알이 곤두서다** 아니꼽거나 마음에 거슬리다

밥앞 이름씨 밥 먹기 앞 ⇐ 식전

밥옷집 이름씨 먹을 밥과 입을 옷, 살 집을 아울러 이르는 말. 사람 삶에서 적어도 갖출 것 ⇐ 의식주

밥입 이름씨 한집안에서 같이 살며 끼니를 함께하는 사람 ⇐ 식구

밥장사 이름씨 밥을 지어 파는 장사 또는 그런 사람 ⓑ밥장사라도 해야 그나마 먹고살 판이다 ⇐ 외식업. 요식업 **밥장사하다**

밥졸음 이름씨 밥을 먹은 뒤 얼이 흐려지고 힘이 풀려 졸리는 늧 ⇐ 식곤증

밥주걱 이름씨 밥 풀 때 쓰는 큰 숟가락 꼴 연장 ⓑ놀부 마누라가 흥부 뺨을 밥주걱으로 때렸다지 한뜻말주걱

밥주머니 이름씨 ❶아무 일도 하지 않고 밥이나 축내는 쓸모없는 사람 ⓑ밥주머니가 용케 냄새를 맡고 먹을 것을 얻으러 왔구나 ❷밥을 담는 주머니 ⓑ할머니 밥주머니에 떡이 든 것을 내가 봤지 ❸양을 낮춰 이르

는 말 ⓑ배가 고파 밥주머니에 뭐든 좀 채워야겠다

밥줄 이름씨 **1** 먹고살아가는 길 ⓑ한때 밥줄이 끊겨 밥을 굶은 적이 있다 ⇐ 직업. 호구지책 **2** 높산것 목구멍에서 양까지 먹은 것이 지나가는 긴 대롱 ⇐ 식도

밥줄샘 이름씨 밥줄 끈끈청에 있어서 끈끈물을 내는 샘. 삭임물은 내지 않고 잘 내려가게 돕는다

밥지기 이름씨 밥을 솜씨 있게 지어 차리는 사람 ⇐ 요리사. 식모

밥지이 이름씨 밥을 짓는 일 ⇐ 요리

밥집 이름씨 **1** 밥을 파는 집 ⓑ꽃순이는 밥집을 내어 우리 먹을거리를 멋지게 차려놓을 마음이다 ⇐ 식당. 레스토랑 **2** 일꾼들이 많이 모여 일하는 집 짓는 데나 쇳돌메, 땅숯캐는 데 같은 곳에서 일꾼들을 먹여주는 집 ⓑ밥때가 되자 일꾼들은 우르르 몰려나와 밥집 앞에 긴 줄을 섰다 ⇐ 함바. 함바집

밥통 이름씨 먹은 것을 삭여주는 구실을 하는 곳. 밥줄과 샘창자 사이에 있는 창자대롱이 부풀어 커져 주머니처럼 생겼다 한뜻말 양 ⇐ 위

밥투정 이름씨 차린 밥을 먹기 싫다거나 무엇을 차려내라고 트집을 부리는 일 ⓑ밥투정할 때 가장 좋은 길은 밥을 굶기는 일이다 **밥투정하다**

밥표 이름씨 밥집이나 맛갓 차려주는 곳에서 밥을 먹을 수 있는 표 ⇐ 식권

밥풀 이름씨 **1** 무엇을 붙일 때 풀처럼 쓰는 밥알 ⓑ떨어진 문종이를 밥풀로 붙였다 **2** 밥알 ⓑ조카 볼에 묻은 밥풀은 아마도 저녁 끼니렸다 한뜻말 밥떠꺼리

밥풀내기 싸울아비 이름씨 한밥풀내기 두밥풀내기 세밥풀내기를 통틀어 이르는 말 ⇐ 위관급 장교

밥풀눈 이름씨 눈 위꺼풀에 밥풀 같은 군살이 붙은 눈

밧줄 이름씨 바로 된 줄 ⓑ복사골에서 큰 노티나무 가지에 밧줄로 그네를 맸다 비슷한말 동아줄 ⇐ 로프

밧줄수레 이름씨 비탈길을 따라 하늘에 맨 줄에 수레를 매달아 사람이나 짐을 실어나르는 틀 ⇐ 케이블카

방[1] 이름씨 집안에 사람이 먹고 자고 일하며 살아가기 쉽게 만든 크고 작은 칸 ⓑ이 집은 큰방 작은방, 방이 많기도 하네 슬기말 **방 보아 똥 싼다** 마주한 이를 보아가며 몸가짐이나 마음씀씀이를 달리한다

방[2] 이름씨 윷놀이에서 윷판 한가운데 밭 ⓑ모와 걸로 대번에 방에 들어앉은 두 동 말

방 (放) ⇒ 대

방 (榜) ⇒ 붙임글

방값 이름씨 잠자고 머무른 값이나 삯 ⇐ 숙박료. 숙박비

방개 이름씨 몸빛은 검은 밤빛에 푸른빛이 나고 딱지날개 가에는 노란 띠가 둘러있는 벌레. 뒷다리가 길고 크며 털이 많다

방게 이름씨 몸은 잿빛이 든 풀빛이고 발가락은 밤빛이며 갯가에 구멍을 뚫고 사는 바위게 가운데 하나. 젓갈을 담거나 간장에 졸여서 먹는다

방계 ⇒ 곁갈래

방고래 이름씨 방 구들장 밑에 불김과 내가 빠져나가도록 골처럼 파놓은 길 ⓑ방고래가 막혔는지 방에 불김이 안 들어 춥다

방공호 ⇒ 숨는 굴. 숨는 구덩이

방과후 ⇒ 배움끝난 뒤. 일끝난 뒤

방관 ⇒ 구경. 구경하다. 팔짱끼다. 뒷짐지다. 손놓다. 못 본 체하다. 내버려두다

방관자 ⇒ 구경꾼

방광 ⇒ 오줌보. 오줌깨. 오줌통

방광결석 ⇒ 오줌보돌. 오줌깨돌

방구들 이름씨 **1** 우리 겨레가 집 지을 때 밑바닥에 방고래를 켜고 그 위에 구들장을 덮어 흙을 발라 아궁이에 불을 때면 방을 따뜻하게 하는 갖춤틀 ⓑ나무로 집을 짓고 방구들을 놓았다 한뜻말 구들 ⇐ 온돌 **2** 구들방바닥 ⓑ이른 저녁에 군불을 지펴놓아 방구들이 뜨끈뜨끈할 겁니다

방구석 [이름씨] [1]방안 네 구석 [ㅂ]아이가 방구석에 앉아 책을 본다 [2]방이나 방안을 달리 이르는 말 [ㅂ]햇빛이 이렇게 좋은데 방구석에만 들어박혀 있을 거야?

방귀 [이름씨] 먹은 것이 배 속에서 삭을 때 밑구멍으로 나오는 구린내 나는 바람 [ㅂ]밤 먹고 방귀 뀌면 냄새가 거슬린다 [슬기말] **방귀 뀐 놈이 성낸다** 제가 잘못해 놓고 남한테 골낸다 **방귀가 잦으면 똥 싸기 쉽다** 어떤 일이건 말이 잦으면 그리되기 쉽다

방귀쟁이 [이름씨] 방귀를 자주 뀌는 사람 [ㅂ]나루는 방귀쟁이라는 딴이름으로 불렸다

방그레 [어찌씨] 입을 살짝 벌리며 소리 없이 부드럽게 웃는 꼴 [ㅂ]딸이 엄마를 바라보며 방그레 웃는다

방글 [어찌씨] 입을 조금 벌리고 소리 없이 귀엽게 한 번 웃는 꼴 큰말벙글 센말빵글

방글거리다 [움직씨] 입을 조금 벌리고 소리 없이 귀엽게 자꾸 웃다 큰말벙글거리다 센말빵글거리다 **방글대다**

방글방글 [어찌씨] 입을 조금 벌리고 소리 없이 귀엽게 자꾸 웃는 꼴 [ㅂ]아기가 잠에서 깨더니 방글방글 웃는다 큰말벙글벙글 센말빵글빵글 **방글방글하다**

방금 ⇒ 곧바로. 이제. 갓

방긋 [어찌씨] 입을 귀엽게 조금 벌리며 소리 없이 가볍게 웃는 꼴 [ㅂ]누이는 오빠를 힐끔 바라보며 방긋 웃는다 큰말벙긋 센말방끗. 빵긋. 빵끗 **방긋하다**

방긋거리다 [움직씨] 입을 조금 벌리며 소리 없이 가볍게 자꾸 웃다 큰말벙긋거리다 센말방끗거리다. 빵긋거리다. 빵끗거리다 **방긋대다**

방긋방긋 [어찌씨] 입을 조금 벌리며 소리 없이 가볍게 자꾸 웃는 꼴 [ㅂ]함박꽃이 방긋방긋 웃는 가시나처럼 피어난다 큰말벙긋벙긋 센말방끗방끗. 빵긋빵긋. 빵끗빵끗 **방긋방긋하다**

방년 ⇒ 꽃나이. 젊은 나이

방뇨 ⇒ 오줌누기. 오줌누다

방대 ⇒ 큼. 엄청나다. 대단하다. 어마어마하다. 넓고 크다

방데우개 [이름씨] 땔감을 때거나 번힘 같은 것으로 더움을 내어 방을 데우는 연장 ⇐ 스토브. 난로

방도 ⇒ 길. 수. 구멍수

방독면 ⇒ 죽개막이낯. 가스입마개

방랑 ⇒ 떠돎. 떠돌다. 굴러다니다

방랑자 ⇒ 뜨내기. 떠돌이

방류 ⇒ 흘려보냄. 놓아줌. 흘려보내다. 놓아주다

방망이 [이름씨] 나무를 길고 둥글게 깎아 만든 막대 [ㅂ]다듬이 방망이. 나무 방망이. 공치기 방망이 [슬기말] **방망이로 맞고 홍두깨로 때린다** 제가 받은 것보다 더 세게 앙갚음한다

방망이꾼 [이름씨] [1]남 일에 헤살을 놓는 사람 [ㅂ]일이 잘되어 가는데 방망이꾼들이 헤살을 놓는다 [2]방망이질하는 사람 [ㅂ]산들이는 이름난 방망이꾼이라 공을 아주 잘 친다

방망이질 [이름씨] [1]방망이로 두드리거나 다듬는 일 [ㅂ]옷감에 생긴 구김살을 펴려고 방망이질했다 [2]가슴이 몹시 두근거림 [ㅂ]바람과 설렘으로 가슴이 방망이질 쳤다 **방망이질하다**

방면 (方面) ⇒ 쪽. 길

방면 (放免) ⇒ 놓아줌. 놓아주다. 풀어놓다

방목 ⇒ 놓아기름. 놓아기르다. 놓아먹이다

방목지 ⇒ 풀어 먹이는 풀밭. 놓아 먹이는 곳

방문 ⇒ 찾아감. 찾아옴. 찾아가다. 만나러 가다. 들르다

방문객·방문자 ⇒ 손님. 찾아온 이. 찾아간 사람

방바닥 [이름씨] 방 밑을 이루는 판판한 곳 [ㅂ]늘 비워 두는 방이라 방바닥이 차다

방방곡곡 ⇒ 골골샅샅. 곳곳

방범 ⇒ 도둑막이

방범대 ⇒ 도둑막이 떼

방법 ⇒ 길. 수. 꾀. 매

방부제 ⇒ 썩음막이감

방불하다 ⇒ 엇비슷하다. 비슷하다. 그럴듯하다. 어금버금하다

방비 ⇒ 막음. 막다. 지키다

방비책 ⇒ 막을 꾀. 막을 길

방사 ⇒ 놓아기름. 놓아먹이다. 놓아기르다

방사능 ⇒ 내쏨힘. 내쏨일

방사선 ⇒ 내쏨빛살. 빛살냄

방삯 (이름씨) 남 집 방을 빌려 쓰며 내는 돈 ⇐ 방세

방생 ⇒ 놓아 줌. 살려 줌. 놓아주다. 살려주다

방석 (이름씨) **1** 바닥에 앉을 때 밑에 까는 작은 깔개 ⓑ임자는 방석을 아랫목에 깔고 손님을 맞았다 한뜻말깔개 **2** 짚을 엮거나 결어서 깔개 꼴로 만든 것. 작은 아구리를 덮거나 무엇을 널어 말리는 데 쓰인다

방세 ⇒ 방삯

방송 ⇒ 번결보냄. 널리보냄. 널냄

방송국 ⇒ 번결보냄곳. 널냄곳

방송망 ⇒ 번결보냄그물. 널냄그물

방송위성 ⇒ 번결보냄돌별. 널냄돌별

방수 ⇒ 물막기. 물막이

방수로 ⇒ 만든 물길. 물 뺄 도랑

방수림 ⇒ 물막이 숲

방수벽 ⇒ 물막이 바람

방수복 ⇒ 물막이 옷

방수포 ⇒ 물막이 천. 물막이 베

방수화 ⇒ 물막이 신

방습 ⇒ 물기막이

방습재 ⇒ 물막잇감

방습제 ⇒ 물기막이. 말림 감

방식 (方式) ⇒ 꼴. 길. 나름

방식 (防蝕) ⇒ 삭음막이. 보믜막이

방신 (이름씨) 방안에서 신는 신 한뜻말안신 ⇐ 실내화

방실 (어찌씨) **1** 입을 조금 벌리고 소리 없이 부드럽게 웃는 꼴 ⓑ방실 웃는 딸아이 웃음에 어머니 가슴은 푸짐하다 큰말벙실 센말빵실 **2** 꽃송이가 소담스럽게 피어나는 꼴 ⓑ아직 가을이 이른데 꽃나물꽃이 방실 피었네 **방실하다**

방실거리다 (움직씨) 입을 조금 벌리고 소리 없이 부드럽게 자꾸 웃다 ⓑ방실거리며 웃는 그 모습이 예쁘다 큰말벙실거리다 센말빵실거리다 **방실대다**

방실방실 (어찌씨) **1** 입을 조금 벌리고 소리 없이 부드럽게 자꾸 웃는 꼴 ⓑ아기가 방실방실 웃으며 걸음마를 한다 큰말벙실벙실 센말빵실빵실 **2** 여러 꽃송이가 피어나는 꼴 ⓑ취나물꽃이 방실방실 피어날 때면 온 메가득 옷곳하다 **방실방실하다**

방심 (放心) ⇒ 마음놓음. 마음놓다. 한눈팔다. 딴짓하다

방심 (傍心) ⇒ 곁복판점

방싯 (어찌씨) **1** 입을 곱게 벌리며 소리 없이 가볍게 웃는 꼴 ⓑ달래는 방싯 웃으며 나를 쳐다본다 큰말벙싯 센말빵싯 **2** 문 같은 것이 소리 없이 조금 열리는 꼴 ⓑ아이가 문을 방싯 열고 어른들이 뭐하나 엿본다 **3** 따뜻하고 부드러운 모습으로 살짝 나타나는 꼴 ⓑ구름 속에 숨었던 달이 방싯 얼굴을 내밀었다 **방싯하다**

방싯거리다 (움직씨) 입을 곱게 벌리며 소리 없이 자꾸 웃다 큰말벙싯거리다 센말빵싯거리다 **방싯대다**

방싯방싯 (어찌씨) **1** 입을 곱게 벌리며 소리 없이 자꾸 웃는 꼴 ⓑ아기가 방싯방싯 웃을 때 흰 이가 몇 낱 보인다 큰말벙싯벙싯 센말빵싯빵싯 **2** 다래나 밤송이 같은 것이 여럿이 다 살짝 벌어진 꼴 ⓑ밤나무 꼭대기에 밤송이가 방싯방싯 벌어졌다 **방싯방싯하다**

방아[1] (이름씨) 낟알을 찧거나 빻는 틀 ⓑ지난날에는 설 무렵 마을마다 방아 찧느라 시끌벅적했다

방아[2] (이름씨) 네모난 줄기에 마주나는 염 꼴 잎은 끝이 뾰족하고 가장자리에 무딘 톱니가 있는 꿀풀. 어린싹은 맛이 좋아 나물로 먹고 비린내를 없애려고 물고기 찌개에도 잘 넣는다. 요즘은 꽃이 예뻐 꽃 보려고도 심는다 ⇐ 배초향

방아깨비 (이름씨) 수컷은 작고 가늘며 암컷은 통통하고 크며 머리가 뾰족하고 몸빛은 풀빛인 메뚜기 가운데 하나. 옛날엔 메뚜기와

함께 아이들이 즐겨 구워 먹거나 볶아 먹었다 한뜻말 홍글레비

방아살 이름씨 쇠고기 등심 한복판에 붙은 살

방아쇠 이름씨 쏘개에 붙어 손가락으로 잡아당기면 쏘개알이 나가도록 하는 갈고리 ⓑ눈을 가늠자에 맞추고 방아쇠를 당겨 과녁을 맞혔다

방아확 이름씨 방앗공이가 내려치는 자리에 묻어 그 속에 낟 같은 것을 넣고 찧거나 빻게 하는 돌절구처럼 파인 돌 ⓑ먼저 방아확을 물로 깨끗이 씻고 물기를 닦아야지

방안 ⇒ 꾀. 수

방앗간 이름씨 방아로 낟알을 찧거나 빻는 집 ⓑ방앗간에서 고추를 빻았다

방앗공이 이름씨 방아확 속에 든 몬을 내리찧는 데 쓰는 길쭉한 몽둥이. 나무나 쇠, 돌로 만든다

방어 ⇒ 막기. 막다. 지키다. 물리치다

방언 ⇒ 고장말. 사투리. 시골말

방역 ⇒ 돌림앓이막이

방열복·방화복 ⇒ 불막이옷

방염 ⇒ 불막이

방영 ⇒ 뮘그림 널냄

방울[1] 이름씨 ❶쇠붙이나 소리 나는 밑감으로 둥글고 속이 비게 만들고 안에 다른 단단한 것을 넣어 흔들면 소리가 나게 한 것 ⓑ고양이 목에 방울을 누가 달꼬? ❷보기 좋게 하려고 무엇에 달아놓은 작고 둥근 꼴몬 ⓑ아기 쓰개에 달린 방울

방울[2] 이름씨 ❶작고 둥글게 맺힌 물 덩어리 ⓑ물방울. 눈물방울 ❷거품처럼 물 겉에 생긴 둥근 바람 주머니 ⓑ비눗방울 ❸물덩이를 세는 하나치 ⓑ눈물 한 방울 안 나왔다 ❹(이름씨 뒤에 써) 몇 방울 ⓑ눈낫개 방울이나 넣으면 눈이 좀 낫겠는데

방울꽃 이름씨 떨어지는 물방울을 꽃에 빗댄 말

방울나무 이름씨 잎이 많고 넓어 시원한 그늘을 주는 나무. 가을에 동그란 열매가 달려 방울나무라 한다 한뜻말 버즘나무 ⇐ 플라타너스

방울방울 어찌씨 여러 방울이 맺히거나 떨어지는 꼴 ⓑ풀잎에 이슬이 방울방울 맺혔다

방위 (防衛) ⇒ 지킴. 지키다. 막다

방위 (方位) ⇒ 쪽

방위표 ⇒ 쪽표. 새하늬마노표

방음 ⇒ 소리막이

방음벽 ⇒ 소리막이 바람

방음재 ⇒ 소리막잇감

방임 ⇒ 놓아둠. 놓아두다. 내버려두다. 제쳐놓다

방자·방자질 이름씨 남을 못되게 하거나 지실을 받게 하려고 도깨비에게 빌거나 못된 수를 쓰는 것 ⇐ 저주

방자고기 이름씨 씻지 않고 소금만 뿌려 구운 짐승고기

방자하다 ⇒ 건방지다. 버릇없다. 주제넘다

방적 ⇒ 길쌈. 실낳이. 실뽑기. 실잣기. 실뽑다

방전 ⇒ 번힘 샘. 번힘 새다

방접원 ⇒ 곁닿동그라미

방정 이름씨 주책없이 가볍게 하는 말씨나 몸짓 ⓑ방정 떨지 말고 좀 조용히 있으렴

방정맞다 그림씨 ❶말과 짓이 주책없고 가볍다 ⓑ방정맞게 굴지만 말고 좀 의젓해져라 ❷차림새가 가볍고 언짢다 ⓑ민소매에 반바지 차림이 그 사내를 더욱 방정맞아 보이게 했다 ❸가볍게 굴어 재수가 없다 ⓑ아버지가 편찮아 자리에 누우면 돌아가시지 않을까, 하는 방정맞은 생각이 든다

방정식 ⇒ 값찾기셈

방정하다 ⇒ 점잖다. 바르다. 반듯하다

방제 ⇒ 미리 막음. 미리 막다

방조 ⇒ 거듦. 돕다. 도와주다. 거들다

방조제 ⇒ 갯둑

방종 ⇒ 놀아남. 놀아나다. 함부로 하다. 제멋대로 하다

방죽 이름씨 ❶물이 넘쳐 들지 못하게 쌓은 둑 ⓑ비가 많이 와서 방죽이 무너질까 두렵다 ❷파거나 둑으로 둘러막은 못 ❸움푹 파여 물이 고인 곳

방지 ⇒ 막음. 막다. 미리 막다

방직 ⇒ 길쌈. 베짜기
방직기 ⇒ 길쌈틀. 베틀
방책 ⇒ 꾀. 수. 구멍
방청 ⇒ 들음. 듣다. 곁듣다
방청석 ⇒ 듣는 자리
방추 ⇒ 북. 실북
방출 (放黜) ⇒ 내쫓기. 내쫓다. 쫓아내다. 내보내다
방출 (放出) ⇒ 냄. 내다. 내놓다. 뿜다. 풀다
방출구 ⇒ 뺄구멍. 물뺄구멍
방충 ⇒ 벌레막이
방충망 ⇒ 벌레막이그물
방충제 ⇒ 벌레막잇감
방치 ⇒ 내버려둠. 내버려두다. 버려두다. 묵히다. 굴리다. 썩히다. 내맡기다. 손놓다
방침 ⇒ 길. 수
방탄 ⇒ 쏘개알막이. 터지개막이
방탄유리 ⇒ 터짐막이유리. 쏘개막이유리
방탄조끼 ⇒ 터짐막이등걸이. 쏘개막이등걸이
방탕아 ⇒ 바람둥이. 난봉꾼
방탕하다 ⇒ 난봉나다. 난봉부리다. 놀아나다. 난질하다
방파제 ⇒ 갯둑. 너울막이둑
방패 ⇒ 막이. 잠개막이
방편 ⇒ 구실. 길. 꾀
방풍림 ⇒ 바람막이숲
방학 ⇒ 배움쉼. 배움쉴때. 배움 쉬다
방한 ⇒ 추위막이
방한모 ⇒ 겨울쓰개. 털쓰개. 남바위
방한복 ⇒ 겨울옷. 추위막이 옷
방해 ⇒ 헤살. 헤살하다. 가로막다. 새치기하다. 쌩이질하다
방해물 ⇒ 걸림돌. 거침돌. 짐
방해자 ⇒ 갈개꾼. 헤살꾼
방향 (方向) ⇒ 쪽. 갈피. 곬
방향 (芳香) ⇒ 꽃내. 옷곳내
방향제 ⇒ 꽃내감
방형 ⇒ 네모꼴
방호 ⇒ 지킴. 지키다. 감싸다. 막다
방화 (防火) ⇒ 불끄기. 불 막다. 불 끄다
방화 (放火) ⇒ 불냄. 불 지르다. 불내다. 불 놓다
방화 (邦畫) ⇒ 나라안뮘그림
방황 ⇒ 헤맴. 떠돎. 떠돌다. 헤매다. 갈팡질팡하다
밭 [이름씨] **1** 물을 대지 않고 남새나 낟을 심어 가꾸는 땅. 가물 때는 물을 대기도 한다 ㉥ 어릴 때 엄마랑 밭을 매던 때가 그립다 **2** 어떤 푸나무가 저절로 많이 자라는 땅이나 푸나무를 기르는 곳 ㉥미나리밭. 취밭. 고추밭 **3** 바다에서 먹을거리가 저절로 많이 자라거나 기르는 곳 ㉥굴밭. 미역밭 **4** 저절로 생긴 것이 많이 깔린 곳 ㉥모래밭. 자갈밭 **5** 고누나 윷에서 말이 머무는 자리 ㉥말을 걸 밭에 놓아라
밭- [앞가지] (어떤 이름씨 앞에 붙어) 바깥 ㉥밭다리. 밭바람
밭갈이 [이름씨] 밭을 갈아엎는 일 ㉥논갈이와 밭갈이
밭고랑 [이름씨] 밭이랑과 이랑 사이 홈이 진 곳 ㉥가물어서 밭고랑에 물을 댄다. 아버지는 밭고랑을 타고 어머니는 보리씨를 넣고 [준말] 밭골
밭나감 [이름씨] 공치기 놀이에서 달림이가 다음 밭에 나가거나 때림이가 밭에 나가는 것 ⇐ 진루
밭낟 [이름씨] 밭에 심어 가꾸는 낟 ⇐ 밭곡식. 밭작물
밭남새 [이름씨] 밭에 심어 가꾸는 남새 ⇐ 밭채소. 밭작물
밭농사 ⇒ 밭여름지이
밭다[1] [그림씨] **1** 때나 틈 사이가 아주 가깝다 ㉥잔칫날이 밭은데 할 일은 넘친다 **2** 크기가 작거나 길이가 짧다 ㉥목이 밭다. 다리가 밭다 **3** 먹을 것을 가리거나 적게 먹다 ㉥사위가 입이 밭은 사람이더라 **4** 숨결이 가빠 헐떡이다 ㉥밭은 숨을 힘들게 몰아쉰다 **5** 마음이 아주 안타깝거나 조마조마하다 ㉥애가 밭을 노릇이다 **6** 지나치게 아끼고 알뜰하다 ㉥빚노을은 돈에 밭은 구두쇠다. 며느리가 마음씀이 밭은 것 같아 **7** 지나치게 입에 당기거나 어떤 것을 몹시 좋아

하다 ⓑ겨집에 밭다. 고기에 밭다 ❽생각이나 알음이 깊지 않고 얕다 ⓑ너나 나나 생각이 밭기는 똑같네 ❾맺은 사이가 매우 가깝다 ⓑ우리 둘은 밭은 사이잖아

밭다[2] 움직씨 ❶건더기가 섞인 것에서 걸러서 물만 받아 내다 ⓑ막걸리를 체로 밭았다 ❷물이 바짝 졸아 말라붙다 ⓑ입술이 바싹 밭았다 ❸살이 빠져 야위다 ⓑ아이가 오래 앓더니 살이 밭고 힘이 없어 보인다

밭도랑 이름씨 밭 가장자리로 둘러친 도랑 ⓑ밭도랑을 내어 물이 잘 빠진다 준말밭돌

밭두둑 이름씨 ❶고랑과 고랑 사이 널찍한 밭이랑 ⓑ올가을 밭두둑에 상추씨를 뿌렸으나 싹이 나지 않네 준말밭둑 ❷밭과 밭 사이 살피를 이루어 부침땅으로 쓰지 않는 곳 ⓑ여러 작은 밭두둑을 없애고 큰 밭으로 만들었다 한뜻말밭두렁

밭두렁 이름씨 밭과 밭 사이 살피를 이루거나 밭가를 두른 둑 ⓑ봄이면 논둑이나 밭두렁에 앉아 달래랑 쑥을 캤지 한뜻말밭둑. 밭두둑

밭떼기 이름씨 밭에서 기른 남새나 낟을 자란 그대로 몽땅 사는 일 ⓑ올겨울에 밭떼기로 배추 장사를 해볼 참이다

밭뙈기 이름씨 ❶두렁으로 살피가 지어진 밭 하나하나 ⓑ멧기슭 작은 밭뙈기엔 정구지가 잘 자란다 ❷조그마한 밭 ⓑ아저씨도 밭뙈기는 부쳐 먹고 삽니다

밭머리 이름씨 밭이랑 끝인 두 쪽 머리 ⓑ풋내기 일꾼은 밭머리 지심을 다 잡지 않는다

밭머리쉼터 이름씨 참외나 수박 같은 것을 심은 밭을 지키려고 밭머리에 지은 작은 집 ⇐ 원두막

밭이 이름씨 가톨릭에서 믿음임금 다음 가는 자리 ⇐ 추기경

밭이랑 이름씨 밭고랑 사이 흙을 높게 올려서 만든 두둑한 곳 ⓑ밭이랑에는 옥수수를 심었다 맞선말밭고랑

밭일 이름씨 밭에서 하는 일 ⓑ소 먹이랴, 꼴베랴, 밭일까지 하다 보니 힘에 부친다 **밭일하다**

밭작물 ⇒ 밭남새. 밭낟

밭장걸음 이름씨 발끝을 바깥쪽으로 벌려 느리게 걷는 걸음 맞선말안짱걸음 ⇐ 팔자걸음

밭쟁이 이름씨 남새지이로 벌어먹고 사는 사람

밭종다리 이름씨 등은 푸른빛을 띤 밤빛 가로무늬가 있고 배는 희며 늪이나 못같이 물 있는 곳을 좋아하는 겨울새

밭치다 움직씨 국 같은 데에서 물만 몽땅 받아 내다 ⓑ젓국을 체로 밭쳤다. 국수를 데쳐 대소쿠리에 밭쳤다

밭팔다 움직씨 겨집이 몸을 팔다

배[1] 이름씨 배나무 열매로 맛이 달고 물이 많으며 살이 부드러운 시원한 과일 ⓑ올해는 볕이 좋아 배가 달고 맛있다 슬기말 **배 먹고 이 닦기** (배를 먹으면 이가 하얘진 데서) 한 가지 일로 두 가지를 얻기

배[2] 이름씨 ❶사람이나 짐승 몸뚱이에서 양, 창자, 콩팥들이 들어있는 가슴과 엉덩뼈 사이 쪽 ⓑ늘 배를 따뜻하게 하여라. 배가 고프다 ⇐ 복부 ❷길쭉한 것 가운데 불룩한 쪽 ⓑ배가 불룩한 독 ❸'다르다'와 함께 써 한 아버지에 서로 다른 어머니 ⓑ배다른 언아우 ❹새끼를 낳거나 알을 까는 차례를 세는 하나치 ⓑ우리 소는 이제까지 두 배 새끼를 낳았다 슬기말 **배보다 배꼽이 더 크다** 으뜸되는 일보다 딸린 일이 더 크거나 많다

배[3] 이름씨 사람이나 짐을 싣고 물 위를 떠다니는 탈 것. 메를 젓거나 틀 또는 바람 힘으로 다닌다 ⓑ가람 건너 동네를 가려면 배를 타야 한다. 배를 젓는다

배[4] 이름씨 아주 깊은 멧골짜기 ⓑ배내. 뱃골

배 (倍) ⇒ 곱절. 곱. 갑절

배 (胚) ⇒ 씨눈

배가 ⇒ 곱 늘리기. 곱절로 늘리다. 갑절로 늘다

배격 ⇒ 물리침. 물리치다. 몰아내다. 내치다

배경 ⇒ 바탕. 밑그림. 뒷그림. 뒷줄. 뒤. 말미줄

배경음악 ⇒ 바탕가락. 뒷가락

배경화면 ⇒ 바탕그림

배고프다 그림씨 ❶배 안이 비어서 먹고 싶은

느낌이다 ⓑ아침을 굶었더니 벌써 배고프다 맞선말배부르다 ⇐ 허기지다 ❷벌이가 시원찮아 살림이 넉넉하지 못하다 ⓑ배고픈 마당에 찬밥 더운밥 가리겠냐

배고픔 이름씨 배가 고픈 느낌 ⓑ추위와 배고픔. 배고픔을 못 참아 나 먼저 밥을 먹었다

배곯다 움직씨 ❶배가 고플 만큼 먹지 않거나 아주 적게 먹다 ⓑ속이 더부룩해 한 끼를 배곯았더니 가벼워졌다 ❷배가 고프도록 굶주리다 ⓑ배곯아 보지 않은 사람은 다른 이 배고픈 마음을 모른다

배곳 이름씨 배울 수 있도록 집과 배울거리, 가르침이 들을 두루 갖추어 어느 동안 배움이들이 이어 배울 수 있는 곳. 첫배곳, 갑배곳, 높배곳, 한배곳 들이 있다 ⇐ 학교

배곳그만둠 이름씨 배움이가 다니던 배곳을 못 마치고 그만두는 일 ⇐ 퇴학. 중퇴

배곳길 이름씨 배곳에 오가는 길 ⇐ 통학로

배곳닫기 이름씨 가르침을 그만두고 문을 닫음 ⇐ 폐교

배곳들기 이름씨 배곳에 들어가는 것 ⇐ 입학

배곳들돈 이름씨 배곳에 들어갈 때 내는 돈 ⇐ 입학금

배곳들뜻글 이름씨 배곳이나 배움집에 들어가려고 내는 글 ⇐ 입학원서

배곳들맞이 이름씨 배곳에 들어갈 때 치르는 맞이모임 ⇐ 입학식

배곳들재봄 이름씨 배곳에 들어가려고 치르는 재봄 ⇐ 입학시험

배곳마침 이름씨 배곳에서 하루 배움을 마치고 집으로 돌아옴 ⇐ 하교

배곳무리 이름씨 사는 곳에 따라 나눈 몇몇 갑배곳, 높배곳 무리 ⇐ 학군

배곳안 이름씨 한배곳이나 그 밖 배곳 울 안 한뜻말배곳울안 ⇐ 캠퍼스

배곳옷 이름씨 배곳에서 배움이들이 입도록 한 옷 ⇐ 교복

배곳일 이름씨 배움이를 가르치는 일거리 ⇐ 교무

배곳일방 이름씨 가르침이들이 배곳일을 하는 방 ⇐ 교무실

배곳재봄 이름씨 배곳에서 치르는 재봄 ⇐ 학교시험

배곳지기 이름씨 배곳을 이끌어 가는 사람 ⇐ 교장

배관 ⇒ 대롱깔기. 대롱깔다

배구 ⇒ 공넘기기

배급 ⇒ 별러줌. 도름. 벼르다. 별러주다. 도르다. 나눠주다. 태우다

배기 ⇒ 바람빼기. 김 뽑기

-배기 뒷가지 ❶나이가 듦 ⓑ나이배기. 열 살배기 ❷무엇이 들어있거나 차 있음 ⓑ알배기 ❸어떤 곳이나 몬을 나타냄 ⓑ언덕배기. 참짜배기

배기가스 ⇒ 빼냄가스

배기다[1] 움직씨 몸에 단단한 것이 받쳐 마치다 ⓑ딱딱한 바닥에 앉으니, 엉덩이가 배긴다. 배기지 않게 방석 위에 앉아라

배기다[2] 움직씨 ❶박이다 ⓑ손톱 밑에 가시가 배기다 ❷굽히지 않고 참고 버티다 ⓑ일이 힘들지만 잘 배긴다 ❸'~고야' 뒤에 써 어떤 짓을 꼭 하고 만다 ⓑ하던 일을 끝내고야 배기는 사람이다

배꼽 이름씨 ❶배 한가운데 삼줄이 떨어진 자리 ⓑ배꼽을 잡고 웃었다 ❷푸나무 열매 꽃받침이 붙어 있던 자리 ❸양지머리에 붙은 소고기 익은말 **배꼽이 웃다** 하는 짓이 너무나 어이가 없고 애들 놀이 같아 우스꽝스럽다 슬기말 **배꼽에 어루쇠를 붙인 것 같다** 눈치 빠르고 가리새가 밝아 남 속마음도 잘 알아 일을 잘 다룬다

배꼽노리 이름씨 배꼽 언저리 ⓑ배꼽노리까지 물이 차는 가람에서 고기를 잡았다

배꼽시계 ⇒ 배꼽때틀. 배꼽때알림이

배꽃배곳 이름씨 우리나라 첫 가시나 배움집 ⇐ 이화학당

배낭 ⇒ 바랑. 등나르개. 등자루. 등주머니

배내 이름씨 배내기

배내가르침 이름씨 아이를 밴 겨집이 아이에게 좋은 끼침을 주려고 마음을 바르게 하고

말짓을 삼가는 일 ⇐ 태교

배내기 (이름씨) 남 집짐승을 빌려 길러서 다 자라거나 새끼를 낸 뒤에 임자와 나눠 갖는 일 ㉥내 동무 금술이는 어릴 적 배내기를 길러 송아지를 갖고 싶어했다 한뜻말배내

배내똥 (이름씨) ❶갓난아이가 난 뒤에 먹은 것 없이 처음 눈 똥 ❷사람이 늙어 죽을 때 싸는 똥

배냇냄새 (이름씨) 갓난아이 몸에서 나는 젖내 비슷한 냄새

배냇니 (이름씨) 젖먹이 때 쓴 뒤 갈게 되는 이 한뜻말젖니 ⇐ 유치

배냇짓 (이름씨) 갓난아이가 자면서 웃거나 눈이나 코, 입 따위를 쫑긋거리는 짓

배뇨 ⇒ 오줌 누기. 오줌 싸기. 오줌 빼기

배다[1] (움직씨) ❶냄새가 오래도록 남다 ㉥고기 굽는 냄새가 옷에 뱄다 ❷버릇이 되게 몸에 익다 ㉥일찍 일어나는 버릇이 몸에 뱄다. 일이 손에 뱄다 ❸온몸에 스며들게 마음 깊이 느껴지다 ㉥한아비 숨결이 밴 땅에서 자랐다 ❹물이 스며들거나 스며 퍼지다 ㉥땀이 밴 옷을 빨았다 ❺기운이나 보람이 생겨 깊이 스며들다 ㉥봄기운이 밴 언덕배기. 한아비들 얼이 밴 배달 땅

배다[2] (움직씨) ❶아이를 뱃속에 가지다 ㉥며느리가 아기를 배어 벌써 배가 부르다 ❷새끼나 알을 뱃속에 가지다 ㉥마침 우리 소가 새끼를 뱄다 ❸이삭이나 열매가 줄기에 생기다 ㉥옥수수 줄기는 이맘때 이삭을 밴다 ❸힘줄이 뭉친 것 같은 느낌이 나다 ㉥메에 올랐더니 종아리에 알이 뱄다

배다[3] (그림씨) ❶여러 사이사이가 아주 좁거나 촘촘하다 ㉥배추 싹이 배게 돋아 솎아 주었다 ❷생각이나 보는 눈이 짧거나 좁다 ㉥사내는 속이 배어 사람 사귀기가 힘들다

배다[4] (움직씨) 잘못되거나 끝장나다. 결딴내다 ㉥네가 내 살림을 앗았으니 내가 너희 나라를 배요리라. 때 기운이 일락 배락하니 ⇐ 망하다. 멸하다 ⇐ 망하다. 멸하다

배다르다 (그림씨) 아버지는 같고 어머니는 다르다 ㉥하늬와 나는 언아우 사이지만 배가 다르다

배다른 (매김씨) 아버지는 같고 어머니는 다른 ㉥배다른 언아우 ⇐ 이복

배다리 (이름씨) ❶작은 배를 잇달아 띄우고 그 위에 널을 깔아 건널 수 있게 한 다리 ㉥배다리를 놓아 가람을 건넜다 ⇐ 주교 ❷다릿발을 세우지 않고 널을 걸쳐놓은 나무다리 ㉥마을 앞 개울이 좁아 배다리를 놓고 건너다닌다 ❸물 가운데 떠 있는 배를 타게 다리같이 만들어 놓은 것. 여기에다 배를 댄다 ㉥배다리를 넘어 배를 타러 갔다

배달 (이름씨) 배달임금(단군조선) 때부터 불러오는 우리 겨레 이름. 배달임금이 태어나서 자라고 죽어 묻힌 한밝달, 또는 밝달이 바뀌어 생긴 이름이다. '단군' 할 때 '단'은 우리말 '밝달'을 한자로 적은 것이다

배달 ⇒ 돌림. 갖다줌. 갖다주다. 돌리다

배달가락 (이름씨) 제고장이나 배달 고장에서 만들어 즐기는 노래나 가락 ⇐ 향악

배달갈 (이름씨) 배달겨레와 맺어진 온갖 것들을 아울러 깊이 파고들어 밝히는 갈 ⇐ 한국학. 조선학

배달거진섬 (이름씨) 우리나라 땅을 이루는 거진섬 ⇐ 한반도

배달겨레 (이름씨) 우리 겨레를 부르는 이름 ㉥배달겨레가 세운 나라는 배달나라이다 ⇐ 배달민족. 한민족. 조선민족

배달겨레마을 (이름씨) 다른 나라에서 우리 겨레가 많이 모여 사는 곳 ⇐ 코리아타운

배달그림 (이름씨) 우리 겨레 사람이 우리만이 지닌 버릇과 품으로 그린 먹물그림이나 빛깔그림 따위 맞선말하늬그림 ⇐ 한국화

배달나숨 (이름씨) 옛날부터 우리나라에서 생겨나고 피어난 나숨 ⇐ 한의. 한방

배달나숨갈 (이름씨) 옛날부터 우리나라에서 생겨나고 피어난 나숨갈 ⇐ 한의학

배달나숨이 (이름씨) 배달나숨을 벌이로 하는 사람 ⇐ 한의사

배달나숨집 (이름씨) 배달나숨으로 앓이를 고치

는 집 ⇐ 한의원

배달낫개 이름씨 옛날부터 우리나라에서 생겨 나고 피어난 낫개 ⇐ 한약

배달널냄그위집 이름씨 배달널냄그위집 벼리에 따라 세운 그위널냄벌데. 널냄을 온 나라에 펴고 널냄삶꽃을 꽃피우려고 라디오, 멀봄, 바다밖 널냄을 한다 ⇐ 한국방송공사

배달땅 이름씨 우리 겨레가 살아온 땅 ⇐ 한반도

배달말 이름씨 우리 겨레가 쓰는 말 ⇐ 조선말. 한국말. 한국어

배달말갈모임 이름씨 1931해에 우리말을 갈고 닦아 잘 살려 쓰려고 만든 '조선어학회'를 우리말로 바로잡은 말 ⇐ 조선어학회

배달말글몯음 이름씨 한흰샘 님이 1911해에 우리말글을 바르게 파고들려고 만든 모둠인데, 그 뒤 조선어학회, 한글학회 따위로 이름을 바꿨지만, 이제 처음 이름을 찾을 때가 왔다 ⇐ 한글학회

배달맛갓 이름씨 우리 겨레 내림 맛갓 ⇐ 한식

배달민족 ⇒ 배달겨레. 한겨레

배달부·배달원 ⇒ 돌림이. 돌림보. 갖다줌이

배달사람 이름씨 우리 겨레로서 달리 바깥나라에 나가 살고 있는 사람 ⇐ 한인. 조선인

배달소 이름씨 우리나라 소 ⇐ 한우

배달옷 이름씨 우리 겨레 내림 옷 ⇐ 한복

배달종이 이름씨 우리 겨레 내림 종이. 닥나무 껍질에서 올실을 뽑아 만든다 ⇐ 한지

배달집 이름씨 우리 겨레 내림 집 ⇐ 한옥

배달피리 이름씨 가고리 앞부터 물려 내려오는 우리 피리. 여느 피리와 같으나 둘째 구멍이 뒤쪽에 나 있다 ⇐ 향피리

배당 ⇒ 벼름. 노느매기. 나눠줌. 나눠주다. 벼르다

배돌다 움직씨 ❶가까이하지 않고 멀찍이 떨어져서 돌거나 오가다 ⓑ멀리서 배돌지 말고 함께하자 ❷사람들과 한데 어울리지 않고 따로 동떨어져서 지내다 ⓑ둘은 물에 뜬 기름같이 서로 배돈다 ❸못마땅히 여겨 가까이하기를 꺼리다 ⓑ달님은 저녁에 마음닦기를 하려고 술자리를 배돌았다

배드민턴 ⇒ 깃공치기. 깃공놀이

배띠 이름씨 ❶아이 밴 겨집이 뱃속아이를 제자리에 있게 하고 배가 너무 늘어나지 않게 띠는 띠 ⇐ 복대 ❷배탈이 나지 않도록 배를 싸 덮는 띠 ⇐ 복대

배란 ⇒ 알나옴

배래[1] 이름씨 ❶물고기 배 있는 쪽 ⓑ맑은 물속에는 큰 고기 한 마리가 가끔 흰 배래를 번득이며 숨을 곳을 찾는다 ❷우리옷 소매 아래쪽에 물고기 배처럼 불룩하게 둥글린 데 ⓑ우리옷 저고리 배래 굽은 줄은 우리 겨레 멋을 잘 드러낸다

배래[2] 이름씨 뭍에서 멀리 떨어진 바다 위 ⓑ 배가 싹쓸바람을 만나 배래에서 떠다니고 있다 ⇐ 원양. 원해

배래기 이름씨 ❶물고기 배에 붙은 살 ⓑ조기 배래기가 통통하다 ❷우리옷 소매 아래쪽에 불룩하게 둥글린 데 ⓑ저고리 배래기가 터졌다

배려 ⇒ 마음씀. 마음 쓰다. 생각하다. 돌봐주다

배례 ⇒ 절

배맞다 움직씨 ❶한통속이 되다 ⓑ둘은 배맞아서 그 일을 벌였다가 들통이 나자 달아났다 ❷서로 사랑하다 ⓑ옛날에는 가시나 머시마 배맞아도 짝맺기가 쉽지 않았다 ⇐ 통정하다

배메기 이름씨 땅임자와 부치는 이가 땅에서 난 것을 똑같이 나누는 일 ⓑ올해 거둔 쌀을 배메기로 임자에게 주었다 ⇐ 반타작. 병작. 소작 **배메기하다**

배몰이 이름씨 ❶배를 모는 사람 한뜻말 배몰이꾼 ⇐ 항해사 ❷배를 모는 솜씨나 재주 ⇐ 항해술

배미 이름씨 논두렁으로 둘러싸인 논 하나하나, 또는 그것을 세는 하나치 ⓑ다랑이논은 배미만 많지, 거둬들이는 것은 적다 한뜻말 논배미

배밀이 이름씨 ❶배를 바닥에 대고 기어가는 일 ❷씨름에서 맞은쪽을 배로 밀어 넘어뜨리는 재주 **배밀이하다**

배반 (胚盤) ⇒ 알눈

배반 (背反) ⇒ 돌아섬. 돌아서다. 걷어차다. 어기다. 저버리다. 등지다. 등돌리다

배배 어찌씨 비비듯이 여러 차례 잘게 꼬이거나 뒤틀린 꼴 ⓑ배배 꼬인 다래 덩굴. 더덕 줄기가 서로 배배 꼬여 자랐다 큰말비비

배변 ⇒ 뒤보기. 똥누기. 똥누다

배부르다 그림씨 ❶더 먹고 싶은 생각이 없을 만큼 먹다 ⓑ저녁을 배부르게 먹었다 맞선말 배고프다 ⇐ 포만하다 ❷아이를 가져 배가 불룩하다 ⓑ옆집 새색시가 배불렀다 ❸위 아래보다 가운데가 불룩하다 ⓑ배부른 단지 ❹살림이 넉넉해서 아쉬울 것이 없다 ⓑ배부른 소리 그만해라 익은말 **배부른 흥정** 되어도 좋고 안 되어도 좋아 아쉬울 게 없는 흥정

배부림이 이름씨 배 부리는 일을 일삼아 하는 사람 ⇐ 사공

배분 ⇒ 나눔. 나누다. 나눠주다. 벼르다. 노느매기하다. 돌라주다

배불뚝이 이름씨 ❶배가 불뚝 나온 사람 ⓑ옆집 배불뚝이 아저씨는 마음씨가 곱다 한뜻말 배뚱뚱이 ❷배가 불뚝 나온 몸 ⓑ배불뚝이 바랑

배불리 어찌씨 배가 부르게 ⓑ우리는 모처럼 흰 쌀밥에 고기를 배불리 먹었다

배상 (拜上) ⇒ 절 올림. 삼가 올림. 삼가 드림

배상 (賠償) ⇒ 물기. 갚음. 에움. 물다. 에우다. 갚다

배상금 ⇒ 물돈. 에움돈

배색 ⇒ 빛깔섞음. 빛깔맞춤. 빛어울림

배서 ⇒ 뒷다짐. 뒷글

배선 ⇒ 줄 놓음. 번힘줄깔기

배설 ⇒ 눔. 내보냄. 누다. 내놓다. 내보내다

배설물 ⇒ 똥오줌. 내보내는 것

배송 ⇒ 갖다주다. 내보내다. 보내주다

배수 (倍數) ⇒ 곱수. 갑절. 곱절수

배수 (排水) ⇒ 물빼기

배수관 ⇒ 물대롱. 뺄 대롱

배수구 ⇒ 물구멍. 도랑

배수로 ⇒ 물길. 물도랑

배수진 ⇒ 벼랑끝

배숨 이름씨 배를 부풀렸다 오므렸다 하며 쉬는 숨 ⇐ 복식호흡. 배호흡

배시리떡 이름씨 멥쌀가루를 켜가 없게 그대로 시루에 안쳐서 쪄 낸 떡 한뜻말흰무리 ⇐ 백설기

배시시 어찌씨 입을 조금 벌린 채 소리 없이 가볍게 웃는 꼴 ⓑ잠자던 아기가 깨어나 배시시 웃는다

배신 ⇒ 등짐. 돌아섬. 걷어참. 저버리다. 등돌리다

배아 ⇒ 씨눈

배악비 이름씨 가죽신 창이나 울 속에 두껍게 대는 여러 겹 헝겊 조각 준말백비 ⇐ 배포

배알 이름씨 ❶창자 ⓑ물고기 배알을 땄다 준말 밸 ❷배짱 ⓑ배알 좀 그만 부려라 ❸속마음 ⓑ배알을 떠보려 그냥 해본 소리다 ❹부아 ⓑ그 꼴을 보니 배알이 난다 익은말 **배알이 뒤틀리다·꼬이다·뒤집히다** 마음에 거슬려 아니꼽다

배알 ⇒ 뵙기. 뵈옵기. 뵙다. 뵈옵다. 찾아뵙다

배알티 이름씨 성금이나 억누르는 힘에 맞서는 마음 ⇐ 반항심

배앓이 이름씨 배가 아픔을 느끼는 일 ⓑ쉰밥을 먹었는지 아이가 배앓이를 했다 ⇐ 배탈. 복통 **배앓이하다**

배양 ⇒ 기름. 기르다. 키우다. 가꾸다

배양액 ⇒ 기름물

배양토 ⇒ 거름흙. 기름흙

배어들다 움직씨 ❶물 같은 것이 스며들다 ⓑ종이에 기름이 배어든다 ❷냄새 같은 것이 오래도록 남다 ⓑ고기 구운 냄새가 속옷까지 배어들었다 ❸생각이나 마음이 깊이 느껴지다 ⓑ즐거움은 사라지고 슬픔이 배어들었다

배역 ⇒ 노릇. 구실. 맡은 일

배열 ⇒ 늘어놓음. 늘어놓다. 벌여놓다

배영 ⇒ 송장헤엄. 등헤엄. 누운헤엄

배우 ⇒ 광대. 노릇바치. 사니

배우다 움직씨 ❶가르치거나 일깨우는 것을 받아 새기거나 알다 ⓑ아버지한테서 우리

말을 배운다 ❷알음이나 솜씨를 익히고자 힘쓰다 ⓑ사라져 가는 우리말을 찾아 배우고 익힌다 ❸남이 하는 것을 밑받거나 그대로 하다 ⓑ아이는 삶 속에서 어버이 버릇을 따라 배운다 ❹어떤 버릇을 붙이거나 됨됨이를 따르다 ⓑ아침저녁으로 앉는 버릇을 배운다 ❺겪어서 알다 ⓑ사람은 일을 해보고 잘못한 뒤에야 제대로 배운다

배우자 ⇒ 짝. 곁님. 옆지기. 이녁

배움가름 이름씨 한 배움방 안에서 같은 때에 함께 배우는 배움이 무리 ⇐ 학급. 클래스

배움값 이름씨 배우는 데 드는 돈 ⇐ 수업료. 수업비

배움나들이 이름씨 가르침이와 함께 배움이들이 여느 때는 만나기 어려운 누리나 삶꽃을 보고 들으며 알음을 넓히는 나들이 ⇐ 수학여행

배움돈 이름씨 배곳에 다니는 데 드는 돈. 배우는 데 드는 돈 ⇐ 학비. 학자금

배움디위 이름씨 한 배움해 동안을 나누어 배우는 동안. 흔히 3~8달과 9~2달 두 배움디위로 나눈다 ⇐ 학기

배움때 이름씨 배우기로 잡아놓거나 배우는 때 ⇐ 수업시간

배움마침 이름씨 배움이가 배움을 마치고 배곳을 나옴 ⇐ 졸업

배움마침굿 이름씨 배곳을 마치고 나올 때 치르는 굿 ⇐ 졸업식

배움마침이 이름씨 배곳을 마치고 나온 이 ⇐ 졸업생

배움마침종이 이름씨 배곳을 마친 사람에게 주는 본메 종이 ⇐ 졸업장

배움마침해 이름씨 배움마침을 앞둔 배움해 ⇐ 졸업반

배움맡 이름씨 배움과 갈재주 일을 맡아보는 곳 ⇐ 교육부

배움멈춤 이름씨 잘못을 저지른 배움이를 얼마 동안 배곳에 못 오게 함 ⇐ 정학

배움방 이름씨 배곳에서 배우는 방 ⇐ 교실

배움보 이름씨 한배곳을 마친 사람한테 주는 배움 자리 ⇐ 학사

배움쉼 이름씨 ❶배곳에서 몹시 춥거나 더울 때를 비켜서 한동안 배움을 쉬는 것 ⇐ 방학 ❷배움이가 앓거나 다른 일로 얼마 동안 배곳을 다니지 않고 쉬는 것 ⇐ 휴학

배움이 이름씨 배곳에 다니면서 배우는 사람 ⇐ 학생. 학도. 학동

배움이싸울아비 이름씨 종살이 때 니혼 잠개잡이로 끌려간 배움이 ⇐ 학도병

배움집 이름씨 큰 집이나 방을 만들어 배움이 이루어지게 하는 곳 ⇐ 서원. 학교. 교사

배움터 이름씨 몸과 마음을 닦거나 가르침을 받는 곳 ⓑ배움터에서 길벗을 만났다 한뜻말 배곳 ⇐ 학교. 학원

배움해 이름씨 배곳에서 한 해를 하나치로 하는 동안이나 서흐레 ⓑ나도 이듬해에는 다섯 배움해가 돼요 ⇐ 학년

배웅 이름씨 떠나는 사람을 따라 나가 절하며 보내는 일 ⓑ일하러 가는 아버지를 큰문에서 배웅했다 맞선말 마중 ⇐ 환송 **배웅하다**

배율 ⇒ 곱푼수

배은하다·배은망덕하다 ⇒ 고마움을 잊다. 고마움을 저버리다

배임자 이름씨 배를 가진 사람 ⇐ 선주

배자 이름씨 저고리 위에 덧입는 소매와 단추가 없는 등걸이 꼴 옷. 안쪽에 너구리나 여우, 담비 털을 넣어 따뜻하게 한다

배재기 이름씨 아이를 배어 배가 부른 겨집 ⓑ배가 불룩해진 한나를 벗들이 배재기라 놀려도 가시나는 웃기만 한다 ⇐ 임신부. 임부

배점 ⇒ 벼른 몫. 몫 벼르기

배정 ⇒ 벼름. 벼르다. 나누다

배젖 ⇒ 씨젖

배제 ⇒ 뺌. 제치다. 따돌리다. 빼다

배지 (badge) ⇒ 표. 보람. 깃 보람

배지기[1] 이름씨 배가 다니는 것을 맡아 다스리고 뱃사람들을 이끄는 사람 ⇐ 선장

배지기[2] 이름씨 씨름할 때 맞선이를 잡아당겨 배에 대고 들다가 돌려 채며 넘어뜨리는 재주. 가슴 위까지 들어올렸다가 옆으로 메어

꽂는 동이배지기와 배높이까지 들었다가 메어치는 돌림배지기, 몸이나 다리를 맞은쪽 다리샅에 끼우고 메어치는 궁둥배지기가 있다 ⓑ아람이는 한돌을 힘껏 낚아채서 배지기로 떠올려서 메다꽂았다

배지느러미 이름씨 물고기 배에 달린 지느러미. 짝을 이룬 배지느러미는 짝이 되는 가슴지느러미와 함께 짐승 네 다리에 맞먹는 구실을 한다

배짱 이름씨 ❶단단히 마음먹는 생각 ⓑ굳은 배짱 ❷조금도 굽히지 않고 버티려는 마음씨나 몸씨 ⓑ배짱이 좋다. 배짱이 두둑하다 ❸제 생각을 무턱대고 내세우는 그릇된 마음가짐 ⓑ아버지 말씀을 듣지 않고 배짱을 부리면 어떡해

배차 ⇒ 수레 벼르기. 수레 벼르다

배참 이름씨 꾸지람을 듣고 그 골풀이를 다른 데다 하기 ⇐ 화풀이 **배참하다**

배채우기 이름씨 배고픔을 벗어나려고 맛갓을 먹는 것 ⇐ 요기

배척 이름씨 쇠로 만든 지레 한끝이 노루발장도리 끝처럼 되어 굵고 큰 못을 뽑을 때 쓰는 연장 ⇐ 빠루

배척 ⇒ 물리침. 물리치다. 내치다. 따돌리다

배청 이름씨 배 빈곳을 따라 결창그릇을 싸고 있는 얇은 청 ⇐ 복막

배추 이름씨 씨를 받으려고 심는 씨도리는 이른 봄에 장다리가 나와 노란 꽃이 피어 열매를 맺고 그 씨를 늦여름에 김장거리로 심어 가을에 거두는 남새. 요즘은 봄부터 가을까지 한 해 내내 나라 곳곳에서 김치를 담을 수 있도록 길러낸다. 우리나라 사람이 가장 즐기는 으뜸 남새이다 ⇐ 백채

배추김치 이름씨 배추로 담근 김치 ⓑ배추김치로 삶은 돼지고기를 싸서 먹었다

배추벌레 이름씨 ❶배춧잎을 갉아 먹거나 못 쓰게 하는 벌레들 ❷배추흰나비가 되는 애벌레 ⓑ배추벌레 몸빛은 배추 잎사귀와 같은 풀빛이다

배추흰나비 이름씨 흰나비 갈래에 딸린 나비. 날개가 희고 몸은 풀빛이며 수컷이 암컷보다 더 희다

배출 (輩出) ⇒ 쏟아져 나옴. 많이 나오다. 낳다. 내다

배출 (排出) ⇒ 내보냄. 내보내다. 싸다. 누다. 걸러내다

배출구 ⇒ 뺄 구멍

배출기 ⇒ 뽑개. 거름 틀

배치 ⇒ 둠. 두다. 늘어놓다. 베풀어두다

배치작거리다 움직씨 한쪽으로 쓰러질 듯 힘없이 자꾸 배틀대거나 절룩거리며 걷다 ⓑ늙은이가 무거운 짐을 짊어지고 다리를 배치작거리며 간다 큰말비치적거리다 **배치작대다**

배치작배치작 어찌씨 몸을 바로 가누지 못하고 이리저리 쓰러질 듯이 다리를 매우 비틀며 느리게 걷는 꼴 ⓑ봄님은 요즘 무릎이 아파서 지팡이를 짚고 배치작배치작 걷는다 큰말비치적비치적 **배치작배치작하다**

배칠배칠 어찌씨 몸을 바로 가누지 못하고 이리저리 쓰러질 듯이 다리를 매우 비틀며 걷는 꼴 ⓑ아버지는 힘이 드는지 조금 배칠배칠 걸어왔다 큰말비칠비칠 **배칠배칠하다**

배타심 ⇒ 내치는 마음. 싫어하는 마음. 물리치는 마음

배탈 ⇒ 배앓이

배터리 ⇒ 번힘못

배턴 (baton) ⇒ 이음막대

배트 (bat) ⇒ 방망이. 채

배틀거리다 움직씨 몸을 바로 가누지 못하고 이리저리 쓰러질 듯이 자꾸 걷다 ⓑ동네 아저씨가 술을 많이 마신 탓에 배틀거리며 간다 큰말비틀거리다 **배틀대다**

배틀다 움직씨 바싹 꼬면서 힘주어 틀다

배틀배틀 어찌씨 몸을 바로 가누지 못하고 이리저리 쓰러질 듯이 자꾸 걷는 꼴 ⓑ아주머니가 무거운 짐을 이고 배틀배틀 걷는다 큰말비틀비틀 **배틀배틀하다**

배편 ⇒ 배쪽

배포 (排布) ⇒ 배짱. 뱃심. 그릇

배포 (配布) ⇒ 나눠줌. 나눠주다. 도르다

배포 (褙布) ⇒ 배악비

배표 이름씨 배를 타려고 돈을 주고 사는 표 ⇐ 승선권

배필 ⇒ 짝. 곁님. 옆지기

배합 ⇒ 섞음. 섞다. 짝을 짓다. 어울러 맞추다

배합비료 ⇒ 섞은거름. 갖춘거름

배합사료 ⇒ 섞은먹이

배합토 ⇒ 섞은흙

배호흡 ⇒ 배숨

배회 ⇒ 떠돎. 돌아다님. 일없이 돌아다니다. 싸돌아다니다

배후 ⇒ 뒤. 뒤쪽. 뒷줄. 등뒤. 뒷배

배흘림 이름씨 기둥 가운데가 배부르고 위아래로 가며 차츰 가늘게 지은 것 ㉥배흘림 기둥에 기대어 아침노을을 바라본다 한뜻말 배부름 맞선말 민흘림

배힘 이름씨 **1** 배에 주는 힘 ㉥배힘을 주어 용을 써도 된똥이라 잘 나오지 않는다 **2** 배에서 나오는 힘 ㉥배힘을 튼튼히 길러 놓으면 배짱이 좀 두둑해지지

백 (百) ⇒ 온

백 (白) ⇒ 흰빛. 하양

백 (bag) ⇒ 자루. 주머니. 가방

백 (back) ⇒ 뒤. 뒷배. 뒷줄

-백 (白) ⇒ 알림. 아룀. 여쭘

백곡 ⇒ 온낟

백골 ⇒ 흰뼈

백곰 ⇒ 흰곰

백과 ⇒ 온갖 열매. 온갖 과일

백과사전 ⇒ 온갖알음 말광. 온갖알음 말집

백관 ⇒ 온 벼슬아치

백구 ⇒ 흰 개

백군 ⇒ 흰무리. 흰띠떼

백그라운드 ⇒ 뒤. 뒷줄. 뒷배

백금 (百金) ⇒ 많은 돈

백금 (白金) ⇒ 흰보

백기 ⇒ 흰 깃발

백김치 ⇒ 흰 김치

백날 ⇒ 온 날. 날마다. 늘

백내장 ⇒ 흐린눈

백년초 ⇒ 온해풀

백도라지 ⇒ 흰도라지

백두대간 ⇒ 밝달큰줄기

백두산 ⇒ 한밝달. 한밝메

백로 (白鷺) ⇒ 해오라기. 흰새. 하야로비

백로 (白露) ⇒ 이슬

백록담 ⇒ 사슴못

백마 ⇒ 흰말

백만장자 ⇒ 큰가면이

백모 (伯母) ⇒ 맏어머니. 큰어머니

백모 (白毛) ⇒ 흰털. 서리털

백묵 ⇒ 가루 붓

백미 (白眉) ⇒ 빼어난 것. 뛰어난 사람

백미 (白米) ⇒ 흰쌀. 멥쌀. 입쌀

백반 (白飯) ⇒ 쌀밥. 흰밥. 이밥

백반 (白斑) ⇒ 흰 얼룩

백발 ⇒ 흰머리. 센 머리칼

백발백중 ⇒ 쏜 대로 맞음. 다 들어맞음

백방 ⇒ 온갖 길. 여러 쪽. 여러 힘

백배 ⇒ 온곱. 훨씬. 아주 많이

백병전 ⇒ 몸싸움. 드잡이. 주먹다짐

백부 ⇒ 맏아버지. 큰아버지

백분율 ⇒ 온에 얼마. 온에 무엇

백비 이름씨 '배악비' 준말 밑말 배악비

백사이드 ⇒ 뒤쪽. 뒷바닥

백사장 ⇒ 모래밭. 모래톱. 모래벌판

백상아리 ⇒ 흰상아리

백색 ⇒ 흰빛. 하양. 하얀빛

백서 ⇒ 알림글

백설 ⇒ 흰눈

백설기 ⇒ 흰설기. 흰무리. 배시리떡

백설탕 ⇒ 흰단것

백성 이름씨 온가. 곧 뭇사람. 벼슬하지 않는 여느 사람 ㉥모든 나라 참 임자는 그 나라 백성이다 한뜻말 아람 ⇐ 양민

백송 ⇒ 흰솔

백수 ⇒ 맨손. 맨주먹. 알건달. 건달. 날탕

백숙 ⇒ 맹물삶기

백신 ⇒ 미리막이낫개

백악관 ⇒ 흰집

백악기 ⇒ 흰흙때

백안시 ⇒ 흘겨봄. 업신여김. 흘겨보다. 업신여기다. 시쁘게 여기다

백야 ⇒ 밝은 밤. 훤한 밤

백업 ⇒ 뒷받침. 받쳐주다. 뒤받치다. 뒷받침하다

백열등 ⇒ 흰빛내개

백열전구 ⇒ 흰빛번공

백열전등 ⇒ 흰번불빛

백옥같다 ⇒ 희다. 깨끗하다. 박속같다

백의 ⇒ 흰옷. 베옷

백의민족 ⇒ 한겨레. 배달겨레. 흰옷겨레. 우리겨레

백인·백인종 ⇒ 흰둥이

백일 ⇒ 온 날

백일몽 ⇒ 낮꿈. 헛된 꿈

백일잔치 ⇒ 온날잔치

백일장 ⇒ 글재주겨룸. 글짓기잔치

백일하에 ⇒ 대낮에. 환하게. 뚜렷하게. 모두 다 알게

백일해 ⇒ 온날기침

백일홍 ⇒ 배롱나무

백자 ⇒ 흰흙그릇

백전백승 ⇒ 늘 이김. 다 이김

백정 ⇒ 무자리

백제 ⇒ 바다라

백조 ⇒ 고니

백중 ⇒ 일곱달보름. 호미씻이. 풋굿

백중놀이 ⇒ 꽃트림

백지 ⇒ 종이. 흰 종이. 빈종이

백지상태 ⇒ 아예 모름. 텅 빔

백지장 ⇒ 낱 종이

백지화 ⇒ 없던 것으로 함. 처음으로 되돌리다

백채 ⇒ 배추

백척간두 ⇒ 고비. 벼랑 끝

백치 ⇒ 바보. 머저리. 얼간이. 못난이

백태 ⇒ 흰때. 흰이끼

백태털기 ⇒ 흰때털기

백퍼센트 ⇒ 온에 온. 모두

백학 ⇒ 흰두루미

백합 (白蛤) ⇒ 마당조개

백합 (百合) ⇒ 나리

백혈구 ⇒ 흰피톨

백혈병 ⇒ 흰피톨앓이

백호 ⇒ 흰범

백화 ⇒ 온갖 꽃

백화점 ⇒ 온몬가게

밴대질 [이름씨] 겨집끼리 하는 어르기 ⇐ 레즈비언

밴댕이 [이름씨] 몸길이는 15센티미터쯤 되고 준치와 비슷하며 등은 검푸른빛에 옆구리와 배는 희뿌연 바닷물고기

밴드 (band) ⇒ 띠. 허리띠. 띠고리

밴드 (band) ⇒ 가락떼

밸 [이름씨] **1** '배알' 준말. 창자 **2** 배짱 [ㅂ]마리는 밸을 잘 부려서 누구도 가까이 하지 않았다 **3** 속마음 [ㅂ]그 녀석 밸을 알아보니 일을 그만둘 셈이다 **4** 부아 [ㅂ]밸을 삭이려 눈을 지그시 감았다 ⇐ 화 [익은말] **밸이 꼴리다** 마음에 거슬려서 아니꼽다

밸런스 ⇒ 어울림. 고름

밸브 ⇒ 여닫이쇠. 날름. 날름쇠

뱀 [이름씨] 몸은 가늘고 길며 온통 비늘로 덮였고 발이 없어 배 비늘로 기어다니며 입을 크게 벌릴 수 있어 작은 짐승이나 새알을 통째로 삼키는 등뼈숨받이. 죽이개가 많은 뱀한테 물리면 사람도 죽을 수 있다 [슬기말] **뱀을 그리고 발까지 단다** 쓸데없는 것을 덧붙여 도리어 못쓰게 된다 ⇐ 사족

뱀도랏 [이름씨] 길가나 들에서 자라며 사생이와 비슷하나 맛과 내음이 다르고 쓴맛이 세어 나물로는 알맞지 않은 풀. 열매는 몸을 튼튼히 하는 낫개로 쓴다 ⇐ 사상자

뱀띠 [이름씨] 사람이 난 해가 뱀해임을 일컫는 말 또는 그해에 난 사람 [ㅂ]아버지와 나는 뱀띠이다

뱀뱀이 [이름씨] 듣거나 보아 배운 슬기나 솜씨. 또는 바른 몸가짐 [ㅂ]너같이 뱀뱀이 없는 놈은 처음 본다 [한뜻말]뱀뱀 [밑말]배움배움이 ⇐ 소양. 교양

뱀장어 ⇒ 궁자. 긴고기

뱁새 이름씨 우리나라에만 사는 새. 쥐새와 같이 생겼으나 곱고 꽁지가 길며 등과 부리는 밤빛이고 배는 엷은 검푸른빛이다. 움직임이 매우 재며 나쁜 벌레를 잡아먹으며 무리 지어 산다 슬기말 **뱁새가 황새를 따라가면 다리가 찢어진다** 제 주제에 넘치거나 힘에 겨운 일을 하면 외려 좋지 않다

뱁새눈 이름씨 가늘고 작게 째진 눈 또는 그런 사람 ⓑ조그만 뱁새눈을 깜빡거린다

뱃고동 이름씨 배가 들고나는 것을 알리려 배에 단 고동 ⓑ뱃고동을 길고 나지막하게 울렸다

뱃길 이름씨 ❶배가 다니는 길 ⓑ센바람 탓에 물결이 거칠어 뱃길이 끊겼다 한뜻말물길 ⇐ 선로. 수로. 항로 ❷메를 젓거나 배를 몰고 다니며 일하는 동안이나 길 ⓑ작은아버지는 한뉘토록 뱃길로 먹고살았다

뱃노래 이름씨 뱃사람들 삶과 고기잡이를 속내로 지은 노래 ⓑ뱃사람이 삿대를 저으며 뱃노래를 부른다 한뜻말뱃소리

뱃놀이 이름씨 배를 타고 즐기는 놀이 ⓑ날이 좋으니 뱃놀이 가자

뱃대끈 이름씨 겨집 치마나 바지 허리 위에 덧대는 끈

뱃덧 이름씨 먹은 것이 잘 삭지 않고 얹혀 있어 맛갓을 잘 받지 못하는 늧 ⓑ배가 고파 밥을 빨리 먹었더니 뱃덧이 걸렸어

뱃마루 이름씨 큰 배 위에 나무나 쇠널로 깐 마루 한뜻말배널 ⇐ 갑판

뱃머리 이름씨 배 앞 끝 ⓑ배꾼이 나루터로 뱃머리를 돌렸다 한뜻말이물 맞선말고물. 꽁지부리 ⇐ 선수. 선두

뱃멀미 이름씨 배를 탔을 때 흔들림으로 몸에서 일어나는 메스껍고 어지러운 늧 ⓑ물결이 높아 어찌나 뱃멀미가 나던지 **뱃멀미하다**

뱃몸 이름씨 배 몸뚱이 ⇐ 선체

뱃사공 ⇒ 뱃사람. 배꾼

뱃사람 이름씨 배를 부리거나 배에서 일하는 사람 ⓑ뱃사람인 아버지를 따라 고기잡이를 나가곤 했다 한뜻말배꾼 ⇐ 뱃사공. 선원

뱃살 이름씨 배에 붙은 살 ⓑ뱃살을 빼려고 아침마다 윗몸일으키기와 달리기를 한다

뱃속 이름씨 ❶사람이나 짐승 배 속 ⓑ갑자기 뱃속이 쓰리고 어지러움을 느꼈다 ❷마음속이나 마음씨 ⓑ뱃속에 있는 말. 뱃속이 시커먼 사람 익은말 **뱃속을 채우다** 부끄러움을 모르고 제 알속만 채우다

뱃속아이 이름씨 어머니 배 속에서 자라고 있는 아이 ⇐ 태아

뱃심 이름씨 ❶줏대를 굽히지 않고 제 뜻대로 버티는 힘 ⓑ모든 일을 뱃심만 믿고 할 수는 없다. 뱃심 센 사나이 ❷마음속으로 다지는 속셈 ⓑ일터 우두머리는 일꾼들 바람을 다 들어줄 뱃심이었다

뱃전 이름씨 ❶배 오른쪽 왼쪽 나부죽한 가장자리 ⓑ뱃전에 걸터앉다. 뱃전에 기대다 ⇐ 선현 ❷배 몸 두 옆 바람을 이루는 곳. 위는 배널, 아래는 배밑창과 이어져 널과 밑창을 저마다 받들면서 배 몸을 이룬다 ⓑ물결이 찰랑대며 뱃전을 때린다

뱃짐 이름씨 배에 실은 짐 ⇐ 선하

뱃짐칸 이름씨 뱃짐을 싣는 칸 ⇐ 선창

뱅 어찌씨 ❶좁은 테두리를 한 바퀴 도는 꼴 ⓑ제자리에 서서 오른쪽으로 뱅 돌았다 큰말빙 센말뺑 ❷둘레를 둘러싸는 꼴 ⓑ소나무로 뱅 둘러싸인 바닷가 큰말빙 센말뺑

뱅그르르 어찌씨 작은 것이 가볍게 한 바퀴 도는 꼴 ⓑ몸을 뱅그르르 돌려 발차기했다 큰말빙그르르

뱅글 어찌씨 입을 살며시 벌릴 듯 말 듯 하며 소리 없이 부드럽게 한 디위 웃는 꼴 ⓑ내 말을 들을 때마다 늘 뱅글 웃던 그대가 보고 싶다 큰말빙글

뱅글거리다[1] 움직씨 작은 것이 가볍게 자꾸 돌다 큰말빙글거리다 **뱅글대다**

뱅글거리다[2] 움직씨 입을 살며시 벌릴 듯 말 듯 하며 소리 없이 보드랍게 자꾸 웃다 큰말빙글거리다 **뱅글대다**

뱅글뱅글[1] 어찌씨 작은 것이 가볍게 자꾸 도는

꼴 ⓑ바람개비가 뱅글뱅글 돌아간다 큰말빙글빙글 **뱅글뱅글하다**

뱅글뱅글[2] 어찌씨 입을 살며시 벌릴 듯 말 듯 하며 소리 없이 보드랍게 자꾸 웃는 꼴 ⓑ귀염이는 솔이가 말은 하지 않고 뱅글뱅글 웃고만 있는 것이 눈치가 다르구나 싶었다 큰말빙글빙글 **뱅글뱅글하다**

뱅뱅 어찌씨 ❶좁은 테두리를 자꾸 도는 꼴 ⓑ뱅뱅 돌며 춤췄다 큰말빙빙 ❷요리조리 돌아다니는 꼴 ⓑ파리가 방안을 뱅뱅 날아다닌다 ❸말이 잘 나오지 않는 꼴 ⓑ만나고 보니 입안에서만 말이 뱅뱅 돌뿐 쉽게 안 나와요 ❹머리가 자꾸 아찔해지거나 어지러운 꼴 ⓑ앉았다가 일어서자 갑자기 머리가 뱅뱅 돌았다

-뱅이 뒷가지 그러한 바탕을 지닌 것이나 사람 ⓑ앉은뱅이. 게으름뱅이. 얼금뱅이. 비렁뱅이. 가난뱅이

뱉다 움직씨 ❶입에 든 것을 입 밖으로 세게 내보내다 ⓑ침을 뱉다. 씹던 것을 아무데나 뱉지 마라 ❷말을 마구 세게 하거나 막 웃다 ⓑ뱉은 말은 돌이킬 수 없다. 한마디 말도 못 뱉었다

버겁다 그림씨 어떤 일을 다루거나 치르기가 만만하지 않고 힘에 겹거나 거북하고 벅차다 ⓑ하루에 끝내기에는 일이 버겁다

버그러지다 움직씨 ❶짜임새가 물러나 틈이 어긋나게 벌어지다 ❷서로 사이가 멀어지거나 나빠지다 ❸일이 잘못되어 틀어지다

버글거리다 움직씨 ❶많은 물이 너른 데서 수선스럽게 잇달아 끓거나 끓는 소리를 내다 작은말바글거리다 ❷많은 거품이 한데 잇달아 많이 일거나 그런 소리를 내다 작은말바글거리다 **버글대다**

버글버글 어찌씨 ❶많은 물이 너른 데서 수선스럽게 잇달아 끓는 꼴이나 소리 ⓑ가마솥 물이 버글버글 끓는다 작은말바글바글 ❷많은 거품이 한데 잇달아 많이 이는 꼴이나 소리 ⓑ묵은 빨래에 비누 거품이 버글버글 인다 작은말바글바글 ❸사람이 한데 많이 모여 수선스럽게 잇달아 움직이는 꼴이나 소리 ⓑ저자터에 사람이 버글버글 끓는다 작은말바글바글 ❹짐승이나 벌레 같은 것이 한군데 많이 모여 우글거리는 꼴 ⓑ밤을 주워다 며칠만 두어도 바구니에 밤벌레가 버글버글 끓는다 작은말바글바글 **버글버글하다**

버금 이름씨 ❶(차례나 높이에서) 다음 ⓑ내가 팔씨름에선 한돌이 버금이었다 한뜻말다음. 둘째 ⇐ 차등. 아. 이류. 차선 ❷(이어지는 일에서) 바로 그 뒤 ⓑ맑음은 여름지을 동안 푸른누리에 와 있다가 버금에는 눌러 살았다

버금가다 움직씨 ❶어떤 것 바로 아래나 다음이 되다 ⓑ임금 가시는 임금에 버금가는 힘을 누렸다 한뜻말다음가다 ❷어떤 것과 아주 비슷하거나 가깝다 ⓑ내 바느질 솜씨는 엄마에 버금갈 만하다

버금납 이름씨 푸른빛을 띤 흰 쇠붙이. 놋쇠 같은 것을 만드는 밑감으로 쓰고 다른 쇠붙이를 보믜가 슬지 않게 입히는 데에 쓴다 ⇐ 아연

버금내기 이름씨 아래싸울아비에서 새내기 위, 웃내기 아래인 서흐레 ⇐ 일등병

버금더운곳 이름씨 더운곳과 따슨곳 사이에 있는 곳. 씨금 20~30데 사이인 곳. 마른 땅이 많다 ⇐ 아열대

버금시중 이름씨 나라를 갈음나서 보내는 나라시중에 버금가는 자리. 또는 그런 사람 ⇐ 공사

버금지기 이름씨 벌데나 모둠, 짜임에서 둘째가는 자리. 또는 그런 사람 ⇐ 부의장. 부회장. 부사장

버금추운곳 이름씨 따슨곳과 추운곳 사이에 있는 곳. 씨금 50~70데 사이인 곳. 겨울이 길고 추우며 여름은 짧고 제법 덥다 ⇐ 아한대. 냉대

버꾸 이름씨 자루가 달린 작은 북으로 두레놀이 때 쓰는 가락틀 가운데 하나

버너 (burner) ⇒ 불통. 불피우개

버덩 이름씨 좀 넓고 편편하며 나무는 없이 풀

만 우거진 땅

버둥거리다 [움직씨] ❶자빠지거나 주저앉거나 매달려서 팔다리를 마구 내저으며 몸을 자꾸 움직이다 [작은말]바동거리다. 바둥거리다 ❷아주 어려운 자리에서 벗어나려 자꾸 애를 쓰다 **버둥대다**

버둥버둥 [어찌씨] ❶자빠지거나 주저앉거나 매달려서 팔다리를 마구 내저으며 몸을 자꾸 움직이는 꼴 ㉥나뭇가지에 매달린 채 버둥버둥 안간힘을 쓰며 도움을 기다린다 [작은말]바동바동. 바둥바둥 ❷아주 어려운 자리에서 벗어나려 자꾸 애를 쓰는 꼴 ㉥가난에서 벗어나려 버둥버둥 애를 썼지만 쉽지 않았다 **버둥버둥하다**

버드나무·버들 [이름씨] 나무 위쪽에 가지가 많아 나무갓이 둥글며 가지는 가늘고 길게 벋고 어린 가지들은 아래로 늘어지며 잎은 길둥근 갈잎큰키나무. 봄에 잎보다 먼저 꽃인 버들개지가 피며 개울가를 비롯하여 물이 많은 데서 잘 자란다 ⇐ 양류

버드러지다 [움직씨] ❶(단단한 몬 끝이) 밖으로 벌어지다 ㉥버드러진 덧니 ❷말이나 짓이 바르지 않고 좀 비뚤어지다 ㉥버드러진 말로 왜놈 짭새한테 맞섰다 ❸세게 맞아 되게 고꾸라지거나 나가 자빠지다 ㉥멧돼지는 쏘개를 맞고 땅에 버드러졌다 ❹죽어서 굳어지거나 뻣뻣해지다 ㉥새고뿔에 걸린 닭 떼가 여기저기 버드러져 나뒹굴었다

버드렁니 [이름씨] 제대로 나지 않고 버드러져 나온 앞니 ㉥버드렁니가 보일까 봐 손으로 가리고 웃는다 [맞선말]옥니 [준말]벋니

버들가지 [이름씨] 버드나무 가지 ㉥버들가지 오리를 결어 바구니를 만들었다 ⇐ 양지

버들강아지·버들개지 [이름씨] 버드나무 꽃 ㉥버들강아지가 솜처럼 바람에 흩날린다 [준말]개지

버들치 [이름씨] 몸은 옆으로 조금 납작하며 길고 등은 짙은 밤빛이고 배는 희며 옆에 줄무늬가 가로로 둘린 민물고기. 알 낳는 철이 되면 수컷은 붉은빛을 띤다 [슬기말] **버들치가 미르 될 수 없다** 버들치가 제아무리 힘을 써도 하늘을 날 수는 없다. 첫 바탕이 모자라면 온갖 수를 써도 훌륭하게 되기 어렵다

버들피리 [이름씨] ❶봄철 물오른 버들가지를 비틀어 뽑은 껍질로 지은 피리 ㉥버들피리 소리가 저 아래 가람기슭에서 들려온다 [한뜻말]호드기 ❷버들잎을 입에 물고 피리 소리를 내어 부는 것 ㉥아이들이 골목에서 버들피리를 불어댄다

버랭이[1] [이름씨] 매사냥에 쓰는 누빈 토시

버랭이[2] [이름씨] 갓이 너무 벌어져 팔기 어려운 버섯 [한뜻말]퍼드레기

버러지 [이름씨] 벌레 ㉥야, 이 버러지만도 못한 놈아 [한뜻말]벌거지. 벌기. 벌게

버럭 [어찌씨] 대뜸 골을 내거나 소리를 냅다 지르는 꼴 ㉥아저씨는 조그만 일에도 버럭 골을 냈다

버렁[1] [이름씨] 몬이 차지한 둘레나 일 테두리 ⇐ 범위

버렁[2] [이름씨] 매사냥에서 매를 받을 때 끼는 두꺼운 손끼개

버려두다 [움직씨] ❶잘 돌보지 않고 아무렇게나 놓아두다 ㉥집구석에 버려둔 것도 쓸 만한 것이 있다 [비슷한말]내동댕이치다 ❷홀로 남겨 놓다 ㉥날도둑이 칼을 버려두고 달아났다. 망울이는 낮에는 아이를 버려둔 채 돈 벌러 나갔다

버력[1] [이름씨] 쇳돌이나 돌숯을 캘 때 나오는, 쓸모 없어서 버리는 돌멩이 [맞선말]감돌

버력[2] [이름씨] 하늘이나 검이 사람 허물을 나무라려고 내린다는 앙갚음 ⇐ 벌. 천벌

버르장머리 [이름씨] '버릇' 낮은말 ㉥옆집 아이는 버르장머리가 고약하더라 [한뜻말]버르장. 버르장이

버르적거리다 [움직씨] 어렵고 힘겨운 데서 벗어나려 팔다리를 크게 내저으며 몸을 자꾸 움직이다 ㉥노루가 덫에 걸려 버르적거린다 **버르적대다**

버르적버르적 [어찌씨] 괴로움이나 어려운 고비를 벗어나려고 팔다리를 함부로 벌려 저으

며 몸을 자꾸 움직이는 꼴 ⓑ할아버지는 갑자기 두 눈을 부릅뜨고 버르적버르적 팔을 내저었다 **버르적버르적하다**

버르집다 움직씨 ❶파서 헤쳐놓다 ⓑ비닐집에 오소리인지 멧돼지인지가 들어와 흙을 온통 버르집어 놓았다 비슷한말 버릊다 ❷없던 일이나 안 해도 될 일을 일으켜 벌여놓다 ⓑ지난 일을 자꾸 버르집는 것은 쓸데없는 짓이다 ⇐ 야기하다

버릇 이름씨 ❶여러 디위 거듭하는 동안에 익고 굳어져 자주 되풀이하는 짓 ⓑ아우는 코를 벌름거리는 버릇이 있다 ⇐ 투 ❷윗사람한테 마땅히 지켜야 할 몸가짐 ⓑ아버지께 또박또박 말대꾸하다니 누구한테 배운 버릇이야 익은말 **버릇을 가르치다** 못된 짓을 하는 것을 다스려 버릇을 떼도록 바로잡아 가르치다

버릇없다 그림씨 다른 이 앞에서 마땅히 지켜야 할 몸가짐이 바르지 못하다 ⓑ어른 앞에서 골을 내는 것은 버릇없는 짓이다

버릇없이 어찌씨 몸가짐이 바르지 못하게 ⓑ어버이에게 버릇없이 굴면 쓰나

버릇하다 움직씨 ❶무슨 일을 거듭하면서 버릇이 되게 하다 ⓑ일이든 마음닦기든 우리말 살리기든 다 버릇하기에 달렸다 ❷(움직씨 '아'나 '어'꼴 다음에 써) 앞에 온 움직씨가 나타내는 짓을 자주 되풀이하다 ⓑ일찍 일어나 버릇하니까 쉬는 날에도 일찍 잠이 깼다

버릇허물 이름씨 늘 버릇처럼 저지르는 허물 ⇐ 상습범

버릇허물보 이름씨 늘 버릇처럼 허물을 저지르는 사람 ⇐ 상습범. 상습범인

버릊다 움직씨 ❶헤집어 헤치다 ⓑ병아리떼가 남새밭을 버릊고 먹이를 쪼아먹는다 비슷한말 버르집다 ❷파서 헤뜨리다 ⓑ무 포기마다 밑을 버릊어 북을 돋우었다

버리다 움직씨 ❶가지거나 지니지 않으려고 던지거나 쏟다 ⓑ쓰레기를 아무데나 버리지 않는다 ⇐ 투기하다 ❷('목숨'과 함께 써) 살기를 그만두다 ⓑ나라와 겨레를 되살리려고 목숨을 버린 한아비들을 우러른다 ❸어떤 마음씨나 못된 버릇을 떼어 없애다 ⓑ나쁜 버릇도 물들면 버리기 쉽지 않다 ❹일터를 스스로 그만두고 손을 떼다 ⓑ집 짓는 일을 버리고 빵 가게를 냈다 ❺집이나 나라를 떠나거나 이어짐을 끊다 ⓑ집을 버리고 나라를 바로 세우는 일에 나섰다 ❻서로 맺었던 사이를 끊고 돌보지 않다 ⓑ벗을 버리고 아내조차 버린 채 오직 마음만 닦는다 ❼품었던 생각을 스스로 잊다 ⓑ돈이면 다 된다는 생각을 버려야지 ❽건사하거나 돌보지 않고 아무렇게나 그냥 놓아두다 ⓑ연장을 쓰고 아무데나 버리고는 다시 쓸 때 찾아 헤맨다 ❾제구실을 못 하게 결딴내거나 좋지 못한 일에 물들어 못쓰게 하다 ⓑ오빠는 술에 절어 몸도 버리고 마음도 버렸다 ❿무엇을 어지럽히거나 더럽히다 ⓑ새 옷을 입은 채 거름을 퍼 나르고 나니 옷을 다 버렸다 ⓫어떤 일에 뜻을 두고 몸을 바치거나 잠그다 ⓑ모든 것을 버리고 우리말 살리는 일에 매달렸다 ⓬('아', '어' 꼴 움직씨와 함께 써) 그 움직씨가 나타내는 짓을 아주 끝내고 말다 ⓑ없애버리다. 쓸어버리다. 누워버리다

버린바퀴 이름씨 구멍이 나거나 닳아서 못 쓰는 바퀴 ⇐ 폐타이어

버림 이름씨 ❶버리거나 버려두고 돌보지 않기 ⓑ요즘은 아들딸한테서 버림받은 어버이도 많다 ❷어림값을 찾을 때, 찾는 자릿값 아래를 모두 0으로 바꾸는 것 ⓑ'76'을 한 자리에서 버림을 하면 '70'이 된다 맞선말 올림

버림물 이름씨 짓곳이나 쇳돌메 따위에서 쓰고 버리는 물 ⇐ 폐수

버림받다 움직씨 돌봄을 못 받고 버려지다 ⓑ아이는 어버이한테서 버림받고 혼자 살아갔다

버림종이 이름씨 쓰고 버린 종이 ⇐ 폐지

버림치 이름씨 못쓰게 되어 내버린 몬 ⇐ 폐기물.

폐물. 폐품

버무리다 움직씨 ❶어떤 것에 다른 것을 넣고 골고루 뒤섞다 ⓑ썰어 놓은 무에 갖은양념을 버무려 깍두기를 담갔다 준말버물다 ❷이일 저일 마구 얽혀놓다 ⓑ버무려서 갈피를 잡을 수 없는 일 준말버물다 ❸이말 저말을 마구 해서 속내를 종잡을 수 없게 하다 ⓑ열매는 울먹이며 집을 나가겠다는 말을 버무려 놓았다 준말버물다

버물리다 움직씨 '버무리다' 입음꼴. 여러 가지가 한데에 뒤섞이다 ⓑ갓 따 온 봄나물들이 양념에 버물렸다

버새 이름씨 수말과 암나귀 사이에 난 짐승 맞선말노새

버석 어찌씨 ❶가랑잎이나 마른 검불 같은 것이 무엇에 닿거나 스치는 소리나 그 꼴 ⓑ마른 잎을 밟을 때마다 버석 소리가 난다 ❷푸석푸석한 것이 쉽게 부스러지는 소리나 그 꼴 ⓑ푸석푸석한 바위 조각이 떨어지면서 버석 소리가 났다 ❸젖었던 것이 거의 물기가 없이 마르는 꼴 ⓑ빨래한 옷이 버석 말라 걷어 개켰다 **버석하다**

버석거리다 움직씨 ❶가랑잎이나 마른 검불 같은 것을 밟는 소리가 자꾸 나다 ⓑ덤불이 버석거리더니 토끼 한 마리가 뛰어나왔다 ❷푸석푸석한 것이 부스러지는 소리가 자꾸 나다 ⓑ아이가 감자튀김을 버석거리면서 먹는다 **버석대다**

버석버석 어찌씨 ❶바싹 마른 나무 잎사귀나 볏짚 같은 것이 무엇에 자꾸 잇달아 닿거나 스치는 소리나 그 꼴 ⓑ가랑잎을 버석버석 밟으며 드문드문 떨어진 밤을 주웠다 ❷부드럽고 끈기가 조금도 없는 것이 쉽게 부스러지는 소리나 그 꼴 ⓑ밤이 되니 버석버석 땅이 언다 ❸젖었던 것이 거의 물기가 없이 마르는 꼴 ⓑ봄날에는 하룻볕이라도 빨래가 버석버석 잘 마른다 **버석버석하다**

버석버석하다 그림씨 물기가 거의 없이 바싹 말라 거칠다

버선 이름씨 천으로 발 꼴처럼 지어 발에 신는 것. 흔히 솜을 두고 지으나 솜을 두지 않고 겹으로도 짓는다 ⓑ두툼한 버선을 신었더니 발이 시리지 않아

버선발 이름씨 신을 신지 않고 버선만 신은 발 ⓑ내 헛기침 소리에 아내가 버선발로 뛰어나왔다

버선코 이름씨 버선 앞쪽 끝이 뾰족 올라온 데 ⓑ살짝살짝 보이는 치마 속 버선코

버섯 이름씨 숲속 그늘진 땅이나 죽은 나무, 이끼 낀 바위짬, 축축한 땅 같은 데 돋아나며 암수가 없고 잎파랑이도 없이 새 삶을 지어내는 버섯붙이를 통틀어 이르는 말. 먹는 버섯과 못 먹는 버섯이 있으며 여러 가지 살감이 들어있고 맛이 좋아 좋은 먹을거리가 되며 앓이를 낫게 하는 데도 도움을 준다

버성기다 그림씨 ❶벌어져 틈이 있다 ⓑ버성긴 발뒤꿈치가 쓰라리다 ❷둘 사이가 탐탁하지 않다 ⓑ작은 실랑이로 둘 사이가 버성기게 되었다 ❸풍김새가 쑥스럽거나 거북하다 ⓑ버성긴 풍김새를 돌리려고 말머리를 돌렸다

버스 이름씨 여러 사람을 실어나를 수 있게 만든 수레. 손님들이 들어와 앉을 자리를 갖추고 나들문과 바라지가 나 있다. 고을 안 버스, 고을 밖 버스, 나들이 버스, 빠른 버스들이 있다 ⓑ버스를 처음 탔더니 버드나무가 막 뒤로 갔어

버스러지다 움직씨 ❶뭉그러져 잘게 조각 나서 흩어지다 ⓑ콩묵을 사 오다 넘어져 다 버스러졌지, 뭐야 ❷벗겨져서 해지다 ⓑ마음에 드는 옷이라 오래 입어 소매 끝이 다 버스러졌다 ❸어떤 버렁 안에 못 들고 빗나가다 ⓑ아이가 버스러져 나가지 않도록 잘 돌봐주게

버슷하다 그림씨 두 사람 사이가 버스러져 서로 잘 어울리지 않다

버시 이름씨 짝맺어 가시와 함께 사는 사내 ⇐ 남편

버우다 움직씨 말못하게 되다

버운이 [이름씨] [1]말을 하지 못하는 사람 ㉥버운이와 귀먹은이 한뜻말버워리 ⇐ 벙어리. 언어장애인 [2]말을 배우기 앞에 귀먹은이가 되어 말을 듣지도 배우지도 하지도 못하는 사람. 갓난아이 때 골앓이나 귀앓이를 몹시 겪으면 귀먹은이가 되어 끝내 버운이가 된다 [3]어떤 까닭으로 말을 하지 않거나 할 말도 하지 못하는 사람 ㉥갑작스러운 일에 나는 너무 놀라 한참 동안 버운이가 되었다 [슬기말] **버운이 두 몫 떠들어댄다** 말씀씨가 없을수록 말이 많다 **버운이 찬가슴 앓듯** 남에게 말을 못하고 혼자서만 끙끙 앓는 꼴

버운이방울 [이름씨] 두 손에 하나씩 들고 팔뀜을 하는 뀜 연장 ⇐ 덤벨. 아령

버운이장갑 ⇒ 버렁. 통손끼개

버이 [이름씨] 아버지 ㉥어이와 버이. 버이딸. 버이아들

버이딸 [이름씨] 아버지와 딸 ⇐ 부녀

버이아들 [이름씨] 아버지와 아들 ⇐ 부자

버젓이 [어찌씨] 떳떳하거나 번듯하게 ㉥잘못하고도 버젓이 돌아다니는 놈들이 많아

버젓하다 [그림씨] [1]잘못이나 굽힐 만한 일이 없어 떳떳하고 의젓하다 ㉥남 앞에서도 주눅들지 않고 버젓하게 다녀라 [2]남 축에 빠질 것이 없어 의젓하고 번듯하다 ㉥쥐꼬리만 한 품삯으로 버젓한 집 한 칸 마련하기는 어렵다. 버젓한 살림

버즘나무 [이름씨] 나무껍질은 큰 조각으로 떨어지며 짙은 잿빛이고 잎은 어긋나고 둥근 꼴로 다섯 낱에서 일곱 낱으로 깊게 갈라지는 나무. 봄에 누런 풀빛 꽃이 피고 열매는 공 꼴로 서너 낱씩 긴 꼭지에 달려 가을에 익는다 한뜻말방울나무 ⇐ 플라타너스

버지기 [이름씨] 둥글넓적하고 아가리가 넓게 벌어진 질그릇 한뜻말자배기

버짐 [이름씨] 흔히 얼굴에 생기는 살갗앓이. 살갗이 까슬까슬하게 벗겨지는 마른버짐과 진물이 나는 진버짐이 있다 ㉥한때 배에서 엉덩이까지 마른버짐이 먹은 적 있어

버쩍버쩍 [어찌씨] [1]물기가 자꾸 몹시 마르거나 졸아붙거나 타는 꼴 ㉥가뭄으로 샘물이 버쩍버쩍 줄어간다 [2]가까이 자꾸 달라붙거나 세게 죄는 꼴 ㉥짐수레에 실은 짐을 밧줄로 버쩍버쩍 졸라맸다 [3]몹시 거침없이 자꾸 늘거나 주는 꼴 ㉥봄이 되어 일꾼이 늘어나자 먹을 것이 버쩍버쩍 줄어들었다

버찌 [이름씨] 벚나무 열매. 새콤달콤하여 아이들이 좋아하고 옛날엔 어른들도 즐겨 먹었으며 무엇보다 뭇새 먹잇감이다 한뜻말벚

버치 [이름씨] 자배기보다 좀 더 깊고 아가리가 벌어진 큰 그릇 ㉥버치에 보리쌀을 퍼담아 냇가로 씻으러 나갔다

버캐 [이름씨] 물속에 섞인 소금기가 엉겨 뭉친 찌꺼기 ㉥지렁독 속에 허연 버캐가 잔뜩 끼었다. 오줌버캐가 낀 오줌단지

버클 (buckle) ⇒ 띠쇠

버터 ⇒ 굳젖기름

버튼 ⇒ 누름쇠. 누름단추. 단추

버티개 [이름씨] 무엇을 버티는 데 쓰는 것 ㉥그림 버티개를 놓고 앞메를 그렸다 한뜻말버팀대

버티다 [움직씨] [1]서 있는 것이 쓰러지거나 기울어지지 않게 다른 것을 빗세워 기대다 ㉥옮겨 심은 나무를 막대기로 버텨 주었다. 큰바람에도 잘 버티도록 빨랫줄을 튼튼히 맸다 [2]꾐에 빠지거나 억지로 따르지 않고 맞서 겨루다 ㉥놀러 나오라고 벗이 꼬드겼지만, 끝까지 버텼다 [3]든든히 자리 잡고 꼼짝 않다 ㉥절 어귀에 묵은 나무가 떡하니 버티고 서 있다 [4]어려운 일에 굽히지 않고 끝까지 참고 견뎌 내다 ㉥우리말이 죽어가는 이 어려움을 잘 버티어 내면 겨레말이 살아날 텐데 [5]위에 있는 것이 내려오지 못하게 고이거나 받치다 ㉥시렁을 버티던 버팀대가 부러져 이불이 방안에 내동댕이쳐졌다 [6]갖춤틀 다리를 벌려 놓다 ㉥버텨 놓았던 빛박이틀을 거둔다

버팀대 [이름씨] 넘어지지 않게 받쳐대는 것 ㉥버팀대가 낡아서 새로 다듬어 마련했다 한뜻

말받침대 ⇐ 스탠드

버팀목 ⇒ 버팀나무. 버팀대

버팀바람 (이름씨) 땅을 깎거나 흙을 쌓아 생기는 비탈이 무너져 내리지 않게 버티어 쌓는 바람 ⇐ 옹벽

버팀재·버팀구루 (이름씨) 독처럼 튼튼하게 둘러 쌓은 재 ⇐ 옹성

버펄로 (buffalo) ⇒ 물소

벅다 (움직씨) 버금가다 ⓑ슬기로움은 거룩함에 버그니라

벅벅 (어찌씨) **1** 세게 자꾸 긁거나 문대는 소리나 그 꼴 ⓑ할머니가 등을 벅벅 긁어달라고 하신다 작은말 박박 센말 뻑뻑 **2** 함부로 금을 자꾸 죽죽 긋는 꼴 ⓑ마돌은 금을 벅벅 그어 고누판을 만들더니 한판 두자고 조른다 **3** 바닥이 번번할 만큼 자꾸 깎거나 닦거나 밀어내는 꼴 ⓑ둘은 물 묻은 수건으로 얼굴을 벅벅 훔치며 올라왔다 **4** 질기고 얇은 종이나 천 같은 것을 자꾸 찢는 소리나 그 꼴 ⓑ바람을 새로 바르려고 낡은 바람종이를 벅벅 찢어발겼다 **5** 억지를 부리면서 기를 쓰거나 우기는 꼴 ⓑ조카가 저도 따라간다고 벅벅 우긴다

벅벅거리다 (움직씨) **1** 세게 긁거나 문지르는 소리를 자꾸 내다 ⓑ오빠는 배고팠는지 밥솥을 벅벅거리며 남은 밥을 다 퍼담았다 작은말 박박거리다 센말 뻑뻑거리다 **2** 얇고 질긴 것이 찢기는 소리를 자꾸 내다 ⓑ내 이름이 적힌 종이를 벅벅거리며 찢었다 **3** 자꾸 억지를 부리거나 우기다 ⓑ동무는 끝내 벅벅거리며 우기고 제 잘못을 받아들이지 않았다 **벅벅대다**

벅수 (이름씨) 돌이나 나무에 사람 얼굴을 새겨 마을이나 절 어귀 또는 길가에 세운 것. 마을을 지켜준다고 믿었다 한뜻말 장승

벅차다 (그림씨) **1** (어느 금을 넘거나 힘에 겨워) 해내거나 견뎌내기가 만만치 않다 ⓑ짐이 너무 많아 혼자 옮기기에 벅찼다 **2** 기쁨과 바람이 가득하여 가슴이 뿌듯하다 ⓑ오랜만에 자란 곳에 돌아오니 가슴이 벅차다 **3** 가슴이 뿌듯하여 몹시 설레는 듯하다 ⓑ내 마음을 처음 설레게 했던 사람이 찾아온다고 하니 가슴이 벅차다 **4** (움직씨로 써) 물이 넘칠 만큼 가득하다 ⓑ큰비로 물이 벅차서 도랑을 넘쳐흐른다

벅차오르다 (움직씨) 큰 설렘과 기쁨에 가슴이 아주 뿌듯하다 ⓑ너무나 즐거워서 벅차오르는 가슴을 누를 길이 없다

번 ⇒ 디위. 차례. 자리

번갈아 ⇒ 갈마들어. 차례로 바꾸어. 자리를 바꾸어

번개 (이름씨) **1** 하늘에서 서로 맞서는 번힘을 띤 알씨들이 부딪쳐서 눈 깜짝할 사이에 일어나는 큰 불꽃. 구름과 구름, 구름과 땅 사이에서 많이 일어난다. 너른 벌판보다 멧속에서 더 자주 일어난다 ⓑ밤새 번개가 치면서 큰비가 내렸다 **2** 노염과 들뜸으로 눈에 서린 날카로운 기운 ⓑ눈에서는 바깥나라 힘을 미워하여 푸른 번개가 번쩍 일었다 **3** 아주 빠르고 날랜 것. 또는 그런 사람 ⓑ아슨아들은 내가 부르면 늘 번개같이 달려온다 (슬기말) **번개가 잦으면 벼락 늦이라·번개가 잦으면 천둥한다** 낌새가 잦으면 끝내 그 일이 일어나기 마련이다

번개탄 ⇒ 숯불쏘시개

번갯불 (이름씨) **1** 번개가 일 때 번쩍이는 빛 ⓑ번갯불이 번쩍하고 좀 있으니, 하늘이 무너지는 우렛소리가 울렸다 ⇐ 전광 **2** 번개 치듯 날카롭게 빛나는 눈빛 ⓑ막둥이 두 눈에서는 번갯불이 번쩍인다 (슬기말) **번갯불에 소금 구워 먹겠다** 거짓말을 아주 쉽게 하다 **번갯불에 콩 볶아 먹겠다** 몸짓이 아주 빠르고 날래다

번거롭다 (그림씨) **1** 일 갈피가 어수선하고 얽히다 ⓑ할 일이 많고 번거로워서 그만두려고요 **2** 생각이나 마음이 어수선하고 뒤얽히다 ⓑ몸이 힘든 것이 아니라 마음이 번거로워 잠을 잘 못 이뤄요 **3** 자리가 조용하지 못하고 몹시 수선스럽다 ⓑ고을지기가 들어오자, 마을 사람들은 서로 절하느라

자리가 번거로웠다

번결 (이름씨) 번짐 떨림이나 번힘흐름이 되풀이 바뀌어 일힘이 곳곳으로 퍼져나가는 일 ⇐ 전파

번공 (이름씨) 번힘흐름으로 빛을 내는 얼개. 비어 있거나 움직이지 않는 김덩이가 든 유리알로 만든다 ⇐ 전구

번끌결 (이름씨) 번힘마당과 쇠끌마당이 되풀이 바뀌면서 보내는 결뭄. 1864해에 맥스웰이 찾아냈다 ⇐ 전자파. 전자기파

번끌마당 (이름씨) 번힘마당과 쇠끌마당을 아울러 이르는 말. 때 흐름에 따라 바뀌는 번힘마당과 쇠끌마당은 함께 일어나기 때문에 이와 같이 이른다 ⇐ 전자기장

번끌쇠 (이름씨) 번힘이 흐를 때만 끌힘이 생기는 끌쇠 ⇐ 전자석

번끝 (이름씨) 번힘이 드나드는 곳. 번못이나 번힘내개에서 번힘이 나오는 곳을 더하기끝, 번힘이 들어가는 곳을 빼기끝이라 하는데 번힘누름 높낮이로 더하기끝과 빼기끝을 나눈다 ⇐ 전극

번뇌 ⇒ 시름. 괴로움. 애태움. 마음더럼

번더움 (이름씨) 번힘이 흐를 때 생기는 더움 ⇐ 전열

번더움틀 (이름씨) 번더움을 쓰는 연장. 번힘다리미. 번힘깔개 ⇐ 전열기

번데기 (이름씨) ❶ 애벌레가 엄지벌레로 되는 길에 한동안 먹지 않고 움직이지 않고 고치 같은 것 속에 가만히 들어앉은 몸. 그 사이에 애벌레 몸짜임이 엄지벌레 몸짜임으로 바뀐다 ⓑ번데기가 허물을 벗고 나방이 되었다 한뜻말번데 ❷ 누에가 고치를 틀고 바뀌어 된 몸 ⓑ끓는 솥에 고치를 넣고 깁실을 뽑아내면 뽀얀 번데기가 익어 나온다 한뜻말누에번데기

번돈 (이름씨) 벌어들인 돈 ⇐ 수익금

번둥거리다 (움직씨) 별로 하는 일이 없이 멋없이 놀다 작은말반둥거리다 센말뻔둥거리다 **번둥대다**

번둥번둥 (어찌씨) 별로 하는 일이 없이 멋없이 노는 꼴 ⓑ아직 팔다리가 멀쩡한데 왜 번둥번둥 놀고만 있느냐 작은말반둥반둥 센말뻔둥뻔둥 **번둥번둥하다**

번드르르하다 (그림씨) ❶ 빛이 나고 매끄럽다 ⓑ번드르르한 얼굴에 빗어 넘긴 머리가 잘 어울린다 작은말반드르르하다 ❷ 겉만 꾸미고 알속이 없다 ⓑ속은 빈 사람이 옷차림은 늘 번드르르하게 꾸미고 다닌다

번드치다 (움직씨) ❶ 무엇을 한 디위에 뒤집다 ⓑ너, 주걱 없이 지짐 냄비 자루만 잡고 부침개를 번드칠 줄 알아? ❷ 남 마음을 흔들어 바꾸다 ⓑ막내딸은 남 마음을 번드치는 데 남다른 재주가 있다

번득 (어찌씨) ❶ 무엇이 눈 깜짝할 사이에 큰 빛을 내는 꼴 ⓑ집으로 들어서는 길 쪽에 수레 불빛이 번득 비쳤다 작은말반득 센말번뜩. 뻔득. 뻔뜩 ❷ 눈빛이 잠깐 비치는 꼴 ⓑ눈에 사나운 기운을 잔뜩 담아 번득 나를 노려본다 **번득이다 번득하다**

번득거리다 (움직씨) ❶ 무엇이 밝은 빛을 눈 깜짝할 사이에 자꾸 비치다 작은말반득거리다 센말번뜩거리다. 뻔득거리다. 뻔뜩거리다 ❷ 눈빛이 잠깐씩 자꾸 비치다 **번득대다**

번득번득 (어찌씨) ❶ 무엇이 밝은 빛을 눈 깜짝할 사이에 자꾸 비치는 꼴 ⓑ뻥 소리와 함께 하늘에는 불꽃놀이 하는 불빛이 번득번득 빛났다 작은말반득반득 센말번뜩번뜩. 뻔득뻔득. 뻔뜩뻔뜩 ❷ 눈빛이 잠깐씩 자꾸 비치는 꼴 ⓑ그 사내는 몸집은 작아도 눈빛이 번득번득 빛났다 **번득번득하다**

번득이다 (움직씨) 무엇이 눈 깜짝할 새에 빛을 되쏘거나 나타나다 ⓑ깜깜한 밤에 번득이는 불빛을 보고 무서워 가슴이 두근거렸다. 날틀 수빛 날개가 햇빛에 번득인다 작은말반득이다 센말번뜩이다. 뻔득이다. 뻔뜩이다

번들거리다 (움직씨) ❶ 거죽이 미끄럽고 빛이 나다 ⓑ얼굴이 땀으로 번들거린다 작은말반들거리다 센말뻔들거리다 ❷ 밉살스럽게 게으름을 피우며 약삭빠르게 굴다 ⓑ방구석에서 번들거리지만 말고 나가서 마당이라도

쓸어라 **번들대다**

번들번들[1] (어찌씨) ❶몬 거죽이 몹시 빛나는 꼴 ⓑ어머니는 날마다 장독을 닦아 독과 단지가 번들번들 빛이 났다 작은말반들반들 센말뻔들뻔들 ❷사람이 못난 일을 하고도 부끄러운 줄 모르고 뻔뻔스러운 꼴 ⓑ그렇게 번들번들 놀기만 해서야 어찌 사람이라 할 수 있겠나

번들번들[2] (어찌씨) 하는 일 없이 멋없게 놀기만 하는 꼴 ⓑ삶이 빠르게 바뀌던 불같은 누리에 번들번들 놀고만 있을 수 없지 작은말반들반들 센말뻔들뻔들 **번들번들하다**

번들번들하다 (그림씨) ❶몬 거죽이 몹시 빛나다 작은말반들반들하다 센말뻔들뻔들하다 ❷하는 일 없이 멋없게 놀기만 하다

번듯하다 (그림씨) ❶비뚤거나 기울지 않고 말끔하고 바르다 ⓑ마을에는 네 귀 번듯한 기와집이 오붓이 들어앉았다 작은말반듯하다 센말번뜻하다 ❷무엇에 꿀리거나 못나지 않고 떳떳하다 ⓑ집안 내림이 번듯해서 모난 이가 드물다 ❸생김새가 멀끔하고 훤하다 ⓑ이마가 번듯하고 콧마루가 날카롭게 생긴 사윗감 ❹말이나 짓이 의젓하다 ⓑ번듯한 말. 번듯한 몸짓 ❺차림새나 갖춤새, 다룸새, 꾸밈새가 나무랄 데 없이 둥글둥글하다 ⓑ늘 꾀죄죄한 꼴로 있다가 씻고 번듯한 차림새로 꾸미고 나서니 새사람 같다

번뜩이 (이름씨) 사람 앎힘이 가지는 배움, 미루어 생각하기, 알맞춤하게 하기, 따져 밝힘 따위 재주를 갖춘 셈틀 짜임. 사람살이 온갖 것에 부려 쓴다 ⇐ 에이아이

번뜩 (어찌씨) ❶눈 깜짝할 새에 무엇이 큰 빛을 세게 비치는 꼴 ⓑ가람 저쪽 언덕에서 불빛이 번뜩 비쳐왔다 ❷생각이 갑자기 눈 깜짝할 새에 떠오르는 꼴 ⓑ갑자기 좋은 생각이 번뜩 머리에 떠올랐다

번뜩이다 (움직씨) ❶눈 깜짝할 새에 무엇이 빛을 세게 되쏘거나 나타나다 ⓑ눈 쌓인 벌판에는 햇빛이 번뜩인다 여린말번득이다 ❷생각이 대뜸 머리에 떠오르다 ⓑ살다 보면 엉뚱한 생각이 번뜩이기도 하고 슬기로운 생각이 번뜩이기도 한다

번말 (이름씨) 말틀로 남과 이야기하는 것 ⇐ 전화

번말줄 (이름씨) 번말을 할 수 있게 번힘을 흘려보내는 줄 ⇐ 전화선

번말집 (이름씨) 번말을 놓아주고 번말을 하도록 해주는 곳 ⇐ 전화국

번멎·번끊김 (이름씨) 번힘이 갑자기 끊어지는 것 ⇐ 정전

번못 (이름씨) 번힘을 담아서 쓸 수 있게 한 몬 ⇐ 전지

번뮘 (이름씨) 번힘으로 움직임 ⇐ 전동

번뮘수레 (이름씨) 번힘으로 쇠길 위를 달리는 수레 ⇐ 전동차

번뮘틀 (이름씨) 번힘으로 움직이는 틀 ⇐ 전동기

번민 ⇒ 걱정. 근심. 시름

번번이 ⇒ 때마다. 늘

번번하다 (그림씨) ❶울퉁불퉁하지 않고 펀펀하고 번듯하다 ⓑ번번한 들판 작은말반반하다 ❷(쌓이거나 든 것이 없어지고) 바닥에 아무것도 없이 훤하다 ⓑ바람돌을 다 실어 가서 터전이 번번하다 ❸생김새나 옷차림이 미끈하다 ⓑ번번하게 생긴 머시마 ❹아무 말썽 없이 오롯하다 ⓑ가람은 일도 잘하고 부지런하고 번번하기까지 하다 ❺자리가 제법 높다 ⓑ개똥이는 이름과는 달리 번번한 집안 아들이다 ❻몬이 멀끔하여 제법 쓸 만하다 ⓑ주워 온 솥이지만 꽤 번번하여 자주 쓴다

번보냄 (이름씨) 번흐름이나 번결로 글이나 빛박이, 노래 같은 것을 보내는 것 ⇐ 전송

번복 ⇒ 뒤집기. 뒤집다. 딴말하다. 말 바꾸다

번불빛 (이름씨) 번힘으로 빛을 내는 것 ⇐ 전등

번불빛널 (이름씨) 작은 번불빛을 많이 늘어놓아 글자나 그림을 나타내는 널 ⇐ 전광판

번샘 (이름씨) 번힘이 흐르게 하는 샘 ⇐ 전원

번성 ⇒ 우거짐. 울셈. 늘다. 우거지다. 울세다. 퍼지다. 일다

번셈그물 (이름씨) 셈틀 여러 낱을 이은 것 ⇐ 전

산망

번소리틀 이름씨 소리담개를 돌려서 소리를 듣는 틀 ⇐ 전축

번식 ⇒ 새끼침. 불림. 불이. 붓다. 늘다. 불림하다. 새끼 치다

번식기 ⇒ 불림때

번식지 ⇒ 불이터. 불림터

번씨 이름씨 빼기번짐을 가지고 밑씨자위 둘레를 도는 숫알씨 가운데 하나. 뜻표는 e이다 ⇐ 전자

번씨익히개 이름씨 마이크로결로 먹을 것을 데우는 틀. 높떨림수 번힘마당 안에서 갈씨가 빠르게 떨리며 뜨거워지는 가리새를 쓴다 ⇐ 전자레인지

번알림 이름씨 꼭 알릴 것을 번결에 담아 빨리 보내는 것 ⇐ 전보

번역 ⇒ 뒤침. 옮김. 뒤치다. 옮기다

번역가·번역자 ⇒ 뒤침이. 옮긴이

번영 ⇒ 잘됨. 피어나다. 활짝 피다. 잘되다

번잡하다 ⇒ 북적거림. 어수선하다. 북적거리다. 번거롭다. 뒤숭숭하다

번죽거리다 움직씨 겉모습만 번듯하게 꾸미고 말이나 짓은 얄밉게 느물거리거나 이죽이죽하다 **번죽대다**

번죽번죽 어찌씨 겉모습만 번듯하게 꾸미고 말이나 짓은 얄밉게 느물거리거나 이죽이죽한 꼴 ⓑ사람이 좀 번죽번죽 느물거릴 줄도 알아야지 **번죽번죽하다**

번지 ⇒ 땅 차례. 터 차례

번지다 움직씨 ❶빛깔이나 냄새, 낌새 따위가 차츰 넓게 퍼지다 ⓑ옷에 튄 빨간 김칫국이 번졌다 ⇐ 확산하다 ❷살갗앓이나 다친 데가 차츰 넓게 퍼지다 ⓑ부스럼이 번지다. 버짐이 번지다 ❸돌림앓이가 넓게 퍼지다 ⓑ해고리-19 좀알살이가 우리 고을에도 번졌다 ❹불이 차츰 넓게 타 나가다 ⓑ불길이 길 건너까지 번졌다 ❺일이 벌어져 넓게 옮겨 퍼지다 ⓑ일이 크게 번지기에 앞서 미리 막아 끝내자 ❻물이 몬에 묻어 차츰 넓게 젖어 퍼지다 ⓑ빗물이 스며들어 온방에 다 번졌다 ❼말이나 소리, 울림이 딴 데로 옮아 퍼지다 ⓑ뜬새뜸이 온마을에 번졌다 ❽어떤 빛이나 낯빛이 바탕에 차츰 넓게 나타나다 ⓑ얼굴에 부끄러워하는 빛이 번졌다

번지레 어찌씨 ❶기름기나 물기가 묻어서 좀 미끄럽고 빛이 나는 꼴 ⓑ개기름이 번지레 흐르는 얼굴 ❷알속은 없고 겉으로만 그럴듯한 꼴 ⓑ겉으로만 번지레 꾸미지 말고 하나를 하더라도 똑바로 해야지

번지르르 어찌씨 ❶기름이나 물이 묻어 미끄럽고 빛이 나는 꼴 ⓑ이마에 땀이 번지르르 흘렀다 작은말반지르르 센말뻔지르르 ❷속은 알차지 않고 겉만 그럴듯한 꼴 ⓑ겉은 번지르르 잘 꾸몄는데 집안에 들어가 보니 허술하기 짝이 없다 작은말반지르르 센말뻔지르르

번지르르하다 그림씨 ❶기름이나 물이 묻어 미끄럽고 빛이 나다 작은말반지르르하다 센말뻔지르르하다 ❷속은 알차지 않고 겉만 그럴듯하다 작은말반지르르하다 센말뻔지르르하다

번진말 이름씨 어떤 낱말에 앞가지나 뒷가지가 붙어 이루어진 말. 이름씨 '버선'에 앞가지 '덧'이 붙은 '덧버선', 이름씨 '도끼'에 뒷가지 '질'이 붙은 '도끼질', 이름씨 '발'에 앞가지 '맨'이 붙은 '맨발' 같은 것이다 ⇐ 파생어

번질거리다 움직씨 ❶몹시 빛이 나고 미끈거리다 ⓑ가죽신을 번질거리게 닦았다 작은말반질거리다 센말뻔질거리다 ❷몹시 게으름을 피우며 일을 제대로 하지 않다 ⓑ일을 제대로 배우려 하지 않고 자꾸 번질거린다 **번질대다**

번질번질 어찌씨 ❶몬 거죽이 몹시 빛이 나는 꼴 ⓑ새로 들인 세간이 번질번질 빛이 난다 작은말반질반질 센말뻔질뻔질 ❷사람이 뻔뻔스럽고 느물거리는 꼴 ⓑ지킴살이를 할 때 한 동무는 늘 번질번질 어디론가 내뺐다 ❸몹시 게으름을 피우며 맡은 일을 제대로

하지 않는 꼴 **번질번질하다**

번질번질하다 (그림씨) ❶몬 거죽이 몹시 빛이 나다 작은말반질반질하다 센말뻔질뻔질하다 ❷사람이 뻔뻔스럽고 느물거리다

번짐 (이름씨) 몬이 띠는 몇번힘 크기 ⇐ 전하

번째 ⇒ 차례

번쩍 (어찌씨) ❶환한 빛이 갑자기 잠깐 빛나는 꼴 ⓑ번개가 번쩍하더니 이어서 천둥이 친다 작은말반짝 센말뻔쩍 ❷무엇이 눈 깜짝할 새에 뚜렷이 나타나는 꼴 ⓑ우리집 갈림길에 선 보람널이 눈에 번쩍 띄었다 ❸힘있게 갑자기 쳐들어 올리는 꼴 ⓑ벼 가마니를 번쩍 들어 수레에 올렸다. 아이가 손을 번쩍 들었다 ❹갑자기 얼이 들거나 얼을 차리는 꼴 ⓑ얼이 번쩍 들도록 내 잘못을 밝혀주었다 ❺생각이 눈 깜짝할 새에 갑자기 떠오르는 꼴 ⓑ좋은 생각이 번쩍 떠올랐다 ❻감았던 눈을 갑자기 크게 뜨는 꼴 ⓑ졸고 있다가 어깨를 딱 치는 바람에 번쩍 눈을 떴다 ❼몬이나 일이 빨리 없어지거나 끝나는 꼴 ⓑ밤 한 말이 번쩍 다 팔렸다. 일을 번쩍 해치운다 **번쩍하다**

번쩍거리다 (움직씨) 짧은 사이 크고 센 빛이 잇달아 나다 ⓑ귀걸이가 햇빛에 번쩍거렸다 작은말반짝거리다 센말뻔쩍거리다 ⇐ 휘황찬란하다 **번쩍대다**

번쩍번쩍 (어찌씨) ❶환한 빛이 갑자기 잠깐씩 잇달아 빛나는 꼴 ⓑ하늘에는 천둥과 함께 번갯불이 번쩍번쩍 빛났다 작은말반짝반짝 센말뻔쩍뻔쩍 ❷무엇이 눈 깜짝할 새에 뚜렷이 자꾸 나타나는 꼴 ⓑ수많은 배가 번쩍번쩍 뱃나루로 들어온다 ❸힘있게 자꾸 쳐들어 올리는 꼴 ⓑ일꾼들은 쌀가마를 번쩍번쩍 들어 수레에 실었다 ❹일을 매우 빨리 잽싸게 해내는 꼴 ⓑ일손이 어떻게나 빠른지 모심기를 번쩍번쩍 해치운다 **번쩍번쩍하다**

번창 ⇒ 잘됨. 울셈. 일다. 잘되다. 피어나다. 울세다

번철 ⇒ 지짐널. 볶음널. 지짐쇠. 볶음쇠

번트 (bunt) ⇒ 살짝대기. 살짝치기

번풀밭 (이름씨) 물 같은 녹임물에 녹아 번짐을 띠어 더하기, 빼기 밑씨가 생기는 몬 ⇐ 전해질

번호 ⇒ 차례이름. 디위이름. 차례. 자리. 셈말

번호표 ⇒ 셈표. 차례표

번화 ⇒ 눈부심. 눈부시다. 환하다. 북적대다

번화가 ⇒ 한복판. 한바닥

번힘 (이름씨) 몬 안에 있는 번씨들이 움직여서 생기는 일힘. 더하기 번힘과 빼기 번힘이 있으며 빛, 더움, 뭠, 힘을 일으킨다 ⇐ 전기

번힘가오리 (이름씨) 다른 가오리보다 모서리가 좀 둥그스름하게 생긴 바닷물고기. 가슴지느러미 아래에 번힘을 내는 데가 있다 ⇐ 전기가오리

번힘기둥 (이름씨) 번힘줄을 늘여 매는 기둥 ⇐ 전봇대

번힘꽂개 (이름씨) 번힘돌길을 잇거나 끊는 데 쓰는 번힘얼개 ⇐ 플러그. 콘센트

번힘끝 (이름씨) 번힘이 드나드는 곳. 나가는 끝을 더하기끝, 들어오는 끝을 빼기끝이라 한다 한뜻말번끝 ⇐ 전극

번힘나눔 (이름씨) 어울몬에 번힘을 넣어 그 이룸씨가 빼기끝이나 더하기끝에 나뉘어 나오게 하는 것 ⇐ 전기분해

번힘내개 (이름씨) 번힘을 일으키는 틀 ⇐ 발전기

번힘누름 (이름씨) 번힘흐름에서 두 점 사이에 생기는 번힘자리 힘 다름 ⇐ 전압

번힘돌길 (이름씨) 번못이나 번힘줄 같은 데서 번힘이 흐르는 길 ⇐ 전기회로

번힘마당 (이름씨) 번힘을 띤 몬이 둘레에 번힘을 미치는 곳 ⇐ 전기장

번힘막개 (이름씨) 번힘이나 더움 흐름을 끊으려고 쓰는 몬. 흰흙그릇이나 돌비늘, 유리, 종이 따위를 쓴다 ⇐ 절연제

번힘막잇감 (이름씨) 유리나 고무 따위이고, 더움 막잇감은 솜이나 돌솜, 재 따위이다 ⇐ 절연체

번힘말리개 (이름씨) 번힘으로 낟이나 남새에 있는 물기를 말리는 틀 ⇐ 전기건조기

번힘맷돌 (이름씨) 과일이나 남새, 낟을 갈거나

이겨 가루나 물을 내는 틀 ⇐ 전기맷돌

번힘모으개 이름씨 번힘을 모아두는 틀. 번힘막잇감을 사이에 두고 두 쪽에 흐름덩이를 맞대 놓으면 그 두 흐름덩이 사이에 번힘숱이 커져서 낮은 번힘누르기로도 많은 번힘이 모인다 ⇐ 축전기. 컨덴서

번힘못 이름씨 번힘을 될갈힘으로 바꿔놓았다가 쓸 일이 있을 때 다시 살려 쓰게 만든 것 ⇐ 배터리

번힘바꿈틀 이름씨 가웃흐름덩이를 써서 번힘짓말을 세게 하거나 여리게 하는 틀. 또는 이 틀을 써서 만든 라디오 ⇐ 트랜스. 트랜지스터

번힘밥솥 이름씨 번힘 버팀으로 더운 기운을 일으켜 밥을 짓도록 만든 솥 ⇐ 전기밥솥

번힘불 이름씨 번힘으로 내는 불빛 ⇐ 전등불

번힘주받 이름씨 번알림은 번말로, 사람말은 말틀로, 셈틀 밑거리는 밑거리주받으로 다루는 주받 ⇐ 전기통신

번힘줄 이름씨 번힘이 흐르도록 이끄는 줄 ⇐ 전선. 전깃줄. 전신줄

번힘짓말 이름씨 소리나 그림 따위를 번힘흐름, 번힘누름과 같은 번힘 세기로 바꾼 것 ⇐ 전기신호

번힘틀 이름씨 번힘을 일으키거나 번힘을 쓰는 온갖 틀 ⇐ 전기기기

번힘흐름 이름씨 번힘이 흐름덩이 안에서 흐르는 일 ⇐ 전류

번힘흐름막이 이름씨 번힘흐름이 지나치게 셀 때 녹아서 번힘흐름을 끊는 것 ⇐ 퓨즈

벋니 이름씨 '버드렁니' 준말 ⓑ사랑이는 벋니가 보이게 웃는 모습이 귀엽다 한뜻말버드렁니. 뻐드렁니 맞선말옥니

벋다 움직씨 ❶(나뭇가지나 덩굴 같은 것이) 어떤 쪽으로 길게 자라다 ⓑ지붕을 타고 벋은 박을 땄다 센말뻗다 ❷어떤 쪽으로 길게 놓이다 ⓑ곧게 벋은 길이 새로 뚫렸네 ❸(기운이나 힘이) 미치다 ⓑ돈이면 다 된다는 생각이 이미 시골구석까지 벋었다 ❹손길이 가닿다 ⓑ그가 지붕에 손을 벋어 수세미를 땄다 ❺지치거나 힘겨워 너부러지다 ⓑ지팡이를 짚고 소낭버섯을 따고 와서는 벋어 버렸다 ❻죽어 버드러지다 ⓑ입발굽앓이에 걸린 소가 네댓 마리나 벋어 자빠졌다 ❼끝이 옥지 않고 바깥쪽으로 보다 ⓑ버시는 앞니가 보기 싫게 벋었고 아내는 앞니가 옥니였다 맞선말옥다 ❽오그렸던 것을 펴다 ⓑ두 다리를 죽 벋고 누웠다 슬기말 **벋어 가는 칡도 끝이 있다** 힘있게 벋어 나가는 칡도 끝이 있듯이 무슨 일이든지 어떤 끝이 있다

벋대다 움직씨 ❶고이 따르지 않고 힘껏 버티다 ⓑ아이가 배곳에 가기 싫다고 벋댄다 센말뻗대다 ⇐ 반항하다 ❷넘어지지 않으려고 몸에 힘을 주어 버티다 ⓑ다리가 아파 지팡이에 팔을 벋대고 걸었다

벋서다 움직씨 버티어 맞서 겨루다 ⓑ우리 마을에는 저 사람한테 벋설 만한 사람이 없다 센말뻗서다

벋장대다 움직씨 쉬이 따르지 않고 버티다 ⓑ새바라는 어른들한테 벋장대는 말을 서슴없이 하였다

벌[1] 이름씨 잘 자란 힘살을 지녀 잘 날고 두 겹 청밭 날개를 가지며 뒷날개는 앞날개보다 작은 날벌레. 새끼치기와 둥지틀기, 새끼 시중과 같은 온갖 일을 해낸다. 갖가지 벌은 푸나무 꽃가루받이를 해서 숲살림에 크게 이바지한다. 또 꿀벌처럼 꿀을 따 모으기도 하고 온갖 벌레를 잡아먹기도 해 일찍부터 사람이 집짐승으로 길러 써 왔다

벌[2] 이름씨 ❶몇 가지를 갖추어서 한 짝을 이루는 옷이나 이부자리, 그릇 같은 것 모임. 또는 그것을 세는 하나치 ⓑ벌로 짓다. 벌로 갖추다. 숟가락 한 벌을 샀다 ⇐ 세트 ❷한 짝을 이루지 않고 홑낱으로만 있는 옷이나 이부자리 ❸이 말을 하나치로 쓰는 이름씨 아래에 써 '얼마쯤'이란 뜻 ⓑ옷벌이나 가지고 있는 겨집

벌[3] 이름씨 펀펀하고 넓은 들 ⓑ큰물로 벌이 온통 시뻘건 물에 잠겼다

벌[4] [이름씨] 덮거나 씌우거나 겹치거나 한 켜나 겹. 또는 이것을 세는 하나치 ㉥흰 눈이 한 벌 깔린 모래톱. 애벌 뒤에도 김매기를 세 벌이나 했다

벌 ⇒ 앙갚음. 욹. 버력. 욹내다. 앙갚다

벌- [앞가지] 어떤 테두리를 벗어난 ㉥벌물 켜듯 술을 마신다. 벌불이 지지 않게 아궁이 속으로 땔감을 밀어라

벌개 [이름씨] 꿀벌들이 배에서 나오는 밀로 만든 집. 여섯모꼴로 된 몇 즈믄 낱 방으로 이루어진다. 꿀벌은 이곳에 새끼를 기르며 꿀과 꽃가루를 갈무리한다

벌거벗다 [움직씨] [1]알몸이 드러나게 옷을 벗다 ㉥실오라기 하나 걸치지 않고 벌거벗은 몸 [2]입을 것을 제대로 입지 못하다 ㉥어릴 때는 집에 돈이 없어 벌거벗다시피 살았다 [3]씌워지거나 덮어져야 할 것이 없거나 벗겨져 속 것이 밖으로 드러나다 ㉥벌거벗은 메 [4]나무에 잎이 다 떨어져 가지가 다 드러나 보이다 ㉥겨울이 되니 앞마당 나무들이 죄다 벌거벗었다 [슬기말] **벌거벗은 손님이 더 어렵다** 나이가 어리거나 살림이 어려운 사람을 맞이할 때 마음이 더 쓰인다

벌거숭이 [이름씨] [1]벌거벗은 알몸. 또는 그런 사람 ㉥웃통은 벌거숭이에 바짓자락은 너덜댔다 [2]흙이 드러나 보일 만큼 나무나 풀이 없는 메 ㉥벌거숭이 무덤. 예순 해 앞만 해도 서라벌 메는 거의 다 벌거숭이였다 한뜻말벌거숭이 메 [3]가졌던 살림을 다 털어먹은 사람 ㉥한빛은 그 많던 살림을 다 털어먹고 벌거숭이가 되었지

벌거우리하다 [그림씨] 벌건 빛이 흐릿하다 ㉥벌거우리한 그믐달이 비추는 밤길을 걸었다 한뜻말벌그무레하다

벌겋다 [그림씨] 엷게 붉다 ㉥소리꾼은 술이 오른 벌건 얼굴로 소리를 뽑아댔다. 벌겋게 물든 아침 놀

벌교 ⇒ 떼다리. 떼나무다리

벌그무레하다 [그림씨] 엷게 벌그스름하다 ㉥해가 뜨는지 새녘 하늘이 벌그무레하다

벌금 ⇒ 욹돈

벌금형 ⇒ 욹돈물림

벌깃벌깃 [어찌씨] 여럿이 다 또는 여기저기가 벌그스름한 꼴 ㉥늘참이 얼굴이 늘 벌깃벌깃 기운이 오른 듯한 걸 보면 술을 입에서 떼질 않나 봐

벌꺽 [어찌씨] [1]뜻밖에 일이 갑작스레 크게 벌어져서 온통 뒤집히는 꼴 ㉥걸핏하면 오랑캐나 왜놈들이 쳐들어와 온 나라를 벌꺽 뒤집어 놓았다 작은말발깍 센말뻘꺽 거센말벌컥 [2]문을 갑자기 크게 열어젖히는 꼴 ㉥좁은 방안에서 아이들이 모여 한창 무서운 이야기를 듣고 있는데 바로 그때 문이 벌꺽 열렸다 [3]갑작스레 기운을 내는 꼴 ㉥큰 돌 밑에 지렛대를 대고 여럿이 힘을 모아 벌꺽 밀어젖혔다 [4]가슴에 쌓인 노염을 갑작스레 풀어헤치면서 콱 내는 꼴 ㉥마을 사람들이 제 이야기를 한다는 것을 알자, 마을지기는 벌꺽 골이 났다 **벌꺽하다**

벌꺽벌꺽 [어찌씨] [1]뜻밖에 일이 갑작스레 크게 벌어져서 여럿이 다 온통 뒤집히는 꼴 ㉥새터마을 한 집에 도둑이 들어 고추를 훔쳐 가는 바람에 온 마을이 벌껄벌꺽 뒤집어졌다 작은말발깍발깍 센말뻘꺽뻘꺽 거센말벌컥벌컥 [2]갑작스레 문들을 크게 열어젖히는 꼴 ㉥아이들이 다 모인 김에 집 안을 깨끗이 한다고 이 방 저 방 문을 벌꺽벌꺽 다 열어젖혔다 [3]갑작스레 기운을 자꾸 쓰는 꼴 ㉥일꾼들은 무거운 나무를 옮기느라 저마다 벌꺽벌꺽 힘을 냈다 [4]가슴에 쌓인 슬픔을 갑작스레 풀어헤치면서 자꾸 크게 소리를 내는 꼴 ㉥오빠는 이따금 슬픔에 겨워 울음을 벌꺽벌꺽 터뜨린다 [5]입을 크게 벌려 물 같은 것을 시원스레 들이켜는 꼴 ㉥목이 말라 물을 바가지째 벌꺽벌꺽 마셨다 [6]갑작스레 종이 같은 것을 마구세게 뒤지는 꼴 ㉥가람이는 오늘따라 책장을 벌꺽벌꺽 넘기며 무얼 찾는지 애를 써쌓는다 **벌꺽벌꺽하다**

벌꿀 [이름씨] 꿀벌이 꽃에서 물어다가 벌집 속

에 만들어 두는 달고 끈끈한 몬. 달 뿐 아니라 뜸씨나 비타민, 안산밭 같은 것들이 들어있어 살감이 많고 낫개로도 쓴다 ⓑ떡을 벌꿀에 찍어 먹었다 한뜻말꿀 ⇐ 봉밀

벌끈 어찌씨 ❶어떤 것이 갑자기 어수선해지는 꼴 ⓑ왜놈들이 칼을 차고 들이닥친 그 날은 마침 닷새 저잣날이어서 저잣거리가 벌끈 뒤집혔다 작은말발끈 센말뻘끈 ❷가슴속에서 솟아오르는 불덩어리를 참지 못하고 울컥 쏟아놓는 꼴 ⓑ벌끈 골을 낸다고 일이 이루어지는 것은 아니다 **벌끈하다**

벌끈거리다 움직씨 가슴속에서 솟아오르는 불을 참지 못하고 자꾸 울컥 쏟아놓다 작은말발끈거리다 센말뻘끈거리다 **벌끈대다**

벌끈벌끈 어찌씨 ❶가슴속에서 솟아오르는 불을 참지 못하고 자꾸 울컥 쏟아놓는 꼴 ⓑ너는 오늘따라 웬 골을 그렇게 벌끈벌끈 잘 내냐? 작은말발끈발끈 센말뻘끈뻘끈 ❷어떤 것이 갑자기 마구 뒤집혀서 여기저기가 모두 어수선한 꼴 ⓑ온 해도 더 앞 셋달 맏하루, 그날은 온 백성이 들고일어나 왜놈은 물러가라며 소리쳐 온 나라가 벌끈벌끈 뒤집혔다 **벌끈벌끈하다**

벌낫 이름씨 갈대같이 우거진 풀을 벨 때 쓰는 크고 자루가 긴 낫

벌다[1] 움직씨 ❶힘을 들여 돈이나 살림살이를 얻다 ⓑ옆집 아들은 돈을 잘 번다며? ❷못된 짓을 하여 매를 맞거나 욺받을 거리를 만들다 ⓑ괜히 심술을 부리다가 매만 벌었다 ❸쓸 것을 쓰지 않거나 아껴 남기다 ⓑ밤 한 말을 사고 한 되를 덤으로 받았으니 닷즈믄 원은 번 셈이다

벌다[2] 움직씨 ❶사이가 떠서 틈이 생기다 ⓑ요즘 한창 밤송이가 벌어 알밤이 많이 떨어진다 ❷서로 사귀는 사이가 버성겨 멀어지다 ⓑ둘이 싸웠는지 두 사람 사이가 벌어진 것 같아 ❸푸나무 가지나 잎이 옆으로 벋어나다 ⓑ밤나무가 해마다 가지가 벌어 그만큼 밤이 많이 달린다 ❹몸이나 가슴, 어깨가 가로퍼지다 ⓑ어깨가 쩍 벌어진 사내 ❺그릇 같은 것이 속은 얕고 위가 넓게 바깥쪽으로 퍼지다 ⓑ버지기처럼 위가 벌어진 그릇은 담고 비우기가 쉽다 ❻몬 부피가 커서 움켜쥐거나 껴안을 때 두 손끝이 맞닿지 않고 틈이 생기다 ⓑ뒤뜰 잣나무는 두 아름이 벌 만큼 굵게 자랐다 ❼('아름'과 함께 써) 해내기가 힘들다 ⓑ그렇게 신나던 소낭버섯 따기도 나이가 드니 아름이 벌게 힘겹다 ❽('아름'과 함께 써) 사랑과 보살핌이 지나쳐 벅차다 ⓑ오늘 우리가 말마디마다 우리말을 살려 가노라면 나중에 우리 아들딸들이 아름이 벌게 그 보람을 누리리라

벌데 이름씨 돈을 벌려고 두 사람 넘게 사람이 모여 만든 모둠 한뜻말일터 ⇐ 회사

벌데빚 이름씨 몫벌데가 여느 사람한테서 돈을 빌리려고 찍어내는 어음 ⇐ 사채

벌떡 어찌씨 ❶좀 큰 것이 갑자기 뒤로 번듯하게 자빠지는 꼴 ⓑ톱질이 끝나가자, 아름드리나무가 뒤로 벌떡 나가자빠졌다 작은말발딱 센말뻘떡 ❷앉았거나 누웠다가 큰 몸짓으로 갑자기 일어나는 꼴 ⓑ자리에서 벌떡 일어났다

벌떡거리다 움직씨 ❶앉았거나 누웠다가 큰 몸짓으로 갑자기 자꾸 일어나다 작은말발딱거리다 센말뻘떡거리다 ❷피뛺이나 염통이 거칠고 크게 자꾸 뛰다 **벌떡대다**

벌떡벌떡 어찌씨 ❶앉았거나 누웠다가 큰 몸짓으로 갑자기 자꾸 일어나는 꼴 ⓑ참을 먹고 쉰 일꾼들은 다시 고추를 심으려고 자리에서 벌떡벌떡 일어났다 작은말발딱발딱 센말뻘떡뻘떡 ❷피뛺이나 염통이 거칠고 크게 자꾸 뛰는 꼴 ⓑ고뿔에다 몸이 뜨거워 관자놀이가 벌떡벌떡 뛰었다 ❸무엇을 하고 싶은 생각이 자꾸 못 견디게 솟구치는 꼴 ⓑ백성이 나라 임자되는 누리를 이루는 데 이 한 몸 바쳐야지 하는 생각이 벌떡벌떡 일어났다 ❹좀 큰 것이 갑자기 뒤로 번듯하게 자꾸 자빠지는 꼴 ⓑ그물에 끌려 올라온 큰 고기들이 배널에 벌떡벌떡 나자

빠졌다 **5** 입을 크게 벌리고 물을 힘있게 들이켜는 꼴 ㉥앓아누웠던 곱단이가 일어나 물 한 그릇을 벌떡벌떡 다 들이켜고는 다시 누웠다 **벌떡벌떡하다**

벌러덩 어찌씨 팔을 쩍 벌리고 힘없이 아무렇게나 뒤로 자빠지거나 눕는 꼴 ㉥한참을 달렸더니 힘이 들어 돗자리 위에 벌러덩 드러누웠다 준말벌렁 **벌러덩하다**

벌러덩벌러덩 어찌씨 잇달아 팔을 쩍 벌리고 힘없이 아무렇게나 뒤로 자빠지거나 눕는 꼴 ㉥우리 한아비들이 쏜 쏘개에 맞은 왜놈들은 뒤로 벌러덩벌러덩 자빠졌다지 준말벌렁벌렁 **벌러덩벌러덩하다**

벌렁 어찌씨 팔을 쩍 벌리고 가볍게 자빠지거나 눕는 꼴 ㉥오빠는 풀밭에 벌렁 누워 하늘을 쳐다본다 **벌렁하다**

벌렁거리다 움직씨 **1** 몸 한쪽이 가볍고 크게 잇달아 움직이다 ㉥숨이 가빠 코와 가슴이 벌렁거린다 **2** 아주 가볍고 빠르게 널리 움직이다 ㉥밤늦도록 벌렁거리며 쏘다녔다 **벌렁대다**

벌렁벌렁[1] 어찌씨 **1** 큰 그릇에 담긴 물이 가볍게 뒤설레며 끓는 꼴이나 그 소리 ㉥벌렁벌렁 끓는 밥솥을 봐가며 한쪽으로는 도마에 놓인 호박을 부지런히 썬다 **2** 팔이나 다리, 가슴이 크게 떨리는 꼴 ㉥놀란 나머지 가슴이 벌렁벌렁 뛴다 **벌렁벌렁하다**

벌렁벌렁[2] 어찌씨 **1** 팔을 쩍 벌리고 잇달아 가볍게 뒤로 자빠지거나 눕는 꼴 ㉥우리는 달리기를 한 뒤 모두 잔디밭에 벌렁벌렁 드러누웠다 **2** 재빠른 몸짓으로 걸음을 크게 디디며 가분가분하게 돌아다니는 꼴 ㉥아이들은 추위도 잊은 채 하루 내내 눈밭을 벌렁벌렁 싸다녔다 **3** 마구 가볍게 기어다니는 꼴 ㉥요즘 아슨아들이 한창 벌렁벌렁 기어다닌다 **벌렁벌렁하다**

벌렁코 이름씨 넓적하게 벌어진 코

벌레 이름씨 **1** 거미나 진드기, 지네와 같은 숨받이나 붙살이 하는 것을 통틀어 이르는 말. 땅속, 물속, 메, 숲, 벌판, 굴, 모래벌판, 들 어디에서나 살며 사람이나 짐승 몸안에서도 산다. 사람살이에 좋은 것도 있으나 나쁜 것도 있다 ㉥벌레 먹은 열매가 더 달다 **2** 어떤 일에 빠진 사람 ㉥언니는 책벌레에다 일벌레다 **3** 사람이 두루 고루 잘 사는 누리를 만드는 일을 헤살하거나 엇나가는 짓을 하는 사람 ㉥벼슬벌레. 돈벌레. 이름벌레

벌레막이 이름씨 벌레를 막음 ⇐ 방충

벌레막이감 이름씨 벌레가 생기는 것을 미리 막는 감 ⇐ 방충제

벌레막이그물 이름씨 모기나 파리, 나방 같은 벌레들이 날아들지 못하게 바라지 같은 곳에 치는 그물 ⇐ 방충망

벌레잡이 이름씨 사람이나 푸나무에 성가시게 구는 벌레를 죽이는 낫개 ⇐ 살충제

벌레잡이푸나무 이름씨 벌레잡이잎으로 벌레를 잡아서 살감을 빨아들이는 푸나무. 끈끈이귀개, 통발, 파리풀 따위가 있다 ⇐ 포충식물. 벌레잡이식물

벌름거리다 움직씨 코나 입 따위가 자꾸 부드럽게 벌어졌다 오므라졌다 하다 ㉥강아지가 코를 벌름거리며 여기저기 냄새를 맡는다 **벌름대다**

벌름벌름 어찌씨 코 같은 것을 크게 벌렸다 오므렸다 하는 꼴 ㉥아우는 골이 나서 코를 벌름벌름 놀리며 씩씩거렸다 **벌름벌름하다**

벌리다[1] 움직씨 돈이 벌어지다 ㉥요새 들어 장사가 잘돼 돈이 좀 벌려

벌리다[2] 움직씨 **1** 틈이 나게 하다 ㉥밤송이 틈을 벌리고 알밤을 꺼냈다 **2** 맞닿았거나 오므린 것을 떼거나 펴다 ㉥아이는 입을 쩍 벌리고 하품했다 **3** 사이를 띄우거나 멀게 하다 ㉥앞사람과 사이를 좀 벌리세요 **4** 여럿을 늘어놓거나 여기저기 두다 ㉥책놓개 위에 책을 벌려 놓고 이 책 저 책 뒤지며 사라져가는 우리말을 찾는다 **5** 일을 일으키거나 더 나아가게 하다 ㉥몸집이 작은 겨집이지만 일은 통 크게 벌린다 **6** 무엇을 하려고 판을 차리다 ㉥한가위 씨름판을 벌

릴 곳을 찾아 모래밭을 뒤졌다 [7]나누어 갈라 매기다 ㉥마을 잔치에 쓸 돈을 마을 사람들에게 집집마다 벌려 매겼다

벌말[1] [이름씨] 벌판에 있는 마을 ㉥건너 벌말 아저씨 집에 이 떡 좀 갖다주고 오렴

벌말[2] [이름씨] 거짓말 ㉥요즘 누가 그런 벌말을 믿겠어

벌목 ⇒ 나무베기. 발매

벌목꾼 ⇒ 나무베기꾼. 발매꾼

벌물 [이름씨] [1]논에 물을 대거나 그릇에 물을 부을 때 한데로 넘쳐나는 물 ㉥우리 한아비들은 슬기롭게도 벌물이 흘러갈 헛도랑을 따로 내두었다 [2]넘쳐흐르는 물 ㉥장마가 길어 벌물이 늘어나는 바람에 들판이 온통 물바다가 되었다

벌바늘 [이름씨] 벌 몸 끝에 달린 바늘 ⇐ 벌침. 봉침

벌벌 [어찌씨] [1]춥거나 두려워 몸을 자꾸 떠는 꼴 ㉥추위에 벌벌 떨었다 작은말 발발 [2]돈을 몹시 아끼는 꼴 ㉥내가 돈을 벌어보니 푼돈을 쓰는 데도 벌벌 떨게 된다 [3]몸을 바닥에 붙이고 크게 기는 꼴 ㉥수박 서리를 하는 녀석들에게 호통을 치자 벌벌 기어 뒷메로 달아났다 [4]땀을 쓸데없이 많이 흘리는 꼴 ㉥내 길동무는 여름에 찬물에 밥을 말아 먹으면서도 땀을 벌벌 흘린다 [5]몹시 삭은 종이나 천 같은 것이 건드리기가 무섭게 힘없이 째지는 꼴 ㉥땀에 전 일옷은 오래 입어 벌벌 째진다 [6]잰걸음으로 여기저기 잘 돌아다니는 꼴 ㉥날씨도 추운데 어딜 그렇게 벌벌 돌아다니느냐?

벌불 [이름씨] 호롱불이나 촛불 같은 것이 심지 옆으로 뻗쳐 퍼지거나 아궁이 불이 앞으로 확 내뻗쳐 퍼지는 불 ㉥벌불에 머리카락 그슬릴라

벌써 [어찌씨] [1]이미 그 앞에 ㉥네가 오기 앞에 난 벌써 왔다 [2]생각한 것보다 빠르게 ㉥벌써 가려고?

벌어들이다 [움직씨] 일을 해서 제 몫을 가져오다 ㉥지난 겨울 갈치잡이로 돈을 많이 벌어들였다

벌어지다 [움직씨] [1]사이가 갈라져서 틈이 나다 ㉥살짝 벌어진 문틈으로 찬바람이 술술 들어온다 [2]두 몬이 맞닿지 못하여 사이가 생기다 ㉥아름이 벌어지다. 밤송이가 벌어져 알밤이 떨어진다 [3]막힌 데가 없이 탁 트여 넓어지다 ㉥눈앞에 벌어진 끝없는 갯벌 [4]둘 사이가 버성기거나 서먹서먹해지다 ㉥둘이 다투더니 끝내 사이가 벌어졌다 [5]푸나무 가지나 잎들이 한곳에서 옆으로 벋다 ㉥나무는 심어 놓으면 해마다 벌어져 열매도 주고 그늘도 준다 [6]어떤 일이 일어나 나아가다 ㉥마을에 큰 싸움이 벌어졌다 [7]몸이나 가슴, 어깨가 옆으로 퍼지다 ㉥어깨가 딱 벌어졌다 [8]그릇 같은 것이 속은 얕고 위가 넓게 벌다 ㉥떡 벌어진 버지기 [9]다름이 제법 생기다 ㉥품삯이 많이 벌어졌다. 그 둘은 나이는 벌어졌지만, 벗처럼 가깝게 사귀었다

벌이 [이름씨] 일을 하고 돈을 버는 일 ㉥요즘은 벌이가 없어서 살림이 어렵다 **벌이하다**

벌이공치기 [이름씨] 공치기를 일삼아서 하는 사람들이 벌이는 공치기 놀이 ⇐ 프로야구

벌이낫 [이름씨] 낱 사람이 한 해 동안 벌어들인 돈에 매기는 낫 ⇐ 소득세

벌이다 [움직씨] [1]사람들을 두거나 몬을 늘어놓다 ㉥꺽정은 싸움꾼들을 집안에 벌여 놓고 고을지기를 불러들였다 [2]일을 얽어 비롯하거나 펴놓다 ㉥무슨 일이든 벌이면 끝을 맺어야 한다 [3]돈을 벌려고 무엇을 차리다 ㉥옷 가게를 벌이고 갖가지 옷을 펼쳐놓았다 [4]놀이나 모임판 같은 것을 마련하거나 차려놓다 ㉥윷판을 벌이다. 씨름판을 벌이다

벌이주먹싸움 [이름씨] 밥줄로 삼는 주먹싸움꾼들이 돈벌이로 하는 겨루기 ⇐ 프로권투

벌이줄 [이름씨] [1]몬이 넘어지거나 기울어지지 않게 당겨 매는 줄 ㉥베집 벌이줄 [2]갓 같은 것에 늘여서 매는 줄 ㉥갓은 다 낡았는데 벌이줄은 아직 튼튼하다 [3]종이 솔개에

벌려 매는 줄 ⓑ벌이줄을 알맞게 매어야 종이 솔개가 잘 날아오른다

벌잇줄 이름씨 벌이를 할 수 있는 길 ⓑ드디어 바라던 벌잇줄을 찾았다 한뜻말 벌잇길. 밥줄

벌점 ⇒ 윷값. 윷점

벌주다 ⇒ 윷내다

벌집 이름씨 **1** 벌이 알을 까서 기르고 꿀과 꽃가루를 모아두는 여섯 모로 된 구멍이 많이 뚫린 집. 벌집은 몇몇 벌개로 되었다 ⓑ꿀을 베다 벌집을 잘못 건드려 벌에 쏘였다 **2** 여러 작은 방을 다닥다닥 붙여 지은 집 ⓑ일꾼들이 모여 사는 곳에 벌집이 들어섰다 **3** 숭숭 구멍이 난 것을 비긴 말 ⓑ쏘개를 많이 맞아 벌집이 된 살림집 익은말 **벌집 쑤셔놓은 것 같다** 벌집을 잘못 건드려 벌들이 죄다 몰려나오듯 어떤 일이 손 쓸 수 없게 되다

벌쩍 이름씨 남 마음에 들려고 일부러 지어서 하는 말이나 낯빛, 몸짓 따위 한뜻말 노적

벌쩍거리다 움직씨 **1** 눕거나 자빠진 몸을 일으키려고 아주 힘껏 움직이다 작은말 발짝거리다 **2** 빨래를 물에 담가 두 손으로 대충 조금씩 비벼 빨다 **벌쩍대다**

벌쩍벌쩍 어찌씨 **1** 눕거나 자빠진 몸을 일으키려고 아주 힘껏 움직이는 꼴 작은말 발짝발짝 **2** 빨래를 물에 담가 두 손으로 대충 조금씩 비벼 빠는 꼴 ⓑ엄마는 나갈 때가 다 되자 하던 빨래를 벌쩍벌쩍 주물러 빨아놓고 서둘러 집을 나섰다 **벌쩍벌쩍하다**

벌쭉거리다 움직씨 **1** 속이 드러나 보일 듯 말 듯 자꾸 벌어졌다 우므러졌다 하다 작은말 발쪽거리다 센말 뻘쭉거리다 **2** 입을 좀 벌리고 소리 없이 자꾸 웃다 **벌쭉대다**

벌쭉벌쭉 그림씨 **1** 속이 드러나 보일 듯 말듯 자꾸 벌어졌다 우므러졌다 하는 꼴 ⓑ그물에 잡힌 물고기들이 주둥이를 벌쭉벌쭉 벌렸다 오므렸다 한다 작은말 발쪽발쪽 센말 뻘쭉뻘쭉 **2** 입을 좀 벌리고 소리 없이 자꾸 웃는 꼴 ⓑ할아버지는 아슨아들을 보자 이를 드러내며 벌쭉벌쭉 웃으신다 **벌쭉벌쭉하다**

벌창 이름씨 **1** 물이 넘쳐흐르는 것 ⓑ갑자기 큰비가 내려서 도랑마다 벌창을 했다 **2** 가게나 저자에 몬이 매우 많이 나와 있음 ⓑ남새 가게마다 봄나물이 벌창을 한다 **벌창하다**

벌채 ⇒ 나무베기. 발매

벌초 ⇒ 무덤 풀베기. 무덤 풀베다. 무덤 손보다

벌칙 ⇒ 윷

벌침 ⇒ 벌바늘. 벌나숨바늘

벌컥 어찌씨 **1** 뜻밖에 일이 매우 갑작스레 크게 벌어져서 온통 뒤집히는 꼴 ⓑ모레부터 소낭버섯을 딴다고 걸개천을 달고 멧둘레에 줄을 매고 온 마을을 벌컥 뒤집는다 작은말 발칵 센말 벌꺽. 뻘꺽 **2** 매우 갑작스럽게 문 같은 것을 여는 꼴 ⓑ밤에 갑자기 문이 벌컥 열리며 벗이 들어온다 **3** 가슴에 쌓인 마음더럼을 매우 갑작스레 풀어헤쳐 내놓는 꼴 ⓑ내 말을 듣자마자 아버지가 소리를 벌컥 질렀다 **4** 매우 갑작스레 기운을 쓰는 꼴 ⓑ우람이는 길남이를 들배지기로 벌컥 들어올려 모래판에 내다 꽂았다

벌컥거리다 움직씨 **1** 물이나 술을 세차고 과가르게 들이켜는 소리를 자꾸 내다 ⓑ아주머니는 속이 탄다며 거푸 물을 벌컥거린다 작은말 발칵거리다 센말 벌꺽거리다. 뻘꺽거리다 **2** 무엇을 주물러 반죽하거나 진흙을 밟아 이기는 소리를 자꾸 내다 ⓑ긴신을 벌컥거리면서 부지런히 조개를 주웠다 **3** 빚은 술이나 띄운 것이 부걱부걱 괴어오르는 소리가 자꾸 나다 **4** 빨래 같은 것을 삶을 때 끓어서 부풀어 오르는 소리가 자꾸 나다

벌컥벌컥 어찌씨 **1** 뜻밖에 일이 매우 갑작스레 크게 벌어져서 자꾸 온통 뒤집히는 꼴 ⓑ사냥꾼들이 멧돼지를 모느라 소리치는 바람에 이 골 저 골이 벌컥벌컥 뒤집히는 듯했다 작은말 발칵발칵 센말 벌꺽벌꺽. 뻘꺽뻘꺽 **2** 문 같은 것을 매우 갑작스럽게 자꾸 여는 꼴 ⓑ도둑떼가 빈 마을에 들어 이 집 저 집 문들을 벌컥벌컥 열고 보이는 대로

앗아갔다 ❸자꾸 가슴에 쌓인 마음더럼을 매우 갑작스레 풀어헤치며 콱 내놓는 꼴 ㉥버시는 가시 말끝마다 벌컥벌컥 골을 냈다 ❹매우 갑작스레 자꾸 기운을 쓰는 꼴 ㉥마을 놀이터를 만드느라 마을 푸름이들이 벌컥벌컥 바위도 들어내고 땅을 펀펀하게 골랐다 ❺매우 갑작스럽게 종잇장 같은 것을 자꾸 세게 뒤지는 꼴이나 그 소리 ㉥쏘개칼잡이들이 다스리던 때에 우리는 큰글씨가 박힌 새뜸을 벌컥벌컥 뒤지다가 깨알만 한 글씨로 배움이들이 여기저기서 들고 일어났다는 쪽에 눈을 박았다 ❻입을 크게 벌리고 물을 매우 시원스레 들이마시는 꼴 ㉥멧등성이를 아침 내내 돌아다닌 버섯꾼들은 골짜기로 내려오면 물가에 엎드려 물을 벌컥벌컥 들이켰다 ❼진흙이나 반죽 같은 것을 주무르거나 쑤실 때 나는 것과 같은 소리 ㉥일손이 매우 빠른 흙손 님은 흙을 벌컥벌컥 이기더니 바람 하나를 제꺽 발라치웠다 **벌컥벌컥하다**

벌통 이름씨 꿀벌을 치는 통

벌판 이름씨 트인 듯이 넓게 펼친 반반한 땅 ㉥닷낟이 무르익는 기름진 벌판. 뒷메에 오르니 솔메 벌판이 한눈에 들어온다 ⇐ 평야

벌하다 ⇒ 앙갚다. 앙갚음하다

범 이름씨 ❶고양이 꼴이지만 매우 크고 누런 밤빛 털에 검은 줄무늬가 있으며 바탈이 몹시 사나운 멧짐승. 발톱은 날카롭고 든든하며 눈과 귀가 밝고 냄새도 잘 맡으며 높은 메에서 살면서 주로 밤에 돌아다닌다. 승냥이, 사슴, 멧돼지, 노루, 멧토끼를 비롯한 거의 모든 멧짐승을 잡아먹는다. 우리나라에 살던 배달범은 털가죽이 아름답고 질이 좋았다고 한다 한뜻말 칡범. 두루바리. 도리바리. 개호주. 갈가지 ⇐ 호랑이 ❷칡범, 돈범 들을 두루 이르는 말 ❸바탈이 몹시 무섭고 사납거나 씩씩한 사람 ❹술래잡기나 다른 놀이에서 술래가 되는 사람 슬기말 **범도 새끼 둔 골을 센다·두남둔다** 아무리 모진 사람도 제 아이만은 아끼고 사랑한다 **범도 제 말 하면 온다** ❶그 자리에 없다고 하여 남을 그릇되게 말하면 바로 그 사람이 나타날 수 있으니, 말을 삼가라는 말 ❷그 자리에 없는 사람 이야기를 하는데 마침 그 사람이 나타나는 것을 이르는 말 **범 없는 골에 토끼가 스승이라** 뛰어난 이가 없는 곳에서 하찮은 이가 나서서 뽐낸다

범거미 이름씨 마녘 바닷가 나뭇가지 사이나 풀숲에 곧선 둥근 집을 짓고 사는 좀 큰 거미. 배에 노란 띠 꼴 줄이 셋 있어 범 무늬 같다 하여 범거미라 한다 ⇐ 호랑거미

범나비 이름씨 날개는 누르푸른빛이거나 어두운 누런빛에 검은 띠와 얼룩무늬가 있는 나비. 들이나 낮은 메에 흔하며 감나무나 귤에는 나쁘다고 한다 ⇐ 호랑나비

범람 ⇒ 넘침. 넘치다. 넘쳐흐르다. 남아돌다

범례 ⇒ 일러두기

범벅 이름씨 ❶낟알 가루에 호박이나 콩, 팥, 감자, 고구마, 쑥, 나물 같은 것을 섞어 풀처럼 되직하게 끓인 먹거리 ㉥둑에서 캐온 쑥으로 범벅을 만들었다. 호박범벅. 팥범벅 ❷여럿이 한 데 뒤섞여 이것도 아니고 저것도 아니게 된 꼴 ㉥속내가 다른 일을 범벅으로 만들어 놓으면 풀어낼 길이 없다

범벅말·범벅이말 이름씨 여러 말이 섞여 뒤범벅이 되거나 엉망이 된 말 ㉥'치맥', '돌싱' 같은 범벅말은 우리말을 뿌리에서 더럽힌다

범벅싸움 이름씨 서로 뒤섞여 어지럽게 싸움 ⇐ 혼전

범벅이 이름씨 마구 뒤섞여 범벅이 된 것 ㉥울퉁불퉁한 길을 지나왔더니 수레에 실은 무른감이 범벅이가 되었다

범법 ⇒ 벼리어김. 참어김. 어김

범법자 ⇒ 어김이. 어김보. 저지레꾼

범법행위 ⇒ 저지레. 어김짓. 나쁜짓

범상하다 ⇒ 대수롭지 않다. 흔하다. 쉽다. 무던하다

범선 ⇒ 돛단배. 돛배

범실 ⇒ 잘못. 허물. 놓침

범아가리 [이름씨] 매우 바드러운 매개 ㉥겨우 범아가리를 벗어난 셈이다 ⇐ 호구 [슬기말] **범아가리에 떨어진다** 헤어날 수 없는 바드러운 매개에 빠진다
범위 ⇒ 테. 테두리. 울. 버렁
범인 (凡人) ⇒ 뭇사람. 행내기. 여느 사람
범인 (犯人) ⇒ 어김이. 어김보. 저지레꾼. 허물보
범죄 ⇒ 허물. 잘못. 나쁜 짓
범죄자 ⇒ 어김이. 어김보. 저지레꾼. 허물보
범주 ⇒ 틀살피. 갈래. 테두리. 테안. 얼안. 울안
범칙 ⇒ 어김
범칙금 ⇒ 윶돈. 어김돈
범하다 ⇒ 어기다. 잘못하다. 몰래 넘다
범행 ⇒ 저지레. 나쁜 짓. 못된 짓
법 ⇒ 벼리. 참
-법 ⇒ -길. -수
법관 ⇒ 판가름이. 가름보
법규 ⇒ 벼리. 참
법당 ⇒ 참집
법도 ⇒ 참짓. 바른 살이
법랑 ⇒ 파란
법령 ⇒ 벼리와 성금
법률 ⇒ 벼리. 참
법률구조 ⇒ 벼리건짐. 참건짐
법률안 ⇒ 벼리첫글. 참첫글
법명 ⇒ 벼리이름. 참이름
법무 ⇒ 벼리일. 참일
법무부 ⇒ 벼리일맡. 참일맡
법사 ⇒ 참스승
법석 [이름씨] 여럿이 어수선하게 떠드는 짓 ㉥보람이네가 잔치하느라 마을은 법석을 부렸다 [익은말] **법석을 떨다·법석을 부리다·법석을 치다·법석을 피우다** 어수선하게 떠들어대다
법어 ⇒ 참말. 붓다말씀
법원 ⇒ 가름집
법인 ⇒ 벼리이
법인세 ⇒ 벼리이낛
법전 ⇒ 벼리모음. 벼리책. 참모음. 참책
법정 ⇒ 가름방
법제처 ⇒ 참살핌곳. 벼리살핌곳
법조문 ⇒ 벼리글월. 참글월
법조인 ⇒ 벼리꾼
법치 ⇒ 벼리다스림. 참다스림
법치국가 ⇒ 벼리다스림나라. 참다스림나라
법칙 ⇒ 벼리. 참
법하다 ⇒ 듯하다
법회 ⇒ 참말모임
벗 [이름씨] ❶비슷한 또래거나 마음이 서로 맞아 가깝게 사귀는 사람 ㉥온터는 내 오랜 벗이다. 벗으로 오래 지냈다 [한뜻말]동무 ❷같은 과녁을 가진 가까운 사람이나 모임 ㉥벗나라에서 온 우리 벗들 ❸제 곁에 가까이 두고 지겨움이나 따분함을 달래주는 것 ㉥바람빛을 벗 삼아 시골에서 산다
벗개다 [움직씨] 안개나 구름이 걷히고 날이 맑게 개다 ㉥모처럼 날이 벗개었으니, 나들이라도 다녀올까?
벗겨지다 [움직씨] ❶덮개나 쓰개 따위가 바깥 힘을 입어 떼어지거나 떨어지다 ㉥바람에 모자가 벗겨졌다 ❷애꿎거나 괴로운 데서 헤어나다 ㉥거짓이 드러나 언니한테 씌워진 굴레가 벗겨졌다 ❸겉에 묻은 것이나 껍질 따위가 떼어지거나 걷히다 ㉥때가 깨끗이 벗겨졌다 ❹잠기거나 걸린 것이 열리다 ㉥문고리가 벗겨졌다 ❺머리털이 빠져 대머리가 되다 ㉥몇 해 만에 만난 벗님이 쓰개를 벗으니, 앞머리가 홀딱 벗겨졌네 ❻메나 언덕에 나무나 풀들이 흙이 보일 만큼 없어지다 ㉥벗겨진 앞메
벗기다 [움직씨] ❶('벗다' 하임꼴) 몸에 닿은 것이 떼어지게 하다 ㉥나는 더러워진 아우 옷을 벗기고 새 옷을 갈아입혔다 ❷애꿎음이나 괴로움, 굴레에서 헤어나게 하다 ㉥누이에게 들씌워진 애꿎음을 벗겨 주었다 ❸겉에 묻은 것이나 껍질을 속이 드러나게 떼어내거나 걷어내다 ㉥마룻바닥 때를 깨끗이 벗겨 냈다 ❹씌우거나 가리거나 덮은 것을 걷거나 열어젖히다 ㉥뚜껑을 벗기니 구더기가 버글버글했다 ❺어깨나 줄, 걸개에 걸

어 놓거나 메었던 것을 쥐거나 들어서 내리다 ⓑ걸개에 걸린 그림을 벗겨서 먼지를 털었다 ❻잠기거나 걸린 것을 끄르거나 당겨서 열리거나 풀리게 하다 ⓑ문고리를 벗기고 안으로 들어갔다 ❼채운 단추를 끄르다 ⓑ단추를 벗기고 다친 데를 살펴보았다

벗나가다 움직씨 ❶테두리 밖으로 벗어나서 나가다 ❷마음씨나 짓이 비뚤어지다 ⇐ 탈선하다

벗나라 이름씨 서로 가까운 사이인 나라 ⓑ말이 좋아 벗나라지, 값진 것은 다 뜯어가고 숨통까지 죄려 한다 ⇐ 우방

벗님 이름씨 ❶'벗'을 살갑게 이르는 말 ⓑ여러 벗님을 이 자리에 모시게 되어 자랑스럽습니다 ❷사내 ⓑ꽃님과 벗님

벗다 움직씨 ❶쓰거나 입거나 걸치거나 신은 것을 몸에서 떼어 내다 ⓑ신도 벗고 옷도 벗었다 ❷짐승이 껍질이나 허물, 털을 새것으로 갈면서 낡은 것을 떼버리다 ⓑ뱀이 허물을 벗었다 ❸지거나 메거나 걸었던 것을 몸에서 떼어내어 내려놓다 ⓑ마당에다 짐을 벗게 ❹('멍에'와 함께 써) 걸리거나 얽매인 것을 풀어내다 ⓑ우리 겨레가 종살이 멍에를 벗어나 임자로서 살아간다 ❺해야 할 일이나 져야 할 짐을 내려놓다 ⓑ나숨이 옷을 벗고 시골에 와서 조용히 산다 ❻애꿎음이나 부끄러움 옳을 씻거나 풀다 ⓑ애꿎음을 벗었다. 내게 씌워진 덤터기를 벗었다 ❼버릇이나 탈을 고쳐 없애다 ⓑ낡은 버릇을 벗는다 ❽괴로움을 깨끗이 없애다 ⓑ벌이가 나아지면서 가난을 벗었다 ❾숨겼던 모습을 드러내다 ⓑ사람은 낡은 껍질을 벗고 늘 다시 태어난다 ❿지거나 덜었던 것을 메우다 ⓑ오늘 장사가 잘되어 어제 밑진 것을 벗었다 ⓫몸에 털 같은 것이 빠져 없어지다 ⓑ병아리가 솜털을 벗고 새털로 갈았다 ⓬어떤 몸가짐이나 티가 가셔 없어지다 ⓑ이제 아기티를 벗고 제법 어른티가 난다 ⓭때나 기미 같은 것이 없어지다 ⓑ서울 때를 깨끗이 벗고 제법 시골 사람티가 난다

벗바리 이름씨 뒷배를 봐주는 사람 ⇐ 후원자. 스폰서

벗삼다 움직씨 무엇을 벗으로 삼다 ⓑ봄이면 멧나물 뜯기를 벗삼아 산 지 열 해가 훌쩍 넘었다

벗어나다 움직씨 ❶어떤 둘레나 테두리 밖으로 나가다 ⓑ길이 막혀 서울을 벗어나는 데 오래 걸렸다 ❷맡은 일이나 매개에서 헤어나다 ⓑ언니는 가난에서 벗어나려고 부지런히 일했다. 괴로움에서 벗어나다 ❸굴레나 걸림돌로부터 빗겨나다 ⓑ우리말은 아직 오랜 굴레와 억누름에서 벗어나지 못했다 ❹가리새나 벼리에 어그러지다 ⓑ바른길에서 벗어난 짓을 하면 안 된다 ❺다른 사람 마음에 들지 못하게 되거나 바람에 어긋나다 ⓑ생각보다는 한참 벗어난 끝맺음. 아버지 눈에서 벗어난 아우 ❻('멍에'와 함께 써) 얽매임에서 풀려나게 되다 ⓑ우리나라는 이웃 센나라 멍에에서 언제쯤 벗어날까

벗어부치다 움직씨 ❶힘차게 옷을 벗다 ⓑ옷을 벗어부치고 물에 뛰어들었다 비슷한말 벗어제치다 ❷일에 몸을 내대고 나서다 ⓑ요즘 우리는 벗어부치고 우리말집을 짓는다

벗어지다 움직씨 ❶(쓰거나 입거나 걸치거나 신었던 것이) 그 자리에서 떨어져 나가다 ⓑ신이 커서 자꾸 벗어진다 ❷(덮거나 가린 것이) 밀려 나가게 되거나 젖혀지다 ⓑ센 바람에 비닐이 벗어졌다 ❸(껍질이나 허물 같은 것이) 몸에서 떨어져 나가다 ⓑ꽃뱀 허물이 벗어져 나무에 걸렸네 ❹지거나 메거나 걸었던 것이 내려지거나 빠져나가다 ⓑ지게 멜빵이 자꾸 벗어져서 나무를 지고 오느라 혼이 났다 ❺(끼었던 안개, 구름들이) 흩어져 없어지다 ⓑ구름이 벗어진 사이로 달이 둥그렇게 떴다 ❻(무엇이 스쳐 살갗이나 겉이) 찢겨 일어나다 ⓑ달리다 넘어져 팔꿈치가 벗어졌다 ❼(몸 털 같은 것이) 빠져 없어지게 되다 ⓑ이마에 솜털이

다 벗어졌다 **8** 머리털이 빠져서 대머리가 되다 ⓑ앞머리가 벗어져도 난 그 사람이 좋아 **9** (몸가짐이나 티가) 가시어 없어지다 ⓑ그새 제법 애티를 벗고 아가씨 꼴이 난다 **10** (어떤 테두리 밖으로) 나가게 되다 ⓑ우리가 사는 멧골을 벗어지자 드넓은 벌판이 펼쳐졌다

벗장이 이름씨 일에 익숙하지 못한 바치. 또는 무엇을 배우다 그만둔 사람 ⇐ 미숙련공

벗중 이름씨 집살이를 떠나 마음닦아 모든 괴로움에서 벗어나 깨달음을 이루려는 사내 한뜻말사내중 ⇐ 비구

벗하다 움직씨 **1** 벗으로 삼다 ⓑ맑은 내와 소나무를 벗해 시골에 산 지 서른 해가 다 되었다 **2** 벗이 되어 서로 허물없이 지내다 ⓑ돌샘과 나는 벗하고 지낸 지 쉰 해가 되었다

벙거지 이름씨 털쓰개. 옛날에 지킴이들이 쓰던 털로 만든 쓰개. 또는 이를 본뜬 쓰개 ⓑ겨울바람에 벙거지를 푹 눌러쓰고 걸었다

벙거짓골 이름씨 무쇠나 곱돌로 벙거지를 젖힌 꼴로 만들어 전골을 지지는 데 쓰는 그릇

벙글 어찌씨 입을 조금 크게 벌려 소리 없이 따뜻하게 웃는 꼴 ⓑ새로 사귄 사내가 날 보고 벙글 웃으며 손을 흔든다 작은말방글 센말뻥글 **벙글하다**

벙글거리다 움직씨 입을 조금 크게 벌려 소리 없이 부드럽게 자꾸 웃다 ⓑ벗님은 무엇이 좋은지 자꾸 벙글거린다 작은말방글거리다 센말뻥글거리다 **벙글대다**

벙글벙글 어찌씨 입을 조금 크게 벌려 소리 없이 부드럽게 자꾸 웃는 꼴 ⓑ아버지는 엄마 말을 들으며 벙글벙글 웃기만 한다 작은말방글방글 센말뻥글뻥글 **벙글벙글하다**

벙긋 어찌씨 **1** 입을 조금 크게 벌리며 소리 없이 가볍게 웃는 꼴 ⓑ아재는 날보고 반갑다며 벙긋 웃었다 작은말방긋 센말벙끗. 뻥긋. 뻥끗 **2** 문 같은 것을 여는 꼴 ⓑ사르락 소리에 문을 벙긋 열고 내다보니 첫눈이 내린다 **벙긋하다**

벙긋거리다 움직씨 입을 조금 크게 벌리며 소리 없이 가볍게 자주 웃다 ⓑ할머니는 나를 보자 좋아서 벙긋거린다 작은말방긋거리다 센말벙끗거리다. 뻥긋거리다. 뻥끗거리다 **벙긋대다**

벙긋벙긋 어찌씨 입을 조금 크게 벌리며 소리 없이 가볍게 자주 웃는 꼴 ⓑ나들이가 즐거운지 모두들 벙긋벙긋 웃기만 한다 작은말방긋방긋 센말벙끗벙끗. 뻥긋뻥긋. 뻥끗뻥끗 **벙긋벙긋하다**

벙벙하다[1] 그림씨 어쩔 줄 몰라 말이 없이 어리둥절하다 ⓑ갑자기 벌어진 일이라 나도 어안이 벙벙했다 **벙벙히**

벙벙하다[2] 그림씨 **1** 물이 넘칠 듯 그득히 괴다 ⓑ물길이 막혀 논바닥에 물이 벙벙하게 찼다 **2** 눈물이 하염없이 흘러내리다 ⓑ두 눈에 눈물이 벙벙하다

벙어리 ⇒ 버운이

벚꽃 이름씨 벚나무 꽃 ⓑ봄날 어머니와 함께 벚꽃 놀이를 다녀왔다

벚나무 이름씨 껍질은 붉은밤빛이며 잎가에 얇게 무늬가 있고 잎은 길둥근 꼴로 나고 봄에 희붉은 꽃이 피는 갈잎큰키나무. 이른 여름에 물열매인 버찌가 까맣게 달려 아이들이 즐겨 먹고 뭇새 먹이가 된다

베 이름씨 **1** 삼실로 짠 천. 빳빳하고 성글어 바람이 잘 지나가 살에 붙지 않으므로 여름 옷감으로 많이 쓴다 ⓑ베로 지은 적삼 ⇐ 포 **2** 미영실이나 삼실 또는 깁실로 짠 천을 모두 일컫는 말 ⓑ어머니는 실을 뽑아 베를 놓고 나중에는 베를 짰다

베개 이름씨 **1** 누울 때 머리 아래에 괴는 것 ⓑ베개를 낮게 벨수록 오래 산다고 한다 **2** 무엇을 눕혀 놓을 때 밑에 괴는 몬 ⓑ소나무널 하나하나마다 네모난 가는 막대를 베개로 네댓 군데에 괴어 쌓고 맨 위를 쇠널로 덮었다

베갯잇 이름씨 베개에 덧씌우는 천 ⓑ슬픔을 못 이겨 베갯잇이 다 젖도록 밤새 울었다

베끼다 움직씨 **1** 글을 보고 그대로 옮겨 쓰다

ⓑ나는 글벗이 써 놓은 것을 그대로 베꼈다 ⇐ 필사하다 ❷남 것을 그대로 옮겨놓다 ⓑ말집을 지을 때 앞선이들 것을 베낄 게 아니라 늘 새롭게 지어야겠죠 ⇐ 카피. 복사

베다[1] 움직씨 ❶날 선 것으로 무엇을 자르거나 끊다 ⓑ저녁나절에 낫으로 꼴을 벴다 ❷이로 자르거나 끊다 ⓑ떡을 이로 한입 가득 베어 물었다 ❸날 선 것으로 생채기 따위를 내다 ⓑ오이채를 썰다가 칼로 손을 베었다

베다[2] 움직씨 몸을 누이고 베개 같은 것을 머리 아래에 괴다 ⓑ어머니 무릎을 베고 누웠다

베란다 ⇒ 쪽마루. 딕누리. 내민마루. 뜬마루

베레모 ⇒ 챙 없는 쓰개

베물다 움직씨 (사람이 어떤 몬 한쪽을) 이로 물어서 떼어 내다 ⓑ슬기는 당근을 한입 베물었다

베스트셀러 ⇒ 세난책. 잘 팔리는 책

베어링 ⇒ 굴대받이. 굴대받이 구슬

베옷 이름씨 베로 지은 옷 ⓑ아버지는 늘 수수한 베옷 차림이다

베우다 움직씨 누울 때, 베개 따위를 머리 아래에 받치게 하다. '베다' 하임꼴 ⓑ어머니에게 베개를 베워 드렸다

베이다 움직씨 ❶날 선 것에 잘리거나 끊기다 ⓑ톱에 베인 나무가 숲속에 쌓였다 ❷날 선 것에 생채기 따위가 나다 ⓑ아이가 나무를 깎다가 칼날에 손을 베였다

베이지 ⇒ 날벳빛. 약대털빛

베이징 이름씨 쭝궈 서울. 오랫동안 쭝궈 서울이었던 오래된 큰 고을

베이킹파우더 ⇒ 부풀리개. 부풀이

베일 (veil) ⇒ 너울. 가림천

베정적 이름씨 마구 떠들면서 대드는 짓 ⓑ그렇게 베정적하지 않더라도 그 아이 바탈이 나쁜 것은 이미 알고 있었어 **베정적하다**

베집 이름씨 비바람이나 이슬, 햇빛 따위를 가리려고 말뚝을 박고 기둥을 세우고 천을 씌워 집처럼 지은 것. 또는 그 천 ⓑ몽골 사람들은 튼튼하고 큰 베집을 짓고 산다 ⇐ 천막. 텐트

베짜기 이름씨 삼실이나 미영실, 깁실 따위를 날을 걸어 놓고 씨를 넣어 베를 짜는 일 ⇐ 방적

베짱이 이름씨 몸빛은 풀빛이고 더듬이가 길며 앞날개에는 검은 줄무늬가 있는 마디발 벌레. 풀보다는 벌레를 즐겨 먹는다 한뜻말 베짜개

베차다 움직씨 해내거나 견디기에 좀 벅차다 ⓑ버스나루에서 집까지 짐을 혼자 지고 오기에는 좀 베찬지 힘센 가람이도 땀을 뻘뻘 흘린다

베테랑 ⇒ 솜씨꾼. 손익은이

베틀 이름씨 삼베나 미영, 깁 따위 천을 짜는 틀 ⓑ어머니와 누나는 돌아가며 베틀에 올라 베를 짰다

베풀다 움직씨 ❶차려 벌이다 ⓑ아버지는 일꾼을 불러 잔치를 베풀었다 ❷받아 누리게 하거나 끼쳐주다 ⓑ할머니는 가난한 이에게 쌀을 베풀어 주곤 했다

베풂 이름씨 ❶닦은 흐뭇함과 고요함을 다른 사람에게 돌리거나 다른 이와 함께 나눔 ⇐ 보시. 회향 ❷좋은 일이나 그위일을 도우려고 돈이나 몬을 내놓음 ⇐ 자선. 기부. 헌금. 보시

베풂돈 이름씨 잔칫집이나 궂일집에 도와주는 돈이나 몬 ⇐ 보시금. 부조금. 헌금

베풂몬 이름씨 남에게 우러름이나 따뜻함, 또는 좋아하는 뜻으로 베푸는 몬 ⇐ 선물

베풂월 이름씨 말하는 이가 스스로나 물음에 맞갊아 제 생각을 베풀어 이르는 월 한뜻말 풀이월 ⇐ 평서문. 서술문

베풂이 이름씨 사랑을 베풀어 준 사람 ⇐ 은인

벤처기업 ⇒ 무릅쓰는 벌일. 무릅벌일

벤치 ⇒ 긴 앉개

벨 ⇒ 방울. 설렁. 쇠북

벨트 ⇒ 띠. 허리띠. 가죽띠

벼 이름씨 논에 심고 가꾸어 쌀을 거두는 낟. 잎은 좁고 길며 줄기 위에 이삭이 나와 열

매를 맺으며 씨 갈래가 여러 가지이다. 우리 겨레를 먹여 살리는 으뜸가는 먹을거리이며 예로부터 쌀밥에 고깃국 먹는 것을 잘사는 잣대로 삼았다 슬기말 **벼 이삭은 익을수록 고개를 숙인다** 배우고 닦을수록 스스로를 낮추고 내세우지 않는다

벼가을 이름씨 익은 벼를 베어 말려 거두어들이는 일 ㉥올해 벼가을이 끝나면 큰아들을 꼭 장가보내야겠다 한뜻말 벼가실. 벼가을걷이

벼겨 이름씨 벼에서 쌀을 내고 남은 껍질

벼농사 ⇒ 벼지이. 벼 가꾸기. 벼 여름지이

벼락 이름씨 ❶비를 머금은 구름 속 번힘과 땅 위 몬에 흐르는 번힘 사이에 일어나는 불꽃. 우렛소리가 나며 땅 위 몬을 냅다 친다 ㉥소나무에 벼락이 쳐서 나무가 말라 죽었다 ❷(어떤 이름씨와 '맞다' 사이에 써) 갑자기 많은 것에 부딪히거나 많은 것을 뒤집어쓰거나 얻다 ㉥돈벼락을 맞다. 물벼락을 맞다 ❸센 꾸지람이나 나무람 ㉥기리기는 커녕 호된 벼락이 떨어졌다 ❹매우 날쌔게 굴거나 구는 사람 ㉥그 가시가 여느 벼락인감, 대단한 살림꾼일걸 ❺갑자기 되는 것 ㉥벼락잔치. 벼락가면이 ❻('벼락으로'꼴로 써) 벼락과 같이 빠르게 ㉥모내기를 벼락으로 해치운다 익은말 **벼락 맞을 소리** 마땅한 구석이 조금도 없는 말

벼락가면이 이름씨 갑자기 살림을 불린 가면이 ⇐ 벼락부자. 졸부

벼락감투 이름씨 그럴 감이 못 되는 사람이 갑자기 얻은 벼슬

벼락같이 어찌씨 몸짓이나 움직임이 아주 빠른 꼴 ㉥남은 일도 벼락같이 해치웠다 한뜻말 벼락같게

벼락공부 ⇒ 벼락배움. 벼락익힘

벼락김치 이름씨 날배추나 날무를 지렁에 절여 바로 먹게 만든 김치

벼락부자 ⇒ 벼락가면이. 갑작가면이

벼락비킴막대 이름씨 벼락을 비키려고 집 꼭대기에 높이 세우는 쇠막대기 ⇐ 피뢰침

벼락익힘 이름씨 여느 때는 익히지 않다가 재봄 때가 닥쳐 갑자기 서둘러 익힘 ⇐ 벼락공부

벼락죽음 이름씨 뜻밖 갑작스러운 죽음 한뜻말 갑작죽음 ⇐ 돌연사

벼락추위 이름씨 갑자기 크게 추운 날씨 한뜻말 갑작추위 ⇐ 한파

벼랑 이름씨 바닷가나 가람가, 골짜기, 멧속 바위 같은 데에서 깎아 세운 듯이 곧추서 있는 땅이나 바위. 물이나 바람에 갉아 먹히거나 땅이 끊어져 곧추 떨어져 나가 이루어진다 ㉥까마득한 벼랑 위에서 쏟물이 떨어진다 한뜻말 낭떠러지. 칭디미 ⇐ 절벽

벼랑길 이름씨 벼랑에 난 사납고 바드러운 길 ㉥벼랑길을 톺아 메꼭대기에 올랐다

벼랑끝 이름씨 매우 바드럽거나 과가른 매개 ㉥웃대가리들은 자주 착한 사람들을 벼랑끝으로 내몰아 죽어가게 한다 ⇐ 배수진

벼랑부처 이름씨 벼랑에 새긴 깨달은 이 모습 ⇐ 마애불

벼랑톱 이름씨 벼랑이 잇닿아 죽 늘어선 곳

벼루 이름씨 먹을 갈 때 문지르기 좋게 다듬은 돌 ㉥붓글씨를 쓰려고 벼루에 물을 붓고 먹을 갈았다 한뜻말 벼룻돌

벼룩 이름씨 사람이나 짐승 몸에 붙어 피를 빨아 먹는 작은 벌레. 낮에는 이불이나 베개, 세간에 숨어있다가 밤에 사람에게 붙어산다 슬기말 **벼룩도 낯짝이 있다** 작은 벼룩조차도 낯짝이 있는데 하물며 사람 낯짝이 뻔뻔스러워서야 쓰겠느냐 **벼룩 애 내먹는다** 하는 짓이 매우 잘고 쩨쩨하다

벼룩시장 ⇒ 벼룩저자. 헌것저자

벼룩잠 이름씨 벼룩처럼 몸을 오그리고 잠깐 눈을 붙이는 잠

벼룩저자 이름씨 쓰던 몬을 싸게 사고파는 저자 ㉥벼룩저자에서 입을 만한 헌 옷가지를 샀다 한뜻말 헌것저자 ⇐ 벼룩시장. 플리마켓

벼룻길 이름씨 아래가 가람가나 바닷가로 이어진 벼랑길

벼르다[1] 움직씨 ❶어떤 일을 하려고 미리 단단

히 마음먹고 까리를 노리다 ⓑ어머니는 아들을 만나보고야 눈을 감겠다고 벼르고 별렀지만 끝내 못 만나고 숨을 거두었다 비슷한말노리다 ❷맞은쪽에 어떤 짓을 하려고 단단히 짜고들거나 마련하다 ⓑ참으며 벼르고 벼르던 말을 내뱉었다 ❸어떤 일이나 짓을 우물쭈물하면서 망설이다 ⓑ아이는 낫개물을 벼르다 마지못해 마셨다

벼르다[2] 움직씨 이바지한 데 견주어 여러 몫으로 나누다 ⓑ집집마다 팥시루떡을 별러주었다 ⇐ 배당하다. 분배하다

벼름 이름씨 여러 몫으로 고르게 별러주는 일 ⇐ 배당. 할당

벼리[1] 이름씨 ❶그물 바깥 모서리에 대는 밧줄. 그물이 일하게 하고 그물이 받는 모든 힘을 그물코에 골고루 나누어주는 구실을 한다. 마밧줄, 나일론밧줄, 쇠밧줄들로 만들며 줄을 대는 자리에 따라 웃벼리, 아랫벼리, 옆벼리가 있다 ❷일이나 글에서 가장 종요로운 줄거리

벼리[2] 이름씨 ❶사람이 스스로 또 더불어 가장 잘 살길을 마련한 얼개 ❷아람이 스스로 임자로서 나날삶을 두루 고루 잘 살 수 있게 짜맞춘 모둠살이틀. 나라힘을 바탕으로 억지힘으로 쓰이면서 처음 뜻과 달리 온갖 굴레가 되는 때가 많다. 그래서 예나 이제나 힘세고 돈 많은 사람에게 좋고 힘없고 돈 없는 사람한테 안 좋게 쓰인다 ⓑ뭇사람은 벼리 앞에 한결같다 ⇐ 법. 법률. 규칙

벼리가름말 이름씨 세힘나눔에 따른 한 갈래. 큰벼리집과 이에 딸린 모든 가름집과 얼개 ⇐ 사법부

벼리글월 이름씨 벼리에서 가지나 마디마다 적어 놓은 글월 ⇐ 법조문

벼리꾼 이름씨 가름보, 벼리보 같은 벼리일을 하는 사람 한뜻말벼리보 ⇐ 법조인

벼리다 움직씨 날이 무딘 연장을 불에 달구어 두드려서 날카롭게 한 뒤 다시 달구다 ⓑ아버지는 해마다 대장간에서 칼이나 낫, 호미, 괭이, 도끼를 벼렸다 ⇐ 단련하다

벼리다스림 이름씨 벼리에 따라 나라를 다스리는 일 ⇐ 법치

벼리다스림나라 이름씨 아람 뜻에 따라 만든 벼리를 바탕으로 다스리는 나라 ⇐ 법치국가

벼리보 이름씨 벼리에 따라 감본메를 갖추고 판가름에서 가름걸이하는 사람이 맡기거나 가름집이 뽑아 맡긴 일을 건이나 걸림이 쪽에 서서 따져 밝히고 그밖에 다른 벼리일을 하는 사람 한뜻말벼리바치. 벼리쟁이 ⇐ 변호사. 변호인

벼리어김 이름씨 지켜야 할 벼리를 어기는 일 ⇐ 범법

벼리이 이름씨 사람이 아니면서 벼리에 따라 사람처럼 바탕힘과 제구실을 가질 수 있는 모둠이나 모임 ⇐ 법인

벼리이낛 이름씨 나라낛 가운데 하나로 벼리이가 번 돈 따위에 매기는 낛 ⇐ 법인세

벼리일말 이름씨 가름걸이, 가두리 돌봄, 나라밖 나들기, 사람됨 지키기 따위 일을 맡아 보는 나랏일집 ⇐ 법무부

벼리지음 이름씨 벼리를 짓는 일 ⇐ 입법

벼리지음말 이름씨 세힘나눔에 따라 벼리를 짓는 일을 하는 나라뭠틀. 곧 나라모임을 이른다 ⇐ 입법부

벼멸구 이름씨 몸길이는 2mm쯤이고 몸은 푸른빛에 배가 누런 벌레. 긴 마디가 있는 주둥이로 벼 진물을 빨아먹어 벼에 큰 언걸을 준다 한뜻말멸구

벼슬 이름씨 '볏' 고장말

벼슬·벼슬자리 이름씨 나랏일을 맡아 다스리는 높은 자리 또는 그런 일. 구실보다 높아 큰 힘을 쓸 수 있어 백성 피땀을 짜는 일이 잦았다 ⓑ벼슬을 팔고 백성 피땀을 짜낸 벼슬아치들이 수두룩했다 ⇐ 고위관직 슬기말 **벼슬은 높이고 뜻은 낮추어라** 자리가 올라갈수록 저를 낮추고 여러 말을 귀담아들어라

벼슬길 이름씨 벼슬자리를 차지하여 살아가는 길

벼슬덤 이름씨 자리 탓으로 아람되게 얻는 돈

이나 몬 ⓑ조그만 떡값이 아니라 벼슬덤으로 몇 잘 원이 오간다면 검은돈이지

벼슬아치 이름씨 벼슬자리에 있으면서 나랏일을 맡아보는 이 ⓑ백성이 임자인 나라에서는 벼슬아치는 심부름꾼이자 머슴이다 ⇐ 고위관료

벼지이 이름씨 이른 봄에 씨나락을 싹틔우고 모판에 뿌려 모를 가꾸어 장만한 논에 모를 내어 심어 가꾸는 일. 우리 겨레는 이제부터 골닷즈믄 해 앞서부터 벼지이를 하여 뭇 겨레 가운데에서 가장 먼저 벼지이를 하였고 벼에 얽힌 낱말이 우리 겨레말에 가장 많다 ⇐ 벼농사

벽 ⇒ 바람

벽걸이 ⇒ 바람걸이

벽계수 ⇒ 푸른 냇물

벽난로 ⇒ 바람아궁이

벽돌 ⇒ 바람돌

벽두 ⇒ 첫머리. 처음

벽력 ⇒ 벼락

벽면 ⇒ 바람낯

벽보 ⇒ 바람글. 담벼락글

벽시계 ⇒ 걸개 때알림이

벽신문 ⇒ 바람새뜸

벽안 ⇒ 푸른 눈. 하늬사람

벽장 ⇒ 바람광

벽지 (僻地) ⇒ 두메. 두멧골. 시골. 외딴땅

벽지 (壁紙) ⇒ 바람종이. 거죽종이

벽창호 ⇒ 우김쟁이. 떼쟁이

벽촌 ⇒ 두메. 두멧골. 시골. 외딴곳

벽화 ⇒ 담벼락그림. 바람그림

변 (邊) ⇒ 가. 가장자리. 곁

변 (辯/辨) ⇒ 말. 핑계

변 (變) ⇒ 큰일. 날벼락

변 (便) ⇒ 똥. 똥오줌

변경 (邊境) ⇒ 가장자리 땅. 가땅. 가새땅

변경 (變更) ⇒ 고침. 바꿈. 고치다. 바꾸다. 돌이키다

변고 ⇒ 큰일. 날벼락

변괴 ⇒ 야릇한 일. 나쁜 짓

변기 ⇒ 뒷그릇. 똥그릇. 똥동이

변덕 ⇒ 도섭. 도섭질. 괘사

변덕스럽다 ⇒ 쉬이 바꾸다. 도섭스럽다

변덕쟁이 ⇒ 도섭쟁이

변동 ⇒ 바뀜. 바뀌다. 달라지다. 돌리다

변두리 ⇒ 가장자리. 가두리

변론 ⇒ 따짐. 따져밝힘. 가려따짐. 따지다. 가리다. 따져밝히다

변말 이름씨 어떤 갈래 사람들이 저희끼리만 자주 쓰는 말 한뜻말 곁말 ⇐ 은어. 암호

변명 ⇒ 발뺌. 둘러댐. 발뺌하다. 구실대다. 핑계하다. 둘러대다

변방 ⇒ 가땅. 가새땅. 가장자리 땅. 나라살피께

변변찮다 그림씨 보잘것없고 모자라다 ⓑ변변찮은 녀석 같으니라구

변변하다 그림씨 **1** 사람 됨됨이나 생김새가 티 없이 그런대로 괜찮다 ⓑ아비란 사람이 저 꼴이니 아이들이 변변할 까닭이 있겠나 **2** 제대로 갖춰지다 ⓑ차린 것은 변변치 않지만, 많이 드십시오 **3** 품에 맞게 의젓하다 ⓑ변변한 어버이 구실이 어디 그리 쉬운 일인가

변별 ⇒ 가려냄. 가려내다. 가리다. 가르다. 갈래짓다

변비 ⇒ 딱똥

변사 (變死) ⇒ 갑작죽음. 뜻밖죽음. 날죽음. 갑작죽다

변사 (辯士) ⇒ 말꾼

변상 ⇒ 갚음. 물어줌. 갚다. 물어주다. 때우다

변색 ⇒ 바램. 날림. 바래다. 날다. 낯빛이 바뀌다

변성 (變性) ⇒ 바탈바뀜. 바탈이 바뀌다

변성 (變聲) ⇒ 팸. 목소리팸. 패다. 목소리가 패다. 목소리가 달라지다

변성기 ⇒ 목소리 바뀔 때. 목소리 팰 때

변성암 ⇒ 바뀐바위

변소 ⇒ 뒷간. 똥간. 똥곳. 뒷곳

변수 ⇒ 바뀜수

변신 ⇒ 몸바꿈. 꼴바뀜. 몸 바꾸다. 꼴 바뀌다

변심 ⇒ 마음바꿈. 마음 바꾸다. 돌아서다. 번드치다

변압기 ⇒ 번힘누름바꿈틀

변온동물 ⇒ 찬피숨받이

변이 ⇒ 바뀜. 달라짐

변이성 ⇒ 바뀜새

변이형태 ⇒ 바뀜꼴

변장 ⇒ 낯꾸밈. 낯바꿈. 달리 꾸미다. 달리 차리다

변전소 ⇒ 번힘바꿈곳

변절 ⇒ 뜻바꿈. 뒤통수치다. 뜻바꾸다. 등돌리다. 저버리다

변제 ⇒ 갚음. 물기. 빚갚다. 물다

변조 ⇒ 고침. 고쳐지음. 고쳐만듦. 고쳐짓다. 고쳐 만들다. 몰래 고치다

변종 ⇒ 바뀐 씨. 몸바뀐 씨

변주 ⇒ 가락흐름바뀜

변주곡 ⇒ 흐름바뀜가락

변죽 이름씨 몬 가장자리 ⓑ장구 변죽을 두드리다가 복판을 두드리며 멋들어지게 친다 익은말 **변죽을 울리다** 바로 말하지 않고 슬쩍 돌려 말해 눈치채게 하다

변질 ⇒ 썩음. 썩다. 쉬다. 바뀌다

변천 ⇒ 바뀜. 달라짐. 달라져옴. 바뀌다. 달라지다. 달라져오다. 바뀌어오다

변칙 ⇒ 벗어남

변태 ⇒ 탈바꿈. 벗어난 꼴. 꼴 갈이

변통 ⇒ 둘러맞춤. 둘러댐. 둘러대다. 둘러맞추다. 두르다. 꾸다. 빌리다

변하다 ⇒ 바뀌다. 달라지다. 맛이 가다

변함없다 ⇒ 한결같다. 늘 같다. 굳다

변혁 ⇒ 바꿈. 고침. 바꾸다. 고치다. 달라지다

변형 ⇒ 꼴바꿈. 바뀐 꼴

변호 ⇒ 벼리도움. 벼리감쌈. 벼리돕다. 벼리감싸다

변호사 ⇒ 벼리쟁이. 벼리바치. 벼리보

변호인 ⇒ 벼리쟁이. 벼리바치. 벼리보

변화 ⇒ 바뀜. 달라짐. 바뀌다. 달라지다

변화구 ⇒ 바뀜공. 휨떨공

변화무쌍하다 ⇒ 확 달라지다. 잘 바뀌다

변환 ⇒ 바꿈. 바뀜

별 이름씨 ❶밤하늘에 반짝거리며 빛을 내는 하늘덩이를 통틀어 이르는 말 ⓑ밤하늘에 별들이 반짝인다 ❷땅별이나 해, 달, 누리먼지를 뺀 하늘덩이. 여느 때는 땅별이나 해, 달을 뺀 달별이나 떠돌이별, 살별, 붙박이별을 이른다 ❸큰 이끎이 ⓑ배달겨레 별은 참말로 누구일까 ❹살아 빛나며 반짝거리는 눈기운 ⓑ방싯 웃는 두 아이 새까만 눈에 별이 반짝인다 ❺모든 사람 삶을 두루 드높이려고 살아가는 사람 ⓑ나라를 되찾으려고 왜놈과 싸우다 죽어간 별들을 떠올린다 ❻다섯모꼴로 된 '별'꼴표 ❼잠개잡이옷에 다는 별꼴표

별 (別) ⇒ 두드러진. 달리. 따로

별- (別) ⇒ 딴-

-별 (別) ⇒ -따라

별개 ⇒ 딴낱. 딴것

별거 ⇒ 딴살림. 따로 삶. 따로 살다

별것 ⇒ 딴것. 드문 것. 두드러진 것. 온갖것. 여러가지

별고 ⇒ 딴일. 다른 까닭

별관 ⇒ 곁채. 아래채

별꼴 ⇒ 딴꼴. 온갖꼴. 아니꼬운 꼴. 딴 꼬락서니

별나다 ⇒ 남다르다. 빛다르다. 놀랍다

별나라 이름씨 '별'을 땅별처럼 사람 사는 누리에 비겨 이르는 말 ⓑ별나라로 나들이를 떠나보자는 헛된 꿈을 꾸면 눈앞에 죽어가는 목숨에 눈감는 일이 된다

별누리 이름씨 별로 가득한 온 누리

별님 이름씨 '별'을 살갑게 이르는 말 ⓑ밤하늘에 달님과 별님이 빛난다

별다르다 ⇒ 남다르다. 뾰족하다

별달리 ⇒ 남달리. 그다지. 딱히

별당 ⇒ 딴채

별도로 ⇒ 따로. 딴. 달리

별도리 ⇒ 다른 길. 다른 수

별떼 이름씨 하늘에 군데군데 몰려있는 붙박이별 무리 ⓑ미리내는 구름띠 꼴로 길게 번 은 별떼이다 ⇐ 성단

별똥 이름씨 별똥별 한뜻말 별찌 ⇐ 유성

별똥돌 이름씨 돌로 되어 땅위에 떨어진 별똥 ⇐ 운석. 성석

별똥별 이름씨 하늘에 떠 있던 것이 땅별 바람 흐름 속에 들어올 때 부딪쳐 빛을 내며 타서 떨어지는 돌 ⓑ별똥별이 불꽃 꼬리를 그리며 저 멀리 떨어진다 한뜻말별똥 ⇐ 유성

별러주다 움직씨 몫으로 나누어 주다 ⓑ일이 끝나자, 임자가 곧바로 일꾼들에게 품삯을 별러주었다

별로 ⇒ 그다지. 그리. 따로

별말 ⇒ 딴말. 다른 말. 여러 말. 뜻밖 소리

별말씀 ⇒ 딴말씀

별명 ⇒ 딴이름. 다른 이름

별무꾸리 이름씨 별 꼴이나 자리, 밝기 들을 보고 점치는 일 ⇐ 점성술

별미 ⇒ 딴맛. 좋은 맛. 으뜸 맛. 빛다른 맛

별바다 이름씨 맑게 갠 날 밤하늘에 수많은 별이 빽빽하게 돋은 모습

별박이 이름씨 살치 끝에 붙은 쇠고기. 쇠고기 가운데 가장 질기다

별반 ⇒ 남달리. 그다지. 따로

별별 ⇒ 온갖. 여럿

별별사람 ⇒ 온갖 사람

별보는곳 이름씨 별과 하늘을 살펴보던 곳. 아시아에서 가장 오래된 하늘 살피던 곳이다 ⇐ 첨성대

별보라 이름씨 활짝 갠 밤하늘에 뭇별이 널려 있는 것 ⓑ푸른누리 밤하늘은 별보라를 즐기기에 안성맞춤이다

별빛 이름씨 별이 반짝이며 내는 빛 ⓑ구름이 없어 밤하늘 별빛이 여느 때보다 더 빛난다

별사람 ⇒ 여러 사람. 남다른 사람. 놀라운 사람. 온갖 사람

별생각 ⇒ 남다른 생각. 여러 생각. 뾰족한 수

별세 ⇒ 돌아가심. 숨짐. 돌아가시다. 숨지다. 죽다

별세계 (별世界) ⇒ 별누리

별세계 (別世界) ⇒ 딴나라. 꿈나라. 딴누리

별세상 ⇒ 딴누리

별소리 ⇒ 딴소리. 뜻밖말. 남다른 소리. 온갖 소리

별수 ⇒ 어쩔수. 딴수. 딴길. 뾰족수

별스럽다 ⇒ 남다르다. 썩 다르다

별식 ⇒ 딴맛갓

별실 ⇒ 딴방. 작은 방

별안간 ⇒ 갑자기. 문득. 눈 깜짝할 새

별의별 ⇒ 온갖. 갖가지. 여러 가지

별일 ⇒ 딴일. 드문 일. 야릇한 일. 남다른 일

별자리 이름씨 밝은 별을 줏대 삼아 하늘을 몇 낱으로 나눈 작은 테두리 ⓑ큰곰자리는 국자별을 줏대 삼아 노녘 끝에 있는 별자리다 ⇐ 성좌

별장 ⇒ 딴집. 쉼집

별종 ⇒ 딴씨. 딴갈래

별주부전 ⇒ 토끼이야기

별찌 이름씨 별똥별 한뜻말별똥 ⇐ 유성

별채 ⇒ 딴채

별책 ⇒ 딴책. 딸림책. 덧책

별천지 ⇒ 딴누리. 딴나라. 꿈나라

별칭 ⇒ 딴이름. 다른 이름

별콩 이름씨 밭에 심어 가꾸는 덩굴풀로 닷달에 나비처럼 흰 꽃이 피고 꽃이 시들면 꼬투리가 맺혀 안에 동그란 옅푸른 씨앗이 든다. 열매는 먹고 잎은 짐승 먹이로 쓴다 한뜻말애콩 ⇐ 완두콩

별표 이름씨 별꼴 표 ⓑ잊지 말아야 할 곳에 별표를 달아놓았다

볍쌀 이름씨 벼에서 난 멥쌀과 찹쌀 ⓑ물이 넉넉하지 않은 곳은 볍쌀이 놀았다

볍씨 이름씨 씨앗으로 쓰는 벼알 ⓑ이웃집 볍씨 넣는 날이니 가서 도와야지

볏[1] 이름씨 닭이나 꿩 같은 날짐승 정수리 위나 주둥이 밑에 세로로 붙은 붉은 살 조각. 수컷 것이 더 크다 ⓑ닭 볏. 두루미 볏. 뜸부기 볏

볏[2] 이름씨 보습 위에 비스듬히 덧댄 쇳조각. 보습으로 갈아엎는 흙을 받아 한쪽으로 떨어지게 한다

볏가리 이름씨 베어낸 벼 묶음을 쌓은 더미 ⓑ벼 베기를 끝내고 걷어 묶어 논둑 여기저기에 볏가리를 쌓아두었다

볏단 이름씨 벼를 베어 묶은 단 ⓑ볏단을 날라 쌓았다

볏담불 이름씨 벼를 쌓은 무더기

볏섬 이름씨 벼를 담은 섬 ㉥가을걷이 뒤끝에 나락을 떨면 마당에 볏섬을 쌓아둔다

볏술 이름씨 가을에 벼로 갚기로 하고 외상으로 먹는 술

볏짚 이름씨 벼 난알을 떨어낸 마른 줄기와 잎. 집짐승 먹이로 쓰거나 좋은 종이, 두엄을 만들거나 새끼를 꼬고 가마니를 짜는 데 쓴다 ㉥바심을 마치고 앞마당에 볏짚을 쌓아두었다

병 이름씨 목이 길고 주둥이가 좁은 그릇. 흔히 안에 물이나 기름, 술 같은 것을 담는다 ㉥물병. 술병. 기름병. 지렁병

병 ⇒ 앓이. 아픔. 다침

병가 ⇒ 앓이쉼. 앓이말미

병간호·병구완 ⇒ 앓이 바라지. 앓이 수발. 앓이 시중

병균 ⇒ 앓이팡이

병기 ⇒ 잠개. 싸움연모. 싸움연장

병나다·병들다 ⇒ 앓다. 몸져눕다. 앓아눕다

병동 ⇒ 나숨채

병따개 이름씨 병뚜껑을 따는 연장

병뚜껑 이름씨 병 주둥이를 덮거나 막는 몬

병력 (兵力) ⇒ 지킴힘. 잠개잡이힘. 지킴이힘

병력 (病歷) ⇒ 앓이자취

병렬 ⇒ 나란놓음. 나란히 늘어서다. 나란히 늘어놓다

병렬연결 ⇒ 나란히 잇기

병마 ⇒ 앓이

병마개 이름씨 병 주둥이를 막는 것

병명 ⇒ 앓이 이름

병목 이름씨 병 주둥이 밑에 잘록한 곳

병무청 ⇒ 싸울아비일집

병문안 ⇒ 앓는이 찾기. 앓는이 보기

병법 ⇒ 싸움꾀

병사 (兵士) ⇒ 잠개잡이. 졸때기

병사 (病死) ⇒ 앓이로 죽음. 앓이로 죽다

병상 ⇒ 앓이 자리. 앓는이 자리

병석 ⇒ 앓는 자리. 누운 자리

병세 ⇒ 앓음새. 아픈꼴

병신 ⇒ 몸거북이. 앓이몸. 바보. 못난이. 머저리

병실 ⇒ 나숨방

병아리 이름씨 **1** 갓 깠거나 다 못 자란 새끼닭 ㉥병아리가 어미닭 뒤를 졸졸 따라간다 **2** 솜씨나 재주, 배움이 덜 된 이 ㉥저 아이는 어제 갓 들어온 병아리 일꾼이다 비슷한말 햇병아리. 풋내기. 애송이

병약하다 ⇒ 이울다. 지위지다. 비영비영하다. 쉬이앓다

병역 ⇒ 지킴살이. 잠개잡이살이

병영 ⇒ 지킴집. 바오달

병원 (病院) ⇒ 나숨집. 고침집

병원 (病源) ⇒ 앓이뿌리

병원균 ⇒ 앓이팡이

병원체 ⇒ 앓이일개

병인 ⇒ 아픈까닭. 앓이까닭

병자 ⇒ 아픈이. 앓는이. 다친 이

병장 ⇒ 머리내기

병적 ⇒ 아픈. 앓는

병존 ⇒ 함께 있음. 아울러 있다. 함께 있다. 나란히 있다

병졸 ⇒ 잠개잡이. 새내기 싸울아비. 쫄따구

병중 ⇒ 아플 때. 앓을 때

병진 ⇒ 함께 감. 같이가다. 함께가다

병충해·병해충 ⇒ 앓이벌레언걸. 앓이벌레지실

병치레 ⇒ 앓이치레

병폐 ⇒ 잘못. 안좋은일. 가탈. 나쁜 것

병풍 ⇒ 가리개. 두르개

병합 ⇒ 아우름. 아우르다. 묶다. 섞다

병행 ⇒ 같이가기. 같이가다

병환 ⇒ 앓이

볕 이름씨 해에서 비치는 빛이나 뜨거운 기운 ㉥따뜻한 봄날 할머니는 마당에서 볕을 쬐었다. 볕이 잘 든다 한뜻말 햇볕 비슷한말 햇살. 햇빛

볕뉘 이름씨 **1** 작은 틈새로 짧게 비치는 볕 ㉥구름 사이로 볕뉘가 비치다가 사라졌다. 구름 낀 볕뉘도 쬔 적이 없건마는 **2** 그늘진 곳에 미치는 볕 기운 ㉥볕뉘라도 있어서 그나마 덜 춥다

볕달 이름씨 마녘으로 보고 있어 볕이 잘 드는

곳이나 비탈 ⓑ어머니를 볕달 바른 곳에 묻었다 한뜻말볕받이 ⇐ 양달. 양지

볕달꽃 이름씨 뿌리잎은 뭉쳐나고 줄기잎은 세겹잎인데 몸에 털이 많은 풀. 어린싹은 먹는다 ⇐ 양지꽃

볕달쪽 이름씨 볕이 잘 드는 쪽 ⇐ 양지쪽

볕달풀 이름씨 햇빛이 잘 드는 곳에서 잘 자라는 푸나무. 많은 한해살이풀과 기르는 먹거리가 여기에 딸린다 한뜻말볕달푸나무 ⇐ 양지식물

볕말림 이름씨 ❶볕에 쬐어 말리는 일 ⓑ볕말림을 한 고추를 빻았다 맞선말그늘말림 ⇐ 양달건조. 일광건조 ❷겨울 동안 갈무리했던 씨앗을 봄에 씨뿌리기 앞에 꺼내 펴서 햇볕과 바람을 쐬는 것. 씨앗을 잠에서 깨워 싹이 잘 트게 하는 일이다

볕모음널 이름씨 햇볕을 한데 모으는 데 쓰는 널 ⓑ볕모음널로 햇볕을 모아 그 뜨거움으로 물을 데우고 방을 데우는 데 쓴다 ⇐ 집열판

볕바라기 이름씨 추울 때 볕바른 곳에 나와 햇볕을 쬐는 일 한뜻말해바라기

볕바르다 그림씨 햇볕이 바로 비치어 밝고 따뜻하다 ⓑ볕바른 뜨락에 앉아 언니랑 밤을 까먹던 먼 옛날 ⇐ 양지바르다

볕받이 이름씨 ❶볕이 바로 드는 곳 ⓑ여기는 볕받이라 아주 따뜻하다 한뜻말볕달 맞선말그늘받이 ⇐ 양달. 양지 ❷볕이 잘 드는 일 ⓑ가을 볕받이에 고추를 널어 말린다

볕살 이름씨 햇볕에서 오는 따뜻한 기운 ⓑ볕살이 이처럼 따뜻하니 우리 나물 캐러 갈까?

볕소금 이름씨 바닷물을 소금밭에 댄 뒤 햇볕과 바람으로 말린 소금 ⓑ우리 겨레는 볕소금으로 김장이나 젓갈, 장을 담갔다 한뜻말바닷소금 ⇐ 천일염

볕쬐기 이름씨 몸을 고치거나 튼튼히 하려고 햇볕을 쬐는 일 ⓑ옛 고리 때는 온 마을 겨집 사내, 어른 아이 할 것 없이 물가에 나와 발가벗고 멱감고 볕쬐기를 했다고 한다 한뜻말볕쪼임 ⇐ 일광욕. 일조

보[1] 이름씨 누런빛이 나는 값비싼 쇠붙이. 가락지 같은 몸 꾸미개를 만드는 데 쓰고 돈 구실을 하기도 한다 ⓑ보가락지. 보덩이 ⇐ 금

보[2] 이름씨 ❶무엇을 싸거나 씌워 덮는 데에 쓰는 네모진 천 ⓑ겨울 이불을 햇볕에 말려서 보로 싸서 갈무리했다 한뜻말싸개. 포대기. 보로기. 깃 ❷가위바위보에서 다섯 손가락을 활짝 펴서 내미는 것 ⓑ보는 바위에 이기고 가위에 진다

보[3] 이름씨 ❶논에 물을 대려고 흘러가는 냇물을, 둑을 쌓아 막은 곳 ⓑ버지이를 하는 마을에서는 해마다 섣갓에서 나무를 베어다 허물어진 보를 고쳤다 ❷물 대려는 들 위쪽에 땅을 깊이 파고들어 가서 샘물줄기를 찾아 돌로 둑을 쌓고 둑 위를 덮어 물을 모아 흘러내리게 하여 아랫녘 논에 물을 댈 수 있게 한 것 ⓑ우리 마을에는 세보, 덤밑보, 가운뎃보 같은 샘물 보가 많이 있었다

보(步) ⇒ 걸음

-보 뒷가지 ❶(어떤 낱말 뿌리에 붙어) 그 바탈을 가진 사람 ⓑ떼보. 뚝보. 꾀보. 떡보. 울보. 잠보 ❷(어떤 낱말 뿌리에 붙어) 그 꼴을 한 사람 ⓑ뚱뚱보. 땅딸보. 털보 ❸(웃음이나 울음, 말들에 붙어) 참거나 잔뜩 쌓인 것 ⓑ웃음보. 말보. 울음보 ❹그 일을 벌이로 하거나 일삼아서 하는 사람 ⓑ나숨보. 가름보. 걸보. 깨살핌보. 보살핌보. 벼리보. 낫개보. 가르침보

보강 ⇒ 채움. 깁다. 튼튼히 하다. 채우다. 보태다

보갚음 이름씨 남한테서 언걸을 입었을 때 되돌려주는 일 한뜻말앙갚음 ⇐ 복수

보개 이름씨 ❶멀봄에서 뮘그림을 소리에 견줘 이르는 말 ⇐ 비디오 ❷멀봄에 뮘그림 짓말을 다루는 틀이나 돌길 ⇐ 비디오

보건 ⇒ 두루튼튼

보건복지가족부 ⇒ 튼튼잘삶집맡

보건비 ⇒ 두루튼튼돈

보건소 ⇒ 두루튼튼곳

보건실 ⇒ 두루튼튼방
보고 (寶庫) ⇒ 보배광
보고 (報告) ⇒ 알림. 아룀. 알리다. 아뢰다. 여쭈다
보고문 ⇒ 알림글
보고서 ⇒ 알림글. 알림종이
보고회 ⇒ 알림모임
보관 ⇒ 갈무리. 간수. 갈무리하다. 간직하다. 간수하다. 맡다
보관소 ⇒ 간수하는곳
보관함 ⇒ 간수그릇. 간수통
보구덩이 이름씨 보를 캐내던 구덩이 ⇐ 금광터. 금구덩이
보굿 이름씨 굵은 나무줄기에 두껍고 비늘같이 생긴 껍데기 ⇐ 코르크
보굿나무 이름씨 더운 고장에서 자라는 늘푸른나무. 나무껍질이 퉤새가 좋아 병마개로 많이 쓴다 ⇐ 코르크나무
보균자 ⇒ 팡이지님이. 팡이보
보그르르 어찌씨 ❶ 적은 물이 좁은 곳에서 잇달아 끓어오르는 꼴 ⓑ국솥이 보그르르 끓어오를 때까지 불을 때라 큰말부그르르 센말뽀그르르 ❷ 잔거품이 한꺼번에 이어 일어나는 꼴 ⓑ빨래를 문지르자, 거품이 보그르르 일어난다
보글거리다 움직씨 ❶ 물 같은 것이 얼마 남지 않은 채 자꾸 시끄럽게 끓다 ⓑ찌개가 보글거리면 불을 줄여라 큰말부글거리다 센말뽀글거리다 ❷ 작은 거품이 자꾸 일어나다 ⓑ물비누로 빨래를 치대자, 거품이 보글거렸다 **보글대다**
보글보글 어찌씨 ❶ 적은 물이 좁은 테두리에서 시끄럽게 끓는 꼴이나 그 소리 ⓑ찌개는 보글보글 끓어서 뚜껑이 조금씩 들먹거린다 큰말부글부글 센말뽀글뽀글 ❷ 잔거품 같은 것이 한꺼번에 자꾸 시끄럽게 일어나는 꼴이나 그 소리 ⓑ구럭에 담긴 게가 보글보글 거품을 뿜는다 ❸ 안타까운 마음이 가슴속에서 뒤설레는 꼴 ⓑ생각할수록 가슴이 보글보글 끓는다 **보글보글하다**
보금자리 이름씨 ❶ 새가 깃들이는 둥지 ⓑ새가 보금자리로 날아든다 ❷ 근심 걱정 없이 보람 있게 사는 곳 ⓑ안팎으로 힘을 모아 드디어 보금자리를 마련했다 ⇐ 안식처 ❸ 포근한 잠자리 ⓑ보금자리에서 못 자고 한데서 잠을 잤다
보급 (普及) ⇒ 널리폄. 널리 펴다. 두루 펴다. 퍼뜨리다
보급 (補給) ⇒ 대줌. 보태주다. 대어주다
보급로 ⇒ 댐길. 대줌길
보급품 ⇒ 댐몬. 대줌몬
보기[1] 이름씨 어떤 꺼리나 글, 그림 같은 것을 보거나 읽는 것 ⓑ보기와 듣기
보기[2] 이름씨 ❶ 어떤 잣대가 되거나 바탕으로 삼을 만한 것 ⓑ아이들은 흔히 제 어버이를 보기로 삼아 산다 비슷한말거울. 겨냥 ⇐ 본보기 ❷ 어떤 일을 풀거나 밝히려고 끌어다 대는 것 ⓑ보기를 들어 이야기하니 다들 고개를 끄덕였다 ⇐ 예. 사례. 케이스 ❸ 누리에 널리 있어 흔한 것 ⓑ그런 보기는 쌔고 쌨다
보기밖 이름씨 따르거나 지키던 데서 벗어나는 일 ⓑ시골살림이 다 그렇듯 느티네도 보기밖은 아니었다 ⇐ 예외
보기컨대 어찌씨 보기를 들건대 ⇐ 예컨대
보깨다 움직씨 ❶ 먹은 것이 삭지 않아 뱃속이 거북하고 더부룩하다 ⓑ어제저녁 내내 속이 보깨어 잠조차 설쳤다 한뜻말토라지다 ❷ 일이 뜻대로 되지 않아 마음이 자꾸 쓰이다 ⓑ삶이란 보깨다가 늙어버린 스스로를 찾는 일이다
보꾹 이름씨 지붕 안쪽 ⓑ늙은이는 보꾹으로 하늘이 보이는 낡은 집에 산다 한뜻말반자 ⇐ 천장
보나마나 어찌씨 보지 않아도. 뻔하게. 해보지 않아도 ⓑ보나마나 우리가 이긴다. 보나마나 맛있겠네
보내개 이름씨 ❶ 줄 없는 널냄에서 짓말을 번결로 바꾸어 보내는 틀 ⇐ 송신기 ❷ 짓말을 보내는 틀 ⇐ 발신기
보내다 움직씨 ❶ 무엇을 한곳에서 다른 곳으

로 가게 하다 ⓑ한 해 동안 푸른누리를 도와준 이들에게 밤을 보낸다 ❷어떤 일을 하도록 떠나게 하거나 가게 하다 ⓑ가게에 가서 상추를 사 오라고 아이한테 심부름을 보냈다 ❸어떤 일을 맡겨서 어디에 가게 하다 ⓑ오늘 온 이는 고을집에서 가을걷이를 알아보라고 보낸 사람이다 ❹일터를 옮기게 하다 ⓑ맏아들을 잠개잡이로 보냈다 ❺찾거나 부른 사람을 가게 하다 ⓑ옆집에서 사람을 보내 칼국수를 주었다 ❻붙잡은 사람을 놓아주다 ⓑ잘 타일러서 보냈다 ❼시집, 장가와 함께 써 짝맺게 하다 ⓑ시집을 보낸다. 장가를 보낸다 ❽해달이나 때를 지내다 ⓑ젊을 때를 보람 있게 보냈지 ❾죽은 사람과 헤어지다 ⓑ아버지는 어머니를 보내고 스무 해 동안 사셨다 ❿맞은쪽에 제 생각을 알리려고 몸짓을 하거나 낯빛을 내다 ⓑ눈짓과 손짓을 다 보내도 그 멍청이가 못 알아차렸다 ⓫어떤 곳으로 눈길을 돌리다 ⓑ아람이 잔뜩 번 밤나무로 눈길을 보낸다

보냄말 이름씨 헤어져 떠나는 사람을 보내며 하는 말 ⇐ 송사. 송별사

보너스 ⇒ 덤. 덤삯. 덧거리

보늬 이름씨 밤이나 도토리같이 겉껍질이 있는 열매 속 얇은 껍질 ⓑ날밤 보늬를 손톱으로 벗겨봐. 잣 보늬는 남겨서 까렴 ⇐ 내피

보다[1] 움직씨 ❶눈으로 볼거리나 꼴을 알다 ⓑ문틈으로 마당에서 모이를 쪼는 참새떼를 본다 ❷볼거리 속내나 바탈, 매개 따위를 알려고 살피다 ⓑ마침 좋은 땅이 났다는데 같이 보러 갈래? ❸온갖 읽을거리를 받아 읽다 ⓑ새뜸을 받아 본 지도 오래 되었다 ❹무엇을 살펴 여기거나 매기다 ⓑ나를 가볍게 보지 마라 ❺어떤 일을 겪거나 얻어 가지다 ⓑ밤을 그냥 내기보다 밤떡을 해 팔면 길미를 더 본다는데 ❻그릇되게 사귀어 지내다 ⓑ겨집을 보고 돌아다니거나 사내를 보고 돌아다니지 마라 ❼저자에서 몬을 사다 ⓑ돌아오는 길에 저자를 봐 오너라 ❽어떤 일에서 매듭을 짓거나 맺음에 이르다 ⓑ이 일은 꼭 끝을 보고 말리라 ❾다루거나 맡아 하다 ⓑ잔치 일을 볼 사람을 찾았다 ❿살피거나 헤아리다 ⓑ때를 봐서 놀러갈게요 익은말 **보는 눈이 있다** 값어치를 알아보거나 값을 매길 줄 안다 **볼 낯이 없다** 몹시 서머하고 부끄럽다 슬기말 **보기 좋은 떡이 먹기도 좋다** 겉 꼴이 좋으면 속내도 좋다 **보자 보자 하니까 얻어 온 장 한 디위 더 뜬다** 가뜩이나 미운데 더 미운 짓을 한다

보다[2] 움직씨 ❶믿고 기대거나 따르다 ⓑ아버지는 어머니를 여의고 딸들만 보고 살아간다 ❷무엇을 하려고 만나다 ⓑ우리 그 일 하러 언제 볼까? ❸무엇을 사려고 요모조모 따지다 ⓑ집터를 보러 가자 ❹어떤 일을 겪거나 치르다 ⓑ재봄은 잘 보았니? ❺무엇을 돌보거나 지키다 ⓑ저 없는 동안 강아지 좀 봐주세요 ❻먹을거리를 차리거나 갖추다 ⓑ손님이 오셨으니 술놓개 좀 봐 오너라 ❼똥오줌을 누다 ⓑ오줌을 보고 나니 시원하다 ❽새사람을 얻거나 맞다 ⓑ아내가 늦둥이를 보고 많이 기뻐했다 ❾앓이를 살피거나 고치다 ⓑ나숨집엔 이 보는 데, 속 보는 데, 눈 보는 데, 귀코목 보는 데 들이 있다

보다[3] 움직씨 ❶(움직씨 '아, 어' 꼴 다음에 써) 어떤 짓을 그저 하다 ⓑ먹어 보다. 손을 잡아 보다 ❷(움직씨 '아, 어' 꼴 다음에 써) 어떤 짓을 스스로 겪다 ⓑ지난 삶을 돌아 보다. 해 보다. 가 보다 ❸('다, 다가' 다음에 '보니' 꼴로 써) 앞에서 한 짓 열매가 까닭이 되다 ⓑ가다가 보니 길을 잘못 들었다 ❹('보고' 꼴로 써) 앞에서 말한 것을 할 거리로 삼다 ⓑ먹어 보고 시킬게요. 알고 보면 다 좋은 사람이지요 ❺('ㄴ가(는가)', 'ㄹ가(을가)' 꼴 다음에 써) 헤아림이나 어림을 나타낸다 ⓑ문소리가 나니 아버지가 오시는가 보다. 먹구름이 끼는 걸 보니 비가 올까 보다 ❻('ㄹ가(을가)' 다음에 '봐' 꼴로 써) 뜻을 나타낸다 ⓑ싸우는 꼴이 보기 싫어

집에 갈까 봐 7('고' 다음에 '보니, 보면' 꼴로 써) 짓이나 바탈 열매였음을 나타낸다 ㉥달아나길래 잡고 보니 도둑놈이었다 8('고' 꼴 풀이말 다음에 '일', '판'과 어울려 써) 풀이말이 나타내는 속내가 반드시 먼저 이루어져야 함을 힘준다 ㉥두고 볼 일이다. 놀고 볼 판이다

보다[4] 어찌씨 어느만큼에서 한 켜 더 ㉥내가 그 같은 수레를 보다 적은 돈으로 살 수 있는 데를 안다 비슷한말더욱. 더더욱

보다[5] 토씨 (어떤 것에) 견주어 ㉥내가 보리보다 힘이 세지

보답 ⇒ 갚기. 갚다. 되갚다. 안갚음하다

보도 (報道) ⇒ 알림. 새뜸알림. 알리다. 새뜸 싣다

보도 (步道) ⇒ 거님길. 걸음길. 걷는 길

보도블록 ⇒ 거님길돌

보드기 이름씨 크게 자라지 못하고 마디가 많은 어린 소나무

보드랍다 그림씨 1 닿는 느낌이 만만하다 ㉥아기 살결이 보드랍다 큰말부드럽다 2 바탕이나 몸가짐이 곱다 ㉥단비 마음씨는 참 보드라워 3 가루 따위가 잘고 곱다 ㉥보드라운 밀가루. 보드라운 흙

보드레하다 그림씨 꽤 보드랍거나 보드라운 데가 있다 ㉥보드레한 깁 속옷

보득솔 이름씨 가지가 많고 딱 바라진 어린 소나무

보들보들 어찌씨 매우 보드라운 꼴 ㉥보들보들 보드라운 살결 비슷한말야들야들 큰말부들부들

보들보들하다 그림씨 닿는 느낌이 매우 보드랍다 ㉥보들보들한 깁치마. 참나무숲 흙이 매우 보들보들하다 비슷한말야들야들하다 큰말부들부들하다

보듬다 움직씨 가슴에 착 붙도록 안거나 얼싸안다 ㉥아기를 살며시 보듬어 자리에 눕혔다

보디가드 ⇒ 지킴이. 몸지킴이

보따리 이름씨 1 보자기에 몬을 싸서 꾸린 뭉치 ㉥옷 보따리, 이불 보따리, 온갖 보따리가 있었지 2 보자기에 싼 뭉치를 세는 하나치 ㉥한 보따리. 세 보따리 3 속에 품고 있는 생각이나 이야깃거리 ㉥오늘 저녁에는 옛날이야기 보따리를 풀어놓지 익은말 **보따리를 싸다** 맺었던 사이나 다니던 일을 그만두다

보따리장수 이름씨 몬을 보따리에 싸서 다니면서 팔아서 삶을 꾸리는 사람 ㉥우리 작은어할머니는 닷새 저자를 돌아다니는 보따리장수였다

보라[1] 이름씨 쪽빛과 붉은빛이 섞인 빛깔 한뜻말보랏빛

보라[2] 이름씨 눈가루나 물방울, 잔부스러기 들이 한꺼번에 바람에 불리어 뽀얗게 흩어지는 꼴 ㉥꽃보라. 물보라. 눈보라가 휘몰아친다. 봄바람에 벚꽃이 떨어져 날리면서 아름다운 보라를 이루었다

보라[3] 이름씨 쐐기꼴로 만든 쇠 연장. 장작을 팰 때 도끼로 찍은 자리에 박고 도끼머리나 큰 망치로 내리쳐서 나무를 쪼개는 데 쓴다

보라[4] 이름씨 재넘이 한 가지. 더기에서 생긴 찬바람이 높바람 누름에 밀려서 갑자기 불어 내려오는 세고 찬 바람 한뜻말보라바람

보라매 이름씨 1 사냥할 때 쓰려고 갓난 매 새끼를 잡아다가 길들인 것 ㉥보라매로 꿩 사냥 하는 것을 구경하러 갔다 2 두 해를 묵어서 세 살이 된 매나 새매

보라바람 이름씨 높은 더기에서 갑자기 메 밑으로 불어내리는 차갑고 센 바람 ㉥눈발이 보라바람에 실려 휘몰아쳤다 한뜻말보라

보라색 ⇒ 보랏빛. 보라

보람 이름씨 1 일을 하거나 몸을 써서 얻는 좋은 열매 ㉥비 온 보람으로 배추가 잘 자란다 ⇐ 효과. 효능. 효험 2 자랑스러운 일에서 오는 값어치 ㉥우리말을 살려 쓰는 데서 사는 보람을 느낀다 3 조금 드러나 보이는 표 ㉥보람이 남아 있다 ⇐ 특징 4 잊어버리지 않거나 다른 것과 가리려고 해 두는 표나 자취 ㉥보람표. 보람널. 무를 땅에 묻고 그 자리에 나뭇가지로 보람을 해두었다 ⇐

표시. 표지

보람널 [이름씨] 그위집이나 벌데, 가게들이 이름이나 하는 일, 파는 몬 같은 것을 적어서 사람 눈에 잘 띄는 곳에 걸거나 세우는 것 ⇐ 간판. 표지판. 현판. 트레이드마크

보람말뚝 [이름씨] 무엇을 나타내려고 박거나 세운 말뚝 ⇐ 푯말. 표목

보람수 [이름씨] 0이 아닌 옹근수. 곧 1에서 9까지 수 ⇐ 유효숫자

보람차다 [그림씨] 어떤 일을 하고 나서 그 여름을 많이 거둬 자랑스러울 만큼 마음이 흐뭇하다 ㉥돈을 많이 버는 것도 좋지만 보람찬 일이라면 더 좋겠다 비슷한말값지다. 뜻깊다 ⇐ 만족하다

보람표 [이름씨] 몬에 그 몬 크기, 값, 감 따위를 적어 달아 놓은 표 ⇐ 태그. 가격표. 표찰

보람푼수 [이름씨] [1]들인 힘에 견주어 얻은 열매가 좋은 만큼 ㉥일 보람푼수를 높이려면 일을 나눠서 하는 게 좋겠어 ⇐ 효율 [2]어떤 틀을 돌려 얻은 열매와 틀을 돌리는 데 들어간 힘 사이 푼수 ㉥힘 보람푼수가 높은 시원광

보람하다 [움직씨] 다른 것과 가리거나 잊지 않으려고 자국을 내다 ㉥저마다 짐이 섞이지 않도록 미리 보람해 둬라

보랏빛 [이름씨] 쪽빛과 붉은빛이 섞인 빛깔 ㉥무지개에서 가장 바깥쪽 빛깔은 보랏빛이다 한뜻말보라 ⇐ 보라색

보료 ⇒ 두툼요

보루 ⇒ 버팀 자리. 막이둑. 발판

보류 ⇒ 미룸. 미루다. 늦추다. 접어놓다

보름 [이름씨] [1]해셈이나 달셈으로 달마다 열닷새째가 되는 날 ㉥오는 보름에는 꼭 만납시다 [2]열닷새 동안 ㉥한 달 할 일을 보름에 다 해치웠다 [3]해와 땅별, 달이 한 줄에 있어 땅별 쪽에서 보는 달이 온통 햇빛을 받아 밝게 비치는 때 달

보름날 [이름씨] 달셈으로 그달 열닷샛날 ㉥이 달 보름날에는 달맞이를 가야겠다 준말보름

보름달 [이름씨] 달셈으로 보름밤에 뜨는 둥근 달 ㉥둥근 보름달을 보며 님 얼굴을 떠올렸다 한뜻말찬달 맞선말그믐달 ⇐ 만월. 망월

보름사리 [이름씨] [1]달셈으로 보름날 미세기 [2]달셈으로 보름께 잡히는 조기

보름치 [이름씨] 달셈으로 보름께 비나 눈이 오는 날씨 ㉥마을 사람들은 보름치에 물질도 못 하고 모여 앉아 옛날이야기를 했다

보리 [이름씨] 줄기는 곧고 속이 비었으며 잎은 좁고 긴데 어긋맞게 나고 겉이 매끄러운 밭낟. 늦봄에 이삭이 패어. 꽃이 달리고 이삭에는 까끄라기가 있다. 가을보리와 봄보리가 있고 햇빛을 좋아하며 거름기가 많고 물이 잘 빠지는 땅에서 잘된다. 오랫동안 우리 겨레 가난한 사람들을 먹여 살린 낟이다 ⇐ 대맥

보리누름 [이름씨] 스물네 철 가운데 여덟째. 닷달 스무날께 햇볕이 잘 비쳐 온 누리가 가득 찬다는 철이고 보리가 누렇게 익어간다 ㉥보리누름에 햇늙은이 얼어 죽는다 ⇐ 소만

보리떡 [이름씨] 보리쌀에서 나온 겨나 보릿가루로 지은 떡 ㉥할머니는 보리떡을 첫손에 꼽는다

보리바둑 [이름씨] 아무렇게나 되는대로 두는 서투른 바둑

보리밥 [이름씨] 쌀에 보리를 조금 넣거나 보리쌀로만 지은 밥 ㉥보리밥은 온갖 남새와 고추장, 참기름을 넣고 팍팍 비벼 먹어야 제맛이지 ⇐ 맥반

보리방아 [이름씨] 겉보리를 방아에 찧어 보리쌀을 내오는 일 ㉥보리방아 찧을 때는 시어미 생각난다

보리밭 [이름씨] 보리를 심은 밭 ㉥보리밭 사잇길에 지게를 받쳐 놓고 소풀을 베었다 [슬기말] **보리밭에 가서 숭늉 찾는다** 일 차례도 모르고 몹시 과가르게 덤빈다

보리수 ⇒ 깨달음 나무

보리쌀 [이름씨] 겉보리를 찧어 겨를 벗긴 낟알 ㉥보리쌀로만 지은 밥이 꽁보리밥이다

보릿고개 [이름씨] 옛날에 햇보리가 날 때까지

넘기기 힘든 고개. 가난한 여름지기들이 묵은 낟은 다 떨어지고 햇보리는 아직 여물지 않아 먹을거리를 마련하기가 가장 어려운 때 ⇐ 춘궁기

보릿동 이름씨 햇보리가 날 때까지 보릿고개를 넘기는 동안 ⓑ옛날엔 보릿동에 굶어 죽는 사람들이 많았겠지

보릿짚 이름씨 보리에서 낟알을 떨어낸 짚 ⓑ보릿짚 태운 재에 햇감자를 구워 먹으면 제맛이다

보모 ⇒ 애돌보미

보무라지 이름씨 종이나 헝겊, 실 같은 잔부스러기

보물 ⇒ 보배

보물섬 ⇒ 보배섬

보물찾기 ⇒ 풍계묻이. 풍감

보미 이름씨 살남과 맺어져서 쇠붙이 거죽에 생기는 검거나 붉거나 푸른 몬 ⓑ놋그릇에 보미가 슬어 기왓가루와 재를 섞어서 닦았다 ⇐ 녹. 산화 **보미다**

보미막이 이름씨 보미가 슬거나 삭지 않게 막음 ⇐ 방식. 산화방지

보미막이쇠 이름씨 보미가 슬지 않게 만든 시우쇠 ⇐ 스테인리스

보미 이름씨 입쌀이나 좁쌀에 물을 넉넉히 붓고 푹 끓여 체에 걸러낸 걸쭉한 맛갓. 아픈 사람이나 아이들이 먹는다

보배 이름씨 **1** 매우 높고 값진 것 ⓑ보는 보배 가운데 으뜸이다 **2** 값있고 종요로운 사람이나 몬 ⓑ아이는 나라 보배다

보배광 이름씨 **1** 값진 몬을 간수하여 두는 곳 ⇐ 보고 **2** 훌륭한 밑감이 묻힌 땅 ⓑ바다는 누리밑감이 많은 보배광이다

보배돌 이름씨 아주 단단하고 빛깔이 아름다우며 반짝반짝하는 드문 쇳돌 ⇐ 보석. 보옥

보배롭다 이름씨 보배로 삼을 만큼 종요롭다 ⓑ아이는 보배로운 새싹이다

보배섬 이름씨 **1** 보배가 묻힌 섬 ⇐ 보물섬 **2** 땅속 밑감이 넉넉하여 값진 곳

보베낌 움직씨 재봄을 칠 때 지킴이 몰래 미리 마련한 풀이를 보고 쓰거나 남 것을 따라 쓰는 일 한뜻말 훔쳐봄 ⇐ 커닝 **보베끼다**

보병 ⇒ 걸음 싸움꾼

보복 ⇒ 앙갚음. 되갚다

보부상 ⇒ 봇짐등짐장수

보비유 이름씨 판소리에서 광대가 소리를 할 때 신나게 하려고 북재비가 소리 사이사이에 넣는 '좋지', '얼씨구' 같은 소리 한뜻말 추임새

보삭거리다 움직씨 **1** 살이 핏기 없이 조금 부어오른 듯하다 큰말 버석대다. 부석대다 **2** 물기가 없이 허벅허벅하거나 마른 몬이 자꾸 가볍게 조금 바스러지는 소리를 내다 **보삭대다**

보삭보삭 어찌씨 **1** 살이 핏기 없이 조금 부어오른 듯한 꼴 ⓑ일이 힘든지 아주머니 얼굴이 보삭보삭 부은 듯하다 큰말 버석버석. 부석부석 **2** 물기가 없이 허벅허벅하거나 마른 몬이 자꾸 가볍게 조금 바스러지는 소리나 그 꼴 ⓑ흙으로 지은 집이라, 이 방 저 방에 보삭보삭 흙 떨어지는 소리가 난다 **보삭보삭하다**

보살·보리살타 이름씨 **1** 위로 마음 닦아 깨달아 모든 괴로움에서 벗어나고 아래로는 뭇 사람을 거룩한 길로 이끄는 사람 **2** 깨달은 이를 따르는 꽃님

보살피다 움직씨 **1** 이리저리 보아서 살피다 ⓑ한내 얼굴을 보살피다가 사나운 눈빛에 멈칫했다 **2** 마음을 기울여 여러모로 돌보아 주다 ⓑ아픈이를 한 달 내내 곁에서 보살폈다 ⇐ 양호하다

보살핌방 이름씨 배곳이나 일터 같은 곳에서 배움이나 일꾼들 몸 건사를 잘 하도록 돌봐주는 곳 한뜻말 돌봄방 ⇐ 양호실

보살핌이 이름씨 아직 어릴 때, 또는 힘이 없거나 딸리는 사람 뒤를 돌보아 주는 사람 한뜻말 돌봄이 ⇐ 후견인

보상 ⇒ 갚기. 에움. 갚다. 물다. 에우다. 물어주다

보상금 ⇒ 언걸갚는돈. 에움돈

보색 ⇒ 도움빛. 맞빛

보석 (保釋) ⇒ 풀어줌. 풀어주다

보석 (寶石) ⇒ 보배돌

보석상 ⇒ 보배돌가게

보세 ⇒ 낢미룸

보세가공 ⇒ 낢 미룬 채 밑감 손질

보세가공무역 ⇒ 낢 미룬 채 밑감 손질하여 내기

보송보송 [어찌씨] [1] 물기가 없어 보드라운 꼴 ㉥빨래는 볕에 널어야 보송보송 잘 마른다 큰말 부숭부숭 센말 뽀송뽀송 [2] 얼굴이나 살결이 때가 빠지고 보드라운 꼴 ㉥꽃님들은 열대여섯이 되면 때를 벗으면서 보송보송 고와진다 [3] 눈이나 눈두덩이 말라 있는 꼴 ㉥자다 깬 하늘이는 눈이 보송보송 말라 있네 [4] 땀방울이 잘게 내돋는 꼴 ㉥아이 콧등엔 땀방울이 보송보송 맺혔다 [5] 털이 여리고 부드럽게 조금씩 돋은 꼴 ㉥이슬이는 솜털이 보송보송 앳된 얼굴이다

보송보송하다 [그림씨] [1] 물기가 없고 보드랍다 큰말 부숭부숭하다 센말 뽀송뽀송하다 [2] 얼굴이나 살결이 때가 빠지고 보드랍다 [3] 눈이나 눈두덩이 말라 있다 [4] 땀방울이 잘게 돋아 있다 [5] 털이 여리고 부드럽게 조금씩 돋아 있다

보수 (報酬) ⇒ 품값. 품삯. 삯

보수 (補修) ⇒ 고침. 손질. 고치다. 손질하다. 손보다

보수 ⇒ 옛것지킴. 옛것따름

보수적 ⇒ 옛따라. 내림따라

보숭보숭하다 [그림씨] 보송보송하다

보숭이 [이름씨] [1] 고물 ㉥떡보숭이. 깨보숭이. 팥보숭이 [2] 보숭보숭한 것 ㉥얼음보숭이

보스 ⇒ 우두머리. 목대잡이. 꼭지

보슬거리다 [움직씨] [1] 눈이나 비가 가늘고 성기게 조용히 잇달아 내리다 큰말 부슬거리다 [2] 몬이 매우 잘게 바스러지기 쉽거나 물기가 적어서 엉키지 않고 흩어지다 **보슬대다**

보슬보슬 [어찌씨] [1] 눈이나 비가 가늘고 성기게 조용히 잇달아 내리는 꼴 ㉥세차게 내리던 비가 저녁때가 되자 보슬보슬 내린다 [2] 몬이 매우 잘게 바스러지기 쉽거나 물기가 적어서 엉키지 않고 흩어지기 쉬운 꼴 ㉥쥐가 바람을 갉는지 흙이 보슬보슬 떨어진다 **보슬보슬하다**

보슬보슬하다 [그림씨] 몬이 매우 잘게 바스러지기 쉽거나 물기가 적어서 엉키지 않고 흩어지기 쉽다

보슬비 [이름씨] 보슬보슬 내리는 가는 비 ㉥보슬비가 마른 밭을 소리 없이 적신다

보습 [이름씨] [1] 땅을 갈아 일구는 데 쓰는 여름지이 연장. 쇠로 된 날이 파 올리는 흙을 볏이 받아서 왼쪽으로 엎는다 ㉥보습으로 밭을 갈다 [2] 보습 날

보시 ⇒ 베풂

보시금 ⇒ 베풂돈

보시기 [이름씨] [1] 김치 같은 것을 담는 작은 찔게 그릇. 꼴은 사발 같으나 운두가 낮고 크기도 썩 작다 ㉥보시기에 담은 오이김치 [2] 그것을 세는 하나치 ㉥동치미 한 보시기를 마셨다

보시시 [어찌씨] 가는 털이나 솜털 같은 것이 보드랍게 나오거나 흐트러지는 꼴 ㉥열일곱 살이 된 아들 턱에 솜털이 보시시 올라온다

보신 ⇒ 몸돋움. 몸 돌봄. 몸돋우다. 몸 돌보다

보신개 [이름씨] 촛불이 바람에 꺼지지 않도록 겉에 천 따위를 씌운 초넣개 ⇐ 초롱

보신용 ⇒ 몸돋움에 씀

보쌈[1] [이름씨] [1] 감쪽같이 붙잡혀 가거나 꾐에 빠져듦 [2] 딸이 둘 넘는 지아비를 섬겨야 할 살매인 때, 살매땜을 하려고 마님이 남 집 아들을 몰래 보자기에 싸서 붙잡아다가 딸과 재운 뒤 죽이는 것

보쌈[2] [이름씨] 물고기를 잡는 연장. 그릇에 먹이를 넣고 구멍을 뚫은 보로 싸서 물속에 가라앉혔다가 건져내어 먹이를 찾아 구멍으로 들어간 물고기를 잡는다 ㉥보쌈을 놓아 고기를 잡다

보쌈[3] [이름씨] [1] 삶아서 뼈를 추려낸 소나 돼지 머릿고기를 보에 싸서 눌러 두었다가 썰어서 먹는 것 [2] 된장을 푼 물에 돼지고기를 삶아 얇게 썰어, 절인 배춧잎이나 김치, 상

추에 싸서 먹는 것

보안 ⇒ 일없음. 까딱없음

보안경 ⇒ 눈지킴거울

보안관 ⇒ 깨살핌이

보약 ⇒ 더낫이. 더낫개

보얗다 (그림씨) ❶안개나 내가 낀 것처럼 뚜렷하지 않고 조금 하얗다 ⓔ날이 밝자 보얀 안개가 피어오른다 큰말부옇다 ❷얼굴 같은 데가 보기 좋게 하얗다 ⓔ보얀 얼굴 ❸('보얗게' 꼴로 써) 먼지가 일도록 빠른 걸음으로 부리나케 달려가듯 하다 ⓔ그 뒤에 한울도 달려오고 아랑이랑 하은이도 어느새 보얗게 앞서 달렸다 ❹빛깔이 보기 좋게 하얗다 ⓔ보얀 곰국 한 그릇으로 언 몸을 풀었다

보얘지다 (그림씨) ❶안개나 내가 낀 것처럼 뚜렷하지 않고 조금 하얗게 되다 ⓔ입김으로 보얘진 거울을 닦았다 큰말부예지다 ❷얼굴 같은 데가 보기 좋게 하얗게 되다 ⓔ얼굴이 보얘지도록 낯바르개를 발랐다

보어 ⇒ 기움말

보옥 ⇒ 보배돌

보온 ⇒ 따습기 간수. 따습기 지님

보온병 ⇒ 따습기 물병. 따습기 겹병

보온성 ⇒ 따슨 바탈

보온재 ⇒ 따슨 밑감

보완 ⇒ 채움. 채우다. 메우다. 깁다. 손질하다

보우 ⇒ 지키고 도움

보위 (保衛) ⇒ 지킴. 지키다. 감싸다

보위 (寶位) ⇒ 임금자리

보유 ⇒ 지님. 간직. 지니다. 가지다. 간직하다

보육 ⇒ 돌봄. 기름. 보살핌. 돌보다. 기르다. 보살피다

보육원 ⇒ 애돌봄집

보은 ⇒ 안갚음. 안갚음하다

보이다[1] (움직씨) ❶('보다' 입음꼴) 눈으로 느껴지다 ⓔ마루에 앉아서 담 너머로 지나가는 이가 보였다 준말뵈다 ❷여겨지거나 매겨지다 ⓔ오빠는 아직도 얼굴이 서른 줄로 보인다 ❸어떤 꼴이 드러나거나 그 여름을 얻다 ⓔ어머니 앓음새가 어제와 크게 달라 보이지 않는다 ❹살펴지거나 헤아려지다 ⓔ비가 올 낌새가 보이지 않는다

보이다[2] (움직씨) ❶('보다' 하임꼴) 눈으로 느끼게 하다 ⓔ그이가 먼 데를 손가락으로 가리켜 보였다 준말뵈다 ❷즐기게 하거나 매기게 하다 ⓔ내게 먼저 굿을 보였는데 나로선 꽤 좋았다 ❸어떤 꼴을 드러내어 그 여름을 얻게 하다 ⓔ아우가 쉼 없이 말하자 언니는 이제 그만하라는 눈치를 보였다 ❹살피게 하거나 헤아리게 하다 ⓔ사람이 착해 보이니 그만하면 됐지

보이콧 ⇒ 물리침. 물리치다. 따돌리다

보이프렌드 ⇒ 사내벗. 머시마동무

보일러 ⇒ 물데우개

보임모임 (이름씨) 누리 여러 나라가 모여 제 나라에서 난 짓몬이나 낳이몬 같은 것을 보여주는 나라 사이 모임 ⇐ 엑스포

보자기[1] (이름씨) 몬을 싸는 작은 보

보자기[2] (이름씨) ❶바닷속에 들어가 조개, 미역 같은 먹을거리를 따는 사람 한뜻말무잠이 ⇐ 해녀 ❷물속에 잠겨서 일하는 사람 ⇐ 잠수부

보잘것없다 (그림씨) 볼만한 값어치가 없다 ⓔ이 집은 겉만 크고 번지르르하지, 안으로 들어가니 그다지 보잘것없구나 비슷한말하잘것없다. 볼품없다. 하찮다 ⇐ 형편없다

보잡이 (이름씨) 소를 부려 쟁기질하는 사람

보장 ⇒ 뒷갈망. 다짐하다. 뒷받침하다. 뒷갈망하다

보쟁이다 (움직씨) 가시버시 사이가 아닌 겨집 사내가 몰래 어르다 ⓔ그날도 먼저 보쟁이자고 말한 쪽은 겨집이었다 한뜻말오쟁이지다

보전 (保全) ⇒ 지님. 간직. 지니다. 지키다. 간직하다

보전 (補塡) ⇒ 채움. 보태다. 채우다. 깁다. 메우다

보정 ⇒ 고치기. 고쳐 바로잡다. 깁고 바로잡다

보조 (步調) ⇒ 걸음빠르기. 일빠르기

보조 (補助) ⇒ 도움. 도와주다. 거들다. 돕다

보조개 이름씨 웃을 때 두 볼에 조개껍질을 뒤집은 것처럼 오목하게 들어가는 자국. '볼조개'에서 바뀐 말 ⓑ딸이 웃으면 얼굴에 보조개가 팬다 한뜻말 볼우물

보조동사 ⇒ 도움움직씨

보조사 ⇒ 도움토. 도움토씨

보조선 ⇒ 도움금

보조어간 ⇒ 도움줄기

보조어근 ⇒ 도움뿌리

보조용언 ⇒ 도움풀이씨

보조원·보조자 ⇒ 거듦이. 도움이. 거추꾼. 곁꾼

보조형용사 ⇒ 도움그림씨

보존 ⇒ 지킴. 지키다. 지니다. 갈무리하다

보좌 ⇒ 도움. 돕다. 도와주다. 받들다

보좌관 ⇒ 곁꾼. 도움이. 곰뱅이. 손발

보증 ⇒ 뒷다짐. 뒷다짐하다

보증금 ⇒ 뒷다짐돈

보증인 ⇒ 뒷다짐이

보지 이름씨 겨집 불이그릇 바깥쪽 한뜻말 밑구멍 ⇐ 음문

보지락 이름씨 시골에서 비가 얼마나 내렸는지를 헤아리는 하나치. 한 보지락은 빗물이 땅속에 스며든 깊이가 보습이 들어갈 만한 깊이, 곧 한 뼘쯤을 말한다

보직 ⇒ 맡은 자리. 맡은 구실

보짱 이름씨 꿋꿋하게 가지는 속마음

보채다 움직씨 ❶어린애가 가만히 있지 못하고 성가시게 굴며 칭얼거리다 ⓑ아기가 젖을 달라고 보챈다 비슷한말 칭얼대다 ❷무엇을 해달라고 귀찮게 조르다 ⓑ아이가 빨리 집에 가자고 엄마를 보챘다 비슷한말 떼쓰다 ❸깨우쳐 마음껏 나서도록 북돋우다 ⓑ다리를 놓는 우두머리는 일꾼들이 작은 잘못도 저지르지 않도록 보채며 다녔다 ❹자꾸 부산을 떨거나 귀찮게 굴다 ⓑ아주머니가 제 표도 사 달라며 어찌나 보채는지 ❺(남움직씨로 써) 무엇을 하라고 자꾸 성가시게 조르다 ⓑ아이더러 먹을 것을 보챈다

보청기 ⇒ 돋듣개

보초 ⇒ 봄꾼. 지킴이

보추 이름씨 내뛰는 바탈 ⓑ요즘 젊은이들이 보추 없이 돈이나 쉽게 벌려 하다니! 한뜻말 내뛸새 ⇐ 진취성

보충 ⇒ 때움. 메움. 때우다. 메우다. 깁다. 채우다. 넣다

보충사료 ⇒ 덧먹이

보충어 ⇒ 기움말

보태다 움직씨 ❶모자란 것을 채우려고 더하다 ⓑ얼마 안 되는 돈이지만 보태어 써라 ❷있던 것에 더해서 많게 하다 ⓑ하나에 하나를 보태면 둘이다 ❸있는 것보다 부풀리다 ⓑ다른 사람을 나무랄 때는 보태지도 빼지도 말고 있는 그대로 말해야 한다

보탬 이름씨 ❶채워 더하는 것 ⓑ보탬과 덞 한뜻말 더하기 ❷더해 주는 도움 ⓑ나도 다른 사람에게 조그만 보탬이나마 주고 살겠다. 적은 돈이지만 살림에 보탬이 되기를 한뜻말 도움

보통 ⇒ 두루. 여느. 흔히

보통내기 ⇒ 여느내기

보통명사 ⇒ 두루이름씨

보통선거 ⇒ 두루뽑기

보통예금 ⇒ 때때맡돈

보통우편 ⇒ 여느새뜸나름

보통학교 ⇒ 첫배곳

보퉁이 이름씨 몬을 보에 싸서 꾸려놓은 것 ⓑ옷 보퉁이. 이불 보퉁이

보트 ⇒ 작은 배. 조각배. 젓는배

보편적 ⇒ 두루 아는. 두루 미치는. 두루 들어맞는

보편화되다 ⇒ 두루 이뤄지다. 두루 나타나다. 널리 쓰이다. 널리 퍼지다

보폭 ⇒ 걸음나비

보푸라기 이름씨 보풀 낱낱 ⓑ옷에 인 보푸라기를 다듬었다 큰말 부푸러기

보풀 이름씨 ❶종이나 헝겊 따위 겉에 가늘게 부풀어 일어나는 털 ⓑ옷에 보풀이 많이 일었다 큰말 부풀 ❷집짐승이 털갈이할 때 새로 나오는 부푼 털 ❸살갗이 몹시 마르거나 터서 겉면에 부풀어 오르는 털 같은 것 ⓑ입술은 촐촐 말라 보풀이 일었다

보풀다 움직씨 ❶종이나 헝겊 따위 겉에 보풀이 생기다 ㉥잘 보풀지 않은 옷감으로 된 바지를 샀다 큰말부풀다 ❷집짐승이 털갈이할 때 보풀이 인 털이 생기다 ㉥소가 털갈이를 하여 보풀이 인 털로 갈아입었다 ❸몸집이 조금 늘어나거나 부피가 커지다 ㉥밀가루 반죽이 보풀어 올랐다

보풀떡 이름씨 찹쌀가루와 쑥을 섞은 반죽에 소를 넣고 밤톨만 하게 빚은 떡 ㉥쑥이 한철이라 보풀떡이 생각난다 한뜻말쑥굴리

보풀리다 움직씨 ❶('보풀다' 입음꼴) 종이나 헝겊 따위 겉에 보풀이 생기게 하다 ㉥겨울에는 보풀린 옷감이 잘 팔린다 큰말부풀리다 ❷몸집을 조금 늘리거나 부피를 커지게 하다 ㉥할머니는 숱이 적은 머리를 보풀려 다듬었다

보필 ⇒ 도움. 시중. 돕다. 시중들다. 부축하다

보하다 ⇒ 기운을 돋우다

보합세 ⇒ 주춤꼴. 멈춤새. 제자리걸음

보행 ⇒ 걸음. 걸음걸이. 걷기

보행기 ⇒ 걸음틀. 걷기틀

보행로 ⇒ 걸음길. 걷는길

보행자 ⇒ 걷는이

보험 ⇒ 말썽막이. 사달막이. 바드러움막이

보험금 ⇒ 사달막이돈

보험료 ⇒ 사달막을돈

보험회사 ⇒ 사달막이벌데

보호 ⇒ 지킴. 돌봄. 간수하다. 돌보다. 지키다. 보살피다. 감싸다

보호대 ⇒ 돌봄띠

보호색 ⇒ 가림빛

보호자 ⇒ 돌봄이. 지킴이

복 이름씨 몸에 비늘이 없고 등지느러미가 작으며 두려움을 느끼면 몸집을 똥똥하게 보풀리는 바닷물고기. 고기는 맛이 좋으나 뱃속에 죽개가 들어있다 한뜻말복쟁이

복 ⇒ 누림. 기쁨. 즐거움. 흐뭇함

복개 ⇒ 덮기. 덮다. 덮씌우다

복고 ⇒ 예돌아감. 예되살림

복구 ⇒ 고침. 바탕대로 고치다. 처음대로 고치다

복권 (復權) ⇒ 힘되찾음

복권 (福券) ⇒ 제비뽑기

복귀 ⇒ 돌아옴. 돌아감. 되돌아가다. 되돌아오다. 처음대로 돌아오다

복근 ⇒ 뱃살. 배힘살

복날 ⇒ 찜더위날

복닥거리다[1] 움직씨 많은 이가 좁은 데 모여 시끄럽게 자꾸 뒤끓다 ㉥설날이 다가오니 떡집에 손님이 복닥거린다 한뜻말복작거리다 비슷한말붐비다 큰말북덕거리다 **복닥대다**

복닥거리다[2] 움직씨 쌓인 먼지가 폴싹폴싹 자꾸 일어나다 큰말북덕거리다 **복닥대다**

복닥복닥[1] 어찌씨 많은 사람이 한곳에 비좁게 모여 수선스럽게 뒤끓는 꼴 ㉥복닥복닥 북새판을 이루는 곳은 저잣거리 쌀가게였다 큰말북덕북덕 **복닥복닥하다**

복닥복닥[2] 어찌씨 쌓인 먼지가 폴싹폴싹 자꾸 일어나는 꼴 ㉥복닥복닥 먼지만 일어나는 흙길 큰말북덕북덕 **복닥복닥하다**

복닥복닥하다 그림씨 먼지 같은 것이 폴싹 일 만큼 많이 쌓여 가라앉아 있다 ㉥짚신감발을 한 나라지킴이들 발길이 복닥복닥한 흙길을 지나가느라 먼지가 내처럼 피어올랐다 큰말북덕북덕하다

복달임 이름씨 복날에 고기붙이로 국을 끓여 먹는 버릇

복대 ⇒ 배띠

복대기다 움직씨 ❶많은 이가 시끄럽게 떠들어 대거나 왔다 갔다 하다 ㉥저잣거리에 장사치와 구경꾼들이 뒤엉켜 복대긴다 비슷한말떠들썩하다 ❷얼을 차릴 수 없을 만큼 서둘러 죄어치거나 세차게 몰아치다 ㉥일을 너무 복대기며 다그치지 마라 비슷한말들이닥치다

복덕방 ⇒ 집주릅

복덩이 ⇒ 기쁨덩이

복도 ⇒ 골마루

복리 ⇒ 겹길미

복막 ⇒ 배청

복면 ⇒ 탈. 낯싸개. 낯가리개

복모음 ⇒ 겹홀소리

복무 ⇒ 맡아함. 힘써일함. 맡아 치르다

복받치다 움직씨 ❶느낌 같은 것이 치밀어 오르다 ⓑ설움이 복받쳐 말을 잇지 못했다 비슷한말 들끓다 큰말 북받치다 ❷속이나 밑에서 솟아오르다 ⓑ물이 복받치다. 힘이 복받치다

복병 ⇒ 숨은싸움꾼. 모르는 헤살꾼

복부 ⇒ 배. 배때기. 배쪽

복분자 ⇒ 고무딸기

복사 이름씨 '복숭아' 준말 ⓑ복사꽃. 복사골

복사 (複寫) ⇒ 덧그림. 찍기. 베끼기. 되박이

복사 (輻射) ⇒ 내쏨. 퍼짐

복사기 ⇒ 베낌틀. 찍기틀. 되박이틀

복사꽃 이름씨 '복숭아꽃' 준말

복사나무 이름씨 '복숭아나무' 준말

복사뼈 이름씨 발목께 안팎으로 도도록하게 내민 뼈 ⓑ발목이 퉁퉁 부어 복사뼈가 안 보인다 한뜻말 복숭아뼈

복사열 ⇒ 내쏨더움

복사지 ⇒ 먹종이. 찍기종이

복사품 ⇒ 모뜬 것. 덧그림. 거짓

복새 이름씨 많은 사람이 시끄럽게 부산을 떨며 떠드는 일 ⓑ이 복새를 어서 벗어나야지, 더 있다간 얼이 빠지겠다 한뜻말 북새 비슷한말 법석

복선 (伏線) ⇒ 속셈. 꿍꿍이속. 숨겨둔 얼개

복선 (複線) ⇒ 겹줄

복선철도 ⇒ 겹수레쇠길

복소수 ⇒ 겹숫수

복수 (複數) ⇒ 거듭셈. 겹자리

복수 (復讐) ⇒ 앙갚음. 보갚음. 앙갚음하다. 보갚음하다

복수심 ⇒ 앙갚음마음

복숭아 이름씨 복숭아나무 열매 ⓑ복숭아를 잘게 썰어 단졸임을 만들었다 준말 복사

복숭아꽃 이름씨 복숭아나무 꽃 ⓑ우리 마을에는 살구꽃, 진달래꽃, 벚꽃, 복숭아꽃 차례로 핀다 준말 복사꽃 ⇐ 도화

복숭아나무 이름씨 꽃은 봄에 잎보다 먼저 피고 푸른 열매는 여름에 누르불그스름하게 익는 갈잎작은큰키나무. 씨는 기침이나 가래, 달거리 낫개로 쓴다 준말 복사나무

복숭아뼈 이름씨 발목께 안팎으로 도도록하게 내민 뼈 ⓑ발목이 접질리며 복숭아뼈 있는 데가 퉁퉁 부었다 준말 복사뼈

복스럽다 ⇒ 도담하다. 통통하다. 토실토실하다

복슬복슬 어찌씨 살이 찌거나 털이 많아서 귀엽고 소담스러운 꼴 ⓑ복슬복슬 털이 난 강아지 큰말 북슬북슬

복슬복슬하다 그림씨 살이 찌거나 털이 많아서 귀엽고 소담스럽다 ⓑ온통 털로 감싸 복슬복슬한 개 이름은 사월이 큰말 북슬북슬하다

복습 ⇒ 다시 익히다. 거듭 익히다

복식 (服飾) ⇒ 옷. 옷차림. 차림새. 꾸밈새. 옷맵시. 옷 꾸밈새. 옷과 치렛거리

복식 (複式) ⇒ 겹겨루기

복식호흡 ⇒ 배숨

복싱 ⇒ 주먹싸움

복안 ⇒ 속셈. 속뜻. 속생각. 꿍꿍이. 꿍꿍이속

복어 ⇒ 복. 복쟁이

복역 ⇒ 가둠살이. 갇혀살다

복용 ⇒ 낫개먹기. 낫개먹다. 먹다. 삼키다. 옷 입다

복원 ⇒ 되찾기. 처음대로 하다 되돌리다. 되살리다

복원력 ⇒ 되돌이힘

복위 ⇒ 자리되찾기. 자리되찾다

복음 ⇒ 기쁜 소리. 바른 말씀

복자음 ⇒ 겹닿소리

복작 어찌씨 많은 이가 좁은 데 모여 시끄럽게 떠들썩한 꼴 ⓑ요기도 복작 조기도 복작 발 디딜 데가 없다 큰말 북적 **복작이다**

복작거리다 움직씨 많은 이가 좁은 데 모여 시끄럽게 자꾸 들끓다 ⓑ쉬는 날이라 나들이 나온 이들로 올레길이 복작거린다 비슷한말 복닥거리다. 붐비다 큰말 북적거리다 **복작대다**

복작복작 어찌씨 많은 이가 좁은 데 모여 시끄럽게 자꾸 들끓는 꼴 ⓑ골목에 복작복작 모여서 다들 웃으며 떠든다 큰말 북적북적 **복작복작하다**

복잡 ⇒ 붐빔. 붐비다. 얽히다. 까다롭다. 어렵다. 뒤엉키다

복장 이름씨 ❶가슴 한복판 ⓑ이웃집 아주머니가 복장을 찢듯이 목놓아 울었다 ❷속으로 품은 생각 ⓑ사람은 생김새나 허우대보다 복장이 똑발라야 한다

복장 ⇒ 옷. 옷차림. 차림새. 꾸밈새. 옷갓

복제 ⇒ 베낌. 베끼다. 모떠 만들다. 되박아 만들다

복종 ⇒ 따름. 좇음. 좇다. 따르다. 굽히다. 꿇다

복주머니 ⇒ 기쁨주머니. 기쁨자루

복지 ⇒ 기쁨. 누림

복지관 ⇒ 누림집. 기쁨집

복지국가 ⇒ 잘 사는 나라. 누림나라

복지부동 ⇒ 일손놓음. 꼼짝안함

복지사회 ⇒ 누림살이. 흐뭇살이. 기쁨누리. 잘 사는 누리

복지시설 ⇒ 보살핌터. 돌봄터

복직 ⇒ 다시 일 맡다. 도로 자리 맡다

복찻다리 이름씨 큰길을 가로지르는 개천에 놓인 다리 ⓑ큰길을 가로지르는 개울에는 오래된 복찻다리가 하나 있었다

복창 ⇒ 되뇌기. 되뇌다. 되풀이 말하다. 따라 말하다

복통 ⇒ 배아픔. 배앓이

복판 이름씨 ❶편편한 것이나 바닥 한가운데 ⓑ마을 복판에 저자가 있다 한뜻말한복판. 한가운데 ⇐ 중심. 중앙. 중심부. 센터 ❷어떤 곳 한가운데 ⓑ가람 복판에 배가 떠 있다. 마당 복판 ❸여럿 가운데 ⓑ사람들 복판으로 들어가 앉았다 ❹소갈비나 대접, 도가니 가운데 붙은 고기

복판거리 이름씨 고을 안 사람들이 붐비는 한복판이 되는 거리 ⇐ 중심가

복판굴대 이름씨 ❶몬 한가운데나 복판을 지나는 굴대 ⇐ 중심축 ❷매우 종요롭고 바탕이 되는 것

복판금 이름씨 ❶몬 한가운데를 지나는 금 ⇐ 중심선 ❷한 동글이나 공 한가운데를 지나는 곧금, 또는 두 낱 동글이나 공 한가운데를 지나는 곧금 ⇐ 중심선

복판쇠길 이름씨 서울과 사라사 고장 서라벌을 잇는 쇠길 ⇐ 중앙선

복판아시아 이름씨 유라시아 한뭍 복판께에 있는 마른 땅. 파미르더기를 가운데 두고 새녘은 알타이멧줄기, 하늬는 카스피바다, 노는 시베리아, 마는 힌두쿠시멧줄기와 쿤룬멧줄기에 둘러싸인 곳이다 한뜻말갑아시아 ⇐ 중앙아시아

복학 ⇒ 다시 배곳 다니기. 배곳에 돌아가다. 다시 배곳에 다니다

복합 ⇒ 겹. 겹겹. 모둠. 섞음. 섞다. 뒤섞다

복합동사 ⇒ 겹움직씨

복합명사 ⇒ 겹이름씨

복합문 ⇒ 겹월

복합부사 ⇒ 겹어찌씨

복합비료 ⇒ 섞은거름

복합사 (複合詞) ⇒ 겹씨

복합사 (複合絲) ⇒ 겹실. 섞은실

복합섬유 ⇒ 섞은실. 섞은올실

복합승수 ⇒ 겹곱수

복합심리 ⇒ 겹마음. 뒤섞인마음

복합어 ⇒ 겹씨. 겹낱말

복합조사 ⇒ 겹토씨

복합품사 ⇒ 겹씨

복합형용사 ⇒ 겹그림씨

복합화서 ⇒ 겹꽃차례

볶다 움직씨 ❶무쇠 그릇 따위에 먹을거리 감을 넣고 물기 없이 조금 눋도록 익히다 ⓑ콩을 볶아 콩가루를 빻았다 ❷머리를 곱슬곱슬하게 하다 ⓑ머리를 볶아 멋을 부렸다 ❸귀찮을 만큼 사람을 자꾸 조르다 ⓑ왜 그리 사람을 못살게 달달 볶는 거야?

볶음냄비 이름씨 자루가 달린 접시 꼴 얕은 냄비 비슷한말지짐냄비 ⇐ 후라이팬

볶음머리 이름씨 머리털을 번더움틀이나 만든 낫개를 써서 구불구불하게 하거나 곧게 펴 오랫동안 그런 꼴로 있도록 만드는 일. 또는 그렇게 한 머리 한뜻말지진머리 ⇐ 파마. 퍼머넌트웨이브

볶음밥 이름씨 ❶잘게 썬 소고기와 당근, 둥글

파를 볶다가 밥과 데친 찰콩을 두고 골고루 섞은 다음 지렁이나 소금, 참기름으로 양념을 한 밥. 남새와 고기 따위 다른 여러 가지를 넣고 하기도 한다 ❷기름에 볶은 밥

본 ⇒ 밑. 바탕. 그루. 맵시. 꼴

본가 ⇒ 밑집. 제집

본거지 ⇒ 제바닥. 제자리

본격적 ⇒ 제대로

본고장 ⇒ 제고장. 제바닥

본관 ⇒ 으뜸집. 밑집

본교 ⇒ 우리 배곳

본국 ⇒ 우리나라. 제나라

본능 ⇒ 밑바탕. 바탈

본데 (이름씨) 보아서 배운 슬기나 솜씨 ⓑ본데가 있는 사람 ⇐ 교양. 예의

본데없다 (그림씨) 보고 배운 것이 없다 ⓑ쓰레기를 아무데나 버리는 건 본데없는 짓이다 한뜻말 버릇없다 **본데없이**

본드 ⇒ 센풀. 풀

본디 ⇒ 처음에. 처음부터

본딧말·본말 ⇒ 밑말. 처음말

본때 ⇒ 밑때

본뜨다 ⇒ 밑뜨다. 모뜨다

본뜻 ⇒ 속뜻. 속마음

본래 ⇒ 처음. 처음부터. 워낙

본론 ⇒ 가운뎃말. 내세움말

본루 ⇒ 밑밭

본마음 ⇒ 속마음. 참마음

본말 ⇒ 처음과 끝. 앞뒤

본메 (이름씨) 처음 모습을 밝힐 수 있는 것 한뜻말 본짱. 본메본짱 ⇐ 증거. 증거물. 확증

본명 ⇒ 참이름. 이름

본모습 ⇒ 참모습. 제모습

본문 ⇒ 밑글. 바탕글

본바탕 ⇒ 밑바탕. 밑절미

본받다 ⇒ 밑받다. 따라살다. 따라하다. 따라배우다

본밭 ⇒ 밑밭. 처음밭

본보기 ⇒ 밑보기. 거울. 겨냥. 보기

본부 ⇒ 밑터. 으뜸터. 밑맡

본분 ⇒ 제자리. 제구실. 제할일

본사 ⇒ 으뜸데. 밑데

본새 ⇒ 밑새

본색 ⇒ 제빛. 밑빛. 제얼굴. 바탕. 밑바탕

본선 ⇒ 끝뽑기. 밑뽑기

본성 ⇒ 마음. 밑바탕. 밑바탈. 타고난 바탕

본시 ⇒ 처음부터

본심 ⇒ 마음. 속뜻. 속마음. 참마음

본업 ⇒ 밑일. 제 일. 으뜸일

본연 ⇒ 있던 대로. 처음대로

본위 ⇒ 바탕. 바탕자리. 잣대. 대중

본인 ⇒ 나. 제. 저

본잎·본엽 ⇒ 여느 잎. 자란 잎. 떡잎다음잎

본적 ⇒ 난데

본전 ⇒ 밑천. 밑돈

본점 ⇒ 으뜸가게. 밑가게

본질 ⇒ 밑바탕. 바탕

본짱 (이름씨) 처음 모습을 밝힐 수 있는 것 한뜻말 본메 ⇐ 증거. 증거물

본채 ⇒ 몸채. 안채

본처 ⇒ 아내. 마누라. 가시

본체 ⇒ 밑몸. 바탕몸. 참모습

본체만체 (어찌씨) 보고도 보지 않은 듯이 ⓑ나는 길에서 동무를 본체만체 지나쳤다 한뜻말 본척만척

본초 ⇒ 낫개풀. 낫개감

본치 (이름씨) 남 눈에 띄는 몸씨나 겉모습 ⓑ어머니는 맛깔스러운 밥놓개를 본치도 좋게 손님 앞에 내왔다

본토 ⇒ 제바닥. 제고장. 제나라

본토박이 ⇒ 텃사람. 바닥쇠. 바닥나기

본회의 ⇒ 으뜸뜻나눔. 모두뜻나눔

볼[1] (이름씨) ❶빰 가운데 ⓑ볼을 비비다. 붉은 볼 ❷빰 아래에 있는 살 ⓑ볼이 처지다. 요새 힘든지 볼이 쏙 들어갔네

볼[2] (이름씨) ❶신 너비 ⓑ신이 볼이 좁아서 발이 아프다 ❷버선이나 하늬버선 밑바닥 앞뒤로 덧대는 헝겊 조각 ⓑ구멍 난 하늬버선에 볼을 대서 기웠다

볼 ⇒ 공. 알. 쇠알

볼가심 [이름씨] 얼마 안 되는 먹을거리로 겨우 배고픔을 달래는 일

볼가지다[1] [움직씨] [1]몬 거죽으로 동글게 톡 비어져 나오다 ㉥젖살이 올라 톡 볼가진 아이 두 볼 큰말 불거지다 [2]어떤 몬이나 일이 도드라지게 커지거나 갑자기 생겨나다 ㉥일이 볼가지지 않도록, 되도록 조용히 지냈다 큰말 불거지다

볼가지다[2] [움직씨] 버릇이 없고 되바라지다 ㉥젊은 사람이 꽤나 볼가져서 받아주는 데가 없었다

볼거리[1] [이름씨] [1]보이는 모든 것 ㉥오늘 나들이는 볼거리가 많아 즐거웠다 [2]사람이 재미로 볼만한 것 ㉥큰 고장에 오니 볼거리가 많군 비슷한말 구경거리. 구경감

볼거리[2] [이름씨] 귀밑샘에 불늦이 일어나 볼 아래로 부어오르는 어린아이 돌림앓이 한뜻말 항아리손님 ⇐ 유행성이하선염

볼기 [이름씨] [1]두 엉덩이에서 살이 가장 볼록한 데 ㉥잠개잡이 때 걸핏하면 엎드려뻗친 뒤 볼기를 맞았다 [2]볼기치기 ⇐ 태형 [3]'볼기긴살' 준말

볼기긴살 [이름씨] 소 볼기에 붙은 길쭉하게 생긴 고깃덩이 한뜻말 볼기

볼기짝 [이름씨] '볼기'를 달리 이르는 말 ㉥볼기짝이 팽팽하게 드러나는 하늬옷 바지

볼기치기 [이름씨] 매로 볼기를 때리는 일 ㉥옛날에는 힘있는 사람들이 걸핏하면 아랫사람을 볼기치기로 다스렸다 ⇐ 태형

볼깃볼깃 [어찌씨] 보기 좋게 볼그스름한 꼴 ㉥함박꽃 봉오리들이 볼깃볼깃 피어난다

볼깃볼깃하다 [그림씨] 보기 좋게 볼그스름하다

볼끼 [이름씨] 추위를 막으려고 털가죽이나 헝겊 조각에 솜을 두어 갸름하게 접어 만들어 두 뺨을 싸매 머리에 묶는 것 ㉥볼끼를 쓰니 센 추위에도 끄떡없네

볼따구니·볼때기·볼태기·볼퉁이 [이름씨] '볼[1]'을 달리 이르는 말 ㉥볼따구니가 미어지도록 쌈을 집어넣었다

볼록 [어찌씨] 부푼 듯이 겉으로 조금 도드라지거나 쏙 내밀린 꼴 ㉥아기가 젖을 많이 먹어 배가 볼록 나왔다 한뜻말 도도록이 맞선말 오목 큰말 불룩 센말 뽈록

볼록거울 [이름씨] 되쏘는 낯바닥이 볼록하게 난 거울 ㉥볼록거울은 낯이 고른 거울보다 넓게 비춰 수레 뒤보기 거울로 쓴다 맞선말 오목거울 ⇐ 볼록반사경

볼록널 [이름씨] 먹을 묻혀 찍거나 박을 곳이 볼록 나온 널 ⇐ 볼록판

볼록렌즈 [이름씨] 가운데가 볼록한 렌즈. 지나는 나란 빛살을 한 점에 모으며 몬에서 멀리 떨어질수록 크게 보인다. 돋보기나 멀봄거울, 좀봄거울 따위에 쓴다

볼록반사경 ⇒ 볼록거울

볼록볼록 [어찌씨] 여럿이 다 겉으로 부푼 듯이 작게 도드라지거나 쏙 내미는 꼴 ㉥배추밭에 두더지가 지나간 자리가 볼록볼록 올라와 있다 큰말 불룩불룩 센말 뽈록뽈록

볼록하다 [그림씨] 부푼 듯이 겉으로 조금 도드라지거나 쏙 내밀리다 ㉥모기 물린 곳이 볼록하다 큰말 불룩하다 센말 뽈록하다

볼링 ⇒ 열 기둥 치기

볼만장만 [어찌씨] 보기만 하고 끼어들지 않는 꼴 ㉥아버지는 어머니가 잔소리를 쏟아부어도 볼만장만 듣고만 있었다 **볼만장만하다**

볼메다 [그림씨] 말씨나 낯빛이 골난 듯하다 ㉥새로 사 준 옷이 마음에 들지 않는지 아우는 볼멘 얼굴로 날 쳐다봤다 비슷한말 뾰로통하다

볼멘소리 [이름씨] 못마땅하거나 골이 나서 무뚝뚝하게 뱉는 말씨 ㉥일을 도와달라고 하자 보람솔이 볼멘소리로 투덜댔다

볼모 [이름씨] [1]다짐을 지키겠다는 것을 보이려고 잡혀둔 몬이나 사람 ㉥가름집에서 즈믄골 원을 볼모로 잡고 갇힌 사람을 풀어주었다 ⇐ 담보. 저당물. 인질. 보석금 [2]나라와 나라 사이나 싸우는 두 쪽이 서로 바라는 것을 내걸어 지키기로 하고 잡아두던 맞

은쪽 임금 아들이나 종요로운 사람 ⓑ박제상이 왜에 볼모로 잡혀간 임금 아우를 돌려보내고 스스로는 끝내 돌아오지 못했다 ❸ 트집이 될 만한 모자람이나 잘못 ⓑ웃대가리들이 나라를 어지럽힌다는 핑계를 볼모로 삼아 뭇사람이 마음껏 모이고 말하고 떠들어 대는 것을 못 하게 한다

볼살 이름씨 볼에 붙은 살

볼썽 이름씨 겉으로 드러나 보이는 몸씨나 꼴 ⓑ간밤에 당신이 저지른 짓은 영 볼썽이 아니지요

볼썽사납다 그림씨 남 보기에 부끄럽고 언짢다 ⓑ네가 그렇게 볼썽사나운 짓을 해서 우리가 낯 들고 마을에 다니겠나

볼우물 이름씨 볼에 팬 우물. '보조개'를 달리 이르는 말 ⓑ보슬이가 방긋 웃으니 볼우물이 보였다 한뜻말 보조개

볼웃음 이름씨 입을 벌리지 않고 소리 없이 볼살을 살며시 움직여 드러내는 웃음 ⓑ아기가 볼웃음을 짓는다 ⇐ 미소

볼일 이름씨 ❶해야 할 일 ⓑ집에 볼일이 있어서 먼저 갑니다 ⇐ 용무 ❷똥누기와 오줌누기 ⓑ이곳은 밭이 많아 작은 볼일을 아무 데서나 보아도 된다 ⇐ 용변

볼트 ⇒ 숫타래못. 숫돌림못. 숫못

볼펜 ⇒ 돌돌붓

볼품 이름씨 겉으로 드러난 볼만한 꼴 ⓑ볼품이 없다. 볼품이 좋다. 볼품이 사납다 비슷한말 겉모습

볼품없다 그림씨 겉으로 드러난 꼴이 초라하다 ⓑ하늬가 살을 너무 뺐는지 볼품없어 보인다 비슷한말 멋없다. 허름하다 ⇐ 궁상스럽다

봄 이름씨 ❶한 해 네 철 가운데 첫째 철 ⓑ새싹이 돋아나는 봄이 왔다 ❷한창나이 때 ⓑ푸름이 때가 사람 삶에서 봄이다 ❸새 힘이 뛰뛰거나 앞날이 밝고 보람찬 때 ⓑ우리말이 다시 살아나는 새봄이 반드시 온다 익은말 **봄을 타다** 봄철이 되어 몸이 나른해지고 입맛이 없어 잘 먹지 못한 탓에 몸이 해쓱해지다 슬기말 **봄 조개 가을 낙지** 봄에는 조개 가을에는 낙지가 제철이란 뜻으로 제때를 만나야 제 일을 제대로 한다

봄가을것 이름씨 봄이나 가을에 입거나 쓰기에 알맞은 것 ⓑ봄가을것으로 아이들 옷을 미리 장만했다 ⇐ 춘추용

봄기운 이름씨 봄이 온 느낌 ⓑ달래랑 냉이랑 씀바귀가 올라오니 봄기운이 느껴져

봄꽃 이름씨 봄에 피는 꽃 ⓑ살구꽃, 진달래꽃, 복숭아꽃을 비롯한 봄꽃이 메와 들에 활짝 피었다 슬기말 **봄꽃도 한 때** 꽃도 한창 피었다가는 시들어진다

봄꽃내노래 이름씨 봄꽃내 이야기를 바탕으로 만든 판소리 ⇐ 춘향가

봄꾼 이름씨 지킴곳에서 둘레를 살펴 지키는 사람 한뜻말 지킴이 ⇐ 보초

봄꿈 이름씨 봄에 꾸는 한바탕 꿈으로 덧없는 삶을 빗댐 한뜻말 헛된꿈 ⇐ 춘몽

봄나들이 이름씨 봄맞이하는 나들이 ⓑ 쉬는 날이라 봄나들이 다녀왔다 비슷한말 봄놀이

봄나물 이름씨 봄에 메나 들에 절로 돋는 나물 ⓑ봄나물을 캐러 뒷메에 올랐다

봄날 이름씨 봄철 날이나 날씨 ⓑ꽃 피고 새 우는 봄날이 그립다 슬기말 **봄날 하루가 가을날 열흘 맞잡이** 한 해 여름지이를 비롯하는 봄날 하루가 가을날 열흘과 맞먹을 만큼 값진 때이다

봄놀다 움직씨 뛰놀다 ⓑ물결 가운데서 봄노는 듯하는구나

봄놀이 이름씨 봄철에 아름다운 누리를 찾아가서 즐기는 놀이 비슷한말 봄나들이 **봄놀이하다**

봄눈 이름씨 봄에 오는 눈 ⓑ오늘은 왠지 구름이 끼고 쌀쌀하여 봄눈이 올 듯하다 익은말 **봄눈 녹듯 한다** 무엇이 빠르게 없어진다

봄맞이 이름씨 ❶봄을 맞이하는 일 ⓑ동무들아, 나와서 봄맞이 가자 ❷한 해 스물네 철 가운데 첫째. 해셈 둣달 만나흘쯤. 큰추위와 봄비 사이 철. 한 해 가운데 봄기운이 드는 때이다 ⇐ 입춘

봄맞이꽃 이름씨 뿌리에서 나는 잎은 여러 쪽으로 퍼지며 온몸에 솜털이 나고 봄에 다섯 잎 흰 꽃이 피는 한두해살이풀

봄맞이꾼 이름씨 봄맞이를 즐기는 사람 한뜻말 봄놀이꾼 ⇐ 상춘객

봄맞이큰누림 이름씨 봄맞이에 문이나 바람에 써 붙이는 글 ⇐ 입춘대길

봄바람 이름씨 ❶봄철에 부는 바람 ㉥봄바람이 아주 쌀쌀하구나. 솔솔 부는 봄바람 한뜻말 꽃바람 ⇐ 춘풍 ❷봄을 맞이하여 사내 겨집한테 생기는 들뜬 마음이나 사랑 꿈 ㉥언니가 갑자기 예뻐진 걸 보니 봄바람이 난 것 같아

봄밭갈이 이름씨 한 해 스물네 철 가운데 다섯째 철. 해셈 넷달 닷새쯤으로 이때 봄밭갈이를 하고 날씨가 좋으면 그해 여름지이가 잘된다고 한다 ⇐ 청명

봄볕 이름씨 봄철에 내리쬐는 햇볕 ㉥따스한 봄볕에 쌓였던 눈이 녹아내린다 ⇐ 춘양 슬기말 **봄볕에 그을리면 보던 님도 몰라본다** 살갗이 잘 타고 거칠어지는 봄볕을 쬐면 까맣게 그을린다 **봄볕은 며느리를 쪼이고 가을볕은 딸을 쪼인다** 선선한 가을볕에는 딸을 쪼이고 살갗이 잘 타고 거칠어지는 봄볕에는 며느리를 쪼인다. 버시 어머니는 며느리보다 제 딸을 더 아낌을 비겨 이르는 말

봄비 이름씨 ❶봄철에 오는 비 ㉥봄비는 꽃을 피우라고 조르는 비 같다 ⇐ 춘우 ❷스물네 철 가운데 하나. 봄맞이와 잠깸 사이 철. 해셈 둣달 스무날쯤. 얼었던 물이 녹을 때이다 ⇐ 우수

봄철 이름씨 봄인 때 ㉥봄철 꽃가루받이가 한창이다 ⇐ 춘계

봇물 이름씨 보에 고인 물 또는 보에서 끌어대는 물 ㉥봇물이 내리던 날 늘선이는 논물을 잡느라 밤을 새우다시피 했다

봇줄 이름씨 마소에 써레나 쟁기를 매는 줄

봇짐 이름씨 ❶등에 지려고 보자기에 싼 짐 ㉥괴나리봇짐을 지고 걸어서 서울까지 갔다 ❷꾸러미로 싼 짐

봇짐장수 이름씨 봇짐을 지고 다니면서 파는 장수 ㉥막내 어할머니는 닷새 저자를 돌아다니는 봇짐장수였다 ⇐ 보부상

봉[1] 이름씨 ❶그릇 따위를 메우는 딴 조각 ㉥솥 밑구멍이 뚫어진 곳을 봉으로 메웠다 ❷몬 바닥 한가운데 박아 넣는 다른 몬 ㉥가면이집 아들 한길은 한가운데에 봉을 박아 넣은 숟가락을 썼다

봉[2] 어찌씨 ❶막혔던 바람이 좁은 구멍으로 힘없이 빠져나올 때 나는 소리 ㉥아이가 방구를 봉 뀌었다 큰말 붕 센말 뽕 ❷문틈종이 같은 것이 바람에 떨릴 때 나는 소리 ㉥겨울바람에 문틈종이가 봉 하고 떨린다

봉 (棒) ⇒ 둥근 막대

봉 (峰) ⇒ 오름

봉 (封) ⇒ 주머니

봉급 ⇒ 삯. 품삯

봉기 ⇒ 들고 일어남. 일떠서다. 들고 일어나다. 벌떼같이 일어나다

봉당 ⇒ 흙마루

봉돌 이름씨 낚싯바늘이 물속에 가라앉도록 낚싯줄 끝에 매다는 작은 쇳덩이나 돌덩이 ㉥물 흐름이 빠른 데에서 낚시할 때는 봉돌을 다는 게 좋아 ⇐ 추

봉박이 이름씨 질그릇이나 오지그릇 겉에 무늬를 깊이 새기고 거기에 보나 수, 구리 따위 봉을 박아 꾸민 것 ⇐ 상감

봉변 ⇒ 큰코다침. 우세 삼. 큰코다치다. 우세 사다

봉분 ⇒ 무덤

봉사 이름씨 눈 때문에 앞을 보지 못하거나 보기 어려운 사람 한뜻말 소경. 장님 슬기말 **봉사 기름값 닳린다** 아무 쓸모없는 일을 한다 **봉사 제 점 못 친다** 무엇을 다 아는 체해도 제 앞일은 모른다

봉사 ⇒ 섬김. 이바지. 돕다. 섬기다. 이바지하다. 베풀다

봉사단 ⇒ 섬김무리

봉사자 ⇒ 섬김이. 도우미. 이바지꾼

봉산 ⇒ 소바히. 소바리

봉산탈춤 ⇒ 소바히탈춤

봉선화 ⇒ 봉숭아

봉송 ⇒ 보냄. 보내다. 배웅하다. 바래다. 받들어 보내다

봉쇄 ⇒ 막음. 막다. 잠그다. 둘러싸다. 틀어막다

봉수 ⇒ 횃불내

봉수로 ⇒ 횃불내길

봉순 [이름씨] 잔치나 식게 뒤에 몫몫이 챙겨 이웃집에 돌리는 맛갓

봉숭아 [이름씨] 줄기는 살이 찌고 밑에서 막뿌리가 나오기도 하며 여름부터 가을까지 희고 불그스레한 꽃이 피는 한해살이풀. 꽃잎을 따서 손톱에 빨간 물을 들이기도 한다. 열매가 익으면 씨가 튀어 나가 퍼진다 ⇐ 봉선화

봉양 ⇒ 모심. 섬김. 모시다. 받들다. 섬기다

봉오리 [이름씨] 망울만 맺힌 채 아직 피지 않은 꽃 ㉥봉오리가 터질 날이 머지않았네 [한뜻말] 꽃봉오리. 꽃봉

봉우리 [이름씨] 메에서 뾰족하게 우뚝 솟은 곳 ㉥구름 위로 봉우리가 보인다 [한뜻말] 멧봉우리. 멧부리

봉인 ⇒ 잠금이름새김. 잠금이름새김 찍다

봉제 ⇒ 바느질

봉지 ⇒ 종이주머니. 종이자루

봉직 ⇒ 구실살이. 구실살다. 일다니다

봉착 ⇒ 부닥침. 부닥치다. 맞닥뜨리다. 마주치다. 부딪히다. 빠지다

봉창고지 [이름씨] 삯만 받고 제 밥 먹고 일하는 고지

봉창하다 [움직씨] [1] 몬을 몰래 모아 감춰 두다 [2] 덜어진 것을 때우다

봉충다리 [이름씨] 사람이나 몬에서 한쪽이 조금 짧은 다리

봉침 ⇒ 벌바늘. 벌나숨바늘

봉투 ⇒ 종이주머니. 종이자루

봉하다 ⇒ 막다. 다물다. 닫다

봉합 ⇒ 꿰맴. 꿰매다. 꿰매 잇다. 꿰매 붙이다

봉헌 ⇒ 바침. 바치다. 올리다. 드리다

봉화 ⇒ 알림불. 알림내

봉황 ⇒ 아시

뵈다 [움직씨] [1] '보이다' 준말 ㉥바다가 뵈는 곳에 자리 잡았다 [2] 윗사람을 만나보다 ㉥아버지를 뵈러 모레쯤 가겠습니다

뵈옵다 [움직씨] '만나다' 높임말 ㉥뵈옵고 싶은 그분

뵙다 [움직씨] '뵈옵다' 준말 ㉥할머니를 뵙고 나서 밥 먹자

부 (富) ⇒ 돈많음. 가멸음. 넉넉함

부 (負) ⇒ 짐. 빼기

부- (不) ⇒ 아님. 어긋남

부- (副) ⇒ 버금. 다음

부가 ⇒ 덧붙임. 덧붙이다. 붙이다

부각 ⇒ 드러냄. 나타나다. 두드러지게 하다

부강 ⇒ 가멸셈. 잘살고 힘세다. 가멸고 힘세다

부걱거리다 [움직씨] 술 따위가 익어 큰 거품이 생기는 소리가 잇따라 나다 [작은말] 보각거리다 **부걱대다**

부걱부걱 [어찌씨] 술 따위가 익어 큰 거품이 생기며 잇따라 나는소리 ㉥부걱부걱 술 익는 소리가 난다 [작은말] 보각보각 **부걱부걱하다**

부검 ⇒ 주검갈라봄. 송장헤쳐봄. 주검갈라보다. 송장헤쳐보다

부검지 [이름씨] 짚 잔부스러기

부검지 여물 [이름씨] 흙에 섞어 미장 밑감으로 쓰는 볏짚 부스러기

부결 ⇒ 안됨. 못함. 안 된다고 하다. 못하게 되다

부계 ⇒ 아비핏줄

부고 ⇒ 윈소리. 궂은소리. 궂긴새뜸. 죽음알림

부과 ⇒ 매김. 물림. 매기다. 물리다. 맡기다

부과금 ⇒ 매김돈. 물림돈

부군 ⇒ 남 버시

부권 ⇒ 아비자리. 아비힘

부귀 ⇒ 가멸짐과 높

부근 ⇒ 곁. 옆. 가. 언저리. 이웃

부글거리다 [움직씨] [1] 물 같은 것이 많이 남은 채 자꾸 시끄럽게 끓다 ㉥물이 부글거리면 불을 꺼라 [2] 큰 거품이 자꾸 일어나다 ㉥죽이 부글거려 불을 낮췄다 **부글대다**

부글부글 [어찌씨] [1] 많은 물이 넓은 테두리에서 솟구치며 자꾸 수선스럽게 끓는 꼴이나

소리 ㉥팥죽이 부글부글 끓어오른다 [2]큰 거품이 한꺼번에 마구 일어나는 꼴이나 소리 ㉥소젖은 알맞게 데워야지, 끓게 되면 부글부글 다 넘쳐 버린다 [3]복받친 마음이 가슴속에서 뒤설레는 꼴 ㉥멀쩡한 집 놔두고 엉뚱한 데서 돈을 써 댄다는 으뜸머슴 이야기를 들으면 사람들 속이 부글부글 끓어오른다 [4]사람이나 짐승, 벌레 같은 것이 많이 모여 뒤얽혀 움직이는 꼴 ㉥불꽃놀이 잔치에 사람들이 부글부글 모여들어 발디딜 틈이 없었다 **부글부글하다**

부기 [이름씨] 누리 일에 어둡고 사람 마음을 모르는 어리석은 사람 한뜻말바보. 북숭이 ⇐ 숙맥

부기 (簿記) ⇒ 돈적기

부기 (浮氣) ⇒ 부은꼴. 부은기운

부기능 ⇒ 딸린구실. 버금구실

부꾸미 [이름씨] 찹쌀을 비롯한 낟알 가루를 반죽해서 지짐을 부쳐 팥소를 넣어 만든 떡 ㉥수수부꾸미를 새참으로 맛있게 먹었다 ⇐ 전병

부끄러움 [이름씨] 부끄러운 느낌이나 생각 ㉥나는 부끄러움을 많이 탄다 비슷한말수줍음 준말부끄럼 ⇐ 염치

부끄러워하다 [움직씨] [1]부끄러운 몸가짐을 보이다 ㉥남 앞에 서면 왜 자꾸 부끄러워하는지 몰라 [2]어떤 것을 부끄럽게 여기다 ㉥돈이 없으면 살기가 조금 거북하지, 부끄러워할 게 뭐 있어

부끄럽다 [그림씨] [1]마음에 거리껴 볼 낯이 없거나 떳떳하지 않다 ㉥아들을 잘 보살피지 못해 아비로서 부끄럽다 비슷한말낯간지럽다 [2]가깝거나 살갑지 않아 얼굴을 보이기 어렵다 ㉥저를 좋게 봐주시니 그저 부끄러울 따름입니다

부넘기 [이름씨] 솥을 건 아궁이 뒤 불길이 방고래로 넘어가는 곳. 방고래가 아궁이보다 높아 부넘기로 넘어간 불과 내가 여간해서는 거꾸로 나오지 않는다

부녀 ⇒ 어비딸. 버이딸

부녀자 ⇒ 아낙. 아낙네

부녀회 ⇒ 아낙모임. 아낙몯

부는구멍 [이름씨] 피리나 나팔 같은 가락틀에서 입을 대어 부는 구멍 ⇐ 취구

부닥뜨리다·부닥트리다 [움직씨] 사람이나 일몬과 부딪칠 만큼 마주치다 ㉥모퉁이를돌다가 두 바퀴와 부닥뜨려 하마터면 다칠 뻔했다

부닥치다 [움직씨] [1]무엇과 무엇이 세게 맞닿거나 닿게 하다 ㉥모퉁이를 돌다 수레끼리 부닥쳤다 비슷한말부딪치다. 부딪다 [2]막이나 버팀, 어려움 따위를 마주하다 ㉥부닥친 어려움을 제힘으로 뚫고 나갔다 비슷한말닥치다. 맞서다

부단히 ⇒ 꾸준히. 끊임없이. 쉼 없이. 지며리

부담 ⇒ 짐. 멍에. 떠안다. 떠맡다

부담감 ⇒ 짐스러운 마음. 벅찬 느낌

부담스럽다 ⇒ 짐스럽다. 벅차다. 힘겹다. 꺼림하다

부당 ⇒ 그름. 마땅찮음. 마땅찮다. 그르다. 나쁘다. 얼토당토않다

부대 (負袋) ⇒ 자루

부대 (部隊) ⇒ 떼. 무리

부대기밭·부대밭 [이름씨] 멧속에 들어가 나무와 풀을 불사르고 땅을 일구어 여름짓는 밭 한뜻말팔밭 ⇐ 화전

부대끼다 [움직씨] [1]어떤 것에 시달려 괴로움을 겪다 ㉥오랜만에 찾아온 추위에 부대꼈다 [2]배앓이로 속이 쓰리거나 울렁울렁하다 ㉥나는 술을 많이 마신 날은 속이 부대낀다 [3]다른 것에 자꾸 닿거나 부딪치다 ㉥널어놓은 홑이불이 센바람에 부대껴 휘날린다

부덕 ⇒ 속좁음. 모자람. 속좁다. 모자라다

부도 (不渡) ⇒ 못치름. 못갚음. 건네지 못함

부도 (附圖) ⇒ 딸린 그림. 덧그림

부도덕 ⇒ 막됨. 바르지 않음. 바르지 않다. 막되다

부도체 ⇒ 안흐름덩이

부동 ⇒ 안뮘

부동산 ⇒ 집과 땅

부두 ⇒ 나루터

부둣가 ⇒ 나룻가

부둥켜안다 움직씨 두 팔로 꼭 껴안다 ⓑ헤어지는 마당에 서로 부둥켜안고 울었다 비슷한말끌어안다. 그러안다

부둥키다 움직씨 ❶놓치지 않으려고 두 팔로 힘껏 안거나 두 손으로 힘껏 붙잡다 ⓑ떠나는 사람을 못 보내 배를 부둥키고 발버둥쳤다. 보자기를 부둥키고 멍청히 서 있다 ❷이악하게 다잡거나 꾸려 나가다 ⓑ가난한 살림에도 삶을 부둥켜 꾸려 나간다

부드득 어찌씨 ❶이를 갈 때 나는 소리 ⓑ애꿎게 꾸중을 들어 이를 부드득 갈았다 ❷기지개를 켜는 꼴 ⓑ하늬돌은 아침에 일어나 기지개를 부드득 켜고 들로 나갔다

부드득거리다 움직씨 ❶단단하고 질기거나 뻔질뻔질한 몬을 되게 문지르는 소리가 자꾸 나다. 또는 그런 소리를 내다 ⓑ마루가 부드득거리는데 기름 좀 입혀야겠어요. 너석이 이를 부드득거리고 잔다 작은말보드득거리다 센말뿌드득거리다 ❷무른 똥을 힘들여 누는 소리가 자꾸 나다 **부드득대다**

부드득부드득 어찌씨 ❶이를 갈 때 잇달아 나는 소리나 그 꼴 ⓑ골을 참지 못해 이를 부드득부드득 갈았다 준말부득부득 ❷여럿이 다 기지개를 켜는 꼴 ⓑ일어나라는 쇠북소리가 들리자 잠개잡이들은 부드득부드득 기지개를 켜며 마당으로 나왔다 ❸무른 똥을 세게 눌 때 잇달아 나는 소리나 그 꼴 ⓑ배앓이가 나서 똥을 부드득부드득 갈겼다 **부드득부드득하다**

부드럽다 그림씨 ❶(닿거나 스치는 맛이) 뻣뻣하지 않고 폭신폭신하거나 말랑말랑하다 ⓑ부드러운 흙. 부드러운 길 비슷한말곱다 맞선말거칠다. 뻣뻣하다 ❷몸가짐이나 마음 씀씀이가 아주 따뜻하다 ⓑ부드러운 눈길로 나를 맞이했다 맞선말억세다 ⇐ 양순하다 ❸(빛깔 같은 것이) 흐릿하고 따뜻한 느낌이 있다 ⓑ해 질 무렵 부드러운 노을빛이 숲 속을 물들인다 ❹(말이나 소리 같은 것이) 거칠거나 딱딱하지 않고 상냥하다 ⓑ차근차근 부드럽게 타이르다. 부드러운 목소리

부득거리다 움직씨 ❶이를 빠르게 자주 갈 때 소리가 잇달아 나다 밑말부드득거리다 ❷무른 똥을 세게 누는 소리가 자꾸 나다 **부득대다**

부득부득[1] 어찌씨 ❶이를 빠르게 자주 갈 때 나는 소리나 그 꼴 ⓑ골난 마음을 다스리지 못해 이를 부득부득 갈았다 작은말바득바득 센말뿌득뿌득 밑말부드득부드득 ❷무른 똥을 세게 눌 때 자꾸 나는 소리 **부득부득하다**

부득부득[2] 어찌씨 ❶억지를 쓰며 자꾸 검질기게 놀면서 조르는 꼴 ⓑ아이는 장난감을 사달라고 엄마를 부득부득 졸라댔다 작은말바득바득 센말뿌득뿌득 ❷안타깝게 애를 쓰는 꼴 ⓑ큰비에 냇물이 불어 건널 수 없는데도 아이는 부득부득 건너겠다고 오르락내리락한다 ❸잡은 날이 걱정스럽게 다가오는 꼴 ⓑ잔칫날은 부득부득 다가오는데 할 일은 멧더미처럼 밀려있다 **부득부득하다**

부득불·부득이 ⇒ 마지못해. 할 수 없이. 어쩔 수 없이

부들거리다 움직씨 ❶몸이나 몸 어디를 크게 떨다 ⓑ엄마는 뭐에 놀란 사람처럼 온몸이 부들거렸다 작은말바들거리다 ❷무섭거나 두려워 몹시 안절부절못하다 **부들대다**

부들부들[1] 어찌씨 살갗에 닿거나 스치는 느낌이 아주 부드러운 꼴 ⓑ옷감이 부들부들해서 속옷으로 쓸 만하다 작은말보들보들

부들부들[2] 어찌씨 ❶몸이나 몸 어디를 크게 떠는 꼴 ⓑ추운 밖에서 기다리느라 온몸을 부들부들 떨었다 작은말바들바들 ❷무섭거나 두려울 때 마음이 차분하지 않고 몹시 안절부절못하는 꼴 ⓑ흙날마다 거리에는 촛불을 든 사람들이 늘어나 으뜸머슴이 속으로는 부들부들 떨고 있을 거야 **부들부들하다**

부들부들하다 그림씨 살갗에 닿거나 스치는 느낌이 아주 부드럽다

부등깃 이름씨 다 자라지 못한 어린 새 여린 깃

부등식 ⇒ 안같기냄

부등호 ⇒ 안같기표

부디 어찌씨 ❶(남에게 꼭 해달라고 하거나 맡길 때) 바라건대 ⓑ아우여, 부디 잘 가시게 비슷한말 꼭. 아무쪼록. 모쪼록 ❷구태여 ⓑ부디 비 오는 날 떠날 건 뭐야 비슷한말 일부러

부딪다 움직씨 ❶무엇이 서로 힘있게 마주치다 ⓑ발을 헛디뎌 담벼락에 몸뚱이를 부딪었다 ❷뜻하지 않은 일이나 꼴과 맞서다 ⓑ될지 안 될지는 그 사람과 바로 부딪어 봐야 알지

부딪치다 움직씨 ❶세게 부딪다 ⓑ몸을 숙여 낮은 문을 나오는데, 문틀에 머리를 부딪쳤다. 파도가 바위에 쉼 없이 부딪친다 ❷어떤 일에 맞닥치다 ⓑ지난달엔 어려운 일에 부딪쳤다 ❸서로 맞닥쳐 싸움질하다 ⓑ고갯마루로 소 먹이러 갈 때 고개 넘어 아이들과 보기만 하면 부딪쳤다 ❹맞은쪽과 손수 만나게 되다 ⓑ둘은 사이좋게 지낼 만도 한데 부딪치기만 하면 서로 눈을 부라렸다

부뚜막 이름씨 아궁이 위에 솥을 걸어 놓도록 흙과 돌을 섞어 쌓아올린 반반한 언저리 ⓑ밥을 지은 뒤에는 솥전과 부뚜막을 깨끗이 닦아 놓는다 슬기말 **부뚜막 소금도 집어넣어야 짜다** 제아무리 손쉬운 일이라도 애쓰지 않으면 이루어지지 않는다

부라리다 움직씨 눈을 부릅뜨고 눈망울을 사납게 굴리다 ⓑ언니가 날 잡아먹을 듯이 눈을 부라린다 비슷한말 지릅뜨다

부락 ⇒ 마을. 뜸. 각단

부랑자 ⇒ 뜨내기. 떠돌이. 발록구니

부랴부랴 어찌씨 ('불이야. 불이야.'를 줄인 말) 아주 바삐 서두르는 꼴 ⓑ부랴부랴 달려갔지만 아이는 벌써 실려 가고 없었다

부러뜨리다 움직씨 부러지게 하다 ⓑ막대기를 발로 부러뜨렸다 한뜻말 부지르다. 분지르다

부러워하다 움직씨 남이 잘되는 것이나 좋은 것을 보고 저도 그렇게 되고 싶어하다 ⓑ조카는 벗이 가진 놀잇감을 부러워했다 ⇐ 탐내다

부러지다 움직씨 ❶꺾이거나 동강이 나다 ⓑ지난밤 바람에 나뭇가지가 부러졌다 ❷(흔히 '딱, 똑'과 함께 써서) 말씨나 몸짓 따위를 뚜렷하고 세게 하다 ⓑ우물거리지 말고 딱 부러지게 말해 봐

부럼 이름씨 달셈으로 한달 보름날 이른 아침에 깨물어 먹는 밤, 잣, 호두, 은행, 땅콩 같은 열매. 이런 것들을 깨물면 한 해 내내 부스럼을 앓지 않는다고 믿었다

부럽다 그림씨 남이 가진 좋은 것을 가지고 싶거나 남이 잘되는 것을 보고 그렇게 되고 싶은 마음이 크다 ⓑ내 비록 늙었을망정 소고삐만 잡으면 젊은이가 부럽지 않아 한뜻말 남부럽다

부레 이름씨 ❶물고기 뱃속에 있는 얇고 질긴 바람 주머니. 바람을 넣었다 뺐다 하며 물에 떠다니기 좋게 몸무게를 바꾼다 ⓑ부레가 없는 상어는 큰 애가 물에 뜨는 것을 돕는다 ❷'부레풀' 준말. 물고기 부레를 고아서 만든 풀 ⓑ부레를 바르다. 가죽신 밑창을 붙이기에 부레만 한 것이 없다

부레끓다 움직씨 몹시 성이 나다 한뜻말 뿔나다. 골나다 ⇐ 화나다

부레옷 이름씨 입으면 물에 빠져도 뜰 수 있도록 만든 웃옷 ⇐ 구명조끼

부력 ⇒ 뜰심

부록 ⇒ 붙임. 덧붙임

부루나 이름씨 ❶우리나라 높하늬녘에 있는 고장이자 큰 고을. 노배달 서울이고 가고리 옛 서울이어서 옛 삶꽃 자취가 많이 남았다 ⇐ 평양 ❷가시부루 고장에서 가장 큰 고을 ⇐ 원주

부루나구루 이름씨 가고리 때에 부루나를 지키려고 쌓은 구루. 552해에서 586해 사이에 쌓았고 둘레가 마흔 마을쯤 된다 ⇐ 평양성

부루나찬국수 이름씨 메밀국수에 찬 장국을 부어 만든 부루나 터박이 맛갓 ⇐ 평양냉면

부루퉁하다 그림씨 ❶붓거나 부풀어서 불룩하

다 ⓑ이가 아파 볼이 부루퉁하게 부었다. 봉오리가 부루퉁하게 되어 터질 것 같다 작은말보로통하다 센말뿌루퉁하다 ❷못마땅하여 골난 빛이 얼굴에 나타나 있다 ⓑ언니는 내 말이 마음에 안 들어 부루퉁한 얼굴에 입도 꾹 다물었다

부룩 이름씨 밭 사이사이 빈틈에 다른 낟이나 남새를 드문드문 더 심는 일 ⓑ논둑에 부룩으로 검은콩을 심고 콩밭에는 드문드문 수수를 심었다

부룩소 이름씨 작은 수소

부룩송아지 이름씨 아직 길들지 않은 송아지

부류 ⇒ 갈래. 축. 붙이

부르다[1] 움직씨 ❶(말이나 짓으로) 오라고 하다 ⓑ손짓으로 부른 뒤에 큰소리로 다시 불렀다 ❷사람을 불러오게 하거나 모이게 하다 ⓑ잔치에 손님을 불렀다 ⇐ 호출하다 ❸(만나자고) 찾다 ⓑ밝은달님, 미리내님이 불러요 ❹이름이나 글을 또박또박 소리 내어 읽다 ⓑ아제 사벌 고을로 나갈 사람 이름을 불렀다 ⇐ 호칭하다 ❺내세운 쪽으로 따라오게 하거나 나서게 하다 ⓑ우리말 집을 엮는 이들은 푸름이들이 일에 나서도록 부른다 ❻노랫말을 가락에 맞춰 입으로 소리를 내다 ⓑ우리는 어깨를 겯고 '우리 이기리라'라는 노래를 부르고 또 불렀다 ❼소리 내어 외치다 ⓑ내가 '물러가라!'라고 하면 여러분도 똑같이 따라 부르세요 ❽무엇이라고 이름하여 말하다 ⓑ앞으로 우리나라 이름은 우리말로 불릴 것이다 ❾값이 얼마나 나간다고 말하다 ⓑ남새가 하도 높아서 부르는 게 값이다

부르다[2] 그림씨 ❶먹은 것이 많아 더 먹고 싶은 생각이 없을 만큼 든든하다 ⓑ배가 부르도록 실컷 먹었다 맞선말고프다 ❷몬 꼴이 가운데가 불룩하게 내밀다 ⓑ아랫배가 부른 단지 ❸아이나 새끼를 배거나 살이 쪄서 배가 불룩하다 ⓑ아이를 밴지 넉 달째가 되니 조금씩 배가 불러온다

부르르 어찌씨 ❶많은 물이 가볍게 끓을 때 나는 소리나 그 꼴 ⓑ냄비 물이 부르르 끓어오른다 작은말바르르 거센말푸르르 ❷얇은 종이나 가는 나뭇가지 같은 것에 불이 붙어 가볍게 타오르는 꼴 ⓑ가랑잎에 불이 붙어 부르르 타오른다 ❸몸을 가볍게 떠는 꼴 ⓑ아침 찬바람에 몸을 부르르 떨었다 ❹털이 많고 부드러운 꼴 ⓑ털이 부르르 난 강아지 ❺얼마쯤 불끈 골을 내는 꼴 ⓑ도담은 내 말에 부르르 골을 내며 밖으로 나가 버렸다

부르르하다 그림씨 털이 많고 부드럽다 ⓑ콩나물 한 줌 집어 들고 부르르한 털뿌리를 가는 손가락으로 재빨리 자르고 다듬어서는 소쿠리에 담는다

부르릉 어찌씨 ❶뭘힘틀에 불 일으킬 때 나는 소리 ⓑ수레가 사람을 싣고 부르릉 떠났다 준말부릉 ❷(이름씨로 써) 바퀴가 굴러서 사람이나 짐을 실어나르는 뭘틀 ⇐ 차. 자동차

부르짖다 움직씨 ❶큰 소리로 외치거나 말하다 ⓑ아이들은 어머니와 닷새 동안 떨어져 있다가 다시 만나게 되자 모두 '엄마!'하고 부르짖었다 ❷큰 소리로 이악스레 울다 ⓑ어린 아기가 어디가 아픈지 젖도 빨지 않고 부르짖기만 한다 ❸어떤 뜻이나 생각을 세차게 외치다 ⓑ불같은 목소리로 힘차게 우리말살이를 부르짖는 스승 ⇐ 역설하다 ❹크게 떠들어 하소연하다 ⓑ어머니는 아들 주검을 부여안고 다시 살려내라고 부르짖었다

부르트다 움직씨 ❶살가죽이 들뜨거나 터지다 ⓑ겨울에 땔나무를 하다 보면 손발이 부르트는 일이 잦다 준말부릍다 ❷물것에게 물려 살에 볼록한 것들이 솟아오르다 ⓑ모기에게 물려 눈언저리가 부르텄다 ❸골이 나다 ⓑ어머니가 꾸짖거나 잔소리할 때마다 누나는 부르터 있었다

부름 이름씨 부르는 것 ⓑ아들이 나라 부름을 받고 싸움터에 나갔다

부름수레 이름씨 말틀로 불러 쓰는 수레 ⇐ 콜택시

부릅뜨다 [움직씨] 사납게 눈을 크게 뜨다 ㉥언니는 눈을 딱 부릅뜨고 나를 노려보았다 비슷한말 부라리다. 지릅뜨다

부릇 [이름씨] 무더기로 놓인 몬 부피

부릇되다 [움직씨] 일이 잘되어 피어나다 ㉥제가 스승님을 잘 만나서 이만큼 부릇되었습니다

부릉거리다 [움직씨] 수레 뭠틀 같은 것이 돌아갈 때 잇달아 자꾸 좀 빠르게 소리가 나다 ㉥수레가 부릉거리며 들을 가로질러 달려간다 한뜻말 부르릉거리다 **부릉대다**

부릉부릉 [어찌씨] 수레 뭠틀 같은 것이 돌아갈 때 잇달아 자꾸 좀 빠르게 나는 소리나 그 꼴 ㉥수레는 부릉부릉 소리를 내며 마을을 빠져나갔다 **부릉부릉하다**

부리 [이름씨] [1]어떤 짐승이나 새 주둥이 ㉥새가 부리로 낟알을 쪼아 먹는다 [2]어떤 것 끝이 뾰족한 데 ㉥소맷부리에 주름이 있는 옷을 즐겨 입는다. 꽃부리. 멧부리 [3]사람 입이나 입말 낮춤말 ㉥부리를 닥쳐라!

부리그물 [이름씨] 논이나 밭에서 일하는 소가 낟이나 남새를 뜯지 못하게 주둥이에 씌우는 새끼로 엮어 만든 그물 한뜻말 홍오리. 머구리. 머거리

부리나케 [어찌씨] 몹시 서둘러. 신나서 빠르게 ㉥늦을까 봐 부리나케 뛰어갔다 ⇐ 황급히

부리다[1] [움직씨] [1]짐을 내려놓다 ㉥마당에 쌀가마를 부렸다 [2]마음을 놓다 ㉥일을 마치고 돌아와서는 느긋함을 부리는 것도 좋다 [3]활시위를 벗겨 놓다 ㉥활 놀이가 끝난 뒤 활을 부렸다

부리다[2] [움직씨] [1]사람을 휘잡아서 일을 시키다 ㉥오늘날에도 자칫하면 사람을 부릴 수 있다 [2]말이나 소 같은 짐승을 몰아서 마음대로 일을 시키다 ㉥요즘은 소를 부려 논밭을 갈지 않는다 [3]서낭을 불러서 제 뜻대로 뛰게 하다 ㉥어릴 때는 도깨비를 부리는 사람이나 무엇이 있는 줄 알았다 [4]틀을 움직여서 다루다 ㉥달구지를 부리다. 배를 부리다 [5]재주나 꾀를 겉으로 드러내거나 보람 있게 쓰다 ㉥꾀를 지나치게 부리면 스스로한테도 좋지 않다 [6](이름씨와 함께 써 그 이름씨가 뜻하는 바를) 나타내거나 되풀이하다 ㉥어리광을 부리다. 멋을 부리다. 말썽을 부리다 [7]힘을 쓰다 ㉥백성이 준 힘이더라도 지나치게 부리면 늘 쫓겨난다

부리망 ⇒ 부리그물

부리부리 [어찌씨] 눈망울이 크고 빛나는 꼴

부리부리하다 [그림씨] 눈망울이 크고 빛나다 ㉥사내는 눈이 부리부리하고 서글서글하게 생겼다

부리시리 [이름씨] 잎은 손바닥 꼴이고 뿌리는 희고 살찌며 줄기는 곧게 서는 여러해살이풀. 뿌리는 예로부터 여러 가지 앓이를 막거나 나수는 낫개로 쓴다 한뜻말 심 ⇐ 산삼

부림 [이름씨] 사람이나 일몬을 잡쥐고 알맞게 맞추는 일 ⇐ 컨트롤

부림말 [이름씨] 남움직씨가 있는 글월에서 몸짓 거리가 되는 말. 바로 부림말과 건너 부림말이 있다 ⇐ 목적어

부림머리 [이름씨] 일 온 흐름에서 복판 구실을 하는 사람이나 모둠 ⇐ 컨트롤타워

부림소 [이름씨] 짐을 나르거나 논밭을 갈려고 기르는 소

부림열쇠 [이름씨] 셈틀 글널에서 다른 열쇠와 같이 눌러서 부리는 일을 하게 하는 열쇠 ⇐ 컨트롤키

부림자리 [이름씨] 글월 안에서 임자말이 풀이말을 부리는 말임을 나타내는 자리 ⇐ 목적격

부림자리토씨 [이름씨] 글월 안에서 임자말 뒤에 붙어 부림말감을 갖게 하는 자리토씨. '을'과 '를'이 있다 ⇐ 목적격 조사

부림틀 [이름씨] 쇳물을 틀에 부어 글자를 만드는 틀 ⇐ 주조기

부마 ⇒ 임금사위

부메랑 ⇒ 되돌이. 되돌아옴

부모 ⇒ 어버이

부문 ⇒ 쪽. 갈래

부반장 ⇒ 버금가름지기

부부 ⇒ 안팎. 지아비지어미. 가시버시. 아내바데. 겨집사내

부부간 ⇒ 가시버시사이

부부유별 ⇒ 가시버시다름

부분 ⇒ 어섯. 조각. 갈래. 한쪽

부분월식 ⇒ 한쪽달가림. 어섯달가림

부분일식 ⇒ 한쪽해가림. 어섯해가림

부분집합 ⇒ 갈래모임

부사 (副使) ⇒ 버금시중

부사 (副詞) ⇒ 어찌씨

부사리 이름씨 들이받는 버릇이 있는 소

부산 이름씨 바삐 서둘러 어수선하고 떠들썩함 ⓑ아이가 나들이를 간다고 아침부터 부산을 떤다

부산 ⇒ 가시리메

부산물 ⇒ 딸림치. 딸림몬. 곁낳몬

부산스럽다 그림씨 몹시 서두르거나 시끄럽게 떠들어 어수선하다 ⓑ저잣거리는 장사꾼과 손님들로 부산스러운 모습이다 비슷한말 부산하다

부삽 이름씨 불이나 재를 다루는 삽 ⓑ할머니가 부삽으로 알불을 퍼내어 불담이에 담았다

부상 (負傷) ⇒ 다침. 생채기남

부상 (浮上) ⇒ 뜸. 뜨다. 떠오르다. 올라서다

부상 (副賞) ⇒ 버금 기림

부상병 ⇒ 다친싸울아비

부상자 ⇒ 다친 이

부서 ⇒ 일갈래

부서지다 움직씨 ❶단단한 것이 깨어져 조각나다 ⓑ거센 바람에 울타리가 넘어져 부서졌다. 메에서 돌이 부서져 흘러내린다 ❷짜인 것이 마사지거나 깨지거나 헐어지다 ⓑ앉개가 부서져서 쓸 수가 없다. 아침나절 내내 부서진 문짝을 고쳤다 ❸기다림이나 바람, 생각, 얽이 따위가 틀어지거나 무너지다 ⓑ한 가닥 바람이 조각조각 부서졌다 ❹물이나 빛 따위가 부딪쳐 흩어지다 ⓑ물결이 부서지는 바위섬에 살고 싶다 ❺돈 같은 것이 마구 써 없어지다 ⓑ온 누리에서 쓸데없이 부서지는 군돈이 얼마나 될까

부석거리다 움직씨 ❶살이 핏기 없이 여기저기 부어오른 듯하다 ❷물기가 없이 허벅허벅한 몬이나 마른 몬이 가볍게 자꾸 부스러지는 소리가 나다 **부석대다**

부석부석[1] 어찌씨 살이 핏기 없이 여기저기 부어오른 듯한 꼴 ⓑ아이 낳은 지 얼마 안 되는 저 아낙네는 얼굴이 부석부석 부었다

부석부석[2] 어찌씨 물기가 없이 허벅허벅한 몬이나 마른 몬이 가볍게 자꾸 부스러지는 소리나 그 꼴 ⓑ메오름이들은 부석부석 부서지는 갈잎을 밟으며 등성이를 올라갔다 **부석부석하다**

부석부석하다 그림씨 ❶살이 핏기 없이 여기저기 부어오른 듯하다. 얼굴이 하얗게 뜨고 부어오른 듯하다 ⓑ잠을 설친 탓에 얼굴이 부석부석하다 ❷(움직씨) 물기가 거의 없거나 마른 몬이 부스러지는 바탈이 있다 ⓑ뒷메는 갈이모래흙이라 부석부석해서 잘 미끄러지지만, 소낭버섯이 많이 나는 곳이다

부설 (附設) ⇒ 붙여세움. 덧붙임. 딸리다. 덧붙이다. 붙여세우다

부설 (敷設) ⇒ 놓음. 놓다. 깔다. 깔아놓다. 베풀어 놓다

부성애 ⇒ 아비사랑

부속 ⇒ 딸림. 딸리다. 곁붙다

부속물·부속품 ⇒ 여줄가리. 딸림치. 조치개. 곁가지

부손 이름씨 불담이에 꽂아 두고 쓰는 작은 부삽 ⓑ어할아버지 집에는 불담이에 예쁜 부손이 있었지

부수 (附隨) ⇒ 딸림

부수 (部數) ⇒ 펴냄수

부수개 이름씨 단단한 몬을 잘게 부수는 틀 ⇐ 분쇄기. 파쇄기

부수다 움직씨 ❶치거나 두드려 깨뜨리거나 마스다 ⓑ흙덩이를 잘게 부수었다 준말 붓다 ⇐ 파쇄하다 ❷몬을 치거나 두드려 못 쓰게 만들다 ⓑ문을 부수고 들어갔다

부수입 ⇒ 국물. 고물

부수적 ⇒ 딸린

부숭부숭 어찌씨 ❶잘 말라서 물기가 없고 부드러운 꼴 ⓑ빨아서 바위 위에 널어놓은 손수건이 부숭부숭 말랐다 작은말보송보송 ❷살결이나 얼굴이 곱고 부드러운 꼴 ⓑ우리 사위는 언제봐도 얼굴이 부숭부숭 보기 좋아 ❸핏기 없이 좀 부은 듯한 꼴 ⓑ할머니는 부숭부숭 부은 것처럼 살이 올랐다

부숭부숭하다 그림씨 ❶잘 말라서 물기가 없고 부드럽다 작은말보송보송하다 ❷살결이나 얼굴이 곱고 부드럽다 ❸핏기 없이 좀 부은 듯하다

부스러기·부스레기 이름씨 ❶잘게 부스러진 찌끼 ⓑ떡 부스러기 좀 흘리지 마라 ❷쓸 만한 것을 골라내고 남은 것 ⓑ빵은 다 먹고 부스러기만 남았네 ❸하찮은 것. 나부랭이 ⓑ닷새마다 서는 저잣날이면 가난한 살림에도 어머니는 아이들에게 과자 부스러기라도 한 주머니 사 왔다

부스러지다 움직씨 덩이로 된 것이 깨어져 잘게 조각나다 ⓑ단단한 흙이 부스러지도록 밭을 갈고 괭이로 흙덩이를 으깼다 비슷한말 부서지다

부스럭거리다 움직씨 마른 잎이나 검불 같은 것을 잇달아 건드릴 때 조금 크게 소리가 자꾸 나다 ⓑ밤이면 밤나무 밑을 부스럭거리며 멧돼지들이 떼 지어 훑고 지나간다 **부스럭대다**

부스럭부스럭 어찌씨 마른 잎이나 검불 같은 것을 잇달아 건드릴 때 조금 크게 나는 소리나 그 꼴 ⓑ밤도 이제 끝물이라 부스럭부스럭 마른 잎을 밟으며 겨우 한 알 두 알 줍는다 **부스럭부스럭하다**

부스럼 이름씨 살가죽 털구멍으로 곪음팡이가 들어가서 생기는 불늦 ⓑ온몸에 부스럼이 났다 ⇐ 종기 슬기말 **부스럼이 살 될까** 이미 어그러지거나 그릇된 일이 다시 잘되거나 좋아지지 않는다

부스스 어찌씨 ❶머리카락 따위가 어지럽게 일어나거나 흐트러진 꼴 ⓑ부스스 일어난 머리털을 곱게 빗었다 ❷부스러기 같은 것이 어지럽게 흩어지는 소리나 그 꼴 ⓑ흙더미가 부스스 무너졌다 ❸눕거나 앉았다가 살그머니 일어나는 꼴 ⓑ잠자리에서 부스스 일어났다

부스스하다 그림씨 머리카락이나 털 따위가 몹시 어지럽게 일어나거나 흐트러져 있다

부슬거리다 움직씨 ❶눈이나 비가 성기게 조용히 내리다 ❷몇 줄기 내가 성기게 피어오르다 **부슬대다**

부슬부슬 어찌씨 ❶눈이나 비가 성기게 조용히 내리는 꼴 ⓑ봄비가 부슬부슬 내린다 한뜻말부실부실 ❷몇 줄기 내가 성기게 피어오르는 꼴 ⓑ날씨가 추워지자 군불을 때느라, 이 집 저 집에서 내가 부슬부슬 올라온다 ❸저마다 일어나거나 앉거나 가는 꼴 ⓑ이야기가 길어지자 지친 사람들이 한 사람 두 사람 부슬부슬 일어나 사라졌다 ❹몬이 작게 부스러지거나 물기가 적어서 잘 엉기지 않고 흐트러지는 꼴 ⓑ버섯꾼들이 바삐 밟고 다니는 비탈길 모래흙이 부슬부슬 떨어져 내린다 ❺흩어져 제멋대로 흔들리는 꼴 ⓑ가을바람에 억새들이 부슬부슬 흔들린다 **부슬부슬하다**

부시 이름씨 차돌에 부싯깃을 대고 쳐서 불을 일구는 쇳조각 ⓑ아침 내내 부시를 쳐도 불을 못 일으켜 골이 난 늙은이는 자리에서 일어났다 익은말 **부시를 치다** 부싯돌 위에 부싯깃을 올려놓고 부시로 쳐서 불을 일으키다

부시다[1] 움직씨 그릇 따위를 물로 깨끗이 씻어내다 ⓑ가마를 부신다. 밥그릇을 부셨다

부시다[2] 그림씨 빛살이 매우 세거나 밝아서 바로보기가 어렵다 ⓑ햇빛에 눈이 부셔 눈을 못 뜨겠다

부식 (副食) ⇒ 건개. 찔게. 조치개

부식 (腐蝕) ⇒ 보믜. 보믜다. 썩다. 문드러지다

부실 ⇒ 속빔. 속이 비다. 튼튼하지 못하다. 믿음이 적다. 변변찮다. 허술하다

부심 ⇒ 걱정. 근심. 걱정하다. 근심하다

부심이 이름씨 빨강 치마에 노랑 저고리인 봄맞이 나들이옷

부싯깃 이름씨 부시를 칠 때 불똥이 박히도록 부싯돌 위에 대는 것 ⓑ부싯깃에 불이 붙었다 준말깃

부싯돌 이름씨 불을 일으키는 데 쓰는 날 선 차돌 ⓑ부싯돌에 부시를 쳐서 불을 댕겼다

부아 이름씨 ❶허파 ⓑ닷으뜸 언니는 부아에 궂혹이 들었는데도 아랑곳없이 간힌이를 돕는 일을 한다 ⇐ 폐 ❷골난 마음 ⓑ나를 자꾸 놀리는 말에 부아가 치밀었다 한뜻말노여움. 골 ⇐ 화. 역정 익은말 **부아가 나다** 골이 나다. 노염이 일어나다 슬기말 **부아가 돋는 날 의붓아버지 온다** 골이 나서 씩씩거리고 있는데 가뜩이나 미운 사람이 찾아와 더 골을 돋운다

부아앓이 이름씨 부아를 삭이지 못해 애 구실이 제대로 안 되어 머리와 옆구리가 아프고 가슴이 답답하면서 잠을 잘 못 자는 앓이 한뜻말골남앓이 ⇐ 화병. 울화병

부양 ⇒ 돌봄. 모심. 돌보다. 모시다

부어오르다 움직씨 살갗 같은 데가 부풀어 오르다 ⓑ땅벌에 쏘인 자리가 벌겋게 부어올랐다 비슷한말붓다. 부르트다

부언 ⇒ 덧붙임. 붙임말. 덧붙이다. 덧붙여 말하다

부업 ⇒ 곁일. 겨를일. 때일

부엉이 이름씨 몸은 잿빛 바탕에 옅은 밤빛이고 머리에는 귀 꼴 깃털이 둘 달린 올빼미갈래 새. '부엉부엉'하고 울어 붙은 이름으로 귀가 밝아 작은 소리도 잘 듣고 눈자위가 커서 낮에는 빛을 많이 받아 보지 못하지만 어두운 데서는 잘 본다. 날개가 크고 깃이 부드러워 소리 나지 않게 날 수 있다. 흔히 밤에 돌아다니고 고기를 먹으며 숲에 산다 한뜻말부엉새 슬기말 **부엉이 곳집** 부엉이가 먹을 것을 둥지에 많이 모아 두는 버릇에서 비롯된 말로 무엇이든 모두 갖춘 것을 빗댄 말 ⇐ 부엉이 곳간

부엉이살림 이름씨 저도 모르는 새 부쩍부쩍 늘어나는 살림 ⓑ새사람이 들어온 뒤로 부엉이살림이 되었다

부엉이셈 이름씨 부엉이가 셈을 둘씩 짝으로만 헤아려 보기 때문에 짝을 맞추어 없어지면 모른다는 옛말에서 셈에 어두운 사람을 놀리는 말

부엌 이름씨 집에서 불로 밥을 짓는 곳 ⓑ부엌에서 달가닥거리는 소리와 함께 구수한 된장찌개 냄새가 난다 ⇐ 주방. 취사장. 정주간 슬기말 **부엌에서 숟가락을 얻었다** 하찮은 일을 해 놓고 마치 큰일을 이룬 듯 자랑을 늘어놓는다

부엌검 이름씨 부엌을 맡아 늘 부엌에 있으면서 모든 좋고나쁨을 판가름한다고 알려진 검 ⇐ 조왕신

부엌데기 이름씨 남 집에서 삯을 받고 부엌일을 맡아 하는 사람 ⓑ부엌데기는 누리에서 가장 종요로운 일꾼이다 ⇐ 식모

부엌일 이름씨 부엌에서 먹을거리를 짓거나 설거지하는 것 따위를 이르는 말 ⓑ부엌일을 해 본 사내는 삶에 눈뜨기 쉽다

부엌지기 이름씨 밥집이나 찻집 부엌일 우두머리 ⇐ 주방장

부엌칼 이름씨 맛갓을 만들 때 쓰는 큰 칼

부여 (夫餘) ⇒ 사보리. 보리

부여 (賦與) ⇒ 붙여줌. 나눠줌. 붙여주다. 나눠주다

부여 (附與) ⇒ 맡김. 줌. 맡기다. 주다. 두다

부여안다 움직씨 부둥켜 안다 ⓑ할머니는 큰아들을 부여안고 울었다 비슷한말붙안다. 껴안다. 끌어안다

부여잡다 움직씨 부둥켜 잡다 ⓑ그리던 아우 손목을 부여잡고 놓지 못한다

부역 (賦役) ⇒ 억지일

부역 (附逆) ⇒ 맞선이 돕기

부엽토 ⇒ 잎썩은 흙

부옇다 그림씨 ❶안개나 내가 낀 것처럼 맑지 않고 조금 하얗다 ⓑ부연 막걸리 빛깔 ❷살갗이나 낯빛이 좀 허여멀겋다 ⓑ오빠는 방안에만 틀어박혀 있느라 얼굴이 부옇다

작은말 보얗다 센말 뿌옇다 ❸모질게 닦이거나 꾸중을 들어 낯부끄럽다 ⓑ윗사람에게 하루 내 부옇게 나무람을 들었다 ❹얼이 흐리멍덩하다 ⓑ깨우는 바람에 억지로 일어나기는 했으나 머릿속이 부연 느낌이다

부원 ⇒ 모둠사람

부위 ⇒ 곳. 자리

부유 ⇒ 가멸짐. 가멸다. 넉넉하다. 돈많다

부음 ⇒ 왼소리. 궂은소리

부응 ⇒ 따름. 따르다. 맞추다. 좇다

부의장 ⇒ 버금지기

부인 (夫人) ⇒ 아내. 안사람. 집사람. 마누라. 가시. 지어미

부인 (否認) ⇒ 잡아뗌. 아님. 아니라 하다. 잡아떼다. 손사래 치다

부임 ⇒ 일터감. 일터가다. 새일터가다. 맡은데 가다

부자 (富者) ⇒ 가면이. 가진이. 넉넉이

부자 (父子) ⇒ 어비아들. 버이아들

부자연스럽다 ⇒ 어줍다. 어설프다. 서먹하다

부작용 ⇒ 말썽

부잡스럽다 ⇒ 들뜨고 더럽다

부잣집 ⇒ 가면이집. 가진이집. 넉넉이집

부장물·부장품 ⇒ 껴묻거리

부재 ⇒ 없음. 없다. 자리에 없다

부적 ⇒ 붉글종이

부적당하다 ⇒ 알맞지 않다

부적절하다 ⇒ 걸맞지 않다. 어울리지 않다

부적합 ⇒ 맞지않음. 맞지않다. 알맞지 않다. 들어맞지 않다. 어울리지 않다

부전 이름씨 빛깔 헝겊으로 예쁘게 만들어 차는 계집아이 노리개

부전승 ⇒ 거저이김. 겨룸 없이 이기다. 거저 이기다

부전자전 ⇒ 그 아비에 그 아들

부젓가락 이름씨 불담이에 꽂아 두고 불덩이를 집거나 헤집는 데 쓰는 쇠젓가락 ⓑ부젓가락으로 불담이에 담긴 잉걸불을 헤쳐 놓았다

부정 (不淨) ⇒ 더러움. 지저분함. 나쁜 낌새

부정 (不正) ⇒ 옳잖음. 옳지 않음. 맞지 않음. 바르지 않음

부정 (否定) ⇒ 아니라 함. 아니라 하다

부정 (不定) ⇒ 고르지 않음. 고르지 않다

부정 (父情) ⇒ 아버지 사랑. 아버지 마음

부정맥 ⇒ 안 고른 피뛺

부정부패 ⇒ 바르지 못함과 썩음

부정행위 ⇒ 나쁜 짓. 못된 짓. 옳잖은 짓

부정확하다 ⇒ 흐릿하다. 또렷하지 않다. 맞지 않다

부조 (浮彫) ⇒ 돋을새김. 돋새김

부조 (扶助) ⇒ 도움. 도움돈. 베풂돈. 도움몬. 베풂몬. 돕다. 거들다. 보태다

부조금 ⇒ 도움돈. 베풂돈

부조리 ⇒ 마땅찮음. 마땅찮다. 틀에 어긋나다

부족 (部族) ⇒ 겨레붙이

부족 (不足) ⇒ 모자람. 모자라다. 덜되다. 넉넉하지 못하다. 달리다

부주의 ⇒ 삼가지 않다. 마음 쓰지 않다. 한눈팔다

부지 (敷地) ⇒ 터. 자리

부지 (扶持) ⇒ 배김. 배겨내다. 견디다. 버티다. 배기다

부지기수 ⇒ 수없음. 많음. 셀 수 없음

부지깽이 이름씨 아궁이에 불을 때거나 피울 때 나무를 밀어넣거나 불을 쑤시는 데 쓰는 막대기 ⓑ부지깽이로 불을 뒤적여 잿더미 속에서 군밤을 집어냈다 슬기말 **부지깽이가 곤두선다** 부지깽이도 누울 새가 없이 곤두서서 돌아갈 만큼 몹시 바쁘다

부지런하다 그림씨 몸을 움직이거나 일하는 품이 재고 꾸준하며 기꺼이 하다 ⓑ부지런한 이는 앓을 틈도 없다. 말없이 부지런히 일하는 여름지기들 ⇐ 근면하다

부지불식간 ⇒ 모르는 사이. 몰래

부직포 ⇒ 안짠베

부진 ⇒ 더딤. 시원찮다. 더디다. 제자리걸음하다

부질없다 그림씨 괜한 짓으로 쓸모없다 ⓑ지난 잘못을 곱씹어 봤자 다 부질없는 짓이다. 싸움해야 먹고사는 놈들이 벌이는 부질없는 싸움질 비슷한말 한갓되다 ⇐ 소용없다

부집 [이름씨] 함부로 말을 막 하면서 싸움 **부집하다**

부쩍 [어찌씨] [1]한길로 빡빡하게 우기는 꼴 ㉥벗이 부쩍 우기는 바람에 나도 따라갔다 [2]무엇이 거침없이 늘거나 주는 꼴 ㉥아우는 키가 부쩍 커서 이제 언니와 비슷해졌다 [3]매우 가깝게 달라붙는 꼴 ㉥새집으로 짐을 옮기는 날이 부쩍 다가왔다 [4]알고 싶은 마음이 갑자기 생기는 꼴 ㉥'아' 다르고 '어' 다른 우리말 쓰임새에 부쩍 재미를 붙인다 [5]몹시 세게 힘을 쓰는 꼴 ㉥반가운 마음에 힘을 부쩍 주어 동무 손을 잡았다 [6]몸과 마음이 아주 팽팽해지는 꼴 ㉥만나 줄 듯 말 듯 하는 꽃부리 말에 부쩍 애가 닳았다

부착 ⇒ 붙임. 붙음. 붙이다. 붙다. 들러붙다. 달다

부착물 ⇒ 붙은것. 붙음치

부채 [이름씨] 부쳐서 바람을 일으켜 더위를 식히거나 불을 잘 붙게 하는 데 쓰는 연장 ㉥이곳은 높은 멧골이라 부채 하나면 여름나기에 모자람이 없다 ⇐ 팬

부채 ⇒ 빚

부채꼴 [이름씨] [1]쥘부채를 폈을 때 나는 꼴 ㉥모래톱이 부채꼴로 쌓였다 [2]부챗살이 네 쪽으로 뻗쳐나간 것과 같은 꼴 [3]동그라미 둘레 어느 한 곳이 그 두 끝을 지나는 가웃지름으로 돌린 꼴

부채살 [이름씨] 소 앞다리 살

부채질 [이름씨] [1]부채를 부치는 일 ㉥마루에 앉아 부채질로 땀을 식혔다 [2]일이나 마음을 더욱 부추기거나 세차게 만드는 짓 ㉥애야, 동무들 싸움을 말릴 생각은 안 하고 부채질을 하면 어떡하니

부채춤 [이름씨] 부채를 손에 들고 추는 춤 ㉥부채춤과 북춤이 한데 어우러져 우리 겨레 춤 멋을 한껏 부풀린다

부챗살 [이름씨] 부채 뼈대를 이루는 여러 낱 대오리

부처 [이름씨] 깨달은이 한뜻말 붇다

부처 (夫妻) ⇒ 안팎. 아내바데. 가시버시

부추 [이름씨] 봄에 작은 비늘줄기에서 가늘고 긴 잎이 뭉쳐나며 늦여름에 긴 꽃줄기가 나와 작고 흰 꽃이 피고 열매가 익으면 절로 터져 까만 씨가 나오는 여러해살이풀. 비늘줄기와 씨는 낫개로 쓰고 잎은 남새로 먹는다 한뜻말 정구지. 솔. 졸. 세우리

부추겨삼 [이름씨] 살 마음이나 얽이가 없었는데, 부추기어 그 자리에서 몬을 사는 일 ⇐ 충동구매

부추기다 [움직씨] 어떤 일에 마음을 움직여 힘써 나서도록 하다 ㉥아이들을 부추겨 혼자 사는 할머니를 돕도록 했다

부축 [이름씨] [1]몸을 붙잡아 걷는 것을 돕기 ㉥걸음이 어려우신 할아버지를 부축해 드렸다 한뜻말 곁부축 [2]남 일이나 말을 곁에서 거들어 도와주는 것 **부축하다**

부치다[1] [움직씨] 할 일에 그 힘이 못 미치거나 모자라다 ㉥내가 맡아서 하기에는 힘에 부쳐

부치다[2] [움직씨] [1]글이나 짐 같은 것을 보내다 ㉥벗에게 글월을 부쳐야지 ⇐ 발송하다. 탁송하다 [2]어떤 잔치나 뜻있는 날을 기리는 뜻을 글로 나타내다 ㉥한글날에 부치는 글 [3]어떤 다루어야 할 일을 다른 곳이나 다른 까리로 넘겨 맡기다 ⇐ 회부하다

부치다[3] [움직씨] 논밭을 갈아서 여름을 짓다 ㉥올해는 논만 다섯 마지기를 부치기로 했다

부치다[4] [움직씨] 기름을 바른 지짐널 같은 데서 물로 갠 가루나 푼 달걀, 또는 그것을 씌운 먹을거리를 펴서 익히다 ㉥비 오는 날은 빈대떡을 부쳐 먹고 싶어진다

부치다[5] [움직씨] 부채 같은 것을 흔들어 바람을 일으키다 ㉥부채를 부쳐라. 하도 더워 옷을 벗어 그걸로 부쳤다

부칙 ⇒ 붙임

부친 ⇒ 아버지. 밭어버이. 바깥어버이

부침·부침개 [이름씨] 빈대떡이나 지짐같이 기름에 부치는 먹을거리 ㉥김치로 부침개를 해 먹자 한뜻말 지짐이. 부치개 ⇐ 전

부케 ⇒ 꽃다발

부탁 ⇒ 해달램. 해달라 하다. 맡기다. 일러두다. 손내밀다

부탄가스 이름씨 빛깔이 없고 남다른 냄새를 갖는 바람덩이. 쉽게 물덩이로 바뀌며 될갈 짓일 밑감으로 쓰며 수레 땔감이나 집에서도 쓴다

부터 토씨 차례나 때, 곳 같은 데서 비롯점을 나타내는 도움토 ⓑ아침부터 저녁까지 일했다. 너부터 빠지려고? 여기서부터 배곳까지. 먼저 살고부터 볼 일이다. 앓고 나서부터 조금 야릇해졌다

부패 ⇒ 썩음. 맛이 가다. 썩다. 썩어 빠지다. 시어 빠지다

부표 ⇒ 뜬표. 띄움표. 물위알림표

부푸러기 이름씨 부풀 낱낱 ⓑ일옷을 오래 입었더니 부푸러기가 일어났다

부풀 이름씨 종이나 천 같은 거죽에 부풀어 일어나는 가는 털 ⓑ묵은 털옷에 부풀이 부르르한다 작은말보풀

부풀다 움직씨 ❶바람이나 물이 들어 몸집이 커지다 ⓑ물에 빠져 죽은 사람 몸뚱이가 크게 부풀었다 ⇐ 팽창하다 ❷몹시 즐겁거나 꿈에 넘쳐 마음이 흐뭇해지다 ⓑ벗이 온다는 새뜸에 마음이 부풀었다 ❸어떤 일이 참과 다르게 지나치게 커지다 ⓑ뜬말은 눈덩이처럼 부풀어 퍼졌다 ❹종이, 천 같은 거죽에 부푸러기가 일어나다 ⓑ빨래했더니 이불 겉 털이 부풀었다 ❺살가죽이 붓거나 부르터 오르다 ⓑ얼굴이 푸석푸석하게 부풀어 오른다. 부푼 어미젖 ❻몬이 속이 성겨지고 늘어나 부피가 더 커지다 ⓑ솜이 부풀다. 반죽이 부풀다 ❼골이 나서 부루퉁하게 되다 ⓑ무엇 때문인지 부풀어 말도 안 한다

부풀리다 움직씨 '부풀다' 하임꼴 ⓑ빵 반죽을 부풀렸다. 여러 나라를 다녀보고 꿈이 부풀렸다. 제가 본 것을 부풀려 떠들었다

부풀부풀 어찌씨 ❶부푸러기가 많이 일어난 꼴 ⓑ낡은 옷에 부푸러기가 부풀부풀 일어났다 작은말보풀보풀 ❷매우 부풀어져 있는 꼴 ⓑ밀가루 반죽이 부풀부풀 부풀어졌다

부풀부풀하다 그림씨 ❶부푸러기가 많이 일어나다 작은말보풀보풀하다 ❷매우 부풀어져 있다

부품·부분품 ⇒ 조치개. 딸림치

부프다 그림씨 ❶무게는 그다지 무겁지 않고 부피가 크다 ⓑ부픈 솜보따리 ❷바탈이나 말씨가 매우 거칠고 과가르다 ⓑ하늘이 입에서 말이 부프게 나올 때는 눈에 흰자위가 커진다

부픈짐 이름씨 가벼우면서 부피가 큰 짐 ⓑ오리털 이불은 부픈짐이라 우리집 옷넣개가 비좁네 맞선말몽근짐

부피 이름씨 넓이와 높이를 가진 것이 빈 곳에서 차지하는 크기 ⓑ수레 부피가 커서 이 둠에는 들어갈 수 없다 준말붚 ⇐ 양. 체적

부하 (部下) ⇒ 아랫사람. 손발. 똘마니. 졸때기

부하 (負荷) ⇒ 짐. 힘걸림

부합 ⇒ 알맞음. 들어맞음. 들어맞다. 알맞다. 맞아떨어지다

부항 ⇒ 뜸단지

부형 ⇒ 배움이돌봄이

부호 (富豪) ⇒ 가면이

부호 (符號) ⇒ 꼴말. 꼴표

부화 ⇒ 알까기

부화뇌동 ⇒ 덩달아 놀아남. 겉묻다. 덩달아 뛰다. 덩달아 놀아나다

부활 ⇒ 되삶. 되살다. 되살아나다

부활절 ⇒ 되산날

부흥 ⇒ 되일어남. 되일으키다. 되일어나다

북[1] 이름씨 ❶베틀에서 가로로 오가면서 씨실을 풀어주어 베가 짜이도록 하는 배 꼴 나무통 ⓑ아낙이 북을 넣고 베를 짠다 ❷바느질틀에서 밑실을 감아 넣는 조그만 쇠통 ⓑ바느질틀 북에 실을 감았다

북[2] 이름씨 ❶나무나 풀뿌리를 두두룩하게 싸고 있는 흙 ⓑ땅콩밭에 북을 돋우었다 ❷포기를 세는 하나치 ⓑ이 호박 한 북에서 물동이 같은 호박을 네댓 낱씩은 따내야겠어요

북[3] 이름씨 나무나 쇠붙이로 된 둥근 통 두 끝 마구리에 가죽을 팽팽히 씌운 가락틀. 채로 두드려 소리를 내고 큰북보다 작고 작은북보다 조금 크다 ⓑ괭과리 소리에 맞추어 북을 두드렸다

북[4] 어찌씨 ❶거칠게 긁거나 문대는 소리, 또는 그 꼴 ⓑ누가 그랬는지 길거리에 세워 둔 수레를 송곳으로 북 긁어 놓았다 ❷질기고 얇은 종이나 가죽, 천 같은 것이 함부로 찢어지는 소리 ⓑ천을 접었다 편 뒤 손으로 북 찢었다

북 (北) ⇒ 노

북구 ⇒ 노유럽

북극 ⇒ 노끝

북극곰 ⇒ 흰곰. 노끝곰

북극성 ⇒ 노끝별

북극점 ⇒ 노끝. 노끝점

북녘 ⇒ 노녘

북단 ⇒ 노끝

북더기·북데기 이름씨 ❶벼나 밀 같은 낟알을 털 때에 나오는 짚 부스러기나 깍지, 이삭 부스러기 같은 찌끼. 집짐승 거친 먹이로 많이 쓴다 ⓑ바심질한 마당에 쌓인 북데기는 가장 좋은 아이들 놀이터이다 ❷마구 뒤섞인 짚이나 풀더미 같은 것 ⓑ갓난 송아지가 누울 수 있도록 북데기를 깔아주었다 ❸쓸모없거나 속이 텅 빈 사람 ⓑ일터에서 물러나 몇 달 동안 쉬고 나니 벌써 북데기가 된 느낌이다 ❹글에 알찬 속내가 없이 빈말만 늘어놓는 것 ⓑ다 뜯어고쳐야 할 북데기 글 슬기말 **북데기 믿고 줄 탄다** 제 힘은 모자라나 뒷배를 믿고 까불다

북돋우다 움직씨 ❶푸나무를 북을 주어 가꾸다 ⓑ들깨를 포기마다 북돋웠다 ❷기운이나 마음, 생각이 더욱 세차게 일어나게 하다 ⓑ아이가 스스로 해낼 수 있도록 힘을 북돋아 주었다 ⇐ 격려하다

북돌 이름씨 무덤 앞 놓개돌을 괴는 북 꼴 둥근 돌

북동쪽 ⇒ 높새쪽

북동풍 ⇒ 높새바람. 된새바람

북두칠성 ⇒ 나난구리. 국자별

북문 ⇒ 노문

북미 ⇒ 노아메리카

북반구 ⇒ 노땅별

북받치다 움직씨 ❶속이나 밑에서 세차게 치밀거나 솟아나다 ⓑ힘이 북받친다 ❷어떤 마음이 세게 치밀다 ⓑ곁을 떠난 아들 생각에 슬픔이 북받쳤다

북방 ⇒ 노녘. 노녘고장

북벌 ⇒ 노녘치기

북부 ⇒ 노녘. 뒤대. 뒤

북북 어찌씨 ❶거칠게 자꾸 긁거나 문대는 소리나 그 꼴 ⓑ소 등을 북북 긁어 씻겼다 작은말박박. 복복 센말뿍뿍 ❷바닥이 번번할 만큼 깎거나 베는 꼴 ⓑ바닥을 북북 긁어 땅을 펀펀하게 했다 작은말박박. 복복 센말뿍뿍 ❸질기고 얇은 종이나 가죽, 천 같은 것이 자꾸 찢어지는 소리나 그 꼴 ⓑ못 쓰는 천을 북북 찢어 먼지떨이를 만들었다 작은말박박. 복복 센말뿍뿍

북북거리다 움직씨 ❶거칠게 긁거나 문대는 소리가 자꾸 나다 작은말박박거리다. 복복거리다 센말뿍뿍거리다 ❷질기고 얇은 종이나 가죽, 천 같은 것이 찢어지는 소리가 자꾸 나다 작은말박박거리다. 복복거리다 센말뿍뿍거리다 **북북대다**

북상 ⇒ 노녘가기. 노녘가다

북새·북새통·북새틈 이름씨 많은 이가 빨리 서두르거나 시끄럽게 떠드는 꼴 ⓑ북새통이 난 저잣거리에서 아이 손을 놓쳤다 한뜻말복새 비슷한말법석 익은말 **북새를 놓다** 많은 이가 빨리 서두르거나 시끄럽게 떠들다 **북새를 떨다** 가볍게 부산을 떨며 법석이다

북새치다 움직씨 많은 이가 빨리 서두르거나 시끄럽게 떠들다

북서쪽 ⇒ 높하늬쪽

북서풍 ⇒ 높하늬바람

북소리 이름씨 북을 치거나 두드릴 때 나는 소리 ⓑ일이 끝나고 일꾼들이 북소리와 장구

소리에 맞춰 춤을 췄다

북숭이 이름씨 ❶누리 일에 어둡고 사람 마음을 모르는 어리석은 사람 한뜻말바보. 부기 ⇐ 숙맥 ❷털이 많이 난 것 한뜻말털북숭이

북슬북슬 어찌씨 털이 많거나 솜이 두툼한 꼴 ⓑ솜을 북슬북슬 깔고 이불을 꾸몄다. 북슬북슬 털이 많이 난 강아지 작은말복슬복슬

북슬북슬하다 그림씨 털이 많거나 솜이 두툼하다 작은말복슬복슬하다

북실북실 어찌씨 살이 찌거나 털이 많아서 아주 보기 좋은 꼴 작은말복슬복슬

북실북실하다 그림씨 살이 찌거나 털이 많아서 아주 보기 좋다 작은말복슬복슬하다

북아메리카 ⇒ 노아메리카

북어 ⇒ 말린 명태

북위선 ⇒ 노씨금

북유럽 ⇒ 노유럽

북장단 이름씨 북소리 장단 ⓑ북장단에 맞추어 아니리와 너름새를 섞어 구경꾼들을 녹였다

북재비 이름씨 소리판이나 가락모둠 따위에서 북치는 일을 맡은 사람 ⇐ 고수

북적 어찌씨 ❶수선스럽게 큰 소리로 떠드는 꼴 ⓑ아이들은 아무리 조용히 있으라 해도 모이기만 하면 북적 떠들어 댄다 ❷간지러워 마구 긁는 소리나 꼴 ⓑ아까부터 등이 간지러워 긁개로 북적 긁는다 ❸많은 이가 한데 모여 아주 시끄럽게 들끓는 꼴 ⓑ잔치마당에 사람들이 발 디딜 틈 없이 북적 붐빈다 **북적하다**

북적거리다 움직씨 ❶사람들이 많이 모여 수선스럽게 들끓다 ⓑ저잣거리가 구경꾼과 장사꾼들로 북적거려 나는 얼른 그곳을 빠져나왔다 한뜻말붐비다 ⇐ 혼잡하다 ❷간지러워 마구 긁어대다 **북적대다**

북적북적 어찌씨 ❶사람들이 많이 모여 수선스럽게 들끓는 꼴 ⓑ오늘은 설날이라 굿집 앞은 북적북적 사람들로 들끓는다 ❷간지러워 마구 긁어대는 꼴 ⓑ어머니는 우리더러 등을 살살 긁는다고 북적북적 긁으라고 하였다 **북적북적하다**

북진 ⇒ 노침. 노녘치다. 노녘가다. 노녘으로 나아가다

북쩍이 이름씨 노름판에서 집임자에게 얼마씩 떼어 주는 돈

북쪽 ⇒ 노녘. 노쪽

북채 이름씨 북을 치거나 두드리는 조그만 방망이 ⓑ두 손에 북채를 단단히 쥐고 큰북을 두드린다 한뜻말북자루

북콘서트 ⇒ 책잔치

북풍 ⇒ 된바람. 뒤바람. 높바람

북한말 ⇒ 배달말

북해 ⇒ 노바다

북향 ⇒ 노녘. 노봄. 노쪽. 노녘봄. 노녘보다

북회귀선 ⇒ 노되돌이금

분 이름씨 어떤 사람을 높여 이르는 말 또는 그 사람을 세는 하나치 ⓑ일하는 분들 모두 애쓰셨어요. 세 분이 오셨어요

분 (憤) ⇒ 골. 부아. 뿔. 노염

분 (粉) ⇒ 가루. 낯가루. 얼굴가루

분 (分) ⇒ 갈

분가 ⇒ 세간나기. 살림나기. 살림내다. 살림나다. 따로나다

분간 ⇒ 가름. 갈피. 가르다. 갈피잡다. 깨닫다

분갈이 ⇒ 동이갈이. 단지갈이

분개 ⇒ 골냄. 노염. 골내다. 뿔내다

분계선 ⇒ 살피. 갈피. 어름. 가름금

분관 ⇒ 가름집. 갈집

분교 ⇒ 가름배곳. 갈배곳

분규 ⇒ 실랑이. 다툼

분기 ⇒ 갈래. 가지. 가닥

분기점 ⇒ 갈림목. 고비. 고빗사위

분꽃 ⇒ 가루꽃

분납 ⇒ 나눠 냄. 나눠 내다. 흘리어 내다. 흘리어 주다

분노 ⇒ 골남. 골냄. 노염. 성내다. 골나다. 골내다. 부아통 터지다

분뇨 ⇒ 똥오줌

분단 (分團) ⇒ 모둠

분단 (分斷) ⇒ 가름. 동강. 가르다. 동강내다. 쪼

개다
분단국 ⇒ 갈린 나라
분담 ⇒ 나눠맡음. 나눠 맡다. 떼어 맡다. 갈라 맡다
분대 ⇒ 갈떼
분대질 이름씨 수선스레 떠들썩하여 남을 괴롭히는 일
분디나무 이름씨 높이는 3미터쯤이고 잎은 깃꼴 겹잎으로 어긋나며 여름에 흰 꽃이 줄기 끝에 피고 열매는 먹거나 낫개로 쓴다 한뜻말 난두나무 ⇐ 산초나무
분란 ⇒ 어수선함. 어수선하다. 시끄럽다. 어지럽다
분량 ⇒ 숱. 술. 부피. 무게. 낱수
분류 ⇒ 가름. 나눔. 갈래. 가르다 나누다. 갈래짓다
분리 ⇒ 가름. 나눔. 떼다. 가르다. 나누다. 떼어놓다. 떼어내다
분리수거 ⇒ 갈라거둠. 나눠거둠. 갈라 거두다
분립 ⇒ 따로 섬. 따로 서기
분만 ⇒ 아이낳이. 애낳이. 몸풀이. 아이낳다. 몸풀다. 새끼낳다
분말 ⇒ 가루
분말사료 ⇒ 가루모이. 가루먹이
분명 ⇒ 뚜렷. 또렷. 똑똑하다. 뚜렷하다. 틀림없다. 환하다. 뻔하다. 똑부러지다
분모 ⇒ 나눗수
분묘 ⇒ 무덤
분무 ⇒ 뿜기. 뿜다. 뿜어내다
분무기 ⇒ 뿜이개. 안개뿜이
분발 ⇒ 힘냄. 떨침. 떨치다. 힘내다. 떨쳐 일어나다
분방 ⇒ 제멋대로임. 제멋대로이다. 거리낌없다. 얽매임없다
분배 ⇒ 노느매기. 나눔. 나누어주다. 노느매기하다. 벼르다. 몫 나누다
분별 ⇒ 가림. 헤아림. 가리다. 헤아리다
분별없이 ⇒ 철없이. 함부로
분부 ⇒ 성금
분분하다 ⇒ 시끄럽다. 뒤숭숭하다. 어수선하다. 말 많다. 떠들썩하다. 짜하다
분비 ⇒ 내보냄. 내보내다
분비물 ⇒ 내보냄몬
분사 ⇒ 뿜기. 뿜다. 뿜어내다
분사기 ⇒ 뿜개. 내쏨틀. 내뿜개
분산 ⇒ 흩어짐. 흩어지다. 흩뜨리다. 흩어놓다
분살 이름씨 쟁기 보습 뒤에 붙은 딸림치. 이랑을 넓히고 흙을 갈아 준다
분석 ⇒ 따져밝힘. 쪼개밝힘. 따지다. 따져 밝히다. 갈라내다. 나누어 밝히다. 파헤치다. 밝혀내다
분속 ⇒ 갈빠르기
분쇄 ⇒ 부숨. 부수다. 잘게 부수다. 빻다. 갈다. 쳐부수다
분쇄기 ⇒ 부수개. 틀맷돌
분수 (分數) ⇒ 주제. 꼴. 터수. 그릇
분수 (分數) ⇒ 갈수. 몫수
분수 (噴水) ⇒ 물뿜이. 뿜물
분수대 ⇒ 물뿜이대
분수령 ⇒ 갈림목. 갈림길. 고빗사위
분식 (粉飾) ⇒ 겉치레. 거짓꾸밈. 겉치레하다. 거짓꾸미다. 발라맞추다
분식 (粉食) ⇒ 가루맛갓. 밀가루맛갓. 가루붙이
분식점·분식집 ⇒ 가루붙이집. 가루맛갓집
분식회계 ⇒ 거짓꾸밈셈
분신 (分身) ⇒ 나뉜몸. 바뀐몸
분신 (焚身) ⇒ 몸사르기. 몸사르다
분실 ⇒ 잃음. 잃다. 잃어버리다. 빠뜨리다
분실물 ⇒ 잃은것. 잃은몬
분야 ⇒ 쪽. 길. 테안. 얼안
분양 ⇒ 나눠줌. 나눠주다. 나눠팔다. 떼어주다. 나눠넘겨주다
분업 ⇒ 일나눔. 나눠맡음. 나눠맡다. 갈라맡다
분업화 ⇒ 나눠맡기
분연히 ⇒ 세차게. 꿋꿋이
분열 ⇒ 나뉨. 갈라섬. 나뉘다. 찢어지다. 갈라서다
분위기 ⇒ 풍김새. 낌새. 냄새. 눈치. 느낌. 둘레 기운
분유 ⇒ 가루젖. 소젖가루
분자 ⇒ 갈씨. 나뉨수
분장 ⇒ 꾸밈. 몸차림. 꾸미다. 차리다. 몸차림하다
분쟁 ⇒ 싸움. 다툼. 싸우다. 다투다. 말썽나다
분전 ⇒ 힘껏 싸움. 힘껏 싸우다
분점 ⇒ 가름가게

분주 ⇒ 바쁨. 바쁘다. 쉴 새 없다. 바삐 뛰어다니다

분지 ⇒ 함지땅

분지르다 움직씨 부러뜨리다 ⓑ나뭇가지를 분질러 아궁이에 넣고 불을 붙였다

분진 ⇒ 티끌. 먼지

분출 ⇒ 뿜이. 뿜기. 뿜다. 솟다. 쏟아지다

분출구 ⇒ 뿜이구멍

분침 ⇒ 갈바늘

분통 ⇒ 부아. 골. 성. 뿔

분투 ⇒ 힘껏싸움. 힘껏 싸우다

분파 ⇒ 가름. 갈래. 가지

분파행동 ⇒ 가름짓

분포 ⇒ 퍼짐. 널려있음. 퍼지다. 널려 있다

분포도 ⇒ 널림그림표. 퍼짐그림표

분풀이 ⇒ 골풀이. 부아풀이. 앙갚음

분필 ⇒ 가루붓

분하다 ⇒ 골나다. 아깝다. 이갈리다. 안타깝다

분할 ⇒ 나눔. 가름. 나누다. 가르다. 벼르다

분해 ⇒ 풀어내다. 풀어나누다. 풀어헤치다

분해자 ⇒ 풀어헤침이. 풀어나눔이

분향 ⇒ 옷곳 피움. 옷곳 피우다

분홍·분홍색 ⇒ 엷붉음. 희붉음. 흰빨강

분화 (分化) ⇒ 바뀜. 나뉨. 나뉘다. 나뉘어 갈라지다. 나뉘어 바뀌다

분화 (噴火) ⇒ 불뿜이. 불뿜다. 내뿜다

분화구 ⇒ 뿜이구멍. 불메구멍

붇다 움직씨 ❶몬이 물기를 머금거나 바람이 들어차서 부피가 커지다 ⓑ메주콩이 퉁퉁 불었다. 물에서 놀았더니 손발이 불었다 ❷셈이나 숱이 많아지거나 늘어나다 ⓑ요즘 밥입이 불어 미리내가 밥해 대기 바쁘다. 큰비에 가람물이 불었다 ❸살이 찌다 ⓑ요새 마구 먹어 치우는 통에 살이 많이 불었다 ❹('걸음', '길' 들과 함께 써) 걸은 걸음이 눈에 띄게 빠르게 많아지다 ⓑ걸어온 길이 부쩍부쩍 붇는다. 서로 이야기를 주고받아 가며 걸어야 길도 붇고 힘든 줄도 모른다

불[1] 이름씨 ❶뜨겁고 붉게 타는 일이나 타는 몬 ⓑ불을 지폈다. 불을 피운다 ❷불빛 ⓑ불을 켠다. 불을 밝혔다 ❸불남 ⓑ불이 났다. 불을 끈다 한뜻말 불지실 ⇐ 화재 ❹('게우다', '퍼붓다', '뿜다', '내뿜다' 같은 낱말과 함께 써) 힘있게 쏘는 쏘개알, 또는 날카롭게 하는 말 ⓑ불을 뿜는 말다툼. 싸움터 여기저기에서 불이 뿜어져 나왔다 ❺세차게 일어나는 기운 ⓑ촛불을 들고 거리를 걷는 우리 마음에는 더 커다란 불이 탄다 ❻마음이 매우 과가르거나 날카로운 것 ⓑ그 사람은 마음씨가 불이야 ❼(낱말 만드는 이름씨로 써) 번쩍번쩍 빛을 내는 것 ⓑ반딧불. 도깨비불 슬기말 **불 안 땐 굴뚝에 내 날까·아니 땐 굴뚝에 내 날까** 말미가 없으면 열매가 있을 수 없다 **불에 놀란 놈 부지깽이만 보아도 놀란다** 무슨 일에 되게 놀란 이는 그와 비슷한 것만 봐도 놀란다

불[2] 이름씨 불알주머니. 불알

불 (佛) ⇒ 깨달은이. 부처. 붇다

불 (弗) ⇒ 달러

불- 앞가지 몹시 센 ⓑ불가물. 불깍쟁이. 불여우

불- 앞가지 붉은 ⓑ불개미. 불암소. 불콩

불가 ⇒ 안됨. 할 수 없음

불가결하다 ⇒ 꼭 있어야 하다. 없으면 안 되다. 빠질 수 없다

불가능하다 ⇒ 할 수 없다. 못하다. 될 수 없다. 어림없다

불가물 이름씨 아주 센 가뭄

불가분·불가분리 ⇒ 뗄 수 없는. 나눌 수 없는

불가사리[1] 이름씨 바닷속에서 살고 몸은 별꼴로 넓적하며 위쪽은 단단한 껍질로 덮여 있고 낟알같이 돋거나 가시가 빽빽하게 난 가시껍질숨받이. 아래쪽 가운데에 입이 있고 조개나 물고기를 잡아먹고 산다

불가사리[2] 이름씨 쇠를 너끈히 먹으며 나쁜 힘을 물리친다고 하는 이야기 속 짐승. 모습은 곰 몸, 코끼리 코, 무소 눈, 소꼬리, 범 다리를 가졌다고 한다 ⇐ 설철

불가사의하다 ⇒ 야릇하다. 알 수 없다. 믿기지 않다

불가피하다 ⇒ 어쩔 수 없다. 하는 수 없다

불가하다 ⇒ 할 수 없다. 옳지 않다

불가항력 ⇒ 막을 수 없음. 어쩔 수 없음

불갈기 이름씨 타래 꼴로 흩날리는 불길 ⓑ불길은 불갈기를 날리며 마을 골목을 뛰어넘어 번져나갔다

불강아지 이름씨 몹시 여윈 강아지

불개 이름씨 해가림이나 달가림 때 해나 달을 먹는다고 하는 꿍꿍 속 짐승

불거리 이름씨 붉은 노을 ⓑ아침 불거리가 뜨면 비가 온다

불거지다 움직씨 ❶몬 거죽으로 둥글게 툭 비어져 나오다 ⓑ손등에 물혹이 다시 불거졌다 작은말 볼가지다 ❷어떤 일이나 꼴이 두드러지게 커지거나 갑자기 생겨나다 ⓑ마을 땅을 둘러싼 이웃 싸움이 다시 불거졌다 작은말 볼가지다

불건전 ⇒ 올바르지 않음. 올바르지 않다. 튼튼하지 않다. 떳떳하지 않다

불결하다 ⇒ 더럽다. 지저분하다. 깨끗하지 못하다

불경 (佛經) ⇒ 참말모음. 깨달은 이 가르침

불경 (不敬) ⇒ 버릇없음. 본데없음. 버릇없다. 본데없다

불경기 ⇒ 장사안됨. 돈안돎

불고기 이름씨 쇠고기나 돼지고기, 오리고기같이 부드러운 살코기를 저며 갖은양념으로 재었다가 불에 구운 고기. 또는 그 먹을거리

불고무래 이름씨 아궁이 불을 끌어내거나 밀어 넣는 데 쓰는 고무래 ⓑ불고무래로 끌어낸 알불을 불담이에 담았다 한뜻말 불당그래

불곰 이름씨 여느 곰보다 곱만큼 더 크고 가슴에 흰 반달무늬가 없으며 털이 검붉은빛이고 어깨가 좀 두드러진 짐승. 무게가 1톤이나 되는 것도 있으며 쓸개는 낫개로 쓴다. 헤엄을 잘 치고 나무에도 잘 오르며 썩은 고기도 먹는다. 겨울잠을 자는 동안 새끼를 낳는다 한뜻말 큰곰. 말곰

불공 ⇒ 깨달은 이 우러름. 깨달은이 섬김

불공정 ⇒ 옳지 않음. 옳지 않다. 바르지 않다. 기울다

불공평 ⇒ 고르지 않음. 고르지 않다. 치우치다. 얼럭지다

불과하다 ⇒ 지나지 않다. 넘지 않다. 뿐이다

불교 ⇒ 깨달은이 가르침

불구덩이 이름씨 ❶불타는 속 ⓑ활활 타는 불구덩이에 빠진 꿈에서 깨어났다 ❷불이 바드럽게 번져서 불바다를 이룬 곳 ⓑ불구덩이를 헤치고 겨우 살아났다

불구자 ⇒ 몸거북이

불구하고 ⇒ 무릅쓰고. 아랑곳없이

불굴 ⇒ 굽히지 않음. 굽힐 줄 모름

불규칙 ⇒ 대중없음. 틀벗어남. 대중없다. 틀벗어나다. 드리없다

불균형 ⇒ 고르지 않음. 고르지 않다. 쏠리다. 기울다

불그데데하다 그림씨 산뜻하지 못하게 불그스름하다 ⓑ불그데데한 무명 치마

불그뎅뎅하다 그림씨 고르지 않게 불그스름하다 ⓑ몸이 뜨거워져 불그뎅뎅한 얼굴

불그레하다 그림씨 조금 엷게 붉다 ⓑ저물녘면 하늘이 불그레하게 물들었다 비슷한말 불그름하다. 불그스레하다. 불그스름하다 작은말 볼그레하다 센말 뿔그레하다

불그름하다 그림씨 '불그스름하다' 준말 ⓑ불그름한 아침노을 작은말 볼그름하다 센말 뿔그름하다

불그스레하다 그림씨 조금 붉다 ⓑ술을 마셔 얼굴이 불그스레한 아저씨 한뜻말 불그스름하다 작은말 볼그스레하다 센말 뿔그스레하다

불그스름하다 그림씨 조금 붉다 ⓑ불그스름하게 물들어 오는 새녘 하늘 한뜻말 불그스레하다 작은말 볼그스름하다 센말 뿔그스름하다

불그죽죽하다 그림씨 맑거나 고르지 않게 불그스름하다 ⓑ불그죽죽한 수숫대. 추운 날씨에 내 종아리가 불그죽죽해졌다 작은말 볼그죽죽하다 센말 뿔그죽죽하다

불긋불긋 어찌씨 군데군데 불그스름한 꼴 ⓑ늦가을 멧자락이 불긋불긋 물들었다 작은말 볼긋볼긋 센말 뿔긋뿔긋

불긋불긋하다 그림씨 군데군데 불그스름하다

작은말 볼긋볼긋하다 센말 뿔긋뿔긋하다

불기 이름씨 불에서 나오는 뜨거운 기운 ⓑ부침개가 타니 불기를 좀 줄여라 한뜻말 불기운. 불김

불기둥 이름씨 기둥같이 높이 치솟는 불길 ⓑ갑자기 불기둥이 지붕을 뚫고 하늘로 솟았다

불기소 ⇒ 안걸이. 안가름걸이

불기소처분 ⇒ 안걸이줌

불기운 이름씨 불에서 느껴지는 뜨거운 기운 ⓑ꽁꽁 언 손을 불담이 불기운에 녹였다 한뜻말 불기 ⇐ 화기

불길 이름씨 ❶불이 따라 들어가거나 지나가는 길 ⓑ구들이 제대로 놓여 불길이 고래를 따라 잘 들어간다 ❷세차게 타오르는 불줄기 ⓑ큰불이 난 메에 불길이 잡혀간다 ❸타오르는 불이 내뿜는 힘 ⓑ바람에 불길이 더욱 세어진다 ❹세차게 일어나는 느낌이나 마음 ⓑ미움 불길. 사랑 불길. 노염 불길. 깔봄 불길 ❺여러 사람 마음 흐름이 세차게 일어나는 일 ⓑ나라를 새롭게 바꾸려는 불길. 누리를 미움에서 벗어나게 하는 불길. 제 고장에 난 것 사주기 불길

불길하다 ⇒ 좋지 않다. 언짢다. 나쁘다

불김 이름씨 불에서 내뿜는 뜨거운 기운 ⓑ모닥불을 피우고 손에 불김을 쏘였다. 무슨 걱정이 많길래 불김 같은 한숨을 쉬나 한뜻말 불기

불깃 이름씨 ❶무엇을 태우거나 불사르는 데 쓰는 불쏘시개 ⓑ아궁이 불깃으로는 뭐니 뭐니 해도 갈비가 으뜸이야 ❷불이 달린 부싯깃 ⓑ늙은이는 부시를 툭툭 쳐서 곰방대에 불깃을 대고는 뻐금뻐금 빨았다 ❸멧불이 번져오는 것을 막으려고 메 가장자리에 불을 놓아 앞질러 태우는 일 ⓑ불길을 잡으려고 맞은쪽에다 불깃을 달았다 한뜻말 맞불. 맞불질

불깃불깃 어찌씨 군데군데 조금 불그스름한 꼴 ⓑ좋아하는 이를 보고 얼굴이 불깃불깃 달아올랐다 한뜻말 불긋불긋

불깃불깃하다 그림씨 군데군데 조금 불그스름하다 한뜻말 불긋불긋하다

불깃하다 그림씨 빛깔이 조금 불그스름하다 한뜻말 불긋하다

불꽃[1] 이름씨 여름에서 가을에 걸쳐 쇠북 꼴 붉은 꽃이 피는 여러해살이풀. 깨꽃이라고도 한다 ⇐ 샐비어

불꽃[2] 이름씨 ❶타는 불에서 일어나는 붉은 빛살 ⓑ가마 속에 불꽃이 발갛게 타올랐다 ⇐ 광염. 화염 ❷쇠붙이나 돌이 서로 부딪치거나 더하기끝과 빼기끝이 닿아서 일어나는 불빛 ⓑ칼날끼리 부딪치자, 불꽃이 번쩍 일었다 ⇐ 섬광 ❸날리는 불티나 작은 불덩이 ⓑ불꽃이 날리다. 불꽃이 튀다 ❹꽃보라가 날리듯 아름답게 날리는 불보라 ⓑ한가위를 기리는 탕탕 소리와 함께 갖가지 빛깔로 피어나는 불꽃들은 서울 밤하늘을 아름답게 꾸몄다 ❺(세게 맞거나 지랄로) 눈앞에 어른거리거나 번쩍거리는 것 ⓑ눈에서 몇 즈믄 몇 골 불꽃이 날았다

불꽃놀이 이름씨 ❶불꽃이 생기는 날리개를 하늘에 쏘아 올려 불꽃을 퍼뜨리는 놀이 ❷불터지개를 터뜨릴 때 나는 소리와 그때 이는 불꽃으로 즐기는 놀이 ⓑ까치설날 가람 둑에서 불꽃놀이를 벌였다

불꾸러미 이름씨 불씨를 옮기려고 짚이나 잎나무를 작게 묶은 뭉치에 당긴 불

불끄개 이름씨 불을 끄는 연장. 거품이나 가루, 물을 뿜는다 ⇐ 소화기

불끄기 이름씨 불을 끄는 일 ⇐ 소화. 소방

불끈 어찌씨 ❶두드러지게 위로 치밀거나 솟아나는 꼴 ⓑ벌건 해가 불끈 솟았다 센말 뿔끈 ❷갑자기 기운이 솟구치거나 생각이 떠오르는 꼴 ⓑ별이 반짝이는 밤하늘을 보자 어릴 적 생각이 불끈 일어났다 ❸소갈머리가 치밀어 갑자기 골을 불뚝 내는 꼴 ⓑ며칠 앞에 한 제 말을 뒤집는 으뜸머슴을 보고 골이 불끈 일어난 사람이 한둘이겠는가 ❹주먹을 힘있게 틀어쥐는 꼴 ⓑ저도 모르게 두 주먹을 불끈 쥐고 일어났다 **불끈하다**

불끈거리다 (움직씨) ❶무엇이 두드러지게 자꾸 치밀거나 떠오르다 ⓑ팔뚝에 힘줄이 불끈거렸다 센말뿔끈거리다 ❷마음이 북받쳐 골을 갑자기 자꾸 내다 ⓑ나는 남이 잘못하면 불끈거리기 일쑤였다 ❸주먹을 자꾸 힘주어 쥐다 ⓑ두 주먹을 불끈거리며 맞선 이에게 다가섰다 **불끈대다**

불끈불끈 (어찌씨) ❶두드러지게 위로 자꾸 치밀거나 솟아나는 꼴 ⓑ센바람을 타고 뒷메 곳곳에서 불기둥이 불끈불끈 솟아올랐다 센말뿔끈뿔끈 ❷갑자기 기운이 자꾸 솟구치거나 생각이 떠오르는 꼴 ⓑ겨우 가라앉았던 마음이 잘못한 사람은 놔두고 멀쩡한 사람을 잡아가느니 마느니 하니 다시 설움이 불끈불끈 일어났다 ❸소갈머리 얕은 사람이 갑자기 골을 자꾸 불뚝 내는 꼴 ⓑ아까부터 골이 불끈불끈 일어났지만 어른들 앞이라 차마 낼 수가 없었다 ❹주먹을 힘있게 자꾸 틀어쥐는 꼴 ⓑ흙날 거리에 모인 사람들은 모두 두 주먹을 불끈불끈 쥐었다 놓았다 하였다 **불끈불끈하다**

불끌힘 (이름씨) 불을 끌 수 있는 힘 ⇐ 소화력

불끔수레 (이름씨) 불 끄는 갖춤을 마련하여 불을 끄는 수레 한뜻말불막이수레 ⇐ 불자동차. 소방차

불끔이 (이름씨) 불막이집에서 불을 끄는 사람 한뜻말불끔보 ⇐ 소방관

불나다 (움직씨) 불이 일어나다 ⓑ시골에서는 집에 불이 나서 '불이야!' 하고 외치면 온 마을 사람들이 하던 일을 멈추고 불난 집으로 뛰어온다 (슬기말) **불난 데 부채질하기** ❶골난 사람을 더 골나게 하는 짓 ❷남이 잘못되어 가는 것을 더 잘못되게 하는 짓 **불난 끝은 있어도 물 난 끝은 없다** 불이 나면 타다 남은 것이라도 있으나 큰물이 나면 모든 것이 물에 씻겨 자취가 없어진다

불날 (이름씨) 달날을 잣대로 하여 이레 가운데 둘째 날 ⓑ불날에 집으로 찾아갈게요 ⇐ 화요일

불내 (이름씨) 숯불에서 나오는 부연 김이나 그 냄새 ⓑ돼지고기에서 불내가 나네! 한뜻말 숯내

불내다 (움직씨) 불이 일어나게 불지르다 ⓑ붓돌아! 네가 우리 메에 불냈나?

불내쏘개 (이름씨) 옛날에 불터지개에 불을 붙여 쏘던 내쏘개 ⇐ 화포

불놀이 (이름씨) 불내쏘개를 쏘거나 쥐불을 놓거나 불을 많이 켜놓고 노는 놀이 ⓑ보름날 마을 아이들이 밭둑에서 불놀이한다 비슷한말불장난. 불꽃놀이 **불놀이하다**

불놓이 (이름씨) ❶겨울을 난 벌레를 죽이려고 이른 봄에 논밭 둑에 불을 지르는 일 ⓑ불을 붙이고 돌아다니며 밭둑마다 불놓이를 했다 비슷한말쥐불놓이. 쥐불놀이 ❷쏘개를 쏘아서 짐승을 잡는 일 ⓑ사냥꾼과 몰이꾼들은 불놓이로 멧돼지를 잡았다 **불놓이하다**

불능 ⇒ 할 수 없음. 못함. 안됨. 힘이 없다

불늦 (이름씨) 몸 어디가 붓거나 곪아 뜨겁고 아픈 늦 ⓑ양불늦. 애불늦. 허파불늦 ⇐ 염. 염증. 화증

불다 (움직씨) ❶바람이 어느 쪽으로 움직이다 ⓑ하늬바람이 불어오니 칡꽃내가 물씬 풍긴다 ❷숨이나 입김 또는 콧김을 입 밖으로 세게 내보내다 ⓑ손을 호호 불어서 언 손을 녹였다 ❸(가락틀을 입에 대고) 숨을 세게 쉬어 소리를 내다 ⓑ버들피리를 만들어 불던 어릴 적이 떠오른다 ❹('휘파람'과 함께 써) 입을 오므려 바람을 세게 내보내 소리를 내다 ⓑ휘파람을 불다 ❺(풀무를 움직여) 바람을 내다 ⓑ풀무를 불다 ❻번힘 더움으로 쇠붙이 몬 어디를 녹여 없애거나 없어지다 ⓑ땜질막대로 쇠널을 불어 자르다 ❼('김피리', '고동'과 함께 써) 소리를 울리다 ⓑ김피리를 길게 불며 배는 떠나갔다 ❽(억지와 괴롭힘에 못 견디어) 숨기던 것을 털어놓다 ⓑ쏘개칼잡이 때 잡혀간 배움이와 푸름이들은 없던 허물도 불도록 머리를 물속에 박혔다 ❾크게 부풀려 말하다 ⓑ콩쥐는 큰소리로 불기만 했지, 일을 해

내지는 못했다

불담이 이름씨 알불을 담아 놓은 그릇 ⓑ가마솥 아궁이에서 꺼내온 알불을 불담이에 담아 놓아 사랑방은 한결 따뜻했다 ⇐ 화로

불담이불 이름씨 불담이에 담은 불 ⇐ 화롯불

불당 ⇒ 절

불당그래 이름씨 아궁이 불을 밀어넣거나 끌어내는 데 쓰는 작은 고무래 한뜻말 불고무래

불더미 이름씨 불이 타는 큰 덩어리

불더위 이름씨 햇볕이 몹시 뜨겁게 내리쬘 때 더위 ⓑ가뭄에 불더위까지 겹쳐 하루하루 지내기가 힘겹다 한뜻말 무더위 밑말 불볕더위 ⇐ 폭서. 폭염

불덕 이름씨 ❶숯불을 피워 놓고 쓰는 큼지막한 불 그릇 ⓑ불덕에 쌓인 재를 버렸다 ⇐ 풍로 ❷아궁이같이 솥을 걸어 쓰도록 쇠나 흙으로 지은 것 ⓑ불덕에 불을 피우고 나무토막을 넣었다 ⇐ 화덕 ❸대장간에서 풀무로 불을 피워 쇠를 불리려고 쌓은 덕 ⓑ쇠집게로 불덕 안을 슬슬 헤집어 시뻘겋게 단 낫가락 하나를 집어낸다

불덩이 이름씨 ❶덩이로 된 불 ⓑ이글거리는 불덩이 ❷뜨겁게 달구어진 몬 ⓑ불덩이가 된 쇠뭉치 ❸뜨겁게 단 몸 ⓑ아이는 밤새 앓으면서 몸은 불덩이였다 ❹놀라움과 들뜸, 부글부글 끓는 마음 ⓑ반갑고 놀라서 가슴은 불덩이처럼 뜨거웠다

불도 ⇒ 깨달음 길. 깨닫는 길

불도저 ⇒ 땅수레

불돌 이름씨 불담이 불이 쉬 식지 않도록 눌러 놓는 작은 돌

불두덩 이름씨 사람 불이그릇 언저리가 불룩한 곳 한뜻말 두덩

불딱쏘개 이름씨 종이로 만든 통이나 가는 대통에 불을 지르거나 불터지개를 재어 터뜨려서 소리를 내는 놀잇감 ⓑ여기저기서 터지는 불딱쏘개 소리에 귀청이 찢어질 듯 했다 한뜻말 딱쏘개 ⇐ 폭죽

불땀 이름씨 땔나무 불힘이 세고 여린 크기 ⓑ참나무를 말린 땔감은 불땀이 세다 ⇐ 화력

불땀머리 이름씨 나무가 자랄 때 마녘을 봐서 햇볕을 많이 받아 불땀이 좋은 곳

불땔꾼 이름씨 마음이 뒤틀려 하는 짓이 사납고 모질어 남 일에 헤살을 잘 놓는 사람 ⓑ일을 마무리해 가던 즈음 불땔꾼이 나타나 일을 그르쳤다 비슷한말 헤살꾼. 무따래기. 갈개꾼 ⇐ 훼방꾼. 방해꾼

불떡불떡 어찌씨 불뚝불뚝

불똥 이름씨 ❶불실 끝이 탈 때 엉겨 붙은 찌꺼기 ⓑ불똥을 걷어 낸다. 불똥이 앉았다 ❷불에 타들어 가는 것에서 튀어나오는 아주 작은 불덩이 ⓑ옷에 불똥이 튀어서 구멍이 났다 비슷한말 불티. 불찌 익은말 **불똥이 떨어지다** ❶아주 바쁜 일을 맞닥뜨리다 ❷크게 꾸지람을 듣다 **불똥이 튀다** 언걸이 미치다

불뚝 어찌씨 ❶갑자기 불거져 불룩 솟는 꼴 ⓑ모기에게 물린 데가 불뚝 솟아올랐다 센말 뿔뚝 ❷갑자기 무뚝뚝하게 골을 내는 꼴 ⓑ버스가 흔들려 옆 사람 발을 밟자, 그 사람이 골을 불뚝 내었다 한뜻말 불떡 **불뚝하다**

불뚝거리다 움직씨 ❶여러 군데가 갑자기 불거진 꼴로 불룩불룩 솟다 센말 뿔뚝거리다 ❷갑자기 무뚝뚝하게 자꾸 골을 내다 **불뚝대다**

불뚝불뚝 어찌씨 ❶여러 군데가 갑자기 불거진 꼴로 불룩불룩 솟는 꼴 ⓑ뭘 잘못 먹었는지 온몸에 두드러기가 불뚝불뚝 일어났다 센말 뿔뚝뿔뚝 ❷갑자기 무뚝뚝하게 자꾸 골을 내는 꼴 ⓑ내 벗은 걸핏하면 불뚝불뚝 골을 잘 낸다 한뜻말 불떡불떡 **불뚝불뚝하다**

불뚝성 이름씨 갑자기 불끈하고 내는 성 ⓑ불뚝성이 나서 사람을 죽이는 수가 있다

불뚝하다 그림씨 갑자기 불거져 불룩 솟아 있다 ⓑ배가 불뚝한 우두머리가 일을 시켰다

불뚱이 이름씨 걸핏하면 성을 잘 내는 사람 또는 그런 바탈 ⓑ내 동무 새롬은 골을 자주 내서 이제 나조차 불뚱이가 됐나 싶다

불량배 ⇒ 못된놈. 몹쓸놈. 막된이. 어깨. 망나니

불량품 ⇒ 막된 몬

불량하다 ⇒ 좋지 않다. 못되다. 막되다. 삐딱하다. 나쁘다

불러내다 움직씨 불러서 밖으로 나오게 하다 ⓑ막내딸을 불러내서 맛있는 밥을 사주었다

불러들이다 움직씨 불러서 안으로 들어오게 하다 ⓑ그 사내를 집으로 불러들이지 마라

불러오다 움직씨 **1**불러서 오게 하다 ⓑ돌봄이를 불러와 할머니를 보살피도록 했다 비슷한말 부르다. 데려오다 **2**어떤 짓이나 느낌, 꼴이 힘있게 일어나게 하다 ⓑ우두머리가 바뀌면서 모둠살이에 새바람을 불러왔다 한뜻말 불러일으키다 ⇐ 야기하다

불로소득 ⇒ 거저벌이

불로초 ⇒ 안늙풀

불룩 어찌씨 부푼 듯이 겉으로 크게 쭉 내밀리거나 두드러진 꼴 ⓑ배가 불룩 나온 사내. 아우는 볼이 불룩 부어 투덜거렸다 비슷한말 불룩이 맞선말 우묵 작은말 볼록 **불룩하다**

불룩거리다 움직씨 여럿이 다 겉으로 부푼 듯이 두드러져 있거나 쑥 내밀다 작은말 볼록거리다 **불룩대다**

불룩불룩 어찌씨 여럿이 다 겉으로 부푼 듯이 두드러져 있거나 쑥 내미는 꼴 ⓑ불룩불룩 두드러져 나왔다. 불룩불룩 튀어나온다 작은말 볼록볼록 **불룩불룩하다**

불룩불룩하다 그림씨 몬 겉 여러 군데가 크게 쭉 내밀리거나 두드러져 있다 작은말 볼록볼록하다

불룩하다 그림씨 몬 겉이 크게 쭉 내밀리거나 두드러져 있다 작은말 볼록하다 ⇐ 팽만하다

불륜 ⇒ 엇나간 사랑. 바람

불리다[1] 움직씨 **1**쇠를 불에 달구어 단단하게 하다 ⓑ쇠를 여러 차례 불려 낫을 만들었다 ⇐ 단련하다 **2**몸이나 마음, 생각을 굳세게 만들다 ⓑ힘든 일을 하면서 일터에서 불린 튼튼한 몸과 마음

불리다[2] 움직씨 **1**('부르다' 입음꼴) 남에게 부름을 받다 ⓑ꾀돌이로 불리는 아이를 찾아 나섰다 비슷한말 알려지다 ⇐ 명명되다. 지칭되다 **2**가락에 맞춰 노래가 불러지다 ⓑ오랜 옛날부터 불리던 우리 가락을 젊은이들이 이어가면 좋을 텐데

불리다[3] 움직씨 **1**배를 부르게 하다 ⓑ저녁에 떡국으로 배를 불렸다 **2**그릇되게 돈과 살림을 훔치거나 가로채서 제 알속을 채우다 ⓑ예나 이제나 벼슬아치들이 백성 피땀을 빨아 제 배를 불리는 이들이 있다

불리다[4] 움직씨 **1**('붇다' 하임꼴) 물에 젖게 해서 부피를 커지게 하다 ⓑ콩을 불려서 메주를 쑤었다 **2**셈이나 숱을 많아지게 하다 ⓑ돈을 불려서 집을 사는 데 보탰다 한뜻말 늘리다 맞선말 줄이다 ⇐ 증식하다

불리다[5] 움직씨 ('불다' 하임꼴) 가락틀을 입에 대고 숨을 세게 쉬어 소리를 내다 ⓑ아이한테 버들피리를 불렸다

불리다[6] 움직씨 낟알 같은 것을 바람에 날려 검부러기를 없애다 ⓑ바람에 콩을 불리어 콩깍지를 없앴다

불리다[7] 움직씨 **1**성에 같은 것이 엉기어 내돋다 ⓑ눈썹에 성에가 하얗게 불렸다 **2**소금버캐나 단것버캐 같은 것들이 몬 겉낯에 하얗게 내돋다 ⓑ단것버캐가 하얗게 불린 대추 알

불리하다 ⇒ 좋지 않다. 나쁘다. 쉽지 않다

불림[1] 이름씨 산것이 붇고 늘어서 퍼짐 ⓑ불림 때가 되니 닭이 병아리를 열다섯 마리나 깠다 ⇐ 번식 **불림하다**

불림[2] 이름씨 탈춤에서 춤추기 앞에 어깻짓을 하며 장구재비에게 장단을 쳐달라는 말

불림[3] 이름씨 쇠를 불에 달구어 단단하게 하는 일 ⓑ대장장이가 내 낫을 벌써 세 디위 달구어 두드려 불림을 했다

불림[4] 이름씨 함께 허물을 지은 사람을 일러바치는 짓

불림소리 이름씨 춤을 추며 서로 신나게 하려고 외치는 소리. '좋지', '좋아', '얼씨구' 따위

불림질 이름씨 낟을 바람에 날리어 검불이나 쭉정이를 날려 버리는 일 ⓑ불림질로 들깨를 손질했다 **불림질하다다**

불막이 이름씨 불에 타지 않게 막음 ⇐ 방염. 소방

불막이옷 이름씨 뜨거움이나 불길에서 오는 지실을 막으려고 입는 옷 ⇐ 방화복. 방열복. 소방복

불막이집 이름씨 불을 끄거나 불이 나지 않게 미리 막는 일을 하는 곳 ⇐ 소방서

불만·불만족 ⇒ 시쁨. 달갑잖음. 탐탁잖음. 덜 참. 마땅찮음. 마뜩잖음

불만스럽다 ⇒ 시쁘다. 달갑잖다. 덜 차다. 탐탁잖다. 마뜩잖다

불망울 이름씨 작고 둥근 불똥

불매·불매운동 ⇒ 손사래. 도리도리. 안사기

불머리 이름씨 불길 위쪽

불메 이름씨 땅속에 있던 가스와 바윗물이 땅겉을 뚫고 터져 나오는 곳. 또는 그래서 생긴 메 ⇐ 화산

불메가스 이름씨 불메에서 나오는 가스 ⇐ 화산가스

불메덩이 이름씨 불메에서 솟아난 바윗물이 주먹만 하게 굳어진 덩어리 ⇐ 화산탄

불메띠 이름씨 불메가 퍼져 띠 꼴로 있는 곳 ⇐ 화산대

불메못 이름씨 불메가 터져 불메 꼭대기가 크게 파여 생긴 못 ⓑ밝달메 하늘못은 불메못이다 ⇐ 칼데라

불메섬 이름씨 바닷속에서 불메가 터져 나와 쌓여 이루어진 섬 ⇐ 화산도. 화산섬

불메재 이름씨 불메에서 뿜어내는 바윗물 부스러기가 자디잔 먼지같이 된 재 ⇐ 화산재. 화산회

불면증 ⇒ 못잠앓이. 못잠늪. 뜬눈앓이

불멸 ⇒ 없어지지 않음. 죽지 않다. 없어지지 않다. 사라지지 않다

불명예 ⇒ 부끄러움

불명하다 ⇒ 모르다. 아리송하다. 알 수 없다. 똑똑치 않다

불모지 ⇒ 메마른 땅. 민둥땅. 쑥대밭

불목 이름씨 구들방 아래쪽 가장 더운 자리

불무지 이름씨 우등불이나 모닥불을 피워 놓은 더미 ⓑ아이들은 저마다 주워 온 나뭇가지를 불무지에 던져놓고 모닥불 둘레에 앉았다

불문 ⇒ 묻지않음. 묻지 않다. 덮어두다

불미스럽다 ⇒ 좋지 못하다. 부끄럽다

불바늘 이름씨 성냥개비 따위를 태워 만든 숯. 장난으로 자는 사람 살갗에 이것을 놓고 불을 붙여 놀라게 한다 ⇐ 불침

불바다 이름씨 **1** 불이 사납게 번져 타는 넓은 곳 ⓑ고을 큰집에 불이 붙어 온통 불바다가 되었다 **2** 밤에 넓은 곳에 불이 많이 켜져 불빛이 환한 꼴 ⓑ기름 한 방울 안 나는 나라이지만 서울 한복판은 밤마다 불바다를 이룬다

불발 ⇒ 안 터짐. 터지지 않다. 일어나지 않다

불발탄 ⇒ 안 터진 터지개

불밤송이 이름씨 잘 익지 않고 말라 떨어진 밤송이 ⓑ불밤송이를 까려고 애쓰지 마라

불법 (佛法) ⇒ 깨달은이 가르침

불법 (不法) ⇒ 참 어긋남. 벼리 어김. 참 어긋나다. 벼리 어기다

불법행위 ⇒ 참 어긋난 짓

불벼락 이름씨 **1** 갑자기 거센 불꽃을 받거나 불을 뒤집어쓰는 일 ⓑ겨울에 까꾸뎅이 골에서 난 불은 세찬 바람을 타고 불벼락이 되어 이웃 마을과 메를 온통 불바다로 만들었다 **2** 갑자기 세찬 쏘개알을 퍼붓거나 들씌우는 것 ⓑ맞선쪽은 불벼락을 맞아 허둥지둥했다 **3** 거센 꾸지람이나 나무람 ⓑ스승이 나한테 당장 떠나라는 불벼락을 내렸다 ⇐ 불호령

불변 ⇒ 안바뀜. 바뀌지 않다. 달라지지 않다

불별 이름씨 해누리 안쪽에서 넷째 떠돌이별. 해 둘레를 한바퀴 도는데 687날이 걸리며 제돌이에는 24때 37갈이 걸린다. 두 달별이 있다 ⇐ 화성

불볕 이름씨 아주 뜨거운 햇볕 ⓑ아침에 팔팔하던 호박잎이 불볕에 축 늘어진다 비슷한말 땡볕. 뙤약볕

불볕더위 이름씨 아주 뜨겁게 내리쬐는 햇볕

탓에 느끼는 더위 ⓑ장마가 끝나자마자 불볕더위가 한창이다 한뜻말 무더위 준말 불더위 ⇐ 폭서. 폭염. 혹서

불보라 이름씨 흩날리는 불꽃

불복·불복종 ⇒ 안굽힘. 안따름. 따르지 않다. 굽히지 않다

불분명하다 ⇒ 흐리멍덩하다. 흐리터분하다. 어렴풋하다. 알 수 없다. 흐리다. 아리송하다

불붙다 움직씨 **1** 무엇에 불이 붙어 타들어 가다 ⓑ불붙은 나뭇가지 위에 굵은 나무를 얹었다 한뜻말 불나다 ⇐ 발화하다. 연소하다 **2** 어떤 일이나 마음 따위가 세게 일어나다 ⓑ사람들 사이에 다른 나라로 달아나려는 움직임이 불붙었다 슬기말 **불붙는 데 부채질하기·불난 집에 부채질하기** **1** 골난 사람을 더 골나게 하는 짓 **2** 남이 잘못되는 것을 더 잘못되게 하는 짓

불붙이기 이름씨 **1** 불씨에서 불을 붙이는 것 ⇐ 채화 **2** 오목거울이나 볼록렌즈로 햇볕을 모아 불을 얻음

불빛 이름씨 **1** 타는 불 빛깔 ⓑ가마 속 불빛이 파래졌다 **2** 켜진 불에서 비치는 빛 ⓑ밤이 되자 멧속은 불빛 하나 없이 깜깜했다

불빛집 이름씨 바닷가나 섬 같은 곳에 높이 세워 밤에 바다 뱃길을 잘 잡아주려고 불을 켜 놓는 쌓꼴집 한뜻말 불빛대 ⇐ 등대

불뿜는메 이름씨 이제도 땅속에서 가스나 바윗물을 이어 뿜고 있는 불메 ⇐ 활화산

불뿜다 움직씨 **1** 불메가 터져서 땅속 바윗물이나 불메재 따위를 땅거죽으로 내뿜다 ⇐ 분화하다 **2** 쏘개알이 쏘개구멍에서 나가다

불사 ⇒ 죽음무릅씀. 죽음을 무릅쓰다. 죽음 마다않다

불사달막이 이름씨 불이 나서 생긴 사달을 메꾸어 주는 막이 ⇐ 화재보험

불사르다 움직씨 **1** 불에 태워 없애다 ⓑ쓸데없는 종이를 불살랐다 비슷한말 불태우다 ⇐ 소각하다 **2** 무엇을 죄다 없애다 ⓑ기둥이는 사람이 사람답게 사는 누리를 이루려고 젊음을 불살랐다

불사름 이름씨 **1** 불에 태워 없앰 ⇐ 소각 **2** 죽은 사람을 불에 사르는 궂일 ⇐ 화장

불사름터 이름씨 죽은 사람을 불에 사르는 곳 ⇐ 화장장. 화장터

불사신 ⇒ 죽지 않는 몸. 불가사리

불사조 ⇒ 불새. 불가사리

불삼감 이름씨 불이 나지 않도록 마음을 씀 ⇐ 불조심

불상 ⇒ 깨달은이꼴

불상사 ⇒ 좋지 않은 일. 나쁜 일

불새 이름씨 이집트 검이야기에 나오는 새. 500해에서 600해 사이마다 한 디위 스스로 옷곳나무를 쌓아 불을 피워 타 죽고 그 재 속에서 다시 살아난다고 한다 ⇐ 불사조

불서럽다 그림씨 몹시 서럽다 ⓑ종살이하는 나라 사람들이 겪는 불서러운 삶

불성실하다 ⇒ 껄렁하다. 괴덕스럽다. 지멸없다

불손하다 ⇒ 버릇없다. 건방지다. 막되다

불수레 이름씨 옛날 싸움터에서 불로 맞은쪽을 치는 데 쓰던 수레 ⇐ 화차

불순물 ⇒ 티. 먼지

불순하다 (不純) ⇒ 더럽다. 참되지 못하다. 깨끗하지 못하다

불순하다 (不順) ⇒ 버릇없다. 거칠다

불시에 ⇒ 난데없이. 느닷없이. 갑자기. 문득. 뜻밖에

불시착 ⇒ 갑작내림. 느닷없이 내리다

불식 ⇒ 씻어버림. 쓸어없앰. 씻어버리다. 쓸어없애다. 털어내다

불신 ⇒ 못 믿음. 못 믿다. 믿지 않다

불신감 ⇒ 못미더움. 미쁘지 않은 느낌. 미덥지 못한 마음

불실 이름씨 호롱이나 초 따위에 실이나 헝겊을 꼬아 꽂아 불을 붙이게 한 것 ⇐ 심지

불쌍하다 그림씨 매개나 터수가 눈 뜨고 볼 수 없게 애처롭고 가엽다 ⓑ불쌍하다 불쌍하다 해도 가장 불쌍한 것은 굶주려 뼈와 거죽만 앙상하게 남은 아이들이다 비슷한말 가엽다. 딱하다

불쏘시개 이름씨 **1** 숯이나 땔나무 같은 땔감

에 불을 옮겨 붙이려고 먼저 태우는 잔가지 나 마른 잎, 종이 같은 것 ⓑ말린 솔잎을 불쏘시개로 썼다 한뜻말 불살개 준말 쏘시개 **2** 다른 일이 잘되도록 하는 데 먼저 쓸 만한 것 ⓑ우리 겨레가 우리말을 되찾아 쓰는 데에 우리말집이 불쏘시개 구실을 할 수 있었으면 좋겠어요

불씀 이름씨 가벼운 힘에도 갑자기 터지며 뜨거운 힘을 가진 가스를 만들어 내어 터지거나 멀리 날아가게 하는 사른몬을 통틀어 이르는 말 한뜻말 불터지개 ⇐ 화약

불씀광 이름씨 **1** 불씀을 갈무리하는 광 ⇐ 화약고 **2** 바드러운 다툼이나 싸움이 일어날 수 있는 곳을 견줘 이르는 말

불쑥 어찌씨 **1** 불룩하게 쑥 나오거나 내미는 꼴 ⓑ어제 싸웠던 동무가 오늘 손을 불쑥 내밀었다 **2** 갑자기 쑥 나타나거나 생기는 꼴 ⓑ쉬는 날 여러 손님이 불쑥 찾아왔다 **3** 마음이나 생각이 갑자기 떠오르는 꼴 ⓑ오늘이 갇힌 지 이레째인데 그분들이 살아 있을까 하는 생각이 불쑥 들었다 **4** 앞뒤 가리지 않고 대뜸 말하는 꼴 ⓑ모르는 사람이 도와달라는 말을 불쑥 꺼냈다 **불쑥이 불쑥하다**

불쑥거리다 움직씨 불룩하게 자꾸 쑥 나오거나 내밀다 **불쑥대다**

불쑥불쑥 어찌씨 **1** 불룩하게 자꾸 쑥 나오거나 내미는 꼴 ⓑ밤을 따는 아이들 호주머니는 모두 불쑥불쑥 삐어져 나올 만큼 가득하였다 **2** 갑자기 쑥 나타나거나 생기는 꼴 ⓑ길이 막히는 데 그 틈새로 수레들이 불쑥불쑥 끼어든다 **3** 마음이나 생각이 갑자기 자꾸 떠오르는 꼴 ⓑ어려웠던 지난날이 불쑥불쑥 생각난다 **4** 앞뒤 가리지 않고 자꾸 말하는 꼴 ⓑ아우는 아무 눈치도 보지 않고 제 할 말을 불쑥불쑥 내뱉는다 **불쑥불쑥하다**

불씨 이름씨 **1** 불이 꺼지지 않도록 묻어두거나 불을 옮겨 붙이는 데 쓰는 불이나 불덩이 ⓑ불씨가 꺼지지 않도록 재 속에 묻어라 한뜻말 씨불 **2** 앞으로 커다란 힘으로 불길처럼 번질 수 있는 처음 힘이나 씨 ⓑ일하는 사람이 나라임자 될 불씨를 키우자. 촛불은 백성이 임자되는 불씨가 된다 **3** 좋지 않은 일을 일으킬 만한 것 ⓑ일을 거칠게 하다 보면 자칫 크게 다치는 불씨가 된다 비슷한말 말썽거리 ⇐ 화근

불안 ⇒ 조마조마. 조마조마하다. 걱정스럽다. 켕기다. 뒤숭숭하다

불안감 ⇒ 걱정. 걱정스러운 마음. 두려운 느낌. 조마조마한 느낌

불안정하다 ⇒ 두렵다. 걱정스럽다. 켕기다

불알 이름씨 사내나 젖먹이짐승 수컷 불 속에 든 길둥근 알맹이. 얼씨를 만드는 곳이다 한뜻말 불 ⇐ 고환 슬기말 **불알 두 쪽만 대그락대그락한다·불알 두 쪽밖에는 없다** 돈 같은 것은 하나 없는 빈털터리이다

불알주머니 이름씨 불알을 둘러싼 살 주머니 ⓑ누렁소 불알주머니가 축 늘어졌다 한뜻말 불 ⇐ 음낭

불야성 ⇒ 불바다

불어 ⇒ 프랑스말

불어나다 움직씨 불어서 커지거나 많아지다 ⓑ먹고 놀기만 하니 몸이 많이 불어났다. 큰비로 가람 물이 허리께까지 불어났다

불어넣다 움직씨 **1** 입김이나 바람을 어느 곳에 들여보내다 ⓑ공에 바람을 불어넣다 **2** 끼침을 미치거나 또는 생각을 밀어넣다 ⓑ아이들에게 겨레말과 겨레노래를 가르치면 겨레얼을 아이들에게 불어넣는 셈이 된다 한뜻말 북돋우다 ⇐ 고취하다. 고무하다 **3** 허물없는 사람을 허물 있다고 일러바치다 ⓑ펴낸이가 아무 일 없을 거라면서 나한테 책을 팔고는 나를 불어넣다니

불어리 이름씨 불티가 바람에 날리지 않도록 호롱이나 불담이에 들씌우는 것

불어오다 움직씨 **1** 바람이 이쪽으로 불다 ⓑ메 위에서 시원한 바람이 불어온다 **2** 어떤 흐름, 물결 따위가 들어오다 ⓑ모둠살이를 맑고 깨끗이 하자는 바람이 시골에서 불어

왔다 **3** 나팔이나 피리 같은 것을 다루어 오다 ⓑ대나무 피리를 불어온 지 마흔 해가 넘었다

불에된바위 이름씨 땅속에서 녹은 바윗물이 땅거죽 가까이 나와서 엉기게 된 바윗돌 ⇐ 화성암

불여우 이름씨 **1** 우리나라 노녘에서 사는 털이 붉거나 누런 여우 **2** 몹시 살살하고 약아빠진 사람 ⓑ불여우 꾐에 넘어가 돈을 다 잃더니 얼이 빠진 사람 같아

불온 ⇒ 좋지않음. 마땅찮음. 좋지 않다. 옳지 않다. 마땅찮다

불완전 ⇒ 모자람. 빠짐. 못 갖추다. 모자라다. 빠지다

불완전연소 ⇒ 덜 탐

불우하다 ⇒ 가난하다. 딱하다. 어렵다

불운하다 ⇒ 날벼락 맞다. 날떠퀴가 사납다

불유쾌하다 ⇒ 언짢다. 고깝다. 즐겁지 않다. 못마땅하다. 아니꼽다

불응 ⇒ 배내밈. 따르지 않음. 배 내밀다. 따르지 않다. 듣지 않다

불의 ⇒ 옳지않음. 옳지 않다

불의에 ⇒ 뜻밖에. 갑자기

불이 이름씨 산것이 씨를 지켜 가려고 씨받이나 가루받이, 나누기 따위로 저와 같은 갈래 목숨을 새로 낳는 일 ⇐ 생식

불이그릇 이름씨 알씨와 얼씨를 받아 새 목숨을 지어내도록 마련된 곳. 푸나무에선 암술과 수술, 숨받이에선 자지, 보지, 아기집 들이 있다 한뜻말 불이틀 ⇐ 생식기. 생식기관. 성기

불이샘 이름씨 불이에 맺어진 내보냄몬을 내놓는 샘 ⇐ 생식샘. 생식선. 성선

불이익 ⇒ 밑짐

불이잔삼 이름씨 산것 몸안에서 불이를 맡은 잔삼 ⇐ 생식세포

불일치 ⇒ 어긋남. 맞지 않음. 맞지 않다. 틀리다. 어긋나다

불잉걸 이름씨 활짝 피어 이글이글한 숯불 ⓑ불잉걸을 불덕에 담았다 한뜻말 잉걸. 잉걸불

불자동차 ⇒ 불끔수레. 불막이수레

불장난 이름씨 **1** 불을 가지고 노는 일 ⓑ성냥으로 불장난을 하지 마라 비슷한말 불놀이 **2** 집적대서 싸움을 일으키는 짓 ⓑ철부지가 불장난을 해서 나라 사이 싸움을 일으켜서는 안 된다 **3** 사내와 겨집 사이에 앞뒤 재지 않는 바드러운 사귐 ⓑ둘이서 철없는 불장난을 저질렀다 **4** 함부로 쏘개질을 하며 못된 짓을 하는 것 ⓑ마을에 쳐들어와 불장난을 하는 왜놈들을 젊은이들이 모조리 쳐죽였다

불조심 ⇒ 불 삼감

불지르다 움직씨 **1** 무엇에 불을 놓아 타게 하다 ⓑ메에 불질러 팔밭이나 일구어야겠다 **2** 무엇을 불을 붙여 타오르게 하다 ⓑ집을 불지르겠다고 을러메어 돈을 뜯어갔다

불지실 이름씨 불이 나는 언걸 한뜻말 불 ⇐ 화재

불집 이름씨 **1** 더 크게 옮아 번질 밑천이 되는 불 ⓑ멧불을 끌 때는 불집이 될 불씨를 남김없이 꺼야 한다 **2** 말썽이 되거나 어떤 일이 벌어질 바드러움이 있는 것들 ⓑ일이 잘 못되려니 드디어 불집이 터졌다. 괜히 자는 사람 건드려 불집을 일으키지 마라 **3** 돌등 같은 것에 불을 켜 넣는 곳 ⓑ멧속 높은 데에 자리잡은 그 작은 절을 오르는 굽이굽이로 돌등 불집에 불이 들어왔다

불찌 이름씨 불티. 불똥 ⓑ불찌가 날려 소매에 옮겨 붙었다

불찰 ⇒ 잘못. 허물

불참 ⇒ 빠짐. 빠지다. 빼먹다. 나가지 않다

불철주야 ⇒ 밤낮없이. 자나 깨나. 늘

불청객 ⇒ 군손님

불충분하다 ⇒ 모자라다. 적다. 넉넉지 못하다

불충실하다 ⇒ 알차지 못하다. 허술하다. 속이 비다

불측하다 ⇒ 알 수 없다. 괘씸하다. 엉큼하다. 고약하다

불치 ⇒ 못고침. 못나숨

불치병 ⇒ 죽을 앓이. 못 고칠 앓이

불친절하다 ⇒ 쌀쌀맞다. 무뚝뚝하다. 마뜩잖다. 차갑다

불침 ⇒ 불바늘

불침번 ⇒ 안자며 지킴이

불콰하다 그림씨 낯빛이 술기운을 띠거나 핏기가 좋아 불그레하다 ⓑ마을지기는 한낮부터 얼굴이 불콰해서 마을사람들에게 떠벌리는 참이다

불쾌감 ⇒ 언짢은 마음. 마뜩잖은 마음

불쾌지수 ⇒ 무더워 언짢기

불쾌하다 ⇒ 언짢다. 못마땅하다. 아니꼽다. 메스껍다. 눈꼴사납다. 마뜩잖다. 거북하다

불타다 움직씨 ❶불이 붙어 타다 ⓑ집이 불타고 재만 남았다 비슷한말 불붙다 ⇐ 연소하다. 발화하다 ❷뜨거운 마음이나 느낌 따위가 몹시 끓어 번지다 ⓑ시원은 늦은 나이에도 배우려는 마음에 불탔다 비슷한말 끓어오르다 ❸노을같이 아주 붉게 빛나다 ⓑ곱게 물든 갈잎이 불타는 철이다

불타오르다 움직씨 ❶불이 붙어 타오르다 ⓑ땔나무 더미가 세찬 바람에 불타올랐다 ❷불이 타는 것같이 붉게 빛나다 ⓑ아침노을이 차츰 불타오른다 ❸뜨거운 마음이나 느낌 따위가 몹시 끓어 번지다 ⓑ우람은 저를 등진 이를 미워하는 마음이 불타올랐다 한뜻말 끓어오르다

불태우다 움직씨 ❶('불타다' 하임꼴.) 불을 붙여 타게 하다 ⓑ멧불이 거센 바람을 타고 건너와 집을 불태웠다 비슷한말 불사르다 ❷뜨거운 마음이나 느낌 따위가 한창 일게 하다 ⓑ새로운 것을 배우고 익히느라 젊음을 불태웠다

불통 ⇒ 막힘. 막히다. 끊어지다

불투명하다 ⇒ 뿌옇다. 흐리다. 아리송하다. 흐릿하다

불특정하다 ⇒ 딱히 잡지 않다

불티 이름씨 ❶불에 타서 재가 되기 앞에 날리는 티 ⓑ불티가 날리니 다가서지 마라 한뜻말 불찌 ❷시끄러움이나 말썽거리가 되는 까닭 ⓑ일이 잘못돼서 나한테 불티가 날아오지 않게 해주세요

불티나다 움직씨 나누거나 팔 것이 내놓자마자 없어지거나 팔리다 ⓑ싸고 좋은 겨울 감자가 불티나게 팔린다 비슷한말 동나다

불패 ⇒ 지지않음. 지지 않다

불편하다 ⇒ 거북하다. 말째다. 언짢다. 괴롭다. 아프다. 번거롭다. 성가시다

불평 ⇒ 푸념. 투정. 게정. 투덜거리다. 게정내다. 떼쓰다. 툴툴거리다. 못마땅하다. 투덜대다

불평객·불평분자 ⇒ 투정꾼. 게정꾼. 떼쟁이

불평등하다 ⇒ 고르지 않다. 일매지지 않다

불필요하다 ⇒ 쓸데없다. 쓸모없다

불한당 ⇒ 떼도둑. 깡패

불합격하다 ⇒ 떨어지다. 붙지 않다. 미역국 먹다

불합당하다 ⇒ 알맞지 않다. 옳지 않다

불합리하다 ⇒ 마땅찮다. 가리에 맞지 않다

불행하다 ⇒ 흐뭇하지 않다. 즐겁지 않다. 기쁘지 않다

불허 ⇒ 막음. 못하게 함. 못하게 하다. 막다

불현듯 어찌씨 ❶어떤 생각이나 느낌이 갑자기 일어나는 꼴 ⓑ불현듯 어릴 적이 생각났다 ❷어떤 짓을 갑자기 하는 꼴 ⓑ낯선 사람들이 불현듯 마당으로 뛰어 들어왔다

불호령 ⇒ 날벼락. 꾸지람. 불벼락

불혹 ⇒ 마흔 살. 홀리지 아니함

불화 ⇒ 사이나쁨. 사이가 나쁘다. 찌그럭거리다. 다투다

불화살 이름씨 옛날에 불실이 달린 대에 불을 달아 쏜 화살 ⓑ불화살에 마을이 온통 불탔다

불확실하다 ⇒ 흐릿하다. 아리송하다. 어렴풋하다

불황 ⇒ 장사안됨. 안팔림. 돈안돎

불효하다 ⇒ 어버이 잘못섬김. 잘못섬기다

불후 ⇒ 잊지 못함. 오래 남음

불힘 이름씨 불이 탈 때 나오는 더운 힘 ⓑ불힘이 세서 물이 바로 끓었다 ⇐ 화력

불힘번힘곳 이름씨 돌숯이나 땅기름, 누리가스 따위를 태운 불힘을 써서 번힘을 일으키는 곳 ⇐ 화력발전소

붉고기 이름씨 온몸이 붉은 바닷물고기. 뭍에서 가까운 바위틈에 산다 ⇐ 홍치

붉글종이 이름씨 깨비나 지실을 물리치려고 몸

에 지니거나 집에 붙이는 종이. 붉은 글씨나 그림을 그려 만든다 ⇐ 부적

붉다 그림씨 핏빛이나 익은 고추 빛깔과 같다 ㉥저녁노을이 붉게 물들었다 비슷한말빨갛다

붉덩물 이름씨 붉은 누렁흙이 섞여 흐리게 흐르는 큰물 ⇐ 탁류

붉디붉다 그림씨 아주 붉다 ㉥뒷메에 핀 붉디붉은 진달래가 내 마음을 후벼판다

붉보배 이름씨 붉은빛 쇳돌. 다듬어 보배로 쓴다 ⇐ 루비. 홍보석

붉살문 이름씨 임금무덤, 임금집, 그위집 같은 곳에 세우는 붉은 살 문 ⇐ 홍살문

붉섬 이름씨 마온바라에 딸린 섬. 붉은 바위메와 노는 푸나무로 이름높아 저절기림몬으로 잡혔다 ⇐ 홍도

붉으락푸르락하다 움직씨 골나거나 북받쳐서 낯빛 따위가 붉게 또는 푸르게 바뀌다 ㉥보람이는 아주 골이 났는지 낯빛이 붉으락푸르락하면서 소리를 질렀다

붉은게 이름씨 샛바다 찬물에 사는 게. 온몸이 붉고 다리가 길다 ⇐ 홍게

붉은나무 이름씨 높은 메에 자라는 늘푸른나무. 잎은 짧은 바늘 꼴이고 나무껍질이 붉어 붉은 나무라 한다 ⇐ 주목

붉은띠도둑 이름씨 쭝궈 원나라 때 들고 일어난 도둑 무리. 머리에 붉은 띠를 둘러서 붙은 이름이다 ⇐ 홍건적

붉은바다 이름씨 아프리카 높새곳과 아라비아 거진섬 사이에 있는 바다. 수에즈뱃길이 열린 뒤 아시아와 유럽을 이어 주는 종요로운 뱃길이 되었다. 바닷속에 있는 바닷말 때문에 붉은빛을 띤다 ⇐ 홍해

붉은빛 이름씨 피나 익은 고추 빛깔과 같은 빛 ㉥해가 떠오르면서 하늘은 차츰 붉은빛으로 물들었다 비슷한말빨간빛. 빨강 ⇐ 적색. 빨간색. 붉은색. 홍색

붉은색 ⇒ 붉은빛. 빨간빛. 빨강

붉은잎나무 이름씨 잎이 처음 나올 때부터 질 때까지 내내 붉은 별꼴 잎을 단 나무 ⇐ 홍단풍

붉은차 이름씨 차나무 잎을 띄워 말린 차. 그 달인 물이 붉다 ⇐ 홍차

붉은피톨 이름씨 핏빛을 내는 바탕. 속에 든 피빨강이가 붉은빛을 띤다 맞선말흰피톨 ⇐ 적혈구

붉히다 움직씨 골나거나 부끄러워 낯을 붉게 하다 ㉥한내는 수줍어서 낯을 붉히고 고개를 들지 못했다 비슷한말부끄러워하다. 골나다

붐비다 움직씨 **1**사람이 많이 모여 뒤섞여 들끓다 ㉥쉬는 날이라 거리에 사람이 몰려 무척 붐빈다 한뜻말북적거리다. 와글거리다 ⇐ 혼잡하다 **2**때가 다가오고 일이 많아서 뒤엉키다 ㉥할 일이 멧더미처럼 쌓여있어 일터가 몹시 붐빈다 **3**많은 것들이 한데 뒤섞여 있다 ㉥나룻터가 붐벼 짐을 찾기가 힘들다

붓 이름씨 **1**가는 대에 털을 꽂아 털끝에 먹이나 물감을 찍어서 글, 그림 따위를 쓰거나 그리거나 바르는 연장 ㉥붓으로 먹을 찍어 글씨를 썼다 ⇐ 필 **2**털붓, 쇠붓, 나무붓, 딱붓, 돌돌붓 같이 글씨 쓰는 연장을 모두 이르는 말 ㉥붓을 열 자루 샀다 ⇐ 펜

붓글씨 이름씨 털붓으로 쓴 글씨 ㉥해님이 '푸른누리'라고 붓글씨를 써서 내게 주었다 한뜻말붓글 ⇐ 서예

붓꽂이 이름씨 붓을 꽂는 통

붓끝 이름씨 **1**붓에서 뾰족한 끝 ㉥붓끝으로 가는 글씨를 썼다 **2**글을 써 내려가는 데서 나타나는 기운이나 서슬 ㉥우리 겨레 솜씨꾼들은 날카로운 붓끝으로 깡패들 허물을 까밝힌다 비슷한말붓놀림

붓다[1] 움직씨 **1**몸이나 살갗이 앓아 부풀어 오르다 ㉥벌에 쏘인 데가 부었다 비슷한말부어오르다 **2**마뜩잖아 골난 낯빛을 드러내다 ㉥아이가 말도 않고 잔뜩 부어 있다 비슷한말성나다

붓다[2] 움직씨 **1**물이나 가루 같은 것을 다른 데다 쏟다 ㉥밥솥에 물을 알맞게 붓고 쌀을 안쳤다 비슷한말담다 맞선말떠내다 **2**거푸집

에 쉿물을 따르다 ⓑ쉿물을 부어 만든 솥 ❸모판에 씨앗을 뿌리다 ⓑ들깨 모를 부을 자리를 갈고 다듬었다 ❹힘이나 마음을 잔뜩 기울이다 ⓑ올해 안에 일을 끝마치려고 있는 힘을 다 부었다 ❺어떤 사람이나 모둠에 생각이나 뜻을 갖도록 힘을 넣다 ⓑ우리 겨레가 아무리 센 바깥힘도 이겨낼 것이라는 뚜렷한 믿음을 젊은이들한테 부어줘야 한다 ❻돈, 길미 따위를 고르게 꾸준히 내거나 치르다. 내다 ⓑ이 달부터 두 해 동안 다달이 내 돈자리에 돈을 조금씩 붓기로 했다

붓다[3] 이름씨 깨달은이 한뜻말 부처

붓대 이름씨 붓털을 박는 가는 대 ⓑ붓대를 잡고 글씨를 써 내려갔다

붓두껍 이름씨 붓을 쓰지 않을 때 붓털을 감싸려고 씌우는 뚜껑. 붓대보다 조금 굵은 대로 짓는다 한뜻말 두겁

붓통 이름씨 ❶붓이나 쓸 거리를 꽂아두는 통 ❷숯붓이나 돌돌붓, 지우개 따위를 넣어 갖고 다니는 작은 고리 꼴 몬 ⇐ 필통

붕 어찌씨 ❶막힌 바람이나 김이 구멍으로 힘없이 터지며 빠질 때 나는 소리나 문틈종이가 떨 때 나는 소리 ⓑ센 바람에 문틈종이가 붕 떨린다 ❷벌이 날면서 내는 소리 ⓑ벌통 안에서는 붕 소리가 쉼 없이 들린다 ❸하늘로 들리는 꼴이나 그 느낌 ⓑ바람주머니를 타고 하늘로 붕 떠올랐다 **붕하다**

붕괴 ⇒ 무너짐. 허물어지다. 무너지다. 뭉그러지다

붕궁자·붕긴고기 이름씨 몸길이 1미터쯤 되는 궁자와 비슷한 바닷물고기. 날로 많이 먹는다 ⇐ 아나고. 붕장어

붕대 ⇒ 묶띠. 감는띠

붕붕 어찌씨 ❶막힌 바람이나 김이 구멍으로 힘없이 터지며 빠질 때 잇달아 나는 소리나 문틈종이가 떨 때 잇달아 나는 소리 ⓑ문틈종이가 붕붕 소리를 내며 운다 ❷벌과 같은 날짐승이 날 때 잇달아 나는 소리나 그 꼴 ⓑ꽃을 찾아 꿀벌들이 붕붕 날아든다 **붕붕하다**

붕붕거리다 움직씨 ❶막혔던 바람이나 김이 조금 큰 구멍으로 터지며 빠지는 소리가 자꾸 나다 ⓑ버스가 붕붕거리며 언덕길을 오른다 ❷얇은 날개나 종이 같은 것이 여리게 떨리는 소리가 자꾸 나다 ⓑ꽃밭에서 벌이 붕붕거리며 날아다닌다 **붕붕대다**

붕어 이름씨 차지 않은 물에서 사는 민물고기. 몸은 길둥글고 납작하며 등이 검푸르고 배는 희거나 누렇다. 우리나라 어디서나 잘 자라고 낱수가 많아 미꾸라지와 함께 좋은 먹을거리였다

붕어빵 이름씨 ❶붕어 꼴 틀에 묽은 밀가루 반죽과 팥소를 넣어 지은 풀빵 ⓑ찬바람이 불면 붕어빵이 길거리에서 많이 팔린다 ❷서로 낯이 아주 닮은 사람 ⓑ그 집 딸내미는 제 아빠와 붕어빵이다

붙다 움직씨 ❶둘이 닿아서 떨어지지 않다 ⓑ풀이 잘 붙었다 ❷불이 옮겨 달리거나 당기다 ⓑ검불더미에 붙은 불이 짚더미에 옮겨붙어 큰불이 났다 ❸좀 사이가 있어야 할 두 곳이 서로 거의 맞닿다 ⓑ목은 다 붙고 눈은 뱁새눈인 꽃님이 바로 이 집 안임자다 ❹겨루는 일이 서로 어울려 비롯되다 ⓑ드디어 마지막 씨름판이 붙었어 ❺암컷과 수컷이 짝짓다 ⓑ옆집 땅개와 아랫집 큰 개가 붙었다 ❻어떤 것에 바싹 가까이하다 ⓑ어두워 무서운지 조카가 내 곁에 바싹 붙어 걸었다 ❼뽑히다 ⓑ아름이는 두 디위 미끄러지고 올해 드디어 한배곳에 붙었네 ❽할 일이나 일거리 같은 데에 손대거나 나서다 ⓑ고추 따는 일에 놉을 다섯 붙여 ❾으뜸되는 것에 덧대어 달리거나 딸리다 ⓑ부엌 앞에 널찍하게 마루를 붙였다 ❿어떤 돈에 길미 같은 것이 덧붙다 ⓑ돈집에 맡겨둔 돈에 그새 길미가 제법 붙었네 ⓫어떤 갈래에 딸리다 ⓑ범은 고양이갈래에 붙어 ⓬남에게 쪽들거나 따르다 ⓑ왜놈에게 붙었던 놈은 러시아 놈한테 붙었고 그 뒤에는 유에스 놈한테 붙었지 ⓭끼리끼리 한데 몰

키다 [보]걔들은 왜 붙어 다니는지 모르겠어 14어떤 것에 생겨나 달리거나 딸리다 [보]이제라도 버릇을 붙여야지. 딴이름이 붙었어 15어떤 기운이 몸에 옮아들어 놀다 [보]꼭 서낭이 붙은 사람 같아 16푸나무 뿌리가 땅에 내려서 살다 [보]무 씨앗이 고르게 잘 붙었더라. 뿌리가 붙기까지는 부지런히 물을 줘 17어떤 마음이나 느낌이 생겨나 떨어지지 않다 [보]앓고 나더니 이제야 입맛이 붙었나 보다. 새 일터에 마음이 붙었다 18힘이 늘어나 굳건히 자리잡다 [보]힘쓰는 걸 보니 힘살이 제법 붙었구나 19바탕이나 까닭, 구실 들이 따르다 [보]그렇게나 많은 젊은이가 죽었는데 어떤 구실을 붙여 잘못하지 않았다고 발뺌해도 믿어주지 않는다 [슬기말] **붙는 불에 기름 끼얹는다** 1말려야 할 일을 오히려 부추겨서 더 하게 하다 2잘 되지 않는 일에 헤살을 놓아 더 틀어지게 하다

붙들다 [움직씨] 1어떤 것이 떠나거나 달아나지 못하게 잡다 [보]조금 더 머물다 가라고 손님을 붙들었다 [한뜻말]붙잡다 ⇐ 만류하다 2놓치지 않게 힘있게 쥐다 [보]떨어지지 않도록 아이를 단단히 붙드세요 3일자리를 마련하거나 일하려고 손을 대다 [보]먼저 가서 일거리를 붙들거든 나도 불러주게 4쓰러지거나 떨어지거나 움직이지 않게 잡아주다 [보]비바람에 고추가 쓰러지지 않도록 말뚝을 박고 줄로 붙들어 맸다 5함께 있거나 같이 일할 것을 굳이 말하다 [보]일손이 모자라 시골에서도 여기저기서 붙들어 일해 달라 하지만 달갑지가 않다

붙들리다 [움직씨] '붙들다' 입음꼴 [보]달아나던 닭이 끝내 붙들렸다. 술자리에 붙들려 빠져나오질 못했다 [한뜻말]붙잡히다

붙박이 [이름씨] 1한 자리에 박혀 있듯이 머무르는 것 또는 그런 사람 [보]책꽂이를 붙박이로 짜놓았다. 붙박이로 서 있다. 붙박이 여름지기 ⇐ 고정. 토박이 2('붙박이로' 꼴로 써) 오랫동안 바뀜 없이 한 꼴로 [보]겨우내 방앗간을 붙박이로 돌려 번 돈으로 새집을 샀다

붙박이다 [움직씨] 한곳에 박혀 있어 움직이지 않다 [보]늘 집안에 붙박여 있다

붙박이별 [이름씨] 늘 같은 자리에 있는 것처럼 보이는 별 [맞선말]떠돌이별 ⇐ 항성

붙박이옷넣개 [이름씨] 바람에 붙이거나 바람 안쪽에 만들어 뭐지 않게 짠 옷넣개 ⇐ 붙박이장

붙박이장 ⇒ 붙박이옷넣개

붙살이 [이름씨] 서로 다른 갈래 산것에 붙어살며 한쪽은 보탬이 되고 다른 쪽은 덜이를 입는 살이 ⇐ 기생

붙살이벌레 [이름씨] 다른 숨받이 몸에 붙어서 살감을 얻어먹고 사는 벌레 ⇐ 기생충

붙은것 [이름씨] 어떤 사부주에 어긋나지 않는 것 ⇐ 합격품

-붙이 [뒷가지] 1사람 가운데 같은 겨레 [보]겨레붙이. 아음붙이. 살붙이. 피붙이 2어떤 것에 딸린 것들 [보]고기붙이. 쇠붙이. 가루붙이

붙이다 [움직씨] 1무엇에 닿아 떨어지지 않게 하다 [보]좁은 골목에서 수레가 갑자기 다가와 벽에 몸을 딱 붙였다 2서로 떨어진 사이를 가깝게 하거나 좁게 하다 [보]막대기를 담벼락에 붙여 세웠다 3임자 되는 것에 딸리게 하다 [보]나는 조카에게 깜찍이라는 딴이름을 붙여 부른다 4불을 일으켜 타게 하다 [보]불쏘시개에 먼저 불을 붙였다 5할 줄 알거나 할 수 있는 힘이 늘게 하다 [보]언덕을 오르내리는 뜀박질로 허벅지에 힘을 붙였다 6힘, 재주, 됨됨이 따위를 가늠하여 어떤 자리에 들게 하다 [보]일꾼을 마땅한 자리에 붙이고 떨어뜨리는 것이 일터마다 달랐다 7서로 어울려 겨루게 하다 [보]집주릅이 임자와 손님에게 흥정을 붙였다 8어떤 생각이나 느낌, 버릇 따위가 새로 나게 하다 [보]요새 오래달리기에 재미를 붙였다 9어떤 일, 놀이, 모임 따위에 끼게 하다 [보]아침 공차기에 나도 좀 붙여 줘 10

말을 걸다 ⓑ곁에 앉은 사람에게 말을 붙이다 ⓫(어떤 이름씨와 함께 써) 때리다 ⓑ달아난 아이를 붙들어 몽둥이로 한 대씩 붙였다 ⓬내놓고 이야기하게 하다 ⓑ어떻게 할지를 뭇사람 이야기에 붙이다 ⓭지낼 곳이나 끼니를 제집이 아닌 데 잡고 먹으며 살다 ⓑ삯방을 얻어 살 데를 붙이다 ⓰('궁둥이', '엉치' 들과 함께 써) 지긋이 자리잡다 ⓑ궁둥이를 붙일 새도 없이 우리는 다시 낫을 들고 들로 나갔다 ⓱윷놀이에서 말을 밭에 달다 ⓑ셋째 말을 붙이다

붙임 이름씨 글 어떤 곳에서 빠지거나 살펴볼 것을 그곳 뒤에 덧붙여 적은 것 ⇐ 부록

붙임그림 이름씨 종이나 천에 박은 글, 빛박이 따위를 오려 붙이고 나무조각, 나뭇잎 같은 것도 붙여 만드는 그림 ⇐ 콜라주

붙임띠 이름씨 몬을 붙이는 띠. 비닐이나 천 한 쪽에 끈적이를 발라 만든다 ⇐ 테이프. 반창고

붙임성 ⇒ 너울가지. 붙임새. 사귐새

붙임쪽종이 이름씨 한 잎씩 떼어서 붙이는 종이쪽. 앞쪽은 글이나 그림, 뒤쪽은 끈적이는 몬을 바른다 ⇐ 스티커

붙임혀 이름씨 추녀 두 옆에 붙이는 가웃 쪽 서까래 한뜻말 붙임서까래

붙잡다 움직씨 ❶놓치지 않게 단단히 쥐다 ⓑ지붕에서 밧줄을 붙잡고 내려왔다 한뜻말 붙들다 ❷달아나지 못하게 잡다 ⓑ달아나던 도둑을 끝내 붙잡았다 ❸떠나지 못하게 말리다 ⓑ임자가 일어서는 손님을 붙잡았다 ⇐ 만류하다 ❹일거리로 삼거나 일을 비롯하려고 손을 대다 ⓑ내가 바느질거리를 붙잡아 새로 일을 하게 되었다 ❺그냥 스쳐 지나지 않게 단단히 잡도리하다 ⓑ나무를 팔 수 있는 좋은 까리를 붙잡지 못해 너무 자라고 말았다 ❻쓰러지거나 떨어지거나 움직이지 않게 잡아주다 ⓑ가지가 쓰러지지 않도록 받침대를 대고 붙잡아 맸다 ❼눈치채거나 가늠하여 알다 ⓑ열흘 닦기를 몇 차례 하고 나서야 참말 속에 담긴 깊은 뜻을 붙잡을 수 있었다

붙잡히다 움직씨 ❶'붙잡다' 입음꼴 ⓑ억센 손아귀에 손목이 꽉 붙잡혀 뿌리칠 수가 없었다. 숨어있던 도둑이 깨살핌이에게 붙잡혔다. 술자리에 붙잡혀 밤새도록 마셨다 ❷앓이에 걸리다 ⓑ나이 든 사람이 허파앓이에 붙잡히면 살아나기 쉽지 않다

붙좇다 움직씨 우러르거나 섬겨 따르다 ⓑ으뜸머슴을 붙좇는 사람은 봐줬지만 맞서는 사람은 어떻게든 앙갚음했다

뷔 이름씨 부피

뷔페 ⇒ 덜어밥집

브라보 ⇒ 좋다. 잘한다. 신난다

브라운관 ⇒ 브라운대롱

브라운대롱 이름씨 멀봄에서 번힘짓말을 뭡그림으로 바꾸어 그림낯이 나오게 하는 곳

브래지어 ⇒ 젖가슴띠. 젖가리개

브레이크 ⇒ 멈추개

브로치 ⇒ 노리개

브로커 ⇒ 주릅. 흥정꾼

브리핑 ⇒ 짤막아룀. 아뢰다. 알리다. 간추려 말하다

브이아이피 ⇒ 큰손. 큰손님

블라우스 ⇒ 하늬적삼

블랙홀 ⇒ 검은구멍. 검굼

블로그 ⇒ 누리글집

블로킹 ⇒ 받아치기

블록 (bloc) ⇒ 모둠. 떼. 무리. 모둠마을. 나라 모둠

블록 (block) ⇒ 쌓기장난감. 쌓기놀이감. 쪽땅

븟[1] 이름씨 숨받이나 푸나무에 더부살이하여 뜨이나 썩음, 앓이 따위를 일으키는 홑잔삼 한뜻말 팡이 ⇐ 균

븟[2] 이름씨 '부엌' 엣말

비[1] 이름씨 구름을 이루어 높은 곳에 떠돌던 김이 찬 기운을 만나 엉겨 물방울이 되어 땅에 떨어지는 물 ⓑ가을비가 촉촉이 땅을 적셨다 익은말 **비 오듯 하다** ❶화살이나 쏘개알 같은 것이 잇달아 날아오다 ❷눈물이나 땀 같은 것이 줄줄 쏟아지다 슬기말 **비 온 뒤에 땅이 굳어진다** 비에 젖은 흙이 마르면서

단단히 굳어지듯 힘든 일을 겪고 나서 일 바탕이 더 굳세진다

비[2] 이름씨 쓰레기나 티끌 따위를 쓸어내는 연장 ⓑ오랜만에 마룻바닥을 비로 쓸고 걸레로 닦았다 한뜻말빗자루 슬기말 **비를 드니까 마당 쓸라 한다** 알아서 일을 하려는데 그 일을 시켜서 신이 나지 않는다

비 (碑) ⇒ 새김돌

비 (妃) ⇒ 임금아내

비 (比) ⇒ 푼수. 몫. 비김. 견줘보기

비가 ⇒ 슬픈노래

비가림 이름씨 비가 들지 않게 막거나 가림. 또는 그런 집 ⓑ저자터에 비가림을 한 뒤로 손이 많이 늘었다 ⇐ 차양. 차일

비각 이름씨 물과 불처럼 서로 못 받아주는 것 ⓑ물과 불은 비각이다. 어떤 배달낫개감은 날 무와 비각이다 ⇐ 상극. 앙숙

비거스렁이 이름씨 비가 온 뒤에 바람이 불고 시원해지는 일. 또는 그런 때 ⓑ몸이 아주 여려져서 비거스렁이에도 추위를 느꼈다

비걱 어찌씨 단단한 몬이 서로 닿아 비벼지면서 나는 소리 ⓑ큰문이 비걱 열려 사람이 왔나 했는데 바람이었네 센말삐걱 밑말비거덕 **비걱하다**

비걱거리다 움직씨 단단한 몬이 서로 닿아 자꾸 비벼지며 소리가 나다 센말삐걱거리다 밑말비거덕거리다 **비걱대다**

비걱비걱 어찌씨 단단한 몬이 서로 닿아 자꾸 비벼지며 나는 소리나 그 꼴 ⓑ비걱비걱 굴러가는 달구지 센말삐걱삐걱 밑말비거덕비거덕 **비걱비걱하다**

비겁하다 ⇒ 두려움. 두려워하다. 좀스럽다. 쩨쩨하다. 더럽다. 얍삽하다

비게질 이름씨 말이나 소 같은 짐승이 가려울 때 나무나 돌 같은 데에 대고 몸을 비비는 것 ⓑ송아지가 기둥에다 비게질을 하며 파리를 쫓는다 비슷한말비비대다 **비게질하다**

비견 ⇒ 견줌. 견주다. 엇비슷하다. 걸맞다

비결 ⇒ 숨긴꾀. 갈닦은 솜씨. 미립

비계 이름씨 ❶짐승 가죽 안쪽에 붙거나 살과 살 사이에 붙은 기름 ⓑ이 고기는 비계가 많아 느끼하다 비슷한말비곗살. 빌기 ⇐ 피하지방. 피부밑지방 ❷살이 쪄서 아주 뚱뚱한 사람 ⓑ갑자기 살이 찐 나는 비계라 놀림을 받는다

비계 ⇒ 오름다리

비고 ⇒ 붙임. 잡이. 도움글

비공개 ⇒ 알리지 않음. 남모름. 물밑

비공식 ⇒ 아람

비관 ⇒ 어둡게 봄. 슬퍼하다. 어둡게 보다

비교 ⇒ 견줌. 댐. 대봄. 견주다. 대보다. 헤아리다. 대다

비교적 ⇒ 꽤. 제법

비교표 ⇒ 견줌표. 댐표. 견줌그림

비구 ⇒ 벗중. 사내중

비구니 ⇒ 꽃중. 겨집중

비구름 이름씨 ❶비나 눈을 머금은 구름 ⓑ시꺼먼 비구름이 몰려오는 걸 보니 곧 한바탕 쏟아지겠군 ❷겨레나 나라에 어두운 앞날을 몰고 올 힘이나 기운 ⓑ지켜준다는 거짓 이름으로 맺은 1905해 다짐과 한 나라가 된다는 1910해 거짓 다짐은 우리 겨레에게 비구름을 몰고 왔다

비굴하다 ⇒ 두려워하다. 떳떳하지 못하다. 단작스럽다. 굽히다. 속없다. 좀스럽다

비그이 이름씨 갑자기 비를 만나 비가 그치기를 기다리는 것 ⓑ밭에는 딱히 비그이를 할 만한 데가 없다 **비그이하다**

비극 ⇒ 슬픈굿. 슬픈 이야기. 슬픈 일

비근거리다 움직씨 몬 사개가 바그러져 흔들리다 **비근대다**

비근비근 어찌씨 몬 사개가 바그러져 흔들리는 꼴 ⓑ집을 자주 옮겨 세간이 비근비근 다 버그러졌다 **비근비근하다**

비근하다 ⇒ 가깝다. 흔히 보다. 알기 쉽다

비금비금 어찌씨 견주어보아 서로 비슷한 꼴 ⓑ비금비금 맞먹을 만큼 힘센 두 씨름꾼 **비금비금하다**

비금속 ⇒ 쇠아닌것. 쇠아닌몬

비기다[1] 움직씨 ❶서로 재주나 힘 따위가 비슷

하여 누가 더 나은지 가리지 못하다 ⓑ마지막 한 사람을 가리는 겨룸에서 둘은 비겼다 비슷한말 맞비기다. 같지다 준말 빅다 ❷서로 주고받을 돈이나 몬을 셈하여 에워 없애다 ⓑ달끝에 우리는 서로 주고받을 것을 비겼다 비슷한말 에끼다. 퉁치다 ⇐ 상쇄하다

비기다[2] (움직씨) ❶서로 견줘 보다 ⓑ어버이 사랑을 무엇에 비기랴 ⇐ 비교하다 ❷무엇을 다른 것에 빗대어 말하다 ⓑ삶을 나그네 길에 비기곤 한다 ⇐ 비유하다

비기다[3] (움직씨) 무엇에 비스듬하게 기대다 ⓑ우리는 나무에 비기어 서서 가람을 바라보았다

비기다[4] (움직씨) ❶옷 같은 것 뚫린 구멍에 다른 조각을 붙여 때우다 ⓑ버선에 구멍이 나서 천을 비겨 기웠다 비슷한말 짜깁다 ❷벌어진 틈에 다른 것을 끼워 틈새를 없애다 ⓑ그릇 사이에 종이를 비겨 차곡차곡 포갰다

비김수 (이름씨) 장기나 바둑에서 서로 비기는 수 한뜻말 빅수. 빅 ⇐ 무승부

비꼬다 (움직씨) ❶끈이나 줄 같은 것을 비틀어 꼬다 ⓑ새끼줄을 비꼬아서 밧줄을 삼았다 ❷고개나 다리, 팔, 몸을 가만히 두지 않고 비비 틀다 ⓑ아이는 두 팔을 비꼬며 군것을 사달라고 엄마를 졸랐다 ❸남 마음이 거슬릴 만큼 말이나 짓을 엇먹게 하다 ⓑ비꼬아서 말하다. 먼저 한마디 비꼬다 비슷한말 꼬집다 ❹업신여기거나 못마땅해하다 ⓑ나래 말씨에는 나를 비꼬는 몸씨가 들어있었다

비꽃 (이름씨) 비가 오기 비롯할 때 성글게 떨어지는 빗방울 하나하나 ⓑ후두두둑 갑자기 비꽃이 떨어진다 밑말 비꼬치

비꾸러지다 (움직씨) ❶몹시 비뚤어지다 ⓑ여럿이 하는 일이라 비꿀어지지 않게 무척 애를 써요 ❷그릇되게 벗어나다 ⓑ썰매가 비꾸러져 논둑 아래로 굴러 떨어졌다

비끄러매다 (움직씨) ❶끈이나 줄 같은 것으로 서로 떨어지지 않게 붙잡아 매다 ⓑ소를 말뚝에 비끄러맸다 ❷제멋대로 못하도록 묶어 세우다 ⓑ저렇게 아무데고 가고 싶은 아이들을 어떻게 비끄러매둘 수 있겠어

비끼다 (움직씨) ❶다른 것에 비스듬히 놓이거나 늘어지다 ⓑ구름이 메를 비껴 넘는다. 마노로 비낀 미리내는 늘 보던 밤동무다 ❷비스듬히 비치다 ⓑ햇살이 구름에 비껴 쏟아진다 ❸낯빛이 얼굴에 드러나다 ⓑ사내 낯짝에 야릇한 웃음이 언뜻 비꼈다

비나리 (이름씨) ❶남 마음을 사려고 알랑거리는 것 ⓑ비나리를 치다 ❷여럿이 함께 두레놀이를 하고 재주를 부려 돈이나 낟을 얻는 것을 일삼아 하는 사람

비난 ⇒ 나무람. 헐뜯음. 나무라다. 헐뜯다. 내리까다. 손가락질하다

비너스 (이름씨) 로마검 이야기에 나오는 아름다움과 사랑을 나타내는 꽃검

비녀 (이름씨) ❶쪽 찐 겨집 머리가 풀어지지 않게 꽂는 치렛감 ⓑ비녀로 쪽을 눌러 꽂았다 한뜻말 것고지. 머리꽂이 ❷나무 밑감들을 서로 나란히 무을 때 밑감들 짬에 가로 끼우는 쐐기꼴 밑감 한뜻말 것고지

비뇨기 ⇒ 오줌그릇

비뇨기과 ⇒ 오줌그릇보는데

비누 (이름씨) 물에 녹으면서 거품이 일고 미끈미끈하여 때를 씻어 낼 때 쓰는 것 ⓑ집에 오면 비누로 손을 깨끗이 씻는다

비누질 (이름씨) 때나 더러움을 씻으려고 비누를 쓰는 일 ⓑ몸을 씻을 때마다 비누질을 꼭 해야 하나? ⇐ 비누칠

비눗물 (이름씨) 비누 푼 물 ⓑ빨래를 비눗물에 담가두었다가 빤다

비눗방울 (이름씨) 동글동글한 방울 같은 비누거품 ⓑ긴 빨대로 비눗방울을 불어 날리며 놀았다

비늘 (이름씨) 물고기나 뱀 같은 숨받이 몸 거죽을 싸는 얇고 단단하고 동그스름한 조각. 또는 그것과 비슷하게 생긴 껍질 ⓑ칼등으로 붕어 비늘을 긁었다

비늘구름 (이름씨) 높은 하늘에 물고기 비늘 꼴

로 줄지어 넓게 깔린 얇은 구름 ㉥푸른 하늘에도 엷은 비늘구름이 펼쳐졌네

비늘줄기 이름씨 파나 마늘, 둥글파 같은 것 뿌리처럼 줄기가 짧아져 그 둘레에 살감을 갈무리하여 두껍게 된 땅속 줄기 ⇐ 인경

비닐 이름씨 자루나 주머니, 싸개, 비옷, 집들을 만드는데 쓰는 얇고 질긴 몬. 바람과 물이 사맞지 않아 널리 쓴다

비닐봉지 ⇒ 비닐주머니

비닐하우스 ⇒ 비닐집

비다 움직씨 **1** 속에 든 것이 없다 ㉥빈 그릇에 도토리를 담았다 **2** 뱃속에 먹은 것이 없다 ㉥한끼를 굶었더니 배가 텅 비어 밥이 맛있겠다 **3** 배워 아는 것이 없다 ㉥텅 빈 머리 **4** 젖몸 안에 젖이 없다 ㉥엄마 젖이 비어 암죽으로 아이를 키운다 **5** 수레나 날틀, 배 같은 데 태운 사람이나 짐이 없다 ㉥돌림앓이로 손님이 없어 빈 수레로 다니기 일쑤다 **6** 몸에 지니거나 손에 쥔 것이 없다 ㉥빈 몸. 손이 비다 **7** 앉을 자리에 사람이 차지 않다 ㉥날틀 빈자리를 메꾸려고 삯을 가웃으로 줄여도 자리가 빈다 **8** 방이나 집에 사람이나 몬이 없다 ㉥집이 비어 있어서 썰렁하다 **9** 어떤 곳을 차지한 것이 없다 ㉥빈 터. 텅 빈 마당 **10** (흔히 '빈' 꼴로 써서) 속내가 헛되거나 없다 ㉥빈말 배움. 빈말 다짐 **11** 돈이 모자라다 ㉥몇 디위를 맞춰 보아도 오늘 장사한 돈이 골 원이 빈다 **12** 째이지 못하거나 모자라는 데가 있다 ㉥잘 쓴다고 써도 글에는 늘 빈 구멍이 있다 슬기말 **빈 수레가 더 시끄럽다** 짐을 싣지 않고 빈 채로 굴러가는 수레 소리가 더욱 시끄럽듯 앎이나 힘이 없는 사람이 아는 체하며 시끄럽게 떠든다

비단 (非但) ⇒ 다만. 오직

비단 (緋緞) ⇒ 깁

비단결 ⇒ 깁결

비단길 ⇒ 깁길

비단실 ⇒ 깁실

비단옷 ⇒ 깁옷

비대발괄 이름씨 딱한 일을 하소하면서 애타게 빎 ㉥안된다는 것을 비대발괄하여 겨우 얻어왔다 ⇐ 간청 **비대발괄하다**

비대칭 ⇒ 안맞섬

비대하다 ⇒ 뚱뚱하다. 크다. 굵다. 살찌다

비둘기 이름씨 부리와 다리는 짧고 날개가 커서 잘 나는 텃새. 바탈이 부드러워 길들이기 쉬우며 제 둥지를 잘 찾아오는 버릇을 써서 사람끼리 알림을 주고받는 데도 썼다

비둘기갈래 이름씨 어떤 다툼이나 벌어지는 일에 제 뜻을 세게 내세우지 않고 맞선 이들과 서로 도와 일을 매듭지으려는 사람들을 이르는 말 ⇐ 온건파

비듬 이름씨 머리를 비롯한 살가죽에서 떨어지는 희뿌연 잔 비늘 같은 것 ㉥머리살갗이 튼튼해야 비듬도 덜 난다

비등 ⇒ 끓음. 끓다. 끓어오르다. 들끓다

비등비등하다 ⇒ 비슷비슷하다. 맞먹다. 고만고만하다. 어금버금하다. 어슷비슷하다

비등점 ⇒ 끓는점

비디오 ⇒ 보개. 뮘그림틀

비딱거리다 움직씨 몬 여럿이 한쪽으로 비스듬하게 기울이거나 기울어지다 센말 삐딱거리다 **비딱대다**

비딱비딱 어찌씨 몬 여럿이 한쪽으로 비스듬하게 기울이거나 기울어지는 꼴 ㉥짐수레에 실은 짐이 흔들려 비딱비딱 제멋대로 엉켰다 센말 삐딱삐딱 **비딱비딱하다**

비딱비딱하다 그림씨 몬 여럿이 한쪽으로 비스듬하게 기울이거나 기울어져 있다 센말 삐딱삐딱하다

비딱하다 그림씨 **1** 한쪽으로 비스듬히 기울다 ㉥벙거지를 비딱하게 썼다 센말 삐딱하다 **2** 생각이나 몸가짐 따위가 조금 한쪽으로 비스듬히 기울다 ㉥보람이는 늘 누리를 비딱하게 바라본다

비뚜름하다 그림씨 좀 비뚤다 ㉥더러는 소나무가 비뚜름하게 자란다

비뚝 어찌씨 **1** 몬이 한쪽으로 기울며 넘어질 듯한 꼴 ㉥수레에 싣고 가던 짐이 비뚝 기

울었다 ❷발을 헛디뎌 한쪽으로 쓰러질 듯한 꼴 ⓑ무릎이 아파 비뚝 걸을 때가 있다 **비뚝하다**

비뚝거리다 움직씨 ❶한쪽으로 기울어 자꾸 흔들리다 ⓑ물레방아가 비뚝거리며 돌아간다 ❷한쪽 다리가 짧거나 바닥이 울퉁불퉁해 기우뚱대며 걷다 ⓑ지팡이를 짚고 비뚝거리며 걷는다 **비뚝대다**

비뚝비뚝 어찌씨 ❶몬이 이쪽저쪽으로 비스듬히 기울어지며 흔들리는 꼴 ⓑ짐수레가 자갈밭길을 달리자 짐이 비뚝비뚝 흔들린다 ❷다리를 조금 비틀거리며 걷는 꼴 ⓑ시골 어른들은 비뚝비뚝 걷는이가 똑바로 걷는 이보다 더 많다 **비뚝비뚝하다**

비뚤 어찌씨 한쪽으로 기울어졌거나 쏠려 있는 꼴 ⓑ이 골짜기 물은 이리 비뚤 저리 비뚤 흘러간다 **비뚤이다**

비뚤거리다 움직씨 ❶이리저리 기울어지며 자꾸 흔들리다 ⓑ발목을 삔 오빠가 비뚤거리며 걷는다 ❷이리저리 자꾸 구부러지다 ⓑ나무줄기가 비뚤거리며 뻗은 꼴이 한 너비 그림 같다 **비뚤대다**

비뚤다 그림씨 ❶바르지 못하고 기울어졌거나 쏠렸다 ⓑ그림틀이 비뚤게 걸렸다 ❷생각이나 마음이 꼬였다 ⓑ마음이 비뚤어지면 말도 거칠게 마련이다

비뚤배뚤 어찌씨 ❶이쪽저쪽 달리 기울어지며 자꾸 흔들리는 꼴 ⓑ술김이 올랐는지 비뚤배뚤 걷는다 센말 삐뚤빼뚤 ❷이쪽저쪽 달리 자꾸 구부러지는 꼴 ⓑ글씨가 비뚤배뚤 제멋대로다 **비뚤배뚤하다**

비뚤비뚤 어찌씨 ❶몬이 이쪽저쪽으로 비뚤어 기울어지며 흔들거리는 꼴 ⓑ가마득히 높이 실은 풀짐이 비뚤비뚤 기울어지면서도 채 넘어가지 않고 집에까지 왔다 ❷몬이 곧지 못하고 구부러진 꼴 ⓑ바위메에 자란 소나무일수록 비뚤비뚤 구부러져 바위와 어울려 더욱 아름답다 **비뚤비뚤하다**

비뚤어지다 움직씨 ❶한쪽으로 기울어지거나 쏠리다 ⓑ아저씨는 코뼈가 조금 비뚤어졌다 ❷골나서 뒤틀어지다 ⓑ일이 늦어졌다고 골나서 비뚤어진 소리를 한다 ❸생각, 몸가짐 따위가 그릇된 쪽으로 꼬이다 ⓑ마음 둘 곳 없는 오빠가 비뚤어지지 않고 바르게 사는 것은 마음을 닦아서이다

비라리 이름씨 ❶갖은 말로 남에게 무엇을 달라고 비는 짓 ⓑ내가 더 나은 자리로 가도록 윗사람에게 비라리를 쳤다 ⇐ 비라리청. 축원. 통사정. 애걸복걸 ❷낟이나 천 같은 것을 되도록 여러 사람에게서 조금씩 얻어 모아 그것으로 식게거리를 만들어 하늘에 비는 일 ⓑ새해를 맞이하여 마을 집집마다 돌며 비라리를 벌였다 한뜻말 비바리 **비라리하다**

비럭질 이름씨 비라리하거나 빌어먹는 짓 ⓑ저 놈은 있는 돈 다 날리고 비럭질해서 살아간다 **비럭질하다**

비렁뱅이 이름씨 빌어먹는 사람 ⓑ그리 맘껏 돈을 써대면 곧 비렁뱅이 꼴 날 것이야 한뜻말 거지 ⇐ 걸인

비례 ⇒ 견줌. 견줘보기. 견주다. 견줘보다

비례대표 ⇒ 뭂뽑힌이. 견줘뽑힌이. 뭂갈음남이. 견줌갈음남이

비례배분 ⇒ 뭂나눔. 견줌나눔

비례보상 ⇒ 뭂갚음. 견줌갚음

비례상수 ⇒ 뭂늘수. 견줌늘수

비례식 ⇒ 견줌냄

비례정수 ⇒ 뭂옹근수. 견줌옹근수

비례준비제도 ⇒ 뭂마련짜틀. 견줌마련짜틀

비로소 어찌씨 (앞서 없던 것이나 하지 않던 것을) 처음으로 ⓑ사흘 동안 퍼붓던 비가 오늘에야 비로소 잦아들었다 비슷한말 그제야. 드디어. 마침내

비록 어찌씨 아무리 그렇더라도 ⓑ비록 나이는 어려도 속은 어른 못지않다 비슷한말 만손 ⇐ 설령. 가사

비롯되다 움직씨 처음으로 나게 되다 ⓑ바른 마음은 바른 몸에서 비롯된다 ⇐ 발생하다. 연유하다

비롯하다 움직씨 ❶처음 나다. 생겨나다 ⓑ남

을 도우려는 마음에서 비롯하여 돈을 조금 씩 모았다 **2** 첫발 떼다 ⓑ글쓰기를 비롯한 것은 스무 살 무렵이다 ⇐ 개시하다. 시작하다 **3** 여럿을 차례로 들 때 그 가운데 하나를 첫손으로 삼다 ⓑ고을지기를 비롯한 고을 사람들 모두 길닦기에 나섰다

비료 ⇒ 거름

비루 (이름씨) 개나 말 같은 짐승 털이 빠지는 살갗앓이 ⓑ비루에 걸린 강아지 (익은말) **비루를 먹다** 비루에 걸리다

비루하다 ⇒ 더럽다. 너절하다. 못나다. 보잘것없다

비리 ⇒ 그릇된 일. 어긋난 일. 벗어난 일

비리다 (그림씨) **1** 날물고기나 피에서 나는 냄새나 날콩을 씹을 때 맛과 같다 ⓑ물고기에서 비린 냄새가 물씬 난다 **2** (좀스럽거나 떳떳하지 못하거나 어린 짓이) 마음에 들지 않거나 아니꼽다 ⓑ너무 비리게 놀지 마라 **3** 목소리가 귀에 거슬리거나 듣기 거북하다 ⓑ통째로 튀겨놓은 암퇘지 같은 마님은 목청이 몹시 비렸다

비리비리하다 (그림씨) 쓰러질 듯 몹시 여위고 가냘프다 ⓑ보기에는 그렇게 비리비리하게 보여도 뚝심이 있어서 힘든 일도 잘 해낸다 ⇐ 연약하다

비린내 (이름씨) **1** 날콩이나 물고기, 피에서 나는 냄새 ⓑ물고기 비린내가 물씬 풍긴다 비슷한말 날내 **2** 몸과 마음이 아직 무르익지 못한 애티 ⓑ그 애 하는 짓을 보면 아직 비린내가 난다 비슷한말 풋내

비릿하다 (그림씨) 냄새나 맛이 비린 듯하다 ⓑ닭 피에서 비릿한 내가 난다

비막 ⇒ 날청

비만도 ⇒ 뚱뚱하기

비만아 ⇒ 뚱보

비만하다 ⇒ 살지다. 뚱뚱하다

비말 ⇒ 침방울

비말감염 ⇒ 침방울옮음

비망록 ⇒ 적바림. 적발. 적기

비매품 ⇒ 안 파는 것

비명 (悲鳴) ⇒ 외마디소리

비명 (非命) ⇒ 제숨못삶

비명횡사 ⇒ 갑작죽음. 날죽음

비몽사몽 ⇒ 꿈결. 잠결

비무리 (이름씨) 한 떼 비구름 ⓑ비무리가 벌판을 덮치는가 싶더니 장대 같은 소나기가 쏟아졌다

비무장 ⇒ 잠개없음. 잠개 안 갖춤

비무장지대 ⇒ 잠개없는 곳

비문 ⇒ 기림돌글. 기림글

비밀 ⇒ 숨김. 감춤

비밀결사 ⇒ 몰래 모임

비밀리에·비밀히 ⇒ 남몰래. 넌지시. 슬쩍

비밀선거 ⇒ 몰래 뽑기

비밀스럽다 ⇒ 감추는 듯하다. 숨기려 들다

비밀투표 ⇒ 몰래 뽑기

비바람 (이름씨) 비와 바람. 비가 섞인 바람 ⓑ비바람이 치던 바다가 다시 잔잔해졌다

비바리[1] (이름씨) 바다에서 바닷말이나 조개 따위를 따는 꽃님 ⓑ비바리 네댓이 가까운 바다에서 물질을 한다 ⇐ 해녀

비바리[2] (이름씨) 비라리

비받이 (이름씨) 비 올 때 펴서 손으로 들고 머리 위를 가려 비를 맞지 않게 하는 것 한뜻말 슈룹 ⇐ 우산

비발 (이름씨) 어떤 일을 하는데 드는 돈 한뜻말 든돈 ⇐ 비용. 경비

비방 (祕方) ⇒ 숨은 솜씨. 갈닦은 재주. 미립

비방 (誹謗) ⇒ 헐뜯음. 헐뜯다. 손가락질하다. 씹다. 비웃다

비범하다 ⇒ 빼어나다. 뛰어나다. 남다르다

비법 ⇒ 숨긴 꾀. 혼자 아는 길. 미립

비보 ⇒ 궂긴새뜸. 슬픈새뜸

비보라 (이름씨) 센바람과 함께 휘몰아치는 비 ⇐ 폭풍우

비브라토 ⇒ 목청떨기. 떨림소리

비비 (어찌씨) 비비듯이 여러 디위 비꼬이거나 뒤틀린 꼴 ⓑ아이가 따분해서 몸을 비비 튼다. 칡넝쿨은 비비 꼬이면서 소나무 꼭대기까지 올라갔다

비비다 [움직씨] ❶두 몬을 맞대고 서로 문지르다 ㉥아버지께 손을 비비며 잘못을 빌었다 ⇐ 마찰하다 ❷여러 사람 틈에 부대끼며 살아가다 ㉥돈이 다 떨어졌으니 맨몸뚱이라도 비비며 살아가야지 ❸한 먹을거리에 다른 먹을거리나 양념을 넣고 뒤섞어 한데 버무리다 ㉥밥에 달걀과 지렁을 넣고 비볐다 ❹다른 이 마음에 맞추거나 아양을 떨다. 알랑거리다 ㉥윗사람에게 비벼서 윗자리로 올라가던 때도 지났다 ❺밀감을 뒤섞어 문질러서 동글게 또는 가락이 되게 만들다 ㉥새알을 나이 수만큼 비벼 팥죽에 넣었다 ❻구멍을 뚫으려고 끝이 뾰족한 연장을 대고 돌리다 ㉥송곳을 비벼 나무에 구멍을 뚫었다 ❼비틀어 엇감아 꼬다 ㉥새끼를 비벼 나뭇단을 묶었다 ❽지나가려고 좁은 틈을 헤치거나 비집다 ㉥사람들 속에 비비고 들어가자 ❾모래, 자갈, 돌가루 같은 것을 함께 섞어 이기다 ㉥모래와 자갈, 돌가루를 비벼 죽담을 발랐다

비비닥거리다 [움직씨] ❶비좁은 곳에서 여럿이 서로 몸을 대고 뛰다 ❷어수선한 일을 치르느라 부산하게 서두르다 **비비닥대다**

비비닥비비닥 [어찌씨] ❶비좁은 곳에서 여럿이 서로 몸을 대고 뛰는 꼴 ㉥사람들이 촛불을 들고 너무 많이 거리로 밀려나와 비비닥비비닥 몸을 놀려 겨우 빠져나왔다 ❷어수선한 일을 치르느라 부산하게 서두르는 꼴 ㉥되느니 안되느니 비비닥비비닥 실랑이를 벌이다가 겨우 마무리 지었다 **비비닥비비닥하다**

비비대다 [움직씨] ❶자꾸 막 비비다 ㉥손바닥을 비비대며 어쩔 줄 몰라 했다 ❷어려운 일을 마치려고 끈질기게 버티다 ㉥밑천이 바닥나 더는 비비대기가 힘들다

비비적거리다 [움직씨] ❶무엇끼리 서로 맞대어 잇달아 문지르다 ㉥아이 볼에다 내 뺨을 대고 비비적거렸다 준말비빗거리다 ❷구멍을 뚫으려고 뾰족한 것을 잇달아 세게 돌리다 ㉥송곳을 비비적거려 구멍을 뚫었다 ❸손바닥 사이에 낀 것을 뭉치거나 꼬이게 하려고 잇달아 굴리다 ㉥반죽을 비비적거려 새알을 지었다 ❹어려운 일을 마치려고 끈질기게 버티다 ㉥좀 더 나아질 때까지 여기서 비비적거려 봅시다 **비비적대다**

비비적비비적 [어찌씨] 마구 비비는 짓을 자꾸 하는 꼴 큰말부비적부비적 **비비적비비적하다**

비빔밥 [이름씨] 밥에 고기붙이와 나물붙이, 온갖 양념과 고명을 섞어 비빈 맛갓 ㉥저녁은 비빔밥으로 하자

비사리 [이름씨] 벗긴 싸리 껍질. 노를 꼬거나 미투리 바닥을 삼는데 쓴다

비사치기 [이름씨] 넓적한 돌을 세워놓고 다른 돌로 맞추거나 넘어뜨리는 놀이. 뒤로 돌아 던지거나 어깨에 올리거나 옆구리에 끼거나 머리에 이고 가서 맞추기처럼 여러 가지로 한다 한뜻말돌치기

비사치다 [움직씨] 에둘러 말하여 넌지시 알아차리게 하다 ㉥애써 비사쳐도 못 알아듣는 것 같지? ⇐ 암시하다

비산 ⇒ 흩날림. 흩날리다. 날아 흩어지다

비상 (非常) ⇒ 고스락. 남다름. 뛰어남. 남다르다. 뛰어나다

비상 (飛上) ⇒ 날기. 날아오르다. 날다. 뜨다

비상구 ⇒ 고스락문. 갑작문

비상금 ⇒ 고스락돈. 갑작돈

비상사태 ⇒ 고스락판. 갑작판

비상수단 ⇒ 고비꾀

비상식량 ⇒ 고스락밥. 고스락 먹을거리. 갑작 먹을거리

비상약 ⇒ 고비낫개

비색 ⇒ 옅푸름

비서 ⇒ 으뜸일꾼. 곁꾼. 손발. 곰뱅이

비석 ⇒ 새김돌. 기림돌

비설거지 [이름씨] 비가 오려고 할 때 비 맞지 않도록 몬을 치우거나 덮어서 갈무리하는 일 ㉥시골살이는 비설거지할 것도 많아서 비꽃이 떨어지면 바빠

비속어 ⇒ 낮은말. 상소리. 상말

비속하다 ⇒ 자리가 낮다. 나랍다

비손 이름씨 두 손을 싹싹 비비면서 검에게 비는 일 ⇐ 치성 **비손하다**

비수 ⇒ 손칼. 짧은칼

비수기 ⇒ 덜팔릴때. 덜다닐때

비숲 이름씨 비가 많이 오는 숲 ⇐ 우림

비스듬하다 그림씨 한쪽으로 기운 듯하다 ⓑ 책이 비스듬하게 꽂혔다 비슷한말 민틋하다. 기울다 ⇐ 경사지다

비스름하다 그림씨 거의 비슷하다 ⓑ한 텃마을 사람들인지 말씨가 모두 비스름하였다. 아버지와 모습은 비스름했지만 마음씨는 아주 딴판이다

비스킷 ⇒ 바삭과자. 바삭까까

비슬거리다 움직씨 자꾸 힘없이 비틀거리다 **비슬대다**

비슬비슬 어찌씨 매우 힘이 없거나 떳떳지 못하여 걸음을 오롯이 걷지 못하고 비스듬히 걷는 꼴 ⓑ아들이 다리를 다쳐 비슬비슬 걷는다 비슷한말 비틀비틀 **비슬비슬하다**

비슷비슷 어찌씨 여럿이 거의 같은 꼴 ⓑ우리 모둠이 뜯어온 나물과 그쪽 모둠이 뜯어온 나물이 비슷비슷 맞먹는다

비슷비슷하다 그림씨 모두 거의 같다 ⓑ내 동무들은 집안이 비슷비슷한 사람이 많고 아주 딴판인 사람도 몇 있다 비슷한말 고만고만하다. 그러그러하다. 그만그만하다 ⇐ 근사하다. 대동소이하다. 비등비등하다

비슷하다[1] 그림씨 거의 같다 ⓑ탱자는 귤과 비슷하게 생겼지만 크기가 작다 ⇐ 유사하다. 흡사하다. 방불하다

비슷하다[2] 그림씨 한쪽으로 조금 기울다 ⓑ지붕이 조금 비슷하게 얹혔다

비슷한말 이름씨 비슷한 뜻을 가진 말 ⇐ 유의어

비시시 어찌씨 입이 조금 열리며 소리 없이 웃는 꼴 ⓑ귀여운 딸내미를 보자 웃음이 절로 비시시 새어 나왔다

비신 이름씨 비올 때나 물이 있는 데서 쓰는 목이 긴 신. 고무나 비닐로 만든다 ⓑ비신을 신고 논에 들어갔다 ⇐ 장화

비실거리다 움직씨 힘없이 자꾸 비틀거리다 ⓑ 오늘따라 술김이 올랐는지 아버지가 비실거리며 들어오신다 비슷한말 흐느적거리다 **비실대다**

비실비실 어찌씨 ❶힘이 없거나 떳떳지 못하여 걸음을 오롯이 걷지 못하고 꽤 비스듬히 걷는 꼴 ⓑ무슨 허물이라도 지은 듯이 비실비실 걷는다 ❷슬슬 배돌거나 떳떳지 못하게 눈치를 보며 구는 꼴 ⓑ말은 시원시원하게 잘하지만 일은 게으름을 피우며 비실비실 비껴간다 **비실비실하다**

비싸다 그림씨 ❶몬을 팔고 사는 값이 금새나 값어치에 견줘 더 많다 ⓑ가뭄 탓인지 남새 값이 비싸다 비슷한말 값나가다 ❷재주나 솜씨 값이 높다 ⓑ요즘 바람종이 바르는 품삯이 엄청 비싸다며? ❸('비싸게' 꼴로 써) 호락호락 만만하지 않게 ⓑ비싸게 굴다. 비싸게 놀다 ❹(어떤 일을 하는 데 드는) 힘이 엄청나게 크다 ⓑ싸게 하려고 얼뜨기 솜씨꾼을 부리면 오히려 비싼 값을 치르기 마련이다

비쌔다 움직씨 ❶마음은 있으면서 겉으로는 그렇지 않은 체하다 ⓑ한내는 입으로는 비쌔면서도 싫지 않은 눈치였다 ⇐ 사양하다 ❷수더분하지 않아 어떤 일에나 잘 어울리기를 싫어하다 ⓑ새로 들어온 일꾼은 비쌔서 늘 혼자 다녀

비아냥거리다 움직씨 남을 살짝 비웃듯이 얄밉게 자꾸 놀리다 ⓑ일꾼들이 나한테 쉬운 일도 제대로 못한다며 비아냥거렸다 비슷한말 빈정거리다. 비꼬다 **비아냥대다**

비알 이름씨 메나 언덕 따위가 기울어진 꼴. 또는 기울어진 만큼 ⓑ올해는 가물어서 비알에 있는 밭은 가을걷이가 퍽 줄었다 한뜻말 비탈 ⇐ 경사

비애 ⇒ 설움. 슬픔. 서러움

비약 ⇒ 뛰어오름. 뛰어오르다. 뛰어넘다. 건너뛰다

비양스럽다 그림씨 얄밉게 비웃거나 빈정거리다 ⓑ그냥 한 말인데 아우는 좀 비양스럽게 들렸나 봐

비양청 이름씨 빈정거리는 말씨 ⓑ오빠는 팔 굽혀펴기를 열 낱도 못하는 사람도 있냐고 비양청으로 말했다

비어 ⇒ 낮은말. 상말

비어지다 움직씨 ❶속에 든 것이 겉으로 내밀어 나오다 ⓑ핫바지 솜이 비어졌다 ❷숨기거나 참던 일이 드러나다 ⓑ언니 말씨에서 언짢은 느낌이 비어져 나왔다

비역질 이름씨 사내끼리 하는 어르기

비열하다 ⇒ 너절하다. 추접스럽다. 더럽다. 어리석다. 지저분하다

비염 ⇒ 코불늦

비영리사업 ⇒ 그위일

비영비영하다 움직씨 ❶앓아 몸이 여위어 몸을 제대로 못 가누다 ❷(그림씨) 앓아 몸이 여위어 기운이 없다 ⓑ잘 먹었더니 비영비영하던 몸이 빠르게 좋아졌다 ⇐ 허약하다

비옥도 ⇒ 걸기

비옥하다 ⇒ 걸다. 기름지다. 걸차다

비옷 이름씨 비가 올 때 입는 덧옷 ⓑ비옷을 입고 모를 심었다 비슷한말 도롱이 ⇐ 레인코트. 우비. 우의

비용 ⇒ 든돈. 비발. 해자. 옴니암니

비우다 움직씨 ❶('비다' 하임꼴) 속에 든 것을 없애다 ⓑ한숨에 물 한 그릇을 비웠다 ❷집이나 방 같은 데를 벗어나 자리를 차지하지 않다 ⓑ누가 올지 모르니 집 비우지 말고 기다리게 ❸할 일을 없게 남겨두다 ⓑ다음 달 이레 동안 일을 비우고 바깥나들이를 다녀와야겠다 ❹바람이나 끌림 같은 생각을 가지지 않다 ⓑ마음을 비웠더니 아무것도 바라는 게 없다

비운 ⇒ 날벼락. 슬픈 살매

비웃 이름씨 등이 짙게 푸르고 배쪽은 희끄무레하며 벗겨지기 쉬운 둥근 비늘로 덮인 바닷물고기. 맛이 좋은 물고기지만 살 속에 작은 가시가 촘촘히 박혀 있다. 우리나라 샛바다에서 많이 난다 ⇐ 청어

비웃다 움직씨 ❶남 잘못을 들어 말하며 웃다 ⓑ비웃거나 말거나 옳은 일이면 해야지 ❷업신여겨 웃다 ⓑ마을 일에 흠뻑 빠진 나를 모두 어리석다며 비웃었다 비슷한말 손가락질하다 ⇐ 냉소하다. 조롱하다

비웃음 이름씨 업신여겨 웃는 일. 또는 그 웃음 ⓑ놉쇠를 내려다보는 한얼이 얼굴은 웃었으나 눈에는 싸늘한 비웃음이 어렸다 비슷한말 손가락질 ⇐ 실소. 야유

비위 (脾胃) ⇒ 지라양. 넉살. 마음

비위 (非違) ⇒ 잘못. 어긋남

비위생 ⇒ 몸에 안 좋음

비위생적 ⇒ 몸에 안 좋은

비유 ⇒ 빗댐. 비김. 빗대다. 비기다. 곁말로 하다

비유적 ⇒ 빗대는

비율 ⇒ 푼수. 몫. 대봄

비음 이름씨 (어느 이름씨 뒤에 써) 설이나 한가위, 잔치 때에 새 옷으로 몸을 꾸미는 것. 또는 그 옷 ⓑ설비음으로 새로 해 입은 바지저고리 준말 빔 ⇐ 치장

비음 ⇒ 콧소리

비읍 이름씨 한글 닿소리 글자 'ㅂ' 이름

비이슬 이름씨 ❶비와 이슬 ❷비가 내린 뒤에 풀잎에 맺힌 이슬

비인도적 ⇒ 사람답지 않은

비일비재하다 ⇒ 수두룩하다. 흔하다. 잦다. 많다. 쌨다. 한둘이 아니다

비장 (脾臟) ⇒ 지라. 기레

비장 (悲壯) ⇒ 숨겨둠. 간직. 아껴두다. 숨겨두다. 묻어두다. 몰래간직하다

비적 ⇒ 떼도둑

비전 (vision) ⇒ 꿈. 앞날

비정부기구 ⇒ 아람얼개

비정상 ⇒ 제대로 아님

비정하다 ⇒ 쌀쌀하다. 차갑다. 아랑곳없다. 매정하다. 매몰차다

비좁다 그림씨 ❶자리가 꽤 좁다 ⓑ방 하나에 둘이 살기는 좀 비좁아 보인다 ⇐ 협소하다 ❷생각이나 마음, 바람 들이 꽤 넓지 못하다 ⓑ비좁은 생각을 버리고 마음을 넓게 가지려 애쓴다

비주류 ⇒ 곁가지. 곁갈래. 곁줄기

비죽 어찌씨 ❶끝이 조금 쑥 내밀린 꼴 ⓑ못이 비죽 튀어나왔다 ❷낯이나 모습만 슬쩍 내밀거나 나타내는 꼴 ⓑ아이가 얼굴만 비죽 내밀고 밖을 살핀다 **비죽이다 비죽하다**

비죽거리다 움직씨 못마땅할 때 소리 없이 입을 내밀고 실룩거리다 ⓑ골이 잔뜩 난 아우가 입을 비죽거리며 밖으로 나가버렸다 **비죽대다**

비죽비죽 어찌씨 ❶끝이 조금 쑥 내밀린 꼴 ⓑ비죽비죽 내민 엉살궂은 가시를 비키며 엄싹을 땄다 ❷입술을 한쪽으로 실그러뜨리며 울거나 웃는 꼴 ⓑ달려온 어머니는 딸이 죽은 걸 알고 비죽비죽 울다 쓰러졌다 **비죽비죽하다**

비죽비죽하다 그림씨 여럿이 다 비죽하다

비준 ⇒ 받아들임. 받아들이다

비중 ⇒ 견줌무게. 종요로움

비즈니스 (business) ⇒ 일. 장사

비지 이름씨 ❶콩묵을 만들고 남은 찌꺼기 ⓑ띄운 비지에 김치를 썰어 넣고 밀가루를 조금 넣어 비지떡을 부쳐 먹었다 ⇐ 두부박 ❷물에 불린 콩을 갈아서 고기, 남새 같은 것을 넣고 끓인 먹을거리 한뜻말 되비지

비지땀 이름씨 아주 힘든 일을 할 때 쏟아지는 땀 ⓑ나도 막바지 낟알을 거두느라 비지땀을 흘렸다

비지떡 이름씨 ❶비지와 쌀가루, 밀가루를 한데 반죽하여 둥글넓적하게 부친 떡 ⓑ출출할 때는 비지떡에 밥 한 그릇이면 넉넉하지 ❷밑바탕이 좋지 않거나 보잘것없는 몬을 비겨 이르는 말 슬기말 **싼 게 비지떡** 값싼 몬은 밑바탕도 그만큼 나쁘게 마련임. 보잘것없는 몬

비질 이름씨 비로 쓰는 일 ⓑ비질이 끝난 뒤 걸레로 훔쳤다. 길을 쓰는 비질 소리 한뜻말 쓰레질

비집다 움직씨 ❶맞붙은 데를 벌려 틈을 내다 ⓑ치마 솔기를 비집어 뜯었다. 입을 비집다 ❷좁은 틈을 헤쳐서 넓히다 ⓑ어머니가 사람들 사이를 비집고 마당 한가운데로 들어섰다 ❸눈을 비벼 애써 크게 뜨다 ⓑ아무리 눈을 비집고 찾아도 보이질 않네

비쩍 어찌씨 살가죽이 쭈그러질 만큼 마르거나 여윈 꼴 ⓑ오래오래 앓더니 몸이 비쩍 말랐다 센말 삐쩍

비쩍비쩍 어찌씨 살가죽이 몹시 쭈그러질 만큼 엄청나게 여윈 꼴 ⓑ굶주림에 지친 아이들이 모두 비쩍비쩍 말라들어갔다 센말 삐쩍삐쩍

비쭉 어찌씨 ❶끝이 쑥 내밀린 꼴 ⓑ입이 비쭉 튀어나왔구먼 ❷낯이나 모습만 슬쩍 내밀거나 나타내는 꼴 ⓑ고개를 비쭉 내밀고 눈만 마주쳤다 **비쭉이다 비쭉하다**

비쭉거리다 움직씨 못마땅할 때 소리 없이 입을 내밀고 세게 실룩거리다 ⓑ조카가 나와 헤어지기 아쉬워 입을 비쭉거리며 울먹였다 **비쭉대다**

비쭉배쭉 어찌씨 ❶몬 끝이 비쭉하기도 하고 배쭉하기도 한 꼴 ⓑ마구 뒤어뿌린 시금치 씨앗이 비쭉배쭉 나오기 비롯했다 ❷비쭉거리기도 하고 배쭉거리기도 하는 꼴 ⓑ우리 딸은 비쭉배쭉 토라지기 잘하는 변덕쟁이다

비쭉비쭉 어찌씨 ❶여럿 몬 끝이 다 쑥 내밀린 꼴 ⓑ뒷뒷메는 우리나라 안에서도 송곳 같은 바위가 비쭉비쭉 솟아난 아름다운 메다 ❷비웃거나 울려고 할 때, 또는 마음이 언짢을 때 소리 없이 입술을 실룩거리는 꼴 ⓑ새롬이는 어머니 나무람에 비쭉비쭉 울려고 한다

비참하다 ⇒ 끔찍하다. 슬프다

비책 ⇒ 남모른 길. 감춰둔 꾀

비천하다 ⇒ 나랍다. 낮다. 보잘것없다

비철금속 ⇒ 쇠아닌 쇠붙이

비추다 움직씨 ❶빛나는 것이 빛을 던져 무엇을 밝히거나 나타나게 하다 ⓑ불빛이 밤길을 비춘다. 보름달이 나무 그림자를 길에 비춘다 한뜻말 밝히다 ⇐ 조명하다 ❷빛을 내는 몬으로 둘레보다 환하게 하다 ⓑ손불빛으로 깜깜한 방안을 환히 비춘다 ❸거울이

나 물낯에 어떤 모습을 나타나게 하다 ⓑ거울에 내 모습을 비춰보았다 ⇐ 투영하다 **4**('~에 비추어' 꼴로 써) 어떤 것과 견주어 보거나 재 보다 ⓑ지난날에 비추어 보면 요새 살기가 많이 좋아졌다. 아이들 떼죽음을 바라보는 사람들 마음 흐름에 비추어 살펴본다 **5**빛에 대어서 빛을 받게 하거나 지나게 하다 ⓑ햇빛에 필름을 비추어 본다

비축 ⇒ 쌓아둠. 쌓아 두다. 쟁이다. 여투다. 모아두다

비춤 이름씨 빛이나 그림자를 천 따위에 비추는 것 ⇐ 투사. 투영

비춤그림 이름씨 어떤 몬을 한 점에서 보아 그대로 판판낯에 나타낸 그림 ⇐ 투영도

비춤꼴 이름씨 **1**빛이 되비추거나 꺾여 나타나는 몬 꼴 ⓑ큰 거울에 비친 내 몸 비춤꼴 ⇐ 영상 **2**멀봄이나 뮘그림

비춤종이 이름씨 그림이나 겨냥그림 위에 놓고 베끼는 데 쓰는 가웃비춤종이 ⇐ 투사지

비치 ⇒ 마련. 놓아두다. 마련해두다. 갖춰두다

비치기 이름씨 **1**가람물이나 바닷물이 비치는 만큼 ⇐ 투명도 **2**쇳돌몬에 빛이 지나는 만큼

비치다[1] 움직씨 **1**빛이 나서 잘 보이다 ⓑ구름사이로 다시 햇빛이 비친다 비슷한말 내리쬐다 **2**빛을 받아 꼴이 나타나 보이다 ⓑ손불빛에 비친 낯선 얼굴 **3**그림자나 꼴이 나타나 보이다 ⓑ거울에 내 얼굴이 비친다. 가람물에 비친 달그림자 ⇐ 투영되다 **4**뮘그림이 그림낯에 나타나다 ⓑ그림낯에 비친 아름다운 눈 쌓인 메 **5**환히 들여다보이거나 얇은 것을 거쳐서 드러나 보이다 ⓑ살결이 비치는 옷 **6**뜻이나 느낌이 살짝 나타나다 ⓑ얼굴에 얼마 동안 서운한 빛이 비쳤다

비치다[2] 움직씨 아이가 마뜩잖거나 짜증이 나 토라지다 ⓑ우리 애는 툭하면 비친다니까

비치적거리다 움직씨 자꾸 느리게 비칠비칠 걷다 **비치적대다**

비치적비치적 어찌씨 느리게 비칠비칠 걷는 꼴 ⓑ공차기 놀이를 하다 걸려 넘어져 다리를 비치적비치적 끌며 나왔다 **비치적비치적하다**

비치파라솔 ⇒ 바다 슈룹. 바다 해가리개. 큰 해받이

비칠거리다 움직씨 몸을 바로 못 가누고 자꾸 쓰러질 듯이 다리를 비틀며 걷다 **비칠대다**

비칠걸음 이름씨 몸을 바로 못 가누고 쓰러질 듯이 다리를 비틀며 걷는 걸음 ⓑ참외 서리를 하러 온 아이들이 개 짖는 소리에 깜짝 놀라 비칠걸음으로 달아난다 한뜻말 비척걸음

비칠비칠 어찌씨 몸을 바로 못 가누고 쓰러질 듯이 다리를 비틀며 걷는 꼴 ⓑ소가 다리를 다쳐 비칠비칠 걷는다 한뜻말 비척비척 **비칠비칠하다**

비침널 이름씨 속이 환히 비치는지 가늠하는 데 쓰는 널 ⇐ 투명판

비침덩이 이름씨 눈알에서 눈자위 뒤에 붙은 볼록하고 얇은 청으로 싸인 속이 비치는 덩이. 볼거리가 멀고 가까움에 따라 눈에 들어오는 빛살을 알맞게 맞추어 그물청에 몬 참꼴을 만든다 ⇐ 수정체

비침종이 이름씨 기름을 먹여 속이 비치는 종이 ⇐ 투명종이

비침차돌 이름씨 속이 비치고 단단한 쇳돌몬. 붉거나 누르거나 검으며 눈거울이나 빛갈틀, 꾸미개로 쓴다 한뜻말 맑은차돌 ⇐ 수정

비커 (beaker) ⇒ 물그릇. 뾰쪽주둥이물그릇

비켜서다 움직씨 한쪽으로 자리를 옮겨 서다 ⓑ길옆에 비켜서서 수레가 지나길 기다렸다 비슷한말 비키다. 물러서다 ⇐ 피하다

비키니 ⇒ 젖살옷. 꽃헤엄옷. 조각헤엄옷

비키다 움직씨 **1**있던 데서 조금 옮기다 ⓑ짐수레가 지나가니 길옆으로 비키세요 ⇐ 피하다 **2**걸림돌을 조금 옮겨놓다 ⓑ마주오는 수레가 지나가도록 손수레를 조금 비켜세웠다 **3**걸림돌을 멀리 하여 나아가는 쪽을 바꾸다 ⓑ큰바람이 우리나라를 비켜 지나갔다 **4**('길'과 함께 써) 길을 내주다 ⓑ

볼 낯이 없지만 길 좀 비켜 주세요

비킴길 이름씨 땅흔들림이나 큰물, 큰싸움을 비껴 일없는 곳으로 옮기는 길 ⇐ 피난길

비타민 이름씨 숨받이가 자라고 목숨을 이어 가는 데 꼭 있어야 하고 몸 안 여러 노릇을 알맞게 맞춰주는 살음몬. 몸에서 스스로 내놓지 않아서 따로 먹을거리로 받아들여야 하며 비타민 A, B, C, D를 비롯하여 서른 가지쯤 된다

비탄 ⇒ 슬픔. 한숨

비탈 이름씨 **1** 메나 언덕이 가파르게 기운 데 ㉥드문 버섯을 따러 비탈을 따라 올랐다 비슷한말 가풀막 ⇐ 경사면 **2** 물낯처럼 고르지 않고 한쪽으로 기울어진 만큼 ㉥이 메는 비탈이 너무 가파르다 비슷한말 기울기. 물매 ⇐ 구배. 경사도 **비탈지다**

비탈길 이름씨 가파른 언덕 따위에 난 길 ㉥비탈길이 젖어 미끄러우니 천천히 내려오너라 ⇐ 경사로

비탈낯 이름씨 비스듬히 기운 낯 ⇐ 비탈면. 사면. 경사면

비탈땅 이름씨 기울기가 아주 큰 땅 ㉥더덕은 비탈땅에서도 잘 자란다 ⇐ 경사지

비탈리다 움직씨 조금 비틀리다 ㉥비바람에 시달린 소나무가 이리저리 비탈리며 휘어져 자랐다

비탈면 ⇒ 비탈. 비탈낯

비탈지다 그림씨 땅이 기울어서 가파르다 ㉥비탈진 고갯길

비토 ⇒ 딱지놓음. 물리침. 내침. 물리치다. 내치다

비통하다 ⇒ 슬프다. 서럽다. 애달프다

비트 이름씨 셈틀에서 알감 숱을 나타내는 가장 작은 하나치. 모든 알감은 0과 1로 이루어지는데 0이나 1이 한 비트이다

비틀 어찌씨 어느 한쪽으로 쓰러질 듯이 몸이 꼬이거나 기우는 꼴 ㉥어지러워 이리 비틀 저리 비틀 제대로 걷질 못한다

비틀거리다 움직씨 이리저리 쓰러질 듯이 몸을 바로 가누지 못하고 걷다 ㉥술김이 바짝 올라 비틀거리며 걸었다 비슷한말 비실거리다 비틀대다

비틀다 움직씨 **1** 한쪽으로 바싹 꼬면서 힘있게 돌리다 ㉥빨래를 꼭 비틀어 짜서 널었다 **2** 일이 틀어지게 하다 ㉥다된 일을 비틀어 안되도록 하니 미치겠다 비슷한말 그르치다 작은말 배틀다 **3** 해달라는 것을 이리저리 꼬면서 받아들이지 않다 ㉥집값을 내려달라는 백성들 바람을 슬쩍 비틀어 놓았다

비틀리다 움직씨 **1** ('비틀다' 입음꼴.) 한쪽으로 바싹 꼬이면서 힘차게 돌다 ㉥팔이 비틀려 꼼짝할 수 없다 한뜻말 비틀어지다 **2** 일이 꼬여 매끄럽지 않게 되다 ㉥일마다 비틀리니 어찌하면 좋을꼬 **3** 마음에 맞지 않아 토라지다 ㉥되풀이되는 웃대가리들 거짓말에 비틀린 속을 백성들이 어떻게 다독이지?

비틀비틀 어찌씨 몸을 바로 가누지 못하고 이리저리 쓰러질 듯이 다리를 비틀며 걷는 꼴 ㉥밤늦게 술집에서 나온 술꾼들이 비틀비틀 걸으며 돌아간다 **비틀비틀하다**

비틀어지다 움직씨 **1** 어느 한쪽으로 쏠리거나 꾀거나 돌려지다 ㉥마르면서 비틀어진 널을 반반히 펴기가 쉽지 않다 비슷한말 비틀리다 **2** 일이 꼬여 매끄럽지 않게 되다 ㉥하는 일이 자꾸 비틀어지네 **3** 마음에 맞지 않아 토라지다 ㉥어릴 때 사랑이 모자라면 커서 마음이 비틀어지기 쉽다

비파[1] 이름씨 길둥근 몸뚱이에 자루는 곧고 짧은 아시아 줄 가락틀. 인디아, 쭝궈를 거쳐 우리나라에 들어왔으며 네 줄짜리와 다섯 줄짜리가 있다

비파[2] 이름씨 비파나무 열매

비파나무 이름씨 길둥근 잎은 가에 톱니가 있고 어린줄기는 밤빛 털이 있는 늘푸른큰키나무. 열매는 먹거나 술 빚는 데 쓴다

비판 ⇒ 때림. 잘잘못가림. 까다. 때리다. 꼬집다. 잘잘못을 가리다

비평 ⇒ 따짐. 따지다. 밝히다. 꼬집다

비폭력 ⇒ 어진힘. 어짐. 억지힘 아님

비품 ⇒ 소납. 그릇벼. 세간

비프가스·비프커틀릿 ⇒ 다진 소고기튀김
비하 ⇒ 깔봄. 얕잡다. 낮추다. 깔보다
비하다 ⇒ 견주다. 비기다. 대어보다
비행 (非行) ⇒ 나쁜 짓. 몹쓸 짓. 잘못
비행 (飛行) ⇒ 날기. 날다. 날아다니다
비행기 ⇒ 날틀. 날개. 나래
비행로 ⇒ 하늘길
비행사 ⇒ 날틀몰이꾼. 날틀몰이
비행선 ⇒ 하늘배. 날배
비행장 ⇒ 날틀나루. 하늘나루
비행접시 ⇒ 나는 접시. 날접시
비현실적 ⇒ 꿈같은. 터무니없는. 동떨어진
비협조적 ⇒ 돕지 않는. 비딱한. 어울리지 않는
비호 (庇護) ⇒ 감쌈. 감싸다. 싸고돌다. 보살피다
비호 (飛虎) ⇒ 날범
비호같다 ⇒ 날쌔다. 잽싸다. 날범같다
비화 ⇒ 숨은얘기. 뒷얘기
빅씨름 이름씨 비기게 된 씨름 ㉥빅씨름이 나면 이기고 질 때까지 끝까지 겨뤄 봐야지
빈곤·빈궁 ⇒ 가난. 가난하다. 모자라다. 텅 비다
빈국 ⇒ 가난나라
빈기 이름씨 땅별을 둘러싼 모든 김덩이. 막남과 살남이 거의 다이고 아르곤, 헬륨, 두살남숯남이 조금씩 들어있다. 산것이 이를 들이마시고 소리를 퍼지게 한다 ⇐ 공기
빈기바꿈 이름씨 흐려지거나 더럽혀진 빈기를 맑은 빈기로 바꿈 ⇐ 환기
빈기바꿈틀 이름씨 빈기가 바깥으로 드나들도록 지붕 위로 뚫어 만든 틀 ⇐ 환기통
빈기주머니 이름씨 ❶수레가 부딪칠 때 갑자기 부풀어올라 탄 사람이 다치지 않게 해주는 주머니 ⇐ 에어백 ❷새 가슴과 배에 있어 허파와 이어진 얇은 청으로 된 주머니 ⇐ 공기주머니 ❸바람배나 하늘배 같은 것에 가스를 넣는 주머니 ❹빈기를 넣은 주머니
빈농 ⇒ 가난여름지기
빈대 이름씨 몸은 동글납작하고 밤빛이며 고약한 냄새를 풍기는 작은 마디발벌레. 사람 가까이 살고 흔히 밤에 움직이며 사람 피를 빨아먹는다 익은말 **빈대 붙다** 수고하지 않고 한몫 끼다 슬기말 **빈대 미워 집에 불 놓는다·빈대 잡으려고 풀집 세 칸 태운다** 나중에 크게 밑질 것은 생각지 않고 먼저 제게 못마땅한 것만 없애려 덤빈다
빈대떡 이름씨 녹두 간 것에 고기와 나물을 섞어 기름에 부친 먹을거리 ㉥요즘은 밀가루를 쓴 빈대떡이 많이 팔린다
빈도 ⇒ 잦기
빈둥거리다 움직씨 하는 일이 없이 좀 부끄러운 줄 모르고 놀기만 하다 ㉥집안 어른이 빈둥거리니 살림이 늘 쪼들린다 **빈둥대다**
빈둥빈둥 어찌씨 딱히 하는 일이 없이 좀 부끄러운 줄 모르고 놀기만 하는 꼴 ㉥일할 수 있는데도 일자리가 마땅찮아 빈둥빈둥 노는 사람이 많다 **빈둥빈둥하다**
빈말 이름씨 ❶알맹이 없이 그냥 해본 말 ㉥내 말이 빈말이래도 흘려듣지 마세요 비슷한말 헛소리 ⇐ 공언. 허언 ❷속에 없는 말 ㉥소가 콩밭에 들어 뜯어먹고 밟아놓았으니 빈말이라도 잘못했다고 해야 하는 거 아니야? 비슷한말 겉말
빈모임 이름씨 밑숫을 하나도 갖지 않은 모임 ⇐ 공집합
빈민 ⇒ 가난뱅이. 날피. 가난한 이
빈민굴 ⇒ 외주물구석. 가난뱅이삶터
빈번하다 ⇒ 잦다. 흔하다. 뻔질나다
빈부 ⇒ 가난과 가멸짐. 가난뱅이와 가면이
빈소 ⇒ 주검방. 주검곳. 널곳. 널방
빈소리 이름씨 알맹이 없는 말
빈속 이름씨 먹은 것이 없는 속 ㉥빈속에 허겁지겁 먹다가 얹힐라 한뜻말 빈배 ⇐ 공복
빈손 이름씨 ❶갖춰야 할 것을 갖추지 않은 손 ㉥오랜만에 시골에 가는데 빈손으로 갈 수 있나 한뜻말 맨손 ❷아무것도 가지지 않은 손. 또는 가진 것이 없는 꼴 ㉥누구나 빈손으로 와서 빈손으로 간다
빈수 이름씨 겹숫수 가운데 참수가 아닌 수. ㄱ, ㄴ을 참수, i를 빈수 하나치(i제곱은 -1)라고 할 때, ㄴ이 0인 ㄱ+ㄴi 꼴 겹숫수를 이른다 ⇐ 허수

빈약하다 ⇒ 가난하다. 볼품없다. 시원찮다

빈자리 [이름씨] ❶비거나 없는 자리 ㉥빈자리 나면 알려주세요 ⇐ 공석 ❷사람이 빠지거나 없는 일자리 ㉥빈자리 날 때마다 사람을 바로 뽑았다 ⇐ 결원 ❸글씨가 박이지 않은 자리. 흔히 옆모서리를 가리킨다 ⇐ 여백

빈정거리다 [움직씨] 남을 속으로 비웃으며 자꾸 놀리다 ㉥나를 빈정거리는 말씨가 이어지고 나도 몰래 슬그머니 부아가 치민다 ⇐ 야유하다 **빈정대다**

빈정빈정 [어찌씨] 슬그머니 비웃으며 놀려대는 꼴 ㉥날 얼마나 우습게 보았으면 그렇게 빈정빈정 놀렸겠어 **빈정빈정하다**

빈주먹 [이름씨] 마땅히 갖춰야 할 것을 못 갖춘 맨주먹이나 꼴 ㉥이제 와서 보면 큰일을 이룬 것 같지만 처음에는 빈주먹으로 비롯했다 비슷한말 맨주먹. 빈손

빈지 [이름씨] 가게 앞쪽에 대는 널문 밑말 널빈지 ⇐ 셔터

빈집 [이름씨] 사람이 살지 않거나 들지 않은 집 ㉥한때 시골에 빈집이 그렇게나 많더니 요즘은 찾아보기 어렵다

빈창자 [이름씨] 샘창자에서 돌창자에 잇는 작은창자 ⇐ 공장

빈천하다 ⇒ 가난하고 나랍다

빈칸 [이름씨] 아무것도 쓰지 않은 칸 ㉥다음 빈칸을 알맞은 말로 채우시오 ⇐ 공란

빈터 [이름씨] ❶집이나 세운 것이 없는 터 ㉥빈터에서 아이들과 공을 찼다 ⇐ 공터 ❷논밭으로 쓰지 않고 비어있는 터전 ㉥멀쩡한 논밭도 서울 사람들이 사 가면 빈터가 되기 일쑤다 ❸마련된 것이 아무것도 없는 텅 빈 데 ㉥나라를 되찾고 우리 겨레는 모든 것을 빈터에서 비롯해야 했다

빈털터리 [이름씨] ❶있던 돈을 다 없애고 가난뱅이가 된 사람 ㉥돌이는 몸 누일 곳도 없는 빈털터리가 되었다 비슷한말 벌거숭이 준말 털터리 ❷알맹이 없이 흰소리를 탕탕 치는 사람 ㉥빈털터리일수록 말은 번드르르하고 때로는 좋은 수레도 타고 다닌다 비슷한말 떠버리. 수다쟁이. 말쟁이

빈틈 [이름씨] ❶마주 붙은 두 몬 사이가 떠서 빈 데 ㉥기둥과 바람 빈틈으로 찬바람이 솔솔 들어온다 ⇐ 간격 ❷잘못이나 모자람 ㉥일을 얼마나 깔끔하게 하는지 빈틈이 안 보인다 ⇐ 단점. 허점 [슬기말] **빈틈에 바람이 난다** 틈이 뜬 만큼 마음도 멀다

빈틈없다 [그림씨] ❶비거나 모자란 틈이 없다 ㉥마음닦기 하루살이 짜임새는 마음이 다른 데로 흐르지 못하게 빈틈없이 짜였다 ⇐ 엄격하다 ❷비거나 모자란 틈이 없구나 싶도록 잘하다 ㉥일 다루는 솜씨가 빈틈없다 비슷한말 꼼꼼하다 ⇐ 철저하다. 투철하다

빈혈 ⇒ 붉은피톨모자람. 피모자람. 어질어질. 멀미

빌다[1] [움직씨] ❶생각한 대로 되기를 마음속으로 바라다 ㉥어머니가 오래 사시기를 빌었다 ⇐ 간청하다 ❷잘못을 너그럽게 덮어달라고 하다 ㉥내가 잘못했노라 손발이 닳도록 아버지에게 빌었다 ⇐ 호소하다 ❸검이나 부처에게 바라는 바가 이루어지도록 마음을 다하다 ㉥우리 겨레는 가을걷이를 한 뒤에 고마움을 하늘에 빌었다 [슬기말] **비는 놈한텐 져야 한다** 제 잘못을 뉘우치며 덮어달라는 사람은 받아주어야 한다

빌다[2] [움직씨] ❶남 것을 도로 주기로 하고 얻어 쓰다 ㉥책을 빌어 읽고 사흘만에 돌려주었다 ❷다른 모둠이나 남 도움을 받다 ㉥옆집 사내 손을 빌어 나무를 잘랐다 ❸무엇을 하려고 까리나 짬을 얻다 ㉥까리를 빌어 텃마을에 갔다 ❹어떤 것을 따다가 쓰거나 기대다 ㉥내가 바로 말하기가 뭐해서 동무 말을 빌어서 일러줬다 ❺남에게 거저 달라고 말하거나 애걸복걸하여 얻다 ㉥하고픔을 비롯한 온갖 마음 더럼에서 벗어나려면 끝내는 빌어먹으며 마음닦는 길이 으뜸이다 [슬기말] **빌어는 먹어도 다리아랫소리 하기는 싫다** 아무리 가난해도 속없이 굽실거리기는 싫다

빌딩 ⇒ 높집

빌리다 [움직씨] ❶('빌다' 입음꼴.) 남 것을 돌려

주기로 하고 쓰다 ⓑ벗에게 돈을 빌렸다 ❷다른 이 도움을 받거나 무엇에 기대다 ⓑ이 일은 여러분 도움을 빌려서 할 셈입니다 ❸남 말이나 글, 생각 따위를 따다 ⓑ다운이 말을 빌리자면 네게 참 고맙다더라

빌린삯 (이름씨) 집이나 몬을 빌려 쓴 삯으로 내는 돈 한뜻말빌린값 ⇐ 임차료

빌림 (이름씨) 돈을 내고 남 집이나 몬을 빌려 씀 ⇐ 임차

빌미 (이름씨) 좋지 않은 일이 생기게 된 까닭 ⓑ늦게 온 것이 빌미가 되어 꾸지람을 들었다 한뜻말덧

빌붙다 (움직씨) 남 마음을 사려고 붙좇으며 알랑거리다 ⓑ비록 빌붙어 살더라도 떳떳하게 살겠다고 다짐했다

빌빌 (어찌씨) ❶느릿느릿하게 여러 디위 꼬이거나 비틀린 꼴 ⓑ물길은 빌빌 꼬여 굽이굽이 돌아 흐르고 맑기는 깊은 속도 환히 들여다보였다 ❷살감이 모자라거나 앓아서 여위고 시들어빠진 꼴 ⓑ임자를 잃은 개가 못 먹어서 빌빌 말라 있었다 ❸기운이 빠져서 힘없이 구는 꼴 ⓑ고뿔에 몸살까지 겹쳐 방구석만 빌빌 돌아다닌다 **빌빌하다**

빌빌거리다 (움직씨) ❶힘없이 느리게 자꾸 움직이다 ⓑ빌빌거리지 말고 힘 좀 내라 ❷늘 하는 일 없이 지내다 ⓑ언니는 요새 일터도 쉬고 집에만 처박혀 빌빌거린다 한뜻말빈둥거리다 **빌빌대다**

빌어먹다 (움직씨) ❶남에게 빌어서 먹고살다 ⓑ빌어먹는 마당에 찬밥 더운밥을 가릴쏘냐? ⇐ 걸식하다 ❷('빌어먹을' 꼴로 써) 더러운. 고약한. 몹쓸. 못된 ⓑ빌어먹을 바람. 빌어먹을 웃대가리. ❸앞잡이들이 웃대가리한테 붙어 무엇을 얻어가지다

빔[1] (이름씨) (어느 이름씨 뒤에 써) 설이나 한가위, 잔치 때에 새 옷으로 몸을 꾸미는 것 또는 그 옷 ⓑ설날 아침에 빔으로 때때옷을 차려입었다

빔[2] (이름씨) 어떤 곳에 바람이나 몬이 조금도 없는 꼴 ⇐ 진공

빔대롱 (이름씨) 유리나 쇠붙이 그릇에 번힘끝을 놓고 안을 오롯이 비게 막은 번힘연장 ⇐ 진공관

빕더서다 (움직씨) ❶다짐을 어기고 돌아서다 ⓑ이 골목에서만 장사하라는 것이 어딨어? 빕더서서 저 골목에 가서도 하면 되지 ⇐ 위반 ❷한쪽으로 비껴 옮겨서다 ⓑ옆으로 빕더서서 눈치만 본다

빗[1] (이름씨) 머리털을 곱게 고르는 데 쓰는 연장 ⓑ빗으로 머리를 빗어 넘겼다 한뜻말머리빗

빗[2] (이름씨) 일 한 갈래. 그위집 일 한 갈래 ⇐ 과. 계

빗공넷 (이름씨) 공치기 놀이에서 던짐이가 때림이에게 맞춤던짐이 아닌 빗공을 네 디위 던지는 일 ⇐ 포볼

빗금 (이름씨) 비스듬히 그은 금 ⓑ옛날에는 흙그릇에 빗금을 친 무늬를 많이 썼다 ⇐ 사선

빗기다 (움직씨) 남 머리털을 빗 같은 것으로 가지런히 고르다 ⓑ엄마가 내 머리를 빗겼다

빗나가다 (움직씨) ❶움직여 나가는 것이 비뚜로 나가다 ⓑ화살이 과녁을 빗나가 엉뚱한 데로 날아갔다 ❷올바른 쪽에서 그릇된 쪽으로 벗어져 나가다 ⓑ말이 빗나가다. 빗나간 가르침은 아이들을 빗나가게 한다 ❸바람이나 생각과 다르다 ⓑ내가 생각했던 값에서 조금 빗나갔다 비슷한말빗나다 ⇐ 파행하다

빗다 (움직씨) 머리털을 빗 같은 것으로 가지런히 손질하다 ⓑ머리를 곱게 빗고 옷을 말끔하게 입었다

빗대다 (움직씨) ❶바로 대지 않고 틀리게 대다 ⓑ그렇게 빗대지 말고 본 대로 바르게 대봐 ❷곧이 말하지 않고 빙 둘러서 넌지시 말하다 ⓑ하늘이는 슬기로운 사람이니 빗대어 말하더라도 바로 알아들을 겁니다 비슷한말비기다 ⇐ 비유하다

빗더서다 (움직씨) ❶보는 쪽을 조금 틀어서 서다 ❷다른 곳으로 비켜서 서다

빗듣다 (움직씨) 남 말을 잘못 알아듣다 ⓑ귀담

아 들어야지, 빗듣고 골내면 되나

빗맞다 [움직씨] **1** 겨눈 대로 맞지 않고 비뚜로 맞다 ㉥새를 겨눈 돌이 빗맞았다 비슷한말빗나가다 **2** 일이 뜻한 바와 달리 잘못 이루어지다 ㉥이 달에 마치려던 일이 빗맞아 다음달로 넘어간다

빗면 ⇒ 빗낯

빗물 [이름씨] 비가 와서 생긴 물 ㉥빗물을 모아 허드렛물로 쓴다 ⇐ 우수

빗물닦개 [이름씨] 수레 따위 앞 유리에 달려 왼쪽과 오른쪽으로 움직이면서 눈이나 빗물을 닦아내는 틀 ㉥빗물닦개가 닳아서 갈아 끼웠다 ⇐ 와이퍼

빗밑 [이름씨] 비가 오다가 날이 개는 동안. 날이 빨리 갤 때 '빗밑이 가볍다'라고 하며 날이 좀처럼 개지 않을 때는 '빗밑이 무겁다'라고 한다

빗발 [이름씨] 비가 많이 내릴 때 줄지어 잇달아 떨어지듯이 보이는 굵은 빗줄기 ㉥먹구름이 지나며 다시 빗발이 굵어졌다

빗발치다 [움직씨] **1** 비가 죽죽 세차게 쏟아지다 ㉥센바람과 함께 굵은 비가 빗발쳤다 **2** 어떤 뜻을 나타내는 말이나 글이 세차게 잇달아 닥치다 ㉥나라 일꾼들이 잘못해서 떼죽음했다는 말과 글이 빗발친다

빗방울 [이름씨] 비로 떨어지는 물방울 ㉥마른 하늘에서 빗방울이 후드득 떨어진다

빗변 ⇒ 빗결. 빗금. 빗가

빗보다 [움직씨] 참을 바로보지 못하고 어긋나게 잘못 보다 ㉥네가 일마다 그렇게 빗보려 하니 둘레에 사람이 없지 ⇐ 혼동하다

빗살[1] [이름씨] 세게 내리 뻗치는 빗줄기 ㉥밤이 되자 빗살이 차츰 굵어졌다 한뜻말빗발

빗살[2] [이름씨] **1** 빗이 가늘게 갈라진 살 하나하나 ㉥빗살이 성글어서 곱슬머리에 쓰기 좋다 **2** 울거미 틀에 비스듬하게 대고 서로 어긋나게 짠 살 ㉥여닫이 빗살이 짜임새 있게 잘 짜였다

빗살무늬 [이름씨] 빗살처럼 한결같은 틈새로 그은 무늬 ㉥우리 겨레 옛 삶자취에는 빗살무늬 흙그릇이 많다

빗서다 [움직씨] 빗더서다

빗세우다 [움직씨] **1** 보는 쪽을 조금 틀어서 세우다. '빗서다' 하임꼴 **2** 다른 곳으로 비켜서 세우다

빗소리 [이름씨] 빗방울이 떨어지면서 부딪쳐 나는 소리 ㉥새싹한테 빨리 나오라고 다그치는 듯한 빗소리가 들린다

빗속 [이름씨] 비가 오는 가운데 ㉥빗속을 걸어 집으로 가는 길

빗쓸다 [움직씨] 손으로 머리털을 빗는 것 같이 스치며 쓰다듬다 ㉥바람에 헝클어진 머리를 빗쓸어 올렸다

빗아치 [이름씨] 어느 한 갈래 일을 맡아보던 사람 ㉥으뜸 빗아치를 찾아가 물어보자 한뜻말맡은이 ⇐ 담당자

빗자루 [이름씨] 비에서 자루를 이루는 곳. 또는 비 ㉥빗자루를 가져와서 나뒹구는 나뭇잎을 쓸어 담았다

빗장 [이름씨] 여닫이문을 잠그려고 안으로 가로지르는 막대기나 쇠막대 ㉥마을에 도둑이 든 뒤로 집집마다 빗장을 걸어 잠근다 [익은말] **빗장을 지르다** 더 나아가지 못하게 가로막다

빗장뼈 [이름씨] 가슴 위쪽 왼오른쪽에 있는 한 켤레 뼈. 안쪽은 복장뼈, 바깥쪽은 어깨뼈와 뼈마디를 이룬다 ⇐ 쇄골

빗점 [이름씨] 여러 비탈 밑자락이 한곳에 모이는 곳

빗줄기 [이름씨] 줄이 진 것처럼 세차게 내리는 빗방울 ㉥빗줄기는 조금도 수그러들지 않고 퍼부었다

빗질 [이름씨] 머리털 같은 것을 빗으로 빗는 일 ㉥빗질을 자주 하면 머리카락이 튼튼해진다

빙 [어찌씨] **1** 넓은 둘레를 한 바퀴 도는 꼴 ㉥큰 고을을 한 바퀴 빙 돌아보았다 작은말뱅 센말삥 **2** 둘레를 크게 둘러싼 꼴 ㉥여럿이 빙 둘러앉아 이야기꽃을 피웠다 **3** 머리가 어지러운 꼴 ㉥기둥에 부딪혔더니 머리가 빙

ㅂ

돈다 **빙하다**

빙과 ⇒ 얼음보숭이. 얼음과자. 얼음까까

빙그레 어찌씨 입을 벌릴 듯 말 듯 소리 없이 부드럽게 웃는 꼴 ⓑ나를 보고 빙그레 웃음 짓는 너 **빙그레하다**

빙그르르 어찌씨 무엇이 크게 한 바퀴 도는 꼴 ⓑ수레가 빗물에 미끄러져 빙그르르 돌았다 작은말 뱅그르르 센말 삥그르르 거센말 핑그르르 **빙그르르하다**

빙글 어찌씨 입을 슬쩍 벌릴 듯하면서 소리 없이 부드럽게 웃는 꼴 ⓑ말없이 빙글 웃는다 작은말 뱅글 센말 삥글 **빙글하다**

빙글거리다 움직씨 ❶입을 벌릴 듯 말 듯 소리 없이 부드럽게 자꾸 웃다 작은말 뱅글거리다 센말 삥글거리다 ❷가볍게 한 점을 가운데 두고 잇달아 돌다 **빙글대다**

빙글빙글[1] 어찌씨 입을 벌릴 듯 말 듯 소리 없이 부드럽게 자꾸 웃는 꼴 ⓑ뭐가 그리 좋은지 하루 내내 홀로 빙글빙글 웃는다 작은말 뱅글뱅글 센말 삥글삥글 거센말 팽글팽글 **빙글빙글하다**

빙글빙글[2] 어찌씨 ❶가볍게 한 점을 가운데 두고 잇달아 도는 꼴 ⓑ바람틀이 빙글빙글 돌아간다 작은말 뱅글뱅글 센말 삥글삥글 거센말 팽글팽글 ❷머리나 눈이 어지러워지는 꼴 ⓑ코끼리코를 열 바퀴 돌았더니 하늘이 빙글빙글 돈다 **빙글빙글하다**

빙긋·빙긋이 어찌씨 입을 슬며시 벌릴 듯 말 듯 소리 없이 가볍게 웃는 꼴 ⓑ내 빈말에도 자람이는 빙긋 웃는다 작은말 뱅긋 센말 빙끗. 삥긋. 삥끗 **빙긋하다**

빙긋거리다 움직씨 입을 슬며시 벌릴 듯 말 듯 소리 없이 자꾸 웃다 ⓑ내가 우스갯소리를 할 때마다 아내는 빙긋거린다 **빙긋대다**

빙긋빙긋 어찌씨 입을 슬며시 벌릴 듯 말 듯 소리 없이 가볍게 자꾸 웃는 꼴 ⓑ혼자서도 빙긋빙긋 웃는 걸 보니 좋은 일이 있나 봐 작은말 뱅긋거리다 센말 빙끗거리다. 삥긋거리다. 삥끗거리다 **빙긋빙긋하다**

빙모 ⇒ 가시어미. 가시어머니

빙벽 ⇒ 얼음벼랑

빙부 ⇒ 가시아비. 가시아버지

빙빙[1] 어찌씨 ❶좀 빠르게 자꾸 도는 꼴 ⓑ잠자리가 머리 위를 빙빙 날아다닌다 작은말 뱅뱅 센말 삥삥 ❷이리저리 자꾸 돌아다니는 꼴 ⓑ윗마을 아랫마을을 빙빙 돌며 인절미를 돌렸다 ❸머리가 어지러운 꼴 ⓑ물구나무서기를 했더니 머리가 빙빙 돈다 **빙빙하다**

빙빙[2] 어찌씨 몹시 켕긴 꼴 ⓑ새끼가 젖을 빨지 못해 빙빙 부풀어 오른 염소 젖 **빙빙하다**

빙빙거리다 움직씨 ❶큰 것이 어떤 테두리를 좀 빠르게 자꾸 돌다 작은말 뱅뱅거리다 센말 삥삥거리다 ❷이리저리 자꾸 돌아다니다 **빙빙대다**

빙산 ⇒ 얼음메

빙상 ⇒ 얼음위

빙상경기 ⇒ 얼음놀이

빙수 ⇒ 얼음물

빙시레 어찌씨 입을 슬며시 벌릴 듯 말 듯 소리 없이 부드럽게 웃는 꼴 ⓑ할아버지는 빙시레 웃으며 늘 우리를 맞아 주었다 작은말 뱅시레 센말 삥시레

빙실 어찌씨 입을 슬며시 벌릴 듯 말 듯 소리 없이 슬그머니 부드럽게 웃는 꼴 ⓑ손님은 먹을거리를 보고 빙실 웃었다 작은말 뱅실 센말 삥실 **빙실하다**

빙실거리다 움직씨 입을 슬며시 벌릴 듯 말 듯 소리 없이 슬그머니 부드럽게 자꾸 웃다 작은말 뱅실거리다 센말 삥실거리다 **빙실대다**

빙실빙실 어찌씨 입을 슬며시 벌릴 듯 말 듯 소리 없이 슬그머니 부드럽게 자꾸 웃는 꼴 ⓑ봄비 아버지는 늘 빙실빙실 웃으며 우리를 맞아준다 작은말 뱅실뱅실 센말 삥실삥실 **빙실빙실하다**

빙싯 어찌씨 입을 슬며시 벌릴 듯 말 듯 소리 없이 아주 부드럽게 슬쩍 웃는 꼴 ⓑ나루는 속으로는 놀랐지만, 겉으로는 빙싯 웃고 말았다 작은말 뱅싯 센말 삥싯 **빙싯하다**

빙싯거리다 움직씨 입을 슬며시 벌릴 듯 말 듯 소리 없이 아주 부드럽게 슬쩍슬쩍 웃다 작

은말 벵싯거리다 센말 삥싯거리다 **빙싯대다**

빙싯빙싯 어찌씨 입을 슬며시 벌릴 듯 말 듯 소리 없이 아주 부드럽게 슬쩍슬쩍 웃는 꼴 ⓑ말수가 적은 미리내는 웬만한 일은 빙싯빙싯 웃고 넘어가서 그 깊은 속내를 헤아리기 어려웠다 작은말 뱅싯뱅싯 센말 삥싯삥싯 **빙싯빙싯하다**

빙어 ⇒ 얼음고기

빙자 ⇒ 핑계. 팔다. 기대다. 핑계하다

빙점 ⇒ 어는 때. 어는점

빙충맞다 그림씨 똘똘하지 못하고 어리석으며 수줍음을 타다 ⓑ그 말 듣고 빙충맞게 울다니

빙판 ⇒ 얼음판. 얼음마당. 얼음바닥

빙하 ⇒ 얼음덩이. 얼음가람

빙하기·빙하시대 ⇒ 얼음덮인 때. 얼음때

빚 이름씨 ❶길미를 내기로 하고 꾸어 쓰는 돈 ⓑ빚을 다 갚고 나니 마음이 날아갈 듯하다 ❷갚아야 할 돈이나 일, 또는 고마움 ⓑ저를 잘 보살펴주신 아주머니께 큰 빚을 졌네요

빚구럭 이름씨 빚이 많아서 헤어나지 못하는 것

빚내다 움직씨 남에게서 돈을 꾸어 오다 ⓑ더는 두고 볼 수 없어 빚내어 집을 샀다 ⇐ 차용하다. 차입하다

빚다 움직씨 ❶흙 같은 밑감을 이겨서 어떤 꼴을 짓다 ⓑ흙으로 그릇을 빚었다 ❷가루를 반죽하여 떡이나 만두 따위를 만들다 ⓑ올해는 한가위에 솔떡도 빚지 않고 넘기네 ❸고두밥과 누룩을 버무리어 술을 담그다 ⓑ술을 마시지 않으니 쌀 막걸리 빚을 일도 없어 ❹어떤 일이 다른 일을 생기게 하다 ⓑ가난이 빚은 슬픈 일이 마을에 일어났다

빚더미 이름씨 잔뜩 걸머진 빚 ⓑ없으면 쓰지 않고 버티니 빚더미에 올라앉을 일이 없어

빚받이 이름씨 남에게 꾸어준 돈을 받는 일 ⓑ빚받이를 하러 갔다가 또 허탕 쳤다는데 ⇐ 빚추심 **빚받이하다**

빚잔치 이름씨 ❶빚쟁이들이 몰려와 빚돈에 갈음하여 빚진 사람 살림을 무엇이나 가져가는 일 ⓑ빚잔치를 하고 나니 빈손이다 ❷갚을 힘이 없는데도 지나치게 빚을 끌어 쓰는 일 ⓑ돈 쓸 일이 있다고 빚잔치로 살 수는 없잖아

빚쟁이 이름씨 ❶빚을 진 사람 ⓑ빚쟁이는 발 뻗고 잠 못 잔다 비슷한말 빚꾸러기. 빚두루마기 ⇐ 채무자 ❷남에게 돈을 빌려준 사람 ⓑ한내는 제때 돈을 갚지 못해 늘 빚쟁이에게 시달린다 ⇐ 채권자

빚주다 움직씨 길미를 받기로 하고 돈을 꾸어 주다 ⓑ밑천이 모자라면 내가 빚줄게 한뜻말 빌려주다 ⇐ 대여하다

빚지다 움직씨 ❶남에게서 돈 같은 것을 꾸어 쓰다 ⓑ빚지고 살지 않는 버릇을 어릴 때부터 들인다 비슷한말 빚내다 ⇐ 차용하다 ❷남에게 도움을 받다 ⓑ남에게 빚지고만 살 수는 없다

빚쪽 이름씨 ❶남에게 빌린 돈 값을 적는 종이 ⇐ 채권 ❷나라나 고장, 돈집, 벌데 따위가 일하는 데 쓸 돈을 빌리려고 찍어내는 저자본메표 ⇐ 채권

빛 이름씨 ❶눈으로 볼 수 있게 밝혀주는 몬 ⓑ빛이 비치다. 햇빛 ❷빛살을 빨아들이거나 되쏘아 나타내는 바탕 ⓑ바다 빛이 파랗다 한뜻말 빛깔 ⇐ 색. 색깔 ❸얼굴이나 몸가짐에 나타나는 낌새 ⓑ슬픈 빛을 감추지 못하고 마침내 흐느꼈다 ❹철이나 날씨를 드러내는 낌새 ⓑ들이 가을빛으로 물들었다 ❺무엇이 지닌 밑바탕 ⓑ누구나 저마다 제빛을 잃지 않도록 가꾸어야지. 빛이 나지 않는 일 ❻반짝이는 일 ⓑ놋그릇을 문지르니 빛이 난다 ❼참이나 꿈 따위를 빗댄 말 ⓑ사랑이 어두운 내 마음에 빛을 비춘다 슬기말 **빛 좋은 개살구** 겉보기에 먹음직스럽지만 맛없는 개살구라는 말로 겉만 그럴듯하고 알맹이가 없음을 비겨 이르는 말

빛그림 이름씨 여러 가지 빛깔을 입혀 그린 그림 ⇐ 채색화

빛기둥 이름씨 좁은 틈 사이로 뻗치는 빛살 ⓑ 나뭇잎 사이로 파고드는 빛기둥이 숲속을 밝혀준다

빛깔 이름씨 빛이 드러나 보이는 꼴이나 바탈. 빛살에 따라 달리 나타난다 ⓑ하늘 빛깔이 파랗다. 빛깔 고운 치마저고리 ⇐ 색. 컬러

빛깔밝기 이름씨 빛깔이 짙고 옅기 ⇐ 톤

빛나다 움직씨 ❶빛이 환히 비치다 ⓑ별이 빛나는 밤하늘을 바라본다 ⇐ 휘황찬란하다 ❷빛이 되쏘여 반짝이거나 반들거리다 ⓑ구리거울은 닦을수록 빛난다 ⇐ 광나다 ❸해놓은 일이 보람 있어 훌륭하게 돋보이다 ⓑ우리 겨레 빛난 말을 오늘에 되살리자 비슷한말 두드러지다

빛나르개 이름씨 숨받이 뼈 같은 것에 많이 들어있고 어두운 곳에서 빛을 내는 쇠붙이 아닌 밑숱. 죽이개가 있고 빈기 속에서 불붙기 쉬우며 흰 것과 붉은 것이 있다 ⇐ 인

빛나르개심 이름씨 닷심된 빛나르개가 물과 만나 생기는 심 ⇐ 인산

빛내개 이름씨 ❶몬을 빛내려고 바르는 것 ⓑ 빛내개를 묻혀 구두를 솔질했다 ⇐ 광택제 ❷불을 켜서 어두운 곳을 밝히거나 짓말을 보내는 틀 ⇐ 등

빛내다 움직씨 ('빛나다' 하임꼴) 빛나게 하다 ⓑ시내는 나라를 빛낸 소리쟁이다 비슷한말 드날리다. 떨치다

빛냄종이 이름씨 빛물감을 겉에 발라 어두운 곳에서 빛을 내게 만든 종이 ⇐ 발광지

빛동 이름씨 여러 빛깔 옷감을 잇대거나 여러 빛깔로 물들여 만든 아이들 저고리나 두루마기 소맷감 ⇐ 색동

빛동옷 이름씨 빛동을 대거나 빛동정으로 만든 아이 옷 ⇐ 색동옷

빛동저고리 이름씨 빛동을 대서 만든 아이 저고리 ⇐ 색동저고리

빛동정 이름씨 빛깔 있는 동정 ⇐ 색동정

빛딱붓 이름씨 속이 검정 아닌 여러 빛깔로 된 딱붓 ⇐ 색연필

빛맛 이름씨 빛깔이 세고 여리기, 짙고 옅기가 어울린 만큼 ⇐ 색조

빛물감 이름씨 어두운 곳에서도 빛을 내게 하는 물감 ⇐ 발광도료

빛바래다 그림씨 낡거나 오래되어 빛깔이 바뀌다 ⓑ몸에 맞아 즐겨 입다 보니 빛바랜 옷을 버릴 수가 없다 ⇐ 퇴색하다

빛박이 이름씨 몬 꼴을 빛을 잘 느끼는 청 같은 것에 찍어 오래 갈무리할 수 있게 만든 것 ⇐ 사진. 픽처

빛박이집 이름씨 사람들 빛박이를 찍어주는 것을 일삼아 하는 곳 ⇐ 사진관

빛박이책 이름씨 빛박이를 붙여 간추리고 갈무리한 책 ⇐ 앨범. 사진첩

빛박이틀 이름씨 빛을 써서 일몬과 같은 꼴 그림을 찍어내는 틀 ⇐ 사진기

빛받이 이름씨 바라지 따위를 내어 햇빛을 비롯한 빛살을 받아들임 ⇐ 채광

빛발 이름씨 ❶내뻗치는 빛줄기 ⓑ따가운 빛발과 더위 속에서 벼가 여물어갔다 비슷한말 빛줄기 ❷빛이 비치는 세기나 많기 ⓑ빛발이 많을수록 밝다 비슷한말 빛다발

빛발치다 움직씨 ❶빛발이 눈부시게 뻗치다 ⓑ한낮에 눈부시게 빗발치는 햇빛 ❷커다란 힘으로 내뻗치거나 이어지다 ⓑ으뜸머슴이 나라를 다시 팔아먹었다고 백성들이 빗발치듯 나무란다

빛벙벙 이름씨 빛깔을 가려낼 눈힘이 좀 나쁜 것 ⇐ 색약

빛살 이름씨 ❶내비치는 빛 가닥 ⓑ지붕에 난 하늘바라지로 들어오는 빛살에 눈이 부시다 ❷빛이 곧고 세게 지나가는 길 ⓑ빛살이 구름 사이로 내려온다. 요즘은 빛살로 아픈 곳을 나순다 비슷한말 빛. 빛금. 빛보라 ⇐ 광선

빛소경 이름씨 빛깔을 가려낼 눈힘이 아주 없거나 모자라는 앓이. 또는 그런 사람 ⇐ 색맹

빛올실 이름씨 빛을 써서 알감을 보낼 때 쓰는, 빛을 퍼뜨리는 가는 유리 올실 ⇐ 광섬유

빛올실줄 이름씨 많은 알감을 빨리 보내려고 빛올실로 만든 줄 ⇐ 광케이블

빛유리 [이름씨] 어떤 빛깔을 띠는 유리 ⇐ 색유리

빛지개 [이름씨] 조선 때 임금집 문 한뜻말빛문. 밝문 ⇐ 광화문

빛짓말 [이름씨] 빛을 써서 빛올실줄에 알감을 보내는 결너비. 유리를 지날 때 덜이가 가장 적은 빛 넘빨강살에 가까운 결너비를 쓴다 ⇐ 광신호

빛짙기 [이름씨] 빛깔이 지닌 세 바탕 가운데 하나로 빛이 엷고 짙기 ⇐ 채도

빠개다 [움직씨] [1] 작고 단단한 것을 두 쪽으로 갈라 조각내다 [ㅂ] 밤나무와 참나무를 빠갰다 큰말뻐개다 [2] 작고 단단한 것에 틈을 내어 넓게 벌리다 [ㅂ] 굴 껍질을 빠개서 불에 올렸다 [3] 거의 다 된 일을 그르치다 [ㅂ] 글짓기 모임을 더는 하지 않고 빠개기로 했다 비슷한말비틀다 [4] 속내를 있는 대로 드러내다 [ㅂ] 여러 사람 앞에서 있는 대로 빠개고 말했다

빠개지다 [움직씨] [1] 작고 단단한 것이 두 쪽으로 갈라 조각나다 [ㅂ] 통나무가 빠개졌다 큰말뻐개지다 [2] 작고 단단한 것이 틈이 나 넓게 벌어지다 [ㅂ] 망치로 때리니 호두껍질이 빠개졌다 [3] 거의 다 된 일이 그르쳐지다 [ㅂ] 작은 일로 짝맺이 일이 빠개졌다 [4] 속내가 있는 대로 드러나다 [ㅂ] 끝내 빠개질 테니 바른대로 말해라

빠꼼·빠끔[1] [어찌씨] [1] 문 같은 것을 살짝 여는 꼴 [ㅂ] 문을 빠끔 열고 안을 들여다보았다 한뜻말빠끔히 비슷한말빼꼼 큰말뻐끔 [2] 작은 구멍이나 틈 같은 것이 깊고 또렷하게 나 있는 꼴 [ㅂ] 종이에 구멍이 빠끔 났다 [3] 작은 구멍이나 틈 사이로 조금만 보이는 꼴 [ㅂ] 말도 없이 얼굴만 빠끔 내밀고 가버리냐 **빠꼼하다·빠끔하다**

빠꼼·빠끔[2] [어찌씨] 입을 벌렸다 오므리며 물이나 바람을 들이마시는 꼴 [ㅂ] 메기가 물을 빠끔 들이마신다 큰말뻐끔

빠꼼거리다·빠끔거리다 [움직씨] 입을 자꾸 벌렸다 오므렸다 하면서 물이나 바람을 들이마시다 [ㅂ] 물고기가 빠끔거리며 헤엄친다 큰말뻐끔거리다 **빠꼼대다·빠끔대다**

빠꼼빠꼼·빠끔빠끔 [어찌씨] 입을 벌렸다 오므리며 물이나 바람을 자꾸 들이마시는 꼴 [ㅂ] 물고기가 물낯에 떠올라 빠끔빠끔 물을 들이마신다. 오빠가 담배꽁초를 빠끔빠끔 빤다 큰말뻐꼼뻐꼼. 뻐끔뻐끔 **빠꼼빠꼼하다·빠끔빠끔하다**

빠꾸 ⇒ 뒤로

빠꿈벼슬 [이름씨] 돈으로 얻은 벼슬

빠드득 [어찌씨] [1] 이를 갈거나 굳은 걸 씹을 때 매우 세게 나는 소리 [ㅂ] 아라는 잘 때 빠드득 이를 가는 버릇이 있다 여린말바드득 [2] 눈을 밟을 때 매우 되바라지게 다져지는 소리나 그 꼴 [ㅂ] 눈이 많이 내려 걸음을 뗄 때마다 빠드득 소리가 난다 **빠드득하다**

빠드득거리다 [움직씨] [1] 이를 갈거나 굳은 걸 씹을 때 매우 세게 소리가 잇달아 나다 여린말바드득거리다 [2] 눈을 밟을 때 매우 되바라지게 다져지면서 소리가 잇달아 나다 **빠드득대다**

빠드득빠드득 [어찌씨] [1] 이를 갈거나 굳은 걸 씹을 때 매우 세게 잇달아 나는 소리 [ㅂ] 땅콩을 빠드득빠드득 씹는 아내 큰말뿌드득뿌드득 여린말바드득바드득 [2] 눈을 밟을 때 매우 되바라지게 다져지면서 잇달아 나는 소리나 그 꼴 [ㅂ] 빠드득빠드득 눈을 밟으며 배곳까지 걸어갔다 **빠드득빠드득하다**

빠득 [어찌씨] [1] 이 같은 것을 빠르고 되게 갈 때 몹시 되바라지게 나는 소리나 그 꼴 [ㅂ] 아우가 자면서 이를 빠득 간다. 호주머니에서 호두를 굴릴 때마다 빠득 소리가 난다 큰말뿌득 여린말바득 밑말빠드득 [2] 눈을 밟을 때 몹시 되바라지게 나는 소리나 그 꼴 [ㅂ] 눈길을 빠득 걸으며 옛 생각에 빠졌다 **빠득하다**

빠득거리다 [움직씨] [1] 이를 빠르고 되게 갈 때 몹시 되바라지게 소리가 잇달아 나다 큰말뿌득거리다 여린말바득거리다 밑말빠드득거리다 [2] 눈을 밟을 때 몹시 되바라지게 자꾸 소리가 나다 **빠득대다**

빠득빠득[1] [어찌씨] [1]떼를 써서 자꾸 우기거나 조르는 꼴 [ㅂ]제가 틀린 줄 모르고 빠득빠득 우기네 큰말뿌득뿌득 여린말바득바득 [2]잡힌 날짜가 매우 빨리 다가오는 꼴 [ㅂ]누나 짝맺이 날짜가 빠득빠득 다가온다 [3]매우 이악스레 애를 쓰는 꼴 [ㅂ]아랫사람이 한마디도 빠지지 않고 빠득빠득 대든다. 지난 열 해 동안 돈을 빠득빠득 모았다 **빠득빠득하다**

빠득빠득[2] [어찌씨] [1]이를 빠르고 되게 갈 때 몹시 되바라지게 잇달아 나는 소리나 그 꼴 [ㅂ]아내는 잠자다 이를 빠득빠득 가는 버릇이 있다 밑말빠드득빠드득 [2]눈을 밟을 때 몹시 되바라지게 자꾸 나는 소리나 그 꼴 [ㅂ]아이들이 빠득빠득 눈을 밟으며 배곳으로 간다 **빠득빠득하다**

빠듯하다 [그림씨] [1]헐렁하질 않고 겨우 끼이게 꼭 맞다 [ㅂ]바지가 빠듯하게 들어간다 비슷한말빡빡하다 [2]끝이 이르러 빈틈이 없다 [ㅂ]많은 손님으로 자리가 빠듯했다 [3]어느 만큼에 겨우 미칠 만하다 [ㅂ]벚꽃 나들이 날짜가 빠듯해서 가기 어렵겠다

빠뜨리다 [움직씨] [1]물이나 구멍 같은 곳에 빠지게 하다 [ㅂ]물에 빠뜨린 신을 겨우 건져 올렸다 [2]어려운 데에 놓이게 하다 [ㅂ]나를 일부러 구렁텅이에 빠뜨리지 마라 [3]마음을 기울이지 않아 무엇을 빼놓거나 잃어버리다 [ㅂ]깜박해서 비받이를 일터에 빠뜨리고 왔네. 잔치에 단술을 빠뜨리면 안 되지

빠루 ⇒ 쇠지레. 배척

빠르기 [이름씨] [1]가락을 켜거나 치는 빠르기 한뜻말장단 ⇐ 템포 [2]일이 흘러가는 빠르기

빠르다 [그림씨] [1]무엇이 움직이는 데에 걸리는 동안이 짧다 [ㅂ]아이가 빠른 걸음으로 내게 다가왔다 비슷한말날래다. 날쌔다 맞선말느리다 ⇐ 급하다 [2]어떤 일이 되어가는 흐름이 짧다 [ㅂ]다친 데가 빠르게 아물었다 [3]때나 차례가 더 이르거나 앞서다 [ㅂ]올해는 여름이 빠르게 찾아왔다 [4]알아채는 힘이 날쌔다 [ㅂ]눈치가 빠르다 [슬기말] **빠른 말이 뛰면 굼뜬 소도 간다** 일 잘하는 이 옆에 있다 보면 굼뜬 이도 으레 그를 따라가기 마련이다 **빠른 바람에 굳센 풀을 안다** 거센 바람 속에 꿋꿋이 버티고 선 풀을 알아볼 수 있듯이 굳은 마음과 곧은 뜻은 큰 어려움을 겪은 뒤에 더 뚜렷이 보인다

빠르작거리다 [움직씨] 어려운 데에서 벗어나려고 팔다리를 내저으며 세게 움직이다

빠른떨림 [이름씨] 소리나 어울림소리를 빨리 떨리는 듯이 켜거나 치기 ⇐ 트레몰로. 진음

빠른우편 ⇒ 빠른 새뜸나름. 빠른 나래

빠릿빠릿하다 [그림씨] 똘똘하고 몸짓이 날래다 [ㅂ]일터에 처음 나온 사람들이 새내기답게 빠릿빠릿하던데

빠삭 [어찌씨] [1]물기가 없는 것이 서로 닿거나 바스러지는 소리나 그 꼴 [ㅂ]빠삭 소리에 나는 깜짝 놀랐어 큰말뻐석 여린말바삭 [2]잎사귀 같은 것이 잘 마른 꼴 [ㅂ]나뭇가지가 빠삭 말랐다 **빠삭하다**

빠삭거리다 [움직씨] 물기가 없는 것이 서로 닿거나 잘게 빠스러지는 소리가 자꾸 나다 큰말뻐석거리다 여린말바삭거리다 **빠삭대다**

빠삭빠삭 [어찌씨] [1]물기가 없는 것이 서로 닿거나 잘게 바스러지는 소리나 그 꼴 [ㅂ]혼자 땔나무 하는데 빠삭빠삭 짐승 발소리가 들렸다 큰말뻐석뻐석 여린말바삭바삭 [2]잎사귀 같은 것이 여럿 잘 마른 꼴 [ㅂ]가을바람에 빠삭빠삭 마른 밤나무 잎이 굴러다닌다 **빠삭빠삭하다**

빠삭하다[1] [그림씨] 바스러지기 쉬울 만큼 메말라 있다 [ㅂ]빠삭하게 튀긴 감자가 당기네 큰말뻐석하다 여린말바삭하다 밑말빠사삭하다

빠삭하다[2] [그림씨] 어떤 일을 낱낱이 알고 있거나 그 일에 환하다 [ㅂ]할아버지는 마을 일이라면 빠삭하게 꿴다

빠삭하다[3] [그림씨] 조금 빳빳하다 [ㅂ]심부름 삯을 빠삭한 새 돈으로 받았다

빠스락 [어찌씨] 가랑잎 같은 것을 가볍게 건드릴 때 나는 소리나 그 꼴 여린말바스락 **빠스락하다**

빠스락거리다 (움직씨) 가랑잎같이 마른 부스러기를 가볍게 뒤적이는 소리가 자꾸 나다 ⓑ어디선가 빠스락거리는 소리에 가슴이 철렁했다 여린말 바스락거리다 **빠스락대다**

빠스락빠스락 (어찌씨) ❶가랑잎 같은 것을 가볍게 잇달아 건드릴 때 나는 소리나 그 꼴 ⓑ부지런히 솔버섯을 따는데 빠스락빠스락 발소리가 들렸다 여린말 바스락바스락 ❷좀스럽게 장난을 하는 꼴 ⓑ계집애들은 냇가에서 빠스락빠스락 소꿉놀이를 한다 **빠스락빠스락하다**

빠스러지다 (움직씨) 깨지거나 터져 매우 잘게 부서지다 ⓑ늦가을 멧길을 걸으니 발아래에서 가랑잎 빠스러지는 소리가 난다 여린말 바스러지다

빠져나가다 (움직씨) ❶닫힌 곳이나 울타리 밖으로 나가다 ⓑ그 많던 사람이 썰물처럼 빠져나갔다 ❷있어야 할 곳에서 살그머니 달아나다 ⓑ요놈이 집에서 배운 것을 익히라고 했건만 어느새 빠져나갔네

빠져나오다 (움직씨) 닫힌 곳이나 울타리 밖으로 나오다 ⓑ시끌벅적한 저자터에서 빠져나왔다

빠져들다 (움직씨) ❶잠이나 꿈속으로 깊이 들어가다 ⓑ하나는 꾸벅 졸다가 깊은 잠에 빠져들었다 한뜻말 떨어지다 ❷어떤 생각이나 좋지 않은 매개로 자꾸 깊이 들어가다 ⓑ달을 보니 옛 생각에 빠져든다 ❸무엇에 마음이 끌려 들어가다 ⓑ아라는 만날수록 보슬에게 빠져들었다

빠지다[1] (움직씨) ❶박힌 것이 제자리에서 나오다 ⓑ손에 든 짐이 무거워 팔이 빠질 것 같아 ❷한곳에서 다른 데로 벗어나다 ⓑ샛길로 빠지는 게 좋겠는데 ❸속에 든 물이나 김, 냄새 따위가 밖으로 나가다 ⓑ탄내가 빠지게 문 좀 열어둬 ❹때, 빛깔 따위가 씻기거나 바래다 ⓑ옷을 빨았더니 물이 빠져 버렸어 ❺힘이나 기운 따위가 줄거나 없어지다 ⓑ다리에 힘이 빠져 더는 못 올라가겠다 ❻해지거나 구멍이 나다 ⓑ오래된 신밑창이 빠졌다 ❼살이 여위다 ⓑ요 며칠 힘든 일을 했더니 살이 쑥 빠졌다 ❽잘생기거나 키가 크다 ⓑ다리가 미끈하게 쭉 빠졌다 ❾있어야 할 것에서 모자라다 ⓑ골 원에 즈믄 원이 빠진다 ❿다른 것과 견주어 뒤떨어지거나 모자라다 ⓑ그래도 얼굴은 남한테 빠지지 않는다 ⓫들어있어야 할 것이 들어있지 않다 ⓑ이 글은 그럴듯해 보이지만 알맹이가 빠졌다 ⓬일이나 모임에 들어가지 않다 ⓑ이달은 너무 바빠 글벗 모임에는 빠져야겠어 ⓭얼마만큼 길미가 생기다 ⓑ며칠 소낭버섯 따면 놉한 품삯은 빠질 것 같다

빠지다[2] (움직씨) ❶물속 깊은 데로 잠기거나 잠겨 들어가다 ⓑ물에 빠져 허우적대는 이를 건졌다 ❷어떤 깊은 곳에 떨어지다 ⓑ구렁텅이에 빠진 범 ❸잠이나 꿈속에 들게 되다 ⓑ동무가 깊은 잠에 빠져서 코까지 골았다

빠지다[3] (움직씨) (어떤 움직씨나 그림씨 뒤에서 '아, 어' 꼴 다음에 써) 그것이 아주 지나치다 ⓑ너는 느려 빠져서 더는 같이 못 하겠다. 물은 아주 흔해 빠졌으나 없으면 안 된다. 이제 늙어 빠져서 할 수 있는 게 그다지 없어. 이 건건이는 쉬어 빠져서 버려야겠네

빠지직 (어찌씨) ❶물기 있는 것이 뜨거움에 닿아 재빨리 타거나 졸아붙을 때 나는 소리나 그 꼴 ⓑ젖은 나뭇가지를 불타는 아궁이에 넣으니 빠지직 소리가 난다 준말 빠직 큰말 뿌지직 ❷무른 똥을 빨리 쌀 때 조금 튀며 나는 소리 ⓑ아픈 배를 부여잡고 뒷간으로 뛰어가 바지를 내리자마자 빠지직 나왔다 ❸질기고 빳빳한 것이 갑자기 조금씩 째지거나 갈라지는 소리 ⓑ바지가 나뭇가지에 걸려 빠지직 찢어졌다 **빠지직하다**

빠지직거리다 (움직씨) ❶물기 있는 것에 뜨거운 볕이 닿아 빨리 타거나 졸아붙는 소리가 잇달아 나다 ⓑ지짐냄비에 떨어진 물방울이 빠지직거리며 졸아들었다 준말 빠직거리다 큰말 뿌지직거리다 ❷무른 똥을 빨리 쌀 때 조금 튀며 나는 소리가 잇달아 나다 ⓑ싸리

버섯을 잘못 먹고 배탈이 났는지 하루 내내 뒷간에서 빠지직거렸다 3 질기고 빳빳한 것이 갑자기 조금씩 째지거나 갈라지는 소리가 자꾸 나다 ⓑ뒷덜미가 못에 걸려 빠지직거리며 찢어진다 **빠지직대다**

빠지직빠지직 어찌씨 1 물기 있는 것이 뜨거움에 닿아 잇달아 재빨리 타거나 졸아붙을 때 나는 소리나 그 꼴 ⓑ가마솥에서 빠지직빠지직 엿이 졸아든다 준말 빠직빠직 큰말 뿌지직뿌지직 2 무른 똥을 빨리 쌀 때 조금 튀며 이어 나는 소리 3 질기고 빳빳한 것이 갑자기 잇달아 조금씩 째지거나 갈라지는 소리 **빠지직빠지직하다**

빠짐없이 어찌씨 빠진 것이 없이 다 ⓑ한 사람도 빠짐없이 마을 일을 하러 나와 주세요

빠트리다 움직씨 1 '빠뜨리다' 거센말. 물이나 구멍 같은 곳에 빠지게 하다 ⓑ개울가에선 벗을 장난삼아 물에 빠트렸다 2 어려운 데에 놓이게 하다 ⓑ나라를 어지러움에 빠트리지 마시오 3 마음을 기울이지 않아 무엇을 빼놓거나 잃어버리다 ⓑ가방을 버스에 빠트리고 왔어

빡빡 어찌씨 1 잇달아 세게 긁거나 문대는 소리나 그 꼴 ⓑ가마솥에 누룽지를 빡빡 긁었다 큰말 뻑뻑 여린말 박박 2 얇고 질긴 종이나 베 같은 것을 자꾸 세게 찢는 소리나 그 꼴 ⓑ제 이름이 적힌 종이를 빡빡 찢어버렸다 3 바닥이 빤빤하게 자꾸 닦거나 깎는 꼴 ⓑ마룻바닥에 낀 때를 빡빡 문질러 닦았다 4 털이나 나룻 따위를 아주 짧게 깎은 꼴 ⓑ중처럼 머리를 빡빡 밀었다 5 골이 나서 자꾸 세게 떼를 쓰거나 우기는 꼴 ⓑ제 잘못이 없다며 빡빡 우기는 꼴이란 6 이 따위를 자꾸 세게 가는 소리나 그 꼴 ⓑ하랑은 잠결에 중얼거리면서 이를 빡빡 갈았다 7 마음을 몹시 안타깝게 하는 꼴 ⓑ남 속을 빡빡 긁는 야멸찬 말 8 잡힌 날짜가 몹시 안타까이 다가오는 꼴 ⓑ글쓰기 마감 날짜가 빡빡 다가와서 가슴이 죈다 9 몹시 안타까이 애를 쓰는 꼴 ⓑ아들은 혼자서 아기를 키우느라 애를 빡빡 쓴다

빡빡거리다 움직씨 1 잇달아 세게 긁거나 문대는 소리가 나다 2 얇고 질긴 종이나 베 같은 것을 자꾸 세게 찢는 소리가 나다 **빡빡대다**

빡빡하다 그림씨 1 물이 적어 보드라운 맛이 없다 ⓑ눈물이 말랐는지 눈이 빡빡하다 큰말 뻑뻑하다 2 국물에 견줘 건더기가 많다 ⓑ어머니가 소고기국을 빡빡하게 한 그릇 퍼주셨다 3 느긋하거나 넉넉하지 않아 빠듯하다 ⓑ놀러가는 건 좋지만 하루 짜임새가 너무 빡빡한데 4 마음 씀씀이나 몸가짐에 두름새가 없이 빠듯하다 ⓑ이만큼도 못 들어주다니 참말로 빡빡한 사람이네 5 꼭 끼거나 맞아서 헐렁하지 않다 ⓑ그새 몸이 불었는지 헐렁하던 옷이 빡빡하다

빤드름하다 그림씨 일 속내가 뚜렷하다 ⓑ속내가 뻔드름한 일을 가지고 의뭉떨지 마라

빤들거리다 움직씨 1 몬 거죽이 몹시 빤빤하고 매끄럽게 빛이 나다 여린말 반들거리다 2 아무 하는 일 없이 빈둥거리거나 살살 배돌다 **빤들대다**

빤들빤들[1] 어찌씨 1 몬 거죽이 몹시 빤빤하고 매끄러운 꼴 ⓑ마룻바닥에 초를 입혀 빤들빤들 빛이 난다 여린말 반들반들 2 어수룩한 데가 없이 약게 구는 꼴

빤들빤들[2] 어찌씨 아무 하는 일 없이 빈둥거리거나 살살 배도는 꼴 ⓑ일은 하지 않고 빤들빤들 어디를 그렇게 싸돌아다니냐 **빤들빤들하다**

빤들빤들하다 그림씨 1 몬 거죽이 몹시 빤빤하고 매끄럽다 2 어수룩한 데가 없이 약게 굴다

빤빤하다 그림씨 1 바닥이 매우 고르고 반듯하다 ⓑ빤빤한 얼음판. 땅을 빤빤하게 고르다 큰말 뻔뻔하다 여린말 반반하다 2 생김새가 말끔하고 곱살스럽다 ⓑ빤빤한 얼굴에 하는 짓은 밉상이다 3 부끄러운 짓을 하고도 부끄러워하지 않다 ⓑ멀쩡하게 거짓말을 하고도 빤빤하게 얼굴을 들고 다닌다

❹아무 일도 하지 않고 놀기만 하다 ⓑ빤빤하게 놀기만 한다 ❺안에 든 것이 다 없어지고 남은 것이 없다 ⓑ밥그릇을 빤빤하게 비웠다. 빤빤하게 풀을 깎다

빤질거리다 움직씨 ❶거죽이 아주 미끄럽고 빛이 나다 ⓑ가죽옷을 빤질거리게 문질렀다 큰말뻔질거리다 여린말반질거리다 ❷몹시 게으름 부리며 일에 살살 배돌다 ⓑ이슬은 빤질거리는 버릇부터 고쳐야 한다 **빤질대다**

빤질빤질 어찌씨 ❶몬 거죽이 기름기가 몹시 돌고 매끄러운 꼴 ⓑ기름을 발라서 빤질빤질 빛이 나는 머리카락 큰말뻔질뻔질 여린말반질반질 ❷일에 살살 배돌며 몹시 게으름을 부리는 꼴 ⓑ해나는 일하자고 하면 빤질빤질 빠져나가 찾으러 다녀야 돼 **빤질빤질하다**

빤질빤질하다 그림씨 매우 빤빤스럽고 유들유들하다 큰말뻔질뻔질하다 여린말반질반질하다

빤짝 어찌씨 ❶작은 빛이 갑자기 잠깐 세게 비치는 꼴 ⓑ새녘 하늘에 샛별이 빤짝 빛난다 큰말뻔쩍 여린말반짝 ❷얼이 확 맑아지는 꼴 ⓑ날짜를 헤아려 보니 돈 갚을 날이 다가와 얼이 빤짝 든다 ❸생각이 갑자기 떠오르는 꼴 ⓑ그 집에 감 따러 갈 때 밤을 좀 갖다줘야겠다는 생각이 빤짝 들었다 ❹마음이 끌려 눈이나 귀가 얼른 뜨이는 꼴 ⓑ내가 좋아하는 수레가 지나가자 눈이 빤짝 뜨였다 ❹무엇을 아주 가뿐하게 들어 올리는 꼴 ⓑ쌀가마니를 빤짝 둘러매고 수레에 실었다 **빤짝이다 빤짝하다**

빤짝거리다 움직씨 빛 같은 것이 잇달아 잠깐 세게 비치다 ⓑ밤하늘에 작은 별들이 빤짝거린다 큰말뻔쩍거리다 여린말반짝거리다 **빤짝대다**

빤하다 그림씨 ❶(눈에 보이는 것이) 매우 또렷하고 환하다 ⓑ여기서 빤하게 바라보이는 마을에 산다 큰말뻔하다 ⇐ 명확하다 ❷일이 어떻게 흘러갈지 또렷하다 ⓑ빤한 거짓말은 하지도 마라 ❸바라보는 눈매가 또렷하다 ⓑ아이가 눈을 빤하게 뜨고 쳐다본다 ❹어둠 속에 빛이 또렷하다 ⓑ빤한 불이 켜진 길을 따라 걸었다 ❺잠깐 틈이 나서 한갓지다 ⓑ모내기 끝에 잠깐 빤해서 올라왔다 ❻앓이가 조금 가라앉다 ⓑ이 며칠은 어머니 앓이가 좀 빤하다

빤히 어찌씨 뚜렷하고 환하게 ⓑ빤히 아는 일이라 새롭지 않네 큰말뻔히

빨가우리하다 그림씨 흐릿하게 빨갛다 ⓑ고추가 벌써 빨가우리하게 익어간다 큰말뻘거우리하다

빨간색 ⇒ 빨간빛. 빨강

빨강 이름씨 빨간 빛깔이나 물감 ⓑ옷 빛깔에 맞춰 머리를 빨강으로 물들였다 큰말뻘겅 여린말발강

빨강이 이름씨 빨간빛을 띤 것 ⓑ수레 빛을 빨강이로 했다 큰말뻘겅이 여린말발강이

빨갛다 그림씨 피같이 붉다 ⓑ사과가 빨갛게 잘 익었다 큰말뻘겋다 여린말발갛다

빨개지다 움직씨 빨갛게 되다 ⓑ밤새 울어서 눈이 빨개졌다 큰말뻘개지다 여린말벌개지다

빨그스레하다 그림씨 빨그스름하다

빨그스름하다 그림씨 빛깔이 조금 빨갛다 ⓑ배곳에서 돌아온 아이 볼이 빨그스름하다

빨다[1] 움직씨 ❶입에 오므려 물고 입속으로 당겨 들이다 ⓑ아기가 젖을 빤다 ❷입속에 넣고 혀로 핥아 먹다 ⓑ손가락을 빨지 마라 ❸물이나 바람을 좁은 구멍으로 당겨 들이다 ⓑ빨대로 단물을 빨았다 ❹남 것을 짜내어 빼앗다 ⓑ요새도 일꾼 피땀을 빠는 사람들이 있다

빨다[2] 움직씨 ❶더러워진 옷 따위를 물에 담가 주물러 때나 먼지를 없애다 ⓑ옷을 깨끗이 빨았다 ❷빨랫감을 빨래틀에 넣고 돌리다 ⓑ겨우내 쓴 이불과 베개 홑청을 빨았다

빨다[3] 그림씨 끝이 차차 가늘어서 뾰족하다 ⓑ턱이 빨고 입술이 얇은 것이 복 없게 생겼다

빨대 이름씨 물 같은 것을 빨아 올리는 데 쓰

는 가는 대롱 ⓑ아기가 빨대로 물을 마신다

빨래 (이름씨) **1** 때묻은 옷이나 천 따위를 물에 주물러 빠는 일 ⓑ빨래를 빨래틀로 하지 누가 손으로 한다더냐? ⇐ 세탁 **2** 빨아야 하는 또는 빨아놓은 옷가지나 천 따위 ⓑ빨래가 많이 쌓였다. 빨래를 널었다 한뜻말빨랫감 **빨래하다**

빨래널 (이름씨) 빨래할 때 주무르는 받침으로 쓰는 널 ⇐ 빨래판

빨래말미 (이름씨) 장마 때 빨래를 말릴 만큼 잠깐 해가 드는 때 ⓑ올해 장마는 빨래말미도 없이 비가 이어진다

빨래집게 (이름씨) 빨래를 널 때 빨래가 날려 떨어지지 않도록 집어두는 것 ⓑ빨래집게로 이불을 집었다

빨래터 (이름씨) 빨래할 수 있도록 마련한 곳 ⓑ빨래터에 아낙들이 모여 얘기를 나눈다 비슷한말마전터

빨래통 (이름씨) 빨랫감을 담는 통

빨래판 ⇒ 빨래널

빨래품 (이름씨) 빨래를 해주고 받는 삯. 또는 그러한 짓 ⓑ빨래방이 많아져 빨래품이 조금 싸졌다

빨랫감 (이름씨) 빨아야 할 옷가지나 천, 또는 빨아 놓은 옷가지나 천 ⓑ빨랫감이 많아 빨래방에 맡겼다 한뜻말빨랫거리 ⇐ 세탁물

빨랫돌 (이름씨) 빨래를 빨 때 쓰는 넓적한 돌 ⓑ어머니는 빨랫감을 한 통 이고 가서 빨랫돌에 맨손으로 빨았다

빨랫방망이 (이름씨) 빨랫감을 두드려 빠는 데 쓰는 방망이 ⓑ때가 전 빨랫감은 빨랫방망이로 흠씬 두드려라

빨랫비누 (이름씨) 빨래할 때 쓰는 비누 ⓑ얘야, 빨랫비누 좀 사 오너라

빨랫줄 (이름씨) 빨래를 널어서 말리는 줄 ⓑ빨랫줄이 처진 곳에 바지랑대를 받쳤다

빨리 (어찌씨) **1** 걸리는 동안이 짧게 ⓑ걱정이 많으면 빨리 늙는다 비슷한말곧. 냉큼 ⇐ 급히 **2** 움직임이 잦게 ⓑ헤엄칠 때 발놀림을 빨리하면 훨씬 빠르다 **3** 무엇에 앞서 ⓑ나보다 빨리 가면 밥 좀 해놔 비슷한말먼저

빨리다[1] (움직씨) **1** '빨다[1]' 하임꼴. 물 같은 것을 입에 대고 입속으로 당겨 들이도록 하다 ⓑ아픈 아기에게 젖을 빨렸다 **2** '빨다[1]' 입음꼴. 물 같은 것이 입속으로 당겨 들어가게 되다 ⓑ모기한테 여러 차례 피를 빨렸다

빨리다[2] (움직씨) '빨다[2]' 입음꼴. 때묻은 옷이나 천에 때가 없어지다 ⓑ속옷은 손빨래를 하면 더 잘 빨린다

빨리빨리 (어찌씨) 걸리는 동안이 아주 짧게 ⓑ빨리빨리 일을 끝내라

빨빨 (어찌씨) **1** 가볍고 바쁘게 여기저기 돌아다니는 꼴 ⓑ암소를 사려고 저자터를 빨빨 돌아다녔다 큰말뻘뻘 **2** 땀을 많이 흘리는 꼴 ⓑ땀을 빨빨 흘리며 낫질했다

빨빨거리다 (움직씨) 여기저기 가볍고 바쁘게 돌아다니다 ⓑ강아지가 빨빨거리며 다닌다 큰말뻘뻘거리다 **빨빨대다**

빨아내다 (움직씨) **1** 빨아서 나오게 하다 ⓑ아기 콧물을 입으로 빨아냈다 **2** 다른 사람 피땀을 걷어들이다 ⓑ일한 사람 피땀을 빨아내는 부림이가 아직도 더러 있다

빨아들이다 (움직씨) 빨아서 속으로 들어오게 하다 ⓑ빔쓰레질틀로 먼지와 고양이털을 빨아들였다 ⇐ 흡수하다

빨치산·파티잔 ⇒ 치날떼

빨틀 (이름씨) 숨틀 앓이를 고치는 데 쓰는 나숨틀 가운데 하나. 낫개를 김이나 안개 같은 꼴로 바꾸어 몸 안으로 빨아들이게 하는 데 쓴다 ⇐ 흡입기

빨판 (이름씨) 다른 것에 달라붙거나 빨아먹는 데 쓰는 틀. 낙지나 오징어, 문어 따위 발이나 거머리 입에 붙어 있다 ⓑ문어 빨판 힘이 어찌나 센지 바위에 붙어 떼어내기 힘들었다

빳빳하다 (그림씨) **1** 무엇이 굳고 꼿꼿하다 ⓑ해진 돈을 빳빳한 새 돈으로 바꿨다 큰말뻣뻣하다 **2** 풀기가 세다 ⓑ풀 먹인 옷이 빳빳하다 **3** 됨됨이나 몸가짐이 굳세다 ⓑ무

뚝뚝한 힘찬이는 듣던 대로 사람을 빳빳하게 맞이한다

빵[1] (어찌씨) ❶바퀴나 바람주머니 같은 것이 갑자기 터지는 소리 ㉥달리던 수레바퀴가 빵 터졌다 큰말뻥 ❷구멍이 작게 뚫리는 꼴이나 그 소리 ㉥담벼락에 구멍이 빵 뚫렸다 ❸공 같은 것을 세게 차는 꼴 ㉥공을 하늘 높이 빵 날렸다 ❹수레나 배 같은 탈것 고동이 울리는 소리 ㉥길 건너는 이를 보고 고동을 빵 울렸다

빵[2] (이름씨) ❶밀가루 같은 낟알가루를 반죽해서 부풀려 굽거나 쪄서 만든 먹거리 ㉥통밀 가루로 빵을 구웠다 ❷먹고살 낟 ㉥우리에게 먹고살 빵을 달라!

빵[3] (셈씨) 값이 없는 수. 꼴은 '0' ㉥3에서 3을 빼면 빵이다 ⇐ 영. 제로

빵과자가게 (이름씨) 빵이나 과자를 만들어 파는 가게 ⇐ 제과점

빵구 ⇒ 구멍

빵구나다 ⇒ 구멍나다. 새다. 결딴나다. 터지다

빵굽개 (이름씨) 번힘을 써서 밥빵을 굽는 연장 ⇐ 토스터

빵긋 (어찌씨) ❶입을 조금 벌리며 소리 없이 가볍게 웃는 꼴 ㉥아기가 엄마를 보자 빵긋 웃는다 한뜻말빵긋이 큰말뻥긋 여린말방긋 ❷닫힌 문이나 입 같은 것이 슬며시 열리는 꼴 ㉥문을 빵긋 열고 밖을 내다본다 ❸꽃이 매우 아름답게 살짝 피어나는 꼴 ㉥살살이꽃이 빵긋 피어난다 **빵긋하다**

빵긋거리다 (움직씨) 입을 조금 벌리며 소리 없이 가볍게 자꾸 웃다 큰말뻥긋거리다 여린말방긋거리다 **빵긋대다**

빵긋빵긋 (어찌씨) ❶입을 조금 벌리며 소리 없이 가볍게 자꾸 웃는 꼴 ㉥엄마를 보자 아기가 빵긋빵긋 웃는다 한뜻말빵긋빵긋이 큰말뻥긋뻥긋 여린말방긋방긋 ❷닫힌 문이나 입 같은 것이 슬며시 자꾸 열리는 꼴 ㉥아름다운 꽃님이 지나가자 방마다 문이 빵긋빵긋 열렸다 ❸꽃이 매우 아름답게 살짝 잇달아 피어나는 꼴 ㉥자고 나니 접시꽃이 빵긋빵긋 피어났다 **빵긋빵긋하다**

빵긋하다 (그림씨) 입이나 문 따위의 틈새가 약간 벌어져 있다 큰말뻥긋하다 여린말방긋하다

빵끗 (어찌씨) '빵긋' 센말 ㉥길남이가 나를 보고 빵끗 웃었다 **빵끗하다**

빵끗거리다 (움직씨) '빵긋거리다' 센말 ㉥책을 사다 주자 조카가 좋아서 빵끗거린다 **빵끗대다**

빵끗빵끗 (어찌씨) '빵긋빵긋' 센말 ㉥아침부터 손님 맞을 생각을 하니 입이 빵끗빵끗 열린다 **빵끗빵끗하다**

빵빵 (어찌씨) ❶바퀴나 바람주머니 같은 것이 갑자기 잇달아 터지는 소리 ㉥땅속에 묻혔던 묵은 땅터지개가 빵빵 터졌다 큰말뻥뻥 ❷작은 구멍이 잇달아 뚫리는 꼴이나 그 소리 ㉥뚫개틀이 길바닥에 구멍을 빵빵 뚫었다 ❸공 같은 것을 잇달아 세게 차는 꼴 ㉥우리는 배곳 마당에서 공을 빵빵 차고 놀았다 ❹수레나 배 같은 탈것 고동이 잇달아 울리는 소리 ㉥뒷수레가 고동을 빵빵 울린다 **빵빵하다**

빵빵거리다 (움직씨) 수레, 배 같은 탈것 고동소리를 잇달아 울리다 **빵빵대다**

빵빵하다 (그림씨) ❶속이 꽉 찬 꼴이다 ㉥밥을 많이 먹어 배가 빵빵하다 ❷내세울 만큼 뒷배가 든든하다 ㉥자네 집안이 빵빵하다며

빵집 (이름씨) 빵을 만들어 파는 집 ㉥빵집에 들러 밤 빵 좀 사가자

빻다 (움직씨) 짓찧어서 가루로 만들다 ㉥찹쌀을 빻아서 떡 해 먹자

빼곡빼곡 (어찌씨) 사람이나 몬이 어떤 곳에 빈틈없이 꽉 찬 꼴 ㉥버스에 사람이 빼곡빼곡 들어차 있다

빼곡하다 (그림씨) 사람이나 몬이 어떤 곳에 빈틈없이 꽉 차다 ㉥집안 잔치인데도 손님들로 빼곡하다

빼기 (이름씨) 뺄셈하기 ㉥열 빼기 하나는 아홉이다 비슷한말덜기 맞선말더하기 ⇐ 감산. 마이너스

빼기끝 이름씨 두 번끝 사이에 번힘흐름이 지날 때 번힘누름이 낮은쪽 끝 맞선말 더하기끝 ⇐ 음극

빼꼼 어찌씨 ❶작은 틈이나 구멍 같은 것이 또렷이 난 꼴 ⓑ빼꼼 뚫린 바라지로 빛이 들어온다 비슷한말 빼꼼히. 빠끔 ❷문 같은 것을 슬며시 여는 꼴 ⓑ엄마가 문을 빼꼼 열고 내다본다 ❸작은 틈새나 구멍으로 아주 조금 보이는 꼴 ⓑ아랍 겨집들은 눈만 빼꼼 내놓고 다닌다

빼꼼하다 그림씨 ❶작은 틈이나 구멍 같은 것이 또렷이 나 있다 ❷문 같은 것이 슬며시 열려 있다

빼나기 이름씨 어떤 낳이일이나 팔 몬을 남다르고 종요롭게 여겨 잘되게 하는 것 ⇐ 특화

빼나다 움직씨 두드러지게 뛰어나다 밑말 빼어나다

빼난낫개 이름씨 어떤 앓이를 빼어나게 나수는 낫개 ⇐ 특효약

빼난낳이 이름씨 어떤 곳에서 빼어나게 나는 몬 ⇐ 특산. 특산품

빼난도움 이름씨 남달리 도움을 받는 것 ⇐ 특혜

빼난됨 이름씨 얼마 동안 오로지 만들거나 팔 수 있게 하는 그위 힘 ⇐ 특허

빼난됨것 이름씨 빼난됨을 받은 것 ⇐ 특허품

빼난됨집 이름씨 빼난됨이나 장사표 일을 맡은 나라일터 ⇐ 특허청

빼난됨힘 이름씨 빼난됨을 오로지 하는 힘 ⇐ 특허권

빼난뜨레 이름씨 여느 뜨레보다 빨리 달리는 뜨레 ⇐ 특급

빼난뭡 이름씨 여느 나날배움 밖에 빼난 배움이나 뭡 ⇐ 특별활동. 특활

빼난바탈 이름씨 그것에만 있는 빼어난 바탈 ⇐ 특성. 특수성

빼난바탕 이름씨 뛰어나고 빼어난 바탕 ⇐ 특질

빼난벼리 이름씨 남다른 사람이나 몬, 짓, 곳에만 쓰는 벼리 ⇐ 특별법

빼난빛 이름씨 여느 것과는 다른 점 ⇐ 특색

빼난뽑기 이름씨 빼어나게 골라 뽑음. 또는 그 뽑은 것 ⇐ 특선

빼난성금 이름씨 남달리 빼어난 성금 ⇐ 특명

빼난심부름꾼 이름씨 남달리 보내는 심부름꾼 ⇐ 특사

빼난애 이름씨 재주와 슬기가 여느 아이보다 빼어난 아이 ⇐ 신동

빼난옷 이름씨 빼어나게 다른 옷 ⇐ 특수복

빼난이 이름씨 재주와 슬기가 뛰어나고 씩씩하고 굳센 기운을 가져 돋보이는 사람 한뜻말 우뚝이 ⇐ 영웅. 호걸

빼난자리 이름씨 빼어나게 마련한 자리 ⇐ 특석

빼난재주 이름씨 남이 가지지 못한 빼어난 재주 ⇐ 특기

빼난지을거리 이름씨 삼이나 모시, 미영처럼 먹지는 않지만 옷감을 마련하려고 기르거나 참깨, 들깨처럼 기름을 짜려고 기르는 것 ⇐ 특용작물

빼난칠떼 이름씨 갑자기 치거나 빼어나게 치는 일을 잘 하는 떼 ⇐ 특공대

빼난팖 이름씨 ❶어떤 몬을 빼어나게 싼값에 팔기 ⇐ 특매 ❷겨뤄팔기를 하지 않고 마음대로 맞은쪽을 골라 다짐하고 팔기

빼난힘 이름씨 빼어나게 지니는 힘 ⇐ 특권

빼내다 움직씨 ❶꽂히거나 박힌 것을 뽑아내다 ⓑ손가락에 박힌 가시를 빼냈다 ❷여럿 있는 데서 어떤 것만 골라내다 ⓑ썩은 딸기는 빼내고 좋은 것만 씻어 ❸남것을 돌려내다 ⓑ엄마 돈을 몰래 빼냈다 ❹남을 꾀어 나오게 하다 ⓑ재주 있는 일꾼을 빼냈다 ❺얽매인 사람을 풀어주다 ⓑ가두리에 갇힌 피붙이를 손을 써서 빼냈다

빼놓다 움직씨 ❶꽂히거나 박힌 것을 뽑아놓다 ⓑ식게밥에 꽂힌 숟가락을 빼놓았다 ❷여럿 있는 데서 어떤 것만 골라놓다 ⓑ굵고 반질반질한 밤만 골라 빼놓았다 ❸한 떼로 어울려야 할 것을 그 안에 넣지 않다 ⓑ나만 빼놓고 모두 놀러 갔다 ❹마음을 기울이지 않고 빠뜨리다 ⓑ그대가 쓴 책을 빼놓지 않고 읽었어요

빼다 [움직씨] **1** 속에 있는 것을 밖으로 나오게 하다 [보] 몸을 힘차게 놀려 땀을 뺐다. 문을 활짝 열고 탄내를 뺐다 **2** 삯을 내고 빌린 데서 나오다 [보] 집임자가 이달 끝까지 방을 빼라고 한다 **3** 할 일을 하지 않고 달아나다 [보] 함께 할 일인데 왜 너만 발을 빼려고 해? **4** 여럿 가운데서 덜어내다 [보] 아홉에서 둘을 빼면 일곱이다. 내 돈자리에서 돈을 조금 뺐다 **5** 몸에서 살을 줄이거나 힘을 없애다 [보] 어깨에 힘을 빼고 허리를 곧게 펴라 **6** 얼룩이나 때 같은 것을 씻어 없애다 [보] 옷에 묻은 얼룩을 뺐다 **7** 무엇을 길게 늘이거나 뽑아내다 [보] 방앗간에서 가래떡을 뺐다. 숨을 크게 들이쉬고 목청을 길게 빼라 **8** 차림을 말끔히 하다 [보] 설날을 맞아 모처럼 새 옷으로 쫙 뺐다 **9** 꼭 그대로 물려받다 [보] 딸 눈매가 엄마를 쏙 뺐다 **10** 몸가짐이나 몸짓을 짐짓 꾸미다 [보] 잔치에 가서 점잔을 빼느라 애를 먹었다 [익은말] **빼도 박도 못하다** 일이 꼬여서 그대로 할 수도 없고 안 할 수도 없다

빼닫이 [이름씨] 책놓개나 옷넣개 따위에 뺐다 닫았다 할 수 있게 만든 뚜껑 없는 고리 [한뜻말] 서랍

빼돌리다 [움직씨] 몰래 빼내어 다른 데로 돌리거나 보내다 [보] 일터에서 만든 것을 일벗과 짜고 다른 데로 빼돌렸다 ⇐ 횡령하다

빼뚤빼뚤 [어찌씨] **1** 이리저리 기울며 자꾸 흔들리는 꼴 [보] 두바퀴에 서툴러서 빼뚤빼뚤 달려간다 [큰말] 삐뚤삐뚤 **2** 곧지 못하고 이리저리 굽으며 자꾸 꼬부라지는 꼴 [보] 글씨가 빼뚤빼뚤 써진다. 멧속 길이 빼뚤빼뚤 나 있다 **빼뚤빼뚤하다**

빼뚤빼뚤하다 [그림씨] 곧지 못하고 이리저리 고부라져 있다

빼뜨기 [이름씨] 두 코를 한꺼번에 빼내어 뜨는 뜨개질

빼먹다 [움직씨] **1** 남 것을 몰래 뽑아 먹다 [보] 말라가는 곶감을 하나씩 빼먹는 재미 **2** 말이나 글 토막을 빠뜨리다 [보] 깜빡하고 할말을 빼먹고 나왔네 **3** 꾸준히 하던 일을 하지 않다 [보] 늦잠을 자느라 새벽 마음닦기를 빼먹었다

빼박다 [움직씨] 마음씨나 모습이 꼭 닮다 [보] 맏딸은 생김새가 아버지를 빼박았다 [한뜻말] 빼쏘다

빼빼 [어찌씨] **1** 살가죽이 뼈에 붙을 만큼 야윈 꼴 [보] 어째 몸이 빼빼 말랐네 [큰말] 삐삐 **2** 시들거나 말라서 꼬이거나 비틀린 꼴 [보] 워낙 가물어서 길가 풀도 빼빼 말라 비틀어졌다 **빼빼하다**

빼앗기다 [움직씨] **1** 제 것을 억지로 남한테 잃다 [보] 다시는 나랏돈을 남에게 빼앗기지 않도록 모두 얼을 차립시다 [비슷한말] 뜯기다 [준말] 뺏기다 **2** 일이나 자리를 억지로 잃다 [보] 몬이 팔리지 않고 쌓여만 가니 모두 일자리를 빼앗길지도 모른다 ⇐ 상실하다 **3** 마음이나 생각이 어디에 사로잡히다 [보] 그 사람에게 내 마음을 빼앗기고 말았다

빼앗다 [움직씨] **1** 남 것을 억지로 제 것으로 삼다 [보] 양아치가 길 가는 아이에게서 돈을 빼앗았다 ⇐ 강탈하다. 수탈하다. 약탈하다. 압수하다 **2** 남이 하는 일이나 자리를 가로맡아서 제가 하다 [보] 제가 당신 자리를 빼앗은 것 같아 몸 둘 바를 모르겠습니다 **3** 마음이나 생각을 한곳으로 쏠리게 사로잡다 [보] 젊음과 아름다움으로 뭇사람 마음을 빼앗았다 **4** 누리지 못하게 하다 [보] 나를 내치면 내 일할 즐거움을 빼앗는 겁니다

빼어나다 [그림씨] 여럿 있는 데서 두드러지게 뛰어나다 [보] 하늘은 말솜씨가 아주 빼어난 아이이다 [준말] 빼나다 ⇐ 탁월하다. 특별하다. 특출나다

빼임수 [이름씨] 어떤 수나 냄에서 다른 수나 냄을 뺄 때에 그 처음 수나 냄. 곧 '5-3=2'에서 '5'를 이른다 ⇐ 피감수

빼죽[1] [어찌씨] 얼굴이나 몬 생김새가 가볍게 쏙 나오거나 드러나는 꼴 [보] '어서 오세요' 하며 얼굴만 한 디위 빼죽 내밀고는 그 뒤 아무 말이 없다 [큰말] 삐죽 **빼죽하다**

빼죽² [어찌씨] 몬 끝이 차츰 가늘어지며 짧게 쏙 내밀린 꼴 [ㅂ]송곳이나 칼처럼 날카로운 끝이 빼죽 내밀린 것을 남에게 줄 때는 끝을 잡고 자루를 내민다

빼죽거리다 [움직씨] (비웃거나 울려고) 자꾸 입술을 소리 없이 한쪽으로 일그러뜨리다 [ㅂ]꾸중을 들은 딸내미가 빼죽거리며 울음을 참는다 큰말 삐죽거리다 **빼죽대다**

빼죽빼죽¹ [어찌씨] (비웃거나 울려고) 입술을 소리 없이 한쪽으로 일그러뜨리는 꼴 [ㅂ]언니는 툭하면 빼죽빼죽 입을 내민다 **빼죽빼죽하다**

빼죽빼죽² [어찌씨] 여러 몬 끝이 다 차츰 가늘어지며 짧게 쏙 내밀린 꼴 [ㅂ]콩나물 새싹이 빼죽빼죽 나오기 비롯한다

빼죽빼죽하다 [그림씨] 여러 몬 끝이 다 차츰 가늘어지며 짧게 쏙 내밀리다

빼죽하다 [그림씨] 몬 끝이 차츰 가늘어지며 짧게 쏙 내밀리다

빼치다 [움직씨] **1** 억지로 빠져나오게 하다 [ㅂ]골목에서 몸을 빼쳐 겨우 살았다 **2** 끝이 가늘어져 뾰족하게 하다 [ㅂ]붓을 쥔 손에 힘을 빼고 글씨 끝을 빼쳤다

빽 [어찌씨] **1** 갑자기 날카롭고 새되게 내지르는 소리 [ㅂ]골이 난 아내가 소리를 빽 질렀다 큰말 삑 **2** 여럿이 좁은 곳에 배게 둘러 있는 꼴 [ㅂ]집 둘레에 화살나무가 빽 둘러섰다

빽빽 [어찌씨] **1** 갑자기 날카롭고 새되게 자꾸 지르는 소리 [ㅂ]아줌마가 소리를 빽빽 질렀다 큰말 삑삑 **2** 여럿이 좁은 곳에 붙을 만큼 배좁게 둘러 있는 꼴 [ㅂ]소나무가 빽빽 들어선 뒷메

빽빽거리다 [움직씨] 새나 사람, 수레고동 따위가 갑자기 날카로운 소리를 자꾸 내다 **빽빽대다**

빽빽돌 [이름씨] 불메돌 가운데 하나. 검은 빛이나 검은 잿빛을 띠고 기둥 꼴이 많으며 알갱이가 아주 작고 빽빽하여 단단하다. 집 짓는 밑감으로 쓴다 ⇐ 현무암

빽빽하다 [그림씨] **1** 사이가 다 붙어 촘촘하다 [ㅂ]큰 마당에 사람이 빽빽하게 들어찼다 맞선말 드물다 큰말 삑삑하다 ⇐ 울창하다 **2** 꼭 끼어서 헐렁하지 않다 [ㅂ]웃옷 품이 너무 빽빽해서 거북하다 **3** 속이 막히거나 좁다 [ㅂ]소라는 생각이 아주 빽빽해서 말 나누기가 힘들다 ⇐ 옹졸하다

뺀둥거리다 [움직씨] 자꾸 하는 일 없이 얄밉게 놀기만 하다 **뺀둥대다**

뺀둥뺀둥 [어찌씨] 하는 일 없이 얄밉게 놀기만 하는 꼴 [ㅂ]일이라면 뺀둥뺀둥 빠질 생각만 하다니!

뺀들거리다 [움직씨] 자꾸 하는 일 없이 몹시 게으름을 피우다 **뺀들대다**

뺀들뺀들 [어찌씨] 하는 일 없이 몹시 게으름을 피우는 꼴 [ㅂ]어릴 때는 뺀들뺀들 놀기만 하던 설미가 이런 씩씩한 푸름이로 자랐구나

뺀모임 [이름씨] 두 모임에서 하나에는 들어가지만 다른 모임에는 들어가지 않는 밑숫만으로 이루어진 모임. '가 - 나'로 나타낸다 ⇐ 차집합

뺀죽거리다 [움직씨] 매우 얄밉게 자꾸 뺀들거리며 이죽거리다 **뺀죽대다**

뺀죽뺀죽 [어찌씨] 매우 얄밉게 자꾸 뺀들거리며 이죽거리는 꼴 [ㅂ]얘야, 뺀죽뺀죽 돌아만 다니지 말고 가만히 일 좀 배우렴

뺀질거리다 [움직씨] 자꾸 몸을 이리저리 빼면서 일을 꾸준히 하지 않다 **뺀질대다**

뺀질뺀질 [어찌씨] 몸을 이리저리 빼면서 일을 꾸준히 하지 않는 꼴 [ㅂ]새 일꾼이 남 눈치를 보며 뺀질뺀질 일한다 비슷한말 반들반들 **뺀질뺀질하다**

뺄따름수 [이름씨] 한 바뀜수가 다른 바뀜수 냄으로 나타낸 것이 아니라 두 바뀜수가 아울러 나타난 따름수 'f(x,y)=0'으로 나타낼 때 따름수 'y'는 'x' 뺄따름수라 한다 맞선말 덧따름수 ⇐ 음의함수

뺄셈 [이름씨] 어떤 수에서 어떤 수를 덜어내는 셈 [ㅂ]뺄셈은 덧셈을 달리한 셈이다 맞선말 덧

셈 ⇐ 감산

뺄수 (이름씨) '0'보다 작은 참수 맞선말 덧수 ⇐ 음수

뺄옹근수 (이름씨) '0'보다 작은 옹근수 맞선말 덧옹근수 ⇐ 음의정수

뺌수 (이름씨) **1** 돈이나 몬 수를 줄임 ⇐ 감수 **2** 어떤 수에서 다른 어떤 수를 뺄 때, 빼려는 수. '10-2=8'에서 '2'를 이른다

뺏기다 (움직씨) '빼앗기다' 준말 ⓑ언니한테 뺏길라, 잘 갈무리해라

뺏다 (움직씨) '빼앗다' 준말 ⓑ힘없는 아이들한테서 뺏는 것은 도둑질과 똑같다

뺑 (어찌씨) **1** 작은 것이 좀 빠르게 도는 꼴 ⓑ아이들이 배곳 마당을 한 바퀴 뺑 돌아왔다 큰말 삥 여린말 뱅 거센말 팽 **2** 작은 둘레를 좁게 둘러싸는 꼴 ⓑ기둥을 가운데 두고 뺑 둘러앉았다

뺑그르르 (어찌씨) 작은 것이 좀 빠르고 미끄럽게 자꾸 도는 꼴 ⓑ벚나무 잎이 떨어져 뺑그르르 돌고는 땅에 내려앉는다 큰말 삥그르르 여린말 뱅그르르 거센말 팽그르르

뺑글 (어찌씨) 입을 벌릴 듯 말 듯 하면서 소리 없이 부드럽게 살며시 웃는 꼴 ⓑ내 말에 아내는 뺑글 웃으며 돌아섰다 여린말 뱅글 **뺑글하다**

뺑글거리다 (움직씨) 입을 벌릴 듯 말 듯 하면서 소리 없이 부드럽게 자꾸 웃다 여린말 뱅글거리다 **뺑글대다**

뺑글뺑글 (어찌씨) 입을 벌릴 듯 말 듯 하면서 소리 없이 부드럽게 자꾸 웃는 꼴 ⓑ귀엽다고 뺑글뺑글 쳐다보지만 말고 아우 좀 도와주렴 **뺑글뺑글하다**

뺑뺑 (어찌씨) **1** 작은 것이 좀 빠르게 자꾸 도는 꼴 ⓑ다람쥐가 쉬지 않고 뺑뺑 쳇바퀴를 돌린다 큰말 삥삥 작은말 뱅뱅 거센말 팽팽 **2** 바쁘게 이리저리 돌아다니는 꼴 ⓑ시킨 일은 하지도 않고 어딜 그렇게 뺑뺑 돌아다니느냐? **3** 몹시 켕긴 꼴 ⓑ뺑뺑 불은 젖소 젖을 주물러 짠다 **뺑뺑하다**

뺑뺑거리다 (움직씨) 좁은 테두리를 자꾸 돌거나 이리저리 자꾸 돌아다니다 큰말 삥삥거리다 작은말 뱅뱅거리다 거센말 팽팽거리다 **뺑뺑대다**

뺑소니 (이름씨) 몸을 빼내어 달아나는 짓 ⓑ뺑소니를 치다. 밤에 수레 하나가 사람을 치고 뺑소니를 놓았다 ⇐ 도주. 줄행랑

뺨 (이름씨) 얼굴 두 쪽 관자놀이에서 턱 위 사이에 살이 많은 데 ⓑ닭똥 같은 눈물이 두 뺨을 타고 흘러내린다 한뜻말 뺨따귀. 따귀 비슷한말 볼

뺨따귀 (이름씨) '뺨'을 달리 이르는 말 ⓑ말을 잘못했다간 뺨따귀를 얻어맞는 수가 있어 한뜻말 뺨. 따귀. 귀싸대기 비슷한말 볼

뺨주머니 (이름씨) 다람쥐처럼 볼에 먹이를 넣어 둘 수 있도록 늘어난 주머니

뺨치다 (움직씨) 견줌 거리를 넘어서다 ⓑ어른 뺨치는 아이 말솜씨 ⇐ 능가하다

뻐개다 (움직씨) **1** 단단한 것을 두 쪽으로 갈라 조각을 내다 ⓑ소나무 둥거리를 뻐개기는 조금 힘이 든다 **2** 단단한 것 틈이나 사이를 넓게 벌리다 ⓑ몰려있는 사람들 사이를 뻐개고 안으로 들어갔다

뻐개지다 (움직씨) '뻐개다' 입음꼴 ⓑ내리치는 도끼에 통나무 토막이 쫙 뻐개졌다. 슬픔에 가슴이 뻐개진다

뻐거덕 (어찌씨) 크고 뜬뜬한 것이 부딪치거나 쓸릴 때 나는 소리 ⓑ큰 못이 뻐거덕 소리를 내더니 뽑히었다 **뻐거덕하다**

뻐거덕거리다 (움직씨) 크고 뜬뜬한 것이 부딪치거나 쓸릴 때 소리가 잇달아 나다 **뻐거덕대다**

뻐거덕뻐거덕 (어찌씨) 크고 뜬뜬한 것이 부딪치거나 쓸릴 때 자꾸 나는 소리 ⓑ큰 나무문을 열 때마다 뻐거덕뻐거덕 소리가 난다 **뻐거덕뻐거덕하다**

뻐걱 (어찌씨) 딴딴하거나 질기고 뻣뻣한 것이 세게 서로 닿아 문질러질 때 나는 소리 ⓑ자던 아이가 이를 뻐걱 간다 **뻐걱하다**

뻐걱거리다 (움직씨) 딴딴하거나 질기고 뻣뻣한 것이 세게 서로 닿아 문질러질 때 소리가

ㅂ

잇달아 나다 **뻐걱대다**

뻐걱뻐걱 어찌씨 딴딴하거나 질기고 뻣뻣한 것이 세게 서로 닿아 문질러질 때 나는 소리 ㉥오래된 마루가 걸을 때마다 뻐걱뻐걱 운다 **뻐걱뻐걱하다**

뻐근하다 그림씨 ❶힘들어 지친 몸이 매우 거북하고 살이 빠개지는 듯하다 ㉥어제 무거운 짐을 멨더니 어깨가 뻐근하다 비슷한말 뻑적지근하다 ❷느낌이 꽉 차서 가슴이 빠개지는 듯하다 ㉥아이들이 많이 죽어 슬픔에 가슴이 뻐근하다 ❸힘에 겨울 만큼 일이 벅차다 ㉥벌레 먹은 밤을 밤늦게까지 손질하려니 팔이 뻐근하다

뻐기다 움직씨 우쭐대며 뽐내다 ㉥아버지가 벼슬아치라고 되게 뻐기네 비슷한말 뽐내다

뻐꾸기 이름씨 등과 멱은 잿빛을 띤 푸른빛이고 배에는 흰 바탕에 붉은빛을 띤 가로줄 무늬가 촘촘하게 나 있으며 낮은 메나 숲속에 사는 여름 철새. 다른 새 둥지에 알을 낳아 깬다 한뜻말 뻐꾹새

뻐꾹뻐꾹 어찌씨 뻐꾸기가 자꾸 우는 소리 ㉥숲에서 뻐꾹뻐꾹 뻐꾸기 우는 소리가 들린다

뻐끔[1] 어찌씨 틈이나 구멍이 매우 깊고 뚜렷하게 벌어진 꼴 ㉥뻐끔 뚫린 하늬버선 뒤꿈치 작은말 빠끔

뻐끔[2] 어찌씨 ❶입을 벌렸다 오므리며 무엇을 빨거나 들이마시는 꼴 ㉥오빠는 두리번거리더니 담배에 불을 붙여 뻐끔 피웠다 작은말 빠끔 ❷물고기가 입을 벌렸다 오므렸다 하며 물을 들이마시는 꼴 ㉥버들피리 한 마리가 물속에서 뻐끔 물을 들이켜며 한갓지게 노닌다 **뻐끔하다**

뻐끔거리다 움직씨 입을 벌렸다 오므리며 자꾸 무엇을 빨거나 들이마시다 ㉥물고기가 입을 뻐끔거리며 물속에서 헤엄치며 논다 **뻐끔대다**

뻐끔뻐끔[1] 어찌씨 ❶입을 벌렸다 오므리며 자꾸 무엇을 빨거나 들이마시는 꼴 ㉥할아버지가 담뱃대를 뻐끔뻐끔 빨아들인다 ❷물고기가 자꾸 입을 벌렸다 오므렸다 하며 물을 들이마시는 꼴 ㉥중태기들이 물 위로 입을 내고 뻐끔뻐끔 숨을 쉰다 **뻐끔뻐끔하다**

뻐끔뻐끔[2] 어찌씨 큰 구멍이나 틈 따위가 여기저기 깊고 뚜렷하게 나 있는 꼴

뻐끔뻐끔하다 그림씨 큰 구멍이나 틈 따위가 여기저기 깊고 뚜렷하게 나 있다

뻐끔하다 그림씨 틈이나 구멍이 매우 깊고 뚜렷하게 나 있다

뻐드렁니 이름씨 밖으로 뻗은 앞니 ㉥할머니는 뻐드렁니가 드러날 만큼 활짝 웃었다 비슷한말 벋니. 버덩니

뻑뻑하다 그림씨 ❶물이 적어 부드러운 맛이 없다 ㉥죽이 너무 뻑뻑하다 ❷느긋하거나 넉넉하지 않아 빠듯하다 ㉥새 신이 아직은 뻑뻑하다 ❸마음 씀씀이나 몸가짐에 두름새가 거의 없이 갑갑하다 ㉥사람이 뻑뻑해서 마주하기 싫다 ❹꽉 끼거나 맞아서 헐렁하지 않다 ㉥수레 멈추개가 뻑뻑하다

뻑적지근하다 그림씨 거북할 만큼 살이 빠개지는 듯하다 ㉥가슴이 뻑적지근하고 답답하다 비슷한말 뻐근하다. 찌뿌둥하다

뻔뻔스럽다 그림씨 잘못을 저지르고도 부끄러운 줄 모르다 ㉥빚을 미처 갚지도 않고 뻔뻔스럽게 돈을 또 꾸러 오다니 비슷한말 번질번질하다 ⇐ 파렴치하다

뻔뻔하다 그림씨 잘못이 있어도 부끄러운 줄 모르고 아무 일 없는 듯하다 ㉥어떻게 거짓말을 하고도 그렇게 뻔뻔할 수가 있니? 한뜻말 낯두껍다 ⇐ 파렴치하다

뻔질거리다 움직씨 ❶몬 거죽이 기름이나 물이 묻어 미끄럽다 작은말 빤질거리다 ❷일에 슬슬 배돌며 게으름을 부리다 **뻔질대다**

뻔질나다 그림씨 ('뻔질나게' 꼴로 써) 드나드는 것이 아주 잦다 ㉥나는 떡집에 뻔질나게 드나들어 떡보라 불린다

뻔질뻔질 어찌씨 ❶몬 거죽이 기름이나 물이 묻어 미끄러운 꼴 ㉥마룻바닥이 뻔질뻔질 미끄러워 천천히 걸었다 작은말 빤질빤질 여린

말번질번질 ❷일에 슬슬 배돌며 게으름을 부리는 꼴 ⓑ아우는 바탕이 뻔질뻔질 느려서 어디를 가든 풀 죽지 않는다 ❸매우 뻔뻔스럽고 유들유들한 꼴 ⓑ나는 누구를 만나도 뻔질뻔질 말을 잘한다 **뻔질뻔질하다**

뻔질뻔질하다 그림씨 ❶몬 거죽이 기름이나 물이 묻어 미끄럽다 작은말빤질빤질하다 여린말번질번질하다 ❷매우 뻔뻔스럽고 유들유들하다

뻔쩍 어찌씨 ❶환한 빛이 갑자기 잠깐 빛나는 꼴 ⓑ번갯불이 뻔쩍 하늘을 가른다 작은말빤짝 여린말번쩍 ❷무엇이 눈 깜짝할 새에 뚜렷이 나타나는 꼴 ⓑ활짝 핀 소낭버섯이 눈에 뻔쩍 띄었다 ❸힘있게 갑자기 쳐들어 올리는 꼴 ⓑ통나무를 뻔쩍 들어 외발 수레에 올렸다. 아이가 손을 뻔쩍 들었다 ❹갑자기 얼이 들거나 얼을 차리는 꼴 ⓑ엄마 아프다는 새뜸에 얼이 뻔쩍 들었다 ❺생각이 눈 깜짝할 새에 갑자기 떠오르는 꼴 ⓑ좋은 생각이 뻔쩍 떠올랐다 ❻감았던 눈을 갑자기 크게 뜨는 꼴 ⓑ졸다가 수레가 서는 바람에 눈을 뻔쩍 떴다 ❼몬이나 일이 빨리 없어지거나 끝나는 꼴 ⓑ김장을 뻔쩍 해치웠다 **뻔쩍하다**

뻔쩍거리다 움직씨 짧은 사이 크고 센 빛이 잇달아 나는 꼴 ⓑ깜깜한 밤에 불빛이 뻔쩍거렸다 작은말빤짝거리다 여린말번쩍거리다 **뻔쩍대다**

뻔쩍뻔쩍 어찌씨 ❶환한 빛이 갑자기 잠깐씩 잇달아 빛나는 꼴 ⓑ하늘에는 천둥과 함께 번갯불이 뻔쩍뻔쩍 빛났다 작은말빤짝빤짝 여린말번쩍번쩍 ❷무엇이 눈 깜짝할 새에 뚜렷이 자꾸 언뜻언뜻 나타나는 꼴 ⓑ배가 저녁노을에 뻔쩍뻔쩍 빛나며 뱃나루로 들어온다 ❸힘있게 자꾸 쳐들어 올리는 꼴 ⓑ일꾼들은 쌀가마를 뻔쩍뻔쩍 들어 수레에 실었다 ❹일을 매우 빨리 잽싸게 해내는 꼴 ⓑ일손이 얼마나 빠른지 모심기를 뻔쩍뻔쩍 해치운다 **뻔쩍뻔쩍하다**

뻔하다[1] 그림씨 ❶(눈에 보이는 것이) 매우 또렷하고 환하다 ⓑ한길에서 뻔히 보이는 곳에 자리 잡았다 작은말빤하다 ⇐ 자명하다 ❷일이 어떻게 흘러갈지 또렷하다 ⓑ보지 않아도 뻔히 아는 일이다 ❸바라보는 눈매가 또렷하다 ⓑ지나가는 이를 뻔히 쳐다보았다 ❹어둠 속에 빛이 또렷하다 ⓑ뻔하게 불이 켜진 길을 따라 걸었다 ❺잠깐 틈이 나서 한갓지다 ⓑ가을걷이도 끝나고 잠깐 뻔해서 올라왔어 ❻앓이가 조금 가라앉다 ⓑ아지매 앓이가 좀 뻔하다고 한다

뻔하다[2] 그림씨 (어떤 움직씨 뒤에서 '-ㄹ 뻔하다' 꼴로 써) 까딱하면 그렇게 되려다가 끝내 그렇게 되지 않았다 ⓑ하마터면 돌부리에 걸려 코가 깨질 뻔했다

뻔히 어찌씨 매우 또렷하고 환하게 ⓑ뻔히 알면서 시치미를 뚝 떼다니 작은말빤히

뻗다 움직씨 ❶가지나 덩굴이 길게 자라 나가다 ⓑ오이가 담벼락으로 덩굴을 뻗었다 ❷길이나 금이 길게 놓여 나가다 ⓑ멧줄기가 힘차게 뻗어 내렸다 ❸힘이나 흐름 따위가 세차게 치밀거나 미치다 ⓑ우리말도 이제 누리로 뻗어 나간다 ⇐ 약진하다 ❹힘이 다해 쓰러지거나 죽다 ⓑ큰 주먹 한 방을 먹고 길손은 그대로 뻗었다 ❺오므렸던 것을 쭉 펴다 ⓑ다리를 쭉 뻗고 누웠다 ❻가지거나 쥐려고 손을 내밀다 ⓑ도움손길을 뻗어 어려운 이를 보살폈다 슬기말 **뻗어 가는 칡도 끝이 있다** 무슨 일이든 마침내 끝이 있다

뻗대다 움직씨 ❶고이 따르지 않고 힘껏 버티다 ⓑ아이가 심부름을 가지 않겠다고 뻗댄다 ⇐ 반항하다 ❷넘어지지 않으려고 몸에 힘을 주어 버티다 ⓑ달구지에서 떨어지지 않게 팔을 뒤로 뻗댔다

뻗치다 움직씨 ❶('뻗다' 힘줌말로 써) 힘이 바깥으로 뻗다 ⓑ우리나라 힘이 차츰 온누리로 뻗칠 것이다 ❷팔다리나 가지 따위를 쑥 내어밀다 ⓑ호박 덩굴이 울 너머까지 뻗쳤다

-뻘 뒷가지 '그런 사이'라는 뜻을 더하는 뒷가

지 ⓑ그 사람이 나보다 나이는 많지만 집안 돌림으로는 조카뻘이다

뻘거우리하다 그림씨 흐릿하게 빨갛다 ⓑ고추가 벌써 뻘거우리하게 익어간다 작은말빨가우리하다

뻘겋다 그림씨 피같이 아주 붉다 ⓑ가마에 불이 뻘겋게 달아올랐다 비슷한말시뻘겋다

뻘뻘 어찌씨 ❶몹시 바쁘게 여기저기 돌아다니는 꼴 ⓑ요즘이 어느 때라고 그리 뻘뻘 쏘다니는고? 작은말빨빨 ❷땀을 아주 많이 흘리는 꼴 ⓑ무거운 짐을 나르느라 땀을 뻘뻘 흘렸다

뻘짓 이름씨 아무 쓸모없이 헛되게 하는 짓 ⓑ엉뚱한 뻘짓은 그만하고 얼을 차리시오

뻣뻣하다 그림씨 ❶무엇이 굳고 꿋꿋하다 ⓑ줄에 넌 옷가지가 얼어서 뻣뻣해졌다 작은말빳빳하다 ❷풀이 그대로 살아있다 ⓑ여름옷은 뻣뻣하게 풀 먹인 것이 좋다 ❸팽팽하게 켕기다 ⓑ몸이 뻣뻣하여 춤이 엉망이다 ❹됨됨이나 몸가짐이 아주 억세다 ⓑ어른도 몰라보는 뻣뻣한 몸가짐부터 고쳐라 ❺말씨가 부드럽지 못하다 ⓑ뻣뻣한 말씨

뻣세다 그림씨 뻣뻣하고 억세다

뻥[1] 어찌씨 ❶거짓말. 헛바람 ⓑ걔는 뻥이 세. 뻥 까지마 ❷바람이나 기다림이 아주 어긋맞게 된 일 ⓑ오늘 할 일이 모두 뻥으로 돌아갔다 한뜻말물거품

뻥[2] 어찌씨 ❶바퀴나 바람주머니 따위가 갑자기 시끄럽게 터지는 소리 ⓑ짐수레 바퀴가 뻥 터졌다 ❷구멍이 크게 뚫리는 꼴. 또는 그 소리 ⓑ일옷 무릎에 구멍이 뻥 뚫렸다 ❸공 같은 것을 아주 세게 차는 꼴 ⓑ머리만 한 공을 뻥 찼다

뻥긋 어찌씨 ❶입을 조금 크게 벌리며 소리 없이 아주 가볍게 웃는 꼴 ⓑ그이는 날 보면 늘 뻥긋 웃어준다 비슷한말뻥긋이 작은말빵긋 여린말벙긋 ❷입을 소리 없이 조금 크고 세게 열거나 벌리는 꼴 ⓑ잉글말이라면 입도 뻥긋 못한다 **뻥긋하다**

뻥긋거리다 움직씨 입을 조금 크게 벌리며 소리 없이 아주 가볍게 자꾸 웃다 작은말빵긋거리다 여린말벙긋거리다 **뻥긋대다**

뻥긋뻥긋 어찌씨 입을 조금 크게 벌리며 소리 없이 아주 가볍게 자꾸 웃는 꼴 ⓑ오랜만에 만난 사람들은 반가움에 뻥긋뻥긋 웃음이 그치질 않는다 작은말빵긋빵긋 여린말벙긋벙긋 **뻥긋뻥긋하다**

뻥긋하다 그림씨 입이나 문 따위의 틈새가 조금 벌어져 있다

뻥튀기 이름씨 ❶쌀, 옥수수 같은 낟알을 불에 단 틀에 넣어 튀겨 낸 군것. 튀겨져 나올 때 '뻥' 소리가 난 데서 붙인 이름이다 ⓑ뻥튀기를 집청에 버무려 설 먹거리로 쓴다 ❷작은 일을 큰일처럼 부풀림 ⓑ뜬소리는 뻥튀기가 되어 돌기 마련이다

뼈 이름씨 ❶등뼈짐승 살 속에서 몸을 받쳐 주고 몸속에 있는 결창을 지켜주는 단단한 것 ⓑ뼈가 부러지는 큰일을 겪었다 ❷집이나 이야기 따위를 이루는 얼개 ⓑ불에 타 뼈만 남은 집. 엄마가 살아온 삶이 이 이야기 뼈를 이루고 있다 ⇐골격. 골자 ❸바탕이 되는 줄거리나 자위 ⓑ뼈를 먼저 만들어놓고 살을 붙여야 일이 제대로 되지 ❹굳게 잡은 마음. 줏대 ⓑ하는 말을 들어보면 하늘이는 뼈 있는 사람이다 익은말 **뼈도 못 추리다** 남는 것이 하나도 없다 **뼈를 깎다** 견디기 힘들 만큼 아프거나 쓰리다 **뼈에 사무치다** 마음에 맺히거나 아픈 것이 뼛속에 파고들 만큼 깊고 세다

뼈다귀 이름씨 ❶뼈 낱낱 ⓑ고양이에게 물고기 뼈다귀를 던져주었다 ❷'뼈'를 달리 이르는 말 ⓑ소가 오래 앓아 뼈다귀만 남은 것 같아 안타깝다

뼈대 이름씨 ❶몸을 이루는 바탕뼈 또는 그 생김새 ⓑ그 좋던 살집은 간데없고 앙상한 뼈대만 남았더라 ⇐골격 ❷집이나 이야기 따위를 이루는 알맹이나 얼개 ⓑ집 뼈대를 튼튼하게 지었다. 글 뼈대만 얘기해볼래? ⇐골간. 골자. 프레임 ❸바탕이 되는 줄거리나 알속 ⓑ알찬 말을 하는 걸 보니 뼈대 있

는 배움과 삶을 산 것 같다

뼈마디 (이름씨) 뼈와 뼈가 맞닿은 데 ⓑ뼈마디가 쑤시는 걸 보니 비가 오려나봐 비슷한말 마디 ⇐ 관절

뼈아프다 (그림씨) (슬픔이나 뉘우침, 노염 같은 마음이) 뼛속에 사무치도록 괴롭다 ⓑ내가 잘못한 짓을 뼈아프게 뉘우쳤다. 뼈아픈 슬픔 비슷한말 뼈저리다 ⇐ 절실하다

뼈저리다 (그림씨) (슬픔이나 뉘우침, 노염 같은 마음이) 뼛속에 사무치도록 깊다 ⓑ뼈저린 배움. 오랜만에 씨름을 해보니 내가 힘이 빠졌음을 뼈저리게 느꼈다 비슷한말 뼈아프다 ⇐ 심심하다

뼈품 (이름씨) 몹시 고되게 힘을 들이는 품 ⓑ뼈품을 팔아 번 돈이라 함부로 써지지 않는다

뼘 (이름씨) **1** 엄지손가락과 다른 손가락을 잔뜩 벌린 길이. 긴 뼘은 엄지손가락과 가운뎃손가락을 힘껏 벌린 길이 ⓑ나는 또래보다 키가 한 뼘쯤 크다 **2** 손가락을 펴서 길이를 재는 하나치 ⓑ한 뼘. 일곱 뼘

뼘내기 (이름씨) **1** 뼘으로나 잴 만한 매우 작은 길이나 넓이 **2** 맞힐 돈과 던진 목대 사이가 매겨 놓은 뼘 밖에 나가게 되면 그 사람은 떨어지고 다른 사람이 갈마들게 되는 돈치기

뼘다 (움직씨) 뼘으로 길이를 재다 ⓑ여러 디위 뼘어 보아서 그 길이를 어림한다

뼘들이 (이름씨) 한 뼘 남짓한 길이 ⓑ이 줄을 뼘들이로 잘라 주련?

뼘치 (이름씨) 길이가 한 뼘쯤 되는 몬이나 물고기

뼛가루 (이름씨) 짐승이나 물고기 뼈를 빻아 낸 가루. 아이들 먹을거리로 좋고 짐승 먹이나 거름으로 쓴다

뼛골 (이름씨) 뼛속 궁글은 데 차 있는 누른빛 부드러운 얼개 ⓑ뼛골 빠지게 일하다 ⇐ 골수. 뼛속 (익은말) **뼛골에 사무치다·뼈에 사무치다** 맺힌 마음과 괴로움이 몹시 깊이 느껴지다

뼛성 (이름씨) 갑자기 발칵 일어나는 짜증 ⓑ대뜸 뼛성을 부리니 영문을 모르겠다. 뼛성 내다

뼛속 (이름씨) **1** 뼈 속 ⓑ뼛속에 구멍이 많이 나면 살짝 넘어져도 부러지기 쉽다 ⇐ 골수. 골내 **2** 마음속 깊은 데 ⓑ찬바람이 뼛속까지 스며든다

뽀글거리다 (움직씨) **1** 물 같은 것이 얼마 남지 않은 채 아주 시끄럽게 끓다 ⓑ된장찌개가 뽀글거리며 구수한 냄새가 퍼진다 큰말 뿌글거리다 여린말 보글거리다 **2** 작은 거품이 한꺼번에 세게 잇달아 일어나다 ⓑ물고기 입에서 물방울이 뽀글거리며 올라온다 **뽀글대다**

뽀글뽀글 (어찌씨) **1** 물 같은 것이 얼마 남지 않은 채 아주 시끄럽게 끓는 꼴이나 그 소리 ⓑ딸기 단졸임이 뽀글뽀글 끓는다 큰말 뿌글뿌글 여린말 보글보글 **2** 작은 거품이 한꺼번에 세게 잇달아 일어나는 꼴이나 그 소리 ⓑ술단지에서 술이 익느라 거품이 뽀글뽀글 올라온다 **3** 머리카락 따위가 잇달아 짧게 꼬부라져 잔뜩 뭉쳐 있는 꼴 ⓑ누이가 머리방에서 머리를 뽀글뽀글 볶아 와서 한바탕 발칵 뒤집혔다 **뽀글뽀글하다**

뽀글뽀글하다 (그림씨) 머리카락 따위가 잇달아 짧게 꼬부라져 잔뜩 뭉쳐 있다 큰말 뿌글뿌글하다 여린말 보글보글하다

뽀드득 (어찌씨) **1** 이 같은 것을 야무지게 갈거나 단단하고 매끄러운 것을 세게 맞비비는 소리 ⓑ뽀드득 소리가 날 만큼 접시를 깨끗하게 닦았다. 뽀드득 이 가는 소리 준말 뽀득 큰말 뿌드득 여린말 보드득 **2** 쌓인 눈을 밟을 때 나는 소리 ⓑ눈이 펑펑 내리는 길을 걸으니 뽀드득 발자국 소리가 난다 **뽀드득하다**

뽀드득거리다 (움직씨) **1** 이를 갈 때처럼 단단하거나 매끄러운 것을 세게 맞비비는 소리가 자꾸 나다 ⓑ아우가 잘 때마다 뽀드득거리며 이를 간다 준말 뽀득거리다 큰말 뿌드득거리다 여린말 보드득거리다 **2** 쌓인 눈을 잇달아 밟는 소리가 나다 ⓑ눈이 소복한 마당을

뽀드득거리며 걸었다 **뽀드득대다**

뽀드득뽀드득 어찌씨 ❶이 같은 것을 야무지게 갈거나 씹을 때 잇달아 나는 소리 ㉥아지매가 뽀드득뽀드득 이를 갈며 달려들었다 준말뽀득뽀득 큰말뿌드득뿌드득 여린말보드득보드득 ❷쌓인 눈을 잇달아 밟을 때 나는 소리나 그 꼴 ㉥뽀드득뽀드득 눈길을 걸으며 아이가 깔깔거린다 **뽀드득뽀드득하다**

뽀로로 어찌씨 몸집이 작은 사람이 종종걸음으로 바쁘게 달리거나 쫓아가는 꼴 ㉥아손딸이 뽀로로 와서 할아버지한테 절을 한다

뽀로지다 움직씨 게정스러워 뽀로통해지다 ㉥송곳 끝처럼 뽀로져서 젓먹이를 내려놓고 발딱 일어섰다

뽀로통하다 움직씨 ❶부풀거나 부어올라 볼록하다 ㉥벌에 쏘여 손등이 뽀로통하게 부었다 ❷얼굴에 못마땅한 빛이 있다 ㉥아우가 내 말에 뽀로통해져서는 입을 삐죽 내밀고는 나가버렸다

뽀르르 어찌씨 작은 몸짓으로 서둘러 달려가거나 쫓아가는 꼴 ㉥막내가 아빠한테 뽀르르 안겼다 큰말뿌르르

뽀뽀 이름씨 '입맞춤' 아이 말 ㉥아이가 엄마한테 달려가 뽀뽀를 했다 **뽀뽀하다**

뽀얗다 그림씨 ❶안개나 내가 낀 것처럼 맑지 않고 조금 흐리게 하얗다 ㉥마룻바닥에 뽀얀 먼지가 내려앉았다 큰말뿌옇다 ❷얼굴 같은 데가 핏기가 돌고 하얗다 ㉥더운 데 살아도 속살은 뽀얗다 ❸'(뽀얗게'꼴로 써) 먼지가 일도록 빠른 걸음으로 부리나케 달려가듯 하다 ㉥달님이 어느새 뽀얗게 앞서 달린다 ❹빛깔이 보기 좋게 하얗다 ㉥김장을 끝내고 밖에 나가서 뽀얀 곰국을 한 그릇씩 사먹었다

뽀얘지다 움직씨 ❶안개나 김이 짙게 서린 것처럼 조금 하얗게 되다 ㉥거울에 김이 서려 뽀얘졌다 큰말뿌예지다 ❷살갗 같은 데가 아주 깨끗하고 하얗게 되다 ㉥얼마동안 돌아다니질 않아 살결이 뽀얘졌다

뽐내다 움직씨 ❶기운이 나고 힘이 솟아 우쭐거리다 ㉥올해 넓은 집을 사서 옮긴다고 벗들에게 뽐낸다 비슷한말뻐기다 ⇐ 과시하다 ❷보란 듯이 재주를 자랑하다 ㉥나는 그동안 익힌 춤 솜씨를 뽐냈다

뽑기 이름씨 뽑는힘을 가진 사람이 그위일을 맡을 사람을 뽑는 일 ⇐ 선거. 투표

뽑기뮘 이름씨 나라나 고장일을 맡아 할 사람을 뽑아달라고 벌이는 뮘 ⇐ 선거운동

뽑기벼리 이름씨 아람을 갈음날 사람을 어떻게 뽑을지 밝혀놓은 벼리 ⇐ 선거법

뽑는이 이름씨 뽑는힘을 가진 사람 ⇐ 선거인

뽑는힘 이름씨 뽑기에 들어가 뽑을 수 있는 힘 ⇐ 선거권. 투표권

뽑다 움직씨 ❶박힌 것을 잡아당겨 빼내다 ㉥밭에 앉아 풀을 뽑았다 ❷여럿 가운데서 골라내다 ㉥새 일꾼을 뽑았다 ⇐ 투표하다 ❸밑감을 긴 꼴로 지어내다 ㉥방앗간에서 떡가래를 뽑았다 ❹속에 든 물이나 바람 같은 것을 밖으로 나오게 하다 ㉥죽은 피를 뽑았다 ❺몹쓸 생각이나 버릇 따위를 털어 없애다 ㉥남에게 기대어 살려는 마음을 뿌리째 뽑아야겠다 ❻무엇에 들인 밑천을 도로 찾다 ㉥이 판에서 밑천을 뽑아야지 ❼길게 늘여 솟구다 ㉥문밖으로 고개를 뽑고 두리번거린다 ❽소리를 길게 내다 ㉥재미있는 노래 한 가락을 뽑아볼거나 ❾수레를 새로 마련하다 ㉥수레 하나를 새로 뽑았어

뽑은그림 이름씨 있는 그대로 그리지 않고 점이나 금, 낯, 빛깔 같은 것으로 드러낸 그림 ⇐ 추상화

뽑히다 움직씨 ❶('뽑다' 입음꼴) 박힌 것이 잡아당겨 빼내지다 ㉥센바람에 감나무 둥치가 뿌리째 뽑혔다 ❷여럿 가운데서 골라지다 ㉥미르가 앞으로 모임을 이끌어갈 으뜸지기로 뽑혔다 ⇐ 당선되다. 당첨되다. 선발되다. 선출되다. 간택되다 ❸밑감이 긴 꼴로 만들어지다 ㉥누에고치에서 깁실이 뽑힌다

뽑힌이 이름씨 뽑기에서 뽑힌 사람 ⇐ 당선자. 당선인. 선발자. 선수

뽑힐이 (이름씨) 뽑기에서 뽑히려고 나선 사람 ⇐ 후보자. 입후보자

뽑힐힘 (이름씨) 뽑기에 나가서 뽑힌이가 될 수 있는 힘 ⇐ 피선거권

뽕[1] (이름씨) **1** '뽕나무' 준말 ⓑ밭둑을 따라 뽕을 심었다 **2** '뽕잎' 준말 ⓑ뽕을 따러 가자 (슬기말) **뽕도 따고 임도 보고** 두 가지 일을 함께 이루기

뽕[2] (이름씨) 빛깔 없는 앙금이나 흰 가루. 냄새가 없으며 함부로 쓰면 잠을 못 자고 뽕 가는 느낌을 맛보며 헛것이 보이는 인박인 늪이 나타난다 ⇐ 필로폰

뽕[3] (어찌씨) **1** 막혔던 바람이 좁은 구멍으로 갑자기 세게 터져 나오는 소리 ⓑ방귀를 뽕 뀌었다 큰말뿡 **2** 작은 구멍이 또렷이 뚫어질 때 나는 소리나 그 꼴 ⓑ손가락으로 배달종이에 구멍을 뽕 뚫었다

뽕나무 (이름씨) 줄기는 곧게 자라고 가지를 많이 치며 잎은 둥근 알꼴에 가에는 톱니가 있고 봄에 누르스름한 꽃이 피며 여름에 검붉은 오디가 달리는 갈잎나무. 잎은 누에 먹이로 쓰고 껍질과 뿌리는 낫개로 쓴다 한뜻말오디나무 준말뽕

뽕잎 (이름씨) 뽕나무 잎 ⓑ누에가 뽕잎을 먹고 자라 고치를 낳는다 준말뽕

뾰두라지 (이름씨) 뾰루지

뾰로통하다 (그림씨) **1** 붓거나 부풀어 올라 몹시 뿔룩하다 ⓑ뾰로통한 물집. 뾰로통한 입술 **2** 못마땅하여 잔뜩 골 난 빛이 있다 ⓑ아이가 엄마에게 꾸중을 들었는지 뾰로통하다

뾰롱뾰롱하다 (그림씨) 마음씨가 부드럽지 못하여 남한테 몹시 까다롭고 걸핏하면 톡톡 쏘다 ⓑ고운이는 얼굴은 예쁘장하나 마음씨가 뾰롱뾰롱하여 걸핏하면 톡톡 쏘아댄다

뾰루지 (이름씨) 뾰족하게 난 작은 부스럼 ⓑ나숨이가 뾰루지를 칼로 째고 고름을 짜냈다 한뜻말뾰두라지

뾰족 (어찌씨) 몬 끝이 차츰 가늘어지며 매우 날카롭게 내밀린 꼴 ⓑ뾰쪽 튀어나온 송곳 끝에 손등이 긁혔어

뾰족구두 (이름씨) 뒷굽이 높고 앞이 뾰족한 겨집 구두 ⓑ우리 누나는 뾰족구두 못 신어 보고 시집갔지

뾰족뾰족 (어찌씨) 여럿이 다 끝이 차츰 가늘어지며 매우 날카롭게 내밀린 꼴 ⓑ봉우리들이 뾰족뾰족 솟아났다

뾰족뾰족하다 (그림씨) 여럿이 다 끝이 차츰 가늘어지며 매우 날카롭게 내밀리다

뾰족하다 (그림씨) **1** 끝 쪽이 가늘어지고 날카롭다 ⓑ송곳이 아주 뾰족하여 자칫 찔리겠다 **2** 어떤 일을 하는 수나 생각이 알맞거나 뛰어나다 ⓑ다른 뾰족한 수가 떠오르질 않는다

뿌글거리다 (움직씨) **1** 물 같은 것이 많이 담긴 채 세게 솟구치며 끓다 ⓑ가마솥에는 엿을 고느라 엿물이 뿌글거리며 끓는다 **2** 큰 거품이 한꺼번에 세게 잇달아 솟구쳐 오르다 ⓑ술독에서 뿌글거리며 맛있게 술 익는 소리가 들린다 **뿌글대다**

뿌글뿌글 (어찌씨) **1** 많은 물 같은 것이 넓은 테두리에서 세게 솟구치며 마구 끓는 꼴 ⓑ국수 삶을 물이 뿌글뿌글 끓어 번진다 **2** 큰 거품이 한꺼번에 세게 솟구쳐 오르는 꼴이나 그 소리 ⓑ비가 오지 않아 갇힌 물웅덩이에서는 거품이 뿌글뿌글 인다 **3** 들뜬 마음이 가슴속에서 몹시 설레는 꼴 ⓑ꽃 같은 젊은이를 떼죽음으로 몬 게으름과 어리석음에 노염이 뿌글뿌글 인다 **뿌글뿌글하다**

뿌다구니 (이름씨) **1** 무엇이 삐죽하게 내민 쪽 ⓑ바위 뿌다구니에 걸려 허벅지를 다쳤다 준말뿌다귀 **2** 토막. 조각 ⓑ무 뿌다구니. 고구마 뿌다구니 **3** 뿔 ⓑ소 뿌다구니

뿌다귀 (이름씨) 뿌다구니

뿌드득 (어찌씨) **1** 이 같은 것을 되게 갈 때 나는 소리나 그 꼴 ⓑ오늘님은 이를 뿌드득 갈며 씩씩거렸다 **2** 눈을 밟을 때 매우 힘있게 다져지는 소리나 그 꼴 ⓑ뿌드득 눈길을

밟으며 메에 올랐다 ❸세게 기지개를 켜는 꼴 ㉥아침에 일어나 뿌드득 기지개를 켠다 ❹단단하거나 질긴 것이 세게 쓸리거나 문질러지는 소리나 그 꼴 ㉥먼지 낀 거울을 뿌드득 닦았다 **뿌드득하다**

뿌드득거리다 움직씨 ❶이 같은 것을 되게 자꾸 가는 소리가 나다 ❷눈을 밟을 때 세게 다져지는 소리가 잇달아 나다 **뿌드득대다**

뿌드득뿌드득 어찌씨 ❶이 같은 것을 되게 자꾸 갈 때 매우 힘있게 나는 소리나 그 꼴 ㉥이를 뿌드득뿌드득 갈면서 미워하는 마음에서 벗어나기를 ❷눈을 밟을 때 매우 힘있게 다져지면서 잇달아 나는 소리나 그 꼴 ㉥배곳까지 아무도 밟지 않은 새벽 눈길을 뿌드득뿌드득 밟으며 오갔다 ❸여럿이 모두 세게 기지개를 켜는 꼴 ㉥나물꾼들은 아침에 일어나 뿌드득뿌드득 기지개를 켜고 몸을 풀었다 ❹단단하거나 질긴 것이 세게 슬리거나 문질러질 때 잇달아 나는 소리나 그 꼴 ㉥국수틀에서 뿌드득뿌드득 소리가 나며 국수가 뽑혀 나왔다 **뿌드득뿌드득하다**

뿌득거리다 움직씨 ❶이 같은 것을 빠르고 되게 자꾸 가는 소리가 나다 ❷눈을 세게 밟는 소리가 잇달아 나다 **뿌득대다**

뿌득뿌득[1] 어찌씨 ❶이 같은 것을 빠르고 되게 자꾸 갈 때 나는 소리나 그 꼴 ㉥이를 뿌득뿌득 갈며 벼려 보았지만 뾰쪽한 수가 없었다 ❷눈을 밟을 때 매우 힘있게 잇달아 나는 소리나 그 꼴 ㉥구둣발로 눈을 뿌득뿌득 밟으며 열 마을을 걸었다 **뿌득뿌득하다**

뿌득뿌득[2] 어찌씨 ❶몹시 억지를 쓰며 우기거나 조르는 꼴 ㉥아내는 쉬라는 데도 뿌득뿌득 따라 나섰다 ❷잡은 날이 매우 걱정스럽게 다가오는 꼴 ㉥글 마감날이 뿌득뿌득 다가오고 눈은 따갑고 제법 힘들구나 **뿌득뿌득하다**

뿌듯하다 그림씨 ❶꽉 들어차서 그득하다 ㉥알밤을 넣은 주머니가 뿌듯하다 ❷마음이 즐거워 가슴이 벅차다 ㉥마을 사람들과 어려운 이웃을 도우니 참 뿌듯하다

뿌리 이름씨 ❶땅속으로 뻗어 푸나무를 받치고 물과 살감을 빨아들여 줄기에 보내고 온갖 살감을 갈무리하는 곳. 또는 그것을 세는 하나치 ㉥뿌리가 깊은 나무는 바람에 뮈지 않는다 ❷어떤 곳에 깊숙이 박힌 것 밑동 ㉥머리카락 뿌리가 튼튼해야 머릿결도 좋다. 이 뿌리가 튼튼해야 이가 딴딴하다 ❸어떤 것이 비롯되는 밑바탕 ㉥우리 겨레 뿌리는 어디서 비롯되었을까? 익은말 **뿌리가 깊다** 무엇이 말미암은 지가 오래다 **뿌리 뽑다** 나쁜 것을 오롯이 없애다 슬기말 **뿌리 없는 나무에 잎이 필까** 까닭이 없는 열매가 맺을 수 없다

뿌리개 이름씨 물이나 가루 따위를 흩뿌리는 연장 ㉥가물어 배추밭에 물 뿌리개로 물을 뿌렸다 ⇐ 살포기

뿌리남새 이름씨 뿌리나 덩이줄기를 먹는 남새. 무, 당근, 마늘, 둥글파, 감자, 새앙, 우엉 들이 있다 ㉥뿌리남새는 살감값이 높고 저마다 남달리 옷곳하다 ⇐ 뿌리채소. 근채

뿌리내리다 움직씨 ❶옮겨 심은 푸나무에서 새 뿌리가 나와 자리잡다 ㉥옮긴 소나무가 뿌리를 내린 것 같다 ⇐ 착근하다 ❷옮긴 곳에 자리를 잡고 살다 ㉥할아버지 때부터 뿌리내린 곳에서 나도 태어났다 한뜻말 뿌리박다 ⇐ 정착하다 ❸어떤 일이나 뜻이 굳게 자리잡다 ㉥그분들은 사람 사람이 임자되는 누리를 뿌리내리는데 크게 이바지했다

뿌리다 움직씨 ❶눈이나 비 같은 것이 날려 떨어지다 ㉥비가 뿌렸다 그치기를 되풀이한다 ❷곳곳으로 흩어지게 끼얹거나 던지다 ㉥마늘밭에 물을 듬뿍 뿌렸다. 모이를 뿌리다 한뜻말 끼얹다 ❸씨앗을 심다 ㉥취나물 씨를 뿌리다 ❹(생각이나 끼침을) 퍼뜨려 자라게 하다 ㉥사람 사람이 임자인 새 삶 씨앗을 뿌린다 ❺돈을 여기저기 마구 쓰다 ㉥무슨 돈을 그렇게 뿌리고 다니니? ❻눈물을 몹시 흘리다 ㉥어미언니는 그칠 줄

모르는 눈물을 뿌리며 돌아섰다 ❼뜬소리가 여러 입에 오르내리게 하다 ⓑ부끄러운 줄 모르고 아내가 바람났다는 말을 뿌리고 다닌다

뿌리박다 (움직씨) ❶푸나무가 뿌리를 벋어 살다 ⓑ바위에 뿌리박고 사는 나무 좀 봐라 비슷한말 뿌리내리다 ❷어떤 곳에 터를 잡고 살다 ⓑ메 높고 물 맑고 소나무로 둘러싸인 곳에 뿌리박고 산지 스물다섯 해가 지났구나 ⇐ 고착하다

뿌리잎 (이름씨) 뿌리나 땅속줄기에서 바로 땅 위로 돋아나오는 잎. 고사리나 봄맞이꽃, 씨름꽃 따위에서 볼 수 있다

뿌리줄기 (이름씨) 고사리나 대나무같이 땅속에서 옆으로 벋어 자라는 줄기. 꼴이 뿌리 비슷하며 마디가 많아 그 마디에서 잔뿌리나 새싹이 나온다 ⓑ뿌리줄기는 살감을 갈무리하고 겨울나기에 쓸모가 있다 한뜻말 뿌리꼴줄기

뿌리채소 ⇒ 뿌리남새. 뿌리나물

뿌리치다 (움직씨) ❶붙들리거나 붙잡힌 것을 놓치게 하다 ⓑ손목을 세게 뿌리쳤다 ❷못하겠다고 세게 끊다 ⓑ쉬어 가라는 것을 뿌리치고 돌아왔다. 비슷한말 물리치다 ⇐ 거부하다. 거절하다 ❸놀이에서 이기는 쪽이 지는 쪽을 못 따라붙게 막다 ⓑ바짝 뒤따라 달려오는 동무를 멀찌감치 뿌리치고 앞으로 쭉 내달렸다

뿌리캐개 (이름씨) 고구마나 감자, 당근, 심, 땅콩 같은 뿌리남새를 캐는 데 쓰는 연장 ⇐ 굴취기

뿌리털 (이름씨) 푸나무 뿌리에 나는 실같이 가늘고 부드러운 털. 뿌리털은 흙 속에 착 붙어서 물과 살감을 빨아들이는 구실을 한다

뿌스럭·뿌시럭 (어찌씨) 마른 잎이나 검불 같은 것을 세게 밟거나 건드리는 소리나 그 꼴 ⓑ숲속에서 뿌스럭 소리가 나 뒤돌아 본다 **뿌스럭하다·뿌시럭하다**

뿌스럭거리다·뿌시럭거리다 (움직씨) 마른 잎이나 검불 같은 것을 자꾸 세게 밟거나 건드리는 소리가 자꾸 나다 **뿌스럭대다·뿌시럭대다**

뿌스럭뿌스럭·뿌시럭뿌시럭 (어찌씨) 마른 잎이나 검불 같은 것을 자꾸 세게 밟거나 건드리는 소리나 그 꼴 ⓑ한참 소낭버섯을 따는데 뿌시럭뿌시럭 짐승 발자국 소리가 들렸다 **뿌스럭뿌스럭하다·뿌시럭뿌시럭하다**

뿌옇다 (그림씨) 안개나 내가 낀 것처럼 맑지 않고 조금 허옇다 ⓑ수레가 지나가자 먼지가 뿌옇게 일었다. 뿌연 쌀뜨물 비슷한말 희끄무레하다

뿌잇하다 (그림씨) 빛깔이 좀 뿌옇다 ⓑ위쪽에 짓곳이 많이 들어선 뒤로 가람물이 뿌잇해졌다

뿌적뿌적 (어찌씨) ❶굳은 것을 마구 짓씹거나 짓이길 때 잇달아 세게 나는 소리나 그 꼴 ⓑ감자를 뿌적뿌적 씹어먹는 돼지 ❷굳은 나무 따위가 자꾸 부러지거나 꺾이는 소리나 그 꼴 ⓑ나뭇가지를 뿌적뿌적 꺾어 아궁이에 넣었다 ❸물기 적은 것이 자꾸 세게 타들어 가는 소리나 그 꼴 ⓑ뿌적뿌적 타들어 가는 둥거리 ❹마음이 몹시 안타깝게 조이거나 타는 꼴 ⓑ가슴이 뿌적뿌적 타들어간다 ❺진땀이 마구 돋아나는 꼴 ⓑ온몸에 땀이 뿌적뿌적 솟는다 **뿌적뿌적하다**

뿌지직 (어찌씨) ❶물기 있는 것이 뜨거운 것에 닿아서 마구 세게 타들어 가는 꼴 ⓑ막 베어온 밤나무가 잉걸불 위에서 뿌지직 탄다 ❷진땀 같은 것이 살갗으로 마구 배어 나오는 꼴 ⓑ이마에 땀이 뿌지직 솟는다 ❸질기고 뻣뻣한 것이 마구 째지거나 갈라질 때 나는 소리나 그 꼴 ⓑ나뭇가지에 옷이 걸려 뿌지직 찢어졌다 ❹마음이 안타까이 마구 타는 꼴 ⓑ떨어져 있는 딸을 생각하면 가슴이 뿌지직 타는 듯하다 **뿌지직하다**

뿌지직거리다 (움직씨) 물기 있는 것이 뜨거운 것에 닿아서 자꾸 세게 타들어 가다 **뿌지직대다**

뿌지직뿌지직 (어찌씨) ❶물기 있는 것이 뜨거운 것에 닿아서 자꾸 세게 타들어 가는 꼴 ⓑ

젖은 소나무가 뿌지직뿌지직 타들어간다 **2** 진땀 같은 것이 살갗으로 마구 배어 나오는 꼴 ⓑ무거운 나무를 들어 날랐더니 등에 땀이 뿌지직뿌지직 솟는다 **3** 질기고 빳빳한 것이 마구 째지거나 갈라질 때 나는 소리나 그 꼴 ⓑ세찬 바람에 돛이 뿌지직뿌지직 찢어진다 **4** 마음이 안타까이 마구 타는 꼴 ⓑ아이들이 떼죽음한 것을 생각할 때마다 가슴이 뿌지직뿌지직 타는 듯하다 **뿌지직뿌지직하다**

뽁 어찌씨 **1** 부드럽고 무른 것 거죽을 거칠게 긁거나 문대는 소리나 그 꼴 ⓑ이마에 흐르는 땀을 손등으로 뽁 문질렀다 **2** 금을 거칠게 긋는 꼴 ⓑ틀린 풀이를 뽁 긋고 그 위에 바른 풀이를 써넣었다 **3** 천이나 가죽 같은 것이 마구 세게 째지는 소리나 그 꼴 ⓑ가위로 천 가장자리를 살짝 자르고는 손으로 두 끝을 잡고 뽁 찢었다

뽁뽁 어찌씨 **1** 부드럽고 무른 것 거죽을 거칠게 자꾸 긁거나 문대는 소리나 그 꼴 ⓑ손등이 가려워서 뽁뽁 긁었다 **2** 금을 거칠게 긋는 꼴 ⓑ호미로 마당에 금을 뽁뽁 그어 땅따먹기 놀이터를 만들었다 **3** 질긴 천이나 가죽 같은 것이 마구 자꾸 세게 째지는 소리나 그 꼴 ⓑ낡은 바람종이를 뽁뽁 찢어 말끔히 떼어냈다

뽁뽁거리다 움직씨 부드러운 거죽을 거칠게 자꾸 긁거나 금을 거칠게 긋다 **뽁뽁대다**

뿐 이름씨 **1** (풀이씨 'ㄹ'꼴 뒤에 써) 그것만이고 더는 없다. 다만 어떠하거나 어찌할 따름 ⓑ그냥 말해봤을 뿐이지 다른 뜻은 없다 **2** (임자씨 뒤에 써) 그것 말고 더는 없음 ⓑ내가 좋아하는 이는 너뿐이다. 이제 믿을 것은 힘뿐이다 **3** (베풂꼴 '다' 뒤에 써) 오직 그러하다 ⓑ돈만 없다 뿐이지 갖출 건 다 갖춘 젊은이다

뿔[1] 이름씨 **1** 소나 사슴 대가리에 한 갈래나 여러 갈래로 솟아난 뼈처럼 단단한 것 ⓑ하마터면 사슴뿔에 받힐 뻔 했다 ⇐ 각 **2** 몬 대가리나 겉으로 삐죽하게 내민 것 ⓑ달팽이 뿔 슬기말 **뿔 뺀 쇠 꼴이라** 자리는 있어도 힘이 없다

뿔[2] 이름씨 '골'을 달리 이르는 말 ⓑ남 일에 자꾸 끼어들기에 그만 뿔을 냈다 한뜻말 **뿔다귀. 뿔따구**

뿔그스름하다 그림씨 빛깔이 조금 새뜻하게 붉다 ⓑ뿔그스름하게 익어가는 능금

뿔그죽죽하다 그림씨 칙칙하게 조금 붉다 ⓑ큰비가 내려 뿔그죽죽한 흙탕물이 한도랑 내려간다

뿔긋뿔긋 어찌씨 점점이 짙게 붉은 꼴 ⓑ꽃밭에 온갖 꽃이 뿔긋뿔긋 피어난다

뿔끈 어찌씨 **1** 두드러지게 위로 치밀거나 솟아나는 꼴 ⓑ둥근 달이 뿔끈 솟았다 **2** 갑자기 기운이 솟구치거나 생각이 떠오르는 꼴 ⓑ캄캄한 밤이 되자 어릴 적 무서운 생각이 뿔끈 일어났다 **3** 갑자기 불뚝 골을 내는 꼴 ⓑ싫은 소리에 골이 뿔끈 일어나지 않는 사람이 있겠는가 **4** 주먹을 힘있게 틀어쥐는 꼴 ⓑ사람들이 끌려갔다는 소리를 듣고 두 주먹을 뿔끈 쥐었다 **뿔끈하다**

뿔끈거리다 움직씨 **1** 두드러지게 위로 자꾸 치밀거나 솟아나다 **2** 갑자기 기운이 자꾸 솟구치거나 생각이 떠오르다 **뿔끈대다**

뿔끈뿔끈 어찌씨 **1** 두드러지게 위로 자꾸 치밀거나 솟아나는 꼴 ⓑ뒷메에 올라가면 멋진 바위들이 뿔끈뿔끈 솟아있다 **2** 갑자기 기운이 자꾸 솟구치거나 생각이 떠오르는 꼴 ⓑ우리말이 널리 퍼질 앞날을 생각하면 뿔끈뿔끈 힘이 솟는다 **3** 갑자기 불뚝 골을 자꾸 내는 꼴 ⓑ아무개 버시는 아내한테 뿔끈뿔끈 골을 낸단다 **4** 주먹을 힘있게 자꾸 틀어쥐는 꼴 ⓑ아이들은 왜놈들이 쳐들어와 나라곳곳을 불질렀다는 이야기를 듣고 뿔끈뿔끈 골이 났다 **뿔끈뿔끈하다**

뿔나다 움직씨 골이 나다 ⓑ내가 제대로 일을 하지 않는다고 윗사람이 뿔난 것 같다 비슷한말 골나다. 부레끓다 ⇐ 화나다

뿔뚝 어찌씨 **1** 갑자기 불룩 불거진 꼴 ⓑ주홀메 꼭대기는 뿔뚝 앞으로 솟아나와 이제라

도 바로 떨어져 내릴 것 같다 ❷갑자기 불쑥 골을 내는 꼴 ⓑ큰아버지는 갑자기 뿔뚝 골을 잘 내었다 **뿔뚝하다**

뿔뚝거리다 (움직씨) ❶갑자기 불룩 자꾸 불거지다 ❷갑자기 불쑥 자꾸 골을 내다 **뿔뚝대다**

뿔뚝뿔뚝 (어찌씨) ❶여기저기서 잇따라 갑자기 솟아올라 불룩불룩한 꼴 ⓑ온갖 짐승 머리가 뿔뚝뿔뚝 튀어나오면 뿅망치로 때리며 놀았다 ❷갑자기 불쑥 자꾸 골을 내는 꼴 ⓑ때도 없이 뿔뚝뿔뚝 골이 나는 사람은 하루빨리 마음닦기를 배워야 한다 **뿔뚝뿔뚝하다**

뿔뚝뿔뚝하다 (그림씨) 여기저기서 잇따라 갑자기 솟아올라 불룩불룩하다 작은말뽈똑뽈똑하다 여린말불뚝불뚝하다

뿔룩 (어찌씨) 한군데가 부푼 듯이 쑥 내밀거나 크게 두드러져 나온 꼴 ⓑ배가 뿔룩 나온 아저씨 **뿔룩하다**

뿔룩거리다 (움직씨) 부풀 듯이 매우 크게 쑥쑥 자꾸 내밀거나 여럿이 다 두드러져 나오다 **뿔룩대다**

뿔룩뿔룩 (어찌씨) 부풀 듯이 매우 크게 쑥쑥 자꾸 내밀리거나 여럿이 다 두드러져 나온 꼴 ⓑ멱 감으러 갔더니 아저씨들이 하나같이 배가 뿔룩뿔룩 나왔다 **뿔룩뿔룩하다**

뿔룩뿔룩하다 (그림씨) 부풀 듯이 매우 크게 쑥쑥 자꾸 내밀리거나 여럿이 다 두드러져 나와 있다

뿔룩하다 (그림씨) 한군데가 부푼 듯이 쑥 내밀리거나 크게 두드러져 나오다

뿔뿔이 (어찌씨) 저마다 따로따로 ⓑ네 언아우 모두 뿔뿔이 흩어져 산다. 뿔뿔이 헤어지다

뿔피리 (이름씨) 뿔로 만든 피리

뿜개 (이름씨) 물이나 가루, 내 따위를 뿜어내는 연장 ⓑ뒷곳 뿜개가 구린내를 뿜어낸다 한뜻말뿜이개 ⇐ 분무기. 분사기

뿜다 (움직씨) ❶속에 든 것을 밖으로 불어내거나 세차게 밀다 ⓑ물뿜개가 마른논에 물을 세차게 뿜는다 ⇐ 방출하다 ❷빛이나 냄새, 소리 따위를 세게 내다 ⓑ해가 타며 빛과 불을 뿜는다. 굴뚝에서 검은 내를 뿜는다 ❸웃음이나 느낌을 낯빛에 잔뜩 드러내다 ⓑ기쁜 웃음을 뿜다. 노여움을 뿜다

뿜빠뿜빠 (어찌씨) 여러 가지 나팔을 잇달아 새되게 불어 터져 나오는 소리 ⓑ배곳가락떼가 뿜빠뿜빠 시끄럽게 울리며 마을을 돌아다닌다

뿜어내다 (움직씨) 속에 든 것을 밖으로 나오게 뿜다 ⓑ짓곳에선 굴뚝으로 뿌연 내를 뿜어낸다 비슷한말내뿜다 ⇐ 분무하다

뿜이구멍 (이름씨) ❶바람이나 가루, 물 같은 것을 내뿜는 구멍 ⓑ뿜이구멍을 내다. 뿜이구멍을 뚫다 ⇐ 분출구 ❷불메에서 바윗물을 땅겉으로 내뿜는 구멍 ⓑ불메에서 뿜이구멍으로 시커먼 내와 벌건 바윗물을 내뿜는다 ⇐ 분화구

뿡 (어찌씨) ❶막힌 바람이 큰 구멍으로 터져 빠질 때 나는 소리 ⓑ방귀를 뿡 뀌었는데 냄새가 없다 ❷구멍이 뚜렷이 뚫어지는 소리나 그 꼴 ⓑ수레바퀴가 뾰족한 돌에 쾅 부딪치면서 뿡 구멍이 뚫렸다

뿡뿡 (어찌씨) ❶막혔던 바람 같은 것이 갑자기 잇달아 크게 터져 나오는 소리 ⓑ고구마를 먹고 여러사람이 둘러앉아 뿡뿡 방귀를 뀌었다 ❷수레가 갑자기 크게 고동을 울리는 소리 ⓑ배들이 나루를 떠나면서 뿡뿡 고동을 울린다 ❸구멍이 잇달아 뚜렷이 뚫어지는 소리나 그 꼴 ⓑ사람이 살지 않는 헌 집 보꾹이 뿡뿡 구멍이 나 있다

뿡뿡거리다 (움직씨) 막혔던 바람 같은 것이 갑자기 잇달아 크게 터져 나오는 소리가 나다

삐거덕·삐걱 (어찌씨) 크고 딴딴한 것끼리 서로 닿아 쓸리며 나는 소리 ⓑ문이 삐거덕 소리를 내며 느리게 열린다 **삐거덕하다·삐걱하다**

삐거덕거리다·삐걱거리다 (움직씨) 크고 딴딴한 것끼리 되게 닿아 갈리는 소리가 자꾸 나다 ⓑ달구지가 삐거덕거리며 들길을 간다 **삐거덕대다·삐걱대다**

삐거덕삐거덕·삐걱삐걱 (어찌씨) 크고 딴딴한 것

끼리 서로 닿아 잇달아 쓸리며 나는 소리 ⓑ삐걱삐걱 메 젓는 소리가 나루터에서 멀어져간다 **삐거덕삐거덕하다·삐걱삐걱하다**

삐끗 어찌씨 **1** 꼭 끼일 것이 들어맞지 않고 몹시 어긋나는 꼴 ⓑ나비돌리개못이 처음 삐끗 어긋나면 좀체 맞추기 어렵다 **2** 일이 될 듯하면서 몹시 어긋나는 꼴 ⓑ일거리를 따올 듯하면서도 삐끗 어긋나기를 자주 하네 **3** 뼈마디가 접질리는 꼴 ⓑ나무를 한 짐 지고 오다 허리를 삐끗해서 꼼짝 못하겠다

삐끗거리다 움직씨 **1** 꼭 끼일 것이 들어맞지 않고 자꾸 몹시 어긋나다 **2** 일이 될 듯하면서 자꾸 몹시 어긋나다 **삐끗대다**

삐끗삐끗 어찌씨 **1** 꼭 끼일 것이 들어맞지 않고 자꾸 몹시 어긋나는 꼴 ⓑ뚜껑이 삐끗삐끗 좀처럼 닫히지 않는다 **2** 일이 될 듯하면서 자꾸 몹시 어긋나는 꼴 ⓑ묵나물을 받아 준다고 하면서도 값을 더 깎으려고 해 삐끗삐끗 어긋난다 **3** 뼈마디가 자꾸 접질리는 꼴 ⓑ한 디위 삔 발목이 삐끗삐끗 자주 접질린다 **삐끗삐끗하다**

삐끗하다 움직씨 **1** 끼워 맞출 것이 딱 들어맞지 않고 어긋나다 ⓑ기둥이 삐끗해서 틀어졌다 **2** 팔다리 뼈마디가 접질려 어긋물리다 ⓑ섬돌을 잘못 디뎌 발목을 삐끗했다 **3** 일이 잘못되어 어긋나다 ⓑ마무리가 삐끗하는 바람에 일을 마치지 못했다

삐다[1] 움직씨 몸 한 쪽이 접질리거나 비틀려 뼈마디가 어긋나다 ⓑ공을 던지다가 어깨를 삐었다 비슷한말 겹질리다

삐다[2] 움직씨 **1** 고였던 물이 잦아지거나 빠져 줄어 없어지다 ⓑ도랑물이 삐기 비롯했다 **2** 모였던 사람들이 차츰 줄어들거나 흩어져 없어지다 ⓑ손님들이 삘 새 없이 드나들었다

삐대다 어찌씨 **1** 한군데에 눌어붙어서 끈덕지게 버티다 ⓑ성가시게 삐대지 말고 그만 돌아가세요 **2** 아픔이 몸을 몹시 괴롭히다 ⓑ아이 낳느라 얼마나 삐댔는지 죽다가 살았어요

삐드득 어찌씨 딱딱한 것이 세게 쓸리거나 비틀릴 때 되게 나는 소리 ⓑ센 바람에 아름드리 버드나무 한가운데가 삐드득 비틀려 부러졌다 **삐드득하다**

삐드득거리다 움직씨 딱딱한 것이 세게 자꾸 쓸리거나 비틀릴 때 소리가 잇달아 되게 나다 **삐드득대다**

삐드득삐드득 어찌씨 딱딱한 것이 세게 자꾸 쓸리거나 비틀릴 때 잇달아 되게 나는 소리 ⓑ뗏목은 내내 삐드득삐드득 소리를 내며 흘러 내려간다 **삐드득삐드득하다**

삐딱 어찌씨 무엇이 한쪽으로 비스듬히 기울어진 꼴 ⓑ그림틀이 삐딱 기울게 걸렸다

삐딱거리다 움직씨 몬이 비스듬히 이리저리 자꾸 기울어지다

삐딱삐딱 어찌씨 몬이 비스듬히 이리저리 자꾸 기울어지는 꼴 ⓑ무돌은 아직 서툴러서 그런지 글씨가 삐딱삐딱 춤을 추는 듯하다

삐딱하다 그림씨 **1** 한쪽으로 비스듬히 기울다 ⓑ삐딱하게 서지 말고 똑바로 서봐요 **2** 마음씨나 몸짓이 뒤틀리다 ⓑ내가 하는 일마다 삐딱하게만 보지 말게나

삐뚤다 그림씨 **1** 한쪽으로 기울거나 쏠리다 ⓑ센 비바람에 소나무가 넘어가다 옆 소나무에 비뚤게 걸쳤다 비슷한말 삐뚜름하다 **2** 마음이 바르지 못하고 꼬이다 ⓑ마음이 삐뚠 사람은 몸가짐도 바르지 못하겠지

삐뚤삐뚤 어찌씨 **1** 무엇이 삐딱하게 기울며 자꾸 흔들리는 꼴 ⓑ술을 잔뜩 마신 술꾼이 삐뚤삐뚤 걸어간다 **2** 무엇이 곧지 못하고 이리저리 자꾸 구부러진 꼴 ⓑ길이 삐뚤삐뚤 나 있다 **삐뚤삐뚤하다**

삐뚤삐뚤하다 그림씨 무엇이 곧지 못하고 이리저리 구부러져 있다

삐뚤어지다 움직씨 **1** 한쪽으로 기울어지거나 쏠리다 ⓑ입은 삐뚤어졌어도 말은 바로 해라 **2** 마음 씀씀이가 바르지 못하고 엇나가다 ⓑ네 비뚤어진 생각부터 고쳐라 **3** 골이 나서 잔뜩 틀어지다 ⓑ꽃부리가 삐뚤어져서 웃지도 않고 말도 안 한다

삐라 ⇒ 알림종이

삐써 어찌씨 한쪽으로 좀 기울어지게 ㉥눈이 많이 내려 소나무들이 눈 무게로 삐써 휘었다

삐악 어찌씨 병아리가 새되게 우는 소리

삐악거리다 움직씨 병아리가 새되게 자꾸 우는 소리가 나다 **삐악대다**

삐악삐악 어찌씨 병아리가 새되게 자꾸 우는 소리 ㉥노란 병아리가 삐악삐악 울어댄다 **삐악삐악하다**

삐주룩하다 그림씨 몬 끝이 조금 길게 내밀려 있다 한뜻말 삐죽하다 **삐주룩히**

삐주름하다 그림씨 조금 큰 몬 끝이 삐주룩한 느낌이 있다 **삐주름히**

삐죽·삐죽이 어찌씨 **1** 몬끝이 차츰 가늘어지며 길게 쑥 내밀린 꼴 ㉥봉우리에 바위가 삐죽 솟았다 **2** 얼굴이나 어떤 모습만 슬쩍 내밀거나 나타나는 꼴 ㉥앞문에 얼굴을 삐죽 내밀고 밖을 살폈다 **3** 언짢거나 울려고 할 때 소리 없이 입술을 한쪽으로 실그러뜨리는 꼴 ㉥울음을 터뜨릴 듯 입을 삐죽 내밀었다 **삐죽이다·삐죽하다**

삐죽거리다 움직씨 언짢거나 울려고 할 때 소리 없이 입술을 한쪽으로 실그러뜨리다 ㉥엄마 잔소리가 길어지자 아이가 입을 삐죽거렸다 **삐죽대다**

삐죽삐죽 어찌씨 **1** 몬끝이 차츰 가늘어지며 길게 모두 쑥 내밀린 꼴 ㉥수리메는 잘 생긴 바위들이 삐죽삐죽 솟아 있어 보기 좋다 **2** 여럿이 다 얼굴이나 어떤 모습만 슬쩍 내밀거나 나타나는 꼴 ㉥배곳 배움이들이 지나가는 멋진 꽃님을 보려고 바라지 밖으로 삐죽삐죽 얼굴을 내민다 **3** 언짢거나 울려고 할 때 소리 없이 입술을 한쪽으로 실그러뜨리는 꼴 ㉥놀림을 참다못한 노아는 입을 삐죽삐죽 실룩인다

삐죽삐죽하다 그림씨 몬끝이 차츰 가늘어지며 길게 모두 쑥 내밀려 있다

삐죽하다 그림씨 차츰 가늘어지며 길게 쑥 내밀려 있다

삐쩍 어찌씨 살가죽이 쭈그러질 만큼 매우 마른 꼴 ㉥마음 앓이를 했는지 몸이 삐쩍 말랐다

삐치다[1] 움직씨 일에 시달려 몸과 마음이 나른하다 ㉥먼 길에 삐친 몸을 끌고 집에 들어섰다

삐치다[2] 움직씨 마음에 마뜩잖거나 골이 나서 토라지다 ㉥숫돌이가 놀이에 안 끼워준다고 삐쳤다 비슷한말 앵돌아지다

삐치다[3] 움직씨 글씨를 쓸 때 삐딱하게 긋다 ㉥삐쳐 쓴 글씨

삑삑 어찌씨 **1** 고동이 갑자기 아주 날카롭게 잇달아 울리는 소리 ㉥긴 수레가 떠나면서 고동을 삑삑 울렸다 **2** 나팔 같은 가락틀을 서툴게 불 때 나는 소리나 새가 날카롭게 우는 소리 ㉥인디아 마음닦는 곳에서 듣던 새소리는 삑삑 귀를 찢을 듯했다

삘기 이름씨 띠 새싹 ㉥어릴 적 길가에서 삘기 뽑아 먹고 놀던 일이 떠올랐다

삥 어찌씨 **1** 둘레를 에워싸거나 그 둘레를 한 바퀴 도는 꼴 ㉥사람들이 씨름판을 삥 둘러섰다. 마을 사람들이 삥 둘러앉아 이야기꽃을 피웠다 **2** 좀 빠르게 도는 꼴 ㉥몸을 한 바퀴 삥 돌면서 춤을 추었다 **3** 눈물이 갑자기 괴는 꼴 ㉥죽은 아이들을 생각하면 눈물이 삥 돈다 **4** 갑자기 얼이 아찔해지는 꼴 ㉥땀을 흠뻑 흘리며 일한 뒤 일어나는데 머리가 삥 돌았다

삥그레 어찌씨 입을 벌릴 듯 말 듯 소리 없이 밝게 슬쩍 웃는 꼴 ㉥어머니를 보자 보름이 입가에는 삥그레 웃음이 피어났다 여린말 빙그레

삥그르 어찌씨 좀 빠르게 한 바퀴 도는 꼴 ㉥나무 팽이가 물에 떨어져 떠내려가다 빨래터에서 삥그르 맴을 돌고는 빠른 물살을 타고 달린다

삥그르르 어찌씨 좀 빠르게 이어 도는 꼴 ㉥눈길에 수레를 갑자기 멈춰 세우려 하자 삥그르르 몇 바퀴 돌더니 논구석에 가 처박혔다 여린말 빙그르르 거센말 핑그르르

삥글거리다 움직씨 좀 빠르게 자꾸 돌다 **삥글대다**

삥글삥글[1] 어찌씨 입을 벌릴 듯 말 듯 소리 없이 밝게 슬쩍 자꾸 웃는 꼴 ⓑ아버지는 삥글삥글 웃으며 우리에게 다가왔다 여린말 빙글빙글 **삥글삥글하다**

삥글삥글[2] 어찌씨 좀 빠르게 자꾸 도는 꼴 ⓑ삥글삥글 쉬지 않고 돌아가는 물레방아 여린말 빙글빙글 **삥글삥글하다**

삥긋·삥긋이 어찌씨 입을 슬며시 벌릴 듯 말 듯 소리 없이 가볍게 웃는 꼴 ⓑ나를 처음 본 구슬꽃은 말없이 삥긋 웃기만 했다. 삥긋이 웃는 어머니 살아계실 때 모습이 생각난다 여린말 빙긋. 빙긋이 **삥긋하다**

삥긋거리다 움직씨 입을 슬며시 벌릴 듯 말 듯 소리 없이 가볍게 웃다 여린말 빙긋거리다 **삥긋대다**

삥긋삥긋 어찌씨 입을 슬며시 벌릴 듯 말 듯 소리 없이 가볍게 웃는 꼴 ⓑ솔낭님은 삥긋삥긋 웃으며 참집으로 들어왔다 여린말 빙긋빙긋 **삥긋삥긋하다**

삥등그리다 움직씨 고개를 옆으로 비틀며 싫다는 뜻을 보이다 ⓑ밖에 나가서 맛있는 걸 사준다 해도 아들은 얼굴을 삥등그리며 마다했다

삥땅 이름씨 받은 돈 가운데 얼마를 가로채는 짓 ⓑ오늘은 삥땅으로 얼마를 뜯었어?

삥삥[1] 어찌씨 ❶좀 빠르게 자꾸 도는 꼴 ⓑ우리는 마당을 삥삥 돌아가며 강강술래를 췄다 ❷바쁘게 이리저리 돌아다니는 꼴 ⓑ윗각단 아랫각단을 삥삥 돌아가며 팥시루떡을 돌렸다 **삥삥하다**

삥삥[2] 어찌씨 몹시 켕긴 꼴 ⓑ아기가 잘 빨지 못해 엄마젖이 삥삥 부풀어 올랐다

삥삥거리다 움직씨 ❶큰 것이 어떤 테두리를 좀 빠르게 자꾸 돌다 ❷바쁘게 이리저리 돌아다니다 **삥삥대다**

삥시레 어찌씨 입을 슬며시 벌릴 듯 말 듯 소리 없이 부드럽게 웃는 꼴 ⓑ아저씨는 삥시레 웃으며 우리를 맞아주었다

삥실 어찌씨 입을 슬며시 벌릴 듯 말 듯 소리 없이 슬그머니 부드럽게 웃는 꼴 ⓑ꽃님은 나를 보고 낯을 붉히며 삥실 웃었다 여린말 빙실 **삥실하다**

삥실거리다 움직씨 입을 슬며시 벌릴 듯 말 듯 소리 없이 슬그머니 부드럽게 자꾸 웃다 여린말 빙실거리다 **삥실대다**

삥실삥실 어찌씨 입을 슬며시 벌릴 듯 말 듯 소리 없이 슬그머니 부드럽게 자꾸 웃는 꼴 ⓑ봄비 아버지는 삥실삥실 웃으며 우스갯소리를 잘한다 여린말 빙실빙실 **삥실삥실하다**

삥싯 어찌씨 입을 슬며시 벌릴 듯 말 듯 소리 없이 아주 부드럽게 슬쩍 웃는 꼴 ⓑ보리는 속으로는 뜨끔했지만, 겉으로는 삥싯 웃고 말았다 **삥싯하다**

삥싯거리다 움직씨 입을 슬며시 벌릴 듯 말 듯 소리 없이 아주 부드럽게 슬쩍슬쩍 웃다 **삥싯대다**

삥싯삥싯 어찌씨 입을 슬며시 벌릴 듯 말 듯 소리 없이 아주 부드럽게 슬쩍슬쩍 웃는 꼴 ⓑ말이 적은 나루는 웬만한 일은 삥싯삥싯 웃고 넘어가서 속내를 알 수가 없다 **삥싯삥싯하다**

사 (이름씨) 단춧구멍이나 수눅 가장자리를 실로 휘감치는 일 ⓑ단춧구멍 올이 풀리지 않게 사를 떴다

사 (四) ⇒ 넷. 네

사 (私) ⇒ 아람

사 (死) ⇒ 죽음

사 (士) ⇒ 보. 선비

사 (寺) ⇒ 절

사각 (어찌씨) **1** 싱싱한 능금이나 배 같은 것을 가볍게 씹을 때 나는 소리 ⓑ능금을 한 입 사각 베어 물었다 **2** 벼나 밀 같은 것을 낫으로 벨 때 나는 소리나 그 꼴 ⓑ왼손에 벼 몇 포기를 쥐고 오른손 낫으로 사각 베었다 **3** 종이나 갈잎 같은 것이 서로 가볍게 스칠 때 나는 소리나 그 꼴 ⓑ바람에 갈잎이 부딪쳐 뒹굴며 사각 소리가 난다 **사각하다**

사각 ⇒ 네모

사각거리다 (움직씨) 싱싱한 능금이나 배 같은 것을 씹을 때 소리가 잇따라 나다 ⓑ흰 김치가 사각거리며 입에 살살 녹는다 **사각대다**

사각기둥 ⇒ 네모기둥

사각뿔 ⇒ 네모뿔

사각사각 (어찌씨) **1** 싱싱한 능금이나 배 같은 것을 씹을 때 잇달아 나는 소리나 그 꼴 ⓑ잘 익은 능금을 사각사각 씹어 먹었다 큰말 서걱서걱 **2** 벼나 밀 같은 것을 낫으로 벨 때 잇달아 나는 소리나 그 꼴 ⓑ일꾼들은 벼를 사각사각 베어 나갔다 **3** 종이나 갈잎 같은 것이 서로 가볍게 스칠 때 잇달아 나는 소리나 그 꼴 ⓑ갈잎 밟는 소리가 사각사각 들린다 **사각사각하다**

사각지대 ⇒ 가려진 곳. 손 못쓸 자리. 안 보이는 곳

사각형 ⇒ 네모꼴

사갈 (이름씨) 메를 오르거나 눈길을 걸을 때 미끄러지지 않도록 밑바닥에 못을 박은 신 ⓑ눈 오는 날 사갈을 신고 메에 올랐다

사개 (이름씨) **1** 나무로 만든 고리 따위 귀퉁이

를 맞출 때 가로나무 끝과 세로나무 끝을 꼭 끼어 물리게 들쭉날쭉 파낸 곳. 또는 그러한 짜임새 ⓑ사개가 벌어져 놓개가 삐걱거린다 **2**나무집을 지을 때 보와 도리가 기둥 위에서 꼭 맞춰지게 보, 도리, 기둥머리를 네 갈래로 파낸 곳 ⓑ오늘은 기둥을 세우고 보를 얹어 사개를 맞추는 날이다 [익은말] **사개맞다** 말이나 가리가 앞뒤가 꼭 맞다

사개맞춤 [이름씨] **1**모서리에서 여러 갈래 장부를 만들어 깍지 끼듯이 엇갈리게 한 맞춤 **2**네 쪽 보나 도리가 기둥 위에서 맞춰지도록 이들과 기둥머리를 따 내서 엇갈리게 끼운 맞춤

사거리 ⇒ 네거리

사건 ⇒ 일거리. 일. 사달

사격 ⇒ 쏘개씀. 씀. 쏘개쏘다. 쏘다

사견 (私見) ⇒ 아람생각. 혼자생각

사견 (邪見) ⇒ 그른생각

사경 (四更) ⇒ 넷째밤때

사경 (死境) ⇒ 죽을 고비

사계·사계절 ⇒ 네철

사고 (事故) ⇒ 말썽. 사달. 큰일

사고 (思考) ⇒ 생각

사고력 ⇒ 생각힘

사고방식 ⇒ 생각품. 생각틀

사고팔다 [움직씨] 몬 따위를 사기도 하고 팔기도 하다 ⇐ 거래하다. 매매하다

사고현장 ⇒ 사달난곳. 일난곳

사골 ⇒ 소다리뼈

사공 ⇒ 배부림이

사과 (沙果) ⇒ 능금

사과 (謝過) ⇒ 뉘우침. 빎. 잘못을 빌다

사과문 ⇒ 뉘우침글. 잘못빎글

사과잼 ⇒ 능금단졸임

사관 ⇒ 삶적는이

사관학교 ⇒ 윗지킴이배곳

사광이아재비 [이름씨] 살괭이아재비 한뜻말 가시덩굴여뀌 ⇐ 며느리밑씻개

사광이풀 [이름씨] 살괭이풀 한뜻말 참가시덩굴여뀌 ⇐ 며느리배꼽

사교성 ⇒ 벗사귐. 너울가지

사교육 ⇒ 아람배움

사교육비 ⇒ 아람배움돈. 아람배움값

사귀다 [움직씨] **1**서로 어울려 가깝게 지내다 ⓑ수비는 벗들과 두루 넓게 사귄다 ⇐ 연애하다. 교제하다 **2**서로 엇갈려 지나다 ⓑ서로 나란하지 않은 두 금은 어디선가 사귄다 ⇐ 교차하다

사귐금 [이름씨] 둘 넘는 그림꼴이 만날 때 생기는 곧금이나 굽은금 ⇐ 교선

사귐새 [이름씨] 사람들과 잘 사귀는 바탈 한뜻말 너울가지. 붙임새 ⇐ 친화력

사귐점 [이름씨] 둘 넘는 금이 서로 만나는 점 ⇐ 교점

사그라뜨리다 [움직씨] 사그라지게 하다 ⓑ함박웃음으로 걱정을 사그라뜨렸다

사그라지다 [움직씨] **1**삭아서 꺼져 없어지다 ⓑ아궁이에 땐 불길이 차츰 사그라진다 **2**꺼져 스러지다 ⓑ사그라지는 모닥불 곁에 앉아 밤늦도록 이야기했다 **3**들떴던 마음이 가라앉거나 없어지다 ⓑ한동안 끓어오르던 노염이 이제 사그라졌다

사그랑이 [이름씨] 삭아서 못 쓰는 몬 ⓑ온갖 플라스틱 그릇은 쓸 때는 좋으나 곧 사그랑이가 되어 쓰레기만 넘쳐난다

사근사근 [어찌씨] **1**능금이나 배 같은 것을 씹을 때처럼 부드럽게 씹히는 꼴 ⓑ사근사근 씹히는 잘 익은 능금 **2**사람 생김생김이나 바탈이 상냥하고 부드러운 꼴 ⓑ우리를 맞아준 아가씨는 상냥할 뿐 아니라 말도 사근사근 곱게 하였다 **3**낮은 소리로 살뜰하게 이야기하는 꼴 ⓑ언니는 우리 동무들에게 옛날이야기를 사근사근 해주었다

사근사근하다 [그림씨] **1**능금이나 배 같은 것을 씹는 것같이 부드럽다 ⓑ무를 씹으면 씹을수록 사근사근하고 맛있네! **2**사람 생김생김이나 바탈이 상냥하고 부드럽다 ⓑ바우는 사근사근하고 웃기도 잘한다 **3**낮은 소리로 말하는 것이 살뜰하다 ⓑ한얼은

아이들에게 사근사근하게 우리말을 가르친다

사글사글 어찌씨 생김생김이나 바탈, 마음씨가 상냥하고 너그러운 꼴 ⓑ곱단이 눈은 언제나 사글사글 웃고 있어서 보는 사람마다 살살 녹는다

사글사글하다 그림씨 생김생김이나 바탈, 마음씨가 상냥하고 너그럽다 ⓑ단비는 사글사글한 마음씨로 둘레를 밝게 한다

사글세 ⇒ 달삯. 사글돈

사글셋방 ⇒ 달삯방

사금 ⇒ 보가루. 보모래

사금파리 이름씨 흰흙그릇이 깨어진 조각 ⓑ사금파리 조각이 햇빛에 반짝였다

사기 (士氣) ⇒ 힘. 신. 신바람

사기 (詐欺) ⇒ 속임. 속임수. 야바위

사기그릇 ⇒ 흰흙그릇

사기꾼 ⇒ 야바위꾼. 속임꾼. 타짜꾼. 타짜

사기도박 ⇒ 가장질

사기도박사 ⇒ 타짜꾼. 타짜

사기진작 ⇒ 힘돋우기

사기치다 ⇒ 속여먹다. 속이다

사기행위 ⇒ 속임질. 속임수. 야바위

사나운뭠그림 이름씨 사나운 짓을 함부로 하는 속내를 담은 뭠그림 ⇐ 폭력물

사나이 이름씨 **1** 수컷인 사람 ⓑ웬 사나이가 길을 묻는다 ⇐ 남자 **2** 한창때인 숫사람 ⓑ사나이는 힘이 세 보였다 ⇐ 대장부. 장정

사나흘 이름씨 사흘이나 나흘 ⓑ사나흘 동안 고뿔을 몹시 앓았어요

사날[1] 이름씨 **1** 제멋대로만 하기 ⓑ일을 제 혼자 사날로만 해 버릇하면 솜씨가 늘지 않아 **2** 넉살좋게 남일에 끼어들기 ⓑ앞집 아지매는 사날이 좋아서 처음 보는 사람도 바로 사귄다

사날[2] 이름씨 사흘이나 나흘 ⓑ한 사날쯤 있다가 들러 보게 한뜻말사나흘

사날없다 그림씨 너울가지가 없고 무뚝뚝하다 ⓑ그 집 아들은 허우대는 멀쩡한데 사날없는 게 티야

사납다 그림씨 **1** 바탈이나 몸짓이 모질고 거칠다 ⓑ삽살개가 사납게 짖는다 ⇐ 포악하다. 포학하다 **2** 비나 바람 따위가 거세다 ⓑ물살이 매우 사납다 **3** 생김새나 꼴이 거칠고 감궂다 ⓑ사나운 눈초리

사내 이름씨 **1** 사나이 준말 ⓑ아기엄마는 한숨에 추근대는 사내를 거꾸러뜨렸다 맞선말겨집 **2** 버시. 바데 ⓑ아침 일찍부터 윗집 겨집 사내가 꾸며 입고 나들이 가더라 **3** 사내아이 준말. 머시마 ⓑ며느리가 사내를 낳았어

사내 ⇒ 일터안

사내끼[1] 이름씨 물고기를 잡을 때 물에 뜬 고기를 건져 뜨는 연장. 긴 자루 끝에 쇠실이나 끈으로 그물처럼 얽어 만든다 ⓑ가람에서 사내끼로 떠오르는 물고기를 잡았다

사내끼[2] 이름씨 우리나라 아래 고장에서 새끼를 이르는 말 ⓑ눈 내리는 밤이면 어른들이 모여 사내끼를 꼬았다

사내벗 이름씨 사랑하는 사이인 사내 ⇐ 남자친구. 보이프렌드

사내아우 이름씨 사내인 아우 ⓑ내 밑으로 사내아우가 둘이야 한뜻말사내동생

사내아이 이름씨 수컷 아이 ⓑ세 살배기 사내아이가 아장아장 잘 걷는다 한뜻말머시마 맞선말겨집아이

사냥 이름씨 **1** 메나 들에 나가 새나 짐승을 잡는 일 ⓑ사람이 사냥을 놀이 삼아 해서야 되겠나! **2** 사람살이를 헤살하는 것을 없애거나 잡아치우는 일 ⓑ밭을 다 뒤집어놓는 멧돼지 사냥

사냥꾼 이름씨 사냥하는 사람 ⓑ사냥꾼도 품속으로 날아든 새는 쏘지 않아

사냥쏘개 이름씨 사냥할 때 쓰는 긴 쏘개 ⇐ 엽총

사념·사려 ⇒ 생각. 깊은생각

사념처 ⇒ 네곳 알아차림

사느랗다 그림씨 **1** 좀 사늘한 느낌이 있다 ⓑ날씨가 추워지니 마음까지 사느랗게 되는 것 같아 큰말서느랗다 센말싸느랗다 **2** 갑자

기 놀라거나 무서울 때 가슴이 덜컥 내려앉으며 좀 사늘한 느낌이 있다 ㉥어둠 속에서 푸른빛을 보자 가슴이 사느랗게 얼어붙었다

사는곳 [이름씨] [1]사람이 사는 곳 ⇐ 주소. 현주소 [2]숨받이가 깃들어 사는 곳 ⇐ 서식지. 서식처

사늘하다 [그림씨] [1]좀 시원할 만큼 선선하다 ㉥사늘한 바람이 불어와 옷깃을 여몄다 큰말서늘하다 센말싸늘하다 [2]갑자기 놀랍거나 무서울 때 가슴이 덜컥 내려앉으며 좀 선뜻한 느낌이 있다 ㉥검은 그림자에 등골이 사늘해졌다 [3]사람됨이나 마음 씀이 상냥하지 않고 좀 차가운 듯하다 ㉥낯선 사람이라고 그렇게 사늘하게 맞이하면 쓰나

사니 [이름씨] [1]광대 [2]광대 두레 우두머리

사다 [움직씨] [1]값을 치르고 몬을 얻다 ㉥올갱이국을 사 먹었다 맞선말팔다 [2]삯을 주고 품을 얻다 ㉥아제는 품을 사서 밭을 매야 한다 [3]가진 것을 팔아서 돈을 마련하다 ㉥설빔 저자를 보려면 쌀을 팔아 돈을 사야겠는걸 [익은말] **사서 수고하다** 안 해도 될 일을 괜히 해서 수고한다

사다리 [이름씨] [1]높은 곳을 오를 때 디디고 오르내리도록 만든 틀 ㉥사다리를 딛고 올라서서 익은 감을 땄다 한뜻말사닥다리. 사드레 [2]어떤 일에서 한 걸음 한 걸음 밟아 올라가는 길 ㉥우리말을 배우고 익히는 사다리를 꾸준히 한 발 한 발 밟아 올라간다

사다리꼴 [이름씨] 네 곁 가운데 맞선 두 곁이 나란한 네모꼴 ㉥뗌틀은 사다리꼴 나무를 켜켜이 포개어 만든다

사다새 [이름씨] 편 날개 길이는 65~80cm이며 몸빛은 흰빛이고 날개 끝은 검고 볼주머니는 누르며 부리는 길고 구부러진 새. 주둥이 아래 볼주머니에 먹이를 넣어두면 새끼가 입으로 꺼내 먹는다 ⇐ 펠리컨

사다함 ⇒ 셋째 거룩이

사단 ⇒ 일. 실마리

사달 [이름씨] 큰일. 일이 잘 안되고 걸림돌로 되는 것 ㉥일을 아무렇게나 해 놓으니 사달이 났지

사달막이 [이름씨] 사달막이벌데와 어떤 다짐에 따라 미리 돈을 별러내다가 사달이 나거나 죽으면 돈을 받는 짜임. 목숨사달막이, 배움사달막이, 바다사달막이, 불사달막이, 믿음사달막이 들이 있다 ⇐ 보험

사당 [이름씨] 떼를 지어 떠돌면서 노래와 춤을 파는 사람 ㉥한가위 때 사내사당놀이를 보러 가자

사당 ⇒ 넋집

사당떼 [이름씨] 떼를 지어 떠돌면서 노래와 춤을 파는 사람들

사당패 ⇒ 사당떼. 사당무리

사대 (四大) ⇒ 네큰

사대 (事大) ⇒ 큰나라 섬김

사대문 ⇒ 네큰문. 네큰지개

사대사상 ⇒ 큰나라나 센 힘을 섬기는 생각

사대육신 ⇒ 온몸

사대주의 ⇒ 센 것 섬기기

사데풀 [이름씨] 볕바른 바닷가나 들에 절로 자라는 나물. 어린싹은 먹는다

사도 ⇒ 따름이

사돈 [이름씨] 짝맺은 두 집안 사이에서 짝맺은 둘을 빼고 맞은쪽 사람을 서로 부르는 말 ㉥사돈어른을 모시고 나들이 가면 어떨까 한뜻말사둔 [슬기말] **사돈 밤 바래기** 사돈은 어려운 손님이라 밤이 늦었다 하여 바래다주면 또 저쪽에서 바래다주고 하다가 날이 밝는다는 뜻으로 자꾸 되풀이하여 끝이 없음을 이르는 말 **사돈네 안방 같다** 사돈네 안방처럼 넘겨다보지 못할 만큼 매우 마음 쓰이고 어려운 곳이나 매개

사돈보기 [이름씨] 짝맺이에 앞서 버시 어버이가 가시 어버이를 찾아가 서로 보기

사동사 ⇒ 하임움직씨

사동형 ⇒ 하임꼴

사둔 [이름씨] 사돈 ㉥안사둔과 바깥사둔

사둘 [이름씨] [1]작은 배를 타고 물거울로 바로 물밑을 내려다보면서 찌르개나 갈퀴, 집게,

써레, 낫 같은 것으로 찌르거나 걸어서 물고기나 조개, 미역 따위를 잡거나 따는 일 ㉥낚시도 하고 사둘도 하여 먹을거리를 많이 장만했다 한뜻말 집게 **2** 손잡이가 길고 국자처럼 생긴 고기 잡는 연장 ㉥사둘로 물고기를 건져 올렸다

사둘배 이름씨 사둘을 하는 데 쓰는 배

사득·사득판 이름씨 무르게 풀린 진흙이나 개흙이 깊게 괸 곳 ㉥미나리는 사득판에서 잘 자란다 한뜻말 수렁

사득다리 이름씨 삭은 나뭇가지 ㉥아궁이에 사득다리를 넣고 불을 지폈다

사들이다 움직씨 사서 들여오다 ㉥헐값이라고 무턱대고 사들이면 되나

사또 이름씨 옛날 고을 우두머리를 높여 이르던 말

사뜨기 이름씨 단춧구멍이나 수눅 따위 가를 휘갑쳐 뜨는 일 ㉥단춧구멍 사뜨기 **사뜨다**

사뜻하다 그림씨 깨끗하고 말끔하다 ㉥오늘 옷차림이 사뜻하네

사라마 이름씨 노부루나 하늬마녘을 흐르는 가람. 노부루나와 마부루나 사이를 흘러 하늬바다로 들어간다. 길이는 199킬로미터 한뜻말 사나마 ⇐ 청천강. 살수

사라마큰이김 이름씨 612해에 가고리 이지거러 더 이끎이가 사라마에서 수나라 서른 골 떼 도둑을 거의 다 죽게 한 싸움 ⇐ 살수대전. 살수대첩

사라사 이름씨 노사라사 고장과 마사라사 고장을 아울러 이르는 말 ⇐ 경상도. 영남

사라지 이름씨 **1** 종이를 기름에 결어 두루주머니 꼴로 만든 담배쌈지 **2** 담배가 마르지 않도록 쌈지 안에 까는 기름종이

사라지다 움직씨 **1** 이미 있던 일이나 몬 자취가 없어지다 ㉥짐승들 삶터가 까부숴지니 뭇짐승이 사라졌다 ⇐ 소멸하다 **2** 생각이나 느낌 따위가 없어지다 ㉥물거품처럼 일어났다 사라졌다 하는 것이 생각인데 뭐 그리 걱정을 합니까 **3** 제 자취를 감추다 ㉥자, 그럼 난 이제 사라지겠어 **4** 죽다 ㉥겨레를 하나로 이으려고 몸과 마음을 바친 거룩이들이 목 졸려 이슬로 사라졌다

사락 어찌씨 가볍게 쓸리거나 맞부딪칠 때 나는 소리 ㉥눈발이 사락 내리는 소리에 갑자기 가슴이 두근거린다

사락거리다 움직씨 가볍게 쓸리거나 맞부딪칠 때 소리가 잇달아 나다 **사락대다**

사락사락 어찌씨 가볍게 쓸리거나 맞부딪칠 때 잇달아 나는 소리 ㉥웃방에서는 일꾼들이 새끼 꼬는 소리가 사락사락 들려온다 **사락사락하다**

사람 이름씨 **1** ('살다'에서 '살'과 이름씨를 만드는 '암'이 붙어 생긴 말로) 살기를 가장 잘 하는 목숨붙이 ㉥사람으로 태어났으니 늘 사람답게 살아야 하지 않을까 ⇐ 인. 인간 **2** 스스로 임자이고 애짓고 제 뜻대로 살아가는 목숨 ㉥사람은 스스로 온갖 목숨붙이 우두머리라고 생각하니 거기에 걸맞게 살아야 하지 않을까? **3** 어떤 곳에 무리를 이루어 사는 목숨 ㉥옛날 사람. 배달 사람 **4** 아이가 아닌 어른 ㉥힘센 사람들이 거드는 바람에 일찍 끝냈어 **5** 가까운 이를 가리키거나 부르는 말 ㉥이 사람 오랜만일세 **6** 나 아닌 남 ㉥사람들이 모두 나를 그르다고 말해요 **7** 마땅한 됨됨이를 갖춘 이 ㉥사람답게 살다. 사람 구실을 하다 익은말 **사람 같지 않다** 사람으로서 살아야 할 삶을 제대로 못 산다 슬기말 **사람과 그릇(쪽박)은 있는 대로 쓰인다** 살림에 온갖 그릇이 다 쓰이듯이 사람도 다 쓸데가 있다 **사람마다 저 잘난 맛에 산다** 사람은 누구나 스스로 잘났다는 생각으로 산다 **사람마다 한 가지 버릇은 있다** 사람은 누구나 한두 가지 그릇된 버릇이 있다 **사람 위에 사람 없고 사람 밑에 사람 없다** 사람은 모두 태어날 때부터 똑같다 **사람 살 곳은 골골이 있다** 사람은 어디서나 다 잘 살 수 있다 **사람은 열 디위 다시 된다** 사람은 자라면서 자꾸 바뀐다 **사람은 죽으면 이름을 남기고 범은 가죽을 남긴다** 사람에게 종요로운 것은 바르게 살아 이름을 남기는

것이다 **사람은 헌 사람이 좋고 옷은 새옷이 좋다** 사람은 오래 사귄 사람이 좋고 옷은 새옷이 좋다

사람그림 이름씨 사람을 놓고 그린 그림 ⇐ 인물화

사람기척 이름씨 사람이 있는 줄을 어림하여 알 만한 소리나 기운 ⇐ 인기척

사람길 이름씨 사람이 걸어 다니게 만든 길 한뜻말 걸음길 ⇐ 인도

사람다운삶 이름씨 겨레나 나라, 믿음을 뛰어넘어 사람은 누구나 흐뭇하게 잘 살 수 있다는 생각 ⇐ 인도주의

사람답다 그림씨 삶을 가장 잘 살다 ⓑ사람답게 살아야지

사람됨 이름씨 사람 마음가짐이나 바탕 ⓑ겉모습이나 나온 배곳, 집안보다 사람됨이 종요롭다 한뜻말 됨됨이

사람됨힘 이름씨 낱낱 사람이 사람으로서 마땅히 가지는 바탕힘 ⇐ 인권

사람둘레매개 이름씨 사람이 살아서 만들어진 둘레매개 ⇐ 인문환경

사람똥 이름씨 사람이 눈 똥 ⇐ 인분

사람멀미 이름씨 사람이 많이 모인 곳에서 느끼는 멀미

사람메사람바다 이름씨 사람이 메를 이루고 바다를 이룸. 아주 많이 모인 사람 ⇐ 인산인해

사람물결 이름씨 수많은 사람을 물결에 비겨 나타낸 말 ⇐ 인파

사람바다싸움꾀 이름씨 사람을 물밀듯이 들여보내 싸움에 이기는 꾀 ⇐ 인해전술

사람배기 이름씨 주어진 땅 넓이 안에 사람이 얼마나 사는지를 나타내는 만큼 ⇐ 인구밀도

사람사랑 이름씨 나라나 살갗빛깔, 믿음을 따지지 않고 모든 사람을 사랑하는 것 ⇐ 인류애

사람살이 이름씨 여느 사람이 사는 누리살이 ⓑ사람살이에서 종요로운 일은 두루 고르게 살아가는 일이다 ⇐ 세속

사람살이뭠 이름씨 사람살이에 나서는 어려운 일을 풀거나 사람살이 짜임얼개를 뿌리에서 바꾸는 일을 뭇사람이 스스로 나서서 끈질기게 해가는 뭠 ⇐ 사회운동

사람살이짜임 이름씨 사람이 두루 잘 살아가려는 짜임 얼개 ⇐ 조직, 제도

사람삶꽃감 이름씨 춤이나 노래, 솜씨 같은 것이 뛰어나 나라에서 알아주는 사람 ⇐ 인간문화재

사람수레 이름씨 네댓 사람을 태워 나르게 만든 수레 ⇐ 승용차

사람수레배 이름씨 사람을 태우거나 수레를 실어나르는 배 ⇐ 페리

사람으뜸 이름씨 겨레나 나라, 믿음을 뛰어넘어 사람은 누구나 흐뭇하게 잘 살 수 있다는 생각 ⇐ 인도주의, 휴머니즘

사람이름 이름씨 사람한테 붙인 이름 ⇐ 인명

사람이름말집 이름씨 잘 알려진 사람들 이름을 모아 차례대로 살아온 자취와 한 일을 적은 말집 ⇐ 인명사전

사람이름책 이름씨 사람이름을 적은 책이나 종이 ⇐ 인명록

사람일 이름씨 ❶사람이 하는 일이나 누리에서 벌어지는 일 ⇐ 인사 ❷벌데나 일터에서 사람이 맡을 일을 나눠주거나 맡겨주는 일

사람입일 이름씨 사람이 느는지 주는지, 늙은이가 많은지, 아이가 얼마나 태어나는지 따위를 풀어가는 일 ⇐ 인구문제

사람힘 이름씨 ❶사람이 가진 힘 ⇐ 인력 ❷무엇인가 만드는 데 들어가는 사람이 가진 모든 힘

사람힘비 이름씨 사람 힘으로 비를 내리게 하는 일 ⇐ 인공강우

사람힘수레 이름씨 사람을 태워 사람 몸이 가진 힘으로 끄는 수레 ⇐ 인력거

사랑[1] 이름씨 안채와 떨어져서 바깥어른이 지내며 손님을 맞이하는 곳. 곧 사랑채나 사랑방 ⓑ사랑방에 묵고 계신 손님에게 단술 좀 갖다 드려라

사랑[2] 이름씨 ❶아무것도 바라지 않고 남이 잘되기를 바라는 따뜻한 마음 ⓑ바다 같은

어머니 사랑 ❷사내와 계집이 서로 끌리어 애틋하게 그리는 마음 ⓑ젊은 사내와 계집이 사랑을 속삭인다 ⇐ 애정. 연정 ❸어떤 것을 몹시 즐기거나 좋아하는 마음 ⓑ그 사람 헌책 사랑은 남다른 데가 있다 **사랑하다**

사랑노래 이름씨 저녁 가락이란 뜻으로 밤에 사랑이집 바라지가에서 부르거나 켜는 사랑이 담긴 노래 ⇐ 소야곡

사랑놀음 이름씨 낟사람 집 사랑에서 먹거리와 가락틀을 갖추고 멋스럽게 놀고 즐기는 일 ⓑ한쪽에서는 굶주리는데 사랑놀음이라니

사랑놀이 이름씨 ❶사내와 계집이 서로 사랑을 주고받는 일 ❷서로 사랑하는 흉내를 내며 노는 놀이

사랑니 이름씨 어금니가 다 난 뒤 새로 맨 안쪽 끝에 나는 작은 어금니. 이가 솟을 때, 마치 첫사랑을 앓듯이 매우 아프다고 해서 붙은 이름 ⓑ사랑니가 아파 밥을 먹지 못했다

사랑님 이름씨 서로 사랑을 나누며 마음속 깊이 사랑하는 사람 ⇐ 애인. 연인

사랑마루 이름씨 사랑방 앞에 딸린 마루 ⓑ저녁 햇빛이 사랑마루에 환하게 비친다

사랑방 이름씨 사랑으로 쓰는 방 ⓑ사랑방 손님

사랑새 이름씨 머리는 노랑에 검정 가로줄 무늬가 있고 허리, 가슴, 배는 짙은 풀빛을 띤 새. 오스트레일리아에서 저절로 자라며 몇 골 마리가 무리 지어 산다. 암수 사이가 좋아 늘 붙어다니며 사랑을 나눈다 ⇐ 잉꼬

사랑스럽다 그림씨 사랑을 느끼도록 귀엽다 ⓑ풀 한 포기, 흙 한 줌도 사랑스럽지 않은 것이 없다

사랑싸움 이름씨 사랑하는 사람끼리 다툼 ⓑ둘이서 사랑싸움하는 것이니 모르는 체해

사랑앓이 이름씨 사내계집 사이에 그리워서 생기는 앓이 ⇐ 상사병

사랑옵다 그림씨 모습이나 하는 짓이 사랑스럽게 귀엽다 ⓑ아이들이 노는 모습이 사랑옵다

사랑채 이름씨 사랑으로 쓰는 집 ⓑ사랑채에 군불을 미리 때 놓아라

사래[1] 이름씨 추녀 끝에 잇대어 댄 네모난 서까래 ⓑ칡으로 사래를 얽고 나중에 짚으로 지붕을 덮었다

사래[2] 이름씨 이랑 길이 ⓑ재 너머 사래 긴 밭을 언제 갈려 하느냐

사래[3] 이름씨 무덤지기나 마름이 그 일한 값으로 부쳐 먹는 논밭 ⓑ무덤지기 몫으로 얻은 사래밭에 고추를 심었다

사래질 이름씨 키에 낟을 담아 까부른 뒤에 못 쓸 것을 따로 떨어 버리는 일 ⓑ들깨를 키에 담아 까부르고는 찌꺼기를 사래질했다

사래차다 움직씨 이랑이 곧고 길다 ⓑ사래찬 밭에 콩을 갈고 나니 마음이 뿌듯하다

사랫길 이름씨 논밭 사이로 난 길 ⓑ어릴 때 어머니 따라 사랫길을 걸어 논매는 일꾼 참을 갖다주었다

사레 이름씨 먹는 것을 잘못 삼켜 숨길로 들어가 재채기처럼 뿜어져 나옴 ⓑ고구마를 먹다 사레가 들렸다

사려 ⇒ 생각

사려넣다 움직씨 실이나 노끈 따위를 흐트러지지 않도록 빙빙 둘러서 포개어 넣다 ⓑ긴 줄을 바구니에 차곡차곡 사려넣었다

사려물다 움직씨 아프거나 굳은 다짐을 할 때 아래윗니를 마주 힘주어 물다 ⓑ내가 찍은 사람이 떨어지자 이를 사려물고 뒷날을 기다리기로 마음 다졌다

사력 ⇒ 죽을힘

사령 ⇒ 심부름꾼

사령관 ⇒ 거느림이

사령부 ⇒ 거느리는 곳. 이끄는 곳

사례 (事例) ⇒ 보기

사례 (謝禮) ⇒ 고마움을 나타내다. 고맙다고 절하다

사로자다 움직씨 마음을 놓지 못하고 조마조마하며 자다 ⓑ아픈 아이 옆에서 엄마는 밤새 사로잤다

사로잠 이름씨 사로자는 잠 ⓑ비바람 소리에

밤새 사로잠을 잤다

사로잠그다 (움직씨) 빠르게 열도록 빗장이나 자물쇠 따위를 반쯤 걸어 놓다 ⓑ할머니는 자물쇠를 사로잠근 채 밭에 나갔다 비슷한말 사로채우다

사로잡다 (움직씨) ❶산 채로 잡다 ⓑ멧돼지를 사로잡기가 쉬운 줄 아느냐 ⇐ 포획하다 ❷생각이나 마음을 온통 한곳으로 끌어 쏠리게 하다 ⓑ서로님 노랫소리가 듣는 사람 마음을 사로잡았다

사로잡히다 (움직씨) ❶산 채로 잡히다 ❷생각이나 마음이 온통 한곳으로 끌려 쏠리다 ⓑ한때 나도 하늬노래에 사로잡힌 적이 있었지

사료[1] (思料) ⇒ 헤아림. 생각

사료[2] (飼料) ⇒ 여물. 먹이. 먹잇감

사료작물 ⇒ 먹이풀

사륜 ⇒ 네바퀴

사르개 (이름씨) 둥거리개비나 숯에 불을 옮겨 붙일 때 먼저 쓰는 잎나무나 관솔 ⓑ나무쪼가리들을 모아두면 사르개로 쓸모가 있지 한뜻말 쏘시개

사르다[1] (움직씨) ❶불에 태워 없애다 ⓑ그 글을 읽자마자 살라 버렸다 한뜻말 불사르다 ❷불을 일으켜 붙이다 ⓑ불을 사르는 밑감으로 갈비와 사득다리가 으뜸이다

사르다[2] (움직씨) 키 따위로 낟을 까부른 뒤에 못 쓸 것을 따로 떨어 버리다 ⓑ들깨를 털고 까불러 사른 뒤 물에 씻어 말려 갈무리했다

사르르 (어찌씨) ❶얽혔거나 뭉쳤던 것이 슬슬 풀리는 꼴 ⓑ뭉쳤던 어깻죽지가 사르르 풀렸다 ❷저절로 풀리거나 녹는 꼴 ⓑ봄볕에 얼음이 사르르 녹는다 비슷한말 스르르 ❸졸음이 살며시 오거나 눈을 살며시 감는 꼴 ⓑ나른해서 눈꺼풀이 사르르 감긴다 ❹아주 가볍게 떠는 꼴 ⓑ실바람에 나뭇잎이 사르르 떤다 ❺미끄러지듯 살며시 뛰는 꼴 ⓑ무릎 덮개가 사르르 밑으로 떨어졌다

사른몬 (이름씨) 둘 넘는 몬이 아울러 이루어진 몬 한뜻말 아울몬 ⇐ 화합물

사름[1] (이름씨) 모를 옮겨 심은 지 닷새쯤 지나서 뿌리가 내려 파랗게 잘 자라는 것 ⓑ모가 사름을 해서 파릇파릇해졌어

사름[2] (이름씨) 불에 태워 없앰 ⇐ 소멸

사릅 (이름씨) 소나 말 나이 세 살

사릅쇠 (이름씨) 세 살 먹은 소. 한 살을 하릅, 두 살을 이듭, 세 살을 사릅, 네 살을 나릅, 다섯 살을 다습

사릅잡이 (이름씨) 세 살 난 소나 말

사리[1] (이름씨) ❶국수나 새끼 같은 것을 헝클어지지 않게 사려놓은 뭉치 ⓑ사리로 뭉쳐놓은 새끼. 국수사리 ❷삶은 국수나 새끼, 실 따위 사려놓은 뭉치를 세는 하나치 ⓑ낮밥에 국수 한 사리를 더 시켜 먹었다 ❸떡볶이나 찬국수 같은 바탕 맛갓 위에 더 얹어 먹는 국수나 꼬불국수 같은 덧맛갓

사리[2] (이름씨) ❶윷놀이에서 '모'나 '윷'을 이르는 말 ⓑ이 디위에 모 한 사리와 윷 한 사리를 해야지 ❷모나 윷을 던진 횟수를 셀 때 쓰는 말 ⓑ아니 어떻게 모가 세 사리나 나지?

사리[3] (이름씨) 달셈으로 보름과 그믐 무렵 밀물이 가장 높을 때 ⓑ사리 때라 배 나가기에 가장 좋다 한뜻말 한사리 맞선말 조금

사리[4] (이름씨) 인디아 겨집들이 몸에 휘감아 입는 한 장으로 된 긴 천옷 ⓑ건넛마을에 사는 인디아 색시가 사리를 입었는데 참 곱더라고

사리[5] (이름씨) 깨달은 이 타고 남은 뼈. 나중엔 타고 남은 구슬꼴 뼈만 일컬음

사리 (事理) ⇒ 가리새. 가리. 갈피

사리 (私利) ⇒ 아람보탬. 아람길미

사리다 (움직씨) ❶실이나 노끈 따위를 가지런히 동그랗게 포개어 감다 ⓑ나중에 쓰기 좋게 새끼를 잘 사려 뭉쳐 놓았다 큰말 서리다 ❷뱀이나 구렁이 같은 것이 몸을 똬리꼴로 틀다 ⓑ담 밑에 구렁이가 몸을 사리고 햇볕을 쬔다 ❸나온 못 끝을 꼬부려 붙이다 ⓑ아재는 기둥에 삐져나온 못을 사려

놓았다 ❹어떤 일에 나서지 않고 살살 비키며 몸을 빼다 ⓑ그 사람은 이번 일에 어물어물 몸을 사리는 눈치였다 ❺얼을 바짝 가다듬다 ⓑ내가 생각을 제대로 사리지 못해 일이 잘못되었다 ❻꼬리를 다리 사이에 끼다 ⓑ마루 밑에 고양이가 꼬리를 사리고 앉았다

사리물다 움직씨 이를 악물다 ⓑ아픔을 참느라고 사리문 입술엔 피가 맺혔다

사리사욕 ⇒ 아람바람차림. 제바람차림

사리살짝 어찌씨 남몰래 재빨리 ⓑ마을모임집에 능금 한 고리를 사리살짝 놓고 왔다 비슷한말 스리슬쩍

사리탑 ⇒ 사리쌓

사립 ⇒ 아람세움

사립문 이름씨 사립짝을 달아서 만든 문 ⓑ마당으로 들어가지 못하고 사립문에서 어물어물 기웃거렸다

사립짝 이름씨 나뭇가지를 결어서 만든 문짝

사립학교 ⇒ 아람배곳

사릿길 이름씨 사리 지은 것처럼 꼬불꼬불한 길 ⓑ다람쥐처럼 사릿길을 재빠르게 빠져나왔다

사마귀[1] 이름씨 몸은 누런 밤빛이나 푸른빛을 띠고 뒷날개에 얼룩무늬가 있는 벌레. 날카로운 가시가 돋은 앞다리는 길고 크며 낫처럼 구부러져 먹이를 잡기에 쉽다 한뜻말 버마재비

사마귀[2] 이름씨 살갗에 낟알만큼 볼록하고 납작하게 돋은 군살 ⓑ새끼발가락에 콩알만 한 사마귀가 있다

사막 ⇒ 모래벌. 모래벌판

사막하다 그림씨 매우 사납고 모질다 ⓑ사막하게 노려보며 싸움을 걸었다

사막화 ⇒ 모래벌판되기

사망 이름씨 장사에서 길미를 많이 얻는 날떠퀴 ⓑ오늘은 사망이 없는 날인가

사망 ⇒ 숨짐. 죽음. 죽다. 숨거두다. 숨지다. 돌아가다

사망률 ⇒ 죽는 푼수

사망자 ⇒ 죽은 사람. 죽은이

사맞다 움직씨 꿰뚫다. 사무치다 ⓑ바라지를 모두 열어 바람이 사맞도록 했다. 여러 말 없이도 사맞는 사이 ⇐ 통하다

사면 (斜面) ⇒ 비탈. 기울기. 물매. 가풀막. 비알

사면 (四面) ⇒ 둘레. 네낯

사면 (赦免) ⇒ 욺없앰. 풀어줌. 욺없애다. 풀어주다

사면초가 ⇒ 네쪽초노래

사명 ⇒ 구실. 맡은일. 할일

사명감 ⇒ 할일다짐. 할일다짐마음

사모 ⇒ 그리움. 그리워하다

사모관대 ⇒ 갓띠. 갓과 띠

사모님 ⇒ 스승아내. 샘아내. 샘가시. 윗사람 아내

사무 (私務) ⇒ 아람일

사무 (事務) ⇒ 일. 글일. 맡은일

사무국 ⇒ 글일곳

사무기기 ⇒ 글일연장

사무복 ⇒ 글일옷

사무소 ⇒ 글일터

사무실 ⇒ 글일방

사무원 ⇒ 글일꾼

사무직 ⇒ 글일

사무치다 움직씨 ❶마음속 깊이 스며들거나 멀리까지 미치다 ⓑ우리말을 살려 써야겠다는 큰 뜻이 마음속 깊이 사무쳤다 ❷뼈저리게 느끼다 ⓑ옛일 생각이 사무쳐 잠 못 이룬다

사물 ⇒ 일몬

사물놀이 ⇒ 넷놀이. 네몬놀이

사물사물 어찌씨 ❶살갗에 작은 벌레가 기어가는 것처럼 간질간질한 꼴 ⓑ목덜미에 사물사물 기어가는 것을 잡고 보니 조그만 거미네 ❷아리송한 것이 눈앞에 떠올라 자꾸 아른거리는 꼴 ⓑ슬쩍 스쳐 지나간 얼굴인데 사물사물 자꾸 떠오른다 **사물사물하다**

사물함 ⇒ 내것칸. 아람몬칸

사뭇 어찌씨 ❶먼저 생각했던 것과 달리 ⓑ그 사람 말은 어제와 사뭇 달랐다 ❷내내 끝

까지 ⓑ이 길로만 사뭇 가다 보면 집이 나옵니다 ❸사무칠 만큼 매우 ⓑ벗이 하는 짓이 사뭇 좋았다. 동무 말을 듣고 처음엔 사뭇 놀랐지

사박거리다 움직씨 ❶모래밭이나 눈길을 가볍게 걸을 때 소리가 잇달아 나다 ❷능금 같은 것이 부드러워 잘 씹히는 소리가 잇달아 나다 **사박대다**

사박사박 어찌씨 ❶모래밭이나 눈길을 가볍게 걸을 때 잇달아 나는 소리나 그 꼴 ⓑ아이들이 모래밭을 사박사박 걷는다 ❷능금 같은 것이 부드러워 잘 씹히는 소리나 그 꼴 ⓑ잘 익은 능금이 입속에서 사박사박 씹힌다 ❸바람이 나뭇잎을 스치며 불어오는 소리나 그 꼴 ⓑ바람은 사박사박 불고 나뭇잎은 호독호독 떨어진다 **사박사박하다**

사박스럽다 그림씨 바탈이 모질고 거리낌 없이 되바라지다 ⓑ그렇게 사박스럽게 하니 아이들이 주눅 들지

사발 이름씨 ❶흰흙으로 만든 밥그릇 ⓑ사발에 담은 보리밥 ❷그릇을 세는 하나치 ⓑ밥 두 사발 더 주세요 ❸몇 사발이란 뜻 ⓑ밥사발이나 먹는 집안이다

사발여름지이 이름씨 사발로 짓는 여름지이라는 뜻으로 일을 하지 않고 밥을 빌어먹는 삶. 얻어먹는 삶 ⇐ 사발농사 **사발여름지이하다**

사발옷 이름씨 가랑이가 무릎 아래에 오는 짧은 겨집 바지 ⓑ사발옷을 입고 아침 달리기를 했다

사방 ⇒ 네쪽. 둘레

사방공사 ⇒ 무너짐막이

사방댐 ⇒ 무너짐막이둑

사방팔방 ⇒ 여기저기. 이곳저곳. 곳곳

사범 (師範) ⇒ 스승

사범 (事犯) ⇒ 저지른이. 저지레

사범대 ⇒ 가르침이 한배곳

사법 ⇒ 벼리가름

사법부 ⇒ 벼리가름맡

사법인 ⇒ 아람벼리사람

사변 ⇒ 큰일. 큰싸움

사변형 ⇒ 마름모꼴

사별 ⇒ 여읨. 여의다

사병 ⇒ 잠개잡이

사복 ⇒ 아람옷

사본 ⇒ 찍은 책. 베낀 책

사부님 ⇒ 샘. 스승

사부자기 어찌씨 힘들이지 않고 살짝 ⓑ이불을 사부자기 개고 나왔다

사부작거리다 움직씨 힘들이지 않고 잇달아 살짝 하다 ⓑ사부작거리더니 그 많은 일을 혼자 다 했네 **사부작대다**

사부작사부작 어찌씨 힘들이지 않고 잇달아 살짝 하는 꼴 ⓑ언니는 아우를 업고도 사부작사부작 나물을 잘 다듬는다 **사부작사부작하다**

사부주 이름씨 짜임에 맞게 갖춤. 또는 짜임에 맞게 갖출 일 ⓑ사부주가 꼭 맞는다. 사부주가 잘 짜였다 ⇐ 조건. 격식. 규격

사북 이름씨 ❶가위다리나 접고 펴는 부챗살 같은 것이 어긋매껴지는 곳. 또는 거기에 꽂는 못과 같은 것 ⓑ나비꼴 사북으로 바꿔 끼워라. 사북을 박다 ❷가장 종요로운 것 ⓑ미라는 스스로 동무들 사이에서 사북 노릇을 한다고 생각했다 ⇐ 급소

사분면 ⇒ 네갈낯

사분사분 어찌씨 ❶발자국 소리가 나지 않을 만큼 조용하고 가벼운 꼴 ⓑ사분사분 걸어오는 곱단이 ❷움직임이 가볍고 조용한 꼴 ⓑ함박눈이 지붕에 사분사분 내려앉는다 ❸조용하고 부드럽게 이야기하는 꼴 ⓑ사분사분 이야기하는 순이

사분오열하다 ⇒ 흩어지다. 나뉘어 흩어지다

사비 ⇒ 제돈. 아람돈. 주머닛돈

사뿐 어찌씨 ❶소리가 나지 않게 발을 가볍게 내딛는 꼴 ⓑ가람이는 재바른 몸짓으로 말 위에 사뿐 올라앉았다 ❷매우 가볍게 뛰는 꼴 ⓑ깃털이 사뿐 내려앉는다 **사뿐하다**

사뿐거리다 움직씨 발자국 소리가 나지 않게 잇달아 걷는 걸음새가 매우 가볍고 조용하

다 ⓑ새 옷을 입고 마루 위를 사뿐거리며 거닌다 **사뿐대다**

사뿐사뿐 어찌씨 ❶발자국 소리가 나지 않게 자꾸 걷는 걸음새가 매우 가볍고 조용한 꼴 ⓑ옆집 셋째 따님이 사뿐사뿐 내게 걸어왔다 ❷잇달아 뛰는 것이 매우 가벼운 꼴 ⓑ머리에 사뿐사뿐 내려앉은 눈을 가볍게 털고 방으로 들어왔다 **사뿐사뿐하다**

사뿐히 어찌씨 가볍고 시원하게 ⓑ몸을 솟구쳐 올려 세 디위 돌리더니 사뿐히 두 발로 섰다

사사건건 ⇒ 모든일. 일마다. 일일이. 온갖일

사사롭다 ⇒ 아람되다

사사받다 ⇒ 가르침 받다. 스승 삼다. 스승으로 섬기다

사사분면 ⇒ 네네갈낯

사사오입 ⇒ 가웃올림

사삭스럽다 그림씨 말과 짓이 자잘하고 밉살스럽다

사산 ⇒ 애지기. 애지다

사살 ⇒ 쏴죽임. 쏴죽이다

사상 ⇒ 생각

사상가 ⇒ 생각보. 생각애지이

사상의학 ⇒ 네꼴나숨갈

사상자 (蛇床子) ⇒ 뱀도랏

사상자 ⇒ 죽거나 다친 이. 죽은이 다친이

사상충 ⇒ 실벌레

사색 (死色) ⇒ 죽을 낯. 죽을 빛

사색 (思索) ⇒ 깊은 생각. 생각

사생 (四生) ⇒ 네삶

사생 (寫生) ⇒ 베껴 그리기. 보고 그리기

사생결단 ⇒ 죽기살기. 죽살이

사생이 이름씨 이른 봄에 싹이 돋고 너댓달에 꽃이 피어 열매 맺는 나물. 맛이 좋아 날로도 먹는다. 사양나물이라고도 한다 ⇐ 전호. 사양채

사생활 ⇒ 제속살이. 아람살이

사서 (史書) ⇒ 삶자취책

사서 (司書) ⇒ 책맡은이

사서함 ⇒ 제새뜸통

사선 (死線) ⇒ 죽을 고비

사선 (斜線) ⇒ 빗금

사설 (私設) ⇒ 아람세움

사설 (社說) ⇒ 펴낸 말

사설 (辭說) ⇒ 잔소리. 푸념. 이야기. 아니리

사소하다 ⇒ 보잘것없다. 하찮다. 자잘하다. 시시하다. 작다. 자질구레하다

사수 (射手) ⇒ 쏠이. 쏠보. 쏘개잡이. 활잡이

사수 (死守) ⇒ 지킴. 지키다. 목숨 걸고 지키다

사스람하다 그림씨 가다듬지 않아 어수선하고 엉성하다 한뜻말에부수수하다

사슬 이름씨 ❶쇠로 만든 고리를 여러 낱 이어 만든 줄 ⓑ사슬에 묶여 갇혔다 ❷갈씨 얼개꼴에서 어떤 밑씨 여러 낱이 한 줄로 곧게 이어진 짜임새 ❸억눌리거나 얽매여 마음대로 하지 못함 ⓑ우리는 백성이 임자 되는 싸움에서 이겨 여러 사슬에서 벗어났지만, 아직 남은 사슬이 많다

사슬돈 이름씨 꿰거나 싸지 않은 쇠붙이돈. 곧 잔돈

사슬뜨기 이름씨 뜨개질을 비롯할 때 사슬꼴로 이어 뜨는 일

사슬맞뭄 이름씨 생겨난 몬 하나가 다시 맞뭄 몬으로 쓰여 생겨나고 사라짐을 이어가는 맞뭄 ⇐ 연쇄반응

사슬코 이름씨 사슬처럼 한 줄로 죽 이어 뜨는 코

사슴 이름씨 밤빛 몸에 동그란 흰빛 무늬가 있고 다리가 길어 잘 뛰며 수컷은 머리에 나뭇가지 꼴 뿔이 돋은 네발짐승

사슴못 이름씨 다모나섬 가나나메 꼭대기에 있는 못 ⇐ 백록담

사슴벌레 이름씨 온몸이 검은빛 딱딱한 껍데기로 싸인 벌레. 수컷은 큰 턱 앞이 집게 꼴로 갈라져 사슴뿔 같다

사시 (四時) ⇒ 네 때

사시 (斜視) ⇒ 사팔뜨기. 곁눈질. 사팔눈

사시나무 이름씨 나무껍질은 푸른 잿빛이며 잎 앞쪽은 푸르고 뒤쪽은 흰빛인 나무. 달걀꼴 작은 잎은 잎자루가 가늘고 길어서 바

ㅅ

람결에 잘 흔들린다 익은말 **사시나무 떨듯** 몸을 몹시 와들와들 떠는 꼴
사시랑이 이름씨 가늘고 여린 몬이나 사람 ⓑ가뜩이나 사시랑이인 몸에 돌림앓이까지 걸려서 죽을 판이다 ⇐ 약골
사시미 ⇒ 날물고기살. 날살
사시사철 ⇒ 한해내내
사신 ⇒ 나라 심부름꾼
사신도 ⇒ 네검그림
사실 ⇒ 있는일. 참말. 있는 그대로
사실대로 ⇒ 더덜없이. 있는 그대로
사실무근이다 ⇒ 터무니없다. 없던 일이다
사심 (私心) ⇒ 아람맘. 제마음
사심 (邪心) ⇒ 나쁜마음. 몹쓸마음. 어그러진 마음. 비뚤어진 마음
사십 ⇒ 마흔
사십구재 ⇒ 마흔아흐레 식게
사악하다 ⇒ 생각이 나쁘다. 나쁘다
사암 ⇒ 모랫돌. 모래바위
사약 ⇒ 죽이개
사양 ⇒ 비쌤. 손사래. 비쌔다. 손사래치다. 뿌리치다. 마다하다
사업 ⇒ 일. 장사. 벌이
사업가 ⇒ 장사꾼. 벌이꾼
사역 ⇒ 부림. 시킴. 하임. 부리다. 시키다. 하게하다
사역동사 ⇒ 하임움직씨
사연 ⇒ 까닭. 얘깃거리. 이야기
사옥 (舍屋) ⇒ 집
사옥 (社屋) ⇒ 벌데집. 일터집
사욕 ⇒ 제바람. 아람바람
사용 ⇒ 씀. 쓰다
사용가치 ⇒ 쓸모. 쓸데. 쓸값어치
사용량 ⇒ 쓴 부피. 쓴숱
사용료 ⇒ 삯. 쓴값. 쓴삯
사용법 ⇒ 쓸 줄. 쓸 수
사용자 ⇒ 쓰는이. 쓸 이
사우나 ⇒ 찜질방. 김찜질
사우디아라비아 이름씨 아시아 마하늬녘에 있고 넓은 땅 거의 모두가 모래밭이며 기름이 많이 나는 나라. 서울은 리야드
사운드트랙 ⇒ 소리갈무리띠
사원 (寺院) ⇒ 절. 거룩집
사원 (社員) ⇒ 일꾼
사월 ⇒ 넷달. 넷째 달
사위[1] 이름씨 딸 버시 ⓑ우리 엄마는 딸인 나보다 사위를 더 많이 챙긴다 슬기말 **사위는 온 해 손이라** 사위는 끝없는 손님이라는 뜻으로, 곧 가시 어버이에게 언제나 쉽지 않은 손님임을 빗대어 이르는 말 **사위도 가웃 아들이다** 사위도 때로는 아들 노릇 한다
사위[2] 이름씨 좋지 않은 일이 생길까 두려워 어떤 일이나 몬, 말과 짓을 꺼림 ⇐ 금기. 터부
사위[3] 이름씨 ❶주사위나 윷을 놀 때 뜻한 끗수 ❷놀이나 노름에서 한 디위에 얻을 수 있는 많은 끗수. 윷놀이에서 윷이나 모를 이른다
사위다 움직씨 ❶불이 다 타서 재가 되다 ⓑ모깃불이 사윌 때까지 얘기를 나눴다 비슷한말 꺼지다. 삭다 ❷기운이나 빛 같은 것이 여려져 사라지다 ⓑ더위가 사위어 가는 늦여름 밤
사위스럽다 그림씨 마음이 안 좋은 느낌으로 꺼림칙하다 ⓑ사위스러운 생각은 하지 말아라
사위하다 움직씨 좋지 않은 일이 생길까 두려워 어떤 말과 몸짓을 꺼리다 ⓑ아이 낳을 달이 가까워 오면 삼검할미 노염을 살까 사위하는 일도 많아진다
사윗감 이름씨 사위가 될 사람이나 사위로 삼을 만한 사람 ⓑ우리 딸 사윗감으로 자네가 딱일세
사유 (思惟) ⇒ 생각. 생각하다. 곰곰이 생각하다
사유 (私有) ⇒ 아람치. 아람것
사유 (事由) ⇒ 까닭. 말미암음. 때문. 영문
사유서 ⇒ 말미글. 까닭글
사유재산 ⇒ 아람치 돈집땅. 아람 가진 것
사유지 ⇒ 아람땅. 아람치 땅
사육 ⇒ 기름. 침. 먹임. 기르다. 치다. 키우다. 먹이다

사육사 ⇒ 짐승치기. 짐승돌보미
사육신 ⇒ 죽은엿보
사육장 ⇒ 짐승치는 곳
사은품 ⇒ 베풂몬. 사랑갚는몬
사은회 ⇒ 베풂모임. 스승베풂모임
사의 (謝意) ⇒ 고마운 뜻. 고마움
사의 (辭意) ⇒ 그만둘 뜻. 물러날 뜻
사이 이름씨 ❶이곳에서 저곳까지. 이것과 저것 틈 ⓑ서울과 푸른누리 사이는 아주 멀다. 책갈피 사이에 물든 나뭇잎을 끼운다 ❷이때에서 저 때까지 동안 ⓑ다짐을 해놓고 하루 사이에 마음이 바뀌었나 ❸여럿이 촘촘히 들어있는 속이나 가운데 ⓑ능금꽃이 활짝 핀 밭 사이로 집이 보여 ❹어떤 일을 할 겨를이나 한갓짐 ⓑ쉴 사이도 없이 바쁘게 일을 한다 ❺사람과 사람 사이 얽힘 ⓑ푸름이랑 누리는 서로 오누이 사이다 ❻서로 사랑하는 만큼이나 가까운 만큼 ⓑ이웃집 가시버시는 사이가 참 좋아
사이다 ⇒ 톡쏨물. 쏨단물
사이드 ⇒ 옆. 곁. 한쪽. 쪽
사이드라인 ⇒ 세로줄. 옆줄. 곁줄
사이드미러 ⇒ 옆거울
사이렌 ⇒ 고동. 알림소리
사이보그 ⇒ 로봇사람
사이비 ⇒ 엉터리. 거짓됨. 거짓꾸밈
사이사이 이름씨 ❶몬이나 곳 사이와 사이 ⓑ이 사이사이에 고춧가루가 꼈어 ❷짬날 때마다 ⓑ별님은 일하는 사이사이에 내게 눈길을 보냈다
사이시옷 ⇒ 사이시읏
사이시읏 이름씨 낱말과 낱말 사잇소리를 적으려고 쓰는 'ㅅ'. 윗말이 홀소리로 끝날 때 쓴다 ⓑ냇가나 나뭇잎은 사이시읏을 써야 한다
사이좋다 그림씨 서로 살뜰하다 ⓑ벗들과 사이좋게 지내라 ⇐ 평화롭다
사이좋음 이름씨 서로 살뜰함 ⓑ사람끼리 싸우지 말고 사이좋음을 이루어 가기를 ⇐ 평화. 화친

사이즈 ⇒ 크기. 치수
사이참 이름씨 '새참' 밑말. 일하다가 잠깐 쉬면서 먹는 맛갓
사이클 ⇒ 돌. 두바퀴
사이트 ⇒ 누리그물집
사인 (死因) ⇒ 죽은 까닭
사인[1] ⇒ 이름쓰기
사인[2] ⇒ 눈짓. 손짓. 몸짓
사인펜 ⇒ 이름붓
사일 ⇒ 나흘. 나흗날. 맏나흗날. 넷째 날
사일구혁명 ⇒ 넷한아홉뒤엎기
사임 ⇒ 그만둠. 물러남. 그만두다. 물러나다
사잇골 이름씨 큰골과 가운데골 사이에 있는 골. 한쪽으로 셋째 골방 둘레를 둘러싸고 있다 ⇐ 간뇌
사잇길 이름씨 ❶사이에 난 길 ⓑ보리밭 사잇길로 걸어간다 ❷한길에서 갈라져 나간 작은 길 ❸질러가는 길 한뜻말 지름길
사잇빛 이름씨 빨강, 노랑, 파랑, 하양, 검정 가운데 둘 넘는 빛깔을 섞어 낸 빛 ⇐ 중간색
사잇소리 이름씨 가락에서 처음 소리를 가웃소리만큼 올리거나 내린 소리. 음표 옆에 한때표로 나타낸다 ⇐ 파생음. 사이음
사자 (死者) ⇒ 죽은이
사자 (獅子) ⇒ 짐승마리
사자 (使者) ⇒ 심부름보
사자성어 ⇒ 네글자말
사자자리 ⇒ 짐승마리자리
사자후 ⇒ 힘찬 말. 큰소리
사장 (社長) ⇒ 일터지기. 벌데지기. 일터으뜸
사장 (死藏) ⇒ 묵힘. 묵히다. 파묻히다. 썩히다
사재 ⇒ 아람치. 제돈. 주머닛돈
사재다 움직씨 값이 오르거나 무엇이 달릴 것을 내다보고 사들여 쟁이다 ⓑ사람들이 고추를 사재어 고춧값이 비싸졌다 **사재기**
사적 (史蹟) ⇒ 옛자취. 지난 발자취
사적 (私的) ⇒ 아람. 나. 나만
사전 (事前) ⇒ 미리미리. 앞서. 지레. 하기 앞서
사전 (辭典) ⇒ 말모이. 말집. 말광. 말숲
사전대비 ⇒ 갖춤. 갖추다. 미리 차리다. 미리 마련

하다

사절 (使節) ⇒ 나라시중. 나라심부름꾼

사절 (謝絶) ⇒ 내침. 물리침. 내치다. 손사래 치다. 받지 아니하다. 물리치다. 뿌리치다

사정 (射精) ⇒ 쌈. 물쌈. 물싸다

사정 (査定) ⇒ 꿂음. 꿂다. 매기다. 가리다

사정 (事情) ⇒ 까닭. 속내. 영문

사정거리 ⇒ 과녁길이. 닿을길이

사정보다 ⇒ 보아주다. 헤아려주다. 생각해주다

사정없다 ⇒ 모질다

사정하다 ⇒ 빌다. 비라리하다. 비대발괄하다

사제 (私製) ⇒ 제만든. 제만든몬

사제 (師弟) ⇒ 스승과 따름이

사족 (蛇足) ⇒ 군더더기. 군말. 군소리. 군붓

사족 (四足) ⇒ 네발

사족동물 (四足) ⇒ 네발짐승

사죄 ⇒ 빔. 빌다. 잘못을 빌다. 허물을 빌다

사주 (四柱) ⇒ 난해달날때

사주 (使嗾) ⇒ 꾐. 꼬드김. 꾀다. 꼬드기다. 시키다. 부추기다. 부추기어 시키다

사주다 움직씨 **1** 사서 주다 ⓑ아이들에게 책을 사줬다 **2** 값있게 여겨 주다 ⓑ저를 높이 사주어서 고맙습니다

사주단자 ⇒ 난해달날때종이

사주팔자 ⇒ 난날떠귀

사중창 ⇒ 네어울림가락

사지 ⇒ 두팔다리. 두팔두다리

사직 (辭職) ⇒ 그만둠. 떠남. 그만두다. 떠나다. 나가다. 물러나다

사직 (社稷) ⇒ 땅검과 낟검. 나라

사직서 ⇒ 물러남글. 그만둠글

사진 ⇒ 빛박이

사진관 ⇒ 빛박이집

사진기 ⇒ 빛박이틀

사진첩 ⇒ 빛박이책

사차방정식 ⇒ 네제곱찾기셈

사차원 ⇒ 네쪽낯

사찰 (寺刹) ⇒ 절

사찰 (査察) ⇒ 따져 살핌

사채 (私債) ⇒ 빚. 아름빚

사채 (社債) ⇒ 벌데빚

사철 ⇒ 네철

사철나무 ⇒ 늘푸른나무

사철쑥 ⇒ 네철쑥. 더위지기

사체 ⇒ 죽은 몸. 주검. 송장

사초 ⇒ 첫 삶적이

사촌 ⇒ 아재딸아들. 아재딸. 아재아들. 네마디

사축 이름씨 여름지기에게 품삯으로 떼어 주는 논이나 밭 ⓑ돌쇠는 다섯 해 품삯 삼아 논 한 마지기를 사축으로 받았다

사춘기 ⇒ 꽃때. 꽃나이

사출 ⇒ 내보냄

사춤 이름씨 **1** 갈라지거나 벌어진 틈 ⓑ담벼락 사춤을 이긴 흙으로 낱낱이 다 메웠다 **2** 담이나 바람 사이에 이긴 흙을 쳐서 틈을 메우는 일 ⓑ갈라진 벽 사춤을 진흙으로 메웠다

사춤치기 이름씨 담이나 벽 사춤에 진흙 따위를 채워 넣거나 덧발라 메우는 일 ⓑ뱀 드나들지 않게 사춤치기를 좀 꼼꼼하게 해주게나

사치 ⇒ 넘쳐 씀. 지나치게 쓰다. 하리다

사치스럽다 ⇒ 넘치게 쓰다

사치품 ⇒ 겉치레몬

사칙 ⇒ 넷셈

사칙연산 ⇒ 네가지셈. 넉셈

사칭 ⇒ 속임. 거짓댐. 거짓대다. 속이다. 속여 말하다

사카린 이름씨 톨루엔을 밑감으로 만든 흰빛 또는 빛깔 없는 알갱이로 만들어 낸 단가루

사타구니 이름씨 두 넓적다리 사이 ⓑ엄마는 빨갛게 짓무른 아기 사타구니에 낫개를 발라 주었다 한뜻말샅

사탕 ⇒ 알단것. 알엿

사탕무 ⇒ 단무

사탕발림 ⇒ 입발림. 달콤소리

사탕수수 ⇒ 단수수

사태 이름씨 소 오금에 붙은 살덩이. 흔히 곰국거리로 쓴다 ⓑ오랜만에 사태를 사 와서

공국을 푹 끓여 먹었다

사태 (事態) ⇒ 일. 일됨새

사태 (沙汰) ⇒ 무너짐. 쓸림

사택 ⇒ 집. 일꾼집

사통팔달 ⇒ 이리저리길남. 이리저리트임. 이리저리 트이다. 막힌 데 없다

사퇴 ⇒ 물러남. 그만둠. 물러나다. 그만두다. 물리치다. 떠나다

사투 ⇒ 죽기살기싸움

사투리 이름씨 ❶어느 한 고장에서 쓰는 말. 사투리라는 말은 백성이 나라 참 임자임을 모르는 사람들이 고장말을 낮잡아 일컬은 말이다 ⓑ말씨만 들어도 어느 고장 사투리, 아니 어느 고장말인지 알 수 있다고? 한뜻말 고장말 ⇐ 방언 ❷고장말을 잘못 알아 낮춰 이르는 말 ⓑ서울말도 한 고장말일 뿐인데 다른 고장말을 낮춰 불러 사투리라고 잘못 말한다

사파이어 ⇒ 파란빛돌

사파전 ⇒ 네 갈래 싸움. 네쪽싸움

사팔눈 이름씨 눈자위가 비뚤어져 늘 모로 뜨고 보는 것과 같은 눈 ⇐ 사시

사팔뜨기 이름씨 사팔눈을 한 사람

사포 ⇒ 모래베. 모래종이. 속새

사포질 ⇒ 모래베질. 속새질

사표 (師表) ⇒ 밑보기. 스승. 거울

사표 (辭表) ⇒ 일터끝냄글. 마침글

사표 (死票) ⇒ 죽은표

사품 이름씨 ❶여울목 같은 데서 세차게 흐르는 물살 ⓑ사품이 있는 곳을 겨우 건넜다 한뜻말 물사품 ❷비좁게 붐비는 사이나 틈 ⓑ사품에 끼다 ❸('사품에' 꼴로 써) 어떤 일이 일어나는 그 까리에, 또는 어떤 일이 일어나 붐비는 통에 ⓑ사람들이 밀려드는 사품에 자칫하면 깔려 죽을 뻔했다

사품질 이름씨 물이 소용돌이치는 것 ⓑ사품질을 하며 쏟아져 내리는 세찬 여울로 뗏목이 흘러내렸다

사품치다 움직씨 ❶물이 세찬 물살로 흐르다 ⓑ큰비로 앞 개울물이 사품치며 흐른다 ❷마음이 세차게 부딪쳐 움직이다 ⓑ뭉클해진 가슴은 사품치듯 설레었다

사필귀정 ⇒ 꼭 바르게 됨

사하다 ⇒ 풀어주다. 봐주다. 너그럽게 봐주다. 놓아주다

사하라모래벌 이름씨 아프리카 노녘에 있는 누리에서 가장 넓은 모래벌판. 한 해 비는 20mm보다 적고 따습기나 날씨가 크게 바뀐다. 오아시스에선 대추야자가 난다 ⇐ 사하라사막

사학 (史學) ⇒ 지난삶갈

사학 (私學) ⇒ 아람배움. 아람배곳

사학자 ⇒ 지난삶갈이

사할린 이름씨 러시아 새녘에 있는 길쭉한 섬. 왜종살이 때 우리 겨레가 많이 끌려가 살았다

사항 ⇒ 일. 일가닥

사해 ⇒ 죽은바다

사행시 ⇒ 넉줄노래

사행심 ⇒ 뜻밖에 바라는 마음. 잘되기를 바라는 마음

사혈 ⇒ 피빼기

사형 ⇒ 죽임욹. 죽음욹

사형장 ⇒ 허물보 죽이는 곳

사화 ⇒ 선비언걸

사화산 ⇒ 쉼불메

사환 ⇒ 잔심부름꾼

사활 ⇒ 죽기살기. 죽살이

사회 ⇒ 사람무리. 사람서리. 사람살이. 모둠

사회과학 ⇒ 사람살이갈. 모둠갈

사회관리 ⇒ 모둠뒷갈망. 사람살이 돌봄

사회문제 ⇒ 사람살이말썽

사회보장 ⇒ 두루 잘살기

사회보장제도 ⇒ 두루 잘살게 하기. 뭇 잘살게 하기

사회복지 ⇒ 살이힘씀. 살이누림

사회봉사 ⇒ 살이섬김

사회사업 ⇒ 사람살이일

사회생활 ⇒ 모둠살이. 두루살이

사회성 ⇒ 너울가지

사회운동 ⇒ 살이뭄. 사람서리뭄

사회인 ⇒ 모둠사람

사회자 ⇒ 이끎이

사회적거리 ⇒ 사람사이틈

사회정의 ⇒ 뭇사람 바른 생각

사회제도 ⇒ 사람살이벼리틀. 사람서리벼리틀

사회조직 ⇒ 사람살이얼개. 사람서리짜임

사회주의 ⇒ 두루살이. 고루살이

사회학 ⇒ 사람살이갈. 사람사이갈. 사람서리갈

사후 (死後) ⇒ 죽은뒤

사후 (事後) ⇒ 뒤. 일뒤. 지난 뒤. 나중

사흘 (이름씨) ❶그달 셋째 날 ⓑ이달 사흘에 만났어요 한뜻말나흗날 ⇐ 3일 ❷세 날 ⓑ사흘 동안 굶었어요

사흘굿일 (이름씨) 죽은 지 사흘 만에 치르는 굿일 ⇐ 삼일장

삭갈다 (움직씨) 논을 미리 갈지 못하고 모낼 때 비로소 한 디위 갈다

삭감 ⇒ 줄임. 줄이다. 덜다. 깎다

삭다 (움직씨) ❶바탕이 바뀌어 썩은 것처럼 되다 ⓑ밧줄이 삭아 끊어졌다 ❷젓갈이나 김치 따위가 익어 맛이 들다 ⓑ오징어젓이 잘 삭아서 맛있다 ❸빡빡하고 걸쭉한 것이 풀어지거나 묽어지다 ⓑ먹던 숟가락으로 죽을 휘저으면 죽이 다 삭지요 ❹들뜬 마음이 가라앉다 ⓑ골난 것을 삭이려면 숨을 바라보세요 ❺먹은 먹거리가 배 안에서 잘 내려가다 ⓑ먹은 것이 잘 삭지 않는다

삭막하다 ⇒ 아득하다. 쓸쓸하다

삭발 ⇒ 까까머리. 중머리. 머리깎기. 머리깎다

삭삭 (어찌씨) ❶거침없이 가볍게 비비는 소리나 그 꼴 ⓑ옷에 묻은 먼지를 삭삭 비벼 털었다 큰말석석 센말싹싹 ❷바닥이나 마당을 거침없이 가볍게 쓰는 소리나 그 꼴 ⓑ마당을 삭삭 쓸었다 ❸거침없이 가볍게 베어 나가거나 썰거나 하는 소리나 꼴 ⓑ종이에 그은 금을 따라 삭삭 오려 내었다 ❹조금도 남기지 않고 깨끗이 ⓑ보리밥에 열무김치를 넣고 비벼 삭삭 다 긁어 먹었다 **삭삭하다**

삭삭거리다 (움직씨) 거침없이 가볍게 비비는 소리가 나다 ⓑ얼레가 삭삭거리는 소리를 내며 돌아간다 **삭삭대다**

삭신 (이름씨) 몸 힘살과 뼈마디 ⓑ비가 오려고 하면 삭신이 쑤신다

삭은재 (이름씨) 살남 칼슘이 물을 먹고 삭아 된 재 한뜻말물살된칼슘 ⇐ 수산화칼슘

삭이다 (움직씨) ❶먹은 것을 삭게 하다 ⓑ요즘 배가 말썽이라 먹은 걸 못 삭이네 ❷마음을 가라앉히다 ⓑ식식거리는 걸 보니 아직 골난 마음을 못 삭였군 ❸돈이나 가진 것을 다 써버리다 ⓑ노름에 빠져 가진 걸 다 삭였다

삭일힘 (이름씨) 먹을거리를 삭이는 힘 ⇐ 소화력

삭임물 (이름씨) 먹은 맛갓을 삭이려고 삭임샘에서 나오는 침이나 이자물, 양물 따위 ⇐ 소화액

삭임틀 (이름씨) 몸에 들어온 살감몬을 삭이어 빨아들이고 삭지 않은 찌꺼기를 몸 밖으로 내보내는 곳 ⇐ 소화기관

삭정이 (이름씨) 살아 있는 나무에 붙은 채 말라 죽은 나뭇가지 ⓑ할아버지는 아궁이에 바싹 마른 삭정이를 넣어 불을 지피셨다

삭제 ⇒ 없앰. 없애다. 지우다. 지워버리다. 빼버리다

삭풍 ⇒ 찬바람. 겨울바람

삭히다 (움직씨) 뜸씨 같은 것으로 삭게 하다 ⓑ젓갈을 잘 삭혀 몹시 구수하구나

삯 (이름씨) ❶품을 들여 일한 몫으로 받는 값 ⓑ가을걷이 해주고 받은 삯으로 쌀을 사 왔다 ⇐ 보수. 임금. 페이 ❷집이나 땅을 빌려 쓴 값으로 내는 돈 ⓑ오늘은 밀린 삯을 꼭 내셔요 ⇐ 세

삯꾼 (이름씨) 삯 받고 일하는 사람 ⓑ삯꾼을 다섯이나 사서 밭을 맸다

삯내다 (움직씨) 돈을 내고 남 것을 빌려 쓰다 ⓑ시골에서 작은 집을 삯내어 산다 ⇐ 세내다

삯돈 (이름씨) ❶일한 품값으로 받는 돈 ⓑ오늘 밭맨 삯돈이 닷열골 원이다 한뜻말품값. 품돈 ⇐ 임금 ❷남 몬이나 집 따위를 빌려 쓰고

그 값으로 주는 돈 ⓑ방 두 칸에 한 달에 내는 삯돈이 열골 원이다 ⇐ 셋돈

삯메기 이름씨 시골에서 밥은 안 먹고 품삯만 받고 하는 일 ⓑ삯메기라 도시락을 늘 챙겼다 **삯메기하다**

삯바느질 이름씨 삯 받고 하는 바느질 ⓑ각시가 솜씨가 좋아 삯바느질로 살림을 보탰다 **삯바느질하다**

삯방 이름씨 돈을 내고 빌려 쓰는 방 ⓑ옛날에는 흔히 큰고을에 가서 배우려고 삯방을 얻어 살곤 했다 ⇐ 셋방

삯방살이 이름씨 삯방을 빌려 살다 ⓑ젊을 때 누이와 함께 삯방살이했지 **삯방살이하다**

삯벌이 이름씨 삯을 받고 남 일을 해주는 것 ⓑ새벽에 일찍 삯벌이하려고 나왔는데 일자리가 없다 한뜻말삯팔이. 품팔이 ⇐ 일용노동 **삯벌이하다**

삯수레 이름씨 삯을 받고 손님이 가려는 곳까지 태워다 주는 수레 ⓑ버스에서 내려 삯수레를 타고 집까지 왔다 ⇐ 택시

삯싸움꾼 이름씨 삯을 주고 부리는 싸울아비 ⇐ 용병

삯싸움꾼부리기 이름씨 싸움터나 놀이마당에서 싸움이나 놀이를 이끄는 재주 ⇐ 용병술

삯일 이름씨 삯 받고 남 일을 해주는 일 ⓑ어머니가 삯일을 하며 살림을 꾸려나갔다 한뜻말삯벌이. 품팔이 ⇐ 고용. 고용노동 **삯일하다**

삯일꾼 이름씨 삯 받고 일하는 사람 ⓑ일터에서 잘린 아버지는 삯일꾼으로 나섰다 한뜻말 삯벌이꾼. 품팔이꾼 ⇐ 인부

삯집 이름씨 돈을 내고 빌려 사는 집 ⇐ 셋집

삯팔이 이름씨 삯 받고 하는 일 ⓑ삯팔이로 겨우 끼니를 이어가니 얼마나 고달프겠어 한뜻말품팔이 **삯팔이하다**

산 (産) ⇒ 낳이. 난 곳. 태어난 곳. 만든 곳

산 (山) ⇒ 메. 갓. 재. 달. 배. 덤

산 (酸) ⇒ 심

산가지 ⇒ 셈가지

산간 ⇒ 멧골

산갈치 ⇒ 멧갈치

산것 이름씨 목숨을 가지고 스스로 살아 가는 것. 살감, 뮘, 자람, 불림을 하며 숨받이, 푸나무, 잔살이로 나뉜다 ⇐ 생물

산것갈 이름씨 산것 짜임과 구실, 자람, 퍼짐 들과 그 목숨을 파고드는 갈 ⇐ 생물학

산고 ⇒ 애 낳는 괴로움

산골 ⇒ 멧골

산골짜기 ⇒ 멧골. 멧골짜기

산괴불주머니 ⇒ 멧괴불주머니

산그늘 ⇒ 멧그늘

산기슭 ⇒ 멧기슭

산길 ⇒ 멧길

산꼭대기 ⇒ 멧꼭대기

산꽃 이름씨 살아있는 꽃 ⇐ 생화

산나물 ⇒ 멧나물

산누에 ⇒ 멧누에

산느타리 ⇒ 멧느타리

산달 ⇒ 애낳을달. 애날달

산달래 ⇒ 멧달래

산대놀음 ⇒ 덧보기놀음. 탈놀음

산대추 ⇒ 멧대추

산더미 ⇒ 멧더미

산도깨비 ⇒ 멧도깨비

산돌배나무 ⇒ 멧돌배나무

산동반도 ⇒ 산뚱거진섬

산드러지다 그림씨 ❶맵시 있고 멋들어지다 ⓑ사람들 앞에서 산드러지는 말씨로 시원하게 말한다 ❷간드러지다 ⓑ꽃님이 산드러지게 웃으며 제 맘에 드는 사내에게 말을 건다

산들 어찌씨 시원한 바람이 가볍고 곱게 부는 꼴 ⓑ봄바람이 산들 분다 큰말선들

산들거리다 움직씨 시원한 바람이 가볍고 곱게 잇달아 불다 ⓑ민들레 씨앗이 산들거리는 봄바람에 실려 여기까지 날아왔네 **산들대다**

산들바람 이름씨 ❶시원하고 곱게 부는 바람 ⓑ산들바람이 나뭇가지를 흔들며 시원하게 불어오네 ❷바람세기가 셋째인 바람. 나뭇잎과 잔가지가 자잘하게 움직이고 깃발

이 가볍게 흔들린다

산들산들 [어찌씨] ❶바람이 사느랗고 부드럽게 부는 꼴 ⓑ산들산들 가을바람에 내 마음이 흔들흔들 큰말 선들선들 ❷바람이 불어 몬이 시원스럽게 흔들리는 꼴 ⓑ봄바람에 옷고름이 산들산들 흔들린다 **산들산들하다**

산등성이 ⇒ 멧등성이

산딱따구리 ⇒ 푸른딱따구리. 메딱따구리

산딸기 ⇒ 메딸. 메딸기

산딸나무 ⇒ 메딸나무

산똥 [이름씨] 배앓이로 다 삭지 못하고 밀려 나온 똥 ⓑ잔칫날에 너무 많이 먹어 산똥을 쌌다 비슷한말 선똥

산뚱거진섬 [이름씨] 쫑궈 새녘에 있는 거진섬 ⇐ 산동반도

산뜩 [어찌씨] 갑자기 몸에 닿는 느낌이 싸늘한 꼴 ⓑ뱀을 보기만 해도 산뜩 싫은 느낌이 난다

산뜩거리다 [움직씨] 갑자기 몸에 닿는 느낌이 자꾸 사늘하다 **산뜩대다**

산뜩산뜩 [어찌씨] 갑자기 몸에 닿는 느낌이 자꾸 사늘한 꼴 ⓑ새벽에는 벌써 산뜩산뜩 어깨가 시려온다 **산뜩산뜩하다**

산뜩산뜩하다 [그림씨] ❶갑자기 사늘한 느낌이 이어 있다 ❷갑자기 놀라서 마음에 사늘한 느낌이 계속 있다

산뜩하다 [그림씨] 갑자기 몸에 닿는 느낌이 사늘하다

산뜻 [어찌씨] 움직이는 짓이 매우 가볍고 시원스럽게 빠른 꼴 ⓑ바람이 산뜻 분다. 한숨 자고 나니 몸이 아주 산뜻하다

산뜻산뜻 [어찌씨] 잇달아 움직이는 짓이 매우 가볍고 시원스럽게 빠른 꼴 ⓑ새옷을 차려입고 산뜻산뜻 걸어가는 배움이들

산뜻산뜻하다 [그림씨] 잇달아 움직이는 짓이 매우 가볍고 시원스럽게 빠르다 큰말 선뜻선뜻하다

산뜻하다 [그림씨] ❶깨끗하고 시원하다 ⓑ물이 올라 소나무잎이 산뜻하다 ❷조촐하고 깔끔하다 ⓑ그렇게 차려입으니 산뜻해 보인다

산란 (産卵) ⇒ 알낳기

산란기 ⇒ 알낳을때. 알낳이철. 알슬이철

산란하다 (散亂-) ⇒ 어수선하다. 뒤숭숭하다

산림 ⇒ 숲. 수풀

산림경제 ⇒ 숲살림

산림녹화 ⇒ 숲가꾸기. 나무심기. 푸른숲만들기

산림욕·삼림욕 ⇒ 숲멱. 수풀미역. 숲맞이

산림청 ⇒ 숲그위집

산마늘 ⇒ 멧마늘

산마루 ⇒ 멧마루. 멧등성이. 멧만디

산만하다 ⇒ 어지럽다. 어수선하다. 뒤엉키다. 흐트러지다

산맥 ⇒ 멧줄기

산맨위목청 [이름씨] 사내 가장 높은 소리넓이. 또는 그 소리넓이 노래꾼 ⇐ 테너

산모 ⇒ 애어미. 아이어미. 아이낳이어미

산모퉁이 ⇒ 멧모퉁이

산문 ⇒ 줄글

산물 ⇒ 낳이. 낳몬. 나는 것. 내는 것

산바람 ⇒ 멧바람

산발 ⇒ 풀머리. 쑥대머리

산발적 ⇒ 띄엄띄엄. 가끔. 때때로 여기저기서. 가끔 여기저기서

산밭 ⇒ 멧밭

산벼락 [이름씨] 죽지 않을 만큼 맞는 벼락 ⓑ술 먹고 들어왔다고 산벼락을 맞았다

산보 ⇒ 걷기. 거닒. 노닒. 거닐다. 바람쐬다. 노닐다

산봉우리 ⇒ 멧봉우리

산부인과 ⇒ 애낳이·꽃님 보는데

산부추 ⇒ 멧부추

산불 [이름씨] 이글이글 잘 타는 불 맞선말 죽은불

산불 ⇒ 멧불

산비둘기 ⇒ 멧비둘기

산비장이 ⇒ 멧비장이

산비탈 ⇒ 멧비탈. 메허리. 비탈땅

산사람 [이름씨] 살아있는 사람

산사태 ⇒ 메무너짐. 메쓸림

산산이 ⇒ 조각조각. 갈기갈기

산산조각 ⇒ 흩흩조각. 갈가리

산산하다 그림씨 ❶ 시원하면서 조금 추운 느낌이 들다 ⓑ옷섶으로 스며드는 산산한 바람은 오롯이 늦가을을 느끼게 한다 큰말 선선하다 ❷ 낯빛이나 몸짓이 좀 차갑다 ⓑ올해 높배곳에 들어간 아람이를 보면 꽃나이 아가씨한테서 풍기는 산산한 기운이 느껴진다

산삼 ⇒ 심. 부리시리

산새 ⇒ 멧새

산성 (山城) ⇒ 메구루. 메재

산성 (酸性) ⇒ 심바탈

산성비 ⇒ 더럼비. 심비

산성화 ⇒ 심바탈되기

산성흙 ⇒ 심흙

산세 ⇒ 멧생김새. 멧꼴

산소 (酸素) ⇒ 살남

산소 (山所) ⇒ 무덤

산소리 이름씨 어렵더라도 속은 살아서 남에게 굽히지 않는 말 ⓑ아버지는 집안 어른들한테 일부러 산소리를 했다

산소마스크 ⇒ 살남입마개

산소호흡 ⇒ 살남숨

산소호흡기 ⇒ 숨넣개

산솔새 ⇒ 멧솔새

산송장 이름씨 얼은 못 차리나 숨을 쉬고 돌이얼개가 돌아 목숨이 이어지는 사람 한뜻말 산주검 ⇐ 식물인간

산수 (算數) ⇒ 셈

산수 (山水) ⇒ 멧물

산수화 ⇒ 바람빛그림

산술 ⇒ 셈. 셈하기

산신령 ⇒ 멧서낭. 멧검

산실 ⇒ 낳이방

산쑥 ⇒ 멧쑥

산아제한 ⇒ 애덜낳기

산악 ⇒ 바드러운 메

산악인 ⇒ 멧사람. 메오름이

산악회 ⇒ 멧사람모임. 메오름모임

산안개 ⇒ 멧안개

산알음 이름씨 살아가는 데 쓰는 쓸모 있는 알음 한뜻말 산앎 ⇐ 산지식

산야 ⇒ 멧들

산양 ⇒ 멧염소. 멧염

산언덕 ⇒ 메언덕

산업 ⇒ 낳일

산업도로 ⇒ 낳일길

산업사회 ⇒ 낳일모둠. 낳일살이

산업재해 ⇒ 낳일지실. 낳일사달. 낳일언걸

산업통상자원부 ⇒ 낳일장사밑감맡

산업혁명 ⇒ 낳일바뀜. 낳일 뒤엎기

산업화 ⇒ 낳일되기

산오리나무 ⇒ 메오리나무

산울림 ⇒ 메아리

산울타리 이름씨 나무를 심어 가꿔 만든 울타리 ⓑ그 집 탱자나무 산울타리는 멋져 한뜻말 산울

산유국 ⇒ 기름나라

산자락 ⇒ 멧기슭. 멧자락

산장 ⇒ 멧사람집. 멧집

산재 ⇒ 흩어져있음. 흩어져있다. 널려있다

산적 (山賊) ⇒ 멧도둑

산적 (散炙) ⇒ 꼬치구이

산적 (山積) ⇒ 멧더미. 멧더미같다. 멧더미같이 쌓이다

산전수전 ⇒ 메쌈물쌈

산정하다 ⇒ 금매김. 값매기다. 금매기다

산조 ⇒ 허튼가락

산줄기 ⇒ 멧줄기

산중 ⇒ 멧속

산중호걸 ⇒ 범

산지 (産地) ⇒ 난곳. 낳곳. 난땅. 제고장

산지 (山地) ⇒ 멧곳

산지기 ⇒ 멧지기

산지사방 ⇒ 여기저기. 이곳저곳

산지식 ⇒ 산앎. 산슬기. 산알음

산짐승 ⇒ 멧짐승

산채 ⇒ 멧나물

산채돌솥비빔밥 ⇒ 멧나물돌솥비빔밥

산채묻음 이름씨 산채로 땅속에 묻음 ⇐ 생매장

산채비빔밥 ⇒ 멧나물비빔밥

ㅅ

산책 ⇒ 걷기. 거닒. 노닒. 거닐다. 바람쐬다. 노닐다

산책로 ⇒ 거님길

산천 ⇒ 멧내

산천초목 ⇒ 멧내푸나무

산초나무 ⇒ 분디나무. 난디나무

산초장아찌 ⇒ 분디장아찌

산촌 ⇒ 멧마을

산출 (算出) ⇒ 셈. 셈해냄

산출 (産出) ⇒ 낳이. 낳다. 만들다. 만들어내다

산타클로스 ⇒ 흰나룻붉은옷할배

산토끼 ⇒ 멧토끼

산통 (産痛) ⇒ 몸풀이아픔. 애낳이아픔

산통 (算筒) ⇒ 셈통

산파 ⇒ 삼할미. 삼어미

산하 (山河) ⇒ 메내. 메가람. 누리

산하 (傘下) ⇒ 테안. 손안. 울안. 그늘아래

산하단체 ⇒ 딸린모임. 딸린동아리

산해 ⇒ 메바다

산해진미 ⇒ 온갖맛거리. 온갖맛있는 것

산행 ⇒ 메타기. 메오르기

산허리 ⇒ 메허리

산호 ⇒ 바다벌레나무

산호초 ⇒ 바다벌레나무여

산화 (酸化) ⇒ 보믜. 보믜다

산화 (散華) ⇒ 목숨바침. 죽다. 숨지다. 꽃잎지다

산화방지 (酸化防止) ⇒ 보믜막이

산화방지 (山火防止) ⇒ 멧불막기. 멧불막이

산화칼슘 ⇒ 살남칼슘

산후조리 ⇒ 애낳은뒤보살핌

살[1] [이름씨] [1] 사람이나 짐승 몸을 이룬 부드러운 것 ㉥아기가 살이 포동포동 쪘다 [2] 기름이나 뼈다귀나 힘줄이 섞이지 않은 짐승 고기 ㉥세겹살엔 살보다 기름이 많다 [3] 조개나 게 껍데기 속에 든 부드러운 몬 ㉥조개를 삶아 살을 꺼내 먹었다 [4] 살갗 ㉥햇볕에 살이 보기 좋게 탔다 [5] 열매껍질과 씨 사이에 있는 몬 ㉥수박 속살은 붉을수록 달고 맛있다 [6] ('붙이다'와 함께 써) 보기 좋게 하거나 마무리하려고 더 보태는 것 ㉥줄글을 더 다듬고 살을 붙였다 [7] 푸나무 잎이나 줄기, 뿌리 따위 몸피를 이루는 부드러운 것 ㉥살이 오른 머윗대 [8] 마주 꿰맨 천 솔기 안쪽 바탕 ㉥살을 베지 않게 잘 보면서 뜯어라 [익은말] **살을 깍고 뼈를 갈다** 몸과 마음을 다하여 애쓰다

살[2] [이름씨] [1] 문짝이나 수레바퀴, 얼레, 부채 따위 뼈대가 되는 나무나 쇠 ㉥해받이 살이 부러졌다. 살이 휘어진 바퀴 [2] 화살의 준말 ㉥살이 과녁을 뚫었다 밑말화살 [3] (뒷가지처럼 써) 빛이나 물이 내뻗치는 힘 ㉥물살. 햇살. 빛살 [4] (뒷가지처럼 써) 주름 또는 구김으로 생기는 금 ㉥구김살. 눈살. 쭈그럭살. 주름살 [5] 벌 꽁무니나 쐐기 몸에 있는 날카로운 바늘 ㉥벌에 쏘이면 살을 뽑고 술 찌꺼기를 바르면 낫는다 [슬기말] **살은 쏘고 주워도 말은 하고 못 줍는다** 화살은 쏘아도 되찾을 수 있으나 뱉은 말은 다시 주워 담을 수 없다

살[3] [이름씨] 나이를 세는 하나치 ㉥나는 새해가 되면 열두 살이 된다

살[4] [이름씨] 사람이나 몬을 다치게 하는 보이지 않는 모진 힘 ㉥건넛마을 아지매가 사람 죽은 집에 갔다가 살을 맞아서 앓아누웠대요 [익은말] **살이 끼다** 사람이나 몬 따위를 다치게 하는 보이지 않는 모진 힘이 들러붙다 **살이 내리다** 나쁜 기운이 떨어져 나가다

살- [앞가지] (어떤 낱말 앞에 붙어) 오롯하지 못함 ㉥살얼음

-살- [뒷가지] (그림씨 말뿌리에 붙어) 보람을 더 또렷이 더해준다 ㉥곱살하다. 밉살스럽다. 곰살궂다

살감 [이름씨] 산것이 자라고 살아가는데 꼭 있어야 하는 것. 또는 그런 것을 갖춘 것 ㉥여러 낟을 섞어 지은 밥은 살감이 넉넉하다 ⇐ 영양. 양분

살감낫개 [이름씨] 모자라는 살감을 더해주는 낫개 ⇐ 영양제

살감모자람 [이름씨] 목숨이 살아가는 데 살감 숫이 모자라서 생기는 몸이 튼튼하지 못함 ⇐ 영양실조

살감밥 [이름씨] 살감이 많이 든 먹을거리 ⇐ 영양식

살감보 [이름씨] 됨본메를 갖고 배곳이나 일터에서 먹을거리 마련을 이끄는 사람 ⇐ 영양사

살감숫 [이름씨] 산것이 살감을 얻는 것. 앙금가루. 흰자밭. 굳기름. 비타민 따위가 있다 ⇐ 영양소

살감이룸씨 [이름씨] 살감이 되는 이룸씨. 푸나무 살감이룸씨로는 막남, 빛나르개심, 칼륨이 종요롭다 ⇐ 영양분. 영양성분

살갑다 [그림씨] [1](집이나 세간 따위가) 보기보다 속이 넓다. 조금 헐렁하다 ㉥세간살이를 말끔하게 치우니 집이 살갑게 느껴졌다. 칼을 꽂으니, 칼집이 큰지 조금 살갑다 [2] 부드럽고 상냥하다 ㉥혼자 좋아만 했지, 임에게 살가운 말 한 디위 붙이지 못했다 [3]닿는 느낌이 가볍고 부드럽다 ㉥살가운 봄바람이 옷곳한 꽃내음을 실어 오네

살강 [이름씨] 부엌 바람 가운데 턱에 그릇 따위를 얹게 만든 것 ㉥말끔히 씻은 그릇들을 살강 위에 올려놓았다 비슷한말시렁 ⇐ 선반. 찬장 [슬기말] **살강 밑에서 숟가락 얻었다·부엌에서 숟가락 얻었다** 작은 일을 하고 내세우는 사람한테 헛 좋았다고 핀잔할 때 쓰는 말. 아주 쉬운 일을 하고 자랑한다

살강거리다 [움직씨] 덜 삶은 낟알이나 열매 따위가 가볍게 자꾸 씹히다 ㉥푹 찌지 말고 살강거리게 쪄봐요 큰말설겅거리다 거센말살캉거리다 **살강대다**

살강살강 [어찌씨] 덜 삶은 낟알이나 열매 따위가 가볍게 자꾸 씹히는 느낌 ㉥밤이 덜 삶아져서 살강살강 씹힌다 큰말설겅설겅 거센말살캉살캉 **살강살강하다**

살갗 [이름씨] 살가죽 겉 ㉥햇볕에 살갗이 거무스름하게 탔다 ⇐ 피부. 표피

살갗굿혹 [이름씨] 살갗에 생기는 궂혹을 통틀어 일컫는 말 ⇐ 피부암

살갗밑 [이름씨] 참껍질 밑부터 힘살을 싸는 힘살청 위까지 ⇐ 피하

살갗보는데 [이름씨] 살갗앓이 바탈과 나숨길을 파고드는 나숨갈 한 갈래 ⇐ 피부과

살갗심기 [이름씨] 다친 데나 불에 덴 데에 다른 곳 살갗을 옮겨붙여 낫게 하는 것 ⇐ 피부이식

살갗앓이 [이름씨] 살갗에 생기는 앓이 ⇐ 피부병

살거름 [이름씨] 씨 뿌릴 때 씨와 섞어서 주는 거름

살거리 [이름씨] 몸에 붙은 살 많기와 모습 ㉥살거리가 지나치지 않도록 몸을 잘 건사해야지 한뜻말살집

살결 [이름씨] 살갗 결 ㉥살결이 눈부시게 하얗고 곱다 ⇐ 피부결

살구 [이름씨] 살구나무 열매. 살은 먹고 씨는 낫개감으로 쓴다

살구나무 [이름씨] 봄에 엷붉은 꽃이 잎보다 먼저 피고 일곱달에 열매인 살구가 익는 나무

살균 ⇒ 팡이죽이기. 잔살이없애기

살그머니 [어찌씨] [1]남몰래 조용하게 천천히 ㉥오늘 처음 만난 꽃님을 살그머니 곁눈으로 훔쳐본다 큰말슬그머니 작은말살그마니 [2] 힘들이지 않고 가볍게 ㉥줄을 살그머니 당겼다. 깨질까 봐 유리그릇을 살그머니 다루었다 [3]드러나지 않게 혼자 속으로 조용히 ㉥거짓말한 일이 알려질까 봐 살그머니 걱정된다

살근거리다 [움직씨] [1]힘들이지 않고 살그머니 가볍게 움직이다 [2]몬을 서로 맞닿게 하고 가볍게 스치며 움직이다 **살근대다**

살근살근 [어찌씨] [1]힘들이지 않고 살그머니 가볍게 움직이는 꼴 ㉥살근살근 빨지 말고 힘을 줘서 빡빡 문질러야지 [2]몬을 서로 맞닿게 하고 가볍게 스치며 움직이는 꼴 ㉥비둘기가 모래 위에 날개를 살근살근 스치듯이 날아간다 [3]남모르게 가만가만히 움직이는 꼴 ㉥밤도둑이 마을에 들어 살근살근 이집 저집 뒤지며 다닌다 **살근살근하다**

살금살금 [어찌씨] [1]남모르게 살며시 자꾸 움직이는 꼴 ㉥풀잎에 앉은 잠자리를 잡으려고 살금살금 다가갔다 큰말슬금슬금 [2]하는 짓이 느릿느릿하고 조용조용히 나아가

는 꼴 ⓑ골짜기에 자욱하게 낀 안개가 해가 돋으니 살금살금 흩어진다

살긋하다 그림씨 ❶조금 기울거나 비뚤어져 있다 ⓑ어제 똑바로 심어 놓은 고추모가 센 비바람에 살긋해졌다 ❷(움직씨) 조금 기울이다 ⓑ고개를 살긋하다

살기 ⇒ 매서운 기운. 모진 느낌

살기다툼 이름씨 모든 산 것이 목숨을 지켜 살아가려고 겨루는 일 ⇐ 생존경쟁

살기등등 ⇒ 죽일 기운 풍김

살길 이름씨 ❶살아 나갈 길 ⓑ우리 살길은 제 먹을 것을 스스로 지어 먹을 일이다 ⇐ 활로 ❷막다른 골목에서 벗어나려고 모대기면서 찾는 길 ⓑ날씨고비에서 벗어나는 살길은 저마다 먹고 입고 자는 일을 스스로 푸는 것이다 ⇐ 활로

살꽃 이름씨 웃음과 몸을 파는 겨집 몸뚱이 ⓑ살림이 어려울 때는 살꽃을 팔아 아우들 뒷바라지를 하는 꽃님도 있었다

살남 이름씨 빈기를 이루는 종요로운 이름씨로 빛과 냄새와 맛이 없는 밑숫. 사람이 숨쉬고 산것이 살아가는 데 없어서는 안 되는 바람덩이다. 라부아지에가 '살아있는 빈기'를 신맛(oxys)을 내는 것(genes)으로 잘못 알고 이름지은 것을 바로잡아 '살려내는 것'이란 뜻으로 '살남'으로 지었다 ⇐ 산소

살남숨 이름씨 산것이 몸밖에서 살남을 받아들여 몸안에 있는 살음몬을 살남되게 함으로써 쓸 힘을 얻고 이때 생기는 두살남숯남을 몸밖으로 내보내는 일 ⇐ 산소호흡

살남입마개 이름씨 살남이 모자라는 곳에 들어갈 때 쓰는 입마개. 살남통에 대롱을 이어 숨쉬기를 돕는다 ⇐ 산소마스크

살남칼슘 이름씨 살남과 칼슘이 어울려 생기는 흰빛 덩어리나 가루. 흔히 거름이나 돌가루, 유리 들을 만드는 밑감으로 쓴다 한뜻말 잿가루 ⇐ 산화칼슘

살눈 이름씨 잎겨드랑이에 나는 곁눈. 땅에 떨어져 퍼진다 한뜻말 알눈. 구슬눈 ⇐ 주아

살눈썹 이름씨 속눈썹 ⓑ노여움을 참느라 살눈썹을 바르르 떤다

살다 움직씨 ❶목숨을 지니다 ⓑ나방처럼 불꽃 둘레를 빙빙 돌며 사는 것이 사람 삶일까요? 맞선말 죽다 ❷어떤 곳에 터를 잡고 지내다 ⓑ어릴 때 바닷가에서 살았다 ❸짜임덩이나 몬, 꼴이 움직여 돌아가거나 제구실을 하다 ⓑ때알림이가 죽은 줄 알았는데 살았네. 모임이 살아 있다 ❹그림 글씨 따위가 꿈틀거리는 듯하다 ⓑ이 글씨는 한 줄 한 줄이 살아 숨쉬는 것 같다 ❺푸나무가 뿌리를 박고 자라다 ⓑ옮겨 심은 가지모가 잘 살았다 ❻번힘줄에 번힘이 흐르다 ⓑ번힘줄에 번힘이 살아 있으니 만지지 마라 ❼바둑돌이 맞은쪽 돌에 잡히지 않다 ❽마음속에 싱싱하게 남다 ⓑ돌아가신 어머니는 아직도 우리 마음에 살아있다 ❾굽히지 않고 뻗대다 ⓑ그래도 입은 살아서 할 말은 다 하네 ❿뚜렷하고 움직여 돌아가며 남다른 바탕이 있다 ⓑ이 마을에는 옛 모습이 아직도 살아 있다 ⓫일터에 붙어 있다 ⓑ시골살이에 재미가 들어 밭에서 살다시피 한다 ⓬짝맺어 지내다 ⓑ이 사람과 산 지 서른 해가 넘었어 ⓭얽매여 지내다 ⓑ머슴을 살다. 가둠살이를 살다 ⓮(때를 나타내는 말과 함께 써) 있거나 지내다 ⓑ하루를 살아도 보람 있게 산다 ⓯불이 타거나 빛을 비추다 ⓑ숯불이 살아 있다 ⓰('산' 꼴로 써) 싱싱하게 있는 ⓑ산 겪음. 산 알음. 산 이끎 슬기말 **산 사람 입에 거미줄 칠까** 거미가 사람 입안에 거미줄을 치자면 사람이 아무것도 먹지 않아야 한다는 뜻으로, 아무리 살림이 어려워 먹을 것이 떨어져도 사람은 그럭저럭 죽지 않고 먹고 살아가기 마련이다

살닿다 움직씨 처음 밑천에서 밑지거나 줄다 ⇐ 손실나다. 손해나다

살대[1] 이름씨 화살 몸 만드는 대 ⓑ살대는 미리 다듬어 놓아야지

살대[2] 이름씨 몬이 넘어가지 않도록 버티는 나무 ⓑ살대를 받치다. 살대를 세우다

살대[3] [이름씨] 문짝이나 바퀴, 부채 따위에서 살을 이루는 낱낱 대 ㉥두 손으로 쇠바라지문 살대를 꽉 붙잡고 매달렸다

살덩이·살덩어리 [이름씨] 살이 뭉쳐 된 덩어리

살돈 [이름씨] [1]어떤 일을 벌여 밑졌을 때 그 밑천이 된 돈. 이 밑천에다 살을 더 붙이려고 했다는 뜻에서 살돈이라 함 ㉥살돈 아까워 발을 못 빼면 나중에 집 날려 [2]노름 밑천 ㉥알짱 같은 살돈 온골 원 하룻밤 노름으로 다 날렸네

살똥스럽다 [그림씨] 말이나 짓이 모질고 올차다 ㉥큰 잘못도 아닌데 아이를 그렇게 살똥스럽게 나무라다니! **살똥스레**

살뜰하다 [그림씨] [1]사랑하고 아끼는 마음이 따뜻하고 그윽하다 ㉥집임자 할머니는 뜰아랫방에 삯방살이하는 아기엄마를 살뜰히 보살핀다 [2]일이나 살림을, 마음을 쏟아 썩 잘 꾸리다 ㉥어머니는 살림을 살뜰하게 꾸려 나간다. 나물밭을 살뜰하게 가꾸자 **살뜰히**

살랑[1] [어찌씨] 바람이 조금 가볍게 부는 모습 ㉥바람이 살랑 볼을 스쳐 지난다

살랑[2] [어찌씨] 남 모르게 살그머니 움직이는 꼴 ㉥살랑 빠져서 문밖으로 나갔다

살랑거리다 [움직씨] [1]바람이 가볍게 자꾸 불다 ㉥봄바람이 살랑거린다 [2]잔잔한 바람에 나뭇가지나 잎 같은 것이 가볍게 자꾸 흔들거리다 **살랑대다**

살랑글 [이름씨] 살랑살랑 부는 바람처럼 겪은 것이나 느낌을 가볍게 쓴 글 ⇐ 에세이. 수필

살랑바람 [이름씨] 살랑살랑 부는 바람

살랑살랑[1] [어찌씨] [1]바람이 가볍게 자꾸 부는 꼴 ㉥따뜻한 바람이 살랑살랑 불어온다 [2]잔잔한 바람에 나뭇가지나 잎 같은 것이 가볍게 자꾸 흔들거리는 꼴 ㉥가을바람에 물든 잎이 살랑살랑 흔들린다 [3]꼬리나 머리를 가볍게 자꾸 흔드는 꼴 ㉥강아지가 나만 보면 살랑살랑 꼬리를 흔드네 [4]산산한 바람이 불어 제법 서늘한 느낌을 주는 꼴 ㉥늦가을에 접어들자, 아침 바람이 살랑살랑 차다 **살랑살랑하다**

살랑살랑[2] [어찌씨] [1]남모르게 살그머니 자꾸 움직이는 꼴 ㉥매가 하늘에 뜨자 새끼 꿩들이 덤불 속으로 살랑살랑 기어들어 간다 [2]조용하거나 조심스럽게 움직이는 꼴 ㉥거칠게 말고 마음 써서 살랑살랑 끌어 [3]조용하고 가볍게 걷는 꼴 ㉥찬찬한 곱단이는 말소리도 조용하고 걸음새도 살랑살랑 걷는다 [4]물살이 소리 없이 조용히 흘러내리는 꼴 ㉥개울물이 우리집 앞으로 살랑살랑 흐른다 [5]물이 끓어오르며 가볍게 설레는 꼴 ㉥가마솥에 물이 살랑살랑 끓기를 비롯했다 **살랑살랑하다**

살랑하다 [그림씨] 살랑한 느낌이 있어 조금 추운 듯하다 ㉥불을 며칠 안 땠더니 봄인데도 방이 살랑하다

살래살래 [어찌씨] 작은 몸짓으로 고개를 가볍게 가로 자꾸 흔드는 꼴 ㉥개똥이는 싫다며 고개를 살래살래 젓는다 큰말설래설래 센말쌀래쌀래 **살래살래하다**

살리다 [움직씨] ('살다' 하임꼴) 살게 하다 ㉥죽어가는 강아지를 어떻게든 살리려고 애썼다. 이 그림은 나무 모습을 잘 살리도록 바탕을 비워 놓는 게 좋아. 이 치마는 바느질 솜씨를 잘 살렸네 맞선말죽이다

살림 [이름씨] [1]한집안을 이루어 꾸려가는 일 ㉥살림을 차렸다. 살림을 꾸렸다. 그 꽃님은 살림을 알뜰하게 산다 ⇐ 경제 [2]나라나 모둠을 꾸려가는 일 ㉥고을 살림. 올해 나라 살림이 지난해만 못하다 ⇐ 경제 [3]살아가는 매개 ㉥옷가게를 열어 살림이 넉넉해졌다 [슬기말] **살림에는 눈이 보배라** 살림에는 낱낱이 살피는 것이 으뜸이다

살림꽃 [이름씨] 두루 고루 잘 살리는 살림살이

살림꾼 [이름씨] [1]살림을 맡아서 꾸리는 사람 ㉥꽃두루는 일터를 그만두고 살림꾼으로 들어앉았다 ⇐ 가정주부. 주부 [2]살림을 알뜰하게 잘하는 사람 ㉥가람이는 솜씨 좋은 살림꾼이야

살림버릇 [이름씨] 여러 사람이 살아오는 버릇

⇐ 풍습

살림살이 이름씨 ❶ 살림을 차려서 사는 일 ⓑ 혼자 살더라도 살림살이는 만만하지 않지 ❷ 살림에 쓰는 온갖 몬. 숟가락, 밥솥, 이불, 세간 따위 ⓑ 살림살이가 제법 늘었네

살림집 이름씨 살림하는 집 ⓑ 스무 살이 되면 홀로 서야 하니 살림집을 따로 내는 게 맞아 ⇐ 여염집

살림판가름 이름씨 살림 걸이 일을 판가름하는 것 ⇐ 행정재판

살맛[1] 이름씨 살아가는 보람이나 재미 ⓑ 살맛이 뭐 있나? 아프지 않고 마음이 흐뭇한 것이 살맛이지

살맛[2] 이름씨 다른 사람 살과 서로 닿아서 느끼는 느낌 ⓑ 살맛이 부드럽다

살매 이름씨 사람 뜻과는 아랑곳없이 사람을 뛰어넘는 힘으로 다스려진다고 믿는 것 ⇐ 운명. 천운. 팔자

살며시 어찌씨 ❶ 남 눈에 띄지 않게 가만히 ⓑ 아름이는 내 놓개에 살며시 글종이를 놓고 갔다. 밤새 살며시 눈이 내렸다 ❷ 하는 짓이 조용하고 가볍게 ⓑ 살며시 눈을 감고 생각에 잠긴다. 아이 머리를 살며시 쓰다듬었다 ❸ 생각이나 느낌이 속으로 가만히 ⓑ 머리를 썩히던 일을 풀 생각이 살며시 떠올랐다

살몃살몃 어찌씨 가만가만히 잇달아 움직이는 꼴 ⓑ 어둠 속에서 누군가가 살몃살몃 내게 다가왔다

살무뱀 이름씨 대가리는 납작하게 세모나고 목이 가늘며 몸은 엷거나 어두운 잿빛 얼룩무늬가 있는 뱀. 이빨에서 죽이개가 나오고 쥐나 개구리, 작은 뱀을 잡아먹고 산다 ⇐ 살무사

살밑 이름씨 화살 끝에 박은 쇠붙이 ⓑ 살밑을 잘 갈아놓아라 ⇐ 화살촉

살바람 이름씨 ❶ 좁은 틈새로 들어오는 찬바람 ⓑ 살바람 들어오니 바라지를 꼭 닫아놔 ❷ 이른 봄에 부는 찬바람 ⓑ 소맷자락으로 스며드는 살바람

살벌 ⇒ 무시무시함. 끔찍함. 무시무시하다. 무섭다. 끔찍하다. 사납다

살벗 이름씨 사내끼리나 겨집끼리 어르기할 때 맞은쪽 한뜻말 살동무 ⇐ 살친구

살별 이름씨 빛나는 긴 꼬리를 끌고 해 둘레를 길둥글게 그리며 뛰는 별. 밝고 둥근 머리와 긴 꼬리로 이루어지며 꼬리가 나타나기 앞에는 알아보기 어렵다 ⓑ 멧마루 위에 살별이 꼬리를 길게 드리우고 지나간다 한뜻말 꼬리별. 꽁지별 ⇐ 혜성

살붙이 이름씨 ❶ 피를 나눈 아들딸 ⓑ 저 어르신은 온 누리에 제 살붙이라곤 하나도 없다는데 한뜻말 피붙이 ⇐ 육친. 혈족 ❷ 짐승 여러 가지 살코기

살붙이적바림 이름씨 집에 으뜸이 되는 사람을 비롯하여 같이 딸린 사람들 사는 곳, 이름이나 나이 따위를 적은 그위글. 2008해에 없어지고 집붙이사람표가 갈음하게 되었다 ⇐ 호적

살빛 이름씨 사람 살갗 빛깔 ⓑ 나는 살빛이 가무잡잡하다 ⇐ 살색. 피부색

살사리꽃 이름씨 줄기는 가늘고 키가 크며 잎은 마주나고 여러 갈래로 가늘게 째지고 가을에 흰빛이나 흰붉빛, 검붉빛 따위 여러 가지 고운 꽃을 피우는 한해살이풀 한뜻말 살살이꽃 ⇐ 코스모스

살살 어찌씨 ❶ 조심스럽게 조용히 움직이는 모습 ⓑ 크게 다툰 뒤에 꽃님이는 나를 살살 비껴갔다 큰말 슬슬 ❷ 힘들이지 않고 문지르거나 긁는 모습 ⓑ 등 좀 살살 긁어라 큰말 슬슬 ❸ 낮은 목소리로 부드럽고 조용하게 말하는 모습 ⓑ 그렇게 큰소리로 떠들지 말고 좀 살살 얘기하렴 큰말 슬슬 ❹ 다른 사람을 그럴싸하게 꾀거나 달래는 모습 ⓑ 가을이는 놀러 나가고 싶어 언니를 살살 꾀었다 ❺ 눈이나 단덩이들이 사르르 녹는 모습 ⓑ 소담이는 단덩이를 입안에 넣고 살살 녹이며 천천히 빨아 먹었다 ❻ 은근히 눈웃음치거나 눈치를 보는 모습 ⓑ 꽃순이는 눈웃음을 살살 칠 때가 예쁘다 ❼ 가볍게 비

비는 꼴 ㉥두 손을 살살 비비면서 잘못했다고 빌었다 ❽가볍게 쓸거나 쓰다듬는 꼴 ㉥할아버지는 아슨아들 머리를 살살 쓰다듬었다 ❾얽힌 실 같은 것이 잘 풀리는 꼴 ㉥실꾸리가 살살 잘 풀린다 ❿바람이 부드럽게 부는 꼴 ㉥봄바람이 살살 불어와 졸린다 ⓫배가 조금씩 쓰리면서 아픈 꼴 ㉥배가 고파 밥을 빨리 먹었더니 배가 살살 아파 온다 ⓬그릇 안 물 따위가 찬찬히 골고루 끓는 모습 ㉥가마솥 물이 살살 끓어오른다 ⓭방구들이 불이 잘 들어 뭉근하게 끓는 모습 ㉥고뿔 걸린 노을이는 살살 끓는 아랫목에 이불을 뒤집어쓰고 잤다 ⓮작은 벌레 따위가 가볍게 기어가는 모습 ㉥벌레가 몸을 오므렸다 폈다 하며 살살 기어간다

살살거리다 [움직씨] ❶잇따라 가볍게 이리저리 뛰다 ㉥어디를 그렇게 살살거리며 다니냐? ❷머리를 살래살래 자꾸 흔들다 ㉥또순이는 고개를 살살거리며 내 말이 틀렸다는 듯이 웃는다

살살이 [이름씨] 지나치게 너울가지가 좋고 알랑거리는 사람 ㉥너도 이제 스무 살이 넘었으니 더는 살살이처럼 굴지 말아야지

살살하다 [그림씨] ❶약삭빠르고 꾀를 부리다 ㉥어려서부터 살살한 사람도 가끔 있어 [한뜻말]가살지다 ❷곱고 가냘프다 ㉥볼 때마다 살살한 살살이꽃 ❸몹시 아슬아슬하다 ㉥살얼음판 내를 건너려니 살살하기 짝이 없었다

살상 ⇒ 죽이고 다치게 함. 죽이거나 다치게 하다

살색 ⇒ 살빛

살생 ⇒ 죽임. 죽이다

살섞다 [움직씨] 사내와 겨집이 몸으로 짝짓다

살속 [이름씨] 누리를 살아가는 맛 ㉥우정 찾아들은 것이 고작 이 마을이나 살속은 마찬가지다

살손 [이름씨] ❶연장 따위를 쓰지 않고 손수 만지는 손 ㉥살손으로 돌을 날라 돌쌓을 쌓았다 ❷있는 힘껏 하는 손 ㉥어머니 아픈 다리를 살손으로 주물러 드렸다 [익은말] **살손 붙이다** 일을 힘껏 다잡아 하다

살수 ⇒ 물뿌림. 물뿌리다

살수대첩 ⇒ 사라마큰이김

살신성인 ⇒ 몸버린 거룩이

살싸하다 [그림씨] 입안이나 목구멍, 코안이 찌르듯이 맵고 아리다 ㉥부침개에 제피를 넣었더니 살싸하게 입맛을 돋운다 [한뜻말]싸하다

살아나다 [움직씨] ❶죽게 되었다가 다시 살게 되다 ㉥다 죽어가던 그 집 아들이 살아났다 ⇐ 소생하다 ❷꺼져 가던 불이 다시 피어나다 ㉥부채질을 부지런히 했더니 숯불이 살아난다 ❸아주 고된 매개에서 벗어나다 ㉥죽을 뻔하다 살아났어! ❹잊었던 생각이나 느낌 따위가 다시 떠오르다 ㉥자네 얼굴 보니 지난날이 다시 살아나네 ❺짜임이나 모둠이 없어져 가다가 다시 움직이다 ㉥동아리 모임이 한동안 죽었다시피 하더니 요즘 다시 살아난다 ❻온갖 틀이 멈췄다가 다시 돌아가다 ㉥겨울 동안 불이 잘 안 일던 풀깎개가 날이 풀리자 다시 살아났다

살아남다 [움직씨] 죽지 않고 목숨을 건지다 ㉥버스가 낭떠러지에 굴러 여러 사람이 죽고 살아남은 이는 몇 안 된다 ⇐ 생존하다

살아생전 ⇒ 살아있는 동안. 산 때

살아오다 [움직씨] ❶목숨을 이어오다 ㉥나는 이곳에서 서른 해 가까이 살아온다 ❷살아 돌아오다 ㉥거의 다 죽고 몇 사람만 살아왔다

살얼음 [이름씨] 얇게 살짝 언 얼음 ㉥날씨가 추워지더니 가람가에 살얼음이 얼었다

살얼음판 [이름씨] ❶얇게 살짝 언 얼음판 ㉥벌써 냇가 건널목이 살얼음판을 이루었다 ❷매우 바드럽고 아슬아슬한 매개 ㉥누리 곳곳에 온갖 싸움이 벌어져 사람살이가 살얼음판을 기는 것 같아

살여울 [이름씨] 물살이 몹시 빠른 여울 ㉥비가 많이 오더니 앞내가 살여울이 되었다

살육 ⇒ 마구 죽임. 마구 죽이다

살음 이름씨 살아 숨쉬거나 숨쉬게 함 ⇐ 유기

살음덩이 이름씨 산것처럼 몬이 서로 잘 짜여 살아가는 얼개덩이 ⇐ 유기체

살음몬 이름씨 산것 몸을 이루거나 산것 몸에서 생기는 것. 또는 산것을 살도록 하는 것 ⇐ 유기물

살음지이 이름씨 여름지이 낫개나 된갈거름을 쓰지 않고 뭇 목숨을 살려가며 여름 짓기 ⇐ 유기농. 유기농업

살의 ⇒ 죽일 마음. 죽일 생각

-살이 뒷가지 ❶어떤 일을 하며 살거나 어디에 몸담아 살아가기 ⓑ살림살이. 더부살이. 시골살이. 서울살이. 머슴살이 ❷살아가는 데 쓰는 몬 ⓑ겨우살이에 꼭 있어야 할 두꺼운 옷 한 벌을 샀다 ❸(이름꼴로 써) 살아나가는 것 ⓑ같은 서울에 살아도 살이가 하늘과 땅처럼 다르다

살인 ⇒ 사람 죽임. 사람 죽이다

살인자 ⇒ 사람 죽인 이

살인적 ⇒ 죽인 것과 같은. 죽을 듯한

살점 이름씨 고깃덩이에서 떼어낸 조각 ⓑ고기를 썰다가 살점을 하나 집어 질겅질겅 씹었다 익은말 **살점을 베어주고 싶다** 무엇이나 다 아낌없이 주고 싶다

살조개 이름씨 껍데기에 부챗살꼴 골이 나 있는 작은 조개. 얕은 바닷모래나 진흙에서 살며 맛이 부드럽고 쫄깃쫄깃하다 한뜻말 꼬막

살지다 그림씨 ❶몸에 살이 많다 ⓑ살진 암소를 저자에 내다 팔았다 ❷과일이나 푸나무 뿌리에 살이 많다 ⓑ살진 고사리. 물이 많고 살진 복숭아 ❸땅이 부드럽고 기름지다 ⓑ우리나라는 그 어디를 가더라도 살진 땅이 널려있다

살지르다 움직씨 노름판에서 걸어 놓은 몫에 더 태워 돈을 놓다 ⇐ 베팅하다

살집 이름씨 살 부피 ⓑ맑음이 버시는 살집이 좋은 사내이다 한뜻말 살거리

살짝 어찌씨 ❶남모르는 사이에 재빠르게 ⓑ꽃님이 나한테 살짝 눈짓했다 ❷힘을 안 들이고 가볍게 ⓑ언니가 내 팔을 살짝 꼬집었다. 고추모를 살짝 뽑아 옮겼다 ❸지나치지 않게 조금 ⓑ이른 봄나물은 살짝 데쳐 무친다. 살짝 웃음 띤 얼굴 ❹드러나지 않을 만큼 ⓑ나한테만 살짝 말해 봐. 아우는 살짝 말을 돌렸다

살짝궁 어찌씨 남모르는 사이에 재빨리 움직이는 꼴 ⓑ해님은 부끄러워 구름 속에 살짝궁 얼굴을 감추었다

살짝살짝 어찌씨 ❶남모르는 사이에 매우 빨리 자꾸 움직이는 꼴 ⓑ눈이 마주칠 때마다 살짝살짝 웃는 사이 비슷한말 슬쩍슬쩍 ❷힘을 안 들이고 가볍게 자꾸 움직이는 꼴 ⓑ넘실넘실 밀려드는 너울이 발등을 살짝 살짝 적신다. 말할 때마다 살짝살짝 덧니가 드러난다

살쩍 어찌씨 빰에서 귀 가까이에 난 머리털 ⓑ오라버니도 살쩍이 희끗희끗한 게 많이 늙었네요 비슷한말 귀밑머리

살찌 어찌씨 화살이 날아가는 맵시 ⓑ살찌가 하늘을 높게 가로 지른다

살찌다 움직씨 ❶몸에 살이 많아지다 ⓑ투실투실 살찐 돼지 ❷힘이 세지고 살림이 넉넉해지다 ⓑ뭇입이 우리말을 자주 써야 우리말이 살찐다

살찌우다 움직씨 ❶'살찌다' 하임꼴. 몸에 살이 많아지게 하다 ⓑ가을은 온 누리를 넉넉하게 살찌운다 ❷힘을 키우거나 살림을 넉넉하게 하다 ⓑ겨레말로 나라말집을 짓는 일은 우리말을 살찌우는 지름길이다

살차다 그림씨 ❶살별 꼬리 빛이 기운차다 ⓑ밤하늘에 살별이 살차게 달려간다 ❷너울가지가 없고 거칠고 매몰차다 ⓑ남에게 그렇게 살차게 구니 누가 네 옆에 오겠니 ⇐ 표독스럽다. 표독하다

살천스럽다 그림씨 쌀쌀하고 매섭다 ⓑ치마자락을 휘날리며 살천스럽게 오는 모습이 어찌나 무섭던지

살초제 ⇒ 풀죽이개

살충제 ⇒ 벌레잡이. 벌레죽이개

살치[1] 이름씨 소갈비 위쪽에 붙은 고기 ⓑ오늘이 태어난 날이라고 미역국에 살치를 듬뿍 넣어 끓였다

살치[2] 이름씨 몸은 옆으로 납작하고 길며 주둥이는 뾰족하고 입이 작은 민물고기. 다 자라면 어른 한 뼘쯤 된다

살치다 움직씨 못쓰게 된 글에 가위꼴 금을 그어 못씀을 나타낸다 ⓑ살친 곳은 바로잡아 다시 쓴다

살친구 ⇒ 살벗

살코기 이름씨 뼈나 기름, 힘줄 따위가 섞이지 않은 살로만 된 고기 ⓑ흘떼기는 내가 먹고 부드러운 살코기는 할머니께 드렸다

살쾡이아재비 이름씨 줄기에 가시가 많아 다른 것에 잘 붙고 여름에 엷붉은 꽃이 피는 풀. 밭가나 빈터, 길가에 잘 자란다. 어린싹은 먹는다 한뜻말가시덩굴여뀌. 사광이아재비 ⇐ 며느리밑씻개

살쾡이풀 이름씨 줄기에 잔가시가 많은 한해살이 덩굴풀. 여름에 꽃이 피고 여윈 열매가 맺힌다. 어린잎은 먹는다 한뜻말참가시덩굴여뀌. 사광이풀 ⇐ 며느리배꼽

살터[1] 이름씨 ❶활을 쏠 수 있도록 갖춘 곳 ❷물고기 잡을 마련을 해 놓은 곳

살터[2] 이름씨 살아 나갈 밑바탕이 되는 터전

살판[1] 이름씨 ❶좋은 일이 생겨나는 판 ⓑ아들이 일터도 잡고 장가도 가니 이제 좀 살판이 나네 ❷기를 펴고 살아 나갈 수 있는 판 ⓑ아이들은 배움쉴때가 되자 살판을 만난 것처럼 쏘다녔다 익은말 **살판이 나다** 삶이 바로 좋아질 아주 좋은 수가 생기다

살판[2] 이름씨 ❶무시무시하고 스산한 판 ❷매우 바드럽고 아슬아슬한 매개

살판[3] 이름씨 살판쇠가 줄 위에서 껑충껑충 위로 뛰다가 몸을 틀어 올려 한 바퀴 돌아 줄을 두 다리 사이에 끼고 앉으며 손으로 줄을 잡는 몸짓. 열두 가지 땅재주 가운데 가장 어려운 마지막 재주로 잘하면 살판이지 못하면 죽을 판이라는 말에서 생겨났다

살판나다 움직씨 좋은 일이 생겨 살림이 좋아지다 ⓑ큰나라 일꾼을 잘 뽑으면 온 누리가 살판나지

살판뜀 이름씨 몸을 날려서 재주를 넘는 일

살판쇠 이름씨 땅재주꾼 우두머리

살펴보기 이름씨 ❶두루두루 살피어 알아 봄 ⓑ더 늦기 앞에 지나온 삶을 살펴보기로 합시다 ❷나숨이가 앓는이를 어떻게 아픈지를 따져보는 일. 온몸 살펴보기. 아픈곳 살펴보기 ⇐ 진찰

살펴보다 움직씨 ❶찬찬하게 눈여겨보다 ⓑ미리 수레 때표를 살펴보게 ❷꼼꼼히 따져서 생각하거나 보살피다 ⓑ우리말인지 아닌지 잘 살펴보니 재미도 있고 말도 익혀진다

살포 ⇒ 흩뿌림. 뿌리다. 흩뿌리다. 퍼뜨리다

살포시 어찌씨 ❶드러나지 않게 가벼이 ⓑ살포시 눈을 감다. 살포시 내리는 봄비에 남은 눈이 다 녹았다 ❷눈에 안 띄게 포근히 ⓑ할머니를 살포시 뒤에서 안아 드렸다. 햇볕이 살포시 마루에 내리쬔다

살푸둥이 이름씨 몸에 살이 붙은 만큼 ⓑ살푸둥이가 좋은 몸 비슷한말살거리. 살집

살풀이 이름씨 타고난 살을 푸는 굿 ⓑ살풀이하는 데 힘을 쓸 것이 아니라 마음결을 바르게 가지려고 애써야지 **살풀이하다**

살품 이름씨 옷과 가슴 사이에 생기는 빈틈 ⓑ살품이 너르다. 살품이 넉넉하게 지은 저고리

살풍경하다 ⇒ 스산하다. 메마르다. 매몰하다. 무시무시하다

살피 이름씨 ❶두 땅을 가르는 금 ⓑ우리나라 논밭은 논둑이나 밭둑이 살피이다 ⇐ 경계. 경계선. 한계선 ❷몬과 몬 짬새 ⓑ책 살피에 물든 나뭇잎을 끼워 놓았다

살피꽃밭 이름씨 담 밑이나 길 아래 살피를 따라 좁고 길게 만든 꽃밭 ⓑ담벼락을 따라 만들어 놓은 살피꽃밭에 봉숭아꽃을 심었다

살피다[1] 움직씨 ❶두루 마음을 기울여 둘러보다 ⓑ건널목을 건널 때는 둘레를 잘 살피

고 건넨다 [2]일이나 매개를 꼼꼼히 알아보다 ㉥나라님은 어려운 사람들을 늘 살펴야 한다 ⇐ 통촉하다 [3]일을 잘 따져 헤아려 보다 ㉥배추가 잘 절여졌나 꼼꼼히 살피면서 티가 섞이지 않게 물에 잘 씻었다

살피다² [그림씨] 얄팍하고 성기다 ㉥살피게 짠 여름 옷감

살피살피 [어찌씨] 틈 살피마다 ㉥책 살피살피 예쁘게 물든 잎을 끼워 놓았다. 누룩 살피살피 깨끗한 짚을 넣어 놓았다 한뜻말 고샅고샅

살핌알이꾼 [이름씨] 몰래 남 뒤를 캐고 살펴 알아내는 사람 ⇐ 염알이꾼

살핏살핏 [어찌씨] 사이가 쫀쫀하지 않고 좀 성긴 꼴 ㉥뒷메에는 나무가 살핏살핏 드물게 서 있다

살핏하다 [그림씨] 사이가 쫀쫀하지 않고 조금 성기다 ㉥살핏한 삼베옷을 입었더니 아주 시원하다

살하늬버선 [이름씨] 치마나 짧은 바지 같은 것을 입을 때 신는 긴 하늬버선 ⇐ 스타킹

살해 ⇒ 죽임. 사람 죽이다

삵·살쾡이 [이름씨] 고양이와 비슷하나 몸집은 좀 더 크며, 누런 바탕에 검은 밤빛 점무늬가 있는 네발짐승. 메나 들에서 쥐나 짐승 새끼를 잡아먹고 산다 ㉥옛날에는 우리 메에 살쾡이가 많았어

삶 [이름씨] [1]살아있거나 살아가는 일 ㉥사람은 삶을 누리려 태어난다 맞선말 죽음 [2]목숨 ㉥죽을 뻔했다가 삶을 되찾았다

삶갈 [이름씨] 사람이 가장 잘 사는 길을 파고드는 갈. 사람과 누리 뿌리와 삶 바탕이 무엇인지 파고들어 밝힌다 ⇐ 철학

삶갈이 [이름씨] 삶갈을 깊이 파고드는 이 ⇐ 철학자

삶그림 [이름씨] 그때 삶과 삶버릇을 그린 그림 ⇐ 풍속화. 풍속도

삶길 [이름씨] 누리를 살아가는 길 ⇐ 행로

삶뉘 [이름씨] [1]핏줄기로 보아 한 뉘가 다음 뉘로 바뀌기까지 동안. 또는 그 나이에 딸린 사람 모두 ㉥한 삶뉘는 서른 해쯤으로 잡는다. 늙은 삶뉘. 젊은 삶뉘 ⇐ 세대 [2]그때 마주한 매개 ㉥지난 삶뉘 잘못을 이제 다시 되풀이할 수 없다 ⇐ 세대

삶다 [움직씨] [1]무엇을 물속에 넣고 끓이다 ㉥메주를 쑤려고 콩을 삶아 놓았다 [2]달래거나 꾀어서 제 말을 잘 듣게 만들다 ㉥저 아지매만 잘 삶으면 일이 다 되는데 [3]논밭 흙을 써레로 썰고 나래로 골라 부드럽고 노글노글하게 만들다 ㉥모레 모를 심으려고 논을 삶았다 [4]날씨가 몹시 무덥고 뜨겁다 ㉥여덟달 한낮 무더위가 거리를 푹푹 삶고 있다 [슬기말] **삶은 닭이 울까** 죽여서 끓는 물에 삶아 낸 닭이 되살아나서 울 리 없다는 뜻으로, 이미 다 틀어진 일은 아무리 되돌리려고 애써도 되지 않는다

삶돌 [이름씨] 오랜 옛날에 살았던 산것 주검이나 그 자취가 물에된바위 같은 바위 속에 남아있는 것 한뜻말 삶자취돌 ⇐ 화석

삶돌땔감 [이름씨] 땅속기름이나 돌숯처럼 옛 숨받이나 푸나무가 땅속에 오래 묻혀 된 땔감 ⇐ 화석연료

삶버릇 [이름씨] 예부터 물려 내려오는 버릇 한뜻말 삶꼴 ⇐ 풍속. 풍습

삶빛 [이름씨] 사람이 알음과 재주가 나아져 살림살이가 쉽고 넉넉해짐 ㉥삶빛살이 ⇐ 문명

삶생각 [이름씨] 어떻게 살지를 깊이 살펴 세운 생각 ⇐ 인생관

삶이 [이름씨] [1]논을 삶는 일 ㉥마른 삶이와 무삶이 한뜻말 논삶이 [2]못자리 없이 삶은 논에 바로 볍씨를 뿌리는 일 **삶이하다**

삶이야기 [이름씨] 지나간 일을 돌이켜 생각하며 들려준 말이나 적은 글 ⇐ 회고담. 회고록

삶자취 [이름씨] 사람이 살아온 발자취 ⇐ 약력. 프로필. 이력

삶자취글 [이름씨] 배운 자취와 일한 자취를 적은 글 한뜻말 발자취글 ⇐ 이력서

삶터 [이름씨] 사람이나 짐승이 무리 지어 살아가는 터 ㉥삶터를 고스란히 빼앗긴 채 가

까스로 살아가는 들짐승들이 많아졌다 ⇐ 환경

삶터가꿈이 이름씨 쓸고 닦는 일을 밥벌이로 하는 사람 ⇐ 환경미화원

삶터더럽힘 이름씨 사람들이 만들어 낸 높은 몬삶빛 탓에 사람이나 뭇숨받이들 삶터가 더럽혀지는 일 맞선말 삶터지킴 ⇐ 환경오염

삶터돌봄곳 이름씨 누리 삶터가 더는 더럽혀지지 않도록 돌보는 일을 나라 높이에서 모두 맡아 하는 곳 한뜻말 삶터돌봄맡 ⇐ 환경부

삶터지킴 이름씨 사람이나 짐승이 함께 살아가는 터가 더럽혀지고 망가지지 않도록 지키고 가꾸는 일 맞선말 삶터더럽힘 ⇐ 환경보호

삶틀 이름씨 모둠이나 모임에서 함께 갖고 있는 삶에 대한 생각이나 살아가는 모습 ⇐ 생활양식

삼[1] 이름씨 줄기가 곧고 가늘고 길며 껍질을 천감으로 쓰는 암수딴그루인 한해살이풀. 일고여덟째 달에 엷은 푸른 꽃이 피며 씨로는 기름을 짠다 ⇐ 대마

삼[2] 이름씨 아기집 속 아기를 둘러싸 아기에게 살감을 주고 똥오줌을 받아내며 아기를 살리는 온갖 것 ㉥짐승들은 새끼를 낳자마자 삼을 다 먹는다 ⇐ 태. 태반. 태보 익은말 **삼 바라지** 몸을 푸는데 시중드는 일 **삼을 가르다** 아이를 낳은 뒤에 줄을 끊다

삼[3] 이름씨 눈자위에 좁쌀만 하게 생기는 희거나 붉은 점

삼 (三) ⇒ 셋. 석. 서

삼 (蔘) ⇒ 심. 뿌리시리

삼가 어찌씨 우러르는 마음으로 깍듯하게

삼가다 움직씨 **1** 우러르는 마음으로 말과 몸짓을 가려 하다 ㉥배움방에서 떠드는 것을 삼가세요 **2** 거리끼어 멀리하다 ㉥낫개를 먹는 동안 돼지고기를 삼갔다

삼각 ⇒ 세모

삼각기둥 ⇒ 세모기둥

삼각대 ⇒ 세모대. 세다리 받침

삼각뿔 ⇒ 세모뿔

삼각자 ⇒ 세모자

삼각주 (三角柱) ⇒ 세모기둥

삼각주 (三角洲) ⇒ 세모벌. 물뚝섬

삼각형 ⇒ 세모꼴

삼간 ⇒ 세칸

삼거리 ⇒ 세거리

삼거웃 이름씨 삼 껍질 끝을 톺아 다듬을 때 떨어진 검불. 찰흙으로 사람꼴을 빚을 때 흙에 넣어 물과 함께 버무려 쓴다 ㉥삼거웃과 흙을 함께 섞어 잘 이겨라 슬기말 **깨달은 이를 건드리면 삼거웃이 드러난다** 겉모습은 훌륭하나 속을 파헤치면 너저분한 것이 드러나듯 점잖은 사람도 속을 들추면 지저분한 것이 있다

삼검할머니 이름씨 아기를 점지하고 아기엄마와 아기를 돌본다는 검할머니 ⇐ 삼신할머니

삼겹살 ⇒ 세겹살. 세겹고기

삼경 ⇒ 한밤. 깊은밤

삼계탕 ⇒ 심닭국

삼국 ⇒ 세나라

삼국사기 ⇒ 세나라자취

삼국시대 ⇒ 세나라 때

삼국유사 ⇒ 세나라뒷이야기

삼국지 ⇒ 세나라이야기

삼군 ⇒ 세지킴이

삼굿 이름씨 **1** 삼을 찌는 구덩이나 찌는 큰 솥 ㉥마을 사람들은 하루 내내 삼굿에 불을 피웠다 **2** 삼을 찌는 일 ㉥오늘은 우리 마을 삼굿을 하는 날이다

삼권 ⇒ 세힘

삼권분립 ⇒ 세힘나눔

삼권분립제도 ⇒ 세힘나눔짜임

삼남 (三南) ⇒ 세마

삼남 (三男) ⇒ 셋째아들. 아들셋

삼녀 ⇒ 셋째딸. 딸셋

삼눈 이름씨 눈망울에 삼이 생겨 몹시 쑤시고 눈알이 붉어지는 앓이 ⇐ 결막염

삼다[1] 움직씨 **1** 어떤 사람을 나와 줄을 맺다 ㉥벗 딸을 며느리로 삼다 **2** 무엇으로 여기거나 되게 하다 ㉥보리는 아침저녁으로 한 때새씩 마음닦는 일을 삶 과녁으로 삼았다

❸('삼아' 꼴로 써) 셈으로 하여. 비슷하게 ⓑ젊을 때 목숨 바쳐 싸운 일을 아이들에게 옛말 삼아 말하지도 않는다

삼다[2] 움직씨 ❶짚신이나 미투리를 만들다 ⓑ할아버지는 짚신을 삼아 삶을 이어갔다 ❷삼이나 모시 따위 올실을 찢어 그 끝을 맞대 비벼 꼬아 잇다 ⓑ모시실을 삼아서 베를 짜 저고리를 만든다

삼단 이름씨 삼을 묶은 단 ⓑ삼단 같은 머리를 가진 겨집 익은말 **삼단 같은 머리** 숱이 많고 길게 늘인 머리 **삼단 같은 불길** 위로 솟구치며 세차게 활활 타는 불길

삼대 이름씨 삼 줄기 ⓑ삼대 껍질을 벗기면 재랍이 나오는데 재랍으로 잠자리채를 만든다

삼대 ⇒ 세뉘

삼돌이 ⇒ 석돌이

삼등분 ⇒ 셋같게나눔

삼라만상 ⇒ 온누리모습. 온갖꼴

삼류 ⇒ 아래서흐레. 돌수저

삼륜차 ⇒ 세바퀴수레

삼림 ⇒ 숲. 수풀. 나무숲. 빽빽한 숲

삼매·삼매경 ⇒ 고요. 마음모음

삼면 ⇒ 세낯. 세쪽

삼모작 ⇒ 세그루짓기

삼박하다 움직씨 ❶잘 드는 칼에 작고 부드러운 것이 싹둑 잘려지다 큰말삼빡하다. 쌈박하다. 쌈빡하다 ❷싹둑 잘리듯 하는 일이 시원시원하고 깔끔하다 ⓑ그 아지매 마음씨가 삼박하네 센말삼빡하다. 쌈박하다. 쌈빡하다

삼발이 ⇒ 세다리. 세다리쇠

삼밭 ⇒ 심밭

삼베 이름씨 삼실로 짠 옷감 ⓑ풀 먹인 삼베 치마저고리가 새삼 곱다

삼베옷 이름씨 삼베로 지은 옷. 모시옷과 함께 더운 여름에 입는다

삼복 ⇒ 한더위. 한더위철

삼사분면 ⇒ 세네갈낯

삼사일 ⇒ 사나흘. 사날

삼삼오오 ⇒ 끼리끼리 짝지어. 여기저기 짝지어

삼삼하다[1] 그림씨 잊히지 않아 눈앞에 보이는 듯 뚜렷하다 ⓑ어릴 때 떠나온 고을이 눈에 삼삼하다

삼삼하다[2] 그림씨 먹거리가 좀 싱거운 듯하면서 느끼하지 않다 ⓑ열무김치가 삼삼하니 맛있게 담갔네

삼승 ⇒ 세제곱

삼시 ⇒ 세끼. 세끼니. 세때

삼식 ⇒ 세끼

삼신당 ⇒ 세검집

삼신불 ⇒ 세 깨달은 이

삼신할머니 ⇒ 삼검할머니

삼심제·삼심제도 ⇒ 세판가름

삼십 ⇒ 서른

삼십육계 ⇒ 달아남. 달아나다. 튀다. 들고튀다

삼아나무 ⇒ 세가지닥나무

삼엄하다 ⇒ 빈틈없다. 물샐틈없다. 무시무시하다

삼엽충 ⇒ 세쪽이

삼원색 ⇒ 세바탕빛

삼월 ⇒ 셋째 달. 셋달

삼위일체 ⇒ 셋이 하나

삼이웃 ⇒ 이쪽저쪽 이웃. 가까운 이웃

삼인조 ⇒ 서이떼. 셋떼. 셋짠떼. 셋동아리

삼인칭 ⇒ 셋째가리킴

삼일 ⇒ 사흘. 맏사흘. 사흗날. 맏사흗날. 셋째 날

삼일운동 ⇒ 셋하나뭄

삼일장 ⇒ 사흘궂일

삼일절 ⇒ 셋하나날

삼자 ⇒ 남. 딴사람

삼자간 ⇒ 셋사이. 세사람사이

삼자대면 ⇒ 무릎맞춤

삼족 ⇒ 세겨레붙이. 세피붙이. 세뉘

삼줄[1] 이름씨 삼으로 꼬아 만든 줄

삼줄[2] 이름씨 아기와 삼을 잇는 줄. 이 줄을 거쳐 살남과 살감을 받으며 먹어써눔을 한다 ⇐ 탯줄

삼중 ⇒ 세겹

삼중결합 ⇒ 세겹묶음

삼중창 ⇒ 세가락노래. 세겹노래

삼지구엽초 ⇒ 팔파리

삼지닥나무 ⇒ 세가지닥나무

삼지창 ⇒ 세가닥찌르개. 가장귀찌르개. 세발쇠

삼짇날 ⇒ 셋달사흘. 셋째달사흘

삼차방정식 ⇒ 세제곱찾기셈

삼차원 ⇒ 세쪽낯

삼차함수 ⇒ 세제곱따름수

삼척동자 ⇒ 아이. 어린아이

삼천리 ⇒ 세즈믄마을. 세즈믄말

삼천리강산 ⇒ 우리나라땅. 세즈믄땅

삼첩기 ⇒ 세겹뉘

삼촌 ⇒ 아재. 작은아버지

삼층밥 ⇒ 세켜밥

삼층탑 ⇒ 세켜쌓

삼치 (이름씨) 몸은 가늘고 납작하며 매우 작은 비늘로 덮였고 푸르스름한 잿빛 얼룩무늬가 있으며 배 쪽은 흰 바닷물고기

삼칠일 ⇒ 세이레

삼키다 (움직씨) **1** 무엇을 목구멍으로 넘기다 ㉥침을 꼴깍꼴깍 삼켰다 **2** 남 것을 우격다짐으로 제 것으로 만들다 ㉥남 돈을 꿀꺽 삼키다니 **3** 웃음이나 눈물, 소리 따위를 밖에 나타내지 않고 참거나 삭이다 ㉥입술을 깨물며 터져 나오는 웃음을 삼켰다 **4** 어떤 거센 기운이 다른 것 꼴이나 자취를 지워 없애다 ㉥거센 불길이 안채를 다 태우고 사랑채까지 삼켰다

삼태기 (이름씨) 짚이나 싸리로 만들어 흙이나 거름 쓰레기 따위를 담아 나르는 데 쓰는 연장 ㉥삼태기에 흙을 담아다 마당에 부었다 (슬기말) **삼태기로 앞 가리기** 속이 빤히 들여다보이는 일을 눈 가리고 아옹하는 어리석은 짓

삼태불 (이름씨) 숙주나 콩나물 따위 뿌리에 많이 난 잔뿌리 ㉥점심에 아귀찜 해 먹게 삼태불 좀 다듬어라

삼태성 ⇒ 세언아우별

삼투압 ⇒ 스며들힘. 스민힘

삼파전 ⇒ 셋싸움. 세갈래싸움

삼팔선 ⇒ 셋여덟금

삼한사온 ⇒ 세찬네따

삼할미·삼어미 (이름씨) 아이를 낳을 때 아이를 받아주고 아이 엄마를 도와주는 사람 ⇐ 산파. 조산원

삼행시 ⇒ 세줄노래

삽 (이름씨) 땅을 파고 흙이나 돌 따위를 떠내는 데 쓰는 연장. 또는 그것을 세는 하나치. 얇은 쇳조각에 긴 나무 자루 손잡이가 달렸다 ㉥삽으로 흙구덩이를 좀 깊게 파. 꽃삽. 부삽. 다섯 삽

삽목 ⇒ 꺾꽂이

삽살개 (이름씨) 예부터 길러온 몸과 얼굴에 긴 털이 북실북실 많이 나 있는 개. 몸집이 작고 꼬리가 짧다. 삽살은 살을 쫓는다는 뜻에서 나온 말 (한뜻말)삽사리

삽수레 (이름씨) 기름누름을 써서 틀삽으로 땅을 파내는 수레 (한뜻말)땅파개. 틀가래 ⇐ 굴삭기. 굴착기. 포클레인

삽시간 ⇒ 잠깐. 눈 깜짝할 새

삽입 ⇒ 끼워 넣음. 꽂아 넣음

삽주 (이름씨) 줄기는 단단하고 잎은 어긋맞게 나며 메마른 멧등성이에 잘 자라는 나물. 어린싹은 나물로 하고 뿌리는 양낫개로 쓴다

삽질 (이름씨) 삽으로 흙을 파거나 퍼 옮기는 일 ㉥삽질을 이어 했더니 땀이 비 오듯 한다
삽질하다

삽짝 (어찌씨) 나뭇가지를 엮어서 만든 문짝 ㉥어젯밤 큰 비바람에 삽짝이 떨어져 나갔다

삽화 (揷話) ⇒ 숨은이야기. 토막이야기. 곁얘기

삽화 (揷畫) ⇒ 쪽그림. 끼움그림. 곁그림. 받침그림

삿갓 (이름씨) 옛날에 비나 햇볕을 가리려고 대나무나 갈대를 길게 쪼개어 세모뿔 모습으로 엮어 만든 쓰개 ㉥뱃사람들이 쓰는 삿갓은 햇빛도 막아주고 비바람도 막아준다

삿갓구름 (이름씨) 멧봉우리 꼭대기 둘레에 걸린 갓 모습 구름 ㉥내다보이는 새목메 꼭대기에 삿갓구름이 걸렸네

삿갓대가리 (이름씨) 접은 슈룹처럼 올라와 차츰

슈룹을 펼친 꼴이 되는 나물. 숲속 그늘진 곳에 자라며 버들잎 꼴 대여섯 잎이 줄기에 돌라붙은 여러해살이풀로 봄에 어린싹은 나물로 먹는다 한뜻말 슈룹나물 ⇐ 우산나물

삿갓들이 [이름씨] 무논에 듬성듬성 심은 모

삿갓외대버섯 [이름씨] 먹는 버섯인 밀버섯 비슷하나 밀버섯보다 작고 옅푸른빛이 없이 잿빛을 띠는 죽이개버섯

삿갓집 [이름씨] 지붕이 삿갓 모습으로 지은 집

삿대 [이름씨] 배를 댈 때나 밀 때 또는 얕은 곳에서 배질할 때 쓰는 긴 막대 [ㅂ]돛대도 아니 달고 삿대도 없이 배가 잘 간다 밑말 상앗대

삿대질 [이름씨] [1]삿대로 배를 움직이는 일 [ㅂ]내가 삿대질을 하면 배가 제자리에서 빙빙 돌기만 한다 [2]말싸움할 때 주먹이나 손가락 또는 손에 잡은 것으로 맞은쪽 앞에 내지르는 것 [ㅂ]점잖지 못하게 삿대질하다니, 쯧쯧 **삿대질하다**

삿자리 [이름씨] 갈대를 엮어서 만든 자리

상 (上) ⇒ 위쪽. 위

상 (廂) ⇒ 놓개. 얹개

상 (像) ⇒ 그림. 그림자. 모습. 꼴

상 (賞) ⇒ 뽐. 기림

상가 (商街) ⇒ 저잣거리. 가게 거리

상가 (商家) ⇒ 가게. 가겟집

상가 (喪家) ⇒ 궂집. 죽은사람집

상감 (上監) ⇒ 임금

상감 (象嵌) ⇒ 봉박이. 꽂을땜

상감마마 ⇒ 임금님

상감청자 ⇒ 푸른오지그릇

상거래 ⇒ 사고팔기. 장사

상견례 ⇒ 맞절. 맞선. 만나보기

상경하다 ⇒ 서울오다. 서울가다

상고 (上告) ⇒ 윗알림. 으뜸가름걸이

상고 (商高) ⇒ 장사높배곳

상고머리 [이름씨] 옆머리와 뒷머리는 치올려 깎고, 정수리는 납작하게 깎은 머리 [ㅂ]시원하게 상고머리를 하니 훨씬 멋지네

상공 ⇒ 높은 하늘. 높하늘

상공업 ⇒ 장사짓일. 팔고만들기

상관 ⇒ 높사람. 높은자리

상관없다 ⇒ 아랑곳않다. 이음고리 없다. 좋다. 괜찮다. 걱정없다

상관하다 ⇒ 아랑곳하다. 맺다. 잇다. 어우르다. 알음하다. 어르다

상권 (上卷) ⇒ 첫째 책. 첫책. 앞책

상권 (商權) ⇒ 장사힘

상권 (商圈) ⇒ 장사테두리

상극 ⇒ 비각. 물기름. 맞섬

상금 ⇒ 기림돈. 북돋움돈. 힘낼돈

상급반 ⇒ 윗줄. 윗자리

상급생 ⇒ 윗배움이

상기 (想起) ⇒ 생각해냄. 생각해내다. 되새겨보다

상기 (上記) ⇒ 위

상기 (上氣) ⇒ 낯달아오름

상기도 ⇒ 윗숨길

상기되다 ⇒ 빨개지다. 벌개지다. 달아오르다

상납 ⇒ 바침

상냥스럽다 [그림씨] 바탈이 사근사근하고 부드러운 듯하다 [ㅂ]얼굴 생김보다 상냥스러운 말씨가 사람 마음을 끈다

상냥하다 [그림씨] 바탈이 사근사근하고 부드럽다 [ㅂ]푸름이는 누구에게나 상냥해

상념 ⇒ 생각

상놈 ⇒ 버릇없는 사람. 본데없는 사람

상달 ⇒ 열째달. 열달

상담 (商談) ⇒ 흥정. 장사얘기

상담 (相談) ⇒ 도움말. 이야기나눔. 이야기 나누다. 털어놓다. 물어보다

상담원 ⇒ 도움말꾼

상답 [이름씨] [1]아들딸 짝맺을 때나 뒷날에 쓰려고 마련한 옷감 [ㅂ]상답을 마련한 지가 언제인데 딸은 시집갈 생각이 아예 없다 [2]며느리 될 사람에게 시집에서 보내는 옷감이나 절몬

상답 (上畓) ⇒ 구레논. 고래실. 고래실논

상당수 ⇒ 꽤 많은 수. 어느만큼에 가까운 수

상당하다 ⇒ 어울리다. 알맞다. 맞먹다. 엇비슷하다. 걸맞다

상당히 ⇒ 참. 꽤. 꽤나
상대 (商大) ⇒ 장사한배곳
상대 (相對) ⇒ 마주봄. 마주함. 맞섬. 맞은쪽. 마주보다. 마주하다. 맞붙다. 맞서다
상대국 ⇒ 맞은 나라. 맞은쪽 나라
상대방 ⇒ 맞선이. 맞은쪽. 짝. 맞은쪽 사람
상대성이론 ⇒ 서로기댐뜻틀
상대어 ⇒ 맞선말
상대역 ⇒ 맞선구실. 맞구실
상대적 ⇒ 맞선. 맞
상대편 ⇒ 맞은쪽
상대평가 ⇒ 견줘재봄. 견줘재기
상도 (常道) ⇒ 지킬길. 떳떳한 길
상도 (商道) ⇒ 장사벼리
상동 ⇒ 위와 같음
상동나무 이름씨 잎은 넓고 길둥글며 잔 톱니가 있는데 질기고 위쪽이 반들반들한 늘푸른좀나무. 다모나섬과 검은섬에 많다
상등병·상병 ⇒ 웃내기
상록수 ⇒ 늘푸른나무
상류 ⇒ 물위. 가람위쪽. 윗길
상류층 ⇒ 난사람들. 난이들. 잘사는 사람들
상륙 ⇒ 땅오름. 뭍오름
상말 이름씨 낮고 나라운 말 ⓑ어진 이는 상말을 쓰지 않는다
상면 ⇒ 만나봄. 마주봄. 만나다. 마주보다. 마주하다. 처음보다
상모 ⇒ 긴꼬리벙거지. 긴꼬리쓰개
상민 ⇒ 백성. 아람
상반 (相反) ⇒ 맞섬. 어긋나다. 맞서다. 등지다
상반 (相半) ⇒ 비금비금. 어금버금
상반기 ⇒ 윗가웃
상반신 ⇒ 윗몸
상방 ⇒ 위쪽
상보 (床褓) ⇒ 놓개덮개. 얹개덮개
상보 (詳報) ⇒ 꼼꼼아룀. 꼼꼼히 아뢰다
상복 (喪服) ⇒ 궂옷
상복 (常服) ⇒ 늘옷. 일옷. 나날옷
상봉 (相逢) ⇒ 만남. 서로만남
상봉 (上峯) ⇒ 높은 봉우리. 윗봉우리
상부 ⇒ 윗얼개. 윗그위집. 윗줄
상부상조 ⇒ 서로돕기. 서로돕다
상비 ⇒ 갖춤. 갖추어 두다. 늘 갖추어 두다
상비약 ⇒ 갖춤낫개
상사 (相思) ⇒ 사랑. 그리움
상사 (上司) ⇒ 윗분. 윗사람
상사 (喪事) ⇒ 궂은일. 사람죽은일
상사나다 ⇒ 돌아가시다. 궂기다. 죽다
상사목 이름씨 두드러진 턱이 있고 바로 이어 잘록하게 된 골짜기
상사병 ⇒ 사랑앓이
상상 ⇒ 꿍꿍. 생각. 머리에 그리기. 그려보다
상상력 ⇒ 생각힘. 꿍꿍힘. 그려보는힘
상상봉 ⇒ 높봉우리. 으뜸봉우리
상상화 ⇒ 생각그림. 꿍꿍그림
상서롭다 ⇒ 낌새좋다. 밝다. 좋은 일일 듯하다
상서리 이름씨 낚시터 ⓑ요즈음 돈 안 받는 상서리가 거의 없다
상석 ⇒ 윗자리
상선 ⇒ 장삿배
상설 ⇒ 늘엶. 늘베픎. 늘 베풀어두다. 늘 열어두다. 늘 갖추어두다
상세하다 ⇒ 꼼꼼하다. 빠짐없다. 빈틈없다
상세히 ⇒ 꼼꼼히. 속속들이. 빈틈없이. 빠짐없이
상소 ⇒ 윗가름집 걸이. 윗가름집 걸다
상소리 ⇒ 나라운 말. 나라운 소리
상소문 ⇒ 윗가름집 걸이글
상속 ⇒ 물려줌. 물려주다. 이어받다. 물려받다
상속세 ⇒ 물림낪. 물려줌낪
상속인 ⇒ 물려받는이
상쇄 ⇒ 비김. 에움. 엇셈. 에우다. 에끼다. 맞비기다. 엇셈하다. 비기다
상쇄회계 ⇒ 엇셈
상쇠 ⇒ 뜬쇠. 머리꽹과리
상수 ⇒ 윗수. 윗길. 높은솜씨
상수도 ⇒ 윗물길
상수리나무 이름씨 참나무 가운데 하나로 가을에 도토리와 비슷한 열매인 상수리가 달리는 나무. 나무껍질은 보굿 밑감과 벌통으로 쓰고 상수리는 묵을 쑤어 먹는다

상수리묵 이름씨 상수리를 갈아 만든 묵 ⓑ상수리묵이 도토리묵보다 빛깔도 희고 더 맛있는 것 같아

상수원 ⇒ 먹는물나는곳

상순 ⇒ 첫열흘

상술 (商術) ⇒ 장사솜씨. 장사재주

상술 (詳述) ⇒ 꼼꼼밝힘. 속속들이 말하다. 꼼꼼히 밝히다. 빠짐없이 말하다

상스럽다 ⇒ 낮고 나랍다. 나랍다. 거칠다. 버릇없다

상습 ⇒ 버릇. 늘버릇

상습범 ⇒ 버릇허물. 버릇허물보

상습적 ⇒ 버릇된. 일삼는. 자꾸. 늘 하는

상승 ⇒ 오름. 오르다. 올라가다. 솟다. 치솟다. 솟아오르다. 솟구치다

상승률 ⇒ 오름푼수

상승세 ⇒ 오름힘. 오름새

상시 ⇒ 늘. 언제든지. 언제나

상식 ⇒ 두루앎. 다앎

상실 ⇒ 잃음. 잃다. 잃어버리다

상심 ⇒ 애태움. 속끓임. 애태우다. 속 끓이다. 속태우다. 슬퍼하다. 애타다

상아 ⇒ 코끼리이빨

상아탑 ⇒ 한배곳

상악 ⇒ 위턱

상악골 ⇒ 위턱뼈

상앗대 이름씨 배를 댈 때나 밀 때 또는 얕은 곳에서 배질할 때 쓰는 긴 막대 ⓑ상앗대 끝을 바닥에 대고 밀어 배를 가람 속으로 띄웠다

상앗대질 이름씨 ❶상앗대로 배를 밀어 나가는 일 ⓑ상앗대질하는 것이 보기와는 다르게 힘이 많이 든다 ❷말싸움을 할 때 주먹이나 손가락 또는 손에 쥔 것으로 맞은쪽 앞에 내지르는 것 ⓑ내가 골난다고 상앗대질을 다 하다니, 내 손가락을 분지르고 싶다 준말삿대질

상어 이름씨 입은 머리 아래쪽에 있고 날카로운 이가 촘촘히 나 있으며 꼬리지느러미가 칼 꼴인 매우 빠른 바닷물고기. 고래상어, 괭이상어, 별상어, 나룻상어, 악상어, 쇠걸상어 들이 있다

상업 ⇒ 장사. 벌이. 사고팖

상없다 그림씨 막되고 상스럽다 ⓑ저렇게 상없는 사람은 보기 드문데…

상여 ⇒ 주검가마. 궂꽃가마

상여금 ⇒ 덤삯

상연 ⇒ 굿엶

상엿소리 ⇒ 주검가마소리. 주검가마메김소리

상영 ⇒ 뮘그림보임

상오 ⇒ 앞낮. 웃낮. 아침나절

상온동물 ⇒ 더운피짐승. 더운피숨받이

상완 ⇒ 위팔

상완골 ⇒ 위팔뼈

상완근 ⇒ 위팔힘살

상용 (賞用) ⇒ 즐겨씀. 즐겨 쓰다

상용 (常用) ⇒ 늘씀. 늘 쓰다

상용어 ⇒ 나날말

상위 ⇒ 다름. 어긋남. 어긋나다. 틀리다. 다르다. 맞지 아니하다

상응 ⇒ 어울림. 들어맞음. 어울리다. 들어맞다. 알맞다. 걸맞다

상의 (上衣) ⇒ 저고리. 윗저고리. 윗옷. 윗도리

상의 (相議) ⇒ 말나눔. 물어봄. 말을 나누다. 물어보다. 말을 주고받다

상이군인 ⇒ 다친싸울아비. 다친잠개잡이. 다친나라지킴이

상이점 ⇒ 다른점

상이하다 ⇒ 다르다

상인 ⇒ 장수. 장사꾼. 장사치

상일꾼[1] (上-) ⇒ 한몫일꾼. 으뜸일꾼

상일꾼[2] (常-) ⇒ 막일꾼

상임 ⇒ 붙박이일. 붙박이구실. 늘맡은일

상임위원회 ⇒ 늘맡꾼모임. 늘두레

상자 ⇒ 고리

상잔 ⇒ 서로싸움. 서로다툼. 서로죽임. 서로 싸우다. 서로 죽이다

상장 ⇒ 저자내기. 저자올림. 저자에 올리다. 저자내기하다. 저자내다

상전 ⇒ 마님. 윗사람. 윗분

상점 ⇒ 가게

상정 ⇒ 올림. 부침. 올리다. 부치다. 내어놓다

상제 (喪制) ⇒ 궂일보. 궂보

상제 (上帝) ⇒ 하느님

상조 ⇒ 서로돕기. 서로 돕다. 도와주다. 서로 도와주다

상존 ⇒ 늘 있음. 늘 있다

상종 ⇒ 사귐. 어울림. 사귀다. 어울리다. 만나다. 가깝게 지내다

상좌 ⇒ 마음닦이

상주 (喪主) ⇒ 궂보. 궂일보

상주 (常住) ⇒ 늘 머묾. 눌러삶. 늘 머물다. 눌러살다. 눌러앉다

상징 ⇒ 나타냄. 드러냄. 보여줌. 속뜻

상차림 ⇒ 놓개차림

상책 ⇒ 으뜸꾀. 좋은꾀

상처 ⇒ 다친 데. 다친 곳

상처 ⇒ 아내 여읨. 아내를 여의다. 아내를 잃다. 아내가 죽다

상체 ⇒ 윗몸. 윗도리

상추 [이름씨] 뿌리잎은 크고 길둥글고 줄기잎은 잎자루가 없이 어긋맞게 나는 남새. 잎이 부드러워 쌈을 싸 먹는다 ⓑ땅을 조금 얻어 열무와 상추, 쑥갓을 심었다

상춘객 ⇒ 봄놀이꾼. 봄맞이꾼

상층 ⇒ 윗자리. 윗켜

상치 ⇒ 어긋남. 어긋나다. 맞부딪치다. 마주치다

상쾌하다 ⇒ 시원하다. 산뜻하다. 가뿐하다. 가뜬하다. 개운하다

상큼 [어찌씨] **1** 짧은 다리를 가볍게 높이 들어 걷는 꼴 ⓑ아이들은 메를 오르다 마주친 개울을 상큼 건너뛰었다 큰말성큼 **2** 몸짓이 망설이지 않고 빠르고 시원스러운 꼴 ⓑ슬기는 이름을 부르자 상큼 일어나 앞으로 나왔다

상큼상큼 [어찌씨] 짧은 다리를 가볍게 높이 들어 자꾸 걷는 꼴 ⓑ올해 첫 나물 나들이에 나서는 일꾼들은 발걸음도 상큼상큼 가벼웠다 큰말성큼성큼

상큼하다 [그림씨] 냄새나 맛이 좋고 시원하다 ⓑ가람가 풀 내음이 상큼하다

상태 ⇒ 꼴. 생김새. 매개

상통 ⇒ 트임. 사맞음. 트이다. 이어지다. 맺어지다. 마음맞다. 사맞다

상투 [이름씨] 사내 어른이 머리털을 위로 끌어올려 휘휘 틀어 짠 머리 [슬기말] **상투 위에 올라앉다** 맞은쪽을 만만히 보고 기어오르다 **상투가 국수버섯 솟듯** 되지 못하게 잘난 체하며 우쭐거리다

상투수단 ⇒ 익은 솜씨. 단골솜씨. 일삼는 짓

상투어 ⇒ 버릇말

상투적 ⇒ 손익은. 인박인. 버릇된

상트페테르부르크 [이름씨] 발트 바닷가에 있는, 러시아에서 둘째로 큰 고을. 옛 러시아 서울이다

상판 ⇒ 다릿몸. 다리마루널

상패 ⇒ 기림 나무쪽. 북돋움 나무쪽

상표 ⇒ 장사표

상표권 ⇒ 장사표힘

상품 (上品) ⇒ 윗길. 윗것

상품 (商品) ⇒ 팔거리. 팔몬. 사고팔몬. 저자내기

상품 (賞品) ⇒ 북돋음몬. 기림몬

상품권 ⇒ 몬살종이

상품화폐 ⇒ 팔몬돈. 몬돈

상하 ⇒ 위아래. 아래위. 윗사람과 아랫사람

상하노소 ⇒ 위아래늙젊이

상하다 ⇒ 다치다. 헐다. 썩다. 쉬다. 물커지다. 여위다. 언짢아지다. 생채기나다

상하수도 ⇒ 위아래물틀. 위아래물길

상하의 ⇒ 아래윗벌. 위아랫벌. 한 벌

상하이 [이름씨] 쭝궈 삶꽃과 살림이 한껏 피어난 양쯔가람 어귀에 자리잡은 쭝궈에서 으뜸가는 큰 고을 ⇐ 상해

상하차 ⇒ 싣고내림. 타고내림. 싣고부림

상한 ⇒ 맨윗금. 윗마감금

상해 ⇒ 다침. 다치게 하다. 때리다. 생채기내다

상행선 ⇒ 서울길. 오름길

상행위 ⇒ 장사. 돈벌이. 사고팔기

상향 ⇒ 위쪽. 위쪽봄. 위쪽감. 위쪽을 보다. 위로 가다. 높이다

상현·상현달 ⇒ 가웃달. 윗가웃달

상형문자 ⇒ 시늉글. 꼴뜯글

상호 (相互) ⇒ 서로

상호 (商號) ⇒ 가게이름

상호동화 ⇒ 서로닮음

상호작용 ⇒ 서로 뮘. 서로 일함

상환 (償還) ⇒ 갚음. 갚다. 돌려주다. 물어주다

상환 (相換) ⇒ 맞바꿈. 맞바꾸다

상황 ⇒ 꼴. 움직임. 일됨새. 뮘. 매개

상회 ⇒ 가게

샅 이름씨 ❶두 넓적다리 사이 ⓑ샅에 가래톳이 생겼다 한뜻말사타구니. 샅추리 ❷두 몬틈 ⓑ대추나무 두 가지가 벌어진 샅에 돌을 끼워 놓으면 대추가 많이 열린다

샅걸레 이름씨 아이 다리 사이에 똥오줌을 받아 내려고 채우는 몬 ⓑ고운 천을 사다 샅걸레로 만들어 쓰니 아가 살갗이 무르지 않아 좋아요 한뜻말기저귀

샅바 이름씨 씨름할 때 허리와 다리에 걸어 맞선이 손잡이로 쓰는 띠처럼 만든 천 ⓑ허리와 다리에 샅바를 단단히 묶었다

샅샅이 어찌씨 ❶틈 있는 곳마다 모두 ⓑ집안 곳곳을 샅샅이 뒤졌다 ❷어느 구석이든 남김없이 다 ⓑ그 일이 어떻게 일어났는지 샅샅이 말해보세요

샅추리 이름씨 사타구니 한뜻말샅

새[1] 이름씨 날개로 날아다니는 두 발 가진 등뼈짐승을 통틀어 이르는 말 슬기말 **새 까먹은 소리** 어디서 없는 말을 듣고 잘못 옮긴 헛말 **새도 가지를 가려서 앉는다** 벗을 사귀거나 일을 고를 때 둘레를 잘 살피라 **새도 나는 대로 깃이 빠진다** 사는 곳을 옮길수록 그때마다 살림이 줄어든다

새[2] 이름씨 '사이' 준말 ⓑ쉴 새 없이 일했다

새[3] 매김씨 새로운 ⓑ새 옷. 새 나라. 새 술은 새 자루에 담아라 맞선말헌 슬기말 **새 며느리 어미집 나들이** 간다 간다 하고 벼르기만 하면서 떠나지 못함

새[4] 이름씨 해가 뜨는 쪽 ⓑ장사꾼은 능금을 팔러 새로, 하늬로 돌아다녔다 맞선말하늬 ⇐ 동

새[5] 이름씨 ❶메와 들에 절로 나는 여러해살이풀. 잎은 길쭉하여 띠 꼴이고 잎 가장자리가 날카로워 손을 베기 쉽다. 소나 염소가 즐겨 먹는 풀이고 지붕을 이는 데 쓴다 한뜻말억새 ❷띠나 억새들을 두루 이르는 말 ❸풀, 섶나무 같은 땔나무 ❹이엉

새- 앞가지 (어떤 그림씨 앞에 붙어) 빛깔이 짙고 새뜻함 ⓑ새빨갛다. 샛노랗다. 새하얗다

-새 뒷가지 ❶('-ㅁ'꼴 이름씨 말뿌리 뒤에 붙어) 됨됨이나 꼴 ⓑ구김새. 꾸림새. 생김새. 걸음새. 짜임새. 차림새 ❷(어떤 이름씨 뒤에 붙어) 모습이나 솜씨 ⓑ머리새. 일밑새 ❸(뮘새를 지닌 이름씨 뒤에 붙어) 만큼 ⓑ먹새. 쓰임새

새가슴 이름씨 ❶새 가슴처럼 앞으로 삐져나온 불룩한 가슴 ⓑ보람이는 눈도 크고 얼굴도 잘생겼지만 새가슴이야 한뜻말오리가슴 ❷두려움이 많고 마음이 좁은 사람 ⓑ저 사람 허우대는 멀쩡해도 마음 씀씀이가 좀스러운 새가슴이야

새갓통 이름씨 귀때가 달린 바가지에 손잡이를 단 그릇

새것 이름씨 ❶새로 나온 몬 ⓑ손말틀이 부서져서 새것으로 바꾸었다 ❷한 디위도 쓰지 않은 몬 ⓑ이건 아직 손도 안 댄 새것들이야 ❸낡지 않고 아직 멀쩡한 것 ⓑ이 신발은 여러 해를 신어도 새것 같아

새겨듣다 움직씨 ❶마음을 기울여 듣다 ⓑ스승님 말씀을 가슴 깊이 새겨들었다 ❷말하는 뜻을 헤아려 듣다 ⓑ내가 말하는 뜻을 잘 새겨들어라

새겨보다 움직씨 ❶바르게 알려고 눈여겨보다 ⓑ등골나물과 부지깽이가 서로 어떻게 다른지 새겨보았다 ❷말뜻을 제대로 알려고 잘 살펴보다 ⓑ내 말을 잘 새겨보게

새경 이름씨 머슴에게 품삯으로 한 해 끝에 주는 돈이나 몬 ⓑ옛날에 우리 마을에서 큰머슴 새경이 쌀 일곱 섬이었다

새고막 [이름씨] 껍질 겉은 뿔바탕켜가 덮여 거칠거칠하며 42~43낱 부챗살마루가 있다. 살은 붉은빛에다 단맛이 있고 바닷물 깊이 4~10미터 고운 모래펄에 많이 산다 한뜻말피조개

새고뿔 [이름씨] 닭, 오리 따위와 같은 집날짐승과 들날짐승 따위가 걸리는 갑작 바이러스 돌림앓이 ⇐ 조류독감. 조류인플루엔자

새그물 [이름씨] 새를 잡는 그물

새근[1] [어찌씨] 뼈마디가 한 디위 조금 신 꼴 ㉥다쳤던 다리가 새근 아파올 때가 있다

새근[2] [어찌씨] 작은 숨소리를 한 디위 가쁘게 내는 소리나 그 꼴 ㉥아저씨는 새근 숨소리를 내며 골을 삭이었다

새근거리다[1] [움직씨] 자꾸 뼈마디가 조금 시다 **새근대다**

새근거리다[2] [움직씨] [1]작은 숨소리를 자꾸 가쁘게 내며 숨을 쉬다 ㉥오빠가 새근거리며 부지런히 삽질한다 [2]아이가 달게 잘 때 숨소리가 고르게 자꾸 나다 ㉥아기가 새근거리며 잘도 잔다 **새근대다**

새근발딱거리다 [움직씨] 숨이 차서 숨소리가 고르지 않고 가쁘고 거칠게 자꾸 나다

새근발딱새근발딱 [어찌씨] 숨이 차서 숨소리가 고르지 않고 가쁘고 거칠게 자꾸 나는 꼴 ㉥우리 배곳은 언덕 위에 높이 있어서 배움이들이 언덕을 오를 때면 숨을 새근발딱새근발딱 쉰다 **새근발딱새근발딱하다**

새근새근[1] [어찌씨] 뼈마디가 자꾸 조금 신 꼴 ㉥어제부터 허리가 새근새근 아파져서 낫개놓기라도 맞으러 가야겠어 **새근새근하다**

새근새근[2] [어찌씨] [1]작은 숨소리를 자꾸 가쁘게 내는 소리나 그 꼴 ㉥불덩어리 같던 아이 몸은 조금 식었지만 숨은 내내 새근새근 쉰다 [2]아이가 고단하여 깊이 잠들어 내는 숨소리나 그 꼴 ㉥울던 아이가 새근새근 숨소리를 내며 잠들었다 **새근새근하다**

새근하다[1] [그림씨] 뼈마디가 조금 시다

새근하다[2] [그림씨] 작은 숨소리를 한 디위 가쁘게 내는 소리가 나다. 또는 그런 소리를 내다

새금 [어찌씨] 맛깔스럽게 조금 신맛이 있는 꼴 ㉥귤이 새금 시다 큰말시금 거센말새큼

새금새금 [어찌씨] 여럿이 다 조금 신맛이 있는 꼴 ㉥한나절 만에 새금새금 맛이 든 김치 큰말시금시금 거센말새큼새큼

새기다[1] [움직씨] [1]칼이나 끌 같은 연장으로 몬 어디를 떼어내어 글이나 무늬, 몬꼴이 나타나게 하다 ㉥나뭇조각에 이름을 새겼다 [2]몬에 자취를 남기다 ㉥아름드리 소나무에 고운 나이테가 새겨져 있다 [3]마음에 간직하다 ㉥엄마와 나누었던 이야기들을 마음에 새겼다

새기다[2] [움직씨] [1]글이나 말뜻을 알기 쉽게 풀어 말하다 ㉥쉬운 말로 새겨 말하지 않고 굳이 어려운 말을 쓰는 사람들 속을 모르겠어 [2]남 말을 잘 헤아려 받아들이다 ⇐ 번역하다

새기다[3] [움직씨] 소나 염소 같은 짐승이 먹었던 것을 입으로 되돌려 다시 씹다 한뜻말되새기다 ⇐ 반추하다

새긴그림 [이름씨] 나무나 나뭇진, 쇠붙이, 돌 따위 널에 그림을 새기고 빛깔을 입힌 뒤에 종이나 천을 대고 찍은 그림 한뜻말찍은그림 ⇐ 판화

새김[1] [이름씨] 글이나 몬 모습을 새기는 일 또는 그 솜씨 ㉥돋을새김. 오목새김 ⇐ 조각

새김[2] [이름씨] 글 뜻을 알기 쉽게 풀이하거나 풀어놓은 글 ㉥어려운 글귀에 새김을 붙인다 ⇐ 훈

새김[3] [이름씨] 윷놀이에서 모나 윷을 치거나 맞은쪽 말을 잡고 잇달아 한 디위 더 윷을 노는 일 ㉥한 사리 했으니 새김으로 던져 걸이 나오면 저 말을 잡겠네

새김글꼴 [이름씨] 한글을 만들고 난 뒤에 바로 나온 책들에 쓰인 붓글씨 글꼴 ⇐ 판본체

새김꼴 [이름씨] 돌이나 나무를 깎아 만든 꼴 ⇐ 조각상

새김나무 [이름씨] 찍거나 박으려고 글씨나 그림을 새긴 나무 ⇐ 판목

새김돌 이름씨 삶 자취를 기리려고 돌이나 쇠붙이, 나무 따위에 글을 새겨 세운 것 ⇐ 비. 비석

새김무늬 이름씨 새겨서 돋친 무늬

새김장이 이름씨 새김칼로 새기는 일을 벌이로 하는 사람 ⇐ 조각가. 각수

새김질[1] 이름씨 글이나 몬 모습을 새김칼 같은 것으로 새기는 일 ㉥하늘이는 새김질 솜씨가 아주 뛰어나다 ⇐ 조각 **새김질하다**

새김질[2] 이름씨 소나 염소 같은 짐승이 먹었던 것을 입으로 되돌려 다시 씹는 일 ㉥소가 누워서 쉴 새 없이 우물거리며 새김질한다 한뜻말 되새김질 **새김질하다**

새김책 이름씨 나무로 새긴 것으로 찍은 책 ⇐ 판본

새김칼 이름씨 글이나 그림을 새기는 데 쓰는 칼 ⇐ 조각도. 조각칼

새까맣다 그림씨 ❶몹시 까맣다 ㉥아우 눈자위는 남달리 새까맣다 맞선말 새하얗다 ❷아주 어둡다 ㉥새까만 한밤 ❸벌어진 사이나 때가 매우 멀고 아득하다 ㉥새까맣게 먼 옛날 일이다 ❹생각이 도무지 나지 않는다 ㉥벗과 만날 일을 새까맣게 잊어버렸다 ❺도무지 아는 바가 없다 ㉥셈틀을 어떻게 쓰는지 새까맣게 모른다 ❻매우 엉큼하다 ㉥그이는 마음이 새까만 사람인 것 같다 ❼겪은 것이 적거나 앳되다 ㉥새까맣게 어린놈이 돈 좀 벌었다고 으스댄다 ❽모인 수가 아주 많다 ㉥사람들이 여기저기서 새까맣게 모여들었다 ❾몹시 두렵거나 걱정이 커서 풀이 죽다 ㉥속이 새까맣게 타들어 가 밥맛도 없다

새꼬막 이름씨 꼬막과 비슷하나 꼬막보다는 살이 더 큰 조개. 껍데기는 흰빛으로 길쭉하고 도톰한 네모꼴이며, 겉은 뿔바탕켜로 덮이고 30낱쯤 부챗살마루가 있다. 기를 수 있는 조개 갈래로 바닷속 모래 진흙에서 산다

새꽤기 이름씨 짚이나 억새, 갈대 같은 것 껍질을 벗긴 줄기 ㉥새꽤기로 만든 멍석이 사람들 눈길을 사로잡았다

새끼[1] 이름씨 ❶갓 태어난 어린 짐승 ㉥우리 집 소가 새끼를 낳았어 ❷'아들딸' 낮춤말 ㉥그대 새끼니, 그대가 잘 알아듣도록 말해 보게나 ❸'사람' 낮춤말 ㉥생쥐 같은 새끼! 이리저리 빠져나갈 생각만 하고 ❹같은 것 가운데 가장 작은 것 ㉥새끼손가락. 새끼발가락 ❺한가지 것에서 덧생긴 것 ㉥길미 새끼치기. 돈 새끼치기 익은말 **새끼를 치다** 처음 것에서 뒤따라 꾸준히 불어나다

새끼[2] 이름씨 짚으로 꼬아 길게 만든 줄 ㉥새끼로 가마니를 단단히 동여맸다

새끼가락 이름씨 새끼손가락과 새끼발가락 ㉥한샘이 새끼가락을 내밀며 나한테도 그러라는 눈치다

새끼꼴 이름씨 어떤 것 처음 그대로를 줄여 만든 꼴 ㉥어릴 적 땅별을 밑뜬 새끼꼴로 여러 나라를 익혔다 ⇐ 미니어처

새끼낳이 이름씨 새끼를 낳는 일 ㉥돼지가 오늘 안에 새끼낳이를 하겠다

새끼발가락 이름씨 발가락 가운데 맨 끝 발가락 ㉥새로 산 신이 볼이 좁아서 새끼발가락이 자꾸만 아파 한뜻말 새끼발

새끼발톱 이름씨 새끼발가락 발톱

새끼손가락 이름씨 손가락 가운데 맨 끝 손가락 ㉥둘은 새끼손가락을 걸고 앞날을 다짐했다 한뜻말 새끼손

새끼손톱 이름씨 새끼손가락 손톱

새끼주머니 이름씨 낳은 새끼를 넣고 다니는 짐승 배에 붙은 주머니. 주머니 안에 젖이 있으며 주머니쥐, 주머니너구리, 캥거루 따위에 있다 ㉥캥거루 새끼주머니 안에서 새끼가 얼굴을 쏙 내민다 ⇐ 육아낭

새난뉘 이름씨 땅밭뉘 가름에서 가장 새로운 뉘. 요즘에 가장 가까운 뉘로 갑난뉘에 퍼졌던 큰 길숨받이는 다 죽고 젖먹이짐승과 속씨푸나무가 널리 퍼졌다 ⇐ 신생대

새날 이름씨 ❶새로 밝아 오는 날 ㉥새날 감따러 가자 ⇐ 내일 ❷새로운 때나 닥쳐올 앞날 ㉥사람 사람이 임자 되는 새날을 맞이

하러 손잡고 나아가자

새날금 (이름씨) 잉글나라 그리니치를 지나는 으뜸마노금을 0데로 하고 새녘으로 180데까지 사이에 있는 날금 맞선말하늬날금 ⇐ 동경

새남터 (이름씨) 옛날 위 벼슬아치들에 맞섰던 사람들을 목 베어 죽이던 곳

새납 (이름씨) 소리구멍이 나무 대롱 앞쪽에 일곱 낱, 뒤쪽에 하나 있는 우리 겨레 나발. 아래 끝에는 깔때기꼴 놋쇠를 달고 부는 구멍에는 혀를 꽂는 조롱목이 있다 한뜻말날라리 ⇐ 태평소

새내기 (이름씨) **1** 배곳이나 일터에 새로 들어온 사람 ⓑ한배곳 새내기 때는 온 누리를 다 품은 듯했지 한뜻말첫내기 ⇐ 신입. 신입생 **2** 싸울아비떼에서 처음 들어온 사람. 맨 아래 지킴이 ⇐ 이등병. 이병 **3** 갓 시집간 꽃님. 새색시

새녘 (이름씨) 해가 뜨는 쪽 ⓑ새해 아침엔 많은 사람들이 새녘으로 달려가 해맞이한다 한뜻말새쪽 맞선말하늬녘 ⇐ 동쪽

새누리 (이름씨) 새로운 누리 ⇐ 신세계

새다[1] (움직씨) **1** 물이나 김, 가루 같은 것이 틈이나 구멍으로 빠져나가거나 나오다 ⓑ단지에 채운 물이 자꾸 샌다 **2** 빛이 틈이나 구멍으로 비쳐 나오다 ⓑ수풀 사이로 새어 들어오는 햇빛이 좋다 **3** 드러내지 말아야 할 일이 자꾸 알려지다 ⓑ이 일이 새어 나가지 않게 단단히 입을 다물도록 알리게 **4** 슬그머니 뒤로 빠져나가다 ⓑ아무리 막아도 벌써 몇 사람이 새어 나간 것 같다 **5** 몬이 다른 곳으로 빠져나가거나 나오다 ⓑ싸리 소쿠리로 개울에서 물고기를 잡으면 작은 물고기는 싸리 틈으로 샌다

새다[2] (움직씨) 밤이 지나고 날이 밝아오다 ⓑ날이 새면 바다를 보러 가자

새달 (이름씨) **1** 새로 비롯되는 달 ⓑ새달에는 수리메로 나들이 가요 **2** 이달 다음 달 ⓑ새달 품삯을 미리 받아야겠어

새댁 ⇒ 새색시

새덫 (이름씨) 새를 잡는 덫 ⓑ새덫 아래에 낟알을 뿌리고 참새를 기다렸다

새되다 (그림씨) 소리가 높고 날카롭다 ⓑ새된 목소리. 새된 꽹과리 소리가 귀를 찢는 듯하다

새둥우리 (이름씨) 새둥지

새둥지 (이름씨) 새가 깃들이는 보금자리 ⓑ어릴 적 새둥지에서 새 새끼를 내려다 집에서 길러보았다

새득새득 (어찌씨) 좀 시들어서 싱싱한 맛이 조금 없는 꼴 ⓑ새득새득 마른 밤

새득새득하다 (그림씨) 좀 시들어서 싱싱한 맛이 조금 없다

새들거리다 (움직씨) 마음이 들떠서 자꾸 까불다 ⓑ산들바람에 꽃들이 새들거린다 **새들대다**

새들다 (움직씨) **1** 몬을 사는 사람과 파는 사람 사이에 흥정을 붙이다 **2** 짝맺이가 이루어지도록 사이에 들어 힘쓰다 ⇐ 중매하다. 중신하다

새들새들[1] (어찌씨) **1** 조금 시들어서 싱싱한 맛이 없는 꼴 ⓑ상추가 새들새들 말라서 물을 주었다 **2** 살이 빠져 몹시 야윈 꼴 ⓑ마음앓이를 했는지 늘봄이 새들새들 말랐네

새들새들[2] (어찌씨) 마음이 들떠서 자꾸 가볍게 까부는 꼴 **새들새들하다**

새들새들하다 (그림씨) **1** 조금 시들어서 싱싱한 맛이 없다 **2** 살이 빠져 몹시 야위다

새들이 (이름씨) 짝맺이가 이루어지도록 사이에 들어 힘쓰는 사람 한뜻말갑신아비. 갑신어미 ⇐ 중매쟁이. 커플매니저

새때 (이름씨) 끼니와 끼니 가운데 때 ⓑ새때가 안 되었는데 벌써 새참 생각이 난다

새떼 (이름씨) 떼 지어 모인 새 ⓑ참새떼를 쫓는다. 가을이 되면 갈까마귀 새떼가 하늘을 새까맣게 뒤덮는다

새똥 (이름씨) 새가 눈 똥 ⓑ수레 뒷거울에 새똥이 잔뜩 묻었어

새뚝·새뚝 (어찌씨) 맞갖지 않아서 한 디위 새침해지는 꼴 ⓑ보슬이는 작은 일에도 새뚝

삐져서 말도 안 한다 **새뚝하다 새뜩하다**

새뚝거리다·새뜩거리다 [움직씨] 맞갖지 않아서 자꾸 새침해지다 **새뚝대다 새뜩대다**

새뚝새뚝·새뜩새뜩 [어찌씨] 맞갖지 않아서 자꾸 새침해지는 꼴 ㉥시원이는 이름은 시원한데 마음은 좁아서 새뚝새뚝 잘 토라진다 **새뚝새뚝하다 새뜩새뜩하다**

새뜨다 [그림씨] 지내는 사이가 두텁지 아니하고 서먹서먹하다 ⇐ 소원하다

새뜸 [이름씨] 누리에 새롭게 일어나는 일. 또는 그것을 알려주는 일 ⇐ 뉴스. 새소식. 신문. 언론. 페이퍼

새뜸글님 [이름씨] 새뜸에 실을 글감을 모아 글을 쓰고 짜깁는 일을 하는 사람 [한뜻말]새뜸글빛. 새뜸일꾼 ⇐ 신문기자

새뜸마리 [이름씨] 널냄에서 여러 새뜸을 갈무리하여 바로 읽고 풀어 말하는 이끎이 [한뜻말]새뜸머리 ⇐ 앵커

새뜸말꾼 [이름씨] 새뜸알림, 모임이끎, 산널냄 따위 널냄을 맡아 하는 사람. 또는 그런 자리 ⇐ 아나운서

새뜸벌데 [이름씨] 새뜸 일을 맡아 하는 곳. 새뜸터, 널냄곳 따위가 있다 ⇐ 언론사. 신문사

새뜸일터 [이름씨] 새뜸을 모아 글을 쓰고 풀이하여 널리 알리는 일을 하는 그위곳. 널냄곳, 새뜸터. 새뜸주는곳, 모둠글책 펴낸곳 따위가 있다 ⇐ 언론기관

새뜸종이 [이름씨] 새로운 새뜸을 알리는 책이나 글이 적힌 종이 ⇐ 소식지

새뜸주는곳 [이름씨] 나라 안팎에서 일어나는 새뜸을 글새뜸곳이나 널냄곳에 보내주는 곳 ⇐ 통신사

새뜸줄 [이름씨] ❶새뜸을 잘 아는 사람 [한뜻말]알림줄 ⇐ 소식통 ❷새뜸을 알리는 줄

새뜸터 [이름씨] 새뜸을 만들어 펴내는 일터 ⇐ 신문사

새뜻하다 [그림씨] 새롭고 산뜻하다 ㉥새뜻한 옷차림에 눈길이 자꾸 간다

새라새 [매김씨] 새롭고도 새로운 ㉥새라새 소리. 새라새 새뜸

새라새것 [이름씨] 새롭고도 새로운 것 ㉥요즘은 아이들 장난감이 새라새것이 많아 눈이 휘둥그레진다

새라새롭다 [그림씨] ❶새롭고 새롭다 ㉥봄에 씨 뿌려 가을에 거두는 사이 새라새로운 일을 두루 겪었다 ❷여러 가지로 새롭다 ㉥마음을 닦아가면 마음에 새라새로운 누리가 펼쳐졌다

새로 [어찌씨] ❶새롭게 ㉥새로 들은 새뜸. 새로 지을 집 ❷열두 때가 다시 비롯되어 ㉥새로 한 때이다 ❸새롭게 다시 ㉥글을 지우고 새로 썼다. 낡은 집을 허물고 그 자리에 새로 집을 짓는다

새로에 [토씨] (토씨 '는', '은' 뒤에 붙어) '그만두고', '커녕', '도리어' 뜻을 나타냄 ㉥남에게 베풀기는새로에 빼앗는다. 집은새로에 달삯방도 없다 ⇐ 고사하고

새로이 [어찌씨] ❶새롭게 ㉥봄을 맞아 집을 새로이 꾸몄다 [한뜻말]새로 ❷없던 것이 처음으로 ㉥배곳에 아우들이 새로이 들어왔다

새록새록 [어찌씨] ❶어떤 생각이나 느낌이 새롭게 일어나거나 느껴지는 모습 ㉥텃마을에 가면 어릴 적 일이 새록새록 생각난다 ❷새로운 몬이나 일이 잇달아 일어나는 모습 ㉥메가 깎인 곳에 큰집들이 새록새록 들어섰다 ❸어떤 일이 끊임없이 이어지는 꼴 ㉥봄이 되니 여기저기 새싹이 새록새록 돋아났다

새롬 [이름씨] 낡은 생각과 삶틀을 허물고 모두가 마음껏 삶을 꽃피우는 누리를 새롭게 마련하고 꾸리는 일 [한뜻말]뒤엎기 ⇐ 혁명. 혁신

새롬이 [이름씨] 낡은 생각과 삶틀을 허물고 모두가 마음껏 삶을 꽃피우는 누리를 새롭게 마련하고 꾸리는 사람 ⇐ 혁명가

새롭다 [그림씨] ❶이제까지 있어 본 적이 없거나 있던 것과 다르다 ㉥새로운 여름지이 연장 ❷새것인 게 많다 ㉥생각이 새롭다. 새로운 말썽거리 ❸앞서 겪었던 것과 달리 산뜻하게 느껴지는 맛이 있다 ㉥해님은 꽃

나무를 돌보는 재미를 새롭게 느낀다. 어릴 때 빛박이를 보니 느낌이 새롭다 **4** 아주 과가르게 갖춰야 하거나 아쉽다 ⓑ일이 어떻게나 밀렸는지 한나절이 새롭다. 일손이 모자라 한 사람이 새롭다

새롱거리다 움직씨 쓸데없이 가볍게 지껄이며 까불다 ⓑ다 큰 녀석이 새롱거리면 되나!

새롱새롱 어찌씨 쓸데없이 가볍게 지껄이며 까부는 꼴 ⓑ몸이 좋아졌는지 아픈 동생이 새롱새롱 지껄인다

새리새리하다 그림씨 알쏭달쏭하거나 흐리멍덩하다 ⓑ오래된 일이라 새리새리합니다

새마 이름씨 새마녘에서 부는 바람 한뜻말 시마. 된마 ⇐ 동남풍

새마을돈집 이름씨 마을 사람들이 몬이가 되어 만든 돈집. 몬이가 맡긴 돈을 모아 갈무리하고 빌려주는 일을 한다 ⇐ 새마을금고

새마을뮘 이름씨 마을 사람 모두 부지런히 일해서 살기좋은 마을을 만들고 나아가 살기 좋은 나라를 만들자고 1970해 박 으뜸머슴 때 벌인 뮘 ⇐ 새마을운동

새막이 이름씨 **1** 담이나 바람을 쌓을 때 돌틈이나 바람돌 사이를 흙이나 돌가루로 메우기 ⓑ흙담에 터진 곳을 차진 흙으로 새막이를 했다 한뜻말 사춤치기 **2** 두 몬 사이나 벌어진 틈을 막는 일

새맑다 그림씨 아주 맑다 ⓑ새맑은 샘물

새망 이름씨 살짝 얄밉게 구는 것 ⓑ잘났다고 너무 새망을 부리진 마시오

새망 ⇒ 새그물

새매 이름씨 새를 잡는 매 ⓑ어릴 적에 새매를 키우기는 했어도 길들이기가 어려웠다

새머루 이름씨 머루 가운데 알이 가장 잔 머루. 새콤한 맛이 세지만 꽤 달다

새며느리 이름씨 갓 시집온 며느리

새물내 이름씨 새로 지었거나 빨래해서 갓 입은 옷에서 나는 냄새 ⓑ햇볕에 말려서 그런지 햇살을 가득 머금은 새물내가 나는 것 같다

새물새물 어찌씨 **1** 입술을 좀 샐그러뜨리며 부드럽게 소리 없이 자꾸 웃는 꼴 ⓑ앙증맞게 핀 작은 꽃을 보며 누이가 새물새물 기뻐한다 **2** 좀스럽게 능청을 부리며 웃는 꼴 ⓑ묻는 말에 말없이 새물새물 웃기만 하네 **새물새물하다**

새미[1] 이름씨 샘 ⓑ앞 새미에 가서 시원한 물 한 그릇 떠 오게

새미[2] 이름씨 잉어 비슷하나 좀 작은 민물고기. 몸빛은 옅은 밤빛이고 등 쪽은 좀 어두운 빛이고 배는 희다

새미[3] 이름씨 두레놀이에서 어른 어깨 위에 올라가서 춤추는 어린 머시마

새박 이름씨 박처럼 줄기는 덩굴손으로 감아 올라가며 잎은 어긋맞게 나고 세모진 염통꼴인 덩굴풀. 여름에 다섯잎꽃이 피고 열매는 박과 같으나 새알처럼 작다

새발뜨기 이름씨 옷 끝을 잘 마무리하려고 새발자국처럼 'ㅅ' 꼴로 하는 바느질 ⓑ긴 바지 끝을 자르고 새발뜨기로 마무리했다

새벽[1] 이름씨 어둠이 걷히면서 밝아지는 무렵 ⓑ새벽 일찍 일어나 아침을 마련했다 ⇐ 여명 익은말 **새벽 범** 움직일 때를 잃어 깊은 메에 들어가야 할 범이라는 뜻으로, 힘을 잃고 물러나는 터수를 비겨 이르는 말

새벽[2] 이름씨 **1** 차지고 고운 누런 흙 **2** 차지고 고운 누런 흙에 가는 모래를 섞어 바람이나 방바닥 위에 덧바르는 일

새벽같이 어찌씨 아침에 썩 일찍 ⓑ별이는 새벽같이 일어나 마당을 쓸었다

새벽길 이름씨 **1** 새벽에 걷는 길 ⓑ아직도 새벽길엔 이슬이 차다 **2** 새것을 찾아 남보다 먼저 걷는 길 ⓑ우리말을 되살리는 새벽길을 함께 걸어요

새벽녘 이름씨 새벽이 될 무렵 ⓑ밤새 뒤척이다 새벽녘에야 잠이 들었다

새벽밥 이름씨 새벽에 먹는 밥 ⓑ울 엄마는 아버지나 언니가 먼길 갈 때면 늘 새벽밥을 지었다

새벽잠 이름씨 새벽에 자는 잠 ⓑ'꼬끼오'하고 닭 우는 소리에 새벽잠이 깼다

ㅅ

새벽질 [이름씨] 바람이나 방바닥에 흙을 바르는 일

새보다 [움직씨] 나락논이나 수수밭, 우케 따위 곁에서 새가 낟알을 못 먹도록 쫓아내고 지키다 [ㅂ]옛날에 새볼 때 논둑에서 태를 쳐서 새를 쫓았다

새봄 [이름씨] **1**겨울을 나고 맞이하는 첫봄 [ㅂ]매서운 추위가 물러가고 새봄이 왔다 [한뜻말]첫봄 **2**앞날이 밝게 보이는 때 [ㅂ]그해 여름 우리 겨레는 나라를 되찾는 새봄을 맞이했다

새빨갛다 [그림씨] 아주 맑고 짙게 빨갛다 [ㅂ]능금이 새빨갛게 익어 먹음직스럽다 [익은말] **새빨간 거짓말** 터무니없는 거짓말

새사람 [이름씨] **1**나쁜 삶을 버리고 새로운 삶을 비롯한 사람 [ㅂ]그 사람은 지난 일을 뉘우치고 새사람이 되었다 **2**새색시를 손윗사람이 일컫는 말 [ㅂ]새사람이 들어온다니 너무 좋구나 **3**새로 맞은 사위를 일컫는 말 [ㅂ]엄마는 큰 사위를 보고 나서 늘 새사람이라고 불렀다 [한뜻말]새사위 [슬기말] **새사람 들여 세 해** 새로 일을 비롯할 때는 적어도 세 해는 두고 봐서 말썽이 없어야 마음이 놓인다

새살[1] [이름씨] 부스럼이나 다친 자리에 새로 돋아나는 살 [ㅂ]낫에 베인 손가락에 새살이 돋아난다

새살[2] [이름씨] **1**살살 웃으면서 가볍게 지껄이는 짓 [ㅂ]딸내미 동무들이 이불 속에 둘러앉아 새살을 부리며 귤을 까먹는다 **2**(어찌씨) 살살 웃으면서 가볍게 지껄이는 꼴 [익은말] **새살을 부리다** 샐샐 웃으며 가볍게 자꾸 지껄이다

새살거리다 [움직씨] 살살 웃으면서 재미나게 자꾸 지껄이다 [ㅂ]바짓자락을 잡고 새살거리는 아이 **새살대다**

새살궂다 [그림씨] 바탈이 차분하지 못하고 가벼워 말이나 짓이 싱겁고 부산하다

새살떨다 [움직씨] 샐샐 웃으면서 가볍게 자꾸 지껄이다 [ㅂ]누이 동무들이 짜드라 모여 앉아 새살떨며 논다 **새살부리다 새살피우다**

새살림 [이름씨] **1**새로 꾸리는 살림 [ㅂ]언니가 갑배곳에 들자, 엄마는 서라벌에 방을 얻어 새살림을 차려 주었다 **2**짝맺어서 처음으로 비롯하는 살림 [ㅂ]내 벗이 새살림을 차리고 나니 내가 자꾸 아빠 눈치가 보인다 ⇐ 신혼살림, 신혼생활

새살맞다 [그림씨] 바탈이 차분하지 못하고 가벼워 괜스레 수선 떨기를 좋아하는 데가 있다

새살새살 [어찌씨] 살살 웃으면서 가볍게 자꾸 지껄이는 꼴 [ㅂ]이슬이는 새살새살 쉴 새 없이 지껄인다 **새살새살하다**

새살스럽다 [그림씨] 말이나 짓이 매우 가볍고 점잖지 못하다

새삼 [이름씨] 잎이 없고 줄기는 가늘고 덩굴져 처음에 땅 위에 나와 조금 자란 다음 다른 나무나 풀에 감겨 살감을 빨아먹고 사는 더부살이풀

새삼스럽다 [그림씨] **1**느낄수록 다시 새롭다 [ㅂ]그때 일이 새삼스럽다 **2**(안 하던 것을 새로 하는 것이) 보기에 갑작스럽다 [ㅂ]나이 쉰에 새삼스럽게 배우겠다니 멋져요

새삼스레 [어찌씨] 새삼스럽게 [ㅂ]지난 이야기를 새삼스레 들추는 까닭이 뭐죠? [한뜻말]새삼스러이

새색시 [이름씨] 갓 시집온 겨집 [ㅂ]말하는 푼수로 보아 새색시는 어버이께 잘 배운 듯하다

새서방 [이름씨] 갓 짝맺은 젊은 사내 [한뜻말]새버시

새소리 [이름씨] 새가 우는 소리 [ㅂ]아침마다 새소리를 들으며 깬다

새수나다 [움직씨] 좋은 수가 생기다 [ㅂ]나한테 새수나는 일도 있고, 오래 살고 볼 일이야

새순 ⇒ 새싹

새싹 [이름씨] **1**새로 돋은 싹 [ㅂ]들에 파릇파릇 새싹이 돋았다 ⇐ 새순 **2**일몬 뿌리가 되는 새로운 처음을 비겨 이르는 말 [ㅂ]우리말 살리기 뭄으로 겨레 얼 새싹이 움튼다 **3**'어린이'를 비겨 이르는 말 [ㅂ]쑥쑥 자라나

는 새싹들

새싹철 이름씨 한 해 스물네 철 가운데 다섯째 철. 하늘이 차츰 맑아지는 때로 이때 봄 밭갈이를 하며 새싹이 나오는 때다 ⇐ 청명

새아가·새아기 이름씨 시어버이가 새며느리를 살갑게 부르는 말 ⓑ새아가, 그래 사돈어른은 잘 계시니?

새아버지 이름씨 어머니가 새로 맞은 버시 ⓑ재는 새아버지가 더 좋대나

새알 이름씨 ❶모든 새 알 ❷참새알 ❸동그랭이 ⇐ 새알심

새알덩이 이름씨 팥죽에 찹쌀가루나 찰수수가루, 밀가루들을 반죽하여 동글동글 새알처럼 빚어 넣는 덩이 ⇐ 새알심

새알심 ⇒ 동그랭이. 새알덩이

새앙 이름씨 땅속뿌리가 맛이 맵고 옷곳하여 김치 담글 때 양념으로 많이 쓰는 남새 ⇐ 생강

새앙나무 이름씨 잎은 넓은 알 꼴인데 세 갈래로 갈라지고 뒷 잎줄기에 솜털이 있는 넓은갈잎 작은큰키나무. 나무에서 새앙내가 난다 ⇐ 생강나무

새앙머리 이름씨 겨집아이가 두 갈래로 땋은 머리를 다시 들어 올려서 위아래로 두 덩이가 되도록 묶은 머리. 댕기로 묶거나 틀어 감아 비녀로 꽂기도 한다 ⓑ댕기를 맨 새앙머리

새앙쥐 이름씨 생쥐

새어리 이름씨 새를 넣어 기르는 가두리 ⇐ 새장. 조롱

새어머니 이름씨 아버지가 새로 맞은 아내 ⓑ그루는 새어머니 밑에서 자랐다

새얼굴 이름씨 어떤 모둠이나 짜임에 새로 들어온 사람 ⇐ 뉴페이스

새옷잔치 이름씨 옷 멋지음이가 새로 만든 옷을 맵시꾼이 입고 여러 사람에게 선보이는 일 한뜻말 바람옷잔치 ⇐ 패션쇼

새옹 이름씨 놋쇠로 만든 작은 솥 ⓑ돌멩이 두 낱을 나란히 놓고 그 위에 새옹을 걸고 밥을 지었다

새옹지마 ⇒ 가새늙은이말

새우 이름씨 민물이나 바닷물에서 살며 몸은 단단한 껍데기에 싸였고 긴 나룻과 다섯 켤레 발에 꼬리가 있는 숨받이

새우다[1] 움직씨 밤 동안 잠을 자지 않고 지내다 ⓑ책을 읽느라 밤을 꼬박 새웠다

새우다[2] 움직씨 나보다 나은 자리에 있는 사람을 싫어하다 ⓑ남이 잘되는 것을 새우지 마라 한뜻말 시샘하다

새우잠 이름씨 새우처럼 몸을 웅크리고 자는 잠 ⓑ새우잠을 잤더니 자도 잔 것 같지 않아

새우젓 이름씨 작은 새우로 담근 젓갈 ⓑ서울을 비롯한 우리나라 가운데 고장은 새우젓으로 김치를 담근다

새장 ⇒ 새어리

새조개 이름씨 조가비는 높게 불룩하고 부챗살 꼴 줄이 나 있는 큰 조개. 속은 붉고 살은 엷은 잿빛이다

새집[1] 이름씨 새로 지은 집 ⓑ흙으로 손수 새집을 지었다

새집[2] 이름씨 새가 알을 낳으려고 지은 둥지 ⓑ나무 위에 새집을 만들어서 걸어 놓았다

새쪽 이름씨 해가 뜨는 녘 ⓑ해는 새쪽에서 떠서 하늬쪽으로 진다

새참 이름씨 ❶일하다가 쉬는 동안에 먹는 조촐한 먹거리 ⓑ새참으론 잔치국수가 으뜸이야 ⇐ 간식 ❷일을 하다가 잠깐 쉬는 동안 ⓑ얘야, 새참에 심부름 좀 다녀오너라

새책 이름씨 ❶새로 펴낸 책 ❷아직 손길을 타지 않고 읽지 않아 새로운 책

새책집 이름씨 새책을 파는 가게. 또는 새로 낸 책가게 한뜻말 새책방

새첩다 그림씨 잘생기고 하는 짓이 깜찍해 보기에 좋다 ⓑ새첩은 아가씨 한뜻말 예쁘다

새초 이름씨 작게 만든 잎돈

새초롬하다 그림씨 일부러 구는 듯 쌀쌀하고 새침하다 ⓑ어제 동무랑 다투고 온 언니는 아직도 새초롬한 얼굴로 있다 한뜻말 새치름하다

새치 이름씨 젊은 사람 검은 머리칼에 섞여 난 흰 머리카락 ⓑ동무 머리에 새치가 드문드문 보인다

새치기 이름씨 ❶차례를 지키지 않고 빈틈을 엿보아 남 앞자리에 끼어드는 짓 ⓑ어떤 사내가 먼저 표를 사려고 슬쩍 새치기한다 ❷하는 일을 놔두고 가끔 다른 일을 하는 것 ⓑ밥 짓는 틈틈이 새치기로 감을 깎았다 **새치기하다**

새침 이름씨 '시치미' 준말. 스스로 하고도 안 한 체, 알고도 모른 체하는 몸짓 ⓑ알면서 모르는 척 새침을 떼고 있자니 좀 찜찜하군

새침데기 이름씨 새침한 모습이 있는 사람 ⓑ새침데기 아가씨

새침하다 그림씨 쌀쌀하게 시치미를 떼다 ⓑ다솜이가 새침한 얼굴로 나를 흘겨보는데 얼마나 귀엽던지

새카맣다 그림씨 몹시 새까맣다 ⓑ새카만 얼굴 큰말시커멓다

새콤·새콤이 이름씨 시면서도 조금 감칠맛이 나는 먹을 것. 양념으로 쓰고 먹을거리 갈무리에도 쓴다 ⇐ 초. 식초

새콤고추장 이름씨 새콤이를 섞은 고추장 ⇐ 초고추장

새콤달콤·새큼달큼 어찌씨 조금 시면서도 달아서 맛깔스러운 느낌 ⓑ빨갛게 익은 자두가 새콤달콤 입에 착착 달라붙는다

새콤달콤하다·새큼달큼하다 그림씨 조금 시면서도 달아서 맛깔스럽다

새콤물고기밥 이름씨 새콤물, 소금, 단것으로 간을 한 밥을 갸름하게 뭉쳐 얇게 뜬 물고기살과 고추냉이 같은 것을 얹은 니혼 맛갓 ⇐ 스시. 생선초밥

새콤새콤·새큼새큼 어찌씨 시면서도 입맛이 끌리는 느낌 ⓑ살구가 새콤새콤 맛있다 큰말시큼시큼 여린말새곰새곰

새콤새콤하다·새큼새큼하다 그림씨 시면서도 입맛이 끌린다 ⓑ자두가 새콤새콤하니 잘도 익었다 큰말시큼시큼하다 여린말새곰새곰하다

새콤장 이름씨 새콤이를 쳐서 갠 고추장 ⇐ 초장

새콤지렁 이름씨 새콤이를 친 지렁 ⇐ 초간장

새콤파리 이름씨 썩은 맛갓이나 짐승 똥에 많이 모이는 파리. 몸이 작고 겹눈은 크고 붉다 ⇐ 초파리

새콤하다 그림씨 맛이 매우 시다 여린말새금하다

새큰문 이름씨 서울 새녘에 있는 큰 문. 서울에 있는 네 큰문 가운데 하나. 1396해에 세웠다 ⇐ 동대문. 흥인지문

새타령 이름씨 여러 가지 새를 노래하는 타령 ⓑ바다는 새타령을 잘 부른다

새털구름 이름씨 구름 가운데 가장 높이 떠 있는 구름. 부드러운 실이나 새털을 널어놓은 꼴이다 ⓑ저녁놀에 새털구름이 붉게 물들었다

새퉁스럽다 그림씨 생각이나 짓이 방정맞고 주책없다 ⓑ저 사람은 늘 새퉁스럽게 말해서 옆에 사람이 없어

새트기 이름씨 새녘 하늘이 밝아 옴 한뜻말동트기

새파랗다 그림씨 ❶몹시 파랗다 ⓑ하늘이 구름 한 점 없이 새파랗다 ❷아주 젊다 ⓑ새파랗게 젊은 사내가 아픈 것을 보니 안쓰러웠다 ❸('새파랗게' 꼴로 '질리다'와 함께 써) 몹시. 아주. 지나치게 ⓑ얼굴빛이 새파랗게 질렸다

새팥 이름씨 줄기는 가늘고 길며 다른 것에 감기는 한해살이 덩굴풀. 달걀꼴 잎이 셋씩 모여 어긋맞게 나며 여름에 잎 아귀에서 노란빛 꽃들이 피고 가을에 열매가 여문다. 우리나라 여기저기 메와 들에 자라며 집짐승 먹이로 쓰인다

새품 이름씨 억새꽃 ⓑ새품, 달품은 다 같은 꽃일 뿐, 예쁘고 안 예쁜 게 있을까

새피하다 그림씨 하찮다 ⓑ덩치로 보나 생김새로 보나 새피하게 보고 덤볐다가 내가 씨름에 져버렸어

새하얗다 그림씨 몹시 하얗다 ⓑ눈이 내려서 온누리가 새하얗다

새해 이름씨 한 해가 가고, 새로 비롯되는 해 ⓑ새해 첫날 마을 어르신들께 절을 올렸다 비슷한말 묵은해 ⇐ 연초

새해맞이 이름씨 설맞이 ⇐ 근하신년. 신년맞이

새해맞이글 이름씨 새해를 기리려고 바람을 담아 짧은 글이나 그림을 담아 보내는 종이쪽 한뜻말 새해기림글 ⇐ 연하장

새호리기 이름씨 몸에 견주어 큰 날개와 짧은 꽁지를 지녔으며 몸빛은 누런빛이며 가슴, 옆구리에는 검은 점이 많고 배와 꽁지는 검붉은 빛을 띤 매 ⓑ새호리기가 날아오르자 작은 새들이 풀숲으로 숨는다

색 ⇒ 빛. 빛깔

색갈이 이름씨 봄에 묵은 낟을 꾸어 주었다가 가을에 햇낟으로 길미를 붙여 받는 일 ⓑ옛날에는 색갈이를 해서 봄에 주린 배를 겨우 달랬지 **색갈이하다**

색감 ⇒ 빛느낌. 빛맛

색깔 ⇒ 빛. 빛깔

색다르다 ⇒ 남다르다

색동 ⇒ 빛동

색동옷 ⇒ 빛동옷

색동저고리 ⇒ 빛동저고리

색맹 ⇒ 빛못가림. 빛눈멈

색바람 이름씨 이른 가을에 부는 서늘한 바람 ⓑ색바람 불면 나무는 겨울 마련을 한다

색상 ⇒ 빛꼴

색색 어찌씨 ❶아이가 달게 잘 때 숨을 고르롭게 쉬는 소리나 그 꼴 ⓑ색색 자는 아우에게 이불을 덮어 주었다 큰말 식식 센말 쌕쌕 ❷숨을 좀 가쁘게 쉬는 소리나 그 꼴 ⓑ뛰어온 아이가 숨이 차서 색색 소리를 낸다

색색 ⇒ 갖가지 빛깔. 여러 가지 빛깔. 여러 가지

색색거리다 움직씨 ❶아이가 달게 잘 때 숨을 잇달아 고르롭게 쉬다 ⓑ색색거리며 자는 아가 얼굴을 바라보는 어머니 큰말 식식거리다 센말 쌕쌕거리다 ❷숨을 가쁘게 쉬는 소리를 잇달아 내다 ⓑ발차기에서 졌다고 동무는 숨을 색색거리며 가버렸다 **색색대다**

색색이 ⇒ 갖가지 빛깔로. 여러 가지로

색소 ⇒ 물씨

색소폰 이름씨 나팔 꼴로 여러 디위 구부리고 부리를 위로 나오게 만든 부는 가락틀. 낮은 소리에서 높은 소리까지 낼 수 있다

색시 이름씨 ❶새색시 ⓑ가마 타고 온 색시를 보려고 동네 아낙들이 수선댄다 ❷아직 짝을 맺지 않은 젊은 겨집 ⓑ저 색시랑 사귀어보고 싶어 슬기말 **색시가 고우면 가시집 외양간 말뚝에도 절한다** 색시가 좋으면 색시 둘레에 있는 것이 다 좋게 보인다

색실 ⇒ 빛실

색안경 ⇒ 빛눈거울

색약 ⇒ 빛벙벙

색연필 ⇒ 빛딱붓

색유리 ⇒ 빛유리

색인 ⇒ 찾아보기. 찾기

색전 ⇒ 핏덩이. 핏줄막힘

색전증 ⇒ 핏줄막힘늪

색점토 ⇒ 빛찰흙

색정 ⇒ 어르고픔

색조 ⇒ 빛맛. 빛어울림

색종이 ⇒ 빛종이

색채 ⇒ 빛깔

색출 ⇒ 뒤져찾아냄. 뒤져찾다

색칠 ⇒ 빛바름. 빛입힘. 빛바르다. 빛입히다

샌가게 이름씨 식게그릇이나 옷곳, 옷곳그릇, 식게놓개 같은 식게 연장을 팔던 가게

샌님 이름씨 칠칠하지 못하고 케케묵고 고리삭은 사람 ⓑ언제까지 샌님 노릇 할 거예요?

샌드백 ⇒ 모래자루

샌드위치 ⇒ 사이낀빵

샌들 ⇒ 끌신

샌프란시스코 이름씨 유에스에이 하늬쪽에 있는 큰 나루 고을. 날씨가 따스하며 둘레가 아름답고 유에스 하늬바닷가에서 가장 큰 장사나루이다

샐그러뜨리다 움직씨 한쪽으로 배뚤어지거나 기울어지게 하다 큰말 실그러뜨리다 센말 쌜그러뜨리다

샐그러지다 [움직씨] 한쪽으로 배뚤어지거나 기울어지다 큰말 실그러지다 센말 쌜그러지다

샐긋 [어찌씨] 바로 생긴 것이 한쪽으로 조금 기울어지거나 비뚤어지는 꼴 ⓑ눈을 샐긋 내리깔다 큰말 실긋 센말 쌜긋 **샐긋하다**

샐긋거리다 [움직씨] 바로 생긴 것이 한쪽으로 잇달아 조금 기울어지거나 비뚤어지다 큰말 실긋거리다 센말 쌜긋거리다 **샐긋대다**

샐긋샐긋 [어찌씨] 바로 생긴 것이 한쪽으로 잇달아 조금 기울어지거나 비뚤어지는 꼴 ⓑ핀잔을 들은 보라는 샐긋샐긋 눈살을 움직이며 제 방으로 갔다 큰말 실긋실긋 센말 쌜긋쌜긋 **샐긋샐긋하다**

샐닢 [이름씨] 매우 적은 돈 ⓑ샐닢도 없다

샐러드 ⇒ 날남새과일무침

샐러리맨 ⇒ 달삯꾼. 달삯일꾼

샐비어 ⇒ 불꽃. 깨꽃

샐샐 [어찌씨] 소리 없이 살며시 웃는 꼴 ⓑ한결이는 나를 보고 샐샐 웃기만 한다

샐쭉 [어찌씨] **1** 어떤 느낌이 나타나면서 입이나 눈을 샐그러뜨리는 꼴 ⓑ하늘이는 뒤돌아서서 샐쭉 웃었다 큰말 실쭉 센말 쌜쭉 **2** 마음에 시뻐서 조금 고까워하는 모습을 보이는 꼴 ⓑ아우는 무슨 일인지 샐쭉 토라져서 말을 하지 않았다 **샐쭉하다**

샐쭉거리다 [움직씨] **1** 어떤 느낌이 나타나면서 입이나 눈을 자꾸 샐그러뜨리다 ⓑ입술을 샐쭉거리는 버릇은 좋지 않아요 큰말 실쭉거리다 센말 쌜쭉거리다 **2** 마음에 시뻐서 조금 고까워하는 모습을 자꾸 보이다 ⓑ딸애가 한동안 입을 쌜쭉거리더니 이제야 웃네 **샐쭉대다**

샐쭉샐쭉 [어찌씨] **1** 어떤 느낌이 나타나면서 입이나 눈을 자꾸 샐그러뜨리는 꼴 ⓑ아기는 장난감을 놓아두고 샐쭉샐쭉 웃으며 엄마 무릎으로 기어올랐다 큰말 실쭉실쭉 센말 쌜쭉쌜쭉 **2** 마음에 시뻐서 조금 고까워하는 모습을 자꾸 보이는 꼴 ⓑ묻는 말에는 말하지 않고 입만 샐쭉샐쭉 삐죽이다 나갔다

샘[1] [이름씨] **1** 땅속 물이 땅 밖으로 솟아 나오는 곳. 또는 그 물 ⓑ샘이 솟는다 **2** 힘이나 기운이 솟아나게 하는 바탕이나 뿌리 ⓑ겨레말집은 겨레말을 다시 살리는 샘이 되리라

샘[2] [이름씨] **1** '새암' 준말. 남이 잘되는 것이 미워지거나 언짢아지는 것 또는 그런 마음씨 ⓑ여울이는 할머니가 아우만 추어주자 샘이 났다 **2** 남이 저보다 잘하는 것이 견딜 수 없어 깎아내리거나 어떻게든 이겨보려고 까탈을 부리는 일. 또는 그런 마음 ⓑ이슬이는 저보다 배움이 뛰어난 슬기가 샘이 나 무슨 일이든 슬기를 걸고넘어졌다 **샘하다** [익은말] **샘을 내다** 샘하는 마음을 먹거나 샘을 부리다 **샘이 나다** 샘하는 마음이 생기다

샘[3] [이름씨] 가르침이 ⇐ 선생님

샘물 [이름씨] 샘에서 솟아 나오는 물 ⓑ여기 샘물이 퐁퐁 솟아나네!

샘물받이 [이름씨] 샘물을 대는 논 ⓑ우리집 논 두 마지기는 샘물받이라 물이 마를 일이 없다

샘밑 [이름씨] 샘물이 비롯하는 곳 ⓑ함부로 땅밑을 뚫어 땅속물을 퍼내면 샘밑까지 더러워질 수 있다 ⇐ 근원. 원천

샘솟다 [움직씨] 힘이나 느낌, 눈물 따위가 끊이지 않고 생기다 ⓑ우리말을 다듬을수록 우리말을 살려 써야겠다는 마음이 샘솟는다

샘창자 [이름씨] 양 날문과 빈창자 사이에 있는 작은창자. 'ㄷ' 꼴이다 ⇐ 십이지장

샘창자벌레 [이름씨] 사람 샘창자에 더부살이하는 벌레 ⇐ 십이지장충

샘치 [이름씨] 샘물이 나오는 곳 한뜻말 샘

샘터 [이름씨] **1** 샘물이 솟아오르는 곳 ⓑ샘터에 아낙네들이 모여 먹을거리를 씻는다 **2** 물이 흘러나오는 처음 곳 한뜻말 물뿌리 ⇐ 수원 **3** 큰 고을에서 먹을 물을 얻으려고 물막이를 한 곳 한뜻말 물가둔곳 ⇐ 수원지

샘플 ⇒ 보기. 밑보기

샛- [앞가지] (그림씨 앞에 붙어) 빛이 짙고 산뜻

함 [보]샛노랗다. 샛말갛다

샛가람 [이름씨] 큰 가람에서 갈라져 나온 작은 가람 [한뜻말]사잇가람 ⇐ 샛강

샛강 ⇒ 샛가람. 사잇가람

샛거리 [이름씨] 끼니 사이에 먹는 먹거리 [보]샛거리 먹는 맛에 일하러 가지 [비슷한말]곁두리. 새참 ⇐ 간식

샛길 [이름씨] 큰길에서 갈라져 나간 작은 길. 큰길로 나가는 작은 길 [보]샛길로 질러가면 언니를 따라잡을 수 있을 거야

샛노랗다 [그림씨] 몹시 노랗다 [보]샛노란 꽃나물 꽃이 한밭 가득 피었어

샛마파람 [이름씨] 새마녘에서 불어오는 바람 [한뜻말]된마. 샛마. 된마파람 [맞선말]높하늬바람 ⇐ 동남풍

샛말갛다 [그림씨] 매우 산뜻하게 맑다 [보]씻고 난 얼굴이 샛말갛게 예쁘다 [큰말]싯말갛다

샛맑다 [그림씨] 아주 맑다 [보]가을이라 그런가 샛맑은 아침바람이 불어

샛문 [이름씨] **1** 큰문 옆에 따로 난 작은 문 [보]우리집은 큰문은 닫아놓고 샛문으로 다닌다 **2** 방과 방 사이에 나드는 작은 문 [보]내가 나서 자란 집은 안방과 뒷방 사이에 샛문이 있었다

샛바다[1] [이름씨] 우리나라 새녘에 있는 바다 ⇐ 동해

샛바다[2] [이름씨] 뭍과 뭍 사이에 낀 좁은 바다 [한뜻말]낀바다 ⇐ 해협

샛바람 [이름씨] 새녘에서 부는 바람 [보]가을걷이를 할 때 샛바람이 불면 으스스 추워져서 떨곤 했어

샛밥 [이름씨] **1** 곁두리. 새참 **2** 끼니 밖에 먹는 밥 ⇐ 간식

샛방 [이름씨] 방과 방 사이에 있는 작은 방

샛별 [이름씨] **1** 해에서 둘째로 가까운 별로 해뜨기 바로 앞에 새녘 하늘에서 반짝이는 별 [보]새벽에 마음닦으러 가면서 늘 샛별을 본다 [한뜻말]개밥바라기 ⇐ 금성 **2** 앞으로 크게 될 사람 [보]스승은 나를 샛별로 여겼는지 모른다

샛수 [이름씨] 피륙 날을 세는 하나치. 날실 여든 올을 한 새로 친다

샛일 [이름씨] 으뜸 밥벌이 일이 아닌, 잠깐 하는 일 ⇐ 아르바이트 **샛일하다**

생 ⇒ 삶. 날

생가 ⇒ 난집. 태어난 집

생각 [이름씨] **1** 머릿속으로 알고 알아내고 간직하는 일 [보]아무리 생각을 해도 모르겠다 **2** 어떤 느낌 [보]나들이 갔다 온 생각을 적어보렴 **3** 지나간 것을 그리워하거나 돌이켜 봄 [보]벗들과 함께한 지난날을 생각했다 **4** 머릿속으로 그려 봄 [보]네가 올 거라곤 생각도 못 했다 **5** 무엇을 마음에 간직하기 [보]그걸 어디에 뒀는지 잘 생각이 안 나네 **6** 무엇을 하고 싶어하거나 하려고 마음먹은 것 [보]아침마다 마음닦기를 할 생각이다 **7** 누리 흐름을 따져 가르는 것 [보]생각을 하면서 말해야지 **8** 어떤 것에 마음 끌림 [보]밥 먹을 생각이 없다

생각나다 [움직씨] **1** 마음속에 무엇이 떠오르다 [보]이제야 그때 일이 어렴풋이 생각난다 **2** 무엇이 하고 싶어지거나 그리워지다 [보]이따금 돌아가신 할아버지가 생각난다

생각묻기 [이름씨] 사람들이 생각하는 바를 알아보려고 같은 물음을 여러 사람에게 물어 갈무리하는 것. 또는 그런 살핌 수 ⇐ 설문. 앙케트

생각보 [이름씨] 어떤 생각을 깊이 하여 이를 널리 내세우는 사람 ⇐ 사상가

생각틀 [이름씨] 모둠살이에서 생각이나 짓, 삶을 뿌리에서 얽매는 믿음틀 ⇐ 이념

생각힘 [이름씨] 생각하는 힘 ⇐ 사고력

생강 ⇒ 새앙. 새

생강나무 ⇒ 새앙나무

생강즙 ⇒ 새앙물

생것 ⇒ 날것

생게망게하다 [그림씨] 말이나 짓이 갑작스럽고 터무니없다 [보]또순은 나이는 어리지만 살길을 두고 생게망게한 말을 하지 않는다

생겨나다 [움직씨] 없던 것이 생기다 [보]머리에

혹이 생겨났다

생겨먹다 그림씨 됨됨이가 어떠하다 ⓑ어떻게 생겨먹은 아이인지 통 말을 듣지 않네

생경 ⇒ 낯섦. 딱딱함. 낯설다. 딱딱하다. 어설프다

생계 ⇒ 살길. 벌이. 벌이줄. 살림살이

생계비 ⇒ 살돈. 살림돈

생고기 ⇒ 날고기

생과 ⇒ 날과일

생굴 ⇒ 날굴

생글 어찌씨 눈과 입을 살며시 움직이며 소리 없이 부드럽게 웃는 꼴 ⓑ맑음은 수줍은 듯 생글 웃음을 지었다 큰말싱글 **생글하다**

생글거리다 움직씨 눈과 입을 살며시 움직이며 소리 없이 부드럽게 자꾸 웃다 ⓑ달님은 생글거리며 상냥하게 말했다 큰말싱글거리다 **생글대다**

생글생글 어찌씨 눈과 입을 살며시 움직이며 소리 없이 부드럽게 자꾸 웃는 꼴 ⓑ뒷집 아이 푸름이는 생글생글 잘도 웃는다 큰말싱글싱글 **생글생글하다**

생급스럽다 그림씨 ❶터무니없고 엉뚱하다 ⓑ죽은 이를 기리는 자리에서 들리는 웃음소리는 아무래도 생급스러웠다 ❷하는 일이나 짓이 뜻밖이고 갑작스럽다 ⓑ언니는 손말틀을 받고는 생급스럽게 옷을 갈아입더니 서둘러 나갔다

생긋 어찌씨 눈과 입을 살며시 움직여 소리 없이 웃는 모습 ⓑ그 사람이 생긋 웃으며 내 손을 잡았다 큰말싱긋 센말생끗. 쌩긋. 쌩끗 **생긋하다**

생긋거리다 움직씨 눈과 입을 살며시 움직여 소리 없이 잇달아 웃다 큰말싱긋거리다 센말쌩긋거리다. 생끗거리다. 쌩끗거리다 **생긋대다**

생긋방긋 어찌씨 생긋거리며 방긋거리는 꼴 ⓑ내 말을 듣고 딸애가 생긋방긋 웃는다 큰말싱긋벙긋 센말생끗방끗. 쌩긋빵긋. 쌩끗빵끗 **생긋방긋하다**

생긋생긋 어찌씨 눈과 입을 살며시 움직여 소리 없이 잇달아 웃는 모습 ⓑ솔이는 보름이를 보자 반가워서 생긋생긋 웃었다 큰말싱긋싱긋 센말생끗생끗. 쌩긋쌩긋. 쌩끗쌩끗 **생긋생긋하다**

생기 ⇒ 싱싱기운

생기다 움직씨 ❶없던 것이 새로 나다 ⓑ얼굴에 흉터가 생겼다 ❷제 것으로 새로 가지다 ⓑ나에게도 집이 생겼다 ❸어떤 일이 일어나다 ⓑ큰일 없었는데 끝내 사달이 생겼다 ❹됨됨이가 어떠하다 ⓑ생기기는 잘 생겼는데 마음씨가 어떠할지?

생기발랄하다 ⇒ 힘이 넘치다. 팔팔하다. 싱싱하다

생기없다 ⇒ 시들다. 숨죽다. 늘어지다. 처지다. 힘빠지다

생기있다 ⇒ 싱싱하다. 팔팔하다. 힘이 넘치다

생김새 이름씨 생긴 모습 ⓑ얼굴 생김새를 잘 봐 놓아라 한뜻말꼴 ⇐ 형체. 풍모

생김치 ⇒ 날김치. 갓 담은 김치

생나무 ⇒ 날나무

생난리 ⇒ 큰사달. 큰일. 큰말썽

생년월일 ⇒ 난해달날

생닭 ⇒ 날닭

생도 ⇒ 배움이

생돈 ⇒ 날돈

생동 ⇒ 싱싱. 팔팔. 살아뮘. 싱싱하다. 팔팔하다. 살아뮌다

생동감 ⇒ 살아 움직이는 느낌

생땅 ⇒ 날땅

생때같다 그림씨 ❶몸이 튼튼하고 아픈 데가 없다 ⓑ생때같은 사람이 하루아침에 죽어 나가다니 ❷힘들게 얻어서 값지다 ⓑ생때같은 돈을 다 날린 내 벗은 드디어 미치고 말았다

생떼 ⇒ 억지

생뚱맞다·생뚱하다 그림씨 얼토당토않게 엉뚱하다 ⓑ로운이는 생뚱맞긴 해도 가끔 뛰어난 생각으로 사람들을 놀라게 한다

생뚱스럽다 그림씨 생뚱한 데가 있다 ⓑ언니는 생뚱스럽게 머리를 볶고 나왔다

생략하다 ⇒ 줄이다. 빼다. 건너뛰다

생리 ⇒ 달거리
생리대 ⇒ 개짐
생리일 ⇒ 몸때
생매장 ⇒ 산채묻음
생머리 ⇒ 날머리
생면부지 ⇒ 얼굴모름. 모르는이. 처음본이
생명 ⇒ 목숨
생명공학 ⇒ 목숨짓갈
생명력 ⇒ 목숨힘
생명보험 ⇒ 목숨사달막이
생명체 ⇒ 목숨붙이
생모 ⇒ 낳은엄마. 낳은어미
생목 [이름씨] 먹은 지 얼마 되지 않아 삭지 않고 다시 입으로 올라오는 것이나 시큼한 양물 [ㅂ]먹고 바로 누워 버릇했더니 생목이 올라온다
생목숨 ⇒ 산목숨
생물 ⇒ 산것
생물종 ⇒ 산것갈래
생물학 ⇒ 산것갈
생방송 ⇒ 날널냄
생부 ⇒ 낳은아비
생사 (生死) ⇒ 죽살이. 삶죽음
생사 (生絲) ⇒ 날깁실
생사람 ⇒ 날사람
생산 ⇒ 낳이. 만듦. 남. 낳다. 만들다. 나다. 내다
생산공정 ⇒ 낳이흐름
생산량 ⇒ 만든숱. 낳이숱
생산물 ⇒ 낳이것. 낳이몬
생산비 ⇒ 낳이든돈
생산성 ⇒ 낳이바탈. 낳이새
생산액 ⇒ 낳은돈
생산자 ⇒ 만든이. 낸이. 낳보
생산재 ⇒ 낳이감. 낼감. 만들감
생산지 ⇒ 낳이터. 만든곳
생산품 ⇒ 낳이몬
생살 ⇒ 산살. 새살. 맨살
생색내다 ⇒ 자랑하다. 낯내다
생생하다 [그림씨] [1]시들거나 다치지 않고 힘차다 [ㅂ]생생한 물고기 [2]눈앞에 보는 것처럼 또렷하다 [ㅂ]텃마을 마루에 앉으니 마당에서 놀던 모습이 생생하다
생선 ⇒ 물고기. 바닷고기
생선회 ⇒ 날물고기살. 날살
생성하다 ⇒ 생기다. 생겨나다. 만들어지다. 만들다
생소하다 ⇒ 서름하다. 서먹하다. 서툴다. 낯설다. 설다
생수 ⇒ 샘물. 맹물
생시 ⇒ 난때. 깬때. 산때
생식 (生食) ⇒ 날먹기. 날로먹기. 날로먹다. 날것먹다. 익히지 않고 먹다
생식 (生殖) ⇒ 불이
생식관 ⇒ 불이줄. 불이대롱
생식기 ⇒ 불이틀. 불이그릇. 낳이그릇
생식기관 ⇒ 불이그릇
생식세포 ⇒ 불이잔삼
생신 ⇒ 난날
생쌀 ⇒ 날쌀
생애 ⇒ 한뉘. 삶. 한살이
생업 ⇒ 벌이. 벌이일. 일자리
생우유 ⇒ 날소젖
생육 (生育) ⇒ 자람. 자라다
생육 (生肉) ⇒ 날고기
생으로 ⇒ 날로. 안 익히고
생이 [이름씨] 새우 새끼
생이별 ⇒ 날헤어짐. 억지갈림
생인손 [이름씨] 손가락 끝이 멀쩡해 보이나 속으로 아프게 쑤시며 곪는 앓이. 나무 가시, 고기 뼈, 바늘 같은 것에 찔려 팡이가 들어가서 생긴다 [ㅂ]맨손으로 나무를 자르다가 생인손을 오래 앓았다 [한뜻말]생이손. 생안손. 생손앓이
생일 ⇒ 난날
생일상 ⇒ 난날놓개. 난날차림
생장 ⇒ 자람. 자라다
생장기 ⇒ 자랄 때. 자람 때
생전 ⇒ 산동안. 살 때. 아무리해도
생존 ⇒ 삶. 살아있음. 살아남음. 살다. 살아있다. 살아남다

생존경쟁 ⇒ 살기다툼
생존권 ⇒ 살아내기. 목숨내기
생존자 ⇒ 산사람. 산이. 살아난이
생쥐 이름씨 ❶'새앙쥐' 준말. 몸피가 쥐 가운데 가장 작으며 등은 누렇고 배는 희며 집이나 집 둘레에 살면서 한 해에 예닐곱 차례 새끼를 낳는 쥐 ❷일은 하지 않고 뒤로 살살 빠져 다니면서 쏙닥거리는 사람 ⓑ하라는 일은 안 하고 또 생쥐처럼 빠져나갔네 슬기말 **생쥐 고양이한테 덤비는 셈** 죽을지도 모르고 함부로 덤빔 **생쥐 볼가심할 것도 없다** 먹을 것이 하나도 없어 몹시 가난함
생즙 ⇒ 남새짠물. 과일짠물
생지옥 ⇒ 날땅가두리
생질 ⇒ 누이아들
생질녀 ⇒ 누이딸
생짜 ⇒ 날것
생채 ⇒ 날나물
생채기 이름씨 할퀴거나 긁히어 생긴 작은 헌데 ⓑ나뭇가지에 걸려 다리에 생채기가 났다
생청 이름씨 억지로 쓰는 떼
생체 ⇒ 산몸. 산몸뚱이
생크림 ⇒ 날젖기름
생크림케익 ⇒ 보숭이시루빵
생태 (生態) ⇒ 뭇삶얼개. 뭇삶틀. 뭇삶꼴
생태 (生太) ⇒ 날명태
생태계 ⇒ 뭇삶뉘
생태미술 ⇒ 뭇삶그림
생태학 ⇒ 뭇삶갈
생트집 ⇒ 건트집. 날트집
생판 ⇒ 깜깜이. 모름. 아예
생포 이름씨 껍데기는 길둥글 납작하고 푸른 빛을 띤 밤빛이며 바닷속 바위에 붙어 사는 조개. 살은 쫄깃쫄깃하고 살감이 많아 좋은 맛갓으로 쓴다 ⇐ 전복
생포 ⇒ 사로잡음. 산채잡음. 사로잡다. 산채잡다
생필품 ⇒ 삶몬. 삶것. 살이몬. 나날쓸것
생화 ⇒ 산꽃
생환 ⇒ 살아옴. 살아오다
생활 ⇒ 삶. 살이. 살다
생활계획표 ⇒ 나날살이표
생활고 ⇒ 살림어려움. 어려운 살림
생활권 ⇒ 삶테두리
생활력 ⇒ 삶힘. 사는힘. 살이힘
생활방도 ⇒ 살길. 벌이. 살꾀. 벌잇길. 벌잇줄
생활보호 ⇒ 나라돌봄받기
생활보호대상자 ⇒ 나라돌봄 받을이
생활비 ⇒ 삶돈. 씀씀이. 살이돈
생활상 ⇒ 삶꼴. 나날꼴. 살이꼴. 나날꼴
생활수준 ⇒ 사는 높이
생활양식 ⇒ 삶틀. 삶밑새. 살이틀. 나날틀
생활용수 ⇒ 살이물. 나날살이물
생활통지표 ⇒ 배곳살이 알림표
생활필수품 ⇒ 나날살이몬
생활하수 ⇒ 쓰고 버린 물
생활형편 ⇒ 살림꼴. 삶꼴. 나날꼴. 삶매개
생활화 ⇒ 몸에뱀. 버릇됨. 버릇되다. 몸에 배다
생후 ⇒ 난뒤
샤모 이름씨 닭 갈래 가운데 하나로 몸이 크고 뼈대가 튼튼하며, 깃털이 성기고 힘살이 좋다. 힘이 세어 싸움닭으로 기르며 고기 맛은 좋으나 알을 많이 낳지 못한다
샤워 ⇒ 물맞이. 물맞이멱. 물맞이미역
샤워기 ⇒ 물뿌리개
샤워실 ⇒ 물맞이방
샤카모니 이름씨 어릴 적 이름은 고타마 싯달타로 스물아홉 살에 참을 찾아 집을 나와 여섯 해 뒤에 모든 괴로움에서 벗어나 깨달음을 이룬 사람을 높여 부르는 말. 곧 '거룩한 사람'이란 뜻이다. 깨달음을 이루고 마흔다섯 해 동안 인디아 곳곳을 다니며 괴로운 사람들한테 괴로움에서 벗어나는 길을 가르쳤다 ⇐ 석가모니
샤프 ⇒ 올림표
샤프펜슬 ⇒ 뾰족딱붓
샤프하다 ⇒ 날카롭다. 산뜻하다. 깔끔하다. 말쑥하다
샴페인 ⇒ 하늬머루술
샴푸 ⇒ 머리비누. 머리물비누. 머리감기. 머리

감다

샹들리에 ⇒ 번힘꽃빛. 꾸밈번빛. 치레번빛

서 매김씨 셋을 나타냄 ⓑ서 말. 서 되

서 이름씨 부는 가락틀에서 소리를 내는 얇은 떨림널. 갈대나 나무, 쇠로 만들고 빈기흐름으로 떨리게 하여 소리를 낸다 ⇐ 리드

서 ⇒ 하늬

서가 ⇒ 책시렁. 책꽂이

서거 ⇒ 죽음. 돌아가심. 죽다. 떠나다. 돌아가다

서걱거리다 움직씨 ❶싱싱한 능금이나 배 같은 것이 시원스레 씹히는 소리가 잇달아 나다 ⓑ무를 서걱거리며 씹어 먹었다 ❷가랑잎이나 마른풀이 가볍게 스치거나 씹히는 소리가 잇달아 나다 ⓑ바람이 불 때마다 갈대밭에서 서걱거리는 소리가 난다 **서걱대다**

서걱서걱 어찌씨 ❶싱싱한 능금이나 배 같은 것이 시원스레 씹히는 소리나 그 꼴 ⓑ새로 나온 단붉 능금은 서걱서걱 잘 씹히면서도 물이 많아 사람들이 좋아한다 ❷가랑잎이나 마른풀이 가볍게 스치거나 씹히는 소리나 그 꼴 ⓑ언니 집 소가 마른 짚을 서걱서걱 맛있게 씹어 먹는다 ❸눈이 좀 거칠게 밟히는 소리나 그 꼴 ⓑ집 뒤에 내려온 멧돼지가 나와 마주치자 눈 덮인 메를 서걱서걱 밟으며 달아났다 **서걱서걱하다**

서경 ⇒ 하늬날금

서고 ⇒ 책광

서곡 ⇒ 첫노래. 첫가락

서광 ⇒ 밝은빛. 밝은 앞날

서구권 ⇒ 하늬유럽쪽. 하늬유럽안. 하늬유럽울

서귀다 움직씨 ❶서로 바꾸다 ❷서로 달리하다 ⓑ마주 오던 수레가 서귀어 지나간다

서그러지다 움직씨 마음이 너그럽고 서글서글해지다 ⓑ마음씨가 깐깐한 아저씨도 작은 딸한테는 서그러지는 데가 있다

서그럽다 그림씨 마음이 너그럽고 서글서글하다 ⓑ서그러운 우리 오빠는 무슨 말을 해도 골을 내지 않는다 ⇐ 소탈하다

서근서근 어찌씨 사람 생김생김이나 마음씨가 상냥하고 시원스러운 꼴 ⓑ하루는 눈코입이 서근서근 시원하게 생겼다

서근서근하다 그림씨 ❶배나 수박 같은 것을 씹을 때와 같이 부드럽다 ⓑ수박이 잘 익어 서근서근하고 달다 ❷사람 생김생김이나 마음씨가 상냥하고 시원스럽다 ⓑ서근서근해 보이는 돌이 얼굴

서글서글 어찌씨 사람 생김생김이나 마음씨가 너그럽고 상냥스러운 꼴 ⓑ늘품이 눈은 크고 서글서글 빛이 난다

서글서글하다 그림씨 ❶생김생김이나 마음씨가 너그럽고 상냥하다 ⓑ그 서글서글한 눈매에 반하지 않은 사람이 없다 ❷눈코입이 널찍하여 매우 시원스럽다 ⓑ우리 사위는 얼굴도 서글서글 잘생겼어

서글프다 그림씨 ❶외롭고 허전하다 ⓑ옆방에서 들려오는 가냘픈 노랫소리가 서글프다 ❷섭섭하고 못마땅하다 ⓑ벌써 돋보기를 써야 한다니 너무 서글프잖아

서기(西紀) ⇒ 예수해. 예해

서기(書記) ⇒ 적는이

서까래 이름씨 지붕을 얹으려고 마룻대에서 도리나 보에 비탈지게 걸쳐 지른 나무. 옛날에는 통나무를 썼으나 요즘은 모난 나무도 쓴다 ⓑ서까래가 드러난 옛집 ⇐ 연목

서나서나 어찌씨 모르는 사이에 조금씩 ⓑ일이라는 건 서나서나 해야지, 그렇게 후다닥 하면 되겠니? 한뜻말 시나브로

서낙하다 그림씨 장난이 세고 하는 짓이 드세다 ⓑ아기가 두 돌 지나고부터 어찌나 서낙한지 조금도 마음을 놓을 수가 없어요

서남아시아 이름씨 하늬마아시아

서남쪽 이름씨 하늬마녘

서낭 이름씨 ❶놀라운 힘과 슬기로 온 누리를 다스린다고 믿어지는 것 ⓑ옛 어른들은 마을에 무슨 일이 있으면 서낭께 빌었다 한뜻말 검 ⇐ 신 ❷서낭나무 준말 ⓑ아랫마을에는 즈믄 해 된 이름난 서낭이 있다

서낭나무 이름씨 서낭이 붙어 있다고 믿는 나무

서낭당 ⇒ 서낭집

서낭집 이름씨 서낭을 모신 집 ⇐ 서낭당. 신당

서너 매김씨 셋이나 넷 ⓑ서너 되. 서너 집. 서너 사람

서넛 셈씨 셋이나 넷 ⓑ모인 사람이 서넛뿐이다

서녘 ⇒ 하늬녘

서느렇다 그림씨 ❶날씨가 좀 차다 ⓑ서느런 바람. 나무 그늘 밑에 누워 있으니 서느렇다 ❷마음에 찬 느낌이 있다 ⓑ한밤에 짐승 울음소리를 듣고 놀라 서느런 가슴을 가라앉혔다

서늘광 이름씨 먹을거리나 팔거리가 싱싱하게 갈무리 되도록 서늘하게 하는 집 ⇐ 저온창고

서늘맞이 이름씨 여름 무더위를 비켜 서늘한 바람을 쐬기 ⓑ서늘맞이로 냇가에 발을 담그고 수박을 먹자 ⇐ 납량. 피서

서늘맞이곳 이름씨 여름 무더위를 비켜 서늘한 바람을 쐴 수 있는 곳 ⇐ 피서지

서늘바람 이름씨 첫가을에 부는 서늘한 바람 ⇐ 소슬바람

서늘하다 그림씨 ❶바람이나 날씨가 조금 차게 느낄 만큼 시원하다 ⓑ낮에는 덥던 날씨가 저녁이 되니 좀 서늘해지네 ❷놀라거나 두려워 마음에 조금 찬 느낌이 일어나다 ⓑ그때를 생각하면 가슴이 서늘하다

서다 움직씨 ❶발을 바닥에 대고 몸을 곧게 하다 ⓑ오늘 아기가 두 발로 섰다 ❷하늘 쪽으로 곧게 솟아 있다 ⓑ우리 집 울타리에는 잣나무가 여러 그루 서 있다. 토끼 귀가 쫑긋 섰다 ❸움직이다가 한곳에 그대로 있다 ⓑ수레가 나루터에 섰다. 빨간불에 섰다가 파란불에 간다 ❹어떤 자리에 있거나 놓이다 ⓑ이웃 마을에 선 새집이 알고 보니 밥집이네 ❺뜻이나 생각을 뚜렷이 하다 ⓑ어려운 사람 돕고 살겠다는 굳은 다짐이 섰다 ❻칼이나 낫 따위 날이 날카롭게 되다 ⓑ낫을 숫돌에 갈았더니 날이 섰다 ❼뱃속에 아이를 가지다 ⓑ아이가 섰는지 달거리가 멈췄다 ❽틀이 돌아가지 않다 ⓑ번힘이 나가자, 집 안에 있는 틀이란 틀은 다 섰다 ❾저자나 놀이판이 열리다 ⓑ닷새마다 서는 저자에 남새를 내다 팔았다. 한가위에 씨름판이 선다며? ❿일을 맡아 하다 ⓑ벗이 시집가는 날 내가 들러리를 섰다 ⓫무지개나 땀발, 핏발 같은 것이 나타나다 ⓑ일이 힘든지 혓바늘이 섰다. 눈에 핏발이 섰네 ⓬줄을 짓다 ⓑ새치기 하지 말고 줄을 서서 기다려요 ⓭틀이나 벼리가 바르게 되다 ⓑ나날을 바르게 살아야 어디서나 말발이 선다. 가다서다불을 잘 지켜야 오감차례가 선다

서답 이름씨 ❶겨집 달거리 때 샅에 차는 헝겊 ❷빨랫감

서당 ⇒ 글방

서대문 ⇒ 하늬큰문

서덜[1] 이름씨 돌이 많이 깔린 곳 ⓑ우리 고장 서덜에는 살무사나 일곱점박이죽개뱀 같은 뱀이 많이 산다

서덜[2] 이름씨 물고기 살을 발라내고 남은 뼈, 대가리, 껍질 따위 ⓑ살은 발라 날로 먹고 서덜은 매운국을 끓여 먹는다

서덜길 이름씨 냇가나 가람가 옆 돌이 많은 길 ⓑ서덜길에는 나물이 드무니 흙이 기름지고 응달진 곳으로 가자

서덜밭 이름씨 가람가나 냇가에 돌이 많은 땅에 있는 밭 ⓑ서덜밭에는 돌이 오줌을 누어서 남새와 낟이 잘 자란다는 말이 있지

서도 ⇒ 하늬고장

서도민요 ⇒ 하늬고장노래

서돌 이름씨 집 짓는데 종요로운 밑감인 서까래나 도리, 보, 기둥 따위를 두루 일컫는 말 ⇐ 재목

서두 ⇒ 글머리. 말머리

서두르다 움직씨 일을 빨리하려고 바쁘게 쇄치다 ⓑ서두르지 않으면 오늘 안으로 닿지 못한다

서라벌 이름씨 시라 나라 으뜸고을 ⓑ모레가 부처님 오신 날이라 서라벌에 있는 절에 가

서 불을 밝혀야겠어요 한뜻말 새벌

서랍 이름씨 책놓개나 옷넣개 따위에 달려 몬을 담아 넣었다 뺐다 하며 쓰는 네모난 고리 ⓑ옷을 차곡차곡 개어 서랍 안에 넣었다 한뜻말 빼닫이

서랍장 ⇒ 빼닫이

서러 이름씨 여느 따습기에서 물덩이로 있는 수빛쇠붙이. 따습기재개나 서러불빛 따위를 만드는 데 쓴다 ⇐ 수은

서러움 이름씨 서러운 느낌이나 마음 ⓑ슬픔이 지나쳐 서러움에 목놓아 울었다

서럽다 그림씨 애꿎은 일을 겪어 슬프다 ⓑ콩쥐는 가슴이 북받쳐서 서럽게 울었다

서렁 이름씨 나무가 우거지거나 쓰러지고 돌이 쌓여 얽혀 다니기 힘든 곳 ⓑ나무 서렁. 돌 서렁

서로 어찌씨 ❶짝을 이룬 둘이나 두 쪽 모두 ⓑ사람은 서로 사랑하며 산다. 온 누리는 다 같이 서로 도우며 살아가는 거지 ⇐ 피차 ❷짝을 이룬 둘이나 두 쪽이 자리를 바꾸어서 ⓑ좋은 배곳에선 가르침이와 배움이가 서로 가르치고 서로 배운다

서로닮음 이름씨 뒷소리는 앞소리를, 앞소리는 뒷소리를 서로 닮는 일 ⇐ 상호동화

서로서로 어찌씨 '서로' 힘줌말. 여럿이 저마다 돌려가며 ⓑ더불어 사는 삶은 서로서로 아끼며 산다

서로치기 이름씨 일을 서로 바꾸어 가며 하는 것 ⓑ시골에서는 옛날에 서로치기를 하면서 가깝게 지냈는데 요즘엔 안 그런 것 같아

서론 ⇒ 머리글

서류 ⇒ 일종이

서류철 ⇒ 일종이묶음. 일종이꿸

서른 이름씨 열을 세 디위 더한 것 ⓑ나이 서른에 철이 들었지

서름서름 어찌씨 사귀는 사이가 거북하고 멋쩍은 꼴 ⓑ은솔이와 잎새는 서로 서름서름 모른 척하고 지낸다

서름서름하다 그림씨 ❶매우 서름하다 ⓑ갑돌이도 갑순이가 앞서와 달리 서름서름하게 구는 것이 마음 아팠다 ❷마음이 거북하고 구김살이 있다 ⓑ사람이 만나면 누구라도 서로 절하고 따스한 말을 나누는 것이지 서름서름하게 지낼 수는 없지

서름하다 그림씨 ❶사람들과 가깝지 못하고 사이가 멋쩍다 ⓑ다솜은 만나는 사람과 잘 사귀지 못하고 서름하게 지낸다 ❷어디에 익숙하지 못하고 설다 ⓑ난 서울에서 자라 나무시렁이 서름하게 느껴진다

서릇그릇 이름씨 자잘한 것들을 넣어 두는 그릇 ⇐ 정리함

서릊다 움직씨 좋지 아니한 것을 쓸어 치우다

서릊이 이름씨 비가 오려고 하거나 올 때 비 맞으면 안 되는 몬을 치우거나 덮는 일 한뜻말 설거지

서리[1] 이름씨 ❶날씨가 추워져서 둘레 물방울이 땅 껍데기나 몬 거죽에 닿아 엉긴 흰 덩이 ⓑ벌써 서리가 내린 걸 보니 곧 겨울이 오겠구나 ❷흰 머리카락 ⓑ나이 쉰도 안 되었는데 벌써 머리에 서리가 내리다니

서리[2] 이름씨 여럿이 떼를 지어 훔쳐다 먹는 장난 ⓑ어릴 적 벗들과 수박 서리를 했을 때가 있었지

서리[3] 이름씨 많이 모인 무더기 ⓑ사람서리. 나무서리. 풀서리. 짐승서리

서리[4] 이름씨 한 해 스물네 철 가운데 열여덟째 철. 열달 스무사흘 무렵으로 나뭇잎이 물들고 구엣꽃이 피며 가을걷이가 마무리되는 때이다 ⇐ 상강

서리가을 이름씨 서리가 내리는 늦가을 ⓑ그해는 서리가을이 이슥하도록 소낭버섯이 났다

서리꽃 이름씨 유리바라지에 김이 얼면서 꽃처럼 엉겨 생긴 서리 무늬 ⓑ날이 추워지니 유리문에 서리꽃이 피었네

서리꾼 이름씨 떼 지어 서리를 하는 장난꾼 ⓑ참외 서리꾼. 수박 서리꾼. 닭 서리꾼

서리다[1] 움직씨 ❶여러 가닥 줄이 한군데에 많이 얼크러지다 ⓑ얼기설기 서린 호박 덩굴.

비워 둔 방구석에 거미줄이 서려 있다 [2]김이나 안개 따위가 많이 끼다 ㉥바라지에 김이 뿌옇게 서렸다. 새벽안개가 골짜기에 잔뜩 서렸다 [3]어떤 기운이 스며 흐르다 ㉥새벽빛이 서린 숲속. 빛슬이 마음에는 온갖 슬픔이 서려 있었다 [4]냄새 따위가 흠뻑 풍기다 ㉥아침 들녘은 구수한 흙냄새와 옷곳한 풀냄새가 서린다 [5]낯빛이나 누리흐름에 어리어 나타나다 ㉥사랑스러운 웃음이 서린 얼굴 [6]생각이 깊이 자리 잡다 ㉥제 잘났다는 자랑이 가슴속에 서린 사나이

서리다[2] [움직씨] [1]새끼나 긴 목도리 따위를 둥그렇게 포개어 감다 ㉥목도리를 잘 서려놓았다 [작은말]사리다 [2]뱀이 몸을 돌려 감다 ㉥큰 돌을 들춰보니 뱀이 몸을 서리고 있었다

서리병아리 [이름씨] 서리 내릴 무렵인 가을에 깬 병아리

서리서리 [어찌씨] [1]긴 몬을 빙빙 둘러서 감은 꼴 ㉥뱀이 몸을 서리서리 감고는 고개를 든다 [2]김이나 내 같은 것이 잔뜩 낀 꼴 ㉥아침 짓는 내가 서리서리 하늘로 피어오른다 [3]어떤 느낌이 뒤얽힌 꼴 ㉥노여움이 서리서리 뒤엉킨 가슴을 안고 어버이들은 거리로 나왔다

서리서리하다 [그림씨] 푸나무 줄기나 뿌리, 가지들이 얼기설기 구부러져 얽혀있다 ㉥봄날 돌 밑에는 풀뿌리가 서리서리하게 얽혀 꿈틀대듯 한다

서리차다 [그림씨] [1]서리가 내려 몹시 차다 ㉥서리찬 겨울바람이 살을 에듯 차다 [2]서리처럼 싸늘하다 ㉥걸보들이 내쏘듯 하는 서리찬 눈초리에 모두 얼어붙는 듯했다 [3]서릿발처럼 날카롭다 ㉥젊은 겨집 몸으로 집안 살림을 도맡아 할 때는 서리찬 마음이 뒷받침되지 않고는 어려웠다

서리치기 [이름씨] 나무 베는 곳을 마련하려 벨 나무 둘레 잔나무를 베는 일

서리콩 [이름씨] 겉은 검고 속은 푸른빛을 띤 콩. 늦가을 서리를 맞은 뒤에나 거둘 수 있어 서리콩이라 한다. 살감이 많이 들어 있어 먹기에 좋다 ⇐ 서리태

서릿바람 [이름씨] 서리가 내린 아침에 부는 찬바람 ㉥가을을 다그치는 서릿바람에 귀가 시리다

서릿발 [이름씨] [1]땅거죽에 삐죽삐죽 솟아나는 가늘고 긴 얼음 줄기 묶음 ㉥서릿발이 선 보리밭을 아버지와 함께 밟았다 [2]서리가 내리는 기운 ㉥서릿발을 머금은 바람이 골짜기를 타고 불어닥쳤다 [3]칼날, 창끝에서 나오는 날카로운 기운 ㉥서릿발 같은 칼날을 휘두르며 서슬 퍼렇게 왜놈들을 무찔렀다 [4]몸가짐이나 낯빛이 쌀쌀하고 날카로운 기운 ㉥서릿발이 번뜩이는 눈빛 [익은말] **서릿발 같다** 매우 매섭고 빈틈없이 차갑다

서마서마하다 [그림씨] 마땅하지 않아 마음이 조이는 데가 있다 ㉥겉으론 멀쩡한 척했으나 마음 한구석은 늘 서마서마했다

서막 ⇒ 첫머리. 처음

서머서머하다 [그림씨] 마음 쓰게 해서 매우 볼 낯이 없다

서머하다 [그림씨] 마음 쓰게 해서 볼 낯이 없다 ㉥제가 먼저 찾아뵀어야 하는데, 여기까지 오시게 해서 서머합니다 ⇐ 미안하다

서먹서먹 [어찌씨] [1]몸가짐이 매끄럽지 못하고 멋쩍은 꼴 ㉥시골에만 있다가 많은 사람이 모인 서울 바닥에 오니 꿔다 놓은 보릿자루처럼 서먹서먹하다 [2]맞이하는 것이 낯선 꼴 ㉥오랜만에 텃마을에 왔더니 모든 게 서먹서먹하고 낯설다

서먹서먹하다 [그림씨] 낯설거나 익숙하지 않아 스스럽고 매우 거북하다 ㉥자주 보지 않으면 서로 서먹서먹하기 마련이다

서먹하다 [그림씨] [1]낯설거나 익지 않아 스스럽고 거북하다 ㉥왜 나한테는 서먹한 데가 없는 가까운 벗이 하나도 없을까 ⇐ 어색하다 [2]눈에 설거나 낯설다 ㉥집을 옮겼더니 둘레가 온통 서먹하다

서면 ⇒ 글발. 글월. 글

서명하다 ⇒ 이름쓰다. 보람하다

서목태 ⇒ 쥐눈이콩

서무 ⇒ 갖은 일. 여러 일

서무실 ⇒ 갖은일방. 여러일방

서문 ⇒ 머리말. 머리글. 첫머리. 들머리. 여는 글

서민 ⇒ 백성. 아람. 여느 사람

서방 (西方) ⇒ 하늬쪽. 하늬녘

서방 (書房) ⇒ 바데. 버시. 지아비. 밖에

서방님 ⇒ 도련님. 버시님

서벅거리다 움직씨 ❶굵은 모래밭을 잇달아 걸어갈 때 나는 것과 같은 소리가 나다 ❷다져진 눈이나 얼음버캐 같은 것을 밟을 때 잇달아 소리가 나다 **서벅대다**

서벅돌 이름씨 단단하지 못하고 서벅서벅 잘 부스러지는 돌

서벅서벅 어찌씨 ❶굵은 모래밭을 잇달아 걸어갈 때 나는 것과 같은 소리나 그 꼴 ⓑ우리는 바닷가 모래밭을 서벅서벅 걸었다 ❷다져진 눈이나 얼음버캐 같은 것을 밟을 때 나는 소리. 또는 얼음버캐가 부풀린 꼴 ⓑ눈 덮인 못에서 썰매를 타다 지치면 눈 위를 서벅서벅 걸어다니며 논다 ❸무 같은 것이 부드러워서 잘 베어지는 소리나 그 꼴 ⓑ무채 써는 소리가 서벅서벅 들린다 **서벅서벅하다**

서부 ⇒ 하늬쪽. 하늬고장

서북쪽 ⇒ 높하늬쪽. 높하늬녘

서북풍 ⇒ 된하늬바람. 높하늬바람

서브 ⇒ 메겨넣기

서비스 ⇒ 시중. 섬김. 이바지

서비스업 ⇒ 시중일. 섬김일. 이바지일

서사시 ⇒ 삶자취노래

서산 ⇒ 하늬메

서산마루 ⇒ 하늬메마루. 하늬메만디

서서히 ⇒ 천천히. 느리게. 시나브로

서성거리다 움직씨 마음이 가라앉지 못하여 서서 자꾸 왔다갔다하다 ⓑ아버지가 올 때쯤 한길에 마중나와 서성거렸다 **서성대다**

서성서성 어찌씨 마음이 가라앉지 못하여 서서 왔다갔다하는 꼴 ⓑ둘은 헤어지자고 해 놓고도 차마 못 떠나고 둘레를 서성서성 맴돌았다 **서성서성하다**

서수 ⇒ 차례수

서술 ⇒ 풀이. 풀어 말하다

서술문 ⇒ 풀이월. 베풂월

서술어 ⇒ 풀이말

서슬 이름씨 ❶쇠붙이로 만든 연장이나 유리 조각 따위 날카로운 데 ⓑ서슬 푸른 도끼날로 나무를 내리쳤다 ❷굳세고 날카로운 기운 ⓑ고을지기 서슬에 그 자리에서는 아무도 말을 못 했다

서슴거리다 움직씨 말이나 짓을 얼른 하지 못하고 자꾸 머뭇거리다 **서슴대다**

서슴다 움직씨 머뭇머뭇 망설이다 ⓑ처음 보는 사람에게도 서슴지 않고 말을 잘한다

서슴서슴 어찌씨 서서 돌아가며 머뭇머뭇 망설이는 꼴 ⓑ웬 낯선 이가 우리집 쪽으로 서슴서슴 걸어온다 **서슴서슴하다**

서슴없다 그림씨 말이나 짓에 망설임이 없다 ⓑ우두머리는 어떤 일을 해 나아갈 때는 서슴없어야 한다

서식 (棲息) ⇒ 깃듦. 삶. 깃들다. 살다. 깃들어 살다

서식 (書式) ⇒ 글얼개. 글틀

서식지 ⇒ 사는곳

서식처 ⇒ 사는곳. 깃든곳

서신 ⇒ 글월. 글

서약 ⇒ 다짐. 다지다

서약서 ⇒ 다짐글

서양 ⇒ 하늬

서양민들레 ⇒ 하늬민들레

서양식 ⇒ 하늬얼개. 하늬틀

서양음악 ⇒ 하늬가락

서양인·서양사람 ⇒ 하늬사람

서양장기 ⇒ 하늬장기

서양화 ⇒ 하늬그림

서역 ⇒ 하늬땅

서열 ⇒ 차례. 자리차례

서예 ⇒ 글씨쓰기. 붓글씨

서예가 ⇒ 붓글쟁이. 붓글바치

서운하다 그림씨 마음에 차지 않아 아쉽고 섭섭하다 ⓑ너한테 그런 말을 들으니 좀 서

ㅅ

운하네

서울 이름씨 ❶한 나라를 다스리는 으뜸 고을 ⓑ미얀마 서울은 양곤이다 ⇐ 수도 ❷우리 나라 으뜸 고을 ⓑ서울엔 하늬녘으로 흐르는 한가람이 있고 한가운데에 마메가 있다

서울말 이름씨 서울내기가 쓰는 말

서울역 이름씨 서울나루

서원 (書院) ⇒ 글집. 배움집

서원 (誓願) ⇒ 바람. 큰바람

서유럽 ⇒ 하늬유럽

서자 ⇒ 고마아들

서재 ⇒ 책방. 글방

서적 ⇒ 책

서전 ⇒ 첫싸움. 첫겨룸. 첫머리

서점 ⇒ 책가게. 책집

서정시 ⇒ 느낌노래

서쪽 ⇒ 하늬쪽. 하늬녘

서찰 ⇒ 글월

서체 ⇒ 글꼴

서치라이트 ⇒ 비추개. 비춤빛

서캐 이름씨 이 알 ⓑ옷 솔기마다 샅샅이 뒤져서 서캐까지 말끔히 잡았다 슬기말 **서캐 훑듯 한다** 하나도 빠뜨리지 않고 샅샅이 뒤진다

서커스 ⇒ 재주놀이

서클 ⇒ 동아리. 모임. 두레. 모둠

서털구털 어찌씨 말이나 짓이 차분하지 못해 어설프고 서투른 꼴 ⓑ서털구털 덤볐다간 일을 그르치기 십상이다 ⇐ 횡설수설

서털구털하다 그림씨 말이나 짓이 차분하지 못하며 어설프고 서투르다

서투르다 그림씨 ❶익숙하지 못하여 다루기에 설다 ⓑ오빠는 바느질 솜씨가 서투르다 맞선말 익숙하다 ❷생각이나 느낌이 멋쩍고 서먹하다 ⓑ오랜만에 다시 보는 어미나라 메와 들이 좀 서투른 듯 반갑다

서툴다 그림씨 '서투르다' 준말 ⓑ일이 서툴면 배우고 또 배워야지

서편 ⇒ 하늬쪽

서평 ⇒ 책따짐글. 책글따짐

서푼 이름씨 ❶한 푼짜리 세 닢 ❷아주 보잘것없이 적은 돈. 또는 하찮은 것 ⓑ혹부리 늙은이는 남에게는 서푼도 내주지 않는 구두쇠다 비슷한말 서푼짜리 슬기말 **서푼짜리 낫 벼리듯** 갈아봤자 쓸모없는 낫을 힘들여 날카롭게 한다는 뜻으로, 벼르기만 하고 해내지 못함을 빗대어 이르는 말 **서푼값도 안된다** 아무 쓸모가 없다

서풍 ⇒ 하늬바람. 갈바람. 윗바람

서핑 ⇒ 너울타기. 물결타기

서학 ⇒ 하늬갈

서한 ⇒ 글월

서해 ⇒ 하늬바다

서해안 ⇒ 하늬바닷가

서행 ⇒ 천천히. 천천히감. 천천히 가다

서향 ⇒ 하늬쪽봄

서화 ⇒ 글그림. 글씨그림. 그림글씨

서화가 ⇒ 글씨그림쟁이

서흐레 이름씨 좋고 나쁘거나 높고 낮은 켜. 또는 그것을 세는 하나치 ⓑ굳이 서흐레를 매기자면 두나가 으뜸이지 ⇐ 계급. 등급. 층계

석 (石) ⇒ 섬

석 (釋) ⇒ 새김. 풀이

석[1] 이름씨 '세' 바뀜꼴 ⓑ석 달. 석 섬. 석 자

석[2] 이름씨 ❶아침저녁으로 부처 앞에 절하는 일 ⓑ온 날 동안 아침 석을 올렸다 ❷절에서 새벽에 나무방울이나 쇠북를 치며 사람들 잠을 깨우는 일 ⓑ새벽에 나무방울로 석을 치며 절터를 돌았다

석[3] 어찌씨 ❶종이나 헝겊 따위를 칼이나 가위로 거침없이 베는 소리나 그 꼴 ⓑ칼로 종이를 석 베었다 작은말 삭 센말 썩 ❷거침없이 가볍게 밀거나 쓸려나가는 소리나 그 꼴 ⓑ문을 석 열어젖히고 거침없이 들어왔다 ❸조금도 남기지 않고 모두 ⓑ머리카락 한 올 남기지 않고 석 밀어 버렸다

석가탄신일 ⇒ 부처님오신날

석가탑 ⇒ 샤카쌓

석간·석간신문 ⇒ 저녁새뜸

석고 ⇒ 재반죽

석고붕대 ⇒ 깁스

석고상 ⇒ 재반죽모습

석공 ⇒ 돌쟁이. 돌바치

석관묘 ⇒ 돌널무덤

석굴 ⇒ 바위굴

석굴암 ⇒ 바위굴절

석권 ⇒ 휩쓺. 휩쓸다

석기 ⇒ 돌연모. 돌연장. 돌그릇

석기시대 ⇒ 돌그릇때. 돌연모때

석돌 [이름씨] 쑥돌이나 바뀐쑥돌 따위가 오랫동안 바람이나 물 따위에 드러나 있어서 푸석푸석하게 된 돌 [한뜻말]푸석돌 ⇐ 풍화석

석돌이 [이름씨] 감돌이와 베돌이, 악돌이를 통틀어 이르는 말. '감돌이'는 길미를 보고 감도는 사람, '베돌이'는 일을 함께하지 않고 겉으로 도는 사람, '악돌이'는 악을 쓰며 덤비는 사람 ⇐ 삼돌이

석등 ⇒ 돌비춤불

석면 ⇒ 돌솜

석면복 ⇒ 돌솜옷

석방 ⇒ 풂. 놓아줌. 풀어줌. 놓아주다. 풀어놓다. 풀어주다

석벽 ⇒ 돌바람

석별 ⇒ 헤어짐. 떠남. 헤어지다. 떠나다. 못내 헤어지다. 배웅하다

석불 ⇒ 돌부처

석빙고 ⇒ 돌얼음집

석사 ⇒ 익힘보. 더배움보

석상 (石像) ⇒ 돌꼴. 돌사람꼴

석상 (席上) ⇒ 자리. 모인자리

석쇠 [이름씨] 고기나 굳은 떡을 불에 올려 구울 때 쓰는 연장. 네모지거나 둥근 쇠 테두리에 가는 쇠실로 잔 그물을 뜨듯이 해서 만든다

석수 (石手) ⇒ 돌장이. 돌쪼이. 돌바치

석수 (石獸) ⇒ 돌짐승

석수장이 ⇒ 돌장이

석순 ⇒ 돌싹

석식 ⇒ 저녁. 저녁밥

석양 ⇒ 해질녘. 해거름. 해질결. 해질때. 해름. 저녁볕

석얼음 ⇒ 성엣장

석연치않다 ⇒ 구리다. 꺼림칙하다

석연하다 ⇒ 개운하다. 시원하다

석영 ⇒ 차돌

석유 ⇒ 땅기름

석유통 ⇒ 초롱. 수동이

석유화학 ⇒ 땅기름될갈

석유화학공업 ⇒ 땅기름될갈짓일

석이·석이버섯 ⇒ 바위버섯

석재 ⇒ 돌. 밑감돌

석조 ⇒ 돌새김

석조각물 ⇒ 돌새김. 돌새김몬

석주 ⇒ 돌기둥

석차 ⇒ 자리차례. 이룸차례

석총 ⇒ 돌무덤

석탄 ⇒ 돌숯

석탑 ⇒ 돌쌓

석판 ⇒ 돌널

석판화 ⇒ 돌널그림

석학 ⇒ 큰갈이. 큰선비

석화 (石花) ⇒ 굴조개. 굴. 돌옷. 돌꽃

석화 (石畫) ⇒ 돌그림

석회 ⇒ 돌재. 돌잿가루

석회석 ⇒ 돌잿돌

석회암 ⇒ 돌잿바위

섞갈리다 [움직씨] 갈피를 잡기 어렵게 여러 가지가 뒤섞이다 ⇐ 혼동하다

섞갈림길 [이름씨] 갈피를 잡기 어렵도록 뒤섞인 길 ⇐ 미궁. 미로

섞다 [움직씨] **1** 여러 가지 몬을 한데 끼이게 하다 [ㅂ]고루고루 잘 섞는다 ⇐ 혼합하다 **2** 어떤 말이나 짓에 다른 말이나 짓을 같이 드러내다 [ㅂ]고운이는 우스갯소리와 상소리를 섞어가며 말했다

섞박지 [이름씨] 무와 배추를 큼직큼직하게 썰어서 양념과 함께 버무려 담근 김치 [ㅂ]엄마가 해준 섞박지 한 번 베어 물면 참말로 맛있어요! [한뜻말]섞박김치

섞붙이기 [이름씨] 산것 암수를 일부러 씨받이

해서 다음 삶뉘를 얻는 일 ⇐ 교배

섞어지이 [이름씨] 집짐승을 기르며 먹이가 되는 감자, 옥수수, 호밀 따위를 함께 기르는 여름지이 ⇐ 혼합농업

섞어짓기 [이름씨] 한 밭에 두 가지 넘는 낟이나 남새를 섞어 심는 일 ㉥텃밭에 보리와 밀을 섞어짓기하는 게 좋겠다 **섞어짓기하다**

섞어찌개 [이름씨] 고기와 여러 가지 남새를 섞어서 끓인 찌개 ㉥저녁은 김치를 많이 넣은 섞어찌개를 끓일 거야

섞은거름 [이름씨] 거름 이룸씨로 막남, 빛나르개심, 칼륨 가운데 둘 넘게 든 거름 ⇐ 복합비료. 배합비료

섞은먹이 [이름씨] 집짐승에게 줄 여러 살감몬을 섞은 먹이 ⇐ 배합사료

섞은실 [이름씨] 둘 넘는 다른 올실을 섞어 만든 실 ⇐ 복합사

섞음감 [이름씨] 다른 몬에 덧붙여서 몬 바탈을 고치거나 바뀌게 하는 몬 ㉥먹을거리를 살 때는 어떤 섞음감이 들어갔는지 꼼꼼히 살핀다 ⇐ 첨가제

섞음쇠 [이름씨] 바탕이 다른 둘 넘는 쇠붙이나 쇠붙이 아닌 것을 섞어 녹여 새로운 바탈을 가지는 쇠붙이를 만드는 것. 또는 그 쇠붙이 ⇐ 합금

섞음술 [이름씨] 센 하늬술을 이것저것 알맞게 섞은 뒤 단것, 옷곳감, 과일진 따위를 얼음과 함께 섞은 술 ⇐ 칵테일

섞음틀 [이름씨] 과일이나 남새 따위를 갈아 가루나 끈끈한 물을 내는 틀 ⇐ 믹서

섞이다 [움직씨] [1] 여러 가지 몬이 한데 끼이다 ㉥밥에 콩이 골고루 잘 섞였다 ⇐ 혼합되다 [2] 어떤 말이나 짓에 다른 말이나 짓이 같이 드러나다 ㉥두레놀이패가 놀이판을 벌이니 어른이나 아이 할 것 없이 섞여 놀았다

섞인것 [이름씨] 서로 다른 몬이 둘 넘게 섞여서 된 것 ⇐ 혼합물

섟 [이름씨] 불쑥 일어나는 마음이나 느낌 ㉥섟이 풀리다

선 [이름씨] [1] 짝을 맺지 않은 가시나와 머스마가 만나서 서로 짝맺을 만한지를 살피는 일 ㉥나이가 차니 엄마는 자꾸 선을 보라 하신다 [2] 무엇이 좋고 나쁜지, 맞고 안 맞는지를 가리려고 먼저 보는 일 ㉥오늘은 내가 멋지은 옷이 선을 보이는 날이다

선 (禪) ⇒ 고요

선 (先) ⇒ 먼저. 앞. 앞서

선 (線) ⇒ 줄. 금. 울. 테. 테두리

선 (善) ⇒ 착함

선각자 ⇒ 깨달은이

선거 ⇒ 뽑기. 가리기

선거권 ⇒ 뽑는힘

선거법 ⇒ 뽑기벼리

선거운동 ⇒ 뽑기뮘

선거인 ⇒ 뽑는이

선걸음 [이름씨] 이미 내디뎌 걷는 그대로 걸음 ㉥빨리 갖다주고 선걸음으로 바로 오게나

선겁다 [그림씨] [1] 재미가 없다 비슷한말 재미없다 [2] 놀랄 만큼 훌륭하거나 대단하다 비슷한말 놀랍다

선견지명 ⇒ 내다보는 슬기. 내다보는 힘

선결 ⇒ 먼저풂. 먼저 풀다

선결문제 ⇒ 앞선일. 먼저 할일

선고 ⇒ 가름알림

선공 ⇒ 먼저침. 먼저 덮침

선교 ⇒ 퍼뜨림

선교사 ⇒ 믿음펴는이

선교회 ⇒ 믿음펴는 모임

선구자 ⇒ 앞선이. 앞장선 이

선글라스 ⇒ 햇빛가리개. 눈햇빛가리개

선금 ⇒ 앞돈

선남선녀 ⇒ 착한사내 착한겨집

선납 ⇒ 미리냄. 미리내다. 미리주다. 앞돈주다. 미리 바치다

선내 ⇒ 배안

선녀 ⇒ 하늘겨집. 하늘꽃

선대 ⇒ 윗어른. 한아비

선대칭 ⇒ 줄맞섬. 금맞섬

선도 (鮮度) ⇒ 싱싱하기

선도 (善導) ⇒ 바로이끎. 바로 이끌다. 착한 길로

이끌다
선도 (先導) ⇒ 이끎. 앞장섬. 이끌다. 앞장서다. 앞서 이끌다
선돌 이름씨 아주 오랜 옛날에 무엇을 기리거나 믿으려고 길쭉하게 다듬은 돌이나 긴 바위를 곧추세워 놓은 것 ⓑ나는 선돌이 서 있는 선돌박이 마을에 산다 한뜻말세운돌 ⇐ 입석
선동 ⇒ 부추김. 꾐. 부추기다. 꾀다. 부채질하다. 들쑤시다
선두 (先頭) ⇒ 앞머리. 맨앞. 앞장
선두 (船頭) ⇒ 이물. 뱃머리. 밑앞
선드러지다 그림씨 가볍고 멋드러지다 ⓑ시원한 바람이 선드러지게 불어온다
선득 어찌씨 갑자기 서늘한 느낌이 드는 꼴 ⓑ선득 부는 바람에 온몸이 으스스 떨린다
선득거리다 움직씨 갑자기 서늘한 느낌이 자꾸 들다 **선득대다**
선득선득 어찌씨 갑자기 서늘한 느낌이 자꾸 드는 꼴 ⓑ달아오른 얼굴에 선득선득 눈이 내려앉는다 **선득선득하다**
선득선득하다 그림씨 ❶갑자기 서늘한 느낌이 이어서 있다 ❷갑자기 놀라서 마음에 서늘한 느낌이 이어 있다
선득하다 그림씨 ❶갑자기 서늘한 느낌이 있다 ❷갑자기 놀라서 마음에 서늘한 느낌이 있다
선들바람 이름씨 시원하고 부드럽게 부는 바람 ⓑ바라지를 여니 선들바람이 들어온다 작은말산들바람
선들선들 어찌씨 ❶바람이 서느렇고 부드럽게 부는 꼴 ⓑ선들선들 부는 바람에 물든 느티나무 잎이 우수수 떨어진다 작은말산들산들 ❷무엇이 바람에 시원스레 흔들리는 꼴 ⓑ사람 키보다 높이 자란 옥수수가 바람에 선들선들 흔들린다 **선들선들하다**
선듯 어찌씨 몸짓이 거침없이 시원스럽고 빠른 꼴 ⓑ선듯 나서지 못하고 우물쭈물했다 센말선뜻
선듯선듯 어찌씨 잇달아 뭐는 몸짓이 거침없이 시원스럽고 빠른 꼴 ⓑ어찌나 기뻤던지 발걸음도 선듯선듯 내디디며 마을로 돌아왔다 센말선뜻선뜻
선똥 이름씨 잘 삭지 않고 나오는 똥 ⓑ갑자기 많이 먹어서 선똥을 쌌다 비슷한말산똥
선뜩하다 그림씨 ❶갑자기 싸늘한 느낌이 있다 ⓑ아침 찬바람에 목이 선뜩했다 작은말산뜩하다 여린말선득하다 ❷갑자기 놀라거나 무서워 마음에 싸늘한 느낌이 있다 ⓑ부스럭거리는 멧돼지 소리에 온몸이 선뜩했다
선뜻 어찌씨 망설임 없이 시원스럽도록 빠르게 ⓑ할아버지는 어떤 일이든지 선뜻 들어주신다 여린말선듯
선뜻선뜻 어찌씨 잇달아 뭐는 몸짓이 매우 시원스럽고 빠른 꼴 ⓑ또순이는 받은 품삯이 많아 싱글벙글 웃으며 발걸음도 선뜻선뜻 집으로 돌아왔다 여린말선듯선듯
선뜻선뜻하다 그림씨 ❶보기에 매우 시원스럽고 말쑥하다 작은말산뜻산뜻하다 ❷느낌이 매우 시원스럽고 깨끗하다
선량하다 ⇒ 착하다. 어질다. 착하고 어질다
선례 ⇒ 앞보기. 보기
선로 (線路) ⇒ 긴수렛길. 쇠길. 줄수렛길
선로 (船路) ⇒ 물길. 뱃길
선망 ⇒ 부러움. 부러워하다
선머슴 이름씨 차분하거나 얌전하지 못하고 몹시 덜렁거리는 아이 ⓑ가을이는 어찌나 덜렁거리는지 꼭 선머슴 같아
선명 (鮮明) ⇒ 또렷함. 뚜렷함. 산뜻함. 밝음. 또렷하다. 뚜렷하다. 산뜻하다. 새뜻하다. 말쑥하다
선명 (宣明) ⇒ 밝힘. 밝히다. 뚜렷하게 밝히다. 똑똑히 밝히다
선무당 이름씨 서툴러 굿을 잘 하지 못하는 무당 ⓑ잘 알지도 못하면서 아는 체를 하니까 선무당이라 놀림 받지 슬기말 **선무당이 사람 잡는다** 서툰 사람이 잘 아는 체하여 일을 그르친다
선물 (先物) ⇒ 맏물. 앞몬. 다음치
선물 (膳物) ⇒ 주는 몬. 주는 것. 베풂몬. 준몬
선미 ⇒ 고물. 뱃고물. 밑뒤. 꽁지

ㅅ

선바람 이름씨 ('선바람에', '선바람으로' 꼴로 써) 이미 다니는 그대로 차림새 ㉥버섯이 난다는 말에 선바람으로 뒷메에 올랐다
선바위 이름씨 메나 들, 물 한가운데에 외따로 선 큰 바위
선박 ⇒ 배
선반 ⇒ 시렁. 살강
선반 (旋盤) ⇒ 갈이틀
선발 (選拔) ⇒ 뽑기. 뽑다. 가려잡다. 골라잡다. 가려뽑다
선발 (先發) ⇒ 먼저감. 앞장서다. 먼저 가다
선발대 ⇒ 앞선무리. 앞선떼
선발투수 ⇒ 첫던짐이. 앞선 던짐이
선배 ⇒ 앞보. 앞선이
선별 ⇒ 가림. 가리다. 가려내다. 추리다. 추려내다. 골라내다
선보다 움직씨 ❶사람이 좋을지 나쁠지, 맞을지 안 맞을지를 알아보려고 만나서 서로 뜯어 보다. 흔히 짝맺으려고 맞은쪽 마음이나 생김새, 하는 일, 벌이 따위를 알아본다 ㉥딸이 선보러 나갔다 ❷사람이나 몬이 지닌 솜씨나 쓸모가 알맞은지 어떤지 가려보다 ㉥새로운 과일을 선보는 자리에 왔다
선보이다 움직씨 ❶선보게 하다 ㉥요즘 아들을 선보이러 다니느라 바빠 ❷좋고 나쁨을 처음으로 가려보이다 ㉥밥지이가 새로 만든 먹거리를 선보였다
선봉 ⇒ 맨앞. 맨앞장. 앞장무리. 앞선이들
선분 ⇒ 쪽금. 금조각
선불 이름씨 설맞았거나 빗맞은 쏘개알 ㉥선불에 놀란 고라니 맞선말 된불 슬기말 **선불 맞은 범 날뛰듯** 골이 나서 매우 사납게 날뛰는 모습
선불 ⇒ 미리치름. 미리돈냄
선비 이름씨 ❶많이 배웠으나 벼슬하지 않은 사람 ❷갈을 하는 사람 한뜻말 갈이 ⇐ 학자
선사 (禪師) ⇒ 맘닦스승. 마음닦기 스승
선사 (膳賜) ⇒ 줌. 베풂. 주다. 베풀다. 베풂몬을 주다
선사시대 ⇒ 글 없던 때. 돌그릇과 놋그릇 때

선산 ⇒ 윗무덤메. 윗무덤. 무덤메
선상 ⇒ 배위
선샘 이름씨 장마철에 땅속으로 스며들었던 빗물이 다시 솟아나는 샘
선생님 ⇒ 스승. 샘. 가르침이
선서 ⇒ 다짐. 다짐하다
선서문 ⇒ 다짐글
선선하다 그림씨 ❶날씨가 시원하게 느낄 만큼 서늘하다 ㉥아침저녁으로 바람이 선선하다 ❷마음씨가 맺힌 데 없이 시원시원하다 ㉥언제나 선선하고 부지런했던 우리 아버지 ❸까다롭지 않고 시원하다 ㉥아내는 웬일인지 선선하게 다녀오라고 말하지 않았다
선선히 어찌씨 바탈이 시원스럽고 너그럽게 ㉥아재는 내 말을 선선히 들어주었다
선소리 이름씨 잘 익지 않은 말. 곧 참에 맞지 않는 허튼소리 ㉥얼토당토않게 선소리하네 비슷한말 개소리. 헛소리 **선소리하다**
선소리 ⇒ 앞소리
선수 (選手) ⇒ 뽑힌이. 놀이꾼
선수 (先手) ⇒ 앞손. 먼저손
선수단 ⇒ 놀이꾼모둠. 놀이꾼무리
선수촌 ⇒ 놀이꾼마을
선술 이름씨 서서 마시는 술 ㉥우리는 선술을 한 그릇씩 마시고 바삐 길을 나섰다
선심 ⇒ 착한마음. 돕는마음. 한턱
선악 ⇒ 착함과 나쁨
선약 ⇒ 앞다짐. 먼저다짐
선양 (宣揚) ⇒ 떨침. 떨치다. 들날리다. 퍼뜨리다. 널리 알리다
선양 (煽揚) ⇒ 부추김. 부추기다. 부추겨 일으키다. 불러일으키다
선언 ⇒ 알림. 뜻밝힘. 알리다. 널리 알리다. 뜻을 밝히다
선언문 ⇒ 알림글. 밝힘글
선열 ⇒ 목숨바친이. 목숨바친님
선왕 ⇒ 앞임금
선용 ⇒ 잘 씀. 잘 쓰다. 좋게 쓰다. 알맞게 쓰다. 좋은데 쓰다

선웃음 이름씨 우습지도 않는데 억지로 웃거나 엉너리를 치느라 웃는 웃음 ⓑ마음이 헛헛하니 선웃음이 난다

선원 ⇒ 배꾼. 뱃사람

선율 ⇒ 가락

선의 ⇒ 착한 뜻. 좋은 마음

선이자 ⇒ 앞길미

선인 (先人) ⇒ 옛사람. 앞사람. 가신이

선인 (善人) ⇒ 착한이

선인장 ⇒ 가시꽂. 떡꽂. 떡꽃

선임 ⇒ 뽑기. 뽑다. 뽑아 맡기다. 뽑아쓰다. 골라뽑다

선임자 ⇒ 앞맡이. 앞맡보

선입견 ⇒ 어림생각. 어림뜻

선자리 이름씨 놓인 매개 ⓑ내 선자리에서만 생각하지 말고 다른 사람 선자리에서도 살펴볼 수 있어야지 ⇐ 입장

선잠 이름씨 깊이 들지 못하거나 푹 자지 못한 잠 ⓑ선잠을 잤더니 일하는 내내 하품이 난다 비슷한말 겉잠. 여윈잠 맞선말 속잠

선장 ⇒ 배마리. 배지기

선적 ⇒ 배에 싣기. 싣다. 배에 싣다. 뱃짐 싣다

선전 (宣傳) ⇒ 알림. 알리다. 널리 알리다. 널리 퍼뜨리다

선전 (善戰) ⇒ 잘 싸움. 잘 싸우다. 힘껏 싸우다

선전포고 ⇒ 싸움알림. 싸움을 알리다

선점 ⇒ 먼저차지. 앞차지. 먼저 차지하다. 미리 차고앉다. 먼저 자리잡다

선정 (禪定) ⇒ 고요

선정 (選定) ⇒ 뽑기. 고름. 뽑다. 고르다. 골라잡다. 가리다. 가려잡다. 꼽다

선제 ⇒ 먼저손씀. 앞지름. 앞지르다. 꼭뒤지르다. 미리 억누르다

선제공격 ⇒ 먼저침. 먼저치다

선조 ⇒ 한아비

선주 ⇒ 배임자

선지급 ⇒ 앞돈줌. 미리치름. 미리 치르다. 미리주다. 앞돈주다

선진국 ⇒ 앞선나라

선착순 ⇒ 먼저온차례

선착장 ⇒ 나루. 나루터

선창 (船倉) ⇒ 뱃짐칸

선창 (先唱) ⇒ 앞소리. 앞소리치다. 앞소리하다. 먼저 부르다

선천적 ⇒ 타고난

선체 ⇒ 뱃몸. 배몸통. 배몸뚱이

선출 ⇒ 뽑기. 뽑다. 골라뽑다. 가려뽑다

선취 (選取) ⇒ 골라잡음. 골라잡다. 골라갖다. 골라 차지하다

선취 (先取) ⇒ 먼저가짐. 먼저갖다. 먼저 차지하다. 먼저 얻다

선택 ⇒ 고름. 고르다. 가리다. 골라잡다. 골라내다. 가려잡다. 가려뽑다. 찍다

선포 ⇒ 알림. 알리다. 널리 알리다. 두루 알리다

선풍기 ⇒ 바람틀

선하다 그림씨 마치 눈앞에 환히 보이는 듯하다 ⓑ할머니 모습이 눈에 선하다 ⇐ 역력하다

선하다 ⇒ 착하다. 어질다. 갸륵하다. 훌륭하다

선행 (先行) ⇒ 앞섬. 앞서다. 앞장서다. 먼저하다. 앞서가다. 앞서하다

선행 (旋行) ⇒ 돌아서 감. 옮겨가다. 돌아서 가다

선행 (善行) ⇒ 착한짓. 착한일

선현 ⇒ 옛어진이. 옛어른

선호 ⇒ 좋아함. 좋아하다. 즐기다

선홍색 ⇒ 핏빛. 빨강

선회 ⇒ 돎. 맴돎. 돌다. 빙빙돌다. 맴돌다

선후 ⇒ 앞뒤

선후배 ⇒ 앞뒷이. 앞뒷보

선후책 ⇒ 앞뒷길. 앞뒤꾀. 갈망꾀

섣달 이름씨 설을 맞는 달. 한 해 마지막 달. 열두째 달 ⓑ섣달 찬바람은 매섭다

섣달그믐 이름씨 한 해 마지막 날. 한 해 끝 달 끝 날 ⓑ섣달그믐에 태어났으니, 설을 쇠고 나면 애꿎게 한 살을 더 먹는다

섣달받이 이름씨 달셈 섣달에 샛바다에 나는 명태 떼나 그때 잡은 명태

섣부르다 그림씨 하는 일이나 몸짓이 서툴고 어설프다 ⓑ잘 알지도 못하면서 섣부른 짓 하지 마라

설불리 어찌씨 솜씨가 서투르고 어설프게 ⓑ 선불리 누구 탓으로 돌리기보다 찬찬히 그 까닭을 따져보자

설 이름씨 새해 첫날 ⓑ설에 웃어른께 절하는 것은 우리나라 삶꽃이다 한뜻말설날 ⇐ 구정 **설쇠다**

설 ⇒ 이야기. 내세움. 믿음. 생각

설거지 이름씨 맛갓을 먹고 나서 그릇을 씻어 치우는 일 ⓑ둘째 딸은 엄마를 도와 곧잘 설거지한다 **설거지하다**

설겆다 움직씨 ❶설거지하다 ⓑ밥 먹은 그릇을 차곡차곡 가시어 설겆는다 ❷어지럽게 널리어 있는 것들을 거두어들여 치우다 한뜻말서릇다

설경 ⇒ 눈덮인모습. 눈볼거리

설계 ⇒ 겨냥. 겨냥내다. 겨냥대다. 마련그림 그리다

설계도 ⇒ 겨냥그림. 얼개그림. 마련그림

설골 ⇒ 혀뼈

설교 ⇒ 타이름. 타이르다. 참뜻을 말하다. 참뜻을 알리다

설국 ⇒ 눈나라

설기 이름씨 켜를 지어 시루에 안쳐 찐 떡 ⓑ팍신팍신하게 찐 설기 한 귀퉁이를 뜯어 맛을 보았다. 흰설기. 팥설기. 호박설기. 무설기 한뜻말한설기. 흰무리

설기설기 어찌씨 여러 줄기가 어울려 얼크러진 꼴 ⓑ칡넝쿨이 설기설기 얽혀 소나무를 타고 오른다

설늙은이 어찌씨 나이는 그다지 많지 않으나 몸이 매우 여린 사람

설다[1] 움직씨 ❶열매나 밥, 술 따위가 덜 익다 ⓑ솜씨가 서툴러 밥이 설었다 한뜻말설되다. 설익다 맞선말익다 ❷잠이 모자라거나 깊지 않다 ⓑ간밤에 잠이 설었던 탓인지 하루 내내 나른하다 ❸빈틈이 있고 서투르다 ⓑ글이 설어 읽기가 거북하다 ❹가리에 맞지 않아 모자란 데가 있다 ⓑ우리 아이는 말 배움이 늦어 아직 말이 설다 ❺마음 다스림이 모자라다 ⓑ다솜이는 나이가 어려 홀로 살아가기엔 선 데가 있다

설다[2] 그림씨 ❶겪어 보지 않아서 서투르다 ⓑ뜨개질이 손에 설다 비슷한말낯설다 ❷허술하고 서투르다 ⓑ호미질이 선 것을 보니 먹물깨나 먹었군 ⇐ 미숙하다

설다듬이 이름씨 대충대충 다듬는 다듬이 ⓑ바빠서 설다듬이했더니 구김살이 덜 펴졌다 **설다듬이하다**

설대 이름씨 줄기는 단단하고 속은 비었으며 잎은 버들잎 꼴로 어긋맞게 나는 대나무. 줄기로 화살이나 바구니, 조리 같은 것을 만든다 한뜻말시누대

설대목 이름씨 설이 가까운 때 ⓑ설대목이라 저자는 사람들로 붐볐다

설득 ⇒ 타이름. 꾐. 타이르다. 구슬리다. 알아듣게 말하다. 달래다. 꾀다

설땅 이름씨 푸나무나 집, 가게, 짓곳 들이 들어설 만한 터전 ⓑ이곳은 큰 밥집이 들어오기 딱 알맞은 설땅이다 ⇐ 입지

설뜨다 움직씨 ❶아직 팡이가 제대로 움직이지 못하여 덜 뜨다 ⓑ설뜬 메줏덩이 ❷밥 같은 것에서 쌀알이 푹 퍼질 만큼 제대로 뜨지 못하다 ⓑ단술에 앉힌 밥이 설떠 그다지 단맛이 안 난다

설렁[1] 이름씨 처마 끝에 달고 줄을 매어 그 줄을 방에서 당기면 소리가 나서 사람을 오게 하는 방울 ⓑ밥때 알리는 설렁 소리가 들릴 때가 되었는데 ⇐ 초인종

설렁[2] 어찌씨 좀 선선한 바람이 부는 꼴 ⓑ선들바람이 설렁 불어오면 가을이 깊어진다 작은말살랑 **설렁하다**

설렁거리다 움직씨 ❶선들바람이 자꾸 불어오다 ⓑ설렁거리는 바람에 몸을 맡겼다 작은말살랑거리다 ❷팔을 가볍게 저어 바람을 내면서 걷다 ⓑ팔을 설렁거리며 달려왔다 **설렁대다**

설렁국 이름씨 소머리나 뼈다귀, 안찝 따위를 푹 삶아서 만든 국. 또는 그 국에 만 밥 ⓑ새로 문을 연 밥집 설렁국이 뽀얗고 맛있다 ⇐ 설렁탕

설렁설렁[1] [어찌씨] [1]좀 시끄럽게 설레며 물이 끓어오르는 꼴 ㉥가마솥에서 설렁설렁 끓어오르는 누룽지 [2]사람이 모여 좀 시끄럽게 설레는 꼴 ㉥저자터 옷가게에는 싼 옷을 고르느라 사람들이 설렁설렁 들끓었다 **설렁설렁하다**

설렁설렁[2] [어찌씨] [1]선들바람이 자꾸 불어오는 꼴 ㉥선들바람이 설렁설렁 불어오니 물든 잎이 우수수 떨어진다 작은말살랑살랑 센말썰렁썰렁 [2]팔을 가볍게 저어 바람을 내면서 걷는 꼴 ㉥설렁설렁 소매를 펄럭이며 임 만나러 간다 [3]가만히 있지 않고 이리저리 움직이는 꼴 ㉥멧돼지 떼가 밤이 되면 설렁설렁 밭으로 내려온다 **설렁설렁하다**

설렁설렁[3] [어찌씨] [1]천천히 자취 없이 ㉥무슨 일이든 서두르지 말고 설렁설렁 재미있게 해가다 보면 길은 열린다 [2]주눅이 좋게 슬그머니 ㉥석돌은 맡은 일을 설렁설렁 해치우고 뒤따라 나섰다

설렁설렁하다 [그림씨] 서늘한 기운이 있어 매우 추운 듯하다

설렁탕 ⇒ 설렁국

설렁하다 [그림씨] [1]서늘한 기운이 있어 조금 추운 듯하다 [2]갑자기 놀라 가슴속에 찬바람이 도는 듯한 느낌이 있다

설레꾼 [이름씨] 노름을 일삼는 사람이나 야바위꾼

설레다 [움직씨] [1]몸이 가만히 있지 못하고 이리저리 움직이다 ㉥아이들은 늘 설레니 수레 안이라고 가만히 있겠어요? [2]마음이 들떠 흔들리다 ㉥봄이면 괜히 마음이 설렌다. 방울을 만날 생각에 벌써부터 마음이 설렌다 [3]물이 끓어오르거나 이리저리 움직이다 ㉥바닷물이 설레는 것을 보니 큰 비바람이 칠 것 같다. 물이 설레어 끓을 때 나물을 데쳐라

설레발 [이름씨] [1]설설이 발과 같이 설설 기어가는 여러 낱으로 된 발 [2]지나치게 서둘러대며 부산하게 구는 짓 ㉥설레발 좀 그만해요

설레발치다 [움직씨] 지나치게 서두르며 부산하게 굴다 ㉥한바탕 설레발치며 지껄이고는 사라졌다

설레설레 [어찌씨] 큰 몸짓으로 시원스레 가로 흔들거나 젓는 꼴 ㉥할머니는 손을 설레설레 저으며 그만두라 하셨다 작은말살래살래 센말썰레썰레

설레이다 [움직씨] 가만히 있지 아니하고 자꾸만 움직이다

설령 ⇒ 어쩌다가. 그렇다고 하더라도

설립 ⇒ 세움. 일으킴. 만듦

설마 [어찌씨] 아무리 하기로. 아무리 하여도 ㉥아무리 살림이 어렵다 한들 설마 훔치기야 했겠어 [슬기말] **설마가 사람 잡는다·설마가 사람 죽인다** 설마 그럴까 하며 마음을 놓다가는 사달이 난다

설맞다 [움직씨] [1]쏘개알이나 화살 따위가 바로 맞지 못하거나 빗맞다 ㉥화살을 설맞은 멧돼지 울음소리가 온 멧골을 울렸다 [2]매 따위를 덜 맞다 ㉥매를 설맞았는지 한결같이 까부네

설맞이 [이름씨] 설을 맞는 일 한뜻말새해맞이

설면하다 [그림씨] [1]자주 만나지 못해 낯이 좀 설다 ㉥그 사내를 만난 지는 제법 되었지만, 아직 좀 설면해 [2]사귀는 사이가 좀 서름하다 ㉥석 달 헤어져 있었다고 설면할 것까지야 있나

설명 ⇒ 밝힘. 풀이. 밝히다. 풀이하다. 말하다. 이야기하다

설명문 ⇒ 밝힘글. 풀이글

설문 ⇒ 물음. 생각묻기

설미지근하다 [그림씨] [1]먹을거리가 설고 미지근하다 ㉥국이라고 내왔는데 설미지근해서 숟가락을 대다 말았어 [2]하는 짓이 맺고 끊는 맛이 없이 흐리멍덩하다 ㉥설미지근하게 질질 끌지 말고 못 하겠으면 못 한다고 똑똑히 말해

설밑 [이름씨] 한 해가 끝날 무렵 ㉥설밑이 되니 저잣거리가 사람들로 북적거린다 ⇐ 연말

설밥 [이름씨] 설날에 오는 눈

설법 ⇒ 참말. 참말하다

설복 ⇒ 달램. 타이름. 달래다. 타이르다. 구슬리다. 알아듣도록 말하다

설비 ⇒ 겖. 놓음. 걸다. 놓다. 달다. 차리다. 베풀다. 베풀어 갖추다

설빔 이름씨 설날에 새로 갖추어 입는 옷이나 쓰개, 신 따위를 이르는 말. 또는 그것을 차려입는 것 ⓑ설빔을 차려입고 온 마을을 돌아다녔다 **설빔하다**

설사 (泄瀉) ⇒ 물똥. 물찌똥

설사 (設使) ⇒ 아무리. 어쩌다가. 이를테면

설상가상 ⇒ 엎친 데 덮치기

설설 어찌씨 **1** 물 따위가 끓어 설레는 꼴 ⓑ가마솥 물이 설설 끓는다 **2** 벌레가 천천히 기는 모습 ⓑ뽕나무 가지 위에 누에가 설설 기어다니며 뽕잎을 갉아 먹는다 **3** 머리를 천천히 저어 흔드는 모습 ⓑ아주머니는 그렇게는 안 된다며 머리를 설설 흔드셨다 비슷한말 설레설레 **4** 구들이 뜨끈뜨끈하게 끓는 꼴 ⓑ식게날이면 큰집 안방은 설설 끓어 구들목에는 뜨거워서 잠깐도 못 앉았다

설설이 이름씨 몸은 가늘고 열아홉 마디인데 거의 마디마다 마디발이 달렸고 밤에 나다니며 작은 벌레를 잡아먹는 벌레. 마루 틈이나 방구석에 산다 한뜻말 그리마. 돈벌레

설식 ⇒ 혀앎

설악산 ⇒ 눈큰메

설엊다 움직씨 **1** 좋지 못한 것을 쓸어 치우다 한뜻말 서릊다 **2** 어지럽게 널린 것들을 거두어들여 치우다 한뜻말 설겆다

설왕설래 ⇒ 옥신각신. 옥신각신하다. 말다툼하다. 말싸움하다. 입다툼하다. 입씨름하다

설욕 ⇒ 앙갚음. 골풀이. 앙갚다. 골풀다. 부끄러움을 씻다

설움 이름씨 서럽게 느끼는 마음 ⓑ배고픈 설움을 겪어 보지 못한 사람은 남 배고픈 설움을 모른다 한뜻말 서러움

설익다 움직씨 덜 익다 ⓑ설익은 김치

설전 ⇒ 말쌈. 말싸움. 말다툼. 말쌈하다. 말싸움하다. 말다툼하다. 입씨름하다. 입다툼하다

설절 이름씨 섣달그믐이나 설날 집안 어른이나 마을 어른을 찾아뵙고 절을 올리는 일 ⇐ 세배

설절돈 이름씨 설절을 한 아이들에게 주는 돈 ⇐ 세뱃돈

설정 ⇒ 세움. 세우다. 세워놓다. 마련하다. 베풀어 놓다

설치 ⇒ 놓음. 닮. 달다. 놓다. 베풀어두다

설치다 움직씨 **1** 바쁘게 서두르며 들이덤비다 ⓑ보꾹 위 쥐들이 시끄럽게 설친다 **2** 마음이 들썽하여 울렁거리다 ⓑ아이가 아프다는 말에 설쳤던 가슴이 이제 좀 가라앉는다 **3** 어느만큼 차지 못하고 그만두다 ⓑ모기 때문에 잠을 설쳤다

설탕 ⇒ 단것. 단덩이

설탕물 ⇒ 단덩이물. 단것물

설태 ⇒ 혀이끼

설파 ⇒ 밝혀 말함. 밝혀 말하다. 드러내어 말하다. 알아듣게 말하다. 똑똑히 밝히다

설피 ⇒ 눈덧신

설피다 그림씨 **1** (사이가) 배지 않고 뜨다 ⓑ여름엔 설핀 삼베만 한 것이 없지 **2** (내나 안개가) 짙지 않고 엷다 ⓑ내가 설피어지고 불길도 사위어간다 **3** 햇볕 같은 것이 세지 못하고 여리다 ⓑ어머니는 저자에 갔다가 해가 설핏할 무렵에 오셨다 **4** 손끝이 여물지 못하고 서투르다 ⓑ솜씨가 그렇게 설피어서 언제 일이 끝나겠나 **5** 말이나 짓이 덜렁덜렁하고 야무지지 못하다 ⓑ말을 설피게 하지 말고 또박또박 해봐

설핏 어찌씨 지나는 결에 잠깐 나타나는 꼴 ⓑ집을 나섰다가 설핏 생각나는 것이 있어 되돌아왔다 한뜻말 언뜻

설핏설핏 어찌씨 **1** 사이가 배지 않고 매우 뜬 꼴 ⓑ아침 햇살이 들녘을 설핏설핏 비춘다 **2** 해가 져서 밝은 빛이 여려지고 어스레해지는 꼴 ⓑ해가 하늬녘으로 넘어가자 설핏설핏 어둠이 깃들었다

설핏설핏하다 그림씨 **1** 사이가 배지 않고 매우 뜨다 **2** 해가 져서 밝은 빛이 여려지고 어스

레해지다

설핏하다 그림씨 ❶사이가 배지 않고 꽤 드물다 ⓔ푸른 잎사귀들이 설핏한 그늘을 던져준다 ❷해가 져서 밝은 빛이 여리다 ⓔ해가 설핏해지자 아이들은 모두 집으로 돌아갔다

설화 ⇒ 옛말. 옛이야기. 옛날얘기. 내려오는 이야기

섧다 그림씨 서럽다 ⓔ누나와 헤어지게 된 여울이는 섧게 울었다

섬[1] 이름씨 ❶낟알 따위를 담으려고 짚으로 엮어서 가마니보다 크게 만든 그릇. 짚으로 거칠게 엮은 것이라 나락은 담지만 쌀은 담지 않는다 ⓔ말린 소먹이를 섬에 넣어라 ❷부피를 나타내는 하나치. 한 말을 열 곱절한 것이다 ⓔ벼 한 섬. 말린 풀 다섯 섬. 콩 두 섬 ⇐ 석

섬[2] 이름씨 바다나 가람에 둘러싸인 땅 ⓔ이 다리는 섬과 뭍을 이어 준다

섬[3] 이름씨 돌로 쌓아 오르내리게 만든 디딤돌. '섬돌' 준말 ⓔ섬에 놓인 꽃고무신 위로 햇살이 비친다 ⇐ 계단

섬거적 이름씨 섬을 만들려고 엮은 거적이나 섬을 뜯어낸 거적 ⓔ섬거적으로 김장독을 덮었다

섬광 ⇒ 번쩍빛. 불꽃. 번쩍이

섬기다 움직씨 ❶윗사람을 모시고 받들다 ⓔ어버이를 섬긴다 ❷보람된 일이 이루어지도록 힘과 마음을 기울이다 ⓔ우리는 겨레말 살리는 일을 섬기며 산다

섬김 이름씨 어버이를 잘 섬기는 일 ⇐ 효도

섬김딸 이름씨 어버이를 잘 섬기는 딸 ⇐ 효녀

섬김마음 이름씨 온 힘을 다해 어버이를 잘 섬기는 마음 ⇐ 효성. 효심

섬김며느리 이름씨 어버이를 잘 섬기는 며느리 ⇐ 효부

섬김아들 이름씨 어버이를 잘 섬기는 아들 ⇐ 효자

섬김짓 이름씨 어버이를 잘 섬기는 드러나는 짓 ⇐ 효행

섬나라 이름씨 ❶섬으로 이루어진 나라 ⓔ니혼은 섬나라이다 ❷섬이 많은 나라 ❸섬으로 된 니혼을 낮추어 이르는 말

섬돌 이름씨 돌로 쌓아 오르내리게 만든 디딤돌 ⓔ지아는 맨발로 마루에서 섬돌로 뛰어내렸다 비슷한말 댓돌 맞선말 섬 ⇐ 계단

섬돌아래 이름씨 '임금'이나 '임금 아내' 높임말 한뜻말 섬밑 ⇐ 폐하

섬떡 이름씨 ❶쌀을 한 섬 들여 만든 떡 ⓔ어릴 적 가을에 무덤 식게를 지내려면 섬떡을 해서 여럿이 지고 갔다 ❷고수레떡 ⓔ멥쌀가루로 맛있게 쪄낸 섬떡을 한 움큼 먹었다

섬뜩섬뜩 어찌씨 (갑자기 어떤 느낌으로 하여) 소름이 끼치도록 무서운 꼴 ⓔ우리집 애들은 버스럭 소리만 나도 섬뜩섬뜩 잘 놀라

섬뜩섬뜩하다 그림씨 갑자기 소름이 끼치도록 자꾸 무섭고 끔찍하다

섬뜩하다 그림씨 (갑자기 어떤 느낌으로 하여) 소름이 끼치도록 무섭다 ⓔ옆집에 온 나숨 집수레를 보자 가슴이 섬뜩 내려앉았다

섬멸 ⇒ 무찌름. 무찌르다. 쳐부수다. 쳐 없애다

섬밑 이름씨 임금이나 임금 아내를 높여 부르는 말 한뜻말 섬돌아래 ⇐ 폐하

섬벅[1] 어찌씨 부드러운 몬이 쉽게 베이는 꼴 ⓔ메밀묵을 섬벅 썰어 한 접시 내오세요 작은말 삼박 센말 썸벅 **섬벅하다**

섬벅[2] 어찌씨 눈꺼풀을 뮈며 한 디위 눈을 감았다 뜨는 꼴 ⓔ오빠는 눈을 섬벅 감았다 뜨며 집을 비워주어야 한다고 말했다 작은말 삼박 센말 썸벅 **섬벅하다**

섬벅섬벅 어찌씨 부드러운 몬이 거듭 쉽게 베어지는 꼴 ⓔ호박을 섬벅섬벅 썰어 된장찌개에 넣었다 작은말 삼박삼박 센말 썸벅썸벅 **섬벅섬벅하다**

섬서하다 그림씨 ❶지내는 사이가 서먹서먹하다 ⓔ언니와는 옛날과 다르게 섬서하게 지낸다 ❷살뜰하게 모시거나 돌보지 않다 ⇐ 소홀하다

섬세하다 ⇒ 찬찬하다. 차분하다. 꼼꼼하다. 빈틈없다. 곱가늘다

섬유 ⇒ 올실. 실

섬유식물 ⇒ 올실푸나무

섬유질 ⇒ 올실밭

섭렵 ⇒ 두루겪음. 두루 겪다. 두루 읽다. 많이 읽다. 널리 읽어보다. 두루 살피다

섭리 ⇒ 참. 누리흐름. 가리. 가리새. 고루 다스림

섭생 ⇒ 몸돌봄. 몸을 돌보다. 몸을 가꾸다

섭외 ⇒ 바깥잇기. 바깥과 잇다. 바깥일하다

섭조개 [이름씨] 붉은빛살조개 갈래에 딸린 바닷물조개. 꼴은 붉은빛살조개 비슷하나 좀 작으며 샛바다와 하늬바다에 많이 나고 기르기도 한다

섭취 ⇒ 먹기. 받아들임. 빨아들임. 받아들이다. 빨아들이다. 먹다

성 [이름씨] 노엽거나 언짢게 여겨 일어나는 안 좋은 느낌 한뜻말 골. 노여움

성 (城) ⇒ 재. 구루

성 (姓) ⇒ 가. 씨

성 (性) ⇒ 암수. 불이

성가대 ⇒ 거룩소리떼. 거룩가락떼

성가시다 [그림씨] 자꾸 들볶아서 귀찮고 싫다 ㉥무슨 일인데 사람을 오라 가라 성가시게 구는 거야?

성격 ⇒ 마음씨. 마음결. 바탈. 결

성경 ⇒ 예수말씀책

성공 ⇒ 이룸. 뜻이룸. 해냄. 이루다. 해내다. 뜻 이루다

성과 ⇒ 보람. 열매

성교 ⇒ 어름. 어르기. 품방아. 어르다. 몸섞다. 짝짓다

성교육 ⇒ 불이배움. 암수배움

성군 ⇒ 어진 임금

성글다 [그림씨] 사이가 배지 않고 드문드문하다 ㉥바구니가 성글게 짜였다 맞선말 배다

성금 [이름씨] [1]말이나 일이 주는 보람 ㉥이 낫개를 먹으면 고뿔에 성금이 있을까? ⇐ 효과. 효능. 효력. 효험 [2]꼭 지켜야 할 윗사람 시킴 ㉥배달겨레가 준 성금으로 알고 우리말 살려 쓰는 일을 하지요 ⇐ 명령

성금 ⇒ 모은돈. 이바짓돈. 베풂돈

성금글 [이름씨] 가름집이 옳일거리에 얽힌 사람이나 몬에 붙잡음, 가둠, 뒤짐, 빼앗음 따위를 억지로 하라고 내주는 글 ⇐ 영장

성급하다 ⇒ 발자하다. 괄괄하다. 서두르다. 섣부르다

성기 ⇒ 불이틀. 불이그릇

성기다 [그림씨] [1]사이가 배지 않고 드문드문하다 ㉥머리카락이 성기어 늘 쓰개를 쓰고 다닌다 한뜻말 성글다 [2]되풀이되는 사이가 뜨다 ㉥퍼붓던 빗방울 소리가 성기게 들린다 [3]사이가 벌어져 서먹하다 ㉥그렇게 가깝던 우리 둘도 시집가서 살림을 살다 보니 차츰 성기어졌다

성깔 ⇒ 마음보. 마음씨. 소갈머리

성나다 [움직씨] [1](있는 그대로 못 보아) 마음에 거슬려서 안 좋은 마음이 벌컥 일어나다 ㉥아재는 성난 얼굴로 씩씩거렸다 한뜻말 골나다 ⇐ 화나다 [2]마음이 들뜨거나 사나운 기운이 일어나다 ㉥성난 너울이 배를 삼킬 듯했다 [3]부스럼이나 헌데가 벌겋게 부어오르거나 덧나다 ㉥다친 손가락이 성났다

성내다 [움직씨] (있는 그대로 못 보아) 마음에 거슬려서 안 좋은 마음을 벌컥 드러내다 ㉥성내는 마음 밑에는 스스로를 가운데 두는 마음이 숨어있다

성냥 [이름씨] 문질러서 불을 일으키는 몬 ㉥성냥을 그어 솔잎에 불을 붙였다

성년 ⇒ 어른. 자란이

성년식 ⇒ 어른맞이

성능 ⇒ 쓸모. 쓸데. 구실. 노릇

성대 ⇒ 목청. 울대

성대하다 ⇒ 크다. 훌륭하다. 걸판지다. 푸지다. 푸짐하다

성량 ⇒ 소리크기. 목소리 크기

성령 ⇒ 넋. 거룩넋

성립 ⇒ 이루어짐. 이루어지다

성명 (姓名) ⇒ 이름. 가이름. 씨이름

성명 (聲明) ⇒ 밝힘. 알림

성명부지 ⇒ 이름모름. 모르는 사이

성명서 ⇒ 밝힘글. 알림글

성묘 ⇒ 무덤돌봄
성미 ⇒ 마음씨. 마음바탈
성벽 (城壁) ⇒ 재바람. 구루바람
성벽 (性癖) ⇒ 버릇
성별 ⇒ 암수
성분 ⇒ 이룸씨. 이룸밭
성사 ⇒ 이룸. 이루어짐. 이루다. 이루어지다
성서 ⇒ 예수말씀책
성선 (性腺) ⇒ 불이샘
성선설 (性善說) ⇒ 바탕이 착하다는 생각. 바탈이 착하다는 생각
성성하다 ⇒ 희끗희끗하다. 새다
성세포 ⇒ 불이잔삼
성수기 ⇒ 한물. 한창때. 제때. 익을때
성숙 ⇒ 익음. 여묾. 익다. 무르익다. 여물다
성스럽다 ⇒ 거룩하다. 훌륭하다
성실하다 ⇒ 알차다. 참되다. 실쌈스럽다. 지멸있다
성실히 ⇒ 알차게. 참되게. 지며리. 실쌈스레
성심껏 ⇒ 마음껏. 마음 다해. 온맘으로
-성싶다·-성부르다 그림씨 앞말이 뜻하는 것을 얼마만큼 느끼거나 어림하다 ⓑ구름은 끼었지만 비는 오지 않을 성싶다. 될성부른 나무는 떡잎부터 안다
성악 ⇒ 노래
성악설 ⇒ 바탕이 나쁘다는 생각. 바탈이 나쁘다는 생각
성애술 이름씨 무엇을 사고팔 때 흥정이 끝난 기림으로 곁에 있던 사람들에게 사는 술
성어기 ⇒ 물고기한물. 고기잡이철. 물고기철
성에[1] 이름씨 **1** 추운 겨울 유리바라지나 굴뚝, 바람 같은 곳에 김이 허옇게 얼어붙은 서릿발 ⓑ유리바라지에 성에가 끼어 밖이 뿌옇게 보인다 **2** 물 위에 떠내려가는 얼음덩이 한뜻말 성엣장
성에[2] 이름씨 쟁기 윗머리에서 앞으로 길게 뻗은 나무. 허리에 한마루 구멍이 있고 앞 끝에 물추리막대가 꾲혔다
성엣장 이름씨 물 위에 떠내려가는 얼음덩이 한뜻말 성에 ⇐ 석얼음. 유빙
성역 ⇒ 거룩땅. 거룩곳
성운 ⇒ 별구름. 별더미
성원 (成員) ⇒ 이룸이. 이룸보
성원 (聲援) ⇒ 도움. 북돋움. 돕다. 북돋우다. 도와주다. 북돋워주다. 밀어주다
성은 ⇒ 베풂. 사랑
성의 ⇒ 참뜻. 참마음
성의없이 ⇒ 건성으로. 건성건성. 대충. 아무렇게나
성인 (聖人) ⇒ 거룩이. 밝님. 거룩님
성인 (成人) ⇒ 어른
성인병 ⇒ 어른앓이
성자 ⇒ 거룩이. 밝이
성장 ⇒ 자람. 자라다. 자라나다. 크다. 어른되다
성장기 ⇒ 자랄철. 자랄때. 커질때
성장률 ⇒ 자란푼수. 커진푼수
성장점 ⇒ 자람점
성장통 ⇒ 자람아픔. 크는아픔
성적 ⇒ 이룸치
성적표 ⇒ 이룸치표
성전 ⇒ 거룩집. 거룩곳. 검집. 서낭집
성좌 ⇒ 별자리
성주 이름씨 집을 지킨다는 검
성주풀이 이름씨 성주를 검으로 모시는 굿을 할 때 비나리로 부르는 노래나 굿
성지 ⇒ 거룩땅
성직자 ⇒ 거룩일꾼
성질 ⇒ 마음씨. 바탈. 마음
성질나다 ⇒ 골나다. 언짢다
성질부리다 ⇒ 골내다. 짜증내다
성찬 ⇒ 푸짐밥. 거룩밥
성찮은이 이름씨 몸이 성치 않아 나날살이에 어려움이 있는 사람 한뜻말 몸달림이 ⇐ 장애인
성찰 ⇒ 살핌. 돌아봄. 살펴보다. 돌아보다. 뉘우치다. 되돌아보다
성채 ⇒ 재지킴터
성추행 ⇒ 암수몹쓸짓
성충 ⇒ 어른벌레. 어미벌레. 엄지벌레. 자란벌레
성취 ⇒ 이룸. 이루다. 이뤄내다
성큼 어찌씨 **1** 다리를 높이 들어 크게 떼어 놓

는 꼴 ㉥도랑을 성큼 뛰어넘었다 ❷몸짓이 망설임 없이 시원스럽고 빠른 꼴 ㉥웬 낯선 이가 성큼 마루로 올라선다 ❸어떤 때가 갑자기 다가온 꼴 ㉥겨울이 성큼 다가왔다 **성큼하다**

성큼성큼 어찌씨 다리를 가볍게 높이 들고 잇따라 걷는 모습 ㉥말없이 앞장서서 성큼성큼 걸어 나갔다

성토 (盛土) ⇒ 흙돋움. 터닦기. 흙 돋우다. 흙 쌓다. 땅 고루다. 터 닦다

성토 (聲討) ⇒ 따짐. 나무람. 따지다. 나무라다. 치다

성패 ⇒ 되고안됨. 될지말지

성품 ⇒ 됨됨이. 바탕. 바탈

성하다 그림씨 ❶다치거나 헌데 없이 오롯하다 ㉥그릇이 성한 게 하나 없다 ❷몸이 아픈 데 없이 튼튼하다 ㉥몸 성한 사람도 이 일은 힘들다

성하다 ⇒ 늘다. 일어나다. 불어나다. 우거지다. 한창 일다. 힘껏 일다

성함 ⇒ 이름. 가이름. 씨이름

성행 ⇒ 한창퍼짐. 한창 퍼지다. 한창 일다. 한창 일어나다

성향 ⇒ 버릇

성현 ⇒ 어진이. 거룩이. 슬기보

성형 ⇒ 꼴냄. 모습냄

성형수술 ⇒ 꼴째꿰맴

성형외과 ⇒ 꼴냄째꿰 보는데

성화 ⇒ 애탐. 등쌀

성화같다 ⇒ 득달같다. 다그치다. 숨가쁘다. 잡죄다

성황당 ⇒ 서낭집

성황리에 ⇒ 훌륭하게. 크게

섶[1] 이름씨 어리거나 덩굴진 나무 또는 풀이 쓰러지지 않도록 그 옆에 꽂아 끈으로 매거나 하여 푸나무를 받쳐주는 막대기 ㉥감나무를 몇 그루 심고 비바람에 쓰러지지 않게 섶을 해 주었다

섶[2] 이름씨 두루마기나 저고리 깃 아래쪽에 붙여 단 긴 천 조각 ㉥저고리에 고운 섶을 달아 마무리지었다

섶[3] 이름씨 ❶'섶나무' 준말 ❷울타리를 만들 때 쓰려고 잎이 우거진 잔나무나 나뭇가지를 베어다 말린 것 ㉥우리 마을에는 섶에 쓸 나무를 가꾸는 마을 섶갓이 있었다

섶[4] 이름씨 ❶누에가 올라가 고치를 짓도록 짚이나 잔가지로 마련한 것 ㉥섶에서 누에가 고치를 짓는다 ❷물고기가 많이 모이게 하거나 김이 잘 자라도록 물속에 쌓아 두는 나뭇가지나 대나무 ㉥나뭇가지를 다발로 묶어 갯벌에서 섶을 만들었다

섶[5] 이름씨 옆 ㉥길섶에는 한창 살살이꽃이 활짝 피었다

섶갓 이름씨 섶으로 쓸 나무를 가꾸는 갓

섶나무 이름씨 잎나무, 풋나무, 물거리같이 줄거리나 가지가 굵지 않은 땔감을 이르는 말 ㉥둥거리가 떨어지면 섶나무라도 때야지

세 매김씨 '셋'이 뒷말에 따라 받침 'ㅅ'이 떨어진 말 ㉥세 사람. 나이가 세 살이다 슬기말 **세 살 버릇 여든 간다** 어릴 때 몸에 밴 버릇은 늙어 죽을 때까지 가니 어려서부터 좋은 버릇을 길러야 한다

세 (稅) ⇒ 낛. 구실

세 (歲) ⇒ 살

세가락노래 이름씨 셋이 서로 다른 가락으로 함께 노래 부르기 ⇐ 삼중창

세가름 이름씨 같은 일을 세 디위 가름함 ⇐ 삼심

세가름짜임 이름씨 같은 일을 세 디위 가름할 수 있게 한 짜임 ⇐ 삼심제

세가지닥나무 이름씨 잎은 어긋맞게 나고 바소꼴이나 길둥근꼴로 뒤쪽은 흰잿빛인 나무. 껍질은 종이 만드는 밑감으로 쓴다 ⇐ 삼아나무. 삼지닥나무

세간 이름씨 집안 살림에 쓰는 온갖 것 ㉥세간을 두루 갖추어 작은아들 살림을 내주었다

세간 ⇒ 누리. 사람서리. 뭇사람

세간붙이 이름씨 온갖 살림살이 ㉥한 칸 방 살림이라 방 안에 온갖 세간붙이를 들여놓아 발 디딜 틈 없이 빼곡하다 한뜻말 세간나부

랑이

세간살이 이름씨 ❶ 집 살림살이에 쓰는 온갖 것 ⓑ한집에서 오래 살았더니 세간살이만 늘었다 한뜻말 살림살이 ❷ 살림을 꾸려나가는 것 ⓑ우리 아들은 세간살이를 잘한다

세거리 이름씨 한곳에서 세 갈래로 난 길 한뜻말 시거리 ⇐ 삼거리

세검집 이름씨 세 검을 모신 집 ⇐ 삼신당

세겨레붙이 이름씨 ❶ 어버이, 언아우, 아내아들딸 ⇐ 삼족 ❷ 아비갈래, 어미갈래, 아내갈래 세 겨레붙이 ⇐ 삼족

세겹 이름씨 세 겹이나 세 가지가 겹치는 일 ⇐ 삼중

세겹때 이름씨 갑난뉘 첫때 두 잘 네 즈믄 닷골 해 앞부터 두 잘 즈믄 골 해 앞까지 때이다. 길숨받이, 암모나이트, 겉씨푸나무가 우거지고 젖먹이짐승이 나타났다 ⇐ 트라이아스기. 삼첩기

세겹묶음 이름씨 두 밑씨가 세 켤레 번씨로 된 묶음 ⇐ 삼중결합

세겹살 이름씨 돼지갈비에 붙은 살로 비계와 살이 세 겹처럼 보이는 살 ⇐ 삼겹살

세계 ⇒ 누리. 온누리. 모든 나라

세계관 ⇒ 누리봄

세계기록유산 ⇒ 누리적바림삶꽃

세계기후협약 ⇒ 누리날씨다짐

세계식량농업기구 ⇒ 누리먹거리여름지이짜임

세계화 ⇒ 누리사람되기. 누리되기

세공 ⇒ 손질. 잔손질

세관 ⇒ 목낚집

세균 ⇒ 좀팡이. 좀븟

세금 ⇒ 구실. 낛

세기[1] 이름씨 센 만큼

세기[2] 이름씨 수를 세는 것. 셈

세기 ⇒ 온 해

세꽃내기 이름씨 꽃내기 싸울아비 가운데 하나. 두꽃내기 위이고 한별내기 아래이다 ⇐ 대령

세끼 이름씨 하루에 아침, 점심, 저녁 세 디위 먹는 밥 ⓑ하루 세끼를 먹는다 ⇐ 삼시. 삼식

세나다[1] 움직씨 몬 따위가 잘 팔려 나가다 ⓑ글쎄, 없어서 못 팔 만큼 세났대요 슬기말 **세난 장사 말랬다** 장사를 하되 잘 팔린다고 하여 마구 팔면 남는 것은 없고 도리어 밑지기 쉽다

세나다[2] 움직씨 다친 데나 부스럼 따위가 덧나다 ⓑ벌레가 문 곳이 가려워 자꾸 긁었더니 세났네

세나라 이름씨 가고리, 바다라, 시라 세 나라 ⇐ 삼국

세나라뒷얘기 이름씨 고리 때 중 일연이 옛배달을 비롯하여 세나라와 뒷세나라 삶자취와 내림이야기, 내림노래 따위를 실어 지은 책 ⇐ 삼국유사

세나라때 이름씨 옛날 가고리, 바다라, 시라가 맞서 있던 때 ⇐ 삼국시대

세나라이야기 이름씨 쭝궈 진나라 진수라는 사람이 위, 촉, 오 세나라 삶자취를 지어 펴낸 책 ⇐ 삼국지

세나라자취글 이름씨 1145해에 고리 임금 성금으로 김부식이 가고리, 바다라, 시라 세나라 삶자취를 적어 펴낸 책 ⇐ 삼국사기

세나절 이름씨 한나절 세 곱절이라는 말로 잠깐이면 할 수 있는 일을 세나절 걸려 끝낸다는 뜻 ⓑ한나절이면 될 일을 세나절 걸려 끝내다니!

세난책 이름씨 아주 잘 팔리는 책 ⇐ 베스트셀러

세낯 이름씨 세 쪽 ⓑ우리나라는 세낯이 바다라 물고기와 김, 미역, 소금이 넉넉하다 ⇐ 삼면

세내다 ⇒ 삯내다

세뇌 ⇒ 골씻이. 새생각넣기. 생각바꾸기

세뉘 이름씨 아버지, 아들, 아슨아들로 이어지는 세 뉘 ⇐ 삼대

세다[1] 움직씨 머리카락이나 나룻이 희어지다 ⓑ아내 머리가 하얗게 셌다 한뜻말 시다

세다[2] 움직씨 셈을 꼽거나 헤아리다 ⓑ고리에 담긴 능금이 몇 낱인지 세어 보아라

세다[3] 그림씨 ❶ 힘이 많다 ⓑ아버지는 동네에서 팔씨름이 가장 세다 ❷ 됨됨이나 뜻이 굳

ㅅ

다 ⓑ배짱이 세다 ❸물, 불, 바람 따위 기운이 더하거나 빠르다 ⓑ물살이 세다. 불길이 세다 ❹물속에 무엇이 많이 섞여 지나치다 ⓑ센물엔 비누가 잘 안 풀려 때가 덜 빠진다 ❺보드라운 맛이 없이 딱딱하고 뻣뻣하다 ⓑ가자미 뼈가 세니 잘 발라 먹어 ❻떠퀴나 터 따위가 나쁘다 ⓑ집터가 세서 웬만한 사람은 못 버틴다는 말이 참말일까? ❼저울에 올린 몬 무게가 저울 눈금보다 무거워 저울대가 올라가다 ⓑ저울이 세다 ❽일이나 짐이 지나치다 ⓑ무논에서 논두렁을 다지는 일은 엄청 센 일이다 ❾수가 높다 ⓑ네가 나보다 바둑 수가 센 것 같아 슬기말 **센 바람이 억센 풀을 알아본다** 대가 억센 풀이 센 바람에 꺾이지 않듯이 어려운 때에 사람 굳센 마음이나 힘을 알 수 있다

세단뛰기 ⇒ 세 디위뛰기

세대 (世代) ⇒ 삶뉘

세대 (世帶) ⇒ 집. 살림

세대수 ⇒ 집수. 살림수

세대주 ⇒ 집임자. 살림임자

세도가 ⇒ 힘센집. 힘센이

세도정치 ⇒ 힘센이다스림

세뚜리 이름씨 ❶한 놓개에서 세 사람이 밥을 먹는 일 ❷새우젓 따위를 나눌 때, 한 독을 세 몫으로 가르는 일

세라믹 이름씨 아주 뜨겁게 구워낸 쇠 아닌 밑감

세력 ⇒ 힘

세력권 ⇒ 힘얼안. 손안. 손아귀안. 손바닥위

세련되다 ⇒ 말쑥하다. 미끈하다. 갈닦이다

세로 이름씨 ❶위아래나 곧섬 ⓑ세로가 가로보다 짧다. 세로를 맞추다 맞선말가로 ❷(어찌씨) 위아래 ⓑ세로 자르다. 세로 긋다. 금이 세로 가다

세로금 이름씨 세로로 그은 금 ⓑ세로금이 많은 바람종이 맞선말가로금 ⇐ 세로선

세로긋 이름씨 글씨를 쓸 때 위에서 아래로 내려쓰는 긋 ⇐ 세로획

세로대 이름씨 자리표에서 세로로 놓인 대 ⇐ 세로축

세로선 ⇒ 세로금

세로쓰기 이름씨 글을 위에서 아래로 내려쓰기 ⓑ옛날 책은 세로쓰기로 되었다 맞선말가로쓰기

세로축 ⇒ 세로대

세로획 ⇒ 세로긋

세마 이름씨 미리나고장, 온바라고장, 사라사고장을 아울러 이르는 말 ⇐ 삼남

세마치장단 이름씨 겨레노래나 판소리, 두레굿들에서 쓰는 장단 가운데 하나로 여느 빠르기 6/4가락 또는 9/8가락 장단이다 ⇐ 양산도장단

세말수레 이름씨 세 마리 말이 끄는 썰매 수레 ⇐ 트로이카

세면 ⇒ 얼굴씻기. 낯씻기. 낯씻다. 얼굴씻다

세면기 ⇒ 낯씻는그릇. 낯씻는데

세면대야 ⇒ 씻는대야

세면도구 ⇒ 씻는연장. 씻는연모

세면장 ⇒ 씻는데. 씻는곳

세모 이름씨 세모꼴 낱낱 모 ⇐ 삼각

세모 (細毛) ⇒ 가는 털

세모 (歲暮) ⇒ 설밑. 섣달그믐때

세모기둥 이름씨 밑낯이 세모꼴로 된 기둥 ⇐ 삼각기둥

세모꼴 이름씨 세 쪽금으로 둘러싸여 세모를 이룬 꼴 ⓑ여러 가지 세모꼴 그림에서 바른세모꼴을 찾으세요 ⇐ 삼각형

세모나다 그림씨 세모꼴로 되어 있다 한뜻말세모지다

세모대 이름씨 세 다리 받침대 ⇐ 삼각대

세모벌 이름씨 가람이 바다로 들어가는 어귀에 가람물이 날라 온 모래나 흙이 쌓여 이루어진 펀펀한 땅 한뜻말물뚝섬 ⇐ 삼각주. 델타

세모뿔 이름씨 밑낯이 세모꼴인 뿔 ⇐ 삼각뿔

세모시 ⇒ 고운모시

세모시우쇠 이름씨 시우쇠 막대를 바른세모꼴로 구부려 한쪽 끝을 실로 매달고 다른 시우쇠 막대로 두드리는 가락틀 ⇐ 트라이앵글

세모자 [이름씨] 세모로 된 자 ⇐ 삼각자
세무 ⇒ 구실일. 낛일
세무서 ⇒ 구실집. 낛일집
세미나 ⇒ 갈닦모임
세미콜론 ⇒ 마침쉼표. 머무름표
세밀하다 ⇒ 빈틈없다. 꼼꼼하다. 찬찬하다. 촘촘하다
세밀화 ⇒ 꼼꼼그림. 찬찬그림
세밑 ⇒ 설밑
세발수레 [이름씨] [1]바퀴가 셋인 수레 ⇐ 삼륜차 [2]발이 셋인 따릉이 ⇐ 세발자전거
세밥풀내기 [이름씨] 밥풀내기 싸울아비 가운데 하나. 두밥풀내기 위이고 한꽃내기 아래이다 ⇐ 대위
세배 ⇒ 설절
세뱃돈 ⇒ 설절돈
세벌이 [이름씨] 맞벌이하는 버시 가시 가운데 어느 한쪽이 짬을 내어서 또 다른 일을 해서 돈을 버는 일 ㉥그 집은 아이들이 다섯이라서 버시가 새벽에 세벌이를 한다는군
세별내기 [이름씨] 네별내기 아래이고 두별내기 위인 별 단이 ⇐ 중장
세부 ⇒ 잔속. 속내
세분 ⇒ 잘게나눔. 잘게 나누다. 잘게 가르다
세비 ⇒ 한해 나라살림돈. 뽑힌이 한해품삯
세상 ⇒ 누리. 나라. 이승
세상만사 ⇒ 누리일
세상살이 ⇒ 누리살이
세상없다 ⇒ 누리없다
세상없어도 ⇒ 어떤일이 있어도
세상없이 ⇒ 다시없이. 나위 없이
세상에 ⇒ 어쩌면. 어머나. 어마. 어머
세세하다 ⇒ 꼼꼼하다. 자잘하다. 가늘다
세속 ⇒ 사람살이
세수 ⇒ 낯씻기
세숫대야 ⇒ 낯씻는 대야
세숫비누 ⇒ 낯비누
세습 ⇒ 물림. 물리다. 물려 이어받다
세심하다 ⇒ 찬찬하다. 꼼꼼하다. 빈틈없다
세안 ⇒ 낯씻음. 낯씻다
세액 ⇒ 낛돈
세언아우별 [이름씨] 스물한 디위째 별자리에서 한가운데 나란히 있는 세 큰 별 ⇐ 삼태성
세우다 [움직씨] [1]'서다' 하임꼴. 서게 하다 ㉥앉았던 사람을 모두 세웠다 [2]내세우다 ㉥지지 않으려고 내 생각을 세우며 말했다 [3]훌륭한 일을 이룩하다 ㉥우리 겨레가 나날살이에서 우리말을 다시 쓰는 일을 세우도록 함께 힘써요
세월 ⇒ 해달. 나달
세율 ⇒ 낛푼수
세이레 [이름씨] 아이가 난지 스무하루 동안. 또는 난지 스무하루째 날 ⇐ 삼칠일
세이프 ⇒ 살다. 들다
세인 ⇒ 누리사람
세일 ⇒ 팔기. 싸게팔기
세일즈맨 ⇒ 장수. 장사꾼
세잎별달꽃 [이름씨] 이른 봄 세 작은 잎이 뿌리에서 나오는 여러해살이풀. 어린싹은 먹는다 ⇐ 세잎양지꽃
세자 ⇒ 임금 이을 아들
세자빈 ⇒ 임금 이을 아들 각시
세제 ⇒ 비누. 물비누
세제곱 [이름씨] 같은 수를 세 디위 곱하는 일. 또는 그렇게 하여 얻은 수 ㉥2를 세제곱 하면 8이다
세제곱미터 [이름씨] 부피를 나타내는 말. 1세제곱미터는 가로, 세로, 높이가 저마다 1미터인 바른엿낯덩이 부피이다
세종 [이름씨] 조선 넷째 임금. 우리 글을 짓고 비재개나 해때틀 따위 갈연장을 만들게 하고 쓰시마섬을 쳐들어가 왜 도둑을 막았다 한뜻말막둥이임금
세주다 ⇒ 빌려주다. 삯주다
세줄노래 [이름씨] 세 줄로 이루어진 노래 ⇐ 삼행시
세즈믄말 [이름씨] 우리나라 노마 길이가 세즈믄말이 된다는 뜻으로 배달거진섬을 일컫는 말 한뜻말세즈믄마을 ⇐ 삼천리
세지킴 [이름씨] 땅지킴, 물지킴, 하늘지킴 ⇐

삼군

세쪽낯 [이름씨] 가로, 세로, 높이 세 쪽낯을 갖춘 곳 ⇐ 삼차원

세쪽이 [이름씨] 먼 옛날 바다에서 살았던 마디 발숨받이 가운데 한 무리. 몸뚱이가 세 낱잎으로 갈라져서 세쪽이라 하고 이제는 주검 자취로만 볼 수 있다 ⇐ 삼엽충

세차 ⇒ 수레씻기. 수레씻다. 수레닦다

세차네따 [이름씨] 사흘은 춥고 나흘은 따뜻하다는 우리나라 겨울 날씨를 일컫던 말. 날씨고비 탓으로 요즘은 잘 안 맞다고들 한다 ⇐ 삼한사온

세차다 [그림씨] ❶사납거나 매우 세다 [ㅂ]나뭇가지가 부러질 듯이 바람이 세차게 분다 ❷바탈이 사납고 날카롭다 [ㅂ]아우지만 바탈이 세차서 함부로 건드리지 못한다 ❸장난이 몹시 짓궂다 [ㅂ]슬옹이는 장난이 어찌나 세찬지 엄마가 갈망이 안 된다

세찬비바람 [이름씨] 세찬 바람이 불면서 쏟아지는 비 ⇐ 폭풍우

세척 ⇒ 씻기. 빨래. 씻다. 빨다. 닦다. 가시다. 부시다

세척기 ⇒ 설거지틀. 씻개

세척력 ⇒ 빨래힘. 빠는 힘

세칭 ⇒ 이른바. 흔히 일컫는. 널리 일컫는. 두루 일컫는

세칸 [이름씨] 칸이 셋인 집이나 수레 ⇐ 삼간

세켜밥 [이름씨] 맨 위는 설거나 질고 가운데는 잘되고 맨 밑은 탄 밥 ⇐ 삼층밥

세켜쌓 [이름씨] 세켜로 올린 쌓 ⇐ 삼층탑

세탁 ⇒ 빨래. 빨래하다. 빨다

세탁기 ⇒ 빨래틀

세탁물 ⇒ 빨랫감. 빨랫거리

세탁소 ⇒ 빨랫집

세태 ⇒ 누리. 누리매개. 누리터수. 나라돌아감

세트 ⇒ 한 벌

세파 (世波) ⇒ 누리삶. 누리살이

세파 (細波) ⇒ 잔물결

세판가름 [이름씨] 아람 바탕힘을 지키려고 어떤 일을 세 디위 판가름하기 ⇐ 삼심제

세평 ⇒ 뭇말. 뭇입. 뭇사람말

세포 ⇒ 잔삼

세포막 ⇒ 잔삼청

세포분열 ⇒ 잔삼나뉨. 잔삼가름

세포질 ⇒ 잔삼밭

세힘 [이름씨] 벼리지음, 벼리가름, 벼리살림 세 갈래로 나뉜 다스림힘 ⇐ 삼권

세힘나눔 [이름씨] 나라 다스림힘을 벼리지음힘, 벼리가름힘, 벼리살림힘으로 나누고 따로따로 홀로서게 하는 일 ⇐ 삼권분립

세힘나눔짜임 [이름씨] 나라 다스림힘을 셋으로 나눠 벼리지음힘은 나라모임이, 벼리가름힘은 가름집이, 벼리살림힘은 다스림맡이 나눠 맡는 짜임 ⇐ 삼권분립제도

센나라 [이름씨] 돈이 많고 지킴힘이 뛰어나서 힘이 센 나라 ⇐ 강국

센내기 [이름씨] 센 장단으로 비롯하는 가락 [맞선말]여린내기

센말 [이름씨] 뜻은 같지만, ㄲ·ㄸ·ㅃ·ㅆ·ㅉ 같은 된소리로 되어 느낌이 센말 [ㅂ]물이 쫄쫄 흐른다. 머리가 뻥글뻥글 돈다 [맞선말]여린말

센물 [이름씨] 칼슘이나 마그네슘이 많이 들어 있어 비누가 잘 풀리지 않는 물. 빨래가 잘 안된다 [맞선말]단물 ⇐ 경수

센바람 [이름씨] 바람세기 일곱째인 바람. 나무가 다 흔들리고 걷기가 힘들고 바다에는 물마루가 부서진다 ⇐ 강풍

센서등 ⇒ 저절불

센세이션 ⇒ 바람. 회오리바람. 돌개바람

센스 ⇒ 눈치. 느낌

센쓸바람 [이름씨] 바람세기 열한째인 무서운 바람. 집이 부서질 만큼 센 바람 ⇐ 왕바람

센터 ⇒ 복판. 한복판

센털 [이름씨] 빳빳하고 억센 털

센트 [이름씨] 유에스 돈을 세는 하나치. 온 센트가 한 달러이다

센티미터 [이름씨] 한 미터를 온 디위 나눈 하나 [ㅂ]어른 한 뼘 길이는 스무 센티미터쯤 된다

셀프서비스 ⇒ 제시중

셈 이름씨 ❶수를 세는 일 ⓑ셈을 세다. 셈을 하다 ⇐ 계산 ❷수를 따져 얼마인가를 세어 맞추는 일 ⓑ셈이 틀린다. 셈에 넣는다 ⇐ 회계 ❸짓을 가려낼 줄 아는 힘 ⓑ그만한 셈은 들 나이가 됐지 ❹일이 되어가는 매개 ⓑ어떻게 된 셈인지 가고는 새뜸이 없다 ❺(-ㄹ 셈이다. -ㄴ 셈으로 써) 어떻게 하겠다는 생각 ⓑ그렇게 놀아서 한배곳은 어떻게 갈 셈이냐?

셈가지 이름씨 가로세로 벌여놓아 셈을 하던 막대기 ⇐ 산가지

셈가지놀이 이름씨 셈가지를 늘어놓고 세어 맞추는 놀이 ⇐ 산가지놀이

셈글 이름씨 셈을 나타내는 글. 1, 2, 3, 4, 5, 6, 7, 8, 9, 0 ⇐ 숫자

셈널 이름씨 ❶일 매개나 판 ⓑ어찌된 셈널인지 모르겠다 ⇐ 셈판 ❷셈을 놓는 데 쓰는 연장 ⇐ 수판. 주판

셈수 이름씨 어떻게 해야 한다는 셈이 있는 생각

셈씨 이름씨 하나, 둘, 첫째, 둘째처럼 셈이나 차례를 나타내는 낱말 ⇐ 수사

셈틀 이름씨 셈을 하도록 만든 틀 ⇐ 컴퓨터. 전산기

셈틀놀이 이름씨 셈틀로 하는 놀이 ⇐ 컴퓨터 게임

셈틀놀이꾼 이름씨 셈틀그물에서 벌어지는 놀이에 나가는 사람 ⇐ 프로게이머

셈틀일모임 이름씨 셈틀에서 하나로 다루는 밑감 모임 ⇐ 파일

셈틀좀알살이 이름씨 셈틀차림표를 망가뜨리거나 셈틀에 들어 있는 일감을 지워 버리는 차림표 ⇐ 컴퓨터바이러스

셈판 ⇒ 셈널

셈평 이름씨 ❶셈을 쳐보는 생각 ⓑ그 집 사람들은 셈평을 하지 않고 늘 넉넉하게 베풀지 ❷살림 매개나 일 터수 ⓑ셈평이 옛날에 견주면 많이 좋아졌다 ⇐ 형편 익은말 **셈평이 좋다·셈이 좋다** 살림이 넉넉하여 아무 걱정 없고 푸근하다 **셈평 펴이다** 살림이 넉넉하여 모자람이 없다 한뜻말 셈 펴이다

셈하다 움직씨 ❶하나씩 더하여 세다 ⓑ밥 먹을 사람이 몇인지 셈하여 알려줘 ❷따지어 밝히다 ⓑ이 책들은 집안에 쭉 내려온 것이니 값을 셈할 수 없다 ❸값을 치르다 ⓑ옷값을 셈하니 밥 먹을 돈이 모자랐다 ❹어떤 매개나 터수를 따져보다 ⓑ그만큼 했으면 잘한 셈이다

셋 셈씨 둘에 하나를 더한 수 ⓑ어버이는 아들 셋과 딸 둘을 두었다

셋달 이름씨 한 해 가운데 셋째 달 ⇐ 삼월

셋돈 ⇒ 삯돈

셋방 ⇒ 삯방

셋방살이하다 ⇒ 삯방살이하다

셋여덟금 이름씨 배달거진섬 허리를 지나는 노씨 38데 금 ⇐ 삼팔선

셋집 ⇒ 삯집

셋째 이름씨 ❶둘째 다음 ⓑ나는 셋째 아들이다 ❷세 낱 째 ⓑ나도 셋째로는 큰 밤을 집어 들었다

셋째가리킴 이름씨 갈이름씨 가운데 마주 말하는 두 사람 밖에 있는 사람이나 일몬을 가리킴. 그이, 저이, 그것, 저것 따위 ⇐ 삼인칭

셋째낳일 이름씨 장사, 나르기, 주받일, 돈집일처럼 몬을 만들지 않지만 사람 삶에 도움을 주는 일 ⇐ 제삼차산업

셋하나날 이름씨 1919해 셋달 만하루 니혼에 맞서 싸운 일을 기리는 날 ⇐ 삼일절

셋하나뭄 이름씨 1919해 셋달 만하루 니혼종살이에서 벗어나려고 우리 겨레가 일떠서 싸운 일 ⇐ 삼일운동

셔츠 ⇒ 홑웃옷

셔터 ⇒ 여닫이. 여닫개. 덧닫이. 주름여닫개

셰일 ⇒ 진흙켜바위

셰일가스 ⇒ 진흙가스

셰일석유 ⇒ 진흙땅기름

셰퍼드 이름씨 프랑스 알자스 고장에서 난 개. 퍽 똑똑하고 씩씩하고 냄새를 잘 맡고 임자를 잘 따라 깨살핌이개, 잡개잡이개, 집지킴개로 널리 기른다

소[1] 이름씨 머리에 두 뿔이 있고 몸집이 크고 힘이 세어 여름지이나 짐을 나르는 데 썼던 집짐승. 요즘은 고기소로 기른다 슬기말 **소가 웃는다** 몹시 어처구니없다 **소 닭 보듯 닭 소 보듯** 서로 아랑곳하지 않는다 **소 잃고 외양간 고친다** 일이 다 틀어진 뒤에 바로잡겠다고 나선다

소[2] 이름씨 솔떡이나 만두, 오이소박이 따위 속에 넣는 여러 가지 밑감이나 고명 ⓑ소를 많이 넣어 만두가 두툼하고 먹음직스럽다 ⇐ 앙꼬

소[3] 이름씨 열두 띠 가운데 둘째 ⇐ 축

소 (沼) ⇒ 늪. 웅덩이

소 (巢) ⇒ 보금자리. 둥지

소가야 ⇒ 아시가라

소가족 ⇒ 잔집보. 잔집붙이. 잔밥입

소가죽 이름씨 소에서 벗긴 가죽 한뜻말쇠가죽

소가지 이름씨 마음속이나 마음보, 속생각을 낮춰 부르는 말 ⓑ소가지가 그렇게 좁아서 어디다 쓰겠냐 한뜻말소갈머리. 소갈딱지

소각 (消却) ⇒ 지움. 지우다. 지워 없애다. 지워버리다

소각 (燒却) ⇒ 태움. 불사름. 태우다. 불태우다. 사르다. 불사르다

소각장 ⇒ 태우는 곳

소갈딱지 이름씨 속생각이나 마음보 낮춤말 ⓑ그 녀석 소갈딱지는 알다가도 모르겠다. 너는 소갈딱지가 글러 먹었어 한뜻말소가지 비슷한말소갈머리

소갈머리 이름씨 마음속이나 마음보, 속생각을 낮춰 부르는 말 ⓑ밴댕이 소갈머리하고는 한뜻말소가지 비슷한말소갈딱지

소감 ⇒ 느낌. 생각. 느낀바

소감문 ⇒ 느낌글

소강상태 ⇒ 뜸한 꼴. 뜨막한 꼴. 잠잠한 꼴. 머츰한 꼴. 주춤한 꼴. 제자리걸음

소개 ⇒ 알림. 맺어줌. 다리놓음. 맺어주다. 다리놓다. 알리다. 붙여주다

소개장 ⇒ 사람알림글. 맺어줌글

소거 ⇒ 없앰. 지움. 없애다. 지우다. 사라지다. 없어지다

소견 ⇒ 생각. 보는바. 느낀바

소경 이름씨 ❶앞 못 보는 이 ⓑ소경이 눈을 뜨고 앉은뱅이가 걷는 누리 ⇐ 맹인 ❷누리 돌아가는 것에 어둡거나 글을 모르는 사람 ⓑ한배곳을 다녔어도 누리일에는 소경이구먼 비슷한말까막눈이

소계 ⇒ 잔셈

소고 ⇒ 작은북. 버꾸

소고기 이름씨 쇠고기

소고춤 ⇒ 작은북춤

소곤거리다 움직씨 남이 알아듣지 못하도록 낮은 목소리로 가만가만 말하다 ⓑ아이가 잠에서 깰까 봐 가시버시는 소곤거렸다 **소곤대다**

소곤소곤 어찌씨 남에게 잘 들리지 않게 낮은 목소리로 빠르게 이야기하는 꼴이나 그 소리 ⓑ문밖에서 꽃님들이 소곤소곤 이야기한다 **소곤소곤하다**

소관 (所關) ⇒ 맺은바. 이은바

소관 (所管) ⇒ 맡은바. 맡은 일. 볼일

소국 ⇒ 작은 나라

소굴 ⇒ 굴. 도둑굴

소규모 ⇒ 작은. 작음

소극적 ⇒ 머뭇거리는. 주춤주춤한. 망설이는. 물러서는. 미적지근한. 어정쩡한. 암된

소금 이름씨 바닷물에서 얻거나 땅속에서 캐내는 짠맛이 있는 하얀 덩이. 먹을거리에 넣어 간을 맞추고 먹거리를 오래 갈무리하는 데 쓴다 슬기말 **소금 먹은 놈이 물을 켠다** 일에는 반드시 그렇게 된 까닭이 있다 **소금이 쉴까** 쇳돌같이 미더운 사람

소금기 이름씨 짠맛을 내는 소금 기운 ⓑ소금기 섞인 바닷바람이 불어왔다

소금물 이름씨 소금을 녹인 물 ⓑ소금물에 배추를 절였다

소금밭 이름씨 소금을 만들려고 바닷물을 끌어들여 논이나 밭처럼 만들어 놓은 곳 ⇐ 염전

소금쟁이 이름씨 물 위를 긴 다리로 떠다니는

등이 검고 배가 흰 작은 벌레. 못이나 개울에 떼 지어 산다

소금절임 [이름씨] 먹을거리를 소금에 절이는 것 ⇐ 염장

소급 ⇒ 거슬러 올라감. 거슬러 미치다. 거슬러 올라가다

소기 ⇒ 바라는바. 바란바. 마음먹은바

소깝 [이름씨] 땔감으로 쓰려고 낫으로 찐 소나무 가지 ㉥부엌에 소깝 한 단 들여놔 줘 한뜻말솔가지

소꿉 [이름씨] 아이들이 살림살이하는 흉내를 내며 놀 때 쓰는 자질구레한 그릇 같은 장난감 ㉥개울에서 아이들이 흙이랑 풀을 소꿉에 담아 놓고 논다

소꿉놀이 [이름씨] 소꿉을 가지고 노는 아이들 놀이 ㉥올망졸망 모여 앉아 소꿉놀이하는 아이들 한뜻말소꿉장난. 소꿉질 **소꿉놀이하다**

소꿉동무 [이름씨] 어릴 때 소꿉질하며 같이 놀던 동무 ㉥바닷가에서 소꿉동무들과 멱감던 때가 그립다

소꿉장난 [이름씨] 소꿉놀이하며 노는 장난 ㉥노을은 소꿉장난을 하자고 내리 졸랐다 한뜻말소꿉. 소꿉놀이. 소꿉질

소꿉질 [이름씨] 아이들이 자질구레한 그릇 같은 장난감을 가지고 살림살이하는 흉내를 내는 짓 **소꿉질하다**

소나기 [이름씨] [1] 갑자기 몰아쳐 쏟아지다가 곧 멎는 비 ㉥한낮에 내린 소나기에 옷이 흠뻑 젖었다 한뜻말소낙비 [2] 갑자기 들이퍼붓는 것 ㉥소나기 물음. 소나기 주먹

소나기구름 [이름씨] 위로는 봉우리처럼 흰 더미를 지어 높게 솟아 있고 아래는 검으며 소나기가 내리는 구름

소나기눈 [이름씨] 갑자기 몰아쳐 내리다가 곧 멎는 눈 ㉥소나기눈이 펑펑 내리더니 해가 비친다

소나기밥 [이름씨] 밥을 조금 먹는 사람이 갑자기 엄청나게 많이 먹는 밥 ㉥웬일로 오늘 소나기밥을 먹어?

소나무 [이름씨] 잎이 긴 바늘 꼴로 두 잎이 붙어나고 나무껍질은 검붉은 비늘 모습인 늘푸른큰키나무. 우리나라 나무 가운데 으뜸가는 나무로 집 짓고 세간 만드는 밑감으로 쓴다. 열매는 솔방울이라고 한다

소낙비 ⇒ 소나기

소납 [이름씨] 어떤 일을 하는 데 쓰는 몬 한뜻말그릇벼. 세간 ⇐ 비품

소낭버섯 [이름씨] 자루는 둥근기둥 꼴이고 갓 거죽에 엷은 밤빛 비늘이 있으며 소나무가 우거진 촉촉한 모래땅에 난다. 맛이 아주 좋다 한뜻말솔버섯 ⇐ 송이. 송이버섯

소녀 ⇒ 가시나. 겨집아이

소녀단 ⇒ 가시나모둠. 가시나떼

소년 ⇒ 머시마. 사내아이

소년단 ⇒ 머시마모둠. 머시마떼

소농 ⇒ 잔여름지이

소뇌 ⇒ 작은 골

소누 [이름씨] 고리 서울이었고, 둘레가 언덕에 둘러싸인 고을. 노마가 힘을 모아 이룩한 짓일모둠이 있는 곳이다 한뜻말보소누 ⇐ 개성

소다 [이름씨] 가루반죽에 넣어 부풀게 하거나 빨래할 때 빨래틀에 넣기도 하는 숯살나트륨을 흔히 일컫는 말

소다리뼈 [이름씨] 소 네 다리뼈 ⇐ 사골

소다물 [이름씨] 두 살남숯남이 들어 있는 물. 톡 쏘는 맛이 있어 마실거리로 쓴다 ⇐ 소다수

소담스럽다 [그림씨] [1] 생김새가 보기 좋고 끌리는 데가 있다 ㉥첫눈이 소담스럽게 장독 위에 쌓였다 ⇐ 탐스럽다 [2] 먹거리가 넉넉하여 먹음직한 데가 있다 ㉥접시에 그득히 담긴 떡이 소담스럽다

소담하다 [그림씨] [1] 생김새가 보기 좋고 끌린다 ㉥쑥부쟁이 꽃이 소담하게 폈다 [2] 먹거리가 넉넉하여 먹음직하다 ㉥귤을 소담하게 그릇에 담았다

소대 ⇒ 잔떼

소대장 ⇒ 잔떼지기. 잔떼머리

소도리 [이름씨] 작은 장도리. 흔히 톱니를 두들겨 고르게 할 때 쓴다

ㅅ

소독 ⇒ 팡이죽임. 죽이개. 죽임

소독면 ⇒ 죽이솜

소독법 ⇒ 죽임수. 죽일꾀

소독약 ⇒ 죽이개

소동 ⇒ 들렘. 부산. 법석

소동나다 ⇒ 들레다. 법석대다. 시끄럽게 떠들다. 떠들썩하다. 부산떨다. 북새치다

소드락소드락 [어찌씨] 좀스럽게 남 것을 야금야금 빼앗는 모습 ⓑ벗 돈을 소드락소드락 재미로 빼내는 것은 못 할 짓이다 **소드락소드락하다**

소드락질 [이름씨] 남 것을 야금야금 빼앗는 짓 ⓑ없어서 소드락질을 하는 것보다 재미로 하는 것이 더욱 나쁘다

소드레 [이름씨] 사람들, 그 가운데도 꽃님들 입방아에 오르는 것 ⓑ꽃님들 소드레에 한 디위 오르면 뼈도 못 추려. 어쩌자고 그런 소드레에 올라 낯살을 구겨?

소득 ⇒ 벌이. 날찍

소득밤 [이름씨] 겉껍질째 소득소득하게 말린 밤. 속살이 누렇고 맛이 달고 고소하다

소득세 ⇒ 벌이낛

소득소득 [어찌씨] 푸나무나 열매 같은 것이 좀 시들고 마른 꼴 ⓑ소득소득 마른 밤이 날밤보다 맛이 좋다

소득소득하다 [그림씨] 푸나무나 열매 따위가 시들고 말라 있다

소득얻다 ⇒ 벌다. 벌이하다. 삯받다

소득없다 ⇒ 허탕치다. 헛일하다. 헛노릇하다. 벌이없다. 날찍없다

소들소들 [어찌씨] 푸나무나 열매같은 것이 꽤 시들고 마른 꼴 ⓑ소들소들 마른 무 오가리

소들소들하다 [그림씨] 풀이나 뿌리, 열매 따위가 시들어서 싱싱하지 않다 ⓑ비가 오랫동안 오지 않아 풀들이 소들소들하게 말라간다 큰말 수들수들하다

소들하다 [그림씨] 많기가 생각하는 잣대보다 모자라다 ⓑ밤이 어째 소들하네. 여섯 되는 될 줄 알았는데

소등 ⇒ 불끔. 불끄다

소라 [이름씨] 크고 주먹꼴로 단단한 껍데기에 몸을 싸고 있는 바다고둥. 살은 먹고 껍데기는 자개, 바둑돌, 단추들을 만든다

소라게 [이름씨] 조개 껍데기 따위에 몸을 숨기고 사는 숨받이. 몸은 새우와 게 가운데 꼴이고 머리와 가슴은 겉껍질로 싸였고 배는 말랑말랑하다

소락소락 [어찌씨] ❶말이나 짓이 깊이 헤아리지 않고 가벼운 꼴 ⓑ생각없이 소락소락 지껄이지 말게 ❷좀스럽고 낯두껍게 구는 꼴 ⓑ소락소락 벗들 주머니를 뒤지다니!

소락소락하다 [그림씨] 말이나 짓이 가볍다 ⓑ오빠는 말을 소락소락하게 해서 가끔 엄마한테 핀잔을 듣는다 비슷한말 되양되양하다 ⇐ 경박하다

소란 ⇒ 들렘. 부산. 법석

소란스럽다 ⇒ 부산스럽다. 북새질하다. 법석치다. 술렁거리다. 수선스럽다

소래기 [이름씨] 운두가 좀 높고 위가 벌름하게 생긴 넓은 질그릇. 독 뚜껑이나 그릇으로 쓴다

소래길 [이름씨] 오솔길 ⓑ가을 가랑잎 따라 내 따라 걷는 미추홀 소래길

소랭이 [이름씨] 물을 담아서 무엇을 씻을 때 쓰는 둥글넓적한 그릇 한뜻말 대야

소량 ⇒ 조금

소령 ⇒ 한꽃내기

소록소록 [어찌씨] 아기가 곱게 자는 모습 ⓑ아기가 엄마품에서 소록소록 잠들었다

소롯이 [어찌씨] ❶살며시 ⓑ책만 보면 눈이 소롯이 감기는걸 ❷그대로 고스란히 ⓑ이 뱃노래에는 뱃사람 삶 무게가 소롯이 담겼다

소루쟁이 [이름씨] 줄기는 검붉고 길둥근 잎이 어긋맞게 나는 풀. 어린잎은 먹지만 옥살심이 들어있어 몸에 돌이 생기게 하여 요즘은 잘 먹지 않는다

소르르 [어찌씨] ❶물이나 가루, 낟알 들이 조금씩 새나가는 꼴 ⓑ삶은 콩을 갈아 체에 소르르 받쳐 콩국수를 말았다 ❷모르게 살

그머니 빠지는 꼴 ⓑ찡병아리가 바로 잡힐 것 같아도 어느새 소르르 빠져나갔다 **3**저도 모르게 깜박 잠이 들거나 조는 꼴 ⓑ산들바람에 나도 모르게 소르르 잠이 들었다 **4**얽힌 실이 조금씩 풀리는 꼴 ⓑ누나는 얽힌 실꾸리를 소르르 잘도 풀었다

소름 이름씨 춥거나 무섭거나 징그러울 때 살갗이 오그라들며 겉에 좁쌀 같은 것이 도톨도톨하게 돋는 것 ⓑ갑자기 들리는 새된 소리에 소름이 쫙 돋았다 익은말 **소름이 끼치다** 춥거나 무섭거나 징그러워서 살갗에 소름이 생기다

소리 이름씨 **1**바람이 빠르게 떨려 귀에 들리는 것 ⓑ골목에서 들려오는 나발소리에 신이 났다 **2**사람 목소리 ⓑ아이들이 떠드는 소리. 소리를 지르다 **3**새나 짐승 울음 ⓑ고라니 소리. 소 우는 소리 **4**말이나 이야기 ⓑ무슨 소리인지 도무지 알아들을 수가 없다. 옳은 소리 하는 사람 **5**노래 ⓑ판소리. 소리도 잘 하고 춤도 잘 춘다. 어디 소리 한가락 해보게 **6**들리는 말 ⓑ뿌리없는 뜬소리 **7**새뜸 ⓑ배달겨레소리. 바깥나라에 사는 겨레소리 익은말 **소리가 패다** 아이들이 자랄 때 목소리가 굵어지다 슬기말 **소리 없는 고양이 쥐 잡듯·소리 없는 벌레가 벽을 뚫는다** 일 잘하는 사람은 말이 많지 않다

소리갈 이름씨 말소리를 짜임새 있게 파고드는 갈 한뜻말 말소리갈 ⇐ 음성학. 발음학

소리갈무리띠 이름씨 필름에 소리를 갈무리하는 좁은 띠 ⇐ 사운드트랙

소리굽쇠 이름씨 소리나는 것 떨림수를 재는 연장. 'U'꼴 시우쇠 막대기 구부러진 곳에 자루가 달렸는데 두드리면 한결같은 떨림수 소리를 낸다

소리글자 이름씨 낱낱 글자가 낱낱 소리를 나타내는 글자 ⇐ 표음문자

소리길이 이름씨 높이가 다른 두 소리 사이 길이 ⇐ 음정

소리꾼 이름씨 우리 내림 소리나 노래를 잘 부르는 사람 ⓑ북재비가 북을 둥덩둥덩 치니 소리꾼이 소리를 뽑아낸다

소리냄틀 이름씨 목소리나 말소리를 내는 데 쓰는 몸 낱낱 곳. 울대, 목젖, 입보꾹, 이, 잇몸, 혀 따위가 있다 ⇐ 음성기관

소리너비 이름씨 소리 넓이 ⇐ 음역. 음폭

소리널 이름씨 소리모음틀을 써서 다시 들을 수 있도록 소리를 새겨 놓은 널 ⇐ 소리판

소리넓이 이름씨 사람 목소리나 가락틀이 낼 수 있는 가장 낮은 소리에서 가장 높은 소리까지 넓이 ⇐ 음역. 음폭

소리높낮이 이름씨 목소리 풍김새나 높낮이 ⇐ 톤

소리담개 이름씨 끌바탈을 써서 소리나 비춤꼴을 담는 플라스틱 띠 ⇐ 테이프. 레코드

소리돌림 이름씨 차례로 한 바퀴 돌아가면서 소리를 함

소리마디 이름씨 말소리에서 가장 짧은 마디. 홀소리는 혼자, 닿소리는 홀소리와 만나 이룬다 ⓑ'누나'는 두 소리 마디이다 ⇐ 음절

소리마루 이름씨 하늬말에서 낱말 한곳을 힘주거나 높여서 소리내는 것 ⇐ 악센트

소리막이 이름씨 소리가 울려 나가거나 들어오지 못하게 막음 ⇐ 방음

소리막이바람 이름씨 한쪽 소리가 다른 쪽으로 새어 나가거나 새어 들어오는 것을 막으려고 마련한 바람 ⇐ 방음벽

소리맵시 이름씨 소리가 지닌 남다른 바탈이나 보람. 노래할 때 소리 높낮이가 같아도 떨림을 어떻게 내고 다루는가에 따라 노래 느낌이 다르다 ⓑ같은 노래를 불러도 소리맵시가 좋은 사람이 부르면 송두리째 다른 노래가 된다 한뜻말 소리빛깔 ⇐ 음색

소리모음틀 이름씨 소리널이나 소리담개에 담은 소리를 다시 듣게 하는 틀 ⇐ 축음기

소리북 이름씨 판소리를 추어주는 장단에 쓰는 북 한뜻말 고장북

소리빛깔 이름씨 소리가 지닌 남다른 바탈이나 보람 한뜻말 소리맵시 ⇐ 음색

소리빠르기 이름씨 소릿결이 번지는 빠르기 ⇐ 음속

소리섬 이름씨 소리 높낮이 차례로 소리를 늘어놓은 것. 우리 가락은 다섯 소리 소리섬, 하늬 가락은 일곱 소리 소리섬을 바탕으로 한다 ⇐ 음계

소리소리 어찌씨 잇달아 크게 소리를 지르는 꼴 ⓑ'불이야!' 하고 소리소리 질렀다

소리시늉말 이름씨 소리를 흉내내어 하는 말. '떨그렁떨그렁', '까옥까옥', '멍멍' 따위 ⇐ 의성어

소리이음 이름씨 한 낱말 안에서나 낱말과 낱말 사이 또는 풀이나 줄기와 토 사이에서 닿소리가 홀소리로 비롯되는 소리마디를 만나면 받침이 뒷소리에 이어지는 일. 목안⇒모간. 낟알⇒나달. 밥알⇒바발. 먹으니⇒머그니. 밭에⇒바테

소리치다 움직씨 소리를 크게 지르다 ⓑ메 꼭대기에 올라 목청껏 소리쳤다

소리키움틀 이름씨 소리를 크게 하여 멀리까지 들리게 하는 틀 ⇐ 확성기

소리틀 이름씨 가락 따위를 보람있게 소리로 듣는 틀 ⇐ 오디오

소리판 이름씨 소리와 노래를 하며 즐겁게 노는 판 ⓑ한가위 날 마을에 소리판이 벌어졌다

소리판 ⇒ 소리널

소립자 ⇒ 숫알씨

소릿결 이름씨 소리가 울려 퍼지면서 생기는 빈기 흔들림 ⇐ 음파

소릿귀 이름씨 남 노래를 제대로 알아듣고 새기는 재주 ⓑ소릿귀를 가진 사람은 노래를 잘 불러요

소릿바람 이름씨 소리가 나간 뒤에 그 열매로 일어나는 바람이라는 뜻으로 말이 미치는 힘과 울림 ⓑ높은 자리에 있는 사람일수록 소릿바람 나지 않게 힘써야지

소마 이름씨 '오줌'을 부드럽게 이르는 말 ⓑ우리 아가 소마 보러 가자

소만 ⇒ 보리누럼

소망 ⇒ 꿈. 바람. 바라는 마음. 바라는 바

소매 이름씨 저고리나 두루마기 같은 윗옷에 두 팔을 꿰 넣는 데 ⓑ옷이 커서 소매가 손등까지 덮는다 비슷한말 옷소매

소매가 ⇒ 낱팖값. 올풀이값

소매구덩이 이름씨 밭에 거름을 뿌릴 때 쓰는 나무그릇. 나무를 둥글게 세워 테를 둘러 만들고 손잡이를 단다

소매상·소매점 ⇒ 가게. 구멍가게. 올풀이가게. 낱팔이가게

소매치기 이름씨 남 몸에 지닌 돈이나 몬을 훔치는 일. 또는 그런 짓을 하는 사람 ⓑ아지매는 소매치기 뒷덜미를 잡아 메다꽂았다

소맥분 ⇒ 밀가루

소맷돌 이름씨 디딤돌 가막이

소맷자락 이름씨 옷소매 자락 ⓑ소맷자락으로 눈물을 훔쳤다

소멸 (消滅) ⇒ 없어짐. 사라짐. 없어지다. 사라지다

소멸 (燒滅) ⇒ 사름. 살라없애다. 태워없애다. 타없어지다

소명 ⇒ 밝힘. 들추어 밝힘. 낱낱이 밝힘

소모 ⇒ 씀. 없앰. 쓰다. 써없애다. 써버리다

소모되다 ⇒ 동나다. 떨어지다. 없어지다. 바닥나다. 써서 없어지다. 쓰이다

소모임 ⇒ 작은 모임. 잔모임

소모품 ⇒ 쓸 것. 쓸 몬. 쓸거리

소몰이 이름씨 소를 몰고 다니는 일이나 그런 사람 ⓑ소몰이가 비롯되자 여기저기 흩어졌던 소들이 모여들었다 한뜻말 소치기 ⇐ 견우. 목동. 카우보이

소몰이꾼 이름씨 돈을 받고 일로 소몰이를 하는 사람 ⓑ귀 어두운 우리 큰아버지는 한때 소몰이꾼을 해서 먹고살았다

소묘 ⇒ 민그림

소무 ⇒ 고마

소무탈 ⇒ 고마탈

소문 ⇒ 도는말. 들리는말. 이야기

소문나다 ⇒ 말 돌다. 말 떠돌다. 말나다. 말 퍼지다

소문자 ⇒ 잔글자

소바히 이름씨 도누미 고장에 있는 고을. 소바히탈춤으로 널리 알려졌으며 소바히탈춤

은 도누미고장 여러 곳 탈춤을 갈음나는 탈춤이다 ⇐ 봉산

소바히탈춤 이름씨 도누미 소바히에 내려오는 탈놀음 갈래 탈춤. 사자춤이 이름났다 ⇐ 봉산탈춤

소박이 이름씨 ❶ 오이를 손가락 길이로 자르고 세로로 서너 갈래로 칼집을 내 그 속에 파, 마늘, 새앙, 고춧가루를 섞은 소를 넣어 담근 김치 ⓑ여름엔 오이소박이만 있어도 밥 한 그릇 뚝딱! 한뜻말 소박이김치. 오이소박이김치 ❷ 소를 넣어 만든 먹을거리 ⓑ고추 소박이

소박하다 ⇒ 수수하다. 수더분하다. 꾸밈없다. 무던하다. 털털하다

소반 ⇒ 밥놓개. 밥얹개

소방 ⇒ 불끄기

소방관 ⇒ 불끔이. 불끔보. 불막보

소방방재청 ⇒ 불끔큰물막이집

소방복 ⇒ 불막이옷

소방서 ⇒ 불끔집. 불막이집

소방차 ⇒ 불끔수레. 불막이수레

소백산 ⇒ 잔밝메

소백산맥 ⇒ 잔밝멧줄기

소변 ⇒ 오줌

소변기 ⇒ 오줌그릇

소복 ⇒ 흰옷

소복소복 어찌씨 ❶ 쌓이거나 담긴 몬이 여럿이 모두 볼록한 모습 ⓑ밤송이 위로 눈이 소복소복 쌓였다 ❷ 풀이나 털 따위가 촘촘하고 길게 난 모습 ⓑ겨울 앞에 심은 밀과 보리가 봄이 오자 소복소복 올라온다 ❸ 살이 찌거나 여럿이 다 볼록하게 도드라진 모습

소복소복하다 그림씨 ❶ 쌓이거나 담긴 몬이 여럿이 모두 볼록하다 ❷ 풀이나 털 따위가 촘촘하고 길게 나다 ❸ 살이 찌거나 여럿이 다 볼록하게 도드라지다

소복하다 그림씨 ❶ 담기거나 쌓인 것이 볼록하게 도드라지다 ⓑ그릇마다 소복하게 먹거리가 담겨있다 ❷ 풀이나 털 따위가 촘촘하게 나 있다 ⓑ햇빛이 잘 드는 들녘에 쑥이 소복하게 돋았다 ❸ 살이 찌거나 부어 볼록하게 도드라지다 ⓑ얼마나 울었는지 눈두덩이 소복하게 부었다 ❹ 그득히 모여 있다 ⓑ소복하게 들어선 집

소비 ⇒ 씀. 쓰기. 씀씀이. 쓰임. 쓰다. 써 버리다

소비량 ⇒ 쓰는 붚. 쓰는 숱

소비생활 ⇒ 쓰는 살이. 씀살이

소비자 ⇒ 쓰는이. 쓰는사람. 씀보

소비재 ⇒ 쓸 것. 쓸거리

소상하다 ⇒ 뚜렷하고 꼼꼼하다

소상히 ⇒ 꼼꼼히. 찬찬히. 뚝뚝히. 샅샅이. 빠짐없이

소생 (小生) ⇒ 저. 나

소생 (蘇生) ⇒ 살아남. 살아나다. 되살다

소석회 ⇒ 삭은 재

소설 ⇒ 이야기

소설가 ⇒ 이야기꾼

소설책 ⇒ 이야기책

소소다 움직씨 솟게 하다 ⓑ몸을 두 디위 소소와 바로 딱 섰다 한뜻말 솟구다

소소리 어찌씨 하늘로 매우 높이 솟은 꼴 ⓑ소소리 높은 멧봉우리에만 흰 눈이 남아 있다. 소소리 뻗어 오른 소나무

소소리높다 그림씨 하늘로 솟은 꼴이 매우 높다 ⓑ소소리높은 메. 소소리높은 벼랑

소소리바람 이름씨 ❶ 이른 봄 살 속으로 기어드는 듯 차고 매운 바람 ⓑ봄이라고는 하나 옷깃으로 스며드는 소소리바람은 차가웠다 ❷ 회오리바람 ⓑ소소리바람이 일 때마다 가랑잎과 먼지가 하늘 높이 올라갔다

소소리치다 움직씨 소스라치다 ⓑ아랫집 수탉 소리에 소소리치며 놀라 깨었다

소소소 어찌씨 바람이 아주 부드럽게 부는 모습 ⓑ솔바람이 소소소 지나간다

소소하다 ⇒ 작다. 대수롭지 아니하다. 자질구레하다

소속 ⇒ 딸림. 딸리다. 밑에 두다

소솜 이름씨 소나기가 한 디위 지나가는 동안. 매우 짧은 동안 ⓑ끓는 물에 나물을 넣고

한 소솜 끓은 뒤 건져내었다

소송 ⇒ 가름걸이. 가름걸다

소수 이름씨 몇 말이나 몇 달에 조금 넘음 ⓑ 두 말 소수. 넉 달 소수 한뜻말 남짓

소수 (素數) ⇒ 숫수

소수 (小數) ⇒ 잔수. 좀수

소수 (少數) ⇒ 적은수

소수나다 움직씨 땅에서 나는 낟이나 남새가 늘다 ⓑ지난해보다 올해 고추가 소수났다

소수민족 ⇒ 작은 겨레

소수자 ⇒ 작은 무리

소수점 ⇒ 잔수점

소스 (source) ⇒ 뿌리. 샘. 나온 곳. 생긴 곳

소스 (sauce) ⇒ 양념

소스라지다 움직씨 볼록하게 솟아나다 ⓑ내 이마는 톡 소스라졌다

소스라치다 움직씨 깜짝 놀라 몸을 떠는 듯이 움직이다 ⓑ언니는 방에 나타난 지네를 보고 소스라치게 놀랐다

소스락소스락 어찌씨 살갗에 좁쌀알 같은 것이 자디잘게 돋아난 꼴 ⓑ쌀쌀한 바람이 부니 소스락소스락 소름이 돋는다

소스락소스락하다 그림씨 살갗에 좁쌀알 같은 것이 자디잘게 돋아나다

소슬바람 ⇒ 서늘바람. 색바람

소슬하다 ⇒ 쓸쓸하다. 으스스하다. 서늘하다

소시지 ⇒ 고기순대

소식 (消息) ⇒ 새뜸. 알리는 말. 들리는 말

소식 (小食) ⇒ 적게 먹음. 적게 먹다

소식지 ⇒ 새뜸종이

소식통 ⇒ 알림줄. 새뜸줄

소신 ⇒ 믿는바. 믿음. 생각

소신껏 ⇒ 믿음대로. 생각대로

소실 (燒失) ⇒ 불탐. 불타다. 타버리다. 불타 없어지다

소실 (消失) ⇒ 없어짐. 없어지다. 간데없다. 사라지다. 간곳없다. 잃다. 잃어버리다

소실 (小室) ⇒ 고마. 작은집

소심하다 ⇒ 좀스럽다. 쩨쩨하다. 벌벌 떨다. 무서워하다

소싯적 ⇒ 어릴때. 젊을때. 어릴적

소싸움 이름씨 두 소를 맞붙여 싸우게 하는 놀이 ⇐ 투우

소싸움꾼 이름씨 소와 맞붙어 싸우는 놀이를 하는 사람. 붉은 천으로 소를 이리저리 끌어들이며 힘을 빼놓고 칼로 찌른다 ⇐ 투우사

소아 ⇒ 아이. 어린이. 아기

소아과 ⇒ 아이보는데

소아마비 ⇒ 아이 다리 저림

소아병 ⇒ 아이앓이

소액 ⇒ 잔돈. 푼돈. 쌈짓돈

소야곡 ⇒ 사랑노래

소양 ⇒ 본데. 뱀뱀이

소양인 ⇒ 잔볕이

소양증 ⇒ 가려움. 가려움앓이. 가려움늪

소외 ⇒ 따돌림

소외감 ⇒ 따돌린 느낌. 멀어진 느낌. 외톨이 느낌. 새뜬 느낌

소요 (所要) ⇒ 듦

소요 (騷擾) ⇒ 시끄러움

소요경비 ⇒ 든돈. 비발. 드는 돈. 든 밑천

소요되다 ⇒ 먹다. 들다. 걸리다. 들어가다. 쓰이다

소요량 ⇒ 쓰는 븦. 드는 븦

소용 ⇒ 쓸데. 쓸모. 쓰임새

소용돌이 이름씨 ❶바닥이 파인 곳에 물이 빙빙 돌아 흐르는 것이나 그런 곳 ⓑ냇물이 큰 웅덩이에서 소용돌이를 일으키고 흘러간다 ❷바람, 눈보라, 불길 같은 것이 세차게 움직여 돌아치는 것 ⓑ불길이 소용돌이를 일으키며 높이 치솟는다 ❸마음속에 세차게 일어나 설레는 생각이나 느낌 ⓑ반가운 님을 보자 내 마음이 걷잡을 수 없이 소용돌이를 쳤다 ❹뭇사람이 떨쳐 일어나 무서운 힘으로 움직이는 것 ⓑ사람들이 거리로 나와 촛불 소용돌이를 일으켜 윗사람들을 쫓아냈다

소용돌이치다 움직씨 ❶바닥이 깊이 팬 곳에서 물이 세차게 빙빙 돌아 흐르다 ⓑ웅덩이 물살이 소용돌이치며 흘러내린다 ❷바람

이나 눈보라, 불길 따위가 휘돌며 세차게 움직이다 ⓑ눈보라가 소용돌이쳐서 앞이 안 보인다 ❸힘이나 생각, 느낌 따위가 매우 세게 설레어 움직이다 ⓑ그를 바로 만나고 싶다는생각이 거세게 소용돌이쳤다

소용없다 ⇒ 쓸모없다. 쓸데없다

소원 (所願) ⇒ 바람. 꿈. 바라다. 빌다. 뜻하다

소원하다 (疎遠-) ⇒ 서먹하다. 서름하다. 성기다. 멀어지다. 새뜨다. 동안뜨다. 버성기다

소위 (少尉) ⇒ 한밥풀내기

소위 (所謂) ⇒ 이른바. 말하자면. 가론

소유 ⇒ 가짐. 가지다. 지니다. 차지하다

소유권 ⇒ 가질힘

소유물 ⇒ 아람치. 가진것

소유자 ⇒ 가진이. 임자

소유지 ⇒ 가진땅

소음 (騷音) ⇒ 시끄러운 소리

소음 (消音) ⇒ 소리없앰. 소리를 없애다. 소리를 끄다. 소리를 막다

소음인 ⇒ 잔그늘이

소인 (消印) ⇒ 지움찍음

소인 (小人) ⇒ 아이. 어린이. 저

소인국 ⇒ 난장이나라

소인배 ⇒ 못난이. 덜된이. 옹춘마니. 옹망추니

소인수 ⇒ 숫씨수

소일 ⇒ 그럭저럭 지냄. 그럭저럭 지내다. 날 보내다. 심심풀이하다

소일거리 ⇒ 심심풀이

소임 ⇒ 구실. 노릇. 할일. 맡은바. 맡은일

소자 (素子) ⇒ 숫씨. 이룸씨

소자 (小子) ⇒ 저

소자본 ⇒ 잔밑천

소작 ⇒ 배메기

소작농 ⇒ 배메기여름지이

소장 (所藏) ⇒ 간수. 간직. 지님. 간직하다. 가지다. 지니다. 간수하다

소장 (小腸) ⇒ 작은창자. 작은밸. 작은배알

소장 (小將) ⇒ 두별내기

소장품 ⇒ 지닌몬. 간직몬. 지닌 것. 간수한 것. 갈무리한 것

소재 ⇒ 거리. 감. 밑거리. 밑감

소재지 ⇒ 있는곳. 있는데. 사는곳. 사는데

소절 ⇒ 마디. 작은옹이

소정 ⇒ 잡은. 잡아놓은. 잡아둔

소제 ⇒ 쓰닦기. 쓰레질. 쓸다. 닦다. 훔치다. 쓰레질하다. 치우다

소조 (塑造) ⇒ 빚어붙임

소조 (小組) ⇒ 잔모둠

소주 ⇒ 김술

소죽 이름씨 여물과 콩깍지, 등겨 들을 섞어 끓인 소먹이 ⓑ소죽을 쑤어 구유에 퍼 넣었다

소중하다 ⇒ 종요롭다. 보배롭다. 값지다

소지 (素地) ⇒ 바탕. 밑. 밑절미. 밑바탕

소지 (所持) ⇒ 가짐. 지님. 지니다. 가지다. 띠다. 품다

소지품 ⇒ 지닌것. 가진것

소진 (消盡) ⇒ 없어짐. 사라짐. 바닥나다. 떨어지다. 없어지다. 동나다. 사라지다. 써버리다

소진 (燒盡) ⇒ 사윔. 탐. 사위다. 타버리다. 타 없어지다. 재가 되다

소질 ⇒ 숫밭. 숫바탕. 숫재주. 숫솜씨. 타고난 바탕. 타고난 재주. 타고난 솜씨

소집 ⇒ 모음. 부름. 모으다. 부르다. 불러 모으다

소쩍새 이름씨 비둘기와 비슷하나 조금 작고 큰 대가리에는 귀 꼴 깃털이 위로 뻗고 꼬리가 짧고 앞가슴에는 검은 얼룩줄이 있는 여름 철새. 낮에는 나뭇가지가 우거진 곳에 자고 밤에 암컷을 부르느라 '소쩍소쩍' 또는 '소쩍다 소쩍다'하고 밤새 운다

소쩍소쩍 어찌씨 소쩍새가 우는 소리 ⓑ멀리서 소쩍소쩍 소쩍새 우는 소리가 들린다

소책자 ⇒ 작은책

소청 ⇒ 바람. 바라는 일

소총 ⇒ 잔쏘개

소출 ⇒ 걷이. 걷은 낟

소치 ⇒ 까닭. 때문. 탓

소치기 이름씨 쫑궈 옛이야기에 나오는 소치는 사람 ⇐ 견우. 카우보이

소치기별 이름씨 대수리 자리에서 가장 밝은 별. 미리내를 사이에 두고 베짬이 별과 마

주 본다 ⇐ 견우성

소침 ⇒ 사그라짐. 까라짐. 사그라지다. 까라지다. 움츠러들다

소켓 ⇒ 고동개

소쿠라지다 움직씨 ❶갑자기 흐르는 물이 굽이치며 용솟음치다 ⓑ너울이 밀려와 벼랑에 부딪히며 높이 소쿠라진다 ❷물이 세찬 기운으로 솟아오른 채로 얼다 ⓑ날씨가 워낙 추워서 물이 소쿠라져 얼었다

소쿠리 이름씨 대나 싸리로 둥글게 엮어 만든 그릇. 테가 있고 바라졌다 ⓑ소쿠리에 강냉이를 담아두었다

소탈하다 ⇒ 수수하다. 털털하다. 서그럽다. 서근서근하다. 서글서글하다. 시원시원하다. 어숭그러하다. 트이다

소탕 ⇒ 없앰. 쓸어버림. 쓸어없앰. 싹쓸이. 없애다. 쓸어버리다. 쓸어없애다. 쓸어내다. 싹쓸이하다. 쳐없애다

소태 이름씨 ❶'소태나무' 준말 ❷'소태껍질' 준말. 맛이 아주 써 낫개감으로 쓰며, 또 질기어 무엇을 묶는 데 쓴다

소태같다 그림씨 맛이 매우 쓰다 ⓑ입맛이 소태 같아서 물 한 모금만 겨우 넘겼다

소태나무 이름씨 잎은 어긋나고 깃꼴 겹잎인 갈잎작은큰키나무. 나무껍질과 열매는 낫개로 쓴다

소통 ⇒ 주고받기. 주받. 트임. 뚫림. 열리다. 트이다. 뚫리다. 오가다. 막힘 없다. 마음을 나누다

소파 ⇒ 긴푹신앉개

소포 ⇒ 꾸러미

소폭 ⇒ 잔너비. 좁너비

소품 ⇒ 좀그림. 좀팽이. 쪽그림. 쪽글

소풍 ⇒ 나들이. 바람쐬기. 들놀이

소풍날 ⇒ 나들이날. 들놀이날

소프라노 ⇒ 막청. 높소리

소프트볼 ⇒ 부들공. 무른공

소프트웨어 ⇒ 다룸새. 다룸결. 짜임틀

소학교 ⇒ 첫배곳

소한 ⇒ 잔추위

소행 ⇒ 짓. 한짓. 한일

소행성 ⇒ 좀돌별. 잔돌별

소형 ⇒ 작은. 좀꼴. 꼬마

소형차 ⇒ 잔수레

소홀하다 ⇒ 지망지망하다. 데면데면하다. 섬서하다. 나몰라라하다. 내팽개치다

소화 (消化) ⇒ 삭임. 삭임질. 삭다. 삭이다. 내려가다. 내리다

소화 (消火) ⇒ 불끔. 불끄다. 불잡다

소화기 ⇒ 불끄개

소화기관 ⇒ 삭임틀. 삭임그릇

소화력 (消火力) ⇒ 불끌힘

소화력 (消化力) ⇒ 삭일힘

소화불량 ⇒ 안삭음

소화액 ⇒ 삭임물

소화전 ⇒ 불끄개고동. 물고동

소화제 ⇒ 삭임낫개. 삭이개

소환 ⇒ 부름. 불러옴. 부르다. 불러들이다. 불러오다

소환장 ⇒ 부름종이

소회 ⇒ 느낌. 생각. 느낀바. 품은 뜻

속 이름씨 ❶거죽이나 껍질로 싸여 차 있는 것 ⓑ강냉이 속. 수박 속을 잘라서 접시에 담았다 맞선말 겉 ❷무엇에 둘러싸인 것 ⓑ안개 속으로 들어가다. 수풀 속 ❸사람 몸 가운데 양 ⓑ점심 먹은 게 잘 삭지 않아 속이 더부룩하다 한뜻말 밥통 ❹품은 마음이나 생각 ⓑ뱃속이 검다. 속을 털어놓다. 속이 너그럽다 ❺일이나 이야기 속내 ⓑ굿 속에서나 나올 이야기. 속을 들여다보면 겉보기보다 힘들고 괴로워 ❻옳고 그름을 앎 ⓑ속이 들었다. 속이 없다. 속을 차리다 익은말 **속에 두다** 어떤 생각을 가슴에 품고 있다 **속에 없는 말(소리)** 속마음은 그렇지 않으면서 겉발림으로 하는 말 **속을 긁다** 남 속이 뒤집히게 마음을 살살 건드리다 **속을 끓이다** 마음을 태우다 **속을 태우다** ❶괴로워 몹시 마음을 쓰다 ❷남에게 근심 걱정을 끼쳐 몹시 마음을 쓰게 하다 **속이 근질거리다** 참기 어려울 만큼 어떤 일을 자꾸 몹시 하고 싶어하다 **속이 꼬이다** 마음이 틀어지다 **속이 끓**

다 골나고 애꿎어서 세찬 마음이 속에서 치밀어오르다 **속이 뒤집히다** ❶먹거리를 삭여내는 힘이 좋지 않아 게울 것처럼 되다 ❷몹시 아니꼽게 느껴지다 **속이 보이다** 엉큼한 마음이 들여다보이다 **속이 썩다** 마음이 몹시 다치다 **속이 없다** 줏대가 없다 **속이 타다** 걱정되어 몹시 안타깝다 **속이 풀리다** 틀어졌거나 골을 냈던 마음이 누그러지다 (슬기말) **속 빈 강정** 겉만 그럴듯하고 알맹이가 없음

속 ⇒ 묶음. 뭉치. 다발. 단. 사리. 톳. 꾸러미. 뭇

속가름 (이름씨) 돈이나 몬을 다 적고 그것을 작게 잘라서 낱낱이 밝힘. 또는 그렇게 적은 것 ⇐ 명세. 명세서

속개 ⇒ 다시엶. 다시 열다

속결 ⇒ 빨리끝냄. 빨리 끝내다

속곳 (이름씨) 속속곳. 다리속곳. 단속곳 들을 통틀어 이르는 말 ⇐ 팬티

속공 ⇒ 빨리치기. 재빨리 치다. 잽싸게 치고 들다

속구 ⇒ 빠른 공

속국 ⇒ 종나라. 매인 나라. 딸린 나라

속긁다 (움직씨) 남 속이 뒤집히게 살살 건드리다 ⓑ아내는 아침부터 속긁는 소리를 해댔다

속긋 (이름씨) 따라 써볼 수 있도록 먼저 가늘고 흐릿하게 그려 주는 긋 ⓑ아이들한테 속긋을 긋거나 속긋을 넣어 준 글씨부터 쓰게 하면 글씨나 그림을 쉽게 배운다

속기 ⇒ 빨리 쓰기

속길 (이름씨) 큰길에서 안쪽으로 가지 친 길 ⓑ뒤따라오는 동무들 몰래 속길로 빠져나왔다

속껍질 (이름씨) 과일이나 낟 속에 있는 껍질. 밤 보늬 같은 것

속꽂이 (이름씨) 높은 곳에서 몸을 날려 물속으로 거꾸로 꽂히는 일 ⓑ아이들이 바위 위에서 물웅덩이로 속꽂이를 하며 논다 ⇐ 다이빙

속끓이다 (움직씨) 마음을 태우다 ⓑ할머니는 아들 때문에 속끓이며 살아오셨다

속끓임 (이름씨) 어려운 일을 겪어 몸 마음이 굳어진 꼴. 되풀이되면 염앓이, 양앓이, 높이눌림 따위 다른 앓이를 일으키기도 하고 잠못자기, 얼날늦 따위 마음앓이도 일어난다 한뜻말속탐. 속끓임. 애탐 ⇐ 스트레스

속내 (이름씨) 겉으로 드러나지 않은 속마음이나 일 알맹이 ⓑ안팎 도둑들 검은 속내가 훤히 들여다보인다 한뜻말속내평 ⇐ 내용

속내평 (이름씨) 속내 ⓑ아버지는 늘 말없이 일만 하고 속내평을 잘 드러내지 않았다 한뜻말속내

속눈 (이름씨) 감은 듯 만 듯 조금 뜬 눈 ⓑ속눈을 뜨다 한뜻말샛눈

속눈썹 (이름씨) 눈시울에 난 눈썹

속다 (움직씨) 거짓이나 꾀에 넘어가서 아닌 것을 그런 것으로 알다 ⓑ봄내는 사기꾼에게 속아 돈을 많이 날렸다

속다짐 (이름씨) 마음속으로 하는 다짐

속닥 (어찌씨) ❶좀 높은 소리를 내어 한 디위 가볍게 소곤거리는 소리나 그 꼴 ⓑ둘이 오랜만에 만나더니 속닥이는 것 좀 봐 ❷종이나 천 따위를 가위로 짧게 한 디위 써는 소리나 그 꼴 ⓑ두 돌을 지난 아슨아들이 가위로 종이를 속닥 썬다 **속닥이다 속닥하다**

속닥거리다 (움직씨) 좀 높은 소리를 내어 소곤거리다 **속닥대다**

속닥속닥 (어찌씨) ❶좀 높은 소리를 내어 소곤거리는 꼴 ⓑ엄마와 딸이 부엌에서 속닥속닥 얘기를 나누며 나물을 다듬는다 ❷종이나 천 따위를 가위로 잘게 자꾸 써는 꼴 **속닥속닥하다**

속단 ⇒ 섣부른 판가름. 함부로 어림잡다. 섣불리 판가름하다. 지레어림잡다. 넘겨짚다

속달 ⇒ 빨리 보냄. 빨리 닿다. 빨리 보내다. 빨리 보내주다

속달거리다 (움직씨) 말소리를 겉으로 드러내어 소곤거리다 **속달대다**

속달속달 (어찌씨) 말소리를 겉으로 드러내어 소곤거리는 꼴 센말쏙달쏙달 **속달속달하다**

속담 ⇒ 슬기말

속대 [이름씨] 푸성귀 겉잎이나 겉대에 싸여 속에 있는 줄기나 잎 ㉥사생이 나물은 속대가 제맛이다

속댓국 [이름씨] 배추속대를 넣고 끓인 국 ㉥빈대떡을 먹고 나니 속댓국이 먹고 싶네

속도 ⇒ 빠르기

속독 ⇒ 빨리읽기

속돌 [이름씨] 잔구멍이 많아서 물에 뜰 만큼 몹시 가벼운 돌. 불메 녹은 바위가 갑자기 식어 생긴다 한뜻말 거품돌

속되다 ⇒ 낮고 거칠다. 나랍다

속뒤집히다 [움직씨] 몹시 아니꼽게 느껴지다 ㉥속뒤집히는 일을 겪고 골이 났다

속떠보다 [움직씨] 남 마음을 알려고 넘겨짚다 ㉥갑자기 찾아와서 이런저런 이야기를 하고 갔는데 속떠보려고 온 것 같아

속뜻 [이름씨] 마음속으로 품은 뜻 ㉥이제야 아버지 속뜻을 가늠할 수 있겠다

속력 ⇒ 빠르기

속리산 ⇒ 수리메

속마음 [이름씨] 겉으로 드러나지 않은 참마음 ㉥나는 네 속마음을 모르겠어 ⇐ 흉금

속말 [이름씨] 속에서 우러나오는 참말 ㉥자네에게 속말을 털어놓고 싶어 맞선말 겉말

속물 ⇒ 상사람. 상것

속바람 [이름씨] 몹시 지친 때에 숨차고 몸이 떨리는 것

속박 ⇒ 굴레. 얽어맴. 굴레 씌우다. 얽다. 얽어매다. 옭다. 옭아매다. 잡아매다. 동여매다. 동이다

속박되다 ⇒ 얽매이다. 굴레쓰다. 묶이다

속병 ⇒ 속앓이

속보 (速報) ⇒ 빨리 알림. 빠른 새뜸

속보 (速步) ⇒ 잰걸음. 빠른 걸음

속보이다 [움직씨] 엉큼한 속마음이 들여다 보이다 ㉥빤히 속보이는 소리 하고 있네

속불꽃 [이름씨] 겉불꽃에 싸여 속에서 타는 불꽃. 겉불꽃보다 덜 뜨겁다

속사정 ⇒ 속내. 속내평. 속일

속삭거리다 [움직씨] [1] 귓속말로 가만가만 이야기하다 [2] 몬이 가볍게 스치면서 소리를 내다 **속삭대다**

속삭속삭 [어찌씨] [1] 귓속말로 가만가만 이야기하는 꼴 ㉥가시나들은 저들끼리 속삭속삭 이야기하더니 밖으로 나갔다 [2] 몬이 가볍게 스치면서 내는 소리 ㉥마지막 남은 느티나무 잎들이 바람에 속삭속삭 소리를 낸다 **속삭속삭하다**

속삭이다 [움직씨] [1] 귓속말로 가만가만 말하다 ㉥여러 사람 있는 데서 귓속말로 속삭이는 것은 좋지 않아 비슷한말 귀엣말하다. 귓속말하다 [2] 몬이 가볍게 스치는 소리가 나다 ㉥벼 이삭, 수수 이삭이 와삭와삭 속삭인다 **속삭임**

속삭임 [이름씨] 가는 목소리로 가만가만 하는 이야기 ㉥저 새싹들 속삭임이 들리는가?

속살 [이름씨] [1] 옷에 가려서 겉으로 드러나지 않는 살 ㉥'빠빠라기'에서는 속살을 남김없이 드러내고 살아야 홀가분한 삶으로 여긴다 [2] 겉으로 보기보다 속으로 알차게 찐 살 ㉥속살을 빼려고 나날이 달리기를 한다. 속살이 포동포동하다 [3] 껍질 속에 든 살 ㉥속살이 꽉 찬 꽃게. 조개 속살

속살거리다 [움직씨] [1] 가는 목소리로 드러나게 속삭이다 [2] 귀뚜라미나 벌레 따위가 우는 소리를 내다 **속살대다**

속살속살 [어찌씨] [1] 가는 목소리로 드러나게 속삭이는 꼴 ㉥며느리는 아이와 속살속살 이야기에 빠져있다 [2] 귀뚜라미나 벌레 따위가 우는 소리 ㉥가을이면 온갖 벌레가 속살속살 떼노래를 부른다 [3] 시냇물이 가볍게 흘러가는 소리 ㉥마을 앞 시냇물이 속살속살 쉬지 않고 흐른다 **속살속살하다**

속살이 [이름씨] 등딱지는 둥글고 겉은 매끈하며 가리비나 새조개 같은 조가비 속에 들어가 사는 조그만 게

속상하다 ⇒ 마음 아프다. 괴롭다. 속썩다. 속타다. 애타다. 골나다. 부아나다. 마음 쓰라리다

속새[1] [이름씨] 메와 들 축축한 곳에 자라는 늘푸른 여러해살이풀. 줄기가 거칠거칠해서

무엇을 닦는 데 쓴다

속새[2] (이름씨) 유리나 차돌 가루 따위를 발라 붙인 천이나 종이. 보믜를 닦거나 세간 거죽을 반드럽게 하는 데 쓴다 한뜻말 모래베 ⇐ 사포

속성 (速成) ⇒ 빨리 이룸

속성 (屬性) ⇒ 바탈. 밑바탕

속성재배 ⇒ 빨리 가꾸기

속세 ⇒ 사람살이. 티끌누리. 괴로움누리

속셈 (이름씨) ❶마음속으로 하는 꿍꿍 셈 ⓑ속셈이 너무 뻔히 보인다. 와우! 속셈을 잘하네 한뜻말 꿍꿍이셈 ❷셈틀이나 아무 연장 없이 머릿속으로 하는 셈 한뜻말 주먹셈 ⇐ 암산

속소그레하다 (그림씨) 조그만 여러 낱 몬이 크기가 고만고만하다 ⓑ밤나무 밑에 속소그레한 알밤이 잔뜩 떨어져 있네 큰말 숙수그레하다

속속 ⇒ 잇달아. 자꾸

속속곳 (이름씨) 겨집 아랫도리 맨 속에 입는 속옷. 다리통이 넓고 밑이 막혀 있다 ⇐ 팬티

속속들이 (어찌씨) 깊은 속까지 샅샅이 ⓑ사람 속을 속속들이 알 수는 없다 비슷한말 고주알미주알. 낱낱이

속속이 (이름씨) 잎이 뿌리에서 무더기로 나는 냉이 비슷한 풀. 어린싹은 나물로 먹는다

속속히 ⇒ 매우 빨리. 서둘러. 바삐. 바쁘게

속손톱 (이름씨) 손톱 뿌리 쪽에 있는 가웃달꼴 흰 곳 ⓑ속손톱이 유난히 하얗다

속수무책 ⇒ 어쩔 수 없음. 손쓸 수 없음. 해볼 수 없음. 꼼짝할 수 없음

속시원하다 (그림씨) 뜻대로 이루어지거나 걱정이 사라져 후련하다 ⇐ 통쾌하다 **속시원히**

속썩은풀 (이름씨) 여름에 보랏빛 꽃이 피고 뿌리는 낫개로 쓰는 풀 ⇐ 황금

속씨식물 ⇒ 속씨푸나무

속씨푸나무 (이름씨) 꽃피는 푸나무 가운데 밑씨가 씨방 안에 들어있는 푸나무. 감나무, 밤나무, 벚나무, 버드나무 따위 ⇐ 속씨식물

속아넘다 (움직씨) 꼬임에 속아버리다 ⓑ네 거짓부리에 속아넘을 줄 알았더냐 한뜻말 속아넘어가다

속앓이 (이름씨) ❶몸속에 생긴 앓이 ⓑ저 집 며느리는 속앓이로 오늘도 나숨집에 갔어 ⇐ 속병 ❷양 앓이 ⓑ밥을 빨리 먹었더니 배가 몹시 아파. 속앓이 같아 ❸마음속 걱정. 마음속 괴로움 ⓑ아들을 가슴에 묻은 어머니는 두 해째 속앓이를 한다

속어 ⇒ 낮은말. 상말

속엣것 (이름씨) 속에 있는 것 ⓑ멀미가 나서 속엣것을 게워내었다. 속엣것이 드러날 만큼 옷을 짧게 입었다

속옷 (이름씨) 겉옷 안쪽에 몸에 바로 닿게 입는 옷 ⓑ혼자 사는 아랫마을 할머니께 속옷을 사 드렸다 맞선말 겉옷

속이다 (움직씨) 거짓이나 꾀에 넘어가게 하다 ⓑ그때 마을지기는 저울 눈을 속여 버섯을 많이 챙겼지 한뜻말 속게 하다 비슷한말 눈가림하다

속인 ⇒ 집살이. 집살이꾼

속임낫개 (이름씨) 마음을 가라앉히려고 속임수로 쓰는 낫개 ⇐ 위약

속임수 (이름씨) 남을 속여 넘기는 수 ⇐ 사기. 사기술. 트릭

속임약 ⇒ 속임낫개

속잠 (이름씨) 깊이 든 잠

속잠방이 (이름씨) 아랫도리 옷 맨 속에 입는 잠방이 ⇐ 팬티. 팬츠

속저고리 (이름씨) 저고리를 껴입을 때 속에 입는 꽃님 저고리 ⓑ속저고리 앞섶을 단단히 여미었다

속적삼 (이름씨) 겉옷에 땀이 배지 않도록 저고리나 적삼 속에 껴입는 적삼 ⇐ 한삼

속절없다 (그림씨) 달리 어찌할 수가 없다 ⓑ사람이 늙어 죽는 것은 누구한테나 속절없는 일이다 비슷한말 옴나위없다

속종 (이름씨) 마음속에 품은 생각 ⓑ기침을 하는 것을 보고 속종으로 웬일인가 했어요 한뜻말 속생각

속죄 ⇒ 뉘우침. 허물씻이. 뉘우치다. 허물씻다. 허물갚다. 허물을 빌다

속지르다 움직씨 남 속을 까닭 없이 태우다

속청 이름씨 대나무나 갈대 따위 속에 있는 얇고 흰 꺼풀. 대청, 갈대청 따위를 이른다

속출 ⇒ 자꾸 나옴. 잇따름. 자꾸 나오다. 잇달아 나오다. 잇따르다. 자꾸 터지다

속치 이름씨 속에 있는 것 ⓑ속치와 겉치

속치마 이름씨 겉치마 밑에 받쳐 입는 치마

속칭 ⇒ 이른바. 흔히 말하는. 흔히 일컫는

속타다 움직씨 몹시 걱정되다 ⓑ씨 뿌릴 때인데 비가 내리지 않아 여름지기들은 속타는 나날이다

속탐 이름씨 뭠틀 안에서 땔감이 터져 타는 일 ⇐ 내연

속탐뭠틀 이름씨 뭠틀 안에서 땔감을 터뜨려 태워 뭠힘을 얻는 뭠틀 ⇐ 내연기관

속판 이름씨 속에 숨은 매개 ⓑ겉은 어리석어 보이지만 속판은 다르다

속풀이국 이름씨 앞날 마신 술기운이나 거북한 속을 풀려고 먹는 국 ⇐ 해장국

속하다 ⇒ 끼이다. 들다. 들어가다. 딸리다

속행 ⇒ 이음. 잇다. 잇달아 하다. 이어서 해나가다

속히 ⇒ 빨리. 바삐. 빠르게. 재빨리. 어서. 얼른. 냉큼. 후딱. 서둘러. 곧바로. 잽싸게

솎다 움직씨 배게 난 남새나 모, 열매 들을 사이사이 뽑아내거나 떼어내다 ⓑ뒤뜰에 심은 상추를 솎아 옮겨 심었다

손[1] 이름씨 ❶사람 팔목 끝에 달려 손등, 손바닥, 손목으로 나뉘고 그 끝에 다섯 손가락이 있어 무엇을 만지거나 잡거나 하는 곳 ⓑ아이는 손을 내내 흔들었다 ⇐ 수 ❷품이나 일손 ⓑ손이 모자라다. 손이 많다. 손을 나누다 ❸도움이 되는 힘이나 그런 힘을 가진 것 ⓑ그 일은 누나 손에 달렸다. 남 손 빌지 말고 우리 손으로 하자 ❹손잡이 ⓑ맷돌 손 ❺머루 같은 덩굴이나 호박, 오이 들이 다른 것에 감아 줄기를 붙잡아 주는 것 ❻로봇 같은 데서 움직여 일을 하는 곳 ⓑ로봇 손 익은말 **손 넘기다** 때를 놓쳐 버리다 **손을 끊다** 오가거나 주고받기를 그만두다 **손이 달리다** 일손이 모자라다 **손이 뜨다** 일하는 손놀림이 굼뜨다 **손이 맑다** 다라워 남에게 베푸는 품이 두텁지 않다 **손이 작다** 돈이나 몬을 내는 데서 통이 크지 못하고 좀스럽다 **손이 크다** 씀씀이가 너그럽고 크다 슬기말 **손 안 대고 코 풀기** 손조차 쓰지 않고 코 푼다는 뜻으로, 힘을 안 들이고 아주 쉽게 일을 끝냄

손[2] 이름씨 ❶남을 찾아가거나 찾아오는 사람 ⓑ멀리서 오신 손들이니 잘해드려라 ❷잘 데나 밥집에 찾아온 사람 ⓑ그 밥집은 늘 손이 바글바글한다 ❸지나다 잠깐 들린 나그네 ⓑ손은 그냥 가겠다고 하고 집임자는 쉬어 가라 한다 ❹'뜨리'를 빗대어 이르는 말

손가늠 이름씨 손으로 대중을 잼 ⓑ이제 손가늠으로도 한 꾸러미를 얼추 집을 수 있어

손가락 이름씨 손바닥에서 다섯 낱으로 갈라진 가락. 엄지손가락. 집게손가락. 가운뎃손가락. 낫손가락. 새끼손가락이다 ⓑ손가락을 걸며 동무와 다짐을 했다

손가락그림 이름씨 풀에 물감을 섞어서 손가락으로 문질러 그리는 그림 ⇐ 핑거페인팅

손가락마디 이름씨 손가락을 이루는 뼈마디

손가락무늬 이름씨 손가락 끝마디 안쪽에 있는 살갗 무늬. 활무늬, 말굽무늬, 소용돌이무늬가 있다 ⇐ 지문

손가락셈 이름씨 손가락을 꼽아서 수를 세는 일 ⓑ꼬마가 덧셈과 뺄셈을 손가락셈으로 한다

손가락질 이름씨 ❶손가락으로 가리키는 짓 ⓑ길을 묻자, 저쪽이라며 손가락질을 했다 ❷얕보거나 비웃는 짓 ⓑ동네 사람들은 그 사내를 바보 같다며 손가락질을 했다 **손가락질하다**

손가방 이름씨 손에 들고 다니기 좋은 작은 가방 ⓑ쓸 것들을 손가방에 가지런히 넣었다 ⇐ 핸드백

손가짐 이름씨 앉거나 서거나 걷거나 몸을 움직일 때 손을 뒤거나 거두는 꼴 ⓑ멋진 몸가짐과 손가짐

손갓 이름씨 눈부심을 막거나 멀리 보려고 손을 이마에 갖다 대는 것 ⓑ슬기는 동산에 올라 손갓을 하고 언니를 기다렸다

손거울 이름씨 몸에 지니고 다니기 쉽게 만든 작은 거울 ⓑ밥 먹은 뒤 손거울로 입 둘레를 살펴보았다

손겪다 움직씨 손님을 맞아 모시다 ⇐ 대접하다

손겪이 이름씨 손님을 맞이하는 일 한뜻말손님맞이

손곱 이름씨 손톱 밑이나 손가락 사이에 낀 때

손공 이름씨 한쪽이 일곱 사람씩 두 쪽으로 갈려 공을 주고받거나 튀기면서 맞은쪽 문에 넣는 놀이 ⇐ 핸드볼

손굽 이름씨 ❶손가락을 다 구부려 주먹을 쥔 손 ⓑ물결은 손굽이 드세서 한 주먹 맞으면 까무라칠걸 ❷남을 휘어잡는 힘 ⓑ니혼 웃대가리들은 아직도 우리를 제 손굽에 휘어박아야 살길이 열린다고 여기나 봐

손그릇 이름씨 방안에서 몸 가까이 두고 쓰는 연장. 반짇고리 같은 잔 세간

손글씨꼴 이름씨 손으로 글씨를 쓸 때 글씨꼴 ⇐ 필기체

손금 이름씨 손바닥 살갗에 잔주름을 이룬 금 ⓑ점쟁이가 내 손금을 꼼꼼히 들여다보고는 활짝 웃었다 익은말 **손금 보듯 하다** 낱낱이 환히 다 알다

손기척 이름씨 문을 열고 들어가기 앞에 안에 있는 사람에게 알리려고 문을 똑똑 두드리는 일 ⓑ문 앞에서 똑똑 손기척을 냈다 ⇐ 노크

손길 이름씨 ❶내밀어 잡거나, 당거나, 만질 때 펴서 내민 손 ⓑ가르침이는 따뜻한 손길로 내 머리를 쓰다듬었다 ❷도와주거나 보살피는 힘 ⓑ남새 포기포기마다 늘 여름지기 손길이 미친다

손꼽다 움직씨 ❶손가락을 하나씩 꼬부리며 셈을 헤아리다 ⓑ나는 여름 배움쉼이 되기를 손꼽아 기다렸다 ❷무엇이 아주 뛰어나 다섯 손가락이나 열 손가락 안에 들다 ⓑ무럭은 우리나라에서 손꼽을 만큼 우리말을 잘 부려 쓴다

손꼽히다 움직씨 여럿 가운데서 뛰어나거나 두드러져 몇째 안에 있다 ⓑ아저씨는 솔메 안에서 손꼽히는 우스개꾼이다

손끝 이름씨 ❶손가락 끝 ⓑ손끝에 따뜻함이 느껴진다. 손끝을 놀리다 ❷대거나 매만져서 열매를 맺는 손 ⓑ그 애는 손끝이 여물어서 뭘 해도 잘한다. 우리집 살림은 어버이 두 분이 쉼 없이 놀리는 손끝에서 이뤄졌다 익은말 **손끝이 맵다** ❶손으로 살짝 때려도 몹시 아프다 ❷일하는 것이 야무지다 **손끝이 여물다** 하는 일이 허술하지 않고 야무지다

손끝누르기 이름씨 아픈 데를 손가락 따위로 누르거나 주물러서 얼날이 눌리며 피의 흐름을 잘 돌게 하는 아람 나숨수 ⇐ 지압

손끼개 이름씨 추위를 막거나 꾸미거나 감싸려고 손에 끼는 몬. 천, 가죽, 털실 따위로 만든다 ⇐ 장갑

손나발 이름씨 손을 말아 입에 대고 부는 것 ⓑ나는 손나발을 입에 대고 '아부지, 밥 잡수러 오소!' 하고 크게 외쳤다

손날 이름씨 손가락을 폈을 때 새끼손가락 쪽 모서리 ⓑ손날로 널빤지를 깼다

손낳이 이름씨 손으로 짬. 또는 짠 몬 한뜻말손짜기 ⇐ 수직

손녀 ⇒ 아슨딸

손놀림 이름씨 손을 이리저리 뒤는 짓 ⓑ아버지 모심는 손놀림이 어찌나 빠른지 모두가 놀란 눈으로 바라봤다

손놓다 움직씨 하던 일을 그만두다 ⓑ그 일에서 손놓고 다른 일을 해

손님 이름씨 ❶'손' 높임말 ⓑ손님이 오셨으니 물 좀 가져다드려요 ❷저자에 무엇을 사러 오는 사람이나 버스나 긴수레를 타고 내리는 사람 ⓑ버스 안에는 손님이 많지 않아 앉아 갈 수 있겠다 ⇐ 여객 ❸'뜨리'를 빗대어 이르는 말

손님맞이 이름씨 오는 손님을 맞아들이는 일 한뜻말손겪이

손닿기 이름씨 공차기 놀이에서 지킴어김 가운데 하나. 공차다가 일부러 손이나 팔로 공을 치는 일 ⇐ 핸들링

손대다 움직씨 ❶손으로 만지거나 건드리다 ㉥봉숭아 열매가 손대면 톡 하고 터질 것 같아 ❷일을 잡아 해나가다 ㉥고칠 것이 많아서 뭐부터 손대야 할지. 오빠는 손대는 일마다 잘되었다 ❸남 것을 함부로 쓰거나 제 것으로 만들다 ㉥내 돈에 손댄 사람이 누구냐? ❹다스리거나 다루다 ㉥사람살이에서 꼭 없어져야 할 것들을 손대서 없애지 못하는 까닭이 무엇일까? ❺고치거나 매만지다 ㉥써놓은 글을 조금 손대서 보냈다 ❻누구를 때리다 ㉥말못하는 짐승이라고 함부로 손대면 안 된다

손대중 이름씨 손으로 쥐거나 들어 보아 어림잡아 헤아림 ㉥손대중으로 대충 나누었는데 거의 같다

손도울이 이름씨 일하는 사람 곁에서 일을 거들어 주는 사람 ㉥자네는 발이 넓으니 손도울이 좀 알아봐 주게나 한뜻말 곁꾼

손도장 ⇒ 손무늬찍기

손돌바람 이름씨 달셈으로 열달 스무날께 부는 몹시 매섭고 추운 바람 한뜻말 손돌이바람

손돌이추위 이름씨 달셈 열달 스무날께 오는 매서운 추위

손동작 ⇒ 손놀림. 손짓

손뒤짐 이름씨 무엇을 찾아내려고 손으로 샅샅이 들추는 일 **손뒤짐하다**

손들다 움직씨 ❶제힘에서 벗어나서 그만두다 ㉥더는 버티지 못하고 드디어 손들고 말았다 ⇐ 투항하다. 항복하다 ❷어떤 일에 뜻을 같이하다 ㉥벗 말이라고 무턱대고 손들어 주어서는 안 된다

손등 이름씨 손 바깥쪽. 손바닥 뒤 ㉥손등으로 이마에 흐르는 땀을 닦았다

손때 이름씨 ❶손에 묻은 때나 손으로 만져서 낀 때 ㉥문고리에 손때가 묻어 반질반질하다 ❷오래 쓰거나 매만져서 길이 든 자취 ㉥어머니가 쓰던 살림살이에 손때가 스몄다

손떠퀴 이름씨 무슨 일이든지 손을 대는 데 따르는 떠퀴

손떨림늪 이름씨 몬을 잡으면 손이 떨리는 앓이 ⇐ 수전증

손떼다 움직씨 벗어나 하던 일을 그만두다 ⇐ 포기하다

손말 이름씨 손가락이나 손짓으로 하는 말 ⇐ 수화

손말명 이름씨 가시나가 죽어서 된 깨비 ⇐ 처녀귀신

손말틀 이름씨 손에 들거나 몸에 지니고 다니면서 걸고 받는 작고 줄 없는 말틀 ⇐ 핸드폰. 휴대폰. 스마트폰

손맛 이름씨 ❶손으로 만져 보아 느끼는 느낌 ㉥아랫밭은 기름질 뿐 아니라 손맛도 부드럽다 ❷손을 써서 무엇을 할 때 그 세기나 깐깐한 만큼. 또는 야무진 맛 ㉥참다 참다 안되면 어쩌겠어! 다시 벌떼처럼 들고일어나 손맛을 보여줘야지! ❸물고기가 입질하거나 물어 당기는 힘이 낚싯대를 쥔 손에 밀려오는 느낌 ㉥고기가 입질하는 손맛이 짜릿하다 ❹먹을거리를 만들 때 손으로 주무르거나 만져서 솟아나는 맛 ㉥어릴 적 즐겼던 먹을거리에 담긴 어머니 손맛이 그립다

손모둠 이름씨 주검가마가 나가기 앞날 빈 가마를 메고 마을을 돌아다니는 일

손목 이름씨 손과 팔이 서로 잇닿아 잘록한 뼈마디 ㉥무거운 걸 들다가 손목을 삐었다 한뜻말 홀목 비슷한말 팔목

손목시계 ⇒ 손목때알림이

손뮘 이름씨 손힘으로 움직이거나 손힘으로 움직이게 된 것 ⇐ 수동

손바꿈 이름씨 ❶익은 솜씨를 서로 바꾸어 일하기 ㉥우리 집 바느질은 너희가 하고, 너희 집 빨래는 우리가 하여 손바꿈하자꾸나 ❷사람을 서로 바꾸어 일하기 ㉥너희 아들과 우리 딸을 서로 손바꿈으로 해보면 어떨까 **손바꿈하다**

손바느질 이름씨 바느질틀을 쓰지 않고 손으로 깁거나 꿰매는 일 ⓑ할머니가 한 땀 한 땀 손바느질로 우리 옷을 지어 주었어요

손바닥 이름씨 ❶손 안쪽에 손금이 있는 바닥, 곧 손등 맞은쪽 ⓑ두 손바닥을 탁탁 털고 일어났다 맞선말 손등 ❷아무것도 가지지 않은 맨손 ⓑ손바닥으로 집을 지으란 말이오?

손바닥나무 이름씨 더운 고장에 자라는 늘푸른나무. 부챗살처럼 생긴 큰 잎이 줄기 끝에 무더기로 난다 ⇐ 종려나무

손바람가락틀 이름씨 주름고리를 늘였다 줄였다 하며 누르개를 눌러 소리를 내는 가락틀 ⇐ 아코디언

손바심 이름씨 손으로 낟알을 털어 거두는 일

손발 이름씨 ❶손과 발 ⓑ손발이 맞아야 일을 하지 ❷남을 갈음하여 그이 뜻대로 움직이는 사람 ⓑ아무개 손발이 되어 서른 해를 살았다네

손발길 이름씨 맨손과 맨발로 맞선이를 치고 차고 넘어뜨리는 우리나라 싸움꾀 ⇐ 태권도

손발춤 이름씨 손발길 바탕 몸짓을 가락에 맞춰 하는 몸놀림 ⇐ 태권무

손방 이름씨 도무지 할 줄 모르는 솜씨 ⓑ나는 밥 짓는 데는 손방이야

손버릇 이름씨 ❶손에 익은 버릇 ⓑ자꾸 머리를 만지는 손버릇이 있다 ❷남 것을 훔치거나 남을 때리는 버릇 ⓑ보람이는 남 것을 훔치는 나쁜 손버릇이 있다

손번불 이름씨 손에 들고 다닐 수 있는 작은 불빛 한뜻말 손호롱 ⇐ 플래시. 손전등

손보기[1] 이름씨 손대어 고쳐 바로잡는 일 ⓑ세간살이 손보기. 여름지이틀 손보기 비슷한말 손질

손보기[2] 이름씨 논다니가 밭팔려고 손님을 맞이하는 일

손보다 움직씨 ❶손대어 고쳐 바로잡다 ⓑ망가진 문을 손봤다 비슷한말 손대다 ❷꾸짖고 몹시 때리다 ⓑ버릇없는 아우를 언젠가는 손볼 거야 비슷한말 손봐주다

손봐주다 움직씨 ❶다른 사람 일을 도와주다 ⓑ이 많은 일을 손봐주는 사람 하나 없이 혼자 하다니 ❷주눅이 들도록 몹시 꾸짖고 때리다

손부끄럽다 그림씨 손을 내밀어 무엇을 주거나 받으려다가 마다하는 바람에 남 보기 부끄럽다 ⓑ손부끄럽게 어서 받으세요. 얼마 안 됩니다

손빈책 이름씨 손에 들고 다니며 무엇을 적는 작은 빈 책 ⇐ 수첩

손빨래 이름씨 손으로 하는 빨래 ⓑ이불을 손빨래하려니 힘이 든다

손뼉 이름씨 손바닥과 다섯 손가락 바닥을 아울러 이르는 말 ⓑ우리는 노랫가락에 맞추어 손뼉을 쳤다 ⇐ 박수

손사래 이름씨 제 말을 내세우거나 남 말을 아니라고 우기려고 손을 펴서 내젓는 일 ⓑ손사래 치면서 그런 일이 없다고 딱 잡아뗐다

손사래치다 움직씨 손을 펴서 마구 내젓다 ⓑ벌떡 일어나 뒤로 돌더니 손사래치며 조용히 하라고 소리 질렀다

손상 ⇒ 흠. 다침. 망가짐. 헐다. 다치게 하다. 망가뜨리다

손상되다 ⇒ 헐다. 다치다. 깎이다. 망가지다

손샅 이름씨 손가락과 손가락 사이 한뜻말 손살피

손색 ⇒ 모자람

손색없다 ⇒ 못지않다. 모자람 없다. 처지지 않다

손속 이름씨 노름할 때 바라는 대로 잘 맞아 나오는 흐름 ⓑ손속이 좋다고 이어 하다가는 살림 기둥 내려앉는다

손쇠북 이름씨 손잡이를 쥐고 흔들어 소리를 내는 작은 쇠북 ⇐ 요령

손수[1] 이름씨 씨름에서 손과 팔로 맞선이를 넘어뜨리는 수. 무릎치기, 목죄기, 팔걸이, 다리당기기 들이 있다

손수[2] 어찌씨 제 손으로 바로 ⓑ어머니는 우리 옷을 손수 지었다 한뜻말 몸소

ㅅ

손수건 ⇒ 손닙데기. 잔손천

손수레 이름씨 사람이 손으로 끌거나 미는 작은 짐수레 ⓑ거름이나 남새 같은 웬만한 짐은 외발 손수레로 밀어 나른다

손숫물 이름씨 손 씻는 물 ⓑ손숫물과 발숫물

손쉽다 그림씨 다루기가 어렵지 않고 매우 쉽다 ⓑ손쉬운 일만 골라서 하면 되나 ⇐ 편리하다. 안이하다

손실 ⇒ 축남. 밑짐. 잃어버리다. 잃다. 축나다. 축가다. 밑지다. 살닿다

손싸다 그림씨 ❶손으로 다루기 쉽거나 쓰기가 알맞다 ⓑ손싼 호미 ❷일솜씨가 잽싸다 ⓑ보람이는 손싸게 일을 척척 해치웠다 한뜻말손재다

손쏘개 이름씨 한 손으로 다룰 수 있는 짧고 작은 쏘개. 지킴이나 몸을 돌보려고 쓴다 ⇐ 권총

손쓰다 움직씨 좋지 않은 일이 생기지 않도록 할 일을 미리 해 놓다 ⓑ피를 많이 흘려서 빨리 손쓰지 않으면 죽을 수도 있어

손씻이 이름씨 남 수고를 갚으려고 돈이나 몬을 주는 일. 또는 그 주는 것 ⓑ엄마는 아직도 이웃 아이에게 손씻이를 못한 것이 마음에 걸린다고 했다 ⇐ 팁

손아귀 이름씨 ❶엄지손가락과 집게손가락 사이 ⓑ억센 손아귀로 도둑놈 뒷덜미를 잡았다 ❷아람치나 힘이 미치는 둘레 ⓑ이제 더는 다른 나라 손아귀에 들어가는 일은 없어야 한다

손아래 이름씨 나이나 자리, 돌림 따위가 나보다 아래인 사이나 그런 사람 ⓑ나이로 보니 그 사람이 내 손아래다

손아랫사람 이름씨 나이나 자리, 돌림이 아래인 사람 ⓑ우리 집안에서 이름에 '한'이 들어간 돌림은 나한테 다 손아랫사람이다

손위 이름씨 나이나 자리, 돌림 따위가 나보다 위인 사이, 또는 그런 사람 ⓑ새로 들어온 옆집 새댁은 어려 보여도 나이는 나보다 손위다

손윗사람 이름씨 나이나 자리, 돌림이 위인 사람 ⓑ하늘이는 보기에도 이슬이 손윗사람 같다

손익 ⇒ 더덜. 밑짐과 남음. 밑지거나 남거나

손자 ⇒ 아슨아들

손자국 이름씨 손이 닿은 자취 ⓑ그릇에 손자국이 남지 않게 닦으렴

손잡기 이름씨 처음 만나거나 반가워서 서로 한 손을 마주잡는 일 한뜻말손맞잡기 ⇐ 악수

손잡다 움직씨 ❶손에 손을 마주 잡다 ⓑ온결과 물결은 손잡고 배곳에 갔다 ❷서로 힘을 더해 함께 일하다 ⓑ두 사람이 손잡으면 못 할 일이 뭐가 있겠나 ⇐ 협동하다 ❸좋지 않게 지내던 사이가 다시 좋아지다 ⓑ두 마을 사람들은 오랜 다툼 끝에 다시 손잡았다 ⇐ 화해하다

손잡이 이름씨 ❶어떤 몬에 붙어 손으로 잡는 곳 ⓑ아이는 손잡이가 달린 거울을 만지작거렸다 ❷손으로 쥐고 뭠틀을 부리는 자루나 연장 한뜻말쥠쇠 ⇐ 핸들

손재간 ⇒ 손끝. 손재주

손재주 이름씨 손으로 무엇을 잘 만들거나 다루는 재주 ⓑ해님은 손재주가 있어 종이접기를 잘한다 ⇐ 손재간

손전등 ⇒ 손번불. 손호롱. 손불빛

손주 ⇒ 아슨아들딸

손질 이름씨 ❶손대어 잘 매만지거나 고쳐 바로잡는 일 ⓑ앞마당 꽃밭은 손질이 잘되었네 ❷(짐승이나 새, 물고기, 남새 들을 먹을 수 있게) 손대어 다루거나 다듬는 것 ⓑ물고기 손질. 둥글파 손질 ❸손대어 때리는 짓 ⓑ너, 어린 아우들한테 손질을 했다던데, 참말이야?

손짐 이름씨 ❶손으로 들어 나를 수 있는 작은 짐 ⓑ날틀 탈 때 손짐 둘은 들고 들어갈 수 있어 ⇐ 수하물 ❷쇠길에서 말아 짐임자와 함께 나르는 짐 ⓑ손짐과 몸짐. 먼저 손짐을 부치고 긴수레에 탔다 ⇐ 수하물

손집 이름씨 돈을 받고 손을 치는 집 한뜻말나그네집 ⇐ 여관

손짓 이름씨 손을 놀리는 짓 ⓑ오얏은 조용히

나오라고 내게 손짓했다

손짓일 이름씨 수수한 연장을 쓰거나 맨손으로 몬을 만드는 일 ⇐ 수공업

손찌검 이름씨 손으로 남을 때리는 짓 ⓑ손찌검한 일은 참말 잘못했네

손칼 이름씨 몸에 지니거나 주머니에 넣고 다니는 짧고 작은 칼 한뜻말주머니칼 ⇐ 비수

손타다 움직씨 ❶어른이 해주는 것에 익숙해져 아이가 자꾸 해 달라고 보채다 ⓑ옆집 아가는 손타서 발이 땅에 닿는 걸 싫어한다나 ❷몬 얼마만큼이 없어지다 ⓑ길가 밭 밤이나 나물은 더러 손탈 때가 있다

손탁 이름씨 손아귀 ⓑ마루님 손탁에서 자란 아인데 그리 어수룩하겠나?

손터지개 이름씨 손으로 던져 터뜨리는 작은 터지개 ⇐ 수류탄

손톱 이름씨 ❶손가락 끝 위쪽을 덮은 뿔처럼 단단한 곳 ⓑ손톱을 짧게 깎았다 ❷('손톱만큼' 꼴로 써) 매우 작거나 적음, 또는 조금 ⓑ나한테는 손톱만큼도 잘못이 없다니깐 익은말 **손톱을 튀기다** 가만히 놀고 지내다 **손톱 하나 까딱하지 않는다·손가락 하나 까딱하지 않는다** 일하기를 매우 싫어하는 사람을 비웃는 말

손톱깎이 이름씨 손톱이나 발톱을 깎는 연장

손톱달 이름씨 초승달이나 그믐달처럼 손톱꼴 달

손티 이름씨 조금 얽은 얼굴. 뜨리 자국

손품 이름씨 손을 놀려 일하는 품 ⇐ 수공

손풍금 ⇒ 손바람가락틀

손해 ⇒ 밑짐. 덜이

손해나다 ⇒ 밑지다. 살닿다. 박타다. 덜다

손해배상 ⇒ 밑짐물

손호롱 이름씨 손에 들고 다닐 수 있는 작은 불빛 한뜻말손번불 ⇐ 플래시. 손전등

솔[1] 이름씨 소나무 ⓑ언덕 위 저 푸른 솔처럼 의젓하게 자라거라

솔[2] 이름씨 먼지나 흙 따위를 털거나 닦아내는 연장. 또는 풀칠하는 데에 쓰는 연장 ⓑ흙 묻은 구두를 솔로 닦아냈다

솔[3] 이름씨 옷이나 이부자리 따위를 지을 때 두 너비를 맞대고 꿰맨 줄 ⓑ터진 바지 솔을 어머니가 깔끔하게 꿰맸다 한뜻말솔기

솔[4] 이름씨 활을 쏠 때 쓰는 무명 과녁

솔[5] 이름씨 살갗앓이. 처음에는 살에 좁쌀알 같은 것이 많이 돋고 오래되면 그 속에 물이 생긴다

솔가지 이름씨 소나무 가지 ⓑ말린 솔가지를 부러뜨려 아궁이에 군불을 지폈다

솔가리 이름씨 ❶말라서 땅에 떨어져 쌓인 솔잎 ⓑ솔가리를 두 푸대 긁어모아 내려왔다 한뜻말갈비 ❷땔감으로 쓰려고 묶어놓은 소나무 가지 ⓑ솔가리같이 좋은 땔감은 부엌으로, 물거리나 가시나무는 외양간 소죽 쑤는 아궁이로 한뜻말소깝

솔개 이름씨 '소리개' 준말. 몸이 크나 날개가 커서 잘 날고 부리와 발톱은 날카롭게 굽었으며 하늘에서 날개를 편 채 맴돌다가 땅위 먹이를 보면 재빨리 내려가 잡아먹는 큰 새. 작은 짐승이나 개구리, 물고기를 잡아먹고 산다

솔개그늘 이름씨 솔개만큼 작은 그늘. 달셈 둣달 스무날에 날이 흐리면 가을걷이를 많이 거둔다고 하여 솔개 그림자만 한 그늘만 끼어도 좋다는 데서 나온 말

솔개줄 이름씨 종이 솔개를 매어서 날리는 데 쓰는 실 ⓑ솔개줄이 끊어져 솔개가 나뭇가지에 걸렸다 ⇐ 연줄

솔기 이름씨 옷이나 천 두 쪽을 맞대고 꿰맨 줄 ⓑ바지 솔기가 터졌다 한뜻말솔

솔기름돌 이름씨 소나무 진 따위가 오랫동안 땅속에 묻혀서 굳어진 누런빛 보배돌 ⇐ 호박

솔깃하다 그림씨 남 말을 그럴듯하게 여기다 ⓑ언니 말에 솔깃해서 나도 끼워 달라고 졸랐다

솔꽃 이름씨 소나무에 피는 꽃 ⇐ 송화

솔널 이름씨 소나무 널빤지 ⇐ 송판

솔다[1] 그림씨 옷 품이나 너비가 좁거나 끼다 ⓑ저고리 품이 솔아 숨쉬기가 어렵다

솔다[2] 그림씨 ❶긁으면 아프고 그냥 두면 가렵다 ⓑ모기에게 물린 데가 솔아 마음이 쓰인다 ❷('귀'와 함께 써) 같은 말을 되풀이해서 들어 더는 듣기 싫고 귀찮다 ⓑ귀가 솔도록 들어온 말

솔다[3] 움직씨 ❶(헌데나 다친 데가) 말라서 굳어지다 ⓑ다친 데가 솔았다 ❷(풀칠한 데나 돌가루 바른 곳이 말라서 단단하게 굳어지다 ⓑ방바닥이 솔아서 이젠 종이를 발라도 되겠다

솔다[4] 움직씨 푸성귀가 물기로 물러서 썩다 ⓑ시원광에 둔 배추가 오래되어 다 솔았어 한뜻말 무솔다

솔떡 이름씨 멥쌀가루를 반죽하여 콩이나 팥, 깨 같은 소를 넣고 가웃달이나 온달 꼴로 빚어 솔잎을 깔아 찐 떡 ⇐ 송편

솔라당솔라당 어찌씨 몬이 남모르게 조금씩 없어지는 꼴 ⓑ모아둔 돈을 곶감 빼먹듯 솔라당솔라당 다 써버렸다

솔랑솔랑 어찌씨 ❶매우 여린 바람이 가볍게 불어오는 꼴 ⓑ봄바람이 낯을 간지럽히듯 불어온다 ❷물결이 조용하고 부드럽게 이는 꼴 ⓑ모래알을 솔랑솔랑 굴리며 흘러가는 냇물 ❸살그머니 조용조용 빠져나가거나 새는 꼴 ⓑ아이들은 배움방을 하나씩 둘씩 솔랑솔랑 빠져나가 봄 햇살이 가득 내리쬐는 풀밭에 가 앉았다

솔래솔래 어찌씨 조금씩 조금씩 빠져나가거나 들어오는 꼴 ⓑ솔래솔래 빠져 달아나는 쥐를 쫓아가는 고양이

솔로 ⇒ 혼자. 혼자하기. 혼자부르기. 혼자춤추기

솔바람 이름씨 솔숲을 스치며 부는 바람 ⓑ소나무 숲 사이로 맑은 솔바람이 불어온다

솔발 이름씨 놋쇠로 만든 쇠북꼴 큰 방울. 짧은 쇠자루가 있고 안에 작은 쇠뭉치가 달렸다 ⇐ 요령

솔방울 이름씨 소나무 열매로 비늘 같은 조각이 겹겹이 달리고 사이에 씨가 들었다 ⓑ한창 자라는 푸른 솔방울을 따다 단것에 버무려 유리병에 넣어 갈무리했다

솔밭 이름씨 소나무가 많이 들어선 땅 ⓑ솔밭에 수북이 쌓인 솔잎을 긁었다

솔버덩 이름씨 소나무가 우거진 버덩 ⓑ바닷가 옆 솔버덩에는 더위를 비켜온 사람들로 가득 찼다 비슷한말 솔밭

솔버섯 이름씨 ❶쉰 살 안팎인 소나무가 자라는 갈이모래땅 솔밭에서 많이 나는 버섯. 갓은 어릴 때 공꼴이나 다 자라면 펀펀해지고 살은 희고 두꺼우며 대는 굵고 단단하다. 온몸에서 짙은 솔 내음이 나고 맛이 좋아 버섯 가운데 으뜸으로 친다 한뜻말 소낭버섯 ⇐ 송이. 송이버섯 ❷황소비단그물버섯을 사바라 고을과 너리나 고을에서 부르는 이름

솔벌레 이름씨 솔벌레나비 애벌레. 소나무잎을 갉아먹고 살며 온몸에 죽이개털이 나 있어 살갗에 닿으면 가렵다 ⇐ 송충. 송충이

솔봉이 이름씨 나이가 어리고 어수룩한 사람 비슷한말 꺼벙이. 얼뜨기

솔부엉이 이름씨 올빼미 비슷한 여름 철새. 여름에 부엉부엉 하고 울며 가을에 따뜻한 곳으로 옮겨간다

솔선 ⇒ 앞장섬

솔선수범 ⇒ 앞장섬. 보기. 보기가 되다. 앞장서다

솔솔 어찌씨 ❶물이나 가루, 낟알 따위가 작은 구멍이나 틈으로 조금씩 새어 나오거나 들어가는 꼴 ⓑ물독에 실금이 가서 물이 솔솔 다 샜다 ❷바람이 부드럽고 가볍게 부는 모습 ⓑ솔솔 부는 봄바람. 찬바람이 소매 끝으로 솔솔 들어온다 ❸가는 비가 내리는 꼴 ⓑ가랑비가 솔솔 내려 남새가 더욱 파릇파릇하다 ❹냄새가 가볍게 풍기는 꼴 ⓑ맛있는 걸 마련하는지 참기름 내가 솔솔 풍겨온다 ❺내가 가볍게 피어오르는 꼴 ⓑ집집마다 저녁내가 솔솔 피어오른다 ❻재미가 그윽하게 나는 꼴 ⓑ이 책은 읽으면 읽을수록 재미가 솔솔 난다 ❼얽힌 실 같은 것이 막힘없이 풀리는 꼴 ⓑ북에서 실이 솔솔 풀려나온다 ❽말이나 글, 생각이 막힘없이 잘 나오는 꼴 ⓑ오늘따라 글

이 솔솔 잘 써진다
솔솔바람 [이름씨] 부드럽고 가볍게 이어 부는 바람
솔솔이 [어찌씨] 옷이나 이불을 맞대어 꿰맨 자리마다 ㉥솔솔이 바느질이 꼼꼼한 이불
솔숲 [이름씨] 소나무 숲 ㉥우리는 솔숲 사이로 난 오솔길을 따라 걸었다
솔씨 [이름씨] 소나무 씨
솔이끼 [이름씨] 잎은 풀빛 바늘 꼴이고 줄기는 가지가 없이 곧게 자라는 이끼. 멧속 그늘지고 축축한 곳에서 자란다
솔잎 [이름씨] 소나무에 난 잎. 바늘처럼 가늘고 뾰족하다 ㉥흰떡을 찔 때 솔잎을 넣으면 옷곳하다
솔직하다 ⇒ 숨김없다. 꾸밈없다. 참되다. 거짓없다. 곧다. 올곧다
솔직히 ⇒ 똑바로. 바로. 까놓고. 숨김없이. 곧이곧대로. 바른대로
솔진 [이름씨] 소나무 같은 데에서 나오는 끈적끈적한 물. 바늘잎나무 줄기나 껍질, 잎에 들어있다 ⇐ 송진
솔질 [이름씨] 솔로 털어내거나 문지르거나 닦는 일 ㉥노을은 흙 묻은 구두를 깨끗이 솔질했다
솔찮다 [그림씨] [1]꽤 많다 ㉥모인 배움이가 솔찮았다 [2]수월찮다 ㉥말집을 펴내는 일이 참말로 솔찮다
솔찮이 [어찌씨] 꽤 많이 ㉥잣 주운 것이 솔찮이 될 것 같은데
솔포기 [이름씨] 가지가 다보록하게 퍼진 작은 소나무 ㉥들머리에 솔포기 두 그루를 심었다
솜 [이름씨] 미영 열매에서 씨를 빼고 남은 희고 부드러운 것. 이불이나 방석 속에 넣거나 천 밑감이 된다 ㉥할머니는 솜을 넣어 누빈 이불을 만들었다 한뜻말 소캐. 소케
솜구름 [이름씨] 솜뭉치처럼 뭉실뭉실한 구름 한뜻말 뭉게구름. 쌘구름
솜나물 [이름씨] 취나물 비슷하나 포기가 작아 까치취라고도 하는 나물. 몸에 솜털이 많아 줄기와 잎이 희푸르다. 어린싹은 먹는다
솜눈 [이름씨] 솜처럼 부드러운 눈
솜대 [이름씨] 줄기는 엷은 풀빛에 솜 같은 흰 얼룩이 있는 대. 대싹은 먹고 나무는 그릇을 만드는 데 쓴다
솜두루마기 [이름씨] 솜을 두어 지은 두루마기
솜뭉치 [이름씨] 솜을 한데 뭉친 것
솜바지 [이름씨] 솜을 넣어 지은 바지
솜방망이 [이름씨] 막대기 끝에 솜뭉치를 매단 방망이 ㉥힘이 세거나 높은 자리에 있거나 돈 많은 사람한테는 솜방망이로 때리고 어린 백성은 쇠방망이로 때린다
솜병아리 [이름씨] 알에서 막 깬 병아리. 털이 솜처럼 보드랍다 ㉥엄마 닭 날개 품으로 솜병아리들이 숨는다 한뜻말 햇병아리
솜비 [이름씨] [1]잠네가 물속으로 잠겨 들어가는 일 [2]잠네가 물위로 나올 때 빨리 숨을 내쉬는 일
솜비치다 [움직씨] 한숨 쉬다
솜사탕 ⇒ 솜단덩이. 솜단것. 솜달달이
솜씨 [이름씨] [1]손으로 무엇을 만들거나 다루는 재주 ㉥엄마는 먹을거리를 만드는 솜씨가 좋다 ⇐ 기술 [2]어떤 일을 해내는 힘이나 꾀 ㉥무쇠돌이는 장사에 뛰어난 솜씨가 있다 ⇐ 수단. 테크닉
솜씨꽃 [이름씨] 생각하고 느낀 것을 글이나 그림, 소리, 가락, 몸짓들로 아름답게 나타내는 일. 말꽃, 그림, 가락, 춤, 굿, 뮘그림 들이 있다 한뜻말 재주꽃 ⇐ 예술
솜씨꽃몬 [이름씨] 솜씨꽃으로 값어치가 있는 몬 한뜻말 재주꽃몬 ⇐ 예술품
솜씨꽃보 [이름씨] 솜씨꽃을 피우는 사람들 한뜻말 재주꽃보 ⇐ 예술가
솜씨꾼 [이름씨] 손으로 무엇을 만들거나 다루는 재주가 뛰어난 사람 한뜻말 재주꾼 ⇐ 재능인
솜옷 [이름씨] 솜을 안에 넣어서 지은 옷 ㉥네가 지어 준 솜옷을 입고 겨울을 따뜻하게 보냈다
솜이불 [이름씨] 솜을 넣어 만든 이불 ㉥두툼한

솜이불을 덮으니, 단잠이 들었다

솜털 이름씨 ❶썩 잘고 보드라운 털 ⓑ귓불에 솜털이 송송 나 있다 ❷솜에서 일어나는 잔털 ⓑ이불을 막대기로 털자, 솜털이 날려 나온다

솜털씨앗 이름씨 바람에 잘 날아가도록 겉이 솜 같은 잔털로 쌓인 씨앗 ⓑ버드나무 암나무 솜털씨앗이 수나무에서 날아온 꽃가루로 씨받이 되어 멀리 날아간다

솟구다 움직씨 위로 솟게 하다 ⓑ어깨를 솟군 아이. 모를 논에 내면 사름을 하고 가지를 치고 키를 솟군다

솟구치다 움직씨 ❶불이나 물 같은 것이 갑자기 세차게 솟다 ⓑ바위 밑에서 샘물이 솟구친다 ⇐ 팽배하다 ❷느낌이 세차게 일어나다 ⓑ우리 참뜻이 밝혀지고 받아들여졌다는 새뜸에 기쁨이 솟구치고 힘도 솟구친다

솟다 움직씨 ❶아래에서 위로 곧바로 오르다 ⓑ해가 솟다. 솟는 달. 불길이 하늘 높이 솟는다 ❷(물이) 속에서 겉으로 나오다 ⓑ이마에 구슬땀이 솟았다. 샘물이 솟는다 ❸어떤 힘이나 느낌이 세차게 생기다 ⓑ우렁찬 손뼉 소리에 무럭은 새로운 힘이 솟았다 ❹(박힌 것이 밖으로) 튀어나오다 ⓑ세간에 솟은 못에 손가락이 찔렸다 ❺땅 위에 높이 일어서다 ⓑ여기저기 우뚝우뚝 솟은 집들

솟대 이름씨 옛날에 마을을 지키고 여름지이가 잘되기를 바라는 뜻으로 볍씨를 주머니에 담아 높이 달아매는 긴 막대. 동네 어귀 넓은 마당에 세워두고 한달 한보름에 그 앞에서 두레를 논다 ⓑ멀리서도 우뚝 솟은 솟대가 먼저 눈에 들어온다

솟데 이름씨 공치기 놀이에서 던짐이가 공을 던질 때 서는 조금 높은 곳. 가운데에 던짐이널이 있다 ⇐ 마운드

솟돌집 이름씨 마사라사고장 가다고을에 있는 다락집. 마가람 벼랑 위에 세워졌다 ⇐ 촉석루

솟보다 움직씨 있는 것보다 더 좋게 보다 ⓑ마음에 드는 사람 짓은 솟보기 쉽다 한뜻말 돋보다

솟아나다 움직씨 ❶힘이나 어떤 느낌 따위가 생겨 나타나다 ⓑ아버지께서 지켜보시니 힘이 솟아났다 ❷(물, 눈물, 땀 따위가 속에서) 겉으로 나오다 ⓑ글을 읽다가 눈물이 솟아나 더 읽을 수가 없었다 ❸어떤 몬이나 풀 따위가 땅이나 나뭇가지에서 껍데기를 뚫고 나오다 ⓑ솔버섯은 소나무 뿌리가 뻗은 땅에서 솟아난다 ❹솟아서 밖으로 나오다 ⓑ바위틈에서 샘물이 솟아난다

솟아오르다 움직씨 ❶아래에서 위로 곧바로 세게 오르다 ⓑ종달새가 노래하며 하늘 높이 솟아올랐다 ❷(어떤 느낌이나 기운이) 세차게 생기거나 일어나다 ⓑ웃음이 솟아오른다 ❸겉을 지나 위로 오르다 ⓑ나뭇가지에서 새싹이 뾰족뾰족 솟아오른다

솟을무늬 이름씨 좀 도드라지게 놓은 무늬

솟을큰문 이름씨 지붕이 우뚝 솟게 지은 큰문 ⇐ 솟을대문

송골송골·송글송글 어찌씨 ❶땀이나 소름 같은 것이 자디잘게 많이 돋아나는 꼴 ⓑ이마에 땀방울이 송골송골 맺혔다 큰말숭굴숭굴 ❷살갗에 피 같은 것이 빨긋빨긋 내밴 꼴 ⓑ넘어졌다 일어나니 무릎에 피가 송글송글 맺혔다 ❸샘구멍에서 샘물이 퐁퐁 솟아오르는 꼴 ⓑ샘 구멍에서 물이 송글송글 쉴 새 없이 솟는다

송곳 이름씨 종이나 나무에 구멍을 뚫는 데 쓰는 끝이 뾰족하고 자루가 달린 연장 ⓑ송곳으로 종이에 구멍을 뚫었다 슬기말 **송곳 박을 땅도 없다·송곳 꽂을 땅뙈기도 없다** 살림이 가난하여 부쳐 먹을 땅이 조금도 없다 **송곳 세울 틈도 없다·송곳 모로 박을 곳도 없다** 사람이 몹시 빽빽하게 들어찬 꼴

송곳눈 이름씨 꼿꼿하고 날카롭게 쏘아보는 눈초리

송곳니 이름씨 앞니와 어금니 사이에 있는 뾰족한 이 ⓑ해님은 뾰족한 송곳니를 드러내며 웃었다

송곳바람 이름씨 송곳으로 찌르는 듯 매우 찬 바람

송곳방석 이름씨 송곳 끝이 뾰쪽뾰쪽 박힌 방석, 곧 앉아 있기 매우 거북한 자리

송곳자리 이름씨 송곳 끝이 뾰쪽뾰쪽 박힌 자리, 곧 누워도 앉아도 거북한 자리

송구스럽다 ⇒ 쑥스럽다. 부끄럽다. 두렵다. 거북하다. 멋쩍다. 계면쩍다

송구영신 ⇒ 새해맞이

송구하다 ⇒ 쑥스럽다. 매우 두렵다

송금 ⇒ 돈 보냄. 돈 부침. 돈 보내다

송나라 이름씨 960해에서 1279해까지 쭝궈에 있던 옛 나라

송년 ⇒ 해넘이

송년회 ⇒ 해넘이모임. 해넘이모꼬지

송달 ⇒ 보냄. 보내다. 보내주다

송덕비 ⇒ 기림돌

송두리 이름씨 있는 것 모두 ⓑ살맛조차 송두리 잃지는 않았지만 날마다 메 속을 걸으며 마음을 달래요

송두리째 어찌씨 있는 것을 모두 ⓑ애써 모은 것을 송두리째 날렸다 비슷한말 깡그리. 모두. 모조리

송림 ⇒ 솔숲. 솔밭

송별 ⇒ 보냄. 배웅. 보내다. 배웅하다. 바래다. 바래주다

송별회 ⇒ 배웅잔치. 배웅모임

송사 (送辭) ⇒ 보냄말

송사 (訟事) ⇒ 판가름

송사리 이름씨 몸은 가늘고 길며 옆으로 납작한 민물고기. 논이나 논도랑, 개울에 산다

송송 어찌씨 **1** 부드러운 것을 잘게 빨리 써는 꼴 ⓑ파를 송송 썰었다 큰말 숭숭 **2** 작은 구멍이 많이 뚫린 꼴 ⓑ옷에 좀이 슬어 구멍이 송송 났다 큰말 숭숭 **3** 살갗에 작은 땀방울이나 소름이 배게 내돋은 꼴 ⓑ달려온 사름 이마에는 땀방울이 송송 맺혔다 큰말 숭숭

송수화기 ⇒ 보내고 받는 말틀. 보받말틀

송신 ⇒ 보냄. 보내다

송신기 ⇒ 보냄틀

송아리 이름씨 꽃이나 열매 따위가 여럿이 잘게 모여 달린 한 덩어리. 또는 그것을 세는 하나치 ⓑ올해는 머루 송아리가 꽤 크네. 구엣꽃 몇 송아리가 이렇게 방을 환히 밝히다니!

송아지 이름씨 소 새끼 ⓑ송아지가 어미소 젖을 빤다

송아지동무 이름씨 어릴 때 함께 뛰놀던 동무 ⓑ금술이와 송아지동무였던 별이는 일찍 누리를 떠났다 한뜻말 송아지벗

송아지벗 이름씨 송아지동무

송악 ⇒ 보소누

송알송알[1] 어찌씨 **1** 땀방울 따위가 잘게 방울방울 많이 맺힌 꼴 ⓑ풀잎에 송알송알 이슬이 맺혔네. 어머니 얼굴에 송알송알 맺힌 땀방울 **2** 살갗에 빨간 피가 내밴 꼴 ⓑ피 빼는 사람들이 바늘로 찌른 자리엔 검붉은 피가 송알송알 맺혔다

송알송알[2] 어찌씨 마음에 맞갖지 않아 남이 알아듣지 못할 만큼 혼잣말을 가볍게 자꾸 하는 꼴 ⓑ꾸중을 들은 끝난이는 혼자서 송알송알 내내 지껄이며 골을 삭인다

송유관 ⇒ 기름대롱

송이 이름씨 **1** 여러 낱 열매가 한 꼭지에 달려 이뤄진 한 덩이 ⓑ머루가 주렁주렁 달린 송이를 여러 송이 따왔다 **2** 여러 낱 꽃잎이 한 꼭지에 붙어 이뤄진 한 덩이 ⓑ이런 오진 참꽃은 쉰 송이도 넘겠다 **3** 밤나무 열매와 그것을 싼 껍질로 이뤄진 것 ⓑ올해는 밤이 적게 달려 밤송이가 크고 밤도 굵다 **4** 눈이나 솜, 구름 같은 것 조그마한 덩이 ⓑ눈송이. 구름송이. 미영송이 **5** 위 낱말을 세는 하나치 ⓑ햇밤나무에 처음으로 밤 다섯 송이가 달렸다. 머루 일곱 송이. 다래 두 송이

송이·송이버섯 ⇒ 솔버섯. 소낭버섯

송이송이 어찌씨 한 송이 또 한 송이 이어서 ⓑ하얀 찔레가 송이송이 피었다

송장 이름씨 죽은 사람 몸 한뜻말 주검 ⇐ 시체.

시신

송장 ⇒ 짐표. 보냄표

송장벌레 이름씨 죽은 짐승 몸을 뜯어먹고 사는 벌레. 온몸이 딱딱한 껍질로 싸였다

송장풀 이름씨 메나 들에 자라는 꿀풀 갈래 여러해살이풀. 여름에 엷붉은 꽃이 핀다

송장헤엄 이름씨 물 위에 반듯이 누워서 치는 헤엄 한뜻말 등헤엄 ⇐ 배영

송장헤엄치개 이름씨 물에 사는 벌레로 뒷다리가 매우 길고, 배에 잔털이 나 있어 송장헤엄을 잘 친다

송전 ⇒ 번힘보냄

송진 ⇒ 솔진

송충이 ⇒ 솔벌레

송치 이름씨 암소 뱃속 송아지 ⓑ송치 든 암소를 내다판 아저씨 마음은 딸을 여윈 것 같았을 거야

송판 ⇒ 솔널

송편 ⇒ 솔떡

송화기 ⇒ 말냄틀

송환 ⇒ 돌려보냄. 돌려보내다

송홧가루 ⇒ 솔꽃가루

솥 이름씨 밥을 짓거나 국을 끓이는 데 쓰는 그릇. 쇠붙이나 돌로 만들고 뚜껑이 있다 ⓑ어머니는 아궁이에 불을 지피고 솥에 밥을 안쳤다

솥뚜껑 이름씨 솥을 덮는 뚜껑

솨 어찌씨 ❶나뭇잎이 우거진 숲속이나 몬 사이를 바람이 스쳐 불 때 나는 소리나 그 꼴 ⓑ바람이 솨 하고 불 때마다 대나무는 춤을 추는 듯했다 ❷비바람이 치는 소리나 그 꼴 ⓑ소나기가 솨 하고 저 메를 돌아왔다 ❸너울이나 물결이 밀려오고 가는 소리나 그 꼴 ⓑ물결이 솨 하고 밀려와 바위에 찰싹하고 부딪친다 ❹물 같은 것이 세차게 흐르거나 쏟아지는 소리나 그 꼴 ⓑ물길 꼭지를 틀자, 물길물이 솨 하고 쏟아져 곧 독이 찼다

솨솨 어찌씨 잇달아 솨 하는 소리나 그 꼴

쇄골 ⇒ 빗장뼈

쇄국 ⇒ 나라문닫기

쇄국주의 ⇒ 나라문 닫을 생각

쇄도 ⇒ 몰려듦. 몰림. 몰려들다. 몰리다. 모여들다

쇄빙선 ⇒ 얼음깰배

쇄신 ⇒ 고침. 새롭게 함. 고치다. 새롭게 하다. 좋게 고치다

쇠 이름씨 ❶흰빛을 띠고 빛이 나며 잘 끌어당기는 바탈이 있고 늘이거나 펴기 쉬워 세간 밑감뿐 아니라 사람살이 곳곳에 널리 종요롭게 쓰이는 몬 ⓑ대장장이는 쇠를 달구어 망치로 두드렸다 ⇐ 철 ❷빛나고 뜨거움과 번힘이 잘 흐르고 펴지고 늘어나는 바탈을 가진 쇠, 구리, 보, 수 같은 것 ⓑ우리 겨레는 가장 먼저 쇠글을 알아내어 글을 종이에 박아냈다 한뜻말 쇠붙이 ⇐ 금속 ❸노녘 보는 바늘 ⓑ어머니 무덤터를 잡을 때 쇠쟁이가 쇠를 놓고 쪽과 자리를 잡았다 ❹여닫게 만든 몬을 잠그는 연장

쇠가죽 이름씨 소 가죽. 소 껍질 슬기말 **쇠가죽을 뒤집어쓰다(무릅쓰다)** 부끄러움을 돌아보지 않다

쇠가죽상어 이름씨 칼상어와 비슷한데 몸길이는 1.5미터쯤이고 등은 푸른 잿빛, 배는 흰빛이고 주둥이가 뾰족하다 ⇐ 철갑상어

쇠갈비 이름씨 소 갈비. 찜을 하거나 국을 끓여 먹는다

쇠고기 이름씨 소고기. 먹는 소 살

쇠고랑 이름씨 허물 지은이 두 손목을 함께 묶는 쇠로 된 고리 한뜻말 고랑 ⇐ 수갑

쇠고리 이름씨 쇠로 만든 고리

쇠공 이름씨 쇠로 만든 공. 쇠공던지기에 쓴다 ⇐ 포환

쇠공던지기 이름씨 지름이 2미터쯤 되는 동그라미 안에서 쇠공을 한 손으로 던져 멀리 나간 길이를 재서 이기고 짐을 겨루는 놀이 ⇐ 투포환. 포환던지기

쇠구들 이름씨 불이 잘 들지 않아 불을 때도 데워지지 않는 방구들

쇠귀 이름씨 소귀 슬기말 **쇠귀에 가르침 읽기** 아무리 가르치고 일러주어도 알아듣지 못

하다

쇠기름 이름씨 소에서 얻은 기름. 흰 덩어리로 사람이 먹고 비누 밑감으로 쓴다

쇠기침 이름씨 오래도록 낫지 아니하여 쇤 기침 ⓑ아이 기침이 쇠기침이 된 것 같아 도라지를 사 왔다

쇠길 이름씨 두 줄 쇠를 놓아 긴 수레가 다닐 수 있게 만든 길 한뜻말 긴수렛길 ⇐ 철길. 철도. 철로. 기찻길

쇠길그물 이름씨 쇠길이 그물처럼 얽힌 것 ⇐ 철도망

쇠꼴 이름씨 소에게 먹이려고 베는 풀

쇠끌마당 이름씨 쇠끌이 둘레나 번힘 둘레, 땅별 거죽 따위와 같이 쇠끌힘이 미치는 곳 ⇐ 자기장

쇠끌이 이름씨 쇠붙이를 끌어당기는 힘이 있는 몬 ⇐ 자석. 컴퍼스. 지남철

쇠날 이름씨 달날부터 치는 이레 가운데 다섯째 날 ⇐ 금요일

쇠널 이름씨 넓고 얇게 조각낸 쇠붙이 한뜻말 쇠널빤지 ⇐ 판금

쇠넣개 이름씨 글종이나 몬을 넣어 두는 쇠널로 만든 넣개 ⇐ 캐비닛

쇠뇌 이름씨 여러 낱 화살을 잇달아 쏘게 된 활 ⇐ 노포

쇠다[1] 움직씨 설이나 한가위를 맞이하여 지내다 ⓑ시골에 내려가 어버이와 함께 한가위를 쇠고 왔다

쇠다[2] 움직씨 **1** 나물이나 남새가 너무 자라 줄기나 잎이 뻣뻣해지다 ⓑ벌써 나물이 쇠어서 묵나물이나 해야겠다 **2** 열매가 여물다 ⓑ올해 가을 날씨가 좋아 박이 잘 쇠었다 **3** 사람 마음씨가 비뚤어지다 ⓑ젊은 사람이 그렇게 쇠어서 어디다 쓸까? **4** 나쁜 쪽으로 금을 벗어나서 차츰 더해지다 ⓑ고뿔이 쇠어서 한 달이 지나도록 낫질 않는다

쇠덮개수레 이름씨 뚫리거나 불타지 않게 겉을 단단한 쇠판 따위로 싸고 잠개를 갖춘 싸움수레 ⇐ 장갑차

쇠디기 이름씨 녹인 쇠붙이를 거푸집에 부어 몬을 만드는 일 ⇐ 주조

쇠똥 이름씨 소가 싼 똥 ⓑ옛날에 쇠똥은 아주 흔해서 아이들이 줍기 좋은 거름이었다 슬기말 **쇠똥도 낫개에 쓰려면 없다** 여느 때 흔하던 것도 막상 종요로운 데 쓰려면 없다

쇠똥구리 이름씨 몸빛은 검고 펀펀하며 길둥근 딱정벌레. 여름철에 쇠똥이나 말똥 들을 굴려 갈무리했다가 먹고 그 속에 알을 낳는다 한뜻말 소똥구리

쇠뜨기 이름씨 땅속줄기가 땅속 깊이 뻗으며 마디에서 땅위줄기가 곧게 나고 땅위줄기에서 푸른 가지를 내는 줄기와 가지를 내지 않는 홀씨줄기가 있는 여러해살이풀. 홀씨줄기는 '뱀밥'이라고 하여 먹기도 한다

쇠락 ⇒ 기움. 시듦. 기울다. 시들다. 시들어 떨어지다

쇠망치 이름씨 쇠로 만든 망치 ⓑ시뻘겋게 달구어진 쇠를 쇠망치로 때려 벼린다

쇠메 이름씨 쇠로 만든 메

쇠목 이름씨 옷넣개 따위를 짜는 데 앞쪽 두 기둥 사이에 가로 건너대는 나무

쇠바라지살 이름씨 쇠로 만들어 바라지에 단 살

쇠별꽃 ⇒ 잣나물. 달게십가비

쇠보세가지놀이 이름씨 한 사람이 헤엄, 두발수레, 먼길달리기를 잇달아 하는 놀이 ⇐ 철인삼종경기

쇠부리 이름씨 쇳돌을 쇠녹임틀에 넣어 녹여서 쇠붙이를 뽑아내는 일 ⇐ 제강. 제철

쇠부리터 이름씨 쇠부리를 하는 곳 ⇐ 제철소

쇠북 이름씨 때를 알리거나 짓말을 하려고 치거나 흔들어 소리를 내는 쇠붙이 연장 한뜻말 댕 ⇐ 종

쇠붙이 이름씨 **1** 빛나고 더움과 번힘이 잘 흐르고 펴지고 늘어나는 바탈을 가진 쇠나 구리, 보, 수 같은 것 ⇐ 금속 **2** 쇠로 된 연장이나 쇳조각, 쇠 부스러기를 이르는 말 ⓑ대장장이는 쇠붙이를 달구어 호미를 만들었다

쇠뽑기 이름씨 쇳돌을 녹여 쇠붙이를 뽑아냄

⇐ 제련

쇠뽑기터 이름씨 쇠붙이를 뽑아내는 곳 ⇐ 제련소

쇠뿔 이름씨 소에 난 뿔 ⓑ우리집 소가 소싸움 끝에 쇠뿔이 빠졌다 슬기말 **쇠뿔도 단김에 빼랬다** 어떤 일을 하려고 생각했으면 머뭇거리지 말고 바로 해라

쇠사슬 이름씨 ❶쇠로 만든 고리를 여러 낱 죽 걸어 만든 줄 ⓑ옆집 개가 쇠사슬을 끊고 온 마을을 휘젓고 다녔다 ❷내리누르거나 잡쥐거나 굴레를 씌우는 것 ⓑ겨레를 갈라놓는 모든 쇠사슬을 끊고 하나로 잇자

쇠스랑 이름씨 땅을 파 뒤집거나 두엄이나 풀더미를 쳐내는 데 쓰는 갈퀴 꼴 여름지이 연장. 쇠로 된 서너 낱 발을 갈퀴보다 길게 만들고 긴 자루를 박아 만든다 ⓑ쇠스랑으로 외양간두엄을 쳐냈다 ⇐ 번식

쇠쌓 이름씨 쇠붙이를 쌓꼴로 높이 세운 것 ⇐ 철탑

쇠약 ⇒ 비영비영함. 지위짐. 이움. 비영비영하다. 지위지다. 시들다. 이울다. 기울다. 기울어지다

쇠이름씨 이름씨 어떤 몬 속에 들어있어 쇠를 이루는 것 ⇐ 철분

쇠줄 이름씨 쇠실을 꼬아 만든 굵은 줄 ⇐ 케이블

쇠지레 이름씨 무거운 몬을 움직이는 데 쓰는 쇠로 만든 막대기

쇠진 ⇒ 지위짐. 까라짐. 지위지다. 사그라지다. 까라지다. 시들다. 이울다

쇠짐넣개 이름씨 짐을 옮기는 데에 쓰는 쇠로 만든 큰 그릇. 짐 꾸리기 쉽고 나르기 쉬우며 짐을 잘 간수할 수 있다 ⇐ 컨테이너

쇠짓터 이름씨 쇠로 된 밑감으로 온갖 연장을 만드는 작은 짓곳 한뜻말 대장간. 풀뭇간 ⇐ 철공소

쇠창살 ⇒ 쇠바라지살

쇠톱 이름씨 쇠붙이를 자르는 데 쓰는 톱 ⓑ호미 끝을 뾰족하게 쇠톱으로 잘랐다

쇠퇴 ⇒ 이움. 기움. 이울다. 기울다. 시들다. 지위지다. 줄어들다. 졸아들다. 뒤쳐지다

쇠푼 이름씨 많지 않은 돈

쇠하다 ⇒ 시들다. 마르다. 졸아들다. 줄어들다. 줄다

쇤콩팥앓이 이름씨 콩팥이 제대로 걸러주지 못해 찌끼가 핏속에 쌓이는 앓이 ⇐ 신부전

쇳가루 이름씨 쇠가 잘게 부스러진 가루 ⓑ갈이틀 아래 쇳가루가 수북이 쌓였다

쇳내 이름씨 ❶쇠에서 나는 냄새 ❷쇠 비린내 ⓑ새 솥에 밥을 지어서 밥에서 쇳내가 난다 ❸숨차거나 힘들어 목 안이 타는 듯한 느낌 ⓑ목은 불타듯 뜨겁고 입에선 쇠내가 풍긴다

쇳덩어리 이름씨 덩어리로 뭉쳐 있는 쇠

쇳돌 이름씨 쇠붙이 이룸씨가 들어 있는 돌 ⇐ 철광석

쇳돌몬 이름씨 땅속에 묻혀있는 안산것으로서 바탕이 고르고 될갈 이룸씨가 한결같은 것. 쇠, 보, 수, 돌숯 따위 ⇐ 광물

쇳돌몬밭 이름씨 목숨이 살아가는 데 있어야 할 쇳돌바탕 살감숫. 칼륨, 나트륨, 칼슘, 빛나르개, 쇠 따위가 있다 한뜻말 미네랄 ⇐ 광물질. 무기질

쇳물 이름씨 ❶쇠붙이에 슨 녹이 우러난 물 ⓑ하얀 옷에 쇳물이 들어서 붉은빛으로 어룽졌다 ❷더움에 녹아 물처럼 된 쇠 ⓑ쇳물을 거푸집에 넣어 솥을 만든다

쇳소리 이름씨 ❶쇠붙이가 부딪치거나 쇠붙이를 두드려서 나는 소리 ⓑ대장간에서는 언제나 쇳소리가 울려온다 ❷쇠붙이 소리처럼 앙칼진 목소리 ⓑ꽃내님 높은 목소리에는 늘 쇳소리가 났다

쇳조각 이름씨 쇠붙이 조각

쇼 ⇒ 볼거리. 즐김굿. 구경거리. 꾸밈

쇼크 ⇒ 놀람. 찔림. 부딪침

쇼핑 ⇒ 저자보기. 몬사기

쇼핑백 ⇒ 저자가방. 몬살가방

쇼핑센터 ⇒ 모둠가게. 가게거리

숄 ⇒ 어깨걸치개. 어깨두르개

수[1] 이름씨 알이나 새끼를 배지 않거나 열매를 맺지 않는 쪽 ⓑ병아리 암과 수를 가리다 맞

셴말암

수[2] (이름씨) ❶일을 해내거나 다루는 길 ⓑ달아나는 것이 가장 좋은 수다 ⇐ 방법 ❷어떤 일을 할 수 있거나 할 만한 힘 ⓑ지쳐서 더 뛸 수가 없다 ❸어떤 짓이나 노는 꼴을 봐줌 ⓑ그럴 수는 없다 ❹까닭이나 가리 ⓑ한자말을 자꾸 써서는 좋을 수가 없다

수[3] (이름씨) ❶세거나 헤아린 크기 ⓑ사람 수가 적다 한뜻말셈 ❷모든 수 ⓑ나는 다섯 살 때부터 글과 수를 익혔다 한뜻말셈

수[4] (이름씨) 쇠붙이 밑숫 가운데 하나. 흰빛이 나고 무르며 늘어나고 펴지는 힘이 보 다음으로 세고 번힘흐름푼수와 더움흐름푼수는 쇠붙이 가운데 가장 높다 ⇐ 은

수 (數) ⇒ 셈. 헤아림. 몇

수 (受) ⇒ 느낌

수 (繡) ⇒ 무늬

수 (手) ⇒ 쟁이. 손

수 (秀) ⇒ 으뜸

수갈 (이름씨) 수와 그림꼴 바탈을 파고드는 갈 한뜻말셈갈 ⇐ 수학

수갈이 (이름씨) 수갈을 파고들어 참을 밝히는 사람 한뜻말셈갈이 ⇐ 수학자

수감 ⇒ 가둠. 가두다. 잡아가두다. 잡아넣다

수갑 ⇒ 쇠고랑. 고랑쇠. 고랑

수강 ⇒ 배움. 배우다. 가르침을 받다. 가르침을 듣다

수개미 (이름씨) 개미 수컷

수거 ⇒ 거둠. 거두다. 거둬가다. 거둬들이다. 치다. 쳐가다. 모으다

수거함 ⇒ 거둠그릇. 거둠고리

수걱수걱 (어찌씨) ❶허리를 구부렸다 폈다 하며 말없이 걷는 꼴 ⓑ무거운 짐을 지고 수걱수걱 걸어간다 ❷무엇을 말없이 꾸준히 하는 꼴 ⓑ돌이는 수걱수걱 일만 한다

수건 ⇒ 넙데기. 손천

수경 ⇒ 물지이. 물가꾸기

수고 (이름씨) 어떤 일을 하느라 힘을 들이고 애를 씀 ⓑ가르침이들은 배움이들한테 수고를 아끼지 않았다

수고돈 (이름씨) 수고한 값으로 받는 돈 ⇐ 수고비

수고비 ⇒ 수고돈

수공 ⇒ 품. 손품. 솜씨. 품삯. 만들기

수공업 ⇒ 손짓일

수공업자 ⇒ 손짓일꾼. 손짓일보

수공예 ⇒ 만듦재주. 짓는재주

수교 ⇒ 사귐. 사귀다. 손잡다

수구 ⇒ 물공놀이

수구레 (이름씨) 쇠가죽 밑에서 벗겨 낸 질긴 고기

수구파 ⇒ 옛지킴무리

수군 ⇒ 물싸울아비. 물잠개잡이

수군거리다 (움직씨) 낮은 목소리로 가만가만 이야기하다 ⓑ아이들이 놀이터에서 수군거리며 논다 **수군대다**

수군덕거리다 (움직씨) 차례 없이 막 수군거리다 **수군덕대다**

수군덕수군덕 (어찌씨) 차례 없이 막 수군거리는 꼴 ⓑ마을 사람들은 걱정스러운 얼굴로 수군덕수군덕 말했다 **수군덕수군덕하다**

수군수군 (어찌씨) 낮은 목소리로 가만가만 이야기하는 꼴 ⓑ옆방에서 수군수군 말소리가 들렸다 작은말소곤소곤 센말쑤군쑤군 **수군수군하다**

수군통제사 ⇒ 물싸울아비이끎이

수굴수굴 (어찌씨) ❶몬이 부드럽게 늘어진 꼴 ⓑ수굴수굴 늘어진 실버들가지 ❷마음씨가 부드럽고 늘어진 꼴 ⓑ요즘 아이치고는 수굴수굴 말을 잘 들어요

수긋하다 (그림씨) ❶몸이나 고개가 조금 숙은 듯하다 ⓑ마음닦을 때 몸이 살짝 오른쪽으로 수긋해진다 ❷(움직씨로 써) 몸이나 고개를 숙이다 ⓑ머리를 수긋하다. 허리를 수긋하다

수궁 ⇒ 물집

수그러들다 (움직씨) ❶안쪽이나 속으로 수그러지다 ⓑ나이가 들어 허리가 수그러들었다 ❷(뜻이나 기운이) 꺾여 물러지다 ⓑ어떤 어려움에도 겨레말을 지켜내려는 수그러들지 않는 뜻 ❸누그러져 들어가다 ⓑ며칠

이어지던 추위가 좀 수그러든다

수그러지다 움직씨 ❶꽤 굽어지거나 숙어지다 ⓑ벼 이삭이 차츰 수그러진다 ❷힘이나 뜻, 기운 같은 것이 여려지다 ⓑ이레마다 드는 촛불은 수그러지지 않고 갈수록 거세진다 ❸(바람, 추위, 더위, 불길 들이) 차츰 누그러지다 ⓑ더위가 수그러졌는지 요즈음은 아침저녁으로 시원한 바람이 분다

수그령 이름씨 줄기 여러 대가 한곳에 모여나며 질기고 단단한 벼 갈래 여러해살이풀 ⓑ아이들이 수그령 줄기를 서로 묶어 고리를 만들어 지나가는 이가 걸려 넘어지게 장난을 쳤다 한뜻말수크령

수그루 이름씨 제피나무나 삼처럼 암꽃과 수꽃이 딴 그루에 피는 푸나무에서 수꽃이 피는 푸나무

수그리다 움직씨 ❶꽤 숙이다 ⓑ고개를 수그린 채 생각에 잠겼다 ❷(뜻이나 기운 들을) 굽히거나 줄이다 ⓑ들을수록 가리새 있는 말에 사람들은 고개를 수그렸다

수글 이름씨 꽃님들이 쓰던 한글을 암글이라 하고 그에 맞서 한문을 이르던 말 맞선말암글 ⇐한문

수금 ⇒ 돈받기. 돈 거두다. 돈받다

수긍 ⇒ 곧이들음. 곧이 듣다

수기 (手記) ⇒ 겪은글. 겪은 이야기. 손씀

수기 (手技) ⇒ 손재주. 솜씨

수꽃 이름씨 수술만 있는 꽃 ⓑ제피나무는 수꽃과 암꽃이 딴 그루에서 핀다 맞선말암꽃

수나라 이름씨 581해에서 618해까지 쭝궈에 있었던 나라. 가고리에 여러 차례 쳐들어왔고 그 때문에 무너졌다

수난 ⇒ 어려움을 겪음. 괴로움을 겪음. 힘든 일을 겪음

수납 (收納) ⇒ 받음. 받아들임. 받아들이다. 받다. 거둬들이다. 거두다

수납 (受納) ⇒ 받아 넣어둠. 받아 넣어두다. 받다. 받아들이다. 갈무리하다

수녀 ⇒ 닭꽃. 갈꽃

수녀원 ⇒ 닭꽃집

수년 ⇒ 몇해

수놈 이름씨 짐승 수컷 ⓑ가장 힘이 센 수놈 사슴이 무리 우두머리가 된다 맞선말암놈

수놓다 ⇒ 무늬놓다

수뇌 ⇒ 우두머리. 머리

수뇨관 ⇒ 오줌대롱

수눅 이름씨 버선 따위 꿰맨 솔기 ⓑ어머니는 수눅이 터진 버선을 꿰맨다

수눅버선 이름씨 누비어 무늬를 놓은 아이 버선

수다 이름씨 말을 쓸데없이 많이 늘어놓는 일 ⓑ주절주절 수다를 떨었다

수다스럽다 그림씨 쓸데없이 말을 많이 하는 느낌이 있다 ⓑ여울은 수다스러워 말 꺼내기가 망설여졌다

수다쟁이 이름씨 수다를 떨며 말이 많은 사람 ⓑ봄이는 어찌나 수다쟁이인지 만나서부터 헤어질 때까지 혼자 떠들어

수단 ⇒ 길. 솜씨. 꾀. 일꾀. 간사위

수단있다 ⇒ 솜씨있다. 솜씨좋다. 일꾀있다. 간사위좋다

수달 ⇒ 물족제비. 물너구리

수당 ⇒ 덤삯. 삯

수더구 이름씨 숱

수더분하다 그림씨 ❶몬이 푼푼하게 많다 ⓑ밤을 수더분하게 주워 왔다 ❷까다롭지 않고 서글서글하여 무던하다 ⓑ걔는 수더분해서 어떤 사람하고도 잘 어울려

수도 (水道) ⇒ 물대롱. 물길

수도 (首都) ⇒ 서울

수도 (修道) ⇒ 참닦음. 갈닦음

수도관 ⇒ 물대롱. 물길대롱

수도권 ⇒ 서울둘레

수도꼭지 ⇒ 물대롱꼭지. 물길꼭지

수도사 ⇒ 마음닦이

수도원 ⇒ 마음닦는집

수돗물 ⇒ 물길물. 물대롱물

수동 (受動) ⇒ 입음

수동 (手動) ⇒ 손뮘

수동분무기 ⇒ 손뿜개

수동식 ⇒ 손뮘수. 손뮘길

수동적 ⇒ 따라하는. 시키는 대로 하는

수동형 ⇒ 입은꼴

수두 ⇒ 작은뜨리. 물집앓이

수두룩하다 그림씨 꽤 많거나 흔하다 ⓑ시골에는 오래 묵은 옛집이 수두룩하다 ⇐ 풍부하다. 허다하다

수라 이름씨 임금에게 올리는 밥

수라상 ⇒ 수라놓개

수라장 ⇒ 뒤죽박죽. 엉망진창. 싸움판

수락 ⇒ 받아들임. 받아들이다

수량 ⇒ 수숱

수럭수럭 어찌씨 말이나 짓이 씩씩하고 시원시원한 꼴 ⓑ나라 일꾼들한테 나라살림을 물으면 수럭수럭 맛갊는 이가 드물다

수럭수럭하다 그림씨 말이나 짓이 씩씩하고 시원시원하다

수럭스럽다 그림씨 보기에 말이나 짓이 씩씩하고 시원스럽다

수런거리다 움직씨 여러 사람이 한데 모여 수선스럽게 지껄이다 **수런대다**

수렁 이름씨 ❶사람이 푹푹 빠질 만큼 물러진 진흙이나 개흙이 괸 곳 ⓑ나오려고 발을 옮길수록 빠져드는 수렁 논 한뜻말시북 ❷빠져나오기 힘든 어려운 매개 ⓑ일이 잘못되어 깊은 수렁에 빠졌다

수레 이름씨 ❶뮘틀 힘으로 바퀴를 굴려서 나아가며 사람을 태우거나 짐을 실어나르는 것 ⓑ수레가 많이 다니는 큰길. 짐수레. 사람 수레. 긴 수레 ⇐ 차. 자동차 ❷짐승이나 사람이 끌어 사람이나 짐을 실어나르는 데 쓰는 바퀴 달린 것 ⓑ볏짚을 수레에 실어 옮겼다

수레고동 이름씨 수레가 있음을 알려 살피도록 하려고 소리를 울리는 틀 ⇐ 경적. 클랙슨

수레굴뚝 이름씨 김뮘틀수레나 긴수레, 배 같은 것 굴뚝 ⇐ 화통

수레둠 이름씨 수레를 세워두는 것 ⇐ 주차. 파킹

수레멀미 이름씨 수레를 탔을 때 어지럽고 속이 울렁거리고 메스꺼운 일 ⇐ 차멀미

수레몰이·수레몰이꾼 이름씨 수레를 모는 사람 ⇐ 운전기사

수레무덤 이름씨 낡거나 못 쓰는 수레를 없애는 곳 ⇐ 폐차장

수레바퀴 이름씨 수레에 달린 바퀴 ⇐ 타이어

수레배 이름씨 사람과 수레를 함께 실어나르는 배 ⇐ 카페리. 페리

수레삯 이름씨 수레나 말 같은 탈것에 드는 돈 ⇐ 거마비. 차비. 여비

수레없앰 이름씨 낡거나 못 쓰게 된 수레를 없앰 ⇐ 폐차

수레짐칸 이름씨 사람수레 뒤쪽에 짐 넣는 곳 ⇐ 트렁크

수레표 이름씨 수레를 타려고 돈을 주고 사는 표 ⇐ 차표

수려하다 ⇒ 곱다. 아름답다. 빼어나다. 새뜻하다. 산뜻하다. 새첩다

수력 ⇒ 물힘

수력발전 ⇒ 물힘번힘냄

수력발전소 ⇒ 물힘번힘냄곳

수력전기 ⇒ 물힘번힘

수련 ⇒ 닦기. 갈닦기. 갈다. 닦다. 갈닦다. 익히다. 배우다. 몸닦달하다

수련자 ⇒ 마음닦이

수련장 ⇒ 마음닦는곳

수련회 ⇒ 마음닦기모임

수렴청정 ⇒ 갈음다스림

수렴하다 ⇒ 모음. 거둠. 모아들이다. 모으다. 거둬들이다. 거두다. 받아들이다. 잡도리하다

수렵 ⇒ 사냥

수령 (樹齡) ⇒ 나무나이

수령 (首領) ⇒ 머리. 우두머리. 모가비

수령 (受領) ⇒ 받음

수령인 ⇒ 받는이. 받은 사람. 받는 사람

수로 ⇒ 물길. 도랑. 뱃길. 바닷길

수록 ⇒ 싣기. 적기. 싣다. 담다. 적어 넣다. 거두어 적다. 올리다. 써넣다

수뢰 ⇒ 돈먹음. 돈받음. 돈먹다. 뒷돈 받다

수료 ⇒ 마침. 마치다. 떼다. 다 배우다. 배워 마치다

수류 ⇒ 물줄기. 물흐름

수류탄 ⇒ 알알터지개

수리[1] 이름씨 매 갈래 수리 딸림에 드는 모든 새. 곧 독수리, 검독수리, 참수리, 흰죽지수리, 흰꼬리수리 따위

수리[2] 이름씨 여느 따습기에서 물덩이로 있는 수빛 쇠붙이. 따습기재개, 수리불빛 들을 만드는 데 쓴다 ⇐ 수은

수리 (修理) ⇒ 고침. 손봄. 고치다. 손보다. 손대다. 손질하다. 만지다

수리 (受理) ⇒ 받아들임. 받아들이다. 받다

수리공 ⇒ 고침이. 고침보

수리부엉이 이름씨 소쩍새 비슷하나 조금 더 크고 머리에 귀꼴 털이 둘 나 있는 올빼미 갈래에 딸린 새. 깊은 멧속이나 바위에 살며 멧토끼, 뱀, 개구리 따위를 잡아먹고 산다

수리시설 ⇒ 물댈얼개

수리조합 ⇒ 못물두레

수리취 이름씨 잎 앞쪽은 푸르고 뒤쪽은 흰 나물. 올실이 질겨 예로부터 떡을 해 먹는 데 쓴다. 수리취떡은 졸깃졸깃 맛이 있고 잘 쉬지 않는다

수림 ⇒ 숲. 수풀

수립 ⇒ 세움. 세우다. 이룩하다. 짜다. 얽어 짜다

수릿날 이름씨 달셈 닷달 맏닷새. 옛날엔 큰 잔치를 벌이고 꽃님들은 그네를 뛰고 사내들은 씨름을 하며 놀았다 ⇐ 단오. 단오절

수마 ⇒ 큰물

수만 ⇒ 몇골

수많다 ⇒ 많다. 숱하다. 수두룩하다. 무지무지하다. 엄청나다

수말 이름씨 말 수컷

수말스럽다 그림씨 말이나 짓 따위가 점잖고 무게 있다

수멍 이름씨 논에 물을 대거나 빼려고 땅속으로 뚫어 놓은 구멍 ⓑ물꼬를 트면 물이 수멍으로 바로 들어가

수면 (水面) ⇒ 물위. 물낯

수면 (睡眠) ⇒ 잠. 졸음

수면제 ⇒ 잠오개

수명 ⇒ 목숨. 목숨줄. 목숨길이

수모 ⇒ 업신여김받음. 업신여김받다

수목 이름씨 헌솜으로 실을 내어 짠 미영베

수목 ⇒ 나무. 산나무

수목원 ⇒ 나무숲

수목장 ⇒ 나무굿

수몰 ⇒ 물잠김. 물에 잠기다. 물속에 잠기다

수묵화 ⇒ 먹물그림

수문 ⇒ 물문

수문장 ⇒ 문지기

수박 이름씨 밭에 심어 가꾸는 열매남새, 또는 그 열매. 덩굴줄기가 뻗어 노란 꽃이 피고 열매가 달린다. 열매는 둥그렇고 큼직한데 겉은 푸른 바탕에 검푸른 줄무늬가 있고 속에는 물이 많고 맛이 단 붉거나 노란 살과 까만 씨가 있다

수반 (首班) ⇒ 우두머리

수반 (隨伴) ⇒ 따름. 따르다. 뒤따르다. 붙다. 붙좇다. 가져오다. 따라오다

수발 이름씨 (몸이 아픈 사람 곁에서) 시중을 들거나 보살피는 일 ⓑ아우는 아버지 앓이 수발을 했다 한뜻말바라지

수발 ⇒ 받고 보냄

수배 ⇒ 찾음. 찾다. 손쓰다. 그물치다. 거미줄 늘이다

수백 ⇒ 몇온

수백만 ⇒ 몇온골

수법 ⇒ 솜씨

수복 ⇒ 되찾음. 되찾다. 도로 찾다

수부룩하다 그림씨 ❶살이 찌거나 무엇이 쌓여 불룩하게 도드라지다 ⓑ그릇에 수부룩하게 담아준 밥을 다 먹어 치웠다 한뜻말수북하다 ❷푸나무나 털 따위가 촘촘하고 길다

수북수북 어찌씨 ❶쌓이거나 담긴 것이 불룩하게 두드러진 꼴 ⓑ감나무 아래에 거름을 수북수북 주었다 ❷푸나무나 털 같은 것이 배게 나서 좀 크게 자라서 불룩한 꼴 ⓑ장마가 끝나니 논둑 밭둑 할 것 없이 온갖 풀이 수북수북 자란다

수북하다 그림씨 ❶쌓이거나 담긴 것이 불룩

하게 많다 ⓑ땔나무를 담 아래 수북하게 쌓아 놓았다 한뜻말수부룩하다 ❷푸나무나 털 같은 것이 배게 나서 좀 크다 ⓑ어느새 밭둑에 쑥이 수북하게 자랐다
수분 (受粉) ⇒ 가루받이. 꽃가루받이
수분 (水分) ⇒ 물기
수비 ⇒ 막음. 막다. 막아 지키다
수비대 ⇒ 지킴떼. 막는떼
수비수 ⇒ 막보. 지기. 지킴이
수빛 이름씨 수 빛깔과 같이 희고 반짝이는 빛 ⇐ 은빛
수사 (數詞) ⇒ 셈씨
수사 (搜査) ⇒ 뒤짐. 찾다. 뒤지다. 찾아내다. 허물 밝히다
수사대 ⇒ 뒤짐떼
수산 ⇒ 물낳이
수산물 ⇒ 물낳몬. 물남것
수산물가공업자 ⇒ 물낳몬손봄이
수산업 ⇒ 물낳이일
수산업자 ⇒ 물낳이일꾼
수산업협동조합 ⇒ 물낳이두레
수산화나트륨 ⇒ 물살된나트륨
수산화칼슘 ⇒ 물살된칼슘
수삼 ⇒ 무심. 날심
수상 (水上) ⇒ 물위
수상 (受賞) ⇒ 기림. 기림받다
수상 (殊常) ⇒ 남다름. 야릇하다. 남다르다. 못미덥다. 미심쩍다
수상기 ⇒ 뭠그림받개
수상선 ⇒ 물윗배
수상스키 ⇒ 물위썰매
수상자 ⇒ 기림받은이
수상쩍다 ⇒ 야릇하다. 남다르다
수상화서 ⇒ 이삭꽃차례
수색 ⇒ 뒤짐. 들춤. 찾다. 뒤지다. 살피다. 찾아보다. 들추다. 뒤져내다. 뒤적이다
수색대 ⇒ 뒤짐떼. 들춤떼
수생동물 ⇒ 물살이숨받이
수생식물 ⇒ 물풀. 물살이푸나무
수석 (水石) ⇒ 물돌. 멋진 돌
수석 (首席) ⇒ 으뜸. 으뜸자리. 맨 윗자리. 첫째. 첫째자리
수선 이름씨 사람 얼을 어지럽히는 부산한 말이나 몸짓 ⓑ들놀이 가는 날 햇살은 일찍 일어나 수선을 피웠다
수선 (修繕) ⇒ 고침. 손봄. 손질. 고치다. 손보다. 손질하다. 때우다. 깁다
수선 (垂線) ⇒ 곧섬금. 드림금
수선공 ⇒ 고침이. 손봄이
수선스럽다 그림씨 ❶얼이 어지럽게 떠들어 대는 듯하다 ❷시끄러워서 얼이 어지러워지는 듯하다
수선화 ⇒ 물검꽃
수성 (水性) ⇒ 물바탈
수성 (水星) ⇒ 물별
수성암 (水成巖) ⇒ 물에된바위
수세 ⇒ 밀림새. 지킴새
수세미 이름씨 ❶설거지할 때 그릇을 씻는 몬. 수세미외 열매 속을 쓴다 ❷수세미외
수세미외 이름씨 줄기는 덩굴손으로 다른 것을 감고 올라가는 풀. 오이같이 생긴 열매 속에 그물꼴 올실이 들어있어 그릇을 씻는 밑감으로 쓴다
수세식 ⇒ 물씻이
수소 이름씨 소 수컷 맞선말암소
수소 ⇒ 물남
수소문 ⇒ 묻고다님. 더듬어 찾다. 여기저기 묻다. 묻고 다니다
수소폭탄 ⇒ 물남터지개
수속 ⇒ 차례. 차례를 밟다
수송 ⇒ 나름. 실어나름. 나르다. 실어나르다. 실어 보내다
수송관 ⇒ 나름대롱. 보냄대롱
수송나물 이름씨 바닷가 모래땅에 자라는 나물. 잎이 바늘잎 꼴이며 어린싹은 먹는다
수수 이름씨 줄기와 잎은 옥수수보다 좁고 긴 한해살이풀. 열매는 작고 둥글고 검붉으며 밥이나 떡, 과자, 엿 들을 만들어 먹는다. 아랫녘에선 콩밭에 띄엄띄엄 심어 가꾼다
수수 ⇒ 받음. 받다. 받아 챙기다. 거두어 받다

수수경단 이름씨 찰수수 가루 반죽을 둥글게 빚어 찐 다음 고물을 입힌 떡

수수깡 이름씨 수수 줄기 ⓑ옛날에는 흔히 싸릿대 아니면 수수깡을 엮어 울타리를 만들었다 한뜻말 수숫대

수수께끼 이름씨 ❶알아맞힐 무엇을 그와 비슷한 것에 비겨 말하거나 돌려 말해 그것을 알아맞히는 놀이 ⓑ수수께끼를 알아맞히느라 끙끙대며 머리를 굴렸다 ❷얽히고설켜 알 수 없는 야릇한 일 ⓑ삶은 알 수 없는 수수께끼인 것 같아

수수꽃다리 이름씨 우리나라에서만 자라는 꽃나무. 너댓달에 피는 쪽빛을 띤 붉은 꽃이 수수와 닮았다고 붙은 이름이다. 옷곳한 꽃내음이 뛰어나다 ⇐ 라일락

수수료 ⇒ 삯

수수방관 ⇒ 팔장끼고 봄. 팔장끼고 보다. 내버려 두다

수수부꾸미 이름씨 수수 가루를 반죽하여 둥글고 넓게 만들어 기름에 지진 떡

수수팥떡 이름씨 수수 가루에 팥고물을 켜켜이 얹어 찐 시루떡 ⓑ어머니는 이맘때 늘 수수팥떡을 해 주셨다

수수하다 그림씨 옷차림새나 몸가짐새가 눈에 띄지 않고 그저 무던하다 ⓑ꾸밈없는 수수한 차림새가 좋아 보였다

수술 이름씨 암술에 꽃가루를 묻혀 씨를 맺게 하는 불이그릇. 수술대와 꽃밥으로 되어있다 ⓑ벌과 나비가 꽃에 앉아 꿀을 빨 때 수술과 암술이 부딪혀 가루받이가 되지 맞선말 암술

수술 ⇒ 째꿰매기

수술비 ⇒ 째꿰맴돈

수숫단 이름씨 수수를 들어 나르기 알맞게 묶은 것

수숫대 이름씨 수수줄기 한뜻말 수수깡

수습 (收拾) ⇒ 바로잡음. 손씀. 갈망. 뒷갈망. 가라앉히다. 간동그리다. 갈망하다. 바로잡다. 뒷갈망하다. 걷잡다. 거둬모으다. 다루다. 갈무리하다. 거두다. 다스리다. 손쓰다. 추스르다

수습 (修習) ⇒ 배워익힘. 배우다. 익히다. 배워익히다

수시로 ⇒ 때때로. 때없이. 언제든지. 언제나. 가끔. 결결이. 아무 때나. 늘. 만날

수식 (修飾) ⇒ 꾸밈. 꾸미다. 눈비음하다. 겉꾸리다

수식 (數式) ⇒ 수틀. 수냄. 셈냄. 틀. 냄

수식기호 ⇒ 셈뜻표

수식어 ⇒ 꾸밈말

수신 (修身) ⇒ 몸닦기. 마음닦기

수신 (受信) ⇒ 받기. 받다. 새뜸받다

수신기 ⇒ 받는 틀

수신인 ⇒ 받는이

수신자 ⇒ 받는이

수신처 ⇒ 받는곳. 받을곳

수심 (愁心) ⇒ 근심. 걱정. 시름

수심 (獸心) ⇒ 모진마음. 짐승마음

수심 (水深) ⇒ 물깊이

수십 ⇒ 몇열

수십만 ⇒ 몇열골

수압 ⇒ 물누름. 물눌림. 물무게

수양 ⇒ 마음닦기. 마음닦다. 몸마음닦다

수양딸 ⇒ 기른 딸

수양버들 ⇒ 능수버들

수업 (修業) ⇒ 익히고 닦음

수업 (授業) ⇒ 가르침. 가르치다

수업 (受業) ⇒ 배움. 배우다. 가르침을 받다

수업료 ⇒ 배움값

수업시간 ⇒ 배움때

수없이 어찌씨 셀 수 없이. 헤아릴 수 없이

수에즈물길 이름씨 이집트 새노녘에 있는 뭍에운바다와 붉은바다 사이에 놓인 물길. 누리에서 가장 큰 물길로 아시아와 유럽을 잇는 가장 짧은 뱃길이다 ⇐ 수에즈운하

수에즈운하 ⇒ 수에즈물길

수여 ⇒ 줌. 주다. 드리다

수염 ⇒ 거웃. 나룻

수염뿌리 ⇒ 뿌리줄기털. 나룻뿌리. 털뿌리

수영 이름씨 소루쟁이와 비슷하나 줄기와 잎이 조금 작고 여윈 풀. 어린줄기와 잎은 먹

는다 [한뜻말]싱아
수영 ⇒ 헤엄. 헤엄치기. 헤엄치다
수영복 ⇒ 헤엄옷
수영장 ⇒ 헤엄터
수예 ⇒ 뜨개질
수온 ⇒ 물따습기
수완 ⇒ 솜씨. 손재주. 주변. 주변머리. 너름새. 두름손
수요 ⇒ 쓰임. 달램
수요량 ⇒ 달램숱
수요일 ⇒ 물날
수요자 ⇒ 쓸사람. 쓸이
수용 (收容) ⇒ 거둬들임. 넣어두다. 거둬들이다. 모아 가두다
수용 (受容) ⇒ 받아들임. 받아들이다. 안아맡다. 맡다
수용성 ⇒ 녹는 바탈
수용소 ⇒ 모아가둔 곳. 넣어둔 곳
수용액 ⇒ 녹임물
수원 (水原) ⇒ 마구루
수원 (水源) ⇒ 샘터. 물뿌리
수원지 ⇒ 샘터. 물가둔곳
수월찮다 [그림씨] **1** 힘이 들어 해내기가 쉽지 않다 [ㅂ]남을 가르친다는 것은 누구에게나 수월찮은 일이다 **2** 꽤 많다 [ㅂ]집 고치는 데 돈이 수월찮게 든다
수월하다 [그림씨] 어떤 것을 해내기가 쉽다 [ㅂ]요즘은 여름지이가 퍽 수월해졌다 ⇐ 평이하다. 안이하다
수위 (守衛) ⇒ 문지기
수위 (水位) ⇒ 물높이
수위 (首位) ⇒ 첫째. 으뜸. 우두머리
수유 ⇒ 젖주기. 젖먹이다. 젖주다
수유실 ⇒ 젖줌방. 젖먹이칸
수육 ⇒ 삶은 쇠고기
수은 ⇒ 수리
수은주 ⇒ 수리기둥
수의 (囚衣) ⇒ 푸른옷. 갇힌이옷. 가두리옷
수의 (壽衣) ⇒ 주검옷
수의근 ⇒ 맘대로힘살
수의사 ⇒ 짐승나숨이
수익 ⇒ 벌이. 열매. 재미. 새끼
수익금 ⇒ 번돈. 거둔돈
수익자 ⇒ 번사람. 돈번이. 재미본이. 얻은이
수일 ⇒ 며칠
수임 (受任) ⇒ 맡음. 맡다. 지다. 일 맡다
수임 (授任) ⇒ 맡김. 일 맡기다. 주다
수입 (收入) ⇒ 벌이. 거둠새
수입 (輸入) ⇒ 사들임. 사들이다. 들여오다. 딴나라에서 사들이다
수입액 ⇒ 딴나라몬 산돈
수입원 ⇒ 벌잇줄. 벌잇길. 벌잇거리. 벌잇자리
수입품 ⇒ 사들인 딴나라몬
수자원 ⇒ 물밑천. 물밑감
수자해좆 [이름씨] 높이는 1미터쯤이며 잎이 없고 길둥근 덩이줄기가 있으며 여름에 엷누런 꽃이 피는 풀. 온 풀을 낫개로 쓴다 ⇐ 천마
수작 (秀作) ⇒ 빼어난 솜씨. 빼난 것
수작 (酬酌) ⇒ 짓. 짓거리. 야로. 말 주고받기
수잠 [이름씨] 깊게 들지 못하는 잠 [ㅂ]팔다리가 쑤셔서 수잠을 잤다 [한뜻말]겉잠. 선잠. 풋잠
수장 (水葬) ⇒ 물굿. 물묻이
수장 (收藏) ⇒ 간직. 간수. 간수하다. 간직하다
수장 (首長) ⇒ 우두머리. 머리. 모가비
수재 (水災) ⇒ 큰물짐. 물언걸. 물지실
수재 (秀才) ⇒ 재주꾼. 머리 좋은 사람
수재민 ⇒ 큰물덮친이
수저 [이름씨] **1**'수젓가락' 준말. 숟가락과 젓가락 [ㅂ]이불 한 채, 밥솥 하나, 밥그릇과 수저 두 벌만 달랑 들고 왔다 [한뜻말]순갈젓갈 **2** 숟가락' 높임말 [ㅂ]할아버지 수저
수전노 ⇒ 구두쇠. 자린고비
수전증 ⇒ 손떨림늦
수정 (水晶) ⇒ 비침차돌. 맑은차돌
수정 (修正) ⇒ 고침. 바로잡음. 바꿈. 바꾸다. 다듬다. 고치다. 바로잡다
수정 (受精) ⇒ 씨받이. 씨받다
수정과 ⇒ 계피꿀물. 계피새앙꿀물
수정관 ⇒ 씨줄

수정란 ⇒ 씨받이알
수정알 ⇒ 씨받이알
수정액 ⇒ 지움물
수정주의 ⇒ 고침살이. 고쳐살이
수정체 ⇒ 비침덩이
수정테이프 ⇒ 지움띠
수제비 이름씨 밀가루 반죽을 끓는 지렁국에 조금씩 떼어 넣어 익힌 먹거리 ㉥손끝에서 똑똑 떨어져서 부글부글 끓어오르는 냄비 속으로 들어가는 수제비
수제자 ⇒ 으뜸배움이. 빼난배움이. 뛰어난 배움이
수조 ⇒ 큰물독
수족 ⇒ 손발. 부림이
수족관 ⇒ 물살이집
수준 ⇒ 높이. 높낮이
수줍다 그림씨 남 앞에서 부끄러워하고 어려워하는 데가 있다 ㉥내 앞에만 서면 수줍은 듯 얼굴을 붉히는 사람
수줍어하다 움직씨 남 앞에서 부끄러워하고 어려워하다 ㉥수줍어하지 말고 큰 소리로 노랫가락을 불러 봐요
수줍음 이름씨 수줍어하는 모습 ㉥가을은 아직 수줍음이 많다
수중 (手中) ⇒ 손안
수중 (水中) ⇒ 물속
수중발레 ⇒ 물속춤
수증기 ⇒ 김
수지 (手指) ⇒ 손가락
수지 (樹脂) ⇒ 나무진
수지 (收支) ⇒ 나들돈
수지맞다 ⇒ 남다. 벌다. 보람 있다. 땡잡다
수직 (垂直) ⇒ 곧섬
수직 (手織) ⇒ 손짜기. 손낳이. 손짠천
수직선 ⇒ 곧섬금. 바로선금
수직으로 ⇒ 곧서. 바로서. 바로 세워. 곧추서
수질 ⇒ 물바탕. 물밭
수질오염 ⇒ 물더러워짐. 물더럼
수집 ⇒ 모음. 모으다. 모아들이다. 끌어모으다
수집가 ⇒ 모으는이. 모음이
수쪽 이름씨 돈 빌려준 이가 갖는 어음 오른쪽 조각 맞선말암쪽
수차례 ⇒ 몇차례. 몇디위. 여러 차례. 여러 디위
수채 이름씨 집안에서 버린 물이 흘러가도록 만든 얼개 ㉥설거지하고 버린 물이 수채를 거쳐 잘 내려간다
수채화 ⇒ 물감그림. 물빛그림
수척하다 ⇒ 야위다. 여위다. 파리하다
수천 ⇒ 몇즈믄
수천만 ⇒ 몇즈믄골
수천명 ⇒ 몇즈믄 사람. 몇즈믄이
수첩 ⇒ 손빈책
수초 ⇒ 물풀
수축 (修築) ⇒ 고쳐쌓기. 고쳐짓기. 고쳐 쌓다. 고쳐 짓다
수축 (收縮) ⇒ 줆. 오그라듦. 오그라들다. 오그라지다. 줄다. 줄어들다. 졸아들다
수출 ⇒ 내다팔기. 내다팔다. 딴나라에 팔다
수출국 ⇒ 내다파는 나라
수출량 ⇒ 내다파는 숱
수출액 ⇒ 내다판돈
수출입 ⇒ 나라사이 사고팔기
수출품 ⇒ 내다팔것. 내다팔몬
수취 (收取) ⇒ 거둠. 거두다. 거두어 가지다. 거둬들이다
수취 (受取) ⇒ 받기. 받다. 받아들이다. 받아 가지다
수취인 ⇒ 받을이. 받을 사람. 받는이. 받보
수치 ⇒ 값. 셈값. 숫값
수치감 ⇒ 부끄러움. 부끄러운 느낌. 남세스러움
수치스럽다 ⇒ 부끄럽다. 남세스럽다. 남우세스럽다
수칙 ⇒ 지킬 일. 지킬 것
수캐 이름씨 수컷 개 맞선말암캐
수컷 이름씨 짐승이나 푸나무를 암과 수로 나눌 때 수인 것 ㉥꼴에 수컷이라고 나서서 잘난 체하네 맞선말암컷
수컷치레 이름씨 숨받이가 짝짓기할 때 몸에 여느 때와 다르게 나타나는 빛깔 ⇐ 혼인색
수키와 이름씨 두 암키와 사이를 덮는 둥글고 길쭉한 기와

수탁 ⇒ 맡음. 맡다. 받다. 일 맡다

수탈 ⇒ 빼앗음. 빼앗다. 앗다. 앗아가다. 긁어가다. 가로채다

수탉 이름씨 닭 수컷 ⓑ수탉이 아침 일찍 울어 쌌는다 맞선말암탉

수태 어찌씨 아주 많이 ⓑ아는 사람들만 해도 수태 왔더라 한뜻말숱하게

수태 (受胎) ⇒ 애밸

수태 (水苔) ⇒ 해캄

수톨쩌귀 이름씨 문짝에 박아 문기둥에 있는 암톨쩌귀에 꽂도록 곶이 달린 돌쩌귀 ⓑ수톨쩌귀 곶이 암톨쩌귀 구멍에 딱 맞게 달지 못하면 문이 삐걱거리지 맞선말암톨쩌귀

수통 ⇒ 물통. 물끄. 질통

수퇘지 이름씨 돼지 수컷

수판 ⇒ 셈틀

수판알 ⇒ 셈틀알

수평 ⇒ 펀펀. 판판함. 곧눔

수평면 ⇒ 펀펀낯. 곧눔낯

수평선 ⇒ 펀펀금. 바다하늘금

수포 (水泡) ⇒ 물거품

수포 (水疱) ⇒ 물집. 꽈리

수표 ⇒ 돈표

수표원 ⇒ 표받이. 표받는이

수풀 이름씨 ❶'숲' 밑말. 나무가 우거지거나 꽉 들어찬 곳 ⓑ하늘이 안 보일 만큼 수풀이 우거졌다 ❷풀이나 덩굴, 작은 나무 따위가 한데 엉킨 곳 ⓑ수풀 속에서 토끼 한 마리가 뛰어나왔다

수프 ⇒ 멀국

수필 ⇒ 살랑글

수하물 ⇒ 들짐. 잔짐. 손짐

수학 (數學) ⇒ 셈갈. 수갈

수학 (修學) ⇒ 배움. 익힘. 익히다. 닦다. 갈다. 배우다. 갈닦다

수학여행 ⇒ 배움나들이

수학자 ⇒ 셈갈이. 수갈이

수해 ⇒ 큰물짐. 물언걸. 물지실

수행 (修行) ⇒ 마음닦기

수행 (遂行) ⇒ 해냄. 해내다. 다하다. 제대로 하다

수행 (隨行) ⇒ 모심. 따름. 따르다. 따라다니다. 따라가다. 모시다. 모시고 다니다

수행원 ⇒ 따름이. 데림이

수험 ⇒ 재보임

수험생 ⇒ 재보임이. 푸는 이

수혈 ⇒ 피넣기

수협 ⇒ 물낳이두레

수형 ⇒ 나무꼴

수형도 ⇒ 나무꼴그림

수혜자 ⇒ 번이. 돈번이. 받은이

수호 (修好) ⇒ 손잡기. 사이좋게 지내다. 손잡다

수호 (守護) ⇒ 지킴. 지키다. 지켜내다. 보살피다

수호신 ⇒ 지킴검. 지킴서낭

수호천사 ⇒ 지킴이

수화 ⇒ 손말. 손짓말

수화기 ⇒ 듣개. 말받틀

수화물 ⇒ 손짐. 들짐

수확 ⇒ 거둠. 걷이. 가을걷이. 거두다. 거둬들이다. 거둠질하다. 가을걷이하다

수확량 ⇒ 거둠새. 거둠숱

수회 ⇒ 몇디위. 몇차례. 여러 차례. 여러 디위

수효 ⇒ 숱. 낱수

수훈 ⇒ 뛰어난 보람. 빼어난 보람

숙고 ⇒ 곰곰생각. 잘 생각하다. 깊이 생각하다. 곰곰이 생각하다. 곱씹다

숙녀 ⇒ 꽃님

숙다 움직씨 ❶앞으로나 한쪽으로 기울어지다 ⓑ바람에 걸린 그림이 한쪽으로 조금 숙었다 ❷힘이 줄어지다 ⓑ어머니 몸이 조금씩 숙는 것을 보니 이제 일을 좀 줄여야 할 텐데

숙달 ⇒ 익숙. 길듦. 손익다. 익다. 익숙하다. 이골나다. 배다. 길들다. 자리잡히다

숙덕거리다 움직씨 낮은 목소리로 가만가만 이야기하다 ⓑ사람들이 군데군데 모여 뭔가를 숙덕거린다 작은말속닥거리다 센말쑥덕거리다 **숙덕대다**

숙덕숙덕 어찌씨 ❶낮은 목소리로 가만가만 말하는 꼴 ⓑ앞집 가시가 달아난 까닭을 잘 모르겠다며 숙덕숙덕 서로 이야기한다

작은말 속닥속닥 센말 쑥덕쑥덕 [2]종이나 천 같은 것을 좀 크게 가위로 써는 꼴 ㉥그렇게 아무렇게나 숙덕숙덕 가위질해서야 어디 옷이 지어지겠니? **숙덕숙덕하다**

숙독 ⇒ 잘읽기. 잘 읽다. 익숙하게 읽다

숙련 ⇒ 손익음. 길듦. 손익다. 익숙하다. 길들다. 이골나다

숙련공 ⇒ 바치

숙맥 ⇒ 바보. 부기. 북숭이

숙면 ⇒ 한잠. 단잠. 꿀잠. 깊은 잠. 속잠. 귀잠

숙명 ⇒ 떠퀴. 살매

숙모 ⇒ 작은어머니

숙박 ⇒ 잠. 묵음. 자다. 묵다. 머무르다. 머물다

숙박료 ⇒ 방삯. 방값. 잠값

숙부 ⇒ 작은아버지

숙부드럽다 [그림씨] [1]마음씨가 참하고 부드럽다 ㉥새아지매가 숙부드러워 시동생들이 많이 따른다 [2]몬이 노글노글 부드럽다 ㉥새로 산 가죽 구두가 숙부드러워 신기 좋다 [3]몸가짐이 점잖다 ㉥아저씨는 숙부드러운 데다가 우스갯소리도 잘한다

숙성 (夙成) ⇒ 일되다. 올되다. 오되다

숙성 (熟成) ⇒ 잘 익음. 푹 익음. 잘 익다. 푹 익다

숙소 ⇒ 잘데. 잘곳. 묵을 곳. 머물 곳. 묵는 집

숙식 ⇒ 묵기. 묵다. 머무르다. 먹고자기

숙어 ⇒ 익은말

숙어지다 [움직씨] [1]앞으로 기울어지다 ㉥졸려서 고개가 저절로 숙어졌다 [2]힘이나 기운이 줄어들다 ㉥쏟아지던 눈이 아침에야 숙어졌다

숙연하다 ⇒ 착 가라앉다. 무겁다. 차분하다

숙원 ⇒ 오랜 바람. 묵은 바람

숙이다 [움직씨] '숙다' 하임꼴. 숙게 하다 ㉥아버지는 너부죽이 땅바닥까지 머리를 숙였다. 고개를 숙이다. 얼굴을 숙이다 비슷한말 구부리다. 굽히다

숙제 ⇒ 할일. 풀거리. 익힐 것

숙주 ⇒ 임자몸. 붙살이집

숙주나물 [이름씨] 녹두에 물을 주어 싹을 내어 기른 나물. 또는 그 나물을 양념하여 무친 먹을거리 ㉥어머니는 할머니 무덤 앞에 놓으려고 도라지나물과 숙주나물과 고사리나물을 마련했어요

숙지사항 ⇒ 알아둘 일

숙직 ⇒ 밤지기

숙질 ⇒ 아재조카

숙채 ⇒ 데친 나물. 익힌 나물

숙청 ⇒ 내쫓음. 내쫓다. 몰아내다. 쓸어버리다. 없애다. 목자르다

순 (筍) ⇒ 움. 눈. 싹. 새싹. 싹눈

순 (純) ⇒ 맑음. 깨끗

순간 ⇒ 눈깜짝새. 눈 깜박할 사이

순결하다 ⇒ 깨끗하다. 맑다. 티 없다

순경 ⇒ 깨살핌이. 지킴이

순교 ⇒ 믿음에 목숨바침

순국 ⇒ 나라에 목숨바침

순국선열 ⇒ 목숨바친이

순금 ⇒ 다보. 온보

순대 [이름씨] [1]집짐승 창자나 그것을 갈음할 것 속에 고기붙이, 콩묵, 남새, 피, 낟알 같은 것을 다져 넣고 찌거나 삶아낸 먹을거리 ㉥여기 순대 한 줄 썰어주세요 한뜻말 핏골집 [2]오징어, 가지, 고추 같은 것에 양념한 속을 넣고 찐 먹을 것

순도 ⇒ 맑음새. 맑새. 맑기

순두부 ⇒ 순콩묵

순둥이 [이름씨] 순한 아이를 귀엽게 부르는 말

순라 ⇒ 밤살핌

순례 ⇒ 거룩곳 가기. 거룩한곳 들르다. 여러 곳을 들르다. 차례로 찾아다니다

순록 ⇒ 길든사슴

순리 ⇒ 바른길. 마땅길. 바른가리. 마땅가리

순면 ⇒ 다미영. 오롯미영. 온미영

순모 ⇒ 다털. 온털. 오롯털

순무 [이름씨] 뿌리를 먹는 남새. 무와 비슷하나 무보다 뿌리가 짧고 흰빛, 쪽빛 섞인 붉은빛을 띤다

순박하다 ⇒ 꾸밈없다. 숫접다. 수더분하다. 수수하다. 착하다

순발력 ⇒ 깜짝힘. 재빠른 힘

순방 ⇒ 차례들름. 여러 곳을 찾아보다. 여러 곳을 돌아다니다. 차례로 들르다
순백 ⇒ 맑음. 티 없음. 깨끗함. 희다. 티 없다. 깨끗하다. 맑다. 하얗다
순번 ⇒ 차례
순사 ⇒ 깨살핌이
순산 ⇒ 쉽게낳기. 잘 낳다. 쉽게 낳다
순서 ⇒ 차례
순수 ⇒ 깨끗. 티없음. 맑음. 한 곬. 깨끗하다. 티없다. 맑다
순수익 ⇒ 알벌이. 알짬벌이
순순히 ⇒ 고분고분하게
순시 ⇒ 둘러봄. 살핌. 둘러보다. 돌며 살피다
순시선 ⇒ 살핌배. 둘러봄배
순식간 ⇒ 눈깜짝새. 짧은 동안. 눈 깜짝할 사이
순연 ⇒ 미룸. 물림. 미루다. 물리다. 차례로 물리다
순위 ⇒ 차례
순응 ⇒ 따름. 따르다. 잘 따르다. 고분고분하다. 고분고분 따르다
순전히 ⇒ 오롯이
순정 ⇒ 깨끗사랑. 맑은 사랑
순조로이 ⇒ 간대로. 잘. 손쉽게. 쉽사리. 말썽 없이
순조롭다 ⇒ 잘되다. 고르다. 말썽 없다. 잘 풀리다
순종 ⇒ 참씨. 깨끗씨
순종하다 ⇒ 고분고분하다. 잘 따르다. 말 듣다. 좇다. 직수굿하다
순지르기 ⇒ 눈따기. 눈따주기. 싹지르기
순직 ⇒ 일죽음. 일죽다. 일하다 죽다. 일하다 목숨 잃다
순진 ⇒ 참됨. 착함. 숫됨. 참되다. 착하다. 숫되다. 숫접다. 어질다
순차적 ⇒ 차례 따르는
순찰 ⇒ 살핌. 둘러보다. 둘러 살피다. 살피다
순찰차 ⇒ 살핌수레. 둘러봄수레
순콩묵 [이름씨] 눌러서 굳히지 않은 콩묵 ⇐ 순두부
순탄하다 ⇒ 말썽 없다. 까다롭지 아니하다. 넓고 펀펀하다
순풍 ⇒ 산들바람. 뒷바람
순하다 ⇒ 부드럽다. 쉽다. 곱다. 여리다. 수더분하다. 무던하다. 고분고분하다
순항 (順航) ⇒ 잘 감. 잘 가다
순항 (巡航) ⇒ 돌아다님. 돌아다니다
순화 (純化) ⇒ 깨끗이함. 깨끗이 만들다. 바르게 만들다. 바로잡다. 맑히다
순화 (馴化) ⇒ 길들임. 길들이다
순환 ⇒ 돌기. 돌다. 되풀이 돌다. 내돌리다. 빙빙 돌다
순환계 ⇒ 돌이얼개. 돌이틀
순환기 ⇒ 돌이그릇
순환소수 ⇒ 돌이잔수. 돌잔수
순회 ⇒ 돎. 돌다. 돌아다니다
순회도서관 ⇒ 돎책숲. 돎책숲집. 책숲수레
숟가락 [이름씨] 밥이나 국을 떠먹을 때 쓰는 연장. 오목하고 길동근 데에 자루가 달렸다 [ㅂ]엄마는 숟가락에 밥을 조금 뜨고 김치 한 가닥을 얹어 아이 입에 넣어 준다 ⇐ 스푼
술[1] [이름씨] 알코올이 들어있어 마시면 거나해지는 마실 거리 [ㅂ]어머니는 머루로 술을 담그셨다
술[2] [이름씨] 깃발이나 띠, 끈, 옷들에 다는 여러 가닥 실오리 한끝을 한데 묶어서 만든 꾸미개 [ㅂ]노랑 술이 달린 목도리에 눈이 간다
술[3] [이름씨] (수 뒤에 써) 먹거리를 숟가락으로 뜨는 디위 수 [ㅂ]먹기 싫더라도 밥 한술 떠야지
술[4] [이름씨] 쟁기 몸 아래로 비스듬히 뻗어 나간 나무. 끝에 보습을 맞추는 바닥이 있다
술값 [이름씨] 술을 사거나 마시는 데 드는 돈 [ㅂ]술값도 못 내면서 무슨 술집 타령이냐
술곁 [이름씨] 술을 마실 때 곁들여 먹는 맛갓 ⇐ 안주
술고래 [이름씨] 술을 아주 많이 마시는 사람 [ㅂ] 집안 먼 언니는 술고래여서 앉은자리에서 김술을 한 말씩 마셨다
술그릇 [이름씨] 술을 따라 마시는 그릇 ⇐ 술잔
술기운 [이름씨] 술을 마신 뒤에 나타나는 어질어질한 기운 [ㅂ]술기운에 마구 지껄였는데 쓸데없는 소리를 많이 한 것 같아
술김 [이름씨] 술에 전 느낌이나 까리 [ㅂ]술김에

개한테 좋아한다고 말해버렸어 ⇐ 취기

술꾼 이름씨 술을 아주 좋아해서 많이, 또 자주 마시는 사람 ⓑ아버지는 엄청난 술꾼이라 술을 물처럼 드셨다 ⇐ 애주가

술놓개 이름씨 술과 술곁을 차린 놓개 ⇐ 술상

술독 이름씨 술을 빚어 담아 두는 독 ⓑ할머니는 술을 빚어 술독에 잘 담가 두었다

술래 이름씨 숨바꼭질이나 술래잡기에서 숨은 아이들을 찾아내는 아이 ⓑ술래가 다가오자, 아이들 가슴은 조마조마했다

술래잡기 이름씨 ❶눈을 가린 술래가 손뼉을 치며 달아나는 사람을 잡는 놀이. 잡힌 사람이 술래가 된다 ⓑ밤늦도록 아이들은 술래잡기 놀이를 했다 ❷숨은 사람을 찾아내는 아이들 놀이. 한 아이가 술래가 되고 다른 아이들은 숨는다

술렁거리다 움직씨 자꾸 어수선하게 들뜨거나 설레다 ⓑ스승이 배곳을 그만둔다는 얘기에 온 동네가 술렁거렸다 **술렁대다**

술렁술렁 어찌씨 ❶자꾸 어수선하게 들뜨거나 설레는 꼴 ⓑ그 말에 조용하던 방안이 갑자기 술렁술렁 들끓었다 ❷물결이 설레며 내는 소리나 그 꼴 ⓑ바람 부는 대로 술렁술렁 물결이 인다 **술렁술렁하다**

술렁이다 움직씨 ❶어수선하게 시끄러워지다 ⓑ갑자기 번힘불이 나가자, 구경꾼들이 술렁였다 ❷몹시 설레이다 ⓑ가을바람에 술렁이는 물결 위로 하얀 오리가 떠간다

술밥집 이름씨 옛날에 길목에서 술과 밥을 팔던 집 ⇐ 주막집

술버릇 이름씨 술을 마시면 나타나는 버릇 ⓑ나루는 술만 마시면 사람들과 오래도록 말하는 술버릇이 있다 ⇐ 주벽

술병 이름씨 술을 담은 병

술빚기 이름씨 술을 담가 만드는 일 ⇐ 양조

술상 ⇒ 술놓개

술수 ⇒ 꾀. 잔꾀. 잔재주

술술 어찌씨 ❶물이나 가루, 낟알 따위가 작은 구멍이나 틈으로 잘 새어 나오거나 들어가는 꼴 ⓑ시냇물이 둑 틈으로 술술 새어 나왔다 ❷말이나 글 따위가 막힘없이 잘 나오는 모습 ⓑ스승 물음에 똑순이는 술술 말했다 ❸얽힌 실이나 일 같은 것이 쉽게 잘 풀리는 꼴 ⓑ자위 고리만 잘 틀어쥐면 다른 일들은 술술 풀리게 마련입니다 ❹바람이 거침없이 부드럽게 부는 꼴 ⓑ술술 부는 봄바람

술술말 이름씨 말이 막힘없이 술술 흘러나와 사람 마음을 움직이는 말솜씨 ⇐ 웅변

술어 ⇒ 풀이말

술어미 이름씨 술 파는 꽃님 ⇐ 주모

술자리 이름씨 함께 술을 마시는 자리

술잔 ⇒ 술그릇

술적심 이름씨 국이나 찌개와 같은 국물이 있는 맛갓. 곧 숟가락을 적실 만한 먹을거리 ⓑ나는 술적심 없이도 밥을 잘 먹는다

술집 이름씨 술을 파는 집

술책 ⇒ 꾀

술통 이름씨 술을 담아 두거나 담아 나르는 데 쓰는 통 ⓑ술통이 비었다

술회 ⇒ 말. 말하다. 이야기하다. 털어놓다

숨 이름씨 ❶사람이나 짐승이 코나 입으로 바람을 들이마시고 내쉬는 일 ⓑ조용한 곳에 다리를 포개고 앉아 코 둘레에서 숨을 바라보았다 ⇐ 호흡 ❷싱싱한 남새나 나물에서 나는 빳빳한 기운 ⓑ배추를 소금에 절여 숨을 죽였다

숨결 이름씨 ❶숨을 쉬는 꼴 또는 그 높낮이나 빠르기 ⓑ아기는 고른 숨결을 내쉬며 잠이 들었다 ❷느끼어 일어나는 마음이나 기운 ⓑ수수꽃다리 새싹에서 봄 숨결이 느껴진다

숨고다 움직씨 숨이 막혀 죽은 사람처럼 되다 ⓑ방에 내가 스며들어 혼자 자던 아저씨가 숨고아서 나숨집으로 실려갔다 ⇐ 질식하다

숨골 이름씨 골 아래쪽 끝, 곧 뒤통수 목 있는 데에 있는 골. 허파, 콩팥, 핏줄 뮘을 다스린다 ⇐ 연수. 숨뇌

숨구멍 이름씨 ❶숨이 지나는 구멍 ⓑ불씨가 꺼질지 모르니 숨구멍을 좀 터놓지 ❷갓난

아이 정수리가 아직 굳지 않아 숨 쉴 때마다 팔딱팔딱 뛰는 자리. 나서 두 해가 지나면 뼈로 메꾸어진다 한뜻말숫구멍 ❸답답한 마음을 조금 누그러뜨리는 것 ⓑ네 도움으로 숨구멍이 좀 트이는 것 같다

숨기다 움직씨 '숨다' 하임꼴 ⓑ먼저 돈을 헛간으로 숨기자. 숨기지 말고 있는 그대로 말해라

숨길 이름씨 ❶산것이 숨 쉴 때 숨이 지나는 길 ⓑ코에서 비롯되는 숨길은 허파까지 잇닿는다 ⇐ 기도 ❷등뼈 짐승 목 안에서 허파 사이에 숨이 지나는 길

숨김없이 어찌씨 남에게 감추어진 것 없이 ⓑ숨김없이 드러내는 마음씨가 좋다

숨넣개 이름씨 몸에 살남을 불어넣는 연장. 흔히 나숨집에서 아픈 사람을 나수는 데 쓰고 먼 누리나 물속처럼 살남이 모자라는 곳에서도 쓴다 ⇐ 산소호흡기

숨다 움직씨 ❶몸이나 무엇을 남 눈에 보이지 않게 두다 ⓑ너는 장독 뒤에 숨어라 ⇐ 피신하다 ❷겉이나 밖으로 드러나지 않다 ⓑ숨은 노래 솜씨를 마음껏 뽐내다. 숨은 뜻. 숨은 살림꾼

숨들이재개 이름씨 허파 속에 가장 많이 빈기를 빨아들여 다시 내뱉는 빈기숱을 재는 연장 ⇐ 폐활량계

숨바꼭질 이름씨 ❶여럿 가운데 한 아이가 술래가 되고 다른 모든 아이가 숨은 뒤에 술래가 숨은 사람을 찾아내는 놀이. 술래에게 들킨 아이가 다음 술래가 된다 ⓑ숨바꼭질할 사람 여기 붙어라 ❷무엇이 숨듯이 보였다 안 보였다가 하는 일 ⓑ하늬메 너머 해님이 구름 사이로 숨바꼭질한다 ❸헤엄칠 때에 물속으로 들어가 숨는 일 ⓑ누가 물속에서 숨바꼭질 잘하나 어디 해볼까?

숨받이 이름씨 스스로 몸을 움직일 수 있는 산것. 네발짐승, 새, 물고기, 벌레들이다 ⓑ마디발 숨받이. 무른몸 숨받이 한뜻말숨탄것 ⇐ 동물

숨불어넣기 이름씨 그림이나 사람꼴이 뛰는 것처럼 보이게 만든 뮘그림. 또는 그것을 만드는 재주 ⇐ 애니메이션

숨붙이 이름씨 숨받이와 푸나무를 아울러 이르는 말 ⇐ 동식물

숨소리 이름씨 숨을 쉬는 소리 ⓑ숨소리가 높고 거칠었다가 차츰 잦아든다

숨쉬기 이름씨 ❶산것이 살아가는 데 갖출 힘을 얻으려고 잔삼 안에서 일어나는 살남과 두살남숯남 바뀜 ⓑ이른 봄에 서울에서는 잔먼지가 많아 숨쉬기가 가쁘다 ⇐ 호흡 ❷숨을 깊이 들이마시고 내쉬는 몸뮘 ⓑ모든 몸뮘 처음과 끝에는 숨쉬기를 한다

숨쉬기뮘 이름씨 ❶산것이 숨을 쉬려고 쉬지 않고 하는 뮘 ⇐ 호흡운동 ❷가슴이나 배를 불렸다 줄였다가 하면서 숨을 크게 쉬는 뮘 ⓑ가슴뮘과 숨쉬기뮘

숨은바위 이름씨 물위로는 보이지 않는 바닷속 바위 ⓑ뱃사람들은 숨은바위를 가장 두려워한다지 한뜻말여 ⇐ 암초

숨은이 이름씨 숨어 사는 사람 ⇐ 은자. 은둔자

숨죽이다 움직씨 ❶숨소리가 들리지 않을 만큼 조용히 하다 ⓑ아이들은 숨죽이고 이야기 속으로 빠져들었다 ❷힘에 눌려 제 생각을 펴지 못하거나 말이나 짓이 억눌리다 ⓑ어깨들 힘에 눌려 우리가 숨죽이는 줄 안다면 잘못이다

숨줄 이름씨 허파에 숨이 드나드는 길이 되는 곳 한뜻말숨통 ⇐ 명줄 익은말 **숨줄을 끊다** 죽이다 **숨줄을 조이다** 종요로운 대목을 누르다

숨지다 움직씨 숨이 끊어지다. 죽다 ⓑ아저씨 방에 기척이 없어 안으로 들어가 보니 벌써 숨진 뒤였다 한뜻말숨거두다. 숨넘어가다

숨차다 움직씨 ❶숨이 가빠서 숨을 쉬기가 어렵다 ⓑ조금만 오르막이어도 걸으면 숨차 ❷어떤 일이 매우 힘겹거나 가쁘다 ⓑ지난해는 앞뒤도 안 보고 숨차게 달려왔다

숨통 이름씨 목구멍 아래쪽 밥줄 앞쪽에 있어 숨쉴 때 빈기가 드나드는 통 ⇐ 기관

숨통가지 이름씨 숨통 아래 끝에서 나뭇가지처럼 왼 오른 두 쪽으로 갈라져 허파꽈리에

이어지는 곳 ⇐ 기관지

숨틀 이름씨 사람 허파나 물고기 아가미처럼 숨쉬는 틀 한뜻말 숨그릇 ⇐ 호흡기. 호흡기관

숨틀자맥질 이름씨 물속에서 숨쉴 수 있는 틀을 달고 깊은 물에 들어가 헤엄치는 일 ⇐ 스쿠버다이빙

숨표 이름씨 가락글에서 쉼표가 없는 곳에서 숨을 쉬라는 표. ','나 'v'로 나타낸다

숫- 앞가지 **1** 깨끗한. 꾸밈없는 ⓑ미얀마에서 온 숫색시는 부끄러움을 잘 탔다 **2** 사람이 손대지 않은 ⓑ숫것. 숫밥 **3** 깊이 들어가지 않은 ⓑ숫잠

숫각시 이름씨 갓 시집온 숫된 각시 ⓑ아직 숫각시라 마을 사람 앞에 나서기를 부끄러워하였다

숫것 이름씨 아직 손이 닿거나 바뀌거나 하지 않고 그대로인 것 ⓑ할아버지는 입맛이 없다고 하시며 놓개에 차린 밥을 숫것 채로 물렸다

숫구멍 이름씨 갓난아이 머리꼭지가 굳지 않아서 숨 쉴 때마다 발딱발딱 뛰는 곳 한뜻말 숨구멍

숫기 이름씨 수줍어하지 않는 사내다운 몸씨 ⓑ곱순은 시집가겠다고 말할 숫기는 없고 그래서 벌말로는 가지 않겠다고 우겼다 익은말 **숫기가 좋다** 수줍어하거나 부끄러워하는 데가 없이 힘차고 시원스럽다

숫눈 이름씨 발자국이 나거나 녹지 않고 내린 채로 고스란히 있는 눈 ⓑ이른 새벽 숫눈을 밟고 집을 나섰다

숫돌 이름씨 낫이나 칼 같은 것을 갈아 날을 잘 세우는 데 쓰는 돌 ⓑ숫돌에 칼을 갈다

숫되다 그림씨 **1** 깨끗하고 참되다 ⓑ숫된 생각 **2** 약삭빠르지 않고 어수룩하다 ⓑ숫된 멧골 아가씨. 숫되게 하는 말 ⇐ 순진하다

숫보기 이름씨 **1** 숫된 사람 ⓑ익숙한 몸놀림이며 잰 손길이 아무래도 숫보기는 아니야 **2** 숫가시나나 숫머시마

숫살이 이름씨 **1** 나무 열매를 따먹거나 물고기나 짐승을 잡아먹고 사는 삶 ⇐ 원시생활 **2** 숫살이 하는 사람 한뜻말 숫살이사람 ⇐ 원시인

숫살이때 이름씨 삶꽃이 꽃피기 앞 때 ⇐ 원시시대

숫수 이름씨 '1'과 스스로만으로 나누어떨어지는 수. '2, 3, 5, 7, 11, 13' 들이 있다 ⇐ 소수

숫숲 이름씨 사람이 손대지 않은 숲 ⇐ 처녀림. 원시림

숫씨 이름씨 갖춤틀이나 번힘돌길 따위를 이루는 낱낱 것. 빔대롱 같은 제힘 숫씨와 번힘모으개 같은 입음 숫씨가 있다 ⇐ 소자

숫씨수 이름씨 어떤 옹근수를 숫수 곱으로 나타낼 때 낱낱 씨수 ⇐ 소인수

숫알씨 이름씨 몬갈에서 몬이나 마당을 이루는 가장 바탕이 되는 하나치로 잡은 작은 알씨 ⇐ 소립자

숫자 ⇒ 셈글

숫잠 이름씨 깊이 들지 않은 풋잠 ⓑ손님이 어젯밤 숫잠을 잤다네요

숫접다 그림씨 꾸밈없고 수줍어하는 티가 있다 ⓑ숫저운 몸가짐. 숫저운 사람 ⇐ 순박하다. 순진하다

숫제 어찌씨 **1** 무엇을 하기 앞에 차라리 ⓑ하다가 말 것이라면 숫제 안 하는 게 낫지 **2** 처음부터 또는 아예 ⓑ처음에는 까불다가, 되게 맞고 나서는 숫제 덤비질 않아

숫지다 그림씨 꾸밈없고 무던하다 ⓑ우람은 숫진 웃음을 지으며 머리를 긁적거렸다

숫타래못 이름씨 두 몬을 조이거나 붙이는 데 쓰는 여섯 모나 네 모 머리를 가진 타래못. 암타래못과 함께 쓴다 ⇐ 볼트

숭고하다 ⇒ 거룩하다. 갸륵하다. 훌륭하다. 드높다

숭굴숭굴[1] 어찌씨 살갗에 좀 큰 땀 같은 것이 많이 돋아나는 꼴 ⓑ아버지 이마에는 숭굴숭굴 구슬땀이 돋아났다 작은말 송골송골

숭굴숭굴[2] 어찌씨 **1** 얼굴이 그리 밉지 않고 수수하게 생긴 꼴 ⓑ마음씨 좋겠다, 얼굴도 숭굴숭굴 잘 생겼겠다, 나무랄 데가 없구만 **2** 마음씨가 까다롭지 않고 수더분하며 너

그러워 보이는 꼴 ⓑ보리는 생김새와 달리 마음씨가 숭굴숭굴 무던해요 ❸크게 까다롭게 아프지 않고 수수하게 잘 자라는 꼴 ⓑ어머니는 어릴 적 나를 있는 둥 만 둥 숭굴숭굴 자랐다고 하였다 ❹빽빽하지 않고 드문드문한 꼴 ⓑ허우대는 그렇게 큰 사람이 나룻은 숭굴숭굴 나다 만 것 같아

숭굴숭굴하다 그림씨 ❶얼굴 생김새가 좀스럽지 않고 너그럽게 보인다 ⓑ사윗감이 눈매가 숭굴숭굴하니 좋아 보여요 ❷바탈이 까다롭지 않고 수더분하며 모난 데가 없다 ⓑ슬기는 숭굴숭굴하여 제 아우뿐 아니라 옆집 아이까지 살핀다

숭늉 이름씨 밥을 지어 퍼내고 가시지 않은 솥에 물을 부어 데운 것. 구수한 맛이 있으며 흔히 밥을 먹은 뒤 마신다 ⓑ손님들에게 찻물보다 보리숭늉을 내놓는 게 어때? 한뜻말밥숭늉

숭덩숭덩 어찌씨 ❶부드러운 것을 좀 큼직큼직하게 자꾸 써는 모습 ⓑ된장국에 파를 숭덩숭덩 썰어 넣었다 ❷바늘땀을 드문드문 거칠게 꿰맨 모습 ⓑ누이는 솜이불을 숭덩숭덩 하루 만에 뚝딱 만들었다 ❸구멍을 성글게 뚫는 꼴 ⓑ비닐 자루에 무를 넣고 숭덩숭덩 구멍을 뚫어 서늘광에 갈무리했다

숭례문 ⇒ 마큰문

숭배 ⇒ 우러름. 받들다. 떠받들다. 우러르다. 올려다보다. 우러러보다. 거룩하다. 갸륵하다

숭상 ⇒ 높이 받듦. 우러름. 우러르다. 높이 받들다. 떠받들다

숭숭 어찌씨 ❶부드러운 것을 듬성듬성 빨리 써는 모습 ⓑ김칫국에 큰 파를 숭숭 썰어 넣었다 작은말송송 ❷구멍이나 자국이 많이 뚫린 모습 ⓑ엄마 옷에 불티 구멍이 숭숭 뚫렸다 작은말송송 ❸바느질을 설피게 대충 호는 꼴 ⓑ터진 바지를 숭숭 꿰매 입고 나온 사내를 보고 가시나들은 호호 웃었다 작은말송송 ❹살갗에 큰 땀방울이 내돋은 꼴 ⓑ곡괭이질을 하는 머시마들 이마에는 땀방울이 숭숭 맺혔다

숭앙 ⇒ 우러름

숭어 이름씨 몸이 길고 통통하며, 등은 푸르고 배는 수빛인 바닷물고기. 민물과 바닷물이 만나는 곳이나 든바다에 떼 지어 산다 슬기말 **숭어가 뛰니 망둥이도 뛴다** 남이 한다고 힘이 모자라도 덩달아 나선다

숯 이름씨 나무를 바람이 들지 않는 숯가마에 넣어 구워낸 땔감 ⓑ숯을 피우다 슬기말 **숯이 검정 나무란다** 숯이 검은 것을 나무란다는 뜻으로, 남보다 더 많은 티를 가지고 있으면서 남을 나무란다

숯가마 이름씨 숯을 구워내는 가마 ⓑ참나무 숲이 우거진 멧허리에 옛 숯가마 터가 있다

숯검정 이름씨 숯에서 묻은 검정 ⓑ숯검정으로 까맣게 된 얼굴을 서로 보며 웃었다 한뜻말숯검댕. 숯검덩이

숯남 이름씨 ❶숯이룸씨 ⇐ 탄소 ❷돌숯, 으뜸보배 이룸씨

숯남같아지기 이름씨 푸나무가 빈기 가운데서 받아들인 두살남숯남과 뿌리에서 받아들인 물로 숯물된몬을 만드는 일 ⇐ 탄소동화작용

숯남쇳돌 이름씨 숯남으로 이루어진 검은 쇳돌 ⇐ 흑연

숯등걸 이름씨 숯이 타다 남은 굵은 토막 ⓑ불담이에 불이 꺼져 숯등걸이 몇 남았다

숯물된몬 이름씨 물남, 살남, 숯남으로 이루어진 살음몬. 산것을 이루면서 살아가는 힘을 내는 몬. 푸나무가 만들고 낟에 많이 들었다 ⇐ 탄수화물

숯불 이름씨 숯이 타는 불 ⓑ숯불이 벌겋게 타오르는 불덕

숯붓 이름씨 글 쓰는 연장 가운데 하나. 숯남쇳돌과 진흙을 섞어 구워 만든 가느다란 심을 속에 넣고, 겉은 나무로 둘러싸서 만든다. 1565해에 잉글나라에서 처음 만들었다 한뜻말딱붓 ⇐ 연필

숯붓깎이 이름씨 숯붓을 쉽게 저절로 깎을 수 있게 만든 틀 ⇐ 연필깎이

숯붓꽂이 이름씨 숯붓이나 글 쓰는 연장을 꽂아 두는 통 ⇐ 연필꽂이

숯붓심 이름씨 숯붓 속에 들어 있는 가느다란 심. 글씨를 쓰는 곳으로 숯남쇳돌 가루와 진흙을 섞어 아주 뜨겁게 구워 만든다 ⇐ 연필심

숯살 이름씨 두살남숯남이 물에 녹았을 때 그 물속에 생기는 여린 심 ⇐ 탄산

숯살가스 이름씨 두살남숯남을 일컫는 말 ⇐ 탄산가스

숯살나트륨 이름씨 빛깔 없는 앙금으로 물에 녹아 알칼리 바탈을 나타낸다 ⇐ 탄산나트륨

숯살돌재 이름씨 칼슘 숯살재. 물에 녹지 않으며 돌가루, 유리, 낫개 따위를 만드는 데에 쓴다 ⇐ 탄산석회

숯살마그네슘 이름씨 마그네슘을 녹인 물에 숯살알칼리를 넣어 만든 흰 앙금 ⇐ 탄산마그네슘

숯살마실것 이름씨 숯살이 든 마실 것 ⇐ 탄산음료

숯살물 이름씨 숯살이 물에 풀린 것. 저절로는 숯살내가 있고 사람이 센 누름으로 두살남숯남을 물에 풀어 만든다 ⇐ 탄산수

숯살물남 이름씨 숯살 갈씨에서 물남 밑씨 하나를 잃은 밑씨 떼 ⇐ 탄산수소

숯살물남나트륨 이름씨 숯살 물남 밑씨 하나가 나트륨과 바뀐 꼴로 빛깔 없는 앙금 몬 ⇐ 탄산수소나트륨

숯살칼슘 이름씨 칼슘 숯살재로 흰 앙금 몬. 칼슘잿물에 숯살알칼리를 힘미쳐 만든다 ⇐ 탄산칼슘

숱 이름씨 머리털이나 눈썹 같은 것이 나 있는 만큼 ⓑ나이가 들면서 눈도 어두워지고 머리숱도 많이 빠졌다 한뜻말수더구

숱지다 그림씨 숱이 많다 ⓑ한돌은 숱진 눈썹을 치켜올리며 아우를 넌지시 흘겨보았다 한뜻말숱짙다

숱하다 그림씨 썩 많다 ⓑ온누리에는 아직도 끼니 걱정을 하는 사람들이 숱하다 ⇐ 허다하다

숲 이름씨 나무가 우거진 곳. '수풀' 준말 ⓑ나무가 우거져 숲을 이루었다

숲가꾸기 이름씨 나무가 없어 메마른 땅에 나무를 심어 숲을 가꾸는 일 ⇐ 산림녹화

숲그위집 이름씨 나라 안 메와 숲을 가꾸고 돌보는 일을 하는 곳 ⇐ 산림청

숲길 이름씨 ❶숲에 난 길 ⇐ 임도 ❷숲수렛길 ⇐ 임도

숲낳이몬 이름씨 숲에서 난 것. 나무나 나물, 버섯 같은 것 ⇐ 임산물

숲멱 이름씨 숲에서 나오는 기운을 몸에 쐬는 일 ⇐ 산림욕. 삼림욕

숲새 이름씨 우거진 숲이나 덤불 속에 사는 여름새

숲일 이름씨 나뭇감을 얻으려고 숲이나 메를 가꾸고 돌보는 일 ⇐ 임업

숲일이을이 이름씨 숲일을 이어 잘 해가도록 숲일을 할 뜻과 힘을 갖춘 사람 가운데 뽑은 사람 ⇐ 임업후계자

숲지다 그림씨 메에 나무가 빽빽이 들어차다 ⓑ오늘날 우리나라 메는 거의 다 숲졌다 ⇐ 울창하다

쉬[1] 느낌씨 ❶남에게 떠들거나 큰소리를 내지 말라는 뜻으로 내는 소리 ⓑ쉬! 아기가 깨니 조용히 하렴 ❷어린아이에게 오줌을 누라고 할 때 하는 소리 ⓑ어서 쉬 해라 ❸(이름씨로 써) 어린아이가 오줌을 누는 일 ⓑ곧 세 살이니 쉬를 가려야 해요

쉬[2] 이름씨 파리알 ⓑ쉬를 슬다

쉬[3] 어찌씨 '쉬이' 준말 ⓑ넋두리가 쉬 끝날 것 같지 않다 슬기말 **쉬 더운 방이 쉬 식는다** 힘이나 밑천을 적게 들인 것은 그만큼 보람도 적고 열매도 시원찮다

쉬는날 이름씨 일하지 않고 고요히 지내는 날 ⇐ 휴무일. 휴업일. 휴일

쉬는땅 이름씨 여름지이 하지 않고 쉬거나 노는 땅 ⇐ 휴경지. 묵밭

쉬는때 이름씨 얼마 동안 일이나 움직임 따위가 멈추는 때 ⇐ 휴지기

쉬다[1] 움직씨 먹거리가 싱싱함을 잃어 맛이 시

큼하게 되다 ⓑ콩나물무침이 쉬었다

쉬다[2] 움직씨 목소리가 거칠고 흐리다 ⓑ하루 내내 노래를 불렀더니 목이 쉬었다

쉬다[3] 움직씨 ❶고단함을 풀거나 몸을 고요히 하다 ⓑ저기 나무 그늘에 쉬었다 가자 ⇐ 안식하다. 휴식하다 ❷배곳이나 일터가 문을 닫고 일을 하지 않다 ⓑ해날에는 배곳이 쉰다 ⇐ 휴업하다 ❸사람이 나날이 나가던 일터에 한동안 나가지 않거나 아주 그만두다 ⓑ버시는 일을 접고 집에서 쉰다 ⇐ 휴직하다. 퇴직하다 ❹움직임이 잠깐 그치다 ⓑ비는 쉬지 않고 내렸다

쉬다[4] 움직씨 ❶입이나 코로 숨을 들이마셨다 내보냈다가 하다 ⓑ한숨을 쉬면 좋은 일이 달아난대 ❷('한숨'과 함께 써) 짓다 ⓑ한숨을 쉬다

쉬다[5] 움직씨 옷이나 베 같은 천 빛깔을 곱게 하려고 뜨물에 담가두다

쉬리 이름씨 맑은 냇물에 떼 지어 사는 민물고기. 등은 검고 배는 희다

쉬쉬거리다 움직씨 남이 알까 두려워 말이 못 나가게 하거나 자꾸 몰래 말하다 ⓑ집안사람들은 오빠에게 벌어진 일을 쉬쉬거렸다 **쉬쉬대다**

쉬쉬하다 움직씨 남이 알까 두려워 말이 못 나가게 하거나 몰래 말하다 ⓑ아버지가 그 일을 알게 될까 봐 집님들은 쉬쉬한다

쉬엄쉬엄 어찌씨 ❶쉬어 가며 천천히 움직이는 꼴 ⓑ이제 몇 고랑 안 남았으니 쉬엄쉬엄 매자꾸나 ❷이따금 그쳤다 이어졌다가 하는 꼴 ⓑ소나기가 쉬엄쉬엄 내린다 **쉬엄쉬엄하다**

쉬이 어찌씨 ❶쉽게 ⓑ그 일은 쉬이 잊을 수가 없을 것 같다 ❷오래지 않아 ⓑ엄마는 나가면서 쉬이 돌아온다고 말했다

쉬지근하다 그림씨 ❶맛이나 냄새가 쉰 듯하다 ❷목소리가 쉰 듯하다

쉬파리 이름씨 쉬를 스는 파리를 통틀어 이르는 말. 여느 파리보다 크고, 날 때 윙 소리를 낸다

쉭쉭 어찌씨 ❶바람이나 입김 따위가 좁은 구멍으로 세게 자꾸 새어 나오는 소리 ⓑ물이 펄펄 끓는 솥에서 더운 김이 쉭쉭 나온다 ❷여럿이 다 빠르게 지나가는 소리나 그 꼴 ⓑ머리 위에서 번뜩날틀 날아다니는 소리가 쉭쉭 들렸다 **쉭쉭하다**

쉭쉭거리다 움직씨 ❶바람이나 입김 따위가 좁은 구멍으로 세게 새어 나오는 소리가 자꾸 나다 ❷여럿이 다 빠르게 지나가는 소리가 자꾸 나다 **쉭쉭대다**

쉰 셈씨 열을 다섯 곱절한 수 ⓑ막내아우 나이가 벌써 쉰이라니!

쉰걸음온걸음 이름씨 비슷비슷. 거기가 거기 ⇐ 오십보백보

쉰내 이름씨 먹거리 따위가 쉬어서 나는 시큼한 냄새 ⓑ아버지는 늘 땀에 절어 쉰내가 났다

쉰둥이 이름씨 나이가 쉰 줄에 든 어버이에게서 태어난 아이 ⓑ어버이들이 쉰둥이를 사랑하는 마음은 유난스럽다지

쉴곳 이름씨 걱정 없이 쉴 수 있는 곳 한뜻말 보금자리 ⇐ 안식처

쉴방 이름씨 잠깐 머물러 쉴 수 있도록 마련해 놓은 방 한뜻말 쉼터 ⇐ 휴게실

쉴짬·쉴틈 이름씨 쉬는 동안 ⇐ 휴식시간. 휴가

쉼 이름씨 하던 일이나 가던 길을 멈추고 잠깐 쉬는 것 ⇐ 안식. 휴식. 휴양. 포즈

쉼곳 이름씨 고요히 쉬는 곳 ⇐ 휴양소. 휴양지

쉼불메 이름씨 옛날에는 불길을 뿜었으나 지금은 멈춰 있는 불메 ⇐ 휴화산

쉼숲 이름씨 쉬기 좋게 꾸민 숲. 또는 쉬기 좋은 저절숲 ⇐ 휴양림

쉼없다 그림씨 멈추거나 그칠 줄 모르다 ⓑ쉼없이 타오르는 해. 쉼없이 뛰는 염통 **쉼없이**

쉼터 이름씨 사람들이 쉬는 곳 ⓑ자작나무 밑에 쉼터를 마련했다 ⇐ 휴게소. 휴게실. 휴식처. 휴양지

쉼표 이름씨 ❶잠깐 쉬라는 글월표 ',' 이름 ❷가락글에서 얼마 동안 소리내기를 쉬라는 표

쉽다 [그림씨] ❶힘이나 품이 적게 들다 ⓑ말하기는 쉽지만 이루어 내기는 어렵다 ⇐ 안이하다 ❷될 만하다. 싹수가 많다 ⓑ서투른 일도 나날이 하면 한결 쉽다 ❸('기' 다음에 써) 흔히 있을 만하다 ⓑ너무 가쁘게 몰아치면 일을 그르치기 쉽다

쉽사리 [어찌씨] 아주 쉽게 ⓑ그 사내는 쉽사리 물러서지 않았다

쉽싸리 [이름씨] 줄기는 네모나고 속은 비었으며 버들잎 꼴 잎이 두 낱씩 마주나는 여러해살이풀. 어린싹은 나물로 먹고 꽃님앓이 낫개로도 쓴다

쉿 [느낌씨] 남한테 조용히 하라고 할 때 손가락을 입술에 대고 내는 소리 ⓑ쉿, 조용히 해

슈룹 [이름씨] 접었다 폈다 할 수 있게 만들어 비가 올 때 머리 위를 가리는 몬 한뜻말 비받이 ⇐ 우산

슈룹나물 [이름씨] 삿갓대가리 ⇐ 우산나물

슈룹이끼 [이름씨] 축축하고 그늘진 곳에 자라는 이끼. 헛뿌리로 땅에 몸을 기대며 암수딴그루이다 ⇐ 우산이끼

슈팅 ⇒ 공넣기

슈퍼마켓 ⇒ 큰 가게. 모둠가게

슈퍼컴퓨터 ⇒ 어마셈틀

슛하다 ⇒ 던져 넣다. 차 넣다

스님 [이름씨] 집살이를 버리고 모든 괴로움에서 벗어나 깨달음을 얻으려고 옷 두 벌과 동냥그릇만 지닌 채 빌어먹고 살며 마음닦는 사람 한뜻말 중. 비쿠

스라소니 [이름씨] 살쾡이와 비슷하며 앞발보다 뒷발이 길고 귀가 크고 뾰족하며 꼬리 끝은 뭉툭하고 온몸이 누런 짐승. 나무를 잘 타며 토끼나 노루를 잡아먹고 산다

스란 [이름씨] ❶치맛단으로 쓰는 천 ❷치맛단에 보빛 나는 천을 박아 줄을 두른 것 한뜻말 스란치마

스란치마 [이름씨] 스란을 단 긴치마. 너비가 넓고 발이 보이지 않을 만큼 길다 ⓑ아람은 엄마 뾰족구두를 신고 스란치마를 질질 끌며 온 마을을 뽐내고 다녔다

스러지다 [움직씨] ❶모습이나 자취가 차츰 흐릿해져 없어지다 ⓑ스러져 가는 저녁노을은 더없이 예쁘다 ❷사위어 없어지다 ⓑ스러지는 불씨에 마른 둥거리를 더 얹었다

-스럽다 [뒷가지] 그러한 바탈이 많이 있거나 꽤 있어 보이다 ⓑ사랑스럽다. 자랑스럽다

-스레하다 [뒷가지] 빛깔이 옅거나 그 꼴과 비슷하다 ⓑ불그스레하다. 누르스레하다. 거무스레하다 한뜻말 -스름하다

스르르 [어찌씨] ❶얽히거나 뭉쳤던 것이 저절로 부드럽게 풀리는 모습 ⓑ옷고름이 스르르 풀렸다 ❷얼음이나 눈 따위가 저절로 녹는 꼴 ⓑ얼음이 입안에서 스르르 녹는다 ❸졸음이 오거나 눈이 슬며시 감기는 모습 ⓑ졸음이 와 눈이 스르르 감겼다 ❹무엇이 아주 가볍게 스치거나 슬며시 미끄러지듯 움직이는 모습 ⓑ바람에 문이 스르르 열렸다 ❺맺혔던 마음이나 힘이 저절로 풀리는 모습 ⓑ골난 마음이 스르르 풀렸다

스름스름 [어찌씨] 눈에 띄지 않게 슬그머니 뭐거나 바뀌는 꼴 ⓑ어머니는 스름스름 앓다가 돌아가셨다 비슷한말 슬금슬금

-스름하다 [뒷가지] 그 바탈이 얼마만큼 있다 ⓑ불그스름하다. 둥그스름하다. 누르스름하다 한뜻말 -스레하다

스리 [이름씨] 먹을거리를 씹다가 볼을 깨물거나 제물로 부르트게 된 자국 ⓑ새콤한 도라지무침이 얼마나 맛있던지 한입 가득 물고 씹다가 스리가 생겼다

스마트폰 ⇒ 손말틀

스멀거리다 [움직씨] 벌레가 살에서 기는 것같이 자꾸 근질근질하다 ⓑ옷 속에 머리카락이 들어갔는지 스멀거린다 **스멀대다**

스멀스멀 [어찌씨] 벌레가 살에서 기는 것같이 자꾸 근지러운 꼴 ⓑ언 발이 녹으면서 스멀스멀 벌레가 기는 것 같다 **스멀스멀하다**

스며들다 [움직씨] ❶바람이나 물, 추위 따위가 좁은 틈으로 배어들거나 흘러 들어오다 ⓑ찬바람이 옷 속으로 스며든다 ❷마음 깊이 사무쳐 느껴지다 ⓑ어버이 뜨거운 사랑이

온몸에 스며든다

스모그 ⇒ 내안개

스무 매김씨 스물 ⓑ이제 스무 밤만 자면 설이야

스무고개 이름씨 스무 디위 물음과 풀이로 알아맞히는 놀이 ⓑ아이들이 스무고개 놀이를 하며 논다

스무남은 셈씨 스물 남짓한 ⓑ스무남은 살이나 될까 말까 하는 머시마

스물 셈씨 열을 두 디위 더한 수 ⓑ난 올해 스물이야 ⇐ 이십

스미다 움직씨 ❶물이나 기름, 바람, 추위, 냄새 따위가 좁은 틈으로 새어 배어들다 ⓑ물이 스민다. 서늘한 바람이 문틈으로 스며든다 ❷어떤 마음이나 기운이 깃들거나 배어들다 ⓑ가슴 깊이 스미는 따사로움. 어머니 사랑이 스민 도시락

스산하다 그림씨 ❶어지럽게 헝클어지거나 어수선하다 ⓑ가랑잎이 뒹구는 스산한 거리를 걸었다 ❷날씨가 흐리고 으스스하다 ⓑ비도 오고 바람도 스산하게 분다 ❸마음이 가라앉지 아니하고 뒤숭숭하다 ⓑ마음이 스산하여 하염없이 걸었다

스스럼 이름씨 스스러운 느낌

스스럼없다 그림씨 수줍어하거나 부끄러운 마음이 없다 ⓑ언니는 사람들과 스스럼없이 잘도 얘기한다 비슷한말 허물없다 맞선말 스스럽다

스스럽다 그림씨 ❶서로 가깝거나 깊게 사귀지 않아 얼굴이나 몸짓을 가리다 ⓑ처음 만난 날 아름이는 스스러운지 땅만 바라보았어 ❷살짝 수줍거나 부끄럽다 ⓑ많은 사람 앞에서는 스스러워 얼굴을 붉힌다

스스로 어찌씨 ❶제힘으로 ⓑ남이 싫어하는 일을 스스로 나서서 하다 ❷남이 시키거나 말하기 앞에 나서서 ⓑ스스로 일을 찾아서 한다. 스스로 물러나시오 ❸저절로 ⓑ가만히 두어도 스스로 바뀔 것이다 ❹(이름씨로 써) 남이 아닌 나 ⓑ스스로가 알아서 할 일

스승 이름씨 가르치고 배우는 사람 사이에서 가르치는 사람 ⓑ스승이 베푼 마음은 하늘처럼 높고 바다처럼 깊다

스승날 이름씨 스승이 베푼 마음을 되새기는 날. 닷달 보름이다 ⓑ올 스승날엔 옛 배곳 동무들과 스승을 만나러 가기로 했다

스시 ⇒ 새콤밥

스웨터 ⇒ 털실윗도리

스위치 ⇒ 켜끄개. 여닫개

스치다 움직씨 ❶서로 살짝 닿으면서 지나가다 ⓑ시원한 바람이 얼굴을 스친다 ❷어떤 생각이 퍼뜩 떠오르다가 사라지다 ⓑ뛰어난 생각이 내 머리를 스쳤다 ❸어떤 이야기를 하다가 다른 것을 조금 말하고 지나가다 ⓑ말이 나왔으니, 이것도 조금 스치고 지나갈게요

스카우트 ⇒ 빼내기. 뽑기. 빼내다. 뽑아오다

스카이다이빙 ⇒ 하늘뛰어내림

스카치테이프 ⇒ 끈끈띠. 붙임띠

스카프 ⇒ 목두르개. 머리쓰개

스칸디나비아거진섬 이름씨 유럽 높하늬녘에 있는 거진섬. 하늬쪽엔 노르웨이, 새녘엔 스웨덴이 있다 ⇐ 스칸디나비아반도

스캔 ⇒ 훑기

스캔들 ⇒ 뒷소리. 뒷말. 지저분한 소리

스커트 ⇒ 하늬치마

스컹크 이름씨 족제비와 비슷하며 크기는 고양이만 하고 온몸은 긴 털로 덮였고 꼬리털이 길어 솜방망이 같은 짐승. 땅속 구멍에 살고 밤에 돌아다닌다. 똥구멍에서 고약한 냄새를 풍겨 스스로를 지킨다

스캐너 ⇒ 훑개. 그림훑개

스케이트 ⇒ 얼음지치개

스케이트보드 ⇒ 바퀴널빤지

스케이트장 ⇒ 지침얼음판

스케이팅 ⇒ 얼음지치기

스케일 ⇒ 크기

스케줄 ⇒ 때새표. 얽이표. 나날살이표. 살이얽이

스케치 ⇒ 간추린 그림. 간추려 씀

스케치북 ⇒ 그림뭉치. 그림빈책

스케치하다 ⇒ 대충 그리다. 얼개를 짜다. 간추려 그리다. 간추려 쓰다

스코틀랜드 이름씨 잉글땅 노녘에 있는 고장. 털실과 털베 짜기, 쇠 만들고 배 만드는 일을 잘한다

스콜 ⇒ 확소나기

스쿠버다이빙 ⇒ 숨틀자맥질

스크랩 ⇒ 오려붙이기

스크린 ⇒ 뭠그림천. 뭠그림

스키 ⇒ 발썰매. 선썰매

스키장 ⇒ 발썰매터. 선썰매터

스타 ⇒ 별

스타킹 ⇒ 살하늬버선

스타일 ⇒ 몸매. 맵시. 몸맵시. 몸가짐. 꼴. 바람

스태프 ⇒ 지은이. 만든이. 이끎이. 뭠이. 만든사람

스탠더드 ⇒ 대중. 보기

스탠드 ⇒ 자리. 놓개불. 디딤턱

스탬프 ⇒ 무늬새김. 지움새김. 날짜새김

스턴트맨 ⇒ 바드러운 갈음보

스테레오 ⇒ 소리울림

스테이크 ⇒ 하늬고기구이

스테이플러 ⇒ 박음쇠. 종이찍개

스테인리스 ⇒ 보미막이쇠

스토브 ⇒ 방데우개

스튜디오 ⇒ 일방. 번결보냄방. 뭠그림찍는곳

스튜어드 ⇒ 날틀사내도우미

스튜어디스 ⇒ 날틀꽃도우미

스트라이크 ⇒ 맞춤던짐

스트레스 ⇒ 속끓임. 짜증. 애탐. 속탐

스트레스받다 ⇒ 속뒤집히다. 속끓다. 속끓이다. 속태우다. 속타다. 애타다

스트레칭 ⇒ 몸풀기. 몸풀이

스트로 ⇒ 빨대

스티커 ⇒ 붙임쪽지. 찌지

스틸 ⇒ 시우쇠

스팀 ⇒ 김

스파게티 ⇒ 이탈리아국수

스파르타 이름씨 옛 그리스 고을나라 가운데 하나

스파이 ⇒ 몰래꾼

스팟뉴스 ⇒ 반짝새뜸

스패너 이름씨 돌리개나 암돌림못, 수돌림못 같은 것을 죄거나 풀 때 쓰는 연장

스펀지 ⇒ 갯솜. 만든갯솜. 고무갯솜

스포츠 ⇒ 놀이. 몸뭠. 겨루기

스포츠맨쉽 ⇒ 놀이꾼마음가짐. 놀이마음

스포트라이트 ⇒ 돋비춤. 돋비추개

스폰서 ⇒ 벗바리. 뒷손. 돕는이. 뒷배

스푼 ⇒ 숟가락. 하늬숟가락. 찻숟가락

스프레이 ⇒ 물뿜이. 안개뿜이

스프링 ⇒ 튀개. 출렁쇠

스프링클러 ⇒ 물뿜개. 물흩어뿌리개

스피드 ⇒ 빠르기

슬개골 ⇒ 무릎뼈

슬그머니 어찌씨 ❶남몰래 넌지시 ㉥슬그머니 눈치를 살핀다 ❷혼자 마음속으로 가만히 ㉥슬그머니 골이 났다

슬근거리다 움직씨 ❶서로 맞닿아 매우 가볍게 자꾸 비벼지다 ㉥풀 먹인 모시 적삼 깃이 목에 닿아 슬근거린다 작은말 살근거리다 ❷힘들이지 않고 슬그머니 좀 느리게 움직이다 ㉥내 곁으로 슬근거리며 다가왔다

슬근슬근 어찌씨 ❶서로 맞닿아 매우 가볍게 자꾸 비벼지는 꼴 작은말 살근살근 ❷힘들이지 않고 슬그머니 좀 느리게 움직이는 꼴 ㉥흥부는 슬근슬근 톱질했다 **슬근슬근하다**

슬금슬금 어찌씨 남이 모르도록 슬그머니 좀 느리게 움직이는 꼴 ㉥벗들이 어깨 겯고 배움문을 뛰쳐나갈 때 하늘이는 슬금슬금 뒷걸음쳤다 비슷한말 스름스름 작은말 살금살금

슬기 이름씨 일 가리새를 빨리 깨닫고 일을 풀어가는 길을 옳게 잘 생각해 내는 재주나 힘 ㉥배달겨레말은 우리 겨레가 이룩한 슬기 가운데 으뜸이다

슬기롭다 그림씨 슬기가 있다 ㉥힘든 나날을 슬기롭게 이겨낸다 ⇐ 현명하다

슬기말 이름씨 우리 겨레가 오랜 삶을 살아오는 동안에 겪은 슬기를 짧지만, 깊은 뜻에 담은 말 ⇐ 속담

슬다[1] (움직씨) **1** 벌레나 물고기 따위가 알을 낳아 놓다 ⓑ나비가 배춧잎에 알을 슬었다 **2** 곰팡이나 버짐 따위가 생기다 ⓑ장마가 길어 방구석에 곰팡이가 슬었다 한뜻말 피다

슬다[2] (움직씨) **1** 부스럼 같은 것이 나아서 딱지가 떨어지다 ⓑ부스럼 딱지가 슬었다 **2** 두드러기나 소름 들이 없어지다 ⓑ소름이 슬어 없어졌다 **3** 푸나무가 무솔거나 진딧물이 붙어 시들어 죽어가다 ⓑ장마가 길어 배추가 다 슬었다

슬다[3] (움직씨) 쇠붙이에 보믜 따위가 생기다 ⓑ칼을 오래도록 쓰지 않고 두었더니 보믜가 슬었다

슬럼프 ⇒ 까라짐. 힘빠짐. 주춤거림

슬렁거리다 (움직씨) 바쁘게 서두르지 않고 천천히 걷거나 움직이다 **슬렁대다**

슬렁슬렁 (어찌씨) 바쁘게 서두르지 않고 천천히 걷거나 움직이는 꼴 ⓑ그날은 바쁘지 않아 배곳에서 집까지 슬렁슬렁 걸어왔다 **슬렁슬렁하다**

슬리퍼 ⇒ 끌신

슬며시 (어찌씨) **1** 남 눈에 띄지 않게 넌지시 ⓑ새봄은 늘봄이 있는 방안을 슬며시 들여다본다 **2** 속으로 가만히 ⓑ애먼 꾸중을 듣고 나니 슬며시 부아가 치민다

슬슬 (어찌씨) **1** 남모르게 가만가만 움직이는 꼴 ⓑ지네가 마루 밑을 슬슬 기어간다. 왜 내 뒤를 슬슬 따라와? 작은말 살살 **2** 눈이나 얼음 따위가 스스로 녹아 버리는 꼴 ⓑ해님이 모습을 드러내니 눈사람이 슬슬 녹아내렸다 **3** 가만히 남을 꾀거나 달래는 꼴 ⓑ해찬은 아우를 슬슬 구슬려 심부름을 보냈다 **4** 힘들이지 않고 쉽게 쓸거나 쓰다듬어 주는 꼴 ⓑ하늘은 멋쩍어서 뒤통수를 슬슬 긁었다 **5** 바람이 부드럽게 부는 꼴 ⓑ겨울바람은 슬슬 불어와도 매섭다 **6** 힘들이지 않고 일하는 꼴 ⓑ이슬은 아버지 따라 슬슬 새끼를 꼬았다

슬쩍 (어찌씨) **1** 남이 모르는 사이에 가만히 ⓑ무슨 얘기들을 하는지 슬쩍 들어볼까? 작은말 살짝 **2** 힘 안 들이고 가볍게 ⓑ누가 슬쩍 건드려도 픽 쓰러질 만큼 지쳤다 **3** 자취를 남기지 않고 넌지시 ⓑ한두 마디씩 슬쩍 물어보아 마음을 살폈다 **4** 마음을 쓰지 않고 빠르게 ⓑ언니는 살림꾼이라 일을 슬쩍 해치우는 솜씨가 있지

슬쩍슬쩍 (어찌씨) **1** 남이 모르는 사이에 잇따라 재빠르게 움직이는 꼴 ⓑ재는 슬쩍슬쩍 먹을거리를 집어먹는 버릇이 있어 작은말 살짝살짝 **2** 힘들이지 않고 잇따라 가볍게 몸을 뛰는 꼴 ⓑ무거운 것도 슬쩍슬쩍 잘 들었다 **3** 지나치지 않게 조금씩 ⓑ끓는 물에 나물을 슬쩍슬쩍 데쳤다

슬쩍하다 (움직씨) 남 것을 모르게 재빨리 가로채거나 훔치다 ⓑ소매치기가 내 손짐을 슬쩍해 달아났다

슬퍼하다 (움직씨) 슬프게 여기다 ⓑ뭇 목숨 삶터가 한꺼번에 무너져 내리는 것을 참말로 안다면 슬퍼하지 않을 사람이 있을까? ⇐ 애도하다

슬프다 (그림씨) **1** 애먼 일이나 답답한 일, 불쌍한 일을 겪거나 보고 마음이 눈물겹도록 아프다 ⓑ굶어 죽어가는 아이들 이야기를 들을 때 가장 슬프다 ⇐ 애통하다 **2** 바람직하지 않은 일이 벌어져 안타깝고 속이 쓰리다 ⓑ사람 죽이는 잠개를 자꾸 만들어 내니 슬퍼요. 하늘, 땅, 물, 바람까지 더럽혀지니 참 슬프네요

슬픈굿 (이름씨) **1** 슬프고 애달픈 삶 ⇐ 비극 **2** 삶을 슬프고 애달프게 지어 나오는 이한테 일이 안 풀리고 결딴나고 죽는 따위 안 좋은 끝을 맺는 굿 ⇐ 비극

슬픈노래 (이름씨) 슬픔을 노래한 가락이나 노랫글 ⇐ 비가. 엘레지

슬픔 (이름씨) 슬픈 마음이나 느낌 ⓑ나라 일꾼을 잘못 뽑아 뭇사람이 겪을 아픔을 생각하니 슬픔으로 온몸이 떨리었다 맞선말 기쁨

슬하 ⇒ 곁. 품. 품안. 그늘. 아래

슳다 (움직씨) 거친 벼나 조, 수수 같은 낟을 찧어 속껍질을 벗기다 ⓑ쌀에 겨가 많으니

한 디위 더 읊자

슴벅 그림씨 눈꺼풀을 움직이며 눈을 한 디위 감았다 뜨는 꼴 ⓑ눈을 슴벅 크게 감았다 떴다 센말씀벅 **슴벅이다 슴벅하다**

슴벅거리다 그림씨 눈꺼풀을 움직이며 눈을 자꾸 감았다 떴다 하다 ⓑ누리는 모르는 척 눈을 슴벅거렸다 **슴벅대다**

슴벅슴벅 어찌씨 눈꺼풀을 움직이며 눈을 자꾸 감았다 떴다 하는 꼴 ⓑ송아지가 커다란 눈을 슴벅슴벅 깜박이며 되새김질한다 센말씀벅씀벅 **슴벅슴벅하다**

슴베 이름씨 칼이나 괭이, 호미 따위가 자루 속에 들어박히도록 뾰족하고 길게 한 데 ⓑ호밋자루가 빠져 슴베를 잡고 김을 맸더니 손에 물집이 잡혔다

습격 ⇒ 침. 덮침. 덮치다. 들이치다. 쳐들어가다. 갑자기 치다

습곡 ⇒ 땅주름

습곡산맥 ⇒ 주름멧줄기. 주름줄기

습곡운동 ⇒ 주름뮘

습관 ⇒ 버릇. 인. 길

습기 ⇒ 물기

습기차다 ⇒ 눅눅하다. 눅눅하다. 추지다. 촉촉하다. 축축하다

습도 ⇒ 물기

습도계 ⇒ 물기재개

습득 (習得) ⇒ 익힘. 배움. 익히다. 배우다

습득 (拾得) ⇒ 줍기. 얻기. 줍다. 얻다

습성 ⇒ 버릇

습습하다 그림씨 마음이 시원스럽고 너그럽다 ⓑ체체하고 습습하고 거기다 생김새도 멋지니 안 좋아하는 사람이 없다

습자 ⇒ 글씨 쓰기. 글씨 익히기. 붓글씨 쓰기. 붓글씨 익히기

습자지 ⇒ 글씨 익힘 종이

습작 ⇒ 솜씨 익히기. 글짓기 익히기

습지 ⇒ 진펄

습진 ⇒ 진버짐

습하다 ⇒ 질다. 질척하다. 추지다. 축축하다. 눅눅하다. 꿉꿉하다

승 이름씨 누런보 맑기를 나타내는 하나치. 맑기를 열로 나누어 열 승이면 오롯한 보라 한다

승 (乘) ⇒ 제곱. 곱하기

승 (僧) ⇒ 중. 스님

승가 ⇒ 거룩이들. 참사람들. 거룩살이. 중살이. 스님모둠

승강구 ⇒ 오르내리는 곳. 타내림문

승강기 ⇒ 오르내림틀

승강이 ⇒ 실랑이. 옥신각신. 실랑이하다. 다투다. 말다툼하다. 말싸움하다. 말씨름하다. 옥신각신하다. 입씨름하다

승강장·플랫폼 ⇒ 타는곳

승객 ⇒ 손님. 탄이

승겁들다 움직씨 ❶ 힘들이지 않고 저절로 이루다 ❷(그림씨로 써서) 능청맞다 ⇐ 천연하다

승격 ⇒ 오름. 오르다. 올리다. 높아지다. 높이다

승계 ⇒ 이어받음. 물려받음. 이어받다. 물려받다

승낙 ⇒ 들어줌. 받아들임. 들어주다. 받아들이다

승냥이 이름씨 이리와 비슷하나 더 작고 꼬리는 길며 몸은 누런빛이거나 붉누런빛인 젖먹이짐승. 바위메나 떨기나무 숲에 살며 떼를 지어 사냥한다

승려 ⇒ 중. 스님

승률 ⇒ 이길푼수. 이긴푼수. 이김만큼

승리 ⇒ 이김. 판막이. 이기다. 판막다. 판막음하다. 판막이하다. 해내다

승리감 ⇒ 이긴느낌. 이긴마음

승마 ⇒ 말타기. 말 타다

승무 ⇒ 중춤

승무원 ⇒ 탈것일꾼

승복 ⇒ 따름. 따르다. 마음으로 따르다

승부 ⇒ 이기고 짐. 이김과 짐

승부걸다 ⇒ 내기하다. 겨루다. 이기고 짐을 걸다

승산 (乘算) ⇒ 곱하기. 곱셈

승산 (勝算) ⇒ 이길 꾀. 이길 수

승선 ⇒ 배탐. 배 타다. 배에 오르다

승선권 ⇒ 배표

승세 ⇒ 이길기운

승소 ⇒ 걸이 이김. 걸이에 이기다
승수 ⇒ 곱수. 제곱수
승승장구 ⇒ 냅다 몰아침. 냅다 몰아치다. 이긴 기운을 몰아 냅다 치다
승용차 ⇒ 사람탈것. 사람수레
승인 ⇒ 받아들임. 좋다고함. 받아들이다. 좋다고 하다
승자 ⇒ 이긴 이. 이긴 사람
승점 ⇒ 이긴 점
승진 ⇒ 오름. 올라감. 오르다. 올라가다
승차 ⇒ 수레 탐. 타다. 수레 타다. 수레 오르다
승차감 ⇒ 타는 맛. 타는 느낌
승차권 ⇒ 수레표
승차장 ⇒ 타는곳
승천 ⇒ 하늘 오름. 죽음. 하늘 오르다. 죽다. 숨지다. 돌아가다
승패 ⇒ 이기고 짐. 되고 안됨
승합차 ⇒ 어울수레. 모둠수레
승화 ⇒ 굳김됨. 오름
시-[1] 앞가지 빛깔이 선뜻하게 짙음 ㉥시퍼렇다. 시뻘겋다. 시꺼멓다
시-[2] 앞가지 '시집' 뜻 ㉥시아주버니. 시할머니
-시- 도움씨 (움직씨나 그림씨 줄기에 붙어) 우러르는 뜻 ㉥할아버지 오시었다. 높으신 사랑
시 (詩) ⇒ 노래. 노랫글
시 (時) ⇒ 때
시 (市) ⇒ 고을. 저자
시가 (媤家) ⇒ 시집. 버시집
시가 (時價) ⇒ 요즘값. 이제값
시가 (始價) ⇒ 첫값
시가 (市街) ⇒ 거리. 길거리. 저잣거리. 큰거리
시가 (詩歌) ⇒ 노랫글. 글노래
시가전 ⇒ 거리싸움
시가지 ⇒ 거리. 길거리. 저잣거리 ⇐ 세탁물
시가행진 ⇒ 함께거리걷기. 발맞춰길걷기
시각 (時刻) ⇒ 때. 짧은 때
시각 (視覺) ⇒ 보는느낌
시각 (視角) ⇒ 눈. 보는 모
시각장애인 ⇒ 장님. 봉사. 소경

시간 ⇒ 때. 때새. 말미. 틈
시간표 ⇒ 때새표
시건방지다 그림씨 시큰둥하게 건방지다 ㉥나이도 어린 녀석이 시건방지게 군다 비슷한말 거드름스럽다
시겟돈 이름씨 저자에서 파는 낟 값으로 받는 돈 ㉥어머니는 쌀을 이고 덤밑저자에 가 팔아 시겟돈으로 먹을거리와 옷을 사 왔다
시계 (時計) ⇒ 때알림이. 때틀
시계 (視界) ⇒ 눈안. 눈길안
시계반대방향 ⇒ 때틀 거꿀쪽
시계방향 ⇒ 때틀 쪽
시골 이름씨 뭇 목숨이 어우러져 살아가는 터전. 숲이 우거지고 내가 흐르며 반딧불이 밤하늘 별과 함께 반짝이는 데서 사람이 풀벌레와 함께 여름지어 먹고살 수 있는 곳 ㉥어할머니는 시골에 살고 계신다 ⇐ 촌. 농촌
시골뜨기 이름씨 시골 사람 ㉥새로 옮긴 배곳 아이들이 나를 시골뜨기라고 놀렸다 ⇐ 촌뜨기
시공 (施工) ⇒ 지음. 짓기
시공 (時空) ⇒ 때곳. 가로길이
시구 ⇒ 첫공
시궁 이름씨 도랑이나 수채통, 외양간, 돼지우리 들에서 더러운 물이 빠지지 않고 괴어 썩어 질척질척한 곳 ㉥시궁을 깨끗이 치우고 나니 냄새가 한결 덜하네
시궁창 이름씨 시궁 바닥이나 그 속 ㉥마을 사람들이 힘을 모은 끝에 시궁창 같던 냇물이 깨끗하게 바뀌었다
시그널 ⇒ 짓말. 알림. 짓표
시그무레하다 그림씨 깊은 맛이 있게 좀 신 듯하다
시근거리다[1] 움직씨 숨소리가 고르지 않게 자꾸 나다 작은말 새근거리다 센말 씨근거리다 **시근대다**
시근거리다[2] 움직씨 뼈마디 따위가 좀 신 느낌이 자꾸 나다 작은말 새근거리다 거센말 시큰거리다 **시근대다**

시근덕거리다 움직씨 숨소리가 고르지 않고 헐떡거리다 작은말 새근덕거리다 센말 씨근덕거리다 **시근덕대다**

시근덕시근덕 어찌씨 (거친 뭡이나 들떠) 숨소리가 고르지 않고 헐떡거리는 꼴이나 그 소리 ⓑ시근덕시근덕 거친 숨을 몰아쉬며 아랫집 아저씨가 찾아왔다 작은말 새근덕새근덕 센말 씨근덕씨근덕 **시근덕시근덕하다**

시근버근 어찌씨 덩치 큰 사람이 숨이 차서 숨소리를 거칠게 내는 꼴 ⓑ세찬은 허우대값도 못 하는지 시근버근 숨을 몰아쉬며 집으로 들어섰다

시근시근[1] 어찌씨 숨소리를 자꾸 가쁘게 내는 꼴이나 그 소리 ⓑ달려온 아이들은 시근시근 가쁜 숨을 몰아쉰다 작은말 새근새근 센말 씨근씨근 **시근시근하다**

시근시근[2] 어찌씨 (뼈마디 같은 데가) 자꾸 조금 신 느낌이 일어나는 꼴 ⓑ삔 발목이 시근시근 쑤셔서 집에 겨우 왔어 작은말 새근새근 거센말 시큰시큰 **시근시근하다**

시근하다 그림씨 (뼈마디 같은 데가) 좀 신 느낌이 나다 ⓑ요즘 들어 걸을 때마다 무릎이 시근하다

시글시글 어찌씨 사람이나 짐승이 많이 모여 우글우글하는 꼴 ⓑ흙날마다 서울 거리는 촛불 밝힌 이들로 시글시글 발 디딜 틈 없다는데

시글시글하다 그림씨 사람이나 짐승이 많이 모여 수두룩하다 ⓑ비좁아 터진 긴수레 안은 시글시글하였다

시금석 ⇒ 켜돌. 켜샛돌. 가늠. 대중. 보기. 가늠자

시금시금 어찌씨 맛이 매우 시그무레한 꼴

시금장 이름씨 보리등겨로 구멍 뚫린 메주같이 만들어 보릿짚 북데기 불에 구워 달아놓았다가 메주 쑨 물에 담는 장. 무를 박아 놓으면 무에 시금장맛이 들어 아주 맛있다 한뜻말 등겨장. 등게장. 개떡장

시금치 이름씨 뿌리는 붉고 잎은 세모진 알꼴로 짙푸른 남새. 잎에 쇠이룸씨와 비타민씨가 많이 들어 있고 맛이 달콤하여 무쳐 먹거나 국을 끓여 먹는다

시금털털하다 그림씨 신맛과 함께 떫은맛이 있다 ⓑ살구가 덜 익어 맛이 시금털털하다

시급하다 ⇒ 애바쁘다. 몹시 바쁘다

시급히 ⇒ 빨리. 하루빨리. 하루바삐. 애바삐

시기 (時期) ⇒ 때. 무렵. 무리. 물. 손. 날. 짬. 철

시기 (時機) ⇒ 때. 알맞은 때

시기 (猜忌) ⇒ 새암. 강새암. 샘. 시샘. 시새움. 새우다. 시샘하다. 시새우다. 암상떨다. 배앓다. 새암하다. 새암바르다. 날배앓다

시기상조 ⇒ 때이름. 아직 이름. 덜 여묾. 때안됨

시기적절하다 ⇒ 때맞다. 때 알맞다

시꺼멓다 그림씨 ❶매우 꺼멓다 ⓑ굴뚝에서 시꺼먼 내가 나온다 ❷아주 엉큼하다 ⓑ그 사내는 속이 시꺼멓다니깐

시끄럽다 그림씨 ❶듣기 싫게 소리가 크고 떠들썩하다 ⓑ누가 이렇게 시끄럽니? ❷성가시도록 말썽이나 가탈이 많다 ⓑ일이 시끄럽게 꼬였네 ❸얼을 차릴 수 없게 번거롭거나 번잡스러워서 귀찮다 ⓑ제발 좀 시끄럽게 굴지 마라

시끌벅적하다 그림씨 사람들이 어수선하게 떠들어 시끄럽다 ⓑ설날 아침이면 큰집 마당은 시끌벅적하다 비슷한말 떠들썩하다. 시끄럽다. 시끌시끌하다

시끌시끌하다 그림씨 몹시 시끄럽다 ⓑ옆집에 싸움이 났는지 시끌시끌하다

시나리오 ⇒ 굿글

시나브로 어찌씨 모르는 사이에 조금씩 조금씩 ⓑ진달래꽃이 시나브로 진다

시나위 이름씨 굿거리나 살풀이 따위 가락 ⓑ판소리나 시나위 같은 가락은 마녘 겨레소리를 바탕으로 꽃피웠다고 할 수 있다

시난고난 어찌씨 앓이가 크게 더하지는 않고 오래 앓는 모습 ⓑ그 일로 시난고난 앓았지만 죽지는 않았다

시내 이름씨 내로 흘러드는 실처럼 가는 작은 내 ⓑ마을 앞으로 맑은 시내가 졸졸 흐른다

시내 ⇒ 고을안

시내버스 ⇒ 고을안버스

시냇가 이름씨 물이 흐르는 시내 가장자리 ⓑ마을 아낙네들이 시냇가에서 빨래한다

시냇물 이름씨 시내에 흐르는 물 ⓑ비가 오니 시냇물이 넘쳐흐른다

시녀 ⇒ 겨집종. 몸종

시누이 이름씨 버시 누이

시누이올케 이름씨 시누이와 올케

시늉 이름씨 어떤 몸짓을 하는 것처럼 흉내를 내어 꾸미는 짓 ⓑ별꽃은 거짓으로 우는 시늉을 잘한다

시늉글 이름씨 몬 꼴을 밑떠 만든 글자 한뜻말꼴뜬글 ⇐ 상형문자

시늉말 이름씨 소리나 꼴, 짓을 흉내내어 하는 말 한뜻말흉내말

시다 ⇒ 곁일꾼. 곁꾼. 손도울이. 허드레꾼. 막일꾼

시다[1] 그림씨 ❶새콤물이나 설익은 살구 맛과 같다 ⓑ이 머루는 맛이 좀 시다 ❷넘어져 발이 삐거나 다쳐 시큰시큰 아프다 ⓑ무릎이 시어 걸음을 잘 걸을 수가 없다

시다[2] 움직씨 '세다[1]' 고장말 ⓑ우리가 벌써 머리가 허옇게 시는 나이가 됐구나

시달리다 움직씨 어떤 일이나 사람에게 괴로움이나 성가심을 받다 ⓑ가르침이들은 하루 내내 아이들에게 시달리고도 가르치는 일을 기꺼이 받아들인다

시달 ⇒ 알림. 알리다. 내려보내다

시답다 그림씨 마음에 차거나 내키다. 흔히 '시답지 않다' '시답게 여기지 않다' 꼴로 씀 ⓑ네 말이 매우 시답지 않다

시답잖다 그림씨 '시답지 않다' 준말. 볼품이 없어 대수롭지 않다 ⓑ시답잖은 말을 몇 마디 하더니 머쓱한지 그냥 가버렸다

시대 ⇒ 때

시대감각 ⇒ 때느낌

시댁 ⇒ 시집. 버시집

시도 ⇒ 해봄. 꾀함. 꾀하다. 해보다. 하려하다. 마음내다. 뜻을 내다

시동 ⇒ 불살림. 걸기. 불살리다. 걸다. 첫돌림하다. 움직이다. 돌리다. 불일쿠다. 불일받다. 불살리다

시동생 이름씨 버시 아우

시들다 움직씨 ❶푸나무 따위가 물기가 모자라 싱싱함을 잃고 힘없이 되다 ⓑ가뭄이 이어지자 풀이 시들어 말라간다 ❷몸 힘이 빠지거나 줄어들다 ⓑ늙고 시든 몸은 속일 수 없다 ❸미치는 힘이 가늘어지다 ⓑ할아버지 이웃사랑은 나이가 들어도 시들지 않았다

시들부들 어찌씨 ❶몹시 시들어 부들한 느낌이 날 만큼 싱싱한 맛이 없는 꼴 ⓑ첫서리에 시들부들 데친 것같이 된 호박잎 ❷새로운 맛이 없거나 신이 나지 않는 꼴 ⓑ마지못해 시들부들 두는 닷눈 놀이 ❸싱싱하게 살아있지 않고 풀이 죽은 꼴 ⓑ시들부들 풀죽은 얼굴로 어디를 갔다 오느냐?

시들부들하다 그림씨 ❶몹시 시들어 부들한 느낌이 있다 ⓑ시들부들한 꽃잎 ❷새로운 맛이 없거나 신이 나지 않다 ⓑ모든 것이 시들부들하니 뭐 좀 재미난 것 없을까? ❸싱싱하게 살아있지 않고 풀이 죽다 ⓑ젊은 애가 그늘에서 자란 풀싹처럼 언제 봐도 시들부들해

시들시들 어찌씨 제법 시들어 싱싱한 맛이 없는 꼴 ⓑ감나무잎이 가뭄에 시들시들 말랐다

시들시들하다 그림씨 어지간히 시들어서 싱싱한 맛이 없다 ⓑ오랜 가물에 나무든 풀이든 잎이 시들시들해졌다

시들하다 그림씨 ❶마음에 차지 않고 언짢다 ⓑ늘 같이 놀던 동무가 떠나니 종이솔개 날리기도 팽이치기도 시들하였다 ❷대수롭지 않다 ⓑ이런 시들한 것을 가지고 많은 사람이 나서는 건 옳지 않겠어

시디시다 그림씨 맛이 몹시 시다 ⓑ시디신 김치를 들기름에 볶으니 먹을 만하네

시라 이름씨 우리나라 세 나라 때, 세 나라 가운데 하나로 밝은누리가 서라벌에 세운 나라 ⓑ시라는 남 힘을 빌려 겨우 세 나라를 하나로 아울렀다 한뜻말실라. 사라부루. 새부루. 새벌 ⇐ 신라

시라노래 이름씨 시라 때 한자 소리와 뜻을 빌려 쓴 노래. 백성 삶과 붇다 가르침을 따르는 중을 다룬 글이 많다 ⇐ 향가

시래기 이름씨 말린 무잎이나 배춧잎. 볶아 먹거나 국을 끓여 먹는다 ㉥말린 시래기를 볶아 큰 보름에 먹자

시래기죽 이름씨 시래기를 삶아 물에 불렸다가 지렁이나 된장을 넣고 쑨 죽 ㉥일흔 해 앞만 해도 시래기죽으로 끼니를 잇는 집이 많았다

시래깃국 이름씨 시래기를 넣고 끓인 국 ㉥오늘 아침은 된장을 넣고 끓인 구수한 시래깃국이에요 슬기말 **시래깃국에 땀 낸다** 하찮은 시래깃국을 먹으면서 땀을 뻘뻘 흘린다는 뜻으로 하찮은 것에 힘들어한다

시럽 ⇒ 단물낫개. 과일진졸임

시렁 이름씨 무엇을 얹어 놓으려고 긴 나무 두 낱으로 받침대나 받침살을 건너질러 만든 것 ㉥짐꾸러미를 시렁 위에 올려놓았다

시렁눈 이름씨 눈만 높고 아무 일도 제대로 못 하는 똑똑지 않은 사람 ㉥딸은 시렁눈이라 일은 적게 하고 돈은 많이 받으려 하니 써주는 데가 없다

시력 ⇒ 눈. 눈심. 눈힘

시련 ⇒ 어려움. 괴로움. 시달림. 닦임

시루 이름씨 떡이나 쌀 따위를 찌거나 콩나물을 기르는 데 쓰는 그릇. 바닥에 구멍이 여러 낱 뚫렸다 ㉥시루에 밥보자를 깔고 떡을 쪘다 슬기말 **시루에 콩나물 박히듯·시루 안 콩나물처럼** 사람이나 어떤 몬이 빈틈없이 꽉 들어선 꼴

시루논 이름씨 모래나 자갈이 많고 갈이흙이 얕아 물이 잘 빠지는 논

시루떡 이름씨 시루에 쌀가루를 넣고 고물을 켜켜이 안쳐 찐 떡 ㉥옆집은 옮겨 오자마자 팥고물을 얹은 시루떡을 돌렸다

시룽거리다 움직씨 쓸데없이 지껄이며 멋없이 싱겁게 놀다 ㉥벗은 시룽거리는 내 말이 듣기 싫었는지 성큼 일어나 나가버렸다 **시룽대다**

시룽시룽 어찌씨 쓸데없이 지껄이며 멋없이 싱겁게 노는 꼴 ㉥싫다는데도 더 시룽시룽 구는 꼴이란 작은말 새롱새롱 **시룽시룽하다**

시르죽다 움직씨 ❶기운을 못 차리다 ㉥꽃동이에 심은 나무가 시르죽는다 ❷기를 못 펴다

시름 이름씨 늘 마음에 걸리는 걱정 ㉥무슨 말 못 할 걱정이 있는지 얼굴에 늘 시름이 가득하다

시름겹다 그림씨 견딜 수 없을 만큼 시름이 많다 ㉥어머니 옆얼굴이 시름겨워 보인다

시름시름 어찌씨 ❶앓이가 더하지도 않고 낫지도 않으면서 오래 가는 꼴 ㉥어느 날부터인가 시름시름 앓더니 몸져눕고 말았다 ❷비나 눈 따위가 가만히 자꾸 내리는 모습 ㉥오늘도 싸락눈이 시름시름 내렸다 ❸매우 조용히 움직이거나 바뀌는 모습 ㉥아궁이에 졸가리불이 시름시름 타들어 간다

시름없다 그림씨 시름에 싸여 아무 생각이나 힘이 없다 ㉥시름없는 얼굴

시름없이 어찌씨 걱정으로 힘없이 ㉥돌쇠는 앓아누워 계신 어머니 생각에 시름없이 하늘만 쳐다본다

시리다 그림씨 ❶(몸 어떤 곳이) 찬 것에 닿아서 느낌이 몹시 저린 듯이 괴롭다 ㉥이가 시리도록 찬 것을 먹었어 ❷차거나 추운 느낌이 있다 ㉥겨울에 메에 가서 나무를 하면 얼마나 발이 시린지 몰라 ❸빛이 세어 바로보기 어렵다 ㉥눈이 시리게 햇빛이 비쳐 쓰개를 쓰고 일하러 갔다

시리우스 ⇒ 늑대별

시마리 이름씨 굿떼를 이루는 사람 한뜻말 시마리꾼 ⇐ 출연자

시멘트 ⇒ 돌가루

시무룩하다 그림씨 마음이 못마땅하여 낯빛이 밝지 않고 풀이 죽다 ㉥가르침이가 배곳을 그만둔다는 말에 아이들은 모두 시무룩해졌다

시뮬레이션 ⇒ 새끼꼴 돌려보기. 흉내내어 해보기

시민 ⇒ 아람. 고을사람

시민단체 ⇒ 아람모둠

시발 ⇒ 첫발걸음. 첫걸음. 새싹

시발점 ⇒ 비롯점. 첫점

시방 ⇒ 막. 곧. 이제. 이제 곧. 바야흐로

시범 ⇒ 보기. 보이기

시부렁거리다 움직씨 쓸데없는 말을 함부로 자꾸 지껄이다 ⓑ짜증 섞인 목소리로 끊임없이 시부렁거린다 작은말사부랑거리다 센말씨부렁거리다 **시부렁대다**

시부렁시부렁 어찌씨 쓸데없는 말을 함부로 자꾸 지껄이는 꼴 ⓑ저놈이 먼저 시부렁시부렁 지껄이며 장난을 걸어왔다고요 작은말사부랑사부랑 센말씨부렁씨부렁 **시부렁시부렁하다**

시부모 ⇒ 시어버이

시북 이름씨 곤죽이 된 진흙과 개흙이 물과 섞여 많이 괸 논이나 웅덩이 한뜻말수렁

시비 ⇒ 실랑이. 옳고 그름. 잘잘못. 말썽. 트집. 다투다. 말다툼하다. 말싸움하다. 가래다. 가루다

시뻘겋다 그림씨 매우 뻘겋다 ⓑ먼 메에 시뻘건 불길이 치솟았다

시쁘다 그림씨 마음에 차지 아니하여 시들하다 ⓑ시쁘게 여기다. 시쁜 웃음을 웃다

시쁘둥하다 그림씨 마음에 차지 아니하여 아주 시들한 낯빛이 있다 ⓑ오늘도 쉬지 않아 다들 시쁘둥한 얼굴이다

시쁘장스럽다 그림씨 시쁘게 여기는 데가 있다 ⓑ무엇 때문인지 아침부터 아내가 시쁘장스럽게 말을 건다

시쁘장하다 그림씨 조금 시쁘다 ⓑ언니는 내 말에 시쁘장한 목소리로 대꾸했다

시사 (時事) ⇒ 때일. 요즘일

시사 (示唆) ⇒ 귀띔. 귀띔하다. 뜻 비치다. 흘려주다

시상 (詩想) ⇒ 노래생각. 노래떠오름

시상 (施賞) ⇒ 기림. 기리다

시새다 움직씨 '시새우다' 준말. 저보다 잘되거나 나은 사람을 괜히 미워하고 싫어하다

시새우다 움직씨 ❶저보다 잘되거나 앞서가는 것을 까닭 없이 미워하고 싫어하다 ⓑ옆집 아주머니는 내가 무슨 말만 하면 시새운다 ❷제 짝이 다른 사람과 사귀는 것을 미워하고 싫어하다 ⓑ이슬은 버시가 다른 꽃님과 이야기만 해도 시새운다

시새움 이름씨 나보다 잘되거나 나은 사람을 괜스레 미워하고 싫어함. 또는 그런 마음 ⓑ마을 사람들이 아우에게 눈길을 보내자, 언니는 알지 못할 시새움이 났다 **시새움하다**

시샘하다 움직씨 '시새움하다' 준말 ⓑ우리집 둘째가 그렇게 첫째를 시샘해 비슷한말샘내다. 샘하다 ⇐ 시기하다

시생대 ⇒ 비롯남때

시선 ⇒ 눈. 눈씨. 눈길. 눈총. 눈초리

시설 ⇒ 놓기. 두기. 놓다. 두다. 달다. 넣다. 차리다

시세 ⇒ 저자금. 뜬금. 뜬값. 금새. 때흐름

시소 ⇒ 앉는널

시소게임 ⇒ 엎치락뒤치락. 오르락내리락. 널뛰기

시속 ⇒ 때빠르기

시스템 ⇒ 짜임. 틀. 줄기

시시각각 ⇒ 그때그때. 흐름따라. 자꾸자꾸

시시덕거리다 움직씨 괜스레 웃으면서 지껄이다 ⓑ딸애는 틈만 나면 손말틀로 벗들과 시시덕거린다 **시시덕대다**

시시덕시시덕 어찌씨 쓸데없이 웃으며 지껄이는 꼴 ⓑ두 동무는 어찌나 짓궂은지 만나기만 하면 시시덕시시덕 시끄럽게 군다 **시시덕시시덕하다**

시시때때로 ⇒ 그때그때. 자꾸자꾸

시시비비 ⇒ 잘잘못

시시콜콜 어찌씨 가볍고 하찮은 것까지 빼놓지 않고 하나하나 다 따지거나 다루는 꼴 ⓑ하기로 했으면 시시콜콜하게 따지지 마라

시시콜콜하다 그림씨 ❶마음씨나 하는 짓이 시시하고 고리타분하다 ⓑ그 사람 말은 좀 짜증스럽고 재미없는 시시콜콜한 이야기였다 ❷시시할 만큼 자질구레하게 낱낱이 따지거나 다루다 ⓑ망울은 시시콜콜한 이야기까지 아내에게 늘어놓았다

시시하다 (그림씨) ❶보잘것없고 너절하다 ⓑ그 이야기는 시시하게 끝이 났다 ❷자질구레하다 ⓑ큰일을 앞두고 그런 시시한 이야기는 그만둬라 ❸쩨쩨하고 다랍다 ⓑ내가 비록 가난하게 살지만 시시하게 남한테 빌붙진 않아 ❹떨떨하고 아니꼽다 (슬기말) **시시하기가 비 오는 날 소똥 같다** 비 맞고 풀어져 흩어지는 소똥같이 어떤 일이나 몬이 몹시 시시하다

시식 ⇒ 맛보기. 맛보다. 맛보기하다. 먹어보다

시신 ⇒ 주검. 죽은 몸

시아버지 (이름씨) 버시 아버지 (슬기말) **시아버지 무릎에 앉은 것 같다** 몹시 볼 낯이 없고 거북하다

시아주버니 (이름씨) 버시와 같은 줄에 있으면서 버시보다 나이 많은 집안 사람. 버시 언니 ⇐ 시숙

시안 ⇒ 해봄얽이

시앗 (이름씨) 버시가 얻은 고마 ⇐ 첩 (슬기말) **시앗 죽은 눈물만큼** 시앗이 죽었을 때 아내가 흘리는 눈물만큼이니 아주 조금 **시앗을 보면 길가 돌부처도 돌아앉는다** 버시가 시앗을 얻으면 돌부처같이 무던하던 아내도 시샘한다

시야 ⇒ 보임

시약 ⇒ 재보개

시어머니 (이름씨) 버시 어머니

시어버이 (이름씨) 버시 어버이 ⇐ 시부모

시옷 ⇒ 시읏

시외 ⇒ 고을밖

시외버스 ⇒ 고을밖버스

시우대 (이름씨) 부는 가락틀과 켜는 가락틀 ⇐ 관현

시우대가락떼 (이름씨) 부는 가락틀과 켜는 가락틀을 노는 모둠 ⇐ 관현악단. 오케스트라

시우쇠 (이름씨) 무쇠를 불에 달구어 단단하게 만든 쇠붙이. 여러 가지 몬을 만드는 데 쓴다 ⇐ 강철

시우쇠부리 (이름씨) 무쇠를 달구어 시우쇠를 만드는 일 ⇐ 제강

시욱 (이름씨) 털로나 털에 솜을 섞어 굵게 짜거나 두껍게 눌러 만든 요 ⇐ 담요

시울 (이름씨) 눈이나 입 같은 틀 구멍 가장자리 ⓑ'입시울' 준말이 '입술'이다

시원광 (이름씨) 먹을거리나 낫개 따위를 차게 하거나 썩지 않도록 시원하게 갈무리하는 고리꼴 그릇 ⇐ 냉장고

시원섭섭하다 (그림씨) 시원한 듯하면서도 한쪽으로는 섭섭하다 ⓑ우리는 더러 싸우기도 했지만, 막상 헤어지려니 시원섭섭했다

시원스럽다 (그림씨) 마음씨나 몸짓이 너그럽고 트여서 시원한 데가 있다 ⓑ그이는 일 마무리를 시원스럽게 잘한다

시원시원하다 (그림씨) 몸짓이나 바탈이 좀스럽거나 맺힌 데가 없이 트이고 너그럽다 ⓑ아저씨는 마음씨가 좋아 뭐든 시원시원하게 말한다 ⇐ 활달하다

시원찮다 (그림씨) 마음에 차지 않다 ⓑ수박이 시원찮아 보이는데

시원틀 (이름씨) 더울 때 방이나 집안을 시원하게 해주는 틀 ⇐ 에어컨

시원하다 (그림씨) ❶춥거나 덥지 않으면서 지내기에 알맞다 ⓑ바깥바람이 시원하다 ❷먹을거리가 차고 산뜻하다 ⓑ시원한 오이찬국 ❸마음이 풀리어 흐뭇하고 가뿐하다 ⓑ힘겨운 일을 시원하게 잘 마무리하였다 ❹말이나 하는 짓이 쩨쩨하지 않고 서글서글하다 ⓑ그 사람 모습이나 말소리가 시원하니 좋다 ❺지저분하지 않고 깨끗하다 ⓑ집을 시원하게 잘 쓸고 닦아 놓았네 ❻막힌 데가 없이 활짝 트여 마음이 뚫리다 ⓑ시원하게 뻗은 새로 난 길 ❼가렵거나 쑤시던 것이 말끔하게 사라져 느낌이 좋다 ⓑ등을 시원하게 긁다. 뜨거운 물에 들어가니 몸이 시원하네 ❽('시원하지 않다, 시원하지 못하다'로 써) 바람에 차지 못하다 ⓑ솜씨가 시원하지 못하다. 일이 썩 시원하지는 않다

시월 ⇒ 열달. 열째 달

시위[1] (이름씨) 활대에 걸어서 켕기는 줄 ⓑ화살

을 시위에 걸다

시위[2] [이름씨] 비가 많이 와서 가람물이 넘쳐흘러 뭍으로 들이닥치는 일 [ㅂ]큰물이 나자, 시위가 덮쳐 논밭이 결딴났다 [한뜻말]큰물. 한물 ⇐ 홍수

시위 ⇒ 힘보이기. 뽐내다. 힘 보이다. 함께 나서다. 베정적하다

시위잠 [이름씨] 활시위처럼 웅크리고 자는 잠 [ㅂ]방이 추워 시위잠을 잤더니 온몸이 뻐근하다

시음 ⇒ 맛보기

시읏 [이름씨] 한글 닿소리 글자 'ㅅ' 이름. 'ㅅ' 이름을 한자로 적은 대로 읽으면 '시옷'이지만, 우리말 '시읏'을 한자를 빌려 적은 것이므로 '시읏'으로 한다

시인 (詩人) ⇒ 노랫글쟁이. 글노래쟁이. 노래 짓는 이

시인 (是認) ⇒ 받아들임. 옳다고함. 받아들이다. 그리 여기다. 옳게 여기다. 옳다고 하다. 맞다고 하다

시일 ⇒ 날짜. 날

시작 ⇒ 열기. 손댐. 비롯함. 열다. 손대다. 싹트다. 손붙이다. 일으키다. 들어가다. 움트다. 꺼내다. 비롯하다

시장 [이름씨] 배고픔 [ㅂ]땀 흘려 일했더니 시장하다 [슬기말] **시장이 건건이라** 배고프면 다 맛있다

시장 (市長) ⇒ 고을지기

시장 (市場) ⇒ 저자. 저잣거리. 저자마당. 저자터. 가겟거리

시장경제 ⇒ 저자살림

시장기 [이름씨] 배고픈 느낌 [ㅂ]아침밥을 조금 먹었더니 시장기가 느껴진다

시장시장 [느낌씨] 어린아이를 일으켜 세워 두 손을 잡고 앞뒤로 밀고 당기면서 내는 소리

시장질 [이름씨] 어린아이를 세워 놓고 두 손을 잡고 '시장시장' 소리를 내며 밀고 당기는 짓 **시장질하다**

시장하다 [그림씨] 배고프다 [ㅂ]시장하실 텐데 어서 드세요 ⇐ 허기지다

시절 ⇒ 철. 때. 나날. 철날씨. 한동안

시점 ⇒ 때. 때자리

시접 [이름씨] 옷 솔기 가운데 접혀서 속으로 들어간 쪽 [ㅂ]아이가 하루가 다르게 크니 시접을 넉넉히 넣어 옷을 지었다

시정 ⇒ 고침. 바로잡음. 바로잡힘. 고치다. 바로잡다. 바로잡히다. 고쳐지다

시조 (時調) ⇒ 때노래. 때노랫글

시조 (始祖) ⇒ 첫한아비. 맨첨한아비

시종 (始終) ⇒ 내내. 끝내. 끝끝내. 늘. 처음과 끝. 처음과 나중. 처음부터 끝까지

시종 (侍從) ⇒ 시중보. 시중드는 이

시종여일 ⇒ 한결같음. 똑같음. 한결같다. 처음과 끝이 똑같다

시주 ⇒ 베풂. 베풂이

시중 [이름씨] 곁에 있으면서 돌보거나 심부름을 하는 일 [ㅂ]아픈 어머니 곁에서 시중을 든다

시중들다 [움직씨] 옆에서 보살피거나 심부름하다

시집 [이름씨] 버시 집안 ⇐ 시가

시집가다 [움직씨] 꽃님이 짝을 맺어 버시를 얻다

시집살이 [이름씨] **1** 꽃님이 시집에서 하는 살림살이. 버시집 살이 **2** 어떤 일이나 삶에서 홀가분하지 않게 얽매여 살거나 성가시게 시달림을 받는 일

시집장가 [이름씨] 시집가는 것과 장가가는 것

시집장가가다 [움직씨] 꽃님과 벗님이 짝맺다

시차 ⇒ 때다름

시찰 ⇒ 보살핌. 살펴보다. 살피다. 보살피다. 다니며 살피다

시척지근하다 [그림씨] 맛갓이 쉬어서 지라양에 거슬릴 만큼 맛이나 냄새가 시다 [ㅂ]국이 쉬었는지 맛이 시척지근하네

시청 ⇒ 듣보기. 듣봄

시청각교육 ⇒ 듣봄배움. 듣보기배움

시청자 ⇒ 듣봄이

시체 ⇒ 주검

시초 ⇒ 처음. 맨처음. 첫머리. 불씨

시추 ⇒ 땅뚫기. 뚫어보기. 파보기. 뚫어보다. 파보다

시치다 [움직씨] 바느질할 때 천을 맞대어 듬성듬성 꿰매다 ㉥이불 홑청을 시쳤다

시치미 [이름씨] 매 임자를 밝히려고 매 꽁지털 속에 매어 두는 네모진 뿔 [익은말] **시치미를 떼다** 매 꽁지에 임자가 단 시치미를 떼서 누구 것인지 모르게 하고도 제가 짐짓 아니한 체하다. 곧 알고도 모르는 체하다

시침·시침질 [이름씨] [1]바늘로 시치는 일 [2]바느질할 때 천을 맞대어 듬성듬성 호는 일 ㉥엄마는 대충 잰 옷감을 내 몸에 걸쳐 보고는 시침질을 했다

시침 [이름씨] '시치미' 준말 ㉥어린 것이 어찌나 시침을 잘 떼는지 깜박 속았네

시침 ⇒ 짧은 바늘

시커멓다 [그림씨] 몹시 꺼멓다 ㉥네 시커먼 속을 누가 모르랴

시큰거리다 [움직씨] 뼈마디 따위가 시큰한 느낌이 자꾸 나다 ㉥비가 오려는지 무릎이 자꾸 시큰거린다 **시큰대다**

시큰둥하다 [그림씨] 마음에 들지 않거나 못마땅하여 시들하다 ㉥밖에 나가자고 해도 아이들은 시큰둥했다

시큰시큰 [어찌씨] 뼈마디 따위가 시큰한 느낌이 자꾸 나는 모습 ㉥발목이 접질려 시큰시큰 아파졌다 **시큰시큰하다**

시큰하다 [그림씨] 뼈마디가 저리고 시다 ㉥어깻죽지가 시큰하도록 북을 쳐 댔다

시키다 [움직씨] 어떤 일을 하게 하다 ㉥엄마가 콩묵을 사 오라고 내게 심부름을 시켰다

시트 ⇒ 덮개

시판 ⇒ 내다 팜. 저자냄. 팔다. 내다팔다. 저자내다

시퍼렇다 [그림씨] [1]매우 퍼렇다 ㉥시퍼런 바다가 출렁인다 [2]춥거나 두려워 얼굴이나 입술 따위가 몹시 푸르다 ㉥추위에 떨었는지 입술이 시퍼렇다 [3]날 따위가 몹시 날카롭다 ㉥별님은 시퍼렇게 날이 서도록 낫을 간다 [4]불길이 매우 세다 ㉥시퍼런 불길이 펄펄 일어난다 [5]('시퍼렇게 살다' 꼴로 써) 아주 생생하다 ㉥내 아들은 아직 시퍼렇게 살아있소. 시퍼렇게 살아있는 물고기

시한 ⇒ 때끝. 끝때

시한부 ⇒ 때끝붙임

시합 ⇒ 겨룸. 내기. 겨루다. 내기하다. 다투다. 싸우다

시해 ⇒ 죽임. 죽이다

시행 ⇒ 함. 해냄. 치름. 해봄. 치르다. 해내다. 해나가다. 하다. 해보다

시행착오 ⇒ 해봄잘못

시험 ⇒ 재봄. 재보기. 힘재봄. 떠보다. 저울질하다

시험관 (試驗官) ⇒ 재봄지기

시험관 (試驗管) ⇒ 해봄대롱

시험관아기 ⇒ 해봄대롱아기

시험대 ⇒ 재봄대

시험지 ⇒ 재봄종이

시화전 ⇒ 노래그림판

시효 ⇒ 때보람

시흥 ⇒ 나바라노

식 ⇒ 틀. 맞이. 냄

식감 ⇒ 맛

식게 [이름씨] 검이나 죽은 사람 넋에게 맛갓을 바치어 모시는 마음을 나타냄. 또는 그런 짓 ⇐ 제사

식게가락 [이름씨] ⇐ 제례악

식게글 [이름씨] 식게 지낼 때, 죽은 이 죽음을 슬퍼하는 뜻으로 읽는 글 ⇐ 제문

식게밥 [이름씨] [1]식게를 지내려고 차려놓은 밥 [한뜻말]메 ⇐ 젯밥 [2]식게 그릇에 담아 식게를 지낸 밥

식견 ⇒ 앎. 본데

식곤증 ⇒ 먹은 뒤 졸음. 밥졸음

식구 ⇒ 밥입. 집님. 집보

식권 ⇒ 밥표

식기 ⇒ 밥그릇

식기세척기 ⇒ 그릇씻개

식다 [움직씨] [1]따뜻한 느낌이 없어지다 ㉥밥이 식으니 따뜻할 때 어서 먹어라 [2]어떤 일을 하고 싶은 마음이나 생각, 느낌이 줄거나 가라앉다 ㉥사랑이 식으니, 모든 것

이 시들해졌어 **3** 어떤 일이 한창 고비를 지나 시들하다 ㉥그제야 좀 골이 식었는지 숨소리가 잦아들었다. 춤판이 식어간다

식단 ⇒ 차림표. 차림

식당 ⇒ 밥집. 부엌. 부엌방

식당차 ⇒ 밥수레

식대 ⇒ 밥값

식도 (食道) ⇒ 밥줄

식도 (食刀) ⇒ 부엌칼

식도락 ⇒ 맛 즐김. 맛난거리 즐김

식량 ⇒ 먹이. 먹거리. 끼닛거리. 땟거리

식량난 ⇒ 먹이 달림. 먹거리 모자람. 먹거리 달림

식료품 ⇒ 먹을거리

식모 ⇒ 밥지기. 밥살림이. 부엌데기. 차집

식목 ⇒ 나무 심기. 나무 심다

식목일 ⇒ 나무심는 날

식물 ⇒ 푸나무

식물성 ⇒ 푸나무 바탈. 푸나무새

식물원 ⇒ 푸나무집

식물인간 ⇒ 산송장. 산주검

식물프랑크톤 ⇒ 뜬살이풀

식민지 ⇒ 종나라

식별 ⇒ 가려냄. 가려내다. 가름하다. 알아보다

식빵 ⇒ 끼니빵. 밥빵

식사 ⇒ 밥먹기. 밥먹다. 자시다. 잡숫다. 잡수다. 드시다

식상 ⇒ 물림. 물리다. 질리다. 배탈나다

식생활 ⇒ 먹고살기. 밥삶. 먹는 삶. 먹는 살림

식성 ⇒ 먹새. 먹음새

식수 (食水) ⇒ 물. 먹는 물

식수 (植樹) ⇒ 나무 심기. 나무 심다

식수난 ⇒ 먹을물 달림. 먹는물 모자람

식순 ⇒ 차례

식식 [어찌씨] 숨을 조금 거칠게 쉬는 소리나 그 꼴 ㉥골이 잔뜩 나서 숨만 식식 몰아쉰다 작은말 색색 센말 씩씩 **식식하다**

식식거리다 [움직씨] 숨이 가빠서 자꾸 식식 숨을 쉬다 ㉥다솜이는 식식거리며 달려왔다 작은말 색색거리다 센말 씩씩거리다 **식식대다**

식염 ⇒ 소금. 먹는 소금

식염수 ⇒ 소금물

식욕 ⇒ 밥맛. 입맛

식욕나다 ⇒ 군침 돌다. 군침 나다. 입맛 나다. 밥맛 나다

식용유 ⇒ 먹는 기름. 기름

식용육 ⇒ 고기. 살코기. 먹는 고기

식은땀 [이름씨] **1** 몸이 튼튼하지 못하여 덥지 않아도 나는 땀 ㉥아기가 몸이 아픈지 식은땀을 흘리며 잔다 **2** 마음이 조마조마하고 몹시 놀랐을 때 흐르는 땀 ㉥어두운 밤에 혼자 걸으니 무서워 식은땀이 흘렀다

식은밥 [이름씨] 밥 지은 때가 지나 차가워진 밥 ㉥먹다 남은 식은밥이 있어서 오늘 아침에 데워 먹었다 한뜻말 찬밥 [익은말] **식은밥이 되다** 보람이 없어지다

식음 ⇒ 먹고 마시기. 먹고 마심

식이요법 ⇒ 먹어 나숨. 먹이 나숨. 먹어 낫길. 먹이 낫길

식인종 ⇒ 사람먹는 사람

식자재 ⇒ 먹을거리

식장 ⇒ 잔치 자리. 큰일 자리

식전 ⇒ 끼니앞. 밥앞

식중독 ⇒ 먹이탈. 맛갓탈. 배탈

식초 ⇒ 새콤. 새콤이

식충·식충이 ⇒ 밥벌레. 밥보. 먹보. 미련퉁이

식칼 ⇒ 부엌칼

식탁 ⇒ 밥놓개

식탐 ⇒ 게걸거림. 마구 먹음. 허발함

식품 ⇒ 먹이. 먹을거리. 먹거리

식혜 ⇒ 단술

식후 ⇒ 밥뒤. 끼니뒤

식히다 [움직씨] 식게 하다 ㉥숭늉이 뜨거우니 천천히 식혀서 마시렴

신[1] [이름씨] **1** (발을 지키려고) 땅에 딛고 서거나 걸을 때 발에 신는 몬 ㉥신이 헐렁헐렁해서 자꾸 벗겨진다. 고무신. 가죽신 **2** 우리나라 텃신을 들온 신인 구두나 긴신에 마주하여 이르는 말 ㉥나막신. 짚신. 나는 구두보다 신이 좋다

신[2] [이름씨] 어떤 일에 마음이 끌리거나 푹 빠

져서 일어나는 즐거운 기운 ⓑ아이는 신이 나서 손뼉을 쳤다 ⇐ 흥

신 (神) ⇒ 서낭. 검

신 (申) ⇒ 납. 잔나비

신 (新) ⇒ 새. 새로운

신간 ⇒ 새책. 새로 펴낸 책. 새로 나온 책

신갈나무 이름씨 키는 30미터쯤 자라고 잎은 달걀꼴인 참나무 갈래 넓은갈잎나무. 여섯 달에 꽃이 피고 열매는 아홉달에 익는다. 나무 기둥은 여름지이 연장이나 쇠길 아래 따위에 쓰이고 열매는 먹는다

신갱기 이름씨 짚신 따위 총갱기와 뒷갱기를 통틀어 이르는 말 밑말신감기

신경 ⇒ 얼날

신경계 ⇒ 얼날짜임

신경섬유 ⇒ 얼날실

신경섬유다발 ⇒ 얼날실묶음

신경쓰다 ⇒ 마음쓰다. 애쓰다. 돌보다

신경전 ⇒ 마음싸움. 맘쌈. 애먹이기. 얼날싸움

신경중추 ⇒ 얼날줏대

신경질 ⇒ 짜증. 성깔. 얼날질

신경통 ⇒ 얼날아픔. 얼날쑤심

신고 ⇒ 알림. 알리다. 말하다

신곡 ⇒ 새노래. 새가락

신규 ⇒ 처음. 새일. 새지킴

신규채용 ⇒ 새로 들임. 새로 뽑음. 새로 뽑다. 새로 쓰다. 새로 들이다

신기다 움직씨 신게 하다 ⓑ아기에게 예쁜 버선을 신겼다

신기루 ⇒ 곡두. 헛꿈

신기하다 ⇒ 야릇하다. 놀랍다

신넣개 이름씨 신을 넣어 두는 곳 ⇐ 신장. 신발장

신년 ⇒ 새해

신념 ⇒ 믿음

신다 움직씨 신이나 버선, 하늬버선을 발에 꿰다 ⓑ우리 아가가 혼자서 신을 신었네! 맞선말벗다

신당 ⇒ 서낭집

신도 ⇒ 믿는 이. 믿보

신도시 ⇒ 새고을. 새마을

신동 ⇒ 검아이. 빼어난애. 뛰어난 아이

신들메 이름씨 신을 벗겨지지 않게 동여매는 일. 또는 그 끈 한뜻말들메끈

신떨음 이름씨 신이 나는 대로 실컷 함 ⓑ우리는 신떨음으로 춤을 실컷 추었다 한뜻말신명떨음

신라 ⇒ 시라. 실라. 사라부루. 새부루. 새벌

신랄하다 ⇒ 날카롭다. 맵다. 쓰다. 뼈때리다

신랑 ⇒ 새버시. 꽃두루

신록 ⇒ 새잎. 풀빛. 푸른빛

신뢰 ⇒ 믿음. 곧이듣다

신뢰감 ⇒ 믿음. 믿는 마음

신맛 이름씨 새콤이나 덜 익은 오얏 맛과 같은 맛 ⓑ이 나물은 조금 신맛이 나게 무치는 것이 좋다

신망 ⇒ 우러름. 믿음. 믿고 바람

신명 이름씨 저절로 어깨가 들썩이는 멋이나 기운 ⓑ우리 겨레 춤은 신명이 나는 춤이다 ⇐ 흥. 흥취

신명 (身命) ⇒ 몸과 목숨

신문 (新聞) ⇒ 새뜸

신문 (訊問) ⇒ 캐물음. 캐묻다. 캐내다. 따져묻다. 묻다

신문기자 ⇒ 새뜸일꾼. 새뜸글님. 새뜸글빛

신문사 ⇒ 새뜸터. 새뜸벌데

신문지 ⇒ 새뜸종이

신물 이름씨 ❶얹혔거나 많이 먹었을 때 트림과 함께 목으로 넘어오는 시척지근한 물 ⓑ속이 메슥거리더니 신물이 입으로 넘어왔다 ❷지긋지긋하고 넌더리가 나는 일 ⓑ똑같은 잔소리에 이제 신물이 난다

신물 ⇒ 새로 나온 몬

신바람 이름씨 신이 나는 바람, 곧 신이 나고 기쁨이 솟는 기운 ⓑ아이들은 놀러 간다는 말에 신바람이 났다 ⇐ 흥

신발 ⇒ 신

신발장 ⇒ 신넣개

신발차 이름씨 심부름하는 값으로 주는 돈 ⓑ이 일을 잘 다뤄 주면 신발차는 넉넉히 셈

해 드리지요 한뜻말 심부름값

신발창 ⇒ 신창

신방 ⇒ 새방. 새 살림방

신변 ⇒ 몸. 몸둘레. 몸결

신봉 ⇒ 믿음. 믿다. 받들다. 우러르다. 믿고 받들다. 믿고 따르다

신부 (新婦) ⇒ 새가시. 새색시. 꽃두레

신부 (神父) ⇒ 검아비

신부전 ⇒ 쇤콩팥앓이

신분 ⇒ 지체. 자리. 품. 얼굴

신분증 ⇒ 낯밝힘본메

신비 ⇒ 놀라움. 야릇함. 알 수 없음

신비롭다 ⇒ 놀랍다. 야릇하다. 알 수 없다

신생 ⇒ 새. 새로난

신생대 ⇒ 새난뉘

신생아 ⇒ 갓난아기. 갓난아이. 갓난이. 핏덩이. 눈자라기. 누븐자래기

신선 ⇒ 갈닦이. 하늘사람

신선도 ⇒ 싱싱함

신선하다 ⇒ 싱싱하다. 새롭다. 산뜻하다. 말끔하다. 깨끗하다. 물좋다

신설 ⇒ 새로세움. 새로 세우다. 새로 베풀다. 새로 만들다

신성하다 ⇒ 거룩하다. 훌륭하다. 높다

신세계 ⇒ 새누리

신세대 ⇒ 젊은이들

신세타령 ⇒ 넋두리. 푸념. 애고땜

신소리 이름씨 남 말을 슬쩍 우스갯소리로 받아넘기는 일

신속하다 ⇒ 빠르다. 날래다. 날쌔다. 잽싸다. 재빠르다. 재다. 발빠르다

신속히 ⇒ 재우. 재빨리. 부리나케. 얼른. 쏜살같이

신수 ⇒ 낯빛. 겉모습. 얼굴빛. 생김새

신식 ⇒ 새꼴. 새것. 새틀. 새맞이

신신당부 ⇒ 되풀이 다짐. 되풀이 다지다

신실하다 ⇒ 믿음직하다. 믿을만하다. 거짓없다

신앙 ⇒ 믿음

신용 ⇒ 믿음. 믿음새

신용카드 ⇒ 믿음카드

신울 이름씨 신 두 쪽 가에 댄 발등까지 올라오는 울타리

신원 ⇒ 참꼴. 바탕. 뿌리

신음 ⇒ 끙끙거림. 끙끙거리다. 앓는소리 내다

신의 ⇒ 믿음

신인 ⇒ 새사람

신임 (信任) ⇒ 믿음. 믿다. 믿고 맡기다

신임 (新任) ⇒ 새로옴. 새로 맡다. 새로 오다. 새로 자리를 맡다

신입생 ⇒ 새내기. 새배움이

신자 ⇒ 믿보. 믿는 이

신작로 ⇒ 한길. 큰길. 새길

신장 (-欌) ⇒ 신넣개

신장 (身長) ⇒ 키. 몸길이

신장 (伸張) ⇒ 커짐. 늘림. 늘이다. 늘리다. 퍼지다. 펴다. 커지다. 키우다

신장 (腎臟) ⇒ 콩팥

신정 ⇒ 새해

신제품 ⇒ 새몬. 새짓몬

신조어 ⇒ 새말. 다듬은말

신종 ⇒ 새씨. 새씨앗. 새것

신주머니 이름씨 신을 넣어 들고 다니는 주머니 ⓑ배곳에 갈 때는 책가방과 신주머니는 꼭 챙겨서 간다

신중하다 ⇒ 삼가다. 무겁다. 듬직하다. 꼼꼼하다. 빈틈없다

신진대사 ⇒ 먹어써눔

신참 ⇒ 새사람. 풋내기

신창 이름씨 ❶신 바닥에 대는 고무나 가죽 ⓑ신 밑바닥에 고무창을 댔다 ❷신 안 바닥에 까는 얇은 몬 ⓑ새로 산 신발이 커서 두툼한 신창을 깔았다 한뜻말 깔창

신천지 ⇒ 새누리

신청 ⇒ 해달램. 바라다. 말하다. 해달래다

신체 ⇒ 몸. 몸뚱이. 몸뚱아리. 덩치. 몸집

신체검사 ⇒ 몸살펴보기

신축성 ⇒ 늘고 줆. 늘이고 줄임

신축하다 ⇒ 새지음. 새로짓기. 새로 짓다. 새로 세우다. 새로 쌓다

신출내기 ⇒ 풋내기. 햇내기

신탁 ⇒ 믿고 맡김

신토불이 ⇒ 몸땅하나. 몸흙하나

신통하다 ⇒ 용하다. 훌륭하다. 갸륵하다. 깜찍하다. 뾰족하다

신트림 [이름씨] 시큼한 냄새나 신물이 목구멍으로 넘어오면서 나는 트림 ㉥점심을 잘못 먹었는지 신트림이 나오고 메스껍다

신품 ⇒ 새것. 새몬

신하 ⇒ 따름이. 아랫사람

신학 (新學) ⇒ 새갈

신학 (神學) ⇒ 검갈

신형 ⇒ 새꼴. 새모습

신호 ⇒ 짓말

신호등 ⇒ 짓말불. 가다서다불. 알림빛. 알림불

신혼생활 ⇒ 새살림. 새짝살이

신화 ⇒ 검이야기. 검얘기. 서낭얘기

싣다 [움직씨] [1]사람이나 몬을 옮기려고 탈것이나 짐승 등 따위에 올리다 ⇐ 적재하다. 탑재하다 [2]사람이 어디를 가려고 탈것에 오르다 ㉥텃마을로 가는 수레에 몸을 실었다 [3]글, 그림, 사진 따위를 책이나 새뜸 같은 펴낸 것에 넣다 ㉥그림이 실린 책

실감 ⇒ 참느낌

실개천 [이름씨] 너비가 매우 좁아 실처럼 가는 개천

실골목 [이름씨] 너비가 썩 좁은 골목 ㉥옛날 서라벌 쪽샘거리는 실골목이 끝없이 이어졌지

실구름 [이름씨] 실같이 가늘고 긴 구름 ㉥하늘에는 실구름. 땅에는 실바람

실그러뜨리다 [움직씨] 한쪽으로 비뚤어지거나 기울어지게 하다 ㉥걸을 때 잘못하면 어깨를 실그러뜨리고 걸을 수 있어

실그러지다 [움직씨] 한쪽으로 비뚤어지거나 기울어지다

실금 [이름씨] 실같이 가늘게 그은 금. 또는 실같이 터진 금

실낳이 [이름씨] [1]털과 푸나무에서 나는 올실이나 될갈올실을 써서 실을 뽑는 일 ⇐ 방적 [2]올실 밑감으로 실을 뽑아 천을 짜내는 온갖 일 ⇐ 방적

실내 ⇒ 방안. 집안

실내화 ⇒ 안신. 방신. 집안신

실눈 [이름씨] [1]가늘고 작은 눈 ㉥우리집 언아우는 다들 실눈이다 [2]실처럼 가늘게 뜬 눈 ㉥가을 햇살이 눈부시어 실눈을 뜨고 하늘을 올려다보았다

실답다 ⇒ 참되다. 미덥다

실도랑 [이름씨] 좁고 작은 도랑

실뒤 [이름씨] 집을 짓고 남은 빈터인 좁은 뒷마당

실뜨기 [이름씨] 실 두 끝을 맞매어서 두쪽 손가락에 얽어 두 사람이 주고받으면서 여러 가지 꼴을 만드는 놀이 ㉥어머니가 바느질하면 그 옆에서 오빠와 나는 실뜨기를 하며 놀았다

실랑이 [이름씨] [1]이러니저러니 하며 남을 못 살게 구는 일 ㉥손님과는 어떤 실랑이도 해서는 안 된다 한뜻말실랑이질 [2]서로 제 뜻을 내세우며 옥신각신하는 일 ㉥두 사람은 서로 내가 옳으니, 네가 틀리니 하면서 한동안 실랑이를 했다 [3]시끄러울 만큼 여러 말을 하는 장난 **실랑이하다**

실랑이질 [이름씨] 실랑이를 자꾸 하는 짓

실력 ⇒ 힘. 속힘

실력굿 [이름씨] 집안이 조용하고 잘되게 해달라고 세 해에 한 디위씩 하는 굿

실력자 ⇒ 힘센이. 힘가진이

실례 (失禮) ⇒ 못 모심. 못 받듦

실례 (實例) ⇒ 보기. 있던 일

실로 ⇒ 참으로

실록 ⇒ 참적기

실룩 [어찌씨] 힘살 한쪽이 실그러지게 뮈는 꼴 ㉥아이는 입술이 실룩 올라가더니 이내 울음을 터뜨렸다 작은말샐룩 센말씰룩 **실룩이다 실룩하다**

실룩거리다 [움직씨] 힘살 한쪽이 실그러지게 자꾸 뮈다 ㉥눈이 몇 디위 실룩거리더니 눈물이 흘러내렸다 작은말샐룩거리다 센말씰룩거리다 **실룩대다**

실룩실룩 [어찌씨] 힘살 한쪽이 실그러지게 자꾸

뛰는 꼴 ⓑ엉덩이를 실룩실룩 흔들며 춤추는 꼬마들 작은말 샐룩샐룩 센말 씰룩씰룩 **실룩실룩하다**

실리 ⇒ 참보탬. 참도움

실마리 이름씨 ❶감겨 있거나 헝클어진 실 첫머리 ⓑ얽힌 실타래에서 실마리를 찾아 실패에 감았다 한뜻말 실머리 ⇐ 힌트 ❷일을 풀어나갈 수 있는 고리나 열쇠 ⓑ도무지 어디서부터 손을 대야 할지 실마리가 보이지 않는다

실망 ⇒ 꿈깨짐. 바람깨짐. 꿈이 깨지다. 바람이 사라지다. 꿈이 사라지다

실명 (失明) ⇒ 눈잃음. 눈멂. 못봄

실명 (實名) ⇒ 이름. 참이름

실물 ⇒ 몬. 참꼴. 참몬

실바람 이름씨 ❶실가지가 흔들릴 만큼 가늘게 부는 바람 ⓑ실바람이 불어 울 밖 댓잎 스치는 소리가 그윽하다 ❷바람세기가 첫째인 바람. 내가 움직이는 것으로 바람 부는 쪽을 알 수 있을 만큼 여린 바람이다

실밥 이름씨 ❶바느질하거나 옷을 뜯을 때 생기는 실 부스러기 ⓑ옷에 실밥 묻은 것을 뗀다 ❷꿰맨 곳에 실이 맺혀서 보기 싫게 밖으로 드러난 것 ⓑ이 옷은 실밥 자국이 너무 잘 보여

실버들 이름씨 가지가 가늘고 길게 늘어진 버들 ⓑ강기슭에 늘어선 실버들 한뜻말 능수버들

실벌레 이름씨 사람 몸 림프샘에 더부살이하는 긴 실꼴 벌레 ⇐ 사상충

실비 이름씨 실오리를 드리운 듯이 가늘게 내리는 비 ⓑ실비가 내리니 나뭇잎이 더욱 파릇파릇하다,

실비 ⇒ 든돈. 먹은금

실뽑기 이름씨 ❶숨받이나 푸나무 올실이나 될갈올실을 손봐 실을 뽑는 일 한뜻말 실잣기 ❷올실 밑감에서 실을 뽑아 피륙을 짜내는 일 한뜻말 실잣기

실사 ⇒ 밝힘. 캠. 살펴보다. 알아보다. 밝히다. 캐다. 맞추어 보다

실살 이름씨 겉으로 드러나지 않은 쏠쏠한 벌이 ⇐ 이문. 이익. 이윤

실상 (實相) ⇒ 속내. 참꼴. 참모습

실상 (實狀) ⇒ 참매개. 참셈평. 셈평

실생활 ⇒ 나날살이

실선 ⇒ 실금

실성하다 ⇒ 미치다. 얼빠지다

실세 ⇒ 참힘. 힘보. 힘쥔이

실소 ⇒ 터진 웃음. 피식 웃음. 웃음이 나오다. 피식 웃다

실속 ⇒ 알맹이. 알속. 알짜

실수 (失手) ⇒ 잘못. 허물. 빈틈. 잘못하다. 그르치다. 삐끗하다

실수 (實數) ⇒ 참수

실수요자 ⇒ 쓸이. 참쓸이

실수익 ⇒ 알벌이. 알차지. 알속

실습 ⇒ 익히기. 익힘. 익히다

실시 ⇒ 함. 치름. 치르다. 하다. 움직이다

실신하다 ⇒ 까무러침. 까무러치다. 숨고다. 넋잃다. 얼빠지다. 넋빠지다

실실 어찌씨 ❶소리 없이 싱겁게 슬며시 웃는 모습 ⓑ덩실은 말없이 실실 웃기만 했다 ❷아무 쓸모 없이 지껄이는 꼴 ❸김이 가늘게 피어오르는 꼴 ⓑ아궁이에는 불이 활활 타오르고 솥에서는 김이 실실 새어 나온다 ❹가마가 끓을 때 나는 소리 ⓑ가마솥 소죽이 실실 끓는다

실실거리다 움직씨 소리 없이 싱겁게 슬며시 자꾸 웃다 ⓑ무슨 좋은 일이 있는지 하루 내내 실실거렸다 **실실대다**

실쌈스럽다 그림씨 ❶말이나 짓이 부지런하고 알차다 ⓑ새롬은 실쌈스럽고 솜씨도 좋아 나무랄 데가 없다 ⇐ 성실하다. 근면하다 ❷말이나 짓이 부산하고 수다스러운 데가 있다 **실쌈스레**

실언 ⇒ 잘못 말함. 잘못 말하다

실업 (失業) ⇒ 일 잃음. 일터 잃음. 일자리 잃음

실업 (實業) ⇒ 일. 온갖 일. 장사. 벌이

실업가 (實業家) ⇒ 일꾼. 벌일꾼

실업자 (失業者) ⇒ 일자리 없는이. 벌이 없는이

실없다 ⇒ 못 미덥다. 알속 없다. 싱겁다

실연 (失戀) ⇒ 사랑 잃음. 사랑 잃다

실연 (實演) ⇒ 해보임. 하다. 해보이다

실오라기 이름씨 실오리 ⓑ실오라기 하나 걸치지 않았다

실오리 이름씨 한 가닥 실 ⓑ소매 끝은 실오리가 풀려 너덜너덜했다

실온 ⇒ 방따습기

실올 이름씨 '실오리' 준말

실외 ⇒ 방밖

실용적 ⇒ 쓸모 있는. 쓰기 좋은. 쓰기 맞는

실용화 ⇒ 쓰게 됨. 쓰게 함

실은 ⇒ 참말은. 하기는. 말하자면. 다름 아니라

실의 ⇒ 뜻 잃음. 꿈 잃음. 뜻 잃다. 기운을 잃다. 꿈을 잃다

실잣기 이름씨 실뽑기

실재하다 ⇒ 있다. 참말 있다

실적 ⇒ 쌓은 자취. 쌓은 자국

실전 ⇒ 싸움

실점 ⇒ 잃은 점

실정 ⇒ 까닭. 셈평. 매개

실제로 ⇒ 참으로. 참말로

실족 ⇒ 헛디딤. 헛디디다. 잘못하다. 그르치다. 빠지다. 넘어지다. 발 잘못 디디다

실종 ⇒ 사라짐. 사라지다. 없어지다. 간데없다. 간 곳을 알 수 없다

실지렁이 어찌씨 실처럼 가늘고 긴 지렁이

실직 ⇒ 일자리 잃음. 일자리 잃다. 일터에서 쫓겨나다

실질 ⇒ 알맹이. 알짜. 속바탕. 참발

실책 ⇒ 잘못. 허물

실천 ⇒ 하기. 함. 하다. 해내다. 밀고 나가다

실체 ⇒ 밑바탕. 바탕. 알맹이

실추 ⇒ 잃음. 더럽힘. 더럽히다. 잃다. 떨어뜨리다

실컷 어찌씨 하고 싶은 대로 마음껏 ⓑ먹고 싶은 만큼 실컷 먹어라

실컷먹다 움직씨 배부르게 먹다 ⇐ 포식하다

실크 ⇒ 깁

실터 이름씨 집과 집 사이 좁고 긴 빈터

실토 ⇒ 바로 댐. 털어놓음. 바로 불다. 바로 대다. 털어놓다. 까놓다

실톱 이름씨 날이 매우 가늘고 긴 톱. 가는 쇠줄꼴 시우쇠널에 이빨을 낸다 ⓑ얇은 널빤지에 도림질을 할 때 실톱을 쓴다

실톳 이름씨 북꼴로 감은 실뭉치. 천을 짤 때 북에 넣어 쓴다

실파 이름씨 실오리처럼 가느다란 어린 파

실팍하다 그림씨 사람이나 몬이 보기에 매우 튼튼하다 ⓑ사내는 실팍한 어깨에 큰 나무둥치를 올려놓았다

실패 이름씨 바느질할 때 쓰기 좋게 실을 감아 두는 작은 연장 ⓑ반짇고리에서 실패 좀 꺼내다 줘

실패 ⇒ 그르침. 잘못됨. 그르치다. 허방 치다. 잡치다. 말아먹다

실핏줄 이름씨 온몸에 그물처럼 퍼진 가느다란 핏줄 ⓑ우리 몸에는 거미줄보다 더 촘촘하게 실핏줄이 퍼졌다 ⇐ 모세혈관

실하다 ⇒ 튼튼하다. 옹골지다. 알차다

실행 ⇒ 함. 해봄. 해냄. 하다. 해내다. 해보다

실향민 ⇒ 텃마을 잃은 이

실험 ⇒ 해보기. 해보다

실현 ⇒ 이룸. 이룩하다. 이루다. 눈앞에 보여주다

실화 ⇒ 참이야기. 있던 이야기

실황 ⇒ 참꼴. 참모습

싫다 움직씨 ❶마음에 들지 않다 ⓑ싫은 얼굴 ❷하고 싶지 않다 ⓑ하기 싫거나 보기 싫은 것이 하나라도 있나 하고 날마다 살펴본다 ❸('싫도록' 꼴로 써) 실컷 ⓑ가을마다 밤을 싫도록 주워 싫도록 먹는다

싫증 이름씨 싫은 생각 ⓑ어떤 일에도 싫증 나는 일이 없도록 할 테야 비슷한말 넌더리. 넌덜머리 ⇐ 권태

심[1] 이름씨 신맛이 있고 푸른 리트머스 종이를 붉게 바꾸고 알칼리를 만나면 가운데 바탈을 띠는 것 ⇐ 산

심[2] 이름씨 잎은 손바닥 꼴이고 뿌리는 희고 살찌며 줄기는 곧게 서는 여러해살이풀. 뿌리는 예로부터 여러 가지 앓이를 막거나 나수는 낫개로 쓴다 한뜻말 부리시리 ⇐ 삼. 산삼

심 ⇒ 마음. 고갱이. 속. 알맹이

심각하다 ⇒ 골똘하다. 깊이 새기다. 매우 어렵다. 매우 모질다. 종요롭다. 풀기 어렵다

심금 ⇒ 마음결. 가슴. 속마음

심기 ⇒ 마음기운. 마음

심기일전 ⇒ 새마음. 새생각. 마음을 새롭게 먹다. 생각을 바꾸다

심누르개 이름씨 양심을 덜 나오게 하거나 묽게 하는 낫개 ⇐ 제산제

심다 움직씨 **1** 가꾸려고 씨앗이나 나무뿌리를 땅속에 묻다 ⓑ앞마당에 감나무를 두 그루 심었다 **2** 마음속에 자리잡게 하다 ⓑ제 마음을 다스리려면 스스로 마음을 닦아야 한다는 생각을 심어 주었다 **3** 몸에 다른 사람 살이나 뼈를 박아 넣다

심드렁하다 그림씨 마음에 들지 않다 ⓑ뭐가 마음에 안 드는지 물어도 심드렁하니 마지못해 몇 마디 한다 한뜻말시드렁하다

심란하다 ⇒ 마음이 어지럽다. 몹시 어수선하다

심려 ⇒ 근심. 걱정. 시름

심령 ⇒ 넋. 얼바탕

심리 (心理) ⇒ 마음씨. 마음

심리 (審理) ⇒ 살펴 따짐. 살펴 따지다. 살피다

심마니 이름씨 일삼아 심을 캐는 사람

심문 ⇒ 캐물음. 묻다. 캐묻다. 따져묻다

심바탈 이름씨 신맛이 있는 몬 바탈. 물에 녹으면 신맛을 내며 푸른 리트머스 종이를 붉은빛으로 바뀌게 한다 맞선말알칼리바탈 ⇐ 산성

심바탈되기 이름씨 심바탈로 바뀜 ⇐ 산성화

심방 (心房) ⇒ 염통방. 염방

심방 (尋訪) ⇒ 찾아감. 찾아봄

심밭 이름씨 심을 기르는 밭. 또는 심이 많이 나 있는 곳 ⇐ 삼밭

심보 ⇒ 마음보. 마음씨. 마음새. 마음결

심복 ⇒ 따름이. 오른팔. 손발

심부름 이름씨 남이 시켜서 거들거나 해주는 일 ⓑ엄마가 콩나물을 사 오라고 심부름을 시켰다

심부름꾼 이름씨 심부름을 해주는 사람 ⓑ언니는 나를 심부름꾼처럼 부려 먹는다

심부름집 이름씨 몬을 나르는 일을 해주는 곳 ⇐ 용달사. 용달회사

심사 (心思) ⇒ 마음보. 마음새. 마음

심사 (審査) ⇒ 끊음. 가림. 끊다. 가리다. 살펴서 끊다. 헤아려서 가리다

심사숙고 ⇒ 깊이 생각함. 깊이 생각하다. 잘 생각하다. 깊이 헤아리다

심산 ⇒ 꿍꿍이. 꿍꿍이속. 속셈

심상치않다 ⇒ 대수롭다. 종요롭다

심술 ⇒ 게정. 샘. 암상

심술궂다 ⇒ 암상궂다

심술꾸러기 ⇒ 암상꾸러기

심술딱지 ⇒ 암상딱지

심신 ⇒ 몸맘. 몸과 마음

심실 ⇒ 염집

심심찮다 그림씨 드물지 않고 꽤 잦다 ⓑ가게를 작게 차렸어도 심심찮게 손님들이 찾아온다

심심풀이 이름씨 심심함을 잊으려고 무엇인가를 함. 또는 그 일 ⓑ어머니는 심심풀이로 뜨개질한다

심심하다[1] 그림씨 먹거리 맛이 조금 싱겁다 ⓑ시금치 무침에 소금이 안 들어갔는지 심심하다

심심하다[2] 그림씨 하는 일이 없어 지겹고 재미가 없다 ⓑ손님은 없고 가게에 앉아 있으려니 심심하다

심야 ⇒ 한밤. 깊은 밤

심오하다 ⇒ 깊숙하다. 깊다. 그윽하다

심의 ⇒ 꼼꼼 살핌. 잘 살펴 이야기 나눔

심장 ⇒ 염통. 염

심장마비 ⇒ 염멈춤

심장병 ⇒ 염앓이

심장이식 ⇒ 염바꾸기. 염바꿔달기

심적변화 ⇒ 마음바뀜. 생각바뀜

심정 ⇒ 마음씨. 생각. 속마음. 뜻

심중 ⇒ 속마음. 마음속. 맘속. 마음

심지 (心-) ⇒ 불실

심지 (心地) ⇒ 마음. 마음자리. 마음바탕

심지 (心志) ⇒ 품은 뜻
심지어 ⇒ 더더욱. 더욱이. 나중에는
심취 ⇒ 푹 빠짐. 깊이 빠지다. 푹 빠지다. 마음을 빼앗기다
심층 ⇒ 깊은 곳. 깊은 켜
심통 (心-) ⇒ 암상. 게정
심통 (心痛) ⇒ 가슴앓이
심판 ⇒ 판가름. 판가르다. 판가름이. 판가름하다
심폐 ⇒ 염부아. 염허파. 염통과 허파
심하다 ⇒ 지나치다. 너무하다. 호되다
심해 ⇒ 깊은 바다
심해지다 ⇒ 쇠다. 도지다. 덧나다. 더치다. 덧들이다. 깊어지다
심혈 ⇒ 마음힘. 온마음. 온힘. 온얼. 모든 힘. 모든 마음
심호흡 ⇒ 깊은숨
심화하다 ⇒ 깊게하다. 깊어지다. 덧나다. 더하다. 더치다. 도지다
심히 ⇒ 매우. 몹시. 아주. 대단히. 무척. 되게. 자못. 퍽
십 ⇒ 열
십상 ⇒ 딱 맞게. 마침맞게. 아주 알맞게
십이월 ⇒ 섣달
십이지장충 ⇒ 샘창자벌레
십일 ⇒ 열흘. 열째 날
십일월 ⇒ 열한달
십자 ⇒ 더하기자
십중팔구 ⇒ 거의. 열에 아홉
십진법 ⇒ 열올림길
십진수 ⇒ 열올림수
싯누렇다 그림씨 매우 누렇다 ⓑ옷고리에 몇 해를 처박아 두었더니 흰옷이 싯누렇게 바랬다
싯다르타 이름씨 '샤카모니'가 깨닫기 앞 처음 이름
싱건지 이름씨 소금물에 심심하게 담근 무김치. 무를 소금에 절여서 물을 넉넉히 붓고 위에다 무청을 덮은 뒤 다시 소금을 끼얹어 뚜껑을 덮어 익힌다
싱검둥이 이름씨 ❶싱거운 소리나 짓을 잘하는 사람 ⓑ밀알은 싱검둥이처럼 싱거운 소리를 잘해 한뜻말싱검쟁이 ❷멋쩍을 만큼 키가 큰 사람 ⓑ옛날에는 싱검둥이라고 놀렸지만, 요즘은 키 큰 사람을 멋쟁이로 봐
싱겁다 그림씨 ❶먹거리 간이 어느만큼에 이르지 못하다 ⓑ먹어보고 싱거우면 지렁을 더 넣어라 ❷말이나 하는 짓이 어울리지 않고 다소 희떱고 장난기가 많다 ⓑ이런 싱거운 사람을 봤나
싱그럽다 그림씨 싱싱하고 옷곳하다 ⓑ뒷메에 올랐더니 싱그러운 솔내음이 물씬 풍겼다
싱글 어찌씨 눈과 입을 슬며시 움직이며 소리 없이 부드럽게 한 디위 웃는 꼴 ⓑ무슨 좋은 일이 있는지 짝꿍이 싱글 웃는다 작은말생글 센말씽글 **싱글하다**
싱글 ⇒ 혼자. 홀몸. 홑. 외짝
싱글거리다 움직씨 눈과 입을 슬며시 움직이며 소리 없이 자꾸 웃다 ⓑ이 사람은 뭣이 좋아 혼자서 저리 싱글거릴까? 작은말생글거리다 센말씽글거리다 **싱글대다**
싱글벙글 어찌씨 눈과 입을 슬며시 움직이기도 하고 입을 좀 크게 벌리기도 하며 소리 없이 웃는 꼴 ⓑ아이들이 오자 어머니는 싱글벙글 좋아하신다 작은말생글방글 센말씽글뻥글 **싱글벙글하다**
싱글벙글거리다 움직씨 눈과 입을 슬며시 움직이기도 하고 입을 좀 크게 벌리기도 하며 소리 없이 자꾸 웃다 작은말생글방글거리다 센말씽글뻥글거리다 **싱글벙글대다**
싱글싱글 어찌씨 눈과 입을 슬며시 움직이며 소리 없이 부드럽게 자꾸 웃는 꼴 ⓑ오늘따라 가람이가 싱글싱글 웃는 까닭이 무엇일까? 작은말생글생글 센말씽글씽글 **싱글싱글하다**
싱긋 어찌씨 눈과 입을 슬며시 움직이며 소리 없이 가볍게 한 디위 웃는 모습 ⓑ그 사람은 나와 눈이 마주치자 싱긋 웃어 보였다 작은말생긋 센말씽긋 **싱긋하다 싱긋이**
싱긋거리다 움직씨 눈과 입을 슬며시 움직이며 소리 없이 가볍게 웃다 작은말생긋거리다 센말

씽긋거리다 **싱긋대다**

싱긋벙긋 (어찌씨) 눈과 입을 슬며시 움직이기도 하고 입을 크게 벌리고 소리 없이 가볍게 자꾸 웃는 꼴 ⓑ큰 나물밭을 찾은 나물꾼들이 싱긋벙긋 웃으며 좋아한다 작은말 생긋방긋 센말 씽긋빵긋 **싱긋벙긋하다**

싱긋싱긋 (어찌씨) 눈과 입을 슬며시 움직이며 소리 없이 가볍게 자꾸 웃는 모습 ⓑ돌새는 이쁜 곱단이를 보자 귀밑을 붉히며 싱긋싱긋 웃었다 작은말 생긋생긋 센말 씽긋씽긋 **싱긋싱긋하다**

싱둥싱둥 (어찌씨) ❶말이나 짓이 부끄러워하지 않고 뻔뻔하고 싱거운 꼴 ⓑ난 네가 싱둥싱둥 놀아나는 게 가장 꼴사나워 ❷멋없이 싱겁게 구는 꼴 ⓑ아저씨는 꽃님들이 모인 곳에서는 언제나 싱둥싱둥 우스갯소리를 하려 한다 **싱둥싱둥하다**

싱둥싱둥하다 (그림씨) ❶말이나 짓이 부끄러워하지 않고 뻔뻔하고 싱겁다 ❷몹시 싱싱하고 기운이 있다

싱숭생숭 (어찌씨) 마음이 들떠서 걷잡을 수 없을 만큼 뒤숭숭한 꼴 ⓑ봄을 타는지 싱숭생숭 마음이 들뜬다

싱숭생숭하다 (그림씨) 마음이 들떠서 걷잡을 수 없을 만큼 뒤숭숭하다

싱싱 (어찌씨) ❶시들지 않고 우거진 꼴 ⓑ싱싱 푸른 보리밭은 봄볕을 받아 푸르름을 더욱 뽐낸다 ❷기운차게 자라는 꼴 ⓑ싱싱 자라는 옥수수들 ❸힘있게 돌아가는 꼴

싱싱하다 (그림씨) ❶시들거나 헐지 않고 살아 있다 ⓑ싱싱한 밑감을 써야 밥이 맛있다 ❷자라는 힘이 기운차고 우거지다 ⓑ앞메 소나무숲이 싱싱하게 우거졌다 ❸빛깔이 맑고 산뜻하다 ⓑ이슬을 맞은 풀빛이 싱싱해 보인다

싱아 (이름씨) 길둥근 잎이 어긋맞게 나며 부드러운 줄기는 신맛이 나는 나물. 어린줄기는 나물로 먹고 집짐승 먹이로도 쓴다

싱크대 ⇒ 가시대. 개수대

-싶다 (그림씨) ❶(움직씨 '고'나 '면' 뒤에 써) 그랬으면 하는 꿈이나 바람, 뜻이 있다 ⓑ먹고 싶다. 보고 싶다 ❷(임자말이나 풀이말 뒤에 써) 그와 같이 여기다 ⓑ비가 올 듯싶다. 강아지가 냄새를 맡고 왔는가 싶다 ❸('시피' 꼴로 써) 마찬가지로. 같이 ⓑ알다시피 우리말이 우리 입말에서 사라지고 있어요

싸가지 (이름씨) ❶싹수 ⓑ저이는 보기보다 싸가지가 없는 사람이야 ❷소갈머리 ⓑ그 녀석 싸가지는 알다가도 모르겠어

싸각싸각 (어찌씨) ❶사과나 배 같은 것을 거칠게 자꾸 씹는 소리나 그 꼴 큰말 써걱써걱 여린말 사각사각 ❷나무에 쇠붙이 같은 것이 자꾸 스치는 소리나 그 꼴

싸개[1] (이름씨) ❶몬을 싸는 종이나 헝겊 같은 것 ⓑ사돈집에 보낼 과일 고리를 싸개로 곱게 쌌다 ⇐ 포장지 ❷'발싸개' 준말 ⓑ싸움이 끝나고 돌아와 싸개를 풀어보니 발은 온통 물집이 잡혀 있었다

싸개[2] (이름씨) 싸개질 ⇐ 포장

싸개[3] (이름씨) '똥싸개', '오줌싸개' 준말

싸개그릇 (이름씨) 몬을 담거나 꾸리는 데 쓰는 그릇 ⇐ 포장용기

싸개종이 (이름씨) 몬을 싸거나 꾸리는 데 쓰는 종이 ⇐ 포장지

싸개질[1] (이름씨) ❶몬을 싸는 일 ⇐ 포장. 포장하기 ❷앉개나 눕개처럼 앉거나 누울 자리를 헝겊이나 가죽 따위로 싸는 일

싸개질[2] (이름씨) 젖먹이가 똥오줌을 가리지 못하고 마구 싸는 일

싸게팔기 (이름씨) 얼마 동안 파는 몬을 잡은 값보다 싸게 파는 일 ⇐ 바겐세일. 염가판매. 할인판매

싸고돌다 (움직씨) ❶무엇을 가운데에 두고 그 둘레에서 자꾸 움직이거나 돌아가다 ⓑ흰 구름이 멧허리를 싸고돈다 ❷남 잘못을 감싸주고 역성을 들다 ⓑ할머니는 내 얘기는 듣지도 않고 늘 언니만 싸고돌았다

싸구려 (이름씨) ❶옛날 장사꾼들이 저자마당이나 길거리에서 '싸게 팝니다'란 뜻으로 외쳤

던 소리 ⓑ싸구려! 싸구려! 참빗, 고무신, 엿다 싸구려! ❷값이 싸거나 좋지 않은 몬 ⓑ그 하늬버선은 싸구려라 얼마 안 신었는데도 벌써 구멍이 났다

싸느랗다 (그림씨) 좀 싸늘한 느낌이 있다 ⓑ걷고 왔더니 날씨가 추워 손발이 싸느랗다

싸늘하다 (그림씨) ❶따습기가 좀 찬 느낌이 있다 ⓑ싸늘한 바람이 내 이마를 스치고 지나간다 ❷사람 마음씨나 몸짓 따위가 쌀쌀맞다 ⓑ웬 낯선 사람이 나를 싸늘하게 쏘아보았다

싸다[1] (움직씨) ❶속에 몬을 넣고 넓고 얇은 천이나 종이로 보이지 않게 둘러 감거나 씌워 가리다 ⓑ철이 지난 옷을 보자기에 싸서 다락에 넣어 두었다 ❷어떤 것 둘레를 가리거나 막다 ⓑ나지막한 돌담이 잔디밭을 포근히 싸고 있다 ❸무엇을 다른 곳으로 가져가 먹으려고 담거나 묶다 ⓑ도시락을 싸다. 주먹밥을 싸다

싸다[2] (움직씨) ❶똥이나 오줌을 참거나 가리지 못하고 아무데나 누어버리다 ⓑ아이가 잠을 자다가 이불에 오줌을 쌌다 ❷들은 말 따위를 잘 떠벌리다 ⓑ저 사람 입이 싸다는 것은 모두가 잘 안다

싸다[3] (그림씨) ❶값이 눅다 ⓑ올해 김장배추값이 싸다. 그 동네는 생각보다 집값이 쌌다 ⇐헐하다 ❷(어떤 좋지 못한 매개에 놓인 것이) 마땅하여 조금도 아깝거나 아쉽지 않다 ⓑ한 짓을 보면 맞아 싸지. 내 말을 안 듣더니 바가지 써도 싸다 ❸그만한 값이 있거나 그럴듯하다 ⓑ처음에는 떵떵 을러대던 놈이 나중에는 꼬리를 내리는 걸 보니 서푼짜리 싸잖게 보였다

싸다니다 (움직씨) 여기저기 바쁘게 마구 돌아다니다 ⓑ일이 끝나면 집으로 곧장 오지 않고 어디를 싸다니다가 이제 오느냐? 한뜻말 쏘다니다

싸다듬이 (이름씨) ❶매나 몽둥이로 함부로 마구 때리는 짓 ⓑ그런 놈은 여럿이서 싸다듬이해야 건방진 버릇을 고칠 거야 ❷옷감 따위 겉이 해지지 않도록 다른 천으로 싸서 하는 다듬이질 **싸다듬이하다**

싸돌다 (움직씨) '싸고 돌다' 준말

싸돌아다니다 (움직씨) 여기저기 마구 돌아다니다 ⓑ인제 그만 싸돌아다니고 뭐라도 좀 익혀

싸들다 (움직씨) 싸서 들다 ⓑ물고기를 비닐에 싸들었다

싸라기·싸래기 (이름씨) ❶부스러진 쌀알 ⓑ어머니는 내가 배 아프다고 하자 싸라기로 죽을 쑤어줬다 ❷싸라기눈 ⓑ희끗희끗한 싸라기가 하늘에서 내렸다

싸라기눈 (이름씨) 빗방울이 갑자기 찬바람을 만나 얼어서 떨어지는 싸라기 같은 눈 ⓑ싸라기눈이 쌓이니 길이 미끄럽다

싸라기별 (이름씨) 싸라기처럼 아주 잘게 보이는 별 한뜻말 잔별

싸리나무 (이름씨) 가지를 많이 치는 떨기나무. 줄기는 윷가락으로, 잎은 짐승 먹이로, 껍질은 올실 밑감으로 쓴다

싸리다 (움직씨) 아프게 때리거나 치다 ⓑ앞사람이 휘어 젖혔다 놓은 나뭇가지가 내 얼굴을 싸렸다

싸리버섯 (이름씨) 싸리비 꼴로 가지를 치며, 끝은 가지가 많이 모여 나는 버섯. 물기가 있는 소나무숲에 잘 나며 맛이 좋다. 새빨갛거나 샛노란 것에는 죽개가 들어 있어 먹으면 배가 아프고 물똥을 싼다

싸리비 (이름씨) 싸리나무로 만든 마당비

싸매다 (움직씨) 싸서 풀어지지 않게 매다 ⓑ겨울에 나무가 얼지 않게 짚으로 싸맸다

싸안다 (움직씨) ❶싸서 안다 ⓑ포대기에 아이를 싸안았다 ❷두 팔로 부둥켜안다 ⓑ어머니를 두 팔로 싸안았다

싸우다 (움직씨) ❶서로 맞서서 이기려고 다투다 ⓑ다 큰 어른이 아이와 싸우다니 부끄러운 줄 아세요 한뜻말 싸움하다 ❷재주나 힘, 솜씨를 서로 겨루다 ⓑ우리 공놀이꾼들이 브라질과 싸워서 이길 수 있겠어요? ❸서로 덤벼들어 때리거나 치거나 물어뜯다 ⓑ

개 두 마리가 서로 물어뜯고 싸운다 **4** 무엇에 맞서거나 이기려고 힘쓰다 ⓑ할아버지는 오래 묵은 앓이와 싸우고 계신다. 낡은 생각에 맞서 싸운다 **5** 어떤 뜻을 이루려고 있는 힘을 다해 애쓰다 ⓑ같은 몬을 만드는 데 드는 밑돈을 낮추려고 모든 나라가 서로 싸운다

싸울뜻 이름씨 싸우고자 하는 굳센 마음 ⇐ 투지. 투쟁심. 투혼

싸울아비 이름씨 잠개를 갖추고 나라를 지키는 사람 ⇐ 군인. 투사

싸울아비살핌떼 이름씨 싸울아비들 잘못을 살펴 다스리는 구실을 하는 곳 ⇐ 헌병대

싸울어미 이름씨 잠개를 갖추고 나라를 지키는 꽃님 ⇐ 여군

싸움 이름씨 말이나 힘으로 서로 맞서서 다투는 일 ⓑ두 아이는 잘 놀다가 조그만 일로 싸움을 벌였다 ⇐ 전쟁. 투쟁

싸움꾀 이름씨 싸움에서 이길 온갖 꾀 ⇐ 병법. 전략

싸움꾼 이름씨 싸움을 잘하거나 일삼는 사람

싸움멈춤금 이름씨 서로 싸우던 두 나라나 무리가 싸움을 멈추고 살피로 삼은 금 한뜻말 싸움멎금 ⇐ 휴전선. 정전선

싸움멈춤다짐 이름씨 하던 싸움을 서로 멈추기로 한 다짐 ⇐ 휴전협정. 정전협정

싸움비킴 이름씨 싸움을 비켜 옮겨 감 ⇐ 피란

싸움비킴길 이름씨 싸움을 비켜 가는 길 ⇐ 피란길

싸움수 이름씨 싸움에 맞서는 꾀와 수 ⇐ 전술

싸움수레 이름씨 바퀴는 끝없돌길이고 겉에 두꺼운 쇠널을 덮고 내쏘개와 뭠틀쏘개를 단 수레 ⇐ 탱크

싸움질 이름씨 싸우는 짓

싸움터 이름씨 싸움이 벌어지는 곳 ⓑ싸움터에 나간 아빠를 갈음하여 벌이에 나선 엄마 ⇐ 전쟁터

싸움터나숨집 이름씨 싸움터에서 생기는 다친 사람을 한때 거두어 나수려고 싸움터 가까운 곳에 세운 나숨집 ⇐ 야전병원

싸움판 이름씨 싸움이 벌어진 곳 ⓑ싸움판이 벌어졌다

싸이다 움직씨 **1** 보이지 않게 속에 넣어지다 ⓑ꿀단지가 보자기에 싸인 채 마루에 놓였다 **2** 둘레에 가리어지거나 막히다 ⓑ푸른 안개에 싸인 물가를 걸었다 **3** 벗어나지 못할 만큼 어떤 느낌에 휩싸이다 ⓑ아버지가 돌아가시자 온 집안이 슬픔에 가득 싸였다

싸전 ⇒ 쌀가게

싸쥐다 움직씨 두 손으로 덮어싸듯이 쥐다 ⓑ새롬이는 두 손으로 머리를 싸쥔 채 골똘히 생각에 잠겼다

싸하다 그림씨 혀나 목구멍, 코안이 좀 맵고 아린 듯한 느낌이 있다 ⓑ겨자 냄새가 싸하니 코를 찌른다

싹[1] 이름씨 **1** 씨나 뿌리, 줄기, 가지에서 튼 움이 자라 햇빛을 받아 빛깔이 푸르게 바뀐 어린잎과 줄기 ⓑ어느새 파릇파릇 대추나무 싹이 돋았다 **2** 어떤 힘이 비롯하는 처음 ⓑ우리 사이에 사랑 싹이 돋아난 건 같이 배곳에 다닐 때였지

싹[2] 어찌씨 **1** 무엇을 거침없이 베거나 문지르거나 젖혀 놓는 꼴 ⓑ웃자란 풀을 싹 베었다 여린말 삭 **2** 남김없이 모두 ⓑ그때 일을 나는 싹 잊었다. 싹 없앴다. 싹 다 버렸다

싹눈 이름씨 푸나무에서 싹트는 눈 ⓑ밤나무 싹눈이 제법 오동통 살이 오른다

싹눈쌀 이름씨 싹을 틔운 매갈이쌀 한뜻말 씨눈쌀 ⇐ 발아현미

싹독 어찌씨 작고 부드러운 몬을 한 디위에 베거나 자르는 모습 ⓑ가위로 종이를 싹독 잘랐다 큰말 싹둑 여린말 삭독 **싹독하다**

싹독거리다 움직씨 작고 부드러운 몬을 자꾸 베거나 자르다 ⓑ머리카락이 가위질에 싹독거리며 잘려 나가니 왠지 시원섭섭하다 큰말 싹둑거리다 여린말 삭독거리다 **싹독대다**

싹독싹독 어찌씨 작고 부드러운 몬을 자꾸 베거나 자르는 소리나 그 꼴 ⓑ어머니는 무를 싹독싹독 썰어 깍두기를 담갔다 큰말 싹둑싹둑 여린말 삭독삭독 **싹독싹독하다**

싹둑싹둑 [어찌씨] 부드러운 것을 큼지막하고 힘있게 자꾸 베거나 써는 꼴 ㉥작두로 짚단을 싹둑싹둑 썰었다 작은말싹독싹독 **싹둑싹둑하다**

싹수 [이름씨] 앞으로 일이 잘 트일 수 있는 낌새 ㉥보미가 저렇게 부지런히 배운다니 앞으로 크게 될 싹수가 있네 ⇐ 희망 [익은말] **싹수가 노랗다** 잘 될 낌새가 보이지 않는다

싹싹 [어찌씨] [1]작은 몸짓으로 거침없이 비비거나 문지르는 모습. 또는 그 소리 ㉥아우는 어머니한테 거짓말한 잘못을 봐달라고 두 손 싹싹 빌었다 [2]거침없이 자꾸 밀거나 쓸어 나가는 꼴 ㉥마당을 싹싹 쓸었다 [3]거침없이 자꾸 세게 베어 나가는 꼴 ㉥밭둑에 난 풀을 싹싹 베어 나갔다 **싹싹하다**

싹싹거리다 [움직씨] [1]거침없이 세게 비비거나 문지르다 ㉥두 손을 싹싹거리며 빌었다 큰말썩썩거리다 여린말삭삭거리다 [2]칼이나 가위로 세게 베거나 자르는 소리를 자꾸 내다 ㉥싹싹거리며 바람종이를 부지런히 오렸다 **싹싹대다**

싹싹하다 [그림씨] 눈치가 빠르고 상냥하다 ㉥단골 가게 아저씨는 늘 싹싹하게 웃으며 손님을 맞아준다 큰말썩썩하다

싹쓸바람 [이름씨] 바람세기가 한 짹에 32.7미터가 넘는, 바람 서흐레 가운데 가장 센 바람으로 배가 뒤집힐 만큼 세다

싹트다 [움직씨] [1]푸나무 싹이 돋아나다 [2]무엇이 새로 생겨나 자라다 ㉥나이가 들어도 그리움이 싹트니 마음은 늙지 않는다는 말이 참말일세

싼값 [이름씨] 눅은 값. 저자금이나 뜬금에 견줘 낮은 값 ㉥사고 싶던 탈 것을 꽤 싼값에 샀다 ⇐ 염가. 저가

싼거리 [이름씨] [1]싸게 몬을 사는 일 ⇐ 특매 [2]싸게 산 몬 한뜻말눅거리 ⇐ 저가품

쌀 [이름씨] 벼 껍질을 벗긴 알맹이. 밥이나 죽, 떡을 만드는 데 쓴다 ㉥엄마는 쌀을 씻어 밥을 안쳤다

쌀가게 [이름씨] 쌀이나 낟을 파는 가게 ㉥쌀이 떨어졌으니, 쌀가게에 좀 다녀오너라 한뜻말쌀집

쌀가마니 [이름씨] 쌀을 담은 가마니 ㉥아버지는 무거운 쌀가마니를 번쩍번쩍 든다

쌀값 [이름씨] 쌀을 사고파는 값 ㉥올해는 쌀값이 눅었어

쌀겨 [이름씨] 쌀을 찧을 때 나오는 고운 속껍질 ㉥어릴 적 콩깍지와 여물, 쌀겨를 넣고 소죽을 끓였다

쌀농사 ⇒ 쌀여름지이

쌀독 [이름씨] 쌀을 넣어두는 단지 ㉥우리 집은 밥입이 많아 쌀독이 빨리 빈다

쌀되 [이름씨] 쌀을 담아 많기를 재는 그릇. 나무로 네모지게 만든다

쌀뒤주 [이름씨] 쌀을 담아 두는 나무로 짠 큰 그릇

쌀뜨물 [이름씨] 쌀을 씻은 뿌연 물. 또는 그것을 숭늉처럼 끓인 물 ㉥쌀뜨물에 된장을 풀어 국을 끓인다

쌀랑쌀랑 [어찌씨] 찬바람이 자꾸 싸늘하게 불어오는 꼴 ㉥쌀랑쌀랑 불어오는 늦가을 바람이 옷깃을 스친다 큰말썰렁썰렁 여린말살랑살랑 **쌀랑쌀랑하다**

쌀랑하다 [그림씨] [1]바람이 제법 차게 불어 싸늘하다 ㉥봄이 왔는데도 밤이면 쌀랑하다 큰말썰렁하다 여린말살랑하다 [2]갑자기 놀라 가슴 속에 찬바람이 이는 듯하다 ㉥아버지 호통 소리에 집안이 쌀랑해졌다

쌀래쌀래 [어찌씨] 고개나 머리를 작은 몸짓으로 힘있게 자꾸 가로 흔들거나 젓는 꼴 ㉥아우는 말없이 고개를 쌀래쌀래 저었다 큰말썰래썰래 여린말살래살래

쌀미꾸라지 [이름씨] 미꾸라지보다 작으며 몸은 누런 밤빛에 작고 어두운 점이 많은 민물고기

쌀바구미 [이름씨] 쌀이나 보리, 밀 같은 낟을 파먹는 바구미 ㉥여름철에 자칫 잘못 갈무리하면 쌀에 쌀바구미가 확 번진다 한뜻말바구미

쌀밥 [이름씨] 쌀로 지은 밥 ㉥내 난날에는 엄마

가 미역국과 흰쌀밥을 지어 주셨다 한뜻말이밥 ⇐ 백반

쌀벌레 이름씨 쌀을 갉아먹는 벌레

쌀보리 이름씨 보리 가운데 하나로 까끄라기가 짧고, 껍질이 알에 꼭 붙지 않아 밀처럼 쉽게 벗겨진다

쌀쌀[1] 어찌씨 **1** 그릇이나 솥에 든 물이 따끈따끈하게 끓는 꼴 ⓑ솥에 물이 쌀쌀 끓는다 큰말썰썰 여린말살살 **2** 방구들이 매우 뭉근하게 고루 더운 꼴 ⓑ불을 많이 땠더니 아랫목이 쌀쌀 끓는다 **3** 마음이 들떠서 마구 싸다니는 꼴 ⓑ너희는 추운데 어디를 그렇게 쌀쌀 싸돌아다니느냐 **4** 머리를 좀 빠르게 젓는 꼴 ⓑ새물은 말없이 고개만 쌀쌀 흔들었다

쌀쌀[2] 어찌씨 뱃속이 조금 쓰리고 아픈 꼴 ⓑ뭘 잘못 먹었는지 배가 쌀쌀 아파져 오네 큰말쓸쓸 여린말살살

쌀쌀맞다 그림씨 말이나 짓이 아주 차갑다 ⓑ사람이 너무 쌀쌀맞아서 따르는 이가 없어

쌀쌀하다 그림씨 **1** 날씨가 으스스하고 제법 차다 ⓑ바람은 아직 쌀쌀하지만, 햇살은 봄을 다그친다 **2** (마음씨나 몸씨가) 너울가지가 없이 차다 ⓑ아름별이란 사람이 어찌나 쌀쌀하던지 말도 못 붙여 보았다네

쌀알 이름씨 쌀 한 알 한 알 ⓑ쌀알 한 톨에도 여름지기 땀과 마음이 깃들어 있다

쌀여름지이 이름씨 벼를 심어 가꾸어 거두는 일 ⇐ 쌀농사

쌀집 이름씨 쌀을 사고파는 가게 한뜻말쌀가게

쌀통 이름씨 쌀을 담아 두는 통

쌈[1] 이름씨 바늘 스무 낱을 한 묶음으로 세는 말 ⓑ바늘 한 쌈 사 온나

쌈[2] 이름씨 상추나 깻잎, 호박잎 같은 잎남새로 밥이나 고기를 양념을 곁들여 싸서 먹는 것 ⓑ점심은 배추로 쌈을 싸 먹어야겠다

쌈[3] 이름씨 '싸움' 준말

쌈거리 이름씨 쌈을 싸 먹을 수 있는 온갖 먹을거리

쌈밥 이름씨 온갖 쌈거리를 밥, 고기, 쌈장, 양념을 함께 싸서 먹는 맛갓

쌈장 이름씨 쌈을 먹을 때 얹어 먹는 장. 된장과 고추장을 알맞게 섞고 갖은양념을 한다

쌈지 이름씨 담배나 돈, 부시를 싸서 가지고 다니는 주머니. 기름종이나 천, 가죽으로 만든다 ⓑ쌈지에서 담배를 꺼내 피웠다

쌈짓돈 이름씨 쌈지에 들어 있는 푼돈 슬기말 **쌈짓돈이 주머닛돈** 그 돈이 그 돈이어서 끝내는 마찬가지

쌉쌀하다 그림씨 조금 쓴맛이 있다 ⓑ도라지 맛이 쌉쌀하면서도 씹을수록 구수하다

쌍 ⇒ 짝. 겹. 두

쌍기역 ⇒ 된기윽

쌍꺼풀 ⇒ 겹꺼풀

쌍동밤 ⇒ 갈래기밤

쌍두마차 ⇒ 두머리수레

쌍둥이 ⇒ 갈오기. 갈래기

쌍디귿 ⇒ 된디읃

쌍떡잎식물 ⇒ 두떡잎푸나무

쌍무지개 ⇒ 짝무지개

쌍방 ⇒ 두쪽. 서로

쌍벽 ⇒ 맞. 짝구슬

쌍비읍 ⇒ 된비읍

쌍소리 이름씨 상소리 센말

쌍수 ⇒ 두 손

쌍스럽다 그림씨 말과 하는 짓이 나랍고 막되다 ⓑ일꾼들이 쌍스러운 우스개를 건넨다

쌍시옷 ⇒ 된시읏

쌍심지 ⇒ 두불실

쌍쌍이 ⇒ 짝짝이

쌍안경 ⇒ 두눈거울

쌍지읒 ⇒ 된지읒

쌓 이름씨 돌이나 흙, 나무를 높이 쌓은 것 ⇐ 탑

쌓골그위뜰 이름씨 우리나라에서 처음 만든 그위뜰. 셋하나뮘 때 이곳에서 홀로서기밝힘글을 읽었다 ⇐ 탑골공원

쌓는데 이름씨 몬을 쌓아 두는 곳 ⇐ 퇴적장

쌓다 움직씨 **1** 여러 낱 몬을 바닥에 위로 자꾸 올려놓아 더미나 얼개를 만들다 ⓑ모래주

머니를 쌓아 터진 둑을 막았다 **2** 바탕을 닦아 든든하게 마련하다 ⓑ우리말을 배우고 익히는 바탕을 튼튼히 쌓아가야 한다 **3** 거듭하여 두텁게 다지다 ⓑ날마다 빠지지 않고 마음닦기를 쌓는다 **4** (도움움직씨로 써) 앞말이 뜻하는 것을 자꾸 하거나 그 짓이 지나침을 나타내는 말 ⓑ먹어 쌓다. 울어 쌓다. 놀아 쌓다. 싸워 쌓다

쌓돌이 이름씨 쌓을 돌며 마음을 닦거나 바람이 이루어지기를 비는 것 ⇐ 탑돌이

쌓몸 이름씨 쌓 몸통 ⇐ 탑신

쌓이기 이름씨 물이나 바람, 얼음 움직임에 따라서 자갈, 모래, 흙, 짐승주검 같은 것이 실려 와 어떤 곳에 쌓이는 일 ⇐ 퇴적작용

쌓이다 움직씨 '쌓다' 입음꼴 ⓑ밤새 눈이 내리더니 소복이 쌓였다. 할 일이 많이 쌓인다

쌓인것 이름씨 바위 조각이나 산것 죽은 몸 따위가 물이나 얼음, 바람, 무게 따위 힘으로 날라져 땅 겉에 쌓인 것 ⇐ 퇴적물

쌓인벌판 이름씨 내나 가람 둘레에 모래나 자갈, 진흙 따위가 쌓여 생긴 벌판 ⇐ 퇴적평야

쌓인켜 이름씨 뭍에서 흘러들어온 것이 바다에 쌓여 생긴 켜 ⇐ 퇴적층 익은말 **쌔고 쌨다** 아주 흔하다

쌔근거리다 움직씨 **1** 숨소리가 가쁘고 거칠게 잇달아 나다 ⓑ배곳에 늦지 않으려고 솔은 쌔근거리며 달려갔다 여린말 새근거리다 **2** 어린아이가 나른히 자면서 고르게 숨을 쉬다 ⓑ깊은 잠이 들었는지 쌔근거리며 잘도 잔다 **쌔근대다**

쌔근쌔근 어찌씨 **1** 작은 숨결 소리가 가쁘고 거칠게 자꾸 나는 소리나 그 꼴 ⓑ어디가 아픈지 쌔근쌔근 가쁜 숨을 몰아쉰다 여린말 새근새근 **2** 어린아이가 나른히 자면서 고르게 자꾸 숨을 쉬는 소리나 그 꼴 ⓑ아이가 엄마 품에서 쌔근쌔근 잠이 들었다 **쌔근쌔근하다**

쌔다 움직씨 '쌓이다' 준말. 아주 흔하게 많다 ⓑ우리 집에도 그런 놀잇감은 쌨다

쌔록쌔록하다 그림씨 또렷또렷하다

쌔물거리다 움직씨 **1** 입술을 샐그러뜨리며 소리 없이 자꾸 웃다 **2** 쌀쌀 배돌며 자꾸 얄밉고 뻔뻔하게 굴다 **쌔물대다**

쌔물쌔물 어찌씨 **1** 입술을 샐그러뜨리며 소리 없이 웃는 꼴 ⓑ쓰다듬어 주니 좋은지 아기가 쌔물쌔물 웃는다 **2** 쌀쌀 배돌며 자꾸 얄밉고 뻔뻔하게 구는 꼴 **쌔물쌔물하다**

쌔버리다 움직씨 내버릴 만큼 아주 흔하다 ⓑ쌔버린 쌀밥. 옷 같은 것은 여기도 쌔버렸다

쌕쌕 어찌씨 숨을 좀 가볍게 쌔근쌔근 쉬는 소리 ⓑ쌕쌕 소리를 내며 깊이 잠들었다 큰말 씩씩 여린말 색색 **쌕쌕하다**

쌕쌕거리다 움직씨 숨을 좀 가볍게 쌔근쌔근 쉬는 소리를 잇달아 내다 ⓑ무슨 일이 났는지 아버지는 쌕쌕거리며 달려오셨다 큰말 씩씩거리다 여린말 색색거리다 **쌕쌕대다**

쌕쌕이 이름씨 땔감을 태워 세게 내뿜는 힘으로 날아가는 날틀 ⇐ 제트기

쌘구름 이름씨 밑은 편편하고 위는 뭉게뭉게 솜을 쌓아 놓은 것 같은 구름. 햇빛을 받으면 하얗게 빛난다 한뜻말 뭉게구름. 솜구름. 더미구름. 메봉우리구름

쌜그러뜨리다 움직씨 한쪽으로 빼뚤어지거나 기울어지게 하다 큰말 씰그러뜨리다 여린말 샐그러뜨리다

쌜그러지다 움직씨 한쪽으로 빼뚤어지거나 기울어지다 큰말 씰그러지다 여린말 샐그러지다

쌜룩 어찌씨 힘살 한쪽이 쌜그러지게 움직이는 꼴 ⓑ엄마가 부르자 온결은 눈을 쌜룩 움직였다 **쌜룩하다**

쌜룩거리다 움직씨 힘살 한쪽이 쌜그러지며 자꾸 움직이다 **쌜록대다**

쌜룩쌜룩 어찌씨 힘살 한쪽이 쌜그러지며 자꾸 움직이는 꼴 ⓑ아기가 엉덩이를 쌜룩쌜룩 흔든다 **쌜룩쌜룩하다**

쌤통 이름씨 남이 어려움을 겪는데 그것이 고소한 마음 ⓑ혼자 잘난 척하더니 쌤통이다

쌨다 그림씨 많다. 흔하다 ⓑ밤이라면 우리집에도 쌨다

쌩 (어찌씨) **1** 바람이 빠르고 매몰차게 스쳐 지날 때 나는 소리나 그 꼴 ⓑ찬바람이 쌩 부니 몸이 으스스하다 **2** 작은 사람이나 몬이 매우 빠르게 달려가거나 날아가는 소리나 그 꼴 ⓑ돌팔매를 날렸더니 돌이 쌩 날아가 나무를 딱 맞혔다

쌩긋 (어찌씨) 눈과 입을 아주 살며시 움직이며 소리 없이 가볍게 웃는 꼴 ⓑ아기가 엄마를 보고 쌩긋 웃는다 여린말 생긋 **쌩긋하다**

쌩긋거리다 (움직씨) 눈과 입을 아주 살며시 움직이며 소리 없이 가볍게 자꾸 웃다 ⓑ아기가 쌩긋거리며 할아버지 나룻을 잡아당긴다 **쌩긋대다**

쌩긋쌩긋 (어찌씨) 눈과 입을 아주 살며시 움직이며 소리 없이 가볍게 자꾸 웃는 꼴 ⓑ아기가 쌩긋쌩긋 웃자, 나도 따라 웃었다 **쌩긋쌩긋하다**

쌩쌩 (어찌씨) **1** 바람이 자꾸 빠르고 매몰차게 스쳐 지날 때 잇달아 나는 소리나 그 꼴 ⓑ겨울바람이 쌩쌩 불어온다 **2** 작은 사람이나 몬이 매우 빠르게 자꾸 달려가거나 날아가는 소리나 그 꼴 ⓑ수레가 길 위를 쌩쌩 달린다 **쌩쌩하다**

쌩쌩거리다 (움직씨) **1** 바람이 빠르고 매몰차게 스쳐 지나며 자꾸 소리가 나다 ⓑ바람이 쌩쌩거리며 세게 불어온다 **2** 작은 사람이나 몬이 잇달아 빠르게 움직이다 ⓑ나는 접시가 쌩쌩거리며 머리 위에서 날아다닌다 **쌩쌩대다**

쌩쌩하다 (그림씨) 기운이 팔팔하다 ⓑ비 온 뒤라 풀들이 쌩쌩하다

쌩이질 (이름씨) 한창 바쁠 때 쓸데없는 일로 남을 귀찮게 하는 짓 ⓑ밥 차리느라 바쁘니까 쌩이질 좀 그만해요

써넣다 (움직씨) 글씨를 써서 채우다 ⓑ빈칸에 알맞은 말을 써넣으시오

써늘하다 (그림씨) **1** 춥다고 느낄 만큼 매우 서늘하다 ⓑ방이 써늘하게 식었다 작은말 싸늘하다 여린말 서늘하다 **2** 뜻밖에 놀라거나 걱정스러울 때 가슴이 덜컥 내려앉아 으스스한 느낌이다 ⓑ깜깜한 밤에 갑자기 사람이 나타나 등골이 써늘했다 **3** 사람을 마주할 때 가깝게 하지 않고 차가운 느낌이 있다 ⓑ그 써늘한 얼굴에 나는 그만 아무 말도 하지 못했다

써다 (움직씨) 밀물이나 밀린 물이 물러가 줄다 ⓑ물이 다 써면 저 섬까지 걸어갈 수 있대 ⇐ 퇴조하다

써레 (이름씨) 갈아놓은 논이나 밭을 고르는 데 쓰는 여름지이 연장 ⓑ아버지는 무논에서 써레로 논을 고른다

썩[1] (어찌씨) **1** 무엇에 견주어 볼 때 그것보다 훨씬 ⓑ지난 설날 보았을 때보다 얼굴이 썩 좋아 보이네 **2** 늦지 않게 빨리 ⓑ꼴도 보기 싫으니 썩 꺼져라 **3** 거침없이 크게 ⓑ한길은 어려운 일이 있을 때마다 서슴없이 썩 나섰다

썩[2] (어찌씨) **1** 무엇을 거침없이 베거나 자르는 소리나 그 꼴 ⓑ능금을 한입 썩 베어 물었다 작은말 싹 여린말 석 **2** 거침없이 아주 가볍게 밀거나 닦는 꼴 ⓑ큰 빼닫이를 한 손으로 썩 밀어넣었다 **3** 크고 거칠게 한 디위 문대거나 비비는 꼴 ⓑ이마에 묻은 땀을 손등으로 썩 문질렀다

썩다 (움직씨) **1** 팡이나 곰팡이가 슬어 처음 꼴을 잃고 언짢은 냄새가 나며 못 쓰게 되다 ⓑ쓰레기 썩는 냄새가 코를 찌른다 **2** 좋은 재주나 몬을 제대로 쓰지 못하다 ⓑ다룰 줄 아는 사람이 없어 좋은 연장이 아깝게 썩는다 **3** 걱정으로 마음이 몹시 아프다 ⓑ다 큰 아들 때문에 내가 속 썩을 일이 뭐 있겠나 **4** 얼이나 사람이 매우 좋지 못하게 바뀌다 ⓑ썩은 나라일꾼들을 몰아내자

썩둑 (어찌씨) 부드러운 것을 한 디위에 베어 자르는 소리나 그 꼴 ⓑ오이를 썩둑 잘라 한 입 베어 물었다 작은말 싹둑 여린말 석둑 **썩둑하다**

썩둑거리다 (움직씨) 부드러운 것을 잇달아 한 디위에 베어 자르다 작은말 싹둑거리다 여린말 석둑거리다 **썩둑대다**

썩둑썩둑 어찌씨 부드러운 것을 잇달아 한 디위에 베어 자르는 소리나 그 꼴 ⓑ작두날이 오르내릴 적마다 썩둑썩둑 짚단이 잘렸다 작은말 싹둑싹둑 여린말 석둑석둑 **썩둑썩둑하다**

썩바람 이름씨 썩은 바람. 여린 바람을 센 바람에 빗대어 부르는 말

썩삭다 움직씨 ❶이나 뼈가 벌레 먹거나 썩어 삭다 ❷쇠붙이가 보믜슬어 삭다

썩새 이름씨 나뭇잎이나 풀, 삭정이가 썩어 쌓인 것

썩썩[1] 어찌씨 ❶늦지 않게 빨리빨리 ⓑ다들 떠났으니, 우리도 하던 일이나 썩썩 해치우고 어서 가요 ❷'썩' 힘줌말 ⓑ썩썩 꺼져버려 ❸여럿이 다 거침없이 크게 ⓑ썩썩 물러섰거라

썩썩[2] 어찌씨 ❶거침없이 자꾸 밀거나 비비는 꼴 ⓑ보람이는 깜짝 놀라 눈을 썩썩 비비며 자리에서 일어났다 작은말 싹싹 여린말 석석 ❷큰 걸음으로 천천히 걸어가는 꼴 ⓑ이슬은 토라져서 본체도 않고 썩썩 걸어갔다 ❸무엇을 자꾸 크게 베거나 썰어 나가는 꼴 ⓑ밥을 안쳐 놓고 도마 위에 호박을 썩썩 썰었다

썩썩거리다 움직씨 ❶거침없이 세게 비비거나 문지르다 ⓑ두 발을 썩썩거리며 문질러 흙을 털어냈다 작은말 싹싹거리다 여린말 석석거리다 ❷칼이나 가위로 세게 베거나 자르는 소리를 자꾸 내다 ⓑ썩썩거리며 무를 잘랐다 **썩썩대다**

썩썩하다 그림씨 눈치가 빠르고 서근서근하다 작은말 싹싹하다

썩음막이 이름씨 몬이 썩거나 삭아 바뀌는 것을 막음. 말림, 찬 갈무리, 소금 절임, 뜨겁게 하기 같은 여러 수가 있다 ⇐ 방부

썩음막이감 이름씨 좀산것 뮘을 막아 몬이 썩지 않게 하는 것 ⇐ 방부제

썩음앓이 이름씨 앓이팡이가 낟이나 남새에 들어와 푸나무 몸이 썩는 앓이 ⇐ 썩음병

썩이다 움직씨 썩게 하다 ⓑ이제 다시는 어머니 속을 썩이지 않겠습니다

썩히다 움직씨 ❶썩게 만들다 ⓑ가을에 떨어지는 나뭇잎을 썩히면 거름이 된다 ❷좋은 재주나 몬을 제대로 쓰지 못하게 하다 ⓑ너는 왜 아까운 뜨개질 솜씨를 썩히고 있니?

썬득썬득 어찌씨 갑자기 몸이 몹시 서늘한 꼴 ⓑ날씨가 추워지니 두꺼운 옷을 입어도 어깨에 썬득썬득 바람이 인다 작은말 싼득싼득 여린말 선득선득

썬득하다 그림씨 갑자기 몸에 몹시 서늘한 느낌이 있다 ⓑ불담이불이 꺼졌는지 좀 썬득하다 작은말 싼득하다 여린말 선득하다

썰겅거리다 움직씨 덜 삶아진 낟이나 열매 따위를 씹는 소리나 그 느낌이 잇달아 나다 ⓑ콩밥이 뜸이 덜 들어 입안에서 썰겅거린다 작은말 쌀강거리다 여린말 설겅거리다 **썰겅대다**

썰겅썰겅 어찌씨 덜 삶은 낟이나 열매 따위를 씹는 소리나 그 꼴 ⓑ덜 삶은 고구마를 썰겅썰겅 씹었다 작은말 쌀강쌀강 여린말 설겅설겅 **썰겅썰겅하다**

썰다 움직씨 몬을 토막토막 동강 치다 ⓑ무를 썰어 깍두기를 담갔다

썰렁 어찌씨 찬바람이 퍽 써늘하게 언뜻 불어오는 꼴 ⓑ해가 저물자, 골바람이 썰렁 불어온다

썰렁거리다 움직씨 ❶찬바람이 퍽 써늘하게 잇달아 불다 ⓑ꽃샘추위라더니 바람이 제법 썰렁거린다 작은말 쌀랑거리다 여린말 설렁거리다 ❷아주 가볍게 팔을 저어 바람을 내면서 걷다 ⓑ부끄러워서 괜스레 썰렁거리며 걸었다

썰렁썰렁 어찌씨 ❶써늘한 바람이 좀 가볍게 잇달아 불어오는 꼴 ⓑ썰렁썰렁 불어오는 바람이 가랑잎을 날린다 작은말 쌀랑쌀랑 여린말 설렁설렁 ❷찬 기운이 도는 꼴 ⓑ엄마가 안 계신 방안은 썰렁썰렁 찬바람이 돌았다

썰렁하다 그림씨 ❶써늘한 느낌이 있다 ⓑ불을 때지 않은 방에 들어서니 썰렁하니 춥다

작은말쌀랑하다 여린말설렁하다 **2**마음이 몹시 허전하고 스산하다 ⓑ아이들이 집으로 다 돌아간 배곳은 썰렁하기만 했다

썰매 이름씨 **1**눈 위나 얼음 위에서 사람이나 짐을 싣고 끄는 바퀴 없는 수레 ⓑ가람이 얼어 배가 안 다니니 썰매에 짐을 싣고 건너갔다 **2**눈 위나 얼음 위를 미끄러져 가게 만든 놀잇감 ⓑ아이들은 눈이 오는 날이면 썰매를 타고 즐겁게 논다

썰매쯧개 이름씨 썰매를 탈 때 얼음을 찍어 당겨 썰매가 나아가게 하는 자루

썰매타기 이름씨 썰매를 타면서 노는 것 ⓑ겨울철 아이들 놀이로는 썰매타기가 으뜸이다

썰물 이름씨 바닷물이 밀려나서 바닷물낯이 낮아지는 일. 또는 그 밀려나는 물 ⓑ썰물이 되면 갯벌에 나가 조개를 잡는다 맞선말밀물

썰썰 어찌씨 '설설' 센말 ⓑ가마솥엔 엿물이 썰썰 끓는다

썰컹썰컹 어찌씨 '설겅설겅' 거센말 ⓑ시장하니 썰컹썰컹 씹히는 감자도 꿀맛이다

썸벅[1] 어찌씨 잘 드는 칼로 부드러운 것을 한 디위에 쉽게 베는 꼴 ⓑ수박을 한칼에 썸벅 베니 시뻘건 속이 드러났다 작은말쌈박 여린말섬벅 **썸벅하다**

썸벅[2] 어찌씨 눈까풀을 움직여 눈을 감았다 뜨는 꼴 ⓑ사내가 꽃님한테 눈을 썸벅하더니 밖으로 나갔다 한뜻말씀벅 **썸벅하다**

썸벅거리다 움직씨 부드러운 것이 잘 드는 칼에 잇달아 쉽게 싹 베이다 작은말쌈박거리다 여린말섬벅거리다 **썸벅대다**

썸벅썸벅[1] 어찌씨 부드러운 것이 잘 드는 칼에 잇달아 쉽게 싹 베이는 꼴 ⓑ어머니는 무를 잇달아 네모나게 썸벅썸벅 썰어서는 깍두기를 담갔다 작은말쌈박쌈박 여린말섬벅섬벅 **썸벅썸벅하다**

썸벅썸벅[2] 어찌씨 눈까풀을 잇달아 움직여 눈을 자꾸 감았다 떴다 하는 꼴 ⓑ눈에 티가 들어갔나 썸벅썸벅 깜빡여도 잘 안 나오네 한뜻말씀벅씀벅 **썸벅썸벅하다**

썽둥썽둥 어찌씨 부드러운 것을 큼지막하게 자꾸 베어 잘라내는 꼴 ⓑ고구마를 썽둥썽둥 썰었다 작은말쌍둥쌍둥 여린말성둥성둥 **썽둥썽둥하다**

쏘가리 이름씨 몸은 옆으로 납작하고 대가리 끝이 뾰족한 물고기. 맛이 매우 좋은 물고기이나 바탈이 사납다

쏘개 이름씨 불쏨 힘으로 쏘개알이 나가게 하는 잠개 ⇐ 총

쏘개걸이 이름씨 쏘개에 쏘개알을 잰 뒤 잘못 터지지 않게 하려고 방아쇠에 거는 틀 ⇐ 안전장치

쏘개구멍 이름씨 쏘개에서 쏘개알이 나가는 앞 구멍 ⇐ 총구

쏘개알 이름씨 쏘개에 재어 과녁 쪽으로 쏘아 보내는 것 ⇐ 총알. 탄알. 탄환

쏘개알껍데기 이름씨 쏘개알을 둘러싼 껍데기. 쏘개를 쏘면 그 자리에 떨어진다 ⇐ 탄피

쏘개알집 이름씨 쏘개알을 재어두는 통 한뜻말퇴알집 ⇐ 탄창

쏘개질[1] 이름씨 있는 일 없는 일 얽어 몰래 일러바쳐 남을 헤살하는 일 ⓑ쏘개질을 일삼는 사람 뒤끝이 어떨지는 두고 보면 안다 ⇐ 모함. 무고

쏘개질[2] 이름씨 쏘개를 쏘는 일 ⇐ 총질

쏘곤거리다 움직씨 말을 주고받는 사람끼리만 알아들을 수 있을 만큼 작은 목소리로 말하다 ⓑ아이들이 귓속말로 쏘곤거리며 깔깔 웃는다 센말쑤군거리다 여린말소곤거리다 **쏘곤대다**

쏘곤쏘곤 어찌씨 말을 주고받는 사람끼리만 알아들을 수 있을 만큼 작은 목소리로 말하는 꼴 ⓑ으뜸머슴이 한 짓이 쏘곤쏘곤 온 나라에 퍼졌다 센말쑤군쑤군 여린말소곤소곤 **쏘곤쏘곤하다**

쏘다 움직씨 **1**(과녁을 겨누어) 쏘개알이나 화살이 나가게 하다 ⓑ화살 한 대를 뽑아 과녁 한가운데로 쏘았다 **2**벌레 따위가 살을 찌르다 ⓑ벌에 쏘여 살이 부풀어 올랐다

❸말이나 눈길로 남을 찌르듯 아프게 하다 ⓑ버릇없는 아이에게 따끔한 말을 한마디 쏘았다

쏘다니다 움직씨 여기저기 바쁘게 돌아다니다 ⓑ손님을 맞으려고 바쁘게 쏘다녔다 한뜻말 싸다니다

쏘아보다 움직씨 날카롭게 노려보다 ⓑ내가 뭘 잘못했다고 그렇게 쏘아보니

쏘아붙이다 움직씨 말을 날카롭게 해대다 ⓑ언니가 말을 톡 쏘아붙인다

쏘이다[1] 움직씨 '쏘다' 입음꼴 ⓑ벌에 쏘인 자리가 퉁퉁 부었다

쏘이다[2] 움직씨 얼굴이나 몸에 바람이나 내, 햇빛 따위를 바로 받다 ⓑ바람 좀 쏘이러 나갔다 올게

쏙[1] 어찌씨 ❶안으로 조금 깊이 들어가거나 밖으로 내민 꼴 ⓑ앓고 나더니 눈이 쏙 들어갔네 큰말쑥 ❷끼었거나 박혔던 것이 한 디위에 뽑히거나 빠지는 꼴 ⓑ손톱 밑에 든 가시를 쏙 뽑았다 ❸힘이 다 빠진 꼴 ⓑ힘이 쏙 빠져 꼼짝하기 싫다 ❹생김새나 차림새가 아주 매끈한 꼴 ⓑ그렇게 쏙 빼입으니까 딴사람 같구나

쏙[2] 어찌씨 ❶어떤 일에 재미를 느껴 빠지는 모습 ⓑ바구니 만들기에 쏙 빠졌다 ❷살이 빠진 모습 ⓑ며칠 못 본 새 얼굴 살이 쏙 빠졌다 ❸마음에 꼭 드는 모습 ⓑ눈에 쏙 드는 일꾼을 얻었다

쏙닥 어찌씨 ❶얼핏 한마디 귓속말을 하는 꼴 ⓑ가을이 엄마가 옆집 이야기를 쏙닥 해주었다 큰말쑥덕 여린말속닥 ❷종이나 천 같은 것을 매우 짧게 써는 꼴 ⓑ귀염이는 가위로 빛종이를 쏙닥 잘랐다

쏙닥거리다 움직씨 좀 낮은 소리로 소곤거리다 ⓑ너희만 쏙닥거리지 말고 나도 좀 끼워줄래? 큰말쑥덕거리다 여린말속닥거리다 **쏙닥대다**

쏙닥쏙닥 어찌씨 ❶좀 낮은 소리로 소곤거리는 꼴 ⓑ오랜만에 만난 동무들이 쏙닥쏙닥 쉴 새 없이 말을 나눈다 큰말쑥덕쑥덕 여린말속닥속닥 ❷종이나 천 같은 것을 매우 잘게 써는 꼴 ⓑ아이들은 장난감을 만드느라 종이를 쏙닥쏙닥 썬다 **쏙닥쏙닥하다**

쏙독새 이름씨 숲속에 사는 여름 철새. 낮엔 숲속에 있다가 어두워지면 먹이를 잡아먹는다

쏙독쏙독 어찌씨 작은 새가 자꾸 짧게 우는 소리

쏙붙이 이름씨 바닷가 개펄에 구멍을 뚫고 그 속에 사는 가재 비슷한 벌레

쏙쏙 어찌씨 ❶여러 곳이 다 쏙 내밀거나 들어간 모습 ⓑ봄이 되자 들에 새싹이 쏙쏙 돋아난다 큰말쑥쑥 ❷끼었거나 박혔던 것이 한 디위에 자꾸 뽑히거나 빠지는 꼴 ⓑ알맹이를 쏙쏙 빼먹었다 ❸힘이나 살이 자꾸 빠지는 모습 ⓑ큰언니 꾸지람을 듣고 막내 아우는 힘이 쏙쏙 빠졌다 ❹바늘로 자꾸 쑤시듯이 아픈 모습 ⓑ몸살이 나서 팔다리가 쏙쏙 쑤신다 ❺머릿속에 잘 간직하는 모습 ⓑ스승 참말씀은 쉽고 또렷또렷하여 머리에 쏙쏙 들어왔다 ❻여럿이 다 매끈매끈한 꼴 ⓑ아이들이 한결같이 설빔으로 쏙쏙 빼입고 나왔다

쏜살같다 그림씨 쏜 화살과 같이 매우 빠르다 ⓑ벌써 쉰이 넘다니 참으로 때는 쏜살같구나

쏟다 움직씨 ❶기울이거나 거꾸로 쳐들어 그릇에 담긴 것을 내보내다 ⓑ아이가 방바닥에 물을 쏟았다 ❷눈물이나 땀, 피를 몸 밖으로 많이 흘러나오게 하다 ⓑ기침을 하다 피를 쏟았다 ❸마음이나 힘을 밖으로 드러내거나 한쪽으로 기울이다 ⓑ그이는 우리말에서 한자말을 몰아내는 데 온 힘을 쏟았다. 입을 열자 참았던 서러움이 죄다 쏟아졌다 ❹몸을 앞으로 넘어질 듯 숙이다 ⓑ아이는 엄마한테로 몸을 쏟으며 달려가 안겼다 ❺비나 햇빛 같은 것이 세게 내리거나 비추다 ⓑ뜨겁게 쏟는 뙤약볕

쏟물 이름씨 물이 곧장 쏟아져 내리는 높은 벼랑 한뜻말쏠 ⇐ 폭포. 폭포수

쏟아뜨리다·쏟뜨리다 움직씨 쏟아지게 하다 ⓑ물동이를 바가지로 덮어 이고 와야 물을 덜 쏟뜨려

쏟아지다 움직씨 ❶한꺼번에 많이 떨어지다 ⓑ작달비가 쏟아졌다. 함박눈이 펑펑 쏟아진다 ❷한꺼번에 많이 몰리어 나오거나 생겨나다 ⓑ사람들이 촛불을 들고 거리로 쏟아져 나왔다 ❸속에 든 것이 밖으로 새어 나오거나 흘러나오다 ⓑ자루가 터지면서 쌀이 쏟아졌다 ❹빛이 한꺼번에 많이 비치다 ⓑ따사로운 가을 햇살이 뜰 안에 쏟아져 내린다

쏠 이름씨 작은 물떠러지 ⓑ한실마을 위, 거북바위보다도 더 위에 쏠이 있고 그 밑에 물고기가 많았어

쏠다 움직씨 ❶쥐나 좀, 토끼가 앞니로 갉아 잘게 뜯거나 끊다 ⓑ쥐가 나무를 쏘는 소리가 밤낮없이 들린다 ❷남 일을 뒤에서 헐뜯다 ⓑ벗이 하는 일을 쏠고 다니지 말거라

쏠리다 움직씨 ❶한쪽으로 기울거나 몰리다 ⓑ수레가 갑자기 서자 사람들이 앞쪽으로 쏠렸다 ⇐ 편중하다 ❷눈길이나 마음이 어떤 것에 끌리어 기울다 ⓑ사람들 눈길이 모두 공차기에 쏠렸다

쏠쏠 어찌씨 ❶바람이 가볍고 부드럽게 부는 꼴 ⓑ벌써 찬바람이 쏠쏠 불어 몸을 웅크리고 다닌다 여린말솔솔 ❷물이나 가루 같은 것이 틈새로 조금씩 가볍게 새어 나오는 꼴 ⓑ자루가 터져 밀가루가 쏠쏠 샌다 큰말쑬쑬 여린말솔솔 ❸비나 눈이 잇달아 가볍게 내리는 꼴 ⓑ보슬비가 쏠쏠 내려 옷이 다 젖는다 ❹말이 잘 나오거나 글이 잘 써지는 꼴 ⓑ오늘따라 글이 쏠쏠 잘 써진다 ❺냄새나 내 따위가 풍기거나 피어오르는 꼴 ⓑ부엌에서는 부침개를 부치는지 고소한 냄새가 쏠쏠 풍겨온다 ❻재미가 슬며시 나는 꼴 ⓑ장사가 잘되어 돈 버는 재미가 쏠쏠 난다 ❼일이 잘 풀리는 꼴 ⓑ얽히고설켰던 일이 드디어 쏠쏠 풀려나간다 ❽얽힌 실이나 끈이 잘 풀리는 꼴 ⓑ실뭉치가 어찌나 얽혔는지 쏠쏠 풀려 나오질 않네

쏠쏠하다 그림씨 그만하면 괜찮거나 바람보다 좋다 ⓑ책 읽는 재미가 쏠쏠하다 큰말쑬쑬하다 **쏠쏠히**

쏠이 이름씨 쏘개나 활을 쏘는 사람 한뜻말쏠보 ⇐ 사수

쏭알 어찌씨 제 마음에 들지 않아 남이 알아듣지 못할 소리로 혼잣말하는 꼴 ⓑ봄비는 엄마 말이 못마땅하여 한마디 쏭알 내쏘았다

쏭알거리다 움직씨 제 마음에 들지 않아 남이 알아듣지 못할 소리로 혼잣말을 자꾸 하다 **쏭알대다**

쏭알쏭알 어찌씨 제 마음에 들지 않아 남이 알아듣지 못할 소리로 혼잣말을 자꾸 하는 꼴 ⓑ아내는 설거지하는 내내 쏭알쏭알 중얼거렸다

쏴 어찌씨 ❶바람이 세게 부는 소리 ⓑ바람이 쏴 세차게 분다 ❷바닷물이나 가람물이 기슭을 치거나 쏟물이 세차게 떨어지는 소리 ⓑ너울이 쏴 하고 밀려와 바위에 부딪혀 하얗게 부서진다

쐐기[1] 이름씨 틈에 박아 그 틈을 메우거나 벌어지게 하는 데 쓰는 쇠붙이나 나뭇조각 ⓑ틈이 생긴 곳에 쐐기를 박아라 익은말 **쐐기를 박다** ❶뒤에 잘못되지 않도록 미리 단단히 다짐을 두다 ❷이기는 고비가 되다 ❸사람들 사이를 버성기게 하다 ❹남 이야기에 끼어들어 헤살을 놓다

쐐기[2] 이름씨 쐐기나방 애벌레 ⓑ나뭇잎을 잘못 건드려 쐐기한테 쏘였다

쐐기[3] 이름씨 미영씨를 빼는 연장 한뜻말씨아

쐐기나방 이름씨 몸은 털로 덮이고 여름철에 불빛에 모여드는 나방. 우리나라에는 꼬마쐐기나방, 노랑쐐기나방, 배나무쐐기나방 따위가 있다

쐐기풀 이름씨 온몸에 쐐기꼴 가시털이 있는 풀. 잎은 마주나고 달걀꼴이다

쐬다[1] 움직씨 '쏘이다' 준말 ⓑ벌에 쐬어 손이

퉁퉁 부었다

쐬다[2] (움직씨) 바람이나 내, 햇볕 따위를 바로 받다 ⓑ가람가에 나가서 시원한 바람을 쐬었다

쑤군거리다 (움직씨) 저희끼리만 알아들을 수 있을 만큼 아주 낮은 목소리로 가만가만 이야기를 자꾸 하다 ⓑ마을 사람들이 나무 밑에 모여 뭔가를 쑤군거린다 여린말 수군거리다 **쑤군대다**

쑤군덕거리다 (움직씨) 매우 어수선하게 저희끼리만 알아들을 수 있을 만큼 낮은 목소리로 이야기를 자꾸 하다 ⓑ아이들이 뭘 그리 쑤군덕거리는지 슬며시 궁금해졌다 여린말 수군덕거리다 **쑤군덕대다**

쑤군덕쑤군덕 (어찌씨) 되는대로 막 쑤군쑤군하는 소리나 그 꼴 ⓑ밥 먹고 할 일 없는 사람들이 옆집 아지매를 두고 쑤군덕쑤군덕 떠들어 댔다 여린말 수군덕수군덕 **쑤군덕쑤군덕하다**

쑤군쑤군 (어찌씨) 저희끼리만 알아들을 수 있을 만큼 아주 낮은 목소리로 가만가만 이야기를 자꾸 하는 꼴 ⓑ그 모둠은 밤늦도록 쑤군쑤군 이야기를 이어갔다 여린말 수군수군 **쑤군쑤군하다**

쑤기 (이름씨) 물고기가 들어가기는 하고 나오지는 못하게 대나 싸리로 만든 고기잡이 연장 한뜻말 통발

쑤다 (움직씨) 낟알이나 가루, 남새, 고기 같은 것에 물을 많이 부어 끓여 죽이나 풀 같은 것을 만들다 ⓑ집에서 팥죽을 쑤어 먹었다

쑤시다[1] (움직씨) 구멍 같은 데를 막대기 따위로 찌르다 ⓑ밥을 다 먹고 아저씨는 이쑤시개로 이를 쑤셨다

쑤시다[2] (움직씨) 몸을 바늘로 찌르는 것처럼 말째고 아프다 ⓑ몸살이 나서 온몸이 쑤신다

쑥[1] (이름씨) 줄기가 곧추서고 가지를 많이 치며 들에 저절로 자라는 여러해살이풀. 봄에 어린잎을 뜯어 국을 끓이거나 떡을 빚어 먹는다

쑥[2] (이름씨) ❶밖으로 내밀거나 안으로 깊이 들어간 모습 ⓑ우리는 굴속으로 쑥 들어갔다. 아우는 입을 쑥 내밀고는 뿌루퉁하게 앉았다 ❷깊이 밀어넣거나 쉽게 빼내는 모습 ⓑ아버지는 늘 바지 주머니에 손을 쑥 집어넣고 걷는다 ❸밑으로 많이 내려가거나 위로 올라가는 꼴 ⓑ쌀값이 쑥 내려갔어. 키가 몰라보게 쑥 컸네 ❹끼었거나 박힌 것이 아주 빠지거나 뽑히는 꼴 ⓑ도랑물이 쑥 빠졌다. 못이 쑥 뽑혔다 ❺힘이 없어 보이거나 살이 많이 빠진 모습 ⓑ앓고 났더니 며칠 새 살이 쑥 빠졌다 ❻갑자기 얼이 나가는 꼴 ⓑ아이들이 한꺼번에 묻고 떠들고 하면 얼이 쑥 빠진다 ❼생김새나 차림새가 아주 미끈하게 된 꼴 ⓑ가시버시가 오늘 쑥 빼입고 어딜 가시나?

쑥갓 (이름씨) 잎이 깃 모습으로 갈라지며 냄새가 옷곳하여 쌈을 싸 먹거나 물고기 국에 넣어 먹는 푸성귀 ⓑ쑥갓을 넣어 국을 끓였더니 옷곳한 내음이 그윽하다

쑥국 (이름씨) ❶어린 쑥을 넣고 끓인 국 ❷어린 쑥을 데쳐 곱게 이긴 뒤 고기 이긴 것을 섞어 빚어 달걀을 씌워 지렁을 넣고 끓인 국

쑥대 (이름씨) ❶쑥 줄기 ❷쑥 ⓑ묵밭에는 쑥대만이 우거졌다

쑥대머리·풀머리 (이름씨) 긴 머리털이 잘 빗지도 감지도 않아 엉키고 마구 흐트러진 머리 ⓑ나루는 잠에서 막 깬 듯 쑥대머리를 하고 나왔다 ⇐ 산발

쑥대밭 (이름씨) ❶쑥이 우거진 거친 땅 ⓑ김매기를 미뤘더니 밭이 쑥대밭이 되었다 ❷매우 어지럽거나 못쓰게 된 모습 ⓑ비바람이 세차게 몰아친 뒤에 마을은 쑥대밭이 되었다

쑥덕 (어찌씨) ❶좀 낮은 소리로 남몰래 이야기하는 꼴 ⓑ나와 짝꿍은 쑥덕 이야기하고 깔깔 웃었다 작은말 쏙닥 ❷종이나 천 같은 것을 크게 베는 꼴 ⓑ가위로 종이를 쑥덕 잘랐다

쑥덕거리다 (움직씨) 좀 낮은 소리로 남몰래 자꾸 이야기하다 작은말 쏙닥거리다 **쑥덕대다**

쑥덕공론 ⇒ 뒷얘기. 뒷말. 뒷소리

쑥덕쑥덕 [어찌씨] [1]좀 낮은 소리로 자꾸 이야기하는 꼴 ㉥마을 어귀에 둘러앉아 쑥덕쑥덕 이야기하는 사람들 작은말 쏙닥쏙닥 [2]종이나 천 같은 것을 크게 마구 자꾸 베는 꼴 ㉥익숙한 솜씨로 옷감을 쑥덕쑥덕 가위질한다 **쑥덕쑥덕하다**

쑥돌 [이름씨] 불에된바위 가운데 하나로 차돌, 돌비늘, 질돌 들이 섞여서 쑥떡 꼴을 이루는 바위 ⇐ 화강암

쑥떡 [이름씨] 쑥을 넣어 만든 떡. 쑥인절미, 쑥개떡, 쑥버무리가 있다

쑥물 [이름씨] 쑥을 찧어 짠 물

쑥바구니 [이름씨] 쑥을 뜯어 담는 바구니 ㉥쑥바구니 옆에 끼고 나물 뜯는 저 아가씨

쑥부쟁이 [이름씨] 줄기는 곧추서고 위에서 가지를 치며 버들잎 꼴인 잎은 어긋맞게 나는 여러해살이풀. 어린잎은 나물로 한다

쑥새 [이름씨] 참새 비슷하게 생긴 겨울 철새. 들판이나 숲속에 떼 지어 살며 풀씨나 벌레를 먹고 산다

쑥스럽다 [그림씨] 하는 짓이나 모습이 어울리지 않게 우습고 싱겁다 ㉥처음 본 사람에게는 말을 걸기가 왠지 쑥스럽다 ⇐ 어색하다

쑥쑥 [어찌씨] [1]여기저기 쑥 내밀거나 들어간 모습 ㉥큰비가 와 구덩이가 여기저기 쑥쑥 패었다 작은말 쏙쏙 [2]자꾸 쑥 밀어넣거나 빼내는 모습 ㉥어머니는 밭에서 무를 쑥쑥 뽑았다 [3]힘이나 살이 자꾸 빠지는 모습 ㉥송이는 아버지한테 꾸중들을 때마다 힘이 쑥쑥 빠졌다 [4]바늘로 잇달아 쑤시듯이 아픈 모습 ㉥비를 맞아서인지 온몸이 쑥쑥 쑤신다 [5]머릿속에 잘 간직하는 모습 ㉥그림을 보면서 배우니까 머리에 쑥쑥 잘 들어온다 [6]자꾸 밑으로 많이 내려가거나 올라가는 꼴 ㉥집값이 자고 나면 쑥쑥 올라간다 [7]앞으로 막 나아가거나 앞에 불쑥불쑥 나타나는 꼴 ㉥골목길에서 갑자기 쑥쑥 튀어나오는 수레를 잘 살펴야 해

쑬쑬하다 [그림씨] [1]웬만하여 쓸 만하다 ㉥너도 이제 맛갓 솜씨가 쑬쑬하구나 작은말 쏠쏠하다 [2]만만하지 않다 ㉥장사가 잘되어 요즘은 벌이가 쑬쑬하다

쓰개 [이름씨] 머리에 쓰는 몬을 통틀어 이르는 말 ⇐ 모자

쓰개치마 [이름씨] 나들이 때 머리에서 윗몸까지 가려 쓰던 치마

쓰겁다 [그림씨] 조금 쓰다 ㉥하는 짓이 얄미워서 보기가 쓰겁다

쓰기 [이름씨] 나라말 익힘에서 제 생각이나 느낌을 글로 쓰는 일

쓰기재봄 [이름씨] 글로 써서 치르는 재봄 ⇐ 필기시험

쓰나미 ⇒ 바닷물넘침

쓰다[1] [움직씨] [1]붓 따위로 긋을 그어 글씨를 이루다 ㉥오늘 배운 데까지 종이에 써 오너라 ⇐ 필기하다 [2]글을 짓다 ㉥노래를 쓰다. 이야기를 쓰다. 긋말을 쓰다

쓰다[2] [움직씨] [1]사람에게 값을 치르고 일을 시키다 ㉥일이 바빠 사람을 더 써야겠다 [2]어떤 일에 품이나 돈을 들이다 ㉥구들장을 잘 놓아서 땔감을 적게 써도 방이 뜨뜻하다 [3]사람이나 짐승을 부리다 ㉥소나 말을 써서 달구지를 끌었다 ⇐ 이용하다 [4]생각이나 마음을 기울이거나 힘을 들이다 ㉥일이 잘되도록 힘을 좀 써 보아라. 마음을 쓰다. 기운을 쓰다. 머리를 쓰다 [5]남에게 먹거리를 차려 내놓다 ㉥높은 자리에 올라갔으니, 저녁이나 한턱 쓰게나 [6]낫개를 먹거나 바르다 ㉥쯧쯧, 좋다는 낫개는 다 썼는데 [7]몸을 움직이거나 팔다리를 놀리다 ㉥손을 쓰다. 팔다리를 못 쓰다 [8]어떤 말로 써 말을 하다 ㉥우리말을 살려 쓰자 [9]몬이나 밑감, 연장 같은 것을 부리다 ㉥여름지기는 낫, 톱, 도끼, 괭이, 호미 들을 바르게 쓸 줄 알아야 한다 [10]억지를 세게 부리다 ㉥떼를 쓰다 [11]수나 꾀를 부리다 ㉥꾀를 쓰다. 좋은 수를 써 볼까요? [12]바둑이나 윷 같은 놀이에서 돌이나 말을 옮겨놓다 ㉥말을 쓰다. 돌을 쓰다

쓰다[3] 움직씨 ❶쓰개 따위를 머리에 얹어 덮다 ⓑ머리에 쓰개를 쓰다 ❷얼굴에 어떤 것을 덮거나 가리다 ⓑ얼굴에 입마개를 쓰다. 이불을 쓰고 눕다 ❸슈룹 따위를 머리 위에 펴들다 ⓑ비가 와서 슈룹을 쓰고 배곳에 갔다 ❹(눈거울 같은 것을) 얼굴에 붙어있게 하다 ⓑ눈거울을 쓰다 ❺(가루나 먼지, 물 같은 것을) 몸에 잔뜩 받다 ⓑ방앗간에서 밀가루를 온통 뽀얗게 쓰고 온 어머니

쓰다[4] 그림씨 ❶맛이 소태나 씀바귀 맛과 같다 ⓑ나는 쓴 낫개도 잘 먹는다 ❷입맛이 없다 ⓑ입이 써서 아무것도 못 먹겠다 ❸달갑지 아니하고 싫거나 언짢다 ⓑ아직도 쓴 그날 일이 생각난다 슬기말 **쓰다 달다 말이 없다** 좋다 싫다 아무 말이 없다 **쓰면 뱉고 달면 삼킨다** 옳고 그름이나 마땅히 가야 할 바른길을 저버리고 제 보탬만을 꾀한다

쓰다듬다 움직씨 ❶손으로 살살 쓸어 어루만지다 ⓑ스승이 내 머리를 쓰다듬어 주시니 힘이 났다 ❷살살 달래어 가라앉히다 ⓑ옆집 아저씨가 돌아가신 아버지처럼 내 아픈 마음을 쓰다듬어 주었다

쓰디쓰다 그림씨 ❶몹시 쓰다 ⓑ쓰디쓴 국물 ❷몹시 괴롭다 ⓑ살아오면서 쓰디쓴 일들을 많이 겪었다

쓰라리다 그림씨 ❶헌데가 쓰리고 아리다 ⓑ불에 댄 자리가 몹시 쓰라린다 ❷마음이 몹시 괴롭다 ⓑ그 쓰라렸던 일을 잊을 수 없다

쓰러뜨리다 움직씨 쓰러지게 하다 ⓑ방을 쓸다가 꽃병을 쓰러뜨렸다

쓰러지다 움직씨 ❶사람이 바깥 힘에 밀리거나 힘이 없어 넘어지다 ⓑ할아버지가 한낮에 밭에서 일하다 쓰러졌다고 한다 ❷서 있거나 쌓여 있던 것이 한쪽으로 쏠려 무너지다 ⓑ멧속 오두막집은 너무 낡아 이제라도 쓰러질 것 같다

쓰레 이름씨 빗물 같은 것에 쓸려 나가 한쪽으로 비탈진 땅

쓰레그물 이름씨 바다 밑바닥으로 끌고 다니면서 깊은 바닷속 물고기를 잡는 그물 ⓑ쓰레그물은 잔고기까지 다 잡히니 쓰면 안 되지 ⇐ 저인망

쓰레기 이름씨 비로 쓸어 낸 먼지나 검불, 버릴 것, 안 쓰고 버리는 것들 ⓑ놀이가 끝나고 사람들이 돌아간 자리에 쓰레기가 멧더미 같다

쓰레기봉투 ⇒ 쓰레기자루

쓰레기자루 이름씨 쓰레기를 담아 버리는 자루

쓰레기장 ⇒ 쓰레기터

쓰레기터 이름씨 쓰레기를 내다 버리도록 잡아 둔 곳 ⓑ큰고을 쓰레기터를 더 늘이기보다 쓰레기를 덜 내고 사는 길을 찾아야 한다 ⇐ 쓰레기장

쓰레기통 이름씨 쓰레기를 모아 두는 통 ⇐ 휴지통

쓰레받기 이름씨 비로 쓸어 모은 쓰레기를 담는 연장

쓰레질 이름씨 어떤 곳을 비로 쓸어 깨끗하게 하는 일 ⓑ그 집 마당은 쓰레질이 잘되어 깨끗했다. 쓰레질과 걸레질

쓰르라미 이름씨 몸은 어두운 누르푸른빛에 검은 얼룩무늬가 있는 매미 한뜻말 쓰름매미

쓰르람쓰르람 어찌씨 쓰르라미 우는 소리

쓰리다 그림씨 ❶다친 살에 매운 것이나 짠 것이 닿을 때처럼 아프다 ⓑ비눗물이 들어가 눈이 쓰리다 ❷(뱃속이) 쓸어 내듯 아프다 ⓑ매운 고추를 많이 먹었더니 속이 쓰렸다 ❸(마음이) 후벼내듯 괴롭다 ⓑ죽은 아이들을 생각하면 마음이 아프고 쓰리다

쓰리빠 ⇒ 끌신

쓰설이 이름씨 쓸고 치우고 하는 일 ⇐ 청소 **쓰설이하다**

쓰시마섬 이름씨 우리나라와 니혼 사이에 있는 섬. 넓이는 709 제곱킬로미터이다 ⇐ 대마도

쓰이다[1] 움직씨 쓰여지다 ⓑ이 방은 아버지가 글 쓰는 곳으로 쓰인다

쓰이다[2] 움직씨 써지다 ⓑ이 붓은 글씨가 잘 쓰이지 않는다

쓰임 이름씨 쓰이는 일

쓰임새 [이름씨] 무엇이 쓰이는 꼴새나 씀씀이 ㉥소는 우리 삶에 쓰임새가 많은 짐승이다 [한뜻말]씀새

쓱 [어찌씨] **1** 넌지시 나오거나 내밀거나 들어가는 꼴 ㉥사람들이 모여 앉아 이야기할 때 내가 쓱 들어갔어. 고양이가 집 앞 담장 위를 쓱 지나간다 **2** 넌지시 슬쩍 말을 건네거나 몸짓을 하는 꼴 ㉥아무것도 모르는 척하며 한마디 쓱 물어보았지요. 하늘이는 어느새 쓱 사라졌다. 둘레를 쓱 둘러보았다 **3** 슬쩍 한 디위 문대거나 비비는 꼴 ㉥아이는 이마에 흐르는 땀을 손등으로 쓱 문질러 닦았다

쓱싹 [어찌씨] **1** 톱질하거나 줄질할 때 나는 소리 ㉥아버지 톱질하는 쓱싹 소리를 많이 듣고 자랐다 **2** 옳지 않은 일을 슬쩍 얼버무려 치우는 꼴 ㉥보는 눈이 많아 나라머슴들이 옛날처럼 쓱싹 하기가 쉽지 않으리 **쓱싹하다**

쓱싹쓱싹 [어찌씨] 톱질이나 줄질을 자꾸 할 때 잇달아 나는 소리 ㉥널빤지를 톱으로 쓱싹쓱싹 잘라 신넣개를 만들었다 **쓱싹쓱싹하다**

쓱쓱 [어찌씨] **1** 자꾸 문지르거나 비비는 모습 ㉥도란은 흙 묻은 손을 바지에 쓱쓱 문질렀다 **2** 일을 거침없이 손쉽게 해치우는 모습 ㉥막내는 무슨 그림이든지 쓱쓱 잘 그린다

쓴맛 [이름씨] **1** 씀바귀나 고들빼기를 먹을 때 느끼는 것과 같은 맛 ㉥이 오이는 약간 떫으면서 쓴맛이 난다 **2** 달갑지 않은 일이나 어떤 어려움을 겪어 마음이 쓰린 맛 ㉥씨름에서 져 쓴맛을 본 뒤 부지런히 익히고 배웠다 [비슷한말]된맛. 매운맛

쓴소리 [이름씨] 듣기에는 거북하고 거슬리나 도움이 되는 말 ㉥쓴소리를 기꺼이 새겨들을 만한 마음 그릇이 몇이나 될까?

쓴웃음 [이름씨] **1** 어이가 없거나 마지못해 웃는 웃음 ㉥높은 사람들이 말하는 것을 들으면 늘 쓴웃음만 나온다 **2** 마음에 없이 억지로 웃는 웃음 ㉥즐거운 웃음이라기보다 누리를 비웃는 쓴웃음이었다

쓸개 [이름씨] 애에서 생겨난 열물을 한동안 갈무리해 주는 주머니 [한뜻말]열물주머니 [슬기말] **쓸개 빠진 놈** 얼빠진 사람

쓸개주머니 [이름씨] 애에서 뿜어내는 열물을 잠깐 담아두는 얇은 주머니. 샘창자 안에 먹거리가 들어오면 열물을 내어 삭이는 일을 돕는다 ⇐ 담낭

쓸개주머니대롱 [이름씨] 쓸개주머니에서 열물을 내보내는 대롱. 온애대롱과 만나 온쓸개대롱을 이룬다 ⇐ 쓸개주머니관. 담낭관

쓸개즙 ⇒ 쓸개진. 열물

쓸개진 [이름씨] 애 잔삼에서 생겨나는 삭임물 한가지 [한뜻말]열물 ⇐ 쓸개즙. 담액. 담즙

쓸다[1] [움직씨] **1** 빗자루로 쓰레기 따위를 밀어내거나 한데 모아서 버리다 ㉥싸리비로 가랑잎이 쌓인 마당을 쓸었다 **2** 가볍게 쓰다듬거나 문지르다 ㉥할아버지는 나룻을 쓸며 헛기침했다 **3** 질질 끌어서 바닥을 스치다 ㉥하루 내내 빈둥빈둥 엉덩이로 방바닥을 쓸고 다닌다네 **4** 온통 없어지게 하거나 혼자 모두 차지하다 ㉥큰물이 싹 쓸고 간 논밭자리 **5** 어떤 테두리에 두루 미치다 ㉥밤이면 멧돼지가 집 둘레를 온통 쓸고 다닌다

쓸다[2] [움직씨] 줄 따위로 문질러서 닳게 하다 ㉥톱이 무디어 줄로 톱날을 쓸었다

쓸다[3] [움직씨] 슬다 ㉥보늬가 쓸다

쓸데 [이름씨] 쓰이는 데 또는 써야 할 곳 ㉥아이들이 어려서 돈 쓸데가 많을 테니 우리 걱정일랑 말아라 ⇐ 필요. 필요성

쓸데없다 [그림씨] 아무런 쓸모가 없다 ㉥더운밥 먹고 쓸데없는 소리를 하고 그래

쓸데없이 [어찌씨] 아무런 쓸모없이 ㉥이미 지난 일을 쓸데없이 끄집어내어 곱씹는 것이 가장 어리석은 짓이야

쓸돈 [이름씨] 낱사람이 자질구레하게 쓰는 돈. 또는 마음껏 쓸 수 있는 돈 ⇐ 용돈. 잡비

쓸리다[1] [움직씨] '쓸다' 입음꼴 ㉥큰 비바람에

온갖 바다 쓰레기가 마을 안으로 쓸려 왔다

쓸리다[2] 움직씨 ❶두 몬이 서로 닿아 쓸려 비벼지다 ⇐ 마찰하다 ❷살이 문질리어 살갗이 벗겨지다 ⓑ옷깃에 목이 쓸려 아프다

쓸림 이름씨 두 몬이 서로 닿아 쓸리거나 비벼지는 것 ⇐ 마찰

쓸말 이름씨 어떤 쪽에서 흔히 쓰는 말 ⇐ 용어

쓸모 이름씨 쓸 만한 값 ⓑ쓸모가 있는지 없는지는 써봐야 알지 비슷한말 쓰임새. 씀새 ⇐ 필요

쓸쓸하다 그림씨 ❶외롭고 헛헛하다 ⓑ내가 사는 외딴 동네에는 동무들이 없어 쓸쓸하다 ❷으스스하게 차고 썰렁한 느낌이 있다 ⓑ겨울 들녘은 쓸쓸하고 바람이 차다 ⇐ 소슬하다 **쓸쓸히 쓸쓸하게**

쓸어내리다 움직씨 아래로 쓸면서 만지다 ⓑ구레나룻을 쓸어내리는 아저씨

쓸어눕히다 움직씨 한꺼번에 무찔러 버리거나 쓰러뜨리다

쓸어들다 움직씨 여럿이 한꺼번에 마구 몰려들다 ⓑ좁은 골목에 사람들이 쓸어들어 밟혀 죽고 깔려 죽었다

쓸어안다 움직씨 마구 부둥켜안다 ⓑ봄비는 어머니를 쓸어안고 울었다

쓸어엎다 움직씨 마구 무찔러 버리다 ⓑ언젠가는 착한 사람들이 나쁜 무리를 쓸어엎을 날이 오겠지

쓸연장 이름씨 종이와 딱붓, 붓, 돌돌붓같이 글을 쓰는 데 쓰이는 여러 가지 몬 ⇐ 필기구. 필기도구

쓸이 이름씨 쓸데가 있어 얻고자 하는 사람 한뜻말 쓸사람 ⇐ 수요자

쓸치다 움직씨 닿아 문질러지거나 스쳐 비벼지다

쓿다 움직씨 (애벌로 찧은 낟알을) 속겨가 깨끗이 벗겨지도록 다시 찧다 ⓑ쌀을 한 디위 더 쓿면 밥맛이 부드럽겠다

씀바귀 이름씨 메나 들에 흔히 자라며 이른 봄에 쓴맛이 나는 뿌리와 어린잎을 나물로 먹는 풀. 잎은 가늘고 길며 가장자리에 톱니가 있고 맏여름에 노란 꽃이 핀다

씀벅씀벅 어찌씨 눈꺼풀을 움직이며 자꾸 눈을 떴다 감았다 하는 꼴 ⓑ많이 놀라면 나도 모르게 눈꺼풀이 씀벅씀벅해 **씀벅씀벅하다**

씀보 이름씨 ❶몬을 쓰는 사람 ⇐ 소비자 ❷살아가는데 드는 살감을 스스로 만들 수 없어 다른 산것을 먹고 살아가는 목숨받이 ⇐ 소비자

씀씀이 이름씨 돈이나 몬, 마음 따위를 쓰는 꼴이나 많기 ⓑ버시는 벌이가 없는 데도 씀씀이가 크다

씁쓰레하다 그림씨 ❶맛이 조금 쓴 듯하다 ⓑ도라지나물은 처음엔 옷곳하지만, 끝에 씁쓰레한 맛이 더 끌린다 한뜻말 씁쓰름하다 작은말 쌉싸레하다 ❷달갑지 않아서 마음이 조금 언짢은 듯하다 ⓑ떠밀려 일을 맡아 씁쓰레했지만, 마음을 고쳐 기껍게 받아들였다

씁쓸하다 그림씨 ❶조금 쓰다 ⓑ오갈피나무 새싹을 무쳤더니 그 씁쓸한 맛이 으뜸이다 ❷달갑지 아니하여 조금 싫거나 언짢다 ⓑ겉으로는 웃었지만, 마음 한쪽은 씁쓸했다

씌다 움직씨 허깨비에게 홀리다 ⓑ오빠는 허깨비에 씐 사람처럼 옷을 벗고 날뛰었다

씌다 움직씨 '쓰이다' 준말 ⓑ널리 씌는 사람이 되어라

씌우다 움직씨 쓰게 하다 ⓑ추우니까 아우에게 쓰개를 씌워 밖으로 데리고 나가렴

씨[1] 이름씨 이름 뒤에 써서 그 사람을 높여 부르는 말 ⓑ여울씨, 이따 만나요

씨[2] 이름씨 ❶열매 속에 있어 앞으로 새로운 낱몸으로 자라날 바탕 ⓑ봄에 뿌린 씨에서 싹이 돋아난다. 배추 씨 한뜻말 씨앗 ❷새로운 짐승을 낳고 불리는 뿌리가 되는 것. 또는 그런 낱몸 ⓑ씨를 받으려고 기른 암탉을 씨암탉이라 한다 ❸앞으로 커질 수 있는 밑바탕 ⓑ말이 씨가 되어 큰 다툼이 일어날 수 있으니, 말을 삼가거라 ❹(어떤 집안) 핏

줄이나 뿌리 ㉥그 집 씨는 못 속인다. 씨가 남다르다

씨[3] 이름씨 천이나 돗자리 같은 것을 짤 때 가로 놓는 실이나 노끈 ㉥씨와 날

씨[4] 이름씨 낱말을 그 뜻과 꼴과 쓰는 구실로 나눈 갈래. 이름씨, 갈이름씨, 셈씨, 움직씨, 그림씨, 어찌씨, 매김씨, 잡음씨, 느낌씨, 토씨 들이 있다 ⇐ 품사

씨가름 이름씨 말본을 쓰고 풀이하려고 많은 낱말을 구실이나 꼴, 뜻에 따라 몇 갈래로 나누는 것. 곧 씨를 가르는 일 ⇐ 품사분류

씨가지 이름씨 씨뿌리나 낱말 앞, 뒤에 또는 낱말과 낱말 사이에 붙어 뜻을 더하거나 감을 바꾸는 낱말 조각. 앞가지, 뒷가지, 속가지가 있다 ⇐ 접사. 접어

씨갈 이름씨 낱말 뜻, 꼴, 갈래, 부림 들을 파고들어 밝히는 갈 ⇐ 품사론

씨갈래 이름씨 낱말을 뜻이나 꼴, 구실에 따라 나눈 갈래. 이름씨, 갈이름씨, 셈씨, 움직씨, 그림씨, 어찌씨, 매김씨, 느낌씨, 토씨로 나눈다 ⇐ 품사

씨감자 이름씨 씨앗으로 쓸 감자 ㉥씨감자로 써야 하니 좋은 것으로 남겨라

씨그러지다 움직씨 한쪽으로 기울거나 비뚤어지다

씨근 어찌씨 숨을 몰았다가 가쁘고 거칠게 내쉬는 꼴이나 그 소리 ㉥메를 오르면 오래지 않아 숨이 씨근 쉬어진다 **씨근하다**

씨근거리다 움직씨 **1** 숨소리를 자꾸 가쁘고 거칠게 내다 ㉥엄마가 아우만 감싸자, 보라는 씨근거리며 투덜댔다 작은말 쌔근거리다 여린말 시근거리다 **2** 아이가 나른하게 자면서 아주 고르게 숨을 쉬다 ㉥씨근거리는 아가 숨소리에 엄마는 흐뭇하다 **씨근대다**

씨근덕거리다 움직씨 숨소리를 자꾸 거칠게 내며 헐떡거리다 ㉥골이 나면 목덜미가 벌겋게 달아오르고 씨근덕거린다 작은말 쌔근덕거리다 여린말 시근덕거리다 **씨근덕대다**

씨근덕씨근덕 어찌씨 (뛴 뒤나 마음이 들떠서) 숨을 자꾸 거칠게 쉬는 꼴이나 그 소리 ㉥씨근덕씨근덕 골내지 말고 천천히 숨을 바라보세요 작은말 쌔근덕쌔근덕 여린말 시근덕시근덕 **씨근덕씨근덕하다**

씨근씨근 어찌씨 자꾸 숨을 몰았다가 가쁘고 거칠게 내쉬는 꼴이나 그 소리 ㉥몹시 앓아 씨근씨근 숨을 몰아쉬는 아기 작은말 쌔근쌔근 여린말 시근시근 **씨근씨근하다**

씨글버글 어찌씨 사람이나 짐승이 많이 모여 우글거리는 꼴 ㉥사람으로 시글버글 들끓는 저자마당 **씨글버글하다**

씨글씨글 어찌씨 사람이나 짐승이 많이 모여 우글우글하는 꼴 ㉥서울 한가운데는 거리마다 촛불을 든 사람들로 씨글씨글 넘쳐났다 **씨글씨글하다**

씨금 이름씨 갈금에서 노끝이나 마끝까지 길이를 아흔 낱 씨로 나누어 나란히 땅별 겉 낮을 재는 자리표. 갈금을 0데로 하고 노쪽으로 잰 것을 노씨, 마쪽으로 잰 것을 마씨라고 한다 맞선말 날금 ⇐ 위도

씨끝 이름씨 풀이씨 줄기에 붙어 여러 가지로 바뀌는 조각. '갈다, 갈고, 갈지, 갈아, 가는, 갈다가'에서 '-다, -고, -지, -아, -는, -다가' 따위 ⇐ 어말. 어미

씨눈 이름씨 **1** 푸나무 줄기나 뿌리에 있으면서 불림을 맡은 눈. 곧 새싹이 나올 눈 ㉥쌀 씨눈에는 몸에 좋은 굳기름, 흰자밭, 비타민 비 따위가 들어 있다 ⇐ 배. 배아 **2** 씨 속에 배고 있는 나무와 풀 싹

씨도둑 이름씨 **1** 핏줄을 속이는 일. 또는 그런 사람 **2** 뿌릴 씨앗을 훔쳐가는 도둑

씨도리 이름씨 씨앗을 받으려고 남겨놓은 배추. 밑동을 뿌리에 붙여 남기고 잘라낸다 한뜻말 씨도리배추

씨동무 이름씨 새싹을 틔울 보리 씨앗처럼 종요로운 동무

씨루다 움직씨 힘겨운 일을 이루려고 애쓰다 ㉥하루 내내 책과 씨루었다

씨룩거리다 움직씨 낯 힘살 한쪽이 가볍게 자꾸 일그러지다 **씨룩대다**

씨룩씨룩 어찌씨 **1** 얼굴 힘살 한쪽이 가볍게

자꾸 일그러지는 꼴 [보] 윗집 아주머니는 코를 씨룩씨룩 움직이는 버릇이 있다 **2** 몬이 씨그러지게 자꾸 움직이는 꼴 [보] 바람에 나뭇가지가 씨룩씨룩 흔들린다 **씨룩씨룩하다**

씨름 [이름씨] **1** 두 사람이 맞은쪽 띠나 샅바를 잡고 힘과 재주를 써 맞은쪽을 먼저 쓰러뜨리는 겨레 내림 놀이 [보] 한가위에 온 동네 사람이 모여 씨름판을 벌였다 **2** 두 사람이 서로 마주하여 힘을 겨루는 놀이 [보] 팔씨름. 다리씨름 **3** 어려운 것을 이겨내거나 어떤 일을 이루려고 온 힘을 쏟거나 끈기 있게 달라붙는 짓 [보] 글짓기를 하느라 하루 내내 이런저런 생각과 씨름했다

씨름꽃 [이름씨] 잎은 뿌리에서 뭉쳐나고 바늘꼴이며 봄에 보랏빛 꽃이 피는 여러해살이풀 [한뜻말] 제비꽃

씨름꾼 [이름씨] 씨름하는 사람 [보] 저 집 아들은 어릴 때부터 그렇게 힘이 세더니 씨름꾼이 됐다더라

씨름판 [이름씨] 씨름하는 곳

씨받이 [이름씨] **1** 씨를 받는 일 **2** 뒤를 이을 아이를 다른 꽃님이 갈음하여 낳아 주던 일 [보] 씨받이를 들이다 ⇐ 대리모

씨받이알 [이름씨] 얼씨를 받아 씨받이가 끝난 알 ⇐ 수정란. 수정알

씨방 [이름씨] 꽃 암술대 밑에 좀 볼록하게 도드라진 곳. 그 속에 밑씨가 들었다

씨부렁거리다 [움직씨] 쓸데없는 말을 자꾸 함부로 하다 [보] 그만 좀 씨부렁거려라 [여린말] 시부렁거리다 **씨부렁대다**

씨부렁씨부렁 [어찌씨] 쓸데없는 말을 자꾸 함부로 하는 꼴 [보] 비 맞은 사람처럼 뭘 그렇게 씨부렁씨부렁 중얼대냐? [여린말] 시부렁시부렁 **씨부렁씨부렁하다**

씨불이다 [움직씨] 주책없이 함부로 실없는 말을 하다 [보] 오늘 일을 밖에다 씨불이면 재미없을 줄 알아

씨불거리다 [이름씨] 쓸데없는 말을 주책없이 함부로 자꾸 지껄이다 [보] 뭐라고 씨불거리는지 알 수가 없네 **씨불대다**

씨뿌리 [이름씨] 가꾸어 더 붇게 할 씨로 삼는 뿌리 ⇐ 종근

씨뿌리개 [이름씨] 씨를 뿌리는 틀 ⇐ 파종기

씨뿌리기 [이름씨] **1** 낟이나 남새 따위를 키우려고 논밭에 씨를 뿌리는 일 ⇐ 파종 **2** 한 해 스물네 철 가운데 아홉째 철. 여섯 달 엿새 무렵이며 벼나 보리 같은 낟씨를 뿌릴 때라는 뜻이다. 이때 모내기와 보리 베기를 한다 ⇐ 망종

씨수 [이름씨] 옹근수나 옹근냄을 몇 낱 곱꼴로 하였을 때 그 낱낱 이룸씨 ⇐ 인수

씨수나눔 [이름씨] 옹근수나 옹근냄을 몇 낱 씨수곱꼴로 바꾸는 일 ⇐ 인수분해

씨실 [이름씨] 천을 짤 때, 가로로 건너 짜는 실 [보] 씨실과 날실을 엮어 베를 짠다 [맞선말] 날실

씨아 [이름씨] 미영씨를 빼는 연장 [한뜻말] 쐐기

씨알 [이름씨] **1** 새끼를 까려고 쓰는 알 ⇐ 종란 **2** 쌀, 보리, 콩, 수수 따위 씨 낱낱 알 [보] 감자 씨알 싹을 틔웠다 **3** 여무진 알속 [보] 씨알이 바로 박힌 사람이 되어라 **4** 물고기 한 마리 한 마리 크기 [보] 붕어 씨알이 제법 굵다 [익은말] **씨알이 먹다** 말이나 일에 앞뒤가 들어맞고 알맹이가 있다

씨알머리 [이름씨] 사람 씨알이라는 뜻으로, 남 핏줄을 낮춰 이르는 말 [익은말] **씨알머리 없다** 막되어 본데 없다. 또는 속에 든 것이 없다

씨암탉 [이름씨] 씨를 받을 암탉 [보] 가시어미는 사위가 온다고 씨암탉을 잡았다

씨앗 [이름씨] **1** 낟이나 푸성귀 꽃나무 따위 씨 [보] 상추 씨앗을 뿌렸다 ⇐ 종자 **2** 앞으로 커지고 자라나서 뜻한 바를 이룰 수 있는 바탕 [보] 꿈을 싹틔울 씨앗을 심었다 **3** 그 집 뿌리나 핏줄을 이어 나가는 아들딸 [보] 저놈은 어느 집 씨앗이냐?

씨억씨억 [어찌씨] 마음씨가 굳세고 씩씩한 꼴 [보] 웃돌은 마음씨가 씨억씨억 굳세어서 아무 일이나 잘 한다

씨억씨억하다 [그림씨] 마음씨가 굳세고 씩씩하다

씨오쟁이 [이름씨] 씨를 담아 두는 오쟁이

씨올 이름씨 천이나 돗자리를 짤 때 씨 가닥 ⓑ 씨올이 굵다

씨젖 이름씨 꽃푸나무 씨앗에서 씨눈을 뺀 곳. 살감몬이 갈무리되어 싹틀 때 살감이 된다 ⇐ 배유. 배젖

씨족 ⇒ 피붙이

씨족장 ⇒ 겨레붙이머리

씨줄 이름씨 불알에 잇달려 얼씨를 얼주머니에 보내는 줄 ⇐ 수정관. 정관

씨푸나무 이름씨 꽃이 피고 열매를 맺어 씨로 불리는 푸나무. 겉씨푸나무와 속씨푸나무가 있다 ⇐ 종자식물

씩 어찌씨 소리 없이 싱겁게 한 디위 웃는 모습 ⓑ새롬이가 멋쩍은 듯 씩 웃는다 **씩하다**

씩 토씨 (수나 숱을 나타내는 말 뒤에 붙어) 저마다 같은 수나 숱으로 나뉘거나 되풀이됨 ⓑ열 사람에게 즈믄 원씩 주었다. 하나에 얼마씩 합니까? 집집마다 하나씩

씩씩 어찌씨 숨을 매우 거칠고 가쁘게 쉬는 소리 ⓑ섬돌을 뛰어 올라온 솔이가 가쁜 숨을 씩씩 몰아쉰다 작은말 쌕쌕 여린말 식식 **씩씩하다**

씩씩거리다 움직씨 자꾸 씩씩 소리를 내면서 가쁘게 숨쉬다 ⓑ골이 나 숨을 거칠게 씩씩거릴 때가 바로 숨을 지켜볼 때이다 작은말 쌕쌕거리다 여린말 식식거리다 **씩씩대다**

씩씩하다 그림씨 ❶(마음씨나 몸짓이) 굳세고 떳떳하다 ⓑ여러분은 갈라진 겨레를 하나로 이을 수 있는 씩씩한 젊은이로 자라나세요 ❷(소리가) 꿋꿋하고 힘차다 ⓑ씩씩한 소리로 말하세요

씰그러지다 움직씨 몬이 한쪽으로 비뚤어지거나 기울어지다 ⓑ눈매가 한쪽으로 씰그러진 사람 작은말 쌜그러지다 여린말 실그러지다

씰룩거리다 움직씨 힘살 한쪽이 씰그러지며 자꾸 움직이다 작은말 쌜룩거리다 여린말 실룩거리다 **씰룩대다**

씰룩씰룩 어찌씨 힘살 한쪽이 씰그러지며 자꾸 움직이는 꼴 ⓑ입을 씰룩씰룩 움직이는 버릇 작은말 쌜룩쌜룩 여린말 실룩실룩 **씰룩씰룩하다**

씹다 움직씨 ❶입에 넣고 아래윗니로 자꾸 깨물다 ⓑ밥을 꼭꼭 씹어 먹어야 양이 가쁜하다 ❷남을 헐뜯다 ⓑ넌 너보다 잘난 사람을 씹는 못된 버릇이 있어 ❸되풀이하여 말하거나 곰곰이 생각하다 ⓑ스승 말씀을 여러 디위 씹어가며 되돌아보았다 ❹억지로 참아 견디다 ⓑ눈물을 머금고 아픔을 씹어 삼켰다 슬기말 **고기는 씹어야 맛이고 말은 해야 맛이다** 마음속으로만 끙끙거리지 말고 할 말은 속시원히 다 해야 한다

씹히다 움직씨 씹게 되다 ⓑ밥에서 모래가 씹혔다

씻기다 움직씨 ❶씻겨지다 ⓑ비에 씻긴 나무들이 싱그럽다 ❷몸이나 얼굴을 씻어 주다 ⓑ흙장난한 아이 몸을 깨끗이 씻겼다

씻김굿 이름씨 죽은 사람 넋을 깨끗이 씻겨 이승에서 맺힌 마음을 풀고 저승으로 가도록 비는 굿

씻나락 이름씨 앞으로 볍씨로 쓰려고 갈무리한 나락. 가장 굵고 잘 여문 이삭으로 고른다 한뜻말 볍씨. 씨나락

씻다 움직씨 ❶(묻은 때나 더러운 것을) 물로 없애어 깨끗이 하다 ⓑ손 씻고 밥 먹어야지 ❷겉에 묻은 것을 없어지게 닦아내다 ⓑ이마에 흐르는 땀을 옷소매로 쓱 씻었다 ❸애먼 일, 부끄러움, 허물 따위를 깨끗이 벗다 ⓑ예순 해가 지나서야 애먼 일을 씻었다 ❹귀를 바싹 기울이다 ⓑ귀를 씻고 들어봐도 별것이 없었다 ❺시름이나 고단함이 깨끗이 가시다 ⓑ고단함이 딸아이 아양으로 씻겼다 ❻마음에 맺힌 것을 풀다 ⓑ 마음속 미움을 깨끗이 씻었다

씽 어찌씨 ❶바람이 세차게 스쳐 지날 때 나는 소리 ⓑ겨울바람이 씽 분다 작은말 쌩 ❷사람이나 몬이 매우 빠르게 달려가는 꼴 ⓑ새 한 마리가 머리 위를 씽 지나갔다 **씽하다**

씽그레 어찌씨 눈과 입을 슬며시 움직이며 소리 없이 매우 부드럽게 웃는 꼴 ⓑ씽그레 웃음 짓던 어머니 모습이 내내 떠오른다 작

작은말 쌩그레 여린말 싱그레 **씽그레하다**

씽글거리다 움직씨 눈과 입을 슬며시 뛰며 소리 없이 부드럽게 자꾸 웃다 작은말 쌩글거리다 여린말 싱글거리다 **씽글대다**

씽글뻥글 어찌씨 눈과 입을 슬며시 뛰거나 입을 크게 벌리고 소리 없이 부드럽게 자꾸 웃는 꼴 ⓑ장가가는 게 그리도 좋은지 아들은 아침부터 씽글뻥글 입을 못 다문다 작은말 쌩글빵글 여린말 싱글벙글 **씽글뻥글하다**

씽글뻥글거리다 움직씨 눈과 입을 슬며시 뛰거나 입을 크게 벌리고 소리 없이 부드럽게 자꾸 웃다 작은말 쌩글빵글거리다 여린말 싱글벙글거리다 **씽글뻥글대다**

씽글씽글 어찌씨 눈과 입을 슬며시 움직이며 소리 없이 매우 부드럽게 자꾸 웃는 꼴 ⓑ둘은 서로 마주보며 씽글씽글 웃기만 한다 작은말 쌩글쌩글 여린말 싱글싱글 **씽글씽글하다**

씽긋 어찌씨 눈과 입을 살짝 움직이며 소리 없이 가볍게 웃는 모습 ⓑ아빠는 나만 보면 씽긋 웃으신다 작은말 쌩긋 센말 씽끗 여린말 싱긋 **씽긋하다**

씽긋거리다 움직씨 눈과 입을 살짝 움직이며 소리 없이 잇달아 웃다 ⓑ하늘이가 할아버지 옆에 붙어 앉아 씽긋거리며 옛날이야기를 듣는다 작은말 쌩긋거리다 센말 씽끗거리다 여린말 싱긋거리다 **씽긋대다**

씽긋뻥긋 어찌씨 눈과 입을 슬며시 뛰거나 입을 크게 벌리고 소리 없이 부드럽게 자꾸 웃는 꼴 ⓑ그 사람을 만날 생각을 하니 괜스레 씽긋뻥긋 웃음이 난다 작은말 쌩긋빵긋 센말 씽끗뻥끗 여린말 싱긋벙긋 **씽긋뻥긋하다**

씽긋뻥긋거리다 움직씨 눈과 입을 슬며시 뛰거나 입을 크게 벌리고 소리 없이 부드럽게 자꾸 웃다 ⓑ너무 씽긋뻥긋거리면 속없어 보여 작은말 쌩긋빵긋거리다 센말 씽끗뻥끗거리다 여린말 싱긋벙긋거리다 **씽긋뻥긋대다**

씽긋씽긋 어찌씨 눈과 입을 슬며시 움직이며 소리 없이 가볍게 자꾸 웃는 꼴 ⓑ어제 일만 생각하면 씽긋씽긋 웃음이 나온다니까 작은말 쌩긋쌩긋 센말 씽끗씽끗 여린말 싱긋싱긋 **씽긋씽긋하다**

씽씽 어찌씨 **1** 잇달아 바람이 매우 세차게 스쳐 지나가는 소리나 그 꼴 ⓑ골짜기에서 겨울바람이 씽씽 불어온다 작은말 쌩쌩 **2** 사람이나 몬이 매우 빠르게 자꾸 달리거나 돌아가는 소리나 그 꼴 ⓑ씽씽 썰매를 타고 달린다 **씽씽하다**

씽씽이 이름씨 바른네모꼴 틀에 조그만 칸을 여러 낱 만들고 칸마다 쇠붙이 서를 끼워 만든 작은 부는 가락틀. 입에 대고 숨을 불어넣거나 빨아들여 소리를 낸다 ⇐ 하모니카

씽씽하다 그림씨 시들지 않고 힘이 있다 ⓑ하루를 굶은 사람답지 않게 씽씽한 모습을 보니 마음이 놓였다 작은말 쌩쌩하다 여린말 싱싱하다

아 야

아[1] [이름씨] 한글 홀소리 글자 'ㅏ' 이름

아[2] [느낌씨] **1** 놀라거나 애타거나 어쩔 줄 모르거나 마음이 바쁠 때 갑자기 내는 소리 [ㅂ]아, 뜨거워. 아, 늦었구나. 아, 무서워 **2** 마음이 벅차고 울렁거릴 때 내는 소리 [ㅂ]아, 아름다운 우리나라. 아, 아람이 벼는 걸 보니 가을이구나 **3** 기쁘거나 골나거나 슬프거나 귀찮거나 걱정할 때 내는 소리 [ㅂ]아, 반가워요. 아, 오랜만입니다. 아, 이를 어쩌나 **4** 모르던 것을 깨달았을 때 내는 소리 [ㅂ]아, 그런 거였구나! 내가 미처 몰랐네 **5** 남에게 말하려 할 때 마음을 끌려고 내는 소리 [ㅂ]아, 여러분

아[3] [토씨] (받침 있는 임자씨에 붙어) 동무나 아랫사람, 짐승을 부르는 말. 받침 없는 낱말에는 '야'를 쓴다 [ㅂ]가람아, 바늘귀에 실 좀 꿰어다오

아가 [이름씨] **1** '아기'를 귀엽게 이르는 말 [ㅂ]우리 아가 예쁘네 **2** 아기를 부를 때 쓰는 말 [ㅂ]아가, 이리 오렴 **3** 시어버이가 젊은 며느리를 가깝게 부르는 말 [ㅂ]아가, 오는 길이 고단하지는 않았니?

아가리 [이름씨] **1** 짐승 입을 가리키는 말 [ㅂ]범 아가리. 곰 아가리 **2** 사람 입을 낮추어 부르는 말 [ㅂ]아가리 닥쳐! 아가리를 놀리다 **3** 그릇이나 자루 따위 구멍 어귀 [ㅂ]아가리가 넓은 동이 **4** 굴이나 개골창 따위 드나드는 어귀 [ㅂ]굴 아가리

아가미 [이름씨] 물고기 올챙이, 게 들이 숨 쉬는 숨틀. 붉은 참빗 꼴로 잘게 나뉘어 그 속 핏줄에 흐르는 피와 물이 만나 빈기를 주고받는다 [ㅂ]엄마들은 싱싱한 물고기를 사려고 아가미를 벌려보기도 한다

아가씨 [이름씨] **1** 꽃두레나 젊은 겨집을 높여 이르는 말 [ㅂ]저 아가씨는 목소리도 곱고, 옷매무새도 예쁘다 **2** 아내가 버시 누이를 부르는 말 [ㅂ]아가씨, 오빠가 옛날부터 옷을 아무데나 벗어 놓았어요?

아가위나무 [이름씨] 늦봄에 꽃이 피고 열매는 가을에 붉게 익는 키작은 넓은잎나무

아감젓 이름씨 물고기 아가미와 머리로 담근 젓

아교 ⇒ 갖풀

아구리 이름씨 어떤 것 속으로 들어가는 구멍 어귀 ⓑ단지 아구리. 굴 아구리 한뜻말 아가리

아군 ⇒ 우리쪽지킴이

아궁이 이름씨 방이나 솥 같은 데에 불을 때려고 만든 구멍 ⓑ아궁이에 솥을 걸고 불을 지펴라 한뜻말 아궁. 불구멍 ⇐ 화구

아귀[1] 이름씨 머리와 입이 큰 바닷물고기. 주둥이 위쪽에 있는 더듬이처럼 생긴 가시로 작은 물고기를 꾀어 잡아먹는다

아귀[2] 이름씨 ❶가닥지게 갈라진 곳 ⓑ아귀가 진 나무 ❷손아귀 ⓑ아귀에 힘을 주어 펄떡이는 물고기를 꽉 잡았다 ❸금이 가거나 가닥으로 갈라져 벌어진 곳 ⓑ아귀를 쫙 벌린 밤송이들 ❹입아귀 ⓑ아귀에 한입 가득 물었다 ❺씨 껍데기가 트면서 싹이 나오는 자리 ⓑ물에 담근 지 사흘 만에 볍씨 아귀가 텄다 ❻감싸거나 헤아려 잡는 테두리 ⓑ아귀가 큰 내 눈어림으로도 올해 땔나무는 넉넉한 것 같다 ❼문짝이나 빼닫이처럼 짝을 이루는 두 곳이 서로 맞닿는 틈 ⓑ문 아귀가 안 맞아 여닫을 때마다 삐걱거린다 ❽두루마기나 속곳에 터놓은 구멍 ⓑ바람이 매섭게 불어 손을 두루마기 아귀에 넣었다

아귀 (餓鬼) ⇒ 주린깨비

아귀다툼 이름씨 있는 힘을 다해 사납게 헐뜯으며 다투는 것 ⓑ새치기하려는 사람들과 줄을 선 사람들 아귀다툼이 끊이질 않았다 **아귀다툼하다**

아귀세다 그림씨 ❶마음이 굳세어 남에게 잘 꺾이지 않다 ❷남을 휘어잡는 힘이 있다 ❸손으로 잡는 힘이 세다

아귀아귀 어찌씨 먹을 것을 입안에 잔뜩 넣고 마구 씹어 먹는 꼴 ⓑ아우는 며칠 굶기라도 한 듯 갈비찜을 아귀아귀 먹었다

아귀차다 그림씨 ❶휘어잡기 어려울 만큼 벅차다 ❷마음이 굳세어 남에게 잘 꺾이지 않는다 ⓑ아내는 무척 얌전하면서도 아귀차고 끈질겼다

아그배나무 이름씨 잎은 길둥글고 잎 가에 날카로운 톱니가 있는 넓은잎 큰키나무

아글바글 어찌씨 ❶사람이나 짐승, 벌레 같은 것이 좁은 데서 몹시 붐비거나 들끓는 꼴 ⓑ구더기가 아글바글 들끓는 똥통 ❷물이 몹시 끓어오르는 꼴 ⓑ팥죽이 아글바글 끓는다

아글아글 어찌씨 ❶사람이나 짐승, 벌레 같은 것이 좁은 데서 몹시 시끄럽게 떠드는 꼴 ⓑ사람들이 아글아글 들끓는 저잣거리 비슷한말 와글와글 ❷물이 몹시 끓어오르는 꼴 ⓑ국이 아글아글 끓어오르며 뚜껑이 펄럭펄럭한다

아글타글 어찌씨 어떤 일을 해내려고 애쓰거나 하는 일에 끈덕지게 달라붙는 꼴 ⓑ예나는 모든 일에 아글타글 끝까지 파고든다

아금 이름씨 ❶손아귀 ❷씨 껍데기가 트면서 싹이 나오는 자리

아금바르다 그림씨 알뜰하고 다부지다 ⓑ며느리가 아금발라서 살림이 부쩍부쩍 늘어난다네 한뜻말 아금받다

아금박하다 그림씨 ❶빈틈없고 살뜰하다 ⓑ순이는 일솜씨가 아금박하다 ❷끈질기고 깐깐하다 ⓑ미르는 무슨 일이든 맡기면 아금박하게 해치우지

아금받다 그림씨 때를 재빠르게 붙잡아 바싹 달려들어 살뜰하게 쓰는 바탈이 있다 ⓑ돈 생기는 일이라면 그 사람이 얼마나 아금받은데! 한뜻말 아금바르다

아기 이름씨 ❶갓 태어난 젖먹이 ⓑ우리 아기 먹고 자고 먹고 자고 ❷어린아이를 귀엽게 일컫는 말 ⓑ아기야, 저쪽으로 가서 놀아 ❸사람을 어리게 치는 말 ⓑ하는 짓이 아기 같다 ❹시집갈 만한 딸이나 갓 시집온 며느리를 사랑스럽게 이르는 말 ⓑ큰아기. 며늘아기 ❺짐승 새끼나 작은 몬을 귀엽게 부르는 말 ⓑ아기 다람쥐. 아기별

아기구덕 이름씨 아기를 재울 때 쓰는 바구니

⇐ 요람

아기막이 (이름씨) 일부러 아기가 배지 못하게 하는 일 ⇐ 피임

아기맡음 (이름씨) 어린아이를 맡아 돌보는 일 ⇐ 탁아

아기맡음집 (이름씨) 어버이가 일하는 동안 아이를 맡아 돌보는 곳 ⇐ 탁아소

아기설꿈 (이름씨) 아이가 서는 것을 알려주는 꿈 ⇐ 태몽

아기설낌새 (이름씨) 아이가 서는 느낌이나 낌새 ⇐ 태기

아기자기하다 (그림씨) ❶작은 것들이 한데 어울려 귀엽고 예쁘다 ⓑ늦봄은 비좁은 뜰에 꽃밭을 아기자기하게 꾸며 놓았다 ❷오순도순 잔재미가 있고 즐겁다 ⓑ아기자기하게 차린 새살림 ❸마음이 짜릿짜릿하게 재미가 있다 ⓑ그 사내는 어머니와도, 아내와도 아기자기한 이야기를 나누는 일은 드물다

아기작거리다[1] (움직씨) 작은 몸집으로 팔다리를 마음껏 못 움직이며 나릿나릿 걷다 ⓑ까치가 앞가슴을 쑥 내밀고 아기작거린다 큰말어기적거리다 **아기작대다**

아기작거리다[2] (움직씨) 먹을 것을 입안에 넣고 천천히 자꾸 씹어 먹다 ⓑ소들이 들판에서 풀을 아기작거린다 큰말어기적거리다 **아기작대다**

아기작아기작[1] (어찌씨) 작은 몸집으로 손발을 잘 못 움직이며 좀 느리게 걷는 꼴 ⓑ아기가 걸음마를 배워 아기작아기작 걷는다 한뜻말아기장아기장 큰말어기적어기적 **아기작아기작하다**

아기작아기작[2] (어찌씨) 먹을 것을 입안에 넣고 천천히 자꾸 씹어 먹는 꼴 큰말어기적어기적 **아기작아기작하다**

아기집 (이름씨) 겨집이나 짐승 암컷 배 속에 아기나 새끼가 생겨 자리 잡아 태어날 때까지 자라는 곳 ⓑ아기집이 튼튼하면 튼튼한 아기가 자란다 ⇐ 자궁

아기집물 (이름씨) 모래집 안 물. 아기를 지키며 아기 낳을 때는 흘러나와 쉽게 낳게 한다 한뜻말모래집물 ⇐ 양수

아까 (이름씨) ❶조금 앞 ⓑ아까는 왜 늦었어? ❷(어찌씨) 조금 앞에 ⓑ너 아까 말해 놓고 잊어버렸니?

아까시나무 (이름씨) 가는 줄기와 가지에 큰 가시가 있고 봄에 옷곳한 꽃내음을 짙게 풍기는 흰 꽃이 송이송이 피는 큰키나무. 꿀이 많이 나서 꿀벌 치는 이들에게 종요로운 나무이다 한뜻말아카시아

아깝다 (그림씨) ❶값진 게 없어지거나 잘못되어 섭섭한 느낌이 있다 ⇐ 애석하다 ❷제대로 쓰이지 못해 안타깝다 ⓑ눈 덮인 히말라야는 참말로 혼자 보기 아까웠다 ❸몹시 종요로워 없애거나 내놓기가 안타깝다 ⓑ나 하기는 귀찮고 남 주기는 아깝다. 아까운 목숨을 겨레잇기에 바치다

아끼다 (움직씨) ❶아깝게 여겨 함부로 쓰거나 못 쓰게 되지 않도록 하다 ⓑ그 사람은 알뜰하여 작은 비누 조각 하나도 아껴 쓴다. 쓸 돈을 아껴 써 ❷종요롭게 여겨 잘못되지 않도록 힘쓰다 ⓑ별비는 내가 참 아끼는 아우야 ❸아깝게 여겨 베풀지 않다 ⓑ아끼다 똥 된다

아낌없다 (그림씨) 주거나 쓰는 데 아까워하는 마음이 없다 ⓑ그분은 번 돈을 가난한 사람들에게 아낌없이 베풀었다

아나운서 ⇒ 새뜸말꾼

아낙 (이름씨) ❶안방과 거기 딸린 뜰. 겨집들이 지내는 곳 ⓑ뒷집 아낙에서 웃음소리가 들린다 ⇐ 여편네 ❷'아낙네' 준말 ⓑ오랑캐가 아낙들을 다 끌고 갔다 ⇐ 부녀자. 여성 ❸속이나 안쪽 ⓑ아낙에 들어왔다가 마님 얼굴을 마주쳤다

아낙네 (이름씨) 남 집 겨집어른 ⓑ가람이는 솜씨 좋은 아낙네와 살아서 몸집이 두툼해졌다 준말아낙 ⇐ 부녀자. 여성

아낙모임 (이름씨) 아낙들로 꾸린 모임. 흔히 마을마다 있다 ⇐ 부녀회

아날로그 (이름씨) 어떤 셈값을 길이나 때 같은

이어진 몬바탈값으로 나타내기

아내 이름씨 짝을 이룬 겨집을 바데에 견주어 이르는 말 ⓑ아내와 길잡이 말은 들을수록 좋다 한뜻말가시 ⇐ 처. 와이프. 여편네

아냐 느낌씨 '아니야' 준말 ⓑ그 사람은 우리 이웃이 아냐

아네모네 ⇒ 큰바람꽃

아녀자 ⇒ 아이와 겨집

아뇨 느낌씨 '아니요' 준말 ⓑ아뇨, 제가 그러지 않았어요

아늑하다 그림씨 ❶품에 포근히 안긴 듯이 둘레가 조용하고 한갓지다 ⓑ나지막한 메로 둘러싸인 그 마을은 참 아늑하게 느껴졌다 ❷날씨가 바람 낌새도 없이 잔잔하고 푹하다 ⓑ겨울답지 않게 맑고 아늑한 날씨가 며칠째 이어진다 ❸(마음이) 조용히 가라앉아 고요하다 ⓑ앉고 나서 아늑해진 마음

아니[1] 어찌씨 ❶(풀이씨 앞에 써) 그렇지 않다는 뜻을 나타내는 말 ⓑ아니 가다. 아니 먹다. 아니 되다. 아니 땐 굴뚝에 연기 날까 준말안 ❷(낱말과 낱말, 글월과 글월 사이에 써) 앞에서 말한 것보다 뒤엣것을 더 힘주어 말할 때 쓰는 말 ⓑ우리말은 우리 겨레 자랑, 아니 우리 겨레 목숨이다

아니[2] 느낌씨 ❶동무나 아랫사람이 물을 때 그렇지 않다는 뜻으로 하는 말 ⓑ일 끝났어? 아니, 아직 하는데. 이거 네가 그랬지? 아니, 난 여기 오지도 않았어 ❷놀랍거나 걱정스러울 때 쓰는 말 ⓑ아니, 멀쩡히 나가더니 그새 왜 이 꼴이 되었어? 아니, 이 글을 네가 지었다고?

아니꼽다 그림씨 말이나 하는 짓이 눈꼴시고 못마땅하다 ⓑ내 동무 돌이는 말끝마다 잘난 체해서 아니꼬울 때가 많다

아니다 그림씨 ❶어떤 것이 그렇지 않음을 나타내는 말 ⓑ그 사람은 허물보가 아니다 ❷묻거나 어림하는 뜻을 나타내는 말 ⓑ모두가 흐뭇한 삶을 누리기를 바라는 마음이 참사랑이 아닐까? 익은말 **아니나 다르랴** 아니나 다를까. 앞서 가늠한 바와 같다는 말 **아닌 게 아니라** 어떤 일이 참으로 그러하다는 말 **아닌 때 아닌 곳** 뜻하지 아니한 엉뚱한 때나 곳 **아니할 말로** 아닌 말로. 그렇게 말하기는 좀 지나칠 수도 있지만 슬기말 **아닌 밤중에 홍두깨 내밀듯** 갑자기 엉뚱한 말이나 일을 불쑥하는 꼴을 빗댄 말

아니리 이름씨 판소리에서 소리꾼이 소리를 하는 사이사이 가락을 붙이지 않고 이야기하듯 엮어나가는 말

아니야 느낌씨 동무나 아랫사람이 물을 때 그렇지 않다는 뜻으로 힘주어 받는 말 ⓑ이거 누가 그랬어? 난 아니야! 준말아냐

아니요 느낌씨 손윗사람이 물을 때 그렇지 않다는 뜻으로 하는 말 ⓑ아니요. 그럴 순 없어요 준말아뇨

아니하다 움직씨 ❶움직씨 '-지' 꼴 아래에 써 그 뭡이 아님을 나타내는 말 ⓑ먹지 아니하다. 가지 아니하다 준말않다 ❷그림씨 '-지' 꼴 아래에 써 그 꼴이 아님을 나타내는 말 ⓑ작지 아니하다. 푸르지 아니하다

아담하다 ⇒ 조촐하다. 산뜻하다. 깔밋하다. 자그마하다

아당지다 그림씨 몸집이 작달막하나 딱 바라지고 야물다 ⓑ아당지게 생긴 작달막한 몸을 날려 덮쳤다

아동 ⇒ 아이. 어린이

아동복 ⇒ 아이옷

아둔하다 그림씨 머리가 나쁘고 하는 짓이 굼뜨다 ⓑ사람이 그렇게 아둔해서야 어디에 쓰겠어?

아드님 이름씨 다른 사람 아들을 높여 이르는 말 ⓑ아드님이 곧 짝 맺으신다면서요? ⇐ 자제

아드득 어찌씨 ❶작고 단단한 몬을 힘껏 깨물어 깨뜨리는 소리 ⓑ날밤을 아드득 베어 먹었다 ❷이를 세게 가는 소리 ⓑ아이는 밤사이 이를 아드득 갈았다 **아드득하다**

아드득거리다 움직씨 ❶작고 단단한 몬을 힘껏 깨물어 깨뜨리는 소리가 잇달아 나다 ❷이를 세게 가는 소리가 잇달아 나다 **아드득**

대다

아드득아드득 어찌씨 ❶작고 단단한 몬을 잇달아 힘껏 깨물어 깨뜨리는 소리 ❷이를 잇달아 세게 가는 소리 **아드득아드득하다**

아드등거리다 움직씨 서로 제 생각만 내세우며 물러서지 않고 자꾸 다투다 ⓑ옆집 사람이 잘못했지만, 그와 아드등거리며 싸우고 싶지 않다 **아드등대다**

아드등바드등 어찌씨 아드등아드등 **아드등바드등하다**

아드등아드등 어찌씨 모질게 애를 쓰며 바득바득 다투는 꼴 ⓑ아이들이 잘 놀다가 또 아드등바드등 다툰다 **아드등아드등하다**

아득바득 어찌씨 ❶무엇을 이루려고 자꾸 이악스럽게 애쓰는 꼴 ⓑ아우가 벗들에게 제 말이 옳다고 아득바득 우겼다 한뜻말아등바등 ❷억지스럽게 달라붙는 꼴 ⓑ밧줄을 잡고 아득바득 매달려 기어이 바위 꼭대기까지 올라갔다 **아득바득하다**

아득바득거리다 움직씨 ❶무엇을 이루려고 자꾸 이악스럽게 애쓰다 한뜻말아등바등거리다 ❷억지스럽게 자꾸 달라붙다 **아득바득대다**

아득하다 그림씨 ❶보이는 것이 아주 가물가물 멀다 ⓑ아득한 가을 하늘 ❷들리는 것이 흐릿하게 멀다 ⓑ아득하게 들리는 절 나무방울 소리 ❸때가 까마득히 오래다 ⓑ아득한 옛 생각을 더듬어 본다 ❹어떻게 해야 할지 캄캄하다 ⓑ혼자 살아갈 길이 아득했다 ❺얼이 흐려져 까무러칠 듯하다 ⓑ그이가 누리를 떠났다는 말을 듣자 갑자기 아득해졌다 ❻까마득하게 높거나 깊다 ⓑ아득하게 솟은 멧봉우리와 아득한 낭떠러지가 어우러진 곳

아들 이름씨 어버이가 낳은 사내아이 ⇐ 자

아들딸 이름씨 어버이가 낳은 사내아이와 겨집아이 ⇐ 자녀. 자식

아등바등 어찌씨 ❶무엇을 이루려고 몹시 이악스럽게 애쓰는 꼴 ⓑ아등바등 살아가느라 마음이 쉴 틈이 없다 한뜻말아득바득 ❷억지스럽게 몹시 달라붙는 꼴 ⓑ얼마나 모진 사람인지 살려달라고 아등바등 매달려봐야 눈 하나 꿈쩍 안 한다 **아등바등하다**

아따 느낌씨 못마땅하고 지나치다고 느낄 때 내는 소리 ⓑ아따, 거, 잔소리가 많네

아뜩하다 그림씨 갑자기 얼이 가물가물 흐려지며 어지럽고 아찔하다 ⓑ메를 미처 다 못 내려온 여름이는 어두워지자 눈앞이 아뜩해지는 걸 느꼈다

아라가라 이름씨 여섯 가라 가운데 아라 고을에 있던 나라. 오늘날 마사라사 고장 아라고을 ⇐ 아라가야

아라비아 이름씨 아시아 마하늬녘 고장. 인디아 바다. 페르시아 휨. 붉은 바다에 둘러싸여 있다

아라비아거진섬 이름씨 아시아 마하늬녘에 있는 거진섬. 누리에서 가장 큰 거진섬이고 땅은 거의 모래벌판이다 ⇐ 아라비아반도

아라비아수 이름씨 수갈에서 쓰는 0, 1, 2, 3, 4, 5, 6, 7, 8, 9 같은 수. 처음 인디아에서 썼고 아라비아 사람들이 유럽에 건네줬다

아라비안나이트 ⇒ 즈믄날밤얘기

아락바락 어찌씨 골이 나서 애를 쓰며 대드는 꼴 ⓑ어젯밤 나는 놈에게 아락바락 달려들어 끝까지 싸웠다

아람[1] 이름씨 밤이나 도토리 같은 여름이 나무에 달린 채 잘 익어 저절로 떨어질 만큼 됨. 또는 그런 여름 ⓑ벌써 올밤나무엔 아람 번 송이가 많아. 아람이 들다. 아람이 굵다

아람[2] 이름씨 ❶나라 바탕을 이루며 나라 참임자인 낱낱 사람들 한뜻말백성 ⇐ 국민. 인민. 양민 ❷아람치. 아람데. 제것 ⇐ 사유. 소유

아람다외다 그림씨 그위 일이 아닌 낱사람 일이다 ⇐ 사사롭다

아람마음 이름씨 제한테만 도움 되는 것을 꾀하는 마음 ⇐ 이기심. 사심

아람배곳 이름씨 낱사람이나 아람벼리사람이 세운 배곳 ⇐ 사립학교

아람배움 이름씨 그위배움 밖에서 이뤄지는 배움 ⇐ 사교육

ㅇ

아람배움돈 이름씨 아람배움에 드는 돈 ⇐ 사교육비

아람빚 이름씨 낱사람이나 벌데가 낱사람에게 지는 빚 ⇐ 사채

아람살이 이름씨 낱사람 나름 사는 삶 ⇐ 사생활

아람삶자취 이름씨 아람들 사이에서 따로이 적어 내려온 삶 이야기 ⇐ 야사

아람얼개 이름씨 다스림말 사이 맺음이 아닌, 아람들이 임자가 되어 만든 다스림말 밖 짜임 ⇐ 비정부기구. 엔지오

아람옷 이름씨 함께 입기로 된 옷이 아닌 마음대로 입는 옷 ⇐ 사복

아람치 이름씨 제 차지가 된 것 ㉥아람치로 기른 아들딸이어도 품안을 떠나면 어버이 뜻대로 할 수 없지요 한뜻말아람것 ⇐ 사유. 소유. 지분

아랑곳 이름씨 어떤 일이나 사람에게 마음을 쓰거나 끼어드는 것 ㉥언니는 우리 집 일에 아랑곳하지 마세요 ⇐ 상관 **아랑곳하다**

아랑곳없다 그림씨 마음을 두거나 끼어들 일이 없다 ㉥얼음판에 썰매 탈 때야 추위에도 아랑곳없이 즐겁기만 하지 ⇐ 상관없다

아래 이름씨 ❶어떤 곳보다 낮거나 밑이 되는 곳이나 쪽 ㉥무릎 아래. 언덕 아래. 메 아래 ❷어떤 때보다 앞 ㉥설 아래 집에 오너라. 한가위 아래 만나자 ❸나이나 자리, 크기, 차례 따위가 어떤 잣대보다 낮거나 못함 ㉥나보다 몇 살 아래일걸. 감칠맛으로 따지면 메밀묵이 꿀밤묵보다 아래지 ❹글에서 바로 다음에 나오는 것 ㉥아래에 나오는 글에서 잘못 쓰인 곳을 찾아보세요 ❺살 ㉥아래만 살짝 가린 헤엄옷

아래누리 이름씨 하늘사람이 산다는 하늘에서 내려다보는 사람 사는 누리 한뜻말사람누리 맞선말하늘나라 ⇐ 하계

아래뜸 이름씨 아래쪽 마을 ㉥그토록 한갓진 마을이던 아래뜸, 살거내는 빠른길과 빠른 쇠길이 마을 한가운데를 지나면서 마을을 세 동강 내버렸다 한뜻말아래각단 맞선말위뜸

아래뱃마루 이름씨 맨 아래쪽 뱃마루 ⇐ 하갑판

아래싸울아비 이름씨 서흐레가 낮은 싸울아비. 새내기, 버금내기, 웃내기, 머리내기가 있다 ⇐ 졸병

아래옷 이름씨 바지나 치마처럼 허리 아래에 입는 옷 ㉥너무 짧은 아래옷은 입지 않도록 해라 한뜻말아랫마기 맞선말윗옷 ⇐ 하의

아래위 이름씨 ❶아래와 위 ㉥아래위가 바로 잡힌 몸매. 아래위를 훑어보다 ❷나를 가운데 두고 손아래와 손위 ㉥이런 사람! 아래위도 모르다니

아래쪽 이름씨 아래에 있는 자리 ㉥맨 아래쪽 밭은 이듬해 봄에 참취 씨를 뿌릴 거야 한뜻말아랫녘 맞선말위쪽 ⇐ 하측. 하방. 하단

아래층 ⇒ 아래켜. 아랫결

아래치 이름씨 더 낮은 서흐레에 딸린 사람 ㉥저런 아래치와 벗하면 안 된다고 생각하나? ⇐ 하급. 하등

아래켜 이름씨 아래가 되는 켜 ㉥아래켜에서 떠드는 소리가 들린다 ⇐ 아래층

아래턱 이름씨 ❶아래쪽 턱 ㉥아래턱이 툭 튀어나온 사람 ❷어떤 것 아래에 두드러진 곳 ㉥메 아래턱에 자리잡은 집

아랫가름 이름씨 아래 배움해 가름 ⇐ 하급반

아랫가웃 이름씨 한 해를 둘로 나누어 그 뒤쪽 동안 맞선말윗가웃 ⇐ 하반기

아랫것 이름씨 '아랫사람' 낮춤말 ㉥아랫것과 윗것이 어디 있겠느냐마는 사람들은 아랫것과 놀지 말라고들 한다 ⇐ 하인

아랫결 이름씨 사다리꼴에서 아래에 있는 결 맞선말윗결 ⇐ 아랫변

아랫길 이름씨 ❶두 갈래로 갈라진 길에서 아래쪽으로 난 길 ㉥아랫길도 싫고 윗길도 싫다고? 맞선말윗길 ⇐ 하도 ❷됨됨이나 생긴 품이 훨씬 못한 것 또는 한 수 낮은 자리 ㉥낫질 솜씨로 말하면 언니들이 한별이보다 아랫길이지 한뜻말아래치 ⇐ 하급

아랫나이 이름씨 나이가 더 어린 사람 맞선말윗나이 ⇐ 연하

아랫뉘사람 이름씨 뒤 때나 뒤 삶뉘 사람 한뜻말

뒷사람 ⇐ 후대사람

아랫니 이름씨 아래쪽 잇몸에 난 이 ⓑ한솔이 아랫니는 좀 삐뚤삐뚤해

아랫단 이름씨 옷 아래쪽 단. 옷 가장자리를 안쪽으로 접어서 꿰매거나 감친다 ⓑ요즘 흐름에 맞춰 치마 아랫단을 좀 줄였다

아랫도리[1] 이름씨 ❶허리 아래 몸 ⓑ너무 놀라 아랫도리가 부들부들 떨렸다 한뜻말아랫몸 ⇐ 하반신 ❷아래옷 ⓑ요즘은 겨집들도 아래옷을 바지로 많이 입는다 한뜻말아랫도리옷 ❸아랫것 ⓑ높은 자리 중들은 좋은 수레로, 아랫도리 중들은 버스로 왔다

아랫도리[2] 이름씨 처마 쪽에 있는 도리

아랫동네 이름씨 아래쪽에 있는 동네

아랫마기 이름씨 아랫도리에 입는 옷 ⓑ윗도리는 흰 바탕에 노란 무늬를 넣고 아랫마기는 푸른빛이다

아랫마을 이름씨 아래쪽에 있는 마을 ⓑ나는 어릴 적 아랫마을 배곳까지 걸어다녔다

아랫목 이름씨 구들방에서 아궁이에 가까운 쪽 방바닥 ⓑ불을 얼마나 땠는지 아랫목이 절절 끓는다 한뜻말구들목

아랫바람 이름씨 ❶아래쪽에서 불어오는 바람 ❷종이솔개 날릴 때 샛바람 맞선말윗바람

아랫방 이름씨 ❶이어진 방 가운데 아궁이와 가까운 방 ⓑ아랫방에 가서 따뜻하게 자거라 맞선말윗방 ❷안뜰을 사이에 두고 안채 건너 아래채에 있는 방 ⓑ오늘 밤, 아랫방엔 손님이 묵으신다

아랫배 이름씨 배꼽 아래쪽 배 ⇐ 하복부

아랫배움이 이름씨 배움해가 낮은 배움이 한뜻말아래벗 ⇐ 하급생

아랫변 ⇒ 아랫결

아랫사람 이름씨 ❶자리나 벼슬 같은 것이 낮은 사람 ⓑ저렇게 잰 체해도 저 사람 우리 아재 아랫사람이야 ⇐ 휘하 ❷나이나 줄이 낮은 사람 ⓑ아랫사람 윗사람 덜 따지는 하늬 사람들을 따를 만하다 한뜻말손아랫사람 ❸남 집에 매여 일을 하는 사람 ⓑ옛날에는 아랫사람을 딸려 시집을 보내기도 했지 ⇐ 하인

아랫입술 이름씨 아래쪽 입술 ⓑ윗입술과 아랫입술

아랫집 이름씨 아래쪽에 이웃한 집

아량 ⇒ 너그러움. 너른 마음

아련하다 그림씨 ❶생김새나 마음씨가 부드럽고 가너리다 ⓑ아련한 마음. 아련한 새끼새 ❷보이거나 들리는 것이 또렷하지 않고 흐릿하다 ⓑ멧골짜기로 저녁노을이 아련하게 젖어 들었다 ❸옛 생각이 또렷하지 않고 어렴풋하다 ⓑ아련한 옛일을 더듬어 보았다

아령 ⇒ 벙어리방울

아로새기다 움직씨 ❶글자나 무늬를 또렷하게 새기다 ⓑ제 이름을 바위에 아로새긴다 ❷마음속에 뚜렷이 간직하다 ⓑ그날 일을 가슴에 아로새겼다 ⇐ 명심하다

아롱[1] 이름씨 ❶고르고 촘촘하게 있는 얼룩이나 무늬 한뜻말아롱이 큰말어룽 ❷고르고 촘촘한 얼룩이나 무늬가 있는 짐승이나 몬

아롱[2] 어찌씨 ❶흐릿하고 뚜렷하지 않은 것이 아리송하게 보이다 말다 하는 꼴 큰말어룽 ❷잔무늬나 줄, 점 같은 것이 뒤섞여 아른아른하는 꼴 **아롱하다**

아롱거리다 움직씨 흐릿하고 뚜렷하지 않은 것이 자꾸 아리송하게 보이다 말다 하다 **아롱대다**

아롱다롱 어찌씨 여러 빛깔 작은 무늬나 점 따위가 고르지 않게 촘촘한 꼴 ⓑ호박잎에 맺힌 이슬방울이 아침 햇살을 받아 아롱다롱 빛나네 큰말어룽더룽

아롱다롱하다 그림씨 여러 빛깔 작은 무늬나 점 따위가 고르지 않게 촘촘하다

아롱범 이름씨 범과 비슷하나 몸집이 좀 작고 온몸에 검고 둥근 무늬가 있는 범 한뜻말알락범. 돈점박이 ⇐ 표범

아롱아롱[1] 어찌씨 ❶흐릿하고 뚜렷하지 않은 것이 자꾸 아리송하게 보이다 말다 하는 꼴 ⓑ아지랑이가 아롱아롱 피어오르는 봄날 큰말어룽어룽 ❷잔무늬나 줄, 점 같은 것이

뒤섞여 자꾸 아른아른하는 꼴 ㊉아롱아롱한 치마를 입은 누나 맵시가 눈부시다

아롱아롱[2] 어찌씨 ❶수레뮘틀이나 바심틀이 몹시 빨리 돌면서 아츠럽게 내는 소리 ㊉어려서부터 아버지 곁에서 호롱기를 아롱아롱 밟아드렸다 ❷겨울에 몹시 찬 바람이 맵짜게 부는 소리 ㊉겨울바람이 아롱아롱 소리치며 바라지고 문이고 죄다 흔들어 쌓는다 **아롱아롱하다**

아롱아롱하다[1] 움직씨 또렷하지 아니하고 흐리게 자꾸 아른거리다

아롱아롱하다[2] 그림씨 잔무늬나 줄, 점 같은 것이 고르고 촘촘하게 뒤섞여 있다 ㊉아롱아롱한 소매가 휘적휘적 걸을 때마다 펄럭거렸다

아롱이 이름씨 ❶아롱아롱한 점이나 무늬 ㊉언니가 하늘빛 아롱이 치마를 입고 뽐낸다 한뜻말아롱 큰말어룽이 센말알롱이 ❷아롱아롱한 점이나 무늬가 있는 짐승이나 몬 ㊉우리집 아롱이 강아지

아롱지다 그림씨 ❶아롱아롱한 무늬나 점이 있다 ㊉눈에 아롱진 눈물. 나뭇잎에 아롱진 이슬 큰말어룽지다 센말알롱지다 ❷아롱아롱 나타났거나 어려 있다 ㊉집님이 살아 있다는 말에 기쁜 빛이 아롱지는 얼굴들 ❸마음속 깊이 사무치다 ㊉그리움이 아롱지는 가슴 가슴

아뢰다 움직씨 알려드리다

아르곤 이름씨 빛깔과 냄새, 맛이 없는 빈기 속 김덩이. 반디빛내개과 흰빛내개에 쓴다

아르바이트 ⇒ 샛일. 일. 샛일자리. 버금일. 버금일자리. 겨를일자리

아른거리다 움직씨 눈에 아리송하게 조금 보이다 말다 하다 **아른대다**

아른아른 어찌씨 ❶눈에 아리송하게 조금 보이다 말다 하는 꼴 ㊉떠나간 님 얼굴이 아른아른 떠오른다 ❷흐릿하게 비치는 그림자가 아리송하게 흔들리는 꼴 ㊉멧모롱이 너머로 아른아른 사라지는 사람 그림자 ❸애틋하고 그리워 저절로 눈앞에 떠오르는 모습 ㊉밤에 잠들기 앞에 그리운 임 얼굴이 아른아른해 **아른아른하다**

아름 이름씨 ❶두 팔을 벌려 껴안은 둘레 길이 ㊉아름에 차고도 남는 나무. 아름 되는 독 ❷두 팔로 껴안은 길이를 세는 하나치 ㊉등거리를 두 아름이나 땠는데도 방이 따뜻해지지 않아 익은말 **아름이 벌다** ❶두 팔로 가득 껴안은 둘레 길이를 넘다 ❷힘에 겹거나 지나치게 벅차다

아름나라·아름누리 이름씨 누구나 괴로움이나 슬픔이 없이 삶을 마음껏 아름다이 누리는 곳 한뜻말꽃누리. 꿈나라 ⇐ 낙원. 별천지. 유토피아

아름다움 이름씨 ❶모습이나 빛깔, 소리 따위가 마음에 차고 좋은 느낌 ㊉철은 철마다 아름다움을 뽐낸다 ❷마음씨나 하는 짓이 착하고 갸륵함 ㊉아름다움이 느껴지는 살뜰한 손길

아름답다 그림씨 ❶무엇이 보거나 듣기에 좋은 느낌을 자아내다 ㊉몸짓이 아름답다. 소리가 아름답다 ❷마음에 들게 갸륵하고 훌륭하다 ㊉스스로 낮추는 사람이 아름답다

아름드리 이름씨 둘레가 한 아름이 넘게 큰 것 ㊉아름드리 기둥. 아름드리 소나무

아름아름[1] 이름씨 ❶낱낱 아름 ㊉아름아름이 벌도록 안았다 ❷(어찌씨) 낱낱 아름마다

아름아름[2] 어찌씨 ❶말을 시원스레 터놓지 못하고 우물쭈물하는 꼴 ㊉아름아름 서 있지만 말고 어서 본 대로 말해봐요 큰말어름어름 ❷일을 건듯건듯 하고 눈을 속여 넘기는 꼴

아름이 이름씨 생김새가 아름다운 겨집 ⇐ 미인

아름작아름작하다 움직씨 ❶말이나 짓을 뚜렷하게 못하고 자꾸 우물쭈물하다 ㊉보배는 글을 쓰고 싶지만 남 눈이 무서워 아름작아름작한다 ❷일을 그럴듯하게 어둘 하고 눈을 속이다 ㊉맡은 일을 아름작아름작하던 나래는 끝내 고을지기 잔소리를 들었다

아름재주 이름씨 굿이나 뮘그림, 그림, 노래, 춤

같은 쪽 재주 ⇐ 예능

아름차다 그림씨 ❶ 두 팔 안에 가득할 만큼 굵다 ⓑ아름찬 배추로 만든 싱싱한 김치 ❷ 힘에 벅차거나 겹다 ⓑ그 아름찬 일을 끝내고 나니 마음이 가볍다 ❸ 보람차다 ⓑ우리가 만들어갈 아름찬 앞날

아리나리 이름씨 우리나라 높하늬쪽과 쫑궈 사이를 흐르는 가람. 우리나라에서 가장 긴 가람으로 한밝달에서 흘러내려 하늬바다로 간다 ⇐ 압록강

아리다 그림씨 ❶ 알알하여 찌르는 듯이 아프거나 쏘는 듯하다 ⓑ감자 싹 난 곳을 먹었더니 혀가 아린다. 마늘을 맨손으로 깠더니 손이 아린다 ❷ 마음이 쓰라리다 ⓑ그 사람을 생각하면 가슴이 아려와

아리땁다 그림씨 생김새나 마음씨가 곱고 예쁘다 ⓑ건넛마을 아가씨는 참 아리따워

아리랑 이름씨 우리나라 으뜸 소리 가운데 하나. 고장에 따라 노랫말과 가락이 조금씩 다르다 ⓑ우리 모두 겨레가 하나 되는 아리랑고개를 넘어가자

아리송하다 그림씨 이런 것 같기도 하고 저런 것 같기도 하여 잘 알 수 없다 ⓑ저게 고양인가 삵인가 아리송하네 큰말아리숭하다 ⇐ 애매하다. 애매모호하다

아리숭하다 그림씨 '아리송하다' 큰말 ⓑ모두가 '바이든'이라고 들었다는데 '날리면'이라고 말했다니 아리숭하기 짝이 없네

아리아 이름씨 가락틀 가락에 맞추어 홀로 부르는 노래

아리잠직하다 그림씨 자그마하고 얌전하고 어리다 ⓑ버드내는 볼 때마다 아리잠직하고 귀엽다

아릿하다[1] 그림씨 살갗이 쓰리고 따갑다 ⓑ어제 풀쐐기에 쏘인 자리가 아직도 아릿하다

아릿하다[2] 그림씨 뚜렷하지 않고 흐릿하다 ⓑ그날 일은 아릿하기만 할 뿐 어떻게 된 건지 잘 모르겠다

아마 어찌씨 어림잡아 헤아려보면. 미루어 생각해보면 ⓑ아마 이 디위에는 제놈도 못 빠져나가고 걸리겠지 한뜻말어쩌면

아마도 어찌씨 '아마' 힘줌말 ⓑ아마도 이참에는 오지 않을까 싶다

아마추어 ⇒ 풋내기

아망 이름씨 아이들이 부리는 배짱 ⓑ얘야, 아망 좀 그만 부려. 쟤가 울잖아!

아메리카 이름씨 ❶ 땅별 여섯 큰뭍 가운데 하나. 파나마 물길을 사이에 두고 마녘과 노녘으로 나뉜다 ❷ 노아메리카 한가운데 있는 유에스를 줄여서 이르는 말. 1776해에 잉글나라에서 홀로 섰다. 잉글말을 쓰며 온누리에 힘을 끼치는 센나라이다 ⇐ 미국

아메바 이름씨 몸 짜임이 매우 홑지며 꼴이 한결같지 않은 홑잔삼숨받이. 늪이나 못 같은 물속에 산다

아멘 느낌씨 가르침이나 바라는 말끝에 그것이 이루어지기를 비는 뜻으로 하는 말 ⓑ하늘에서 이루어지듯 땅에서도 이루어지이다. 아멘!

아무 갈이름씨 ❶ 누구라고 꼭 집어 말하지 않고 어렴풋이 가리키는 말 ⓑ아무나 갈 수 있어 ❷ 가(성) 아래에 써 이름을 갈음하여 그 어떤 사람을 가리키는 말 ⓑ김 아무와 이 아무가 싸우더라 ❸ (매김씨) 아무런. 어떠한 ⓑ그는 아무 때나 아무 데서나 노래를 부른다. 아무 걱정 말아라 한뜻말아무런 준말암

아무개 갈이름씨 '아무' 낮춤말 ⓑ박 아무개한테 물어보시오

아무것 갈이름씨 ❶ 꼭 집어 말하지 않은 어떤 것 ⓑ아무것도 할 줄 모르는 사람이야 ❷ 여러 것 가운데 마구 고른 어떤 것 ⓑ아무것이면 어때요, 그냥 주세요

아무래도 어찌씨 아무리 생각해보아도. 또는 아무리 애써보아도 ⓑ아무래도 그건 아니다 싶네요

아무러면 어찌씨 더 말할 것 없이 그렇다. 말할 나위도 없이 ⓑ아무러면 내가 거짓말을 했겠어?

아무러하다 그림씨 ❶ 딱 잡히지 않은 어떤 매

개에 놓이다 ⓑ우리 집님이 함께 살 수 있다면 그 집이 아무러한 말썽이 안 된다 **2** 조금도 손대지 않다 ⓑ풀빛은 꿀 먹은 벙어리처럼 아무러한 말도 없었다 **3** 되는대로 막 하는 꼴이다 ⓑ미라는 무슨 일을 시켜도 아무러하게나 하는 통에 믿고 맡길 수가 없다

아무런 매김씨 '아무러한' 준말. 조금도 어떠한 ⓑ아무런 말도 없이 갔다. 그 아이는 아무런 잘못이 없다

아무렇다 그림씨 '아무러하다' 준말. ('아무렇게나' 꼴로 써) 되는대로 마구 ⓑ이불을 아무렇게나 개어놓으니 보기 안 좋잖아

아무렴 느낌씨 '아무러면' 준말 ⓑ아무렴, 그렇고 말고

아무르가람 이름씨 '아무르'란 만주말로 '큰 가람'이란 뜻. 물에 푸나무 썩은 것이 많아 검은빛을 띠어 '검은 가람'이라고도 한다. 가람 길이는 4,352km ⇐ 아무르강

아무리 어찌씨 **1** 아주. 몹시 ⓑ아무리 애를 써도 안 되네 **2** 비록 그렇다 하더라도 ⓑ아무리 그가 큰 잘못을 저질렀어도 사람은 바뀔 수 있어. 아무리 해도 그렇지, 그럴 수 있을까?

아무리다 움직씨 **1** 구멍이나 아가리가 벌어진 것을 오므리다 ⓑ입술을 아무리다. 자루 아가리를 아무리다 **2** 벌려놓은 일이나 이야기를 끝맺다 ⓑ작은 일이라도 아무리고 나니 제법 뿌듯하오 한뜻말 마무르다. 마감하다. 마무리하다

아무쪼록 어찌씨 **1** 될 수 있는 대로 ⓑ아무쪼록 올해 안에 일을 마무리합시다 한뜻말 모쪼록 **2** 바라건대, 부디 ⓑ아무쪼록 고요하고 흐뭇하고 사이좋고 잘 어울리기를!

아무튼 어찌씨 일 바탕이나 꼴, 낌새 따위가 어떻게 되든 ⓑ아무튼 밥부터 먹읍시다 ⇐ 여하간

아물거리다 움직씨 **1** 작은 것이 보일 듯 말 듯하게 조금씩 자꾸 뮈다 ⓑ저 멀리 오두막집 불빛이 아물거린다 **2** 말이나 짓을 시원스럽게 하지 못하고 꼬물거리다 ⓑ그렇게 아물거리지만 말고 싸게싸게 좀 해봐 **아물대다**

아물다 움직씨 **1** 다친 데나 헌데가 다 나아서 살갗이 맞붙다 ⓑ다친 데가 아물었네 **2** 벌어진 것이 오므라져 맞춰지다 ⓑ벌린 일이 아물지도 않았는데 그만둬야 하다니

아물리다 움직씨 **1** '아물다' 하임꼴. 다친 데나 헌데가 낫도록 살갗을 맞붙게 하다 ⓑ긁힌 곳을 잘 아물리려면 물에 안 닿게 하는 게 좋아 **2** 벌어진 일이 잘되도록 어우르거나 잘 맞추다 ⓑ보라는 어떻게 말을 아물려야 좋을지 생각에 잠겼다 **3** 일이나 셈을 마무리하다 ⓑ오늘 셈을 아물리고 일터를 나섰다

아물아물 어찌씨 **1** 눈이나 얼이 흐릿해져 아지랑이가 낀 것처럼 느끼는 꼴 ⓑ눈앞에 아물아물 떠오르는 푸른 바다 **2** 작은 것이 눈앞에서 보일 듯 말 듯 조금씩 자꾸 움직이는 꼴 ⓑ저 멀리 오두막집에서 작은 불빛이 아물아물 깜박거린다 **3** 말이나 짓을 시원스럽게 하지 못하고 꼬물거리는 꼴 ⓑ아지매가 부엌에서 아물아물 뭐라고 중얼거린다 **4** 작은 벌레나 짐승 같은 것이 좀스럽게 몸을 구부리며 움직이는 꼴 ⓑ어린 누에가 아물아물 뽕잎을 갉아먹는다 **아물아물하다**

아바나 이름씨 쿠바 서울. 멕시코 휨에 닿아 있는 바다나루 고을

아바마마 이름씨 옛날에 임금이나 임금 아들딸이 제 아버지를 이르던 말 ⓑ아바마마, 아니 될 말씀이옵니다

아버님 이름씨 아버지. '아버지'에서 '지'는 '어머니'에서 '니'와 함께 가까운 사람을 가장 높이는 뜻을 지닌 우리말인데 '님'이 높임말인 줄 거꾸로 알고 잘못 쓴다. 남 아버지를 높일 때는 아버님이라 쓸 수 있다

아버지 이름씨 **1** 나를 낳은 어머니 버시 ⓑ나는 아버지보다 어머니를 더 따랐다 ⇐ 부친 **2** (사람 이름 다음에 써) 그 아들딸을 둔

사내를 일컫는 말 ⓑ보람 아버지. 돌샘 아버지 **3**어떤 일을 처음 열거나 이룬 사람 ⓑ한흰샘님은 우리말갈 아버지이다 **4**핏줄로 이어지지 않았으나 나이가 제 아버지 또래인 사내를 일컫는 말 ⓑ아버지, 점심은 드셨어요?

아범 이름씨 **1**집안 윗사람이 아슨아들에게 그 아버지를 가리키는 말 ⓑ네 아범은 어디 갔니? **2**어버이가 아들딸을 둔 아들을 이르는 말 ⓑ아범아, 아이가 똥 싼 것 같지 않아? **3**아들딸을 둔 겨집이 웃어른 앞에서 제 버시를 이르는 말 ⓑ아버님, 그 일은 저보다 아범이 잘 알아요

아부 ⇒ 알랑거림. 알랑거리다. 빌붙다

아비 이름씨 **1**'아버지' 옛말 ⓑ아비 없이 자라서 버릇없다는 말을 들을까 늘 마음 졸였어요 **2**아버지가 아들딸 앞에서 스스로를 이르는 말 ⓑ어려운 일이 있을 때마다 이 아비 말을 떠올려 보아라

아비누이 이름씨 아버지 누이 ⇐ 고모

아비누이버시 이름씨 아버지 누이 버시 ⇐ 고모부

아비사랑 이름씨 아버지가 베푸는 사랑 ⇐ 부성애

아빠 이름씨 **1**어린아이가 아버지를 이르는 말 ⓑ아빠, 오늘 일찍 들어와서 저랑 놀아요 **2**다 큰 아들딸이 아버지를 스스럼없이 부르는 말

아사 ⇒ 굶어죽음

아사달 ⇒ 앗달

아삭 어찌씨 **1**조금 부드러우면서 물이 많은 남새나 열매를 씹거나 깨무는 소리 ⓑ요즘 새로 나온 상추는 아삭하니 씹는 맛이 좋다 **2**조금 단단하고 깨지기 쉬운 것이 가볍게 부서지면서 나는 소리 ⓑ얼음과자를 아삭 깨물었다 **3**마른풀이나 가랑잎 같은 것이 스칠 때 나는 소리 ⓑ바람에 가랑잎이 부딪쳐 아삭 소리가 난다 **아삭하다**

아삭거리다 움직씨 좀 부드럽고 싱싱한 과일이나 남새 따위를 가볍게 자꾸 씹다 **아삭대다**

아삭아삭 어찌씨 **1**좀 부드럽고 싱싱한 과일이나 남새 따위를 가볍게 자꾸 씹는 소리 ⓑ능금을 아삭아삭 씹어 먹는다 큰말어석어석 센말아싹아싹 **2**조금 단단하고 깨지기 쉬운 것이 가볍게 부서지면서 자꾸 나는 소리나 그 꼴 ⓑ얼음을 아삭아삭 밟으며 재미있게 내를 건넜다 **3**마른풀이나 가랑잎 같은 것이 자꾸 스칠 때 나는 소리 ⓑ가랑잎을 아삭아삭 밟으며 멧길을 걷는다 **아삭아삭하다**

아삼아삼 어찌씨 어떤 것이 잊히지 않고 자꾸 눈에 보이는 듯한 꼴 ⓑ아이들을 보고 온 뒤끝이라 아삼아삼 눈에 밟히네요 **아삼아삼하다**

아서라 느낌씨 '아서' 힘줌말. 어떤 일을 하지 말라고 할 때 쓰는 말 ⓑ아서라 말아라 타일러도 봤지만 그를 막을 수는 없었다

아세톤 이름씨 남다른 냄새가 나고 잘 날아가며 속이 비치는 물. 페인트나 손톱에 바른 것을 지우는 데 쓴다

아수하다 그림씨 아깝고 서운하다 ⓑ참꽃님이 떠나서 못내 아수했다

아쉬움 이름씨 아쉽거나 아수한 마음 ⓑ아쉬움을 넘어 섭섭한 마음이 든다

아쉽다 그림씨 **1**있어야 할 것이 없거나 모자라서 답답하고 안타깝다 ⓑ아쉬운 것이 있으면 언제라도 찾아오셔요 **2**아깝고 서운하다 ⓑ그 사람이 떠나버려 나는 못내 아쉬웠다

아스라이 어찌씨 **1**아슬아슬하게 높거나 까마득할 만큼 멀게 ⓑ하늘을 가르며 날틀이 아스라이 날아갔다 **2**생각이나 얼이 또렷하지 않고 어렴풋이 ⓑ여러 해 지난 일이 아스라이 떠오른다 **3**소리가 멀리서 들리거나 또렷하지 않고 흐릿하게 ⓑ해질녘 고라니 울음소리가 아스라이 들렸다

아스라하다 그림씨 **1**아슬아슬하게 높거나 까마득하게 멀다 ⓑ아스라하게 높이 솟은 바윗메 **2**매우 넓고 끝없이 멀다 ⓑ아스라하게 넓은 벌판 **3**소리나 몬이 뚜렷이 들리거나 보이지 않고 흐릿하다 ⓑ멀리서 아스라

하게 들려오는 냇물 소리 ❹생각이나 얼이 또렷하지 못하고 흐릿하다 ⓑ아스라하게 떠오르는 어릴 때 동무 생각 ❺자칫 잘못될 것 같아 바드러워 보이거나 조마조마하다 ⓑ살다 보면 아스라한 고비를 셀 수 없이 넘긴다

아스름하다 그림씨 ❶빛이 또렷하지 못하고 좀 아득하다 ⓑ아스름하게 내다보이는 먼 마을 ❷몬이나 소리가 또렷하게 보이거나 들리지 않고 아슴푸레하다 ⓑ멀리서 아스름하게 들려오는 나무방울 소리 ❸생각이나 얼이 또렷하지 못하고 흐리멍덩하다 ⓑ아스름한 어릴 적 생각

아스파라거스 이름씨 잎은 바늘꼴이고 줄기는 푸르고 살지며 어린싹을 먹는 남새

아스팔트 이름씨 ❶땅속 기름에서 쓸 기름을 빼낸 뒤 남는 검고 끈적끈적한 것. 길을 덮는 데 쓴다 ⓑ우리 집으로 오는 길에도 새로 아스팔트를 깔았다 ❷아스팔트길 ⓑ아스팔트를 걷기에 여름 햇볕은 너무 따가웠다

아스피린 이름씨 ❶빛이나 냄새가 없는 가루. 아픔멎이나 더움을 내리고 고뿔, 머리아픔을 가라앉히는 데 쓴다 ❷아스피린 알낮개

아슨딸 이름씨 ❶아들이나 딸이 낳은 딸 ⇐ 손녀 ❷두 디위째 짝맺어 얻은 딸

아슨아들 이름씨 ❶아들이나 딸이 낳은 아들 ⇐ 손자 ❷두 디위째 짝맺어 얻은 아들

아슬아슬 어찌씨 ❶소름이 끼칠 만큼 좀 차가운 느낌이 자꾸 드는 꼴 ❷일이 잘못될까 봐 두려워서 소름이 끼치도록 바드럽거나 조마조마한 꼴

아슬아슬하다 그림씨 ❶소름이 끼칠 만큼 차갑거나 춥다 ⓑ어째 아슬아슬한 게 고뿔이 드나 보다 비슷한말 오슬오슬 큰말 으슬으슬 ❷잘못될까 봐 두려워서 소름이 끼치도록 바드럽거나 조마조마하다 ⓑ줄꾼이 줄을 밟고 하늘로 뛰어오르며 아슬아슬한 줄타기를 선보였다

아슴아슴하다 그림씨 또렷하지 않고 흐릿하다 ⓑ어느 어린 날, 눈부셨던 일이 아슴아슴하게 떠오르다가 잠들었다

아슴푸레 어찌씨 ❶빛이 여리거나 멀어서 좀 어둑하고 흐릿한 꼴 ⓑ눈썹달이 동산 위에 아슴푸레 떴다 ❷생각이 똑똑히 나지 않고 조금 흐리멍덩한 ⓑ지난 삶이 아슴푸레 떠오르며 마음에 잔잔한 물결이 인다 ❸똑똑히 들리거나 보이지 않고 흐릿한 꼴 ⓑ아슴푸레 들려오는 북소리

아슴푸레하다 그림씨 ❶빛이 여리거나 멀어서 좀 어둑하고 흐릿하다 ❷생각이 똑똑히 나지 않고 조금 흐리멍덩하다 ❸똑똑히 들리지 않고 흐릿하다

아시[1] 이름씨 예로부터 쫑궈 내림 이야기에 나오는 좋은 일이 일어날 듯함을 드러내는 꿍꿍 속 새. 목기리, 거북, 미르와 함께 네 좋음으로 불린다 ⇐ 봉황

아시[2] 이름씨 맨 처음. 애벌 ⓑ아시글을 다시 들여다보면 고칠 곳이 많다. 아시부추

아시아 이름씨 여섯 큰 뭍 가운데 하나. 온 누리 너비에서 셋 가운데 하나쯤 되는 큰 뭍

아시아큰놀이 이름씨 아시아에 딸린 여러 나라가 네 해마다 모여 벌이는 놀이 ⇐ 아시안게임

아시안게임 ⇒ 아시아큰놀이

아심아심 어찌씨 마음이 놓이지 않아 조마조마한 꼴 ⓑ그릇을 깨뜨려서 어머니한테 꾸중 들을까 아심아심 마음을 졸였다

아씨 이름씨 옛날에 젊은 겨집을 높여 부르거나 귀엽게 이르던 말

아아 느낌씨 ❶몹시 부푼 마음을 나타낼 때 내는 소리 ⓑ아아, 벌써 겨울이네 ❷뜻밖 일을 겪을 때 내는 소리 ⓑ아아, 당신이 왔구려 ❸떼를 지어 싸울 때 힘을 돋우려고 내는 소리 ⓑ아아, 나가자 싸우자 이기자 ❹그래서 안 된다는 말을 할 때 내는 소리 ⓑ아아, 이건 참말 안 됩니다

아야 느낌씨 갑자기 아플 때 내는 소리 ⓑ아야! 네가 내 발을 밟았잖아

아얌 이름씨 겨울에 아낙네가 나들이할 때 추

위를 막으려고 머리에 쓰던 것

아양 이름씨 남한테 잘 보이려고 귀엽게 굴면서 알랑거리는 말이나 짓 ㉥제발 아양을 떨지도 부리지도 피우지도 말아라 한뜻말애살 ⇐ 애교. 재롱

아양떨다 움직씨 아이가 남 앞에서 귀여운 짓을 하다 ⇐ 재롱떨다

아역 ⇒ 아이구실. 아이노릇

아연 ⇒ 버금납

아연실색 ⇒ 질림. 놀람. 질리다. 기막히다. 놀라다. 자지러지다

아열대 ⇒ 버금더운띠. 버금더운곳

아예 어찌씨 **1** 처음부터. 조금도 ㉥거짓말하는 사람과는 아예 사귀지 않는 게 좋다 **2** 하는 김에 더. 이참에 ㉥귀찮아서 낯만 씻을까 했는데 아예 다 씻어야겠다 **3** 대놓고 그냥 ㉥빛깔 입히는 일은 아예 너에게 맡기니 알아서 하셔

아올다 이름씨 둘이나 둘 넘는 몬이 그 바탈을 바꾸며 한데 섞이다 ⇐ 화합하다

아옹[1] 어찌씨 고양이 우는 소리

아옹[2] 느낌씨 얼굴을 가렸다가 갑자기 아이를 보며 어를 때 내는 소리

아옹다옹 어찌씨 대수롭지 않은 일로 서로 자꾸 다투는 꼴 ㉥아이들이 먹을 것을 두고 서로 먹겠다고 아옹다옹 다툰다 큰말아웅다웅 **아옹다옹하다**

아우 이름씨 **1** 한 어버이한테서 태어난 사내끼리나 겨집끼리에서 나이 적은 이를 일컫는 말 ㉥아우야, 엄마 올 때까지 뭐 하고 놀까? 한뜻말동생 **2** 가까운 사내끼리나 겨집끼리에서 저보다 나이가 적은 이를 가깝게 이르는 말 ㉥아, 이렇게 만난 것도 큰 기쁨이니 앞으로 언니, 아우 하며 지내요

아우거리 이름씨 흙덩이를 푹푹 파 넘기며 김매는 일 ㉥어머니는 호미로 아우거리를 하며 김을 맨다

아우라지가람 이름씨 가시부루고장 나마고을을 흐르는 가람 ⇐ 아우라지강. 조양강

아우르다 움직씨 **1** 여럿을 한데 모아 하나가 되게 하다 ㉥마노 사람들을 아우르는 잔치 한 마당 ⇐ 연합하다 **2** 윷놀이에서 말을 두 동 넘게 한데 모으다 ㉥자! 걸 나오면 우리는 석 동을 아울러 갈 수 있어 **아우름**

아우성 ⇒ 아우소리

아우성치다 ⇒ 아우소리치다

아우소리 이름씨 여럿이 한꺼번에 힘을 내어 떠들썩하게 외치는 소리 ㉥백성들이 '똑바로 하라'고 외치는 아우소리가 윗대가리 귀에까지 들어갔다고 한다 ⇐ 아우성

아우소리치다 그림씨 여럿이 악을 쓰며 크게 소리지르다 ⇐ 아우성치다

아욱 이름씨 넓은 잎은 손바닥같이 생겼고 부드러운 줄기와 잎은 국을 끓여 먹는 남새. 우리나라에만 나고 씨는 낫개로 쓴다

아울노래 이름씨 여러 사람이 목소리를 맞추어 노래를 부름. 또는 그 노래 ⇐ 합창

아울러 어찌씨 한데 더하여. 그것과 함께 ㉥나루는 맑은 마음씨와 아울러 높은 품새를 지닌 사람이었다

아울몬 이름씨 둘이나 둘 넘는 몬이 한데 섞여 생긴 몬 한뜻말사른몬 ⇐ 화합물

아울벌데떼 이름씨 여러 벌데를 거느리며 큰돈을 굴리고 엄청난 밑돈을 거느린 벌이꾼 무리 ⇐ 재벌

아웃 ⇒ 나감. 잡힘. 떨어짐. 바깥

아유 느낌씨 **1** 언짢거나 놀랐을 때 내는 소리 ㉥아유, 짜증 나. 아유, 깜짝이야 **2** 민망하거나 쑥스러워 내는 소리 ㉥아유, 그냥 오시지 뭘 이런 걸 사 오셨어요. 아유, 고마워요 **3** 제 생각을 힘주려고 내는 소리 ㉥아유, 걔 까탈스러운 거는 말도 마라 **4** 힘에 부치거나 지쳤을 때 내는 소리 ㉥아유, 힘들어

아음 이름씨 어버이 두 쪽으로 피를 나눈 가까운 사람들 ㉥우리 아음들은 시골에 많이 산다 ⇐ 친척

아음집 이름씨 아음이 사는 집 ⇐ 친척집

아이[1] 이름씨 **1** 나이가 어린 사람 ㉥아이들은 저리 가고, 어른은 남으세요 한뜻말아 준말애

⇐ 아동 ❷낳은 아들딸 ⓑ미르는 두 아이 어머니이다 ❸아직 태어나지 않은 뱃속 아기 ⓑ언니는 오랫동안 아이가 서지 않았다 ❹덩치는 어른처럼 자랐으나 마음이나 하는 짓이 덜 자란 사람 ⓑ달이는 덩치만 컸지 아직 아이예요

아이[2] 느낌씨 ❶남을 다그칠 때나 무엇이 못마땅할 때 내는 소리 ⓑ아이, 자꾸 왜 그래? ❷놀라거나 반가울 때 내는 소리 ⓑ아이, 깜짝이야. 여기서 만나다니!

아이고 느낌씨 ❶아프거나 힘들거나 놀랐을 때 내는 소리 ⓑ아이고, 허리야. 아이고, 이게 웬 날벼락이냐 준말애고 큰말어이구 거센말아이코 ❷기쁘거나 반가울 때 내는 소리 ⓑ아이고, 어서 와

아이고땜 이름씨 몹시 애꿎거나 슬플 때 넋두리를 하는 일 ⓑ집 나간 버시 탓에 아주머니가 아이고땜을 했다 준말애고땜

아이고머니 느낌씨 몹시 놀라거나 아프거나 힘들어 내는 소리. '아이고' 힘줌말 ⓑ아이고머니, 이 일을 어떻게 해

아이낳이 이름씨 ❶겨집이 아이를 낳는 일 ⓑ요즘 젊은이들이 아이낳이를 꺼린다 준말애낳이 ⇐ 출산 ❷다른 이를 갈음하여 아기를 낳아주는 사람 ⓑ아이낳이를 다룬 뭘그림이 온누리에서 크게 눈길을 끌었다 한뜻말씨받이 ⇐ 대리모

아이디 ⇒ 덧이름. 곁이름

아이디어 ⇒ 좋은 생각. 멋진 꾀

아이라인 ⇒ 눈가금

아이러니 ⇒ 아귀 안맞음. 앞뒤 안 맞는말

아이마음 이름씨 어린아이가 지니는 꾸밈없는 마음 ⇐ 동심

아이배울글모음 이름씨 조선 때 최세진이 한자에 한글새김을 달아 엮은 책 ⇐ 훈몽자회

아이스케키 ⇒ 얼음과자

아이스크림 ⇒ 얼음보숭이

아이스하키 ⇒ 얼음하키

아이앓이 이름씨 어린아이에게 많은 앓이. 온날기침, 뜨야기, 디프테리아 따위 ⇐ 소아병

아이엠에프 ⇒ 나라사이씨돈

아이오딘 이름씨 반짝거리는 어두운 밤빛 몬. 미역, 다시마 같은 바닷말에 많이 들어 있다 ⇐ 요오드

아이참 느낌씨 못마땅하거나 부끄러울 때 내는 소리 ⓑ아이참, 부끄럽게 왜 이러세요

아이코 느낌씨 ❶몹시 아프거나 놀랐을 때 내는 소리 ⓑ아이코, 기둥에 머리를 찧었네 ❷반갑거나 기쁠 때 내는 소리 ⓑ아이코, 이게 얼마 만이야

아이콘 ⇒ 그림글자

아일랜드 이름씨 잉글랜드 하늬녘에 있는 아일랜드섬에 세운 나라. 서울은 더블린

아자작 어찌씨 좀 단단한 것이나 질긴 것이 잘게 으스러지는 소리 ⓑ발을 헛디뎌 바가지를 아자작 밟아버렸다 **아자작하다**

아자작거리다 움직씨 좀 단단한 것이나 질긴 것이 잇달아 잘게 으스러지다 **아자작대다**

아자작아자작 어찌씨 좀 단단한 것이나 질긴 것이 잇달아 잘게 으스러지는 소리 ⓑ얼음을 아자작아자작 밟으며 냇물을 건너 배곳에 갔다 **아자작아자작하다**

아작 어찌씨 단단한 것을 깨물어 부스러뜨릴 때 나는 소리 ⓑ호두를 아작 깨물었다 **아작하다**

아작거리다 움직씨 단단한 것을 자꾸 깨물어 부스러뜨리다 **아작대다**

아작아작 어찌씨 단단한 것을 자꾸 깨물어 부스러뜨릴 때 나는 소리 ⓑ더워서 얼음을 아작아작 씹어 먹었다

아장 어찌씨 아기가 작은 몸집으로 귀엽게 걷는 꼴 ⓑ아이가 방으로 아장 걸어 들어온다

아장거리다 움직씨 아기가 작은 몸집으로 잇달아 귀엽게 걷다 **아장대다**

아장바장 어찌씨 작은 몸집으로 할 일 없이 잇달아 걷는 꼴 ⓑ어렸을 때 네가 얼마나 나를 아장바장 따라다닌 줄 알아?

아장아장 어찌씨 아기가 작은 몸집으로 잇달아 귀엽게 걷는 꼴 ⓑ아기가 아장아장 걸

음마를 한다 큰말어정어정 센말아창아창

아재 이름씨 아저씨

아재조카 이름씨 아재와 조카 ⇐ 숙질

아저씨 이름씨 ❶가까운 집안 사내어른을 이르는 말. 큰할아버지나 작은할아버지 아들 또는 아비뉘버시, 어미언아우버시, 어미오랍이나 어미아우를 일컫는 말 ⓑ아비뉘와 아저씨도 잘 계시지요? 한뜻말아재 ❷아음이 아닌 사내어른을 두루 이르는 말 ⓑ옆집 아저씨는 저녁마다 거님길을 걷는다

아전인수 ⇒ 제 논 물대기

아제 이름씨 오늘 다음 날 ⇐ 내일

아주 어찌씨 ❶더할 나위 없이 ⓑ들이 아주 넓다. 골이 아주 깊다 한뜻말대단히 ❷(어떤 이름씨 앞에 써) 매우 ⓑ아주 요즘 일이야 ❸('없다'나 움직씨 앞에 써) 조금도. 오롯이 ⓑ그 일은 아주 잊어버렸어. 아주 없던 일로 하자

아주까리 이름씨 줄기는 곧게 크고, 잎은 활짝 편 어른 손같이 생겼으며 열매는 가시가 있고 그 안에 길둥근 씨가 맺히는 한해살이풀 ⇐ 피마자

아주머니 이름씨 ❶가까운 집안 겨집어른을 이르는 말. 큰할아버지나 작은할아버지 딸이나 아비뉘, 어미겨집언아우. 어미오랍가시, 어미아우가시같은 분을 부드럽고 포근하게 높이는 이름. 한자말은 높임말이고 우리말은 낮춤말이라는 종살이배움이 아직까지 이어진 탓으로 아주머니나 아줌마를 낮춤말로 잘못 아는 사람이 많다 ⓑ애야 절해라, 이분은 너한테 아주머니가 되신다 한뜻말아지매. 아주매 ❷아음이 아닌 겨집 어른을 두루 이르는 말 ⓑ아주머니, 저자 보러 오셨어요?

아주먹이 이름씨 ❶더 손댈 일이 없을 만큼 깨끗하게 쓿은 쌀 ⇐ 정미. 정백미 ❷겹옷이나 홑옷을 입어야 할 철에 입는 솜옷

아주버니 이름씨 버시와 줄이 같은 사람 가운데 버시보다 나이가 많은 사내를 가시가 이르는 말 ⓑ아주버니 나오십니까? 한뜻말아주범

아줌마 이름씨 '아주머니'를 따듯하고 살갑게 부르는 말

아지랑이 이름씨 따뜻한 봄날 땅 위 빈기가 어른거리는 일 ⓑ저 멀리 푸른 보리밭 위로 아지랑이가 피어오른다

아지매 이름씨 손위 언니 아내 ⇐ 형수

아직 어찌씨 ❶때가 되지 않았거나 미처 이르지 못했음을 나타내는 말 ⓑ아직 때가 이른데 벌써 가시려고요? 엄마, 아직 밥 안 됐어? ❷어느 때에 이르기까지 죽 ⓑ아직 여기 앉아 기다립니까? 아직까지 안 먹고 뭐 했어? ❸어떤 일이 끝나거나 바뀌지 않고 이제도 ⓑ아직 그 배곳에 다녀? ❹('~도', '~밖에'가 붙은 이름씨 앞에 써) 기껏 따져 보아야. 고작 ⓑ아직 그것밖에 못 했어?

아찔아찔 어찌씨 잇달아 얼이 아득하고 좀 어지러운 꼴 ⓑ높은 바위 위에서 아래를 내려다보니 아찔아찔 어지럽다 **아찔아찔하다**

아찔하다 그림씨 갑자기 얼이 내둘리어 쓰러질 듯하다 ⓑ제 자리에서 맴돌이를 했더니 눈앞이 아찔하여 쓰러질 뻔 했다

아차[1] 느낌씨 잊거나 잘못한 것을 알았을 때 놀라서 선뜻 내는 소리 ⓑ아차, 열쇠를 놓고 왔네. 아차, 한발 늦었군

아차[2] 어찌씨 뜻하지 않게 자칫 ⓑ발밑을 잘 살피게! 아차 하면 즈믄 길 낭떠러지로 굴러

아첨 ⇒ 알랑거림. 알랑거리다

아츠럽다 그림씨 ❶가엽고 불쌍하다 ⓑ아츠러워서 때릴 데가 어딨나? 한뜻말애처롭다 ❷보거나 듣기에 견디기 어려울 만큼 거북하다 ⓑ아내 있는 자리에서 그런 소리를 듣다니 아츠러운 노릇이다 ❸소리가 얼날을 몹시 긁게 듣기 싫고 날카롭다 ⓑ벼 바심틀 소리가 와릉와릉 아츠럽게 들린다

아침 이름씨 ❶날이 샐 때부터 앞낮 가웃나절쯤까지 동안 ⓑ날마다 아침에는 앉아서 마음닦기해요 ❷아침밥 ⓑ아침은 먹었느냐?

아침나절 이름씨 ❶아침밥을 먹고 점심때까지 한나절 ⓑ아침나절에는 풀을 베고 물꼬를

돌본다 ⇐ 오전 **2** 아침 무렵 ⓑ벌써 아침나절에는 제법 선선하네

아침노을 이름씨 아침 해가 뜰 무렵에 새녘 하늘에 비끼는 노을 ⓑ아침노을이 붉게 물든 새목메 언저리 하늘

아침밥 이름씨 아침에 먹는 밥 ⓑ아버지는 한뉘토록 아침밥을 든든히 잡숫고 일했다 ⇐ 조식

아카시아 이름씨 아까시나무

아코디언 ⇒ 손바람가락틀

아퀴 이름씨 **1** 일이나 말을 마무리하는 끝매듭 ⓑ먼저 한 말과 아퀴가 맞지 않으면 안 되니 아퀴를 잘 맞춰 마무리해요 **2** 한쪽 끝이 둘로 갈라지게 다듬은 기둥 ⓑ아퀴를 다듬다

아퀴짓다 움직씨 일끝을 아물리어 마감하다 ⓑ아버지가 오시거든 아예 아퀴짓고 가셔요

아킬레스건 ⇒ 아킬레스힘줄

아킬레스힘줄 이름씨 **1** 발뒤꿈치 뼈 위쪽에 붙은 힘줄. 걷거나 뛰는데 종요로운 힘줄이다 ⇐ 아킬레스건 **2** '크게 모자란 곳'을 빗댄 말

아테네 이름씨 그리스 서울. 옛 그리스 삶빛이 꽃핀 곳으로 파르테논 검집 같은 옛 삶 자취가 많이 남아 있다

아토피 이름씨 어린아이 팔꿈치나 오금 같은 데 살갗이 두꺼워지고 거칠어지며 몹시 가려운 오래 끄는 피부앓이

아틀라스 이름씨 그리스 검 얘기에 나오는 큰 사람. 잘못을 저질러 어깨로 하늘을 떠받치게 했다 한다

아틀라스멧줄기 이름씨 아프리카 하늬노녘에서 바닷가와 나란한 큰 멧줄기 ⇐ 아틀라스 산맥

아파트 ⇒ 한데살이. 모둠집. 켜켜살림집

아편 ⇒ 쪽

아편전쟁 ⇒ 쪽싸움

아프가니스탄 이름씨 아시아 마하늬녘에 있는 나라. 땅은 넓으나 높은 멧줄기 고장이고 메말라 오아시스 언저리 말고는 거의 쓸모없는 땅이다. 서울은 카불

아프다 그림씨 **1** 다치거나 앓거나 맞아서 몸이 거북하고 괴롭다 ⓑ고뿔이 들었는지 머리가 아프다 ⇐ 편찮다 **2** 마음이 쓰라리고 괴롭다 ⓑ젊은이들이 떼거리로 죽다니 마음이 몹시 아프다

아프리카 이름씨 여섯 큰뭍 가운데 하나로 하늬큰바다와 인디아 바다, 붉은 바다, 뭍에운 바다로 둘러싸여 있다

아픈이수레 이름씨 아픈이를 실어나르는 수레 ⇐ 앰뷸런스

아픔 이름씨 아픈 느낌 ⓑ아픔을 느낌으로 있는 그대로 바라보다 ⇐ 통증

아하 느낌씨 **1** 미처 생각지 못한 것을 뜻밖에 깨달을 때 내는 소리 ⓑ아하! 그럴 수가 있네 큰말어허 **2** 좀 못마땅하거나 조마조마할 때 내는 소리 ⓑ아하, 그러다가 다치려고!

아한대 ⇒ 버금추운곳

아홉 셈씨 여덟 다음 수 ⓑ아홉에 하나를 더하면 열이다

아홉달 이름씨 한 해 가운데 아홉째 달 ⇐ 구월

아홉째 셈씨 **1** 여덟째 다음 차례 ⓑ예순 사람이 멀리 달리기를 해서 나는 아홉째로 들어왔어 **2** (매김씨) 차례에서 여덟째 다음 ⓑ아홉이는 그 집 아홉째 아들이다

아흐레 이름씨 **1** 그달 아홉째 날 ⓑ다음 달 아흐레가 꽃부리 난 날이다 ⇐ 9일 **2** 아홉 날 ⓑ마음닦기를 배우려면 자누워가며 꼬박 아흐레가 걸린다

아흔 셈씨 열을 아홉디위 더한 수 ⓑ아버지는 아흔까지만 사신다더니 딱 아흔에 돌아가셨다 ⇐ 구십

악[1] 이름씨 **1** 있는 힘을 다하여 내뿜는 기운 ⓑ아이가 이 빼기 싫다고 악을 쓴다 **2** 아주 모질게 먹은 마음 ⓑ저녁 앉기에서 쇠북 울릴 때까지 악으로 버텼다

악[2] 느낌씨 갑자기 놀라거나 아플 때 저도 모르게 내는 소리 ⓑ악! 누가 내 발 밟았어!

악 ⇒ 나쁨

악곡 ⇒ 가락

악골 ⇒ 턱뼈
악공 ⇒ 가락바치. 가락쟁이
악귀 ⇒ 뜬깨비. 도깨비
악기 ⇒ 가락틀
악녀 ⇒ 나쁜 겨집. 못된 겨집
악다구니 이름씨 악을 쓰면서 거친 말로 서로 다투는 짓. 또는 그런 소리 ⓑ악다구니를 놀리다. 악다구니를 퍼붓다. 악다구니를 부리다
악단 ⇒ 가락떼. 노래떼
악담 ⇒ 몹쓸말. 나쁜말
악당 ⇒ 못된 무리. 몹쓸 무리. 나쁜떼
악대 ⇒ 가락떼
악덕 ⇒ 나쁜마음. 못된마음
악독하다 ⇒ 아주 못되다. 아주 모질다. 고약하다
악동 ⇒ 장난꾸러기. 말썽쟁이. 말썽꾸러기
악랄하다 ⇒ 모지락스럽다. 모질고 사납다
악마 ⇒ 못된기운. 나쁜깨비
악명 ⇒ 나쁜새뜸. 나쁜뜬말
악몽 ⇒ 나쁜꿈. 무서운 꿈
악물다 움직씨 ❶단단히 힘을 주어 이를 마주 물다 ⓑ이 솜덩이를 악물고 계셔요 ❷굳게 마음을 먹거나 어떤 것을 참을 때 이를 꽉 마주 물다 ⓑ이를 악물고 견디었다
악바리 이름씨 어떤 일이든 끈덕지고 억척스럽게 해내려고 애쓰는 사람 ⓑ너무 그렇게 악바리같이 살 거 없어
악법 ⇒ 나쁜 참. 나쁜 벼리
악보 ⇒ 가락흐름글. 가락글
악사 ⇒ 가락바치. 가락쟁이
악살 이름씨 깨져 조각조각 부서짐 ⓑ단지 뚜껑이 미끄러져 악살이 나고 말았어 한뜻말 작살. 박살
악상 ⇒ 가락생각. 가락뜸. 가락떠오름
악성 (樂聖) ⇒ 가락거룩이
악성 (惡性) ⇒ 나쁜 것. 몹쓸 것
악센트 ⇒ 소리마루. 센소리
악수 ⇒ 손잡기. 손마주잡기. 손맞잡기
악습 ⇒ 나쁜 버릇
악쓰다 그림씨 있는 힘을 다해 마구 소리를 지르다 ⓑ악쓰며 발버둥 치는 아이
악어 ⇒ 긴주둥뱀
악역 ⇒ 몹쓸 놈 구실. 나쁜 놈 노릇
악연 ⇒ 나쁜 말미
악영향 ⇒ 나쁜 끼침. 나쁜 미침
악용 ⇒ 잘못씀. 나삐 씀. 잘못 쓰다. 나쁘게 쓰다
악의 ⇒ 나쁜뜻. 몹쓸 생각
악인 ⇒ 나쁜 놈. 몹쓸 놈. 몹쓸 이
악장 이름씨 있는 힘을 다해 모질게 마구 쓰는 기운
악장 ⇒ 가락가름. 가락나눔
악장치다 움직씨 악을 쓰며 시끄럽게 굴거나 악을 쓰며 싸우다 ⓑ할머니는 돌팔이 나숨이에게 아들을 살려내라고 악장쳤다 ⇐ 투쟁하다
악전고투 ⇒ 힘든 싸움. 힘들게 싸우다
악절 ⇒ 가락마디
악조건 ⇒ 나쁜 일가지
악질 ⇒ 나쁜 사람. 못된 사람
악질병 ⇒ 나쁜 앓이. 몹쓸앓이
악착같다 그림씨 뜻한 바를 이루려는 짓이 끈덕지고 모질다 ⓑ새롬이는 먹는 데는 악착같아
악처 ⇒ 사나운 아내. 못된 아내. 모진 아내
악천후 ⇒ 궂은날. 나쁜 날씨. 궂은 날씨
악청 이름씨 악을 써서 지르는 목청 ⓑ우리는 있는 힘을 다해 '물러가라!' 하고 악청을 질렀다
악취 ⇒ 구린내. 고약내. 나쁜 내. 더러운 냄새
악취미 ⇒ 나쁜 버릇. 고약한 버릇
악평 ⇒ 헐뜯음. 나쁘게 말하다. 헐뜯다. 까다
악한 ⇒ 막된놈. 몹쓸내기. 만무방. 모진놈
악행 ⇒ 막된짓. 몹쓸짓. 지정머리
악화 ⇒ 나빠짐. 덧남. 나빠지다. 덧나다. 더치다. 도지다. 쇠다
안[1] 이름씨 ❶어떤 곳이나 몬 둘레에서 가운데 쪽 ⓑ바깥에 나가 있는 사람들은 다 안으로 들어와요 맞선말 밖 ❷어떤 잣대를 넘지 않는 테두리 ⓑ모두 사흘 안으로 돌아와요 ❸옷에 받치는 감 ⓑ안을 받치다. 저고리

에 깁으로 안을 넣다 4안방 [보]안에 들어가봐, 엄마 있어 5아내를 일컫는 말 [보]변변하지 않지만 제 안 솜씨입니다 6겨집 [보]안사돈. 안임자

안² [어찌씨] '아니' 준말 [보]이거 네가 그랬지? 내가 안 그랬는데

안간힘 [이름씨] 어떤 일을 해내려고 몹시 애쓰는 힘 [보]안간힘을 써도 꿈쩍도 하지 않는 바위 ⇐ 진력

안갈 [이름씨] 1한 쪽금을 그 위 아무 점을 살피로 하여 두 쪽으로 나누는 일 [맞선말]밖갈 ⇐ 내분 2한 모를 그 안 아무 한 쪽금을 살피로 하여 두 쪽으로 나누는 일

안갈점 [이름씨] 한 쪽금을 그 쪽금 위 아무 점에서 두 낱으로 나누는 점 [맞선말]밖갈점 ⇐ 내분점

안감 [이름씨] 옷이나 이불 따위 안쪽에 대는 천 [보]겉감은 쪽빛, 안감은 무슨 빛으로 하시겠어요? [맞선말]겉감

안갖춘꽃 [이름씨] 꽃받침, 꽃부리, 암술, 수술 가운데 어느 것이 없는 꽃 [보]호박꽃은 안갖춘꽃이다 [맞선말]갖춘꽃

안같기틀 [이름씨] 안같기 표를 써서 두 수나 틀이 크고 작음을 나타내는 냄 ⇐ 부등식

안같기표 [이름씨] 두 수나 냄이 크고 작음을 나타내는 표. '>, <'를 가리킨다 ⇐ 부등호

안갚음 [이름씨] 어버이 사랑과 베풂을 되갚는 것 [보]까마귀 새끼는 다 자라서 안갚음을 하는 날짐승이다 ⇐ 반포지효 **안갚음하다**

안개 [이름씨] 1아주 작은 물방울들이 땅 가까이에 김처럼 부옇게 떠 있는 것 [보]안개가 끼다. 안개가 걷히다 2어떤 일이 잘 풀리지 않고 흐릿하게 있는 것을 빗댄 말 [보]값을 속였다는 속내가 안개에 가렸다 3어떤 일이 드러나지 않고 숨겨지거나 잊힘을 빗댄 말 [보]사람은 누구나 얼마쯤은 지난 일을 안개에 묻고 사는지도 모른다 4눈에 어리는 어렴풋한 눈물 [보]보람이 눈에 언뜻 안개가 비쳤다

안개꽃 [이름씨] 잔가지 끝에 자잘한 흰 꽃이 많이 피는 풀. 꽃꽂이에 많이 쓴다

안개눈썹 [이름씨] 숱이 적고 엷은 눈썹 [보]요즘엔 안개눈썹을 만나기 힘들다

안개비 [이름씨] 안개같이 뿌옇게 내리는 몹시 가는 비. 오는지 안 오는지 모를 만큼 살갗에 촉촉함을 느끼게 한다 [보]도담이네 앞마당이 안개비에 촉촉이 젖었다

안개치마 [이름씨] 안개처럼 엷고 가벼운 치마 [보]안개치마를 입은 어린 가시나가 꽃다발을 줬다

안건 ⇒ 뜻나눔거리. 일거리. 살필거리

안경 ⇒ 눈거울

안경점 ⇒ 눈거울가게

안경테 ⇒ 눈거울테

안골 [이름씨] 골짜기 안쪽. 또는 골짜기 안쪽에 있는 마을 [보]안골에는 작은 집 서너 채밖에 없더라

안과 ⇒ 눈보는데. 눈나숨집

안구 ⇒ 눈알

안기다 [움직씨] 1다른 사람 품 안에 들다 [보]아이가 아빠 품에 안긴 채 잠이 들었다 2어떤 것을 안게 하다 [보]우는 아기에게 곰 노리개를 안겨주니 곧 울음을 멈추었다 3어떤 일을 떠맡게 하다 [보]사람들이 산들이 아버지에게 마을지기 자리를 안겼다 4생각이나 느낌을 품게 하다 [보]벅찬 느낌을 안겨주는 이야기

안길 [이름씨] 안쪽으로 난 길 [보]안길을 쭉 따라가면 빵집이 나온다 [맞선말]바깥길

안나뉨수 [이름씨] 참수면서 갈수꼴로 나타낼 수 없는 수. 2뿌리, 파이(3.14159…) 따위 ⇐ 무리수

안날 [이름씨] 바로 앞날이나 앞 때 [보]안날에 다들 모여서 메 올릴 마련을 하였다 ⇐ 전날

안내 ⇒ 길잡이. 알림. 이끎. 알리다. 이끌다

안내도 ⇒ 길그림

안내문 ⇒ 알림글

안내원 ⇒ 알림이. 길라잡이. 길잡이

안내장·안내지 ⇒ 알림종이

안내판 ⇒ 알림널

안녕 ⇒ 잘 지냈어? 잘. 어서 와. 잘 가. 사이좋음

안늙풀 이름씨 사람이 먹으면 늙지 않는다는 꿍꿍 속 풀 ⇐ 불로초

안다 움직씨 ❶어떤 것을 팔로 감아서 품 안에 두다 ⓑ슬픔을 달래려고 언니를 꼭 안아주었다 ❷배나 허리를 두 팔로 부둥켜 잡다 ⓑ쉰 맛갓을 먹은 몇몇 사람들이 배를 안고 괴로워했다 ❸바람이나 눈, 비, 볕 따위를 앞에서 받거나 메, 담 따위를 앞에 맞대다 ⓑ바람을 안고 달리느라 더 힘들었어 ❹생각이나 느낌을 마음에 품다 ⓑ길이 있으리란 꿈을 안고 나아갔다

안다리 걸기 이름씨 씨름에서 오른쪽 다리로 맞선이 왼쪽 다리를 걸고 샅바를 당기면서 가슴과 어깨로 밀어 넘어뜨리기

안다미 이름씨 남 짐을 맡아 짐. 또는 그 짐 ⓑ다른 나라 싸울아비를 불러들인 것은 다른 놈들이지만 그 안다미를 우리 여름지기싸울아비가 뒤집어쓴 거지요

안달 이름씨 속을 태우면서 바삐 서두르는 짓 ⓑ안달이 나다. 안달을 부리다. 안달을 떨다

안달복달 이름씨 몹시 속을 태우며 과가르게 볶아치는 일이나 그 꼴 ⓑ아무리 안달복달 빌어봐야 쓸모없어

안대 ⇒ 눈가리개

안데스 멧줄기 이름씨 마아메리카 하늬 쪽을 길게 뻗어버린 멧줄기. 온누리에서 가장 긴 멧줄기이다 ⇐ 안데스산맥

안도 ⇒ 마음 놓음. 마음 놓다

안돈 이름씨 겨집들이 가진 적은 돈

안돈 ⇒ 간추림. 가지런히 하다. 가라앉게 하다

안돌이 이름씨 가파른 벼랑길에서 바위 같은 것을 안고 겨우 돌아가는 곳 맞선말 지돌이

안동 (安東) ⇒ 고다라

안동 (眼同) ⇒ 데려감. 가져감. 데려가다. 가져가다

안되다 그림씨 ❶가엾고 딱하여 마음이 아프다 ⓑ앓이 고칠 돈이 없다니 안되었어 ❷걱정거리나 앓이 때문에 낯빛이 안 좋다 ⓑ이슬이가 한 달 내내 앓았다더니 얼굴이 너무 안되었더라

안드로메다별구름·안드로메다미리내 이름씨 안드로메다 별자리에 있는 소라꼴 미리내. 우리 미리내 가까이 있는 미리내 가운데 가장 밝은 미리내이다 ⇐ 안드로메다성운·안드로메다은하

안드로메다별자리 이름씨 카시오페아 별자리 새마녘이고 페가수스별자리 새녘에 있는 노녘하늘 별자리 ⇐ 안드로메다성좌

안땅장단 이름씨 여느 빠르기로 힘 있고 가벼운 겨레노래 장단. '옹헤야'에 잘 어울린다

안뜨기 이름씨 큰바늘뜨기에서 밑바탕이 되는 뜨개질. 바늘 두 낱으로 코를 안쪽으로만 감아 뜬다 맞선말 겉뜨기

안뜰 이름씨 공치기 놀이에서 첫밭, 둘째밭, 셋째밭, 밑밭을 잇는 곧금안 네모진 곳 ⇐ 내야

안뜰지기 이름씨 공치기에서 안뜰을 지키는 사람들, 곧 첫밭지기, 둘째밭지기, 셋째밭지기, 곧잡이를 말함. 때로는 던짐이와 받는 이를 넣기도 한다 ⇐ 내야수

안락사 ⇒ 즐거운 죽음

안락의자 ⇒ 푹신앉개

안락하다 ⇒ 걱정없다. 즐겁다

안료 ⇒ 물감. 그림물감. 가루물감

안마 ⇒ 주무르기. 두드림. 주무르다. 두드리다

안마기 ⇒ 주무르개. 두드리개

안마당 이름씨 큰문 안에 있는 마당

안맞섬 이름씨 맞섬 사이가 아닌 것 ⇐ 비대칭

안면 ⇒ 낯. 얼굴. 알음

안모 이름씨 여러모꼴에서 이웃한 두 결이 그림꼴 안쪽에 만드는 모 ⓑ세모꼴 안모를 더하면 180데이다 ⇐ 내각

안목 ⇒ 보는 눈. 알아보는 눈

안무 ⇒ 춤짓기. 춤짜기. 춤 애짓다

안뭍 이름씨 바다에서 멀리 떨어진 뭍 ⇐ 내륙

안뮘몬 이름씨 움직이지 않는 것 ⇐ 정물

안바람 이름씨 집 안쪽에 있는 바람 ⇐ 안벽. 내벽

안방 이름씨 ❶집 안채에 부엌이 딸린 방 ⓑ안방에 들어가 어머니께 절 올려 ❷안임자가

쓰는 방

안배 ⇒ 도름. 벌여 나눔. 갈라주다. 몫 나누다. 몫 나누다. 도르다. 고루 나누다

안보 ⇒ 나라지킴

안부 ⇒ 잘 있는지 어떤지

안사람 이름씨 아내

안산것 이름씨 물, 빈기, 돌처럼 목숨이 없는 몬. 또는 목숨 없는 것을 밑감으로 하여 만든 몬 ⇐ 무기물. 무생물

안산밭 이름씨 목숨이 살아가는 데 있어야 할 쇳돌바탈 살감숫. 칼륨, 나트륨, 칼슘, 빛나르개, 쇠 따위가 있다 ⇐ 무기질

안색 ⇒ 얼굴빛. 낯빛

안성맞춤 ⇒ 나하맞춤

안식 ⇒ 잠듦. 쉼. 느긋이 쉼. 잠들다. 쉬다. 느긋이 쉬다

안식처 ⇒ 보금자리. 쉴 곳

안심 이름씨 소갈비 안쪽 채끝에 붙은 부드럽고 연한 살 ⓑ너는 안심구이를 좋아해, 등심구이를 좋아해?

안심 ⇒ 마음 놓기. 한시름 놓기. 걱정없음. 마음 놓다. 한시름 놓다. 걱정없다

안쓰럽다 그림씨 아랫사람이나 저보다 못한 사람이 어렵고 힘들게 보여 가엾고 딱하다 ⓑ이웃집 가난한 할머니 일이 안쓰럽고 걱정스럽다 ⇐ 가련하다

안아맡다 움직씨 남 일을 맡아서 해가다 ⓑ새롬은 남 일을 안아맡아 저렇게 애를 써

안약 ⇒ 눈낫개

안이하다 ⇒ 쉽다. 손쉽다. 수월하다. 까다롭지 아니하다

안일하다 ⇒ 게으르다. 쉽게 여기다. 대수롭지 않게 생각하다

안장 (鞍裝) ⇒ 얹개. 말앉개

안장 (安葬) ⇒ 궂일. 죽음맞이

안저지 이름씨 어린아이를 안아 돌보는 일을 맡은 겨집

안전 ⇒ 일없음. 까딱없다. 말썽없다. 일없다. 사달없다. 탈없다

안전거리 ⇒ 사이벌리기. 떨어지기

안전띠·안전벨트 ⇒ 걸띠. 두름띠. 맬띠

안전모 ⇒ 막이쓰개

안전보장 ⇒ 사달없음. 일없게 지킴

안전사고 ⇒ 뜻밖사달. 뜻밖일남. 뜻밖말썽

안전성 ⇒ 일없음새

안전장치 ⇒ 쏘개걸이. 터지개걸이

안절부절 어찌씨 마음이 몹시 뒤숭숭하거나 어수선하여 어쩔 줄 모르는 꼴

안절부절못하다 움직씨 마음이 조마조마하여 어찌할 바를 모르다 ⓑ아우가 다쳤을까 봐 밤새 안절부절못했다

안정 (安定) ⇒ 자리잡음. 자리잡힘. 자리잡다. 자리잡히다

안정 (安靜) ⇒ 고요히 함. 가라앉힘. 가라앉음. 고요함. 가라앉다. 고요하다

안정제 ⇒ 가라앉개

안주 (按酒) ⇒ 술곁

안주 (安住) ⇒ 자리머묾. 자리잡음. 발붙임. 머무르다. 자리잡다. 발붙이다

안중 ⇒ 눈안. 마음속

안질 ⇒ 눈앓이

안짠베 이름씨 베를 짜지 아니하고 올실을 알맞게 늘어놓아 풀 같은 것으로 붙여서 만든 천 ⇐ 부직포

안짱걸음 이름씨 안짱다리 꼴로 걷는 걸음 ⓑ까치가 안짱걸음으로 뒤뚱거리며 걸어갔다

안짱다리 이름씨 두 발끝이 안쪽으로 휜 다리. 또는 두 발끝을 안쪽으로 벋어 걷는 사람 ⓑ내 벗 한돌이는 안짱다리였다 맞선말 밭장다리

안쪽 이름씨 ❶어떤 것 안. 또는 안으로 가는 쪽 ⓑ버선 안쪽에 구멍이 나서 발이 시리다 맞선말 바깥쪽 ⇐ 내부 ❷어떤 수에 미치지 못한 수 ⓑ다 모아야 열 사람 안쪽이었어. 심을 나무는 스무 그루 안쪽이에요 ⇐ 미만

안찝 이름씨 ❶옷 안에 받치는 감 ❷소나 돼지 결창

안차다 그림씨 두려움이 없고 야무지다 ⓑ머루는 안차서 누구에게도 지지 않으려 한다

안착 ⇒ 자리잡음. 잘 이름. 잘 자리잡다. 이르다. 닿다

안창 (이름씨) 신 안 바닥에 까는 가죽이나 헝겊

안창고기·안창살 (이름씨) 소 가로청 둘레에 있는 살. 돼지고기는 갈매기살을 이른다

안창술집 (이름씨) 임자와 손님이 얼굴을 맞대지 않고 술을 파는 집

안채 (이름씨) 집 안쪽에 있는 집채. 안임자가 산다

안치 ⇒ 잘 둠. 모심. 잘 모시다. 잘 두다

안치다 (움직씨) 밥이나 떡, 찌게 따위를 만들려고 밑감을 솥이나 시루 같은 데에 넣다 ⓑ솥에 밥을 안치다

안치수 (이름씨) 안쪽을 잰 길이

안침하다 (그림씨) 안쪽으로 치우쳐 아늑하다 ⓑ골짜기 안쪽에 치우쳐 안침한 자리에 살림집이 여러 채 들어섰다

안타 ⇒ 잘침

안타깝다 (그림씨) 마음대로 되지 않거나 보기에 딱하여 속이 타고 답답하다 ⓑ같은 겨레끼리 갈라져 싸우다니 안타까워

안타깨비[1] (이름씨) 깁실토막을 이어 짠 굵은 깁

안타깨비[2] (이름씨) 안달이 나서 귀찮게 조르거나 검질기게 달라붙는 사람

안테나 ⇒ 더듬이

안팎 (이름씨) ❶안과 바깥 ⓑ집마다 안팎을 깨끗이 쓸고 닦았다 ⇐ 내외 ❷얼마보다 조금 모자라거나 넘치는 만큼 ⓑ스무 사람 안팎. 두 자 안팎. 다섯 걸음 안팎

안팎도둑 (이름씨) 나라 안과 밖에서 아람들이 일한 몫을 억지로나 속여서 빼앗아 먹고사는 무리들 ⇐ 매판자본. 제국주의자. 식민주의자. 사대주의자

안하무인 ⇒ 눈 아래로 봄. 건방짐. 업신여김. 업신여기다

안흐름덩이 (이름씨) 더움이나 번힘을 조금도 나르지 못하거나 잘 나르지 못하는 몬 ⇐ 부도체

앉개 (이름씨) 앉아 몸을 뒤로 기대는 연장 ⇐ 의자

앉는널 (이름씨) 한복판을 고인 긴 널 두 끝에 두 사람이 타고 서로 오르락내리락하는 놀이틀 ⇐ 시소

앉다 (움직씨) ❶궁둥이를 바닥에 붙이고 윗몸을 세우다 ⓑ보리는 혼자 방에서 일어섰다 앉았다 하며 다리 힘살 뮘을 한다 ❷좀 쉬다 ⓑ바쁘지도 않은데 좀 앉았다 가 ❸새나 나비가 어디에 발을 붙이고 머물다 ⓑ새가 나무에 앉다. 나비가 꽃에 앉다 ❹하늘에 떠 있던 것이 어느 곳에 내려 머물다 ⓑ날틀이 사뿐히 내려앉는다 ❺집이 자리잡고 들어서다 ⓑ멧자락에 마녘받이로 앉은 집 ❻어떤 자리를 차지하다 ⓑ일터지기로 앉았어 ❼떠 있던 것이 모여 쌓이거나 들러붙다 ⓑ마루에 먼지가 새까맣게 앉았다. 때가 덕지덕지 앉은 일옷 ❽배추 같은 것 속이 자라서 들다 ⓑ속이 꽉 앉은 배추 ❾버릇 따위가 들다 ⓑ버시가 새 일터에서 술버릇이 앉기 비롯하네 ❿('앉은' 꼴로 써) 넝쿨이 뻗지 않은 ⓑ앉은 호박. 앉은 오이 ⓫('앉아' 꼴로 써) 움직이지 않고 자리에 박혀 ⓑ앉아서 해달 타령만 한다. 앉아 뭉개다. 앉아 배기다 (익은말) **앉으나 서나** 언제나 (슬기말) **앉아서 주고 서서 받는다** 빌려주기는 쉽지만 돌려받기는 어렵다

앉은굿 (이름씨) 장구를 치거나 춤을 추지 않고 하는 굿

앉은뱅이 (이름씨) ❶앉을 수는 있고 서거나 걷지는 못하는 사람 ⓑ노녘내기 머시마 언니는 앉은뱅이여서 늘 방에만 앉아 지냈지 ❷높이가 낮은 것을 빗댄 말 ⓑ앉은뱅이 밀. 앉은뱅이 다리

앉은뱅이저울 (이름씨) 바닥에 놓고 받침널에 몬을 얹어 무게를 다는 저울 ⇐ 대칭

앉은뱅이책놓개 (이름씨) 앉개 없이 바닥에 앉아 쓸 수 있게 만든 책놓개 ⇐ 앉은뱅이책상

앉은부채 (이름씨) 멧속 그늘진 곳에 자라며 잎이 아주 넓고, 큰 풀인데 잎보다 꽃이 먼저 핀다. 냄새가 고약한 죽이개이나 뿌리는 낫개로 쓴다

앉은자리 이름씨 앉은 바로 그 자리. 또는 어떤 일이 일어난 바로 그 자리 ⓑ언니가 앉은 자리에서 밥을 세 그릇이나 비웠다 슬기말 **앉은자리에 풀도 안 나겠다** 마음결이 아주 쌀쌀맞다

앉은키 이름씨 등을 곧게 편 채 앉개에 앉아 엉덩이 끝에서 머리끝까지를 잰 키 ⓑ나는 키는 작은데 윗몸이 길어서 앉은키는 커

앉음매 이름씨 앉은 꼴 ⓑ다소곳한 앉음매가 마음을 울립니다 한뜻말앉음새. 앉음앉음

앉음새 이름씨 ❶앉은 꼴 ⓑ앉음새를 고쳐 앉다 한뜻말앉음앉이. 앉음앉음 ❷집 같은 것이 자리 잡은 꼴 ⓑ앉음새가 번듯한 집

앉음수레 이름씨 마음대로 걸을 수 없는 사람이 앉은 채로 다닐 수 있도록 바퀴를 단 앉개 한뜻말앉은뱅이수레 ⇐ 휠체어

앉음앉음 이름씨 자리에 앉거나 앉은 몸새 ⓑ앉음앉음이 어지러운 사람과 앉음앉음이 고요한 사람 한뜻말앉음매. 앉음새

앉히다 움직씨 ❶앉게 하다 ⓑ가르침이가 새로 온 아이를 내 옆에 앉혔다 ❷버릇을 가르치다 ⓑ몸가짐을 가지런히 하고 말도 뚜렷하게 하는 버릇을 앉혀야 한다 ❸줄거리를 따로 잡아 적다 ⓑ글 첫머리에 줄거리를 간추려 앉혔다 ❹자리를 차지하게 하다 ⓑ선돌박이 마을지기에 늘품이를 새로 앉혔다 ❺무엇을 올려놓거나 마련하여 갖추다 ⓑ부엌은 새녘으로 앉혔다

않다 움직씨 ❶(움직씨 '지' 꼴 다음에 써) 그 뭐이 아님을 나타내는 말 ⓑ딸은 늘 아침을 먹지 않고 일터에 간다 ❷(그림씨 '지' 꼴 다음에 써) 그 꼴이 아님을 나타내는 말 ⓑ나는 공놀이를 좋아하지 않아

알[1] 이름씨 ❶새나 물고기, 벌레 암컷이 낳아 새끼가 될 바탕이 껍데기에 쌓인 둥글거나 길둥근 것 ⓑ개구리알. 알을 품다. 알을 낳다. 알을 까다. 알을 슬다 ❷작고 동그랗게 단단히 뭉쳐 생긴 몬 하나하나 ⓑ모래알. 쏘개알 ❸좀 작은 씨나 열매 같은 것 하나하나 ⓑ쌀알. 밤알. 능금알 ❹동그랗게 생긴 유리로 만든 작은 몬 하나하나 ⓑ눈거울알. 구슬알 ❺힘살이 단단하고 둥글게 뭉친 것 ⓑ어제 달리기를 세게 했더니 장딴지에 알이 배었네 ❻알을 세는 하나치 ⓑ밤 한 알. 대추 세 알

알[2] 이름씨 다 자란 겨집이나 숨받이 암컷 몸에서 알집이 만들어내는 잔삼. 얼씨와 만나면 아기나 새끼가 된다 한뜻말알잔삼 ⇐ 난자

알- 앞가지 ❶(어떤 이름씨 앞에 붙어) '겉을 덮거나 싼 것을 벗기거나 없앤 것'을 뜻하는 말 ⓑ알몸. 알밤. 알궁둥이. 알대가리 ❷'참짜'. '알짜' ⓑ알거지. 알가면이. 알짜배기 ❸알처럼 작고 둥근 것 ⓑ알단것. 알낫개 ❹'아주 작은 것.' ⓑ알뚝배기. 알동이. 알단지

알가난 이름씨 참말로 가난한 것

알가면이 이름씨 겉으로 드러나지 않은 알짜 가면이 ⇐ 알부자

알감 이름씨 ❶보거나 재서 얻은 밑감을 삶에 도움 되도록 간추린 알음 ⇐ 정보 ❷몰래 알아낸 밑감을 따지고 매겨보아 얻은, 맞은쪽 참모습을 알 수 있는 새뜸이나 밑감 ⇐ 정보

알감되기 이름씨 많은 사람이 알감을 빠르고 틀림없이 주고받는 삶이 되는 것 ⇐ 정보화

알감주받 이름씨 번힘주받에 셈틀이 아울러 말소리, 글자, 그림, 뮘그림 같은 알감을 다루어 주고받는 것 ⇐ 정보통신

알갱이 이름씨 ❶낟이나 열매 따위 낱낱 ⓑ쌀알갱이 ❷몬을 이루는 아주 작은 알 ⓑ알갱이 자취란 번힘기운을 띤 알갱이가 지나간 길목에 나타나는 자취. 먼지 알갱이 한뜻말알씨 ⇐ 입자 ❸알갱이를 세는 하나치 ⓑ호두 세 알갱이

알거지 이름씨 아무것도 가진 것이 없는 알짜거지 ⓑ겉으로 번쩍번쩍하게 꾸미고 다니지만 알고 보면 알거지라네

알곡 ⇒ 알낟

알까기 이름씨 숨받이 알 속에서 새끼가 껍질을 깨고 알 밖으로 나오는 일 ⓑ닭은 알을 품은 지 세이레 만에 알까기를 한다 ⇐ 부화

알껍질 이름씨 새나 뱀무리 알을 둘러싼 딱딱

한 껍질

알나리 이름씨 어리고 키 작은 사람이 벼슬한 것을 놀리는 말

알나리깔나리 느낌씨 아이들이 남을 놀릴 때 하는 말

알낟 이름씨 ❶벼, 보리, 밀, 콩, 수수, 강냉이, 메밀과 같은 낟을 통틀어 이르는 말 ⓑ해마다 알낟낳이가 조금씩 불어간다 ⇐ 알곡 ❷쭉정이나 티가 섞이지 않은 낟 ⓑ그 논에서 알낟으로 한 섬이 나왔다

알낟낳이 이름씨 온갖 알낟을 가꾸어 거둬들이기 ⇐ 알곡생산

알낫·알낫개 이름씨 작은 알꼴로 만든 낫개 ⓑ 나는 머리가 아파서 날마다 알낫개를 두 알씩 먹는다 ⇐ 알약. 환약

알낳기 이름씨 물고기나 새, 개구리 같은 것이 알을 낳는 일 ⇐ 산란

알낳이철 이름씨 알을 낳을 때 ⓑ우리 겨레는 알낳이철에는 물고기를 잡지 않았다 ⇐ 산란기

알눈 이름씨 ❶참나리, 마 따위 잎 겨드랑이에 생기는 알꼴 곁눈 ⓑ참나리잎 아귀에 알눈이 맺혔네 한뜻말구슬싹. 살눈 ❷날짐승이나 길짐승 알 노른자 위에 있는 것으로, 앞으로 씨눈이 될 작은 곳 ⇐ 배반

알다 움직씨 ❶배우거나 겪어 모르던 것을 깨닫다 ⓑ이제야 비로소 그 말뜻을 알고 고개를 끄덕였다. 너 바이올린 켤 줄 알아? ❷잊었던 것을 깨달아 새기다 ⓑ새뜸을 보고 큰물이 나서 마을을 쓸어버린 것을 알았다 ❸일을 어떻게 해야 할지 가르고 나누어 생각하다 ⓑ네 일은 네가 알아서 해야지 ❹어떻게 여기거나 받아들이다 ⓑ나는 네가 잘 지내는 줄로만 알았어 ❺낯이 익거나 사귐이 있다 ⓑ내가 그 사람 잘 아는데 처음부터 한밭 사람이야 ❻어떤 일에 아랑곳하다 ⓑ그건 내 알 바 아니지 ❼'-만' 다음에 써 종요롭게 여기다 ⓑ돈만 아는 구두쇠 슬기말 **아는 것이 힘이다** 아는 것이 많으면 살아가는 데 도움이 된다 **아는 길도 물어 가랬다** 쉬운 일도 꼼꼼히 챙기면서 잘못되지 않도록 해야 한다

알단것 이름씨 엿이나 단것을 졸여서 만든 단 과자 ⇐ 사탕

알대롱 이름씨 다 자란 알씨를 아기집 쪽으로 내려보내는 두 대롱. 길이는 10센티미터쯤이며 안쪽으로 아기집 바람을 뚫고 아기집 안으로 열려있다 ⇐ 난관

알돈 이름씨 ❶마음을 다하여 모은 알짜 돈 ⓑ힘들게 일해 번 알돈을 모두 도둑맞다니! ❷밑천이 들지 않은 깨끗한 돈 ⓑ버섯 따서 번 돈은 알돈이지

알딸딸하다 그림씨 ❶갑작스러운 일을 겪거나 여러 일이 꼬여 얼을 차리지 못하다 ⓑ너무나 반가운 새뜸에 한동안 알딸딸했다 ❷머리를 부딪쳐 골이 울리고 어지럽다 ⓑ기둥에 이마를 받아 머리가 알딸딸하다 ❸술기운이 올라와서 힘이 나며 느낌이 좋다 ⓑ 술을 좀 마셨더니 알딸딸하다

알땀 이름씨 이마 따위에 송알송알 맺힌 땀 ⓑ 예슬이 이마에 알땀이 송골송골 맺혔네

알땅 이름씨 ❶비바람을 막을 만한 것이 없는 땅 ⓑ이곳도 이제 나무들이 많이 자라 알땅을 벗어났다 ❷푸나무가 없는 발가벗은 땅 ⓑ옛날 서라벌 마메는 벌거숭이 알땅이었어

알뜰살뜰 어찌씨 살림을 아끼며 마음껏 짜임새 있게 꾸려나가는 꼴 ⓑ어머니는 알뜰살뜰 살림을 꾸려 우리를 키웠다 **알뜰살뜰하다**

알뜰시장 ⇒ 알뜰저자

알뜰저자 이름씨 집에서 안쓰는 몬들을 가져와 싸게 사고파는 저자 ⇐ 알뜰시장

알뜰하다 그림씨 ❶살림살이가 허술한 데가 없고 꼼꼼하다 ⓑ나도 누나처럼 쓸돈을 알뜰하게 쓸 거야 비슷한말야물다 ❷다른 사람을 아끼고 돌보는 마음이 참되다 ⓑ그 집 갈오기는 어머니 알뜰한 보살핌을 받으며 자랐다

알라 이름씨 이슬람에서 믿는 검 ⓑ알라를 믿는 사람들은 이웃을 사랑하고 참되게 살려

고 한다
알락 [이름씨] 밑바탕에 다른 빛깔 점이나 줄이 조금 섞인 꼴이나 자국 [큰말]얼럭
알락달락하다 [그림씨] 여러 빛깔 점이나 줄 따위 무늬가 고르지 않게 배다 ㉥알락달락한 치마 [한뜻말]알록달록하다 [큰말]얼럭덜럭하다. 얼룩덜룩하다
알락범 [이름씨] 범보다 좀 작으며 온몸에 검고 둥근 무늬가 있는 범. 날쌔고 사납다 [한뜻말]아롱범. 돈점박이 ⇐ 표범
알랑거리다 [움직씨] 남에게 잘 보이려는 말이나 짓을 하다 ㉥마을지기에게 알랑거리는 새로 들어온 이웃 ⇐ 아부하다. 아첨하다 **알랑대다**
알랑방귀 [이름씨] 잘 보이려고 알랑거리며 남 마음에 맞추는 짓 ㉥마루가 스승한테 잘 보이려고 알랑방귀를 뀐다 ⇐ 아부. 아첨
알랑수 [이름씨] 알랑똥땅 넘기거나 남을 속이는 수 ㉥요즘 그런 알랑수에 속을 사람이 어디 있겠어 [큰말]얼렁수 ⇐ 계교. 계략
알랑알랑 [어찌씨] 남 마음을 맞추거나 남에게 잘 보이려고 하는 말이나 짓 ㉥윗사람에게 알랑알랑하는 짓이 눈꼴시럽다 **알랑알랑하다**
알래스카 [이름씨] 노아메리카 큰뭍 높하늬 끝에 있는 유에스에 딸린 고장. 1867해에 러시아로부터 사들였고 1959해에 유에스 마흔아홉째 고장이 되었다
알량하다 [그림씨] **1** 시시하고 보잘것없다 ㉥그 알량한 솜씨로 셈틀을 고치겠니? **2** 꽤 쓸만한 데가 있다 ㉥그 알량한 돈 좀 있다고 너무 뽐내지 말게나
알레르기 ⇒ 두드러기
알력 ⇒ 티격태격. 삐걱거림. 맞부딪힘. 맞섬. 다툼
알로에 [이름씨] 나리갈래 늘푸른 여러해살이풀로 잎은 두꺼운 칼처럼 생겼고 가장자리에 가시가 있다. 잎에서 나는 물을 낫개로 쓴다
알록달록 [어찌씨] 여러 가지 빛깔로 된 점이나 줄무늬 따위가 고르지 않게 뒤섞인 꼴 ㉥빨간 저고리에 알록달록한 치마를 받쳐 입은 누나가 오늘따라 아름답다 **알록달록하다**
알롱 [이름씨] 옛날 고장이나 고을 그위집에서 성금 나르는 일을 맡아 하는 사람. 한뉘토록 꽃두루로 살았다 한다
알루미늄 [이름씨] 가볍고 무른 수빛 쇠붙이. 그릇이나 집 지을 밑감, 섞음쇠 들을 만드는데 쓴다 ㉥요즘 알루미늄을 쇠를 갈음하여 여러 곳에 쓰다 보니 값이 덩달아 많이 뛰었다
알른알른 [어찌씨] **1** 뭔가가 조금씩 보이다 말다 하는 꼴 ㉥물 밑에 물고기가 알른알른 보이네 **2** 잔무늬나 그림자 따위가 물결 지어 자꾸 움직이는 꼴 **3** 물이나 거울에 비친 그림자 따위가 자꾸 조금씩 흔들리는 꼴 **알른알른하다**
알리개·알림낫개 [이름씨] 리트머스 종이처럼 빛깔이 바뀌어 어떤 될갈흐름을 알 수 있는 몬 ⇐ 지시약. 인디케이터
알리다 [움직씨] **1** 무엇을 알게 하다 ㉥나한테 알리지도 않고 집을 옮기다니 ⇐ 연락하다 **2** 들은 것을 남한테 말해주다 ㉥때를 알리다. 모임을 알리다 **3** 배우게 하거나 재주를 갖게 하다 ㉥헤엄을 어떻게 치는지 알려줘
알리바이 [이름씨] 허물을 지었다고 여겨지는 사람이 일이 일어난 곳에 없었다는 것을 밝힐 수 있는 것 ㉥그때 나와 만난 것이야말로 새미가 아무 잘못이 없다는 알리바이로 넉넉했다
알림 [이름씨] 어떤 일을 글이나 말, 번결로 알리는 것 ⇐ 연락. 통고. 통보. 통신. 통지. 통첩. 포고
알림곳 [이름씨] **1** 알림을 보내려고 미리 잡아둔 곳 ⇐ 연락처 **2** 알림을 주고받을 수 있는 말틀 숫자나 누리글월 받는 곳 따위
알림그림 [이름씨] 어떤 일을 널리 알리려고 글, 그림, 빛박이 들을 실은 종이 ⇐ 포스터
알림그물 [이름씨] 알림을 주고받을 수 있게 벌여 놓은 짜임 ⇐ 연락망

알림글 이름씨 어떤 일을 드러내거나 알려주는 글 ⇐ 보고문. 통신문. 통지서

알림널 이름씨 여러 사람에게 알릴 것을 적거나 붙이는 널 ⓑ알림널에 나들이 날짜가 적혔네 ⇐ 안내판. 알림판

알림말뚝 이름씨 무엇을 알리려고 글이나 그림을 새긴 말뚝 ⇐ 팻말. 패목

알림뭄 이름씨 어떤 일을 같이 해가자고 널리 알리는 뭄 ⇐ 캠페인

알림바람주머니 이름씨 널리 알리는데 쓰는 바람주머니. 글이나 그림을 매달거나 주머니에 써서 하늘 높이 띄운다 ⇐ 애드벌룬

알림성금 이름씨 여러 사람에게 널리 알리는 성금 ⇐ 포고령

알림종이 이름씨 알리려는 것들을 적은 글발 ⓑ사름아, 알림종이를 보고 무엇을 챙겨야 할지 엄마에게 말해줄래? ⇐ 알림장. 통지서

알림판 ⇒ 알림널

알림표 이름씨 배곳에서 배움이 알음힘, 살이 몸씨, 배움 이룸치 따위를 적어 집에 알리는 표 ⇐ 통지표

알맞다 그림씨 넘치거나 모자라지 않고 꼭 맞다 ⓑ짜지도 싱겁지도 않고 간이 딱 알맞다 ⇐ 적합하다. 온건하다

알맞춤하다 그림씨 어느만큼 알맞다 ⓑ내 신이지만 언니 발에도 알맞춤하네

알맹이 이름씨 ❶껍데기나 껍질 속에 들어 있는 것 ⓑ다슬기를 삶아 알맹이를 쏙쏙 빼먹었다 맞선말껍데기 ⇐ 내용물 ❷말, 글 들에서 자위가 되는 종요로운 것 ⓑ자꾸 말 돌리지 말고 알맹이를 이야기해 한뜻말알속 ⇐ 핵심

알몸 이름씨 ❶아무것도 입지 않은 몸 ⓑ두 살짜리 조카가 알몸으로 마루를 뛰어다닌다 한뜻말맨몸 ⇐ 나체 ❷가진 돈이 조금도 없는 사람을 빗댄 말 ⓑ내 나이 스무 살 때 알몸으로 서울에 올라왔지

알반대기 이름씨 달걀 노른자와 흰자를 따로따로 솥에 얇게 부쳐 잘게 썬 고명

알밤 이름씨 ❶밤송이에서 빠지거나 뺀 밤톨 ⓑ다람쥐가 알밤을 부지런히 주워모은다 ❷주먹으로 머리를 가볍게 쥐어박는 일 ⓑ겨집아이를 놀리다가 가르침이한테 알밤을 먹었다 ❸아람. 곧 밤이 잘 익어 저절로 떨어질 만큼 된 것. 또는 그 열매

알밥젓 이름씨 명태 알을 소금에 절여 담근 젓 ⇐ 명란젓

알배기 이름씨 ❶알이 들어 통통한 물고기 ⓑ저잣거리에서 게를 알배기들만 골라 샀다 ❷겉보기보다 속이 알찬 꼴 ⓑ알배기 배추

알보 이름씨 더배곳 알보 배움길을 마치고 밟을 것을 다 밟은 사람에게 주는 배움자리. 또는 그 배움자리를 딴 사람. 더배곳 맡꾼 모임이 내는 딴나라말 재봄과 두루재봄에 걸리고 알보 배움자리 갈글 가림을 지나야 받는다 ⇐ 박사

알부자 ⇒ 알가면이

알불 이름씨 발갛게 피어있는 숯불 한뜻말잉걸

알뿌리 이름씨 감자나 고구마, 둥글파처럼 뿌리나 줄기 같은 것 살감이 땅속에서 알처럼 둥글게 뭉쳐진 것 ⓑ눈풀꽃은 알뿌리 꽃이다 ⇐ 구근

알선 ⇒ 두름. 뒤스름. 두르다. 뒤스르다. 힘쓰다. 끈 붙이다

알섬 이름씨 ❶사람이 살지 않는 작은 섬 ⇐ 무인도 ❷뭍 가까이에 있고 물새가 많이 모여 알을 낳는 섬 ⓑ우리나라 바닷가에는 알섬들이 많다

알속 이름씨 ❶겉으로 드러난 것이 아닌 남은 알짜 ⇐ 실속 ❷몬에서 종요롭고 바탕이 되는 것 한뜻말알맹이 ⇐ 핵심

알심 이름씨 ❶남을 가엾게 여기는 마음이나 뜻 ⓑ그 사내를 보면 알심이 생겨 슬그머니 먹을 것을 챙겨주곤 했다 ⇐ 동정심 ❷보기보다 속이 있는 야무진 힘 ⓑ곧비는 꽤나 알심 있는 사람이라서 웬만한 일은 혼자 다 해치운다

알싸하다 그림씨 매운맛이나 찌르듯이 센 냄새 따위로 콧속이나 혀끝이 알알하다 ⓑ난두나무 열매로 장아찌를 담가 먹었더니 온 입

안에 알싸한 맛이 감돈다

알쏭달쏭 어찌씨 ❶여러 가지 빛깔이나 꼴이 뒤얽히고 뒤섞여 서로 가려내기 어렵게 아리쏭한 꼴 큰말얼쑹덜쑹. 알쏭달쏭 ❷생각이 자꾸 섞바뀌어서 얼른 생각나지 않는 꼴

알쏭달쏭하다 그림씨 그런 것 같기도 하고 아닌 것 같기도 하여 얼른 알 수 없다 ⓑ알쏭달쏭한 수수께끼

알씨 이름씨 몬을 이루는 아주 작은 알갱이 ⇐ 입자

알아내다 움직씨 모르던 것을 새로 밝혀내다 ⓑ어쩌다가 돌림앓이에 걸렸는지 그 까닭을 알아냈다 ⇐ 파악하다

알아듣다 움직씨 ❶남 말을 듣고 그 뜻을 알다 ⓑ내 말 잘 알아들었어요? ⇐ 이해하다 ❷누가 또는 무엇이 내는 소리인지 가려내어 듣다 ⓑ저 울음소리가 무슨 새 소리인지 알아듣겠어요? 그렇게 조그만 소리로 말하면 누가 알아듣겠니?

알아맞히다 움직씨 틀리지 않게 알아내어서 바로 맞추다 ⓑ네가 오늘 어디 갔다 온 건지 내가 알아맞혀 볼까?

알아보다 움직씨 ❶알려고 살펴보거나 따져보다 ⓑ사벌 가는 버스가 언제 떠나는지 알아보자 ❷잊지 않고 생각해내거나 가리다 ⓑ오랜만에 뵙는데도 아랫마을 할아버지는 한눈에 나를 알아보셨다 ❸무엇을 보고 그 뜻을 알다 ⓑ알아보기 어렵게 휘갈겨 쓴 글씨 ❹어떠한 값이나 사람 재주 따위를 헤아려 알다 ⓑ저잣거리를 돌며 쌀값을 알아보았다 ❺흐름을 살펴보거나 지켜보다 ⓑ고뿔인지 돌림앓이인지 좀 더 알아보고 낫개를 써야겠다

알아주다 움직씨 ❶다른 사람 매개, 마음 따위를 헤아리거나 너그러이 받아들이다 ⓑ엄마 마음을 잘 알아주는 사람은 아버지밖에 없어 맞선말몰라주다 ❷그렇다고 뚜렷이 여기거나 좋게 쳐주다 ⓑ마을에서는 별이 아버지가 노래를 가장 잘 부른다고 알아준다

알아차리다 움직씨 ❶무엇을 알고 얼을 차려 깨닫다 ⓑ어제 일을 돌이켜보다가 내가 저지른 잘못을 알아차렸다 ❷눈치나 어림으로 미리 알다 ⓑ나는 아버지 말뜻을 재빨리 알아차렸다 한뜻말알아채다

알아채다 움직씨 낌새를 미리 알다 ⇐ 포착하다

알알이 어찌씨 알마다 ⓑ알알이 토실토실하게 여문 밤을 보니 올해에는 가을걷이가 넉넉하겠다

알알하다 그림씨 ❶맵고 찌르는 듯하여 혀끝이 아리다 ⓑ고추를 먹다가 혀가 알알해서 맨밥을 먹고 물을 마셨다 큰말얼얼하다 ❷살갗이 타거나 살을 다쳐 몹시 아린 느낌이 있다 ⓑ칼에 베인 자리에 물이 닿자 몹시 알알했다 ❸아쉽거나 애먼 일을 겪어 마음이 괴롭다 ⓑ내 잘못이 다른 사람 말밥에 오른 것이 무엇보다 마음이 알알하다

알약 ⇒ 알낫개

알엔에이·유전암호운반체 ⇒ 내림몰래말나르개

알엿 이름씨 엿이나 단것을 끓여 입에 넣기에 알맞은 크기로 만든 달고 단단한 과자 ⓑ우는 아이한테 달달한 알엿을 주었더니 울음을 멈췄다 한뜻말알단것 ⇐ 캔디

알은체 이름씨 ❶남 일에 아랑곳하는 듯한 모습을 보이는 것 ⓑ저 애들 일에는 알은체 말고 가만히 있어 한뜻말알은척 ❷사람을 보고 속으로 절하는 듯한 얼굴빛을 짓는 것 ⓑ이웃에 살면서 알은체도 안 한다

알음 이름씨 ❶서로 아는 낯 ⓑ알음이 있는 사람 ⇐ 면식 ❷아는 것 ⓑ그 일에는 알음이 없어 할 말이 없습니다 ⇐ 지식

알음알음 이름씨 ❶서로서로 아는 사이 ⓑ새롬이와 나는 갑배곳을 같이 다녀 알음알음이 없지도 않다 ❷저마다 지닌 가까운 사이 ⓑ한결은 오랫동안 물사랑땅사랑 일을 해와서 알음알음이 넓다

알음알이 이름씨 ❶서로 가까이 아는 사람 ⓑ한솔은 알음알이가 많은 사람이다 ❷꾀가 많은 재주 ⓑ다솜이는 알음알이가 좋은 사람이다

알젓 이름씨 물고기 알로 담근 것

알주머니 이름씨 알을 싸고 있는 얇은 주머니. 개구리, 거미, 상어 같은 숨받이에서 볼 수 있다

알지다 그림씨 ❶알에 살이 많이 오르다 ❷알속 있다 ❸몸에 살이 많이 오르다

알집[1] 이름씨 벌레가 알을 지키려고 짓는 집

알집[2] 이름씨 알씨를 만들어내는 숨받이 암컷 불이틀. 사람 알집은 아기집 뒤 옆쪽 알대롱 끝에 알꼴로 되어 왼쪽과 오른쪽에 하나씩 있다 ⓑ알씨는 겨집 알집에서 만들어진다 ⇐ 난소

알짜 이름씨 ❶가장 종요롭거나 값있는 것 ⓑ이 새뜸에는 알짜 이야기가 많아 ⇐ 요점 ❷알맹이

알짜배기 이름씨 '알짜'를 힘주어 이르는 말 ⓑ이 벼룩저자에는 알짜배기 놀잇감이 많아

알짬 이름씨 여럿 가운데 가장 종요로운 알맹이 ⓑ알짬만 따로 빼 적어놨다 ⇐ 요점. 정곡. 키포인트. 핀트

알짱거리다 움직씨 ❶능청스럽게 굴며 알랑거리다 ⓑ마을지기 눈에 들려고 알짱거리는 이웃이 눈꼴사납다 ❷하는 일 없이 아장거리다 ⓑ앞에서 알짱거리지 말고 좀 비켜줘 **알짱대다**

알짱알짱 어찌씨 ❶남 마음을 사려고 알랑거리는 꼴 ⓑ남 앞에서 알짱알짱 굽실거리는 놈이 뒤에서는 뒤통수를 칠지도 모른다 ❷하는 일 없이 짐짓 어정거리는 꼴 ⓑ하루내내 알짱알짱 지겨워서 어떻게 노니? **알짱알짱하다**

알차다 그림씨 ❶열매나 낟이 속이 꽉 차다 ⓑ벼가 알차게 여물었다 ❷속내가 매우 짜여 있다 ⓑ알찬 글. 알찬 속내로 엮은 책 ❸매우 알심 있고 야무지다 ⓑ알찬 일솜씨

알차지 이름씨 쓴 돈을 빼고 손에 남은 돈 ⓑ떡 장사는 알차지가 쏠쏠한 일이다 ⇐ 순수익

알천 이름씨 ❶살림살이 가운데 가장 값나가는 몬 ⓑ남들은 보가락지가 으뜸 알천이라는데 내게는 알천이 없어 ⇐ 재산 ❷먹을거리 가운데 가장 맛있는 것 ⓑ더덕구이가 내게는 으뜸 알천이네

알츠하이머병 ⇒ 얼흐림앓이

알칼리 이름씨 쓴맛이 나고 심과 만나면 그 바탈을 잃으며 붉은 리트머스 종이를 파란빛으로 바뀌게 하는 몬 ⇐ 염기

알칼리바탈 이름씨 쓴맛이 나고 심과 만나면 그 바탈을 잃음 ⇐ 염기성

알코올 이름씨 빛깔이 없고 불이 잘 붙고 날아가기 쉬운 물. 술을 만드는 데 쓰고 팡이를 잘 죽여 낫개로 쓴다 ⓑ다친 곳은 알코올로 한 디위 씻은 뒤 낫개를 발라주면 된다

알코올인박임 이름씨 술을 이어 마셔 알코올에 인이 박인 앓이. 머리가 아프고 고단하고 얼이 흐리멍덩해진다 한뜻말 술인박임 ⇐ 술중독. 알코올중독

알코올중독 ⇒ 술인박임. 알코올인박임

알콩달콩 어찌씨 아기자기하고 사이좋게 지내는 꼴 ⓑ이웃집 가시버시는 가끔 큰소리가 들리기는 해도 알콩달콩 잘 지낸다

알타리무 이름씨 잎, 줄기와 함께 김치를 담그는 뿌리가 잔 무 ⇐ 총각무

알타리무김치 이름씨 알타리무로 담은 김치 ⇐ 총각김치

알토 이름씨 꽃님이 내는 가장 낮은 노랫소리갈래

알통 이름씨 사람 몸에서 위팔이나 장딴지처럼 힘살이 단단하고 불룩하게 나온 곳 ⓑ요즘 부지런히 쇳덩이를 들어 올렸다 내렸다 했더니 팔에 알통이 생긴 것 같아

알파벳 이름씨 그리스 글자에서 갈라져 나와 나아간 라틴 글자와 같은 꼴 글자. 에이(A)에서 제트(Z)까지 26글자

알프스멧줄기 이름씨 유럽 한뭍 갑마 고장에 있는 멧줄기. 프랑스, 이탈리아, 스위스, 오스트리아에 걸쳤다 ⇐ 알프스산맥

알현 ⇒ 찾아뵘. 찾아뵙다

앎 이름씨 ❶아는 것 ⓑ앎과 함을 늘 함께 닦아야 한다 ❷마음을 넷으로 나눌 때 첫마음 ⓑ마음은 앎, 알아보기, 느낌, 마음지음

으로 나눌 수 있고, 그 차례로 흐른다 ⇐ 식. 의식

앓는이 이름씨 다치거나 앓는 사람 한뜻말 아픈이 ⇐ 환자

앓다 움직씨 ❶몸 어디가 잘못되어 아프다 ⓑ아우가 식은땀을 흘리며 밤새 앓았다 ❷걱정되어 마음이 괴롭다 ⓑ혼자 끙끙 앓지 말고 털어놔 봐 슬기말 **앓느니 죽지** 남한테 시키는 것보다 차라리 고되더라도 스스로 하는 것이 낫다 **앓던 이가 빠진 것 같다** 걱정거리가 없어져 시원하다

앓아눕다 움직씨 몸이 아파 자리에 눕다 ⓑ언니가 몹쓸 고뿔에 걸려 앓아누웠다

앓이 이름씨 ❶산것 몸에 무엇이 잘못되어 아픈 일 ⓑ이 앓이. 배 앓이 ⇐ 병 ❷깊이 뿌리박힌 잘못이나 버릇 ⓑ아저씨는 술만 마시면 실랑이를 하는 앓이가 있어

앓이몸 이름씨 ❶몸 어느 곳이 오롯하지 못하거나 그 구실을 잃어버림. 또는 그런 몸이 된 사람 ⇐ 병신 ❷늘 앓아서 오롯하지 못한 몸이나 고칠 수 없는 앓이에 걸린 몸. 또는 그런 사람 ⇐ 병신

앓이몸굿놀이 이름씨 마사라사고장 미다보리 고을에서 하던 놀이 가운데 하나. 나오는 사람들이 앓이몸으로 꾸며 춤추며 아람들 슬픔과 기쁨을 나타내고 웃대가리들을 놀리고 비꼬는 노래를 부른다 ⇐ 병신굿

앓이뿌리 이름씨 앓이가 비롯되는 까닭이나 뿌리 ⇐ 병원. 병근. 병인

앓이수발 이름씨 앓는 사람을 잘 보살펴 구완함 한뜻말 앓이시중. 앓이바라지 ⇐ 병간호

앓이쉼 이름씨 앓이로 말미암아 얻는 말미 한뜻말 앓이말미 ⇐ 병가

앓이일개 이름씨 산것 몸에 더부살이하면서 앓이를 일으키는 팡이나 좀알살이 따위 ⇐ 병원체

앓이자취 이름씨 이제까지 앓은 여러 앓이가 지나온 길 ⇐ 병력

앓이치레 이름씨 앓이를 앓아 치러내는 일 ⓑ나이가 들어 앓이치레가 잦았으나 아들딸이 잘 보살펴 그런대로 잘 지내 ⇐ 병치레

앓이팡이 이름씨 앓이를 일으키는 팡이 ⇐ 병균. 병원균

암[1] 이름씨 산것에서 새끼를 배거나 열매를 맺는 것 맞선말 수

암[2] 느낌씨 아무렴 ⓑ할머니, 저 여기서 자고 가도 되지요? 암, 그렇고말고

암- 앞가지 ❶(짐승, 푸나무를 나타내는 낱말 앞에 붙어) 새끼를 배는. 열매를 맺는 ⓑ암컷. 암놈. 암소. 암탉. 암퇘지. 암꽃 맞선말 수- ❷(짝이 있는 몬 이름 앞에 붙어) 오목하게 들어간. 구멍이 있는 ⓑ암나사. 암키와

암 ⇒ 굿혹

암갈색 ⇒ 밤빛

암거래 ⇒ 뒷사고팔기. 까막장사

암그루 이름씨 제피나무처럼 암꽃과 수꽃이 딴 그루에 피는 나무 갈래에서 암꽃이 피어 열매를 맺는 나무 맞선말 수그루

암글 이름씨 사내들이 쓰던 한문을 수글이라 하고 그에 맞서 한글을 이르던 말 한뜻말 한글 맞선말 수글

암기 ⇒ 욈. 외다

암꽃 이름씨 암술만 있는 꽃 ⓑ밤나무나 호박은 한 그루에 암꽃과 수꽃이 따로 달린다

암나사 ⇒ 암돌리개

암내[1] 이름씨 암컷 몸에서 나는 냄새. 짝짓기 철에 수컷을 끄는 구실을 한다

암내[2] 이름씨 겨드랑이에서 나는 고약한 냄새

암놈 이름씨 숨받이 암컷 맞선말 숫놈

암눈비앗 이름씨 줄기는 1미터쯤으로 네모지고 잎은 마주나며 잎자루가 길고 여름에 엷은 붉은 빛 꽃이 잎겨드랑이에 무더기로 피는 풀. 잎은 찧어 물을 내어 더위 먹었을 때 먹고 꽃 필 무렵 풀을 통째로 말려 아이 낳은 엄마한테 낫개로 쓴다 ⇐ 익모초

암담하다 ⇒ 어둡다. 캄캄하다. 답답하다

암돌리개 이름씨 수돌리개를 끼울 수 있도록 몸에 홈을 파놓은 돌리개 ⇐ 암나사

암되다 그림씨 사내 마음씨가 미적지근하며 수줍음을 잘 타는 데가 있다 ⓑ단돌이는

워낙 암되어서 여러 사람 앞에 말하러 나서면 얼굴이 빨개져서 말을 더듬거린다

암만[1] 어찌씨 아무리 ㉥암만 생각해도 모르겠다

암만[2] 느낌씨 아무려면 ㉥암만 그렇지

암만해도 어찌씨 아무리 생각하거나 힘써 보아도 ㉥암만해도 못 버티겠다

암매장 ⇒ 몰래 묻음. 몰래 파묻다

암모니아 이름씨 코를 찌르는 냄새가 나고 빛깔이 없는 김덩이. 물에 잘 녹고 막심이나 거름을 만드는 밑감으로 쓴다

암물 이름씨 맑지 않고 보얀 빛을 띤 샘물

암반 ⇒ 너레. 너럭바위. 바닥돌. 바닥바위

암벽 ⇒ 바위벼랑. 바위바람

암산 ⇒ 속셈. 주먹셈

암살 ⇒ 몰래죽임. 몰래 죽이다

암상 이름씨 남을 미워하고 샘내는 마음 ㉥팥쥐가 암상을 내어 콩쥐를 째려본다

암상궂다 그림씨 암상이 매우 많다 ㉥암상궂은 못된 할망구 같으니라고

암상꾸러기 이름씨 암상이 많은 사람 ㉥아까 그렇게 먹었으면서 또 달라니, 이 암상꾸러기!

암상딱지 이름씨 '암상' 낮춤말 ㉥일을 되도록 하려면 암상딱지 아저씨가 좋다고 해야 돼

암상스럽다 그림씨 남을 미워하고 샘내는 데가 있다

암상자 ⇒ 어둠고리

암석 ⇒ 바위. 바윗돌

암소 이름씨 소 암컷

암송 ⇒ 외어읊음. 외어읊다

암수 이름씨 암컷과 수컷 ㉥언니가 하는 일은 병아리 암수 가르기이다

암수딴그루 이름씨 암꽃과 수꽃이 다른 나무에 피는 것. 고욤나무, 제피나무 같은 나무 맞선말암수한그루

암수딴꽃 이름씨 푸나무 암술과 수술이 서로 다른 꽃봉오리 속에 있는 꽃 맞선말암수한꽃

암수딴몸 이름씨 암컷과 수컷 몸꼴이 다르고 혼자 살아가는 숨받이 한뜻말암수 다른몸 맞선말암수한몸 ⇐ 자웅이체

암수배움 이름씨 가시나와 머시마 푸름이에게 암수를 바르게 알려주어, 몰라서 생기는 언걸을 미리 막는 배움 ⇐ 성교육

암수한그루 이름씨 암꽃과 수꽃이 한 나무에 피는 것. 소나무, 밤나무 같은 나무 맞선말암수딴그루

암수한꽃 이름씨 푸나무 한 꽃봉오리 안에 암술과 수술이 다 갖추어져 있는 꽃 맞선말암수딴꽃

암수한몸 이름씨 암수 불이틀이 한몸에 갖추어진 숨받이. 지렁이 같은 것 맞선말암수딴몸 ⇐ 자웅동체

암술 이름씨 꽃 가운데 있어 수술 꽃가루를 받아 씨를 맺는 틀 ㉥옥수수 나룻 하나하나가 옥수수 암술이다 맞선말수술

암술머리 이름씨 암술 꼭대기에 있어 꽃가루를 받는 곳 ㉥꿀벌은 수술머리 꽃가루를 암술머리에 붙여 열매 맺도록 해 준다 맞선말수술머리

암시 ⇒ 내비침. 귀띔. 내비치다. 귀띔하다. 비사치다. 흘려주다

암시장 ⇒ 까막저자

암실 ⇒ 깜깜방. 굴방

암암리에 ⇒ 몰래. 남몰래. 슬며시. 넌지시

암울하다 ⇒ 답답하다. 어둡다. 컴컴하다

암자 ⇒ 작은 절

암죽 이름씨 낟이나 밤가루로 묽게 쑨 죽. 아기가 젖을 갈음하여 먹는다 ⇐ 이유식

암쪽 이름씨 빗진이가 갖는 어음 왼쪽 조각 맞선말수쪽

암초 ⇒ 여. 물속바위. 숨은바위. 걸림돌

암캐 이름씨 개 암컷

암컷 이름씨 암수가 따로 있는 숨받이에서 새끼나 알을 배는 쪽 ㉥암컷 사마귀는 짝지은 뒤 수컷 사마귀를 잡아먹는 버릇이 있다 맞선말수컷

암키와 이름씨 조금 우묵하게 넓적한 기와. 지붕에 흙을 올리고 흙 위에 암키와를 깔고 수키와를 덮어 지붕을 인다 맞선말수키와

암탉 이름씨 닭 암컷 맞선말 수탉

암톨쩌귀 이름씨 문기둥에 다는 구멍 뚫린 쇠붙이. 문에 단 수톨쩌귀를 끼워 넣어 문을 여닫는다 맞선말 수톨쩌귀

암퇘지 이름씨 돼지 암컷 맞선말 수퇘지

암투 ⇒ 숨은싸움. 뒤 싸움

암팡지다 그림씨 야무지고 당차다 ⓑ조그만 게 암팡지게 대드네

암표 ⇒ 까막표. 뒷구멍표. 뒤표

암행 ⇒ 몰래다님

암호 ⇒ 몰래글. 몰래말. 숨긴말

암흑 ⇒ 어두움. 캄캄함. 깜깜함

암흑기 ⇒ 깜깜때. 깜깜철. 깜깜누리. 어려운 때. 어두운 철

압도 (壓度) ⇒ 누름새

압도 (壓倒) ⇒ 누름. 누르다. 눌러버리다. 꼼짝 못하게 하다. 내리누르다

압력 ⇒ 누름심. 누름새. 입김

압력솥 ⇒ 누름솥

압록강 ⇒ 아리나리

압류 ⇒ 잡아둠. 묶어둠. 잡아두다. 묶어두다

압박 ⇒ 누름. 누르다. 내리누르다. 지지누르다. 짓밟다

압박감 ⇒ 눌린 느낌. 옥죄는 느낌. 눌린 답답함

압박붕대 ⇒ 누름감개

압사 ⇒ 눌려죽음. 깔려죽음. 눌려 죽다. 깔려 죽다. 밟혀 죽다

압송 ⇒ 잡아보냄. 잡아 보내다

압수 ⇒ 빼앗음. 빼앗다. 뺏어두다. 잡아두다

압정 (壓政) ⇒ 누름다스림. 억지다스림

압정·압핀 (押釘) ⇒ 납작못. 누름못

압제 ⇒ 누름. 짓밟음. 누르다. 짓누르다. 억누르다. 내리누르다. 깔아뭉개다. 짓밟다. 옭매다

압착 (壓搾) ⇒ 눌러짬. 눌러짜다. 짜내다. 쥐어짜다

압착 (壓着) ⇒ 눌러붙임. 눌러 붙이다

압축 ⇒ 누름. 누르다. 눌러 짜다. 오그라뜨리다. 쭈그리다. 간추리다. 다죄다

앗 느낌씨 깜짝 놀라거나 엄청 바쁠 때 내는 소리 ⓑ앗, 비 온다!

앗다 움직씨 남 것을 빼앗거나 가로채다 ⓑ싹쓸바람이 수많은 목숨을 앗아갔다 비슷한말 빼앗다 ⇐ 강탈하다

앗달 이름씨 밝달임금이 옛 배달나라를 세울 때 서울로 삼은 곳 ⇐ 아사달

앙가발이 이름씨 ❶짧고 옥은 다리. 또는 그런 다리를 가진 사람 ⓑ걸음걸이로 보면 풀잎 님은 앙가발이 같아 ❷남에게 잘 달라붙는 사람 ⓑ미늘은 좀 앙가발이야, 아무한테나 달라붙어

앙가슴 이름씨 두 젖 사이 가운데 ⓑ가람바람이 앙가슴을 헤치며 불어온다

앙가조춤 어찌씨 ❶선 것도 아니고 앉은 것도 아닌 몸짓으로 조춤거리는 꼴 ⓑ가게 앞에 앙가조춤 서서 안을 기웃거리는 손님 큰말 엉거주춤 ❷이러지도 저러지도 못하고 조춤거리는 꼴 ⓑ갈림길에서 두리번거리며 앙가조춤 선 나그네 **앙가조춤하다**

앙감질 이름씨 한 발을 들고 다른 한 발로만 뛰는 짓 ⓑ어릴 적 동무들과 앙감질로 누가 오랫동안 뛰어가나를 하며 놀았다 한뜻말 깨금발 **앙감질하다**

앙갚음 이름씨 남이 나에게 못된 짓을 한 만큼 그대로 갚는 일 ⓑ남에게 못된 짓을 하면 언젠가는 앙갚음을 받는다 ⇐ 복수. 징벌 **앙갚음하다**

앙구다 움직씨 ❶먹을거리 같은 것을 식지 않도록 불 위에 놓거나 따뜻하게 묻어두다 ⓑ아버지는 겨울이면 불담이 위에 찌개 뚝배기를 앙구어 바글바글 끓게 했다 ❷한곳에 여러 가지를 곁들여 담거나 쟁여 두다 ⓑ식게에 쓸 구운 물고기를 나무그릇에 앙구어놓았다 ❸아울러서 깁거나 고치다 ⓑ터진 바지 밑을 앙구어 기웠다 ❹손가락을 오그려 힘있게 잡다 ⓑ두 손으로 물을 앙구어 낯을 씻었다 ❺사람을 다른 사람에 딸려 보내다 ⓑ아우를 마을 사람들에게 앙구어 보냈다

앙글거리다 움직씨 어린아이가 소리 없이 귀엽게 웃다 **앙글대다**

앙글방글 어찌씨 어린아이가 소리 없이 밝고 귀엽게 웃는 꼴 ⓑ앙글방글 웃는 우리 아가 **앙글방글하다**

앙글앙글 어찌씨 어린아이가 소리 없이 귀엽게 웃는 꼴 ⓑ아기가 앙글앙글 웃으며 엄마를 쳐다본다 **앙글앙글하다**

앙금 이름씨 **1** 물에 풀린 아주 잔 알갱이들이 가라앉아 생긴 것 ⓑ앙금이 생기다. 앙금이 가라앉다 한뜻말찌꺼기 ⇐ 침전물 **2** 마음에 남은 개운치 않은 느낌 ⓑ뱁새는 아직도 앙금이 가시지 않았는지 사나운 눈길로 쏘아본다 한뜻말응어리

앙금가루 이름씨 **1** 감자나 고구마, 옥수수, 물에 불린 푸른팥 따위를 갈아서 가라앉힌 앙금을 말린 가루 ⇐ 전분. 녹말 **2** 푸나무 잎파랑치 안에서 빛으로 지어져 뿌리, 줄기, 씨앗 따위에 갈무리되는 숯물된몬. 맛도 냄새도 없는 흰빛 가루로 찬물에는 녹지 않는다 ⇐ 녹말

앙금못 이름씨 물속에 섞인 흙이나 모래를 가라앉혀 물을 맑게 하는 못 ⇐ 침전지

앙금앙금 어찌씨 작은 걸음으로 느리게 걷거나 기는 꼴 ⓑ앙금앙금 우리 아기 잘도 긴다 큰말엉금엉금 거센말앙큼앙큼 **앙금앙금하다**

앙꼬 ⇒ 팥소. 단팥소. 소

앙다물다 움직씨 입을 힘주어 꽉 다물다 ⓑ모두 마땅찮은 마음을 터뜨리지 못해 입만 앙다물었다

앙버티다 움직씨 끝까지 맞서며 버티다 ⓑ아무리 웃대가리라도 백성 뜻을 거슬러 앙버틸 수 있을까? ⇐ 대항하다

앙살 이름씨 엄살을 부리며 대듦 ⓑ젊은이가 웬 앙살이 그렇게 셀까

앙살스럽다 그림씨 앙살을 부리는 티가 있다 ⓑ앙살스러운 사람

앙상하다 그림씨 **1** 딱 어울리는 맛이 없이 어설프고 허전하다 ⓑ큰물에 흙과 모래는 쓸려가고 가람바닥은 자갈들만 앙상하게 남았다 **2** 나뭇잎이 다 떨어지고 가지만 남아 스산하다 ⓑ앙상한 나뭇가지 **3** 살이 빠지고 뼈가 두드러져 보기에 까칠하다 ⓑ굶어서 뼈만 앙상하게 남은 아이들을 보고 마음이 아팠다

앙숙 ⇒ 비각. 미워하는 사이

앙심 ⇒ 벼르는 마음

앙알거리다 움직씨 윗사람에게 못마땅하여 칭얼대거나 자꾸 군소리를 하다 ⓑ아우는 신을 사주지 않았다고 하루 내내 앙알거린다 **앙알대다**

앙알앙알 어찌씨 윗사람에게 못마땅하여 칭얼대거나 쉬지 않고 군소리를 하는 꼴 ⓑ보미는 골이 나서 혼자서 앙알앙알 떠들고 다닌다 **앙알앙알하다**

앙앙 어찌씨 **1** 어린아이가 크게 우는 소리나 그 꼴 ⓑ아이가 앙앙 울기 비롯했다 큰말엉엉 **2** 되게 앙탈을 부리는 소리나 그 꼴 ⓑ배곳 가기 싫다고 앙앙 우는 아이

앙양 (昂揚) ⇒ 드높임

앙증맞다 그림씨 작으면서도 갖출 것을 다 갖추어서 아주 깜찍하다 ⓑ아기 꽃신이 참 앙증맞다

앙증스럽다 그림씨 앙증맞은 느낌이 있다 ⓑ아이 발이 깨물어주고 싶을 만큼 앙증스러워

앙칼지다 그림씨 **1** 매우 모질고 날카롭다 ⓑ말틀 너머로 들려오는 앙칼진 말소리 **2** 제 힘에 겨운 일에 악을 쓰고 덤비는 티가 있다 ⓑ앙칼지게 달려든다

앙케트 ⇒ 생각묻기. 생각알기. 생각 알아보기

앙코르 ⇒ 한 디위 더. 다시 한 디위. 좋다

앙코르와트 이름씨 캄보디아 높하늬쪽에 있는 절. 축축한 땅에 물길을 내고 오랜 동안에 걸쳐 지었다

앙큼상큼 어찌씨 작은 걸음으로 가볍고 기운차게 걷는 꼴 ⓑ오솔길을 앙큼상큼 걸어가는 아이들 큰말엉큼성큼 **앙큼상큼하다**

앙큼하다 그림씨 **1** 엉뚱한 마음을 품고 깜찍하게 제 주제 밖 일을 하려는 데가 있다 ⓑ재는 겉보기와 다르게 앙큼한 데가 있어 큰말엉큼하다 **2** 보기와는 달리 제 속을 차리

다 ㉥겉보기와 다르게 그 겨집이 살림은 앙큼하게 잘 한다는데

앙탈 이름씨 ❶잘 따르지 않고 앙칼스럽게 비켜가는 것 ㉥앙탈을 떨다. 앙탈을 피우다. 고분고분하지 않고 앙탈을 부리는 우리 머시마 ❷시키는 말을 듣지 않고 꾀를 부려 비키는 것 ㉥얼른 다녀오지 않고 웬 앙탈이냐? ❸떼를 쓰고 군말을 늘어놓는 것 ㉥엄마 손목을 부여잡고 앙탈을 부리는 아이 **앙탈하다**

앞 이름씨 ❶바라보는 쪽이나 곳 ㉥그 집 앞에는 개울이 흐른다 맞선말뒤 ⇐ 전 ❷때나 차례에서 먼저 ㉥앞에 간 사람들 자취를 보고 잘 따라와 ⇐ 선 ❸이 뒤에. 다음에 ㉥앞으로는 거짓말하지 않을게요 ❹앞길이나 다가올 때 ㉥앞이 훤히 트인 젊은이. 앞으로 자주 만나자 ⇐ 미래 ❺맞닥뜨린 자리나 갖춘 것 ㉥그들은 죽음 앞에서도 뜻을 굽히지 않았다 ❻짓이 미치는 과녁 ㉥겨레 앞에 다짐한 일 ❼마무리할 닥친 일이나 자리 ㉥네 앞이나 잘 가려라 ❽차례에 따라 받거나 맡은 몫 ㉥한 사람 앞에 두 낱씩 준다 ❾(받는 사람 이름 뒤에 써) 에게. 께 ㉥올밤 한 꾸러미를 '박잎새 앞'으로 보냈다 ❿사람 살 ㉥겨우 앞만 가린 옷 ⓫사람이나 짐승 눈 ㉥앞을 못 보다 슬기말 **앞에서 꼬리 치는 개가 뒤에서 발뒤꿈치 문다** 앞에 와서 살살 좋은 말만 하는 사람일수록 보지 않는 데서는 도리어 티를 찾고 나쁜 짓을 한다

앞가림 이름씨 ❶앞을 가리는 일 ㉥앞가림으로 쓰는 베 조각 ❷제 앞에 닥친 일을 겨우 해내는 것 ㉥아들이 아직 제 앞가림도 못 해요 ❸제 모자람을 가려나가는 것 ㉥이제 늙어서 이럭저럭 앞가림이나 하면서 산다네

앞가웃 이름씨 가웃으로 나눈 앞쪽 맞선말뒷가웃 ⇐ 전반

앞가지 이름씨 낱말 뿌리 앞에 붙는 씨가지 한뜻말머릿가지 맞선말뒷가지 ⇐ 접두사

앞구르기 이름씨 몸을 둥글게 말아 앞으로 구르는 몸놀림 ㉥겨루기에 앞서 몸 풀 때 잔디밭에서 앞구르기를 했다 맞선말뒷구르기

앞글 이름씨 책이나 글 따위 첫머리에 책 속내나 책 쓴 속뜻을 간추려 적은 글 ㉥앞글만으로도 글쓴이 속마음을 알 수 있다 한뜻말머리글. 머리말 ⇐ 전문

앞금 이름씨 ❶싸움터에서 맞선 쪽과 마주하는 맨 앞 곳을 이은 금 ⇐ 전선 ❷따습기가 서로 다른 빈기덩이 살피가 땅 거죽과 만나는 금 ⇐ 전선

앞길 이름씨 ❶집채나 마을 앞에 난 길 ㉥어릴 적 아침 일찍 앞길을 쓸었다 맞선말뒷길 ❷앞으로 갈 길이나 남은 길 ㉥앞길이 멀다 ❸앞으로 살아갈 나날 ㉥앞길이 훤히 내다보인다 ⇐ 미래

앞길미 이름씨 빚을 쓸 때에 밑돈에서 먼저 떼어내는 길미 ⇐ 선이자

앞난뉘 이름씨 땅밭뉘를 나눌 때 5~25잘 해 앞 때로 숫바닷말, 좀팡이, 홑잔삼숨받이 같은 삶돌이 나오기도 한다 ⇐ 원생대

앞날 이름씨 ❶앞으로 다가올 날이나 때 ㉥저렇게 마음이 따뜻한 사람이니 앞날이 밝을 수밖에 없겠지 ⇐ 미래 ❷죽을 때까지 앞으로 남은 나날 ㉥앞날이 얼마 남지 않은 것 같다 ⇐ 여생 ❸어떤 날 바로 앞 날 ⇐ 전날

앞낮 이름씨 ❶한밤부터 한낮까지 동안 맞선말뒷낮 ⇐ 오전. 상오 ❷해 뜰 때부터 한낮까지 동안 ⇐ 오전. 상오

앞내 이름씨 마을이나 집 앞을 흐르는 내 ㉥아낙네가 앞내에서 빨래를 한다

앞뉘 이름씨 이 누리에 태어나기 앞에 누린 삶 한뜻말앞삶 ⇐ 전생

앞니 이름씨 앞쪽으로 위아래에 네 낱씩 난 이 ㉥앞니가 밖으로 뻗은 이를 뻐드렁니라고 한다

앞다리 이름씨 ❶네발짐승 앞쪽 두 다리 ㉥앞다리가 짧은 토끼는 내리막길에서 달리기가 서툴다 맞선말뒷다리 ⇐ 전지 ❷두 다리를 앞으로 벌릴 때 앞쪽에 놓인 다리 ㉥앞다리를 더 내밀어봐요

앞다투다 (움직씨) 남보다 먼저 하거나 잘하려고 애쓰다

앞당기다 (움직씨) ❶이미 잡아놓은 때나 차례를 앞으로 당기다 ㉥우리가 만나기로 한 날을 좀 앞당겨도 될까? ❷일을 다그쳐 때를 줄이다 ㉥일을 앞당겨 마무리하려면 좀 더 서둘러야 해 ⇐ 단축하다

앞돈 (이름씨) 값이나 삯 얼마큼이나 모두를 미리 내는 돈 ⇐ 선금

앞두다 (움직씨) 닥쳐올 때나, 곳, 일을 가까이 두거나 바라보다 ㉥큰일을 앞두고 새 옷을 마련했다. 가람을 앞두고 펼쳐진 벌판

앞뒤 (이름씨) ❶앞과 뒤 ㉥마을 앞뒤로 맑은 시내가 흐른다 ⇐ 전후 ❷앞일과 뒷일. 또는 먼저와 나중 ㉥두 사람은 한 해 앞뒤로 한 배곳을 마쳤다 ⇐ 선후 ❸앞말과 뒷말 ㉥저 사람 말은 앞뒤가 잘 들어맞지 않는다

앞뒤침 (이름씨) 두 옆이나 앞, 뒤쪽에서 가운데를 끼고 한 번에 치는 것 한뜻말 두옆침 ⇐ 협공

앞뒷꾀 (이름씨) 어떤 일을 앞뒤에 걸쳐 해 나갈 꾀 ⇐ 선후책

앞뒷보 (이름씨) 앞보와 뒷보 ⇐ 선후배

앞뒷집 (이름씨) ❶앞집과 뒷집을 아울러 이르는 말 ❷서로 이웃한 집

앞뜰 (이름씨) 집 앞에 있는 뜰 ㉥앞뜰에 참꽃을 심었다 한뜻말 앞마당 맞선말 뒤뜰

앞마당 (이름씨) 집 앞에 있는 마당 ㉥어릴 적 앞마당에서 같이 놀던 동무 한뜻말 앞뜰 맞선말 뒷마당

앞마디 (이름씨) 둘 넘는 틀이나 수줄을 이루는 여러 수 가운데 다른 수보다 앞에 있는 수 맞선말 뒷마디 ⇐ 전항

앞마을 (이름씨) 앞쪽에 있는 마을 ㉥앞마을에서 들려오는 다듬이 소리 맞선말 뒷마을

앞머리 (이름씨) ❶사람 머리 앞쪽 ㉥앞머리에 혹이 난 사람 ❷머리 앞쪽에 난 머리털 ㉥앞머리가 차츰 벗어지네 ❸앞뒤가 있는 것 앞쪽 ㉥배 앞머리를 돌려라 ❹어떤 일이나 글 앞쪽 ㉥글 앞머리를 읽어보니 무척 재미있어 책을 샀다

앞메 (이름씨) 마을이나 고을 앞쪽에 있는 메 ⇐ 앞산

앞몬 (이름씨) 앞으로 어느 때에 몬을 넘겨준다는 다짐으로 사고팔기 ⇐ 선물

앞무릎치기 (이름씨) 씨름에서 오른손으로 맞은쪽 앞으로 내민 무릎을 쳐서 넘어뜨리는 재주

앞문 (이름씨) 집이나 방 앞쪽에 난 문 맞선말 뒷문

앞바다 (이름씨) ❶뭍에서 가까운 바다. 뭍에서 마주 바라보이는 앞쪽 바다 한뜻말 갓바다 맞선말 난바다. 먼바다 ⇐ 근해 ❷날씨 알림에 쓰는 말로 뭍에서 20~40킬로미터 안쪽 바다

앞바람 (이름씨) ❶앞에서 부는 바람. 거꾸로 부는 바람 맞선말 뒷바람 ⇐ 역풍 ❷마녘에서 부는 바람 ㉥이 마을에는 따뜻한 앞바람이 불어온다 한뜻말 마파람 ❸거슬러 부는 바람 ㉥세찬 앞바람을 맞으며 길을 걸었다 ⇐ 역풍

앞발 (이름씨) ❶네발짐승 앞쪽 두발 맞선말 뒷발 ⇐ 전족 ❷앞쪽으로 내민 발

앞보 (이름씨) 배움, 겪음, 삶, 나이 따위가 제보다 앞서거나 나은 사람 한뜻말 앞선이 ⇐ 선배

앞산 ⇒ 앞메

앞삶 (이름씨) 앞뉘 ⇐ 전생

앞서 (어찌씨) ❶남보다 먼저. 또는 어떤 일보다 먼저 ㉥보라가 나보다 앞서 일을 마쳤다 ❷이제보다 앞에 ㉥앞서 말했듯이 ❸아예 미리 ㉥앞서 생각해두다

앞서다 (움직씨) ❶먼저 앞으로 나아가다 ㉥언니는 달리기 내기에서 세 바퀴째부터 가장 앞섰다 맞선말 뒤서다 ❷남보다 앞에 서거나 일을 먼저 나서서 하다 ㉥큰아이는 무슨 일에나 앞선다 ❸다른 것보다 먼저 힘을 미치다 ㉥말보다 몸짓이 앞선다 ⇐ 선행하다 ❹남보다 빠르거나 높은 자리에 있다 ㉥살림이 앞선 나라. 재주가 앞선 나라 ❺결님이나 손아랫사람이 먼저 죽다 ㉥아무래도 네 어미가 나보다 앞설 것 같구나 (익은말) **앞서거니 뒤서거니** 같은 쪽으로 나가면서 서로 앞서기도 하고 뒤서기도 하는 꼴

앞선나라 (이름씨) 다른 나라보다 아람이 임자

로서 살고 뭇삶뉘를 잘 보살피며 사람들이 흐뭇하게 사는 나라 맞선말 뒤진나라 ⇐ 선진국

앞선떼 이름씨 먼저 떠나는 떼나 그 이름이 한뜻말 앞선무리 ⇐ 선발대

앞선샘 이름씨 사내 불이그릇에서 오줌길이 비롯되는 곳을 둥글게 둘러싸는 그릇. 얼물 물덩이를 이루는 흰 젖빛 물을 오줌길로 내어 얼씨뭠을 기운차게 한다 ⇐ 전립선. 전립샘

앞선이 이름씨 ❶말을 탄 무리에서 맨 앞에 선 사람 ⇐ 선구자 ❷어떤 일이나 생각에서 다른 사람보다 앞선 사람 ⇐ 선구자

앞세우다 움직씨 ❶앞에 서게 하다 ㉥아이가 강아지를 앞세우고 걸어간다 ❷자기 뜻을 드러내거나 내세우다 ㉥요즘 나라들은 바른 다스림이나 바른 뜻보다 나라 돈벌이를 앞세운다 ⇐ 주장하다 ❸곁님이나 손아래 피붙이가 먼저 죽는 일을 겪다 ㉥아들을 앞세우고 어찌 살아갈꼬

앞소리 이름씨 주고받는 배달노래에서 앞에서 부르는 소리. 곧, 메기는 소리 ㉥여럿이 팔을 걷고 앞소리 메기며 밧줄을 당기네 한뜻말 메김소리 맞선말 뒷소리 ⇐ 선창 익은말 **앞소리를 먹이다** 뒤를 이어 여럿이 받아 부르도록 앞질러 앞소리를 치다

앞손 이름씨 ❶남보다 먼저 비롯하거나 제게 좋게 하는 것 ⇐ 선수 ❷바둑이나 장기에서 먼저 두는 일

앞일 이름씨 ❶앞으로 일어날 일 ㉥나는 앞일을 떠올리면 힘이 샘솟는다 ⇐ 미래 ❷제 앞에 있는 일 ㉥끝순이는 제 앞일을 똑소리 나게 잘한다

앞잔치 이름씨 잔치 앞에 날을 받아 기운을 돋우려고 맛보기로 여는 작은 모임 ㉥모레 앞잔치 때 오셔서 잘 마련되었는지 살펴봐 주실래요

앞잡이 이름씨 ❶남에게 매이거나 도움 되도록 끄나풀 노릇을 하는 사람 ㉥하랑이는 종살이 때 왜놈 앞잡이 노릇을 왜 했을까? ⇐ 정보원 ❷앞에서 가르치고 이끄는 사람 ㉥내가 앞잡이가 될 터이니 모두 내 뒤를 따르라 ⇐ 지휘자

앞장 이름씨 ❶여럿이 나아갈 때나 어떤 일을 할 때 맨 앞자리 ㉥내가 앞장에 설 테니 너희들은 뒤따라 와 ⇐ 선두 ❷먼저 맡거나 차지하는 자리 ㉥어려운 일에 앞장인 풀잎님 ⇐ 솔선 ❸앞쪽 끝 ㉥앞장에 놓인 멀봄

앞장꾼 이름씨 잠개잡이 떼가 나아가는 맨 앞에 나서서 맞꾼을 살피는 작은 떼 ⇐ 첨병

앞장서다 움직씨 ❶무리 맨 앞에 서다 ㉥앞장서 가는 골목 우두머리 ⇐ 선도하다. 영도하다. 주동하다 ❷맨 먼저 맡거나 차지하는 자리에 서다 ㉥윤슬이는 언제나 동무를 돕는 일에 앞장선다

앞지르다 움직씨 ❶남보다 먼저 앞으로 나아가다 ㉥이 지름길로 가면 앞서간 사람들을 앞지르겠다 ⇐ 추월하다 ❷남보다 힘, 재주들이 앞서다 ㉥모든 쪽에서 하늬나라가 새녘나라보다 앞지른 것은 아니다 ⇐ 월등하다 ❸남 말이나 짓, 생각에 앞서서 먼저 밀막다 ㉥가만! 그렇게 말을 앞지르지 말아 ❹('앞질러' 꼴로 써) 잡은 때나 날짜보다 먼저 ㉥잡은 날보다 앞질러 끝내다

앞집 이름씨 앞쪽에 있는 집 ㉥앞집에 떡을 가져다주어라 맞선말 뒷집

앞짧은소리 이름씨 ❶앞날이 없거나 앞날이 나쁨을 뜻하게 된 말마디 ㉥푸름이들 입에서 앞짧은소리들이 나직이 들려왔다 ❷앞으로 하지 못할 일을 하겠다고 섣불리 하는 말 ㉥아무도 나서지 않자 달래가 앞짧은소리를 하며 일어났다 ❸앞일을 짧게 내다보고 하는 소리라는 뜻으로, 앞일을 제대로 내다보지 못하고 하는 말

앞쪽 이름씨 앞에 있는 쪽 ㉥키 작은 사람이 앞쪽에 서고 키 큰 사람은 뒤쪽에 서라 맞선말 뒤쪽 ⇐ 전면

앞치마 이름씨 부엌일을 할 때 옷이 더러워지지 않게 앞에 두르는 치마 ㉥설거지하려고 앞치마를 둘렀다 한뜻말 행주치마

앞판겨룸 이름씨 공차기나 손공 따위 겨룸에서 때를 둘로 나눠 싸울 때 앞쪽 겨룸 맞선말 뒤판겨룸 ⇐ 전반전

애[1] 이름씨 한글 홀소리 글자 'ㅐ' 이름

애[2] 이름씨 애벌 ⓑ뜸부기 소리만 듣고도 애를 맬 땐지 이듬을 맬 땐지 안다

애[3] 이름씨 '아이' 준말 ⓑ한내는 시집간 뒤 애를 다섯이나 낳았다

애[4] 느낌씨 ❶업신여길 때 내는 소리 ⓑ애, 못된 벼슬아치들 ❷마음에 들지 않을 때 내는 소리 ⓑ애, 안 할래 ❸즐거울 때 내는 소리 ⓑ애, 좋구나

애[5] 이름씨 ❶사람이나 짐승 배 속에 있어 맛갓을 삭이는 쓸개즙을 만들고 피에 섞인 몸에 안 좋은 몬과 죽이개를 걸러준다 ⇐ 간. 애간장 ❷걱정이나 괴로움을 겪는 마음속 ⓑ아이가 들어오지 않아 애가 탄다 익은말 **애가 마르다** 매우 조마조마하다 **애가 터지다** 몹시 애가 나다 ⓑ애 터지도록 기다렸다오

애-[1] 앞가지 (어떤 낱말 앞에 붙어) 맨 처음. 첫 ⓑ애갈이. 애벌. 애짓다. 애싹

애-[2] 앞가지 (어떤 낱말 앞에 붙어) 어린. 앳된 ⓑ애송이. 애호박. 애오이

애간장 ⇒ 애

애간장이 녹다 ⇒ 애가 녹다

애간장이 타다 ⇒ 애가 타다

애개 느낌씨 ❶뉘우치거나 한숨 쉴 때 가볍게 내는 소리 ⓑ애개, 버스를 놓쳤으니 어쩌지! ❷하찮은 일을 보고 업신여겨 내는 소리 ⓑ애개, 겨우 요만큼이야?

애개개 느낌씨 '애개' 힘줌말 ⓑ애개개, 옷이 또 찢어졌어

애걸 ⇒ 비라리

애걸복걸 ⇒ 비라리. 비라리질. 엎드려 빔. 비라리질하다. 비라리하다. 엎드려 빌다. 다랑귀뛰다

애고땜 이름씨 '아이고땜' 준말. 몹시 애꿎거나 슬플 때 넋두리를 하는 일 ⓑ할머니가 애고땜을 늘어놓아 잠자코 들었다 ⇐ 신세타령

애교 ⇒ 아양

애국 ⇒ 나라사랑

애국가 ⇒ 나라사랑노래

애국심 ⇒ 나라사랑마음

애국자·애국지사 ⇒ 나라사랑이

애궂혹 이름씨 애에 생긴 궂혹 ⓑ순이 버시가 애궂혹으로 돌아가셨대 ⇐ 간암

애기 이름씨 아기

애기똥풀 이름씨 밭과 들, 길가에 절로 자라는 풀. 노란 꽃이 피는 죽이개풀

애꾸눈 이름씨 두 눈 가운데 한쪽이 먼 눈

애꾸눈이 이름씨 한쪽 눈이 먼 사람

애꿎다 그림씨 ❶아무런 잘못 없이 애먼 일을 겪다 ⓑ맏이는 아우들 잘못에도 애꿎게 꾸중을 듣는 일이 있다 ⇐ 억울하다 ❷어떤 일과 서로 아랑곳없다 ⓑ아우가 아버지께 꾸중을 듣고는 애꿎은 돌멩이만 걷어찬다

애끊다 움직씨 애를 끊듯 아주 마음이 아프다 ⓑ아이를 먼저 보낸 어버이 애끊는 마음

애끌 이름씨 커다란 끌

애끓다 움직씨 몹시 애가 쓰이거나 걱정되다 ⓑ엄마는 애끓는 마음으로 싸움터에 나간 아들 새뜸을 기다렸다

애나 이름씨 참말 ⓑ애나가?

애나다 움직씨 안타깝고 속이 언짢다

애난푼수 이름씨 어느 동안에 태어난 아이가 모든 사람 수에서 차지하는 푼수 ⇐ 출산율. 출생율

애낳을달·애날달 이름씨 아이를 낳기로 된 달 ⇐ 산월. 산달

애낳이 이름씨 아이를 낳는 일 밑말 아이낳이 ⇐ 출산

애낳이아픔 이름씨 몸을 풀 때 되풀이되는 아픔 한뜻말 몸풀이아픔 ⇐ 산통. 진통

애늙은이 이름씨 어린데도 말이나 몸짓, 느낌이 늙은이 같은 사람 ⓑ가온이는 겨우 열 살이면서 애늙은이처럼 말한다

애니메이션 ⇒ 이야기뮘그림

애달다 그림씨 몹시 마음이 쓰여 속이 타는 듯하다 ⓑ아이 걱정에 애달아 안절부절못하

는 엄마

애달프다 (그림씨) ❶안타깝거나 쓰라리다 ⓔ버시와 떨어져 살아야 하는 애달픈 아내 마음 ❷애처롭고 쓸쓸하다 ⓔ구슬프고 애달픈 가락

애닯다 (그림씨) 애처롭고 쓸쓸하다

애당초·애시당초 ⇒ 맨 처음

애대롱 (이름씨) 애에서 만들어진 열물을 쓸개로 옮기는 대롱 ⇐ 간관

애덜낳기 (이름씨) 아이를 적게 낳으려고 여러 가지 꾀를 쓰는 일 ⇐ 산아제한

애도 ⇒ 슬픔. 슬퍼하다. 죽음을 슬퍼하다

애독 ⇒ 즐겨읽기

애독자 ⇒ 즐겨 읽는 이

애돌보미 (이름씨) 아이를 돌보는 일을 맡은 이 ⇐ 보모

애돌봄집 (이름씨) 어버이나 보살핌이가 없는 아이들을 받아들여 기르고 가르치는 곳 ⇐ 보육원

애돝 (이름씨) 한 살이 된 돼지

애드벌룬 ⇒ 알림바람주머니

애로 ⇒ 걸림돌. 거침돌. 거침새. 어려움. 고비

애리애리하다 (그림씨) ❶다치면 꺾이거나 부러질 듯 아주 여리다 ⓔ나뭇가지에서 애리애리한 새잎이 돋아났다 ❷얼굴에 애티가 나게 젊다 ⓔ막내 누이는 아주 애리애리해서 사람들이 배움이인 줄 알아요 한뜻말 앳되다

애마르다 (움직씨) 마음이 조마조마하고 안타까워하다 ⓔ그렇게 애마르지 않아도 돼. 다 잘될 거야

애만지다 (움직씨) 아끼고 값지게 여겨 어루만지다

애매모호하다 ⇒ 흐릿하다. 흐리멍덩하다. 아리송하다

애매하다 (그림씨) 아무 잘못 없이 애꿎은 일을 겪다 ⓔ옆 애들이 잘못한 일로 애매하게 내가 꾸중을 들었다 비슷한말 애꿎다 준말 앰하다 (슬기말) **애매한 두꺼비 떡돌에 치이다** 아무 잘못이나 까닭 없이 잘못을 물어 기가 차다

애매하다 (曖昧) ⇒ 흐릿하다. 아리송하다

애먹다 (움직씨) 속이 탈 만큼 어려움을 겪다

애먼 (매김씨) ❶아무 잘못 없는 ⓔ애먼 사람한테 허물 뒤집어씌우지 말아라 ❷엉뚱하게 딴 ⓔ누리 아버지는 왜 자꾸 애먼 나를 끌고 들어가요?

애면글면 (어찌씨) 몹시 힘에 겨운 일을 이루려고 갖은 애를 쓰는 모습 ⓔ어버이가 나를 낳아 애면글면 길러주신 그 사랑과 베풂을 어이 갚으리오 한뜻말 애탕끌탕. 알탕갈탕 **애면글면하다**

애몬 (이름씨) ❶애를 태우거나 성가시게 하는 몬이나 사람 ⓔ이 애몬아, 왜 이렇게 말썽만 부리니! ⇐ 애물 ❷어린 나이로 어버이보다 먼저 죽은 아들딸

애몬단지 (이름씨) '애몬' 낮춤말 ⓔ바이올린을 더는 켜지 않아 방구석에 처박힌 애몬단지가 되었다 ⇐ 애물단지

애무 ⇒ 어루만짐. 쓰다듬음. 어루만지다. 쓰다듬다. 귀여워하다. 사랑하다

애물 (愛物) ⇒ 값진 것. 아낌몬

애물 (-物) ⇒ 애몬

애바쁘다 (그림씨) 때를 다툴 만큼 몹시 바쁘다 ⓔ그렇게 애바쁘게 뛰어가지 않아도 돼 ⇐ 시급하다. 절박하다 **애바삐 애바쁘게**

애밴이 (이름씨) 아이를 밴 겨집 한뜻말 배재기 ⇐ 임신부. 임부

애뱀 (이름씨) 겨집이 아이를 뱀 ⇐ 임신

애벌 (이름씨) 같은 일을 여러 디위 거듭할 때 처음에 대충하는 것 ⓔ논은 애벌 맨 뒤 다시 매야 한다

애벌구이 (이름씨) ❶고기나 물고기들을 한 디위 살짝 익힘 ⓔ돌판 불고기는 애벌구이 없이 바로 굽는 거야 ⇐ 초벌구이 ❷매흙물을 바르지 않고 낮은 불로 굽는 일. 또는 그렇게 구운 질그릇 ⓔ가마 옆에는 애벌구이에서 금이 간 질그릇이 무더기로 쌓였다 ⇐ 초벌구이

애벌글 (이름씨) 처음 써 놓고 아직 손보지 않은 글 한뜻말 처음글. 아시글 ⇐ 초고

애벌레 (이름씨) 알에서 깬 뒤 아직 다 자라지 않

은 벌레 [한뜻말]새끼벌레 [맞선말]자란벌레. 어른벌레. 어미벌레 ⇐ 유충

애벌빨래 [이름씨] 첫 디위에 대충하는 빨래 ㉥기름이 묻은 옷은 애벌빨래를 한 다음 빨래틀에 넣어라 ⇐ 초벌빨래

애불늦 [이름씨] 애에 생기는 불늦을 통틀어 이르는 말 ⇐ 간염

애붙살이 [이름씨] 우렁이나 민물고기 따위 가운데 임자몸을 거쳐 젖먹이 짐승 애에 붙살이하는 벌레 ⇐ 간디스토마

애석하다 ⇒ 아깝다. 아쉽다. 애틋하다. 서운하다. 딱하고 가엾다

애송이 [이름씨] [1]어린 티가 나는 사람이나 몬 ㉥자르지 않고 둔 애송이 전나무는 센 햇빛을 받아 무럭무럭 자랐다 ⇐ 초보 [2]힘이나 솜씨가 떨어지는 사람을 낮추어 이르는 말 ㉥너같이 젖비린내 나는 애송이는 나한테 맞이 못 돼

애순 ⇒ 어린싹. 애싹. 새싹

애싹 [이름씨] 어린싹 [한뜻말]새싹 ⇐ 어린순. 애순

애쓰다 [움직씨] 무엇을 이루려고 몸과 마음을 다하여 힘쓰다 ㉥혀가 짧은 나는 늘 뚜렷하게 소리 내려고 애썼다 ⇐ 노력하다

애어리다 [그림씨] 아주 어리다 ㉥애어린 감나무를 올해도 몇 그루 심었다

애어미 [이름씨] '아이어미' '아이어머니' 준말 ㉥큰아버지, 그건 애어미한테 물어보고 할게요

애오라지 [어찌씨] [1]오로지 ㉥난 애오라지 그와 잘 지내기를 바랄 뿐이야 [비슷한말]오직 [2]겨우 ㉥남은 게 애오라지 이것 뿐이라고?

애옥살이 [이름씨] 가난에 쪼들려 힘들게 사는 살림살이 ㉥나는 애옥살이에 이젠 지쳤다 [한뜻말]애옥살림 **애옥살이하다**

애완동물 ⇒ 노리개숨받이. 노리개둥이. 곁짐승. 귀염둥이

애완용 ⇒ 노리갯감

애용 ⇒ 즐겨 씀. 즐겨 쓰다

애원 ⇒ 빎. 애타게 바람. 빌다. 애타게 바라다

애인 ⇒ 사랑님. 사랑이

애잔하다 [그림씨] [1]애처롭고 가냘프다 ㉥살살이꽃이 바람에 애잔하게 흔들린다 [2]시름겹고 애틋하다 ㉥그 사람을 보면 애잔한 마음이 든다

애절하다 [그림씨] 견디기 어렵도록 애타는 마음이 있다 ㉥나라가 갈리어 어버이와 헤어진 애절한 마음

애절하다 (哀切) ⇒ 애처롭다. 안타깝다. 애타다. 애틋하다. 슬프다

애정 ⇒ 사랑

애주가 ⇒ 술꾼

애줄없다 [그림씨] 어쩔 수가 없다 ㉥애줄없이 속이 타서 울 뿐, 달리 할 수 있는 게 없었다

애지다 [움직씨] 아기가 달이 차기 앞에 죽어서 나오다 [밑말]아이지다 ⇐ 사산하다. 유산하다

애지우다 [움직씨] 엄마 배 속에서 자라는 아이를 억지로 지우다 ⇐ 유산시키다

애지움 [이름씨] 엄마 배 속에서 자라는 아기를 몸 밖으로 떼어내어 죽이는 일 [한뜻말]애뗌 ⇐ 임신중절

애지은이·애지이 [이름씨] 처음 만든 사람 ㉥나는 늘 궁금했다, 이 누리를 애지은이는 누구일까? ⇐ 창조자

애지중지 ⇒ 몹시 아낌. 보야 구슬이야. 값지게 여김. 아끼고 사랑함

애짓다 [움직씨] 처음 만들어내다 ㉥왜 사람들이 오랫동안 이 누리를 누가 애지었다고 생각했을까? ⇐ 창조하다

애착 ⇒ 달라붙음. 달라붙다

애창 ⇒ 즐겨 부름. 늘 부르다. 잘 부르다. 즐겨 부르다

애창곡 ⇒ 즐기는 노래. 즐겨 부르는 노래

애채 [이름씨] 나무에 새로 돋은 가지

애처롭다 [그림씨] 애타게 가엾고 불쌍하다 ㉥어미를 잃은 송아지가 애처롭게 울어 쌓는다 ⇐ 애절하다

애초 ⇒ 맨 처음

애칭 ⇒ 덧이름. 딴이름

애콩 [이름씨] 밭에 심어 가꾸는 덩굴풀로 닷달에 나비처럼 흰 꽃이 피고 꽃이 시들면 꼬

투리가 맺혀 안에 동그란 열푸른 씨앗이 든다. 열매는 먹고 싶은 짐승 먹이로 쓴다 한뜻말별콩 ⇐ 완두콩

애타다 움직씨 걱정되어 속이 타는 듯하다 ⓑ애타게 기다려도 가신 님은 오지 않네. 여름지기는 비 오기를 애타게 기다렸다 한뜻말애끓다 ⇐ 간절하다. 감질나다

애태우다 움직씨 '애타다' 하임꼴. 애타게 하다 ⓑ엄마 애태우지 말고 그만 홀로 서서 살아 **애태움**

애통 ⇒ 슬픔. 슬프다. 가슴 아프다

애틋하다 그림씨 ❶사랑이나 그리움이 안타까워 애가 타는 듯하다 ⓑ임을 기다리는 애틋한 마음 ⇐ 애절하다 ❷몹시 아깝고 섭섭하다 ⓑ말할 수 없는 애틋한 마음을 가얏고에 실어 말하는 듯하였다 ❸살갑고 알뜰한 맛이 있다 ⓑ잠깐 사귀었지만, 그이는 애틋한 울림을 남기고 갔다

애프터서비스 ⇒ 뒷손질. 뒷손보기. 뒤살핌

애향심 ⇒ 텃마을사랑

애호 ⇒ 아낌. 즐김. 아끼다. 즐기다

애호가 ⇒ 즐김이

애호박 이름씨 아직 익지 않은 어린 호박 ⓑ애호박을 넣고 끓인 된장국

애환 ⇒ 슬픔과 기쁨

액 (液) ⇒ 물

액 (厄) ⇒ 궂

액땜 ⇒ 궂땜

액면 ⇒ 겉낯

액면가 ⇒ 붙인 값. 매긴 값. 적힌 값

액세서리 ⇒ 여줄가리. 노리개. 치렛거리. 치렛감. 꾸미개. 손세간

액션 ⇒ 뭠. 움직임. 짓. 몸짓

액수 ⇒ 돈. 돈머리. 돈머릿수

액운 ⇒ 나쁜 날떠퀴

액자 ⇒ 그림틀

액체 ⇒ 물덩이

액화 ⇒ 물되기. 물됨

액화가스 ⇒ 물된김. 물된가스

액화석유가스 ⇒ 물된땅기름김. 물된땅기름가스

액화천연가스 ⇒ 물된저절김. 물된저절가스

앤생이 이름씨 매우 여린 사람이나 보잘것없는 것 ⓑ다른 사람한테는 이 책이 앤생이일 수 있으나 제게는 보배죠 한뜻말연생이 ⇐ 약골

앨범 ⇒ 노래꾸러미. 노래밭. 빛박이책

앰뷸런스 ⇒ 아픈이수레. 숨건짐수레

앳 (@) ⇒ 골뱅이

앳되다 그림씨 애티가 있어 어려 보이다 ⓑ해나가 짧은 머리를 하니 더욱 앳돼 보인다 한뜻말애리애리하다

앵[1] 어찌씨 ❶벌이나 모기 같은 벌레가 날아다니는 소리 ⓑ불을 끄자마자 모기가 앵 날아든다 ❷쏘개알 같은 것이 날아갈 때 나는 소리 ⓑ쏘개알 소리가 귀에 앵 스친다

앵[2] 어찌씨 토라져 짜증을 내는 모습 ⓑ세 살배기 조카는 왠지 말을 걸어도 앵하며 토라진다 **앵하다**

앵[3] 느낌씨 뉘우치거나 골나거나 딱하거나 싫증이 나서 내는 소리 ⓑ앵, 이 길은 오늘도 막히는군 큰말엥

앵돌아서다 움직씨 마음이 토라져서 싹 돌아서다 ⓑ그만 만나자는 내 말에 새미는 낯빛을 붉히며 앵돌아서서 가버렸다

앵두 이름씨 앵두나무 열매로, 아주 일찍 익는 과일 가운데 하나. 빨갛고 작고 둥글며 맛은 달콤하면서 조금 시다

앵두나무 이름씨 이른 봄에 흰빛이나 엷붉은 꽃이 잎보다 먼저 피고 나중에 달걀꼴 잎이 나는 나무. 엿달에 '앵두'가 빨갛게 익는다

앵무새 ⇒ 흉내새

앵앵[1] 어찌씨 ❶세찬 바람이 가는 쇠줄 같은 것에 자꾸 부딪히며 불 때 잇달아 울리는 소리 ⓑ매서운 겨울바람이 앵앵 불어온다 ❷쏘개알 같은 것이 날아가며 잇달아 내는 아츠러운 소리 ⓑ쏘개 쏘는 곳에서 앵앵 들려오는 쏘개알 소리 ❸모기나 벌들이 잇달아 날아다니는 소리 ⓑ모기 몇 마리가 방에 들어와 불만 끄면 앵앵 물려고 온다

앵앵하다

앵앵[2] (어찌씨) ❶어린아이나 어린 짐승이 우는 소리 ⓑ고양이 새끼들이 앵앵 운다 ❷토라져서 짜증을 내는 소리나 그 꼴 ⓑ토라지면 앵앵 소리를 낸다는 돌박이 아슨아들 ❸풀깎개 같은 뭠틀이 힘겹게 돌아가는 소리나 그 꼴 ⓑ한가위가 가까워 오자 여기서 앵앵 저기서 앵앵 무덤 풀 깎느라 바쁘다 **앵앵하다**

앵앵거리다 (움직씨) 자꾸 앵앵 소리를 내다 ⓑ불을 끄니 모기가 앵앵거리네. 풀깎개소리가 앵앵거린다 **앵앵대다**

앵초 ⇒ 앵풀

앵커 ⇒ 새뜸마리. 새뜸머리. 새뜸이끎이

앵풀 (이름씨) 메에 절로 자라며 온몸에 부드러운 털이 있는 풀. 봄에 엷붉은 꽃이 핀다 ⇐ 앵초

야[1] (이름씨) 한글 홀소리 글자 'ㅑ' 이름

야[2] (이름씨) 돌을 깰 적에 쓰는 조그마한 정 ⓑ옛날에는 야를 박고 메로 두드려서 돌을 깼다

야[3] (느낌씨) ❶매우 놀랍거나 반가울 때 내는 소리 ⓑ야, 이젠 살았다! ❷남 마음을 일깨우려고 내는 소리 ⓑ야, 이건 네 몫이야 ❸같은 또래끼리 허물없이 부를 때 쓰는 말 ⓑ야, 우리 나가서 놀까?

야[4] (토씨) (받침 없는 임자씨에 붙어) 손아랫사람이나 무엇을 부를 때 쓴다 ⓑ나비야, 나비야, 이리 날아오너라. 보라야, 이것 봐

야[5] (토씨) (받침 없는 임자씨, 어찌씨, 토, 씨끝에 붙어) 힘줌말 ⓑ이제야 말하마. 열흘이 지나서야 새뜸이 왔다

-야 (씨끝) 잡음씨 줄기에 붙어 아주 낮춤이나 반말을 나타냄 ⓑ여기가 어디야? 그건 거짓말이야

야간 ⇒ 밤. 밤새. 밤사이

야간학교 ⇒ 밤배곳. 밤새배곳

야거리 (이름씨) 돛대가 하나 달린 작은 배

야경 ⇒ 밤볼거리

야광 ⇒ 밤빛. 밤빛몬. 밤밝이

야구 ⇒ 공치기

야구공 ⇒ 치기공

야구방망이 ⇒ 치기방망이

야구장 ⇒ 공치기터

야근 ⇒ 밤일

야금거리다 (움직씨) 무엇을 입에 넣고 잇따라 조금씩 먹어 들어가다 ⓑ토끼가 풀을 야금거리며 먹는다 **야금대다**

야금야금 (어찌씨) ❶무엇을 입에 넣고 잇따라 조금씩 먹어 들어가는 꼴 ⓑ염소가 뽕잎을 야금야금 먹는다. 벌레가 무잎을 야금야금 갉아먹는다 ❷조금씩 축내거나 써 없애는 꼴 ⓑ여느 사람들한테 돌아갈 몫을 나라머슴들이 야금야금 갉아먹는다 ❸남모르게 조금씩 움직이는 꼴 ⓑ우리는 야금야금 걸어서 그곳에 다가갔다 **야금야금하다**

야기 ⇒ 버르집음. 일으킴. 버르집다. 일으키다. 불러오다. 불러일으키다. 버릇다

야나치다 (그림씨) 매몰차고 쌀쌀맞다 ⓑ개는 마음씨가 야나쳐서 웬만해선 말 붙이기가 힘들다

야단 (이름씨) ❶매우 떠들썩하고 부산하게 구는 일 ⓑ거미를 보고 왜 이리 야단이야? ❷소리를 높이어 마구 꾸짖는 일 ⓑ할아버지한테 야단을 맞은 느낌이 어떠냐? ❸몹시 딱하거나 어려운 일이나 매개 ⓑ아직 씻지도 않았는데 물이 안 나오다니 야단인걸

야단나다 (움직씨) ❶떠들썩한 일이 크게 벌어지다 ⓑ무슨 야단날 일이 생겼는지 사람들이 모여 웅성거렸다 ❷매우 어려운 일이 생기다 ⓑ긴대비가 쏟아지는데 비받이가 없으니 야단났네

야단맞다 (움직씨) 꾸지람을 듣다 ⓑ장난을 치다가 들켜 가르침이한테 야단맞았다

야단법석 (이름씨) 여러 사람이 한곳에 모여 몹시 시끄럽고 어수선하게 구는 일 ⓑ아이들이 아재 온다고 좋아서 야단법석이다

야단스럽다 (그림씨) ❶매우 떠들썩하고 어수선하다 ⓑ저 집 개가 오늘따라 야단스럽게 짖네 ❷보기에 매우 떠들썩하다 ⓑ야단스

럽게 차려입고 찾아온 손님

야단치다 [움직씨] 크게 꾸짖다 [ㅂ]애가 모르고 그랬으니 너무 야단치지 마세요

야당 ⇒ 맞떼. 맞무리

야들야들 [어찌씨] 반지르르하고 보드라운 꼴 [ㅂ]야들야들 고운 아기 손

야들야들하다 [그림씨] 반지르르하고 보드랍다

야로 [이름씨] 남에게 숨기는 우물쭈물한 셈속이나 꿍꿍이 [ㅂ]이 일엔 야로가 있는 것 같아

야릇내기 [이름씨] 야릇한 짓을 잘하는 사람 ⇐ 괴짜

야릇사내 [이름씨] 하는 짓이나 차림새가 마음을 놓을 수 없게 야릇한 사람 ⇐ 괴한

야릇소리 [이름씨] 야릇한 소리 ⇐ 괴성

야릇하다 [그림씨] 뭐라 말할 수 없게 남다르고 두드러진 데가 있다 [ㅂ]야릇한 웃음 ⇐ 괴상하다. 괴이하다

야마 [이름씨] 펀펀한 땅보다 높은 풀밭이나 숲에 사는 짐승. 약대와 닮았는데, 훨씬 작고 등에 혹이 없다. 사람이 타거나 짐을 싣는 데 쓴다 한뜻말라마

야마리 [이름씨] '얌통머리'가 줄어 바뀐 말 [ㅂ]그 깐깐한 할멈도 그 말에는 달리 말할 야마리가 없는 듯했다

야만 ⇒ 덜깸. 덜깬짓

야만스럽다 ⇒ 덜깨다. 막되다

야만인·야만족 ⇒ 덜깬 이. 오랑캐. 덜깬 겨레

야망 ⇒ 뜻. 큰꿈. 지나친 바람. 앞날 꿈

야맹증 ⇒ 밤소경

야멸차다 [움직씨] [1]모습이나 몸짓, 말짓이 몹시 야무지고 차갑다 [ㅂ]짝꿍한테 골 원만 빌려달라고 했더니 야멸차게 뿌리쳤다 한뜻말야멸치다 ⇐ 냉정하다 [2]저만 생각하고 남을 돌볼 마음이 없어 매우 차갑고 쌀쌀맞다 [ㅂ]술 좀 마셨다고 그렇게 야멸차게 쏘아붙이다니, 섭섭하게

야무지다 [그림씨] [1]사람됨이 야물고 똑똑하다 [ㅂ]언니가 야무진 솜씨로 종이배를 접었다 큰말여무지다 [2]생김새가 옹골차고 단단하다 [ㅂ]내 짝꿍은 키는 작지만 야무지게 생겼어

야물다 [움직씨] [1]낟이나 열매가 알이 꽉 들어차 단단하게 잘 익다 [ㅂ]뜨거운 가을볕에 나락이 잘 야물었다 큰말여물다 [2]일솜씨나 마음 씀씀이가 빈틈없이 꼼꼼하다 [ㅂ]엄마는 손끝이 야물다 [3]돈 씀씀이가 헤프지 않다 [ㅂ]큰엄마가 살림을 야물게 잘한다고 할머니가 추어주었다

야바위 [이름씨] [1]속임수로 돈을 따먹는 쫑귀노름 [ㅂ]야바위 솜씨가 뛰어나다 [2]옳지 않게 남을 속이려고 그럴듯하게 꾸미는 일 [ㅂ]너, 야바위 좀 그만해라 ⇐ 협잡 **야바위하다**

야바위꾼 [이름씨] 속임수로 돈을 따는 사람 ⇐ 협잡꾼. 협잡배

야바윗속 [이름씨] 속임수로 야바위치는 속내

야박하다 ⇒ 쌀쌀맞다. 매정하다. 매몰차다. 차갑다. 강파르다. 무뚝뚝하다. 메마르다

야반도주 ⇒ 밤새 달아나기. 밤달아남. 밤떠남

야발 [이름씨] 얄밉고 되바라진 몸씨나 말씨

야발스럽다 [그림씨] 얄밉고 되바라지다 [ㅂ]그 사람은 아랫사람들에게는 야발스럽게 어깃장을 놓고 윗사람에게는 알랑거렸다

야밤 ⇒ 깊은 밤. 한밤

야불거리다 [움직씨] 입을 자주 놀려 말하다 [ㅂ]쉬지 않고 야불거리는 오뚝이 엄마 비슷한말나불거리다 **야불대다**

야불야불 [어찌씨] 입을 자주 놀려 말하는 꼴 [ㅂ]입을 그렇게 야불야불 놀려서야 쓰겠나 비슷한말나불나불 **야불야불하다**

야비하다 ⇒ 더럽다. 잗달다. 구지레하다. 던지럽다. 지더리다. 못나고 더럽다

야사 ⇒ 아람삶자취

야산 ⇒ 들메

야살 [이름씨] 되바라지고 얄미운 말씨나 몸씨 [ㅂ]야살을 떨다. 야살을 피우다. 야살을 부리다

야살꾼 [이름씨] 야살을 부리는 사람 한뜻말야살쟁이

야살스럽다 그림씨 말이나 짓이 얄밉고 되바라진 데가 있다 ⓑ어린아이가 너무 야살스러워 보인다

야생 ⇒ 들삶. 들살이

야생동물 ⇒ 들짐승

야생마 ⇒ 들말

야생초 ⇒ 들풀

야생화 ⇒ 들꽃

야속하다 ⇒ 고깝다

야수 ⇒ 들짐승. 거친 짐승

야수다 움직씨 틈이나 까리를 노리다 ⓑ너무 야수지만 말고 몸짓으로 해봐야지

야시장 ⇒ 밤저자

야식 ⇒ 밤참

야실거리다 그림씨 살짝 비웃듯이 말을 살살 늘어놓다 ⓑ그놈 야실거리는 얼굴빛에 더 골이 났다

야심 ⇒ 큰뜻. 남모르는 꿈. 꿍꿍이속

야심하다 ⇒ 밤 깊다. 밤늦다

야영 ⇒ 한둔. 한뎃잠. 들잠. 한둔하다. 한뎃잠 자다. 들잠 자다

야영장 ⇒ 들살이터. 한뎃잠터

야옹 어찌씨 고양이가 우는 소리 ⓑ고양이가 밥을 달라는 듯 야옹하며 울었다

야외 ⇒ 들. 들판. 한데. 집밖

야욕 ⇒ 못된 생각. 더러운 얻고픔. 못된 하고픔

야위다 움직씨 **1** 몸에 살이 빠져서 마르고 핏기가 없다 ⓑ오랜 앓이로 야윈 얼굴을 보니 안쓰러웠다 **2** 살림살이가 매우 가난하고 어려워지다 ⓑ벌이 없이 야위어가는 살림 **3** 빛이나 소리가 차츰 흐릿해지다 ⓑ북소리가 점점 야위어갔다

야유 ⇒ 빈정거림. 놀림

야유회 ⇒ 들놀이. 들모임. 모꼬지

야자 이름씨 야자나무 열매

야자나무 이름씨 야자나무 무리에 들어가는 늘 푸른 나무. 더운 곳에서 자라며 잎이 크고 깃털처럼 갈라져 있다

야전 ⇒ 들싸움

야전병원 ⇒ 들싸움나숨집

야젓하다 그림씨 말이나 짓이 좀스럽지 않아 점잖고 무게가 있다 ⓑ리라는 나이에 견주어 훨씬 야젓해 보인다

야짓 어찌씨 한쪽에서 비롯하여 사이를 띄지 않고 모조리 ⓑ어머니는 밭머리에서부터 야짓 김을 매어 나갔다

야차 ⇒ 두억시니

야채 ⇒ 남새

야채류 ⇒ 남새붙이

야코죽다 움직씨 눌려 기운을 못 펴다 ⓑ맞선이가 덩치 크고 우락부락하게 생겼다고 야코죽을 일 있어?

야크 이름씨 소와 비슷하나 몸 아래쪽에 긴 털이 많으며 다리가 짧고 굽은 뿔이 있는 짐승. 네팔이나 티베트에서도 높은 곳에 산다

야트막하다 그림씨 조금 얕은 듯하다 ⓑ집 뒤에 야트막한 메가 있어 아침마다 오른다

야하다 ⇒ 나랍게 아리땁다. 되바라지다. 점잖지 못하다

야학 ⇒ 밤배곳. 밤배움

야합 ⇒ 통짬. 짬짜미. 통짜다. 어울리다. 배맞다. 보쟁이다. 손잡다. 짬짜미하다

야행 ⇒ 밤길. 밤길 가다

야행성 ⇒ 밤살이

야호 느낌씨 **1** 메에 올라 즐겁게 외치는 소리 ⓑ야호! 새목메에 올랐다 **2** 신이 날 때 외치는 소리 ⓑ야호! 오늘부터 쉬는 날이다

약 이름씨 **1** 고추나 담배 따위가 한창 자랄 때 생기는, 맵거나 쓰거나 한 바탈 ⓑ고추가 약이 올라 맵다 **2** 마음이 다쳐 일어나는 언짢거나 골나는 마음 ⓑ아우가 비꼬고 놀리며 자꾸 약을 올린다 익은말 **약을 올리다** 마음을 다치게 하여 언짢거나 노엽게 하다 **약이 받치다** 마음이 다쳐 언짢거나 노여워지다 **약이 오르다** 마음이 다쳐 언짢거나 골이 나다

약 (藥) ⇒ 낫개

약 (約) ⇒ 쯤. 대충

약간 ⇒ 조금. 좀. 얼마쯤

약값 ⇒ 낫개값

약골 ⇒ 앤생이. 연생이. 사시랑이. 두구리

약과 ⇒ 과줄. 쉬운 일. 잘된 일

약관 ⇒ 스무 살. 갓스물. 젊은 나이

약국·약방 ⇒ 낫개집

약다 그림씨 ❶제게 도움 되게 부리는 꾀가 많다 ⓑ여우는 약아서 덫에 잘 걸리지 않는다 ❷꾀바르고 눈치가 빠르다 ⓑ솔미는 나이에 견줘 아주 약아서 제 엄마 마음을 잘 맞춘다 슬기말 **약기는 쥐 새끼냐 참새 굴레도 씌우겠다** 재빠르고 꾀가 많은 사람을 이르는 말

약대 이름씨 목과 다리가 길며 등에 굳기름을 갈무리하는 혹같은 것이 있는 짐승. 발바닥이 두껍고 콧구멍을 열고 닫을 수 있다 ⇐ 낙타

약대몰이장사꾼 이름씨 모랫벌이나 풀밭 들에서 약대나 말에 장사할 짐을 싣고 떼 지어 다니면서 곳곳 몬을 사고파는 장사꾼 ⇐ 대상. 캐러밴

약도 ⇒ 줄인 그림. 길그림. 조촐그림

약동 ⇒ 힘찬 뭄. 힘차게 움직이다. 뛰뛰다. 뛰다

약력 ⇒ 삶자취. 산 발자취. 지난 삶

약물 ⇒ 낫개몬

약물중독 ⇒ 낫개인박임

약발 ⇒ 낫개발

약밥 ⇒ 낫개밥

약분 ⇒ 맞줄임

약빠르다 그림씨 약고 눈치가 빠르다 ⓑ큰술이 개 그리 볼 게 아니다. 얼마나 약빠른데

약사 ⇒ 낫개보. 낫개지이

약삭빠르다 그림씨 꾀가 많고 눈치가 빨라 제 살림을 챙기는 데 재빠르다 ⓑ여느 장사치한테나 있는 약삭빠름을 그에게선 못 느끼겠다

약세 ⇒ 눅은힘. 내림힘. 힘없음

약소국 ⇒ 힘없는 작은 나라

약소하다 ⇒ 적다. 작다. 힘없다. 조그마하다

약속 ⇒ 다짐. 다짐하다. 말다짐하다. 맺다

약손 ⇒ 낫개손

약손가락 ⇒ 낫개손가락

약솜 ⇒ 낫개솜

약수 (藥水) ⇒ 낫개물. 샘물

약수 (約數) ⇒ 이룸수

약수터 ⇒ 낫개물터. 샘터

약시 ⇒ 가웃장님. 닷곱장님

약식 ⇒ 줄임수

약어 ⇒ 준말

약용 ⇒ 낫개로 씀. 낫개로 쓰다

약육강식 ⇒ 센놈이 여린놈 잡아먹기

약자 (弱者) ⇒ 여림보. 여린이. 힘없는 사람. 여린 사람. 낮은 사람

약자 (略字) ⇒ 줄임말

약재·약재료 ⇒ 낫개감. 낫갯거리. 낫개밑감

약점 ⇒ 티. 구린 데. 모자람. 모자란 데

약정서 ⇒ 다짐글. 미쁜글

약주 ⇒ 낫개술

약지 ⇒ 낫개손가락

약진 ⇒ 뛰어나감. 뻗어나감. 뻗다. 뛰어나가다. 힘차게 나아가다. 빠르게 나아가다. 쭉쭉 나아가다

약초 ⇒ 낫풀. 낫개풀

약탈 ⇒ 빼앗음. 등침. 소드락질. 빼앗다. 빼앗아가다. 뜯어내다. 등치다. 등쳐먹다. 소드락질하다

약탕관 ⇒ 낫개단지. 낫개두구리. 두구리

약탕기 ⇒ 낫개두구리. 낫개달임틀

약통 ⇒ 낫개그릇. 낫개동이. 낫개단지

약틀 ⇒ 낫개틀

약품 ⇒ 낫개

약하다 ⇒ 여리다. 무르다. 힘없다. 가냘프다. 부드럽다. 만만하다

약혼 ⇒ 짝맺이다짐

약화 ⇒ 덜함. 덜하다. 덜해지다. 무르다. 물러지다

약효 ⇒ 낫개발

얄궂다 그림씨 ❶야릇하고 짓궂다 ⓑ어찌하여 오늘 같은 날 비가 오나, 날씨도 참 얄궂다 ❷'얄망궂다' 준말 ⓑ한내가 헤죽헤죽 웃으며 말하니 얄궂게 느껴졌어

얄따랗다 그림씨 꽤 얇다 ⓑ얄따란 보자기에 이불을 쌌다 맞선말 두껍다랗다

얄망궂다 그림씨 바탈이 야릇하고 까다로워 얄밉다 ⓑ온갖 얄망궂은 짓을 골라가며 하

니 누가 좋아할까 한뜻말 얄망스럽다 준말 얄궂다

얄망스럽다 (그림씨) 얄망궂다

얄밉다 (그림씨) 말이나 짓이 얄궂고 밉다 ⓑ얄미운 비는 나들이에서 돌아온 다음에야 그쳤다

얄팍하다 (그림씨) ❶두께가 꽤 얇다 ⓑ겨울 이불로는 좀 얄팍하지 않니? ❷사람 됨됨이가 깊은 데가 없고 속이 빤히 들여다보이다 ⓑ일을 덜 하려고 얄팍한 꾀를 부리더니 드디어 들통이 났어

얇다 (그림씨) ❶두께가 두껍지 않다 ⓑ얇은 종이. 얇은 옷 맞선말 두껍다 큰말 엷다 ❷빛깔이 짙지 않다 ⓑ얇은 살굿빛 치마 ❸빽빽하거나 촘촘하지 않고 성기다 ⓑ무라이골에 얇은 안개가 끼었다 ❹됨됨이가 깊지 못하거나 매우 가볍다 ⓑ앎이 얇아서 더 이야기할 게 없습니다. 얇은 생각 ❺지닌 돈이나 몬이 매우 적다 ⓑ얇은 호주머니를 털어 책을 사줬다

얌전 (이름씨) 마음씨가 따뜻하고 말이나 짓이 바름 ⓑ얌전을 떨다. 얌전을 부리다. 얌전을 빼다. 얌전을 피우다

얌전이 (이름씨) 얌전한 사람

얌전하다 (그림씨) ❶마음씨나 몸가짐이 차분하고 말과 짓이 바르다 ⓑ두 손을 모으고 얌전하게 앉아서 할아버지 말씀을 들었다 한뜻말 음전하다 ❷차림새가 바르고 점잖다 ⓑ차림새가 얌전하다 ❸수선스럽지 않고 꼼꼼하다 ⓑ얌전한 솜씨 (슬기말) **얌전한 고양이 부뚜막에 먼저 올라간다** 얌전해 보이는 사람이 더 약삭빠르게 굴거나 엉뚱한 짓을 한다

얌체 (이름씨) 저만 생각하여 부끄러운 줄 모르고 제 것만 챙기는 사람 ⓑ막내는 힘든 일이라곤 조금도 하지 않아서 우리 집안에서는 얌체로 여긴다

얌치 ⇒ 부끄러운 마음

얌통머리 (이름씨) 부끄러워하는 마음 ⓑ나이가 그만한 사람이 그렇게 얌통머리가 없어서 앞날이 걱정된다 한뜻말 야마리

얍삽하다 (그림씨) 얕은 꾀를 써서 제 속을 채우다 ⓑ아우가 너무 얍삽하게 굴어 주먹으로 머리통을 쥐어박았지

얏 (느낌씨) 힘을 쓸 때나 얼을 한군데로 모을 때 내는 소리 ⓑ"얏!" 하고 도끼로 둥거리를 팼다

양[1] (이름씨) 온몸에 부드럽고 곱슬곱슬한 흰 털이 나 있는 네발 집짐승. 마음바탈이 부드럽고 떼 지어 살아 기르기 쉽다. 털이나 고기, 젖을 얻으려고 기른다

양[2] (이름씨) 사람 또는 짐승 밥통 ⓑ양껏 먹어라. 양지머리

양[3] (이름씨) ❶(풀이씨 매김꼴 '-ㄴ -은, -는' 아래에 써) 모습. 처럼 ⓑ짝꿍이 내가 기림을 탄 것을 마치 제 일인 양 기뻐했다 ❷(풀이씨 매김꼴 '-ㄹ, -을, -를' 아래에 써) 하고자 하는 생각 ⓑ너를 데려갈 양으로 왔다

양 (量) ⇒ 술. 붚. 부피

양 (兩) ⇒ 둘. 두

양 (孃) ⇒ 님

양가죽 (이름씨) 양 몸 거죽을 싸고 있는 질긴 곳 ⇐ 양피

양각 ⇒ 돋을새김. 볼록새김

양갱 ⇒ 단팥묵

양거지 (이름씨) 아이 밴 아내를 둔 사람이 여러 사람을 모아 먼저 한턱을 낸 뒤 아들을 낳으면 제가 낸 것으로 하고 딸을 낳으면 모인 사람들이 나중에 내기로 하고 노는 놀이 **양거지하다**

양계 ⇒ 닭치기. 닭기르기

양계장 ⇒ 닭치는곳

양곡 ⇒ 먹거리. 낟

양궁 ⇒ 하늬활

양굿혹 (이름씨) 양에 생긴 나쁜 혹 ⇐ 위암

양귀비 ⇒ 쪽

양극 (兩極) ⇒ 두끝

양극 (陽極) ⇒ 더하기끝

양끝 ⇒ 두끝. 두쪽 끝

양날톱 ⇒ 두날톱

양낫개 (이름씨) 양을 나수는 낫개 ⇐ 위약

양냥거리다 움직씨 언짢은 일로 짜증을 내며 종알거리다 ⓑ부서진 장난감을 보고 두 발을 구르며 양냥거린다 **양냥대다**
양냥이 이름씨 ❶'입' 낮춤말 ❷군것질할 거리
양냥이뼈 이름씨 턱뼈
양냥이줄 이름씨 두발수레 앞뒤 톱니바퀴를 잇는 쇠줄 ⇐ 체인
양녀·양딸 ⇒ 새딸. 기른딸. 거둔딸
양념 이름씨 ❶맛을 내려고 먹거리에 조금씩 넣는 몬. 소금, 지렁, 기름, 꿀, 단것, 깨소금, 파, 마늘, 고춧가루, 후춧가루, 새앙 따위 ⓑ 양념이 좋아야 김치 맛도 좋다 ⇐ 향신료 ❷ 곁들임에 따라 재미를 돋우어주는 거리 ⓑ 나라가 어지럽거나 무너질 때마다 양념처럼 나타나는 꼬리별 얘기도 있었다
양다리 ⇒ 두 다리
양단간 ⇒ 둘 가운데
양달 ⇒ 볕달. 볕받이
양도 ⇒ 넘김. 넘겨줌. 넘기다. 넘겨주다. 내주다. 팔아넘기다
양도양수 ⇒ 주고받기. 주고받다
양돈 ⇒ 돼지치기
양동이 ⇒ 하늬동이
양떼구름 이름씨 흰빛이나 잿빛을 띤, 둥글둥글한 큰 덩어리로 이루어진 구름 ⓑ하늘 높이 양떼구름이 넓게 퍼져 천천히 흐른다
양력 (陽曆) ⇒ 해셈
양력 (揚力) ⇒ 뜰힘
양로원 ⇒ 늙돌봄집. 늙보돌봄집. 늙은이돌봄집
양립 ⇒ 맞섬. 함께 서다. 마주 서다. 맞버티고 서다
양막 ⇒ 모래집
양말 ⇒ 하늬버선
양면 ⇒ 두낯
양모 ⇒ 양털
양물 이름씨 먹은 것을 삭이려고 양 안쪽 바람에서 나오는 물 ⇐ 위액
양미간 ⇒ 눈살. 눈썹 사이
양미리 이름씨 몸은 가늘고 멸치 비슷한 까나리 갈래 바닷물고기
양민 ⇒ 백성. 아람
양반 ⇒ 글님과 잠개잡이. 붓칼잡이. 글칼잡이. 선비
양발 ⇒ 두 발
양방 ⇒ 두쪽. 맞쪽
양배추 ⇒ 하늬배추. 가두배추
양버들 ⇒ 하늬버들
양버즘나무 ⇒ 하늬버즘나무
양변 ⇒ 두결
양변기 ⇒ 똥동이
양보 ⇒ 내어줌. 넘겨줌. 내어주다. 비켜주다. 넘겨주다. 물러서다. 져주다. 굽혀주다
양봉 ⇒ 꿀벌치기. 꿀벌
양부모 ⇒ 기른어버이
양분 (兩分) ⇒ 나눔. 쪼갬. 나누다. 쪼개다. 둘로 나누다. 둘로 가르다
양분 (養分) ⇒ 살감
양불늧 이름씨 양 끈끈청에 생기는 불늧 ⇐ 위염
양산 (陽傘) ⇒ 해받이
양산 (量産) ⇒ 많이 만듦. 많이 낳음. 많이 만들다. 많이 낳다
양상 ⇒ 모습. 꼴. 생김새
양상추 ⇒ 하늬상추
양생 ⇒ 오래 살기. 몸돌보기. 잘 돌보다. 몸갈무리하다. 여물리다
양서 ⇒ 좋은 책
양서류 ⇒ 물뭍살이
양성 (養成) ⇒ 기름. 길러냄. 기르다. 길러내다. 키우다. 키워내다. 가르쳐 키우다
양성 (陽性) ⇒ 더하기바탈
양성 (兩性) ⇒ 암수
양손 ⇒ 두 손
양수 (羊水) ⇒ 아기집물. 새끼집물. 모래집물
양수 (陽數) ⇒ 덧수. 보탬수
양수기 ⇒ 무자위. 물푸개
양순하다 ⇒ 어질다. 착하다. 부드럽다
양식 (樣式) ⇒ 꼴. 꼴새. 모습새. 만듦새. 겨냥
양식 (糧食) ⇒ 먹거리. 먹을거리. 먹이. 끼닛거리
양식 (洋食) ⇒ 하늬먹거리
양식 (良識) ⇒ 바른 앎. 바른 생각. 바른 마음

양식 (養殖) ⇒ 기르기. 치기. 불리기. 키우기
양식업 ⇒ 기르기
양식장 ⇒ 기름곳. 기름터
양심 [이름씨] 양에서 나오는 삭임물에 들어 있는 심 ⇐ 위산
양심 ⇒ 바른마음. 참마음
양악기 ⇒ 하늬가락틀
양약 ⇒ 하늬낫개
양양하다 ⇒ 끝없이 넓다. 가없이 넓다. 앞길이 환하다. 앞날이 트이다
양어 ⇒ 고기 기르기. 물고기 기르기
양어장 ⇒ 가두리. 기름터
양옆 ⇒ 두 옆
양옥 ⇒ 하늬집
양원 ⇒ 두집
양위 ⇒ 물려줌
양육 ⇒ 기름
양은냄비 [이름씨] 하늬수로 만든 냄비
양의정수 ⇒ 덧옹근수
양인 (良人) ⇒ 백성. 아람. 어진이
양인 (洋人) ⇒ 하늬사람
양자 ⇒ 몫씨
양자·양아들 ⇒ 새아들. 기른 아들. 거둔아들
양자역학 ⇒ 몫씨틀갈
양자택일 ⇒ 하나 고르기. 둘에서 고르기. 둘 가운데 하나를 고르다
양잠 ⇒ 누에치기
양장 ⇒ 하늬차림. 가시하늬옷. 하늬차림을 하다
양잿물 ⇒ 하늬잿물
양전기 ⇒ 더하기번힘
양전하 ⇒ 더하기번짐
양조 ⇒ 술빚기. 술 담그기. 술 빚다. 빚다. 담그다. 술 담그다
양조장 ⇒ 받힘술집
양주 ⇒ 하늬술
양주별산대놀이 ⇒ 마소탈춤놀이
양지 ⇒ 볕달. 볕받이. 해바라기. 볕땅
양지꽃 ⇒ 볕달꽃
양지바르다 ⇒ 해바르다. 볕바르다
양지식물 ⇒ 볕달푸나무. 볕땅풀
양지쪽 ⇒ 볕달쪽
양질 ⇒ 좋음. 바탕 좋음. 좋다. 웬만하다. 쏠쏠하다. 바탕이 좋다. 쓸만하다
양쪽·양측 ⇒ 두 쪽
양쯔가람 [이름씨] 쭝궈 한가운데를 하늬쪽에서 새녘으로 흐르는 아시아에서 가장 긴 가람 ⇐ 양쯔강
양철 ⇒ 하늬쇠
양초 ⇒ 하늬초
양치 ⇒ 이닦기. 잇솔질. 이 닦다. 입 씻다
양치기 [이름씨] 놓아 기르는 양 떼를 돌보는 일. 또는 그런 사람 [ㅂ]양치기 아이는 곧 심심해졌다 ⇐ 목동
양치류 ⇒ 고사리갈래
양치질 ⇒ 이닦기. 잇솔질. 입가심. 입가심하다. 이 닦다. 입씻다
양친 ⇒ 어버이
양태 ⇒ 꼴
양털 [이름씨] 양 몸에 난 털 ⇐ 양모
양파 ⇒ 둥글파. 둥근파
양팔 ⇒ 두팔
양팔저울 ⇒ 두팔저울
양편 ⇒ 두쪽
양푼 [이름씨] 먹을 것을 담거나 데우는 데 쓰는 알루미늄으로 된 큰 그릇. 운두가 낮고 아가리가 넓다 [ㅂ]양푼에 여러 가지 나물과 고추장, 밥을 넣고 비벼 먹었다
양품점 ⇒ 하늬몬 가게
양피 ⇒ 양가죽
양피지 ⇒ 양가죽 종이
양함수 ⇒ 덧따름수
양해 ⇒ 접어줌. 봐줌. 접어주다. 봐주다. 눈감아주다. 여겨주다. 헤아려주다
양호 ⇒ 돌봄. 보살핌. 돌보다. 보살피다. 돌봐주다
양호실 ⇒ 돌봄방. 보살핌방. 쉼터
양화점 ⇒ 구둣방
얕다 [그림씨] **1** 위에서 바닥까지 길이가 짧다 [ㅂ]얕은 곳으로 냇물을 건너자 [맞선말]깊다 [큰말]옅다 **2** 겉에서 속까지, 가에서 안까지 사이가 가깝다 [ㅂ]겉보기에는 굴이 깊은 것

같았으나 들어가 보니 얕았다 ❸생각이 깊지 못하거나 마음 씀씀이가 너그럽지 못하다 ⓑ얕은 생각으로는 그러한 어려운 일을 해낼 수 없을 텐데 ❹배우거나 겪거나 깊이 따져보는 일 따위가 적거나 밭다 ⓑ저는 배움이 얕아 그런 일을 해내기는 어렵겠는데요 ❺빛이나 안개 같은 것이 짙거나 자욱하지 않고 성기다 ⓑ얕은 붉은빛. 얕은 안개가 끼어 수레가 달리기에는 큰 어려움이 없었다 ❻동안이 짧다 ⓑ마감날이 얕으니 서둘러야 일을 끝낼 수 있겠다 ❼깊거나 세지 않고 여리다 ⓑ잠깐 얕은 잠에 빠졌던 것 같다

얕보다 움직씨 ❶남을 낮추어 깔보다 ⓑ요즘 꽃님이라고 대놓고 얕보는 사내는 드물다 ⇐ 천시하다. 경멸하다 ❷대수롭지 않게 보다 ⓑ내 키가 작다고 얕보면 큰코다칠걸

얕은꾀 이름씨 속이 환히 들여다보이는 꾀 한뜻말 잔꾀 비슷한말 얕은수

얕은수 이름씨 속이 들여다보이는 수

얕잡다 움직씨 ❶있는 것보다 낮추어 하찮게 여기다 ⓑ나를 얕잡아 보던 아이들에게 매운맛을 보여주었어 ⇐ 경멸하다 ❷있는 것보다 넉넉하게 낮춰 셈하다 ⓑ나라일꾼들이 쌀 낳이술을 얕잡아 셈하여 쌀이 남아돈다

얘[1] 이름씨 한글 홀소리 글자 'ㅒ' 이름

얘[2] 이름씨 '이 아이' 준말 ⓑ얘가 어디 갔지?

얘[3] 느낌씨 ❶놀라거나 뜻밖이다 싶을 때 내는 소리 ⓑ얘, 그것 참 대단하구나! ❷아이들끼리 또는 어른이 아이를 부르는 소리 ⓑ얘, 거기 숨지 말고 이리 나와 봐

얘기 이름씨 '이야기' 준말 ⓑ제발 내 얘기 끝까지 좀 들어 봐 ⇐ 사연 **얘기하다**

얘깃거리 이름씨 '이야깃거리' 준말 ⓑ우리 겨레는 아기자기한 얘깃거리가 많은 삶을 살아왔다 ⇐ 사연. 화젯거리

어[1] 이름씨 한글 홀소리 글자 'ㅓ' 이름

어[2] 느낌씨 ❶놀라거나, 어쩔 줄 모르거나, 조마조마하거나, 과가를 때 내는 소리 ⓑ어, 큰일 날 뻔했군 ❷기쁘거나, 슬프거나, 뉘우치거나, 귀찮을 때 내는 소리 ⓑ어, 저런! 그가 죽다니 ❸다른 사람 마음을 제 쪽으로 끌려는 말에 앞서 내는 소리 ⓑ어, 여기 좀 봐요!

어간 ⇒ 말줄기

어감 ⇒ 말느낌. 말맛. 말씨

어거지 이름씨 센 억지 ⓑ어거지 부리지 말고 그냥 살아. 어거지 쓴다고 안 될 일이 되겠어?

어구 (語句) ⇒ 글귀. 말 토막

어구 (漁具) ⇒ 고기잡이연모

어군탐지기 ⇒ 고기떼알아보개

어귀 이름씨 나들목 첫머리 ⓑ마을 어귀에 장승이 서 있다 ⇐ 입구

어귀어귀 어찌씨 먹을 것을 입안에 잔뜩 넣고 힘차게 씹어먹는 모습 ⓑ밥과 고기를 잔뜩 입에 넣고 어귀어귀 씹었다 작은말 아귀아귀 **어귀어귀하다**

어귀적거리다 움직씨 입안에 먹을거리를 잔뜩 쓸어 넣고 매우 느리게 자꾸 씹다 **어귀적대다**

어귀적어귀적 어찌씨 입안에 먹을거리를 잔뜩 쓸어 넣고 매우 느리게 씹는 꼴 ⓑ비빔밥을 입에 잔뜩 넣고 어귀적어귀적 씹는다 **어귀적어귀적하다**

어귀차다 그림씨 뜻이 굳세어 하는 일이 여물다 ⓑ여름지이 일을 어귀차게 해낸다

어그러지다 움직씨 ❶맞물려야 할 자리가 서로 맞지 않다 ⓑ놓개다리가 어그러져 손을 봐야겠다 ❷미리 생각했던 것이 틀어지거나 달라지다 ⓑ갑자기 일이 생겨 만날 일이 어그러졌다 ❸말이나 짓이 어떤 잣대에서 벗어나다 ⓑ그 사람 말은 참과 어그러지지 않았다

어근 ⇒ 말뿌리

어근버근 어찌씨 ❶짜임이 맞지 않고 벌어진 꼴 ⓑ서로 어근버근 실랑이하지 말고 뜻 맞춰 일해 보게 ❷서로 마음이 맞지 않아 사이가 벌어진 꼴 ⓑ어근버근 벌어진 언아

우 사이 한뜻말 어근버근하다

어근버근하다 그림씨 ❶사개나 짜임새 따위가 맞지 않고 조금씩 벌어지다 ⓑ몇 디위 넘어뜨린 뒤로는 놓개 다리가 어근버근하다 작은말 아근바근하다 ❷서로 뜻이 맞지 않아 사이가 벌어지다 ⓑ아버지와 맏아버지는 오래 앞부터 어근버근하여 서로 잘 만나지 않는다

어글국 이름씨 말린 명태껍질에 다진 쇠고기, 데친 숙주, 콩묵을 섞어 양념한 것을 얇게 말아 기름에 지졌다가 지렁을 넣고 끓인 국 ⓑ눈도 오는데 저녁에는 어글국을 끓여 먹어요

어글어글 어찌씨 ❶얼굴에 난 구멍 생김새가 다 널찍널찍한 꼴 ⓑ어글어글 얽은 뜨리자국 ❷얼굴 생김이나 바탈이 좀스럽지 않고 시원시원한 꼴 ⓑ우리집 사람들은 눈매가 어글어글 크고 입도 또한 크다 한뜻말 서글서글

어글어글하다 그림씨 ❶얼굴에 난 구멍 생김새가 다 널찍널찍하다 ❷얼굴 생김이나 바탈이 좀스럽지 않고 시원시원하다

어금니 이름씨 송곳니 안쪽에 난 큰 이. 이 가운데가 확처럼 오목하여 먹을거리 씹기에 알맞다 ⓑ다음에는 꼭 해내겠다고 다짐하며 어금니를 악물었다

어금지금하다 그림씨 서로 엇비슷하여 크게 다르지 않다 ⓑ두 사람 깨금발 뛰기가 어금지금하네

어긋나기잎 이름씨 푸나무 줄기에 마주나지 않고 어긋나는 잎

어긋나다 움직씨 ❶말이나 짓이 서로 꼭 맞지 않다 ⓑ말과 짓이 어긋난 사람은 믿기 어려워 ⇐ 모순되다 ❷길이 엇갈려 서로 만나지 못하다 ⓑ길이 어긋나 우리는 만나지 못했다 ❸이것과 저것이 꼭 맞지 않고 어그러지거나 틀어지다 ⓑ어버이 바람에 어긋나다. 돌부리에 걸려 넘어지는 바람에 발목뼈가 어긋났나 봐 ❹서로 마음에 틈이 생기다 ⓑ그와 사이가 어긋났다. 서로 어긋난 마음을 되돌리기 어렵구나

어긋매끼다 움직씨 한쪽으로 치우치지 않도록 서로 어긋나게 걸치거나 맞추다 ⓑ세 발쯤 되는 새끼로 시레기를 어긋매껴 엮어 그늘에 달았다 준말 엇매끼다

어기다 움직씨 ❶다짐 따위를 저버리거나 지키지 않다 ⓑ바른말살이를 어기지 않도록 늘 애쓴다 ⇐ 위반하다, 위배되다 ❷서로 길을 어긋나게 지나치다 ⓑ우린 서로 길을 어겨서 만나지 못했다

어기대다 움직씨 잘 따르지 않고 좀 거스르는 말이나 짓으로 뻗대다 ⓑ어기대지만 말고 어른 말을 좀 들어라

어기뚱거리다 움직씨 ❶몸을 무디게 움직이며 느릿느릿 걷다 ❷큰 몬이 무디게 흔들리며 느리게 자꾸 움직이다 **어기뚱대다**

어기뚱어기뚱 어찌씨 ❶몸을 무디게 움직이며 느릿느릿 걷는 꼴 ⓑ어기뚱어기뚱 걸어가는 뚱보 ❷큰 몬이 무디게 흔들리며 느리게 자꾸 움직이는 꼴 ⓑ짐수레에 실린 큰 옷넣개가 어기뚱어기뚱 흔들린다 **어기뚱어기뚱하다**

어기여차 느낌씨 ❶뱃사람들이 메를 젓거나 그물을 당길 때 힘을 쓰며 외치는 소리 ⓑ어기여차 뱃놀이 가잔다 ❷여럿이 함께 힘을 쓸 때 한꺼번에 내는 소리 ⓑ어기여차, 줄을 당겨라

어기적거리다[1] 움직씨 큰 몸집으로 팔다리를 억지로 움직이며 느릿느릿 걷다 준말 어깃거리다 작은말 아기작거리다 **어기적대다**

어기적거리다[2] 움직씨 먹을거리 따위를 느리게 어귀어귀 씹다 준말 어깃거리다 작은말 아기작거리다 **어기적대다**

어기적어기적[1] 어찌씨 큰 몸집으로 손발을 어줍게 뉘며 느릿느릿 걷는 꼴 ⓑ언니는 주머니에 손을 넣고 어기적어기적 다가와 무슨 일이냐고 캐물었다 준말 어깃어깃 **어기적어기적하다**

어기적어기적[2] 어찌씨 먹을거리 따위를 느리게 어귀어귀 씹는 꼴 ⓑ돌이는 어기적어기적

떡을 한 접시 다 먹었다 준말어깃어깃 **어기적어기적하다**

어김길 이름씨 서로 엇갈리는 길

어김다리 이름씨 두 쇠길이나 길이 만나는 곳에 놓은 다리

어김돈 이름씨 지킬 것을 못 지켜 내는 돈 ⇐ 범칙금

어김없다 그림씨 ❶어기는 일이 없다 ⓑ한돌이는 다짐을 하면 어김없이 지키는 사람이다 ❷틀림이 없다 ⓑ뒤숭숭한 새뜸은 어김없는 참말로 밝혀졌다

어김이 이름씨 벼리를 어긴 사람 한뜻말어김보 ⇐ 범법자

어깃장 이름씨 고분고분 따르지 않고 맞서는 말이나 짓으로 뻗대기 ⓑ갈 거면 곱게 갈 것이지 괜히 어깃장을 부리며 떠날 것이 뭐 있어?

어깃거리다 움직씨 '어기적거리다' 준말

어깃어깃 어찌씨 '어기적어기적' 준말 ⓑ뚱뚱보 아줌마는 어깃어깃 건널목을 힘들게 건너간다

어깨걸이 이름씨 어깨에 걸쳐서 가슴 쪽으로 드리우는 일, 또는 그런 몬 ⓑ바람이 세게 불어서 어깨걸이 가방을 움켜쥐었다

어깨걸치개 이름씨 추위를 막거나 예쁘게 보이려고 어깨에 걸치는 천 한뜻말어깨두르개 ⇐ 숄

어깨결음 이름씨 ❶팔로 서로 어깨를 겯는 것 ⓑ어깨결음하고 걸어가는 가시나와 머시마 한뜻말어깨동무 ❷서로 같은 높이에서 가까이 나란히 있는 것 ⓑ어깨결음하던 옛벗을 다시 만났다

어깨너머 이름씨 ('어깨너머로' 꼴로 써) 옆에서 보거나 듣거나 하여 배우는 짓 ⓑ어깨너머로 배운 그림솜씨와 글솜씨

어깨동무 이름씨 ❶서로 어깨를 겯고 나란히 섬. 또는 그런 꼴 ⓑ언니와 어깨동무하고 집까지 왔다 한뜻말어깨결음 ❷나이나 키가 비슷한 동무 ⓑ저희는 한동네에서 어깨동무로 자랐어요

어깨띠 이름씨 한쪽 어깨에서 다른 쪽 겨드랑이 밑으로 걸치는 띠 ⓑ마리는 어깨띠를 두르고 싸움터에 나갔다

어깨번호 ⇒ 어깨수

어깨뼈 이름씨 어깨를 이루는 뼈. 사람 것은 넓적한 세모꼴로, 왼오른쪽에 하나씩 있는데, 앞쪽은 위팔뼈와 빗장뼈에 이어져 뼈마디를 이룬다 ⓑ어깨뼈가 뻐근해 ⇐ 견갑골

어깨수 이름씨 올림말 같은 글자 오른쪽 위에 차례에 따라 작게 매긴 수 ⓑ어깨수 올리기가 쉽지 않네 ⇐ 어깨번호

어깨저울 이름씨 두 쪽으로 똑같은 저울 널이 달려있어 한쪽에는 달 것을, 다른 쪽에는 드림쇠를 놓아 편편하게 다는 저울 한뜻말두팔저울. 받침저울 ⇐ 천칭

어깨춤 이름씨 신이 나서 어깨를 위아래로 으쓱거리는 짓. 또는 그렇게 추는 춤 ⓑ신명이 나니까 어깨춤이 절로 난다

어깻바람 이름씨 신이 나서 어깨를 으쓱거리며 씩씩하게 움직이는 기운 ⓑ앞으로 우리말을 살려 쓸 생각을 하니 저절로 어깻바람이 났다

어깻죽지 이름씨 팔이 어깨에 붙은 곳 ⓑ짐이 무거워 어깻죽지가 빠질 것 같다

어깻짓 이름씨 어깨를 흔들거나 으쓱거리는 짓 ⓑ우리 춤 어깻짓은 보는 이를 신나게 한다 **어깻짓하다**

어녹다 움직씨 얼다가 녹다가 하다 ⓑ누런 명태가 바닷가에서 어녹으며 마른다

어눌하다 ⇒ 말굳다. 말뜨다. 말더듬다

어느 매김씨 여럿 가운데 어떤 ⓑ어느 때. 어느 곳. 어느 쪽으로 갈까? 익은말 **어느 해달에·어느 즈믄해에** 일이 언제 이루어질지 아득하다 슬기말 **어느 구름에 눈이 들고 어느 구름에 비가 들었나** 무슨 일이 어떻게 되어가는지 도무지 모른다 **어느 구름에서 비가 올지** ❶ 일이 어떻게 끝맺을지 어림할 수 없다. ❷ 언제 어떤 일이 생길지 알 수 없다 **어느 장단에 춤을 추랴** 여러 갈래 성금 가운데 어느 것을 좇아야 할지 어리둥절하다

어느덧 어찌씨 어느 사이인지 모르는 동안에 ⓑ어느덧 추운 겨울이 지나고 봄이 왔다 ⇐ 어언

어느새 어찌씨 어느 틈에 벌써 ⓑ어느새 봄이 왔나 보다. 다솜이가 어느새 왔는지 몰랐지 ⇐ 어언

어는점 이름씨 물이 얼거나 얼음이 녹는 따뜻하기. 0데 씨이다 한뜻말얼음점 ⇐ 빙점

어데 갈이름씨 '어디에' 준말 ⓑ이 밤에 어데 갔다 왔니?

어두 ⇒ 말머리

어두움 이름씨 빛이 없어 어두운 것 ⓑ난 어두움을 무서워해 준말어둠 ⇐ 암흑

어두워지기 이름씨 뮘그림이나 멀봄에서 그림낯이 처음에 밝았다가 차츰 어두워지는 일 맞선말밝아지기 ⇐ 페이드아웃

어두침침하다 그림씨 빛이 여리어 무엇을 똑똑히 알아볼 수 없다 ⓑ어두침침하여 바늘귀가 안 보인다 한뜻말어둠침침하다

어두커니 어찌씨 새벽 어둑어둑할 때에 ⓑ어두커니 일찍 집을 나섰다

어두컴컴하다 그림씨 어둡고 컴컴하다 ⓑ달도 뜨지 않은 어두컴컴한 밤길을 걸었다 작은말어두캄캄하다

어둑새벽 이름씨 날 밝기 앞에 어둑어둑한 새벽 ⓑ아버지는 어둑새벽에 새벽밥을 먹고 먼길을 떠났다

어둑시근하다 그림씨 무엇을 똑똑히 가려볼 수 없을 만큼 어둑하다 ⓑ처음길인 데다 이미 어둑시근해서 집을 찾기 어려웠다

어둑어둑 어찌씨 둘레를 똑바로 알아보지 못할 만큼 어두운 꼴 ⓑ어둑어둑 밤이 내려앉은 숲길

어둑어둑하다 그림씨 둘레를 똑바로 알아보지 못할 만큼 어둡다 ⓑ해가 넘어가자 땅거미가 지더니, 이내 날은 어둑어둑해졌다

어둑하다 그림씨 ❶꽤 어둡다 ⓑ날은 어둑해오고 갈길은 멀어 걸음이 빨라진다 ❷되바라지지 않고 어수룩하다 ⓑ누리 돌아가는 일에 어둑한 늙은이라지만 그렇게까지 모를 수가 있을까

어둘 어찌씨 '대충' 옛말

어둠 이름씨 '어두움' 준말 ⇐ 암흑

어둠검별 이름씨 1930해에 찾아낸 작은 떠돌이별. 처음엔 해에서 아홉째로 가까운 떠돌이별로 알려졌다가 2006해에 그냥 작은 떠돌이별로 되었다 ⇐ 명왕성

어둠고리 이름씨 빛박이틀에서 빛이 들어오지 못하게 속을 검게 입힌 고리 ⇐ 어둠상자. 암상자

어둠별 이름씨 해진 뒤 하늬녘 하늘에 반짝이는 샛별. '어두워질 때 뜨는 별'이란 뜻 ⓑ어둠별이 뜰 때면 어버이들이 논밭에서 돌아오신다 한뜻말개밥바라기. 샛별 ⇐ 금성

어둠상자 ⇒ 어둠고리

어둠침침하다 그림씨 어두침침하다

어둡다 그림씨 ❶빛이 거의 없어 둘레가 잘 보이지 않다 ⓑ달도 별도 없는 어두운 밤길을 걸어 집에 왔다 ❷빛깔이 짙거나 검은빛에 가깝다 ⓑ굿일집에 가느라 어두운 빛깔 옷을 입었다 ❸눈이 잘 보이지 않거나 귀가 잘 들리지 않다 ⓑ눈도 어둡고 귀도 어둡다 ❹어떤 것을 잘 알지 못하다 ⓑ그림에 어둡고 가락에도 어둡다. 지레는 아직 일머리가 어두워 혼자서는 일을 못 해낸다 ❺기운이나 낯빛이 시무룩하고 무겁다 ⓑ가람이가 오늘은 낯빛이 어둡네 ❻마음이나 생각이 매우 엉큼하다 ⓑ어두운 속셈으로 다가온 사람을 멀리했다 ❼삶이 끔찍하고 캄캄하다 ⓑ한때 어두운 젊은 때를 보내지 않은 사람이 있을까. 우리 겨레한테 어두운 왜 종살이 ❽하고프고 갖고픈 마음이 지나치다 ⓑ돈에 눈이 어두워 어버이를 속였다

어디[1] 갈이름씨 ❶잡혀 있지 않거나 꼭 집어서 댈 수 없는 곳 ⓑ봄나들이를 어디로 갈까? ❷밝혀서 말할 일이 없는 곳 ⓑ오늘은 내가 어디 좀 다녀와야겠다 ❸무엇이라 말하기 어려운 어떤 것 ⓑ하늘이는 어딘지 모르게 쓸쓸해 보였다 ❹어떤 크기와 많기가

대단할 때 쓰는 말 ⓑ우리가 이 모임에 와 준 게 어디입니까? ❺잘 모르는 데를 가리켜 물을 때 쓰는 말 ⓑ여기가 어디지요?

어디[2] 느낌씨 ❶세게 벼르거나 다짐하는 뜻으로 쓰는 말 ⓑ어디 두고 보자, 내 가만두지 않을 거야 ❷남 마음을 끌 때 하는 말 ⓑ어디 보자, 네가 순이 아들이냐 ❸아니라는 뜻으로 되물을 때 쓰는 말 ⓑ그게 어디 사람이냐? ❹('어딜'로 써) 못하게 막음 ⓑ어딜 함부로 까부니

어때 '어떠해' 줄어든 말 ⓑ이 책 어때? 재미있어?

어떠어떠하다 그림씨 밝혀 말하지 않고 들띄워 놓고 이러저러하다고 말하다

어떠하다 그림씨 ❶무슨 생각, 바탈, 매개, 모습 따위가 어찌 되다 ⓑ요즘 몸은 좀 어떠한가? 준말어떻다 ❷꼭 집어서 말하기 어려워 어렴풋이 말할 때 쓰는 말 ⓑ어떠한 때는 비가 많이 오곤 한다. 어떠한 일이 있어서 좀 늦었어요

어떡하다 움직씨 '어떻게 하다' 준말 ⓑ앞으로 어떡할 참이야?

어떤 매김씨 ❶'어떠한' 준말 ⓑ어떤 때에도 참을 좇아 살아간다 ❷여럿 가운데 아무거나 하나 ⓑ밥, 빵, 국수 가운데 어떤 것을 먹고 싶어?

어떻게 어찌씨 '어떠하게' 준말 ⓑ네 누이는 어떻게 생겼어?

어떻다 그림씨 ❶'어떠하다' 준말 ⓑ어떻다 저떻다 해봐야 쓸데없는 일이고 내 하기 나름이다 ❷(묻는 말과 함께 써) 어찌. 어찌하여 ⓑ어떻게 풀려날 수 없을까요?

어떻든 어찌씨 뜻이나 일 매개 따위가 어떻게 되어 있든 밑말어떠하든 ⇐ 여하튼

어뚝새벽 이름씨 아주 이른 새벽 ⓑ언니는 어뚝새벽에 새벽밥을 먹고 재봄을 보러 먼길을 떠났다

어뜩 어찌씨 ❶하는 짓이 갑작스러운 꼴. 또는 휙 지나가는 결에 ⓑ어뜩 보니 옆집 아지매 같았어 ❷무엇이 갑자기 눈앞에 잠깐 나타나 보이는 꼴 ⓑ어뜩 검은 것이 지나갔다

어뜩어뜩 어찌씨 무엇이 갑자기 눈앞에 잠깐씩 자꾸 나타나 보이는 꼴 ⓑ할머니가 어뜩어뜩 헛것이 보인다고 하시니 오래는 못 사실 것 같다 **어뜩어뜩하다**

어뜩하다 그림씨 갑자기 얼이 빠져 까무러칠 듯이 어지럽다 ⓑ며칠 앓아누웠더니 머리가 어뜩하다

어라 느낌씨 가볍게 놀라거나 어쩔 줄 모를 때 내는 소리 ⓑ어라, 너 뭐랬어?

어레미 이름씨 바닥 구멍이 크고 올이 굵은 체 ⓑ어레미로 들깨를 내려 물에 씻어 말렸다 한뜻말얼개미

어려움 이름씨 어려운 것 ⓑ먹을 게 없어 어려움을 겪는 사람들이 아직도 많다 ⇐ 곤란. 곤경. 역경

어려워하다 움직씨 어렵거나 힘겹게 여기다 ⓑ나를 어려워하지 말게. 나이가 많아도 벗이 될 수 있어

어련무던하다 그림씨 크게 티 없이 어지간하다 ⓑ아재는 꽤 어련무던한 사람이야 **어련무던히**

어련하다 그림씨 (물음꼴로 써) 걱정하지 않아도 잘될 것이 뚜렷하다 ⓑ그이가 하는 일인데 어련하겠소, 걱정하지 않아도 돼요 **어련히**

어렴풋하다 그림씨 ❶생각이 뚜렷하지 않고 매우 흐릿하다 ⓑ어렸을 때 일이 어렴풋하다 ❷소리나 몬이 뚜렷이 들리거나 보이지 않고 흐릿하다 ⓑ어렴풋한 북소리 ❸빛이 훤하지 않고 흐릿하다 ⓑ어렴풋한 달빛 ❹잠이 깊이 들지 않고 깬 듯 자는 듯 매우 흐릿하다 ⓑ잠결에 어렴풋하게 본 모습이라 잘 모르겠어 **어렴풋이**

어렵다 그림씨 ❶하기가 까다로워 힘에 겹다 ⓑ어려운 뱃길 ⇐ 험난하다 ❷부딪치고 걸리는 게 많다 ⓑ우리 집은 요즘이 가장 어려운 때이다 ❸말이나 글이 알기 힘들다 ⓑ수글이 많아 읽기 어렵다 ❹가난하여 살아가기 힘들다 ⓑ살림이 어려운데도 아들

딸을 다 가르쳤다 **5** 윗사람 기운에 눌려 조심스럽고 거북하다 ⓑ시어버이 앞이라고 어려워 말고 느긋하게 앉아라 **6** 움직임이 쉽지 않거나 거북하다 ⓑ어려운 걸음을 하신 할아버지

어렵사리 (어찌씨) 매우 어렵게 ⓑ어렵사리 장만한 맛갓이니, 남기지 말고 다 들게

어로 ⇒ 고기잡이

어로작업 ⇒ 고기잡이일

어뢰 ⇒ 물속터지개

어루꾀다 (움직씨) 남을 속이거나 얼렁거려 꾀다 ⓑ마을 아이들을 어루꾀어 밀사리를 해 먹는 열손이 ⇐ 유혹하다

어루더듬다 (움직씨) **1** 손으로 여기저기 만지며 더듬다 ⓑ엄마가 아기 얼굴을 찬찬히 어루더듬는다 **2** 어림으로 여기저기 더듬어보다 ⓑ어루더듬듯 옛 가두리를 오랫동안 바라보았다

어루만지다 (움직씨) **1** 가볍게 쓰다듬어 만지다 ⓑ다친 데를 어루만져 주며 마음을 달랬다 ⇐ 애무하다 **2** 마음이 좋도록 달래거나 아픈 데를 감싸다 ⓑ아들 잃은 슬픔을 어찌 몇 마디 말로 어루만져 주랴?

어루쇠 (이름씨) 구리 따위 쇠붙이를 반들반들하게 갈고 닦아 만든 거울

어룩더룩하다 (그림씨) 여러 빛깔 점이나 줄무늬가 고르지 않게 뒤섞이다 ⓑ어룩더룩한 무늬 옷을 입고 온 할머니

어룽 (이름씨) 흐릿하면서 고르지 않게 진 얼룩 ⓑ눈가에 어룽이 진 눈물 자국 작은말 아롱

어룽어룽[1] (어찌씨) **1** 흐리고 뚜렷하지 않은 것이 어리숭하게 보이다 말다 하는 꼴 ⓑ어룽어룽 흔들려 보이는 어머니 얼굴 작은말 아롱아롱 **2** 굽이쳐 너울거리는 꼴 ⓑ어룽어룽 너울거리며 지붕을 삼키는 불길 **어룽어룽하다**

어룽어룽[2] (어찌씨) 눈물이 그득하여 넘칠 듯한 꼴 ⓑ새남은 어룽어룽 눈물 젖은 눈으로 먼 곳을 바라보았다

어룽어룽[3] (어찌씨) 여러 빛깔 큰 점이나 줄 따위가 고르고 촘촘하게 무늬를 이룬 꼴 작은말 아롱아롱

어룽어룽하다[1] (그림씨) 눈물이 그득하여 넘칠 듯하다

어룽어룽하다[2] (그림씨) 여러 빛깔 큰 점이나 줄 따위가 고르고 촘촘하게 무늬를 이룬 데가 있다 ⓑ아이 얼굴에 눈물 자국이 어룽어룽하다 작은말 아롱아롱하다

어룽지다 (움직씨) **1** 어룽어룽한 점이나 무늬가 생기다 ⓑ불빛이 어룽지는 굿터 위 작은말 아롱지다 **2** (그림씨) 어룽어룽한 점이나 무늬가 있다 ⓑ눈이 녹아 어룽진 치마저고리

어류 ⇒ 물고기붙이. 물고기. 물고기무리

어르고픔 (이름씨) 어르고 싶은 마음 ⇐ 색욕. 색정. 욕정. 정욕

어르기 (이름씨) 사내와 겨집이 몸을 섞기 한뜻말 품방아 ⇐ 성교

어르다[1] (움직씨) **1** 아이를 기쁘게 하려고 아이 몸을 흔들거나 재미있게 해주다 ⓑ아버지는 우는 아이를 달래느라 이리저리 어른다 **2** 그럴듯한 말로 구슬려 남 마음을 움직이다 ⓑ그 일을 할 만한 네 벗을 잘 어르고 달래봐

어르다[2] (움직씨) 사내와 겨집이 몸을 섞거나 짝짓다 ⓑ옛날엔 어르는 일을 하늘과 땅이 하나되는 일로 여겼다 ⇐ 교합하다

어르신 (이름씨) **1** '남 아버지나 어머니' 높임말 ⓑ자네 어르신께서도 잘 지내시지? **2** '아버지나 어머니와 벗이 되는 어른이나 손윗어른' 높임말 ⓑ그저 어르신만 믿고 따르겠습니다

어르신네 (이름씨) 나이 든 어른을 높여 이르는 말 ⓑ이 잔치는 동네 어르신네를 모시려고 마련했어요

어른 (이름씨) **1** 다 자란 사람 ⓑ그 철없던 애가 어느새 의젓한 어른이 되었군. 어른과 아이 ⇐ 성인. 성년 **2** 짝 맺은 사람 ⓑ짝을 맺었으니 자네도 이제 어른이다 **3** 나이나 자리가 저보다 높은 사람 ⓑ여러 어른께서 오셨어요 **4** '남 아버지'를 조금 높여 일컫는

말 ⓑ집안 어른들도 잘 계시지? ❺윗사람이나 우러를 만한 사람 ⓑ고을 사람들이 어른으로 모시는 분 익은말 **어른 빰치다** ❶나이는 어리지만, 말이나 하는 짓이 어른보다 낫다 ❷어른보다 더 모질고 사납다

어른거리다 움직씨 ❶눈에 어리숭하게 보이다 말다 하다 ❷흐릿하게 비치는 것이 보일 듯 말 듯 물결쳐 자꾸 뛰다 ⓑ떡을 써는 어머니 그림자가 문에 어른거렸다 ❸그림자 따위가 물결에 흐릿하게 어려 자꾸 흔들리다 ⓑ두 사람 그림자만이 잔물결에 어른거렸다 **어른대다**

어른네 이름씨 아버지뻘 어른이나 남 아버지를 높여 이르는 말 ⓑ마을 어른네를 모시고 잔치를 벌였다

어른맞이 이름씨 스무 살이 된 젊은이에게 어른이 된 자랑과 맡음을 일깨우려고 베푸는 맞이 ⇐ 성년식

어른벌레 이름씨 다 자라서 새끼를 낳을 힘이 있는 벌레 한뜻말자란벌레. 어미벌레. 엄지벌레 맞선말애벌레 ⇐ 성충

어른스럽다 그림씨 아이가 하는 말이나 짓이 어른같이 의젓하고 점잖다 ⓑ너는 어쩌면 그렇게 어른스럽게 말을 하니?

어른앓이 이름씨 어른들에게 생기는 앓이. 날핏줄 굳어짐, 높피눌림, 궂혹, 무조가리 따위 ⇐ 성인병

어른어른 어찌씨 ❶눈에 어리숭하게 보이다 말다 하는 꼴 ⓑ저 멀리 새목멧마루에 흰 눈이 어른어른 보인다 ❷잔무늬나 흐릿한 그림자 따위가 아리숭하게 물결쳐 뛰는 꼴 ⓑ고요한 못물에 어른어른 비친 달빛 나무 그림자 **어른어른하다**

어름[1] 이름씨 ❶두 쪽이 맞닿은 자리 ⓑ목과 등 어름이 자꾸 가렵다 ❷어느 때에 이를 무렵이나 어디에 가까운 곳 ⓑ겨울 어름이면 눈 치울 걱정이 앞선다. 나물은 새목메 등줄기 어름에 많다

어름[2] 이름씨 남사당놀이 넷째 놀이인 줄타기 재주 한뜻말줄타기

어름어름 어찌씨 ❶말이나 짓을 똑똑히 하지 못하고 우물쭈물하는 꼴 ⓑ다음 할 말이 생각이 나지 않아 어름어름 넘기려니 진땀이 났다 ❷일을 대충하고 눈을 속이는 꼴 ⓑ그까짓 말로 어름어름 우릴 속이려 하다니! **어름어름하다**

어름치 이름씨 큰 가람 위쪽이나 가운데쯤 모래와 자갈이 많은 곳에 사는 물고기. 고기가 크고 맛이 좋다

어리 이름씨 ❶병아리나 새를 가두어 기르는 우리. 싸리나 가는 나무를 엮어 밑은 펀펀하게 위는 둥글게 만든다 ⓑ싸리나무로 어리를 엮었다 ⇐ 농 ❷닭을 넣어 들고 다닐 수 있게 만든 것 ⓑ닭을 어리에 넣어 팔려고 저자에 갔다 ❸새를 넣어 기르는 가두리 ⓑ우리 집 마루 위 어리 속에는 사랑새 두 마리가 산다

어리광 이름씨 어른에게 굄을 받으려고 일부러 아이처럼 말이나 몸짓을 하는 일 ⓑ아우는 막내라서 그런지 어리광이 많다

어리굴젓 이름씨 바닷물로 깨끗이 씻어 서늘한 곳에서 보름쯤 띄운 굴에 고춧가루로 얼큰하게 양념한 굴젓

어리눅다 움직씨 일부러 어리석은 체하다 ⓑ내 물음에 모른다고 어리눅게 말했다

어리다[1] 그림씨 ❶나이가 적다 ⓑ제 동생은 저보다 네 살이나 어려요 ❷짐승이나 푸나무가 난 지 얼마 되지 않아 작고 여리다 ⓑ어린 송아지. 어린 밤나무 ❸생각이나 겪음이 적거나 깊이가 얕다 ⓑ열두 살 아이 생각치고는 좀 어리지?

어리다[2] 움직씨 ❶물이나 눈물 같은 것이 엉기거나 괴다 ⓑ미나래 눈에 눈물이 어렸다 ❷기운이나 느낌이 담기거나 나타나다 ⓑ봄기운이 듬뿍 어린 날씨. 사랑이 어린 밥 차림 ❸빛이나 그림자가 흐릿하게 비치다 ⓑ가람물에 그윽이 어린 달빛 ❹냄새가 풍기어 스며 배다 ⓑ나물 무치는 참기름 냄새가 집안에 가득 어렸네. 솔내 어린 푸른누리

어리둥절하다 그림씨 무슨 까닭인지 몰라서 갈

피를 잡지 못해 얼떨떨하다 ㉥아기가 울음을 그치지 않아 언니는 어리둥절해서 달래려고 애쓴다 ⇐ 당황하다

어리뜩하다 그림씨 말이나 짓이 똑똑하지 못하고 어리석다 ㉥나비는 어리뜩한 낯으로 두 눈만 껌뻑거렸다

어리벙벙하다 그림씨 얼떨떨하여 갈피를 못 잡다 ㉥어른들이 큰소리로 싸워서 그저 어리벙벙했다 센말어리뻥뻥하다

어리보기 이름씨 말이나 짓이 다부지지 못하고 어리석은 사람

어리비치다 움직씨 어떤 일이나 기운이 어렴풋이 드러나 보이다

어리뻥뻥하다 그림씨 어리둥절하여 갈피를 잡을 수 없다 여린말어리벙벙하다

어리석다 그림씨 생각이 모자라고 무디다 ㉥남한테 떠넘기고 발뺌하다니, 참 어리석구나

어리숙하다 그림씨 말이나 짓이 좀 어리석은 듯하다. 약삭빠르지 못하고 숫되다 ㉥별이는 어리숙해 보여도 야무진 데가 있다

어리숭하다 그림씨 ❶보기에 어리석은 듯하다 ㉥새미는 어리숭해도 제 알속은 잘 챙긴다 ❷그런 것 같기도 하고 그렇지 않은 것 같기도 하여 잘 알 수 없다 ㉥밀려오는 사람들 속에 꼭 나래 같은 사람이 스쳐갔는데 그런지 아닌지 좀 어리숭하다

어린순 ⇒ 애싹. 어린싹

어린싹 이름씨 나무나 풀에서 새로 돋아나는 여린 새싹 ⇐ 어린순. 애순

어린아이 이름씨 나이가 적은 아이 ㉥어린아이가 홀로 길가에서 울먹이네 ⇐ 아동

어린이 이름씨 '아이'를 좀 높여 부른다고 방정환님이 지은 말. '아이'가 저절로 생긴 오래된 말이다

어린이날 이름씨 어린이를 종요롭게 여기고 바르고 어질게 키우자는 뜻에서 잡은 날. 닷달 닷새이다

어린이집 이름씨 배곳에 갈 나이가 안 된 어린이를 받아 돌보고 가르치는 곳

어린잎 이름씨 새로 돋은 부드러운 잎

어림 이름씨 겉으로만 보고 대충 헤아림 ㉥마당에 뛰노는 아이들이 어림으로 스물은 되었다 ⇐ 짐작 **어림하다**

어림겨냥 이름씨 어림으로 과녁을 겨누는 것 ㉥어림겨냥으로 새쏘개를 쏘아 새를 잡았다

어림생각 이름씨 참이 아닌 것 또는, 참인지 거짓인지 뚜렷하지 않은 것을 참이라 치고 생각함 ⇐ 가상

어림셈 이름씨 대충 셈함. 또는 그런 셈 ㉥어림셈으로 손님 먹거리를 장만했다

어림수 이름씨 어림잡은 수 ㉥모인 이가 어림수로 쉰은 넘었다

어림없다 그림씨 ❶어림조차 할 수 없다 ㉥올해 안에는 어림없다던 일을 그새 해치웠다고? ❷아무래도 이겨낼 수 없다 ㉥그 사람과 겨뤄서 이길 수 있다니, 어림없는 소리야

어림이야기 이름씨 밝혀지지 않은 일을 알고 있는 것을 바탕으로 미루어 밝혀가는 이야기 ⇐ 추리소설

어림잡다 움직씨 겉으로 보아 대충 헤아리다 ㉥어림잡아 서른 사람은 되겠더라 ⇐ 짐작하다

어림재기 이름씨 길이나 무게, 부피 따위를 어림잡아 재는 일

어림쟁이 이름씨 제 뜻이 뚜렷하지 않은 어리석은 사람

어림짐작 ⇒ 어림헤아림

어림헤아림 이름씨 겉으로 보아 대충 헤아림 ⇐ 어림짐작

어릿광대 이름씨 ❶우스갯소리나 우스갯짓으로 남을 잘 웃기는 사람 ㉥어릿광대가 우스꽝스러운 짓을 잇달아 하자 아이들은 배꼽을 잡고 웃었다 ⇐ 코미디언 ❷어떤 일에 앞잡이로 나와 그 일을 비롯하기 쉽게 해주는 사람 ❸광대가 나오기 앞에 우습고 재미있는 얘기나 짓으로 놀이판을 달구던 사람

어릿보기 이름씨 밖에서 눈으로 들오는 빛이

한 점에 모이지 않아 몬을 뚜렷하게 볼 수 없는 눈앓이 ⇐ 난시

어릿어릿 어찌씨 ❶어렴풋하게 눈에 자꾸 어려오는 꼴 ⓑ돌아가신 할머니 얼굴이 어릿어릿 떠오른다 ❷힘없이 뛰는 꼴 ⓑ한솔이가 발을 절며 어릿어릿 배움방 안으로 들어왔다 ❸얼이 어리벙벙하여 뛰는 꼴 ⓑ지팡이에 몸을 기대 어릿어릿 서 있는 할아버지 **어릿어릿하다**

어마뜨거라 느낌씨 무섭거나 꺼리는 것을 갑자기 만났을 때 지르는 소리 ⓑ멧길에 갑자기 나타난 고라니를 보고 어마뜨거라 하고 소리를 질렀다

어마마마 이름씨 옛날에 임금이나 임금 아들딸이 제 어머니를 이르던 말 ⓑ어마마마, 어서 오십시오

어마셈틀 이름씨 많은 알음을 빠르게 다루는 셈틀 ⇐ 슈퍼컴퓨터

어마어마하다 그림씨 ❶놀랄 만큼 크거나 많다 ⓑ무럭은 으리으리하고 어마어마한 집에 산다 ❷입이 딱 벌어질 만큼 대단하다 ⓑ온 누리에서 사람 죽이는 잠개를 만드는 데에 어마어마하게 많은 돈과 사람이 쓰인다

어말 ⇒ 씨끝

어망 ⇒ 고기잡이그물. 고기그물

어머·어머나 느낌씨 ❶몹시 놀랐을 때 저도 모르게 나오는 소리 ⓑ어머, 그래서 어떻게 했어? ❷놀라거나 끔찍한 느낌이 들 때 내는 소리 ⓑ어머나, 그렇게나 많이 죽었다고?

어머니 이름씨 ❶나를 낳아 길러준 사람. 또는 아버지 아내. 말 종살이 버릇에 물들어 모친, 자당 같은 말이 어머니보다 높임말인 줄 잘못 알지만, 어머니라는 말이 가장 높이는 말이다 ⓑ우리 어머니. 어머니 날 낳아 기르시고… 맞선말 아버지 ⇐ 모친 ❷아들딸을 둔 겨집을 두루 일컫는 말 ⓑ이 땅 어머니. 배달겨레 어머니 ❸어머니처럼 보살펴 주는 사람을 빗댄 말 ⓑ어버이 없는 아이들 어머니 ❹어머니뻘 나이인 겨집 ⓑ어머니들을 모시고 우리말 이야기를 했다 ❺무엇이 생겨난 뿌리를 빗댄 말 ⓑ우리 가락 어머니

어머님 이름씨 남 어머니나 시어머니. 가시어머니를 일컫는 말

어머머 느낌씨 '어머' 힘줌말. '어머'를 잇달아 내는 소리 ⓑ어머머, 저를 어쩌나, 그래서 어떻게 됐어?

어멈 이름씨 ❶집안 윗사람이 아들딸을 둔 며느리나 딸을 가깝게 이르는 말 ⓑ어멈아, 물 좀 떠다 주련 맞선말 아범 ❷아들딸을 둔 사내가 윗사람 앞에서 제 아내를 일컫는 말 ⓑ아버지 그건 어멈 잘못이 아닙니다 ❸남의 집에서 심부름하는 나이 지긋한 겨집 ⓑ어멈 시켜서 일꾼들 좀 모아라

어명 ⇒ 임금성금

어묵 ⇒ 물고기묵. 고기묵

어물 ⇒ 말린 물고기. 바닷고기

어물거리다 움직씨 말이나 짓이 시원스럽지 않고 꾸물꾸물하다 ⓑ그렇게 어물거리지만 말고 똑바로 말해봐요

어물어물 어찌씨 ❶벌레나 짐승이 느리게 움직이는 꼴 ⓑ지렁이가 어물어물 기어간다 ❷사람 짓이 시원스럽지 않고 매우 굼뜬 꼴 ⓑ그렇게 어물어물하다가는 수레를 놓친다 ❸말이나 짓을 또렷하게 하지 않고 흐리멍덩하게 하는 꼴 ⓑ어물어물 말하지 말고 또렷하게 말해봐 ❹일을 대충 해버리는 꼴 ⓑ춥기도 하고 어두워져서 밭일을 어물어물 마무리했다 **어물어물하다**

어물전 ⇒ 바다몬가게. 물고기가게

어물쩍 어찌씨 말이나 몸짓 따위를 일부러 또렷하게 하지 않고 슬쩍 넘기는 꼴 ⓑ제 잘못이 드러날까 어물쩍 넘어가려 하네 **어물쩍하다**

어물쩍거리다 움직씨 말이나 짓을 살짝 얼버무려 넘기다 **어물쩍대다**

어물쩍어물쩍 어찌씨 말이나 짓을 자꾸 얼버무려 넘기는 꼴 ⓑ잘못을 제대로 밝혀야지 이렇게 어물쩍어물쩍 또 넘기려고요? **어물쩍**

어물쩍하다

어미 이름씨 ❶'어머니' 옛말이자 처음 말 ㉥아기는 한밤에 자다 말고 어미를 찾기도 했다 ❷아들딸을 낳은 며느리나 딸을 그 어버이가 부르는 말 ㉥얘, 솔이 어미야, 애 좀 잘 달래봐 ❸새끼가 있는 짐승 암컷 ㉥어미 닭. 어미 돼지

어미 ⇒ 씨끝. 끝

어미언아우 이름씨 어머니 언니와 아우 ⇐ 이모

어미언아우버시 이름씨 어머니 언니와 아우 버시 ⇐ 이모부

어미벌레 이름씨 다 자라서 불이 힘이 있는 벌레 한뜻말어른벌레. 자란벌레 ⇐ 성충

어미변화 ⇒ 끝바꿈

어미사랑 이름씨 어머니가 베푸는 사랑 ⇐ 모성애

어미자 이름씨 큰 치수를 재는 으뜸 자 비슷한말 아들자

어민 ⇒ 고기잡이

어방 이름씨 ❶어림 ㉥어방없는 일이야 ❷어름 ㉥긴 줄기 볕달 가운데 어방에 더덕이 많이 났어요 익은말 **어방 대다** 어림하여 헤아리다

어버리크다 그림씨 두려움이 없고 씩씩하다 ㉥우리 푸름이와 배움이들은 어버리크게 사람들이 많이 다니는 곳에서 '물러나라'고 적은 종이를 뿌렸다 ⇐ 대담하다

어버이 이름씨 어이와 버이. 아버지와 어머니 ㉥어버이 사랑 ⇐ 부모. 양친

어버이날 이름씨 어버이를 기리는 날. 닷달 여드레이다

어버이뵘 이름씨 시집간 딸이 처음으로 어버이 집에 가서 어버이를 뵘 ⇐ 근친

어버이섬김 이름씨 어버이를 잘 섬기는 일 ⇐ 효. 효도

어벌쩡하다 움직씨 제 말과 짓을 믿게 하려고 일부러 어물거려 넘기다

어법 ⇒ 말본. 말벼리

어부 ⇒ 바다일꾼. 고기잡이

어부사시사 ⇒ 고기잡이 네철살이

어부지리 ⇒ 고기잡이보탬

어불성설 ⇒ 가리에 안맞는말

어비딸 이름씨 아버지와 딸 ⇐ 부녀

어비아들 이름씨 아버지와 아들 ⇐ 부자

어색하다 ⇒ 멋쩍다. 쑥스럽다. 서투르다. 서먹하다. 껄끄럽다. 머쓱하다. 떠름하다

어서 어찌씨 ❶끌지 말고 빨리 ㉥늦겠다 어서 가자 한뜻말사기 ❷반갑게 맞이하거나 무엇을 하라고 부추기는 말 ㉥어서 오셔요. 어서 드셔요

어서어서 어찌씨 '어서' 힘준말 한뜻말사기사기

어선 ⇒ 고기잡이배. 고깃배

어설프다 그림씨 꼭 짜이지 못하고 서투르다 ㉥무들은 설거지가 아직 어설프다

어섯 이름씨 ❶일이나 몬 한쪽에 지나지 않는 만큼 ㉥어섯만 보고 다 본 듯이 말하면 안 돼 ❷오롯이 다 되지 못하는 만큼 ㉥비가 쏟아져 일을 어섯만 마무리하고 마쳤다

어섯눈 이름씨 어느 한쪽에 지나지 않는, 조금만 볼 수 있는 눈 ㉥어섯눈이 뜨인 아이

어수룩하다 그림씨 ❶말이나 짓이 숫되고 어설프다 ㉥사람이 좀 수더분하고 어수룩한 맛이 있어야지 ⇐ 우둔하다 ❷야무지지 못하고 좀 어리석은 데가 있다 ㉥그이는 겉은 어수룩해 보이지만 아주 너른 마음을 지닌 분입니다

어수리 이름씨 깊은 멧속에 자라는 무 잎 비슷하게 생긴 나물. 날로 먹을 만큼 맛과 내음이 뛰어나다. 여름과 가을에 걸쳐 줄기 끝에 흰 꽃이 모여 핀다 한뜻말으너리

어수선하다 그림씨 ❶무엇이 얽히고 뒤섞여 가지런하지 않고 헝클어지다 ㉥새살림이라 아직 갈무리 못 한 게 많아 어수선하다 ❷마음이 걷잡을 수 없이 흩어지고 얽히다 ㉥버시가 싸우고는 아침도 안 먹고 나가서 마음이 어수선해 일이 손에 안 잡힌다 ⇐ 현란하다

어순 ⇒ 말차례

어숭그러하다 그림씨 그리 까다롭지 않고 수수하다 ㉥품은 많이 들었지만 일이 어숭그러

해서 힘들지 않았죠 ⇐ 소탈하다

어스러지다 (움직씨) ❶옷 솔기가 비뚤어지다 ⓑ어스러진 바느질 솜씨 ❷말이나 짓이 바른 데서 벗어나다 ⓑ무쇠는 사람으로서 지켜야 할 바른길에서 어스러지는 짓을 하지 않는다 ❸기운이나 힘이 여려지거나 사그라지다 ⓑ멧마루를 올려다보니 노을은 차츰 어스러져갔다

어스레하다 (그림씨) 빛살이 조금 어둑하다 ⓑ어스레한 방 안에는 바라지로 들어오는 한 오라기 햇살만 비칠 뿐이다

어스름 (이름씨) 날이 새거나 저물 때 조금 어두운 꼴. 또는 그런 때 ⓑ초롱이는 새벽 어스름에 아버지께 절하고 길을 떠났다

어스름달 (이름씨) 해진 뒤나 해뜨기 앞 어스름에 뜨는 달 ⓑ어스름달 빛에 밤눈을 밝히며 밤길을 걸었다

어슥비슥[1] (어찌씨) 이리저리 기웃거리며 망설이는 꼴 ⓑ순이는 어른들 앞에서 얼굴도 제대로 못 들고 어슥비슥 눈치만 본다 **어슥비슥하다**

어슥비슥[2] (어찌씨) 서로 어슷하고 비스듬하여 가지런하지 않은 꼴 ⓑ오늘날은 큰 고을이나 시골이나 일꾼들 하루 벌이가 어슥비슥 맞먹게 되었다

어슥비슥하다 (그림씨) 서로 어슷하고 비스듬하여 가지런하지 않다

어슬녘 (이름씨) 어슬어슬한 무렵이나 그러한 때 ⓑ날이 저물어 어슬녘이 되었다 ⇐ 황혼

어슬렁거리다 (움직씨) 덩치가 큰 사람이나 짐승이 천천히 걸어 다니다 ⓑ큰 개 한 마리가 골목길에서 어슬렁거린다 **어슬렁대다**

어슬렁어슬렁 (어찌씨) 덩치가 큰 사람이나 짐승이 천천히 걸어 다니는 꼴 ⓑ범이 어슬렁어슬렁 마을로 내려온다고 치자 **어슬렁어슬렁하다**

어슬어슬하다 (그림씨) 해가 지거나 날이 밝으려 할 무렵 둘레가 어스레하다

어슴새벽 (이름씨) 좀 어둑하고 흐릿한 새벽

어슴푸레 (어찌씨) ❶빛이 여리거나 멀어서 흐릿하게 ⓑ불빛이 어슴푸레 멀리서 비친다 ⇐ 희미하게 ❷소리나 꼴이 뚜렷하지 않고 흐릿하게 ⓑ멀리서 닭 우는 소리가 어슴푸레 들린다 ❸생각이 또렷하지 않고 흐릿하게 ⓑ이제는 지난 일들이 어슴푸레 가물거릴 뿐이다

어슴푸레하다 (그림씨) ❶빛이 여리거나 멀어서 흐릿하다 ❷소리나 꼴이 뚜렷하지 않고 흐릿하다 ❸생각이 또렷하지 않고 흐릿하다

어슷비슷 (어찌씨) ❶서로 크게 다르지 않고 비슷비슷한 꼴 ❷서로 어슷하고 비스듬하여 가지런하지 않은 꼴

어슷비슷하다 (그림씨) ❶크게 다르지 않게 서로 비슷하다 ⓑ어슷비슷하게 지은 집들로 들어찬 마을 ❷서로 어슷하고 비스듬하여 가지런하지 못하다 ⓑ둥거리를 어슷비슷하게 쌓아야 잘 무너지지 않아

어슷썰기 (이름씨) 무나 고구마, 감자 같은 것을 한쪽으로 비스듬하게 써는 일

어슷어슷[1] (어찌씨) 힘없이 천천히 거니는 꼴 **어슷어슷하다**

어슷어슷[2] (어찌씨) 여럿이 다 한쪽으로 조금 비뚤어진 꼴

어슷어슷하다 (그림씨) 여럿이 다 한쪽으로 조금 비뚤어져 있다

어슷하다 (그림씨) 한쪽으로 조금 비뚤다 ⓑ언니가 오늘따라 쓰개를 어슷하게 쓰고 나가네. 엄마가 오이를 어슷하게 썰어 무쳤다

어시스트 ⇒ 도움주기

어시장 ⇒ 물고기저자

어실렁어실렁 (어찌씨) 큰 사람이나 짐승이 꽤 느린 걸음으로 걸어다니는 꼴 ⓑ덩치가 큰 무돌이 어실렁어실렁 마을 모임방으로 걸어온다 **어실렁어실렁하다**

어썩어썩 (어찌씨) ❶부드럽고 싱싱한 과일이나 남새를 세게 자꾸 깨물어 씹을 때 나는 소리 ⓑ무를 어썩어썩 씹어 먹었다 여린말 어석어석 ❷조금 단단하고 깨지기 쉬운 것이 자꾸 부스러질 때 나는 소리 ⓑ논에 언 얼음이 발밑에서 어썩어썩 깨진다 **어썩어썩하다**

어안 이름씨 어이없어 말을 못 하는 혀 안 ⓑ어안이 벙벙하여 벌린 입을 다물지 못했다 익은말 **어안이 벙벙하다** 너무 놀라거나 뜻하지 않은 일을 겪어 어리둥절하다

어어 느낌씨 뜻밖 일을 마주했을 때 내는 소리 ⓑ어어, 이러시면 안 되는데요

어언 ⇒ 어느덧. 어느새

어업 ⇒ 고기잡이

어여머리 이름씨 옛날 시집간 겨집이 족두리를 쓴 머리 위에 둘러얹던 큰 머리 ⇐ 가체 **어여머리하다**

어여쁘다 그림씨 아름답고 예쁘다 ⓑ사래는 본데도 반듯할 뿐만 아니라 마음씨가 어여쁘다 **어여삐**

어연번듯하다 그림씨 남에게 드러내 보이게 아주 떳떳하고 번듯하다 ⓑ여기저기 어연번듯하게 맛집을 내서 장사를 잘하는 사람들이 많다

어엿하다 그림씨 몸짓이 반듯하고 떳떳하다 ⓑ걸음걸이도 듬직하고 어엿하여라 ⇐ 당당하다

어영부영 어찌씨 마지못해 게으르게 움직이는 꼴 ⓑ하는 일 없이 어영부영 해달을 보내서야 되겠나? **어영부영하다**

어우러지다 움직씨 여럿이 모여 한데 어우르다 ⓑ마을 사람들이 한데 어우러져 잔치를 벌였다

어우렁춤 이름씨 아람 사이에서 만들어져 물려 내려오는 여러 고장 삶과 내림버릇을 간직한 춤. 강강술래, 소바히탈춤 따위 한뜻말겨레춤 ⇐ 민속무용. 민속춤. 포크댄스

어우르다 움직씨 **1** 여럿을 모아 하나가 되게 하다 ⓑ마녘과 노녘 모든 낱말을 어우르는 우리말집을 펴내야겠지요 작은말아우르다 **2** 서로 어우리를 하다 ⓑ옆집과 소를 어울러 먹인다 **3** 윷놀이에서 말을 두 마리 넘게 한데 모으다 **4** 사내와 겨집이 몸을 섞거나 짝짓는 것을 에둘러 이르는 말

어우리 이름씨 어떤 다짐 밑에 일을 어울러서 하고 거기서 나오는 벌이를 나누어 가지는 것 ⓑ어우리로 송아지를 기른다

어울다 움직씨 '어우르다' 옛말 ⓑ앎이 함과 어울지 못하면 다 헛일이 되느니라

어울렁다스림 이름씨 둘 넘는 다스림떼나 모둠이 아울러서 만든 다스림말 ⇐ 연정. 연립정부

어울렁무덤 이름씨 어떤 울 안에 여러 사람이 함께 쓸 수 있게 마련한 무덤터 한뜻말어울무덤 ⇐ 공동묘지

어울렁살이 이름씨 같은 곳에서 여럿이 서로 도우며 사는 삶이나 그런 모임 ⇐ 공동체. 공동생활

어울리다 움직씨 **1** 여럿이 모여 한 덩어리나 한 판을 이루다 ⓑ어른, 아이 모두가 어울려 재미있게 놀았다 한뜻말어우러지다 **2** 여러 가지가 한데 섞여서 좋게 보이다 ⓑ치마와 저고리 신 빛깔까지 잘 어울린다 ⇐ 조화되다 **3** 어떤 흐름이나 기운에 끼어들어 같이 휩싸이다 ⓑ엄마는 낯선 사람들과도 쉽게 어울렸다 ⇐ 융화되다

어울림 이름씨 두 가지가 넘는 일이나 몬이 서로 잘 들어맞는 것 ⓑ사람과 사람 어울림에서 종요로운 것은 믿음이다 ⇐ 조화. 하모니. 화합

어울림소리 이름씨 높이가 다른 둘 넘는 소리가 함께 울릴 때 어울리는 소리 ⓑ으뜸 어울림소리. 안어울림소리 ⇐ 화음

어울무덤 이름씨 두 사람 넘는 주검을 한데 묻은 무덤 한뜻말어울렁무덤 ⇐ 공동묘지

어울소리 이름씨 높낮이가 서로 다른 여러 소리가 함께 울리면서 나타나는 소리 흐름 ⇐ 화성

어울수레 이름씨 사람을 일곱 넘게 태워 나르게 만든 수레 ⇐ 승합차

어울음 이름씨 어떤 일이든 여러 사람이 힘을 모아 함께하는 것 ⇐ 협업

어울지이 이름씨 같은 갈래 낳이나 같은 갈래 일을 여러 사람이 힘을 모아 함께하는 것 ⇐ 협업. 협업농

어울켜기 이름씨 홀로 가락 켜는 이가 다른 사

람 또는 가락떼와 함께 가락을 켜는 일 ⇐ 협연

어원 ⇒ 말밑

어유 느낌씨 ❶아파서 괴롭거나 골이 날 때 내는 소리 ⓑ어유, 이걸 그냥 확 밟아버릴까! ❷놀라거나 기뻐서 내는 소리 ⓑ어유, 이게 얼마 만이야!

어육 ⇒ 물고깃살. 고깃살

어음 이름씨 얼마를 어느 날짜에 어느 곳에서 치를 것을 다짐하거나 다른 이에게 그 치름을 맡기는 돈표. 다짐어음과 바꿈어음이 있다

어이[1] 이름씨 어머니 ⓑ어이와 버이. 어이딸. 어이아들. 어이며느리

어이[2] 어찌씨 '어찌', '어떻게'를 예스럽게 이르는 말 ⓑ너는 그가 뽑힌 걸 어이 생각하느냐?

어이[3] 느낌씨 남을 부를 때 쓰는 말 ⓑ어이, 나물 뜯으러 나갈 때야

어이구 느낌씨 ❶몹시 아프거나 괴롭거나 힘겨울 때 내는 소리 ⓑ어이구, 머리 아파 ❷몹시 귀찮거나 싫거나 못마땅할 때 내는 소리 ⓑ어이구, 이렇게 힘들 줄이야! ❸몹시 놀라거나 급작스러울 때 느껴 내는 소리 ⓑ어이구, 거기서 불쑥 튀어나오다니! ❹몹시 안타깝거나 노엽거나 섭섭할 때 느껴 내는 소리 ⓑ어이구, 그런 일을 저지르다니! ❺몹시 기가 막히거나 너무 어이가 없음을 느껴 내는 소리 ⓑ어이구, 그 말에 속아 넘어가다니 ❻몹시 반갑거나 마음이 산뜻할 때 내는 소리 ⓑ어이구, 여기서 만나다니요! 어이구, 시원하다

어이딸 이름씨 어머니와 딸 ⇐ 모녀

어이며느리·어이며늘 이름씨 시어머니와 며느리를 같이 이르는 말 ⇐ 고부

어이아들 이름씨 어머니와 아들 ⇐ 모자

어이없다 그림씨 너무나 가슴이 막혀 어찌할 생각이 없다 ⓑ하도 어이없어 말이 안 나온다 한뜻말어처구니없다 ⇐ 황당무계하다. 황당하다

어이쿠 느낌씨 몹시 세게 부딪히거나 크게 놀라 내는 소리 ⓑ어이쿠, 애 떨어지겠네

어장 ⇒ 고기잡이터. 고기키우는데. 고기기름터

어저귀 이름씨 껍질을 올실로 쓰거나 밧줄로 만드는 밑감으로 쓰려고 심어 가꾸는 아욱갈래 한해살이풀. 씨는 낫개로 쓴다

어저께·어제 이름씨 오늘 바로 앞날 ⓑ어저께 나랑 한 다짐, 벌써 잊었어? 어제 보던 손님 익은말 **어제 다르고 오늘 다르다** 매우 빨리 달라진다

어적거리다 움직씨 꽤 부드러운 듯 단단한 것을 깨물 때 으스러지면서 잇달아 소리가 나다 **어적대다**

어적어적 어찌씨 꽤 부드러운 듯 단단한 것을 깨물 때 으스러지면서 잇달아 나는 소리 ⓑ당근을 어적어적 씹었다 **어적어적하다**

어전 ⇒ 임금앞

어절 ⇒ 말마디. 말토막

어절씨구 느낌씨 신날 때 장단을 맞추며 내는 소리 ⓑ어절씨구, 잘도 돈다 한뜻말얼씨구절씨구

어정거리다 움직씨 덩치가 큰 사람이나 짐승이 천천히 거닐다 **어정대다**

어정뜨다 그림씨 마땅히 할 일을 제대로 하지 않아 탐탁하지 않다 ⓑ어정뜬 사람한테 그런 종요로운 일을 맡길 수 없다

어정버정 어찌씨 하는 일도 없이 이리저리 어정거리는 꼴 ⓑ어정버정 나갈 날만 기다리는 갇힌이 작은말아장바장 **어정버정하다**

어정섣달 이름씨 하는 일 없이 한갓져서 어정어정 보내는 달이라는 뜻으로 달셈 섣달을 빗댄 말 슬기말 **어정섣달에 미끈한달이라** 섣달은 한갓져서 어정어정 보내고 새해 한달은 설과 한보름을 보내느라 들뜬 마음으로 미끈하게 지나간다

어정어정 어찌씨 덩치가 큰 사람이나 짐승이 천천히 거니는 꼴 ⓑ어린아이를 데리고 어정어정 걸어가는 할아버지 작은말아장아장 센말어청어청 **어정어정하다**

어정쩡하다 그림씨 ❶또렷하지 않고 떨떠름하

다 ⓑ묻는 말에 어정쩡하게 맞갋는 보리 ❷얼떨떨하고 어쩔 줄 모르다 ⓑ어른들 앞에서 눈길을 어디에 둘지 몰라 어정쩡하게 서 있었다 ❸속으로 못미더워 꺼림하다 ⓑ사람을 함부로 어정쩡하게 보지 마라

어제 이름씨 ❶오늘 바로 앞날 ⓑ어제는 늦게 잠들었어 ❷지나간 때 ⓑ더는 어제 내가 아니야 ❸(어찌씨) 오늘 바로 앞날에 ⓑ어제 한 말을 벌써 잊었어?

어제그제 이름씨 ❶어제와 그제 ⓑ어제그제 먹은 것을 모두 말해 보세요 ❷멀지 않은 며칠 사이 ⓑ어제그제 비롯한 일을 아직 못 끝냈다

어제오늘 이름씨 ❶요 며칠 사이 ⓑ두 사람 다툼은 어제오늘 일이 아니에요 ❷(어찌씨) 요 며칠 사이에 ⓑ이 일은 어제오늘 비롯된 것이 아니다

어젯밤 이름씨 바로 앞날 밤 ⓑ어젯밤에는 책 보느라 밤을 새다시피 했다 한뜻말지난밤. 간밤 ⇐ 전야

어조 ⇒ 말가락. 말씨. 말높낮이

어족 (魚族) ⇒ 물고기붙이. 고기떼

어족 (語族) ⇒ 말겨레. 말갈래

어줍다 그림씨 ❶말이나 짓이 무디고 매끄럽지 않다 ⓑ이가 빠져 말소리가 어줍게 들린다. 어줍은 낯빛을 짓다 ❷힘살이 저려 제대로 움직이지 않는 느낌이다 ⓑ다리가 어줍어서 꼼짝도 못한다 ❸손에 익지 않아 서투르다 ⓑ새색시가 부엌에서 어줍은 손놀림으로 솥을 씻는다 ❹수줍어 부끄럽게 느끼다 ⓑ사람들이 쳐다보자 별이가 어줍어하며 얼굴을 붉혔다

어중간하다 ⇒ 가운데쯤 되다. 엉거주춤하다. 이도 저도 아니다

어중되다 그림씨 넘고 처져서 알맞지 않다 ⓑ이때쯤이 점심을 먹기에도 저녁을 먹기에도 어중된 때다

어중이 이름씨 제대로 할 줄 아는 게 없어 쓸모없는 사람 ⓑ어중이들만 모여 무얼 하겠다고!

어중이떠중이 이름씨 여기저기서 모인 갖가지 시원찮은 사람들 ⓑ놀이판에 어중이떠중이 다 모여 있구나

어지간하다 그림씨 ❶알맞다고 여기는 잣대에 비슷하게 가깝다 ⓑ올겨울 김장은 마흔 포기면 어지간하겠다 비슷한말괜찮다. 그만저만하다 ⇐ 여간하다 ❷꽤 무던하다 ⓑ꽤나 아팠을 텐데 아야 소리 안하고 참다니 너도 참 어지간하다

어지러뜨리다 움직씨 마구 어지럽게 하다 ⓑ누가 이렇게 방을 어지러뜨렸니?

어지럼 이름씨 어지러운 느낌 ⓑ일어서다 어지럼으로 주저앉았다 ⇐ 현기

어지럼늦 이름씨 어지러운 낌새 ⓑ가끔 어지럼늦이 있어 못 일어날 때가 있다 ⇐ 어지럼증. 현기증

어지럽다 그림씨 ❶몸을 가눌 수 없고 얼이 흐리고 얼떨떨하다 ⓑ갑자기 머리가 화끈거리더니 띵하고 어지러웠어요 ⇐ 혼미하다 ❷뒤얽히고 헝클어져 갈피를 잡을 수 없다 ⓑ어지러운 꿈자리 ⇐ 혼란하다 ❸마음이 뒤숭숭하고 어수선하다 ⓑ어지러운 마음을 겨우 가라앉혔다 ⇐ 혼란하다 ❹흐트러져 널려있어 너저분하다 ⓑ방 안에 어지럽게 널린 옷가지 ❺보기 싫게 더러워져 있다 ⓑ빨지 않고 내버려 두어 어지러운 걸레 ❻몸짓이 바르지 못하고 시시하고 너절하다 ⓑ어지러운 짓으로 손가락질을 받았다 ❼모둠살이 모습 따위가 뒤섞이고 차례가 없다 ⓑ나라가 이렇게 어지러우니 쌀값인들 안 오르겠느냐

어지르다 움직씨 너절하게 늘어놓아 어지럽게 하다 ⓑ막내가 방을 잔뜩 어지르며 논다

어지자지 이름씨 ❶보지와 자지가 함께 있는 사람이나 짐승 ❷오른발과 왼발로 갈마들어 제기를 차는 일

어진이 이름씨 어질고 똑똑하여 거룩이 다음 가는 사람 ⇐ 현인. 현자. 양인

어진이모인집 이름씨 막둥이임금 때 갈이들이 모여 갈을 파고들던 곳. 이곳에서 우리글을

만들었다고 한다 ⇐ 집현전

어질거리다 [움직씨] 자꾸 얼이 아득하고 어지럽다 **어질대다**

어질곁님 [이름씨] 어진 어머니이며 착한 아내 ⇐ 현모양처

어질다 [그림씨] 마음이 너그럽고 착하며 슬기롭다 ⓑ고을지기는 사람을 쓸 때 겉모습보다는 어진 마음씨를 높게 샀다 ⇐ 인자하다

어질어질 [어찌씨] ❶자꾸 얼이 아득하고 어지러운 꼴 ⓑ열 바퀴를 제자리 돌기 했더니 어질어질하다 ❷얼없이 움직이거나 여기저기 돌아다니는 꼴 ⓑ하루 내내 어질어질 돌아다니는 아저씨

어질어질하다 [그림씨] 자꾸 얼이 아득하고 어지럽다

어째 [어찌씨] ❶'어찌하여' 준말 ⓑ어째 그런 일이! ❷왠지 ⓑ으스스한 게 어째 좀 무섭다

어째서 [어찌씨] '어찌하여서' 준말. 무엇 때문에 ⓑ어째서 마음에 불이 났는지 말 좀 해 봐

어쨌든 [어찌씨] '어찌하였든' 준말. 어떻게 되었든지 아랑곳없이 ⓑ까닭이 어쨌든 거짓말은 하면 안 된다 한뜻말 아무튼. 어떻든 ⇐ 여하간

어쩌고저쩌고 [어찌씨] 이러하다는 둥 저러하다는 둥 말을 늘어놓는 꼴 ⓑ어쩌고저쩌고 말이 많은 아이 큰말 어쩌구저쩌구

어쩌다 [움직씨] ❶'어찌하다' 준말 ⓑ슬기는 어쩔 수 없이 장난감을 아우에게 빼앗겼다. 하늘이는 어쩐다 말도 없이 떠났다 ❷('어쩐' 꼴로 써) '무슨', '웬' ⓑ어쩐 일로 오시었소?

어쩌다·어쩌다가 [어찌씨] ❶이따금 ⓑ나는 어쩌다 한 디위씩 꽃집에 들러 꽃을 산다 ⇐ 간혹. 혹시 ❷뜻밖에 ⓑ어쩌다가 한 디위 만나기는 했는데 긴말 나누지 못하고 헤어졌어

어쩌면 [어찌씨] ❶모르긴 해도 ⓑ어쩌면 그날 못 갈지 몰라 준말 어쩜 ❷무릇 어떻게 해서 ⓑ어머나, 어쩌면 이렇게 고울까 ❸(느낌씨) 놀라거나 따지거나 할 때 내는 소리 ⓑ어쩌면, 네가 나한테 이럴 수 있어?

어쩐지 [어찌씨] 어찌 된 까닭인지 ⓑ낯선 곳에서 자려니까 어쩐지 마음이 설렌다 한뜻말 왠지

어쩜 [어찌씨] '어쩌면' 준말 ⓑ어쩜 이렇게 예쁠 수가

어쭈 [느낌씨] 다른 사람이 잘하는 것을 보거나 잘난 체할 때 비웃는 말씨 ⓑ어쭈, 제법인걸

어쭙잖다 [그림씨] ❶말이나 짓이 주제넘는 데가 있다 ⓑ돈도 없으면서 어쭙잖게 비싼 수레를 사? ❷아니꼬워 업신여기다 ⓑ버시가 하는 어쭙잖은 말씨에 속이 상한 순이 ❸시시하고 보잘것없다 ⓑ술 마시고 주절대는 꼴이 어쭙잖아 밥 차려 주기도 싫었다

어찌 [어찌씨] ❶어떤 수로 ⓑ열쇠를 잃어버렸으니 문을 어찌 열지? ❷어떠한 까닭으로 ⓑ네가 어찌 그런 말을 할 수가 있어? ❸어떻게 몹시 ⓑ밝메가 어찌 좋은지 떠날 줄을 몰랐다 ❹어떻게 ⓑ어찌 생각하면 될 듯도 싶어요

어찌나 [어찌씨] '어찌' 힘줌말 ⓑ어찌나 무섭던지 줄달음쳐 왔지

어찌씨 [이름씨] 움직씨나 그림씨, 매김씨 앞에 써 그것이 어찌 드러남을 나타내는 낱말 갈래. 일찍, 오래, 솔솔 따위 ⇐ 부사

어찌어찌하다 [움직씨] ❶이렇게도 하고 저렇게도 하다 ⓑ시키는 대로 해보고 안 되면 어찌어찌해 봐라 ❷이럭저럭하다 ⓑ어찌어찌하다가 여기까지 흘러와 삽니다

어찌하다 [움직씨] 어떻게 하다 ⓑ이 일을 어찌하면 좋아

어찔어찔 [어찌씨] 자꾸 쓰러질 듯이 어지러운 꼴 ⓑ하루 내내 수레를 탔더니 머리는 어찔어찔 속은 울렁울렁 작은말 아찔아찔

어찔하다 [그림씨] 갑자기 쓰러질 듯이 어지럽다 ⓑ출렁다리를 건너가다 밑을 내려다보니 어찔했다 작은말 아찔하다

어차피 ⇒ 이러나저러나. 이렇든 저렇든. 어쨌든

어처구니 [이름씨] 생각 밖에 엄청나게 큰 몬이나 사람 ⓑ어처구니 굴뚝을 온 낱이나 아

우른 듯이 큰 굴뚝

어처구니없다 그림씨 일이 너무 뜻밖이어서 놀랍거나 기가 막히다 ⓑ나숨집에서 갓난아기가 뒤바뀌는 어처구니없는 일이 벌어졌다 한뜻말 어이없다 ⇐ 황당무계하다. 황당하다

어촌 ⇒ 갯마을

어치[1] 이름씨 비둘기보다 조금 작은 몸집에 머리와 목은 밤빛이고 날개는 파란빛인 텃새. 늘 숲속 나무 위에 살며 소리가 곱다

어치[2] 뒷가지 돈 얼마에 들어맞는 몬 ⓑ골 원어치 쌀을 사 왔다

어투 ⇒ 말씨. 말버릇

어패류 ⇒ 물고기조개붙이

어학 ⇒ 말갈

어학자 ⇒ 말갈이

어항 (魚缸) ⇒ 물고기동이. 고기단지

어항 (漁港) ⇒ 고깃배나루. 고깃배 나들목

어허 느낌씨 **1** 미처 생각하지 못한 것을 깨달았을 때 내는 소리 ⓑ어허, 그 얘길 미처 못 했구나 **2** 좀 못마땅하거나 마음이 놓이지 않을 때 내는 소리 ⓑ어허, 일을 그렇게 하면 쓰나?

어험 느낌씨 어른임을 나타내려 하거나 기척을 내려고 일부러 내는 기침 소리 ⓑ아이가 할아버지 '어험' 소리에 멈칫했다

어혈 ⇒ 피멍. 먹피. 맺힌 피

어화 느낌씨 노래에서 아주 기쁜 마음으로 남을 부르는 소리 ⓑ어화, 벗님네야. 내 말 좀 들어보소

어화둥둥 느낌씨 노래하듯이 아기나 사랑이를 어르는 소리 ⓑ어화둥둥 우리아기 한뜻말 어허둥둥

어획 ⇒ 고기잡이. 고기잡다

어획량 ⇒ 물고기 잡은 붚

어휘 ⇒ 낱말떼. 낱말수. 말수

어휘체계 ⇒ 낱말얼개

어흥 느낌씨 **1** 범이 우는 소리 ⓑ"어흥"하고 범 울음소리가 우리 안에서 들렸다 **2** 범 소리를 흉내 내어 아이를 으르는 소리 ⓑ눈물 뚝! 안 하면 어흥! 하고 범이 물러 올 거야

억[1] 어찌씨 세차게 달려들거나 나아가는 꼴 ⓑ밤에 몰려가 억 덮치면, 그놈을 잡을 수 있을 거야

억[2] 느낌씨 갑자기 몹시 놀라거나 쓰러질 때 내는 소리 ⓑ억 소리를 내며 쓰러졌다

억 (億) ⇒ 잘

억누르다 움직씨 **1** 다른 사람이 제 하고 싶은 대로 못 하게 하다 ⓑ아버지가 그림을 그리고 싶은 언니를 자꾸만 억누른 탓에 언니는 집을 나갔다 ⇐ 억압하다. 억제하다. 통제하다 **2** 마음속에서 일어나는 것을 스스로 참다 ⓑ눈재는 아들 잃은 슬픔을 억누르고 마음을 추스렸다

억눌리다 움직씨 '억누르다' 입음꼴. 억누름을 겪다 ⓑ우리겨레가 서른여섯 해 동안 왜에 억눌린 삶을 어찌 잊으랴

억눌림늧 이름씨 나날살이 몸짓이나 알아보기에 끼침을 미치는 깊은 마음속에서 느끼는 생각 ⇐ 컴플렉스

억눌림생각 이름씨 스스로 눌러 없애려 해도 자꾸 떠올라 맴도는 생각 ⓑ억눌림생각에 사로잡혀 눈이 먼 거지 ⇐ 강박관념

억류 ⇒ 잡아둠. 붙잡음. 붙잡다. 억눌러두다. 매어두다. 잡아두다

억만장자 ⇒ 큰가면이

억새 이름씨 벼처럼 생겼으나 더 억세고 키가 크고 튼튼한 풀. 소가 좋아하는 먹이로 잎 가장자리가 날카로워 손을 베기도 한다. 베어 말려 지붕을 이고, 가을에 무리 지어 피는 흰 꽃은 아름답다

억세다 그림씨 **1** 뜻을 이루려는 마음이나 몸짓이 세차다 ⓑ과녁을 바라보고 억세게 내달렸다 **2** 몸이 튼튼하고 힘이 세다 ⓑ바우는 억센 팔뚝으로 수레를 밀었다 **3** 물고기 뼈, 나무줄기나 잎이 뻣뻣하고 딱딱하거나 질기다 ⓑ비가 오래 안 와서 배춧잎이 억세다. 늦봄이 되니 나물이 억세졌다 **4** 만만치 않게 세차다 ⓑ억센 비바람 **5** ('억세게' 꼴로 써) 날떠퀴가 아주 좋거나 나쁘다 ⓑ억세게 날떠퀴가 좋은 사람

억수 [이름씨] ('억수로' 꼴로 써) 물을 퍼붓듯이 세차게 내리는 비 ㉥억수로 퍼붓는 자드락비

억실억실 [어찌씨] 얼굴 생김새가 크고 시원스러운 꼴 ㉥뉘 집 아들인지 억실억실 잘도 생겼다

억압 ⇒ 억누르기. 억누르다

억양 ⇒ 말높이. 높낮이. 말소리

억울하다 ⇒ 애꿎다. 애매하다. 골나고 답답하다

억제 ⇒ 억누름. 누름. 억누르다. 누르다. 참다. 막다. 삼가다. 견디다. 이겨내다. 내리누르다. 누그러뜨리다

억지 [이름씨] [1]지나치게 내세워 굳게 우기는 것 ㉥억지를 부리다. 억지를 쓰다 [2]마음이 내키지 않으면서 하는 것 ㉥억지웃음

억지다짐 [이름씨] 썩 내켜 하지 않는데도 억지로 받는 다짐 ㉥아우한테 억지다짐을 받아 냈다

억지떼 [이름씨] 억지로 쓰는 떼 ㉥길바닥에 드러누워 억지떼를 쓰는 아이 비슷한말 억지투정

억지로 [어찌씨] 내키지 않으면서 ㉥억지로 참다. 억지로 해내다

억짓손 [이름씨] 쉽게 되지 않는 것을 억지로 해내는 솜씨 ㉥나는 억짓손이 센 풀밭님한테서 무슨 덤터기를 쓸지 몰라 조금 미루는 참이야

억척 [이름씨] 어떤 어려움에도 아랑곳하지 않고 이악하고 억세게 일을 해나가는 것 ㉥억척을 떨다. 억척을 부리다

억척스럽다 [그림씨] 힘겨운 일에도 아랑곳하지 않고 이악하고 억세다 ㉥가난하게 살아온 봄해는 누가 보기에도 억척스러웠다

억측 ⇒ 제멋대로 생각. 터무니없는 헤아림. 제멋대로 생각하다

언걸 [이름씨] 다른 사람 때문에 살림이 줄어들거나 골탕을 먹는 일 ㉥남 언걸로 허물을 뒤집어쓰다. 언걸을 입다. 언걸을 먹다 한뜻말 지실. 엉걸 준말 얼 ⇐ 재앙. 재해. 폐해. 피해

언구럭 [이름씨] 약삭빠르게 떠벌려 남을 놀리는 짓 ㉥조카가 잔꾀로 언구럭을 부려보겠지만 어디 먹히겠나?

언급 ⇒ 이야기. 말. 이야기하다. 말하다. 입에 담다. 입에 올리다

언니 [이름씨] [1]한 어버이한테서 난 아들 사이에서 손위 ⇐ 형 [2]한 어버이한테서 난 딸 사이에서 손위 [3]겨집들이 제보다 나이가 조금 위인 겨집을 살갑게 부르는 말 ㉥이웃집 언니

언니버시 [이름씨] 시집간 언니가 짝 맺은 사내를 이르는 말 ⇐ 형부

언덕 [이름씨] [1]땅이 둘레보다 조금 높고 비탈진 곳 ㉥언덕 아래로 미끄러졌다 [2]나지막한 메 ㉥언덕에 올라서니 마을이 한눈에 내려다보인다 [3]믿고 기댈 만한 사람 ㉥비빌 언덕이라도 있어야 응석을 부리지 [4]이루고자 하는 과녁 ㉥우리 모두 오롯이 우리 말살이 언덕에 오르자

언덕길 [이름씨] 언덕에 난 비탈진 길 ㉥언덕길을 올라 밤나무밭으로 갔다

언덕밥 [이름씨] 솥 안에 밥을 언덕지게 안쳐서 한쪽은 질게, 다른 쪽은 되게 지은 밥 ㉥어머니는 언덕밥을 지어서 할배, 할매께는 진밥을, 젊은이들한테는 된밥을 퍼주었다

언덕배기 [이름씨] 언덕 꼭대기나 언덕에서 아주 가파르게 꺾인 곳 ㉥언덕배기에 올라서서 노래를 불렀다 한뜻말 언덕바지

언덕지다 [그림씨] 고르지 못하고 언덕처럼 비탈지다

언도 ⇒ 판가름말

언동 ⇒ 말씨. 말짓. 말과 몸가짐

언듯 [어찌씨] 눈결에 잠깐 스쳐 보이는 꼴 ㉥수레를 몰며 비 그친 하늘을 보니 무지개가 언듯 보였다

언땅 [이름씨] 땅별 노끝바다 가까이에 펼쳐진 넓은 벌판. 한 해 거의 내내 눈과 얼음으로 덮여 있으나 짧은 여름 동안 이끼가 자라 길든사슴이 뜯어 먹는다 ⇐ 동토대. 툰드라

언뜩언뜩 [어찌씨] 언뜻언뜻

언뜻 [어찌씨] [1]지나는 결에 잠깐 나타나는 꼴 ㉥버스 안에서 만난 머시마 얼굴이 언뜻 떠

올랐다 [2]문득 생각나는 꼴 ㉥가다가 언뜻 생각이 떠올라 되돌아왔어

언뜻거리다 [움직씨] [1]지나는 곁에 잇따라 잠깐씩 나타나다 [2]자꾸 문득문득 생각나다 **언뜻대다**

언뜻번뜻 [어찌씨] 갑자기 나타났다 사라지는 꼴 ㉥수레 바라지 밖으로 언뜻번뜻 보이는 구경거리 **언뜻번뜻하다**

언뜻언뜻 [어찌씨] [1]지나는 곁에 잇따라 잠깐씩 나타나는 꼴 ㉥메를 오르는 동안 오른쪽으로 언뜻언뜻 보이는 바다 한뜻말언뜩언뜩 [2]자꾸 문득문득 생각나는 꼴 ㉥이맘때 눈이 오면 언뜻언뜻 어머니 생각이 난다 [3]때나 해달이 몹시 빨리 지나가는 꼴 ㉥언뜻언뜻 올 한 해가 다 가는구나 **언뜻언뜻하다**

언론 ⇒ 새뜸

언론기관 ⇒ 새뜸일터

언론사 ⇒ 새뜸벌데

언명 ⇒ 밝힘. 말함. 뚜렷이 밝히다. 말하다. 뚜렷이 말하다. 똑똑히 나타내다

언문 ⇒ 말글

언변 ⇒ 입담. 입심. 말솜씨. 말재주. 말주변

언사 ⇒ 말. 말씨

언성 ⇒ 말소리. 목소리

언아우 [이름씨] 언니와 아우를 아울러 이르는 말 ⇐ 형제. 형제자매

언아우사랑 [이름씨] 언니와 아우 사이 사랑 ⇐ 형제애

언약 ⇒ 다짐. 말다짐. 입다짐. 다짐하다. 말다짐하다. 입다짐하다

언어 ⇒ 말. 말글

언어도단 ⇒ 어이없는 소리. 턱없는 소리

언어생활 ⇒ 말글살이. 말살이. 글살이

언어학 ⇒ 말갈

언쟁 ⇒ 말다툼. 말싸움. 말다툼하다. 말싸움하다. 입씨름하다. 입다툼하다. 부집하다. 티격태격하다

언저리 [이름씨] [1]둘레를 이룬 가나 그 가까이 ㉥입언저리. 눈언저리. 밭 언저리 ⇐ 근처 [2]어떤 나이나 때 가까이 ㉥서른 언저리에 나는 겨레하나잇기에 몸 바치기로 했다 ⇐ 경 [3]어떤 높이 위아래 ㉥어린 소나무가 자라서 인제는 내 키 언저리에 닿는다

언제 [어찌씨] [1]어느 때에 ㉥언제 오려나, 그리운 내 님아! [2]이미 오래 앞에. 벌써 ㉥각시는 언제부터 기다렸다 [3]잡지 않은 어떤 때를 나타내는 말 ㉥언제 한 디위 보자

언제나 [어찌씨] [1]어느 때에나 늘 ㉥할머니는 언제나 살갑게 우리를 맞아주신다 [2]어느 때에 가서야 ㉥나는 언제나 저렇게 좋은 집에서 살아보지?

언제든지 [어찌씨] 어느 때든지 ㉥언제든지 오세요

언젠가 [어찌씨] [1]앞으로 어느 때에 ㉥언젠가 히말라야를 꼭 가봐야지 [2]지난 어느 때에 ㉥언젠가 우리 만난 적 있지 않아?

언죽번죽 [어찌씨] 조금도 부끄러워하지 않고 뻔뻔한 꼴 ㉥나라 다스림이들이 언죽번죽 말바꾸기를 식은 죽 먹듯 한다

언죽번죽하다 [그림씨] 조금도 부끄러워하지 않고 뻔뻔하다

언중 (言中) ⇒ 말속. 말 가운데

언중 (言衆) ⇒ 말무리. 사람들

언질 ⇒ 말볼모. 귀띔

언짢다 [그림씨] [1]마음에 들지 않아 찜찜하다 ㉥그 일을 생각하면 지금도 마음이 언짢다 ⇐ 유감스럽다 [2]몸이 거북하다 ㉥먹은 게 잘못되었는지 속이 언짢다

언청이 [이름씨] 날 때부터 윗입술이 세로로 찢어진 사람 ㉥솔비 아우는 언청이로 태어났지만 이젠 그 자취도 없다 한뜻말째보

언턱거리 [이름씨] 남에게 무턱대고 억지로 떼를 쓸만한 핑계 ㉥누리는 언니를 만나 어떻게든 언턱거리를 잡아 돈을 꾸어보려 했다

언해 ⇒ 우리말풀이

언행 ⇒ 말짓. 말과 몸가짐

얹다 [움직씨] [1]몬을 어떤 것 위에 올려놓다 ㉥두 손을 무릎 위에 얹으세요. 불에 냄비를 얹고 국수를 삶았다 [2]어떤 수나 값에 얼

마쯤 더 보태다 ⓑ감을 열 낱 샀더니 한 낱 더 얹어주었다 ❸윷놀이에서 말을 다른 말에 어우르다 ⓑ이 말을 저 말에 얹어 모로 가면 돼

얹혀살다 움직씨 제힘으로 살아가지 못하고 남에게 붙어살다 ⓑ배움이인 아재는 네 해를 우리 집에 얹혀살았다

얹히다 움직씨 ❶먹은 것이 삭지 않다 ⓑ어제 먹은 것이 얹혀서 아침을 못 먹겠다 ⇐ 체하다 ❷남에게 덧붙어 기대다 ⓑ얼마 동안 누나 집에 얹혀 지낸다 ⇐ 편승하다 ❸'얹다' 입음꼴. 몬이 어떤 것 위에 올려 놓이다 ⓑ시렁에 이불이랑 고리짝이 얹혀있다

얻다 움직씨 ❶없던 것을 남에게서 거저 받아 가지다 ⓑ이웃에서 고추 모를 얻어 심었다 ⇐ 획득하다 ❷바라던 것을 받거나 가지다 ⓑ그 말씀을 듣고 큰 힘을 얻었다 ❸손에 넣거나 차지하다 ⓑ넓은 땅을 얻어 바라던 꿈을 이루었다 ⇐ 획득하다 ❹남이 잃은 몬을 줍다 ⓑ길에서 얻은 돈주머니 ❺남한테서 꾸거나 빌리다 ⓑ얻어다 쓴 연장은 바로 돌려주어라 ❻찾아 가지다 ⓑ일자리를 얻은 지 아직 얼마 안 되어요 ❼일꾼이나 일손을 쓸 수 있다 ⓑ일꾼을 얻어 풀을 깎았어 ❽아내나 바데, 사위, 며느리를 맞다 ⓑ각시를 얻은 날 누리를 얻은 듯했다 ❾믿음이나 기운, 보람을 갖다 ⓑ여러 사람 믿음을 얻기란 쉽지 않다 ❿배움, 가르침을 깨닫거나 갖다 ⓑ깨달음을 얻으려고 꾸준히 거룩한 길을 걸어요 ⓫앓게 되다 ⓑ뜻하지 않게 염앓이를 얻어 오랫동안 시달렸어

얻어듣다 움직씨 뜻밖에 들어서 알다 ⓑ얻어 들은 이야기

얻어맞다 움직씨 남한테 매를 맞다 ⓑ집에 늦게 들어와서 엄마한테 얻어맞았다

얻어먹다 움직씨 ❶남이 주는 것을 받아먹다 ⓑ늘 동무한테 얻어먹기만 한 것 같아 거북했다 ❷동냥해 먹다 ⓑ얻어먹는 거지 삶은 우리 마음을 끝없이 낮은 자리에 머물게 한다 ❸남한테서 거친 말이나 꾸지람을 듣다 ⓑ꾸지람을 잔뜩 얻어먹고는 마음이 언짢아졌다

얼[1] 이름씨 마음 알맹이. 마음 참속살. 마음 줏대 ⓑ우리말에는 우리 겨레 얼이 살아 숨쉰다 ⇐ 정신

얼[2] 이름씨 ❶겉에 드러난 티 ⓑ구슬에도 티가 있고 깁에도 얼이 있다 ⇐ 흠 ❷'언걸' 준말 ⓑ내가 목숨을 끊으면 너에게 얼이 갈 터이니 굶어 시름시름 앓다 죽는 것이 좋겠다 ⇐ 피해 ❸말썽 ⓑ일 마무리에 얼이 없도록 마음을 더 써요

얼간 이름씨 소금을 조금만 쳐서 살짝 절임, 또는 그 간 ⓑ얼간 고등어 ⇐ 반염장

얼간이 이름씨 됨됨이가 못나고 덜된 사람. 얼이 간 사람 ⓑ이런 얼간이 같은 놈! 비슷한말 얼뜨기

얼갈이 이름씨 ❶논밭을 늦가을이나 만겨울에 대충 갈아엎는 것 ⓑ이젠 얼갈이를 할 때이다 ❷푸성귀를 늦은 가을이나 이른 겨울에 심는 일, 또는 그 푸성귀 ⓑ이 얼갈이 배추는 참 맛있다

얼개 이름씨 낱낱 쪽을 모아 짜 맞춘 뼈대나 짜임새 ⓑ글을 잘 쓰려면 먼저 얼개를 잡은 뒤에 쓰는 것이 좋다 ⇐ 구조. 구성. 체계. 플롯

얼거리 이름씨 일 알맹이만을 추려 잡은 모든 줄거리 ⇐ 개요. 요지. 계획

얼굴 이름씨 ❶눈, 코, 입 따위가 있는 머리 앞쪽 ⓑ둥근 얼굴. 얼굴이 작은 사람 한뜻말 낯 ⇐ 안면 ❷갈음하여 참모습을 알 수 있게 보여주는 것 ⓑ서울은 우리나라 얼굴이다 ❸남을 맞기에 떳떳한 꼴새 ⓑ무슨 얼굴로 사돈을 맞을꼬! ❹어떤 갈래 모임에 나오는 낱낱 사람 ⓑ올해 글쓰기 잔치에 새로운 얼굴이 나왔다. 맨날 그 얼굴에 그 얼굴인 모임 익은말 **얼굴이 넓다** 아는 사람이 많다 **얼굴이 두껍다** 부끄러움을 모르고 뻔뻔하다

얼굴값 이름씨 어떤 일에 드러나는 겉모습 ⓑ얼굴값을 해야 할 텐데

얼굴꼴 이름씨 얼굴 덩이가 생긴 꼴 ⇐ 얼굴형

얼굴빛 (이름씨) 얼굴에 드러나는 마음이나 빛깔 ⓑ아우는 무슨 일이 있는지 얼굴빛이 어두웠다 한뜻말낯빛 ⇐ 안색. 표정

얼굴형 ⇒ 얼굴꼴. 얼굴생김새

얼근하다 (그림씨) **1** 매워서 입안이 얼얼하다 ⓑ빨갛게 익은 고추가 얼근해도 단맛이 있다 **2** 술이 거나하여 얼이 어렴풋하다 ⓑ술이 얼근해서 집에 돌아온 아버지

얼금뱅이 (이름씨) 얼굴이 얽은 사람 한뜻말곰보

얼금얼금 (어찌씨) 굵고 얕게 얽은 자국이 듬성듬성한 꼴

얼금얼금하다 (그림씨) 굵고 얕게 얽은 자국이 듬성듬성하다 ⓑ얼금얼금한 사내 얼굴에 웃음이 번졌다

얼기설기 (어찌씨) 이리저리 얽힌 꼴 ⓑ얼기설기 뒤엉킨 노끈을 푸느라 한참 애를 먹었다 작은말알기살기 센말얼키설키 (슬기말) **얼기설기 수양딸 맏며느리 삼는다** 어물어물하면서도 손쉽게 큰일을 해치운다

얼기설기하다 (그림씨) 이리저리 뒤섞여 얽혀 있다

얼날 (이름씨) **1** 몸 안팎에서 일어나는 여러 바뀜을 줏대에 나르고 줏대에서 일을 주어 몸 곳곳으로 나르는 뮘틀. '신'은 '얼'이란 뜻을 품고, '경'은 '날'이란 뜻이라 우리말 '얼날'로 지음 ⓑ얼날을 건드리다 ⇐ 신경 **2** 어떤 일을 느끼는 것 ⓑ얼날이 무디다

얼날늪 (이름씨) 마음으로 말미암아 일어나는 잠못자기, 들뜸, 머리앓이 같은 몸아픔 늪 ⇐ 신경증

얼날불늪 (이름씨) 얼날줄 한 곳에 불늪이 생기거나 다쳐서 그 둘레에 느낌이 여리거나 몸뮘이 무디거나 아픈 늪 ⇐ 신경염

얼날싸움 (이름씨) **1** 속임수, 퍼뜨림 따위로 맞은쪽 얼날을 노곤하게 하여 싸울 마음을 잃게 하는 꾀 ⇐ 신경전 **2** 겨루는 사이인 낱사람이나 모둠에서 말이나 짓으로 맞은쪽 얼날을 긁는 일. 또는 그런 싸움

얼날아픔 (이름씨) 얼날이 눌리거나 찔려 일어나는 아픔 ⇐ 신경통

얼날앓이 (이름씨) 얼날줄에 얽힌 여러 가지 앓이 ⇐ 신경병

얼날올실 (이름씨) 얼날줄을 이루는 얼개 가운데 얼날잔삼이 아닌 쪽 올실꼴로 된 돌기 ⇐ 신경섬유

얼날자위 (이름씨) 자위얼날 갈래를 이루는 골, 숨골, 등골, 가지얼날 알림을 받고 알림성금을 내리는 줏대 ⇐ 신경중추

얼날짜임 (이름씨) 골에서 내린 성금을 몸 곳곳에 나르고 몸 곳곳에서 받은 찌름을 골로 나르는 실꼴 짜임 ⇐ 신경계

얼다 (움직씨) **1** 물이나 물기 있는 것이 어는점 아래에서 단단하게 굳어지다 ⓑ겨울철에는 가람물이 꽁꽁 언다 **2** 사람 몸이 센 추위로 뻣뻣하게 될 만큼 몹시 차지다 ⓑ아이들은 언 손을 호호 불었다 **3** 몹시 놀라서 얼떨떨해지다 ⓑ애가 스승 앞에만 가면 얼어붙는다

얼떠름하다 (그림씨) **1** 뜻밖 일로 얼이 좀 얼떨떨하다 **2** 하는 짓이 좀 모자라는 데가 있다

얼떨결 (이름씨) 여러 가지가 얽히고설켜 얼떨떨한 판 ⓑ아우가 몹시 졸라대는 바람에 나는 얼떨결에 알았다고 말했다 한뜻말얼떨김 준말얼결

얼떨떨하다 (그림씨) **1** 뜻밖 일이나 뒤얽힌 일로 얼을 가다듬지 못하고 멍하다 ⓑ나는 일이 일어난 까닭을 몰라 얼떨떨했다 **2** 머리가 몹시 울리고 어지럽다 ⓑ낮은 보꾹에 머리를 찧고는 얼떨떨한지 아직 누워있어

얼떨하다 (그림씨) 얼이 흐릿하여 갈피를 잡지 못하다 ⓑ묻는 말에 얼떨하게 맛갊는 배움이

얼뜨기 (이름씨) **1** 얼뜬 사람. 얼이 빠진 듯 어리석은 짓을 하는 사람 ⓑ저이는 똑똑한 체하지만 알고 보면 얼뜨기야 비슷한말얼간이 **2** 제 앞가림을 제대로 하지 못하는 사람 ⓑ제 앞가림도 못 하는 얼뜨기 같으니라고

얼뜨다 (그림씨) 다부지지 못하고 어수룩하고 얼빠진 데가 있다 ⓑ얼뜨게 뒤통수를 맞다.

그런 얼뜬 낯빛으로 윗사람을 어떻게 만나려고

얼러메다 [움직씨] 을러메다 ㉥요즘 깔고 앉은 으리으리한 집도 얼러메어 빼앗았다는 말이 있어

얼러붙다 [움직씨] 여럿이 어우러져 한데 붙다 ㉥걸핏하면 얼러붙어 싸우는 아이들

얼러치다 [움직씨] ❶둘 넘는 것을 한꺼번에 때리다 ㉥신이 나자 나루는 머리를 흔들면서 북과 장구를 얼러쳤다 ❷둘 넘는 몬 값을 함께 셈하다 ㉥밥값과 찻값을 얼러친 돈이 열골 원이 넘었다

얼럭 [이름씨] 어떤 바탕에 다른 빛깔 굵은 점이나 줄 같은 것이 섞인 것 ㉥얼럭집. 얼럭소. 얼럭말 작은말알락

얼럭덜럭하다 [그림씨] ❶여러 가지 빛깔이나 무늬가 고르지 않게 뒤섞인 꼴 ㉥얼럭덜럭한 이불 ❷일솜씨가 매끄럽지 못하고 들쭉날쭉하다 ㉥마감이 얼럭덜럭해서 다시 해야겠다

얼럭밥 [이름씨] 여러 가지 낟이 섞인 밥 ㉥우리 집은 몸에 좋도록 얼럭밥을 지어 먹는다 ⇐ 잡곡밥

얼럭집 [이름씨] 한집안에 집채마다 여러 가지로 다르게 지은 집. 기와집과 짚집, 하늬집과 배달집이 섞인 집 같은 것

얼렁거리다[1] [움직씨] 남 마음을 사려고 너절하게 빌붙다 ㉥언제까지 높은 사람한테 얼렁거리며 살래? **얼렁대다**

얼렁거리다[2] [움직씨] 하는 일 없이 자꾸 빈둥빈둥 지내다 ㉥그렇게 나날이 얼렁거리지 말고 나가 풀이라도 매어라

얼렁뚱땅 [어찌씨] 남이 모르는 사이에 능청스럽게 슬쩍 속여 넘기는 모습 ㉥잘못을 저지르고는 얼렁뚱땅 넘어가려고 한다 **얼렁뚱땅하다**

얼렁쇠 [이름씨] 얼렁거리는 사람

얼렁수 [이름씨] 얼렁뚱땅하는 수

얼렁얼렁 [어찌씨] ❶남 마음을 사려고 너절하게 빌붙는 꼴 ㉥일터 윗사람에게 얼렁얼렁 들맞추는 샛돌 작은말알랑알랑 ❷능청스러운 말로 그럴듯하게 얼버무리는 꼴 ㉥얼렁얼렁 구슬리는데 넘어가는 가엾은 꽃님들 ❸그다지 하는 일 없이 어물어물하는 꼴 ㉥힘든 일은 하기 싫어 얼렁얼렁 건들거리는 젊은이 **얼렁얼렁하다**

얼렁장사 [이름씨] 여러 사람이 밑천을 대어 함께하는 장사 한뜻말어리장사 ⇐ 동업

얼레 [이름씨] 종이솔개줄이나 낚싯줄을 감는 연장. 가운데에 있는 자루를 돌리면서 감았다 풀었다 한다 ㉥얼레를 높이 들어 올려 솔개실을 부지런히 풀었다

얼레달 [이름씨] 가웃달 ⇐ 반달

얼레빗 [이름씨] 살이 굵고 성긴 큰 빗 ㉥얼레빗으로 엉킨 머리를 빗었다 한뜻말얼레

얼레지 [이름씨] 깊은 멧속에 자라는 풀. 두 잎이 마주나며 너댓 달에 붉은 꽃이 고개 숙여 핀다. 어린잎은 먹는다

얼루기 [이름씨] ❶얼룩얼룩한 무늬나 점 ❷얼룩무늬나 점이 있는 짐승이나 몬

얼룩 [이름씨] ❶밑바탕에 빛깔이 다른 점이나 줄이 뚜렷하게 뒤섞인 것 ㉥얼룩 고양이. 얼룩소 ❷무엇이 묻거나 스며들어 더러워진 자국 ㉥먹을 것을 흘려 흰옷에 얼룩이 졌다. 감물이 진 얼룩은 잘 안 져

얼룩덜룩 [어찌씨] 여러 가지 빛깔인 큰 얼룩이나 줄무늬 따위가 고르지 않게 뒤섞인 꼴 ㉥비 오는 날 바짓가랑이에 흙탕물이 튀어서 얼룩덜룩해졌다

얼룩덜룩하다 [그림씨] 여러 가지 빛깔 큰 얼룩이나 줄무늬 따위가 고르지 않게 뒤섞이다 ㉥얼룩덜룩한 치마

얼룩말 [이름씨] 아프리카 들판에 살며, 흰 바탕에 검은 줄무늬가 있는 말과 비슷한 짐승. 너른 풀밭에 떼 지어 살며 바탈이 사나워 사람이 길들이기 어렵다

얼룩무늬 [이름씨] 얼룩얼룩한 무늬

얼룩빼기 [이름씨] 겉이 얼룩얼룩한 것

얼룩소 [이름씨] 털빛이 얼룩얼룩한 소

얼룩지다 [움직씨] 얼룩이 생기다 ㉥땀으로 얼

룩진 옷. 눈물로 얼룩진 얼굴

얼룽얼룽 어찌씨 여러 빛깔 큰 점이나 줄 따위가 고르고 촘촘하게 무늬를 이룬 꼴

얼룽얼룽하다 그림씨 여러 빛깔 큰 점이나 줄 따위가 고르고 촘촘하게 무늬를 이루고 있다

얼룽이 이름씨 1 얼룽얼룽한 점이나 무늬 2 얼룽무늬나 점이 있는 짐승이나 몬

얼른 어찌씨 오래 끌지 않고 후딱 ⓑ날이 어두워지기 앞에 얼른 가자

얼리다 움직씨 1 '얼다' 하임꼴. 얼게 하다 ⓑ물을 얼리면 얼음이 된다 ⇐ 동결시키다 2 서로 뒤엉키다 ⓑ종이 솔개가 서로 얼리어 둘 다 땅에 떨어졌어

얼림수 이름씨 얼러서 속여 넘기는 솜씨

얼마 이름씨 1 잘 모르는 수나 부피, 값, 때 들을 나타내는 말 ⓑ이 옷 얼마예요? 얼마를 더 기다려야 됩니까? 2 뚜렷하게 밝힐 일이 없는 수나 부피 ⓑ내가 집에 가 닿은 지 얼마쯤 지나자 누나가 왔다 3 그리 많지 않은 수나 부피, 값, 때들을 나타내는 말 ⓑ아기가 바람 소리에 얼마 자지도 못했어 4 수나 부피, 값, 때가 대단함을 힘주는 말 ⓑ그동안 기다린 날이 그 얼마이던가?

얼마나 어찌씨 1 얼마만큼이나 ⓑ날틀나루까지 얼마나 더 가면 되나요? 2 어찌나 많이 ⓑ얼마나 반갑던지 눈물이 날 터였다. 얼마나 사무치게 그리웠던가

얼마르다 움직씨 얼어가며 조금씩 마르다 ⓑ얼마른 누런 명태

얼마큼 어찌씨 '얼마만큼' 준말

얼말리기 이름씨 얼려가며 말리기 ⇐ 동결건조

얼맞다 그림씨 넘치거나 모자라지 않고 잘 들어맞다 ⓑ해쓱한 얼굴이 흰옷에 얼맞아 보였다

얼버무리다 움직씨 1 먹을거리를 잘 씹지 않고 넘기다 ⓑ바빠서 점심을 얼버무렸더니 속이 거북하네 2 먹을거리를 대충 버무려 만들다 ⓑ보리와 콩을 얼버무린 주먹밥 3 말이나 짓을 뚜렷하지 않게 대충하다 ⓑ아우가 말끝을 얼버무렸다 4 서로 한데 어울리다 ⓑ해솔이는 가락에 노랫말을 얼버무려 짓는 재주가 있다 5 여러 가지를 막 뒤섞어 뒤죽박죽되게 하다 ⓑ이 글은 그럴듯해 보이지만 뜯어보면 얼버무린 글이야

얼부풀다 움직씨 얼어서 부풀어 오르다

얼빈이 이름씨 얼이 빈 사람, 곧 얼이 나간 사람 한뜻말 어빙이

얼빠지다 움직씨 얼이 나가다 ⓑ어머니는 얼빠진 사람처럼 멍하니 앉아 있었다

얼싸[1] 어찌씨 훨씬 더 ⓑ우리 소가 너희 소보다 얼싸 크다

얼싸[2] 느낌씨 신이 나서 떠들 때 내는 소리 ⓑ얼싸! 좋다 한뜻말 얼씨구

얼싸안다 움직씨 두 팔을 벌려 껴안다 ⓑ놀이가 끝나자 이긴 쪽 겨룸이들이 서로 얼싸안고 기뻐했다 ⇐ 포옹하다

얼싸절싸 어찌씨 매우 신이 나서 잇달아 '얼싸'를 내는 소리

얼싸하다 그림씨 1 훨씬 괜찮다 ⓑ얼싸한 동무를 달고 왔으니, 오늘은 어깨가 으쓱해진다 한뜻말 그럴싸하다 2 제법 그럴듯하다 ⓑ곱단이는 집을 얼싸하게 꾸미고 산다

얼쑤 느낌씨 판소리에서 북재비가 장단을 치면서 신나게 하려고 내는 소리

얼씨 이름씨 산것 수컷 불이잔삼. 사람 것은 길이가 0.05mm쯤이고 머리, 목, 꼬리로 이루어진다 ⇐ 정자

얼씨구 느낌씨 1 신나게 놀 때 가락에 맞춰 내는 소리 ⓑ얼씨구, 좋다! 2 보기에 아니꼬울 때 내는 소리 ⓑ얼씨구, 꼴좋구나

얼씨구나 느낌씨 '얼씨구' 힘줌말

얼씨구절씨구 느낌씨 신나서 놀 때 장단으로 자꾸 '얼씨구'를 내는 소리 ⓑ얼씨구절씨구, 좋다

얼씨물 이름씨 수컷 불이대롱에서 내보내는 물로 얼씨와 얼씨가 살아 있도록 해주는 얼씨물밭이 들어 있다. 젖먹이짐승은 얼씨주머니나 앞선샘 들에서 나와 얼씨와 함께 몸 밖으로 뿜어나온다 ⇐ 정액

얼씨주머니 이름씨 사내 불이그릇 한쪽. 길쭉한 꺼풀 주머니로, 얼씨줄 끝에서 얼씨물을 만든다 ⇐ 정낭

얼씨줄 이름씨 얼씨집에서 만든 얼씨를 얼씨주머니로 내보내는 가늘고 긴 대롱 한뜻말 얼씨대롱 ⇐ 정관

얼씨집 이름씨 수컷 불이그릇. 얼씨를 만들고 수컷 호르몬을 내보낸다 ⇐ 정집. 정소

얼씬 어찌씨 눈앞에 잠깐씩 나타나는 꼴 ⓑ 시끌벅적한 틈을 타 커다란 그림자가 얼씬 비친 것을 아무도 보지 못했다 **얼씬하다**

얼씬거리다 움직씨 눈앞에 잠깐씩 자꾸 나타나다 ⓑ 어두운 골목 안에는 사람 그림자도 얼씬거리지 않았다 **얼씬대다**

얼씬얼씬 어찌씨 눈앞에 잠깐씩 자꾸 나타나는 꼴 ⓑ 수레 밖으로 얼씬얼씬 지나가는 볼거리 **얼씬얼씬하다**

얼안 이름씨 테두리 안 ⓑ 얼안에서 풀 수 있는 것을 먼저 다뤄보면 어떨까? 얼안을 벗어나자 ⇐ 분야

얼어들다 움직씨 ❶ 겉에서부터 차츰 속으로 얼다 ⓑ 눈 속을 오래 걷다 보니 발이 얼어들어 더는 걸을 수 없었다 ❷ 마음이 쓰려 굳어지거나 얼이 얼떨떨해지다 ⓑ 고개 숙인 어머니를 보자 아들 마음은 얼어드는 것 같았다

얼어붙다 움직씨 ❶ 얼어서 꽉 들러붙다 ⓑ 한가람 물이 꽁꽁 얼어붙었다 ❷ 마음을 졸이거나 무서워서 몸이 굳어지다 ⓑ 큰 뱀을 보자 무서워서 몸이 돌처럼 얼어붙고 말았다

얼얼하다 그림씨 ❶ 몹시 매워서 혀끝이 아리다 ⓑ 날고추를 먹었더니 얼얼하다 작은말 알알하다 ❷ 살갗이 타거나 다쳐 몹시 아린 느낌이 있다 ⓑ 문지방에 부딪혀 발가락이 얼얼하다 ❸ 얼이 멍하니 아리송하다 ⓑ 귀를 찢는 듯한 꽹과리 소리와 시끄러운 노랫소리에 한동안 얼이 얼얼하였다

얼음 이름씨 ❶ 물이 얼어서 굳어진 것 ⓑ 못에 얼음이 꽁꽁 얼었다 ❷ 몸 어디가 얼어서 얼날이 굳은 자리 ⓑ 얼음이 들다. 얼음 박이다 ⇐ 동상

얼음과자 이름씨 단물에 과일물, 소젖 들을 넣어 얼린 과자 ⇐ 빙과. 아이스케키

얼음깰배 이름씨 얼어붙은 바다나 가람 얼음을 깨부수고 뱃길을 내도록 빼난 갖춤을 지닌 배 ⇐ 쇄빙선

얼음놀이 이름씨 얼음판 위에서 하는 뭄놀이. 얼음판지치기, 얼음하키 따위 ⇐ 빙상경기

얼음메 이름씨 노끝이나 마끝 바다에 떠다니는 아주 큰 얼음덩어리 ⇐ 빙산. 얼음산

얼음물 이름씨 ❶ 얼음을 넣어 차게 한 물 ⓑ 얼음물 한 그릇 갖다주게 ⇐ 빙수 ❷ 결커가 언 찬물

얼음뮘 이름씨 ❶ 몇 온해나 몇 즈믄 해 동안 쌓인 눈이 얼음덩어리로 되어 그 무게와 미는 힘으로 움직이는 일 ⇐ 빙하 ❷ 얼어붙은 큰 가람

얼음뮘때 이름씨 온 땅별 날씨가 추워서 가운데 씨금곳까지 얼음덩이가 있었던 때. 늘 추웠던 것은 아니며 따뜻한 때도 두세 차례 있었다 ⇐ 빙하기. 빙하시대

얼음버캐 이름씨 푸석푸석하게 얼어서 잘 부스러지는 얼음

얼음보숭이 이름씨 소젖, 달걀, 단것, 양념을 섞어서 보숭이처럼 얼려 만든 먹을거리 ⓑ 얼음보숭이를 깨물어 먹으니 더위가 확 가신다 ⇐ 아이스크림

얼음산 ⇒ 얼음메

얼음장 이름씨 ❶ 크고 넓적한 얼음 조각 ⓑ 불을 때지 않은 방바닥이 얼음장 같다 ❷ 몹시 차거나 살갑지 않고 쌀쌀맞은 것을 빗댄 말 ⓑ 얼음장같이 싸늘한 눈길

얼음주머니 이름씨 얼음을 넣는 주머니. 뜨거운 몸을 식히거나 아픈 곳을 찬찜질하는 데 쓴다

얼음지치개 이름씨 신 바닥에 쇠날을 붙여 얼음 위를 지칠 수 있게 만든 놀이틀 ⇐ 스케이트

얼음지치기 이름씨 얼음 위를 얼음지치개나 썰매를 타고 달리는 일 ⇐ 스케이팅

얼음집 이름씨 에스키모 사람들이 얼음과 눈덩이로 지붕을 둥글게 지어 사는 집 ⇐ 이글루

얼음찜질 이름씨 몸이 뜨겁거나 부어오른 곳에 얼음을 대어서 식히는 일 ⓑ어머니가 불이 펄펄 나는 내 이마에 얼음찜질을 해주셨다

얼음판 이름씨 넓게 얼어붙거나 얼음이 넓게 깔린 곳 ⇐ 빙판

얼음하키 이름씨 여섯 사람씩 한쪽이 되어 얼음판 위에서 얼음지치개를 타고 막대기로 공을 쳐서 문에 넣는 놀이 ⇐ 아이스하키

얼죽음 이름씨 거의 죽은 것과 같음 ⇐ 반죽음

얼지근하다 그림씨 **1** 맛이나 느낌이 좀 얼얼하다 **2** 술이 꽤 얼근하다

얼쩡거리다 움직씨 **1** 능청스럽게 굴며 자꾸 너절하게 빌붙다 ⓑ자리오름을 앞두고 일꾼들이 일터지기에게 얼쩡거리느라 바쁘다 **2** 하는 일 없이 이리저리 자꾸 돌아다니다 ⓑ남은 동안을 보낼 생각으로 긴수레 나들목 둘레를 얼쩡거렸다 **얼쩡대다**

얼쩡얼쩡 어찌씨 **1** 남 마음을 사려고 얼렁거리는 꼴 ⓑ할아버지에게 잘 보이려고 아이가 얼쩡얼쩡 맴돈다 **2** 하는 일 없이 일부러 어정거리는 꼴 ⓑ일은 제대로 하지 않고 얼쩡얼쩡 때 지나기를 기다린다 **얼쩡얼쩡하다**

얼추 어찌씨 **1** 어지간하게 대충 ⓑ나들잇값이 얼추 얼마나 들까? **2** 어떤 잣대에 거의 가깝게 ⓑ밥을 얼추 다 먹었다

얼크러지다 움직씨 일이나 몬 따위가 서로 얽히다

얼큰소고깃국 이름씨 소고기를 삶아서 알맞게 뜯어 온갖 양념을 하고 고춧가루를 풀어 맵게 끓인 국 ⇐ 육개장

얼큰하다 그림씨 **1** 매워서 입안이 몹시 얼얼하다 ⓑ메기 매운국은 얼큰하고도 감칠맛이 있었다 **2** 술이 매우 거나하여 얼이 어렴풋하다 ⓑ얼큰해지니 걸음걸이도 삐뚤빼뚤얼도 오락가락한다

얼키설키 어찌씨 **1** 가는 것이 이리저리 뒤섞이어 얽힌 꼴 ⓑ칡덩굴이 얼키설키 뒤얽혀 나무를 타고 올라갔다 여린말 얼기설기 **2** 엉성하고 볼품없는 꼴 ⓑ그 집 보꾹은 여러 가지 밀감으로 얼키설키 잇대어 지었다 **3** 일이나 사람 사이, 느낌 따위가 뒤엉킨 꼴 ⓑ돈 있는 집안 사람들은 저희끼리 얼키설키 짝맺이로 아음을 맺어 돈힘을 차지하였다

얼키설키하다 그림씨 **1** 가는 것이 이리저리 뒤섞이어 얽히다 ⓑ얼키설키 얽힌 실타래를 실마리를 찾아 깔끔하게 간추려 놓았다 **2** 엉성하고 볼품없다 **3** 일이나 사람 사이, 느낌 따위가 뒤엉키다 ⓑ얼키설키하게 얽힌 내 마음을 어이 다스릴꼬

얼토당토않다 그림씨 **1** 조금도 가리에 맞지 않다 ⓑ떠도는 말은 얼토당토않은 데서부터 비롯되어 차츰 커졌다 **2** 아랑곳하지 않다 ⓑ나와는 얼토당토않은 일이다

얼핏 어찌씨 언뜻 ⓑ지나가는 사람들 사이에서 그이 모습이 얼핏 눈에 띄었다

얼핏얼핏 어찌씨 잇따라 잠깐씩 나타나거나 생각나는 꼴 ⓑ앉았을 때 그 사람 얼굴이 얼핏얼핏 스쳐 지나갔다 한뜻말 언뜻언뜻

얼흐리개 이름씨 뽕이나 쪽처럼 느낌을 채우고 인박이게 하는 것 ⓑ그 집안도 아들이 얼흐리개에 손을 댄 뒤 끝장났지요 ⇐ 마약

얼흐림앓이 이름씨 까닭을 알 수 없는 뚜렷한 골 작아짐으로 얼이 점점 흐릿해지고 아는 힘을 잃어가는 앓이 ⇐ 알츠하이머병

얽다[1] 움직씨 **1** 얼굴에 오목오목한 앓이 자국이 나다 ⓑ그 얼굴은 얽었어도 시원시원해 보인다 **2** 몬 거죽에 우묵우묵한 험이 많이 나다 ⓑ얽은 구멍이 많이 난 바위

얽다[2] 움직씨 **1** 실이나 노끈, 새끼 따위로 이리저리 걸어서 묶다 ⓑ짐을 끈으로 얽어 묶었다 **2** 없는 일을 있는 것처럼 꾸미다 ⓑ그들은 엉뚱한 일을 얽어 나를 가두리에 넣으려 하였다 **3** 글을 꾸미거나 짓다 ⓑ보담은 자잘한 글을 얽어 살림을 꾸려갔다 **4** 얽매다 ⓑ그들은 내가 거기 있었다는 까닭만으로 나를 얽어 넣으려 했다

얽매다 움직씨 **1** 마음대로 할 수 없게 옥죄다 ⓑ이제 왜 종살이에서 풀려났으니 우리를

얽맬 이들은 없을 거라 여겼다 한뜻말 얽어매다 ⇐ 속박하다. 통제하다 ❷일에 몸과 마음을 기울이게 하다 ㉥먹고사는 일이 나를 얽맨다 ❸줄이나 끈 같은 것으로 얽어서 매다 ㉥메주를 새끼로 얽매어서 방구석에 매달았다

얽매이다 움직씨 ❶묶여서 매이다 ㉥배움이들이 밧줄에 얽매인 채 끌려 나왔다 ❷어떤 일에 걸려서 몸을 빼지 못하다 ㉥이젠 낡은 내림에 얽매여 헤어나지 못하는 이는 많이 줄었다

얽어매다 움직씨 얽어서 매다 ㉥센사람은 여린 사람을, 센나라는 여린 나라를 얽어매려 한다

얽이 이름씨 앞으로 할 일을 미리 생각하여 잡음 ⇐ 계획

얽이표 이름씨 앞으로 할 일을 미리 생각하여 적은 표 ⇐ 계획표

얽히다 움직씨 ❶갈피를 찾기 어렵게 뒤섞이다 ㉥여러 생각이 뒤얽혀 어떻게 해야 할지 모르겠다 ❷어떤 일에 얽어지다 ㉥곰에 얽힌 우리 겨레 이야기 ⇐ 연관되다. 연루되다 ❸줄이 이리저리 얼크러져 막 감기다 ㉥다래 넝쿨이 이리저리 얽혀 참나무를 휘감아 올라갔다. 나뭇가지에 종이솔개줄이 얽혔다 ❹기운이나 낯빛이 가득 어리어 나타나다 ㉥보금은 슬픔이 잔뜩 얽힌 얼굴로 나를 쳐다보았다

엄격하다 ⇒ 딱딱하다. 무섭다. 매섭다. 튼실하고 바르다. 빈틈없다

엄금 ⇒ 막기. 말림. 막다. 말리다. 못 하게 하다. 할 수 없다. 하면 안 된다

엄나무 이름씨 잎은 사람 손같이 생겼고, 볕바른 곳을 좋아하는 갈잎큰키나무. 어린싹은 맛좋은 나물이다

엄니 이름씨 범이나 코끼리 같은 사나운 짐승 아래위 턱 안쪽에 난 굳세고 날카로운 송곳니 ㉥그 범은 고기를 엄니로 물어뜯었다

엄단 ⇒ 허물값 줌. 무겁게 다스림. 허물값 주다. 무겁게 다스리다

엄동설한 ⇒ 한겨울. 추운 겨울

엄두 이름씨 애써 무엇을 하려는 마음 ㉥너무 멀어서 갈 엄두가 나지 않는다

엄마 이름씨 '어머니' 아이 말 ㉥엄마야, 누나야, 가람가에 살자

엄밀하다 ⇒ 빈틈없다. 아주 촘촘하다

엄벌 ⇒ 호된 앙갚음. 세게 앙갚다. 허물값을 주다

엄벙덤벙 어찌씨 차분하지 못하고 덤벙거리는 꼴 ㉥무슨 일이든 엄벙덤벙하지 말고 짜임새 있게 차근차근 해라 **엄벙덤벙하다**

엄살 이름씨 아픔이나 어려움을 일부러 꾸미거나 보태어서 나타내는 짓 ㉥힘들다고 엄살떨지 말고 하던 일이나 마저 끝내라

엄살꾸러기 이름씨 엄살을 잘 부리는 사람 ㉥오빠는 대단한 엄살꾸러기였다 한뜻말 엄살쟁이

엄살풀 이름씨 높이는 30~50센티미터로 줄기에 가시가 조금 있고 잎은 밤에 오그라드는 겹잎인 한해살이풀. 잎을 건드리면 닫히며 아래로 늘어져 엄살을 부리는 듯하다 ⇐ 미모사

엄선 ⇒ 뽑기. 가리기. 뽑다. 가리다. 가려뽑다. 가려잡다. 골라잡다

엄수 (嚴守) ⇒ 꼭 지킴. 지킴. 꼭 지키다. 반드시 지키다. 지키다

엄수 (嚴修) ⇒ 잘 치름. 잘 치르다

엄숙하다 ⇒ 무게 있다. 무겁고 조용하다. 점잖다. 고요하다

엄습 ⇒ 덮침. 밀려옴. 덮치다. 밀려오다. 밀어닥치다

엄연하다 ⇒ 씩씩하고 점잖다. 뚜렷하다

엄장 이름씨 몸 길이나 크기. 흔히 덩치가 큰 몸을 가리킴 ㉥저렇게 엄장 큰 사내가 코를 골고 자니, 집이 흔들릴 참이다

엄전하다 그림씨 말이나 짓이 고즈넉하고 점잖다 ㉥우리 딸이 이제 말하는 것이 제법 엄전하구나

엄정하다 ⇒ 바르다

엄중하다 ⇒ 단단하다. 무겁다. 물샐틈없다. 빈틈없다

엄지 이름씨 ❶엄지손가락이나 엄지발가락을 이르는 말 ⓑ젊을 때 일을 많이 했더니 이제 엄지손가락이 아프다 ⇐ 무지 ❷다 자라서 새끼나 알을 낳을 수 있는 짐승 ⓑ엄지소. 엄지말

엄지가락 이름씨 엄지손가락과 엄지발가락을 두루 이르는 말

엄지머리 이름씨 장가들지 않고 혼자 늙어가는 사람이 하는 머리. 또는 그런 머리를 한 사람

엄지발가락 이름씨 가장 굵은 첫째 발가락

엄지손가락 이름씨 굵고 짧은 첫째 손가락

엄지총 이름씨 짚신이나 미투리 맨 앞 두 쪽으로 굵게 박은 낱낱 울 한뜻말앞깍

엄지풍뎅이 이름씨 반짝이는 검은 밤빛으로 수컷은 머리에 긴 뿔이 있고 여름에 나무진에 모이고 불빛에도 날아드는 벌레 ⇐ 장수풍뎅이

엄지하늘소 이름씨 단단한 껍질에 쌓인 길쭉한 몸이 밤빛인 벌레 ⇐ 장수하늘소

엄청나다 그림씨 크기나 부피 같은 것이 어림이나 생각보다 지나치게 크거나 많다 ⓑ고기잡이 그물에 걸린 거북이는 엄청나게 컸다 비슷한말어마어마하다 ⇐ 지대하다

엄펑스럽다 그림씨 의뭉스럽게 남을 속이거나 골리는 데가 있다 ⇐ 음흉하다

엄폐 ⇒ 가리어 숨김. 가리어 숨기다

엄포 이름씨 알맹이 없는 큰소리로 남을 으르는 일 ⓑ요즘 아이들은 엄포를 놓아도 풀 죽지 않더라고

엄하다 ⇒ 틀지다. 매섭다. 무섭다. 딱딱하다. 튼실하고 바르다

업 이름씨 한집안 살림을 지키고 보살펴 준다고 믿는 짐승이나 사람 ⓑ업구렁이

업 (業) ⇒ 짓

업계 ⇒ 일붙이

업다 움직씨 ❶사람이나 짐승 따위를 등에 대고 손으로 붙잡거나 무엇으로 동여서 붙어 있게 하다 ⓑ엄마는 아기를 등에 업고 저자 보러 갔다 ❷무슨 일에 남을 끌고 들어가다 ⓑ나라 팔아먹는 놈들은 늘 다른 나라를 등에 업고 제 나라를 들어 엎으려고 하였다 ❸윷놀이에서 한 말에 다른 말을 어우르다 ⓑ도만 나오면 업어서 두 동을 쉽게 낼 수 있을 텐데 ❹종이솔개가 얼렸을 때 얼른 줄을 감아 들여서 남 종이솔개를 빼앗다 ⓑ누구 종이솔개인지 모르고 업어 놓고 보니 뜻밖에 앞마을 노을이 거였다 ❺짐승이 흘레하다

업무 ⇒ 일

업보 ⇒ 윘. 짓값. 앙갚음. 허물값

업수이보다 움직씨 깔보다 ⇐ 경멸하다

업신여기다 움직씨 잘난 체하며 남을 얕보거나 하찮게 여기다 ⓑ사람을 겉모습만 보고 업신여기면 안 된다 ⇐ 경멸하다. 푸대접하다. 안하무인이다

업적 ⇒ 보람. 자취. 세운 보람. 이룬 보람. 쌓은 자취

업히다 움직씨 '업다' 입음꼴 ⓑ봄메는 바위를 오르다 미끄러져 다른 이 등에 업혀 내려왔다

없다 그림씨 ❶자리를 차지하지 않다 ⓑ저 메에는 나무가 하나도 없다 맞선말있다 ❷무엇이 생겨나거나 벌어지지 않다 ⓑ말썽이 없었으면 좋겠다 ❸갖추지 않다 ⓑ배움이 없는 사람이야 ❹모자라거나 드물다 ⓑ건건이가 김치밖에 없는 밥 ❺('없는' 꼴로 써) 살림이 넉넉하지 못하다 ⓑ없는 살림에도 애써 장만했다 ❻살아 있지 않다 ⓑ어버이가 없이 할머니 손에 자라는 아이 ❼가지지 않다 ⓑ여름 지을 땅이 없는 여름지기가 많다 ❽('-ㄹ 수 없다' 꼴로 써) 할 수 있지 않거나 될 수 있지 않다 ⓑ먹을 수 없는 버섯. 내가 할 수 없는 일

없애다 움직씨 없어지게 하다 ⓑ살림에 곧바로 못 쓸 것을 모두 없앴다 ⇐ 제하다. 폐지하다. 폐하다

없어지다 움직씨 ❶있던 것이 없게 되다 ⓑ놓개 위에 둔 책이 없어졌다 ❷있던 것이 다 하여 남지 않다 ⓑ이제는 기름도 없어져 가

고 거기에 돈까지 바닥났다 ⇐ 소멸하다

없이 어찌씨 ❶없게 ㉥먼지 하나 없이 깨끗하게 해야 한다 ❷없는 채로 ㉥이번 잔치는 아무 일 없이 잘 끝났다 ❸가리지 않고 ㉥잔치판을 벌이면 사람들이 너나없이 좋아한다 ❹가난하게 ㉥나는 없이 살아도 남에게 아쉬운 소리 한디위 한 적 없다

엇가다 움직씨 ❶말이나 짓이 가리에 어그러지다 ㉥아이들 생각은 우리 뜻과 자꾸 엇가기만 하네 ❷금이나 줄 따위가 비뚜루 나가다 ㉥뒷걸음치며 마당에 줄을 긋는데 똑바로 그어지지 않고 엇가게 그어진다 ❸일 따위가 꾀했던 것과 달리 잘못되어 가다 ㉥마음은 안 그랬는데 말이 엇가서 사이가 틀어졌다 ⇐ 파행하다

엇각 ⇒ 엇모

엇갈리다 움직씨 ❶서로 빗나가서 만나지 못하다 ㉥마중 나간 사람이 찾아오는 사람과 길이 엇갈렸다 ❷서로 사이가 벌어져 탐탁하지 않다 ㉥단짝인 다슬이와 마루는 나들이 때 일로 마음이 엇갈려 함께 다니지 않는다 ❸서로 어긋나게 이리저리 스치거나 겹치다 ㉥종이가 엇갈리게 놓였다

엇걸다 움직씨 ❶서로 마주 걸다 ㉥좁은 방에 여러 사람이 다리를 엇걸고 잠들었다 ❷이리저리 겹치게 걸거나 놓다 ㉥춤꾼들이 서로 팔을 엇걸고 한 바퀴 돌아친다

엇걸어뜨기 이름씨 뜨게질에서 코를 서로 엇걸어 뜨는 것 ⇐ 교차뜨기

엇나가다 움직씨 ❶마음이 뒤틀려 말이나 짓이 어긋나게 나가다 ㉥어머니는 엇나가는 아들 때문에 애를 태운다 ❷줄이나 금이 비뚜름하게 나가다 ㉥금이 엇나가지 않게 자를 대고 그어라 ❸생각과 달리 일이 잘못되어 가다 ㉥하는 일마다 엇나가서 속상해요 ⇐ 파행하다

엇논 이름씨 물이 어중되고 모자라는 논 ⇐ 엇답

엇때가락 이름씨 여느 때가락 첫 가름이나 가운데 가름에 한 두 낱 글귀를 더 붙인 때가락 ⇐ 엇시조

엇먹다 움직씨 ❶가리에 맞지 않는 말과 짓으로 비꼬다 ㉥선돌은 늘 엇먹는 말과 짓으로 둘레에 벗이 없다 ❷톱으로 나무를 켜거나 낫으로 벨 때 날이 어슷하게 먹다 ㉥능금을 깎다가 칼이 엇먹어서 손가락을 베었어

엇모 이름씨 한 곧금이 다른 두 곧금과 만날 때, 두 곧금 안쪽에서 다른 한 곧금을 사이에 두고 서로 마주보는 모. 이때 두 곧금이 나란하면 엇모 크기는 서로 같다 ⇐ 엇각

엇모리장단 이름씨 5/8 장단 한 마디나 두 마디를 하나치로 하는 배달겨레가락 장단 가운데 하나

엇바꾸다 움직씨 ❶서로 마주 바꾸다 ㉥나는 왼손과 오른손 짐을 엇바꾸어 들었다 ❷서로 엇갈리게 바꾸다 ㉥미리는 머리를 두 갈래로 땋아 엇바꾸어 올려붙였다

엇비슷하다 그림씨 ❶거의 비슷하다 ㉥그 둘은 키가 엇비슷하다 ⇐ 흡사하다 ❷조금 비스듬하다 ㉥벽에 그림틀이 엇비슷하게 걸려 있다

엇서다 움직씨 ❶서로 어긋나거나 엇비켜서다 ❷말이나 짓이 어긋나게 나가며 맞서다 ㉥어른 말에 엇서기 앞에 곰곰이 살펴보게

엇셈 이름씨 서로 주고받을 것을 비겨 없애는 셈 ㉥우리 엇셈으로 다 셈한 걸로 하자 ⇐ 상쇄

엇시조 ⇒ 엇때가락

엇절이 이름씨 소금에 조금 절이는 것

엇중모리 이름씨 빠르기는 중모리와 같고 장단 수는 중모리 가웃인 배달겨레가락 장단

엇차다 움직씨 ❶서로 엇바꾸어 차다 ㉥왼발과 오른발로 제기를 엇차며 온 디위 넘겨 내내 찬다 ❷비스듬히 옆으로 차다 ㉥누리는 공을 엇차다 넘어졌다

엉 느낌씨 ❶뜻밖에 놀라운 일을 겪거나 갑자기 무엇을 깨달았을 때 내는 소리 ㉥엉! 참 말이야? ❷아랫사람 잘못을 따지거나 다짐을 둘 때 내는 소리 ㉥그런 줄이나 알아,

엉?

엉거주춤 어찌씨 ❶앉은 것도 아니고 선 것도 아닌 몸새로 주춤거리는 꼴 ⓑ왜 꿔다 놓은 보릿자루처럼 엉거주춤 서 있어? ❷이러지도 저러지도 못하고 망설이는 꼴 ⓑ네가 엉거주춤 꾸물거리는 사이에 일이 끝나 버렸다 **엉거주춤하다**

엉거주춤하다 그림씨 ❶앉은 것도 아니고 선 것도 아닌 몸새로 주춤거리고 있다 ⓑ거기 엉거주춤하게 있지 말고 여기로 와요 ❷이러지도 저러지도 못하고 망설이고 있다 ⓑ그는 엉거주춤하게 이쪽저쪽을 살폈다

엉겁 이름씨 끈끈한 몬이 범벅이 되어 달라붙은 것 ⓑ피가 말라붙어 엉겁이 되었다. 손에 엿이 엉겁을 하였다

엉겁결 이름씨 뜻하지 아니한 눈깜짝새 ⓑ불이 엉겁결에 짚더미에 붙었다. 엉겁결에 말해버렸다

엉겅퀴 이름씨 잎은 깃꼴로 갈라지고 잎 가에 톱니와 가시털이 있는 여러해살이풀. 어린 싹은 먹는다 한뜻말가시나물. 항가새

엉그름 이름씨 차진 흙바닥이 말라 터져서 넓게 벌어진 금 ⓑ가물어서 논바닥에 엉그름이 잔뜩 생겼다 **엉그름지다**

엉금엉금 어찌씨 큰 걸음으로 느리게 걷거나 기는 꼴 ⓑ거북이가 엉금엉금 기어간다 작은말앙금앙금 **엉금엉금하다**

엉기다 움직씨 ❶물이나 김, 가루 따위가 끈적끈적해 지면서 한데 뭉쳐 붙다 ⓑ기름이 엉기다. 피가 엉기다. 가루비누가 엉기다 ❷여럿이 무리로 한군데 몰려들어 달라붙다 ⓑ배춧잎에 진딧물이 엉겼다. 겨울잠 자느라 한데 엉긴 뱀 ❸무엇이 한데 뒤얽히다 ⓑ담쟁이 넝쿨이 엉겨 붙은 돌담 ❹기운 같은 것이 한군데로 쏠리어 서리다 ⓑ불을 때지 않아 찬 기운이 엉긴 방. 어수선한 마음이 한데 엉긴 얼굴

엉기엉기 어찌씨 몸을 굼뜨게 움직이며 조금 느리게 걷거나 기는 꼴 ⓑ엉기엉기 기어다니는 귀여운 우리 아기 **엉기엉기하다**

엉기적거리다 움직씨 뒤뚱거리며 느릿느릿 걷거나 기다 **엉기적대다**

엉기적엉기적 어찌씨 뒤뚱거리며 느릿느릿 걷거나 기는 꼴 ⓑ엉기적엉기적 걷는 거위걸음 **엉기적엉기적하다**

엉긴피 이름씨 몸 밖으로 나온 피가 빈기와 닿아 엉기어 뭉친 피 ⇐ 응혈

엉너리 이름씨 남 마음을 사려고 어벌쩡하게 넘기는 짓 ⓑ일은 부지런히 하지 않고 말로 엉너리를 치며 한몫하려고 한다

엉덩걸음 이름씨 ❶엉덩이를 뚱기적거리며 굼뜨게 걷는 걸음 ⓑ얼룩소가 엉덩걸음을 옮기며 풀을 뜯는다 ❷엉덩이를 땅에 대고 끌면서 앉은걸음으로 걷는 걸음 ⓑ참을 먹다가 엄마가 엉덩걸음으로 내게 다가와 입에 꿀떡을 넣어 주었다 한뜻말엉덩이걸음

엉덩방아 이름씨 미끄러지거나 넘어지며 엉덩이가 바닥에 꽝 부딪히는 일 ⓑ가파른 멧비탈에 미끄러져 엉덩방아를 찧었다

엉덩이 이름씨 허벅다리 뒤쪽에서 허리에 이르는, 살이 두두룩한 쪽 ⓑ가락에 맞춰 엉덩이를 흔들며 춤을 춘다

엉덩이뼈 이름씨 허리등뼈 아래에 있는 세모꼴 뼈 ⓑ엊그제 얼음판에서 넘어져 엉덩이뼈를 다쳤다 한뜻말엉덩뼈 ⇐ 골반

엉뚱하다 그림씨 ❶말이나 짓이 지나쳐서 가리에 맞지 않다 ⓑ조카가 별똥별을 타고 미리내에 다녀오고 싶다는 엉뚱한 소리를 한다 ❷어림하거나 생각했던 것과 뜻밖으로 아주 다르다 ⓑ잃어버렸던 가락지가 엉뚱한 곳에서 나왔다 ❸아무런 맺음도 없이 아주 틀리다 ⓑ어두워서 길을 잃어 수레가 엉뚱한 곳으로 갔다

엉망 이름씨 ❶헝클어지고 뒤섞여 갈피를 잡을 수 없을 만큼 결딴나거나 어수선한 꼴 ⓑ아이들이 놀다 가서 엉망이 된 방 ❷헤쳐나갈 수 없을 만큼 어려운 꼴 ⓑ웃대가리가 바뀌고 나라 살림이 엉망이 되었다 ❸말이 안 될 만큼 뒤떨어진 꼴 ⓑ이렇게 비가 안 오면 올해 여름지이는 엉망이겠어

엉망수 이름씨 참수면서 갈수꼴로 나타낼 수 없는 수. 2뿌리, 파이(3.14159…) 따위 맞선말 가리수 ⇐ 무리수

엉망진창 이름씨 '엉망' 힘줌말 ⓑ쌓였던 눈이 녹으면서 길은 엉망진창이 되었다

엉머구리 이름씨 우리나라 개구리 가운데 가장 큰 개구리. 몸은 누르거나 엷푸르고 등에 검누런 점이 있다 한뜻말 참개구리

엉살궂다 그림씨 아주 거칠고 바드럽다 ⓑ엉살궂은 엄나무 가시

엉성하다 그림씨 ❶어설프고 듬성하다 ⓑ난새는 아직 나무 다듬는 솜씨가 엉성하다 작은말 앙상하다 ❷서로 꼭 달라붙지 않고 벌어져 사이가 뜨다 ⓑ마당에는 잔디가 엉성하게 자란다 ❸속내는 비고 부피나 겉만 크다 ⓑ글이 매끄러운 것 같지만 따지고 보면 알맹이가 없고 엉성하다 ❹짜임새가 꽉 짜이지 않아 허전하여 어설프다 ⓑ먹거리 솜씨가 엉성하다 보니 달고 짜고 맵다 ❺나뭇잎이 지고 가지만 스산하다 ⓑ엉성한 나뭇가지 사이로 달빛이 어린다 ❻살이 빠져 뼈가 두드러지거나 까칠하다 ⓑ며칠 앓고 나더니 얼굴이 엉성하네

엉엉 어찌씨 ❶목 놓아 크게 우는 소리나 그 꼴 ⓑ언니를 놓친 이슬이는 맨땅에 주저앉아 엉엉 울었다 작은말 앙앙 ❷엄살을 부리며 우는소리로 하소연하는 꼴이나 그 소리 ⓑ우는소리만 엉엉 해댄다고 일이 풀리니? **엉엉하다**

엉엉거리다 움직씨 자꾸 목놓아 크게 울다 **엉엉대다**

엉치뼈 이름씨 등뼈 아래 끝부분에 있는 두갈결세모꼴 뼈. 바깥쪽 우묵한 곳에서 넙다리뼈와 이어진다 한뜻말 광등뼈. 엉덩이뼈 밑말 엉치등뼈 ⇐ 천골

엉클다 움직씨 ❶실이나 줄, 새끼, 머리카락 따위를 풀기 힘들도록 뒤얽히게 하다 ⓑ고양이가 털실을 엉클어놓았다 큰말 헝클다 ❷일이나 생각이 뒤섞이고 얽혀서 갈피를 잡을 수 없게 만들다 ⓑ아버지는 늘 다른 사람이 엉클어놓은 일을 말없이 하나하나 갈무리했다

엉클어지다 움직씨 ❶실이나 노, 줄, 새끼, 넌출 따위가 풀기 힘들 만큼 뒤얽히다 ⓑ엉클어진 머리카락을 가지런히 빗겨주었다 한뜻말 엉키다 ⇐ 혼선되다 ❷일이 뒤얽혀 갈피를 잡을 수 없게 되다 ⓑ일이 엉클어져 바로잡기 어렵게 되었다 ⇐ 혼선되다

엉큼하다 그림씨 ❶엉뚱한 마음을 품고 제 주제밖 일을 하려는 데가 있다 ⓑ내 몫까지 다 먹으려는 엉큼한 속셈을 모를까 봐? ⇐ 음흉하다 ❷보기와는 달리 알속이 있다 ⓑ산들이는 보기보다 엉큼하다

엉키기 이름씨 주먹싸움에서 맞수가 치고 들어오지 못하도록 껴안는 일 ⇐ 클린치

엉키다 움직씨 ❶'엉클어지다' 준말 ⓑ덤불숲에는 여러 키 작은 나무들과 넝쿨들이 제멋대로 엉켜 있다 ❷몹시 엉기다 ⓑ칼에 벤 자리에 피가 엉켰다

엉터리 이름씨 ❶어림잡은 테두리 ⓑ이제 엉터리가 잡혔으니 앞일은 하나하나 해가면 됩니다 ❷앞뒤가 맞지 않는 말이나 짓 또는 그렇게 하는 사람 ⓑ아무래도 아저씨가 엉터리로 길을 알려준 것 같다 ❸보기보다 아주 알차지 못하거나 참과 어긋나는 것 ⓑ아주 일을 엉터리로 하지는 않았군

엉터리없다 그림씨 조금도 가리에 맞지 않다 ⓑ엉터리없는 거짓말 하지 마라

엊그저께 이름씨 어제그저께 준말 엊그제

엊그제 이름씨 ❶하루나 이틀 앞 ⓑ나래가 어린이집 다닐 때가 엊그제 같은데 벌써 높배곳에 가는구나 ❷(어찌씨) 며칠 앞에 ⓑ엊그제 제가 드린 글은 읽어보셨어요?

엊저녁 이름씨 어제저녁 ⓑ엊저녁에는 어디 갔다 왔니?

엎다 움직씨 ❶위쪽이 아래로 가도록 뒤집어 놓다 ⓑ사나운 물결이 배를 엎어버렸다 ❷남을 뒤집어놓거나 넘어지게 하다 ⓑ씨름판에서 온터는 사람을 차례로 엎어 넘겼다 ❸어떤 틀이나 차례 따위를 바꾸어 없애다

ⓑ묵은 살림버릇을 엎고 새 살림꽃을 피웁시다 ❹담긴 것이 쏟아지게 떨어뜨리거나 뒤집다 ⓑ아이가 물그릇을 엎었다

엎드리다 (움직씨) ❶배를 바닥에 대거나 팔다리를 짚고 몸을 길게 뻗다 ⓑ오빠는 어릴 때 엎드리고 누워 잠이 들었다 ❷윗도리를 아래로 깊이 굽히거나 바닥에 닿게 하다 ⓑ엎드려 절하다 ❸한 곳에만 틀어박혀 움직이지 않다 ⓑ이제 아무 데도 가지 말고 방구석에 엎드려 있어야겠다

엎어지다 (움직씨) ❶위가 아래로 가도록 뒤집히다 ⓑ수레가 길 아래로 굴러 논두렁에 엎어졌다 ❷머리를 앞으로 숙이고 넘어지다 ⓑ돌부리에 걸려 엎어지는 바람에 눈거울이 깨졌다 ❸일이 볼품없이 무너지다 ⓑ잘되어 가는가 싶더니 일이 터무니없이 엎어졌다 ❹선 것이 앞으로 넘어지다 ⓑ옷넣개가 앞으로 엎어졌다 ❺어떤 틀이나 차례 따위가 무너지거나 다른 것으로 바뀌다 ⓑ촛불 힘으로 꼴통 패거리가 엎어졌다

엎지르다 (움직씨) ❶그릇에 담긴 물 따위를 뒤집어엎거나 흔들어 쏟다 ⓑ물을 엎질러 이불이 젖어버렸어 ❷엎어지게 하다 ⓑ장난꾸러기 하랑이가 곱단이 발을 걸어 엎질렀다

엎질러지다 (움직씨) 담긴 것이 엎질러 쏟아지다 ⓑ엎질러진 물을 다시 주워 담을 수 없다

엎집 (이름씨) 빗물이 한쪽으로만 흐르게 지붕 앞쪽은 높고 뒤쪽은 낮게 지은 집

엎치다 (움직씨) '엎다' 힘줌말 ⓑ못된 짓만 하는 놈을 한디위 때려 엎쳤지 (익은말) **엎친 데 덮치다** 어렵거나 힘든 일을 겪는데, 겹쳐서 다른 좋지 않은 일이 일어나다

엎치락뒤치락 (어찌씨) ❶엎쳤다 뒤쳤다 하는 꼴 ⓑ엎치락뒤치락 밤새 잠을 못 잤다 ❷이랬다저랬다 하는 꼴 ⓑ이 생각 저 생각을 엎치락뒤치락하며 살 구멍을 찾아본다 ❸두 힘이 서로 어금지금 겨루는 꼴 ⓑ머시마 둘이 서로 뒤엉켜 엎치락뒤치락 몸싸움한다

에[1] (이름씨) 한글 홀소리 글자 'ㅔ' 이름

에[2] (느낌씨) 말을 하려 하거나 말하다가 뒷말이 곧 나오지 않을 때 내는 소리 ⓑ에, 여러분. 에, 제가 말씀드리고 싶은 것은…

에[3] (토씨) ❶(임자씨에 붙어) 어떤 곳, 때, 거리 따위를 나타내는 자리토. 무엇이 있거나 일어나는 데 ⓑ메에 오르다. 집에 있다 ❷움직이는 때 ⓑ새벽에 일어나다 ❸뭠이 닿는 데 ⓑ바다에 가다 ❹뭠을 일으키는 거리 ⓑ나도 그 생각에 한 뜻이다. 그가 하는 말에 속지 않겠다 ❺뭠이 미치는 거리 ⓑ나무에 물을 주다 ❻까닭 ⓑ낫에 베이다 ❼과녁 ⓑ몸에 좋은 물. 마음에 좋은 숨 바라보기 ❽수나 길 ⓑ햇볕에 말린다. 바람에 꽃이 진다 ❾놓인 자리 ⓑ추위에 떨고 더위에 땀 흘린다 ❿잣대 되는 거리 ⓑ바른 말살이에 어긋나다 ⓫견주는 거리 ⓑ그 아비에 그 아들. 그 어미에 그 딸 ⓬갖가지를 벌여 들 때 ⓑ마늘에 파에 새앙에 고춧가루에 참기름에 갖은양념을 넣다 ⓭맡은 자리나 노릇 ⓑ마을지기에 뽑히다

에게 (토씨) ❶(사람이나 짐승 따위를 나타내는 임자씨에 붙어) 어떤 곳이나 거리를 나타내는 토. 움직임이 닿거나 미치는 거리 ⓑ닭에게 모이를 주다 ❷몬이 있는 데나 일이 일어나는 데 ⓑ우리에게 빛나는 앞날이 있다 ❸어떤 움직임을 일으키게 하는 거리 ⓑ벗에게 이끌려 따라갔다

에계 (느낌씨) 하찮거나 훨씬 못 미쳐 업신여길 때 하는 소리 ⓑ에계, 겨우 그거야?

에계계 (느낌씨) '에계' 힘줌말 ⓑ에계계. 이까짓 걸 가지고 왔어?

에구 (느낌씨) '어이구' 준말 ⓑ에구, 이를 어쩌나

에구머니 (느낌씨) '어이구머니' 준말. 몹시 괴롭거나 놀라거나 아플 때 내는 소리 ⓑ에구머니! 사람 살려!

에그 (느낌씨) 좀 징그럽거나 가엾거나 끔찍할 때 내는 소리 ⓑ에그, 가엾어라

에끼 (느낌씨) 어른들이 동무나 아랫사람을 나무랄 때 쓰는 말 ⓑ에끼, 이 사람아. 그걸

말이라고 해

에끼다 (움직씨) 주고받을 몬이나 품 따위 셈을 서로 비겨 없애다 ⓑ내가 자네한테 줄 품과 자네 아우한테 받을 품을 서로 에끼면 어떨까? ⇐ 상쇄하다

에나멜 (이름씨) 쇠붙이나 질그릇, 오지그릇 겉에 발라 반짝거리게 하는 몬

에나멜선 ⇒ 에나멜줄

에나멜줄 (이름씨) 가느다란 쇠붙이에 에나멜을 입혀 만든 번줄 ⇐ 에나멜선

에너지 ⇒ 힘. 기운. 일힘. 일할힘. 바탕힘

에너지원 ⇒ 일힘뿌리

에너지자원 ⇒ 일힘밑감

에너지전환 ⇒ 일힘바뀜

에누리 (이름씨) ❶값을 깎는 것 ⓑ에누리 좀 해주세요 ⇐ 할인. 디스카운트 ❷처음보다 더 보태거나 덜어 말하는 것 ⓑ그들이 하는 이야기에는 에누리도 섞여 있다 ❸받을 값보다 더 많이 부르는 것 ⓑ에누리를 그렇게 많이 부르다니 **에누리하다** (익은말) **에누리없다** 조금도 보태거나 덜어서 말하지 않다

에누리가게 (이름씨) 깎은 값으로만 몬을 파는 가게 ⇐ 할인점

에다 (움직씨) ❶칼 따위로 도려내듯 베다 ⓑ찬 바람이 살을 에는 듯하다 ❷마음을 매우 아프게 하다 ⓑ가슴을 에는 슬픔

에델바이스 (이름씨) 잎은 별꼴로 벌어지고 온몸에 흰털이 나 있으며 흰 꽃이 피는 풀. 유럽과 마아메리카 높은 메에 난다

에돌다 (움직씨) ❶곧바로 가지 않고 멀리 돌거나 둘레를 돌다 ⓑ길이 막혀 에돌아갔다 ⇐ 우회하다 ❷이리저리 빙빙 휘돌다 ⓑ하늘에 솔개가 높이 떠서 에돈다 ❸말이나 글을 곧바로 하지 않고 돌려 하다 ⓑ에돌아 말하지 말고 바로 말해

에돎길 (이름씨) 곧바로 가지 않고 돌아가는 길 한뜻말에움길 ⇐ 우회로. 우회도로

에두르다 (움직씨) ❶에워 둘러막다 ⓑ그때 짭새들이 집을 에두르고 나서 몇이 방문을 박차고 들어왔다 ❷바로 말하지 않고 어림하여 알아듣게 둘러대다 ⓑ어떤 말이든 들어줄 테니 에두르지 말고 바로 말해

에라 (느낌씨) ❶아무렇게나 될 대로 되라고 생각을 끊을 때 내는 소리 ⓑ에라, 나도 모르겠다. 될 대로 되겠지 ❷아이나 아랫사람이 못마땅할 때 윗사람이 내는 소리 ⓑ에라, 이 사람아. 어떻게 그런 짓을 해!

에러 ⇒ 잘못

에루화 (느낌씨) 배달노래를 부를 때 신이 나서 내는 소리 ⓑ에루화, 좋구나 좋아

에메랄드 (이름씨) 속이 비치는 푸른빛 쉿돌. 다듬어서 가락지, 목걸이, 팔찌 따위로 쓴다

에미 (이름씨) 어미

에밀레댕 (이름씨) 시라 성덕임금 검댕을 이르는 말. '에밀레'라 운다고 붙은 이름이다 ⇐ 에밀레종. 신종. 성덕대왕신종

에밀레종 ⇒ 에밀레댕

에베레스트메 (이름씨) 히말라야 멧줄기에 있는 누리에서 가장 높은 메 ⇐ 에베레스트산

에부수수하다 (그림씨) ❶가다듬지 않아 어수선하고 엉성하다 한뜻말사스람하다 준말부수수하다 거센말에푸수수하다 ❷몬 속이 차지 않은 데가 있다

에비 (느낌씨) 아이들에게 어떤 일을 하지 못하게 하려고 '무서운 것'이라는 뜻으로 내는 소리 ⓑ에비! 만지지 마라

에서 (토씨) ❶(임자씨에 붙어) 어떤 곳이나 때나 거리를 나타내는 자리토. 일이 벌어지거나 비롯되는 곳 ⓑ시골에서 산다 ❷그 말이 임자임을 나타내는 말 ⓑ나라에서 하는 일이다. 마을에서 벌인 잔치다 ❸뿌리가 됨을 나타내는 말 ⓑ반가움에서 하는 말 ❹견주는 잣대 ⓑ여기에서 더한 슬픔은 없다

에세이 ⇒ 살랑글

에스극 ⇒ 마끝

에스오에스 ⇒ 고비짓말

에스컬레이터 ⇒ 저절섬돌

에스키모 (이름씨) 그린랜드, 시베리아, 알래스카 같은 노끝 고장에 사는 겨레. 물고기를 잡거나 짐승을 사냥해 먹고 산다

에스토니아 이름씨 발트바다 새마녘에 있는 나라. 핀란드, 라트비아, 러시아와 이웃한다. 서울은 탈린

에스파냐말 이름씨 에스파냐 사람이 쓰는 말 한뜻말 스페인말

에어로빅 이름씨 가볍고 빠른 가락에 맞춰 달리고 뛰고 온몸을 움직여 살남을 많이 들이마시며 추는 춤

에어백 ⇒ 빈기주머니

에어컨 ⇒ 시원틀

에우다 움직씨 **1** 가를 빙 돌아가며 두르다 ⓑ그림을 에우고 둘러쌌다. 뭍이 에운 바다 **2** 딴 길로 돌리다 ⓑ길이 막혀 길을 에워서 갔다. 물길을 에우고 물고기를 잡았다 ⇐ 우회하다 **3** 올라 있는 데서 쓸데없는 것을 지워 없애다 ⓑ아픈 사람 이름을 에우다 **4** 다른 것을 먹어 끼니를 때우다 ⓑ잔치집에서 저녁을 에우고 왔다 **5** 에끼다

에움 이름씨 갚음 ⇐ 보상

에움길 이름씨 굽은 길이나 에워서 돌아가는 길 한뜻말 에돎길 ⇐ 우회로. 우회도로

에움돈 이름씨 마땅히 치러야 하거나 남에게 끼친 지실을 물어주는 돈 한뜻말 물돈 ⇐ 보상금

에워싸다 움직씨 **1** 둘레를 빙 둘러싸다 ⓑ모닥불을 에워싸고 불을 쬐었다 ⇐ 포위하다 **2** 어떤 일을 가운데 두고 둘러싸다 ⓑ마을 다리놓기를 에워싸고 옥신각신 말이 많다

에이 느낌씨 **1** 마음이 아프거나 달갑지 않을 때 내는 소리 ⓑ에이, 잔칫날 아빠는 못 오시는 거예요? **2** 손아랫사람이 못마땅하여 꾸짖을 때 내는 소리 ⓑ에이, 못난 사람! **3** 스스로 생각을 그만둘 때 내는 소리 ⓑ에이 관두지

에이스 ⇒ 으뜸

에이아이 ⇒ 번뜩이

에이즈 ⇒ 뒤앎이막이모자람늪

에잇 느낌씨 마음에 거슬려 언짢을 때 내는 소리 ⓑ에잇! 짜증 나

에참 느낌씨 뜻에 맞지 않으나 어쩔 수 없을 때 내는 소리 ⓑ에참! 가기 싫은데

에취 느낌씨 재채기 소리

에탄올 이름씨 빛깔이 없고 속이 환히 비치며 남다른 냄새와 맛이 있는 물

에티켓 ⇒ 본데. 듣본데

에푸수수하다 그림씨 **1** 가다듬지 않아 어수선하고 엉성하다 여린말 에부수수하다 **2** 몬 속이 차지 않은 데가 있다

에프에이오 ⇒ 누리 맛갓여름지이짜임

에프티에이 ⇒ 제껏 사고팔기 뜻맞춤

에피소드 ⇒ 토막이야기. 숨은 얘기

에헴 느낌씨 점잔을 빼거나 '여기 내가 있다'는 걸 알리려고 일부러 내는 큰기침 소리 ⓑ에헴! 게 아무도 없느냐

엑스광선. 엑스레이·엑스선 ⇒ 엑스빛살

엑스빛살 이름씨 매우 빠른 번씨가 무거운 쇠붙이에 부딪혀 일어나는 짧은 길이 번씨결. 눈에 보이지 않으나 뚫는 힘이 세어 산것 몸속 얼개를 살피는 데 두루 쓴다 ⇐ 엑스선. 엑스레이. 엑스광선

엑스좌표 ⇒ 가로자리표

엑스축 ⇒ 가로대

엑스트라 ⇒ 곁다리

엑스포 ⇒ 온나라두루봄. 누리두루봄

엔 이름씨 니혼 돈을 세는 말 ⓑ요즘 즈믄 엔은 아홉 즈믄 원쯤 된다

엔간하다 그림씨 '어지간하다' 준말 ⓑ엔간해서는, 아니 어떤 일이 있어도 술을 안 마신다

엔극 ⇒ 노끝

엔지니어 ⇒ 바치. 장이

엔지니어링 ⇒ 짓갈. 짓갈재주

엔지오 ⇒ 아람얼개

엔진 ⇒ 뭠틀

엔터키 ⇒ 들열쇠

엘레지 이름씨 수캐 자지

엘레지 ⇒ 슬픈 노래

엘리뇨 이름씨 페루와 칠레 앞바다 바닷물이 따뜻해지는 일. 이로 말미암아 땅별 날씨가

바뀌고 언걸을 입는 일

엘리베이터 ⇒ 오르내림틀. 오르내리개

엘리트 ⇒ 난사람. 빼어난 사람. 뛰어난 사람

엠보싱 ⇒ 돋움내기

엠씨 ⇒ 이끎이. 잔치이끎이

여[1] 이름씨 한글 홀소리 'ㅕ'이름

여[2] 토씨 부름자리토. 받침 없는 임자씨 아래에 써, 점잖게 부르는 뜻 ⓑ겨레여! 떨쳐 일어나라

여[3] 이름씨 물 위에 드러나지 않고 물속에 잠겨있는 거친 바위 ⓑ뱃사람이 가장 무서워하는 것이 여인데, 부딪치면 배가 부서진다 한뜻말숨은바위 ⇐ 암초

여 (女) ⇒ 꽃. 가시. 겨집

여 (餘) ⇒ 뜸. 남짓

여가 ⇒ 짬. 겨를. 틈

여간내기 ⇒ 여느내기. 여느사람. 웬만내기

여간하다 ⇒ 웬만하다. 어지간하다

여객 ⇒ 길손. 나그네. 손님

여객기 ⇒ 나들이날틀

여객선 ⇒ 나들이배

여건 ⇒ 주어진 바. 갖춰진 바

여경 ⇒ 꽃깨살핌이. 겨집깨살핌이

여과 ⇒ 거름. 걸러냄. 거르다. 걸러내다. 밭다. 밭치다. 밭쳐내다

여과기 ⇒ 거르개. 거름틀

여과지 (濾過紙) ⇒ 거름종이. 거르개종이

여과지 (濾過池) ⇒ 거름못

여관 ⇒ 나그네집. 손집

여군 ⇒ 싸울어미. 꽃싸움꾼

여권 ⇒ 나들표. 나들책

여기 갈이름씨 ❶이곳 ⓑ여기가 내가 태어난 땅이야 ❷이것 ⓑ여기에다 열을 보태봐. 어려움은 바로 여기에 있어

여기다 움직씨 ❶그러하다고 마음속으로 생각하다 ⓑ가엾게 여기다. 바르게 사는 것을 자랑으로 여긴다 ❷마음 기울여 깊게 생각하다 ⓑ마른 땅에서 살아가는 사람들은 물을 매우 값지게 여긴다. 겉치레보다 알속을 종요롭게 여겨라

여기저기 갈이름씨 ❶이곳저곳. 여러 군데 ⓑ아이를 찾아 여기저기 헤매고 다녔다 ❷여러 모 ⓑ여름지이 삶 여기저기를 제대로 겪어봤다 ❸드문드문 있는 자리나 곳 ⓑ여기저기에 먹을 것을 차려놓아 언제라도 집어먹을 수 있게 해놓았다 ❹(어찌씨) 이곳저곳에 ⓑ떡을 여기저기 주고 다녔다

여김 이름씨 그러하다고 생각함 맞선말지움 ⇐ 긍정

여뀌 이름씨 잎이 좁고 길쭉하게 생기고 냇가나 가람가에 무리 지어 나는 풀. 매운맛이 나서 짓찧어 물에 풀어 물고기를 잡는 데 쓴다

여남은 셈씨 ❶열 남짓 ⓑ그 아이는 여남은쯤 되어 보였다 ❷(매김씨) 열 남짓한 ⓑ모임에는 여남은 사람이 왔어

여념 ⇒ 딴생각. 군마음

여느 매김씨 그 밖 다른. 어지간한 ⓑ올겨울은 여느 겨울보다 추운 것 같다 ⇐ 보통. 통상적

여느날 이름씨 흙날이나 해날, 쉬는 날이 아닌 날 ⇐ 평일

여느내기 이름씨 남다르지 않은 여느 사람 한뜻말여느사람 ⇐ 보통내기. 여간내기. 예사내기

여느때 이름씨 달리 일이 없는 여느 때 ⇐ 평상시. 평시. 평소

여느말 이름씨 높임말이나 낮춤말이 아닌 흔히 쓰는 말 ⇐ 예사말

여느믿음이 이름씨 절이나 믿음터 같은 데서 어떤 일을 맡지 않은 여느 사람 ⇐ 평신도

여느사람 이름씨 높은 자리에 있지 않은 여느 사람 한뜻말여느내기 ⇐ 일반인. 평민

여느소리 이름씨 된 소리나 거센 소리가 아닌, 힘을 주지 않고 내는 소리 ⓑㄱ, ㄷ, ㅂ, ㅅ, ㅈ은 여느 소리이다 ⇐ 예사소리

여느옷 이름씨 맞춤옷이나 배달옷 같은 옷이 아닌 여느 때에 입는 옷 ⇐ 평복. 평상복. 캐주얼

여느일 이름씨 흔히 있는 일 ⇐ 예사

여느일꾼 이름씨 높은 자리에 있지 않고 남다른 일을 하지 않는 여느 일꾼 ⇐ 평사원

여느자리 이름씨 여느 사람들이 앉는 자리 ⇐ 일반석

여느절 이름씨 사내는 큰절처럼 하되 이마가 손에 닿을 때쯤 일어나고 겨집은 두 손을 몸 옆으로 내려 바닥을 짚으며 왼 무릎을 꿇고 오른 무릎은 세우고 허리를 굽힌다 ⇐ 평절

여느지이 이름씨 잘되지도 못되지도 않은 여느 때 여름지이 ⇐ 평년작. 평작

여느해 이름씨 한 해 날수가 서온예순닷새인 해 ⇐ 평년

여닫개 이름씨 번힘돌길을 이었다 끊었다 하는 것 ⇐ 스위치. 개폐기

여닫다 움직씨 문이나 바라지 따위를 열고 닫고 하다 ⓑ문을 여닫을 때마다 찬바람이 들어왔다

여닫이 이름씨 ❶문 따위를 여닫는 일 ⓑ시끄럽지 않도록 여닫이를 할 때 살펴라 ❷미닫이와 내리닫이를 두루 이르는 말 ⓑ여닫이 문틈이 벌어졌다

여닫이문 이름씨 앞뒤로 열고 닫도록 만든 문

여닫이잔삼 이름씨 푸나무 숨구멍을 이루는 두 잔삼. 겉껍질 잔삼이 바뀐 것으로, 둘이 붙어 그 사이에 숨구멍을 이루며 숨구멍을 여닫아 물기를 알맞게 맞춘다 ⇐ 공변세포

여담 ⇒ 딴 이야기. 다른 말. 다른 이야기. 남은 이야기

여당 ⇒ 힘쥔떼. 쥔떼. 힘쥔무리

여대생 ⇒ 꽃한배곳배움이

여덟 셈씨 ❶일곱에 하나를 더한 수 ⓑ다섯에 셋을 더하면 여덟이다 ❷(매김씨) 일곱에 하나를 더한 수 ⓑ여덟 날

여덟괘 이름씨 '주역'에 나오는 여덟 가지 괘. 하늘, 땅, 천둥, 바람, 물, 불, 메, 못 ⇐ 팔괘

여덟달 이름씨 한 해 가운데 여덟째 달 ⇐ 팔월

여덟달내기 이름씨 ❶제 달을 다 채우지 못하고 여덟달 만에 태어난 아이 ⇐ 팔삭둥이 ❷똑똑하지 못한 사람 한뜻말바사기

여덟먹중 이름씨 탈춤놀이에 나오는 여덟 먹중 ⇐ 팔먹중

여덟모썰기 이름씨 깍둑썰기 ⇐ 팔모썰기

여덟모얼레 이름씨 솔개줄을 감는 가는 기둥 모서리가 여덟 낱인 얼레 ⇐ 팔모얼레

여덟삼감모임 이름씨 처음에는 하루 동안 여덟 삼감을 지키는 일로 비롯되었으나 고리 때에는 내림검에게 식게를 지내고 모두 즐기는 잔치로 바뀌었다 ⇐ 팔관회

여덟아홉 셈씨 ❶여덟이나 아홉 ⓑ여덟아홉이면 넉넉해 준말엳아홉 ❷(매김씨) 여덟이나 아홉 ⓑ여덟아홉 동무가 찾아온댔어

여덟째 셈씨 ❶차례에서 일곱째 다음 ⓑ나는 우리 집에서 여덟째다 ❷(매김씨) 일곱째 다음 ⓑ산돌은 그 집 여덟째 아들이야

여덟쪽 이름씨 ❶이곳저곳 여러 쪽 ⇐ 팔방 ❷새, 하늬, 마, 노, 높새, 새마, 마하늬, 높하늬 쪽 ⇐ 팔방

여덟하나닷나라찾음 이름씨 1945해 여덟달 보름날 니혼 종살이에서 벗어나 나라를 찾은 날 ⇐ 팔일오광복

여독 ⇒ 길몸살. 나들이몸살

여동밥 이름씨 중이 밥을 먹기 앞에 깨비에게 주려고 떠놓는 밥 ⇐ 헌식

여동생 ⇒ 누이동생

여드레 이름씨 ❶그달 여덟째 날 ⓑ아들 태어난 날이 다음 달 여드레이다 ⇐ 팔일 ❷(매김씨) 여덟 날 ⓑ여드레 동안 내리 비가 왔다

여드름 이름씨 흔히 젊은 사람 얼굴에 오톨도톨하게 나는 작은 부스럼. 털구멍이나 굳기름샘이 막혀서 생긴다 ⓑ두레 이마에는 여드름이 울긋불긋 돋아났다

여든 셈씨 열을 여덟 디위 더한 수 ⓑ할아버지는 올해 여든이시다 ⇐ 팔십

여들없다 그림씨 하는 짓이 멋없고 미련하다 ⓑ여들없게 왜 그런 짓을 했니? **여들없이**

여래 ⇒ 이렇게 온이

여러 매김씨 많은 ⓑ여러 사람. 여러 가지. 여러 말

여러마디틀 이름씨 두 낱 넘는 마디를 '+, -'로 아우른 틀. 이를테면 'ㄱ+ㄴ, ㄱ+ㄴ+ㄷ-ㄹ' 따

위가 있다 ⇐ 다항식

여러모로 (어찌씨) 여러 가지로

여러분 (갈이름씨) 말하는 사람이 마주한 여러 사람을 높여 이르는 말 ⓑ여러분, 잠깐 제 이야기를 들어주세요

여러일 (이름씨) 배곳에서 돈을 걷거나 본메종이를 떼주거나 하는 여러 일 ⇐ 서무

여러일방 (이름씨) 배곳에서 여러 일을 맡아 보는 방 ⇐ 서무실

여러해살이풀 (이름씨) 잎과 줄기가 말라 죽어도 뿌리나 땅속줄기가 살아 있어 여러 해를 사는 푸나무. 세 해 넘게 자라는 것을 가리킨다 ⓑ쑴바귀는 여러해살이풀이다 ⇐ 다년생식물. 다년초

여럿 (이름씨) 많은 수 ⓑ여럿이 밥을 먹으니 꿀맛이구나 (슬기말) **여럿이 가는 데 섞이면 앓는 다리도 끌려간다** 여럿이 같이 움직이면 여느 때 그런 일을 못 하던 사람도 힘이 생겨 함께 한다

여력 ⇒ 남은 힘. 남은 기운

여론 ⇒ 두루생각. 뭇생각

여론조사 ⇒ 뭇말 들어보기. 뭇말 듣기. 두루생각 알아보기. 뭇생각 살펴보기

여류 ⇒ 꽃, 겨집

여름[1] (이름씨) 한 해 네 철 가운데 둘째 철. 보리누름이 지나고부터 늦더위 지날 때까지로, 한 해 가운데 가장 덥고 낮이 길다 ⓑ올해 여름은 여느 해보다 날씨가 매우 더울 것이라고 한다 ⇐ 하계. 하절. 하기

여름[2] (이름씨) 열매 ⓑ꽃 좋고 여름 많나니 ⇐ 과실

여름날 (이름씨) 여름철 날

여름내 (어찌씨) 여름 동안 내내 ⓑ여름내 날씨가 가물었다

여름말미 (이름씨) 일터에서 여름철에 주는 쉴 겨를 한뜻말 여름쉴때 ⇐ 하기휴가

여름맞이 (이름씨) 한 해 스물네 철 가운데 일곱째 철. 닷달 닷새쯤으로 여름이 비롯되며 못자리에는 모가 한창 자라고 보리는 이삭이 팰 때이다 ⇐ 입하

여름방학 ⇒ 여름배움쉼

여름배움쉼 (이름씨) 여름철 한창 더울 때 배움을 쉬는 일 ⇐ 여름방학

여름새 (이름씨) 봄철에 마녘에서 날아와 여름 동안 우리나라에 머무르면서 새끼를 치고, 가을철에 다시 마녘으로 날아가는 철새. 제비, 접동새, 휘파람새 따위가 있다 ⓑ제비는 우리나라 으뜸 여름새이다

여름쉴때 (이름씨) 일터에서 여름철에 주는 쉴 겨를 한뜻말 여름말미 ⇐ 하기휴가

여름옷 (이름씨) 여름에 입는 옷 ⇐ 하복

여름잠 (이름씨) 더운 곳에 사는 짐승들이 덥고 메마른 날씨를 비껴 한동안 잠을 자는 일 맞선말 겨울잠 ⇐ 하면

여름좋다 (움직씨) 열매가 잘 맺어 여름지이가 잘되다 ⇐ 풍년들다

여름지기 (이름씨) 여름지어 먹고사는 사람 ⇐ 농민. 농부. 농사꾼

여름지이 (이름씨) 낟이나 남새, 과일 따위를 심어 기르고 거두는 일 ⇐ 농사. 농업

여름짓다 (움직씨) 낟이나 과일남새 따위 씨나 모를 심어 기르고 거두다 ⓑ다음 해부터는 여름짓고 살기로 했다 ⇐ 농사하다. 농사짓다

여름철 (이름씨) 여름인 철 ⓑ뭉게구름을 바라보는 것은 여름철 즐거움이다 ⇐ 하계. 하절. 하절기. 하기

여리꾼 (이름씨) 가게 앞에 서서 지나가는 손님을 끌어들여 몬을 사게 하고 임자한테서 삯을 받는 사람 ⇐ 호객꾼

여리다 (그림씨) ❶부드럽고 무르다 ⓑ여린 나무줄기. 여린 호박잎 ⇐ 연약하다. 약하다 ❷소리가 맑고 가늘다 ⓑ여린 소리 ❸빛깔 따위가 흐릿하거나 덜하다 ⓑ여린 빛깔 ❹마음이 굳세지 않고 무르다 ⓑ이슬이는 마음이 여려 울기를 잘한다 ❺잡은 잣대보다 좀 모자라다 ⓑ웃옷을 짓기에는 옷감이 여리다

여린내기 (이름씨) 가락에서 첫소리가 여리게 비롯하는 것. 곧 못갖춘마디로 여는 가락으로 부드러운 느낌을 준다 맞선말 센내기

여린말 이름씨 센말이나 거센말에 견주어 여느 소리로 된 말. 곧 '땡땡, 탱탱'에 견주어 '댕댕' 같은 말이다 ⓑ'달랑달랑'은 '딸랑딸랑' 여린말이다

여린박 이름씨 가락 한 마디 안에서 여리게 치는 박자 ⓑ노래 부를 때 여린박은 작게 부른다 맞선말 센박

여명 (黎明) ⇒ 첫새벽. 새벽빛. 새벽. 꼭두새벽. 어둑새벽. 어슴새벽. 새벽녘. 샐녘. 밝을녘. 갓밝이

여명 (餘命) ⇒ 남은 목숨. 남은 삶. 앞날. 앞길

여물 이름씨 **1** 마른 짚이나 풀을 잘게 썬 마소 먹이 ⓑ여물을 썰다. 소는 먹은 여물을 새김질한다 **2** 바람에 바른 뒤 갈라지지 않게 진흙을 이길 때 섞는 짚이나 삼, 털 따위 ⓑ넉넉히 여물을 섞어 넣어야 흙이 바람에 잘 붙는다

여물다[1] 움직씨 **1** 낟알이나 열매 따위가 속이 꽉 차게 잘 익다 ⓑ잘 여문 콩알. 대추가 여물 대로 여물었다 **2** 자랄 대로 다 자라 지닌 맛과 냄새들이 제대로 나다 ⓑ고추가 여물어서 맵다 **3** 일을 매듭지어 끝내다 ⓑ일 뒤끝을 여물다 **4** 말을 오롯이 끝맺다 ⓑ가슴이 벅차 말끝을 여물지 못했다

여물다[2] 그림씨 **1** 됨됨이가 옹골차고 야무지다 ⓑ그 아이는 손끝이 여물어서 일을 하나도 허투루 하지 않는다 작은말 야물다 **2** 씀씀이가 헤프지 않고 알뜰하다 ⓑ우리 엄마는 살림을 참 여물게 한다

여물리다 움직씨 뒤탈이 없게 잘 마무리하여 끝내다 ⓑ일이란 처음은 쉬워도 끝을 여물리기는 어렵다

여물통 이름씨 소나 말에게 여물을 담아 주는 그릇

여미다 움직씨 **1** 옷깃이나 옷자락 따위를 바로잡아 가지런하게 모으다 ⓑ바람이 차가워지자 보매는 옷깃을 여미었다 **2** 하던 말이나 일을 끝맺어 마무르다 ⓑ너무 놀라 말끝을 여밀 수가 없었다

여밈새 이름씨 옷자락이나 옷깃 같은 것을 여민 꼴새 ⓑ우리 옷을 차려입은 여밈새가 반듯하다

여배우 ⇒ 꽃바치. 꽃노릇바치

여백 ⇒ 빈자리. 빈칸. 빈 데. 빈 곳. 남은 자리

여벌 ⇒ 남은 옷. 남은 몬

여보 느낌씨 **1** 길 가는 사람을 부르는 말 ⓑ여보, 길 좀 물읍시다 **2** 사내어른이 사내어른을 부르는 말 ⓑ여보, 우리 옆마을에 마실 가세나 **3** 부부 사이에 서로를 부르는 말 ⓑ여보, 오늘도 애 많이 썼어요

여보게 느낌씨 하게 할 자리에 있는 사람을 높여서 부르는 말 ⓑ여보게, 인제 그만 돌아가세

여보세요 느낌씨 **1** 말틀을 걸거나 받을 때 맞은쪽을 부르는 말 ⓑ여보세요. 거기 구슬이네 집인가요? **2** 남을 좀 높여 부르는 말 ⓑ여보세요. 버스나루에 가려면 어디로 가야 해요?

여보시오 느낌씨 어른이 남을 좀 높여서 부르는 말 ⓑ여보시오. 서울 한배곳 가려면 어떻게 가요?

여봐라 느낌씨 옛날에 쓰던 말로 '여기 보아라' 준말 ⓑ여봐라, 게 아무도 없느냐?

여부 ⇒ 그렇고 안 그러함

여북하다 그림씨 ('여북하면, 여북하여, 여북하랴' 따위로 써) 아주 힘들어서 그럴 수밖에 없다 ⓑ여북하면 내가 네게 해달라고 하겠니? 아들 잃은 슬픔이 여북하랴?

여분 ⇒ 남는 것. 나머지. 자투리

여비 ⇒ 길돈. 수레삯. 구경길돈

여사 ⇒ 짝맺은 가시. 짝맺은 겨집

여상 ⇒ 꽃장사높배곳

여생 ⇒ 남은 삶. 남은 목숨. 앞날

여섯 셈씨 **1** 다섯에다 하나를 더한 수 ⓑ여섯모꼴은 모가 여섯이다 ⇐ 육 **2** (매김씨) 다섯에다 하나를 더한 수 ⓑ어제 여섯 동무를 만나 저녁 먹고 온 아내

여섯째 셈씨 **1** 차례에서 다섯째 다음 ⓑ옆집은 아들만 다섯인데 이 디위에 여섯째도 아들이 태어났다 **2** (매김씨) 차례에서 다섯째 다음인 ⓑ여섯째 딸로 태어난 달님

여성 ⇒ 꽃님. 안. 아낙. 아낙네. 겨집
여성가족부 ⇒ 꽃집님맡. 꽃집보맡
여성호르몬 ⇒ 꽃호르몬
여세 ⇒ 남은 힘. 남은 기운. 밀던 힘
여수 (麗水) ⇒ 나부루
여승 ⇒ 겨집중. 꽃중
여신 ⇒ 꽃검. 겨집서낭
여실하다 ⇒ 똑같다. 틀림없다
여아 ⇒ 겨집아이. 가시나. 가시내
여염집 ⇒ 살림집
여왕 ⇒ 꽃임금
여왕개미 ⇒ 꽃임금개미
여왕벌 ⇒ 꽃임금벌
여우 이름씨 ❶개와 비슷하나 몸이 홀쭉하고 주둥이가 길고 뾰족하며 꼬리는 굵고 긴 멧짐승. 털빛은 누르붉은 밤빛이며 토끼나 들쥐, 꿩 들을 잡아먹고 산다 ❷하는 짓이 약삭빠르고 길미에 밝은 사람 ⓑ아유, 어린 게 여우네
여우별 이름씨 흐린 날 잠깐 나왔다가 숨는 별 ⓑ저녁 하늘, 하늬녘엔 여우별이 반짝인다
여우볕 이름씨 비나 눈이 오는 날 잠깐 비쳤다가 없어지는 볕 ⓑ여우볕 들 때 얼른 다녀오너라
여우비 이름씨 햇볕이 있는데 잠깐 오다가 그치는 비 ⓑ여우비 내린 늦은 낮, 나는 들판을 거닐었다
여우잠 이름씨 깊이 들지 못하는 잠 한뜻말겉잠
여우짓 이름씨 흔히 꽃님들이 깜찍하고 약아빠지게 구는 것
여운 ⇒ 뒷맛. 뒷느낌. 남은 자취. 남은 울림. 남은 느낌. 남은 소리
여울 이름씨 가람이나 바다에서 얕거나 좁아서 물살이 세게 흐르는 곳 ⓑ물고기 떼가 여울을 힘차게 거슬러 오른다
여울목 이름씨 시내, 가람, 바다에서 바닥이 턱져 물살이 센 곳 ⓑ여울목에서 나룻배가 거센 물살에 휩쓸려 눈 깜짝할 새에 뒤집혔다
여위다 움직씨 ❶몸에 살이 빠져 파리하게 되다 ⓑ앙상하게 여윈 손 작은말야위다 ❷어떤 기운이 차츰 없어지다 ⓑ호롱불이 여위어 가면 멀리 닭 울음소리도 들렸다. 달빛이 여위어간다 ❸살림살이가 가난하게 되다 ⓑ집안 살림이 여위어갔다
여유 ⇒ 겨를. 짬. 틈. 빈틈. 너그러움. 나머지. 능. 나위
여유롭다 ⇒ 넉넉하다. 느긋하다. 남다. 가멸다. 포실하다. 능준하다. 푼푼하다. 자라다. 너그럽다
여의다 움직씨 ❶죽어서 떠나보내다 ⓑ풀잎은 어려서 아버지를 여의었다 ❷시집보내다 ⓑ딸 여의는 마음이 오죽 쓸쓸하랴 ❸멀리 떠나보내다 ⓑ모든 괴로움을 여의고 깨달음을 이루었다
여읜잠 이름씨 깊이 들지 않은 잠
여인 ⇒ 겨집. 꽃. 꽃님
여자 ⇒ 겨집. 꽃. 꽃님
여장 (女裝) ⇒ 겨집꾸밈. 겉겨집꾸밈. 꽃꾸밈
여장 (旅裝) ⇒ 길차림. 나들이채비
여장부 ⇒ 큰겨집. 바위겨집. 씩씩겨집. 굳꽃. 바위꽃. 씩씩꽃
여전하다 ⇒ 똑같다. 한가지다. 한결같다. 앞과 같다. 그대로다
여정 ⇒ 나그넷길. 거쳐온 길. 지나온 길
여줄가리 이름씨 종요로운 일에 딸린 종요롭지 않은 일 ⓑ여줄가리 빼고 빨리 대줄가리만 말해봐 맞선말대줄가리
여지 ⇒ 나위. 드팀새. 나머지. 능. 앞길. 싹수. 남은 땅
여지없다 ⇒ 싹수없다. 더할 나위 없다. 틀림없다
여진 ⇒ 잔 흔들림. 잇단 땅흔들림. 남은 흔들림
여집합 ⇒ 남은모임
여쭈다 움직씨 ❶윗사람에게 묻다 ⓑ모르는 것을 샘께 여쭈었다 ⇐ 품의하다 ❷윗사람에게 말을 하거나 잘 지내는지 묻다 ⓑ가온이는 어제 있었던 일을 아버지께 모두 여쭈었다
여쭈어보다 움직씨 '물어보다' 높임말 ⓑ그러지 말고 스승께 여쭈어보자
여쭙다 움직씨 ❶윗사람에게 말씀을 올리다

ⓑ할아버지께 생각을 여쭙고 오겠습니다 **2** 윗사람에게 절을 올리다 ⓑ아침마다 어버이에게 밤새 잘 주무셨는지 여쭙고 일을 나갔다

여치 이름씨 베짱이와 비슷하나 몸빛은 푸르거나 누른 밤빛이며 더듬이와 뒷다리가 매우 긴 벌레. 수컷은 울음소리가 크고 남다르다 한뜻말 씨르래기

여타 ⇒ 나머지. 그 밖. 또 다른. 다른 것. 여느. 여줄가리

여탐 이름씨 무슨 일이 있을 때 웃어른 뜻을 알려고 미리 여쭘

여태 어찌씨 이때까지. 아직까지 ⓑ그가 여태 기다렸다

여태껏 어찌씨 '여태' 힘줌말. 이때 이르기까지 ⓑ아니 여태껏 한 것이 겨우 이거야? 한뜻말 입때껏. 이제껏

여투다 움직씨 아껴서 쓰고 그 나머지를 모아두다 ⓑ어려운 살림에도 쌀을 조금씩 여투어 두었다가 이웃에게 나눠주었다 ⇐ 저축하다. 적립하다

여툼돈책 이름씨 돈집 같은 데에 돈을 맡기고 찾는 일 따위를 적어두는 책 ⇐ 예금통장. 저금통장

여파 ⇒ 뒷물결. 뒤끝. 남은 울림. 남은결. 남은 바람

여편네 ⇒ 아내. 아낙. 아낙네

여하간 ⇒ 어쨌든. 아무튼

여하튼 ⇒ 어떻든. 어찌 되었든

여학교 ⇒ 겨집배곳. 꽃배곳

여한 ⇒ 남은 맺힘. 응어리. 남은 바람

여행 ⇒ 나그넷길. 구경길. 구경다님. 구경다니다. 구경길 나서다

여흥 ⇒ 뒤풀이. 뒷놀이

역 (役) ⇒ 구실. 노릇

역 (驛) ⇒ 나루. 목

역겹다 ⇒ 메스껍다. 아니꼽다. 거북하다. 메슥거리다. 욕지기하다. 거슬리다

역경 ⇒ 어려운 고비. 고비. 어려움

역광 ⇒ 거스름빛살. 뒷빛살

역기 (力器) ⇒ 쇠돌. 들돌

역기 (力技) ⇒ 쇠돌들기. 들돌들기

역대 ⇒ 여러 뉘. 뉘뉘. 지난 흐름. 지난 내림

역도 ⇒ 들돌들기. 들돌뭄

역량 ⇒ 힘. 해낼 힘. 깜냥. 힘크기

역력하다 ⇒ 뚜뚜하다. 또렷하다. 선하다

역류 ⇒ 거스름. 거스르다. 거슬러 흐르다. 거꾸로 가다

역모 ⇒ 나라거스름꾀. 나라뒤집을꾀. 쿠데타. 나라 거스르다. 나라 뒤집다

역무원 ⇒ 줄수레목일꾼. 줄수레나루일꾼

역병 ⇒ 돌림앓이

역사 ⇒ 발자취. 삶자취

역설 (力說) ⇒ 힘줘 말함. 부르짖음. 힘주어 말하다. 힘써 말하다. 부르짖다

역설 (逆說) ⇒ 거꿀말

역성 이름씨 옳고 그름을 따지지 않고 덮어놓고 한쪽만 감싸주는 일 ⓑ엄마는 늘 아우 역성만 든다 **역성들다**

역수 ⇒ 거꿀수

역순 ⇒ 거꿀차례

역습 ⇒ 되치기. 되치다. 도로 치다

역시 ⇒ 또한. 마찬가지로

역암 ⇒ 자갈돌. 자갈

역연하다 ⇒ 또렷하다. 뚜렷하다

역임 ⇒ 지냄. 겪음. 지내다. 겪다. 거치다

역작 ⇒ 애써 지음. 힘써 지은것

역적 ⇒ 나라헤살이. 나라헤살꾼

역전 (驛前) ⇒ 줄수레나루 앞. 긴수레나루앞

역전 (逆轉) ⇒ 뒤집기. 뒤집힘. 뒤집히다. 뒤바뀌다

역전승 ⇒ 뒤집어 이김. 지다가 이기다

역전패 ⇒ 도로 짐. 도로 지다

역점 ⇒ 힘점. 힘주기

역정 (逆情) ⇒ 노염. 골. 부아. 짜증

역정 (歷程) ⇒ 지난 길. 걸어온 길

역주 ⇒ 힘껏 달림. 힘껏 달리다. 힘껏 내닫다

역풍 ⇒ 앞바람. 맞바람. 거슬바람

역하다 ⇒ 메스껍다. 메슥메슥하다. 거북하다. 거슬리다

역학 ⇒ 힘갈

역할 ⇒ 구실. 노릇. 맡은 바. 맡은 일. 몫. 할 일

역할극 ⇒ 구실굿. 노릇굿

역행 ⇒ 거스름. 거스르다. 거슬러 가다. 거꾸로 하다

역효과 ⇒ 거꿀보람. 뒤쪽보람

엮다 움직씨 ❶두 가닥이나 더 많은 매끼로 고르게 줄을 맞추어 얽거나 묶다 ⓑ발을 엮다. 이엉을 엮다. 대나무로 엮은 광주리 ❷여러 글이나 이야기를 모아 짜임새 있게 늘어놓거나 책을 만들다 ⓑ책을 엮다 ⇐ 편집하다

엮은이 이름씨 여러 밑감을 모아서 새뜸이나 책, 뭡그림 같은 것을 다듬거나 엮는 사람 ⇐ 편집인. 편찬자

엮음 이름씨 여러 밑감을 모아서 새뜸이나 책, 뭡그림 같은 것을 다듬거나 엮는 것 ⇐ 편집. 편찬

엮음지기 이름씨 일터에서 새뜸이나 책 같은 것을 엮는 사람 가운데 우두머리 ⇐ 편집장

연 이름씨 못이나 논같이 물 빠짐이 좋지 않은 곳에서 잘 자라며 뿌리줄기가 굵고 옆으로 뻗어 간다. 꽃은 일고여덟달에 붉거나 희게 핀다. 잎과 열매는 낫개로 쓰고 뿌리는 먹는다

연 (年) ⇒ 해

연 (鳶) ⇒ 종이솔개

연 (鉛) ⇒ 납

연간 (年刊) ⇒ 해내기. 해펴냄

연간 (年間) ⇒ 한 해. 한 해 동안

연거푸 ⇒ 거푸. 잇달아 여러 디위

연결 ⇒ 이음. 잇다. 맺다. 걸치다. 잇대다

연계 ⇒ 줄댐. 줄대다. 줄 잇다

연고 (緣故) ⇒ 까닭. 영문. 이음고리

연고 (軟膏) ⇒ 무른낫개. 바르는낫개

연골 ⇒ 물렁뼈

연관 ⇒ 얽힘. 걸림. 얽히다. 걸리다. 이어지다. 버무리다

연구 ⇒ 캠. 팜. 파고듦. 캐다. 파다. 파고들다. 밝혀내다. 갈닦다

연구소 ⇒ 갈닦집. 갈닦곳. 파고드는 곳

연구자 ⇒ 갈닦이

연극 ⇒ 굿

연금 (年金) ⇒ 늦살이돈. 뒷살이돈. 늙살이돈

연금 (軟禁) ⇒ 가둠. 집에 가둠. 집가둠. 집에 가두다

연기 (延期) ⇒ 늦춤. 미룸. 늦추다. 미루다. 물리다. 밀다. 끌다

연기 (煙氣) ⇒ 내

연기 (演技) ⇒ 노릇

연년생 ⇒ 한 살 터울

연단 ⇒ 돋움대

연달아 ⇒ 거푸. 잇달아. 잇대어. 줄달아

연대 (年代) ⇒ 때. 해뉘. 지나온 때

연대 (連帶) ⇒ 어깨동무. 함께하기. 동무맺기. 함께하다. 손잡다

연대 (聯隊) ⇒ 잇떼. 이은떼

연대보증 ⇒ 어깨다짐. 줄뒷다짐. 함께다짐. 묶임다짐

연도 ⇒ 한 해 동안

연두색 ⇒ 열푸른빛. 엶푸른빛. 누르푸른빛

연등 ⇒ 깨침불

연락 ⇒ 알림. 오감. 알리다. 새뜸 주고받다. 오가다

연락망 ⇒ 알림그물. 이음그물

연락처 ⇒ 알릴곳. 잇닿줄. 잇닿그물

연령 ⇒ 나이. 낫살. 나잇살

연로 ⇒ 나이듦. 지긋함. 늙음. 지긋하다. 늙다. 나이 들다

연료 ⇒ 땔감. 땔거리

연루 ⇒ 얽힘. 걸리다. 버물리다. 얽히다. 맺어지다

연륜 ⇒ 나이테. 나이바퀴. 나이. 햇수

연립정부 ⇒ 어울렁다스림말

연마 ⇒ 갈닦. 갈고닦기. 갈고닦다. 힘써 배우다. 힘써 닦다

연막 ⇒ 가림내. 눈가림

연말 ⇒ 설밑. 섣달그믐. 해끝

연명 ⇒ 겨우 삶. 겨우 살아가다. 목숨을 이어가다

연모 이름씨 몬을 만들거나 일터에서 일할 때 쓰는 연장과 밑감 ⓑ돌연모때에는 돌로 여러 가지 연모를 만들어 썼다 한뜻말연장 ⇐ 도구

연못 ⇒ 못

연민 ⇒ 가엾어함. 딱히 여김. 불쌍히 여김. 가엾어하다. 딱하게 여기다. 불쌍히 여기다

연발 ⇒ 이어쏨. 이어 쏘다. 거듭 쏘다. 잇달아 일으키다. 잇달아 일어나다. 잇달아 말하다

연배 ⇒ 또래. 나이또래

연별 ⇒ 해나눔

연보 ⇒ 해적이

연봉 ⇒ 새경. 해삯. 한해품삯. 해품삯. 한해벌이

연분홍 ⇒ 엷붉은빛. 흰붉은빛

연비 ⇒ 기름쓰임푼수

연사질 이름씨 잘 짜인 말로 남을 꾀어 속마음을 떠보는 일 ⓑ여기저기 다니며 연사질 좀 그만해라 **연사질하다**

연상 (年上) ⇒ 손위. 윗나이

연상 (聯想) ⇒ 떠올림. 불러일으킴. 생각하다. 떠올리다. 불러일으키다

연생이 이름씨 여리고 보잘것없는 사람이나 몬 한뜻말 앤생이

연설 ⇒ 제말하기. 제말세우기

연세 ⇒ 나이. 나잇살

연소 ⇒ 탐. 불탐. 타다. 타버리다. 불타다. 불붙다

연소자 ⇒ 나어린이. 나어린사람. 나이어린이. 나이어린사람

연쇄반응 ⇒ 사슬맞받음. 사슬맞받기

연수 (延髓) ⇒ 숨골

연수 (研修) ⇒ 익힘. 갈닦기. 익히다. 갈고닦다

연수 (年數) ⇒ 햇수

연수 (軟水) ⇒ 단물. 민물

연습 ⇒ 익임벌. 익힘. 해봄. 익히다. 해보다. 되풀이하다

연승 ⇒ 내리이김. 이어이김. 헤물장치다. 잇달아 이기다. 줄곧 이기다. 내리 이기다

연시 ⇒ 무른감. 익은 감

연신 어찌씨 잇따라 자꾸 ⓑ언니는 연신 눈물까지 흘리며 하품을 해댔다

연안 ⇒ 바닷가. 물가. 가람가

연애 ⇒ 사귐. 사랑. 사귀다. 사랑하다

연약하다 ⇒ 가냘프다. 여리다. 부드럽다. 물렁하다. 무르고 여리다. 가녀리다

연어 ⇒ 열모기

연연하다 ⇒ 그리워하다. 애틋하게 그립다. 잊지 못하다

연월일시 ⇒ 해달날때

연유 ⇒ 까닭. 영문. 때문. 턱. 말미암음

연음 ⇒ 이은소리

연이어 ⇒ 이어. 잇달아. 자꾸. 자주

연이율 ⇒ 해길미푼수

연인 ⇒ 임. 고운 님. 사랑님. 사랑하는 이. 사랑하는 사람

연일 ⇒ 날마다. 나날이. 늘. 언제나

연임 ⇒ 이어맡음. 이어맡기. 이어맡다

연잇다 ⇒ 잇따라 이어지다

연자매·연자방아 ⇒ 돌방아

연작 ⇒ 이어갈이. 이어짓기. 이어짓다. 거푸짓다

연장 이름씨 여름지이나 지위 일할 때, 또는 몬을 만들거나 고칠 때 쓰는 것. 끌, 대패, 마치, 자귀, 톱 따위 ⓑ재주 없는 지위가 연장 탓한다 한뜻말 연모 ⇐ 도구

연장 (延長) ⇒ 늘임. 늘이다. 미루다. 끌다. 늦추다. 길게 하다

연장선 ⇒ 늘임금

연장자 ⇒ 손위. 손윗사람. 어른. 어르신. 나이 많은 사람

연장전 ⇒ 늘인싸움. 늘인판

연재 ⇒ 이어싣기. 이어싣다

연적 ⇒ 먹물그릇. 먹그릇

연전연승 ⇒ 내리이김. 판판이김. 헤물장치다. 내리 이기다. 판판이 이기다. 겨루는 족족 이기다. 겨룰 때마다 이기다

연전연패 ⇒ 내리짐. 판판짐. 내리 지다. 판판이 지다. 겨루는 족족 지다. 싸울 때마다 지다

연정 (戀情) ⇒ 사랑. 그리움

연정 (聯政) ⇒ 어울렁다스림

연주 ⇒ 켬. 뜯음. 붊. 켜다. 뜯다. 불다. 치다. 타다. 퉁기다. 가락틀 울림. 불켜침. 불켜치다

연주곡 ⇒ 가락틀가락

연주법 ⇒ 가락틀켬새. 불켜치기

연주자 ⇒ 가락틀바치. 가락틀보. 불켜침이

연주회 ⇒ 가락틀모꼬지

연준모치 이름씨 몸이 길쭉하고 납작한 민물고기. 맑은 물이 흐르는 골짜기에 산다
연줄 (鳶-) ⇒ 종이솔개줄
연줄 (緣-) ⇒ 말미줄. 말미암줄
연중 ⇒ 한 해 동안
연중무휴 ⇒ 하루도 안쉼. 쉬는날 없음
연중행사 ⇒ 해마다 일. 해마다 벌이는 일
연지 (臙脂) ⇒ 입술 바르개. 붉은 빰물감
연직선 ⇒ 드림쇠줄
연차 ⇒ 나이차례. 햇수차례
연차적으로 ⇒ 해차례로
연착 ⇒ 늦게 닿음. 늦닿음. 늦닿다. 늦게 닿다
연철 ⇒ 함께 꿰맴. 함께 묶음
연체 ⇒ 밀림. 밀리다. 미루다. 넘기다. 늦추다
연체금·연체료 ⇒ 밀린돈. 밀린빚. 물림돈
연체동물 ⇒ 무른몸숨받이
연초 (年初) ⇒ 설. 새해. 새해첫머리
연초 (煙草) ⇒ 담배. 담뱃잎
연초록 ⇒ 옅푸른. 옅푸름
연출 ⇒ 굿꾸밈. 굿만들기. 굿꾸미다. 굿만들다
연출가 ⇒ 굿꾸밈이
연타 ⇒ 잇달아 때림. 잇달아 침. 잇달아 때리다. 잇달아 치다
연탄 ⇒ 굼돌숯. 구멍돌숯
연탄가스 ⇒ 굼숯가스. 구멍숯가스
연통 (煙筒) ⇒ 굴뚝
연통 (連通) ⇒ 몰래알림. 몰래 알리다. 몰래 닿다
연파 ⇒ 이어이김. 이어 깨부숨. 잇달아 이기다
연패 (連霸) ⇒ 이어이김
연패 (連敗) ⇒ 이어짐
연평균 ⇒ 해고른. 해고름. 해고른값
연표 (年表) ⇒ 해적이표
연필 ⇒ 딱붓. 숯붓
연필깎이 ⇒ 딱붓깎이. 숯붓깎이
연필꽂이 ⇒ 딱붓꽂이. 숯붓꽂이
연필심 ⇒ 딱붓속대. 숯붓속대
연하 ⇒ 해아래. 살아래. 나이아래. 아랫나이
연하다 ⇒ 무르다. 부드럽다. 옅다. 여리다. 물렁하다. 나긋나긋하다. 말캉하다. 말랑하다
연하장 ⇒ 새해맞이글. 새해기림글

연한 ⇒ 햇수. 지난햇수. 머문 햇수
연합 ⇒ 모음. 뭉침. 모으다. 아우르다. 손잡다. 뭉치다. 통짜다
연합국 ⇒ 뭉친나라. 뜻모은 나라. 손잡은 나라. 힘모은 나라
연합군 ⇒ 모인싸울아비. 모인싸움꾼
연합전선 ⇒ 같은 걸음
연합회 ⇒ 모임
연해 ⇒ 갓바다
연해주 ⇒ 바닷가고을
연행 ⇒ 잡아감. 데려감. 데려가다. 잡아가다. 붙잡아가다. 붙들어가다. 끌고가다
연혁 ⇒ 자취. 발자취. 해적이
연회 ⇒ 잔치. 모꼬지. 먹거지
연후 ⇒ 뒤
연휴 ⇒ 이어쉼. 거듭쉼. 겹쳐쉼. 겹쳐 쉬는 날
엳아홉 이름씨 ❶ 여덟이나 아홉 ⓑ아이들이 엳아홉이나 왔더라 ❷(매김씨) 여덟이나 아홉 ⓑ엳아홉 아이들이 밤 주우러 왔다
열[1] 셈씨 아홉에 하나를 더한 수 ⓑ'열에 아홉'이라는 말은 '거의 모두'라는 뜻이다 ⇐ 십
열[2] 이름씨 쓸개 ⇐ 담
열 (熱) ⇒ 더움. 뜨거움
열 (列) ⇒ 줄
열강 ⇒ 센나라들. 힘센 나라들. 센놈들
열거 ⇒ 늘어놓기. 늘어놓다. 보기를 들어 말하다. 하나하나 보기를 들다
열골 이름씨 골을 열 디위 더한 수. 곧 100,000을 세는 우리말 ⇐ 십만
열광 ⇒ 미침. 날뜀. 미치다. 날뛰다. 빠지다. 반하다. 미쳐 날뛰다
열구름 이름씨 지나가는 구름. '녈 구름'에서 온 말
열기 이름씨 눈자위에 드러난 씩씩한 얼 기운
열기 ⇒ 뜨거운 기운. 더운 기운. 들뜬 기운
열기구 ⇒ 데우는 연장
열꽃 ⇒ 바람꽃
열나다 ⇒ 뜨거워지다. 더워지다
열나절 이름씨 어느 테두리 안에서 오래도록 ⓑ한나절이면 해치울 일을 열나절도 넘게

질질 끄는 까닭이 무어냐?

열내 (이름씨) 서울 한가운데를 하늬녘에서 새녘으로 흐르는 내 ⇐ 청계천

열녀 ⇒ 곧은꽃

열녀문 ⇒ 곧은꽃문

열다[1] (움직씨) ❶닫히거나 막힌 것을 트다 ⓑ문을 열다 맞선말닫다 ❷뚜껑이나 마개 따위를 벗기다 ⓑ아내는 냄비뚜껑을 열고 국자로 국을 휘저었다 ❸접히거나 가려지거나 씌워진 것을 볼 수 있게 젖히거나 펼치다 ⓑ책을 열고 오늘 배운 데를 다시 읽었다 ❹잠근 자물쇠를 벗기다 ⓑ자물쇠를 열다 ❺채워지거나 맞춰진 것을 빼내거나 풀다 ⓑ단추를 열고 옷을 벗었다. 서랍을 열다 ❻답답한 마음을 시원히 풀어헤치다 ⓑ마음 문을 활짝 열다 ❼모르거나 없던 길을 마련하다 ⓑ빗방울은 우리 말꽃 새로운 길을 열었다 ❽새로운 때를 마련하다 ⓑ촛불은 여느 사람이 임자 노릇 하는 새로운 때를 열었다 ❾모임을 비롯하거나 이어가다 ⓑ마음닦기가 끝나고 모꼬지를 열었다 ❿배곳이나 가게를 차리거나 하루 일을 비롯하다 ⓑ꽃가게를 열다. 콩묵 가게 문을 열었는지 보고 오너라 ⓫길을 새로 내거나 나루를 마련하다 ⓑ집 앞으로 새로 연 한길 ⓬새로 사귀다 ⓑ이웃 나라와 지난 일을 씻고 새 마음으로 사귐을 열었다

열다[2] (움직씨) 열매가 맺히다 ⓑ올해는 감나무에 감이 많이 열었다

열달 (그림씨) 한 해 가운데 열째 달 ⇐ 시월

열대 ⇒ 더운띠. 더운곳

열대기후 ⇒ 더운띠 날씨. 더운곳 날씨

열대림 ⇒ 더운곳숲. 더운숲

열대성 ⇒ 더운곳바탈. 더움새

열대야 ⇒ 더운밤

열대어 ⇒ 더운바닷물고기. 더운곳 물고기

열대우림 ⇒ 더운비숲

열대지방 ⇒ 더운곳

열도 ⇒ 줄섬

열등 ⇒ 처짐. 못남. 뒤떨어짐. 처지다. 못나다. 뒤떨어지다. 떨어지다. 낮다

열등감 ⇒ 못난느낌. 처진느낌

열등의식 ⇒ 못난생각. 처진생각

열띠다 ⇒ 뜨겁다

열람 ⇒ 훑어보기. 찾아보기. 훑어보다. 죽 읽다. 죽 읽어보다. 찾아보다

열람실 ⇒ 책 보는 방

열량 ⇒ 더움불. 더움숱

열렬하다 ⇒ 뜨겁다. 뜨겁고 힘차다. 사납고 세차다. 힘차다

열리다[1] (움직씨) ❶막힌 데가 트이거나 잠긴 것이 풀리다 ⓑ문은 안으로 잠겨있어 열리지 않았다 맞선말닫히다 ❷벗기거나 빼내어 안이 드러나다 ⓑ단지 뚜껑이 열려 파리가 알을 슬었다 ❸생각 나눔이나 모임이 벌어지다 ⓑ우리말 살려 쓰기 모꼬지가 한밭에서 열렸다 ❹가게나 일터에서 장사나 일이 비롯되다 ⓑ오늘 그 국숫집 열렸을까? ❺나아갈 길이나 쪽, 수가 새로 트이다 ⓑ우리 말살이로 말미암아 빛나는 새 때가 우리 겨레한테 열리리라 ❻('입'이나 '말문'과 함께 써) 말을 하게 되거나 잘하게 되다 ⓑ드디어 어린 딸아이가 말문이 열렸다 ❼속마음을 터놓거나 남 뜻을 받아들이다 ⓑ누구한테나 언제나 열린 마음으로 다가가자

열리다[2] (움직씨) 열매가 맺히다 ⓑ거름을 준 만큼 과일나무에 열매가 열린다

열망 ⇒ 바람. 바라다. 몹시 바라다. 애타게 바라다

열매 (이름씨) ❶꽃이 씨받이한 뒤에 그 씨방이 커져서 된 것 ⓑ살구꽃이 떨어지자 콩알만 한 열매가 달렸다 ❷어떤 일에 힘을 써서 거둬 이룬 것 ⓑ두 사람 사랑이 열매를 맺어 마침내 짝을 이뤘다

열매남새 (이름씨) 가지, 오이, 호박, 토마토처럼 열매를 먹는 남새 ⇐ 열매채소

열매솎기 (이름씨) 많이 달린 열매를 알맞게 솎아내는 일

열매채소 ⇒ 열매남새

열모기 (이름씨) 몸은 가늘고 길며 몸빛은 수빛이고 눈이 붉으며 온몸에 붉은 조그만 무

늬가 많은 민물고기. 차고 깊은 물에 산다 ⇐ 열목어. 연어

열목어 ⇒ 열모기

열무 이름씨 어린 무 ⓑ열무로 김치를 담그고 데쳐 무치기나 날쌈도 좋다

열무김치 이름씨 열무로 담근 김치 ⓑ더운 여름날 열무김치에 국수를 말아 먹는 맛이란!

열물 이름씨 애에서 만들어져 쓸개에 모였다가 샘창자로 들어가는 물 ⇐ 쓸개즙. 담즙

열물길 이름씨 애와 쓸개에서 열물을 받아 샘창자로 보내는 길을 통틀어 이르는 말. 애대롱, 쓸개주머니대롱, 온쓸개대롱으로 이루어져 있다 한뜻말열물대롱 ⇐ 담도. 담관. 쓸개관

열반 ⇒ 깨달음. 깨달음자리. 불꺼짐

열백번 ⇒ 열온디위

열변 ⇒ 힘찬말. 힘준말

열병 ⇒ 더움 앓이. 더위 앓이

열불 ⇒ 더위불. 더움불

열사 (熱沙) ⇒ 더운 모래

열사 (烈士) ⇒ 맵꾼. 매운이. 매움보. 뜻찬이

열사병 ⇒ 더위먹기. 더위앓이

열성 (熱誠) ⇒ 온 힘. 온 마음. 오롯 바침. 뜨거움. 힘참

열성 (劣性) ⇒ 들새. 숨을새. 숨을 바탈

열성 (熱性) ⇒ 더운바탈. 더운기운. 들뜸바탈

열세 ⇒ 뒤처짐. 힘밀림

열쇠 이름씨 자물쇠를 열거나 잠그는 데 쓰는 몬 ⓑ방문이 잠겼으니, 열쇠를 찾아오너라 ⇐ 키

열쇠말 이름씨 셈틀이나 누리그물에 들어갈 때 쓰는 이가 누구인지를 알아내려고 넣는 글자나 수 무리 ⇐ 패스워드

열심히 ⇒ 부지런히. 골똘히. 힘껏. 온 힘으로. 온 마음으로

열악하다 ⇒ 나쁘다. 뒤떨어지다. 낮다. 못하다. 좋지 못하다

열어젖히다 움직씨 문이나 바라지 따위를 활짝 열다 ⓑ나는 바라지를 열어젖히고 새벽 맑은 바람을 마셨다

열없다 그림씨 ❶부끄럽고 쑥스럽다 ⓑ꽃동무 보기에 열없을까봐 걱정이지 뭐 ❷다부지지 못하고 무르다 ⓑ열없고 싱거운 녀석인 줄만 알았더니 가락틀 켜는 솜씨가 대단하구나! ❸마음보가 작고 두려움이 많다 슬기말 **열없는 색시 달밤에 삿갓 쓴다** 부끄러움을 겪은 색시가 남이 볼까 두려워 달밤에 얼굴을 가리려고 삿갓을 쓴다. 얼이 흐려져 얼빠진 짓을 하는 것

열없쟁이 이름씨 열없는 사람 ⓑ당신 참말로 열없쟁이요, 어찌 그렇게 앞뒤가 막혔소

열에 이름씨 푼수를 나타내는 말 ⓑ열에 셋은 3/10이다 ⇐ 할

열에너지 ⇒ 더위일힘. 더움일힘

열연 ⇒ 힘찬 노릇. 힘찬 노릇하기

열온 이름씨 즈믄 ⇐ 열백

열온디위 이름씨 즈믄 디위. 즈믄 차례 ⇐ 열백번

열외 ⇒ 줄 밖. 줄 바깥

열의 ⇒ 불타는 마음. 뜨거운 마음. 힘찬 마음

열자무리 이름씨 조선이 끝날 때쯤 다스림 짜임을 새롭게 하고 생각과 삶 버릇을 열어 다른 나라 앞선 삶꽃을 받아들이자던 무리 ⇐ 개화파

열적다 그림씨 두려움이 많고 배짱이 적다 ⓑ사내가 그렇게 열적어서야 앞으로 어떻게 살아가려고?

열전 ⇒ 불 뿜는 싸움. 불꽃 튀는 싸움. 세찬 싸움. 뜨거운 싸움

열전도 ⇒ 더위 옮아감. 더움 옮아감

열정 ⇒ 뜨거운 마음. 힘찬 마음

열줄푸름이 이름씨 나이가 열셋에서 열아홉에 이르는 사람 ⇐ 십대. 틴에이저

열중 ⇒ 골똘함. 마음 쏟음. 빠지다. 빠져들다. 골똘하다. 마음을 쏟다. 들고파다. 온 힘을 기울이다. 매달리다

열중쉬어 ⇒ 선채쉬어. 줄안쉬어

열째 셈씨 ❶차례에서 아홉째 다음 ⓑ멀리달리기를 해서 나는 열째로 들어왔다 ❷(매김씨) 아홉째 다음 ⓑ거짓말 같지만 이웃

마을에 열째 아들이 있었다
열차 ⇒ 긴수레. 줄수레
열창 ⇒ 힘껏 부름. 힘껏 부르다. 마음 다해 부르다. 온 마음으로 부르다
열채 이름씨 대나무를 쪼개 납작하게 깎아 만든 장구채
열탕 ⇒ 뜨거운 물. 끓는 물
열풍 (熱風) ⇒ 뜨거운 바람. 더운 바람
열풍 (烈風) ⇒ 거센 바람. 세찬 바람
열하일기 ⇒ 러허날적이
열한달 이름씨 한 해 가운데 열한째 달
열화 ⇒ 뜨거운 불길. 세찬 불길
열흘 이름씨 ❶그달 열째 날 ㉥그들은 짝맺이 날을 다음 달 열흘로 잡았다 ❷열 날 ㉥이 일을 끝내려면 열흘쯤 걸리겠군
엷다 그림씨 ❶두께가 두껍지 않다 ㉥엷은 종이. 엷은 입술 ❷빛깔이 짙지 않다 ㉥엷은 진달랫빛 저고리. 엷은 달빛 ❸좀 성기다 ㉥엷은 안개 ⇐ 희박하다 ❹됨됨이가 깊지 못하거나 가볍다 ㉥엷은 짓을 한다. 배움이 엷다 ❺볕이 뜨겁지 않고 여리다 ㉥엷은 햇살 ❻지나치게 드러냄이 없이 있는 듯 없는 듯 가만하다 ㉥엷은 웃음
엷붉다 그림씨 엷게 붉다 ㉥엷붉은 살구꽃이 먼저 핀다
엷붉은빛 이름씨 짙지 않고 흰빛이 섞인 붉은 빛깔 ⇐ 연분홍
염[1] 이름씨 피돌기 복판 뭄틀. 사람 것은 주먹만 하고 둥근 뿔꼴 주머니 같고, 허파 밑에 있어 모든 핏줄이 이곳에 모이며 들핏줄에서 들어온 피를 날핏줄로 온몸에 보내어 돌게 하는 뿜개 구실을 한다 한뜻말 염통 ⇐ 심장
염[2] 이름씨 바윗돌로 된 작은 섬. 물 위에 드러난 작은 바위섬
염가 ⇒ 싼값. 헐값. 똥값. 갯값
염가판매 ⇒ 싸게팔기
염기 ⇒ 알칼리
염기성 ⇒ 알칼리바탈
염두 ⇒ 마음속. 마음. 머릿속
염뛺 이름씨 염 고동으로 염에서 나오는 피가 얇은 살갗에 퍼져있는 날핏줄 바람에 닿아 생기는 되풀이되는 결뛺 ⇐ 박동. 고동
염라대왕 ⇒ 저승임금
염려 ⇒ 걱정. 두려움. 걱정하다. 저어하다. 두려워하다. 바잡다. 마음 쓰다
염료 ⇒ 물감. 물
염멈춤 이름씨 염통이 갑자기 멈추는 일 ⇐ 심장마비
염바꿔달기 이름씨 염통을 잘라내고 그 자리에 다른 염통을 달아주는 째꿰매기 ⇐ 심장이식
염방 이름씨 염통에 있는 방 가운데 위쪽에 있는 왼오른 두 방 ⇐ 심방
염병 (染病) ⇒ 돌림앓이
염분 ⇒ 소금기. 간기
염불 ⇒ 깨달은이 생각. 깨달은 이 떠올림. 깨달은 이를 생각하다
염산 ⇒ 재심
염색 ⇒ 물들임. 물들이다
염색체 ⇒ 물들덩이
염세적 ⇒ 누리를 어둡게 보는. 앞날을 어둡게 보는
염소 이름씨 양과 비슷하나 턱수염이 있고 속이 비고 뒤로 휜 뿔을 가진 집짐승. 몸빛은 검거나 희거나 밤빛이다. 고기나 젖을 얻으려고 기른다
염소 (鹽素) ⇒ 재숫
염소나룻 이름씨 염소처럼 숱이 적고 짧은 나룻 ⇐ 염소수염
염소수염 ⇒ 염소나룻
염알이 ⇒ 살핌알이
염앓이 이름씨 염이 아픈 앓이 ⇐ 염통병. 심장병
염원 ⇒ 바람. 바라다. 기다리다. 생각하다. 꿈꾸다
염장 ⇒ 절임. 소금절임. 절이다. 간하다
염장미역 ⇒ 간미역
염전 ⇒ 소금밭
염접 이름씨 종이나 천, 떡, 저냐 따위 가장자리를 접거나 베어 가지런하게 함
염좌 ⇒ 삠. 접질림
염주 ⇒ 꿴구슬
염증 (厭症) ⇒ 싫음. 몸서리. 주니. 넌더리

염증 (炎症) ⇒ 불늦. 부음늦
염집 [이름씨] 염통 아래쪽에 있는 왼오른 두 집 ⇐ 심실
염천 ⇒ 더운날씨. 불볕더위. 불더위. 무더위
염치 ⇒ 부끄러움. 부끄러운 마음
염치없다 ⇒ 츱츱하다. 낯 두껍다. 야마리 없다. 얌통머리 없다. 뻔뻔하다
염탐 ⇒ 살핌알이. 몰래 살핌. 뒤 캠. 몰래 살피다. 몰래 알아보다. 뒤를 캐다. 엿보다. 훔쳐보다
염통 [이름씨] 사람이나 짐승 피돌기 틀에서 가장 종요로운 곳. 사람 것은 주먹만 하고 등근뿔주머니 꼴로 허파 밑에 있다. 모든 핏줄이 이곳에 모이고 쉼 없이 움직여 들핏줄에서 돌아온 피를 받아 날핏줄로 보내는 품무 구실을 한다 [한뜻말]염 ⇐ 심장
염통병 ⇒ 염앓이
염화나트륨 ⇒ 재된나트륨
염화수소 ⇒ 재된물남
염화칼슘 ⇒ 재된칼슘
염화코발트 ⇒ 재된코발트
엽기적 ⇒ 야릇함을 쫓는
엽록소 ⇒ 잎파랑이
엽록체 ⇒ 잎파랑치
엽상체 ⇒ 잎꼴덩이
엽서 ⇒ 잎글. 잎새글
엽전 ⇒ 잎돈
엽차 ⇒ 잎차. 잎사귀차
엽총 ⇒ 사냥쏘개
엿 [이름씨] 낟으로 지은 고두밥을 엿기름물에 삭힌 뒤, 자루에 넣어 짜낸 국물을 고아서 굳힌 먹을거리. 맛이 아주 달고 빛이 검붉은데 이것을 검은엿이라 하고, 이것을 자꾸 켜면 흰엿이 된다. 낟 갈래에 따라 찹쌀엿, 좁쌀엿, 수수엿, 옥수수엿, 호박엿 따위가 있다 ⓑ엿을 고다
엿- [앞가지] '몰래'라는 뜻을 나타내는 말 ⓑ엿듣다. 엿보다
엿가락 [이름씨] ❶엿을 길게 늘인 것 ⓑ타래진 엿가락 ❷길고 가늘게 둥글려 뽑은 엿을 잘라놓은 낱낱 가락 ⓑ그릇에 가지런히 담은 엿가락이 먹음직스럽다
엿기름 [이름씨] 보리에 물을 부어서 싹이 나게 한 다음에 말린 것. 엿과 단술을 만드는 데 쓴다 [한뜻말]엿길금. 엿질금. 길금. 질금
엿달 [이름씨] 한 해 가운데 여섯째 달 ⇐ 유월
엿듣다 [움직씨] 남이 하는 말을 귀 기울여 몰래 듣다 ⓑ지나가다 들은 것이지 엿들은 것이 아니야
엿모기둥 [이름씨] 밑낯이 바른여섯모로 된 기둥 ⇐ 육각기둥
엿모꼴 [이름씨] 둘레가 여섯모로 된 편편낯꼴 ⇐ 육각형
엿보다 [움직씨] ❶남이 하는 짓을 몰래 살피거나 보다 ⓑ사내는 싸리울 틈으로 흘깃 집안을 엿보았다 ❷어림잡고 헤아려 알다 ⓑ말과 짓에서 그 사람 마음을 엿볼 수 있다 ❸알맞은 까리나 때를 기다리다 ⓑ나는 틈을 엿보아 자리를 빠져나갔다
엿보이다 [움직씨] ❶어림잡아 헤아려 알다 ⓑ그 아이에게서 그림 재주가 엿보였다 ❷넌지시 잠깐 보이다 ⓑ윗옷 틈새로 목걸이가 살짝 엿보였다. 울타리 안으로 예쁜 꽃들이 엿보였다
엿새 [이름씨] ❶그달 여섯째 날 ⓑ이달 엿새는 배곳이 쉰다 ⇐ 6일 ❷여섯 날 ⓑ우리 엿새 뒤에 또 만나자
엿장수 [이름씨] 엿을 파는 사람 ⓑ옛날에는 엿장수가 큰 가위 소리를 내며 마을로 들어왔다 [익은말] **엿장수 마음대로** 엿장수가 엿을 마음대로 다루듯이 무슨 일이나 제 마음대로 하려는 것을 빗댄 말
엿치기 [이름씨] 엿가래를 부러뜨려서 그 안에 난 구멍 수나 크기를 견주어 이기고 짐을 겨루는 내기 ⓑ엿치기하다 [한뜻말]엿싸움
엿한뭍 [이름씨] 땅별 위 여섯 뭍. 아시아, 아프리카, 유럽, 오세아니아, 마아메리카, 노아메리카 ⇐ 육대주
영 (永) ⇒ 도무지. 아주. 대단히. 오래도록. 조금도
영 (零) ⇒ 빵
영 (靈) ⇒ 넋

영감 (令監) ⇒ 어른. 어르신

영감 (靈感) ⇒ 번뜩생각. 거룩한 느낌. 튀는 느낌

영결 ⇒ 여읨. 죽어 헤어짐. 여의다. 죽어 헤어지다

영결식 ⇒ 넋굿. 넋잔치. 넋 보내기. 죽은이 보내기

영계 ⇒ 어린 닭. 병아리

영고 (迎鼓) ⇒ 맞이굿

영공 ⇒ 하늘

영광 ⇒ 빛. 자랑빛. 아름빛

영광스럽다 ⇒ 자랑스럽다

영구 ⇒ 오래. 길이. 끝없다. 오래다

영구자석 ⇒ 길이쇠끌이

영구차 ⇒ 널수레

영구치 ⇒ 간니

영국 ⇒ 잉글나라

영글다 움직씨 열매나 낟알 따위가 단단하게 잘 익다 ⓑ나락이 영글었다 한뜻말여물다

영금 이름씨 무척 참기 힘든 일 ⓑ이런 영금을 보려고 내가 그런 일을 벌렸나? ⇐ 곤욕

영남 ⇒ 고개마. 재마

영농 ⇒ 여름지이

영농자금 ⇒ 여름지을 돈. 여름지이 밑천

영단 ⇒ 넋자리

영달 ⇒ 높이 됨. 높이 되다. 높은 자리에 오르다

영도 ⇒ 이끎. 앞장섬. 앞장서다. 이끌다. 거느리다. 목대 잡다

영동고속도로 ⇒ 고개새 빠른길

영동선 ⇒ 고개새쇠길

영등할미 ⇒ 바람할미

영락없다 ⇒ 꼭 들어맞다. 딱 떨어지다. 딱 맞다

영령 ⇒ 넋. 죽은 넋

영롱하다 ⇒ 눈부시다. 빛나다. 맑고 산뜻하다. 초롱초롱하다

영리 ⇒ 돈벌이

영리하다 ⇒ 똘똘하다. 돌돌하다. 똑똑하다. 슬기롭다. 재빠르다. 약빠르다. 꾀바르다. 깜찍하다

영문 이름씨 일이 벌어지는 까닭이나 매개 ⓑ 이슬이는 영문도 모르고 스승께 불려갔다 ⇐ 연고. 연유

영문 ⇒ 잉글 글. 잉글 글월

영문자 ⇒ 잉글 글자

영물 ⇒ 거룩것. 아름것. 거룩몬

영민하다 ⇒ 슬기롭다. 똑똑하다. 재빠르다

영빈관 ⇒ 그위손님집. 나라손님집

영사 ⇒ 나라심부름꾼

영사관 ⇒ 나라심부름집

영사기 ⇒ 뮘그림비추개

영산강 ⇒ 바라가람

영산홍 ⇒ 왜철쭉

영상 (映像) ⇒ 뜬그림. 뮘그림. 비춤꼴

영상 (零上) ⇒ 빵위

영상물 ⇒ 비춤몬. 뮘그림

영생 ⇒ 긴삶. 끝없는 삶. 가없는 삶

영생이 이름씨 꿀풀 갈래에 딸린 여러해살이풀. 배달나숨에서는 잎을 낫개로 쓰고 냄새가 좋아 옷곳밑감, 마실것, 단것 밑감으로 쓴다 ⇐ 박하. 민트

영세 ⇒ 가난함. 자질구레함. 변변치 못함. 가난하다. 자질구레하다. 잗다랗다. 자그맣다. 작고 가늘다. 변변치 못하다

영세민 ⇒ 가난보. 가난이. 가난한 사람. 가난한 백성

영세중립국 ⇒ 길이 가운데 선 나라

영속 ⇒ 길이. 오래

영수 ⇒ 우두머리. 머리. 꼭대기. 모가비. 으뜸

영수증 ⇒ 받음표. 받은 본메

영수회담 ⇒ 머리만남. 꼭대기만남. 우두머리만남. 으뜸만남

영아 ⇒ 젖먹이. 어린애. 아기. 갓난아이. 핏덩이

영아자 이름씨 잎은 길둥글고 어긋나며 줄기는 곧게 서는 여러해살이풀. 뜯으면 흰 물이 나오는 맛있는 나물이다

영악하다 ⇒ 약빠르다. 약삭빠르다

영양 (羚羊) ⇒ 멧양

영양 (營養) ⇒ 살감

영양가 ⇒ 살감값

영양사 ⇒ 살감보

영양소 ⇒ 살감숫

영양식 ⇒ 살감밥

영양실조 ⇒ 살감모자람

영양제 ⇒ 살감낫개

영어 (英語) ⇒ 잉글말
영어 (囹圄) ⇒ 가두리
영업 ⇒ 돈벌이. 장사
영역 ⇒ 테두리. 울안
영영 ⇒ 언제까지나. 길이
영예 ⇒ 자랑
영예롭다 ⇒ 자랑스럽다
영웅 ⇒ 빼난이. 뛰어난이. 우뚝이
영웅심 ⇒ 빼어난이 마음
영원 ⇒ 가없음. 끝없음. 그지없음. 가없다. 끝없다. 그지없다. 오래다
영위 ⇒ 살아감. 꾸림. 살아가다. 해 나가다. 꾸려가다
영유 ⇒ 가짐. 가지다
영유권 ⇒ 가질힘
영의정 ⇒ 으뜸벼슬
영인본 ⇒ 찍은책
영입 ⇒ 들임. 맞아들임. 들이다. 맞아들이다
영자·영문자 ⇒ 로마글. 하늬글
영장 (令狀) ⇒ 성금글. 성금종이
영장 (靈長) ⇒ 온 것 머리
영재 ⇒ 빼보. 빼난보. 빼난이. 뛰어난 사람. 재주꾼
영적 ⇒ 넋. 얼
영전 (靈前) ⇒ 넋 앞
영전 (榮轉) ⇒ 높이됨. 높이 되다. 높은 자리에 오르다. 좋은 자리로 옮기다
영절스럽다 (그림씨) 아주 그럴듯하다 ㉥그 영절스러운 말씨에 깜박 속았다
영점 ⇒ 빵점
영접 ⇒ 맞이. 마중. 맞다. 맞이하다. 맞아들이다. 마중하다
영정 ⇒ 죽은이 빛박이. 얼굴그림. 낯빛박이. 죽은이 낯그림
영주 (永住) ⇒ 붙박혀 삶. 붙박혀 살다. 눌러앉아 살다. 뿌리내리다
영주 (領主) ⇒ 거느림이
영지 ⇒ 거느림 땅
영차·이영차 (느낌씨) 여럿이 힘을 한데 모으려고 함께 내는 소리 ㉥영차! 영차! 조금만 더 힘내자
영창 ⇒ 잠개잡이 가두리. 지킴이 가두리
영치기영차 (느낌씨) 여러사람이 힘을 한데 모아 일을 해낼때 내는 소리 ㉥영치기 영차. 힘내자 힘내
영토 ⇒ 나라땅. 나라터
영특하다 ⇒ 뛰어나다. 똑똑하다. 똘똘하다. 훌륭하다
영하 ⇒ 빵아래. 빵밑
영합 ⇒ 비나리. 빌붙기. 따리 붙이다. 발라맞추다. 비나리 치다. 알랑거리다. 빌붙다. 들맞추다. 뜻맞추다
영해 ⇒ 딸린 바다. 나라 바다
영향 ⇒ 힘. 손길. 입김. 미침. 끼침. 그늘
영향권 ⇒ 미치는데
영혼 ⇒ 넋
영화 ⇒ 뮘그림. 비춘그림
영화감독 ⇒ 뮘그림꾼. 뮘그림쟁이. 뮘그림바치
영화관 ⇒ 뮘그림집
영화배우 ⇒ 노릇꾼. 노릇바치
영화사 ⇒ 뮘그림일터. 뮘그림짓곳
영화제 ⇒ 뮘그림잔치
옅노랗다 (그림씨) 옅게 노랗다 ⇐ 연노랗다
옅다 (그림씨) ❶위에서 바닥까지 길이가 짧다 ㉥시냇물이 옅다 맞선말깊다 작은말얕다 ❷겉에서 속까지, 가에서 안까지 사이가 가깝다 ㉥땅굴이 옅다 ❸생각이나 수가 가볍다 ㉥옅은 꾀. 옅은 수 ❹배우거나 겪거나 깊이 따져보는 일 따위가 적다 ㉥옅은 배움으로는 그런 물음을 풀 수 없다 ❺빛이나 안개 같은 것이 짙거나 자욱하지 않고 성기다 ㉥옅은 푸른빛. 옅은 안개 ❻동안이 짧다 ㉥마감날이 옅다 ❼깊거나 세지 않고 여리다 ㉥옅은 잠을 잤다
옅푸른빛 (이름씨) 애콩 빛깔과 같이 짙지 않은 풀빛 ⇐ 연두색
옅푸름 (이름씨) 짙지 않은 풀 빛깔 ⇐ 연초록
옆 (이름씨) 왼쪽이나 오른쪽 또는 그 가까이 ㉥고개를 돌려 옆을 보세요
옆구리 (이름씨) 몸 왼쪽과 오른쪽 갈비가 있는 곳 (익은말) **옆구리 찔러 절받기** 마음에도 없는

사람에게 알려주거나 해달래서 일을 푸는 것

옆길 [이름씨] [1]큰길 옆으로 따로 난 작은 길 [ㅂ]옆길로 돌아가면 보이는 빨강 지붕이 우리 집이야 [2]제 할 일 밖에 다른 일을 하는 것 [ㅂ]옆길로 새지 말고 부지런히 마음을 닦으세요

옆낯 [이름씨] 옆으로 난 낯 [ㅂ]집을 볼 때 앞낯이나 뒷낯보다 옆낯을 잘 살펴봐 ⇐ 옆면. 측면

옆눈 [이름씨] 얼굴은 돌리지 않고 눈알을 돌려 보는 눈 [ㅂ]옆눈으로 보는 버릇은 고치는 게 좋아 [한뜻말]곁눈

옆면 ⇒ 옆낯

옆모습 [이름씨] 옆에서 본 모습

옆방 [이름씨] 옆에 있는 방

옆얼굴 [이름씨] 옆에서 본 얼굴 [ㅂ]옆얼굴에 그 사람 마음이 잘 드러나 ⇐ 프로필

옆줄 [이름씨] 옆으로 난 줄

옆지기 [이름씨] 옆을 지키는 사람. 곧 가시나 버시

옆집 [이름씨] 옆으로 이웃한 집 [ㅂ]옆집에 떡 좀 갖다주고 오렴

옆쪽 [이름씨] 옆에 있는 쪽

옆차기 [이름씨] 몸은 앞쪽을 보고 윗몸을 옆으로 굽히면서 맞은쪽을 발길로 차는 짓 [ㅂ]옆차기로 맞선이를 땅바닥에 자빠트렸다

예[1] [이름씨] 한글 홑소리 글자 'ㅖ' 이름

예[2] [이름씨] 이미 때가 많이 지난 오래 앞 [ㅂ]예나 이제나 다른 것이 없다 [한뜻말]옛적

예[3] [느낌씨] [1]윗사람 말에 맛갚는 말 [ㅂ]일 끝났니? 예, 끝났어요 [2]윗사람 말을 그 자리에서 다시 묻는 말 [ㅂ]예? 뭐라고요? 다시 말씀해주세요

예 (例) ⇒ 보기

예각 ⇒ 날모. 뾰족모

예각삼각형 ⇒ 날모세모꼴

예감 ⇒ 지레느낌. 지레어림. 미리느낌. 앞선느낌

예거 ⇒ 보기들기. 보기 들다. 보기를 늘어놓다

예견 ⇒ 내다봄. 미리앎. 내다보다. 지레채다. 앞서 헤아리다. 미리 알아채다. 미리 알다. 미리 헤아리다

예고 ⇒ 미리알림. 미리 알리다. 미리 말하다

예금 ⇒ 돈맡김. 돈 맡기다. 돈여툼

예금액 ⇒ 맡긴돈. 여툰돈

예금주 ⇒ 돈맡긴이

예금통장 ⇒ 여툼돈책

예기 ⇒ 미리생각. 지레어림. 미리 생각하다. 앞서 생각하다. 지레어림하다. 어림

예끼 [느낌씨] 어른이 벗이나 아랫사람을 나무라는 소리 [ㅂ]예끼 이 사람, 아무데나 침 뱉지 말아

예납 ⇒ 미리냄. 미리 내다. 미리 바치다

예년 ⇒ 여느 해

예능 ⇒ 아름재주

예닐곱 [셈씨] [1]여섯이나 일곱 [ㅂ]사람이라고는 예닐곱뿐이었다 [2](매김씨) 여섯이나 일곱 [ㅂ]예닐곱 그루에서 떨어지는 밤만 해도 꽤 많았어

예단 ⇒ 우러름 깁

예덕나무 [이름씨] 잎은 달걀꼴로 어긋나고 암수딴그루인 잎 지는 키작은 나무. 마녘고장에 많다

예루살렘 [이름씨] 이스라엘 서울. 예수, 마호멧, 모세를 따르는 사람들이 거룩한 곳으로 여긴다

예리하다 ⇒ 날카롭다. 날 서다. 뾰족하다

예매 (豫買) ⇒ 미리삼

예매 (豫賣) ⇒ 미리팖

예명 ⇒ 아름이름. 재주이름

예문 ⇒ 보기월

예물 ⇒ 우러름몬. 사랑몬

예민하다 ⇒ 날카롭다. 날 서다. 뾰족하다

예방 (豫防) ⇒ 미리막이. 미리 막다. 미리막이하다

예방 (禮訪) ⇒ 찾아옴. 찾아감. 찾아오다. 찾아가다

예방법 ⇒ 미리막이수. 미리막이길

예방약 ⇒ 미리막이낫개

예방접종 ⇒ 미리놓기

예방주사 ⇒ 미리낫개놓기

예배 ⇒ 우러름절. 높임절

예배당 ⇒ 우러름절집

예법 ⇒ 우러르기

예보 ⇒ 미리알림. 미리 알리다

예복 ⇒ 우러름옷

예불 ⇒ 깨달은 이 우러름

예비 ⇒ 미리마련. 미리갖춤. 근사모으다. 징거두다. 미리 마련하다. 미리 갖추다

예비군 ⇒ 미리 갖춘 지킴이. 남긴 싸울아비

예쁘다 그림씨 생긴 꼴이나 하는 짓이 아름다워 보기 좋다 ⓑ다움이는 얼굴도 마음씨도 참 예뻐. 하늬메 마루 너머 저녁놀이 참 예쁘네

예쁘장하다 그림씨 꽤 예쁘다 ⓑ얼굴이 예쁘장한 겨집아이

예사 ⇒ 흔한 일. 늘 있는 일. 여느일

예사롭다 ⇒ 대수롭지 않다. 아무렇지 않다. 흔하다

예사말 ⇒ 흔한 말. 여느말

예사소리 ⇒ 흔한 소리. 늘 소리. 여느소리

예산 ⇒ 짜인 돈

예산서 ⇒ 미리셈글. 미리셈종이

예산액 ⇒ 미리셈돈

예살 이름씨 재미있는 말과 귀여운 짓 한뜻말 아양 ⇐ 재롱

예삿일 ⇒ 여느일

예상 ⇒ 미리생각. 미리헤아림. 미리 생각하다. 미리 헤아리다. 내다보다. 가늠하다

예서 '여기서' 준말

예선 ⇒ 애뽑기. 애벌뽑기. 첫뽑기

예속 ⇒ 딸림. 매임. 딸리다. 매이다. 줌안에 들다

예수 이름씨 나무장이인 아버지 요셉과 어머니 마리아 사이에서 베들레헴에서 태어나 서른 살에 요한한테서 물로 씻긴 뒤 가르침을 편 사람. 서른세 살에 가로세로 나무에 못박힘 한뜻말 그리스도

예수난날 이름씨 해셈 섣달 스무닷새. 우리나라에서는 이날을 기려 쉬는 날로 삼았다 ⇐ 크리스마스

예수난날기림노래 이름씨 예수 난 날을 함께 기뻐하는 노래 ⇐ 캐럴. 크리스마스캐럴

예수난날꾸밈나래꽃 이름씨 허파앓이를 없애려고 예수 난 날 내는 꾸밈날개꽃 ⇐ 크리스마스실

예수말씀책 이름씨 예수 말씀을 적은 책 ⇐ 성경

예수살이꽃 이름씨 카톨릭에서 짝 맺지 않고 모여 예수 삶을 밑떠 사는 꽃 ⇐ 수녀

예수살이산 이름씨 카톨릭에서 짝 맺지 않고 모여 예수 삶을 본 떠 사는 산 ⇐ 수사

예순 이름씨 열을 여섯 디위 더한 수 ⇐ 육십

예순돌 이름씨 예순한 살이 되어 한 바퀴 삶을 살았다는 뜻 ⇐ 환갑. 회갑

예순돌잔치 이름씨 예순한 살이 되어 그 기림으로 잔치를 베푸는 것 ⇐ 회갑연

예술 ⇒ 솜씨꽃. 재주꽃

예술가 ⇒ 솜씨꽃보. 재주꽃보

예술단 ⇒ 솜씨꽃보떼. 재주꽃보떼

예술성 ⇒ 솜씨꽃새. 재주꽃새

예술제 ⇒ 솜씨꽃잔치. 재주꽃잔치

예술품 ⇒ 솜씨꽃몬. 재주꽃몬

예습 ⇒ 미리익힘. 미리 익히다. 미리 배우다

예시 (例示) ⇒ 보기들기. 보기 들다. 보기 보이다

예시 (豫示) ⇒ 미리보임. 미리 보이다. 미리 알리다

예식 ⇒ 우러름맞이

예식장 ⇒ 짝맺이 터. 짝맺이 곳

예약 ⇒ 미리잡기. 미리 잡다

예언 ⇒ 앞일 말함. 앞일을 말하다. 미리 말하다

예언자 ⇒ 앞일 말함이

예열 ⇒ 미리덥힘. 미리데움

예외 ⇒ 보기밖. 테밖. 벗어남

예우 ⇒ 우러러 맞음. 우러러 맞다

예의 ⇒ 본데. 바른 몸가짐

예의범절 ⇒ 바른 몸가짐. 사람노릇

예전 이름씨 꽤 오래된 지난날 ⓑ예전에는 여기 사람이 살지 않았다

예절 ⇒ 사람노릇. 절. 듣본데

예정 ⇒ 미리잡기. 미리 잡다. 지레잡다. 미리 헤아리다

예정일 ⇒ 미리잡은날

예찬 ⇒ 기림. 기리다

예체능 ⇒ 재주와 몸뭄

예초 ⇒ 풀베기

예초기 ⇒ 풀깎개. 풀베개

예측 ⇒ 내다봄. 내다보다. 바라보다. 헤아리다. 가늠하다. 지레채다

예치 ⇒ 맡겨둠. 맡겨두다

예치금 ⇒ 맡긴 돈. 맡은 돈

예컨대 ⇒ 이를테면. 말하자면. 보건대. 보기를 들면

예포 ⇒ 기림내쏨. 우러름내쏨

예해 [이름씨] 예수 난 해 한뜻말 해 ⇐ 기원

예해뒤 [이름씨] 예수 난 해 뒤 한뜻말 해뒤 ⇐ 기원후

예해앞 [이름씨] 예수 난 해 앞 한뜻말 해앞 ⇐ 기원전

예행연습 ⇒ 미리해봄

옌볜 [이름씨] 쭝궈 지린 한 고장에 있는 배달겨레 제다스림 고장 ⇐ 연변

옌지 [이름씨] 쭝궈 지린 한 고장인, 옌볜고장에 있는 큰 고을 ⇐ 연길

옛 [매김씨] 지나간 때 ㉥메는 옛 메로되 물은 옛 물이 아니로다

옛- [앞가지] 옛날 ㉥옛길. 옛말. 옛이야기

옛것 [이름씨] 옛날에 있었거나 썼던 것

옛난뉘 [이름씨] 땅밭뉘 가름에서 앞난뉘와 갑난뉘 사이 뉘. 이제부터 닷잘 일곱즈믄골해 앞부터 두잘 네즈믄골해 앞까지 사이 ⇐ 고생대

옛날 [이름씨] 지난 지 썩 오래된 날 ㉥아주 오랜 옛날부터 우리 겨레는 본데가 있다 해서 '본데 있는 새녘나라'라는 말을 들어왔다 [익은말] **옛날옛적에** 아주 오랜 옛날에

옛날이야기 [이름씨] 옛날부터 내려오는 이야기 ㉥어릴 적 옛날이야기 듣는 재미가 대단했다 한뜻말 옛이야기

옛동무 [이름씨] 사귄 지 썩 오래된 동무나 옛날에 사귀었던 동무 ㉥옛동무가 오랜만에 찾아왔네

옛말 [이름씨] [1]옛날에 쓰던 말 ㉥이 낱말 뿌리를 찾으려고 옛말을 살펴보았다 [2]옛사람이 했던 말 ㉥옛말에 콩 한 쪽으로 열둘이 나눠 먹었다고 했다 [3]지나간 일을 돌이켜 보는 말 ㉥나중에 옛말하며 살날이 온다 [4]이제 있을 수 없는 지나간 때 이야기 ㉥일터 잡기 쉽다는 것도 옛말이다

옛사람 [이름씨] 옛날에 살았던 사람 ⇐ 선인

옛서울 [이름씨] 옛나라 서울이었던 곳 ⇐ 고도

옛이야기 [이름씨] 옛날이야기 ⇐ 민담

옛일 [이름씨] 옛날에 있었던 일

옛적 [이름씨] 지난 지 썩 오래된 때 ㉥옛날 옛적 범 담배 먹던 때 있었던 일이다

옛판가름곳 [이름씨] 고리와 조선 때에 벼리, 판가름, 가두리, 종 따위 일을 맡아보던 그위집 ⇐ 형조

옜다 [느낌씨] '여기 있다' 준말. 아랫사람에게 무엇을 주려고 할 때 쓴다 ㉥옜다, 이 돈 가져가 맛난 거 사 먹어라

오[1] [이름씨] 한글 홀소리 글자 'ㅗ' 이름

오[2] [느낌씨] 놀랍거나 반갑거나 기쁠 때 내는 소리 ㉥오, 소담이 왔구나

오 (五) ⇒ 닷. 다섯

오 (午) ⇒ 말. 낮

오가다 [움직씨] [1]오고 가고 하다 ㉥이 길은 끊임없이 사람이 오간다. 철이 오가는지도 모르고 오직 마음을 갈고닦았다 [2]주거니 받거니 하다 ㉥이웃 사이에 오가는 따뜻한 마음

오가리 [이름씨] [1]무나 호박을 오리거나 썰어서 말린 것 ㉥호박오가리를 넣어 만든 호박떡 [2]푸나무 잎 따위가 앓아 말라서 오글쪼글하게 된 것 ㉥감나무 잎이 오가리가 들어 말라 떨어진다

오각기둥 ⇒ 닷모기둥. 다섯모기둥

오각뿔 ⇒ 닷모뿔. 다섯모뿔

오각형 ⇒ 닷모꼴. 다섯모꼴

오갈들다 [움직씨] 두려워 기운을 펴지 못하다 ㉥꽃님 앞에서 부끄럼을 타거나 오갈들어서 얼굴이 빨개지는 것이 아니다

오갈앓이 [이름씨] 푸나무가 오그라들며 여려지는 앓이. 벼나 보리에 많은데 잎이 누렇게 되고 가지가 많이 돋고 줄기는 자라지 못한다 ⇐ 오갈병. 위축병

오갈피나무 [이름씨] 두릅나무 갈래에 딸린 갈잎떨기나무. 잎과 싹은 나물로 하고 까맣게 익은 열매는 뜸씨를 담근다

오감 ⇒ 닷느낌. 다섯느낌

오감길 [이름씨] 지나다니는 길 ⇐ 통로

오감돈 [이름씨] 타고 다니는 데 드는 돈 ⇐ 교통비

오감사달 [이름씨] 탈것이 길을 벗어나거나 서로 부딪치거나 물에 가라앉거나 떨어져서 사람이나 몬에 입히는 지실 ⇐ 교통사고

오감짓말 [이름씨] 수레나 사람이 오가는 데 쓰는 갖가지 짓말 ⇐ 교통신호

오경 ⇒ 새벽 3때에서 5때

오곡 ⇒ 닷낟. 다섯낟

오곡밥 ⇒ 닷낟밥

오곡백과 ⇒ 닷낟온열음

오골계 ⇒ 검은뼈닭

오관왕 ⇒ 닷갓머리. 다섯갈래으뜸

오광대놀이 ⇒ 닷광대놀이

오그라들다 [움직씨] [1]안쪽으로 오그라져 들어가다 ㉥종이가 타면서 오그라든다 큰말우그러들다 [2]매개나 선 자리가 앞보다 못하거나 쪼들리다 ㉥살림이 차츰 오그라들었다 [3]말소리가 입 밖으로 또렷이 못 나오고 우물우물해지다 ㉥처음에는 힘차게 부르더니 목소리가 차츰 오그라들었다 [4]마음이 조마조마해지다 ㉥무서워서 가슴이 오그라들었다 [5]몬 거죽이 주름이 지면서 쪼그라들다 ㉥깁옷을 잘못 빨면 오그라든다

오그라지다 [움직씨] [1]몬이 안쪽으로 옥아들다 ㉥오그라지고 찌그러진 냄비 [2]몬 거죽이 오글쪼글하게 주름이 잡혀 작아지다 ㉥오가리를 말라 오그라질 때까지 밖에 내다 널어라 [3]일이 매끄럽지 못하고 틀어지거나 쪼들리다 ㉥오그라진 살림살이

오그랑수 [이름씨] 겉과 속이 다른 말이나 짓 ㉥오그랑수를 쓰다

오그리다 [움직씨] [1]안쪽으로 오목하게 휘게 하다 ㉥쇠널을 자르고 오그려 고구마 굽는 그릇을 만들었다 [2]몸을 움츠려 작게 하다 ㉥몸을 오그리고 잔다. 손을 오그려서 물을 떠 마시다 [슬기말] **맞은 놈은 펴고 자고 때린 놈은 오그리고 잔다** 못된 짓을 한 사람은 마음이 조마조마하고 언걸을 입은 사람은 오히려 마음이 느긋하다

오글거리다[1] [움직씨] 사람이나 짐승, 벌레 같은 것이 한곳에 자꾸 비좁게 많이 모여 북적거리다 큰말우글거리다 **오글대다**

오글거리다[2] [움직씨] 적은 물이 좁은 그릇에서 자꾸 오그르르 끓어오르다 **오글대다**

오글거리다[3] [움직씨] 어떤 말이나 짓에 부끄러움을 느끼다 ㉥저이는 내가 좋은지 나만 보면 우스갯소리를 하는데 나는 오글거려

오글오글[1] [어찌씨] 사람이나 짐승, 벌레 같은 것이 한곳에 비좁게 많이 모여 북적거리는 꼴 ㉥아이들이 오글오글 모여 앉아 떠들어 쌓는다 **오글오글하다**

오글오글[2] [어찌씨] 적은 물이 갑자기 끓어 번지는 꼴 ㉥먹다 남은 찌개가 오글오글 끓는다 **오글오글하다**

오글쪼글하다 [그림씨] 여기저기 고르지 않게 오그라지고 쪼그라지다 ㉥오래 입어 오글쪼글해진 옷. 오글쪼글한 할머니 얼굴

오금 [이름씨] [1]무릎이 구부러지는 안쪽 ㉥오랫동안 무릎을 꿇고 앉아 있었더니 오금이 저렸다 [2]팔이 구부러지는 안쪽 ㉥팔 오금을 오그렸다 폈다 하며 팔뒴을 한다 [익은말] **오금아 날 살려라** '오금아, 빨리 달려서 날 살려라'라는 뜻으로, 있는 힘을 다해 바쁘게 달아날 때 쓰는 말 **오금이 얼어붙다** 무서워서 꼼짝도 못한다

오금걸이 [이름씨] 씨름에서 오른발로 맞은 쪽 오른 오금을 걸어 당겨 넘어뜨리는 재주

오기 (傲氣) ⇒ 아망. 배짱. 깡다구

오기 (誤記) ⇒ 잘못적음. 잘못적다

오나가나 [어찌씨] 오는 때나 가는 때나 다. 어디를 가나 다름없이 ㉥오나가나 신나는 일뿐이다

오냐 [느낌씨] [1]아랫사람이 부를 때 맞갊는 소리 ㉥돌아가신 어머니를 부르면 "오냐." 하

는 목소리가 이제라도 들릴 것만 같아 ❷ 아랫사람이 묻거나 해달라고 하는 말에 맞갊는 소리 ⓑ할아버지는 내가 무슨 말을 해도 언제나 "오냐." 하며 웃으셨다 ❸혼잣말로 어떤 일을 되뇌며 다짐하는 말 ⓑ내가 못 해낼 것 같다고? 오냐, 두고 보자

오냐오냐 (느낌씨) 어른이 아이 응석을 받아줄 때 하는 말 ⓑ오냐오냐 하니까 요게 할아버지 나룻을 당기네

오누이 (이름씨) 오라버니와 누이 ⓑ살가운 오누이 사이 ⇐ 남매

오뉴월 ⇒ 대여섯달. 대엿달

오늘 (이름씨) ❶이제 이날 ⓑ오늘 안에 올 수 있겠니? ❷오늘날 ⓑ오늘은 온누리에 깨달은이 가르침이 새롭게 퍼져나가는 때다

오늘날 (이름씨) 이제 때 ⓑ오늘날은 한 사람 한 사람이 마음껏 꽃피는 때이다

오다 (움직씨) ❶어떤 곳에서 말하는 사람 쪽으로 움직이다 ⓑ함께 가려거든 빨리 와 ❷어떤 잣대에 닿거나 이르다 ⓑ물이 허리까지 온다 ❸디위가 되거나 닥치다 ⓑ내가 노래할 디위가 왔다 ❹어떤 곳을 잣대로 하여 다른 곳으로 옮기다 ⓑ새 집임자가 왔다 ❺비나 눈 같은 것이 내리다 ⓑ밤새 서리가 하얗게 왔다 ❻어떤 매개에 맞닥뜨리다 ⓑ어려운 때가 왔다 ❼어떤 때나 철이 되다 ⓑ겨울이 왔다. 밤이 온다 ❽까리가 되거나 나타나다 ⓑ나도 돈 벌 까리가 왔다 ❾누리에 태어나다 ⓑ오늘이 내가 누리에 온 날이다 ❿어떤 까닭으로 생기다 ⓑ헤어져서 온 슬픔. 달라붙어서 온 괴로움 ⓫잠이나 졸음 기운이 닥치다 ⓑ졸음이 와서 견딜 수가 없다 ⓬멎었거나 꺼졌던 것이 움직이거나 켜지다 ⓑ번힘불이 왔다 ⓭어떤 느낌이 북받치다 ⓑ서러움이 오다. 슬픔이 밀리어 온다 ⓮어떤 때나 곳에 가까워지다 ⓑ집 떠난 지 석 달이 가까워 온다 ⓯어떤 꼴이 이루어지다 ⓑ겨레가 하나로 이어지는 새날이 온다. 겨울이 오면 봄도 온다

오다가다 (어찌씨) 오고 가고 하는 겨를에 뜻하지 않게 ⓑ오다가다 만난 사람

오달지다 (그림씨) 생김새나 바탈이 허술한 데가 없이 야무지고 알차다 ⓑ오달지고 빼어나게 생긴 모습에 반했다 한뜻말 오돌지다

오답 ⇒ 틀린 풀이. 잘못풀이. 잘못풂

오대산 ⇒ 닷절메

오대양 ⇒ 닷한바다

오대호 ⇒ 닷한가람

오도독 (어찌씨) ❶작고 단단한 몬을 깨무는 소리나 그 꼴 ⓑ아우가 날밤을 오도독 깨물어 먹는다 큰말 우두둑 ❷작고 단단한 몬이 꺾이거나 부러지는 소리 ⓑ손을 꾹 눌러 손가락에서 오도독 소리가 나게 했다 **오도독하다**

오도독거리다 (움직씨) ❶좀 작은 것을 좀스럽게 잡아 뜯거나 부러뜨리는 소리가 잇달아 나다 ❷단단한 것을 야무지게 깨무는 소리가 자꾸 나다 **오도독대다**

오도독뼈 (이름씨) 소나 돼지 여린 뼈 한뜻말 오돌뼈

오도독오도독 (어찌씨) ❶좀 작은 것을 좀스럽게 잡아 뜯거나 부러뜨리는 소리나 그 꼴 ⓑ불을 지피려고 마른 나뭇가지를 오도독오도독 분질렀다 준말 오독오독 ❷단단한 것을 야무지게 깨무는 소리 ⓑ잘 익은 개암을 오도독오도독 씹어 먹었다 **오도독오도독하다**

오도미 (이름씨) 대가리가 뭉툭하고 몸빛이 누르붉은 바닷물고기 ⇐ 옥돔

오독도기[1] (이름씨) 불씀을 재어 불을 붙이면 터지는 소리를 자꾸 내면서 떨어지게 만든 불꽃

오독도기[2] (이름씨) 서울옆 고장 노래 가운데 하나. 다모나 섬노래인 오돌또기가 서울옆으로 와 바뀌었다

오독오독 (어찌씨) 작고 단단한 몬을 잇달아 깨무는 소리 ⓑ날밤을 오독오독 씹어 먹다 큰말 우둑우둑

오돌거리다 (움직씨) 작은 몸을 세게 자꾸 떨다 **오돌대다**

오돌또기 (이름씨) 다모나 아람소리. 다모나섬

한나메, 바다 돛배 따위를 노래한다

오돌오돌[1] 어찌씨 ❶잘 씹히지 않을 만큼 단단한 꼴 ⓑ알밤을 오돌오돌 씹었다 큰말 우둘우둘 ❷오동통하고 보드라운 꼴 ⓑ오돌오돌 부드러운 아기 뺨

오돌오돌[2] 어찌씨 ❶작은 몸을 세게 자꾸 떠는 꼴 ⓑ아이가 벗은 채 오돌오돌 떨고 서 있다 한뜻말 오들오들 ❷볼이 부어서 좀 암상스럽게 토달거리는 꼴 ⓑ제 언니만 새옷을 사준다고 둘째가 입이 비쭉 나와서는 오돌오돌 토달거린다 **오돌오돌하다**

오돌오돌하다 그림씨 ❶깨물기에 조금 단단하다 ❷오동통하고 보드랍다

오돌차다 움직씨 단단하고 야무지다 ⓑ오돌찬 사내 둘이 일손을 거들어 일이 빨리 끝났어

오돌토돌 어찌씨 거죽이나 바닥이 고르지 않게 군데군데 도드라진 꼴 ⓑ멍게는 오돌토돌 불그레한 빛깔로 몸을 아름답게 꾸몄어

오돌토돌하다 그림씨 거죽이나 바닥이 고르지 않고 군데군데 도드라지다

오동나무 ⇒ 머귀나무

오동통 어찌씨 몸집이 작고 살이 올라 통통한 꼴 ⓑ아기가 잘 먹는지 팔다리가 오동통 살쪘다 큰말 우둥퉁

오동통하다 그림씨 몸집이 작고 통통하다 ⓑ오동통한 놈으로 오징어 세 마리 사 왔어요

오동포동 어찌씨 작은 몸이나 얼굴에 살이 올라 오동통하고 포동포동한 꼴 ⓑ젖살이 오동포동 찐 아기

오동포동하다 그림씨 작은 몸이나 얼굴에 살이 올라 오동통하고 포동포동하다

오되다 움직씨 '올되다' 준말

오두막 이름씨 사람이 겨우 들어가 살 수 있게 웃설미를 하고 초라하게 지은 집 ⓑ할머니는 멧골짜기에 오두막을 짓고 혼자 산다

오두막집 이름씨 사람이 겨우 들어가 살 만큼 작게 지은 집 ⓑ작은 오두막집 하나가 나를 반긴다

오두머니 어찌씨 사람이나 몬이 말을 하거나 움직이지 않고 가만히 있는 꼴 ⓑ나는 방 안에 혼자 오두머니 앉았다 한뜻말 우두커니. 오도카니 작은말 오도마니

오두방정 이름씨 점잖지 못하고 매우 가벼운 몸짓 ⓑ오두방정 그만 떨고 잔죽고 있어라

오둠지 이름씨 ❶옷 깃고대가 붙은 곳 ⓑ오둠지가 너무 높게 붙어도 보기 싫지? ❷그릇 위쪽 ⓑ질그릇 오둠지가 밋밋해 보기가 매끄럽다

오들오들 어찌씨 춥거나 무서워 몹시 떠는 꼴 ⓑ비 맞은 강아지가 처마 밑에서 오들오들 떨고 있다

오디 이름씨 뽕나무 열매 ⓑ오디를 따서 실컷 나눠 먹고 입술이 까매져 집에 왔다

오디오 ⇒ 듣개. 듣틀. 소리틀

오똘오똘 어찌씨 ❶가볍게 자꾸 까불거나 몸을 흔드는 꼴 ⓑ아우가 가락에 맞춰 오똘오똘 엉덩이를 흔들며 춤을 춘다 ❷가볍게 자꾸 골을 내는 꼴 ⓑ오똘오똘 골을 잘 내는 것은 스스로 목숨을 갉아먹는 짓이다

오뚝 어찌씨 ❶작은 몬이 도드라지게 솟은 꼴 ⓑ청개구리가 나뭇잎에 오뚝 올라앉았다 큰말 우뚝 ❷움직이던 작은 몬이 갑자기 똑바로 멈춰 서는 꼴 ⓑ토끼가 뛰어가다가 무엇에 놀랐는지 오뚝 멈춰 섰다

오뚝오뚝 어찌씨 ❶드러나게 도드라져 쑥 솟은 꼴 ⓑ오뚝오뚝 솟은 큰집들 한뜻말 오똑오똑 큰말 우뚝우뚝 ❷좀 높이가 있는 것이 움직이다가 딱 멎는 꼴 ⓑ앉았다 오뚝오뚝 일어나는 아이들 ❸좀 높이가 있는 것이 발딱 일어서는 꼴 ⓑ쓰러져도 오뚝오뚝 일어서는 오뚝이

오뚝이 이름씨 아래를 무겁게 하여 쓰러뜨리거나 굴려도 바로 일어서게 만든 장난감 ⓑ우리 겨레는 도무지 쓰러지지 않는 오뚝이처럼 눌려도 바로 일어선다

오라 이름씨 잘못을 저지른 사람 두 손을 묶는 데 쓰는 굵은 줄 ⓑ배움이들은 오라에 묶여 줄줄이 끌려나왔다 한뜻말 오랏줄 ⇐ 포승

오라기 이름씨 ❶실이나 헝겊, 노끈 따위 가늘고 긴 조각 ⓑ새끼 오라기. 헝겊 오라기 한뜻말오리 ❷실이나 헝겊, 노끈 따위 가늘고 긴 조각을 세는 하나치 ⓑ머리카락 한 오라기도 남아 있질 않다

오라버니 이름씨 '오빠' 처음 말 ⓑ우리 오라버니는 늘 상냥해

오라비·오랍 이름씨 '오라버니' 준말. 어버이가 딸에게 그 오라버니를 일컫는 말 ⓑ네 오라비 오거든, 이걸 건네줘라

오락 ⇒ 노는 일. 즐기는 일. 놀기. 즐기기

오락가락 어찌씨 ❶왔다 갔다 하기를 되풀이하는 꼴 ⓑ미루는 누나가 나오기를 기다리며 배곳 문 앞을 오락가락 서성거렸다 ❷얼이 있다가 없다가 하는 꼴 ⓑ할아버지는 얼이 오락가락하여 어떤 날은 집을 못 찾으신다 ❸비가 내리다가 그치다가 하는 꼴 ⓑ오늘 날씨가 오락가락하여 나락 말리기는 글렀다 **오락가락하다**

오락기 ⇒ 노는틀

오락물 ⇒ 놀것. 놀거리. 놀이

오락비 ⇒ 놀이돈

오락성 ⇒ 놀이새. 놀이바탈

오락실 ⇒ 노는방

오랑우탄 이름씨 보르네오섬과 수마트라섬에 사는 사람 닮은 납 ⇐ 성성이

오랑캐 이름씨 ❶옛날 두만가람 가까이 살던 겨레들을 덜 깬 겨레라고 낮춰 부르던 말 ⓑ따뜻한 우리나라를 노녘 오랑캐들이 자주 쳐들어왔다 ⇐ 야만인. 야만족 ❷우리나라에 쳐들어온 무리를 미워하여 이르던 말 ⓑ윗녘 오랑캐와 섬 오랑캐들이 우리 땅을 자주 넘보았다

오랑캐꽃 이름씨 이른 봄에 작은 보랏빛 꽃이 피는 제비꽃붙이에 딸린 여러해살이풀. 이 꽃이 필 때 오랑캐들이 자주 쳐들어와 붙은 이름이라 한다 한뜻말제비꽃

오래 어찌씨 동안이 길게 ⓑ나는 서울에서 오래 살았다

오래가다 움직씨 ❶동안이 길게 가다 ⓑ빌린 건 빨리 돌려줘야지 너무 오래가면 안 된다 ❷매개나 짓이 그대로 이어지거나 지켜지다 ⓑ거짓이 오래갈 것 같지만 곧 들통이 나기 마련이다

오래간만 이름씨 ❶때가 오래 지난 뒤 ⓑ만난 지가 오래간만이다 준말오랜만 ❷오래된 끝 ⓑ오래간만에 눈이 온다

오래다 그림씨 때가 지나간 동안이 길다 ⓑ도토리가 떨어진 지는 벌써 오래다

오래도록 어찌씨 때가 오래 지나도록 ⓑ저녁놀을 오래도록 바라본다

오래오래 어찌씨 아주 오래 ⓑ어르신들 오래오래 사십시오

오래전 ⇒ 오래앞

오랜 매김씨 오래된 ⓑ오랜 나날이 흘렀는데 조금도 안 바뀌었어

오랜만 이름씨 '오래간만' 준말 ⓑ오랜만에 가을비가 내린다

오랫동안 이름씨 오래된 동안 ⓑ오랫동안 작은언니를 못 만났어

오렌지 ⇒ 하늬귤

오렌지색 ⇒ 노르붉은빛

오려붙이기 이름씨 새뜸이나 모둠글책들에서 글이나 빛박이 같은 것을 오려 붙임 ⇐ 스크랩

오례솔떡 이름씨 올벼쌀로 빚은 솔떡 ⇐ 오례송편

오례송편 ⇒ 오례솔떡

오로라 ⇒ 끝빛. 누리무지개. 휘몰이무지개

오로지 어찌씨 오직 한 곬으로 ⓑ오로지 우리말이 뭇입에서 살아나기를 바라옵니다

오롯맛갓 이름씨 몸에 좋은 살감을 고루 갖춘 맛갓. 흔히 소젖을 말한다 ⇐ 완전식품

오롯이[1] 어찌씨 모자람이 없이 고스란히 ⓑ오롯이 내 몫이다 ⇐ 완전히. 온전히

오롯이[2] 어찌씨 고요하고 쓸쓸하게 ⓑ어두운 하늘에 작은 별 하나가 오롯이 빛나고 있었다

오롯하다 그림씨 모자람이 없이 고스란하다 ⇐ 완전하다

오롱조롱 어찌씨 ❶작은 것들이 고르지 않게 많이 매달린 꼴 ⓑ장독대에 오롱조롱 놓인 단지들 ❷크고 작은 아이들이 많이 딸려있는 꼴 ⓑ어린이집 아이들이 오롱조롱 가르침이를 따라 들로 나온다

오류 ⇒ 잘못

오륜 (五倫) ⇒ 다섯 벼리

오륜 (五輪) ⇒ 다섯 바퀴

오륜기 ⇒ 올림픽깃발

오르간 ⇒ 바람가락틀

오르내리다 움직씨 ❶올라갔다 내려갔다 하다 ⓑ가람을 따라 큰 배가 오르내린다. 하루에도 여러 디위 섬돌을 오르내린다 ❷숨이 차서 가슴이 들먹들먹하다 ⓑ뛰어왔더니 가슴이 오르내린다 ❸(입과 함께 써) 남들 사이에서 이야깃거리가 되다 ⓑ조그만 잘못을 해도 일터 사람들 입에 오르내린다 ❹어떤 잣대보다 조금 넘쳤다 모자랐다 하다 ⓑ올해처럼 소낭버섯 값이 오르내리기는 내 나고는 처음이야 ❺탈것을 타고 내리고 하다 ⓑ거기까지 가려면 땅속 긴 수레를 여러 차례 오르내려야 한다 ❻먹은 것이 잘 삭지 않아 속이 울렁거리다 ⓑ먹은 것이 오르내려 목에 신물만 자꾸 올라온다

오르내림틀 이름씨 높이 세운 집에 갖추어 사람을 태우거나 몬을 실어 오르내리는 틀 한뜻말 오르내리개 ⇐ 엘리베이터

오르다 움직씨 ❶낮은 데서 높은 데로, 아래에서 위로 움직이다 ⓑ뒷메에 올라 보름달을 즐겼다 ❷수레나 배, 날틀 따위에 타다 ⓑ배에 오르다 ❸길을 나서다 ⓑ나들잇길에 오르다. 나라를 찾는 길에 오르다 ❹놓개에 먹을 것 따위가 차려지다 ⓑ물고기가 밥놓개에 올랐다 ❺따습기, 뜨겁기 따위가 올라가다 ⓑ오늘 낮에는 따습기가 많이 오를 거라네 ❻값이나 점수, 삯 따위가 많아지다 ⓑ남샛값이 올라 저자보기가 두렵다 ❼이름 따위가 종이에 적히다 ⓑ내 이름이 이름종이에 올랐다 ❽남 이야깃거리가 되다 ⓑ꽃님들 소드레에 한 디위 오르면 벗어나기 쉽지 않아 ❾살이 찌다 ⓑ뱃살이 올라 웬만한 바지는 맞지가 않네 ❿어떤 기운이 돌거나 생기다 ⓑ오빠는 술기운이 오르면 끝없이 지껄인다 ⓫앓이 따위가 옮다 ⓑ옴이 올랐다 ⓬때가 묻다 ⓑ손때가 오른 책. 때가 오른 옷 ⓭어떤 느낌이나 바탈 같은 것이 세게 나타나다 ⓑ동무가 자꾸 놀려서 약이 올랐다 ⓮먼지가 묻거나 물이 들다 ⓑ풀물이 오른 천. 윗도리에 감물이 올라 나들이 옷으로는 못 쓰겠다 ⓯높은 자리에 앉다 ⓑ임금자리에 올랐을 때 느낌은 어떨까?

오르락내리락 어찌씨 아래위로 오르고 내리기를 되풀이하는 꼴 ⓑ다람쥐 두 마리가 나무를 오르락내리락 달음질치고 논다 **오르락내리락하다**

오르로 어찌씨 오른쪽으로 ⓑ저 앞에서 오르로 가면 저희 집이에요 맞선말 외로

오르르[1] 어찌씨 추워서 몸을 떠는 꼴 ⓑ꽃샘추위에 몸이 오르르 떨린다

오르르[2] 어찌씨 ❶조그마한 아이나 짐승이 한꺼번에 바쁘게 몰려오거나 움직이는 꼴 ⓑ집 어귀에 들어서자 복실이 새끼들이 오르르 나와 맞아준다 ❷작은 그릇에서 물이 갑자기 끓어오르거나 넘치는 소리나 그 꼴 ⓑ물따르개 물이 오르르 끓는 소리가 나서 냅다 불을 껐다 ❸쌓여 있던 작은 몬들이 갑자기 무너져 내리거나 쏟아질 때 나는 소리나 그 꼴 ⓑ아이가 어제 만든 장난감 쌓이 오르르 무너졌다 **오르르하다**

오르막 이름씨 ❶높은 데로 올라가는 비탈진 곳 ⓑ오르막에 세워둔 수레가 밀리지 않도록 바퀴 아래에 돌을 끼워놓았다 맞선말 내리막 ❷기운이나 힘이 올라가는 모습 ⓑ요즘 나라 살림이 오르막이다 슬기말 **오르막이 있으면 내리막이 있다** 어렵고 힘든 고비를 넘기면 쉽고 보람찬 때가 온다

오르막길 이름씨 낮은 곳에서 높은 곳으로 이어지는 비탈진 길 ⓑ가파른 오르막길 맞선말 내리막길

오른 매김씨 노녘을 마주 볼 때 새녘 맞선말 왼

오른돌이 이름씨 수레나 두바퀴 같은 것이 오른쪽으로 도는 것 맞선말 왼돌이 ⇐ 우회전

오른바다지기 이름씨 조선 때 오른바다지킴곳 으뜸 벼슬 ⇐ 우수사

오른바다지킴곳 이름씨 조선 때 오른 온바라고장과 오른 사라사 고장에 두었던 바다싸울아비 머리가 머물던 바오달 ⇐ 우수영

오른발 이름씨 오른쪽 발 ⓑ그 공차기꾼은 공지킴이를 제치고 오른발로 공을 세게 날렸다 맞선말 왼발

오른손 이름씨 오른쪽 손 ⓑ오른손으로만 일을 했더니 왼손보다 훨씬 두툼해졌어 한뜻말 바른손 맞선말 왼손

오른손잡이 이름씨 글을 쓰거나 일할 때 오른손을 먼저 쓰는 사람

오른씨름 이름씨 샅바를 왼다리에 걸고 고개를 오른쪽으로 돌리고 서로 왼 어깨를 맞대고 하는 씨름

오른지기 이름씨 공치기에서, 바깥마당 오른쪽을 지키는 사람 맞선말 왼지기 ⇐ 우익수

오른쪽 이름씨 노녘을 마주 보았을 때 새녘과 같은 쪽 ⓑ요즘은 사람도 수레도 오른쪽으로 다닌다 한뜻말 바른쪽 맞선말 왼쪽 ⇐ 오른편. 우측

오른팔 이름씨 ❶오른쪽 팔 ⓑ오른팔을 베고 자다 맞선말 왼팔 ❷가장 가까이에서 큰 도움이 되는 종요로운 사람 ⓑ우두머리 오른팔

오른편 ⇒ 오른쪽

오름 이름씨 ❶멧봉우리 ❷메

오름다리 이름씨 높은 곳에서 일할 수 있도록 잠깐 지어 쓰는 것 ⇐ 비계

오름잘록창자 이름씨 막창자에서 오른 창자굽이 사이에 있는 큰창자. 배 안 오른쪽 가장자리 뒤쪽 바람에 붙어 있고 오른 창자굽이에서 가로잘록창자로 이어진다 ⇐ 상행결장

오름푼수 이름씨 어느 잣대에서 위로 올라가는 푼수 ⇐ 상승률

오름힘 이름씨 위로 올라가는 힘 ⇐ 상승세

오리[1] 이름씨 ❶실, 대, 나무 따위로 된 가늘고 긴 조각 ⓑ실 한 오리라도 아껴야 한다 한뜻말 오라기 ❷오리를 셀 때 쓰는 말 ⓑ실 두 오리 다오

오리[2] 이름씨 목과 다리는 짧고 부리는 길고 넓적하며 발가락 사이에 물갈퀴가 있는 새. 물오리와 집오리 모두를 일컫는 말

오리걸음 이름씨 쪼그리고 앉은 몸새에서 손등을 등 뒤에 대고 오리처럼 뒤뚱거리며 걷는 걸음

오리나무 이름씨 멧기슭이나 멧골짝에 잘 자라는 자작나무 갈래에 딸린 참오리나무, 털오리나무, 섬오리나무, 떡오리나무, 메오리나무, 뾰족잎오리나무를 두루 일컫는 말

오리다 움직씨 칼이나 가위 따위로 어떤 꼴로 베다 ⓑ빛깔종이를 동그랗게 오렸다

오리무중 ⇒ 닷마을안개속

오리발 이름씨 ❶헤엄칠 때 발에 신는 물갈퀴 꼴 신 ⓑ잠꾼들은 오리발을 신고 바닷물 속으로 들어가 굴이나 미역 같은 것을 딴다 ❷발가락 사이에 물갈퀴가 있는 발 ⓑ개구리 발도 오리발이고 기러기 발도 오리발이다 ❸어떤 일을 하고 시치미를 떼거나 엉뚱하게 딴전을 부리는 모습 ⓑ네가 아까 몰래 먹는 거 내가 봤는데, 어디서 오리발이야?

오리엔테이션 ⇒ 길잡이. 길알리기. 이끌어주기. 길들이기

오리엔트 ⇒ 해뜨는곳. 새녘

오리온 ⇒ 큰사냥꾼

오리온자리 이름씨 하늘에 같금 두 쪽에 걸친 세 별을 품는, 겨울에 보이는 별자리

오막살이 이름씨 ❶오두막집 ⓑ깊은 멧골 오막살이 집 한 채 ❷오두막집에서 사는 살림살이 ⓑ넓고 넓은 바닷가에 오막살이를 한 지 벌써 다섯 해가 지났다

오만 ⇒ 건방짐. 도도함. 거들먹거림. 잘난 체. 고달부림. 건방지다. 도도하다. 거드름스럽다. 거들먹거리다. 잘난 체하다. 고달 부리다

오만불손하다 ⇒ 시건방지다

오만상 ⇒ 닷골꼴

오매불망 ⇒ 늘 못 잊음. 자나 깨나 잊지 못함. 언제나 잊지 못함

오명 ⇒ 더러운 이름. 이름 더럽히기

오목 [어찌씨] 둥그스름하게 패이거나 들어간 꼴 ㉥가운데가 오목 들어간 숟가락 맞선말 볼록 큰말 우묵

오목 ⇒ 닻눈

오목거울 [이름씨] 비치는 낯이 오목한 거울

오목누비 [이름씨] 두꺼운 솜옷이나 이불에 줄을 굵게 잡아 골이 깊게 된 누비

오목눈이 [이름씨] [1]머리와 목은 희고 배는 누르붉으며 깃과 꼬리는 검은 텃새 [2]눈이 오목한 사람

오목렌즈 [이름씨] 가운데가 오목한 렌즈

오목새김 [이름씨] 나타내고자 하는 그림이나 글씨가 안으로 들어가게 새기는 것

오목샘 [이름씨] 웃거나 말할 때 볼에 오목하게 들어가는 자국 ㉥세나는 얼굴에 오목샘이 있어 웃으면 귀엽다 한뜻말 보조개

오목오목 [어찌씨] [1]여러 곳이 다 동그스름하게 쏙쏙 파이거나 들어간 꼴 ㉥오목오목 보조개를 지으며 해죽해죽 웃는 아이들 맞선말 볼록볼록 큰말 우묵우묵 [2]마음이나 느낌이 깊이 드는 꼴 ㉥곰보도 맘씨만 고우면 곰보 자국에 오목오목 사랑이 깃든단다

오목오목하다 [그림씨] 군데군데 동그스름하게 폭 패거나 들어갔다

오목조목 [어찌씨] [1]고르지 못하게 여러 곳이 동그랗게 오목한 꼴 ㉥가람가에는 갖가지 오목조목한 돌멩이들이 널려있다 [2]자그마한 것이 모여서 산뜻한 꼴 ㉥꼬마가 오목조목하게 생겨 귀엽다

오목조목하다 [그림씨] [1]고르지 못하게 여러 곳이 동그랗게 패거나 들어간 데가 있다 [2]자그마한 것이 모여서 야무진 느낌을 주는 듯하다

오목하다 [그림씨] 둥그스름하게 패이거나 들어가 있다

오물 ⇒ 쓰레기. 똥오줌

오물거리다[1] [움직씨] [1]작은 벌레나 물고기 따위가 한군데 많이 모여 꼬물거리다 ㉥물속에 올챙이가 오물거린다 [2]작은 것이 아득히 먼 곳에서 조금씩 움직이는 것처럼 눈에 보이다 ㉥멀리서 무엇이 오물거리는 것처럼 보인다 **오물대다**

오물거리다[2] [움직씨] [1]말이나 뜻을 똑바로 나타내지 못하고 꼬물거리다 ㉥그렇게 말을 오물거리지 말고 똑똑히 해봐 큰말 우물거리다 [2]입안에 든 먹을 것을 조금씩 자꾸 씹다 ㉥아이는 밥 한 숟갈을 입에 넣더니 삼키지는 않고 오물거리기만 한다 [3]입술이나 힘살 따위가 자꾸 오므라지다 ㉥아이는 입을 오물거리며 엄마 젖을 빤다 **오물대다**

오물오물[1] [어찌씨] [1]작은 벌레나 물고기 따위가 한군데 많이 모여 꼬물거리는 꼴 ㉥가물어서 말라가는 물웅덩이에 올챙이가 오물오물 가득하다 [2]먼 곳에 있는 작은 것이 눈에 조금씩 움직이는 것처럼 보이는 꼴 ㉥멀리 오물오물 움직이는 아이들 모습 **오물오물하다**

오물오물[2] [어찌씨] [1]말이나 짓을 시원스럽게 하지 않고 좀스럽고 굼뜨게 하는 꼴 ㉥한돌이는 오물오물 게으름만 피운다 [2]입안에 든 먹을 것을 조금씩 자꾸 씹는 꼴 ㉥아가는 찹쌀떡을 오물오물 씹었다 [3]입술이나 힘살 따위가 자꾸 오므라지는 꼴 ㉥토끼는 풀을 먹지 않을 때도 입을 오물오물 놀린다 **오물오물하다**

오물쪼물 [어찌씨] 말이나 짓을 뚜렷이 하지 않고 좀스럽게 망설이는 꼴 ㉥무슨 일을 하든 뚫고 나갈 생각은 않고 오물쪼물 앞뒤만 재서야 되겠어? 큰말 우물쭈물 **오물쪼물하다**

오므라들다 [움직씨] [1]안으로 오목하게 패어 들어가다 ㉥꾸중을 들은 아이 입술이 해질녘 나팔꽃처럼 오므라들었다 큰말 우므러들다 [2]흐름이나 기운, 소리 같은 것이 여려지거나 잦아들다 ㉥뭔 잘못을 저질렀는지 두나 목소리가 오므라들었어 [3]너비나 크기가 시원스럽지 않게 좁아 들어가다 ㉥그

림 너비가 먼저 것보다 오므라들었다

오므라이스 ⇒ 달걀덮밥

오므라지다 움직씨 ❶가장자리가 안쪽으로 모이다 ⓑ아침이 되니 달맞이꽃이 다 오므라진다 큰말우므러지다 ❷여려지거나 잦아들다 ⓑ눈이 내리니 새소리조차 오므라진 느낌이다

오므리다 움직씨 안으로 모으다 ⓑ아이가 입술을 오므려 엄마 볼에 입을 맞추었다. 자루 아가리를 오므리고 동여맸다 큰말우므리다

오믈렛 이름씨 고기와 남새를 잘게 썰어 볶은 것을 지진 달걀로 싼 맛갓

오미 이름씨 펀펀한 땅보다 조금 얕아 늘 물이 괴어 있는 곳 ⓑ오미에는 물풀이 자라기 알맞다

오미자 ⇒ 닷맛씨

오밀조밀 어찌씨 ❶솜씨나 재주가 매우 꼼꼼한 꼴 ⓑ새 둥지가 오밀조밀하게 잘 만들어졌다 ❷생각하거나 움직이는 것이 낱낱이 꼼꼼한 꼴 ⓑ그 일은 오밀조밀하게 생각하지 않아도 된다 ❸시원스럽지 못하고 좀스럽게 노는 꼴 ⓑ저 사내는 노는 게 오밀조밀 좀스러워

오발 ⇒ 잘못쏨

오발탄 ⇒ 잘못쏜 쏘개알

오밤중 ⇒ 한밤. 깊은 밤

오방색 ⇒ 닷쪽빛

오방신장 ⇒ 닷쪽검

오버타임 ⇒ 때넘김. 때밖일

오보 ⇒ 그릇알림. 잘못알림. 그릇 알리다. 잘못 알리다. 틀리게 알리다

오보에 이름씨 나무로 만든 부는 가락틀

오복 ⇒ 다섯누림

오분순하다 그림씨 오붓하다 ⓑ밥입끼리만 오분순하게 모인 것도 오랜만이다

오붓하다 그림씨 ❶홀가분하여 아늑하고 흐뭇하다 ⓑ두 사람은 모처럼 집에서 오붓한 한때를 보냈다 ❷옹골지고 포실하다 ⓑ오붓한 살림

오븐 ⇒ 굽개. 굽는틀

오빠 이름씨 ❶겨집이 손위 같은 줄 사내를 가리키거나 부르는 말 ⓑ우리 집은 어버이와 오빠, 저 이렇게 넷이 살아요 ❷남남끼리 손아래 가시나가 손위 머시마를 가깝게 부르는 말 ⓑ나는 우람이 오빠와 배곳에서 만났어요

오사나라 이름씨 오사섬에 있던 작은 나라. 512해에 시라에 무너졌다 ⇐ 우산국

오사리 이름씨 ❶제철보다 일찍 거둔 여름지이 먹거리 ⓑ오사리 고추를 오늘 땄다 맞선말늦사리 ❷이른 철 사리 때에 잡은 바다 먹거리 ⓑ오사리를 한배 가득 잡았다 ❸맏여름 사리에 잡는 딴 것이 많이 섞인 새우 ⓑ오사리젓

오사리젓 이름씨 오사리로 담근 새우젓 준말오젓

오사섬 이름씨 사라사 고장 오사 고을에 딸린 불메섬. 겨울에 눈이 많이 내리고 오징어가 많이 잡힌다. 돌섬에 가깝다 ⇐ 울릉도

오사카 이름씨 니혼아랫녘에 있는, 니혼에서 둘째로 큰 고을. 짓일과 장사가 잘되고 바다나루고을이다

오산 ⇒ 잘못셈. 잘못 셈하다. 틀리게 셈하다

오산학교 ⇒ 닷메배곳

오색 ⇒ 닷빛. 다섯 빛깔

오색구름 ⇒ 닷빛구름

오색딱따구리 ⇒ 닷빛딱따구리. 알락딱따구리

오색실 ⇒ 닷빛실

오색찬란하다 ⇒ 눈부시게 반짝이다. 눈부시게 아름답다

오선지 ⇒ 닷금종이

오세아니아 이름씨 엿한뭍 가운데 하나

오소리 이름씨 너구리와 비슷하나 네 다리가 굵고 발톱이 크고 날카로워 굴을 잘 파고 낮에는 굴에 살며 밤에 움직이는 짐승

오솔길 이름씨 메나 숲으로 난 좁고 호젓한 길 ⓑ두 사람은 꼬불꼬불한 오솔길을 따라 걸었다

오솔하다 그림씨 둘레가 무서울 만큼 고요하

고 쓸쓸하다 ㉥오솔한 밤길을 혼자 걸으려니 머리끝이 쭈뼛쭈뼛한다 ⇐ 한적하다

오순도순 어찌씨 ❶사이좋게 이야기하거나 지내는 꼴 ㉥오랜만에 만난 동무와 나란히 누워서 오순도순 이야기를 나눴다 작은말 오손도손 ❷몸이 사이좋은 듯이 가지런히 서 있는 꼴 ㉥오순도순 처마를 맞대고 들어선 마을 집들 **오순도순하다**

오스트레일리아 이름씨 오스트레일리아 한뭍을 거의 다 차지한 나라. 양털, 밀, 쇠고기가 많이 나고 돌숯과 쇠, 보, 수가 넉넉하다. 잉글나라 종살이하다가 1926해에 홀로서다시피 했다 ⇐ 호주

오슬오슬 어찌씨 몸이 좀 떨릴 만큼 추운 꼴 ㉥찬비를 맞으며 걸었더니 오슬오슬 떨린다 큰말 으슬으슬

오십 ⇒ 쉰

오십보백보 ⇒ 쉰걸음온걸음

오싹 어찌씨 무섭거나 추워서 갑자기 몸이 움츠러들거나 소름이 끼치는 모습 ㉥오싹 무서워졌다. 오싹 소름이 끼쳤다 **오싹하다**

오싹거리다 움직씨 춥거나 무서워 몸이 자꾸 움츠러들거나 소름이 끼치다 **오싹대다**

오싹오싹 어찌씨 춥거나 무서워 몸이 자꾸 움츠러들거나 소름이 끼치는 모습 ㉥고뿔이 들었는지 몸이 오싹오싹 춥다 **오싹오싹하다**

오아시스 이름씨 ❶모래밭 가운데 샘이 솟아 푸나무가 자라고 온갖 목숨이 깃든 곳 ㉥아프가니스탄은 오아시스 언저리만 파랗고 사람들도 그곳에 몰려 산다 ❷삶을 어루만져 주거나 하고픔을 풀어주는 것이나 그런 곳

오얏 이름씨 껍질이 매끈하고 새콤달콤한 과일 ⇐ 자두

오얏나무 이름씨 이른 봄에 잎보다 먼저 흰 꽃이나 희붉은 꽃이 피고 여름에 열매인 오얏이 익는 나무

오역 ⇒ 잘못옮김. 잘못뒤침. 잘못 옮기다. 틀리게 옮기다. 잘못 뒤치다

오열 ⇒ 목놓아 욺. 엉엉 욺. 목놓아 울다. 엉엉 울다. 소리내어 울다. 가슴에 사무치게 울다

오염 ⇒ 물듦. 더럽힘. 더럽히다. 때 묻히다. 더럽게 물들이다

오염도 ⇒ 더러워진 만큼. 더럽기. 더러움 크기

오염원 ⇒ 더럽힘 뿌리

오욕 ⇒ 더럽힘. 더럽히다. 이름을 더럽히다

오용 ⇒ 그릇씀. 잘못씀. 그릇 쓰다. 잘못 쓰다. 나쁜 쪽으로 쓰다

오우가 ⇒ 닷벗노래

오월 ⇒ 닷달. 다섯째 달

오이 이름씨 덩굴손으로 다른 것을 감아 뻗으며 잎은 염통꼴인 한해살이 남새. 여름에 노란 꽃이 피어 푸른 열매를 맺는데 물기가 많고 맛이 시원하다

오이냉국 ⇒ 오이찬국

오이소박이 이름씨 토막을 낸 오이를 끝쪽만 남기고 칼로 갈라 그 사이에 부추와 갖은 양념을 넣고 담근 김치 ㉥우리 애들은 오이소박이를 무척 좋아한다

오이시디 ⇒ 살림두레불림얼개

오이씨 이름씨 오이가 맺은 씨 준말 외씨

오이장아찌 이름씨 오이를 끓는 물에 데쳐 소금물에 절였다가 말려 된장이나 고추장에 넣어 만든 장아찌

오이지 이름씨 오이를 독에 담고 끓여 식힌 소금물을 부어 돌로 눌러 익힌 먹을거리

오이찬국 이름씨 오이를 가늘게 채 쳐서 미역과 함께 양념을 하고 찬물을 부어 만든 국. 더운 여름철에 먹는다

오이풀 이름씨 메에 자라는 여러해살이풀. 줄기는 곧게 자라고 깃꼴겹잎이며 어린싹은 먹는다

오인 ⇒ 잘못봄. 잘못생각. 잘못 보다. 잘못 알다. 잘못 생각하다

오일 (oil) ⇒ 기름

오일 (五日) ⇒ 닷날. 닷새

오일육군사정변 ⇒ 닷하나여섯 쿠데타

오일장 (五日場) ⇒ 닷날저자. 닷새저자

오일장 (五日葬) ⇒ 닷새궂일

오일팔민주화운동 ⇒ 닷하나여덟아람임자되기뮘

오일펜스 ⇒ 기름울

오자 ⇒ 틀린 글씨. 잘못 쓴 글씨

오자미 ⇒ 콩주머니. 모래주머니

오작교 ⇒ 까막까치다리

오장육부 ⇒ 닷품엿골

오쟁이 이름씨 짚으로 엮어 만든 작은 그릇

오쟁이지다 움직씨 버시 있는 가시가 다른 사내와 어르다

오전 ⇒ 앞낮. 아침나절

오점 ⇒ 잘못. 부끄럼

오젓 이름씨 '오사리젓' 준말

오존 이름씨 세 밑씨 살남으로 된 푸른빛 김덩이. 'O_3'로 나타낸다. 남다른 냄새가 나고 여느 따습기에서 쪼개져 살남이 된다

오존층 ⇒ 오존켜

오존켜 이름씨 오존이 많이 있는 빈기켜 ⇐ 오존층

오종경기 ⇒ 닷가지 놀이

오종종하다 그림씨 ❶잘고 둥근 것이 한곳에 많이 들어차 빽빽하다 ⓑ노란 햇병아리들이 볕 바른 곳에 오종종하게 모여 삐악거린다 ❷얼굴이 작고 너그럽지 못하게 보이다 ⓑ돌이는 키가 작달막하고 눈, 코, 입이 오종종하다

오죽 어찌씨 (어림잡는 물음에 써) 얼마나 ⓑ오죽 힘들었으면 그런 말을 했을까?

오죽잖다 그림씨 변변치 못하거나 하찮다 ⓑ어리다고 오죽잖게 여기지 말아요

오죽하다 그림씨 매개가 몹시 어렵다 ⓑ오죽하면 그랬을까!

오죽헌 ⇒ 검대집

오줌 이름씨 피에 섞인, 없어도 되는 것을 걸러내어 몸 밖으로 내보내는 물. 콩팥에서 걸러지며 빛이 좀 누르고 지린내가 난다 ⓑ오줌이 마려우면 오줌을 눠야지 오줌을 싸면 어떡해?

오줌관 ⇒ 오줌대롱

오줌길 이름씨 오줌통에서 오줌이 몸 밖으로 나오는 길 ⇐ 요도

오줌누기 이름씨 오줌을 몸 밖으로 내보내는 일 ⇐ 방뇨

오줌대롱 이름씨 오줌이 콩팥에서 오줌통으로 흘러내리는 길 ⇐ 수뇨관. 오줌관

오줌보 이름씨 몸안 콩팥에서 보내는 오줌을 받아 모으는 얇은 청 주머니 한뜻말 오줌깨. 오줌통 ⇐ 방광

오줌보돌 이름씨 오줌보 안에 돌 같은 것이 생기는 앓이. 오줌이 잘 나오지 않으며 피가 나고 몹시 아프다 ⇐ 방광결석

오줌싸개 이름씨 오줌을 가리지 못하거나 오줌을 싼 아이 ⓑ어머니는 오줌싸개인 돌이에게 소금을 얻어 오라며 키를 씌워서 내보냈다

오줌싸다 움직씨 오줌을 가누지 못하고 함부로 누다

오줌장군 이름씨 오줌을 담아 나르는 그릇. 널빤지로 짜서 만들었다

오줌통 이름씨 ❶몸속 콩팥에서 흘러내린 오줌을 모아 두는 주머니 한뜻말 오줌보 ⇐ 방광 ❷몸 밖으로 나온 오줌을 담아 두는 통

오중주 ⇒ 닷소리울림

오중창 ⇒ 닷갈래노래

오지 이름씨 붉은 진흙을 빚어 구워 만든 그릇이나 바람돌 따위

오지 ⇒ 두메. 두멧골

오지그릇 이름씨 붉은 진흙으로 빚어 볕에 말리거나 살짝 구워 오짓물을 입혀 구워낸 그릇

오지랖 이름씨 두루마기 같은 웃옷 앞자락이나 윗도리에 입는 겉옷 앞자락 ⓑ오지랖을 여미다 익은말 **오지랖이 넓다** 남 일에 쓸데없이 끼어들다

오지조각 이름씨 집 바람이나 바닥에 붙이는 얇고 펀펀한 오지로 만든 조각 ⇐ 타일

오직 어찌씨 ❶여럿 가운데 꼭 하나만 ⓑ그 일을 할 수 있는 사람은 오직 그 사람뿐이다. 흐르는 물을 마실 수 있는 곳은 오직 깨끗한 멧속뿐이라네 ❷다른 것은 안 되고 그

것 ⓑ다른 과일은 생각 없고 오직 곶감만 먹고 싶다는구나

오진 ⇒ 잘못봄. 잘못 보다. 그릇 짚다. 잘못 알다

오짓물 이름씨 흙으로 만든 그릇에 발라 구우면 그릇이 반질거리는 잿물 ⇐ 유약

오징어 이름씨 바다에 사는 무른몸숨받이. 뼈 없이 길고 통통한 몸통에 다리가 열 낱 붙은 물고기로 다리와 몸통 사이에 큰 눈이 둘 있다. 바드러운 고비에 이르면 먹물을 뿜고 달아난다 한뜻말 훌짓개. 먹고기

오차 ⇒ 다름. 틀림. 틈새

오찬 ⇒ 낮밥

오체 ⇒ 온몸

오침 ⇒ 낮잠

오케스트라 ⇒ 시우대가락떼

오토바이 ⇒ 저절두바퀴. 저절두바퀴수레

오톨도톨 어찌씨 거죽이나 바닥이 고르지 않게 여기저기 부풀어 볼록한 꼴 ⓑ씻는 데 바닥은 오톨도톨 미끄러지지 않도록 해놓는다 큰말 우툴두툴

오톨도톨하다 그림씨 거죽이나 바닥이 고르지 않게 여기저기 부풀어 볼록한 데가 있다

오판 ⇒ 잘못 판가름. 잘못 판가름하다. 잘못 가름하다. 잘못 알다. 잘못 짚다

오페라 ⇒ 노래굿

오프라인 ⇒ 줄밖. 그물밖

오픈카 ⇒ 지붕접이 수레. 지붕 없는 수레. 덮개접이 수레

오피스텔 ⇒ 모둠일집. 일터집

오한 ⇒ 춥고 떨림

오합지졸 ⇒ 어중이떠중이

오해 ⇒ 잘못앎. 잘못 알다. 곱새기다. 옥생각하다. 그릇 알다

오행 ⇒ 닷바탕. 닷밭. 닷기운

오행시 ⇒ 닷줄노래

오후 ⇒ 뒷낮

오히려 어찌씨 ❶생각하는 바와는 달리 ⓑ갈까도 했지만 오히려 안 가길 잘했어 준말 외려 ❷그럴 바에는 차라리 ⓑ그렇게 날마다 싸울 바에는 오히려 헤어지는 게 좋겠다 ❸아직 조금 ⓑ모자랄 줄 알았는데 그 많은 사람이 다 먹고도 오히려 국수가 남았네 ❹알고 보면 더 ⓑ나보다 버시가 오히려 밥을 더 잘해요. 가난한 나라 사람들이 오히려 더 흐뭇하게 산다잖아

옥 (獄) ⇒ 가두리. 가둠곳

옥 (玉) ⇒ 구슬

옥고 ⇒ 가두리살이. 가둠살이

옥내 ⇒ 집안

옥니 이름씨 안쪽으로 오그라져 난 이 ⓑ버들님은 말 그대로 옥니박이였다 맞선말 벋니

옥다[1] 움직씨 장사에서 밑지다 ⓑ좋아서 하는 옥는 장사

옥다[2] 그림씨 안쪽으로 조금 오그라지다 ⓑ어릴 때 앓이로 손가락이 옥았다 큰말 욱다

옥돔 ⇒ 오도미

옥동자 ⇒ 구슬아이

옥바라지 ⇒ 가두리 바라지

옥비녀 ⇒ 구슬비녀

옥사 (獄舍) ⇒ 가두리집

옥사 (獄死) ⇒ 가두리 죽음. 가두리에서 죽다

옥살심 이름씨 물에 잘 녹고 푸나무에 칼슘재, 칼륨재로 널리 있다 ⇐ 수산

옥살이 ⇒ 가두리살이. 가둠살이

옥상 ⇒ 꼭대기마당. 지붕마당

옥새 이름씨 잘못 구워 오그라들거나 이지러진 기와

옥새 ⇒ 임금무늬글

옥생각 이름씨 ❶속 좁은 생각 ⓑ한때 잘못된 옥생각으로 벗을 미워하였다 ❷쓸데없이 저한테 나쁘게만 받아들이는 그릇된 생각 ⓑ옥생각으로 스스로 목숨을 끊는 일들이 늘어난다 ⇐ 피해망상

옥셈 이름씨 잘못 생각하여 스스로에게 보탬이 안되는 셈

옥수수 이름씨 줄기는 곧게 자라고 잎은 크고 길며 자라는 동안이 짧아 일찍 거두는 낟. 추위와 더위에 잘 견뎌 땅별 곳곳에서 심어 가꾸며 감자와 함께 가난한 사람을 먹여 살린 낟이다. 쪄 먹거나 떡, 묵, 밥, 술 따위

로 빚어 먹으며 집짐승 먹이로도 쓴다 한뜻말 강냉이

옥수수튀밥 이름씨 옥수수 낟알을 불에 달구어 부풀게 한 것. 참거리로 많이 먹는다 ⇐ 팝콘

옥수숫대 이름씨 옥수수 줄기 ⓑ옥수수를 따고 난 뒤 옥수숫대는 소먹이로 쓴다

옥신각신 어찌씨 ❶서로 옳으니 그르니 하고 말을 주고받으며 다투는 꼴 ⓑ두 아이는 서로 제가 옳다며 옥신각신 다투었다 ❷(이름씨) 서로 옳으니 그르니 하고 말을 주고받는 짓. 또는 그런 다툼 ⓑ입만 뗐다 하면 옥신각신이다

옥양목 ⇒ 고운미영베

옥외 ⇒ 집밖. 바깥

옥이다 움직씨 안쪽으로 조금 오그라지게 하다 ⓑ쇠널을 망치로 두들겨 옥였다 큰말 욱이다

옥잠화 ⇒ 구슬비녀꽃

옥좌 ⇒ 임금자리

옥중 ⇒ 가두리 안. 가둠곳 안. 가둠 동안

옥체 ⇒ 몸. 논몸. 임금몸

옥타브 ⇒ 여덟소리. 여덟째소리

옥토 ⇒ 건땅. 기름진 땅

옥토끼 ⇒ 구슬토끼

옥편 ⇒ 수글집

옥황상제 ⇒ 하느님

온[1] 매김씨 ❶다 차는. 모든 ⓑ눈이 온 하루를 내려 온누리가 하얘졌다 ❷고르게 다 차는 ⓑ온 마음으로 보듬는 사랑이 온 사랑이겠지?

온[2] 셈씨 열을 열 디위 더한 수, 곧 100을 세는 우리말 ⓑ온은 아흔아홉에 하나를 더해도 나와 ⇐ 백

온간관 ⇒ 온애대롱

온갖 매김씨 온 가지. 여러 가지 ⓑ숲에서 온갖 새들이 부르는 노랫소리가 들려온다

온건파 ⇒ 비둘기 갈래

온건하다 ⇒ 가리에 맞다. 알맞다. 치우치지 않다

온골 셈씨 골을 온 디위 더한 수. 곧 1,000,000을 세는 우리말 ⇐ 백만

온기 ⇒ 따스함. 더운 기운. 더운 느낌. 따슨 기운

온나라 이름씨 누리에 있는 모든 나라 ⇐ 만국

온나라깃발 이름씨 누리에 있는 나라를 나타내는 모든 깃발 ⇐ 만국기

온나라두루봄 이름씨 온나라 사람들이 함께 와서 어떤 낳일쪽 낳이몬을 두루 모아 벌여 놓고 널리 자랑하고 파는 모임이나 잔치 한뜻말 누리두루봄 ⇐ 만국박람회. 엑스포

온난전선 ⇒ 더운 금. 따뜻금

온난하다 ⇒ 따뜻하다. 따사롭다. 따스하다. 포근하다. 푹하다

온난화 ⇒ 따뜻해지기. 더워지기

온낟 이름씨 여러 가지 낟 ⇐ 백곡

온날 이름씨 아기가 태어난 지 온 디위째 되는 날 ⇐ 백일

온날잔치 이름씨 아기가 태어난 지 온 디위째 되는 날에 베푸는 잔치 ⇐ 백일잔치

온누리 이름씨 사람들이 사는 이 누리 ⇐ 온세상

온다라 이름씨 노온바라 가운데 있는 고을. 종이 만드는 일을 잘하여 문종이, 바닥종이, 한끝부채로 이름났다 ⇐ 전주

온달가림 이름씨 달이 땅별 그림자에 모두 가려 햇빛을 받지 못해 어두워지는 것 ⓑ오늘 새벽엔 오랜만에 온달가림이 있을 거라고 한다 ⇐ 개기월식

온당하다 ⇒ 알맞다. 마땅하다. 옳다. 바르다

온대 ⇒ 따슨곳. 따슨띠

온대기후 ⇒ 따슨날씨

온대림 ⇒ 따슨곳숲

온덩이믿음 이름씨 나치즘과 파시즘처럼 겨레나 나라와 같은 온덩이가 먼저 있고 그것이 좋아질 때 낱낱 사람도 있고 좋아진다는 믿음. 낱사람이 마음껏 살아가는 것을 눌러 누리흐름이 뒷걸음질쳤다 ⇐ 전체주의

온데간데없다 그림씨 있던 것이 갑자기 사라져 자취를 찾을 수 없다 ⓑ날렵했던 모습은 온데간데없고 두툼한 얼굴로 바뀌어 옛 모습을 떠올리기 힘들구나

온도 ⇒ 따습기

ㅇ

온도계 ⇒ 따습기 재개
온돌 ⇒ 구들
온돌방 ⇒ 구들방
온라인 ⇒ 줄위. 줄안. 그물안
온몸 [이름씨] 몸 구석구석 ㉥추위로 온몸이 떨린다 ⇐ 전신
온바라 [이름씨] 온다라고장과 바라고장을 아울러 이르는 말 ⇐ 전라
온박음질 [이름씨] 바늘을 앞땀 제자리에 꽂아 하는 박음질
온보 [이름씨] 오롯한 보 [한뜻말]다 보 ⇐ 순금
온삯 [이름씨] 집임자에게 매긴 돈을 맡기고 집이나 방을 빌려 쓰다가, 내놓을 때 그 돈을 오롯이 돌려받는 짜임. 또는 그 삯 ⇐ 전세
온삯돈 [이름씨] 온삯 얻을 때 내는 돈 ⇐ 전세금
온상 ⇒ 따슨집. 따슨놓개
온새미 [이름씨] (흔히 '온새미로' 꼴로 써) 자르거나 쪼개지 않고 생긴 그대로임 ㉥어머니는 닭을 온새미로 솥에 넣었다
온새미로 [어찌씨] 가르거나 쪼개지 않고 생긴 그대로 ㉥할아버지 밥놓개에는 통닭이 온새미로 올라있고 조기 두 마리도 온새미로 올라있었다
온수 ⇒ 더운물. 따뜻한 물. 따스물
온수기 ⇒ 물데우개. 물따수개
온순하다 ⇒ 부드럽다. 고분고분하다. 나긋나긋하다. 낫낫하다
온실 ⇒ 따슨집. 따슨방
온실가스 ⇒ 따슨집가스
온실효과 ⇒ 따슨집되기
온쓸개관 ⇒ 온쓸개대롱
온쓸개대롱 [이름씨] 애에서 나온 왼오른 애대롱과 쓸개에서 나온 쓸개대롱이 모여 샘창자로 들어가는 대롱 ⇐ 온쓸개관
온애대롱 [이름씨] 왼오른 애대롱이 만나서 쓸개주머니대롱과 만나는 사이 쓸개대롱 ⇐ 온간관
온에 [이름씨] 온에 얼마를 나타내는 말. 온에 열은 10/100이다 ⇐ 퍼센트. 프로
온유하다 ⇒ 따뜻하다. 부드럽다
온음 ⇒ 온소리
온장고 ⇒ 따슨광. 따뜻광. 더운광
온전하다 ⇒ 오롯하다. 처음 그대로다. 고스란하다. 멀쩡하다
온정 ⇒ 따뜻한 마음
온종일 ⇒ 하루 내내
온천 ⇒ 더운샘. 따스샘
온탕 ⇒ 더운물. 따스물. 따스멱물
온통 [이름씨] **1** 있는 것 다 ㉥온통으로 입다. 그 고깃덩이 온통을 다 언니네로 보내지 **2** (어찌씨) 있는 대로 모두 ㉥봄이 오면 뒷메는 온통 진달래꽃으로 물든다 [한뜻말]오롯이
온품 [이름씨] **1** 온 하루 일한 품이나 그런 품삯 ㉥우리 마을 겨집 온품 삯은 올해 열골 원이다 **2** 오롯이 셈하여 받는 품삯 ㉥열여덟 살이 되어 어른이 되자 일터에서 온품을 쳐주었다
온풍 ⇒ 따슨바람. 따뜻한 바람
온풍기 ⇒ 더운바람틀
온해 [이름씨] **1** 온해 동안이나 그때 ㉥다음 온해를 내다보며 둘레를 보살펴야 한다 ⇐ 세기 **2** 예해로부터 온해씩 하나치로 세는 말. 예해 1해에서 100해까지를 하나 온해라 한다 ⇐ 세기 **3** 오랜 해달
온해가림 [이름씨] 달이 해 모두를 가려 어두워지는 것 ㉥오늘 온해가림으로 잠깐 어두워지는 걸 겪었다 ⇐ 개기일식
온해풀 [이름씨] 덥고 메마른 곳에 자라는 풀. 손바닥처럼 넓적하고 두꺼운 줄기에 가시 꼴 잎이 있다. 너덧달에 노란 꽃이 피고 겨울에 붉은 열매가 익는다 ⇐ 백년초. 손바닥선인장
온혈동물 ⇒ 더운피짐승. 더운피숨받이
온화하다 ⇒ 따사롭다. 따뜻하다. 따스하다. 포근하다. 푸근하다. 부드럽다
온힘 [이름씨] 어떤 일을 마음대로 할 수 있는 힘 ⇐ 전권
온힘빠르기 [이름씨] 힘껏 낼 수 있는 가장 큰 빠르기 ⇐ 전속력
온힘싸움 [이름씨] 온힘을 다 기울여 치르는 싸

움 ⇐ 총력전

올[1] [이름씨] 올해 ㉥올여름은 무척 더울 것 같다

올[2] [이름씨] [1]실이나 줄 가닥 ㉥올이 가는 실은 바늘에 꿰기 쉽다 [2]가닥을 세는 하나치 ㉥머리카락 한 올

올- [앞가지] (푸나무 이름 앞에 붙어) 여느 것보다 열매가 일찍 익는 ㉥올밤. 올벼. 올콩

올가꾸기 [이름씨] 따뜻한 곳에서 모를 길러 맨땅에 심어 가꾸는 수. 빨리 거두므로 큰 고을 가까운 쪽 여름지이에 많이 쓴다 ㉥올해는 나락을 올가꾸기로 길러 일찍 팔아야겠다

올가미 [이름씨] [1]쇠실이나 노 따위로 고를 내어 홀쳐지게 만든 고리. 짐승을 잡는 데 쓴다 ㉥올가미를 죄다. 올가미에 걸리다 [2]남을 걸려들게 하여 꼼짝없이 얽어매는 수나 꾀 ㉥나라를 잘 다스려보겠다는 사람들이 모두 돈 올가미에 걸려 허우적거린다 [익은말] **올가미를 씌우다** 꾀를 써서 남을 걸려들게 하여 얽어매거나 잡아채다

올강냉이 [이름씨] 일찍 여무는 강냉이

올갱이 [이름씨] '다슬기' 노미리나 고장말

올곧다 [그림씨] [1]마음이 바르고 곧다 ㉥나라다스림이 어지러우면 올곧은 선비들은 벼슬할 뜻을 버리고 숲에 묻혀 산다 [2]꼴이나 생김새가 똑바로 곧다 ㉥올곧은 대나무 [3]오롯하거나 제대로이다 ㉥벌써 올해가 한 달도 올곧게 남지 않았다

올되다 [움직씨] [1]열매나 낟 따위가 제철보다 일찍 익다 ㉥올해는 보리가 지난해보다 올되었다 [한뜻말]일되다 [맞선말]늦되다 [준말]오되다 [2]나이보다 철이 일찍 들다 ㉥요즈음 아이들은 옛 아이들보다 훨씬 올되는 것 같다

올똥말똥하다 [그림씨] 올지 안 올지 알 수 없다 ㉥올 한가위엔 아들네조차도 올똥말똥한단다

올라가다 [움직씨] [1]낮은 데서 높은 데로, 아래에서 위로 가다 ㉥나무에 올라가다. 가람을 거슬러 올라가다 [2]자리가 높아지다 ㉥한배곳에 올라갔으니 더 의젓해야지. 그 갈래 우두머리 자리로 올라갔다고? [3]값이나 잣대가 높아지다 ㉥올라가던 집값이 드디어 내려간다. 빈기따습기가 자꾸 올라간다 [4]아래에서 위로 뻗다 ㉥다리가 머리 너머로 쫙쫙 올라간다 [5]건이나 몫이 많아지다 ㉥올해도 품삯이 골 원 올라갔어 [6]어떤 것 키나 높이가 높아지다 ㉥하늘 높은 줄 모르고 올라가기만 하는 집값 [7]밑천이나 돈을 잃다 ㉥잘못하여 밑천만 올라갔다 [8]마녘에서 노녘으로 가다 ㉥아랫고장에서 서울 올라가기가 쉽지 않다

올라서다 [움직씨] [1]어떤 것을 디디고 올라 그 위에 서다 ㉥마루에 올라서라 [맞선말]내려서다 [2]어떤 자리에 올라 차지하다 ㉥배곳가르침이에서 버금배곳지기로 올라섰다 [3]어떤 과녁이나 자리에 오르다 ㉥누리 으뜸 자리에 올라서다

올라앉다 [움직씨] [1]어떤 것 위에 앉다 ㉥마루에 올라앉게 [2]높은 자리를 잡고 앉다 ㉥일터에 들어간 지 열 해 만에 한 갈래 우두머리 자리에 올라앉은 언니

올라오다 [움직씨] [1]낮은 데서 높은 데로, 아래에서 위로 오다 ㉥어서 바위 위로 올라오너라. 가람을 거슬러 올라오는 사람들 [2]아래에서 위쪽으로 미치어 오다 ㉥물이 깊어 가슴까지 올라왔다 [3]높은 자리로 옮겨오다 ㉥푸름이는 올해 두 배움해에서 세 배움해로 올라왔다 [4]먹은 것이 도로 나오려고 하다 ㉥갑자기 속이 안 좋고 신물이 올라온다

올라타다 [움직씨] 짐승 몸이나 탈것들에 오르다 ㉥말 등에 올라타다. 떠나려는 버스에 겨우 올라탔다

올랑거리다 [움직씨] [1]들떠서 가슴이 자꾸 설레어 뛰놀다 [2]작은 물결이 잇따라 흔들리다 **올랑대다**

올랑올랑 [어찌씨] [1]들떠서 가슴이 자꾸 설레어 뛰노는 꼴 ㉥가슴이 올랑올랑 뛰는 것을 겨우 참았다 [2]작은 물결이 잇따라 흔들리는 꼴 ㉥센 바람에 가람물이 올랑올랑

ㅇ

일었다 [3]속이 자꾸 메슥거려 게울 것 같은 꼴 ㉥점심을 잘못 먹었는지 속이 올랑올랑하다 **올랑올랑하다**

올랑졸랑 [어찌씨] 키가 작은 사람들이 뒤따르는 꼴 ㉥가르침이 뒤를 아이들이 올랑졸랑 따라 걸었다 **올랑졸랑하다**

올랑출랑 [어찌씨] [1]작은 물결이 여기저기 부딪치는 소리나 그 꼴 ㉥잔잔한 바람에 잔물결이 올랑출랑 가람가에 밀려와 부딪힌다 큰말울렁출렁 [2]작은 그릇에 담긴 물이 흔들리는 소리나 그 꼴 **올랑촐랑하다**

올레 [이름씨] '골목', '골목길' 다모나섬 말

올레길 [이름씨] 메와 골짜기, 바다로 난 길을 이어 놓은 다님길

올려놓다 [움직씨] [1]몬을 어떤 것 위에 옮겨 놓다 ㉥책놓개 위에 책을 올려놓아라 [2]이름 따위를 적어넣다 ㉥지킴이 이름표에 내 이름을 올려놓았다 [3]자리가 높아지게 하다 ㉥그쪽 일에 깜깜한 사람을 지기 자리에 올려놓았다

올려다보다 [움직씨] [1]고개를 위로 들어 쳐다보다 ㉥나는 파란 하늘을 올려다보았다 맞선말내려다보다 [2]받드는 마음으로 우러러보다 ㉥이름난 사람이라고 해서 사람들이 다 올려다보는 것은 아니다

올려본각 ⇒ 올려본모

올려본모 [이름씨] 낮은 곳에서 높은 곳에 있는 과녁몬을 올려다볼 때, 눈길과 하늘금이 이루는 모 크기 ⇐ 올려본각

올려세우다 [움직씨] 위로나 얼마만큼 올라서게 하다

올록볼록 [어찌씨] 몬 거죽이나 바닥이 고르지 않게 여기저기 볼록 솟은 꼴 ㉥길바닥이 올록볼록 고르지 않아 걷기 힘들다

올록볼록하다 [그림씨] 몬 거죽이나 바닥이 고르지 않게 여기저기 볼록 솟다

올롱하다 [그림씨] 남달리 회동그랗다 ㉥올롱한 부엉이눈 **올롱히**

올리다 [움직씨] [1]어떤 것을 높이 오르게 하다 ㉥놓개에 먹을거리를 올렸다. 국숫값을 올렸다. 이름을 올리다. 담을 높이 올리다 [2]윗사람한테 말이나 절을 하거나 어떤 것을 건네다 ㉥말씀을 올리다. 글월을 올리다. 진지를 올리다 [3]식게나 짝맺이 잔치를 치르다 ㉥짝맺이 잔치를 올렸다 [4]옻이나 보 따위를 입히다 ㉥나무로 깎은 깨달은이 꼴에 보물을 올려 번쩍번쩍하게 했다 [5]기와 따위를 이다 ㉥새집에는 얇은 쇠널로 만든 기와를 올렸다 [6]책 따위에 싣다 ㉥새로 찾은 우리말을 우리말집 책에 여럿 올렸다

올리붙다 [움직씨] [1]위쪽으로 붙다 ㉥그림이 너무 올리붙었다 [2]윗사람에게 달라붙다

올리브 [이름씨] 작은 달걀꼴 열매나 그 나무. 검붉은빛, 보랏빛, 짙푸른빛 따위 갈래가 있다. 열매는 먹거나 낫개로 쓰고, 기름은 짜서 먹거나 바르개 밑감 따위에 쓴다

올리사랑 [이름씨] [1]아들딸이 어버이를 사랑하는 마음 ㉥올리사랑은 아무나 다 하는 건 아니다 한뜻말치사랑 맞선말내리사랑 [2]손아랫사람이 손윗사람을 사랑하는 마음

올림 [이름씨] 어림수를 만들 때, 얻으려는 자리 그 밑 끝수를 1로 쳐서 올리는 일 ㉥0점 밑 셋째 자리에서 올림을 하여 나온 값을 써라 맞선말버림

올림말 [이름씨] 말집에서 뜻풀이를 하려고 올려놓은 낱낱 말 ㉥이 말은 올림말로서 알맞지 않다 ⇐ 표제어

올림표 [이름씨] 가락글에서 제 소리보다 가웃소리 올리라는 표. '#'로 나타낸다

올림피아드 [이름씨] [1]올림픽놀이 [2]여러 나라 사람들이 함께 모여 여는 모꼬지 ㉥셈갈올림피아드

올림픽 [이름씨] 네 해마다 열리는 나라 사이 온갖 놀이 큰잔치 ㉥다음 올림픽은 2028해에 열린다

올망졸망 [어찌씨] [1]작고 도드라진 것들이 고르지 않게 많이 늘어선 꼴 ㉥올망졸망 서 있는 다복솔 사이로 장끼와 까투리가 살금살금 기어간다 [2]작고 귀여운 아이들이 많이 모인 꼴 ㉥볕바른 쪽에 아이들이 올망

졸망 모여 논다

올무 이름씨 **1** 새나 짐승을 잡는 올가미 ㉥올무에 걸린 고라니가 울며 날뛴다 **2** 사람을 낚아 들이는 잔꾀 ㉥죽은 언니는 거저 갖고픈 마음씨 탓에 남에게 올무를 잘 던졌다

올바로 어찌씨 옳고 바르게 ㉥우리 겨레가 살아온 길을 올바로 알아야 한다

올바르다 그림씨 말이나 짓이 곧고 바르다 ㉥뭇사람을 섬기는 마음을 지닌 사람들이 나랏일을 보아야 올바르게 나라를 이끌 수 있다

올방자 이름씨 **1** 한쪽 다리를 오그리고 다른 쪽 다리를 그 위에 포개어 얹는 앉음새 ⇐ 반가부좌. 책상다리 **2** 두 다리를 구부려 맞은쪽 허벅다리 위에 얹는 앉음새 ⇐ 결가부좌. 책상다리

올벼 이름씨 다른 벼들보다 일찍 자라 이삭이 여무는 벼 ㉥올벼를 심었더니 벌써 거둘 때가 되었다 맞선말늦벼

올빼미 이름씨 부엉이와 비슷하나 머리끝에 뿔처럼 보이는 깃이 없고 눈가에는 털이 햇살꼴로 나 있는 새. 낮에는 숲속에 숨어 있다가, 밤에 나와 새나 쥐, 벌레 따위를 잡아먹는다 슬기말 **올빼미 눈 같다** 낮에 잘 보지 못하거나 낮보다 밤에 더 잘 보는 것을 빗댄 말

올빼미눈 이름씨 올빼미처럼 옴팍하게 생긴 눈 ㉥우리 오빠는 올빼미눈이다

올서리 이름씨 제철보다 일찍 내리는 서리

올실 이름씨 **1** 목숨붙이 바탕을 이루는 가는 털 꼴 몬 ㉥몸 올실 짜임 ⇐ 섬유. 펄프 **2** 실이나 털꼴 몬

올실밭 이름씨 올실로 된 몬 ⇐ 섬유질

올실푸나무 이름씨 피륙이나 종이, 그물 들 밑감이 되는 솜, 삼, 모시 같은 것을 대주는 푸나무 ⇐ 섬유식물

올올이 어찌씨 실이나 줄 가닥마다 ㉥어머니 마음이 올올이 담긴 목도리

올차다 그림씨 **1** 됨됨이가 빈틈없이 야무지고 기운차다 ㉥올찬 얼굴에 눈빛은 유난히 반짝인다. 올찬 목소리 **2** 낟알이 일찍 여물다 ㉥올찬 옥수수

올챙이 이름씨 개구리 새끼. 둥글고 큰 머리에 가는 꼬리가 달려 있으며 몸빛은 검다 슬기말 **올챙이 적 생각은 못 하고 개구리 된 생각만 한다** 익숙해지거나 넉넉해진 지 얼마 되지 않은 사람이 너무 젠체한다

올케 이름씨 누이가 오빠 아내나 사내아우 아내를 부르거나 이르는 말 ㉥오빠랑 올케언니랑 같이 올 거야?

올통볼통 어찌씨 거죽이나 바닥이 고르지 않게 불거진 꼴 큰말울퉁불퉁

올풀이 이름씨 조그맣게 가게를 하는 장사치가 팔거리를 낱자나 낱낱으로 파는 일 ⇐ 소매. 소매상

올풀이가게 이름씨 올풀이로 파는 가게 한뜻말낱팔이가게 ⇐ 소매상

올풀이값 이름씨 몬을 사는 사람에게 낱낱으로 파는 값 ⇐ 소매값

올해 이름씨 이제 이 해 ㉥지난해와 올해와 이듬해

옭다 움직씨 **1** 올가미를 씌워서 홀치다 ㉥멧돼지 목줄을 옭아서 잡아끌었다 **2** 실이나 끈 따위로 단단히 잡아매다 ㉥자루 아가리를 칭칭 옭았다 **3** 제멋대로 못하게 얽매다 ㉥아이들을 너무 옭지 마라 **4** 꾀를 써서 남을 걸려들게 하다 ㉥나를 한 떼로 여겨 옭아내려고 한 짓이라면 큰일이 아니겠느냐

옭매다 움직씨 **1** 줄 같은 것을 풀리지 않게 옭아서 매다 ㉥뭠신 끈을 옭매고 달리기를 하였다 **2** 홀가분하지 않게 얽어매다 ㉥젊어 버시를 여읜 순이에게 혼자 산다는 것은 삶을 옭매는 올가미였을지도 모른다

옭아매다 움직씨 **1** 올가미 따위로 잡아매다 ㉥허물 지은 이들을 옭아맨 줄 ⇐ 포박하다 **2** 붙잡거나 엮어 꼼짝 못 하게 하다 ㉥벼리는 사람을 옭아매기보다 잘 살리려는 데 뜻을 두어야 한다

옮겨갈닦기 [이름씨] 곳을 옮겨가서 재주나 솜씨를 갈고 닦는 일 ⇐ 전지훈련

옮기다 [움직씨] [1]이미 있던 곳에서 다른 곳으로 가져가다. '옮다' 하임꼴 [ㅂ]이 책을 건넌방으로 옮겨요 [2]발을 한두 걸음 떼며 가다 [ㅂ]발걸음을 옮기다 [3]생각이나 눈길을 다른 곳으로 보내다 [ㅂ]눈길을 옮기다 [4]자리 따위를 다른 곳으로 바꿔 잡다 [ㅂ]일터를 옮기다 [5]들은 대로 본 대로 말하다 [ㅂ]들은 대로 옮겨 적었다 [6]한 말을 다른 말로 뒤치다 [ㅂ]우리말을 잉글말로 옮기다 [7]어떤 것을 다른 것으로 바꾸다 [ㅂ]말을 글로 옮기다. 이야기를 뭔그림으로 옮기다 [8]마음먹거나 생각한 것을 해내다 [ㅂ]마음먹은 것을 몸짓으로 옮기다 [9]푸나무를 다른 곳에 심다 [ㅂ]감나무를 옮기다 [10]앓이를 앓지 않는 사람에게 옮아서 앓게 하다 [ㅂ]언니에게 돌림앓이를 옮겼다

옮긴이 [이름씨] 한 나라 말이나 글을 다른 나라 말이나 글로 바꾸는 사람 ⇐ 번역가

옮다 [움직씨] [1]한곳에서 다른 곳으로 자리를 바꾸다 [ㅂ]큰고을살이가 힘들어서 시골마을로 옮았다 [2]불이나 불길 따위가 다른 곳으로 번져 붙다 [ㅂ]날이 가물어 불길이 이웃 메로 옮아 붙었다 [3]앓이 따위가 남에게 번지다 [ㅂ]눈앓이가 옮았다 [4]생각이나 버릇이 다른 사람에게 힘을 미치다 [ㅂ]벗한테 옮은 말버릇이 좋지 않다 [5]어떤 것과 닿아 그 빛깔이 묻거나 물들다 [ㅂ]흰옷에 진달래 꽃물이 옮았다 [6]붙살이벌레 같은 것이 넘어와 생기다 [ㅂ]벼룩이 옮다

옮살이 [이름씨] 사는 곳을 다른 곳으로 바꿔 삶 ⇐ 이주 **옮살이하다**

옮아가다 [움직씨] [1]다른 곳으로 자리를 바꾸어서 가다 [ㅂ]올여름부터는 서울에서 너리나로 옮아가서 살 거예요 [2]다른 데로 미치다 [ㅂ]이야기가 벼리에서 먹거리로 옮아갔다

옮아앉다 [움직씨] [1]다른 곳으로 자리를 바꾸어 앉다 [ㅂ]따뜻한 윗목으로 옮아앉으시지요 [2]다른 곳으로 바꾸어 자리잡다 [ㅂ]낳이일에서 건사일로 옮아앉은 지 이제 두 해 됐습니다

옮아오다 [움직씨] [1]다른 곳에서 자리를 바꾸어서 오다 [ㅂ]나도에서 구리마로 옮아왔어요 [2]불이나 앓이 따위가 번져 오다 [ㅂ]돌림앓이가 온누리로 옮아왔다

옰 [이름씨] 일을 잘못한 것에 따른 갚음 [ㅂ]남을 속인 옰으로 두고두고 마음이 괴로웠다 한뜻말 앙갚음 ⇐ 벌. 형. 형벌

옰내다 [움직씨] 채우거나 갚아지게 일이나 짓을 하다

옰바라다 [움직씨] 허물을 갚기를 바라다 ⇐ 구형하다

옰벼리 [이름씨] 어떤 일이 허물인지, 허물을 저질렀을 때 어떤 버력을 얼마만큼 내릴지 잡은 벼리 ⇐ 형법

옰일 [이름씨] 옰벼리에 걸리는 일 ⇐ 형사

옰일가름 [이름씨] 허물을 지은 사람한테 버력을 주려고 하는 판가름 ⇐ 형사재판

옰일거리 [이름씨] 옰일에 걸리는 일거리 ⇐ 형사사건

옰일걸이 [이름씨] 허물 지은 사람에게 버력을 주려고 하는 걸이 ⇐ 형사소송

옰차기 [이름씨] 공차기에서 지키는 쪽이 어떤 테두리 안에서 잘못을 했을 때 문지기만 세워두고 공을 차는 일 ⇐ 페널티킥

옰크기 [이름씨] 허물 지은이에게 내리는 옰 많기. 흔히 가두리에 얼마나 있어야 할지를 이른다 ⇐ 형량

옳다[1] [그림씨] [1]바른 삶이나 참에 견줘 맞다 [ㅂ]온누리 모든 사람에게 옳은 길. 온누리 모든 목숨붙이한테 옳은 길 [2]때와 곳에 알맞다 [ㅂ]때와 곳에 옳은 말과 옳은 일 [3]일을 다루는 것이 꼭 맞고 바르다 [ㅂ]일을 옳게 잘 끝냈다

옳다[2] [느낌씨] 제 생각과 꼭 들어맞아 훌륭하다 [ㅂ]옳습니다, 그렇게 하면 되겠네요

옳소 [느낌씨] 남 말이 옳다고 느껴 한뜻이라고 말할 때 쓰는 말 [ㅂ]옳소, 아예 끌어내립

시다

옳아 [느낌씨] 옳지 그렇구나 하고 느낄 때 내는 소리 [ㅂ]옳아, 그 말이 맞네

옳지 [느낌씨] [1]제대로 잘했음을 기리는 말 [ㅂ]옳지, 참 잘했어 [2]어떤 일이 갈에 맞거나 마음에 들 때 하는 말 [ㅂ]옳지, 바로 그거야

옴 [이름씨] 옴벌레가 옮아 붙어서 일으키는 살갗앓이. 사타구니나 겨드랑이, 손가락과 발가락 사이같이 여린 살갗에서 처음 생겨 차츰 온몸에 번지는데, 몹시 가렵고 짓무르며 헐기도 한다 [ㅂ]옴이 생겨서 온몸이 가렵다

옴개구리 [이름씨] 몸빛은 거무스름하거나 짙은 밤빛이고 등과 다리가 오돌도돌하며 배는 옅은 잿빛이고 검은 얼룩점이 있는 개구리

옴나위없다 [그림씨] [1]어찌할 수가 없다 [ㅂ]일꾼들은 옴나위없는 나날살이에 짓눌려도 버티고 잘 살아간다 [2]꼼짝할 만큼 적은 겨를도 없다 [ㅂ]무너진 집 더미 둘레에는 구경꾼들이 몰려들어 옴나위없는 매개이다

옴니암니[1] [어찌씨] 자질구레하게 시시콜콜 따지는 꼴 [ㅂ]작은 일까지 옴니암니 따진다

옴니암니[2] [이름씨] 자질구레한 일에까지 드는 돈 [ㅂ]안 쓴다고 마음먹어도 이달에도 옴니암니까지 셈하니 꽤 많이 들었어요 ⇐ 경비

옴벌레 [이름씨] 사람이나 짐승 살갗에 붙어사는 벌레 한뜻말 옴진드기

옴살 [이름씨] 매우 상냥하고 가까운 사이 [ㅂ]우리는 나이도 같고 좋아하는 것도 비슷하여 곧 옴살이 되었다 ⇐ 콤비

옴실거리다 [움직씨] 자잘한 벌레 같은 것이 한데 모여 오글거리다 **옴실대다**

옴실옴실 [어찌씨] 자잘한 벌레 같은 것이 한데 모여 오글거리는 꼴 [ㅂ]밤 자루를 열었더니 밤벌레들이 옴실옴실 기어나온다 **옴실옴실하다**

옴쌀 [이름씨] 찰떡에 덜 뭉개진 채 섞인 찹쌀 알 [ㅂ]옴쌀이 하나도 없는 찰떡

옴씹다 [움직씨] 이미 한 말을 자꾸 되풀이하다 [ㅂ]그렇게 같은 말을 옴씹으면 누군들 좋아하겠니?

옴중 [이름씨] 탈춤에 나오는 옴 오른 중

옴지락거리다 [움직씨] [1]좀 질긴 것을 오물거리며 굼뜨게 씹다 [2]매우 느리게 조금씩 자꾸 움직이다 **옴지락대다**

옴지락옴지락 [어찌씨] [1]좀 질긴 것을 오물거리며 굼뜨게 씹는 꼴 [ㅂ]누이가 옴지락옴지락 오징어를 씹는다 [2]매우 느리게 조금씩 자꾸 움직이는 꼴 [ㅂ]옴지락옴지락 헤엄치는 올챙이 [3]생각이 지워지지 않고 자꾸 되살아나는 꼴 [ㅂ]숨겨놓은 곶감 생각이 옴지락옴지락 떠오른다 **옴지락옴지락하다**

옴진드기 [이름씨] 옴벌레

옴짝 [어찌씨] [1]몸을 매우 작게 움직이는 꼴 [ㅂ]몸을 옴짝 움직여 빠져나왔다 큰말 움쩍 [2]('못 하다', '말다', '않다' 따위와 함께 써) 무엇을 하려고 이렇게 저렇게 조금 손 써보는 꼴 [ㅂ]어찌나 팔 힘이 세던지 옴짝도 못 하고 졌다 **옴짝하다**

옴짝달싹 [어찌씨] [1]('못 하다', '않다', '없다' 따위와 함께 써) 몸을 조금 움직이는 꼴 [ㅂ]버스 안이 어찌나 꽉 찼는지 옴짝달싹도 할 수 없었다 [2]무엇을 하려고 이렇게 저렇게 조금 손 써보는 꼴 [ㅂ]옴짝달싹 못 하고 붙잡혔다 **옴짝달싹하다**

옴츠리다 [움직씨] [1]몸을 작은 몸짓으로 빨리 오므려 작게 하다 [ㅂ]어머니까지 놀리는 바람에 몸을 옴츠리고 얼굴까지 빨개졌다 큰말 움츠리다 [2]내밀었던 몸 한쪽을 작은 몸짓으로 빠르게 들어가게 하다 [ㅂ]구경꾼이 몰려오자 자라가 놀라 목을 옴츠렸다

옴큼 [이름씨] 한 손으로 옴켜쥘 만한 크기를 나타내는 말 [ㅂ]할아버지가 밤을 한 옴큼 쥐여 주셨다 큰말 움큼

옴키다 [움직씨] 손가락을 오그려 쥐거나 잡다 [ㅂ]방울이는 아장아장 걸어가 솔떡을 냉큼 옴켜서 입에 넣었다

옴팍 [어찌씨] 가운데가 오목하게 쏙 들어간 꼴 [ㅂ]옴팍 들어간 자리에 속을 넣고 만두를 빚었다 큰말 움퍽

옴팍옴팍 [어찌씨] 군데군데 옴팍하게 들어간

꼴 ㉥눈길에 옴팍옴팍 난 어른 발자국 큰말 움퍽움퍽

옴팍옴팍하다 그림씨 여러 군데가 오목하게 쏙 들어간 데가 있다 큰말 움퍽움퍽하다

옴팍하다 그림씨 가운데가 좀 들어가 오목하다 ㉥그 집 며느리가 옴팍한 그릇에 떡을 가득 내왔다 큰말 움퍽하다

옴폭 어찌씨 가운데가 오목하게 폭 들어간 꼴 ㉥하늘이는 웃으면 볼우물이 옴폭 들어간다 큰말 움푹

옴폭옴폭 어찌씨 군데군데 옴폭하게 들어간 꼴 ㉥갯벌에 옴폭옴폭 들어간 구멍으로 게들이 들락날락한다

옴폭옴폭하다 그림씨 여러군데가 폭 들어가 오목한 데가 있다

옴폭하다 그림씨 가운데가 폭 들어가 오목하다

옷 이름씨 ❶몸을 가리거나 따뜻하게 하려고 천 따위로 지어 입는 것 ㉥난 비싼 옷은 사질 않는다 ❷어떤 것 거죽에 골고루 묻히거나 붙이는 것 ㉥강정에 깨로 꼼꼼히 옷을 입혀 그릇에 차근히 담았다

옷가지 이름씨 몇 가지 옷 ㉥아버지는 가방 속에 옷가지와 씻는 데 쓸것들을 챙겼다

옷감 이름씨 옷을 지을 밑감 ㉥옷감을 끊다. 옷감을 마르다 ⇐ 원단. 포목. 피륙

옷갓 이름씨 웃옷과 갓 ⇐ 복장 **옷갓하다**

옷거리 이름씨 옷 입은 맵시

옷걸이 이름씨 옷을 걸게 만든 몬 ㉥집에 돌아오자마자 겉옷을 벗어 옷걸이에 걸었다

옷고름 이름씨 저고리나 두루마기 앞에 달아 옷자락을 여미어 매는 끈 ㉥너 우리옷 옷고름을 맬 줄 알아?

옷곳 이름씨 불에 태워 좋은 내음을 내는 몬 ㉥촛불을 켜고 옷곳을 피운 뒤 식게를 지냈다 ⇐ 향

옷곳감 이름씨 옷곳을 내는 데 쓰는 몬. 먹거리나 꾸밈몬 따위에 넣어 좋은 냄새를 나게 한다 ⇐ 향료

옷곳기름 이름씨 좋은 냄새가 나는 기름. 머리꾸밈에 많이 쓴다 ⇐ 향유

옷곳나무 이름씨 잎은 작은 비늘처럼 다닥다닥 붙어 나고 이른 봄에 꽃이 피고 콩알만 한 방울 열매가 열려 가을에 익는 바늘잎나무. 나무에서 옷곳내가 나 깎아서 옷곳을 만들며 오사섬에서 저절로 난다 ⇐ 향나무

옷곳내 이름씨 옷곳한 냄새 ⇐ 향기. 향내

옷곳띠 이름씨 벼 갈래에 딸린 여러해살이풀. 흰 뿌리줄기가 옆으로 뻗는데 잎은 좁고 길며 뿌리잎이 나온다. 옷곳내가 나며 낮은 곳 풀밭에 자란다 ⇐ 향모

옷곳물 이름씨 옷곳감을 알코올 따위에 풀어 만드는 물로 된 꾸밈몬 ⇐ 향수

옷곳버섯 이름씨 굴뚝버섯 갈래로 큰 비늘꼴 조각이 있으며 다발로 자라고 맛과 냄새가 좋다 한뜻말 능어리 ⇐ 능이. 향버섯

옷곳불 이름씨 옷곳을 태우는 불 ⇐ 향불

옷곳불담이 이름씨 옷곳을 피우는 자그마한 불그릇. 안방에 쓰는 것과 식게에 쓰는 것이 있다 ⇐ 향로

옷곳패랭이꽃 이름씨 빨강, 하양, 희붉은 꽃이 피는 풀. 어버이날, 스승날에 달아드린다 ⇐ 카네이션

옷곳풀 이름씨 옷곳한 냄새를 가진 풀 ⇐ 향초. 허브

옷곳하다 그림씨 꽃내처럼 좋은 냄새가 나다 ⇐ 향긋하다. 향기롭다

옷깃 이름씨 저고리나 웃옷 목에 둘러대어 앞에서 여미도록 된 곳 ㉥옷깃을 여미다 한뜻말 목깃 ⇐ 칼라

옷깃차례 이름씨 옷깃 왼자락이 오른자락 위로 가는 데서 왼자락이 덮는 쪽으로 나아가는 차례. 곧 오른쪽으로 도는 차례

옷넣개 이름씨 옷을 넣어두는 곳 ㉥나리는 입고 나갈 옷을 고르려고 옷넣개를 열었다 ⇐ 옷장

옷단 이름씨 옷자락 가장자리를 안으로 접어 붙이거나 감친 곳 ㉥옷단이 너무 길어 바지가 땅에 끌린다 준말 단

옷단장 ⇒ 옷치레. 옷꾸밈. 옷가꿈

옷매무새 이름씨 옷을 입고 나서 여미고 매만

지는 뒷마무리 ⓑ옷매무새를 똑바로 하다 한뜻말매무새

옷매무시 이름씨 옷을 입은 꼴새 한뜻말매무시

옷맵시 이름씨 옷이 어울리는 꼴새 ⓑ너는 옷맵시가 아주 좋구나!

옷물림 이름씨 어머니가 시집갈 딸에게 누비바지를 물려주던 내림

옷바늘못 이름씨 옷을 여미거나 옷에 무엇을 달 때 쓰는 바늘 ⇐ 옷핀

옷박스 ⇒ 옷고리

옷상자 ⇒ 옷고리

옷섶 이름씨 앞이 트인 웃옷 앞자락 ⓑ옷섶을 여미고 어른들께 절을 올렸다

옷소매 이름씨 윗옷 팔을 꿰는 곳 ⓑ햇볕이 따가우니 옷소매로 얼굴을 좀 가려라

옷자락 이름씨 옷에서 아래로 드리운 곳 ⓑ아저씨가 걸음을 옮길 때마다 긴 옷자락이 펄럭거렸다

옷장 ⇒ 옷넣개

옷차림 이름씨 옷을 차려입은 꼴 ⓑ그 꽃님 옷차림은 수수하면서 가지런하고 깨끗하다

옷치레 이름씨 좋은 옷을 입어 몸을 보기 좋게 꾸밈 **옷치레하다**

옷핀 ⇒ 옷바늘못

옹고집 ⇒ 순 억지. 떼씀. 우김

옹골지다 그림씨 ❶속이 차서 알속이 있다 ⓑ가지마다 옹골진 다래가 다닥다닥 달렸다 ⇐ 충만하다 ❷야무지고 다부지다 ⓑ옹골진 목소리 ⇐ 착실하다

옹골차다 그림씨 ❶몹시 옹골지다 ⓑ나락 이삭이 옹골차게 여물었다 ❷매우 야무지고 다부지다 ⓑ마리는 어리지만 하는 짓이 옹골차다

옹구 이름씨 소 길마 위에 얹어 고구마나 무, 거름 같은 것을 나르는 데 쓰는 연장

옹근수 이름씨 누리수, 뺄누리수, 0을 통틀어 이르는 말 ⇐ 정수

옹글다 그림씨 ❶몬이 조각나거나 다치지 않고 처음대로 있다 ⓑ새집으로 부친 세간이 옹글게 왔다 ❷조금도 축이 나거나 모자라지 않다 ⓑ이 일을 끝내려면 옹근 한 달은 걸릴 것이다 ❸매우 알차고 다부지다 ⓑ말솜씨가 옹글지 않다

옹기·옹기그릇 ⇒ 단지. 독. 질그릇. 오지그릇

옹기장이 ⇒ 독바치. 그릇장이

옹기전 ⇒ 독가게. 독바치가게

옹기종기 어찌씨 크기가 고르지 않은 작은 것들이 모여 있는 꼴 ⓑ멧비탈에 집 몇 채가 옹기종기 모여 있다

옹달- 앞가지 (어떤 이름씨 앞에 붙어) 작고 오목한 ⓑ옹달솥. 옹달시루. 옹달우물. 옹달샘

옹달샘 이름씨 작고 오목한 샘 ⓑ깊은 산속 옹달샘 누가 와서 먹나요

옹달치 이름씨 옹달샘에서 사는 물고기, 곧 아주 작은 물고기 ⓑ이 냇가엔 옹달치가 산다

옹두리 이름씨 ❶나뭇가지가 부러진 자리나 다친 자리에 결이 맺혀 불퉁해진 것 ❷옹두리뼈

옹두리뼈 이름씨 짐승 정강이에 불퉁하게 나온 뼈

옹립 ⇒ 받들어 세움. 받들어 세우다. 받들어 모시다. 임금으로 세우다. 임금으로 모시다

옹망추니 이름씨 ❶꼬부라지고 오그라져 볼품이 없는 꼴 ❷생각이 좁고 마음도 좁은 사람 한뜻말옹춘마니 ⇐ 소인배

옹배기·옹자배기 이름씨 아주 작은 자배기

옹벽 ⇒ 버팀바람

옹색하다 ⇒ 가난하다. 비좁다. 막히다. 좀스럽다

옹성 ⇒ 버팀재. 버팀구루

옹솥 이름씨 작고 오목한 솥 ⓑ옹솥에 담긴 밥 한뜻말옹달솥

옹알거리다 움직씨 ❶입속으로 다른 사람이 알아듣지 못하게 자꾸 중얼거리다 ⓑ아내는 드러내어 말하지는 못하고 그저 옹알거리다가 방을 나갔다 큰말웅얼거리다 ❷아직 말 못 하는 아기가 입속으로 자꾸 소리를 내다 ⓑ아기는 아빠를 보고 무어라고 옹알거린다 **옹알대다**

옹알옹알 [어찌씨] [1]입속으로 다른 사람이 알아듣지 못하게 자꾸 중얼거리는 꼴 ㉥잔솔은 달갑지 않은 일이 생기면 옹알옹알 혼자서 게정을 부린다 [2]아직 말 못 하는 아기가 입속으로 자꾸 소리를 내는 꼴 ㉥엄마는 옹알옹알하며 혼자 누워 있는 아기를 안아 올렸다 **옹알옹알하다**

옹알이 [이름씨] 아직 말 못 하는 아기가 입속으로 자꾸 소리를 내는 짓 ㉥우리 아기는 요즘 옹알이를 곧잘 한다

옹이 [이름씨] [1]나무 곁가지들이 나오면서 나무에 생기는 흠집 ㉥버드나무나 붉은 소나무는 옹이가 적다 [2]굳은살 ㉥막일로 살아온 쇠돌이 손발에는 어느새 옹이가 박혔다 [3]귀에 박힌 말이나 가슴에 맺힌 마음느낌 ㉥별이는 아버지한테 가난했던 때 이야기를 귀에 옹이가 박히도록 들었다

옹졸하다 ⇒ 좁다. 너그럽지 못하다. 못나다. 좀스럽다. 쩨쩨하다. 속좁다

옹차다 [그림씨] 매우 옹골지다

옹춘마니 [이름씨] 생각이 좁고 너울가지가 없는 사람

옹크리다 [움직씨] 몸을 몹시 오그려 작게 하다 ㉥고양이가 볕든 곳에서 몸을 옹크리고 앉았다 [큰말]웅크리다

옹큼 [이름씨] 옴큼

옹호 ⇒ 감쌈. 두남둠. 감싸다. 역성들다. 두남두다

옻 [이름씨] [1]옻나무에서 나는 물. 처음 나오는 것은 잿빛인데 물기를 없애면 어두운 밤빛으로 되고 끈끈해진다. 몬에 바르기도 하고 낫개감으로도 쓴다. 나무에 옻을 바르면 벌레 먹는 걸 막을 수 있다 ⇐ 옻칠 [2]옻나무 물이 살에 닿아 생긴 앓이 ㉥옻이 올라 엄청 어려움을 겪었다 ⇐ 옻병 [3]옻입힘 ㉥옻을 입힌 밥놓개 ⇐ 옻칠 [익은말] **옻을 타다** 살갗이 옻 기운을 잘 받다

옻나무 [이름씨] 줄기가 곧게 자라고 줄기 껍질은 흰 잿빛인 나무. 나무에서 나오는 물은 여러 가지 세간을 물들이는 데 쓴다

옻입히다 [움직씨] 몬에 빛이 나게 옻을 바르다 ㉥까맣게 옻입힌 옷넣개

옻칠 ⇒ 옻입힘. 옻입히다

와[1] [이름씨] 한글 홀소리 글자 'ㅘ' 이름

와[2] [어찌씨] [1]여럿이 한꺼번에 움직이는 꼴 ㉥여러 사람들이 와 밀려나왔다 [2]여럿이 한꺼번에 떠들며 웃어대는 소리 ㉥아빠가 통닭을 사 오자 아이들이 와 소리를 질렀다

와[3] [느낌씨] '우아' 준말 ㉥와, 참말 오랜만이다

와[4] [토씨] [1](받침 없는 임자씨에 붙어) 다른 것과 견주어 서로 같거나 다름을 나타낼 때 쓰는 말. 받침 있는 낱말에는 '과'를 쓴다 ㉥범은 고양이와 비슷하다 [2]서로 함께 함을 나타낼 때 쓰는 말 ㉥동무와 논다 [3]여러 일이나 몬을 늘어놓을 때 쓰는 말 ㉥나무와 모래와 꽃. 바다와 메와 들

와그르르 [어찌씨] [1]많은 물이 좀 야단스럽게 끓어오르는 소리나 그 꼴 ㉥국이 와그르르 끓어오른다 [2]쌓였던 단단한 몬들이 갑자기 무너지는 소리나 그 꼴 ㉥둥거리 더미가 와그르르 무너졌다 [3]사람이나 짐승, 벌레 같은 것이 한곳에 뒤얽혀 많이 모인 꼴 ㉥아이들이 와그르르 모인 놀이터 [4]여러 사람이 한꺼번에 떠들썩하게 웃는 소리나 그 꼴 ㉥우리들은 와그르르 웃음보를 터트렸다 **와그르르하다**

와글거리다 [움직씨] 사람이나 짐승, 벌레 같은 것이 한곳에 많이 모여 뒤거나 떠들다 ㉥기다림 곳에는 사람들이 많이 와글거린다 **와글대다**

와글와글 [어찌씨] [1]사람이나 짐승, 벌레 같은 것이 한곳에 많이 모여 뒤거나 떠드는 소리나 그 꼴 ㉥닷새마다 열리는 덤밑 저잣거리는 오늘도 와글와글 사람들로 붐볐다 [2]흔히 있을 수 있는 일들이 많이 일어나는 꼴 ㉥사람 사는 데는 어디나 그런 일이 와글와글 일어나지요 [3]많은 물이 좀 야단스럽게 끓어 번지는 꼴 ㉥가마솥에는 엿 달이는 물이 와글와글 끓었다 [4]쌓아놓은 몬이 자꾸 무너지는 꼴이나 그 소리 ㉥쌓아

둔 통나무가 와글와글 무너지는 소리가 난다 **와글와글하다**

와다닥 어찌씨 매우 갑자기 뛰어나가거나 움직이는 꼴이나 그 소리 ㉺와다닥 일어나 나갔다 **와다닥하다**

와다닥와다닥 어찌씨 잇달아 여럿이 갑자기 뛰어나가거나 나오는 꼴이나 그 소리 ㉺모였던 사람들이 와다닥와다닥 다 뛰어나갔다 **와다닥와다닥하다**

와닥닥 어찌씨 ❶놀라서 갑자기 뛰거나 움직이는 꼴이나 그 소리 ㉺늦잠을 자다가 와닥닥 일어나서 배곳으로 갔다 ❷일을 매우 빠르게 해치우는 꼴 ㉺김매기를 와닥닥 해치웠다 ❸몹시 놀란 꼴 ㉺들고양이가 사람이 나타나자 와닥닥 놀라서 달아난다 **와닥닥하다**

와닥닥와닥닥 어찌씨 ❶여럿이 놀라서 갑자기 뛰거나 움직이는 꼴이나 그 소리 ㉺땅이 흔들리자 사람들이 집 안에서 와닥닥와닥닥 밖으로 뛰쳐나갔다 ❷잇달아 일을 매우 빠르게 해치우는 꼴 ㉺논매던 사람들이 참때가 되자 와닥닥와닥닥 해치우고 나왔다 **와닥닥와닥닥하다**

와당탕 어찌씨 ❶수레바퀴 같은 것이 여기저기 부딪치며 굴러가는 소리 ㉺자갈길을 수레가 와당탕 소리를 내며 간다 비슷한말 우당탕 ❷함부로 시끄럽게 뛰어가는 발구름 소리 ㉺모둠살이 윗집 아이가 와당탕 소리 내며 걷는다 ❸잘 울리는 바닥에 몬들이 마구 떨어지거나 부딪쳐 나는 소리 ㉺쇠널 지붕 위로 밤이 와당탕 떨어진다 **와당탕하다**

와당탕거리다 움직씨 수레바퀴 같은 것이 함부로 여기저기 부딪치며 굴러가는 소리가 나다 **와당탕대다**

와당탕와당탕 어찌씨 ❶수레바퀴 같은 것이 함부로 여기저기 부딪치며 굴러가는 소리나 그 꼴 ㉺짐수레가 와당탕와당탕 멧길을 내려간다 ❷함부로 시끄럽게 뛰어갈 때 잇달아 나는 발구름 소리 ㉺아이들이 골마루를 와당탕와당탕 뛰어간다 ❸잘 울리는 바닥에 몬들이 마구 잇달아 부딪치거나 떨어지는 소리 ㉺돌이 와당탕와당탕 굴러간다 **와당탕와당탕하다**

와드득 어찌씨 단단한 몬을 마구 깨물거나 부러뜨릴 때 나는 소리나 그 꼴 ㉺더워서 얼음을 입에 물고 와드득 씹어 먹었다 **와드득하다**

와드득거리다 움직씨 단단한 몬이 억세게 마구 깨물리거나 부러지는 소리가 자꾸 나다 **와드득대다**

와드득와드득 어찌씨 단단한 몬이 억세게 마구 깨물리거나 부러지는 소리가 자꾸 나는 꼴 ㉺언니는 날밤을 와드득와드득 씹어먹기를 좋아한다

와들거리다 움직씨 춥거나 무서워서 몸을 잇달아 몹시 떨다 **와들대다**

와들와들 어찌씨 춥거나 무서워서 몸을 몹시 떠는 꼴 ㉺날이 너무나 추워서 몸을 와들와들 떨었다 **와들와들하다**

와락 어찌씨 ❶갑자기 냅뜨거나 대들거나 끌어안거나 잡아당기는 꼴 ㉺아버지가 문을 와락 열어젖혔다 ❷몸짓이 갑작스러운 꼴 ㉺다솜이는 방에 들어오자 와락 옷을 벗었다 ❸마음이 갑자기 뭉클하거나 생각이 나는 꼴 ㉺갑자기 뜨거운 것이 속에서 와락 올라와 말을 잇지 못했다 ❹갑자기 울음을 터뜨리거나 목소리를 높이는 꼴 ㉺서러운 나머지 와락 울음을 터뜨렸다 **와락하다**

와락와락 어찌씨 ❶갑자기 자꾸 당기거나 끌어안거나 허물거나 뛰는 꼴 ㉺아이들을 와락와락 밀어버리고 앞으로 갔다 ❷몸짓이 함부로 갑작스러운 꼴 ㉺오빠는 얼이 나갔는지 닥치는 대로 와락와락 세간살이를 집어 던졌다 ❸마음이 갑자기 솟구쳐 오르거나 생각이 나는 꼴 ㉺와락와락 설움이 북받쳤다 ❹갑자기 자꾸 울음을 터트리거나 목소리를 높이는 꼴 ㉺아들 죽은 날이 가까이 오자 엄마는 와락와락 울음을 터트렸다 **와락와락하다**

와랑와랑 어찌씨 소리가 매우 크게 울리는 꼴

ⓑ목소리가 와랑와랑 울리는 굴속 큰말 우렁우렁 **와랑와랑하다**

와류 ⇒ 소용돌이

와르르 어찌씨 ❶적은 물이 한꺼번에 야단스럽게 넘쳐 오르거나 끓어오르는 소리나 그 꼴 ⓑ달이는 낫개가 와르르 끓는다 큰말 워르르 ❷여러 사람이 한꺼번에 야단스럽게 몰려 움직이는 소리나 그 꼴 ⓑ배곳에서 배움이들이 밖으로 와르르 몰려나온다 ❸쌓인 몬이 한꺼번에 야단스럽게 무너져 내리는 소리나 그 꼴 ⓑ쌓아놓은 둥거리 더미가 와르르 무너져 내린다 ❹가까이서 천둥이 야단스럽게 치는 소리 ⓑ눈앞이 번쩍하더니 하늘이 무너지듯 와르르 천둥이 친다 **와르르하다**

와르르와르르 어찌씨 ❶여러 사람이 한꺼번에 시끄럽게 몰려나오거나 움직이는 소리나 그 꼴 ⓑ문밖으로 와르르와르르 쏟아져 나오는 배움이들 ❷물이 한꺼번에 시끄럽게 끓어오르거나 넘쳐나는 소리나 그 꼴 ⓑ와르르와르르 끓어 넘치는 가마솥 엿물 ❸쌓인 몬이 한꺼번에 시끄럽게 무너져 내리는 소리나 그 꼴 ⓑ쌓아놓은 쇠막대들이 와르르와르르 무너졌다 ❹천둥이 가까이서 크게 울리는 꼴 ⓑ비가 쏟아지면서 번쩍하고 천둥이 와르르와르르 울렸다 **와르르와르르하다**

와르릉와르릉 어찌씨 ❶우레나 떨림이 매우 시끄럽게 울리는 소리 ⓑ번개가 치고 곧 하늘이 무너질 듯이 와르릉와르릉 천둥이 쳤다 ❷무엇이 무너지거나 흔들리면서 시끄럽게 울리는 소리 ⓑ쾅 하는 소리와 함께 바위가 와르릉와르릉 무너져 내렸다 ❸큰 틀들이 시끄럽게 돌아가는 소리 ⓑ아버지와 함께 와르릉와르릉 벼바심틀을 돌리며 벼를 떨었다 **와르릉와르릉하다**

와병 ⇒ 앓아누움. 몸져누움. 앓아눕다. 몸져눕다

와삭 어찌씨 ❶마른 가랑잎이나 얇고 빳빳한 것이 가볍게 서로 스치거나 부서지는 소리 ⓑ발밑에서 가랑잎 부서지는 소리가 와삭 난다 ❷과일과 같은 부드러운 것을 씹거나 베어 무는 소리 ⓑ능금을 와삭 베어 먹었다 **와삭하다**

와삭거리다 움직씨 ❶마른 가랑잎이나 얇고 빳빳한 몬이 가볍게 스치거나 부서질 때 잇달아 소리가 나다 ❷과일과 같은 부드러운 것을 자꾸 씹거나 베어 무는 소리가 나다 **와삭대다**

와삭와삭 어찌씨 ❶마른 가랑잎이나 얇고 빳빳한 몬이 가볍게 스치거나 부서질 때 잇달아 나는 소리나 그 꼴 ⓑ아이들이 숲속에서 와삭와삭 가랑잎을 밟으며 걷는다 ❷과일과 같은 부드러운 것을 자꾸 씹거나 베어 무는 소리 ⓑ무를 뽑다가 와삭와삭 베어 물었다 **와삭와삭하다**

와셔 ⇒ 자릿쇠. 따리쇠

와스스 어찌씨 ❶마른 잎이 바람에 어수선하게 흔들리는 소리나 그 꼴 ⓑ바람에 와스스 쓸려가는 가랑잎 ❷가랑잎이나 눈, 흙들이 떨어져 어수선하게 흩어지는 소리나 그 꼴 ⓑ와스스 눈발이 날린다 ❸가벼운 것이 시끄럽게 무너져 떨어지는 소리 ⓑ종이가 바람에 와스스 흩날린다 **와스스하다**

와스스와스스 어찌씨 ❶마른 잎이 바람에 어수선하게 자꾸 흔들리는 소리나 그 꼴 ⓑ와스스와스스 나뭇잎이 스치는 소리 ❷가랑잎이나 눈, 흙들이 떨어져 어수선하게 자꾸 흩어지는 소리나 그 꼴 ⓑ땅이 녹자 비탈 흙이 와스스와스스 무너져 내린다 ❸가벼운 것이 시끄럽게 자꾸 무너져 떨어지는 소리 ⓑ종이 더미가 와스스와스스 무너진다 **와스스와스스하다**

와실 어찌씨 ❶마른 나뭇잎이나 모래알 따위가 스치거나 부서질 때 나는 소리 ⓑ아이들이 모래 더미를 쌓으면 곧 와실 무너진다 ❷눈이나 흙이 떨어지거나 쏟아지는 소리 ⓑ눈이 와실 내린다 **와실하다**

와실거리다 움직씨 ❶마른 나뭇잎이나 모래알 따위가 자꾸 스치거나 부서지는 소리가 나다 ❷눈이나 흙이 자꾸 떨어지거나 쏟아지

는 소리가 나다 **와실대다**

와실랑와실랑 [어찌씨] [1]마른 나뭇잎이 떨어져 흩어지거나 스치면서 시끄럽게 내는 소리 ㉥와실랑와실랑 부딪치는 가랑잎 소리 [2]눈이나 흙이 떨어지거나 쏟아지는 소리 ㉥와실랑와실랑 내리는 함박눈 **와실랑와실랑하다**

와실와실 [어찌씨] [1]마른 나뭇잎이나 모래알 따위가 자꾸 스치거나 부서질 때 나는 소리 ㉥와실와실 갈퀴로 떨어진 솔잎을 긁어모았다 [2]눈이나 흙이 자꾸 떨어지거나 쏟아지는 소리 ㉥메에서 흙이 와실와실 무너져 내린다 **와실와실하다**

와이셔츠 ⇒ 흰속윗도리

와이엠시에이 ⇒ 예수믿는 젊은이모임

와이좌표 ⇒ 세로자리표

와이축 ⇒ 세로대

와인 ⇒ 하늬머루술

와자자하다 [그림씨] [1]머리칼 같은 것이 마구 헝클어지거나 흩어지다 ㉥잠을 어떻게 잤는지 머리가 와자자하다 [2]새뜸 같은 것이 빨리 퍼져나가다 ㉥둘이서 사귄다는 이야기가 온 마을에 와자자하다 [3]판을 떠들썩하게 벌여놓다 ㉥놀이판을 와자자하게 벌여놓고 윷놀이를 한다

와자작 [어찌씨] 단단한 것이 부서지거나 무너질 때 끊어졌다 잇대어 나는 소리 ㉥얼음과자를 와자작 씹어 먹었다 **와자작하다**

와자작거리다 [움직씨] 단단한 것이 부서지거나 무너질 때 잇달아 끊어졌다 잇대어 소리가 나다

와자작와자작 [어찌씨] 단단한 것이 부서지거나 무너질 때 잇달아 끊어졌다 잇대어 나는 소리 ㉥와자작와자작 발밑에서 얼음 부서지는 소리가 났다 **와자작와자작하다**

와작거리다 [움직씨] 좀 단단한 것을 자꾸 마구 씹는 소리가 나다

와작와작 [어찌씨] [1]좀 단단한 것을 자꾸 마구 씹는 소리나 그 꼴 ㉥배가 고파 무를 와작와작 씹어 먹었다 큰말우적우적 [2]단단한 것이 마구 부러지거나 부서질 때 나는 소리나 그 꼴 ㉥우리는 메에서 길을 잃고 넝쿨이며 삭정이들을 와작와작 헤치고 밟으며 길을 찾아 해맸다 **와작와작하다**

와전 ⇒ 잘못 알림. 잘못 알리다. 그릇 알리다

와중 ⇒ 소용돌이 속. 북새판

와지끈 [어찌씨] 단단한 몬이 갑자기 부러지거나 부서지는 소리나 그 꼴 ㉥싹쓸바람에 나뭇가지가 와지끈 부러졌다 **와지끈하다**

와지끈거리다 [움직씨] 단단한 몬이 갑자기 잇달아 부러지거나 부서지는 소리가 나다 **와지끈대다**

와지끈와지끈 [어찌씨] 단단한 몬이 갑자기 잇달아 부러지거나 부서지는 소리나 그 꼴 ㉥엄청 센 눈바람에 숲속에선 와지끈와지끈 나무 부러지는 소리가 들렸다 **와지끈와지끈하다**

와짝 [어찌씨] [1]갑자기 빨리 자라거나 늘어나는 꼴 ㉥비온 뒤에 옥수수가 와짝 자랐다 [2]힘을 갑자기 세게 쓰는 꼴 ㉥문을 와짝 밀어제쳤다

와트 [이름씨] 번힘 크기를 나타내는 말. 뜻표는 'W'이다

와해 ⇒ 무너짐. 깨짐. 무너지다. 깨지다. 허물어지다. 흩어지다. 부서지다

왁 [어찌씨] [1]여러 사람이 한 곳으로 마구 몰리는 꼴 ㉥멋지게 공을 넣은 아람이한테 동무들이 왁 몰려들었다 [2]가림없이 마구 구는 꼴 ㉥마음 같아서는 세간을 왁 뒤집어엎어버리고 싶었다 [3]골나는 마음이 마구 치솟는 꼴 ㉥재는 잘못 건드리면 왁 골을 낸다

왁대 [이름씨] 아내를 채어 간 사람한테서 받은 돈 한뜻말왁댓값

왁자자하다 [움직씨] 여럿이 갑자기 떠들어대거나 웃어대다 ㉥빨래터에 모인 꽃님들 웃음소리가 왁자자하다

왁자지껄 [어찌씨] 얼이 어지럽도록 떠들고 지껄이는 소리나 그 꼴 ㉥뒷집에서 잔치를 하는지 왁자지껄 떠드는 소리가 들린다 **왁자**

지껄하다

왁자하다 그림씨 얼이 어지럽도록 떠들어서 어수선하다 ⓑ왁자한 아이들 웃음소리

완각 이름씨 맞배지붕이나 여덟지음 지붕 옆쪽

완강하다 ⇒ 꿋꿋하다. 꼿꼿하다. 검질기다. 굳세다

완결 ⇒ 끝맺음. 끝냄. 끝마감. 끝막음. 끝맺다. 끝내다. 끝마치다. 마치다. 마무리하다. 마감하다. 마무르다. 매듭짓다. 매기단하다. 아퀴짓다. 손떼다. 손씻다

완고하다 ⇒ 아귀세다. 아귀차다. 올곧다. 고지식하다

완곡하다 ⇒ 에두르다. 둘러서 말하다. 부드럽다

완공 ⇒ 다 지음. 다 짓다. 다 만들다

완구 ⇒ 장난감

완납 ⇒ 다 냄. 다 내다. 다 바치다. 다 치르다

완두콩 ⇒ 애콩. 별콩. 찰콩

완력 ⇒ 힘. 주먹심. 팔심. 힘꼴. 기운. 기운꼴

완료 ⇒ 끝냄. 마침. 끝내다. 마치다. 끝마치다. 다하다. 마무리하다. 마감하다. 아퀴짓다. 마무르다. 끝마감하다. 끝맺다. 매듭짓다. 매기단하다. 끝막음하다. 손떼다

완만하다 ⇒ 느리다. 느릿느릿하다. 굼뜨다. 기울기가 천천하다

완벽 ⇒ 흠없음. 훌륭함. 빈틈없음. 오롯함. 물샐틈없다. 훌륭하다. 흠 없다. 빈틈없다. 오롯하다. 빠짐없다. 더할나위없다. 나무랄 데 없다

완불 ⇒ 다 치름. 다 물음. 다 갚음. 다 치르다. 다 물다. 다 갚다

완비 ⇒ 오롯이 갖춤. 다 갖춤. 오롯이 갖추다. 빈틈없이 갖추다. 빠짐없이 갖추다

완성 ⇒ 이룸. 끝냄. 이루다. 이룩하다. 끝맺다. 끝내다. 끝마치다. 끝마감하다. 끝막음하다. 마무르다. 마무리하다. 매듭짓다. 아퀴짓다

완성품 ⇒ 다 된 것. 이룸몬

완수 ⇒ 마침. 마무리. 끝냄. 다 마치다. 마무리짓다. 끝내다

완숙 ⇒ 다 익음. 잘 익음. 푹 익음. 잘함. 다 익다. 잘 익다. 푹 익다. 다 삶다. 다 삶기다. 몸에 배다. 잘하다

완승 ⇒ 오롯이김. 깨끗이 이기다. 오롯이 이기다

완연하다 ⇒ 뚜렷하다. 또렷하다. 비슷하다

완자 이름씨 잘게 다진 고기에 달걀, 콩묵, 남새들을 섞어 둥글게 빚은 뒤 밀가루를 바르고 다시 달걀을 씌워 기름에 지진 맛갓

완장 ⇒ 팔띠

완전무결 ⇒ 오롯함. 옹골지다

완전변태 ⇒ 오롯탈바꿈

완전식품 ⇒ 오롯맛갓

완전탈바꿈 ⇒ 오롯탈바꿈

완전하다 ⇒ 오롯하다. 옹글다. 말짱하다. 빈틈없다. 감쪽같다. 흠 없다. 나무랄 데 없다

완제품 ⇒ 오롯마침몬. 다마침몬

완주 ⇒ 다 달림. 마지막까지 달리다. 끝까지 달리다. 다 달리다

완충 ⇒ 누그러뜨림. 누그러뜨리다

완치 ⇒ 다 낫게 함. 다 고침. 다 낫게 하다. 다 나수다

완쾌 ⇒ 다 나음. 깨끗이 나음. 다 낫다. 깨끗이 낫다. 씻은 듯이 낫다. 좋아지다

완패 ⇒ 오롯 짐. 깨끗이 지다

완행 ⇒ 느리게 감

완행열차 ⇒ 느린 줄수레. 천천 줄수레

완화 ⇒ 늦춤. 누그러뜨림. 풂. 늦추다. 누그러뜨리다. 풀다. 무르게 하다. 느슨하게 하다. 덜어주다. 낮추다

왈가닥[1] 어찌씨 단단하고 빳빳한 것이 부딪치거나 스쳐 뒤집히는 소리 ⓑ부엌 쪽에서 왈가닥 쇠그릇 부딪치는 소리가 난다

왈가닥[2] 이름씨 차분하지 못하고 덜렁대는 겨집 ⓑ꽃순이는 동네에서도 알아주는 왈가닥이지

왈가닥왈가닥 어찌씨 ❶단단한 것들이 자꾸 부딪치거나 스쳐 뒤집히는 소리 ❷마음씨가 괄괄하여 말이나 짓이 거칠고 떠들썩한 꼴

왈가왈부 ⇒ 옳으니 그르니. 이러쿵저러쿵. 옳으니 그르니하다. 이러쿵저러쿵하다

왈랑왈랑 어찌씨 ❶가슴이 설레어 몹시 뛰놀는 꼴 ⓑ가슴이 마구 왈랑왈랑 뛰놀아서

하려던 말을 제대로 하지 못했다 ❷물이 설레어 자꾸 흔들리거나 끓는 꼴 ㉥국물이 왈랑왈랑 끓으면서 구수한 냄새가 집안에 풍겼다 ❸물을 입에 머금고 마구 울걱거리는 꼴 ❹방울 같은 것이 시끄럽게 자꾸 흔들려 나는 소리나 그 꼴 **왈랑왈랑하다**

왈랑절랑 (어찌씨) 소 방울 같은 것이 시끄럽게 흔들리거나 부딪쳐 울리는 소리나 그 꼴 ㉥왈랑절랑 소 방울 소리가 새벽안개 속에 들린다 **왈랑절랑하다**

왈랑절렁 (어찌씨) 방울 따위가 시끄럽게 울리는 소리 ㉥멀리서 방울소리가 왈랑절렁 들린다 센말 왈랑철렁

왈츠 (이름씨) 가벼운 춤가락

왈칵 (어찌씨) ❶갑자기 힘껏 잡아당기거나 밀치는 꼴 ㉥노을이는 함박눈을 보려고 바라지를 왈칵 열어젖혔다 ❷갑작스레 많이 쏟아지는 꼴 ㉥야윈 언니 모습에 눈물이 왈칵 쏟아졌다 ❸거센 기운이나 느낌이 한꺼번에 치밀어 오르는 꼴 ㉥그 꼴을 보자 속에서 불덩어리가 왈칵 치밀어올랐다

왔다갔다하다 (움직씨) ❶자꾸 오고가고 하다 ㉥여러 디위 왔다갔다하며 길을 익혔다 ❷일을 이랬다저랬다 하다 ❸얼이 맑았다 흐렸다 하다 ㉥할아버지가 요즘 얼이 왔다갔다하나봐

왕 ⇒ 임금

왕겨 ⇒ 겉겨

왕고들빼기 ⇒ 큰고들빼기

왕골 (이름씨) 줄기가 세모지고 길게 자라며 매끄럽고 빛이 나면서 질겨 돗자리나 바구니 따위를 만드는 데 쓰는 풀 ㉥왕골 부채. 왕골 방석. 왕골 돗자리

왕관 ⇒ 임금갓

왕국 ⇒ 임금나라

왕궁 ⇒ 임금집

왕권 ⇒ 임금힘

왕년 ⇒ 한때. 옛날. 옛적. 한적. 지난날. 지나간 해

왕눈이 ⇒ 큰눈이

왕대 ⇒ 큰대

왕따 ⇒ 한따

왕래 ⇒ 오감. 사귐. 발길. 만남. 오가다. 드나들다. 넘나들다

왕릉 ⇒ 임금무덤

왕림 ⇒ 오심. 찾아오심. 몸소 찾아오다. 만나러 오다

왕립 ⇒ 임금세운

왕매미 ⇒ 말매미

왕머루 ⇒ 큰머루

왕명 ⇒ 임금성금

왕모기 ⇒ 큰모기

왕바람 ⇒ 임금바람

왕바랭이 ⇒ 큰바랭이

왕방울 ⇒ 큰방울

왕벌 ⇒ 말벌

왕벚나무 ⇒ 다모나벚나무

왕복 ⇒ 오감. 오가다. 갔다오다. 갔다가 돌아오다. 왔다갔다하다

왕복달리기 ⇒ 오감달리기

왕비 ⇒ 임금아내

왕사마귀 ⇒ 큰사마귀

왕새우 ⇒ 큰새우

왕성하다 ⇒ 기운차다. 싱싱하다. 씽씽하다. 한창 일어나다. 힘차다

왕세빈 ⇒ 임금될 아들 아내

왕세자 ⇒ 임금될 아들

왕소금 ⇒ 굵은소금

왕실 ⇒ 임금집

왕왕 (어찌씨) ❶여럿이 시끄럽게 떠드는 소리 ㉥열린 바라지로 매미들이 왕왕 울어대는 소리가 밀려 들어왔다 ❷벌이나 파리가 시끄럽게 나는 소리

왕왕 ⇒ 이따금. 가다가. 가끔가다. 참참이. 더러

왕위 ⇒ 임금자리

왕자 ⇒ 임금아들

왕자병 ⇒ 제멋앓이. 제뽐냄앓이

왕잠자리 ⇒ 큰잠자리

왕조 ⇒ 임금핏줄. 임금다스림

왕족 ⇒ 임금겨레

왕좌 ⇒ 임금자리

왕지네 ⇒ 큰지네

왕진 ⇒ 앓는 이 보러감. 앓는 이 보러 가다. 찾아가 살펴보다. 찾아가 고치다

왕창 어찌씨 엄청나게 많이 ㉥왕창 먹었다. 돈을 왕창 써버렸다

왕체 ⇒ 굵은체

왕초 ⇒ 우두머리

왕치 ⇒ 암방아깨비

왕풍뎅이 ⇒ 큰풍뎅이

왕후 ⇒ 임금아내

왜[1] 이름씨 한글 홀소리 글자 'ㅙ' 이름

왜[2] 어찌씨 **1** 무슨 까닭으로. 무엇 때문에 ㉥왜 울고 있니? 여긴 왜 왔니? **2**(느낌씨) 묻거나 세게 말할 때 하는 말 ㉥왜 아까 다 했잖아

왜가리 이름씨 논이나 물가에서 긴 목을 뻗어 개구리나 물고기, 뱀을 잡아먹고 사는 여름 철새. 머리 위는 흰빛, 꼭대기는 검은빛, 등 쪽은 푸른 잿빛, 배 쪽은 흰빛이다 슬기말 **왜가리새 여울목 넘어다보듯** **1** 무언가 얻을 것이 없을까 하고 엿보는 꼴 **2** 남에게 숨겨가며 제 길미를 갖는 꼴

왜가리소리 이름씨 왜가리처럼 듣기 싫게 떠드는 소리

왜간장 ⇒ 왜지렁

왜곡 ⇒ 비틂. 비틀다. 비뚤게 하다. 구부리다. 그릇되게 하다. 외대다. 그릇 풀이하다. 어긋나게 풀이하다. 참과 다르게 바꾸다

왜골 이름씨 허우대가 크고 말이나 짓이 얌전하지 않은 사람 ㉥산들은 허우대만 큰 왜골이라 혼자서는 그 일을 못 해낼 거야

왜골스럽다 그림씨 허우대가 크고 말이나 짓이 얌전하지 않다 ㉥그 사내는 왜골스러운 데가 있어 쉽게 다가가기 어렵다

왜관 ⇒ 왜집

왜구 ⇒ 왜도둑

왜국 ⇒ 왜나라

왜군 ⇒ 왜싸울아비

왜나라 이름씨 '니혼'을 옛날에 부르던 이름

왜냐하면 어찌씨 왜 그러냐 하면. 앞 글월이나 말을 한 까닭을 밝힐 때 쓰는 말이다 ㉥나는 어제 배곳에 가지 않았다. 왜냐하면, 몸이 아팠기 때문이다

왜놈 이름씨 왜나라 사람을 낮춰 부르던 말

왜도둑 이름씨 열셋 온해에서 열여섯 온해 사이에 우리 바닷가에 도둑질하러 나타난 왜바다 도둑 ⇐ 왜구

왜뚜리 이름씨 큰 몬

왜란 ⇒ 왜쳐들어옴

왜매치 이름씨 바닥에 모래나 자갈이 깔린 가람에 사는 민물고기. 몸은 누런 밤빛이나 희뿌연 밤빛이다

왜몰개 이름씨 물살이 느린 가람이나 못에 사는 민물고기. 배는 희고 등은 옅은 밤빛이다

왜바람 이름씨 이리저리 마구 부는 바람 ㉥이렇게 왜바람이 불면 배를 못 띄워

왜배기 이름씨 겉보기에 좋고 바탕도 좋은 몬 ㉥이 밥솥이 겉만 좋은 게 아니라 써보니 왜배기야

왜병 ⇒ 왜싸울아비

왜선 ⇒ 왜배

왜소하다 ⇒ 잗달다. 작달막하다. 조그맣다. 좀스럽다. 초라하다. 작고 초라하다

왜싸울아비 이름씨 왜나라 싸울아비

왜왕 ⇒ 왜임금

왜인 ⇒ 왜사람

왜장 ⇒ 왜머리싸울아비

왜적 ⇒ 왜싸울아비

왜집 이름씨 조선 때 왜나라 사람들이 와서 장사하고 사귀며 머물던 집 ⇐ 왜관

왜철쭉 이름씨 '진달래' 갈래에 딸린 갈잎떨기나무. 잎은 가지 끝에 뭉쳐나고 봄에 엷붉은 꽃이 피는데, 요즘은 여러 빛깔이 있어 구경거리로 많이 심는다 ⇐ 영산홍

왠지 어찌씨 왜 그런지 모르게 ㉥오늘은 왠지 일하고 싶지 않아

왱 어찌씨 **1** 작은 날벌레나 돌팔매 따위가 빠르게 날아갈 때 나는 소리 ㉥모기가 또 왱 방안을 날아다닌다 **2** 빠른 바람이 번힘줄

따위에 부딪혀 울리는 소리 ㉥센바람에 번힘줄이 왱 운다 [3]불끔수레나 숨건짐수레 따위가 '비켜' 소리를 울릴 때 나는 소리 ㉥불끔수레가 왱 소리를 내며 쏜살같이 지나갔다

왱왱 [어찌씨] [1]벌이나 돌팔매 따위가 자꾸 빠르게 날아갈 때 나는 소리 ㉥왱왱 우는 모깃소리에 밤새 잠을 설쳤다 큰말 웽웽 [2]빠른 바람이 가는 번힘줄 따위에 잇달아 부딪칠 때 나는 소리 ㉥왱왱 우는 번힘줄 소리 [3]불끔수레나 숨건짐수레 따위가 고동을 자꾸 울릴 때 나는 소리 ㉥숨건짐수레가 왱왱 고동을 울리며 지나간다

왱왱거리다 [움직씨] [1]벌이나 돌팔매 따위가 자꾸 빠르게 날아가는 소리가 나다 [2]빠른 바람이 가는 번힘줄 따위에 잇달아 부딪치는 소리가 나다 [3]불끔수레나 숨건짐수레 따위가 고동을 자꾸 울리는 소리가 나다 **왱왱대다**

외[1] [이름씨] 한글 홀소리 글자 'ㅚ' 이름

외[2] [이름씨] '오이' 준말 [슬기말] **외 덩굴에 가지 열릴까** [1]뿌린 대로 열매 맺어 거둔다 [2]어버이와 아주 딴판인 아들딸은 있을 수 없다

외- [앞가지] (어떤 이름씨 앞에 붙어) 오직 하나뿐인 ㉥외나무다리. 외마디. 외아들. 외톨. 외딸

외 (外) ⇒ 밖

외가·외가댁·외갓집 ⇒ 어미집. 엄마집

외각 ⇒ 밖모. 바깥모

외경 ⇒ 두려워함. 저어함. 우러름. 어려워하다. 두려워하다. 우러르다

외경심 ⇒ 받드는 마음. 우러르는 마음

외계 ⇒ 바깥 누리. 땅별 바깥. 땅별 밖. 미리내 누리

외계인 ⇒ 딴별이. 딴별사람. 다른별이. 다른별사람. 미리내사람

외고집 ⇒ 외억지

외골수 ⇒ 외곬

외곬 [이름씨] [1]오직 한쪽으로 뻗은 길 한뜻말 외길 [2]한쪽으로만 파고드는 것. 또는 그런 마음씨

외과 ⇒ 다친 곳 보는데. 째꿰매기 나숨집

외곽 ⇒ 둘레. 언저리. 겉두리. 바깥. 바깥담

외관 ⇒ 겉보기. 겉모습

외교 ⇒ 나라사귐. 밖사귐

외교관 ⇒ 나라사귐이. 나라사귐보. 밖사귐보. 나라사귐님

외교권 ⇒ 나라사귐힘

외교부 ⇒ 나라사귐맡

외교정책 ⇒ 나라사귐꾀

외국 ⇒ 밖나라. 딴나라. 다른나라. 바깥나라. 이웃나라

외국산 ⇒ 밖나라낳이. 딴나라낳이. 바깥나라에서 만듦. 들온몬

외국어 ⇒ 밖나라말. 다른나라말. 바깥나라말

외국인 ⇒ 밖나랏이. 딴나라사람. 바깥나라사람. 다른나라사람

외그네 [이름씨] 한 사람이 올라서서 뛰는 그네 ㉥느티나무에 걸린 외그네를 탄다

외길 [이름씨] [1]한군데로만 난 길 ㉥우리는 숲속으로 난 외길을 따라 걸었다 한뜻말 외가닥길 [2]하나뿐인 수나 길 ㉥닷뜸님은 한뉘 동안 겨레 잇는 외길을 걸어왔다

외꽃 [이름씨] [1]'오이꽃' 준말. 노란 빛깔 통꽃으로 여름에 핀다 ㉥이때쯤 물외밭엔 외꽃이 피고 있으리라 [2]노랗게 질린 얼굴빛을 빗댄 말

외나 [이름씨] 마소 두 마리를 부릴 때 왼쪽 마소를 이르는 말. 또는 왼쪽으로 가라고 외치는 말 맞선말 마나

외나무다리 [이름씨] 통나무 하나로 놓은 다리. 좁은 도랑이나 시내 같은 곳에 놓고 건너다닌다 ㉥외나무다리를 건너다 [슬기말] **외나무다리에서 만날 날 있다** 꺼리고 미워하는 사람을 만들면 비켜갈 수 없는 곳에서 만나는 일이 꼭 생기게 된다

외다[1] [그림씨] [1]오른쪽에 놓일 것이 왼쪽에, 왼쪽에 놓일 것이 오른쪽에 놓여 손을 쓰기가 거북하다 ㉥솜씨가 서툴러서 바느질이 외었다 [2]마음이 꼬인 데가 있다 ㉥저 애가 무엇 때문에 속이 외었는지 알 수가 없

어요

외다[2] 움직씨 '외우다' 준말 ⓑ너 닷벗노래 다 욀 수 있어?

외다리방아 이름씨 발을 디디는 곳이 하나인 디딜방아

외대 이름씨 나무나 풀에서 하나뿐인 줄기

외대가꾸기 이름씨 어떤 푸나무를 가꿀 때, 여럿 난 줄기 가운데 오직 한 줄기만 가꾸는 일 ⓑ토마토는 외대 가꾸기를 해야 한다

외대다[1] 움직씨 ❶데면데면하게 맞이하다 ❷싫어하고 꺼려 멀리하다

외대다[2] 움직씨 참과 다르게 일러주다 ⓑ밖을 쏘다니고 와서는 어버이한테는 부지런히 배운듯이 외댔다 ⇐ 왜곡

외돌토리 이름씨 ❶매인 데도 없고 기댈 데도 없이 오직 혼자인 몸 ⓑ외동으로 자란 그이는 어버이마저 돌아가시고 외돌토리가 된 지 오래다 한뜻말 외톨박이. 외톨이. 외톨 ⇐ 혈혈단신 ❷남과 어울리지 못하고 따돌림 받거나 홀로 있기를 잘하는 사람 ⓑ마을에 또래가 없어 언제나 외돌토리였다

외동 이름씨 언아우, 누이, 누나 없이 어버이 밑에 혼자인 사람

외동딸 이름씨 '외딸'을 귀엽게 일컫는 말. 하나만 있는 딸 ⓑ아람은 외동딸이라 어버이 사랑을 혼자 다 받았다

외동무니 이름씨 윷놀이에서 한 동으로 가는 말 준말 외동

외동아들 이름씨 하나뿐인 아들 한뜻말 외아들

외둥이 이름씨 외아들이나 외딸을 귀엽게 이르는 말 ⓑ옛날에는 외둥이가 아주 드문 일이었지만 요즘은 집마다 거의 다 외둥이야

외따로 어찌씨 홀로 따로 ⓑ우리 집은 마을에서 멀리 떨어져 외따로 있다

외딴 매김씨 따로 떨어진 ⓑ깊은 멧속 외딴 오두막집

외딴길 이름씨 외따로 떨어진 작은 길 ⓑ이 외딴길로 쭉 가면 동무 집이 나와요

외딴섬 이름씨 뭍에서 멀리 떨어져 외따로 있는 섬 ⓑ이곳은 마을 사람이 다섯뿐인 외딴섬이다

외딴집 움직씨 마을에서 멀리 떨어져 외따로 있는 집 ⓑ할아버지는 멧기슭 외딴집에 산다

외딴치다[1] 움직씨 혼자 판을 휩쓸다

외딴치다[2] 움직씨 쉽게 앞지르다 ⓑ어른 외딴치게 슬기로운 아이 비슷한말 뺨치다. 찜쪄 먹다

외딸 이름씨 ❶아들 없이 하나뿐인 딸 ⇐ 무남독녀 ❷딸로서는 하나뿐인 딸 ⇐ 독녀

외떡잎푸나무 이름씨 떡잎이 하나인 푸나무. 잎은 거의 나란히 잎줄이다. 보리나 벼, 나리, 대나무 들이 있다 ⇐ 외떡잎식물

외람되다·외람하다 ⇒ 제 꼴에 지나치다. 건방지다. 넘치다. 지나치다

외래 ⇒ 들온. 밖에서 온

외래객 ⇒ 손. 손님

외래문화 ⇒ 들온삶꽃. 바깥삶꽃

외래어 ⇒ 들온말. 바깥말

외래어표기 ⇒ 들온말 적기. 들온말 맞춤

외래종 ⇒ 들온씨

외래품 ⇒ 들온것

외력 ⇒ 바깥힘

외로 어찌씨 ❶왼쪽으로 ⓑ외로 꼰 새끼 맞선말 오르로 ❷비뚤어지게 ⓑ얼마나 놀랐으면 윗도리를 외로 입은 줄도 몰랐을까?

외로움 이름씨 혼자가 되어 쓸쓸한 느낌 ⓑ이슬이는 외로움을 많이 탄다

외롭다 그림씨 혼자 있거나 가까이 마음 기댈 데가 없어서 매우 쓸쓸하다 ⓑ아버지는 일찍 어버이를 여의고 혼자 외롭게 자랐다

외마디 이름씨 ❶마디 없이 한 결로 된 동강 ⓑ대나무를 외마디로 여러 낱 잘라라 ❷오직 한 마디 ⓑ턱을 세게 얻어맞고 '악'하는 외마디 소리를 지르며 쓰러졌다

외마치장단 이름씨 북이나 장구 따위로 높낮이나 길고 짧음 없이 한결같이 치는 장단

외면 (外面) ⇒ 거죽. 겉. 겉쪽. 밭쪽. 바깥쪽. 바깥낯. 겉모습. 거탈

외면 (外面) ⇒ 얼굴돌림. 삥등그림. 돌아섬. 얼굴

을 돌리다. 돌아서다. 삥등그리다. 멀리하다. 꺼리다. 못 본 체하다. 모른 체하다. 등돌리다

외모 ⇒ 걸. 걸꼴. 걸모습. 걸보기. 걸차림. 볼품. 볼썽. 허울. 거탈

외목 [이름씨] **1** 여러 갈래 길이 모여 외길로 접어드는 어귀 **2** 혼자 독차지하여 장사함. 또는 그 장사 [한뜻말]외목장사

외목장사 [이름씨] 혼자 독차지하여 장사함. 또는 그 장사 [한뜻말]외목 ⇐ 전매

외몬다위 [이름씨] 키는 2미터쯤이고 몸은 옅은 밤빛이며 다리는 길고 등에 혹이 하나 있는 짐승 ⇐ 단봉낙타

외박 ⇒ 난데 잠. 밖잠. 나가 자다. 밖에서 자다. 딴데서 자다

외벽 ⇒ 밖바람. 바깥바람. 밭바람

외부 ⇒ 바깥. 바깥쪽. 거죽. 걸. 걸쪽. 테두리밖. 울밖. 난밭

외부인 ⇒ 난뎃사람. 바깥사람

외분점 ⇒ 금밖갈점

외사촌 ⇒ 어아재아들. 어아재딸

외삼촌 ⇒ 어아재

외상 [이름씨] 값을 뒤에 치르기로 하고 몬을 사거나 파는 일 [ㅂ]외상으로 사다 [슬기말] **외상이면 소도 잡아먹는다** 나중에 어떻게 되든 먼저 좋으면 무턱대고 한다

외상 ⇒ 걸 다친 데. 밖 다친 데

외상없다 [그림씨] **1** 조금도 틀리거나 어기지 않는다 [ㅂ]뛰어난 활 솜씨로 이름난 우리나라 갈음이는 외상없이 과녁 한가운데로 화살을 내다 꽂았다 **2** 조금도 봐주거나 놓치지 않는다

외생식기 ⇒ 밖불림그릇

외성 ⇒ 밖재. 밖구루

외세 ⇒ 딴나라힘. 바깥기운

외손 ⇒ 어아손

외손녀 ⇒ 어아손딸

외손자 ⇒ 어아손아들

외숙 ⇒ 어아재

외숙모 ⇒ 어아지매

외숙부 ⇒ 어아재

외식 ⇒ 밖먹기. 나가먹기. 사먹기. 나가 먹다. 사먹다. 밖에서 먹다

외식비 ⇒ 밖밥돈. 바깥밥돈

외식업·요식업 ⇒ 밥장사

외신 ⇒ 나라밖새뜸. 바깥새뜸. 딴나라새뜸

외심 ⇒ 밖갑점

외씨버선 [이름씨] 오이씨처럼 볼이 조붓하고 갸름하여 맵시 있는 버선 [ㅂ]새하얀 외씨버선에 검정 치마를 입은 가시

외아들 [이름씨] **1** 딸 없이 하나뿐인 아들 [ㅂ]그 가시버시는 늘그막에 얻은 외아들을 보아야 구슬이야 하며 길렀다 **2** 아들로서는 하나뿐인 아들

외야 ⇒ 밖들

외야수 ⇒ 밖들지기

외양 ⇒ 걸모습. 걸꼴. 밖꼴

외양간 [이름씨] 말이나 소를 먹여 기르는 곳 [ㅂ]외양간에서 여물을 실컷 먹고 난 암소가 되새김질한다

외억지 [이름씨] 외곬으로 세게 부리는 억지 ⇐ 외고집

외우다 [움직씨] **1** 글이나 말을 잊지 않고 그대로 말하다 [ㅂ]우리 할아버지는 옛사람이 쓴 빼어난 글귀를 아직도 외운다 [준말]외다 ⇐ 암기하다 **2** 머릿속에 새겨두어 잊지 않다 [ㅂ]이제까지 가르쳐온 배움이들 이름을 다 외우는 가르침이

외유 ⇒ 딴나라 구경. 나라밖 나들이. 나라밖 나들이하다

외인 ⇒ 밖이. 바깥사람. 바깥이

외인부대 ⇒ 밖이떼

외자 [이름씨] 한 글자 [ㅂ]아들에게 외자 이름 '솔'을 지어주었다

외자 ⇒ 밖빚

외장 ⇒ 바깥꾸밈. 걸꾸밈. 걸치레

외적 (外敵) ⇒ 밖맞선이. 밖맞

외적 (外賊) ⇒ 밖도둑

외접원 ⇒ 밖닿동글

외조모·외할머니 ⇒ 어할머니. 어할매

외조부·외할아버지 ⇒ 어할아버지. 어할배

외주물구석 [이름씨] 외주물집만 모여 있어 매우 가난한 동네

외주물집 [이름씨] 마당이 없이 길가에 바싹 붙여 지은 작은 집. 길에서 집안이 들여다 보인다

외줄 [이름씨] 한 줄 ㉥길이 좁은 까닭에 세 사람은 외줄로 늘어서서 걸었다

외지 ⇒ 밖땅. 바깥 땅. 밖 고장. 나라밖. 사는 곳 밖

외지다[1] [그림씨] 외따로 있거나 구석지다 ㉥외진 곳이라 사람 발길이 드물다

외지다[2] [움직씨] [1]속이나 마음이 틀어지거나 꼬이다 ㉥그 아이는 마음이 외져 사람을 가까이하려 하지 않는다 [2]맛이 바뀌거나 시어지다 ㉥김치가 외져서 찌개나 끓여 먹어야겠다

외짝 [이름씨] [1]짝을 이룬 것이 짝을 갖추지 못하고 혼자인 것 ㉥외짝 신. 나한테는 외짝 하늬버선이 많다 [2]여러 낱이 아닌 하나로 된 것 ㉥외짝 문

외척 ⇒ 어아음

외출 ⇒ 나감. 나들이. 나가다. 나오다. 나들이하다

외출복 ⇒ 나들이옷

외측 ⇒ 바깥쪽. 가장자리. 거죽

외치다[1] [움직씨] [1]여러 사람이 알아듣도록 큰 소리를 지르다 ㉥어서들 모이라고 외치는 소리가 들렸다 [2]제 뜻과 생각을 굳세게 알리다 ㉥버들님은 가두리에 갇혀서도 '종살이 벗어나기'를 외치다 끝내 돌아갔다

외치다[2] [움직씨] 고개를 외로 저어 돌리다 ㉥어머니는 내 말을 듣고도 고개를 외칠 뿐 말이 없다

외침 [어찌씨] [1]크게 지르는 소리 ㉥살려달라는 아이들 외침 [2]뜻이나 바라는 바를 세게 내세우는 소리 ㉥물러나라는 백성들 외침

외톨박이 [이름씨] [1]밤송이나 통마늘 속에 알이 한 톨만 든 것 ㉥외톨박이 밤 한뜻말 외돌토리. 외톨이. 외톨 [2]같이 어울릴 짝이 없이 혼자인 사람 ㉥나는 새로 옮긴 배곳에서 한동안 외톨박이로 지냈다

외톨이 [이름씨] 외돌토리 준말 외톨

외투 ⇒ 겉옷

외판원 ⇒ 밖팔이. 밖팔이꾼

외팔이 [이름씨] 한쪽 팔이 없는 사람 ㉥아재는 외팔이로 살아왔다

외풍 ⇒ 웃바람

외항 (外港) ⇒ 밖나루

외항 (外項) ⇒ 밖마디

외행성 ⇒ 밖떠돌이별

외향 ⇒ 밖쪽

외형 ⇒ 겉꼴. 밖꼴. 겉모습. 바깥꼴. 바깥모습

외화 (外貨) ⇒ 밖돈. 바깥돈. 딴나라돈

외화 (外畫) ⇒ 밖뮌그림. 밖그림. 바깥뮌그림. 바깥그림

외환 (外患) ⇒ 밖걱정

외환 (外換) ⇒ 딴나라돈

외환위기 ⇒ 딴나라돈 고비

왼가웃달 [이름씨] 달셈 달마다 22~23날쯤 한밤에 새녘 하늘에 떠서 새벽에 마녘 하늘로 지는 달 ⇐ 하현달

왼고개 [이름씨] [1]왼쪽으로 돌리는 고개 ㉥왼고개를 돌리다 [2]안 된다는 뜻으로 돌리는 고개 ㉥그이는 왼고개를 저으며 나를 보지 않았다 [익은말] **왼고개를 젓다** 안 된다는 뜻을 나타내다 **왼고개를 틀다** 못마땅해서 바로 보지 않고 낯을 돌리다

왼돌이 [이름씨] 수레 따위가 왼쪽으로 돎 맞선말 오른돌이 ⇐ 좌회전

왼발 [이름씨] 왼쪽 발 ㉥나는 왼발로 깨금발을 더 잘 뛴다 맞선말 오른발 [슬기말] **왼발 구르고 침 뱉는다** 무슨 일에 앞장서서 나서다가 곧 꽁무니를 뺀다

왼새끼 [이름씨] 왼쪽으로 꼰 새끼. 꺼리는 일을 막는다 해서 아기가 태어났을 때 큰문에 거는 막이줄에 쓴다 맞선말 오른새끼

왼소리 [이름씨] 사람이 죽었다는 새뜸 한뜻말 궂은소리 ⇐ 부고. 부음

왼손 [이름씨] 왼쪽 손 ㉥들꽃은 밥 먹을 때나 글씨를 쓸 때 왼손을 쓴다 맞선말 오른손

왼심 [이름씨] 혼자서 속으로 애쓰며 마음 졸이

는 것 ㉥새 일자리를 얻으려고 왼심을 썼다

왼씨름 이름씨 샅바를 서로 오른쪽 다리에 걸고 하는 씨름

왼염방 이름씨 염 왼쪽 위에 있는 방. 허파 들핏줄에서 피를 받아 왼염집으로 보낸다 ⇐ 좌심방

왼염집 이름씨 염 왼쪽 아래에 있는 방. 왼염방에서 피를 받아 큰날핏줄을 따라 온몸으로 피를 보낸다 ⇐ 좌심실

왼지기 이름씨 공치기에서, 바깥마당 왼쪽을 지키는 사람 맞선말 오른지기 ⇐ 좌익수

왼쪽 이름씨 노녘을 마주 보았을 때 하늬녘과 같은 쪽 ㉥나라깃발은 집 밖에서 보았을 때 큰문 왼쪽에 단다

왼팔 이름씨 왼쪽 팔 ㉥왼팔을 부러뜨려서 지내기가 거북하다 맞선말 오른팔

왼편 ⇒ 왼쪽

욀재주 이름씨 들으면 잘 외는 재주 ⇐ 총기

욈말 이름씨 마음을 가라앉히거나 무엇을 바라서 어떤 말을 되풀이 욈. 또는 그 외는 말 ⇐ 주문

요[1] 이름씨 한글 홀소리 글자 'ㅛ' 이름

요[2] 이름씨 잠자거나 누울 때 방바닥에 까는 깔개 가운데 한 가지. 천으로 짓고, 속에 솜을 두어 긴 네모꼴로 만든다 ㉥바닥이 차니 두꺼운 요를 깔고 자거라

요[3] 매김씨 말하는 이에게 가까이 있거나 바로 앞에 말한 것을 가리키는 '이'를 얕잡거나 귀엽게, 또는 가리키는 테두리를 좁혀 일컫는 말 ㉥수레를 요 앞에 세워 주세요. 요 깍쟁이

요[4] 토씨 ❶(맺음끝 뒤에 붙어) 듣는 이를 높이는 말 ㉥좋아요. 반가워요 ❷(낱말이나 월 끝에 붙어) 듣는 이를 높이면서 힘주는 말 ㉥우리말은요, 가장 빼어난 말이고요. 겨레도 아주 뛰어난 겨레라요 ❸고장말에서 손윗사람을 부를 때 그 부름말에 붙여 쓰는 말 ㉥아버지요, 아침 잡수러 오소. 할매요, 어디 가능기요?

요[5] 토씨 이음을 나타내는 풀이 토 ㉥겨레를 하나로 잇는 일은 온 겨레 바람이요, 꿈이요, 보람이요, 뜻이요, 마음입니다

요[6] 토씨 높이거나 힘주려고 온갖 말끝에 붙는 토 ㉥어디를 가십니까요. 빨리요. 그렇게 되면요

요가 이름씨 인디아에서 내려오는 몸과 마음을 굳세게 닦는 재주 가운데 하나. 요즘에는 몸매를 예쁘게 가꾸거나 몸을 튼튼하게 하려고 많이 한다

요강 이름씨 오줌을 눌 수 있게 만든 그릇. 놋쇠나 흰흙으로 만든다 ㉥움직임이 굼뜬 어른네는 뒷간을 갈음하여 요강을 쓴다

요건 ⇒ 갖출것

요것 갈이름씨 '이것'을 얕잡거나 귀엽게, 또는 가리키는 테두리를 좁혀 일컫는 말 ㉥요것 봐라, 아주 앙큼하네. 요것만 주세요

요것조것 갈이름씨 이것저것을 얕잡거나 귀엽게, 또는 가리키는 테두리를 좁혀 일컫는 말 ㉥요것조것 살림에 드는 것을 사느라고 오늘도 돈을 제법 썼어

요게 갈이름씨 ❶'요것이' 준말 ㉥요게 요래 보여도 엄청 값진 거야! ❷'요기에' 준말 ㉥이 나무는 요게 심어주세요

요관 ⇒ 오줌대롱

요괴 ⇒ 나쁜 도깨비. 못된 도깨비

요구 ⇒ 달람. 달라고 하다. 해 달라고 하다. 짓조르다

요구르트 ⇒ 삭힌소젖

요금 ⇒ 삯. 누림값. 누림돈

요금소 ⇒ 삯받는곳

요기 갈이름씨 '여기' 작은말 ㉥찾아도 찾아도 못 찾겠더니 요기 있었네

요기 ⇒ 배채우기

요긴하다 ⇒ 종요롭다. 쓰임새가 많다

요까짓 매김씨 겨우 요만큼 ㉥요까짓 것이야 나도 들지 준말 요깟

요깟 매김씨 '요까짓' 준말 ㉥요깟 일로 쓰러질까 보냐

요나라 이름씨 겨란겨레가 916해에 쫑궈땅에 세운 나라. 고리에 세 차례나 쳐들어 왔으

며 1125해에 무너짐

요놈 갈이름씨 ❶'요 사람'을 낮추거나 미워하여 일컫는 말 ⓑ요놈이 바로 내 돈주머니를 훔쳐 달아난 놈입니다 큰말이놈 ❷'요 사내아이'를 귀엽게 일컫는 말 ⓑ요놈이 바로 제 아슨아들입니다

요다음 이름씨 바로 뒤에 오는 때나 차례 ⓑ요다음이 우리 차례다 큰말이다음

요도·요로 ⇒ 오줌길

요동 ⇒ 흔들림. 떨림. 흔들리다. 떨리다. 일렁거리다. 뒤놀다. 흔들다. 떨다. 뒤흔들다

요디위 이름씨 '이디위' 작은말. 막 지나갔거나 곧 올 디위 ⓑ요디위에 놓치면 집에 못 가니까 얼을 바짝 차려!

요란스럽다 ⇒ 시끄럽다. 떠들썩하다. 왁자지껄하다

요란하다 ⇒ 시끄럽다. 어지럽다. 떠들썩하다. 들썩하다. 들썩거리다. 왁자하다. 왁자지껄하다

요람 (搖籃) ⇒ 아기구덕. 자장그네. 보금자리. 제곳. 제고장. 싹튼 곳

요람 (要覽) ⇒ 간추린책

요량 ⇒ 깐. 깜냥. 종작. 대중. 생각. 가늠. 헤아리다. 짚다. 생각하다. 어림잡다. 가늠하다

요러하다 그림씨 요와 같다 ⓑ요러한 까닭으로

요렇다 그림씨 '요러하다' 준말 ⓑ아직은 요렇다 할 벌이가 없어요

요령 (鐃鈴/搖鈴) ⇒ 솔발. 손쇠북

요령 (要領) ⇒ 미립. 솜씨. 길수. 길속. 뼈대. 벼리. 줄거리. 꾀

요령껏 ⇒ 미립껏. 솜씨껏

요리 ⇒ 밥짓기. 맛갓 짓기. 밥짓다. 맛갓을 짓다. 지지고 볶다. 주무르다. 무치다. 익히다. 굽다

요리사 ⇒ 밥지기. 밥바치. 부엌지기. 맛갓바치

요리조리 어찌씨 ❶요쪽으로 조쪽으로 ⓑ개구쟁이였던 나는 어른들한테 꾸중 들을까 싶어 요리조리 비켜 다녔어 ❷요러하게 조러하게 ⓑ요리조리 깊이 생각해서 좋은 수를 찾았어

요맘때 이름씨 요쯤 되는 때 ⓑ지난해에도 요맘때 큰비가 내렸지 아마

요망 (要望) ⇒ 바람. 바라다

요망하다 (妖妄) ⇒ 얄궂다. 얄망궂다. 방정맞다. 여우 같다

요모조모 이름씨 ❶요런 낯 조런 낯 ⓑ사윗감 요모조모를 뜯어보았다 큰말이모저모 ❷(어찌씨) 요런 쪽 조런 쪽으로 ⓑ요모조모로 함께 따져보느라 좀 늦었지

요물 ⇒ 홀리개

요번 ⇒ 요디위

요법 ⇒ 나숨길. 나숨수

요부 ⇒ 허리

요사이 이름씨 요 얼마 동안 ⓑ아이가 요사이 부쩍 컸다 한뜻말요즘 준말요새 큰말이사이

요새 이름씨 '요사이' 준말 ⓑ요새 젊은 사람들 말은 못 알아듣겠어

요새 ⇒ 길목. 길목막이. 꼭한목

요소 (要素) ⇒ 자위숫. 이룸씨

요소 (尿素) ⇒ 오줌숫

요소 (要所) ⇒ 종요로운 곳. 자위바. 자위곳

요술 ⇒ 홀림꾀

요술쟁이 ⇒ 홀림꾀쟁이

요약 ⇒ 간추림. 간추리다. 줄이다

요양 ⇒ 돌봄. 돌보다

요양원 ⇒ 돌봄집

요업 ⇒ 질그릇오지그릇일

요염하다 ⇒ 홀릴 듯하다. 아리땁다. 곱다. 간드러지다

요오드 ⇒ 아이오딘

요요 ⇒ 굴리개. 줄팽이

요원하다 ⇒ 아득하다. 멀다. 멀고멀다. 머나멀다. 까마득하다

요인 (要因) ⇒ 까닭

요인 (要人) ⇒ 종요로운 사람. 자위사람

요일 ⇒ 날

요전 ⇒ 요앞

요절 ⇒ 일찍 죽음. 일찍 죽다. 젊어서 죽다

요점 ⇒ 알맹이. 알짜. 고갱이. 사북. 뼈대. 줄거리

요정 ⇒ 잔깨비

요즈음 이름씨 오늘에서 그리 오래지 않은 무

렵 ㊊요즈음 어떻게 지내니? 한뜻말 요새 준말 요즘 큰말 이즈음

요즘 이름씨 '요즈음' 준말 ㊊요즘은 좀 한갓져

요즘그림 이름씨 1900해에 들어서 새로 펼쳐진 그림. 아주 여러 가지 것들이 있다 ⇐ 현대미술

요즘말꽃 이름씨 오늘날 우리가 사는 때에 이루어진 말꽃들 ⇐ 현대문학

요즘사람 이름씨 오늘날에 맞는 생각틀을 가지고 요즘 사는 사람 ⇐ 현대인

요즘일 이름씨 요즘 생기는 여러 누리 일 ⇐ 시사

요즘춤 이름씨 틀을 갖춘 것이 아닌 새로운 꼴 춤. 요즘에 어울리게 제껏 찾아 제 나름 펼치는 쪽으로 나아간다 ⇐ 현대무용

요지 (要旨) ⇒ 알속. 사북. 고동. 골갱이. 줄거리. 얼거리

요지 (要地) ⇒ 목. 길목. 알땅. 알맹이땅. 복판

요지 ⇒ 이쑤시개

요지경 ⇒ 구슬못거울

요지부동 ⇒ 굳건함. 꼼짝 안 함. 흔들림 없음. 굳다. 굳건하다. 움직이지 않다

요직 ⇒ 알자리. 종요로운 일자리

요청 ⇒ 해달램. 해달라고 하다

요충지 ⇒ 목. 길목

요컨대 ⇒ 줄여 말하면. 종요로운 걸 말하자면. 알맹이를 말하자면. 여러 말 할 것 없이

요통 ⇒ 허리앓이

요트 ⇒ 돛단배. 돛배

요트경기 ⇒ 돛배놀이

요하다 ⇒ 꼭 갖춰야 하다

요행 ⇒ 뜻밖잘됨

요행수 ⇒ 까딱수

욕·욕설 ⇒ 상말. 못된 말. 나쁜 말. 거친 말

욕구 ⇒ 하고픔. 갖고픔. 고픈 마음. 얻고 싶다. 갖고 싶다. 하고프다

욕되다 ⇒ 부끄럽다. 떳떳하지 않다

욕망 ⇒ 바람. 하고픔. 바라다. 하고프다

욕보다 ⇒ 부끄러운 일을 겪다. 수고하다

욕설 ⇒ 상말. 못된 말. 거친 말

욕실 ⇒ 씻는 데. 씻는 곳

욕심 ⇒ 하고픔. 갖고픔. 게염

욕심꾸러기 ⇒ 게염꾼. 게염쟁이. 게염꾸러기

욕심나다 ⇒ 게염나다. 당기다. 끌리다

욕심내다 ⇒ 게염내다. 부러워하다. 넘겨다보다. 눈독들이다. 걸근거리다

욕심쟁이 ⇒ 게염쟁이

욕조 ⇒ 몸 씻는 통

욕지거리 ⇒ 상말. 못된말

욕지기 이름씨 속이 메스꺼워 게우려고 하는 느낌 ㊊무얼 잘못 먹었는지 욕지기가 자꾸 나려 한다 ⇐ 구역. 토기 **욕지기나다**

용 (龍) ⇒ 미르

용 (茸) ⇒ 사슴뿔

용감무쌍하다 ⇒ 매우 씩씩하다. 씩씩하기 짝이 없다

용감하다 ⇒ 씩씩하다. 굳세다. 기운차다. 날쌔다. 안차다

용건 ⇒ 볼일. 할말. 일

용고뚜리 이름씨 지나치게 담배를 많이 태우는 사람

용광로 ⇒ 쇠녹임틀

용구 ⇒ 쓸 연장. 쓸 것

용구함 ⇒ 쓸 연장그릇

용궁 ⇒ 미르임금집

용기 (勇氣) ⇒ 굳센 기운. 씩씩한 기운. 날쌘 기운

용기 (用器) ⇒ 그릇. 연모. 연장

용납 ⇒ 받아들임. 받아줌. 받아들이다. 받아주다

용단 ⇒ 씩씩내림. 씩씩지음

용달 ⇒ 짐나름. 짐나르기. 짐 나르다

용달사 ⇒ 심부름집

용달차 ⇒ 짐수레. 심부름수레. 짐나름수레

용담 ⇒ 과남풀

용도 ⇒ 쓸모. 쓸데. 쓰임. 쓰임새. 씀씀이. 쓰임쓰임

용돈 ⇒ 쓸돈. 주머닛돈. 쌈짓돈

용두레 이름씨 낮은 곳 물을 높은 곳 논밭에 퍼 올리는 데 쓰는 여름지이 연장

용두사미 ⇒ 미르머리 뱀꼬리

용두질 이름씨 사내 스스로 제 자지를 주물러 즐거움을 느끼는 짓 ⇐ 자위

용량 ⇒ 들이. 부피

용렬하다 ⇒ 못나다. 더리다. 오죽잖다. 데퉁맞다. 어리뜩하다. 어리석다. 좀스럽다. 변변찮다

용례 ⇒ 보기. 쓰임새

용마루 ⇒ 미르마루

용매 ⇒ 녹임감

용맹하다 ⇒ 날래다. 사납다. 날쌔다

용머리 ⇒ 미르머리

용모 ⇒ 생김새. 모습. 꼴. 얼굴. 얼굴 생김새

용무 ⇒ 볼일. 할 일

용법 ⇒ 쓸 길. 쓸 수

용변 ⇒ 똥 눔. 뒤 봄. 똥 누다. 뒤 보다. 먼데 보다. 일 보다. 뒷간 가다. 오줌 누다. 소마 보다

용병 (傭兵) ⇒ 삯싸움꾼

용병 (用兵) ⇒ 쌈꾼부림

용병술 ⇒ 쌈꾼부림재주

용비어천가 ⇒ 임금기림노래

용사 ⇒ 씩씩싸울아비

용상 ⇒ 임금앉개

용서 ⇒ 풀침. 보아줌. 풀치다. 보아주다. 궁굴리다. 풀어주다. 너그러이 받아들이다. 잘못을 덮어 주다

용솟음치다 ⇒ 솟아오르다. 샘솟다. 솟구치다. 물솟구치다

용수 이름씨 싸리나 대오리로 길고 둥글게 엮어 술이나 지렁을 뜨는 데 쓰는 그릇

용수 ⇒ 댈물. 끌물

용수철 ⇒ 출렁쇠. 튀개

용수철저울 ⇒ 출렁쇠저울

용쓰다 움직씨 ❶기운을 한꺼번에 몰아 쓰다 ⓑ무거운 돌을 들어 옮기려고 용쓴다 ❷괴로움을 참으며 무척 애쓰다 ⓑ아픔을 참느라 얼굴을 찡그리며 용썼다

용안 (龍顔) ⇒ 임금얼굴

용안 (容顔) ⇒ 얼굴

용암 ⇒ 바윗물

용액 ⇒ 녹임물. 풀린물

용어 ⇒ 쓸말. 쓰는말

용언 ⇒ 풀이씨

용역 ⇒ 일손

용왕 ⇒ 미르임금

용용 느낌씨 엄지손가락 끝을 제 볼에 대고 나머지 네 손가락을 너울거리며 남을 약 올릴 때 외는 소리 ⓑ용용 죽겠지

용융 ⇒ 녹음. 녹다

용융점 ⇒ 녹는점

용의 ⇒ 생각. 뜻. 마음

용의자·피의자 ⇒ 못믿을이. 못 미더운 이. 못믿이. 못믿보

용의주도하다 ⇒ 꼼꼼하다. 빈틈없다. 찬찬하다

용이하다 ⇒ 쉽다. 퍽 쉽다. 손쉽다. 수월하다. 만만하다. 어렵지 않다

용인 ⇒ 받아들임. 받아들이다. 너그럽게 받아들이다

용적 ⇒ 들이. 부피

용접 ⇒ 땜. 땜질. 때우다. 땜질하다

용접공 ⇒ 땜장이

용접봉 ⇒ 땜막대

용접선 ⇒ 땜줄

용지 (用紙) ⇒ 쓸종이

용지 (用地) ⇒ 쓸땅. 터

용질 ⇒ 녹음감

용처 ⇒ 쓸곳. 쓸데

용총줄 이름씨 돛을 오르내리려고 돛대에 매어 놓은 줄 한뜻말 용층줄. 마룻줄. 이어줄

용트림 ⇒ 미르트림

용품 ⇒ 쓸몬. 쓸것

용하다 그림씨 ❶재주가 남보다 뛰어나다 ⓑ앞날을 그렇게 잘 맞히다니 그 점쟁이 참 용하구나 ❷갸륵하고 훌륭하다 ⓑ혼자서 이곳을 찾아오다니, 용한 내 새끼 ❸뜻밖에 일이 잘되어 좋다 ⓑ싸움판에서 살아오다니, 참 용하구나 ❹바탈이 착하고 고분고분하다 ⓑ아내 잔소리가 지나쳐도 용하디용한 그 사람은 빙그레 웃기만 한다

용해 ⇒ 녹음. 녹임. 녹다. 녹이다. 풀다. 풀리다

용혈·용혈현상 ⇒ 피녹임

용혈소 ⇒ 피녹이

우 이름씨 한글 홀소리 글자 'ㅜ' 이름

우거지 이름씨 ❶푸성귀를 다듬으면서 뜯어낸

떡잎이나 겉대 ⓑ할머니는 푸성귀를 다듬을 때 우거지 하나 버리지 않았다 ❷김장이나 젓갈 따위 맨 위에 덮는 겉 무잎이나 겉 배춧잎 ⓑ우거지를 걷어 내고 안에 있는 김장김치를 한 포기 꺼냈다

우거지꼴 이름씨 잔뜩 찌푸린 낯

우거지다 움직씨 푸나무가 잘 자라 가지와 잎이 많이 자라고 퍼지다 ⓑ미루는 우거진 수풀을 헤집으며 더덕을 찾아 돌아다녔다 ⇐ 무성하다

우거지상 ⇒ 우거지꼴

우격다짐 이름씨 억지로 우기는 짓 ⓑ다솔은 제 생각을 남에게 찬찬히 말하지 못하고 우격다짐을 벌일 때가 있다

우국지사 ⇒ 나라걱정이

우군 ⇒ 우리쪽 싸울아비

우그러뜨리다 움직씨 안쪽으로 우묵하게 휘게 하다 ⓑ슬아는 다 마신 물병을 우그러뜨려서 버렸다 작은말 오그라뜨리다

우그러지다 움직씨 ❶안쪽으로 우묵하게 휘다 ⓑ한동안 우그러진 냄비에 찌개를 끓여 먹었다 ❷우글쭈글하게 주름이 잡히고 쭈그러지다 ⓑ누가 돌로 쳤는지 수레 뒤쪽이 우그러졌다

우그르르 어찌씨 ❶깊은 그릇 속 물 따위가 갑자기 끓어오르는 소리나 그 꼴 ⓑ소고기국이 우그르르 끓어올라 넘칠 뻔했다 ❷큰 벌레나 짐승, 사람 같은 것이 한곳에 비좁게 많이 모인 꼴 ⓑ밤 자루 밑에 밤벌레가 우그르르 끓는다

우그리다 움직씨 안쪽으로 우묵하게 휘게 하다 ⓑ못 쓰는 쇠붙이 그릇들을 우그려 버렸다

우글거리다 움직씨 ❶물 따위가 자꾸 우그르르 끓어오르다 ⓑ국이 우글거리며 끓는다 작은말 오글거리다 ❷한 곳에 떼 지어 모여 자꾸 움직이다 ⓑ애벌레가 우글거린다 **우글대다**

우글우글[1] 어찌씨 ❶많은 물이 갑자기 끓어 번지는 꼴 ⓑ가마솥에는 물이 우글우글 끓어 넘친다 작은말 오글오글 ❷사람이나 짐승, 벌레 같은 것이 한곳에 비좁게 많이 모여 자꾸 움직이는 꼴 ⓑ똥통에 구더기가 우글우글 들끓는다 **우글우글하다**

우글우글[2] 어찌씨 여러 군데가 우그러지고 주름이 잡힌 꼴 ⓑ우글우글 구겨진 옷 작은말 오글오글 **우글우글하다**

우글쭈글 어찌씨 여러 군데가 우그러지고 쭈그러진 꼴 ⓑ어머니 얼굴이 온통 주름으로 우글쭈글하다 작은말 오글쪼글

우금 이름씨 시냇물이 바삐 흐르는 가파르고 좁은 멧골짜기

우긋이[1] 어찌씨 안으로 조금 우그러진 듯하게 ⓑ이 새 그릇은 한쪽이 우긋이 들어가서 바꿔야겠다

우긋이[2] 어찌씨 푸나무가 몹시 우거진 채로 ⓑ밀밭에 밀이 우긋이 벌어 고랑이 보이지 않는다

우기 ⇒ 장마철. 비 때. 비 철

우기다 움직씨 ❶억지를 부리며 제 뜻을 내세우다 ⓑ왜나라 사람들은 돌섬을 저네 땅이라 우겨왔다 ❷어떤 일을 억지로 하도록 하다 ⓑ입맛이 없었지만 먹어보라고 우기는 바람에 한술 떴다

우김쟁이 이름씨 억지를 부리며 우기는 사람 한뜻말 떼쟁이 ⇐ 벽창호

우뇌 ⇒ 오른골

우는소리 이름씨 엄살을 부리며 어려운 매개를 늘어놓거나 보채는 말 ⓑ우리 애는 뭘 시켜도 우는소리부터 해

우다위 이름씨 사고파는 사람 사이에 들어 흥정을 붙이는 일을 하는 사람 한뜻말 흥정꾼. 주릅 ⇐ 중개인. 거간꾼

우당탕 어찌씨 ❶굴러가는 것들이 여기저기 부딪치며 내는 소리 ⓑ통나무를 잔뜩 실은 수레가 우당탕 지나간다 ❷시끄럽게 뛰어가는 소리 ⓑ아이들이 골마루에서 우당탕 뛰어다녔다 ❸몬이 시끄럽게 떨어지는 소리 ⓑ일꾼들이 우당탕 짐을 부렸다 **우당탕하다**

우당탕거리다 움직씨 ❶굴러가는 것들이 여기저기 잇달아 부딪치며 소리가 나다 ❷여럿이 잇달아 시끄럽게 뛰어가는 소리가 나다 **우당탕대다**

우당탕우당탕 어찌씨 ❶굴러가는 것들이 여기저기 잇달아 부딪치며 내는 소리 ⓑ짐수레가 자갈길을 우당탕우당탕 소리를 내며 달려간다 ❷여럿이 잇달아 시끄럽게 뛰어가는 소리 ⓑ아이들이 골마루를 우당탕우당탕 뛰어간다 **우당탕우당탕하다**

우당탕퉁탕 어찌씨 우당탕거리고 퉁탕거리는 소리 ⓑ돌덩이들이 우당탕퉁탕 굴러떨어진다 **우당탕퉁탕하다**

우대 ⇒ 잘 모심. 잘 받듦. 잘 모시다. 잘 받들다. 받들어 모시다

우대증 ⇒ 모심본메

우데기 이름씨 집 처마 끝에서 땅에 닿는 데까지 이엉으로 둘러치는 바람. 오사섬에 많다

우동 ⇒ 가락국수

우두둑 어찌씨 ❶단단한 몬을 깨물거나 부러뜨릴 때 나는 소리 ⓑ엿가락을 우두둑 부러뜨려 먹었다 작은말 오도독 ❷굵은 빗방울이나 누리가 세차게 떨어지는 소리 ⓑ비가 갑자기 누리가 되어 우두둑 떨어진다 **우두둑하다**

우두둑거리다 움직씨 ❶단단한 몬을 자꾸 깨물거나 부러뜨리는 소리가 나다 ❷굵은 빗방울이나 누리가 세차게 자꾸 떨어지는 소리가 나다 **우두둑대다**

우두둑우두둑 어찌씨 ❶단단한 몬을 자꾸 깨물거나 부러뜨리는 소리 ⓑ호두를 우두둑우두둑 깨물었다 작은말 오도독오도독 ❷굵은 빗방울이나 누리가 세차게 자꾸 떨어지는 소리 ⓑ장독대에 우두둑우두둑 작달비가 떨어진다 **우두둑우두둑하다**

우두머리 이름씨 ❶모임을 이끌거나 다스리는 맨 윗사람 ⓑ바우는 어릴 때 늘 동네 아이들 우두머리였다 한뜻말 웃대가리 ⇐ 회장. 사장. 대통령. 원장. 관장. 청장. 캡틴 ❷나무나 몬 따위 맨 꼭대기 ⓑ눈이 너무 많이 와 나무 우두머리만 보인다 한뜻말 우듬지

우두커니 어찌씨 얼빠진 듯이 멀거니 서 있거나 한자리에 가만히 있는 꼴 ⓑ나는 그 자리에 우두커니 서서 먼 메를 바라보았다 작은말 오도카니

우둔하다 ⇒ 어리석다. 어수룩하다. 어리뜩하다. 어벙하다. 얼뜨다. 아둔하다. 빙충맞다. 뒤웅스럽다. 여들없다

우둘우둘[1] 어찌씨 ❶깨물거나 씹기에 좀 단단한 꼴 ⓑ삶은 밤보다 우둘우둘 씹히는 날밤이 좋다 ❷우둥퉁하고 부드럽게 생긴 꼴 ⓑ너울님 우둘우둘 살찐 팔뚝이 부럽다

우둘우둘[2] 어찌씨 마음에 덜 차서 투덜거리는 꼴 ⓑ볼멘소리를 우둘우둘 늘어놓는 아저씨 **우둘우둘하다**

우둘우둘하다 그림씨 ❶깨물거나 씹기에 좀 단단하다 ❷우둥퉁하고 부드럽게 생기다

우둘투둘 어찌씨 거죽이나 바닥이 고르지 않게 두드러지거나 불거진 꼴 ⓑ우둘투둘 여드름이 돋아난 우리 집 머시마

우둥퉁 어찌씨 몸집이 크고 퉁퉁한 꼴

우듬지 이름씨 나무 꼭대기 줄기 ⓑ물푸레나무 우듬지가 높이 보였다

우등불 이름씨 한데서 잘 때 추위를 막으려고 통나무를 쌓아놓고 피우는 불 ⓑ우리는 우등불을 피워 놓고 밤늦도록 이야기를 나눴다

우등상 ⇒ 빼남 기림

우등생 ⇒ 빼남 배움이

우등하다 ⇒ 으뜸이다. 뛰어나다. 훌륭하다. 빼나다. 빼어나다. 잘하다

우뚝 어찌씨 ❶눈에 띄게 두드러지거나 높이 솟은 모습 ⓑ자취만 남은 절터에는 커다란 쌓만 우뚝 서 있다 ❷움직이던 것이 갑자기 멈추는 모습 ⓑ시내는 길을 가다 우뚝 걸음을 멈추고 찔레를 바라보았다

우뚝우뚝 어찌씨 여럿이 다 두드러지게 높이 솟은 꼴 ⓑ짓곳 굴뚝들이 우뚝우뚝 솟은 큰 고을

우뚝하다 그림씨 ❶두드러지게 높이 솟아 있

다 ❷남보다 뛰어나다

우라늄 이름씨 누리에 저절로 있는 내뿜개 가운데 가장 무거운 것. 희끄무레한 빛을 띠고 14가지 같은 자리 밑숫이 있고 무게수 235와 233은 갑씨를 받아들여 자위나뉨을 일으킨다

우락부락 어찌씨 ❶몸집이 크고 생김새가 거친 꼴 ⓑ새로 온 일꾼은 몸이 우락부락 커서 힘이 세겠어 ❷말이나 움직임이 사납고 거친 꼴 ⓑ돌찬이는 우락부락 말을 해서 벗들과 잘 싸운다

우락부락하다 그림씨 ❶몸집이 크고 생김새가 거친 데가 있다 ❷말이나 움직임이 사납고 거칠다 ⓑ하는 짓은 우락부락하지만 마음은 착해

우람하다 그림씨 ❶덩그렇게 크고 무게가 있다 ⓑ우람한 느티나무. 몸집이 우람한 씨름꾼 ❷웅글고 우렁차다 ⓑ우람한 천둥소리

우량 (優良) ⇒ 좋음. 매우 좋다. 썩 좋다. 뛰어나다

우량 (雨量) ⇒ 빗물

우량계 ⇒ 빗물재개

우러나다 움직씨 ❶물속에 잠긴 몬 빛깔이나 맛, 물기가 빠져나오다 ⓑ여러 남새가 우러난 국물 ❷느낌이 저절로 생겨나다 ⓑ이 굿을 보면 기쁨이 절로 우러난다

우러나오다 움직씨 ❶물속에 잠긴 몬 빛깔이나 맛, 물기가 빠져나와 드러나다 ❷어떤 생각이나 느낌이 마음속에서 저절로 생겨나오다 ⓑ그것은 밑마음에서 우러나온 말이었다

우러러보다 움직씨 ❶높은 데를 쳐다보다 ⓑ저 멀리 솟은 멧봉우리를 우러러본다 ❷높이 여기는 마음으로 받들거나 그리다 ⓑ우리 겨레는 우리글을 만든 사람들을 두고두고 우러러볼 것이다

우러르다 움직씨 ❶고개를 높이 쳐들다 ⓑ하늘을 우러러 한 점 부끄럼이 없기를 ❷높이 받드는 마음으로 올려다 보다 ⓑ사람은 누구나 깨달은 이를 우러른다 ⇐ 흠모하다

우러름길 이름씨 짝맺이를 할 때 맞은쪽에 우러르는 마음으로 보내는 깁 ⇐ 예단

우러름몬 이름씨 우러르는 마음으로 짝맺는 가시나와 머시마가 주고받는 몬 한뜻말사랑몬 ⇐ 예물

우럭[1] 이름씨 몸빛은 잿빛을 띤 붉은빛이고 옆구리에 네 줄 가로띠가 있는 볼락 비슷한 바닷물고기

우럭[2] 이름씨 껍데기가 두꺼운 달걀꼴 밤빛이고 가람물이 들어오는 개펄이나 바닷가 개펄에 사는 조개

우럭볼락 이름씨 우럭과 비슷하나 몸길이는 20센티미터쯤이고 잿빛을 띤 붉은빛 바닷물고기

우렁쉥이 이름씨 크기는 주먹만 하고 껍데기에 검붉은 젖꼭지 같은 것이 울퉁불퉁 나 있고 몸 아래쪽에 뿌리 같은 돌기가 있어 바위 따위에 달라붙어서 사는 바다 숨받이 한뜻말멍게

우렁우렁 어찌씨 소리가 크게 울리는 꼴 ⓑ아이가 골목길에 퍼질러 앉아 온 동네가 우렁우렁 울리도록 크게 울었다 **우렁우렁하다**

우렁우렁하다 그림씨 울리는 소리가 매우 크다

우렁이 이름씨 볼록한 돌리개 같은 단단한 껍질 속에 무른 살이 있는 숨받이. 논이나 수렁에 산다

우렁잇속 이름씨 ❶속내가 뒤얽혀 헤아리기 어려운 일 ⓑ성금이 이랬다저랬다 자꾸 바뀌어서 우렁잇속이 돼 버렸어 ❷품은 생각을 모두 털어놓지 않는 의뭉스러운 속마음 ⓑ우렁잇속 같은 네 마음을 나는 도무지 모르겠어

우렁차다 그림씨 ❶소리가 매우 크고 힘차다 ⓑ손뼉 치는 소리가 우렁차다 ❷매우 씩씩하고 힘차다 ⓑ우렁차게 걸어나오다

우레 이름씨 번개가 친 다음에 하늘에 크게 울리는 소리 ⓑ하늘에서 우레가 치더니 곧 세찬 비가 쏟아졌다 한뜻말천둥

우려내다 움직씨 ❶물에 담가 맛이나 빛깔이 우러나게 하다 ⓑ다래싹은 데쳐 흐르는 물

에 우려낸 뒤 무쳐 먹는다 **2** 어떤 구실로 무엇을 억지로 얻어내다 [ㅂ] 이 참에 그 구두쇠를 좀 우려내면 어떨까?

우려먹다 [움직씨] **1** 물에 담가 속, 빛깔, 맛 따위를 우려내어 먹다 [ㅂ] 소 머리뼈를 다섯 디위나 우려먹었어 **2** 으르거나 구슬려서 다른 사람이 가진 것을 조금씩 빼앗다 [ㅂ] 느티는 늘 빈둥거리며 어리숙한 아내가 애써 모은 돈을 우려먹기만 한다 **3** 여러 차례 되풀이하여 써먹다 [ㅂ] 그 얘기는 여러 디위 우려먹어서 이제 좀 바꿔야 해요

우려하다 ⇒ 걱정하다. 두려워하다

우롱 ⇒ 놀림

우르르 [어찌씨] **1** 사람이나 짐승이 무리 지어 한꺼번에 바삐 몰려다니거나 움직이는 모습 [ㅂ] 모이를 주자 닭들이 우르르 몰려들었다 **2** 쌓인 몬이 갑자기 무너지는 소리나 그 꼴 [ㅂ] 작달비에 흙담이 우르르 무너져 내렸다 **3** 물이 갑자기 끓어오르거나 넘쳐 나는 꼴이나 그 소리 [ㅂ] 밥 가마가 우르르 끓어올랐다

우르릉 [어찌씨] **1** 천둥 따위가 울리는 소리나 그 꼴 [ㅂ] 우렛소리가 우르릉 들려온다 [작은말] 와르릉 **2** 무엇이 무너지거나 흔들리면서 몹시 시끄럽게 울리는 소리나 그 꼴 [ㅂ] 긴 수레가 쇠다리 위를 우르릉 울리며 지나간다

우리[1] [이름씨] 짐승을 가두어 기르는 곳 [ㅂ] 곰이 우리에 갇혀 있다. 돼지를 우리 안에 가두다

우리[2] [갈이름씨] **1** 말하는 이가 제 쪽에 있는 여러 사람을 일컫는 말 [ㅂ] 우리가 너희보다 사람도 훨씬 많고 생각도 바르다 **2** (매김씨) '내'라는 뜻으로 쓰며 제 쪽임을 나타내는 말 [ㅂ] 우리 어머니. 우리 집사람. 우리나라. 우리 겨레. 우리 바다

우리구루 [이름씨] 바다라 첫 서울 ⇐ 위례성

우리글 [이름씨] 우리 겨레 글

우리나라 [이름씨] 배달겨레가 세운 나라 [ㅂ] 우리나라는 닷즈믄 해 발자취를 자랑한다

우리다 [움직씨] **1** 물 따위에 담가 맛, 빛깔 따위를 빼내다 [ㅂ] 쓴맛을 우리다. 도라지를 우리다 ⇐ 침출하다 **2** 남을 으르거나 구슬려 돈이나 몬을 억지로 얻어내다 [ㅂ] 어진 사람 돈을 우려 제 배를 채우는 이들이 줄지 않는다

우리말 [이름씨] 우리 겨레와 우리나라 사람이 쓰는 말 [ㅂ] 우리말을 나날말로 써 버릇하는 일이 종요롭다 ⇐ 국어

우리말풀이 [이름씨] 한문을 우리말로 푸는 일. 또는 그런 책 ⇐ 언해

우림 ⇒ 비숲

우마차 ⇒ 마소수레

우매하다 ⇒ 미련하다. 멍청하다. 어리석다. 미욱하다. 투미하다. 어리뜩하다. 어수룩하다. 어벙하다. 바보스럽다

우멍거지 [이름씨] 섰을 때 껍질이 벗겨지지 않는 자지 [ㅂ] 우멍거지도 아니면서 너나 할 것 없이 껍질을 잘라내는 짓은 잘못된 배움 탓이다 ⇐ 포경

우무 [이름씨] 우뭇가사리를 물에 끓여서 그 물을 식혀 굳힌 것. 묵처럼 양념해서 먹는다 ⇐ 한천

우무리다 [움직씨] 우물우물 씹거나 씹어삼키다 [ㅂ] 언니가 한눈파는 사이에 얼른 찰떡 하나를 입에 넣고 우무렸다

우묵하다 [그림씨] 가운데가 둥그스름하게 깊이 패거나 들어가다 [ㅂ] 우묵하게 팬 구덩이

우문현답 ⇒ 어리석은 물음에 슬기롭게 알려줌

우물 [이름씨] 물을 길으려고 땅을 파서 물이 늘 괴어 있게 갖춘 것 [ㅂ] 돌이는 우물에 두레박을 던져서 물을 퍼 올렸다 [한뜻말] 새미. 샘 [슬기말] **우물 안 개구리** 우물 안에서만 살아 누리 넓은 줄 모르는 개구리. 곧 보고 들은 것이 적어 누리 돌아가는 일에 어두운 사람 **우물에 가 숭늉 찾는다** 마음이 몹시 과갈라 참고 기다리지 못한다. 또는 마음이 바빠 일 차례도 모르고 서두른다 **우물을 파도 한 우물을 파라** 우물을 파려면 물이 나올 때까지 한곳을 파듯이 무슨 일이든 한 가지를

꾸준히 해야 이룰 수 있다

우물가 [이름씨] 우물 언저리 ㉥마을 우물가에 모여 아낙네들이 수다를 떤다 [슬기말] **우물가에 아이 보낸 것 같다** 몹시 걱정되어 마음이 놓이지 않는다

우물거리다 [움직씨] [1]입술이나 힘살 따위를 자꾸 우므리다 [2]말이나 뜻을 똑똑히 나타내지 못하고 꾸물거리다 ㉥그렇게 우물거리지 말고 얼른 말을 해봐 [3]먹을 것을 입안에서 삼키지 않은 채 자꾸 씹다 ㉥그만 우물거리고 삼키든지 뱉든지 하거라 **우물대다**

우물고누 [이름씨] '十' 네 귀를 둥글게 막고 한쪽 귀를 터놓은 말널에 말 두 마리씩을 놓고 벌이는 놀이. 말 두 마리가 갇히면 진다

우물물 [이름씨] 우물에 고인 물

우물우물 [어찌씨] [1]입술이나 힘살 따위를 우므리는 꼴 ㉥달해는 웃는 건지 우는 건지 입술을 우물우물 실그러뜨렸다 [2]말이나 뜻을 똑똑히 나타내지 못하고 꾸물거리는 꼴 ㉥나무는 우물우물 몇 마디 하고는 얼른 자리에 앉았다 [3]입안에 먹을 것을 넣은 채 삼키지 않고 느리게 씹는 꼴 ㉥이가 없는 할머니는 밥을 한술 떠서 입에 넣고는 우물우물 씹는다 [4]벌레나 짐승 같은 것이 많이 모여 꾸물거리는 꼴 ㉥풀잎 위에서 벌레들이 우물우물 기어간다 **우물우물하다**

우물쩍주물쩍 [어찌씨] 말이나 짓을 매우 우물거리며 망설이는 꼴 ㉥우물쩍주물쩍 망설이지 말고 얼른 손을 써야지 **우물쩍주물쩍하다**

우물쭈물 [어찌씨] 말이나 짓을 흐리멍덩하게 하거나 우물거리며 자꾸 망설이는 꼴 ㉥아재는 우물쭈물 망설이다가 장가갈 좋은 때를 놓쳤다 **우물쭈물하다**

우뭇가사리 [이름씨] 바닷속 바위에 붙어사는 붉은 말 가운데 하나로, 우무를 만드는 밑감이 된다

우므러지다 [움직씨] [1]몬 가장자리가 한곳으로 줄어들어 모이다 ㉥마른오징어를 불 위에 올려놓자 우므러진다 [2]몬 거죽이 안으로 우묵 패어 들어가다 ㉥냄비 바닥이 우므러져서 못 쓰겠네

우므리다 [움직씨] [1]몬 가장자리를 한곳으로 많이 모으다 ㉥뾰로통해진 아우가 입술을 우므리고 눈을 내리깐다 한뜻말우무리다 작은말오므리다 [2]몬 거죽을 안으로 우묵 패어 들게 하다

우박 ⇒ 누리. 모레

우발적 ⇒ 어쩌다 생긴. 갑자기 일어난. 뜻밖에 생긴. 뜻하지 않게 일어난. 까닭 없이 일어난

우방 ⇒ 벗나라. 동무나라

우변 ⇒ 오른곁

우불구불 [어찌씨] 고르지 않게 구불구불한 꼴 ㉥당만디 고갯길은 우불구불 나 있다 센말우불꾸불

우불구불하다 [그림씨] 이리저리 고르지 않게 굽은 데가 있다 센말우불꾸불하다

우비 ⇒ 비옷. 도롱이. 삿갓. 접사리. 비가리개. 비받이. 슈룹

우비다 [움직씨] [1]속을 긁어내거나 도려내다 ㉥귓속을 우비다 [2]나물들을 도리듯이 캐다 ㉥쑥도 뜯고 달래도 캐고 돌나물도 건고 취나물도 우볐다 [3]마음을 긁어내듯이 몹시 괴롭거나 아프게 하다 ㉥가슴을 우비는 멧사람 이야기

우사 ⇒ 소집. 외양간

우산 ⇒ 슈룹. 비받이

우산국 ⇒ 오사나라

우산나물 ⇒ 삿갓대가리. 슈룹나물

우산이끼 ⇒ 슈룹이끼

우상 (偶像) ⇒ 허깨비

우상 (羽狀) ⇒ 깃꼴

우상화 ⇒ 허깨비됨. 허깨비되게 하기

우선 (于先) ⇒ 먼저. 앞서

우선 (優先) ⇒ 앞섬. 먼저. 앞서다. 앞지르다. 먼저하다. 맨 먼저 하다

우성 (優性) ⇒ 날새. 날바탈. 나타날 바탈

우세 [이름씨] 남에게 비웃음과 놀림을 받는 일이나 그 비웃음과 놀림 한뜻말남우세. 남세

우세 ⇒ 나음. 뛰어남. 낫다. 뛰어나다. 힘세다. 앞서다. 높다. 앞지르다

우세스럽다 [그림씨] 남에게 놀림과 비웃음을 받을 듯하다 ⓑ요즘은 혼자 나들이 다니는 것도 우세스러울 일이 아니다 한뜻말남사스럽다. 남우세스럽다

우송 ⇒ 부침. 띄움. 부치다. 띄우다. 보내다

우수 (雨水) ⇒ 봄비. 빗물

우수 (憂愁) ⇒ 시름. 걱정

우수리 [이름씨] ❶몬 값을 셈하고 거슬러 받는 잔돈 ⓑ우수리는 그냥 가지세요 한뜻말거스름돈 준말우수 ❷주어진 틀을 골고루 다 채우고 남는 것 ⓑ곶감을 여덟 사람한테 둘씩 나눠주니 우수리가 셋 남았다

우수사 ⇒ 오른바다지기

우수성 ⇒ 빼어남. 뛰어남

우수수 [어찌씨] ❶깨나 좁쌀 같은 것이 많이 쏟아지는 꼴 ⓑ베어 말린 참깨 단을 건드리니 참깨가 우수수 쏟아진다 ❷나뭇잎이나 꽃 따위가 바람에 어수선하게 떨어져 흩어지는 소리나 그 꼴 ⓑ바람이 불자 벚꽃이 눈 오듯이 우수수 떨어졌다 ❸세간붙이 사개나 묶어놓은 몬이 엉성하게 벌어져 틈이 생기거나 물러나는 꼴 ⓑ책을 종이 고리에 넣었더니 제 무게를 못 이겨 우수수 무너졌다

우수영 ⇒ 오른바다 지킴곳

우수하다 ⇒ 낫다. 뛰어나다. 빼어나다. 좋다. 훌륭하다

우스개 [이름씨] 남을 웃기려고 일부러 우습게 하는 말이나 짓 ⓑ우스개로 한 말을 고깝게 여기다니! 한뜻말익살 ⇐ 개그. 농담. 유머. 코믹

우스갯소리 [이름씨] 우스개로 하는 말 ⓑ아저씨는 늘 우스갯소리로 둘레 사람들을 즐겁게 한다 ⇐ 농담

우스꽝스럽다 [그림씨] 보기에 우습다 ⓑ하루가 입은 옷은 윗도리가 너무 커서 우스꽝스럽다

우슬우슬 [어찌씨] ❶마른 잎이나 숲이 우수수하고 세게 설레는 소리나 그 꼴 ⓑ가을바람에 감잎이 우슬우슬 떨어진다 ❷눈가루나 흙이 느리고 시끄럽게 떨어지는 소리나 그 꼴 ⓑ담벼락에서 흙이 우슬우슬 떨어진다

우습다 [그림씨] ❶웃고 싶거나 웃을 만하다 ⓑ아기가 말을 흉내 내는 꼴이 우스워서 견딜 수가 없다 ❷하잘것없다 ⓑ개는 우습게 볼 애가 아니야 ❸싱겁거나 알맹이가 없다 ⓑ다들 힘썼는데 일이 틀어져 우습게 되고 말았다

우승 ⇒ 이김. 이기다. 으뜸자리가 되다

우승기 ⇒ 이김깃발

우승자 ⇒ 이긴이

우아 [느낌씨] ❶뜻밖에 기쁜 일을 겪을 때 내는 소리 ⓑ아제 숲으로 나들이 간다고 하자 우아! 하고 아이들이 한꺼번에 소리쳤다 ❷가만히 있으라고 소나 말을 달래는 소리

우아하다 ⇒ 멋있다. 멋지다. 아름답다. 점잖다. 훌륭하다. 점잖고 아름답다

우악스럽다 ⇒ 드세다. 사납다. 미련하다. 거칠다

우애 ⇒ 띠앗. 띠앗머리. 사랑

우애롭다 ⇒ 사이좋다. 띠앗좋다. 구순하다

우어 [느낌씨] 말이나 소를 멈추게 하려고 내는 소리 준말워

우엉 [이름씨] 뿌리가 길고 굵어 살이 많은 뿌리남새. 잎은 크고 둥글며 어린잎은 먹는다

우여곡절 ⇒ 온갖어려움

우연 ⇒ 뜻밖일. 뜻밖에 됨

우연히 ⇒ 어쩌다가. 뜻밖에. 그러구러. 오다가다. 까닭 없이. 저절로

우열 ⇒ 낫고 못함

우왕좌왕 ⇒ 헤맴. 갈팡질팡. 헤매다. 갈팡질팡하다. 이랬다저랬다 하다. 서성거리다. 서성서성하다. 쩔쩔매다. 허둥지둥하다. 허둥거리다

우우 [어찌씨] ❶바람이나 물결이 세차게 자꾸 몰아칠 때 나는 소리나 그 꼴 ⓑ세찬 바람이 우우 몰아치더니 어느새 먹구름이 몰려들었다 ❷여러 사람이 한꺼번에 잇달아 몰려드는 꼴 ⓑ사람들이 무리 지어서 우우

몰려다닌다
우울 ⇒ 답답함. 그늘짐. 무거움. 답답하다. 찌무룩하다. 찌뿌드드하다. 그늘지다. 갑갑하다. 무겁다. 언짢다. 힘없다. 시무룩하다
우울증 ⇒ 처짐늦. 답답늦. 갑갑늦
우월감 ⇒ 제 잘난 느낌. 제 잘난 생각. 제 잘난 맛
우월하다 ⇒ 훨씬 뛰어나다. 훨씬 빼어나다. 훨씬 낫다. 좌뜨다
우위 ⇒ 나은 자리. 높은 자리. 앞선 자리
우유 ⇒ 소젖
우유갑 ⇒ 소젖곽
우유부단하다 ⇒ 어물어물하다. 우물쭈물하다. 우물쩍주물쩍하다. 흐리마리하다. 트릿하다. 머뭇머뭇하다. 아름작아름작하다
우윳빛 ⇒ 소젖빛
우의 ⇒ 비옷
우이독경 ⇒ 쇠귀에 글 읽기
우익수 ⇒ 오른지기
우적우적 (어찌씨) ❶단단하고 질긴 것을 깨물어 씹는 소리나 그 꼴 ⓑ사내는 무김치를 우적우적 씹어 먹었다 ❷단단한 것이 부러지거나 빼그러질 때 나는 소리나 그 꼴 ⓑ나무 받침대를 큰 망치로 내려치니 우적우적 빼그러졌다 **우적우적하다**
우접다 (움직씨) ❶뛰어나게 되거나 나아지다 ❷앞보를 이기다
우정 (어찌씨) 일부러 ⓑ아내가 알고도 우정 모르는 체했다
우정 ⇒ 벗사랑
우주 ⇒ 큰누리. 한누리. 하늘. 한울
우주개발 ⇒ 큰누리결딴냄. 한울부숨
우주복 ⇒ 한울옷. 큰누리옷
우주비행사 ⇒ 한울날틀몰이. 큰누리날틀몰이꾼
우주산업 ⇒ 한울낳일. 큰누리낳일
우주선 ⇒ 한울배. 큰누리배
우주여행 ⇒ 한울나들이. 큰누리나들이
우주왕복선 ⇒ 한울오감배. 큰누리오감배
우주인 ⇒ 큰누리보. 큰누리이. 딴별이. 한울사람. 다른별이. 미리내사람
우중충하다 (그림씨) ❶날씨 따위가 좀 눅눅하고 어두컴컴하다 ⓑ날이 갑자기 우중충하더니 이내 소나기가 쏟아진다 ❷오래되거나 바래 빛이 뚜렷하지 못하다 ⓑ집이 낡고 우중충해서 도깨비라도 나올 것 같더라
우지끈 (어찌씨) 단단하고 큰 몬이 갑자기 부서지거나 부러지는 소리 ⓑ문짝이 우지끈 부서졌다 **우지끈하다**
우지끈거리다 (움직씨) 단단한 것이 시끄럽게 부러지거나 부서지는 소리가 자꾸 나다 **우지끈대다**
우지끈뚝딱 (어찌씨) 단단한 것이 시끄럽게 부러지거나 부서지는 소리나 그 꼴 ⓑ천둥이 치자 커다란 나무가 우지끈뚝딱 넘어간다 **우지끈뚝딱하다**
우지끈우지끈 (어찌씨) 단단하고 큰 몬이 갑자기 자꾸 부서지거나 부러지는 소리 ⓑ비바람에 큰 나무들이 우지끈우지끈 부러져 나간다 **우지끈우지끈하다**
우지지다 (움직씨) '우짖다' 옛말 ⓑ까마귀가 까악까악 우지진다
우지직 (어찌씨) ❶질기고 단단한 몬이 부러지거나 째지거나 부서지는 소리 ⓑ발밑에서 얼음이 우지직 깨진다 ❷잘 마르지 않은 짚이나 나뭇가지가 불에 타는 소리 ⓑ나뭇가지가 우지직 소리를 내며 탄다 **우지직하다**
우지직거리다 (움직씨) ❶질기고 단단한 몬이 자꾸 부러지거나 째지거나 부서지는 소리가 나다 ❷잘 마르지 않은 짚이나 나뭇가지 따위가 불에 타는 소리가 자꾸 나다 **우지직대다**
우지직우지직 (어찌씨) ❶질기고 단단한 몬이 자꾸 부러지거나 째지거나 부서질 때 나는 소리 ⓑ바람에 나뭇가지가 부러지는 소리가 우지직우지직 난다 ❷잘 마르지 않은 짚이나 나뭇가지 따위가 불에 탈 때 자꾸 나는 소리 ⓑ군데군데 젖은 짚에 불이 붙어 우지직우지직 타들어 간다 **우지직우지직하다**
우직하다 ⇒ 미련하다. 고지식하다. 여들없다. 꽂

꼿하다. 꼿꼿하다. 어리석고 곧다

우집다 (움직씨) 남을 업신여기다

우짖다 (움직씨) ❶새가 울어 지저귀다 ⓑ우짖는 새소리 ❷울부짖다 ⓑ닭도 개도 우짖지 않는 두멧골에 들어와 산다

우쭐거리다 (움직씨) ❶몸이 춤추듯이 자꾸 크게 움직이다 ❷사람이 몸이나 어깨를 몹시 흔들며 걷다 ❸자꾸 건방지게 굴다 **우쭐대다**

우쭐우쭐 (어찌씨) ❶몸이 춤추듯이 자꾸 크게 움직이는 꼴 ⓑ바다 물결에 우쭐우쭐 흔들리는 배 ❷사람이 몸이나 어깨를 몹시 흔들며 걷는 꼴 ⓑ아이들이 우쭐우쭐 걸어간다 ❸자꾸 건방지게 구는 꼴 ⓑ젊은 놈이 콧대를 우쭐우쭐 높이며 거들먹거린다 **우쭐우쭐하다**

우차 ⇒ 소달구지. 소수레

우천 ⇒ 궂은날. 진날. 비 오는 날

우체국 ⇒ 새뜸나름집

우체부 ⇒ 새뜸나름이

우체통 ⇒ 글월통. 나래통

우측 ⇒ 오른쪽

우측통행 ⇒ 오른쪽 걷기. 오른쪽 다님

우케 (이름씨) 찧으려고 말리는 벼 ⓑ우케를 널어놨으니 새가 쪼아 먹지 않도록 잘 보아라

우툴두툴하다 (그림씨) 거죽이나 바닥이 고르지 않게 두드러지거나 불거지다 ⓑ그 길은 바닥이 우툴두툴하여 걷기가 힘들다 작은말 오톨도톨하다

우편 ⇒ 새뜸나름

우편물 ⇒ 날개글발. 나래글발. 새뜸몬

우편함 ⇒ 글월통. 나래통

우표 ⇒ 날개꽃. 나래꽃. 나름표

우현 ⇒ 오른뱃전

우호적 ⇒ 사이좋은. 가까운

우화 (羽化) ⇒ 날개돋이

우화 (寓話) ⇒ 이야기

우회 ⇒ 둘러감. 에돎. 둘러가다. 에워가다. 에돌다. 멀리 돌다

우회도로·우회로 ⇒ 두름길. 에돎길. 에움길. 에돌이길

우회적 ⇒ 에도는. 에돌아가는. 둘러서 말하는. 빗대어 나타내는

우회전 ⇒ 오른돌기. 오른돌이. 마나. 오르로

우후죽순 ⇒ 여기저기 많이. 비 끝에 대싹 나듯

욱 (어찌씨) ❶사람들이 갑자기 밀려오는 꼴 ⓑ수레문이 열리자 사람들이 욱 밀려나온다 ❷갑자기 골이 불쑥 나는 꼴 ⓑ속에서 뜨거운 것이 욱 치민다 ❸바람이나 물결이 한곬으로 몰려오는 꼴 ⓑ너울이 욱 밀려와서는 바위에 부딪혀 부서진다

욱다지르다 (움직씨) 마구 욱지르다 ⓑ가름걸보들은 욱다질러서 우리를 옮아 넣으려 했다

욱대기다 (움직씨) ❶거칠게 윽박질러 을러메다 ⓑ아버지는 늘 우리를 욱대겨서 살갑게 느껴지지 않는다 ❷억지를 부려 우겨서 제 맘대로 하다 ⓑ아들이 배곳에 다니기 싫다고 욱대겨서 끝내 우리는 손을 들었다

욱신거리다 (움직씨) ❶몸에 아픈 자리가 자꾸 쑤시듯이 아프다 ⓑ쓰러지는 나무에 치인 어깨가 욱신거려 일이 손에 안 잡힌다 ❷여러 사람이 한데 뒤섞여서 몹시 들끓다 ⓑ저잣거리는 늘 사람들이 욱신거리는 곳이다 **욱신대다**

욱신욱신 (어찌씨) ❶몸에 아픈 자리가 자꾸 쑤시듯이 아픈 꼴 ⓑ온몸이 욱신욱신 쑤셔서 잠을 못 잤다 ❷여럿이 한데 뒤섞여 수선스럽게 들끓는 꼴 ⓑ저잣거리에서 장사꾼과 손님이 욱신욱신 다툰다 **욱신욱신하다**

욱여넣다 (움직씨) 바깥에서 안으로 함부로 밀어넣다 ⓑ종이뭉치를 가방에 욱여넣고 일방을 나섰다

욱여들다 (움직씨) 둘레에서 가운데 쪽으로 모여들다 ⓑ우리는 물결 퍼지듯 쫙 헤어졌다가 다시 욱여들곤 했다

욱여싸다 (움직씨) ❶한가운데로 모아들여서 둘러싸다 ⓑ깨살핌이들이 노름집을 욱여쌌다 ❷가에 것을 욱이어 속 것을 싸다 ⓑ튀밥을 종이에 욱여싸서 주었다

욱이다 (움직씨) ❶안쪽으로 구부리거나 좀 좁히다 작은말 옥이다 ❷속으로 밀어넣다

욱지르다 (움직씨) 윽박질러서 기를 꺾다 ㉥이 참에 막내를 단단히 욱질러서 다시는 벗들을 때리지 않도록 해요

욱하다 (움직씨) 앞뒤를 가릴 사이도 없이 세게 치솟는 마음이 갑자기 일어나다 ㉥봄이는 욱하는 데가 있어 벗인 나도 어쩔 땐 무서워

운 (이름씨) 여럿이 한창 어울려 어떤 일을 하는 바람 ㉥운에 딸려 밥을 잔뜩 퍼왔지 뭐야 (익은말) **운이 달다** 운김에 따라서 하다

운 (韻) ⇒ 가락글

운 (運) ⇒ 떠퀴

운김 (이름씨) 여러 사람이 한창 함께 일할 때 우러나는 힘 ㉥못할 것만 같던 일을 운김에 다 마쳤다

운동 ⇒ 몸뮘. 뮘일. 뮈다. 몸 다지다. 몸 움직이다

운동가 ⇒ 뮘일꾼

운동경기 ⇒ 몸뮘놀이

운동기관 ⇒ 몸뮘틀

운동량 ⇒ 몸뮘크기. 몸뮘붚

운동복 ⇒ 몸뮘옷

운동선수 ⇒ 몸뮘바치. 몸뮘이

운동에너지 ⇒ 뮘일힘. 뮘기운

운동원 ⇒ 뮘일꾼

운동장 ⇒ 놀이터. 뮘마당

운동화 ⇒ 몸뮘신

운동회 ⇒ 몸뮘모임. 뮘모꼬지

운두 (이름씨) 그릇이나 신 따위 둘레 위쪽 ㉥운두가 높은 흰 그릇

운명 (運命) ⇒ 떠퀴. 살매. 누리기운

운명 (殞命) ⇒ 죽음. 눈감음. 돌아가심. 죽다. 눈감다. 돌아가시다. 숨넘어가다. 숨 거두다. 숨지다

운명교향곡 ⇒ 살매어울림가락

운모 ⇒ 돌비늘

운무 ⇒ 안개. 구름안개

운문 ⇒ 가락글

운반 ⇒ 옮김. 나름. 나르다

운반작용 ⇒ 나르기

운석 ⇒ 별똥돌

운세 ⇒ 떠퀴

운송 ⇒ 나름. 실어나름. 태워나름. 나르다. 실어나르다. 태워나르다

운송비 ⇒ 나름삯. 짐삯

운송업 ⇒ 나름일

운송장 ⇒ 짐부침표. 짐표

운수 (運數) ⇒ 날떠퀴. 달떠퀴. 해떠퀴. 하늘뜻

운수 (運輸) ⇒ 나름. 큰 나름. 나르다. 크게 나르다

운수업 ⇒ 나름일. 큰나름일

운수회사 ⇒ 나름일터. 큰나름일터

운신 ⇒ 움직임. 움직이다. 움쩍거리다

운영 ⇒ 돌림. 해나감. 꾸려나감. 돌리다. 해나가다. 꾸려나가다

운영자 ⇒ 꾸림이. 건사꾼

운요배쳐들어옴 (이름씨) 1875해에 니혼 싸움배 운요가 가비고시섬에 쳐들어온 일. 이 일로 조선은 니혼과 가비고시 다짐을 맺음 ⇐ 운요호 사건

운용 ⇒ 씀. 부림. 부려 씀. 쓰다. 부리다

운율 ⇒ 글가락

운임 ⇒ 삯

운전 ⇒ 몲. 끎. 몰다. 끌다. 부리다

운전기사 ⇒ 몰이. 몰이꾼

운전대 ⇒ 몰이잡이

운전면허 ⇒ 몰이됨본메

운전사·운전수 ⇒ 몰이. 몰이꾼

운전실 ⇒ 몰이방

운전자 ⇒ 몰이. 몰이꾼

운지법 ⇒ 손가락쓰기. 손가락짚기

운집 ⇒ 많이 모임. 많이 모여듦. 구름처럼 모임. 모아들다. 들끓다. 다떠위다. 구름처럼 모이다

운치 ⇒ 멋. 그윽한 멋

운하 ⇒ 물길

운항 ⇒ (배, 수레, 날틀) 다님. 다니다. 바닷길 다님. 하늘길 다님

운항표 ⇒ 배다님표. 바닷길 다님표. 하늘길 다님표

운행 ⇒ 다님. 굴림. 굴리다. 다니다. 몰다. 몰고 다니다

울[1] 이름씨 ❶'울타리' 준말 ⓑ울안에 가둔 염소 떼 ❷속이 비고 위가 터진 것에서 가를 두른 쪽 ⓑ울이 높은 물통 ❸'신울' 준말 ⓑ울이 높은 구두

울[2] 이름씨 다른 낱사람이나 무리에 맞서 이쪽 힘이 될 피붙이 ⓑ어릴 때는 다투기만 했던 언아우들은 자라서 서로 든든한 울이 되었다

울[3] 이름씨 '우리' 준말 ⓑ울 엄마. 울 언니

울[4] 이름씨 잘에 골을 곱하여 얻은 수, 곧 '1,000,000,000,000'을 세는 우리말 ⇐ 조

울 ⇒ 양털

울거미 이름씨 ❶얽어맨 몬 겉에 댄 테나 끈 ⓑ쇠목과 문골 울거미를 모두 골밀이로 파내어 만들었다 ❷짚신이나 미투리 짝을 꿰어 신갱기 치고 기다랗게 돌린 끈 ⓑ짚신 울거미가 터진 데를 기워 신었다 ❸문틀과 같이 뼈대를 짜서 맞춘 것 ⓑ굵은 나무로 네모지게 문 울거미를 짜고 여기에 싸리로 엮어 문짝을 만들었다

울걱거리다 움직씨 ❶입안에 물을 많이 머금고 볼을 뭐는 소리를 자꾸 내다 ❷먹은 것을 갑자기 게우는 소리가 나다. 또는 그런 소리를 잇달아 내다 ❸세찬 마음이 잇따라 일어나다 **울걱대다**

울걱울걱 어찌씨 ❶입안에 물을 많이 머금고 볼을 뭐는 소리를 자꾸 내는 꼴 ⓑ입속을 울걱울걱 여러 차례 헹구었다 ❷먹은 것을 자꾸 게워내는 꼴이나 소리 ⓑ아기가 소젖을 울걱울걱 게운다 거센말 울컥울컥 ❸세찬 마음이 잇따라 일어나는 꼴 거센말 울컥울컥 **울걱울걱하다**

울고불고 어찌씨 소리 내어 시끄럽게 우는 꼴 ⓑ울고불고 매달려봤자 마음이 떠난 사람은 돌아오지 않아 한뜻말 울며불며

울골질 이름씨 지긋지긋하게 으르며 덤비는 짓 ⓑ다시는 너석이 울골질로 남을 괴롭히지 못하도록 단단히 일러야겠다 ⇐ 위협 **울골질하다**

울긋불긋 어찌씨 여러 짙은 붉은 빛깔이 다른 빛깔들과 뒤섞인 꼴 ⓑ가을바람이 불면 나뭇잎들이 울긋불긋 물든다

울긋불긋하다 그림씨 여러 짙은 붉은 빛깔이 다른 빛깔들과 뒤섞이다

울낯 이름씨 울려는 얼굴 모습 ⓑ울낯을 짓고 다니니 아무도 널 좋아하지 않는 거야 ⇐ 울상

울넘겨치기 이름씨 공치기 놀이에서 때림이가 친 공이 놀이마당 울을 넘어가 때림이가 밑받을 밟을 수 있는 것 ⇐ 홈런

울다[1] 움직씨 ❶아프거나 슬프거나 너무 좋아서 눈물을 흘리거나 소리를 내다 ⓑ아기는 배가 고파 웁니다 ❷기쁘거나 가슴이 뭉클하여 눈물을 흘리거나 소리를 내다 ⓑ아들이 살아 돌아왔다는 새뜸에 기뻐 울었다 ❸짐승이나 벌레 따위가 소리를 내거나 지저귀다 ⓑ귀뚜라미가 귀뚤귀뚤 우는 소리가 나는 걸 보니 가을이 왔구나 ❹엄살을 부리며 아픈 듯이 소리를 내거나 보채다 ⓑ보람이는 우는 소리를 잘한다 ❺어떤 몬이 떨려 소리가 나다 ⓑ고동이 울다. 문풍지가 울다

울다[2] 움직씨 발라놓은 곳이나 바느질 자리 따위가 우글쭈글해지다 ⓑ문종이를 온통 울게 바르면 어떡하니

울대 이름씨 ❶목구멍 복판에 자리 잡아 소리를 내는 그릇 한뜻말 목청 ⇐ 성대. 후두 ❷새나 벌레 따위에서 소리를 내는 그릇 한뜻말 울음틀

울대뼈 이름씨 다 자란 사내 앞목에 두드러져 나온 뼈

울돌목싸움 이름씨 마온바라 더러섬 옆 울돌목에서 이순신 싸울아비 이끎이가 1597해에 왜 도둑떼를 크게 무찌른 싸움 ⇐ 명량해전

울렁거리다 움직씨 ❶몹시 놀라거나 설레거나 무서워 가슴이 두근거리다 ⓑ남몰래 좋아하던 구름이를 길에서 맞닥뜨리자 가슴이 울렁거렸다 ❷큰 물결이 일며 이리저리 흔들리다 ⓑ바닷물이 너울너울 울렁거린다 ❸게울 것처럼 속이 메슥메슥하다 ⓑ멀미

가 나서 속이 울렁거렸다 ❹얇은 널 따위를 디딜 때 휘청휘청 움직이다 ⓑ우리가 걸음을 옮길 때마다 출렁다리가 울렁거렸다 **울렁대다**

울렁울렁 어찌씨 ❶몹시 놀라거나 설레거나 무서워 가슴이 자꾸 두근거리는 꼴 ⓑ엄마를 볼 생각에 가슴이 울렁울렁 뛰었다 ❷큰 물결이 일며 이리저리 자꾸 흔들리는 꼴 ⓑ배가 큰 너울에 울렁울렁 흔들린다 ❸먹은 것이 삭지 않고 속이 메슥메슥하여 자꾸 게우고 싶은 꼴 ⓑ저녁 먹은 것이 얹혔는지 속이 울렁울렁 메스껍다 ❹얇은 널 따위를 디딜 때 휘청휘청 자꾸 움직이는 꼴 ⓑ출렁다리를 지나는데 울렁울렁 흔들려 더럭 무서워졌다 **울렁울렁하다**

울력 이름씨 여러 사람이 힘을 모아 일함. 또는 그런 힘 ⓑ저 길도 마을 사람들이 울력을 해서 낸 거라네

울룩불룩 어찌씨 몬 거죽이나 낯이 고르지 않게 높고 낮은 꼴 ⓑ큰비가 온 뒤끝이라 흙길이 울룩불룩 고르지 않다

울룩불룩하다 그림씨 고르지 않게 높고 낮은 꼴 ⓑ자루가 울룩불룩한 걸 보니 고구마구나!

울릉도 ⇒ 오사섬

울리다 움직씨 ❶'울다' 하임꼴. 울게 하다 ⓑ부아를 내다가 마침내 아우를 울리고 말았다 ❷소리가 나거나 퍼져나가다 ⓑ한 디위 친 쇠북소리가 오래도록 울려 퍼진다 ❸고동, 쇠북 따위로 소리를 내다 ⓑ쇠북을 울려 일어날 때임을 알렸다 ❹깊이 느껴 마음을 움직이다 ⓑ가슴을 울리는 따스한 글 ❺흔들림이 세어 다른 데까지 미치다 ⓑ터지개가 세게 터져 여기까지 땅이 울린다

울먹거리다 움직씨 자꾸 울음이 터져 나오려고 하다 ⓑ길을 잃어버렸다며 아이가 울먹거린다 **울먹대다**

울먹울먹 어찌씨 울낯이 되어 자꾸 울음이 터져 나오려고 하는 꼴 ⓑ구슬이는 설움이 북받쳐 울먹울먹 얼굴이 이지러졌다 **울먹울먹하다**

울먹이다 움직씨 울낯이 되어 울음이 자꾸 터져 나올 듯하다 ⓑ엄마 생각에 울먹이며 노래를 불렀다

울며불며 어찌씨 마구 울기도 하고 소리를 지르기도 하는 꼴 ⓑ엄마와 떨어지기 싫다고 아이가 울며불며 매달린다

울보 이름씨 걸핏하면 우는 아이 ⓑ나는 어렸을 때 걸핏하면 울어대서 딴이름이 울보였다

울부짖다 움직씨 큰 소리를 내어 울며 부르짖다 ⓑ짐승이 울부짖는 소리가 메에 울려 퍼진다 ⇐ 포효하다

울분 ⇒ 골남

울산 ⇒ 구러바라. 구러부루

울상 ⇒ 울낯

울새 이름씨 덤불 속에 사는 지빠귀 갈래 나그네새. 참새보다 조금 크고 봄과 가을에 우리나라를 지나간다

울세다 이름씨 아음이 많고 한창 일어나다 ⓑ그 집안은 요즘이 한창 울셀 때다 ⇐ 번성하다

울울하다 ⇒ 답답하다. 빽빽하다

울음 이름씨 우는 것. 또는 그 소리 ⓑ아이를 보자 엄마는 울음을 터뜨렸다

울음바다 이름씨 많은 사람이 한꺼번에 울음을 터뜨려 온통 울음소리로 가득한 자리 ⓑ언니들이 울자 아이들도 따라 울어 곧 울음바다가 되었다

울음보 이름씨 울음을 싸서 꾸린 보자기, 곧 참다못해 터져 나오는 울음 ⓑ새롬이는 바로 울음보를 터뜨릴 것처럼 입술을 실쭉거렸다

울음소리 이름씨 우는 소리 ⓑ안방에서 나직한 어머니 울음소리가 밤새 들렸다

울음주머니 이름씨 ❶울음이 들어있는 주머니란 뜻으로 자꾸 잇달아 우는 울음 ⓑ아들딸을 잃은 어버이들은 마지막 기림날에 울음주머니가 터졌다 ❷개구리나 맹꽁이 아래턱에서 주머니처럼 생겨 소리 내는 곳 ⓑ

울음주머니가 터지도록 울어대는 개구리
울적하다 ⇒ 서글프다. 답답하다. 쓸쓸하다. 허전하다
울창하다 ⇒ 빽빽하다. 우거지다. 숲지다. 짙푸르다
울컥 [어찌씨] **1** 먹은 것을 갑자기 게워내는 소리나 그 꼴 [ㅂ] 아들이 속이 안 좋다고 하더니 바로 울컥 게워버렸다 **2** 갑자기 마음느낌이 세게 치미는 꼴 [ㅂ] 부아가 울컥 치받는다 **울컥하다**
울컥거리다 [움직씨] **1** 갑자기 자꾸 게워내는 소리가 나다 **2** 갑자기 마음느낌이 자꾸 세게 치밀다 **울컥대다**
울컥울컥 [어찌씨] **1** 갑자기 자꾸 게워내는 소리나 그 꼴 [ㅂ] 버섯을 잘못 먹어 무엇이라도 입에 넣으면 울컥울컥 쏟아낸다 **2** 갑자기 마음느낌이 자꾸 세게 치미는 꼴 [ㅂ] 울컥울컥 치밀어 오르는 서러움 **울컥울컥하다**
울타리 [이름씨] **1** 풀이나 나무 따위를 얽어 담을 갈음해 집 둘레를 둘러막는 것 [ㅂ] 울타리 너머로 달님 얼굴이 언뜻 보였다 **2** 딴데와 떨어진 좁고 막힌 테두리 [ㅂ] 집 울타리에서 벗어난 꽃님들. 힘과 돈 울타리를 벗어나 홀가분한 사람들
울퉁불퉁 [어찌씨] 바닥이나 거죽이 여기저기 꺼지고 튀어나와 고르지 않은 꼴 [ㅂ] 큰비가 와서 수렛길이 울퉁불퉁 패었다 [작은말] 올통볼통
울퉁불퉁하다 [그림씨] 바닥이나 거죽이 여기저기 꺼지고 튀어나와 고르지 않다
울화 ⇒ 성. 골. 노여움. 노염
울화병 ⇒ 골남앓이. 부아앓이
움[1] [이름씨] **1** 푸나무에서 새로 돋아나는 싹 [ㅂ] 봄이 되자 나뭇가지에서 움이 튼다 **2** 나무를 베어낸 뿌리에서 나는 싹 [ㅂ] 베어낸 오얏나무 그루터기에서 새 움이 올라온다 [슬기말] **움도 싹도 없다** **1** 앞으로 잘하거나 좋아질 낌새가 조금도 없다 **2** 온데간데없이 사라져 버리다
움[2] [이름씨] 땅을 판 자리에 거적을 얹어 비바람이나 추위를 막게 한 곳 [ㅂ] 겨울철에 움을 파서 무와 감자를 간수하였다
움딸 [이름씨] 시집간 딸이 죽은 뒤 다시 장가든 사위 아내 [ㅂ] 오늘 사위와 움딸이 온다고 하네
움막 [이름씨] 움막집
움막집 [이름씨] 땅을 파고 위에 거적을 얹고 흙을 덮어 지은 집 [한뜻말] 움막 ⇐ 토막
움씰움씰 [어찌씨] 잇달아 힘있게 일어서거나 솟아오르는 꼴 [ㅂ] 꿈쩍 않던 바위가 움씰움씰 움직인다 **움씰움씰하다**
움직거리다 [움직씨] 몸 어느 곳이나 몬이 자꾸 움직이다 [ㅂ] 나도 모르게 손가락이 자꾸 움직거린다 **움직대다**
움직도르레 [이름씨] 굴대가 움직이는 도르레
움직씨 [이름씨] 무엇이 움직임을 나타내는 낱말 갈래. 남움직씨와 제움직씨가 있다. '오다, 갈다, 싣다' 같은 것이다 ⇐ 동사
움직움직 [어찌씨] 몸 어느 곳이나 몬이 자꾸 움직이는 꼴 [ㅂ] 수레에 불을 걸자 바퀴가 움직움직 앞으로 가려 한다 **움직움직하다**
움직이다 [움직씨] **1** 가만히 있지 않고 몸새나 자리가 바뀌다 [ㅂ] 신나는 가락소리에 몸이 절로 움직인다 **2** 어떤 뜻을 가지고 일하다 [ㅂ] 나날말이 우리말로 쓰이도록 나라가 움직인다 **3** 온 누리가 끊임없이 바뀌다 [ㅂ] 물은 흘러가고 꽃은 피고 지고 모든 것은 살아 움직인다 **4** 어떤 짜임이나 틀이 일을 하거나 하게 되다 [ㅂ] 수레를 움직이다. 모둠을 움직이다 **5** ('없다'와 함께 써) 일이나 꼴이 달라지거나 뒤바뀌다 [ㅂ] 움직일 수 없는 일. 사람이 쓰고 버린 온갖 쓰레기가 사람을 죽인다는 움직일 수 없는 참을 받아들여야 한다 **6** 마음이 어디에 쏠려 하고 싶은 생각이 나다 [ㅂ] 마음이 움직여 우리도 우리말을 쓰며 산다 **7** 누리 흐름이 바뀌어 가다 [ㅂ] 눈 깜짝할 사이마다 움직이는 누리
움직임 [이름씨] 움직이는 꼴
움집 [이름씨] 움을 파고 지은 집. 흔히 방바닥이 둘레 땅보다 낮다

움찍거리다 [움직씨] 몸 한쪽이 움츠러들거나 펴지거나 하며 자꾸 움직이다 **움찍대다**

움찍움찍 [어찌씨] 몸 한쪽을 움츠리거나 펴거나 하며 자꾸 움직이는 꼴 [보]아버지와 나는 독을 움찍움찍 애써 끌고 장독간으로 갔다 **움찍움찍하다**

움쭉달싹 [어찌씨] ('못하다', '않다'와 함께 써) 매우 조금 몸을 움직이는 꼴 [보]버스 안에 워낙 사람들이 많아서 선 채로 움쭉달싹 못 했다 **움쭉달싹하다**

움찔 [어찌씨] **1** 굼뜬 몸짓으로 크고 세게 움직이는 꼴 [보]우리 안에 자던 소가 움찔 움직이자 구경하던 아이들이 달아났다 [작은말]옴찔 **2** 깜짝 놀라 갑자기 몸을 움츠리는 꼴 [보]벗이 내 어깨를 갑자기 툭 치는 바람에 움찔 놀랐다 **움찔하다**

움찔거리다 [움직씨] **1** 굼뜬 몸짓으로 크고 세게 자꾸 움직이다 [작은말]옴찔거리다 **2** 깜짝 놀라 갑자기 몸을 자꾸 움츠리다 **움찔대다**

움찔움찔 [어찌씨] **1** 굼뜬 몸짓으로 크고 세게 자꾸 움직이는 꼴 [보]우람이 엄마는 그 뚱뚱한 몸으로 움찔움찔 방으로 들어온다 [작은말]옴찔옴찔 **2** 깜짝 놀라 갑자기 몸을 자꾸 움츠리는 꼴 [보]큰소리에 아이들은 자라목처럼 움찔움찔 목을 움츠렸다 **움찔움찔하다**

움츠러들다 [움직씨] **1** 몸이 오그라들어 가거나 작아지다 [보]매운바람에 몸이 저절로 움츠러들었다 [큰말]움츠러들다 **2** 무서워서 어쩔 바를 모르다 [보]멧짐승이 무서운 잔별이는 멧속으로 들어가면 저절로 몸이 움츠러든다

움츠리다 [움직씨] **1** 뒤로 물러서거나 물리다 [보]무서워서 한 발짝 뒤로 움츠렸다 [작은말]옴츠리다 **2** 몸을 바삐 쭈그려 작게 하다 [보]아이들은 몸을 새우처럼 움츠리고 벌벌 떨었다 **3** 내밀었던 몸 한쪽을 바삐 오그리다 [보]뱀을 보자 내딛던 다리를 움츠렸다 **4** 내놓았던 몬을 몸 안에 넣다 [보]돈을 주려다가 도로 움츠렸다 **5** 하려던 말을 바삐 멈추다 [보]엄마가 눈짓하자 아이가 얼른 말을 움츠린다

움켜잡다 [움직씨] 손가락을 우그려 힘있게 잡다 [보]놀란 아내가 저쪽으로 가자며 내 팔을 움켜잡았다

움켜쥐다 [움직씨] 손가락을 우그려 힘있게 쥐다 [보]아이들은 배꼽을 움켜쥐고 웃었다

움큼 [이름씨] 한 손으로 움켜쥘 만한 크기를 나타내는 말 [보]가람이가 튀밥을 한 움큼 쥐어서 볼퉁이가 미어지도록 입에 넣었다 [작은말]옴큼

움키다 [움직씨] **1** 손가락을 우그려 쥐거나 잡다 [보]우리는 눈을 움켜 던지며 눈싸움을 했다 **2** 새나 짐승이 발가락으로 꽉 잡다 [보]매는 날카로운 발가락으로 꿩 대가리를 움켰다

움트다 [움직씨] **1** 움이 새로 돋아나다 [보]봄이 되자 가지마다 물이 오르고 싹이 움튼다 **2** 일이나 생각, 기운 따위가 처음 일어나다 [보]둘 사이에 사랑이 움터 열매를 맺었다

움파 [이름씨] **1** 베어낸 줄기에서 다시 나온 파 [보]움파를 먹으려면 집 가까이 심어놓게 **2** 움 속에서 자란 빛이 누런 파 [보]움에서 감자, 무, 움파를 꺼내왔다

움푹 [어찌씨] 가운데가 우묵하게 깊이 들어간 꼴 [보]길이 움푹 파인 곳에 물이 괴었다

웃- [앞가지] **1** (어떤 이름씨나 움직씨 앞에 붙어) 위 [보]웃어른. 웃손. 웃돌다. 웃길 **2** 겉 [보]웃옷 **3** 더 보태거나 덧붙이는 것 [보]웃돈. 웃물 **4** 지나친 것 [보]웃자라다

웃거름 [이름씨] 씨앗을 뿌린 뒤나 모를 옮겨 심은 뒤에 주는 거름 [보]호박은 웃거름을 많이 주어야 잘 자란다

웃국 [이름씨] 지렁이나 술을 담가 익힌 뒤에 맨 처음으로 떠낸 짙은 국 [보]막걸리 웃국 한 사발

웃기 [이름씨] **1** 흰떡에 물을 들여 여러 꼴로 만든 떡 [한뜻말]웃기떡 **2** 떡이나 과일을 쌓은 위에 보기 좋게 하려고 얹는 밑감

웃기다 [움직씨] **1** 웃게 하다 [보]이 궂은 사람들

을 웃기기도 하고 울리기도 한다 **2** 웃음이 나올 만큼 딱하고 가엾다 ⓑ저렇게 얼띤 사람이 웃대가리가 되다니 웃기는 노릇이다

웃기떡 이름씨 떡 위에 멋을 내려고 얹는 빛깔을 낸 떡 한뜻말 웃기

웃낮 이름씨 앞낮 ⇐ 오전. 상오

웃내기 이름씨 아래 싸울아비 서흐레 가운데 하나. 머리내기 아래, 버금내기 위이다 ⇐ 상등병. 상병

웃다 움직씨 기쁘거나 마음에 좋은 느낌이 생겨 얼굴을 활짝 펴거나 소리를 내다 ⓑ웃으며 놀고 웃으며 일하며 웃으며 쉰다

웃대가리 이름씨 **1** 벼슬이나 자리가 높거나 그런 자리에 있는 사람들 ⓑ어느 나라 없이 웃대가리들이 썩은 것은 왜일까? **2** 일이나 몬 위쪽이 되는 대가리 ⓑ콩은 얼마만큼 자라면 웃자라지 않도록 웃대가리를 잘라준다

웃도리 이름씨 들보 위에 세우는 짧은 기둥에 얹어서 서까래나 지붕널을 받치는 가로 밑감

웃돈 이름씨 **1** 주거나 받기로 한 돈보다 더 보태는 돈 ⓑ한가위 앞에는 웃돈을 주고도 소낭버섯을 사기 어려워 **2** 몬을 서로 바꿀 때 값이 적은 쪽에서 모자라는 만큼 얹어주는 돈

웃돌다 움직씨 어떤 잣대보다 위에 이르다 ⓑ이 모둠집은 값이 열잘을 웃돈다 맞선말 밑돌다

웃바람 이름씨 겨울에 방안 위쪽에서 느끼는 싸늘한 기운 ⓑ이 집은 나무집이라 웃바람이 세다 한뜻말 겉바람 ⇐ 외풍. 웃풍

웃방 이름씨 부엌 아궁이가 달린 방 다음에 있는 방 ⓑ손님이 많으니 오늘은 웃방에서 자야겠다

웃방살이 이름씨 남집 웃방을 빌려서 살림하는 것 ⓑ마흔 해 앞만 해도 웃방살이 안 해본 사람이 거의 없었지 아마

웃비 이름씨 좍좍 내리다가 거의 그치게 된 비 ⓑ웃비가 그쳤으니 이제 슬슬 일하러 가자

웃비걷다 움직씨 아직 빗기는 있으나 좍좍 내리던 비가 그치다

웃설미 이름씨 비바람이나 눈을 막으려고 지붕 위를 솔가지 같은 것으로 덮는 것 ⓑ억새집 웃설미를 하느라고 뻗쳐놓았던 울타리가 기울어진 채 그대로 있었다

웃손 이름씨 짝맺이 때 꽃두루나 꽃두레를 데리고 가는 사람. 흔히 손윗사람이 맡는다

웃어른 이름씨 나이나 자리가 저보다 높은 어른 ⓑ웃어른을 잘 섬기어라

웃옷 이름씨 맨 겉에 입는 옷 ⓑ날씨가 더워 웃옷을 벗었다 비슷한말 겉옷

웃음 이름씨 웃는 모습이나 짓 ⓑ내 말에 아이들은 웃음을 터뜨렸다

웃음가마리 이름씨 남 웃음거리가 되는 사람

웃음거리 이름씨 남한테 웃음을 자아내게 하는 거리 ⓑ거짓말로 고비를 넘기려고 하는 으뜸머슴 하는 짓은 늘 아람들 웃음거리밖에 되지 않는다

웃음굿 이름씨 **1** 웃음거리가 될 만한 일이나 짓 **2** 사람 삶을 파헤쳐 웃음을 자아내도록 재미있게 다룬 굿 ⇐ 희극. 코미디

웃음기 이름씨 살짝 웃음을 띤 얼굴 ⓑ울던 아이가 엄마를 보자 입가에 웃음기가 번진다

웃음꽃 이름씨 꽃이 피어나듯 환하고 즐겁게 웃는 웃음 ⓑ아이 아양에 우리 집은 늘 웃음꽃이 피어난다

웃음바다 이름씨 한데 모인 많은 사람이 신나고 즐겁게 마구 웃어대는 웃음판 ⓑ스승이 던진 우스갯소리에 배곳방이 웃음바다가 되었다

웃음발 이름씨 얼굴에 퍼진 웃음기나 그 빛발 ⓑ흐뭇한 웃음발이 순이 얼굴에 피어났다

웃음보 이름씨 한꺼번에 크게 웃거나 많이 쌓여 터져 나오려는 웃음 ⓑ꼬마가 꼬마에게 잔소리하는 모습에 웃음보가 터져버렸다

웃음소리 이름씨 웃는 소리. 웃을 때 내는 소리 ⓑ방안에서는 마을 아주머니들 웃음소리가 끊이질 않는다

웃음판 (이름씨) 여러 사람 웃음이 벌어지는 자리 ⓑ엉뚱한 말 한마디가 신나던 웃음판을 깨뜨렸다

웃자라다 (움직씨) 여름짓는 것 줄기나 잎이 쓸데없이 많이 자라다 ⓑ웃거름을 많이 주었더니 벼가 웃자랐다

웃통 (이름씨) ❶사람 윗몸 ⓑ아이들은 마당에서 웃통을 드러낸 채 공을 차고 놀았다 한뜻말 윗도리 ❷사람 윗몸에 입는 옷 ⓑ웃통 벗어봐라, 등목해줄 테니 한뜻말 윗도리

웅글다 (움직씨) 소리가 깊고 굵다 ⓑ가르침이는 웅근 목소리로 배움이들에게 말했다

웅글지다 (움직씨) 웅근 데가 있다 ⓑ두꺼운 얼음판 밑을 흘러가는 물소리가 돌돌 웅글지다

웅담 ⇒ 곰 쓸개. 곰열

웅대하다 ⇒ 크다. 으리으리하다. 우람하다. 우람스럽다

웅덩이 (이름씨) 땅이 움푹 패어 물이 괸 곳 ⓑ며칠 내린 작달비로 길 여기저기에 웅덩이가 생겼다 한뜻말 구레. 웅뎅이

웅변 ⇒ 술술말

웅비 ⇒ 기운차게 낢. 씩씩하게 움직임. 활개 치다. 기운차게 날다. 힘차게 나아가다

웅성거리다 (움직씨) 여러 사람이 좀 시끄럽게 수군거리거나 지껄이다 **웅성대다**

웅성웅성 (어찌씨) 여러 사람이 좀 시끄럽게 수군거리거나 지껄이는 꼴. 또는 그 소리 ⓑ수레가 사람을 친 자리에 사람들이 모여 웅성웅성 떠들었다 **웅성웅성하다**

웅숭그리다 (움직씨) 춥거나 두려워서 몸을 매우 웅크리다 ⓑ문을 열고 나가자 울 밑에서 몸을 잔뜩 웅숭그린 채 떠는 늙은이가 있었다

웅숭깊다 (그림씨) ❶생각이나 뜻이 크고 넓다 ⓑ작은 목숨까지 보살피려는 젊은이 웅숭깊은 생각에 가슴이 뭉클했다 ❷되바라지지 않고 깊숙하다 ⓑ맑은 물은 큰 웅덩이에 웅숭깊게 고였고 그 옆엔 아름드리 소나무가 서 있다

웅실거리다 (움직씨) ❶물결이 크게 굼실거리며 흐르다 ❷사람들이 많이 무리 지어 물결처럼 움직이다 **웅실대다**

웅실웅실 (어찌씨) ❶물결이 크게 굼실거리며 흐르는 꼴 ⓑ웅실웅실 굽이쳐 흐르는 가람물 ❷사람들이 많이 무리 지어 물결처럼 움직이는 꼴 ⓑ젊은이들이 한꺼번에 웅실웅실 몰려들었다 **웅실웅실하다**

웅얼거리다 (움직씨) 입속말로 뚜렷하지 않게 자꾸 지껄이다

웅얼웅얼 (어찌씨) 입속말로 뚜렷하지 않게 자꾸 지껄이는 꼴 ⓑ얘야, 웅얼웅얼 입속말하지 말고 똑바로 말해봐 **웅얼웅얼하다**

웅장하다 ⇒ 크다. 으리으리하다. 우람하다. 우람스럽다. 어마어마하다. 덩실하다. 덩그렇다

웅진 ⇒ 곰나루. 고마나마. 고마나리

웅크리다 (움직씨) 몸을 잔뜩 우그려 작게 하다 ⓑ날이 추워서 몸을 웅크리고 잤다 작은말 옹크리다

워[1] (이름씨) 한글 홀소리 글자 'ㅝ' 이름

워[2] (이름씨) 말이나 소를 멈추게 하려고 내는 소리 ⓑ워 하니 소가 멈추어 선다

워낙 (어찌씨) ❶처음부터. 아예 ⓑ꺽쇠라고 하면 워낙 누구라도 잘 웃긴다고 안다 ❷두드러지게 몹시 ⓑ이 메는 워낙 가팔라서 오르기가 쉽지 않다 ❸(이름씨) 썩 앞. 맨 처음 ⓑ워낙에 글솜씨로 이름을 날렸다. 워낙은 마실 물로 쓰던 샘이다

워낭 (이름씨) 소나 말 턱 밑에 다는 작은 방울 ⓑ멀리서 들리는 워낭 소리에 어제 잃어버린 소를 찾은 기쁨이 몰려온다

워드 ⇒ 말. 낱말

워드프로세서 ⇒ 월짜기. 월짜기틀. 글틀

워락 (이름씨) 임금집이나 절같이 큰 집에서 큰 문 두 쪽에 붙은 방 ⇐ 행랑

워밍업 ⇒ 몸풀기

워싱턴 (이름씨) 포토맥가람가에 있는 큰 고을. 유에스 서울로 으뜸머슴이 살며 일보는 흰집과 뽑힌이집이 있다

워키토키 ⇒ 걷는 말틀. 걷말틀

원[1] (느낌씨) 뜻밖 일을 겪어 놀라거나 언짢을 때 하는 말 ㉥원, 이게 무슨 꼴이냐, 흠뻑 젖어서는

원[2] (이름씨) 우리나라 돈을 세는 말 ㉥사세요. 남새 한 단에 닷즈믄 원이요, 닷즈믄 원

원 (圓) ⇒ 동그라미

원 (願) ⇒ 바람. 바라는 바. 비는 바. 뜻하는 바. 바라다. 빌다. 하고자 하다. 뜻하다

원가 ⇒ 밑값. 밑돈. 밑금

원거리 ⇒ 먼길

원격 ⇒ 멀리. 먼곳

원격제어 ⇒ 멀리 부림

원고 ⇒ 건이. 건사람

원고인 ⇒ 판가름건이

원고지 ⇒ 글종이. 글칸종이

원광석 ⇒ 밑쇠돌

원그래프 ⇒ 동그라미그림표

원근 ⇒ 멀고 가까움. 먼 데와 가까운 데

원근감 ⇒ 멀고 가까운 느낌

원근법 ⇒ 멀고 가깝기

원근해 ⇒ 먼바다와 갓바다. 난바다와 든바다

원금 ⇒ 밑천. 밑돈. 밑금. 먹은금

원기 ⇒ 힘. 기운

원기둥 ⇒ 둥근기둥

원나라 (이름씨) 몽골 칸 쿠빌라이가 1271해에 쭝궈에 세운 나라. 고리에서 티베트까지 아시아를 휩쓸어 다스렸으나 온해도 못가서 1368해에 무너졌다

원년 ⇒ 첫해. 비롯해

원님 ⇒ 고을지기. 사또

원단 (元旦) ⇒ 설날 아침

원단 (原緞) ⇒ 옷감

원대하다 ⇒ 멀고 크다

원동력 ⇒ 밑뭄힘. 뿌리힘. 바탕힘

원두막 ⇒ 밭머리쉼터

원둘레 ⇒ 동그라미둘레

원래 ⇒ 처음. 워낙. 처음부터

원로 ⇒ 잘늙은이

원료 ⇒ 거리. 감. 밑감. 밑거리. 종요밑감

원리 (原理) ⇒ 가리. 가리새

원리 (元利) ⇒ 밑길. 밑돈과 길미

원만하다 ⇒ 너그럽다. 무던하다. 구순하다. 숭굴숭굴하다. 수더분하다. 모나지 않다. 사이가 좋다

원말 ⇒ 첫말. 처음말

원망 ⇒ 탓. 타냄. 지청구. 탓하다. 타내다. 지청구하다. 미워하다. 앙알거리다

원목 ⇒ 밑나무

원문 ⇒ 밑글. 바탕글

원반 ⇒ 둥글넓적이

원밥수기 (이름씨) 떡국에 밥을 넣어 끓인 맛갓

원병 ⇒ 도움싸울아비

원본 ⇒ 밑책. 밑글

원뿌리 ⇒ 밑뿌리

원뿔 ⇒ 둥근뿔

원뿔형 ⇒ 둥근뿔꼴

원사 ⇒ 밑실. 밑감실. 바탕실. 천낳이실

원산 ⇒ 밑낳이. 첫낳이

원산지 ⇒ 첫낳이곳. 밑낳땅. 첫난곳. 첫난데. 첫고장. 첫바닥

원상 ⇒ 밑꼴. 처음꼴

원색 ⇒ 바탕빛. 밑빛. 밭빛. 처음빛

원생대 ⇒ 앞난뉘

원생동물 ⇒ 홑잔삼숨받이

원생생물 ⇒ 홑잔삼산것

원생식물 ⇒ 홑잔삼푸나무

원서 (原書) ⇒ 바탕책. 밑책. 첫책. 밑바닥책

원서 (願書) ⇒ 바람글

원성 ⇒ 볼멘소리. 탓하는 말. 투덜거리는 소리. 앙알거리는 소리

원소 ⇒ 밑숫

원소나열법 ⇒ 밑숫펼치기

원수 (元首) ⇒ 으뜸머리

원수 (元帥) ⇒ 닷별내기

원수 (怨讐) ⇒ 맞선이. 맞

원숙하다 ⇒ 무르익다. 익숙하다. 손익다

원숭이 ⇒ 납. 잔납. 잔나비

원시 (原始) ⇒ 숫. 처음

원시 (遠視) ⇒ 멀리눈. 멀리보기

원시림 ⇒ 숫숲

원시생활 ⇒ 숫살이

원시시대 ⇒ 숫살이때. 숫때
원시신앙 ⇒ 옛믿음. 숫때믿음. 처음믿음
원시인 ⇒ 숫살이. 숫살이사람
원심력 ⇒ 멀어질힘. 멀어질심
원앙 ⇒ 짝꿍새
원양·원해 ⇒ 난바다. 먼바다. 큰바다. 배래
원양어선 ⇒ 먼바다 고깃배. 난바다 고깃배
원양어업 ⇒ 먼바다 고기잡이. 난바다 고기잡이
원어 ⇒ 제말. 제고장말
원어민 ⇒ 제말보. 제말꾼
원어민강사 ⇒ 제말가르침이. 제말가르침보
원예 ⇒ 풀꽃가꿈. 뜰가꿈. 뜰손질
원예농업 ⇒ 동산가꾸기. 뜰가꾸기
원예사 ⇒ 꽃가꿈이. 뜰가꿈이. 동산바치
원유 ⇒ 밑기름. 땅기름
원인 ⇒ 말미. 까닭. 영문. 셈판. 언턱거리. 빌미. 탓. 진티. 불씨. 핑계. 실마리. 말미암다. 빌미가 되다. 까닭으로 삼다. 실마리가 되다. 진티가 되다. 불씨가 되다
원자 ⇒ 밑씨
원자력 ⇒ 밑씨힘
원자력발전소 ⇒ 밑씨힘번힘곳
원자로 ⇒ 밑씨불담이
원자재 ⇒ 밑밑감
원자폭탄 ⇒ 밑씨터지개
원자핵 ⇒ 밑씨자위
원작 ⇒ 밑글. 첫글. 바탕글. 바탕책
원작자 ⇒ 지은이. 처음 지은이
원장 ⇒ 집지기
원재료 ⇒ 밑감
원적토 ⇒ 제곳흙. 제터흙. 제자리흙
원전 ⇒ 밑번힘곳
원점 ⇒ 첫자리. 처음자리. 밑점
원정 (遠征) ⇒ 치러감. 싸우러감. 치러가다. 싸우러가다
원정·원단 (元正) ⇒ 설날. 설
원정군 ⇒ 먼곳치는 싸움꾼
원제 ⇒ 첫 이마글. 첫 머릿글
원조 (元祖) ⇒ 첫한아비. 처음 연 이
원조 (援助) ⇒ 도움. 돕다. 도와주다
원주 (圓柱) ⇒ 동글둘레
원주 (原州) ⇒ 부루나
원주각 ⇒ 동글둘레모
원주민 ⇒ 터박이. 제곶보. 제터박이. 제곶이. 제곶사람. 제바닥사람. 제고장사람
원주율 ⇒ 동글둘레푼수
원지 ⇒ 바탕종이. 밑종이
원천 ⇒ 밑터. 밑곳. 샘터. 밑바탕
원체 ⇒ 워낙
원추 ⇒ 둥근뿔꼴
원추리 (이름씨) 놀기서리
원추형 ⇒ 둥근뿔꼴
원칙 ⇒ 밑 수. 밑 길. 밑 벼리. 밑 가리
원컨대 ⇒ 바라건대
원탁 ⇒ 둥근놓개
원통 ⇒ 둥근통
원통하다 ⇒ 애매하다. 부아나고 속 쓰리다. 가슴에 맺히다. 서럽다. 섧다
원통형 ⇒ 둥근통꼴
원판 (圓板) ⇒ 둥근널
원판 (原板) ⇒ 처음판
원판 (元-) ⇒ 두드러지게. 아주. 처음부터. 뿌리부터. 처음꼴. 처음생김새
원피스 ⇒ 통옷. 달린옷. 자루옷. 붙은옷. 붙은치마
원한 ⇒ 맺힌 마음. 응어리
원형 (原形) ⇒ 밑꼴. 첫꼴. 처음꼴
원형 (圓形) ⇒ 동그라미꼴. 둥근꼴
원형극장 ⇒ 둥근꼴굿터
원형무대 ⇒ 둥근마당. 둥근춤판. 둥근굿터
원형질 ⇒ 밑꼴밭
원호 ⇒ 돌봐줌. 보살펴줌. 뒷배봐줌. 돌봐주다. 보살펴주다. 뒷배봐주다
원활 ⇒ 부드러움. 매끄러움. 막힘없음. 거침없음. 부드럽다. 매끄럽다. 막힘없다. 거침없다. 반드럽다. 잘 흘러가다. 잘되어가다
원흉 ⇒ 못된놈 우두머리. 나쁜놈 우두머리
월 (이름씨) 생각이나 느낌을 말과 글로 나타낼 때 임자씨와 풀이씨를 갖춘 것 ㉥띄어쓰기나 맞춤이 어긋난 월을 고친다 ⇐ 문장
월 ⇒ 달

월간 (月刊) ⇒ 달내기. 달펴냄
월간 (月間) ⇒ 한 달 동안
월경 ⇒ 달거리. 몸엣것. 몸하다. 몸 있다. 달거리하다
월경통 ⇒ 달거리아픔. 달배앓이
월고 ⇒ 달삯. 달품팔이
월광 ⇒ 달빛
월궁 ⇒ 달집. 달나라. 달
월권 ⇒ 넘는짓. 넘치는 짓. 넘나는 짓. 제힘 밖 일
월금 ⇒ 달거문고
월급 ⇒ 달삯. 달품삯
월급날 ⇒ 달삯날. 달품삯날
월급쟁이 ⇒ 달품팔이
월남 ⇒ 마녘 옴. 마녘 감. 마녘 오다. 마녘으로 넘어오다
월담 ⇒ 담넘기. 담넘이
월동 ⇒ 겨울나기. 겨우살이. 겨울나다
월동지 ⇒ 겨우살이터. 겨울나기터
월드컵 ⇒ 누리그릇
월등하다 ⇒ 뛰어나다. 빼어나다. 두드러지다. 동뜨다. 앞지르다
월력 ⇒ 달셈
월령 ⇒ 달나이
월례회 ⇒ 다달모임. 달모임
월말 ⇒ 달끝
월몰 ⇒ 달넘이. 달지기. 달 지다
월반 ⇒ 배움해 건너뛰기
월별 (月別) ⇒ 달따라 나눔
월별 (月鼈) ⇒ 달자라
월부 ⇒ 달벼름. 달붓기
월북 ⇒ 노녘 옴. 노녘 감. 노녘 오다. 노녘으로 넘어가다
월세 ⇒ 달삯
월식 ⇒ 달가림
월악산 ⇒ 달앗메
월요일 ⇒ 달날
월인천강지곡 ⇒ 즈믄가람에 비친 달노래
월장 ⇒ 담넘이
월척 ⇒ 자넘이
월초 ⇒ 달첨. 달처음

월출 ⇒ 달돋이
월평균 ⇒ 달고루. 달두루
웨 이름씨 한글 홀소리 글자 'ㅞ' 이름
웨딩 ⇒ 짝맺이
웨딩드레스 ⇒ 짝맺이옷
웩웩 어찌씨 자꾸 게우려고 하는 소리나 꼴 ⓑ 어제 술을 많이 마셔 웩웩 게우기를 여러 디위 하였다
웬 매김씨 무슨. 어떻게 된. 어떠한 ⓑ웬 비가 이렇게 많이 내린담?
웬걸 느낌씨 '웬 것을' 준말. 제 생각이나 바람과는 아주 다른 일이 벌어졌을 때 쓰는 말 ⓑ내가 가장 먼저 온 줄 알았는데, 웬걸, 벌써 다섯 사람이나 와 있더라
웬만큼 어찌씨 여느 잣대보다 조금 넘을 만큼 ⓑ바위벼랑을 오르면 웬만큼 힘이 좋은 사람도 헉헉댄다
웬만하다 그림씨 ❶그저 그만하다 ⓑ이제 웬만한 먹거리는 만들 수 있어 ❷어지간하다 ⓑ보라는 웬만하면 부아를 내지 않는다
웬일 이름씨 어찌 된 일. 무슨 일 ⓑ웬일로 오늘은 일찍 일어났어?
웹 ⇒ 누리그물
웹사이트 ⇒ 누리그물코. 누리그물자리
위[1] 이름씨 한글 홀소리 글자 'ㅟ' 이름
위[2] 이름씨 ❶어떤 곳보다 높은 곳이나 쪽 ⓑ 새가 지붕 위를 날아간다 맞선말아래 ❷어떤 것 꼭대기나 그것에 가까운 곳 ⓑ언덕 위에 지은 집 ❸어떤 것 거죽이나 겉 ⓑ두꺼운 종이 위에 그림을 그렸다 ❹가람이나 내에서 물이 흘러오는 쪽 ⓑ가람 위쪽은 솔밭이다 ❺자리나 디위, 나이, 재주 따위에서 더 높거나 많거나 나은 쪽 ⓑ언니는 나보다 두 살 위다 ❻허리보다 높은 쪽 몸 ⓑ우람이는 아래보다 위가 튼튼하다 ❼글에서 앞에 보인 말 ⓑ위에서 말한 바와 같다
위 (胃) ⇒ 양. 밥통. 속
위 (位) ⇒ 자리
위계 (位階) ⇒ 서흐레. 벼슬 서흐레
위계 (僞計) ⇒ 속임수

위급하다 ⇒ 어렵다. 바쁘다. 과가르다. 마음 놓을 수 없다

위기 ⇒ 고비. 고스락. 어려운 고비. 아슬아슬한 고비

위기감 ⇒ 고비느낌

위기일발 ⇒ 고빗사위

위대하다 ⇒ 훌륭하다. 크다. 뛰어나다. 빼어나다

위도 ⇒ 씨금

위독하다 ⇒ 깊게 앓다. 크게 앓다. 앓이가 무겁다

위뜸 [이름씨] 윗동네. 위쪽 동네 ㉥우리 아들네는 저 위뜸에 살아요 한뜻말윗각단 맞선말아래뜸

위락 ⇒ 놀이. 재미

위력 ⇒ 힘. 큰힘

위령 ⇒ 넋달래기

위령제 ⇒ 넋달램굿. 넋굿

위령탑 ⇒ 넋달램쌓. 넋쌓

위례성 ⇒ 우리구루

위로 ⇒ 달램. 어루만짐. 달래다. 어루만지다. 쓰다듬다. 보듬고 달래다

위문 ⇒ 달램. 어루만짐. 어루만지다. 쓰다듬다. 달래다

위문품 ⇒ 달랠 것. 어루만질 것

위반 ⇒ 어김. 깸. 어기다. 어그러뜨리다. 깨뜨리다. 깨다. 딴죽치다. 파임내다. 빕더서다. 지키지 않다

위배되다 ⇒ 어김. 엇감. 어긋나다. 엇가다. 어기다

위법 ⇒ 참어김. 벼리어김. 참 어기다. 벼리 어기다

위산 ⇒ 양심

위상 ⇒ 자리. 자리높이

위생 ⇒ 튼튼

위생병 ⇒ 튼튼싸꾼

위생복 ⇒ 튼튼옷

위생종이 ⇒ 뒷종이

위선 (緯線) ⇒ 씨줄. 씨금

위선 (僞善) ⇒ 거짓

위선자 ⇒ 거짓보. 거짓말쟁이. 겉속다른이

위성 ⇒ 달별. 돌별. 씀별

위성국 ⇒ 딸린나라. 달별나라

위성도시 ⇒ 둘레고을. 언저리고을. 딸린고을

위성방송 ⇒ 돌별널냄. 씀별널냄

위성사진 ⇒ 돌별빛박이. 씀별빛박이

위성중계 ⇒ 돌별이어줌. 씀별이어줌

위성항법장치 ⇒ 돌별길잡이. 돌별길잡이틀

위세 ⇒ 힘. 센 힘

위신 ⇒ 얼굴. 낯

위아래 [이름씨] **1** 위와 아래 ㉥위아래 마을에 이름이 똑같은 사람이 산다 **2** 윗사람과 아랫사람 ㉥여긴 위아래도 없는 곳인가?

위아래물길 [이름씨] 들어오는 깨끗한 물길과 쓰고 버린 나가는 물길 한뜻말위아래물틀 ⇐ 상하수도

위아랫벌 [이름씨] 윗옷과 아래옷 ⇐ 상하의

위안 ⇒ 어루만짐. 달램. 어루만지다. 쓰다듬다. 달래다. 보듬고 달래다

위암 ⇒ 양궂혹

위압 ⇒ 억누름. 을러멤. 억누르다. 을러대다. 을러메다. 꼭뒤 지르다. 꼭뒤 누르다

위압감 ⇒ 억누르는 느낌. 을러메는 느낌

위액 ⇒ 양물

위약 (胃藥) ⇒ 양낫개

위약 (違約) ⇒ 어김. 저버림. 어기다. 저버리다. 빕더서다. 파임내다. 깨뜨리다. 딴죽치다. 딴소리하다

위언 ⇒ 거짓말

위엄 ⇒ 틀거지. 무게. 드레. 틀

위엄차다 ⇒ 드레지다. 의젓하다. 점잖다. 야젓하다

위업 ⇒ 큰일. 훌륭한 일

위염 ⇒ 양불늦

위원 ⇒ 맡꾼

위원장 ⇒ 맡꾼지기. 맡꾼머리

위원회 ⇒ 두레. 모둠. 맡꾼모임

위인 ⇒ 큰사람. 돋난이

위인전 ⇒ 큰사람 이야기. 돋난이 이야기

위임 ⇒ 맡김. 맡기다

위장 (僞裝) ⇒ 거짓꾸밈. 속임. 꾸며대다. 거짓 꾸미다. 속이다. 탈 쓰다

위장 (胃腸) ⇒ 양. 밥통. 속

위장약 ⇒ 양낫개

위절제술 ⇒ 양 자르기. 양 잘라내기

위조 ⇒ 떠만듦. 가짜만듦. 떠서 만들다. 참처럼 만들다. 가짜로 만들다

위조화폐 ⇒ 가짜돈

위주 ⇒ 임자삼음. 으뜸삼음

위중하다 ⇒ 바드럽다. 깊이 앓다. 크게 앓다. 무겁다. 어렵다. 깊고 무겁다

위증 ⇒ 거짓말. 거짓말하다

위쪽 이름씨 어떤 잣대보다 위가 되는 쪽 ⓑ그림을 벽 위쪽에 걸었다

위촉 ⇒ 맡김. 맡기다

위축 ⇒ 쪼그라듦. 쪼그라짐. 움츠러듦. 움츠림. 쪼그라들다. 쪼그라지다. 움츠러들다. 움츠리다. 우그러들다. 우그러지다. 풀죽다. 여려지다. 짜들다. 찌들다. 꿀리다. 오갈들다. 작아지다

위축병 ⇒ 오갈앓이

위층 ⇒ 위켜. 위겹

위치 ⇒ 자리. 곳. 있는 곳. 있는 자리. 있는 데. 서다. 있다. 자리잡다. 자리를 차지하다

위치에너지 ⇒ 자리힘. 자리일할힘

위탁 ⇒ 맡김. 맡기다

위탁금 ⇒ 맡긴 돈

위탁물 ⇒ 맡긴 짐

위태롭다 ⇒ 아슬아슬하다. 간간하다. 바드럽다

위태하다 ⇒ 바드럽다

위턱 이름씨 위쪽 턱

위턱구름 이름씨 여섯즈믄에서 골셋즈믄 미터 사이 하늘에 생겨 햇무리나 달무리를 이루는 구름

위턱뼈 이름씨 위턱을 이루는 왼 오른 한 켤레 뼈. 아래쪽 가에는 윗니가 있다

위통 ⇒ 양아픔. 배아픔. 배앓이

위트 ⇒ 재치. 익살. 야살

위팔 이름씨 어깨에서 팔꿈치까지 팔 ⇐ 상완. 상박

위팔뼈 이름씨 위팔을 이루는 뼈 ⇐ 상완골

위팔힘살 이름씨 위팔에 있는 힘살 ⇐ 상완근

위패 ⇒ 자릿대

위풍당당하다 ⇒ 떳떳하고 기운차다

위하다 ⇒ 잘되게 하다. 받들다. 이루려고 하다. 종요롭게 여기다. 베풀다

위헌 ⇒ 으뜸벼리어김

위험 ⇒ 바드러움. 아슬아슬함. 간간함. 바드럽다. 아슬아슬하다. 간간하다

위험성 ⇒ 바드러움바탈

위험수위 ⇒ 바드러운 물높이

위험천만하다 ⇒ 바드럽기 짝이 없다

위협 ⇒ 으름. 으름장. 으르다. 을러대다. 을러메다. 욱대기다. 울골질하다. 종주먹을 대다. 종주먹을 쥐다. 딱딱거리다. 닦달하다

위화감 ⇒ 거북한 느낌. 고까운 느낌

윗가웃 이름씨 한 해를 둘로 나누어 그 앞쪽 동안 맞선말아랫가웃 ⇐ 상반기

윗가웃달 이름씨 달셈 달마다 여드레나 아흐레에 뜨는 달 ⇐ 상현. 상현달

윗겯 이름씨 사다리꼴에서 위에 있는 겯 ⇐ 윗변

윗글 이름씨 위에 있는 글이나 앞에 나온 글 ⓑ윗글을 읽고 다음 물음을 푸시오

윗길 이름씨 ❶위쪽에 있는 길 ❷어떤 것보다 훨씬 나은 것

윗나이 이름씨 나이가 더 많은 사람 맞선말아랫나이 ⇐ 연상

윗뉘 이름씨 한집안에서 할아버지 위로 돌아가신 어른들 맞선말아랫뉘 ⇐ 조상. 윗대

윗뉘사람 이름씨 한아비 ⇐ 조상. 윗대사람

윗니 이름씨 윗잇몸에 난 이 ⓑ우리 애기 윗니 하나가 벌레 먹었네 맞선말아랫니

윗도리 이름씨 ❶몸에서 허리 위쪽 ⓑ꾀돌이는 윗도리가 아랫도리보다 튼튼하다 한뜻말윗몸 맞선말아랫도리 ❷윗몸에 입는 옷 ⓑ날씨가 추워져서 겨울 윗도리를 꺼내 입었어 ❸높은 자리 ⓑ윗도리에 앉은 사람은 스스로 삼가야 한다 ❹흙일 따위를 할 때 으뜸이 되어 일을 이끄는 사람

윗돌 이름씨 위에 있는 돌 ⓑ맷돌 윗돌 아가리에 낟을 넣고 돌리다 맞선말아랫돌 슬기말 **아랫돌 빼서 윗돌 괴고 윗돌 빼서 아랫돌 괸다** 먼저 바쁜 매개를 벗어나려고 쓸데없이 이리저리 둘러맞춘다

윗마구리 이름씨 길쭉한 것 위쪽 머리 ⓑ긴 네

모꼴로 만든 나무그릇 윗마구리

윗마을 이름씨 위쪽에 있는 마을 ⓑ윗마을 순이는 어머니를 모시고 산다 비슷한말 윗동네 맞선말 아랫마을

윗목 이름씨 아궁이에서 먼 쪽 구들방 방바닥 ⓑ이 방은 윗목까지 불이 잘 들어간다

윗몸 이름씨 허리 위 몸 ⓑ일을 하는 사이사이에 윗몸을 뒤로 젖힌다 한뜻말 윗도리 ⇐ 상반신. 상체

윗몸꼴 이름씨 사람 모습을 머리에서 가슴까지만 나타낸 그림이나 새김꼴 ⇐ 흉상

윗몸일으키기 이름씨 똑바로 누워서 다리를 움직이지 않고 윗몸을 일으켰다 누웠다 하는 뭠

윗물 이름씨 물이 흐르는 위쪽 ⓑ아랫물에서 빨래를 하고 윗물에서는 쌀을 씻는다 맞선말 아랫물 슬기말 **윗물이 맑아야 아랫물이 맑다** 윗사람 하는 짓이 깨끗하고 발라야 아랫사람도 그것을 밑받아 하는 짓이 깨끗하고 바르게 된다

윗물길 이름씨 먹는 물이나 집, 배곳, 벌데 따위에서 쓸 물을 보내는 길 ⇐ 상수도

윗바람 이름씨 ❶물 위쪽에서 불어오는 바람 ❷종이솔개 날릴 때 하늬바람 맞선말 아랫바람

윗방 이름씨 아궁이에서 먼 방 맞선말 아랫방

윗배 이름씨 배꼽 위쪽 배

윗배움이 이름씨 배움해가 높은 배움이 ⇐ 상급생

윗변 ⇒ 윗결

윗부분 ⇒ 위쪽

윗사람 이름씨 ❶높은 자리에 있는 사람 맞선말 아랫사람 ❷나이가 많거나 돌림이 높은 사람 한뜻말 손윗사람

윗수 이름씨 높은 솜씨나 수. 또는 그런 솜씨나 수를 가진 이

윗실 이름씨 틀바느질에서 위에 달린 바늘에 꿴 실. 틀바닥에서 나오는 밑실과 함께 베를 박는다

윗알 이름씨 셈널에서 가름대 위에 있는 알

윗옷 이름씨 윗몸에 입는 옷 ⓑ윗옷을 벗어두고 둥거리를 팼다 한뜻말 윗도리 ⇐ 상의

윗입술 이름씨 위쪽 입술

윗자리 이름씨 윗사람이 앉는 자리 ⇐ 상석

윗집 이름씨 ❶위쪽에 이웃한 집 ⓑ윗집에 사람들이 새로 들어왔어요 ❷모둠집에서 위켜에 있는 집 ⓑ윗집 아이들이 쿵쿵 뛰어다니는 소리에 잠을 설쳤다

윙 어찌씨 ❶거센 바람이 줄이나 바라지 같은 몬에 빠르게 부딪혀 나는 소리 ⓑ거센 바람이 윙 분다 작은말 욍 ❷틀이 세차게 돌아가는 소리 ⓑ부엌에서 번힘맷돌이 윙 돌아간다 ❸큰 벌레나 돌팔매 따위가 빠르게 날아가는 소리 ⓑ돌팔매가 윙하고 날아간다 **윙하다**

윙윙 어찌씨 ❶거센 바람이 줄이나 바라지 같은 몬에 자꾸 빠르게 부딪혀 나는 소리 ⓑ바람에 번힘줄이 윙윙 소리를 낸다 ❷틀이 세차게 자꾸 돌아가는 소리 ⓑ풀깎개 소리가 윙윙 쉴 새 없이 들린다 ❸큰 벌레나 돌팔매 따위가 자꾸 빠르게 날아갈 때 나는 소리 ⓑ벌이 윙윙 제비꽃 둘레를 돈다 **윙윙하다**

윙윙거리다 움직씨 ❶거센 바람이 줄이나 바라지 같은 몬에 자꾸 빠르게 부딪히는 소리가 나다 ❷틀이 세차게 자꾸 돌아가는 소리가 나다 ❸큰 벌레나 돌팔매 따위가 자꾸 빠르게 날아가는 소리가 나다 **윙윙대다**

윙크 ⇒ 눈짓. 곁눈. 눈짓하다. 곁눈주다. 한눈깜짝. 한눈 깜짝이다

유 이름씨 한글 홀소리 글자 'ㅠ' 이름

유 ⇒ 닭. 열째띠. 닭띠

유가족·유족 ⇒ 남은 집보. 남은 집님. 남은 밥입

유가증권 ⇒ 값표

유감 ⇒ 섭섭한 마음. 못마땅한 마음

유감스럽다 ⇒ 섭섭하다. 서운하다. 아쉽다. 아깝다. 언짢다. 미안하다. 점직하다

유감없다 ⇒ 아쉽지 않다. 서운하지 않다. 모자라지 않다

유격 ⇒ 치고 빠지기

유격수 ⇒ 곧잡이

유격전 ⇒ 치고 빠지는 싸움

유고 ⇒ 사달

유골 ⇒ 남긴뼈. 주검뼈. 무덤뼈. 태운주검뼈

유공 ⇒ 잘함

유괴 ⇒ 꾀어 데려감. 꾀어냄. 꾀어감. 꾀어 데려가다. 꾀어내다. 꾀어가다

유괴범 ⇒ 꾀어냄이. 꾀어감이

유교 ⇒ 공자 가르침

유구무언 ⇒ 할말없음

유구하다 ⇒ 길다. 기나길다. 매우 오래다

유권자 ⇒ 뽑는이. 뽑는사람. 뽑보

유급 ⇒ 묵음. 끓음. 곯음. 묵다. 끓다. 곯다. 눌러앉다. 오르지 못하다. 제자리에 남다

유기 (有期) ⇒ 끝있음. 때있음

유기 (有機) ⇒ 살음

유기 (遺棄) ⇒ 버림. 버리다. 내버리다. 버려두다. 팽개치다. 내다버리다. 돌보지 않다

유기·유기그릇 (鍮器) ⇒ 놋그릇

유기농 ⇒ 살음지이

유기물 ⇒ 살음몬

유기산 ⇒ 살음심

유기장 ⇒ 놋갓장이. 놋그릇바치

유기질 ⇒ 살음바탕. 살음밭

유기체 ⇒ 살음덩이

유기화합물 ⇒ 살음어울몬

유난 이름씨 여느 때와 아주 다름 ⓑ애가 오늘따라 왜 이렇게 유난일까?

유난떨다 움직씨 여느 때와 아주 다르다 ⓑ말도 마, 맑음이가 한턱내고는 얼마나 유난떠는지

유난스럽다 그림씨 여느 때와 아주 다른 데가 있다 ⓑ우리 애가 장난이 워낙 유난스러워 잠깐도 눈을 못 떼겠어 ⇐ 특별하다

유네스코 ⇒ 아울나라 배움갈삶꽃짜임

유년 ⇒ 어린 나이

유년기 ⇒ 어린 때

유념 ⇒ 새김. 잊지 않음. 잊지 않다. 마음 쓰다. 생각하다. 마음에 새기다. 마음에 두다. 눈여겨보다

유능 ⇒ 잘함. 힘 있음. 재주 있음. 솜씨 있음. 잘하다. 힘 있다. 재주 있다. 솜씨 있다

유니세프 ⇒ 아울나라아이바탕돈

유니폼 ⇒ 한옷

유다르다 ⇒ 무리다르다. 갈래다르다

유단자 ⇒ 가름딴이

유달리 ⇒ 갈래달리. 무리달리

유대 ⇒ 얽힘. 이음. 맺음. 걸림. 사이. 손잡음. 이음고리. 걸림고리

유대감 ⇒ 맺은 느낌. 이은 느낌. 손잡은 느낌

유대교 ⇒ 여호와검 믿음

유도 ⇒ 맨손씨름

유도 ⇒ 꾐. 이끎. 꾀다. 이끌다. 끌어내다. 이끌어내다

유도신문 ⇒ 꾀어 묻기. 연사질

유도탄 ⇒ 이끎터지개

유독 (唯獨/惟獨) ⇒ 오직 홀로. 유난히. 남달리

유독 (有毒) ⇒ 죽이개 있음

유독가스 ⇒ 죽이개 가스

유동 ⇒ 움직임. 흐름. 흔들림. 움직이다. 흐르다. 흔들리다. 떠돌다. 돌아다니다. 달라지다. 종잡을 수 없다

유동식 ⇒ 죽

유두 ⇒ 젖꼭지

유들유들하다 그림씨 ❶넉살이 좋고 부끄럼 없이 좀 뻔뻔스럽다 ⓑ장사하는 사람이 성격이 밝고 유들유들한 데가 있어야지, 뭐 그래요? ❷살이 찌고 번드르르하게 기름기가 있다 ⓑ기름이 흐르는 유들유들한 얼굴

유라시아 이름씨 유럽과 아시아를 아울러 부르는 이름

유람 ⇒ 구경. 구경하다. 놀며 구경하다. 구경하러 다니다

유람객 ⇒ 구경꾼. 놀이꾼

유람선 ⇒ 놀잇배

유랑 ⇒ 떠돎. 떠돌다. 헤매다. 뒤놀다. 떠돌아다니다

유랑객 ⇒ 떠돌이. 뜨내기. 떠돌뱅이. 나그네

유래 ⇒ 말미. 까닭. 내려옴. 거쳐옴. 말미암다. 생기다. 거쳐오다. 내려오다

유럽 이름씨 엿한뭍 가운데 하나. 우랄 멧줄기

를 살피로 하여 하늬큰바다까지 사이에 있는 뭍. 도이취, 프랑스, 이탈리아, 폴란드, 우크라이나 들이 있다

유럽두레 이름씨 유럽 여러 나라가 함께 다스리고 함께 살림하자고 꾸린 두레 ⇐ 유럽연합

유럽연합 ⇒ 유럽두레

유력 ⇒ 힘있음. 힘 있다. 될 듯하다. 될성부르다. 싹수가 있다

유령 ⇒ 허깨비. 헛것. 넋

유례 ⇒ 비슷한 보기. 비슷한 일

유례없다 ⇒ 보기 드물다. 본 바 없다

유로 이름씨 유럽두레가 쓰는 돈. 1유로는 1,400원쯤이다

유료 ⇒ 삯냄. 돈냄

유리 이름씨 흰모래와 돌재돌, 숯살나트륨 들을 녹여 만든 몬. 속이 환히 비치고 단단하다. 그릇이나 병, 바라지문 따위를 만드는 데 쓴다

유리 (遊離) ⇒ 동떨어짐. 동떨어지다

유리 (有利) ⇒ 좋음. 보탬됨. 도움됨. 좋다. 보탬 되다. 도움 되다. 낫다

유리공 이름씨 유리로 만든 공 ⇐ 유리구

유리관 ⇒ 유리대롱

유리구 ⇒ 유리공

유리구슬 이름씨 유리로 만든 구슬

유리대롱 이름씨 유리로 만든 대롱 ⇐ 유리관

유리모기둥 이름씨 빛을 꺾거나 흩트릴 때 쓰는 유리로 된 여러 낯 몬 ⇐ 프리즘

유리문 이름씨 유리로 만든 문이나 문틀에 유리를 끼운 문

유리바라지 이름씨 유리를 끼운 바라지 ⇐ 유리창

유리바람 이름씨 유리로 만든 바람 ⇐ 유리벽

유리벽 ⇒ 유리바람

유리병 이름씨 유리로 만든 병

유리수 ⇒ 나뉨수

유리종지 이름씨 유리로 만든 종지 ⇐ 유리컵

유리창 ⇒ 유리바라지

유린 ⇒ 짓밟음. 빼앗음. 짓밟다. 빼앗다. 무찌르다. 욕보이다

유망 ⇒ 싹수 있음. 될 듯싶음. 될 듯함. 앞날 밝음. 싹수 있다. 될 듯싶다. 될 듯하다. 앞날 밝다

유망주 ⇒ 새별. 클 사람

유머 ⇒ 익살. 우스개

유머러스하다 ⇒ 익살스럽다. 야살스럽다

유명 ⇒ 이름남. 드날림. 이름있음. 이름나다. 드날리다. 알려지다. 날리다. 들날리다. 이름 떨치다

유명무실 ⇒ 울음큰새. 빈이름. 속빈 강정

유명세 ⇒ 이름값. 이름난 값

유명인 ⇒ 난사람. 이름보. 이름난 이. 이름난 사람

유명하다 ⇒ 이름나다. 이름 있다. 알려지다. 날리다. 드날리다. 들날리다. 이름 떨치다

유모 ⇒ 젖어이. 젖어미

유모차 ⇒ 아기수레

유목 (幼木) ⇒ 어린나무

유목 (遊牧) ⇒ 떠돌살이. 떠돌치기살이

유목민 ⇒ 떠돌살이꾼. 떠돌몰이꾼

유묘 ⇒ 어린모

유무 이름씨 새뜸이나 글월 ⇐ 소식. 편지

유무 ⇒ 있고 없음. 있음과 없음

유문 ⇒ 날문

유물 ⇒ 남긴 몬. 남긴 것. 끼친 몬

유밀기 ⇒ 꿀철. 꿀딸 철

유박 ⇒ 깻묵

유발 ⇒ 일으킴. 일으키다. 자아내다. 나게 하다. 떠오르게 하다. 일으켜 내다. 이르집다

유방 ⇒ 젖. 가슴. 젖몸. 젖통. 젖퉁이. 젖가슴. 젖무덤

유배 ⇒ 귀양살이. 귀양. 귀양 보내다

유배지 ⇒ 귀양땅

유별나다 ⇒ 남다르다. 엉뚱하다. 뛰어나다

유보 ⇒ 미룸. 미루다. 미루어두다. 덮어두다

유복하다 ⇒ 넉넉하다. 가멸다. 포실하다. 푼더분하다. 푼푼하다

유부남 ⇒ 핫아비

유부녀 ⇒ 핫어미

유분 ⇒ 기름기

유빙 ⇒ 성엣장. 석얼음

유사 ⇒ 서로 비슷함. 엇비슷함. 비스름함. 비금비

금함. 거의 같음. 가까움. 닮음. 비슷하다. 엇비슷하다. 비스름하다. 비금비금하다. 거의 같다. 가깝다. 닮다

유사품 ⇒ 비슷몬. 비슷한 것

유산 (乳酸) ⇒ 젖심

유산 (流産) ⇒ 애지기. 애떨어짐. 아이지다. 애지다. 아이 떨어지다. 애 떨어지다

유산 (遺産) ⇒ 짙은천량. 남긴뭈. 남길삶꽃

유서 ⇒ 남긴글

유선 (有線) ⇒ 줄진. 줄 있는

유선 (乳腺) ⇒ 젖샘

유선 (流線) ⇒ 흐름줄

유선형 ⇒ 흐름꼴. 물고기꼴

유성 ⇒ 별똥별

유성음 ⇒ 울림소리. 흐린소리. 목청울림소리

유세 (遊說) ⇒ 돌아다니며 말하다. 다니며 뜻을 밝히다

유세 (有勢) ⇒ 거들먹거림. 뻐김. 으쓱거림. 뽐냄. 거들먹거리다. 뻐기다. 으쓱거리다. 뽐내다. 재다

유속 ⇒ 흐름빠르기. 물살빠르기

유숙 ⇒ 묵음. 머묾. 묵다. 머물다. 머무르다. 자다

유순하다 ⇒ 부드럽다. 착하다. 무르다. 여리다

유습 ⇒ 옛버릇. 내림버릇. 끼친 버릇. 남긴 버릇

유식 ⇒ 똑똑함. 먹물듦. 많이 앎. 똑똑하다. 먹물들다. 아는 것이 많다

유실 ⇒ 잃어버림. 잃어버리다. 빠뜨리다. 흘리다

유실물 ⇒ 잃은 것. 잃은 몬

유실수 ⇒ 열매나무. 열음나무

유심히 ⇒ 눈여겨. 귀여겨. 마음을 두고. 뜻을 두고

유아 (乳兒) ⇒ 젖먹이. 아기. 갓난이. 갓난아이. 젖내기. 눈자라기

유아 (幼兒) ⇒ 어린애. 어린아이

유아원 ⇒ 아이돌봄집

유약 ⇒ 잿물. 오짓물. 매흙물. 맷물

유약하다 ⇒ 여리다. 가냘프다

유언 (遺言) ⇒ 남긴말

유언 (流言) ⇒ 떠도는 말

유언비어 ⇒ 뜬말. 뜬소리

유에스 이름씨 노아메리카 한뭍 캐나다와 멕시코 사이에 있는 나라. 1607해부터 잉글나라 종살이를 하다가 1776해에 홀로서기 알림. 나라에 버금가는 고장이 쉰이 모여 된 나라이다 ⇐ 미국

유엔 ⇒ 아울나라. 나라두레

유역 ⇒ 가람 언저리

유연성 ⇒ 부드러움바탈. 무름새

유연하다 ⇒ 부드럽다. 무르다. 보드레하다. 노글노글하다. 말랑하다. 말랑말랑하다

유영 ⇒ 헤엄. 헤엄치기. 헤엄치다

유예 ⇒ 미룸. 미루다. 미뤄두다

유용 (流用) ⇒ 돌려 씀. 딴 데 씀. 빼먹음. 돌려 쓰다. 딴 데 쓰다. 빼먹다

유용 (有用) ⇒ 쓸모 있음. 쓸모 있다. 쓸데 많다. 마침맞다

유용성 ⇒ 쓸모. 쓸데

유원지 ⇒ 즐겨 쉴 곳. 즐겨 놀 곳

유월 ⇒ 여섯째 달. 엿달

유유하다 ⇒ 느긋하다. 아득하다. 느릿하다

유음 ⇒ 흐름소리

유의 ⇒ 뜻있음. 생각 있음. 값어치 있음. 속내가 있음. 뜻있다. 생각 있다. 값어치 있다. 속내가 있다

유익 ⇒ 이로움. 좋음. 도움됨. 값어치 있음. 이롭다. 좋다. 도움되다. 값어치 있다

유인 ⇒ 꾐. 꾀어냄. 낚음. 꾀다. 꾀어내다. 낚다. 어루꾀다. 꾀어들이다. 후려내다. 끌어들이다

유일 ⇒ 오직 하나. 하나뿐. 오직 하나뿐이다. 하나밖에 없다

유임 ⇒ 도로 앉음. 제자리에 머무름. 도로 앉다. 제자리에 남다. 머무르다

유입 (誘入) ⇒ 꾀어들임. 꾀어들이다. 끌어들이다

유입 (流入) ⇒ 흘러듦. 흘러들다

유입구 ⇒ 흘러드는 길. 들어오는 길. 들길

유작 ⇒ 남긴글. 남긴그림

유적 ⇒ 옛터. 끼친 자취. 남긴 자취

유전 (油田) ⇒ 기름밭. 기름우물. 기름샘

유전 (遺傳) ⇒ 내림. 내리기. 물려받아 내려오다

유전물질·유전형질 ⇒ 내림바탕

유전성 ⇒ 내림새. 내림바탈

유전자 ⇒ 내림씨

유전정보 ⇒ 내림알감

유전학 ⇒ 내림갈
유정 ⇒ 기름샘
유정란 ⇒ 짝알. 얼씨알
유제품 ⇒ 소젖먹거리. 젖먹거리. 젖맛갓
유조선 ⇒ 기름배
유조차 ⇒ 기름수레
유족 ⇒ 남은 집님. 남긴 집님
유족하다 ⇒ 넉넉하다. 능준하다. 가멸다. 포실하다. 오붓하다. 푼더분하다. 푼푼하다
유죄 ⇒ 허물 있음. 잘못 있음
유지 (維持) ⇒ 지킴. 이끌어감. 버티어 지키다. 이끌어가다. 견디다. 간직하다. 버티어나가다. 지켜가다. 견뎌나가다. 그대로 이어가다
유지 (遺志) ⇒ 남긴 뜻
유지방 ⇒ 젖기름
유지비 ⇒ 꾸릴 돈. 꾸려나갈 돈. 움직일 돈. 비발
유착 ⇒ 엉겨붙음. 녹아붙다. 엉겨붙다
유창하다 ⇒ 거침없다. 매끄럽다. 막힘없다. 물 흐르듯 하다
유척동물 ⇒ 등뼈숨받이. 등뼈짐승
유추 ⇒ 미루어 헤아림. 미루어 어림하다. 미루어 생각하다
유출하다 ⇒ 흘러나감. 새어나감. 빼돌리다. 빼내다. 내보내다
유충 ⇒ 애벌레. 새끼벌레. 어린벌레
유치 (誘致) ⇒ 꾀어들임. 끌어옴. 불러들임. 꾀어들이다. 끌어오다. 끌어들이다. 불러들이다. 따내다. 따오다
유치 (乳齒) ⇒ 젖니. 배냇니
유치원 ⇒ 아이배움집
유치하다 (幼稚) ⇒ 어리다. 젖내 나다. 애티가 나다. 젖비린내 나다. 철없다. 아이같다
유쾌하다 ⇒ 즐겁다. 기쁘다. 기껍다. 기꺼워하다. 좋다
유토피아 ⇒ 꽃나라. 꿈누리. 아름누리. 아름나라
유통 ⇒ 널리 씀. 돎. 돌림. 돌아다님. 널리 쓰다. 돌다. 돌리다. 돌아다니다
유튜브 ⇒ 너멀봄
유파 ⇒ 갈래
유폐 ⇒ 가두다. 가두어두다
유포 ⇒ 퍼뜨림. 퍼짐. 퍼뜨리다. 널리 퍼뜨리다
유품 ⇒ 남긴 몬
유하다 (柔-) ⇒ 부드럽다. 여리다. 무르다. 걱정이 없다
유하다 (留-) ⇒ 머무르다. 묵다. 쉬다. 자다. 주무시다
유학 (儒學) ⇒ 공자 가르침
유학 (遊學) ⇒ 배움길. 배움마실. 배움나들이
유학 (留學) ⇒ 딴나라에서 배움. 딴나라에서 배우다. 다른 나라에서 배우다
유한소수 ⇒ 끝남잔수. 끝있잔수
유한집합 ⇒ 끝남모임. 끝있모임
유한하다 ⇒ 끝이 있다. 금 쳐 있다. 울 쳐 있다
유해 (遺骸) ⇒ 뼈. 무덤뼈. 주검태운 뼈
유해하다 (有害-) ⇒ 나쁘다. 좋지 않다. 고약하다
유행 ⇒ 돌림. 바람. 퍼짐. 돌다. 퍼지다. 번지다. 바람을 일으키다
유행가 ⇒ 한때 노래. 도는 노래. 퍼짐노래. 뜬노래. 바람노래
유행병 ⇒ 돌림앓이. 퍼짐앓이
유행성이하선염 ⇒ 볼거리. 항아리손님
유행어 ⇒ 한때말. 바람말. 돌림말. 퍼짐말. 떠돎말
유혈 ⇒ 피. 흐르는 피. 흘린 피. 붉은 피
유형 ⇒ 갈래. 가닥. 가지. 줄기
유혹 ⇒ 꾐. 꾀어냄. 호림. 낚음. 꼬리 침. 꾀다. 꾀어내다. 호리다. 낚다. 꼬리 치다. 추기다. 부추기다. 얼빼다. 꼬드기다. 어루꾀다. 구슬려내다. 후리다. 후려내다
유화 ⇒ 기름물감그림
유황 ⇒ 누렁
유효 ⇒ 보람있음. 쓸 수 있음. 보람 있다. 쓸 수 있다
유효숫자 ⇒ 보람수
유휴지 ⇒ 묵은땅. 노는 땅. 묵히는 땅
유흥 ⇒ 놀이. 놀기. 즐겁게 놀다. 오지게 놀다
유흥비 ⇒ 놀잇돈. 놀이비발
유희 ⇒ 놀이. 장난. 놀이하다. 장난하다. 뛰놀다. 뛰어놀다
육 ⇒ 여섯. 엿
육각·육모 ⇒ 여섯모. 엿모

육각기둥 ⇒ 여섯모기둥. 엿모기둥

육각형 ⇒ 여섯모꼴. 엿모꼴

육개장 ⇒ 얼큰소고깃국

육교 ⇒ 구름다리

육군 ⇒ 땅싸움꾼. 뭍싸움꾼. 뭍싸울아비

육대주 ⇒ 엿한뭍

육로 ⇒ 뭍길

육류 ⇒ 고기. 고기붙이. 살코기

육모썰기 ⇒ 깍둑썰기. 엿모썰기

육묘 ⇒ 모 기르기

육미 ⇒ 여섯 맛

육박 ⇒ 달려듦. 다가붙음. 대들다. 다닥뜨리다. 다가오다. 다그다. 가깝다. 바짝 따라붙다. 바싹 다가붙다

육박전 ⇒ 드잡이. 몸싸움. 드잡이 싸움

육상 ⇒ 뭍 위. 땅 위

육상경기 ⇒ 달리고 뛰고 던지기

육성 (肉聲) ⇒ 목소리

육성 (育成) ⇒ 기름. 키움. 기르다. 키우다. 길러내다

육수 ⇒ 고깃국물

육순 ⇒ 예순. 예순 살

육식 ⇒ 고기먹기. 고기를 먹다

육식동물 ⇒ 고기먹이숨받이

육신 ⇒ 몸. 몸뚱이. 몸뚱어리. 몸통

육십 ⇒ 예순

육아 ⇒ 아이기르기. 아이돌보기. 아이키우기. 아이돌봄

육아낭 ⇒ 새끼주머니

육안 ⇒ 눈. 맨눈

육우 ⇒ 고기소

육일 ⇒ 엿새. 엿샛날

육종 ⇒ 씨가꾸기. 씨알가꾸기

육중하다 ⇒ 무겁다. 묵직하다. 투박하다. 크다

육지 ⇒ 땅. 뭍

육체 ⇒ 몸. 몸뚱이. 몸뚱어리

육친 ⇒ 살붙이. 피붙이

육풍 ⇒ 뭍바람

육필 ⇒ 제글씨. 손수 쓴 글씨

윤곽 ⇒ 테두리. 테. 둘레. 가장자리. 줄거리. 엉터리. 얼거리. 겉꼴

윤기 ⇒ 길. 빛남. 짜르르함. 반지라움. 반드러움. 반들거림. 번쩍임. 번지르르함

윤똑똑이 (이름씨) 저 혼자만 잘나고 똑똑한 체하는 사람 ⓑ끝남이 그 사람 알고 보니 윤똑똑이더라고

윤리 ⇒ 사람길. 바른길. 사람답게 사는 길

윤문 ⇒ 글다듬기

윤색 ⇒ 꾸밈. 다듬기. 꾸미다. 매만지다. 다듬다. 손질하다

윤슬 (이름씨) 햇빛이나 달빛에 비쳐 반짝이는 잔물결 ⓑ돌멧섬에서 바라본 그날 해질녘 윤슬을 잊을 수 없으리

윤창 ⇒ 돌림노래

윤택하다 ⇒ 빛나다. 넉넉하다. 기름지다. 반지럽다. 포실하다. 자르르하다. 가멸다

윤활유 ⇒ 미끌기름. 매끈기름. 부드럼기름

윤활하다 ⇒ 매끄럽다. 부드럽다. 미끄럽다. 미끌미끌하다

윤회 ⇒ 되돌이삶. 돌이삶. 넋이어삶. 돌고 돎

율동 ⇒ 몸짓. 움직임. 가락. 춤

융기 ⇒ 솟음. 솟아남. 솟아오름. 솟다. 솟아나다. 솟아오르다. 높아지다. 도드라지다. 불거지다. 불퉁하다

융단 ⇒ 보풀깔개

융성하다 ⇒ 꽃피다. 크게 일어나다

융숭하다 ⇒ 높다. 푸짐하다. 푸지다. 크다. 훌륭하다. 넉넉하다. 깍듯하다

융자 ⇒ 돈 두름. 돈 빌림. 돌려씀. 꿈. 돈을 두르다. 돈 빌리다. 돌려쓰다. 꾸다

융통 ⇒ 꿈. 꾸어 씀. 돌려씀. 빌려 씀. 꾸다. 꾸어 쓰다. 돌려쓰다. 돌리다. 빌려 쓰다. 빌리다. 두르다. 돌라맞추다

융통성 ⇒ 주변머리. 주변. 돌림새. 두름새. 간사위

융합 ⇒ 하나 됨. 녹아 붙음. 엉겨 붙음. 하나 되다. 녹아 붙다. 엉겨 붙다. 어울다. 모으다

융해 ⇒ 녹임. 녹여냄. 녹음. 녹이다. 녹여내다. 녹다

융해점 ⇒ 녹는점

융화 ⇒ 어울림. 어우러짐. 풀림. 섞임. 하나 됨. 어울리다. 어우러지다. 풀리다. 섞다. 하나 되다. 녹

아들다. 서로 좋아지다

윷 이름씨 ❶작고 둥근 나무토막 두 낱을 가웃으로 쪼개어 네 쪽으로 만든 놀잇감 ⓑ지난 설에는 윷과 말판을 마련해 집보들과 윷놀이를 즐겼다 ❷윷놀이에서 윷짝 넷이 모두 젖혀진 때. 끗수는 네 끗이다 ⓑ이참에는 윷 나와라!

윷가락 이름씨 윷 낱낱 ⓑ윷가락 하나가 윷판 밖에 떨어졌다 한뜻말윷짝

윷놀이 이름씨 윷짝을 던져 이기고 짐을 겨루는 놀이

으 이름씨 한글 홀소리 글자 'ㅡ' 이름

으깨다 움직씨 굳은 덩이 따위를 눌러 부스러뜨리거나 부드럽게 만들다 ⓑ으깬 감자

으너리 이름씨 깊은 멧속에 자라는 무잎 비슷하게 생긴 나물. 날로 먹을 만큼 맛과 내음이 뛰어나다. 여름과 가을에 걸쳐 줄기 끝에 흰 꽃이 모여 핀다 한뜻말어수리

으드득 어찌씨 ❶단단한 몬을 세게 깨물어 부스러뜨리는 소리 ⓑ닭 뼈를 으드득 깨물었다 ❷이를 세게 가는 소리 ⓑ어금니를 으드득 갈았다 **으드득하다**

으드득거리다 움직씨 ❶단단한 몬을 세게 자꾸 깨물어 부스러뜨리다 ❷이를 세게 자꾸 갈다 **으드득대다**

으드득으드득 어찌씨 ❶단단한 몬을 세게 자꾸 깨물어 부스러뜨리는 소리 ⓑ으드득으드득 얼음을 깨물어 먹었다 ❷이를 세게 자꾸 가는 소리 ⓑ자면서 이를 으드득으드득 간다 **으드득으드득하다**

으뜸 이름씨 ❶차례로 첫째인 것. 가장 뛰어난 것 ⓑ노래라면 마을에서 오빠가 으뜸이다 맞선말아래서흐레 ⇐ 제일. 특등. 일등. 일류. 에이스 ❷가장 종요롭고 바탕이 되는 것 ⓑ어버이를 잘 모시는 것은 집살이에서 으뜸이다 ❸우두머리 ⓑ이 일터 으뜸은 쇠돌이다

으뜸가다 움직씨 여럿 가운데서 으뜸이거나 으뜸 자리를 차지하다 ⓑ똘이는 애쓴 끝에 으뜸가는 달리기꾼이 되었다

으뜸가락 움직씨 뭠그림이나 굿, 멀봄굿에서 으뜸생각을 나타내려고 쓰는 가락 ⇐ 주제곡. 테마

으뜸꼴 이름씨 끝바꿈하는 풀이씨 으뜸이 되는 꼴. 줄기에 끝 '-다'를 붙인다 ⓑ먹다. 신다. 얻다. 갈다 ⇐ 기본형

으뜸낳이 이름씨 어떤 고장에서 가장 많이 나는 낳이 ⇐ 주산물

으뜸머리 이름씨 한 나라를 다스리고 갈음나는 이 ⇐ 원수

으뜸벼리 이름씨 한 나라를 다스리는 바탕 짜임새를 잡은 벼리 ⇐ 헌법

으뜸벼리가름집 이름씨 여느 가름집과 달리 벼리가 으뜸벼리를 어겼는지, 으뜸벼리 풀이, 다스림떼 헤치기, 나라일꾼 내쫓는 판가름 같은 일을 하도록 으뜸벼리가 잡은 가름집 ⇐ 헌법재판소

으뜸벼리기림날 이름씨 으뜸벼리를 처음 만들어 널리 알린 것을 기리는 날. 일곱째 달 열이렛날이다 ⇐ 제헌절

으뜸벼슬 이름씨 조선 때 나라를 다스리던 맨 윗벼슬 ⇐ 영의정

으뜸빛 이름씨 어떤 벌일이나 모임에서 맨 꼭대기에 자리하고 온 일을 맡아 돌보는 사람 한뜻말으뜸일꾼 ⇐ 회장

으뜸빛 이름씨 빨강, 파랑, 노랑, 풀빛 네 빛 ⇐ 주요색

으뜸생각 이름씨 ❶마주이야기나 갈닦기에서 복판이 되는 일 ⇐ 주제. 테마 ❷솜씨꽃몬에서 지은이가 나타내고자 하는 바탕 생각

으뜸소리 이름씨 소리섬에서 첫째 소리로 바탕이 되는 소리. 긴 가락에서는 '도', 짧은 가락에서는 '라'이다

으뜸소리꽃 이름씨 하늬 노래굿에서 가장 으뜸 자리를 맡아 이야기를 끌어가는 겨집노래꾼 ⇐ 프리마돈나

으뜸어울림소리 이름씨 으뜸소리를 밑소리로 하여 이루어진 세 어울림소리. 긴 가락에서는 '도, 미, 솔' 짧은 가락에서는 '라, 도, 미'이다 ⇐ 으뜸화음

으뜸음 ⇒ 으뜸소리

으뜸화음 ⇒ 으뜸어울림소리

으레 어찌씨 ❶ 두말할 것 없이 ⓑ언니는 집에 돌아오면 으레 손부터 씻는다 ❷ 거의 틀림없이 ⓑ우리 집 사람들은 아침에는 으레 마음을 닦는다

으로 토씨 ❶ ('ㄹ' 아닌 받침 있는 임자씨에 붙어) 연장이나 수를 나타낼 때 쓰는 말. 'ㄹ'과 받침 없는 낱말에는 '로'를 쓴다 ⓑ붓으로 글을 쓰다. 수레로 짐을 나른다 ❷ 밑감을 나타낼 때 쓰는 말 ⓑ흙으로 그릇을 빚었다 ❸ 쪽을 나타낼 때 쓰는 말 ⓑ마노녘으로 흩어진 집보. 서울로 가는 길 ❹ 갖추어야 할 자리를 나타낼 때 쓰는 말 ⓑ마루가 마을일꾼으로 뽑혔다 ❺ 그렇게 되는 거리를 나타낼 때 쓰는 말 ⓑ튼튼한 이를 자랑으로 여긴다 ❻ 때를 나타낼 때 쓰는 말 ⓑ아침저녁으로 숲길을 거닌다 ❼ 때문이나 까닭을 나타낼 때 쓰는 말 ⓑ고뿔과 기침으로 일터를 쉬었다

으로서 토씨 ('ㄹ' 아닌 받침 있는 임자씨 아래에 쓰는 '으로' 에 '서'가 붙어) 자리힘을 나타내는 토로, 그 뜻을 뚜렷이 함 ⓑ사람으로서 꼭 지켜야 할 일이 있다 비슷한말 으로

으로써 토씨 '으로' 힘줌말. 수, 연장, 밑감 따위를 나타내는 토 ⓑ가르침이는 사랑으로써 아이들을 가르친다

으르다 움직씨 말이나 짓으로 무서워하게 하다 ⓑ아이가 참말을 털어놓도록 을러도 보고 달래도 보았으나 헛일이었다 비슷한말 을러대다. 을러메다 ⇐ 위협하다. 협박하다

으르딱딱거리다 움직씨 말과 짓으로 남을 억눌러 무서운 마음이 들게 하다 ⓑ우리 아내는 나한테만 으르딱딱거리는 것 같아 **으르딱딱대다**

으르렁 어찌씨 ❶ 사나운 짐승이 성내어 울부짖는 소리나 그 꼴 ⓑ개 으르렁 소리에 발길을 멈췄다 ❷ 부드럽지 못한 말로 싸우거나 으르대는 소리. 또는 그 꼴 ⓑ너희 둘은 왜 만나기만 하면 으르렁 다투니? **으르렁하다**

으르렁거리다 움직씨 ❶ 사나운 짐승이 자꾸 성내어 울부짖다 ❷ 부드럽지 못한 말로 자꾸 싸우거나 으르대다 **으르렁대다**

으르렁으르렁 어찌씨 ❶ 사나운 짐승이 자꾸 성내어 울부짖는 소리나 그 꼴 ⓑ으르렁으르렁 범 소리가 메를 울린다 ❷ 부드럽지 못한 말로 자꾸 싸우거나 으르대는 소리나 그 꼴 ⓑ어릴 적에는 아우와 으르렁으르렁 많이도 다투었더랬다 **으르렁으르렁하다**

으름글 이름씨 으르는 뜻을 적어 보내는 글 ⇐ 협박장. 협박문

으름덩굴 이름씨 잎은 다섯 낱 잔잎으로 된 손꼴 겹잎이고 봄에 보랏빛 꽃이 피고 가을에 열매가 익으면 벌어지는 덩굴나무. 뿌리와 가지는 낫개로 쓰고 열매인 으름은 달콤한 과일이다

으름장 이름씨 말이나 짓으로써 남을 을러메는 짓 ⓑ말 안 듣는 녀석들은 가만두지 않겠다고 으름장을 놓았다

으리으리하다 그림씨 집 크기나 꼴이 엄청나게 크고 눈부시다 ⓑ옆집은 임금집같이 으리으리하다

으스대다·으시대다 움직씨 잘난 체하며 뽐내거나 우쭐대다 ⓑ아쭈, 제가 뭐나 된 것처럼 으스대네

으스러지다[1] 움직씨 ❶ 단단한 몬이 센 힘을 받아 깨져서 부스러지다 ⓑ굴러떨어진 바위에 수레가 으스러졌다. 뼈가 으스러졌다 ❷ 살갗이 무엇에 부딪혀 몹시 벗어지다 ⓑ넘어져 무릎이 으스러졌다

으스러지다[2] 움직씨 차츰 엷어져 스러지다. 또는 으슴푸레하게 되다 ⓑ으스러져 가는 땅거미 속에서 숲길을 찾기가 어려웠다

으스름달 이름씨 안개가 끼든가 하여 달빛이 어두컴컴하고 흐릿하게 비치는 달 ⓑ으스름달 아래 소쩍새만 구슬피 우네

으스름하다 그림씨 빛 같은 것이 어두컴컴하고 흐릿하다 ⓑ으스름한 불빛 아래에서 할머니가 밤을 깎는다

으스스 어찌씨 차거나 싫은 것이 몸에 닿아서

크게 소름이 돋는 꼴 ⓑ그 춥던 겨울만 생각하면 으스스 떨린다

으스스하다 그림씨 차거나 싫은 것이 몸에 닿아서 크게 소름이 돋는 느낌이 있다

으슥하다 그림씨 ❶깊숙하고 외지거나 후미지다 ⓑ할머니 오두막은 굽이굽이 돌아 으슥한 곳에 있었다 ❷좀 무섭도록 조용하고 어둡다 ⓑ으슥한 밤거리

으쓱[1] 어찌씨 두렵거나 추울 때 몸이 갑자기 움츠러드는 꼴 ⓑ짐승 울음소리에 으쓱 소름이 끼친다

으쓱[2] 어찌씨 ❶갑자기 어깨를 한 디위 쳐들어 보이는 꼴 ⓑ가을이는 멋쩍은 듯 어깨를 한 디위 으쓱하고는 사라졌다 ❷어깨를 들먹이며 우쭐하는 꼴 ⓑ마리는 어깨를 으쓱 추켜올리고는 마무리말을 하였다 **으쓱하다**

으쓱거리다 움직씨 어깨가 자꾸 들먹이거나 어깨를 자꾸 들먹거리다 ⓑ겨룸에서 이기자 어깨가 절로 으쓱거렸다 **으쓱대다**

으쓱으쓱[1] 어찌씨 두렵거나 추울 때 몸이 자꾸 움츠러드는 꼴 ⓑ추위에 으쓱으쓱 떨다

으쓱으쓱[2] 어찌씨 ❶갑자기 어깨를 자꾸 쳐들어 보이는 꼴 ⓑ아기가 엄마 따라 으쓱으쓱 어깨를 들며 웃는다 ❷어깨를 들먹이며 자꾸 우쭐하는 꼴 ⓑ나래는 새 옷을 입고 으쓱으쓱 뽐내고 싶은 마음에 마을을 한 바퀴 돌았다 ❸신바람이 나서 춤출 때 어깨를 들었다 놓았다 하는 꼴 ⓑ마을 꽃님들은 달밤에 강강술래를 추면서 어깨를 으쓱으쓱 들썩였다 **으쓱으쓱하다**

으쓱으쓱하다 그림씨 두렵거나 추울 때 몸이 자꾸 움츠러드는 데가 있다

으악 느낌씨 ❶갑자기 놀라거나 남을 놀라게 하려고 크게 지르는 소리 ⓑ으악, 깜짝이야! ❷느낌이 마구 솟구치는 꼴 ⓑ엄마를 보자 으악! 서러움이 북받쳤다 ❸먹은 것을 갑자기 게우는 소리 ⓑ어제 술을 마신 버시는 밤새 으악 소리를 내며 게워댔다

윽박다 움직씨 ❶으스러지게 힘껏 쥐어박다 ⓑ떠드는 아이들에게 꿀밤을 하나씩 윽박았다 ❷을러메며 몰아세워 억누르다 ⓑ모진 허물이라도 윽박기보다 잘 타이르는 것이 좋다

윽박지르다 움직씨 크게 꾸짖거나 다그쳐서 기운을 꺾다 ⓑ애들끼리 좀 싸웠다고 너무 윽박지르지 마요 ⇐ 통박하다

윽박질 이름씨 을러대어 몹시 억누르는 짓 ⓑ언니들 윽박질에 우리는 모두 숨을 죽였다 ⇐ 폭압

은[1] 토씨 ❶(받침 있는 낱말에 붙어) 그 말이 임자 되게 하는 말. 받침이 없는 낱말에는 '는'을 쓴다 ⓑ사람은 누구나 잘살고 싶어한다 ❷서로 달라 견주거나 가를 때 쓰는 말 ⓑ낮말은 새가 듣고 밤말은 쥐가 듣는다 ❸앞말을 힘 줄 때 쓰는 말. 딴나라 말은 서투르지만 우리말은 잘해

은[2] 이름씨 보람 있는 값이나 열매 ⓑ언젠가 우리말살이가 우리 겨레한테 은을 낼 겁니다 ⇐ 효과 익은말 **은을 내다** 어떤 일이나 짓이 보람 있는 값을 내다

은(銀) ⇒ 수

은거 ⇒ 숨음. 숨어삶. 숨다. 숨어살다. 파묻히다. 몸을 감추다. 묻혀 지내다. 틀어박히다

은근하다 ⇒ 가만하다. 그윽하다. 생각이 깊다

은근히 ⇒ 가만히. 그윽이

은닉 ⇒ 숨김. 감춤. 숨기다. 감추다. 파묻다. 덮어두다

은둔 ⇒ 숨음. 숨어 삶. 숨어 살다. 숨다. 파묻히다. 몸을 감추다. 틀어박히다

은메달 ⇒ 수보람목걸이

은밀하다 ⇒ 가만하다. 그윽하다. 숨기다. 드러나지 않다. 감쪽같다. 아무도 모르다

은밀히 ⇒ 가만히. 넌지시. 몰래. 남몰래. 살짝. 살며시

은박지 ⇒ 수종이

은사 ⇒ 스승

은신 ⇒ 숨음. 몸감춤. 숨다. 몸 감추다. 파묻히다

은신처 ⇒ 숨을 곳. 숨은 곳

은어 ⇒ 곁말. 변말

은연중 ⇒ 모르는 가운데. 남모르는 가운데

은은하다 ⇒ 흐릿하다. 그윽하다

은인 ⇒ 베풂이. 도운이

은자 ⇒ 숨은이

은총 ⇒ 사랑

은퇴 ⇒ 물러남. 물러감. 손뗌. 물러나다. 물러가다. 물러앉다. 손떼다

은폐 ⇒ 가림. 숨김. 가리다. 숨기다. 감추다. 덮어두다

은하수 ⇒ 미리내

은행 ⇒ 돈집

은혜 ⇒ 사랑. 도움

을 토씨 ❶(받침 있는 임자말에 붙어) 움직씨 부림말이 되는 자리 토씨 ⓑ남새밭을 가꾸다. 밥을 먹다 ❷어떤 밑감이나 연장이 됨 ⓑ벗님 아들 너석을 사위 삼았다. 이 삼베 단을 치마로 만들자 ❸몸짓 거리가 되는 곳 ⓑ길을 떠나다. 멧길을 지나다 ❹(가다, 오다와 함께 써) 몸짓 과녁이 됨 ⓑ마중을 가다. 구경을 가다

을러대다 움직씨 말이나 짓으로 남을 으르면서 무서워하게 하다 ⓑ놀부가 갑작스레 찾아와서 단단히 을러대고는 사라졌다 한뜻말 을러메다 ⇐ 협박하다

을러메다 움직씨 세게 을러서 남을 억누르다 ⓑ거리로 나오면 다 잡아가겠다고 웃대가리들이 을러메었으나 우리는 어깨 겯고 배곳문을 나섰다 한뜻말 얼러메다

을모지다 그림씨 책놓개 귀처럼 세모지다

을씨년스럽다 그림씨 ❶싸늘하고 스산한 기운이 있다 ⓑ을씨년스러운 가을 날씨 ❷보기에 살림이 매우 가난하다 ⓑ살림이래야 밥솥과 수저뿐인 을씨년스러운 부엌에서 밥을 지었다

을지문덕 ⇒ 이지거러더

읊다 움직씨 ❶느낌을 넣어 소리 내어 노래를 읽거나 외다 ⓑ때노래를 읊다 ❷노래를 짓다 ⓑ흩날리는 꽃을 보고 노래를 읊었다

음 ⇒ 소리

음각 ⇒ 오목새김

음감 ⇒ 소리느낌

음경 ⇒ 고추. 자지. 좆

음계 ⇒ 소리섬

음극 ⇒ 빼기끝

음낭 ⇒ 불. 불알

음담패설 ⇒ 품방아얘기. 살꽃얘기

음덕 ⇒ 숨은 어짐. 숨은 품. 숨은 베풂

음독 (音讀) ⇒ 소리읽기

음독 (飮毒) ⇒ 죽개마심. 죽개마시다

음량 ⇒ 소리크기

음력 ⇒ 달셈. 달돌이

음료수 ⇒ 물. 마실 것. 마실 물. 먹는 물

음률 ⇒ 가락. 노래

음모 (陰毛) ⇒ 거웃. 불거웃. 씹거웃

음모 (陰謀) ⇒ 꿍꿍이. 꿍꿍이셈. 짜짜꿍이. 못된 꾀. 나쁜 꾀

음미 ⇒ 맛봄. 맛보다. 따지다. 느끼다

음부 ⇒ 아래. 밑. 밑구멍. 보지. 자지. 좆

음산하다 ⇒ 을씨년스럽다. 으스스하다

음색 ⇒ 소리맵시. 소리빛깔

음성 (音聲) ⇒ 목소리. 말소리. 목청

음성 (陰性) ⇒ 암. 암컷. 그늘. 숨은 바탕

음성기관 ⇒ 소리냄틀

음성모음 ⇒ 어두운홀소리. 여린홀소리

음성자금 ⇒ 검은돈. 숨긴돈

음성학 ⇒ 소리갈. 말소리갈

음소 ⇒ 낱소리. 소리숫

음속 ⇒ 소리빠르기

음수 ⇒ 뺄수

음수대 ⇒ 물 마심 대

음습하다 ⇒ 그늘지고 축축하다

음식·음식물 ⇒ 맛갓. 먹이. 먹을 것. 먹을거리. 먹거리

음식점 ⇒ 밥집

음악 ⇒ 노래. 가락

음악가 ⇒ 가락이. 가락바치

음역 ⇒ 소리너비. 소리넓이

음영 ⇒ 그림자. 그늘

음용수 ⇒ 마실 물. 먹을 물. 먹는 물

음울하다 ⇒ 칙칙하다. 답답하다. 을씨년스럽다

음유시인 ⇒ 떠돌이노래장이

음율 ⇒ 가락. 노랫가락

음으로 ⇒ 남몰래. 슬쩍. 뒤에서. 숨어서

음의정수 ⇒ 뺄옹근수

음의함수 ⇒ 뺄따름수

음전하 ⇒ 빼기번짐

음전하다 그림씨 말이나 짓이 곱고 점잖다 ㉥ 그 색시, 참 음전합디다 한뜻말얌전하다

음절 ⇒ 소리마디. 낱내. 말마디. 노래 마디

음정 ⇒ 소리 사이길이. 소리길이

음조 ⇒ 가락. 소리어울림

음주 ⇒ 술 마심. 술 마시다

음지 ⇒ 그늘. 응달

음질 ⇒ 소리밭. 소리바탕

음충맞다 그림씨 마음씨가 매우 엉큼한 데가 있다 ㉥음충맞은 웃음 ⇐ 음흉하다

음침하다 ⇒ 의뭉스럽다. 의뭉하다. 엉큼하다. 을씨년스럽다. 끄느름하다. 끄무레하다. 칙칙하다. 흐리고 컴컴하다

음파 ⇒ 소릿결

음폐 ⇒ 숨김. 가림. 숨기다. 가리다. 덮어두다. 쉬쉬하다

음폭 ⇒ 소리너비. 소리넓이

음표 ⇒ 소리표. 가락표

음해 ⇒ 발걸기. 헤살. 헤살하다. 발을 걸다. 발거리 놓다. 넘겨씌우다. 덮어씌우다. 뒤집어씌우다. 들씌우다

음핵 ⇒ 공알. 감씨

음향 ⇒ 소리. 울림. 소리울림

음흉하다 ⇒ 음충맞다. 엉큼하다. 엄펑스럽다. 컴컴하다. 의뭉하다. 검측스럽다. 검측측하다

읍소 ⇒ 발괄. 하소. 하소연. 발괄하다. 하소연하다. 울며 하소하다

응 느낌씨 ❶벗이나 아랫사람이 부르거나 물을 때 맞갋는 말 ㉥"동무야 놀자." "응, 바로 갈게." ❷벗이나 아랫사람한테 되묻는 말 ㉥응? 뭐라고 했지?

응결 ⇒ 맺음. 엉김. 맺힘. 뭉침. 맺다. 맺히다. 뭉치다. 굳다. 엉기다. 엉겨붙다

응고 ⇒ 엉김. 굳음. 굳어지다. 굳히다. 딱딱하다. 딱딱해지다. 뭉치다. 엉기다. 엉겨붙다. 솔다

응낙 ⇒ 들어줌. 받아들임. 들어주다. 받아들이다. 끄덕이다

응달 이름씨 햇빛이 잘 비치지 않아 그늘진 곳 ㉥응달에는 아직도 눈이 녹지 않고 있다

응답 ⇒ 맛갋. 맛갋다. 말대꾸하다. 대꾸하다. 맞받다. 대척하다. 되받다. 되받아치다. 되치다. 맞받아치다

응당 ⇒ 마땅히. 으레. 모름지기. 꼭. 틀림없이. 반드시. 언제나

응대 ⇒ 모심. 마중. 모시다. 마중하다. 맞아들이다. 만나다

응모 ⇒ 뽑기에 나감. 뽑기에 나가다

응석 이름씨 어른에게 어리광을 부리거나 귀여워해 줄 것을 믿고 버릇없이 구는 일 ㉥아이가 가장 아늑하게 느끼는 때는 어머니와 눈을 맞추고 응석을 부릴 때가 아닐까

응석받이 이름씨 ❶응석을 받아주는 일 ㉥우리 할아버지는 내 응석받이 노릇을 즐겼다 준말응받이 ❷어른들에게 응석을 부리며 자라는 아이 ㉥나는 할머니가 키워서 응석받이로 자랐다 한뜻말응석둥이

응수 ⇒ 대꾸. 받아줌. 주고받음. 대꾸하다. 받아주다. 주고받다. 맞받다

응시 (凝視) ⇒ 눈여겨봄. 지켜봄. 눈여겨보다. 눈길 모아 보다. 여겨보다. 뚫어지게 보다. 쳐다보다. 지켜보다. 깊이 살피다. 노려보다

응시 (應試) ⇒ 재보기하기. 재보기하다

응애 어찌씨 갓난아이가 우는 소리 ㉥갓난아이가 응애 하고 젖 달라고 운다

응어리 이름씨 ❶힘살 한쪽이 뭉쳐서 생긴 덩어리 ㉥등에 응어리가 생기다 ❷마음속에 맺혀 풀리지 않는 마음 느낌 ㉥지난날 겪은 가슴 아픈 응어리가 아직도 남아 있다 한뜻말앙금 ⇐ 한. 여한 ❸부스럼 자리에 뿌리가 빠지지 않고 남은 것 ㉥응어리가 빠져야 새살이 차서 오롯이 낫는다

응용 ⇒ 부려 씀. 맞춰 씀. 부려 쓰다. 당겨 쓰다. 맞춰 쓰다

응용과학 ⇒ 쓸갈

응원 ⇒ 북돋움. 힘나게 함. 북돋우다. 거들다. 힘나게 하다. 기운 나게 하다. 밀어주다
응원가 ⇒ 북돋움 노래. 뒷받침 노래
응원단 ⇒ 북돋움이. 북돋움떼. 북돋움꾼. 돋움꾼
응전 ⇒ 맞싸움. 맞싸우다. 맞서 싸우다
응접 ⇒ 맞이. 모심. 맞다. 맞아들이다. 맞이하다. 모시다
응접실 ⇒ 맞이마루. 맞이방. 손님맞이방
응집 ⇒ 엉김. 한데모임. 엉기다. 엉겨붙다. 굳다. 모여들다
응징 ⇒ 되갚기. 앙갚음. 되갚다. 앙갚음하다
응축 ⇒ 쪼그라듦. 오그라듦. 줄어듦. 쪼그라들다. 오그라들다. 줄어들다
응하다 ⇒ 맞춰 굴다. 따르다. 맞받다
응혈 ⇒ 피엉김. 엉긴피
의 이름씨 한글 홀소리 글자 'ㅢ' 이름
의거 ⇒ 따름. 좇음. 기댐. 따르다. 좇다. 기대다
의견 ⇒ 생각. 뜻
의구심 ⇒ 못 믿는 마음. 못 미더운 마음
의구하다 ⇒ 옛날과 같다. 예와 같다. 예와 다름이 없다
의기소침하다 ⇒ 풀죽다. 시르죽다
의기양양하다 ⇒ 활개치다. 활개 펴다. 뽐내다
의기투합하다 ⇒ 뜻맞다. 죽이 맞다. 마음 맞다
의논 ⇒ 생각나눔. 뜻맞춤. 생각을 주고받다. 생각을 나누다. 뜻을 맞추다
의당 ⇒ 마땅히. 으레. 모름지기. 반드시. 틀림없이. 꼭
의도 ⇒ 생각. 뜻. 속셈. 속뜻. 속마음. 꿍꿍이. 꿍꿍이셈. 꿍꿍이속. 꿍셈. 마음먹다. 뜻하다. 생각하다. 꾀하다
의례적 ⇒ 겉짓. 겉치레. 내려오는. 예부터 내려오는
의뢰 ⇒ 맡김. 기댐. 기대다. 맡기다. 내맡기다
의료 ⇒ 나숨. 고침
의료기기 ⇒ 나수개
의료보험 ⇒ 나숨사달막이
의류 ⇒ 옷. 옷가지. 옷붙이
의리 ⇒ 지킬 길
의무 ⇒ 할일. 제구실. 맡은일
의무적으로 ⇒ 반드시. 꼭
의문대명사 ⇒ 물음갈이름씨
의문문 ⇒ 물음월. 물음글
의문형 ⇒ 물음꼴
의뭉스럽다 그림씨 겉으로는 어리석어 보이나 속으로는 엉큼한 데가 있다 ㉥그 사람은 말과 짓이 의뭉스러워서 일을 믿고 맡길 수 없다
의뭉하다 그림씨 겉보기에는 어리석은 것 같으나 속은 엉큼하다 ㉥이웃집 아이는 겨우 일곱 살이지만 열 살 넘은 아이같이 야무지고 의뭉하였다
의미 ⇒ 뜻. 생각. 속. 속내. 보람. 뜻하다. 가리키다
의미심장하다 ⇒ 뜻깊다. 뜻이 깊다
의병 ⇒ 바른싸움꾼
의복 ⇒ 옷. 옷가지. 입성. 옷차림
의부 ⇒ 의붓아비. 의붓아버지. 새아버지. 기른아버지. 돌본아버지
의붓아들 이름씨 새 아내가 데리고 온 앞버시 아들 ㉥아버지는 나를 의붓아들이라고 해서 조금도 눈치 주지 않았다
의붓아버지 이름씨 어머니가 새로 짝 맺어 생긴 아버지 ㉥우리는 일찍이 아버지를 여의고 의붓아버지 밑에서 자랐다 한뜻말 의붓아비 ⇐ 계부. 의부
의붓어머니 이름씨 아버지가 새로 짝 맺어 생긴 어머니 한뜻말 의붓어미. 다슴어미 ⇐ 계모. 의모
의사 (意思) ⇒ 뜻. 생각
의사 (醫師) ⇒ 나숨이. 고침이. 나숨보. 고침보
의사하다 (擬似-) ⇒ 비슷하다
의상 ⇒ 옷. 옷가지. 입성. 겉옷. 저고리와 치마
의성어 ⇒ 소리시늉말
의성의태어 ⇒ 시늉말. 소리짓시늉말. 흉내말
의수 ⇒ 만든 손. 고무손
의식 ⇒ 앎. 넋. 마음. 느낌. 알다. 느끼다
의식주 ⇒ 밥옷집
의심 ⇒ 못 미더움. 못 믿음. 못 믿다. 믿지 못하다. 못 미덥다. 믿기지 않다
의아하다 ⇒ 어리둥절하다. 갸우뚱하다. 뜻 모르

다. 뜻밖이다

의역 ⇒ 뜻새김. 뜻뒤치기. 뜻 새기다

의연하다 ⇒ 떳떳하다. 굳세다. 끄떡없다

의외 ⇒ 뜻밖. 생각 밖. 생각과 다른 것

의의 ⇒ 뜻. 참뜻. 속뜻

의인화 ⇒ 사람견주기. 사람비기기

의자 ⇒ 앉개

의젓하다 그림씨 말이나 몸짓이 점잖고 무게가 있다 ⓑ까불던 아이가 언제부턴가 의젓해졌다

의족 ⇒ 고무다리. 만든 발

의존 ⇒ 기댐. 기대다. 얹히다. 힘입다

의좋다 ⇒ 사이좋다. 구순하다. 도탑다. 두텁다

의중 ⇒ 속. 속마음. 속셈. 속생각. 마음속

의지 (依支) ⇒ 기댐. 깃듦. 깃들다. 기대다. 등대다. 빌붙다. 몸두다. 맡기다. 믿다

의지 (意志) ⇒ 뜻. 마음. 생각. 바람

의지작용 ⇒ 뜻뮘

의지처 ⇒ 깃들 곳. 깃들 데. 발붙일 데. 기댈 곳. 몸둘 곳

의치 ⇒ 틀니. 만든니

의타심 ⇒ 기대는 마음

의탁 ⇒ 걸다. 맡기다. 기대다. 발붙이다. 매달리다

의태어 ⇒ 짓시늉말. 꼴시늉말

의학 ⇒ 나숨갈

의학상 ⇒ 나숨갈기림

의학자 ⇒ 나숨갈이. 나숨갈보

의향 ⇒ 뜻. 생각

의협심 ⇒ 도울마음

의형제 ⇒ 맺은언아우

의혹 ⇒ 못미더움

의회 ⇒ 뽑힌이모임

이[1] 이름씨 한글 홀소리 글자 'ㅣ' 이름

이[2] 이름씨 **1** 사람이나 짐승 입안에 위아래로 나란히 나 있어 먹을 것을 씹거나 무는 데 쓰는 희고 단단한 것 ⓑ이가 아파 이보는 데에 갔다 **2** 이남박 안에 켜켜이 줄을 이룬 도드라진 데 ⓑ이남박 이에 돌이 걸렸다 **3** 톱날이나 줄칼 같은 데서 뾰쪽뾰쪽 내민 곳 ⓑ톱날 이가 날이 섰다 **4** ('빠지다', '떨어지다'와 함께 써) 칼날이나 그릇 가장자리 같은 것 작은 곳 ⓑ이가 빠진 칼. 이 빠진 그릇은 쓰지 마라 **5** 틀이나 짜임에서 이에짬 ⓑ이가 맞다 익은말 **이가 떨린다** 몹시 골나거나 지긋지긋하여 몸서리가 나다 슬기말 **이가 없으면 잇몸으로 산다** 무엇이 없으면 못 살 것 같지만 막상 그것이 없어도 그럭저럭 살아간다

이[3] 이름씨 사람이나 짐승 몸에 붙어 피를 빨아먹고 사는 벌레. 물면 가렵고 여러 가지 앓이를 옮긴다 ⓑ우리 어렸을 적엔 몸에 이가 많았다 익은말 **이 잡듯이** 구석구석 샅샅이 뒤지어

이[4] 이름씨 (가리킴갈이름씨나 매김말 뒤에 써) 사람을 조금 높여 이르는 말 ⓑ말하는 이. 고마운 이. 이이. 저이

이[5] 갈이름씨 **1** 때나 곳이 가까운 것 또는 바로 앞에 말한 것 ⓑ이를 어쩌나! 이를 이 자리에서 이야기해 봅시다 **2** 말하는 이에게 가까이 있거나 바로 앞에서 말한 것 ⓑ이 옷 누구 거야? 이 아이가 제 아우입니다

이[6] 이름씨 '이것' 준말 ⓑ사랑, 이보다 더 값진 것은 누리에 없다

이[7] 토씨 (받침 있는 임자씨에 붙어) 그 말이 임자말이 되게 하는 말. 받침 없는 낱말에는 '가'를 쓴다 ⓑ별이 떴다. 꽃이 예쁘다

이[8] 뒷가지 **1** (풀이말 줄기에 붙어) 그런 보람을 가진 사람 ⓑ갓난이. 젊은이 **2** (움직씨 말뿌리에 붙어) 연장, 수, 몬, 흐름을 나타내는 이름씨를 만드는 말 ⓑ앓이. 풀이. 더듬이. 먹이. 놀이. 벌이. 미닫이 **3** (그림씨 말뿌리에 붙어) 그런 보람을 나타내는 이름씨를 이룸 ⓑ길이. 넓이. 높이. 높낮이 **4** (이름씨나 어찌씨 말뿌리에 붙어) 그런 보람을 나타내는 이름씨를 만드는 말 ⓑ더펄이. 좀생이 **5** (어찌씨 말뿌리에 붙어) 그런 뜻을 갖는 어찌씨를 만드는 말 ⓑ생긋이. 방긋이 **6** (어떤 이름씨를 거듭한 말에 붙어) 그것 하나하나마다. 빠짐없이 모두 ⓑ낱낱이. 집집이

이[9] (뒷가지) (받침 있는 사람 이름 뒤에 붙어) 말소리를 고르는 말 ⓑ한솔이는 어디 갔니?

이 (二) ⇒ 둘. 두

이간질 ⇒ 갈라놓음. 버성기게 함. 갈라놓다. 버성기게 하다. 말전주하다

이갈다 (움직씨) ❶젖니가 빠지고 새 이가 나다 ❷윗니와 아랫니를 맞부딪쳐 소리를 내다 ❸몹시 애꿎어 마음을 단단히 먹고 벼르다

이갈이 (이름씨) 젖니가 빠지고 새 이가 나는 것

이갑사 ⇒ 두겹실

이거 (갈이름씨) 이것

이것 (갈이름씨) 말하는 사람 가까이 있는 몬을 가리키는 말 ⓑ이것은 내 책이고 저것은 아우 책이야 맞선말 저것 준말 이 작은말 요것

이것저것 (이름씨) 여러 가지 것을 통틀어 이르는 말 ⓑ가게에서 살 것을 이것저것 골랐다

이겨오르기 (이름씨) 싸움이나 놀이 따위에서 이긴 쪽 끼리 다시 겨루는 길 ⇐ 토너먼트

이견 ⇒ 다른 생각. 맞선 생각

이겹실 ⇒ 두겹실

이골 (이름씨) 어떤 일이 몸에 배어 버릇처럼 익게 된 것 ⓑ아궁이에 불 때는 건 아주 이골이 났어 **이골나다**

이곳 (갈이름씨) 말하는 이로부터 가까운 곳

이곳저곳 (이름씨) 여러 곳. 여기저기

이과 ⇒ 누리갈

이구동성 ⇒ 한목소리

이구아나 (이름씨) 아메리카 가람가에 살며 사람 키만 한 짐승. 몸은 잿빛에 푸른빛이 섞였으며 꼬리가 길다

이국 ⇒ 딴나라. 다른 나라

이권 ⇒ 돈줄. 벌잇줄. 길미

이글거리다 (움직씨) ❶불꽃이 빨갛게 거듭 피어오르다 ⓑ불담이에서 숯불이 이글거리며 탄다 ❷낯빛이나 눈에 부아나 뜨거운 마음 따위가 아주 세게 내비치다 ⓑ이글거리는 눈빛 ❸해가 몹시 뜨거운 볕을 쏟아붓다 ⓑ오늘은 아침부터 해가 이글거리며 뜬다 **이글대다**

이글루 ⇒ 얼음집

이글이글 (어찌씨) ❶불꽃이 빨갛게 몹시 세게 피어오르는 꼴 ⓑ아궁이에서 등거리불이 이글이글 타오른다 ❷해가 몹시 뜨거운 볕을 쏟아붓는 꼴 ⓑ한여름 뜨거운 햇살이 이글이글 내리쬔다 ❸낯빛이나 눈에 부아나 뜨거운 마음 따위가 아주 세게 내비치는 꼴 ⓑ그 사람은 이글이글 불타는 눈빛으로 나를 바라보았다 **이글이글하다**

이기 (利器) ⇒ 연모. 연장

이기 (移記) ⇒ 옮겨적기. 옮겨 적다

이기다[1] (움직씨) ❶겨루거나 싸워서 맞은쪽을 누르다 ⓑ올 씨름판에서는 돌이가 산이를 이겼다 ❷아픔과 괴로움 따위 어려움을 잘 견뎌내다 ⓑ한별은 온갖 어려움을 이기고 마침내 뜻을 이루었다 ❸('못', '못하다'와 함께 써) 몸을 가누거나 곧게 세우다 ⓑ아직 제 고개도 못 이기는 아기 ❹('못', '못 하다'와 함께 써) 어떤 느낌을 억누르다 ⓑ제 노염을 이기지 못하여 씩씩거렸다

이기다[2] (움직씨) ❶흙이나 가루 따위에 물을 부어 반죽하다 ⓑ물에 이긴 진흙을 바람에 바른다 ❷칼 따위로 잘게 썰어 짓찧어 다지다 ⓑ쑥을 이겨 쑥개떡을 빚었다 ❸이리저리 뒤치며 짓두드리다 ⓑ엄마는 삶은 빨래를 하나씩 꺼내 방망이로 이겨서 빨았다. 쇠를 불리고 이기고 담그다 ❹짐승 가죽을 기름을 뽑고 부드럽게 하다 ⓑ소가죽을 이기다

이기심 ⇒ 아람마음

이기적 ⇒ 제 것만 챙기는. 제 길미만 꾀하는

이기주의 ⇒ 제복판믿음. 나복판생각

이기주의자 ⇒ 갈가위

이긴이 (이름씨) 남과 겨루어 이긴 사람 맞선말 진이 ⇐ 승자

이긴점 (이름씨) 맞선이와 돌아가며 겨루는 놀이에서 이기거나 비길 때 얻는 점수 ⇐ 승점

이김깃발 (이름씨) 이긴 사람이나 모둠에 주는 깃발 ⇐ 우승기

이까짓 (매김씨) 겨우 이만큼밖에 안 되는 ⓑ이

까짓 일로 벗과 싸우다니 준말이깟

이깔나무버섯 이름씨 잣버섯

이깟 매김씨 '이까짓' 준말 ⓑ이깟 것을 이루려고 밖에 나가 그 많은 돈을 썼어?

이끌다 움직씨 ❶제가 바라는 쪽으로 손을 잡아끌거나 따라오게 하다 ⓑ어린애는 엄마 손을 이끌고 장난감 가게로 들어가려 했다 ❷앞장서서 따라오게 하거나 길을 잡아주다 ⓑ스승이 우리 아이를 잘 이끌어주세요 ❸마음이나 눈길 따위를 쏠리게 하다 ⓑ돌샘은 자그마한 몸매인데 또랑또랑한 목소리로 사람들 마음을 확 이끈다 ❹앞에 서거나 길을 내어 어떤 쪽으로 나아가게 하다 ⓑ도담이는 이 놀이에서 우리가 이기도록 이끈 사람이다

이끌리다 움직씨 '이끌다' 입음꼴. 손을 잡아끌려 따라가다 ⓑ아이들이 엄마 손에 이끌려 놀이동산에 왔다

이끌줄 이름씨 번힘을 흐르게 하는 쇠줄 ⇐ 도선

이끎말 이름씨 들머리 ⇐ 서론

이끎이 이름씨 ❶모임이나 잔치에서 흐름을 맡아보는 사람 ⇐ 사회자. 엠씨 ❷믿음모임을 맡아 다스리며 믿는이를 가르치고 이끄는 사람 ⇐ 목사 ❸남을 가르쳐 이끄는 사람 ⇐ 지도자

이끎터지개 이름씨 이끌어가서 과녁을 맞추는 터지개 ⇐ 유도탄

이끎힘 이름씨 우두머리 자리에서 모두를 이끄는 힘 ⇐ 주도권. 헤게모니

이끼 이름씨 죽은 나무나 돌, 축축한 곳에서 자라며 잎과 줄기를 나누기가 뚜렷하지 않은 풀 ⓑ바위에 이끼가 파랗게 끼었다

이나 토씨 (받침 있는 낱말에 붙어) ❶가림을 뜻할 때 쓰는 말 ⓑ감이나 밤을 먹고 싶다 ❷모두를 뜻할 때 쓰는 말 ⓑ사람이나 짐승이나 새끼를 낳는다 ❸힘주거나 물러설 때 쓰는 말 ⓑ스승이나 만난 듯이 우러른다. 네가 안 가면 해솔이나 가게 하든지 ❹달리 길이 없어 어쩔 수 없음 ⓑ바느질이나 배울까? 꽃집이나 낼까?

이나마[1] 어찌씨 ❶이것이라도 ⓑ이나마 없었더라면 굶을 뻔했어요 작은말요나마 ❷이것마저도 ⓑ겨우 몇 톨 주웠는데 이나마 벌레 먹은 밤이었어

이나마[2] 토씨 넉넉하지는 않지만 그런대로. 받침 없는 낱말에는 '나마'를 쓴다 ⓑ조금이나마 도움이 됐으면 합니다

이남박 이름씨 안쪽에 여러 켜로 줄지어 이를 세워 쌀 따위를 이는 데 쓰는 나무 바가지 ⓑ이남박으로 쌀을 일었다

이내[1] 이름씨 저녁나절에 하늘 멀리 보이는 흐릿하고 푸르스름한 기운 ⓑ어릴 적 어머니는 '얘야, 이내가 끼었구나'라고 곧잘 말씀하셨지만 내 눈에는 보이지 않았다

이내[2] 이름씨 ❶그때 곧 ⓑ아이가 지쳤는지 자리에 눕자마자 이내 잠이 들었다 한뜻말바로 ❷멀지 않은 가까이에 ⓑ고개만 넘으면 이내 우리 마을이다

이내 ⇒ 안. 안쪽

이녁 이름씨 가시와 버시가 서로를 가리키는 말. 맞은쪽이 곧 나라는 뜻 ⓑ이녁, 거기 부엌에 있소?

이념 ⇒ 생각틀

이놈 갈이름씨 ❶바로 앞에 있는 사내나 몬을 얕잡거나 낮추어 이르는 말 ⓑ네 이놈. 뭐라고? ❷바로 앞에 있는 사내아이를 귀엽게 이르는 말 ⓑ허허, 이놈 좀 봐요, 똑똑하기도 하지

이농 ⇒ 시골 떠남. 여름지이 버림. 시골을 떠나다. 여름지이를 그만두다

이니셜 ⇒ 머리글자

이다[1] 움직씨 ❶머리 위에 얹다 ⓑ마을 사람들은 내다 팔 것을 이고 지고 저잣거리로 나갔다. 아이가 흰 눈을 이고 돌아온다 ❷머리 위쪽에 두다 ⓑ하늘을 이고 별을 이고 돌아간다 슬기말 **이고 지고 가도 제 누림이 없으면 못 산다** 시집갈 때 무엇을 많이 지고 가도 잘사는 것은 아니다

이다[2] 움직씨 지붕 위를 덮다 ⓑ볏짚으로 지

붕을 이었다
이다[3] [토씨] (어떤 낱말에 붙어) 그 말이 글월에서 풀이말이 되게 하며 끝맺는 말 ㉥이것은 열매이다
이다음 [이름씨] 뒤이어 오는 때. 이제 다음 ㉥오늘은 메로 나무하러 가고 이다음엔 들로 밭매러 가자 작은말요다음
이다지 [어찌씨] 이렇게까지 ㉥이다지 힘들 줄은 몰랐네
이닦기 [이름씨] 잇솔로 이를 닦고 물로 가시기 ⇐ 양치. 양치질
이단시 ⇒ 벗어난 것으로 봄. 벗어난 것으로 보다. 남다르게 보다
이단자 ⇒ 길 다른 사람. 벗어난 사람. 빗나간 사람
이대로 [어찌씨] [1]처음 있던 대로 ㉥날 이대로 살게 놓아둬! [2]이것과 똑같이 ㉥발이 아파 이대로 더는 못 가 [3]아무것도 하지 않고. 그냥 이렇게
이동 ⇒ 옮김. 옮기다. 움직이다. 옮겨 다니다. 옮겨 놓다. 가다. 나아가다
이동문고 ⇒ 도는 책숲집
이두 ⇒ 선비글. 벼슬글. 벼슬살이글
이둘레 [이름씨] 이를 둘러싸고 받쳐주는 모든 짜임 ⇐ 치주
이둘레불늧 [이름씨] 이를 둘러싼 부드러운 짜임에 나타나는 불늧. 잇몸이 붓고 딱딱해져 이가 빠짐. 잇돌 때문에 생김 ⇐ 치주염
이득 ⇒ 보탬. 도움. 먹을알. 날찍
이듬 [이름씨] 논밭을 두 디위째 갈거나 매는 일 **이듬하다**
이듬해 [이름씨] 다음 해 ㉥그 이듬해에 우리는 집을 옮겼다 ⇐ 내년. 후년
이등변 ⇒ 두같곁
이등변삼각형 ⇒ 두같곁세모꼴
이등병 ⇒ 새내기
이등분 ⇒ 둘로 나눔. 둘로 나누다. 둘로 쪼개다. 둘로 가르다
이디위 [이름씨] 곧 돌아오거나 막 지나간 때나 차례 ⇐ 이번
이따 [어찌씨] 조금 지난 뒤에. 이따가 ㉥이따 보자
이따가 [어찌씨] 얼마쯤 지나서. 조금 뒤에 ㉥이따가 만나서 얘기하자
이따금 [어찌씨] 얼마쯤 있다가 ㉥벗이 이따금 놀러온다 비슷한말가끔. 때때로. 사이사이
이따위 [갈이름씨] [1]어떤 일이나 사람, 몬을 얕잡거나 업신여길 때 쓰는 말 ㉥이따위로 일할 거야! [2](매김씨) 어떤 일이나 사람, 몬을 얕잡거나 업신여기는 말 ㉥이따위 것을 가져오다니!
이때 [이름씨] 바로 이제 ㉥이때 아버지가 들어와서 우린 깜짝 놀랐다
이때껏 [어찌씨] 이때까지. 아직까지도 ㉥이때껏 점심도 못 먹었다. 이때껏 뭐 하고 있었어 한뜻말이제껏. 여태껏
이똥 [이름씨] 이를 잘 닦지 않아 이 안팎에 누렇게 낀 곱 같은 것 ⇐ 치태
이란성쌍둥이 ⇒ 두알갈오기
이랑[1] [이름씨] 논이나 밭을 갈았을 때 흙이 쌓여 높아진 곳. 낮아진 곳은 고랑이다 ㉥이랑을 따라 씨를 뿌려라 [슬기말] **이랑이 고랑 되고 고랑이 이랑 된다** 잘살던 사람이 못살게 되고 못살던 사람이 잘살게 된다. 온누리 모든 것은 끊임없이 바뀌어간다
이랑[2] [토씨] [1](받침 있는 임자씨에 붙어) 과. 받침 없는 낱말에는 '랑'을 쓴다 ㉥떡이랑 밤이랑 많이 먹었어요 [2]하고 ㉥아버지랑 이야기했어. 나비는 늘 꽃이랑 함께 날고 싶지 않을까?
이랑짓기 [이름씨] 밭에 이랑을 만드는 일 ㉥하루살이가 묵은 고춧대를 말끔히 치우고 이랑짓기를 잘해놓았어
이래 [어찌씨] [1]'이리하여' 준말 ㉥이래 보면 될지 안 될지 알 수 있겠지 [2]'이렇게' 준말 ㉥이래 놓고는 다 했다고 간 거야?
이래 ⇒ 부터
이래라저래라 [어찌씨] '이리하여라 저리하여라'가 줄어든 말 ㉥나한테 이래라저래라 말고 네 일이나 잘하셔 작은말요래라조래라
이래저래 [어찌씨] [1]이렇게 저렇게 ㉥이래저래

구실만 는다 ❷이리저리하여 ⓑ이래저래 일이 제대로 안 풀린다

이랬다저랬다 어찌씨 '이리하였다가 저리하였다가'가 줄어든 말 작은말 요랬다조랬다

이랴 느낌씨 마소를 부릴 때 '앞으로 똑바로 가라'는 뜻으로 내는 소리

이러니저러니 어찌씨 '이러하다느니 저러하다느니'가 줄어든 말 ⓑ남 일을 두고 이러니 저러니 하지 마라

이러다 어찌씨 ❶이렇게 하다 ⓑ이러다 수레를 놓치겠다 ❷이렇게 말하다 ⓑ'집에 있어', 내가 이러니까 아우는 내 말을 안 듣고 따라 나왔다

이러쿵저러쿵 어찌씨 이러하다는 둥 저러하다는 둥 말을 늘어놓는 꼴 ⓑ이러쿵저러쿵 말이 많다 **이러쿵저러쿵하다**

이럭저럭·이렁저렁 어찌씨 ❶여러 가지로 이렇게 저렇게 ⓑ이럭저럭 우리끼리 밭을 다 맸다 ❷이것저것 하는 가운데 어느덧 ⓑ이럭저럭 한 해가 다 가는구나 ❸여러 가지 말로 이렇게 저렇게 ⓑ이렁저렁 잔소리하지 말고 하던 일이나 마칩시다

이런[1] 매김씨 모습, 바탕 따위가 이러한 ⓑ이런 때는 뭐라고 말해야 되나?

이런[2] 느낌씨 뜻밖에 놀라운 일이나 딱한 일을 보거나 들었을 때 하는 말 ⓑ이런, 벌써 저녁이 다 됐네

이런저런 매김씨 이러하고 저러한 ⓑ나는 벗과 이런저런 얘기를 하면서 걸었다

이렇게온이 이름씨 참에서 참을 따라 온 사람이라는 뜻으로 깨달은 이를 달리 이르는 말 ⇐ 여래

이렇다 그림씨 '이러하다' 준말. 꼴이나 바탕 따위가 이와 같다 ⓑ이렇다 할 것 없이 때만 보냈다

이렇듯·이렇듯이 어찌씨 이렇게도. 이런 만큼 ⓑ이렇듯 좋은 일이 어디 있겠소

이레 이름씨 ❶그달 일곱째 날 ⓑ오늘이 섣달 이레이다 ⇐ 7일 ❷일곱 날 ⓑ나무하다가 다쳐서 이레동안 꼼짝을 못하고 누워있었다

이레거리 이름씨 이레씩 거름. 이레를 거름 ⇐ 격주

이레내기 이름씨 이레에 한 디위씩 책 따위를 내는 일. 또는 그 책 ⇐ 주간

이력 ⇒ 지난 자취. 발자취

이력서 ⇒ 발자취글. 삶자취글

이령수 이름씨 검에게 비손할 때 말로 알림. 또는 그런 말 ⓑ어머니는 찬물을 한 그릇 떠서 장독 위에 올려두고 이령수를 하면서 검에게 빌었다

이례 ⇒ 다른 보기

이례적 ⇒ 여느와 다른. 흔한 일이 아닌

이론 (理論) ⇒ 뜻틀. 뜻짜임

이론 (異論) ⇒ 다른 생각

이롭다 ⇒ 좋게 하다. 도움 되다. 길미가 되다. 보탬이 되다

이루 어찌씨 ❶아무리 하여도 ⓑ어버이 사랑은 이루 다 헤아릴 수 없다 ❷모두 ⓑ그 기쁨을 이루 다 말할 수 없다

이루다 움직씨 ❶뜻하는 대로 되도록 하다 ⓑ시내는 뜻을 이루어 큰 일터지기가 되었다 ❷어떻게 되게 하다 ⓑ자작나무와 소나무로 숲을 이룬 뒷메 ❸무엇을 세우거나 만들다 ⓑ일하는 사람이 임자 되는 누리를 이루기를! ⇐ 형성하다 ❹무엇을 뭇다 ⓑ날마다 돌을 주워 모아 돌쌓을 이루었다

이루어지다 움직씨 ❶뜻하는 대로 되다 ⓑ바람이 이루어져서 좋겠네 ❷여러 쪽이 모여 꼴이나 바탕이 갖춰지다 ⓑ필리핀은 수많은 섬으로 이루어진 나라이다

이룩되다 움직씨 이루어지다 ⓑ겨레가 하나로 이어지기를 바라는 온겨레 뜻이 이룩되기를

이룩하다 움직씨 ❶큰일을 이루다 ⓑ우리 겨레는 일찍부터 빛나는 삶꽃을 이룩하였다 ❷나라나 고을, 집 들을 세우다 ⓑ모든 목숨이 서로 사랑하여 어우러지는 새누리를 이룩한다

이룸수 이름씨 어떤 옹근수를 나누어떨어지게

하는 옹근수를 처음 수에 마주하여 이르는 말 ⓑ3은 9 이룸수이다 맞선말 곱수 ⇐ 약수

이룸씨 이름씨 몬을 이루는 바탕이 되는 밑숫이나 몬밭 ⇐ 성분. 요소

이룸이 이름씨 모임이나 모둠을 이루는 사람 한뜻말 이룸보 ⇐ 성원. 구성원

이룸치 이름씨 일이나 배움을 이룬 열매 ⇐ 성적

이룸치표 이름씨 이룸치를 적은 표 ⇐ 성적표

이류 ⇒ 버금

이륙 ⇒ 떠오름. 날기. 날다. 하늘로 떠오르다. 날아오르다

이르다[1] 움직씨 ❶가거나 오거나 하여 닿다 ⓑ드디어 배가 나루에 이르렀다 ⇐ 달하다 ❷어떤 때가 되다 ⓑ때가 어느덧 한밤에 이르렀다 ❸어느만큼이나 테두리에 미치다 ⓑ할아버지로부터 아들에 이르기까지. 높이가 4미터에 이른다 ❹어떤 데나 고비에 닿다 ⓑ깨달음에 이르는 길

이르다[2] 움직씨 ❶어떤 것을 말하다 ⓑ이 나무 열매는 뭐라고 이르는 거니? ❷타일러 말하다 ⓑ아버지는 딸에게 벗들과 사이좋게 지내라고 일렀다 ❸다른 사람 잘못을 말하여 알게 하다 ⓑ너, 이거 엄마한테 이르지 마 ❹이름을 붙이거나 가리켜 말하다 ⓑ숲을 제주말로 '곶'이라고 이른다 ❺매겨 말하다 ⓑ눈과 귀는 다섯누림 가운데 하나라고 일러왔다 익은말 **이를 데 없다** 다맞고 마땅하다. 뭐라고 말 못 하게 그지없다

이르다[3] 그림씨 ❶가늠이나 대중잡은 때보다 앞서거나 빠르다 ⓑ서둘러 갔더니 모임터에 조금 이르게 닿았다 맞선말 늦다 ❷('이른' 꼴로 써) 갓 비롯된. 빠른. 첫 ⓑ이른 새벽. 이른 가을 ❸어떤 일이 있기까지 짬이 있다 ⓑ깻잎 따기에는 좀 이르다

이르집다 움직씨 ❶흙 따위를 파헤치다 ⓑ닭이 울타리 밑 흙을 이르집네 ❷오래 앞일을 들추어 내다 ⓑ이제 와서 그 옛일을 이르집으면 뭐해? ❸없는 일을 만들어 말썽을 일으키다 ⓑ이미 벌어진 일도 마무리하기 벅찬데 너는 쓸데없이 없는 일을 이르집어 내느냐?

이른바 어찌씨 흔히 말하는 ⓑ이른바 '으뜸머슴'이라는 사람이 거짓말을 해서야 되나 한뜻말 가론 ⇐ 소위

이를테면 어찌씨 말하자면. 보기를 들자면 ⓑ요즘은 여름에 나는 열매, 이를테면 참외, 수박, 딸기 들을 겨울에도 먹을 수 있다 ⇐ 예컨대. 예를들면

이름 이름씨 ❶다른 사람과 가리려고 사람마다 지어 붙여 부르는 말 ⓑ사람마다 우리말 이름을 써야지 여태 한자말 이름을 쓰다니 ⇐ 성명. 함자 ❷어떤 바탈이나 보람이 사람들에게 알려져서 불리게 된 것 ⓑ미리내는 노래를 잘 불러 선돌마을 꾀꼬리라는 이름을 얻었다 ❸일이나 몬을 서로 다른 것과 가려내려고 붙여 부르는 말 ⓑ나라 이름을 배달이라고 짓다. 이 나무 이름은 소나무다 ❹('높다'와 함께 써) 널리 알려져서 부르는 말 ⓑ버들은 이름이 높은 노래꾼이다 ❺('이름 아래', '이름으로' 꼴로 써) 어떤 참을 감추려고 내세우는 구실 ⓑ도와준다는 이름으로 코 베어 간다 ❻속내나 참에 맞지 않게 불리는 말 ⓑ이름이 부엌데기지 아직 밥도 제대로 못 해 슬기말 **이름이 고와야 듣기도 좋다** 같은 값이면 몬 이름도 고운 것이 좋다

이름나다 움직씨 널리 알려지다 ⓑ솔거는 이름난 그림쟁이였다

이름부르다 움직씨 이름을 부르다 ⓑ이름부르면 큰소리로 말하세요 ⇐ 호명하다

이름쓰기 이름씨 글종이에 제 이름을 적음 ⇐ 사인. 서명

이름씨 이름씨 무엇 이름을 나타내는 낱말 갈래. 사람, 짐승, 벌레 따위 ⇐ 명사

이름표 이름씨 이름을 적은 표 ⓑ어른들이 아이들처럼 가슴에 이름표를 달고 배우러 왔다

이름하다 움직씨 다른 것과 가리려고 일이나 몬, 모둠, 꼴 들에 부르는 말을 붙이다 ⓑ이

곳을 모든 목숨이 두루 고루 푸르게 잘 사는 누리가 되기를 바라서 푸른누리라 이름하였다 한뜻말일컫다 ⇐ 명명하다. 작명하다

이리[1] 이름씨 생김새는 개와 비슷하나 좀 여위고 귀가 쫑긋하며 주둥이가 넓게 째진 사나운 멧짐승. 떼를 지어 다니면서 다른 짐승을 잡아먹는다 한뜻말늑대. 말승냥이

이리[2] 이름씨 물고기 수컷 배 속에 있는 흰 얼씨 덩어리

이리[3] 어찌씨 ❶이곳으로. 이쪽으로 ⓑ이리 와. 그 책 이리 다오 ❷이렇게 ⓑ이리 어려운 일을 아이한테 시키다니 ❸이러하지 ⓑ여보게 이리 말게 ❹이다지 ⓑ웬 장난이 이리 지나치냐? 익은말 **이리 재고 저리 재고 하다** 마음을 잡지 못하고 이리저리 재보다

이리듐 이름씨 심과 알칼리에 녹지 않는 흰 쇠붙이

이리저리 어찌씨 ❶이쪽저쪽으로 ⓑ골짜기를 따라 이리저리 돌아다녔다 ❷이렇게 저렇게 ⓑ진흙에 빠진 수레를 건지려고 이리저리 해보았다

이리하다 움직씨 이렇게 하다 ⓑ그리하는 것보다 이리하는 것이 어떻소?

이마 이름씨 얼굴 눈썹 위부터 앞 머리털이 난 곳 사이 ⓑ붓돌이는 이마가 넓다

이마받이 이름씨 ❶두 몬이 아주 가깝게 맞붙음 ⓑ멀리서 보면 저 두 멧봉우리가 이마받이하는 듯하다 ❷이마로 들이받음 ⓑ날아오는 공을 이마받이로 쳐서 문 안에 넣었다 ⇐ 헤딩 **이마받이하다**

이마불 이름씨 어두운 곳에서 일하거나 밤에 메에 오를 때 머리에 다는 불 ⓑ머리에 이마불을 달고 밤에 소낭버섯 따러 가는 사람이 는다 ⇐ 헤드램프

이마적 이름씨 이제에 가까운 지난 적 ⓑ한동안 몸이 꽤 안 좋았는데 이마적에는 꽤 좋아진 것 같아요

이만 어찌씨 이만큼만. 이만큼만 하고 ⓑ이만 가볼게요

이만저만 이름씨 ❶이만하고 저만함 ⓑ걱정이 이만저만이 아니라네 ❷(어찌씨) 이만하고 저만한 만큼. 웬만하지 않게 ⓑ이만저만 힘든 일이 아니니다

이만저만하다 그림씨 이만하고 저만하다

이만큼 이름씨 ❶이만한 만큼 ⓑ밤을 주워 모았더니 이만큼이나 되었다 비슷한말이만치 ❷(어찌씨) 이만한 만큼 ⓑ우리나라가 이만큼 잘살게 된 것은 온 백성이 부지런히 일했기 때문이다

이만하다[1] 움직씨 끝내다. 마치다 ⓑ오늘 일은 이만합시다

이만하다[2] 그림씨 이만큼만 하다 ⓑ이만하면 큰소리칠 만하지요? 작은말요만하다

이맘때 이름씨 이만한 때. 이만큼에 이른 때 ⓑ해마다 이맘때면 벚꽃이 핀다

이맛살 이름씨 ❶이마에 잡힌 주름살 ⓑ이맛살 좀 펴지 그래? ❷이마 살갗 ⓑ이맛살이 멀끔하다 익은말 **이맛살을 찌푸리다** 마음이 매우 언짢거나 걱정스러워 얼굴을 찡그리다

이메일 ⇒ 누리글월

이면 ⇒ 뒷낯. 속내

이면도로 ⇒ 뒷길

이면수 이름씨 몸통은 잿빛을 띤 누런빛이고 옆에 줄무늬가 있는 바닷물고기. 바위틈이나 자갈이 많은 곳에 산다

이면지 ⇒ 뒤쓸종이

이명 (耳鳴) ⇒ 귀울이. 귀울림. 귀울음

이명 (異名) ⇒ 다른 이름

이모 ⇒ 어미언아우

이모부 ⇒ 어미언아우버시

이모작 ⇒ 그루갈이. 그루뜨기. 두디위짓기. 두그루심기. 두그루부치기

이모저모 이름씨 ❶이쪽저쪽 ⓑ이모저모로 생각해보니 네 말이 맞네 ❷(어찌씨) 이쪽저쪽 다 ⓑ이모저모 잘 살펴봐라

이목 ⇒ 귀눈. 눈귀. 보고듣기. 듣보기

이목구비 ⇒ 눈귀코입. 얼굴. 낯. 낯짝

이무기 이름씨 내림 이야기로 미르가 되려다 못 되고 물속에 산다는 여러 해 묵은 큰 구

렁이

이문 ⇒ 남는 돈. 떨어지는 돈. 벌이. 길미

이물 (이름씨) 뱃머리 쪽 ⓑ이물과 고물 한뜻말뱃머리. 밑앞 맞선말고물. 밑뒤

이물·이물질 ⇒ 딴 것. 티

이물감 ⇒ 낀느낌

이미 (어찌씨) ❶어떤 때보다 앞서 ⓑ이미 하던 일부터 끝내자 ❷벌써 ⓑ나루에 갔을 때 배는 이미 떠나고 없었다 ❸그 앞에 ⓑ이미 알던 사람이네

이미지 ⇒ 마음그림. 비친꼴. 느낌

이민 ⇒ 딴나라 살러가기. 옮아 살다. 딴나라로 살러 가다

이민족 ⇒ 다른겨레. 딴겨레

이바지 (이름씨) ❶나라나 모둠, 사람들한테 도움이 되게 힘을 씀 ⓑ가르침이가 되어 가르침 결이 훌륭해지게 이바지하고 싶다 ❷힘써 만들어 사람들에게 보내는 먹거리나 그런 일 ⓑ이바지 먹거리를 차려서 마을 어른들이 모인 곳에 보냈다 ⇐ 폐백 ❸몬을 갖추어 바라지함 ⓑ구슬이네 이바지 이불이 왔다고 동네 사람들이 구경하러 간다 **이바지하다**

이바지짐 (이름씨) 짝맺이 앞에 버시가 가시 집에 보내는 우러름몬 ⇐ 폐백

이바짓값 (이름씨) 손님에게 이바지한다고 조금 낮추어 파는 값 ⇐ 특가

이박기 (이름씨) 한달 큰보름에 이를 튼튼히 하려고 부럼을 깨무는 일 한뜻말이굳히

이반 ⇒ 돌아섬. 등돌림. 갈라짐. 돌아서다. 등돌리다. 갈라지다. 금가다

이발 ⇒ 머리깎기. 머리를 깎다. 머리를 다듬다. 머리 손질하다

이발기 ⇒ 머리깎개

이발사 ⇒ 깎보. 머리깎이. 머리손봄이. 머리다듬이

이발소·이용실·이용원 ⇒ 깎곳

이밥 (이름씨) 입쌀로 지은 밥 한뜻말쌀밥 ⇐ 백반

이밥나물 (이름씨) 잎은 길둥글고 끝이 뾰족하며 꽃봉오리가 이밥 같다고 해서 이름 붙은 나물 한뜻말풀솜대

이방 ⇒ 다른 나라

이방인 ⇒ 난뎃사람. 딴뎃사람. 딴곳사람. 난뎃이. 난뎃보. 딴나라 사람. 겉돌이. 나그네. 낯선이. 떠돌이. 떠돌뱅이. 뜨내기. 뜨내기꾼

이번 ⇒ 이디위

이벤트 ⇒ 깜짝잔치

이변 ⇒ 말썽. 사달. 엉뚱한 일

이별 ⇒ 헤어짐. 갈라섬. 헤어지다. 갈라서다. 갈라지다

이병 ⇒ 새내기. 쫄따구

이보는데 (이름씨) 이나 잇몸이 아플 때 고치러 가는 곳 ⇐ 치과

이복 ⇒ 배다름

이복형제 ⇒ 배다른 언아우. 어미 다른 언아우

이봐 (느낌씨) 동무나 아랫사람을 부를 때 쓰는 말

이부자리 (이름씨) 이불과 요를 두루 일컫는 말 ⓑ어서 이부자리를 펴고 일찍 자자

이부합창 ⇒ 두아울노래

이북 ⇒ 노녘

이분 (갈이름씨) '이 사람' 높임말 ⓑ이분이 바로 제 스승입니다

이분 ⇒ 나눔. 둘로 나눔

이불 (이름씨) 사람이 잘 때 몸을 덮으려고 천으로 널따랗게 지은 것. 솜을 넣기도 한다 ⓑ푹신한 이불이 좋다

이불깃 (이름씨) ❶이불 거죽 위쪽에 가로 대는 너비가 좁은 다른 천 ⓑ이불깃에 천을 덧대어 더럼을 덜 타게 하면 빨래하기 좋아 ❷이불깃이 있는 쪽 이불 끝 ⓑ자는 아이 이불깃을 여며준다

이불보 (이름씨) 이불을 개어서 싸는 큰 보자기

이불잇 (이름씨) 이불에 때가 타지 않게 덧씌워 꿰매거나 덧싸는 천 ⓑ이불잇을 벗겨 다 빨아라 한뜻말이불 홑청

이불자락 (이름씨) ❶이불 한쪽 귀퉁이 ⓑ자꾸 이불자락을 펄럭이지 마라 ❷변변치 않은 얼마쯤 이불 ⓑ나래네는 몇몇 세간붙이와 이불자락이나마 겨우 챙겨서 서둘러 집을

떠났다

이비인후과 ⇒ 귀·코·목구멍 보는데

이빨 (이름씨) **1** 사람 이를 낮게 이르는 말 ⓑ이빨이 썩었어 **2** 짐승 이를 일컫는 말 ⓑ범이 이빨을 드러내며 '어흥!' 하고 울부짖었다

이뽑다 (움직씨) 이를 뽑다 ⇐ 발치 **이뽑기**

이쁘다 (그림씨) 곱고 아름답다 ⓑ이쁜 얼굴. 이쁜이

이사 (移徙) ⇒ 집들이. 집옮김. 집 옮기다

이사 (理事) ⇒ 건사보. 거둠이

이사분면 ⇒ 두네갈낯

이삭 (이름씨) **1** 벼나 보리, 밀, 기장, 수수, 옥수수 같은 낟에서 꽃이 피고 열매가 달리는 곳 ⓑ나락 이삭이 잘 여물었다 **2** 여름지은 낟이나 과일, 남새 같은 것을 거두어들일 때 땅에 흘렸거나 빠뜨린 나머지 ⓑ나락 이삭을 주워 모은 돈으로 책을 샀다

이삭꽃차례 (이름씨) 긴 꽃대 둘레에 꽃 여러 낱이 이삭 꼴로 피는 꽃차례. 질경이, 오이풀 따위가 있다 ⇐ 수상화서

이삭줍기 (이름씨) 낟알을 거둔 논밭에서 떨어진 이삭을 주워 모으는 일

이산 ⇒ 헤어짐. 흩어짐. 헤어지다. 흩어지다

이산가족 ⇒ 헤어진 집보

이산화질소 ⇒ 두살남막남

이산화탄소 ⇒ 두살남숯남

이삼년 ⇒ 두세 해

이삼일 ⇒ 이틀이나 사흘

이삼차·이삼회 ⇒ 두세 디위

이삿짐 ⇒ 집옮김짐

이상 (以上) ⇒ 끝. 이만

이상 (異狀) ⇒ 여느 때와 다름. 여느 것과 다름. 빛다르다

이상 (理想) ⇒ 꿈. 큰꿈

이상고온현상 ⇒ 때달리 더운 것. 너무 더운 일

이상기후 ⇒ 때다른 날씨

이상스럽다 ⇒ 여느 때와 다르다

이상야릇하다 ⇒ 뭐라 할 수 없게 야릇하다

이상하다 (異常-) ⇒ 야릇하다. 놀랍다. 고약하다. 얄궂다. 거북하다. 남다르다

이상향 ⇒ 꿈나라. 아름나라. 빛나라. 푸른누리. 아름누리. 하늘누리

이새[1] (이름씨) **1** '이 사이' 준말 ⓑ오빠는 이새를 못 참고 먼저 가버렸다 **2** (어찌씨) '이 사이' 준말 ⓑ첫돌이는 이새 어떻게 지내는가?

이새[2] (이름씨) 이 생김새 또는 이 갖춤새 ⓑ입술 사이로 흰 이새가 드러났다 (익은말) **이새에 오르내리다** 남들 이야깃거리가 되다

이새[3] (이름씨) 길쌈과 바느질 따위 여러 가지 집안일 ⇐ 가사노동

이색적 ⇒ 빛다른. 남다른

이서 ⇒ 뒷다짐. 뒷다짐 두다

이석 ⇒ 귓돌

이성 (異性) ⇒ 다른 지. 지다름. 암수

이성 (異姓) ⇒ 다른 가. 가다름

이성교제 ⇒ 암수사귐. 사내겨집사귐. 가시나머시마사귐

이성형제 ⇒ 아비 다른 언아우

이세 ⇒ 아들. 딸. 아들딸

이솝우화 ⇒ 이솝 빗댄 이야기

이송 ⇒ 보냄. 옮김. 보내다. 옮기다. 옮겨 보내다

이수 ⇒ 마침. 밟기. 마치다. 밟다. 거치다

이스라엘 (이름씨) 하늬 아시아 뭍에운바닷가에 있는 나라. 1948해에 잉글나라에서 홀로 섰다. 서울은 예루살렘

이스라지 (이름씨) 앵두나무 비슷한데, 낮은 메나 들에 절로 자라며 여름에 누르붉은 열매인 이스라지가 달리는 나무 ⇐ 당옥매. 산앵두나무

이스탄불 (이름씨) 튀르키에 옛 서울. 옛 이름은 콘스탄티노플. 아시아와 유럽 살피에 있는 큰 고을

이슥도록 (어찌씨) 밤이 꽤 깊도록 ⓑ밤이 이슥도록 둘은 얘기를 나눴다

이슥하다 (그림씨) 밤이 꽤 깊다 ⓑ아버지는 가끔 밤이 이슥해서야 집에 돌아왔다

이슬[1] (이름씨) **1** 빈기 속에 있는 물김이 차지거나 찬 것에 부딪혀 엉긴 물방울 ⓑ풀잎에

이슬이 맺혔다 ❷눈물을 빗대는 말 ⓑ눈가에 이슬이 맺혔다. 촛불 든 기쁨으로 이슬에 젖은 얼굴 ❸겨집 보지에서 나오는 물

이슬[2] 이름씨 한 해 스물네 철 가운데 열다섯째 철. 아홉달 아흐레 무렵으로 가을이 비롯되며 차츰 추워져 풀잎이나 몬에 이슬이 맺히는 때이다 ⇐ 백로

이슬람가르침 이름씨 알라를 하나뿐인 검으로 받들고 가르침이 적힌 코란을 따르는 믿음. 610해에 마호멧이 세웠다 ⇐ 이슬람교. 회교

이슬람교 ⇒ 이슬람가르침

이슬비 이름씨 아주 가늘게 내리는 비. 는개보다 굵고 가랑비보다는 가늘다. 비가 오는 것 같지 않은데 풀이나 나뭇잎에 내린 비가 모여 이슬처럼 맺혀 떨어진다고 붙은 이름이다 ⓑ이슬비 내리는 이른 아침

이슬지다 움직씨 ❶이슬이 맺히다 ⓑ이슬진 함박꽃 ❷눈에 이슬처럼 눈물이 맺히다 ⓑ이슬진 어머니 눈

이승 이름씨 이제 여기 삶이 펼쳐지는 누리 맞선말 저승 ⇐ 현세

이시미 이름씨 '이무기' 가시부루 고장말

이식 (移植) ⇒ 옮겨심기. 옮겨 심다. 옮겨 붙이다

이식 (利殖) ⇒ 길미. 변

이식 (耳識) ⇒ 귀앎

이실직고 ⇒ 곧은 불림. 있는 대로 말함. 있는 대로 말하다

이심전심 ⇒ 마음사맞음

이십 ⇒ 스물

이십사절기 ⇒ 스물네 철

이쑤시개 이름씨 이 사이에 낀 것을 쑤셔 빼내는 데 쓰는 가는 막대기 ⓑ이쑤시개 좀 가져다줄래?

이씻이 이름씨 이를 닦는 데 쓰는 씻개 ⇐ 치약

이악스럽다 그림씨 ❶굳세고 끈덕지게 달라붙다 ⓑ맡은 일에는 이악스럽게 매달리는 순이 ❷벌이가 되는 일에 지나치게 아득바득하다 ⓑ그치는 돈이 되는 것이라면 이악스럽게 달라붙었다

이악하다 그림씨 ❶달라붙는 기운이 굳세고 끈덕지다 ⓑ금순이는 일을 손에 잡으면 이악하게 달려든다 ❷벌이에 지나치게 아득바득하는 데가 있다 ⓑ이악하지도 않은 두 사람이 어떻게 장사를 해낼 참인가?

이앓이 이름씨 이가 쑤시거나 몹시 아픈 모습 ⇐ 치통

이암 ⇒ 진흙바위

이앙기 ⇒ 모심기틀. 모심개

이야기 이름씨 ❶어떤 속내를 담은 말이나 글 ⓑ맨손으로 촛불을 들고 웃대가리를 몰아낸 이야기. 겨레를 하나로 이으려다 죽어간 뜨거운 겨레 사랑 이야기 준말 얘기 ⇐ 사연 ❷스스로 겪은 일이나 마음속에 있는 것을 남에게 일러주는 말 ⓑ내 이야기 들어보세요 ❸옛말이나 옛이야기 ⓑ할머니가 '흥부와 놀부' 이야기를 들려주셨다 ⇐ 민담 ❹주고받는 말 ⓑ이야기가 오고 가다. 수군거리는 이야기 ❺입에서 입으로 물려 내려온 여러 이야기 ⓑ우리 겨레는 하늘님 아들과 땅 곰님 사이에 태어난 아들딸이라는 이야기가 있다 ⇐ 신화. 민담. 전설. 동화. 우화. 야담 ❻새뜸이나 사람을 매기는 말 ⓑ야릇한 이야기가 나돈다 ❼있는 일을 가지고 또는 있는 일처럼 꾸며 재미있도록 늘어놓는 말 ⓑ이야기 '임꺽정'은 보기 드물게 재미있고 우리말이 살아있는 광이다 ⇐ 소설 **이야기하다**

이야기그림 이름씨 이야기 따위를 짧고 익살스럽게 그린 그림. 흔히 말주머니 속에 마주말을 넣어 그린다 ⇐ 만화

이야기꽃 이름씨 여럿이 한자리에 모여 나누는 즐거운 이야기나 이야기판을 빗댄 말 ⓑ오랜만에 집님들이 한자리에 모여 이야기꽃을 피웠다 익은말 **이야기꽃을 피우다** 신이 나서 이야기를 한참 벌려나가다

이야기꾼 이름씨 ❶글로 쓰는 이야기를 짓는 사람 ⇐ 소설가 ❷재미있는 이야기를 잘하는 사람

이야기뭼그림 이름씨 이야기그림이나 사람꼴

노리개를 써서 그것이 마치 살아 움직이는 것처럼 만든 뮘그림이나 그렇게 만드는 솜씨. ⇐ 애니메이션

이야기보따리 (이름씨) ❶여러 이야기를 두루 아는 사람 ⓑ시원님은 살아있는 이야기보따리야 ❷이야기꾼이 아는 많은 이야깃거리

이야기쟁이 (이름씨) 재미있는 이야기를 잘하는 사람. 또는 따끈따끈하게 이야기를 잘하는 사람 ⓑ어릴 때는 나도 이야기쟁이 가운데 한 사람이었다

이야기주머니 (이름씨) ❶재미있는 이야기를 많이 알고 있는 사람 ⓑ할머니는 우리 마을에서 알아주는 이야기주머니이다 ❷가진 이야기 밑감 ⓑ이야기주머니가 달려서 이제 재미있는 이야기를 못 하겠다. 어서 이야기주머니 좀 펼쳐봐!

이야기책 (이름씨) ❶옛날이야기를 실은 책 ❷꾸민 이야기를 적은 책 ⇐ 소설책

이야깃거리 (이름씨) 이야기가 될 만한 밑감 ⓑ오늘은 나눌 이야깃거리가 아주 많아 ⇐ 토픽. 화제. 화젯거리

이야말로[1] (토씨) (받침 있는 임자씨에 붙어) 꼭 집어 힘주어 다질 때 쓰는 말. 받침 없는 낱말에는 '야말로'를 쓴다 ⓑ한밝달 하늘못이야말로 우리 겨레 자랑이다. 그거야말로 좋은 수네

이야말로[2] (어찌씨) '이것이야말로' 준말. 바로 앞에서 이야기한 것을 힘주어 다시 말할 때 쓰는 말 ⓑ한자말을 버리지 않는 것, 이야말로 겨레 삶을 좀먹는 일이다

이양 ⇒ 넘김. 넘기다. 넘겨주다

이양선 ⇒ 꼴다른배

이어 (어찌씨) 잇달아. 잇대서 ⓑ사람들이 자리에 앉고 북이 울리고 이어 불이 꺼지며 뮘그림이 돌아갔다 ⇐ 연이어

이어갈이 (이름씨) 한 땅에 같은 것을 이어 심어 가꾸는 일 ⓑ지나친 이어갈이는 땅힘을 떨어뜨린다 한뜻말이어짓기 ⇐ 연작

이어달리기 (이름씨) 네 사람이 한 모둠이 되어 어느만큼 되는 길이를 차례로 막대를 이어받으며 달리는 겨루기 ⓑ이어달리기에서 우리 모둠이 으뜸을 먹었다 ⇐ 계주. 릴레이 경기

이어맡다 (움직씨) 처음 잡은 일 맡은 때를 다 마친 뒤에도 일하는 자리에 더 머무르다 ⇐ 연임 **이어맡기**

이어받다 (움직씨) ❶앞 것을 뒤이어 넘겨받다 ⓑ막대를 이어받자 나는 있는 힘을 다해 달렸다 ❷내림이나 삶꽃, 집일 들을 이어갈 수 있도록 넘겨받다 ⓑ나는 아버지로부터 질그릇 만드는 일을 이어받았다 ⇐ 계승하다

이어서 (어찌씨) 잇달아서 ⓑ문을 두드리는 소리가 들리고 이어서 집안에서 누가 신을 끌고 나오는 소리가 들린다

이어쉼 (이름씨) 쉬는 날이 이어져 있어 이틀 넘게 쉬는 일 ⇐ 연휴

이어싣기 (이름씨) 새뜸이나 모둠글책 따위에 긴 글이나 이야기그림 같은 것을 여러 차례 나누어 이어 실음 ⇐ 연재 **이어싣다**

이어이김 (이름씨) 싸움이나 놀이에서 내리 이김 맞선말이어짐 ⇐ 연승. 연파. 연패

이어지다 (움직씨) ❶끊어지거나 따로인 것이 서로 잇닿다 ⓑ이 이야기는 다음 책에서 이어집니다 ❷끊어지지 않고 붙어 있거나 나아가다 ⓑ길은 골짜기를 따라 이어진다 ❸어떤 일이 다른 일에 엮여 맞물려 돌아가다 ⓑ줄다리기가 끝나고 이어달리기로 이어졌다

이어짐 (이름씨) 싸움이나 놀이에서 내리 지는 것 맞선말이어이김 ⇐ 연패

이어짓기 (이름씨) 같은 땅에 같은 낟이나 남새를 잇달아 심어 가꾸는 일 ⓑ이어짓기를 하면 땅심이 떨어지고 벌레나 팡이가 많아지기 쉽다 한뜻말이어갈이 맞선말돌려짓기 ⇐ 연작

이어폰 ⇒ 듣개. 귓속듣개

이엉 (이름씨) 지붕이나 담을 이려고 짚이나 새 따위로 엮은 것 ⓑ이엉을 엮어 새로 지붕을 이었다

이에짬 (이름씨) 두 몬을 맞붙여 이은 짬 한뜻말이에. 잇짬. 이음짬

이역 ⇒ 딴나라. 딴나라 땅. 다른 고장. 난데

이역만리 ⇒ 멀고먼 딴 나라. 먼 딴 나라

이온 [이름씨] +번힘이나 -번힘을 띠는 밑씨나 밑씨무리. 번힘이 갑바탈인 밑씨가 번씨를 잃으면 +번짐을, 번씨를 얻으면 -번짐을 가지는 이온이 된다

이완 ⇒ 풀림. 느슨해짐. 풀리다. 느슨해지다. 느즈러지다. 늘어지다

이왕에 ⇒ 내친김에. 그런 바에. 나선 김에. 내친 걸음에. 이미 그렇게 된 바에

이왕이면 ⇒ 같은 값이면. 할 바에는

이외 ⇒ 밖. 그 밖

이용 ⇒ 씀. 쓰다. 부리다. 써먹다. 부려 쓰다. 다루다. 살려 쓰다

이용도 ⇒ 쓰기

이용료 ⇒ 쓴삯. 쓸삯

이용법 ⇒ 쓸 길. 쓸 수

이용자 ⇒ 쓰는이

이용후생 ⇒ 잘 살게 하기. 잘 삶

이울다 [움직씨] [1] 꽃이나 잎이 시들다 ㉥이제 벚꽃이 이울어 눈처럼 휘날린다 [2] 늙거나 여려져서 몸이 시들다 ㉥몸이 이울어 낫개를 먹어야 하루를 버틴다 [3] 해와 달 또는 그 빛이 저물거나 여려지거나 스러지다 ㉥달그림자가 담 밑에 이운다. 이운 달이 또 이즈러졌으니 해 뜨면 또 못 가볼까봐…. 달빛이 이울다

이웃 [이름씨] [1] 제집과 잇닿은 집이나 가까이 있는 집. 또는 그 집에 사는 사람 ㉥어려울 때는 먼 피붙이보다 가까운 이웃이 낫다 [2] 어떤 나라나 고장에 잇닿아 있거나 가까이 있는 곳 ㉥이웃 나라. 이웃 고장. 이웃 마을 [슬기말] **이웃이 네맏보다 낫다** 늘 가까이 지내는 이웃이 먼데 사는 네맏보다 사는 데 도움이 된다

이웃사촌 ⇒ 이웃네마디. 이웃네맏

이월 (二月) ⇒ 둘째 달. 둣달

이월 (移越) ⇒ 뒤로넘김. 뒤로보냄. 뒤로 넘기다. 뒤로 보내다

이월바람 ⇒ 할미바람. 영등할미

이유 ⇒ 까닭. 턱. 나위. 영문. 핑계. 언턱거리. 빌미

이유기 ⇒ 젖뗄 때

이유식 ⇒ 암죽

이윤 ⇒ 는 돈. 남긴 돈. 늘린 돈

이율 ⇒ 돈푼수. 길미푼수

이윽고 [어찌씨] 얼마쯤 지난 뒤에 ㉥한참을 망설이던 큰 머슴은 이윽고 모든 것을 털어놓았다

이윽하다 [그림씨] 때가 꽤 오래 지나다 ㉥밤이 되면 불을 밝혀 이윽하도록 배움을 갈고닦았다

이은소리 [이름씨] 한 낱소리가 이웃한 낱소리와 이어져 이루어지는 소리 ⇐ 연음

이음 [이름씨] 잇기. 이어 하나로 함

이음널 [이름씨] 잇는 곳을 튼튼하게 하려고 덧대는 널 ⇐ 이음판

이음막대 [이름씨] 이어달리기에서 앞 달림이가 다음 달림이에게 넘겨주는 막대기 ⇐ 배턴. 바통

이음말 [이름씨] 월과 월을 이어주는 말. '그러나', '그리고', '그러므로', '따라서', '아울러', '이와 같이' 따위 ⇐ 접속어

이음매 [이름씨] 두 몬을 이은 자리나 그쪽 ㉥솜씨 좋은 나무쟁이가 만든 몬은 이음매가 잘 맞아떨어진다

이음목 [이름씨] 두 몬이 이어지는 목 ㉥이음목 자리를 감쪽같이 없앴다

이음새 [이름씨] 두 몬을 이은 꼴새 ㉥이음새가 트다. 이음새가 곱다

이음씨 [이름씨] 낱말과 낱말, 마디와 마디, 월과 월을 이어주는 구실을 하는 말 한뜻말 잇씨 ⇐ 접속사

이음줄 [이름씨] [1] 둘을 잇는 줄 ㉥바람돌을 쌓을 때는 이음줄을 어긋나게 쌓는다 ⇐ 연결선 [2] 하나로 잇달린 줄 ㉥큰일이 벌어질 때 알리는 이음줄이 온 나라에 거미줄처럼 깔려 있다 ⇐ 연결망 [3] 끝씨와 끝씨 사이를 이어주는 번힘줄 ㉥이음줄로 셈틀 몸덩이와 이 세간을 이을 수 있습니다 ⇐ 연결선 [4] 뼈마디에 있는 툄새가 센 힘살 짜임 ㉥통나

무를 메고 오다 무릎 이음줄을 다쳐 오래 앓았다 ⇐ 인대 ❺몬을 잇거나 쌓을 때 생기는 줄 ⓑ바람돌 이음줄

이음짬 이름씨 서로 이어진 두 몬 사이 좁은 짬 ⓑ쇠길 이음짬을 수레바퀴가 지날 때마다 덜커덩하고 소리가 났다 한뜻말이에짬

이음차다 움직씨 줄줄이 이어지다 ⓑ기쁜 눈물이 이음차게 두 볼을 흘러내린다

이음토씨 이름씨 낱말과 낱말을 이어 한 월을 만들며, 월과 월을 이어 겹월이 되게 하는 토씨. '너와 나', '일하면서 배운다', '힘쓰면 안 되는 일이 없다', '눈을 들어 하늘을 본다', '나는 부지런히 일하지마는 돈을 잘 벌지는 못한다'에서 '와', '면서', '면', '어', '마는'이 이음토씨이다 ⇐ 접속조사

이응 이름씨 한글 닿소리 글자 'ㅇ' 이름

이의 ⇒ 딴뜻

이이 이름씨 '이 사람'을 조금 높여 이르는 말

이익 ⇒ 도움. 보탬. 날찍. 길미. 벌이. 알속

이익금 ⇒ 날찍. 벌이. 남은돈

이인칭 ⇒ 둘째가리킴

이일 ⇒ 이틀

이임 ⇒ 떠남. 자리 떠남. 떠나다. 자리를 떠나다. 자리를 내놓다. 그만두다

이입 ⇒ 들여옴. 옮겨오다. 들여오다

이자 이름씨 배 안 양 뒤쪽에 가로로 길쭉하게 자리 잡은 그릇. 삭임 뜸씨를 품은 이자물은 샘창자로 보내고 인슐린 같은 호르몬을 낸다 ⇐ 췌장

이자 (利子) ⇒ 길미. 새끼. 곱돈. 곱삯. 덤. 열매

이자 (-者) ⇒ 이 사람

이자율 ⇒ 길미푼수

이장 (里長) ⇒ 마을지기

이장 (移葬) ⇒ 무덤옮김. 무덤옮기다

이재 ⇒ 돈불리기. 돈굴리기

이재민 ⇒ 지실보. 지실 입은 이. 지실 입은 사람

이적 이름씨 말하고 있는 이때 ⓑ늘 이적에 산다. 이적 숨을 알아차린다 ⇐ 현재

이적 (移籍) ⇒ 옮김. 옮기다

이전 (以前) ⇒ 앞. 먼저. 지난날

이전 (移轉) ⇒ 옮김. 넘김. 넘겨줌. 넘기다. 넘겨주다. 옮기다. 옮겨가다

이절지 ⇒ 가웃자른종이

이점 ⇒ 좋은 점

이정표 ⇒ 길표. 장승

이제 이름씨 ❶눈 깜짝하는 바로 이때 ⓑ이제부터 열 갈 쉽니다 ⇐ 지금. 현재 ❷오늘날 ⓑ예나 이제나 다름없는 사랑 ⇐ 현대 ❸(어찌씨) 바로 이때 ⓑ이제 막 읽었어요

이제껏 어찌씨 이제까지. 이때까지 줄곧 ⓑ이제껏 참아왔지만, 앞으로 더는 참지 않는다

이제나저제나 어찌씨 언제인지 알 수 없을 때나 어떤 것을 안타깝게 기다릴 때 쓰는 말 ⓑ이제나저제나 새뜸이 오기만 기다린다 익은말 **이제나저제나 하다** 언제 될지 모르는 것을 안타까이 바라거나 기다리다

이제매개 이름씨 이때 놓여 있거나 되어 가는 모습 한뜻말이제꼴 ⇐ 현황

이제야 어찌씨 이제 겨우. 이제 비로소 ⓑ그때 어머니가 내게 한 말뜻을 이제야 깨달았다

이종사촌 ⇒ 어미언아우아들딸

이주 ⇒ 옮겨살기. 옮살이. 옮겨 살다. 옮기다. 옮아가다. 옮아오다. 집을 옮기다

이주민·이주자 ⇒ 옮겨온이. 옮겨간이

이죽거리다 움직씨 밉살스럽게 지껄이며 빈정거리다 ⓑ내 말에 마음이 언짢았는지 벗은 까닭 없이 이죽거리네 작은말야죽거리다 **이죽대다**

이죽이죽 어찌씨 밉살스럽게 지껄이며 빈정거리는 꼴 ⓑ이죽이죽 말하고 싶은 것도 마음 깊이 쌓인 더럼 탓이다 **이죽이죽하다**

이중 ⇒ 두 겹. 겹. 겹침. 두 디위. 두 벌

이중모음 ⇒ 겹홀소리. 거듭홀소리

이중인격 ⇒ 겉과 속이 다름. 겉속다름

이중자음 ⇒ 겹닿소리

이중주 ⇒ 두 겹 가락틀가락

이중창 (二重唱) ⇒ 겹노래

이중창 (二重窓) ⇒ 겹바라지

이즈막 이름씨 이제까지에 이르는 가까운 때 ⓑ아재가 이즈막엔 아들이 더욱 보고 싶은

가 봅디다

이즈음 이름씨 ❶오늘에서 오래지 않은 무렵 ⓑ이즈음에 와서 애들이 부쩍 큰 것 같지? 한뜻말 이때쯤 준말 이즘 작은말 요즈음 ❷(어찌씨) 이때쯤에 ⓑ이즈음 눈이 많이 쌓였다

이지가지 이름씨 여러 가지 ⓑ먹고사는 길도 이지가지여서 누리에는 갖가지 일이 있다

이지러지다 움직씨 ❶한 귀퉁이가 떨어져 없어지거나 찌그러지다 ⓑ벼락에 맞아 이지러진 소나무 ❷해나 달 따위가 가려져 한쪽이 차지 않다 ⓑ조금씩 이지러지는 보름달 ❸성이 나거나 마음이 안 좋아 얼굴이 찌그러지다 ⓑ이지러진 얼굴 ❹마음씨나 생각, 하는 짓이 바르지 못하고 조여 있거나 삐뚤어지다 ⓑ어릴 때와 달리 몰라보게 이지러진 말과 짓을 하는 순돌이

이지렁스럽다 그림씨 능청맞다 ⓑ젊은 것이 어른한테 이지렁스럽게 거짓말을 하다니 ⇐ 천연덕스럽다

이진법 ⇒ 두수틀

이질 (姨姪) ⇒ 겨집언아우아들딸

이질 (痢疾) ⇒ 피똥앓이

이질적 ⇒ 바탕이 다른. 동떨어진. 어우러지지 않는

이질풀 ⇒ 피똥막이풀

이질화 ⇒ 바탕달리되기

이쩍 이름씨 오래 굳어 붙은 이똥 ⇐ 치석

이쪽 갈이름씨 ❶말하는 사람에게 가까운 쪽 ⓑ이쪽으로 앉으시지요 맞선말 저쪽 작은말 요쪽 ❷말하는 사람이 저 스스로나 제 쪽 사람을 이르는 말 ⓑ이쪽 일도 좀 거들어주세요

이쪽저쪽 이름씨 이쪽과 저쪽 ⓑ이쪽저쪽 눈치 다 살펴야 하니 저도 고달파요 작은말 요쪽조쪽

이쯤 이름씨 ❶이만한 만큼 ⓑ오늘은 이쯤에서 마무리하죠? 작은말 요쯤 ❷(어찌씨) 이만큼까지 ⓑ그러면 이쯤 일하고 마칠게요

이차 ⇒ 둘째

이차방정식 ⇒ 두제곱찾기셈

이차함수 ⇒ 두제곱따름수

이착륙 ⇒ 뜨고 내림. 뜨고 내리다

이참 이름씨 곧 돌아오거나 막 지나간 차례 ⓑ이참에 며칠 쉬었다 가세 한뜻말 이 디위

이채 ⇒ 빛다름. 남다름

이채롭다 ⇒ 빛다르다. 남다르다

이천 (利川) ⇒ 구리마

이체 ⇒ 옮김. 옮기다

이층집 ⇒ 두켜집

이치 ⇒ 가리. 가리새. 턱. 갈피

이크 느낌씨 몹시 놀랐을 때 내지르는 소리 ⓑ이크! 이게 뭔가?

이키 느낌씨 몹시 놀랐을 때 내지르는 소리 ⓑ이키! 이 사람, 깜짝 놀랐잖아

이타 ⇒ 남도움. 남보탬

이타주의 ⇒ 남먼저챙김

이탈 ⇒ 떨어져 나감. 벗어남. 떨어져 나가다. 벗어나다. 제기다. 끊어지다. 자리 뜨다. 옆길로 새다. 나가떨어지다

이탈리아 이름씨 유럽 마고장, 뭍에운바다 가까이 있는 나라. 따뜻한 곳으로 발자취가 오랜 나라다. 서울은 로마이다

이태 이름씨 두 해 ⓑ한결이가 모임에 이태 만에 얼굴을 비쳤다

이토록 어찌씨 이러한 만큼까지. 이렇게까지 ⓑ언제부터 우리 마음씨가 이토록 모질고 거칠어졌는지 모르겠다

이통 ⇒ 귀앓이

이퉁 이름씨 제 생각만 굳게 내세우며 버티는 것 ⇐ 고집

이튿날 이름씨 ❶다음 날 ⓑ우리는 하룻밤을 자고 이튿날 아침 일찍 그곳을 떠났다 ❷둘째 날 ⓑ우리는 짝 맺는 날을 다음 달 이튿날로 잡았다

이틀[1] 이름씨 ❶두 날 ⓑ이틀 동안 비가 내렸다 ⇐ 양일 ❷그달 둘째 날 ⓑ넷달 만이틀에 우리 아들 장가간다

이틀[2] 이름씨 이가 박힌 위턱 아래턱 구멍이 뚫린 뼈 한뜻말 잇집 ⇐ 치조골

이틀거리 이름씨 얼룩날개모기에게 물려 옮기

는 앓이. 날마다 또는 하루걸러 때맞춰 오슬오슬하게 추우면서 몸이 뜨거워진다 ⇐ 학질

이틀고름샛길 이름씨 잇몸에서 고름, 피가 나오거나 이가 흔들리는 모든 앓이 한뜻말너리. 너리늪 ⇐ 치조농루

이틀불늪 이름씨 이틀에 생기는 불늪 ⇐ 치조골염

이파리 이름씨 나무나 풀에 난 낱 잎 ⓑ이파리가 싱싱한 남새 한뜻말잎사귀

이판사판 ⇒ 뒤죽박죽. 막다른 골목

이팔청춘 ⇒ 열여섯푸름이

이팝나무 이름씨 봄에 작고 흰꽃이 많이 모여 피는 잎지는 넓은잎나무. 요즘 길나무로 많이 심는다

이편 ⇒ 이쪽

이하 ⇒ 아래

이하선 ⇒ 귀밑샘

이해 (理解) ⇒ 앎. 깨우침. 헤아림. 알아들음. 알다. 깨우치다. 알아듣다

이해 (利害) ⇒ 더덜. 더하기빼기

이해관계 ⇒ 더덜얽힘

이해력 ⇒ 앎힘. 말귀. 깨닫심. 아는 힘. 깨닫는 힘

이해심 ⇒ 풀쳐생각. 아는 마음. 헤아리는 마음

이해타산 ⇒ 따짐. 헤아림. 속셈

이행 ⇒ 함. 하다

이혀 이름씨 무른몸숨받이 입안에 있는 까끌까끌한 줄꼴 이 ⇐ 치설

이형 ⇒ 다른꼴

이혼 ⇒ 헤어짐. 갈라섬. 갈라삶. 갈라 살다. 따로 살다. 갈라서다. 헤어지다

이화명충 ⇒ 마디벌레나방

이화학당 ⇒ 배꽃배곳

이후 ⇒ 뒤. 이따가. 나중. 그 뒤

익다[1] 움직씨 ❶낟알이나 열매, 씨가 다 자라서 오롯한 것으로 되다 ⓑ벼가 잘 익었다 ❷누에가 다 자라서 오르게 되다 ⓑ익은 누에를 골라 섶에 올렸다 ❸사람이나 몬이 빈틈이나 모자람이 없이 여물다 ⓑ사람이 익다. 말이 익다. 글이 익다 ❹날것이 뜨거운 기운을 받아 날것 기운과 달라지다 ⓑ고기가 불판에서 다 익어간다. 밥이 아직 덜 익었다 ❺빚거나 담근 먹을거리가 맛이 들다 ⓑ김치가 잘 익었다 ❻햇볕을 오래 쬐거나 뜨거운 물에 데어 살갗이 벌겋게 되다 ⓑ햇볕에 벌겋게 익은 팔 ❼쇠나 쇳물이 벌겋게 되다 ⓑ불 속에서 벌겋게 익은 쇠 ❽(거름 같은 것이) 잘 썩다 ⓑ잘 익은 거름은 냄새가 구수하다 ❾논이 물렁물렁하게 잘 삶아지다 ⓑ논이 잘 익어 모심기 수월하겠다 ❿무엇이 잘 마련되거나 때가 알맞게 되다 ⓑ어려운 가운데도 우리말집이 익어간다. 딸아이가 익어 사윗감을 찾아야겠다

익다[2] 그림씨 ❶여러 디위 해보거나 겪어서 서투르지 않다 ⓑ엄마가 손에 익은 솜씨로 나물을 무친다 맞선말설다 ❷익숙해지거나 버릇이 되다시피 되다 ⓑ발에 익은 고장. 몸에 익은 바람 ❸익숙하여 훤하게 되다 ⓑ나도 이제 이 고장에 터 잡고 살 만큼 매개에 익었다. 나무하는 일에 이제 웬만큼 익었다 ❹여러 디위 보거나 들어서 낯설지 않다 ⓑ귀에 익은 목소리가 들려왔다. 눈에 익다. 낯이 익다

익명 ⇒ 이름숨김. 이름감춤

익모초 ⇒ 눈비엿. 암눈비앗

익반죽 이름씨 가루에 끓는 물을 쳐가며 하는 반죽 ⓑ솔떡은 익반죽으로 해야 쪄냈을 때 쫄깃쫄깃하다

익사 ⇒ 물에 빠져 죽음. 물에 빠져 죽다

익산 ⇒ 가마. 가마가라

익살 이름씨 일부러 남을 웃기려고 하는 우스운 말이나 짓 ⓑ익살을 부리다. 익살을 떨다 한뜻말우스개 ⇐ 개그. 농담. 유머. 코믹. 해학

익살그림 이름씨 익살맞게 그린 그림 ⇐ 희화

익살꾼 이름씨 익살을 잘 부리는 사람 ⓑ봄비 아버지는 솔메에서 알아주는 익살꾼이다 한뜻말우스개꾼 ⇐ 코미디언. 개그맨

익살스럽다 그림씨 말이나 짓이 보기에 우스운 데가 있다 ⓑ늘봄이는 익살스러운 데가 많

아 벗들이 좋아한다
익숙하다 그림씨 ❶여러 디위 겪거나 해보아서 솜씨가 익다 ⓑ많이 해본 듯 익숙한 솜씨 ❷자주 보거나 겪어서 낯설지 않다 ⓑ아름이는 배곳살이에 차츰 익숙해졌다 ❸서로 사귀는 사이가 가깝다 ⓑ익숙한 사이
익은말 이름씨 둘 넘는 낱말로 이루어져 낱낱 말뜻만으로는 알 수 없는 넓은 뜻을 지닌 글귀 ⇐ 관용구. 숙어
익일 ⇒ 다음 날. 이튿날
익임벌 이름씨 익숙해지려고 되풀이해 보는 것 ⓑ낫질을 익임벌로 부드러운 풀부터 베면서 손을 베지 않도록 마음을 쓴다 ⇐ 연습
익충 ⇒ 도움벌레
익히 어찌씨 ❶여러 차례 해보거나 겪어서 잘 알거나 서투르지 않게 ⓑ익히 다닌 길이라 어둠 속에서도 불을 밝혀 버섯을 딸 수 있었다 ❷어떤 것을 자주 보거나 겪어서 처음 보는 것 같지 않게 ⓑ씨알과는 익히 알고 지내는 사이이다
익히다[1] 움직씨 ❶뜨겁게 하여 굽거나 삶다 ⓑ감자를 껍질째 익혀 까먹었다 ❷먹기에 알맞은 맛이 나도록 하다 ⓑ김치를 알맞게 익혔을 때 맛도 좋고 몸에도 좋다
익히다[2] 움직씨 ❶어떤 일을 여러 디위 하여 서투르지 않게 하다 ⓑ과일 가리개 씌우는 일을 익히고 나니 일할 데가 늘어난다 ⇐ 연습하다 ❷눈이나 마음에 새기거나 낯익게 하다 ⓑ얼굴을 익히고 나니, 그가 꽤 괜찮아 보인다
익힘보 이름씨 더배곳에서 배움을 마치고 갖출 것을 밟은 사람에게 주는 배움자리 ⇐ 석사
인 이름씨 되풀이하여 몸에 깊이 밴 버릇 ⓑ술, 담배에 인 박인 사람 ⇐ 중독 익은말 **인이 박이다** 자꾸 되풀이하여 아주 몸에 배다 **인이 오다** 낫개 따위에 인이 박인 사람이 낫개 기운이 떨어져 괴로움을 겪다
인 (人) ⇒ 사람
인 (仁) ⇒ 어짊. 너그러움
인 (燐) ⇒ 빛나르개
인 (寅) ⇒ 범. 열두 띠 가운데 셋째 띠
인가 (人家) ⇒ 집
인가 (認可) ⇒ 해도 좋음. 해도 좋다
인간 ⇒ 사람
인간답다 ⇒ 사람답다
인간문화재 ⇒ 사람삶꽃감
인간미 ⇒ 사람다운 맛. 따뜻함
인간성 ⇒ 사람됨. 됨됨이. 마음밭. 마음바탕. 마음씨
인건비 ⇒ 품삯. 품값
인격 ⇒ 마음. 마음결. 마음새. 됨됨이. 뱀뱀이. 마음밭. 마음보. 마음빛
인격자 ⇒ 됨됨보. 뱀뱀보
인계 ⇒ 넘김. 넘겨줌. 넘겨주기. 넘기다. 넘겨주다
인계인수 ⇒ 넘겨받음. 넘겨주고 물려받음. 넘겨받다. 넘겨주고 물려받다
인고 ⇒ 참음. 견딤. 배겨냄. 참다. 견디다. 배겨내다
인공 ⇒ 사람이 지은 것. 사람이 만든 것. 손질. 사람손
인공강우 ⇒ 사람힘비. 만든비
인공미 ⇒ 사람손맛. 만든 아름다움
인공수분 ⇒ 손꽃가루받이
인공수정 ⇒ 손얼씨받이. 씨내리
인공위성 ⇒ 만든돌별. 쏨별
인공장기 ⇒ 만든결창
인공혈관 ⇒ 만든 핏줄
인공호흡 ⇒ 숨 불어넣기
인과 ⇒ 말미열매. 맞갚음
인과응보 ⇒ 돌려받기. 뿌린 대로 거두기. 맞갚음
인구 ⇒ 사람 수
인구문제 ⇒ 사람수풀거리. 사람수풀일
인구밀도 ⇒ 사람배기. 사람 빽빽하기
인권 ⇒ 사람됨힘. 사람누림
인근 ⇒ 이웃. 가까운 곳
인기 ⇒ 날림. 들날림. 세남. 눈길끎. 빛봄
인기척 ⇒ 사람기척
인내 ⇒ 참기. 참다. 견디기. 견디다
인내력 ⇒ 참는힘. 견디는힘. 견딜심
인내심 ⇒ 끈질김. 검질김. 진득함. 참음새. 끈기.

참는 마음. 견디는 마음
인내천 ⇒ 사람이 하늘
인대 ⇒ 이음줄
인더스가람 [이름씨] 티베트 더기에서 비롯하여 히말라야 멧줄기를 가로질러 카슈미르와 파키스탄을 거쳐 아라비아 바다로 흘러드는 가람 ⇐ 인더스강
인도 (人道) ⇒ 걸음길. 사람길
인도 (引導) ⇒ 이끎. 길잡이. 이끌다. 이끌어주다. 맞아들이다. 알려주다. 모시다. 맞이하다
인도 (引渡) ⇒ 넘겨줌. 건네줌. 넘겨주다. 건네주다
인도 (印度) ⇒ 인디아
인도자 ⇒ 길잡이. 길라잡이
인도주의 ⇒ 사람다운삶
인도차이나 [이름씨] 인도차이나거진섬 새녘 고장. 베트남, 라오스, 캄보디아가 있는 곳
인도차이나거진섬 [이름씨] 아시아 새마녘에 있는 거진섬. 베트남, 라오스, 캄보디아, 타일랜드, 미얀마 들이 있다 ⇐ 인도차이나반도
인동덩굴 [이름씨] 밭둑이나 들에 자라는 덩굴이 되는 갈잎나무
인두 [이름씨] ❶바느질할 때 불에 달구어 구김살을 펴거나 접을 때 누르는 연장 ⓑ다림질하려고 알불 그릇에 인두를 올려놓았다 ❷납땜할 때 불에 달궈 납을 찍어 바르는 연장 ⓑ납땜하다가 인두에 손을 데었다 ❸머리털을 지지는 데 쓰는 집게 같은 연장 ⓑ누나가 인두로 머리를 지지고 오자 엄마가 불같이 골을 냈다
인디아 [이름씨] 아시아 마녘, 인디아 거진섬에 있는 큰 나라. 땅별에서 사람이 가장 많이 사는 나라이고 사람들은 거의 힌두가르침을 믿으며 힌디말과 잉글말을 쓴다 ⇐ 인도
인디언 [이름씨] 아메리카 큰 뭍에 살던 사람. 누런 살갗과 검은 머리칼로 몽골겨레붙이다
인력 ⇒ 사람힘. 손. 일손
인력거 ⇒ 사람힘수레
인력난 ⇒ 일꾼모자람. 일꾼달림
인류 ⇒ 사람. 사람무리. 온누리 사람
인류애 ⇒ 사람사랑
인륜 ⇒ 참삶길. 바른길. 떳떳한 길
인멸 ⇒ 없앰. 없애버리다
인명 (人命) ⇒ 목숨. 목숨줄
인명 (人名) ⇒ 사람이름
인명록 ⇒ 사람이름책
인명사전 ⇒ 사람이름말집
인문환경 ⇒ 사람둘레매개
인물 ⇒ 사람. 난사람. 사람됨. 됨됨이
인물상 ⇒ 사람새김. 사람그림
인물화 ⇒ 사람그림
인민 ⇒ 백성. 아람. 사람
인민학교 ⇒ 백성배곳. 아람배곳. 첫배곳
인부 ⇒ 삯일꾼. 일꾼. 막일꾼. 막벌이꾼
인분 ⇒ 사람똥. 똥
인사 ⇒ 절. 사람노릇
인사 (人士) ⇒ 사람. 이. 보
인사 (人事) ⇒ 사람일
인사말 ⇒ 절말. 사람노릇말
인사불성 ⇒ 얼나감. 얼빠짐. 얼빔. 넋빠짐
인산 ⇒ 빛나르개심
인산인해 ⇒ 사람메사람바다
인삼 ⇒ 가꾼심. 기른심
인상 (人相) ⇒ 얼굴 생김새. 얼굴모습. 생김새. 얼굴느낌
인상 (印象) ⇒ 자취. 느낌. 새겨진 느낌. 남긴 자취
인상 (引上) ⇒ 올림. 값 올리다. 비싸지다. 솟다. 치솟다. 뛰다. 끌어올리다
인색 ⇒ 짬. 다라움. 짜다. 밭다. 강밭다. 타끈하다. 바냐위다. 돔바르다. 손 맑다. 때묻다. 쩨쩨하다. 다랍다. 쫀쫀하다
인생 ⇒ 삶
인생관 ⇒ 삶 생각. 삶 보기
인생사 ⇒ 사람일. 사람살이. 사람삶. 사는 일. 살아가는 일
인선 ⇒ 사람고르기. 사람뽑기
인성 ⇒ 마음씨. 사람바탕. 마음바탕
인센티브 ⇒ 꾀어낼 꾀. 덤삯
인솔 ⇒ 이끎. 거느림. 이끌다. 거느리다
인쇄 ⇒ 박음. 찍다. 박다

인쇄공 ⇒ 박음바치

인쇄기 ⇒ 박음틀. 찍음틀

인쇄물 ⇒ 박은 것

인쇄소 ⇒ 박는 곳

인쇄술 ⇒ 박는 재주. 박는 솜씨

인수 (引受) ⇒ 넘겨받음. 받다. 넘겨받다. 물려받다

인수 (因數) ⇒ 씨수

인수분해 ⇒ 씨수가름. 씨수나눔

인스턴트 ⇒ 손쉬움. 곧바로 함. 바로 그 자리. 앉은자리

인스턴트식품 ⇒ 바로먹거리. 바로먹이. 빠른먹거리. 뚝딱밥. 바로밥

인습 ⇒ 내림. 옛버릇. 내림버릇. 굳은 버릇

인식 ⇒ 앎. 알아보기. 알다. 알아보다. 느끼다. 깨닫다

인신공격 ⇒ 치기. 헐뜯기

인신매매 ⇒ 사람 사고팔기

인심 ⇒ 마음. 마음씨

인양 ⇒ 건져냄. 끌어올림. 끌어올리다. 건져내다. 들어올리다

인어 ⇒ 물고기사람. 사람물고기

인연 ⇒ 말미암음. 말미줄

인용 ⇒ 따옴. 따오다. 따다 쓰다. 빌려오다. 옮겨오다

인위적 ⇒ 일부러 하는. 일부러 만든. 억지로 만든

인의 ⇒ 어짊과 옳음

인자하다 ⇒ 어질다. 너그럽다. 따뜻하다. 부드럽다. 포근하다

인장 ⇒ 새긴이름

인재 (人材) ⇒ 빼어난 이. 뛰어난 이

인재 (人災) ⇒ 사람언걸

인적 ⇒ 발자취. 사람 자취

인절미 [이름씨] 찹쌀을 시루에 쪄내어 떡메로 친 다음, 갸름하고 네모지게 썰어 고물을 묻힌 떡 ㉥누구나 좋아하는 인절미

인접 ⇒ 이웃. 이웃함. 이웃하다. 붙어있다

인정 (認定) ⇒ 알아줌. 쳐줌. 알아주다. 알아보다. 쳐주다. 치다. 여기다. 좋다고 하다. 끄덕이다. 맞다고 하다

인정 (人情) ⇒ 사람마음. 따슨마음

인정머리 ⇒ 따듯한 마음

인정미 ⇒ 따듯한 마음씨

인제 [어찌씨] **1** 말하고 있는 바로 이때 ㉥인제 오니? 얼어붙었던 손발이 인제 녹는다 **2** 이제부터 ㉥인제 다시는 안 그럴게요 **3**(이름씨) 바로 이때 ㉥인제라도 늦지 않았다

인조 ⇒ 사람이 만듦

인조견 ⇒ 만든 깁

인조모 ⇒ 만든 털. 거짓털

인조섬유 ⇒ 만든 올실

인종 ⇒ 사람씨. 사람갈래. 사람씨내기

인종차별 ⇒ 사람씨가림

인주 ⇒ 새긴이름밥

인중 ⇒ 코밑. 코밑골

인증 ⇒ 알아줌. 두루알아줌

인증서 ⇒ 알아줌표

인지 (印紙) ⇒ 낲쪽종이

인지 (認知) ⇒ 앎. 알다. 여기다

인지상정 ⇒ 사람마음

인진쑥 ⇒ 네철쑥

인질 ⇒ 볼모

인척 ⇒ 사돈

인천 ⇒ 미도구루. 마도구루

인천공항 ⇒ 마도구루하늘나루

인천국제공항 ⇒ 마도구루누리나루

인체 ⇒ 몸. 사람몸. 몸뚱이

인출 ⇒ 꺼냄. 꺼내다. 찾다

인치 [이름씨] 길이를 재는 하나치. 1인치는 2.54센티미터이다

인터넷 ⇒ 누리그물

인터넷뱅킹 ⇒ 누리그물돈집

인터뷰 ⇒ 만나보기. 묻고 말하기. 묻고 맞갊기. 마주 말하기

인터체인지 ⇒ 나들목

인터폰 ⇒ 집안말틀

인테리어 ⇒ 안꾸밈. 방안꾸밈. 집안꾸밈. 가게꾸밈

인파 ⇒ 사람물결

인편 ⇒ 사람쪽

인품 ⇒ 사람됨. 마음씨. 됨됨이. 마음결. 마음밭. 마음새. 마음보. 마음빛

인플레이션 ⇒ 돈늚. 돈부풀림

인플루엔자 ⇒ 돌림고뿔

인하 ⇒ 내림. 낮춤. 낮추다. 내리다. 떨어뜨리다. 끌어내리다. 떨어뜨리다

인하여 ⇒ 때문에. 말미암아. 탓에

인해전술 ⇒ 사람바다싸움꾀

인형 ⇒ 사람꼴노리개. 짐승꼴노리개. 사람꼴

인형극 ⇒ 꼭두각시놀이. 꼭두각시놀음

인화 (人和) ⇒ 사이좋음. 어울림. 오순도순. 사이좋다. 잘 어울리다. 오순도순하다

인화 (引火) ⇒ 불붙음. 불붙다. 불 댕기다

인화 (印畫) ⇒ 빛박이빼기. 빛박이굽기. 빛박이 빼다. 빛박이 굽다

인화물 ⇒ 불쏘시개. 불탈 거리. 불댕길감

인화지 ⇒ 빛박이 빼는 종이. 빛박이 굽는 종이

일 이름씨 ❶무엇을 만들거나 이루려고 몸이나 얼을 쓰는 짓 ⓑ오늘 할 일을 마치다 ❷틀 같은 것이 돌아가거나 움직이는 것 ⓑ일하는 셈틀 ❸해야 할 것 ⓑ새로운 일을 맡아 하다. 일이 잔뜩 밀렸다 ⇐ 업무 ❹어떤 것이 이루어지거나 이루어진 보람 ⓑ일이 잘되다 ❺겪은 것 ⓑ어렸을 때 있었던 일. 지난 일. 기쁜 일. 가슴 아픈 일 ❻매개 ⓑ누리 일을 다 알다 ❼벌어진 사달 ⓑ아무 일 없다. 큰일 났다! ❽하는 짓이나 몸짓 ⓑ좋은 일만 해도 짬이 없다. 못된 일만 골라 한다 ❾('무슨', '뭔' 다음에 써) 까닭이나 때문 ⓑ무슨 일로 왔소? 뭔 일로 나를 찾아요?

일 (一) ⇒ 하나. 한

일 (日) ⇒ 날

일가·일가친척 ⇒ 아음. 아음붙이. 겨레. 겨레붙이. 집안. 한집안. 집안사람. 제살붙이. 푸네기. 살붙이. 피붙이

일각 (一角) ⇒ 한쪽. 한 모퉁이. 한 귀퉁이

일각 (一刻) ⇒ 잠깐. 짬

일간 (日刊) ⇒ 날냄. 날내기. 나날내기

일간 (日間) ⇒ 하루 동안. 날사이

일간신문 ⇒ 날냄 새뜸

일감 이름씨 일할 거리 ⓑ일감은 쌓여가고 일손은 모자란다 비슷한말 일거리

일개 ⇒ 한낱

일개미 이름씨 집을 짓거나 먹이를 날라 모으는 일을 하는 개미. 날개가 없고 불이 구실을 못 한다 한뜻말 일꾼개미

일거리 이름씨 일할 거리

일거수일투족 ⇒ 하나하나. 모든 짓 낱낱이. 온갖 짓 다

일거양득 ⇒ 둘잡이

일거에 ⇒ 한 디위에. 단박. 곧바로

일격 ⇒ 한 대. 대매

일고여덟 셈씨 ❶일곱이나 여덟 ⓑ일고여덟이 몰려왔어 준말 일여덟 ⇐ 칠팔 ❷(매김씨) 일곱이나 여덟 ⓑ일고여덟 가지나 해달래

일곱 셈씨 ❶여섯에 하나를 더한 수 ⓑ우리 집님은 모두 일곱이다 ❷(매김씨) ⓑ숲속에 일곱 난쟁이가 살았어요

일곱끝소리되기 이름씨 우리말에서 소리마디가 끝소리 자리에 ㄱ, ㄴ, ㄷ, ㄹ, ㅁ, ㅂ, ㅇ 일곱 소리 밖에 닿소리가 오면 이 일곱 닿소리 가운데 한 소리로 바뀌기. '낮, 낯, 낫'이 '낟'으로, '부엌'이 '부억'으로 소리난다

일곱달 이름씨 한 해 가운데 일곱째 달 ⇐ 칠월

일곱달둥이 이름씨 밴지 일곱 달 만에 태어난 아이 ⇐ 칠삭둥이

일곱달이렛날 이름씨 달셈 일곱달 이렛날 미리내 하늬녘에 있는 베 짜는 가시나와 새녘에 있는 소치기 머시마가 가막까치다리에서 한 해에 한 디위 만나는 날 ⇐ 칠석

일곱보배 이름씨 보나 수, 구리 같은 바탕에 갖가지 유리바탕 오짓물을 녹여 붙여 꽃, 새, 사람 따위 무늬를 나타내는 아름빛기 ⇐ 칠보

일곱빛새 이름씨 몸은 검거나 희고 꼬리가 부채꼴로 펴지며 대가리와 목에는 털이 없고 그 빛깔이 일곱 가지로 바뀐다고 해서 이름이 붙은 새. 아메리카에서 집에서 널리 기르고 고기는 먹는다 ⇐ 칠면조

일곱아가미 이름씨 다른 물고기 몸에 달라붙어

빨판으로 몸물을 빨아먹고 사는 고기. 바다에 살다가 가람으로 거슬러 올라와 알을 낳고 죽는다 ⇐ 칠성장어

일곱째 (셈씨) **1** 차례에서 여섯째 다음 ⓑ아우는 우리마을에서 씨름으로 일곱째다 **2** (매김씨) 차례에서 여섯째 다음인 ⓑ어머니는 딸 많은 집에서 일곱째 딸로 태어났다

일과 ⇒ 하루 일. 나날 일. 날마다 하는 일. 하루 할 일

일과표 ⇒ 하루일표. 나날일표. 날일표

일관 ⇒ 한결같음. 한결같다. 가지런하다. 처음과 끝이 똑같다. 꾸준하다

일괄 ⇒ 한데 묶음. 한데 묶다. 한데 뭉뚱그리다. 한데 아우르다

일괄하여 ⇒ 한목에. 한꺼번에. 몰아. 한껍에. 한데 묶어

일광 ⇒ 햇빛. 햇살. 햇발

일광욕 ⇒ 볕쬐기. 해바라기. 해쪼이

일교차 ⇒ 날더위너비. 날씨너비

일구다 (움직씨) 논밭을 만들려고 땅을 뒤집거나 갈아엎다 ⓑ언니는 멧기슭에 작은 밭을 일구어 감자를 심었다

일구이언 ⇒ 한 입으로 두말하기

일군 ⇒ 한 무리. 한 떼. 한 동아리

일굼이 (이름씨) **1** 거친 땅을 일구어 쓸모 있는 땅으로 만드는 사람 ⇐ 개척자 **2** 새로운 쪽이나 길을 처음으로 열어나가는 사람 ⇐ 개척자

일그러뜨리다 (움직씨) 일그러지게 하다 ⓑ슬기는 입을 일그러뜨리며 눈물을 뚝뚝 떨어뜨렸다

일그러지다 (움직씨) **1** 한쪽이 뒤틀리며 비뚤어지거나 기울어지다 ⓑ뼈마디가 일그러졌다 **2** 마음이나 얼굴이 찌그러지거나 이그러지다 ⓑ누나 얼굴은 괴로움으로 일그러졌다 **3** 그릇된 쪽으로 비꼬이거나 틀어지다 ⓑ잠깐 자리를 비운 사이 일이 일그러졌다

일급수 ⇒ 첫째물. 으뜸물

일기 (一期) ⇒ 한뉘. 한 살이

일기 (日氣) ⇒ 날씨. 날

일기·일기장 (日記) ⇒ 나날글. 날적이

일기도 ⇒ 날씨그림

일기예보 ⇒ 날씨 알림. 날씨 미리 알림

일깨다 (움직씨) 잠을 일찍 깨다 ⓑ아버지는 한뉘토록 일깨서 글을 읽거나 일을 했다

일깨우다[1] (움직씨) 타이르거나 일러주어 깨닫게 하다 ⓑ가을이는 아우에게 모르는 것을 일깨워 주었다 ⇐ 환기시키다

일깨우다[2] (움직씨) '일깨다' 하임꼴. 자는 사람을 일찍 깨우다 ⓑ엄마는 자는 아이들을 일깨워서 씻기고 밥을 먹였다

일껏 (어찌씨) 모처럼 애써서 ⓑ마을 잔치가 갑자기 없어져서 일껏 마련한 것이 헛일이 되었다

일꾼 (이름씨) **1** 삯을 받고 남 일을 해 주는 사람 ⓑ집 지을 일꾼을 불러 모았다 ⇐ 회사원 **2** 일을 잘 갈무리하는 사람 ⓑ가온이는 우리 일터 일꾼이다 **3** 어떤 일을 맡아서 하거나 맡아서 할 사람 ⓑ우리말을 널리 펼칠 종요로운 일꾼

일꾼달림 (이름씨) 일할 사람이 모자라 겪는 어려움 ⇐ 인력난

일나눔 (이름씨) 일을 나눠 함 ⇐ 분업

일내다 (움직씨) 말썽을 일으키다. 사달을 내다

일년 ⇒ 한해

일년생식물 ⇒ 한해살이풀

일념 ⇒ 한생각. 한결같은 생각. 한결같은 마음. 오직 한 생각

일노래 (움직씨) 일할 때 부르는 노래 ⓑ우리 겨레 옛 노래에는 베틀노래, 모심기노래 같은 일노래가 많다 ⇐ 노동요

일다[1] (움직씨) **1** 무엇이 생기거나 생겨 움직이다 ⓑ물결이 일다. 바람이 일다 **2** 누웠다가 앉거나 서다. 또는 앉았다가 서다 ⓑ몸을 일다. 말없이 앉았다가 벌떡 일었다 **3** 기운이 세지다 ⓑ저 집은 밥집을 차린 뒤로 살림이 날로 인다 ⇐ 흥하다 **4** 솟거나 부풀어 오르다 ⓑ거품이 일다. 보풀이 일다 **5** 갑자기 일이 생기다 ⓑ싸움이 일다 **6** 어떤 마음이 생기다 ⓑ조마조마한 마음이 일다.

돕고 싶은 생각이 불같이 일었다 ❼불이 붙다 ⓑ갈비는 불이 잘 인다

일다[2] 움직씨 ❶바가지나 조리, 이남박 같은 것으로 물속에 있는 것을 흔들어서 가벼운 것을 위로, 무거운 것을 밑으로 가게 하여 쓸 것과 못 쓸 것을 가려내다 ⓑ쌀을 일다. 가시는 여러 낟을 씻고 일어서 닷낟밥을 지었다 ❷까붐질이나 사래질을 하여 쓸 것과 못 쓸 것을 가려내다 ⓑ키로 들깨를 일었다

일단 (一旦) ⇒ 앞서. 먼저

일단 (一團) ⇒ 한무리. 한떼. 한동아리. 한덩어리

일단 (一段) ⇒ 섬. 섬돌

일단락 ⇒ 한 마감. 한 매듭. 한 매지

일당 (一黨) ⇒ 한떼. 한통속. 한동아리. 한무리

일당 (日當) ⇒ 날삯. 날품. 날품삯. 하루 삯

일대 (一帶) ⇒ 어느 곳 모두. 얼안 모두. 테 안 모두

일대 (一大) ⇒ 몹시 큰. 대단한. 매우 훌륭한

일대 (一隊) ⇒ 한떼. 한무리

일대 (一代) ⇒ 한뉘. 한살이

일대기 ⇒ 한뉘적이

일더위 이름씨 첫여름부터 일찍 오는 더위 ⓑ올해 여름은 일더위로 비롯해 늦더위까지 푹푹 찐다

일동 (一同) ⇒ 모두. 모든 사람

일동 (一洞) ⇒ 온 동네. 온 마을

일되다 움직씨 ❶낟이나 열매 따위가 제철보다 일찍 익다 ⓑ일된 과일들이 벌써 저자에 쏟아져 나온다 한뜻말 올되다 ❷나이에 견주어 철이 일찍 들다 ⓑ아직 열일곱밖에 안되었는데 일되어서 어른처럼 논다

일등 ⇒ 첫째. 으뜸. 맨첨. 머리

일등병 ⇒ 버금내기

일떠나다[1] 움직씨 기운차게 일어나다 ⓑ누나는 놀라 그 자리에 일떠나 앉았다

일떠나다[2] 움직씨 길을 일찍 떠나다 ⓑ아침 일찍 일떠났더니 해 안에 갈곳에 가 닿았다

일떠서다 움직씨 힘차게 썩 일어나다 ⓑ우리 겨레는 눌려 지내다가도 때만 되면 일떠서는 씩씩하고 거룩한 겨레이다 ⇐ 봉기하다

일란성쌍둥이 ⇒ 한알갈오기

일러두기 이름씨 책을 읽을 때 반드시 알아두어야 할 것이나 엮는 뜻을 책머리에 적은 것 ⓑ일러두기를 꼼꼼하게 잘 간추려 적어야 할 책은 말집이다 ⇐ 범례

일러두다 움직씨 맡기거나 시켜 두다 ⓑ문을 잘 잠그라고 단단히 일러두고 왔다

일러바치다 움직씨 남 잘못이나 감추고자 하는 일을 윗사람에게 알리다 ⓑ누나는 어머니에게 내가 거짓말했다고 일러바쳤다

일러스트·일러스트레이션 ⇒ 끼움그림. 그림풀이. 책그림

일러주다 움직씨 ❶속내를 밝혀서 말해주다 ⓑ아는 데까지 꼼꼼히 일러주었다 ❷말로써 어떤 일을 알려주다 ⓑ언니가 오거든 차려놓은 밥을 먹으라고 일러줘 ❸매겨 쳐주다 ⓑ우리는 이 디위 촛불싸움을 크게 일러준다 ❹하소하다 ⓑ너 자꾸 까불면 엄마한테 일러줄 거야

일렁거리다 움직씨 ❶물결이 좀 느리게 움직이다 ❷몬이 물 위에 떠서 물결 따라 이리저리 움직이다 ❸바람이나 몬이 느리게 움직이다 ❹마음이 들떠 느낌이 가슴에 가득 차 움직이다 **일렁대다**

일렁이다 움직씨 ❶물결이나 촛불 따위가 이리저리 움직이거나 흔들리다 ⓑ가람에는 잔물결이 일렁인다 ❷느낌이 가슴속에서 꿈틀거리다 ⓑ봄날님은 봄이 되면 뜨거운 마음이 일렁이어 들로 메로 나갔다

일렁일렁 어찌씨 ❶물결이 좀 느리게 뛰는 꼴 ⓑ가람 물결이 일렁일렁 흐른다 ❷몬이 물 위에 떠서 물결에 따라 이리저리 뛰는 꼴 ⓑ냇물에 일렁일렁 춤을 추며 떠내려가는 꽃잎 ❸바람이나 몬이 느리게 움직이는 꼴 ⓑ찬 바람이 일렁일렁 불어온다 ❹마음이 몹시 들떠서 느낌이 가슴에 가득 차 움직이는 꼴 ⓑ불덩이가 가슴속에 일렁일렁 굽이쳐서 집에 있을 수 없다 **일렁일렁하다**

일력 ⇒ 날셈. 날돌이

일렬 ⇒ 한 줄. 첫째 줄

일례 ⇒ 보기. 한 보기
일류 ⇒ 으뜸. 첫째
일률적 ⇒ 한결같은. 일매진. 도틀어
일리 ⇒ 한가리. 한턱. 한까닭
일말 ⇒ 조금. 한 가닥
일망타진 ⇒ 몽땅 잡음. 한목에 다 잡음. 몽땅 잡다. 한목에 다 잡다
일매지다 [그림씨] 모두 고르고 가지런하다 ㉥ 아이들이 옷을 일매지게 입었어 ⇐ 평등하다
일맥상통 ⇒ 서로 사맞음. 서로 사맞다. 한 가지로 이어지다. 한 가닥으로 이어지다. 서로 비슷하다
일면 ⇒ 한쪽. 한낯
일명 ⇒ 딴이름
일모작 ⇒ 한그루
일목요연하다 ⇒ 뚜렷하다. 또렷하다. 훤하다. 한눈에 똑똑히 보이다
일몬 [이름씨] 일과 몬 ⇐ 사물
일몰 ⇒ 해넘이. 해짐. 해 저묾. 해지다. 해 저물다
일미 ⇒ 알천. 한맛. 감칠맛. 꿀맛. 꽃맛. 맛밥
일박 ⇒ 하룻밤 묵기. 하룻밤 머묾
일반 ⇒ 여느. 두루
일반석 ⇒ 여느자리
일반인 ⇒ 여느사람
일반적 ⇒ 여느. 두루. 두루 쓰는
일반화 ⇒ 여느되기
일방 ⇒ 한쪽
일방적 ⇒ 한쪽으로 치우친
일방통행 ⇒ 한쪽길. 한쪽가기
일벌 [이름씨] 벌집을 짓고 꿀을 나르며, 애벌레를 키우는 일을 하는 벌. 암컷이지만 알을 낳지 못한다. 꽃임금벌만 알을 낳는다
일벗 [이름씨] 한곳에서 함께 일하는 벗 한뜻말 일동무 ⇐ 동료
일별 ⇒ 슬쩍봄. 흘낏 보다. 스쳐 보다. 한 디위 보다
일병 ⇒ 버금내기
일보 ⇒ 한 걸음. 첫걸음
일복 ⇒ 일옷. 허드레옷
일본 ⇒ 니혼
일본뇌염 ⇒ 니혼골불늪
일본식 ⇒ 니혼따라. 니혼틀
일본어 ⇒ 왜말. 니혼말
일본원숭이 ⇒ 니혼납
일본인 ⇒ 니혼사람
일봄곳 [이름씨] 나라일터나 벌데 같은 곳에서 먼 곳에 차리는 작은 일터 ⇐ 출장소
일부·일부분 ⇒ 한쪽. 한 토막
일부러 [어찌씨] [1]마음먹고 일삼아 ㉥동무는 나를 만나려고 일부러 그 먼 데서 찾아왔다 [2]알면서도 굳이. 짐짓 ㉥보미를 보았지만, 일부러 못 본 척했다
일부일처 ⇒ 한버시한가시. 한지아비한지어미. 한바데한아내
일붙이 [이름씨] 같은 일에 몸담은 사람무리 ⇐ 업계
일사병 ⇒ 더위. 더위먹음
일사분란하다 ⇒ 흐트러짐 없다. 얼크러짐 없다. 가지런하다
일사분면 ⇒ 한네갈낯
일산화탄소 ⇒ 한살남숯남
일삼다 [움직씨] [1]일로 여기고 하다 ㉥할머니는 일삼아 뒷마당에 남새를 가꾼다 [2]좋지 않은 짓을 자꾸 저지르다 ㉥그렇게 거짓말만 일삼고 다니면 누가 좋아하겠니?
일상 ⇒ 늘. 나날. 날마다. 만날. 밤낮. 밤낮없이. 자나깨나. 언제나
일상생활 ⇒ 나날살이
일상어 ⇒ 나날말
일생 ⇒ 한살이. 한뉘
일석이조 ⇒ 한돌두새
일선 ⇒ 맨앞. 앞줄. 앞장. 싸움터. 일터
일소 ⇒ 없앰. 쓸어버리다. 없애다. 깨끗이 지우다. 깡그리 없애다. 싹쓸이하다. 치워버리다
일손 [이름씨] [1]손을 놀려 하는 일. 일하는 손 ㉥일꾼들은 잠시 일손을 멈추고 그늘에서 쉬었다 [2]일하는 솜씨 ㉥일손이 재빠르다 [3]일하는 사람 ㉥시골은 요즘 일손이 많이 달린다
일솜씨 [이름씨] 일하는 솜씨나 일한 솜씨 ㉥여름이는 일솜씨가 뛰어나다
일수 ⇒ 날짜. 날수

일순간 ⇒ 눈 깜짝할 새. 잠깐 사이

일쉼 (이름씨) 일하지 않고 얼마 동안 쉼 ⇐ 휴무. 휴직

일시 (日時) ⇒ 때. 날. 날짜. 날과 때. 날때

일시 (一時) ⇒ 같은 때. 한때

일시불 ⇒ 한목치르기

일시에 (一時-) ⇒ 한꺼번에. 한껍에. 한때에. 한숨에. 단박에. 한목에

일시정지 ⇒ 잠깐 섬. 잠깐 멈춤

일식 ⇒ 해가림

일신 ⇒ 한몸

일심동체 ⇒ 한마음 한몸. 한마음 한뜻. 굳게 뭉침

일쑤 (이름씨) ❶흔히 또는 으레 그러는 일 ⓑ아침에 노을이 서면 저녁에 비 오기가 일쑤라고들 말한다. 걸핏하면 골을 내기 일쑤다 ❷가장 좋은 수 ⓑ일을 많이 하면 일쑤냐, 잘해야지 ❸아주 제법 버릇처럼 된 것 ⓑ말대꾸가 일쑤로군 ❹(어찌씨) 흔히. 곧잘 ⓑ아내는 일쑤 남 말을 곧이곧대로 믿는다

일어나다 (움직씨) ❶몸을 일으켜 앉거나 서다 ⓑ노래가 끝나자 사람들은 자리에서 일어나 손뼉을 쳤다 ❷잠에서 깨어 몸을 일으키다 ⓑ오늘은 아침 일찍 일어났다 ❸어떤 일에 힘차게 나서거나 떨쳐나서다 ⓑ촛불을 들고 일어나라 ❹겉으로 부풀어 오르거나 위로 솟아오르다 ⓑ힘살이 울뚝불뚝 일어나다. 거품이 일어나다 ❺새로 생겨나거나 애지어 나타나다 ⓑ일하는 사람을 우러르는 새로운 기운이 일어났지 ❻어떤 일이 생기다 ⓑ싸움이 일어나다. 말썽이 일어나다 ❼어떤 마음이 생기다 ⓑ좋은 생각이 일어나다. 미운 마음이 일어나다 ❽불이 붙게 되다 ⓑ불이 일어나 뒷메를 다 태웠다 ❾힘이나 기운이 좋아지다 ⓑ집안이 일어나려면 부지런하고 슬기로운 사람이 나와야 한다 ❿앓다가 낫다 ⓑ오랫동안 앓아 누웠다가 이제 일어났어요

일어서다 (움직씨) ❶몸을 일으켜 서다 ⓑ갑자기 앉았다 일어서자 머리가 핑 돌았다 ❷어려움에서 벗어나 다시 좋아지거나 잘되다 ⓑ노을이는 어려움을 딛고 다시 일어섰다 ❸기운이 생겨 힘차게 되다 ⓑ우리말살이가 널리 퍼지면 틀림없이 나라가 다시 일어선다

일언반구 ⇒ 한마디 말. 짧은 말

일없게지킴 (이름씨) 다른나라가 쳐들어오거나 넘보는 것을 막고 제 나라와 아람을 지키는 일 ⇐ 안전보장

일없다 (그림씨) ❶쓸데가 없다 ⓑ달밤에는 등불도 일없다. 우리도 도울까요? 일없소 ❷괜찮다 ⓑ다친 데가 좀 어떻소? 이젠 일없습니다 ❸걱정하거나 꺼릴 것이 없다 ⓑ고뿔에는 따뜻한 새앙차 한 잔이면 일없다 ⇐ 안전하다. 태평하다 **일없음**

일요일 ⇒ 해날

일용 (日用) ⇒ 날마다 씀. 나날 씀씀이. 날마다 쓰다. 나날이 쓰다

일용 (日傭) ⇒ 날품. 날일. 날삯일. 날품팔이

일용근로자 ⇒ 날삯꾼. 날품팔이. 놉

일용품 ⇒ 날쓸몬. 날쓸것. 날마다 쓰는 것. 늘 쓰는 것

일원 (一員) ⇒ 한 사람. 한 이

일원 (一圓) ⇒ 테안. 테두리안. 얼안. 모든 곳

일월 (一月) ⇒ 첫달. 한달. 첫째 달

일월 (日月) ⇒ 나달

일으키다 (움직씨) ❶일어나게 하다 ⓑ몸을 일으키다 ❷어떤 일을 벌이다 ⓑ말썽을 일으키다. 나라싸움을 일으키다 ❸어떤 모습 따위가 나타나거나 생겨나게 하다 ⓑ먼지를 일으키다 ❹기운이 세차게 되도록 하다 ⓑ집안을 일으키다 ❺앓이를 나게 하다 ⓑ철새가 닭과 오리에게 새 고뿔을 일으킨다 ❻사람을 모아 뭇다 ⓑ왜놈과 일곱 해 싸움 때 뜻있는 사람들이 바른싸움꾼을 일으켰다

일익 ⇒ 한몫. 한쪽. 한모

일인당 ⇒ 한 사람 앞에. 한 사람마다. 한 사람 몫

일인이역 ⇒ 한몸두노릇

일인자 ⇒ 으뜸. 첫째

일인칭 ⇒ 첫째가리킴

일일 (一日) ⇒ 하루. 맏하루. 하룻날

일일 (日日) ⇒ 하루하루. 날마다

일일생활권 ⇒ 하루살이테. 하루살이울

일일이 ⇒ 낱낱이. 하나하나. 꼬박꼬박. 빠짐없이 모두

일임 ⇒ 맡김. 도맡김. 쓸어맡김. 맡기다. 도맡기다. 쓸어맡기다. 몽땅 맡기다. 내맡기다

일자 ⇒ 날짜. 날

일자리 이름씨 벌이가 되는 일을 하는 곳 ⓑ도담이는 일자리를 밥집에서 찾았다

일자무식 ⇒ 글소경. 글장님. 까막눈이. 낫 놓고 기역도 모른다

일잠 이름씨 저녁에 일찍 자는 잠 ⓑ아버지는 날마다 일잠 주무시고 첫새벽에 일어났다

일장기 ⇒ 니혼깃발

일전 (日前) ⇒ 며칠 앞

일전 (一戰) ⇒ 한판 싸움

일절 ⇒ 아주. 조금도. 도무지. 통. 눈곱만큼도

일점 이름씨 몬에 힘이 미치는 점 한뜻말 힘점 ⇐ 작용점. 역점

일정 (日程) ⇒ 그날일. 그날 할일

일정 (一定) ⇒ 잡힌

일정량 ⇒ 잡힌 것. 잡힌 숱

일정표 ⇒ 일차례표. 하루살이표

일제 (日製) ⇒ 니혼것. 니혼몬

일제 (日帝) ⇒ 니혼쏘개칼종살이

일제강점기 ⇒ 왜 종살이 때

일제히 ⇒ 다 같이. 다 함께. 모두 함께. 여럿이 한껍에

일조 (一助) ⇒ 작은 도움. 도움

일조 (日照) ⇒ 볕비침. 해비침. 해쪼이

일조량 ⇒ 해쪼이숱. 볕쬠많기

일조시간 ⇒ 해쪼이때. 볕쬠때

일종 ⇒ 하나. 한 가지. 한 갈래. 어떤 갈래

일주 ⇒ 한바퀴. 한바퀴 돎. 한 바퀴 돌다

일주기 ⇒ 한돌

일주년 ⇒ 첫돌. 한 돌

일주운동 ⇒ 한바퀴돎뮘

일주일 ⇒ 한이레

일지 ⇒ 나날적발. 날적이

일직선 ⇒ 한곧금. 곧금

일찌감치 어찌씨 조금 이르다 싶게 일찍이. 꽤 일찍이 ⓑ수레를 타려고 일찌감치 집을 나섰다 한뜻말 일찌거니 맞선말 느지감치

일찍·일찍이 어찌씨 **1** 어느 잣대보다 이르게 ⓑ늦지 않게 배곳에 가려고 일찍이 일어났다 **2** 이 앞에 한 디위. 이 앞에 ⓑ이런 야릇한 날씨는 일찍이 없었던 일이다 **3** 이른 때에. 옛날에 ⓑ하늘이는 일찍 어버이를 여의고 홀로 섰다

일차 ⇒ 첫 디위째. 한 차례

일차림표 이름씨 **1** 어떤 일을 풀려고 그 푸는 길과 차례를 적어 셈틀에 주어지는 성금글 모임 ⇐ 프로그램 **2** 일 얽이와 차례

일차방정식 ⇒ 한제곱찾기셈

일차비 ⇒ 일 마련. 일 장만

일차함수 ⇒ 한제곱따름수

일체 (一切) ⇒ 모두. 모든 것. 온갖 것. 갖가지. 온통. 죄다

일체 (一體) ⇒ 하나. 한 몸

일축 ⇒ 뿌리침. 물리침. 뿌리치다. 물리치다. 잘라 말하다

일출 ⇒ 해돋이. 해뜨기. 해 돋다. 해 뜨다

일층 ⇒ 더. 더욱. 한결

일치 ⇒ 딱 맞음. 들어맞음. 딱 들어맞다. 똑같다. 같다. 꼭 맞다. 딱 맞다. 빼박이다

일침 ⇒ 따끔한 말

일컫다 움직씨 **1** 이름 지어 부르다 ⓑ예로부터 우리나라를 일컬어 아름나라라 했다 ⇐ 호칭하다 **2** 가리켜 말하다 ⓑ푸새란 메와 들에 저절로 나는 풀을 일컫는 말이다 **3** 우러러 추어주거나 기리어 말하다 ⓑ배달겨레 사람들은 막동이 임금을 어진 임금이라 일컫는다

일큰절 이름씨 노미리나 고장 나바라 고을에 있던 절. 누리에서 가장 오래된 쇠붙이 꼴글책인 '직지심체요절'을 박은 곳이다 ⇐ 흥덕사

일탈 ⇒ 벗어남. 빗나감. 벗어나다. 빗나가다

일터 이름씨 일을 하는 곳 ⓑ이 가게가 우리

아버지 일터이다 ⇐ 직장. 현장. 회사

일터배움 (이름씨) 배움에 좋은 바로 그 자리에 가서 배우는 일 ㉥오늘은 우리 배움이들이 일터배움 가는 날이다 ⇐ 현장학습

일텃길 (이름씨) 일하러 일터로 가는 길 ⇐ 출근길

일파 ⇒ 한 동아리. 한 갈래. 한 줄기

일편단심 ⇒ 한 조각 붉은 마음

일평생 ⇒ 한뉘. 한살이

일품 ⇒ 으뜸몬. 뛰어난 몬. 빼어난 것

일하다 (움직씨) ❶무엇을 만들거나 이루려고 몸이나 마음을 쓰다 ㉥맑음이는 오늘 하루 내내 밭에 나가 일했다 ❷몬에 미치는 힘이 그 미치는 쪽으로 몬을 움직이게 하다 ㉥멀어질심은 동그라미뀜을 하는 몬이 동그라미 복판에서 바깥쪽으로 일하는 힘이다

일행 ⇒ 무리. 떼

일화 ⇒ 숨은 얘기

일확천금 ⇒ 큰돈움킴

일환 ⇒ 한 고리. 한 줄기. 한 갈래. 한 묶음. 한도막

일회 ⇒ 한 디위. 한 차례. 첫판

일회용 ⇒ 한 디위 씀

일회용품 ⇒ 한 디위 쓸 것

일흔 (셈씨) 열을 일곱 디위 더한 수 ㉥어머니는 일흔을 못 채우고 돌아가셨다 ⇐ 칠십

일힘 (이름씨) ❶낳이몬을 만드는데 드는 사람 몸과 마음 힘 ⇐ 노동력 ❷사람 삶 뿌리 힘 ⇐ 에너지 ❸몬이나 몬 짜임이 가진 일하는 힘 한뜻말일할힘 ⇐ 에너지

일힘밑감 (이름씨) 땅기름, 돌숯, 저절가스, 햇볕처럼 힘을 내는 밑감 ⇐ 에너지자원

일힘바뀜 (이름씨) 어떤 일힘이 다른 일힘으로 바뀌는 일 ⇐ 에너지전환

일힘뿌리 (이름씨) 땅속기름, 땅속숯, 저절가스, 햇볕처럼 힘을 내는 것 ⇐ 에너지원

읽기 (이름씨) 어려운 글이나 옛글 따위를 헤아려 읽음 ⇐ 판독

읽다 (움직씨) ❶글을 소리 내어 말하거나 눈으로 보아 나가다 ㉥책을 읽으면 생각하는 힘이 커진다 ❷글자나 뜻말, 가락말 따위를 보고 그 뜻을 알다 ㉥한자나 잉글 글을 못 읽는 사람은 있어도 우리글을 못 읽는 이는 거의 없다 ❸소리 내어 외다 ㉥깨달음 노래를 읽다 ❹눈으로 보고 헤아리거나 알아차리다 ㉥낯빛을 보고 아들 마음을 읽을 수 있었다

읽을거리 (이름씨) 읽을 만한 글이나 책

읽히다 (움직씨) ❶읽게 되다 ㉥요즘 잘 읽히는 책 ❷읽게 하다 ㉥아이들에게 읽힐 만한 책

잃다 (움직씨) ❶가졌던 것을 저도 모르는 사이에 흘리거나 떨어뜨려서 가지지 못하다 ㉥배곳 갔다 오는 사이에 비받이를 잃었다 ❷일터나 자리 따위가 없어져 차지하지 못하다 ㉥일자리를 잃다 ❸집보나 가까운 사람이 죽는 일을 맞다 ㉥누나를 잃다. 벗을 잃다 ❹간직하던 얼이나 앎, 느낌 들이 없어지다 ㉥얼을 잃다. 입맛을 잃다. 목숨을 잃다. 보는 힘을 잃다. 믿음을 잃다 ❺길을 못 찾거나 쪽을 가리지 못하다 ㉥우리는 멧속에서 길을 잃고 헤매었다 ❻까리나 때를 놓치다 ㉥큰돈 벌 까리를 잃은 것은 어쩌면 잘된 일이다 ❼사이가 끊어지거나 헤어지다 ㉥동무를 사랑하여 그 일을 못 하게 말렸는데 그것 때문에 벗을 잃었다 ❽처음 지니고 있던 모습을 그대로 이어가지 못하다 ㉥나이는 어쩔 수 없는지 그 씩씩하던 봄님도 기운을 잃은 것 같네

잃어버리다 (움직씨) ❶지니던 몬이 없어지다 ㉥슈룹을 잃어버렸다 ❷마음이 사라지다 ㉥앓고 난 뒤 입맛을 잃어버렸다

잃은것 (이름씨) 잃어버린 것 ⇐ 유실물

임[1] (이름씨) 애틋하게 생각하는 이 ㉥임을 그리는 마음 한뜻말님 (슬기말) **임도 보고 뽕도 딴다** 뽕밭에 가면 그리운 임도 보고 뽕도 따듯이 한꺼번에 두 가지 좋은 열매를 맺는 일

임[2] (이름씨) ❶머리 위에 인 몬. 또는 머리에 일 만큼 되는 짐 ㉥무거운 나무임을 이고 간다 ❷임을 세는 하나치 ㉥한 임. 세 임

임관 ⇒ 자리오름. 자리앉음. 자리에 오르다. 자리에 앉다

임금 (이름씨) ❶임금나라에서 모든 힘을 쥐고 나라를 다스리는 사람 (보)막동이 임금은 가장 어진 임금이었다 ⇐ 킹. 왕 ❷어느 쪽이나 갈래, 테두리 안에서 가장 으뜸가는 사람 (보) 마을 아이들 속에서 임금 노릇 하는 막둥이

임금 ⇒ 삯. 삯돈. 품삯. 품값. 품돈

임금갓 (이름씨) 임금이 머리에 쓰는 갓 ⇐ 왕관

임금나라 (이름씨) 임금이 다스리는 나라 ⇐ 왕국

임금님 (이름씨) '임금' 높임말

임금몰아냄 (이름씨) 임금을 그 자리에서 쫓아냄 ⇐ 폐위

임금무덤 (이름씨) 임금이 죽어 묻힌 무덤 ⇐ 능

임금바람 (이름씨) ❶매우 세차게 부는 바람 ⇐ 폭풍 ❷바람세기가 열한째인 바람. 땅 위에서는 집이 크게 부서지고 바다에서는 멧더미 같은 너울이 인다 ⇐ 왕바람

임금밥놓개 (이름씨) 임금밥을 차린 놓개 ⇐ 수라상

임금사위 (이름씨) 임금 딸 버시 ⇐ 부마

임금성금 (이름씨) 임금이 내리는 성금 ⇐ 어명

임금아내 (이름씨) 임금가시 ⇐ 왕비. 왕후. 황후

임금앞 (이름씨) 임금이 앉아 있는 앞 ⇐ 어전

임금자리 (이름씨) 임금이 앉는 자리 ⇐ 용상. 왕위

임금집 (이름씨) 임금이 살며 나라를 다스리는 곳 ⇐ 왕궁

임금한아비모신곳 (이름씨) 죽은 임금과 임금아내 이름을 새긴 나무조각을 모시던 곳 ⇐ 종묘

임금힘 (이름씨) 임금이 지닌 힘 ⇐ 왕권

임기 ⇒ 맡은 동안

임기응변 ⇒ 고비너울가지. 까리너울가지

임대 ⇒ 빌려줌. 빌려주다. 삯놓다

임대료 ⇒ 빌려준 값. 빌려준 삯

임명 ⇒ 앉힘. 맡김. 앉히다. 맡기다

임무 ⇒ 맡은 일. 할 일. 구실

임박 ⇒ 닥침. 다가옴. 다가오다. 닥치다. 닥쳐오다. 다그다. 바짝 다그다. 다다르다. 코앞이다

임부·임신부 ⇒ 배재기. 애밴이

임사체험 ⇒ 죽음맞이겪음

임산물 ⇒ 숲낳이몬

임산부 ⇒ 애밴이와 몸푼이

임시 ⇒ 한때. 잠깐

임시정부 ⇒ 한때 다스림말

임시표 ⇒ 한때표

임신 ⇒ 애뱀. 아이뱀. 애섬. 애배다. 애서다

임신중절 ⇒ 애 지움. 애 뗌. 애 지우다. 애 떼다. 애 긁어내다

임야 ⇒ 숲. 들숲

임업 ⇒ 숲일

임오군란 ⇒ 1882해 옛싸울아비일떠섬

임용 ⇒ 뽑아 씀. 일맡김. 들이다

임원 ⇒ 거둠이. 건사꾼

임의로 ⇒ 마음대로. 제 맘대로. 제멋대로. 멋대로

임자[1] (이름씨) 가시와 버시가 서로를 부르는 말. 맞은쪽이 제 임자라는 뜻 (보)임자, 일터 다녀올게요

임자[2] (이름씨) 몬을 가진 사람 (보)이 가방 임자가 누구냐? ⇐ 주인

임자마디 (이름씨) 월에서 임자씨처럼 쓰는 마디. 그 풀이말인 풀이씨가 이름꼴로 된다 (보)'그 냄새가 구리기가 똥보다 더하다'에서 '그 냄새가 구리기'

임자말 (이름씨) 글월에서 풀이말이 나타내는 움직임이나 모습 임자가 되는 말 (보)'새가 높이 날다'에서 '새가'는 임자말이다 ⇐ 주어

임자몸 (이름씨) 붙어사는 산것을 제 몸에 붙여 그에게 살감을 주는 산것 ⇐ 숙주

임자씨 (이름씨) 월 임자말이 될 수 있는 이름씨, 갈이름씨, 셈씨 따위 ⇐ 체언

임전무퇴 ⇒ 싸움에서 물러서지 않음

임종 ⇒ 죽음. 돌아가심. 죽다. 돌아가시다. 죽음을 지키다. 죽음을 지켜보다

임직원 ⇒ 건사꾼과 일꾼

임진왜란 ⇒ 1592해 왜 쳐들어온 싸움

임차 ⇒ 빌림. 빌리다. 빌려 쓰다

임차료 ⇒ 빌린삯. 빌린값

임하다 ⇒ 이르다. 맞다. 마주하다. 맞닥뜨리다

임해공업도시 ⇒ 바닷가 짓일고을

입 (이름씨) ❶사람 얼굴 아래쪽에 있는 먹을거리를 몸 안으로 넣거나 숨 쉬거나 소리를

내는 곳 [보]입으로 먹고 입을 열어 말한다 **2**두 입술 [보]입을 삐죽 내밀다. 입은 비뚤어져도 말은 바로 하랬다 **3**말 또는 말하는 사람 [보]입으로 싸우다. 입이 많아 실랑이가 잦다 **4**밥입. 또는 먹는 사람 [보]입 하나라도 줄여야 살겠다. 입이 많아 부엌일이 바쁘다 **5**숨받이가 먹이를 먹거나 숨 쉬거나 소리를 내는 틀. 입술, 이, 혀, 부리 같은 것을 통틀어 부르는 말 [보]먹이를 받아먹으려고 새끼 새가 입을 벌린다 **6**집 같은 데서 무엇을 넣거나 들여보내는 구멍 [보]이 메저 메 다 잡아먹고 입을 딱딱 벌리는 게 뭘까요? **7**(수 매김씨 뒤에 써서) 한 디위 먹을 만큼 많기를 세는 하나치 [보]한 입 거리도 안 되는 걸 밥이라고 가져왔어 [익은말] **입에 발린 소리** 마음에 없이 겉치레로 하는 말 **입을 맞추다** **1**서로 말이 맞도록 미리 짜다 **2**사랑하여 서로 입술에 입술을 대다 **입이 가볍다** 말이 지나치게 많거나 말을 함부로 옮기다 **입이 근질근질하다** 무엇을 말하고 싶어서 참을 수가 없다 **입이 닳다** 되풀이하여 말하다 **입이 무겁다** 말수가 적거나 말을 옮기지 않다 [슬기말] **입이 열 낱이라도 할 말이 없다** 잘못하여 어떤 핑계도 댈 수 없다

입가 [이름씨] 입 가장자리

입가심 [이름씨] **1**무엇을 좀 먹거나 마시거나 하여 입안을 개운하게 하는 것. 또는 그런 먹을거리 [보]아침밥을 먹고 입가심으로 능금을 한 조각 먹었다 [비슷한말]입씻이 ⇐ 후식 **2**더 종요로운 일 앞에 가볍고 산뜻하게 할 수 있는 일 [보]이런 일은 입가심에 지나지 않아 **입가심하다**

입각 ⇒ 따름. 서다. 따르다. 바탕 삼다

입간판 ⇒ 선보람널. 세운 알림널

입건 ⇒ 허물로 다룸. 허물로 봄

입고프다 [그림씨] 홀가분하게 숨김없이 말하고 싶다 [보]우리말을 업신여기는 웃대가리들 못된 짓을 까발리고 싶어 입고프다

입구 ⇒ 어귀. 들목. 들머리. 들문. 나드리. 입새. 아가리. 주둥이. 첫머리

입국 ⇒ 들어옴. 들어오다. 돌아오다

입금 ⇒ 돈 넣음. 돈 넣다. 돈이 들어오다

입금액 ⇒ 넣은돈. 준돈. 보낸돈

입금표 ⇒ 넣은돈표. 준돈표. 보낸돈표

입길 [이름씨] **1**이러쿵저러쿵 남 흉보는 입놀림 **2**말소리 내는 입에서 목구멍까지 길

입김 [이름씨] **1**입에서 나오는 더운 기운 [보]손이 시려서 입김으로 호호 불어 손을 녹였지 **2**남에게 미치는 힘 [보]배곳 일에 아줌마들 입김이 세다 [익은말] **입김을 넣다** 끼침이나 힘을 넌지시 넣다

입꼬리 [이름씨] 입 두 구석

입내[1] [이름씨] 입에서 나는 냄새 [보]입내가 나는 건 입안이 안 좋거나 속이 안 좋아서 그렇다

입내[2] [이름씨] 남 말이나 소리를 그대로 옮기는 짓 [보]스스로는 웃지 않으면서 입내를 내서 잘 웃기는 아저씨 [한뜻말]흉내

입다 [움직씨] **1**몸에 옷을 두르거나 꿰다 [보]털옷을 입다. 비옷을 입다 **2**도움, 베풂 따위를 받거나 얻다 [보]이웃 사람에게 도움을 입다. 힘을 입다 **3**궂은일이나 안 좋은 일을 겪다

입다짐 [이름씨] **1**말로 다짐하거나 그런 다짐 [한뜻말]말다짐 ⇐ 구두계약. 언약 **2**본메글 따위를 만들지 않고 말로만 맺는 다짐 [한뜻말]말다짐 ⇐ 구두계약 **입다짐하다**

입단 ⇒ 무리듦. 모임듦. 모임에 들다

입담 [이름씨] 기운차고 재미있게 말하는 솜씨 [보]물 흐르는 듯한 아저씨 입담에 모두들 넋 나간 듯 듣는다 ⇐ 언변

입당 ⇒ 무리듦. 떼듦. 무리에 들다

입대 ⇒ 싸움터 감. 싸울아비 됨. 싸움터에 가다. 싸움터에 들어가다. 싸울아비가 되다

입덕 [이름씨] 입을 함부로 놀린 탓에 입는 나쁜 열매 [보]입덕을 보다. 입덕을 입다

입덧 [이름씨] **1**아이를 배서 입맛이 떨어지고 몹시 매스껍고 게우면서 몸이 나빠지는 늧. 아이를 배고 한 달이 지나서부터 나타났다가 서너 달쯤 되면 저절로 없어지지만 때로

는 늦이 더 세져서 된입덧으로 된다 ⓑ언니는 입덧하느라고 몹시 힘들어한다 한뜻말입쓰리 ❷입맛이 없어지는 것 ⓑ고뿔에 입덧이 나서 밥맛을 잃었다

입동 ⇒ 겨울맞이

입때 이름씨 이제에 이르기까지. 또는 아직까지 ⓑ다들 아는데 입때 모르셨어요? 입때 안 자고 있었어?

입력 ⇒ 넣기. 넣다. 담다

입마개 이름씨 먼지나 팡이가 코와 입으로 못 들어오게 하거나 추위를 막으려고 입을 가리는 몬 ⓑ날씨가 쌀쌀하여 입마개를 하고 집을 나왔다 ⇐ 마스크

입막음 이름씨 저한테 안 좋은 말을 못 하게 수를 써서 막는 것 ⓑ입막음하려고 한턱을 냈다 **입막음하다**

입말 이름씨 입으로 주고받는 말 ⓑ입말에 섞여든 글말, 그 가운데도 한자말을 안 쓰거나 덜 쓰는 것이야말로 우리말을 살려내는 지름길이다 맞선말글말 ⇐ 구어. 구두어. 회화어

입말꽃 이름씨 입에서 입으로 입말로 불려 내려온 말꽃 ⇐ 구어문학. 구비문학. 구전문학

입말씨 이름씨 글로 쓰는 말씨가 아닌 입으로 하는 말씨 ⇐ 구어체. 회화체

입맛 이름씨 먹을거리를 입으로 느끼는 맛 ⓑ입맛을 돋우는 멧나물

입맞춤 이름씨 사랑하는 마음이나 우러르는 마음을 나타내려고 남 입술이나 뺨, 손 따위에 입술을 대는 일 ⓑ어머니는 아기 뺨에 입맞춤했다 ⇐ 키스 **입맞춤하다**

입문 ⇒ 들어옴. 들어오다. 들어가다. 첫발을 내딛다. 첫발을 들이다

입바르다 그림씨 바른말을 하는 데 거침이 없다 ⓑ우리 언니는 입바른 소리를 잘해서 미움을 사곤 한다

입방아 이름씨 어떤 일을 두고 이러쿵저러쿵 쓸데없이 떠드는 짓 ⓑ사람들 입방아에 오르다 익은말 **입방아를 찧다** 이러쿵저러쿵 쓸데없이 입을 놀리다

입버릇 이름씨 ❶입에 밴 말버릇 ⓑ입버릇처럼 말하다. 입버릇이 좋지 않다 ❷먹을거리를 먹는 일과 먹을거리를 먹는 버릇 ⓑ입버릇이 잘못 들어 늘 짜게 먹는다. 치우쳐 먹는 입버릇은 안 좋다

입벌이 이름씨 먹고살려고 하는 일 ⓑ입벌이를 하자니 머슴살이하는 수밖에 없구나 한뜻말밥벌이

입법 ⇒ 벼리지음

입법부 ⇒ 벼리지음맡

입보꾹 이름씨 입안에 보꾹이 되는 곳 한뜻말하느라지. 하느바지 ⇐ 입천장

입부리 이름씨 부리

입빔 이름씨 입막음이나 입씻이로 주는 돈이나 몬

입사 ⇒ 벌데듦. 벌데 들어가다

입산 ⇒ 멧속듦. 집나와 중됨

입상 (立像) ⇒ 선꼴

입상 (入賞) ⇒ 기림 받음. 뽐받음. 뽐받다. 기림받다

입새 이름씨 ❶골목이나 문 따위로 들어가는 어귀 한뜻말들머리 ⇐ 초입. 입구 ❷어떤 일이나 때가 비롯되는 첫머리

입석 (立石) ⇒ 선돌

입석 (立席) ⇒ 서는 자리

입선 ⇒ 뽑힘. 뽑히다

입성 이름씨 옷 ⓑ입성을 입다. 입성을 적실 만큼 내리는 비 슬기말 **입성이 날개라** 옷이 좋으면 사람이 돋보인다

입소 ⇒ 들어감. 들어가다

입속말 이름씨 옆에서 잘 알아듣지 못하게 입속으로 하는 작은 말 ⓑ입속말로 중얼거리지 말고 크게 얘기해요 한뜻말입안말. 입엣말. 입엣소리

입수 (入手) ⇒ 손에 넣음. 손에 넣다. 얻다

입수 (入水) ⇒ 물에 들어감. 물속에 들어가다

입술 이름씨 입 위아래에 도도록하게 붙은 살 ⓑ보나는 무언가 말하고 싶은 듯 입술을 달싹였다 슬기말 **입술에 침이나 바르지** 부끄러워하지 않고 거짓말을 스스럼없이 하는 것을 비웃는 말 **입술이 없으면 이가 시리다**

서로 떨어질 수 없는 사이에서 하나가 무너지면 다른 것도 무너진다

입시 이름씨 머슴이나 종이 먹는 밥

입시 ⇒ 재봄치기

입신양명 ⇒ 높이 되어 이름떨침

입실 ⇒ 방에 듦

입심거리 이름씨 이런저런 이야깃거리

입쌀 이름씨 다른 낟도 찹쌀도 아닌 멥쌀 ㉥아주머니는 입쌀이 한 톨도 안 섞인 조밥을 내놓고는 몹시 서머했다

입쓰리 이름씨 입덧

입씨름 이름씨 ❶어떤 일을 이루려고 말로 애를 쓰는 일 ㉥며칠 동안 입씨름을 벌인 끝에 모임은 잘 마쳤다 한뜻말말씨름 ❷말다툼 ㉥논에 물을 대다가 이웃 사람들끼리 입씨름을 벌였다

입씻김 이름씨 감추거나 저한테 안 좋은 말을 못 하도록 남몰래 돈이나 몬을 주는 일 ㉥이랑은 입씻김하려고 고랑에게 밥을 사 주었다 **입씻김하다**

입씻이 이름씨 ❶입안을 개운하게 가시어 냄 ㉥저녁 먹은 뒤 입씻이로 배를 먹었다 ❷입씻김하려고 돈이나 몬을 줌. 또는 그 돈이나 몬 ㉥온달은 제 잘못을 감추려고 입씻이를 하였다 ⇐ 커미션

입안 이름씨 입 안쪽 빈 곳 한뜻말입속 ⇐ 구강

입안 ⇒ 꾀 세움. 얽어 짬. 꾀 세우다. 얽어 짜다

입양 ⇒ 아들딸 삼기. 딸아들로 들어가다

입양아 ⇒ 삼은 아들딸

입원 ⇒ 나숨집듦

입원실 ⇒ 나숨방

입음꼴 이름씨 남 힘을 입는 뭠을 나타내는 움직씨 한 꼴. 보이다, 들리다, 잡히다, 안기다 따위 ⇐ 수동형. 피동꼴

입음움직씨 이름씨 남 힘을 입는 뭠을 나타내는 움직씨 ⇐ 피동사

입자 ⇒ 알씨. 알갱이

입장 (入場) ⇒ 듦. 들어감. 들다. 들어가다. 들어오다

입장 (立場) ⇒ 놓인곳. 있는곳. 선자리. 매개

입장객 ⇒ 들온이

입장권 ⇒ 들표

입장단 이름씨 춤을 추거나 가락틀을 켜거나 불 때 입으로 맞추는 장단

입장단 ⇒ 들온때. 들온무리

입장료 ⇒ 들삯

입주 ⇒ 집듦. 새집듦. 집에 들다. 새집에 들다

입증 ⇒ 보여줌. 본메댐. 보여주다. 본메대다. 밝히다. 나타내다. 드러내다

입지 ⇒ 설땅. 설 자리. 선 땅. 선 자리

입지전 ⇒ 뜻이룬얘기. 뜻 이룬 사람얘기

입질 이름씨 ❶입을 놀리는 것이나 입을 놀려 무엇을 먹는 것 ㉥아기가 입질도 오목오목 예쁘게 한다 ❷말하는 것을 조금 낮게 이르는 말 ㉥제발 입질 그만해! 한뜻말입짓 ❸낚시할 때 물고기가 낚싯밥을 건드리는 것 ㉥입질하는 재미로 낚시하는 사람을 보면 마음이 안 좋다

입천장 ⇒ 하느라지. 하느바지. 입보꾹

입체 ⇒ 덩어리. 덩이. 부피

입체감 ⇒ 덩이느낌. 덩이맛

입체도형 ⇒ 덩이그림

입추 (立秋) ⇒ 가을맞이

입추 (立錐) ⇒ 송곳세움

입추여지없다 ⇒ 송곳세울 틈없다

입춘 ⇒ 봄맞이

입춘대길 ⇒ 봄맞이큰누림

입출금 ⇒ 드난돈

입하 (立夏) ⇒ 여름맞이

입하 (入荷) ⇒ 들임. 들어옴. 들이다. 들여오다. 들여놓다

입학 ⇒ 배곳들기. 배곳들다

입학금 ⇒ 배곳들돈

입학시험 ⇒ 배곳재봄

입학식 ⇒ 배곳들맞이

입학원서 ⇒ 배곳들바람글

입항 ⇒ 나루듦. 나루들다

입회 (入會) ⇒ 모임듦. 모임들다

입회 (立會) ⇒ 지켜봄. 보다. 지켜보다

입후보 ⇒ 뽑힐이 나섬

입후보자 ⇒ 뽑힐이

입히다 움직씨 ❶입게 하다 ㊉아이에게 겉옷을 입혔다 ❷몬 거죽에 무엇을 한 꺼풀 바르거나 덮어씌우다 ㊉구리에 보를 입히다. 무덤에 잔디를 입히다 ⇐ 피복하다

입힘줄 이름씨 번힘 막잇감으로 거죽을 덮어씌운 번힘줄 ⇐ 피복선

잇꽃 이름씨 잎은 어긋나고 바늘 꼴이며 여름에 붉은빛을 띤 누런 꽃이 줄기와 가지 끝에 피는 풀. 씨는 기름을 짜서 낫개로 쓰고 꽃물은 물감으로 쓰며 어린잎은 먹는다 ⇐ 홍화

잇다 움직씨 ❶두 끝을 매거나 맞대 붙여 하나로 만들다 ㊉끊어진 실을 잇다 ⇐ 연결하다 ❷서로 떼어놓을 수 없게 맺다 ㊉여러 일을 하나로 이어 살펴보다 ❸앞일 바로 다음에 어떤 일이 뒤따르다 ㊉쇠북소리에 이어 아이들이 밖으로 쏟아져 나왔다 ❹멈췄던 것을 다시 돌아가게 하다 ㊉숨을 한 디위 크게 쉬고 말을 다시 이었다 ❺끊어지지 않게 뒤를 받아 나가다 ㊉핏줄을 잇다. 끼니를 잇다 ❻어떤 뭡이 지켜지게 하다 ㊉촛불 얼을 이어서 앞으로 나아가다 ❼줄을 길게 이루다 ㊉사람들이 이고지고 줄을 이어 저자 보러 간다 ❽떨어진 두 곳을 서로 오갈 수 있게 하다 ㊉이 다리는 앞각단과 뒷각단을 잇는 하나뿐인 다리이다

잇달다 움직씨 ❶끊어지지 않게 이어 달다 ㊉골목길에 개 짖는 소리가 잇달아 들렸다. 아이들이 잇달아 노래를 불렀다 ⇐ 계속되다 ❷어떤 일이 이어 일어나다 ㊉거리에는 촛불을 든 사람들이 끊이지 않고 잇달았다 ❸어떤 것을 다른 것에 이어서 달다 ㊉긴 수레 사람칸 뒤에 짐칸을 잇달았다

잇닿다 움직씨 ❶서로 이어져서 맞닿다 ㊉두 멧줄기가 잇닿는 곳에 깊은 골짜기가 있다. 조롱조롱 잇닿아 매달린 수세미 ❷미치거나 이르다 ㊉따뜻한 손길이 잇닿다. 깊은 뜻에 잇닿지 못한 말

잇대다 움직씨 ❶서로 이어지게 맞대다 ㊉세사람이 잘 수 있게 요 두 낱을 잇대어 깔았다 ❷끊어지지 않게 뒤를 대다 ㊉혼자 사는 할아버지에게 먹을거리와 옷가지를 잇대어 보내드렸다

잇돌 이름씨 이 겉쪽에 엉겨 붙어서 굳은 몬. 이뿌리 옆에 많이 생긴다 한뜻말 이똥. 이쩍 ⇐ 치석

잇따르다 움직씨 ❶뒤를 이어 따르다 ㊉사람들이 촛불을 들고 떼 지어 지나가고 새뜸 수레가 잇따랐다 ❷어떤 일이 이어 일어나다 ㊉날씨는 춥고 눈이 많이 와 눈길에 수레가 잇따라 미끄러진다

잇떼 이름씨 싸울아비떼를 묶은 하나치 한뜻말 이은떼 ⇐ 연대

잇몸 이름씨 이뿌리를 둘러싼 살 ㊉잇몸이 여린 사람은 부드러운 잇솔을 써야 낫다

잇몸피남앓이 이름씨 비타민 씨가 모자라 생기는 앓이. 기운이 없고 잇몸과 끈끈청, 살갗에서 피가 나며 피가 모자라 어지럽다 ⇐ 괴혈병

잇바디 이름씨 이가 죽 박힌 줄 생김새 ⇐ 치열

잇보 이름씨 뒤를 잇는 사람 한뜻말 이을이 ⇐ 후계자

잇새 이름씨 이와 이 사이 ㊉잇새에 낀 찌꺼기는 잇새솔로 닦는다 ⇐ 치간

잇속 이름씨 이 생김새 ㊉들꽃님이 날 보고 방싯 웃는 잇속이 참 곱다

잇속 ⇒ 알속

잇솔 이름씨 이 닦는 솔 ㊉나들이에서 쓸 잇솔과 이씻이를 챙겨요 ⇐ 칫솔

잇집 이름씨 이가 박힌 구멍. 위아래 턱 구멍이 뚫린 뼈 한뜻말 이틀 ⇐ 치골. 치조. 치조골

있다 움직씨 ❶어떤 곳에 자리를 차지하다 ㊉메 아래에 마을이 있다 ⇐ 존재하다. 현존하다 ❷무엇이 생겨서 나타나거나 어떤 일이 벌어지다 ㊉얘, 오늘 저녁에 좋은 일이 있대 ❸가지거나 갖추다 ㊉힘이 있다. 뜻이 있는 말. 줏대가 있는 겨레 ❹어떤 꼴로 이어지다 ㊉마을 앞에서 눈이 빠지게 기다리며 있는 사람들 ❺이제 살거나 같이 살다 ㊉

어버이와 아들딸이 다 있다 **6** 머물러 살거나 지내다 ⓑ하늘이는 요즘 시골에 있다 **7** 어떤 일터나 자리에서 일하다 ⓑ슬기는 우리말살림터에 있다 **8** ('있는' 꼴로 써) 살림이 넉넉하다 ⓑ있는 집과 없는 집. 재는 있는 집 아이잖아 **9** 때가 어느만큼 지나다 ⓑ며칠만 있으면 돈이 마련돼 **10** ('이름'과 함께 써) 알려지다 ⓑ이름 있는 스승. 이름 있는 밥집 **11** ('-ㄹ 수 있다' 꼴로 써) 어떤 일이 일어날 수가 생기다 ⓑ네가 마음을 다 하지 않으면 못할 수도 있다 **12** (입말에서 '있지, 있잖아' 따위로 써) 어떤 꺼리나 일을 힘주어 말하거나 뚜렷하게 알아보려 하다 ⓑ그 사람 있잖아요, 오늘 온대요 **13** 어떤 곳을 떠나거나 벗어나지 않고 머물다 ⓑ어디 가지 말고 여기 꼭 있어

잉걸·잉걸불 이름씨 **1** 활짝 피어 이글이글한 숯불 ⓑ잉걸불에 멀찍이 앉아 불을 쬐었다 **2** 다 타지 않은 둥거리불 ⓑ아궁이 잉걸불이 이글이글 타오른다

잉그르르 어찌씨 부리나케 옮겨가는 꼴 ⓑ어머니는 방에 들어오기 바쁘게 무얼 챙겨서는 잉그르르 치맛자락를 날리며 밖으로 나간다

잉글나라 이름씨 하늬 유럽 큰하늬바다에 떠 있는 섬나라. 큰 브리튼 섬과 노아일랜드 및 둘레 아홉온 섬으로 이뤄지고 맨 먼저 낳이일이 꽃핀 나라답게 여러 짓일이 앞선 나라이다. 서울은 런던 ⇐ 영국

잉꼬 ⇒ 사랑새

잉여 ⇒ 나머지. 남은 것

잉잉[1] 어찌씨 **1** 아이가 찡그리며 자꾸 우는 소리나 그 꼴 ⓑ아이는 낯선 사람을 보자 잉잉 울었다 **2** 토라져서 짜증을 내는 소리나 그 꼴 ⓑ장난감을 사주지 않자 보미는 엄마 치맛자락을 붙잡고 잉잉 떼를 썼다 **3** 어떤 힘을 몹시 받는 틀이 힘겹게 돌아갈 때 아츠럽게 나는 소리나 그 꼴 ⓑ물푸개가 힘겹게 잉잉 돌아간다

잉잉[2] 어찌씨 **1** 벌이나 날벌레가 잇따라 날아가는 소리 ⓑ벌 한 마리가 마돌이 얼굴 둘레로 잉잉 날아다닌다 **2** 가늘고 팽팽한 줄에 세찬 바람이 잇따라 부딪쳐 나는 소리나 그 꼴 ⓑ세찬 바람이 불자 마을 번힘줄들이 잉잉 울었다

잉카 이름씨 안데스 멧줄기에서 삶빛을 일구었던 터박이 겨레

잉카나라 이름씨 마아메리카 안데스 멧줄기에 있던 큰 나라. 1532해에 스페인에 무너졌다 ⇐ 잉카제국

잉카삶빛 이름씨 잉카겨레가 꽃피운 삶빛 ⇐ 잉카문명

잉크 이름씨 글씨를 쓰거나 박는데 쓰는 물감

잉큼잉큼 어찌씨 놀라거나 설레거나 하여 가슴이 자꾸 빨리 뛰는 꼴 ⓑ버시가 타고 나간 고기잡이배가 저 멀리에 보이자 가슴이 잉큼잉큼 뛰었다

잉태 ⇒ 애뱀. 생김

잊다 움직씨 **1** 있었던 일을 떠올리거나 알던 것을 생각해내지 못하다 ⓑ지난날은 모두 잊었다 **2** 하려던 일을 머리에 새겨두지 못하여 놓치다 ⓑ깜빡 잊고 배곳에 슈룹을 놓고 왔다. 오늘 버들과 만나기로 한 다짐을 깜빡 잊었다 **3** 어떤 생각을 하지 않거나 마음속에 두지 않다 ⓑ걱정을 잊고 시름을 잊고 **4** 마땅히 해야 할 일을 마음에 새겨두지 않고 저버리다 ⓑ고마움을 잊다. 어버이 사랑을 잊다 **5** 어디에 얼이 팔려 어떤 것을 느끼거나 생각하지 못하다 ⓑ누구라도 때가 되면 잠도 끼니도 잊고 마음을 닦겠지 **6** 놓치지 말아야 할 것을 마음에 못 새겨 두다 ⓑ첫째도 알아차림 둘째도 알아차림을 잊지 않아요

잊어버리다 움직씨 알던 것을 말끔히 잊다 ⓑ깜빡 잊어버리고 만날 곳에 못 갔네

잊히다 움직씨 지난 일이나 사람이 생각에서 사라지다 ⓑ그렇게 초롱초롱하던 일도 오래되면 차츰 잊힌다

잎 이름씨 **1** 푸나무 줄기나 가지에 달린 살감틀. 풀빛을 띠며 숨을 쉬고 빛을 빨아들여

살감을 만든다 ㉥가을이 오자 나무에서 잎이 하나둘 떨어진다 [2]잎을 세는 하나치 ㉥나뭇잎이 한 잎 두 잎 떨어진다 [3]어떤 푸나무 이름 뒤에 붙어 '그 잎'을 나타내는 말 ㉥감나뭇잎

잎갈나무 [이름씨] 노녘고장 높은 메에 자라며 바늘잎은 가을에 누렇게 물들어 떨어지는 갈잎나무

잎글 [이름씨] 잎사귀에 쓴 글. 곧 종이 한쪽에 적어 보내는 글 ⇐ 엽서

잎꼭지 [이름씨] 가지나 줄기에 붙어 잎몸을 버티는 곳. 벼잎처럼 잎꼭지가 없는 잎도 있다 한뜻말 잎자루

잎꼴덩이 [이름씨] 온몸이 잎처럼 생긴 것. 잎과 줄기나 뿌리 나뉨이 없는 바닷말 무리와 이끼 무리, 해파리 따위가 있다 ⇐ 엽상체

잎나무 [이름씨] 가지에 잎이 붙은 땔나무

잎남새 [이름씨] 잎을 먹는 남새. 배추, 시금치, 상추 같은 것이 있다 ㉥잎남새와 뿌리남새 ⇐ 잎채소

잎눈 [이름씨] 자라서 가지나 잎이 될 눈. 잎눈이 트면 잎만 촘촘히 생기거나 줄기가 자라면서 마디에 잎이 생긴다 ㉥죽은 줄 알았던 나무에서 잎눈이 텄다

잎담배 [이름씨] 잎을 썰지 않고 그대로 말린 담배

잎돈 [이름씨] 옛날에 쓰던 돈. 쇠나 구리로 둥그렇게 만들고 가운데에 네모난 구멍이 있다 ⇐ 엽전

잎맥 ⇒ 잎줄

잎몸 [이름씨] 잎 바탕을 이루는 넓은 곳 ㉥잎몸이 좁지만 촘촘히 달려 짙은 그늘을 주는 느티나무

잎벌레 [이름씨] 나뭇잎이나 풀잎을 갉아먹고 사는 벌레

잎사귀 [이름씨] 낱낱 잎 ㉥바나나 잎사귀로 빗방울이 후드득 떨어졌다 한뜻말 이파리

잎살 [이름씨] 잎에서 앞뒤 겉껍질과 잎줄기를 뺀 나머지. 푸른빛 두꺼운 곳으로 잎파랑치를 품은 부드러운 잔삼으로 되어있다

잎새 [이름씨] [1]잎 생긴 꼴새 ㉥잎새가 두터운 감나무 [2]잎사귀 ㉥바람에 이는 잎새에도 마음이 아스라이 떨린다

잎샘 [이름씨] 봄에 잎이 나올 무렵 갑자기 날씨가 추워짐. 또는 그런 추위 한뜻말 잎샘추위. 꽃샘

잎썩은흙 [이름씨] 풀이나 가랑잎 따위가 썩어서 된 흙 ⇐ 부엽토

잎자루 [이름씨] 잎몸을 줄기나 가지에 붙이는 자루 꼴 꼭지. 잎몸을 햇빛 쪽으로 기울인다 ㉥토끼풀은 잎자루가 아주 길다 한뜻말 잎꼭지

잎줄 [이름씨] 잎살 안에 퍼진 줄다발과 그것을 둘러싼 것들. 잎살을 버티고 물과 살감을 나르는 길이 된다 ㉥잎줄이 두꺼운 남새는 아삭아삭 씹는 맛이 있다 ⇐ 잎맥. 엽맥

잎줄기 [이름씨] [1]꼴이 잎처럼 생기고 잎파랑이를 갖추고 있어 같이되기를 하는 줄기 [2]잎에 있는 줄기

잎줄기남새 [이름씨] 미나리나 배추, 취나물, 상추처럼 잎과 줄기를 먹는 남새 한뜻말 잎남새 ⇐ 입줄기채소

잎집 [이름씨] 줄기나 어린 이삭을 둘러싼 것으로 잎몸과 이어진 곳. 잎꼭지가 없이 잎몸이 잎집으로 줄기에 붙는다. 벼나 옥수수에서 볼 수 있다 한뜻말 잎깍지

잎차 [이름씨] 차나무 잎을 따서 말린 찻감. 또는 그 찻물 ⇐ 엽차

잎차례 [이름씨] 잎이 줄기에 붙는 차례. 잎은 줄기나 가지에 차례로 붙는데 어긋나기, 마주나기, 돌려나기, 뭉쳐나기 들로 가른다

잎채소 ⇒ 잎나물. 잎남새

잎치마 [이름씨] 한쪽 옆이 트인 긴 치마

잎파랑이 [이름씨] 잎파랑치 가운데 들어있는 물씨. 파르푸른빛과 누르푸른빛이 있다 ⇐ 엽록소

잎파랑치 [이름씨] 잎파랑이를 품은 푸른 덩이 ⇐ 엽록체

자[1] 이름씨 ❶ 길이나 너비, 높이 따위를 재거나 금을 그을 때 쓰는 연장 ❷ 길이를 재는 하나치. 한 자는 30.3센티미터이다 ⓑ 한 자. 두 자

자[2] 느낌씨 ❶ 어떤 말이나 짓을 하기 앞에 다른 사람 마음을 끄는 말 ⓑ 자, 나하고 놀자. 자, 여러분 여기를 보세요 ❷ 남에게 무엇을 하라고 하거나 다그칠 때 하는 말 ⓑ 자, 일손을 서둘러 오늘 안으로는 끝냅시다

자[3] (字) 이름씨 ❶ 글자 ⓑ 이건 무슨 자야? ❷ 글자를 세는 하나치 ⓑ 우리글은 처음에는 스물여덟 자였고 이제는 스물넉 자이다

자 (者) ⇒ 놈. 사람

자 (子) ⇒ 아들

-자[1] 토씨 (움직씨 뒤에 붙어) 꾀거나 구슬릴 때 쓰는 말 ⓑ 놀러가자. 밥 먹자

-자[2] 토씨 ❶ (움직씨 뒤에 써) 한 짓이 끝나고 바로 이어서 다음 짓이 벌어짐 ⓑ 까마귀 날자 배 떨어진다 ❷ (그림씨와 임자말 풀이꼴에 써) 앞일과 뒷일이 함께 함 ⓑ 사름이는 뛰어난 글장이자 알뜰한 살림꾼이다

자가사리 이름씨 등은 붉은 밤빛에 배는 누런 민물고기. 맑은 물이 흐르는 자갈과 돌 밑에 살며 입가에 네겹 나룻이 있다

자가용 ⇒ 집에 씀. 집수레. 부릉이

자각 ⇒ 깨달음. 깨우침. 깨침. 깨닫다. 깨우치다. 깨치다. 느끼다. 알다. 배우다. 눈뜨다. 보다

자갈 이름씨 내나 가람, 바다에서 물에 오래 씻기고 갈리어 동글동글하고 반들반들한 작은 돌 ⓑ 옛날엔 수레가 다니는 길이 패면 자갈로 메웠다 한뜻말 조약. 조약돌

자갈길 이름씨 자갈이 많이 깔린 길 ⓑ 고무신 신고 자갈길을 걸어 배곳에 다닌 어릴 적

자갈돌 이름씨 ❶ 자갈이 진흙이나 모래에 섞여 굳어서 된 것으로, 자갈이 온에 셋 넘어야 한다 ⇐ 역암 ❷ 잘게 깨진 돌

자갈밭 이름씨 ❶ 자갈이 많은 밭 ⓑ 윗집 굽들밭은 온통 자갈밭이라 들깨 말고는 갈지 않았다 ❷ 자갈이 많이 깔린 곳 ⓑ 우리는 큰 거랑 잔디밭에 소를 놓아두고 자갈밭을

ㅈ

뛰어다니며 놀았다

자갈자갈 어찌씨 여럿이 모여 좀 낮은 목소리로 조용히 말하는 소리나 그 꼴 ⓑ아이들이 자갈자갈 지껄이며 집으로 돌아온다 큰말 지걸지걸 **자갈자갈하다**

자개 이름씨 생포 껍데기 같은 것을 잘게 자른 조각. 빛깔이 아름다워 온갖 세간을 꾸미는 데 쓴다 ⓑ자개를 박은 두리놓개

자개미 이름씨 겨드랑이나 오금 안쪽 오목한 곳

자게 이름씨 바닷속 모래 많은 진흙에 사는 게. 집게발이 아주 크고 길다

자격 ⇒ 감. 깜냥. 주제. 그릇. 자리. 밑감. 바탕. 솜씨. 재주

자격증 ⇒ 감됨. 감본메

자결 (自決) ⇒ 제목숨끊기. 제발서기

자고로 ⇒ 옛날부터

자구 ⇒ 제건짐. 제살기

자구책 ⇒ 제살꾀

자국 이름씨 ❶어떤 것에 다른 것이 닿거나 지나간 곳 ⓑ한가람에 배 지나간 자국 있을까? 가시에 긁힌 자국 ❷무슨 일이 있었거나 무엇이 지나가 남긴 열매나 길이나 모습이나 티 ⓑ아래위 오랑캐들이 쉴 새 없이 쳐들어와 못된 짓거리한 자국 ⇐ 흔적 ❸발자국 ⓑ눈에 찍힌 짐승 자국 ❹헌데나 다친 곳 ⓑ팔에 칼 자국이 있다

자국눈 이름씨 겨우 발자국이 날 만큼 적게 내린 눈 ⓑ눈도 눈 나름이지. 여기는 자국눈은 드물고 왔다 하면 길눈이지 맞선말 길눈

자국틀 이름씨 숨받이 틀 가운데 앞서는 쓸모가 있었지만 더는 쓸모가 없어 그 자국만 남아 있는 곳 한뜻말 자취틀 ⇐ 흔적기관

자궁 ⇒ 아기집

자귀 이름씨 넓적한 날이 자루에 가로로 달려 나무를 깎아 다듬기에 좋은 연장

자귀나무 이름씨 밤에는 잎을 접고 해 뜨면 다시 피며 옷곳한 내음이 나는 나무

자그마치 어찌씨 생각보다 훨씬 많거나 크게 ⓑ어중이떠중이 다해서 자그마치 여든이나 모였다 ⇐ 무려

자그마하다 그림씨 ❶보기에 조금 작다 ⓑ콧날은 오뚝하고 입은 자그마하고도 나부죽하고 턱은 밭았다 준말 자그맣다 ❷그리 대단하지 않다 ⓑ어버이는 아이들이 자그마한 곳이라도 어려울세라 보살핀다

자그맣다 그림씨 '자그마하다' 준말 ⓑ달래는 덩치가 큰데 어머니는 자그맣다

자극 (刺戟) ⇒ 찌름. 건드림. 찌르다. 건드리다

자극·자기극 (磁極) ⇒ 쇠끌이끝

자극성 ⇒ 찌름새

자근거리다[1] 움직씨 무엇을 조금씩 힘을 주어 자꾸 씹다 **자근대다**

자근거리다[2] 움직씨 ❶잇달아 가볍게 누르거나 두드리거나 흔들다 ❷잇달아 자꾸 좀 귀찮게 굴다 ❸머리가 자꾸 가볍게 쑤시듯 아파오다 **자근대다**

자근자근[1] 어찌씨 무엇을 조금씩 힘을 주어 자꾸 씹는 꼴 ⓑ골이 나서 입술을 자근자근 깨물었다 **자근자근하다**

자근자근[2] 어찌씨 ❶잇달아 가볍게 누르거나 두드리거나 흔드는 꼴 ⓑ할머니는 아이들에게 다리를 자근자근 밟아달라고 하셨다 ❷잇달아 자꾸 좀 귀찮게 구는 꼴 ⓑ제발 옆에서 자근자근 귀찮게 굴지 말고 저리 가 ❸가볍게 골치가 아파오는 꼴 ⓑ왜 머리가 자근자근 아파올까? **자근자근하다**

자글거리다 움직씨 ❶물이 걸쭉하게 잦아들면서 몹시 끓는 소리가 자꾸 나다 ❷햇볕이 지질 듯이 자꾸 내리쬐다 ❸몸이 불덩이처럼 뜨거워지다 **자글대다**

자글자글 어찌씨 ❶물이 걸쭉하게 잦아들면서 몹시 끓는 소리나 그 꼴 ⓑ자글자글 끓는 찌개 ❷햇볕이 지질 듯이 자꾸 내리쬐는 꼴 ⓑ센 여름 햇빛이 무엇이나 자글자글 끓이듯 내리쏟는다 ❸몸이 불덩이처럼 뜨거워지는 꼴 ⓑ아기 몸이 불덩이처럼 자글자글 끓는다 ❹골이 나거나 근심 걱정으로 마음을 졸이는 꼴 ⓑ누나는 가끔 작은 일에도 큰일이나 난 것처럼 자글자글 애를 태운다

자글자글하다

자금 ⇒ 밑돈. 돈

자급 ⇒ 제댐. 제마련. 스스로 만들어 쓰다. 제마련하여 쓰다

자급자족 ⇒ 제마련. 제채움. 제벌이. 제살림. 스스로 마련하여 쓰다

자긍심 ⇒ 자랑. 쓸개. 줏대

자기 (磁器) ⇒ 그릇. 질그릇. 흙그릇. 단지. 독

자기 (自己) ⇒ 제. 스스로

자기 (磁氣) ⇒ 쇠끌이. 쇠끌 기운

자기장 ⇒ 쇠끌마당

자꾸 [어찌씨] ❶ 여러 디위 되풀이해서 ㉥ 벚꽃이 자꾸 떨어져 마치 눈이 오는 것 같다 ❷ 더욱 세게 ㉥ 참기름 냄새가 솔솔 나니 자꾸 배가 고파진다 ❸ 어쩔 수 없이 더욱 ㉥ 그렇게까지 띄워 주니 얼굴이 자꾸 화끈거린다

자넘이 [이름씨] 길이가 한 자를 넘음. 또는 그 길이 ㉥ 오늘 잡은 넙치는 자넘이였어 ⇐ 월척

자네 [이름씨] ❶ 어른이 제 동무나 아랫사람을 조금 높여 이르는 말 ㉥ 자네, 이리 와보게 ❷ 하게 할 사이에 무람없이 바로 가리켜 부르는 말 ㉥ '자네, 이건 어디서 났어?' 하고 조카에게 물었다

자녀 ⇒ 아들딸. 딸아들. 아이

자누워가다 [움직씨] 먹고 자면서 머무르다 ㉥ 지자 물탕에 자누워가며 물맞고 오는 길이다

자닝하다 [그림씨] 불쌍하고 애처로워 차마 볼 수 없다 ㉥ 굽히지 않고 바른말을 했다는 허물 때문에 많은 사람들이 자닝하게 일자리에서 내쫓겼다 [비슷한말] 불쌍하다

자다 [움직씨] ❶ 눈이 저절로 감기며 겉마음이 아무것도 모른 채로 쉬다 ㉥ 새근거리는 숨소리이니 자는가 봐. 한잠 푹 잤다 ❷ 누에가 허물을 벗기 앞서 여러 디위 뽕을 먹지 않고 꼼짝 않고 쉬다 ㉥ 석 잠 자고 깬 누에 ❸ (개구리나 뱀, 곰 같은 것이) 겨울 동안 먹지도 뮈지도 않고 쉬다 ㉥ 곰도 겨울잠을 잔다 ❹ 사내와 겨집이 잠자리를 같이 하다 ㉥ 사랑이와 하룻밤을 같이 잤다 ❺ 일던 바람이나 물결이 가만히 있다 ㉥ 바람이 자니 너울도 자네 ❻ 때알림이 따위가 멎다 ㉥ 아까까지 가던 때알림이가 자네 ❼ 부풀었던 것이 눌려서 착 가라앉다 ㉥ 솜이불이 잠을 자서 다시 타와야겠다 ❽ 몬이 쓰임새 대로 쓰이지 못하거나 묻히다 ㉥ 오랫동안 다락에서 자던 바이올린을 팔아버렸어

자동 ⇒ 절로. 저절로

자동문 ⇒ 저절문

자동사 ⇒ 제움직씨

자동차 ⇒ 수레. 저절수레

자동판매기·자판기 ⇒ 팔이틀. 틀가게

자동화 ⇒ 저절되기. 저절됨. 저절되다. 저절 뮈다

자두나무 ⇒ 오얏나무

자드락 [이름씨] 나지막한 멧기슭 비탈진 땅 ㉥ 볕 바른 자드락에 작은 남새밭을 일구었다

자드락거리다 [움직씨] 남이 귀찮거나 성가시도록 자꾸 건드리다 ㉥ 제발 자드락거리지 말고 얌전히 있어 **자드락대다**

자드락길 [이름씨] 멧기슭에 난 비탈길

자드락비 [이름씨] 거세게 퍼붓는 굵은 비 [한뜻말] 작달비 ⇐ 폭우

자디잘다 [그림씨] ❶ 아주 잘다 ㉥ 글씨가 자디잘아 읽기가 어렵다 ❷ 마음 씀씀이가 아주 좀스럽다 ㉥ 덩치는 큰데 사람이 자디잘지

자라 [이름씨] 거북과 비슷하나 몸이 딱딱하지 않고 둥글납작하고 푸르죽죽한 껍데기로 덮인 찬피숨받이. 물이 깨끗한 내나 가람에 산다 [슬기말] **자라보고 놀란 가슴 솥뚜껑 보고 놀란다** 어떤 일에 놀란 사람은 그 비슷한 것을 보고도 놀란다

자라나다 [움직씨] 더욱 자라다. '자라다' 힘줌말 ㉥ 무럭무럭 자라나는 우리 어린이

자라눈 [이름씨] 젖먹이 엉덩이 두 쪽으로 오목하게 들어간 자리

자라다[1] [움직씨] ❶ 몸이 차츰 불어나거나 부풀거나 길다 ㉥ 나무가 자라다. 아이가 자라다 ⇐ 성장하다. 생육하다 ❷ 해내는 힘이나

ㅈ

마음 씀씀이가 늘거나 나아지거나 높다 ⓑ 부지런히 마음닦아 마음 임자로 자라는 사람들 ❸하고프고 갖고픈 마음이 차츰 세다 ⓑ돈이나 몬은 가질수록 더 갖고픈 마음이 자랄 수 있다 (슬기말) **자랄 나무는 떡잎부터 알아본다** 크게 될 사람은 어릴 때부터 남다른 데가 있다. 잘 될 일은 처음부터 다르다

자라다[2] (그림씨) ❶모자라지 않다 ⓑ그 옷을 짓는데 이 천이면 자라겠나? ❷(움직씨로 써) 어느만큼에 미치다 ⓑ미처 생각이 거기까진 자라지 않았어. 힘 자라는 대로 해볼게요

자락 (이름씨) ❶옷이나 이불 같은 것에서 아래로 드리운 넓은 데 ⓑ두루마기 자락을 휘날리며 아침 일찍 건너오신 이웃 마을 아저씨 ❷들이나 메가 넓고 길게 뻗은 자리 ⓑ이 꽃은 새목메 자락에서 흔히 자란다 ❸이야기나 노래, 춤 따위 한 토막 ⓑ신이 나서 노래 한 자락을 뽑는 순이

자란푼수 (이름씨) 어느 동안에 얼마만큼 자랐나를 나타내는 푼수 ⇐ 성장률

자람점 (이름씨) 푸나무 줄기나 뿌리 끝 같은 곳에서 잔삼나뉨을 일으켜 자라게 하는 곳 ⇐ 성장점

자랑 (이름씨) 스스로 남에게 드러내어 훌륭하고 좋다고 뽐내는 것이나 그럴 거리 ⓑ너는 무엇을 자랑으로 여기니?

자랑거리 (이름씨) 자랑할 만한 것 ⓑ우리 겨레는 아름다운 우리 땅과 우리말을 자랑거리로 삼는다

자랑삼다 (움직씨) 자랑할 거리로 여기다 ⓑ우리 겨레는 훌륭한 우리말을 자랑삼고 스스로 다듬어 써야 한다

자랑스럽다 (그림씨) 자랑할 만하다 ⓑ자랑스러운 우리글

자력 ⇒ 혼자힘. 제힘

자료 ⇒ 밑감

자료실 ⇒ 밑감방

자료집 ⇒ 밑감책

자루[1] (이름씨) ❶낟이나 여러 가지 몬을 담을 때 쓰는 기다랗게 만든 큰 주머니 ⓑ어머니는 저잣날이면 쌀 한 자루를 이고 가셨다 ⇐ 포대 ❷큰 주머니를 세는 하나치 ⓑ두 자루. 다섯 자루 ❸한 토막이나 한 줄거리 이야기나 옛말 ⓑ할머니 옛날이야기 한 자루 해 주셔요

자루[2] (이름씨) ❶손으로 다루는 연장이나 연모 같은 것 끝에 달린 좀 기름한 손잡이 ⓑ자루 베는 칼 없다는 말은 제 일을 스스로 못할 때 쓰는 말이다 ❷좀 기름한 것이나 기름한 손잡이가 달린 몬을 세는 하나치 ⓑ강냉이 두 자루. 낫과 호미를 다섯 자루씩 갖고 와

자루목 (이름씨) ❶자루에 든 것이 나오지 못하게 비끄러매는 아가리 바로 밑 ❷둘레가 온통 막힌 어떤 곳으로 드나드는 종요로운 길

자르다 (움직씨) ❶몬을 동강이 나도록 가로 베다 ⓑ통나무를 톱으로 잘라 도끼로 팼다 ❷말이나 일을 길게 끌지 않고 알맞은 데서 매듭을 짓다 ⓑ길게 늘어놓다가 사람들이 조는 것을 보고 이야기를 잘랐다 ❸딱 안된다고 말하거나 들어주지 않다 ⓑ안돼! 하고 딱 잘랐다 ❹남은 것을 줄이거나 끊다 ⓑ모자라면 늘이고 남으면 잘라서 맞춰 쓸 수 있는 건 뭘까요? ❺주던 것을 끊다 ⓑ갑자기 일감을 자르면 우리는 어떻게 살아요? ❻맺었던 사이를 끊어 버리다 ⓑ주고받는 것을 잘라 그만두다 ❼일자리에서 쫓아내다 ⓑ이참에 우두머리를 자릅시다 ⇐ 해임하다

자르르[1] (어찌씨) ❶물기나 기름기, 빛이 많이 흘러서 반지르르한 꼴 ⓑ머리카락에서 기름이 자르르 흐른다 ❷빛깔이나 어떤 기운이 넘쳐흐르는 꼴 ⓑ어젯밤에는 빛이 자르르 흐르던 달이 오늘은 구름에 가렸다

자르르[2] (어찌씨) 무엇이 쏟아져 흩어지는 소리 ⓑ팥알 쏟아지는 소리가 자르르하고 났다 **자르르하다**

자른낯 (이름씨) ❶잘라진 몬에서 자른 자국이

있는 낯 ⇐ 단면 ❷통으로 된 것 어느 한 쪽

자름집게 (이름씨) 손에 쥐고 쇠실을 끊거나 구부리는 데 쓰는 연장 ⇐ 펜치

자리[1] (이름씨) ❶몬이나 사람이 차지하고 있는 곳 ⓑ내 자리를 좀 맡아 줘 ❷앉거나 누울 곳 ⓑ누울 자리를 마련하고 보따리를 풀었다 ❸어떤 일에서 제 몫으로 차지하게 되는 터전 ⓑ그는 제법 높은 자리를 꿰차고 있다 ⇐ 포지션 ❹숫자가 앞 또는 뒤에서 놓인 곳 ⓑ365는 세 자릿수이다 ❺어떤 일이나 바뀜이 일어나서 자취가 남은 곳 ⓑ긁힌 자리. 불에 덴 자리 ❻일터나 일하는 곳 ⓑ서른 해 동안 일터에서 자리를 옮기지 않았다 ❼어떤 사람들이 모인 곳이나 그런 까리 ⓑ우두머리들이 모인 자리 ❽무엇이 어떤 일에서 차지하는 몫 ⓑ나라에서 배움이 차지하는 종요로운 자리 ❾무엇을 하고 난 자취나 그 남는 열매 ⓑ떠난 자리가 아름다운 사람

자리[2] (이름씨) 바닥에 펴거나 까는 것 ⓑ엉덩이에 깔만한 자리 하나씩 챙겨오세요

자리 (自利) ⇒ 제도움. 제보탬

자리개미 (이름씨) 옛날에 도둑잡는집에서 허물보 목을 졸라 죽이던 일

자리공 (이름씨) 밭둑이나 들판에 자라는 큰 풀. 어린잎은 먹기도 하고 뿌리는 낫개로 쓴다. 죽이개가 많이 든 풀이다

자리끼 (이름씨) 자다가 마시려고 머리맡에 놓아둔 물 ⓑ언제부터인가 자리끼를 두기 버릇했다

자리다 (그림씨) ❶살이나 뼈마디가 좀 눌려 피가 잘 돌지 못해 느낌이 아리고 무디다 ⓑ자는 아이를 안고 있었더니 왼팔이 많이 자린다 큰말저리다 ❷깊은 울림이나 슬픔으로 가슴이나 마음이 아픈 느낌이 있다 ⓑ올한 해는 가슴 자린 일들이 꽤 많았다

자리다툼 (이름씨) 좋은 자리나 높은 자리를 차지하려고 서로 다투는 일 한뜻말자리싸움 ⇐ 쟁탈전

자리보기 (이름씨) 짝맺은 다음 날 아음들과 벗들이 함께 모여 먹고 마시며 즐기는 일

자리싸움 (이름씨) 좋은 자리나 높은 자리를 차지하려고 하는 싸움 ⓑ모든 일터에는 눈에 보이지 않는 자리싸움이 늘 있다 **자리싸움하다**

자리잡다 (움직씨) ❶잘 있거나 살다 ⓑ언니는 시골에 자리잡았다 ⇐ 안주하다. 안착하다 ❷느낌이나 생각이 마음에 일어나거나 있다 ⓑ언제부턴가 미움이 줄어들고 사랑이 마음에 자리잡았다

자리표 (이름씨) 판판낯이나 곳에 있는 한 점 자리를 바탕점과 떨어진 길이나 모데로 나타낸 한 짝을 이룬 숫값 ⇐ 좌표

자리표대 (이름씨) 자리표를 잡을 때 그 바탕이 되는 대. 판판낯 위 점 자리표를 나타낼 때에는 가로대와 세로대 눈으로 나타내고 곳 위 점 자리표는 가로대와 세로대, 높이대 눈으로 나타낸다 한뜻말자리대 ⇐ 좌표축

자리품 (이름씨) 논을 마지기로 떼어 맡아 고지를 받고 여름지어 주던 일

자리하다 (움직씨) 어떤 곳에 자리를 잡다 ⓑ메 위에 자리한 절

자린고비 (이름씨) 모질 만큼 남한테 베풀기 싫어하는 구두쇠를 일컬음 ⓑ그 사내는 젊어서부터 자린고비로 살아 꽤 살림을 일구었다

자립 ⇒ 홀로서기. 제서기. 제살이. 혼자서다. 따로서다. 제살이하다

자립심 ⇒ 홀로서는 마음

자립정신 ⇒ 홀로서는 얼

자릿값 (이름씨) 수 자리가 가진 값 ⓑ326에서 3 자릿값은 온(100)이고, 2 자릿값은 열(10), 6 자릿값은 하나(1)이다

자릿내 (이름씨) 오랫동안 빨지 않은 빨랫감에서 나는 쉰내 ⓑ얼마나 오래 옷을 안 빨았으면 자릿내가 이렇게 날까!

자릿삯 (이름씨) 땅이나 자리를 빌려 쓰고 내는 삯 ⇐ 자릿세

자릿쇠 (이름씨) 숫돌림못을 낄 때 암돌림못 밑에 받치는 구멍 뚫린 둥글고 얇은 쇠붙이 한

뜻말 똬리쇠 ⇐ 와셔

자릿수 이름씨 수가 갖는 자리가 몇 낱인지 나타내는 수 ⓑ0에서 9까지는 한 자릿수, 10에서 99까지는 두 자릿수, 100에서 999까지는 세 자릿수이다

자막 ⇒ 뒤침말

자막대기 이름씨 자로 쓰는 막대기 ⓑ어머니는 옷감 길이를 자막대기로 하나하나 재었다

자만 ⇒ 자랑. 뽐냄. 뽐내다. 재다. 스스로 자랑하다. 으스대다

자만심 ⇒ 잘난 척하는 마음. 뽐내는 마음

자매 ⇒ 언니아우. 언아우

자매결연 ⇒ 언니아우맺기

자매학교 ⇒ 언아우배곳

자맥질 이름씨 팔다리를 놀리며 물속으로 헤엄쳐 들어가는 일 ⓑ돌샘은 자맥질을 하여 물속에 몸을 감추고 헤엄쳤다. 오리처럼 물속으로 자맥질해 들어갔다 **자맥질하다**

자맥질배 이름씨 바닷물 속에 잠겨서 바닷속을 살펴보거나 싸울 마련을 하는 배 ⇐ 잠수정. 잠수함

자멸 ⇒ 제죽움. 제무너짐

자명종 ⇒ 알림때틀

자명하다 ⇒ 뻔하다. 틀림없다. 환하다. 두말할 나위 없다

자모 (字母) ⇒ 낱글

자모 (慈母) ⇒ 어머니. 엄마

자모음 ⇒ 닿소리홀소리

자못 어찌씨 ❶생각보다 꽤 ⓑ자못 덥다 ❷한결 더 ⓑ웃음소리에다 아이 글 읽는 소리까지 어울려 집안은 자못 신나는 기운이 흘렀다 ❸새삼스러이 더욱 ⓑ나라를 지키려다 목숨을 바친 젊은 얼굴 하나하나를 떠올리는 마음은 자못 뭉클하였다 ❹견줄 수 없을 만큼 대단히 ⓑ자못 그 기운은 하늘을 찌를 듯 했다

자문 ⇒ 도움말. 물어보기. 가르침 받기. 물어보다. 가르침을 받다

자문자답 ⇒ 제묻고 제대꾸

자물쇠 이름씨 여닫는 몬을 잠그는 얼개 ⓑ도장 문에는 큰 자물쇠를 걸어두었다 한뜻말 쇠

자바라 이름씨 우리 겨레 치는 가락틀. 놋쇠로 된 얇은 널을 두 손에 쥐고 부딪쳐 소리를 낸다 ⇐ 제금

자박거리다 움직씨 가볍게 걷는 발자국 소리가 자꾸 나다 **자박대다**

자박자박[1] 어찌씨 가볍게 발자국 소리를 내며 걷는 꼴이나 그 소리 ⓑ안채로 자박자박 건너오는 발자국 소리가 들린다 **자박자박하다**

자박자박[2] 어찌씨 건더기나 빨랫감 같은 것이 물에 차서 젖는 꼴 ⓑ소고기국을 건더기가 자박자박하게 끓였다 **자박자박하다**

자반 이름씨 ❶물고기를 소금에 절인 먹을거리. 또는 그것을 굽거나 쪄서 만든 먹을거리 ⓑ아버지가 고등어자반을 사 오셨다. 구운 조기 자반으로 점심을 먹었다 ❷바다나 땅에서 난 먹거리에 찹쌀풀이나 양념을 발라 말린 것을 굽거나 튀긴 건건이 ⓑ미역자반. 가죽자반 ❸짭짤하게 무치거나 졸인 건건이 ⓑ밥에 김자반을 비벼 먹었다. 명태자반

자발 ⇒ 스스로 나섬

자발없다 그림씨 하는 짓이 가볍고 참을 힘이 없다 ⓑ그렇게 자발없이 지껄이면 누가 좋아할까?

자밤 이름씨 나물이나 양념을 손가락 끝으로 집을 만큼 한 것 ⓑ아이가 뜯어온 나물을 데쳤더니 두 자밤쯤 되겠더라

자배기 이름씨 아가리가 쩍 벌어지고 둥글고 넓적한 질그릇 ⓑ자배기에 배추를 한가득 절여 놓았다 한뜻말 버지기

자백 ⇒ 바로댐. 털어놓음. 바로 대다. 바로 불다. 털어놓다

자벌레 이름씨 몸 뒤쪽을 머리 쪽으로 옮긴 뒤 다시 머리를 앞으로 쭉 뻗으며 자로 재듯 움직이는 애벌레. 몸은 가늘고 둥글다 ⓑ어릴 적 자벌레가 온몸을 머리에서 발끝까지 재면 그 사람은 죽는다는 그릇된 믿음

을 들었어

자본 ⇒ 밑돈. 밑천. 새끼 치는 돈

자본재 ⇒ 밑돈몬

자본주의 ⇒ 밑돈뜻틀. 돈판누리

자부심 ⇒ 줏대. 떳떳한 마음

자분자분 [어찌씨] 마음씨가 찬찬하고 부드러운 꼴 ㉥큰어머니는 아이들을 자분자분 타일러 주었다 [큰말]저분저분 [거센말]차분차분

자분자분하다 [움직씨] 가루붙이 따위가 자꾸 보드랍게 씹히다 ㉥정구지 부침개가 자분자분하게 씹히는 맛이 좋다

자비 (自費) ⇒ 제돈

자비 (慈悲) ⇒ 사랑과 가엾이 여김

자비롭다 ⇒ 사랑하고 가엾이 여기다

자비심 ⇒ 사랑하고 가엾이 여기는 마음

자빠지다 [움직씨] **1** 뒤로 넘어지다 ㉥눈길에 벌렁 뒤로 자빠졌다 **2**'눕다' 낮은 말 ㉥허고 헌 날 자빠져 있지만 말고 나와서 마당이라도 좀 쓸어 **3**일을 내던지고 물러나 배짱을 부리고 버티다 ㉥선달은 아무리 어려운 일이라도 자빠지지 않는다 **4**일에 몹시 지치거나 말썽이 생겨 일을 못하거나 앓아 눕다 ㉥쉬지 않고 일하다가 자빠져서 손 털고 나 앉았다 [슬기말] **자빠져도 코가 깨진다** 일이 안되려니까 엉뚱하게 이래저래 말썽만 일어난다

자빡맞다 [움직씨] 되게 물리쳐지다 ㉥옆 밭으로 물길을 좀 내자고 했다가 보기 좋게 자빡맞았어 [한뜻말]퉁맞다 ⇐ 퇴박맞다

자뼈 [이름씨] 팔 아랫마디 두뼈 가운데 안쪽 뼈 [한뜻말]뒤팔뼈

자산 ⇒ 천량. 가진 것

자살 ⇒ 제죽임. 목매닮. 숨끊음. 목매달다. 목숨끊다. 스스로 죽다

자상 ⇒ 찔린 데

자상하다 ⇒ 꼼꼼하다. 찬찬하다. 곰살궂다. 빈틈없다

자새 [이름씨] 새끼를 꼬거나 실을 감고 푸는 얼레

자색 ⇒ 보랏빛

자생 ⇒ 절로 자람. 절로 남. 절로 삶. 절로 자라다. 절로 살다. 절로 생기다

자서전 ⇒ 제삶글. 살아온 이야기

자석 ⇒ 끌돌. 쇠끌이

자선 ⇒ 베풂

자선냄비 ⇒ 베풂냄비

자선사업 ⇒ 베풂일

자성 ⇒ 쇠끌바탈. 끌기운. 끌힘

자세 ⇒ 몸씨. 몸가짐

자세하다 ⇒ 꼼꼼하다. 찬찬하다. 빠짐없다

자세히 ⇒ 샅샅이. 낱낱이. 꼼꼼히. 속속들이. 미주알고주알. 빠짐없이. 찬찬히

자소 ⇒ 차조기

자손 ⇒ 아들딸과 아슨아들딸. 핏줄. 뒤. 뒷사람. 내리아들딸

자손만대 ⇒ 뉘뉘뒤이음

자수 (自首) ⇒ 제허물 밝힘. 제허물 알림. 제 밝힘

자수 (刺繡) ⇒ 무늬 놓기. 무늬 넣기. 새김 바느질. 그림 바느질

자수성가 ⇒ 제힘 일굼. 제손 일굼

자습 ⇒ 스스로 익힘. 제익힘

자습서 ⇒ 제익힘책

자시다 [움직씨] **1**'먹다' 높임말 ㉥할아버지는 마른 오징어를 잘 자셨다 **2**('-고 자시고' 꼴로 써) 하지 않고 ㉥물어보고 자시고 할 것 없이 그냥 쳐들어가자!

자식 ⇒ 아들딸

자신 (自身) ⇒ 나. 저. 제

자신 (自信) ⇒ 제믿음. 제뚝심. 제힘믿음

자신감 ⇒ 제힘 믿는 마음

자신만만 ⇒ 제믿음 넘침. 믿음 가득. 힘넘침. 우쭐

자실층 ⇒ 홀씨켜. 갓안주름

자아 ⇒ 나. 저. 제

자아내다 [움직씨] **1**실을 뽑아내다 ㉥누에고치가 입에서 부지런히 실을 자아낸다 **2**어떤 생각이나 느낌이 우러나거나 일어나게 하다 ㉥그 사람 억지 우김은 헛웃음을 자아낸다. 기쁨을 자아내다 **3**물을 높은 데로 빨아내다 ㉥물푸개로 물을 자아내다

자애 ⇒ 사랑

자애롭다 ⇒ 사랑이 도탑다. 마음이 따뜻하다
자양분 ⇒ 살감. 거름
자업자득 ⇒ 제짓제받기. 제손묶기. 제짓받기. 제올가미에 걸리기
자연 ⇒ 누리. 절로. 그대로
자연계 ⇒ 누리. 온누리
자연과학 ⇒ 누리갈
자연과학자 ⇒ 누리갈이
자연관 ⇒ 누리봄
자연물 ⇒ 누리몬
자연미 ⇒ 누리아름
자연법 ⇒ 누리참. 누리벼리
자연법칙 ⇒ 누리흐름. 누리벼리
자연사 ⇒ 누리자취
자연생 ⇒ 절로난. 누리난
자연석 ⇒ 누리돌. 저절돌
자연수 ⇒ 누리수. 바른수
자연숭배 ⇒ 누리우러름
자연스럽다 ⇒ 누리스럽다. 꾸밈없다. 승겁들다. 이지렁스럽다. 꾸민 티가 없다
자연자원 ⇒ 누리밑감. 저절밑감
자연재해 ⇒ 누리언걸
자연치료·자연치유 ⇒ 누리나숨. 저절나숨
자연학습장 ⇒ 누리배움터
자연환경 ⇒ 누리둘레매개. 누리터전
자연히 ⇒ 저절로
자오선 ⇒ 마노금. 날금
자외선 ⇒ 넘보라살
자욱 [이름씨] **1** 자국을 멋스럽게 이르는 말 [보] 멧돼지들이 걸어간 자욱을 따라 걸었다 **2** 발자국 [보] 자욱을 크게 떼며 빠르게 걸었다 **3** 지나온 길 [보] 백성이 임자 되는 머나먼 자욱에서 우리 겨레가 보인 빛나는 자취
자욱자욱 [이름씨] 거듭하여 많은 자욱 [보] 낱낱 사람이 으뜸인 누리를 이룩하는 피어린 길 자욱자욱에 찍힌 아람임자믿음틀
자욱하다 [그림씨] **1** 안개나 내, 구름, 김 같은 것이 잔뜩 끼어 아주 짙다 [보] 이른 아침 안개가 자욱하여 수레 몰고 길 나서기가 두렵다 **2** 우뚝우뚝 솟은 것이 꽉 차다 [보] 눈앞에 자욱하게 펼쳐진 갈대숲
자웅 ⇒ 암수. 이기고 짐
자웅동체 ⇒ 암수한몸
자원 (自願) ⇒ 제 바램. 제 나섬
자원 (資源) ⇒ 밑감. 밑몬. 밑거리
자원봉사 ⇒ 돕기. 이바지
자위[1] [이름씨] **1** 한가운데 알맹이 [보] 바른 사람살이 자위는 다른 이를 사랑하는 마음이다 ⇐ 핵. 핵심. 포인트. 핀트 **2** 눈알이나 새 따위 알에서 빛깔에 따라 나눠지는 곳 [보] 흰자위. 노른자위. 검은자위 **3** 밑씨터지개나 물남터지개 따위 자위 맞뭄으로 생기는 힘을 쓴 잠개 **4** 밑씨 복판을 이루는 알씨. 볕씨와 갑씨가 센 자위 힘으로 묶인 것으로 밑씨 큰 쪽을 차지하며 더하기 번짐을 갖는다. 크기는 밑씨 한 골에 하나쯤이나 무게는 밑씨 무게 온에 아흔아홉 보다 크다
자위[2] [이름씨] **1** 무거운 것이 붙박이로 놓였던 자리 [보] 쇠 지렛대로 바위 밑을 조금씩 들자 드디어 자위를 뜨며 바위가 움직였다 **2** 공놀이에서 스스로 지켜야 할 자리 [보] 조금만 틈을 보이면 맞은쪽이 내 자위를 차지하려 하므로 내 자위를 잘 지킨다 **3** 배 안 아이가 놀기 앞까지 차지하는 자리 **4** 밤이 오롯이 익기 앞까지 밤톨이 밤송이에 붙은 자리 [보] 풋밤은 아직 자위가 돌지 않아 밤송이랑 엉겨 붙어 있다 [익은말] **자위돌다** **1** 먹은 것이 삭기 비롯하다 **2** 밤톨이 익어 밤송이 안에서 밑이 돌아 틈이 나다 **자위뜨다**[1] **1** 무거운 것이 있던 자리에서 움직이다 **2** 뱃속아기가 놀기 비롯하다 ⇐ 태동 **3** 공놀이에서 지킬 자리에서 벗어나다 **자위뜨다**[2] 밤톨이 익어 밑이 돌다
자위 (自衛) ⇒ 스스로 지킴. 제지키기
자위 (自慰) ⇒ 스스로 달램. 제달램. 용두질
자위나뉨 [이름씨] **1** 밑씨자위가 갑씨나 감마살 따위가 내쏘아 일힘이 많이 나오면서 거의 같은 크기 밑씨자위 두 낱으로 나뉘는 일 ⇐ 핵분열 **2** 잔삼 자위가 나뉘는 일. 잔삼밭이 나뉘기 앞에 먼저 이뤄진다 ⇐ 세포분열

자위얼날 이름씨 얼날 틀 가운데 얼날 잔삼이 모인 곳. 얼날 올실을 거쳐 들어오는 찌름을 받고 잡쥐며 다시 힘살 따위에 찌름을 보낸다 ⇐ 중추신경

자위얼날갈래 이름씨 짐승 얼날짜임이 모여 복판을 이루는 곳. 등뼈짐승은 골과 등골, 등뼈 없는 숨받이는 얼날마디이며, 몸 곳곳이 제 구실을 하도록 이끌고 찌름을 나르는 길이다 ⇐ 중추신경계

자위잠개 이름씨 밑씨자위가 나뉘고 아울릴 때 생기는 힘을 쓴 잠개. 밑씨터지개, 물남터지개 따위 ⇐ 핵무기

자위청 이름씨 잔삼자위를 싸고 있는 얇은 청. 잔삼 내 다른 몬밭과 떨어지게 한다 ⇐ 핵막

자위피붙이 이름씨 한 가시버시와 그 아이들만으로 이루어진 모임 ⇐ 핵가족

자유 ⇒ 제껏. 홀가분함

자유결혼 ⇒ 제껏짝맺이

자유경쟁 ⇒ 제껏겨룸

자유경제 ⇒ 제껏살림

자유도시 ⇒ 제껏고을

자유독립 ⇒ 제껏홀서기

자유롭다 ⇒ 제껏답다

자유무역 ⇒ 제껏사고팖

자유민주주의 ⇒ 제껏아람임자믿음틀

자유분방 ⇒ 제껏제멋. 홀가분하고 거침없음

자유사상 ⇒ 제껏생각

자유세계 ⇒ 제껏누리

자유시장 ⇒ 제껏저자

자유의사 ⇒ 제뜻. 제생각

자유인 ⇒ 제껏이. 제껏사람. 제껏보

자유자본 ⇒ 제껏새끼치는돈. 제껏밑돈

자유자재 ⇒ 제껏제맘. 마음대로. 뜻대로. 거침없이

자유전자 ⇒ 제껏번씨

자유주의 ⇒ 제껏믿음틀

자유판매 ⇒ 제껏팔이. 제껏팔기

자유형 ⇒ 제껏꼴

자유화 ⇒ 제껏되기

자율 ⇒ 제따름. 제함. 제삼감. 제다스림

자율성 ⇒ 알아서 함

자음 ⇒ 닿소리

자의 ⇒ 제뜻. 제마음. 함부로

자의식 ⇒ 제앎. 내생각

자인 ⇒ 제끄덕임. 스스로 그렇다 함

자일 ⇒ 메타기밧줄. 바위타기 밧줄

자자손손 ⇒ 뉘뉘내리. 핏줄내내. 핏줄내리

자자하다 ⇒ 떠들썩하다. 왁자지껄하다. 뜨르르하다. 짜하다

자작 ⇒ 제 짓기. 스스로 짓기

자작나무 이름씨 나무껍질이 희고 반질거리며 종이처럼 얇게 벗겨지는 갈잎나무. 나무껍질은 낫개로 쓰고 나무는 세간을 만드는데 쓴다

자작농 ⇒ 제 여름지이. 제 땅짓기

자잘하다 그림씨 여럿이 다 잘다 ㉥자잘한 나무들이 밭에 가득하다

자장가 ⇒ 자장노래. 잠노래

자장국수 이름씨 남새와 고기를 다져 볶아 자장을 섞어 비빈 국수 ⇐ 자장면

자장그네 이름씨 아기를 재우거나 흔들어 놀게 하는 연장 한뜻말아기구덕 ⇐ 요람

자장노래 이름씨 아기를 재우려고 부르는 노래 ㉥어릴 적 엄마가 불러주신 자장노래는 언제나 그립다 한뜻말잠노래 ⇐ 자장가

자장면 ⇒ 자장국수

자장자장 느낌씨 아기를 재울 때 노래하듯 내는 조용한 소리 ㉥자장자장 잘도 잔다. 우리 아기 자장자장

자재 ⇒ 밑감

자전 (字典) ⇒ 한자말집

자전 (自轉) ⇒ 제돌이

자전거 ⇒ 따릉이. 두바퀴. 제발수레

자전축 ⇒ 제돌이굴대

자정 (子正) ⇒ 한밤

자정 (自淨) ⇒ 제 깨끗. 절로 깨끗

자정작용 ⇒ 저절 깨끗

자제 (子弟) ⇒ 아드님

자제 (自制) ⇒ 제누름. 제달램. 삼감. 제 누르다. 삼가다

자제심 ⇒ 제누름맘

자조 ⇒ 스스로 애씀. 스스로 힘씀. 스스로 애쓰다. 스스로 힘쓰다

자족 ⇒ 제채움. 스스로 흐뭇함. 스스로 흐뭇하다

자존감 ⇒ 제굄느낌. 제우러름느낌. 제높임느낌. 제사랑느낌

자존심 ⇒ 제굄맘. 제우러름맘. 제높임맘. 제잘난맘. 제사랑맘

자주 어찌씨 짧은 동안에 여러 디위 되풀이하여 ⓑ나는 밤에 자주 오줌을 눈다

자주 (紫朱) ⇒ 붉보라. 붉쪽

자주 (自主) ⇒ 제임자

자주국 ⇒ 제임자나라

자주국방 ⇒ 스스로 나라지킴

자주권 ⇒ 제임자힘

자주독립 ⇒ 스스로 홀로섬

자주색·자줏빛 ⇒ 붉보라빛. 붉쪽빛. 고구마빛

자주성 ⇒ 줏대. 제 임자새

자주정신 ⇒ 제임자얼

자중 ⇒ 제무게. 삼감. 삼가다. 스스로를 아끼다

자지러지다[1] 움직씨 ❶몹시 놀라거나 무서워 몸이 오그라들 듯 떨다 ⓑ뜨락에서 뱀을 보고 자지러지게 놀라 으악~! 소리를 질렀다 ⇐ 질겁하다. 아연실색하다 ❷짜릿하게 세지거나 숨이 막힐 듯 빨라지다 ⓑ돌배기 아이가 온몸을 뻗치며 자지러지게 울어댄다 ❸앓거나 아파 잘 자라지 못하고 오므라지다 ⓑ옮겨 심은 꽃들이 한 낮에는 자지러지기만 하더니 저녁 이슬을 맞고는 되살아났다

자지러지다[2] 움직씨 ❶듣기에 자릿자릿하도록 어떤 소리가 빠르게 울리다 ⓑ아기가 자지러지게 운다 ❷숨이 넘어갈 듯 깔깔거리며 웃어 재끼다 ⓑ꽃님들이 자지러지게 웃었다 ❸높은 웃음소리가 듣기 싫도록 마음을 후비다 ⓑ사내 겨집들이 떠들어대는 사이사이에 자지러진 웃음소리가 흘러나온다

자진 ⇒ 제 나섬. 스스로 나섬. 제 나서다. 스스로 나서다

자진모리 이름씨 우리 내림 가운데 하나로 휘모리보다 좀 느리고 중중모리보다는 좀 빠른데 소리로는 '덩 쿵 쿵 덕쿵'이다 ⓑ봄꽃내노래 가운데 방자가 봄꽃내를 얼러대는 대목은 자진모리 장단이다 한뜻말 잔모리

자질 ⇒ 밑바탕. 난바탕. 밑밭. 난밭

자질구레하다 그림씨 다 그만그만하게 보잘것없이 잘다 ⓑ자질구레한 일을 도맡아 하다

자책 ⇒ 뉘우침. 뉘우치다. 스스로 꾸짖다. 제 나무라다

자책감 ⇒ 뉘우치는 마음

자책골 ⇒ 제문공넣기

자처 ⇒ 스스로 여김. 스스로 여기다

자철광·자철석 ⇒ 끌쇠돌

자청 ⇒ 스스로 나섬. 제나섬. 스스로 나서다. 제 나서다

자초 ⇒ 제부름. 스스로 불러들이다. 제 부르다

자초지종 ⇒ 처음부터 끝까지

자축 ⇒ 제기쁨. 스스로 기뻐하다

자충수 ⇒ 제죽을꾀

자취 이름씨 ❶무엇이 있었거나 지나갔거나 일한 열매로 생긴 자국 ⓑ한실마을 가까이에 바위새김그림 자취가 남아있다 ⇐ 흔적. 행적 ❷지나간 일 자국으로 남아있는 것 ⓑ종살이하던 자취 가운데 으뜸집을 헐어 없앴다 ⇐ 표적 ❸어떤 잡힌 곳에서 움직이는 점이나 금을 그린 것 ⓑ날틀이 지나간 자취가 하늘에서 차츰 지워졌다

자취 ⇒ 제밥짓기. 홀살이. 스스로 밥짓다

자취틀 이름씨 산 것 몸에서 처음에는 쓸모가 있었으나 이제는 쓸모 없이 자취만 남아있는 것. 사람 꼬리뼈나 고래 뒷다리 따위 ⇐ 흔적기관. 잔류기관

자치 이름씨 ❶한 자쯤 되는 몬 ❷길이가 한 자쯤 되는 물고기

자치 ⇒ 제 다스림. 제힘살이. 스스로 다스리다. 제 힘으로 다스리다

자치기 이름씨 짤막한 나무토막을 긴 막대기로 쳐서 얼마나 멀리 날아갔는지를 겨루는 아이들 놀이 ⓑ우리 어렸을 때는 마당에서

자치기 놀이를 재미지게 많이 하였다

자치동갑 ⇒ 자치한나이. 어깨한나이

자치제 ⇒ 제다스림틀. 제살이틀

자치한나이 (이름씨) 한 살밖에 안 많거나 적어 같은 나이나 다름없는 나이. 또는 그런 사이 한뜻말어깨. 한나이 ⇐ 자치동갑

자침 ⇒ 끌바늘

자칫 (어찌씨) ❶어쩌다가 조금 ⓑ꾸물거리다 가는 자칫 버스를 놓칠 수도 있어 ❷견주어 조금 ⓑ어스름 달빛 속에서 자칫 뒤쪽 사람이 앞쪽 사람한테 먼저 알은체를 했다. 고추를 열 포기 심었는데 자칫 어린 놈들이 더 잘 살아나네 **자칫하다**

자칭 ⇒ 제 부르기. 제 일컫기. 스스로 부르기. 나 부르기

자카르타 (이름씨) 자바섬에 있는 큰 고을로 인도네시아 서울이다. 바다 나루터이고 장사와 짓일이 꽃피웠다

자타 ⇒ 너나. 나너

자태 ⇒ 몸매. 몸맵시. 매무새. 몸씨

자택 ⇒ 제집

자퇴 ⇒ 물러남. 그만둠. 물러나다. 그만두다

자투리 (이름씨) ❶자로 재어 팔거나 마르다가 남은 천 조각 ⓑ옷감 자투리를 모아 예쁜 보자기를 만들었어 ⇐ 여분 ❷어떤 잣대에 미치지 못할 만큼 작거나 적은 조각 ⓑ마음닦기를 배운 뒤로는 일하다 남는 자투리 때에 늘 숨을 알아차린다

자투리땅 (이름씨) 땅을 가르고 남은 조그만 땅뙈기 ⓑ자투리땅에 고구마를 심어 가웃 가마니나 거두었다

자판 ⇒ 글판. 글널

자포자기 ⇒ 뜻잃음. 넋놓음. 손놓음. 뜻을 잃다. 손놓다

자폭 ⇒ 스스로 터뜨려죽음. 스스로 터뜨려 죽다. 함께 목숨끊다

자풀이 (이름씨) ❶피륙 한 자 값이 얼마인지 셈해 보는 일 ❷천을 몇 자씩 끊어서 파는 일

자필 ⇒ 제글씨. 제손글씨

자학 ⇒ 제괴롭힘. 스스로 괴롭히다. 제 괴롭히다

자해 ⇒ 제다침. 스스로 다침. 제 다치다

자형 ⇒ 누나버시

자화상 ⇒ 제그림. 제얼굴그림

자화자찬 ⇒ 제자랑. 제뽐냄

자활 ⇒ 제삶. 제살이. 스스로 살다. 스스로 살아나다

작가 ⇒ 글쓴이. 지은이. 글님. 글쟁이

작고하다 ⇒ 죽다. 돌아가다. 숨 거두다

작곡 ⇒ 가락짓기. 노래짓기

작곡가 ⇒ 가락지이. 노래지이

작금 ⇒ 어제오늘. 요즘. 요새

작년 ⇒ 지난해

작다 (그림씨) ❶(부피나 넓이, 길이, 높이, 둘레 같은 것이) 어느만큼이나 어떤 잣대보다 못하다 ⓑ작은 그릇. 덩치가 작은 사내 ❷소리 울림이 여리다 ⓑ작고 가는 목소리 ❸크기나 만큼이 보잘것없거나 대수롭지 않다 ⓑ집이 작다 ❹힘이 보잘것없거나 여리다 ⓑ작은 힘이라도 보탤게요 ❺끼침이나 미침이 보잘것없다 ⓑ쓰고 버려 뭇 목숨을 죽이는 이 못된 버릇에 작게라도 물들지 말아야죠 ❻맡은 것이나 할 일이 무겁지 않고 가볍다 ⓑ작은 일을 맡아 마음이 가볍다 ❼생각이나 마음 씀씀이가 좁다 ⓑ생각이 작다. 통이 작다 ❽사람 됨됨이가 어느만큼 못하거나 하잘것없다 ⓑ일하는 솜씨를 보면 작은 사람이 아닌 것 같소 ❾허물이 가볍다 ⓑ작은 잘못 ❿(달을 나타내는 낱말과 함께 써) 한달 날수가 해셈은 서른 날(둣달은 28날이나 29날), 달셈은 스물아홉날인 달 ⓑ해셈 버금달은 작은 달이다 ⓫('작게는' 꼴로 써) 나눠 좁혀 말하여 ⓑ큰 머슴이 거짓말하는 일은 크게는 나랏일이요. 작게는 제 삶을 좀 먹는 어리석은 일이다 ⓬('작은' 꼴로 써) 맏이가 아닌 ⓑ작은언니. 작은누이. 작은아들 ⓭('작은' 꼴로 써) 설이나 한가위 같은 날 앞날 ⓑ작은 설

작다리 (이름씨) 키가 작달막한 사람 ⓑ나루는 어려서부터 작다리라고 불렸다 한뜻말땅딸

보 맞선말키다리

작달막하다 그림씨 키가 통통한 몸에 견주어 좀 작다 ⓑ작달막한 키에 동그란 얼굴 맞선말큼지막하다

작달비 이름씨 굵고 억세게 퍼붓는 비 ⓑ한동안 작달비가 내린 뒤 개울물은 크게 불어났다 한뜻말자드락비 ⇐ 장대비. 폭우

작당 ⇒ 떼지음. 떼거리 짓기. 무리 짓기. 떼짓다. 무리 짓다

작대 이름씨 긴 막대기

작대기 이름씨 가늘고 긴 나무 막대기 ⓑ지게 작대기로 흠씬 두들겨 맞았다

작동 ⇒ 뮘. 움직임. 걸림. 움직이다. 돌아가다. 걸리다. 부리다

작두 이름씨 풀이나 짚 따위를 써는 연장 ⓑ아버지는 늘 저녁이면 소꼴을 작두로 썰었다

작두콩 이름씨 나무를 타고 올라가는 덩굴풀로 꼬투리 안에 굵고 흰 열매가 열 낱쯤 맺히는 콩

작렬 ⇒ 터짐. 터지다

작명 ⇒ 이름짓기. 이름붙이기. 이름짓다. 이름붙이다

작문 ⇒ 글짓기

작물 ⇒ 짓는 것. 가꾸는 것

작벼리 이름씨 물가 모래밭에 돌이 섞인 곳 ⓑ개울가 작벼리에 들어서자 발을 딛는 곳마다 돌이다

작별 ⇒ 헤어짐. 떠남. 헤어지다. 떠나다

작사 ⇒ 노랫말 짓기. 노랫말 짓다

작사자 ⇒ 노랫말 지은이

작살[1] 이름씨 끝에 쇠날을 끼워 짐승이나 물고기를 찔러 잡는 연장 ⓑ아버지는 작살잡이로 이름 높았다

작살[2] 이름씨 남김없이 깨지거나 부서져 아주 결딴이 남 ⓑ셈틀이 바닥에 떨어져 작살났다 **작살나다**

작성 ⇒ 만듦. 지음. 씀. 만들다. 짓다. 쓰다. 얽어 짜다

작성자 ⇒ 만든이. 지은이

작시 ⇒ 노래짓기

작심 ⇒ 마음먹기. 마음먹음

작심삼일 ⇒ 마음먹기 사흘

작아지다 움직씨 작게 되다 ⓑ내가 방에 들어가자 두 사람 목소리가 작아졌다

작약 ⇒ 함박꽃

작업 ⇒ 일. 일하다

작업복 ⇒ 일옷

작업장 ⇒ 일터

작열 ⇒ 이글거림. 이글거리다. 뜨겁게 타오르다. 새빨갛게 달다

작용 ⇒ 일. 힘미침. 일하다. 힘미치다. 일어나게 하다

작용점 ⇒ 일점

작은개자리 이름씨 겨울 하늘에 보이는 별자리

작은골 이름씨 큰골 아래, 숨골 뒤에 있는 길둥근 머리 골 가운데 하나. 몸 움직임을 고르게 하거나 움직임을 알맞게 맞춘다 ⓑ작은골에 잘못이 생기면 똑바로 서 있질 못한다 ⇐ 소뇌

작은곰자리 이름씨 한 해 내내 노녘 하늘에 보이는 별자리. 그 가운데 으뜸 밝은 별이 노끝별이다

작은달 이름씨 ❶해셈으로 한 달이 서른하루가 못 되는 달 ❷달셈으로 한 달이 서른 날이 못 되는 달

작은따옴표 이름씨 마음속으로 한 말이거나 따온 말 안에 다시 따온 말을 나타낼 때 쓰는 ‘ ’이름 ⓑ나는 ‘다시는 그와 이야기하지 말아야지.’ 하고 굳게 마음먹었다

작은딸 이름씨 맏딸이 아닌 딸

작은뜨리 이름씨 어린아이 살갗에 붉고 둥근 꽃돋이가 생겼다가 얼마 뒤 물집으로 바뀌는 돌림앓이 한뜻말물집앓이 ⇐ 수두

작은말 이름씨 말뜻은 큰말과 같으나 느낌이 작고 밝게 들리는 말 ⓑ‘새빨갛다’는 ‘시뻘겋다’ 작은말이다 맞선말큰말

작은북 이름씨 앞에 걸어 메거나 받침 위에 올려놓고 두 나무 막대로 두들겨 소리를 내는 하늬가락틀 맞선말큰북 ⇐ 소고

작은북춤 이름씨 두레굿 놀이에서 작은북을 치

며 추는 춤

작은사랑 이름씨 배달집에서 아들이나 아슨아들이 사는 방

작은아들 이름씨 맏아들 아닌 아들

작은아버지 이름씨 아버지 아우를 짝맺은 뒤에 부르는 말 ⓑ내게는 작은아버지 한 분이 계신다 맞선말 큰아버지 ⇐ 숙부

작은어머니 이름씨 작은아버지 아내 ⓑ어제 다고부루에 사는 작은어머니가 우리집에 오셨다 맞선말 큰어머니 ⇐ 숙모

작은집 이름씨 ❶작은아버지와 그 집님이 사는 집 ⓑ우린 아제 작은집으로 놀러갈 거다 맞선말 큰집 ❷따로 살림하는 아들이나 아우집 ⓑ설날엔 작은집 집님이 다 할아버지 집에 모였다 ❸시앗 또는 시앗이 사는 집 ⓑ한슬은 아무 때나 작은집에 들러가곤 했다

작은창자 이름씨 양과 큰창자 사이에 이어진 가늘고 긴 대롱꼴 삭임틀 ⓑ우리가 먹은 것은 작은창자에서 그 살감이 몸속으로 빨려 들어가 피와 살이 된다 ⇐ 소장

작은책 이름씨 무엇을 알리려고 자그마하게 만든 책 한뜻말 좀책 ⇐ 소책자. 팸플릿

작은할머니 이름씨 작은할아버지 아내

작은할아버지 이름씨 할아버지 아우

작자 ⇒ 지은이. 만든이. 사람. 살 사람. 놈

작작[1] 어찌씨 (남 지나친 짓을 말릴 때 써) 지나치지 않게 ⓑ좀 작작 지껄여라. 작작 좀 먹어라

작작[2] 어찌씨 ❶작은 신 같은 것을 가볍게 끌며 걷는 소리나 그 꼴 ⓑ끌신을 작작 끌고 나갔다 ❷작은 금이나 긋을 마구 긋는 소리나 그 꼴 ⓑ틀린 곳에 밑금을 작작 긋고 바로잡았어요 ❸종이 따위를 자꾸 찢는 소리나 그 꼴 ⓑ헤어지자는 말에 골이 나서 받은 편지를 작작 찢어버렸다

작전 ⇒ 싸움꾀. 꾀짜기

작정 ⇒ 마음먹기. 마음먹다. 뜻하다. 마음다지다

작중인물 ⇒ 이야기속 사람. 굿말속 사람

작태 ⇒ 짓거리. 짓. 몸가짐

작품 ⇒ 지은것. 만든것

작품집 ⇒ 지은것모음책

작황 ⇒ 됨새. 여름지이 됨새

잔 ⇒ 잔그릇

잔- 앞가지 잘거나 좀스럽다 ⓑ잔글씨. 잔돈. 잔심부름. 잔말

-잔 씨끝 '-자는' 준말 ⓑ보잔 말이 웬말인가? 하잔 대로 하마

잔가지 이름씨 나뭇가지에서 뻗은 더 작은 가지 ⓑ싸리 잔가지 꺾어 젓가락 만들자

잔걱정 이름씨 자질구레한 걱정 ⓑ잔걱정 말고 따라오게나

잔고 ⇒ 남은돈. 나머지돈

잔고기 이름씨 작은 물고기 ⓑ잔고기는 빠져 나가게 고기 소쿠리를 결어 엮었다

잔그늘이 이름씨 콩팥이 크고 지라가 작은 잔그늘 몸을 가진 사람 ⇐ 소음인

잔그릇 이름씨 물이나 술, 차 따위를 담아 마시는 자그마한 그릇 ⓑ한 잔그릇 물을 쭉 들이켰다 ⇐ 잔

잔글자 이름씨 하늬글자에서 작은 글씨 글자 ⇐ 소문자

잔금 ⇒ 남은돈. 잔돈. 끝돈

잔기침 이름씨 작은 소리로 자주 하는 기침 ⓑ요새 아침저녁으로 잔기침을 많이 한다

잔깨비 이름씨 숲이나 나무, 물, 바위 같은 것에 깃들어 있다고 믿는 깨비 ⇐ 요정

잔꽃풀 이름씨 키는 1.5미터쯤이고 잎은 어긋나며 바소꼴로 거친 톱니가 있는 풀 ⇐ 망초

잔꾀 이름씨 환히 보이는 얕은 꾀 ⓑ오빠는 어릴 때부터 잔꾀가 많았다 비슷한말 잔머리 ⇐ 계책

잔나비 이름씨 더운 고장 숲속 나무 위에 사는 짐승. 얼굴과 엉덩이를 뺀 온몸에 털이 나 있고 앞발을 사람 손처럼 익숙하게 쓴다 한뜻말 납. 잔납 ⇐ 원숭이

잔누비 이름씨 잘게 누빈 누비

잔눈 이름씨 한 해 스물네 철 가운데 스무째 철. 열한달 스무이틀 무렵으로 이 때 첫눈이 내린다고 하며 바람이 세게 불고 날씨도

추워지는 때이다 ⇐ 소설

잔당 ⇒ 남은 무리

잔대 이름씨 잎은 세 잎이나 네 잎이 마주 나고 줄기를 뜯으면 흰 물이 나오는 풀. 싹은 나물로 하고 도라지같이 생긴 뿌리는 먹기도 하고 낫개로 쓴다 한뜻말 딱주

잔더위 이름씨 한 해 스물네 철 가운데 열한째 철. 일곱달 닷새 무렵이며 이 때 더위가 제대로 비롯되며 여름 장마철이라 비가 많이 내린다 ⇐ 소서

잔도 ⇒ 벼랑길

잔돈 이름씨 ❶돈머리가 많지 않은 부스레기 돈 ㉥이 종이돈을 잔돈으로 바꿔 주세요 ❷거스름돈 ㉥잔돈 거슬러 주세요

잔돌 이름씨 작은 돌멩이

잔돌별 이름씨 불별과 나무별 돌이길 사이에서 해 둘레를 도는 작은 떠돌이별 한뜻말 좀돌별 ⇐ 소행성

잔등 이름씨 등 ㉥먼 길을 바삐 걸으려니 잔등에 땀이 난다

잔디 이름씨 들이나 메에서 자라는 키가 작고 뿌리가 붙은 채로 무리 지어 있는 풀. 뿌리줄기는 땅겉에 길게 뻗으며 마디마다 나룻뿌리가 나 흙이 무너지지 않도록 잡아주어 무덤가나 마당, 둑에다 많이 심고 보기 좋게 하려고도 심는다

잔디밭 이름씨 잔디가 많이 나 있는 곳 ㉥소를 놓아두고 잔디밭에 누워 하늘을 쳐다본다

잔디하키 이름씨 잔디밭에서 열한 사람이 한 쪽이 되어 긴 막대로 공을 쳐서 맞은 쪽 문에 넣는 놀이. 인디아에서 많이 한다 ⇐ 필드하키

잔떼 이름씨 싸울아비 짜임 가운데 하나. 네 낱갈떼로 이뤄지며 갑떼에 딸린다 ⇐ 소대

잔떼지기 이름씨 잔떼를 이끌고 다스리는 이끎이. 흔히 한밥풀내기나 두밥풀내기가 맡는다 ⇐ 소대장

잔뜩 어찌씨 ❶어디에 꽉 차게 ㉥하늘은 어느새 먹구름이 잔뜩 끼었다. 먹을 것만 잔뜩 가져왔다 ❷몹시 세게 ㉥선돌은 잔뜩 골이 나서 문을 차고 나갔다 ❸자라는 데까지 힘껏 ㉥아름이는 잔뜩 멋을 부리고 문을 나섰다

잔루 ⇒ 남은밭

잔말 이름씨 쓸데없이 자질구레하게 늘어놓는 말 ㉥잔말 말고 따라와!

잔망스럽다 ⇒ 착살스럽다. 좀스럽다. 잘달다. 다랍다

잔매치 이름씨 물이 맑고 모래나 자갈이 많은, 물살이 빠른 가람에 사는 작은 물고기

잔물결 이름씨 ❶고요한 물 위에 바람이 일어 주름살같이 잘게 일어나는 물결 ㉥잔물결이 일며 반짝이는 윤슬에 눈이 부신다 한뜻말 잔물살 ⇐ 파동 ❷기쁨이나 두려움 따위로 마음이 가볍게 뛰노는 꼴 ㉥내 마음에 잔물결이 일렁인다

잔물땅땅이 이름씨 못이나 논 같은 데 사는 벌레. 검은 등은 딱딱하고 반들반들하다

잔반 ⇒ 남은밥

잔반통 ⇒ 남은밥통

잔밝멧줄기 이름씨 미리나고장, 온바라고장과 사라사고장 살피를 이루는 멧줄기. 수리메, 덕유메, 두루메 들이 있다 ⇐ 소백산맥

잔별 이름씨 작은 별 ㉥푸른 하늘엔 잔별도 많고 우리 가슴엔 사랑도 많다 한뜻말 싸라기별

잔병 ⇒ 잔앓이

잔병치레 ⇒ 잔앓이치레

잔볕이 이름씨 지라가 크고 콩팥이 작은 잔볕몸을 가진 이 ⇐ 소양인

잔뼈 이름씨 ❶잘다란 뼈 ㉥웬만한 물고기 잔뼈는 씹어먹으면 좋다 ❷어려서 덜 자란 작고 여린 뼈 ㉥몸을 많이 움직여 잔뼈를 튼튼하게 한다 익은말 **잔뼈가 굵어지다** 어려서부터 어떤 일이나 매개 속에서 자라나 한몫하다

잔뿌리 이름씨 굵은 뿌리에서 돋아난 작고 가는 뿌리 ㉥우리 밭 도라지는 잔뿌리가 적다

잔살이 이름씨 눈으로는 볼 수 없는 아주 작은 숨받이. 흔히 팡이, 뜸씨 따위를 이르는데

좀알살이를 품는 때도 있다 ⇐ 미생물

잔삼 이름씨 산것을 이루는 바탕이 되는 것. 자위청이 있는 참자위잔삼과 자위청이 없는 밑자위잔삼으로 나뉜다. 아기를 싸고 있는 청이란 뜻을 지닌 '포'를 우리말로 '삼'이라 하니, 세포는 곧 잔삼이다 ⇐ 세포

잔삼나뉨 이름씨 잔삼 하나가 나뉘어 새로운 잔삼 두 낱으로 만들어지는 일. 먼저 자위가 나뉘고 잔삼밭이 나뉜 뒤에 잔삼이 나뉜다 ⇐ 세포분열

잔삼밭 이름씨 잔삼에서 자위를 뺀 잔삼청 안쪽. 으뜸이룸씨는 흰자밭, 물이다 ⇐ 세포질

잔삼청 이름씨 잔삼밭과 자위를 이루는 몸밭을 지키는 얇은 켜. 잔삼바람이라는 뜻으로도 쓴다 ⇐ 세포막

잔상 ⇒ 남은 꼴

잔생이 어찌씨 **1** 지긋지긋하게 말을 듣지 않는 꼴 ㉥너같이 말을 잔생이 안 듣는 아이는 처음이야 **2** 애걸복걸하는 꼴 ㉥잡힌 도둑은 마을 사람들에게 잘못했다고 잔생이 빌었다

잔설 ⇒ 남은 눈

잔셈 이름씨 자질구레한 것을 셈함. 또는 그런 셈 ⇐ 소계

잔소리 이름씨 **1** 듣기 싫게 자꾸 늘어놓는 잔말 ㉥우리 엄마는 잔소리를 잘 한다 **2** 쓸데없이 자질구레하게 늘어놓는 말 ㉥두말하면 잔소리다 **잔소리하다**

잔손 이름씨 자잘하게 손을 놀리면서 하는 수고 ㉥집안일은 밑도 끝도 없이 잔손이 많이 간다

잔손질 이름씨 자잘하게 여러 디위 하는 손질 ㉥잔손질이 많이 가는 나물 무침

잔솔 이름씨 어린 소나무 ㉥불쏘시개로는 잔솔가지가 으뜸이다

잔솔밭 이름씨 잔솔이 무리 지어 자라는 곳 ㉥우리 마을 잔솔밭엔 싸리버섯이 많이 났다

잔수 이름씨 1보다 작고 0 보다 큰 수. 1/10 은 잔수로 0.1이다 ⇐ 소수

잔수레 이름씨 크기가 작은 수레 ⇐ 소형차

잔수점 이름씨 잔수쪽과 옹근수쪽을 가르려고 찍는 점 ⇐ 소수점

잔심부름 이름씨 여러 가지 자질구레한 일을 시키는 심부름 ㉥오빠는 잔심부름을 하며 쓸 돈을 벌어 썼다

잔쏘개 이름씨 낱 사람이 어깨에 메고 다니며 쓸 수 있게 만든 쏘개 ⇐ 소총

잔악하다 ⇒ 몹시 사납다. 몹시 모질다. 몹시 못됐다. 아주 나쁘다

잔앓이 이름씨 자주 앓는 가벼운 앓이 ㉥난 어려서 잔앓이치레를 많이 했지만 이제는 아주 튼튼하다 ⇐ 잔병

잔앓이치레 이름씨 작은 앓이를 자주 하는 것 ⇐ 잔병치레

잔액 ⇒ 남은돈

잔여름지이 이름씨 적은 논밭으로 집보끼리 작게 여름짓기. 또는 그런 사람 ⇐ 소농

잔인하다 ⇒ 모질다. 몰강스럽다

잔일 이름씨 잔손이 가는 자질구레한 일거리 ㉥집에 있으면 잔일이 끝도 없다 ⇐ 잡무. 잡일

잔입[1] 이름씨 자고 일어나 아무 것도 먹지 않은 입 한뜻말 마른입

잔입[2] 이름씨 입을 작게 벌리고 입맛을 다시거나 쩝쩝거리는 것

잔잔하다 그림씨 **1** 바람이나 날씨, 물결들이 가라앉아 있거나 조용하다 ㉥잔잔한 바다. 날씨가 잔잔하다 **2** 큰 바뀜이나 흔들림 없이 고요하고 조용하다 ㉥잔잔한 기운이 감도는 집안 ⇐ 평온하다. 평화롭다 **3** 목소리가 크거나 거칠지 않고 조용하다 ㉥잔잔한 목소리 **4** 눈매가 거칠지 않고 차분하다 ㉥잔잔한 눈매 **5** 앓이가 더하지 않고 가라앉아 그만하다 ㉥엄마 앓이가 잔잔한 틈을 타서 밖에 놀러갔다 **6** 시끄럽지 않고 고요하다 ㉥숲을 바라보고 있노라니 마음이 잔잔해진다

잔재 ⇒ 찌꺼기. 쓰레기. 얼룩

잔재미 이름씨 **1** 대단하지는 않지만 아기자기한 재미 ㉥이 나이엔 그저 아기 보는 잔재

ㅈ

미로 살아가지 ❷감칠맛 있는 재미 ㉥잔재미가 있는 사람

잔재비 [이름씨] ❶자질구레한 일을 잘 하는 손재주 ❷큰일판에서 잔손이 많이 가는 일감 한뜻말 잔일 ❸줄 위에서 벌이는 몸재주

잔재주 [이름씨] ❶자질구레한 솜씨나 꾀 ㉥버드내는 잔재주가 많은 사람이다 ❷남을 속이려고 하나 곧 드러나는 못된 꾀 ㉥에잇! 이놈, 누구 앞에서 잔재주를 피우냐 ⇐ 계책

잔죽고 [어찌씨] 아무 말 없이. 가만히 ㉥어른이 말할 때는 아이들은 좀 잔죽고 있어라 한뜻말 잠자코

잔챙이 [이름씨] 여럿 가운데 작고 볼품이 없으며 값어치가 낮은 것 ㉥벌레 먹고 생채기 난 잔챙이는 따로 골라내. 잔챙이는 버리고 굵고 좋은 감자만 담아요

잔추위 [이름씨] 한 해 스물셋째 철. 한달 이레쯤으로 참말로는 한해 가운데 가장 추운 때이다 맞선말 큰추위 ⇐ 소한 [슬기말] **잔추위 추위는 꾸어다가라도 한다** 잔추위 때는 반드시 춥다

잔치 [이름씨] ❶기쁜 일이 있을 때 먹을거리를 차려 사람들과 같이 나누고 즐기는 일 ㉥이름난 잔치에 먹을 게 없다 ⇐ 연회. 축전. 축제. 축하연. 카니발. 파티. 피로연 ❷짝맺이를 달리 이르는 말 ㉥누나 잔칫날 울었다 ⇐ 결혼. 혼인 **잔치하다**

잔치놓개 [이름씨] 잔치 때 차리는 맛갓을 올려놓는 놓개 ⇐ 잔칫상

잔칫날 [이름씨] 잔치하는 날

잔칫상 ⇒ 잔치놓개

잔칫집 [이름씨] 잔치를 벌리는 집

잔털 [이름씨] ❶짧고 가는 털 ㉥잔털이 보송보송하다 ❷실이나 천, 뜨개 같은 것 겉에 돋은 매우 가늘고 짧은 털 ㉥옷을 오래 입어 보푸라기 같은 잔털이 일었다

잔학하다 ⇒ 끔찍하다. 모질다

잔해 ⇒ 찌꺼기. 나머지. 남은 뼈대

잔혹하다 ⇒ 끔찍하다. 모질다. 몰강스럽다

잗다랗다 [그림씨] ❶아주 자질구레하다 ㉥아이는 잗다랗게 주름을 잡은 치마를 입었다 ❷볼만한 값어치가 없을 만큼 하찮다 ㉥저자에서 김밥이나 파는 잗다란 일을 한다고 얕잡아 보지 마라

잗달다 [그림씨] 하는 짓이 잘고 쩨쩨하다 ㉥너무 잗달게 굴지 말고 좀 베풀기도 하렴 ⇐ 야비하다

잘[1] [이름씨] 골을 골 디위 더한 수, 곧 100,000,000을 세는 우리말 ⇐ 억

잘[2] [어찌씨] ❶솜씨 있고 익숙하게 ㉥일을 잘 하다. 글씨를 잘 쓰다 ❷꼼꼼하고 넉넉하게 ㉥잘 아는 길 ❸넉넉하게 ㉥잘 먹고 잘 산다 ❹좋고 훌륭하게 또는 아름답고 멋있게 ㉥얼굴이 잘생긴 사나이. 잘 여문 낟 ❺옳고 바르게 ㉥마음을 잘 써라 ❻틀림없이 똑똑하게 ㉥무슨 뜻인지 잘 모르겠다 ❼때마침 알맞게 ㉥그리로 갈까 했는데 마침 잘 왔네 ❽매끄럽게 또는 튼튼하게 ㉥가는 데까지 잘 가다. 잘 있다 ❾쉽게. 빨리 ㉥잘 걷다. 잘 놀다 ❿걸핏하면 ㉥잘 웃다. 잘 울다 ⓫삼가서 ㉥스승 말씀을 잘 듣다 ⓬자주 ㉥메에 잘 간다 ⓭거침없이 시원스럽게 ㉥칼이 잘 든다 ⓮상냥하게 마음껏 ㉥길을 잘 알려주마

잘강거리다[1] [움직씨] 작고 단단한 것이 잇달아 가볍게 맞부딪치며 소리가 울려 나다 **잘강대다**

잘강거리다[2] [움직씨] 질긴 것을 잇달아 잘게 씹다 **잘강대다**

잘강잘강[1] [어찌씨] 작고 단단한 것이 잇달아 가볍게 맞부딪칠 때 울려 나는 소리 ㉥쇠짓터에서 쇠 부딪는 소리가 잘강잘강 울린다 **잘강잘강하다**

잘강잘강[2] [어찌씨] 질긴 것을 잇달아 잘게 씹는 꼴 ㉥가웃 말린 오징어를 불에 구워 잘강잘강 맛있게 씹어 먹었다 **잘강잘강하다**

잘근거리다 [움직씨] 무엇을 자꾸 가볍게 씹다 **잘근대다**

잘근잘근 [어찌씨] 무엇을 자꾸 가볍게 씹는 꼴 ㉥아이가 칡뿌리를 잘근잘근 씹고는 뱉는

다 **잘근잘근하다**

잘나다 (그림씨) **1** 사람 됨됨이가 똑똑하고 지닌 힘이 뛰어나다 ⓑ저 잘났다고 너무 뽐내면 안 된다 맞선말 못나다 **2** 잘 생기어 보기 좋다 ⓑ우리 아들은 참 잘나서 볼 때마다 뿌듯해 **3** (비꼬거나 비웃는 뜻으로 흔히 '이 잘난' 꼴로 써) 보잘것없다 ⓑ이 잘난 것으로 뭘 하겠다고? 이 잘난 사람을 이렇게도 따뜻이 맞아주시다니

잘늙은이 (이름씨) 바르게 살아 잘 늙은 사람 ⇐ 원로

잘다 (그림씨) **1** 몸피가 가늘고 작다 ⓑ올해 도토리 열매는 참 잘다 맞선말 굵다 **2** 일이 작고 보잘것없다 ⓑ일이 잘아서 사내가 하기에 맞지 않는다고 투덜거린다 **3** 사람 됨됨이가 너그럽지 못하고 좀스럽다 ⓑ그 사람은 좀 잘아!

잘데 (이름씨) 누워 잘 수 있게 만든 다리 달린 살림살이 ⇐ 침대. 침상

잘되다 (움직씨) **1** 어떤 일이 잘 이루어지거나 좋은 열매를 맺다 ⓑ올해 여름지이가 잘되었다 맞선말 못되다 **2** 훌륭하게 자라거나 높은 자리에 오르다 ⓑ아들이 잘되기를 바라는 어머니 마음 **3** 어느 높이나 만큼에 넉넉히 이르다 ⓑ온 마을(100리) 잘되는 길을 하루에 걸어오신 할아버지

잘라당거리다 (움직씨) 엷은 쇠붙이나 작은 방울 같은 것이 흔들리며 소리가 자꾸 울리다 **잘라당대다**

잘라당잘라당 (어찌씨) **1** 엷은 쇠붙이나 작은 방울 같은 것이 흔들릴 때 울려 나는 소리 ⓑ소가 파리를 쫓느라 목을 흔드니 잘라당잘라당 방울 소리가 울린다 **2** 잇달아 세게 떨어지는 빗방울 소리 ⓑ세찬 빗방울이 못에 잘라당잘라당 떨어진다 **잘라당잘라당하다**

잘라매다[1] (움직씨) 띠나 끈, 줄을 바싹 동여매다

잘라매다[2] (움직씨) 한마디로 딱 물리치다 ⓑ칼로 베듯 딱 잘라매었다

잘라먹다 (움직씨) **1** 무엇을 자르거나 베물어 먹다 ⓑ능금을 잘라먹다 **2** 자르거나 잘리다 ⓑ어린 일꾼은 일하는 틀에 손가락이 끼여 손가락을 잘라먹었다 **3** 써서 없애다 ⓑ나무를 좀 해놓고는 일때를 잘라먹고 그늘에서 쉬었다 **4** 갚아야 할 것을 갚지 않고 말다 ⓑ네맏언니는 빚을 잘라먹고도 부끄러운 줄을 몰랐다 **5** 남에게 건네줘야 할 것을 주지 않고 가지다 ⓑ그렇게 일렀건만 언니는 가운데서 남은 돈을 잘라먹었다

잘록창자 (이름씨) 막창자와 곧창자 사이에 있는 큰창자. 오름잘록창자, 가로잘록창자, 내림잘록창자, 구불잘록창자로 나뉜다 ⇐ 결장

잘록하다 (그림씨) 어떤 길쭉한 것 한 곳이 홀쭉하게 가늘다 ⓑ잘록한 허리가 눈에 확 띈다 맞선말 볼록하다

잘리다 (움직씨) 칼이나 날카로운 것으로 어디에서 떨어져 나오게 하다 ⓑ내 팔이 잘린 것처럼 마음이 아팠다. 꼬리가 잘린 뱀

잘린땅 (이름씨) 흔히 길을 내려고 잘라낸 땅 ⇐ 절개지

잘망스럽다 (그림씨) 하는 짓이나 꼴이 잘고 얄미운 데가 있다 ⓑ우리가 우리말을 살리려는 것은 온 겨레가 함께하는 일이지, 몇몇 사람이 하는 잘망스러운 놀음이 아니다

잘못[1] (이름씨) 잘하지 못한 일이나 그릇된 짓 ⓑ누구나 잘못을 저지를 수 있지만 거기서 배우는 이는 적다 ⇐ 에러. 실수. 흠 **잘못하다**

잘못[2] (어찌씨) **1** 틀리거나 그릇되게 ⓑ네가 나무조각을 잘못 맞췄어 맞선말 잘 **2** 알맞지 않게 ⓑ어제 내린 비는 잘못 왔어요 **3** 서투르게 ⓑ아직 글씨를 잘못 쓰는구나

잘못되다 (움직씨) **1** 어떤 일이 그릇되거나 틀리게 되다 ⓑ이 일이 잘못되면 모든 건 제 탓이에요 비슷한말 그릇되다 **2** 무엇이 잘못 이뤄지거나 나쁜 열매를 맺다 ⓑ큰물이 휩쓸어 올해 여름지이는 잘못되었다 **3** 나쁜 길로 빠져 헤어나지 못하다 ⓑ보구슬네 아들이 잘못된 길에 빠져 엄마가 애를 먹었다

잘못씀 (이름씨) 쏘개나 내쏘개를 잘못 쏘는 일

⇐ 오발

잘못씀 [이름씨] 알맞지 않게 쓰거나 나쁜 일에 씀 ⇐ 오용. 악용

잘못하다 [움직씨] [1]어떤 일을 틀리거나 그릇되게 하다 ㉥오늘 반죽을 잘못해서 빵이 딱딱해졌다 [2]일을 서툴게 하거나 오죽잖게 하다 ㉥솜씨가 좋은 줄 알았더니 잘못하는군 [3]가리에 어긋나게 어떤 짓을 하다 ㉥제가 잘못했습니다 [4]속에서 받지 않아 잘 먹지 못하다 ㉥술을 잘못하는 온터 님

잘바닥거리다 [움직씨] 얕은 물이나 진창을 자꾸 밟는 소리가 나다 **잘바닥대다**

잘바닥잘바닥 [어찌씨] 얕은 물이나 진창을 자꾸 밟을 때 나는 소리나 그 꼴 ㉥아이들이 개울에서 잘바닥잘바닥 발장난을 하며 논다 **잘바닥잘바닥하다**

잘바당 [어찌씨] 조금 묵직한 것이 물 위에 떨어져 울려 나는 소리 ㉥가방이 잘바당 하며 물속에 빠졌다 거센말 찰바당 **잘바당하다**

잘바당거리다 [움직씨] 조금 묵직한 것이 물 위에 떨어져 울려 나는 소리가 잇달아 나다 ㉥웅덩이에 빠진 아우가 잘바당거리며 빠져나오려 애썼다 거센말 찰바당거리다 **잘바당대다**

잘바당잘바당 [어찌씨] 조금 묵직한 것이 물 위에 떨어질 때 잇달아 울리어 나는 소리 ㉥아이들이 물웅덩이에서 잘바당잘바당 물장구를 치며 논다 거센말 찰바당찰바당 **잘바당잘바당하다**

잘박거리다[1] [움직씨] 얕은 물이나 진창 밟히는 소리가 자꾸 나다 ㉥이 때면 물에 잠긴 갯가를 잘박거리며 걷는다 **잘박대다**

잘박거리다[2] [움직씨] 물기가 있는 흙이 좀 끈기 있게 자꾸 잘 이겨지다 ㉥찰흙을 한참 이겨대니 잘박거리며 손에 착 달라붙었다 **잘박대다**

잘박잘박[1] [어찌씨] 얕은 물이나 진창을 자꾸 밟거나 칠 때에 잇달아 나는 소리 ㉥진창길을 잘박잘박 걷다 **잘박잘박하다**

잘박잘박[2] [어찌씨] 몬이 겨우 잠길 만큼 물이 차 있거나 물기가 많은 꼴 ㉥큰 고무 통 안에서 이불을 잘박잘박 밟았다 **잘박잘박하다**

잘방 [어찌씨] 작은 것이 물에 가볍게 떨어지는 소리 거센말 찰방 **잘방하다**

잘방거리다 [움직씨] 작은 것이 물에 가볍게 떨어지는 소리가 잇달아 나다 ㉥항아리엔 처마 끝에서 떨어진 물이 잘방거리며 넘쳤다 거센말 찰방거리다 **잘방대다**

잘방잘방 [어찌씨] 작은 몬이 가볍게 물 위에 떨어질 때 잇달아 울리어 나는 소리 ㉥납작한 돌을 비스듬히 물 위로 던졌더니 잘방잘방 물 위를 스치면서 날아간다 거센말 찰방찰방 **잘방잘방하다**

잘빠지다 [그림씨] 미끈하게 잘생겨 빼어나다 ㉥이 오지그릇은 미끈하게 잘빠졌다

잘살다 [움직씨] [1]살림이 넉넉하게 살다 ㉥저 집은 잘사는 집이다 [2]아무 일 없이 살다 ㉥장가 안 가고 혼자 산다더니 장가가서 잘사네

잘생기다 [그림씨] 생김새가 보기 좋다 ㉥왜 사람들은 잘생긴 사람을 좋아할까? 잘생긴 사람이란 것이 참말로 있을까?

잘잘[1] [어찌씨] [1]물 같은 것이 뜨겁게 끓는 꼴 ㉥기름이 잘잘 끓다 큰말 절절 센말 짤짤 [2]구들 같은 것이 따끈따끈 잘 데워진 꼴 ㉥잘잘 끓는 아랫목 [3]기름기나 빛이 반지르하게 흐르는 꼴 ㉥머리에 기름이 잘잘 흐른다 [4]오줌이나 물 같은 것을 아무데나 조금씩 흘리거나 갈기는 꼴 ㉥토끼가 오줌을 잘잘 갈긴다 **잘잘하다**

잘잘[2] [어찌씨] [1]신 같은 것을 가볍게 끄는 소리나 그 꼴 ㉥아우가 신을 잘잘 끌고 안방으로 건너왔다 [2]주책없이 바쁘게 달랑이며 싸다니는 꼴 ㉥온 마을을 잘잘 쏘다니는 아이 [3]작은 몸짓으로 좀 빠르게 머리를 저으며 흔드는 꼴 ㉥머리를 잘잘 흔든다 [4]분수없이 이말 저말 좀 재게 지껄이는 꼴 ㉥가시나들이 모여 잘잘 지껄인다 [5]물 같은 것이 가볍게 흐르는 꼴 ㉥물이 잘잘 흐른다 **잘잘하다**

잘잘거리다 움직씨 ❶신 같은 것을 가볍게 끄는 소리가 자꾸 나다 큰말절절거리다 센말짤짤거리다 ❷주책없이 바쁘게 달랑이며 싸다니다 **잘잘대다**

잘잘못 이름씨 잘함과 잘못함 또는 옳음과 그름 ㉥잘잘못을 가리다 ⇐ 흑백

잘잘못가리 이름씨 모든 것을 희고 검음, 좋고 나쁨, 옳고 그름과 같이 두 끝으로만 나누고 가운데 자리를 받아들이지 않는 치우친 생각틀 한뜻말잘잘못따짐 ⇐ 흑백논리

잘잘하다 그림씨 여럿이 다 고르롭게 몹시 잘다 ㉥잘잘한 밤톨은 따로 골라냈다

잘침 이름씨 공치기에서 치는이가 밭에 나갈 수 있게 딱 맞게 치는 일 ⇐ 안타

잘하다 움직씨 ❶옳고 바르게 하다 ㉥윗사람이 잘하면 아랫사람은 저절로 따라간다 맞선말잘못하다 ❷훌륭하게 빈틈없이 하다 ㉥나는 셈갈을 뛰어나게 잘한다 ❸버릇으로 어떤 짓을 자주하다 ㉥웃기를 잘한다. 우스갯소리를 잘한다 ❹익숙하고 솜씨 있게 하다 ㉥노래를 잘한다. 일을 잘한다 ❺먹을거리 같은 것을 즐겨서 잘 먹다 ㉥술을 잘한다

잠 이름씨 ❶눈이 저절로 감기며 겉마음이 아무것도 모른 채로 쉼 ㉥숨소리를 보니 잠이 들었나 봐 ❷누에가 허물을 벗기 앞에 여러 디위 뽕을 먹지 않고 꼼짝 않고 쉼 ㉥누에가 두잠 자고 깨었어 ❸(개구리나 뱀, 곰 같은 것이) 겨울 동안 먹지도 뛰지도 않고 쉼 ㉥개구리도 겨울잠을 잔다 ❹사내와 겨집이 잠자리를 같이 함 ㉥돌이와 순이가 같이 잠을 잤대요 ❺일던 바람이나 물결이 잠잠해짐 ㉥세차게 불던 바람이 잠을 자니 온 누리가 고요하다 ❽몬이 쓰임새대로 쓰이지 못하고 묻혀 있음 ㉥옷넣개 속에는 잠자고 있는 옷이 많다

잠개 이름씨 싸움에 쓰는 연장을 통틀어 이르는 말 ⇐ 무기

잠개막이 이름씨 싸울 때 맞은쪽 칼이나 찌르개, 화살 따위를 막는 데 쓰던 잠개 한뜻말막이 ⇐ 방패

잠개잡이 이름씨 나라를 지키는 사람 한뜻말싸울아비 ⇐ 군인. 병사

잠결 이름씨 ❶잠이 어렴풋이 들거나 깬 결 ㉥잠결에 사람 기척을 느끼고 깨어 일어났다 ❷저도 모르게 잠을 자는 바람 ㉥잠결에 걷어 찬 이불을 엄마가 덮어줬다 슬기말 **잠결에 남 다리 긁는다** 얼떨결에 남 일을 제일로 알고 한다. 스스로한테 좋도록 한 일이 남한테 좋은 일이 된다

잠귀 이름씨 잠결에 소리를 듣는 힘 ㉥나는 잠귀가 어둡고 아우는 잠귀가 밝다

잠그다[1] 움직씨 ❶문이나 뚜껑 따위에 자물쇠를 채워 열지 못하게 하다 ㉥어머니는 다락방 문을 자물쇠로 꼭 잠궜다 ⇐ 폐쇄하다 ❷('입'과 함께 써) 말하지 않고 입을 다물다 ㉥입을 굳게 잠그고 마음을 다잡았다

잠그다[2] 움직씨 ❶물속에 넣거나 가라앉게 하다 ㉥더위를 식히려고 물속에 몸을 잠그었다 비슷한말담그다 ❷어떤 꼴에 놓이게 하다 ㉥오랑캐들은 마을에 불을 질러 마을을 불더미 속에 잠그고 사람들을 닥치는 대로 죽였다 ❸(몸과 함께 써) 어떤 일에 온 힘을 다하다 ㉥샛돌은 그 일에 몸을 푹 잠그고 임자답게 일한다

잠금장치 ⇒ 잠금틀

잠금틀 이름씨 물이나 물길, 문 같은 것을 잠그도록 한 것 ⇐ 잠금장치

잠기다 움직씨 ❶물속에 넣어지거나 가라앉게 되다 ㉥마을이 물에 잠겼다 ❷목소리가 잘 나오지 않을 만큼 목이 쉬다 ㉥목이 잠기어 말을 할 수가 없다 ❸어떤 느낌에 젖어들다 ㉥슬픔에 잠겨 입을 닫아버렸다 ❹어떤 생각에 푹 빠지다 ㉥내 살던 옛 고을 생각에 잠기었다 ❺속에 깊이 들어박히거나 푹 묻히다 ㉥푸른누리가 눈에 잠겨 고요하다

잠김다리 이름씨 여느 때는 물 위에 드러나 있으나 큰물이 나면 물에 잠기는 다리 ⇐ 잠수교

잠깐[1] 이름씨 짧은 동안 ㉥잠깐이면 됩니다. 잠깐은 같이 있어도 좋을 사람

잠깐[2] 어찌씨 짧은 동안에 ㉥잠깐 데우면 더 맛있어요. 가는 길에 잠깐 들를게요

잠깸 이름씨 한 해 스물네 철 가운데 셋째 철. 해셈 셋달 닷새쯤으로 개구리가 잠에서 깨어나는 때이다 ⇐ 경칩

잠꼬대 이름씨 잠을 자면서 저도 모르게 하는 말 ㉥옆 사람 잠꼬대에 잠을 설쳤다

잠꽃 이름씨 잠네 한뜻말무잠이. 비바리. 보자기 ⇐ 해녀

잠꾸러기 이름씨 잠이 아주 많은 사람 ㉥우리 집 둘째는 잠꾸러기랍니다 한뜻말잠보

잠네 이름씨 바닷속에 들어가 미나 생포, 미역 따위를 따는 것을 일삼아 하는 겨집 한뜻말무잠이. 비바리. 잠꽃. 보자기 ⇐ 해녀

잠들다 움직씨 잠이 들다 ㉥깜박 잠든 틈에 도둑이 들었지 뭐야!

잠망경 ⇒ 물속눈거울

잠바 ⇒ 겉저고리. 웃저고리

잠박 어찌씨 작은 것이 얕은 물 위에 떨어지거나 잠길 때 나는 소리 ㉥씻을 무를 물에 잠박 담갔다 큰말점벙 **잠박하다**

잠박거리다 움직씨 작은 것이 얕은 물 위에 떨어지거나 잠기는 소리가 자꾸 나다 **잠박대다**

잠박잠박 어찌씨 작은 것이 얕은 물 위에 떨어지거나 잠길 때 잇달아 나는 소리 ㉥강아지가 물 위를 잠박잠박 걷는다 **잠박잠박하다**

잠방[1] 이름씨 잠을 자는 방 ⇐ 침실

잠방[2] 어찌씨 작은 것이 얕은 물 위에 떨어지거나 잠길 때 부드럽게 나는 소리 ㉥아이들이 손을 물에 잠방 담그고 장난을 친다 큰말점벙 **잠방하다**

잠방거리다 움직씨 작은 것이 얕은 물 위에 떨어지거나 잠기는 소리가 부드럽게 잇달아 나다 **잠방대다**

잠방이 이름씨 사내들 무릎까지 내려오는 짧은 홑바지 ㉥여름이면 잠방이를 입은 채로 개울에서 물고기를 잡았다

잠방잠방 어찌씨 작은 것이 얕은 물 위에 떨어지거나 잠길 때 부드럽게 잇달아 나는 소리 ㉥사람이 지나가자 개구리들이 잠방잠방 논 속으로 뛰어들어간다 **잠방잠방하다**

잠버릇 이름씨 잠자면서 나오는 버릇

잠보 이름씨 잠을 몹시 즐기고, 오래 자는 사람 한뜻말잠꾸러기

잠복 ⇒ 숨기. 숨다. 숨어있다. 엎드려 있다

잠복기 ⇒ 숨는 동안. 잠긴 때. 숨어있는 때

잠비 이름씨 여름에 내리는 비. 여름에 비가 내리면 일을 못하고 잠을 잔다는 뜻에서 잠비라 한다

잠수 ⇒ 자맥질. 무자맥질. 물속에 잠기다. 자맥질하다

잠수교 ⇒ 잠길다리. 잠김다리

잠수복 ⇒ 물옷. 물질옷. 물잠김옷

잠수부 ⇒ 보자기. 무잠이

잠수정 ⇒ 자맥질배

잠수함 ⇒ 물잠김배. 자맥질배. 물밑배

잠시 ⇒ 잠깐

잠식 ⇒ 개먹음. 좀먹음. 개먹다. 좀먹다. 갉아먹다

잠실 ⇒ 누에방

잠오개 이름씨 잠이 오게 하는 낫개 ⇐ 수면제

잠옷 이름씨 잠잘 때 입는 옷 ㉥언니는 동무 목소리가 얼마나 반가웠으면 잠옷 바람으로 뛰쳐나갔을까? 한뜻말자리옷 ⇐ 파자마

잠입 ⇒ 숨어듦. 숨어들다. 기어들다. 몰래 들어오다

잠자다 움직씨 잠을 자다. 잠이 들다 ㉥이곳은 밤 열 때에는 모두 잠잔다

잠자리[1] 이름씨 ❶누워 잠을 자는 곳 ㉥잠자리가 깔끔하다. 잠자리에 눕다 ❷사내 겨집이 한자리에 들어 어르기 ㉥가시 버시가 잠자리에 들었다 **잠자리하다**

잠자리[2] 이름씨 몸이 가늘고 길며 속이 비치는 얇은 두 짝 날개는 그물 꼴이고 머리에 두 낱 겹눈이 있는 날아다니는 벌레

잠자리채 이름씨 잠자리를 잡을 때 쓰는 긴 막대 끝에 그물주머니가 달린 연장 ㉥잠자리

채를 휘둘렀더니 벌이 잡혔다

잠자코 [어찌씨] 아무 말 없이 ㉥제발 넌 좀 잠자코 있어라

잠잠하다 ⇒ 조용하다. 가라앉다. 잦아들다

잠재 ⇒ 숨어있음. 잠겨있다. 숨어있다. 깔려있다. 들어있다

잠재력 ⇒ 숨은힘. 밑힘. 속힘

잠재우다 [움직씨] [1]잠을 자게 하다 ㉥얘는 까다로워 잠재우기가 참 어렵다 [2]부푼 것을 차분하게 가라앉히다 ㉥이 방석은 탱탱해서 잠재우려면 짬이 좀 걸리겠다 [3]억눌러 조용하게 하다

잠재의식 ⇒ 숨은앎. 숨은생각. 깔린얼

잠적 ⇒ 숨음. 사라짐. 조용히 사라지다. 사라지다. 숨다

잠정 ⇒ 잠깐 해봄

잠투정 [어찌씨] 아이가 잠들 때나 깼을 때 짜증스럽게 칭얼대는 것 ㉥그 아인 잠투정이 많다

잠포록하다 [그림씨] 날이 흐리고 바람기가 없다 ㉥오늘같이 잠포록한 날 논둑 밭둑을 좀 태우면 좋으련만

잠풀 [이름씨] 줄기에 가시가 좀 있고 겹잎인데 밤에는 오그라지는 풀. 엷은 희붉은 꽃이 공처럼 핀다 ⇐ 미모사

잠허리 [이름씨] 잠을 자는 가운데쯤 ㉥사나운 꿈자리 탓에 잠허리 한 토막이 날아갔다

잡곡 ⇒ 온갖낟

잡곡밥 ⇒ 얼럭밥

잡귀 ⇒ 뭇도깨비. 귓것

잡균 ⇒ 뭇버섯. 뭇븟. 뭇팡이

잡기 ⇒ 온갖노름. 뭇노름. 놀이재주

잡념 ⇒ 온갖 생각. 딴생각

잡다 [움직씨] [1]움켜쥐고 놓지 않다 ㉥순이가 내 손을 잡았다 [2]골라서 자리를 맡다 ㉥일자리를 잡다. 놀러갈 곳을 잡다 [3]탈 것을 부르거나 서게 하다 ㉥택시를 잡다 [4]힘을 손안에 틀어쥐다 ㉥백성이 임자 되는 힘을 잡다 [5]어떤 것을 손아귀에 넣어 차지하다 ㉥한밑천 잡다 [6]어떤 자리를 차지하다 ㉥마을지기 자리를 잡고 우쭐댄다 [7]부칠 땅을 얻거나 차지하다 ㉥시골에 내려오기는 했으나 송곳 꽂을 만한 땅 한 뙈기도 잡지 못했다 [8]어떤 일거리를 맡아서 일을 비롯하거나 하다 ㉥올봄에 메지기일을 잡았다 [9]연장을 가지고 일을 하다 ㉥붓을 잡고 글을 쓰다 [10](실마리나 갈피 따위를) 가려 알아내거나 찾아내다 ㉥실마리를 잡다 [11]때나 곳, 또는 수를 얼마라고 금을 긋거나 차지하다 ㉥그렇게 때를 짧게 잡아서 일을 어떻게 하겠나 좀 길게 잡아서 해야지 [12]달아나지 못하게 손으로 붙들다 ㉥달아나려는 아이 손목을 꽉 잡았다. 올무로 토끼를 잡다 [13]물이나 김을 어떤 곳에 괴어있거나 머물게 하다 ㉥논에 물을 잡다. 밥솥에 물을 알맞게 잡다 [14]떠나지 못하게 말려 그냥 머물게 하다 ㉥가는 사람 잡지 말고 오는 사람 막지 말라 [15]주름살이 생기게 하거나 구기다 ㉥너무 찡그려 주름살 잡지 마라 [16]어떤 몸씨를 가지다 ㉥몸가짐을 바르게 잡고 숨을 알아차린다 [17]말뜻을 알아내다 ㉥줄거리를 잡을 수 없는 글 [18]남 허물을 집어서 드러내다 ㉥허물을 잡다 [19]굽은 것을 곱게 펴거나 바르게 만들다 ㉥굽은 못을 잡다 [20]들뜬 마음을 다독여 가라앉히다 ㉥숨을 알아차려 떠도는 마음을 잡았다 [21]짐승이나 벌레 따위를 죽이다 ㉥모기를 잡다. 마을 잔치에 쓸 돼지를 잡다 [22]짐승, 물고기 따위를 낚거나 사냥하여 얻다 ㉥고기를 잡으러 바다로 갈까나 [23]풀이나 김 따위를 매거나 풀죽이개를 쳐서 죽이다 ㉥풀을 잡다 [24]아직 덜 익은 낟을 지레 앞당겨서 베다 ㉥풋보리를 잡다 [25]남을 헐뜯어 구렁텅이에 빠뜨리다 ㉥이 사람! 날사람 잡을 소리 하네! [26]일을 그르치게 하다 ㉥큰일을 잡아 못쓰게 하다 [27]불이 난 것을 더 번지지 않게 끄다 ㉥멧불을 잡다

잡다하다 ⇒ 너저분하다. 하찮다. 시시하다. 뒤섞여 있다

잡담 ⇒ 허튼말. 허튼소리. 지껄이다. 떠들다. 허튼 얘기하다

잡도리 이름씨 ❶잘못되지 않도록 단단히 꾀를 세움 ⓑ도둑이 들지 않도록 단단히 잡도리해라 ❷어떤 일을 겪거나 치를 다짐을 하는 일 ⓑ다섯 쪽이나 되는 셈갈풀이를 다 못했으니 가르침이에게 꾸중 들을 잡도리를 해야겠다 ❸무엇을 하거나 서두르는 꼴 ⓑ이 사람 말하는 잡도리를 보게. 말똥에 굴러도 사는 게 좋다는데 ❹일을 치를 마음가짐 ⓑ맞은쪽을 어떻게든 옭아맬 잡도리를 하는 것 같아요 ❺아주 시끄럽게 닦달하거나 족침 ⓑ똘똘 뭉쳐서 맞서면 벼리그물로 잡도리를 하려 해도 쉽지 않을 겁니다 **잡도리하다**

잡동사니 이름씨 ❶여러 가지가 너저분하게 한데 뒤섞여 있는 것 ⓑ이 방은 온갖 잡동사니들로 어지럽다 한뜻말잡살뱅이 ❷깨끗하거나 한결같지 않은 이러저러한 생각, 또는 그런 생각을 하는 사람

잡목 ⇒ 온갖 나무. 허드레나무

잡무 ⇒ 허드렛일. 잔일

잡부 ⇒ 막일꾼. 허드레꾼

잡비 ⇒ 쓸돈. 비발. 옴니암니돈. 허드렛돈

잡사 ⇒ 하찮은 일. 시시한 일

잡살가게 이름씨 여러 가지 씨앗, 그 가운데도 남새 씨앗을 파는 가게

잡살뱅이 이름씨 여러 가지가 뒤섞인 허름한 것 한뜻말잡동사니

잡살스럽다 그림씨 몹시 막되고 점잖지 못하다 ⓑ잡살스러운 생각들로 괴롭다

잡상인 ⇒ 보따리장수. 봇짐장수

잡색 ⇒ 뭇빛깔. 뭇것

잡석 ⇒ 허드렛돌. 막돌

잡수다 움직씨 '먹다' 높임말 ⓑ어른들은 밥을 잡순다 높임말잡수시다

잡숫다 움직씨 '잡수시다' 준말 ⓑ어머니는 밥을 다 잡숫고 부리나케 저자에 가셨다

잡스럽다 ⇒ 막되다. 점잖지 못하다

잡식 ⇒ 막먹이

잡식동물 ⇒ 막먹이짐승. 섞먹이짐승

잡식성 ⇒ 막먹이 바탈

잡아가다 움직씨 ❶사람을 붙잡아서 데려가다 ⓑ짭새들이 촛불 든 사람들을 마구 잡아갔다 ⇐ 연행하다. 호송하다 ❷짐승 같은 것을 붙들어 가다 ⓑ사냥꾼이 멧돼지와 고라니를 잡아갔다

잡아가두다 움직씨 ❶붙잡아서 달아나지 못하게 가두다 ⓑ닭가두리에 닭을 잡아가두었다 ❷물 같은 것을 잡아서 고이게 하다 ⓑ흘러가는 물을 논에 잡아가두었다 ❸가두리 같은데 붙잡아 넣다 ⓑ배움이들을 가두리에 잡아가두었다

잡아끌다 움직씨 손으로 잡고 끌다 ⓑ함께 가자고 꽃님이 내 손을 잡아끌었다

잡아내다 움직씨 ❶잡아서 밖으로 나오게 하다 ⓑ가지 않겠다면 잡아내나 끌어내나 ❷숨어있거나 드러나지 않은 허물을 들추어내어 잡다 ⓑ잘못 쓴 말이나 수글이 섞인 말을 잡아내는 일이 종요롭다 ❸얼핏 해서는 잘 드러나지 않는 것을 찾아내거나 알아내다 ⓑ우리말집에서 틀리거나 빠진 글자를 잡아낸다

잡아넣다 움직씨 ❶붙잡아서 가두다 ⓑ웃대가리들이 걸핏하면 배움이들을 가두리에 잡아넣으려 한다 ⇐ 투옥하다 ❷자루나 주머니 따위 속에 들여보내다 ⓑ새를 그물에 잡아넣기보다 날려주는 게 더 낫지 않을까? ❸물 같은 것을 잡아서 고여있게 하다 ⓑ논배미마다 물을 가득가득 잡아넣었다

잡아놓다 움직씨 ❶잡아서 달아나지 못하도록 해놓다 ⓑ염소를 단단히 말뚝에 잡아놓았다 ⇐ 압류하다 ❷따거나 차지하여 제 몫으로 만들어 놓다 ⓑ으뜸은 잡아놓은 거야

잡아당기다 움직씨 ❶몬을 잡고 제 쪽으로 당기다 ⓑ문고리를 잡아당기다. 손목을 잡아당기다 ❷제게로 당기거나 제 쪽으로 끌다 ⓑ노마를 잡아당겨 내 옆에 앉혔다 ❸잡힌 날짜를 앞으로 미리 당기다 ⓑ질질 끌지 말고 잡아당겨서 열흘 안에 끝냅시다

잡아두다 움직씨 ❶가두거나 머물러 있게 하다 ⓑ아이를 집안에 잡아두려 하지 말고 풀어줘요 ⇐ 억류하다 ❷어떤 것에 매어 꼼짝 못하게 하다 ⓑ이런 훌륭한 바치를 시골에 잡아두어 썩히다니 ❸어떤 꼴이 이어지게 하다 ⓑ워낙 추운 날씨라 웬만한 땔나무로는 구들장 뜨끈뜨끈하게 잡아두기 어려워요

잡아들다 움직씨 ❶어떤 곳이나 길로 들어가다 ⓑ큰길을 버리고 샛길로 잡아들었다 큰말접어들다 ❷(철이나 때 또는 나이에) 들어서게 되다 ⓑ새벽에 잡아들자 바람은 더욱 세게 불었다

잡아떼다 움직씨 ❶붙은 것을 억지로 잡아서 떼다 ⓑ단추를 잡아뗐다 ❷남이 가진 힘을 억지로 빼앗아 버리다 ⓑ마름은 내 땅을 잡아떼어 다른 사람에게 줘버렸다 ❸아는 것을 모른다고 하거나 한 것을 안 했다고 하다 ⓑ누가 이런 짓을 저질렀느냐고 하자 모두 딱 잡아뗐다

잡아매다 움직씨 흩어지지 않게 한데 매다 ⓑ나뭇단을 새끼로 잡아맸다

잡아먹는숨받이 이름씨 다른 숨받이를 먹이로 하는 숨받이 ⇐ 포식자

잡아먹다 움직씨 ❶잡아 죽여서 먹다 ⓑ닭을 잡아먹다. 나를 잡아먹을 것처럼 노려보았다 ❷몹시 헤쳐 죽게 하거나 쓰러지게 하다 ⓑ오랑캐들은 우리 겨레를 못 잡아먹어 안달이었다 ❸돈이나 때나 힘 같은 것을 함부로 써버리거나 없애다 ⓑ번힘을 많이 잡아먹는 낡은 틀 ❹자리만 잔뜩 차지하다 ⓑ옷넣개가 너무 커서 자리만 잡아먹는다

잡아먹히는숨받이 이름씨 먹이사슬에서 잡아먹히는 숨받이 ⇐ 피식자

잡아묶다 움직씨 ❶흩어지지 않게 한데 묶다 ⓑ볏단을 단단히 잡아묶어라 ❷잡아서 끈 같은 것으로 묶다 ⓑ도둑을 잡아묶었다

잡아비틀다 움직씨 잡고 냅다 비틀다 ⓑ내 손을 잡아비트는 바람에 나뒹굴었다

잡아주다 움직씨 ❶잡아서 넘겨주다 ⓑ달아나는 송아지를 잡아주었다 ❷잡아서 쥐거나 잡고 있다 ⓑ허리를 잡아주다 ❸어떤 곳을 마련하여 주다 ⓑ아이에게 며칠 머물 방을 잡아주고 왔다 ❹짐승 같은 것을 잡아서 먹게 하다 ⓑ사위한테 씨암탉을 잡아주었다

잡아찢다 움직씨 ❶잡아서 갈기갈기 찢다 ⓑ강아지가 신을 갈기갈기 잡아찢어 놓았다 ❷(가슴과 함께 써) 가슴을 찢듯 몹시 찌르다 ⓑ가슴을 잡아찢는 것 같은 서러움이 복받쳐 올랐다

잡아채다 움직씨 ❶날쌔게 잡아서 당기다 ⓑ아버지는 내 손목을 잡아채고 달렸다 ❷가운데서 날쌔게 가로채다 ⓑ도둑들은 가방을 잡아채서 달아났다

잡아치우다 움직씨 잡아서 죽여 없애다 ⓑ쥐를 잡아치우기란 쉬운 일이 아니니다

잡아타다 움직씨 붙들어서 올라타거나 골라서 타다 ⓑ짐수레를 잡아타고 먼 길을 왔다

잡아흔들다 움직씨 잡고 세게 흔들다 ⓑ오랜만에 만난 그들은 손을 잡아흔들며 반가워했다

잡어 ⇒ 뭇고기

잡은살피돌 이름씨 1712해에 조선과 청나라가 나라살피를 잡아 한밖달에 세운 돌 ⇐ 정계비

잡을손 이름씨 일을 다잡아 해내는 솜씨 ⓑ그 사내는 덩치는 작지만 잡을손은 매섭다 한뜻말주변 ⇐ 추진력 익은말 **잡을손뜨다** 일을 다잡아 하지 않고 하더라도 굼뜨다

잡음 ⇒ 시끄러운 소리. 섞인 소리. 언짢은 말

잡이 이름씨 ❶두레놀이에서 가락틀을 치면서 놀이하는 사람 ❷'손잡이' 준말 ❸덧붙이는 말이나 풀이 ⇐ 주. 각주 ❹('-ㄹ' 매김꼴 다음에 써) 무엇을 할 만한 사람 ⓑ그 사람한테 맞설 잡이가 없었다

-잡이 뒷가지 ❶(짐승을 뜻하는 낱말 뒤에 붙어) 그 짐승을 잡는 일 ⓑ고래잡이. 멸치잡이 ❷(연장을 뜻하는 낱말 뒤에 붙어) 그 연장을 다루는 사람 ⓑ칼잡이. 도리깨잡이

잡일 ⇒ 잔일

잡종 ⇒ 튀기. 트기. 씨섞임. 섞임씨

잡죄다 움직씨 ❶아주 세게 다잡다 ⓑ슬기는 언짢거나 골이 나면 애꿎은 마누라를 잡죄는 버릇이 있어 ⇐ 통제하다 ❷몹시 다그치다 ⓑ버시가 빨리 가자고 잡죄는 바람에 온달은 마실 물도 빠트린 채 짐을 챙겨 나왔다

잡쥐다 움직씨 단단히 잡아 틀어쥐다 ⓑ줄다리기 밧줄을 잡쥐고 힘껏 당겼다

잡지 ⇒ 모둠글책. 때책

잡지사 ⇒ 모둠글책 펴낸곳

잡채 ⇒ 모둠남새무침

잡채기 이름씨 씨름할 때 맞은 쪽 샅바를 잡고 제 몸 가까이 끌어당긴 뒤 허리를 젖혀 넘어뜨리는 재주

잡초·잡풀 ⇒ 풀. 푸새. 김

잡치다 움직씨 ❶잘못하여 그르치거나 못쓰게 하다 ⓑ올해 큰물 탓에 능금 거두기는 잡쳤다. 때알림이를 떨어뜨려 잡쳤다 ❷느낌이나 둘레 낌새가 나빠지다 ⓑ그런 소리로 내 마음을 잡치지 마라

잡혀가다 움직씨 남한테 붙들려가다 ⓑ물러가라고 외치던 젊은이들이 잡혀갔다가 이튿날 풀려났다

잡화 ⇒ 뭇몬

잡화상 ⇒ 뭇몬가게

잡히다[1] 움직씨 ❶얼음이 얼기 비롯하다 ⓑ밤새 살얼음이 잡혔다 ❷살갗에 물집이나 고름 따위가 괴다 ⓑ더워서 손가락 사이에 물집이 잡혔다 ❸꽃망울 따위가 생기다

잡히다[2] 움직씨 ❶손에 쥐어지다 ⓑ일이 손에 안 잡힌다 ❷못 떠나게 붙들리다 ⓑ큰비가 와서 냇물을 못 건너 사흘이나 잡혀있다가 들어왔다 ❸얽이가 세워지다 ⓑ잔칫날이 잡혔다 ❹실마리를 얻다 ⓑ드디어 실마리가 잡혔다

잡힌이 이름씨 맞은쪽에 사로잡힌 사람 ⇐ 포로

잡힐손 이름씨 무슨 일에나 쓸모가 있는 재주 ⇐ 재간. 재능

잣 이름씨 잣나무 열매로 솔방울보다 훨씬 큰 잣 방울 속에 켜켜이 들었다. 껍질은 단단하며 알맹이는 기름이 많고 맛이 고소하여 몸힘을 돋우는데 많이 쓰는 먹거리

잣나무 이름씨 소나무와 비슷한데 잣이 열리는 바늘잎 늘푸른큰키나무. 뾰족한 잎이 다섯 낱씩 뭉쳐나며 긴 알꼴 방울 열매 속에 잣이 들어 있다

잣나물 이름씨 별꽃과 비슷하나 조금 크고 잎은 마주나고 알꼴로 끝이 뾰족하며 다섯여섯달에 흰 꽃이 가지 끝에 피는 두해살이 또는 여러해살이풀. 어린잎 줄기는 먹는다 한뜻말달게십가비 ⇐ 쇠별꽃

잣눈 이름씨 치수를 나타내려고 자에 푼, 치, 센티미터 같은 길이를 새기거나 박은 금

잣다 움직씨 물레로 실을 뽑다 ⓑ어머니는 겨울밤이면 물레 앞에 앉아 무명실을 자았다

잣버섯 이름씨 갓은 펀펀하게 퍼지고 가운데가 오목해지며 겉은 희거나 누런빛을 띤 버섯. 살은 질기고 솔내음이 난다 한뜻말이깔나무버섯

잣송이 이름씨 잣나무 열매 송이. 그 눈속마다 씨앗인 잣이 들었다

장 (章) ⇒ 가름. 글나눔

장 (場) ⇒ 마당. 저자

장 (腸) ⇒ 창자

장 (張) ⇒ 낱. 닢

장 (欌) ⇒ 넣개

장가 이름씨 사내가 짝맺어 아내를 맞이하는 일 ⓑ오늘이 울 아재 장가가는 날이야!

장가가다 움직씨 사내가 짝맺어 각시를 맞이하다

장갑 ⇒ 손끼개

장갑차 ⇒ 쇠덮개수레. 쇠덮개부릉이

장거리 ⇒ 먼곳. 먼길. 긴길

장검 ⇒ 긴칼. 큰칼

장관 (壯觀) ⇒ 큰 볼거리. 구경거리

장관 (長官) ⇒ 큰머슴

장교 ⇒ 윗지킴이. 윗싸울아비

장구 이름씨 우리나라 오랜 두드림 가락틀. 가

운데가 잘록한 오동나무통 두 쪽 끝에 소가죽을 대어 만들며, 왼손과 대나무채로 쳐서 소리를 낸다 (슬기말) **장구를 쳐야 춤을 추지** 갖출 것이 갖춰져야 알맞은 일을 벌일 수 있다. 거들어 주는 사람이 있어야 일을 할 수 있다

장구배미 (이름씨) 장구처럼 가운데가 잘록한 논배미

장구벌레 (이름씨) 모기 애벌레. 여름 물속에서 알을 까고 나와 물속에서 먹고 자라 번데기가 된 뒤 모기가 된다

장구애비 (이름씨) 논이나 못에 살며 몸빛은 밤빛이고 낫처럼 생긴 날카로운 앞다리로 먹이를 잡아먹고 사는 벌레. 가운뎃다리와 뒷다리로 헤엄을 친다

장구채[1] (이름씨) 장구를 치는 채

장구채[2] (이름씨) 잎은 마주나고 길둥글거나 길고 뾰족한 풀. 어린싹은 나물로 먹는다

장구춤 (이름씨) 장구를 어깨에 메고 치면서 그 장단에 맞춰 추는 춤

장구하다 ⇒ 길고 오래다

장군 (이름씨) **1** 물이나 술 따위를 담아서 옮길 때 쓰는 오지나 나무로 만든 그릇 ⓗ 요즘은 좀체 여느 집에서 장군을 보기 어렵다 **2** '오줌장군' 준말 ⓗ 저기 아버지가 장군을 지고 밭에 가시네

장군 (將軍) ⇒ 별단이. 별싸울아비

장군총 ⇒ 우두머리무덤

장기 (이름씨) 나무로 만든 32짝 말을 붉은 글과 파란 글 두 가지로 나눠 널 위에 벌여놓고 서로 갈마들며 치고 막아 이기고 짐을 겨루는 놀이

장기 (長技) ⇒ 으뜸재주. 난재주. 자랑거리

장기 (長期) ⇒ 긴 날. 오래. 오랫동안

장기 (臟器) ⇒ 몸안그릇

장기간 ⇒ 오랫동안

장기화되다 ⇒ 오래 끌다

장꾼 ⇒ 저자꾼

장끼 (이름씨) 수꿩 (맞선말) 까투리. 암꿩

장난 (이름씨) **1** 나쁜 뜻 없이 하는 짓궂은 짓 ⓗ 장난으로 호박을 찔렀어요 **2** 아이들이 재미로 하는 짓이나 놀이 ⓗ 바닷가에서 아들이 모래 장난을 한다 **3** 숨어서 몰래 하는 못된 짓 ⓗ 오랑캐들이 뒤에서 무슨 장난을 칠지 모르니 늘 살펴야 한다 **장난하다**

장난감 (이름씨) 아이들이 장난삼아 가지고 노는 몬

장난그림 (이름씨) 쓸데없이 장난삼아 그리는 그림 ⇐ 희화

장난기 (이름씨) 장난하는 기운

장난꾸러기 (이름씨) 장난을 지나치게 하는 아이 ⓗ 우리 아우는 틈만 나면 옷 속에 벌레를 집어넣는 장난꾸러기였다

장난꾼 (이름씨) 장난을 즐기거나 잘 치는 사람

장난스럽다 (그림씨) 장난하는 데가 있다

장난질 (이름씨) 장난하는 짓 ⓗ 어릴 적 장난질로 불바늘 놓기도 했지

장난치다 (움직씨) 장난을 하다 ⓗ 잔디밭에서 간질이기, 말타기 같은 놀이를 하거나 장난치며 지냈다

장날 ⇒ 저잣날

장남 ⇒ 맏아들

장내 ⇒ 마당안. 울안. 테안

장녀 ⇒ 맏딸

장년 ⇒ 젊은이

장님 (이름씨) 눈이 멀어 앞을 못보는 사람을 높여 이르는 말 ⓗ 장님 코끼리 만지듯 (한뜻말) 눈먼이 ⇐ 시각장애인

장님글 (이름씨) 장님이 손가락으로 더듬어 읽도록 두꺼운 종이 위에 도드라진 자국들을 짜 모아 만든 글 (한뜻말) 눈먼이글 ⇐ 점자

장다리 (이름씨) 배추나 무에서 올라오는 대궁 ⓗ 고은이는 장다리 줄기처럼 키만 컸지 힘을 못쓰던데

장다리꽃 (이름씨) 배추나 무 장다리에서 피는 꽃 ⓗ 아기가 장다리꽃에 앉은 나비를 잡으려 하네

장다리물떼새 (이름씨) 등과 부리는 검고 배는 희며 다리가 긴 물떼새 (한뜻말) 긴다리도요

장단 (이름씨) 우리 겨레 가락 빠르기와 세기가

어우러진 것. 세마치장단, 굿거리장단, 중모리장단, 자진모리장단, 타령장단, 안땅장단 같은 것이 있고 서로 다른 보람과 속내를 품는다 한뜻말빠르기

장단점 ⇒ 좋고 나쁨. 좋고 나쁜 것

장닭 [이름씨] **1** 수탉 **2** 알과 고기를 내는 닭 갈래 가운데 하나. 쇠닭 보다 훨씬 크다 한뜻말무닭 [슬기말] **장닭이 울어야 날이 새지** 일은 사내가 나서서 이끌어야 제대로 된다는 낡은 생각

장담하다 ⇒ 큰소리치다

장대 (長-) ⇒ 긴대

장대같다 ⇒ 긴대같다

장대같이 ⇒ 긴대같이

장대높이뛰기 ⇒ 긴대높이뛰기

장대비 ⇒ 작달비. 긴대비

장대하다 (壯大) ⇒ 씩씩하고 크다. 길고 크다

장도리 [이름씨] 못을 박거나 빼는 데 쓰는 연장. 박을 때는 둥글납작한 쪽으로, 뺄 때는 두 갈래 갈라진 쪽으로 쓴다 [ㅂ]여기 박힌 못을 빼게 장도리 좀 가져와

장독 [이름씨] 지렁이나 된장, 고추장을 담그거나 담아두는 독 [ㅂ]올해 장을 안 담았더니, 장독들이 다 비었다

장독간 [이름씨] 장독을 놓아두는 곳

장독대 [이름씨] 장독을 놓아두는 조금 높게 쌓은 곳

장돌뱅이 ⇒ 저자돌뱅이

장딴지 [이름씨] 아랫다리 뒤 종아리에 살이 불룩한 곳 [ㅂ]버섯 따러 메를 올랐더니 장딴지가 당기고 뻐근하네

장래 ⇒ 앞날. 앞일. 앞길. 나중. 다음

장려 ⇒ 북돋움. 추어줌. 북돋우다. 추어주다

장려금 ⇒ 북돋움돈. 추어줌돈

장려상 ⇒ 북돋움기림

장력 ⇒ 켕길힘

장렬하다 ⇒ 씩씩하다. 힘차다. 씩씩하고 힘차다

장례 ⇒ 궂일. 궂. 죽음맞이

장례식 ⇒ 죽음맞이. 궂맞이

장로 ⇒ 큰중. 높어른. 어르신

장롱 ⇒ 옷넣개

장마 [이름씨] 여러 날 비가 이어 내리는 일. 또는 그 비 [ㅂ]이맘때면 장마가 들곤 했다

장마앞금 [이름씨] 여름철 우리나라 마녘에 머물며 장마를 가져오는 앞금 ⇐ 장마전선

장마전선 ⇒ 장마맨앞. 장마앞금

장마철 [이름씨] 장마가 지는 철

장막 ⇒ 가림천. 가리개

장만하다 [움직씨] 만들거나 사거나 하여 쓸 것을 갖추다 [ㅂ]올해는 일찌감치 겨울 먹거리를 장만하였다 비슷한말마련하다

장맛 ⇒ 지렁맛

장맛비 [이름씨] 장마철에 오는 비

장면 ⇒ 판. 겉낯. 볼거리

장모 ⇒ 꽃어미. 가시어미. 아내어미

장목 [이름씨] 꿩 꽁지깃 [ㅂ]메에 올랐다가 장목 두 낱을 주워왔다

장물 ⇒ 훔친것. 도둑것. 도둑몬

장물아비 ⇒ 훔칠아비

장미 ⇒ 꽃찔레. 담찔레. 하늬찔레

장밋빛 ⇒ 하늬찔레빛. 꽃찔렛빛

장바구니 ⇒ 저자바구니

장발 ⇒ 더벅머리. 긴머리털

장방형 ⇒ 네모꼴

장백산맥 ⇒ 밝달멧줄기

장벽 ⇒ 걸림돌. 거침새. 가림담

장병 ⇒ 나라지킴이

장본인 ⇒ 그사람. 그이. 바로 그이

장부 [이름씨] 한 밑감 구멍에 끼울 수 있도록 다른 밑감 끝을 가늘고 길게 만든 곳

장부 (丈夫) ⇒ 사내. 사나이

장부 (帳簿) ⇒ 돈쓰기책. 돈나든책

장비 ⇒ 갖춤. 차림. 갖추다. 달다. 차리다

장사 [이름씨] 돈을 남기려고 이것저것을 사고파는 일 [ㅂ]장사 밑천이 많이 있어야 해 **장사하다**

장사 (葬事) ⇒ 궂일. 궂

장사 (壯士) ⇒ 굳센이

장사꾼 [이름씨] 돈을 남기려고 이것저것 사고파는 일을 하는 사람 [ㅂ]난 소금장사꾼으

로 돈을 많이 벌었다 [한뜻말]장사치 ⇐ 사업자
장사높배곳 [이름씨] 장사를 가르치는 높배곳 ⇐ 상고. 상업고교
장사웃덮기 [이름씨] 겉으로만 허울 좋게 꾸미는 일
장사진 ⇒ 긴줄
장사치 [이름씨] 장사꾼을 이르는 말 [ㅂ]장사치들이 많이 모여들었다 [한뜻말]장수. 장사꾼
장사표 [이름씨] 한 팔거리를 다른 것과 가리려고 이름처럼 붙인 표 ⇐ 상표
장사한배곳 [이름씨] 장사를 가르치는 한배곳 ⇐ 상업대학. 경영대학
장삼 ⇒ 중웃옷
장삿배 [이름씨] 장삿거리를 싣고 다니는 배 ⇐ 무역선. 상선
장삿속 [이름씨] 몬을 팔려는 장사꾼 속마음
장서 ⇒ 가진책. 모은책
장성 (長成) ⇒ 큼. 자람. 어른됨. 크다. 커지다. 자라다. 어른이 되다
장성 (將星) ⇒ 별단이
장소 ⇒ 곳
장손 ⇒ 맏아슨아들
장송곡 ⇒ 궂노래. 떠나보냄노래. 주검보냄노래
장수 [이름씨] 장사하는 사람 [ㅂ]떡장수한테서 떡을 샀다 [한뜻말]장사꾼
장수 (長壽) ⇒ 오래삶. 오래 살다
장수 (將帥) ⇒ 우두머리. 으뜸이
장수풍뎅이 ⇒ 엄지풍뎅이
장수하늘소 ⇒ 엄지하늘소
장승 [이름씨] 마을 어귀나 길가에 세우는 나무나 돌로 된 기둥. 사람 얼굴을 하고 글을 새겼으며 마을지킴이 구실을 한다
장시간 ⇒ 오랫동안
장식 ⇒ 꾸밈. 꾸밈새. 꾸미다. 치레하다. 멋 내다. 멋부리다
장식물 ⇒ 치렛거리. 치렛감. 꾸미개
장식장 ⇒ 꾸미개넣개
장식품 ⇒ 노리개. 노리갯감. 치렛거리. 치렛감. 꾸미개
장신 (長身) ⇒ 큰키
장신구 (裝身具) ⇒ 노리개. 몸꾸미개. 치렛감
장아찌 [이름씨] 무나 오이, 마늘 따위를 지렁이나 소금물에 담가 놓거나 된장, 고추장에 넣어 두었다가 맛이 든 뒤에 조금씩 꺼내 먹는 먹거리
장악 ⇒ 잡음. 쥠. 잡다. 쥐다. 움켜잡다. 움켜쥐다. 손아귀에 넣다. 손에 쥐다. 잡쥐다
장안 ⇒ 서울
장애·장애물 ⇒ 걸림. 걸림돌. 걸리개. 거침새. 거침돌
장애물달리기 ⇒ 걸리개달리기
장애인 ⇒ 몸거북이. 성찮은이
장어 ⇒ 긴고기. 궁자
장엄하다 ⇒ 무게 있다. 듬직하다. 으리으리하다
장염 ⇒ 창자앓이. 창자불늦
장옷 [이름씨] 옛날 겨집이 바깥나들이 할 때 얼굴을 가리려고 머리에서부터 길게 내려쓰던 옷 [ㅂ]요즘은 장옷 차려입은 겨집을 볼 수 없다
장외 ⇒ 바깥. 딴곳
장원 ⇒ 으뜸. 첫째
장유유서 ⇒ 어른먼저 아이나중. 위먼저 아래나중. 윗사람먼저 아랫사람나중
장음 ⇒ 긴소리
장음계 ⇒ 긴소리섬
장의사 ⇒ 궂일길잡이
-장이 [뒷가지] (어떤 낱말 뒤에 붙어) 그것을 만들거나 다루는 손재주가 있는 사람 [ㅂ]대장장이. 돌장이. 땜장이. 미장이
장인 (丈人) ⇒ 가시아비. 꽃아비. 아내아비
장인 (匠人) ⇒ 솜씨꾼. 바치
장자 ⇒ 맏아들
장작 ⇒ 둥거리. 땔나무
장작불 ⇒ 둥거리불
장장 ⇒ 아주 긴. 길고 긴
장점 ⇒ 좋은 것
장정 ⇒ 한창사내. 젊은이
장조 ⇒ 긴가락
장조림 ⇒ 지렁조림
장죽 ⇒ 긴담뱃대

장중하다 ⇒ 무게 있다. 묵직하다

장지 (長指) ⇒ 가운뎃손가락

장지 (葬地) ⇒ 무덤자리

장지문 이름씨 지게문에 장지짝을 덧들인 문

장차 ⇒ 앞으로

장착 ⇒ 붙임. 매닮. 꽂음. 붙이다. 매달다. 꽂다

장치 ⇒ 틀. 갖춤

장쾌하다 ⇒ 가슴이 후련하다. 속이 시원하다. 힘차다. 멋지다

장터 ⇒ 저자터. 저자마당

장티푸스 ⇒ 돌림줄똥앓이. 돌림앓이. 염앓이

장판 ⇒ 두툼널

장판종이·장판지 ⇒ 바닥종이

장편 ⇒ 긴것

장편소설 ⇒ 긴이야기

장하다 ⇒ 훌륭하다

장학 ⇒ 배움도움. 배움살림

장학금 ⇒ 배움도움돈. 배움살림돈

장학생 ⇒ 배움돈받는이

장해 (障害) ⇒ 거리낌. 거리끼다. 걸리다

장화 ⇒ 긴신. 비신

장황하다 ⇒ 길다. 번거롭고 길다

잦감 이름씨 밀물이 다 빠져나가 바닷물이 잦아진 때 ⓑ갯마을은 잦감이 되면 조개를 캐러 나온 아낙들로 붐빈다

잦기 이름씨 같은 일이 되풀이 일어나는 디위수 ⇐ 빈도

잦다[1] 움직씨 ❶물이 스며들거나 졸아들어 거의 없어지다 ⓑ냄비에 물이 잦아들면 불을 꺼라 ❷속으로 깊이 스미거나 배다 ⓑ물이 땅으로 잦아 들었다 ❸세찬 기운이 잠잠해지거나 가라앉다 ⓑ밤새 불던 바람이 아침이 되자 잦았다

잦다[2] 움직씨 ❶되풀이되는 동안이 매우 짧다 ⓑ잦은 싸움으로 둘 다 지쳐갔다. 오감이 잦다 ❷자주 있다 ⓑ둘 사이는 오가는 글발이 잦았다

잦아들다 움직씨 ❶물이 스며들거나 졸아들어 차츰 없어져 가다 ⓑ감자 솥에 물이 거의 잦아들었다 ❷속으로 깊이 스며들거나 배어들다 ⓑ찬 기운이 뼛속까지 잦아든다 ❸저절로 차츰 줄어들거나 작아지다 ⓑ호롱불이 차츰 잦아든다 ❹시끄럽던 것이 차츰 잠잠해지다 ⓑ아까까지 웅성거리던 소리가 잦아들었다 ❺가라앉으며 조용해지다 ⓑ불길이 차츰 잦아들었다. 눈보라가 잦아든다

잦아지다[1] 움직씨 ❶고였던 물이 차츰 말라 없어지다 ⓑ볕이 내리쬐자 웅덩이 물이 잦아졌다 ❷거칠거나 들뜬 기분이 가라앉아 잠잠해지다 ⓑ숨을 알아차리니 들뜬 마음이 조금씩 잦아지는구나

잦아지다[2] 움직씨 어떤 일이나 짓이 자주 있게 되다 ⓑ누나 나들이가 잦아졌다

잦추르다 움직씨 잇달아 다그쳐 바싹 몰아치다 ⓑ밀린 집삯을 어서 내라고 잦추르는 바람에 일이 손에 안 잡힌다

잦혀지다 움직씨 안쪽이 밖으로 드러나게 되다 ⓑ윷가락 넷이 다 잦혀지면 윷이다 큰말 젖혀지다

잦히다[1] 움직씨 밥이 끓은 뒤에 불을 껐다가 다시 불을 좀 때어 물이 잦아지게 하다 ⓑ작은어머니는 밥을 잦히는 솜씨가 뛰어났다 큰말 젖히다

잦히다[2] 움직씨 안쪽이 밖으로 드러나게 하다 ⓑ문을 활짝 열어 잦혔다 큰말 젖히다

재[1] 이름씨 ❶불에 탄 뒤에 남은 것 ⓑ아궁이엔 나무가 다 타고 싸늘한 재만 남았다 ❷'재거름' 준말 ⓑ고추밭에 재를 뿌렸다

재[2] 이름씨 ❶길이 나 있는 고개 ⓑ재 너머 사래긴 밭 ❷높은 메 마루를 이룬 곳 ⓑ눈썹 같은 달이 하늬녘 재에 걸렸다 ❸옛날에 오랑캐를 막으려고 흙이나 돌 같은 것으로 높이 쌓아 만든 담. 또는 그런 담으로 둘러싸인 곳 한뜻말 구루 ⇐ 성

재 ⇒ 다시. 두

재간 ⇒ 솜씨. 재주. 잡힐손

재갈 이름씨 ❶소리를 내지 못하게 사람 입에 물리는 연장 ⓑ내 입에 재갈을 물렸다 ❷말을 다루려고 말 입에 가로 물리는 쇠로

된 연장 ⓑ재갈이 물린 말들은 거친 숨을 몰아쉬었다

재갈매기 (이름씨) 갈매기와 비슷하나 훨씬 크고 등이 잿빛인 겨울새. 시베리아 바닷가에서 알을 까고 우리나라에서 겨울을 난다

재개 ⇒ 다시 엶. 다시 열다

재개발 ⇒ 다시 지음. 고쳐 짓기. 다시 일구기. 다시 짓다. 고쳐 짓다

재거름 (이름씨) 푸나무를 태운 재로 만든 거름 ⓑ아버지는 텃밭에 재거름을 뿌리고 상추와 쑥갓을 심었다

재건 ⇒ 다시 세움. 다시 세우다. 다시 일으키다

재건축 ⇒ 다시 짓기

재검 ⇒ 다시살핌. 다시 살피다

재경 (在京) ⇒ 서울에 있음. 서울에 삶

재고 (再考) ⇒ 다시 생각. 거듭 생각하다. 잘 생각하다

재고 (在庫) ⇒ 나머지. 남은 것

재고품 ⇒ 남은 것. 묵은 것

재구성 ⇒ 다시 얽음. 다시 짬. 다시 얽다. 다시 짜다

재글거리다 (움직씨) ❶물이 걸쭉하게 잦아들며 잇달아 몹시 끓다 ❷햇빛이 잇달아 몹시 따갑게 내리쬐다 **재글대다**

재글재글 (어찌씨) ❶물이 걸쭉하게 잦아들며 몹시 끓는 꼴 ⓑ오리는 물 없이 제 기름에 재글재글 끓여야 맛이 좋다 ❷햇빛이 몹시 따갑게 내리쬐는 꼴 ⓑ여름 햇빛이 재글재글 내리쬐어 풀이 말라 죽어 간다 **재글재글하다**

재기 (才氣) ⇒ 재주

재기 (再起) ⇒ 다시 일어섬. 다시 일어서다

재기다[1] (움직씨) ❶있던 자리에서 빠져 달아나다 ⓑ돈을 제대로 쳐준다 해도 일이 너무 힘들어 일꾼들이 재기는 거야 ⇐ 이탈하다 ❷발끝으로 다니다 ⓑ어릴 적 골마루를 다닐 때는 재기며 걸었어

재기다[2] (움직씨) ❶팔꿈치나 발꿈치 따위로 지르다 ⓑ마루는 돌아서면서 발뒤꿈치로 맞은 쪽 앞가슴을 재겼다 ❷자귀 따위로 가볍게 톡톡 깎다 ⓑ나무를 결 따라 재겨야지 그쪽에서 재겨오면 엇결이 되어 못쓰게 돼 ❸물이나 국물 따위를 조금씩 부어 떨어뜨리다 ⓑ톱날에 기름을 재겨가며 톱을 써야 해

재까닥[1] (어찌씨) 일을 재빠르고 쉽게 해치우는 꼴 ⓑ풀깎개로 재까닥 풀을 깎아 치웠다 준말 재깍 큰말 제꺼덕 센말 째까닥

재까닥[2] (어찌씨) 작고 단단한 몬이 가볍게 빨리 맞부딪치거나 부러지는 소리. 또는 그 꼴 준말 재깍 큰말 제꺼덕 센말 째까닥 **재까닥하다**

재까닥거리다 (움직씨) 작고 단단한 몬이 가볍게 빨리 맞부딪치거나 부러지는 소리가 자꾸 나거나 그런 소리를 자꾸 내다 준말 재깍거리다 큰말 제꺼덕거리다 센말 째까닥거리다 **재까닥대다**

재까닥재까닥[1] (어찌씨) 어떤 일을 잇달아 재빠르고 쉽게 해치우는 꼴 ⓑ얼른 일어나 재까닥재까닥 이불도 개키고 방을 치우렴 준말 재깍재깍 큰말 제꺼덕제꺼덕 센말 째까닥째까닥

재까닥재까닥[2] (어찌씨) 작고 단단한 몬이 가볍게 빨리 자꾸 맞부딪치거나 부러지는 소리. 또는 그 꼴 준말 재깍재깍 큰말 제꺼덕제꺼덕 센말 째까닥째까닥 **재까닥재까닥하다**

재깍[1] (어찌씨) 어떤 일을 재빠르고 쉽게 해치우는 꼴 ⓑ밀린 일을 재깍 마무리했다 큰말 재꺽 센말 째깍 밑말 재까닥

재깍[2] (어찌씨) ❶작고 단단한 몬이 가볍게 부러지거나 맞부딪칠 때 나는 소리. 또는 그 꼴 큰말 재꺽 센말 째깍 밑말 재까닥 ❷때틀 따위에 있는 작은 톱니바퀴가 가볍게 돌아갈 때 나는 소리. 또는 그 꼴

재깔거리다 (움직씨) 나지막한 소리로 좀 떠들썩하게 자꾸 이야기하다 ⓑ개울 빨래터에서는 자주 동네 아낙들이 제가끔 사는 이야기로 재깔거린다 큰말 지껄거리다 **재깔대다**

재깔이다 (움직씨) 나지막한 소리로 좀 떠들썩하게 이야기하다 ⓑ동네 아이들이 냇가에서 고기를 잡으며 쉴 새 없이 재깔이고 있

다 큰말 지껄이다 여린말 재갈이다

재깔재깔 어찌씨 나지막한 소리로 좀 떠들썩하게 자꾸 이야기하는 소리나 그 꼴 ㉥버스에서 아이들이 재깔재깔 떠든다 큰말 지껄지껄 여린말 재갈재갈 **재깔재깔하다**

재난 ⇒ 큰일. 지실. 언걸

재넘이 이름씨 메부리나 마루에서 내리 부는 바람 ㉥밤이 되자 재넘이가 산들산들 불어온다 한뜻말 멧바람 ⇐ 산바람. 산풍

재능 (才能) ⇒ 솜씨. 재주. 손재주. 너름새. 잡힐손

재능인 ⇒ 솜씨꾼

재다[1] 움직씨 잘난 체하며 으스대거나 뽐내다 ㉥그이가 돈푼깨나 있으니 재고 다닐 만도 하다 한뜻말 뻐기다

재다[2] 움직씨 ❶길이나 높이, 크기, 너비 따위를 자, 저울 같은 재개로 헤아려 알아보다 ㉥키를 재보니 지난해보다 많이 자랐다 ⇐ 계측하다. 측정하다 ❷요모조모 따져보고 헤아리다 ㉥너무 앞뒤를 재지 마라 ⇐ 비교하다

재다[3] 움직씨 ❶고기 따위 먹을 것을 양념하여 그릇에 쌓아 담아두다 ㉥쇠고기를 불고기 양념에 재어 놓았다 한뜻말 재우다. 쟁이다 ❷어떤 것을 차곡차곡 포개어 쌓아두다 ㉥쇠꼴을 베어 우리 옆에 한가득 재어 놓았다 ❸(재우다[2] 준말) 담뱃대나 쏘개 따위에 쓰일 밑감을 끼워 넣다 ㉥알집에 쏘개알을 재어 두고 맞잡이를 기다렸다

재다[4] 움직씨 솜이나 머리카락같이 더부룩하거나 푸슬푸슬한 것을 착 붙여 숨을 죽이다 ㉥아침에 일어선 머리를 물로 재우며 다듬었다

재다[5] 그림씨 ❶움직임이 재빠르고 날쌔다 ㉥손놀림이 재니 설거지도 빨리 해치운다 ❷뜨거움이 빨리 옮겨가다 ㉥냄비는 가마솥에 견주어 아주 재서 물이 빨리 끓는다 ❸참지 못하고 입놀림이 가볍다 ㉥제발 입을 재게 놀리지 말아라 슬기말 **잰 놈 뜬 놈만 못하다** 일은 마구 빨리하는 것보다 늦더라도 참되고 꾸준히 하는 것이 좋다

재단 ⇒ 마름질. 마르다. 마름질하다

재단사 ⇒ 마름장이. 마름바치

재담 ⇒ 재미있는 이야기. 익살맞은 얘기

재담가 ⇒ 이야기꾼. 이야기 주머니

재덕 (才德) ⇒ 재주와 드레

재두루미 이름씨 가을에 날아와 겨울을 지내고 다시 노녘으로 날아가는 철새. 낯과 이마는 털 없이 붉고 머리와 어깨, 턱은 희고 등은 푸르스름한 잿빛을 띠어 재두루미라 한다. 논이나 늪 같은 곳에 떼 지어 다니며 물고기나 게, 조개를 잡아먹고 산다

재떨이 이름씨 담뱃재를 떨고, 피우다 남은 꽁초를 버리는 그릇

재랍 이름씨 삼을 삶아서 껍질을 벗기고 난 속대 ㉥재랍 끝을 세모지게 꺾어 삼으로 묶고 거기에 거미줄을 걷어 잠자리나 매미를 잡았지

재래 ⇒ 내림

재래시장 ⇒ 내림저자

재래식 ⇒ 옛날 꼴. 내림 꼴

재래종 ⇒ 제바닥나기. 터박이. 텃씨

재량 ⇒ 알아서 함. 가말다

재량활동 ⇒ 알아서 하기

재력 ⇒ 돈. 돈댈힘

재론 ⇒ 다시 말꺼냄. 다시 이야기함. 다시 말하다. 다시 이야기하다

재롱 ⇒ 귀여운 짓. 예살. 아양

재롱둥이 ⇒ 아양둥이. 귀염둥이

재롱떨다 ⇒ 아양떨다

재롱부리다 ⇒ 아양부리다

재료 ⇒ 거리. 감. 밑감. 밑바탕

재림 ⇒ 다시 옴. 다시 오다

재목 ⇒ 서돌. 쓸 나무. 해낼 사람

재무 ⇒ 돈일. 돈살림. 살림살이. 씀씀이 살핌

재물 ⇒ 돈. 값진 것. 천량

재미 이름씨 ❶아기자기하게 즐거운 느낌 ㉥너하고 놀면 늘 재미있어 ⇐ 흥미 ❷지내는 매개 ㉥요즘 무슨 재미로 살아? 애들 크는 재미로 살아 ❸좋은 열매나 보람 ㉥처음엔 재미를 못 봤지만 요즘엔 재미가 솔솔해

익은말 **재미를 보다** 어떤 보람을 얻거나 열매를 거두다 슬기말 **재미난 골에 범 난다** ❶한 차례 재미를 본 데 맛을 들여 자꾸 못된 짓을 하다가는 마침내 큰 어려움을 겪는다 ❷지나치게 재미있으면 그 끝에 가서는 좋지 않은 일이 일어난다

재미 ⇒ 유에스에 있음. 유에스에 삶

재미나다 움직씨 즐거운 마음이 들다 ⓑ어제는 동무들과 나물을 뜯으며 재미나게 보냈다

재미없다 그림씨 ❶아기자기하게 즐거운 맛이 없다 ⓑ이렇게 재미없는 굿은 처음이다 비슷한말 선겁다 맞선말 재미있다 ❷몸이나 둘레에 나쁜 일이 닥치다 ⓑ나한테 자꾸 버릇없이 굴면 재미없을 줄 알아

재미있다 그림씨 즐거운 느낌이 있다 ⓑ우리 옛땅그림 이야기를 재미있게 들었다 맞선말 재미없다 ⇐ 흥미롭다

재미적다 그림씨 마음에 걸리어 못마땅하다 ⓑ올해 새로 비롯한 일이 생각보다 재미적네

재미지다 그림씨 재미있다

재밋거리 이름씨 어떤 일에 재미와 즐거움을 느끼게 할 만한 거리

재바람 이름씨 재 둘레에 쌓은 바람 한뜻말 구루바람 ⇐ 성벽

재바르다[1] 움직씨 꽤 빠르다 ⓑ재바른 몸짓으로 나물을 담는다 센말 재빠르다

재바르다[2] 그림씨 넉넉하지 못하다 ⓑ이 재바른 살림살이에서 언제 벗어날까?

재반죽 이름씨 돌잿가루에 물을 섞어 만든 반죽

재발 ⇒ 덧남. 도짐. 덧나다. 도지다. 되걸리다

재방송 ⇒ 다시널냄. 다시보여줌. 다시 널내다. 다시 보여주다

재배 (再拜) ⇒ 두 절. 두 절하다

재배 (栽培) ⇒ 심어 가꾸기

재배치 ⇒ 다시 두기. 다시 놓기. 다시 놓다

재벌 ⇒ 큰벌데떼

재보임 이름씨 힘이나 재주가 얼마나 되는지 재어 보임 ⇐ 수험

재봄 이름씨 ❶물음을 풀게 해서 솜씨나 힘을 알아봄 ⓑ무슨 재봄을 보려고 그렇게 부지런히 외우니? ⇐ 시험. 테스트 ❷무엇을 제대로 만들었는지 써 보면서 알아봄 ⓑ이 연장은 여러 차례 재봄을 한 것이라서 마음 놓고 사도 됩니다 ❸사람 됨됨이를 알려고 떠봄 ⓑ내가 어떤 사람인지 재봄이라도 하는 거야?

재봄대 이름씨 값어치나 재주를 재보는 자리 ⇐ 시험대

재봄종이 이름씨 ❶재보는 물음이 쓰여 있고 그 풀이를 쓰는 종이 ⇐ 시험지 ❷녹임물이나 김덩이 바탈을 재보아 밝히는 데 쓰는 종이

재봄지기 이름씨 재는 물음을 내거나 재봄을 지켜보며 그 이룸치를 매기는 사람 ⇐ 시험관

재봉 ⇒ 바느질. 바느질하다

재봉틀 ⇒ 바느질틀

재분배 ⇒ 다시 도름. 새 노느매기. 새로 나눔. 다시 도르다. 새로 노느다. 새로 나누다

재빠르다 그림씨 움직임이 날쌔고 빠르다 ⓑ재빠른 몸놀림으로 날아오는 공을 비켜났다 **재빨리 재빠르게**

재빼기 이름씨 재 맨 꼭대기 ⓑ아이들이 재빼기까지는 겨우 따라왔지만 더는 움직이지 않았다

재산 ⇒ 천량. 알천. 가진것. 돈낟

재산권 ⇒ 천량힘. 가진것힘

재삼재사 ⇒ 자꾸자꾸. 거듭거듭. 되풀이하여

재상 ⇒ 머리벼슬. 으뜸벼슬

재색 (-色) ⇒ 잿빛. 쥐빛

재색 (才色) ⇒ 솜씨와 생김새. 재주와 얼굴

재생 ⇒ 되살이. 되살다. 거듭나다. 되살리다. 살아나다

재생비누 ⇒ 되살이비누

재선 ⇒ 다시 뽑음. 다시 뽑힘. 다시 뽑다. 다시 뽑히다

재소자 ⇒ 전중이. 갇힌이

ㅈ

재수 (財數) ⇒ 사망. 날떠퀴. 생김수

재수 (再修) ⇒ 다시 배움. 다시 익힘

재심 이름씨 재된물남 녹임물. 빛깔이 없고 심바탈이 세다 ⇐ 염산

재쑥 이름씨 잎은 깃꼴로 깊게 갈라진 쑥. 두해살이풀로 어린잎은 먹는다

재앙 ⇒ 언걸. 지실

재야 ⇒ 테밖. 울밖. 테밖사람. 울밖사람

재여리 이름씨 짝맺이가 되도록 가운데서 힘쓰는 사람 ⇐ 중매. 중매인. 중매쟁이

재여리집 이름씨 짝맺이가 되도록 가운데서 힘쓰는 곳 ⇐ 결혼상담소. 중매소

재연 ⇒ 다시 보여줌. 되풀이함. 다시 일어나다. 다시 보여주다. 되풀이하다

재외 ⇒ 나라 밖에 있음. 바깥에 삶

재외동포 ⇒ 나라밖겨레

재우 어찌씨 매우 빠르고 날쌔게 ⓑ우리는 해가 지려 하자 발걸음을 재우 놀려 걸었다

재우다[1] 움직씨 ('자다' 하임꼴) ❶잠이 들게 하다 ⓑ자장가를 불러가며 우는 아기를 재웠다 한뜻말잠재우다 ❷머리카락, 솜 따위가 부풀어 있던 것을 눌러 폭 꺼지게 하다 ⓑ솜을 재우고 나서 이불을 누볐다

재우다[2] 움직씨 ❶고기 따위 먹을 것을 양념하여 맛이 들도록 그릇에 쌓아 담아두다 ⓑ갈비를 재워 놓았다 한뜻말쟁이다 준말재다 ❷어떤 것을 차곡차곡 포개어 쌓아두다 ⓑ잘 안 입던 옷을 빨아서 옷장에 재워두었다 ❸담뱃대나 쏘개 따위에 쓰일 밑감을 끼워 넣다 ⓑ쌈지에서 잎담배를 꺼내 담뱃대에 재운다

재우치다 움직씨 ❶빨리 몰아치거나 다그치다 ⓑ걸음을 재우치다. 일손을 더욱 재우쳤다 ❷어떤 짓이 잇달아 이어지다 ⓑ내 말을 듣자 재우쳐 놀랐다. 믿지 못해 재우쳐 물었다

재위 ⇒ 자리에 있음. 자리에 있는 동안

재일 ⇒ 니혼에 있음. 니혼에 삶

재임 ⇒ 자리를 맡음. 맡고 있다. 그 자리에 있다

재입힘 이름씨 잿가루를 물에 풀어 솔로 입히는 것 ⇐ 회칠

재작년 ⇒ 지지난해. 그러께

재잘거리다 움직씨 ❶낮은 소리로 빠르고 떠들썩하게 자꾸 얘기하다 ⓑ아이들이 쉬는 참에 쉴 새 없이 재잘거린다 ❷참새 따위가 즐겁게 자꾸 지저귀다 ⓑ새들이 재잘거리는 소리에 잠을 깼다 **재잘대다**

재잘재잘 어찌씨 ❶잔재미가 있게 자꾸 지껄이는 꼴 ⓑ작은 일방에서는 하루 내내 재잘재잘 웃음소리가 그칠 새가 없다 ❷참새 같은 것이 자꾸 지저귀는 소리나 그 꼴 ⓑ참새떼가 대숲에서 재잘재잘 노래한다 ❸가는 도랑물이 흘러내리는 소리나 그 꼴 ⓑ시냇물이 재잘재잘 노래하며 흘러가네 **재잘재잘하다**

재재 어찌씨 좀 수다스럽게 재잘거리는 꼴 ⓑ입만 재재 까고 앉아있으면 일은 누가 하겠노? **재재하다**

재재거리다 움직씨 조금 수다스럽게 재잘거리다 ⓑ젊은이 둘이서 뭐가 그리 재밌는지 재재거린다 큰말지지거리다 **재재대다**

재재재재 어찌씨 좀 수다스럽게 자꾸 재잘거리는 꼴 ⓑ수다쟁이 아줌마는 오늘 하루 종일 재재재재 입도 안 아픈가 큰말지지지지 **재재재재하다**

재적 (在籍) ⇒ 이름이 실림. 이름이 올라있음. 들어있다. 얹혀있다. 실려있다

재정 (財政) ⇒ 돈살림. 나라살림

재주 이름씨 ❶무엇을 잘할 수 있는 타고난 슬기와 힘 ⓑ다름은 어려서부터 공을 차는 데 재주가 많았다 ⇐ 기술. 재간. 재기 ❷슬기롭게 잘 다루는 솜씨 ⓑ쉬워 보이는 씨름에도 맞잡이를 넘어뜨리려면 여러 재주를 익혀야만 한다 ❸(흔히 '재주가 없다' 꼴로 써) 일하는 데 쓸 좋은 수나 꾀 ⓑ아무리 애를 써도 풀 재주가 없다 슬기말 **재주는 곰이 넘고 돈은 쫑궈놈이 받는다** 애써 일한 사람은 따로 있고 그 일에 따른 보람은 다른 사람이 누린다 **재주를 다 배우고 나니 눈이 어둡다** 애써서 재주를 배우고 나니 이미 늙어

그 솜씨를 써먹지 못한다

재주껏 어찌씨 있는 재주를 다하여 ㉥내가 도와줄 테니 재주껏 해봐라

재주꽃 이름씨 솜씨꽃 ⇐ 예술

재주꽃보 이름씨 솜씨꽃보 ⇐ 예술가

재주꾼 이름씨 재주가 많은 사람 ㉥돌이는 어릴 적에도 남을 잘 웃기는 재주꾼이었다 ⇐ 재능인. 귀재. 팔방미인

재주넘다 움직씨 몸을 위로 솟구쳐 머리와 다리를 거꾸로 하여 돌다 ㉥재주놀이 가운데 재주넘기가 아주 재미있었다 **재주넘기**

재주놀이 이름씨 줄타기나 말타기, 눈어리기 따위로 재미있고 아슬아슬한 재주를 부려 사람들을 즐겁게 하는 놀이마당 ㉥재주놀이에 앞서 어릿광대들이 사람 눈길을 사로잡는다 ⇐ 곡예. 서커스

재즈 ⇒ 검은이 아람가락

재즈댄스·재즈춤 ⇒ 검은이 아람가락춤

재직 ⇒ 벌이터에 있음. 일터에 있음

재질 ⇒ 바탕. 감바탕

재차 ⇒ 다시. 되풀이. 거듭

재창 ⇒ 다시 부름. 거푸 부름. 거푸 부르다. 다시 부르다

재창조 ⇒ 다시애짓기. 다시애지음. 다시애짓다

재채기 이름씨 코 안 얼날이 건드려질 때 간질간질하여 갑자기 코로 센 기운을 내뿜는 것 ㉥할아버지 재채기 소리에 아기가 놀라 운다

재청 ⇒ 다시 내놓음. 다시 내놓다

재촉 ⇒ 다그침. 서두름. 다그치다. 서두르다. 조르다. 몰아치다. 내몰다. 재우치다

재치 ⇒ 슬기. 재주. 솜씨

재침 ⇒ 다시쳐들어옴. 다시 쳐들어오다

재킷 ⇒ 하늬덧저고리

재탕 ⇒ 우려먹기. 다시끓이기. 우려먹다. 다시 끓이다. 거푸 달이다

재택근무 ⇒ 집일

재택수업 ⇒ 집배움

재테크 ⇒ 돈굴리기

재판 (再版) ⇒ 되박이. 되풀이. 되박다. 되풀이하다

재판 (裁判) ⇒ 판가름. 판가름하다

재판관 ⇒ 판가름이. 판가름보

재판소 ⇒ 판가름곳. 판가름데

재판장 ⇒ 판가름머리. 판가름지기

재평가 ⇒ 다시값매김. 다시 값 매기다. 다시 살펴보다

재학 ⇒ 배곳다님

재학생 ⇒ 배곳다님이. 배움이

재해 ⇒ 언걸. 지실

재현 ⇒ 다시나타남. 되살림. 다시 나타나다. 되살리다

재혼 ⇒ 다시짝맺이

재화 ⇒ 돈

재활 ⇒ 다시뮘. 다시뮈다. 다시 움직이다

재활용·재사용 ⇒ 다시씀. 고쳐씀. 다시 쓰다. 고쳐 쓰다

재활용품·재사용품 ⇒ 다시쓸것. 또쓸몬. 다시쓰는것

재활원 ⇒ 되살림집. 되살리는집

재회 ⇒ 다시만남. 다시 모이다. 다시 만나다

잰걸음 이름씨 빠른 걸음 ㉥마을 사람들은 연장을 들고 잰걸음으로 둑 터진 곳으로 갔다 **잰걸음하다**

잼 ⇒ 단졸임

잼버리 ⇒ 큰잔치. 모꼬지

잽 ⇒ 툭툭치기. 주먹날리기

잽싸다 그림씨 매우 빠르고 날쌔다 ㉥샛돌이는 땅콩엿을 슬쩍하고는 잽싸게 달아났다

잿가루 이름씨 '살남칼슘'을 이르는 말. 거름, 돌가루, 유리를 만드는 밑감으로 쓴다 ⇐ 횟가루

잿더미 이름씨 **1** 재가 쌓인 더미 ㉥잿더미를 들쑤셔서 군고구마를 꺼냈다 **2** 불에 다 타서 못 쓰게 된 자리를 빗댄 말 ㉥한동안 싸움터가 된 우크라이나는 잿더미가 되었다 ⇐ 폐허

잿마루 이름씨 재 마루터기. 높은 고개 맨 꼭대기 ㉥잿마루에 올라서니 바람빛이 넓게 펼쳐졌다 한뜻말 재빼기

잿물 이름씨 ❶소쿠리에 천이나 짚을 깔고 재를 넣고 물을 부어 걸러낸 물 ⓑ잿물에 빨래를 빨면 때가 잘 진다 ❷오지그릇을 구울 때 겉에 바르는 물

잿박 이름씨 거름으로 쓸 재를 담는 그릇 ⓑ날마다 아궁이에서 잿박 가득 재를 퍼낸다

잿불 이름씨 재 안에 남아있거나 묻혀 있는 불 ⓑ잿불에 고구마를 구워 먹는 맛

잿빛 이름씨 재와 같은 빛깔 ⓑ잿빛으로 물든 하늘을 보니 곧 비가 오려나 보다 한뜻말쥣빛 ⇐ 회색

쟁가당 어찌씨 얇은 쇠붙이나 유리 같은 것이 떨어지거나 부딪칠 때 울려나는 소리 ⓑ냄비가 센 바람에 날려 밥놓개에 부딪히며 쟁가당 소리를 낸다 **쟁가당하다**

쟁가당쟁가당 어찌씨 얇은 쇠붙이나 유리 같은 것이 자꾸 떨어지거나 잇달아 부딪칠 때 울려나는 소리 ⓑ솥뚜껑을 쟁가당쟁가당 두드리는 소리에 맞춰 덩실덩실 춤을 추며 돌아간다 **쟁가당쟁가당하다**

쟁강 어찌씨 얇은 쇠붙이나 유리 같은 것이 떨어지거나 부딪칠 때 울려나는 가벼운 소리 **쟁강하다**

쟁강거리다 움직씨 얇은 쇠붙이나 유리 같은 것이 자꾸 떨어지거나 잇달아 부딪치며 소리가 나다 **쟁강대다**

쟁강쟁강 어찌씨 얇은 쇠붙이나 유리 같은 것이 자꾸 떨어지거나 잇달아 부딪칠 때 울려나는 가벼운 소리 ⓑ엿장수 가위질 소리가 마을 어귀에서 쟁강쟁강 들린다 **쟁강쟁강하다**

쟁개비 이름씨 작은 냄비 ⓑ쟁개비에 보글보글 끓는 찌개

쟁그랑 어찌씨 얇은 쇠붙이나 유리 같은 것이 떨어지거나 부딪칠 때 느리고 둥글게 울려나는 가벼운 소리 ⓑ부엌에서 무언가 쟁그랑 깨지는 소리가 들린다 **쟁그랑하다**

쟁그랑거리다 움직씨 얇은 쇠붙이나 유리 같은 것이 자꾸 떨어지거나 잇달아 부딪치며 가벼운 소리가 느리고 궁글게 울려나다 **쟁그랑대다**

쟁그랑쟁그랑 어찌씨 얇은 쇠붙이나 유리 같은 것이 자꾸 떨어지거나 잇달아 부딪칠 때 느리고 궁글게 울려나는 가벼운 소리 ⓑ절에서 울리는 쇠북 소리가 쟁그랑쟁그랑 들려온다 **쟁그랑쟁그랑하다**

쟁글쟁글 어찌씨 ❶바람 없는 날씨에 햇빛이 내리쬐는 꼴 ⓑ봄볕이 하루 내내 쟁글쟁글 내려쪼이더니 해질녘에는 실바람이 불어온다 ❷웃음이 해맑게 피어나는 꼴

쟁기 이름씨 술, 성에, 한마루를 세모꼴로 맞춰 논밭을 가는 데 쓰는 연장. 술 끝에 보습을 끼우고 그 위 한마루 몸에 볏을 덧대고 성에 앞 끝에 봇줄을 매어 소 멍에를 건다 ⓑ멍에를 걸고 쟁기를 끌어 무논을 가는 소

쟁기질 이름씨 쟁기를 써서 논밭을 가는 일 ⓑ아버지는 오늘 하루 내내 쟁기질한다 **쟁기질하다**

쟁반 ⇒ 큰접시

-쟁이 뒷가지 (사람 됨됨이나 버릇, 꼴 따위를 나타내는 말에 붙어) 그러한 사람 ⓑ멋쟁이. 무섬쟁이, 글쟁이. 개구쟁이. 몽니쟁이. 거짓말쟁이. 코쟁이

쟁이다 움직씨 ❶고기 따위를 양념하여 맛이 들도록 그릇에 쌓아 담다 ⓑ고기를 다져서 그릇에 쟁여 찬 데 넣어 두었다 한뜻말재다. 재우다 ❷어떤 것을 차곡차곡 포개어 쌓아 두다 ⓑ곳간에 안 쓰는 짐을 쟁여 쌓았다

쟁쟁하다 (琤琤) ⇒ 맑고 또렷하다

쟁쟁하다 (錚錚) ⇒ 빼어나다. 뛰어나다

쟁취 ⇒ 싸워얻음. 싸워 뺏다. 싸워 차지하다. 싸워 얻다

쟁탈 ⇒ 빼앗음. 뺏다. 빼앗다

쟁탈전 ⇒ 차지하기. 뺏기 싸움. 자리다툼

쟤 갈이름씨 '저 아이'를 줄인 말 ⓑ쟤는 볼 적마다 늘 바쁜 것 같더라 비슷한말걔. 애

저[1] 느낌씨 ❶생각이 갑자기 나지 않을 때 내는 말 ⓑ저 그러니까, 그게 뭐냐면 말이죠 ❷말을 꺼내기가 거북하거나 어색하여 머뭇거릴 때 내는 말 ⓑ저, 그런데 말이에요,

제가 먼저 왔거든요

저[2] (갈이름씨) ❶말하는 이로부터 멀리 떨어진 것을 가리키는 말 ⓑ저 사람은 누구냐? ❷앞에서 이야기한 것을 가리키는 말 ⓑ저를 어쩌면 좋습니까? 또 밤을 샌다네요. 저와 같이 하지 말라고 몇 디위를 말했건만 ❸'저것' 준말 ⓑ이도 저도 안 되면 이제 나더러 어떡하란 말이냐

저[3] (갈이름씨) ❶'나' 낮춤말. 토씨 '가'가 붙을 때는 '제'로 된다 ⓑ맡은이가 저는 아닌데요. 그 일은 제가 하죠 ❷말하는 이가 앞에서 말한 사람을 가리키는 말 ⓑ그 사람은 늘 저 좋은 일만 찾아다녀요 (슬기말) **저 먹자니 싫고 남 주자니 아깝다** 저에게는 그다지 쓸모가 없는 것일지라도 남에게 주는 것은 아까워한다

저[4] (이름씨) 가로로 붙게 되어 있는 우리나라 내림 나무대롱가락틀 가운데 하나 한뜻말 젓대

저[5] (매김씨) 말하는 이에게서 멀리 떨어져 있거나 아직 말하지 않았거나 알려지지 않은 것을 가리킬 때 씀 ⓑ이 책과 저 종이. 저기 저 집. 저기 가는 저 사람 작은말 조

저가 ⇒ 싼값. 똥값. 바닥금

저가품 ⇒ 눅거리. 싼거리

저간 ⇒ 요사이. 그 동안

저감 ⇒ 줄임. 낮춤. 줄이다. 낮추다

저개발 ⇒ 덜깸. 덜열림. 덜부숨. 덜파헤침

저개발국가 ⇒ 덜깬 나라. 덜 열린 나라. 덜 부순 나라. 덜 파헤친 나라

저것 (갈이름씨) ❶말하는 이와 듣는 이로부터 멀리 떨어진 것 ⓑ이리 와, 저것 좀 보게 준말 저. 저거 ❷아직 말하지 않았거나 알려지지 않은 것 ⓑ그것 저것 아무래도 좋다 ❸저 사람 ⓑ저것이 뭘 안다고 나서는 거야 ❹저 아이 ⓑ저것들 노는 것 좀 봐요. 참 귀엽지요?

저격 ⇒ 노려 쏨. 노려 침. 겨눠 쏨. 겨눠 쏘다. 노려 치다

저고리 (이름씨) ❶배달옷 가운데 하나로 길, 소매, 깃, 섶, 동정, 고름 따위가 갖추어진 윗옷 ⓑ저 각시는 저고리 고름 말아 쥐고서 누굴 기다리나 ❷하늬옷 윗도리 ⓑ사냥하러 갈 때 늘 흙빛 저고리를 입고 다닌다

저곳 (갈이름씨) 말하는이와 듣는이한테서 먼 곳 ⓑ저곳은 늘 많은 사람들로 붐빈다지

저공 ⇒ 낮은 하늘

저공비행 ⇒ 낮추 날기

저금 ⇒ 돈모음. 돈맡김. 모은돈. 돈맡기다. 맡기다. 맡겨두다

저금리 ⇒ 싼길미

저금통 ⇒ 돈모음통

저금통장 ⇒ 모음돈책. 맡긴돈책

저급하다 ⇒ 낮다. 얕다. 바닥이다

저기[1] (갈이름씨) 말하는 이와 듣는 이로부터 멀리 떨어진 곳 ⓑ저기가 바로 내가 자란 마을이다 한뜻말 저곳 준말 저. 제

저기[2] (어찌씨) 저곳에 ⓑ저기 아버지가 이리로 오시네요 준말 저. 제

저기[3] (느낌씨) ❶생각이 얼른 나지 않을 때 내는 말 ⓑ저기, 뭐지, 제가 말했잖아요 ❷말을 꺼내기가 거북하거나 어색하여 머뭇거릴 때 내는 말 ⓑ저기, 이건 또 어떻게 할까요

저기압 ⇒ 낮은 빈기누름

저까짓 (매김씨) 겨우 저만큼밖에 안 되는 ⓑ저까짓 게 뭐 그리 대단하다고 저리 시끄러워 준말 저깟 작은말 조까짓

저냐 (이름씨) 얇게 저민 고기나 물고기 살에 밀가루를 묻히고 달걀을 씌워 기름에 지진 맛갓 ⇐ 전

저녁 (이름씨) ❶해 질 무렵부터 밤이 되기까지 사이 ⓑ아침부터 저녁까지 쉴 새 없이 손말틀을 들여다본다. 저녁에 마을 나들이 가자 비슷한말 해거름 맞선말 새벽. 새벽녘 ❷저녁밥 ⓑ저녁을 끝내고 큰 마당을 한 바퀴 돌았다

저녁나절 (이름씨) 해지기 앞 한동안 ⓑ저녁나절에 집 나간 놈이 밤이 깊어서야 돌아왔다

저녁노을 (이름씨) 해가 질 때 노을 ⓑ저녁노을

이 붉게 타오른다 맞선말새벽노을. 아침노을 준말저녁놀

저녁때 이름씨 ❶해 질 무렵 ⓑ저녁때가 다 되어서 벗이 찾아왔다 비슷한말저녁녘. 저물녘. 저녁나절 ⇐ 황혼 ❷저녁밥을 먹을 때 ⓑ저녁때가 지났는데 밥입들이 보이질 않는다

저녁밥 이름씨 저녁때 끼니로 먹는 밥 ⓑ저녁밥을 먹고 가볍게 거님길을 걸었다 준말저녁 ⇐ 석식. 만찬

저녁상 ⇒ 저녁놓개

저놈 갈이름씨 ❶말하는 이나 듣는 이로부터 떨어진 곳에 있는 '저 사내'나 '저 사람'을 얕잡아 이르는 말 ⓑ저놈을 잡아서 끌고 오너라 작은말조놈 ❷말하는 이나 듣는 이로부터 떨어진 곳에 있는 '저 사내아이'를 귀엽게 이르는 말 ⓑ저놈이 막둥이예요 ❸말하는 이나 듣는 이로부터 떨어진 곳에 있는 '저 것'을 가볍게 이르는 말 ⓑ저놈이 더 좋은 것 같은데요

저누리 이름씨 죽으면 간다는 저쪽 누리 한뜻말저승 ⇐ 저세상

저능아 ⇒ 모자란 아이. 덜된 아이

저능하다 ⇒ 덜되다. 모자라다. 덜떨어지다

저다지 어찌씨 저렇게까지 또는 저러한 만치까지 ⓑ어휴, 제 각시가 저다지 좋을까 한뜻말저리도 작은말조다지

저당 ⇒ 볼모. 볼모 삼다. 볼모 잡히다. 맞서 겨루다

저대로 어찌씨 ❶저것과 같이 ⓑ저대로 만들어 주세요 ❷바뀜 없이 저 모습으로 ⓑ책놓개를 저대로 그냥 놔두세요

저돌적 ⇒ 마구 덤비는

저따위 이름씨 저와 같은 것들 ⓑ저따위로 하니 내가 할 맛이 나겠니? 준말저만 작은말조따위

저래 어찌씨 ❶'저리하여' 줄어든 말 ⓑ자꾸 저래 시끄럽게 구네 ❷'저러하여' 줄어든 말 ⓑ저래 놓으니 마음을 못 놓지

저러다 움직씨 ❶'저리하다' 준말 ⓑ그냥 내버려 두면 저놈이 저러다 말겠지 작은말조러다 ❷저렇게 하다 ⓑ남이 이래라하면 이러고 저래라하면 저러면 되겠는가? ❸저렇게 말하다

저러하다 그림씨 꼴이나 씨 따위가 저와 같다 ⓑ저러한 걸 낳지 말고 호박이나 낳았더라면 국이나 끓여 먹지 준말저렇다 작은말조러하다

저런[1] 느낌씨 놀라운 일을 보거나 듣거나 하였을 때 놀라움을 나타내는 말 ⓑ아이쿠, 저런! 거 참 안됐네 작은말조런

저런[2] 매김씨 '저러한' 준말 ⓑ요즘은 저런 일도 흔히 일어나지

저렇다 그림씨 '저러하다' 준말 ⓑ저렇게 못났어도 마음은 부드럽다 작은말조렇다

저력 ⇒ 숨은 힘. 속힘. 바탕 힘

저렴하다 ⇒ 값싸다. 값눅다

저리 ⇒ 싼 길미

저리[1] 어찌씨 ❶(꼴, 씨 따위가) 저러하게 또는 저렇게 ⓑ비가 저리 내리는데 밤에 혼자 갈 수 있겠어? 작은말조리 ❷저다지 또는 저와 같이 ⓑ조금 늦었다고 저리 말이 많을까 작은말조리

저리[2] 어찌씨 저쪽으로 또는 저곳으로 ⓑ늦었으니 저리 가서 앉아라 작은말조리

저리다 그림씨 ❶살이나 뼈마디가 오래 눌려 피가 거의 돌지 못해 아주 놀릴 수 없도록 힘이 나지 않고 깊은 곳까지 느낌이 아리고 무디다 ⓑ오래 앉았더니 다리가 저린다 작은말자리다 ❷깊은 울림이나 슬픔 따위로 말미암아 가슴이 아린 듯이 아프다 ⓑ오늘 본 굿은 내게 가슴이 저린 울림을 안겨 주었다

저리도 어찌씨 ❶저렇게도 ⓑ저리도 해보고 이리도 해봤지만 쓸모가 없어요 ❷저다지도 ⓑ어쩌면 저리도 좋을까?

저릿저릿 어찌씨 놀리기 어려울 만큼 힘이 없고 느낌이 무딘 꼴 ⓑ어깨가 저릿저릿 잘 놀리질 못하겠다 **저릿저릿하다**

저릿하다 그림씨 좀 저린 듯하다 ⓑ맨발로 차가운 물을 건넜더니 발이 저릿하다

저마다 어찌씨 '사람마다 또는 몬마다'로 두루

가리킴을 나타낸다 ⓑ풀도 저마다 냄새가 갖가지다 ⇐ 제각각. 제각기

저만큼 어찌씨 ❶저렇게 크거나 좋은 만큼으로 ⓑ나도 저만큼 달릴 수 있다 한뜻말저만치 작은말조만큼 ❷저기까지 떨어진 만큼 ⓑ모두 저만큼 물러나세요 한뜻말저만치

저만하다 그림씨 (생긴 꼴, 씨, 새 따위 크기가) 저것과 비슷하다 ⓑ다친 데가 저만하니 마음이 놓인다. 저만한 사람도 요즘 드물어요 작은말조만하다

저맘때 어찌씨 꼭 저만큼 된 때 ⓑ저맘때는 혼자 내버려두어야 합니다 작은말조맘때

저명 ⇒ 이름남. 이름나다. 알려지다

저명인사 ⇒ 난사람. 이름난 이. 알려진 사람

저명한 ⇒ 이름난. 알려진

저무도록 어찌씨 날이 저물 때까지 ⓑ저무도록 모심기를 하여 다 끝마쳤다

저물다 움직씨 ❶해가 져서 어두워지다 ⓑ날이 저물었으니 저 곳에 묵고 가세 ❷한 철, 한 해, 한 뉘 따위가 거의 다 지나게 되다 ⓑ가을이 저물어 간다. 내 삶도 시나브로 저물어가는구나

저미다 움직씨 ❶여러 작은 조각으로 얇게 베어 내다 ⓑ물고기 살을 저몄다 ❷마음을 칼로 베어 내듯이 아주 괴롭고 아프게 하다 ⓑ아파 드러누운 아들을 보노라니 가슴을 저미는 것 같다

저버리다 움직씨 ❶마땅히 지켜야 할 다짐을 잊거나 어기다 ⓑ그 둘은 믿음을 저버릴 사이가 아니다 ❷남이 바라는 바에 어긋나게 물리치다 ⓑ도와주신 뜻을 저버리고 제멋대로 굴었다 ❸등지거나 목숨을 끊다 ⓑ그는 오늘 새벽 갑자기 누리를 저버리고 저누리로 갔다

저벅거리다 움직씨 묵직하고 크게 발자국 소리를 내며 자꾸 걷다 ⓑ집밖에 저벅거리며 지나가는 무리들이 보였다 작은말자박거리다 센말쩌벅거리다 **저벅대다**

저벅이다 움직씨 크고 무겁게 발자국 소리를 내며 걷다

저벅저벅 어찌씨 발을 묵직하고 크게 내디디며 잇달아 걷는 소리 또는 그 꼴 ⓑ몸집이 큰 사내가 골목 안으로 저벅저벅 걸어 들어온다 작은말자박자박 센말쩌벅쩌벅 **저벅저벅하다**

저번 ⇒ 그 때. 먼저께. 앞서

저변 ⇒ 밑바닥. 밑바탕. 아래

저분 갈이름씨 '저 사람' 높임말 ⓑ저분이 바로 내가 말한 그 소리꾼이다

저서 ⇒ 지은 책

저세상 ⇒ 저누리

저소득 ⇒ 쥐꼬리. 적은 벌이

저소득층 ⇒ 가난뱅이들. 가난한 이들

저속 (低速) ⇒ 느림. 천천히. 느리다

저속하다 (低俗) ⇒ 낮다. 나랍다. 보잘것없다

저수량 ⇒ 가둔물붚. 받은물붚

저수위 ⇒ 낮은 물높이

저수조 ⇒ 물두멍. 물받이

저수지 ⇒ 못

저술 ⇒ 끌쓰기. 글 쓰다

저술가 ⇒ 글쓴이. 책쓴이

저습지 ⇒ 진펄. 오미

저승 이름씨 사람이 죽은 뒤 그 넋이 가서 산다는 누리 ⓑ날 도와준 것을 두고 아마 저승에서도 잊지 못할 것이오 한뜻말저누리 맞선말이승 ⇐ 황천. 염라국. 타계 슬기말 **저승길이 큰 문 밖이다** 죽음이란 것이 멀리 있지 않고 바로 가까이 있다

저승사자 ⇒ 저승 심부름꾼

저쑵다 움직씨 검이나 깨달은이에게 절하다 ⓑ스스로 마음을 닦아야지 검에게 저쑵어 이룰 일이 아니다 한뜻말저숫다

저어새 이름씨 가람어귀나 개펄에 사는 주둥이가 긴 주걱같이 생긴 여름새

저어하다 움직씨 적이 걱정하거나 두려워하다 ⓑ스스로를 둘러싼 뜬말이 더 퍼질 것을 저어하여 내 입에 재갈을 물렸다

저열하다 ⇒ 막되다. 모자라다. 거덕치다

저온 ⇒ 낮은 따습기. 서늘

저온창고 ⇒ 서늘광. 찬갈무리광

저울 이름씨 무게를 다는 연장 ⓑ저울에 달다.

저울에 뜨다. 눈 저울

저울대 [이름씨] 대저울에서 눈금이 새겨지고 드림쇠를 거는 대

저울질 [이름씨] **1** 저울로 무게를 다는 일 ㉥푸줏간 임자가 저울질을 마치고 고기를 쌌다 **2** 속내를 떠보거나 서로 견주거나 하여 따져 보는 일 ㉥어느 쪽이 내게 더 보탬이 되는지 저울질해 보았다 **저울질하다**

저울추 ⇒ 드림쇠. 저울쇠

저위도 ⇒ 낮은 씨금

저율 ⇒ 낮은 푼수

저음 ⇒ 낮은 소리

저의 ⇒ 숨은 뜻. 속마음. 속셈

저이 [갈이름씨] **1** '저 사람'을 조금 높임말 ㉥저이는 이 동네를 잘 알고 있더군요 **2** 겨집이 다른 사람한테 제 사내를 가리키는 말 ㉥저이는 요즘도 꼭 집에서 밥을 먹어요

저임금 ⇒ 적은 품삯. 낮은 삯

저자 [이름씨] **1** 사람들이 많이 모여 여러 가지 낟이나 몬을 사고파는 곳. 흔히 닷새마다 열린다 ㉥오늘 저자에는 쌀을 내다 팔고 멸치와 미역, 김을 사 와야겠다 ⇐ 장 **2** 갖가지 몬을 늘 사고팔고 할 수 있게 갖춰진 곳 ㉥여름낳이저자. 바닷물고기저자. 마른문저자. 자갈치저자. 다고부루하늬문 저자. 벼룩저자 ⇐ 시장 **3** 날마다 아침저녁으로 먹을거리를 파는 작은 가게들 ㉥쓸돈이라도 벌어보려고 먹을거리를 들고 저자에 나갔다 ⇐ 가게. 수퍼. 마트 [익은말] **저자를 보다** 저자에 가서 쓸 만한 몬 따위를 사거나 팔다 **저자 서다** 저자가 열려서 사고팔기가 비롯되다

저자·저작자·작자 ⇒ 지은이

저자금 [이름씨] 저자에서 몬을 사고파는 값 ⇐ 장금

저자꾼 [이름씨] 저자에서 몬을 사고파는 사람 ⇐ 장꾼

저자내기 [이름씨] **1** 손짓일꾼이 저자에 내다 팔려고 만든 몬 ⇐ 장내기 **2** 어음이나 모가치를 사고파는 곳에 내놓는 일 ⇐ 장내기

저자내기옷 [이름씨] 맞춘 옷이 아니라 미리 여러 벌을 지어 놓고 파는 옷 ⇐ 기성복

저자돌뱅이 [이름씨] 이 저자 저 저자로 돌아다니면서 이것저것 파는 사람 ㉥아재는 저자돌뱅이 삶을 그만두고 그 멧골에 터를 잡아 여름지기가 되었다 [한뜻말]저자돌림. 저자내기. 장사꾼 ⇐ 장돌뱅이

저자바구니 [이름씨] 저자 볼 때 들고 다니는 바구니 ⇐ 시장바구니. 장바구니

저자살림 [이름씨] 저자를 거쳐 몬이나 일손을 사고파는 것을 가운데 두고 이뤄지는 살림 ⇐ 시장경제

저자세 ⇒ 굽실거림. 쩔쩔맴. 몸낮춤

저작·저술 ⇒ 책짓기. 책엮기. 글쓰기

저작권 ⇒ 지은힘

저작권법 ⇒ 지은힘벼리

저잣거리 [이름씨] 가게가 죽 늘어서 있는 거리

저장 ⇒ 갈무리. 쌓아둠. 갈무리하다. 간수하다

저장고 ⇒ 갈무리광

저장물 ⇒ 갈무리몬. 갈무리한것

저장법 ⇒ 갈무리하기

저장뿌리 ⇒ 갈무리뿌리

저장성 ⇒ 갈무리새

저저끔 [어찌씨] '저마다' 힘줌말 [한뜻말]제가끔

저절가스 [이름씨] 땅속에서 저절로 생겨 나오는 가스 ⇐ 천연가스

저절고무 [이름씨] 고무나무에서 나오는 물을 굳힌 고무 ⇐ 천연고무

저절기림몬 [이름씨] 누리몬 가운데 여러모로 매우 값지거나 드물어서 지키고 보살피려고 벼리에서 잡은 몬이나 곳이나 산것 ⇐ 천연기념물

저절깨끗 [이름씨] 더러워진 땅이나 물, 바람 같은 것이 온누리가 돌아가는 흐름에 따라 저절로 깨끗해지는 일 ⇐ 자정작용

저절되기 [이름씨] 다른 힘을 빌리지 않고 스스로 움직이거나 일함 ⇐ 자동화

저절로 [어찌씨] **1** 다른 힘을 빌리지 않고 혼자 스스로 ㉥저절로 굴러든 박을 발로 차버리다니 안타깝다 [한뜻말]제물로. 제풀로. 스스로

준말절로 **2**사람 손을 거치지 않고 되는 그대로 ⓑ태어난 목숨은 무엇이나 저절로 자란다 ⇐ 자연히. 자연스럽게

저절문 이름씨 저절로 여닫히는 문 ⇐ 자동문

저절밑감 이름씨 저절로 있어 사람 삶이나 낳이일에 쓸 수 있는 몬이나 일 힘을 통틀어 이르는 말 한뜻말누리밑감 ⇐ 천연자원. 자연자원

저절섬돌 이름씨 사람을 싣고 저절로 아래위켜로 오르내리는 섬돌 한뜻말오르내리개 ⇐ 에스컬레이터

저절올실 이름씨 솜이나 삼, 고치, 짐승 털처럼 누리에서 저절로 나는 것에서 뽑은 올실 한뜻말제올실 ⇐ 천연섬유

저조하다 ⇒ 낮다. 처지다. 시답잖다. 못하다. 더디다

저주 ⇒ 방자. 방자질. 방자하다. 방자질하다

저지 ⇒ 막음. 못하게 함. 막다. 말리다. 붙들다. 못하게 하다. 틀어막다

저지대 ⇒ 낮은 곳. 낮은 땅

저지레 이름씨 일이나 몬에 잘못을 저질러 그르치는 일 ⓑ임자 없는 개가 온 마을을 쏘다니며 저지레를 했다

저지레꾼 이름씨 저지레를 일삼는 사람

저지르다 움직씨 잘못하여 허물을 짓거나 일을 그르치다 ⓑ잘못을 저질렀으면 앙갚음도 달게 받을 줄 알아야지. 큰일을 저지르다 ⇐ 범하다

저지선 ⇒ 막이 금. 가로막기 줄. 막이 줄

저질 ⇒ 낮밭. 낮은 바탕. 본데없음

저쪽 이름씨 **1**말하는 이와 듣는 이로부터 멀리 떨어진 쪽 ⓑ저쪽에서 기다리겠습니다 ⇐ 저편 **2**말하는 이로부터 먼 곳에 있는 사람 ⓑ저쪽은 누구지요?

저체중 ⇒ 낮은몸무게

저촉 ⇒ 걸림. 건드림. 부딪치다. 걸리다. 걸려들다

저축 ⇒ 모음. 모으다. 여투다. 모투저기다

저출산 ⇒ 아이를 적게 낳음

저퀴 이름씨 사람을 몹시 앓게 한다는 깨비 ⓑ마을 사람들은 할머니에게 저퀴가 들었다고 떠들어댔다

저택 ⇒ 큰집

저토록 어찌씨 저만큼. 저렇게까지 ⓑ둘은 저토록 죽고 못사는 사이이다

저편 ⇒ 저쪽

저하 ⇒ 떨어짐. 낮아짐. 내림. 떨어지다. 낮아지다. 내리다

저학년 ⇒ 낮은배움해. 어린배움해

저항 ⇒ 버팀. 벋댐. 맞섬. 버티다. 벋대다. 맞서다

저항력 ⇒ 버틸 힘. 맞섬힘

저해 ⇒ 막음. 헤살. 막다. 가로막다. 헤살하다. 발거리놓다

저혈압 ⇒ 낮은피눌림. 낮피눌림

저희 갈이름씨 **1**'우리'를 스스로 낮춰 이르는 말 ⓑ나머지는 저희가 알아서 할 테니 먼저 들어가시죠 **2**'저들'이란 뜻으로 앞에서 말한 이들을 가리키는 말 ⓑ아버지와 아들은 저희끼리 얘기를 나누고 웃음을 짓는다 **3**(매김씨) '우리' 낮춤말 ⓑ저희 아이를 잘 돌봐주세요

적 이름씨 **1**(풀이씨 매김꼴 끝 '-ㄹ, -ㄴ' 다음에 써) 그 됨이 이어지거나 그 꼴이 나타난 때 ⓑ어릴 적에 다녔던 놀이터다 **2**(이름씨 뒤에 써) 그때 그 무렵 ⓑ세 살 적 버릇 여든까지 간다 **3**(옛날 일을 나타내는 이름씨와 함께 써) 그 일이 있던 그때 그 무렵 ⓑ고릿적

적 (炙) ⇒ 부침개. 꼬치구이

적 (敵) ⇒ 맞쌈꾼. 맞은쪽. 맞. 맞선이. 맞잡이. 저쪽

적갈색 ⇒ 구릿빛. 밤빛. 옻빛

적개심 ⇒ 미운 마음. 싫은 느낌

적격 ⇒ 알맞음. 걸맞음. 어울림. 안성맞춤

적격자 ⇒ 알맞은 이

적국 ⇒ 맞선나라. 맞잡이나라. 맞쌈나라. 맞나라

적군 ⇒ 맞쌈꾼. 맞싸울아비

적극 ⇒ 힘껏함. 힘껏나섬

적극적 ⇒ 힘껏. 힘껏 나서는. 발 벗고 나서는

적금 ⇒ 돈모임. 쌓은 돈. 돈모음

적기 (敵機) ⇒ 맞날틀. 맞쌈 날틀

적기 (適期) ⇒ 제때. 제철. 때. 철

적나라하다 ⇒ 까놓다. 숨김없다. 발가벗다. 꾸밈없다

적는이 이름씨 모임에서 이야기 따위를 적는 사람 ⇐ 서기

적다[1] 움직씨 글로 쓰다 ⓑ좋은 생각이 날 때마다 종이를 꺼내 적는 버릇이 있다 비슷한말 적바림하다. 쓰다 ⇐ 표기하다. 필기하다

적다[2] 그림씨 ❶세거나 잰 것이 얼마만큼 크기에 미치지 못하다 ⓑ적은 돈으로도 살 수 있는 게 뭘까 맞선말 많다 ⇐ 약소하다 ❷얼마만큼 높이보다 못하다 ⓑ아는 것이 적어서 좋을 수도 있다

적당량 ⇒ 알맞붚. 알맞은 부피

적당하다 ⇒ 알맞다. 어울리다

적대 ⇒ 맞잡음. 맞잡다. 맞잡이로 두다

적대감 ⇒ 맞잡는 느낌. 맞선느낌

적대시 ⇒ 미워함. 맞잡이로 여기다. 미워하다

적대적 ⇒ 맞잡이로 보는

적도 ⇒ 한씨금. 같금

적령·적령기 ⇒ 알맞은 나이. 마침 제때. 알맞은 때. 시집갈 나이. 장가들 나이. 배곳 갈 나이

적립 ⇒ 쌓아 둠. 모음. 모으다. 여투다

적립금 ⇒ 모은 돈. 여툰 돈

적막하다 ⇒ 쓸쓸하다. 고요하다. 호젓하다. 외롭다

적바림하다 움직씨 나중에 비추어보려 글로 가볍게 적어 두다 ⓑ살 것이 많아 살 때마다 적바림해 둔다 비슷한말 적발하다. 쓰다. 적다 ⇐ 기록하다

적반하장 ⇒ 도둑이 매 들기. 되술래잡이

적발 이름씨 나중에 비춰보려고 글로 가볍게 적어둠 ⓑ그가 쓴 적발은 알아보기 어려웠다 ⇐ 기록

적발 ⇒ 잡아냄. 찾아냄. 잡아내다. 찾아내다. 들춰내다

적법하다 ⇒ 벼리에 맞다

적병 ⇒ 맞싸울아비. 맞싸움꾼

적삼 이름씨 겨레옷에서 윗도리에 입는 홑옷. 저고리같이 생겼으나 홑옷이며 흔히 저고리를 갈음하여 여름에 입는다 ⓑ마루는 무더위로 모시 적삼에 고의를 입고 밖으로 다닌다

적색 ⇒ 붉은빛

적석총 ⇒ 돌무지무덤

적선 (敵船) ⇒ 맞싸움꾼 배

적선 (積善) ⇒ 착한 일하기. 좋은 일하기

적설량 ⇒ 내린눈붚. 온눈붚

적성 ⇒ 알맞은 바탕. 알맞음새. 알맞밭

적성검사 ⇒ 알맞음 살핌. 알맞음 재봄

적수 ⇒ 맞잡이. 맞. 맞싸움꾼

적시 ⇒ 제때. 제철. 바로 그 때

적시다 움직씨 ❶물기가 베거나 묻게 하다 ⓑ온몸을 땀으로 적셨다. 안개비에 옷을 적시다 ❷(딱딱했던 느낌이나 마음을) 수그러지고 부드러워지게 하다 ⓑ홀로 밤을 지새려 하니 왠지 모를 슬픔이 가슴을 적신다. 그윽한 가락은 내 마음을 누글누글하게 적셔주었다 ❸어떤 빛깔로 물들게 하다 ⓑ저녁 노을빛이 숲속을 적셨다 ❹눈물이 고이거나 흘러내리다 ⓑ눈시울을 적셨다. 눈물이 두 볼을 적신다 ❺궂은일이나 어려운 일을 손수 맡아서 하다 ⓑ남 어려운 일에 손을 적시는 일도 마다하지 않았다

적신호 ⇒ 빨간불. 잘못될 낌새

적십자 ⇒ 붉은더하기표

적십자사 ⇒ 붉은더하기묻

적어도 어찌씨 ❶아무리 적게 치더라도 ⓑ여기서 메부리까지는 적어도 나절가웃은 걸린다 ⇐ 최소한 ❷줄잡아 어림하여도 ⓑ일을 마치려면 적어도 두 해는 걸린다 ❸마음에 차지 않지만 ⓑ어버이는 적어도 제 아들딸은 홀로 서도록 도와야 한다

적외선 ⇒ 넘빨강살

적요 ⇒ 간추림. 적바림. 적발

적용 ⇒ 맞춰 씀. 끌어 씀. 끌어 대다

적운 ⇒ 뭉게구름. 더미구름

적은이 이름씨 아우. 시동생. 시아우

적응 ⇒ 어울림. 알맞춤

적응력 ⇒ 어울리는힘. 맞추는힘

적의 ⇒ 맞서는 마음. 가래는 마음

적이 어찌씨 ❶얼마간 또는 어지간히 ⓑ다 자란 딸을 보니 적이 기쁘다 한뜻말저으기 ⇐ 다소 ❷퍽 또는 꽤 ⓑ마을지기가 되고 나서 붓돌은 적이 어깨가 무거워졌다 ❸매우 ⓑ아픈 사람을 밤중에 나숨집에 보내느라 적이 바빴다 ❹속으로 생각하는 만큼 ⓑ수레가 눈길에 미끄러져 뒤집어지는 바람에 적이 놀랐다

적임자 ⇒ 알맞은이. 걸맞은이. 딱맞는이

적자 ⇒ 밑짐. 밑감. 모자람

적잖다 그림씨 ❶'적지 아니하다' 준말. 세거나 잰 것이 적은 것이 아니다 ⓑ너를 가르치느라 지금까지 적잖은 돈이 들었다 ❷소홀히 하거나 대수롭지 않게 여길 수 없다 ⓑ그동안 너에게 적잖은 도움을 받았다

적잖이 어찌씨 ❶적지 않은 셈이나 들이로 ⓑ서울에서는 아무리 싼 집이라도 적잖이 돈이 들어간다 한뜻말적잖게. 많이 ❷데면데면하거나 모른 척할 만하지 않게 ⓑ그동안 나를 그렇게 생각했다니 적잖이 반갑네

적장 ⇒ 맞머리. 맞쌈꾼머리

적재 ⇒ 싣기. 쌓기. 쟁이기. 싣다. 쌓다. 쟁이다

적재적소 ⇒ 제사람 제자리. 알맞은 감 알맞은 데

적재함 ⇒ 짐칸

적적하다 ⇒ 쓸쓸하다. 휘휘하다. 외롭다

적절하다 ⇒ 알맞다. 어울리다. 걸맞다

적정 (敵情) ⇒ 맞속내. 맞잡이속내

적정 (適正) ⇒ 마땅함. 알맞음. 마땅하다. 알맞다

적정가 ⇒ 제값. 알맞은 값

적정기술 ⇒ 맞춤솜씨. 맞춤길

적정온도 ⇒ 알맞은 따습기. 맞춤따습기

적조 (赤潮) ⇒ 붉은 물결

적조하다 (積阻) ⇒ 뜸하다

적중 ⇒ 들어맞음. 바로맞음. 맞다. 들어맞다. 바로맞다

적지 (敵地) ⇒ 맞잡이 땅. 맞땅

적지 (適地) ⇒ 알맞은 땅

적진 ⇒ 맞잡이 머문곳. 맞쌈꾼 머문곳

적체 ⇒ 밀림. 막힘. 밀리다. 모이다. 쌓이다. 막히다

적출 ⇒ 뽑아냄. 떼어냄. 뽑아내다. 떼어내다. 집어내다. 따내다. 도려내다

적탄 ⇒ 맞쌈꾼터지개. 맞터지개

적토 ⇒ 붉은 흙

적합 ⇒ 맞음. 알맞음. 맞다. 알맞다. 무던하다. 어울리다

적혈구 ⇒ 붉은피톨

적확하다 ⇒ 똑바르다. 똑똑하다. 틀림없다. 딱맞다

적히다 움직씨 ('적다' 입음꼴) 글자 따위로 쓰이다 ⓑ좋아한다고 적힌 종이쪽지를 받았다

전 이름씨 갈퀴와 손으로 한 디위에 껴안을 만큼 많은 땔나무 부피. 또는 그것을 세는 하나치 ⓑ점심 먹고 땔감을 한 전 해 왔다

전 (田) ⇒ 밭

전 (煎) ⇒ 부침개. 저냐

전 (前) ⇒ 앞. 에게

전 (全) ⇒ 모두. 온. 아주

전가 ⇒ 떠넘김. 덤터기. 안다미. 떠넘기다. 덮어씌우다. 뒤집어 씌우다. 옮겨 놓다. 덤터기씌우다. 안다미씌우다. 되씌우다

전각 (殿閣) ⇒ 큰집

전각 (篆刻) ⇒ 새김

전갈 이름씨 모래밭이나 더운 고장 숲에 사는 무서운 벌레. 가재와 비슷하게 생겼고 몸빛은 누르며 꼬리에 죽이개가 있다

전갈 ⇒ 알림말. 알림글

전갈자리 이름씨 여름하늘 별자리

전개 ⇒ 펼침. 벌임. 늘어놓음. 펴다. 펼치다. 벌이다. 열다. 늘어놓다

전개도 ⇒ 펼친그림

전개식 (展開式) ⇒ 편셈. 편틀

전갱이 이름씨 등은 어두운 푸른 빛이고 배는 흰, 가까운 바다에 사는 물고기

전격 ⇒ 번개침. 번개치듯 빠름

전격적 ⇒ 갑자기. 벼락같이. 번개처럼

전경 (全景) ⇒ 온 모습. 온볕. 온빛. 온꼴

전곡 이름씨 집터살피

전골 이름씨 잘게 썬 고기에 남새, 버섯, 콩묵

따위를 섞어 전골냄비나 벙거짓골에 담고 국물을 조금 부어 끓인 먹을거리 ⓑ절로 나는 온갖 버섯을 넣고 끓인 매운 전골 찌개 맛이 으뜸이다 한뜻말 고기전골

전공 (專攻) ⇒ 외곬 배움. 오로지 배움

전공·전과 (戰功·戰果) ⇒ 싸운 보람

전과 (全科) ⇒ 풀이책. 곁책

전과 (前科) ⇒ 앞허물

전과자 ⇒ 앓받은이. 허물겪은이

전광석화 ⇒ 번갯불. 눈 깜짝할 새

전광어로 ⇒ 불빛 고기잡이

전광판 ⇒ 번불빛널. 번빛널

전교 (傳敎) ⇒ 가르침폄

전교 (全校) ⇒ 온배곳

전교생 ⇒ 온배곳배움이

전구 ⇒ 번공

전국 ⇒ 온 나라

전국구 ⇒ 온 나라 가름

전국체전 ⇒ 온나라몸뮘잔치

전권 ⇒ 온힘

전극 ⇒ 번끝

전근 ⇒ 옮겨감. 옮겨가다. 갈려 가다

전기 (傳記) ⇒ 한뉘글. 한살이글

전기 (前期) ⇒ 앞 때. 앞 동안

전기 (轉機) ⇒ 고비. 바뀌는 고비

전기 (電氣) ⇒ 번개기운. 번힘

전기가오리 ⇒ 번힘가오리

전기기구 ⇒ 번힘연장

전기밥솥 ⇒ 번힘밥솥

전기분해 ⇒ 번힘나눔

전기에너지 ⇒ 번힘기운. 번일힘

전기장 ⇒ 번힘마당

전기저항 ⇒ 번힘버팀

전기회로 ⇒ 번힘돌길

전깃불·전등불 ⇒ 번힘불

전깃줄 ⇒ 번힘줄

전나무 이름씨 우리나라 높은 곳에서 저절로 자라는 소나무를 닮은 늘푸른큰키나무. 봄에 꽃이 피고 가을에 밤빛 솔방울 같은 열매가 달리며 껍질은 잿빛을 띤 밤빛 작은 비늘이 있고 잎은 납작한 바늘 꼴이다. 전나무 줄기는 집 짓는 데나 종이 만들 때 많이 쓴다

전날 ⇒ 앞날. 안날

전남 ⇒ 마온바라

전년·거년 ⇒ 지난해. 안해. 간해

전념 ⇒ 파고듦. 쏟음. 파고들다. 쏟다. 골똘하다. 들고파다. 오로지하다. 파다. 묻히다

전단 ⇒ 쪽종이. 알림쪽종이

전달 ⇒ 보냄. 건넴. 알림. 건네다. 넘겨주다. 보내다. 알리다. 건네주다

전담 ⇒ 다 맡음. 혼자 맡음. 혼자 맡다. 다 맡다. 홀로 맡다

전답 ⇒ 논밭. 땅

전당 (殿堂) ⇒ 으뜸집. 큰집. 한집

전당잡다 (典當) ⇒ 볼모 잡다. 맡다

전당포 ⇒ 볼모집

전대미문 ⇒ 여태껏 듣지도 못함. 일찍이 없음

전도 (前途) ⇒ 앞길. 앞날

전도 (傳導) ⇒ 흘림. 흘려 줌

전도 (傳道) ⇒ 참말 나눔. 믿음 퍼뜨림

전도 (轉倒) ⇒ 뒤바뀜. 뒤집힘. 뒤바뀌다. 뒤집히다. 뒤집다. 넘어지다

전도사 ⇒ 길잡이. 길알림이

전도체 ⇒ 흐름덩이

전동 ⇒ 번뮘

전동기 ⇒ 번뮘틀

전동차 ⇒ 번뮘수레

전등 ⇒ 번불빛

전등사 ⇒ 참마루절

전라도 ⇒ 온바라

전락 ⇒ 구렁에 빠지다. 구렁에 떨어지다. 잘못되다

전란 ⇒ 싸움

전람회 ⇒ 펴보임자리. 보임꽃

전래 ⇒ 내림. 내려옴. 내려오다

전래동요 ⇒ 내림 아이노래

전래동화 ⇒ 내림 아이이야기

전략 ⇒ 싸움 꾀. 이길 꾀

전력 (全力) ⇒ 온힘. 있는 힘

전력 (戰力) ⇒ 싸울 힘
전력 (電力) ⇒ 번힘
전령 ⇒ 알롱. 성금나름이. 심부름꾼
전류 ⇒ 번힘흐름
전리품 ⇒ 싸워 얻은 것. 싸워 뺏은 것
전립선 ⇒ 앞선샘
전말 ⇒ 앞뒷일. 처음과 끝. 속내
전망 ⇒ 싹수. 앞길. 바라봄. 내다봄. 바람빛
전망대 ⇒ 구경자리. 보는자리
전매 ⇒ 외목장사. 도거리장사
전면 (全面) ⇒ 온통. 모두. 모든쪽
전면 (前面) ⇒ 앞쪽. 앞
전멸 ⇒ 모두죽음. 모조리죽임. 모두죽다. 모조리 죽이다. 싹쓸이하다
전모 ⇒ 온꼴. 온모습. 옹근꼴. 참모습
전몰 (戰歿) ⇒ 싸우다 죽음. 싸우다 죽다. 싸움터에서 죽다
전몰 (全歿) ⇒ 모두 죽음
전무하다 ⇒ 아주 없다. 조금도 없다. 아무것도 없다
전무후무하다 ⇒ 오직 하나 뿐이다. 앞에도 뒤에도 없다
전문 (全文) ⇒ 옹근 글월. 온글
전문 (前文) ⇒ 머리글. 앞글
전문 (專門) ⇒ 외곬. 오로지함
전문가 ⇒ 바치. 외곬수
전문대학 ⇒ 외곬배곳. 바치배곳
전문용어·전문어 ⇒ 바치말. 곬말. 갈말
전문의 ⇒ 바치나숨이. 외곬나숨이
전문점 ⇒ 바치집. 외곬집
전문직 ⇒ 바치일. 외곬 일
전문화 ⇒ 바치됨. 외곬됨. 오로지함
전반 (全般) ⇒ 온통. 모두. 통틀어
전반 (前半) ⇒ 앞가웃. 앞겨룸
전반전 ⇒ 앞판겨룸. 앞판싸움. 앞가웃겨룸
전방 ⇒ 앞쪽. 앞머리. 싸움터
전번 ⇒ 앞 디위. 접때. 지난 때. 그때. 앞서. 먼저께
전법 (戰法) ⇒ 싸움수
전법 (傳法) ⇒ 참알림. 참이어줌. 참물려줌
전별회 ⇒ 배웅잔치. 바램잔치
전보 ⇒ 번알림
전복 (全鰒) ⇒ 생포
전복 (顚覆) ⇒ 뒤엎음. 거꾸러뜨림. 뒤엎다. 거꾸러뜨리다
전봇대 ⇒ 번힘기둥
전부 ⇒ 모두. 샅샅이. 통틀어. 온새미로
전북 ⇒ 노온바라
전분 ⇒ 앙금가루
전사 (戰士) ⇒ 싸움꾼. 싸움보. 싸움바치
전사 (戰死) ⇒ 싸우다 죽음. 싸우다 죽다. 싸움터에서 죽다
전사자 ⇒ 싸우다 죽은이
전산 ⇒ 번셈
전산망 ⇒ 번셈그물
전생 ⇒ 앞삶. 앞뉘. 지난 뉘
전생애 ⇒ 한뉘. 한살이
전선 (前線) ⇒ 앞금. 앞줄. 싸움터
전선 (戰線) ⇒ 싸움터
전선 (電線) ⇒ 번힘줄
전선·전함 ⇒ 싸움배
전설 ⇒ 내림이야기. 옛이야기. 옛말
전성기 ⇒ 한창때. 한물
전세 (前世) ⇒ 지난 뉘. 아래 뉘
전세 (專貰) ⇒ 온삯
전세 (戰勢) ⇒ 싸움 흐름새
전세계 ⇒ 온누리
전세금 ⇒ 온삯돈
전셋집 ⇒ 온삯집
전속 ⇒ 온딸림
전속력 ⇒ 온힘 빠르기. 오롯빠르기
전송 (餞送) ⇒ 배웅. 바래줌. 바램. 바래다. 바래주다. 배웅하다
전송 (電送) ⇒ 번보냄
전수 (傳受) ⇒ 물려받음. 넘겨받음. 물려받다. 넘겨받다. 이어받다
전수 (傳授) ⇒ 물려줌. 가르쳐줌. 물려주다. 가르쳐주다
전술 ⇒ 싸움수
전승 (全勝) ⇒ 모두이김. 모두 이기다
전승 (傳承) ⇒ 물려줌. 물려주다. 이어 나가다

전승 (戰勝) ⇒ 싸움 이김. 싸움 이기다
전시 (戰時) ⇒ 싸움 때
전시 (展示) ⇒ 펼쳐 보임. 보이다. 펼쳐 보이다. 벌여놓고 보이다
전시관 ⇒ 펼쳐보임집
전시물 ⇒ 펼쳐보임몬
전시실 ⇒ 펼쳐보임방
전시장 ⇒ 펼쳐보임터
전시품 ⇒ 펼쳐보일것
전시회 ⇒ 펼쳐보임모임. 보임꽃
전신 (全身) ⇒ 온몸
전신 (前身) ⇒ 앞몸. 앞삶몸
전신 (電信) ⇒ 번힘보냄. 번결보냄
전신기 ⇒ 번힘보냄틀. 번결보냄틀
전신운동 ⇒ 온몸뮘
전심 (專心) ⇒ 마음기울임. 들고팜. 마음 기울이다. 들고파다. 오로지하다. 매달리다
전심 (全心) ⇒ 온마음
전심전력 ⇒ 온마음 온힘
전압 ⇒ 번힘누름
전액 ⇒ 온값. 모든 돈
전야 ⇒ 지난 밤. 간밤. 어젯밤
전야제 ⇒ 앞날놀이. 앞날잔치. 앞 잔치
전어 이름씨 몸길이는 한 자쯤이며 등은 검푸르고 배는 흰 바닷물고기. 뭍에서 가까운 바다에 산다
전역·전지역 ⇒ 온데. 모든 곳
전연 ⇒ 아주. 통. 바이
전열 (戰列) ⇒ 싸움줄
전열 (電熱) ⇒ 번뜨거움
전열기 ⇒ 번뜨거움틀
전염 ⇒ 돌림. 옮음. 번짐. 퍼짐. 옮다. 물들다. 번지다. 퍼지다. 돌다
전염병 ⇒ 돌림앓이
전용 ⇒ 혼자씀. 혼자 쓰다. 오로지 쓰다. 한가지로 쓰다
전용선 (專用船) ⇒ 외짐배. 한가지짐배
전우 ⇒ 싸움동무. 싸움벗
전운 ⇒ 싸움낌새. 싸움늧
전원 (全員) ⇒ 모두. 모든 사람

전원 (電源) ⇒ 번샘
전원생활 ⇒ 시골살이. 두메살이
전월 ⇒ 지난달. 간달
전유물 ⇒ 혼자 것. 혼자 쓰는 것. 아람치
전율 ⇒ 몸서리침. 벌벌떪. 몸서리치다. 소름끼치다. 떨리다. 벌벌떨다
전의 ⇒ 싸울 마음
전이 ⇒ 옮김. 퍼짐. 옮기다. 퍼지다. 번지다
전인교육 ⇒ 옹근이 배움. 고른배움. 온배움
전일 (前日) ⇒ 앞날
전일 (全日) ⇒ 온날. 하루
전일 (專一) ⇒ 오로지
전임 (前任) ⇒ 앞서 맡음. 앞맡음
전임 (專任) ⇒ 도맡음
전입 ⇒ 옮겨옴. 들옴
전입자 ⇒ 옮겨온이. 들온이
전자 (前者) ⇒ 앞사람. 앞엣것. 그때. 접때
전자 (電子) ⇒ 번씨
전자게시판 ⇒ 번씨알림널
전자계산기 ⇒ 셈틀
전자기록장치 ⇒ 번씨적기틀
전자기장 ⇒ 번끌마당
전자기파 ⇒ 번끌결. 번힘쇠끌결
전자도서관 ⇒ 번씨책숲집
전자레인지 ⇒ 번씨익히개
전자석 ⇒ 번끌쇠
전자오락실 ⇒ 번씨놀이방
전자우편 ⇒ 누리글월. 번씨날개
전자저울 ⇒ 번씨저울
전자제품 ⇒ 번씨짓몬. 번씨만든것
전자책 ⇒ 번씨책
전자파 ⇒ 번끌결. 번결
전자화폐 ⇒ 번씨돈
전장·전쟁터 ⇒ 싸움터. 싸움마당
전쟁·전쟁놀이 ⇒ 싸움. 다툼
전쟁고아 ⇒ 어버이 없는 애. 어버이 잃은 애
전적 (全的) ⇒ 모두. 아주
전적 (戰績) ⇒ 다툰 보람. 싸운 열매
전적지 ⇒ 다툰 자리. 싸운 자취
전전긍긍 ⇒ 어쩔 줄 모름. 허둥지둥. 어쩔 줄 모르

다. 허둥지둥하다. 벌벌떨다

전전날 ⇒ 그저께

전전달 ⇒ 지지난달

전전해 ⇒ 그러께. 지지난해

전정 ⇒ 나무다듬기. 가지치기. 가지고르기

전정가위 ⇒ 다듬가위. 나무가위. 가지치기가위

전제 (前提) ⇒ 앞세움. 내세움. 앞세우다. 내세우다

전제 (專制) ⇒ 홀다스림

전제주의 ⇒ 홀다스림믿음

전조 ⇒ 늧. 낌새

전조등 ⇒ 머리불. 앞비춤불

전주 (前週) ⇒ 지난이레. 앞이레

전주 (錢主) ⇒ 돈임자. 빚쟁이

전주곡 ⇒ 앞노래. 앞머리노래

전주르다 움직씨 몸짓을 하다가 다음 몸짓에 힘을 주려고 한 디위 쉬다 ⓑ언니와 언니 동무들이 전줄러서 떠나는 메오름을 배웅하느라고 다들 밖으로 나갔다 ⇐ 휴식

전중이 이름씨 갇혀 부려 먹히며 사는 사람 ⓑ 가두리 앞에 살다 보니 날마다 전중이들이나 판가름 받으러 다니는 사람들을 본다 ⇐ 재소자

전지 이름씨 ❶삼이나 모시를 삼을 때 쓰는 연장. 가지가 돋친 기둥 두 낱을 각각 나무토막에 박아 세운 것으로, 이 둘을 벌려 세우고 그 위에 삼 가래나 모시 가래를 건너질러 놓고 한 도막씩 빼내 삼는다 뭍말전짓다리 ❷어린아이에게 억지로 낫개를 먹일 때 위아래 턱을 벌려 입에 물리는 막대기 같은 것 ❸감을 따는 데 쓰는 끝이 둘로 갈라진 막대

전지 (電池) ⇒ 번못

전지 (全紙) ⇒ 온종이

전지 (全知) ⇒ 다 앎

전지 (全智) ⇒ 온슬기

전지 (前肢) ⇒ 앞다리

전지·전지작업 (剪枝) ⇒ 가지치기. 가지자르기. 가지다듬기. 나무다듬기

전지전능하다 ⇒ 모르는 게 없고 못하는 게 없다

전지훈련 ⇒ 옮겨갈닦기

전직 (前職) ⇒ 옛일. 옛 일자리. 앞일. 앞 일자리

전진 ⇒ 앞으로 나아감. 내달림. 나아가다. 내달리다

전집 ⇒ 모둠책

전차 (戰車) ⇒ 싸움수레

전차 (電車) ⇒ 번수레. 번힘수레

전천후 ⇒ 두루치기. 날씨 끄떡없음

전철 (前轍) ⇒ 지난잘못

전철 (電鐵) ⇒ 번힘쇠길수레

전철역 ⇒ 번힘쇠길수레나루

전체 ⇒ 모두. 온통. 온덩이

전체주의 ⇒ 온덩이믿음틀

전체집합 ⇒ 모두모임

전초 ⇒ 앞살핌곳. 앞지기

전초전 ⇒ 앞살핌곳 싸움. 작은 싸움

전축 ⇒ 번힘소리모음틀

전출 ⇒ 옮겨감. 옮겨가다. 나가다

전출자 ⇒ 나간이. 옮긴이. 옮겨간이

전통 ⇒ 내림

전통문화 ⇒ 내림삶꽃

전통미 ⇒ 내림아름. 내림아름다움

전통시장 ⇒ 내림저자

전투 ⇒ 싸움. 다툼

전투기 ⇒ 싸움날틀

전투력 ⇒ 싸움힘

전투복 ⇒ 싸움옷

전파 (傳播) ⇒ 퍼뜨림. 퍼뜨리다. 펼치다. 널리 알리다

전파 (電波) ⇒ 번결

전파망원경 ⇒ 번결멀봄거울. 번결멀보개거울

전패 ⇒ 다 짐. 다 지다. 모두 지다

전편 ⇒ 앞쪽

전폐 ⇒ 아주없앰. 아주 없애다. 모두 그만두다

전폭적 ⇒ 모든. 온통

전표 (傳票) ⇒ 쪽종이. 만보

전표 (錢票) ⇒ 돈표

전하 (殿下) ⇒ 임금님

전하 (電荷) ⇒ 번짐

전하다 ⇒ 알림. 보냄. 건넴. 알리다. 보내다. 옮기

다. 건네다. 넘겨주다. 이어가다

전학 ⇒ 배곳 옮김

전함 ⇒ 싸움배

전항 ⇒ 앞마디. 앞목

전해 ⇒ 지난해

전해질 ⇒ 번풀밭

전향 ⇒ 돌아섬. 돌아서다. 바꾸다. 돌리다

전향적 ⇒ 나아가는. 앞서는. 좋게 보는

전혀 ⇒ 조금도. 아주. 통. 바이

전형 (銓衡) ⇒ 골라 뽑기. 가려냄. 저울질. 뽑다. 고르다. 골라 뽑다. 가려내다

전형 (典型) ⇒ 보기. 틀

전형적 ⇒ 밑보기. 밑보기 되는

전화 ⇒ 번말

전화국 ⇒ 번말집

전화기 ⇒ 말틀. 번말틀

전화번호 ⇒ 말틀숫자

전화벨 ⇒ 말틀울림소리. 말틀소리

전화선 ⇒ 말틀줄

전화위복 ⇒ 나쁜 일이 좋게 됨. 엎어진 김에 쉬어 가기

전환 ⇒ 바뀜. 바꿈. 달라짐. 바뀌다. 바꾸다. 달라지다

전환점 ⇒ 바뀌는 고비. 바뀌는 곳

전황 ⇒ 다툼꼴. 싸움새

전후 ⇒ 앞뒤. 안팎. 차례

전후좌우 ⇒ 네 쪽. 앞뒤 두 옆. 앞뒤왼오른

절[1] 이름씨 중들이 깨달은이 모습을 모셔놓고 마음과 몸을 닦으며 그 가르침을 펴는 곳 ⇐ 사찰. 도량. 가람 슬기말 **절에 가면 중노릇 하고 싶다** 아무 생각이 없이 남이 하는 대로 덮어놓고 따르고 싶다 **절에 가서 젓국 달라 한다** 있을 수 없는 데 가서 엉뚱하게 찾는다

절[2] 이름씨 몸을 굽혀 받드는 뜻을 나타내는 것 ㉥절에 가서 절을 하고 나면 갖은 걱정이 절로 낫는 듯하다 ⇐ 인사. 경례 **절하다** 익은말 **절을 맞다** 맞은쪽이 절을 할 때 그대로 받고만 있지 않고 마주 절하다

절 ⇒ 마디. 매듭

절간 ⇒ 절집

절감 (節減) ⇒ 아낌. 줄임. 아끼다. 줄이다. 덜다

절감 (切感) ⇒ 깊이 느낌. 깊이 느끼다

절개 (節槪) ⇒ 꿋꿋함. 올곧음. 꿋꿋한 몸가짐. 올곧은 마음씨

절개 (切開) ⇒ 쨈. 가름. 째다. 가르다

절개지 ⇒ 잘린땅

절거덩 어찌씨 단단한 쇠붙이 같은 것이 맞부딪칠 때 울려나는 소리 ㉥시렁 위에 올려놓았던 망치가 절거덩 소리를 내며 떨어졌다 **절거덩하다**

절거덩거리다 움직씨 단단한 쇠붙이 같은 것이 자꾸 맞부딪치며 소리가 잇달아 울려나다 **절거덩대다**

절거덩절거덩 어찌씨 단단한 쇠붙이 같은 것이 자꾸 맞부딪칠 때 잇달아 울려나는 소리 ㉥짐수레에 실린 쇠붙이들이 절거덩절거덩 소리를 낸다 **절거덩절거덩하다**

절경 ⇒ 으뜸 바람빛. 빼어난 누리꼴

절교 ⇒ 발끊음. 발 끊다. 담쌓다

절구 이름씨 사람 힘으로 낟알을 찧거나 빻게 만든 틀. 통나무나 돌, 쇠 따위를 속이 우묵하게 패게 만들어 거기에 낟알이나 고추 따위를 넣고 절굿공이로 찧거나 빻는 연장이다 ㉥고추를 절구에 넣고 빻았다 한뜻말 절구통

절구질 이름씨 절구에 무엇을 넣고 찧거나 빻거나 하는 일 ㉥고춧가루를 빻으려고 절구질을 했다

절구통 이름씨 ❶ 절구 ❷ 뚱뚱한 사람을 빗댄 말

절굿공이 이름씨 절구질할 때에 손으로 쥐고 절구 속에 든 낟알 따위를 내려 찧는 공이 ㉥절굿공이를 들고 마늘을 찧었다

절굿대 이름씨 이른 봄, 멧속 볕바른 곳에 나는 나물. 어린싹은 나물로 하고 뿌리는 낫개로 쓴다

절규 ⇒ 부르짖음. 외침. 울부짖다. 부르짖다. 외치다

절기 ⇒ 철

절다[1] (움직씨) ❶물고기나 푸성귀 따위에 소금기가 베어 들어 숨이 죽다 ㉥알타리무가 소금에 잘 절었다 ❷냄새나 기름 같은 것이 푹 베다 ㉥기름에 절어 반질반질하다 ❸일이나 술 따위에 지나치게 시달리거나 그로 말미암아 지치다 ㉥술에 하도 절어 거의 몹쓸 사람이 되었다 ❹젓갈 같은 것이 간맞이 제대로 잡히다 ㉥멸치젓이 잘 절었다 ❺물 같은 것이 온통 배거나 스미다 ㉥땀에 푹 절은 옷을 벗었다

절다[2] (움직씨) 한 다리가 짧거나 다리가 아파 절뚝거리며 걷거나 걸을 때 몸이 한쪽으로 기우뚱거리다 ㉥어머니는 저는 내 다리를 보고 눈물부터 흘렸다

절단 ⇒ 자름. 끊음. 자르다. 끊다. 동강내다

절단기 ⇒ 썰개. 자르개

절단면 ⇒ 자른 낯

절대로 ⇒ 조금도. 아예. 아주

절대자 ⇒ 하느님. 검님

절도 (節度) ⇒ 알맞음

절도 (竊盜) ⇒ 훔침. 훔치개질. 도둑질. 훔치다. 도둑질하다. 훔쳐내다

절도사 ⇒ 고장으뜸싸울아비. 고장머리싸울아비

절뚝 (어찌씨) 한쪽 다리가 짧거나 다쳐서 걸을 때 뒤뚱거리며 저는 꼴 ㉥무릎이 아픈 봄님은 어쩌다가 절뚝 걸음이 전다 **절뚝하다**

절뚝거리다 (움직씨) 한쪽 다리가 짧거나 다쳐서 걸을 때 뒤뚱거리며 다리를 자꾸 절다 ㉥다리를 절뚝거리며 배곳에 갔다 작은말 잘뚝거리다 센말 쩔뚝거리다 **절뚝대다**

절뚝절뚝 (어찌씨) 한쪽 다리가 짧거나 다쳐서 걸을 때 뒤뚱거리며 자꾸 저는 꼴 ㉥개가 다리를 다쳐 이 골목 저 골목 절뚝절뚝 걸어 다닌다 작은말 잘뚝잘뚝 센말 쩔뚝쩔뚝 **절뚝절뚝하다**

절레절레 (어찌씨) 머리나 고개를 왼 오른쪽으로 저으며 흔드는 꼴 ㉥일을 같이 하자는 말에 그 사람은 고개를 절레절레 흔들었다 작은말 잘래잘래 센말 쩔레쩔레

절로[1] (어찌씨) '저절로' 준말. 다른 힘을 빌지 않고 저 혼자서 ㉥날씨가 좋아 콧노래가 절로 나온다 한뜻말 제물로. 제풀로 ⇐ 자연히 (슬기말) **절로 죽은 나무에 꽃 피거든** 절로 시들어 죽은 나무가 다시 살아나 꽃 필 수 없듯이 있을 수 없는 일이어서 바라기 어려운 일 한뜻말 군밤에 싹 나거든

절로[2] (어찌씨) '저리로' 준말. 저쪽으로 또는 조금 떨어진 곳으로 ㉥내가 여기를 살펴볼 테니 너는 절로 가서 찾아라 작은말 졸로

절룩 (어찌씨) 한쪽 다리가 좀 짧거나 아파서 걸을 때 저는 꼴 ㉥문지방을 넘다가 걸려 발가락을 다치는 바람에 절룩 절며 겨우 걷는다 작은말 잘록 센말 쩔룩 **절룩하다**

절룩거리다 (움직씨) 걸을 때 다리를 잇달아 절다 ㉥고라니가 다리를 절룩거리며 멧속으로 들어갔다 작은말 잘록거리다 센말 쩔룩거리다 **절룩대다**

절룩절룩 (어찌씨) 한쪽 다리가 좀 짧거나 아파서 걸을 때 자꾸 저는 꼴 ㉥올 한 해를 절룩절룩 걸으며 보냈네 작은말 잘록잘록 센말 쩔룩쩔룩 **절룩절룩하다**

절름 (어찌씨) 다리를 한디위 절면서 가볍게 걷는 꼴 ㉥아랫집 할머니가 다리를 절름 절며 걸어간다 작은말 잘름 센말 쩔름 **절름하다**

절름거리다 (움직씨) 한쪽 다리가 짧거나 다쳐서 걸을 때 몸이 한쪽으로 자꾸 기우뚱거리다 ㉥아우는 다리를 다쳐 절름거리면서도 끝까지 나를 따라왔다 작은말 잘름거리다 센말 쩔름거리다 **절름대다**

절름발이 (이름씨) ❶다리를 저는 사람 ㉥요즘 길에서 절름발이를 보기 어렵다 작은말 잘름발이 센말 쩔름발이 ❷발이 달린 것에서 한 발이라도 갖추고 있지 못한 것 ㉥절름발이 앉개를 치웠다 ❸어떤 것을 이루는 밑감이 서로 짜임새 있게 어우러지지 못한 꼴 ㉥한쪽으로 치우친 가르침은 절름발이 알음만 낳는다 (슬기말) **절름발이 먼 길** 잘 걷지도 못하는 이가 멀리 가려고 한다

절름절름 (어찌씨) 다리를 많이씩 절면서도 가볍게 걷는 꼴 ㉥시골 할머니들은 거의 모두

ㅈ

절름절름 걸으면서 일한다 작은말 잘름잘름 센말 쩔름쩔름 **절름절름하다**

절망 ⇒ 바랄모 없음. 꿈깨짐. 바랄 모 없다. 꿈 깨지다

절멸 ⇒ 없앰. 없어짐. 없애다. 없어지다. 모조리 없애다. 아주 없어지다

절묘하다 ⇒ 아주 빼어나다. 매우 뛰어나다

절박하다 ⇒ 바싹 닥치다. 바쁘다. 과가르다

절반 ⇒ 가웃

절버덕 어찌씨 옅은 물이나 진창을 마구 거칠게 밟거나 칠 때 나는 소리 ㉥땅거미가 질 때쯤 웬 사내가 절버덕 소리를 내며 시냇물을 건너왔다 작은말 잘바닥 거센말 철퍼덕 **절버덕하다**

절버덕거리다 움직씨 옅은 물이나 진창을 자꾸 거칠게 밟거나 치는 소리가 잇달아 나다 작은말 잘바닥거리다 거센말 철퍼덕거리다 **절버덕대다**

절버덕절버덕 어찌씨 옅은 물이나 진창을 자꾸 거칠게 밟거나 칠 때 잇달아 나는 소리 ㉥아이들이 물가에서 절버덕절버덕 소리를 내며 물놀이한다 작은말 잘바닥잘바닥 거센말 철퍼덕철퍼덕 **절버덕절버덕하다**

절벅 어찌씨 옅은 물이나 진창을 마구 거칠게 밟거나 칠 때 나는 소리 ㉥모심을 무논에 들어가 절벅 소리를 내며 일한다 작은말 잘박 거센말 철퍽 **절벅하다**

절벅거리다 움직씨 옅은 물이나 진창을 자꾸 밟거나 치는 소리가 잇달아 나다 작은말 잘박거리다 거센말 철퍽거리다 **절벅대다**

절벅절벅 어찌씨 옅은 물이나 진창을 자꾸 밟거나 칠 때 잇달아 나는 소리 ㉥물이 고인 진밭을 절벅절벅 지나갔다 작은말 잘박잘박 거센말 철퍽철퍽 **절벅절벅하다**

절벽·절애 ⇒ 벼랑. 낭떠러지. 고집쟁이. 귀먹은이

절삭 ⇒ 깎음. 자름. 깎다. 자르다

절상 ⇒ 값 올림. 올리다. 값올리다

절색 ⇒ 몹시 아름다운 가시. 으뜸 아름이

절수 ⇒ 물 아끼기. 물 아끼다

절식 (節食) ⇒ 조금 먹음. 조금 먹다

절식 (絶食) ⇒ 밥 끊음. 밥 끊다

절실하다 ⇒ 그윽하다. 들어맞다. 썩 종요롭다. 꼭 쓸데가 있다. 딱 들어맞다

절약 ⇒ 알뜰함. 아껴씀. 조리차. 아끼다. 아껴 쓰다. 조리차하다

절연 ⇒ 끊음. 발끊음. 손끊음. 끊다. 발끊다. 손끊다

절연선 ⇒ 막잇줄. 입힌번힘줄

절연제 ⇒ 번힘막개

절연체 ⇒ 번힘막잇감. 뚱딴지

절이다 움직씨 ('절다' 하임꼴) 물고기나 푸성귀 따위에 소금기가 배어들어 숨이 죽게 하다 ㉥오늘은 배추를 뽑아 소금에 절여 놓았다

절임 이름씨 소금이나 지렁, 술찌기, 단 것, 살겨 들을 써서 절이는 것, 또는 그렇게 한 먹을거리 ㉥들깻잎 절임. 오이 절임. 고추 절임

절전 ⇒ 번힘 아낌. 번힘 아끼다

절절히 ⇒ 애타게. 사무치게

절정 ⇒ 고빗사위. 꼭대기. 막바지. 대목. 고비

절제 (切除) ⇒ 잘라 없앰. 잘라 없애다

절제 (節制) ⇒ 삼감. 삼가다. 참다. 맞추다

절제술 ⇒ 잘라내기. 도려내기

절지동물 ⇒ 마디발숨받이. 마디발벌레

절차 ⇒ 차례

절찬 ⇒ 기림. 추어 말함

절찬리 ⇒ 기리는 가운데

절충 ⇒ 맞춤. 흥정. 섞다

절취선 ⇒ 자르는 금

절치 이름씨 거칠게 삼은 미투리. 절에서 만들어 신은 데서 비롯

절친하다 ⇒ 가깝다. 허물없다. 스스럼없다

절터 이름씨 절이 있는 터 또는 있던 터 ㉥이곳이 지난날 큰 절터라고 했다 ⇐ 사지

절판 ⇒ 찍지 않음. 다 팔림. 찍지 않다. 다 팔리다. 동나다

절하 ⇒ 값 내림. 깎아 내림. 내리다. 깎아내리다. 값 내리다

절하다 움직씨 몸을 굽히거나 머리를 숙여 받드는 뜻을 나타내다 ㉥키워주신 어버이에

게 두 손을 모아 절합니다 ⇐ 배례하다. 인사하다 [슬기말] **절하고 뺨 맞는 일 없다** 늘 남에게 저를 낮추면 큰코다치는 일이 없고 업신여김을 겪지도 않는다

절호 ⇒ 썩 좋음. 아주 좋음. 더할 수 없이 좋음

젊다 [그림씨] **1** 나이가 적고 한창 자라는 때에 있다 ㉥너는 아직 젊어서 늙은이 마음을 알겠나? 맞선말 늙다 **2** 제 나이보다 나이가 들지 않아 보인다 ㉥조금이라도 젊게 보이려고 옷매무새에 마음을 쓴다 **3** 힘차거나 씩씩하다 ㉥몸은 늙었지만 마음은 늘 젊어

젊디젊다 [그림씨] 아주 젊다 ㉥젊디젊은 사람은 꾸미지 않아도 빛이 나

젊어힘든삶 [이름씨] 젊을 때 어렵고 힘들게 사는 삶 ⇐ 초년고생 [슬기말] **젊어힘든삶은 사서라도 한다** 젊어 힘든 삶은 앞으로 살아가는데 큰 도움이 되니 달게 받아야 한다

젊은이 [이름씨] **1** 나이가 젊은 사람 ㉥나이 든 사람이 먼저 젊은이를 보듬어야 한다 맞선말 늙은이 **2** 힘차거나 씩씩한 사람 ㉥바르고 든든한 젊은이로 자란 딸을 보니 흐뭇하다 [슬기말] **젊은이 얼빠진 짓은 홍두깨로 고치고 늙은이 얼빠진 짓은 곰국으로 고친다** 젊은 사람이 얼빠진 것은 철이 덜 든 까닭이니 얼을 차리도록 매로 고치고 늙은이는 몸이 늙어 빠진 까닭이니 곰국으로 몸을 채워 고친다

젊음 [이름씨] 젊을 때. 젊은 힘

점 (點) ⇒ 데. 곳. 자리. 조각. 얼룩. 자국. 아롱. 알. 낱

점 (占) ⇒ 무꾸리

점 (店) ⇒ 가게

점거 ⇒ 자리 차지. 자리를 차지하다. 차고앉다

점검 ⇒ 낱낱 살핌. 낱낱이 살피다. 하나하나 따지다. 헤아리다

점검표 ⇒ 낱낱살핌표

점나도나물 [이름씨] 줄기는 검붉고 푸른 잎은 달걀꼴로 마주나는 풀. 어린싹은 먹는다

점널 [이름씨] 가로 세로로 한결같은 길이를 두고 점을 찍은 널 ⇐ 점판

점대칭 ⇒ 점맞섬

점도록 [어찌씨] '저물도록' 준말. 늦게까지 ㉥바둑이는 마실을 나가면 점도록 들어오지 않았다

점등 ⇒ 불 밝힘. 불 켬. 불 켜다. 불 밝히다

점령 ⇒ 차지함. 차지하다. 빼앗아 차지하다. 차고앉다. 손아귀에 넣다

점막·점액막 ⇒ 끈끈청

점맞섬 [이름씨] 한 점을 복판으로 180데 돌렸을 때 처음 그림과 오롯이 겹쳐지는 맞섬 ⇐ 점대칭

점멸등 ⇒ 깜박이불. 깜박이

점바치 [이름씨] 점 치는 사람 한뜻말 점쟁이

점박이 [이름씨] 점이 많거나 큰 점이 있는 사람이나 짐승

점뿌림 ⇒ 낱뿌림

점선 ⇒ 점금

점성 ⇒ 끈기. 찰기

점성술 ⇒ 별무꾸리. 별점

점수 [이름씨] 이룸치를 나타내는 수 ⇐ 포인트

점술 ⇒ 무꾸리재주

점심·점심밥 ⇒ 낮밥

점심때 ⇒ 한낮 무렵

점액 ⇒ 끈끈물

점용 ⇒ 차지해 씀. 차지해 쓰다. 차지하다

점원 ⇒ 장사 일꾼. 가게 일꾼. 가게 심부름꾼

점유 ⇒ 제 것 삼음. 제 것 삼다. 차지하다. 차고 앉다. 꿰차다

점유율 ⇒ 차지 푼수

점음표 ⇒ 점소리표. 점가락표

점자 ⇒ 소경글. 장님글

점잔 [이름씨] 몸가짐이 무겁고 다소곳한 맵시 ㉥처음 만나서 점잔을 떨기에 아주 의젓한 사람인 줄 알았다 [익은말] **점잔을 빼다** 짐짓 점잖은 맵시를 일부러 짓다

점잖다 [그림씨] **1** 몸가짐이 의젓하고 바르다 ㉥아우들을 모아 놓고 점잖게 타일렀다 작은말 잠잖다 **2** 드레가 있어 보이고 듬직하다 ㉥각시 쪽 어르신을 처음 뵙는 자리라서 좀 점잖은 곳을 알아봐야겠다 **3** 됨됨이가 높고 훌륭하다 ㉥점잖은 사람 [슬기말] **점잖**

은 개가 부뚜막에 먼저 오른다** 점잖은 사람이 뜻밖에 옳지 못한 짓을 한다

점쟁이 (이름씨) 점치기를 일삼아 하는 사람 한뜻말판수. 당골래. 점바치

점점 ⇒ 차츰. 조금씩. 차츰차츰. 갈수록 더. 자꾸자꾸

점증하다 ⇒ 차츰 불어남. 많아짐. 차츰 불어나다. 늘어나다. 커지다

점지하다 (움직씨) ❶삼검할미가 사람에게 아이를 갖게 하다 ❷무엇이 생기는 것을 미리 알려 주다

점직하다 (그림씨) 부끄럽고 볼 낯 없다 준말점하다 ⇐ 미안하다

점진적 ⇒ 조금씩 나아가는

점질층 ⇒ 끈끈켜

점찍다 (움직씨) 마음속으로 잡아 놓다

점차 ⇒ 조금씩. 차츰. 시나브로

점착제 ⇒ 끈끈이. 풀

점치다 ⇒ 무꾸리하다

점토 ⇒ 찰흙. 질흙. 풀흙

점판 ⇒ 점널

점퍼 ⇒ 겉저고리. 웃저고리

점포·점방 ⇒ 가게

점프 ⇒ 뛰기. 뜀

점하다 (그림씨) '점직하다' 준말. 선돌은 너무 덤빈 것이 점해서 뒤통수를 긁적였다

점하다 ⇒ 차지하다. 자리 잡다

점호 ⇒ 낱낱이름부름

점화 ⇒ 불켬. 불붙이다. 불 지르다. 불 켜다

점화기 ⇒ 불켜개

점획 ⇒ 찍기와 긋기. 찍긋

접 (이름씨) 과일이나 남새를 세는 하나치. 한 접은 온낱이다 ⓑ마늘 세 접. 감 한 접

접 ⇒ 따붙이기

접개 (이름씨) 셈틀에서 일감뭉치나 일차림표를 모아 놓은 곳 ⇐ 폴더

접견 ⇒ 맞이. 만나봄. 만나보다. 맞이하다

접견실 ⇒ 맞이방. 손님맞이 방

접경 ⇒ 살피. 맞닿은 곳

접골 ⇒ 뼈맞추기. 뼈맞추다

접근 ⇒ 다가감. 다가가다. 가까이 하다. 닥치다

접다[1] (움직씨) ❶종이, 천 따위를 꺾거나 휘어서 겹으로 되게 하다 ⓑ치마나비를 접어서 주름을 잡았다 한뜻말겹치다 맞선말펴다 ❷여러 겹으로 꺾거나 휘어서 어떤 꼴을 짓다 ⓑ종이배를 접을까? ❸펴서 쓰던 것을 처음 꼴로 되게 하다 ⓑ비받이를 접어 제자리에 두어라. 나비가 날개를 접으며 내려앉는다

접다[2] (움직씨) ❶남 잘못이나 허물을 너그럽게 받아들이다 ⓑ잘못은 네가 했지만 이참에는 내가 접어주겠네 한뜻말덮다 ❷남이 하는 말을 깎아내리다 ⓑ말이 많으면 헛소리가 많으니 접어서 들으세요 ❸값을 깎다 ⓑ생각보다 좀 비싼데 골 원만 접어주게 ❹모서리를 깎다 ⓑ다치지 않도록 마루 귀퉁이를 살짝 접었다 ❺늘 하던 일 따위를 그만두다 ⓑ이젠 큰고을살이를 접고 시골로 내려왔어 ❻제보다 낮은 쪽 사람과 마주할 때 맞은쪽 높이에 스스로를 낮추어 맞추다 ⓑ한손 접다. 한 수 접고 두다 ❼자기 뜻을 세우지 않고 미루거나 그만두다 ⓑ제 뜻을 접어두고 남이 하는 말을 먼저 귀담아 들어라

접대 ⇒ 손겪이. 손치레. 손맞이. 손겪다. 손맞다. 손치르다. 손겪이하다. 손맞이하다. 손치레하다

접두사·접두어 ⇒ 앞가지

접때 (이름씨) ❶오래지 않은 지난 어느 때 ⓑ접때보다 얼굴이 많이 좋아졌네. 접때부터 한 차례 더 짬을 달라고 조른다 ⇐ 전번 ❷(어찌씨) 오래 지나지 않은 지난 어느 때에 ⓑ우리 접때 만난 적이 있지요? 접때 찾아온 사람이 누구였지?

접목 ⇒ 따붙이기. 따붙이다. 따붙이기하다

접미사·접미어 ⇒ 뒷가지

접사·접어 ⇒ 씨가지. 가지

접사리 (이름씨) 띠나 짚으로 만들어 모내기할 때 쓰던 비옷

접속 ⇒ 이음. 맞댐. 잇다 붙이다. 맞대다. 맞붙다

접속기록 ⇒ 누리그물자취

접속사 ⇒ 이음씨

접속정보 ⇒ 누리그물자취

접수 ⇒ 받아들임. 받음. 받다. 받아들이다

접시 (이름씨) ❶운두가 낮고 납작한 그릇. 건건이, 과일, 밥 따위를 담는 데 쓴다 ⓑ저마다 밥과 건건이를 접시에 덜어 먹자 ❷접시를 세는 하나치 ⓑ떡을 두 접시 가져왔다 (슬기말) **접시 물에 빠져 죽지** 막다른 길에서 어쩔 줄 모르고 답답해하다

접시껄껄이그물버섯 (이름씨) 갓은 붉은 밤빛인데 활짝 피면 겉이 갈라져 마치 꽃이 핀듯한 먹는 버섯

접시꽃 (이름씨) 하늬 아욱처럼 염통꼴 잎은 대여섯 갈래로 깊게 째지며 쭈글쭈글하고 여름철에 잎겨드랑이에서 크고 납작한 접시꼴 꽃이 온갖 빛깔로 피는 여러해살이풀. 뿌리를 낫개로 쓰고 꽃이 좋아 볼거리로 심는다

접안렌즈 ⇒ 눈댐렌즈

접어들다 (움직씨) ❶어느 곳에 가까이 다가가거나 이르다 ⓑ큰길을 벗어나 드디어 시골길로 접어들었다 ❷어느 때에 이르거나 들어서다 ⓑ어느새 쉰 줄에 접어들었다. 이제 여름 큰물때로 접어드니 저마다 둘레를 단단히 둘러보세요 ❸남과 다투거나 겨루려고 대들거나 달라붙다 ⓑ꺽쇠가 싸움이라도 할 듯이 나한테 접어들었다 ❹어떤 일에 힘차게 나서다 ⓑ마음닦기에 접어들자 온 마음이 안으로 쏠렸다

접어주다 (움직씨) ❶매개가 저보다 못한 사람을 너그럽게 받아주다 ⓑ너그럽게 받아준다고 했지만 참말로 무엇을 접어준 적이 있어요? ⇐ 양해하다 ❷바둑 따위에서 저보다 수가 낮은 이에게 덤을 주다 ⓑ말을 접어줄 테니 다시 한 판 붙어봅시다

접영 ⇒ 나비헤엄

접전 ⇒ 싸움. 맞붙음. 싸우다. 맞붙다. 맞붙어 싸우다

접종 ⇒ 씨붙임. 놓음. 맞음. 씨 붙이다. 놓다. 맞다

접지 ⇒ 땅이음. 땅에 잇다. 땅줄 묻다. 땅줄 잇다

접질리다 (움직씨) 세게 부딪치거나 접히면서 삐끗하거나 삐게 되다 ⓑ빗물이 고인 길을 걷다가 미끄러져 발목을 접질렸다 ⇐ 탈골하다. 탈구하다

접착 ⇒ 들러붙음. 달라붙음. 들러붙다. 달라붙다

접착력 ⇒ 붙는힘. 달라붙는 힘

접착제·점착제·접합제 ⇒ 풀. 끈끈이

접촉 ⇒ 만남. 맞댐. 만짐. 닿다. 붙다. 맞붙다. 손대다. 만나다. 맞붙다. 맞닿다

접촉감염 ⇒ 닿아 옮기

접하다 ⇒ 붙다. 맞닿다. 잇닿다. 만나다

접합 ⇒ 붙임. 이음. 닿음. 잇다. 붙다. 맞붙다

접히다 (움직씨) ('접다' 입음꼴) ❶종이, 천 따위가 꺾이거나 휘어져 겹으로 되다 ⓑ뱃살이 접히는 쪽을 만져보시면 아마 아픔이 느껴질 겁니다 (맞선말)펴지다 ❷여러 겹으로 꺾거나 휘어서 어떤 꼴이 되다 ⓑ천이 몇 차례 접히니 치마가 되었네 ❸펴서 쓰던 것이 처음 꼴로 되다 ⓑ날이 쨍쨍한데 접힌 비받이를 들고 다니는 까닭이 있겠지

젓 (이름씨) 새우, 조기, 멸치, 물고기 알이나 창자, 조개 따위를 소금에 절인 뒤 삭혀 만든 건건이 ⓑ대여섯 달 새우로 담근 젓이 무김치와 잘 어울린다 (한뜻말)젓갈

젓가락 (이름씨) ❶먹을거리나 그 밖에 것들을 끼워서 집는 연장. 가늘고 길이가 같은 두 낱 쇠붙이나 나무 따위로 만든다 ⓑ밥상에 젓가락과 숟가락을 짝을 맞춰 놓았다 (준말)젓갈 ⇐ 저 ❷젓가락을 세는 하나치 ⓑ국수 한 젓가락만 먹어보자 (슬기말) **젓가락으로 김칫국을 집어 먹을 놈** 어림없는 짓을 하려는 어리석은 사람

젓가락돈 (이름씨) 옛날에 기생 품값을 젓가락으로 집어 준 데서 비롯된 말 ⇐ 팁

젓가락질 (이름씨) 젓가락으로 맛갓을 집는 일

젓갈[1] (이름씨) 젓으로 담근 먹을거리 ⓑ어렸을 적 어머니가 게를 잡아 담근 젓갈 맛이 으뜸이었다 (한뜻말)젓 (슬기말) **젓갈 가게에 중이라** 조금도 어울리지 않는 곳에 나타난 사람

젓갈[2] (이름씨) '젓가락' 준말 ⓑ젓갈로 콩알 빨

리 집기

젓갈붙이 (이름씨) 젓갈에 딸린 먹을거리 ㉥젓갈붙이를 팔아서 아들딸을 키웠다

젓개 (이름씨) 물이나 가루 같은 것을 고루 잘 펴서 식히거나 밑감을 잘 뒤섞는 데 쓰는 연장 ㉥흙반죽할 때 숯과 흙이 고르게 섞이도록 젓개로 알맞게 저어준다 한뜻말휘젓개 ⇐ 교반기

젓국 (이름씨) 젓갈이 삭아 나온 국물 ㉥양념에 젓국을 조금씩 부어가며 간을 맞추었다 한뜻말젓국물. 젓물

젓국지 (이름씨) 젓국을 찬물에 타서 그 국물을 부어 담근 김치. 흔히 조기젓국을 쓴다

젓다 (움직씨) ❶이리저리 흔들거나 휘두르다 ㉥물에 빠져서 두 팔을 저으며 발버둥을 쳤다 ❷싫거나 마다하는 뜻으로 손이나 머리를 가볍게 이리저리 흔들다 ㉥맛이 어떠냐고 물었더니 혀를 내두르며 고개를 젓는다 ❸물이나 가루 따위를 섞느라 손이나 막대기 따위로 휘두르다 ㉥풀이 끓을 때까지는 눋지 않도록 쉬지 말고 저어라 한뜻말휘젓다 ❹배를 움직이려고 배젓개를 이리저리 놀리다 ㉥배젓개를 저어 가자

젓대 (이름씨) 우리나라 내림 나무대롱가락틀 가운데 하나. 셋 가운데 가장 큰 것 한뜻말저

젓새우 (이름씨) 젓갈 담는데 쓰는 작은 새우. 하늬바다와 마파다에서 많이 난다

젓조기 (이름씨) 젓 담그는 조기

정[1] (이름씨) 돌에 구멍을 뚫거나 쪼아 다듬는 데 쓰는 쇠 연장. 시우쇠로 만들고 납작한 머리와 뾰족한 끝으로 되어 있다 ㉥정으로 돌을 쪼아 기둥을 세웠다 (슬기말) **모난 돌이 정 맞는다** 혼자 바르거나 잘난 체하면 미움 받는다

정[2] (어찌씨) 굳이 그러고자 하는 마음이 이는 꼴 ㉥정 가겠다면 아무튼 가세요 한뜻말굳이

정 ⇒ 사랑. 사랑마음. 따스한 가슴

정가 ⇒ 매긴 값

정가표 ⇒ 매긴 값표

정각 ⇒ 바로 그때

정각기둥 ⇒ 바른모기둥

정각뿔 ⇒ 바른모뿔

정갈하다 (그림씨) 깨끗하고 말끔하다 ㉥정갈한 솜씨를 뽐내다 ⇐ 정결하다. 단아하다

정감 ⇒ 느낌. 따뜻한 느낌. 포근한 느낌. 사랑스러운 느낌

정강 ⇒ 다스림벼리

정강말 (이름씨) 아무것도 타지 않고 제 발로 걸어가는 걸음을 말 탄 것에 비긴 말 ㉥논두렁으로는 정강말 밖에 갈 수 없으니 나는 걸어서 갈 거야

정강뼈 (이름씨) 정강이를 이루는 뼈

정강이 (이름씨) ❶무릎에서 발목 사이 앞쪽에 뼈가 마루를 이루는 곳 ㉥정강이를 걷어차이면 아픔이 쉽게 가라앉지 않는다 ❷무릎에서 발목까지 아랫다리 ㉥정강이를 걷어 올리고 시냇물을 건너는데 물이 정강이를 넘었다 (슬기말) **정강이가 맏아들보다 낫다·발이 덤받이보다 낫다** 아무리 남이 잘 돌봐준다 해도 제 발로 다니면서 손수 하는 것이 가장 좋다

정객 ⇒ 다스림꾼

정거장·정류장 ⇒ 서는 곳. 타는 곳. 서는 데. 타는 데. 멈추는 곳. 머무르는 데

정격전류 ⇒ 맞춤번힘흐름

정격전압 ⇒ 맞춤번힘누름

정결하다 (淨潔) ⇒ 말끔하다. 깔끔하다. 깨끗하다

정결하다 (貞潔) ⇒ 곧고 깨끗하다

정겹다 ⇒ 아주 사랑스럽다

정경 ⇒ 매개. 모습. 빛바람

정계 ⇒ 다살림둘레. 다스림둘레

정계비 ⇒ 잡은살피돌

정곡 ⇒ 과녁. 알맹이. 알짬. 고갱이

정관 (精管) ⇒ 얼씨줄. 얼씨대롱

정관 (定款) ⇒ 벼리

정교하다 ⇒ 빈틈없다. 얌전하다. 오밀조밀하다

정구 ⇒ 뜰공놀이

정구지 (이름씨) '부추'를 이르는 사라사, 노온바라, 미리나 고장말

정권 ⇒ 다살림힘. 다스림힘

정규 ⇒ 바름. 떳떳함. 제대로 됨
정글 ⇒ 수풀땅. 숲
정기 (精氣) ⇒ 살림힘. 얼힘
정기·정시 (定期) ⇒ 제때. 때맞춤
정기국회 ⇒ 제때나라일꾼모임. 제때나라뽑힌이 모임
정기예금 ⇒ 한때돈맡김
정기적금 ⇒ 제때돈모음. 꼬박돈모음
정나미 ⇒ 사랑마음. 따슨마음
정낭 ⇒ 얼씨주머니
정년 ⇒ 그만둘 나이. 마칠 나이
정년퇴직 ⇒ 마칠나이 그만둠. 마칠나이 물러남. 마칠나이 물러나다
정녕 ⇒ 틀림없이. 참말로
정다각형 ⇒ 바른 여러 모 꼴
정단층 ⇒ 내리끊임
정담 ⇒ 따뜻한 얘기. 사랑스러운 얘기
정답 ⇒ 풀이. 참
정답다 ⇒ 사랑스럽다. 마음이 따스하다
정당 ⇒ 다스림떼. 다스림무리
정당방위 ⇒ 마땅지킴. 제지킴
정당성 ⇒ 마땅새
정당하다 ⇒ 마땅하다. 떳떳하다. 올바르다
정도 (程度) ⇒ 남짓. 만큼. 쯤
정도 (正道) ⇒ 바른길
정도껏 ⇒ 알맞게. 힘껏
정독 ⇒ 살펴 읽기. 새겨 읽기. 살펴 읽다. 새겨 읽다
정돈 ⇒ 가다듬기. 다듬기. 매만지기. 갈무리. 가다듬다. 다듬다. 매만지다. 갈무리하다. 서룾다. 가지런히 하다
정동 ⇒ 바른새
정들다 ⇒ 마음붙다
정떨어지다 ⇒ 마음 떨어지다. 마음 멀어지다. 마음 달아나다
정띠 (이름씨) 걸을 때 가뜬하게 하려고 발에서 무릎 아래까지 감는 헝겊띠 ⇐ 행전
정렬 ⇒ 줄섬. 줄지어 섬. 줄서다. 줄지어 서다. 가지런히 늘어놓다
정류소·정류장 ⇒ 서는 곳. 타는 곳. 머무는 곳
정리 ⇒ 서룾이. 설거지. 마무리. 치움. 서룾다. 설겆다. 다듬다. 추리다. 치우다. 갈무리하다. 마무리하다. 간추리다
정리운동 ⇒ 마무리뭄
정리함 ⇒ 서룾그릇. 치움그릇
정립 ⇒ 바로세우기. 바로세우다
정말 ⇒ 참말
정말로 ⇒ 참말로
정맥 ⇒ 들핏줄
정면 ⇒ 앞. 앞낯. 맞바로
정면도 ⇒ 앞그림. 앞낯그림
정묘호란 ⇒ 1627해 후금 쳐듦
정문 ⇒ 앞문. 큰문
정물 ⇒ 멈춤몬. 가만몬
정물화 ⇒ 가만몬그림. 몬그림
정미 ⇒ 쌀 찧기. 아주먹이
정미기 ⇒ 탁탁이. 방아. 탁탁방아. 틀방아
정미소 ⇒ 방앗간
정밀 ⇒ 촘촘함. 꼼꼼함. 빈틈없음. 촘촘하다. 꼼꼼하다. 빈틈없다
정밀도 ⇒ 꼼꼼그림
정박 ⇒ 배댐. 닻내림. 닻 내리다. 배 대다. 머무르다
정반대 ⇒ 오롯거꿀. 바로맞섬
정방형 ⇒ 바른네모꼴
정벌 ⇒ 쳐부숨. 무찌름. 치다. 쳐부수다. 쳐들어가다. 무찌르다
정변 ⇒ 다스림바뀜
정병 ⇒ 날랜싸울아비
정보 ⇒ 알거리. 알감
정보산업 ⇒ 알감낳일
정보원 ⇒ 발쇠꾼. 딴꾼. 앞잡이. 끄나풀
정보통신 ⇒ 알감주받
정보화 ⇒ 알감되기
정복 ⇒ 쳐서 무릎꿇림. 이겨냄. 쳐서 무릎꿇리다. 뜻을 이루다. 이겨내다
정복자 ⇒ 쳐이긴이. 이겨낸이
정부 ⇒ 다스림맡. 나라살림곳
정부미 ⇒ 나라쌀
정비 ⇒ 손질. 고침. 손보다. 다듬다. 손질하다. 고치다
정비공 ⇒ 고침이. 손봄이

정비공장 ⇒ 손질짓곳. 고침짓곳
정비례 ⇒ 견줘바뀜. 따라바뀜
정비소 ⇒ 손질곳. 손질터
정사각기둥 ⇒ 바른네모기둥
정사각뿔 ⇒ 바른네모뿔
정사각형 ⇒ 바른네모꼴
정산 (精算) ⇒ 꼼꼼셈. 따짐셈
정삼각뿔·정사면체 ⇒ 바른세모뿔
정삼각형 ⇒ 바른세모꼴
정상 (正常) ⇒ 제대로임. 제대로 됨. 바름. 떳떳함
정상 (頂上) ⇒ 멧부리. 꼭대기. 으뜸자리. 우두머리. 머리. 맨위. 맨 꼭대기
정상적 ⇒ 제대로 된
정상화 ⇒ 제대로 되기. 바르게 되기
정상회담 ⇒ 나라머리만남. 우두머리만남. 으뜸만남
정색 ⇒ 굳은낯
정서 ⇒ 느낌. 마음
정석 ⇒ 맞춤돌
정선 ⇒ 나마
정선아리랑 ⇒ 나마아리랑
정설 ⇒ 맞춤말
정성 ⇒ 참마음. 마음
정성껏 ⇒ 마음껏. 참마음으로. 마음을 다해
정성스럽다 ⇒ 마음을 다하다
정세 ⇒ 매개. 흐름새
정소 ⇒ 얼씨집
정수 (整數) ⇒ 옹근수
정수 (精粹) ⇒ 자위. 바탕. 알맹이. 알짬
정수 (淨水) ⇒ 물거름. 깨끗한 물. 물거르다
정수기 ⇒ 물거르개
정수리 ⇒ 숫구멍. 숨구멍. 머리꼭지. 쥐독
정숙 (貞淑) ⇒ 엄전함. 조촐하고 고움. 엄전하다. 조촐하고 곱다
정숙 (靜肅) ⇒ 조용함. 고즈넉함. 고요함. 조용하다. 고즈넉하다. 고요하다
정승 ⇒ 다살림이. 다스림이
정시 ⇒ 제때
정식 (正式) ⇒ 제길. 바른 꼴. 바른 길. 떳떳한 꼴. 제대로 된 꼴

정식 (定食) ⇒ 차림밥. 갖춤밥
정신 ⇒ 얼. 마음. 생각
정신과 ⇒ 얼보는데
정신노동 ⇒ 얼일. 마음일
정신대 ⇒ 앞선떼. 앞장떼. 얼돋움떼
정신력 ⇒ 얼힘. 마음힘
정신문화 ⇒ 얼삶꽃. 마음삶꽃
정신병 ⇒ 얼앓이. 마음앓이
정신병원 ⇒ 얼나숨집. 마음나숨집
정신병자 ⇒ 얼앓는이. 얼아픈이. 맘아픈이. 맘앓이꾼
정신없다 ⇒ 얼없다
정신연령 ⇒ 마음나이. 얼나이
정신잃다 ⇒ 얼빠지다. 얼나가다. 얼비다. 넋나가다. 넋잃다. 넋빠지다
정신지체아 ⇒ 마음더딘아이. 생각힘더딘아이
정액 (定額) ⇒ 돈머리
정액 (精液) ⇒ 얼씨물
정어리 이름씨 등은 검푸르고 배와 옆구리는 희며 옆구리에 검푸른 얼룩이 한 줄로 나 있는 비웃 닮은 바닷물고기. 몸은 둥글며 기름이 많고 비늘은 떨어지기 쉬운 빗비늘이다
정어리고래 이름씨 등은 검푸르고 배는 희끄무레하며 정어리나 멸치 같은 작은 물고기를 잡아먹고 사는 젖먹이 짐승 한뜻말 멸치고래
정연하다 ⇒ 가지런하다. 고르다
정열 ⇒ 불타는 마음
정예분자 ⇒ 알짜. 솜씨꾼. 뛰어난 사람
정오 ⇒ 한낮. 낮 열두 때
정오각뿔 ⇒ 바른다섯모뿔
정오각형 ⇒ 바른다섯모꼴
정온동물 ⇒ 더운피숨받이. 더운피짐승
정원 (定員) ⇒ 잡힌 사람
정원 (庭園) ⇒ 뜰. 뜨락. 마당. 꽃밭
정원사 ⇒ 동산바치
정원수 ⇒ 뜰나무
정월 ⇒ 한달. 첫달
정유재란 ⇒ 1597해 왜쳐듦

정육 ⇒ 살코기
정육각뿔 ⇒ 바른여섯모뿔
정육각형 ⇒ 바른여섯모꼴
정육면체 ⇒ 바른엿낯덩이
정육점 ⇒ 고깃간. 고깃집
정의 (定義) ⇒ 뜻. 뜻매김
정의 (正義) ⇒ 옳음. 옳은 일. 떳떳한 일
정의감 ⇒ 옳은 생각. 옳은 마음
정의롭다 ⇒ 올바르다
정이월 ⇒ 한버금달. 한둣달
정자 (精子) ⇒ 씨. 얼씨
정자 (正字) ⇒ 바른 글자. 갖은자
정자 (亭子) ⇒ 그늘가림. 쉼터. 바람빛놀터
정자나무 ⇒ 그늘나무
정작 어찌씨 ❶반드시 꼭 ⓑ감 따러 갔다가 정작 따야 할 익은 감은 구경도 못하고 돌아왔다 ❷참말로. 참으로 ⓑ아이가 타고 싶은 것이 많다더니 정작 놀이터에 가서는 그네만 탄다 비슷한말막상 ❸(이름씨) 종요롭거나 참인 것. 참말 ⓑ이제까지는 익임벌로 그냥 해본 것이고 정작은 이제부터다
정장 ⇒ 갖춤옷. 차림옷
정적 ⇒ 고요함. 조용함. 고요하다. 조용하다
정전 (停戰) ⇒ 싸움멈춤. 싸움을 멈추다
정전 (停電) ⇒ 번멎. 번끊김
정전기 ⇒ 머뭄번힘. 멎번힘
정절 ⇒ 바른 몸가짐. 곧은 마음
정정 ⇒ 고침. 바로잡음. 고치다. 바로잡다
정정당당하다 ⇒ 떳떳하다. 버젓하다. 마땅하다
정정하다 ⇒ 튼튼하다. 굳세다. 우뚝하다
정제 (錠劑) ⇒ 알낫개
정제 (精製) ⇒ 고름. 깨끗이 거르다
정조 ⇒ 깨끗한 몸. 곧은 몸
정조준 ⇒ 바로 겨누기. 바로 겨누다
정족수 ⇒ 될머리수
정종·청주 ⇒ 맑은 술
정좌 ⇒ 바로 앉기
정주 ⇒ 자리잡고 삶. 자리잡고 살다
정주간·정지·정짓간 ⇒ 부엌
정주머니 ⇒ 얼씨주머니
정중앙·정중 ⇒ 한가운데. 한복판
정중하다 ⇒ 점잖다. 듬직하다. 드레지다
정지 (整地) ⇒ 땅고르기. 터 닦기. 땅 고르다. 터 닦다
정지 (停止) ⇒ 멈춤. 섬. 멈추다. 그치다. 서다. 멎다
정지궤도 ⇒ 멈춤돌길
정지선 ⇒ 멈춤금
정직 ⇒ 곧음. 올곧음. 꾸밈없음. 참됨. 곧다. 올곧다. 꾸밈없다. 참되다. 바르다. 똑바르다. 올바르다
정직선 ⇒ 잡곧금
정직성 ⇒ 올곧음새
정진 ⇒ 힘씀. 힘쓰다. 힘써 나아가다. 힘을 기울이다
정집·정소 ⇒ 얼씨집
정짜 이름씨 몬을 꼭 사가는 단골손님
정차 ⇒ 멈춤. 섬. 멎다. 멈추다. 서다. 머물다
정착 ⇒ 터잡기. 뿌리내리기. 머무르다. 자리잡다. 터잡다. 뿌리내리다
정착민 ⇒ 터잡은 사람. 뿌리박은 겨레
정찰 (正札) ⇒ 제값
정찰 (偵察) ⇒ 엿보기. 엿살핌. 더듬어 알아내다. 엿보다. 엿살피다
정찰기 ⇒ 더듬이 날틀. 엿보기 날틀
정찰병 ⇒ 살핌꾼. 더듬이꾼
정찰제 ⇒ 제값팔기
정책 ⇒ 다스림꾀
정처 ⇒ 자리잡은 곳. 터잡은 곳. 뿌리내린 곳
정처없다 ⇒ 터잡지 않다. 뿌리내리지 않다. 뿌리박지 않다
정체 (停滯) ⇒ 멈춤. 막힘. 멈추다. 막히다
정체 (正體) ⇒ 밑바탕. 참모습
정체불명 ⇒ 참꼴모름. 밑바탕 모름
정체성 ⇒ 참모습바탈
정초 ⇒ 새해. 새해아침. 설. 설날
정취 ⇒ 멋. 맛. 느낌. 결
정치 ⇒ 다스림. 다살림
정치가 ⇒ 다스림이. 다살림이
정치인 ⇒ 다스림이

ㅈ

정탐 ⇒ 발쇠. 엿보기. 엿보다

정통 (正統) ⇒ 곧은줄기. 바른갈래. 한가운데

정통하다 (精通) ⇒ 환하다. 꿰뚫다. 잘 알다. 훤하다

정팔각형 ⇒ 바른여덟모꼴

정평 ⇒ 바른 매김

정품 ⇒ 참몬. 바른 몬

정하다 ⇒ 잡다. 매기다. 골라잡다. 마음먹다

정학 ⇒ 배움멈춤

정형 (定型) ⇒ 틀. 골. 판

정형 (整形) ⇒ 꼴바로잡기. 생김새고치기. 골다듬기

정형시 ⇒ 틀갖춘노래. 틀노래

정형외과 ⇒ 힘살·뼈 보는데

정혼 ⇒ 찜해놓기. 짝맞춰두기. 찜하다. 짝맞춰두다

정화 ⇒ 맑힘. 깨끗이 하다

정화수 (井華水) ⇒ 새벽샘물. 새벽우물물. 깨끗한 샘물

정화조 (淨化槽) ⇒ 맑힘 두멍

정확 ⇒ 바름. 또렷함. 틀림없음. 바르다. 또렷하다. 틀림없다. 올바르다. 똑똑하다. 빈틈없다

정확도 ⇒ 바르기. 올바르기. 똑똑하기. 뚜렷하기. 딱 들어맞기

정확성 ⇒ 바른 바탈. 올바른 바탈. 올바름새. 바름새

젖 이름씨 ❶젖먹이 짐승 암컷 몸에서 배어 나와 새끼 먹이가 되는 흰 물 ⓑ어미 마음이 놓이고 좋아야 젖이 잘 나온다 ❷젖몸 ⓑ아기가 젖을 물고 잠이 들었다 ❸푸나무 줄기나 잎에서 나오는 희고 끈끈한 물 ⓑ애기땅빈대, 더덕, 도라지 따위 줄기를 뜯으면 젖이 나온다 슬기말 **젖 먹는 강아지 발뒤축 문다** 나이 어린 사람이 윗사람을 어려워하지 않고 버릇없이 군다 **젖 먹던 힘이 다 든다** 무슨 일에 몹시 힘이 든다

젖가슴 이름씨 젖몸이 있는 가슴 ⓑ어머니 젖가슴에 안긴 귀여운 아이

젖가슴띠 이름씨 꽃님들이 젖가슴을 가려 두르는 띠 ⇐ 브래지어

젖기름 이름씨 젖이나 소젖에 들어 있는 기름 ⇐ 유지방

젖꼭지 이름씨 ❶젖퉁이 한가운데에 두드러지게 내민 곳 ⇐ 유두 ❷젖먹이에게 소젖 따위를 빨리려고 만든 몬

젖내 이름씨 ❶젖냄새 ⇐ 유취 ❷하는 말이나 짓이 어린 느낌 ⓑ젖내가 풀풀 나는 젊은이 익은말 **젖내가 나다·젖비린내가 나다** 하는 말이나 짓이 어리다

젖내기 이름씨 젖을 먹는 어린아이 한뜻말 젖먹이 ⇐ 유아

젖니 이름씨 젖먹이 때에 나서 아직 갈지 않은 이. 태어나고 여섯 달 뒤부터 세 살 되기까지 스무 낱 젖니가 나온다 한뜻말 배냇니 ⇐ 유치

젖다[1] 움직씨 ❶물이 배어들다 ⓑ마른 땅이 비에 젖었다 ❷다른 입김이나 손길 탓에 어떠한 버릇이 몸에 배다 ⓑ아직도 늦잠 자는 버릇에 젖어 있어 일터에 늦기 일쑤다 ❸어떠한 생각이나 느낌에 잠기다 ⓑ슬픔에 젖어 눈시울이 붉어졌다 ❹귀에 배도록 아주 길들여지다 ⓑ하도 많이 들어서 그 노랫가락이 아주 귀에 젖었다 ❺하늘이 어떤 빛깔을 띤 꼴이 되다 ⓑ안개에 젖은 새벽 바람빛을 고즈넉이 바라본다 ❻말에 울음기가 섞이다 ⓑ'애야 참 힘들지?' 어머니 말에는 어딘가 젖어있는 듯했다 ❼어떤 매개에 파묻히다 ⓑ가난에 젖다

젖다[2] 움직씨 뒤로 비스듬하게 쏠리다 ⓑ큰문을 넘더니 뒷짐을 지고 몸을 젖으며 어흠! 소리를 냈다 작은말 잦다

젖뗄때 이름씨 난지 예닐곱 달이 되어 젖을 뗄 때 ⇐ 이유기

젖먹이 이름씨 젖을 먹는 어린아이 ⓑ젖 달라고 우는 젖먹이 비슷한말 젖내기 ⇐ 유아. 영아 슬기말 **젖먹이 두고 가는 년은 자국마다 피가 맺힌다** 어린 피붙이를 떼어놓고 가는 엄마 마음은 걸음걸음에 피가 맺힐 것같이 아프다

젖먹이붙이 이름씨 젖먹이짐승 한뜻말 젖먹이숨

받이 ⇐ 포유류

젖먹이짐승 이름씨 제 몸에 있는 젖으로 새끼를 먹여 기르는 짐승 ⓑ아직 살아 있는 젖먹이짐승 갈래가 땅별에 거의 네 즈믄쯤 된다고 한다 한뜻말 젖먹이숨받이. 젖먹이붙이 ⇐ 포유동물. 포유류

젖먹이칸 이름씨 젖 주는 방 ⇐ 수유실

젖멍울 이름씨 젖이 잘 안 나와 젖에 생기는 멍울

젖몸 이름씨 가슴에서 젖꼭지를 복판으로 하고 살이 불룩하게 나온 곳 ⓑ젖몸과 젖꼭지. 젖 먹이기 앞서 젖몸을 살살 주물러주어야 젖이 잘 나온다 한뜻말 젖. 젖무덤 ⇐ 유방

젖몸살 이름씨 젖이 아파 오싹오싹 뜨거워지고 뼈마디가 쑤시며 앓는 몸살 ⓑ며느리가 젖몸살을 힘들어 해

젖무덤 이름씨 젖퉁이를 달리 이르는 말 ⓑ어릴 적 엄마 젖무덤에 파묻혀 지냈다 한뜻말 젖몸. 젖통. 젖퉁이. 젖두덩. 젖집

젖병 이름씨 소젖을 담아 아이에게 먹일 때 쓰는 젖꼭지가 달린 병

젖비린내 이름씨 짜낸 젖에서 나는 비릿한 냄새 ⓑ젖비린내가 난다

젖빛 이름씨 **1** 젖과 같은 빛 ⓑ젖빛 안개가 짙게 끼었다 ⇐ 유백색 **2** 흐린 물에 빛이 비쳐 물속에서 흩어져 희뿌옇게 나타나는 빛

젖산 ⇒ 젖심

젖샘 이름씨 젖통 속에 있는 젖이 나오는 샘 ⇐ 유선

젖소 이름씨 젖을 짜려고 기르는 소 ⓑ아버지는 젖소 스무 마리를 키우며 젖을 짠다

젖소치기 이름씨 젖소나 염소 따위를 기르고 그 젖으로 먹을거리를 만드는 낳이 ⇐ 낙농

젖심 이름씨 빛깔 없고 신맛 나는 끈끈한 물. 요구르트나 신김치에 많다 ⇐ 젖산. 유산

젖심붓 이름씨 단 것을 풀어헤쳐 젖심을 만드는 팡이 ⇐ 유산균

젖앓이 이름씨 젖에 생기는 앓이. 아이를 낳은 뒤에 아프거나 붉어지거나 불어나거나 뜨거워진다

젖어미 이름씨 남 아기에게 제 젖을 먹여 길러 주는 겨집 ⓑ젖을 먹여주고 한동안 보살펴 준 젖어미 모습이 어렴풋하다 한뜻말 젖어멈. 젖어이 ⇐ 유모

젖여름지이 이름씨 젖소나 염소 따위를 길러 그 젖을 짜거나 그 젖으로 버터나 치즈 같은 것을 만드는 일 ⇐ 낙농

젖줄 이름씨 **1** 젖샘에서 젖이 나오는 줄기 ⓑ어미가 젖줄이 좋아 아기가 늘 배불리 먹는다 한뜻말 젖샘. 젖줄기 ⇐ 유선 **2** 없어서는 안 될 종요로운 길 ⓑ한가람은 배달겨레를 먹여 살리는 젖줄이다

젖혀지다 움직씨 **1** 안쪽이 겉으로 나오게 되다 ⓑ덮은 보자기가 바람에 날려 활짝 젖혀졌다 작은말 잦혀지다 **2** 뒤로 기울어지다 ⓑ바람에 비받이가 뒤로 젖혀졌다 **3** 닫힌 문이 열리다 ⓑ사립문이 바람에 젖혀졌다

젖히다[1] 움직씨 **1** 안쪽이 겉으로 나오게 하다 ⓑ이불을 젖히니 내가 찾던 손말틀이 거기에 있다 작은말 잦히다 **2** ('젖다' 하임꼴) 뒤로 기울게 하다 ⓑ고개를 젖히고 목을 이리저리 돌리며 풀었다 **3** 드나들 수 있게 닫힌 문을 열다 ⓑ사립문을 젖히고 안마당으로 들어갔다

젖히다[2] 움직씨 입맛이 없어지거나 입맛을 잃다 ⓑ너무 지쳐서 입맛이 싹 젖히고 누워 있고만 싶다

제[1] 갈이름씨 **1** (임자자리토 '가' 앞에 써) '저'가 바뀐 꼴 ⓑ제가 가는 데까지 태워드리겠습니다 **2** '저의' 준말 ⓑ제 생각에 그것은 제 잘못입니다. 제 배가 부르면 종 배고픈 줄 모른다 슬기말 **제 갗에 좀 난다** 가죽에 좀이 나면 좀도 못 살고 가죽도 못 쓰듯이 같은 피붙이나 붙이끼리 서로 다투면 둘 다 헤살을 입는다 **제 꾀에 제가 넘어간다** 남을 속이려고 꾀를 부리다가 도리어 제가 그 꾀에 속아 넘어간다 **제 논에 물 대기** 저한테만 도움이 되도록 한다 **제 낯에 침 뱉기·제 발등에 오줌누기** 남에게 헤살을 놓으려다 도리어 제게 그 헤살이 돌아온다 **제 눈에 눈거울** 보

잘것없는 것이라도 제 마음에 맞으면 그만이다 **제 똥 구린 줄 모른다** 제 허물은 제가 깨닫지 못한다 **제 발등을 제가 찍는다** 제 일을 제가 그르친다 **제 버릇 개 못 준다** 나쁜 버릇은 좀처럼 고치기 어렵다 **제 얼굴엔 가루 바르고 남 얼굴엔 똥 바른다** 잘된 일은 제 낯 세우고 못된 일은 다 남 탓한다. 저 잇속만 살필 줄 안다 **제 잘못 열 가진 놈이 남 잘못 한 가지를 본다** 허물이 많은 사람이 다른 사람 자그마한 허물을 탓한다 **제 집 어른 섬기면 남 어른도 섬긴다** 제집에서 잘하는 이는 밖에 나가서도 잘 한다

제[2] [이름씨] 적에 [ㅂ]어릴 제 같이 놀던 동무. 올 때는 떠들썩하더니 갈 제는 말없이 사라졌네

제 (弟) ⇒ 아우

제- (第-) ⇒ 째

-제 (-祭) ⇒ 잔치. 놀이. 굿

제가끔 [어찌씨] 저마다 따로따로 [ㅂ]우리는 모이면 제가끔 다른 말을 했다 [한뜻말]저저끔

제가다리 [이름씨] [1]저마다 따로 나거나 갈라진 가닥 [ㅂ]감나무 줄기가 저마다 제가다리로 뻗었다 [2]저마다. 제대로

제각각·제각기 ⇒ 저마다. 따로따로

제값 [이름씨] 값어치에 맞는 값 [ㅂ]요즘 밤은 제값 받기 어렵다

제강 ⇒ 쇠부리. 시우쇠부리

제거 ⇒ 없앰. 치움. 치우다. 도려내다. 없애다. 벗기다. 빼다. 자르다. 떼다. 걷어내다. 깎다. 털다. 뽑다. 까다. 지우다

제건짐 [이름씨] 스스로 어려움에서 벗어남 ⇐ 자구

제격 ⇒ 딱 어울림. 딱 어울리다

제고 ⇒ 높임. 돋움. 올림. 높이다. 돋우다. 올리다. 치올리다

제고장 [이름씨] [1]태어나 자란 고장 [한뜻말]텃마을 ⇐ 본고장. 향토. 고향 [2]어떤 일이나 낳이가 이루어지는 처음 복판

제곱 [이름씨] 어떤 값을 그 값만큼 곱함. 또는 그렇게 하여 얻어진 값 [ㅂ]두 낱을 제곱하면 네 낱이다 [한뜻말]두제곱 ⇐ 자승. 평방

제곱미터 [이름씨] 미터틀에 따라 넓이를 나타내는 하나치. 가로세로 길이가 1미터인 네모난 넓이를 나타내는 하나치. 적기는 'm²'로 한다 ⇐ 평방미터

제곱센티미터 [이름씨] 넓이를 나타내는 하나치. 1제곱센티미터는 한 곁이 1센티미터인 바른 네모꼴 넓이이다

제곱킬로미터 [이름씨] 넓이를 나타내는 하나치. 1제곱킬로미터는 한 곁이 1킬로미터인 바른 네모꼴 넓이이다

제공 ⇒ 바침. 베풂. 대줌. 주다. 보내다. 대주다. 바치다. 내놓다. 이바지하다. 베풀다

제과 ⇒ 과자만들기

제과점 ⇒ 빵과자가게

제구실 [이름씨] 제가 마땅히 해야 할 일이나 그에 딸린 짐 [ㅂ]누리에 제구실을 다 하는 사람이 어디 있을까 ⇐ 본분. 의무 **제구실하다**

제국 (諸國) ⇒ 여러 나라

제국 (帝國) ⇒ 큰임금나라. 큰도둑나라

제국주의 ⇒ 깡패나라믿음틀

제군 ⇒ 여러분. 그대들

제금 ⇒ 자바라

제기 [이름씨] 동그란 쇠돈 같은 것을 종이나 헝겊 따위에 싸서 만든 놀잇감. 발로 받아 차서 떨어뜨리지 않고 많이 차는 사람이 이긴다 [ㅂ]제기를 한목에 얼마나 많이 차는가를 겨루며 놀았다 [한뜻말]짱꿀래

제기 (提起) ⇒ 내놓음. 내놓다. 드러내다. 내세우다

제기·제구 (祭器) ⇒ 식게 그릇. 굿 그릇

제기다 [움직씨] [1]자귀 따위로 톡톡 쪼아 조금씩 깎다 [ㅂ]고로쇠 껍질을 손끝으로 제겨보니 벌써 물이 올라있다 [2]발꿈치나 팔꿈치 따위로 콕 지르다 [ㅂ]옆구리를 팔로 세게 제겼다 [3]국물 따위를 조금씩 부어 떨어뜨리다 [ㅂ]풀을 쑬 때 물을 제겨가며 저어라 [4]발끝으로 살금살금 다니다 [ㅂ]아기가 깰까 봐 마루를 지날 때는 늘 제긴다 [5]있던 자리에서 살그머니 빠져 달아나다 [ㅂ]밤에

술자리가 무르익어 나는 그만 자리를 제겼다

제기랄 [느낌씨] 마뜩잖거나 풀 죽었을 때 내는 소리 ㉥제기랄, 또 틀렸네!

제기차기 [이름씨] 제기 차면서 노는 놀이 ㉥또래 아이들과 제기차기를 하고 놀았다

제김에 [어찌씨] 혼자 저절로 ㉥제김에 놀라 소리쳤다

제까짓 [매김씨] 겨우 저만한 만큼 ㉥제까짓 게 뭐라고 나더러 큰소리야, 어이가 없네

제꺼덕[1] [어찌씨] 일을 재빨리 시원스레 해치우는 꼴 ㉥일을 제꺼덕 끝내고 물놀이 갔다 준말제꺽 작은말재까닥

제꺼덕[2] [어찌씨] 크고 단단한 몬이 가볍게 빨리 맞부딪치거나 부러지는 소리. 또는 그 꼴 준말제꺽 작은말재까닥 **제꺼덕하다**

제꺼덕거리다 [움직씨] 크고 단단한 몬이 가볍게 빨리 맞부딪치거나 부러지는 소리가 자꾸 나거나 그런 소리를 자꾸 내다 준말제꺽대다 작은말재까닥거리다 **제꺼덕대다**

제꺼덕제꺼덕[1] [어찌씨] 잇달아 일을 재빨리 시원스레 해치우는 꼴 ㉥우리 모두 제꺼덕제꺼덕 감자를 깎아 치웠어요 준말제꺽제꺽 작은말재까닥재까닥

제꺼덕제꺼덕[2] [어찌씨] 크고 단단한 몬이 가볍게 빨리 자꾸 맞부딪치거나 부러지는 소리. 또는 그 꼴 준말제꺽제꺽 작은말재까닥재까닥 **제꺼덕제꺼덕하다**

제꺽 [어찌씨] 일을 매우 재빨리 해치우는 꼴 ㉥미나는 바깥나라 사람이 하는 말을 제꺽 알아듣고 맛갊았다 작은말재깍 센말째꺽 밑말제꺼덕

제껏 [이름씨] 바깥 멍에나 무엇에 얽매이지 않고 제 마음대로 할 수 있는 매개 ⇐ 자유

제껏나라임자믿음틀 [이름씨] 참된 나라 임자는 아람 한사람 한사람이라는 믿음틀 ⇐ 자유민주주의

제껏번씨 [이름씨] 참빔이나 몬 속에서 밖으로부터 힘을 받지 않고 제껏으로 떠돌아다니는 번씨 ⇐ 자유전자

제껏사고팔기뜻맞춤 [이름씨] 나라 사이에 서로 사고팔기를 많이 하려고 모든 걸림돌을 없앤다는 다짐 ⇐ 자유무역협정. 에프티에이

제껏사고팖 [이름씨] 다른 나라와 몬을 사고파는 데 있어 나라가 끼어들거나 돌봐주지도 않고 목낛을 매기지도 않으며 낱 사람 제껏에 맡기는 사고팖 ⇐ 자유무역

제껏저자 [이름씨] 나라가 저자에 끼어들지 않고 살림살이가 제껏 이루어지는 저자 ⇐ 자유시장

제껴치우다 [움직씨] 제껴서 없애 치우다 ㉥풀깎개로 우거진 풀을 제껴치웠다

제끼다 [움직씨] [1]일을 척척 해 넘기다 ㉥그새 일을 다 치워 제꼈네 [2]뒤로 젖히다 ㉥앉개에 앉아 몸을 뒤로 제꼈다

제나라 [이름씨] 제가 딸린 나라 ㉥배를 타고 몰래 들어온 사람을 제나라로 돌려보냈다 ⇐ 본국

제날짜 [이름씨] 미리 잡혔거나 마감에 이른 날짜 ㉥빌린 돈을 제날짜에 갚겠습니다 준말제날

제너럴셔먼배 [이름씨] 1866해에 유에스 배가 부루나가람을 거슬러 부루나고을까지 와서 몬을 사고팔자고 떼를 쓰다 배가 불타고 떼죽음한 일

제네바 [이름씨] 스위스 마하늬녘에 있는 큰 고을. 나라사이일얼개(ILO)를 비롯해 나라사이얼개가 많다

제누름맘 [이름씨] 하고픔이나 온갖 느낌을 스스로 억누르는 마음 ⇐ 자제심

제다스림틀 [이름씨] 고을이나 고장 살림을 그 고을이나 고장에 사는 사람들이 스스로 나서서 다스리거나 뽑아서 다스리게 하는 살림살이 ⇐ 자치제

제당 ⇒ 단것만들기

제대 ⇒ 싸울아비마침. 싸울아비마치다

제대로 [어찌씨] [1]마음먹은 대로 ㉥처음같이 일이 제대로 잘되어 간다 [2]알맞은 틀이나 짜임대로 ㉥집이 제대로 잘 지어진 것 같구나 [3]마땅한 크기로 ㉥품삯을 제대로 쳐

주어야 일할 마음이 나지

제대로힘살 이름씨 뜻과 아랑곳없이 저절로 움직이는 힘살. 곧 숨받이가 제 마음대로 뭘 을 일으키지 못하는 힘살 맞선말 맘대로힘살 ⇐ 불수근. 불수의근

제도 (諸島) ⇒ 여러섬. 뭇섬

제도 (制度) ⇒ 뼈대. 짜임새

제도 (製圖) ⇒ 겨냥그림 그리기

제도기 ⇒ 겨냥그림 연장

제독 ⇒ 바다싸울아비머리

제돌이 이름씨 하늘덩이가 스스로 어떤 굴대를 복판으로 돎 ㉥ 땅별이 한 디위 제돌이 하면 하루이다 ⇐ 자전

제동 ⇒ 멈춤. 멈추다. 막다. 누르다

제동장치 ⇒ 멈추개

제때 이름씨 ❶ (흔히 '제때에' 꼴로 써) 생각해 놓은 그때 ㉥ 다짐한 제때에 오는 적이 드물다 ⇐ 적시 ❷ 일이 있는 그때 ㉥ 오늘 할 일을 아제로 미루지 말고 제때에 해두어라 ⇐ 제시간 ❸ 어떤 일이 알맞은 때 ㉥ 제때에 거두지 못한 감자가 밭에서 썩는다 한뜻말 제철

제라늄 ⇒ 꽃아욱

제련 ⇒ 쇠뽑기

제련소 ⇒ 쇠뽑기터

제례 ⇒ 식게. 식게 버릇. 식게 본데

제례악 ⇒ 식게 소리. 식게가락

제로 ⇒ 없음. 빔. 빵

제록스 ⇒ 찍기. 찍기틀

제막 ⇒ 덮개걷기. 덮개걷다

제막식 ⇒ 처음보이기. 덮개걷기. 덮개걷기굿

제말 이름씨 나서 어미말로 배운 말 ⇐ 원어

제말가르침이 이름씨 태어나서 어미말로 배운 말을 가르치는 사람 ⇐ 원어민강사

제말꾼 이름씨 어떤 말을 제 나라 말로 쓰는 사람 ⇐ 원어민

제말하기 이름씨 여러 사람 앞에서 제 뜻이나 제 믿음, 제 생각을 소리 내어 알리기 ⇐ 연설

제맛 이름씨 먹을거리가 처음부터 가진 맛 ㉥ 김치가 군맛이 없어 제맛이 난다

제멋 이름씨 제 스스로 느끼고 생각하는 멋 ㉥ 어린 조카는 제멋에 겨워 어쩔 줄 모른다. 누구나 다 제멋에 산다

제멋대로 어찌씨 아무렇게나 제 하고 싶은 대로. 마음대로. 제사날로 ㉥ 제멋대로 까불지 마

제명 (除名) ⇒ 이름지움. 이름 지우다. 이름 빼다. 쫓아내다

제명 (-命) ⇒ 제목숨

제목 ⇒ 글이름. 그림이름. 이마글

제문 ⇒ 식게글월

제문공넣기 이름씨 공차기 같은 놀이에서 잘못하여 제 문에 공을 차넣는 일 ⇐ 자책골

제물[1] 이름씨 ❶ 군물을 타지 않고 제 몸에서 우러나온 물 ㉥ 제물 젓국 ❷ 먹을거리를 익힐 때에 처음에 맞춰 부은 물 ㉥ 제물 김칫국 ❸ 딴 것이 섞이거나 덧붙지 않고 그 한 가지로만 된 것 ㉥ 제물에 붙은 자루 ❹ 어느 때 밀물을 타고 들어온 배가 그 밀물을 타고 다시 나갈 때 그 밀물을 일컬음 ㉥ 물고기를 부려놓고 제물에 다시 고기 잡으러 나갔다 ❺ ('제물로' 꼴로 써) 절로 또는 제 바람에. 제물로 잠이 들다. 제물로 찾아오다

제물[2] 이름씨 새로 해 입은 옷을 빨지 않은 그대로인 것

제물 ⇒ 식게거리. 식게맛갓

제물감 이름씨 저절로 자라는 온갖 것이나 쉿돌몬 따위에서 얻는 물감 한뜻말 저절물감 ⇐ 천연염료

제물에 어찌씨 저 혼자 스스로 바람에 ㉥ 아기가 젖 달라 떼를 쓰다 제물에 지쳐 잠이 들었네 한뜻말 제풀에. 제김에. 제바람에. 제결에

제물포 ⇒ 마도구루

제바닥 이름씨 태어나면서부터 살아온 고장 ⇐ 본거지. 본바닥

제반 ⇒ 모든. 여러. 온갖

제발 어찌씨 ❶ 애타게 바라건대 ㉥ 제발 한차례 더 도와주십시오 ❷ ('제발이다' 꼴로 써)

될 수 있는 대로 사이를 멀리하고 싶음 ⓑ 이제 노래라면 제발일세. 다시는 우리집에 안 오겠다니 제발이다

제방 ⇒ 둑

제법 어찌씨 ❶(손아랫사람에게 써) 여느 잣대에 가깝게 ⓑ들빛이 이제 제법 글을 읽어요 ❷생각하던 것보다 어지간히 ⓑ날씨가 제법 쌀쌀해졌어. 노래도 제법 잘한다 ❸미리 생각했던 것 너머 ⓑ글 솜씨가 제법인데. 달리기가 그만하면 제법이로구나

제보 ⇒ 귀띔. 귓속질. 알려줌. 귀띔하다. 알려주다. 귓속질하다

제복 ⇒ 한옷. 모둠옷

제본 ⇒ 책매기. 책만들기. 책매다. 책만들다

제분 ⇒ 가루내기. 빻기. 가루내다. 빻다

제분소 ⇒ 방앗간

제비[1] 이름씨 등은 검고 배는 희며 목은 빨갛고 꽁지는 가위꼴로 갈라진 여름철새. 봄에 마녘에서 와서 처마 밑 따위에 집을 짓고 살다 가을이 되면 따뜻한 곳으로 되돌아간다. 제비가 새끼를 많이 낳는 해는 가을걷이가 넘쳐난다 슬기말 **제비는 작아도 마녘으로 간다** 몸은 작아도 제 할 일은 다 한다

제비[2] 이름씨 어떠한 글월이나 그림을 적은 종이쪽 또는 대오리를 여러 낱으로 지어놓고 그 속내를 못 보게 하고 어느 하나를 골라 잡게 하여 쪽을 가르거나 차례를 잡는데 쓰는 것 또는 그러한 쓰임새 ⓑ제비를 뽑아 쪽을 갈랐다

제비꽃 이름씨 줄기가 없고 잎자루가 길며 바소꼴 잎은 뿌리에서 모여 나는 여러해살이풀. 이른 봄에 잎 사이에서 가늘고 긴 꽃줄기가 나와 보랏빛 또는 흰 꽃이 달리고 튀는열매를 맺는다. 들에서 절로 자라며 어린 잎은 나물로 먹는다 한뜻말 오랑캐꽃. 씨름꽃

제비뽑기 이름씨 ❶제비를 뽑는 일. 어떤 차례나 이기고 지는 것을 잡을 때 제비 가운데서 어느 하나를 골라 가짐 ⓑ제비뽑기해서 이기는 사람이 나무하러 가고 지는 사람은 설거지를 하자 ❷제비를 뽑아 맞으면 큰 돈을 타는 노름 ⇐ 복권

제비초리 이름씨 뒤통수나 앞이마 한가운데에 골을 따라 뾰족 내민 머리털

제비추리 이름씨 소 안심에 붙은 고기

제비콩 이름씨 빛이 희며 제비 부리 꼴 점이 있는 콩. 어린 꼬투리는 먹고 흰 꽃이 피는 씨는 낫개로 쓴다

제비턱 이름씨 밑이 두툼하고 널찍하게 생긴 턱. 또는 그런 턱을 가진 사람을 이르는 말

제빙 ⇒ 얼음 만듦. 얼음 만들다

제빛 이름씨 온갖 것이 생긴 그대로 갖추고 있는 빛깔 ⇐ 천연색

제빛내개 이름씨 해나 별처럼 제 스스로 빛을 내는 것 ⇐ 발광체

제사 (製絲) ⇒ 실뽑기. 실켜기. 실뽑다. 실켜다

제사 (祭祀) ⇒ 식게

제사날로 어찌씨 남 시킴을 받지 않고 제 생각으로 ⓑ거기 간 것은 제사날로 한 일이니 누굴 탓할 수가 없소

제사상 ⇒ 식게놓개

제사장 ⇒ 식게 우두머리

제사차산업 ⇒ 넷째낳일

제산제 ⇒ 심누르개. 심없애개

제삼국 ⇒ 딴나라

제삼세계 ⇒ 셋째누리

제삼자 ⇒ 남. 딴사람

제삼차산업 ⇒ 셋째낳일

제삿날 ⇒ 식게날

제삿밥 ⇒ 메. 노구메

제상·제단 ⇒ 식게놓개

제서 어찌씨 '저기에서'가 줄어든 말

제설 ⇒ 눈쓸기. 눈치우기. 눈 쓸다. 눈 치우다

제소 ⇒ 판가름걸기. 판가름걸다

제속살이 이름씨 제한테나 제 가까운 사람한테만 딸린 나날살이거나 일 ⇐ 사생활. 프라이버시

제수 (弟嫂) ⇒ 아우아내

제수 (祭需) ⇒ 식게맛갓

제수 (除數) ⇒ 나눔수

제스처 ⇒ 몸짓. 손짓. 눈짓

ㅈ

제시 ⇒ 내놓음. 내놓다. 내세우다. 드러내 보이다

제시간 ⇒ 제때

제시중 이름씨 누구에게 시키지 않고 손수 함 ⇐ 셀프서비스

제아무리 어찌씨 (흔히 '-어도, -ㄴ들' 같은 씨끝과 함께 써) '아무리' 힘줌말. 제 딴에는 아주 몹시 ⓑ바다가 제아무리 넓다 한들 깨달은 분 마음만큼 넓으랴. 제아무리 소나기가 쏟아져도 우리는 갈 길을 간다

제안 ⇒ 내놓음. 생각을 내다. 내놓다. 말하다

제압 ⇒ 누름. 이김. 누르다. 이기다. 꺾다. 억누르다. 내리 누르다. 꺾어 누르다. 깔아 뭉개다. 꼼짝 못하게 하다

제야 ⇒ 섣달그믐밤

제약 (制約) ⇒ 얽맴. 얽매다. 옭매다. 묶어놓다. 금긋다

제약 (製藥) ⇒ 낫개만듦. 낫개만들다

제어 ⇒ 억누름. 억누르다. 막다. 부리다. 다스리다

제왕 ⇒ 임금

제외 ⇒ 빼다. 빼놓다. 제치다. 제쳐놓다. 셈하지 않다. 따돌리다. 내놓다. 빼버리다

제우스 이름씨 그리스 검이야기에 나오는 으뜸검. 천둥과 번개, 다른 검과 사람을 다스린다

제움직씨 이름씨 그 움직임에 어떤 부림말이 없는 움직씨 ⓑ'꽃이 피다.'에서 '피다', '눈이 녹다.'에서 '녹다' 따위 ⇐ 자동사

제육 ⇒ 돼지고기

제의 ⇒ 내놓음. 말함. 생각을 내다. 내놓다. 말하다

제이 ⇒ 둘째. 버금

제이차산업 ⇒ 둘째낳일

제이차세계대전 ⇒ 둘째누리큰싸움

제익힘책 이름씨 혼자서 익힐 수 있게 배움책을 풀이한 책

제일 ⇒ 첫째. 으뜸. 맏. 맨. 가장

제일가다 ⇒ 첫째가다. 으뜸가다

제일번 ⇒ 첫째

제일보 ⇒ 첫걸음. 첫발

제일선 ⇒ 맨 앞장. 싸움터. 쏘개알받이

제일위 ⇒ 으뜸. 으뜸 자리

제일인자 ⇒ 으뜸. 으뜸가는 사람

제일인칭 ⇒ 첫째 가리킴

제일일 ⇒ 첫날

제일차산업 ⇒ 첫째낳일

제일차세계대전 ⇒ 첫째누리큰싸움

제일차적 ⇒ 맨 먼저

제임자 이름씨 스스로 알아서 모든 일을 하는 것 ⇐ 자주

제임자나라 이름씨 다른 나라한테서 성금이나 도움을 받지 않고 스스로 다스리는 나라 ⇐ 자주국

제임자얼 이름씨 낱사람이나 겨레, 나라가 스스로 임자임을 아는 얼 ⇐ 자주정신

제자 ⇒ 배움이. 따름이. 배움아들

제자리 이름씨 ❶처음 있던 자리 ⓑ저마다 쓴 것은 제자리에 갖다 놓으세요 ❷마땅히 있어야 할 자리 ⓑ이제 제자리를 찾았어요 ❸자리 바뀜이 없는 자리 ⓑ제자리 뛰기. 제자리걸음

제자리걸음 이름씨 ❶앞으로 나아가지 않고 제자리에서 걷는 것. 또는 걷는 것같이 다리를 움직이는 것 ⓑ일꾼들은 추위에 떨며 불 둘레에서 언 발을 녹이느라 제자리걸음으로 서성거렸다 ⇐ 답보 ❷일이 잘되지 않아 그 자리에 머무름 ⓑ제 딴에는 부지런히 했지만 늘 제자리걸음이다 ❸값이 그다지 오르지도 내리지도 않음 ⓑ오늘 배춧값이 제자리걸음이다 한뜻말주춤새 ⇐ 보합

제자리높이뛰기 이름씨 도움닫기 없이 곧바로 뛰어올라 가로막대를 뛰어넘는 놀이

제자리멀리뛰기 이름씨 도움닫기 없이 구름널 위에 두 발을 놓고 멀리 뛰는 것 ⓑ제자리멀리뛰기는 오므렸다 펴는 힘을 기르는 몸닦기다 한뜻말제자리너비뛰기. 제자리넓이뛰기

제자리표 이름씨 가락글에서 한때표로 올리거나 내린 소리를 처음 소리로 돌리는 뜻표

제작 ⇒ 만들기. 만듦. 빚기. 만들다. 빚다

제작도 ⇒ 만들기그림

제작비 ⇒ 만든 비발. 밑천. 든돈. 만든 돈

제재 (制裁) ⇒ 꾸지람. 앙갚음. 나무람. 억누름. 다짐. 막음

제재 (題材) ⇒ 감. 거리

제재소 ⇒ 나무 켜는 데

제적 ⇒ 이름 뺌. 이름 지움. 이름을 빼다. 지우다. 쫓아내다

제전 ⇒ 잔치. 놀이. 굿

제정 ⇒ 마련. 만듦. 마련하다. 만들다. 삼다

제정신 ⇒ 곧은 얼. 제 얼

제조 ⇒ 만들기. 짓기. 빚기. 만들다. 짓다. 빚다

제조법 ⇒ 만들기. 짓기. 빚기

제조업 ⇒ 만듦일. 짓일

제주 (祭主) ⇒ 식게임자

제주 (濟州) ⇒ 다모나고을

제주섬 ⇒ 다모나섬

제주특별자치도 ⇒ 다모나제다스림고장

제지 (製紙) ⇒ 종이만들기. 종이 만들다

제지 (制止) ⇒ 막기. 말림. 막다. 말리다. 가로막다. 억누르다

제짝 이름씨 한 벌이 이루어지는 그 짝 ⓑ순이는 오늘 제짝이 아닌 하늬버선을 신고 왔네

제창 (齊唱) ⇒ 함께 부르기. 함께 부르다

제창 (提唱) ⇒ 내놓음. 내놓다. 처음 내놓다. 내세우다. 부르짖다

제천의식 ⇒ 한울굿. 하늘굿

제철 이름씨 ❶옷이나 먹거리 같은 것이 알맞은 철 ⓑ제철 먹거리. 제철에 맞게 옷을 입어야지 한뜻말제때 준말철 ❷숨받이나 푸나무가 자라거나 퍼지거나 생겨나는 가장 알맞은 때 ⓑ진달래가 한창 제철을 자랑한다. 제철을 만난 물고기가 떼를 지어 가람을 올라온다

제철 ⇒ 쇠부리

제철소 ⇒ 쇠부리터

제청 ⇒ 밀어줌. 말함. 밀어주다. 말하다

제쳐놓다 움직씨 ❶한쪽으로 밀어 놓거나 치워 놓다 ⓑ보던 책을 옆으로 제쳐놓고 일어섰다 ❷따로 골라 놓거나 뒤에 하려고 밀어 놓다 ⓑ못생긴 것은 제쳐놓고 크고 좋은 것만 바구니에 담아라

제초 ⇒ 김매기. 풀뽑기. 김매다. 풀 뽑다

제초제 ⇒ 풀죽이개

제출 ⇒ 냄. 내놓음. 보냄. 내다. 내놓다. 보내다

제출물에 어찌씨 저 혼자서 절로 ⓑ제출물에 나는 멧나물은 몸에도 좋고 맛도 좋다 한뜻말제풀에

제치다 움직씨 ❶거치적거리지 않도록 치우다 ⓑ아우가 가리개를 제치고 안으로 들어왔다 비슷한말제끼다 ❷어떤 거리나 일에서 빼다 ⓑ품삯을 제치면 밑감값은 얼마 들지 않아 ⇐ 제외하다 ❸맞선이를 앞지르다 ⓑ앞서 달리는 이를 제치고 맨 앞으로 나섰다 ⇐ 추월하다 ❹일을 미루다 ⓑ하던 일을 다 제치고 수레나루로 한달음에 뛰어갔다

제트기 ⇒ 쌕쌕이

제패 ⇒ 이김. 으뜸자리에 오름. 이기다. 으뜸자리에 오르다

제풀에 어찌씨 저 혼자. 저절로. 제바람에 ⓑ제풀에 지쳐 나가떨어졌다. 제풀에 골이 나서 울먹였다 한뜻말제물에. 제김에. 제결에. 제출물에. 제풀로

제품 ⇒ 만든것. 짓몬

제품명 ⇒ 몬이름

제피나무 이름씨 우리나라 마녘고장에 자라는 갈잎나무. 봄에 어린잎을 지렁에 조려 밑건건이로 하고 열매껍질은 곱게 가루 내어 양념으로 쓴다. 나무껍질과 뿌리껍질은 물고기 잡는데 쓴다 ⇐ 초피나무

제하다 ⇒ 빼다. 덜다. 나누다. 없애다. 까다

제한 ⇒ 누름. 얽맴. 금긋기. 누르다. 얽매다. 매기다. 금긋다

제헌 ⇒ 으뜸벼리짓기

제헌국회 ⇒ 으뜸벼리지은일꾼모임

제헌절 ⇒ 으뜸벼리기림날

제호 ⇒ 글월 이름

제화점·구두방 ⇒ 신집. 신가게

제후 ⇒ 고을임금

제휴 ⇒ 손잡음. 손잡다. 서로 돕다. 힘 모으다

제힘 이름씨 ❶제가 가진 힘 ⓑ봄누리는 제힘으로 벌어서 한배곳에 다닌다 ⇐ 자력 ❷'어

떤 것을 스스로 하는 움직임'을 '입음'이나 '하임'에 맞서 일컫는 말 ㉥웬만하면 제힘 써서 살아가길 바란다 ⇐ 능동 [슬기말] **제힘 모르고 가람가 씨름 갈까** 제 가진 힘을 스스로 헤아려 어떤 일을 해야 한다

제힘움직씨 [이름씨] 어떤 것을 스스로 함을 나타내는 움직씨. '아기가 젖을 먹다.'에서 '먹다'가 제힘움직씨이다 [맞선말]입음움직씨 ⇐ 능동사

젠체하다 [움직씨] 잘난 체하다 ㉥별님이 일은 잘하는데 너무 젠체해서 사람들이 싫어한다

젤리 ⇒ 단묵

젯밥 ⇒ 식게밥

져버보다 [움직씨] 지은 잘못을 꾸짖거나 앙갚지 않고 덮어주다 ㉥나를 져버하는 마음으로 남 마음을 져버보자 [한뜻말]져버하다 ⇐ 용서하다

조 [이름씨] 좁고 긴 잎이 어긋맞게 나고 이른 가을에 줄기 끝에서 이삭이 나와 작은 꽃이 피며 열매는 잘고 둥글며 노란빛을 띠는 한해살이풀. 메마른 땅에도 잘 자라고 가뭄에 잘 견뎌 가난한 사람을 먹여 살린 낟이다. 밥이나 떡, 엿, 술을 빚거나 짓는 데 쓴다. 조는 기장과 함께 우리겨레를 먹여 살린 종요로운 낟이다 [익은말] **조 비비듯 하다** 걱정이 많아 마음을 졸이거나 조바심을 낸다

조 (條) ⇒ 가지. 목

조 (兆) ⇒ 울

조 (組) ⇒ 모둠. 동아리. 두레. 벌

조가비 [이름씨] 조개에서 난 껍데기 ㉥조가비를 주워 팔찌를 만들었다 [한뜻말]조개껍데기

조각 [이름씨] **1** 어떤 큰 것에서 떨어져 나온 작은 것. 또는 그것을 세는 하나치 ㉥콩 한 조각으로 열둘이 나눠 먹었다. 하늘에 조각구름이 걸려있네 [한뜻말]쪼가리. 쪼각. 쪽. 조가리 ⇐ 파편 **2** 종이처럼 얇고 넓적한 것 낱낱 ㉥길바닥에 종잇조각이 여기저기 나뒹군다 [한뜻말]조가리

조각 ⇒ 새김. 깎고새김. 새김질. 새김일

조각가 ⇒ 새김꾼. 새김장이

조각구름 [이름씨] 여러 조각으로 나눠 흩어진 구름

조각나다 [움직씨] **1** 깨어지거나 떨어져서 쪼가리가 여럿 생기다 ㉥아끼던 접시가 바닥에 떨어져 조각났다 [한뜻말]깨지다 ⇐ 파열되다 **2** 생각이 맞지 않아 서로 갈라지다 ㉥글벗모임도 서로 가는 길이 달라 조각나기 바로 앞이다

조각달 [이름씨] 달셈 만닷새 앞뒤와 스무닷새 앞뒤에 뜨는 가웃달보다 이지러진 달

조각말 [이름씨] 앞뒤가 없이 토막토막 끊기며 잘 이어지지 않는 말 ㉥들내는 이등 저등 업혀가며 조각말을 쉴 새 없이 종알거렸다

조각문 [이름씨] 몹시 작은 문 ㉥뒷밭에 갈 때 담에 난 조각문으로 드나들었다

조각배 [이름씨] 작은 배 ㉥조각배를 타고 거센 물살을 헤치며 나아갔다 [비슷한말]쪽배 ⇐ 편주

조각보 [이름씨] 헝겊 여러 조각을 잇대 붙여 만든 보

조각상 ⇒ 새김꼴

조각생각 [이름씨] 문득문득 떠오르는 짧은 생각 ㉥보람은 이 생각 저 생각 조각생각으로 잠을 설쳤다 ⇐ 단상

조각조각 [이름씨] **1** 낱낱 조각 ㉥깨진 그릇 조각조각을 빗자루로 쓸어 담았다 **2** (어찌씨) 여러 조각으로 갈라지거나 깨어진 꼴 ㉥수레 앞 유리가 조각조각 금이 갔다 [비슷한말]갈기갈기. 갈가리

조각칼 ⇒ 새김칼

조각품 ⇒ 새겨만든것. 새김것

조각하늘 [이름씨] 구름에 가린 사이로 내다보이는 하늘 한쪽 ㉥손바닥만한 마당에 서서 조각하늘을 쳐다보며 멀리 텃마을을 그리워했다

조간신문 ⇒ 아침새뜸

조갈증 ⇒ 목마름늦

조감도 ⇒ 내리본그림. 굽어본그림

조개 [이름씨] 단단하고 납작한 껍데기 속에 부드러운 몸이 들어있는 숨받이. 바닷물이나

민물에 산다

조개구름 이름씨 하늘 높이 희고 작은 구름덩이가 촘촘히 흩어진 구름 한뜻말비늘구름

조개더미 이름씨 먼 옛날 사람들이 먹고 버린 조개껍데기가 쌓여 이루어진 무더기. 흔히 바다나 가람이었던 곳 가까이에서 찾아볼 수 있다 한뜻말조개무지. 조개무덤 ⇐ 패총

조개붙이 이름씨 조가비를 가진 무른몸숨받이를 묶어 이르는 말. 바닷물이나 민물에 산다 ⇐ 조개류. 패류

조건 ⇒ 사부주. 가지일. 갖출일

조것 갈이름씨 '저것' 작은 말 ⓑ조것 좀 보게. 조 작은 풀에 꽃이 피었어

조경 ⇒ 뜰꾸미기. 꽃밭가꾸기

조공 ⇒ 바침

조국 ⇒ 한아비나라. 우리나라. 어미나라

조그마하다 그림씨 조금 작다 ⓑ나도 조그마한 방을 하나 얻어 산다 준말조그맣다 센말쪼그마하다. 쪼끄마하다

조그맣다 그림씨 '조그마하다' 준말 ⓑ얼굴이 참 조그맣게 생겼다 한뜻말작다 센말쪼그맣다. 쪼끄맣다 슬기말 **조그만 실뱀이 온 바닷물을 흐린다** 못된 사람 하나가 온 집안이나 모둠살이를 어지럽힌다

조금 이름씨 ❶얼마 안 되는 수나 부피 ⓑ조금만 주셔도 되어요 센말쪼금. 쪼끔 ⇐ 다소 ❷동안이 짧음 ⓑ조금만 기다려, 바로 갈 테니까 센말쪼끔 ❸(어찌씨) 수나 부피가 적게 ⓑ조금 모자란 듯 먹는 게 좋아 ⇐ 다소 ❹(어찌씨) 동안이 짧게 ⓑ조금 기다리다가 그냥 나왔다

조금씩 어찌씨 ❶많지 않게 이어 ⓑ눈이 조금씩 내린다 ❷여러 것에 저마다 조금 ⓑ밥그릇에 밥을 조금씩 담아라. 서로 조금씩 물러서서 생각해 보자

조급하다 ⇒ 안달하다. 애타다. 달다. 과가르다. 속타다. 몸달다. 괄괄하다. 조바심 나다. 마음 졸이다

조기[1] 이름씨 몸이 길고 옆으로 납작하며 길이는 한 자 안팎까지 자라며 비늘이 굵고 잿빛 몸통이 번들거리는 바닷물고기. 참조기, 보구치, 수조기 따위가 있으며 우리나라 하늬바다에서 많이 잡히고 맛이 좋다

조기[2] 갈이름씨 말하는 이와 듣는 이로부터 좀 떨어져 있는 곳 ⓑ저마다 가져온 짐은 조기에 맡기면 되어요 큰말저기

조기 (早起) ⇒ 일찍 일어남

조기 (早期) ⇒ 일찍. 이른 때

조기청소 ⇒ 새벽쓰레질. 새벽쓰설이

조기축구회 ⇒ 새벽공차기모임

조깅 ⇒ 느린달리기

조끼 ⇒ 등거리

조난 ⇒ 어려움 만남. 어려움 겪음. 어려움을 겪다. 어려움을 만나다

조놈 갈이름씨 말하는 이와 듣는 이로부터 좀 떨어진 사내나 사내아이를 낮잡거나 귀엽게 가리키는 말 ⓑ조놈 참 귀엽게 생겼네 큰말저놈

조달 ⇒ 뒤댐. 대줌. 대다. 뒤대다. 대주다

조달청 ⇒ 대줌집

조대흙 이름씨 질척질척하게 짓이겨진 흙

조도 ⇒ 빛밝기. 비추기

조동아리 이름씨 '입' 또는 '부리'를 달리 이르는 말 ⓑ조동아리 함부로 놀리지 마라 준말조동이 큰말주둥아리

조동이 이름씨 입이나 부리를 가볍게 얕잡아 이르는 말 ⓑ너는 조동이를 놀리면 늘 그 말이야 큰말주둥이

조랑말 이름씨 몸집이 작은 말 ⓑ제주도에 놀러가서 조랑말을 타고 돌아다녔다

조랑조랑 어찌씨 ❶작은 열매 따위가 많이 매달려 있는 꼴 ⓑ머루 덩굴에는 까만 머루알이 조랑조랑 많이도 열려 있었다 비슷한말조롱조롱 큰말주렁주렁 ❷어린아이들이 많이 딸린 꼴 ⓑ어버이들은 쉬는 날 어린아이들을 조랑조랑 데리고 놀러 나왔다

조랑조랑하다 그림씨 ❶작은 열매 따위가 많이 매달려 있다 ❷어린 아이들이 많이 딸려 있다

조랭이떡 이름씨 가늘고 길둥글게 뽑은 흰떡

을 짧게 잘라 가운데를 잘록하게 한 떡

조렇다 (그림씨) '조러하다' 준말. 조와 같다. '저렇다'보다 익살스러운 느낌이나 낮잡는 느낌을 준다 ⓑ그럼 그렇지, 재 하는 일이 늘 조렇다니까 큰말저렇다

조력 (助力) ⇒ 도와줌. 애써줌. 밀어줌. 돕다. 도와주다

조력 (潮力) ⇒ 밀썰물힘. 미세기힘

조련 ⇒ 길들이기. 익히기. 길들이다. 익히다

조련사 ⇒ 길들임이

조례 (朝禮) ⇒ 아침 모임

조례 (條例) ⇒ 가지보기

조록나무 (이름씨) 다모나섬과 마녘 섬에 자라는 늘푸른넓은잎나무. 봄에 엷은 희붉은 꽃이 피고 열매는 가을에 익는다. 나무는 세간을 만들거나 집 짓는 데 쓴다

조록싸리 (이름씨) 세 작은 잎으로 된 겹잎이 어긋나는 싸리. 잎은 짐승 먹이로, 줄기껍질은 밧줄을 만드는데 쓴다

조록조록 (어찌씨) 가는 물이나 빗줄기가 빠르게 자꾸 내리는 소리나 그 꼴 ⓑ조록조록 내리는 비를 맞으며 멧길을 걸었다 **조록조록하다**

조롱 (嘲弄) ⇒ 비웃음. 놀림. 빈정거림. 비웃다. 놀리다. 빈정거리다

조롱 (鳥籠) ⇒ 새어리

조롱박 (이름씨) ❶호리병박으로 만든 바가지 ⓑ조롱박에 물을 떠먹었다 한뜻말호리병박 비슷한말종굴박. 오롱박 ⇐ 표주박 ❷줄기는 덩굴지고 잎은 어긋나고 염통꼴인 한해살이 덩굴풀. 암수한그루로 한여름에 흰 꽃이 피고 가운데가 잘록하고 길쭉한 열매는 말려 그릇으로 쓴다

조롱이 (이름씨) 수리갈래에 딸린 새로 암컷이 수컷보다 조금 크다. 숲속에서 날아다니는 작은 새를 잡아먹는다

조롱조롱 (어찌씨) ❶작은 열매 따위가 많이 매달린 꼴 ⓑ가지마다 조롱조롱 매달린 대추가 밤빛으로 물들어 간다 비슷한말조랑조랑 큰말주렁주렁 ❷애들이 많이 딸린 꼴 ⓑ요즘 보기 드물게 아이 다섯을 조롱조롱 달고 다닌다 비슷한말조랑조랑 큰말주렁주렁

조롱조롱하다 (그림씨) ❶작은 열매 따위가 많이 매달려 있다 큰말주렁주렁하다 ❷애들이 많이 딸려 있다

조류 (鳥類) ⇒ 날짐승. 날짐승무리

조류 (潮流) ⇒ 흐름. 물흐름. 미세기흐름

조류 (藻類) ⇒ 바닷말

조류독감·조류인플루엔자 ⇒ 새고뿔

조르다[1] (움직씨) ❶동이거나 감은 것을 단단히 죄다 ⓑ허리띠를 조르다. 밧줄을 졸라 묶었다 ❷조리개를 맞춰 빛이 들어오는 구멍을 좁게 하다 ⓑ빛박이 조리개로 빛 조르기를 맞추었다

조르다[2] (움직씨) 차지고 끈덕지게 무엇을 해달라고 하다 ⓑ가까운 벗이 큰돈을 빌려달라고 졸랐다

조르래기 (이름씨) 벌어진 두 섶이나 여닫는 아가리를 채웠다 열었다 하는 것. 어긋맞게 난 두 줄 이빨과 그 이빨을 맞무는 물개로 이루어져 물개를 당겨 여닫는다 ⇐ 지퍼

조르르 (어찌씨) ❶적은 물이나 기름 따위가 가볍게 흘러내리는 소리나 그 꼴 ⓑ풀잎에 맺힌 이슬방울이 조르르 굴러떨어졌다 큰말주르르 센말쪼르르 ❷작은 것이 비탈진 곳에서 미끄러져 내리는 꼴 ⓑ풀밭에 앉았다가 그대로 조르르 미끄러져 내려갔다 ❸작은 발걸음을 재게 움직여 걸어 다니는 꼴 ⓑ잔칫날이라 조르르 왔다 갔다 바삐 움직였다 ❹작은 것들이 한 줄로 고르게 잇달린 꼴 ⓑ동네 꼬마들이 달려와서 조르르 늘어섰다 **조르르하다**

조르륵 (어찌씨) ❶물이 빠르게 잠깐 흐르다가 멎을 때 또렷이 나는 소리나 그 꼴 ⓑ따뜻한 차를 조르륵 따라 건네준다 큰말주르륵 센말쪼르륵 ❷가는 비가 내리는 소리나 그 꼴 ⓑ밖에는 조르륵 비 오는 소리가 들린다 **조르륵하다**

조르륵거리다 (움직씨) ❶물이 빠르게 잠깐 흐르다가 멎는 소리가 자꾸 나다 ❷가는 비

가 자꾸 내리는 소리가 나다 **조르륵대다**

조르륵조르륵 [어찌씨] [1]물이 빠르게 잠깐 흐르다가 멎곤 할 때 또렷이 나는 소리나 그 꼴 ㉥처맛물이 조르륵조르륵 떨어진다 [2]가는 비가 자꾸 내리는 소리나 그 꼴 ㉥가는 비가 내리다가 이제 제법 조르륵조르륵 소리를 내며 조금 굵게 떨어진다 **조르륵조르륵하다**

조리[1] [이름씨] 쌀 같은 낟을 이는데 쓰는 연장. 대오리로 작은 삼태기처럼 만들고 자루가 길다

조리[2] [어찌씨] 조 곳으로 ㉥조리 가봐라, 벌써 새싹이 나왔다

조리 (條理) ⇒ 가리새. 가리. 갈피. 동

조리 (調理) ⇒ 먹을거리 만들기. 몸 다스리기. 앓이 다스리기

조리개[1] [이름씨] [1]빛박이 거울을 거쳐 오는 빛살 들이를 알맞게 맞춰주는 틀 ㉥빛박이와 찍히는 것 사이가 멀어지고 조리개를 좁힐수록 그림이 더욱 또렷해진다 ⇐ 빛조절기 [2]몬을 졸라 동이는 데 쓰는 가는 줄

조리개[2] [이름씨] '조림'이나 '장조림'을 임금집에서 이르던 말

조리개[3] [이름씨] 남새나 꽃에 물을 주는데 쓰는 연장. 통꼴 몸덩이와 대롱꼴 물구멍으로 되어 있으며 대롱 끝에는 잔구멍이 많이 나 있어 물을 고루 뿌릴 수 있다 한뜻말 물조리개. 물뿌리개

조리다 [움직씨] [1]양념한 고기나 물고기, 남새를 양념이 배어들도록 바짝 끓이다 ㉥멸치와 꽈리고추를 지렁으로 간을 맞추고 고춧가루를 넣어 조렸다 [2]푸나무 열매나 뿌리, 줄기 따위를 꿀이나 단것물에 넣고 끓여 단맛이 배어들게 하다

조리법 ⇒ 맛갖짓기

조리사 ⇒ 맛갖지이

조리질 [이름씨] 조리로 낟을 이는 일

조리차하다 [움직씨] 알뜰하게 아껴 쓰다 ㉥아내가 이제는 조리차해서 살림을 맡겨도 되겠다 ⇐ 검약하다. 절약하다

조림 [이름씨] 고기나 물고기, 푸성귀 따위 밑감을 국물에 넣고 바짝 끓여 지은 먹을거리 ㉥능금을 껍질째 잘게 썰어 단물에 조린 능금조림을 빵에 발라 아침으로 먹는다

조림 ⇒ 숲 가꾸기. 가꾼 숲. 나무 심다. 숲 가꾸다

조립 ⇒ 짜맞춤. 뭇기

조립식 ⇒ 짜맞추기

조립식주택 ⇒ 짜맞춤집. 짜세운집

조릿대 [이름씨] 깊은 메에 저절로 나는 늘푸른 작은 대나무. 줄기로 조리나 바구니를 만든다

조마조마 [어찌씨] 닥쳐올 일을 두고 걱정이 되어 애가 마르고 마음이 놓이지 않는 꼴 ㉥재주꾼이 벌이는 줄타기놀음에 구경꾼들은 마음이 조마조마하였다 한뜻말 아니아니. 조릿조릿

조마조마하다 [그림씨] 닥쳐올 일에 걱정으로 애가 마르고 마음이 놓이지 않다 ⇐ 불안하다

조막 [이름씨] [1]작은 주먹 [2]주먹보다 작은 몬덩이 ㉥조막만 한 게 자꾸 까불어!

조막돌 [이름씨] 작고 동글동글한 돌 한뜻말 조약돌

조막손 [이름씨] 손가락이 없거나 오그라져 펴지 못하는 손 ㉥아무리 잘못이 크더라도 사람 손가락을 끊어 조막손을 만들어서야 되겠어

조막손이 [이름씨] 손이 조막손인 사람 ㉥솔랑은 어릴 때 일터에서 손가락이 다 끊겨 조막손이가 되었다

조만간 ⇒ 머지않아. 오래잖아. 곧

조망 ⇒ 바라봄

조명 ⇒ 비춤. 비추다

조명기 ⇒ 비추개

조명등 ⇒ 비춤빛

조명탄 ⇒ 비춤터지개

조모 ⇒ 할머니

조목 ⇒ 가지. 가닥. 갈래. 낱낱가지. 목

조목조목 ⇒ 하나하나. 한 가닥 한 가닥. 가닥마다

조무래기 [이름씨] [1]자질구레한 것 ㉥싱싱한 배추는 다 팔리고 시든 조무래기만 남았다

❷어린아이 ⓑ동네 조무래기들이 술래잡기 놀이를 한다

조문 (條文) ⇒ 가지글

조문 (弔問) ⇒ 궂긴기림. 기리고달래기. 궂일보기

조문객 ⇒ 궂일봄이. 기리고달랩이

조물조물 어찌씨 작은 손으로 자꾸 주무르는 꼴 ⓑ반죽을 조물조물 만져가며 조금씩 떼어 끓는 물에 넣는다 큰말주물주물 **조물조물하다**

조물주 ⇒ 애지이. 하느님

조미료 ⇒ 맛난이. 양념

조밀하다 ⇒ 빽빽하다. 촘촘하다. 배다

조바심 이름씨 ❶닥쳐올 일을 두고 걱정이 되어 애가 말라 마음 졸임. 또는 그렇게 졸이는 마음 ⓑ날틀을 놓칠까 봐 날터나루로 가는 내내 조바심을 냈다 ⇐ 초조감 ❷조 이삭을 떨어서 좁쌀을 거둠

조바위 이름씨 지난날에 추위막이로 겨집이 쓰던 쓰개. 위는 터져 있고 이마와 귀는 가린다. 요즘도 돌날 같은 때에 겨집아이에게 씌우기도 한다 ⓑ조바위를 쓴 아기모습이 귀엽다

조반 ⇒ 아침. 아침밥

조반석죽 ⇒ 아침밥저녁죽

조뱅이 이름씨 잎은 마주나고 길둥글거나 길고 뾰족한 풀. 어린싹은 나물로 먹는다

조별 ⇒ 모둠마다

조부 ⇒ 할아버지

조부모 ⇒ 한어버이

조부비다 그림씨 마음 달다. 마음 졸이다 ⓑ잎새는 버스가 오지 않아 배곳에 늦을까 봐 조부비며 앉았다 일어났다 하였다 한뜻말애타다. 조마조마하다

조붓조붓 어찌씨 여럿이 조금 좁은 듯이 이어진 꼴 ⓑ가람가에 게딱지처럼 조붓조붓 붙어있는 오두막집

조붓조붓하다 그림씨 조금 좁은 듯하게 이어져 있다 ⓑ조붓조붓한 골목길

조붓하다 그림씨 조금 좁은 듯하다 ⓑ조붓한 오솔길. 저고리 품이 조금 조붓하다

조사 (弔詞) ⇒ 기림말. 슬픔나눔말

조사 (助詞) ⇒ 토. 토씨

조사 (調査) ⇒ 캐냄. 밝힘. 살피다. 캐내다. 밝히다. 알아내다

조사단 ⇒ 캐냄무리. 캐냄떼

조사자 ⇒ 캐냄이. 살핌이. 밝혀냄이

조사표 ⇒ 캐냄표. 밝힘표

조산 ⇒ 일낳기. 일낳다

조산원 ⇒ 삼할미. 삼어미

조상 (祖上) ⇒ 한아비. 윗뉘. 윗뉘어른. 뿌리

조상 (弔喪) ⇒ 기리고 달래기. 기리고 슬픔나누기

조상신 ⇒ 한아비검

조새 이름씨 굴을 따거나 까는데 쓰는 쇠갈고리

조서 ⇒ 허물캔글. 허물밝힌글

조석 ⇒ 아침저녁. 아침밥과 저녁밥. 끼니

조석수 ⇒ 밀물썰물. 미세기. 아침물과 저녁물

조선 이름씨 ❶우리 겨레 첫 나라. 이제부터 4300해쯤 앞에 랴오허 가람가에 자리잡음. 옛 조선이라고도 한다 ❷1392해에 이성계 무리가 세운 나라. 1897해에 대한제국이라 고쳐 부르다가 1910해에 왜종살이로 떨어졌다

조선 ⇒ 배뭇기. 배짓기. 배만들기. 배 뭇다. 배 짓다. 배 만들다

조선말·조선어 ⇒ 배달말. 겨레말. 우리말

조선소 ⇒ 배짓곳. 배뭇곳

조선어학회 ⇒ 배달말갈모임

조선왕조 ⇒ 조선임금나라

조선왕조실록 ⇒ 조선임금나라참적이

조선족 ⇒ 배달겨레

조선종이 ⇒ 닥종이. 배달종이

조선총독부 ⇒ 조선다스림곳

조성 ⇒ 만듦. 빚음. 만들다. 빚다

조세 ⇒ 낛. 구실

조소 (彫塑) ⇒ 새김. 새김질. 새김일. 새기다. 새겨만들다

조소 (嘲笑) ⇒ 코웃음. 비웃음. 코웃음 치다. 빈정대다. 비웃다. 놀리다

조속하다 ⇒ 빠르다. 이르다

조손 ⇒ 할매할배와 아슨아들딸
조수 (助手) ⇒ 곁꾼. 거추꾼. 돕는이. 허드레꾼
조수 (潮水) ⇒ 미세기. 밀물썰물
조숙하다 ⇒ 일되다. 올되다
조식 ⇒ 아침. 아침밥. 아침끼니
조신 ⇒ 삼감. 몸삼감. 바른 몸가짐. 삼가다
조실부모 ⇒ 어려 어버이 잃음. 일찍 어버이 잃다
조심 ⇒ 마음씀. 삼감. 삼가다. 잘못되지 않게 마음을 쓰다
조심스럽다 ⇒ 마음 쓰는 데가 있다. 무람하다
조심조심 ⇒ 마음 쓰고 또 써. 매우 살펴서
조아리다 [움직씨] 몸 둘 바를 모르거나 몹시 바라는 것이 있어 허리를 굽혀 이마가 땅에 닿을 만큼 머리를 자꾸 수그렸다 들었다 하다 ㉥큰 잘못을 저질러 어른께 머리를 조아렸다
조약돌 [이름씨] 굴리고 깎여 동글동글해진 작은 돌 ㉥조약돌이 깔린 가람가를 따라 거닐었다 한뜻말조막돌. 자갈 [슬기말] **조약돌이 바위로 될 수 없다** 처음 바탕이 작은 것은 아무리 애써도 큰 것이 될 수 없다
조언 ⇒ 도움말. 말로 거들다
조업 ⇒ 일. 일하다. 움직이다. 돌리다
조여들다 [움직씨] [1]조이는 것이 차츰 더 세지다 ㉥벅찬 마음에 가슴이 조여든다 [2]차츰 조이며 다가들다 ㉥사람들이 불어나서 차츰 자리가 조여들었다
조연 ⇒ 도움구실. 곁꾼. 거추꾼. 손도울이
조예 ⇒ 배움속. 앎
조왕신 ⇒ 부엌검
조용조용 [어찌씨] 매우 조용한 꼴 ㉥아이한테 조용조용 타일러라
조용조용하다 [그림씨] 말이나 짓이 늘 수선스럽지 않고 얌전하다 ㉥책숲집에서는 늘 조용조용하게 걸어라
조용하다 [그림씨] [1]아무 소리도 안 들리고 가만하다 ㉥쥐 죽은 듯이 조용하다 [2]말이나 짓이 수선스럽지 않고 차근차근하다 ㉥언니 벗은 조용한 목소리로 이야기하였다 [3]말썽이 없고 마음이 놓이다 ㉥하루도 조용히 지나가는 날이 없다. 다투지 말고 조용히 놀아라 [4]바쁜 일이 없이 한갓지다 ㉥조용한 틈을 타서 숲길을 걸었다 [5]들떴던 마음이 가라앉다 ㉥북받치던 마음이 가라앉아 조용하다 [6]몰래 하거나 드러내지 않다 ㉥이것은 우리끼리만 조용히 먹자. 조용히 와서 쪽종이만 몰래 놓고 갔어
조위금 ⇒ 달래기돈. 베풂돈
조율 ⇒ 가락 고름. 소리맞춤. 뜻 맞춤
조의 ⇒ 달래기 뜻. 달랠 마음
조의금 ⇒ 가신님보냄돈. 저승길삯. 베풂돈
조이다 [움직씨] [1]느슨하거나 헐거운 것을 바싹 당겨 맞붙거나 켕기게 하다 ㉥조금 풀린 타래못을 다시 세게 조였다. 짐을 수레에 싣고 바를 걸어 잡아당겨 단단히 조였다 맞선말풀다 준말죄다 센말쪼이다 [2]목이나 손목 따위 둘레를 잡아 힘껏 누르다 ㉥등 뒤에서 허리를 꽉 조이는 바람에 꼼짝할 수 없었다 [3]마음을 몹시 졸이거나 숨 막히게 하다 ㉥나숨이가 무슨 말을 할지 가슴을 조이며 기다렸다 [4]다그치거나 몰아대다 ㉥좋아하던 일도 너무 조이면 재미를 잃는다 [5]차지하는 자리나 곳이 좁아지게 들이밀다 ㉥바싹 조여 앉아라. 미리 쳐두었던 그물을 조여 물고기를 한쪽으로 몰았다
조인트 ⇒ 이음매. 이음자리
조작 (造作) ⇒ 거짓꾸밈. 거짓으로 꾸미다
조작 (操作) ⇒ 다루다. 부리다. 움직이다
조잘거리다 [움직씨] [1]좀 낮은 목소리로 남이 알아들을 수 없게 자꾸 말하다 ㉥아이들이 모여서 조잘거리며 재미나게 논다 큰말주절거리다 센말쪼잘거리다 [2]작은 새가 자꾸 지저귀다 ㉥참새들이 빨랫줄에 앉아 조잘거린다 [3]작은 도랑이나 시냇물이 흘러가는 소리가 나다 **조잘대다**
조잘조잘 [어찌씨] [1]좀 낮은 목소리로 남이 알아들을 수 없게 자꾸 말하는 꼴 ㉥꼬마들이 너도나도 조잘조잘 떠든다 큰말주절주절 센말쪼잘쪼잘 [2]작은 새가 자꾸 지저귀는 꼴 ㉥병아리들이 조잘조잘 부산하다 [3]작

은 도랑이나 시냇물이 흘러가는 소리나 그 꼴 ⓑ조잘조잘 흐르는 시냇물 소리만 들렸다 **조잘조잘하다**

조잡품·조악품·조용품·조제품 ⇒ 날림치. 건목. 가재기. 막치. 막잡이

조잡하다 ⇒ 거칠다. 막되다. 너절하다. 볼품없다. 허술하다. 어설프다. 엉성하다

조장 (組長) ⇒ 모둠이끔이

조장 (助長) ⇒ 북돋움. 부추김. 부채질. 북돋우다. 부추기다. 부채질하다

조절 ⇒ 알맞춤. 알맞게 맞춤

조정 (調停) ⇒ 어우러짐. 고름. 어우러지다. 고르다

조정 (調整) ⇒ 고르기. 다듬기. 맞추기

조정 (漕艇) ⇒ 거룻배젓기

조정 (朝廷) ⇒ 다스림곳

조정력 ⇒ 가눌힘

조제 ⇒ 낫개지음

조조 ⇒ 이른 아침. 새벽

조종 ⇒ 시킴. 부림. 다룸. 몰이. 시키다. 부리다. 다루다

조종사 ⇒ 날틀부림이. 날틀몰이꾼. 다룸이

조종석 ⇒ 부림자리. 다룸자리

조준 ⇒ 겨냥. 겨눔. 가늠. 겨냥하다. 겨누다. 가늠하다

조직 ⇒ 모임. 짜임. 얼개. 꾸리다. 묶다

조직배양 ⇒ 짜임기름. 짜임늘림

조직체 ⇒ 짜임덩이

조짐 이름씨 쪼갠 둥거리 더미를 세는 하나치. 한 조짐은 가로, 세로, 높이가 여섯 자인 둥거리 더미를 일컫는다

조짐 ⇒ 늧. 낌새. 눈치

조차 토씨 ❶그보다 더한 것까지 ⓑ논도 밭도 다 빼앗기고 집조차 빼앗았다 ❷힘주어 말함 ⓑ이제는 혼자 일어서기조차 힘들다. 너조차 그렇게 말하다니 한뜻말마저

조찬 ⇒ 아침밥. 아침모꼬지. 아침잔치

조창 ⇒ 도장. 광

조처·조치 ⇒ 손씀. 해냄. 손쓰다. 해내다. 치르다

조청 ⇒ 묽은엿

조촐하다 그림씨 ❶아주 호젓하고 깨끗하다 ⓑ집이 깔끔하고 조촐해서 임자 마음이 엿보인다 ❷얼굴이나 옷차림 따위가 말쑥하고 맵시가 있다 ⓑ조촐한 차림새에 깔끔한 말씨까지 돋보였다 ❸하는 짓 따위가 깔끔하고 얌전하다 ⓑ슬기는 조촐한 데다 똑똑하기까지 하다 ❹호젓하고 단출하다 ⓑ아버지 난날을 우리끼리 조촐하게 치렀다

조총 ⇒ 새쏘개

조치 이름씨 ❶국물을 바특하게 만든 찌개나 찜 ⓑ조기 조치 맛이 좋다 ❷조칫보에 담아 놓은 건건이

조치개 이름씨 어떤 것에 마땅히 딸려 있어야 할 것. 밥에 찔게 같은 것

조침젓 이름씨 여러 가지 물고기를 섞어 담근 젓

조칫보 이름씨 조치를 담는 데 쓰는 그릇. 김칫보보다 조금 크고 운두가 낮다 한뜻말조치

조카 이름씨 ❶언니, 아우, 오빠, 누이들이 낳은 아들과 딸 ⓑ조카 생각하는 것만큼 아재비 생각한다 ❷돌림이 한뉘 아래인 아들과 딸 ⓑ다섯마디 조카. 일곱만 조카. 아홉만 조카

조크 ⇒ 익살. 웃음엣말. 우스갯소리

조타수 ⇒ 키잡이

조퇴 ⇒ 일찍 나감. 일찍 나가다

조판 ⇒ 널짜기. 널짜다

조팝나무 이름씨 봄에 작고 가는 가지에 흰 꽃이 빽빽하게 피는 나무. 꽃내음이 매우 옷곳하고 그윽하다

조피 이름씨 콩묵 ⇐ 두부

조합 ⇒ 어우름. 모음. 묶음. 두레

조합원 ⇒ 어우름이. 모둠이. 두레꾼

조항 ⇒ 가지. 가닥. 갈래. 목

조혈 ⇒ 피만들기

조혈세포 ⇒ 피만들잔삼

조형 ⇒ 꼴 짓기

조형물 ⇒ 꼴만든것. 꼴지은것

조형미 ⇒ 꼴아름다움

조혼 ⇒ 이른 짝맺기. 올 짝맺음

조화 (造花) ⇒ 만든꽃. 종이꽃. 헝겊꽃
조화 (造化) ⇒ 누리 다스림. 누리지음. 일꾸밈
조화 (調和) ⇒ 어울림. 걸맞음. 짜임새
조화롭다 ⇒ 잘 어울린다
조회 (朝會) ⇒ 아침모임
조회 (照會) ⇒ 알아보다. 물어보다
족 ⇒ 발. 켤레. 짝. 벌
족구 ⇒ 발공
족대 (이름씨) 긴 네모꼴 두 끝에 막대로 손잡이를 단 고기잡이 그물. 얕은 개울에서 물고기를 잡을 때 쓴다. 밑이 좀 쳐진 것이 반두와 다르다
족두리 (이름씨) 겨집들이 내림 큰옷 따위를 갖출 때 머리에 얹는 쓰개. 아래는 둥글고 위는 흔히 여섯 모가 졌으며, 검은 비단으로 만들고 구슬로 꾸민다 ⓑ각시가 족두리를 쓰고 새서방과 마주 섰다
족두리풀 (이름씨) 넓은 염꼴 잎 사이에 한 송이씩 피는 보랏빛 꽃이 족두리를 닮아 족두리풀이라 한다. 뿌리는 낫개로 쓴다
족보 ⇒ 내림갈래
족속 ⇒ 겨레붙이. 푸네기. 피붙이. 살붙이
족쇄 ⇒ 발쇠사슬
족자 ⇒ 걸그림
족장 ⇒ 겨레 우두머리
족적 ⇒ 발자국. 발자취. 발그림자. 발김
족제비 (이름씨) 털빛은 누렇고 몸은 가늘고 길며 돌 틈이나 바위 밑에 사는 짐승. 쥐나 물고기, 개구리를 잡아먹고 사는데 토끼나 닭도 잡아갈 만큼 사납다. 털가죽과 꼬리털은 옷이나 붓을 만드는 밑감으로 쓴다
족족[1] (이름씨) 하나하나마다 모두 ⓑ오는 족족 사람들이 다 그 꼴이야. 보는 족족 다 잡아라. 하는 족족 다 이루었다
족족[2] (어찌씨) ❶작은 금을 곧게 자꾸 내긋는 꼴 ⓑ마음에 드는 글귀가 나타나면 밑금을 족족 그었다 큰말죽죽 센말쪽쪽 ❷작은 종이나 천 따위를 여러 가닥으로 자꾸 훑거나 찢는 꼴 ⓑ종이를 족족 찢어 붙였다 ❸적은 물 따위를 한 모금씩 자꾸 들이마시는 꼴 ⓑ시원한 물을 한 그릇 족족 들이마신다 ❹작은 것들을 조금씩 잇달아 핥거나 빠는 꼴이나 그 소리 ⓑ아이는 젖을 물고 족족 빨았다 ❺작은 것들이 가지런하게 잇달아 늘어서거나 벌리는 꼴 ⓑ바닥에는 자갈이 족족 깔려있다 ❻거침없이 자꾸 내리 읽거나 외거나 말하는 꼴 ⓑ우리나라 메이름을 족족 왼다 ❼작은 것을 잇달아 펴거나 벌리는 꼴 ⓑ딱새 새끼는 어미 새가 물어오는 벌레를 입을 족족 벌리고 받아먹었다
족집게 (이름씨) ❶잔털이나 잔가시 따위를 뽑는 데 쓰는 조그마한 쇠집게 ⓑ족집게로 손에 박힌 가시를 뽑았다 ⇐ 핀셋 ❷어떤 일을 미리 가늠하거나 잘 맞히는 사람 ⓑ그는 누리 돌아가는 것을 족집게처럼 잘 맞힌다
족치다 (움직씨) ❶견디기 힘들 만큼 몹시 괴롭히거나 다그치다 ⓑ돈을 훔친 사람을 족쳤다 ❷크기를 줄여 작게 만들거나 짓찧어서 쭈그러지게 하다 ⓑ쇠그릇을 족쳐서 버렸다 ❸일 따위를 그르치다 ⓑ이른 겨울 때아닌 큰 눈으로 장사를 족쳤다
족하다 ⇒ 푼푼하다. 넉넉하다. 흐뭇하다
존경스럽다 ⇒ 우러를 만하다
존경심 ⇒ 우러르는 마음
존경하다 ⇒ 우러르다
존귀하다 ⇒ 높다. 뛰어나다. 거룩하다
존대 ⇒ 높임
존댓말 ⇒ 높임말
존득존득 (어찌씨) 먹을 것이 차져 씹히는 맛이 자꾸 졸깃한 꼴 ⓑ아침에 찐 흰설기가 맛나게 존득존득하네 큰말준득준득 센말쫀득쫀득 **존득존득하다**
존득존득하다 (그림씨) 먹을 것이 차져서 씹히는 맛이 자꾸 졸깃졸깃하다
존립 ⇒ 살아 있다. 서 있다
존망 ⇒ 삶과 죽음
존속 (尊屬) ⇒ 손위. 윗뉘
존속 (存續) ⇒ 그대로 있음. 그대로 남음. 그대로

있다. 그대로 남다

존엄 ⇒ 거룩함. 훌륭함

존엄성 ⇒ 거룩한품

존재 ⇒ 있음

존재이유 ⇒ 있는 까닭

존조리 어찌씨 가리있고 상냥하게 타이르는 꼴 ⓑ사랑하는 아들이지만 엇길로 나가면 존조리 타일렀다 비슷한말 차근차근

존중 ⇒ 높이 받듦. 높이 받들다

존칭 ⇒ 높임말

존함 ⇒ 이름

졸가리 이름씨 ❶잎이 다 진 나뭇가지 ⓑ이런 졸가리들도 땔나무로는 쓸모가 있다 큰말 줄거리 ❷군더더기를 다 떼어버린 알맹이 ⓑ자질구레한 건 빼고 큰 졸가리부터 묻고 따집시다 ⇐ 개요

졸가리불 이름씨 잎이 다 떨어진 나뭇가지를 땔감으로 해서 때는 불

졸각버섯 이름씨 갓 지름은 손가락 한두 마디쯤 되고 가운데가 오목하고 둘레는 펀펀한 살빛버섯. 먹는 버섯이다 한뜻말 살빛깔때기버섯

졸개 ⇒ 쫄따구. 똘마니. 잔심부름꾼

졸깃졸깃 어찌씨 씹히는 맛이 매우 차지고 질긴 느낌 ⓑ설 말린 오징어가 졸깃졸깃 알맞게 씹힌다 큰말 줄깃줄깃 센말 쫄깃쫄깃

졸깃졸깃하다 그림씨 씹히는 맛이 매우 차지고 질긴 듯하다

졸다[1] 움직씨 자려 하지 않는데도 저절로 잠이 오다 ⓑ아이들이 꾸벅꾸벅 존다 슬기말 **조는 집에 자는 며느리 온다** 게으른 집안에는 더욱 게으른 며느리가 들어온다

졸다[2] 움직씨 ❶물 따위가 김이 되어 날아가 적어지다 ⓑ찌개가 너무 졸았다. 국물이 자글자글 끓다가 알맞게 졸면 불을 끄세요 센말 쫄다 ❷센 사람 앞에서 무서워하거나 기운을 펴지 못하다 ⓑ웃대가리들한테 졸지 마!

졸도 ⇒ 까무러침. 까무러치다. 쓰러지다

졸되기 이름씨 못해짐. 못되어감 맞선말 돋되기 ⇐ 퇴화

졸되다 그림씨 보기에 가냘프고 여리면서 너그럽지 못하다 ⓑ이런 어려운 때에 남이 도와주기만 기다리는 것은 졸된 일이다

졸때기 이름씨 ❶보잘것없이 낮은 자리에 있는 사람 ❷보잘것없이 작거나 적은 일

졸라매다 움직씨 느슨하거나 헐겁지 않게 바싹 졸라서 단단히 동여매다 ⓑ다시 허리끈을 졸라매고 뛰었다

졸랑거리다 움직씨 ❶물 따위가 이리저리 가볍게 자꾸 흔들리다 큰말 줄렁거리다 센말 쫄랑거리다 거센말 촐랑거리다 ❷가볍게 남 뒤를 따르다 **졸랑대다**

졸랑졸랑 어찌씨 ❶물 따위가 이리저리 가볍게 자꾸 흔들리는 꼴 ⓑ엄마 머리 위 물동이 물이 졸랑졸랑 흔들린다 큰말 줄렁줄렁 센말 쫄랑쫄랑 거센말 촐랑촐랑 ❷가볍게 남 뒤를 따르는 꼴 ⓑ강아지가 졸랑졸랑 꼬리 치며 따라온다 ❸작은 사람이나 짐승이 가볍고 방정맞게 까불거리는 꼴 ⓑ꼬마들이 졸랑졸랑 온 집안을 쏘다닌다 **졸랑졸랑하다**

졸렬하다 ⇒ 좀스럽다. 못나다

졸리다[1] 움직씨 ('조르다[1]' 입음꼴) 동이거나 감은 것이 단단히 조이다 ⓑ반갑다고 애들이 목에 매달리는 바람에 목이 졸려 숨이 막힐 참이었다

졸리다[2] 움직씨 ('조르다[2]' 입음꼴) 차지고 끈덕지게 무엇을 해달라는 닦달을 받다 ⓑ빚쟁이에게 졸려 못살겠다

졸리다[3] 움직씨 ❶졸음이 오다 ⓑ졸려 죽겠어 ❷일이 시시하고 시원치 않아 마음에 들지 않다 ⓑ졸리게도 길게 말을 늘어놓네

졸망졸망 어찌씨 여러 낱 고르지 않은 작은 것들이 뒤섞여 있어 사랑스러운 꼴 ⓑ졸망졸망 아이들이 모여 앉아 소꿉놀이를 한다 큰말 줄멍줄멍 센말 쫄망쫄망

졸망졸망하다 그림씨 여러 낱 고르지 않은 작은 것들이 뒤섞여 있어 보기에 사랑스럽다 큰말 줄멍줄멍하다 센말 쫄망쫄망하다

졸병 ⇒ 아래싸울아비. 쫄따구

졸보기 이름씨 가까운 데 것은 잘 보아도 먼 데 것은 똑똑히 못 보는 눈 ⇐ 근시

졸보기눈 이름씨 ❶보는 힘이 여려져 가까운 데 것은 잘 보아도 먼 데 것은 똑똑히 못 보는 눈 ⇐ 근시. 근시안 ❷눈앞 일에만 사로잡혀 긴 뒷날 일을 헤아리는 슬기가 없음 ⓑ그렇게 졸보기눈으로만 나랏일을 따진다면 앞으로 더 큰 어려움이 닥쳐올지 모른다

졸본 이름씨 가고리 첫 서울

졸부 ⇒ 벼락가면이. 갑작가면이

졸속 ⇒ 날림치. 날라리. 설빠름

졸아들다 움직씨 ❶물 따위가 김이 되어 날아가 작아지거나 적어지다 ⓑ가뭄에 못물이 졸아들었다 큰말줄어들다 ❷마음이 오그라들다 ⓑ갑자기 멧돼지가 나타나서 애가 콩알만 하게 졸아들었다

졸업 ⇒ 배움마침. 마치다. 나오다

졸업반 ⇒ 배움마침해. 배움끝해

졸업생 ⇒ 배움마침이

졸업식 ⇒ 배움마침굿. 배곳날맞이

졸업장 ⇒ 배움마침종이

졸음 이름씨 잠이 오는 느낌이나 모습 ⓑ졸음이 와서 졸음을 쫓으려니 하품만 나온다

졸이다 움직씨 ❶물 따위가 김이 되어 날아가 적어지게 하다 ⓑ미음을 지을 때는 불을 낮추고 천천히 저어가며 졸여야 한다 ❷속을 바짝 태워 마음을 조마조마하게 하다 ⓑ짭새가 들이닥치자 절에 숨어있던 배움이들이 마음을 졸였다

졸작 ⇒ 서툰 것. 못난 것. 재주 없는 것. 보잘것없는 것

졸장부 ⇒ 좀팽이. 좁쌀뱅이. 좀놈. 홑벌사람. 홑사람

졸졸 어찌씨 ❶가는 물줄기 따위가 잇달아 저절로 흐르는 소리나 그 꼴 ⓑ골짜기에 얼었던 물이 녹아 졸졸 흘러내린다 큰말줄줄 센말쫄쫄 ❷어린아이나 강아지 따위가 자꾸 뒤를 따라다니는 꼴 ⓑ애들이 나를 졸졸 따라온다 ❸가는 줄 따위가 바닥에 끌리는 꼴 ⓑ송아지가 줄을 졸졸 끌며 집을 찾아왔다 ❹작은 것들을 여기저기 흘리는 꼴 ⓑ바가지에서 물이 졸졸 샌다 ❺아주 막힘없이 쉽게 글을 읽어가거나 외거나 말하는 꼴 ⓑ스승 깊은 뜻은 깨닫지 못하고 그저 졸졸 외우기만 한다 ❻작은 구멍이나 틈으로 물이나 기름, 땀 같은 것이 흘러내리는 꼴 ⓑ늙어지니 찬바람만 불어도 눈물, 콧물이 졸졸 나온다

졸지에 ⇒ 갑자기. 느닷없이. 뜻밖에

졸참나무 이름씨 작고 갸름한 도토리가 달리는 참나무. 이 도토리가 묵이 많이 나고 맛있다

졸필 ⇒ 서툰 글씨. 보잘것없는 글

졸하다 ⇒ 죽다. 숨지다. 돌아가다

좀[1] 이름씨 ❶나무나 옷, 종이 따위를 먹어 구멍을 뚫어 못쓰게 하는 집 안에 사는 벌레 ⓑ옷에 좀이 슬었다 한뜻말좀벌레 ❷겉으로 드러나지 않고 속으로 조금씩 살림을 밑지게 하는 사람이나 몬 ⓑ어느 모둠살이에나 좀은 늘 있다 익은말 **좀이 들다** 어떤 것에 좀이 쏠아 놓다 ⓑ겨울옷에 좀이 들지 않게 좀죽이개를 넣어 두었다 **좀이 쑤시다** 잠깐도 가만히 붙어있지 못하고 들썩거리다

좀[2] 어찌씨 (맞다는 뜻을 힘주어) 그 얼마나 ⓑ오랜만에 만났으니 좀 좋겠어? 그렇게 되니 좀 좋아?

좀[3] 어찌씨 ❶무엇을 시키거나 해달라고 할 때 부드럽게 끼움 말로 쓴다 ⓑ저 좀 도와주세요 ❷('조금' 준말) 수나 부피가 적게 ⓑ무가 좀 무르다 ❸동안이 짧게 ⓑ일이 밀려 좀 늦게 집에 들어왔다

좀- 앞가지 ❶(몇몇 이름씨에 붙어) 크기가 작음 ⓑ좀이깔나무. 좀개구리밥. 좀자작나무 ❷하는 짓이나 됨됨이가 잚 ⓑ좀도둑. 좀노릇. 좀놈

좀구실 이름씨 뮘그림이나 굿에서 잠깐 나오는 구실. 또는 그런 구실을 맡은 노릇 바치 ⇐ 엑스트라

좀나무 이름씨 키가 작고 밑줄기와 가지가 뚜

ㅈ

렷이 나눠지지 않으며 밑동에서 가지를 많이 치는 나무. 앵두나무, 진달래 따위 한뜻말 떨기나무 ⇐ 관목

좀노릇 이름씨 좀스러운 일

좀놈 이름씨 좀스러운 사람 ㉺좀놈 같은 것 하고는 한데 섞이고 싶지 않아요 ⇐ 졸장부

좀도둑 이름씨 자질구레한 것을 훔쳐가는 도둑 ㉺좀도둑만 잡지 말고 큰 도둑을 잡아야지 ⇐ 좀도적

좀도요 이름씨 몸은 흰빛 바탕에 검은 밤빛이 섞였으며 바닷가에 사는 나그네새

좀막개 이름씨 좀이 스는 것을 막는데 쓰는 것 ⇐ 좀약

좀먹다 움직씨 ❶좀이 쏠다 ㉺좀먹은 옷가지를 골라 버렸다 ❷조금씩 자꾸 밑지게 하다 ㉺나라를 좀먹는 잘못과 거짓을 싹 쓸어버려야 합니다 ⇐ 잠식하다

좀봄거울 이름씨 눈으로는 볼 수 없을 만큼 아주 작은 것을 크게 하여 보는 연장 ㉺오늘날은 좀알살이 같은 좀산것을 좀봄거울로 환히 볼 수 있다 한뜻말 돋봄거울 ⇐ 현미경

좀비비추 이름씨 숲속 개울가나 축축한 곳에 자라는 나물. 비비추보다 잎이 작고 좁다

좀산것 이름씨 눈으로는 볼 수 없는 아주 작은 산 것. 흔히 팡이, 붓, 뜸팡이, 뜸씨 따위를 말한다 ⇐ 미생물

좀스럽다 그림씨 ❶크기가 보잘것없이 작다 ㉺좀스러운 것이라도 아껴 쓰는 버릇을 들여라 ❷됨됨이가 잘다 ㉺좀스럽게 굴지 않고 되도록 베풀며 산다

좀알살이 이름씨 여느 좀봄거울로는 볼 수 없을 만큼 매우 작은 잔살이. 고뿔이나 해고리-19 같은 앓이를 일으킨다 ⇐ 바이러스

좀알씨 이름씨 밑씨나 밑씨자위 따위를 이루는 아주 작은 알갱이 ⇐ 미립자

좀약 ⇒ 좀막개

좀책 이름씨 풀어 밝히거나 널리 알리려고 얄팍하게 맨 작은 책 한뜻말 작은책 ⇐ 팸플릿

좀처럼 어찌씨 (아니다, 어렵다, 없다 따위 말과 함께 써) 어지간해서는. 여간해서는 ㉺좀처럼 오지 않는다. 좀처럼 고치기 힘들다. 좀처럼 찾기 어렵다 준말 좀체

좀체 어찌씨 '좀처럼' 준말 ㉺저도 그 사람은 좀체 만나기 어려워요

좀팡이 이름씨 산것 가운데 가장 작고 낮은 홑잔삼 삶덩이. 다른 목숨붙이에 더부살이하여 앓이를 일으키기도 하고 뜨게 하거나 썩게 하기도 한다 ⇐ 세균

좀팽이 이름씨 ❶몸피가 작고 좀스러운 사람 ㉺좀팽이처럼 토라져 있지 말고 이리 오너라 ⇐ 졸장부 ❷자질구레하여 보잘것없는 것 ㉺이런 좀팽이 장난감은 갖다 버리자

좁다 그림씨 ❶낯이나 바닥 따위가 작다 ㉺내 방이 너무 좁아 맞선말 넓다 ⇐ 협소하다 ❷넓이나 너비가 적다 ㉺수레가 지나가기에는 길이 좁다 ❸구멍이나 틈이 가늘고 작다 ㉺좁은 구멍으로 쥐가 드나든다. 좁은 문틈 ❹옷이 몸에 맞지 않아 솔다 ㉺소매도 좁고 품도 좁은 옷 ❺마음이 너그럽지 못하다 ㉺그 사람은 속이 좁아 ❻속내가 작거나 미치는 테두리가 작다 ㉺고을이 좁아서 앉아서도 새뜸을 들을 수 있다 슬기말 **좁은 입으로 말한 것 넓은 치맛자락으로 못 막는다** 입밖으로 나간 말은 거둬들일 수 없으니 살펴서 말해라

좁다랗다 그림씨 꽤 좁다 ㉺좁다란 골목을 지나 집에 닿는다 맞선말 널따랗다

좁디좁다 그림씨 매우 좁다 ㉺좁디좁은 방 하나에 세 사람이 칼잠을 잤다

좁쌀 이름씨 ❶조 열매를 찧은 쌀 ㉺좁쌀을 보리쌀과 섞어 얼럭밥을 지었다 ⇐ 속미 ❷좀스러운 것 ㉺그 늙은이는 나이가 들수록 좁쌀 같은 사람이 되어가네 슬기말 **좁쌀만큼 아끼다가 담돌만큼 밑진다** 작은 것을 아끼다가는 뒤에 크게 밑지게 된다

좁쌀뱅이 이름씨 몸이 썩 작거나 생각이 좁아 말과 짓이 좀스러운 사람 ⇐ 졸장부

좁히다 움직씨 ❶좁아지게 만들거나 좁아지게 하다 ㉺바람구멍을 좁히다 맞선말 넓히다 ❷벌어진 사이나 생각이 벌어진 것을 작게 하

ㅈ

다 ⓑ서로 사이를 좁혀서 바짝 붙어 앉았다. 생각이 다른 것을 좁히느라 애먹었다

종[1] 이름씨 ❶다른 집에 몸이 팔려 뉘뉘로 그 집에서 일을 해주던 사람 ⓑ어떤 집에서는 종을 여럿 거느리고 부렸다 ⇐ 하인. 노비 ❷ 남에게 얽매여 시키는 대로 움직이는 사람 ⓑ네가 하라고 한다고 따라야 하는 종인 줄 아느냐? 슬기말 **종을 부리려면 임자가 먼저 종노릇 해야 한다** 남을 부리려면 부리는 사람이 미리 일머리를 알려고 애를 써야 한다

종[2] 이름씨 파나 마늘, 달래 따위 꽃줄기 끝에 달린 망울

종 (鐘) ⇒ 땡땡이. 댕. 쇠북

종 (種) ⇒ 씨. 갈래

종 (縱) ⇒ 세로

종가 (宗家) ⇒ 집안맏집. 맏집. 큰집

종가 (終價) ⇒ 마감값

종각·종루 ⇒ 쇠북집

종강 ⇒ 끝배움. 마감배움. 마지막배움

종개 이름씨 모래나 자갈이 많은 내나 가람에 사는 민물고기. 누런 몸에 검은 얼룩무늬가 많다

종결 ⇒ 끝맺음. 마무리하다. 끝장내다

종고모 ⇒ 네마디아비뉘

종교 ⇒ 믿음

종교개혁 ⇒ 믿음새뮘. 믿음새롬

종구라기 이름씨 조그마한 바가지. 또는 그 바가지에 담긴 것을 세는 하나치 ⓑ종구라기로 단술을 떠먹는데 아우가 두 종구라기를 떠 마신다 한뜻말쫑구래기. 쪽박 ⇐ 표주박

종국 ⇒ 끝. 끝장. 막바지. 막판. 끝판

종군 ⇒ 싸움판돌이. 싸움판 따라가기. 싸움판에 따라가다

종근 ⇒ 씨뿌리

종기 ⇒ 부스럼. 멍울. 혹

종나라 이름씨 센나라 밑에서 종살이하는 나라. 겉으로는 제 발로 선 것 같으나 센나라가 하자는 대로 해야 하면 종나라이다 ⇐ 속국. 식민지

종날 이름씨 옛날 시골에서 달셈 버금 달 초하룻날을 일컫던 말. 한 해 여름지이를 비롯하는 마음을 다지려고 온 집안을 쓰레질하고 떡을 만들어서 종들에게 저 나이만큼 세어서 나누어 주었다 한다

종내 ⇒ 끝내. 마침내. 드디어

종다래끼 이름씨 대나 싸리 따위로 지은 작은 바구니. 다래끼보다 작아서 옆에 끈을 달아 허리에 차거나 멜빵을 달아 어깨에 메기도 한다 ⓑ종다래끼에 물고기를 주워 담았다 한뜻말종다랭이

종다리 이름씨 몸은 참새보다 조금 크고 붉은 밤빛에 거무스름한 가로무늬가 있으며 뒷머리 깃이 길어서 뿔처럼 보이는 새. 봄철에 하늘로 높이 날아오르며 지종지종 하고 울기를 잘한다 한뜻말종달새. 노고지리 익은말 **종다리 삼씨 까듯** ❶잔소리를 아주 재게 하는 꼴 ❷하는 짓이 몹시 잘고 일을 어찌 다룰지 잘 모르는 꼴

종단 (縱斷) ⇒ 세로지름. 세로지르다. 마노로 건너다

종단 (宗團) ⇒ 믿음모둠. 믿음짜임

종달거리다 움직씨 마음에 차지 않아 못마땅한 말씨로 남이 못 알아들을 만큼 작은 소리로 자꾸 말하다 ⓑ종달거리지 말고 하던 일이나 부지런히 해 큰말중덜거리다 센말쫑달거리다 **종달대다**

종달새 이름씨 참새보다 좀 크고 붉은 밤빛인 새. 봄에 하늘 높이 날아오르며 종달종달 아름답게 우짖는다 한뜻말노고지리

종달음 이름씨 종종걸음으로 바삐 걷거나 한숨에 들이 닫는 것 ⓑ종달음을 쳐서 서울 가는 긴수레에 겨우 올랐다 한뜻말종종걸음. 동동걸음

종달종달 어찌씨 아이들이 보채며 못마땅해서 남이 알아듣지 못할 만큼 혼잣말하는 꼴 ⓑ아이가 철없이 할머니에게 종달종달 떼를 쓰다가 잠들었다 **종달종달하다**

종대 이름씨 파, 마늘 따위 한 가운데에서 자라 올라오는 줄기. 그 끝에 '종'이 달려 꽃이 핀다 ⓑ마늘에서 종대가 올라오면 꽃망울이

터지기 앞서 종을 따내느라 몹시 바쁘다

종대 ⇒ 세로줄 떼. 날줄 떼

종두 ⇒ 뜨리막이

종두법 ⇒ 뜨리막이수

종래 ⇒ 이제껏. 여태. 입때. 이제까지

종량제 ⇒ 쓴 만큼 내기

종려나무 ⇒ 손바닥나무

종례 ⇒ 끝모임. 마침모임

종료 ⇒ 끝내기. 끝장. 끝. 끝내다. 끝마치다. 끝맺다. 끝장내다. 마무리하다

종류 ⇒ 갈래. 가지. 가닥

종막 ⇒ 끝막. 끝장. 끝판

종말 ⇒ 끝. 끝판. 막판. 끝장. 맨끝. 마지막. 맨나중

종목 ⇒ 갈래

종묘 (種苗) ⇒ 나무 모. 모. 모씨

종묘 (宗廟) ⇒ 임금한아비모신곳

종묘사직 (宗廟社稷) ⇒ 임금집안과 나라

종반 ⇒ 끝판. 막판

종사 ⇒ 일함. 몸담음. 몸담다. 일삼다. 몸담다. 섬기다

종사자 ⇒ 일꾼. 몸담은이. 섬김이

종살이 이름씨 ❶다른 사람 집에서 종노릇을 하는 일 ⓑ그 늙은이는 젊을 적 다른 사람 집에서 종살이를 했단다 ❷'종처럼 일하다'는 뜻으로 매우 힘들고 고되게 일하다 ⓑ겨집 혼자 힘으로 종살이하다시피 해서 아이들을 키웠다 ❸남 나라에 나라를 빼앗겨 백성이 종으로 살아가는 삶 ⓑ우리 겨레는 서른여섯 해 동안 왜놈 종살이를 했다 ⇐ 식민지. 식민지 생활

종소리 ⇒ 쇠북 소리. 댕소리. 땡땡이소리

종속 ⇒ 딸림. 매임. 딸리다. 매이다. 붙다

종손 ⇒ 맏집 맏이

종식 ⇒ 끝. 끝장. 끝나다. 끝장나다

종신 ⇒ 죽음. 한뉘마침

종신형 ⇒ 한뉘가둠옭. 한뉘가둠버력

종씨 ⇒ 한가바지

종아리 이름씨 무릎과 발목 사이 뒤쪽 힘살 ⓑ종아리가 굵어 무다리라 불린다

종아리뼈 이름씨 종아리 속에 있는 뼈

종알거리다 움직씨 남이 알아들을 수 없을 만큼 작은 목소리로 혼자서 자꾸 말하다 ⓑ아이는 종알거리며 제 방으로 들어갔다 큰말 중얼거리다 센말 쫑알거리다 **종알대다**

종알종알 어찌씨 ❶남이 알아들을 수 없을 만큼 작게 혼자서 자꾸 말하는 소리나 그 꼴 ⓑ아이가 종알종알 혼자서 소꿉놀이한다 큰말 중얼중얼 센말 쫑알쫑알 ❷여러 마리 새 떼가 시끄럽게 울어대는 소리나 그 꼴 ⓑ굴뚝새 떼가 작은 나뭇가지 사이를 날아다니며 종알종알 지저귄다 **종알종알하다**

종양 ⇒ 멍울. 망울. 혹

종업원 ⇒ 일꾼

종요롭다 그림씨 없어서는 안 될 만큼 아주 대단하거나 대수롭다 ⓑ참으로 종요로운 일은 누구나 스스로 마음 닦는 것이다 ⇐ 중요하다. 요긴하다

종용 ⇒ 부추김. 달램. 부추기다. 꼬드기다. 달래다

종유석 ⇒ 돌고드름

종이 이름씨 흔히 푸나무에서 얻은 올실을 물에 풀어 얇고 고르게 엉기도록 하여 물을 빼고 말린 것. 글을 쓰거나 그림을 그리거나 책을 만드는 데 쓴다 ⓑ종이에 그림을 그렸다 ⇐ 백지. 페이퍼 슬기말 **종이도 네 귀를 들어야 바르다** 종이도 네 귀를 다 들어야 쳐지지 않고 판판해진다는 뜻으로 무슨 일이나 모두 힘을 모아야 바르게 되어간다 **종이 한 장도 맞들면 낫다** 가벼운 종이더라도 맞들면 더 쉽게 들 수 있다

종이곽 이름씨 소젖이나 마실 것을 담는 종이 그릇 ⇐ 팩

종이꽃 이름씨 종이를 접거나 오려 만든 꽃 ⇐ 조화

종이끼우개 이름씨 종이나 종이뭉치를 끼워 두는 것 ⇐ 클립

종이날틀 이름씨 종이로 만든 날틀 ⇐ 종이비행기

종이배 이름씨 종이로 만든 배

종이비행기 ⇒ 종이날틀

종이솔개 이름씨 종이에 댓가지를 가로세로

또는 모로 엇갈려 붙이고 실로 벌이줄을 매어서 하늘에 날리는 장난감 ㉥해마다 이맘때면 이 가람가에선 솔개날리기가 한창이다 ⇐ 연

종이솔개줄 [이름씨] 종이솔개를 매어서 날리는 데 쓰는 실 ㉥종이솔개줄이 끊어져 종이솔개가 나뭇가지에 걸렸다 ⇐ 연줄

종이접기 [이름씨] 종이를 접어 여러 가지 꼴을 만들기

종이쪽 [이름씨] 종이 조각

종이쪽표 [이름씨] **1** 굿이나 뮘그림 같은 것을 볼 수 있는 쪽종이 ⇐ 티켓 **2** 수레나 긴수레, 버스, 배, 날틀 같은 것을 탈 수 있는 쪽종이 ⇐ 차표. 배표. 비행기표

종이컵 ⇒ 종이종지

종이학 ⇒ 종이두루미

종일 ⇒ 하루 내내. 하루 동안

종일토록 ⇒ 하루 내내

종잇장 ⇒ 종이 낱잎. 낱 종이

종자 ⇒ 씨. 씨앗. 씨알머리

종자식물 ⇒ 씨푸나무

종작 [이름씨] 대중으로 헤아려 잡은 어림 ㉥그루가 하는 말은 무슨 말인지 종작을 잡을 수 없다 [준말]종

종작없다 [어찌씨] 대중이나 어림이 없다 ㉥고은이가 집을 나간 지 사흘이나 됐는데 어디에 있는지 종작없다

종잘거리다 [움직씨] 남이 알아들을 수 없을 만큼 잔소리로 자꾸 말하다 ㉥꼬마들이 집으로 돌아가는 길에 배곳에서 있었던 일을 종잘거린다 [큰말]중절거리다 [센말]쫑잘거리다 **종잘대다** [슬기말] **종잘거리기는 아침 까치로구나** 떠들썩하게 말하는 사람을 두고 하는 말

종잘종잘 [어찌씨] 남이 알아들을 수 없을 만큼 잔소리로 자꾸 말하는 꼴 ㉥갑배곳 겨집들이 종잘종잘 이야기하며 잔디밭에 둘러앉았다 [큰말]중절중절 [센말]쫑잘쫑잘 **종잘종잘하다**

종잡다 [움직씨] 대중으로 헤아려 잡다 ㉥네가 무슨 말을 하는 건지 종잡을 수 없구나

종장 ⇒ 막판. 마지막판. 회두리판. 끝판

종적 ⇒ 자국. 자취. 발자취. 그림자. 간 곳. 간 데

종전 (從前) ⇒ 지난날. 옛날

종전 (終戰) ⇒ 싸움이 끝남. 싸움을 끝냄. 싸움이 끝나다. 싸움을 끝내다

종점 ⇒ 끝. 끝 때. 마지막. 끝나루

종제 ⇒ 네맏아우

종조모 ⇒ 큰할매. 큰할머니. 작은할매. 작은할머니

종조부 ⇒ 큰할배. 큰할아버지, 작은할배. 작은할아버지

종족 (宗族) ⇒ 한가바지

종족 (種族) ⇒ 한겨레. 겨레붙이

종종 (種種) ⇒ 이따금. 어쩌다. 때때로

종종[1] [어찌씨] **1** 발을 가까이 자주 떼며 바삐 걷는 꼴 ㉥병아리들이 어미 뒤를 종종 따라간다 [센말]쫑쫑 [거센말]총총 **2** 사람이나 몬 따위가 배게 서 있거나 놓인 꼴 ㉥메기슭에 종종 모여 앉은 오붓한 우리 마을

종종[2] [어찌씨] 남이 알아들을 수 없을 만큼 군소리를 잘게 하는 꼴 ㉥바가지를 잘 긁는 아내는 오늘 아침도 부엌에서 종종 군소리를 한다

종종거리다[1] [움직씨] 발을 가까이 자주 떼며 바삐 걷다 ㉥날씨가 갑자기 추워져 사람들이 종종거리며 바쁘게 움직인다 [큰말]중중거리다 [센말]쫑쫑거리다 [거센말]총총거리다 **종종대다**

종종거리다[2] [움직씨] 누구를 탓하듯 남이 알아들을 수 없을 만큼 군소리로 자꾸 말하다 ㉥밥을 남기지 말라고 했더니 아이가 입을 삐죽 내밀며 종종거리며 가버린다 [큰말]중중거리다 [센말]쫑쫑거리다 **종종대다**

종종걸음 [이름씨] 발을 가까이 자주 떼며 바삐 걷는 걸음 ㉥사람들이 목을 잔뜩 움츠린 채 종종걸음을 놓는다 [한뜻말]동동걸음. 종달음 [거센말]총총걸음

종종길 [이름씨] 종종걸음으로 바쁘게 가는 길

종종머리 [이름씨] 한쪽에 세 켜씩 세 줄로 땋고 그 끝을 한데 모아 땋아 댕기를 드린 머리

㉥배곳에 들어갈 즈음해서 어린 겨집 아이들이 흔히 종종머리를 하고 다녔다

종종모 [이름씨] 매우 배게 심은 볏모 ㉥벼 이삭이 무겁고 새끼치기가 적은 볍씨는 종종모로 심는 것이 좋다

종종이 [이름씨] [1]줄임표 '…' 이름 [2]'별' 심마니 말

종좌표 ⇒ 세로자리

종주 ⇒ 멧마루 타기. 멧마루 타다

종주국 ⇒ 가장 앞선 나라. 우두머리 나라. 비롯한 나라

종주먹 [이름씨] (흔히 '쥐다', '대다', '들이대다' 따위와 함께 써) 쥐어지르며 을러대는 주먹 ㉥종주먹을 들이대며 씩씩거렸다

종지 [이름씨] 지렁이나 고추장 따위를 담아 놓개에 놓는 작은 그릇 또는 그 그릇을 세는 하나치 ㉥밥놓개에는 밥 한 그릇과 국 한 그릇 그리고 지렁 한 종지가 다였다 ⇐ 컵

종지부 ⇒ 마침표. 온점. 끝

종지뼈 [이름씨] 무릎마디 앞쪽에 있는 오목한 뼈. 종지를 엎어 놓은 꼴로 무릎 이음줄로 둘러싸여 있으며 무릎마디를 지켜준다 ㉥종지뼈를 잘못 다루어서 무릎을 굽힐 수가 없다 한뜻말 무릎뼈 ⇐ 슬개골

종착역 ⇒ 끝나루. 마지막 나루

종친 ⇒ 한가바지. 곁붙이. 먼 피붙이

종친회 ⇒ 한가바지 모꼬지

종파 (宗派) ⇒ 맏 갈래. 갈래

종합 ⇒ 한데 모음. 한목. 모둠. 도거리. 한데 모으다. 뭉뚱그리다

종합병원 ⇒ 모두나숨집. 한목나숨집

종합예술 ⇒ 모둠재주꽃

종형 ⇒ 네맏 언니

종형제 ⇒ 네맏 언니아우

종횡 ⇒ 가로세로

종횡무진 ⇒ 거침없음. 거침없다. 거침없이 오가다. 설치다. 판치다

좇다 [움직씨] [1]뒤를 따르다 ㉥아저씨를 좇아 숲속으로 들어갔다 [2]이미 잡힌 대로 따라하다 ㉥고운은 벼리를 좇아 바르게 살아간다 [3]어떤 일을 보고 그대로 따라하다 ㉥사람은 누구나 처음 보는 것이나 야릇한 것을 좇고 싶어한다 [4]남 뜻을 따라 그대로 하다 ㉥벗 뜻을 좇아 서울로 올라갔다 [5]생각을 하나하나 더듬어 가다 ㉥어디서 봤더라 하고 생각을 좇고 있는데 그쪽에서 먼저 알은체했다 [6]뒤에서 따라가며 눈여겨보거나 살피다 ㉥씩씩한 푸름이 뒷모습을 눈으로 좇다가 그만 돌아섰다

좇아가다 [움직씨] [1]뒤를 밟아 따라가다 [2]남 뜻을 그대로 따르다

좋다 [그림씨] [1]바탕이나 모습, 쓰임새 따위가 여느 것보다 낫다 ㉥신이 좋아서 걷기가 훨씬 쉽다. 담배는 몸에 썩 좋지 않다 맞선말 나쁘다 [2]마음에 들어 즐겁거나 기쁘다 ㉥네가 좋아 벗 삼고 싶다 맞선말 싫다 [3]뛰어나고 빼어나다 ㉥솜씨가 좋다. 재주가 좋다 [4]몸이 튼튼하거나 살갗이 넉넉하다 ㉥어디 아픈데 없이 몸이 좋다 [5]무엇을 하기에 알맞거나 괜찮다 ㉥아직은 집을 사야 할 좋은 때가 아니다 [6]말씨나 마음씨, 몸짓 따위가 부드럽고 상냥하다 ㉥좋은 말로 얘기할 때 그만둬야지 [7]다른 사람과 사이가 가깝거나 구순하다 ㉥우리마을 사람들은 다 사이가 좋다 [8]마음에 걸리거나 손댈 것이 없다 ㉥아무래도 좋으니 마음대로 하시오 [9]배짱이나 넉살 따위가 뻔뻔할 만큼 세다 ㉥그는 넉살도 좋아 아무하고도 잘 어울린다 [10]날떠퀴가 있다 ㉥오늘 날떠퀴가 좋아 제비에 뽑혔다 [11](흔히 '좋게' 꼴로 써) 넉넉하거나 많다 ㉥한방 가득한 옷가지가 온 가지는 좋게 넘어 보인다 [12]('-으면 좋겠다' 꼴로 써) 그렇게 되기를 바라다 ㉥저 일은 네가 했으면 좋겠다 [13]('좋다, 좋아' 같은 느낌말로 써) 즐거움, 따름, 다짐 따위를 나타낸다 ㉥좋아, 그럼 이 일은 내가 모두 맡을게 [슬기말] **좋은 소리도 세 디위 하면 듣기 싫다** 아무리 좋은 소리라도 자꾸 하면 싫어진다 **좋은 여름지기에게는 나쁜 땅이 없다** 부지런한 여름지기는 아무리 나쁜 땅을

만나도 탓하지 않고 애써 가꾸어 많이 거둔다 **좋은 일에는 남이요 궂은 일에는 제붙이라** 좋은 일에는 찾지 않다가 궂은일이 생기면 아음처럼 찾아다닌다

좋아지다 (움직씨) ❶사이나 꼴 따위가 앞선 때보다 나아지다 ⓑ머리 아픈 것이 아까보다 많이 좋아졌어 맞선말나빠지다 ⇐ 호전되다 ❷마음에 들게 느껴지다 ⓑ예슬이는 놀러 간 곳이 좋아져서 눌러살기로 마음을 먹었다

좋아하다 (움직씨) ❶어떤 쪽으로 마음이 기울거나 좋은 느낌을 가지다 ⓑ똘똘이는 슬기를 속으로만 좋아했다 ❷즐겨서 하거나 하고 싶다 ⓑ가온은 다 괜찮은데 술을 지나치게 좋아해서 큰일이다 ❸아끼어 가까이하거나 사랑스럽게 여기다 ⓑ아빠는 딸을 좋아해 딸 바보라 한다 ❹('좋아하네, 좋아하시네' 따위 꼴로 써) 어리석은 말이나 짓을 비웃다 ⓑ좋아하시네, 제가 뭐나 된 줄 알아

좋은때 (이름씨) 백성이 살기 좋은 때 ⇐ 태평성대

좋은마음 (이름씨) 사람으로서 마땅히 지녀야 할 착하고 갸륵한 마음가짐 한뜻말착한마음 맞선말나쁜마음 ⇐ 미덕

좋은말 (이름씨) 새해에 많이 나누는 남이 잘되기를 비는 말 한뜻말착한말 맞선말나쁜말 ⇐ 덕담

좋은책 (이름씨) 알맹이가 아주 올바르거나 좋은 가르침이 들어 있는 책 ⇐ 양서

좋이 (어찌씨) ❶마음에 들게 ⓑ엄마는 딸이 늘 집안일을 도와주는 것을 보고 마음에 좋이 여겼다 맞선말싫이 ❷어느만큼에 미칠 만하게 ⓑ우리가 밭을 다 매기까지 좋이 한나절이 걸렸다 ❸아무 일 없이 마음 놓이게 ⓑ좋이 지내고 다음에 보자

좌골 ⇒ 궁둥뼈. 앉음뼈

좌뇌 ⇒ 왼골. 왼쪽골

좌담 ⇒ 이야기

좌담회 ⇒ 이야기모임. 이야기몰

좌뜨다 (그림씨) 생각이 남보다 뛰어나다 ⓑ스스로 좌뜨다고 뽐내지 마라

좌르르 (어찌씨) ❶물줄기 따위가 한디위에 많이 쏟아지는 소리나 그 꼴 ⓑ물길대롱 꼭지가 떨어지면서 물이 좌르르 쏟아졌다 센말쫘르르 ❷흩어지기 쉬운 것들이 많이 쏟아져 퍼지는 꼴이나 그 소리 ⓑ아이가 모아 둔 벙어리 돈통을 터니 제법 많은 쇠돈이 좌르르 쏟아진다 ❸미닫이가 미끄러지듯 가볍게 열리거나 닫히는 소리나 그 꼴 ⓑ방문을 좌르르 열고 들어서니 아무도 없고 찬바람이 쌩하다 ❹밥이나 얼굴 따위에 기름기가 흐르는 꼴 ⓑ방아를 갓 찧은 쌀로 지은 밥에 기름이 좌르르 흐른다 **좌르르하다**

좌르르좌르르 (어찌씨) ❶물줄기 따위가 잇달아 많이 쏟아지는 소리나 그 꼴 ⓑ바위 낭떠러지에서 쏟물이 좌르르좌르르 쏟아진다 센말쫘르르쫘르르 ❷흩어지기 쉬운 것들이 잇달아 많이 쏟아져 퍼지는 꼴이나 그 소리. 멧비탈에서 자갈이 좌르르좌르르 쏟아져 내린다 **좌르르좌르르하다**

좌변 ⇒ 왼쪽. 왼곁

좌상 (坐像) ⇒ 앉은 그림. 앉은 꼴

좌상 (座上) ⇒ 여럿 모인 자리. 어른

좌석 ⇒ 자리. 앉는 자리. 깔개

좌수사 ⇒ 왼바다지기

좌수영 ⇒ 왼바다지킴곳

좌심방 ⇒ 왼염방

좌심실 ⇒ 왼염집

좌약 ⇒ 끼움낫개

좌우 ⇒ 왼오른. 이리저리. 앞뒤. 옆. 곁

좌우간 ⇒ 이러나저러나. 아무튼. 어쨌든

좌우명 ⇒ 새김말. 새김글

좌의정 ⇒ 왼다스림이

좌익수 ⇒ 왼지기

좌절 ⇒ 꺾임. 꺾이다. 부러지다. 무너지다

좌절감 ⇒ 꺾인 느낌

좌지우지 ⇒ 쥐락펴락. 맘대로 함. 쥐락펴락하다. 맘대로 하다

좌천 ⇒ 밀려남. 쫓겨남. 밀려나다. 내쫓기다. 쫓겨나다

좌초 ⇒ 바위 얹힘. 주저앉음. 바위에 얹히다. 걸리다. 주저앉다

좌충우돌 ⇒ 이리 치고 저리 받음. 마구 치고받음. 이리 치고 저리 받다. 마구 치고받다

좌측 ⇒ 왼쪽

좌측통행 ⇒ 왼쪽다니기. 왼쪽걷기

좌표 ⇒ 자리. 자리표

좌표축 ⇒ 자리굴대. 자리대. 자리표대

좌표평면 ⇒ 자리표펀펀낯

좌현 ⇒ 왼뱃전

좌회전 ⇒ 왼돌이. 왼돌림. 왼돌음. 왼돌아. 외나. 외로

좍 (어찌씨) ❶넓게 흩어지거나 퍼지는 꼴 ⓑ사람이 다가가자 빨랫줄에 앉아있던 참새들이 좍 날아갔다 센말쫙 ❷비나 물 따위가 거침없이 시원스럽게 쏟아지는 꼴이나 그 소리 ⓑ날이 더워 집 앞 골목길에 물 한 바가지를 좍 뿌렸다 ❸아무 거침없이 내리읽거나 외거나 말하는 꼴 ⓑ도담은 우리나라 가람이름을 좍 뀐다 ❹종이나 천 따위가 대번에 찢어지거나 갈라지는 꼴이나 그 소리 ⓑ집에 들어서다 옷소매가 대문 고리에 걸려 좍 찢어졌다 ❺금 따위를 옆이나 밑으로 긋는 꼴 ⓑ마음에 드는 글에 밑금을 좍 그었다

좍좍 (어찌씨) ❶굵은 물줄기나 빗방울이 세차게 잇달아 쏟아지는 소리나 그 꼴 ⓑ가뭄 끝에 소나기가 좍좍 쏟아졌다 센말쫙쫙 ❷아무 거침없이 시원스럽게 잇달아 내리읽거나 외거나 말하는 꼴 ⓑ중들이 앉아서 쉬지도 않고 깨달은 이 말씀을 가락에 맞춰 좍좍 읊는다 ❸종이나 천 따위가 세게 잇달아 찢어지거나 갈라지는 꼴이나 그 소리 ⓑ글이 적힌 종이는 무엇 하나 남기지 않고 좍좍 찢어버렸다 ❹금 따위를 옆이나 밑으로 자꾸 긋는 꼴 ⓑ자람이는 책을 볼 때마다 밑금을 좍좍 그어가며 읽는다 ❺소름 따위가 갑자기 온몸 여기저기에 돋는 꼴 ⓑ밤길에 멧돼지가 나타나자 소름이 좍좍 돋았다

좔 (어찌씨) ❶물 같은 것이 한 디위에 많이 흘러내리는 꼴이나 그 소리 ⓑ막혔던 돌을 들어내자 시냇물이 좔 흘러내린다 ❷거침없이 시원스럽게 내리읽거나 외거나 말하는 꼴 ⓑ우람이는 첫배곳 책을 소리 내어 좔 읽는다

좔좔 (어찌씨) ❶물 따위가 많이 세차게 흐르는 꼴이나 그 소리 ⓑ냇가에는 돌 틈 사이로 물이 좔좔 흘러내린다 센말쫠쫠 ❷거침없이 시원스럽게 잇달아 내리읽거나 외거나 말하는 꼴 ⓑ소미는 이야기책을 숨도 쉬지 않고 좔좔 읽어 내린다 ❸몬이 여러 갈래로 흩어지거나 쏟아져 내리는 꼴 ⓑ쌀가마에서 쌀이 좔좔 쏟아졌다

좨치다 (움직씨) '죄어치다' 준말. 바싹 죄어 몰아치다 ⇐ 촉구하다. 촉진하다

쟁이 (이름씨) 조금 크고 둥글게 생겨 가운데 벼리를 잡고 물에 던지면 좍 퍼지면서 물고기가 갇혀 잡히는 그물 ⓑ냇물에 쟁이를 던져 고기를 잡았다 한뜻말쟁이그물 ⇐ 투망

쟁이질 (이름씨) 쟁이를 던져서 고기를 잡는 일 ⓑ오늘 아버지는 집 앞바다에 나가 쟁이질로 고기를 잡는다 ⇐ 투망질

죄 (어찌씨) 모조리 또는 모두 ⓑ시내는 제가 주웠다고 밤톨을 죄 가져갔다. 마당에 풀을 죄 뽑아놓아라

죄 ⇒ 잘못. 허물

죄과 ⇒ 잘못. 허물. 티

죄다[1] (움직씨) ('조이다' 준말) ❶느슨한 것을 켕기게 하거나 헐거운 것을 단단히 맞추다 ⓑ풀린 타래못을 돌리개로 죄었다 맞선말풀다 ❷목이나 손목 따위 둘레를 잡아 힘껏 누르다 ⓑ보슬은 내 손목을 잡아 죄며 냅다 뛰었다 ❸마음을 몹시 졸이거나 숨 막히게 하다 ⓑ어서 날이 밝기를 가슴을 죄며 기다렸다 ❹차지하는 자리를 좁히다 ⓑ염소 떼를 슬슬 죄어 우리로 몰아넣었다

죄다[2] (어찌씨) 남거나 빠짐없이 모조리 ⓑ남아 있는 것은 죄다 네가 가져가라. 네가 한 짓을 죄다 말해봐

죄명 ⇒ 잘못이름. 허물이름

죄목 ⇒ 허물이름. 잘못이름. 허물갈래

죄받다 ⇒ 앙갚음을 받다. 괴로움에 시달리다

죄상 ⇒ 허물밑. 허물꼴

죄송스럽다 ⇒ 서머하게 느끼다. 거북하다

죄송하다 ⇒ 서머하다. 부끄럽다. 볼 낯이 없다. 점직하다

죄수 ⇒ 갇힌이. 허물보

죄악 ⇒ 잘못. 나쁜 짓

죄악시 ⇒ 잘못으로 여김. 나쁜 일로 봄. 잘못으로 여기다. 나쁜 일로 보다

죄암죄암 (느낌씨) **1** 젖먹이에게 두 손을 쥐었다 폈다 하라고 하는 소리 ⓑ아가! 죄암죄암 까꿍 **2**(이름씨) 젖먹이가 두 손을 쥐었다 폈다 하는 짓 ⓑ아이가 혼자서도 죄암죄암을 한다

죄암질 (이름씨) 젖먹이가 두 손을 쥐었다 폈다 하며 귀엽게 구는 짓 ⓑ죄암질할 때 방긋 웃기도 한다

죄어들다 (움직씨) **1** 안으로 차츰 파고들며 바짝 죄다 ⓑ몰이꾼이 골짜기 쪽으로 토끼를 몰아 죄어들었다 한뜻말조여들다 준말좨들다 **2** 마음이 놓이지 않고 차츰 조마조마해지거나 애가 말라가다 ⓑ어두운 밤길을 홀로 가자니 어찌나 가슴이 죄어들었는지 모른다

죄어치다 (움직씨) **1** 바짝 죄어서 몰아치다 ⓑ일을 한꺼번에 죄어쳐서 하려니 마음만 바쁘구나 준말좨치다 **2** 몹시 빨리하도록 다그치거나 몰아대다 ⓑ아이를 자꾸 죄어치지만 말고 살살 구슬려서 스스로 하게 해봐 ⇐ 핍박하다

죄업 ⇒ 잘못한 일. 나쁜 짓

죄의식 ⇒ 허물느낌

죄이다 (움직씨) ('조이다', '죄다' 입음꼴) **1** 느슨하거나 헐거운 것 따위가 단단히 맞추어지다 ⓑ타래 못이 단단히 죄였네 **2** 목이나 손목 따위 둘레가 잡혀 힘껏 눌리다 ⓑ목이 죄여 말을 못하겠다 **3** 마음이 몹시 졸여지거나 숨 막히게 되다 ⓑ네가 하는 말을 들을 때마다 가슴이 죄인다

죄인 ⇒ 잘못한 사람. 허물보

죄짓다 ⇒ 잘못하다. 나쁜 짓하다. 허물 짓다

죄책감 ⇒ 윦풀생각. 허물 갚을 생각

죔띠 (이름씨) 몸속에서 많은 피를 흘리거나 배알이 빠지거나 처지거나 할 때 이를 막으려고 몸 한쪽을 내리누르는 헝겊 띠 ⇐ 압박붕대

죔쇠 (이름씨) 틀이나 연장 같은 것을 열거나 죄거나 잡을 수 있도록 덧붙여 놓은 것 ⇐ 핸들

죔죔 (느낌씨) '죄암죄암' 준말. 젖먹이가 두 손을 쥐었다 폈다 하도록 시키는 말 ⓑ돌쟁이 아슨딸이 죔죔을 하며 짝짜꿍도 하고 제법 말귀를 알아먹는다

죔틀 (이름씨) 어떤 것을 사이에 끼워 넣고 죄는 틀. 나무나 쇠붙이로 여러 가지 꼴로 만든다 ⓑ통나무 따위가 벌어졌을 때 죔틀을 써서 조이면 그 틈을 얼마만큼 좁힐 수 있다 ⇐ 클램프

죗값·죄책 ⇒ 윦풀이. 허물값

주 (主) ⇒ 하느님. 임자. 으뜸. 바탕

주 (州) ⇒ 고을. 고장

주 (洲) ⇒ 물뚝섬. 모래톱. 세모벌

주 (週) ⇒ 이레. 이레 동안

주 (周) ⇒ 둘레길이

주 (註) ⇒ 잡이

주가 ⇒ 그루값. 몫값

주간 (晝間) ⇒ 낮. 낮동안. 한낮. 낮때

주간 (週間) ⇒ 이레. 이레에 걸쳐

주간 (週刊) ⇒ 이레내기

주간지 ⇒ 이레책. 이레새뜸

주객 ⇒ 임자와 손님

주객전도 ⇒ 임자손님바뀜

주거 ⇒ 삶. 사는 집. 살다

주거비 ⇒ 집비발

주거지 ⇒ 사는 곳

주걱 (이름씨) **1** 밥을 푸는 데 쓰는 연장. 나무나 플라스틱으로 만들고 숟가락과 꼴이 비슷하나 더 크다 ⓑ흥부가 주걱에 붙은 밥

풀을 떼어 먹었다 **2**신 신을 때 발이 잘 들어가도록 발뒤축에 대는 연장. 나무나 쇠, 플라스틱으로 만들고 '주걱' 꼴이나 흔히 밥주걱보다는 가늘고 길다 ㉥주걱을 신넣개 옆에 걸어 놓았다 [슬기말] **주걱이 삽 구실까지 하겠단다** 제자리에 맞지 않는 엉뚱한 짓을 하려고 한다

주걱턱 [이름씨] 길고 끝이 밖으로 굽어서 주걱처럼 난 턱. 또는 그런 턱을 가진 사람 ㉥넓죽한 입에 주걱턱을 하였어도 사람들을 웃기는 재주가 남달랐다

주검 [이름씨] 죽은 사람 몸 ㉥어머니 주검 앞에서 밤새워 흐느꼈다 한뜻말송장 ⇐ 시체. 유해

주검옷 [이름씨] 사람이 죽어 주검에 입히는 옷 ⇐ 수의

주경야독 ⇒ 낮 갈이 밤 읽기. 낮에 갈고 밤에 읽기

주고받다 [움직씨] 어떤 것을 서로 주기도 하고 받기도 하다 ㉥지난날 흔히 손으로 쓴 글월을 주고받았다 ⇐ 연락하다. 교류하다. 교환하다. 양도양수하다

주관 (主管) ⇒ 일 맡아봄. 일 맡아함. 목대 잡다

주관 (主觀) ⇒ 제 보기. 제 생각

주관식·서답형 ⇒ 풀어쓰기 꼴. 풀이쓰기 꼴

주관적 ⇒ 제 보기에. 제 생각에

주권 ⇒ 나라으뜸힘. 제살이바탕힘

주근깨 [이름씨] 얼굴에 검은깨같이 나는 잘고 검은 점 ㉥주근깨는 살갗이 희고 머리숱이 빨간 사람 갈래에서 많이 난다

주기 (週期) ⇒ 돌

주기 (週忌) ⇒ 기림날

주기도문 ⇒ 빎글. 하느님바침글

주꾸미 [이름씨] 낙지 비슷하나 몸이 작고 다리도 짧은 뼈 없는 바닷물고기

주낙 [이름씨] 긴 낚싯줄에 낚시를 여러 날 달아 물속에 늘어뜨려 고기를 잡는 연장

주년 ⇒ 해. 돌

주눅 [이름씨] **1**조금도 부끄러워하지 않고 아니꼽거나 싫은 일도 뻔뻔하게 잘 견디는 마음씨 ㉥아들은 주눅이 좋아 누구 앞에서나 제 말하기를 좋아한다 **2**힘을 제대로 펴지 못하고 움츠러드는 몸짓이나 마음씨 ㉥말문이 막히고 주눅이 들어 식은땀만 흘렸다 [익은말] **주눅 들다** 부끄럽거나 무섭거나 하여 가슴을 펴지 못하고 움츠러들다 ㉥많은 사람 앞에 서자 그렇게 씩씩하던 보라도 주눅이 좀 드는 듯했다

주눅바치 [이름씨] 주눅이 잘 드는 사람 ㉥그렇게 주눅바치로 있지 말고 무엇이든 가슴 활짝 펴고 해라

주니 [이름씨] **1**몹시 지겹거나 싫어하는 마음 ㉥같은 일을 날마다 되풀이하다 보니 이제 주니가 난다 한뜻말넌더리 ⇐ 권태 **2**굳은 믿음이 없어서 내키지 않거나 두려운 마음 ㉥풋내기가 멋도 모르고 막상 수레를 몰고 큰길로 나오니 주니가 난다 ⇐ 주저

주다 [움직씨] **1**가지도록 넘기다 ㉥군것질하라고 돈을 주었다 맞선말받다 **2**어떤 일을 맡기거나 겪게 하다 ㉥늘봄에게 새로운 일을 주었다 **3**몸이나 몸 한쪽을 내밀거나 어느 쪽으로 돌리다 ㉥눈길을 주다. 손을 줘 봐 **4**마음을 드러내거나 쓰다 ㉥나래한테 속마음을 주었다 **5**어떤 일을 할 수 있는 기틀을 마련하다 ㉥한 이틀만 말미를 주면 갚을게요 **6**실이나 줄을 더 풀리게 하다 ㉥늘 대던 자리에 닻을 주어 배를 멈추었다. 종이솔개에 줄을 주어 더 멀리 날게 했다 **7**못이나 낫개바늘을 놓거나 박다 ㉥발을 삐어서 나숨집에 갔더니 나숨이가 낫개바늘을 주었다. 못을 줘서 다리가 놀지 않게 했다 **8**힘이 나게 하다 ㉥힘을 주어 뚜껑을 겨우 열었다 **9**(움직씨 '-아, -어'꼴 아래 써) 맞은 쪽에게 그 일을 함 ㉥도와주다. 받아주다. 보살펴주다. 쥐여주다 [익은말] **주거니 받거니** 몬이나 말을 서로 주고받는 일을 되풀이하다 [슬기말] **주는 떡도 못 받아 먹는다** 제가 받을 수 있는 것인데도 멍청하게 못 받는다 **주러 와도 미운 놈 있고 받으러 와도 고운 사람 있다** 사람을 좋아하고 미워하는 마음이란 머리로 따져서는 알 수 없다

주달다·주기하다 ⇒ 풀이하다. 잡이

주당 이름씨 뒷간을 지킨다는 깨비
주도 ⇒ 이끎. 앞에 나섬. 이끌다. 앞에 나서다
주도권 ⇒ 이끎힘
주도면밀하다 ⇒ 꼼꼼하다. 빈틈없다. 찬찬하다
주도자 ⇒ 목대잡이. 길잡이. 앞장선이. 채잡이
주동 ⇒ 앞장섬. 이끎. 앞장서다. 이끌다. 목대 잡다
주동자 ⇒ 앞장선 이. 이끎이. 목대잡이
주되다 ⇒ 가장 흔하다. 가장 잘하다
주둔 ⇒ 머묾. 자리잡음. 머물다. 자리잡다. 차지하다
주둥아리 이름씨 ❶사람 '입'을 달리 이르는 말 ⓑ그놈 주둥아리 좀 닥치고 있을래? 준말주둥이 작은말조동아리 ❷짐승 따위 '부리'를 달리 이르는 말 ⓑ오리 주둥아리를 벌려서 먹이를 떠 넣었다
주둥이 이름씨 ❶짐승 입이나 부리 ⓑ돼지 주둥이. 병아리 주둥이 작은말조동이 ❷사람 입을 낮춰 이르는 말 ⓑ난새는 주둥이가 싸니 그 앞에서 함부로 말하지 마 ❸그릇 따위가 입이나 부리처럼 둥글거나 삐쭉 나온 곳. 담긴 것을 따르기 쉽도록 좁고 길쭉하게 만든다 ⓑ주전자 주둥이에 입을 대고 물을 마시면 되나? ❹무엇을 넣을 수 있게 난 아가리 ⓑ물동이에 주둥이가 깨졌다 익은말 **주둥이를 까다** 일은 하지 않고 말만을 앞세우다 **주둥이를 놀리다** 함부로 말을 하다. 대꾸하여 말하다
주럽 이름씨 지치고 고단한 늦 익은말 **주럽들다** 아주 지쳐 고단한 늦이 밀려오다 **주럽떨다** 주럽이 든 고단한 몸을 쉬어 고단함을 풀다
주렁박 이름씨 주렁주렁 열린 박
주렁주렁 어찌씨 ❶굵은 열매 따위가 많이 매달려 있는 꼴 ⓑ빨갛게 익은 감이 주렁주렁 달렸다 작은말조랑조랑. 조롱조롱 ❷사람들이나 짐승들이 줄줄이 모여 있는 꼴 ⓑ밥집 앞에 주렁주렁 나와 있던 사람들이 밥이 나오자 손뼉을 쳤다. 엄마는 아들딸을 주렁주렁 낳아서 잘 키웠다
주렁주렁하다 그림씨 ❶굵은 열매 따위가 많이 달려 있다 ❷사람들이나 짐승들이 많이 딸려 있다
주렁지다 움직씨 열매가 주렁주렁 열리다 ⓑ감나무에 주렁진 열매가 붉게 익어간다
주력 (主力) ⇒ 으뜸힘
주력 (注力) ⇒ 힘씀. 힘쏟음. 힘 쏟다. 힘쓰다. 힘들이다
주례 (主禮) ⇒ 굿 이끎. 짝맺이 이끎. 잔치 이끎
주례 (周例) ⇒ 이레마다
주례사 ⇒ 짝맺이 이끎이 말
주로 (主-) ⇒ 흔히. 거의. 얼추
주로 (走路) ⇒ 달림길
주루막 이름씨 가는 새끼로 촘촘히 엮어 무엇을 담아 나르는데 쓰는 연장. 아가리를 오므렸다 벌렸다 하고 멜빵을 달아 메고 다닌다
주룩주룩 어찌씨 물줄기 따위가 잇달아 내리거나 흐르는 소리나 그 꼴 ⓑ겨울비가 주룩주룩 내린다 작은말조록조록 센말쭈룩쭈룩 **주룩주룩하다**
주류 (主流) ⇒ 큰물줄기. 으뜸줄기. 으뜸갈래
주류 (酒類) ⇒ 술같은 것
주르르 어찌씨 ❶물이나 기름, 땀 같은 것이 가볍게 흘러내리는 소리나 그 꼴 ⓑ눈물이 주르르 흘러내렸다 작은말조르르 센말쭈르르 ❷몬이 비탈진 곳에서 가볍게 미끄러져 내리는 꼴 ⓑ땅이 녹자 멧비탈에서 돌이 주르르 굴러내렸다 ❸발걸음을 재게 놀려 걸어 다니거나 쫓아다니는 꼴 ⓑ아이들이 주르르 샘 앞으로 달려나갔다 ❹여럿이 한 줄로 잇달린 꼴 ⓑ밭에 고추를 주르르 심었다 **주르르하다**
주르륵 어찌씨 ❶물이나 기름, 땀 같은 것이 빠르게 잠깐 흐르다가 멎는 소리나 그 꼴 ⓑ등골에 땀이 주르륵 흘렀다 작은말조르륵 센말쭈르륵 ❷몬이 비탈진 곳에서 빠르게 잠깐 미끄러져 내리다가 멎는 꼴 ⓑ미끄럼틀을 타고 주르륵 미끄러졌다 ❸나뭇잎이나 이삭 같은 것을 대번에 가볍게 훑어버리는 꼴 ⓑ벼 이삭을 주르륵 훑어서 쩌 널었다 **주르**

륵하다

주르륵거리다 움직씨 ❶물이나 기름, 땀 같은 것이 빠르게 잠깐 흐르다가 잠깐 멎는 소리가 잇달아 나다 ❷몬이 비탈진 곳에서 빠르게 잠깐 미끄러져 내리다가 멎는 소리가 자꾸 나다 **주르륵대다**

주르륵주르륵 어찌씨 ❶물이나 기름, 땀 같은 것이 빠르게 잠깐 흐르다가 멎곤 할 때 잇달아 나는 소리나 그 꼴 ㉥아이들이 물로 뛰어들어 두 손으로 물을 움켜쥐어 주르륵주르륵 떨어뜨리며 논다 작은말조르륵조르륵 센말쭈르륵쭈르륵 ❷몬이 비탈진 곳에서 빠르게 잠깐 미끄러져 내리다가 멎곤 할 때 잇달아 나는 소리나 그 꼴 ㉥난알떨개가 와르릉 돌아가자 낟알이 주르륵주르륵 떨어져 내린다 **주르륵주르륵하다**

주름 이름씨 ❶살갗 따위가 튀는 힘이 줄고 늘어진 잔금 ㉥나도 모르는 새에 주름이 많이 늘었다 ❷살갗을 찌푸리거나 쭈그러뜨릴 때 생기는 금 ㉥못마땅한지 눈썹 사이에 주름을 잔뜩 세우고 나를 쏘아보았다 ❸옷 너비 같은 것을 접어 줄이 지게 한 것 ㉥주름이 잡힌 옷을 차려입고 나섰다 ❹몬 거죽에 생긴 줄줄이 접힌 것 같은 금들 ㉥조가비 주름. 주름투성이 누비이불

주름뭠 이름씨 땅주름을 이루는 가로누름 뭠 ⇐ 습곡운동

주름버섯 이름씨 거름기 많은 풀밭에 잘 나는 버섯. 흰빛이고 먹는 버섯이다

주름살 이름씨 주름이 잡힌 금 ㉥이마에 주름살이 지다. 손등에 주름살을 잡아 그 수를 보며 가위바위보 놀이를 하였다

주름잎 이름씨 주걱같이 생긴 잎에 주름이 많다고 이름 붙은 풀. 여름에 옅은 보랏빛 꽃이 핀다 한뜻말주름잎풀. 고추풀

주름잡다 움직씨 ❶옷 너비 같은 것에 주름이 지게 하다 ㉥바지에 주름잡아 날이 서게 했다 ❷모든 일을 마음대로 다스리다 ㉥온 누리를 주름잡고 산들 마음이 흐뭇하지 않으면 어디에다 쓸꼬! ❸주름을 만들어 너비를 줄이듯이 때를 앞당기거나 길이를 짧게 하다 ㉥숲속을 주름잡으며 온갖 버섯을 따는 재미를 누린다

주름줄기 이름씨 땅켜가 물결 꼴로 주름이 잇달아 져서 생긴 멧줄기. 땅껍질에 미치는 가로누름으로 생긴다. 알프스, 히말라야, 안데스, 로키 멧줄기 따위가 주름줄기에 딸린다 한뜻말주름멧줄기 ⇐ 습곡산맥

주름지다 움직씨 잔줄이 진 금이 나다 ㉥주름진 치마. 주름진 얼굴

주름치마 이름씨 주름을 내려 잡은 치마 ㉥노을은 주름치마를 입고는 온 마을을 나는 듯이 뛰어다녔다

주릅 이름씨 흥정을 붙여주고 돈을 받아먹고 사는 사람 한뜻말흥정꾼 ⇐ 거간. 중개인. 중개사

주릅돈 이름씨 흥정을 붙여주고 사고판 두 쪽에서 삯으로 받는 돈 ㉥주릅돈 몇 푼 떼먹자고 거짓말 하겠나? 한뜻말흥정돈 ⇐ 구문. 구전. 중개료. 소개료

주리 이름씨 옛날에 허물 있는 이 두 다리를 아래 위로 묶고 그 사이에 두 막대기를 넣어 비틀던 앙갚음

주리다 움직씨 ❶제대로 먹지 못하여 배를 곯다 ㉥눈이 많이 와서 잔뜩 주린 멧돼지가 먹이를 찾아 마을까지 왔다 ❷바라는 것이 잘되지 않아 모자람을 느끼다 ㉥사랑에 주린 사람들은 조금만 보살펴 줘도 크게 고마워한다 슬기말 **주린 고양이 쥐 만난 셈** 꼭 있어야 할 것이 때마침 나타난 꼴 **주린 범에 가재** 도무지 배가 채워지지 않아 보잘것없음. 작아서 먹은 둥 만 둥 함

주립 ⇒ 고을세움

주마가편 ⇒ 다그침. 내몲. 좨침. 달리는 말에 채찍질

주마간산 ⇒ 대충대충. 건성건성. 얼렁뚱땅. 살짝 훑고 지남. 말 달리며 메 보기

주마등 ⇒ 돎불빛

주마등같다 ⇒ 언뜻언뜻 빨리 지나다. 몹시 빨리 바뀌다

주막·주막집 ⇒ 술밥집

주말 ⇒ 이레 끝. 이레 끝 무렵

주말농장 ⇒ 이레 끝 여름지이터

주머니[1] 이름씨 ❶자질구레한 것을 넣고 아가리를 졸라매어 허리띠에 차거나 들도록 지은 것 ⓑ신주머니에서 신을 꺼내 신었다 ❷어떤 것을 넣어 담고 다닐 수 있게 옷에 대거나 곁들여 만든 것 ⓑ길이 미끄러우니 주머니에 손을 넣고 걷지 마라 한뜻말호주머니 ⇐ 포켓 ❸어떤 이름씨가 나타내는 일이나 움직임이 유난히 많은 사람을 빗댄 말 ⓑ두 볼에 심술 주머니가 덕지덕지 붙었다 ❹돈 따위를 따로 차려 넣어두는 곳을 빗댄 말 ⓑ너 또 딴 주머니 찬 거 아니야? ❺캥거루나 주머니곰 따위 짐승이 새끼를 넣고 다니는 몸 한 곳 ⓑ주머니곰은 새끼를 주머니에 낳아 키우다 여섯 달이 지나면 업어 기른다 익은말 **주머니가 가볍다** 가지고 있는 돈이 적다 슬기말 **주머니에 들어간 송곳이라** 잘하고 못한 일이 숨겨지지 않고 절로 드러난다

주머니[2] 이름씨 물을 가두는 작은 못 ⓑ크고 작은 주머니마다 물이 가득 차 있다

주머니너구리 이름씨 배에 있는 주머니에 새끼를 넣고 키우다가 여섯 달쯤 자라면 등에 업고 기르는 작은 짐승. 오스트레일리아 유칼리나무 숲에 산다 ⇐ 코알라

주머니떨이 이름씨 ❶한자리에 모인 사람들이 주머니에 들어있는 대로 돈을 모두 내어 먹을 것을 사 먹는 놀이 ⓑ주머니떨이로 군것질을 자주 했다 ❷주머니에 들어있는 것을 훔쳐내는 사람. 또는 그 짓 ⓑ주머니떨이를 하다 붙잡혀 며칠 갇혀 있다가 나왔다 한뜻말주머니털이

주머니밑천 이름씨 주머니 속에 늘 넣어두고 쓰지 않고 가지고 다니는 얼마 되지 않은 돈 ⓑ그동안 아껴두었던 주머니밑천까지 다 썼다 ⇐ 비상금

주머닛돈 이름씨 주머니에 들어 있는 돈 한뜻말 쌈짓돈 ⇐ 용돈. 포켓머니 슬기말 **주머닛돈이 쌈짓돈** 한집안 돈은 누구 것이라고 굳이 나누지 않고 같이 써도 되는 것

주먹 이름씨 ❶다섯 손가락을 오그려 쥔 손 ⓑ한 주먹도 안 되는 녀석이 어디서 까불고 있어 준말줌 ❷싸움을 잘하는 사람 또는 그러한 무리를 빗댄 말 ⓑ나라는 지난날 이 고장을 주름잡고 한 주먹 했었지 ❸사람을 휘어잡아 손아귀에 들게 하는 힘 ⓑ늘품은 일찍부터 주먹이 세서 사람들을 거느렸다 ❹한 손에 쥘 만큼을 세는 하나치 ⓑ보리쌀을 두 주먹만큼 넣어라 익은말 **주먹이 붉다** ❶가진 것이라고는 하나도 없다 ❷손에 아무것도 쥔 것이 없다 슬기말 **주먹은 가깝고 벼리는 멀다** 나중에 어떻게 되든지 주먹을 먼저 휘두른다 **주먹이 운다** 골이 나서 마음속으로는 주먹으로 치고 싶지만 참는다 **주먹 큰 놈이 어른이다** 힘센 사람이 으뜸자리를 차지한다

주먹고추 이름씨 풀은 고추랑 비슷하게 생겼고 열매는 뭉툭하여 주먹 같다. 맵지 않아 여러 가지 맛갓에 양념으로 쓴다 ⇐ 피망

주먹공치기 이름씨 공치기 놀이와 같은데, 공을 주먹으로 쳐서 노는 놀이 ⇐ 주먹야구

주먹구구 ⇒ 주먹셈. 어림셈. 손가락셈

주먹다짐 이름씨 ❶주먹으로 때리는 짓 ⓑ난새와 뜻이 맞지 않아 주먹다짐을 했다 ❷함부로 윽박지르거나 제 맘대로 해대는 짓 ⓑ주먹다짐으로 묶어두고 밤늦도록 일을 시켰다

주먹밥 이름씨 주먹처럼 둥글게 뭉친 밥 덩이 ⓑ새참으로 주먹밥에 김치를 곁들여 가져왔다

주먹셈 이름씨 주먹을 쥐었다 폈다 하며 손가락으로 셈을 하는 것 한뜻말속셈 ⇐ 암산

주먹손 이름씨 주먹을 쥔 손 ⓑ아이들이 주먹손을 입에 대고 피리부는 흉내를 낸다

주먹싸움 이름씨 두 사람이 두 손에 두꺼운 손끼개를 끼고 맞붙어 주먹으로 치고 받는 싸움 ⇐ 권투. 복싱

주먹야구 ⇒ 주먹공치기

주먹질 이름씨 주먹을 휘두르거나 때리는 짓

ⓑ무들은 골난 마음이 풀리지 않아 하늘에 다 대고 주먹질을 했다 ⇐ 펀치

주먹코 이름씨 뭉툭하게 생긴 코 ⓑ구레나룻에 퉁방울눈 큼지막한 주먹코라면 배달겨레 사람이 아니지요

주모 (酒母) ⇒ 술밑. 술어미

주모 (主謀) ⇒ 일 꾸밈. 모가비

주모자 ⇒ 모가비. 꼭지. 꼭지딴

주목 (注目) ⇒ 눈여겨봄. 쏘아봄. 지켜봄. 눈여겨보다. 쏘아보다. 지켜보다

주목 (朱木) ⇒ 붉은나무

주무르개 이름씨 몸 곳곳 힘살을 주무르거나 두드려서 피돌기를 좋게 하고 고단함을 풀어주는 연장 ⇐ 안마기

주무르다 움직씨 ❶손을 가지고 어떤 것을 쥐었다 폈다 하며 잇달아 만지다 ⓑ엄마 팔다리를 주물러드렸다 준말주물다 ⇐ 안마하다 ❷자그마한 빨래를 빨려고 손으로 비비거나 쥐어짜다 ⓑ빨래에 비누칠을 하여 주물러 헹궜다 ❸사람이나 돈 따위를 제 마음대로 가지고 놀리거나 다루다 ⓑ그도 한때 어마어마한 돈을 주무르던 사람이었다. 마을지기를 잘 주물러 놓았으니 일이 잘 될 겁니다 ❹일을 맡거나 닥친 일을 시원스럽게 다루지 못하고 우물우물하다 ⓑ혼자서 끙끙거리며 주무르지 말고 확 까놓고 같이 합시다

주무시다 움직씨 '자다' 높임말 ⓑ잘 주무셨어요?

주문 (注文) ⇒ 맡김. 시킴. 맞춤. 맡기다. 시키다. 맞추다

주문 (呪文) ⇒ 욈말

주문서 ⇒ 시킴글. 맞춤글

주물 ⇒ 무쇠붙이

주물공장 ⇒ 무쇠짓곳

주물럭 이름씨 고기에 갖은양념을 하여 잘 주물러 익힌 먹을거리. 또는 그것을 굽거나 볶은 먹거리 ⓑ돼지고기 주물럭 세 사람 먹을 것 주세요

주물럭거리다 움직씨 손으로 어떤 것을 쥐었다 폈다 하며 자꾸 잇달아 만지다 ⓑ밀가루 반죽을 쫀득쫀득해질 때까지 주물럭거렸다 큰말조몰락거리다 **주물럭대다**

주물럭주물럭 어찌씨 손으로 어떤 것을 쥐었다 폈다 하며 자꾸 잇달아 만지는 꼴 ⓑ바지를 물에 담그고 주물럭주물럭 빤다 작은말조몰락조몰락 **주물럭주물럭하다**

주민 ⇒ 사는 이. 사는 사람. 마을 사람

주민등록 ⇒ 사는이올림

주민등록번호 ⇒ 사는이차례수

주민등록증 ⇒ 사는이본메

주민등록표 ⇒ 사는이표

주밋주밋 어찌씨 망설이며 머뭇거리는 꼴 ⓑ낯선이가 주밋주밋 집안을 기웃거린다 **주밋주밋하다**

주받그물 이름씨 주받데나 새뜸데 같은 데서 다른 나라나 고장에서 쉽게 새뜸을 주고받을 수 있게 짜 놓은 그물 ⇐ 통신망

주받돈 이름씨 말틀이나 셈틀로 알감을 주고받는데 드는 돈 ⇐ 통신비

주받돌별 이름씨 한뭍 사이나 먼길 사이에 번결주받을 잇는 데 쓰는 만든돌별 ⇐ 통신위성

주받일 이름씨 새뜸나름, 번힘글, 말틀 같은 것을 주고받는 일 ⇐ 통신업

주받팔이 이름씨 먼 곳에 있는 쓰는이를 과녁으로 나래 따위 주받 연장을 써서 몬을 사고파는 일 ⇐ 통신판매

주발 ⇒ 놋쇠밥그릇

주방 ⇒ 부엌

주방용품·주방기구 ⇒ 부엌세간. 부엌살림

주방장 ⇒ 부엌지기

주번 ⇒ 이레지기. 이레맡기. 이레갈이. 이레살핌이

주법 ⇒ 가락틀 다루기. 가락틀켜기

주벽 ⇒ 술버릇

주변 이름씨 일을 잘 둘러맞춤. 또는 그런 재주 ⓑ주변이 좋은 사람을 찾아 데려왔다 한뜻말잡을손. 두름손. 너름새. 주변머리 ⇐ 수완. 돌림성. 재간 익은말 **주변(머리) 없다** 일이나 사

람을 다루는 솜씨가 서투르다

주변 ⇒ 가. 둘레. 언저리. 테두리

주보 ⇒ 이레알림. 이레새뜸

주봉 ⇒ 으뜸오름. 으뜸봉우리

주부 ⇒ 살림꽃. 살림꾼

주뼛 [어찌씨] [1] 몬 끝이 차츰 가늘어져 삐죽하게 솟은 꼴 ㉥걸상 위에 큰 못이 주뼛 튀어나왔다 작은말 조뼛 센말 쭈뼛 [2] 두렵거나 무서워 머리카락이 꼿꼿하게 일어서는 듯한 꼴 ㉥다 쓰러져가는 버려진 집안으로 들어서려니 머리가 주뼛 섰다 [3] 부끄럽거나 어설퍼 쉽게 나서지 못하고 머뭇거리는 꼴 ㉥눈치만 주뼛 살피다가 그만 달아났다 [4] 입술을 앞으로 내미는 꼴 ㉥일이 잘못되어 나무랐더니 아우는 입술을 주뼛 내밀었다 **주뼛하다**

주뼛거리다 [움직씨] [1] 몬 끝이 차츰 가늘어져 삐죽하게 솟아나다 ㉥봉우리들이 위를 다투듯 주뼛거리며 솟아 있다 작은말 조뼛거리다 센말 쭈뼛거리다 [2] 두렵거나 무서워 머리카락이 꼿꼿하게 일어설 것 같은 느낌이 나다 ㉥뒷머리가 주뼛거릴 만큼 어둡고 으슥한 곳이었다 [3] 부끄럽거나 어설퍼 쉽게 나서지 못하고 머뭇거리다 ㉥이제껏 주뼛거리다 마침내 입을 열었다 [4] 무엇인가 마음에 못마땅하여 입술을 자꾸 앞으로 내밀다 ㉥입을 주뼛거리다 마침내 울음을 터트렸다 **주뼛대다**

주뼛주뼛 [어찌씨] [1] 몬 끝이 차츰 가늘어져 삐죽삐죽 솟은 꼴 ㉥흰옷을 입고 댓찌르개를 주뼛주뼛 들고 왜놈 앞으로 달려나갔다 작은말 조뼛조뼛 센말 쭈뼛쭈뼛 [2] 두렵거나 무서워 머리카락이 꼿꼿하게 삐죽삐죽 일어서는 듯한 꼴 ㉥밤길에 흰 불빛 같은 것이 일렁이자 머리털이 주뼛주뼛 일어선다 [3] 부끄럽거나 어설퍼서 쉽게 나서지 못하고 삐죽삐죽 머뭇거리는 꼴 ㉥주뼛주뼛 서 있지만 말고 와서 좀 거들어라 한뜻말 주밋주밋 [4] 입술을 앞으로 삐죽삐죽 내미는 꼴 ㉥주뼛주뼛 입술을 내밀지 말고 하고 싶은 말을 바로 해봐 **주뼛주뼛하다**

주사 ⇒ 낫개놓기. 낫개놓다

주사기 ⇒ 낫개놓개

주사위 [이름씨] 단단한 나무나 뼈 따위로 지은 놀잇감. 모두 같은 네모꼴 여섯 낯바닥에 하나에서 여섯까지 점을 새겨두고 손으로 던져 위쪽에 나타난 끗수에 따라 이기고 짐을 다툰다 ㉥두 주사위를 위로 던졌다

주산물 ⇒ 으뜸낳이. 가장 많이 나는 것

주산지 ⇒ 제곶. 제바닥. 밑곶

주삿바늘 ⇒ 놓개바늘. 낫개바늘

주상절리 ⇒ 기둥꼴결

주생활 ⇒ 집살이

주석 (註釋) ⇒ 뜻풀이. 새김

주석 (柱石) ⇒ 주춧돌. 기둥과 주춧돌

주석 (朱錫) ⇒ 놋쇠

주선 ⇒ 두름. 마련. 두르다. 마련하다

주섬주섬 [어찌씨] [1] 여기저기 널려 있는 것을 하나하나 주워 거두는 꼴 ㉥다 마른 빨래를 주섬주섬 걷었다 한뜻말 거듬거듬 [2] 아무렇게나 앞뒤 없이 이 말 저 말 주워대는 꼴 ㉥누리는 제가 겪은 일을 주섬주섬 늘어놓았다 [3] 재빠르지 못하고 좀 느리게 구는 꼴 ㉥긴 수레가 서울 나루에 가까워지자 사람들은 주섬주섬 짐을 챙겼다

주성분·주요성분 ⇒ 으뜸바탕. 으뜸조각. 으뜸이룸씨

주소 ⇒ 사는 데. 사는 곳

주술 ⇒ 방자

주술사 ⇒ 방자꾼

주스 ⇒ 과일물

주시 ⇒ 눈여겨봄. 눈여겨보다. 뚫어지게 살핌

주식 (主食) ⇒ 으뜸 먹거리. 끼니 맛갓

주식 (株式) ⇒ 모가치. 몫

주식시장 ⇒ 몫저자

주식회사 ⇒ 모가치벌데. 몫벌데

주심 ⇒ 으뜸가름보. 으뜸판가름이. 으뜸판가리

주안상 ⇒ 술놓개

주야 ⇒ 밤낮. 밤낮없이. 아무 때고. 언제나. 늘

주야장천 ⇒ 언제나. 늘. 밤낮. 아무 때고

주어 ⇒ 임자말

주어절 ⇒ 임자마디

주어지다 움직씨 갖춰지거나 있게 되다 ⓑ나는 오늘도 내게 주어진 길을 말없이 걸어간다

주억 어찌씨 고개를 앞뒤로 끄덕이는 꼴 ⓑ내 말을 들으면서 늘품은 가끔 고개를 주억였다 **주억이다**

주억거리다 움직씨 고개를 앞뒤로 자꾸 끄덕이다 **주억대다**

주억주억 어찌씨 고개를 앞뒤로 자꾸 끄덕이는 꼴 ⓑ가르침이 말을 말없이 귀담아듣는 사람도 있고 머리를 주억주억 끄덕이는 사람도 있었다 **주억주억하다**

주역 ⇒ 기둥구실

주연 (酒宴) ⇒ 술잔치. 술자리

주연 (主演) ⇒ 이끎이. 으뜸구실

주옥 ⇒ 구슬

주옥같다 ⇒ 보배롭다. 값지다

주요색 ⇒ 으뜸빛

주요하다 ⇒ 으뜸되다. 종요롭다

주워대다 움직씨 앞뒤 생각 없이 이 말 저 말 끌어다 대다 ⓑ이말 저말 주워대다 보니 스스로도 무슨 말을 했는지 헷갈린다

주워듣다 움직씨 말이나 이야기 따위를 귓결에 조금씩 얻어 듣다 ⓑ어디서 그런 얘기를 주워들었는지 몰라도 참말로 그렇진 않아

주워섬기다 움직씨 어떤 것을 들은 대로 본 대로 수다스럽게 늘어놓다 ⓑ다운이는 남 얘기를 마치 스스로 겪은 것처럼 주워섬겼다

주원료 ⇒ 으뜸밑감. 으뜸감

주원인 ⇒ 으뜸까닭

주위 ⇒ 둘레. 두리. 가

주유소 ⇒ 기름집. 기름가게. 기름 넣는 곳

주의 ⇒ 삼감. 마음씀. 일깨움. 삼가다. 마음 쓰다. 일깨우다. 잡도리하다

주의·이즘 ⇒ 믿음틀

주의력 ⇒ 마음 모으는 힘. 마음힘

주의보 ⇒ 알림

주인 ⇒ 임자

주인공 ⇒ 줏대잡이. 갈모잡이

주인집 ⇒ 임자집

주일 (主日) ⇒ 쉬는 날. 해날

주일 (週日) ⇒ 이레동안. 이레

주임 ⇒ 일 맡음. 맡은이

주입 ⇒ 부어넣음. 불어넣음. 부어넣다. 불어넣다. 쏟아 넣다

주입기 ⇒ 부어넣는틀. 불어넣는틀. 넣음틀

주자 ⇒ 달릴이. 달림이

주장 (主張) ⇒ 내세움. 힘주어 말함. 내세우다. 앞세우다. 힘줘 말하다. 내걸다. 내대다

주장 (主將) ⇒ 으뜸싸꾼. 으뜸놀이꾼

주재 ⇒ 머무름. 머물러 있음. 머무르다. 머물러 있다

주재료 ⇒ 으뜸밑감

주재소 ⇒ 머문곳. 머문데

주저 ⇒ 망설임. 머뭇거림. 망설이다. 머뭇거리다. 서슴다

주저리 이름씨 ❶어지럽게 매달린 너더분한 것 ⓑ배추 주저리를 따서 말렸다 작은말조자리 ❷얼마만큼 볏짚 끝을 모아 엮어 무엇을 씌우게 만든 것 ⓑ김치독에 주저리를 덮었다 한뜻말짚주저리

주저리주저리 어찌씨 ❶너저분한 것이 어지럽게 많이 매달린 꼴 ⓑ푸른하늬머루가 주저리주저리 달렸다 ❷너저분하게 이것저것 끊임없이 이야기하는 꼴 ⓑ도담은 어렸을 적 얘기를 주저리주저리 늘어놓았다

주저앉다 움직씨 ❶섰던 자리에 궁둥이를 붙이면서 내려앉다 ⓑ뜻밖 얘기에 깜짝 놀라 그 자리에 털썩 주저앉고 말았다 ❷쌓이거나 서 있던 것이 밑이 무너지면서 내려앉다 ⓑ큰 눈에 집이 주저앉았다 ❸하던 일이 힘들어 그만두고 물러나다 ⓑ이대로 주저앉을 순 없었다 ❹사람이 어떤 곳에 그냥 자리 잡고 살다 ⓑ서울에 놀러 왔다가 일터를 잡고 그대로 주저앉았다 ❺값이나 자리 따위가 바닥으로 떨어지다 ⓑ올해 우리 돈 값어치가 폭삭 주저앉았다

주저앉히다[1] 움직씨 ❶섰던 자리에 궁둥이를

붙이며 내려앉게 하다 ⓑ다은은 나를 주저앉히고 따뜻한 물을 먹였다 ❷쌓이거나 서 있던 것이 밑바닥이 무너져 내려앉게 하다 ⓑ새로 길을 닦으려 이미 있던 구름다릿길을 폭삭 주저앉혔다 ❸하려던 일을 그만두고 물러나게 하다 ⓑ서울로 떠나려는 가빈이를 이곳에 주저앉혀 여름짓기를 하게 했다 ❹어떤 이를 살던 곳에 그냥 자리 잡고 살게 하다 ⓑ아내와 애들을 이곳에 주저앉혀 놓고 나는 돈 벌러 갔다 ❺값이나 자리 따위를 바닥으로 떨어지게 하다 ⓑ해마다 밖에서 들여오는 엄청난 쌀은 우리 쌀값을 주저앉혔다

주저앉히다[2] 움직씨 마음이나 느낌 따위를 수그러지거나 사라지게 하다 ⓑ부글부글 끓어오르는 속을 주저앉히려고 찬물을 마시고 숨을 지켜봤다

주저주저하다 ⇒ 머뭇머뭇하다. 우물쭈물하다. 주춤주춤하다

주전 ⇒ 기둥. 으뜸

주전부리 이름씨 ❶때 없이 군먹거리를 먹는 것 또는 그 입버릇 ⓑ나이가 들면서 주전부리가 저절로 고쳐졌다 비슷한말 군것질. 입치레 작은말 조잔부리 ⇐ 간식 ❷맛, 재미, 심심풀이 따위로 먹는 것 ⓑ주전부리로 한 끼를 때웠다

주전자 ⇒ 물따르개

주절거리다 움직씨 낮고 흐릿한 목소리로 말을 이어하다 ⓑ다빈은 잠꼬대로 뭐라 주절거린다 작은말 조잘거리다 센말 쭈절거리다 **주절하다**

주절주절 어찌씨 ❶낮고 흐릿한 목소리로 말을 자꾸 하는 꼴 ⓑ살짝 열린 문틈 사이로 이야기 소리가 주절주절 흘러나온다 작은말 조잘조잘 센말 쭈절쭈절 ❷줄이나 끈 따위가 여기저기 어지럽게 달려있는 꼴 ⓑ누런 소가 엉덩이에 지푸라기를 주절주절 달고 걸어간다 ❸시냇물이 흐르면서 내는 소리나 그 꼴 ⓑ시냇물이 주절주절 노래하듯 흐른다 **주절주절하다**

주점 ⇒ 술집

주접 이름씨 ❶사람이나 숨붙이가 여러 가지 탓으로 제대로 잘 자라지 못하는 일 ⓑ아이들은 주접이 낄 틈도 없이 잘도 자란다 작은말 조잡 ❷옷차림이나 몸치레가 초라하고 너절한 것 ⓑ엄마 손길이 제대로 닿지 않아 아이 옷에 주접이 들었다 익은말 **주접을 떨다** 먹을 것 따위에 지나치게 달라붙다 **주접들다** ❶숨붙이가 탈이 많아 잘 자라지 못하거나 힘이 없어지다 ❷살림이 가난해지거나 모습이 초라해지다

주접스럽다 그림씨 ❶먹을 것을 두고 지나치게 달라붙듯 하다 ⓑ먹쇠는 잔칫집에서 며칠 굶은 듯이 주접스럽게 먹었다 ❷꼴이 몹시 볼품이 없거나 어수선한 데가 있다 ⓑ다온은 하는 짓이 주접스러워 같이 다니기가 남부끄럽다

주정 ⇒ 술절은 말. 술절은 짓

주정꾼·주정뱅이 ⇒ 술망나니

주제 이름씨 사람 보잘것없는 모습이나 매개 ⓑ머슴인 주제에 아직도 임자 노릇 하려는 사람들이 많아

주제 ⇒ 으뜸이름. 으뜸생각. 으뜸가락

주제가·주제곡 ⇒ 으뜸가락

주제넘다 그림씨 말이나 하는 짓이 제 꼴에 지나쳐 건방진 데가 있다 ⓑ주제넘게 남 일에 끼어들지 마세요 비슷한말 건방지다

주제어 ⇒ 으뜸말

주조 (鑄造) ⇒ 쇠지기. 쇠디기

주조 (酒造) ⇒ 술 빚기

주조기 ⇒ 부림틀

주조법 ⇒ 부림길. 부림수

주조장 ⇒ 받힘술집

주종 (主從) ⇒ 임자와 종

주주 ⇒ 묶임자

주중 (週中) ⇒ 이레가운데

주중 (駐中) ⇒ 쫑궈에 있음

주지 (周知) ⇒ 두루앎. 널리알림. 두루 알다. 널리 알리다. 모두 알다

주지 (住持) ⇒ 절지기

주지 (主旨) ⇒ 바탕뜻

주지사 ⇒ 고장지기

주차 ⇒ 둠. 수레둠

주차금지 ⇒ 못둠. 수레못둠

주차장 ⇒ 둠. 둠터. 둠마당. 수레 두는 곳

주창 ⇒ 내세움. 앞장서 부르짖음. 내세우다. 앞장서 부르짖다

주창자 ⇒ 앞장선 이. 목대잡이

주책 이름씨 ❶자리 잡힌 갈피나 생각 ㊂주책없이 여러 사람에게 휘둘려 하려는 말을 자꾸 바꿨다 ⇐ 주착 ❷자리 잡힌 생각 없이 이랬다저랬다 하는 짓 ㊂아재는 죽음맞이 자리에서도 우스갯소리를 하며 주책을 떨었다

주책바가지 이름씨 자리 잡힌 갈피나 생각이 없는 사람을 놀리는 말 ㊂이 주책바가지야, 거기서 그런 소릴 왜 지껄여

주책없다 그림씨 자리 잡힌 생각 없이 자꾸 이랬다저랬다 하다 ㊂주책없는 소리 좀 늘어놓지 마시오 비슷한말 주책스럽다. 주책이다

주철 ⇒ 무쇠

주체 이름씨 (흔히 '못하다', '없다' 와 함께 써) 거두어 다루거나 간수하기 ㊂슬퍼서 눈물을 주체할 수 없었다. 주체할 수 없이 땀이 흐른다 **주체하다**

주체 ⇒ 임자

주체성 ⇒ 임자임. 임자밭. 임자바탈

주초 ⇒ 이레처음. 이른 이레

주초석 ⇒ 주춧돌

주최 ⇒ 차림. 차리다. 맡아 열다

주최자 ⇒ 으뜸차림이. 맡아엶이

주축 ⇒ 으뜸굴대. 엄지굴대

주춤 어찌씨 움직임이나 걸음 따위를 움츠리고 망설이며 머뭇거리는 꼴 ㊂고라니가 갑자기 튀어나와 나는 주춤 뒤로 물러섰다 비슷한말 멈칫 작은말 조촘 **주춤하다**

주춤거리다 움직씨 움직임이나 걸음 따위를 자꾸 움츠리고 망설이며 머뭇거리다 ㊂막상 그 집 앞에 이르니 발걸음을 주춤거렸다 작은말 조촘거리다 **주춤대다**

주춤주춤 어찌씨 ❶망설이며 머뭇거리는 꼴 ㊂처음 찾아가는 집이라 다솜은 문 앞에서 주춤주춤 기웃거리다 문을 두드렸다 ❷무엇이 조금씩 움직이는 꼴 ㊂땅파개가 큰 돌을 주춤주춤 들어 올려서는 옆으로 내려놓았다 **주춤주춤하다**

주춧돌 이름씨 ❶기둥 밑에 괸 밑받침돌 ㊂터를 다지고 나서 드디어 주춧돌을 놓았다 한뜻말 모퉁잇돌 ⇐ 초석 ❷밑바탕이 되는 종요로운 것 ㊂마루는 모임에서 주춧돌 구실을 맡아 눈코 뜰 새 없다

주치의 ⇒ 맡아나숨이. 맡나숨이

주택 ⇒ 집. 살림집. 보금자리

주택가 ⇒ 살림집 마을. 살림집 거리

주택지 ⇒ 집터. 집땅

주파 (走破) ⇒ 끝까지 달림. 끝까지 달려내다

주파수 (周波) ⇒ 떨림수. 뮘수

주판 ⇒ 손셈틀

주해 ⇒ 풀이. 새김

주행 ⇒ 달림. 달려감. 달리다. 달려가다

주행거리 ⇒ 달린 길이. 달린 길. 달린 만큼

주형 ⇒ 거푸집. 글자 틀

주형틀 ⇒ 거푸집틀

주홍색 ⇒ 붉은 감빛. 꽈리빛

주화 (鑄貨) ⇒ 쇠돈

주화론 (主和論) ⇒ 사이좋게 지내자는 생각. 안 싸우는 생각

주화음 (主和音) ⇒ 으뜸어울림소리

주황색 ⇒ 누르붉은빛. 누른감빛. 귤빛

주회 (周回) ⇒ 빙돎. 에워쌈

주회로 ⇒ 큰돌잇길. 으뜸돌잇길

주효하다 ⇒ 보람 있다. 보람을 나타내다. 보람이 나타나다

죽[1] 이름씨 ❶물을 많이 두고 낟알을 흠씬 끓여 훌훌하게 만든 먹거리 ㊂속이 안 좋아서 흰죽을 쑤어먹었다 ❷말이나 소, 개, 돼지에게 주는 훌훌하게 끓인 먹이 ㊂소죽. 개죽 익은말 **죽도 밥도 아니다** 이것도 저것도 아니어서 어느 모로나 쓸모가 없다 **죽을 쑤다** 일을 그르치거나 제대로 하지 못하다

슬기말 **죽 쑤어 개 준다** 애써 무엇을 해서는 남 좋은 일만 시킨다 **죽이 끓는지 밥이 끓는지 모른다** 일이 어떻게 되어가는지 도무지 모른다

죽[2] 어찌씨 ❶금을 곧게 내긋는 꼴 ⓑ자를 대고 금을 죽 그었다 작은말 족 센말 쭉 ❷줄, 금 따위가 한 줄로 고르게 이어지는 꼴 ⓑ땀방울이 등줄기를 타고 죽 흘러내렸다 ❸여럿이 고르게 늘어서거나 벌여있는 꼴 ⓑ길나무들이 큰길 두 쪽으로 죽 늘어서 있다 ❹고르게 펴거나 벌리는 꼴 ⓑ수리가 날개를 죽 펴고 아래를 노려본다 ❺종이나 천 따위를 한 가닥으로 훑거나 찢는 꼴이나 그 소리 ⓑ종이를 죽 찢어버렸다 ❻물 따위를 한숨에 들이마시는 꼴 ⓑ물 한 그릇을 죽 들이켰다 ❼물 따위를 입으로 빠는 꼴이나 그 소리 ⓑ개울에 엎드려 물 한 모금 죽 빨고 다시 길을 나섰다 ❽넓은 데를 한눈에 훑어보는 꼴 ⓑ메에 오르자마자 먼저 온 고장을 죽 둘러보았다 ❾거침없이 줄줄 내리읽거나 외거나 말하는 꼴 ⓑ그는 노랫말을 죽 읊었다 ❿움직임이나 모습이 꾸준히 이어지는 꼴 ⓑ같은 자리에서 스무해 동안 죽 장사한다

죽[3] 이름씨 옷이나 그릇 따위를 셀 때 열 벌이나 열 낱을 이르는 말. 또는 그것을 세는 하나치 ⓑ접시 한 죽. 하늬버선 두 죽 익은말 **죽이 맞다** 서로 뜻이 맞다

죽갓 이름씨 ❶갓 한 죽 ❷막 만들어 여러 죽씩 헐값으로 파는 갓

죽는소리 이름씨 엄살을 세게 부리는 말 ⓑ돈이 많으면서 돈 없다고 죽는소리하는 언니

죽는시늉 이름씨 변변찮은 아픔이나 어려움을 놓고 엄살을 부리는 몸짓 ⓑ보라는 손톱 밑에 가시만 하나 박혀도 죽는시늉을 한다 **죽는시늉하다**

죽다 움직씨 ❶숨이 끊어지거나 목숨을 잃다 ⓑ사람은 홀로 태어나 홀로 죽어간다 ⇐ 사망하다 ❷살아 움직이는 힘이나 기운이 없어지거나 누그러지다 ⓑ새파랗게 죽은 입술. 바라던 일자리를 찾지 못해 보람은 풀이 죽어 나타났다. 배추가 소금에 절어 숨이 죽었다 ❸겨룸이나 놀이에서 맞은쪽에게 잡히다 ⓑ술래에게 잡혀 가장 먼저 죽었다 ❹움직이던 틀 따위가 제 일을 멈추다 ⓑ때알림이가 죽었네. 내 팽이가 먼저 죽었다 ❺불이나 빛이 사그라지거나 꺼지다 ⓑ아궁이 불이 죽었는지 방이 춥다 ❻참다움이나 살아있는 느낌이 없게 되다 ⓑ논밭에 거름과 죽이개를 너무 많이 써서 가람이 죽어간다 ❼쇠 거죽 빛깔이나 먹거리 맛 따위가 바뀌다 ⓑ놋쇠 숟가락이 거멓게 죽어서 닦았다 ❽(흔히 '죽도록, 죽어라, 죽자고' 꼴로 써) 있는 힘을 다하다 ⓑ그 일을 한 달 내 죽어라 했는데 아직도 끝내지 못했다 ❾칼날 같은 것이 날카롭지 못하고 무디어지다 ⓑ날이 죽은 낫을 다시 갈았다 ❿살이나 피 같은 것이 제 구실을 못하고 바뀌다 ⓑ죽은 피. 죽은 살 ⓫몬 어느 곳이 꼿꼿하거나 날카롭지 못하고 가라앉거나 뭉툭하게 되다 ⓑ콧날이 죽은 얼굴. 모서리가 죽은 책놓개 익은말 **죽고 못 살다** 서로 더할 수 없이 좋아하다 **죽은 목숨** 살길이 없어 죽은 거나 다름없는 목숨. 사는 보람이 없거나 아무런 짓도 할 수 없게 된 사람 슬기말 **죽기는 쉽지 않으나 늙기가 섧다** 죽는 것보다 늙는 것이 더욱 안타깝다 **죽어서 넋두리도 하는데** 못다한 말은 죽은 뒤 넋두리로까지 하는데 할 말은 늘 다 해야 된다 **죽어 석 잔 술이 살아 한 잔 술만 못하다** 죽은 뒤에 잘 해주는 것보다 살아 있을 때 조금이라도 생각해주는 것이 낫다 **죽은 나무에 꽃이 핀다** 보잘것없는 집안에 좋은 일이 나게 되다 **죽은 정승이 산 개만 못하다** 아무리 힘이 세고 돈이 많던 사람이라도 죽으면 그만이다

죽담 이름씨 ❶막돌에 흙을 섞어 쌓은 담 한뜻말 흙담 ⇐ 토담 ❷마루나 방문 앞 흙바닥 ⇐ 봉당. 토방

죽도 ⇒ 대칼

죽령 ⇒ 대재. 대고개

죽림 ⇒ 대숲. 대밭. 대수풀

죽마 ⇒ 대말

죽마고우 ⇒ 소꿉동무

죽보기 이름씨 한눈으로 훑어볼 수 있도록 엮은 이름표나 보기표 ⇐ 목록

죽부인 ⇒ 대아내

죽살이 이름씨 **1** 삶과 죽음 ⓑ죽살이를 넘어 오롯이 나고짐이 없는 누리에 들다. 누에 죽살이를 살펴보면 누에나방 한살이를 가늠해 볼 수 있다 한뜻말 죽기살기 ⇐ 생사. 사활 **2** 죽고 살기를 다툴 만큼 힘들고 괴로움 ⓑ밭에 불을 놓다 메로 번져 불을 끄느라 죽살이를 했다 익은말 **죽살이를 치다** 죽고 살기를 다투어 온갖 힘을 모질게 다 쓰다

죽세공 ⇒ 대손질. 대아름빛기

죽세공품 ⇒ 대나무 그릇. 대아름몬

죽순 ⇒ 대싹

죽신 이름씨 **1** 미투리나 짚신 한 죽 **2** 막 만들어 여러 죽씩 헐값으로 파는 신

죽신죽신 어찌씨 **1** 매우 검질기게 지분거리는 꼴 ⓑ죽신죽신 달라붙는 머시마 **2** 몬이 몹시 무르면서 질긴 꼴 ⓑ수세미를 물에 담가 죽신죽신 그릇을 닦았다 **죽신죽신하다**

죽신하다[1] 그림씨 축축하여 느긋하고 질기다 ⓑ물을 뿌려 죽신하게 하며 다렸다

죽신하다[2] 그림씨 **1** 넉넉하고 대단하다 ⓑ올 장마는 비가 죽신하게 내린다 **2** 아주 흐뭇하다 ⓑ야! 죽신하구나, 나물이 이렇게 많다니!

죽어지내다 움직씨 **1** 남에게 몹시 눌리어 힘을 펴지 못하고 지내다 ⓑ무슨 큰 허물을 지은 것같이 아내에게 죽어지낸다 **2** 갖은 어려움을 겪으며 힘들게 살아가다 ⓑ그 사이 여름지이 하면서 아들딸 키우느라 죽어지냈는데 이제는 마음 놓고 살아

죽여주다 움직씨 **1** 몹시 마음에 들거나 흐뭇하게 하다 ⓑ된장찌개 맛이 죽여준다. 노래 하나는 죽여주지! **2** 갖은 어려움으로 못 견디게 하다 ⓑ벌레 먹은 이가 죽여주게 아프다 **3** 죽게 하여 주다 ⓑ가겠으면 우릴 데려가요. 아니면 죽여주고 가요

죽염 ⇒ 대소금. 대통소금

죽엽 ⇒ 댓잎

죽은표 이름씨 뽑기에서 떨어진 사람에게 찍은 표 ⇐ 사표

죽을죄 ⇒ 아주 큰 잘못. 죽을 허물

죽을힘 이름씨 죽기를 다짐하고 쓰는 힘 ⓑ죽을힘을 다하여 달아나 본 적 있어? ⇐ 사력

죽음 이름씨 **1** 죽는 것 ⓑ삶과 죽음 **2** 있는 값을 잃음 ⓑ그림이나 노래에서 베끼기는 죽음이다

죽음맞이겪음 이름씨 큰일이 터지거나 앓이 따위로 죽음 코앞까지 갔다가 살아난 사람들이 겪은 죽음 너머 누리 ⇐ 임사체험

죽이개·죽개 이름씨 팡이나 벌레, 짐승 따위를 죽이는 몬 ⓑ파리죽이개, 빈대죽이개, 쥐죽이개, 풀죽이개. 죽개를 뿌리다. 죽이개를 치다. 죽개를 풀다 ⇐ 독. 독약. 약

죽이다 움직씨 ('죽다' 하임꼴) **1** 숨이 끊어지게 하다 ⓑ벌레도 함부로 죽여서는 안 된다 맞선말 살리다 ⇐ 살해하다. 살처분하다 **2** 살아 움직이는 힘이나 기운을 없애거나 누그러지게 하다 ⓑ골내거나 미워하는 마음을 죽여야 여기서 살아남을 수 있다 **3** 겨룸이나 놀이 따위에서 맞은쪽이나 말 따위를 잡다 ⓑ바둑에서 맞선이 큰 말을 죽이는 바람에 쉽게 이겼다 **4** 움직이던 틀 따위에게 제 일을 멈추게 하다 ⓑ마음닦는 동안 손말틀을 죽여 놓았다 **5** 불이나 빛이 사그라지게 하거나 꺼지게 하다 ⓑ천으로 바라지를 가려 불빛을 죽였다 **6** 참다움이나 살아 있는 느낌 같은 것을 없어지게 하다 ⓑ어려운 낱말이 오히려 글을 죽인다 **7** 웃음이나 하품 따위 소리를 내지 않거나 아주 낮추다 ⓑ발소리를 죽인 채 살금살금 걸었다. 숨을 죽이고 지켜보았다 **8** 빠르기를 낮추다 ⓑ앞선 수레가 갑자기 빠르기를 죽여 하마터면 큰일 날 뻔했다

죽임[1] 이름씨 목숨을 끊어지게 함 ⇐ 피살

죽임[2] (이름씨) ❶날카로운 모서리를 없앰 ❷서까래 끝머리를 밑으로 비스듬히 자름 ❸먹줄이 없어지게 깎음

죽임터 (이름씨) 사람을 죽이는 곳 ⇐ 사형장. 형장

죽전 ⇒ 대밭. 대나무밭

죽죽 (어찌씨) ❶금을 곧게 잇달아 내긋는 꼴 ⓑ틀린 글월에 빨간 빛깔로 두 금을 죽죽 그었다 작은말족족 센말쭉쭉 ❷여러 줄이나 금 따위가 고르게 꾸준히 이어지는 꼴 ⓑ논바닥이 마르면서 금이 죽죽 갔다 ❸여럿이 가지런히 잇달아 늘어서거나 벌여있는 꼴 ⓑ바닷가를 따라 김발이 죽죽 널려있다 ❹크게 잇따라 펴거나 벌리는 꼴 ⓑ두 옆으로 팔을 죽죽 벌리고 서서 맨손 몸뭄을 했다 ❺종이나 천 따위를 여러 가닥으로 자꾸 훑거나 찢는 꼴이나 그 소리 ⓑ김장배추 한 포기를 결대로 죽죽 찢어 내었다 ❻물 따위를 크게 한 모금씩 자꾸 들이마시는 꼴 ⓑ목이 말라 바가지째로 물을 죽죽 마셨다 ❼물 따위를 입으로 조금씩 잇달아 빠는 꼴이나 그 소리 ⓑ배고픈 아기가 젖을 죽죽 빨았다 ❽거침없이 줄줄 내리읽거나 외거나 말하는 꼴 ⓑ어려운 책을 죽죽 읽어나갔다 ❾무엇이 위를 보고 힘있게 잇따라 뻗어 나가는 꼴 ⓑ죽죽 뻗은 대나무들이 바람에 이리저리 흔들렸다 ❿물이나 볕 따위가 쏟아지거나 길게 드리운 꼴 ⓑ엄마를 뒤로하고선 눈물이 죽죽 흘러내렸다 ⓫미끄러운 곳에서 잇따라 밀려 나가는 꼴 ⓑ언덕에서 넘어져 밑으로 죽죽 미끄러져 내렸다

죽지 (이름씨) ❶팔과 어깨가 잇닿은 뼈마디 쪽 ⓑ화살을 쏘고 나서 죽지를 뗐다 한뜻말죽. 팔죽지. 어깻죽지 ❷새 날개가 몸에 붙은 쪽 ⓑ죽지를 다친 수리를 고쳐주었다. 날개 죽지 (슬기말) **죽지 부러진 까마귀·죽지 부러진 새** 된서리를 맞아 제힘과 재주를 맘대로 쓰지 못하게 되다

죽창 ⇒ 대찌르개

죽치 (이름씨) 죽갓이나 죽신처럼 날림으로 여러 죽씩 내다 파는 몬

준결승전 ⇒ 버금판가리. 버금겨룸. 버금가림

준공 ⇒ 다 지음. 일손 뗌. 다 짓다. 끝내다

준령 ⇒ 재빼기. 고갯마루. 잿마루. 가파른 고개. 높은 고개

준마 ⇒ 빠른 말. 훌륭한 말

준말 (이름씨) 낱말 한쪽이 줄어든 것. '사이'가 '새', '조이다'는 '죄다', '철거덕'이 '철걱'으로 된 것 따위이다 ⇐ 약어

준법 ⇒ 벼리지킴. 틀에맞춤

준봉 ⇒ 높은 봉우리

준비 ⇒ 갖춤. 마련. 차림. 장만. 갖추다. 차리다. 마련하다. 장만하다

준비물 ⇒ 갖춘 것. 차린 것. 마련몬

준비운동 ⇒ 몸풀기. 마련뭄

준수 (遵守) ⇒ 지킴. 따름. 좇음. 지키다. 따르다. 좇다

준수하다 (俊秀) ⇒ 빼어나다. 번듯하다. 미끈하다. 잘 생기다

준엄하다 ⇒ 매섭다. 까다롭다. 빈틈없다

준용 ⇒ 좇아씀. 기대어씀. 맞춰 쓰다. 맞게 쓰다

준용하천 ⇒ 작은 내

준우승 ⇒ 버금이김. 둘째자리

준장 ⇒ 한별내기

준치 (이름씨) 비웃 닮은 바닷물고기. 몸은 밴댕이와 비슷하여 옆으로 납작하나 그보다 몸집이 크고 등은 검파랑 빛이며 살에는 가시가 아주 많다 ⇐ 준어

준칙 ⇒ 틀. 바른틀. 밑보기

준하다 ⇒ 따르다. 좇다. 대중으로 삼다

줄[1] (이름씨) ❶노끈이나 새끼 따위와 같이 묶거나 동이는 데 쓰는 긴 것을 통틀어 이르는 말 ⓑ줄로 단단히 묶었다 비슷한말끈 ⇐ 로프. 코드 ❷길이로 죽 벌이거나 늘인 것 ⓑ수레들이 길게 줄을 지어서 움직인다 ⇐ 열 ❸길이로 그어지거나 나타난 자국 ⓑ세 줄 무늬가 있는 옷을 즐겨 입는다 ⇐ 선. 라인 ❹모둠살이에서 사람 사이를 맺어주는 이음길 ⓑ힘 있는 데 줄을 대려고 애를 썼다 ❺어떤 일이나 사달이 꾸준히 잇따라 일어나

는 것 ⓑ이 달 들어 물놀이 사달이 줄을 잇는다 ❻쉿돌이나 돌숯 같은 것이 묻혀 있는 줄기 ⓑ누런 줄을 잡으면 노다지다 ❼글에서 가로나 세로로 써나간 글자 흐름새 ⓑ줄이 비뚤비뚤하게 글을 썼네 ❽글월에서 가로나 세로로 써나간 글자가 그다음 가로나 세로로 쓰기 바로 앞까지를 묶음으로 하여 세는 하나치 ⓑ이 책은 한쪽이 서른 줄쯤 들어간다 ❾(흔히 열 해를 하나치로 하여) 나이가 그 뒤에 있음 ⓑ이제 막 쉰 줄에 들어섰다 ❿잎담배 따위를 엮어 묶은 두름을 세는 하나치 ⓑ잎담배 열 줄을 꼬았다 ⓫줄가락틀에서 활로 켜거나 손으로 튕기는 것 ⓑ거문고 줄을 갈아 끼웠다 익은말 **줄을 타다** ❶밧줄을 잡고 오르내리거나 건너다니다 ❷줄 위로 재주를 부려 건너다니거나 걸어 다니다 ❸힘이 될 만한 사람과 사이를 맺어 그 힘을 써먹다

줄[2] 이름씨 쇠붙이를 쓸어 깎는 도톨도톨 날이 있는 연장. 납작하거나 둥글거나 세모지다 ⓑ줄로 쇠를 쓸었다 한뜻말 줄칼

줄[3] 이름씨 물에 자라는 여러해살이풀. 줄기와 잎으로 자리를 엮는다 밑말 줄풀

줄[4] 이름씨 ('-ㄴ, -ㄹ' 매김꼴 아래 써) 길이나 속셈, 참, 까닭, 힘 따위를 나타낸다 ⓑ헤엄칠 줄 모른다. 읽을 줄 안다. 그럴 줄 몰랐다. 이다지도 네가 마음을 깊게 다친 줄 난 참말 몰랐다

줄- 앞가지 ❶어떤 일이 잇달아 일어남 ⓑ줄달음질. 줄죽음. 줄따귀. 줄방귀. 줄장님 ❷적게 또는 줄여 ⓑ줄잡아 열 줄은 되겠다

줄가락 이름씨 가라고나 거문고, 바이올린 같은 줄가락틀로 켜는 가락 ⇐ 현악

줄가락틀 이름씨 가라고나 거문고, 바이올린처럼 줄을 타거나 켜서 소리를 내는 가락틀 ⇐ 현악기

줄가리 이름씨 베어낸 벼 이삭 쪽을 위로 오게 맞대고 뿌리 쪽은 띄워서 줄지어 세우는 가리. 벼를 말릴 때 쓰는 길이다 ⓑ벼를 베서 논둑에다 줄가리를 쳤다

줄거리 이름씨 ❶잎이 다 떨어진 가지나 덩굴, 줄기 ⓑ고구마 줄거리는 건건이 바탕감으로 좋다. 벌써 잎은 다 떨어지고 줄거리들만 앙상하다 작은말 졸가리 ❷푸나무에서 잎꼭지, 잎줄기, 잎줄을 통틀어 이르는 말 ⓑ오늘 저녁은 배추 줄거리 국이다 ❸굿이나 이야기 따위에서 어떤 일을 이루는 뼈대나 알맹이 ⓑ그 춤 줄거리를 먼저 짧게 말해 줄래 ⇐ 개요. 대강. 문맥

줄걸음 이름씨 달아나는 것 ⇐ 줄행랑. 도망

줄고누 이름씨 가로 세로로 금을 똑같이 긋고 두는 고누

줄곧 어찌씨 어떤 일이나 꼴, 흐름에서 더 나아가거나 잇는 꼴. 내처 잇달아 ⓑ그동안 줄곧 여기서 지냈니. 오늘 네 집까지 줄곧 달렸어. 자면서 줄곧 이불을 걷어차니 고뿔에 걸리지

줄글 이름씨 ❶틀에 얽매이지 않고 마음 내키는 대로 쓴 글. 이야기나 살랑글 따위 ⇐ 산문 ❷수글에서 글귀 토막이나 글자 수를 맞추지 않고 죽 잇달아 지은 글 ⓑ옛날 선비들은 줄글보다 가락글을 많이 썼다 ⇐ 장문

줄기 이름씨 ❶푸나무에서 뿌리와 곁가지를 이어주고 받쳐주는 뼈대. 뿌리로부터 빨아들인 물이나 살감을 가지와 잎으로 나르는 일을 한다 ⓑ뿌리가 튼튼하면 줄기와 가지가 잘 뻗고 우거진다 ❷물이 잇대어 흐르는 줄이나 메가 갈라져 나간 갈래. 또는 그것을 세는 하나치 ⓑ메가 세 줄기로 뻗어 내린다. 여기서부터는 물 줄기가 가늘어졌다 ❸빛이나 물 따위가 길게 뻗어 나가거나 한 차례 쏟아지는 비. 또는 그것을 세는 하나치 ⓑ비가 시원하게 한 줄기 내렸으면 좋겠다. 구름 사이로 빛줄기가 쏟아져 내린다 ❹생각이나 움직임이 길게 내리 이어진 것 ⓑ마음을 모은 뒤에 깨끗이 닦을지 모아가며 닦을지 두 줄기 흐름이 있다 ❺어떤 일이나 이야기가 펼쳐지는 흐름 ⓑ일이 어떻게 되어 가는지 그 줄기만 얘기해다오

줄기세포 ⇒ 줄기잔삼

줄기식물 ⇒ 줄기푸나무

줄기잎 이름씨 줄기에서 나는 잎 ⓑ떡잎과 줄기잎

줄기잔삼 이름씨 씨눈이나 어른 몸에 있는 여러 갈래 잔삼으로 나뉠 수 있는 나뉘지 않은 잔삼 ⇐ 줄기세포

줄기차다 움직씨 **1** 쉬지 않고 잇달아 세차다 ⓑ비가 줄기차게 내렸어도 물이 그다지 붇지 않았다 **2** 끊김 없이 꾸준하다 ⓑ스무 해를 줄기차게 밀어준 탓에 마침내 좋은 열매를 거두었다

줄기채소 ⇒ 줄기푸성귀. 줄기남새. 줄기푸새

줄깃줄깃 어찌씨 씹히는 맛이 차지고 질긴 느낌 ⓑ삘기가 줄깃줄깃 씹힌다. 찹쌀떡이 줄깃줄깃 입에서 맴돈다 작은말 졸깃졸깃 센말 쫄깃쫄깃 **줄깃줄깃하다**

줄나다 움직씨 어떤 낳이몬이 여느 때 나던 것보다 덜 나다 ⓑ올해는 날이 가물어서 낟들이 줄났다

줄납자루 이름씨 몸 너비가 좁고 등은 검은 밤빛인 민물고기. 우리나라에만 산다

줄넘기 이름씨 **1** 두 사람이 기다란 줄 두 끝을 잡고 길게 휘두르는 속을 딴 사람이 뛰어들어가 줄을 넘는 놀이 ⓑ노래를 부르며 줄넘기를 한다 한뜻말 줄뛰기 **2** 한 발쯤 되는 줄 두 끝을 두 손에 쥐고 돌리며 그 줄을 뛰어넘는 몸뮘 또는 그 줄 ⓑ아침마다 줄넘기로 몸을 푼다

줄다 움직씨 **1** 크기나 들이, 무게 따위가 처음보다 적어지다 ⓑ집이 줄었으니 쓸데없는 짐을 좀 버려야지 맞선말 늘다 ⇐ 감소되다. 감해지다 **2** 힘 따위가 처음보다 못하여지다 ⓑ나이가 드니 기운이 줄어 나무 한 짐도 못 지겠다 **3** 살림살이가 처음보다 작아지다 ⓑ달삯이 줄어 허리띠를 바짝 졸라맸다 **4** 짬이나 동안이 짧아지다 ⓑ겨울이 되니 해가 짧아 일하는 동안이 줄었다

줄다리 이름씨 두 쪽 언덕에 줄이나 쇠사슬을 건너질러 매달아 놓은 다리 ⓑ출렁거리는 줄다리를 벌벌 떨면서 걸었다 ⇐ 현수교

줄다리기 이름씨 여러 사람이 두 쪽으로 나눠 굵은 밧줄을 마주 잡고 서로 제 쪽으로 당겨 끌어가는 겨룸 ⓑ우리 고장에서는 해마다 한가위를 맞아 위 아랫골 나누어 줄다리기를 한다 한뜻말 줄끌기

줄달음 이름씨 '줄달음질' 준말. 한숨에 내처 달리는 달음박질 ⓑ아이들은 줄달음을 놓아 물웅덩이로 뛰어 들었다 **줄달음하다** 익은말 **줄달음을 놓다·줄달음 치다** 한숨에 내처 빠르게 달리다

줄달음질 이름씨 쉬지 않고 내달리는 것 ⓑ공차기 하다가 이웃집 단지를 깨고는 모두 줄달음질을 하였다

줄달이불 이름씨 기다란 줄에 여러 낱을 주욱 달아매어 켜는 불 ⇐ 줄달이등

줄도망 ⇒ 줄달아남. 줄지어 달아남

줄뒤짐 이름씨 무엇을 찾으려고 하나하나 잇달아 속속들이 뒤지는 일 ⓑ샘은 아이들 가방과 호주머니를 줄뒤짐하여 없어진 돈을 찾았다 **줄뒤짐하다**

줄뒷다짐 이름씨 뒷다짐이가 빚진이와 함께 빚을 갚겠다는 뒷다짐 ⇐ 연대보증

줄딸기 이름씨 멧기슭에 자라는 잎 지는 덩굴나무. 여름에 엷붉은 딸기가 익는다 한뜻말 덤불딸

줄때 이름씨 땀이 밴 옷이나 몸 같은 데서 줄을 이루며 낀 때 ⓑ줄때에 절은 옷을 빨았다

줄렁거리다 움직씨 **1** 그릇에 담긴 물 따위가 크게 자꾸 흔들리다 ⓑ물독을 이고 오는 내내 물이 줄렁거렸다 작은말 졸랑거리다 거센말 출렁거리다 **2** 가볍고 까불거리며 방정맞게 움직이다 ⓑ젊은이가 줄렁거리며 마을을 돌아다닌다 **줄렁대다**

줄렁줄렁 어찌씨 **1** 그릇에 차지 않은 물이 자꾸 흔들리는 소리나 그 꼴 ⓑ물동이에 물을 가득 채워야 이고 올 때 줄렁줄렁 흔들리지 않는다 작은말 졸랑졸랑 거센말 출렁출렁 **2** 가볍게 구는 꼴 ⓑ뭐가 좋다고 어깨를 줄렁줄렁 흔들고 다니니? **3** 몬이 매달려

있거나 제멋대로 흔들리는 꼴 ⓑ빨랫줄에 넌 빨래가 바람에 줄렁줄렁 흔들린다 ❹남 뒤를 잇달아 서는 꼴 ⓑ우리는 보구덩이에 들어갈 때 앞사람을 줄렁줄렁 따라 들어갔다 **줄렁줄렁하다**

줄레줄레 어찌씨 ❶몸집을 까불거리며 가볍게 움직이는 꼴 ⓑ품바가 저자터 한복판에서 줄레줄레 타령을 한다 작은말졸래졸래 센말쭐레쭐레 ❷여럿이 흐트러져 남 뒤를 줄줄 뒤따르는 꼴 ⓑ아이들이 줄레줄레 엿장수 뒤를 좇는다 ❸너절하게 잇달려 있는 꼴 ⓑ줄레줄레 해진 옷을 입고 배곳으로 오는 아이들 **줄레줄레하다**

줄멍줄멍 어찌씨 ❶고르지 않은 큰 것이 여럿 뒤섞인 꼴 ⓑ바구니에 줄멍줄멍 한가득 담겨있는 귤 작은말졸망졸망 센말쭐멍쭐멍 ❷거죽이 고르지 않고 울퉁불퉁한 꼴 ⓑ줄멍줄멍 파인 흙길을 따라 수레를 천천히 몰았다 **줄멍줄멍하다**

줄모 이름씨 못줄을 대어 가로 세로 반듯하게 심는 모

줄몰개 이름씨 몸은 길둥글고, 등은 검은 밤빛인 민물고기. 물살이 느린 맑은 물에 산다

줄무늬 이름씨 줄로 이루어진 무늬 ⓑ보나는 줄무늬가 박힌 옷을 즐겨 입는다

줄뿌림 이름씨 논이나 밭에 어떤 너비로 줄지어 씨를 뿌리는 것 ⓑ배추 씨앗을 줄뿌림하였다 한뜻말골뿌림 맞선말노가리. 흩어뿌리기

줄섬 이름씨 줄을 지어 늘어선 여러 섬 ⇐ 열도

줄수레 이름씨 김 뭠틀이나 기름 뭠틀, 번힘 뭠틀 따위 힘으로 사람수레나 짐수레를 끌고 쇠길 위를 달리는 수레 한뜻말긴수레 ⇐ 기차

줄수레나루 이름씨 줄수레 타고 내리는 곳 한뜻말긴수레나루 ⇐ 기차역

줄수레나루앞 이름씨 줄수레 타고 내리는 곳 앞마당 한뜻말긴수레나루앞 ⇐ 역전

줄수레나루일꾼 이름씨 줄수레나루에서 수레표를 팔고 받는 따위 일을 맡아보는 사람 한뜻말긴수레나루일꾼 ⇐ 역무원

줄어들다 움직씨 줄어서 작게 되거나 적어지다 ⓑ가뭄이 들어서 못물이 많이 줄어들었다 작은말졸아들다

줄위가게 이름씨 누리그물에서 몬을 사고파는 가게 ⇐ 온라인가게

줄이다 움직씨 ('줄다' 하임꼴) ❶크기나 들이, 무게 따위를 처음보다 작게 하다 ⓑ바지허리를 조금 더 줄이면 나한테 맞을 것 같은데 맞선말늘리다 ⇐ 감하다. 절감하다. 축소하다 ❷힘 따위를 처음보다 떨어뜨리다 ⓑ수레 빠르기를 조금 더 줄여 달리자 ❸살림살이를 처음보다 작게 하다 ⓑ일자리를 잃는 바람에 살림을 줄이기로 했다 ❹짬이나 동안을 짧아지게 하다 ⓑ일하는 동안을 줄이고 그만큼 더 놀아라 ❺(말, 글 따위 끝에 써) 그만하고 마치다 ⓑ그럼 오늘은 여기서 이만 줄이겠습니다

줄인그림 이름씨 ❶단출하게 줄여 종요로운 것만 대충 그린 겨냥그림이나 땅그림 ⓑ줄인그림을 보고 겨우 집을 찾아갔다 ⇐ 약도 ❷꼴은 바꾸지 않고 크기만을 줄여 나타낸 그림 ⇐ 축도

줄임말 이름씨 글자를 줄여서 만든 말. '노래를 찾는 사람들' 줄임말은 '노찾사'이다 ⇐ 약자. 약어

줄임수 이름씨 제대로 차례를 갖추지 아니하고 간추려 짧게 일을 해가는 수 ⇐ 약식

줄임표 이름씨 '……' 이름. 할 말을 줄일 때나 말없음을 나타낼 때 쓰는 글월표 한뜻말종종이. 말줄임표. 말없음표

줄자 이름씨 헝겊이나 무쇠로 띠처럼 만든 자. 둥글게 말아 두었다가 쓸 때 푼다 ⓑ줄자로 가슴둘레를 재었다 한뜻말띠자. 말이자. 타래자. 도래자

줄잡다 움직씨 ❶어떤 잣대보다 줄여 셈을 치다 ⓑ이 일을 마치려면 줄잡아 두 해는 걸릴 것이다 작은말졸잡다 ❷(흔히 '줄잡아' 꼴로 써) 어림잡아 헤아려 보다 ⓑ오늘 큰 마당에 모인 마을 사람이 줄잡아 다섯 온 사람은 되는 것 같다

ㅈ

줄줄 어찌씨 ❶굵은 물줄기가 잇달아 그대로 흐르는 소리나 그 꼴 ⓑ가람물이 줄줄 흘러간다 작은말졸졸 센말쭐쭐 ❷사람이나 짐승 따위가 자꾸 뒤를 따라다니는 꼴 ⓑ저자에 쌀 팔러 가는 엄마를 줄줄 따라갔다 ❸굵은 줄이나 천 따위가 잇달아 바닥에 끌리는 꼴 ⓑ바짓가랑이를 줄줄 끌고 다녔더니 바지 끝이 닳았다 ❹어떤 것들을 아무데나 잇달아 흘리는 꼴 ⓑ나물 자루 밑이 터져 나물을 줄줄 흘리고 다녔네 ❺조금도 막힘없이 시원하게 글을 읽거나 외거나 말하는 꼴 ⓑ잉글말로 다른 나라 사람과 줄줄 말하는 것을 보니 부럽다

줄줄이 어찌씨 ❶줄마다 다 ⓑ그 책은 줄줄이 스스로를 돌아보게 한다 ❷여러 줄로 ⓑ모심기가 끝난 논에는 어린 모가 줄줄이 심겼다 ❸줄지어 잇달아 ⓑ엄마는 내 밑으로 딸을 줄줄이 다섯이나 낳았다

줄지다 움직씨 거죽에 줄이 생기다 ⓑ줄진 바지를 다리미로 다렸다

줄짓다 움직씨 ❶(흔히 '줄지어' 꼴로 써) 떼줄을 이루다 ⓑ까마귀 떼가 줄지어 난다. 탱자나무가 줄지어 서 있다 ❷끊이지 않고 잇따라 이어지다 ⓑ고래가 잡혔다는 말에 사람들이 줄지어 몰려들었다

줄타기 이름씨 ❶하늘에 친 줄 위로 광대가 걸어 다니거나 몸을 솟구치거나 거꾸로 서거나 하는 온갖 재주 ⓑ줄타기 재주에 흠뻑 빠져 마음을 졸이며 보았다 한뜻말어름 ❷어떤 일을 참되게 꾸준히 못하고 까딱수를 바라며 바드럽게 사는 것 ⓑ보슬은 줄타기로 우두머리 자리에 올라 볼까 하고 머리를 굴린다

줄행랑 ⇒ 줄걸음. 빽소니

줄행랑치다 ⇒ 달아나다. 빽소니치다

줆따름수 이름씨 홀로 바뀜수 값이 커질수록 이에 짝진 따름숫값이 작아지는 따름수 맞선말늚따름수 ⇐ 감소함수

줌[1] 이름씨 ❶'주먹' 준말. 무엇을 쥐려고 다섯 손가락을 모두 오그린 손 ⓑ두 줌을 굳게 쥐었다 한뜻말주먹 ❷활 한가운데 손으로 쥐는 쪽 ⓑ화살이 시위를 떠날 때까지 줌이 흔들리지 않도록 꽉 잡아라 한뜻말줌통. 활줌통 ❸한 주먹으로 쥔 만큼. 또는 그 하나치 ⓑ한 줌 흙으로 돌아간다 ❹지난날 낟을 매길 때 논밭 넓이를 재는 하나치. 0.2m²쯤으로 열 줌이 한 뭇이 된다 ⓑ쉰 줌 남짓 밭에 부추를 심었다

줌[2] 이름씨 달라는 데에 몬을 줌 ⇐ 공급

줌 ⇒ 밀당겨보기

줌돌 이름씨 돌확에 고추나 보리쌀 같은 낟알 따위를 올려놓고 으깰 때 주먹에 쥐고 쓰는 동글고 길쭉한 돌 ⓑ김치를 담그려고 빨간 고추를 줌돌로 갈았다

줌숱 이름씨 주는 크기 ⇐ 공급량

줌치 이름씨 옛 할머니들 속바지 속 호주머니

줌통 이름씨 활 한가운데 손으로 쥐는 곳 한뜻말줌

줍다 움직씨 ❶떨어지거나 흩어진 것을 집거나 집어 올리다 ⓑ마을을 돌며 쓰레기를 주웠다 ❷다른 사람이 잃어버린 것을 집어 가지다 ⓑ길에 떨어진 돈을 주웠다 ❸('오다'와 함께 써) 버려진 아이를 키우려고 데려오다 ⓑ사람들이 나보고 다리 밑에서 주워 온 아이라고 놀렸다 ❹(흔히 '주워' 꼴로 써) 무엇을 되는대로 마구 고르다 ⓑ어디서 주워들은 얘기인지 몰라도 이게 나라 꼴이냐고 투덜댄다 슬기말 **주워 모아 졸가리 나무라** 힘을 들여 한 일인데도 보람이 오롯하지 못하다

줏개 이름씨 임금집 지붕에 세운 짐승꼴 기와 ⇐ 잡상

줏대 이름씨 ❶제 생각을 꿋꿋이 지키고 내세우는 마음가짐 ⓑ아들이 스무 살이 되고 나니 제법 줏대가 선 것 같아 ⇐ 자부심. 자주성 ❷일몬에서 가장 종요로운 곳 ⇐ 중추

줏대잡이 이름씨 복판이 되는 사람 ⓑ앞으로 너는 우리 집안에서 줏대잡이가 될 사람이다 ⇐ 주인공

중 이름씨 절이나 숲에 살면서 깨달음이 가르

침을 배우고 익혀 마음을 닦아 얻은 것을 널리 퍼뜨리는 사람. 또는 그 무리 ⓑ중은 주는 대로 먹고 자며 늘 저를 낮추며 산다 한뜻말스님. 비쿠 슬기말 **중이 고기 맛을 알면 절에 빈대가 안 남는다** 눌렀던 바람을 이루면 그것에 홀려 오히려 더욱 빠져든다 **중이 절 보기 싫으면 떠나야지** 어떤 것이나 어떤 곳이 싫어지면 싫은 사람이 떠나야 한다 **중이 제 머리를 못 깎는다** 사람 삶에는 아무리 종요로운 일이더라도 스스로 못하는 일이 있기 마련이다

중 ⇒ 갑. 가운데. 사이. 안. 속

중간 ⇒ 사이. 틈. 복판. 한가운데. 가운데. 한복판

중간상인 ⇒ 받힘장수

중간색 ⇒ 사잇빛

중간층 ⇒ 사이켜. 복판켜. 가운데 켜

중개 ⇒ 흥정 붙이기. 다리 놓음. 주릅들기. 다리놓다. 주릅들다. 흥정붙이다

중개인 ⇒ 주릅. 흥정꾼. 우다위

중건 ⇒ 고쳐짓기. 늘려짓기. 고쳐짓다. 늘려짓다

중견 ⇒ 이끎이. 종요로운 이

중견수 ⇒ 밖마당지기. 바깥마당 이끎이

중경상 ⇒ 크고 작은 다침. 큰 다침과 작은 다침

중계 ⇒ 이어주기. 옮겨주기. 사이 들기. 받아 보내다. 이어주다. 옮겨주다

중계방송 ⇒ 받아보냄. 이어널냄

중고·중고품 ⇒ 헌것. 낡은 것. 쓰던 것

중고기 이름씨 몸은 옆으로 납작하고 등은 어두운 푸른 밤빛이고 배는 흰 민물고기 한뜻말 중태기

중고차 ⇒ 타던수레. 헌수레

중공업 ⇒ 높짓일. 큰짓일

중과 ⇒ 높게 매김. 무겁게 매기다. 높게 매기다

중과부적 ⇒ 수에 밀림. 떼에 밀림

중과실 ⇒ 큰 잘못

중괄호 ⇒ 활짱묶음. 큰묶음표

중구 ⇒ 뭇입. 뭇소리. 여러 생각

중구난방 ⇒ 뭇입 못 막음. 마구지껄임

중국 ⇒ 쫑궈

중국어 ⇒ 쫑궈말

중금속 ⇒ 무거운 쇠붙이

중급 ⇒ 가운데치

중기 ⇒ 가운데 때

중기중기 어찌씨 크기가 비슷한 것들이 여기저기 모여 있는 꼴 ⓑ땅을 일구는 곳에는 큰 돌들이 중기중기 쌓여 있다

중남미 ⇒ 복판마아메리카

중년 ⇒ 마흔 줄

중노동 ⇒ 힘든 일

중노인·중늙은이 ⇒ 햇늙은이

중농 ⇒ 갑여름지기

중뇌 ⇒ 가운데골

중단 ⇒ 그침. 멈춤. 끊음. 그치다. 멈추다. 끊다

중단없이 ⇒ 줄곧. 잇달아. 죽

중단전 ⇒ 염통. 마음

중단형 ⇒ 그침꼴

중대 ⇒ 갑떼

중대하다 ⇒ 아주 크다. 매우 무겁다. 종요롭다. 크고 무겁다

중덜거리다 움직씨 푸념을 늘어놓듯 중얼거리다 ⓑ노랫말이 잘 외워지지 않는다고 중덜거리며 돌아다닌다 작은말종달거리다 센말쭝덜거리다 **중덜대다**

중덜중덜 어찌씨 푸념을 늘어놓듯 자꾸 중얼거리는 소리나 그 꼴 ⓑ쓰레기를 제때 치우지 않았다고 중덜중덜 잔소리를 한참이나 했다 작은말종달종달 센말쭝덜쭝덜 **중덜중덜하다**

중도(中途) ⇒ 그 새. 그 사이. 그 동안. 가운데. 동안

중도(中道) ⇒ 바른길

중독 ⇒ 인박임. 인 박이다

중독성 ⇒ 인박임새

중동 ⇒ 가운데새

중등교육 ⇒ 가운데배움. 갑배움

중략 ⇒ 이만 줄임

중량 ⇒ 무게

중량급 ⇒ 무거운 쪽. 윗 무게. 큰 무게

중력 ⇒ 무게. 당길힘

중력분 ⇒ 덜 차진 밀가루. 좀 메진 밀가루

중령 ⇒ 두꽃내기

중론 ⇒ 뭇입. 뭇소리. 뭇사람 뜻. 뭇사람 생각

중류 ⇒ 가운데 흐름. 복판 흐름. 가운데 켜. 복판켜

중립 ⇒ 가운데 섬. 복판 섬. 치우치지 않음. 어느 쪽도 아님. 가운데 서다. 치우치지 않다

중립국 ⇒ 안끼는나라. 가운데 선 나라

중매 ⇒ 새들기. 다리 놓기. 재여리. 새들다

중매쟁이 ⇒ 새들이. 갑신아비. 갑신어미. 재여리

중모리장단 (이름씨) 판소리나 입노래, 허튼가락 따위 겨레 내림 소리에 쓰이는 장단. 세 두 들개 넷이 모여 한 마디를 이루는 빠르기로 중중모리장단보다 느리다

중모음 ⇒ 겹홀소리

중문 ⇒ 가운데문

중반 ⇒ 한창때

중벌 ⇒ 무거운 가시짐. 매서운 갚음

중병 ⇒ 무서운 앓이. 무거운 앓이

중복 (重複) ⇒ 겹. 거듭. 거푸. 되풀이. 거듭하다. 되풀이하다. 곱놓다. 겹치다. 덧대다

중복 (中伏) ⇒ 갑된더위

중부 ⇒ 가운데 고장

중뿔나다 ⇒ 오지랖 넓다. 껍죽거리다. 엉뚱하다

중산층 ⇒ 가운데켜

중상 (重傷) ⇒ 크게 다침

중상 (中傷) ⇒ 헐뜯기. 깎아내림. 씹어대기. 헐뜯다. 깎아내리다. 씹어대다

중상모략 ⇒ 하리놀음. 몰아넣기. 덮어씌움. 헐뜯다. 하리놀다. 덮어씌우다. 몰아넣다

중생 ⇒ 숨받이. 숨붙이. 산 것

중생대 ⇒ 갑난뉘

중석 ⇒ 텅스텐

중선 ⇒ 가웃금. 갑금

중성 ⇒ 어지자지. 갑바탈

중성세제 ⇒ 갑가루비누

중세 ⇒ 갑누리. 가운데누리

중소 ⇒ 갑잔

중소기업 ⇒ 갑잔벌일. 작은 벌이일

중소기업청 ⇒ 갑잔벌일집

중순 ⇒ 가운데 열흘. 둘째 열흘. 갑열흘

중시 ⇒ 종요롭게 봄. 떠받듦. 아낌. 종요롭게 보다. 떠받들다. 무겁게 보다. 무게를 두다

중식 ⇒ 낮밥. 점심. 점심밥

중신아비 ⇒ 갑신아비

중신어미 ⇒ 갑신어미

중심 (重心) ⇒ 무게가운데. 무게복판. 가운데

중심 (中心) ⇒ 가운데. 복판. 한가운데. 한복판. 고갱이. 알속

중심가 ⇒ 복판거리

중심부 ⇒ 고갱이. 알속. 가운데. 복판

중심선 ⇒ 복판줄. 복판금

중심지 ⇒ 복판. 한바닥. 한복판

중심체 ⇒ 복판덩이

중심축 ⇒ 복판굴대

중압 ⇒ 내리누름

중앙 ⇒ 갑. 복판. 가운데. 한가운데. 한복판. 고갱이. 서울

중앙당 ⇒ 갑무리. 갑떼. 복판무리. 복판떼. 가운데무리. 가운데떼

중앙선 ⇒ 갑금. 복판금. 복판줄. 가운데줄. 가운데금

중앙아메리카 ⇒ 갑아메리카. 복판아메리카

중앙아시아 ⇒ 갑아시아. 복판아시아

중앙은행 ⇒ 갑돈집. 가운데돈집

중앙청 ⇒ 갑집. 가운데집

중언부언 ⇒ 이러쿵저러쿵. 여러 말. 헛소리. 이러쿵저러쿵하다. 여러말 하다. 헛소리하다. 되풀이 말. 말 되풀이. 되풀이 말하다

중얼거리다 (움직씨) 남이 알아들을 수 없을 만큼 작게 혼잣말을 하다 ⓑ푸름이는 설거지 하면서 내내 뭐라뭐라 중얼거린다 작은말 종알거리다 센말 쭝얼거리다 **중얼대다**

중얼중얼 (어찌씨) 남이 알아들을 수 없을 만큼 작게 혼잣말을 자꾸 하는 꼴 ⓑ누리는 새뜸을 중얼중얼 읽으면서 아침밥을 먹는다 작은말 종알종알 센말 쭝얼쭝얼 **중얼중얼하다**

중역 ⇒ 이끎이

중엽 ⇒ 가운데 잎. 가운데 무렵

중외 ⇒ 안팎. 나라 안팎. 임금백성. 서울시골

중요성 ⇒ 종요로움

중요시 ⇒ 종요롭게 봄. 대단하게 봄. 종요롭게 보다. 대단하게 보다

중요하다 ⇒ 종요롭다

중용 (中庸) ⇒ 가운뎃길. 복판길. 알맞음. 치우치지 않음

중용 (重用) ⇒ 높이 씀. 무겁게 씀. 높은 자리 맡김. 높이 쓰다. 무겁게 쓰다. 높은 자리에 앉히다

중위 ⇒ 두밥풀내기

중위도 ⇒ 갑씨금

중유 ⇒ 무거운기름

중의 ⇒ 뭇사람 뜻. 여러 사람 뜻

중이 ⇒ 가운데귀

중이염 ⇒ 가운데귀앓이

중인 ⇒ 가운데사람

중일전쟁 ⇒ 쫑궈니혼싸움

중임 ⇒ 큰 자리. 큰 구실. 무거운 일. 거듭 맡김. 거듭 맡다. 다시 맡다. 거듭 맡기다

중자음 ⇒ 겹닿소리

중장 ⇒ 세별내기

중장기 ⇒ 갑긴동안

중장비 ⇒ 무거운틀

중재 ⇒ 말림. 사이 듦. 말리다. 풀게 하다. 사이 들다

중전 ⇒ 임금아내

중절 ⇒ 끊음. 뗌. 아이 짐. 끊다. 떼다. 아이 지우다

중절모 ⇒ 둥근챙쓰개

중점 (中點) ⇒ 갑점. 가운데

중점 (重點) ⇒ 무겟점. 알속. 골갱이

중점적 ⇒ 무게를 두는

중정 ⇒ 가운데뜰

중졸 ⇒ 갑배곳 나옴. 갑배곳마침

중죄 ⇒ 큰허물. 무거운허물

중주 ⇒ 함께켜거나불기. 함께 켜기. 함께 불기

중중모리장단 이름씨 판소리, 입노래, 허튼가락 따위 겨레 내림 소리에 쓰는 장단. 세 잔두들개 넷(3소박4)이 모여 한 마디를 이루는 빠르기로 중모리장단보다 빠르고 자진모리장단보다 느리다 ⓑ중중모리장단은 춤을 추거나 가볍고 밝은 느낌이 드는 대목에 흔히 잘 쓰인다

중증 ⇒ 깊은 앓이. 무거운 앓이

중지 (衆智) ⇒ 뭇사람 생각. 뭇사람 뜻. 뭇사람 슬기

중지 (中止) ⇒ 그만둠. 멈춤. 걷어치움. 그만두다. 멈추다. 집어치우다. 손떼다. 때려치우다. 손놓다

중지 (中指) ⇒ 가운뎃손가락

중진 ⇒ 종요로운 사람. 이끎이

중진국 ⇒ 가운데가는 나라. 갑되는 나라

중창 (重唱) ⇒ 겹소리노래. 겹쳐 부르기. 겹쳐 부르다

중창 (重創) ⇒ 고쳐짓기. 고쳐짓다

중책 ⇒ 무거운 자리. 힘든 자리. 어려운 자리

중천 ⇒ 하늘 한복판. 하늘 복판. 하늘 한가운데. 하늘 가운데

중첩 ⇒ 겹침. 거듭. 겹치다. 거듭되다

중추 ⇒ 고갱이. 줏대. 뼈대

중추신경 ⇒ 자위얼날

중추신경계 ⇒ 자위얼날갈래

중추절 ⇒ 한가위

중춤 이름씨 흰 중웃옷과 흰 고깔을 쓰고 추는 춤. 북채 두 낱을 쥐고 웃옷자락을 뿌리치듯 날리며 춘다 ⇐ 승무

중치막 이름씨 소매가 넓고 길며 앞은 두 자락, 뒤는 한 자락인 옆이 터진 웃옷

중키 ⇒ 갑키. 흔한 키. 여느 키. 고른 키

중탕 ⇒ 겹끓임

중태기 이름씨 몸길이는 10센티미터 남짓이고 가늘고 옆으로 납작하며 등은 검푸른빛, 배는 흰빛인 민물고기. 깨끗한 물에 산다 한뜻말 중고기

중턱 ⇒ 메허리. 갑턱. 갑허리

중퇴 ⇒ 하다 그만둠. 배곳그만둠

중편 ⇒ 가운데. 가운데쪽

중편소설 ⇒ 가운데길이이야기

중풍 ⇒ 바람맞음

중하다 ⇒ 값지다. 무겁다. 크다

중학교 ⇒ 갑배곳

중학생 ⇒ 갑배곳 배움이. 갑배움이

중형 ⇒ 가운데 크기. 복판크기

중화 ⇒ 가운데되기. 복판되기

중화요리 ⇒ 쫑궈맛갓

중화학공업 ⇒ 무거운 될갈짓일

중환자 ⇒ 크게 앓는이

중후하다 ⇒ 듬직하다. 두텁다. 점잖다. 드레지다. 묵직하다. 진득하다

중흥 ⇒ 다시 일으킴. 다시 일어남. 다시 일으키다. 다시 일어나다

줴버리다 (움직씨) '쥐여버리다' 준말. 함부로 내버리고 돌아보지 않다 ⓑ바른 마음을 줴버리면 안되지라우

줴치다 (움직씨) '쥐여치다' 준말. 이러쿵저러쿵 씨불이다 ⓑ허튼소리 좀 그만 줴쳐라

쥐[1] (이름씨) 몸털은 잿빛이고 꼬리가 길며 앞니가 날카롭고 안으로 옥아 무엇을 잘 쏠거나 물어뜯는 짐승 ⓑ쥐에게도 들어가는 구멍과 나오는 구멍이 있다 (익은말) **쥐도 새도 모르게** 일을 다루는 것이 감쪽같아 아무도 그 일이 어찌 되었는지 어찌 될지 모른다 **쥐 잡듯이** 꼼짝 못 하게 해 놓고 뒤져 잡다 **쥐 죽은 듯이** 매우 조용하다. 두려워 숨을 죽이고 꼼짝도 못 하다

쥐[2] (이름씨) 몸 어느 한쪽이 떨며 갑자기 오그라들거나 뻗쳐 굳어지는 것 ⓑ헤엄을 치다가 갑자기 종아리에 쥐가 나서 애를 먹었다. 이제 낱말만 쳐다봐도 머리에 쥐가 나려 한다 한뜻말쥐살

쥐구멍 (이름씨) 쥐가 드나드는 구멍 ⓑ쥐구멍을 그대로 두면 소구멍 된다 (익은말) **쥐구멍을 찾다** 무엇에 매우 쫓겨 몸을 숨기려 애를 쓰다 (슬기말) **쥐구멍에도 눈이 든다** 작은 쥐구멍에도 눈이 들이칠 수 있듯이 뜻하지 않은 어려움이 닥칠 수 있다 **쥐구멍에도 볕들 날이 있다** 힘들게 사는 사람에게도 좋을 때가 있다 **쥐구멍에라도 들어가고 싶다** 몹시 부끄러워 그 자리에 있기 거북한 마음이다

쥐꼬리 (이름씨) 쥐 꼬리. 매우 작은 것을 견줘 이르는 말 ⓑ쥐꼬리만 한 품삯으로 알뜰히 살림을 꾸렸다 (익은말) **쥐꼬리만하다** 매우 보잘것없이 작고 시시하다

쥐눈 (이름씨) ❶쥐 눈 ⓑ쥐구멍으로 반짝반짝 쥐눈만 보였다 ❷얼굴 생김에 견줘 어울리지 않게 몹시 작은 눈 ⓑ마을지기는 고수머리에 옥니인데다 들창코에 쥐눈을 한 사나이지만 일을 참 잘했다

쥐눈이콩 (이름씨) 줄기와 잎은 밤빛이고 잎자루가 길고 잎은 어긋맞게 나며 여름철에 누런 꽃이 아래서부터 줄지어 피는 콩. 길둥근 꼬투리열매가 붉게 익으며 반들반들한 검은 씨가 들어있다 ⇐ 서목태

쥐다 (움직씨) ❶어떤 것을 손안에 들게 하여 잡다 ⓑ막대기를 손에 쥐고 가지를 털었다 ❷돈 따위를 벌거나 가지다 ⓑ누구든 한몫 쥘 생각을 하기 마련이다 ❸자리에 딸리거나 주어진 힘을 손에 넣다 ⓑ요즘은 젊은 각시들이 흔히 서방을 쥐고 산다. 엉뚱한 사람이 나라 다스리는 힘을 쥐어서야 되나 ❹손가락을 오므리며 주먹을 짓다 ⓑ두 주먹을 불끈 쥐고 목청껏 외쳤다 ❺어떤 일에 딸린 밑감 따위를 간직하거나 알다 ⓑ이 물음을 풀 열쇠를 별이가 쥐고 있다고? ❻놓치지 않고 붙잡다 ⓑ늘어뜨린 밧줄을 쥐고 바위를 타고 올랐다 (익은말) **쥐었다 폈다 한다·쥐고 흔들다** 무슨 일을 제 마음대로 휘두르거나 부린다 (슬기말) **쥐고 펼 줄을 모른다** ❶돈을 모으기만 하고 쓸 줄을 모른다 ❷속이 좁아 풀쳐서 생각할 줄 모른다 **쥐면 꺼질까 불면 날까** 매우 값있게 여기다

쥐대기 (이름씨) ❶솜씨가 서투른 풋내기 바치 ⓑ쥐대기한테 맡겼더니 집 지은 뒤에 손볼 데가 많다 ❷여기저기서 마구 모으는 일 ⓑ갑자기 밭 맬 놉을 얻다 보니 쥐대기로 모여 일이 엉망이다

쥐대기옷 (이름씨) 여러 가지 천 조각을 잇대어 지은 옷 ⓑ쥐대기옷을 입은 스님이 동냥을 왔다

쥐덫 (이름씨) 쥐를 잡는 데 쓰는 덫 ⓑ쥐덫을 놓아 잡긴 했는데 어찌 치울지가 걱정이다 한뜻말쥐틀

쥐독 (이름씨) 머리 위 숫구멍이 있는 자리 ⓑ뙤약볕이 쥐독으로 내리꽂혔다 한뜻말머리 꼭대기. 머리꼭지 ⇐ 정수리

쥐똥나무 (이름씨) 사람 키보다 조금 크게 자라고 길둥근 꼴 잎사귀가 마주나며 봄철에 흰 꽃이 아카시아처럼 아래서부터 줄지어 길게 피는 갈잎 좀나무. 열매는 까맣게 익으며 나무껍질은 낫개 밑감으로 쓴다

쥐띠 (이름씨) 사람이 태어난 해가 쥐해. 또는 쥐해에 난 사람 ⓑ쥐띠는 열 두 띠에서 첫째 띠로서 겨울철, 한밤, 노녘, 물 따위를 가리킨다 (슬기말) **쥐띠는 한밤에 나면 잘 산다** 쥐는 밤에 먹을 게 많은 것처럼 쥐띠인 사람이 밤에 태어나면 먹을 것이 많아 잘 산다

쥐라때 (이름씨) 갑난뉘를 셋으로 나눌 때 가운데 때 ⇐ 쥐라기

쥐락펴락 (어찌씨) 힘으로 마음대로 부리거나 휘두르는 꼴 ⓑ벼리는 돈으로 일꾼들을 쥐락펴락 마음대로 부린다 **쥐락펴락하다**

쥐며느리 (이름씨) 몸길이는 손톱만하고 길둥글고 납작하며 잿빛을 띤 벌레. 건드리면 몸을 둥글게 말고 그늘지고 축축한 데에 산다

쥐불놀이 (이름씨) 달셈 한달 첫 쥐날에 쥐를 쫓는다는 뜻으로 논둑이나 밭둑에 불을 놓아 마른풀을 태우는 일 ⓑ이른 저녁에 밭두렁에 쥐불을 놓고 밤늦도록 쥐불놀이를 했다 한뜻말 쥐불놓이

쥐뿔 (이름씨) '쥐 불알'에서 나온 말로 아무 보잘것없거나 크기가 작은 것을 빗대어 이르는 말 ⓑ저는 쥐뿔도 잘난 것 없으면서 남보고 이래라저래라 그래 한뜻말 개뿔 (익은말) **쥐뿔 나다** 보잘것없는 사람이 같잖은 짓을 하다 **쥐뿔도 모르다** 아무것도 알지 못한다 **쥐뿔도 없다** 도무지 가진 것이 아무것도 없다

쥐새 (이름씨) 박쥐

쥐새끼 (이름씨) ❶쥐가 난 새끼 ⓑ마루 밑에 막 낳은 어린 쥐새끼가 찍찍거린다 ❷몹시 약삭빠르고 잔일에 약게 구는 이 ⓑ쥐새끼같이 또 몰래 남한테 가서 이를 거 아닌가 (슬기말) **쥐새끼가 쇠새끼 보고 작다 한다** 저보다 훨씬 더 큰 것을 보고 작다고 얕잡아 보다

쥐약 ⇒ 쥐죽개

쥐어뜯기다 (움직씨) ('쥐어뜯다' 입음꼴) 몸 한쪽이 손으로 쥐고 뜯어내듯이 마구 꼬집히거나 당겨지다 ⓑ늦게 들어왔다고 엄마한테 가슴을 쥐어뜯겨 단추가 다 뜯어졌다

쥐어뜯다 (움직씨) ❶단단히 잡고 뜯어내다 ⓑ둘은 맞붙어서 머리끄덩이를 쥐어뜯으며 싸웠다. 별님은 제가 어리석었다고 애꿎은 풀만 쥐어뜯었다 준말 줴뜯다 ❷몸 한쪽을 함부로 꼬집거나 잡아당기며 못살게 굴다 ⓑ엄마는 노여움이 풀리지 않아 애꿎은 딸 팔뚝을 쥐어뜯으며 설움을 쏟아냈다 ❸(가슴이나 마음 들과 함께 써) 몹시 괴로워하고 안타까워하다 ⓑ나직이 들리는 슬픈 노랫소리가 아들딸을 잃은 어버이 가슴을 쥐어뜯었다

쥐어박다 (움직씨) ❶주먹으로 지르듯이 때리다 ⓑ아우가 옆에서 하는 짓이 얄미워 쥐어박았다 준말 줴박다 ❷어떤 사람을 앞에 놓고 꾸짖어 주눅 들게 하다 ⓑ내 말을 듣자마자 아저씨는 쓸데없는 소리한다며 쥐어박았다

쥐어짜다 (움직씨) ❶손으로 꼭 쥐어 비틀거나 눌러 짜내다 ⓑ걸레를 빨아서 꼭 쥐어짰다 ⇐ 압착하다 ❷끈질기게 떼를 쓰며 조르다 ⓑ장사도 안 되는데 쥐어짠다고 어디서 돈이 나오나? ❸안 나오는 눈물을 억지로 나게 하다 ⓑ어른들은 어이어이 하며 소리 내어 울지만 쥐어짜도 눈물은 나지 않았다 ❹무엇을 따져서 골똘히 생각해내다 ⓑ아무리 머리를 쥐어짜도 돈 나가는 구멍을 막을 길이 없네 ❺안 나오는 목소리를 억지로 내다 ⓑ새롬은 목소리를 쥐어짜서 노래를 해보지만 잘 안 된다

쥐어틀다 (움직씨) 단단히 쥐고 비틀다 ⓑ손목을 쥐어틀었다. 베개를 쥐어틀고 밤새 생각해봐야 뾰족한 수가 없다

쥐어흔들다 (움직씨) ❶손으로 잡아 흔들다 ⓑ나뭇가지를 쥐어흔들어 도토리를 주워 담았다 준말 줴흔들다 ❷손에 넣어 마음대로

휘두르다 [ㅂ]각시가 새서방을 쥐어흔들며 산다

쥐엄쥐엄 [어찌씨] [1]젖먹이에게 두 손을 쥐었다 폈다 하라는 소리 [ㅂ]아가야 요렇게, 쥐엄쥐엄 작은말죄암죄암 [2]젖먹이가 두 손을 쥐었다 폈다 하는 짓 [ㅂ]쥐엄쥐엄을 하는 걸 보니 다 컸네

쥐엄질 [이름씨] 젖먹이가 두 손을 쥐었다 폈다 하는 짓 [ㅂ]우리 아슨아들은 쥐엄질을 하며 잘 웃는다 작은말죄암질 **쥐엄질하다**

쥐여버리다 [움직씨] 함부로 내버리고 돌아보지 아니하다

쥐여살다 [움직씨] 남에게 억눌리어 제 생각을 펴지 못하고 지내다 [ㅂ]아들은 장가든 뒤로 무슨 일이 있었는지 아내에게 꽉 쥐여산다

쥐여치다 [움직씨] [1]쥐어서 마구 치다 [ㅂ]볕에 나가 이불을 쥐여치니 먼지가 폴폴 날린다 준말줴치다 [2]이러쿵저러쿵 씨불이다 [ㅂ]옆집에서 말도 안 되는 소리를 쥐여치면서 을러댔다

쥐오줌풀 [이름씨] 싹이 나자 곧 붉은 꽃봉오리를 머리에 이고 올라오는 나물. 서라벌 고을에서 '꽃나물'이라 부른다 한뜻말꽃나물

쥐이다[1] [움직씨] ('쥐다' 입음꼴) [1]어떤 것이 손안에 잡히다 [ㅂ]어느새 내 손에 책이 쥐여 있었다 [2]돈 따위가 벌리거나 얻어지다 [ㅂ]손에 돈이 쥐이기만 하면 쓰고 싶어 가만히 있지를 못한다 [3]남 뜻대로 되거나 움직여지다 [ㅂ]색시에게 쥐여살아도 입이 헤벌쭉하다

쥐이다[2] [움직씨] ('쥐다' 하임꼴) 어떤 것을 손안에 들여 잡게 하다 [ㅂ]떡 하나를 쥐여 주고는 살며시 돈도 조금 쥐여 보냈다

쥐치 [이름씨] 다 큰 것은 몸길이가 한 자쯤이고 마름모꼴에 옆으로 납작한 바닷물고기. 푸른 잿빛에 어둔 밤빛 무늬가 흩어져 있고 쥐처럼 입이 작고 물 밖에서 찍찍거리는 소리를 내어 쥐치라 불린다

쥐코밥놓개 [이름씨] 밥 한 그릇과 건건이 한두 가지로 차린 밥놓개 ⇐ 쥐코밥상

쥐통 [이름씨] 크게 게우고 줄물똥을 싸 몸에 물이 모자라며 힘살이 떨리며 많이 죽는 앓이 ⇐ 콜레라

쥐포 ⇒ 마른 쥐치

쥘부채 [이름씨] 접었다 폈다 하는 부채 한뜻말접부채

쥬스 ⇒ 과일 단물

즈믄 [이름씨] 온열곱, 곧 1,000을 세는 우리말 [ㅂ]올해는 두 즈믄 스물네 해이다 ⇐ 천

즈믄골 [이름씨] 골을 즈믄 디위 더한 수. 곧 10,000,000을 세는 우리말 ⇐ 천만

즈믄날밤얘기 [이름씨] 아라비아 둘레 고장 옛이야기 책 ⇐ 아라비안나이트

즈믄둥이 [이름씨] 딱히 두 즈믄 해에 태어난 아이를 이르는 말 [ㅂ]아이를 낳는 일이 한 집에 하나 될까 말까 하니 즈문둥이를 만나기도 쉽지 않다

즈음 [이름씨] 일이 어찌 될 무렵 [ㅂ]잠자리에 들 즈음 옆집에서 아이 울음소리가 들렸다 비슷한말무렵 준말즘

즈음하다 [움직씨] 어떤 일을 맞이하거나 맞이하게 되다 [ㅂ]한 해를 마감하는 때에 즈음하여 큰 굿이 열릴 것이라고 한다

즉 ⇒ 곧

즉각 ⇒ 곧. 곧바로. 얼른. 퍼뜩. 대뜸

즉결 ⇒ 바로 손봄. 곧 치름. 바로 다룸

즉결심판 ⇒ 바로 판가름

즉사 ⇒ 바로 죽음. 곧바로 죽다

즉석 ⇒ 바로 그 자리. 그 곳. 앉은 자리

즉석식품 ⇒ 바로먹거리. 빠른먹거리. 바로밥. 뚝딱밥

즉시 ⇒ 곧. 곧바로. 빨리. 바로 그 때

즉위 ⇒ 임금자리 오름. 임금 자리에 오르다

즉위식 ⇒ 자리오름 잔치

즉효 ⇒ 빠른 보람

즉흥 ⇒ 마음 내킴. 바로 느낀바. 생각나는바

즉흥적 ⇒ 마음 내키는 대로. 느끼는 대로 바로. 생각나는 대로

즐거움 [이름씨] 보고 듣기에 좋거나 냄새나 맛이 좋거나 몸에 닿는 느낌이 좋거나 하고

싶은 일을 해서 좋은 느낌이 몸에서 일어나 마음까지 흐뭇함 ⓑ요즘은 사람 만나는 즐거움에 산다 맞선말 괴로움 ⇐ 낙. 환락

즐거워하다 움직씨 보고 듣고 냄새 맡고 맛보고 몸에 닿는 느낌이 마음에 들거나 좋게 여기다 ⓑ아이들은 아무데나 풀어놓아도 마냥 즐거워한다 비슷한말 좋아하다 맞선말 괴로워하다 ⇐ 희희낙락하다

즐겁다 그림씨 보고 듣기에 좋거나 냄새나 맛이 좋거나 몸에 닿는 느낌이 좋거나 하고 싶은 일을 해서 좋은 느낌이 몸에서 일어나 마음까지 흐뭇하다 ⓑ소나무 숲속을 거닐며 옷곳한 솔내를 맡으며 버섯을 따는 일은 마냥 즐겁다 비슷한말 좋다. 흐뭇하다 맞선말 괴롭다 ⇐ 안락하다. 유쾌하다

즐겨읽기 이름씨 글을 즐겨 읽는 것 ⇐ 애독. 탐독

즐겨읽는이 이름씨 책이나 글을 즐겨 읽는 사람 ⇐ 애독자

즐기다 움직씨 ❶좋아하여 즐거움을 느끼다 ⓑ멧속에서 나물을 뜯고 더덕을 캐고 버섯을 따는 일을 즐긴다 ⇐ 향유하다 ❷무엇을 좋아하여 자주 하다 ⓑ일을 하고 짬이 나면 책읽기를 즐긴다

즐김 이름씨 어떤 일이나 몬을 사랑하고 좋아함 ⇐ 애호

즐김이 이름씨 어떤 일이나 몬을 사랑하고 좋아하는 사람 ⇐ 애호가

즐비하다 ⇒ 널리다. 늘어서다. 널려있다. 가지런하고 빽빽하다

즘즛하다 그림씨 ❶한창 벌어지던 일이 멎으며 좀 뜸하다 ⓑ잠깐 즘즛했던 뻐꾸기 소리가 다시 시끄럽게 들린다 ❷좀 가라앉아 조용하거나 잠잠하다 ⓑ울컥했던 마음이 차츰 즘즛해진다

즙 ⇒ 짜낸 물

증가 ⇒ 늘어남. 불어남. 많아짐. 늘어나다. 불어나다. 많아지다

증가함수 ⇒ 느는 따름수

증감 ⇒ 늘고 줌. 늘리고 줄임. 늘고 줄다. 늘리고 줄이다

증강 ⇒ 더 늘림. 더 굳게 함. 더 늘리다. 더 굳게 하다

증거·증거물 ⇒ 본메. 본짱. 본메본짱

증권 ⇒ 값표

증권시장 ⇒ 값표저자

증권회사 ⇒ 값표벌데

증기 ⇒ 김

증기기관 ⇒ 김뮘틀

증기기관차 ⇒ 김뮘틀수레

증기선 ⇒ 김배

증대 ⇒ 커짐. 불어남. 많아짐. 커지다. 불어나다. 많아지다

증류 ⇒ 김잡이. 김받이. 김잡다. 김받다

증류수 ⇒ 김물. 김받은 물. 김잡은 물

증명 ⇒ 밝힘. 밝히다

증명서 ⇒ 밝힘글. 본메밝힘글

증발 ⇒ 마름. 김 날아감. 사라짐. 김 날아가다. 사라지다. 마르다

증발량 ⇒ 날아가는 불

증보 ⇒ 보탬. 깁고 더함. 보태다. 깁고 더하다. 메우다

증빙 ⇒ 본메. 본짱. 본메본짱

증빙서류 ⇒ 본메종이

증산 (蒸散) ⇒ 김내기

증산 (增産) ⇒ 더나기. 더내기. 솟나기. 더나다. 더내다. 소수나다. 솟나다. 더 만들다. 늘다. 늘리다. 붇다. 불리다

증산작용 ⇒ 김내기

증상 ⇒ 앓는 꼴. 아픈 모습. 늦

증서 ⇒ 본메글

증설 ⇒ 더지음. 더 짓다

증세 ⇒ 앓는 꼴. 아픈 결. 늦

증손 ⇒ 세마디아들

증식 ⇒ 늘어남. 불림. 늘림. 늘어나다. 불리다. 늘리다

증액 ⇒ 늘림. 돈머리 높임. 늘리다. 돈을 늘리다. 돈머리를 높이다

증언 ⇒ 밝힘말

증언대 ⇒ 밝힘자리

증오 ⇒ 미워함. 싫어함. 미워하다. 싫어하다
증오심 ⇒ 미운마음. 미운느낌. 싫어하는 마음
증원 ⇒ 사람 늘림. 사람을 늘리다
증인 ⇒ 밝힘이
증정 ⇒ 드림. 바침. 올림. 드리다. 바치다. 올리다
증조모 ⇒ 한할머니
증조부 ⇒ 한할아버지
증진 ⇒ 늘어남. 늘림. 늘리다. 늘어나다. 더해나가다
증축 ⇒ 늘려짓기. 늘려 짓다
증편 (增便) ⇒ 늘임. 늘이다
증편 (蒸-) ⇒ 기지떡
증폭 ⇒ 나비, 너비 넓힘. 늘림. 늘리다. 너비를 넓히다
증표 ⇒ 본데표. 본짱표
증후군 ⇒ 늦무리
지 이름씨 (거의 'ㄴ(은)' 아래에 써) 어떤 일이 있었던 때로부터 이제까지 동안 ⓑ내가 이 일을 비롯한 지도 벌써 다섯 해가 넘어가는구나
-지 뒷가지 김치나 장아찌 ⓑ짠지. 오이지. 젓국지. 싱건지. 묵은지. 섞박지. 반지. 감태지
-지 뒷가지 ❶앞말이 아니라고 말할 때 ⓑ거기 가지 않겠다. 오지 말 걸 그랬어 ❷('아니다', '없다'와 함께 써) 앞뒤 말을 이을 때 ⓑ나는 배움이지, 일꾼이 아니어요
지각 (地殼) ⇒ 땅껍질
지각 (知覺) ⇒ 깨달음. 앎. 철. 알다. 깨닫다
지각 (遲刻) ⇒ 늦음. 지남
지각생 ⇒ 늦게온배움이
지각없다 ⇒ 철없다. 퉁어리적다. 가리사니 없다
지갑 ⇒ 돈주머니. 쌈지
지개 이름씨 드나들거나 몬을 넣었다 꺼냈다 하려고 터놓은 곳. 또는 거기에 달아 여닫게 만든 것 ⇐ 문
지개미 이름씨 지게미
지게[1] 이름씨 ❶등에 짐을 지게 나무나 알루미늄으로 만든 연장 ⓑ지게를 지고 나무하러 가자 ❷지게 짐을 세는 하나치 ⓑ땔감 두 지게 해 오너라
지게[2] 이름씨 '문' 우리말. 마루를 비롯한 밖에서 방으로 드나드는 문 ⓑ지게를 열고 방으로 들어갔다
지게걸음 이름씨 무거운 지게를 지고 걸을 때처럼 걷는 걸음. 곧 구부정하고 발끝을 조금 바깥쪽으로 벌리면서 걷는 걸음 ⓑ큰키에 지게걸음을 하는 것을 보니 일을 해본 사람 같다
지게꾼 이름씨 ❶지게를 진 사람 ⓑ지게꾼이 지게를 벗어놓고 쉰다 ❷지게질을 벌이로 삼는 사람 ⓑ좁은 골목길이나 턱진 데로 짐을 나르려면 요즘도 지게꾼이 여러모로 쓸모가 있다
지게문 이름씨 밖에서 방으로 드나드는 외짝문
지게미 이름씨 ❶술을 거르고 남은 찌꺼기 한뜻말술지게미 ❷술을 지나치게 마시거나 몸이 뜨거워 눈가에 끼는 눈곱
지게수레 이름씨 짐을 싣고 내리는 데 쓰는 수레 ⇐ 지게차. 포크리프트
지겟다리 이름씨 지게 아래쪽 두 다리
지겟작대기 이름씨 지게를 받쳐 세울 때 쓰는 작대기
지겹다 그림씨 진저리가 쳐지도록 싫증이 나고 지긋지긋하다 ⓑ오랜만에 본 굿이 하도 재미가 없고 지겨워서 그만 잠이 들었다
지경 (地莖) ⇒ 땅속줄기
지경 (地境) ⇒ 살피. 꼴. 자리. 터. 얼안. 매개
지고하다 ⇒ 매우 높다. 가장 높다. 대단히 높다
지관 ⇒ 터봄이
지구 ⇒ 땅덩이. 땅별
지구력 ⇒ 버팀힘. 끈기. 견딜심
지구본·지구의 ⇒ 땅별꼴. 땅별밑뜸. 새끼땅별
지구온난화 ⇒ 땅별더워짐
지구자기 ⇒ 땅별 쇠끌이
지구전 ⇒ 버티기싸움. 끈기싸움
지구촌 ⇒ 온누리. 땅별마을
지그럭거리다 움직씨 ❶크지 않은 일로 못마땅하여 자꾸 다투다 ⓑ애들 둘이 있으면 지그럭거려서 한 놈을 시골로 보내 놔야겠

다 작은말 자그락거리다 센말 찌그럭거리다 ❷ 남이 듣기 싫게 투정이나 푸념 따위를 자꾸 늘어놓다 ⓑ혼자서 지그럭거리지만 말고 하고 싶은 말을 해보시오 **지그럭대다**

지그럭지그럭 어찌씨 ❶ 크지 않은 일로 못마땅하여 자꾸 다투는 꼴 ⓑ둘은 만나기만 하면 지그럭지그럭 서로 못 잡아먹어 안달이다 작은말 자그락자그락 센말 찌그럭찌그럭 ❷ 남이 듣기 싫게 투정이나 푸념 따위를 자꾸 늘어놓는 꼴 ⓑ마지못해 일은 하면서도 지그럭지그럭 말이 많다 **지그럭지그럭하다**

지그르르 어찌씨 걸쭉한 물 따위가 갑자기 끓어오를 때 나는 소리나 그 꼴 ⓑ달구어진 솥에 기름이 지그르르 끓어오르자 미리 썰어둔 고구마를 넣었다 작은말 자그르르 센말 찌그르르

지그리다 움직씨 문을 잠그지 않고 닫아만 두다 ⓑ아기가 잠든 걸 보고 지게를 지그리고 빠져나왔다 한뜻말 지치다

지그시 어찌씨 ❶ 힘을 가볍게 또는 슬며시 들이는 꼴 ⓑ멀리 들려오는 새소리에 눈을 지그시 감고 귀를 기울였다 한뜻말 살며시. 가만히 ❷ 마음을 누르고 끈기있게 참는 꼴 ⓑ슬픔을 지그시 누르고 버시를 멀리 떠나보냈다

지그재그 ⇒ 번개꼴. 'ㄹ'꼴

지극하다 ⇒ 더없이 마음 쏟다. 더없이 보살피다. 마음을 다하다

지극히 ⇒ 더할 나위 없이. 더없이

지근거리다 움직씨 ❶ 슬그머니 자꾸 누르거나 씹거나 하다 ⓑ이불을 큰 그릇에 넣고 발로 지근거렸다 작은말 자근거리다 ❷ 골치 따위가 자꾸 쑤시듯 아파지다 ⓑ말썽만 피우고 다니는 막둥이 녀석을 생각하니 다시 머리가 지근거린다 ❸ 성가실 만큼 자꾸 귀찮게 굴다 ⓑ아우가 나를 붙잡고 밖에서 놀자고 지근거린다 **지근대다**

지근지근 어찌씨 ❶ 슬그머니 자꾸 누르거나 씹는 꼴 ⓑ어깨가 뻐근하여 지근지근 주물러보았다. 다리를 지근지근 좀 밟아줘 작은말 자근자근 ❷ 골치 따위가 자꾸 쑤시듯 아픈 느낌이나 그 꼴 ⓑ어려운 물음을 두고 하루 내내 씨름했더니 지근지근 머리가 아프다 ❸ 성가실 만큼 자꾸 귀찮게 구는 꼴 ⓑ둘째 놈이 놀잇감을 사달라고 지근지근 졸라댄다 **지근지근하다**

지근하다 ⇒ 가깝다. 가직하다

지글거리다 움직씨 ❶ 물 따위가 걸쭉하게 졸아들며 자꾸 끓어오르다 ⓑ김치찌개가 지글거리며 구수한 냄새를 풍긴다 작은말 자글거리다 센말 찌글거리다 ❷ 걱정스럽거나 못마땅하여 마음을 자꾸 졸이다 ⓑ밤늦도록 아이가 돌아오지 않아 지글거리는 속을 달래느라 골목 어귀에서 서성였다 ❸ 햇볕이 지질 듯이 내리쪼이다 ⓑ한여름 땡볕이 지글거리는 한낮에 돌아다니지 마라 **지글대다**

지글지글 어찌씨 ❶ 물 따위가 걸쭉하게 졸아들며 자꾸 끓어오를 때 나는 소리나 그 꼴 ⓑ두툼하게 썬 세겹살과 묵은지가 불판 위에서 지글지글 익는다 작은말 자글자글 센말 찌글찌글 ❷ 노엽거나 시름 또는 걱정 따위로 자꾸 마음을 몹시 졸이는 꼴 ⓑ애써 번 돈을 쉽게 쓰고 다니는 아이들한테 속이 지글지글 탄다 ❸ 아파서 몸이 자꾸 달아오르는 꼴 ⓑ몸뚱이가 불덩이처럼 지글지글 달아올랐다 ❹ 햇볕이 지질 듯이 몹시 내리쬐는 꼴 ⓑ지글지글 내리쬐는 뙤약볕 아래 아이들이 신나게 논다 **지글지글하다**

지금 (只今) ⇒ 이제. 바로. 곧

지금거리다 움직씨 먹을거리에 섞인 모래나 흙 따위가 자꾸 가볍게 씹히다 ⓑ우렁이 살을 베어 물었는데 모래가 지금거려 그냥 뱉었다 작은말 자금거리다 센말 지끔거리다 **지금대다**

지금껏 ⇒ 이때껏. 여태껏. 이때까지

지금지금 어찌씨 먹을거리에 섞인 모래나 흙 따위가 자꾸 가볍게 씹히는 꼴이나 그 소리 ⓑ상추쌈을 한 입 넣고 씹는데 지금지금

모래가 씹힌다 작은말 자금자금 센말 지끔지끔 **지금지금하다**

지급 ⇒ 치름. 내줌. 줌. 치르다. 내주다. 주다

지급금 ⇒ 치를 돈. 줄돈

지급능력 ⇒ 치를 힘. 갚을 힘

지긋이 [어찌씨] ❶ 남과 견주어 나이가 많아 듬직하게 ㉥나이가 지긋이 들어 보인다 ❷ 참고 견디며 느긋하게 ㉥아내 잔소리에 치솟는 골을 지긋이 가라앉혔다

지긋지긋[1] [어찌씨] ❶ 생각만 해도 넌더리가 날 만큼 몹시 싫거나 괴로운 꼴 ㉥지긋지긋이가 떨리는 가난에도 드디어 볕이 드는구나 작은말 자긋자긋 ❷ 몸에 소름이 끼치도록 몹시 모진 꼴 ㉥집에 불났던 그날을 생각하면 지긋지긋 소름이 돋는다

지긋지긋[2] [어찌씨] ❶ 자꾸 슬그머니 가볍게 힘을 주는 꼴 ㉥배를 골고루 쓰다듬으면서 지긋지긋 눌렀더니 아픔을 잊고 잠이 들었다 작은말 자긋자긋 ❷ 어떠한 느낌 따위를 자꾸 참는 꼴 ㉥이를 악물고 내게 쏟아지는 차가운 눈길을 지긋지긋 참고 버텼다

지긋지긋하다 [그림씨] ❶ 생각만 해도 넌더리가 날 만큼 몹시 싫거나 괴롭다 ㉥올해는 유난히 눈이 지긋지긋하게 자주 내린다 작은말 자긋자긋하다 ❷ 몸에 소름이 끼치도록 몹시 모질다

지긋하다[1] [그림씨] ❶ 생각만 해도 넌더리가 날 만큼 싫고 괴롭다 ❷ 몸에 소름이 끼치도록 모질다

지긋하다[2] [그림씨] ❶ 남과 견주어 나이가 많아 듬직하다 ㉥나이가 지긋한 사람이 찾아왔다 ❷ 어려운 것을 참고 견디도록 끈질기다 ㉥지긋하게 기다리면 좋은 때가 다시 돌아올 것입니다 비슷한말 진득하다 ❸ 마음씨가 누그러지고 하는 짓이 묵직하다 ㉥맑음은 커갈수록 말수가 적어지고 하는 짓도 지긋하였다

지기·지기지우 ⇒ 참 동무. 참 벗

-지기[1] [뒷가지] ❶ (섬, 말, 되 따위에 붙어) 그만한 씨앗을 뿌릴 수 있는 논밭 넓이 ㉥서 마지기 논. 두 섬지기 ❷ (몇 이름씨 뿌리에 붙어) 논 ㉥천둥지기

-지기[2] [뒷가지] ❶ 어떤 이름씨에 붙어 그것을 지키는 사람 ㉥문지기. 메지기 ⇐ 파수꾼 ❷ (어떤 이름씨 뒤에 붙어) 우두머리. 맡은이 ㉥고을지기. 마을지기. 벌데지기. 서울지기 ⇐ -장

지껄거리다 [움직씨] 조금 큰 소리로 떠들썩하게 자꾸 이야기하다 ㉥놀라운 바람빛을 구경하던 사람들이 저마다 한마디씩 지껄거렸다 작은말 재깔거리다 **지껄대다**

지껄이다 [움직씨] ❶ 조금 큰 소리로 떠들썩하게 이야기하다 ㉥남 얘기를 듣기보다 제 얘기를 하고 싶어 서로 지껄이느라 어수선했다 작은말 재깔이다 ❷ 아무렇게나 함부로 이야기하다 ㉥잘 알지도 못하면서 함부로 지껄이는 사람은 늘 있다

지껄지껄 [어찌씨] 조금 큰 소리로 떠들썩하게 자꾸 이야기하는 소리나 그 꼴 ㉥수레가 오지 않자 기다리던 사람들이 지껄지껄 떠든다 작은말 재깔재깔 **지껄지껄하다**

지끈 [어찌씨] ❶ 골치 따위가 쑤시듯 세게 아픈 꼴 ㉥몸이 쑤시고 머리가 지끈 아파 온다 작은말 자끈 센말 찌끈 여린말 지근 ❷ 단단한 것이 갑자기 세게 부러지거나 깨지는 소리 ㉥바람에 뒤뜰 밤나무 가지가 지끈 부러졌다

지끈거리다 [움직씨] ❶ 골치 따위가 자꾸 쑤시듯 아프다 ㉥일이 너무 지나쳤는지 온몸이 욱신거리고 머리가 지끈거렸다 작은말 자끈거리다 센말 찌끈거리다 여린말 지근거리다 ❷ 단단한 것이 갑자기 세게 부러지거나 깨지는 소리가 자꾸 나다 ㉥몰아치는 비바람에 마을 어귀 느티나무 가지 하나가 지끈거리며 부러졌다 **지끈대다**

지끈지끈 [어찌씨] ❶ 골치 따위가 쑤시듯 자꾸 아픈 느낌이나 그 꼴 ㉥머리를 너무 많이 썼더니 지끈지끈 쑤신다 작은말 자끈자끈 센말 찌끈찌끈 여린말 지근지근 ❷ 단단한 것이 갑자기 세게 부러지거나 깨지며 자꾸 나는 소리나 그 꼴 ㉥바람에 나뭇가지들이 지끈지

끈 부러졌다 **3** 손으로 자꾸 세게 때리는 소리나 그 꼴 [보] 지끈지끈 두들겨 패는 소리와 함께 살려달라는 울음소리가 들렸다 **4** 천둥이 무섭게 자꾸 치는 소리나 그 꼴 [보] 번개가 번쩍하더니 지끈지끈 하늘이 무너질 듯 천둥이 울린다 **지끈지끈하다**

지나가다 [움직씨] **1** 때가 끝이 나서 지난 일이 되다 [보] 두 해가 지나가다. 봄이 지나가다. 지나간 일은 접어두고 다음 일을 생각하자 비슷한말 지나다. 넘다 ⇐ 경과하다 **2** 들르거나 머무르지 않고 곧장 가다 [보] 서울까지 와서 마메를 그냥 지나갈 순 없지 **3** 어떤 일이 나타났다가 사라지다 [보] 큰바람이 휩쓸고 지나간 자리에는 쓰레기만 쌓였다 **4** 어떤 곳을 거쳐 가다 [보] 건널목을 지날 때는 오가는 수레를 잘 보고 건너야지 **5** 어떤 곳을 지나쳐서 가다 [보] 다람쥐 한 마리가 쏜살같이 내 옆을 지나갔다 **6** 따로 내세우지 않고 흘려보내다 [보] 요즘 어떠세요 하며 지나가는 말로 슬쩍 물어본다 **7** 어느 만큼을 넘어서거나 지나치다 [보] 어려운 고비가 지나갔다 **8** 어떤 일을 더 손질하거나 돌보지 않고 다른 일로 넘어가다 [보] 나무를 심어만 놓고 지나가면 어떻게 되겠나 [슬기말] **지나가는 불에 밥 익히기** 뜻밖에 찾아온 때를 잘 잡아서 써먹는다

지나다 [움직씨] **1** 때가 언제를 또는 동안을 넘어 흐르다 [보] 저녁때가 지나도 아이가 돌아오지 않아 걱정이다 비슷한말 지나가다. 넘다 ⇐ 경과하다 **2** 어느 만큼을 넘어서 그보다 앞서다 [보] 부지런하기를 한솔보다 지날 사람은 없다 **3** 어디를 거쳐 가거나 오다 [보] 다리를 지나 마을 어귀에 들어섰다 ⇐ 통과하다 **4** (흔히 '지난' 꼴로 써) 그때보다 바로 앞 [보] 지난 달. 지난 여름에 바닷가에 놀러 갔지 **5** (흔히 '~에 지나지 않다' 꼴로 써) 기껏해야 그것을 넘지 않다 [보] 그거야 그저 한낱 졸때기에 지나지 않아 **6** 때가 끝나 지난 일이 되다 [보] 슬기는 한 해가 지나서야 돌아왔다

지나다니다 [움직씨] **1** 어디를 거쳐서 다니다 [보] 다리를 지나다니다. 지나다니는 사람이 많으니 여기선 한눈팔지 마라 ⇐ 통행하다 **2** 들르거나 머무르지 않고 지나쳐만 다니다 [보] 늘 이 앞을 오가면서도 바빠서 지나다니기만 한다

지나오다 [움직씨] **1** 해달 흐름과 함께 삶을 겪어오다 [보] 돌아보니 지나온 나날이 꿈만 같다 맞선말 지나가다 **2** 들르거나 머무르지 않고 곧장 오다 [보] 책집에 들르지 않고 그냥 지나오기가 쉽지 않다 **3** 어떤 곳을 거쳐 오다 [보] 골목 어귀를 지나올 때 꼬마 녀석들이 내게 달라붙었다 **4** 멎어야 할 데를 멎지 않고 더 지나서 오다 [보] 졸다가 내려야 할 곳을 지나왔네

지나치다 [움직씨] **1** 어디를 지나서 가거나 오다 [보] 요 옆에까지 왔다가 지나치는 길에 잠깐 들렀어요 **2** 들르거나 머무르지 않고 그냥 지나다 [보] 웬일인지 새롬은 놀이터 앞을 그냥 지나쳤다 **3** 어떤 일을 그냥 넘겨보내다 [보] 잘못 된 일을 아무렇게나 지나쳐 버리면 안 되죠 **4** 어떤 잣대를 훨씬 넘다 [보] 사랑도 지나치면 미치지 않는 것만 못하다 **5** 멎어야 할 데를 멎지 않고 더 지나가다 [보] 깜빡 조는 바람에 내려야 할 데를 지나쳤다 **6** (그림씨) 어떤 일이 잣대를 넘다 [보] 아무리 우스갯소리지만 좀 지나칩니다

지나침 [이름씨] 어떤 잣대를 넘어섬 [보] 이쯤 하면 모자람도 지나침도 없다 맞선말 모자람

지난날 [이름씨] 이미 지나간 날 [보] 지난날 겪은 아픔과 슬픔을 묻어버리고 웃으며 산다 ⇐ 과거

지난뉘 [이름씨] 앞뉘 ⇐ 전생

지난달 [이름씨] 이 달 바로 앞 달 [보] 지난달에 돈을 너무 많이 썼으니 이제 조금 아끼자

지난밤 [이름씨] 어젯밤 [보] 지난밤에 잘들 잤는고 한뜻말 간밤

지난번 ⇒ 지난 디위. 그 때. 먼저께. 지난적

지난적 [이름씨] 말하고 있는 때보다 앞선 때 [보] 지난적에 하고 싶은 것도 먹고 싶은 것도

참 많았다 맞선말 올적 ⇐ 과거

지난주 ⇒ 지난 이레

지난해 (이름씨) 이 해 바로 앞 해 ⓑ지난해가 엊그제 같은데 벌써 봄이 지나가네 한뜻말 간해 ⇐ 작년. 전년 (슬기말) **지난해에 고인 눈물 올해에 떨어진다** 어떤 좋지 못한 열매가 뒤늦게 나타난다

지날결 (이름씨) 지나가는 길이나 까리 ⓑ일터로 지날결에 옛벗을 만났다

지남철 ⇒ 쇠끌이

지남침 ⇒ 마봄바늘

지내다 (움직씨) ❶먹고살거나 살아 나가다 ⓑ그동안 잘 지냈습니까? ❷서로 사귀어 살아오다 ⓑ사이좋게 지내다가 때로 싸우기도 한다 ❸어떤 동안이나 때를 보내며 살다 ⓑ봄을 지내다. 한 해를 지내다. 하룻밤을 지내다 ❹어떤 자리를 맡아 일하다 ⓑ요즘도 마을지기로 지내나? ⇐ 역임하다 ❺큰일을 치르거나 겪어내다 ⓑ아버지 식게를 시골에서 지내기로 했다

지네 (이름씨) 몸은 가늘고 길며 여러 마디로 이뤄지고 그 마디마다 한 짝씩 발이 있는 벌레. 작은 벌레 따위를 잡아먹고 사는데 물 때 죽이개 물을 내쏜다

지느러미 (이름씨) 물고기가 물속에서 몸을 바로잡거나 헤엄치는 데 쓰는 뭠틀. 등과 가슴, 배, 꼬리 뒤쪽과 꼬리에 있다

지느러미엉겅퀴 (이름씨) 줄기에 지느러미 같은 것이 많이 붙어 있는 엉겅퀴

지능 ⇒ 슬기와 재주. 앎힘

지능검사 ⇒ 앎힘캐봄. 앎힘재봄

지능범 ⇒ 꾀도둑. 꾀많은도둑

지능지수 ⇒ 슬기몫. 슬기푼수. 앎힘푼수

지니다 (움직씨) ❶무엇을 몸에 간직하여 가지다 ⓑ그는 늘 주머니에 쇠돈을 지니고 다닌다 비슷한말 갖다. 간직하다 ⇐ 소유하다 ❷어떠한 생김새, 됨됨이, 힘 따위를 바탕으로 가지다 ⓑ슬기는 노래에 엄청난 재주를 지녔어 ❸처음 모습이나 바탕 따위를 그대로 가지다 ⓑ슬찬은 아직도 어릴 적 모습을 얼굴에 지녔어 ❹어떤 일 따위를 잊지 않고 새기다 ⓑ나는 이제껏 아버지가 하신 말씀을 늘 가슴속에 지니고 살아왔다 ❺자랑이나 빛냄을 누려 가지다 ⓑ우리말을 잘 부려 쓰는 자랑을 지니고 산다

지다[1] (움직씨) ❶몬을 짊어서 등에 얹다 ⓑ아버지가 지게를 지고 일하러 가신다 비슷한말 메다. 짊어지다 맞선말 벗다 ❷무엇을 뒤쪽에 두다 ⓑ바람을 안고 올 때보다 지고 가니 얼마나 수월한가 ❸일에 딸리거나 주어진 짐을 맡다 ⓑ사내가 나라 지키는 짐을 지러 가야지 ❹빚을 얻거나 베풂을 입다 ⓑ그동안 진 빚을 갚다 ❺허물 될 일을 저지르거나 짓다 ⓑ허물을 지다

지다[2] (움직씨) ❶잎이나 꽃 따위가 시들거나 말라 떨어지다 ⓑ잎이 다 지고 가지만 앙상하다 ❷묻었거나 배어 든 것이 닦이거나 씻겨 없어지다 ⓑ때가 지다. 아무리 빨아도 옷 얼룩이 잘 지지 않는다 ❸맺혔던 이슬 같은 것이 사라지다 ⓑ아침 이슬이 지기도 앞에 집을 나섰다 ❹돋아 있던 해나 달이 하늬녘 하늘금 너머로 떨어지다 ⓑ해가 지고 달이 뜬다 ❺배속아이가 그대로 죽다 ⓑ애가 졌으니 이제 어찌할까 ❻숨이 더는 이어지지 않다 ⓑ떠돌이가 숨이 진 채로 물에 떠내려왔다 ❼겨루기나 내기 따위에 이기지 못하고 굽히다 ⓑ그와 막판 겨룸에서 아쉽게 지고 말았다 ⇐ 패하다

지다[3] (움직씨) 젖이 불어 저절로 나오거나 흐르다 ⓑ젖이 지는 것을 보니 아기도 무척 배가 고프겠다

지다[4] (움직씨) 어떤 꼴이 나타나거나 이루어지다 ⓑ달무리가 지다. 턱이 지다. 큰물이 지다. 네모 진 널

지다[5] (움직씨) (풀이씨 끝으로 '아, 어' 아래 써) 어떤 짓이나 꼴로 되어가다 ⓑ엎어지다. 커지다. 검어지다

-지다 (뒷가지) ❶(이름씨나 그림씨 따위 뿌리에 붙어) 그것이 나타나거나 그렇게 되다 ⓑ그늘지다. 얼룩지다 ❷만큼이나 되다 ⓑ기

름지다. 값지다. 살지다. 멋지다

지단 ⇒ 달걀채

지당 ⇒ 올바름. 맞음. 마땅함. 옳다. 맞다. 마땅하다

지대 ⇒ 얼안. 테두리. 띠

지대하다 ⇒ 아주 크다. 엄청나다. 매우 크다

지더리다 (그림씨) 마음씨나 몸짓이 지나치게 더럽고 좀스럽다 ⓑ왜 이렇게 지더리게 굴어? ⇐ 야비하다

지도 (地圖) ⇒ 땅그림

지도 (指導) ⇒ 이끎

지도력 ⇒ 이끎힘

지도원 ⇒ 목대잡이. 이끎이

지도자 ⇒ 이끎이. 채잡이. 길잡이. 난사람

지독하다 ⇒ 모질다. 매섭다. 사납다

지돌이 (이름씨) 가파른 멧길에서 바위 같은 데에 등을 대고 겨우 돌아가는 곳이나 그런 길 맞선말안돌이

지동설 ⇒ 땅뮘말

지라 (이름씨) 사람이나 등뼈 숨받이에서 몸속 양 왼쪽이나 뒤쪽에 있는 길고 검붉은 빛을 띄는 배알. 흰피톨을 짓고 묵은 붉은피톨을 없애는 일을 한다 ⇐ 비장

지라양 (이름씨) ❶지라와 양을 함께 이르는 말 ⇐ 비위 ❷먹은 것을 삭여 내는 힘 ❸어떤 맛갓을 먹고 싶은 마음

지랄 (이름씨) ❶그냥 갑자기 온몸이 떨리면서 얼을 잃고 눈을 뒤집어 뜨며 게거품을 흘리면서 버둥거리는 앓이 ⓑ지랄을 앓아 다시 땅바닥에 쓰러져 온몸을 벌벌 떨었다 한뜻말 지랄앓이 ⇐ 뇌전증. 간질 ❷아주 시끄럽게 떠들거나 마구잡이로 하는 짓 ⓑ날씨가 지랄 같아. 골이 나면 저렇게 아무한테나 지랄을 떨어

지랄병 ⇒ 지랄앓이. 지랄. 하늘앓이

지랄앓이 (이름씨) 온몸이 떨리다가 눈이 허옇게 뒤집어지며 얼을 잃고 쓰러지기를 되풀이하는 앓이. 내림앓이이기도 하고 골혹이나 크게 다쳐 일어날 수도 있다 ⇐ 뇌전증. 간질

지략 ⇒ 꾀. 슬기. 재주

지렁 (이름씨) 맛갓 간을 맞추는 데 쓰는 짠맛이 나는 검은 물. 메주를 소금물에 쉰 날쯤 담가 우려낸 뒤 그 국물을 떠내어 바로 쓰거나 솥에 붓고 달여서 쓴다 ⇐ 간장

지렁맛 (이름씨) 지렁이 내는 맛. 지렁맛에 따라 그 집 온갖 맛갓맛을 잡는다 ⇐ 장맛

지렁이 (이름씨) 몸은 밤빛에 가늘고 긴 둥근 꼴로 많은 잔 마디로 이루어진 벌레. 암수한몸으로 앞뒤 끝에 입과 똥구멍이 있으며 젖은 땅이나 물속에서 산다. 지렁이는 먹이사슬 아래에서 말없이 땅을 일구며 땅심을 지켜온 으뜸 일꾼이다 ⇐ 토룡. 지룡 (슬기말) **지렁이도 밟으면 꿈틀한다** 아무리 무르고 하찮은 사람이라도 너무 업신여기면 가만있지 않는다 **지렁이 갈빗대 같다** 아주 터무니없다. 아주 부드럽고 말랑말랑하다

지렁조림 (이름씨) 소고기를 지렁에 넣고 졸여 만든 먹거리 ⓑ네가 두고 먹을 수 있게 지렁조림을 만들어왔어 ⇐ 장조림

지레[1] (이름씨) 무거운 몬을 떠들어서 움직이는 데 쓰는 막대 ⓑ바위를 지레로 떴다 밑말지렛대

지레[2] (어찌씨) 어떤 일이나 때가 되기에 앞서 미리 ⓑ겨우 뚜껑만 열었을 뿐인데 지레 놀라 자빠진다. 바닥에 지레 떨어진 풋감. 나이에 견줘 지레 늙어 보인다

지레김치 (이름씨) 김장 앞에 조금 담그는 김치

지레뜸 (이름씨) 뜸이 들기 앞에 밥을 뜨는 일. 또는 그 밥

지레목 (이름씨) 멧줄기가 끊어진 곳 ⓑ우리는 지레목에 이르러 또 다른 고갯길을 만났다

지레어림 (이름씨) 어떤 일이 일어나기 앞에 어림잡는 일 ⓑ지레어림으로 두려워하지 말고 차분히 만나봐 ⇐ 예기

지레짐작 ⇒ 지레어림

지레채다 (움직씨) 지레어림으로 알아채다 ⓑ도울은 아내 속셈을 지레채고는 눈 하나 깜짝하지 않았다 ⇐ 예견하다. 예측하다

지렛대 (이름씨) ❶무거운 것을 쳐들어 움직이는 데에 쓰는 막대기 ⓑ지렛대 한쪽 끝을 들것 밑에 끼고 그 밑에 굄을 놓고 다른 쪽

끝을 누른다 한뜻말 제지레 준말 지레 ⇐ 레버 **2** 어떤 과녁을 이루는 길이나 힘 ⓑ마을 젊은이들이 지렛대가 되어 우리 고장이 좋아지네

지력 ⇒ 땅심. 땅힘

지령 ⇒ 시킴. 성금

지뢰 ⇒ 땅터지개

지뢰밭 ⇒ 땅터지개밭

지루하다 그림씨 때가 오래 걸리거나 같은 꼴이 오래 이어져 따분하고 싫증이 나다 ⓑ굿이 열리려면 아직 한참 남았는데 기다리기가 지루하다 한뜻말 지겹다 ⇐ 무료하다

지류 ⇒ 물갈래. 물줄기

지르다[1] 움직씨 목청을 높여 소리를 크게 내다 ⓑ소리를 지르다

지르다[2] 움직씨 **1** 팔다리나 막대기 따위를 내뻗쳐 맞은쪽을 힘껏 세게 치다 ⓑ발길로 먼저 지르고 나서 얼른 손으로 얼굴을 막았다 **2** 두 쪽 사이를 가로 건너 막거나 걸치거나 꽂다 ⓑ어찌할 줄 몰라 먼저 큰문을 닫고 빗장부터 질렀다 **3** 안으로 들이밀거나 꽂다 ⓑ팔짱을 지르다. 손을 바지 주머니에 지르다 **4** 공을 힘껏 걷어차다 ⓑ공을 문 쪽으로 힘차게 질렀다

지르다[3] 움직씨 **1** 돌지 않고 가까운 길로 가다 ⓑ큰 마당을 질러가면 빨리 갈 수 있다 **2** 말이나 짓을 미리 잘라 막다 ⓑ더 듣다가는 무슨 말이 나올지 몰라 얼른 말을 질렀다 **3** 푸나무 곁 싹 따위를 떼어내다 ⓑ웃자라기 앞서 콩 곁 싹을 질러준다 **4** 낟이 익기 앞에 조금씩 베다 ⓑ밀사리를 하려고 이삭을 질렀다 **5** 그릇에 담긴 물을 조금 떠내거나 따르다 ⓑ솥에 잡은 물이 많아 좀 질렀다 **6** 물 따위에 다른 것을 타거나 섞다 ⓑ쓴 낫개를 물에 질러서 먹었다 **7** 불을 붙여 일어나게 하다 ⓑ집에 불을 지르고 달아난 사람을 잡았다 **8** 어떤 기운이나 마음을 건드려 일어나게 하다 ⓑ아내 잔소리가 드디어 버시 마음에 불을 질렀다 **9** 냄새가 코 따위를 갑자기 건드리다 ⓑ된장국 냄새가 코를 질렀다 **10** 내기나 노름에서 돈 따위를 태워놓다 ⓑ첫째 말에 밑돈을 죄다 질러 놓았다 **11** 무엇을 갈라서 나누다 ⓑ일꾼을 세 쪽으로 질러 밤낮으로 서로 갈아서 일을 시켰다 **12** 거름 따위를 밭에 끼얹거나 들이붓다 ⓑ아침부터 밭에 거름을 지르고 돌아왔다

지르르하다 그림씨 **1** 거죽에 물, 기름 따위가 많이 흘러 번지르르하다 ⓑ햅쌀을 갓 찧어 밥을 하면 냄새도 고소하고 빛깔도 지르르하다 작은말 자르르하다 센말 찌르르하다 **2** 뼈마디나 몸 한쪽이 좀 저릿하다 ⓑ쪼그려 앉아서 일을 했더니 발바닥이 지르르하다

지름 이름씨 동그라미나 공에서 한복판점을 거쳐 둘레에 건너지른 곧은 금 ⓑ바닥에 지름이 1미터인 동그라미 세 낱을 이어 붙여 그렸다 ⇐ 직경

지름길 이름씨 **1** 가깝게 질러 다니는 길 ⓑ내가 지름길로 와서 앞서 떠난 아이들보다 먼저 수레나루에 닿았다 **2** 가장 쉽고 빨리 이루는 길 ⓑ바라는 열매를 딸 수 있는 지름길은 오직 부지런함이다 슬기말 **지름길은 종종 길이다** 빨리 걷는 것이야 말로 바로 질러가는 길이다

지릅 이름씨 맨눈으로 볼 수 없는 아주 작은 알갱이 한뜻말 잔알갱이. 좀알씨 ⇐ 미립자

지릅뜨다 움직씨 **1** 고개를 수그리고 눈을 치올려서 뜨다 **2** 눈을 크게 부릅뜨다

지리 ⇒ 땅매개

지리다 움직씨 **1** 똥이나 오줌을 참지 못해 조금 싸다 ⓑ길이 꽉 막혀 오도가도 못해 오줌을 지렸다 **2** 오줌 냄새와 같거나 그런 맛이 있다 ⓑ나무 냄새가 지리다고 말오줌나무라 부르는데 그 싹은 데치면 맛이 좋아진다 슬기말 **지린 것은 똥 아닌가** 나쁜 짓을 조금 했다고 해서 안 했다고 발뺌 할 수는 없다

지리산 ⇒ 두루메

지리학 ⇒ 땅매개갈

지린내 이름씨 오줌 냄새와 같은 냄새 ⓑ밭에

오줌을 뿌렸더니 지린내가 코를 찌른다

지망 ⇒ 뜻을 냄. 하길 바람. 뜻함. 바라다. 뜻을 내다. 뜻하다

지망지망 어찌씨 ❶찬찬하지 않고 가볍게 촐랑대는 꼴 ⓑ잘 알아보지도 않고 지망지망 나선거야? ❷어리석고 무디어 무엇에든 데면데면한 꼴 ⓑ일을 지망지망 하는 버릇을 고쳐먹었다

지망지망하다 그림씨 ❶찬찬하지 않고 가볍게 촐랑대다 ⓑ종요로운 일을 지망지망하게 다루면 안되지 ⇐ 소홀하다 ❷어리석고 무디어 무엇에든 데면데면하다

지매 이름씨 그림 빈 곳에 옅은 푸른빛, 노랑, 보랏빛을 입히는 일 **지매하다**

지며리 어찌씨 차분하고 꾸준한 꼴 ⓑ봄빛은 뜻을 세우고 지며리 우리말을 파고들었다 한뜻말 꾸준히 ⇐ 부단히

지면 (地面) ⇒ 땅겉. 땅거죽. 땅바닥

지면 (紙面) ⇒ 글 싣는 자리. 종이

지멸있다 그림씨 꾸준하고 참되다 ⇐ 성실하다

지명 (地名) ⇒ 땅이름

지명 (指名) ⇒ 이름 부름. 가리킴. 가리키다. 꼬집어 가리키다. 꼽다

지명도 ⇒ 알려진 만큼. 알려진 크기

지모 ⇒ 슬기. 꾀

지목 (地目) ⇒ 땅 갈래. 땅쓰임갈래

지목 (指目) ⇒ 짚음. 꼬집어 가리킴. 짚다. 가리키다. 꼬집어 가리키다. 꼽다

지문 (指紋) ⇒ 손가락무늬

지물 ⇒ 종이붙이

지물포 ⇒ 종이 집

지반 (地盤) ⇒ 땅바닥. 터전

지방 이름씨 길가에 움푹 패어 있어 빠지기 쉬운 개천

지방 (脂肪) ⇒ 굳기름. 기름

지방 (地方) ⇒ 고장. 시골. 땅. 곳

지방관 ⇒ 고장지기

지방도 ⇒ 고장길. 시골길

지방문화재 ⇒ 고장삶꽃몬

지방법원 ⇒ 고장가름집

지방사람 ⇒ 고장사람. 시골사람. 시골내기

지방색 ⇒ 고장빛. 고장사랑. 고장 살결. 고장 낯빛

지방선거 ⇒ 고장뽑기

지방세 ⇒ 고장낛. 고을낛

지방의회 ⇒ 고장뽑힌이모임. 고을뽑힌이모임

지방자치 ⇒ 고장제다스림

지방자치제 ⇒ 고장제다스리기

지배 ⇒ 다스림. 거느림. 휘두름. 다스리다. 부리다. 거느리다. 휘두르다

지배인 ⇒ 보살핌이. 모가비. 목대잡이

지배적 ⇒ 억누르는. 거느리는. 다스리는

지배층 ⇒ 다스림무리

지병 ⇒ 묵은아픔. 오랜앓이

지부 ⇒ 가닥터. 아래맡음터. 고장터

지분 ⇒ 몫. 제몫. 아람치. 맡은 몫

지분거리다[1] 움직씨 남에게 짓궂은 말이나 짓을 하여 자꾸 귀찮게 하다 ⓑ겨집 아이들에게 지분거리는 큰 녀석을 타일렀다 작은말 자분거리다 **지분대다**

지분거리다[2] 움직씨 ❶모래나 흙 따위 가루가 귀찮게 자꾸 씹히다 ⓑ먼지가 밥에 들어갔는지 밥을 먹는 내내 흙가루가 지분거렸다 작은말 자분거리다 ❷모래 따위가 발에 자꾸 밟히다 ⓑ지분거리는 모래밭을 달리는 게 맨땅보다 곱은 힘들다 **지분대다**

지분거리다[3] 움직씨 날씨가 오락가락하면서 자꾸 궂다 ⓑ오랜만에 나가려 들면 꼭 비가 지분거려 일을 그르치곤 했다 작은말 자분거리다 **지분대다**

지분지분[1] 어찌씨 짓궂은 말이나 짓으로 남을 자꾸 몹시 귀찮게 구는 꼴 ⓑ머시마들은 어디서나 가시나를 보면 지분지분 말을 붙이려고 한다 작은말 자분자분 **지분지분하다**

지분지분[2] 어찌씨 ❶먹거리에 섞인 흙이나 모래 같은 것이 자꾸 귀찮게 씹히는 꼴 ⓑ모래가 지분지분 씹히는 닷낟밥 작은말 자분자분 ❷모래 따위가 발에 자꾸 밟히는 꼴 **지분지분하다**

지분지분[3] 어찌씨 날씨가 오락가락하면서 자꾸 궂은 꼴 작은말 자분자분 **지분지분하다**

지불 ⇒ 치름. 내줌. 치르다. 내주다

지불기일 ⇒ 갚을 날짜. 치를 날짜

지불능력 ⇒ 치를 힘. 갚을 힘

지불액 ⇒ 치를 돈. 갚을 돈

지불정지 ⇒ 치름멈춤

지붕 이름씨 **1** 빗물이나 햇빛 따위를 막으려고 집 위쪽을 덮어 가리는 것 ⓑ떠로 지붕을 이었다 **2** 가장 높은 곳 ⓑ한밝더기는 우리나라 지붕이다 슬기말 **지붕 호박도 못 따면서 하늘 복숭아 따겠단다** 쉬운 일도 못 하면서 어려운 일을 하려 한다

지붕마당 이름씨 마당처럼 만든 하늬집 지붕 위

지붕바라지 이름씨 지붕에 낸 바라지. 빛이 들거나 빈기 흐름이 좋도록 낸다 ⇐ 천창

지사 (志士) ⇒ 나라걱정이. 나라사랑꾼

지사 (支社) ⇒ 가닥데. 가름데

지상 (至上) ⇒ 으뜸. 가장 높음. 더할 수 없이 높음

지상 (地上) ⇒ 땅. 땅위

지상경 ⇒ 땅위줄기

지상낙원 ⇒ 땅위꽃누리. 땅위보금누리. 땅위기쁨나라

지상파 ⇒ 땅윗결

지새다 움직씨 **1** 달이 지면서 날이 새다 ⓑ어느덧 날은 지새고 한겨울 새벽 찬바람이 분다 **2** 고스란히 새우다 ⓑ밤을 지새며 읽던 책을 마저 읽었다

지새우다 움직씨 밤을 고스란히 새우다 ⓑ뜬눈으로 밤을 지새웠다 한뜻말 밤새우다. 새다 ⇐ 철야하다

지샌달 이름씨 새녘이 밝아올 때 하늬하늘에 보이는 달 ⓑ이른 새벽 버섯 따러 나설 때 지샌달을 동무하여 메에 오른다

지석 ⇒ 괸돌. 받침돌. 고인돌

지석묘 ⇒ 고인돌

지성 (知性) ⇒ 앎힘

지성 (至誠) ⇒ 온 마음. 온 힘. 살손 붙임. 참 마음

지성껏 ⇒ 마음 다해. 힘을 다해

지성인 ⇒ 된 사람. 앎힘보

지세 ⇒ 땅 생김새. 땅생김

지소 ⇒ 가닥바. 가름바

지속하다 ⇒ 이음. 이어감. 잇다. 이어가다. 이어지다

지수 ⇒ 가리킴 수. 보임 수. 몫. 모가치

지스러기 이름씨 골라내거나 잘라 내고 남은 나머지 ⓑ아버지 옷을 만들고 난 지스러기로 아이 옷을 하나 지었다

지시 ⇒ 시킴. 가리킴. 가리키다. 시키다

지시문 ⇒ 시킴글

지시약·인디케이터 ⇒ 알리개. 알림낫개

지식 ⇒ 앎. 알음. 알음알이

지식인 ⇒ 알음이. 든사람. 든이

지식층 ⇒ 든사람들

지신 ⇒ 땅서낭. 땅검

지신밟기 ⇒ 마당밟이. 마당밟기

지실 이름씨 안 좋은 일이 크게 생겨 밑짐 ⓑ꽃샘추위가 늦게 찾아와 과일나무에 큰 지실이 들었다 한뜻말 언걸 ⇐ 재앙. 재해. 폐해. 피해

지실들다 움직씨 푸나무나 숨받이가 어떤 큰 안 좋은 일 때문에 잘 자라지 못하다

지실보 이름씨 큰물이나 바람으로 크게 밑진 사람 한뜻말 언걸보 ⇐ 이재민

지심 이름씨 논밭에 난 풀 한뜻말 김 ⇐ 잡초

지아비 이름씨 '집에 있는 아비'라는 뜻을 가진 짓(집)아비가 짓아비>지사비>지아비로 바뀐 말이다. 짓은 집과 같은 말로 사람이 사는 집을 말한다. '집에 있는 아비'는 아내 쪽에서 보면 버시이다. 이 고운 우리말이 한자말 남진, 남편이 들어오면서 잡아먹히거나 낮춤말로 자리잡았다 ⓑ지아비는 지어미를 섬기고 지어미는 지아비를 섬긴다 한뜻말 버시. 바데. 바깥사람 맞선말 지어미 ⇐ 남편

지압 ⇒ 손끝누르기

지어내다 움직씨 **1** 없는 일을 있는 것같이 꾸며 내다 ⓑ뜬소리를 지어낸 사람이 바로 너였구나 **2** 어떤 느낌이나 낯빛 따위를 거짓으로 꾸며 내다 ⓑ슬픔을 감추려 애써 웃음을 지어냈다

지어먹다 움직씨 마음을 단단히 다잡아 가지다 ⓑ앞으로 아침에 일찍 일어나기로 마음

을 지어먹었다 슬기말 **지어먹은 마음이 사흘을 못 간다** 억지로 먹은 마음은 오래가지 못한다 ⇐ 작심삼일

지어미 이름씨 '집에 있는 어미'란 뜻인 짓+어미>짓어미>지서미>지어미로 바뀐 말. 곧 아내. 이 고운말이 한자말 처, 여편네에 밀려 낮춤말로 자리잡았다 ⓑ지어미는 베 짜고 지아비는 밭 갈아 살림을 꾸려나갔다. 그 집은 지아비랑 지어미가 함께 애를 잘 키워요 한뜻말가시. 각시 맞선말지아비 슬기말 **지어미 손 큰 것** 아무짝에도 쓸모가 없고 도리어 집안 살림을 던다

지엄하다 ⇒ 무섭다. 매우 딱딱하다

지엔에스에스 ⇒ 누리돌별길잡이틀

지역 ⇒ 고장. 바닥. 곳. 땅

지역개발 ⇒ 고장낫게함. 고을좋게함. 고장꽃피움. 고을파헤침

지역구 ⇒ 고을가름. 고장가름

지역사회 ⇒ 고을사람사이. 고을모둠. 고장살이

지역신문 ⇒ 고을새뜸. 고장새뜸

지연 (地緣) ⇒ 고장줄. 고을줄

지연 (遲延) ⇒ 늦춤. 미룸. 더딤. 끌다. 미루다. 늦추다. 더디다. 미적거리다

지열 ⇒ 땅속뜨거움. 땅바닥뜨거움

지옥 (地獄) ⇒ 땅가두리. 불구덩이. 구렁텅이

지온 ⇒ 땅따습기

지우개 이름씨 ❶널 따위에 쓴 글씨나 그림 따위를 지우는 데 쓰는 것 ⓑ요즘 흰널에 쓰는 글씨는 지우개로 지워도 가루가 날리지 않는다 ❷'고무지우개' 준말 ⓑ책에 쓴 글을 지우개로 지웠다

지우다[1] 움직씨 ('지다' 하임꼴) ❶어떤 것을 나르려고 등에 얹게 하다 ⓑ소에게 쟁기를 지우고 논을 갈았다 ❷일에 딸리거나 남이 준 짐을 맡게 하다 ⓑ나라 지키는 일을 사내에게만 지우는 것은 못마땅하다 ❸빚을 얻게 하거나 베풂을 입게 하다 ⓑ시원은 내게 빚을 지워놓고 몰래 달아났다 ❹오라 같은 줄로 몸에 감거나 팔을 뒤로 틀어 묶다 ⓑ저놈에게 오라를 지워 내 앞에 앉혀라

지우다[2] 움직씨 ❶때나 얼룩, 글씨 따위가 없어지게 하다 ⓑ책에 숯붓으로 끄적댄 것을 지우느라 애를 먹었다 ❷낯빛이나 낯꼴을 사라지게 하다 ⓑ웃음을 지우다. 슬픈 빛을 지우다 ❸때를 보내다 ⓑ하루해를 지우고 달이 차오를 때까지 마늘을 뽑았다 ❹생각이나 느낌을 일부러 사라지게 하다 ⓑ내가 버림받은 아이라는 생각을 지울 수가 없다 ❺잎이나 꽃 따위를 떨어지게 하다 ⓑ소슬바람이 가지에 남은 몇 안 되는 잎마저 지웠다 ❻묻었거나 밴 것을 닦이거나 씻겨 없어지게 하다 ⓑ옷에 밴 더러움을 깨끗이 지웠다 ❼배속 아이를 그대로 죽게 하다 ⓑ아내가 몸이 좋지 않아 아이를 지울 수밖에 없었다

지움 이름씨 없앰 ⇐ 부정

지움단추 이름씨 셈틀 글널에서 글자를 지우는 단추 ⓑ아까 쓴 글을 잘못 써 지움단추로 다 지웠다 ⇐ 딜리트키

지움띠 이름씨 쓴 글을 지울 때 쓰는 흰 띠 ⇐ 수정테이프

지움물 이름씨 쓴 글을 지울 때 쓰는 흰 물 ⇐ 수정액

지원 (支援) ⇒ 도움. 뒷바라지. 뒷받침. 밀어줌. 돕다. 도와주다. 거들다. 밀어주다. 뒷받침하다

지원 (志願) ⇒ 들기 바람. 들기 바라다

지원군 ⇒ 도움싸울아비

지원병 ⇒ 나선싸울아비

지위 이름씨 나무를 다루어 집을 짓거나 살림살이, 연장 따위를 만드는 일로 먹고사는 사람 한뜻말나무쟁이. 나무바치 ⇐ 목수

지위 ⇒ 자리. 벼슬

지위고하 ⇒ 자리 높낮이

지위지다 움직씨 ❶앓아 몸이 이울다 ⓑ해고리 좀알살이로 몹시 앓고 지위진 뒤에는 잘 먹고 잘 쉬어줘야 한다 ⇐ 쇠진하다 ❷헤픈 씀씀이로 살림이 어려워지다 ⓑ할아버지 노름으로 지위진 집안 살림

지은이 이름씨 책을 지은 사람 ⓑ옛이야기는 지은이를 알 수 없는 것이 많다 한뜻말글쓴이

⇐ 저자. 필자

지은이힘 이름씨 글이나 그림, 노래 같은 것을 지은이가 가지는 힘 ⇐ 저작권

지음 이름씨 (사람이나 무리 이름 뒤에 써) 그 책이나 글 따위를 지었음을 나타낸다 ⓑ배달겨레소리 지음 ⇐ 저

지읒 이름씨 우리글 닿소리 아홉째 글자 'ㅈ' 이름

지인 ⇒ 아는 사람. 아는 이

지자기·지구자기 ⇒ 땅별 쇠끌이

지자체 ⇒ 고장제다스림덩이. 고장제다스림얼개

지장 (支障) ⇒ 걸림돌. 거리낌. 거침. 거침새

지장 (指章) ⇒ 손끝찍음

지장보살 ⇒ 가없는마음닦음이

지저귀 이름씨 ❶몹시 날치며 못되게 구는 짓 ⓑ왜놈들 지저귀는 차마 눈뜨고 볼 수 없었다 ❷'짓' 낮춤말 ⓑ아이들 지저귀는 어른들이 오자 딱 멈췄다 한뜻말짓거리

지저귀다 움직씨 ❶새 따위가 이어서 소리 내 우짖다 ⓑ새가 지저귀는 소리로 아침이 밝는다 ❷같잖은 말이나 하찮은 얘기를 자꾸 지껄이다 ⓑ배움이 끝난 아이들이 쉴 새 없이 지저귄다

지저분하다 그림씨 ❶어떤 것이 거칠고 어지러워 가지런하지 못하다 ⓑ아우가 벗어놓은 옷들로 방이 지저분하다 ❷보기 싫게 밉고 더럽다 ⓑ구경꾼들이 버리고 간 쓰레기들로 큰 마당이 지저분해졌다 ❸말이나 몸짓이 허접하고 더럽다 ⓑ솔비는 겉보기보다 말과 짓이 지저분하다

지적 (指摘) ⇒ 가리킴. 꼬집음. 집어냄. 드러냄. 가리키다. 꼬집다. 집어내다. 드러내다. 짚어주다

지적 (地積) ⇒ 땅넓이

지적 (知的) ⇒ 슬기로운

지절거리다[1] 움직씨 ❶낮은 목소리로 자꾸 지껄이다 ⓑ배곳문을 나서는 배움이들이 지절거리는 소리가 예까지 들린다 ❷참새나 멧새가 자꾸 지저귀는 소리가 나다 ⓑ새벽부터 뭇새가 지절거리는 소리에 잠이 깼다 **지절대다**

지절거리다[2] 움직씨 ❶자꾸 물기가 있어 꽤 진 듯하다 ❷땀 같은 것이 살갗에 흐를 만큼 배거나 솟아나다 **지절대다**

지절지절[1] 어찌씨 ❶낮은 목소리로 자꾸 지껄이는 꼴 ⓑ길 건너에서 아이들이 지절지절 지껄이며 이쪽으로 건너온다 ❷참새나 멧새가 자꾸 지저귀는 소리나 그 꼴 ⓑ느티나무 가지에는 아침부터 멧새들이 지절지절 지저귄다 한뜻말지절지절하다 **지절지절하다**

지절지절[2] 어찌씨 ❶물기가 있어 꽤 진 듯한 꼴 ⓑ며칠째 지절지절 눈비가 오락가락한다 ❷땀 같은 것이 살갗에 흐를 만큼 배어나거나 솟아나는 꼴 ⓑ풀보라 이마에는 식은 땀이 지절지절 솟아오른다

지절지절하다 그림씨 ❶물기가 있어 꽤 질다 ❷땀 같은 것이 살갗에 흐를 만큼 배어나거나 솟아나다

지점 ⇒ 가락곳. 가닥곳

지점장 ⇒ 가닥곳지기

지점토 ⇒ 종이찰흙

지정 ⇒ 가리킴. 못박음. 못 박다. 금 놓다. 가려잡다. 가리키다. 꼽다

지정거리다 움직씨 곧장 안 가고 한곳에서 좀 머뭇거리다 ⓑ걷다가 땀이 난 발을 말리려고 마을 어귀에서 지정거렸다 **지정대다**

지정머리 이름씨 좋지 못한 짓거리 ⓑ고놈 하는 지정머리가 참말로 고약했다 ⇐ 악행

지정석 ⇒ 못박은자리

지정일 ⇒ 제날. 제날짜

지조 ⇒ 꿋꿋함. 믿음직함

지존 ⇒ 임금. 나라님

지주 (地主) ⇒ 땅임자

지주·지주목 (支柱) ⇒ 받침대. 받치개. 버팀대. 고이개

지중 ⇒ 땅속. 구덩이 속

지중해 ⇒ 뭍에운바다

지중해성기후 ⇒ 뭍에운바다날씨

지지 이름씨 '더러운 것'이란 뜻으로 아이들에게 쓰는 말 ⓑ그건 지지야. 손대면 안돼!

지지 ⇒ 뒷받침. 도와줌. 밀어줌. 뒤받치다. 도와주다. 밀어주다

지지개[1] 이름씨 국보다 국물이 적고 짙어 좀 짠 맛갓 ⓑ호박지지개. 버섯지지개

지지개[2] 이름씨 자루가 달린 접시꼴 얕은 냄비 한뜻말 지짐냄비 ⇐ 팬. 후라이팬

지지구지하다 그림씨 몹시 보잘것없이 구질구질하다 ⓑ집은 옛날 그대로 지지구지했지만 아이들 웃음소리로 가득 찼다

지지난달 이름씨 지난 달 바로 앞 달 ⓑ지지난 달에 다짐을 받아두었으니, 아제가 되면 벌써 석 달째다 ⇐ 전전월

지지난번 ⇒ 지지난 디위

지지난해 이름씨 지난해 바로 앞 해 ⓑ지지난 해에 이어 올해도 배움나들이가 없다네 한뜻말 그러께 ⇐ 재작년. 전전년

지지누르다 움직씨 기운을 꺾어 누르다 ⓑ뭇 젊은이가 떼죽음을 했다는 새뜸은 방안 풍김새를 지지눌렀다

지지다 움직씨 ❶국물을 조금 붓고 끓여 익히다 ⓑ호박과 고추를 썰어 넣고 된장을 지졌다 ❷부침개 따위를 부쳐 익히다 ⓑ돈저냐를 한입 크기로 해서 지졌다 ❸불이나 달군 것을 다른 몸에 대어 눋거나 타게 하다 ⓑ불에 지지다. 뜸을 너무 오래 뜨면 지진 자국이 남는다 ❹몸을 뜨거운 곳에 대어 찜질을 하다 ⓑ찜질방에 누워서 허리를 지졌더니 한결 시원하다 ❺어떤 연장 따위로 머리털을 곱슬곱슬하게 하다 ⓑ머리를 지지다 익은말 **지지고 볶다** ❶사람 사이에 서로 온갖 느낌을 나누며 한데 어우러져 떠들썩하게 살아가다 ❷사람을 들볶아서 몹시 부대끼게 하다 ❸뜨거운 집게 따위로 머리털을 곱슬곱슬하게 하다

지지대 ⇒ 받침대

지지러지다 움직씨 ❶놀라거나 아파서 몸이 주춤하면서 움츠러지다 ⓑ아이는 나숨이가 입을 벌리려 하자 온몸을 비틀며 지지러졌다 비슷한말 자지러지다 ❷앓거나 아파서 제대로 자라지 못하고 오그라지다 ⓑ고추 끄트머리에 진딧물이 끼는 것을 깜빡했더니 그만 지지러져 버렸다

지지력 ⇒ 버틸 힘. 미는 힘. 뒷받침

지지르다 움직씨 ❶기운이나 생각 따위를 꺾어 누르다 ⓑ언니가 아우 말을 한 마디로 지질렀다 ❷무거운 몬으로 내리누르다 ⓑ돌멩이로 쪽지를 지질러 두고 나왔다

지지리 어찌씨 아주 몹시 ⓑ야 이 너석아, 아기 것을 빼어 먹니, 참 지지리도 못났다 작은말 자지리

지지배배 어찌씨 종달새, 제비 따위가 우는 소리 ⓑ멀리 종달새가 지지배배 노래를 부른다

지지부진하다 ⇒ 꾸물거리다. 굼뜨다. 더디다

지진·지동·지둥 ⇒ 땅흔들림. 땅뮘

지진계 ⇒ 땅뮘재개

지진대 ⇒ 땅뮘띠. 땅흔들림띠

지진파 ⇒ 땅뮘결. 땅흔들림결

지진해일 ⇒ 땅뮘물넘침

지질 (地質) ⇒ 흙바탕. 흙밭. 땅밭

지질 (紙質) ⇒ 종이바탕. 종이밭

지질시대 ⇒ 땅밭뉘

지질하다 그림씨 ❶무엇이 보잘것없고 변변하지 못하다 ⓑ아무리 지질한 목숨 같아도 제게는 가장 종요로운 하나뿐인 목숨이야 ❷무엇이 싫증이 날 만큼 지루하다 ⓑ굿이 너무 지질해서 보다 말고 그냥 잠이 들었다

지질학 ⇒ 땅밭갈

지질학자 ⇒ 땅밭갈이

지짐거리다 움직씨 조금씩 오는 비가 오다 말다 하며 자주 내리다 **지짐대다**

지짐냄비 이름씨 자루가 달린 접시꼴 얕은 냄비 비슷한말 볶음냄비 ⇐ 팬. 후라이팬

지짐이 이름씨 ❶국보다 물을 적게 잡아 짭짤하게 끓인 먹거리 ⓑ조기에 고사리를 넣고 끓인 지짐이를 내놓았다 ❷빈대떡, 저냐처럼 기름에 지진 것 ⓑ묵은 김치를 잘게 썰어 김치지짐이를 부쳤다 한뜻말 부침개. 부침

지짐지짐 어찌씨 조금씩 내리는 비가 자꾸 오다 말다 하는 꼴 ⓑ장마 뒤끝이라 아직 지

짐지짐 비가 오락가락한다 **지짐지짐하다**

지참 ⇒ 가짐. 지님. 가지다. 지니고 가다. 가지고 가다

지참금 ⇒ 지닌 돈. 가진 돈. 가지고 가는 돈

지척 ⇒ 코앞. 코밑. 눈앞

지척지척[1] 어찌씨 기운 없이 지친 걸음으로 걷는 꼴 ⓑ세달은 얼굴이 핼쑥해져 지척지척 걸어온다 **지척지척하다**

지척지척[2] 어찌씨 물기가 있어서 진 듯한 꼴

지척지척하다 그림씨 물기가 있어서 매우 진 듯하다 ⓑ비 온 뒤에 땅이 아주 지척지척하다

지천 (至賤) ⇒ 흔함. 널브러짐. 낮음. 하찮음

지천 (支川) ⇒ 가지내. 시내

지청구 이름씨 ❶못마땅하게 여겨 탓하는 것 ⓑ짜증스럽게 지청구를 해대다 한뜻말타박 ⇐ 원망 ❷아랫사람 잘못을 따져 꾸짖음 ⓑ똘이는 엄마한테 지청구를 들어도 헤헤 웃는다 ❸짓궂게 조르며 못살게 구는 것 ⓑ그만큼 말했으면 얼른 할 일이지 지청구를 댄다고 일이 저절로 돼?

지체 이름씨 ❶어떤 집안이나 사람이 무리 속에서 차지하는 자리 ⓑ지체가 높으신 분들이라 어디 얼굴을 좀체 볼 수가 있어야지 ⇐ 신분 ❷남 앞에 떳떳이 설 수 있는 얼굴값이나 몸가짐 ⓑ슬옹은 어쩌다 딸을 품팔이에게 시집보내 지체가 서지 않았다 ⇐ 체통

지체 (肢體) ⇒ 팔다리몸

지체없이 ⇒ 바로. 곧바로. 곧

지체하다 (遲滯) ⇒ 늦어지다. 머뭇거리다. 더디다. 질질 끌다. 늦추다

지축 ⇒ 땅꽂이. 땅굴대

지출 ⇒ 치름. 내줌. 치르다. 내주다

지출금 ⇒ 치른 돈. 나간 돈

지출증 ⇒ 내감표

지층 ⇒ 땅켜

지치 이름씨 줄기와 잎에 잔털이 많은 여러해살이풀. 검붉은 빛 뿌리는 예로부터 추위를 막아주는 낫개로 널리 썼다

지치다[1] 움직씨 ❶힘든 일을 하거나 어떤 일에 시달려서 기운이 빠지다 ⓑ집을 옮기느라 일을 너무 많이 했더니 지쳐서 입맛도 없다 ⇐ 탈진하다. 피로하다. 피폐하다 ❷일 따위에 물려서 애써 하고자 하는 마음이 없어지다 ⓑ일에 지쳐서 며칠 쉬어야겠다

지치다[2] 움직씨 ❶얼음 위를 미끄러져 달리다 ⓑ아이들이 논에서 얼음을 지치며 논다 ❷어떤 바닥 위를 미끄러져 나아가다 ⓑ바퀴 달린 널빤지를 타고 한발로 지치며 거리를 달렸다

지치다[3] 움직씨 문 따위를 잠그지 않고 닫아만 두다 ⓑ아기를 재우고 가만히 방문을 지쳤다 한뜻말지그리다

지치보라 이름씨 도라지꽃 빛깔과 같은 보라

지침 ⇒ 길잡이. 잡이. 바늘. 가리킴바늘

지침서 ⇒ 길잡이글. 길잡이책

지침얼음판 이름씨 여러 가지 얼음놀이를 하려고 얼음을 얼려놓은 곳 ⇐ 스케이트장

지칫거리다 움직씨 ❶마땅히 떠나야 할 자리를 바로 떠나지 못하고 자꾸 머뭇거리다 ⓑ이를 빼러 온 아이가 나숨이 방 앞에서 지칫거린다 작은말자칫거리다 ❷서투른 걸음으로 주춤거리며 느릿느릿 걷다 ⓑ다친 발목을 끌고 지칫거리며 집에 들어섰다 **지칫대다**

지칫지칫 어찌씨 ❶마땅히 떠나야 할 자리를 바로 떠나지 못하고 자꾸 머뭇거리는 꼴 ❷서투른 걸음으로 느리게 걷는 꼴 ⓑ할머니는 엉덩뼈가 아파 지칫지칫 느리게 걷는다 **지칫지칫하다**

지칭 ⇒ 일컬음. 부름. 일컫다. 부르다. 가리키다

지칭개 이름씨 밭에 나는 풀. 아주 쓴 나물인데 이른 봄에 입맛을 돋군다고 지칭개 죽을 쑤어 먹기도 한다

지켜보개 이름씨 소리를 듣거나 비춤꼴, 곧 뭠 그림을 볼 수 있는 틀 ⇐ 모니터

지켜보다 움직씨 ❶마음이나 눈길 따위를 기울여 살펴보다 ⓑ온몸에 일어나는 느낌을 고른 마음으로 지켜본다 ❷지켜 서서 눈여겨보다 ⓑ눈 내리는 문밖을 멍하니 지켜본

ㅈ

다. 떠나가는 벗 뒷모습을 한참 동안 지켜보았다

지키다 [움직씨] ❶값어치 있는 것을 잃거나 빼기지 않도록 살펴 막다 ⓑ다른 나라와 싸움이 벌어지면 우리 마을은 우리가 지켜야지 ⇐ 보호하다. 방어하다. 수호하다 ❷없어지거나 잘못되지 않게 어떤 곳을 떠나지 않고 눈여겨 살피다 ⓑ싸돌아 다니지 말고 집 잘 지키고 있어 ❸(내림버릇이나 다짐, 매김 따위를) 어기지 않고 그대로 따르다 ⓑ벼리를 지키다. 다짐을 지키다 ⇐ 엄수하다. 이행하다 ❹어떤 마음가짐이나 몸가짐 따위를 버리거나 바꾸지 않고 그대로 두거나 잇다 ⓑ그동안 거룩한 말없음을 지키다가 말문이 터지니 무척 시끄럽다 ❺사람이 들고나거나 떠나지 못하도록 막거나 살펴보다 ⓑ도둑을 지키는 데는 더러섬개가 으뜸이다 ❻놀이에서 맞은쪽이 공을 넣지 못하게 하다 ⓑ공놀이에서 새찬은 문을 지켰다 ❼나라 땅을 잘 보살피다 ⓑ돌섬을 왜놈들한테 빼기지 않게 끝까지 지켜야지 ❽사람다운 바탕이 되는 삶을 빼앗기지 않도록 하다 ⓑ제뜻살이를 지키다 ❾무엇을 잡으려고 어떤 자리에서 노리고 기다리다 ⓑ노루목을 지키다. 길목을 지키다 ❿(남모르게 할 것을) 새어나가지 않게 하다 ⓑ나라 종요로운 일이 새어나가지 않게 지켜야 한다. [슬기말] **지키는 냄비가 더디 끓는다** 열매를 기다리면 때가 더 긴 듯이 느껴진다 **지키는 사람 열이 도둑 하나를 못 막는다** 아무리 마음을 두고 살펴도 남몰래 꾸미는 못된 꾀나 도둑질은 막아내기 어렵다

지킴떼 [이름씨] 지켜 막는 싸울아비떼 ⇐ 수비대

지킴서낭 [이름씨] 놀라운 힘과 슬기로 나라, 겨레, 사람 따위를 지키고 보살펴준다고 믿는 검과 같은 것 ⇐ 수호신

지킴어김 [이름씨] 흔히 놀이에서 따르거나 지킬 것을 어기는 일 ⇐ 반칙

지킴이 [이름씨] ❶한 집이나 마을 따위를 지킨다고 여긴 검님 ⓑ집지킴이에는 터지킴이, 부엌 지킴이, 땅지킴이, 나무지킴이가 있다 [준말]지킴 ⇐ 수호천사 ❷한 집이나 마을 따위를 지킨다고 여긴 몬이나 숨받이 ⓑ지난날 집터 안에서 살거나 지붕에서 사는 구렁이도 집 지킴이로 여겨 함부로 잡지 않았다 ❸임자를 갈음하여 땅이나 집 따위를 맡아 보살피는 사람 ⓑ샛별은 일을 꼼꼼하게 잘해서 이곳 지킴이로 알맞다고 봅니다 ⇐ 관리자

지탄 ⇒ 손가락질. 나무람

지탱 ⇒ 버팀. 견딤. 배김. 견디다. 배기다. 버티다

지팡이 [이름씨] 걸을 때나 서 있을 때 몸을 기대려고 짚는 막대기 ⓑ할아버지는 늘 지팡이를 짚고 다닌다 [슬기말] **지팡이를 짚었지** 어느 한 곳에서 앞으로 크게 나아질 바탕을 마련했다

지퍼 ⇒ 조르래기

지평 ⇒ 새 터. 새 터전. 앞길. 나아갈 길

지평선 ⇒ 하늘금. 하늘땅금

지폐 ⇒ 종이돈

지표 (指標) ⇒ 가리킴표

지표 (紙票) ⇒ 딱지. 쪽

지표 (地表) ⇒ 땅겉. 땅거죽

지표면 ⇒ 땅거죽. 땅낯. 땅겉바닥

지푸라기 [이름씨] 짚 부스러기, 또는 낱낱 짚 ⓑ흩어진 지푸라기와 나뭇잎을 긁어모아 아궁이에 불을 질렀다

지프 [이름씨] 울퉁불퉁한 길에도 잘 다닐 수 있게 만든 수레

지피 ⇒ 땅거죽. 땅껍질

지피다[1] [움직씨] ❶아궁이 따위에 땔나무를 넣어 불을 붙이다 ⓑ아궁이에 불을 지피고 꽃나물을 삶았다 ❷꿈이나 바람 따위가 타오르게 하다 ⓑ마음닦기에 오롯이 힘을 기울여야겠다는 믿음이 지펴졌다

지피다[2] [움직씨] 한데로 엉겨붙다 ⓑ살얼음이 지핀 냇바닥 [한뜻말]잡히다

지피다[3] [움직씨] 사람에게 검이 내려서 모든 것을 알아맞히는 힘이 생기다 ⓑ내 말이 이렇게 척척 들어맞다니 내가 검에 지폈나?

ㅈ

지피에스 ⇒ 돌별길잡이
지필묵 ⇒ 종이 붓 먹
지하 ⇒ 땅속. 저승
지하경 ⇒ 땅속줄기
지하관개 ⇒ 수멍물대기. 속도랑물대기
지하도 ⇒ 땅속길. 땅밑길. 땅속건널목
지하상가 ⇒ 땅속저자. 땅속거리
지하수 ⇒ 땅속물
지하수개발 ⇒ 우물파기
지하수위 ⇒ 땅속물 높이
지하실 ⇒ 땅속방. 땅밑방. 움집. 땅광
지하여장군 ⇒ 땅속꽃싸울어미
지하자원 ⇒ 땅속밑감. 땅속밑천
지하철 ⇒ 땅밑수레. 땅속수레
지하철역 ⇒ 땅밑수레나루. 땅속수레나루
지하층 ⇒ 땅밑켜. 땅밑 턱
지하통로 ⇒ 땅속길
지한제 ⇒ 땀멎개
지향 ⇒ 마음 쏟음. 마음 쏟다. 마음이 쏠리다
지혈 ⇒ 피멎음. 피멎다. 피멎게 하다
지혈제 ⇒ 피멎개
지형 ⇒ 땅꼴. 땅모습. 땅생김
지형도 ⇒ 땅꼴그림
지혜 ⇒ 슬기. 꾀
지혜롭다 ⇒ 슬기롭다
지화자 [느낌씨] [1]노래하고 춤출 때 가락에 맞춰 신이 나게 내는 소리 ㉥얼씨구절씨구, 지화자 좋구나. 어절씨구 지화자 좋다 [2]윷놀이에서 모를 치거나 활쏘기에서 과녁을 맞혔을 때 부르는 소리 ㉥지화자! 소미가 모를 놀았어! ⇐ 파이팅 [3]나라 사람이 모두 마음 놓고 살 수 있을 때 부르는 노래나 그 노랫소리 ㉥우리 겨레가 언제고 지화자를 부를 날이 반드시 온다
지황 [이름씨] 잎은 뭉쳐 나고 길둥근 꼴이며 줄기와 잎에 잔털이 빽빽한 풀. 뿌리는 낫개로 쓴다
지휘 ⇒ 이끎. 부림. 시킴. 앞장서다. 이끌다. 시키다
지휘관 ⇒ 이끎이. 다스림이. 부림이
지휘봉 ⇒ 이끎막대. 다스림막대
지휘자 ⇒ 이끎이. 앞잡이. 앞장선이
직[1] [어찌씨] [1]작은 금을 옆이나 밑으로 긋는 소리나 그 꼴 ㉥종요로운 글 밑에 금을 직 그었다 작은말 작 센말 찍 [2]종이나 천 따위를 세게 찢는 소리나 그 꼴 ㉥시내는 글월을 다 읽고 종이를 직 찢어버렸다 [3]무엇이 미끄러지는 소리나 그 꼴 ㉥참새가 수레에 똥을 직 쌌다
직[2] [이름씨] 이틀거리 앓이가 때맞춰 갑자기 세차게 되풀이되는 차례 ㉥이틀거리 낫개는 직이 아닌 날 먹으면 좋아
직각 ⇒ 곧모. 바른모
직각사각형 ⇒ 바른모네모꼴
직각삼각형 ⇒ 바른모세모꼴
직감 ⇒ 바로 느낌. 바로 느끼다. 바로 알다
직거래 ⇒ 바로사고팖
직결 ⇒ 바로 닿음. 바로 이음. 바로 붙음. 바로 잇다. 바로 붙다. 바로 닿다
직경 (直莖) ⇒ 곧은줄기
직경 (直徑) ⇒ 지름
직계 ⇒ 바로갈래. 곧게 이음. 바로 이어짐
직공 ⇒ 일꾼
직관 ⇒ 바로봄. 곧 앎. 있는 그대로 봄. 바로보다. 있는 그대로 보다
직구 ⇒ 곧은 공
직권 ⇒ 자리힘. 자리에 딸린 힘
직급 ⇒ 일갈래. 일가지. 일높이
직녀 ⇒ 베짬이. 베짜는겨집
직녀성 ⇒ 베짬이별
직능 ⇒ 구실. 맡은 일. 맡은 구실
직렬 ⇒ 한 줄 이음
직류 ⇒ 곧은 물줄기. 곧은 흐름
직립 ⇒ 곧추 섬. 바로 섬
직매 ⇒ 바로 팔기. 모개로 팔기
직매장 ⇒ 바로 파는곳. 바로저자
직면 ⇒ 맞닥침. 마주 봄. 바로 만남. 부딪치다. 부닥치다. 맞닥뜨리다. 마주보다. 바로 만나다
직무 ⇒ 하는 일. 구실. 자리. 노릇. 맡은 일
직물 ⇒ 천. 천붙이. 베. 옷감
직박구리 [이름씨] 주둥이께에 뻣뻣한 털이 있고

잿빛 나는 밤빛에 흰 무늬가 섞인 새. 봄철에에 살다 추워지면 마을로 내려와 겨울을 나는 텃새이다. 몸집이 참새보다 큰데 다모나직박구리, 바다직박구리도 있다

직분 ⇒ 하는 일. 맡은 일. 노릇. 구실. 자리

직사 ⇒ 바로 죽음

직사각형 ⇒ 긴네모꼴. 바른모네모꼴

직사광선 ⇒ 바른빛살

직삼각형·직각삼각형 ⇒ 바른모세모꼴

직선 ⇒ 곧금. 곧줄

직선적 ⇒ 곧고 바른. 곧게 나아가는. 눈치 보지 않는

직선제 ⇒ 바로뽑기

직설법 ⇒ 바로풀이 길. 알림말. 바로말. 바로말하기

직설적 ⇒ 바로 말하는. 까놓고 말하는. 숨김없이 말하는

직성 ⇒ 마음결. 타고난 마음씨

직속 ⇒ 바로딸림

직송 ⇒ 바로 보냄. 곧 보냄. 손수 부침. 바로 보내다. 곧 보내다. 손수 부치다

직수굿하다 [그림씨] 하라는 대로 잘 따르다 ㉥다운은 내 말을 직수굿하게 잘 따랐다 비슷한말 고분고분하다 ⇐ 순종하다

직시 ⇒ 바로보기. 바로보다. 속을 뚫어보다

직언 ⇒ 바른말. 곧은 말. 입바른 소리. 바른말하다

직업 ⇒ 밥벌이. 밥줄. 벌이. 일자리

직업병 ⇒ 일터앓이. 일자리앓이. 장이앓이

직업인 ⇒ 벌이꾼. 할일꾼

직업적성 ⇒ 할일맞음새

직업훈련 ⇒ 일솜씨기름. 일손닦기

직업훈련소 ⇒ 일솜씨기르는곳. 일손키우는곳

직역 ⇒ 곧이곧대로 뒤침. 글자풀이. 글귀대로 뒤침

직영 ⇒ 몸소 다룸. 손수 돌봄. 손수 꾸림

직원 ⇒ 일꾼

직위 ⇒ 자리. 벼슬

직유 ⇒ 바로 끌어댐. 바로 빗댐

직유법 ⇒ 바로빗대기

직육면체·직방체·장방체 ⇒ 여섯긴네모덩이

직인 ⇒ 자리이름새김. 새긴자리이름

직장 (職場) ⇒ 일터. 벌이터. 밥자리. 밥줄자리

직장 (直腸) ⇒ 곧창자. 곧은창자

직전 ⇒ 바로 앞

직접 ⇒ 몸소. 스스로. 손수

직접목적어 ⇒ 바로부림말

직접물감 ⇒ 바로물감

직접비료 ⇒ 바로거름

직접선거 ⇒ 바로뽑기

직접화법 ⇒ 바로따오기

직조 ⇒ 길쌈. 베 짜기. 천짜기

직조기 ⇒ 베틀

직종 ⇒ 일자리갈래. 일갈래

직지·직지심체요절 [이름씨] '사람이 마음을 바르게 가지면 곧 깨달은 마음이다' 는 말씀이 적힌 책. 쇠붙이 글자로 찍어낸 온누리 첫 책. 1377해에 나바라 흥덕사에서 찍었음. 프랑스 나라세운책숲집에 갈무리됨

직직 [어찌씨] [1]금을 옆이나 밑으로 마구 긋는 소리나 그 꼴 ㉥밑금을 직직 그으며 책을 읽는 버릇이 있다 작은말 작작 센말 찍찍 [2]종이나 천 따위를 함부로 찢을 때 나는 소리나 그 꼴 ㉥글 쓴 종이를 직직 찢어버렸다 [3]신을 끌며 걸을 때 나는 소리나 그 꼴 ㉥제 발보다 큰 신을 직직 끌고 나온다 [4]새 따위가 물똥을 자꾸 내깔기는 꼴 ㉥제비가 날아가며 마당에 똥을 직직 갈긴다

직진 ⇒ 바로 감. 곧게 나아감. 똑바로 나아감. 바로 가다. 곧게 나아가다

직책 ⇒ 맡은 일. 노릇

직통 ⇒ 바로 사맞음. 바로 이어짐. 바로 나타남. 바로 사맞다. 바로 이어지다. 바로 나타나다

직파 ⇒ 바로심기. 바로뿌리기

직판장 ⇒ 바로저자터. 바로저자

직하다 [움직씨] [1]금을 옆이나 밑으로 긋는 소리가 나다 ㉥밑금을 직하고 그었다 작은말 작하다 센말 찍하다 [2]종이나 천 따위를 찢는 소리가 나다 ㉥바지가 못에 걸려 직하고 찢어졌다

-직하다 [뒷가지] (그림씨 뿌리에 붙어) 좀 또는

꽤 그러하다 ⓑ굵직한 소리. 되직한 국물. 높직한 나무

직할시 ⇒ 바로다스리는고을. 손수거느리는고을

직함 ⇒ 자리 이름. 벼슬 이름. 맡은 일 이름

직행 ⇒ 바로 감. 곧장 감. 바로 가다. 곧장 가다

직후 ⇒ 바로 뒤

진 이름씨 ❶푸나무 몸에서 나오는 끈끈한 물 ❷김이나 내, 눅눅한 기운이 서려 생기는 끈끈한 몬 익은말 **진이 나다** 몹시 시달려 기운이 빠지다 **진이 빠지다** 싫어져 더 할 마음이 없다

진 (津) ⇒ 나루. 나루터. 물가. 가람기슭

진 (陣) ⇒ 무리. 떼. 싸움터. 싸움터전

진 (辰) ⇒ 미르

진가 ⇒ 참값. 참 값어치

진갈이 이름씨 비 온 뒤 물이 괴어 있을 동안에 논을 가는 일 한뜻말논삶이 비슷한말물갈이 맞선말마른갈이 **진갈이하다**

진갑 ⇒ 예순두 살. 옹근 예순한 살

진격 ⇒ 쳐들어감. 쳐들어가다

진골 ⇒ 참뼈

진공 ⇒ 빔

진공관 ⇒ 빔대롱

진공청소기 ⇒ 빔쓰레질틀. 먼지빨개

진구렁 이름씨 ❶질척거리는 진흙 구렁 ⓑ눈이 녹아 마당이 진구렁이 되어 발이 푹푹 빠진다 ❷빠져나오기 어려운 아주 바드러운 매개 ⓑ진구렁에 빠져 허덕이는 가난한 사람들

진국 이름씨 오랫동안 푹 고아서 짙은 국물 한뜻말곰국. 건국 ⇐ 농탕

진국 (眞-) ⇒ 참된 것. 참된 사람. 꽃국물. 꽃물

진귀하다 ⇒ 보배롭다. 종요롭다

진급 ⇒ 자리 오름. 자리 높아짐

진기하다 ⇒ 드물다. 값나가다

진날 이름씨 땅이 질척거릴 만큼 비나 눈이 오는 날 ⓑ진날 마른날 가리지 않고 일을 한다 맞선말마른날 슬기말 **진날 나막신 찾듯** 여느 때는 돌아보지도 않다가 아쉬운 일이 생겨야 바삐 찾는다

진노 ⇒ 큰 노염. 크게 골냄. 크게 골내다. 크게 노여워하다

진노랑 ⇒ 짙노랑. 짙은 노랑

진눈깨비 이름씨 비가 섞인 눈 한뜻말떡눈

진단 ⇒ 앓이 알아내기. 앓이밑 찾기. 앓이뿌리 찾기. 앓이 알아내다

진단서 ⇒ 앓이 알아낸글. 앓이판가름

진달래 이름씨 우리나라 거의 모든 메에 절로 자라며 이른 봄에 잎보다 먼저 불그레한 꽃을 피워 봄을 알리는 나라꽃 같은 꽃. 꽃을 먹을 수 있고 낫개로도 써 참꽃이라고 부른다 한뜻말참꽃

진담 ⇒ 참말

진대 이름씨 남에게 달라붙어 떼를 쓰며 괴롭히는 짓 ⓑ보리는 일자리를 잃은 뒤 벗들에게 진대를 붙이며 그럭저럭 살아간다

진도 (進度) ⇒ 빠르기. 나아가기

진도 (震度) ⇒ 땅 뮈기

진도 (珍島) ⇒ 더러섬

진도아리랑 (珍島) ⇒ 더러섬아리랑

진돗개 ⇒ 더러섬개

진동 이름씨 소매 어깨에서 겨드랑이까지 넓이 ⓑ진동이 넓다

진동 (振動) ⇒ 떨림. 떨음. 떨다. 떨리다. 울리다

진동 (震動) ⇒ 흔들림. 뒤흔들림. 흔들다. 뒤흔들다

진동음 ⇒ 떨림소리. 떨음소리

진동한동 어찌씨 바쁘거나 과갈라서 허둥거리는 꼴 ⓑ내 갈 곳이 어드메냐, 발부리 내딛는 대로 진동한동 갈꺼나 ⇐ 황급히 큰말진둥한둥 **진동한동하다**

진두리 이름씨 ❶집채 안팎 바람 밑동 둘레에 바람을 덧쌓은 곳 한뜻말굽도리 ❷갓이나 쓰개 따위 아래를 천 따위로 덧댄 곳. 땀받이 구실을 한다

진두지휘 ⇒ 앞장서 이끌음. 앞장서 이끌다

진드기 이름씨 마디발숨받이 거미붙이에 딸린 벌레. 몸은 주머니 꼴로 머리, 등, 배를 가르기가 어렵게 붙어있고 개, 말, 소 따위에 붙어 피를 빨아먹고 산다 슬기말 **진드기가 아주**

까리 비웃듯 저도 보잘것없는 몸이 남을 손가락질하다

진득거리다 [움직씨] ❶눅진하고 차져 끈적끈적하게 자꾸 달라붙다 ⓑ발이 진득거려서 발 떼어놓기가 힘들다 ❷검질겨서 자꾸 끊으려 해도 잘 끊어지지 않다 ⓑ벗이 돈을 꾸어 달라고 진득거리는 바람에 숨어 지내고 싶다 **진득대다**

진득진득 [어찌씨] ❶몸이 끈적끈적한 꼴 ⓑ소나무 끈끈물이 손에 진득진득 달라붙어 잘 지워지지 않는다 ❷사람 마음씨가 검질기게 끈끈한 꼴 ⓑ붙임새도 좋지만 사람이 너무 진득진득 찰거머리처럼 달라붙어도 지겨워 **진득진득하다**

진득진득하다 [그림씨] ❶눅진하고 차져서 매우 들러붙는 느낌이 있다 ❷몸가짐이나 마음가짐이 매우 의젓하고 잘 참아내다

진득하다 [그림씨] ❶눅진하고 차져서 잘 들러붙는 느낌이 있다 ⓑ차진 밀가루와 달걀을 넣고 섞으면 진득한 반죽이 된다 작은말 잔득하다 거센말 찐득하다 ❷몸가짐이나 마음가짐이 의젓하고 잘 참아내다 ⓑ일터를 잡으면 먼저 진득하게 일을 해낼 줄 알아야지

진딧물 [이름씨] 푸나무 잎이나 가지 따위에 많이 붙어서 그 속에 든 물을 빨아먹고 사는 벌레

진땀 [이름씨] 몹시 힘이 들거나 애를 쓸 때 나는 땀 ⓑ아버지가 어디서 무엇을 했는지 꼬치꼬치 따지는 바람에 진땀이 났다 [익은말] **진땀을 빼다** 몹시 애를 쓰거나 힘이 들어 진땀을 흘리다

진력 ⇒ 안간힘. 땀 흘림. 모질음. 애쓰다. 힘쓰다. 땀흘리다. 안간힘을 다하다

진력나다 ⇒ 싫증나다. 힘 빠지다

진로 ⇒ 나아갈 길. 앞길

진료 ⇒ 나숨. 고침. 나수다. 고치다

진료소 ⇒ 잔 나숨집

진루 ⇒ 밭나감

진리 ⇒ 참

진맥 ⇒ 피뒴봄. 앓이 알아냄. 피뒴보다. 앓이 알아내다

진면목 ⇒ 참모습. 참얼굴. 참값

진물 [이름씨] 부스름이나 다친 데에서 흐르는 물 ⓑ가렵다고 긁으면 다친 데에서 진물만 흐르니 좀 참게

진미 (珍味) ⇒ 좋은 맛

진미 (眞味) ⇒ 참맛. 지닌맛

진박새 [이름씨] 등은 푸르스름하고 머리와 목은 검고 배는 희뿌연 텃새

진밥 [이름씨] 질게 지은 밥 ⓑ나이가 들수록 된밥보다 진밥이 먹기에 좋다 맞선말 된밥

진배없다 [그림씨] 그보다 못하거나 다를 것이 없다 ⓑ수글이나 수말을 이어 쓰는 것은 우리말을 죽이는 것이나 진배없다 비슷한말 다름없다

진버짐 [이름씨] 얼굴에 생기는 살갗앓이. 그 곳을 터뜨리면 진물이 난다 ⇐ 습진

진범 ⇒ 허물보. 잘못한이

진보 ⇒ 앞섬. 나아감. 앞서다. 나아가다

진보라 ⇒ 짙보라

진보적 ⇒ 앞서가는. 앞선

진부하다 ⇒ 고리타분하다. 낡다. 낡아빠지다. 케케묵다

진분수 ⇒ 맞갈수

진사 ⇒ 든이

진상 (眞相) ⇒ 참모습

진상 (進上) ⇒ 올림. 바침. 올리다. 바치다

진선미 ⇒ 참 착함 아름다움

진소리 [이름씨] 쓸데없이 지질하게 하는 말

진소리꾼 [이름씨] 쓸데없이 지질하게 말을 많이 하는 사람

진손 [이름씨] 물에 젖은 손 ⓑ엄마는 진손을 행주치마에 쓱쓱 닦았다 맞선말 마른손 [슬기말] **진손으로 좁쌀알 쥐기** 진손으로 좁쌀알을 쥐면 온통 달라붙듯이 누구를 사귀거나 무엇을 다루기 무섭게 그 사람이나 그것이 성가시게 달라붙는 꼴

진솔 [이름씨] ❶'진솔옷' 준말. 짓고 한 디위도 빨지 않은 새 옷 ⓑ진솔같이 깨끗한 옷. 요즘은 진솔도 한 디위 빨아서 입고 싶다 한뜻

말제물. 짓것 **2** 봄가을에 다듬어 지어 입는 모시옷 ⓑ모시 진솔 두루마기를 꺼내서 조금 다듬었다

진솔하다 ⇒ 곧바르다. 숫접다. 참되다

진수 ⇒ 새 배 띄움. 처음 띄움. 새 배 띄우다. 처음 띄우다

진수성찬 ⇒ 푸짐한 밥. 푸짐한 먹을거리

진술 ⇒ 털어놓음. 밝힘. 털어놓다. 밝히다

진실 ⇒ 참. 참말. 참됨

진실로 ⇒ 참으로. 참말로

진실성 ⇒ 믿음새. 참바탈. 참마음

진심 ⇒ 참마음. 속마음. 속뜻. 속생각

진압 ⇒ 억누름. 가라앉힘. 잠재움. 억누르다. 가라앉히다. 잠재우다

진열 ⇒ 벌여놓음. 벌임. 벌여놓다. 벌이다

진열대 ⇒ 벌여놓은시렁. 펴놓은살강

진열실 ⇒ 보임방. 펴보임방

진열장 ⇒ 펴놓은 곳. 펴놓은 데. 펴놓은 자리

진영 ⇒ 맞선 한쪽

진용 ⇒ 짜인 사람. 모인 사람

진원지 ⇒ 땅흔들린곳. 비롯된곳

진위 ⇒ 참거짓

진음 ⇒ 빠른떨림

진의 ⇒ 참뜻. 속마음. 속뜻

진인 ⇒ 참사람

진일 이름씨 **1** 밥 짓기나 빨래처럼 손에 물을 적시며 하는 일 ⓑ아내는 설거지하랴 빨래하랴 진일이 많아 손에 물이 마를 날이 없다 비슷한말 물일 맞선말 마른일 **2** 마음이 언짢고 꺼림칙하여 하기 싫은 일 ⓑ온갖 진일도 마다하지 않던 내가 몸이 아프니 발에 치이는 일도 놓아둔다

진입 ⇒ 들어섬. 들어서다. 접어들다. 들어가다

진입로 ⇒ 들목. 들머리. 들길. 길어귀

진자 ⇒ 흔들이

진자리 이름씨 **1** 갓난아이 똥오줌으로 축축하게 된 자리 ⓑ진자리 마른자리 갈아 뉘시며 손발이 다 닳도록 애쓰신다 맞선말 마른자리 **2** 아이를 갓 낳은 그 자리 ⓑ아기가 진자리에서 숨을 거둘 때 그 어미 마음이 어떨까 **3** 사람이 갓 죽은 그 자리 ⓑ옷깃을 여미고 진자리를 걷어 냈다 **4** 바로 그 자리 또는 오늘 바로 이 자리 ⓑ진자리에서 마치고 헤어져요

진작 어찌씨 **1** 이미 또는 벌써 ⓑ진작부터 불을 피우고 물을 길어 오며 밖에서 밤샐 마련을 하였다 **2** 좀 더 일찍이 ⓑ진작 아무 때고 올 일이지, 앞으로는 자주 들리게. 말했을 때 진작 왔어야지, 이미 그 녀석이 달아나고 없잖아 **3** 일찌감치 ⓑ아무래도 가야 할 길인데 더 기다리지 말고 진작 떠나요

진작 ⇒ 북돋움. 떨침. 북돋우다. 떨치다. 불러일으키다

진저리 이름씨 **1** 차가운 것이 살에 닿거나 무섭거나 지긋지긋하여 으쓱 몸을 떠는 일 ⓑ하도 추워 진저리를 쳤다 **2** 몹시 귀찮고 지긋지긋하게 여기는 느낌 ⓑ이제는 그 녀석 얘기만 들어도 진저리가 난다 한뜻말 진절머리. 넌더리. 몸서리

진전 ⇒ 나아감. 좋아짐. 되어감. 나아가다. 좋아지다. 되어가다

진절머리 이름씨 진저리 ⓑ그쯤 하면 이제 진절머리로 앓아누울 참이다

진정 (眞情) ⇒ 참. 바름. 참말. 참마음. 애틋한 마음

진정 (眞正) ⇒ 참말로. 그야말로

진정 (陳情) ⇒ 엉엉거림. 발괄. 하소연. 하소하다. 하소연하다. 발괄하다

진정 (鎭靜) ⇒ 가라앉음. 누그러짐. 풀림. 가라앉다. 누그러지다. 수그러지다. 풀리다

진정서 ⇒ 하소글. 하소연 글

진정제 ⇒ 가라앉히개

진정하다 (眞正) ⇒ 참되다. 바르다

진종일 ⇒ 하루 내내. 온 하루

진주 (珍珠) ⇒ 참구슬

진주 (晉州) ⇒ 가다. 가라

진주만 ⇒ 참구슬휨

진중하다 ⇒ 듬직하다. 드레지다. 점잖다

진즉 ⇒ 진작. 벌써. 미리. 바로 그때에

진지 이름씨 '밥' 높임말 ⓑ시장하실 텐데 진지

드세요
진지 (陣地) ⇒ 싸울아비 머무는 곳. 바오달
진지놓개 [이름씨] 웃어른 밥놓개 ㉥어머니께 아침 일찍 진지놓개를 차려 드렸다 ⇐ 진짓상
진지하다 (眞摯) ⇒ 참되다. 알차다. 미덥다
진집 [이름씨] ❶몬이 가늘게 벌어진 작은 틈 ㉥옻나무에 진집을 내어 옻물을 받았다 비슷한말틈 ❷너무 긁어서 살갗이 벗어지고 짓무른 생채기 ㉥너무 긁어서 등에 진집이 생겼다
진짜 ⇒ 참것. 참으로
진찰 ⇒ 앓이 알아냄. 앓이살핌. 앓이 살피다
진찰실 ⇒ 앓이 알아내는 방. 앓이살핌방
진창[1] [이름씨] 땅이 질어서 질퍽질퍽한 곳 ㉥비가 하루 내내 쏟아져 집 앞이 진창이 되어 버렸다 비슷한말곤죽. 수렁
진창[2] [어찌씨] 물릴 만큼 아주 많이 ㉥잔치마당에 가서 오랜만에 맛있는 것을 진창 먹었다
진창길 [이름씨] 땅이 질어서 질퍽질퍽한 길 ㉥흙길이라 비만 오면 진창길을 걸어 배곳에 간다 [슬기말] **진창길에 흘린 좁쌀 줍기** 찾아내거나 얻어 내기가 몹시 힘든 것
진척 ⇒ 나아감. 되어감. 나아가다. 되어가다
진출 ⇒ 나감. 나섬. 발 들여놓음. 나가다. 나서다
진출로 ⇒ 나갈길. 앞길
진취 ⇒ 앞서 나감. 앞서 나가다. 이뤄 나아가다
진취성 ⇒ 싹수. 늘품. 보추
진취적 ⇒ 앞으로 나아가는. 냅뜰새 있는. 내뛸새 있는. 보추 있는
진탕 ⇒ 실컷. 마음껏. 마냥
진토 ⇒ 티끌과 흙
진통 (陣痛) ⇒ 아픔. 어려움. 괴로움. 몸풀이 아픔
진통 (鎭痛) ⇒ 아픔 멎음. 아픔 멎다. 아픔 가라앉다
진통제 ⇒ 아픔멎개
진퇴 ⇒ 나아감과 물러남
진퇴양난 ⇒ 굽도 젖도 못함. 이러지도 저러지도 못함. 막다른 골목

진티 [이름씨] 일이 잘못되어 가는 빌미 ㉥고기를 많이 먹은 것이 진티가 되어 그 앓이를 얻었대요
진퍼리 [이름씨] 진펄
진펄 [이름씨] 땅이 질어 질퍽한 벌 ㉥진펄 속에 저토록 온갖 목숨붙이가 더불어 살다니 참 아름다운 곳이다 한뜻말진퍼리
진펄식물 ⇒ 진펄푸나무
진폭 ⇒ 떨림너비
진품 (眞品) ⇒ 참것
진품 (珍品) ⇒ 값진것. 드문것. 놀것
진풍경 ⇒ 놀 볼거리. 보기 드문 구경거리
진피 ⇒ 참껍질
진하다 (津-) ⇒ 끈적끈적하다. 촘촘하다. 빛깔이 짙다
진하다 (盡-) ⇒ 지치다. 바닥나다. 다하다
진학 ⇒ 배우러 감. 위 배곳 감. 위 배곳 가다. 배우러 가다
진한 (辰韓) [이름씨] 노사라사 고장에 있던 옛나라. 나중에 시라로 모아졌다
진행 ⇒ 나아감. 해나감. 밀고 나감. 나아가다. 해가다. 밀고 나가다
진행자 ⇒ 해나감이. 이끎이
진혼 ⇒ 넋풀이
진혼제 ⇒ 넋풀이굿
진화 (進化) ⇒ 돋되기. 돋되다
진화 (鎭火) ⇒ 불끄기. 불길 잡기. 불끄다. 불길 잡다
진화론 ⇒ 돋되기 생각
진흙 [이름씨] ❶빛깔이 붉고 차진 흙 ㉥진흙이 마르면 거의 돌덩이만큼 딱딱하다 비슷한말질흙 ❷질척질척하게 짓이겨진 흙 ㉥우리는 도랑에 빠지기도 하고 진흙에 푹푹 빠지면서 어두운 밤길을 걸었다
진흙가스 [이름씨] 모래와 진흙이 오래 쌓여 단단하게 굳은 바위 켜에 있는 저절가스 ⇐ 셰일가스
진흙땅기름 [이름씨] 알갱이가 가장 작은 물에된 바위가 바다나 가람 밑에 쌓인 켜 속에 있는 기름 ⇐ 셰일석유

진흙바위 [이름씨] 가는 모래와 진흙이 물속에서 쌓여 굳어진 바위 ⇐ 이암

진흙켜바위 [이름씨] 알갱이 크기가 진흙과 같이 작은 것이 굳어져서 된 바위. 얇은 켜가 겹겹이 쌓여 있다 ⇐ 혈암. 셰일

진흙탕 [이름씨] 흙이 질척질척하게 된 땅 ㉥다스림이들이 힘을 휘두를 생각에만 빠져 늘 진흙탕 싸움을 벌인다 비슷한말 진창

진흙투성이 [이름씨] 진흙이 잔뜩 묻은 것

진흥 ⇒ 일으킴. 떨쳐 일어남. 일으키다. 일어나다. 떨쳐 일어나다

진흥왕순수비 ⇒ 진흥임금사냥돌

진흥임금사냥돌 [이름씨] 황초령돌. 마운령돌. 북한산돌. 창녕돌 ⇐ 진흥왕순수비

-질 [뒷가지] [1](이름씨에 붙어) 그것을 쓰거나 하는 짓 ㉥바느질. 가위질. 지게질. 물질. 써레질. 딸꾹질. 달음질 [2](이름씨에 붙어) 그 짓이나 일을 낮잡는 뜻 ㉥말틀질. 귓속질 [3]되풀이되는 짓 ㉥망치질. 새김질. 곁눈질. 딸꾹질. 수군덕질 [4]나쁜 짓 ㉥도둑질. 싸움질. 자랑질. 노름질. 겨집질. 주먹질 [5]벌이나 노릇 ㉥나무쟁이질. 미장이질. 샘질. 며느리질. 아재비질

질 (帙) ⇒ 벌. 길

질 (質) ⇒ 밭. 바탕. 밑바탕. 갖춘 바탕

질감 ⇒ 밭느낌. 바탕느낌

질겁 ⇒ 자지러짐. 깜짝 놀람. 자지러지다. 깜짝 놀라다

질겅거리다 [움직씨] 질긴 것을 잇달아 거칠게 씹다 ㉥동무는 술 한 모금에 노가리를 질겅거리며 말을 이어갔다 작은말 잘강거리다 **질겅대다**

질겅질겅 [어찌씨] 질긴 것을 잇달아 거칠게 씹는 꼴 ㉥마른 오징어를 질겅질겅 씹으며 내게 다가왔다 작은말 잘강잘강 **질겅질겅하다**

질경이 [이름씨] 길둥근 잎이 밑동에서 모여 나며 늦은 봄부터 깔때기꼴 꽃이 긴 꽃대 위에 이삭꽃차례로 피는 풀. 길가에 잘 자라며 씨는 오줌 잘 누는 낫개로 쓰고 어린잎은 먹는다 한뜻말 뺍쟁이 ⇐ 차전초

질곡 ⇒ 차꼬와 쇠고랑. 굴레. 멍에. 올가미. 얽매임. 억눌림

질그릇 [이름씨] 질흙만으로 구워 만들고 잿물을 입히지 않은 그릇. 겉낯에 반지르르한 맛이 없다 ⇐ 옹기. 토기 [슬기말] **질그릇 깨고 놋그릇 장만하다** 하찮은 것을 잃고 더 좋은 것을 얻게 되다

질근 [어찌씨] 무엇을 단단히 졸라매거나 동이는 꼴 ㉥머리띠를 질근 동여매고 일하러 간다 작은말 잘근 센말 질끈

질근거리다 [움직씨] 조금 질긴 것을 자꾸 씹다 ㉥이가 없는 할머니는 작은 김치 조각을 오래도록 질근질근 씹는다 작은말 잘근거리다 **질근대다**

질근질근[1] [어찌씨] 조금 질긴 것을 자꾸 씹는 꼴 ㉥심심풀이로 말린 고기를 질근질근 씹어댄다 작은말 잘근잘근 **질근질근하다**

질근질근[2] [어찌씨] [1]여럿을 다 단단히 자꾸 졸라매거나 동이는 꼴 ㉥허리춤을 질근질근 동여맨 장수들이 지나간다 작은말 잘근잘근 센말 질끈질끈 [2]새끼나 노끈 따위를 느릿느릿 꼬는 꼴 ㉥볏짚을 질근질근 비벼가면서 새끼를 꼬았다

질금 [어찌씨] [1]물이나 오줌 같은 것이 조금 새어 나오거나 나오다 그치다 하는 꼴 ㉥오줌을 길가에 질금 갈겼다 작은말 잘금 센말 찔끔 [2]눈물을 흘리며 우는 꼴 ㉥그 말에 가슴이 미어지며 눈물이 질금 나왔다 [3]비가 조금 내리다 멎는 꼴 ㉥비가 질금 오다 말았다 **질금하다**

질금거리다 [움직씨] [1]물 따위가 조금씩 자꾸 새어 흐르거나 쏟아지다 ㉥아이가 개 짖는 소리에 깜짝 놀라 오줌을 질금거렸다 작은말 잘금거리다 센말 찔끔거리다 [2]눈물을 아주 조금씩 흘리며 자꾸 울다 ㉥파를 다듬느라 매운 내에 다들 눈물을 질금거렸다 [3]비가 아주 조금씩 자꾸 내렸다 그쳤다 하다 ㉥날은 후덥지근한 데다 비까지 질금거려서 아주 짜증이 났다 [4]무엇을 아주 조금씩 자꾸 흘리다 ㉥튀밥 부스러기를 여기저기

ㅈ

질금거리지 말고 한곳에 앉아서 먹어라 **5** 돈이나 몬 따위를 조금씩 쓰거나 여러 벌로 나누어 주다 ㉺언니는 아우에게 깨강정을 질금거리며 주었다 **질금대다**

질금질금 어찌씨 **1** 물 따위가 조금씩 자꾸 새어 흐르거나 쏟아지는 꼴 ㉺집에서 기르는 나무에 물을 줄 때는 질금질금 주지 말고 흠뻑 주는 것이 좋다 작은말 잘금잘금 센말 찔끔찔끔 **2** 눈물을 아주 조금씩 흘리며 자꾸 우는 꼴 ㉺매운 마늘 내에 눈물이 질금질금 나왔다 **3** 비가 아주 조금씩 자꾸 내렸다 그쳤다 하는 꼴 ㉺어제 오늘 내내 비가 질금질금 내린다 **4** 무엇을 아주 조금씩 자꾸 흘리는 꼴 ㉺똘이 아빠가 버섯을 잘 딴다지만 뒤따라가 보면 솔버섯을 질금질금 흘리고 다녀 **5** 돈이나 몬 따위를 조금씩 쓰거나 여러 벌로 나누어주는 꼴 ㉺돈을 쓰려면 그렇게 질금질금 쓰지 말고 한숨에 크게 사야 낯이 서지 **질금질금하다**

질기다 그림씨 **1** 무엇이 쉬 끊어지거나 떨어지지 않고 견디는 힘이 세다 ㉺이 배추 겉잎 김치는 너무 질겨서 먹기가 힘들다 맞선말 부드럽다 **2** 사람 사귐이 끊어지지 않고 오래가다 ㉺너와 나는 참으로 질긴 만남을 서른 해째 이어온다 **3** 마음가짐이나 몸가짐이 무르지 않고 끈지고 버티는 힘이 세다 ㉺코에 물을 부으며 털어놓기를 바라는 놈이나 버티는 놈이나 질기긴 마찬가지다 **4** 목숨이 끊어지지 않고 끈덕지게 붙어있다 ㉺메에 들어가 칡뿌리를 캐어 먹으며 질기게 살아갔다

질끈 어찌씨 **1** 무엇을 매우 단단하게 바싹 졸라매거나 동이는 꼴 ㉺머리띠를 질끈 동여매고 촛불을 들고 거리로 나갔다 작은말 잘끈 여린말 질근 **2** 사이를 바싹 눌러 붙이는 꼴 ㉺놀이틀이 위아래로 출렁거릴 때마다 눈을 질끈 감았다

질끈질끈 어찌씨 여럿이 다 단단하게 바싹 졸라매거나 동이는 꼴 ㉺앞치마를 질끈질끈 동여매고 나물을 뜯으러 갔다 작은말 잘끈잘끈 여린말 질근질근

질끔 어찌씨 조금 놀라는 꼴 ㉺아버지가 소리치자 온터는 질끔 놀라 하던 일을 멈췄다 센말 찔끔 여린말 질금 **질끔하다**

질끔거리다 움직씨 **1** 물 따위가 조금씩 자꾸 새어 흐르거나 쏟아지다 센말 찔끔거리다 여린말 질금거리다 **2** 눈물을 아주 조금씩 흘리며 자꾸 울다 **질끔대다**

질끔질끔 어찌씨 **1** 물 따위가 조금씩 자꾸 새어 흐르거나 쏟아지는 꼴 ㉺물길물이 꼭 잠갔는데도 질끔질끔 샌다 센말 찔끔찔끔 여린말 질금질금 **2** 눈물을 아주 조금씩 흘리며 자꾸 우는 꼴 ㉺군불을 지피는데 바람이 거꾸로 불어 눈물이 질끔질끔 나왔다 **3** 비가 아주 조금씩 자꾸 내렸다 그쳤다 하는 꼴 ㉺아까부터 눈비가 질끔질끔 내린다 **4** 무엇을 아주 조금씩 자꾸 흘리는 꼴 ㉺앞세워 나물 뜯게 하면 질끔질끔 흘리는 이들이 많아 **5** 돈이나 몬 따위를 조금씩 쓰거나 여러 벌로 나누어주는 꼴 ㉺군돈을 질끔질끔 쓰지 말아라 **질끔질끔하다**

질녀 ⇒ 조카딸

질다 그림씨 **1** 밥이나 반죽 따위에 물기가 많다 ㉺밀가루 반죽이 너무 질어서 손에서 잘 떨어지지 않는다 맞선말 되다 **2** 물이 많아 땅이 질척질척하다 ㉺밭이 질어서 오늘 일하기는 글렀다 **3** 말이 몹시 걸쭉하고 거칠다 ㉺아라는 생김새는 얌전하나 입이 질다 **4** 말이 많거나 헤프다 ㉺그대는 입이 너무 지니 앞으로 열 마디 할 말을 한 마디만 하게나 슬기말 **진 밭과 장가든 아내는 써 먹을 때가 있다** 장가들어 맞은 아내는 함부로 하거나 가볍게 하면 안 된다

질동이 이름씨 질흙으로 빚어서 구워낸 동이 ㉺질동이에 물을 가득 담아 부엌에 들여놓았다 슬기말 **질동이 깨뜨리고 놋동이 얻었다** **1** 하찮은 것을 잃고 더 나은 것을 가지게 되었다 **2** 처음 아내를 잃은 뒤에 나중에 얻은 아내를 잘 두었다

질땅 이름씨 **1** 여러 해 동안 여름짓던 땅 ㉺이

논은 오랫동안 일궈온 내 질땅이요! [2] 진흙으로 된 땅

질량 ⇒ 무게

질러가다 [움직씨] 지름길로 빨리 가다 ㉥저자터에 갈 때마다 밭둑으로 질러갔다 [슬기말] **질러가는 길이 돌아가는 길이다** 빨리하려고 서둘면 도리어 늦어진다

질리다[1] [움직씨] [1] 팔다리나 막대기 따위에 세게 치이다 ㉥공을 차다 질린 발목이 부어올랐다 [2] 두 쪽 사이에 막대기나 줄 따위가 걸쳐지거나 꽂히게 되다 ㉥할머니께서 비녀가 질린 머리를 하고 나타났다

질리다[2] [움직씨] [1] 마음에 거리끼거나 두려워 기운이 몹시 짓눌리다 ㉥두려움에 질려 옴짝달싹 못했다 [2] 몹시 놀라거나 두려워 얼굴빛이 바뀌다 ㉥추위로 덜덜 떨고 얼굴이 새파랗게 질렸다 [3] 똑같은 먹을거리에 넌더리가 나다 ㉥두부에 질려 기름진 것을 좀 맛보고 싶다 [4] 짙은 빛깔이 한데로 몰려 고르게 퍼지지 못하다 ㉥쪽으로 물들인 치마가 한쪽으로 질려버렸다 [5] 값이 어떤 일에 얼마씩 치이다 ㉥셈틀을 하나 더 들이는데 온골 원이나 질렸다

질문 ⇒ 물음

질문지 ⇒ 물음종이

질바치 [이름씨] 질그릇이나 오지그릇을 만들어 벌어먹고 사는 사람 한뜻말 오지바치 ⇐ 도공

질벅거리다 [움직씨] 진흙이나 흙반죽이 물기가 많아 매우 질다 밑말 질버덕거리다 **질벅대다**

질벅질벅 [어찌씨] 진흙이나 흙반죽이 물기가 많아 매우 진 꼴 ㉥궂은비가 마당을 질벅질벅 적신다 밑말 질버덕질버덕 **질벅질벅하다**

질병 ⇒ 앓이

질산 ⇒ 막심

질색 ⇒ 싫음. 숨 막힘. 숨막히다. 매우 싫어하다

질서 ⇒ 차례. 위아래

질소 ⇒ 막남

질소산화물 ⇒ 막남살남몬

질식 ⇒ 숨막힘. 숨곰. 갑심. 숨 막히다. 숨고다. 갑시다

질식사 ⇒ 숨막혀 죽음

질의 ⇒ 물어봄. 물음. 묻다

질적 ⇒ 바탕에 말미암은

질주 ⇒ 달림. 달음질. 닫다. 뛰다. 달음질치다

질질[1] [어찌씨] [1] 몸에 지닌 것을 여기저기 잘 흘리거나 빠뜨리는 꼴 ㉥강냉이를 방바닥에 질질 흘리고 돌아다니면 어떡하나 작은말 잘잘 센말 찔찔 [2] 물이나 땀, 기름, 침 같은 것이 볼꼴 없이 흘러내리는 꼴 ㉥침을 질질 흘리다. 코를 질질 흘리다 [3] 아무 말이나 가리지 않고 이야기를 길게 늘어놓는 꼴 ㉥좀 질질 말하지 말고 내 말부터 들어봐라

질질[2] [어찌씨] [1] 다리나 신, 몬을 바닥에 느리게 끄는 꼴 ㉥바지자락을 질질 끌고 다닌다 작은말 잘잘 센말 찔찔 [2] 주책없이 남을 따라다니는 꼴 ㉥영문도 모른 채 갑자기 멱살이 잡혀 밖으로 질질 끌려 나왔다 [3] 놀이에서 맞선 쪽에 진 채로 끌려가는 꼴 ㉥끝날 때가 됐는데 언제까지 질질 끌려다닐 거야 [4] 잡은 날짜를 뒤로 미루는 꼴 ㉥품삯을 질질 끌지 말고 모레까지 주시오 [5] 이야기 따위를 지루하게 자꾸 늘이는 꼴 ㉥머리말을 질질 끌지 말고 얼른 끝말부터 꺼내라

질책 ⇒ 꾸중. 나무람. 꾸지람

질척거리다 [움직씨] 진흙이나 반죽 따위가 물기가 많아 차지고 질다 ㉥동그랑땡을 부치기에는 반죽이 조금 질척거리는 것 같아 작은말 잘착거리다 **질척대다**

질척질척 [어찌씨] 진흙이나 반죽 같은 것이 물기가 많아 차진 꼴 ㉥눈도 녹고 땅도 녹아 마당이 온통 질척질척 발이 빠진다 작은말 잘착잘착 **질척질척하다**

질척하다 [그림씨] 진흙이나 반죽 따위가 물기가 많아 차지게 질다 ㉥질척한 밭에 수레가 빠지는 바람에 아주 애를 먹었다 작은말 잘착하다

질투 ⇒ 강샘. 시샘. 시새움

질팡질팡 [어찌씨] 어쩔 줄 몰라 이리저리 헤매는 꼴 ㉥범 울음소리에 깜짝 놀라 질팡질

팡 걸음아 날 살려라 하고 내려왔다 **질팡질팡하다**

질퍽거리다 움직씨 진흙이나 반죽 따위가 물기가 많아 감사납게 달라붙다 밑말 질퍼덕거리다 **질퍽대다**

질퍽질퍽 어찌씨 진흙이나 반죽 따위가 물기가 많아 감사납게 달라붙는 꼴 ⓑ눈 온 뒤 날이 푹해지니 길은 질퍽질퍽 사납게 되었다 작은말 잘팍잘팍 여린말 질벅질벅 밑말 질퍼덕질퍼덕하다 **질퍽질퍽하다**

질퍽하다 그림씨 물기가 많아 감사납게 질다 ⓑ큰 마당에 비가 와서 질퍽한데도 사람들이 나와서 공을 찬다 작은말 잘팍하다 여린말 질벅하다 밑말 질퍼덕하다

질펀하다 그림씨 ❶땅이 고르고 막힘없이 트여 넓다 ⓑ섬을 빙 둘러서 개펄이 질펀하게 펼쳐있다 작은말 잘판하다 ❷하는 일 없이 게으름을 피우거나 느긋하다 ⓑ오랜만에 일이 없어 하루 내내 벗들과 질펀하게 놀았다 ❸무엇이 즐비하게 들어서서 그득하다 ⓑ넓은 마을 빈터에 쓰레기들이 질펀하게 널려있다 ❹무엇이 매우 질거나 젖어 있다 ⓑ물고기 저자터에 물이 질펀해서 다니기 힘들다. 얼마나 울었는지 두 눈이 질펀하다

질풍 ⇒ 흔들바람. 세찬바람

질화로 ⇒ 질 불담이

질환 ⇒ 앓이

질흙[1] 이름씨 쑥돌, 차돌 따위가 바람에 깎여 난 흙. 질그릇 따위를 만드는 바탕감으로 쓴다 ⓑ질흙으로 구워 지은 동이를 사다가 장독받침 위에 올려놓았다 준말 질

질흙[2] 이름씨 ❶빛깔이 붉고 차진 흙 ⓑ이곳은 좋은 질흙이 나는 고장이다 비슷한말 진흙 ❷질척질척하게 짓이겨진 흙 ⓑ질흙을 조금 이겨서 아궁이에 금이 가고 터진 데다 쳐 발랐다

짐 이름씨 ❶다른 데로 옮기려고 챙기거나 꾸려놓은 것 ⓑ수레 올 때가 되었으니 어서 빨리 짐을 챙겨 떠나자 ⇐ 하물. 화물 ❷주어진 일에 딸린 멍에나 사슬 ⓑ일을 말썽 없이 마치고 나니 드디어 무거운 짐을 내려놓은 것 같다 ⇐ 책임. 부담 ❸귀찮고 수고로운 일이나 몬 ⓑ구경 다닐 때 부피가 큰 것은 짐만 되니 놓고 가자 ❹한 사람이 져 나를 만큼 되는 부피나 그것을 세는 하나치 ⓑ땔감이 다 떨어졌으니 나무 한 짐 해오렴 ❺지난날 낛을 매길 때 논밭 넓이를 재는 하나치. 한 짐은 20m²쯤으로 열 뭇이 한 짐, 열 짐이 한 동, 열 동이 한 목이 된다 익은말 **짐이 기울다** 일이 흘러가는 꼴이 글러지다. 높이나 크기 따위가 같지 않고 어느 한쪽이 처지다 **짐을 싸다** 하던 일을 아주 그만두다 **짐을 풀다** 머물 데를 박아두고 살림을 비롯하다

짐·과인 ⇒ 나

짐긴수레 이름씨 짐만 실어나르는 긴수레 ⇐ 화차. 화물열차

짐꾼 이름씨 짐을 져 나르는 사람 ⓑ짐꾼 셋을 불러 이삿짐을 날랐다 한뜻말 짐장이 비슷한말 지게꾼 ⇐ 포터

짐무게 이름씨 짐이 지닌 무게 ⇐ 하중

짐바 이름씨 짐을 묶거나 매는 데 쓰는 줄 ⓑ이불을 싼 보따리를 짐바로 묶어 어깨에 둘러맸다 비슷한말 질빵

짐바리 이름씨 말이나 소로 실어나르는 짐 ⓑ쌀을 실은 짐바리가 끝없이 이어진 것을 보며 순달은 흐뭇한 웃음을 짓는다

짐방 이름씨 큰 쌀가게에서 난 짐만을 맡아 날라주는 사람 한뜻말 짐방꾼

짐배 이름씨 짐을 실어나르는 배 ⇐ 화물선

짐삯 이름씨 짐을 실어나르는 데 드는 삯 ⇐ 화물운임

짐수레 이름씨 ❶짐을 실어나르는 수레 ⇐ 화차. 화물차. 짐차. 트럭 ❷짐긴수레 ⇐ 화차. 화물열차 ❸심부름 짐수레 ⇐ 용달차

짐스럽다 그림씨 짐이 되는 느낌이 있다 ⓑ제 빚을 내는데 나더러 볼모 잡혀달라면 얼마나 짐스럽니? ⇐ 부담스럽다. 폐 끼치다

짐승 이름씨 ❶온몸에 털이 나고 새끼를 낳아 젖을 먹이는 숨받이 ⓑ개가 사람 말을 가

장 잘 따르는 짐승이다. 뭍에 사는 짐승 가운데에서 가장 매서운 놈이 범이다 한뜻말네발짐승 ⇐ 동물 **2** 날짐승, 길짐승, 물짐승 따위를 통틀어 이르는 말 ⓑ고래는 바다에 사는 짐승이다 **3** 아주 모질거나 사납고 덜깬 사람을 빗댄 말 ⓑ사람을 함부로 때리고 다니는 저놈이 사람이야 짐승이지

짐승나숨이 (이름씨) 짐승앓이를 고치는 사람 ⇐ 수의사

짐승낳몬 (이름씨) 짐승을 길러 얻는 고기, 알, 젖, 가죽, 털 따위 ⇐ 축산물

짐승낳일 (이름씨) 짐승을 길러 얻는 벌이 ⇐ 축산업

짐승낳일두레 (이름씨) 짐승 기르는 사람들이 함께 꾸린 두레 ⇐ 축산협동조합

짐승두레 (이름씨) 짐승 기르는 사람들 두레 ⇐ 축협

짐작 ⇒ 어림. 어림잡다. 헤아리다. 가늠하다

짐짓 (어찌씨) **1** 속마음이나 밑뜻은 그렇지 않으나 일부러 그렇게 ⓑ짐짓 모른 체하고 앉았다 비슷한말 굳이. 구태여 **2** 아닌 게 아니라 참말로 ⓑ가보니 짐짓 바람빛이 끝내준다 비슷한말 틀림없이 ⇐ 과연

짐짝 (이름씨) 묶어 놓은 짐 한 덩이 ⓑ달구지가 덜커덩거릴 때마다 묶어둔 짐짝도 같이 장단을 맞춘다

짐차 ⇒ 짐수레

짐칸 (이름씨) 배나 수레, 날틀 같은 데서 짐을 싣는 칸 ⇐ 화물칸

짐표 (이름씨) **1** 부치는 짐에 다는 표쪽 ⇐ 송장 **2** 어떤 짐 임자임을 밝혀주거나 짐을 찾아갈 것을 알리는 글쪽

집 (이름씨) **1** 사람이 들어가 머무르거나 살 수 있게 지은 것. 또는 그것을 세는 하나치 ⓑ내가 사는 집은 작은 마을 한복판에 있다. 우리 마을에는 스물아홉 집이 산다 ⇐ 가옥. 주택. 가택 **2** 피붙이가 이루는 모둠 ⓑ그 집은 아이가 없다 ⇐ 가정. 가족. 호. 홈 **3** 짐승 따위가 깃들어 사는 곳 ⓑ새집. 거미집. 벌집. 까치집 비슷한말 둥지. 보금자리 **4** ('집에서' 꼴로 써) 아내 ⓑ집에서 나를 찾거든 이제 간다고 말해주시오 **5** 무엇을 담거나 끼워 두는 몬 ⓑ돋보기집. 칼집. 눈거울집 **6** 바둑에서 돌로 이어 둘러싼 빈자리 또는 그것을 세는 하나치 ⓑ바둑판 오른쪽 귀퉁이에서 집이 크게 났다. 오늘 바둑은 내가 아홉 집을 이겼다 (슬기말) **집에서 새는 바가지는 나가도 샌다** 밑바탕이 나쁜 것은 어디를 가나 그 민낯이 드러난다

-집 (뒷가지) **1** 몸 따위 크기나 부피 ⓑ살집. 몸집 **2** 몸을 이루는 틀 이름 ⓑ알집. 똥집. 아기집 **3** 말썽이 난 자리나 자국 또는 까닭 ⓑ물집. 트집. 흠집. 불집. 칼집 **4** 먹을거리나 몬 따위를 사고파는 가게 ⓑ고깃집. 선술집. 지짐집. 솜틀집. 찻집. 밥집. 떡집. 버드나무집 **5** 시집간 딸을 그 가시어버이나 웃어른이 시집을 두고 이르는 말 ⓑ닭실집 어르신들은 잘 계시느냐? **6** 시집온 며느리가 살던 마을 이름을 따서 마을 사람들이 그 겨집을 부르는 이름 ⓑ우리 어머니는 못앞집이라 불렸다 **7** (고장이나 마을 이름 뒤에 써) 고마 ⓑ한밭집. 온골집. 쇠벌집. 빛가람집

집가둠 (이름씨) 외부와의 접촉을 제한·감시하고 외출을 허락하지 아니하나 일정한 장소 내에서는 신체의 자유를 허락하는, 정도가 비교적 가벼운 감금 ⇐ 연금. 가택연금

집강소 ⇒ 벼리 잡는 곳

집게[1] (이름씨) 고둥 껍질 따위에 들어가 사는 게. 소라게, 속살이 따위. 머리가슴은 등딱지로 싸여 있으나 배는 말랑말랑하다

집게[2] (이름씨) 끝이 두 가닥으로 갈라져 무엇을 집는 데 쓰는 연장 ⓑ집게로 고기를 집어 한입에 알맞은 크기로 잘랐다

집게발 (이름씨) 가재나 게 같은 숨받이 발 가운데 맨 앞쪽에 집게처럼 생긴 큰 발

집게벌레 (이름씨) 꽁무니에 집게가 있어 다른 벌레를 잡아먹는 벌레

집게손가락 (이름씨) 엄지손가락과 가운뎃손가락 사이에 있는 둘째 손가락 ⓑ집게손가락

ㅈ

으로 달을 가리켰는데 사람들이 달은 보지 않고 손가락 끝을 쳐다본다 ⇐ 검지

집결 ⇒ 뭉침. 모음. 모임. 뭉치다. 모이다. 모으다

집계 ⇒ 모둠 셈. 다 셈. 모두 세다. 다 세다

집나름 (이름씨) 나래글발이나 짐, 저자내기를 집까지 바로 갖다주는 일 ⇐ 택배

집난이 (이름씨) 집을 떠나 참을 찾아 나선 이 ⇐ 출가자

집념 ⇒ 맺힌 생각. 쏟는 마음. 굳은 마음

집님 (이름씨) 가시버시를 바탕으로 어버이와 아들딸처럼 한집안을 이루는 사람들 한뜻말 밥입. 집보 ⇐ 가족. 식구

집다 (움직씨) **1** 무엇을 아래에서 주워 올리거나 손으로 잡아서 들다 ⓑ내가 집은 돌을 보더니 좋다고 했다 **2** 무엇을 손가락이나 발가락으로 끼워서 들다 ⓑ다듬은 배추를 절이려고 소금을 한 움큼 집어 골고루 뿌렸다 **3** 집게 따위 연장을 써서 무엇을 끼워서 들다 ⓑ젓가락으로 콩알을 집어서 누가 빨리 옮겨 담는지를 겨루었다 **4** 여럿 가운데서 하나를 들어서 가리키다 ⓑ아라는 많은 사람 가운데 나를 집어 앞으로 나와 춤을 추라고 했다

집단 ⇒ 모둠. 무리. 두럭. 모임. 떼. 동아리

집단농장 ⇒ 동아리 여름지이터. 모둠 여름지이터

집단생활 ⇒ 모둠살이

집대성 ⇒ 하나로 모음. 모두 어우름. 다 얽어맴

집돈집일 (이름씨) 집에서 돈집일을 볼 수 있는 누리그물 주반일 ⇐ 홈뱅킹

집돼지 (이름씨) 집에서 기르는 돼지

집두리 (이름씨) 집둘레. 집언저리

집들이 (이름씨) **1** 새로운 집으로 옮겨 드는 것 ⓑ비가 오는 날씨에도 아무 일 없이 집들이를 마쳤다 ⇐ 이사 **2** 집을 옮긴 뒤 먹을 것을 차려 이웃과 벗에게 베푸는 일 ⓑ집들이 때 무엇을 사다 주면 좋을까? 비슷한말 집알이. 들턱

집무 ⇒ 일봄. 일함

집무실 ⇒ 일방

집박쥐 (이름씨) 지붕 밑이나 집안에 사는 박쥐

집밖 (이름씨) 한데 ⇐ 야외

집배원 ⇒ 거둬 돌림이. 나름이

집보 (이름씨) 집님 ⇐ 가족. 식구

집비발 (이름씨) 사는 집에 드는 돈 ⇐ 주거비

집사람 (이름씨) 남한테 제 아내를 이르는 말 ⓑ높나무는 집사람에게도 말 못할 일이 있어 혼자 끙끙 앓았다 한뜻말 아내. 안사람

집삯 (이름씨) 남 집을 빌려 쓰는 값으로 내는 돈 ⇐ 집세

집산지 ⇒ 저자터. 몬흘곳

집살이 (이름씨) 집에서 사는 삶. 또는 그런 사람 ⇐ 재가. 재가자

집세 ⇒ 집삯

집시 (이름씨) 유럽에서 무리 지어 떠돌아다니며 사는 겨레

집안 (이름씨) **1** 집 안쪽 ⓑ집안을 치우다가 쓸 만한 큰 그릇을 찾았다 **2** 피붙이나 가까운 제살붙이를 무리로 하는 동아리 ⓑ풀잎 집안은 늘 웃음이 떠나지 않는다 **3** 가까운 아음 ⓑ푸름이는 우리 집안 사람이다 (슬기말) **집안 뜬것이 사람 잡아간다** 가까운 사람으로부터 언걸을 입다 **집안이 함께 되려면 베개 밑 말은 듣지 않는다** 집안 어른이 아내 잔소리를 듣고 그대로 하면 집안이 서로 다투게 된다

집안말틀 (이름씨) 한 집이나 큰집 안에서 주고받으려고 만든 말틀 ⇐ 인터폰

집안일 (이름씨) **1** 살림을 꾸려가면서 집안에서 해야 하는 여러 가지 일 ⓑ요즈음은 집안일을 가시버시가 함께 한다 한뜻말 집일 맞선말 바깥일 ⇐ 가사 **2** 집안 살붙이 따위와 이어진 하찮은 일 ⓑ남 집안일을 두고 너무 떠벌리지 마라 **3** 제집이나 가까운 아음 집에 생기는 일 ⓑ다음 달에 집안일로 일을 며칠 쉬어야겠어요

집알이 (이름씨) 새로 집을 지었거나 집을 옮긴 사람네 집 구경을 겸들여 그 임자와 알고 지내자는 뜻으로 찾아가 보는 일 ⓑ새로 지은 집에 집알이를 갔다 한뜻말 집들이 **집알이하다**

집약 ⇒ 뭉뚱그림. 간추림. 뭉뚱그리다. 모아 뭉뚱그리다. 간추리다

집어넣다 [움직씨] 어떤 것 안에 넣다 ㉥책을 고리에 다 집어넣어라

집어던지다 [움직씨] [1]무엇을 집어서 내던지다 ㉥지나가던 이가 공을 주워서 우리에게 집어던졌다 [2]되는대로 몸을 내던지다 ㉥방에 들어서자마자 이불 위에 몸을 집어던졌다 [3]함부로 그만두거나 내던지고 돌보지 않다 ㉥우리말집 일을 하다가 집어던지지 말고 우리 끝까지 같이 해요 [4]지켜야 할 것을 지키지 않고 내버리다 ㉥낯가림이고 뭐고 다 집어던지고 뻔뻔하게 나왔다. 다짐을 집어던지다

집어삼키다 [움직씨] [1]어떤 것을 아무 거침없이 삼키다 ㉥집채만 한 거센 물결이 배를 집어삼켰다 [2]다른 사람 것을 마땅찮게 아주 제 것으로 하다 ㉥나라살림하는 이들이 나랏돈을 제 돈 마냥 집어삼킨 적이 있다 [익은말] **집어삼킬 듯이 본다** 몹시 미워서 노려보다

집어치우다 [움직씨] [1]무엇을 집어서 딴 데로 치우거나 내던지다 ㉥바람에 날아다니는 종이를 집어치웠다 [2]하던 일이나 하려던 일을 그만두다 ㉥집안 살림이 어려워져 더 배곳살이를 집어치웠다 [한뜻말]걷어치우다

집열판 ⇒ 더움모음널. 햇빛모임널

집오리 [이름씨] 들에 나는 물오리와 생김새가 비슷하나 몸집이 크고 머리는 둥글며 부리는 넓적하고 발가락 사이에 물갈퀴가 있는 오리. 살과 알, 깃털을 얻으려고 집에서 기른다

집요하다 ⇒ 검질기다. 끈질기다. 줄기차다

집이름 [이름씨] 사는 곳과 이름을 적어서 집 앞문 위나 옆에 붙이는 나무나 돌조각 ⇐ 문패

집일 [이름씨] 집안일

집저자 [이름씨] 몬을 사는 이가 집에서 멀봄이나 알림글, 누리그물 따위를 보고 몬을 골라 말틀이나 누리그물을 거쳐 사는 일 ⇐ 홈쇼핑

집적집적 [어찌씨] [1]아무 일에나 함부로 손을 대고 하다 말다 하는 꼴 ㉥집적집적 건드리지만 말고 한 고랑이라도 제대로 매어 보렴 [2]남일에 함부로 끼어드는 꼴 ㉥요즘 시어머니는 며느리 하는 일에 집적집적 끼어들지 못한다 [3]남을 건드려 성가시게 하는 꼴 ㉥마돌이는 꽃순이를 집적집적 건드려 귀찮게 한다

집적회로 ⇒ 모인돌길

집정관 ⇒ 다스림이

집주릅 [이름씨] 집을 사고파는 사람 사이에서 흥정을 붙이는 사람 [한뜻말]집주릅 ⇐ 복덕방. 공인중개사

집주인 ⇒ 집임자

집중 ⇒ 쏟음. 기울임. 마음모음. 한곳에 모으다. 기울이다. 마음 모으다. 마음 쏟다

집중력 ⇒ 마음모음 힘. 마음 쏟는 힘

집중호우 ⇒ 무더기비

집쥐 [이름씨] 집에 사는 시궁쥐, 곰쥐 같은 쥐

집지기 [이름씨] [1]한 집을 이끌어 가는 사람 ㉥우리집은 큰언니가 집지기 노릇을 한다 ⇐ 가장 [2]나숨집이나 갈닦집, 마음닦는 집, 몸뒴집 같은 집 우두머리 ⇐ 원장

집짐승 [이름씨] 집에서 기르는 짐승 ㉥요즘도 시골에서는 개나 닭, 소, 말, 돼지, 오리 같은 집짐승을 키워 살림에 보태 쓴다 [맞선말]멧짐승. 들짐승 ⇐ 가축

집집 [이름씨] 집마다. 모든 집

집집이 [어찌씨] 집집마다 ⇐ 호별

집착 ⇒ 달라붙음. 매달림. 잊지 못함. 달라붙다. 매달리다. 잊지 못하다

집채 [이름씨] [1]한 채 한 채 집. 집 한 덩이 ㉥집채만 한 물결에 배가 휩쓸렸다. 집채도 날려버릴 듯이 바람이 거세다 [2](흔히 '집채나' 꼴로 써) 집 몇 채 ㉥집채나 있으면 뭘 해? 사람이 바로 돼야지

집터 [이름씨] [1]집이 있거나 앉을 자리 또는 집이 있던 빈자리 ㉥지난날 우리 집터인 곳에 새집이 들어섰다 [한뜻말]집자리 ⇐ 택지 [2]오랜 옛날 사람이 움이나 굴 따위를 지어 살

던 집터나 그러한 터 자국 ⓑ돌연모를 쓸 적 사람들 집터는 조개더미 자리나 바위구멍 따위에 많다 ⇐ 주거지

집터서리 이름씨 집 바깥 언저리 ⓑ집터서리에 딸린 텃밭에 여러 남새를 심었다

집토끼 이름씨 집에서 기르는 토끼

집파리 이름씨 여름에 많이 나와 방안이나 부엌, 외양간 같은 곳에 사는 파리

집필 ⇒ 글짓기. 글쓰기. 글 짓다. 글 쓰다

집합 ⇒ 모음. 모둠. 모임. 모으다. 모이다

집행 ⇒ 치름. 해나감. 치르다. 해 나가다

집현전 ⇒ 어진이모인집

집회 ⇒ 모임. 모꼬지. 모이다. 모꼬지 열다

집히다 움직씨 ('집다' 입음꼴) ❶무엇이 아래에서 주워 올려지거나 손에 잡혀 들리다 ⓑ손에 집히는 대로 귤을 바구니에 담았다 ❷무엇이 손가락이나 발가락 사이에 끼워져서 들리다 ⓑ손가락 사이로 집히는 것이 물컹거려 얼른 놓았다 ❸집게 따위 연장에 무엇이 끼워져 들리다 ⓑ집게에 집힌 놀잇감을 꺼내려다 또 놓쳤다

짓 이름씨 ❶몸이나 몸 한곳을 놀려 움직임 ⓑ손짓. 다리를 떠는 짓. 날갯짓. 활갯짓. 배냇짓. 고갯짓 한뜻말 짓거리 ⇐ 소행. 행위. 행동 ❷좋지 않은 몸 움직임 ⓑ어리석은 짓. 나쁜 짓. 못된 짓 ❸앞날에 그 열매를 가져오는 말미가 되는 몸과 입과 마음으로 짓는 일 ⇐ 업 **짓하다** 익은말 **짓이 나다** 들뜨거나 신이 나서 몸놀림에 절로 멋이 나다. 어떤 버릇이 겉으로 드러나다

짓- 앞가지 (어떤 움직씨 앞에 붙어) 마구. 함부로 ⓑ짓밟다. 짓누르다. 짓이기다

-짓 뒷가지 (어떤 이름씨 뒤에 붙어) 움직임. 몸놀림 ⓑ손짓. 발짓. 몸짓. 눈짓. 입짓. 팔짓. 턱짓. 곤두짓. 바보짓. 허튼짓. 헛짓. 군짓. 망나니짓. 개짓. 도깨비짓. 고린짓. 노랑이짓. 꿍꿍이짓

짓갈 이름씨 짓일 뜻틀, 솜씨, 낳이 따위를 가리에 맞게 파고드는 갈 한뜻말 짓갈재주 ⇐ 엔지니어링. 공학

짓값 이름씨 착하거나 나쁜 짓으로 말미암은 그 열매 ⇐ 업보

짓거리 이름씨 ❶짓 ⓑ하는 짓거리를 보면 사람 됨됨이를 알 수 있다 ⇐ 행사. 행실. 행위 ❷신이 나서 멋으로 하는 짓 **짓거리하다**

짓것 이름씨 ❶새로 지어 한 디위도 빨지 않은 첫물 옷이나 버선 한뜻말 제물. 진솔 ❷새로 지어 그대로 둔 옷감

짓곳 이름씨 밑감에 손을 대어 몬을 만들도록 갖춘 곳 ⇐ 공장

짓궂기다 움직씨 사람이 죽는 일 같은 안 좋은 일을 거듭하여 겪다

짓궂다 움직씨 ❶장난스럽게 남을 괴롭고 귀찮게 하여 달갑지 않다 ⓑ겨집 아이들에게 짓궂은 놀이를 하다가 넋쫄난 적이 있다 한뜻말 개구지다 ❷마음씨가 유난스럽거나 엉뚱한 데가 있다 ⓑ아이가 다른 애들보다 좀 짓궂어서 벗들이 잘 놀아주지 않는다 **짓궂이**

짓누르다 움직씨 ❶세게 마구 누르다 ⓑ여럿이서 달려들어 내 어깨를 짓눌렀다 ❷힘이 세어 다른 것을 눌러 버리다 ⓑ힘 있는 이는 힘없는 사람을 짓누르려 들기 마련이다 ⇐ 압제하다 ❸제 느낌이나 생각을 밖으로 드러내지 않고 몹시 참다 ⓑ끓어오르는 골을 짓누르려고 애썼다

짓눌리다 움직씨 ❶세게 마구 눌리다 ⓑ밑바닥에 깔린 감이 짓눌려 으깨졌다 ❷힘이 모자라 다른 것에 눌리다 ⓑ자고 나도 몸이 찌뿌드드하고 짓눌리는 느낌이다. 빚더미에 짓눌려 헤어날 길이 없다

짓다 움직씨 ❶밑감을 들여 밥이나 집, 옷 같은 것을 마련하다 ⓑ밥을 짓다. 집짓기. 옷을 짓다. 고치를 짓다. 무덤을 짓다. 여름을 짓다 ❷글이나 노래, 말 따위로 제 생각을 나타내다 ⓑ글을 짓다. 노래를 짓다. 이야기를 짓다 ❸어떤 낯빛이나 몸놀림을 드러내다 ⓑ웃음을 짓다. 한숨을 짓다. 눈물을 짓다 ❹사람이 잘못을 하거나 저지르다 ⓑ내가 무슨 큰 잘못을 지었다고 이리들 시

끄러울까 ❺흙을 가꾸어 먹을거리를 얻다 ⓑ여름을 지어서 그다지 남는 게 없는 까닭이 무엇일까 ❻앓이를 다스릴 낫개를 마련하다 ⓑ힘을 돋아주는 낫개도 지어 보내주었다 ❼어떤 일을 두고 판가름을 내리다 ⓑ매듭을 짓다. 마무리를 짓다 ❽사이를 잇거나 맺음을 이루다 ⓑ꽃님과 이음을 지어 보려 한다 ❾까리를 만들다 ⓑ쇠흙과는 한마을에 살면서 사귈 까리가 지어졌다 ❿숨받이가 새로운 무리를 만들거나 이루어 내다 ⓑ기러기 떼가 줄을 지어 난다. 서로 짝을 짓다. 갈매기가 떼 지어 날아오른다 ⓫(흔히 '지어' 꼴로 써) 느낌이나 말 따위를 거짓으로 꾸미다 ⓑ아무렇게나 지어 대지 말고 있는 일을 그대로 말해주시오 ⓬이름을 처음으로 붙이다 ⓑ아슨아들이 될 아기한테 어떤 이름을 지어줄까? 처음 보는 풀인데 어떤 이름을 지으면 어울릴까? ⓭새롭게 나타나게 하다 ⓑ나는 생각으로 꿈을 지어요. 즐겁게 짓는 생각으로 하루를 보내요 슬기말 **지어놓은 밥도 먹으라는 것 다르고 잡수라는 것 다르다** 같은 것을 베풀어도 저를 낮추어 남을 맞는 것과 그렇지 않은 것이 남에게 미치는 힘이 아주 다르다

짓말 이름씨 말에나 글에 기대지 않고 어떤 몸놀림이나 빛깔, 무늬, 꼴, 소리 같은 것으로 뜻을 알리는 일, 또는 그런 일에 쓰이는 연장 ⇐ 신호

짓말불 이름씨 길에 두어 빨강, 노랑, 푸른 빛과 푸른 화살표 따위로 사람이나 수레가 가고 서고 돌도록 가리키는 불 한뜻말 가다서다불 ⇐ 신호등

짓무르다 움직씨 ❶살이 헐어 문드러지다 ⓑ발뒤꿈치 물집이 마침내 짓물러 터졌다 ❷몹시 물렁물렁하게 되거나 물크러지다 ⓑ고리 아래 눌렸던 귤은 짓물러서 먹을 게 많지 않다

짓밟다 움직씨 ❶세게 마구 밟다 ⓑ다 자란 시금치 밭을 송아지가 짓밟고 다녔네 ❷함부로 마구 억누르다 ⓑ나라끼리 싸움은 백성을 짓밟는 웃대가리들 싸움일 때가 많다 ⇐ 압박하다. 유린하다 ❸함께 지킬 것을 지키지 않거나 함부로 어기다 ⓑ누리날씨다짐을 짓밟는 유에스

짓밟히다 움직씨 ('짓밟다' 입음꼴) ❶세게 마구 밟히다 ⓑ떼는 아무리 짓밟혀도 잘 자란다 ❷함부로 마구 억눌리다 ⓑ힘없고 가난한 사람들이 아직도 누리 곳곳에서 센 놈들에게 짓밟힌다. 서른여섯 해나 왜놈들한테 짓밟힌 나라와 겨레 ❸함께 지킬 것이 지켜지지 않거나 함부로 어겨지다 ⓑ이 곳에선 제 밥그릇 스스로 닦기는 어느 때라도 짓밟히지 않는다

짓숙이다 움직씨 잔뜩 숙이다 ⓑ비를 맞으며 머리를 짓숙이고 걸었다

짓시늉말 이름씨 움직이는 짓이나 꼴을 흉내 내어 하는 말 ⓑ흔들흔들, 구불구불 따위는 짓시늉말이다 한뜻말 꼴시늉말. 꼴흉내말 ⇐ 의태어

짓이기다 움직씨 어떤 것을 함부로 마구 짓찧어 다지다 ⓑ흙에 짚을 섞어 짓이겼다 비슷한말 뭉개다. 다지다

짓일 이름씨 밑감을 손질하여 나날살이에 쓰임새 있는 몬을 만들어내는 일을 통틀어 이르는 말 ⇐ 공업

짓조르다 움직씨 매우 차지고 끈덕지게 해달래다 ⓑ장난감을 사달라고 짓조르는 아이

짓찧다 움직씨 ❶함부로 몹시 찧다 ⓑ김치에 넣을 마늘을 짓찧었다 ❷함부로 마구 밟다 ⓑ발뒤꿈치를 들고 마루를 걷지 않고 쿵쿵 마루를 짓찧으며 걷는다

징[1] 이름씨 전 없는 대야 꼴로 지은 놋쇠 가락틀. 울 한쪽에 구멍을 둘 내어 끈을 꿰고 채로 두드려서 소리를 낸다 ⓑ줄다리기 판이 바뀔 때마다 징을 쳐서 알린다

징[2] 이름씨 ❶신창이 닳지 않도록 박는 쇠못 ❷말굽이나 쇠굽 따위에 박는 쇠못. 대가리가 크고 넓으며 길이가 짧다 ⓑ말발굽에 징을 새로 박았다 한뜻말 대갈

징거두다 움직씨 미리 마련하여 두다 ⓑ아버

지는 도롱이를 징거두었다가 비 오는 날에 입고 들로 나갔다

징거매다 (움직씨) 옷이 해어지지 않게 딴 천을 대고 대충 꿰매다 ⓑ아버지는 바지 무릎을 징거매고 일 나가셨다

징거미 (이름씨) 멧골 깨끗한 물에 사는 민물새우. 새우와 비슷하나 더 크고 푸르스름한 빛이고 맛이 좋다 한뜻말 징구멩이

징검다리 (이름씨) ❶얕은 내나 물이 괸 곳 따위에 돌덩이나 뗏장을 사람 걸음너비만큼 띄어 놓아 발을 물에 적시지 않고 건널 수 있게 지은 다리 ⓑ건너 밭에 가는 내에 징검다리를 놓았다 ❷가운데서 두 쪽 사이를 이어주는 것 ⓑ내가 징검다리가 되어 두 사람을 만나도록 했다 (슬기말) **징검다리도 두들겨 보고 건너라** 비록 든든하고 믿을 만한 것이라도 어쩌다가 잘못될 수 있으니 다시 한 디위 살펴봐라

징검돌 (이름씨) 징검다리로 놓은 돌

징검징검 (어찌씨) ❶촘촘하지 않게 띄엄띄엄 징거매는 꼴 ⓑ무릎과 엉덩이 해진 데를 징검징검 꿰맸다 ❷발을 멀찍이 떼어 놓으며 걷는 꼴 ⓑ늘찬은 걸음도 빠르지만 징검징검 멀찍멀찍 걸었다

징계 ⇒ 앙갚음. 욼. 꾸지람. 나무라다. 꾸짖다

징그다 (움직씨) ❶해지기 쉬운 데를 딴 천을 대고 듬성듬성 꿰매다 ⓑ일옷 무릎을 한겹 더 징겄다 ❷줄이려고 접어 넣고 듬성듬성 호다 ⓑ새 바지가 길어 바지가랭이를 징겄다

징그럽다 (그림씨) ❶보기에 소름이 끼치도록 끔찍하고 꼴사납다 ⓑ벌레가 꿈틀대니 징그럽기 그지없다 ⇐ 흉하다 ❷하는 짓이 뻔뻔스럽고 눈에 거슬리게 싫다 ⓑ하늬는 내게 살가운 척 굴지만 나는 징그럽고 싫다

징발 ⇒ 거두어 모음. 뽑아 씀. 잡아 쓰다. 뽑아 쓰다. 거두어들이다

징벌 ⇒ 앙갚음

징병 ⇒ 싸울아비 뽑기

징수 ⇒ 거두어들임. 거둠. 받아냄. 거두어들이다. 거두다. 받아내다

징역 ⇒ 가두어 부림. 가둠. 가둬 부리다. 가두다

징역형 ⇒ 가둬부리기

징용 ⇒ 뽑아 씀. 거두어 씀. 뽑아 쓰다. 거두어 쓰다

징조 ⇒ 늦. 낌새. 싹수. 느지

징집 ⇒ 뽑아 들임. 불러 모음. 거두어 모음. 뽑아 들이다. 불러 모으다. 거두어 모으다

징징 (어찌씨) ❶바라던 일이 되지 않거나 못마땅하여 군소리를 자꾸 하는 꼴 ⓑ비가 오는데 어떻게 나물을 뜯으러 가냐며 징징 늘어놓는다 작은말 쟁쟁 센말 찡찡 ❷아이가 못마땅하여 자꾸 보채며 우는 꼴 ⓑ하나는 장난감을 사달라며 아까부터 징징 보챈다 **징징하다**

징징거리다 (움직씨) 못마땅하거나 언짢아서 자꾸 짜증을 내며 보채다 ⓑ아기가 오줌을 싸고서 징징거리는 것 같다 작은말 쟁쟁거리다 센말 찡찡거리다 **징징대다**

징크스 ⇒ 사나운 늦. 나쁜 티. 나쁜 낌새

징표 ⇒ 늦표. 늦나타남

징후 ⇒ 늦. 티. 눈치. 빌미. 낌새. 싹수

짖기다 (움직씨) ('짖다' 하임꼴) 짖게 하다 ⓑ밤이 늦어 개를 짖기지 않으려고 샛길로 접어들었다

짖다 (움직씨) ❶개 따위가 소리를 크게 내다 ⓑ한밤에 낯선 이가 왔는지 개 짖는 소리가 들린다 ❷까마귀 따위가 시끄럽게 지저귀다 ⓑ까마귀가 까악까악 짖는다 ❸아주 미운 사람이 말하다 ⓑ저 죽일놈이 또 짖네 (슬기말) **짖는 개는 물지 않는다** 겉으로 떠들어 대는 사람은 도리어 속에 든 게 없다 **짖는 개는 여위고 먹는 개는 살찐다** 늘 울상을 짓거나 투정을 부리고 앙앙대면 살이 빠지고 보탬이 안 된다

짙다 (그림씨) ❶빛깔 따위가 흐리지 않고 아주 뚜렷하다 ⓑ옻나무 잎이 빨갛게 짙게 물들었다 맞선말 엷다 ⇐ 진하다 ❷맛이나 냄새 따위가 깊다 ⓑ살랑이는 바람이 짙은 풀 내를 실어 온다 ❸물이나 김이 되직하거나 촘촘하다 ⓑ국물이 짙게 우러난 곰국 ❹그

림자나 어둠 따위가 아주 뚜렷하다 ㉥너른 마당에 어둠이 짙게 드리웠다 [5]안개나 내 따위가 몹시 자욱하거나 부옇다 ㉥넓은 가람을 덮고 안개가 짙게 피어오른다 [6]풀이나 나무가 빽빽하다 ㉥짙은 수풀 사이로 한 줄기 햇살이 내리비친다 [7]머리카락이나 털 따위가 촘촘하다 ㉥짙은 눈썹이라 마음에 남는 사람이다 [8]느낌이나 속마음 따위가 세거나 두드러지다 ㉥궂이 끝났어도 가슴을 짙게 울린다 [9]어찌 될 느낌이나 낌새가 크거나 높다 ㉥또 말썽을 일으킬 낌새가 짙다

짙은천량 [이름씨] 뉘뉘로 물려 내려오는 많은 살림 ⇐ 유산

짙음새 [이름씨] 짙고 옅기 ⇐ 농담

짙푸르다 [그림씨] 짙게 푸르다 ㉥짙푸른 소나무 그늘 아래 앉아 책을 읽는다

짚 [이름씨] [1]벼나 밀, 보리, 조 같은 낟에서 이삭을 떨어내고 남은 줄기나 잎 ㉥땔감이 모자라면 장마철에 가끔 보릿짚을 땐다 [2]볏짚 ㉥짚으로 새끼도 꼬고 가마니도 짠다

짚다 [움직씨] [1]지팡이나 손 따위를 바닥에 대고 버티어 몸을 기대다 ㉥광대가 땅을 짚고 재주를 넘는다 [2]몸 한 쪽에 손을 대어 살며시 누르다 ㉥나숨이가 내 이마를 짚으며 몇 가지를 물었다 [3]어떤 물음이나 까닭을 꼭 집어서 가리키다 ㉥우리가 오늘 진 까닭을 하나하나 짚었다 [4]무엇을 어림잡아 헤아리다 ㉥아이 낳을 날을 짚어서 미리 쓸 것을 마련했다

짚단 [이름씨] 짚을 모아 묶은 단

짚더미 [이름씨] 짚을 쌓은 더미

짚신 [이름씨] 볏짚으로 삼은 신. 새끼로 날을 삼고 총과 돌기총으로 올을 삼아 짓는다 ㉥아버지는 짚신을 챙겨 먼 길을 나섰다 비슷한말 미투리 [슬기말] **짚신도 제 날이 좋다** 매개가 비슷한 사람끼리 짝을 맺는 것이 좋다 **짚신도 제짝이 있다** 아무리 못난 사람도 저마다 사내 겨집으로서 짝은 있다

짚신나물 [이름씨] 들길이나 멧길 가에 저절로 자라는 나물. 이른 봄에 잎과 줄기는 나물로 한다. 올실이 거칠고 질겨 튀겨 먹으면 좋다

짚신할배 [이름씨] 독수리자리 으뜸별 ㉥여름밤에 모깃불을 피워 놓고 덕석에 앉아 할매한테서 짚신할배 이야기를 들었다 ⇐ 견우별

짚이다 [움직씨] 어림으로 헤아려지다 ㉥누구 짓인지 짚이는 구석이 있다

짚자리 [이름씨] 짚으로 만든 자리

짚집 [이름씨] 짚으로 지붕을 이은 집 ⇐ 초가집

짜개 [이름씨] 콩이나 팥 따위를 둘로 쪼갠 한쪽

짜개다 [움직씨] [1]몬을 두 쪽이나 더 많이 갈라지게 하다 ㉥참나무 둥거리를 도끼로 짜갰다 [2]찢거나 베어 가르다 ㉥물고기 배를 짜개어 배알을 씻어냈다

짜고들다 [움직씨] 어떤 일을 해내려고 짜임새 있게 마련하거나 얽이를 세워 달려들다 ㉥사람들이 두레 일을 짜고들면 어떤 일이든 해낼 수 있다 ⇐ 계획하다

짜깁기 [이름씨] [1]찢어진 옷가지를 티 나지 않게 감쪽같이 깁는 것 [2]나와 있는 글이나 뮘그림 따위를 이리저리 따서 또 다른 것을 만드는 일 **짜깁기하다**

짜내다 [움직씨] [1]힘들여 비틀거나 눌러 억지로 빼다 ㉥바지를 비틀어 물을 짜내고 널었다 ⇐ 압착하다 [2]온갖 수를 써서 빼앗다 ㉥못난 벼슬아치는 백성 피를 짜내어 배를 불린다 [3]골똘히 생각해 내다 ㉥머리를 짜내도 좋은 수가 없네

짜다[1] [움직씨] [1]그릇벼 따위를 사개맞춤을 써서 짓다 ㉥쓸 만한 널을 찾아 책꽂이를 스스로 짰다 ⇐ 조립하다 [2]사람들을 어떤 갈래에 따라 무리를 짓다 ㉥사이좋은 사람끼리 모둠을 짜서 일을 했다 ⇐ 조직하다 [3]천이나 가마니 같은 것을 씨와 날을 결어서 짓다 ㉥대바구니를 짜는 솜씨가 좋다 [4]어떤 일을 두고 밑그림이나 얼개를 세우다 ㉥돈을 어디에 어떻게 쓸지 미리 짰다 [5]어떤 일을 하려고 몇 사람끼리만 남몰래 생각을 나누다 ㉥둘이서 짜고 그 일을 벌일

참이다. 저희들끼리 짜고 치는 판이다

짜다[2] (움직씨) ❶물이나 기름 따위를 누르거나 비틀어서 밖으로 빼다 ⓑ방앗간에 가서 올해 거둬들인 들깨 기름을 짰다 ❷온 얼을 기울여 골똘히 생각해내다 ⓑ마을사람들이 모두 머리를 짜서 샘 파는 사람들을 쫓아낼 슬기를 모았다 ❸갖은 꾀를 다 써서 빼앗다 ⓑ가난한 일꾼들 피땀을 짜는 놈들을 쫓아내야 한다 ❹짬을 내다 ⓑ겨우 틈을 짜내어 열흘 닦기에 왔다. 하루살이를 촘촘히 짜서 짬을 내봐라 ❺목소리를 가까스로 힘들게 내다 ⓑ흐느끼다가 목소리를 짜서 겨우 몇 마디 했다 ❻울거나 눈물을 흘리다 ⓑ그렇게 눈물을 질질 짜면 그래 뭐가 나오느냐?

짜다[3] (그림씨) ❶소금 맛과 같다 ⓑ아침 국이 조금 짜다 맞선말 싱겁다 ❷마음에 달갑지 아니하다 ⓑ어려움에 놓인 사람을 도와주지 못한 것을 못내 짜게 여겼다 ❸너그럽지 못하고 마음 씀씀이가 잘다 ⓑ집임자가 너무 짜게 굴어 죄다 내 돈으로 고쳤다 ⇐ 인색하다. 야박하다

짜다리 (어찌씨) 그다지 ⓑ손님은 많았지만 짜다리 잘 차린 잔치는 아니었다

짜드라 (어찌씨) 많이 ⓑ방안에 모인 아낙네들은 짜드라 웃어쌓고 밖에서는 사내들이 떡메를 치니 나무를 날라오니 하며 부산하다

짜르르하다[1] (그림씨) 빛이 나거나 물기나 기름기가 많이 흘러 반지르르하다 ⓑ기름때가 짜르르한 헌 누더기를 두르고 거지가 가게 안으로 들어온다 ⇐ 윤기 나다

짜르르하다[2] (그림씨) ❶뼈마디나 몸 한쪽이 조금 자린 듯하다 ⓑ다친 무릎이 아직 덜 나아 어디에 스치기라도 하면 짜르르하다 ❷움직임이나 뜨거움, 번힘 따위가 한 곳에서 둘레로 조금 빠르게 퍼져나가는 듯하다 ⓑ술을 한 모금 마시자 뜨거운 기운이 온몸에 짜르르하게 퍼진다

짜름하다 (그림씨) 조금 짧은 듯하다 ⓑ그새 바지가 짜름해졌다

-짜리 (뒷가지) ❶얼마 만한 값이 나가는 것 ⓑ서푼짜리 쇠돈 ❷얼마 만한 크기나 무게로 된 것 ⓑ두 낱짜리 묶음. 열 살짜리 아이. 하루갈이 짜리 밭 ❸그런 차림을 한 사람 ⓑ철릭 짜리. 장옷짜리 당골. 두루마기 짜리 갓쟁이

짜릿짜릿 (어찌씨) ❶자꾸 저린 느낌이 있는 꼴 ⓑ꿇어 앉았다 일어나니 다리가 짜릿짜릿 쑤신다 큰말 쩌릿쩌릿하다. 찌릿찌릿하다 여린말 자릿자릿하다 ❷마음이 자꾸 몹시 들뜨고 떨리는 꼴 ⓑ갇힌 범이라도 내 앞으로 다가올 때 짜릿짜릿 온몸이 떨린다 **짜릿짜릿하다**

짜릿하다 (그림씨) ❶피가 잘 돌지 못하거나 저려서 몹시 무디고 아리다 ⓑ한자리에 같은 몸가짐으로 앉았다 일어서면 다리에 짜릿한 느낌이 든다 큰말 쩌릿하다. 찌릿하다 여린말 자릿하다 ❷마음이 몹시 들뜨고 떨리는 듯하다 ⓑ어렵게 일자리를 잡자 온몸이 짜릿하다

짜부라지다 (움직씨) ❶몬이 눌리거나 부딪쳐서 오목하게 안으로 들어가다 ⓑ바람이 빠져 공이 짜부라졌다 큰말 찌부러지다 ❷힘이나 기운이 한풀 꺾여 누그러지다 ⓑ밑천을 날리는 바람에 집안이 거의 짜부라질 판이다

짜이다[1] (움직씨) ❶그릇붜 따위가 사개맞춤에 따라 지어지다 ⓑ잘 짜인 살강에 밥그릇과 찔게 그릇을 가지런하게 두었다 준말 째다 ❷사람들이 어떤 갈래에 따라 무리 지어지다 ⓑ새벽 공차기 모꼬지는 일꾼, 배움이, 놈팡이들로 짜였다 ❸천이나 가마니가 씨와 날로 결어서 지어지다 ⓑ돗자리 올이 굵고 성글게 잘 짜였다 ❹어떤 일을 두고 밑그림이나 얽이가 세워지다 ⓑ이야기 얼개가 잘 짜여서 네가 봐도 재미있을 것이다

짜이다[2] (움직씨) 물이나 기름 따위가 눌리거나 비틀려서 밖으로 빠져나오다 ⓑ기름이 다 짜인 찌꺼기는 밭에 거름으로 쓰면 좋겠다

짜임 (이름씨) ❶짜서 이루거나 얽어서 만듦 ⓑ으뜸 지위와 지붕 짜임을 두고 얘기를 나눴

다 [한뜻말]얼개. 얽이 ⇐ 구성. 구조. 편성. 프레임 [2]어떤 일을 이루려고 사람이나 돈 같은 것을 모아 모둠을 이룸. 또는 그 모둠 [ㅂ]나라를 다스리는 짜임이 나라 안에서는 가장 크다 ⇐ 조직 [3]글이나 그림에서 속내를 나타내려고 여러 바탕을 잘 어울리게 하는 일 [ㅂ]여기 나날살이 짜임이 좀 빡빡하다 ⇐ 구성 [4]날실과 씨실로 짠 천 꼴새 [ㅂ]쪽으로 물들인 옷감이 짜임도 촘촘하네

짜임새 [이름씨] 짜인 꼴새 [ㅂ]짜임새가 곱다. 짜임새가 잘 돼 있다 ⇐ 콤퍼지션

짜임표 [이름씨] 싸울아비떼나 어떤 모둠 짜임을 가리를 세워 나타낸 표 ⇐ 편성표

짜장면 ⇒ 자장국수

짜증 [이름씨] 언짢아 싫증을 내거나 가탈을 부리는 짓. 또는 그런 바탈 [ㅂ]자꾸 짜증을 내는 걸 보니 네가 많이 지친 것 같네 [준말]짱 ⇐ 역정. 신경질. 히스테리

짜증스럽다 [그림씨] 짜증이 날 만큼 싫다

짜하다 [그림씨] 퍼진 새뜸이 왁자하다 [ㅂ]이름을 짜하게 날렸다 ⇐ 파다하다

짝[1] [이름씨] [1]사내 겨집 어느 한쪽 [ㅂ]한결은 짝을 잃고 혼자 산다 ⇐ 배필. 파트너 [2]마주 보는 쪽에서 어느 한 쪽 [ㅂ]이짝 저짝 더해서 모두 열 사람입니다. 셋이 한 짝을 지어 보세요 [익은말] **짝을 맞추다** 제 짝에 맞도록 하다. 시집 장가를 보내다 **짝이 없다** 견줄데 없이 대단하다. 아무런 대중이나 갈피가 없다 **짝이 지다** 한쪽이 기울어 어울리지 않다

짝[2] [이름씨] [1]둘이 서로 어울려 한 벌이나 한 켤레를 이루는 것. 또는 그 가운데 하나 [ㅂ]젓가락 한 짝을 잃어버렸다. 신을 짝 맞춰 가지런히 놓으세요 [2]짝을 세는 하나치 [ㅂ]버선 다섯 짝 [3]짐을 세는 하나치 [ㅂ]능금 한 짝 주세요 [4]소나 돼지 따위 갈비 여럿이 모여 하나가 된 것을 세는 하나치 [ㅂ]소갈비 한 짝을 사다 [5]소바리, 마바리 따위 짐을 세는 하나치 [ㅂ]너무 무거우니 한 짝씩만 실어라 [6]('아무' 다음에 써) 쓸 곳. 쓸모 [ㅂ]아무 짝에 쓸데가 없다 [7]('무슨' 다음에 써) 꼴 [ㅂ]남 보기 부끄럽게 그게 무슨 짝이오?

짝[3] [어찌씨] [1]적은 물 따위가 가는 줄기로 세게 뻗치는 꼴이나 그 소리 [ㅂ]대롱에서 물이 짝 뻗어나간다 [여린말]작 [2]바닥이 문질리면서 미끄러지는 소리나 그 꼴 [ㅂ]물에 젖은 나무뿌리를 밟자 짝 미끄러졌다 [3]차진 것이 끈기 있게 달라붙는 꼴 [ㅂ]밀가루 반죽이 손에 짝 달라붙었네 [4]먹을 것 따위가 입맛에 딱 맞는 꼴 [ㅂ]동치미 국물이 입에 짝 달라붙는다 [5]무엇이 한 디위에 짜개지거나 벌어지는 소리나 그 꼴 [ㅂ]능금을 두 손으로 짝 쪼갰다 [6]혀를 세게 차며 야무지게 입맛을 다시는 소리나 그 꼴 [ㅂ]물 한 모금 넘기고 입맛을 짝 다셨다 [7]다리나 팔, 입 따위를 세게 벌리는 꼴 [ㅂ]다리를 짝 벌리고 앉았네 [8]작은 금을 옆이나 밑으로 좀 세게 긋는 소리나 그 꼴 [ㅂ]바닥 가운데에 금을 짝 그었다 [9]얇고 질긴 종이나 천 따위가 갑자기 세게 째지는 소리나 그 꼴 [ㅂ]천을 짝 찢었다 [10]말 따위가 갑자기 널리 퍼지는 꼴 [ㅂ]얼마 되지 않아 마을에 뜬말이 짝 돌았다 [11]손뼉을 한 디위 세게 치는 소리나 그 꼴 [ㅂ]손뼉을 짝 치는 소리에 졸다가 깼다

짝- [앞가지] 꼴이나 크기가 다른 짝끼리 이루어진 것 [ㅂ]짝눈. 짝귀. 짝신. 짝버선. 짝궁둥이. 짝다리. 짝별. 짝사위. 짝밥. 짝잽이. 짝발이. 짝짝이

-짝 [뒷가지] 낯, 얼굴 따위에 붙어 얕보는 뜻으로 쓴다 [ㅂ]볼기짝. 등짝. 얼굴짝. 궁둥짝. 낯짝이 두껍다

짝귀 [이름씨] 두 쪽 크기나 꼴이 다르게 생긴 귀. 또는 그런 귀를 가진 사람

짝꿍 [이름씨] [1]짝을 이루는 일벗이나 글벗 [ㅂ]아름은 내 어릴 적 짝꿍이었다 [비슷한말]짝지 ⇐ 커플 [2]뜻이 맞거나 매우 가까운 사람 [ㅂ]아라와 짝꿍이 되어 손발을 맞춰보기로 했다 [비슷한말]단짝

짝꿍새 이름씨 오리 갈래에 딸린 새로 암수가 늘 함께 다녀 금슬이 좋은 가시버시를 두고 견주는 새 ⇐ 원앙

짝눈 이름씨 ❶두 쪽 크기나 모습이 다르게 생긴 눈이나 그런 눈을 가진 사람 ⓑ내 동무 은새는 짝눈이다 한뜻말 짝눈이 비슷한말 애꾸눈 ❷보는 힘이 크게 다른 두 눈 ⓑ짝눈은 부피를 가늠하지 못해 공을 제대로 받지 못한다

짝다리 이름씨 ❶두 다리 길이가 서로 달라 발을 저는 다리 ⓑ버들밭은 짝다리라 걸으면 발을 전다 ❷한쪽 다리만 굽히고 서는 일 ⓑ오래 서 있을 때는 갈마들어 짝다리를 짚는 것이 힘이 덜 든다

짝두름 이름씨 두레굿 따위에서 으뜸 쇠잡이와 따름 쇠잡이가 서로 맞바꿔가며 가락을 치는 일 ⓑ높고 날카로운 수꽹과리와 낮고 부드러운 암꽹과리 둘이 짝을 지어 친다고 해서 짝두름이라고 한다

짝맺이 이름씨 사내와 겨집이 가시버시가 되어 살림을 차리는 것 ⇐ 결혼. 혼인. 혼례 **짝맺이하다**

짝맺이다짐 이름씨 짝맺기로 다짐하기 ⇐ 약혼

짝맺이말 이름씨 짝 맺으러 오가는 말 ⇐ 혼담

짝맺이몬 이름씨 짝맺이에 드는 몬이나 돈 한뜻말 한살몬 ⇐ 혼수. 혼수품

짝맺이무름 이름씨 짝맺이를 깨뜨림 ⇐ 파혼

짝맺이일 이름씨 짝맺이와 얽힌 여러 일 ⇐ 혼사

짝맺이터 이름씨 짝맺이를 치르는 곳 한뜻말 짝맺이곳 ⇐ 예식장

짝무지개 이름씨 한꺼번에 짝을 지어 뜬 무지개 ⇐ 쌍무지개

짝발 이름씨 두 쪽 크기나 꼴이 다르게 생긴 발. 또는 그 발을 가진 사람

짝발이 이름씨 절름발이

짝밥 이름씨 한쪽에는 지렁이를 꿰고 다른 쪽에는 떡밥을 꿴 미끼 ⓑ아람은 낚시에 지렁이와 떡밥을 짝밥으로 달았는데 지렁이에 입질을 많이 했다고 한다

짝별 이름씨 겹별에서 밝기가 으뜸별보다 어두운 별

짝사랑 이름씨 사내와 겨집 사이에서 한쪽은 사랑하지 않는데 혼자만 사랑하는 일 ⓑ한결은 말도 못해 봤지만 보리를 짝사랑한다

짝사위 이름씨 윷놀이에서, 걸을 쳐야 할 자리에 도를 치고, 개를 쳐야 할 자리에 걸을 치는 일

짝쇠 이름씨 탈춤이나 꼭두각시 놀음에서 두 사람이 나와 우스개 말이나 장단을 주고받아 잘 맞추는 것

짝수 이름씨 똑같이 둘로 나눠지는 수. 2, 4, 6, 8 따위 맞선말 홀수

짝알 이름씨 짝짓기한 뒤 낳은 알 한뜻말 얼씨알 ⇐ 유정란

짝잽이 이름씨 왼손잡이

짝젖 이름씨 두 쪽 크기나 꼴이 다르게 생긴 젖

짝지다 움직씨 서로 견주는 한쪽이 다른 쪽에 어울리지 않게 모자라거나 못하다 ⓑ아름이가 아깝지, 볼 때마다 짝진다고 여겨져

짝지발 이름씨 지게 작대기 위 끝처럼 두 가닥으로 갈라진 나뭇가지를 다듬은 것, 또는 그런 몬 ⓑ쥐똥나무에는 새쏘개를 만들 만한 짝지발이 많다

짝진결 이름씨 서로 하나맞하나로 짝이 되는 결 ⇐ 대응변

짝진꼭짓점 이름씨 서로 하나맞하나로 짝이 되는 꼭짓점 ⇐ 대응정점

짝진모 이름씨 서로 하나맞하나로 짝이 되는 모 ⇐ 대응각

짝진점 이름씨 서로 하나맞하나로 짝이 되는 점 ⇐ 대응점

짝짐 이름씨 서로 짝이 되는 일. 똑같은 그림꼴이나 닮은꼴에서 서로 다른 모, 점, 결 따위 ⇐ 대응

짝짓기 이름씨 ❶짐승 따위 암수가 짝을 이루거나, 짝이 이루어지게 하는 일. 또는 흘레붙는 짓 ⓑ달걀 가운데서 홀알은 닭이 짝짓기를 하지 않고 낳은 알이다 한뜻말 흘레 ⇐ 교미 ❷마음에 드는 사이끼리 짝을 이루거나, 짝이 이루어지게 하는 일 ⓑ짝짓기 놀

이에서 아내를 만났다 **짝짓기하다**

짝짜꿍 이름씨 **1** 젖먹이가 손뼉을 치는 귀여운 짓 ⓑ도리도리 짝짜꿍에 엄마가 주름을 편다 **2** 서로 한 짝이 되어 좋아 지내거나 놀아나는 짓 ⓑ돌이와 순이가 짝짜꿍이 되어 바닷가로 놀러갔대 한뜻말 짝짜꿍이 **3** 서로 옥신각신 다투거나 실랑이하는 것 ⓑ마을 사람들이 두 패로 갈라져 다리를 놓네 마네 짝짜꿍이 벌어졌어 한뜻말 짝짜꿍이 **짝짜꿍하다**

짝짜꿍이 이름씨 짝짜꿍 **2** **3** 뜻 한뜻말 짝짜꿍 **짝짜꿍이하다**

짝짝 어찌씨 **1** 차진 것이 자꾸 끈기 있게 달라붙는 소리나 그 꼴 ⓑ엿이 입속에 짝짝 달라붙었다 큰말 쩍쩍 거센말 착착 **2** 먹을 것 따위가 입맛에 아주 딱 맞는 꼴 ⓑ갓 찧어서 새로 한 밥이 입에 짝짝 달라붙는다 **3** 무엇이 자꾸 세게 짜개지거나 벌어지는 소리나 그 꼴 ⓑ나무기둥에 짝짝 금이 갔다 **4** 혀를 자꾸 세게 차며 야무지게 입맛을 다시는 소리나 그 꼴 ⓑ입맛을 짝짝 다시며 먹는다 **5** 다리나 팔, 입 따위를 자꾸 세게 벌리는 꼴 ⓑ입을 짝짝 벌리며 하품을 해댄다 **6** 금을 옆이나 밑으로 자꾸 세게 긋는 소리나 그 꼴 ⓑ밑금을 짝짝 그으며 책을 읽었다 **7** 얇고 질긴 종이나 천 따위를 자꾸 세게 찢는 소리 ⓑ옷이 못에 걸려 짝짝 찢어졌다 **8** 신 따위를 바닥에 끌며 마구 세게 걷는 소리나 그 꼴 ⓑ신을 짝짝 끌고 다니지 마라 **9** 손뼉을 잇달아 세게 치는 소리나 그 꼴 ⓑ아이들은 손뼉을 짝짝 치면서 발까지 굴렀다

짝짝이 이름씨 **1** 처음부터 제 짝이 아닌 다른 짝끼리 이루어진 한 벌 ⓑ신을 짝짝이로 신었다 **2** 안쪽을 얕게 도려낸 두 짝 나무 또는 코끼리 엄니를 끈으로 맨 조가비 꼴 가락틀 ⓑ손안에 넣고 짝짝 소리를 내서 짝짝이라 부른다 ⇐ 캐스터네츠

짠맛 이름씨 소금 맛과 같은 맛 ⓑ짠맛은 혓바닥 가운데 쪽에서 흔히 느껴지는 맛이다

짠물 이름씨 **1** 바닷물처럼 소금 맛과 같은 맛이 나는 물 ⓑ바다를 막아 만든 논에 짠물이 아직도 조금씩 스며 나온다 한뜻말 소금물. 바닷물 맞선말 단물. 민물. 맹물 **2** 바닷가에서 태어났거나 바닷가에 사는 사람을 놀려 이르는 말 ⓑ그는 짠물 낳이라서 놀이할 때도 아주 짜게 군다

짠지 이름씨 **1** 무를 통으로 아주 짜게 절여서 묵혀두고 먹는 김치 ⓑ짠지는 흔히 김장할 때 담가 이듬해 봄부터 여름까지 먹는다 **2** 장아찌

짠하다 그림씨 안타깝게 돌아 보여 마음이 좀 언짢고 아프다 ⓑ버릇없이 구는 조카를 나무랐지만 아이가 눈물을 흘리니 마음이 짠하다

짤그랑 어찌씨 작은 쇠붙이 같은 것이 세게 떨어지거나 부딪치며 울려 나는 소리 ⓑ쥐고 있던 쇠돈이 떨어지며 짤그랑 소리를 냈다 **짤그랑하다**

짤그랑거리다 움직씨 작은 쇠붙이 같은 것이 자꾸 세게 떨어지거나 부딪치는 소리가 울려나다 **짤그랑대다**

짤그랑짤그랑 어찌씨 작은 쇠붙이 같은 것이 자꾸 세게 떨어지거나 부딪치며 울려나는 소리 ⓑ짤그랑짤그랑 소리를 듣고 아이들이 엿장수한테 모였다 **짤그랑짤그랑하다**

짤깍 어찌씨 작고 단단한 쇠붙이 같은 것이 부딪치며 맞물리는 소리 ⓑ문을 닫고 자물쇠를 짤깍 채웠다 **짤깍하다**

짤깍거리다 움직씨 작고 단단한 쇠붙이 같은 것이 자꾸 부딪치며 맞물리는 소리가 잇달아 나다 **짤깍대다**

짤깍짤깍 어찌씨 작고 단단한 쇠붙이 같은 것이 자꾸 부딪치며 맞물리는 소리 ⓑ고요한 밤에 짤깍짤깍 때알림이 소리만 들린다 **짤깍짤깍하다**

짤따랗다 그림씨 꽤 짧다 ⓑ강아지가 짤따란 꼬리를 살랑살랑 흔들었다 맞선말 기다랗다

짤랑거리다 움직씨 작은 방울이나 얇은 쇠붙이 따위가 세게 흔들리거나 서로 부딪치는 소

리가 자꾸 나다 [보]고양이 목에 방울 소리가 짤랑거린다 [큰말]쩔렁거리다 [여린말]잘랑거리다 [거센말]찰랑거리다 **짤랑대다**

짤랑짤랑 [어찌씨] 작은 방울이나 얇은 쇠붙이 따위가 자주 세게 흔들리거나 서로 부딪칠 때 나는 소리 [보]한내가 두 손안에 쇠돈을 모아 짤랑짤랑 흔들어 쥐며 내밀었다 [큰말]쩔렁쩔렁 [여린말]잘랑잘랑 [거센말]찰랑찰랑 **짤랑짤랑하다**

짤래짤래 [어찌씨] 머리를 왼 오른으로 저으며 가볍게 자꾸 흔드는 꼴 [보]아이들은 고개를 짤래짤래 흔들며 밭매러 가기 싫다고 한다 [여린말]잘래잘래 **짤래짤래하다**

짤록 [어찌씨] '잘록' 센 말

짤록하다 [그림씨] 길게 생긴 것 한군데가 깊이 패어 홀쭉하게 가늘다 [보]이 옷은 개미허리같이 너무 짤록해서 입기에 거북하다 [큰말]찔룩하다 [여린말]잘록하다

짤막짤막하다 [그림씨] 여럿이 다 조금 짧은 듯하다 [보]언니는 묻는 말에만 그저 짤막짤막하게 대꾸했다

짤막하다 [그림씨] 무엇이 조금 짧은 듯하다 [보]짤막한 막대기로 땅을 두드리고 수풀을 헤치며 나아갔다

짤짤[1] [어찌씨] **1**물이나 구들 같은 것이 뜨겁게 끓는 꼴 [보]가마솥물이 짤짤 끓는다. 이 방은 불이 잘 들어 아랫목이 짤짤 끓는다 [큰말]쩔쩔 [여린말]잘잘 **2**기름기가 매우 산뜻하게 흐르는 꼴 [보]머리에 기름을 짤짤 바르고 옷도 빼입고 나간다 **3**물이나 오줌 같은 것을 조금씩 빠르게 갈기는 꼴 [보]염소가 오줌을 짤짤 갈긴다 **짤짤하다**

짤짤[2] [어찌씨] **1**신 같은 것을 빠르고 세게 끌며 내는 소리나 그 꼴 [보]신을 짤짤 끌고 다닌다 [큰말]쩔쩔 [여린말]잘잘 **2**어찌할 바를 모르고 아무 말이나 주워대는 꼴 [보]그렇게 말만 짤짤 앞세우지 말고 일을 해야지 **3**작은 몸짓으로 빠르게 머리를 저으며 흔드는 꼴 [보]가시나는 머리를 짤짤 저어 보이고는 말없이 가버렸다 **짤짤하다**

짤짤거리다[1] [움직씨] 매우 가볍게 요리조리 바쁘게 싸다니다 [보]어디를 하루 내내 짤짤거리며 다니느냐? [큰말]쩔쩔거리다 [여린말]잘잘거리다 **짤짤대다**

짤짤거리다[2] [움직씨] 적은 물이 끊임없이 세차게 흐르다 [보]도랑물이 짤짤거리며 흐른다 [큰말]쩔쩔거리다 [여린말]잘잘거리다 **짤짤대다**

짤짤이 [이름씨] **1**발끝만 꿰어 신을 수 있는 신 [한뜻말]끌신. 딸딸이 ⇐ 슬리퍼. 실내화 **2**매우 가볍게 요리조리 바쁘게 싸다니는 사람

짧다 [그림씨] **1**곳과 곳 사이가 가깝다 [보]소매가 짧다. 다리가 짧다 [맞선말]길다 **2**때와 때 사이가 밭다 [보]사람 삶은 짧다. 짧은 동안 **3**('말'과 함께 써) 걸리는 동안이 적다 [보]짧게 말하자. 짧은 글 **4**(생각이나 알음 같은 것이) 어느 만큼에 미치지 못하고 모자라다 [보]내 생각이 짧았다. 겪음이 짧다 **5**조금밖에 못 먹다 [보]입이 그렇게 짧아서 쓰겠어 **6**뒤를 댈만한 밑천이 적다 [보]밑천이 짧아 못 들어가겠네

짧아지다 [움직씨] 길이나 동안이 짧게 되다

짧은뜨기 [이름씨] 기둥코를 짧게 만드는 뜨개질

짧은소리 [이름씨] 낱말을 이루는 소리에서 처음 긴소리에 견주어 짧게 내는 소리 [보]깜깜한 '밤'은 짧은소리로 읽고, 열매 '밤'은 긴소리로 읽는다 [맞선말]긴소리 ⇐ 단음

짬 [이름씨] **1**두 몬이 마주한 틈 [보]돌 쌓은 짬으로 바람이 숭숭 들어온다. 두 손으로 움키어 쥐지만 손가락 짬으로 물이 샌다 [한뜻말]겨를. 틈 **2**무슨 일에서 손을 떼거나 다른 일을 할 짧은 때 [보]한 해에 한 디위는 꼭 짬을 내어 마음 닦으러 와요. 갑자기 짬이 나서 엄마한테 들렀다 ⇐ 여가. 여유 **3**가장자리를 가지런히 베려고 뾰족한 끝으로 살짝 찍은 자리 [보]짬이 흐리니 다시 내주면 가위질하기 좋겠어

짬뽕 [이름씨] **1**소나 돼지 뼈를 곤 국물에 바닷조개나 바닷고기, 남새를 볶아 넣고 국수를 넣어 만든 쫑궈맛갓 **2**다른 갈래 술을

함께 섞은 것

짬수 이름씨 어떤 일을 할 수 있는 알맞은 낌새나 매개 ⓑ꾀 많은 다람쥐는 짬수를 보아가며 부지런히 도토리를 날랐다

짬짜미 이름씨 남모르게 저희끼리만 짜고 하는 다짐이나 꾀 ⓑ웃대가리들은 서로 겨루면서도 짬짜미를 해서 큰돈을 챙긴다 ⇐ 담합. 야합 **짬짜미하다**

짬짬이 어찌씨 짬이 나는 대로 그때그때 ⓑ집에 가서도 일하는 짬짬이 숨을 알아차렸다 비슷한말 틈틈이

짭새 이름씨 잠개잡이들이 쏘개칼로 나라를 다스릴 때 배움이들이 여느 사람 옷을 입은 깨살핌이를 부르던 말. 깨살핌이가 아닌 척 깨살핌이 옷을 입지 않고 한배곳에 들어와 알감을 모으고 배움이를 잡아갔다. 나중에는 모든 깨살핌이를 부르는 말이 되었다 ⇐ 사복경찰관. 사복형사

짭조름하다 그림씨 조금 짠 맛이 있다 ⓑ미역귀는 짭조름해서 입에 대면 자꾸 먹게 된다

짭짤찮다 그림씨 ❶점잖지 못하고 상스럽다 ⓑ어른이 짭짤찮게 아이들과 어울려 놀다니 한뜻말 짭질찮다 ❷일이나 짓이 짜임새가 없고 어설프다 ⓑ하는 일마다 얼마나 짭짤찮은데 어떻게 믿고 일을 맡길 수 있겠어?

짭짤하다 그림씨 ❶감칠맛이 돌며 소금 맛이 나다 ⓑ젓갈이 짭짤하니 맛있다 ❷일이나 몸놀림 따위가 짜임새 있고 야무지다 ⓑ샛돌은 살림 다루는 솜씨가 짭짤하다 ❸일이나 몬 따위가 알차고 값지다 ⓑ봄에 다른 나라에 호미를 팔아서 짭짤하게 챙겼다

짭짭 어찌씨 ❶좀스럽게 입맛을 다시는 소리 ⓑ손은 배가 고픈지 목이 마른지 입맛만 짭짭 다신다 큰말 쩝쩝 ❷먹을 것을 맛있게 마구 먹는 꼴 ⓑ아이들은 과자를 짭짭 맛있게 먹는다

짭짭거리다 움직씨 ❶좀스럽게 입맛을 다시는 소리가 자꾸 나다 큰말 쩝쩝거리다 ❷먹을 것을 맛있게 마구 먹다 **짭짭대다**

짱[1] 어찌씨 얼음이나 단단한 몬이 갑자기 갈라질 때 울려나는 소리 ⓑ얼음이 얼은 냇물을 살금살금 건너는데 짱 하고 갈라지는 소리에 깜짝 놀랐다 **짱하다**

짱[2] 이름씨 우두머리. 으뜸 ⓑ얼굴짱. 몸짱

짱구 이름씨 이마나 뒤통수가 튀어나온 머리 ⓑ어릴 적 짱구라고 놀림 받았어

짱뚱어 이름씨 머리가 크고 작은 눈이 툭 튀어나온 바닷물고기. 개펄에 구멍을 파고 들어가 산다

짱짱 어찌씨 ❶목소리가 몹시 야무지고 여물게 울려 나는 소리 ⓑ아버지 목소리는 마을을 짱짱 울렸다 ❷나뭇결이 촘촘하고 굳은 나무를 짜개거나 두드릴 때 울려 나는 소리나 그 꼴 ⓑ참나무 짜개는 소리가 짱짱 무라이골을 울린다 ❸손뼉을 세게 칠 때 나는 소리 ⓑ어른들이 손뼉을 짱짱 쳤다 **짱짱하다**

짱짱거리다 움직씨 ❶목소리가 몹시 야무지고 여물게 자꾸 울려나다 ❷나뭇결이 촘촘하고 굳은 나무를 짜개거나 두드리는 소리가 울려나다 **짱짱대다**

짱짱하다 그림씨 생김새가 다부지고 몸짓이 매우 굳세다 ⓑ아저씨는 여든다섯인데도 하루 내내 메를 타면서 버섯을 따올 만큼 짱짱하시다

짱하다 그림씨 ❶먹을거리가 매우 세게 찌르거나 쏘다 ⓑ짱한 마늘. 겨자 톡 쏘는 맛이 짱하다 ❷말이나 짓이 얼이 번쩍 들게 찌르거나 쏘다 ⓑ골난 아지매 말은 고추보다 더 짱하다 ❸어디에나 막힘없이 사맞다

-째 뒷가지 ❶(이름씨 뒤에 붙어) 그대로 모두 ⓑ시든 나무를 뿌리째 뽑아버렸다. 통째. 그릇째. 껍질째 ❷(셈씨, 셈매김씨 뒤에 붙어) 차례. 서흐레 ⓑ첫째. 다섯째 ❸(때를 나타내는 말 뒤에 붙어) 그동안 ⓑ벌써 며칠째 비가 온다. 다섯 달째

째까닥 어찌씨 ❶작고 단단한 것이 빨리 맞닿거나 부러지며 나는 소리나 그 꼴 준말 째깍 큰말 쩨꺼덕 여린말 재까닥 ❷어떤 일을 아주 빠르고 시원하게 해치우는 꼴 ⓑ째까닥 일어

나 얼른 움직여! 버스 놓치겠어

째까닥거리다 움직씨 작고 단단한 것이 자꾸 세게 맞닿거나 부러지며 잇달아 소리가 나다 준말 째깍거리다 큰말 쩨꺼덕거리다 여린말 재까닥거리다 **째까닥대다**

째까닥째까닥 어찌씨 ❶작고 단단한 것이 자꾸 세게 맞닿거나 부러지며 잇달아 나는 소리나 그 꼴 ⓑ모두 잠든 한밤에 때알림이만 째까닥째까닥 돌아간다 준말 째깍째깍 큰말 쩨꺼덕쩨꺼덕 여린말 재까닥재까닥 ❷어떤 일을 아주 빠르고 시원하게 잇따라 해치우는 꼴 ⓑ풀잎은 남달리 제게 맡겨진 일을 째까닥째까닥 다루었다 **째까닥째까닥하다**

째깍 어찌씨 '째까닥' 준말

째깍째깍 어찌씨 '째까닥째까닥' 준말

째궤돈 이름씨 째고 궤매는 데 드는 돈 ⇐ 수술비

째궤매기 이름씨 앓이를 고치려고 몸 한쪽을 째거나 자르는 것 ⓑ막창자 째궤매기 ⇐ 수술

째다[1] 움직씨 ❶몬을 찢거나 베어서 가르다 ⓑ주머니를 칼로 째고 돈을 훔쳤다 ❷땅을 갈라 도랑이나 이랑 따위를 만들다 ⓑ논을 째서 물길을 다시 잡았다 ❸세차거나 날카로운 소리나 움직임 따위가 무엇을 가르다 ⓑ귀를 째듯 시끄러운 소리가 들렸다

째다[2] 움직씨 ❶일손이나 몬이 모자라 몰리거나 쫓기다 ⓑ일손이 째도 일꾼 얻기가 어렵다 ❷시달려 괴롭다 ⓑ자고 나면 몬값이 올라 살림이 째다

째다[3] 움직씨 옷이나 신이 몸에 맞지 않게 작거나 끼다 ⓑ신이 째서 발에 물집이 생겼다. 옷이 째서 숨이 막힐 것 같다

째려보다 움직씨 못마땅하게 노려보다 ⓑ윤슬은 나를 째려보며 입을 다물었다

째릿째릿 어찌씨 자꾸 콕콕 쑤시듯이 저린 꼴 ⓑ고뿔에 몸살이 났는지 뼈마디가 째릿째릿 쑤신다 **째릿째릿하다**

째마리 이름씨 사람이나 몬 가운데 가장 못된 찌꺼기 ⓑ좋은 몬은 다 나가고 째마리만 남았다

째보 이름씨 ❶언청이 ❷하는 짓이 가볍고 자질구레하여 얄미운 사람

째어지다 움직씨 ❶터져서 갈라지다 ⓑ돌멩이에 부딪혀 손등이 째어졌다 ❷몹시 지나치다 ⓑ째어지게 못 사는 집안에서 나고 자랐다

째지다 움직씨 ❶'째어지다' 준말 ⓑ나뭇가지에 걸려 바지춤이 째졌다 ❷마음이 아주 좋고 즐겁다 ⓑ네가 나를 감싸주니 내 입이 째지려 한다 ❸(흔히 '째지게' 꼴로 써) 어느 높이나 크기가 엄청나다 ⓑ할아버지 때는 우리 집도 째지게 가난했다 ❹소리가 듣기 싫게 날카롭다 ⓑ째지는 목소리

째째하다 그림씨 보이는 게 또렷하다 ⓑ여름볕 아래 드리운 그림자가 째째하다

짹빠르기 이름씨 한 짹 동안에 움직인 길이 ⇐ 초속

짹짹 어찌씨 참새 따위가 자꾸 우는 소리 ⓑ참새가 나뭇가지에 올라 짹짹 운다

쨀밭 이름씨 윷판 둘레를 따라 열한 디위째부터 열다섯 디위째까지 밭

쨍 어찌씨 ❶쇠붙이 따위가 세게 부딪칠 때 되바라지게 울리는 소리 ⓑ칼을 든 두 사람이 드디어 다리 위에서 쨍 맞부딪쳤다 큰말 쩽 ❷단단한 얼음장이나 거울 따위가 갑자기 갈라질 때 울리는 소리 ⓑ거울이 깨지며 쨍 소리가 났다 ❸귀가 먹먹할 만큼 세게 울리는 소리 ⓑ쨍 울리는 쇠북소리에 맞추어 춤이 비롯된다 ❹햇볕이 아주 따갑게 내리쬐는 꼴 ⓑ볕이 쨍 내비치면 빨래를 널어라 **쨍하다**

쨍가당 어찌씨 얇은 쇠붙이나 유리 같은 것이 세게 떨어지거나 부딪칠 때 울려나는 소리 ⓑ쨍가당 유리그릇 깨지는 소리가 들린다

쨍가당거리다 움직씨 얇은 쇠붙이나 유리 같은 것이 자꾸 세게 떨어지거나 부딪치는 소리가 자꾸 나다 **쨍가당대다**

쨍가당쨍가당 어찌씨 얇은 쇠붙이나 유리 같은 것이 자꾸 세게 떨어지거나 부딪칠 때 잇달

ㅈ

아 울려나는 소리 ㉥헌 쇠붙이를 짐수레에 싣는 소리가 쨍가당쨍가당 잇달아 울린다 **쨍가당쨍가당하다**

쨍그랑 (어찌씨) 쇠붙이나 거울 따위가 세게 떨어져 맑게 울려 나는 소리 ㉥순가락이 떨어지며 쨍그랑 소리가 난다 **쨍그랑하다**

쨍그랑거리다 (움직씨) 얇은 쇠붙이 따위가 세게 떨어지면서 맑게 울리는 소리가 자꾸 나다 **쨍그랑대다**

쨍그랑쨍그랑 (어찌씨) 얇은 쇠붙이 따위가 자꾸 떨어지면서 맑게 울리는 소리 ㉥송아지 목에 달린 방울이 움직일 때마다 쨍그랑쨍그랑 소리가 난다 **쨍그랑쨍그랑하다**

쨍알쨍알 (어찌씨) (아이들이)못마땅하여 짜증스레 보채거나 울면서 자꾸 군말을 하는 꼴 ㉥쨍알쨍알 보채는 아이를 달래가며 어머니는 부지런히 손을 놀려 일한다 **쨍알쨍알하다**

쨍쨍 (어찌씨) **1** 쇠붙이 따위가 자꾸 세게 부딪칠 때 날카롭게 울리는 소리 ㉥대장장이가 쇠를 내리칠 때마다 쨍쨍 울렸다 큰말 찡찡. 찡찡 여린말 쟁쟁 **2** 얼음이나 유리 같은 것이 자꾸 갈라질 때 되바라지게 울리는 소리 ㉥겨우내 얼었던 가람이 쨍쨍 갈라진다 **3** 귀가 먹먹할 만큼 자꾸 세게 울리는 소리 ㉥좁은 골목에 새벽부터 쨍쨍 울리는 새납 소리에 잠이 깼다 **4** 목청이 크고 야무지게 울리는 소리 ㉥골이 잔뜩 난 아버지 목소리가 쨍쨍 밖으로 울렸다 **5** 햇볕이 아주 따갑게 잇따라 내리쬐는 꼴 ㉥햇볕은 쨍쨍 모래알은 반짝. 한여름 볕이 쨍쨍 내리쬔다 **6** 몹시 못마땅하여 짜증을 내며 혼자서 자꾸 말하는 소리 ㉥큰애가 새 놀잇감을 사 달라고 쨍쨍 투정을 부린다 **쨍쨍하다**

쨍쨍하다 (그림씨) 햇볕이 빛나거나 내리쬠이 몹시 세다 ㉥오늘따라 햇살이 더욱 쨍쨍한게 하루 내내 힘들겠다

쨍하다 (그림씨) 햇볕이 빛나거나 내리쬠이 세다 ㉥쨍하고 해 뜰 날 돌아온단다

쩌들다 (움직씨) 때가 묻거나 기름에 절어 더럽다 ㉥빨아 입은 지 오래된 일옷은 때와 기름이 쩌들어 반들반들하였다

쩌렁 (어찌씨) 목청이 크고 야무지게 울리는 소리나 그 꼴 ㉥범 울부짖는 소리가 산골짝 아래로 쩌렁 울려 퍼졌다 작은말 짜랑 여린말 저렁 거센말 처렁

쩌렁거리다 (움직씨) 목청이 크고 야무지게 울리는 소리가 자꾸 나다 작은말 짜랑거리다 여린말 저렁거리다 거센말 처렁거리다 **쩌렁대다**

쩌렁쩌렁 (어찌씨) 목청이 잇따라 크고 야무지게 울리는 소리나 그 꼴 ㉥오빠가 노래를 부르면 집안이 쩌렁쩌렁 울린다 작은말 짜랑짜랑 여린말 저렁저렁 거센말 처렁처렁

쩌렁쩌렁하다 (그림씨) 둘레를 야무지게 울릴 만큼 소리나 목청이 아주 크고 높다 작은말 짜랑짜랑하다 여린말 저렁저렁하다 거센말 처렁처렁하다

쩍[1] (어찌씨) **1** 찰기 있는 것이 세게 들러붙는 소리나 그 꼴 ㉥입속에 떡이 쩍 달라붙는다 작은말 짝 **2** 한 디위에 크게 짜개지거나 벌어지는 소리나 그 꼴 ㉥나무가 도끼날에 쩍 벌어졌다 **3** 혀를 차며 입맛을 크게 다시는 소리나 그 꼴 ㉥군고구마를 먹고 입맛을 쩍 다신다 **4** 입이나 팔 다리를 아주 크게 벌리는 꼴 ㉥다리를 쩍 벌리고 앉았다

쩍[2] (이름씨) **1** 쇳돌을 녹여 쇠를 뽑아내고 남은 찌꺼기 ㉥쇠를 뽑고 남은 쩍이 멧더미처럼 쌓였다 **2** 쇠나 돌, 나무, 진흙이 삭거나 터져 얇은 조각으로 일어나는 것 ㉥쩍이 떨어지다. 쇠쩍. 나무쩍

쩍말없다 (그림씨) 썩 잘되어서 더할 나위 없다 ㉥샛별에게 일을 맡기면 쩍말없이 해놓을 거야

쩍쩍 (어찌씨) **1** 찰기 있는 것이 자꾸 세게 들러붙는 소리나 그 꼴 ㉥진흙이 바퀴에 쩍쩍 들러붙는다 **2** 자꾸 크게 짜개지거나 벌어지는 소리나 그 꼴 ㉥가뭄에 땅이 쩍쩍 갈라진다 **3** 자꾸 혀를 차며 입맛을 야무지게 다시는 소리 ㉥씁쓸한 얼굴로 입맛을 쩍쩍 다신다 **4** 입이나 팔 다리를 자꾸 크게 벌

리는 꼴 ⓑ다리를 쩍쩍 벌리지 말고 오므리고 앉아요

쩔그렁 어찌씨 큰 쇠붙이 같은 것이 세게 떨어지거나 부딪쳐 울려나는 소리 ⓑ시렁에 둔 망치가 솥뚜껑에 떨어져 쩔그렁 소리가 난다 **쩔그렁하다**

쩔그렁거리다 움직씨 큰 쇠붙이 같은 것이 자꾸 세게 떨어지거나 부딪치는 소리가 울려나다 **쩔그렁대다**

쩔그렁쩔그렁 어찌씨 큰 쇠붙이 같은 것이 자꾸 세게 떨어지거나 부딪쳐 울려나는 소리 ⓑ대장간에서는 쇠 부딪치는 소리가 쩔그렁쩔그렁 온동네를 울린다 **쩔그렁쩔그렁하다**

쩔뚝거리다 움직씨 몸이 한쪽으로 기우뚱할 만큼 자꾸 절다 여린말 절뚝거리다 **쩔뚝대다**

쩔뚝발이 이름씨 다리를 쩔뚝거리는 사람 ⓑ우리 동네 쩔뚝발이 아저씨는 절면서도 일을 잘한다 여린말 절뚝발이

쩔뚝이다 움직씨 몸이 한쪽으로 기우뚱할 만큼 절다 ⓑ갑자기 쥐가 나서 일어서면서 다리를 쩔뚝였다 여린말 절뚝이다

쩔뚝쩔뚝 어찌씨 몸이 한쪽으로 기우뚱할 만큼 자꾸 저는 꼴 ⓑ한내 아빠는 무릎 뼈마디를 갈아 넣은 뒤로 쩔뚝쩔뚝 절며 다닌다 여린말 절뚝절뚝 **쩔뚝쩔뚝하다**

쩔룩거리다 움직씨 한쪽 다리가 짧거나 아파 걸을 때 자꾸 절다 작은말 짤록거리다 여린말 절룩거리다 **쩔룩대다**

쩔룩이다 움직씨 한쪽 다리가 짧거나 아파 걸을 때 몹시 절다 ⓑ맑음은 발등뼈를 다쳐 걸을 때 쩔룩인다 작은말 짤록이다 여린말 절룩이다

쩔룩쩔룩 어찌씨 한쪽 다리가 짧거나 아파 걸을 때 자꾸 저는 꼴 ⓑ올 한 해 무릎이 아파 쩔룩쩔룩 절며 살았네 작은말 짤록짤록 여린말 절룩절룩 **쩔룩쩔룩하다**

쩔쩔[1] 어찌씨 ❶물이나 구들 같은 것이 몹시 뜨끈뜨끈하게 끓는 꼴 ⓑ불이 잘 들어 윗목까지 쩔쩔 끓는다 여린말 절절 ❷물이나 오줌 같은 것을 찔끔찔끔 갈기는 꼴 ⓑ소가 걸어가며 오줌을 쩔쩔 갈긴다

쩔쩔[2] 어찌씨 ❶신 같은 것을 마구 세게 끄는 소리나 그 꼴 ⓑ제발 신을 쩔쩔 끌지 마라 여린말 절절 ❷어찌할 바를 모르고 허둥지둥하는 꼴 ⓑ곰탱이는 오줌이 마려운지 쩔쩔대며 이리저리 왔다 갔다 한다 ❸머리를 왼오른으로 크게 저으며 흔드는 꼴 ⓑ고개를 쩔쩔 흔들며 안 그랬다고 발뺌했다

쩔쩔매다 움직씨 ❶어쩔 줄을 몰라 얼을 차리지 못하고 갈팡질팡 헤매다 ⓑ늘 돈이 없어 쩔쩔맨다. 게다가 일도 밀려 쩔쩔매기 일쑤다 한뜻말 매다 작은말 짤짤매다 여린말 절절매다 ❷사람이나 일에 눌려 힘을 못 펴다 ⓑ하나는 아버지 기운에 눌려 쩔쩔매며 살아간다

쩝 어찌씨 입을 다시는 소리나 그 꼴 ⓑ아저씨가 입을 쩝 다신다 **쩝하다**

쩝쩝 어찌씨 ❶씁쓸하거나 못마땅하여 입맛을 다시는 소리나 그 꼴 ⓑ젊은이가 하는 짓이 영 마뜩잖았는지 그 어른이 입맛을 쩝쩝 다셨다 작은말 짭짭 ❷무엇을 마구 먹을 때 크게 나는 소리 ⓑ슬옹은 쩝쩝 소리를 내며 허겁지겁 먹는다 ❸맛을 보거나 감칠맛이 있어 입을 다시는 소리 ⓑ된장국물을 입을 쩝쩝 다시며 맛을 보았다 **쩝쩝하다**

쩝쩝거리다 움직씨 ❶씁쓸하거나 못마땅하여 입맛을 다시는 소리가 나다 ❷무엇을 마구 먹을 때 큰 소리가 자꾸 나다 **쩝쩝대다**

쩟 느낌씨 못마땅하여 혀를 차는 소리 ⓑ쩟, 큰물이 이렇게 할퀴어 놓다니!

쩡 어찌씨 ❶야무지고 궁글게 울리는 소리 ⓑ갑자기 하늘을 가르는 쏘개 소리가 쩡 울린다 ❷무엇이 시끄럽게 갈라지는 소리나 그 꼴 ⓑ대봉이 문을 고친다며 두드리다가 큰 유리가 쩡 갈라졌다 **쩡하다**

쩡쩡 어찌씨 ❶야무지고 궁글게 자꾸 울리는 소리 ⓑ얼어붙은 냇가에서 쩡쩡 쇠메로 바위를 두드려 고기를 잡는다 ❷두꺼운 얼음장이나 바위가 갑자기 갈라질 때 시끄럽게

ㅈ

나는 소리나 그 꼴 ⓑ얼어붙었던 얼음장이 봄기운에 쩡쩡 갈라진다 **3** 이름과 힘을 단단히 날리는 꼴 ⓑ한때 이름을 쩡쩡 날리다가도 어느새 가두리에 들어간다 **쩡쩡하다**

쩡쩡거리다 (움직씨) **1** 야무지고 궁글게 자꾸 울리는 소리가 나다 **2** 두꺼운 얼음장이나 바위가 갑자기 갈라지며 시끄러운 소리가 나다 **쩡쩡대다**

쩨쩨하다 (그림씨) **1** 너무 적거나 하찮아서 시시하고 보잘것없다 ⓑ아무리 쩨쩨한 일이라도 늘 힘껏 하라 **2** 사람이 잘고 씀씀이가 작다 ⓑ그깟 일로 쩨쩨하게 다투지 마라 ⇐ 편협하다

쪼가리 (이름씨) 작은 조각 ⓑ헝겊 쪼가리를 덧대어 기웠다. 무 쪼가리 남은 거 가져갈 테면 가져가 비슷한말 쪽. 조각

쪼각 (이름씨) 조각

쪼개다 (움직씨) **1** 한 덩이를 조각이 나게 나누다 ⓑ둥거리를 쪼갰다 비슷한말 짜개다 **2** 돈 따위를 어느만큼 따로 떼어놓다 ⓑ다달이 들어오는 품삯을 쪼개 모아두었다 **3** 때를 나누어 다른 일을 할 짬을 마련하다 ⓑ바쁜 날을 쪼개 이곳까지 와줘서 고맙습니다 **4** 어느 곳을 여러 군데로 나누다 ⓑ마당을 둘로 쪼개서 하나는 꽃밭, 나머지는 남새밭으로 꾸몄다 **5** 입을 벌리고 소리 없이 웃다 ⓑ혼자 실실 쪼개지 말고 무슨 좋은 일인지 말해봐

쪼그라들다 (움직씨) **1** 볼품없이 작아지다 ⓑ부풀었던 반죽이 팍 쪼그라들었네 **2** 살이 빠지거나 주름이 많이 잡히다 ⓑ할머니 얼굴이 쪼그라들었다 **3** 풀이 죽거나 매개가 나빠지다 ⓑ살림이 쪼그라들어 나들이는 꿈도 못 꾼다

쪼그랑 (이름씨) **1** '쪼그랑이' 준말 **2** (어찌씨) 쪼그라진 꼴 ⓑ할머니는 잇달아 쪼그랑 웃음을 지으며 고맙다고 말했다

쪼그랑박 (이름씨) 쪼그라진 박

쪼그랑밤송이 (이름씨) 쪼그라진 밤송이

쪼그랑이 (이름씨) 쪼그라져 볼품없이 된 것 ⓑ어디서 버린 쪼그랑이를 주워 와서 쓴다고 저 야단이야

쪼그리다 (움직씨) **1** 누르거나 옥여서 부피를 작게 하다 ⓑ버릴 냄비와 놋그릇을 쪼그렸다 큰말 쭈그리다 거센말 쪼크리다 **2** 팔다리를 오그려 몸을 작게 움츠리다 ⓑ방구석에 쪼그려 앉았다

쪼그마하다 (그림씨) 조금 작거나 적다 준말 쪼그맣다 여린말 조그마하다

쪼그맣다 (그림씨) 크기나 셈숱 따위가 아주 작거나 적다 ⓑ쪼그만 가게를 열었다 여린말 조그맣다 밑말 쪼그마하다

쪼글쪼글 (어찌씨) **1** 눌리거나 구겨져서 주름이 많이 잡힌 꼴 ⓑ이 옷은 빨래틀에 돌리고 나면 쪼글쪼글 주름이 잘 진다 큰말 쭈글쭈글 여린말 조글조글 **2** 살이 빠지거나 늙어 살갗에 여기저기 주름이 많이 잡힌 꼴 ⓑ쪼글쪼글 주름진 우리 할머니

쪼금·쪼끔 (어찌씨) '조금' 센말

쪼끄마하다 (그림씨) '조그마하다' 센말 준말 쪼끄맣다

쪼다 (움직씨) **1** 무엇을 뾰족한 끝으로 찍다 ⓑ닭들이 부리로 모이를 쪼아 먹는다. 돌쟁이가 정으로 돌을 쫀다 **2** 남을 시달리게 하거나 괴롭히다 ⓑ일터 윗사람이 작은 일로 자꾸 쫀다 **3** 밭을 호미 같은 것으로 파다 ⓑ버려진 자갈땅을 쪼아서 옥수수를 심었다

쪼들리다 (움직씨) **1** 돈 따위에 시달려 살림이 넉넉하지 못하다 ⓑ빚에 쪼들려 마음 놓고 지낸 날이 없었다 **2** 남에게 오래 부대껴 괴롭게 지내다 ⓑ윗사람에게 쪼들려 할 수 없이 일을 그만두었다

쪼르르 (어찌씨) **1** 적은 물 따위가 빠르게 흘러내리는 소리나 그 꼴 ⓑ먼저 물을 쪼르르 그릇에 따라 마셨다 큰말 쭈르르 여린말 조르르 **2** 작은 것이 비탈진 곳에서 조금 빠르게 미끄러져 내리는 꼴 ⓑ쪼르르 굴러 내리던 공이 나무둥치에 걸렸다 **3** 작은 발걸음을

아주 재게 움직여 걸어가는 꼴 ⓑ엄마를 보자 쪼르르 달려나갔다 ❹작은 것들이 한 줄로 매우 고르게 잇달린 꼴 ⓑ길가에 꽃을 쪼르르 심었다

쪼르륵 어찌씨 ❶가는 물줄기 따위가 매우 빠르게 흐르다 그치는 소리나 그 꼴 ⓑ등줄기에 땀방울이 쪼르륵 흘러내렸다 큰말쭈르륵 여린말조르륵 ❷작은 것이 비탈진 곳에서 매우 빠르게 미끄러져 내리다가 멎는 꼴 ⓑ언덕에서 쪼르륵 미끄러져 내렸다 ❸허기진 뱃속에서 나는 소리 ⓑ저녁때가 다가오니 뱃속에서 쪼르륵 소리가 난다 **쪼르륵하다**

쪼르륵거리다 움직씨 ❶가는 물줄기 따위가 매우 빠르게 흐르다 그치는 소리가 잇달아 나다 큰말쭈르륵거리다 여린말조르륵거리다 ❷작은 것이 잇달아 비탈진 곳에서 미끄러져 내리다 멎다 ❸허기진 뱃속에서 자꾸 소리가 나다 **쪼르륵대다**

쪼르륵쪼르륵 어찌씨 ❶가는 물줄기 따위가 매우 빠르게 흐르다 그치는 소리가 잇달아 나는 꼴 ⓑ바위틈으로 샘물이 쪼르륵쪼르륵 흘러나온다 큰말쭈르륵쭈르륵 여린말조르륵조르륵 ❷작은 것이 잇달아 비탈진 곳에서 미끄러져 내리다 멎는 꼴 ⓑ아이들은 흙더미 위에서 쪼르륵쪼르륵 미끄러지며 논다 ❸허기진 뱃속에서 자꾸 소리가 나는 꼴 **쪼르륵쪼르륵하다**

쪼물쪼물 어찌씨 좀스럽게 오물거리며 말을 하거나 구는 꼴 ⓑ아지매가 꼼꼼하게 하는 것은 좋지만 너무 쪼물쪼물 좀스럽게 군다 큰말쭈물쭈물 **쪼물쪼물하다**

쪼아보다 움직씨 서로 맞춰 보거나 맞대어 손수 겪어 보다 ⓑ마련그림이 끝나자 집 지을 곳에 가서 쪼아보기로 했다

쪼이다[1] 움직씨 ('쪼다' 입음꼴) 어떤 것이 뾰족한 끝으로 찍히게 되다 ⓑ몇 디위 정에 쪼인 얼음덩이가 마침내 둘로 갈라졌다 준말쬐다

쪼이다[2] 움직씨 ❶햇볕이나 불 따위를 몸에 받다 ⓑ햇볕을 쪼이면서 마루에서 벗과 이야기했다. 군불에 발을 쪼이다 준말쬐다 ❷빛이나 볕이 들이비치다 ⓑ볕이 쪼이는 뜰에 물을 뿌렸다. 햇볕이 쪼이는 곳에 나물을 두지 마라

쪼이다[3] 움직씨 ❶느슨하거나 헐거운 것을 켕기게 하거나 단단히 맞추다 ⓑ지난해 산 옷이 벌써 쪼인다 여린말조이다 ❷목 따위 둘레를 잡아 힘껏 누르다 ⓑ새로 산 윗도리가 작아 목을 쪼이는 느낌이다 ❸마음을 몹시 졸이거나 숨 막히게 하다 ⓑ그 사람 눈빛은 왠지 가슴을 쪼인다 ❹떨어진 사이를 좁히다 ⓑ수레 뒷자리에 여섯이 탔더니 자리가 너무 쪼여 숨이 막힌다 ❺마음이 졸이거나 굳어지다 ⓑ멧돼지를 보자 가슴이 쪼여서 얼어붙었다

쪼프리다 움직씨 눈이나 이맛살을 좁게 하거나 작아지게 하다 ⓑ두 눈을 가늘게 쪼프리고 나를 찬찬히 쏘아보았다 한뜻말찌푸리다

쪽[1] 이름씨 ❶바라보는 데 ⓑ이쪽으로 가면 큰 마당이 나온다 한뜻말녘 ⇐ 방위. 방향 ❷서로 갈라지거나 맞서는 것에서 어느 한군데 ⓑ지는 쪽에 힘을 북돋았다

쪽[2] 이름씨 ❶책을 이루는 종이 한 낱 또는 그것을 세는 하나치 ⓑ책이 몇 쪽인지 세어보았다 ⇐ 면. 페이지 ❷무엇이 쪼개진 한 조각 또는 그것을 세는 하나치 ⓑ밥 먹고 나서 능금 한쪽을 먹었다. 콩 한 쪽도 나눠 먹는다 ❸속내를 밝혀줄 바탕이 될 만한 쪽종이나 그것을 세는 하나치 ⓑ수쪽. 암쪽

쪽[3] 이름씨 잎에서 물감을 뽑으려고 예로부터 길러온 풀. 줄기는 짙은 붉은빛을 띠고 잎은 길둥글며 어긋맞게 난다 ⓑ쪽으로 옷에 물을 들였다

쪽[4] 이름씨 시집간 겨집이 목뒤에서 머리를 땋아 틀어 올려 비녀를 꽂아 지은 머리 꼴 ⓑ비녀로 쪽을 쪘다

쪽[5] 이름씨 얼굴 ⓑ아휴, 쪽이 팔려서 얼굴을 못 들고 다니겠다 익은말 **쪽을 못 쓰다** 남 앞

에서 부끄러운 모습을 보이거나 풀이 죽어 얼굴을 들지 못하다

쪽[6] 이름씨 ❶덜 익은 양귀비 열매진을 굳혀 말린 검붉은 몬. 낫개로 쓰는데 인이 박인다 ⇐ 아편 ❷상추 비슷한 풀. 붉은빛, 흰빛, 보랏빛 꽃이 핀다. 덜 익은 열매진을 뽑아 낫개를 만든다 ⇐ 양귀비

쪽[7] 어찌씨 ❶작은 것들이 한 줄기로 매우 고르게 이어지는 꼴 ⓑ이 길 따라 쪽 가시면 됩니다 큰말쭉 여린말족 ❷작은 것들을 매우 고르게 늘어세우거나 벌여놓은 꼴 ⓑ길을 따라 살사리꽃을 쪽 심었다 ❸작은 금을 매우 곧게 내긋는 소리나 그 꼴 ⓑ그 낱말 아래 밑금을 쪽 그었다 ❹작은 종이나 천 따위를 한 가닥으로 훑거나 찢는 소리나 그 꼴 ⓑ종이쪽을 쪽 뜯었다 ❺적은 물 따위를 한숨에 세게 빨거나 핥는 꼴이나 그 소리 ⓑ꿀 묻은 손가락을 쪽 빨았다 ❻좁은 데를 한눈에 모조리 훑어보는 꼴 ⓑ가까운 둘레를 쪽 돌아봤다 ❼조금도 거침없이 내리읽거나 외거나 말하는 꼴 ⓑ어려운 글을 쉬지 않고 쪽 읽었다 ❽작은 것을 한 디위에 모조리 벗기거나 가르는 꼴 ⓑ삶은 닥나무껍질을 쪽 벗겼다 ❾땀이나 살을 빼는 꼴 ⓑ멀리달리기로 땀을 쪽 뺐다

쪽그림 이름씨 책이나 새뜸에 글 속내를 보태거나 알기 쉽게 하려고 넣는 그림 ⇐ 삽화

쪽금 이름씨 곧금 위에 있는 두 점을 잇는 금 한뜻말금조각 ⇐ 선분

쪽낯 이름씨 ❶일이나 몬을 다루는 높이나 매개 ⓑ쪽낯이 높다. 쪽낯이 낮다 ⇐ 차원 ❷금, 넓이, 부피 크기나 높낮이를 나타내는 것 ⓑ한쪽낯은 곧금. 두쪽낯은 펀펀낯, 세쪽낯은 곳을 이른다

쪽다리 이름씨 긴 널조각 하나로 좁다랗게 걸쳐 놓은 다리

쪽동백나무 이름씨 잎지는작은키나무로 씨앗은 기름 밑감으로, 나무는 갖가지 연장을 만드는 데 쓴다

쪽들다 움직씨 어떤 쪽을 돕거나 역성을 들어주다 ⓑ새로 뽑힌 다스림이는 늘 가난한 이들을 쪽들었다 ⇐ 편들다

쪽마루 이름씨 널쪽을 깐 작은 마루 ⇐ 툇마루

쪽매 이름씨 쪽모이를 하는 데 쓰는 낱낱 쪽 ⓑ쪽매를 이어 붙여 쪽모이를 만들어 보았다

쪽모이·쪽무이 이름씨 여러 조각을 모아 큰 한 조각을 만듦. 또는 그렇게 만든 것 ⇐ 모자이크

쪽모임 이름씨 두 모임 ㄱ과 ㄴ이 있고 모인 ㄴ밑숫이 모두 모임ㄱ 밑숫이 될 때 모임ㄴ을 모임ㄱ에 마주하여 이르는 말. 'ㄱ⊃ㄴ', 'ㄴ⊂ㄱ'로 나타낸다 ⇐ 부분집합

쪽문 이름씨 대문짝 가운데나 한쪽을 터서 드나들게 만든 작은 문 ⓑ쪽문은 늘 열어둔다

쪽물 이름씨 쪽빛 물감 ⓑ쪽물 들인 무명 저고리를 햇볕에 바랬다

쪽박 이름씨 작은 바가지 ⓑ쪽박에 물을 떠서 나그네에게 건넸다 익은말 **쪽박을 차다** 살림이 거덜이 나다 슬기말 **쪽박 쓰고 비 비키기** 놀라서 저도 모르는 사이에 어리석은 길로 어려움을 벗어나려 함

쪽배 이름씨 통나무 속을 파서 지은 작은 배 ⓑ푸른 하늘 미리내 하얀 쪽배에 한뜻말마상이. 통나무배. 구유배 비슷한말조각배 ⇐ 편주

쪽배달 이름씨 가웃달 보다 조금 우묵하게 팬 쪽배꼴 달 ⓑ새벽 푸르스름한 하늘에 쪽배달이 떴다 비슷한말조각달 ⇐ 편월

쪽빛 이름씨 파랑과 보라 사이 빛 ⓑ쪽빛 바다 한가운데 떠 있는 쪽배 ⇐ 남색

쪽수 이름씨 책이나 새뜸 종이 낱수

쪽싸움 이름씨 1840해에서 1842해까지 청나라와 잉글나라가 쪽으로 벌인 싸움. 이 싸움에서 청나라가 져서 홍콩을 98해 동안 잉글나라에 넘겨주었다 ⇐ 아편전쟁

쪽알림이 이름씨 날틀이나 배에서 쓰는, 쪽을 알려주는 틀 ⇐ 나침반. 나침판

쪽우물 이름씨 가장자리에 널빤지로 네모지게 짠 틀을 세운 우물 ⓑ쪽우물에는 아이들이

빠지지 않는다

쪽잠 이름씨 짧은 틈을 타서 거북하게 자는 잠

쪽지 ⇒ 종이쪽. 글쪽

쪽찌다 움직씨 목뒤에서 머리를 땋아 틀어 올려 비녀를 꽂다

쪽파 이름씨 잎이 가늘고 좁은 작은 파. 둥근 비늘줄기를 봄, 가을에 심어 가꾼다

쪽팔리다 움직씨 부끄러워 낯바닥이 깎이다 ⓑ쪽팔리게 나보고 이걸 하라는 거야?

쪽표 이름씨 쪽을 나타내는 표 ⇐ 방위표

쫀득 어찌씨 먹을 것이 차져 씹히는 맛이 쫄깃한 꼴 ⓑ엿이 쫀득하여 이가 잘 떨어지지 않는다 큰말쭌득 여린말존득 **쫀득하다**

쫀득거리다 움직씨 먹을 것이 차져 씹히는 맛이 매우 쫄깃쫄깃하다 ⓑ인절미가 아주 쫀득거려 금방 삼킬 수가 없다 큰말쭌득거리다 여린말존득거리다 **쫀득대다**

쫀득이 이름씨 삶은 고구마를 썰어 말린 것 ⓑ출출할 때 쫀득이가 좋다

쫀득쫀득 어찌씨 먹을 것이 차져 씹히는 맛이 자꾸 쫄깃한 꼴 ⓑ찹쌀떡이 쫀득쫀득 맛있다 큰말쭌득쭌득 여린말존득존득 **쫀득쫀득하다**

쫀쫀하다 그림씨 ❶천 짜임이 톡톡하고 올이 고르다 ⓑ새로 사 온 바지가 쫀쫀해서 좋다 여린말존존하다 ❷소갈머리가 좁고 다랍게 짜다 ⓑ쫀쫀하게 아끼지만 말고 너도 한디위 사 봐

쫄깃쫄깃 어찌씨 씹히는 맛이 매우 차지고 질긴 느낌 ⓑ찰떡이 쫄깃쫄깃 내 입에 딱이다 큰말쭐깃쭐깃 여린말졸깃졸깃

쫄깃쫄깃하다 그림씨 씹히는 맛이 매우 차지고 질긴 듯하다 큰말쭐깃쭐깃하다 여린말졸깃졸깃하다

쫄깃하다 그림씨 씹히는 맛이 조금 차지고 질긴 듯하다 큰말쭐깃하다 여린말졸깃하다

쫄딱 어찌씨 더할 나위 없이 아주 ⓑ비를 쫄딱 맞았다

쫄랑거리다 움직씨 ❶적은 물이 자꾸 세게 흔들리다 여린말졸랑거리다 거센말촐랑거리다 ❷가만있지 못하고 자꾸 가볍게 굴다 **쫄랑대다**

쫄랑이다 움직씨 ❶적은 물이 세게 흔들리다 ⓑ바가지 물이 쫄랑인다 여린말졸랑이다 거센말촐랑이다 ❷가만있지 못하고 매우 가볍게 굴다 ⓑ얘야! 그만 쫄랑이고 좀 앉아 있어

쫄랑쫄랑 어찌씨 ❶적은 물이 자꾸 세게 흔들리는 소리나 그 꼴 ⓑ동이물이 걸을 때마다 쫄랑쫄랑 넘칠 듯 흔들린다 여린말졸랑졸랑 거센말촐랑촐랑 ❷가만있지 못하고 자꾸 가볍게 구는 꼴 ⓑ어디를 그렇게 쫄랑쫄랑 돌아다니니? **쫄랑쫄랑하다**

쫄래쫄래 어찌씨 ❶까불거리며 가볍게 구는 꼴 ⓑ아이들은 쫄래쫄래 샘 뒤를 따라 나들이 갔다 큰말쭐래쭐래 여린말졸래졸래 ❷여럿이 제멋대로 졸졸 뒤따르는 꼴 ⓑ여기까지 쫄래쫄래 따라왔니?

쫄망쫄망 어찌씨 ❶고르지 않은 것이 여러 낱이 뒤섞여 귀여운 꼴 ⓑ멀리 작은 섬들이 쫄망쫄망 바다에 떠있다 큰말쭐멍쭐멍 여린말졸망졸망 ❷가만있지 못하고 자꾸 가볍게 구는 꼴 ⓑ쫄망쫄망 까불지 말고 아우를 좀 돌봐

쫄망쫄망하다 그림씨 고르지 않은 것 여러 낱이 뒤섞여 보기에 귀엽다 큰말쭐멍쭐멍하다 여린말졸망졸망하다

쫄쫄[1] 어찌씨 끼니를 굶어 아무 것도 먹지 못한 꼴 ⓑ오늘 하루 내내 쫄쫄 굶었다

쫄쫄[2] 어찌씨 ❶가는 물줄기 따위가 빠르게 흐르는 소리나 그 꼴 ⓑ냇물이 쫄쫄 흐른다 큰말쭐쭐 여린말졸졸 ❷작은 사람이나 짐승이 남 뒤를 바삐 따라다니거나 쫓아다니는 꼴 ⓑ아이가 엄마 손을 붙잡고 쫄쫄 따라간다 ❸가는 줄 따위를 잇달아 세게 바닥에 끄는 꼴 ⓑ무거운 밧줄을 쫄쫄 끌었다 ❹작은 것을 여기저기 자꾸 흘리는 꼴 ⓑ쫄쫄 흘리지 말고 앉아서 먹어라 ❺작은 구멍이나 틈으로 물이나 기름, 땀 같은 것이 흘러내리는 꼴 ⓑ아이는 아무 말 없이

눈물만 쫄쫄 흘린다 6 작은 입으로 적은 물을 자꾸 조금씩 빠는 꼴 ⓑ갓난아이가 엄마 젖을 쫄쫄 빤다

쭝궈 이름씨 아시아 한뭍 새마녘에 자리잡은 큰 나라. 땅넓이는 959골km²이고 사람수는 열네잘 두 즈믄골이 넘는다. 서울은 베이징 ⇐ 중국

쭝궈겨레 이름씨 다른 나라에 사는 쭝궈 사람 ⇐ 화교

쭝궈니혼싸움 이름씨 1937해에 니혼이 쭝궈에 쳐들어가 일으킨 싸움 ⇐ 중일전쟁

쫑그리다 움직씨 1 귀를 빳빳이 세우거나 입을 뾰족 내밀다 ⓑ입을 쫑그린 채 고개를 돌렸다 큰말쭝그리다 2 몸을 잔뜩 쪼그리다 ⓑ하늘은 문 뒤에 쫑그리고 숨었다

쫑긋 어찌씨 귀나 입술, 눈썹 따위를 빳빳이 세우거나 뾰족 내미는 꼴 ⓑ강아지가 귀를 쫑긋 세우고 쳐다본다 큰말쭝긋 **쫑긋하다**

쫑긋거리다 움직씨 귀나 입술 따위를 자꾸 빳빳이 세우거나 뾰족이 내밀다 ⓑ고양이가 귀를 쫑긋거리며 문밖을 뚫어지게 본다 큰말 쭝긋거리다 **쫑긋대다**

쫑긋쫑긋 어찌씨 귀나 입술, 눈썹 따위를 자꾸 빳빳이 세우거나 뾰족 내미는 꼴 ⓑ발자국 소리에 개들이 귀를 쫑긋쫑긋 세운다 큰말 쭝긋쭝긋 **쫑긋쫑긋하다**

쫑알거리다 움직씨 마음에 차지 않거나 못마땅하여 군소리를 자꾸 빠르게 하다 ⓑ푸름은 저만 떼놓고 갔다고 쉴 새 없이 쫑알거렸다 큰말쭝얼거리다 여린말종알거리다 **쫑알대다**

쫑알쫑알 어찌씨 마음에 차지 않거나 못마땅하여 군소리를 자꾸 빠르게 하는 꼴 ⓑ일에 지친 아내가 쫑알쫑알 군소리를 한다 큰말쭝얼쭝얼 여린말종알종알 **쫑알쫑알하다**

쫓겨가다 움직씨 싸움에 져서 달아나다 ⇐ 패주하다

쫓겨나다 움직씨 어떤 곳이나 자리 따위에서 내몰리다 ⓑ빚을 갚지 못해 집에서 쫓겨날 판이다 ⇐ 파면되다

쫓기다 움직씨 ('쫓다' 입음꼴) 1 무언가에 억지로 내몰리다 ⓑ도둑이 깨살핌이에게 쫓기다 마침내 막다른 길에서 잡혔다 2 일에 몹시 몰려 지내다 ⓑ일에 쫓겨서 밥 먹을 때를 놓쳤다 3 마음이 안절부절 못하게 되다 ⓑ아제 일을 끝내야 한다는 생각에 쫓겨 잠이 안 온다

쫓다 움직씨 1 무엇을 잡으러 바쁜 걸음으로 뒤를 따르다 ⓑ토끼를 쫓아 멧속으로 들어갔다 2 앞서 가는 무리 뒤를 따르다 ⓑ처음에 늦게 떠나는 바람에 앞선 사람들 뒤를 내내 쫓았다 3 있는 자리에서 떠나도록 억지로 내몰다 ⓑ멧돼지를 쫓으려고 불을 비췄다 ⇐ 추방하다 4 졸음이나 군생각 따위를 물리치다 ⓑ쏟아지는 잠을 쫓느라 바깥바람을 쐬러 나왔다

쫓아가다 움직씨 1 뒤에 붙어서 바삐 따라가다 ⓑ잠자리를 쫓아가서 앉기를 기다려 잡았다 맞선말쫓아오다 2 무엇을 만나러 바삐 가다 ⓑ버스를 쫓아갔지만 따라잡지 못하고 놓쳤다

쫓아내다 움직씨 1 어떤 곳에서 쫓아서 밖으로 몰아내다 ⓑ수레에 날아든 파리를 쫓아내기가 무척 어렵다 2 일이나 일터 따위를 억지로 그만두게 하다 ⇐ 파면하다

쫓아다니다 움직씨 1 남 뒤를 따라다니다 ⓑ아이들이 북적대는 놀이터에서 이끎이 뒤만 쫓아다녔다 2 무엇을 잡으러 따라다니거나 찾아다니다 ⓑ멧돼지를 쫓아다녔지만 오늘은 헛일이다 3 남을 사귀거나 가까이하려고 줄곧 다가가다 ⓑ나 좋다고 쫓아다니더니 요즘은 덜 하네 4 여기저기를 바삐 돌아다니다 ⓑ이 저자 저 저자 쫓아다니며 빗자루를 팔며 살았다

쫓아오다 움직씨 1 무엇을 놓치지 않도록 뒤에서 바삐 따라오다 ⓑ소미는 나를 쫓아오면서 쉴 새 없이 말을 건넸다 맞선말쫓아가다 2 앞서가는 것을 따라잡으려고 바삐 오다 ⓑ세돌은 바삐 쫓아와서 내게 꽃을 건네주었다

짝 어찌씨 1 비나 물 따위가 한꺼번에 몹시 쏟

아지는 꼴 ㉥갑자기 비가 쫙 쏟아졌다 한뜻말 쫘악 여린말 좍 ❷넓게 또는 여러 갈래로 흩어지거나 세게 퍼지는 꼴 ㉥밭에 마늘이 쫙 깔렸다. 구름 사이로 햇볕이 쫙 내리비쳤다 ❸조금도 막힘없이 아주 시원스럽게 내리 읽거나 외거나 말하는 꼴 ㉥그 자리에 모인 이들 이름을 쫙 불렀다 ❹종이나 천 따위가 거침없이 세게 찢어지는 소리나 그 꼴 ㉥옷이 고리에 걸려 쫙 찢어졌다 ❺금을 옆이나 밑으로 세게 긋는 꼴 ㉥바닥에 금을 쫙 그었다 ❻할 수 있는 대로 아주 한껏 ㉥온몸에 힘이 쫙 빠졌다

쫙쫙 어찌씨 ❶굵은 빗방울 따위가 자꾸 세게 쏟아지는 꼴 ㉥머리에 물을 쫙쫙 끼얹었다 여린말 좍좍 ❷잇따라 활짝 펴지거나 찢어지는 꼴 ㉥입을 쫙쫙 벌려 하품을 한다 ❸조금도 막힘없이 아주 시원스럽게 잇달아 내리 읽거나 외거나 말하는 꼴 ㉥우리나라 가람 이름을 쫙쫙 읊어댄다 ❹아주 세게 찢어지는 꼴이나 그 소리 ㉥못 쓰는 걸레를 쫙쫙 찢어버렸다 ❺금을 옆이나 밑으로 마구 긋는 꼴 ㉥땅에 금을 쫙쫙 그어 놀잇감을 만들었다 ❻소름 따위가 온몸에 갑자기 여기저기 돋는 꼴 ㉥소름이 쫙쫙 돋는다 **쫙쫙하다**

쬐금·쬐끔 어찌씨 '조금' 센 말 한뜻말 쪼금. 쪼끔

쬐다[1] 움직씨 ❶햇볕이나 불 따위를 몸에 받다 ㉥모닥불을 쬐러 둘러앉았다 밑말 쪼이다 ❷빛이나 볕을 비치게 하다 ㉥햇볕을 많이 쬐어 얼굴이 빨갛게 익었다. 햇볕 좀 쬐게 고추를 마당에 널어라 ❸빛이나 볕이 들이 비치다 ㉥햇살이 모래언덕에 쨍쨍 내리 쬔다

쬐다[2] 움직씨 어떤 것이 뾰족한 끝으로 찍히게 되다 ㉥망치에 손가락을 쬐었다 밑말 쪼이다

쭈그러지다 움직씨 ❶눌리거나 구겨져 부피가 몹시 작아지다 ㉥수레바퀴에 깔려 쭈그러진 냄비 작은말 쪼그라지다 ❷살이 빠져 홀쭉해지다 ㉥이웃집 할머니가 앓고 나서 얼굴이 더 쭈그러졌다

쭈그렁밤송이 이름씨 밤톨이 제대로 들지 않아 쭈글쭈글한 밤송이 ㉥쭈그렁밤송이같이 왜 그리 얼굴이 까칠하노? 슬기말 **쭈그렁밤송이가 세 해 간다** 몸이 튼튼하지 못하고 앓는 사람이 오래 산다. 남 보기에 모자란 것이 오히려 잘 다치지 않아 오래 견딘다

쭈그리다 움직씨 ❶누르거나 욱여서 부피를 작게 하다 ㉥못 쓰는 그릇을 쭈그려서 버렸다 작은말 쪼그리다 ⇐ 압축하다 ❷팔다리를 우그려 몸을 작게 움츠리다 ㉥길바닥에 쭈그리고 앉아서 뭐하니?

쭈글쭈글 어찌씨 무엇이 쭈그러져 주름이 아주 많은 꼴 ㉥쭈글쭈글 구겨진 바지 작은말 쪼글쪼글 여린말 주글주글

쭈룩쭈룩 어찌씨 '주룩주룩' 센말 ㉥밭을 다 매갈 때 비가 쭈룩쭈룩 내려서 일꾼들 손길이 빨라졌다

쭈르르 어찌씨 '쪼르르' 큰말 ㉥솔버섯 따러 뒷메에 오르니 등에 땀이 쭈르르 흐른다

쭈르륵 어찌씨 '쪼르륵' 큰말 ㉥아슨아들이 미끄럼틀을 타고 쭈르륵 내려온다 여린말 주르륵

쭈르륵거리다 어찌씨 '쪼르륵거리다' 큰말 ㉥마음닦으려고 앉았는데 뱃속에서 쭈르륵거리는 소리가 자꾸 나서 마음이 흐트러진다 여린말 주르륵거리다

쭈물거리다 움직씨 말이나 짓이 씩씩하지 못하고 꾸물꾸물 망설이다 **쭈물대다**

쭈물쭈물 어찌씨 말이나 짓이 씩씩하지 못하고 꾸물꾸물 망설이는 꼴 ㉥솔낭은 말을 해도 일을 해도 늘 쭈물쭈물 시원스럽지 않다 **쭈물쭈물하다**

쭈뼛 어찌씨 ❶몬 끝이 삐죽 솟은 꼴 ㉥앞메 꼭대기엔 바위가 쭈뼛 솟아있다 작은말 쪼뼛 여린말 주뼛 ❷입술 끝을 삐죽 내민 꼴 ㉥토라진 조카가 입술을 쭈뼛 내밀고는 나갔다 ❸두려워 머리카락이 꼿꼿하게 일어서는 듯한 꼴 ㉥멧돼지를 보자 머리카락이 쭈뼛 서는 듯했다 **쭈뼛하다**

쭈뼛거리다 움직씨 ❶여럿이 다 끝이 삐죽삐죽 솟다 ❷입술 끝을 자꾸 삐죽삐죽 내밀다

쭈뼛대다

쭈뼛쭈뼛 [어찌씨] [1] 여럿이 다 끝이 삐죽삐죽 솟은 꼴 ㉥뒷메 봉우리에는 쭈뼛쭈뼛 바위들이 겨루기라도 하듯 솟아있다 작은말쪼뼛쪼뼛 여린말주뼛주뼛 [2] 입술 끝을 자꾸 삐죽삐죽 내민 꼴 ㉥삐친 아내가 입만 쭈뼛쭈뼛 내밀고서 말이 없다 [3] 두려워 머리카락이 꼿꼿하게 자꾸 일어서는 듯한 꼴 ㉥밤에 메를 오르면 머리털이 쭈뼛쭈뼛 서곤 한다 [4] 부끄럽거나 무서워서 쉽게 나서지 못하고 자꾸 머뭇거리는 꼴 ㉥말이 없던 솔찬이 드디어 쭈뼛쭈뼛 입을 열었다 **쭈뼛쭈뼛하다**

쭈뼛하다 [그림씨] 몬 끝이 삐죽 솟아 있다 ㉥쭈뼛한 바위 **쭈뼛이**

쭉 [어찌씨] [1] 한가지 꼴로 고르게 이어지는 모습 ㉥그동안 너를 쭉 지켜봤다. 아파서 한 달을 쭉 누워만 지냈다 한뜻말쭈욱 작은말쪽 여린말죽 [2] 끊이지 않고 한줄기로 잇달린 꼴 ㉥쭉 뻗어 나간 길 [3] 여럿을 매우 고르게 늘이거나 벌려 펴는 꼴 ㉥가람을 따라 집들이 쭉 들어섰다 [4] 굽은 것을 곧게 펴는 꼴 ㉥두 발을 쭉 뻗고 잤다 [5] 금을 매우 곧게 내긋는 꼴이나 그 소리 ㉥바닥에 금을 쭉 그었다 [6] 종이나 천 따위를 한 가닥으로 훑거나 찢는 꼴이나 그 소리 ㉥이름 적힌 종이를 쭉 찢어 냈다 [7] 어떤 테두리를 한눈에 훑어보는 꼴 ㉥마을을 쭉 둘러보았다 [8] 막힘없이 내리읽거나 외거나 말하는 꼴 ㉥이제껏 겪은 일을 쭉 말했다 [9] 껍질 같은 것이 한 디위에 거침없이 모조리 벗겨지는 꼴 ㉥쭉 벗어진 이마 [10] 살이 홀쭉하게 빠진 꼴 ㉥웬일이야 살이 쭉 빠졌네 [11] 물 같은 것을 한숨에 들이마시는 꼴 ㉥목이 말라 찬물을 한숨에 쭉 들이켰다 [12] 속에 들어있는 물이 한 디위에 빠지는 꼴 ㉥젖은 옷을 쭉 짜다. 고기를 삶아 기름을 쭉 뺐다 [13] 땀이나 소름이 크게 돋는 꼴 ㉥등골에 소름이 쭉 돋았다

쭉정이 [이름씨] [1] 잘 여물지 않아 속이 빈 껍질만 있는 낟이나 과일 ㉥키로 쭉정이를 날려버렸다. 밤 쭉정이 [2] 쓸모가 없거나 제 구실을 못하는 사람 ㉥이름만 으뜸지기이지 그야말로 쭉정이지 [슬기말] **쭉정이가 머리 든다** 속에 든 것이 없는 쭉정이 이삭이 머리를 쳐들 듯 든 것 없는 사람이 잘난 체하며 거들먹거린다 **쭉정이는 불 놓고 알맹이는 거둬들인다** 버릴 것은 버리고 쓸 것은 거둬들여 놓는다

쭉쭉 [어찌씨] [1] 끊이지 않고 여럿 줄기로 잇달린 꼴 ㉥쭉쭉 뻗은 다리 한뜻말쭈욱쭈욱 작은말쪽쪽 여린말죽죽 [2] 여럿을 매우 고르게 늘이거나 벌려 펴는 꼴 ㉥배움이들이 마당에 쭉쭉 늘어섰다 [3] 금을 자꾸 내긋는 꼴이나 그 소리 ㉥책에 밑금을 쭉쭉 그었다 [4] 종이나 천 따위를 여러 가닥으로 자꾸 훑거나 찢는 꼴. 또는 그 소리 ㉥천을 쭉쭉 찢어 다친 데를 감았다 [5] 막힘없이 자꾸 내리읽거나 외거나 말하는 꼴 ㉥책을 눈으로 쭉쭉 훑었다 [6] 껍질 같은 것이 거침없이 잘 벗겨지는 꼴 ㉥봄이면 물이 올라 버들가지 껍질을 쭉쭉 벗겨내어 버들피리를 만든다 [7] 살이 홀쭉하게 자꾸 빠지는 꼴 ㉥저녁을 한 달 동안 안 먹었더니 살이 쭉쭉 빠졌어 [8] 물 같은 것을 한 모금씩 잇달아 들이마시는 꼴 ㉥단술을 쭉쭉 들이마셨다 [9] 속에 들어있는 물이 한 디위에 자꾸 빠지는 꼴 ㉥물통 물이 쭉쭉 빠져나갔다 [10] 땀이나 소름이 자꾸 크게 돋는 꼴 ㉥이마에 땀이 쭉쭉 솟아난다 [11] 조금씩 잇달아 빨거나 핥아 들이는 꼴이나 그 소리 ㉥바싹 마른 땅이 빗물을 쭉쭉 빨아들인다

쫑긋쫑긋 [어찌씨] [1] 입술이나 귀 따위를 살짝 내밀거나 세우는 꼴 ㉥아이들은 할머니가 하는 옛 이야기를 귀를 쫑긋쫑긋 세우고 들었다 [2] 말을 하려고 자꾸 입을 달싹이는 꼴 ㉥아이는 말을 할 듯 말 듯 입을 쫑긋쫑긋하다 말았다 **쫑긋쫑긋하다**

쫑얼쫑얼 [어찌씨] '종얼종얼' 센말 ㉥엄청 골났는지 혼자서 쫑얼쫑얼 뭐라고 자꾸 지껄인

다 작은말 쭝알쭝알 여린말 중얼중얼 **쭝얼쭝얼하다**

쭝쭝[1] 어찌씨 남이 못 알아듣게 매우 못마땅하여 군소리하는 꼴 ⓑ어머니한테 꾸중을 들은 아우는 입이 나와서 쭝쭝 군소리를 해 댄다

쭝쭝[2] 어찌씨 바늘뜸이나 접은 것이 성기고 드문 꼴 ⓑ박아 짓지 말고 쭝쭝 호아 지어요

-쯤 뒷가지 ❶(이름씨나 갈이름씨에 붙어) 그만큼 ⓑ이쯤에서 그만두자. 이제쯤 해가 뜨겠지 ⇐ 정도 ❷까지 ⓑ어디쯤 왔을까? 열 마을쯤 가보자 ⇐ 정도. 가량 ❸어림 ⓑ얼마쯤이면 살 수 있을까? 이 무게가 얼마쯤 나갈까?

쯧 느낌씨 가엾거나 못마땅하여 가볍게 혀를 차는 소리 ⓑ쯧, 추운데 옷도 얇게 입었네

쯧개 이름씨 볏가마 따위를 찍어 끌어당기는 데 쓰는 끝이 뾰족하고 꼬부라진 쇠 연장

쯧쯧 느낌씨 가엾거나 못마땅하여 잇달아 가볍게 혀를 차는 소리 ⓑ쯧쯧, 참 너도 안됐다

찌[1] 이름씨 '똥' 아이 말 ⓑ아이가 수레 안에서 찌를 쌌다

찌[2] 이름씨 잊지 않으려고 글을 써서 붙이는 좁고 기름한 종이쪽 ⓑ찌에 낱말을 적어 책놓개 앞에 붙여 놓고 본다 한뜻말 찌지

찌[3] 이름씨 물고기가 낚시를 물면 곧바로 그것을 알 수 있게 낚싯줄에 매달아서 물에 뜨도록 한 것 ⓑ안개가 짙어 찌가 잘 보이질 않아 한뜻말 낚시찌

찌개 이름씨 고기나 푸성귀 따위에 된장이나 고추장, 젓국 따위를 치고 뚝배기나 냄비에 물을 바특하게 잡아 갖은양념을 해서 끓인 건건이 ⓑ찌개를 구수하게 끓여서 밥 두 그릇을 비웠다

찌그러지다 움직씨 ❶눌리거나 부딪쳐서 주름지고 안으로 우그러지다 ⓑ수레 귀퉁이가 조금 찌그러졌네 작은말 짜그라지다 ❷살이 빠져 주름이 많이 잡히다 ⓑ시름시름 앓고 나더니 얼굴이 찌그러져 보이네 ❸살림살이가 펴지지 않고 차츰 어렵게 되다 ⓑ일이 풀리지 않고 살림이 자꾸 찌그러져만 간다 ❹일이 매끄럽게 되어가지 못하고 글러지다 ⓑ그 일은 이미 찌그러진 것 같아

찌그럭거리다[1] 움직씨 굵은 자갈밭을 걸어가는 소리가 굵고 거칠게 자꾸 나다 **찌그럭대다**

찌그럭거리다[2] 움직씨 못마땅하여 자꾸 트집을 잡으며 성가시게 굴다 **찌그럭대다**

찌그럭찌그럭[1] 어찌씨 굵은 자갈밭을 걸어갈 때 나는 굵고 거친 소리 ⓑ찌그럭찌그럭 발밑에는 자갈 밟히는 소리가 시끄럽다 **찌그럭찌그럭하다**

찌그럭찌그럭[2] 어찌씨 못마땅하여 자꾸 트집을 잡으며 성가시게 구는 꼴 ⓑ아우는 볼이 부어 아까부터 찌그럭찌그럭 군소리를 해댄다 **찌그럭찌그럭하다**

찌그리다 움직씨 ❶눌러 찌그러지게 하다 ⓑ종이그릇을 찌그려 버렸다 ❷눈이나 얼굴에 주름이 잡히게 하다 ⓑ눈을 찌그리며 손으로 햇볕을 가렸다

찌꺼기 이름씨 ❶물속에 있다가 물이 다 빠진 뒤에 바닥에 남는 것 ⓑ찌꺼기가 많아 수챗구멍이 막혔나 보다. 술 찌꺼기. 과일 찌꺼기. 뜨물 찌꺼기 준말 찌끼 ❷쓸 만한 것을 골라내고 남은 것 ⓑ고기 찌꺼기와 뼈다귀는 개나 줘라 한뜻말 찌끄레기

찌끈 어찌씨 '지끈' 센말 ⓑ바람에 나뭇가지가 찌끈 부러져 집을 덮쳤다 **찌끈하다**

찌끈거리다 움직씨 '지끈거리다' 센말 ⓑ콧물이 줄줄 나오며 머리가 찌끈거려 일을 그만두고 집에 왔다 **찌끈대다**

찌끈찌끈 어찌씨 '지끈지끈' 센말 ⓑ언니는 나뭇단을 끌러 나뭇가지를 찌끈찌끈 분질러 아궁이에 넣고 불을 붙였다 **찌끈찌끈하다**

찌끼 이름씨 '찌꺼기' 준말

찌끼다 움직씨 두 몬 틈새에 끼이다 ⓑ문틈에 손이 찌꼈다

찌다[1] 움직씨 ❶몸에 살이 많이 오르다 ⓑ살이 너무 쪘다 ❷몬에 때나 먼지 같은 것이

찌들어 붙다 [ㅂ]옷은 낡은데다 누렇게 때가 쪘다

찌다[2] [움직씨] [1]뜨거운 김에 쏘이듯 더워지다 [ㅂ]한여름 찌는 무더위 [2]뜨거운 김으로 익히거나 데우다 [ㅂ]고구마를 한 솥 쪘다. 밤도 찌고 옥수수도 쪘다 [슬기말] **찐 붕어가 되었다** 힘이 꺾이고 풀이 죽어 별 볼 일 없는 꼴이 되었다

찌들다 [움직씨] [1]무엇이 낡거나 오래되어 더럽게 되다 [ㅂ]찌든 때가 잘 빠지지 않는다 작은말짜들다 [2]일 따위로 갖은 어려움을 겪느라 아주 시달리다 [ㅂ]가난에 찌들어 겨우 목숨을 이어간다 [3]무엇에 인이 박여 몸이 다치다 [ㅂ]술에 찌들어 얼굴빛이 누렇다 못해 시커멓게 되어간다

찌러기 [이름씨] 바탈이 몹시 사나운 황소

찌르다 [움직씨] [1]끝이 뾰족하거나 날카로운 것으로 몬 거죽을 뚫고 들어가게 하다 [ㅂ]고기를 젓가락으로 푹 찔러서 잘 삶겼는지 보았다 [2]마음 따위를 아주 세게 건드리다 [ㅂ]가슴을 찌르는 날카로운 가르침 [3]틈이나 사이에 무엇을 꽂아 넣다 [ㅂ]칼바람을 비키려고 호주머니에 손을 찌르고 고개를 푹 숙였다 [4]일부러 다른 사람 일을 누구에게 나쁘게 일러바치다 [ㅂ]네 잘못을 이제라도 찌르면 네게 큰일이 날 거야 [5]사람 마음을 사려고 남몰래 돈 따위를 건네다 [ㅂ]제 잘못을 숨기려 다달이 깨살핌이에게 돈을 찔렀다 [6]무슨 일에 밑천을 들이다 [ㅂ]새로 벌이는 일에 너도 돈을 찔러라 [7]내나 냄새가 코 따위를 세게 건드리다 [ㅂ]매운 내가 눈을 찌른다. 그윽한 으름 꽃 내가 코를 찌른다 [슬기말] **찔러도 피 한 방울 안 나겠다** [1]도무지 빈틈이 없고 야무지다 [2]차갑기 그지없어 따뜻한 마음이라곤 없다

찌르레기 [이름씨] 수컷은 머리와 목둘레가 희고 등과 몸은 밤빛을 띈 잿빛인 새. 벌레를 많이 잡아먹어 여름지이에 도움이 된다

찌르르 [어찌씨] [1]물이나 기름 같은 것 따위가 많이 흘러서 뻔지르르한 꼴 [ㅂ]저냐에 기름이 찌르르 흐르는 게 맛있어 보인다 작은말짜르르 여린말지르르 [2]뼈마디나 몸 한쪽이 찌릿한 꼴 [ㅂ]굿을 보다가 코가 찌르르 눈물이 난다 [3]크게 울려 마음이 몹시 들뜬 꼴 [ㅂ]노녘에 두고 온 딸을 생각하면 가슴이 찌르르 떨린다

찌르르하다 [그림씨] [1]물이나 기름 같은 것 따위가 많이 흘러서 뻔지르르하다 [2]뼈마디나 몸 한쪽이 찌릿하다

찌르륵 [어찌씨] [1]젖은 나무가 타면서 나뭇진이 빠져나오는 소리 작은말짜르륵 [2]걸쭉한 물 같은 것이 가는 대롱으로 빨려 들며 내는 소리나 그 꼴 [3]찌르레기나 벌레 따위가 우는 소리 **찌르륵하다**

찌르륵거리다 [움직씨] [1]젖은 나무가 타면서 나뭇진이 빠져나오는 소리가 자꾸 나다 작은말짜르륵거리다 [2]걸쭉한 물 같은 것이 가는 대롱으로 빨려 들며 내는 소리가 자꾸 나거나 그런 소리를 내다 [3]찌르레기나 벌레 따위 우는 소리가 자꾸 나다 **찌르륵대다**

찌르륵찌르륵 [어찌씨] [1]젖은 나무가 타면서 나뭇진이 자꾸 빠져나오는 소리 [ㅂ]아궁이 속 장작 끝에서는 찌르륵찌르륵 나뭇진이 뽀얀 거품을 내고 있다 작은말짜르륵짜르륵 [2]걸쭉한 물 같은 것이 가는 대롱으로 잇달아 빨려 드는 소리 [ㅂ]쏟아진 물이 수챗구멍 속으로 찌르륵찌르륵 회오리치며 빠르게 빠져나갔다 [3]찌르레기나 벌레 따위가 잇달아 우는 소리 [ㅂ]가을이 왔다는 뜻일까, 밤이 되면 어둠 속에서 찌르륵찌르륵 풀벌레 우는 소리가 자꾸 들려 왔다 **찌르륵찌르륵하다**

찌르릉 [어찌씨] 부름방울이나 말틀소리 같은 것이 울리는 것 [ㅂ]따릉이가 찌르릉 울리며 지나간다 **찌르릉하다**

찌르릉거리다 [움직씨] 부름방울이나 말틀소리 따위가 울리는 소리가 자꾸 나다 **찌르릉대다**

찌르릉찌르릉 [어찌씨] 부름방울이나 말틀소리

따위가 자꾸 울리는 소리 ㉥말틀댕이 찌르릉찌르릉 울린다 **찌르릉찌르릉하다**

찌무룩하다 [그림씨] 마음이 시무룩하여 즐겁지 않다 ㉥소미는 늘 하던 버릇대로 찌무룩한 얼굴로 밖을 내다본다

찌뿌드드하다 [그림씨] [1]몸살이나 고뿔 따위로 몸이 무겁고 거북하다 ㉥몸이 찌뿌드드하면 일손을 놓고 숲길을 걷는다 [2]낯빛이나 기운이 밝지 않고 언짢다 ㉥야달은 찌뿌드드한 느낌을 떨쳐버리려고 달리기를 하였다 [3]비나 눈이 내릴 듯이 날씨가 몹시 흐리다 ㉥날씨가 찌뿌드드한 걸 보니 눈이라도 곧 쏟아질 듯하다

찌우다 [움직씨] 몸에 살이 오르게 하다 ㉥돼지들을 잘 먹여 살을 찌워 판다

찌푸리다 [움직씨] [1]날이 아주 으스스하게 흐려지다 ㉥날이 아침부터 잔뜩 찌푸렸다 작은말 째푸리다 [2]얼굴이나 눈살을 매우 찡그리다 ㉥찌푸린 얼굴로 대꾸조차 없다

찍 [어찌씨] [1]금을 옆이나 밑으로 세게 긋는 소리나 그 꼴 ㉥금을 바닥에 찍 그었다 작은말 짝 여린말 직 [2]종이나 천같이 얇고 질긴 것이 갑자기 세게 째지는 소리나 그 꼴 ㉥종이를 찍 찢어버렸다 [3]무엇이 되게 문질리면서 미끄러지는 소리나 그 꼴 ㉥젖은 갈잎에 찍 미끄러졌다 [4]물 따위가 가는 줄기로 세게 뻗치는 꼴이나 그 소리 ㉥아무데나 침을 찍 뱉으면 안 된다 [5]새 따위가 물똥을 세게 내갈기는 꼴이나 그 소리 ㉥날아가던 새가 똥을 찍 갈겼다 [6]쥐나 새가 지르는 소리 ㉥쥐가 덕석 밑에서 찍 소리를 낸다 **찍하다**

찍기 [이름씨] 글이나 빛박이를 틀로 찍어 처음 것과 똑같이 만들기 ⇐ 복사

찍기틀 [이름씨] 글이나 빛박이를 찍는 틀 ⇐ 복사기

찍다[1] [움직씨] [1]날이 있거나 끝이 뾰족한 연장 따위로 내리치거나 찌르다 ㉥열 디위 찍어 안 넘어가는 나무 없다 [2]바닥에 대고 누르거나 문질러 자국을 내다 ㉥눈 위에 발자국을 찍으며 걸었다 [3]어떤 것을 빛박이틀 따위로 비추어 그 꼴을 나타내다 ㉥빛박이를 찍다 [4]글이나 그림 따위를 틀을 써서 그대로 박아내다 ㉥책을 찍어냈다 [5]표 같은 것에 구멍을 내다 ㉥셈을 다 치른 표에 구멍을 찍었다

찍다[2] [움직씨] [1]어떤 것 끝에 물이나 가루 따위를 묻히다 ㉥김을 참기름 지렁에 찍어 드셔요. 붓에 먹을 듬뿍 찍다 [2]틀에 넣고 같은 크기로 만들어내다 ㉥벽돌을 하루 내내 찍었다 [3]손가락이나 마음속으로 꼬집어 가리키거나 생각해두다 ㉥누구라 딱 찍어 말하기 어렵다 [4]똑바로 모르면서 미루어 어림하다 ㉥어려운 물음을 푸느니 차라리 찍는 게 더 낫겠다

찍소리 [이름씨] (흔히 '없다', '못하다', '말다' 와 함께 써) 조금이라도 구실을 대거나 맞서 보려는 말이나 짓 ㉥찍소리도 하지 마. 찍소리 없네. 이제부터 찍소리 못한다 비슷한말 끽소리 작은말 짹소리

찍음 [이름씨] 글이나 그림 같은 것을 틀을 써서 그대로 박아내기 ⇐ 프린트

찍음틀 [이름씨] 글이나 그림 같은 것을 그대로 박아내는 틀 ⇐ 프린터

찍찍 [어찌씨] [1]금을 옆이나 밑으로 자꾸 아주 세게 긋는 소리나 그 꼴 ㉥바닥에 금을 아무렇게나 찍찍 그었다 작은말 짝짝 여린말 직직 [2]종이나 천같이 얇고 질긴 것을 갑자기 자꾸 세게 찢는 소리나 그 꼴 ㉥천을 찍찍 찢어 먼지떨이를 만들었다 [3]신발을 바닥에 마구 끌며 세게 걷는 소리나 그 꼴 ㉥신발을 찍찍 끌고 나갔다 [4]무엇이 되게 문질리면서 미끄러지는 소리나 그 꼴 ㉥물에 젖은 바닥이 찍찍 미끄럽다 [5]물 따위가 가는 줄기로 자꾸 세게 뻗치는 꼴이나 그 소리 ㉥물대롱으로 고추밭에 물을 찍찍 뿌렸다 [6]새 따위가 물똥을 잇달아 세게 내갈기는 꼴이나 그 소리 ㉥새들이 똥을 찍찍 쌌다 [7]쥐나 새 따위가 자꾸 우는 소리 ㉥마루 밑에 쥐가 찍찍 울어댄다 **찍찍하다**

ㅈ

찍히다[1] 움직씨 ❶ 날이 있거나 끝이 뾰족한 연장 따위로 내리쳐지거나 찔리다 ⓑ 손등이 낫에 살짝 찍혔다 ❷ 바닥에 대고 눌려 자국이 나다 ⓑ 볼에 베개자국이 찍혀 있네. 옷에 묻은 풀물은 어디서 찍힌 거야 ❸ 어떤 것이 빛박이틀 따위에 담겨 그 꼴이 그대로 나타나다 ⓑ 내 얼굴이 너무 크게 찍혔네 ❹ 글이나 그림 따위가 종이 따위에 박혀 그대로 드러나다 ⓑ 우리말 새뜸이 이 달에만 벌써 다섯 즈믄 낱이 찍혔어 ❺ 표에 구멍이 나다 ⓑ 박음쇠를 쓰니까 표 서른 낱이 한 디위에 찍혔다

찍히다[2] 움직씨 좋지 않은 일로 남이 눈여겨보는 사람이 되다 ⓑ 벗들한테 잘 놀기만 하는 애로 찍혔어

찐득거리다 움직씨 ❶ 아주 끈끈하고 차져 자꾸 달라붙다 ⓑ 엿이 찐득거려 입을 놀리기가 힘들다 작은말 짠득거리다 여린말 진득거리다 ❷ 아주 끈질겨서 자꾸 끊으려 해도 잘 끊어지지 않다 ⓑ 거미줄이 찐득거려 파리가 꼼짝 못 하고 걸렸다 **찐득대다**

찐득찐득 어찌씨 ❶ 아주 끈끈하고 차져 자꾸 달라붙는 꼴 ⓑ 꿀이 손에 찐득찐득 달라붙는다 작은말 짠득짠득 여린말 진득진득 ❷ 됨됨이나 몸가짐이 매우 끈질기게 달라붙는 꼴 ⓑ 돈을 빌려달라며 찐득찐득 매달렸다 **찐득찐득하다**

찐득찐득하다 그림씨 ❶ 자꾸 달라붙을 만큼 아주 끈끈하고 차지다 ❷ 됨됨이나 몸가짐이 매우 끈질기다

찐빵 이름씨 속에 팥앙금 따위를 넣고 김에 쪄서 익힌 빵 ⓑ 단팥을 듬뿍 넣어 그런지 찐빵이 맛있다

찐심 이름씨 날심을 쪄서 말린 붉은 빛깔 심 ⇐ 홍삼

찔게 이름씨 밥에 곁들여 먹는 맛갓을 통틀어 이르는 말 한뜻말 건건이 ⇐ 반찬

찔끔[1] 어찌씨 갑자기 놀라거나 무서워서 몸을 뒤로 움츠리는 꼴 ⓑ 갑자기 우레가 치자 몸을 찔끔 움츠렸다 **찔끔하다**

찔끔[2] 어찌씨 ❶ 물 따위가 아주 조금 쏟아지거나 흐르는 꼴 ⓑ 하도 웃겨 눈물이 찔끔 났다 작은말 짤끔 여린말 질금 ❷ 무엇을 아주 조금씩 흘리는 꼴 ⓑ 쌀자루가 터졌는지 낟알이 찔끔 새어 나왔다 ❸ 비가 아주 조금 내리다 멎는 꼴 ⓑ 비가 찔끔 내리더니 이내 그쳤다 ❹ 돈 따위를 아주 조금씩 쓰거나 나누어주는 꼴 ⓑ 쓸 돈을 어쩌다가 찔끔 받아써서 나한테는 지닌 돈이 없다 **찔끔하다**

찔끔거리다 움직씨 ❶ 물 따위가 자꾸 조금씩 새어 흐르거나 나왔다 그쳤다 하다 작은말 짤끔거리다 여린말 질금거리다 ❷ 비가 아주 조금씩 자꾸 내렸다 그쳤다 하다 **찔끔대다**

찔끔찔끔 어찌씨 ❶ 물 따위가 자꾸 조금씩 새어 흐르거나 나왔다 그쳤다 하는 꼴 ⓑ 국수에 지렁을 찔끔찔끔 치며 간을 맞추었다 작은말 짤끔짤끔 여린말 질금질금 ❷ 비가 아주 조금씩 자꾸 내렸다 그쳤다 하는 꼴 ⓑ 비가 찔끔찔끔 내린다 ❸ 몬 따위를 조금씩 자꾸 흘리는 꼴 ⓑ 모래주머니가 터져 모래가 찔끔찔끔 흘러내렸다 ❹ 돈 따위를 아주 조금씩 주거나 여럿으로 나누어서 주는 꼴 ⓑ 삯을 찔끔찔끔 받아서는 어디 쓸 만한 데가 많지 않다 **찔끔찔끔하다**

찔락거리다 움직씨 남을 업신여기며 잘난 체하며 자꾸 버릇없이 굴다 한뜻말 거드럭거리다. 까불다 **찔락대다**

찔레꽃 이름씨 찔레나무 꽃

찔레꽃머리 이름씨 찔레꽃이 필 무렵 ⓑ 찔레꽃머리에는 어매 아배 오지 마소

찔레나무 이름씨 가지에 가시가 있고 잎은 깃꼴 겹잎인 떨기나무. 새 줄기로 자라나는 어린 새싹은 달고 옷곳하여 아이들 먹을감으로 좋다. 이른 여름에 흰 꽃이 피고 가을에 작은 열매 송이가 빨갛게 익는다

찔리다 움직씨 ❶ 끝이 뾰족하거나 날카로운 것에 뚫리거나 쑥 들어가게 들이밀리다 ⓑ 찔린 잔가시를 빼내느라 애먹었다 ❷ 마음 따위가 아주 세게 건드려지다 ⓑ 남 것을

ㅈ

가져가다니 넌 곧은 마음에 찔리지도 않냐?

찔찔 어찌씨 ❶구멍이나 틈으로 물이나 땀 같은 것이 볼품없이 흘러내리는 꼴 ⓑ아직 코를 찔찔 흘리는 철없는 애예요 ❷볼꼴없이 울거나 눈물을 짜는 꼴 ⓑ오늘은 무슨 일로 또 찔찔 짜냐? ❸몸에 지닌 것을 놓치거나 흘리는 꼴 ⓑ제 것도 잘 간수하지 못하고 찔찔 흘리고 다녀? ❹신이나 다리, 몬을 아무렇게나 끄는 꼴 ⓑ아픈 다리를 찔찔 끌며 열흘닦기를 마쳐 대견하다 ❺주책없이 마구 싸다니는 꼴 ⓑ잘도 찔찔 싸다닌다 ❻아무 말이나 마구 늘어놓는 꼴 ⓑ아무 말이나 찔찔 함부로 하면 안 되지

찜[1] 이름씨 ❶고기나 남새를 양념에 푹 재웠다가 김을 올려 흠씬 쪄낸 먹을거리 ⓑ저녁에 조기찜을 해서 두루 잘 나눠 먹었다 ❷'찜질' 준말 ⓑ바닷가 검은 모래로 찜을 하는 곳에 다녀왔다

찜[2] 이름씨 뒤에서 받쳐주는 힘이나 사람 ⓑ선돌이는 가시집 찜이 좋아 한자리 꿰찼다며? 요즘 같은 누리에 찜 없는 사람 어디 서러워서 살겠나

찜믿다 움직씨 아주 굳건히 믿다

찜부럭 이름씨 몸과 마음이 괴로워 짜증을 내는 짓 ⓑ찜부럭을 부린다고 일이 풀릴 것 같아? 이 멍충아! 한뜻말 찜부정 **찜부럭하다**

찜부정 이름씨 찜부럭

찜질 이름씨 ❶더운물 따위에 적신 헝겊이나 얼음덩이를 아픈 곳에 대어 앓이를 고치는 일 ⓑ이를 뽑고 나서 볼에 얼음으로 찜질을 했다 준말 찜 ❷따슨샘이나 뜨거운 물에 몸을 담그거나 더운 모래밭에 몸을 묻어서 땀을 흘려 앓이를 고치는 일 ⓑ땅에서 솟는 뜨거운 물에 찜질을 하면 피가 잘 돈다 ❸매로 몹시 때리는 일 ⓑ미친개에게는 몽둥이로 찜질을 하는 것이 으뜸이다 비슷한말 몽둥이찜질

찜쪄먹다 움직씨 (힘이나 솜씨 같은 것이) 다른 것 보다 훨씬 뛰어나 꼼짝 못하게 누르다 ⓑ나무장이를 찜쪄먹게 톱질이며 자귀질, 대패질을 잘 한다

찜찜하다 그림씨 마음에 꺼림칙하거나 못 미덥다 ⓑ그 일을 내 손으로 끝내지 못하고 자리에서 물러나는 것이 찜찜하다 비슷한말 꺼림칙하다. 꺼림하다. 찝찝하다 맞선말 개운하다

찜통 이름씨 뜨거운 김으로 맛갓을 찌는 통

찜통더위 이름씨 찜통 속처럼 몹시 무더운 여름 기운 ⓑ벌써 열흘 넘게 찜통더위가 이어진다 한뜻말 가마솥더위

찝찔하다 그림씨 ❶감칠맛이 없게 짜다 ⓑ오늘 된장국은 찝찔하기만 하고 감칠맛이 없어 ❷일이 되어 가는 꼴이나 뒤끝이 마음에 들지 않다 ⓑ일을 함께 마무리하지 못한 것이 내내 찝찔하다

찡 어찌씨 ❶궁글거나 새되게 울리는 소리 ⓑ어른들이 걸어가니 얼음장이 찡 울린다 ❷울컥하는 마음이 속이 뻐근하도록 오르는 꼴 ⓑ구성진 노랫소리에 가슴이 찡 울린다 **찡하다**

찡그리다 움직씨 얼굴이나 눈살에 힘을 주어 주름을 잡히게 하다 ⓑ이마를 찡그리며 못마땅히 쳐다본다 작은말 쨍그리다

찡긋 어찌씨 눈이나 코에 힘을 주어 찡그리는 꼴 ⓑ내게 찡긋 눈짓을 보냈다 작은말 쨍긋 센말 찡끗 **찡긋하다**

찡긋거리다 움직씨 눈이나 코에 힘을 주어 조금씩 자꾸 찡그리다 ⓑ비린내가 풍겨오자 그는 코를 찡긋거렸다 작은말 쨍긋거리다 센말 찡끗거리다 **찡긋대다**

찡긋찡긋 어찌씨 눈이나 코에 힘을 주어 자꾸 조금씩 찡그리는 꼴 ⓑ아버지는 갓난아이와 찡긋찡긋 눈을 맞추었다 작은말 쨍긋쨍긋 센말 찡끗찡끗 **찡긋찡긋하다**

찡얼거리다 움직씨 아이가 못마땅하여 몹시 보채거나 군소리를 하다 ⓑ애가 더위에 들떠서 한나절 내내 찡얼거렸다 작은말 쨍알거리다 여린말 징얼거리다 거센말 칭얼거리다 **찡얼대다**

찡얼찡얼 어찌씨 아이가 못마땅하여 몹시 보

채거나 군소리를 하는 꼴 ⓑ아이가 찡얼찡얼 보채기만 해서 나숨이한테 데려가 보였다 작은말 쨍알쨍알 여린말 징얼징얼 거센말 칭얼칭얼 **찡얼찡얼하다**

찡하다 그림씨 마음이 움직여 가슴 따위가 뻐근한 데가 있다 ⓑ딸이 보내준 꾸러미를 보고 찡한 느낌이 들었다

찢기다[1] 움직씨 잡아당기거나 힘을 더해 갈라지게 하다 ⓑ찢긴 종이를 가져다가 아우와 함께 제기를 만들었다. 아이들에게 빛종이를 토끼 꼴대로 찢겼다

찢기다[2] 움직씨 잡아당겨지거나 힘이 더해져 갈라지게 되다 ⓑ바지가 못에 걸려 찢겼다

찢긴앓이 이름씨 찢기고 다친 데를 붓이 파고드는 앓이. 온몸이 뜨겁고 떨린다 ⇐ 파상풍

찢다 움직씨 **1** 잡아당겨 갈라지거나 째지게 하다 ⓑ종이를 가리가리 찢었다 **2** (날카로운 소리가) 귀를 아주 시끄럽게 하다 ⓑ우레 소리가 귀청을 찢을 듯이 이어진다 **3** 마음을 쓰리고 아프게 하다 ⓑ철없을 적에 어미 마음을 찢어놓은 것 같아 **4** 여러 몫으로 갈라 나누다 ⓑ땅을 셋으로 찢어서 세 아들에게 나눠줬다

찢어발기다 움직씨 갈기갈기 찢어 늘어놓다 ⓑ실마리가 될 글은 다 찢어발겨 버렸다

찢어지다 움직씨 찢기어 갈라지다 ⓑ술래 몰래 저마다 알아서 찢어져 숨도록 해 ⇐ 분열하다. 파열하다 슬기말 **찢어졌으니 언청이** 어떤 모자람이 있으니 아무리 한들 좋게 볼 수 없다 **찢어진 잠뱅이** 제 구실을 하지 못하는 것

찧다 움직씨 **1** 낟알 따위를 잘게 부수거나 가루로 만들려고 절구에 넣고 공이로 내리치다 ⓑ떡쌀을 찧어 놓아라 **2** 연장을 써서 껍질을 벗겨 겉낟을 알낟으로 만들다 ⓑ쌀을 찧다. 보리를 찧다 **3** 무거운 것을 들어서 아래로 내리치거나 마주 부딪치다 ⓑ흙다짐 틀로 찧어가며 담을 쌓았다. 얼음에 미끄러져 엉덩방아를 찧었다. 발등을 찧었다 **4** 입을 자꾸 놀리어 말하다 ⓑ그가 자리를 뜨자 마을 사람들은 입방아를 찧어쌓는다 익은말 **찧고 까불다** 서로 이랬다저랬다 하며 몹시 까불거나 이러쿵저러쿵 하며 되지 않게 떠들다 슬기말 **찧는 방아도 손이 나들어야 한다** 무슨 일에나 애써 힘을 들여야 마침내 그 일이 잘된다

차 이름씨 ❶'차나무' 준말 ⓑ차를 기를 때 군데군데 큰 나무 그늘이 있어야 좋다 ❷차나무 어린잎을 따서 말린 것. 또는 그것을 달이거나 우린 물 ⓑ밥 먹고 나서 차 마시러 가자 ❸입맛을 개운하게 하려고 밑감을 달이거나 우려서 지은 마실 거리 ⓑ둥굴레로 지은 차는 누룽지 맛이 난다

차 (車) ⇒ 수레. 탈것

차 (差) ⇒ 나머지. 다름. 틀림

차 (次) ⇒ 버금. 차례

차갑다 그림씨 ❶살에 닿는 느낌이 서늘하거나 꽤 쌀쌀하다 ⓑ갑자기 날씨가 꽤 차갑다 맞선말 뜨겁다 ❷사람다운 맛이 없고 쌀쌀맞다 ⓑ나는 사람을 차갑게 다루는 버릇이 있다

차고 ⇒ 수레광. 수레집

차고앉다 움직씨 무슨 일을 맡아서 자리를 잡다

차곡차곡 어찌씨 몬 따위를 가지런히 겹쳐 쌓거나 포개는 꼴 ⓑ차곡차곡 모은 돈으로 집을 마련했다

차관 (借款) ⇒ 나라빚. 딴나라빚

차관 (次官) ⇒ 작은머슴

차광 ⇒ 해가림. 빛 가림

차근차근 어찌씨 일을 차례에 따라 찬찬하게 해 나가는 꼴 ⓑ마음을 가라앉히고 차근차근 말해 보아라

차근차근하다 그림씨 말이나 짓, 마음씨 따위가 아주 찬찬하고 가리새 있다

차금 ⇒ 빚. 꾼 돈. 빌린 돈

차기 ⇒ 다음. 다음 때. 다음 차례

차기공 이름씨 공차기 놀이할 때 차는 공 ⇐ 축구공

차깔하다 움직씨 문을 굳게 닫아 잠가 두다 ⓑ차깔한 문 앞을 누군가 기웃거린다

차꼬 이름씨 ❶두 기다란 나무토막을 맞대어 그 사이에 구멍을 파서 허물보 두 발목을 넣고 자물쇠를 채우는 연장 ❷차꼬막이

차꼬막이 이름씨 ❶지붕마루 기와끝마다 위 끝을 막아대는 수키와 ❷박공 머리에 물리

ㅊ

는 네모진 서까래와 기와

차끈하다 [그림씨] 매우 차가운 느낌이 있다 ㉥곧 봄이라지만 아침저녁으로는 바람이 차끈하다

차나무 [이름씨] 잎은 길둥근꼴이며 두껍고 매끈하며 풀빛인 늘푸른떨기나무. 어린잎은 차 달이는 밑감으로 쓰고, 열매는 기름감으로 쓴다 준말 차 ⇐ 다목

차남 ⇒ 둘째 아들

차내 ⇒ 수레 안. 수레 속

차넘치다 [움직씨] 소리나 힘, 물 따위가 넘칠 만큼 가득하다 ㉥그 집안은 늘 웃음이 차넘친다

차녀 ⇒ 둘째 딸

차다[1] [움직씨] [1] 더 들어갈 수 없이 가득하다 ㉥독에 물이 가득 찼다 맞선말 비다 [2] 느낌이나 기운 따위가 가득하다 ㉥기쁨에 찬 얼굴로 눈물을 흘린다. 싱싱함이 그득 차 있다 [3] 모자람이 없이 넉넉하게 마음에 들다 ㉥한솔은 어버이 마음에 차는 사윗감이다 [4] 어떤 높이나 테두리에 이르다 ㉥골짜기에 물이 불어서 무릎까지 찼다 [5] 나이나 때 따위가 다 되다 ㉥나이가 꽉 찬 각시 [6] 달이 이지러진 데가 없이 아주 둥글다 ㉥달이 꽉 찼다 [7] 물이나 김, 땀 따위가 흠뻑 배다 ㉥두꺼운 옷을 입었더니 자꾸 땀이 찬다 [슬기말] **차면 넘친다·차면 기운다** 너무 지나치면 도리어 모자라게 된다. 모든 일이 잘되고 좋은 때가 있으면 그렇지 않은 때도 있다

차다[2] [움직씨] [1] 무엇을 몸 한쪽에 달거나 둘러매거나 끼워 지니다 ㉥바지춤에 열쇠고리를 차고 다닌다 [2] 쇠고랑을 팔목에 끼우거나 차꼬를 발목에 끼우다 ㉥쇠고랑을 찬 모습으로 사람들 앞에 나타났다 [3] 함께 데리고 가거나 거느리다 ㉥한돌이 어린아이를 하나 차고 돌아왔다. 수탉이 이웃집 암탉을 다 차고 왔어 [4] 기저귀나 속옷 같은 것을 입다 ㉥기저귀를 차고 아장아장 걸음마를 뗀다. 잠뱅이를 차다 [5] 자기 몸에 지니다 ㉥물은 내가 차고 갈게

차다[3] [움직씨] [1] 발길로 내지르다 ㉥엉덩이를 차다. 공을 차는 솜씨가 으뜸이다 ⇐ 킥 [2] 발로 받아 내거나 받아 올리다 ㉥제기를 차다 [3] 못마땅하여 혀끝을 입안 위쪽에 붙였다가 떼어 소리를 내다 ㉥혀를 끌끌 차다 [4] 발로 힘있게 밀어 재끼다 ㉥아이들은 다 땅바닥을 차고 힘차게 달려 나갔다 [5] 사내와 겨집 사이를 한쪽에서 맘대로 끊다 ㉥나 있잖아, 슬기를 차 버렸어 [6] 재빠르게 빼앗다 ㉥독수리가 어린 토끼를 차서 날아갔다 [7] 좋은 까리나 보탬이 되는 것을 받아들이지 않다 ㉥굴러 들어온 땡을 제 발로 차다

차다[4] [그림씨] [1] 따뜻한 느낌이 없다 ㉥물이 차다 [2] 따뜻한 마음이 없고 쌀쌀맞다 ㉥소미는 겉으로는 차게 보이지만 속은 따뜻한 사람이다 [3] 몸을 차게 하는 바탈이 있다 ㉥수박이나 오이는 바탈이 차서 겨울에 먹으면 몸에 좋지 않다

차단 ⇒ 막음. 끊음. 가림. 막다. 가로막다. 가리다. 끊다

차단기 (遮斷機) ⇒ 길막이. 건널목 막이

차단기 (遮斷器) ⇒ 두꺼비집

차단제 ⇒ 막이낫개

차대 ⇒ 수레틀. 수레얼개

차도 (車道) ⇒ 수렛길

차도 (差度) ⇒ 나아짐

차돌 [이름씨] [1] 희고 매우 단단한 돌. 흔히 보는 차돌은 젖빛을 띤다 ㉥냇가에서 예쁜 차돌을 주워 아라에게 주었다 ⇐ 석영 [2] 단단하고 야무진 사람 ㉥언니는 물렁해 보여도 차돌이야

차돌박이 [이름씨] 소 양지머리뼈 한복판에 붙은 기름진 고기 ㉥나는 아직 차돌박이 구이는 못 먹어 봤다

차등 ⇒ 고르지 않음. 가지런하지 않음. 턱짐

차디차다 [그림씨] 몹시 차다 ㉥둘이 싸운 뒤로 며칠째 집안에 차디찬 바람만 분다

차라리 [어찌씨] 저렇게 하기보다는 이렇게. 그

렇게 할 바에는 ㉥꽃밭을 꾸미기보다 차라리 텃밭으로 만들자. 그 일은 차라리 모른 척하는 게 낫겠다

차랑 [어찌씨] 얇은 쇠붙이 따위가 가볍게 부딪쳐 울릴 때 나는 소리 ㉥매달아 놓은 댕이 바람에 흔들려 차랑 울린다 [큰말]처렁 [센말]짜랑 [여린말]자랑 **차랑하다**

차랑거리다[1] [움직씨] 얇은 쇠붙이 같은 것이 자꾸 가볍게 부딪쳐 울리는 소리가 나다 ㉥걸을 때마다 귀고리가 차랑거린다 [큰말]처렁거리다 [센말]짜랑거리다 [여린말]자랑거리다 **차랑대다**

차랑거리다[2] [움직씨] 조금 길게 드리운 몬이 자꾸 이리저리 부드럽게 흔들리다 ㉥깡충깡충 뛰자 소담이 땋은 머리가 차랑거린다 [큰말]치렁거리다 **차랑대다**

차랑차랑[1] [어찌씨] 얇은 쇠붙이 같은 것이 자꾸 가볍게 부딪쳐 울릴 때 나는 소리 ㉥차랑차랑 울리는 목소리. 수레 고치는 마당에서 쇠널 다루는 소리가 차랑차랑 울린다 [큰말]처렁처렁 [센말]짜랑짜랑 [여린말]자랑자랑 **차랑차랑하다**

차랑차랑[2] [어찌씨] 좀 길게 드리운 것이 요리조리 부드럽게 자꾸 흔들리는 꼴 ㉥버들가지가 차랑차랑 흔들린다. 걸을 때마다 긴 치마가 차랑차랑한다 [큰말]치렁치렁 **차랑차랑하다**

차랑차랑하다 [그림씨] 조금 길게 드리운 몬이 바닥에 닿을 듯 말 듯 자꾸 움직이며 부드럽게 늘어져 있다 ㉥엄마가 차랑차랑한 긴 치마를 입고 나오셨다 [큰말]치렁치렁하다

차랑하다 [그림씨] 조금 길게 드리운 몬이 바닥에 닿을 듯 말 듯이 부드럽게 늘어져 있다 ㉥물든 옷감이 빨랫줄에 차랑하게 널려 있다 [큰말]치렁하다

차량 ⇒ 수레. 긴수레. 긴수레 한 칸

차려 [느낌씨] [1]얼을 차리고 몸가짐을 바로 해서 움직이지 말라는 시킴말 ㉥모두, 차려! [2](이름씨) 얼을 차리고 몸가짐을 바로 하는 몸짓

차려입다 [움직씨] 옷 따위를 잘 갖추어 입다 ㉥설빔을 예쁘게 차려입었네

차렵 [이름씨] 옷이나 이불에 솜을 얇게 두는 것 ㉥차렵이불. 차렵두루마기. 차렵저고리. 차렵것

차례 [이름씨] [1]여럿을 어떤 틀에 따라 벌여 놓은 것이나 그 자리 ㉥줄 서서 차례대로 들어가라 ⇐ 순서. 서열 [2]글이나 책 따위에서 속내를 간추려 적어 놓은 것 ㉥차례만 봐도 책 알맹이를 알 수 있다 ⇐ 목차 [3]일이 일어나는 디위를 세는 하나치 ㉥아버지가 이곳에 열 차례 남짓 들른 것 같은데 [4]앞앞이 돌아오는 몫에 딸린 것

차례 ⇒ 식게

차례이름 [이름씨] 차례대로 매겨 놓은 수 [한뜻말]디위이름 ⇐ 번호

차례지다 [움직씨] 어떤 잣대에 따라 몫으로 주어지다 ㉥힘들여 일한 만큼 차례지는 몫도 짭짤했다

차례차례 [어찌씨] 차례를 따라 나아가는 꼴 ㉥한 사람씩 차례차례 수레에 타시오

차로 ⇒ 수렛길

차륜 ⇒ 수레바퀴

차르랑 [어찌씨] 얇은 쇠붙이 따위가 서로 부딪치며 울릴 때 나는 소리 ㉥가게 문을 열자 쇳소리가 차르랑 난다 [큰말]처르렁 [센말]짜르랑 [여린말]자르랑 **차르랑하다**

차르랑거리다 [움직씨] 얇은 쇠붙이 따위가 잇달아 가볍게 부딪쳐 울리는 소리가 나다 ㉥쇠사슬이 바닥에 끌리며 차르랑거리는 소리가 난다 **차르랑대다**

차르랑차르랑 [어찌씨] 얇은 쇠붙이 따위가 잇달아 서로 부딪치며 울릴 때 나는 소리 ㉥구슬을 꿰어놓은 발이 바람에 차르랑차르랑 흔들거린다 [큰말]처르렁처르렁 [센말]짜르랑짜르랑 [여린말]자르랑자르랑 **차르랑차르랑하다**

차리다 [움직씨] [1]먹을 것을 마련하여 갖추어 놓다 ㉥손이 오기에 앞서 잔치를 차리느라 바쁘다 [2]쓸 것을 장만하여 살림이나 가게 따위를 벌이다 ㉥마을 어귀에 떡국집을 차

렸다 ❸쓸 것을 갖춰 짐 따위를 꾸리고 챙기다 ⓑ나들이 짐을 차린다 ❹마땅히 해야 할 일이나 틀 따위를 갖추어 지키다 ⓑ식게날을 맞아 몸가짐을 바르게 차렸다 ❺어떤 몸가짐을 일부러 꾸며 나타내다 ⓑ점잔을 차린다고 다소곳이 앉았다 ❻기운이나 얼 따위를 가다듬다 ⓑ얼을 바짝 차리고 배워라 ❼바람을 채우려 하다 ⓑ알속을 차리다. 하고픔을 차리다 ❽가려내거나 어림하여 알아내다 ⓑ눈치를 차리다. 낌새를 차리다 ❾어떤 수나 꾀를 세우거나 갖추다 ⓑ우리도 갖은 수를 단단히 차립시다

차림 (이름씨) 옷이나 몬 따위를 입거나 꾸려서 갖춘 꼴 ⓑ새옷 차림. 일옷 차림. 메오름 차림. 가을 차림

차림새 (이름씨) 차린 모습 ⓑ차림새를 보아하니 여느 사람 같지 않더구나 ⇐ 행색

차림옷 (이름씨) 차림을 잘하려고 입는 옷이나 입을 거리 ⓑ후줄근한 옷만 입던 언니도 차림옷을 입으니 멋져 보이네 한뜻말 갖춤옷 ⇐ 정장

차림표 (이름씨) 차리는 먹을거리 이름과 값을 적은 표 ⓑ차림표에서 가장 맛있는 것이 뭔가요? 한뜻말 보기표 ⇐ 메뉴

차마 (어찌씨) 애틋하고 안타까운 마음을 누르고 ⓑ차마 눈 뜨고 볼 수 없었다. 차마 꿈엔들 잊으리오

차멀미 ⇒ 수레멀미

차명 ⇒ 빌린 이름. 남이름

차반 (이름씨) ❶맛있게 잘 차린 먹을거리 ⓑ차반을 보내다. 차반 떡 ❷우러름몬으로 가져가거나 들어오는 좋은 먹을거리 ⓑ버시가 차반 보따리를 들고 집안으로 들어섰다

차별 ⇒ 갈라보기. 낮잡기. 낮잡다. 갈라보다. 갈라치다. 뜨레짓다. 달리 보다

차분거리다 (움직씨) ❶찰기가 있는 것이 차지게 달라붙다 ❷사람이 검질기게 달라붙다 **차분대다**

차분차분[1] (어찌씨) ❶찰기가 있는 것이 차지게 달라붙는 꼴 ⓑ밀가루에 물을 알맞게 넣어야 차분차분 반죽이 잘된다 ❷사람이 검질기게 달라붙는 꼴 ⓑ은새는 차분차분 달라붙어 엄마를 힘들게 했다 **차분차분하다**

차분차분[2] (어찌씨) ❶마음씨나 짓이 부드럽고 조용하며 찬찬한 꼴 ⓑ자, 그럼 어디 차분차분 이야기를 들어봅시다. 어머니는 물레를 자으면서 긴 이야기를 차분차분 해주셨다 여린말 자분자분 ❷부피 있는 것이 잠을 자서 부풀지 않은 꼴 ⓑ개어 놓은 이불은 차분차분 잠을 자서 납작해졌다

차분차분하다 (그림씨) 한결같이 매우 차분하다 ⓑ언제 봐도 차분차분하고 알뜰살뜰해 보이는 우리 언니

차분하다 (그림씨) ❶마음이 가라앉아 조용하다 ⓑ언니는 차분한 마음과 몸가짐을 지녔다 ❷부피 있는 것이 알맞게 잠을 자서 부풀지 않다 ⓑ차분한 이불

차비 (車費) ⇒ 수레삯

차비 (差備) ⇒ 차림. 갖춤. 마련. 차리다. 갖추다. 마련하다

차석 ⇒ 버금자리. 다음자리

차선 (車線) ⇒ 수레금

차선 (次善) ⇒ 버금. 버금 좋음

차선책 ⇒ 버금꾀. 버금길

차세대 ⇒ 다음삶뉘

차압 ⇒ 잡아둠. 잡아두다

차액 ⇒ 나머지. 거스름. 덧두리

차양 ⇒ 챙. 그늘지붕. 해가림. 볕가리개

차오르다 (움직씨) 어느 크기나 높이까지 움직여 다다르다 ⓑ비가 많이 와서 냇물이 허리춤까지 차올랐다

차올리다 (움직씨) 발로 차서 위로 움직이게 하다 ⓑ공을 담 밖으로 차올렸다

차용 ⇒ 꿈. 빌림. 빌려 씀. 꾸다. 빌리다. 빌려 쓰다

차용금 ⇒ 빚. 꾼돈. 빌림돈

차용증서 ⇒ 빌림돈쪽. 어음쪽

차원 ⇒ 자리. 선 자리. 쪽낯. 생각자리

차이 ⇒ 다름. 틈

차이나 ⇒ 쭝궈

차이나타운 ⇒ 쭝궈사람 고을. 쭝궈사람 마을

차이다 움직씨 ❶('차다' 입음꼴) 발길질을 겪거나 차 올려지다 ⓑ나귀에게 엉덩이를 차였다 한뜻말채다 ❷맺은 사이가 억지로 끊어지다 ⓑ사내는 또 계집에게 차였다 한뜻말채다

차이점 ⇒ 다른 것. 다른 점

차익 ⇒ 남긴 돈. 남은 돈. 번돈. 덧두리

차일 (遮日) ⇒ 챙. 해가림. 해가림천. 해가림 지붕

차일 (此日) ⇒ 오늘. 이날

차일피일 ⇒ 이날저날. 오늘아제. 미루다. 끌다. 미적거리다. 이날저날하다

차임벨 ⇒ 설렁. 부름댕. 알림 방울. 부름 방울

차입 ⇒ 꿈. 빌림. 꾸다. 빌리다. 빚내다

차장 (次長) ⇒ 다음머리. 버금머리

차장 (車掌) ⇒ 수레안일꾼

차전놀이 ⇒ 수레싸움 놀이. 동채싸움 놀이

차점 ⇒ 다음점

차조 이름씨 '차좁쌀' 준말. 메조보다 열매가 잘고 훨씬 누르며 조금은 파르스름한 찰진 조 ⓑ쫀득쫀득한 차조는 떡 해 먹고 메조는 밥해 먹는다 맞선말메조

차조기 이름씨 꿀풀 갈래에 딸린 들깨와 비슷하나 온몸이 옅은 보랏빛을 띠고 남다른 냄새가 나는 한해살이풀. 잎은 톱니가 있는 알꼴이고 잎과 씨는 아픔을 가라앉히는 데에 쓴다 한뜻말차즈기 ⇐ 자소

차종 ⇒ 수레 갈래

차주 ⇒ 수레 임자

차지 이름씨 제 몫으로 차례지거나 가지는 것 ⓑ떡을 다 먹고 난 나머지 몫이 내 차지가 되었다. 안방 차지를 하고 있으니, 저가 큰 벼슬이나 하는 줄 아는구먼

차지 (借地) ⇒ 빌린 땅

차지다 그림씨 ❶밥이나 떡, 반죽 같은 것이 쩍쩍 붙도록 끈기가 있다 ⓑ반죽이 너무 차져서 떼기 힘들다 맞선말메지다 밑말찰지다 ❷바탈이 끈덕지고 까다롭다

차지푼수 이름씨 몬이나 땅, 자리 따위를 차지하는 푼수 ⓑ차지푼수가 높다 ⇐ 점유율

차지하다 움직씨 ❶어떤 것을 제 것으로 만들다 ⓑ새 옷은 늘 언니가 차지한다 ❷어떤 자리를 따내어 가지다 ⓑ글짓기에서 으뜸을 차지했다 ⇐ 확보하다 ❸견주어 어떤 셈숱을 가지거나 이루다 ⓑ우리나라는 겨울에도 볕 좋은 날이 열에 일곱은 차지한다 ❹이미 자리 잡은 사람을 내몰고 거기에 들어가 자리 잡다 ⓑ꽃님들이 행주치마에 돌멩이를 날라 왜놈들을 내몰고 메재를 차지했다

차질 ⇒ 어긋남. 빗나감. 틀어짐

차집 이름씨 가면이 집에서 먹을거리를 만들거나 하며 자질구레한 일을 맡아보던 겨집 ⇐ 가정부. 식모. 찬모

차집합 ⇒ 뺌모임

차차 ⇒ 차츰. 천천히. 조금씩. 시나브로

차창 ⇒ 긴수레 바라지. 긴수레 바람굼

차체 ⇒ 수레 몸통

차축 ⇒ 바퀴굴대

차츰 어찌씨 꼴이나 크기 따위가 때가 지남에 따라 한쪽으로 조금씩 달라지는 꼴 ⓑ날로 차츰 새로워진다 ⇐ 차차. 점점. 점차

차츰낛 이름씨 낛을 매기는 거리가 커짐에 따라 차츰 높은 낛푼수를 매기는 낛. 벌이낛, 벼리이낛, 물림낛 따위에 매긴다 ⇐ 누진세

차츰차츰 어찌씨 자꾸 조금씩 달라지는 꼴 ⓑ눈발이 차츰차츰 굵어지더니 앞이 안 보일 만큼 쏟아진다

차트 ⇒ 간추린 그림. 간추림표

차편 ⇒ 수레쪽. 수레때

차표 ⇒ 수레표

차풀 이름씨 잔털이 나고 줄기는 단단하나 속이 빈 한해살이풀. 잎은 깃꼴 겹잎이고 줄기와 잎은 차로 달여 마신다

차후 ⇒ 앞으로. 이다음. 이 뒤

착[1] 어찌씨 ❶바싹 닿거나 달라붙는 꼴 ⓑ허벅지에 착 달라붙는 옷을 입었다 큰말척 센말짝 ❷서슴지 않고 곧바로 ⓑ말이 떨어지기 무섭게 착 돌아서 달려 나갔다 ❸먹을거리가 입맛에 잘 맞는 꼴 ⓑ갓 볶은 멸치가 입에 착 달라붙는다

착[2] 어찌씨 ❶ 몸가짐이 얌전하거나 차분한 꼴 ㉥ 마루에 착 걸터앉았다 큰말 척 ❷ 느슨하게 휘어지거나 늘어진 꼴 ㉥ 큰 눈에 대나무가 착 휘었다 ❸ 몸에 힘이 빠져 늘어진 모습 ㉥ 왜 그런지 온몸이 착 까라진다 ❹ 낌새나 느낌 따위가 가라앉는 꼴 ㉥ 처음엔 무서웠지만 마주 앉고 보니 마음이 착 가라앉았다 ❺ 눈을 내리깔거나 목소리를 낮게 내는 모습 ㉥ 그이는 눈을 착 내리깔고 듣고만 있었다

착각 ⇒ 잘못봄. 잘못 생각. 잘못 보다. 잘못 생각하다. 헷갈리다

착공 ⇒ 손붙임. 손댐. 손대다. 비롯하다

착과 ⇒ 열매 맺음. 열매 맺다. 열매 열다. 열매 달리다

착근 ⇒ 뿌리내림. 뿌리내리다

착란 ⇒ 헷갈림. 돎. 헷갈리다. 돌다

착륙 ⇒ 내려앉음. 뭍에 내림. 내리다. 내려앉다. 뭍에 내리다

착복 ⇒ 가로챔. 말아먹다. 집어먹다. 떼어먹다. 가로채다. 옷입다

착살스럽다 그림씨 하는 짓이나 말이 잘고 다라운 데가 있다 ㉥ 꽃순이는 얼굴이 화끈 달아올라 착살스러운 어머니 눈초리에서 벗어나려 했다

착상 ⇒ 생각. 생각 실마리. 생각나다

착색 ⇒ 빛깔내기. 물들임. 빛깔내다. 물들이다

착석 ⇒ 앉음. 자리 앉음. 앉다. 자리에 앉다

착수 ⇒ 손댐. 비롯함. 내디딤. 손대다. 비롯하다. 내디디다. 벌이다

착수금 ⇒ 앞돈. 첫돈. 머릿돈. 일앞돈

착시 ⇒ 잘못 봄. 잘못보다

착실하다 ⇒ 미덥다. 알차다. 옹골지다

착안 ⇒ 기틀잡기. 실마리잡기. 기틀잡다. 실마리잡다

착오 ⇒ 잘못. 틀림

착용 ⇒ 입음. 걸침. 뒤집어씀. 입다. 쓰다. 걸치다. 신다. 끼다

착유 (搾油) ⇒ 기름짬. 기름짜다

착유 (搾乳) ⇒ 젖짬. 젖짜다

착유기 (搾油機) ⇒ 기름짜개. 기름짜개틀

착유기 (搾乳機) ⇒ 젖짜개. 젖짜개틀

착잡하다 ⇒ 뒤숭숭하다. 어수선하다. 뒤얽히다

착즙기 ⇒ 물짜개. 물짜개틀

착지 ⇒ 내려섬. 땅에 닿음. 내리다. 땅에 닿다

착착[1] 어찌씨 ❶ 자꾸 바싹 닿거나 세게 달라붙는 꼴 ㉥ 물엿이 입속에 착착 달라붙는다 큰말 척척 센말 짝짝 ❷ 일이 막힘없이 술술 잘되어 가는 꼴 ㉥ 어려운 물음에도 막히지 않고 착착 풀어낸다 ❸ 먹을거리가 입맛에 잇달아 잘 맞는 꼴 ㉥ 흰쌀밥에 더덕구이와 나물무침이 입에 착착 감긴다

착착[2] 어찌씨 ❶ 몸가짐이나 몸씨가 다 얌전한 꼴 ㉥ 착착 감기는 말씨로 한층 더 살가운 마음이 든다 큰말 척척 ❷ 느슨하게 자꾸 휘어지거나 늘어진 꼴 ㉥ 눈이 많이 오니 착착 늘어진 잣나무 가지가 힘에 겹다 ❸ 몸에 힘이 빠져 자꾸 축축 늘어지는 모습 ㉥ 오늘도 땅으로 꺼질 듯 몸이 착착 가라앉는다 ❹ 가지런히 여러 차례 접거나 개키는 꼴 ㉥ 철 지난 옷가지를 빨아서 착착 개켜 넣었다 ❺ 여럿이 가지런하게 어울려 움직이는 꼴 ㉥ 처음에는 어설펐지만, 며칠 지나니 착착 손발이 맞았다

착취 ⇒ 짜냄. 빨아먹음. 짜내다. 빨아먹다. 빼앗아 먹다. 뽑아먹다

착하다 그림씨 마음씨나 몸가짐이 바르고 어질다 ㉥ 함께 지내보니 따님이 참 착한 사람이네요 ⇐ 선하다. 양순하다

착한이 이름씨 착한 사람 ⇐ 선인

착함 이름씨 사람으로서 마땅히 해야 할 것에 견줘 잘 맞아 올바르고 좋은 것 맞선말 나쁨 ⇐ 선

찬 ⇒ 건건이. 찔게. 곁감. 곁들이. 곁밥

찬가 ⇒ 기림노래

찬돈 이름씨 어떤 일을 하는데 꼭 있어야 할 돈이나 몬 ㉥ 찬돈도 없는 사람을 놀이에 끼워줄 순 없지 한뜻말 밑천

찬동 ⇒ 따름. 옳게 여김. 따르다. 옳게 여기다. 좋다고 하다

찬란하다 ⇒ 눈부시다. 훌륭하다. 빛나다

찬모 ⇒ 밥지이. 차집

찬무대 이름씨 따습기가 낮은 바닷물 흐름. 노끝과 마끝에서 갈금쪽으로 흐른다 한뜻말 찬물띠 맞선말 더운무대 ⇐ 한류

찬물 이름씨 차가운 물 ⓑ찬물 먹고 속 차려라 맞선말 더운물 ⇐ 냉수 익은말 **찬물을 끼얹다** 잘되어 가는 일에 트집을 잡아 헤살을 놓다 슬기말 **찬물도 위아래가 있다** 무엇에나 차례가 있으니 차례를 따라야 한다

찬물띠 이름씨 따습기가 낮은 바닷물 흐름. 노끝과 마끝에서 갈금쪽으로 흐른다 한뜻말 찬무대 맞선말 더운물띠 ⇐ 한류

찬미 ⇒ 기림

찬바람 이름씨 ❶차가운 느낌을 주는 바람 ⓑ찬바람이 불어오면 따뜻한 아랫목이 생각난다 ❷낯빛 몸가짐에서 느껴지는 차갑고 싸늘한 기운 ⓑ하은이는 찬바람을 일으키며 쌩 지나갔다 익은말 **찬바람을 일으키다** 차갑고 싸늘한 마음을 드러내다

찬바람머리 이름씨 가을철에 써늘한 바람이 불 무렵 ⓑ어느새 여름이 가고 찬바람머리가 비롯되었다

찬반 ⇒ 따름과 거스름. 좋음과 싫음

찬밥 이름씨 ❶지은 지 오래되거나 식어서 차게 된 밥 ⓑ찬밥이라도 괜찮으니 밥 한술 얻읍시다 맞선말 더운밥 ❷종요롭지 않은 하찮은 사람이나 몬을 빗대 이르는 말 ⓑ요즘 이 집에선 날 찬밥으로 여긴다 슬기말 **찬밥 더운밥 가리랴** 살림이 어려운데 어찌 좋고 나쁨을 가리겠느냐

찬사 ⇒ 기림말. 기림글

찬성 ⇒ 따름. 맞장구. 맞장단. 옳게 여김. 따르다. 손뼉치다. 옳게 여기다. 좋다고 하다

찬송 ⇒ 기림. 기리다

찬송가 ⇒ 기림 노래

찬스 ⇒ 좋은 때. 때. 까리

찬양 ⇒ 기림. 자랑. 자랑하다. 기리다

찬연하다 ⇒ 빛나다. 눈부시다

찬이슬 이름씨 한 해 스물네 철 가운데 열일곱째 철. 찬이슬이 내리고 높은 곳에선 얼음이 언다 ⇐ 한로

찬장 ⇒ 그릇시렁. 살강

찬조 ⇒ 도움. 돕다. 내다

찬조금 ⇒ 돕는 돈. 이바지 돈. 도움돈

찬찬 어찌씨 ❶단단하게 자꾸 감거나 동여맨 꼴 ⓑ다친 새 다리를 헝겊으로 찬찬 동여서 둥지 안에 넣어 주었다 큰말 친친 ❷검질기게 달라붙는 꼴 ⓑ제발 일자리 좀 잡아달라고 어찌나 찬찬 감기던지

찬찬하다[1] 그림씨 마음 바탕이나 솜씨, 하는 짓이 꼼꼼하고 얌전하다 ⓑ바느질 솜씨가 찬찬한 사람 어디 없습니까? 방바닥에 금 간 데가 없는지 찬찬히 살폈다 ⇐ 착실하다 **찬찬히**

찬찬하다[2] 그림씨 움직임이나 마음가짐이 서두르거나 다그치지 않고 느릿하다 ⓑ찬찬한 말투로 얘기를 꺼냈다. 얘, 누가 쫓아오는 것도 아닌데, 좀 찬찬히 먹어 큰말 천천하다 **찬찬히**

찬탄 ⇒ 놀람. 무릎을 침. 놀라다. 무릎을 치다. 아름답게 여기다

찬탈 ⇒ 임금자리 뺏음. 나라 뺏음. 억지로 뺏음. 임금자리 빼앗다. 나라 빼앗다. 억지로 빼앗다

찬피숨받이 이름씨 몸따습기를 맞춰주는 힘이 없어 바깥따습기에 따라 몸따습기가 바뀌는 숨받이. 추운 겨울에는 몸따습기가 많이 내려가 살 힘이 여려져 겨울잠을 잔다. 등뼈 없는 숨받이, 물고기, 개구리, 뱀 따위 맞선말 더운피숨받이 ⇐ 변온동물. 냉혈동물

찬합 ⇒ 켜그릇. 켜켜그릇. 켜켜도시락

찬합집 ⇒ 켜켜집

찰- 앞가지 ❶끈기가 있고 차진 ⓑ찰옥수수. 찰흙. 찰떡. 찰벼 맞선말 메- ❷몹시 지나친 ⓑ찰거머리. 찰가난. 찰깍쟁이 ❸제대로 된 또는 알찬 ⓑ찰가자미. 찰복숭아. 찰토마토

찰가닥 어찌씨 ❶차진 몬이 세게 달라붙는 소리나 꼴 ⓑ차진 흙을 벌어진 바람 틈새에 찰가닥 세게 붙였다 큰말 철거덕 센말 찰까닥 여

린말찰가닥 ❷쇠붙이가 맞부딪칠 때 나는 소리나 그 꼴 ⓑ찰가닥 문 열리는 소리가 들려왔다 ❸작은 자물쇠 따위가 잠기거나 열리는 소리나 그 꼴 ⓑ이 열쇠를 돌리니까 찰가닥 열리네 **찰가닥하다**

찰가닥거리다 움직씨 ❶차진 몬이 잇달아 세게 달라붙는 소리가 나다 큰말철거덕거리다 센말찰까닥거리다 여린말잘가닥거리다 ❷쇠붙이가 잇달아 맞부딪치는 소리가 나다 ❸작은 자물쇠 따위가 잠기거나 열리는 소리가 자꾸 나다 **찰가닥대다**

찰가닥찰가닥 어찌씨 ❶차진 몬이 잇달아 세게 달라붙는 소리나 꼴 ⓑ여럿이 금 간 벽에 찰흙을 찰가닥찰가닥 세게 던져 붙였다 큰말철거덕철거덕 센말찰까닥찰까닥 여린말잘가닥잘가닥 ❷쇠붙이가 잇달아 맞부딪칠 때 나는 소리나 그 꼴 ⓑ조가비 목걸이가 바람에 찰가닥찰가닥 흔들린다 ❸작은 자물쇠 따위가 자꾸 잠기거나 열리는 소리나 그 꼴 **찰가닥찰가닥하다**

찰거머리 이름씨 ❶몸이 작으나 빨판 힘이 좋아 잘 들러붙고 쉽게 떨어지지 않는 거머리 ⓑ몸속 나쁜 피를 뺄 때 찰거머리를 쓰기도 한다 ❷남에게 진득하게 달라붙어서 괴롭히는 사람 ⓑ손님에게 찰거머리처럼 붙어 돈 좀 달라고 조른다

찰과상 ⇒ 긁힌 생채기. 스친 생채기. 개갠 생채기. 문질린 생채기

찰까닥 어찌씨 ❶차진 몬이 세게 달라붙는 소리나 그 꼴 큰말철꺼덕 여린말찰가닥 거센말찰카닥 ❷쇠붙이가 맞부딪칠 때 나는 소리나 그 꼴 ❸작은 자물쇠 따위가 잠기거나 열리는 소리나 그 꼴 **찰까닥하다**

찰까닥거리다 움직씨 ❶차진 몬이 잇달아 세게 달라붙는 소리가 나다 큰말철꺼덕거리다 여린말찰가닥거리다 거센말찰카닥거리다 ❷쇠붙이가 잇달아 맞부딪치는 소리가 나다 ❸작은 자물쇠 따위가 잠기거나 열리는 소리가 자꾸 나다 **찰까닥대다**

찰까닥찰까닥 어찌씨 ❶차진 몬이 잇달아 세게 달라붙는 소리나 그 꼴 큰말철꺼덕철꺼덕 여린말찰가닥찰가닥 거센말찰카닥찰카닥 ❷쇠붙이가 잇달아 맞부딪칠 때 나는 소리나 그 꼴 ❸작은 자물쇠 따위가 자꾸 잠기거나 열리는 소리나 그 꼴 **찰까닥찰까닥하다**

찰나 ⇒ 눈 깜짝할 새. 바로 그때. 짧은 때

찰떡 이름씨 찹쌀로 밥을 하여 떡메로 친 뒤 고물을 입힌 떡 ⓑ쫀득쫀득하고 맛있는 찰떡으로 끼니를 때웠다 맞선말메떡

찰랑 어찌씨 ❶가득 찬 물 따위가 넘칠 듯 흔들릴 때 나는 소리나 그 꼴 ⓑ가람에 물결이 찰랑 일었다 큰말철렁 ❷무엇이 물결치는 것처럼 부드럽게 흔들리는 꼴 ⓑ고개를 돌리자, 단발머리가 찰랑 흩날린다 ❸작은 몬이 물속에 떨어지는 소리 ⓑ돌을 물에 던졌더니 찰랑 가라앉는다 ❹갑자기 놀랐을 때 가슴이 몹시 설레는 꼴 ⓑ가슴이 찰랑 내려앉았다 ❺얇은 쇠붙이 같은 것이 부딪쳐 세게 울려 나는 소리 ⓑ솥뚜껑이 솥에 부딪치며 찰랑 소리가 난다 **찰랑하다** **찰랑이다**

찰랑거리다 움직씨 ❶가득 찬 물 따위가 넘칠 듯 흔들리는 소리가 자꾸 나다 큰말철렁거리다 ❷무엇이 물결치는 것처럼 부드럽게 자꾸 흔들리다 ❸얇은 쇠붙이 같은 것이 부딪쳐 세게 울려 나는 소리가 자꾸 나다 **찰랑대다**

찰랑찰랑 어찌씨 ❶가득 찬 물 따위가 넘칠 듯 흔들리는 대로 나는 소리나 그 꼴 ⓑ바가지 물이 찰랑찰랑 넘친다 큰말철렁철렁 ❷무엇이 물결치는 것처럼 부드럽게 자꾸 흔들리는 꼴 ⓑ긴 머리가 걸음따라 찰랑찰랑 물결친다 ❸작은 몬이 물속에 잇달아 떨어지는 소리 ⓑ바람에 밤송이가 물웅덩이에 떨어질 때마다 찰랑찰랑 물결이 인다 ❹갑자기 놀랐을 때 가슴이 몹시 잇달아 설레는 꼴 ⓑ혼자 있는 날 고라니가 꽥꽥 울 때마다 가슴이 찰랑찰랑 놀란다 ❺얇은 쇠붙이 같은 것이 부딪쳐 세게 자꾸 울려 나는 소리 ⓑ손을 흔들 때마다 팔찌가 찰랑찰랑

흔들린다 **찰랑찰랑하다**

찰랑찰랑하다 [그림씨] 물 따위가 넘칠 듯 아주 가득히 괴어 있다 [ㅂ]그릇에 단술이 찰랑찰랑해서 잘못하면 쏟겠다 [큰말]철렁철렁하다

찰랑하다 [그림씨] 물 따위가 넘칠 듯 가득히 괴어 있다 [ㅂ]찻물이 대접에 찰랑하게 담겨있다 [큰말]철렁하다

찰바당 [어찌씨] 깊은 물에 묵직한 몬이 떨어져 거칠게 부딪치는 소리나 그 꼴 [ㅂ]돌이 찰바당 못에 떨어졌다 [큰말]철버덩 [여린말]잘바당 **찰바당하다**

찰바당거리다 [움직씨] 깊은 물에 묵직한 몬이 떨어져 잇달아 거칠게 부딪치는 소리가 나다 [ㅂ]아이들이 가람 물에 뛰어들자 찰바당거리는 소리가 난다 [큰말]철버덩거리다 [여린말]잘바당거리다 **찰바당대다**

찰바당찰바당 [어찌씨] 깊은 물에 묵직한 몬이 떨어져 거칠게 잇달아 부딪치는 소리나 그 꼴 [ㅂ]아이들이 냇물을 찰바당찰바당 건너온다 [큰말]철버덩철버덩 [여린말]잘바당잘바당 **찰바당찰바당하다**

찰밥 [이름씨] 찹쌀로 지은 밥 [ㅂ]어머니는 붉은팥을 넣은 찰밥을 좋아한다

찰방 [어찌씨] 작은 몬이 물 위에 세게 떨어질 때 울리는 소리나 그 꼴 [ㅂ]개구리가 찰방 못으로 뛰어들었다 [큰말]철벙 [여린말]잘방

찰방거리다 [움직씨] 작은 몬이 자꾸 세게 물 위에 떨어질 때 잇달아 소리가 나다 [ㅂ]아이들이 도랑에서 발을 찰방거리며 논다 [큰말]철벙거리다 [여린말]잘방거리다

찰방찰방 [어찌씨] 작은 몬이 자꾸 세게 물 위에 떨어질 때 잇달아 나는 소리나 그 꼴 [ㅂ]냇물에 돌을 던질 때마다 찰방찰방 소리와 함께 가라앉는다 [큰말]철벙철벙 [여린말]잘방잘방

찰배미논 [이름씨] 물 걱정 없이 기름지고 낟이 많이 나는 논

찰벼 [이름씨] 낟알에 찰기가 있는 벼 [ㅂ]올해도 한 마지기는 찰벼를 심었다 [맞선말]메벼

찰부꾸미 [이름씨] 찹쌀가루로 만든 부꾸미 [ㅂ]설에 찰부꾸미를 부쳐 먹었다

찰싹 [어찌씨] **1** 물결이 단단한 몬에 거세게 부딪치는 소리나 꼴 [ㅂ]물결이 밀려와 쉼 없이 바위를 찰싹 때리며 부서진다 [큰말]철썩 [여린말]잘싹 **2** 세게 부딪치거나 들러붙을 때 나는 소리나 그 꼴 [ㅂ]채찍으로 소 엉덩이를 찰싹 때렸다. 회초리로 종아리를 찰싹 때렸다 **3** 사람 사이가 아주 가깝게 맺어진 꼴 [ㅂ]둘이 늘 찰싹 달라붙어 지낸다 **찰싹하다**

찰싹거리다 [움직씨] **1** 물결이 잇달아 단단한 몬에 마구 부딪치는 소리가 나거나 소리를 내다 [ㅂ]바닷물이 모래밭에 찰싹거린다 [큰말]철썩거리다 [여린말]잘싹거리다 **2** 세게 부딪치거나 들러붙는 소리가 잇달아 나거나 소리를 내다 [ㅂ]걸을 때마다 진흙탕물이 종아리에 찰싹거린다 **찰싹대다**

찰싹이다 [움직씨] **1** 물결이 단단한 몬에 마구 부딪치는 소리가 나다 [ㅂ]너울이 밀려와 뱃전을 찰싹이며 부서졌다 [큰말]철썩이다 [여린말]잘싹이다 **2** 세게 부딪치거나 들러붙는 소리가 나다 [ㅂ]말 엉덩이를 찰싹이자, 말이 달려 나갔다

찰싹찰싹 [어찌씨] **1** 물결이 잇달아 단단한 몬에 마구 부딪치는 소리나 그 꼴 [ㅂ]다리 기둥에 찰싹찰싹 물결 부딪치는 소리가 난다 [큰말]철썩철썩 [여린말]잘싹잘싹 **2** 세게 부딪치거나 들러붙을 때 잇달아 나는 소리나 그 꼴 [ㅂ]옷이 비에 젖어 찰싹찰싹 달라붙는다 **3** 사람 사이가 아주 가깝게 맺어진 꼴 [ㅂ]뭐가 저리 좋아서 찰싹찰싹 붙어 다닐까 **찰싹찰싹하다**

찰지다 [그림씨] 쩍쩍 붙도록 끈기가 있다 [밑말]차지다

찰짜 [이름씨] 수더분한 데가 없고 매우 깐깐한 사람 [ㅂ]찰짜가 우리 모임에 끼어서 일이 잘 안 될까, 걱정이다

찰찰 [어찌씨] **1** 적은 물 따위가 조금씩 넘쳐흐르는 꼴 [ㅂ]동이에 물이 찰찰 넘친다 [큰말]철철 **2** 생생한 기운이 가득 찬 꼴 [ㅂ]오가는 따스함이 찰찰 넘친다

ㅊ

찰찰이 이름씨 쇠붙이나 나무 테 한쪽에 가죽을 대고 둘레에 작은 방울을 달아 만든 치는 가락틀. 손으로 들고 치거나 흔들어 방울을 울린다 ⇐ 탬버린

찰카닥 어찌씨 ❶자물쇠 따위가 잠기거나 열리는 소리나 그 꼴 ⓑ열쇠를 돌리자, 자물쇠에서 찰카닥 소리가 났다 ❷작고 단단한 몬이 매우 세게 달라붙거나 맞부딪칠 때 나는 소리나 그 꼴 ⓑ빗박이틀을 찰카닥 눌렀다 **찰카닥하다**

찰카닥거리다 움직씨 ❶자물쇠 따위가 잇달아 잠기거나 열리는 소리가 나거나 소리를 내다 ⓑ쇠문이 거센 바람에 밤새 찰카닥거렸다 ❷작고 단단한 몬이 잇달아 세게 달라붙거나 맞부딪치는 소리가 자꾸 나다 ⓑ여기저기서 찰카닥거리는 소리가 들렸다 **찰카닥대다**

찰카닥찰카닥 어찌씨 ❶여러 자물쇠 따위가 잠기거나 열리는 소리나 그 꼴 ⓑ찰카닥찰카닥 문 따는 소리가 들리면 물 받을 마련을 한다 ❷작고 단단한 몬이 잇달아 세게 달라붙거나 맞부딪칠 때 나는 소리나 그 꼴 ⓑ왜놈들이 메모퉁이를 돌아오자, 우리는 쏘개알을 찰카닥찰카닥 넣었다 **찰카닥찰카닥하다**

찰칵 어찌씨 '찰카닥' 준말

찰흙 이름씨 차진 흙 ⓑ아이들이 찰흙을 써서 저마다 좋아하는 것을 빚었다 ⇐ 점성토

참[1] 이름씨 ❶누리 온갖 것에 두루 미치는 말미와 열매를 가져오는 흐름 한뜻말누리 흐름 ⇐ 우주법칙. 자연법칙 ❷참 가리 ⇐ 진리 ❸거짓 없음. 있는 그대로 ⓑ참과 거짓 맞선말거짓 ⇐ 진실 ❹(어찌씨) 참말로. 매우 ⓑ참 좋다. 참 좋은 글이다

참[2] 느낌씨 ❶잊고 있었거나 문득 생각날 때 내는 소리 ⓑ참, 너 누구 만나러 간다고? ❷매우 딱하거나 어이가 없을 때 내는 소리 ⓑ이것 참! 큰일 났군 ❸새롭다고 느끼거나 놀랐을 때 내는 소리 ⓑ참, 이렇게 비가 많이 오다니 ❹매우 귀찮거나 짜증이 날 때 내는 소리 ⓑ너도 참! 말 좀 살펴 가며 해

참[3] 이름씨 ❶일하다가 잠깐 쉬는 동안 또는 그것을 세는 하나치 ⓑ이따 쉴 참에 가게에 다녀와야겠다. 두 참. 세 참 ❷일하다 쉬는 때까지 사이 ⓑ두어 참이 지나야 밥때가 된다 ❸잠깐 쉬는 동안이나 끼니때에 먹는 먹을거리 ⓑ참을 내오다 ❹길을 가다가 잠시 쉬어 묵거나 밥을 먹는 곳 ⓑ그 밥집에 참을 대고 이곳저곳을 둘러보았다 ❺무엇을 하는 마당이나 때 ⓑ집에 가려던 참이다 ❻무엇을 할 생각이나 셈 ⓑ나도 따를 참이다 ❼곧바로 ⓑ저녁을 끝내는 참 마당에 모두 모이라고 알리러 갔다

참 ⇒ 목벰. 목 베다

참가 ⇒ 듦. 끼어듦. 함께하다. 끼어들다. 한몫 거들다. 같이하다. 함께하다

참값 이름씨 어떤 것 길이나 무게, 부피 따위 바른 값 ⓑ재서 얻은 값이 참값이다

참개구리 이름씨 우리나라 개구리 가운데 가장 큰 개구리. 몸은 누르거나 열푸르고 배는 희거나 누렇고 등에 검누런 무늬가 있다 한뜻말엉머구리

참개암나무 이름씨 키는 2~5미터쯤 되고 톱니 있는 길둥근 잎은 어긋맞게 나며 봄에 암수꽃이 한 꽃에 피는 갈잎 좀나무. 길둥근 열매는 쇠뿔꼴로 가을에 익는다

참갯지렁이 이름씨 낚시 미끼로 많이 쓰는 지렁이. 가람 어귀나 개펄에 산다

참거리 이름씨 밤참이나 새참으로 먹을 맛갓

참게 이름씨 등딱지가 검고, 반들반들하며 논이나 가람어귀에 사는 게

참견 ⇒ 끼어듦. 덥적임. 끼어들다. 냅뜨다. 들고나다. 집적거리다. 덥적이다. 덥적거리다. 나서다. 토 달다

참결 이름씨 한배검인 배달임금이 손수 내린 말

참고 ⇒ 잡이. 길잡이. 도움거리. 비춰보기. 살핌거리. 비추어 보다. 도움거리로 삼다. 살핌거리로 삼다

참고서 ⇒ 잡이책. 길잡이책. 도움책

참고인 ⇒ 비춰볼사람. 도움될사람

참관인 ⇒ 지켜봄이. 지켜보는사람

참관하다 ⇒ 가서 보다. 구경하다. 둘러보다

참극 ⇒ 끔찍한 일

참글 이름씨 참으로 훌륭한 글. 숨기거나 가리거나 덮거나 지우지 않고 누구나 제대로 알고 보도록 있는 그대로 쓰는 글 ⓑ아름다운 우리글이 참글이다

참기름 이름씨 참깨로 짠 기름 ⓑ바로 지은 밥에 참기름과 고추장을 듬뿍 넣어 비볐다

참길 이름씨 참다운 길. 말과 짓이 바르고 벌이가 바르며 마음을 다스리고 슬기를 길러 언제나 따뜻한 마음이 넘쳐 누구와도 사이좋게 지내며 모든 괴로움에서 벗어나는 길 ⓑ오로지 마음닦는 참길을 걷는다 비슷한말 바른길 ⇐ 정도. 도리

참깨 이름씨 잎은 바소꼴이고 온몸에 잔털이 나며 늦은 봄에 꽃이 피는 한해살이풀. 기름이 많은 씨를 볶아서 양념으로 쓰거나 기름을 짜서 먹는다 ⓑ참깨 볶는 냄새가 방 안 가득하다

참꽃 이름씨 진달래

참나리 이름씨 여름에 누르붉은 바탕에 검은 얼룩이 있는 큰 꽃을 여러 낱 피우는 풀

참나무 이름씨 너도밤나무 갈래에 딸린 갈참나무, 굴참나무, 졸참나무, 떡갈나무, 신갈나무, 상수리나무 따위를 통틀어 이르는 말. 상수리와 도토리가 열린다

참나물 이름씨 세 쪽 잎은 어긋나고 톱니가 있는 알꼴이며 옷곳하고 맛이 좋은 나물

참누리 이름씨 속이거나 따돌리거나 억누르거나 싸우지 않고 서로 돕고 아끼고 섬기면서 어깨동무하는 누리 ⓑ사람은 끝내 참누리를 이루어 살아갈 날을 저마다 이루어 내야지 ⇐ 파라다이스. 낙원. 지상낙원

참다 움직씨 ❶마음이 하고자 하거나 하고 싶은 것을 누르다 ⓑ마음에 드는 옷을 사고 싶었지만 참았다. 한 대 쥐어박고 싶었지만 참았다 ⇐ 인내하다 ❷웃음이나 울음, 아픔 따위를 억누르다 ⓑ엄마를 보자마자 울음을 참을 수 없었다. 웃음을 겨우 참았다

참다랑어 이름씨 등은 검푸르고 배는 희며 속살은 붉은빛을 띤 먼바다에 사는 물고기. 횟감으로 널리 쓴다

참다래 이름씨 예닐곱 달에 흰 꽃이 피고 여름에서 가을 사이에 열매가 익는 덩굴나무. 열은 밤빛 털이 덮인 달걀꼴 열매는 키위라는 새처럼 생겼다 하여 키위라고 부르고 비타민씨,이가 많은 과일이다. 쭝궈에서 처음 난 것이나 뉴질랜드에서 많이 기르고 우리나라 마녘에서도 조금 기른다 한뜻말하늬다래 ⇐ 양다래. 키위

참담하다 ⇒ 끔찍하다. 눈앞이 캄캄하다. 가슴이 무너지다

참답다 그림씨 거짓이나 꾸밈이 없다 ⓑ참다운 벗 한뜻말참되다

참당귀 이름씨 멧골 냇가에 자라는 나물. 늦여름에서 맏가을에 걸쳐 줄기 꼭대기에 검붉은 꽃이 소복하게 피며 어린싹은 먹고 뿌리는 낫개로 쓴다

참대 이름씨 나무 바탕이 단단하여 쓰임새가 많은 늘푸른나무. 어린 대 싹은 먹는다 한뜻말참대나무

참대곰 이름씨 쭝궈나라 가운데 마녘 멧속에 사는 짐승. 대나무를 몹시 좋아한다 ⇐ 판다

참돌고래 이름씨 더운 바다에 사는 바다짐승. 등은 검푸르고 배는 희다

참되다 그림씨 착하고 올바르다 한뜻말참답다 맞선말거짓되다

참뜻 이름씨 알맹이를 이루는 속내나 바탕에 깔린 속마음 ⓑ네가 하는 말이 어려워 참뜻을 헤아리기 힘들다 한뜻말참마음 ⇐ 진의. 성의

참례 ⇒ 함께함. 함께하다

참마 이름씨 멧기슭에 잘 자라는 덩굴풀. 덩이뿌리를 먹거나 낫개로 쓴다

참마음 이름씨 ❶마음속에서 우러나오는 참된 뜻 ⓑ잘못했으면 참마음으로 빌어라 한뜻말참뜻 준말참맘 ⇐ 진심. 충심. 양심 ❷속에

품고 있는 마음 ⓑ네 참마음이 무언지 알려다오 비슷한말 속마음 ⇐ 저의

참마자 이름씨 누르스름한 잿빛 바탕에 검은 점무늬가 많은 민물고기. 가람바닥 가까이에 산다

참말[1] 이름씨 ❶깨달은이 말씀. 누리 흐름을 꿰뚫은 말 ⓑ오늘 저녁 참말은 여덟 겹 거룩한 길을 말씀하였다 ⇐ 법문 ❷일어난 일과 딱 맞는 말 ⓑ그 힘든 일을 네가 한 게 참말이야? 맞선말 거짓말 ⇐ 정말 ❸('참말로' 꼴로 써) 참으로 ⓑ참말로 고맙다. 참말로 잘했다 ❹('참말은' 꼴로 써) 속으로는 ⓑ참말은 저도 가고 싶지만 일이 많아서 못 가요 ❺('참말이지' 꼴로 써) 바른대로 말하여 ⓑ참말이지 그땐 죽고 싶은 마음이었다

참말[2] 느낌씨 ❶어떤 일을 깊게 느끼거나 한뜻일 때 하는 말 ⓑ참말, 좁은 마음이군. 벌써 날 다 아는 걸 보니 ❷골이 나거나 어이없을 때 하는 말 ⓑ너도 참말, 내가 알아서 하겠다는데 왜 그러니?

참말[3] 어찌씨 거짓이 없이 말 그대로 ⓑ너 목소리는 참말 꾀꼬리 소리처럼 맑구나! 노래까지 불러줘 참말 기뻐 한뜻말 참말로

참말모임 이름씨 마음을 닦아 깨달음을 이루는 길을 밝히는 참말을 들으며 마음을 닦는 모임 ⇐ 법회

참매 이름씨 암수가 짝을 이뤄 함께 사는 매. 토끼나 꿩을 잡아먹고 살며 높은 나무에 둥지를 틀고 새끼를 친다

참매미 이름씨 몸빛이 검푸르고 머리와 가슴에 옅은 풀빛 무늬가 있으며 날개 속이 비치는 매미

참모 ⇒ 돕는이. 손발

참모습 이름씨 처음 가진 참된 모습 ⓑ얼핏 보아서 참모습을 알기는 힘들다 맞선말 겉모습

참모총장 ⇒ 으뜸싸울아비. 으뜸지킴이

참배 이름씨 달고 맛 좋은 여느 배. 떫고 신 돌배와 가르려고 붙인 말 맞선말 돌배

참배 ⇒ 절. 고개 숙임. 절하다. 고개 숙이다. 찾아보다

참배나무 이름씨 어린 가지는 검은 밤빛이고 넓은 알꼴 잎이 어긋맞게 나고 봄에 흰 배꽃이 피고 가을에 누렇고 둥근 배가 달리는 나무

참배움 이름씨 참답게 살아가면서 배우는 일

참벌 이름씨 꿀벌

참변 ⇒ 끔찍한 일

참붕어 이름씨 입이 위로 열렸고 나룻이 없으며 옅고 누런 몸빛을 띤 민물고기. 옆구리 뒤쪽에 짙은 밤빛을 띤 줄무늬가 있다

참빗 이름씨 빗살이 아주 가늘고 촘촘한 빗 ⓑ참빗으로 머리를 곱게 빗었다 맞선말 얼레빗 슬기말 **참빗으로 훑듯** 남김없이 샅샅이 뒤져냄

참빗살나무 이름씨 노박덩굴 갈래에 딸리는 키 큰 갈잎떨기나무. 참빗 살을 만드는 데 써서 얻은 이름이다. 어린싹은 나물로 먹고 나무는 활이나 지팡이, 바구니 따위를 만드는 밑감이다

참뼈 이름씨 시라 때 지체 가운데 둘째 자리. 어버이 가운데 한쪽만 임금 겨레인 사람 ⇐ 진골

참사 ⇒ 끔찍한 일

참사람 이름씨 ❶마음을 바르고 슬기롭게 제대로 잘 닦는 사람 ⓑ누구라도 마음을 바르게 닦아 참사람이 될 수 있다 한뜻말 거룩이 ⇐ 상가. 진인 ❷삶과 살림을 참답게 가꾸거나 짓거나 꾸리는 사람 ⓑ참사람이 걷는 길은 바르고 곧아 뭇 목숨을 살린다

참사랑 이름씨 참되고 맑은 사랑 ⓑ나이가 들면서 어머니 참사랑을 깨달았다

참살 이름씨 군살 없이 야무지게 붙은 튼튼한 살 ⓑ참살을 만들려고 아침마다 빠른 걸음으로 배곳까지 갔다 온다

참살길 이름씨 참답게 살아가는 길

참살림 이름씨 참답게 가꾸거나 짓거나 꾸리는 살림

참살이 이름씨 참답게 가꾸거나 짓거나 꾸리는 삶 ⇐ 웰빙

참상 ⇒ 딱한 꼴. 끔찍한 꼴

참새 이름씨 몸빛은 짙은 밤빛이고 부리는 검으며 배는 흰 텃새. 사람과 가까이 살며 가을걷이를 앞둔 낟알을 까먹기도 하고 여름에는 벌레를 잡아먹고 산다 슬기말 **참새가 방앗간을 그저 지나랴** 바라는 것이 많은 이가 제게 도움이 되는 것을 보고 가만있지 못한다 **참새가 죽어도 짹한다** 아무리 힘없고 무른 것이라도 너무 괴롭히면 대든다 **참새를 볶아 먹었나** 말이 빠르고 재잘거리기 잘하는 이

참새가슴 이름씨 마음이 좀스럽고 쩨쩨한 사람 ⓑ하은은 참새가슴이라 일을 함부로 벌이지는 않지

참석 ⇒ 나감. 자리에 나감. 자리에 나가다

참석자 ⇒ 온사람. 자리에 앉은이

참선 ⇒ 마음닦기. 마음닦다. 마음 모으다

참소리 이름씨 참다운 소리. 숨기거나 가리지 않고 있는 그대로 들려주는 소리

참속 이름씨 속에 품은 참마음 ⓑ열 길 물속은 알아도 한 길 사람 참속은 모른다

참수 이름씨 가리수와 엉망수를 통틀어 이르는 말. 덧셈, 뺄셈, 곱셈, 나눗셈이 되고 덧수, 뺄수, 0으로 갈래지으며 크기에 차례가 있다 ⇐ 실수

참수 ⇒ 목을 벰. 목베다

참스승 이름씨 스스로 마음을 닦으면서 다른 사람 마음닦기를 이끌어 주는 사람 ⇐ 법사

참신하다 ⇒ 산뜻하다. 새뜻하다. 새롭다. 깨끗하다

참싸리 이름씨 나뭇결이 질기고 쭉쭉 곧게 자라는 바탈이 있어 예로부터 바구니, 소쿠리, 바지게 같은 여러 살림살이 밑감으로 쓴 나무. 껍질은 벗겨 끈이나 밧줄을 만들어 썼다

참얼 이름씨 참된 얼이나 마음 ⓑ스승 참얼을 잘 새겨야겠다 ⇐ 참정신

참여 ⇒ 같이함. 나섬. 같이하다. 뛰어들다. 나서다. 손대다

참여도 ⇒ 함께하기. 함께하는 만큼

참열매 이름씨 씨방 쪽만이 자라나서 달린 열매 ⓑ오이나 가지처럼 씨방이 자라난 것이 참열매다 맞선말 헛열매

참오징어 이름씨 마파다와 하늬바다에 살며 몸통은 크고, 다리는 짧은 무른몸숨받이. 등에 길쭉하게 둥근 뼈가 있다

참외 이름씨 줄기는 땅으로 기고 염통꼴잎은 어긋맞게 나는 한해살이 덩굴풀. 여름에 노란 꽃이 피고 길둥글고 노란 열매가 달린다. 살이 많고 달고 시원한 과일이다 슬기말 **참외를 버리고 호박을 먹는다** 좋은 것을 버리고 덜 좋은 것을 가진다. 말쑥하고 알뜰한 아내를 버리고 무디고 못생긴 고마를 가진다

참으로 어찌씨 참말로 아주 ⓑ참으로 오랜만이구나 ⇐ 진실로. 정말로

참을성 ⇒ 참음새

참음새 이름씨 굳게 참는 마음씨 ⇐ 인내심. 참을성

참자위잔삼 이름씨 잔삼 안 자위몬밭이 자위청으로 둘러싸인 잔삼 ⇐ 진핵세포

참작 ⇒ 헤아림. 생각함. 헤아리다. 생각하다

참전 ⇒ 싸우러 나감. 싸움에 나가다

참정권 ⇒ 다스릴힘

참조 ⇒ 헤아려봄. 맞대어봄. 헤아려 보다. 맞대보다

참조기 이름씨 몸은 길고 꼬리자루는 아주 가늘며 몸빛은 잿빛을 띤 누런빛으로 입술이 불그스름한 바닷물고기 ⓑ참조기는 살맛이 좋고 말린 것을 '굴비'라고 한다

참종개 이름씨 자갈이 많은 맑은 내나 가람에 사는 민물고기. 미꾸라지 비슷한데, 누르스름한 바탕에 검은 점무늬가 있다. 맛 좋은 물고기이다

참죽나무 이름씨 밭둑이나 울타리에 심어 가꾸는 나무. 새싹은 맛이 좋아 나물로 즐겨 먹는다. 흔히 가죽나무라고 부른다

참집 이름씨 마음을 닦는 곳 ⇐ 법당

참취 이름씨 흔히 취나물로 알려진 나물. 어린 싹은 나물로 먹고 좀 억세지면 데쳐 말려 묵나물로 한다. 우리나라에서 가장 널리 알

ㅊ

려진 나물이다

참치 이름씨 몸길이가 사람보다 크고 머리는 둥근 송곳꼴이며 등은 검푸르고 배는 희며 살이 붉은 바닷물고기 한뜻말 참다랑어

참패 ⇒ 깨끗이 짐. 쓰러짐. 지다. 깨끗이 지다

참하다 그림씨 ❶생김새가 나무랄 데 없이 말쑥하고 곱다 ⓑ참하게 생긴 곱단이를 어찌 꿈엔들 잊으리오 ❷마음결과 몸가짐이 꼼꼼하고 차분하다 ⓑ어머니께서 참한 아가씨가 있으니 만나보라고 하신다

참형 ⇒ 목벰. 목벰앙갚음

참호 ⇒ 구덩이. 길구덩이

참혹하다 ⇒ 끔찍하다. 무시무시하다

참회 ⇒ 뉘우침. 잘못빎. 뉘우치다. 잘못을 빌다

참흙 이름씨 모래와 진흙이 알맞게 섞여 푸나무 따위가 잘 자랄 수 있는 흙 ⓑ참흙은 모래가 알맞게 섞여 물 빠짐이 좋다 ⇐ 양토

찹쌀 이름씨 찰벼를 찧은 쌀 ⓑ보름이라 찹쌀밥을 해 먹었다 맞선말 멥쌀 슬기말 **찹쌀로 찰떡을 친대도 곧이듣지 않는다** 워낙 믿을 수 없어 바른말을 해도 믿지 않는다

찹쌀떡 이름씨 찹쌀로 지은 떡 ⓑ길쭉하게 만들어 겉에 단팥을 묻힌 찹쌀떡

찹찹하다[1] 그림씨 ❶포개어 쌓은 몬이 가라앉아 들뜨지 않다 ⓑ김을 찹찹하게 재어 놓아라 ❷마음이 들뜨지 않고 가라앉아 조용하다 ⓑ어머니가 돌아가신 뒤로 마음이 찹찹하다 ❸가깝고 살뜰하다 ⓑ이곳은 사람이 그리워서 밖에서 온 사람들이 매우 찹찹하지요

찹찹하다[2] 그림씨 꽤 차다 ⓑ감나무 그늘은 여름이라도 찹찹해서 낮잠 자기가 딱 좋다

찻그릇 이름씨 차를 담는 그릇. 또는 차를 마시는 그릇 ⇐ 다기. 찻잔. 컵

찻길 ⇒ 수렛길

찻삯 ⇒ 수렛삯

찻숟가락 이름씨 차를 타서 마실 때 쓰는 숟가락 ⇐ 티스푼

찻잎 이름씨 차나무 잎. 어린싹을 덖어 푸른차나 붉은차를 만든다

찻잔 ⇒ 찻그릇

찻집 이름씨 여럿이 만나 얘기하며 차를 마실 수 있는 자리를 마련하고 차를 파는 집 ⇐ 다방. 카페

찻짬·찻틈 이름씨 차를 마실 만한 짬. 차를 마시면서 짧게 쉬는 때 ⇐ 티타임

창 이름씨 ❶신 바닥을 이루는 고무나 가죽 ⓑ신이 낡아 두꺼운 창을 덧달았다 ❷신 안쪽 바닥에 까는 것 ⓑ신에서 냄새가 덜 나도록 창을 깔았다 비슷한말 깔개. 깔창

창 (窓) ⇒ 바라지

창 (槍) ⇒ 찌르개

창 (唱) ⇒ 노래. 소리

-창 뒷가지 (물이 흐르거나 괸 곳을 가리키는 이름씨 따위에 붙어) 질척질척한 곳 ⓑ시궁창. 개골창. 도랑창. 돌창. 진창

창가 ⇒ 바라지가

창간 ⇒ 첫책냄. 첫책내다

창간호 ⇒ 첫 책

창건 ⇒ 처음 세움. 처음 세우다

창고 ⇒ 광. 도장. 갈무리광

창고업 ⇒ 광일. 도장일

창공 ⇒ 파란 하늘. 맑은 하늘

창구 ⇒ 바라지. 바라지문

창구멍 ⇒ 바라지구멍

창궐 ⇒ 세차게 번짐. 불처럼 번짐. 세차게 퍼지다. 빠르게 번지다

창극 ⇒ 판소리

창난젓 ⇒ 명태창자젓

창달 ⇒ 힘차게 뻗음. 거침없이 자람. 힘차게 벋다. 거침없이 자라다. 힘차게 펴다

창던지기 ⇒ 찌르개던지기

창립 ⇒ 처음 세움. 세움. 세우다. 처음 세우다. 처음 열다

창문 ⇒ 바라지문

창백하다 ⇒ 파리하다. 해쓱하다. 새하얗다. 핼쑥하다

창법 ⇒ 노랫길. 소릿길

창살 ⇒ 바라지살

창살문 ⇒ 바라지살문

창설 ⇒ 새로 세움. 처음 만듦. 새로 세우다. 새로 열다

창설자 ⇒ 처음 세운이

창성 ⇒ 무럭무럭 자람. 잘되어 감. 잘되어 가다. 무럭무럭 자라다

창세기 ⇒ 누리애지음적이

창시 ⇒ 처음 비롯함. 처음 내세움. 비롯하다. 처음 비롯하다. 처음 열다

창시자 ⇒ 처음연 이. 비롯한 이

창씨개명 ⇒ 가 애짓고 이름바꿈

창안 ⇒ 새로 생각해냄. 새생각. 새로 생각해내다. 새로 생각하다

창안자 ⇒ 생각해낸 이

창업 ⇒ 처음 세움. 처음 일으킴. 처음 세우다. 처음 일으키다

창의 ⇒ 새생각

창의력 ⇒ 생각 힘

창자 이름씨 먹은 것을 삭이거나 빨아들이는 일을 하는 가늘고 긴 몸틀. 큰창자와 작은창자, 곧창자를 통틀어 일컫는 말 ⓑ창자가 꿈틀거리는지 배에서 자꾸만 소리가 난다 ⇐ 장 익은말 **창자를 끊다** 몹시 속이 타거나 마음이 아프다 **창자를 적시다** 배고플 때 먹으나 마나 할 만큼 아주 적게 먹다

창자물 이름씨 창자 샘에서 나오는 삭임물 ⇐ 창자액. 장액

창자불늦 이름씨 창자 끈끈청이나 힘살바탕에 생기는 불늦. 팡이가 옮거나 술을 지나치게 마시거나 맛갓을 너무 많이 먹어 배가 아프고 물똥을 싸며 게우고 몸이 뜨거워진다 ⇐ 장염

창자샘 이름씨 작은창자와 큰창자 속에서 삭임물을 지어내는 샘 ⇐ 장샘

창자액 ⇒ 창자물. 삭임물

창작 ⇒ 처음 만듦. 처음 지음. 짓다. 만들다. 빚다

창제 ⇒ 처음 지음. 처음 빚음. 처음 만듦. 처음 짓다. 처음 빚다. 처음 만들다

창조 ⇒ 애지음. 처음 만듦. 새로 만듦. 처음 만들다. 애짓다

창조주 ⇒ 애지은이. 애지이. 애짓보. 하느님

창창하다 (蒼蒼) ⇒ 짙푸르다. 새파랗다. 우거지다. 앞날이 멀다

창창하다 (悵悵) ⇒ 아득하다. 마음이 아득하다

창천 ⇒ 파란 하늘. 맑은 하늘. 새녘 하늘. 봄 하늘

창출 ⇒ 새로 생겨남. 새로 빚어냄. 새로 만들어 내다. 새로 빚어내다

창칼 ⇒ 찌르개칼

창턱 ⇒ 바라지턱

창틀 ⇒ 바라지틀

창파 ⇒ 푸른 물결

창피하다 ⇒ 부끄럽다. 낯 뜨겁다. 낯 부끄럽다. 남부끄럽다

창호지 ⇒ 배달종이. 문종이

찾기 이름씨 책이나 셈틀에서 쓸 밑감들을 찾아내는 일 ⇐ 검색

찾기뮘틀 이름씨 누리그물이나 셈틀에서 알맹이말을 넣으면 쓸 밑감들을 쉽게 찾아 주는 셈틀 연장 ⇐ 검색엔진

찾기틀 이름씨 드러나지 않은 일을 찾아내거나 밝히는 틀 ⇐ 탐색기

찾다 움직씨 ❶모르는 것을 알아내려고 뒤지거나 살피다 ⓑ온 마을을 뒤져도 개를 찾지 못했다 ⇐ 탐색 ❷잘 살펴서 알아내거나 밝혀내다 ⓑ실마리를 찾아 나섰다 ❸맡겼던 것이나 빌려주었던 것을 돌려받다 ⓑ옆집에서 빌려 간 그릇을 찾았다 ❹잃거나 빼앗겼던 것을 도로 받아내다 ⓑ빼앗겼던 나라를 찾다. 참된 삶을 찾다 ❺무엇을 보거나 누구를 만나러 가거나 오다 ⓑ봄에 한가람 가를 찾는 사람이 늘었다. 오랜만에 옛 벗을 찾았다 ❻쓸 만한 것을 알아내거나 누구를 만나러 여기저기 알아보다 ⓑ일자리 찾기가 하늘에 별 따기만큼 어렵다 ❼여럿 가운데서 맞는 것을 골라내다 ⓑ말집에서 낱말을 찾다

찾아가다 움직씨 ❶무엇을 보거나 사람을 만나러 가다 ⓑ아는 사람을 찾아가서 이야기를 나누었다 ❷맡겼거나 잃었거나 빌려준 것을 가지러 가다 ⓑ맡긴 짐을 찾아가다 ❸있는 곳을 찾아서 그곳으로 가다 ⓑ숲

속에 흩어진 우리 모둠을 찾아갔다

찾아다니다 움직씨 무엇을 찾거나 이루려고 다니다 ⓑ더덕을 캐러 뒷메 곳곳을 찾아다녀 제법 많이 캐 왔다

찾아보기 이름씨 책 따위 속내 가운데 글자나 낱말을 빨리 찾아볼 수 있게 만든 표 ⇐ 색인

찾아보다 움직씨 ❶찾아가서 만나다 ⓑ서울에 가까이 사는 텃마을 사람을 찾아보았다 ❷잃은 것이나 모르는 것을 어디 있는지 알아보다 ⓑ아무리 찾아보아도 들어온 구멍을 알 수 없다 ❸만나려고 불러보거나 알아보다 ⓑ임자를 찾아보았으나 아무 맛갊이 없다

찾아봄 이름씨 바드러움을 무릅쓰고 어떤 곳을 찾아봄 ⇐ 탐험

찾아봄떼 이름씨 바드러움을 무릅쓰고 어떤 곳을 찾아보는 떼 ⇐ 탐험대

찾아봄이 이름씨 바드러움을 무릅쓰고 어떤 곳을 찾아보는 이 ⇐ 탐험가

찾아뵙다 움직씨 윗사람을 찾아가서 만나보다 ⓑ스승을 찾아뵙고 절을 올렸다 ⇐ 알현하다

찾아오다 움직씨 ❶무엇을 보거나 사람을 만나러 오다 ⓑ길벗 하나가 찾아왔다 ❷철 따위가 돌아오다 ⓑ봄이 다시 찾아왔다 ❸잃어버린 것을 찾아서 가지고 오다 ⓑ잃어버린 신을 찾아왔다 ❹맡겼거나 빌려준 것을 돌려받아 가지고 오다 ⓑ맡겨둔 짐을 찾아왔다 ❺있는 곳을 찾아서 그곳으로 오다 ⓑ엄마가 어떻게 알고 여기까지 찾아왔어?

채[1] 이름씨 ❶팽이나 공 따위를 치는 데 쓰는 연장 ⓑ채로 팽이를 쳤다. 골프채 ❷나무랄 때 사람을 때리는 데에 쓰는 나뭇가지 ⓑ채로 종아리를 치다 ❸말이나 소를 모는 데 쓰려고 노끈이나 가죽 오리 따위를 단 나무막대 ⓑ사내는 말에 채를 힘차게 갈겼다 한뜻말 채찍 ❹북이나 징, 장구, 꽹과리, 줄가락틀 따위를 치거나 켜는 데 쓰는 연장 ⓑ채를 쳐 북을 두둥둥 울렸다

채[2] 이름씨 껍질을 벗긴 싸리나무나 고리버들 가는 오리. 광주리나 바구니 같은 것을 겯는 데 쓴다 ⓑ싸리채로 결은 바구니

채[3] 이름씨 가루를 치거나 물을 밭거나 거르는데 쓰는 연장 ⓑ채로 흙을 치다 한뜻말 체

채[4] 이름씨 가늘고 길게 생긴 것 길이 ⓑ머리채를 휘어잡고 서로 싸운다. 채가 긴 구레나룻

채[5] 이름씨 ❶수레 앞쪽으로 두 옆에 댄 긴 나무 ❷가마나 들 것 앞뒤로 두 옆에 대서 매거나 들게 한 긴 나무

채[6] 이름씨 남새나 과일 따위를 가늘고 길쭉하게 써는 일이나 그 썬 것 ⓑ오이 하나를 잘게 채 쳤다

채[7] 이름씨 집이나 탈것, 이불 따위를 세는 하나치 ⓑ억새 집 한 채. 가마 한 채. 수레 두 채. 이불 세 채

채[8] 이름씨 이미 있는 모습 그대로 ⓑ앉은 채로 잠이 들었다. 범을 산 채로 잡았다

채[9] 어찌씨 ❶다. 오롯이 ⓑ채 익지 않은 대추를 따 먹는다. 언니가 다른 나라로 떠난 지 한 달도 채 안 되었다 ❷마저. 끝까지 ⓑ말이 채 끝나기도 앞에 보슬은 가 버렸다 ❸미처 ⓑ바치들도 채 생각 못한 것을 들고 나왔다

-채 뒷가지 집 덩이 ⓑ사랑채. 안채. 몸채. 집채만 한 크기

채광 ⇒ 빛받이

채굴 ⇒ 캐냄. 파냄. 캐다. 캐내다. 파내다

채권 (債券) ⇒ 빚쪽. 빚표

채권 (債權) ⇒ 받을 빚

채권자 ⇒ 빚쟁이. 빚준이

채그릇 이름씨 껍질을 벗긴 싸리나 버들가지 오리를 결어 만든 바구니 ⇐ 채롱

채근 ⇒ 조름. 죄침. 뿌리를 캐냄. 조르다. 죄치다. 뿌리를 캐다

채꾼 이름씨 ❶소몰이 아이 ⇐ 목동 ❷잡은 물고기를 팔아 배 임자와 똑같이 나누기로 하고 고기 잡는 사람

채널 ⇒ 번결수띠. 번결내보냄길

채다[1] 움직씨 ❶발길질을 겪다 ⓑ말발굽에 엉덩이를 채었다 한뜻말차이다 ❷버림을 받다 ⓑ두돌에게 한내는 채었다 슬기말 **챈 발에 곱챈다·챈 발에 되챈다** 어려운 일을 겪는 사람이 또 어렵게 된다

채다[2] 움직씨 ❶갑자기 세차게 잡아당기다 ⓑ방안에 들어온 벌을 잠자리채로 채어 밖으로 날려 보냈다 ❷날쌔게 빼앗거나 훔치다 ⓑ잔나비가 손에 든 바나나를 채 갔다 한뜻말가로채다

채다[3] 움직씨 어떤 까닭이나 말미 따위를 얼른 미루어 헤아리거나 깨닫다 ⓑ놈이 얼른 눈치를 채고 달아났다. 낌새를 채다

채다[4] 움직씨 몬값이 좀 오르다 ⓑ올해 들어 몬 값이 많이 채었다

채도 ⇒ 빛짙기

채독 ⇒ 나물죽개

채뜨리다 움직씨 ❶앞으로 냅다 잡아당기다 ⓑ안에서 잠긴 문을 와락 채뜨려 열어젖혔다 ❷잽싸게 낚아 빼앗다 ⓑ대낮에도 손가방을 채뜨려 달아나는 놈들이 있어

채롱 ⇒ 채그릇

채마 ⇒ 남새. 나물

채마밭 ⇒ 남새삼밭. 남새밭

채무 ⇒ 갚을 돈. 빚

채무자 ⇒ 빚진이

채밀 ⇒ 꿀뜨기. 꿀뜨다

채밀기 ⇒ 꿀뜨개

채반 ⇒ 겅그레. 얕은 채그릇

채발 이름씨 볼이 좁고 길쭉해 맵시 있게 생긴 사람 발 ⓑ채발은 어떤 신을 신어도 맵시가 나 맞선말마당발

채벌 ⇒ 나무베기. 발매. 발매놓다. 나무베다

채벌장 ⇒ 발매터. 나무베는 곳

채비 이름씨 무엇을 하려고 연모를 챙기거나 마음을 다지는 일 ⓑ먼 길 나설 채비를 서둘렀다 비슷한말마련 ⇐ 준비

채빙 ⇒ 얼음뜨기. 얼음뜨다

채산 ⇒ 셈속. 셈 따지기. 셈 따지다

채색 ⇒ 빛입힘. 물감입힘. 고운 빛깔. 물감. 빛입히다. 물들이다. 물감입히다

채색구름 ⇒ 꽃구름

채색화 ⇒ 빛입힌그림. 고운빛깔그림. 빛깔그림

채석 ⇒ 돌뜨기. 돌캐기. 돌뜨다. 돌캐다

채석장 ⇒ 돌뜨는 데. 돌캐는 곳

채소 ⇒ 남새. 푸성귀

채소류 ⇒ 남새붙이

채소밭 ⇒ 남새밭

채송화 ⇒ 따꽃. 땅꽃. 앉은뱅이꽃

채식 ⇒ 나물밥

채신없다 그림씨 몸짓이나 말이 가벼워 점잖지 않고 믿음이 없다 ⓑ여러 사람 앞에서 채신없이 굴지 마라 한뜻말채신머리없다 ⇐ 경솔하다

채썰기 이름씨 무 따위를 가늘고 길게 써는 일 ⓑ여러 남새와 과일을 채썰기 하여 양념에 무쳤다

채용 ⇒ 뽑아 씀. 사람 들임. 뽑다. 뽑아쓰다

채우다[1] 움직씨 ❶사람이나 몬, 냄새 따위를 가득하게 하다 ⓑ독에 물을 채우다. 주린 배를 국수로 허겁지겁 채웠다 ❷잡은 값이나 나이, 때 따위가 끝이 나다 ⓑ날수를 채우다. 아버지는 나이를 다 채우고 일터에서 물러 나왔다 ❸마음에 푹 들게 하다 ⓑ제 바람을 채울 때까지 챙겼다

채우다[2] 움직씨 몸 한쪽에 달거나 걸어 매어 지니다 ⓑ팔목에 쇠고랑을 채우고 끌고 갔다. 왼 손목에 때알림이를 채웠다

채우다[3] 움직씨 먹거리를 차게 하거나 무르지 않도록 찬물이나 얼음 따위에 담그다 ⓑ물고기를 얼음에 채웠다. 수박을 우물물에 채웠다

채우다[4] 움직씨 ❶자물쇠로 잠그다 ⓑ큰문에 자물쇠를 채우고 길을 나섰다 ❷단추를 끼우다 ⓑ찬바람이 들지 않게 단추를 채웠다 ❸돌리거나 틀어서 막다 ⓑ물꼭지를 단단히 채웠다

채잡이 이름씨 ❶채를 잡음. 또는 채를 잡은 사람 ❷어떤 일을 하는 데서 으뜸이 되거

ㅊ

나 갈 길을 잡는 일. 또는 그런 사람 ⓑ잃은 나라를 찾는 일에서 무엇보다도 채잡이를 할 사람이 있어야 할 것 아니오? ⇐ 주도자

채점 ⇒ 꼲기. 매기기. 꼲다. 꼬느다. 매기다

채종 ⇒ 씨받기. 씨받다

채지다 그림씨 물들임이 고르지 않다 ⓑ손수 물들인 바지가 채져 얼룩얼룩하다

채집 ⇒ 찾아 모음. 잡아 모음. 찾아 캠. 찾아 모으다. 잡아 모으다

채쪽 이름씨 장구에서 대나무채로 쳐서 소리를 내는 오른쪽 낯 ⇐ 채편

채찍 이름씨 마소를 모는 데 쓰는 나무 회초리나 댓가지 끝에 노끈이나 가죽오리를 단 연장 ⓑ채찍을 갈기며 말을 힘껏 내몰았다 준말 채

채찍벌레 이름씨 수컷꼬리는 갈고리꼴로 굽어 있고 막창자에 더부살이하는 벌레. 피모자람, 얼날늦, 물똥 같은 앓이를 일으킨다 ⇐ 편충

채찍비 이름씨 채찍을 내리치듯이 굵고 세차게 쏟아져 내리는 비 ⓑ채찍비가 여름옷을 뚫을 것처럼 내린다

채찍질 이름씨 ❶채찍으로 때리는 것 ⓑ소 엉덩이에 채찍질을 더했다 ⇐ 독려. 편달 ❷몹시 다그치거나 일깨우고 북돋아 주는 것 ⓑ더 많이 배우려고 스스로 채찍질하며 애를 썼다 **채찍질하다**

채취 ⇒ 캐어냄. 파냄. 뜯음. 캐다. 따다. 뜯다. 얻다. 줍다

채치다[1] 움직씨 남새나 과일 따위를 채로 썰다 ⓑ감자를 잘게 채 쳐라

채치다[2] 움직씨 ❶다잡아 몰아치다 ⓑ일꾼들이 게으름을 피울까 봐 임자는 한 디위 더 채치고는 들어갔다 ❷갑자기 힘껏 잡아채다 ⓑ앞에 갑자기 너구리가 튀어나와서 나귀 고삐를 채치고 세웠다

채택 ⇒ 골라잡음. 찍음. 가려잡다. 골라잡다. 찍다

채팅 ⇒ 누리꾼 맞말. 누리꾼 마주 이야기

채편 ⇒ 채쪽

채혈 ⇒ 피뽑기. 피뽑다

채화 ⇒ 불붙임. 불붙이다

책 이름씨 ❶어떤 줄거리와 속내를 갖춘 글이나 그림, 빛박이 따위를 박아 차례대로 볼 수 있게 한데 매어 엮은 것 ⓑ책을 읽는 것은 슬기로운 옛사람들과 이야기를 나누는 것과 같다 ⇐ 서적. 도서 ❷(쓰거나 그리려고) 여러 낱 종이를 맨 것 ⓑ책을 매다 ❸책을 세는 하나치 ⓑ배움책 다섯 책. 그림책 열 책 ⇐ 권

책 ⇒ 울타리. 우리

책가게 이름씨 책을 팔거나 사는 가게 ⓑ책가게에 들러 책을 하나 샀다 한뜻말 책방. 책집 ⇐ 서점

책가방 이름씨 책이나 빈책, 붓 따위를 넣어 들거나 메고 다니는 가방 ⓑ커다란 책가방을 샀다

책갈피 이름씨 ❶책잎과 책잎 사이 ⓑ책갈피에 끼워둔 종이가 없어졌다 ❷책 낱잎 ⓑ책갈피가 닳도록 잉글말을 익혔다 ❸책 속을 가르려고 꽂아두는 꽂이 ⓑ물든 나뭇잎으로 책갈피를 만들었다

책값 이름씨 책을 사고파는 값

책거리 이름씨 배움터에서 배움이가 책 하나를 떼거나 베껴 쓰는 일이 다 끝났을 때 스승과 벗들에게 한턱내는 일 ⓑ한 배움해를 마치고 모두 모여 책거리를 했다 한뜻말 책씻이

책광 이름씨 책을 넣어두는 광 ⇐ 서고

책꽂이 이름씨 책을 세워서 꽂아두는 틀 ⓑ책꽂이에 여러 책을 갈래에 따라 꽂아두었다 한뜻말 책시렁

책노래 이름씨 ❶책과 노래가 어우러지는 자리 ⇐ 북콘서트 ❷온갖 책을 두루 펼쳐놓아 사람들이 책을 널리 보거나 누릴 수 있도록 마련한 자리 ⇐ 북페어. 북페스티벌. 도서전

책동무 이름씨 책을 같이 읽거나 배우면서 지내는 사이 한뜻말 책벗

책뚜껑 이름씨 책 맨 앞뒤 겉장 ⇐ 표지

책략 ⇒ 꾀. 꾀부림. 속임수

책마실 이름씨 읽거나 간수하고 싶은 책을 찾

아서 책집이나 책숲집을 누비는 일 ⇐ 북투어

책마을 [이름씨] [1] 책집이 여럿 있거나 많이 모인 마을 [2] 책을 바탕으로 가꾸거나 꾸미거나 짓거나 어우러진 마을

책망 ⇒ 꾸중. 나무람. 꾸짖다. 나무라다

책명 ⇒ 책이름

책무 ⇒ 맡은 일. 맡은 구실

책받침 [이름씨] 글씨를 쓸 때 종이 밑에 받치는 것 [ㅂ] 책받침을 쓰면 눌러쓴 글 자국이 남지 않는다

책방 [이름씨] 책을 사고파는 곳 한뜻말 책가게. 책집 ⇐ 서점

책벌레 [이름씨] 책 읽기를 좋아하여 늘 책만 보는 사람 [ㅂ] 오빠는 어려서부터 이름난 책벌레였다 ⇐ 독서광

책벗 [이름씨] 책을 같이 읽거나 배우면서 지내는 가까운 사이 한뜻말 책동무

책사랑 [이름씨] 책을 곱게 아끼거나 돌보는 일, 또는 책으로 아름답게 펼쳐 가꾸는 사랑

책상 ⇒ 책놓개

책상다리 ⇒ 올방자

책손·책손님 [이름씨] [1] 책 사는 사람 [2] 읽고 싶거나 간직하고 싶은 책을 살펴보러 책집을 찾는 사람

책술 [이름씨] 책 두께 [ㅂ] 이 책은 책술이 얇다

책숲집 [이름씨] 여러 가지 책이 숲처럼 어우러진 집 [ㅂ] 책숲집에서 옛날이야기 책을 빌려왔다 한뜻말 책광. 책숲 ⇐ 도서관

책시렁 [이름씨] 책을 얹어 두는 시렁 [ㅂ] 책시렁에 꽂힌 책을 하나씩 꺼내 읽는다 한뜻말 책꽂이 ⇐ 서가. 책장

책씻이 [이름씨] 배움이가 책 하나를 떼거나 베꼈을 때 가르침이와 배움동무들에게 한턱내는 일 한뜻말 책거리

책얹개 [이름씨] 글을 읽거나 쓸 때 앞에 놓고 쓰는 몬 [ㅂ] 책얹개 앞에 반듯이 앉아 책을 읽었다 ⇐ 독서대

책일꾼 [이름씨] 책을 엮거나 펴거나 짓는 일을 하는 사람 ⇐ 출판 노동자. 출판인

책읽기 [이름씨] [1] 책을 읽음 [ㅂ] 책읽기는 슬기샘물을 마시는 것과 같다 ⇐ 독서 [2] 책에 담긴 속내를 헤아려서 알고 배워 익힘

책임 ⇒ 구실. 할 일. 짐. 맡음. 멍에. 몫. 맡은 일

책임감 ⇒ 해낼 마음. 맡은 마음

책임자 ⇒ 맡은이

책임지다 ⇒ 떠맡다

책잎 [이름씨] 책을 이루는 잎 낱낱 [ㅂ] 책잎을 하나씩 넘긴다 ⇐ 책장

책자 ⇒ 책

책잔치 [이름씨] [1] 책을 펴낸 것을 기리거나 함께 기뻐하려고 마련한 모임 한뜻말 책모꼬지 ⇐ 출판기념회. 북콘서트 [2] 온갖 책을 두루 펼쳐놓고 널리 보거나 누리도록 마련한 자리 ⇐ 북페어. 북페스티벌. 도서전

책잡히다 ⇒ 트집 잡히다. 발목 잡히다. 나무람 듣다

책장 (冊欌) ⇒ 책시렁. 책넣개

책장 (冊張) ⇒ 책잎

책지기 [이름씨] 책을 쓰거나 엮거나 짓거나 펴는 일을 하는 사람 한뜻말 책일꾼 ⇐ 출판인

책집 [이름씨] 책을 사고팔거나 다루는 곳 한뜻말 책가게. 책방 ⇐ 서점

책집마실 [이름씨] 바라는 책을 찾거나 여러 책집을 찾아다니며 누리는 일 ⇐ 책방여행

책집지기 [이름씨] 책집에서 책을 돌보며 찾아온 손님을 맞는 일꾼 ⇐ 서점원. 책방 주인

챔피언 ⇒ 판막이. 으뜸이

챔피언십 ⇒ 으뜸자리

챗열 [이름씨] 채찍 끝에 달려 늘어진 끈 한뜻말 채끈

챙 [이름씨] [1] 쓰개 따위 앞에 대서 햇빛을 가리는 쪽 [ㅂ] 여름에는 챙이 넓은 쓰개가 좋다 ⇐ 차양 [2] 햇빛을 가리거나 비를 막으려고 처마 끝에 덧대는 넓은 조각 [ㅂ] 그냥 비 맞고 살다가 챙을 달고 나니 한결 살기가 좋다

챙기다 [움직씨] [1] 다 갖추어 놓거나 차려놓다 [ㅂ] 아침밥을 챙기다. 짐을 챙기다. 따뜻한 옷으로 챙겨 입었다 [2] 거르거나 빠뜨리지

않고 잘 거두다 ⓑ끼니를 꼬박꼬박 챙겨 먹어야지 ❸제 것으로 가지다 ⓑ우리는 재바르게 몫을 챙겨 나왔다

처 ⇒ 아내. 각시. 가시

처가 ⇒ 아내집. 각시집. 가시집

처남 ⇒ 안오라비. 안아우. 가시오랍

처네 이름씨 ❶이불 밑에 덮는 작고 얇은 이불 ⓑ추운 겨울에 이불 밑에 처네를 덮고 자니 따뜻했다 ❷아이를 업을 때 두르는 끈 달린 작은 포대기 ⓑ엄마 등에서 토끼 무늬 처네에 싸인 아기가 잠들었다 ❸'머리처네' 준말 ⓑ아비누이가 처네를 쓰고 우리 집에 오셨다

처녀 ⇒ 아가씨. 큰아기

처녀귀신 ⇒ 손말명

처녀림 ⇒ 숫숲

처녀작 ⇒ 첫솜씨

처녀치마 ⇒ 치마풀

처단 ⇒ 죽임. 다스림. 죽이다. 다스리다

처뚝 어찌씨 ❶물방울 따위가 떨어지는 소리. 또는 그 꼴 ⓑ바닥에 처뚝 떨어진 김칫국물을 얼른 닦았다 ❷다리를 조금 절면서 걷는 꼴 ⓑ다리를 다쳤는지 믿음이가 처뚝 걸어나왔다 **처뚝이다**

처뚝거리다 움직씨 ❶물방울 따위가 떨어지는 소리가 자꾸 나다 ❷다리를 조금 절면서 자꾸 걷다 **처뚝대다**

처뚝처뚝 어찌씨 ❶물방울 따위가 자꾸 떨어지는 소리 ⓑ고드름 녹은 물이 처뚝처뚝 떨어진다 ❷다리를 좀 절며 걷는 꼴 ⓑ무릎을 다친 뒤로 처뚝처뚝 걷게 된다 **처뚝처뚝하다**

처량하다 ⇒ 구슬프다. 서글프다. 쓸쓸하다. 가엽다. 슬프다. 서럽다. 눈물겹다. 청승맞다. 딱하다. 따분하다

처럼 토씨 (임자씨나 이름씨 꼴 아래 써) 같음. 비슷함 ⓑ엄마처럼 먹거리를 잘 만들고 싶다. 이 일은 손 안 대고 코 풀기처럼 쉬운 일이다. 떡이 돌처럼 굳어졌다

처리 ⇒ 치름. 끝냄. 치르다. 치러내다. 갈망하다. 마무리하다. 매듭짓다. 추스르다

처리장 ⇒ 갈망곳

처마 이름씨 지붕이 도리 밖이나 바람 바깥으로 내민 쪽 ⓑ처마 밑에서 앉아 쉬었다 가자

처매다 움직씨 칭칭 감아 매다 ⓑ낫으로 벤 데를 헝겊을 찢어 처맸다 비슷한말 감다. 매다. 싸매다

처먹다 움직씨 마음껏 마구 먹다 ⓑ여럿이 함께 번 돈을 혼자서 처먹었다

처박다 움직씨 ❶아주 세게 박다 ⓑ살피를 따라 막대를 밭 둘레에 처박았다 ❷마구 쑤셔 넣거나 밀어넣다 ⓑ철 지난 옷을 아무데나 처박아 두었다 ❸한 곳에만 있게 하고 다른 곳에 나가지 못하게 하다 ⓑ수레를 땅 밑 수레 둠에 처박아 두었다

처박히다 움직씨 ❶아주 세게 박히다 ⓑ기둥에 처박힌 대못을 뽑느라 애먹었다 ❷마구 쑤셔 넣어지거나 푹 밀어 넣어지다 ⓑ수레가 얼음길에 미끄러져 개울에 처박혔다 ❸한 곳에만 머무르며 다른 곳에 나가지 않다 ⓑ맨날 집구석에 처박혀서 무얼 하는지 몰라

처방 ⇒ 꾀. 길. 풀 길. 치를 길

처방서·처방전 ⇒ 낫개줌. 낫개적은종이

처벌 ⇒ 윘줌

처분 ⇒ 해치움. 없애버림. 치르다. 치러내다. 해치우다

처사 ⇒ 짓거리. 짓. 하는 짓

처서 ⇒ 막더위

처서판 이름씨 막벌이를 하는 머흔 일판 ⓑ왜종살이 때 우리 한아비들은 처서판에서 소나 말처럼 힘든 일에 시달렸다 ⇐ 막노동판

처세 ⇒ 몸가짐. 사는 몸가짐

처세술 ⇒ 사람사귐 솜씨

처소 ⇒ 머무는 자리. 사는 곳

처신 ⇒ 몸가짐

처용 이름씨 이야기 속에 나오는 시라 때 사람. 얼굴이 붉고 깨비를 쫓는 힘이 있었다 함

처용무 ⇒ 처용춤

처용춤 이름씨 임금집에서 섣달그믐이나 잔치 때 추는 춤으로 깨비를 쫓는다 함 ⇐ 처용무

처용탈 이름씨 처용춤을 출 때 쓰는 탈

처우 ⇒ 맞이. 다룸

처음 이름씨 **1** (때나 차례) 맨 앞. 먼저 ⓑ처음이 좋으면 가운데도 좋고 끝도 좋다 맞선말 마지막 준말 첨 **2** 비롯되는 첫째 ⓑ말로만 듣던 분을 처음으로 뵈었다 **3** (어찌씨) 때나 차례로 맨 앞에 ⓑ처음 만난 사람인데 낯을 가리지 않는다 **4** (어찌씨) 비로소 ⓑ네가 이리 좋아하는 건 오늘 처음 보네

처음글 이름씨 처음 써 놓고 아직 손보지 않은 글 한뜻말 애벌글 ⇐ 초고

처음길 이름씨 **1** 처음 가거나 나서는 길 ⇐ 초행길 **2** 아무도 하지 않았던 일을 맨 먼저 나서서 가는 길 ⇐ 개척. 제일보

처자 (處子) ⇒ 아가씨. 큰아기

처자·처자식 (妻子) ⇒ 아내와 아이

처절썩 어찌씨 물결이 단단한 것에 매우 세게 부딪칠 때 나는 소리나 그 꼴 ⓑ너울이 밀려와 처절썩 바위에 부딪쳐 부서진다 **처절썩하다**

처절썩거리다 움직씨 물결이 단단한 것에 매우 세게 잇달아 부딪치는 소리가 자꾸 나다 ⓑ저녁나절엔 바닷가에 앉아 처절썩거리는 물결 소리를 들으며 마음을 가라앉혔다 **처절썩대다**

처절썩처절썩 어찌씨 물결이 단단한 것에 자꾸 세게 잇달아 부딪칠 때 나는 소리나 그 꼴 ⓑ큰 너울이 밀려와 뱃전에 처절썩처절썩 부딪친다 **처절썩처절썩하다**

처절하다 ⇒ 몹시 끔찍하다. 몸서리치게 끔찍하다. 몹시 구슬프다. 눈물겹다

처제 ⇒ 아내 꽃아우. 아내 겨집동생

처지 ⇒ 선 자리. 놓인 자리. 매개

처지다 움직씨 **1** 힘없이 나른하게 되다 ⓑ왜 그리 어깨가 축 처져 있니? **2** 위에서 아래로 축 늘어지다 ⓑ줄이 너무 처진 것 같으니 더 팽팽하게 잡아당겨 **3** 뒤에 남게 되거나 뒤떨어지다 ⓑ여기서 처지면 따라잡기 힘드니 바짝 뒤에 붙어라 ⇐ 낙오되다 **4** 다른 것보다 못하다 ⓑ나는 노래보다 그림 솜씨가 더 처진다

처짐늦 이름씨 마음이 처져서 무엇에도 즐겁지 않고 시무룩한 늦 ⇐ 우울증

처참하다 ⇒ 몸서리치게 끔찍하다. 몸서리치게 슬프다

처처 ⇒ 곳곳

처치 ⇒ 치움. 치러냄. 치우다. 치러내다

처하다 ⇒ 놓이다. 빠지다

처형 (妻兄) ⇒ 아내 언니. 안언니

처형 (處刑) ⇒ 죽임. 죽이다

척[1] 이름씨 그럴듯하게 꾸미는 거짓꼴 ⓑ하는 척만 하지 말고 제대로 일을 해. 아우는 밖에서도 꽤 잘난 척을 한다 한뜻말 체. 시늉 **척하다**

척[2] 어찌씨 **1** 한눈에 얼른 알아보는 꼴 ⓑ저도 척 보면 압니다 작은말 착 **2** 우물쭈물하지 않고 서슴없이 구는 꼴 ⓑ어려운 일도 척 받아서 한다 작은말 착 **3** 몸가짐이 의젓한 꼴 ⓑ올해 높배곳을 나온 한솔은 배달옷을 척 입고 나오니 어른 같다 슬기말 **척 그러면 울너머 호박 떨어지는 줄 알아라** 눈치와 어림이 빨라야 한다

척[3] 어찌씨 **1** 바싹 다가붙거나 들러붙는 꼴 ⓑ땀에 젖어 옷이 척 달라붙는다 작은말 착 **2** 느슨하게 휘어지거나 늘어진 꼴 ⓑ일이 고되어서 몸이 척 늘어졌다. 눈이 많이 와 소나무 가지가 척 늘어졌다

척 (尺) ⇒ 자

척 (隻) ⇒ 홀. 외. 쪽. 짝

척결 ⇒ 도려냄. 발라냄. 깨끗이 없앰. 도려내다. 발라내다

척도 ⇒ 잣대. 가늠자. 대중

척력 ⇒ 밀어내는 힘. 물리치는 힘

척박하다 ⇒ 메마르다. 거칠다

척수 ⇒ 등골

척주 ⇒ 등뼈. 등마루

척지다 ⇒ 등지다. 돌아서다. 어그러지다. 미워하다

척척[1] 어찌씨 ❶조금도 서슴지 않고 일하는 꼴 ㉥남을 돕는 일에도 돈을 척척 내놓는다 작은말 착착 ❷일이 거침없이 잘되어 가는 꼴 ㉥모든 일이 뜻대로 척척 이루어졌다 ❸서로 맞추거나 잘 어울리는 꼴 ㉥처음 보는 사이인데도 손발이 척척 맞았다

척척[2] 어찌씨 ❶자꾸 바싹 다가붙거나 들러붙는 꼴 ㉥풀칠한 종이가 팔을 움직일 때마다 척척 붙는다 작은말 착착 ❷자꾸 느슨하게 휘어지거나 늘어진 꼴 ㉥버들가지가 척척 늘어져 흔들린다

척척박사 ⇒ 척척아는이

척척아는이 이름씨 무엇이든 묻는 대로 척척 알아맞히는 사람 ⇐ 척척박사

척척이 이름씨 일이나 살림을 시원스럽게 잘해 가는 사람 ㉥가람은 무슨 일에나 척척이다 한뜻말 척척쟁이

척척쟁이 이름씨 척척이

척추 ⇒ 등뼈. 등마루뼈

척추동물 ⇒ 등뼈숨받이. 등뼈짐승

척출 ⇒ 발라냄. 도려냄. 도려내다. 발라내다

척하면 어찌씨 척 보면. 한마디만 하면 ㉥뭘 물어, 척하면 착이지

척화 ⇒ 내침. 내치다

천 이름씨 옷이나 이불 따위를 짓는 감으로 쓰는 베 ㉥구김이 잘 가지 않는 천으로 치마를 지었다 한뜻말 옷감. 피륙 ⇐ 직물. 포

천 (千) ⇒ 즈믄

천거 ⇒ 밀다. 초들어 밀다. 올려 쓰도록 밀다

천고 (千古) ⇒ 먼 옛날. 오랜 해달. 아주 오랫동안

천고마비 (天高馬肥) ⇒ 가을. 가을철

천골 ⇒ 엉치뼈

천국 ⇒ 하늘. 하늘나라

천군만마 ⇒ 많은 싸움꾼과 말

천궁 ⇒ 궁궁이

천금 ⇒ 큰돈. 비싼 값

천기 (天氣) ⇒ 날씨

천기 (天機) ⇒ 노총

천남성 ⇒ 두여머조자기

천낳이 이름씨 길쌈. 베틀에서 손으로 천을 짜는 일 ㉥우리 엄마 천낳이 솜씨는 동네에서 알아준다

천년만년 ⇒ 오래오래. 아주 오래

천당 ⇒ 하늘나라. 하늘집

천대 ⇒ 업신여김. 깔봄

천더기 ⇒ 나랍더기

천덕꾸러기 ⇒ 나랍꾸러기

천도 ⇒ 서울 옮김. 서울을 옮기다

천도교 ⇒ 하늘길가르침

천동설 ⇒ 하늘뮘생각

천둥 이름씨 번개가 친 뒤 하늘이 떠들썩하게 울리는 일 또는 그 소리 ㉥우르릉 쾅 하며 하늘이 무너질듯 천둥이 울렸다 한뜻말 우레 ⇐ 뇌성

천둥벌거숭이 이름씨 철없이 무서운 줄 모르고 함부로 날뛰는 사람 ㉥저 천둥벌거숭이 같은 놈을 사람 구실 하게 만들어야 할 텐데

천둥소리 이름씨 천둥이 칠 때 나는 소리 ㉥천둥소리에 놀라 잠에서 깼다 한뜻말 우렛소리

천둥지기 이름씨 샘물이 없어 비가 와야 모를 심어 가꾸는 논 ㉥이렇게 가물어서야 언제 천둥지기에 모내기를 끝내나 ⇐ 천수답. 봉천답

천량 이름씨 사람이 가진 돈이나 살림살이 ㉥할아버지는 가진 천량이 적었지만 늘 베풀고 살았다 ⇐ 재산. 재물

천렵 ⇒ 고기잡이

천륜 ⇒ 어버이아들딸사이삶. 언아우사이삶

천리경 ⇒ 멀봄거울

천리마 ⇒ 빠른 말

천리안 ⇒ 멀리 보는 눈. 꿰뚫어 보는 힘

천리장성 ⇒ 즈믄마을긴재. 즈믄마을긴구루

천마 ⇒ 수자해좆

천마도 ⇒ 하늘말그림

천마총 ⇒ 하늘말무덤

천막 ⇒ 베집

천만 ⇒ 즈믄골. 매우많음. 아주. 더할 나위 없음

천만다행 ⇒ 매우 잘됨

천만뜻밖 ⇒ 아주뜻밖

천만에 ⇒ 조금도 그렇지 않음

천만의말씀 ⇒ 얼토당토않은 말

천명 ⇒ 타고난 목숨

천문 ⇒ 하늘밝힘. 하늘살핌

천문대 ⇒ 하늘밝힘곳

천문동 ⇒ 호라지꽃

천문학 ⇒ 하늘밝힘갈

천문학자 ⇒ 하늘밝힘갈이

천문학적 ⇒ 엄청난

천민 ⇒ 상사람. 상놈. 아랫것

천박하다 ⇒ 막되다. 얕다. 상스럽다

천방지축 ⇒ 허둥지둥. 물덤벙술덤벙

천벌 ⇒ 하늘욺. 하늘앙갚음

천변 ⇒ 냇가

천부당만부당 ⇒ 옳지 않음. 못마땅함. 말도 안 됨

천부적 ⇒ 타고난. 하늘이 준

천사 ⇒ 하늘꽃. 하늘도우미

천상 ⇒ 하늘나라

천생 ⇒ 타고남. 절로 남

천생연분 ⇒ 하늘이 맺어준 사이

천석꾼 ⇒ 즈믄 섬 지이. 큰가면이

천성 ⇒ 타고난 바탕. 타고난 마음

천수 (天壽) ⇒ 타고난 목숨. 하늘이 준 목숨

천수답 (天水畓) ⇒ 천둥지기. 하늘바라기. 높드리. 마른논. 엇논

천시 ⇒ 깔봄. 얕봄. 깔보다. 얕보다

천식 ⇒ 기침. 기침앓이

천신 ⇒ 하느님. 하늘서낭

천신만고 ⇒ 가까스로

천심 ⇒ 하늘 뜻. 타고난 마음

천안 (天安) ⇒ 바라나

천안삼거리 ⇒ 바라나세거리

천양지차 ⇒ 엄청 다름. 하늘 땅 사이

천연 ⇒ 절로 난. 있는 그대로

천연가스 ⇒ 저절가스

천연고무 ⇒ 저절고무

천연기념물 ⇒ 저절기림몬

천연덕스럽다 ⇒ 능청스럽다. 이지렁스럽다

천연두 ⇒ 뜨리. 손. 손님

천연비료 ⇒ 재거름. 두엄

천연색 ⇒ 제빛

천연섬유 ⇒ 제올실. 저절올실

천연스럽다 ⇒ 능청맞다. 능청스럽다

천연염료 ⇒ 제 물감. 저절물감

천연자원 ⇒ 누리밑감. 저절밑감

천연하다 ⇒ 능청맞다. 승겁들다. 이지렁스럽다. 꾸밈없다

천왕 ⇒ 하늘임금. 하느님

천왕성 ⇒ 하느님별

천우신조 ⇒ 하늘이 도움

천운 ⇒ 살매. 떠퀴

천이 ⇒ 옮김. 바뀜. 옮겨감. 옮기다. 바뀌다

천인 (天人) ⇒ 하늘사람. 하늘과 사람

천인 (賤人) ⇒ 아랫것. 상사람

천인공노 ⇒ 하늘과 사람 모두 골냄. 하늘사람노염. 사무치게 미워함

천일염 ⇒ 볕소금. 바닷소금

천자 ⇒ 임금. 나라님

천자문 ⇒ 즈믄글

천장·천정 ⇒ 보꾹. 반자

천재 (天才) ⇒ 타고난 재주. 뛰어난 이

천재 (天災) ⇒ 하늘지실. 하늘언걸

천재일우 (千載一遇) ⇒ 즈믄해 한디위

천재지변 (天災地變) ⇒ 하늘땅지실. 하늘땅언걸

천적 ⇒ 목숨앗이

천정부지 ⇒ 하늘 높은 줄 모름. 끝없이 오름

천제 (天帝) ⇒ 하느님

천주 ⇒ 하느님

천주교 ⇒ 가톨릭

천지 (天地) ⇒ 온누리. 하늘땅. 아주 많음

천지 (天池) ⇒ 하늘못

천지개벽 ⇒ 누리 열림. 하늘땅 열림. 큰 바뀜

천지신명 ⇒ 온갖 검. 온갖 서낭. 하늘

천지창조 ⇒ 누리애지음

천직 ⇒ 타고난 일. 하늘이 내린 일

천진난만하다 ⇒ 밝고 깨끗하다. 꾸밈없다. 거짓없다

천진무구하다 ⇒ 티 없이 맑다. 때묻지 않다. 깨끗하다

천진스럽다 ⇒ 참되다. 꾸밈없다. 때묻지 아니하다

천진하다 ⇒ 밝고 깨끗하다. 꾸밈없다. 거짓없다

천차만별 ⇒ 모두 다름

천착 ⇒ 구멍 뚫음. 파고듦. 뚫다. 파다

천창 ⇒ 지붕 바라지

천천하다 (그림씨) 말이나 하는 짓이 서두르지 않고 느리다 ㉥천천한 걸음으로 그러나 꾸준히 가는 게 종요롭다 작은말 찬찬하다

천천히 (어찌씨) ❶말이나 하는 짓이 서두르지 않고 느리게 ㉥천천히 가더라도 꾸준히만 가면 다 이룰 수 있다 비슷한말 느릿느릿. 슬슬 작은말 찬찬히 ⇐ 서서히 ❷때를 서두르지 않고 나중에 ㉥천천히 만나 이야기합시다

천체 ⇒ 하늘누리. 하늘덩이

천체망원경 ⇒ 하늘멀봄거울

천추 ⇒ 오래오래. 오래도록

천추만대 ⇒ 즈믄가을골뉘. 아주 긴동안

천치 ⇒ 바보. 얼간이. 못난이

천칭 ⇒ 받침저울. 어깨저울

천태만상 ⇒ 여러꼴. 갖은 꼴. 다른 꼴

천파만파 ⇒ 끝없는 물결. 어지러이 퍼짐

천편일률 ⇒ 모두 비슷함

천하 ⇒ 누리. 온누리

천하다 ⇒ 나랍다. 흔하다

천하대장군 ⇒ 하늘아래큰싸울아비

천하무적 ⇒ 으뜸. 매우 뛰어남. 견줄 것이 없음

천하일색 ⇒ 매우 아름다움

천하장사 ⇒ 누리으뜸힘센이

천하태평 ⇒ 근심걱정 없음. 걱정 없음

천행 ⇒ 하늘도움

천혜 ⇒ 하늘 도움. 하늘 베풂

천황 ⇒ 하늘임금

철[1] (이름씨) ❶한 해를 봄, 여름, 가을, 겨울 넷으로 나눈 한동안 ㉥철 따라 고운 옷 갈아입는 메 ⇐ 계절. 시절 ❷해마다 되풀이하여 어떤 일을 하기에 알맞을 때 ㉥풀베기철. 김장철. 씨뿌리기철. 논매기철 ❸제철 준말 ㉥철 만난 제비 같다 (슬기말) **철 그른 새마바람** 바람 기다릴 때는 안 불다가 쓸데없이 부는 바람

철[2] (이름씨) 옳고 그름을 따질 줄 아는 힘 ㉥내 딸이 벌써 철이 들었네 한뜻말 철딱서니 비슷한말 가리사니. 셈 ⇐ 판단력. 판별력

철 ⇒ 쇠

철갑 ⇒ 쇠미늘옷. 쇠덮개

철갑상어 ⇒ 쇠가죽상어

철갑선 ⇒ 쇠배. 쇠거죽배

철강 ⇒ 무쇠와 시우쇠

철거 ⇒ 헒. 부숨. 헐다. 부수다. 뜯다

철겹다 (그림씨) 제철에 뒤져 맞지 않다 ㉥철겨운 함박눈이 갓 핀 꽃 위로 내려앉는다 비슷한말 철지다

철골 ⇒ 쇠뼈대

철공 ⇒ 대장장이

철공소 ⇒ 쇠짓터. 대장간. 풀뭇간

철관 ⇒ 쇠대롱

철광석 ⇒ 쇳돌

철교 ⇒ 쇠다리

철권 ⇒ 무쇠주먹. 억센 주먹

철근 ⇒ 싸리쇠

철기 ⇒ 쇠그릇. 쇠 연모

철기시대 ⇒ 쇠그릇 때. 쇠그릇 뉘

철길 ⇒ 쇠길. 긴수렛길

철나다 (움직씨) 일이 옳고 그름을 따지는 힘이 나다 ㉥집안일을 스스로 하는 걸 보니 애가 철났네 한뜻말 철들다 비슷한말 셈나다

철도 ⇒ 쇠길. 긴수렛길

철도망 ⇒ 쇠길그물

철두철미 ⇒ 빈틈없음. 꼼꼼함. 찬찬함

철들다 (움직씨) 일이 옳고 그름을 따지는 힘이 나다 ㉥너도 이제 철들 나이잖니 한뜻말 철나다 비슷한말 셈들다

철딱서니 (이름씨) '철' 낮춤말 ㉥아직도 철딱서니 없는 소리를 하고 다니는구나 한뜻말 철딱지

철딱지 (이름씨) '철' 낮춤말 ㉥나이가 서른이 넘었는데 아직도 철딱지가 안 들었어 한뜻말 철딱서니

철떡 (어찌씨) ❶몹시 차지게 들러붙는 소리나 그 꼴 ㉥진흙이 신에 철떡 달라붙었다 작은말 찰딱 ❷세게 따귀를 때리는 소리나 그 꼴

㉥철떡 아우 따귀를 올려붙였다 **철떡이다 철떡하다**

철떡거리다 [움직씨] ❶잇달아 차지게 달라붙는 소리가 나다 작은말 찰딱거리다 ❷신을 마구 끌며 걸을 때 소리가 잇달아 나다 **철떡대다**

철떡철떡 [어찌씨] ❶잇달아 차지게 달라붙는 소리나 그 꼴 ㉥비에 흠뻑 젖은 옷이 철떡철떡 몸에 달라붙는다 작은말 찰딱찰딱 ❷신을 마구 끌며 걸을 때 잇달아 나는 소리나 그 꼴 ㉥신을 철떡철떡 끌며 물러가는 놈들 **철떡철떡하다**

철렁 [어찌씨] ❶많은 물이 물결을 이루며 크게 흔들리는 꼴이나 그 소리 ㉥샛바다 물이 철렁 바위에 부딪친다 작은말 찰랑 ❷큰 몬이 물속에 떨어지면서 내는 소리나 그 꼴 ㉥통나무를 베어 넘어뜨리자 철렁 물속에 처박힌다 ❸갑자기 크게 놀라 가슴이 설레는 꼴 ㉥그 말을 듣고 가슴이 철렁 내려앉았다 ❹엷은 쇠붙이 같은 것이 부딪쳐 세게 울려 나는 소리 ㉥철렁 소리를 내며 자물쇠가 열렸다 **철렁이다 철렁하다**

철렁거리다 [움직씨] ❶가득 찬 물이 물결을 이루며 넘칠 듯 자꾸 흔들리다 작은말 찰랑거리다 ❷어떤 일에 놀라 가슴이 자꾸 설레다 **철렁대다**

철렁철렁 [어찌씨] ❶많은 물이 물결을 이루며 잇달아 흔들리는 꼴이나 그 소리 ㉥큰 대야에 맑은 물이 철렁철렁 넘친다 작은말 찰랑찰랑 ❷큰 몬이 물속에 떨어지면서 내는 소리나 그 꼴 ㉥어른들이 물속에 뛰어들 때마다 철렁철렁 소리가 난다 ❸엷은 쇠붙이 같은 것이 부딪쳐 세게 잇달아 울려 나는 소리 ㉥쓰레기 집 지붕이 센 바람에 철렁철렁 날아갈 듯 흔들린다 ❹갑자기 몹시 놀라서 가슴이 내려앉을 듯 자꾸 설레는 꼴 ㉥아직도 집에 불났던 일을 생각하면 가슴이 철렁철렁 내려앉는다 **철렁철렁하다**

철렁하다 [그림씨] 물 따위가 넘칠 듯 그득히 괴어 있다 ㉥물통에 물이 철렁하니 천천히 들어라 작은말 찰랑하다

철로 ⇒ 쇠길. 긴수렛길

철록어미 [이름씨] 담배를 쉬지 않고 피우는 사람

철릭 [이름씨] 조선 때, 싸울아비 벼슬아치가 입던 차림 옷. 깃이 곧고 허리가 넓으며, 허리에 주름이 잡히고 큰 소매가 달렸다. 위 벼슬아치는 쪽빛, 아래 벼슬아치는 붉은빛으로 갈랐다

철마 ⇒ 긴수레. 쇠말

철망 ⇒ 쇠그물

철매 [이름씨] ❶내에 섞여 나오는 검은 가루 ㉥굴뚝에서 나오는 내에 철매가 섞여 나온다고 해서 온 마을이 들고일어났다 ⇐ 매연 ❷굴뚝이나 구들장 밑에 끈끈하게 엉겨 붙은 그을음 ㉥굴뚝 안 철매를 긁어냈다

철면피 ⇒ 뻔뻔한 놈. 낯 두꺼운 놈

철모 ⇒ 쇠쓰개

철모르쟁이 [이름씨] ❶철없는 어린아이 ⇐ 철부지 ❷철없어 보이는 어리석은 사람

철문 ⇒ 쇠문

철물 ⇒ 쇠붙이. 쇠몬

철물점 ⇒ 쇠붙이집. 쇠붙이가게. 쇠몬가게

철버덕 [어찌씨] 얕은 물이나 진창을 거칠고 세게 밟거나 칠 때 나는 소리나 그 꼴 작은말 찰바닥 여린말 절버덕 거센말 철퍼덕 **철버덕하다**

철버덕거리다 [움직씨] 옅은 물이나 진창을 거칠고 세게 밟거나 치는 소리가 잇달아 나거나 그런 소리를 내다 작은말 찰바닥거리다 여린말 절버덕거리다 거센말 철퍼덕거리다 **철버덕대다**

철버덕철버덕 [어찌씨] 옅은 물이나 진창을 거칠고 세게 자꾸 밟거나 칠 때 잇달아 나는 소리나 그 꼴 작은말 찰바닥찰바닥 여린말 절버덕절버덕 거센말 철퍼덕철퍼덕 **철버덕철버덕하다**

철버덕하다 [그림씨] 기운이 탁 풀려서 나른하다 ㉥방 안으로 들어오자마자 철버덕하고 드러누웠다 작은말 찰바닥하다 여린말 절버덕하다 거센말 철퍼덕하다

철버덩 [어찌씨] 묵직한 몬이 물 위에 마구 세게 떨어질 때 나는 소리나 그 꼴 작은말 찰바당 여

ㅊ

린말 절버덩 거센말 철퍼덩 **철버덩하다**

철버덩거리다 (움직씨) 묵직한 몬이 물 위에 마구 세게 자꾸 떨어질 때 잇달아 소리가 나다 작은말 찰바당거리다 여린말 절버덩거리다 거센말 철퍼덩거리다 **철버덩대다**

철버덩철버덩 (어찌씨) 묵직한 몬이 물 위에 마구 세게 자꾸 떨어질 때 잇달아 나는 소리나 그 꼴 작은말 찰바당찰바당 여린말 절버덩절버덩 거센말 철퍼덩철퍼덩 **철버덩철버덩하다**

철벅 (어찌씨) 얕은 물이나 진창을 세게 밟거나 칠 때 나는 소리나 그 꼴 ⓑ아이가 빗길에 미끄러져 그대로 철벅 주저앉았다 작은말 찰박 여린말 절벅 거센말 철퍽 **철벅이다 철벅하다**

철벅거리다 (움직씨) 얕은 물이나 진창을 세게 밟거나 치는 소리가 잇달아 나거나 그런 소리를 잇달아 내다 ⓑ어릴 적에는 비가 오는 날 물웅덩이에서 철벅거리며 놀기를 좋아했다 작은말 찰박거리다 여린말 절벅거리다 거센말 철퍽거리다 **철벅대다**

철벅철벅 (어찌씨) 얕은 물이나 진창을 세게 밟거나 칠 때 잇달아 나는 소리나 그 꼴 ⓑ벗은 철벅철벅 진흙탕을 걸어왔다 작은말 찰박찰박 여린말 절벅절벅 거센말 철퍽철퍽 **철벅철벅하다**

철벅하다 (그림씨) 물이 흥건히 배어 있다 ⓑ비 맞은 옷이 철벅해서 밖에서 기다렸다 작은말 찰박하다 여린말 절벅하다 거센말 철퍽하다

철벙 (어찌씨) 큰 몬이 물 위에 세게 떨어질 때 나는 소리나 그 꼴 작은말 찰방 여린말 절벙 거센말 철펑 **철벙하다**

철벙거리다 (움직씨) 큰 몬이 물 위에 자꾸 세게 떨어질 때 잇달아 소리가 나다 작은말 찰방거리다 여린말 절벙거리다 거센말 철펑거리다 **철벙대다**

철벙철벙 (어찌씨) 큰 몬이 물 위에 자꾸 세게 떨어질 때 잇달아 나는 소리나 그 꼴 작은말 찰방찰방 여린말 절벙절벙 거센말 철펑철펑 **철벙철벙하다**

철벽같다 ⇒ 튼튼하다. 단단하다. 틈이 없다. 빈틈없이 막다

철봉 ⇒ 쇠막대. 쇠몽둥이. 쇠매달리개

철봉운동 ⇒ 쇠막대뮘

철부지 ⇒ 철없는이. 철모르쟁이

철분 ⇒ 쇠바탈. 쇠이룸씨

철사 ⇒ 쇠줄. 쇠실

철새 (이름씨) **1** 철을 따라 옮겨 다니며 사는 새 ⓑ철새들이 겨울을 나려 우리나라로 날아온다 맞선말 텃새 **2** 철새처럼 둘레 매개에 따라 이리저리 옮겨 다니는 사람 ⓑ나라 일꾼을 뽑을 때면 이쪽저쪽 기웃거리는 철새 다스림이들이 나타난다

철석 ⇒ 쇠와 돌. 굳건함. 단단함

철석같다 ⇒ 매우 굳다. 단단하다

철석같이 ⇒ 굳건히. 단단히

철수 ⇒ 거둬들임. 걷어치움. 거둬들이다. 걷어치우다

철심 ⇒ 쇠막대. 안쇠줄. 안쇠실

철써덕 (어찌씨) **1** 많은 물이 단단한 몬에 세고 매우 끈지게 부딪칠 때 나는 소리 작은말 찰싸닥 여린말 절써덕 **2** 세고 매우 끈지게 부딪치거나 들러붙는 소리나 그 꼴 **철써덕하다**

철써덕거리다 (움직씨) 많은 물이 단단한 몬에 세고 매우 끈지게 부딪치는 소리가 자꾸 나다. 또는 그런 소리를 자꾸 내다 작은말 찰싸닥거리다 여린말 절써덕거리다 **철써덕거리다**

철써덕철써덕 (어찌씨) **1** 물이 단단한 몬에 세고 매우 끈지게 자꾸 부딪치는 소리 ⓑ바다 너울이 뱃머리에 철써덕철써덕 부서진다 작은말 찰싸닥찰싸닥 여린말 절써덕절써덕 **2** 세고 매우 끈지게 자꾸 부딪치거나 들러붙는 소리나 그 꼴 ⓑ어머니는 다 큰 아들 등짝을 철써덕철써덕 내리쳤다 **철써덕철써덕하다**

철썩 (어찌씨) **1** 많은 물이 단단한 몬에 세고 끈지게 부딪칠 때 나는 소리 ⓑ쫓기던 고라니가 물속으로 철썩 뛰어들었다 작은말 찰싹 여린말 절썩 **2** 세고 끈지게 부딪치거나 들러붙는 소리나 그 꼴 ⓑ차진 반죽이 손에 철썩 달라붙어 일이 힘들다 작은말 찰싹 **철썩이다 철썩하다**

철썩거리다 움직씨 ❶많은 물이 세고 끈지게 부딪치는 소리가 자꾸 나다. 또는 그런 소리를 자꾸 내다 작은말찰싹거리다 여린말절썩거리다 ❷무엇에 끈기 있고 거세게 부딪치거나 달라붙는 소리가 자꾸 나다 **철썩대다**

철썩철썩 어찌씨 ❶물이 단단한 몬에 세고 끈지게 자꾸 부딪치는 소리 ⓑ솟이는 물을 철썩철썩 얼굴에 끼얹으며 수선스럽게 씻는다 작은말찰싹찰싹 여린말절썩절썩 ❷세고 끈지게 자꾸 부딪치거나 들러붙는 소리나 그 꼴 ⓑ밥때가 한참 지나서 들어갔더니 엄마가 내 등을 철썩철썩 때렸다 **철썩철썩하다**

철야 ⇒ 밤샘. 밤새움

철없다 그림씨 일이 옳고 그름을 따질 힘이 없다 ⓑ젊은이가 뭔가를 잘못하면 흔히 철없다 한다

철옹성 ⇒ 튼튼한 담. 굳고 단단함. 흔들림 없음

철완 ⇒ 무쇠팔

철원 ⇒ 더리도비. 더러도비

철인 ⇒ 힘센이. 쇠보

철인삼종경기 ⇒ 쇠보세가지놀이

철자 ⇒ 글자맞춤

철자법 ⇒ 맞춤틀

철재 ⇒ 쇠밑감. 쇠감

철저하다 ⇒ 빈틈없다. 꼼꼼하다. 찬찬하다

철제 ⇒ 쇠로 만든 것. 쇠몬. 쇠붙이몬

철제문 ⇒ 쇠문

철조망 ⇒ 쇠그물. 가시쇠줄

철쭉 이름씨 잎은 알꼴이고 잔털이 나며 봄에 깔때기꼴 꽃이 붉거나 엷붉게 피는 갈잎떨기나무. 진달래보다 조금 늦게 피어 오래간다 한뜻말연달래

철창 ⇒ 가두리. 쇠살 바라지

철책 ⇒ 쇠울짱. 쇠 울타리

철천지원수 ⇒ 못잊을 나쁜 놈. 죽일놈

철철 어찌씨 ❶많은 물이 넘쳐흐르는 꼴 ⓑ맑은 시냇물이 철철 넘쳐흐른다 작은말찰찰 ❷피나 땀, 또는 눈물이 몹시 흐르는 꼴 ⓑ나무를 한짐 해 지고 왔더니 땀이 철철 흐른다 ❸기름기가 매우 많이 흐르는 꼴 ⓑ기름이 철철 흐르게 부침개를 부쳤더니 느끼하다 ❹싱싱한 기운이나 느낌이 가득 찬 꼴 ⓑ따스한 마음이 철철 넘치는 우리 마을

철철이 어찌씨 돌아오는 철마다 ⓑ메는 철철이 다른 모습을 보여 준다

철칙 ⇒ 굳은 다짐. 꼭 지킬 것

철커덕 어찌씨 탄탄한 것이 아주 세차게 맞부딪칠 때 나는 소리나 그 꼴 ⓑ도둑놈 손모가지에 쇠고랑을 철커덕 채웠다 준말철컥 작은말찰카닥 **철커덕하다**

철커덕거리다 움직씨 탄탄한 것이 아주 세차게 맞부딪는 소리가 잇달아 나다. 또는 그런 소리를 잇달아 내다 ⓑ제발수레가 오래돼서 그런지 발을 구를 때마다 철커덕거린다 준말철컥거리다 작은말찰카닥거리다 **철커덕대다**

철커덕철커덕 어찌씨 탄탄한 것이 아주 세차게 맞부딪칠 때 잇달아 나는 소리나 그 꼴 ⓑ긴수레가 좁은 쇠줄길을 철커덕철커덕 달려간다 준말철컥철컥 작은말찰카닥찰카닥 **철커덕철커덕하다**

철커덩 어찌씨 쇠붙이 같은 것이 세게 부딪칠 때 고르지 않게 울려 나는 소리 ⓑ쇠문이 철커덩 열리는 소리가 났다 준말철컹 작은말찰카당 **철커덩하다**

철커덩거리다 움직씨 쇠붙이 같은 것이 자꾸 세게 부딪칠 때 고르지 않게 소리가 잇달아 울려나다 준말철컹거리다 작은말찰카당거리다 **철커덩대다**

철커덩철커덩 어찌씨 쇠붙이 같은 것이 자꾸 세게 부딪칠 때 고르지 않게 잇달아 울려 나는 소리 ⓑ줄수레가 빠르게 달리자 철커덩철커덩 바퀴 부딪치는 소리가 났다 준말철컹철컹 작은말찰카당찰카당 **철커덩철커덩하다**

철컥 어찌씨 '철커덕' 준말 ⓑ거센 바람이 불어 큰 문이 철컥 닫힌다 작은말찰칵 **철컥이다 철컥하다**

ㅊ

철컥거리다 움직씨 '철커덕거리다' 준말 ⓑ가두리 문이 철컥거리며 열리고 갇힌 이들이 쏟아져 나왔다 작은말찰칵거리다 **철컥대다**

철컥철컥 어찌씨 '철커덕철커덕' 준말 ⓑ철컥철컥 긴 수레 지나가는 소리가 멀리서 들린다 작은말찰칵찰칵 **철컥철컥하다**

철컹 어찌씨 '철커덩' 준말 ⓑ철컹 하고 돈집광을 열고 보덩어리를 꺼냈다 작은말찰캉 **철컹이다 철컹하다**

철컹거리다 움직씨 '철커덩거리다' 준말 ⓑ긴 수레가 굴속을 들어가자 철컹거리는 바퀴소리만 들리고 갑자기 깜깜해졌다 작은말찰캉거리다 **철컹대다**

철컹철컹 어찌씨 '철커덩철커덩' 준말 ⓑ철컹철컹 돌아가는 긴 띠를 타고 몬들이 돌아가고 일꾼들은 저마다 제 할 일을 한다 작은말찰캉찰캉 **철컹철컹하다**

철탑 ⇒ 쇠쌓

철통같다 ⇒ 튼튼하다. 틈이 없다. 튼튼히 막다

철퇴 ⇒ 쇠몽둥이. 쇠몽치

철판 ⇒ 쇠널

철퍼덕 어찌씨 ❶힘이 풀려 바닥에 아무렇게나 주저앉는 꼴 ⓑ깨달은이 앞에서 넋을 잃고 철퍼덕 고꾸라졌다 여린말절퍼덕 ❷옅은 물 또는 진창을 거칠게 밟거나 치는 소리나 그 꼴 ⓑ언니가 철퍼덕 소리를 내며 개울로 뛰어들었다 **철퍼덕하다**

철퍼덕거리다 움직씨 ❶여럿이 다 힘이 풀려 바닥에 아무렇게나 주저앉다 여린말절퍼덕거리다 ❷옅은 물 또는 진창을 자꾸 거칠게 밟거나 치는 소리가 나다. 또는 그런 소리를 내다 **철퍼덕대다**

철퍼덕철퍼덕 어찌씨 ❶여럿이 다 힘이 풀려 바닥에 아무렇게나 주저앉는 꼴 ⓑ먼 길을 달려온 우리는 모두 지쳐서 철퍼덕철퍼덕 풀밭에 주저앉았다 여린말절퍼덕절퍼덕 ❷옅은 물 또는 진창을 자꾸 거칠게 밟거나 치는 소리나 그 꼴 ⓑ아우와 나는 시내에서 족대로 물고기를 잡느라고 철퍼덕철퍼덕 이리 뛰고 저리 뛰었다 **철퍼덕철퍼덕하다**

철퍽 어찌씨 '철퍼덕' 준말 ⓑ골목에서 사람들이 갑자기 쏟아져 나오면서 앞쪽에 있던 곱단이는 철퍽 하고 쓰러졌다 **철퍽이다 철퍽하다**

철퍽거리다 움직씨 '철퍼덕거리다' 준말 ⓑ나는 아우와 족대를 들고 개울에서 철퍽거리며 물고기를 잡았다 **철퍽대다**

철퍽철퍽 어찌씨 '철퍼덕철퍼덕' 준말 ⓑ아이들이 얕은 물에서 물장난을 치며 철퍽철퍽 걸어 다닌다 **철퍽철퍽하다**

철편 ⇒ 쇳조각

철폐 ⇒ 없앰. 걷어치움. 없애다. 걷어치우다

철하다 ⇒ 매다. 묶다. 꿰매다

철학 ⇒ 삶갈

철학자 ⇒ 삶갈이

철회 ⇒ 거둠. 거둬들임. 거두다. 거둬들이다

첨가 ⇒ 더함. 덧댐. 겹침. 더하다. 덧대다. 겹치다. 얹다. 넣다. 보태다

첨가물 ⇒ 덧감. 보탬감. 덧붙임감

첨가제 ⇒ 보탬감. 섞음감

첨단 ⇒ 맨끝. 앞장. 앞섬. 맨앞. 맨 앞장. 끝

첨단산업 ⇒ 맨앞낳일

첨버덩 어찌씨 큰 몬이 깊은 물속에 떨어지거나 잠길 때 나는 소리 ⓑ큰 바위가 첨버덩 물에 떨어졌다 **첨버덩하다**

첨버덩거리다 움직씨 큰 몬이 깊은 물속에 떨어지거나 잠기는 소리가 자꾸 나다. 또는 그런 소리를 자꾸 내다 **첨버덩대다**

첨버덩첨버덩 어찌씨 잇달아 큰 몬이 깊은 물속에 떨어지거나 잠길 때 자꾸 나는 소리 ⓑ덩치 큰 사람들이 첨버덩첨버덩 물속으로 뛰어든다 **첨버덩첨버덩하다**

첨벙 어찌씨 몬이 깊은 물에 떨어지거나 잠길 때 나는 소리 ⓑ아이들은 바다를 보자 와 하고 첨벙 뛰어들었다 **첨벙하다 첨벙이다**

첨벙거리다 움직씨 몬이 깊은 물에 자꾸 떨어지거나 잠기는 소리가 잇달아 나다. 또는 그런 소리를 잇달아 내다 ⓑ아이들이 첨벙거리는 물소리에 나도 덩달아 신이 났다 **첨벙대다**

첨벙첨벙 (어찌씨) 몸이 깊은 물에 자꾸 떨어지거나 잠길 때 잇달아 나는 소리 ⓑ딸이 탄 배가 나루에 닿기도 앞에 아버지는 물속으로 첨벙첨벙 들어갔다 **첨벙첨벙하다**

첨병 ⇒ 앞장. 앞장꾼. 앞살핌꾼

첨부 ⇒ 붙임. 덧붙임. 붙이다. 덧붙이다. 덧대다

첨삭 ⇒ 고침. 다듬기. 고치다. 다듬다. 빼거나 보태다

첨성대 ⇒ 별보는곳. 별볼곳

첨언 ⇒ 덧붙여 말함. 덧붙여 말하다

첨예하다 ⇒ 날카롭다. 뾰족하다

첨지 ⇒ 할배. 첨데기

첨탑 ⇒ 뾰족쌓

첩[1] (이름씨) 드나들지 못하게 문에 나무를 대고 못을 박아 못 열게 하는 일 ⓑ집안을 고치는 동안 첩을 박았다

첩[2] (이름씨) 밥과 국, 김치, 조치, 지렁을 빼고 쟁첩에 담은 건건이 ⓑ건건이는 세 첩을 넘기지 않도록 마련해다오

첩 (貼) ⇒ 낫개뭉치

첩 (妾) ⇒ 고마. 시앗. 작은집

첩경 ⇒ 지름길. 샛길

첩보 ⇒ 몰래 알아냄. 몰래앎

첩자 ⇒ 앞잡이. 끄나풀. 발쇠꾼

첩첩산중 ⇒ 겹겹멧속

첩첩이 ⇒ 겹겹이. 거듭거듭

첫 (매김씨) 처음 ⓑ첫 삽을 뜨기가 바쁘게 사람들은 나서서 일을 해 나갔다 (익은말) **첫 단추를 끼우다** 새로운 일을 비롯하다 **첫 삽을 뜨다** 무엇을 짓는 일이나 다른 어떤 일을 처음 비롯하다

첫- (앞가지) 처음. 첫째 ⓑ첫눈. 첫딸. 첫사랑. 첫새벽

첫값 (이름씨) 모가치 사고파는 곳에서 그날 처음 사고판 모가치 값 ⇐ 시가

첫걸음 (이름씨) ❶처음 내딛는 걸음 ⓑ일터에 첫걸음을 내디뎠다 ⇐ 초보 ❷모르는 길을 처음으로 가는 걸음 ⓑ이 고장은 첫걸음이라 아주 낯설다 한뜻말 처음길 ⇐ 초행

첫고등 (이름씨) 맨 처음 까리 ⓑ첫고등에 온 사람들을 따로 불러 모았다

첫공 (이름씨) 공치기 놀이에서 비롯하는 뜻으로 맨 처음에 공을 던지는 일 ⇐ 시구

첫국 (이름씨) 빚어 담근 술이 익었을 때 박아 놓은 용수에서 처음으로 떠내는 맑은 술 ⓑ첫국 맛이 좋구나

첫굿 (이름씨) 사람이 죽어 땅에 묻거나, 불에 태워 뒷막이할 때까지 일 ⇐ 초상

첫길 (이름씨) ❶처음으로 걷는 길 ⓑ이 등성이는 첫길이라 나한테도 새롭다 ⇐ 초행 ❷시집가서 처음으로 시아음집으로 나들이 가는 길 ⓑ가시는 첫길로 시큰아버지 집에 갔다 ❸여러 갈래길 가운데 첫째 길 ⓑ네 갈랫길에서 첫길로 들어섰다 ❹처음에 거쳐야 할 걸음 ⓑ우리말을 배우려면 첫길로 우리말 바로쓰기를 읽어야지 ❺새로운 살림으로 가는 길 ⓑ땅과 물, 숲을 더럽히지 않고 뭇 목숨과 함께 잘사는 첫길로 들어서다 ❻아무도 하지 않은 일을 맨 먼저 하려고 나서는 길 ⓑ우리 겨레가 나날살이 말을 겨레말로 되찾는 첫길을 함께 만들어요 ⇐ 개척. 제일보 ❼눈에 확 뜨이거나 남다르다 싶을 만큼 좋다고 여길 만한 것이나 사람 ⓑ저 조그만 겨집이 이 고을에서 모심기에는 첫길이야 ⇐ 군계일학

첫꼬슴 (이름씨) 일을 하는 데서 맨 처음 ⇐ 초꼬슴

첫나들이 (이름씨) ❶시집온 겨집이 처음으로 어미집에 다녀오는 나들이 ⓑ누나는 한 해만에 첫나들이 왔다 ❷갓난아이가 태어나서 처음 하는 나들이

첫날 (이름씨) ❶어떤 일이 처음으로 비롯되는 날 ⓑ새해 첫날 어른들께 절을 올렸다 ❷장가가거나 시집가는 날 ⓑ첫날에 입는 옷을 무엇으로 할까?

첫날밤 (이름씨) ❶무슨 일이 처음으로 비롯되는 그날 밤 ⓑ푸른누리 새집 지어 첫날밤을 늦게까지 앉았다 ❷장가가거나 시집가서 처음으로 함께 지내는 밤 ⓑ우리누나 첫날밤을 보려고 마을 아가씨들이 몰려와

ㅊ

문구멍을 뚫고 저마다 들여다본다

첫낳이곳 (이름씨) ❶어떤 몬을 만들거나 산 것을 기르거나 잡은 곳 ⓑ물고기 같은 것은 첫낳이곳을 잘못 적거나 속여 적는 수가 많다 ⇐ 원산지 ❷푸나무나 숨받이가 맨 처음 자라난 곳 ⓑ참다래 첫낳이곳은 쫑궈이다 ⇐ 원산지

첫내기 (이름씨) 어떤 일을 처음 하는 사람. 어떤 곳에 처음 들어가거나 들어온 사람 ⓑ추운 겨울인데도 마음 닦으러 첫내기 둘이 왔다 한뜻말 새내기 ⇐ 신입

첫노래 (이름씨) 노래굿 같은 굿가락이 비롯되기 앞에 켜는 가락 ⇐ 서곡

첫눈[1] (이름씨) 무엇을 처음으로 보는 눈 ⓑ첫눈에 내 마음을 사로잡았다

첫눈[2] (이름씨) 겨울이 되고 처음으로 내린 눈 ⓑ누구나 첫눈에는 마음이 설렌다

첫다짐 (이름씨) ❶밥을 먹기 앞에 입가심으로 조금 먹는 일 ⓑ손님이 오시거든 첫다짐부터 하도록 마련해 두었어요 ⇐ 초다짐. 초요기 ❷미리 애벌로 뜻이나 마음을 단단히 굳히기

첫단계 ⇒ 첫걸음

첫닭 (이름씨) 새벽에 맨 처음으로 우는 닭 ⓑ첫닭 울고 한숨 더 잤다

첫던짐이 (이름씨) 공치기 놀이에서 놀이 처음에 던지는 이 ⇐ 선발투수

첫돌 (이름씨) 아이가 태어나서 한 해가 되는 날 한뜻말 첫난날

첫또래 (이름씨) 어떤 곳에 함께 처음 들어가거나 들어온 사람 ⇐ 입학동기. 입사동기

첫마디 (이름씨) 말을 꺼낸 처음 말 마디 ⓑ오랜만에 만난 언니는 첫마디에 울컥했다

첫마음 (이름씨) 어떤 일을 하려고 나설 때 처음 품는 마음 ⓑ첫마음 바꾸지 말고 끝까지 가자 ⇐ 초심

첫말 (이름씨) 처음에 꺼내는 말

첫머리 (이름씨) 어떤 것이 비롯되는 자리 ⓑ옛이야기를 첫머리부터 읽었다 비슷한말 앞머리

첫모 (이름씨) 그해 처음으로 내는 모 ⓑ올해는 첫모를 일찍 냈다

첫물지다 (움직씨) 그해 첫 큰물이 나다 ⓑ첫물지기 앞에 논둑, 밭둑 풀을 다 베야 할 텐데

첫밗 (이름씨) 맨 처음 ⓑ들어서는 첫밗부터 이 집이 마음에 들었다

첫발 (이름씨) 첫걸음을 내딛는 발 ⓑ여름지기가 되는 첫발을 두메골에서 뗐다 한뜻말 첫발자국 ⇐ 효시 (익은말) **첫발을 내디디다** 무엇을 새로이 비롯하다. 처음으로 어떤 테두리 안으로 들어서다

첫배곳 (이름씨) 아이들이 바탕배움을 하는 배곳. 오늘날 우리나라는 여섯 살에서 여섯 해 동안 배운다 ⇐ 초등학교. 국민학교

첫사람·첫보 (이름씨) 어떤 일을 처음으로 한 사람 ⇐ 원조

첫사랑 (이름씨) 처음으로 느끼거나 맺는 사랑 ⓑ나는 내 첫사랑과 여태껏 산다

첫사리 (이름씨) 그해 처음으로 잡힌 고기나 그해 처음으로 난 것 ⓑ첫사리 조기

첫새벽 (이름씨) 날이 새기 비롯하는 이른 새벽 ⓑ첫새벽부터 잣을 주우러 메에 올랐다 ⇐ 여명

첫소리 (이름씨) 한 소리마디 마딧소리 앞에 나는 소리. '굴뚝새'에서 ㄱ, ㄸ, ㅅ같은 것 ⇐ 초성

첫손 (이름씨) 여럿 가운데 으뜸 ⓑ우리 마을에서 힘으로는 돌쇠가 첫손에 꼽힌다

첫손가락 (이름씨) ❶엄지손가락 ⓑ내게 첫손가락을 치켜세웠다 ❷여럿 가운데 첫째 ⓑ이 마을에서 첫손가락으로 꼽을 바람빛은 저녁노을이다 (익은말) **첫손가락을 꼽다** 여럿 가운데 으뜸이다

첫술 (이름씨) 처음으로 떠먹는 밥술 ⓑ옛날에는 어른이 먼저 첫술을 뜨고 나서 밥을 먹었지 (슬기말) **첫술에 배부르랴** 어떤 일이든지 바로 마음에 들 수는 없다

첫인상 ⇒ 첫느낌. 첫눈

첫째 (이름씨) ❶차례에서 맨 처음 ⓑ첫째하고 둘째 아들은 두 살 터울이다 맞선말 마지막. 끝찌 ❷으뜸 ⓑ우람이는 노래 '진달래꽃'

외기에서 첫째를 먹었다

첫째가다 (움직씨) 여럿 가운데 먼저 꼽히거나 으뜸이 되다 ⓑ부지런한 것으로는 우리 엄마가 누리에서 첫째갈걸 ⇐ 제일가다

첫째가리킴 (이름씨) 말하는 사람이 저나 제 동아리를 가리키는 것 ⇐ 일인칭

첫째낳일 (이름씨) 밑감이나 먹거리 따위 가장 밑바탕이 되는 몬을 만드는 여름지이, 숲일, 짐승치기, 고기잡이 따위 일 ⇐ 제일차산업

첫째누리큰싸움 (이름씨) 유럽에서 1914~1918해 사이에 이어진 싸움. 처음에 오스트리아와 세르비아 사이에 싸움이 붙었는데 오스트리아 쪽에 도이취, 투르키예, 불가리아가 들어오고, 세르비아 쪽에 잉글나라, 쭝궈, 니혼, 프랑스, 러시아, 이탈리아, 벨기에 들이 들어와서 누리싸움이 되었다. 1919해 베르사유에서 사이좋은 만남으로 끝맺었다 ⇐ 제일차세계대전

첫째물 (이름씨) 냇물이나 가람물에 매긴 차례 가운데 하나. 사람이 먹을 수 있을 만큼 맑고 깨끗한 물 한뜻말 으뜸물 ⇐ 일급수

첫차 ⇒ 첫수레

첫코 (이름씨) 뜨개질에서 처음 빼낸 코

첫한아비 (이름씨) **1** 한 겨레나 집안에서 맨 처음이 되는 한아비 ⇐ 시조 **2** 어떤 갈이나 재주, 솜씨를 처음 연 사람

첫해 (이름씨) 어떤 일을 비롯한 처음 해

청 (이름씨) **1** 몬 겉을 덮은 얇은 것 ⇐ 막 **2** 산 것 모든 잔삼이나 그릇을 싸고 있거나 살피를 이루는 얇은 켜. 귀청, 배청, 잔삼청 따위가 있다

청 (請) ⇒ 해달램. 해달래다

청 (廳) ⇒ 집

청가시덩굴 ⇒ 푸른가시덩굴

청각 (青角) ⇒ 푸른뿔바닷말

청각 (聽覺) ⇒ 듣는 느낌. 소리 느낌

청개구리 ⇒ 푸른 개구리

청결하다 ⇒ 맑다. 깨끗하다

청계천 ⇒ 열내

청과물 ⇒ 남새과일

청구 ⇒ 달라고 함. 비라리. 달라다. 달라고하다. 비라리하다

청구권 ⇒ 비라리힘. 달랠힘

청구서 ⇒ 비라리글. 달라는글

청국장 ⇒ 담북장. 뜸북장

청군 ⇒ 청나라싸울아비

청기와장수 (이름씨) 무슨 수나 재주를 혼자만 알고 그 벌이를 홀로 차지하는 사람

청나라 (이름씨) 1616해부터 쭝궈에 세워져 1912해에 무너진 나라

청년 ⇒ 젊은이. 푸름이

청년회 ⇒ 푸름이모임. 푸름몯

청니혼싸움 (이름씨) 1894해에서 1895해까지 청나라와 니혼이 배달땅에서 벌인 싸움. 니혼이 이겼다 ⇐ 청일전쟁

청동 ⇒ 푸른구리

청동기시대 ⇒ 푸른구리그릇 뉘. 푸른구리연모 때

청둥오리 (이름씨) 수컷은 머리와 목이 푸르고 목에 흰 테가 있으며 부리는 누른빛이고 암컷은 거의 누런 밤빛을 띠는 겨울 철새

청량음료 ⇒ 마실 것. 거품단물. 톡쏜맛 단물

청량하다 ⇒ 서늘하다. 시원하다. 맑고 시원하다

청력 ⇒ 듣는 힘

청렴결백하다 ⇒ 깨끗하다. 바람이 없고 맑다

청렴하다 ⇒ 깨끗하다. 맑다. 바람 없다

청록색 ⇒ 파란 풀빛

청룡 ⇒ 파란 미르

청맹과니 ⇒ 당달봉사. 눈뜬장님

청명 (淸明) ⇒ 새싹철

청명하다 ⇒ 맑고 밝다. 개다. 밝다. 깨끗하다

청문 ⇒ 들어봄. 듣기. 듣다. 들어보다

청문회 ⇒ 듣묻몯. 듣묻모임. 듣고 묻는 모임

청미래덩굴 ⇒ 망개나무

청바지 ⇒ 파란 바지

청밭 (이름씨) 청으로 된 바탈이나 그런 몬 ⇐ 막질

청백리 ⇒ 올곧고 깨끗한 벼슬아치

청부 ⇒ 일 맡기. 일감 떼주기. 맡다. 맡기다. 떼어주다

청빈하다 ⇒ 깨끗하고 가난하다. 맑고 깨끗하다. 깨끗하다
청사 ⇒ 그위집
청사진 ⇒ 밑그림. 마련그림
청사초롱 ⇒ 파란깁초담이. 파란깁붉은천초담이
청산 (淸算) ⇒ 씻음. 갚음. 갚다. 물다. 치르다
청산 (靑山) ⇒ 푸른메
청산리대첩 ⇒ 청산리크게이김
청산유수로 ⇒ 물 흐르듯. 거침없이. 막힘없이. 얼음에 박 밀듯이
청상과부 ⇒ 젊은 홀어미
청새치 ⇒ 푸른새치
청색 ⇒ 파랑. 파란빛. 하늘빛
청설모 ⇒ 검다람쥐
청소 ⇒ 쓰레질. 쓰설이. 비질. 쓸고 닦기. 쓸닦기. 쓸고 닦다. 쓰레질하다. 치우다
청소기 ⇒ 먼지빨개
청소년 ⇒ 푸름이. 푸른벗. 푸른님
청소년보호위원회 ⇒ 푸름이돌봄맡끈모임
청소부 ⇒ 쓰레질꾼. 쓰설이꾼. 쓸닦기꾼
청소차 ⇒ 쓰레기 수레
청소함 ⇒ 쓰레질그릇. 쓰설이그릇
청송 ⇒ 푸른 솔
청순하다 ⇒ 깨끗하고 맑다
청승 [이름씨] 딱하고 어려운 꼴 ㉥혼자 방구석에 처박혀 청승 떨지 말고 밖으로 나와 ⇐ 궁상 [슬기말] **청승은 늘어가고 살매는 오그라진다** 나이 들어 살림이 줄고 꾀죄죄해지면 좋은 날은 다 간다
청승맞다 [그림씨] 딱하고 어려운 꼴이 보기에 언짢다 ㉥청승맞게 울지 말고 무슨 일이라도 해야지
청승살 [이름씨] 몸에 어울리지 않고 보기에 언짢을 만큼 찐 살 ㉥늙어 가며 청승살까지 쪄서야 되겠나?
청심환 ⇒ 마음가라앉개
청아하다 ⇒ 맑다. 새뜻하다. 깔밋하다. 아름답다
청어 ⇒ 비웃
청올치 [이름씨] [1] 햇칡 속껍질. 하얀 빛깔이 나고 질겨서 노나 베를 만드는 밑감으로 쓴다 ㉥청올치로 노를 꼬다 [2] 칡 속껍질로 꼰 노
청와대 ⇒ 파란기와집
청운 ⇒ 푸른 구름. 푸른 꿈. 큰꿈. 큰뜻
청원 ⇒ 비라리. 발괄. 바람. 바라다. 발괄하다. 비라리하다
청원권 ⇒ 발괄힘. 비라리힘. 하소힘
청유문 ⇒ 꾐월. 이끎월
청일전쟁 ⇒ 청니혼싸움
청자 (聽者) ⇒ 듣이. 듣는 이. 들을이
청자 (靑磁) ⇒ 푸른오지그릇
청자빛 ⇒ 푸른빛
청장년 ⇒ 푸름이와 어른
청정에너지 ⇒ 깨끗기운. 깨끗힘
청정채소 ⇒ 깨끗남새
청정하다 ⇒ 깨끗하다. 맑다. 맑고 깨끗하다
청주 (淸酒) ⇒ 맑은술
청주 (淸州) ⇒ 나바라
청중 ⇒ 듣떼. 듣는떼. 듣는 무리
청진기 ⇒ 듣개. 나숨이 듣개
청처짐하다 [그림씨] [1] 아래쪽으로 조금 쳐지다 ㉥꾸중을 들은 아이 어깨가 청처짐하다 [2] 몸짓이 좀 느리다 ㉥가람은 바싹 따라가면 한 떼 같아 보여서 청처짐하게 좀 떨어져서 갔다
청천 ⇒ 하늘. 갠하늘. 맑은 하늘. 갠 날
청천강 ⇒ 사라마. 사나마
청천벽력 ⇒ 날벼락. 마른하늘에 날벼락
청첩장 ⇒ 꽃잔치 부름글
청초하다 ⇒ 곱다. 맑다. 깨끗하다
청춘 ⇒ 젊음. 한창때. 젊은날
청취 ⇒ 듣기. 듣다
청취자 ⇒ 듣는이. 먹꾼
청탁하다 ⇒ 말함. 손씀. 손쓰다. 말하다. 해달라 하다
청포 (淸泡) ⇒ 푸른팥묵
청포 (靑袍) ⇒ 푸른두루마기
청포도 ⇒ 푸른하늬머루
청풍 ⇒ 맑은 바람
청하다 ⇒ 바라다. 달라다. 부르다

청해진 ⇒ 푸른바다터. 푸른바다고을

청혼 ⇒ 짝맺자고 말함. 짝맺자고 말하다

체[1] 이름씨 가루를 치거나 물 같은 것을 거르는 데 쓰는 연장 ⓑ체로 밀가루를 곱게 쳐냈다

체[2] 이름씨 그런 것처럼 짐짓 꾸며서 함 ⓑ언니는 아예 내 말을 들은 체도 하지 않았다 한뜻말 척

체[3] 느낌씨 못마땅하거나 아니꼬울 때 한숨 쉬듯 내는 소리 ⓑ체, 저가 뭐라고 큰소리를 쳐? 비슷한말 치

체감 ⇒ 느낌. 겪어봄. 느끼다. 겪어보다

체감온도 ⇒ 느끼는 따습기

체격 ⇒ 몸. 덩치. 몸집. 몸피. 걸때. 몸뚱이

체결 ⇒ 맺음. 맺다

체계 ⇒ 갈래짜임. 뼈대. 얼개. 짜임

체구 ⇒ 몸. 덩치. 몸집. 몸피. 걸때. 몸뚱이

체급 ⇒ 몸뜨레. 몸무게 뜨레

체납 ⇒ 밀림. 못 냄. 못내다. 치르지 못하다. 밀리다

체내 ⇒ 몸속. 몸 안

체내수정 ⇒ 몸안씨받이

체념 ⇒ 생각을 그만둠. 생각을 끊어버림. 생각을 그만두다. 끊어버리다. 생각을 접다. 내려놓다

체득 ⇒ 겪어 앎. 깨닫다. 겪어 알다. 몸으로 익히다. 몸으로 깨닫다

체력 ⇒ 몸심. 힘. 몸힘

체류 ⇒ 머무름. 묵음. 머무르다. 묵다

체머리 이름씨 체를 칠 때처럼 왼 오른으로 자꾸 흔드는 머리. 또는 그런 앓이늦 ⓑ할아버지는 체머리를 앓는 사람처럼 머리를 자꾸 흔들었다 익은말 **체머리 흔들다** 어떤 일에 질려 머리가 흔들리도록 싫다

체면 ⇒ 낯. 볼낯. 얼굴. 얼굴값. 낯가죽. 볼썽

체모 ⇒ 몸털

체벌 ⇒ 매질. 채질. 손질. 때리다. 매질하다. 손질하다

체불 ⇒ 못줌. 못치름. 못주다. 못치르다. 못내다

체불임금 ⇒ 미룬 품삯. 못준 품삯

체순환 ⇒ 큰피돌기. 온몸피돌기

체스 ⇒ 하늬바둑

체액 ⇒ 몸물

체언 ⇒ 임자씨

체온 ⇒ 몸따습기

체온계 ⇒ 몸따습기 재개

체외 ⇒ 몸밖

체외수정 ⇒ 몸밖씨받이

체위 ⇒ 몸자리. 몸씨

체육·체조 ⇒ 몸뮘

체육관 ⇒ 몸뮘집

체육복 ⇒ 몸뮘옷

체육인 ⇒ 몸뮘꾼. 몸뮘이

체인 ⇒ 사슬. 쇠사슬. 쇠줄

체인지 ⇒ 바꿈. 주고받음

체적 ⇒ 부피

체전 ⇒ 몸뮘잔치

체제 ⇒ 틀. 얼개. 짜임새

체조 ⇒ 몸뮘. 몸다룸

체중 ⇒ 몸무게

체중계 ⇒ 몸무게 재개

체증 ⇒ 얹힘. 뱃덧. 보깸. 안삭음

체지방 ⇒ 몸굳기름

체질 ⇒ 몸밭. 몸바탕. 난 바탕

체체하다 그림씨 몸짓이나 몸가짐이 너절하지 않고 깨끗하여 트인 맛이 있다 ⓑ요즘 저만큼 체체한 며느릿감을 찾기도 쉽지 않지

체취 ⇒ 몸내. 살내. 땀내

체크 ⇒ 살핌. 맞춰봄. 견줘봄. 살피다. 맞춰보다. 견줘보다

체크리스트 ⇒ 맞춤표. 매김표

체크무늬 ⇒ 바둑널 무늬

체통 ⇒ 남볼썽. 지체. 낯

체포 ⇒ 붙듦. 붙잡음. 붙들다. 붙잡다. 잡아넣다

체하다 움직씨 그런 것처럼 꾸미다 ⓑ한내는 못 이기는 체하고서 뒷돈을 받아 챙겼다 한뜻말 척하다

체하다 ⇒ 얹히다. 뱃덧하다. 보깨다

체험 ⇒ 겪음. 치름. 맛봄. 겪다. 치르다. 맛보다

체험담 ⇒ 겪은 이야기

체험학습 ⇒ 배움마실. 마실. 배움나들이

체형 ⇒ 몸꼴. 몸매. 몸생김새

첼로 이름씨 바이올린과 비슷하게 생겼는데, 훨씬 더 크고 소리도 더 낮은 켜는 가락틀. 세워 무릎에 끼고 켠다

쳇다리 이름씨 체로 무엇을 거를 때 그릇 위에 걸쳐 놓고 체를 받치는 나무 막대기

쳇바퀴 이름씨 쳇불을 메우는 데 쓰는 얇고 넓적한 나무 널을 둥글게 휘어 지은 테 ⓑ쳇바퀴 밑에 쳇불을 메워 체를 만들었다 슬기말 **다람쥐 쳇바퀴 돌 듯** 앞으로 나아가지 못하고 제자리걸음만 함

쳇불 이름씨 쳇바퀴에 메워 물이나 가루 같은 것을 거르는 데 쓰는 그물. 말총이나 쇠실로 짠다

쳐내다[1] 움직씨 더러운 것을 끌어내거나 치워 버리다 ⓑ닭 우리에서 닭똥을 쳐냈다

쳐내다[2] 움직씨 체를 흔들어 고운 가루를 뽑아내다 ⓑ밀가루를 고운 체로 쳐냈다

쳐다보다 움직씨 ❶위를 올려다보다 ⓑ구름 한 점 없는 하늘을 쳐다본다 ❷얼굴을 들어 바로 보다 ⓑ서로 말은 못 하고 얼굴만 쳐다보았다 ❸우러러보다 ⓑ별이는 동무 배움이들이 쳐다보는 반듯한 푸름이다 ❹오롯이 기대어 바라보다 ⓑ스스로 설 생각은 하지 않고 엄마만 쳐다보는 못난 아들

쳐들다 움직씨 ❶위로 들다 ⓑ저요! 하고 손을 쳐들고 소리를 질렀다 ❷어떤 일을 입에 올려 말하다 ⓑ그깟 이야기는 그만 쳐들지 한뜻말 초들다

쳐들어오다 움직씨 잠개힘을 써서 치고 들어오다 ⓑ이웃 나라가 우리나라로 쳐들어왔던 때를 되새겨본다

쳐부수다 움직씨 ❶남을 치고 무찔러 부수다 ⓑ우리 한아비들은 죽음을 무릅쓰고 왜놈들을 쳐부쉈다 ❷세차게 때려 부수다 ⓑ망치로 담벼락을 쳐부쉈다

쳐없애다 움직씨 힘으로 쳐서 없애다 ⇐ 토벌하다

쳐올리다 움직씨 ❶위로 들어 올리다 ⓑ두 팔을 위로 반듯하게 쳐올리세요 ❷머리털을 늘어지지 않게 아주 짧게 깎거나 자르다 ⓑ깎으려면 아주 깎지, 뒷머리만 쳐올린 모습이 마음에 거슬린다

쳐주다 움직씨 ❶셈을 맞춰주다 ⓑ나물 한 바구니에 골 원밖에 안 쳐주네 ❷받아들여 주다 ⓑ하루 일하는 걸 보니, 어엿한 일꾼으로 쳐줘야겠다

초 이름씨 타면서 불빛을 내게 만든 것. 꿀벌집이나 소기름 같은 것을 막대기 꼴로 굳히고 그 가운데에 불붙일 실을 박아 만든다 ⓑ초 두 자루에 불을 붙여 시렁 위에 놓았다 ⇐ 촉

초 (秒) ⇒ 짹

초 (初) ⇒ 맏. 처음

초 (醋) ⇒ 새콤. 새콤이

초가 ⇒ 띠집. 짚집. 짚지붕집

초가삼간 ⇒ 띠집세칸

초가을 ⇒ 맏가을. 첫가을

초가지붕 ⇒ 띠집지붕

초가집 ⇒ 띠집

초간장 ⇒ 새콤지렁

초겨울 ⇒ 맏겨울. 첫겨울

초고 ⇒ 처음글. 애벌글

초고속 ⇒ 몹시 빠름

초고추장 ⇒ 새콤고추장

초과 ⇒ 넘어섬. 지나침. 넘다. 넘어서다. 지나치다. 웃돌다

초급 ⇒ 맏뜨레. 첫뜨레

초기 ⇒ 처음. 첫때. 첫 무렵

초꼬슴 ⇒ 첫꼬슴

초년 ⇒ 어릴 때. 젊을 때. 첫때

초년고생 ⇒ 젊어 힘든삶

초능력 ⇒ 뛰어넘는 힘. 빼난힘

초다짐 ⇒ 첫다짐

초단 ⇒ 첫디딤

초담이 이름씨 촛불이 바람에 꺼지지 않게 겉에 천이나 종이를 씌운 담이. 들고 다니거나 달아둔다 ⓑ어두워지니 초담이에 불을 붙여라 ⇐ 초롱

초당 ⇒ 풀집

초대 (招待) ⇒ 모심. 부름. 부르다. 모시다

초대 (初代) ⇒ 첫뉘. 첫머리. 첫 디위

초대권 ⇒ 모심종이. 부름종이

초대장 ⇒ 모심글. 부름글

초들다 (움직씨) 어떤 일을 입에 올려 말하다 ⓑ 그렇게까지 남을 초들어서 꼬집을 것까지 없지 않소 한뜻말 쳐들다 ⇐ 거론하다

초들초들 (어찌씨) ❶나무나 풀잎이 시들면서 말라가는 꼴 ⓑ해는 뜨거운 햇살을 거침없이 퍼붓고 풀숲은 목마름에 초들초들 시들어 간다 ❷입술이나 목이 마르면서 타들어가는 꼴 ⓑ소미는 초들초들 말라가는 입술을 빨며 눈을 뜨지 못한다

초등교육 ⇒ 첫배곳 배움

초등학교 ⇒ 첫배곳

초등학생 ⇒ 첫배곳 배움이

초라떼다 (움직씨) 감에 맞지 않은 짓이나 차림새로 부끄러운 일을 겪다

초라하다 (그림씨) ❶옷차림이 꾀죄죄하고 허술하다 ⓑ옷차림이 초라하긴 해도 마음은 따스한 사람이다 ❷보잘것없고 변변치 못하다 ⓑ슬옹은 초라한 집에 살지만 흐뭇하고 느긋하게 산다

초래 ⇒ 불러옴. 불러들임. 불러오다

초랭이 (이름씨) 물돌이 마을 서낭굿 탈놀이에 나오는 글칼잡이집 종. 또는 그 사람이 쓰는 탈

초련 (이름씨) 일찍 익은 낟이나 풋바심으로 가을걷이까지 먹을 것을 대어 먹는 일 ⓑ초련을 먹고 가을걷이 때까지 버티었다

초례청 ⇒ 짝맺이자리. 짝맺는곳

초록색 ⇒ 풀빛

초롱 (이름씨) 물이나 기름 같은 것을 담는 하늬쇠로 만든 그릇. 또는 그것을 세는 하나치 ⓑ초롱에 물을 퍼 담았다. 물지게로 열 초롱을 져 날랐다 한뜻말 통

초롱 ⇒ 초담이. 보신개

초롱꽃 (이름씨) 멧기슭에 자라는 풀. 잎은 취나물 비슷하게 생겼는데 털이 많고 흰 바탕에 검붉은 점이 있는 쇠북 꼴 꽃이 핀다. 어린 싹은 먹는다

초롱초롱 (어찌씨) ❶눈에 맑은 기운이 서린 꼴 ⓑ초롱초롱 반짝이는 아이들 눈 ❷별빛이나 불빛이 밝고 또렷한 꼴 ⓑ밤하늘에 별빛이 초롱초롱 빛난다 ❸얼이 매우 맑아지고 또렷한 꼴 ⓑ잠은 오지 않고 얼은 더욱 초롱초롱 맑아지기만 한다 ❹목소리가 맑고 카랑카랑한 꼴 ⓑ깨우지 않으려고 애썼는데도 어느새 미닫이가 열리며 어머니 목소리가 초롱초롱 들려온다

초롱초롱하다 (그림씨) ❶눈망울이 맑고 빛나거나 얼이 맑고 또렷하다 ⓑ보람이 눈망울은 초롱초롱하고 그윽했다 ❷별빛이나 불빛 따위가 밝고 또렷하다 ⓑ시골 하늘은 별들이 유난히 초롱초롱하다 ❸목소리가 맑고 카랑카랑하다

초만원 ⇒ 꽉 들어참

초면 ⇒ 첫낯. 첫보기

초목 ⇒ 푸나무

초반 ⇒ 처음. 앞쪽

초밥 ⇒ 새콤밥

초벌 ⇒ 애벌

초벌구이 ⇒ 애벌구이

초벌빨래 ⇒ 애벌빨래

초병 ⇒ 새콤이병

초보 ⇒ 애송이. 처음. 첫손. 첫걸음

초복 ⇒ 첫된더위

초본 ⇒ 뽑아베낀것. 골라베낀글

초봄 ⇒ 맏봄. 새봄. 첫봄

초봉 ⇒ 첫삯. 첫 달삯

초빙 ⇒ 모심. 맞음. 모시다. 맞다. 모셔오다. 맞아오다

초사흘 ⇒ 맏사흘

초산 ⇒ 첫애. 첫배. 첫배낳이. 첫몸풀기

초상 (初喪) ⇒ 첫궂

초상·초상화 (肖像) ⇒ 얼굴그림

초상권 ⇒ 낯지킴힘

초상집 ⇒ 죽은꽃집. 궂집

초서체 ⇒ 흘림글씨

초석 ⇒ 주춧돌. 디딤돌. 바탕

초선 ⇒ 처음 뽑힘

초성 ⇒ 첫소리
초소 ⇒ 지킴곳. 지킴자리. 살피는 곳
초소형 ⇒ 몹시 작은 것
초속 ⇒ 짹빠르기
초순 ⇒ 첫 열흘
초승달 ⇒ 눈썹달. 갈고리달
초시계 ⇒ 짹알림이
초식 ⇒ 풀먹음. 풀먹이
초식동물 ⇒ 풀먹이 짐승
초식성 ⇒ 풀먹이바탈
초심 ⇒ 첫뜻. 첫마음
초안 ⇒ 애벌글. 아시글
초야 (初夜) ⇒ 첫날밤. 꽃밤. 맏저녁
초야 (草野) ⇒ 시골. 두메
초여름 ⇒ 맏여름. 첫여름
초연하다 ⇒ 의젓하다. 뛰어나다. 벗어나다
초엽 ⇒ 처음때. 첫잎
초원 ⇒ 풀밭. 풀벌. 벌판. 들. 푸른들. 들판. 푸서리
초원길 ⇒ 풀밭길
초월 ⇒ 넘어섬. 벗어남. 뛰어남. 넘다. 넘어서다. 벗어나다
초유 (初有) ⇒ 처음 있음. 처음
초유 (初乳) ⇒ 첫젖
초은하단 ⇒ 넘별누리모둠
초음속 ⇒ 소리보다 빠름
초음파 ⇒ 못 듣는 소릿결. 넘소릿결
초인 ⇒ 빼난이. 뛰어난 이
초인종 ⇒ 설렁. 부름방울
초임자 ⇒ 처음 맡은이. 처음 들온이
초입 ⇒ 어귀. 입새. 들머리
초장 (醋醬) ⇒ 새콤 장
초장 (初章) ⇒ 첫가름
초장 (初場) ⇒ 첫머리. 첫발. 처음
초저녁 ⇒ 맏저녁. 첫저녁
초점 ⇒ 몯점
초점거리 ⇒ 몯점길이
초조감 ⇒ 조바심. 안달. 안달복달
초조하다 ⇒ 애타다. 마음 졸이다
초지 ⇒ 풀밭. 꼴밭
초지일관 ⇒ 첫뜻대로. 한결같음
초창기 ⇒ 처음. 첫 무렵
초청 ⇒ 모심. 부름. 모시다. 부르다. 모셔오다
초청장 ⇒ 모시는 글
초췌하다 ⇒ 야위다. 여위다. 파리하다. 해쓱하다
초칠일 ⇒ 첫이레
초침 ⇒ 짹 바늘
초콜릿 이름씨 코코아 가루에 소젖, 단것, 옷곳감을 섞어 만든 과자
초콜릿색 ⇒ 밤빛
초크 ⇒ 흰 먹
초토 ⇒ 몹쓸땅. 쑥대밭. 쑥밭. 불탄땅
초토화 ⇒ 쑥대밭됨
초파리 ⇒ 새콤파리
초파일 ⇒ 첫 여드레
초판 ⇒ 첫벌
초피나무 ⇒ 제피나무
초하루 ⇒ 맏하루. 첫날. 첫째날
초행 ⇒ 첫길. 처음. 처음길. 첫걸음. 낯선 길
초혼 (初婚) ⇒ 첫 짝맺이
초혼 (招魂) ⇒ 넋부르기. 넋부르다
촉각 (觸角) ⇒ 더듬이
촉각 (觸覺) ⇒ 살갗느낌. 닿는느낌. 손느낌
촉감 ⇒ 손맛. 살맛. 살갗느낌. 닿는느낌
촉구 ⇒ 다그침. 죄침. 다그치다. 죄치다. 해 달래다
촉나라 이름씨 유비가 제갈량, 관우, 장비와 함께 221해에 세워 263해까지 쭝궈 쓰촨고장에 있었던 나라
촉망 ⇒ 마음을 둠. 믿고 바람. 마음을 두다. 믿고 바라다
촉박하다 ⇒ 바싹 닥치다. 밭다. 바투 닥치다. 몹시 바쁘다
촉발 ⇒ 일어남. 터짐. 마음이 일어나다. 부딪쳐 터지다. 버르집다. 들쑤시다
촉새 이름씨 ❶참새와 비슷하나 부리가 더 길고 누르푸른 밤빛인 새 ❷말이나 짓이 가벼운 사람을 빗대어 이르는 말
촉석루 ⇒ 솟돌집
촉수 ⇒ 더듬이. 쥐는 손. 손길
촉진 ⇒ 다그침. 죄침. 다그치다. 죄치다
촉촉하다 그림씨 물기가 배어 조금 젖은 듯하

다 ⓑ보슬비가 내려 땅이 촉촉하다 큰말축축하다

촉탁 ⇒ 맡김. 맡기다

촌 (寸) ⇒ 마디. 치

촌 (村) ⇒ 마을. 시골. 두메

촌각 ⇒ 짧은 때. 짧은 동안. 잠깐

촌극 ⇒ 토막굿

촌뜨기 ⇒ 시골뜨기. 시골내기. 핫바지

촌락 ⇒ 마을. 동네. 시골마을. 두메마을

촌로 ⇒ 시골늙은이. 시골어른

촌수 ⇒ 마디수. 마디셈

촌스럽다 ⇒ 시골티 나다. 메떨어지다. 메부수수하다

촌음 ⇒ 짧은때

촌장 ⇒ 마을지기. 마을머리

촌지 ⇒ 작은 마음. 작은 뜻

촌충 ⇒ 더부살이마디벌레

촌티 ⇒ 시골티. 시골내. 시골느낌

촌평 ⇒ 짧은 말. 한마디 말

촐랑 어찌씨 ❶작은 그릇에 채 차지 않은 물이 흔들리며 내는 소리나 그 꼴 ⓑ수레 안 초롱에 든 기름이 흔들려 촐랑 소리가 난다 ❷물방울이 떨어지는 소리 ⓑ풀잎에서 이슬방울이 촐랑 떨어졌다 **촐랑이다**

촐랑거리다 움직씨 ❶작은 그릇에 채 차지 않은 물이 자꾸 흔들리며 소리를 내다 큰말출렁거리다 센말쫄랑거리다 여린말졸랑거리다 ❷가볍게 자꾸 까불며 방정맞게 굴다 **촐랑대다**

촐랑이 이름씨 촐랑촐랑 까부는 사람 ⓑ보슬이를 촐랑이라 불렀는데 생김새며 걸음걸이가 참말로 촐랑이구나 싶었다 익은말 **촐랑이 나룻 같다** 자꾸 까불며 방정맞게 군다

촐랑촐랑 어찌씨 ❶작은 그릇에 채 차지 않은 물이 자꾸 흔들리며 내는 소리나 그 꼴 ⓑ들통에 담은 물이 촐랑촐랑 흔들린다 큰말출렁출렁 센말쫄랑쫄랑 여린말졸랑졸랑 ❷물방울이 자꾸 떨어지는 소리나 그 꼴 ⓑ촐랑촐랑 지붕에서 빗방울이 떨어진다 ❸방정맞게 까불며 가볍게 구는 꼴 ⓑ아우는 틈만 나면 촐랑촐랑 까분다 **촐랑촐랑하다**

촐싹거리다 움직씨 ❶주책없이 달랑거리며 자꾸 돌아다니다 ⓑ아롱이는 봄바람이 들었는지 촐싹거리며 마을을 헤집고 다닌다 ❷남을 부추겨 마음을 자꾸 달막거리게 하다 ⓑ시골에서 여름지이하는 사람을 왜 그렇게 촐싹거리는가 **촐싹대다**

촐싹이다 움직씨 ❶주책없이 달랑거리며 돌아다니다 ⓑ그만 좀 촐싹거리고 제자리에 앉아 있어 ❷남을 부추겨 마음을 달막거리게 하다 ⓑ시골에서 살자고 요즘 버시가 자꾸 촐싹인다

촐촐[1] 어찌씨 물 같은 것이 조금씩 넘치는 꼴 ⓑ샘물을 받는 바가지에 물이 촐촐 넘친다 **촐촐하다**

촐촐[2] 어찌씨 싱싱한 기운이 없이 마르거나 시든 꼴 ⓑ입술이 촐촐 말랐다

촐촐하다 그림씨 배가 조금 고픈 느낌이 있다

촘촘하다 그림씨 틈이나 구멍 같은 것이 비좁다 ⓑ고추를 촘촘하게 심으면 바람이 잘 들지 않아 앓이가 더 든다

촛농 ⇒ 촛물

촛대 ⇒ 초꽂이

촛불 이름씨 초에 켜 놓은 불 ⓑ오늘 밤은 저마다 촛불을 켜 들고 네거리로 나가자

촛불놀이 이름씨 밤에 노는 겨집 사내 사랑놀이

총[1] 이름씨 말갈기와 꼬리 털

총[2] 이름씨 짚신이나 미투리 앞쪽에 두 쪽으로 운두를 이루는 낱낱 신울 한뜻말깍

총 (總) ⇒ 모두. 다. 모둠

총 (銃) ⇒ 쏘개

총각 ⇒ 도령. 도련. 꽃두루

총각김치 ⇒ 알타리무김치

총각무 ⇒ 알타리무. 알무

총갱기 이름씨 짚신이나 미투리 총 고를 낱낱이 감아 돌아가는 끄나풀

총검 ⇒ 쏘개칼

총격 ⇒ 쏘개씀. 쏘개쏘다

총격전 ⇒ 쏘개싸움

총계 ⇒ 모둠셈. 다셈

총공격 ⇒ 모두 치기. 모둠 치기. 모두 치다

총괄 ⇒ 묶기. 뭉뚱그림. 싸잡음. 묶다. 뭉뚱그리다. 싸잡다

총구 ⇒ 쏘개구멍

총궐기 ⇒ 모두 일어남. 모두 나섬. 모두 일떠서다. 모두 나서다

총규합 ⇒ 모두 뭉침. 다 모음. 모두 뭉치다. 다 모으다

총기 (聰氣) ⇒ 눈썰미. 재주. 욀재주. 지닐재주

총기 (銃器) ⇒ 쏘개

총독 ⇒ 다스림이

총독부 ⇒ 다스리는곳

총동원 ⇒ 쏟아부음. 모두 내세움. 쏟다. 붓다. 쏟아붓다. 모두 내세우다

총량 ⇒ 모두숱. 다숱. 모두

총력 ⇒ 온힘. 모든 힘

총력전 ⇒ 온힘싸움

총리 ⇒ 다스림. 다스림이

총망라 ⇒ 한데 모음. 다 모음. 한데 모으다. 다 모으다

총명하다 ⇒ 똑똑하다. 똘똘하다. 슬기롭다

총무 ⇒ 두루빛

총부리 ⇒ 쏘개부리

총비용 ⇒ 온비발. 온해자

총사령관 ⇒ 으뜸싸울아비

총살 ⇒ 쏴죽임. 쏴죽이다

총상 ⇒ 쏘개다침

총서 ⇒ 모둠 책. 모음 책

총선 ⇒ 모두뽑기

총선거 ⇒ 한목 뽑기

총성 ⇒ 쏘개소리

총소득 ⇒ 모두벌이

총소리 ⇒ 쏘개소리

총수입 ⇒ 모두벌이

총알 ⇒ 쏘개알

총애 ⇒ 귀여워함. 사랑. 아낌. 귀여워하다. 아끼다. 사랑하다

총액 ⇒ 다 셈한 돈. 온값

총연습 ⇒ 끝 해보기. 마지막 익힘

총인구 ⇒ 모든 사람수

총인원 ⇒ 모든 이. 모인이 다. 모인 사람수. 온사람수

총장 ⇒ 한배곳지기

총재 ⇒ 으뜸지기

총점 ⇒ 모두점. 온점

총중량 ⇒ 옹근 무게. 온 무게

총채 이름씨 말총이나 헝겊 따위로 만든 먼지떨이 한뜻말 먼지떨이

총체적 ⇒ 통틀어

총총[1] 어찌씨 많고 촘촘한 별빛이 또렷또렷한 꼴 ⓑ셀 수 없이 많은 별이 총총 반짝인다 큰말 충충 여린말 종종

총총[2] 어찌씨 발걸음을 재게 떼며 서둘러서 바삐 걷는 꼴 ⓑ집으로 총총 걸어왔다 큰말 충충 여린말 종종

총총거리다 움직씨 발걸음을 재게 떼며 서둘러서 바삐 걷다 ⓑ엄마 뒤를 총총거리며 따라붙었다 큰말 충충거리다 여린말 종종거리다

총총대다

총총걸음 이름씨 재게 바삐 걷는 걸음 ⓑ집에 일이 나서 총총걸음으로 돌아왔다 여린말 종종걸음

총총하다 그림씨 많고 촘촘한 별빛이 또렷또렷하다

총총하다 (悤悤) ⇒ 매우 바쁘다

총총하다 (叢叢) ⇒ 빽빽하다. 촘촘하다

총총히 ⇒ 매우 바삐

총출동 ⇒ 모두 나섬. 모두 나서다

총칭 ⇒ 통틀어 일컬음. 통틀어 일컫다

총칼 ⇒ 쏘개칼

총탄 ⇒ 쏘개터지개

총통 ⇒ 모두다스림. 모두다스림이. 모두거느림

총판 ⇒ 다 맡아팔기. 도맡아팔기

총학생회 ⇒ 모두배움이모임

총화 ⇒ 하나되기

총회 ⇒ 모두 모임. 다모임. 다몯

촬영 ⇒ 찍음. 찍다

최강 ⇒ 가장 셈. 가장 굳셈. 가장 튼튼함

최고 (最高) ⇒ 으뜸. 첫째. 맨위. 가장 높음. 가장

뛰어남
최고 (最古) ⇒ 가장 오래됨
최고가 ⇒ 꼭지 금. 가장 비싼 값
최고급 ⇒ 가장좋음. 가장높음. 으뜸. 가장빼어남
최고봉 ⇒ 으뜸오름. 맨위오름. 수리오름. 가장 높은 봉우리
최고위 ⇒ 으뜸자리. 맨위. 맨윗자리
최고조 ⇒ 한창때. 한고비. 한사리
최근 ⇒ 요즘. 요새. 이마적
최남단 ⇒ 맨마끝. 마녘 맨 끝
최다 ⇒ 가장 많음
최단 ⇒ 가장 짧음
최단기 ⇒ 가장 짧은 동안. 가장 빨리
최대 ⇒ 가장 큼
최대공약수 ⇒ 으뜸함께이룸수
최대치·최댓값 ⇒ 가장 큰 값. 으뜸값
최대한 ⇒ 가장 많게. 한껏
최뚝 이름씨 논이나 밭 가에 있는 뚝 ⓑ엄마는 최뚝에 검은콩을 심었다
최루탄 ⇒ 눈물흘리개. 눈물뽑개. 눈물뽑는 쏘개알
최면 ⇒ 잠들게 함. 잠재움
최면술 ⇒ 잠재우는 꾀
최북단 ⇒ 맨노끝. 노녘 맨 끝
최빈수 ⇒ 가장잦은값. 가잦값
최상 ⇒ 맨 위
최상급 ⇒ 맨 윗길
최상층 ⇒ 맨 윗갈피. 맨 위켜
최선 ⇒ 가장 좋음. 힘껏
최선책 ⇒ 가장 훌륭한 꾀. 가장 좋은 길
최소 (最小) ⇒ 가장 작음
최소 (最少) ⇒ 가장 적음
최소공배수 ⇒ 가장 작은 두루 곱수
최소치 ⇒ 가장 작은 값
최소한 ⇒ 적어도
최소화 (最小化) ⇒ 가장작게하기
최소화 (最少化) ⇒ 가장적게하기
최솟값 ⇒ 가장작은값
최신 ⇒ 가장 새로움
최신식 ⇒ 가장새로운것. 이마적것
최신형 ⇒ 가장 새로운 꼴
최악 ⇒ 가장 나쁨
최약 ⇒ 가장 여림. 가장 무름
최우선 ⇒ 가장먼저. 맨먼저
최우수 ⇒ 가장뛰어남
최우수상 ⇒ 으뜸 기림
최장 ⇒ 가장 긺
최저 ⇒ 가장 낮음
최저가 ⇒ 가장 싼값. 바닥 금
최적 ⇒ 가장 알맞음
최적지 ⇒ 가장 알맞은 곳
최전방 ⇒ 맨 앞쪽. 싸움터
최전선 ⇒ 맨 앞줄. 싸움터
최전성기 ⇒ 한창. 한물. 한사리
최종 ⇒ 맨끝. 맨 마지막
최첨단 ⇒ 가장 앞선. 맨 앞
최초 ⇒ 맨첨. 맨 처음
최하 ⇒ 맨밑. 맨 아래
최하층 ⇒ 맨밑켜. 맨 아래 갈피. 맨 아래 켜
최후 ⇒ 맨뒤. 맨끝. 마지막. 끝. 끝장. 죽음
최후진술 ⇒ 마지막말. 끝말
최후통첩 ⇒ 마지막알림. 맨끝알림
추 ⇒ 드림쇠. 다림쇠. 봉돌
추가 ⇒ 더함. 덧붙임. 보탬. 덧붙이다. 더하다. 보태다
추격 ⇒ 뒤쫓음. 뒤쫓아 침. 쫓다. 뒤쫓다. 뒤쫓아 가다
추계 ⇒ 가을. 가을철
추곡 ⇒ 가을낟. 벼
추구 ⇒ 좇다. 들이파다. 들이캐다. 파고들다
추궁 ⇒ 캐물음. 몰아세움. 따짐. 캐묻다. 가래다. 따지다. 몰아세우다. 캐내다. 따져밝히다
추근거리다 움직씨 끈질기게 조르며 귀찮게 굴다 ⓑ바쁜데 추근거리지 말고 얼른 가 **추근대다**
추근추근 어찌씨 끈질기게 조르며 귀찮게 구는 꼴 ⓑ글레기들이 어찌나 추근추근 물어대서 떼놓고 오느라 늦었어요
추근추근하다 그림씨 끈질기게 조르며 귀찮게 구는 데가 있다
추기경 ⇒ 밭이

추기다 [움직씨] [1]살살 꾀어 무엇을 하도록 하다 ㉥어른들이 누가 힘이 센지 씨름하라고 추겨서 우리는 돌아가며 한판씩 붙었다 한뜻말 부추기다 ⇐ 권하다 [2]추켜 올리다 ㉥추긴다고 그걸 다 하니

추깃물 [이름씨] 송장이 썩어서 흐르는 물

추남 ⇒ 못난 사내

추녀 [이름씨] 처마 네 귀에 걸리는 길고 끝이 위로 들린 큰 서까래 또는 그 위 내림새 마루 ㉥추녀 물은 늘 제자리에 떨어진다

추녀 ⇒ 못난 겨집

추녀마루 [이름씨] 추녀 위 지붕 마루

추다[1] [움직씨] 춤을 몸짓으로 나타내다 ㉥춤을 추다

추다[2] [움직씨] [1]위로 솟구다 ㉥머쓱해진 나는 어깨를 으쓱 추었다 [2]위로 끌어올리거나 채어올리다 ㉥자꾸만 흘러내리는 허리춤을 추어가며 걸었다 [3]짐 같은 것을 치밀어서 올리다 ㉥등 밑으로 처진 아기를 다시 추어 업었다 [4]몸이나 기운을 추서게 하다 ㉥속앓이로 시든 몸과 마음을 추려고 바닷바람을 쐬었다 [5]짐짓 올려주며 힘을 북돋우다 ㉥다른 이 보는 데서 나를 그리 추어주니 힘이 솟았다 [6]찾아 뒤지다 ㉥집안 구석을 다 추어도 그 종이쪽을 찾지 못했다 [7]골라서 뽑아내거나 추려내다 ㉥냇바닥에서 자갈을 추었다 [8]솎아내다 ㉥흰머리를 추다. 들깨 모가 너무 배어서 좀 추어야겠다

추대 ⇒ 떠받듦. 내세움. 떠받들다. 내세우다

추도 ⇒ 간 이 기림. 간 이를 기리다. 죽은 이를 기리다

추돌 ⇒ 뒤를 들이받음. 뒤를 받다. 뒤에서 들이받다

추락 ⇒ 떨어짐. 떨어지다

추레하다 [그림씨] [1]깨끗하지 못하고 힘찬 기운이 없다 ㉥옷차림이 조금 추레한 듯해 보인다 비슷한말 꾀죄죄하다 [2]몸가짐이 너절하고 훌륭하지 못하다 ㉥남 뒷말이나 하고 다니는 추레한 짓을 하다니 비슷한말 초라하다

추려내다 [움직씨] 골라내거나 가려내다 ㉥지질한 고구마들은 추려내고 좀 굵은 것들로 담아

추렴 ⇒ 거둠. 거두다. 거두어모으다

추리 ⇒ 어림잡음. 미뤄 생각함. 어림잡다. 미뤄 생각하다. 더듬어 보다

추리다 [움직씨] [1]섞인 것에서 좋은 것을 가려내거나 뽑아내다 ㉥따온 감 가운데서 좋은 것을 추려서 어른들께 먼저 보냈다 비슷한말 고르다 [2]속내에서 쓸 것을 따다 ㉥여러 디위 읽은 뒤에 줄거리를 추려서 적었다

추리소설 ⇒ 어림이야기

추모 ⇒ 간 이 기림. 죽은 이 기림. 간 이 기리다. 죽은 이 기리다

추모비 ⇒ 기림돌

추문 ⇒ 뒷말. 뒷소리. 더러운 뜬소리

추방 ⇒ 쫓아냄. 내침. 몰아내다. 쫓아내다. 내쫓다

추분 ⇒ 한가을

추산 ⇒ 어림. 어림셈. 주먹셈. 어림잡다. 미루어 헤아리다

추상 ⇒ 두루바탈. 뭉뚱

추상명사 ⇒ 뭉뚱이름씨

추상화 ⇒ 뭉뚱그림

추서 (追書) ⇒ 덧글

추서 (追敍) ⇒ 죽은뒤 올려줌. 높여줌

추서다·추어서다 [움직씨] [1]몸이 좋아지다 ㉥시골에 와서 쉰 지 한 달 만에 몰라보게 몸이 추어섰다 [2]매개 같은 것이 제자리로 올라서다 ㉥새 일꾼들이 오고부터 매개가 몹시 추섰다

추석 ⇒ 한가위

추세 ⇒ 흐름새. 바람. 물결

추수 ⇒ 가을. 가을걷이. 가을일

추수감사절 ⇒ 가을걷이고마운날

추수기 ⇒ 걷이때

추스르다 [움직씨] [1]가볍게 들썩이며 흔들다 ㉥바가지를 추스르며 쌀을 일었다. 업은 애를 추스르며 달랬다 [2]가누어 움직이다 ㉥아픈 몸을 겨우 추슬러 일어나 앉았다

❸일부러 치켜올리며 기리다 ⓑ솜씨가 좋다느니 하며 다들 옆에서 추스린다 ❹일을 잘 다루어 마무리하다 ⓑ큰일을 잘 추스르고 다음에 보자 ❺추어올려 다루다 ⓑ꽉 찬 쌀자루가 터지지 않게 단단히 추슬러 맸다

추신 ⇒ 붙임. 덧말

추심 ⇒ 챙김. 빚 받음. 챙기다. 빚받다

추악하다 ⇒ 더럽다. 나쁘다. 지저분하다

추앙 ⇒ 우러름. 올려다봄. 우러르다. 올려다 보다

추어내다 움직씨 들추어내다. 들추어 나오게 하다 ⓑ옛날 일을 추어내고 싶지 않다

추어올리다 움직씨 ❶지나치게 높이 기리다 ⓑ조금만 추어올려도 우쭐한 마음에 물불 안 가리고 일한다 비슷한말 치켜세우다 ❷위로 끌어 올리다 ⓑ비에 젖은 머리카락을 손으로 추어올렸다

추어주다 움직씨 ❶힘을 많이 북돋아 주다 ⓑ잘한다고 추어주니 얼굴을 붉히며 어쩔 줄 모른다 ❷위로 끌어 올려주다 ⓑ짐이 무거워 뒤에서 누가 추어주면 좋겠다

추어탕 ⇒ 미꾸라지국

추억 ⇒ 옛 생각. 옛일을 생각하다. 옛일을 그리워하다

추운곳 이름씨 땅별 씨금 66.33데에서 마노 끝점에까지 이르는 곳. 또는 따습기 가장 높은 달이 10데 씨 아래로 내려가는 추운 곳. 땅별에 있는 모든 땅 온에 열일곱에 이른다 ⇐ 한대

추운곳날씨 이름씨 찬띠 땅에 나타나는 날씨로 겨울이 길고 따습기가 낮아 나무는 자라지 않는다. 한 해 내내 눈과 얼음이 덮인 얼음눈날씨와 이끼 갈래나 팡이갈래가 자랄 수 있는 언땅날씨로 나눈다 ⇐ 한대기후

추월 ⇒ 앞지름. 앞지르다. 제침. 제치다

추위 이름씨 날씨가 차져서 추운 것 ⓑ늦봄에 갑작스러운 추위가 몰아닥쳤다 맞선말 더위

추위막이 이름씨 추위를 막는 일이나 몬 ⓑ올겨울 추위막이로 털옷을 장만했다 ⇐ 방한

추위막이옷 이름씨 추위를 막으려고 입는 옷 ⇐ 방한복

추이 ⇒ 바뀜. 달라짐. 움직임. 바뀐 흐름. 옮아감

추임새 이름씨 판소리 장단을 맞추는 북재비가 소리 사이사이에 신명을 돋우려고 넣는 소리 ⓑ얼씨구! 하는 추임새가 절로 나온다 한뜻말 보비유

추잡하다 ⇒ 더럽다. 지저분하다

추장 ⇒ 우두머리

추적 ⇒ 뒤밟음. 자국 밟음. 뒤밟다. 뒤쫓다. 쫓다

추접다 그림씨 더럽고 지저분하다 ⓑ곧비야! 젊은 사람이 추접게 놀지 마라

추접스럽다 그림씨 더럽고 지저분한 데가 있다

추젓 ⇒ 가을젓

추정 ⇒ 어림. 미뤄 생각함. 어림하다. 미뤄 생각하다

추종 ⇒ 따름. 뒤따름. 좇음. 뒤따르다. 붙좇다

추지다 그림씨 물기가 배어 눅눅하다 ⓑ장마로 바닥종이가 추졌다. 추진 모래 위를 맨발로 거닐었다 비슷한말 축축하다

추진 ⇒ 밀고 나감. 밀다. 밀고 나가다

추진력 ⇒ 미는 힘. 잡을손

추징 ⇒ 더 거둠. 더 받아냄. 더 거두다. 더 받아내다

추천 ⇒ 밂. 밀다. 찍어 밀다

추천서 ⇒ 미는 글

추첨 ⇒ 제비. 제비뽑기

추축 ⇒ 뼈대. 기둥

추출 ⇒ 뽑아냄. 가려 뽑음. 뽑아내다. 가려뽑다

추출물 ⇒ 뽑아낸것

추측 ⇒ 어림. 가늠. 대중. 어림하다. 가늠하다. 대중하다. 넘겨짚다

추켜들다 움직씨 치올려 들다 ⓑ푹 숙인 고개를 추켜들었다

추켜세우다 움직씨 ❶위로 치올려 세우다 ⓑ언니가 눈썹을 추켜세우고 나를 째려보았다 비슷한말 치올리다 ❷더 높이 추어주다 ⓑ잘한다고 추켜세우니 슬기는 신이 나서 노래를 하나 더 불렀다 ❸잘 안 되는 일을 잘 되게 올려 세우다 ⓑ나물을 잘 못 뜯는 한내를 추켜세워 더 잘 뜯게 도와줬다

추켜올리다 움직씨 ❶위로 솟구어 올리다 ⓑ등짐을 바짝 추켜올렸다 ❷더 높이 추어주다 ⓑ잘한 것도 없는데 너무 추켜올리니 오히려 부끄럽다

추태 ⇒ 더러운 짓. 지저분한 꼴

추파 ⇒ 눈웃음. 눈빛. 눈짓. 눈길

추풍낙엽 ⇒ 갈바람 갈잎

추하다 ⇒ 나랍다. 못나다. 구접스럽다

추행 ⇒ 몹쓸 짓. 못된 짓. 더러운 짓

추호 ⇒ 털끝만큼. 조금도

추후 ⇒ 이다음. 앞으로. 나중

축[1] 이름씨 ❶같은 바탕이나 높이에 따라 갈라지는 또래 ⓑ엄마는 일솜씨가 좋은 축에 낀다. 그만한 나이면 젊은 축에 드는데요 ❷여러 사람으로 이루어진 무리 ⓑ한 축은 어제 떠났고 다른 축은 모레 떠난다 익은말 **축은 축대로 붙다** 서로 비슷비슷한 사람끼리 모이고 사귄다

축[2] 이름씨 오징어 스무 마리를 세는 하나치. 요즘은 열 마리를 한 축으로 한다 ⓑ오징어 좋아하는 시원이는 앉은 자리에서 가웃 축을 먹는다

축[3] 어찌씨 ❶아래로 길게 늘어지거나 처진 꼴 ⓑ어깨가 축 늘어진 모습이 보기 안쓰럽다 ❷눈꼬리 같은 것이 가로 길게 째진 꼴 ⓑ눈꼬리가 축 째진 엄지

축 (軸) ⇒ 굴대. 돌대

축 (丑) ⇒ 소

축가 ⇒ 기림노래

축구 ⇒ 공차기

축구공 ⇒ 차기공

축구장 ⇒ 공차기 마당

축나다 ⇒ 빠지다. 마르다. 모자라다

축내다 ⇒ 까다. 줄어들게 하다

축농증 ⇒ 고름곪늦

축대 ⇒ 쌓은받침

축도 ⇒ 줄인그림

축문 ⇒ 기림글

축바퀴 ⇒ 굴대바퀴

축배 ⇒ 기림술

축복 ⇒ 즐거움 빎. 재미내림

축사 (畜舍) ⇒ 짐승우리. 우리

축사 (祝辭) ⇒ 기림말

축산 ⇒ 짐승치기

축산물 ⇒ 짐승낳몬

축산업 ⇒ 짐승낳일

축산협동조합·축협 ⇒ 짐승낳일두레

축성 ⇒ 둑쌓기. 담쌓기. 둑쌓다. 담쌓다

축소 ⇒ 줄임. 작아짐. 졸아듦. 줄다. 줄이다. 졸아들다. 오므리다. 오므라들다

축약 ⇒ 줄임. 줄이다

축원 ⇒ 비라리. 빌기

축음기 ⇒ 소리모음틀

축의금 ⇒ 기림돈

축이다 움직씨 ❶물을 뿌리거나 적셔 축축하게 하다 ⓑ새끼 꼴 짚을 물에 축여놓았다 비슷한말 적시다 맞선말 말리다 ❷목구멍이나 적실 만큼 물을 조금 마시다 ⓑ목이 너무 마르니 목 좀 축이고 가자

축일 ⇒ 기림날. 잔칫날

축재 ⇒ 돈모음. 긁어모음. 돈을 모으다. 긁어모으다

축적 ⇒ 쌓음. 모음. 쌓다. 모으다

축전 (祝典) ⇒ 잔치. 잔치자리

축전 (祝電) ⇒ 기쁨번알림

축제 ⇒ 잔치. 굿. 놀이

축조 ⇒ 쌓아 지음. 세움. 쌓다. 짓다. 세우다

축지법 ⇒ 땅주름 잡기

축척 ⇒ 줄인자. 자줄임. 줄임표

축축 어찌씨 길게 아래로 늘어지거나 처진 꼴 ⓑ호박잎이 서리를 맞아 축축 늘어졌다

축축하다 그림씨 물기가 있어 젖은 듯하다 ⓑ이슬 많은 풀숲을 지나니 바지가 축축하게 젖었다 비슷한말 추지다 작은말 촉촉하다

축출 ⇒ 쫓아냄. 내침. 쫓아내다. 내치다. 물리치다. 내쫓다

축하 ⇒ 기림. 기뻐함. 기리다. 기뻐하다

축하객 ⇒ 기림손님. 잔치손님

축하식 ⇒ 기림맞이

축하연 ⇒ 잔치. 기림잔치

춘계 ⇒ 봄철. 봄
춘곤·춘곤증 ⇒ 봄고단. 봄철 나른함. 봄나른. 봄고단함
춘궁기 ⇒ 보릿고개
춘몽 ⇒ 봄꿈. 헛된 꿈
춘부장 ⇒ 어르신네. 아버님
춘분 ⇒ 한봄
춘삼월 ⇒ 봄셋달
춘천 ⇒ 수시나
춘추 ⇒ 나이. 해. 봄가을
춘추복 ⇒ 봄가을옷. 봄갈옷
춘풍 ⇒ 봄바람. 따스한 바람
춘하추동 ⇒ 네 철. 봄여름갈겨울
춘향가 ⇒ 봄꽃내노래
춘향전 ⇒ 봄꽃내이야기
출가 (出家) ⇒ 집떠남. 집떠나다
출가 (出嫁) ⇒ 시집감. 시집가다
출간 ⇒ 책 펴냄. 책 펴내다
출격 ⇒ 치러 나감. 치러 나가다
출고 ⇒ 내어줌. 내다. 내어주다
출구 ⇒ 나가는 곳. 날문. 나갈문
출국 ⇒ 나라 뜸. 나라 떠남. 나라를 떠나다
출근 ⇒ 일터 나감. 일터에 나가다
출근길 ⇒ 일텃길. 일가는 길
출금 ⇒ 돈 내어줌. 돈 나감. 돈 나가다. 돈을 내어주다
출금액 ⇒ 찾은돈. 나간돈
출납 ⇒ 들고남. 내주고받음. 들고 나다. 내주고받다
출납창구 ⇒ 돈나들곳
출동 ⇒ 떠남. 나섬. 나서다. 나가다
출두 ⇒ 나감. 나옴. 나가다. 나오다
출렁 [어찌씨] **1** 물 따위가 큰 물결을 이루며 한디위 세게 흔들릴 때 나는 소리나 그 꼴 ㉥불어난 가람물이 출렁 넘쳤다. 출렁이는 물결에 몸을 맡기고 놀았다 **2** 몬이 물속에 떨어질 때 나는 소리나 그 꼴 ㉥쫓기던 사슴이 못 속으로 출렁 뛰어 들어갔다 **출렁이다 출렁하다**
출렁거리다 [움직씨] **1** 물 따위가 큰 물결을 이루며 자꾸 세게 흔들리다 ㉥벼랑 아래 검푸른 물결이 출렁거린다 **2** 몹시 바뀌며 넘쳐나다 **출렁대다**
출렁쇠 [이름씨] 타래못 꼴로 빙빙 감아 늘고 주는 힘이 센 쇠줄 한뜻말 튀개 ⇐ 용수철. 스프링
출렁쇠저울 [이름씨] 출렁쇠가 늘어난 길이로 무게를 다는 저울 한뜻말 튀개저울 ⇐ 용수철저울
출렁이다 [움직씨] **1** 물 따위가 큰 물결을 이루며 세게 흔들리다 ㉥바람 부는 벌판에 풀이 너울처럼 출렁인다 **2** 물결을 이루듯이 붐비고 넘쳐나다 ㉥거리가 사람 물결로 출렁인다 **3** 마음이 설레다 ㉥내 마음도 큰못 물처럼 출렁인다
출렁출렁 [어찌씨] **1** 물 따위가 큰 물결을 이루며 자꾸 세게 흔들리는 소리나 그 꼴 ㉥눈 녹은 물이 출렁출렁 소리를 내며 흐른다 **2** 몬이 물속에 자꾸 떨어질 때 나는 소리나 그 꼴 ㉥돌고래 떼가 물 위로 솟구쳐 올랐다가 물속으로 출렁출렁 들어갔다 **출렁출렁하다**
출력 ⇒ 돈을 냄. 돈을 내다. 나타나다. 종이로 찍어내다
출루 ⇒ 밭나감
출리 ⇒ 버림. 놓아버림. 버리다. 놓아버리다
출마 ⇒ 나섬. 나감. 나옴. 나서다. 나가다. 나오다
출몰 ⇒ 나타났다 사라졌다 함. 나타났다 사라졌다가 하다. 나오다
출무성하다 [그림씨] **1** 위아래 굵기가 비슷하다 ㉥몸통이 출무성하다. 출무성하게 잘 자란 소나무 **2** 몬 대가리가 가지런하다 ㉥출무성하게 예쁘게 자란 콩나물 대가리
출발 ⇒ 떠남. 나섬. 떠나다. 나서다
출발선·출발점 ⇒ 비롯곳. 비롯점. 떠난 데. 나선자리
출범 ⇒ 배 떠남. 배 띄움. 비롯함. 배떠나다. 배 띄우다
출산 ⇒ 애낳이. 몸풀이. 애낳다. 몸풀다
출산율·출생율 ⇒ 애난푼수
출생 ⇒ 태어남. 남. 나다. 태어나다. 생기다
출석 ⇒ 자리나옴. 자리나감. 나오다. 나가다

출석부 ⇒ 나옴적이

출세 ⇒ 이름떨침. 벼슬에 오름. 높은 자리에 오름. 벼슬에 오르다. 높은 자리에 오르다. 이름을 떨치다

출소 ⇒ 풀려남

출신 ⇒ 난 곳. 나옴. 난 자리

출어 ⇒ 고기잡이 떠남. 고기잡이 떠나다

출연 (出演) ⇒ 나감. 나옴. 나가다. 나오다

출연 (出捐) ⇒ 돈냄. 돈댐. 돈내다. 돈대다

출연료 ⇒ 나온값

출연자 ⇒ 나오는 이. 시마리

출연진 ⇒ 나오는사람들. 시마리꾼

출옥 ⇒ 가두리 나옴. 풀려남. 가두리 나오다. 풀려나다

출원 (出願) ⇒ 바람글냄

출입 ⇒ 나들이. 드나듦. 들랑거림. 나들다. 드나들다. 들락날락하다

출입구 ⇒ 나들목. 나들문

출입문 ⇒ 문. 나들문

출자 ⇒ 밑천 댐. 밑천대다

출장 (出張) ⇒ 일 보러 감. 일 보러 나감. 일 보러 가다. 일 보러 나가다

출장 (出場) ⇒ 놀이나감

출장소 ⇒ 일봄곳

출전 ⇒ 나가 싸움. 싸우러 나감. 놀이하러 나감. 나가 싸우다. 싸우러 나가다. 놀이하러 나가다

출정 (出征) ⇒ 나가 싸움. 싸우러 나감. 나가 싸우다. 싸우러 나가다

출정 (出廷) ⇒ 판가름 방에 나감. 판가름 방에 나가다

출제 ⇒ 물음. 물음을 던짐. 묻다. 물음을 던지다

출중하다 ⇒ 뛰어나다. 남다르다. 훌륭하다

출처 ⇒ 나온곳

출출[1] 어찌씨 ❶물 같은 것이 많이 넘쳐흐르는 꼴 ⓑ시뻘건 흙탕물이 논과 길을 가리지 않고 출출 흘러넘친다 ❷비 같은 것이 짓궂게 잇달아 많이 내리는 꼴 ⓑ억센 비가 며칠째 쉬지 않고 출출 내린다 **출출하다**

출출[2] 어찌씨 어지간히 시장한 꼴 ⓑ좀 출출한데 뭐 먹을 것 없을까?

출출거리다 움직씨 ❶물 같은 것이 많이 넘쳐 자꾸 흐르다 ⓑ비가 많이 와 냇물이 불어 출출거리며 넘쳐흐른다 ❷비 같은 것이 짓궂게 잇달아 많이 내리다 **출출대다**

출출하다 그림씨 배가 조금 고픈 듯하다 ⓑ구경보다 출출한 배를 먼저 채우자

출토 ⇒ 파냄. 캐냄. 파내다. 캐내다

출토품 ⇒ 파낸것. 캐낸것

출퇴근 ⇒ 일터에 다님. 일터에 다니다

출판 ⇒ 책펴냄. 책 펴내다

출판기념회 ⇒ 책잔치. 책모꼬지

출판사 ⇒ 책 내는 곳. 책 펴내는 곳

출품 ⇒ 내어놓음. 냄. 내놓다. 내다

출하 ⇒ 짐 내보냄. 짐 실어냄. 짐 부치다. 짐 내보내다. 짐 실어내다

출항 ⇒ 배 떠남. 배 띄움. 배떠나다. 배 띄우다

출현 ⇒ 나타남. 드러남. 나타나다. 드러나다

출혈 ⇒ 피 흘림. 피 남. 피나다. 피흘리다

춤[1] 이름씨 가락에 맞추거나 신명이 나서 팔다리와 몸을 흐름에 맞게 움직이며 뛰노는 몸짓 ⓑ난 날을 맞아 가락에 맞춰 즐겁게 춤을 추었다

춤[2] 이름씨 바지나 치마처럼 허리가 있는 옷에서 허리를 접어 여민 위쪽. 곧 그 옷과 속옷 사이나 그 옷과 살 사이. '허리춤' 준말 ⓑ춤에서 꼬깃꼬깃한 돈을 꺼냈다

춤가락 이름씨 춤출 때 맞춰 추도록 켜거나 치는 가락 ⇐ 춤곡

춤곡 ⇒ 춤가락

춤굿 이름씨 나타내고 싶은 것을 춤으로 하는 굿 ⇐ 무용극

춤꽃 이름씨 춤을 잘 추거나 춤추어 먹고사는 겨집 ⇐ 무희

춤꾼 이름씨 ❶춤을 잘 추는 사람 한뜻말 춤자이 ⇐ 무용수. 댄서 ❷춤을 추어 먹고사는 사람

춤사위 이름씨 가락에 맞춰 놀리는 춤 바탕이 되는 낱낱 몸짓 ⓑ춤사위는 살풀이처럼 때에 맞춰 멋대로 하는 것과 임금 앞에서 추는 춤처럼 틀 잡힌 것이 있다 한뜻말 춤몸짓 ⇐ 춤동작

춤애지이 [이름씨] 가락에 맞추어 춤사위를 애짓는 사람 ⇐ 안무가

춤자이 [이름씨] 춤을 추는 가락보 한뜻말 춤꾼 ⇐ 무자이. 무용수. 댄서

춤짓기 [이름씨] 가락에 맞추어 춤사위를 애지음 한뜻말 춤짜기 ⇐ 안무

춤추다 [움직씨] ❶ 가락에 맞추거나 신명이 나서 팔다리와 몸을 흐름에 맞게 움직이며 뛰놀다 ㉥ 꽃잔치 동안 사흘 밤낮으로 춤추며 노는 고장도 있다 ❷ 남 말을 좇아 줏대 없이 돌아가다 ㉥ 다른 이 손에 춤추며 놀아나는 꼭두각시 ❸ 몹시 기뻐 날뛰다 ㉥ 그는 장가들어 일곱 해 만에 딸을 얻고 덩실덩실 춤추었다

춥다 [그림씨] ❶ 날씨가 차다 ㉥ 날이 추우니 얼른 집에 들어가라 맞선말 덥다 ❷ 추운 느낌이 있다 ㉥ 불을 많이 땠는데도 방이 아직 춥네 맞선말 덥다

충격 ⇒ 세게 부딪침. 한 대 맞음. 놀라 멍함. 세게 찌름. 들이침. 세게 부딪치다. 한 대 맞다. 놀라다. 놀라 멍하다. 찌르다. 들이치다

충고 ⇒ 도움말. 타이름. 타이르다. 달래다

충남 ⇒ 마미리나

충당 ⇒ 채움. 메움. 채우다. 메우다

충돌 ⇒ 부딪침. 마주침. 부딪치다. 마주치다

충동 ⇒ 부추김. 꼬드김. 부추기다. 꼬드기다. 돋우다. 북돋우다. 들쑤시다

충동구매 ⇒ 부추겨삼. 솟구쳐삼

충만하다 ⇒ 가득하다. 넉넉하다. 옹골지다. 뿌듯하다. 그득하다

충복 ⇒ 알짜종. 참섬김이

충북 ⇒ 노미리나

충분하다 ⇒ 넉넉하다. 푼푼하다. 포실하다. 가멸다. 너끈하다

충분히 ⇒ 마음껏. 넉넉히. 너끈히. 흐뭇이. 흠뻑. 흠씬. 잔뜩. 실컷. 잘. 제대로. 힘껏

충성 ⇒ 나라 받듦. 나라 섬김

충성스럽다 ⇒ 잘 섬기다

충성심 ⇒ 섬기는마음

충수염 ⇒ 막창자꼬리앓이

충신 ⇒ 참 일꾼. 참 벼슬아치

충실 (充實) ⇒ 알참. 옹참. 알짐. 단단함. 실팍하다. 알차다. 옹차다. 알지다. 단단하다. 옹골차다. 꽉차다

충실 (忠實) ⇒ 꿋꿋하다. 믿음직하다

충심 ⇒ 참마음

충원 ⇒ 채움. 메움. 채우다. 메우다

충의 ⇒ 나라섬김과 옳음

충전 ⇒ 번힘 채움. 번힘 채우다

충전기 ⇒ 번힘채움틀

충전소 ⇒ 번힘채움곳

충절 ⇒ 꿋꿋한 몸가짐

충족 ⇒ 채움. 넉넉함. 채우다. 넉넉하다

충주 ⇒ 미리수

충직하다 ⇒ 섬기고 곧다

충천 ⇒ 하늘찌름. 하늘찌르다

충청도 ⇒ 미리나 고장

충충 [어찌씨] ❶ 물 같은 것이 많이 괴어 있는 꼴 ㉥ 모내기 철을 맞아 못에는 물이 충충 고였다 ❷ 발걸음을 크게 떼며 바삐 걷는 꼴 ㉥ 어둠 속으로 충충 걸어가는 아저씨 뒷모습을 물끄러미 바라본다 작은말 총총

충충거리다 [움직씨] 발걸음을 크게 떼며 바삐 걷다 **충충대다**

충충대다 [움직씨] 마음이 움직이게 부추기다 ㉥ 엄마한테만 충충대지 말고 아버지한테 바로 말해 봐

충충하다 [그림씨] 맑거나 산뜻하지 못하고 흐리다 ㉥ 하늘이 충충하니 비가 올 것 같다

충치 ⇒ 삭은니. 벌레 먹은 이

충해 ⇒ 벌레 지실. 벌레 언걸. 벌레 덞

충혈 ⇒ 핏발 섬. 피몰림. 핏발서다. 피몰리다

충효 ⇒ 나라 섬김과 어버이 섬김

췌장 ⇒ 이자

취객 ⇒ 거나한 이

취구 ⇒ 부는구멍

취급 ⇒ 다룸. 맡기. 손댐. 다루다. 맡다. 손대다

취기 ⇒ 술김

취나물 [이름씨] ❶ 잎은 어긋나게 붙고 잎몸은 염통꼴인 여러해살이풀. 우리나라 곳곳 메

와 들에 자라며 잎과 어린싹은 으뜸가는 나물이다 [한뜻말]참취 ❷참취를 삶아 갖은양념을 쳐서 볶은 나물 [ㅂ]쌉쌀한 취나물 맛이 좋다

취득 ⇒ 차지함. 가짐. 얻음. 얻다. 차지하다. 사다. 가지다. 거두다

취락 ⇒ 마을. 삶터

취미 ⇒ 재미. 입맛. 좋아하는 일. 즐김거리

취바리 [이름씨] 탈춤놀이에 나오는 늙은 머스마. 또는 그 사람이 쓰는 탈

취사 ⇒ 밥짓기. 부엌일. 밥짓다

취사도구 ⇒ 부엌세간

취사선택 ⇒ 가려냄. 가리다. 고르다. 골라잡다. 골라내다

취사장 ⇒ 부엌. 큰 부엌

취소 ⇒ 지움. 무름. 지우다. 무르다. 되돌리다

취수 ⇒ 물끌이. 물잡이. 물끌다. 물잡다

취수구 ⇒ 물끌 구멍. 물잡이 구멍

취약하다 ⇒ 모자라다. 여리다. 무르다. 허술하다

취업 ⇒ 일자리 얻음. 일자리 얻다

취임 ⇒ 자리 맡음. 자리를 맡다. 자리에 나아가다

취임식 ⇒ 자리맡는 잔치

취입 ⇒ 소리 담기. 노래 넣기. 넣다. 담다. 소리 넣다. 소리 담다

취재 ⇒ 얘깃거리 찾음. 알릴 거리 알아냄. 찾다. 알아내다. 캐보다

취재원 ⇒ 찾은 곳. 알아낸 곳. 새뜸거리나온곳

취재진 ⇒ 새뜸거리모음이들

취조 ⇒ 캐물음. 밥받이. 캐묻다. 캐내다

취주악 ⇒ 불고치는 가락

취중 ⇒ 술김에

취지 ⇒ 뜻. 참뜻

취직 ⇒ 일자리 얻음. 일자리 잡다

취침 ⇒ 잠. 자다

취타 ⇒ 불고 침. 불고 치다

취하 ⇒ 거둬들임. 지움. 무름. 거둬들이다. 지우다. 무르다

취하다 (取-) ⇒ 가지다. 차지하다. 빼앗다. 나타내다

취하다 (醉-) ⇒ 술에 빠지다. 얼근하다. 얼큰하다. 거나하다. 얼을 빼앗기다

취학 ⇒ 배곳듦. 배곳에 들어감. 배곳에 들다

취합 ⇒ 그러모음. 뭉뚱그림. 모으다. 그러 모으다

취향 ⇒ 내킴. 쏠림. 좋아하는 일

츠렁바위 [이름씨] 가파르게 겹겹이 쌓인 바위

츠렁츠렁 [어찌씨] ❶가득 찬 물이 넘치려고 하는 소리나 그 꼴 [ㅂ]장마에 논배미마다 물이 츠렁츠렁 넘칠 듯 가득하다 ❷길게 드리운 것이 부드럽게 흔들리는 꼴 [ㅂ]츠렁츠렁 긴 그넷줄을 잡고 힘차게 솟구쳐 오른다 **츠렁츠렁하다**

츠렁츠렁하다 [그림씨] ❶물이 넘치려고 할 듯 가득 차 있다 ❷길게 드리운 것이 바닥에 닿을 듯 부드럽게 늘어져 있다

측 ⇒ 쪽

측간 ⇒ 뒷간

측근 ⇒ 곁. 옆. 손발. 가까운 이. 모시는 이

측량 ⇒ 저울질. 가늠. 헤아림. 재다. 가늠하다. 달다. 헤아리다

측면 ⇒ 옆. 옆낯. 옆쪽

측면도 ⇒ 옆그림. 옆꼴그림

측백나무 [이름씨] 잎이 비늘처럼 다닥다닥 붙은 늘푸른나무. 암수한그루로 넷 달에 꽃이 피고 가을에 열매가 익는다

측우기 ⇒ 빗물재개

측은하다 ⇒ 딱하다. 가엾다

측정 ⇒ 재기. 달기. 됨. 저울질. 재다. 달다. 되다. 뜨다. 저울질하다

측정값 ⇒ 헤아린값. 잰값

측정기 ⇒ 잼틀

측정치 ⇒ 얻은값

츨하다 [그림씨] 미끈하게 잘 자라 알차게 길다 [ㅂ]숲속 그늘에는 사생이가 츨하게 잘 자랐다

츱츱하다 [그림씨] 하는 짓이 아니꼬울 만큼 아끼거나 부끄러움이 없다 [ㅂ]스스로 생각에도 제가 한 짓이 츱츱하다고 느꼈다 ⇐ 몰염치. 염치없다

층 (層) ⇒ 켜. 겹

층계 ⇒ 서흐레. 섬. 사다리

층리 ⇒ 켜결. 켜줄무늬

층새 ⇒ 켯새

층샛돌 ⇒ 켜샛돌

층암절벽 ⇒ 겹겹바위낭떠러지

층층나무 ⇒ 켜켜나무

층층대 ⇒ 켜켯대

층층이 ⇒ 켜켜이

층층이꽃 ⇒ 켜켜꽃

층탑 ⇒ 켜쌓

치[1] [이름씨] 얼마만큼 몫 [ㅂ]오늘도 하루치 밥을 내 손으로 지어 먹었다

치[2] [이름씨] **1** 사람을 낮잡은 말 [ㅂ]마당 구석에 젊은 치들이 노닥거린다 **2** 몬을 나타내는 말 [ㅂ]배는 나주 치가 맛있다. 배추도 어제치가 더 나은 것 같네

치[3] [이름씨] 한 자 길이를 열로 나눈 하나치 [ㅂ]짧은 세 치 혀가 사람 잡는다

치[4] [느낌씨] 못마땅하거나 골날 때 내는 소리 [ㅂ]치, 누가 모를 줄 알고

치- [앞가지] (흔히 움직씨 앞에 붙어) 위를 보고. 위쪽으로 [ㅂ]치솟다. 치오르다. 치올리다. 치받다. 치감다

치 ⇒ 이

치가떨린다 ⇒ 이가 떨린다

치고받다 [움직씨] 서로 말로 다투거나 때리면서 싸우다

치과 ⇒ 이보는데

치근 ⇒ 이뿌리

치근거리다 [움직씨] 몹시 성가실 만큼 자꾸 귀찮게 굴다 [ㅂ]미나는 미루가 그렇게 치근거려도 눈썹 하나 까딱하지 않았다 **치근대다**

치근치근 [어찌씨] **1** 귀찮게 굴거나 검질기게 달라붙는 꼴 [ㅂ]꽃분이는 치근치근 달라붙는 돌쇠가 싫지만은 않았다 **2** 달라붙을 만큼 끈기 있는 꼴 **치근치근하다**

치근치근하다 [그림씨] 달라붙을 만큼 끈기가 있다

치기 [이름씨] 골진 구석이나 막바지. 갈림목 [ㅂ]살구나무골은 치기가 깊어서 예로부터 여러 집이 들어와 살았다

치기공 [이름씨] 공치기 놀이에 쓰는 공. 코르크나 고무에 실을 감고 쇠가죽으로 싸서 실로 기워 만든다 ⇐ 야구공

치기방망이 [이름씨] 공치기 놀이에서 던짐이가 던진 공을 칠 때 쓰는 방망이 ⇐ 야구방망이

치날떼 [이름씨] 쳐들어온 도둑떼 뒤나 옆에서 치고 빠지며 도둑떼를 까부수거나 뒤흔들어 물리치는 스스로 나선 잠개잡이들 ⇐ 게릴라. 빨치산

치느끼다 [움직씨] 세게 느끼다 [ㅂ]눈부신 햇빛을 치느끼며 논둑 풀을 깎았다

치는점 [이름씨] 공치기 놀이에서 치는이가 공을 쳐서 얻은 점수 ⇐ 타점

치다[1] [움직씨] **1** 부딪거나 때리거나 두드리다 [ㅂ]팽이를 치고 논다. 알았다는 듯 무릎을 쳤다 **2** ('치이다' 제힘움직씨) 수레 같은 것이 무엇과 세게 부딪다 [ㅂ]짐수레가 사람을 쳤다 **3** 두드려 소리가 나게 하다 [ㅂ]북을 둥둥 쳤다. 손뼉을 치며 좋아한다. 쇠북을 칠 때다 **4** 망치로 두드려 박다 [ㅂ]문에 못을 치고 나서 문 옆에 말뚝을 쳤다 **5** 떡메로 두드려 짓이기다 [ㅂ]돌아가며 떡을 쳤다 **6** 체로 곱게 빻거나 거르다 [ㅂ]체로 모래를 쳤다 **7** 사람 느낌문에 닿아 센 느낌을 일으키다 [ㅂ]문득 머리를 치는 생각. 귓전을 치는 시끄러운 소리 **8** 깊이나 자란 키가 사람 몸에 닿거나 이르다 [ㅂ]허리를 치는 냇물. 머리를 치는 옥수수 **9** 돌가루와 모래, 자갈, 물을 섞어 집 지을 바탕을 쌓다 [ㅂ]돌반죽을 치다 **10** 무찌르다 [ㅂ]1937해에 일어난 쫑궈니혼싸움은 니혼이 쫑궈를 먼저 쳐서 일어났다 **11** 때알림이가 소리를 내다 [ㅂ]때알림이가 낮 12시를 친다 **12** 손발이나 날개를 세게 움직이다 [ㅂ]날개를 치고 날아오는 매. 헤엄을 치다 **13** 점 같은 것을 보다 [ㅂ]점을 친다고 삶에 도움되는 것은 아무것도 없다 **14** (소리를 나타내는 이름씨와 함께 써) 냅다 지르다 [ㅂ]아우소리를 치다. 호통을 치다. 휜소리를 치다 **15** (몸짓을 나타내는 이름씨와 함께 써) 몸짓을 세게 드러

내다 ㉥곤두박질을 치다. 줄달음을 치다 ⓰('아, 어' 꼴 움직씨와 함께 써) 그 짓을 힘주어 나타내다 ㉥볶아치다. 돌아치다 ⓱(풀이말이나 임자말 '다고', '라고' 꼴이나 이름씨 뒤 '로' 꼴과 함께 써) 생각만으로 그렇게 여기다 ㉥꽃으로 치면 꽃봉오리와 같은 나이. 간다고 치고 그럼 누구랑 갈꺼니? [슬기말] **친 사람은 다리 오그리고 자고 맞은 사람은 다리 펴고 잔다** 남을 때리거나 좋지 않은 짓을 한 사람은 늘 마음이 놓이지 않으나 그 짓을 겪은 사람은 오히려 마음이 놓인다

치다[2] [움직씨] ❶발 같은 것을 펴서 늘어뜨리다 ㉥문발을 치다 ❷그물 같은 것을 펴서 벌리거나 아래로 늘이다 ㉥그물을 쳐서 물고기를 잡았다 ❸펴서 차리거나 둘러막다 ㉥오늘부터 모기 그물을 치고 자자. 바람 앞에 가리개를 쳤다 ❹바람을 만들거나 담을 쌓아 막거나 가리다 ㉥울타리를 치다. 담을 치다 ❺줄을 가로 늘이거나 매다 ㉥새끼줄을 치다. 가시줄을 치다 ❻많은 사람이 줄을 지어 길게 늘어서다 ㉥사람들이 돈을 찾으러 돈집 앞에 줄을 치고 늘어서 기다린다 ❼거미가 줄을 늘이다 ㉥거미줄을 치고 기다리는 거미 ❽대님 같은 것을 감아 매거나 두르다 ㉥대님을 치다. 감발을 치다

치다[3] [움직씨] ❶쌓이거나 막힌 쓸데없는 것을 끌어내거나 파내어 딴 곳으로 옮기다 ㉥외양간을 치다. 눈을 치다. 뒷간을 치다 ❷물길이나 물곬을 만들려고 땅을 파다 ㉥도랑을 치다. 물곬을 치다 ❸행주, 걸레 같은 것으로 문지르거나 닦다 ㉥행주로 치다. 방걸레를 치다 ❹논바닥을 고르게 하다 ㉥써레를 치다

치다[4] [움직씨] 치르거나 겪다 ㉥잔치를 칠 날이 곧 다가온다. 재봄을 치다

치다[5] [움직씨] ❶채로 공을 때리며 놀거나 겨루다 ㉥깃공 치러 가자 ❷칼이나 말, 재주 따위로 맞선이를 무찌르다 ㉥겨루기에서 빈틈을 치고 들어갔다 ❸윷가락이나 주사위 따위를 던져 끝수를 얻다 ㉥모를 치다. 도를 치다

치다[6] [움직씨] ❶비나 눈이 세차게 뿌리다 ㉥눈보라가 친다 ❷빛이 번쩍이거나 큰 소리가 나다 ㉥천둥 번개가 쳤다 ❸서리가 많이 내리다 ㉥된서리가 쳐서 싹이 얼었다 ❹물결이 거칠게 부딪치다 ㉥너울이 치다

치다[7] [움직씨] ❶셈에 넣다 ㉥너까지 쳐서 모두 셋이다. 걔는 없는 셈 치자 ❷값을 매기다 ㉥값을 넉넉히 쳐서 팔아주었다 ❸그렇다고 여기거나 받아들이다 ㉥네가 이긴 것으로 치마. 조금만 늦어도 안 온것으로 칠 것이니 알아서 하세요

치다[8] [움직씨] ❶새끼를 낳거나 까다 ㉥개가 지난밤에 새끼를 다섯 마리 쳤다 ❷푸나무가 가지나 뿌리를 내 돋게 하다 ㉥가지를 많이 친 나무는 가지를 베어주어라 ❸집짐승을 기르다 ㉥시골에서 돼지와 닭을 친다 ❹둥지를 치다 ㉥누에가 고치를 치다. 벌이 집을 치다 ❺돈벌이로 남을 머물러 묵게 하다 ㉥엄마는 손을 여럿 쳐서 살림에 보탰다

치다[9] [움직씨] ❶그리거나 긋다 ㉥맞는 풀이에 동그라미를 쳤다. 붓으로 그림을 치다 ❷단추를 두드려 글자를 박다 ㉥글자를 치다

치다[10] [움직씨] ❶무엇을 베거나 자르다 ㉥머리를 짧게 치니 시원하다. 가지를 치다 ❷가늘게 썰다 ㉥무를 가늘게 채를 쳐서 무쳤다 ❸칼로 열매 보늬를 깎다 ㉥잔치에 쓸 밤을 치는 게 힘들다 ❹쇠붙이를 달구어 연장을 만들다 ㉥낫을 치다. 호미를 치다 ❺돗자리나 가마니 같은 것을 틀로 짜다 ㉥가마니를 치다. 돗자리를 치다

치다[11] [움직씨] ❶물이나 가루를 고루 흩어지게 뿌리거나 끼얹다 ㉥물을 치다. 가루를 치다 ❷물이나 가루를 다른 것에 조금씩 따라 붓거나 뿌려넣다 ㉥소금 쳐서 간을 맞추었다

치다꺼리 [이름씨] ❶일을 치러내는 일 ㉥설 손님 치다꺼리에 누이가 가장 많이 애썼다 ❷

남을 도와 바라지하여 주는 일 ⓑ어머니는 딸아들 치다꺼리를 하느라 등골이 휘었다

치닫다 (움직씨) ❶위를 보고 달리다 ⓑ노루가 멧등성이를 보고 치달았다 ❷힘차고 빠르게 나아가다 ⓑ이제부터 앞만 보고 치달을 생각이다 ❸생각이나 느낌이 치밀어 오르다 ⓑ하늬는 우러르던 마음은 멀리 달아나고 미움만 치달아 어쩔 줄 몰라 한다

치달다 (움직씨) ❶아래에서 위로 올려 달다 ⓑ이름표를 치달아 웃음을 샀다 ❷높이 달다 ⓑ치달아 놓은 고리를 겨우 내려놓았다

치뜨다 (움직씨) 눈을 위로 뜨다 ⓑ눈 흰자위가 다 보일 만큼 눈을 치떴다

치런치런 (어찌씨) 가득 찬 물이 가장자리를 넘칠 듯 말 듯 한 꼴 ⓑ독에 든 물이 치런치런 넘칠 듯 가득 찼다 작은말 차란차란 여린말 지런지런

치렁거리다 (움직씨) ❶가득 찬 물이 자꾸 넘치려고 하다 작은말 차랑거리다 ❷길게 드리운 것이 이리저리 부드럽게 흔들리며 스칠 듯하다 **치렁대다**

치렁치렁 (어찌씨) ❶가득 찬 물이 자꾸 넘치려고 하는 꼴 ⓑ못에는 언제나 물이 치렁치렁 차 있었다 작은말 차랑차랑 ❷길게 드리운 것이 이리저리 부드럽게 흔들리며 스칠 듯한 꼴 ⓑ치렁치렁 늘어진 머리가 바람에 날린다 작은말 차랑차랑 **치렁치렁하다**

치레 (이름씨) ❶매만져서 맵시를 내는 일 ⓑ누나는 바깥나들이에 앞서 치레하느라 바쁘다 ❷어떤 일을 알맹이보다 지나치게 꾸며 드러냄 ⓑ치레에 치우친 말. 꽃잔치가 알속 없이 치레로 흘렀다 ❸어떤 일을 치르거나 겪어 낼 때, 마땅히 하여야 하는 일이나 지나야 하는 길 ⓑ한가위 치레를 하다 **치레하다**

-치레 (뒷가지) 치르거나 겪어 내는 일 ⓑ손치레. 앓이치레 비슷한말 -겪이

치렛감 (이름씨) 치레로 삼는 감 한뜻말 꾸미개. 치렛거리 ⇐ 액세서리. 패물

치렛거리 (이름씨) 치레로 삼는 거리 ⓑ옛 시라무덤에서 귀걸이, 팔찌 같은 치렛거리가 많이 나왔다 한뜻말 꾸미개. 치렛감 ⇐ 액세서리

치렛깃 (이름씨) 새 몸에 붙어 있는 모습을 아름답게 꾸며주는 깃

치료 ⇒ 나숨. 고침. 앓이 다스림. 나수다. 고치다. 앓이 다스리다

치료법 ⇒ 나숨길. 나숨수

치료비 ⇒ 나숨삯. 나숨값. 고친삯. 나숨비발

치료실 ⇒ 나숨방

치료제 ⇒ 낫개

치르다 (움직씨) ❶줄 돈이나 값을 내어주다 ⓑ일꾼들 품삯을 치렀다 ❷때가 되어 먹다 ⓑ아침이나 치르고 일터에 나가야지 ❸할 때가 되어 해내다 ⓑ잔치를 치렀다 ❹어려운 일을 겪어 내다 ⓑ큰일을 치르고도 살아남았다 ❺손님을 맞아 먹거리를 먹여 보내다 ⓑ손님을 치르다

치리 (이름씨) 물살이 느린 가람에 사는 민물고기. 등은 푸르스름하고 배는 희다

치마 (이름씨) 가랑이가 없이 몸 아랫도리에 두르는 겉옷 ⓑ다른 나라에서는 사내들이 치마를 입기도 한다

치마글칼잡이 (이름씨) 지체가 낮으면서 지체 높은 집과 사돈을 맺어 지체가 높아진 글칼잡이 ⇐ 치마양반

치마너비 (이름씨) 옷감을 잇대어 만든 치마 가로로 건너지른 길이 ⇐ 치마폭

치마저고리 (이름씨) 치마와 저고리

치마치레 (이름씨) 치마 위에 겹으로 늘어뜨려 아름답게 보이게 하는 치레

치마폭 ⇒ 치마너비

치마풀 (이름씨) 멧속 그늘지고 축축한 땅에 잘 자라는 풀. 뿌리잎이 둥글게 퍼지고 꽃대가 나와 붉은 보랏빛 꽃이 모여 핀다 ⇐ 처녀치마

치맛귀 (이름씨) 치맛자락 모서리 ⓑ치맛귀를 들어 눈물을 훔치는 모습이 애처롭다

치맛바람 (이름씨) ❶치맛자락이 움직이는 서슬 ⓑ가시가 치맛바람을 일으키며 바쁘게 문안으로 들어갔다 ❷엄마들이 보이는 드세

ㅊ

고 지나친 모둠 뭠을 빗대는 말 ㉥배움이 엄마들 치맛바람으로 가르침이들이 골머리를 앓는다

치맛자락 이름씨 치마너비에서 드리우거나 늘어진 데 ㉥개울을 지날 때 치맛자락을 살짝 들고 건넜다 익은말 **치맛자락이 넓다** 남 일에 쓸데없이 끼어들고 이러쿵저러쿵하다

치매 ⇒ 늙얼빔. 늙얼뜸. 늙얼흐림

치매기다 움직씨 디위 이름이나 차례 따위를 아래에서 위로 매기다 ㉥셈이 자꾸 틀리면 치매겨서 세어 봐라 맞선말 내리매기다

치면하다 그림씨 그릇 속에 든 것이 가장자리에 거의 닿을 만큼 차다 ㉥서랍마다 장난감이 치면하다 비슷한말 가득하다

치명상 ⇒ 크게 다침. 죽을 만큼 다침

치명적 ⇒ 죽을 만큼. 목숨과도 같은. 목숨을 걸 만한

치모 ⇒ 거웃

치목 ⇒ 나무다듬기. 나무다듬다

치밀다 움직씨 ❶ 아래에서 위로 뻗어 오르다 ㉥밀물이 가람으로 치밀어 오른다. 불길이 거세게 치밀어 올랐다 비슷한말 솟다. 오르다 ❷ 어떤 느낌이나 생각이 북받쳐 오르다 ㉥부아가 머리끝까지 치밀었다 ❸ 얹힌 뱃속 덩어리가 떠오르는 듯하다 ㉥얹힌 것이 딱딱하게 굳어 자꾸 위로 치미는 듯하다

치밀하다 ⇒ 빈틈없다. 꼼꼼하다

치받다 움직씨 ❶ 위쪽으로 받다 ㉥하늘을 치받고 서 있는 나무들 ❷ 윗사람에게 맞서다 ㉥그루는 걸핏하면 윗사람에게 치받는 버릇이 있다 ❸ 어떤 느낌이나 생각이 세차게 북받쳐 오르다 ㉥그때 생각을 하니 골이 치받는다 한뜻말 치솟다 ❹ 몹시 세차게 받다 ㉥새벽길에 갑자기 튀어나오는 고라니를 수레로 하마터면 치받을 뻔했다

치받이 이름씨 비탈진 곳에서 위로 올라가는 쪽 ㉥멧속 치받이 길을 오를 때마다 숨을 헉헉거린다

치받치다 움직씨 ❶ 불길이나 내가 세게 위로 솟구치다 ㉥뒷메에 난 불이 바람을 타고 불길이 더욱 치받쳤다 ❷ 어떤 느낌이 세게 복받치다 ㉥함께 살면서 늘 제 앞만 챙기는 사람을 보면 부아가 치받칠 때가 있다 ❸ 밑을 버티어 위로 치밀다 ㉥헛간이 기울어 튼튼한 나무로 치받쳤다

치부 (恥部) ⇒ 부끄러운 곳

치부 (致富) ⇒ 돈모음. 돈 모으다. 가멷이 되다

치빠떼 이름씨 숨어 기다리다 치고 빠지는 싸움꾼 ⇐ 게릴라

치사 (致辭) ⇒ 고맙다는 말. 고맙다고 말하다

치사 (致死) ⇒ 죽게 함. 죽이다. 죽게 하다

치사랑 이름씨 아이가 어버이를 사랑하는 것 또는 아랫사람이 윗사람을 사랑하는 것 ㉥치사랑은 좀체 없다고들 하지만 소미는 어버이와 언니들을 끔찍이 사랑한다 맞선말 내리사랑

치사량 ⇒ 죽게 할 만큼

치사하다 ⇒ 쩨쩨하다. 시시하다. 잘다

치살리다 움직씨 지나치게 살살 추켜세우다 ㉥옛날에는 솔고을 일꾼한테도 살살 치살리는 말을 해야 일이 조금 풀렸다

치석 ⇒ 잇돌. 이똥. 이쩍

치설 ⇒ 이혀

치성 ⇒ 빔. 비손. 빌다. 비손하다

치솟다 움직씨 ❶ 위로 힘차게 솟다 ㉥시커먼 구름과 함께 불길이 치솟았다 비슷한말 치받치다 ❷ 느낌이나 생각 같은 것이 세차게 북받쳐 오르다 ㉥치솟는 노여움을 누르고 마음을 가라앉혔다

치수 ⇒ 크기

치아 ⇒ 이

치안 ⇒ 그위차례. 그위지킴. 다스려 일없음

치약 ⇒ 이닦개. 이씻이

치어리더 ⇒ 신명 돋움이

치열 ⇒ 잇바디

치열하다 ⇒ 세차다. 뜨겁다. 불길같다. 박 터지다

치오르다 움직씨 아래에서 위로 오르다 ㉥갑자기 불길이 치올랐다

치올리다 움직씨 아래에서 위로 올리다 ㉥서까래를 좀 더 치올려서 걸어보게. 치올려

부는 바람 비슷한말 치키다

치외법권 ⇒ 다스림밖. 다스림 벗어난곳

치욕 ⇒ 부끄러움

치우다 [움직씨] [1] 거두어서 딴 데로 옮기다 ㉥여기 내 옷 어디로 치웠어? [2] 어떤 곳을 쓸거나 닦거나 서릇다 ㉥마루를 치우다. 방을 치우다 [3] 시집 보내다 ㉥딸 치울 때가 되었는데 사윗감이 어디 없을까? [4] 먹어서 없애다 ㉥미리내는 남은 것 먹어 치우느라 늘 배가 부르다 [5] 벌여 놓은 일을 그만두거나 끝내다 ㉥끝날 때가 되었으니 하던 일을 치우고 집에 가요 [6] 어떤 일을 너끈히 해내다 ㉥이 일을 치울만한 사람은 맑은샘밖에 없어 [7] 어떤 곳에 있는 것을 서릇어 비우다 ㉥네가 쓰던 방을 치우고 손님을 받자 [8] ('아, 어' 꼴 움직씨와 함께 써) 끝까지 해내다 ㉥먹어 치우다. 갈아 치우다

치우치다 [움직씨] [1] 고름을 잃고 한쪽으로 쏠리다 ㉥일 많이 한 시골 할머니들은 한쪽으로 치우쳐 걷는다 [2] 마음이나 생각이 한쪽에만 쏠리다 ㉥한쪽으로 치우친 생각은 바르게 보지 못한다 ⇐ 편벽되다. 편중하다. 편파하다. 편향되다

치유 ⇒ 나숨. 아묾. 고침. 나수다. 고치다. 아물다

치읓 [이름씨] 우리글 닿소리 'ㅊ' 이름

치이다[1] [움직씨] 얼마 값으로 셈이 되다 ㉥이것은 하나에 온 원씩 치였다

치이다[2] [움직씨] 터나 물길 따위를 만들려고 땅을 파내게 하거나 고르게 하다 ㉥마을 젊은이들에게 막혔던 도랑을 치였다. 논밭을 치이다

치이다[3] [움직씨] [1] 무거운 것에 내리눌리거나 깔리다 ㉥수레에 치이다. 돌에 치이다 [2] 덫 같은 데 걸리다 ㉥쥐가 덫에 치였다 [3] 어떤 힘에 눌리거나 덞을 입다 ㉥첫눈에도 힘든 삶에 치인 억센 손은 믿음직한 일꾼임을 보여 준다 [4] 어떤 일에 몰리다 ㉥일에 치여 책 읽을 짬도 없다 [5] 못 쓰게 되다 ㉥그새 얼굴이 무섭게 치였네. 꽃이 서리에 치였다 [6] 옷이나 이불에 든 솜이 한쪽으로 몰려 뭉치다 ㉥이불 솜이 치였다 [7] 천 올이 제자리에 있지 못하고 이리저리 밀리다 ㉥삼베 적삼이 치이다

치이다[4] [움직씨] [1] 쓸데없는 것을 버리거나 옮기게 하다 ㉥방을 빌려 쓴 이에게 방을 치였다 [2] 쓸고 닦게 하거나 가지런히 하도록 하다 ㉥어지럽힌 아이더러 방을 치였다

치자 [이름씨] 치자나무 열매. 맛갓이나 옷감을 노랗게 물들이는 데 쓰고 몸을 뜨거워지지 않게 하는 낫개로도 쓴다

치자나무 [이름씨] 여름에 흰 꽃이 피고 가을에 열매가 노랗게 익는 늘푸른나무

치장 ⇒ 치레. 겉치레. 꾸밈. 꾸밈새. 비음. 눈비음. 꾸미다. 다듬다. 치레하다

치적 ⇒ 쌓아온 일

치조골 ⇒ 이틀. 잇집

치조골염 ⇒ 이틀불늦

치조농루 ⇒ 너리. 너리늦. 이틀고름샛길. 이틀고름흐름

치졸 ⇒ 좀됨. 못남

치주 ⇒ 이둘레

치주염 ⇒ 이둘레불늦

치중 ⇒ 무게를 둠. 힘들임. 기울임. 무게를 두다. 기울이다. 힘들이다

치즈 [이름씨] 소젖 속에 있는 흰자밭을 뽑아 굳혀 띄운 먹거리

치질 (痔疾) ⇒ 뒷구멍 앓이. 똥꿈앓이

치질 (齒質) ⇒ 이밭. 이바탕

치켜들다 [움직씨] 위로 올려 들다 ㉥아버지가 두 팔로 나를 안아서 번쩍 치켜들었다

치켜뜨다 [움직씨] 눈을 위로 올려 뜨다 ㉥눈을 치켜뜨고 나를 노려본다

치켜세우다 [움직씨] [1] 지나치게 힘을 북돋우다 ㉥엄마는 내가 으뜸이라고 늘 치켜세워 준다 비슷한말 추어올리다 [2] 위로 올려세우다 ㉥아버지는 늘 옷깃을 치켜세우고 다닌다

치키다 [움직씨] 아래에서 위로 끌어 올리다 ㉥바지가 끌리니 좀 치켜라. 옷소매를 치키다 비슷한말 치올리다

치킨 ⇒ 닭튀김. 튀김닭

ㅊ

치타 이름씨 아프리카 풀밭에 사는 사나운 짐승. 몸은 가늘고 네 다리가 길며 옅은 밤빛 바탕에 검고 둥근 무늬가 있다. 젖먹이짐승 가운데 가장 걸음이 빠르다고 한다
치통 ⇒ 이앓이
치하 (致賀) ⇒ 기림. 기리다
치하 (治下) ⇒ 다스림 아래. 손아귀 안
치한 ⇒ 못된 놈. 나쁜 놈. 몹쓸 놈
치환 ⇒ 바꿈. 자리바꿈. 바꾸다. 자리 바꾸다
칙칙 어찌씨 ❶뜨겁게 단 몬에 물이 떨어질 때 잇달아 나는 소리 ⓑ숯불을 끄느라 물을 뿌릴 때마다 칙칙 소리가 난다 ❷김이 좁은 구멍이나 틈으로 자꾸 빠져나가는 소리 ⓑ물이 칙칙 끓는 소리가 난다. 칙칙 긴수레 소리 **칙칙하다**
칙칙폭폭 어찌씨 '칙칙푹푹' 작은말
칙칙푹푹 어찌씨 ❶긴수레가 움직일 때 나는 소리 ⓑ긴수레가 서라벌 나루를 떠나서 가웃달재 옆을 오를 때 힘이 들어 칙칙푹푹 소리를 낸다 작은말 칙칙폭폭 ❷아이들이 긴수레 놀이하며 내는 소리 ⓑ다운이는 수레 머리고 고운이는 가운데, 다빈은 꼬리가 되어 칙칙푹푹 수레 놀이를 했다
칙칙하다 그림씨 빛깔이나 낌새 같은 것이 산뜻하거나 맑지 아니하고 짙고 어둡다 ⓑ윗옷이 너무 칙칙하다
친가 ⇒ 아비집안. 아버지집안
친견 ⇒ 몸소 만남. 몸소 만나다
친교 ⇒ 사귐. 가까이 사귐. 사귀다. 가까이 사귀다
친구 ⇒ 벗. 동무
친근감 ⇒ 가까운 느낌
친근하다 ⇒ 가깝다. 허물없다. 스스럼없다
친동생 ⇒ 아우. 제아우
친딸 ⇒ 딸. 제딸
친모 ⇒ 낳은 어미. 제엄마
친목 ⇒ 가까이 어울림
친밀감 ⇒ 가까운 느낌
친밀하다 ⇒ 가깝다. 두텁다
친부 ⇒ 아버지. 제 아버지
친부모 ⇒ 어버이. 제 어버이
친분 ⇒ 알음. 알음알음
친서 ⇒ 몸소 쓴 글. 제글
친선 ⇒ 사이좋음. 잘 어울림
친숙하다 ⇒ 가깝다. 익다. 낯익다. 손익다
친아들 ⇒ 아들. 제 아들
친애 ⇒ 사랑. 사랑하다
친일파 ⇒ 니혼에 붙은 놈. 니혼따름이
친자 ⇒ 아들. 제 아들. 낳은 아들
친절 ⇒ 상냥함. 살가움. 곰살궂음. 고분고분함. 부드러움
친정 ⇒ 어미집. 가시집
친족 ⇒ 아음. 피붙이. 살붙이. 한집안. 겨레. 겨레붙이
친지 ⇒ 가까운 사람. 아는 사람
친척 ⇒ 아음. 집안사람. 겨레. 겨레붙이
친척집 ⇒ 아음집
친친 어찌씨 든든하게 자꾸 감거나 동여매는 꼴 ⓑ넝쿨이 나무를 친친 감고 올랐다 한뜻말 칭칭
친필 ⇒ 제 글씨. 손수 쓴 글씨
친하다 ⇒ 가깝다. 사이좋다. 너나들이하다
친형 ⇒ 언니. 제 언니
친형제 ⇒ 언니아우
친화력 ⇒ 너울가지. 사귐새. 붙임새. 어울리기
친환경 ⇒ 푸른 삶. 깨끗한 삶. 숲삶
친히 ⇒ 몸소. 손수. 가깝게
칠 (漆) ⇒ 옻바름. 물감바름. 바르다. 옻바르다. 물감바르다
칠 (七) ⇒ 일곱
칠게 이름씨 진흙 개펄 구멍 속에 사는 게
칠기 ⇒ 옻그릇
칠년 ⇒ 일곱 해
칠면조 ⇒ 일곱빛새
칠보 ⇒ 일곱보배
칠삭둥이 ⇒ 일곱달둥이
칠석 ⇒ 일곱 달 이레 밤
칠성 ⇒ 일곱별
칠성장어 ⇒ 일곱아가미
칠순 ⇒ 일흔 살
칠십 ⇒ 일흔

칠월 ⇒ 일곱째 달. 일곱달

칠일 ⇒ 이레. 이렛날. 일곱째 날

칠전팔기 ⇒ 일곱 디위 넘어지면 여덟 디위 일어나기

칠칠 ⇒ 일곱이레. 일곱째 이레

칠칠맞다 (그림씨) 칠칠하다 ㉥아우는 칠칠맞지 못하게 늘 무엇을 빠뜨리고 다닌다

칠칠하다 (그림씨) ❶밋밋하게 잘 자라서 알차게 길다 ㉥칠칠하게 자란 삼대 ❷일솜씨가 뛰어나고 시원하다 ㉥칠칠한 바느질 솜씨 ❸생김새나 됨됨이가 나무랄 데 없이 훌륭하다 ㉥한울은 시원한 이마며 짙은 눈썹에 몸가짐도 맵시가 있어 마을에서 칠칠하기로 이름났다 ❹터울이 잦지 않다 ㉥터울이 칠칠한 집안

칠판 ⇒ 검정널. 푸른널. 배움널

칠팔월 ⇒ 일고여덟달

칠흑 ⇒ 어두움. 깜깜함. 새까맣기

칡 (이름씨) 온몸에 밤빛 털이 나고 잎자루가 긴 잎은 세 쪽으로 나눠져 어긋맞게 나며 여름에 나비꼴 꽃이 붉은 보랏빛으로 핀 뒤 가을에 납작한 꼬투리가 달리는 덩굴나무. 뿌리와 잎은 먹고 덩굴 속껍질은 옷감으로도 쓴다

칡넝쿨 (이름씨) 칡 줄기가 길게 뻗어나간 넝쿨 ㉥나미는 칡넝쿨에 발이 걸려 엎어지며 망개나무 가시에 손이 찔렸다 한뜻말 칡덩굴

칡덩굴 (이름씨) 칡 줄기가 길게 번은 덩굴 ㉥칡덩굴이 우거졌다 한뜻말 칡넝쿨

칡범 (이름씨) 온몸에 칡덩굴 같은 무늬가 있는 범

칡소 (이름씨) 온몸에 칡덩굴 같은 얼룩덜룩한 무늬가 있는 소

침 (이름씨) 입속 침샘에서 나오는 빛깔이 없고 끈끈한 삭임물 ㉥새콤한 귤을 보자 침이 고인다 (익은말) **침 발라 놓다** 제 것임을 나타내다 **침을 삼키다·침을 흘리다** 몹시 먹고 싶어 하다. 제 것으로 하려고 몹시 바라다 **침이 마르도록** 입에 침이 마를 만큼 거듭 말하는 꼴 (슬기말) **침 뱉은 우물 다시 먹는다** 다시는 안 볼 듯이 해도 나중에 다시 만나 해달라고 한다

침 ⇒ 낫개바늘

침감·침시 ⇒ 담은감. 우린감. 감김치

침강 ⇒ 내려앉음. 꺼짐. 내려앉다. 꺼지다

침공 ⇒ 쳐들어감. 쳐들어가다. 쳐들어오다

침구 (鍼灸) ⇒ 바늘과 뜸

침구 (寢具) ⇒ 이부자리

침낭 ⇒ 자루이불. 주머니이불

침대 ⇒ 눕개. 잘데

침략 ⇒ 쳐들어감. 쳐들어가다. 쳐들어오다

침략국 ⇒ 쳐들어간 나라

침략기 ⇒ 쳐들어간 동안

침략자 ⇒ 쳐들어간 사람

침목 ⇒ 받침나무. 굄나무

침몰 ⇒ 가라앉음. 빠짐. 빠지다. 잠기다. 가라앉다

침묵 ⇒ 말 없음. 입닫음. 말 없다. 입 다물다

침방울 (이름씨) 작은 침 덩이 ⇐ 비말

침범 ⇒ 쳐들어감. 쳐들어가다. 쳐들어오다

침봉 ⇒ 바늘받침

침상 ⇒ 잘데

침샘 (이름씨) 침을 만들어 입안에 내보내는 삭임틀. 귀밑샘, 턱밑샘, 혀밑샘이 있다 ㉥맛깔스러운 고추장이 침샘을 또 건드린다 ⇐ 타액선

침소봉대 ⇒ 부풀림. 헛바람. 부풀리다. 헛바람 떨다

침수 ⇒ 물 젖음. 잠김. 물에 젖다. 잠기다. 가라앉다

침술 ⇒ 낫개바늘 놓기. 낫개가시 놓기. 바늘나숨

침식 (寢食) ⇒ 자고 먹음

침식 (浸蝕) ⇒ 깎임. 개먹음. 개먹다. 갉아먹다. 깎이다

침식작용 ⇒ 개먹기. 개먹어들기

침실 ⇒ 잠방

침엽수 ⇒ 바늘잎나무

침엽수림 ⇒ 바늘잎나무숲

침울하다 ⇒ 갑갑하다. 답답하다. 어둡다

침입 ⇒ 쳐들어감. 들이긋기. 쳐들어가다. 쳐들어오다

침입로 ⇒ 쳐들어간길. 쳐들어온길

침전물 ⇒ 앙금. 찌꺼기

침전지 ⇒ 앙금못

침착하다 ⇒ 찬찬하다. 꼼꼼하다. 차분하다. 진득하다

침체 ⇒ 가라앉음. 제자리걸음. 막힘. 나아가지 못하다. 막히다. 제자리걸음하다

침출 ⇒ 우림. 우려냄. 우리다. 우려내다

침침하다 ⇒ 어두컴컴하다. 어둡다. 컴컴하다. 칭칭하다

침탈 ⇒ 쳐서 빼앗음. 쳐서 빼앗다

침통하다 ⇒ 슬프다. 구슬프다. 뼈아프다

침투 ⇒ 스며듦. 숨어듦. 스며들다. 배어들다. 숨어들다

침팬지 이름씨 아프리카 숲이나 풀밭에 사는 짐승으로 얼굴을 빼고는 온몸에 검은 털이 나 있다. 연장을 다룰 만큼 똑똑하다

침하 ⇒ 꺼짐. 가라앉음. 내려앉음. 꺼지다. 가라앉다. 내려앉다

침해 ⇒ 개갬. 갉아먹음. 좀먹음. 개개다. 좀먹다. 갉아먹다

칩 (chip) ⇒ 닢

칩거 ⇒ 숨어 지냄. 들어박힘. 숨어지내다. 들어박히다. 엎드려 있다

칫솔 ⇒ 잇솔

칫솔질 ⇒ 잇솔질

칭디미 이름씨 바위 바람 낭떠러지를 일컫는 구러바라 고장말

칭송 ⇒ 일컬음. 기림. 기리다. 일컫다

칭얼거리다 움직씨 몸이 아프거나 마음이 못마땅하여 짜증을 내며 자꾸 보채거나 중얼거리다 ㉥칭얼거리며 보채는 아기에게 젖을 물렸다 **칭얼대다**

칭얼칭얼 어찌씨 몸이 아프거나 마음이 못마땅하여 짜증을 내며 자꾸 보채거나 중얼거리는 소리 ㉥아이가 자다 깨서 칭얼칭얼 보챈다 센말 찡얼찡얼 여린말 징얼징얼 **칭얼칭얼하다**

칭찬 ⇒ 추어올림. 기림. 기리다. 추어주다. 추다. 추켜세우다

칭칭[1] 어찌씨 ❶묶떠나 끈 같은 것을 든든하게 자꾸 감거나 동여매는 꼴 ㉥다친 다리에 헝겊 떠를 칭칭 감았다 ❷내 같은 것이 빙빙 돌면서 자욱이 낀 꼴 ㉥온터는 흰 내가 칭칭 감긴 멧굽이를 돌아나간다

칭칭[2] 어찌씨 아이가 마음에 못마땅하여 칭얼거리거나 우는 꼴 ㉥일 좀 하게 제발 칭칭 울지마라

칭칭거리다 움직씨 아이가 마음에 못마땅하여 칭얼거리거나 울다 **칭칭대다**

칭칭하다 그림씨 맑거나 산뜻하지 않고 꽤 흐리다 ㉥할아버지 눈에 칭칭하게 괸 눈물

칭퉁이 이름씨 큰 옳 ㉥마음이 깨끗하지 못하면 언젠가는 그 칭퉁이를 받는다 큰벌

칭하다 ⇒ 일컫다. 말하다

칭호 ⇒ 이름

카 (느낌씨) 맛이나 냄새가 매우 세거나 매울 때 내는 소리 ㉥카, 그 냄새 죽인다! 카! 그 술 몹시 세군 큰말커

카나리아 (이름씨) 아프리카 새로 울음소리가 아름다워 기르는 새. 털빛은 여러 가지인데 노란빛이 많다

카네이션 ⇒ 옷곳패랭이꽃

카누 ⇒ 통나무배. 쪽배. 마상이. 거룻배

카니발 ⇒ 굿. 잔치

카드 (이름씨) **1** 조그맣게 자른 두꺼운 종이나 플라스틱. 어떤 속내를 밝히는 구실을 한다 **2** 그림이나 꾸밈이 박힌 날개글발 **3** 속내를 적어 밑감을 간추리거나 셈하는 데 쓰는 종이

카랑카랑[1] (어찌씨) **1** 목소리가 쇳소리처럼 매우 높고 맑은 꼴 ㉥아침부터 아버지 목소리가 카랑카랑 들려온다 **2** 하늘이 맑고 밝으면서 날씨가 찬 꼴 ㉥내린 눈은 날씨가 카랑카랑 차지면서 얼어붙었다 **카랑카랑하다**

카랑카랑[2] (어찌씨) 물이 매우 많이 담기거나 괴어 거의 넘칠듯한 꼴 ㉥우리 마을 우물은 언제나 시원한 물이 카랑카랑 넘쳐났다 비슷한말찰랑찰랑 여린말가랑가랑

카레 (이름씨) 누렁새앙, 후추, 새앙, 마늘 따위로 만든 빛깔이 노란 매운 양념. 인디아 맛갓에 많이 쓴다

카레라이스 ⇒ 카레밥

카레밥 (이름씨) 고기, 감자, 둥글파, 당근 들을 넣어 익히고 카레를 풀어 걸쭉하게 끓여 밥에 얹어 먹는 맛갓

카리스마 ⇒ 휘어잡는 기운. 검기운

카메라 ⇒ 찍개. 빛박이틀

카무플라주 ⇒ 거짓꾸밈. 가림. 속임. 숨김

카세트 (이름씨) 카세트테이프에 소리를 담거나 담은 것을 다시 들을 수 있게 한 것

카세트테이프 (이름씨) 소리를 잡을 수 있는 테이프를 넣은 작은 플라스틱 가두리

카센터 ⇒ 수레 손질집. 수레 고침집

카스텔라 ⇒ 단설기. 설기빵

카스트 이름씨 인디아에 있는 지체 갈래. 브라만, 크샤트리아, 바이샤, 수드라가 있다

카시오페이아 ⇒ 닻별

카우보이 ⇒ 소치기. 소몰이. 소몰이꾼

카운슬러 ⇒ 도움이. 도움말꾼. 돌보는 이

카운슬링 ⇒ 도움말. 돕기

카운터 ⇒ 셈자리. 셈빗

카운터블로 ⇒ 받아치기

카운터펀치 ⇒ 받아치기

카운트 ⇒ 셈하기. 세다. 셈하다

카운트다운 ⇒ 거꾸로 세기. 짹읽기

카지노 ⇒ 노름방. 하늬노름방

카키색 ⇒ 누르밤빛. 누르흙빛

카타르시스 ⇒ 씻기. 응어리 씻기. 씻어내기

카탈로그 ⇒ 차림책. 알림표. 차림표

카테고리 ⇒ 테두리. 테안. 얼안. 울안

카툰 ⇒ 밑그림. 칸그림. 칸그림 이야기

카페 ⇒ 술집. 찻집. 마심집

카페리 ⇒ 수레배

카페인 이름씨 커피나 차에 들어 있는 이룸씨. 염이나 골을 잘 움직이게 하고 오줌을 잘 나오게 한다

카펫 ⇒ 털깔개. 보풀깔개

카피 ⇒ 베끼기. 뜨기. 밑뜨기. 베낌벌. 덧 찍기

칵[1] 어찌씨 목구멍에 걸린 것을 힘껏 뱉는 소리나 그 꼴 ⓑ가래를 칵 뱉었다 큰말 컥

칵[2] 어찌씨 ❶함부로 세게 박거나 찌르는 꼴 ⓑ말뚝을 칵 박다 한뜻말 콱 ❷숨이 단단히 막히는 꼴 ⓑ갑자기 숨이 칵! 막혀 말이 안 나온다

칵칵[1] 어찌씨 목구멍에 걸린 것을 힘껏 자꾸 뱉는 소리나 그 꼴 ⓑ아이가 갈치를 먹다가 가시가 걸려 칵칵 뱉어보지만 잘 안 나온다 **칵칵하다**

칵칵[2] 어찌씨 ❶함부로 잇달아 세게 박거나 찌르는 꼴 ⓑ쇠스랑으로 두엄을 칵칵 찔러서 퍼담았다 ❷숨이 잇달아 단단히 막히는 꼴 ⓑ올여름은 숨이 칵칵 막힐 만큼 더운 날이 많았다 **칵칵하다**

칵칵거리다[1] 움직씨 목구멍에 걸린 것을 세게 내뱉는 소리를 자꾸 내다 **칵칵대다**

칵칵거리다[2] 움직씨 자꾸 세게 박거나 찌르다 한뜻말 콱콱거리다 **칵칵대다**

칵테일 ⇒ 섞음술

칸[1] 이름씨 ❶집이나 빈 곳 같은 데를 쓸모에 맞는 크기와 꼴로 둘러막은 곳 ⓑ아흔아홉 칸짜리 집에서 살았다 ❷어떤 글자나 그림을 써넣을 수 있도록 비워놓은 곳 ⓑ다음 빈칸에 알맞은 말을 써넣으시오 ❸칸을 세는 하나치 ⓑ두칸. 다섯칸

칸[2] 이름씨 몽골, 투르키르, 타타르, 위구르 같은 겨레 임금

칸막이 이름씨 둘러싸인 곳 사이를 가로질러 막음 또는 그런 몬 ⓑ방에 칸막이를 해서 둘로 나누어 쓴다

칼[1] 이름씨 ❶무엇을 베거나 썰거나 깎는 데 쓰는 날이 있는 연장 ⓑ숫돌에 간 칼이 잘 든다 ⇐ 커터 ❷미장칼, 흙칼 따위를 두루 이르는 말 익은말 **칼을 갈다** 싸움 따위를 미리 마련하다. 어떤 일을 이루려고 모질게 마음을 먹다 슬기말 **칼도 날이 서야 쓴다** 무엇이든 쓸 수 있게 해 놔야 그 값어치가 있다 **칼로 물 베기** 다투다가도 곧 풀려 사이가 좋아지다

칼[2] 이름씨 두꺼운 널빤지 한끝에 구멍을 파내 사람 목을 끼우게 만든 옛 옭틀. 잘못한 사람에게 씌웠다 ⓑ칼을 씌우고 가둠수레에 태웠다

칼국수 이름씨 밀가루나 메밀가루 같은 것을 반죽하여 얇게 밀어 칼로 가늘게 썰어 끓는 물에 넣어 익힌 국수 ⓑ새참으로 칼국수를 해 먹었다 한뜻말 칼재비. 누룽국 맞선말 틀국수

칼끝 이름씨 칼날 맨 끝 ⓑ밤을 치다가 손가락을 칼끝에 찔렸다

칼나물 이름씨 절에서 갈치 같은 물고기를 넌지시 이르는 말

칼날 이름씨 칼에서 날이 선 곳 ⓑ무당이 칼날 위에 서서 춤을 춘다. 칼날은 너무 서도 바드럽고 무디면 힘이 든다 맞선말 칼등 슬기말 **칼날 쥔 놈이 자루 쥔 놈을 당할까** 칼날을 쥔 사

람은 칼자루를 들고 있는 사람을 맞설 수 없듯이 무슨 일이든 힘 있는 사람을 이기기는 어렵다

칼데라 ⇒ 불메못

칼등 [이름씨] 칼날과 맞은쪽 두꺼운 데 [ㅂ]칼등으로 마늘을 다졌다 [맞선말]칼날

칼라 ⇒ 깃. 옷깃. 목깃. 목 날개

칼로리 [이름씨] **1** 깨끗한 물 1그램을 1데 씨 올리는 데 드는 뜨겁기 **2** 맛갓 일힘값 하나치

칼륨 [이름씨] 수빛을 띈 부드러운 알칼리 쇠붙이 밑숫

칼리지 ⇒ 한배곳

칼바람 [이름씨] 칼로 살을 에는 듯이 차고 매서운 바람 [ㅂ]칼바람이 살을 에는 듯했다

칼바위 [이름씨] 칼날처럼 날카롭고 뾰족뾰족한 바위 [ㅂ]하늘 못은 칼바위로 둘러싸인 듯하다

칼벼락 [이름씨] 몹시 센 벼락 [ㅂ]다시 그런 짓을 했다가는 칼벼락이 떨어질 줄 알아

칼부림 [이름씨] 남을 다치게 하려고 칼을 함부로 휘두르거나 내젓는 짓 [ㅂ]칼부림을 즐기는 자는 칼에 죽는다

칼새 [이름씨] 제비와 비슷한데 몸빛은 검은 밤빛이고 바닷가 바위 벼랑이나 높은 메에 사는 여름 철새

칼슘 [이름씨] 짐승 뼈나 이를 이루는 부드러운 쇠붙이

칼싸움 [이름씨] 칼을 써서 하는 싸움 [ㅂ]칼싸움이 길어져 다치거나 죽은 사람도 그만큼 늘었다 ⇐ 검투 **칼싸움하다**

칼싹두기 [이름씨] 밀가루나 메밀가루 따위를 반죽해 방망이로 밀어 칼로 굵직하게 썰어서 물에 끓인 먹거리

칼자국 [이름씨] 칼로 베거나 찔린 자취 [ㅂ]그 사내는 얼굴에 칼자국이 있었어

칼자루 [이름씨] 칼에 달린 손잡이 [ㅂ]칼자루 쥔 놈이 칼날 쥔 놈을 못 이길까?

칼잡이 [이름씨] **1** 칼 쓰기를 바치로 하는 잠개잡이 ⇐ 검객. 검투사 **2** 소나 돼지를 잡는 일을 하던 사람 [한뜻말]무자리 ⇐ 백정

칼제비 [이름씨] 밀가루나 메밀가루 같은 것을 반죽하여 얇게 밀어 칼로 가늘게 썰어 끓는 물에 넣어 익힌 국수 [ㅂ]쌀쌀한 날에 칼제비로 몸을 녹였다 [한뜻말]칼국수

칼질 [이름씨] 칼로 무엇을 베거나 썰거나 깎는 짓 [ㅂ]칼질이 아주 서툴러 손이 벨까 걱정이다

칼집[1] [이름씨] 칼날을 꽂아 넣거나 집어넣도록 만든 몬 [ㅂ]제 칼도 남 칼집에 들면 못 찾지

칼집[2] [이름씨] 먹거리를 만들 밑감에 칼로 에어서 낸 조그만 진집 [ㅂ]도미에 칼집을 넣고 익혔다

칼춤 [이름씨] 칼을 들고 추는 춤 [ㅂ]춤꾼들이 칼춤을 추어 신명을 돋우었다 ⇐ 검무

칼칼하다 [그림씨] **1** 무엇을 마시고 싶어 목이 메마르다 [ㅂ]둥굴레 차로 칼칼한 목을 적셨다 [큰말]컬컬하다 **2** 목소리가 거칠고 갈라진 소리가 나다 [ㅂ]말을 너무 많이 해서 목이 칼칼하다 **3** 맵거나 텁텁해서 목을 쑤시는 맛이 조금 있다 [ㅂ]칼칼한 김치찌개 맛이 이곳에서 으뜸이다

캄캄하다 [그림씨] **1** 몹시 어두워 아무것도 안 보인다 [ㅂ]밤길이 캄캄하니 나다니지 마라 [큰말]컴컴하다 **2** 꿈이 없고 앞길이 까마득하다 [ㅂ]집도 없고 일도 없으니, 앞날이 캄캄하다 ⇐ 암담하다 **3** 아는 것이 조금도 없다 [ㅂ]그림 쪽으로는 아주 캄캄한 사람이다

캉캉 [어찌씨] 작은 개가 짖는 소리 [ㅂ]낯선 이를 보자 강아지가 캉캉 짖어댄다 [큰말]컹컹 **캉캉하다**

캉캉거리다 [움직씨] 작은 개가 짖는 소리가 자꾸 나다 [ㅂ]새로 들여온 강아지는 임자도 몰라보고 캉캉거린다 **캉캉대다**

캐내개 [이름씨] 드러나지 않은 일이나 몬을 바로 알아내는 틀 ⇐ 탐지기

캐내다 [움직씨] **1** 땅속에 묻힌 것을 파내다 [ㅂ]밭에 심은 고구마를 캤다 **2** 깊이 따져 속내를 알아내다 [ㅂ]딸한테서 새로운 것을 몇 가지 캐낼 수 있었다 ⇐ 탐지하다

캐러멜 ⇒ 단것조림

캐러밴 ⇒ 약대몰이. 약대몰이장사꾼. 끌집. 수레집. 떠돌이집. 바퀴집

캐럴 ⇒ 노래. 기림노래. 예수난날기림노래

캐리어 ⇒ 끌가방. 바퀴가방

캐리지 ⇒ 나르개

캐릭터 이름씨 ❶(이야기나 굿, 이야기그림에) 나오는 사람 ❷이야기나 굿속 사람을 그린 그림이나 사람 꼴

캐묻다 움직씨 알고 싶은 것을 꼼꼼히 따져 묻다 ⓑ지난 일을 두고 더는 캐묻지 않겠다 한뜻말 캐어묻다 ⇐ 탐문하다

캐비닛 ⇒ 쇠넣개

캐스터네츠 ⇒ 짝짝이

캐스팅보트 ⇒ 열쇠. 칼자루. 고동

캐주얼 ⇒ 여느옷. 가벼운 옷

캐처 ⇒ 받는이. 잡는이

캐치프레이즈 ⇒ 내세움 말. 깨우침 말

캑 어찌씨 몹시 숨 막히듯이 목청에서 겨우 짜내는 소리 ⓑ목이 간질간질하더니 기침이 캑 나왔다 **캑하다**

캑캑 어찌씨 몹시 숨 막히듯이 목청에서 잇달아 겨우 짜내는 소리 ⓑ불이 들이지 않아 내가 많이 나와 숨통이 캑캑 막힌다 **캑캑하다**

캑캑거리다 움직씨 목구멍에 무엇이 걸리거나 숨이 막혀 잇달아 겨우 짜내는 소리를 내다 ⓑ아우가 떡을 먹다 갑자기 목이 막혀 캑캑거린다 **캑캑대다**

캔디 ⇒ 알엿

캔버스 ⇒ 그림천. 바탕베

캘리포니아 이름씨 유에스를 이루는 고장 가운데 하나. 하늬쪽은 고요바다와 닿고 새녘으로는 시에라네바다 멧줄기가 뻗으며 마녘은 멕시코와 닿는데 땅 넓이는 배달거진섬 두 곱에 가깝고 유에스에서 사람이 가장 많이 사는 고장이다

캘린더 ⇒ 달셈책

캠코더 ⇒ 뭠찍개

캠퍼스 ⇒ 배곳안. 배곳 울안

캠페인 ⇒ 알림뭠. 알림물결

캠프 ⇒ 한뎃집. 베 집. 터전

캠프파이어 ⇒ 모닥불놀이

캠핑 ⇒ 들살이. 한뎃살이. 베집살이. 숲밤. 들밤. 숲살이

캡슐 ⇒ 통집. 갖풀곽

캡처 ⇒ 갈무리. 그림갈무리

캡틴 ⇒ 우두머리. 머리

커 느낌씨 ❶맛이나 냄새가 매우 세거나 매울 때 내는 소리 ⓑ커, 맛 좋다! 작은말 카 ❷곤하게 잠잘 때 내는 소리 ⓑ아버지는 낮에 일이 힘드셨는지 커! 하고 코를 골면서 주무신다

커녕 토씨 ❶말할 것도 없거니와 ⓑ밥커녕 이제껏 죽도 먹지 못했다. 비커녕 구름조차 없다 ❷말할 것도 없거니와 오히려 ⓑ소미는 도와주기커녕 일을 하나 더 주고 갔다

커닝 ⇒ 훔쳐봄. 보베낌

커다랗다 그림씨 꽤 크다 ⓑ둥근달이 커다랗게 떠올랐다 맞선말 작다랗다

커뮤니케이션 ⇒ 마음나눔. 마음주고받기

커미션 ⇒ 귓돈. 입씻이. 뒷돈

커버 ⇒ 덮개. 덮기. 막기. 가리기

커브 ⇒ 굽이. 굽이돌이. 모퉁이. 굽은 길

커서 ⇒ 깜박이

커지다 움직씨 크게 되다 ⓑ일이 너무 커져서 손을 댈 수가 없다. 바람주머니가 커지다 비슷한말 불어나다. 자라다

커터 ⇒ 자르개. 칼

커트라인 ⇒ 마감금. 끝금. 아랫금. 마지막 금. 끊는 금

커튼 ⇒ 가리개. 가림천

커팅 ⇒ 끊기. 마름질

커플 ⇒ 짝. 짝꿍. 가시버시

커플매니저 ⇒ 새들이. 갑신아비

커피 이름씨 커피나무 열매를 볶아 간 가루. 또는 이것을 넣은 차

커피숍 ⇒ 커피가게

커피포트 ⇒ 물끓이개. 차 끓이개

컨덴서·축전기 ⇒ 번힘모으개

컨디션 ⇒ 매개. 가락. 기운. 몸

컨베이어 ⇒ 나르개. 띠나르개
컨테이너 ⇒ 짐그릇. 쇠짐넣개
컨트롤 ⇒ 부림. 다룸. 주무름
컨트롤키 ⇒ 부림열쇠
컨트롤타워 ⇒ 부림머리. 다스리는 곳
컬러 ⇒ 빛깔. 멋. 무늬
컬렉션 ⇒ 모으기. 모음
컬링 ⇒ 둥글돌놀이
컬컬하다 [그림씨] [1]목이 아주 말라 무엇을 마시고 싶다 ㉥땀 빼고 컬컬해진 목을 좀 축였다 작은말칼칼하다 [2]목소리가 거칠고 갈라진 소리가 나다 ㉥먼지를 뒤집어썼더니 목이 컬컬하다 [3]맵거나 텁텁해서 목을 쏘시는 맛이 조금 있다 ㉥컬컬한 국물 맛이 끝내준다
컴백 ⇒ 돌아옴. 다시 나타남
컴컴하다 [그림씨] [1]몹시 어두워 아무것도 안 보인다 ㉥시골 마을 어귀가 컴컴했다 작은말캄캄하다 [2]꿈이 없고 앞길이 까마득하다 ㉥뭐 먹고 살아갈지 앞이 컴컴하다 ⇐ 암울하다 [3]속으로 엉큼한 데가 있고 속을 알 수 없다 ㉥속은 컴컴하고 낯짝은 두꺼운 사람이다 센말껌껌하다
컴퍼스 ⇒ 쇠끌이. 걸음쇠. 걸음나비
컴퓨터 ⇒ 슬기틀. 셈틀. 셈깨비
컴퓨터게임 ⇒ 셈틀놀이
컴퓨터바이러스 ⇒ 셈틀좀알살이
컴프레서 ⇒ 다죄개. 빈기누르개
컴프리 [이름씨] 지치 갈래에 딸린 여러해살이풀. 잎은 길둥글고 털이 있어 꺼끌꺼끌한데 데쳐 먹거나 부쳐 먹는다. 잎과 뿌리는 낫개로도 쓴다
컴플렉스 ⇒ 억눌림늧. 못난느낌
컵 ⇒ 찻그릇. 종지
컵라면 ⇒ 그릇꼬불국수. 종지꼬불국수
컹컹 [어찌씨] 큰 개가 짖는 소리 ㉥큰 개가 따라 나오며 컹컹 짖는다 작은말캉캉 **컹컹하다**
컹컹거리다 [움직씨] 큰 개가 짖는 소리가 자꾸 나다 ㉥길가를 지나는데 어느 집 개가 튀어나와 컹컹거려서 깜짝 놀랐다 **컹컹대다**
케이블 ⇒ 쇠줄. 쇠바. 번힘줄. 닻줄
케이블카 ⇒ 밧줄수레. 솔개수레
케이스 ⇒ 보기. 고리. 때. 집
케이스바이케이스 ⇒ 때맞춤. 때에 따라
케이크 ⇒ 진과자. 과자
케이티엑스 ⇒ 우리나라빠른쇠길
케일 [이름씨] 어린 가두배추 비슷하게 생긴 남새. 잎과 줄기를 쌈으로 먹거나 짓찧어 짜서 물을 내어 마신다
케임브리지 [이름씨] 잉글나라 런던 노녘에 있는 고을. 케임브리지 한배곳이 있다
케첩 ⇒ 남새과일장
케케묵다 [그림씨] [1]일이나 몬 따위가 아주 오래되어 낡다 ㉥그 케케묵은 옷 보따리 쌓아두지 말고 좀 버리지 그러니 [2]생각 같은 것이 낡아 뒤떨어지다 ㉥케케묵은 생각을 바꾸자
켕기다 [움직씨] [1]느슨하지 않고 팽팽하게 되다 ㉥바람에 바른 종이가 풀이 말라 켕겼다 [2]힘살이 빳빳하게 당기는 것처럼 결리다 ㉥하도 웃었더니 아랫배가 켕긴다 [3]속으로 걱정되거나 마음이 놓이지 않다 ㉥손을 떠는 걸 보니 속으로 켕기나 보군 [4]맞당겨 팽팽하게 하다 ㉥둘이 서로 줄을 팽팽하게 켕겼다
켕길힘 [이름씨] [1]줄이나 막대기, 널을 잡아당길 때 당기는 쪽에 곧서는 자른낮 두 쪽에서 일하는 힘 ⇐ 장력 [2]당기거나 당겨지는 힘
켜 [이름씨] 여러 겹으로 포개진 낱낱. 또는 그것을 세는 하나치 ㉥시루떡을 한 켜는 팥고물을 넣고 또 한 켜는 콩고물을 넣어 쪘다. 다섯 켜. 여섯 켜 ⇐ 층
켜결 [이름씨] 물에된바위에서 켜를 이루는 알씨들 크기, 빛, 이룸새 들이 달라 생기는 결 한뜻말켜줄무늬 ⇐ 층리
켜끄개 [이름씨] 번힘을 켰다 껐다 하는 것 한뜻말여닫개 ⇐ 스위치. 전기개폐기
켜다[1] [움직씨] [1]촛불이나 번힘불을 일으키거나 붙이다 ㉥저마다 횃불을 켰다. 어두운

방에 불을 켜라 맞선말 끄다 ❷라디오나 멀봄 같은 것을 뛰게 하다 ⓑ멀봄을 켜 공차기를 봤다 ❸성냥이나 라이터 같은 것으로 불을 붙이다 ⓑ성냥불을 켜다

켜다[2] 움직씨 ❶톱으로 나무 같은 것을 베다 ⓑ통나무를 켜서 기둥을 세웠다 ❷줄가락틀 줄을 활로 문질러 소리를 내다 ⓑ깡깡이를 켜는 줄이 끊어졌다

켜다[3] 움직씨 ❶누에고치에서 실을 뽑다 ⓑ하루 내내 고치를 켰다 ❷엿을 늘여가며 희게 짓다 ⓑ엿을 켜고 굳혀 먹기 알맞게 잘랐다

켜다[4] 움직씨 팔다리 따위 몸을 쭉 늘여 펴다 ⓑ일하다 말고 앉은 채로 기지개를 켰다

켜다[5] 움직씨 ❶물을 한숨에 세게 마시다 ⓑ물 한 그릇을 쭉 켰다 ❷목이 말라 물 같은 것을 자꾸 들이마시다 ⓑ짜게 먹었는지 물을 많이 켰다 ❸배에 바람이 차다 ⓑ고구마를 많이 먹었는지 배에 바람을 켰다 ❹일이 잘못되다 ⓑ다섯 해 동안 헛물을 켜다 올해 들어 일이 좀 풀린다

켜다[6] 움직씨 수컷이 암컷을 부르는 소리를 내다 ⓑ고라니 수컷이 암컷을 보고 캑캑하며 켠다

켜다[7] 움직씨 부채 같은 것으로 바람을 일으키다 ⓑ그늘에 앉아서도 더운지 부채로 바람을 켰다

켜돌·켜샛돌 이름씨 놀쇠붙이 맑기를 재는 데 쓰는 검은 빛 빽빽돌이나 차돌. 보나 수 조각을 이 돌 겉에 문질러 나타난 자취 빛깔과 돌금 빛깔을 견주어 맑기를 잰다 ⇐ 시금석. 층돌. 층샛돌

켜쌓 이름씨 여러 켜로 쌓아올린 쌓 ⇐ 층탑

켜켜그릇 이름씨 차례로 포갤 수 있게 서너 낱 그릇을 한 벌로 하여 만든 맛갓그릇. 나들이할 때나 맛갓을 나를 때 쓴다 한뜻말 켜켜도시락 ⇐ 찬합

켜켜꽃 이름씨 여름에 흰 붉은 꽃이 켜켜로 피는 풀. 어린싹은 먹는다 ⇐ 층층이꽃

켜켜나무 이름씨 가지가 여러 켜를 이루면서 여러 쪽으로 퍼지며 자라는 나무 ⇐ 층층나무

켜켜이 어찌씨 여러 켜마다 ⓑ수수 가루에 팥고물을 켜켜이 얹어 떡을 찐다 ⇐ 층층이

켜켜집 이름씨 넓거나 크지 않아도 짜임새 있게 지어 쓸모 있는 살림집 ⇐ 찬합집

켜켯대 이름씨 높은 곳을 오르내릴 수 있게 나무와 돌로 켜가 지게 만든 것 ⇐ 층층대. 계단

켤레 이름씨 신이나 버선, 방망이 따위 두 짝을 한 벌로 세는 하나치 ⓑ하늬버선 열 켤레를 샀다

켯새 이름씨 ❶누런보 몬 밑바탕 ⇐ 층새 ❷누런보를 켜샛돌에 대고 문질러 그 빛수를 맞추어 보는 대중 연장 ⇐ 층새

켯속 이름씨 일이 되어 가는 속내 ⓑ무슨 켯속이 있길래 그리 가슴을 졸이느냐

코[1] 이름씨 ❶사람이나 짐승 얼굴에서 눈과 입 사이에 있어 숨을 쉬거나 냄새를 맡는 숨틀 ⓑ코로 숨을 깊이 들이마셨다. 오뚝한 코 ❷콧구멍에서 나오는 끈적거리는 물 ⓑ아이가 코를 질질 흘리고 다닌다 한뜻말 콧물 ❸신이나 버선 따위에서 오뚝하고 뾰족하게 내민 앞 끝 ⓑ버선코를 감추고 앉았다 ❹콧대 준말 ⓑ그는 코가 세서 누구 말도 들리지 않았다 익은말 **코가 납작해지다** 뻐기거나 씩씩하던 사람이 맞꾼에게 지거나 눌려 풀이 꺾이다 슬기말 **코가 석 자나 빠지다** 몹시 풀이 죽거나 김이 빠지다. 몹시 어려운 매개에 빠지다 **코에 걸면 코걸이 귀에 걸면 귀걸이** 마땅한 까닭이나 뿌리를 밝히지 않고 제멋대로 그때그때 까닭을 붙이는 것

코[2] 이름씨 뜨개나 그물 따위에서 눈마다 생겨나는 매듭. 또는 그것을 세는 하나치 ⓑ뜯어진 코를 기웠다. 한 코 한 코 떠서 만든 벙어리 손쓰개

코끝 이름씨 콧등 끝 ⓑ코끝으로 땀이 똑똑 떨어진다

코끼리 이름씨 뭍에 사는 네발짐승 가운데서 몸이 가장 크며 길게 늘어진 코와 긴 두 엄니를 가진 젖먹이 짐승. 흔히 더운 곳에 살며 살가죽은 두껍고 털이 없다

코나룻 이름씨 코 아래에 난 나룻 ⇐ 콧수염

코너 ⇒ 모퉁이. 귀퉁이. 구석

코너킥 ⇒ 구석차기. 모서리 차기

코대답 ⇒ 코맛갊

코드 ⇒ 줄. 이음줄. 끈

코딱지 이름씨 ❶콧구멍에 콧물과 먼지가 엉겨 말라붙은 것 ⓑ코딱지 떼서 옷에 슬그머니 붙였다 ❷보잘것없이 작은 것 ⓑ코딱지만 한 게 까불고 있어

코뚜레 이름씨 나뭇가지를 둥그스름하게 휘어 소 코에 꿴 것. 어른 손가락 굵기만 한 노간주나무 줄기로 많이 만들고 고삐를 이곳에 맨다 ⓑ다 큰 소에 코뚜레를 끼우고 고삐를 매었다

코란 이름씨 마호멧 가르침과 따름이들이 지킬 것을 적은 이슬람 가르침 책

코로나 ⇒ 해고리. 햇무리. 빛고리

코르크 ⇒ 보굿

코르크나무 ⇒ 보굿나무

코리아 이름씨 우리나라를 잉글말로 부르는 소리

코리아타운 ⇒ 배달겨레마을

코맛갊 이름씨 못마땅하여 건성으로 콧소리로 맛갊는 것 ⇐ 코대답

코맹맹이 이름씨 코멘소리를 내는 것 또는 그런 사람 ⓑ한슬이는 코맹맹이라 맨날 코맹맹이 소리를 낸다

코머리 이름씨 ❶고을 그위집에 딸린 재주꽃 우두머리 ❷배 이물이나 신에 삐죽 나온 앞쪽

코멘소리 이름씨 ❶코가 막힌 사람이 하는 말소리 ⓑ듣기 답답하니 그 코멘소리 좀 그만해라 한뜻말코맹맹이 ❷마음이 북받쳐 올라 울먹이며 말하는 소리 ⓑ보리는 코멘소리로 말하다가 눈물을 훔쳤다

코멘트 ⇒ 한 말씀

코미디 ⇒ 우스개. 익살. 웃음굿

코미디언 ⇒ 익살꾼. 어릿광대

코믹 ⇒ 익살

코밑 이름씨 코 바로 밑 ⇐ 인중

코바늘 이름씨 한쪽이나 두 끝이 갈고리꼴로 된 뜨개바늘 ⓑ코바늘로 머리쓰개를 떴다

코발트 이름씨 쇠보다 무겁고 단단한 흰빛 쇠붙이

코발트빛 ⇒ 하늘빛. 짙은 파란빛

코불늦 이름씨 코안 끈끈청에 생기는 불늦 ⇐ 비염. 코염증

코브라 이름씨 아프리카와 아시아 더운 고장에 사는 큰 뱀. 센 죽개를 지녔다

코빼기 이름씨 ❶코 낮춤말 ⓑ마을 사람들이 구석구석 코빼기를 마주 대고 앉아 이야기를 나눴다 ❷사람 얼굴 모습 ⓑ일손이 아쉬울 때는 코빼기도 안 보이더니 먹을 때가 되니 어디서 이렇게 몰려와?

코뼈 이름씨 코를 이루는 뼈

코뿔소 이름씨 머리에 뿔이 하나나 둘 있고 몸은 둥글고 머리는 길고 크며 흔히 더운 곳 축축한 데서 사는 젖먹이 짐승. 수마트라코뿔소, 인디아코뿔소, 흰코뿔소, 검은코뿔소들이 있다 한뜻말무소

코스 ⇒ 길. 앞길. 달릴길. 갈길. 차례

코스모스 ⇒ 살사리꽃. 누리

코스트 ⇒ 든돈. 밑돈. 먹힌 값. 먹은금. 밑천. 비발

코싸등이 이름씨 콧등

코알라 ⇒ 주머니너구리

코앎 이름씨 냄새 맡아 앎 ⇐ 비식

코앞 이름씨 아주 가까운 곳이나 곧 닥칠 앞날 ⓑ사람은 바로 코앞도 보지 못한다 비슷한말눈앞

코염증 ⇒ 코불늦

코웃음 이름씨 콧소리를 내며 비웃는 것 또는 그 웃음 ⓑ흥! 코웃음을 쳤다 비슷한말비웃음 ⇐ 조롱

코일 ⇒ 감줄

코일링 ⇒ 말아쌓기. 감아쌓기

코치 ⇒ 가르침. 뚱겨줌. 몸닦달. 뭠 가르침이. 놀이 가르침이

코침 이름씨 종이 끝을 뾰족하게 돌돌 만 것으로 콧구멍을 간질이는 것 ⓑ놀다가 먼저 자는 아이한테 코침을 놓았다

코코넛 이름씨 코코야자 열매

코큰소리 이름씨 잘난 체하는 소리 ⓑ재는 제대로 하지도 않고 코큰소리만 잘한다

코털 이름씨 콧구멍 안에 난 털 ⓑ쪽가위로 삐죽 나온 코털을 잘라냈다

코트(coat) ⇒ 웃옷. 덧옷

코트(court) ⇒ 놀이터. 겨룸터

코튼 ⇒ 미영. 미영베. 미영실. 무명. 무명베. 무명실

코팅 ⇒ 입힘. 덧씌움

코피 이름씨 콧구멍으로 흘러나오는 피 ⓑ코를 다친 적이 있어 겨울철에 코피가 자주 터진다

코하다 움직씨 '잠자다' 아이말 ⓑ우리 아기 맘마 먹었으니 이제 코하자

코허리 이름씨 콧등에서 잘록한 데 ⓑ아빠가 돋보기를 코허리에 걸치고 책을 본다

코흘리개 이름씨 **1** 늘 콧물을 흘리는 아이 ⓑ질질 짜던 코흘리개가 이제 의젓하게 다 컸구나 **2** 철없는 아이 ⓑ코흘리개 적부터 쇠꼴을 베러 다녔다 ⇐ 철부지

콕 어찌씨 야무지게 조금 깊이 찌르거나 박는 꼴 ⓑ손가락으로 옆구리를 콕 찔렀다 큰말 쿡

콕소리 이름씨 작게 찌르듯이 가볍게 나무라거나 타이르는 말. 잔소리와 달리 듣기 싫도록 자꾸 하는 말이 아니다 ⓑ말 없는 아버지가 술을 자주 마시지 말라고 콕소리를 하였다

콕주먹 이름씨 작거나 가볍게 때리거나 휘두르거나 치는 주먹. 작지만 제법 힘이 있는 주먹 ⇐ 잽

콕질 이름씨 작지만 제법 힘있게 치거나 찌르는 일이나 짓

콕콕 어찌씨 **1** 자꾸 야무지게 찌르거나 박는 꼴 ⓑ어깨가 콕콕 쑤셔 잠을 못 잤다 큰말 쿡쿡 **2** 마음을 야무지게 자꾸 찌르는 꼴 ⓑ버시 말이 가슴을 콕콕 찌른다 **3** 아픈 느낌을 자꾸 야무지게 주는 꼴 ⓑ부은 다리가 자꾸 콕콕 찌른다 **콕콕하다**

콕콕거리다 움직씨 자꾸 야무지게 찌르거나 박는 꼴 ⓑ새들이 나무에서 벌레를 콕콕거리며 잡아먹는다 큰말 쿡쿡거리다 **콕콕대다**

콕콕질 이름씨 제법 힘있게 잇달아 작게 치거나 찌르는 일이나 짓

콘도·콘도미니엄 이름씨 방을 산 사람이 쓰지 않을 때는 벌데에 맡겨 건사하는 집처럼 쉬고 자는 곳

콘사이스 ⇒ 깡총말집

콘서트 ⇒ 노래마당. 가락잔치

콘센트 ⇒ 번힘꽂개. 꽂이개. 꽂개집

콘크리트 ⇒ 돌반죽. 반죽돌

콘택트렌즈 ⇒ 눈속거울. 눈알유리

콘테스트 ⇒ 겨루기. 내기. 겨루기모임. 겨루기잔치

콘텐츠 ⇒ 속내. 알감. 알맹이. 알속

콘트라베이스 이름씨 하늬 켜는가락틀 가운데 가장 큰 것. 소리도 가장 낮다

콜라 ⇒ 검쏨물

콜라주 ⇒ 붙이기. 붙임 그림. 붙여그리기

콜레라 ⇒ 쥐통

콜레스테롤 이름씨 짐승 골이나 핏속에 많이 들어 있는 기름기 많은 몬

콜록 어찌씨 가슴 조금 깊은 곳에서 기침하는 작고 거친 소리나 그 꼴 ⓑ어린아이가 고뿔에 걸렸는지 기침을 콜록 한다 큰말 쿨룩 **콜록하다**

콜록거리다 움직씨 가슴 조금 깊은 곳에서 잇달아 기침하는 작고 거친 소리가 잇달아 나다 ⓑ밤새 아내가 콜록거리느라 잠도 한숨 못 잔 듯하다 큰말 쿨룩거리다 **콜록대다**

콜록콜록 어찌씨 가슴 조금 깊은 곳에서 잇달아 기침하는 작고 거친 소리나 그 꼴 ⓑ입을 막고 콜록콜록 기침을 했다 큰말 쿨룩쿨룩 **콜록콜록하다**

콜택시 ⇒ 부름수레. 부름삯수레

콤바인 ⇒ 바심수레

콤비·콤비네이션 ⇒ 짝맞춤. 옴살. 어울림

콤팩트디스크 이름씨 빛짓말로 적은 가락이나 뮘그림 따위 알감을 되살리는 연장

콤팩트집합 ⇒ 옹골모임

콤퍼지션 ⇒ 짜임새. 꾸밈새

콤플렉스 ⇒ 못난느낌. 억눌림늪

콧구멍 이름씨 ❶코에 뚫린 구멍 ⓑ그나마 콧구멍이 둘이니 숨을 쉬지 ❷구멍이나 빈 곳 따위가 아주 좁은 것을 빗댄 말 ⓑ콧구멍만 한 집에서 셋이 살았다

콧김 이름씨 콧구멍에서 나오는 더운 김 ⓑ누런 소가 뿌연 콧김을 내뿜는다 익은말 **콧김이 세다** 힘이나 끼치는 기운이 세다

콧날 이름씨 콧마루 날을 이룬 쪽 ⓑ콧날이 오뚝하다

콧노래 이름씨 입을 다물고 코로 소리 내어 부르는 노래 ⓑ하늬가 즐거운지 콧노래를 흥얼흥얼한다 ⇐ 허밍

콧대 이름씨 ❶콧등 줄기 ⓑ하늬사람들은 우리 보다 콧대가 높다 ❷코가 큰 사람 ⓑ콧대 크다고 다 쓸모가 있는 것은 아니다 한뜻말 콧대바우. 콧대쟁이 ❸몹시 우김 또는 몹시 우기는 사람 ⓑ바우는 콧대가 아주 세다 ❹저만 잘났다고 우쭐대는 것 또는 그런 사람 ⓑ하늘은 스스로 얼짱이라고 콧대가 높다 익은말 **콧대가 높다** 스스로 잘났다고 여기며 거들먹거리다 **콧대를 꺾다** 거들먹거리고 잘난 체하는 사람 풀을 꺾어 놓다

콧등 이름씨 코 등성이 ⓑ벗 아이가 몹시 아프다는 얘기를 들으니, 콧등이 찡하더라 한뜻말 코싸등이

콧머리 이름씨 코 끄트머리 ⓑ콧머리가 시큰하며 눈물이 흘렀다

콧물 이름씨 콧속에서 흘러나오는 물 ⓑ고뿔탓에 콧물이 줄줄 흐른다

콧방귀 이름씨 코로 나오는 숨을 막았다가 갑자기 터뜨리면서 킁킁 불어 내는 소리 ⓑ장사 밑천 좀 꾸어달라고 했지만, 그는 콧방귀만 뀌었다 익은말 **콧방귀를 뀌다** 남 말을 대수롭지 않게 여기거나 남을 낮추어 보거나 하찮게 여겨 들은 체도 하지 않다

콧소리 이름씨 ❶콧구멍으로 내는 소리 ⓑ콧소리로 노래 불렀다 ⇐ 비음 ❷코멘소리 ❸'ㄴ, ㅁ, ㅇ'처럼 콧속을 울리면서 내는 소리 ⓑ아우가 귀여운 척 콧소리를 섞으며 졸라댄다 ⇐ 비음

콧속 이름씨 콧구멍 속 ⓑ콧소리는 콧속을 울려서 내는 소리이다. 콧속이 헐었다 한뜻말 코안 ⇐ 비강

콧수염 ⇒ 코나룻

콧잔등 이름씨 콧등 ⓑ매운 것을 먹고 콧잔등에 땀방울이 송송 맺혔다 익은말 **콧잔등이 간지럽다** 남을 놀리거나 속이면서 그렇지 않은 척하려니 웃음을 참기 어렵다

콧집 이름씨 코를 이룬 살덩어리

콩[1] 이름씨 잎과 줄기엔 부드러운 밤빛 털이 나고 잎은 세 낱 쪽잎으로 된 겹입이고 줄기 끝 쪽은 덩굴지는 한해살이풀. 나비꼴 꽃이 지면 길쭉한 꼬투리 안에 열매가 맺는다. 콩묵이나 된장, 콩나물 같은 온갖 먹거리에 쓴다 익은말 **콩 볶듯** ❶쏘개를 마구 잇달아 쏘아대는 꼴을 이르는 말 ❷사람을 달달 볶아서 괴롭히는 꼴을 이르는 말 슬기말 **콩 볶아 먹다가 가마솥 깨뜨릴라** 조그만 재미를 보려다가 큰일을 저지른다 **콩 심은 데 콩 나고 팥 심은 데 팥 난다** 뿌린 대로 거둔다. 무슨 일이든 말미에 따라 열매가 맺힌다 **콩으로 메주를 쑨대도 믿지 않는다** 아무리 바른말을 해도 곧이듣지 않는다. 늘 거짓말을 하는 사람 말은 어떤 말을 해도 믿지 않는다 **콩을 팥이라 해도 곧이듣는다** 콩과 팥을 못 가릴 만큼 사람이 어리석다. 남이 하는 말을 곧이곧대로 듣다

콩[2] 어찌씨 작고 단단한 것이 바닥에 떨어지거나 부딪쳐 나는 소리 ⓑ밤나무 밑을 지나가다 밤이 떨어져 머리에 콩 부딪쳤다 큰말 쿵

콩가루 이름씨 콩을 볶아서 빻은 가루 ⓑ인절미에 콩가루를 묻혀 먹었다

콩가루집안 이름씨 위아래가 없고 잘 뭉쳐지지 않아 실랑이가 끊이지 않는 집안 ⓑ이 집구석도 아주 콩가루 집안이네

콩고 이름씨 아프리카 같금 가까이에 있는 나라

ㅋ

콩고물 이름씨 콩가루로 만든 고물

콩국 이름씨 삶은 콩을 갈아 짜낸 국물. 흔히 여름에 국수를 말아 먹는다

콩기름 이름씨 콩에서 짜낸 기름 ⓑ부침냄비에 콩기름을 두르고 달걀을 부쳤다

콩깍지 이름씨 콩을 떨어낸 껍데기 ⓑ삶은 콩깍지를 벗겼다

콩깻묵 이름씨 콩에서 기름을 짜내고 남은 찌꺼기. 집짐승 먹이나 거름으로 쓴다

콩꼬투리 이름씨 콩알이 들어 있는 꼬투리 한뜻말콩달개

콩나물 이름씨 콩을 불렸다가 싹을 틔우고 긴 대가 자라게 한 것. 또는 그것을 삶아 무치거나 볶은 나물 ⓑ집에서 콩나물을 길러 먹는다 한뜻말콩지름

콩나물배움방 이름씨 배움이들이 시루에 콩나물 박히듯 꽉 들어앉아 배우는 좁은 방 ⇐ 콩나물교실

콩나물시루 이름씨 ❶콩나물을 기르는 둥근 질그릇 ⓑ너 콩나물시루에 키운 콩나물 먹어봤어? ❷사람이 빽빽이 들어찼음 ⓑ버스가 오늘은 콩나물시루네

콩나물콩 이름씨 콩나물을 기르는 데 쓰는 잘고 푸르스름한 콩 ⓑ콩나물콩으로 기른 콩나물이라야 제맛이 난다 한뜻말콩지름콩

콩닥 어찌씨 ❶작은 절구나 방아를 찧을 때 나는 소리나 그 꼴 ⓑ절구통에 마늘을 넣고 콩닥 찧었다 큰말쿵덕 ❷두렵거나 설레어 가슴이 세차게 뛰는 소리나 그 꼴 ⓑ첫사랑과 똑 닮은 뒷모습에 가슴이 콩닥 뛰었다 **콩닥하다**

콩닥거리다 움직씨 ❶작은 절구나 방아를 찧는 소리가 잇달아 나다 ⓑ아주머니가 마늘을 콩닥거리며 찧는다 ❷두렵거나 설레어 가슴이 자꾸 세차게 뛰다 ⓑ콩닥거리는 가슴을 가라앉히고 품삯 종이쪽을 살폈다 **콩닥대다**

콩닥콩닥 어찌씨 ❶작은 절구나 방아를 잇달아 찧을 때 나는 소리나 그 꼴 ⓑ설을 맞아 오랜만에 디딜방아 찧는 소리가 콩닥콩닥 들린다 큰말쿵덕쿵덕 ❷두렵거나 설레어 가슴이 잇달아 뛰는 꼴 ⓑ그 사람을 만나자, 가슴부터 콩닥콩닥 뛴다 한뜻말콩당콩당 **콩닥콩닥하다**

콩달개 이름씨 콩꼬투리

콩당 어찌씨 ❶단단한 것에 무겁고 작은 것이 부딪쳐 나는 소리나 그 꼴 ⓑ돌에 호두를 놓고 망치로 콩당 내리쳐 깨뜨렸다 ❷몹시 튀길심 있게 뛰어오르는 꼴 ⓑ개구리가 콩당 뛰어올라 물속으로 들어갔다 ❸놀라서 가슴이 몹시 뛰는 꼴 ⓑ가랑잎만 봐도 가슴이 콩당 뛰는 때이다 **콩당하다**

콩당거리다 움직씨 ❶단단한 것에 무겁고 작은 것이 부딪치는 소리가 자꾸 나다 ❷몹시 튀길심 있게 자꾸 뛰어오르다 **콩당대다**

콩당콩당 어찌씨 ❶단단한 것에 무겁고 작은 것이 부딪쳐 자꾸 나는 소리나 그 꼴 ⓑ주먹으로 아들 가슴을 콩당콩당 치면서 이놈아! 내가 얼마나 가슴이 탔는지 아니? 한뜻말콩닥콩닥 ❷몹시 튀길심 있게 자꾸 뛰어오르는 꼴 ⓑ와! 하며 콩당콩당 뛰어오르며 손뼉을 치는 아이들 ❸놀라서 가슴이 몹시 뛰는 꼴 ⓑ이쁜이를 보자 얼굴이 붉어지며 가슴이 콩당콩당 방망이질했다 ❹튀어 오르듯 잰걸음으로 빨리 걷거나 뛰는 꼴 ⓑ잔치 마련이 막바지에 이르자 다들 콩당콩당 뛰어다녔다 **콩당콩당하다**

콩묵 이름씨 물에 불린 콩을 갈아서 자루에 넣고 짜낸 콩물을 끓인 다음 간물을 넣어 엉기게 한 맛갓. 자루에 남은 찌꺼기를 띄운 것을 비지라 한다 한뜻말조피 ⇐ 두부

콩밥 이름씨 ❶쌀에 콩을 섞어 지은 밥 ⓑ콩밥은 꼭꼭 씹어 찬찬히 먹어라 ❷가두리에 갇힌 사람이 먹는 밥 ⓑ콩밥을 먹은 지도 어느덧 두 해가 지났다

콩밭 이름씨 콩을 기르는 밭

콩새 이름씨 참새보다 좀 큰 몸집에 부리가 굵고 튼튼하며 등은 밤빛이고 배는 옅은 밤빛을 띠며 날개는 검푸른 겨울 철새. 마을 가까운 숲에 산다

콩알 이름씨 ❶콩 낱알 ⓑ튀김냄비에 콩알을 볶았다 ❷매우 작은 것을 빗댄 말 ⓑ콩알만 한 녀석이 까불고 있어

콩잎 이름씨 콩에서 난 잎. 흔히 부드러울 때 콩잎 김치를 담가 먹는다

콩자반 이름씨 콩을 불려 지렁에 조린 먹거리 ⓑ오빠는 콩자반을 좋아했다 한뜻말콩장

콩주머니 이름씨 천으로 작은 주머니를 만들어 그 안에 콩, 팥이나 모래를 넣어서 던지거나 발로 차는 아이들 놀잇감 ⇐ 오자미

콩쥐팥쥐 이름씨 이어 내려오는 우리 겨레 옛이야기. 착하고 어진 콩쥐가 새엄마와 팥쥐에게 못 견딜 만치 괴롭힘을 많이 겪으나 하늘이 도와 온갖 어려움을 이겨낸다는 줄거리

콩지름 이름씨 콩나물

콩짜개 이름씨 두 쪽으로 갈라진 콩 한 쪽

콩케팥케·콩케팥케 이름씨 ❶몬이 뒤섞여 뒤죽박죽된 것. 시루에 떡을 안칠 때 콩켜와 팥켜가 뒤섞여 있다는 데서 옴 ⓑ멧돼지가 파헤치고 간 밭은 콩케팥케였다 비슷한말뒤죽박죽 ❷(어찌씨) 마구 뒤섞여 뒤죽박죽된 꼴 ⓑ방안이 온통 콩케팥케 어질러져 있다

콩콩 어찌씨 ❶단단한 바닥에 작은 것이 자꾸 떨어지거나 부딪쳐 나는 소리 ⓑ아내는 부엌에서 콩콩 손 절구질을 한다 큰말쿵쿵 센말꽁꽁 ❷바닥을 힘차게 밟으며 빨리 걷거나 뛰어가는 소리나 그 꼴 ⓑ아이가 바닥을 콩콩 울리며 건넌방에서 뛰어왔다 ❸몹시 바쁘거나 안타까운 일로 냉큼냉큼 뛰는 소리나 그 꼴 ⓑ아이가 놀이틀을 사달라고 떼를 쓰며 발을 콩콩 울린다 ❹놀라거나 두려워서 가슴이 자꾸 세게 뛰는 소리나 그 꼴 ⓑ쥐를 보고 가슴이 콩콩 뛰었다 **콩콩하다**

콩콩거리다 움직씨 ❶단단한 바닥이나 몬 위에 작고 가벼운 몬이 잇달아 떨어지거나 부딪쳐 소리가 나다 ⓑ윗집 아이가 콩콩거린다 큰말쿵쿵거리다 ❷놀라거나 두려워서 가슴이 조금 세게 잇달아 뛰다 **콩콩대다**

콩쿠르 ⇒ 솜씨자랑. 재주자랑. 겨루기잔치

콩트 ⇒ 토막이야기. 한뼘이야기

콩팔칠팔 어찌씨 ❶갈피를 못 잡게 함부로 지껄이는 꼴 ⓑ콩팔칠팔 막 지껄여 댄다 ❷하찮은 일을 가지고 트집 잡듯이 캐어 따지는 꼴 ⓑ어제 산 옷이 작아 바꾸러 갔는데 콩팔칠팔 따지며 안 바꿔주려 한다 **콩팔칠팔하다**

콩팥 이름씨 등뼈를 가진 짐승 몸속에서 오줌을 걸러 내는 틀. 핏속에서 오줌을 걸러 오줌통으로 보낸다 ⓑ콩팥에 더움이 난 뒤로 오줌 누기가 힘들다 ⇐ 신장

콩팥허파앓이 이름씨 콩팥에 생기는 허파앓이. 허파앓이팡이가 핏줄이나 림프를 타고 콩팥에 들어가 일으킨다 ⇐ 신장결핵

콩팥돌·콩팥돌늧 이름씨 콩팥에 돌이 생기는 앓이 ⇐ 신장결석

콱 어찌씨 ❶함부로 세게 박거나 찌르거나 부딪치는 꼴 ⓑ다른 수레가 와서 콱 부딪쳤다 ❷함부로 몹시 쏟거나 엎지르는 꼴 ⓑ동이물을 콱 뒤엎었다 ❸함부로 주거나 안기는 꼴 ⓑ아이들이 마음 닦고 온 엄마한테 달려가 콱 안겼다 ❹눈물이 갑자기 마구 나는 꼴 ⓑ엄마를 보자 갑자기 눈물이 콱 쏟는다 ❺아주 단단히 막히는 꼴 ⓑ날이 후텁지근해서 숨이 콱 막힌다. 길이 수레들로 콱 막혀 옴짝달싹 못 한다 ❻말을 함부로 내뱉는 꼴 ⓑ놀이꾼들이 개울에서 수레를 씻으려 하자 안돼! 하고 콱 소리를 질렀다 ❼마음을 세게 건드리는 꼴 ⓑ모든 것을 내려놓고 그냥 쉬고 싶다는 말이 가슴에 콱 와닿았다

콱콱 어찌씨 ❶함부로 잇달아 세게 박거나 찌르거나 부딪치는 꼴 ⓑ쓰레기를 한곳에 콱콱 처박았다. 얼음길에 미끄러진 수레가 잇달아 콱콱 다른 수레를 들이받았다 ❷함부로 주거나 안기는 꼴 ⓑ아이들은 저마다 제 엄마한테 달려가 콱콱 안겼다 ❸아주 단단히 막히는 꼴 ⓑ먼지가 많아 콱콱 숨이 막힌다 ❹말을 함부로 내뱉는 꼴 ⓑ가

르침이가 아이들에게 걸음걸이를 가르치면서 모두 서! 앞으로 가! 뒤로 돌아! 하며 콱콱 소리 지른다 **콱콱하다**

콸콸 (어찌씨) 많은 물 따위가 빠르고 세차게 흐르는 소리나 그 꼴 ⓑ바위벼랑에서 물이 콸콸 쏟아진다 큰말 퀄퀄 센말 꽐꽐 **콸콸하다**

콸콸거리다 (움직씨) 많은 물 따위가 빠르고 세차게 흐르는 소리가 자꾸 나다 ⓑ비 온 뒤에 개울에서 콸콸거리는 소리가 들린다 **콸콸대다**

쾅 (어찌씨) **1** 무겁고 단단한 것이 바닥에 떨어지거나 다른 것과 부딪쳐 울리는 소리 ⓑ문을 쾅 닫고 나갔다 센말 꽝 **2** 터지개가 불을 내뿜으며 터져서 울리는 소리 ⓑ터지개가 쾅 터졌다 **쾅하다**

쾅쾅 (어찌씨) **1** 무겁고 단단한 것이 잇달아 바닥에 떨어지거나 다른 것과 부딪쳐 울리는 소리 ⓑ쇠수레가 바닥을 쾅쾅 울리며 지나갔다 센말 꽝꽝 **2** 터지개가 불을 내뿜으며 잇달아 터져 울리는 소리 ⓑ오늘도 터지개가 쾅쾅 터질 때마다 허물없는 사람들이 죽어간다 **쾅쾅하다**

쾅쾅거리다 (움직씨) **1** 무겁고 단단한 것이 바닥에 떨어지거나 다른 것과 부딪쳐 울리는 소리가 잇달아 나다. 또는 소리를 잇달아 내다 ⓑ아침부터 문이 쾅쾅거리는 소리에 잠이 깼다 **2** 터지개가 불을 내뿜으며 터져서 울리는 소리가 잇달아 나다 ⓑ쏘개소리가 쾅쾅거리며 울린다 **쾅쾅대다**

쾌감 ⇒ 즐거운 느낌. 좋은 느낌. 시원한 느낌

쾌거 ⇒ 시원한 일. 즐거운 일

쾌도난마 ⇒ 한칼에 자르듯

쾌락 ⇒ 즐거움

쾌속 ⇒ 빠름. 썩 빠름

쾌속선·쾌속정 ⇒ 빠른 배

쾌유 ⇒ 깨끗이 나음. 낫다. 깨끗이 낫다

쾌재 ⇒ 얼씨구나. 좋구나

쾌적하다 ⇒ 맘에 맞다. 몸에 맞다

쾌조 ⇒ 쭉쭉 뻗어감. 잘되어 감

쾌지나칭칭나네 (이름씨) 사라사 고장 소리. 한 사람이 이야기를 엮어 메기면 여럿이 '쾌지나칭칭나네'라고 뒷소리로 받는다 비슷한말 칭칭이

쾌차 ⇒ 깨끗이 나음. 깨끗이 낫다

쾌척 ⇒ 선뜻 내어줌. 선뜻 내어주다

쾌청하다 ⇒ 푸르다. 개다. 맑다

쾌활하다 ⇒ 수럭스럽다. 수럭수럭하다. 시원시원하다. 시원하다. 선선하다. 밝다. 환하다

쾌히 ⇒ 기꺼이. 기쁘게. 시원히. 선선히

쾨쾨하다 (그림씨) **1** 냄새가 좀 고리다 ⓑ광이 축축해서인지 쾨쾨한 냄새가 난다 큰말 퀴퀴하다 **2** 하는 짓이 좀스럽고 쩨쩨하다

쿠데타 (이름씨) 잠개잡이들이 쏘개와 칼로 나라 다스리는 힘을 빼앗는 것 ⓑ5.16 싸울아비 쿠데타

쿠렁거리다 (움직씨) 곤하게 깊이 잠들어 자꾸 시끄럽게 코를 골다 **쿠렁대다**

쿠렁쿠렁[1] (어찌씨) 곤하게 깊이 잠들어 시끄럽게 코를 고는 소리나 그 꼴 ⓑ지쳤는지 눕자마자 쿠렁쿠렁 코를 곤다 **쿠렁쿠렁하다**

쿠렁쿠렁[2] (어찌씨) **1** 자루 같은 것이 가득 차지 않아 여기저기 빈 데가 들썩한 꼴 ⓑ자루에 쿠렁쿠렁 꽉 안 채워도 네 말은 들어가겠다 **2** 큼직하여 훌렁훌렁한 꼴 ⓑ저고리는 쿠렁쿠렁하고 길어서 엉덩이까지 내려온다 **쿠렁쿠렁하다**

쿠렁쿠렁하다 (그림씨) 자루 같은 것이 가득 차지 않아 여기저기 빈 데가 들썩하다

쿠션 (이름씨) 푹신하게 만든 자리

쿠알라룸푸르 (이름씨) 말레이시아 서울. 말레이거진섬 마하늬녘에 있으며 쫑귀겨레가 많이 살고 고무가 많이 난다

쿠키 ⇒ 과자

쿠폰 ⇒ 뗀표

쿡 (어찌씨) **1** 삐죽한 것으로 갑자기 세게 한차례 찌르거나 쥐어박는 꼴 ⓑ대꼬챙이로 흙을 쿡 쑤셨다 작은말 콕 **2** 웃음이나 눈물 따위가 갑자기 나는 소리나 그 꼴 ⓑ참다못해 웃음이 쿡 터져버렸다 **3** 느낌이나 마음을 세게 건드리는 꼴 ⓑ술독을 열자, 냄새

가 코를 쿡 찔렀다

쿡쿡 어찌씨 ❶삐죽한 것으로 세게 자꾸 찌르거나 쥐어박는 꼴 ⓑ나래가 팔꿈치로 내 옆구리를 쿡쿡 찌르며 말을 자꾸 걸어온다 작은말콕콕 ❷참다못한 웃음을 갑자기 자꾸 크게 내는 소리나 그 꼴 ⓑ쿡쿡 웃음을 참으며 서로 눈빛을 나누었다 ❸송곳으로 찌르듯이 아픈 꼴 ⓑ온몸이 쿡쿡 쑤신다 **쿡쿡하다**

쿡쿡거리다 움직씨 ❶삐죽한 것으로 세게 자꾸 찌르거나 쥐어박다 ⓑ엄마는 눈치 없이 자꾸만 웃어대는 아빠 등을 쿡쿡거렸다 작은말콕콕거리다 ❷참다못한 웃음이나 기침이 갑자기 자꾸 나다 ⓑ동무가 뀐 방귀 소리에 배움방 여기저기서 쿡쿡거리는 웃음소리가 났다 ❸무엇으로 찌르듯이 몸이 쑤신다 ⓑ어제 다친 곳이 쿡쿡거리며 쑤신다 **쿡쿡대다**

쿨럭 어찌씨 고뿔 따위로 가슴 깊은 곳에서 기침이 아주 거칠게 나오는 소리나 그 꼴 **쿨럭하다**

쿨럭거리다 움직씨 고뿔 따위로 가슴 깊은 곳에서 아주 거칠게 기침하는 소리가 잇달아 나다 **쿨럭대다**

쿨럭쿨럭 어찌씨 고뿔 따위로 가슴 깊은 곳에서 아주 거칠게 잇달아 기침하는 소리나 그 꼴 **쿨럭쿨럭하다**

쿨렁 어찌씨 ❶큰 병이나 통 안에 가득하지 않은 물 따위가 흔들리는 소리 작은말콜랑 센말꿀렁 ❷척 달라붙지 않고 들떠서 크게 부풀어 들썩거리는 꼴 **쿨렁이다 쿨렁하다**

쿨렁거리다 움직씨 ❶큰 병이나 통 안에 가득하지 않은 물 따위가 흔들리는 소리가 자꾸 나다 ⓑ쿨렁거리는 단지를 거뜬히 들어 옮겼다 작은말콜랑거리다 센말꿀렁거리다 ❷척 달라붙지 않고 들떠 부풀어 자꾸 들썩거리다 ⓑ새로 장만한 이불이 부풀어 쿨렁거린다 **쿨렁대다**

쿨렁쿨렁 어찌씨 ❶큰 병이나 통 안에 가득하지 않은 물 따위가 자꾸 흔들리는 소리나 그 꼴 작은말콜랑콜랑 센말꿀렁꿀렁 ❷척 달라붙지 않고 들떠서 크게 부풀어 자꾸 들썩거리는 꼴 **쿨렁쿨렁하다**

쿨렁하다 그림씨 척 달라붙지 않고 들떠서 크게 부풀어 있다

쿨룩 어찌씨 고뿔 따위로 가슴 깊은 곳에서 기침이 거칠게 나오는 소리나 그 꼴 ⓑ목이 간질간질하더니 쿨룩 기침이 나온다 작은말콜록 **쿨룩하다**

쿨룩거리다 움직씨 고뿔 따위로 가슴 깊은 곳에서 거칠게 기침하는 소리가 잇달아 나다 ⓑ아이가 며칠 동안 쿨룩거려서 나숨이집에 데려 갔다 작은말콜록거리다 **쿨룩대다**

쿨룩쿨룩 어찌씨 고뿔 따위로 가슴 깊은 곳에서 거칠게 잇달아 기침하는 소리나 그 꼴 ⓑ밤새 쿨룩쿨룩 기침을 하면서 괴로워했다 작은말콜록콜록 **쿨룩쿨룩하다**

쿨쿨[1] 어찌씨 고단하여 깊이 잠든 사람이 숨을 쉬는 소리나 그 꼴 ⓑ아저씨는 쿨쿨 코를 골며 잤다 작은말콜콜 **쿨쿨하다**

쿨쿨[2] 어찌씨 구멍으로 물 따위가 세게 쏟아져 흐르는 소리나 그 꼴 ⓑ두더지 구멍으로 논물이 쿨쿨 흘러나왔다 작은말콜콜 센말꿀꿀 **쿨쿨하다**

쿨쿨[3] 어찌씨 구리터분하거나 시척지근한 냄새가 몹시 나는 꼴 ⓑ아재는 한참이나 못 씻었는지 온몸에서 고약한 냄새가 쿨쿨 났다 작은말콜콜

쿨쿨거리다[1] 움직씨 고단하여 깊이 잠든 사람이 숨 쉬는 소리를 자꾸 내다 ⓑ해가 하늘 가운데에 떴는데 아직도 쿨쿨거리며 잔다 작은말콜콜거리다 **쿨쿨대다**

쿨쿨거리다[2] 움직씨 구멍으로 물 따위가 세게 쏟아져 흐르는 소리가 이어 나다 작은말콜콜거리다 센말꿀꿀거리다 **쿨쿨대다**

쿵 어찌씨 ❶단단한 몬에 크고 무거운 것이 떨어지거나 부딪쳐 울리는 소리 ⓑ문에 머리를 쿵 찧었다 ❷큰북 같은 것을 세게 칠 때 울려 나는 소리 ⓑ북소리를 쿵 울렸다 ❸터지개가 터져서 울리는 소리 ⓑ터지개 터

ㅋ

지는 소리가 쿵 울린다 ❹놀라서 갑자기 가슴이 세게 뛰는 꼴 ⓑ가슴이 쿵 내려앉는 줄 알았다

쿵더쿵 어찌씨 ❶방앗공이같이 무거운 것이 떨어지며 울리는 소리나 그 꼴 ⓑ쿵더쿵 방아를 찧을 때마다 손으로 뒤집어 주었다 ❷춤을 출 때 북으로 좀 느리게 장단을 맞춰 주는 소리 ⓑ쿵더쿵 얼쑤 하며 춤에 맞춰 북을 쳤다

쿵더쿵거리다 움직씨 방앗공이같이 무거운 것이 떨어지며 울리는 소리가 잇달아 나다 ⓑ쿵더쿵거리는 방앗소리가 울렸다 **쿵더쿵대다**

쿵더쿵쿵더쿵 어찌씨 ❶방앗공이같이 무거운 것이 잇달아 떨어지며 울리는 소리나 그 꼴 ⓑ쿵더쿵쿵더쿵 방아를 찧는 소리가 들렸다 ❷춤을 출 때 북으로 좀 느리게 장단을 맞춰 주는 소리 ⓑ춤에 맞춰 북을 쿵더쿵 쿵더쿵 쳐준다 **쿵더쿵쿵더쿵하다**

쿵덕 어찌씨 절구나 방아를 찧을 때 나는 소리나 그 꼴 ⓑ쿵덕 찧고 나면 뒤집어라 작은말 콩닥

쿵덕거리다 움직씨 절구나 방아를 찧는 소리가 잇달아 나다. 또는 그런 소리를 잇달아 내다 ⓑ물레방아가 쿵덕거리며 돌아간다 작은말 콩닥거리다 **쿵덕대다**

쿵덕쿵덕 어찌씨 절구나 방아를 잇달아 찧을 때 나는 소리나 그 꼴 ⓑ쿵덕쿵덕 어머니는 절구에 마늘을 찧는다 작은말 콩닥콩닥 **쿵덕쿵덕하다**

쿵덩 어찌씨 ❶단단한 것에 큰 몬이 부딪쳐 무디고 웅글게 울려 나는 소리나 그 꼴 ⓑ다솜은 눈길에 미끄러져 쿵덩 엉덩방아를 찧었다 ❷좀 느리고 크게 뛰어오르는 꼴 ⓑ곱단이는 발에 힘을 잔뜩 주고 쿵덩 널뛰기를 하였다 ❸놀라서 가슴이 몹시 뛰는 꼴 ⓑ우리 마을에 불이 났다는 이야기를 듣자, 가슴이 쿵덩 내려앉는다 **쿵덩하다**

쿵덩거리다 움직씨 ❶단단한 것에 큰 몬이 부딪쳐 무디고 웅글게 울리는 소리가 자꾸 나다 ❷좀 느리고 크게 자꾸 뛰어 오르다 **쿵덩대다**

쿵덩쿵덩 어찌씨 ❶단단한 것에 큰 몬이 부딪쳐 무디고 웅글게 자꾸 울려 나는 소리나 그 꼴 ⓑ윗집에서 쿵덩쿵덩 아이들이 시끄럽게 뛰어논다 ❷좀 느리고 크게 자꾸 뛰어오르는 꼴 ⓑ시원과 잔별은 쿵덩쿵덩 널뛰기하였다 ❸놀라서 가슴이 몹시 자꾸 뛰는 꼴 ⓑ우리 아이가 아프다는 말에 가슴이 쿵덩쿵덩 뛴다 **쿵덩쿵덩하다**

쿵쾅 어찌씨 ❶발로 마룻바닥 같은 것을 구를 때 매우 시끄럽게 나는 소리 ⓑ어찌나 세게 춤을 추었던지 바닥이 쿵쾅 울렸다 ❷단단한 것들이 서로 부딪칠 때 매우 시끄럽게 울리는 소리 ⓑ얼었던 땅이 녹자 쿵쾅 소리를 내며 돌이 무너져 내린다 ❸크고 작은 북소리 같은 것이 한데 어울려 시끄럽게 나는 소리 ⓑ멀리서 북소리가 쿵쾅 들린다 ❹여러 가지 터지개가 여기저기서 시끄럽게 자주 터지는 소리 ⓑ쿵쾅 쏘개소리에 우리는 몸을 떨었다

쿵쾅거리다 움직씨 ❶마룻바닥 따위를 발로 세게 구르며 걷거나 뛰는 소리가 잇달아 나다 ⓑ모둠집은 윗집에서 쿵쾅거리는 발소리가 잘 들린다 ❷단단하고 큰 것이 서로 잇달아 부딪치며 소리가 나다 ⓑ옆집에서 쿵쾅거리는 소리가 들렸다 ❸북소리 따위가 아주 컸다가 작았다가 하며 잇달아 시끄럽게 울리다 ⓑ수릿날이라 마을 두레패가 온 마을을 쿵쾅거린다 **쿵쾅대다**

쿵쾅쿵쾅 어찌씨 ❶마룻바닥 따위를 발로 잇달아 세게 구르며 걷거나 뛸 때 나는 소리나 그 꼴 ⓑ아이들이 골마루를 쿵쾅쿵쾅 뛰어다닌다 ❷단단하고 큰 것이 서로 잇달아 부딪치며 나는 소리나 그 꼴 ⓑ망치로 쿵쾅쿵쾅 못 치는 소리가 들렸다 ❸북소리 따위가 아주 컸다가 작았다가 하며 잇달아 시끄럽게 울리는 소리나 그 꼴 ⓑ북소리가 쿵쾅쿵쾅 온 배곳에 울려 퍼진다 **쿵쾅쿵쾅하다**

쿵쿵 [어찌씨] [1]단단한 바닥에 크고 무거운 것이 잇달아 떨어지거나 부딪쳐 울리는 소리 ㉥누군가 밖에서 큰문을 쿵쿵 발로 찼다 작은말콩콩 센말꿍꿍 [2]놀라서 가슴이 자꾸 세게 뛰는 꼴 ㉥갑순이를 보자마자 가슴이 쿵쿵 뛴다 [3]큰북을 자꾸 세게 치는 소리나 그 꼴 ㉥신바람 나게 북을 쿵쿵 울린다 [4]멀리서 무엇이 자꾸 터지는 소리 ㉥산을 허물어 새 길을 내느라 쿵쿵 터지개를 터뜨린다 **쿵쿵하다**

쿵쿵거리다 [움직씨] [1]단단한 바닥에 크고 무거운 것이 잇달아 떨어지거나 부딪쳐 소리가 나다. 또는 그런 소리를 내다 ㉥수레가 쿵쿵거리며 달린다 작은말콩콩거리다 센말꿍꿍거리다 [2]빨리 달리거나 마음이 흔들려 가슴이 자꾸 세게 뛰다 ㉥사람들 앞에 서자 가슴이 쿵쿵거렸다 **쿵쿵대다**

쿼터 ⇒ 몫. 노느매기

퀭하다 [그림씨] [1]눈이 쑥 꺼져 들어간 것이 크고 기운이 없다 ㉥밤새 무얼 했는지 퀭한 눈으로 나타났다 [2]눈이 얼떨떨해 보이다 ㉥순이 어머니는 얼빠진 사람처럼 퀭한 눈으로 먼 하늘만 쳐다본다 [3]똑똑지 못하고 어리숙하다 ㉥"얼 차리게! 뭘 그렇게 퀭해서 있나?"

퀴즈 ⇒ 알아맞히기

퀴퀴하다 [그림씨] [1]거슬릴 만큼 냄새가 좀 구리다 ㉥땀을 잔뜩 흘린 옷을 걸어놨더니 퀴퀴한 냄새가 난다. 시궁창에서 퀴퀴한 냄새가 난다 작은말쾨쾨하다 [2]하는 짓이 쩨쩨하고 잘다 ㉥아이들 과자를 뺏어 먹다니 퀴퀴한 짓이다

퀵서비스 ⇒ 휙 날라줌. 잽싼 나름. 빠른나름

큐피드 [이름씨] 로마 검얘기에 나오는 사랑검. 등에 날개가 있고 손에 활과 화살을 든 사내아이로 그려짐

크기 [이름씨] (넓이, 부피, 많기 따위가) 큰 만큼 ㉥조카 몸 크기만 한 장난감을 사 주었다

크나크다 [그림씨] 아주 크다 ㉥깨달은 이 가르침에 크나큰 고마움을 느꼈다

크낙새 [이름씨] 몸빛이 검고 수컷 머리 꼭대기와 뺨은 붉으며 배는 흰 딱따구리 갈래 텃새. 딱딱하고 뾰족한 주둥이로 나무를 찍어 벌레를 잡아먹는데 그 소리가 아주 크다. 배가 하얘서 '흰 배 딱따구리'라고도 불린다

크다[1] [그림씨] [1]높이나 넓이, 부피, 길이, 둘레 따위가 여느 것보다 더하다 ㉥키가 큰 소나무. 옷이 크다 [2]덩치나 테두리, 세기 따위가 여느 것을 넘다 ㉥집이 크다. 큰 배곳 [3]사람 됨됨이나 오른 자리가 뛰어나고 훌륭하다 ㉥우리 마을에서 큰 사람이 여럿 나왔다. 크게 될 아이 [4]소리가 굵고 높다 ㉥크게 떠들다. 목소리가 아주 크다 [5]힘이 세다 ㉥별님은 일터에서 힘이 큰 자리에 있다 [6]숱이 많거나 부피가 꽤 있다 ㉥큰돈. 큰 수가 모였다 [7]일이 무겁고 종요롭다 ㉥자네가 맡은 바가 크다네 [8]마음이나 느낌이 여느 만큼보다 세다 ㉥큰 슬픔이 가슴을 짓누른다. 큰 즐거움 [9]생각하는 품이나 짓이 통이 넓다 ㉥몸은 작아도 크게 노는 사람이다 [10]품은 뜻이나 꿈이 대단히 깊고 높다 ㉥큰 뜻을 품고 서울로 갔지 [11]어려움이 여느 만큼을 넘다 ㉥바위메를 넘고 가람을 건너는 큰 어려움을 겪었다 [12]잘못이나 허물이 아주 무겁다 ㉥이 일은 늘품님 잘못이 크다 [13]('큰' 꼴로 써) 종요로운. 논 ㉥나라 가장 큰 일 [14]('크게' 꼴로 써) 오롯이. 대단히 ㉥크게 맞장구치다. 크게 노여워하다 [15]('크게는' 꼴로 써) 나아가서는. 둘레를 더 넓힌다면 ㉥마음닦기는 작게는 저 살리는 길이요, 크게는 둘레를 살리는 길이다 [16]('큰' 꼴로 낱말을 만들 때) 맏이 ㉥큰딸. 큰아들. 큰며느리 [17](달과 함께 써) 달 날 수가 31날이다. (달셈은 30날) ㉥한달이 크다 [슬기말] **큰 말이 나가면 작은 말이 큰 말 노릇 한다** 윗사람이 없으면 아랫사람이 윗사람 노릇한다 **큰 방죽도 개미구멍으로 무너진다** 작은 것이라도 업신여기다가는 큰 언걸을 입을 수 있다. 작은

ㅋ

힘으로도 큰일을 이룰 수 있다

크다² [움직씨] [1]자라서 어른이 되다 ㉥이 다음에 커서 뭐가 될래? [2]몸이 자라다 ㉥봄에 심은 모들이 많이 컸네 [3]높이, 크기, 힘 따위가 더해지거나 늘다 ㉥요즘 한창 크는 일자리

크레디트카드 ⇒ 믿음카드

크레용 [이름씨] 그림 그릴 때 쓰는 막대꼴 딱딱한 물감. 파라핀이나 녹인 밀랍에 여러 빛깔 물감을 섞어 딱딱하게 굳힌 것

크레인 ⇒ 들틀. 낚시들틀

크레파스 [이름씨] 크레용과 파스텔 좋은 점을 살려서 만든 막대골 그림 그리개

크리스마스 ⇒ 예수난날. 예수기림날

크리스마스실 ⇒ 예수난날 꾸밈날개꽃

크리스마스이브 ⇒ 예수난 안날밤

크리스마스캐럴 ⇒ 예수난날 기림노래

크리스마스트리 ⇒ 예수난날 기림나무

크리스천 ⇒ 예수따름이. 예수믿는 이

크림 ⇒ 젖기름. 기름 보숭이. 낯바르개. 몸바르개

큰가게 [이름씨] 먹을거리와 나날 쓸거리, 낫개 따위 집에서 쓰는 것을 두루 갖춰 놓고 한꺼번에 많이 싸게 사서 싸게 파는 가게 ⇐ 슈퍼마켓. 대형마트

큰가름걸이집 [이름씨] 큰가름집에 마주하는 가름걸이 그위집. 고장 가름걸이집과 높가름걸이집을 이끌고 다스린다 ⇐ 대검찰청

큰가리비 [이름씨] 부채꼴로 둥글넓적한 바다조개. 살은 먹고 껍데기는 꾸미개로 쓴다

큰가면이 [이름씨] 헤아리기 어려울 만큼 많은 천량을 가진 사람 ⇐ 억만장자

큰가시고기 [이름씨] 몸빛은 번쩍거리는 누런 밤빛인 민물고기. 등지느러미 앞에 가시가 셋 있어 가시란 이름이 들어갔다

큰갓버섯 [이름씨] 풀밭이나 밭둑, 멧기슭에 자라는 버섯. 갓도 크고 키도 크며 맛있는 버섯이다

큰개자리 [이름씨] 오리온자리 새녘에 있으며 늦겨울 저녁때 마녘 하늘에 보이는 별자리 ㉥큰개자리에 있는 늑대별은 겨울철 마녘 밤하늘에 가장 밝은 길잡이별이다

큰고들빼기 [이름씨] 키는 1~2미터쯤 자라고 잎은 깃꼴로 갈라지며 톱니가 있고 여름에 옅은 노란 꽃이 피는 두해살이풀. 어린잎은 날로 먹거나 데쳐 무쳐 먹어도 좋은 나물이다 ⇐ 왕고들빼기

큰고비 [이름씨] 매우 어렵거나 바드러운 때 ⇐ 핀치

큰골 [이름씨] 뒷골을 뺀 나머지 머릿골. 앞골과 가운데골로 나뉜다. 움직임, 마음, 느낌 따위를 이끄는 줏대가 된다 ㉥왼 큰골은 몸 오른쪽 힘살, 이를테면 오른팔과 오른다리를 움직인다 ⇐ 대뇌

큰골겉켜 [이름씨] 큰골겉을 덮은 흰잿밭 얇은 켜. 얼날잔삼덩이가 모였고 느낌을 아우르며 뜻뭠과 알음 구실을 맡는다 ⇐ 대뇌피질

큰곰자리 [이름씨] 국자별이 있는 별자리 ㉥큰곰자리는 노녘 끝에 붙박이별 둘레를 도는 별자리다 ⇐ 대웅좌

큰굿 [이름씨] 크게 벌인 굿

큰그늘이 [이름씨] 애가 크며 허파가 여린 큰그늘 몸을 가진 사람 맞선말 큰볕이 ⇐ 태음인

큰글집 [이름씨] 조선 때 책이나 글 따위를 맡아보던 곳 ⇐ 홍문관

큰기침 [이름씨] 점잔을 빼거나 사람이 있는 것을 알리려고 소리를 크게 낸 기침 ㉥아버지가 바깥문 앞에서 몇 디위 큰기침을 하고 집으로 들어섰다

큰길 [이름씨] 수레가 다니는 넓은 길 ㉥마을 앞에 큰길을 닦아놓았다 한뜻말 한길 ⇐ 대로

큰꽃님 [이름씨] 사내처럼 굳세고 바탈이나 짓이 시원시원하고 씩씩한 겨집 ⇐ 여장부

큰꿈 [이름씨] 앞날에 이루려고 하는 큰 바람 ⇐ 대망. 야망

큰끝 [이름씨] 누리에 있는 모든 것이 비롯되는 바탕이 되는 것 한뜻말 한끝 ⇐ 태극

큰끝깃발 [이름씨] 우리나라 깃발 이름 ⇐ 태극기

큰놓개 [이름씨] 짝맺이 잔치나 일흔 잔치 따위에서 줏대잡이를 받드는 뜻으로 먹을거리를 푸짐하게 차리는 놓개 ㉥할아버지 여든

잔치에 큰놓개를 올렸다 ⇐ 큰상

큰누나 이름씨 누나 가운데 맨 위 누나 한뜻말 맏누나

큰누이 이름씨 맏누이. 작은누이에 맞서 일컫는 말 ⓑ나랑 큰누이는 열 살 터울이다 비슷한말 큰누나

큰눈 이름씨 **1** 한 해 스물네 철 가운데 스물한째 철. 섣달 이레 무렵으로 한 해 가운데 눈이 가장 많이 내린다는 철이다 ⇐ 대설 **2** 갑자기 많이 내리는 눈 ⇐ 폭설

큰눈이 이름씨 눈이 큰 사람 ⇐ 왕눈이

큰님 이름씨 솜씨나 재주가 뛰어나거나 훌륭해서 널리 섬기거나 기리는 사람 ⇐ 대가

큰달 이름씨 한 달에 든 날이 해셈으로 서른한 날, 달셈으로 서른 날이 있는 달 ⓑ일곱 달과 여덟 달은 서른한 날씩 잇달아 큰달로 이어진다 맞선말 작은달

큰대 이름씨 굵은 참대 ⇐ 왕대

큰댁 ⇒ 큰집

큰더위 이름씨 한 해 스물네 철 가운데 열두째 철. 일곱 달 스무사흘 무렵이며 장마가 끝나고 더위가 가장 셀 때이다 ⇐ 대서

큰돈 이름씨 많은 돈 ⇐ 거금

큰돈움킴 이름씨 한꺼번에 큰돈을 얻는 일 ⇐ 일확천금

큰돔뱀 이름씨 갑난뉘, 쥐라때와 흰흙때에 걸쳐 울세게 살았던 큰돔뱀을 통틀어 이르는 말. 몸길이가 30미터에 이르는 것도 있었다 한다 한뜻말 한돔뱀 ⇐ 공룡

큰따옴표 이름씨 글 속에서 남 말을 따올 때 쓰는 글월표. " " 이름

큰딸 이름씨 맏딸. 작은딸에 맞서 일컫는 말 ⓑ우리 큰딸과 작은딸은 두 살 터울이다 ⇐ 장녀

큰뜻 이름씨 크고 높게 품은 뜻 ⇐ 포부. 야심

큰마음 이름씨 크고 넓게 쓰는 마음씨 ⓑ큰마음을 내서 이웃을 돕기로 했다 한뜻말 한마음 준말 큰맘 익은말 **큰마음 먹다** 무엇을 하겠다는 생각을 크게 가지다

큰말 이름씨 낱말 뜻은 작은말과 같으면서도 그보다 더 크거나 무거운 느낌을 주는 말. 흔히 소리마디 홀소리가 'ㅓ, ㅜ' 따위로 된다 ⓑ'반짝반짝' 큰말은 '번쩍번쩍'이다 맞선말 작은말

큰맘 이름씨 '큰마음' 준말

큰머루 이름씨 우리나라 머루 가운데 가장 굵은 머루 ⇐ 왕머루

큰모기 이름씨 검은 잿빛이고 한 해에 두 디위 생겨나는 모기 ⇐ 왕모기

큰못 이름씨 땅이 우묵 들어가 물이 괸 곳. 못이나 늪보다 훨씬 넓고 깊다 한뜻말 가람 ⇐ 호수

큰못박이 이름씨 큰못도 뚫지 못하는 것이란 뜻으로, 가르쳐도 깨닫지 못하는 어리석은 사람이나 되지도 않을 일을 하는 바보 같은 사람 ⓑ섬돌 아버지는 마을에서도 이름난 큰못박이다 ⇐ 대못박이

큰물 이름씨 비가 많이 와서 가람 따위에 크게 불은 물 ⓑ큰물이 져서 벼가 죄다 쓰러졌다 한뜻말 한물 ⇐ 홍수

큰물막이 이름씨 큰물을 막는 일을 하는 것 ⇐ 홍수막이

큰물바람언걸 이름씨 세찬 비바람과 큰물로 입는 언걸 ⇐ 풍수해

큰바람 이름씨 바람세기가 여덟째인 바람. 나무 잔가지가 꺾이고 사람이 걷기가 매우 힘들며 바다에는 여울이 높아진다. 이 바람부터 한바람에 들어간다

큰바람꽃 이름씨 봄에 알뿌리에서 나온 줄기 끝에 빨강, 노랑, 흰붉빛, 흰빛, 하늘빛 같은 여러 가지 꽃이 피는 풀 ⇐ 아네모네

큰바랭이 이름씨 잎은 어긋나고 흰 털이 있는 소먹이로 좋은 풀. 길가나 둑에 많이 자란다 ⇐ 왕바랭이

큰방 이름씨 **1** 넓고 큰 방 **2** 집안에서 겨집어른이 쓰는 방

큰별 이름씨 **1** 커다란 별 ⇐ 거성 **2** 솜씨나 재주가 뛰어나거나 훌륭해서 널리 섬기거나 기리는 사람 한뜻말 난이. 큰빛

큰볕이 이름씨 허파가 크고 애가 작은 큰별 몸

ㅋ

을 가진 사람 ⇐ 태양인

큰보름 [이름씨] 달셈 한 달 보름날을 이르는 말. 새벽에 귀밝이 술을 마시고 부럼을 깨물며 낫개밥, 닷낟밥 따위를 먹는다 [한뜻말]한보름 ⇐ 대보름. 정월대보름

큰북 [이름씨] 나무나 쇠 따위로 둥근 통과 마구리를 크게 짓고 가죽을 마주 씌워 북채로 쳐서 소리를 내는 가락틀 ㉥큰북에서는 큰 소리가 나게 마련이지 [맞선말]작은북 ⇐ 대고

큰불 [이름씨] 크게 난 불 ㉥마른 날이 이어지는 겨울철에 큰불이 나기 쉽다

큰비 [이름씨] 여러 날 동안 이어서 많이 쏟아지는 비 ㉥그나마 올해는 큰비가 없어 마음이 놓인다 ⇐ 호우

큰빛 [이름씨] **1** 커다란 빛 **2** 솜씨나 재주가 뛰어나거나 훌륭해서 널리 섬기거나 기리는 사람 [한뜻말]큰별. 난이

큰사마귀 [이름씨] **1** 몸빛은 밤빛이거나 누런빛이며 우리나라에 사는 사마귀 가운데 가장 큰 사마귀 [한뜻말]큰버마재비 **2** 살가죽에 생긴 큼지막한 사마귀

큰상 ⇒ 큰놓개

큰센바람 [이름씨] 바람세기 아홉째인 바람. 집에 바람언걸이 나타나고 바다에는 물보라가 소용돌이친다

큰소리 [이름씨] **1** 서로 말다툼하거나 잘못을 두고 꾸짖는 소리 ㉥오늘도 옆집에서 다투는지 큰소리가 들려온다 **2** 뱃심 좋게 내뱉거나 부풀려서 하는 말 ㉥네가 큰소리쳤으니 다 된 걸 보여줘

큰손 [이름씨] **1** 큰돈을 굴리는 사람 ㉥큰손들이 모여 돈놀이 저자터를 쥐락펴락한다 **2** 남달리 잘 모셔야 하는 드문 손님 ㉥저녁에 큰손 치를 마련을 단단히 하여라 [한뜻말]큰손님

큰아기 [이름씨] **1** 맏딸이나 맏며느리를 살갑게 이르는 말 ㉥우리집 큰아기도 이젠 시집 보내야 할 텐데 **2** 다른 집 '다 큰 아가씨'를 조금 높여 이르는 말 ㉥그 집 큰아기도 나이가 꽉 찼을 텐데

큰아들 [이름씨] 맏아들. 작은아들에 견줘 일컫는 말 ㉥오랜만에 큰아들과 큰며느리가 집에 왔다 ⇐ 장남

큰아버지 [이름씨] 아버지 언니 [한뜻말]큰아배. 큰아베 [맞선말]작은아버지 ⇐ 백부

큰어머니 [이름씨] 큰아버지 아내 ㉥새해에 큰어머니께 절을 올렸다 [한뜻말]큰어매 [맞선말]작은어머니 ⇐ 백모

큰어미 [이름씨] 큰어머니

큰언니 [이름씨] 언니 가운데 맨 위 언니 [한뜻말]맏언니

큰오빠 [이름씨] 맏오빠. 작은오빠에 견주어 일컫는 말 ㉥옛날에는 큰오빠를 아버지처럼 받들었다

큰일 [이름씨] **1** 딱하고 어려운 일이나 말썽거리가 된 일 ㉥요즘 큰일이 생겨 오늘 못 나갑니다 ⇐ 대사 **2** 매우 종요롭고 뜻깊은 일 ㉥앞으로 나라에 큰일을 할 사람이야 **3** 꽃잔치나 예순돌잔치, 죽음맞이 따위처럼 힘과 돈이 많이 드는 일 ㉥큰일 치르느라 애 많이 썼다 ⇐ 대사 **4** 덩치를 크게 벌린 일판 ㉥봄만 되면 나물 뜯는 큰일이 있어요 **5** 큰 사달 **6** 깨살핌이 힘만으로 막을 수 없는 큰 일떠섬

큰임금 [이름씨] 임금보다 더 큰 힘으로 임금이나 고을임금을 거느리고 큰 나라를 다스리던 사람 ⇐ 황제

큰임금아내 [이름씨] 큰임금과 짝맺이를 한 겨집 ⇐ 황후

큰임금집안 [이름씨] 큰임금 살붙이와 피붙이를 무리로 하는 동아리 ⇐ 황실

큰절 [이름씨] **1** 잔치 때나 죽음맞이 때나 웃어른에게 하는 앉은절. 사내는 허리를 굽혀 두 손을 모아 바닥에 대고 머리를 숙여 이마가 손등에 닿을 만큼 숙이고, 겨집은 두 손을 이마에 마주 대고 앉아 허리를 굽힌다 ㉥할아버지께 큰절을 올렸다. 무릎을 꿇고 큰절했다 **2** 바깥에서 하는 선절로 서서 허리를 깊숙이 굽힌다 ㉥옛날엔 길에서 웃어른을 만나면 서서 큰절했다

큰집 이름씨 ❶ 집안 맏이가 사는 집 ⓑ막내아우는 큰집 일이라면 발 벗고 나섰다 맞선말 작은집 ⇐ 큰댁 ❷ 살림을 따로 차려 나간 집에서 밑집을 이르는 말 ⓑ큰집에 살붙이들이 식게 지내려 모였다

큰창자 이름씨 작은창자에 이어 곧은창자와 똥구멍에 이르는 삭임틀. 물기를 빨아들인다 ⓑ큰창자는 작은창자보다 굵고 짧다 맞선말 작은창자 ⇐ 대장

큰책집 이름씨 썩 넓은 곳에 책꽂이를 넉넉히 마련하여 온갖 책을 많이 모아 크게 꾸민 책집 ⇐ 대형서점

큰추위 이름씨 한 해 스물넷째 철. 이름으로는 한 해 가운데 가장 추운 때이다 ⇐ 대한 슬기말 **큰추위가 잔추위 집에 가서 얼어 죽는다** 이름과 달리 잔추위 무렵이 큰추위 때보다 더 춥다

큰코다치다 움직씨 하찮게 여기다가 오히려 말썽거리가 되어 큰일을 겪다 ⓑ저 사람에게 걸렸다가는 큰코다치겠다 ⇐ 욕보다

큰키나무 이름씨 줄기가 굵고 높이 자라며 그 위에 가지가 퍼진 나무. 소나무, 잣나무. 느티나무 따위 맞선말 떨기나무 ⇐ 교목

큰피돌기 이름씨 왼쪽 염통집에서 큰 날핏줄로 흐른 피가 온몸을 돈 뒤에 큰 들핏줄을 거쳐 오른쪽 염통방으로 돌아오는 피돌기 ⇐ 체순환. 대순환

큰할머니 이름씨 아버지 큰어머니 ⓑ큰할머니 집에 들렀다 맞선말 작은할머니

큰할아버지 이름씨 할아버지 언니

큰형 ⇒ 큰언니

클라스메이트 ⇒ 글동무. 글벗

클라이맥스 ⇒ 고빗사위. 고비. 한고비. 꼭대기

클래식 ⇒ 옛노래. 옛것. 밑보기

클랙슨 ⇒ 수레 고동

클램프 ⇒ 죔틀. 물리개

클럽 ⇒ 모임. 동아리

클로버 ⇒ 토끼풀

클로즈업 ⇒ 바투찍기. 돋찍기. 돋보이기

클리닝 ⇒ 빨래

클릭 ⇒ 딸깍. 딸칵 누름

클렌징크림 ⇒ 닦아내개

클린치 ⇒ 엉키기. 붙잡기

클립 ⇒ 종이끼우개. 틀집게. 끼우개

큼지막하다 그림씨 꽤 크다 ⓑ아이는 큼지막한 돌을 들어다 날라 돌둑을 쌓는 아버지한테 갖다 놓는다

큼직큼직 어찌씨 여럿이 다 꽤 큰 꼴 ⓑ깍두기를 담그려고 무를 큼직큼직 썰었다 **큼직큼직하다**

큼직하다 그림씨 꽤 크다 ⓑ몸뚱이에 견주어 얼굴은 큼직하다

큼큼 어찌씨 목을 가다듬으려고 기침하듯 내는 소리 ⓑ헛기침으로 목을 큼큼 다듬었다 **큼큼하다**

킁킁 어찌씨 ❶ 앓이나 버릇으로 숨을 콧구멍으로 띄엄띄엄 세차게 내쉬는 콧소리나 그 꼴 ⓑ엿마디 아우는 콧소리를 킁킁 내는 버릇이 있어 ❷ 코로 냄새를 맡는 소리나 그 꼴 ⓑ아내는 킁킁 냄새를 맡더니 쉬었네 한다 **킁킁하다**

킁킁거리다 움직씨 ❶ 앓이나 버릇으로 숨을 콧구멍으로 띄엄띄엄 세차게 내쉬는 소리를 내다 ❷ 코로 자꾸 냄새를 맡는 소리가 나다 **킁킁대다**

키[1] 이름씨 ❶ 사람이나 짐승이 똑바로 섰을 때 발바닥에서 머리끝에 이르는 몸길이 ⓑ아우가 나보다 키가 크다 한뜻말 몸높이 ⇐ 신장 ❷ 푸나무 따위가 선 높이 ⓑ숲을 이룬 나무들이 서로 키를 다툰다 슬기말 **키 크고 속없다** 키가 큰데 견주어 생각이나 짓이 허술하다

키[2] 이름씨 낟알 같은 것을 까불러 고르는 연장. 고리버들을 결어서 만든다 ⓑ키로 콩을 까불렀다 익은말 **키를 쓰다** 사내아이가 잠자리에 오줌을 싼 앙갚으로 키를 머리에 쓰고 소금을 얻으러 다닌다

키[3] 이름씨 배가 가는 쪽을 뜻대로 부리려고 고물에 달아 놓은 틀 ⓑ바위를 비켜 왼쪽으로 키를 잡아 돌려라

키 (key) ⇒ 열쇠. 자위. 알짬. 고동. 누름단추. 쇳대

키높다 그림씨 몬 키가 크다 ⓑ집 뒤에 선 키높은 잣나무

키다리 이름씨 키가 큰 사람 ⓑ우리 모둠에서 보람이가 으뜸 키다리다 맞선말난쟁이

키득 어찌씨 참으려는 웃음이 새어 나오는 소리나 그 꼴 ⓑ동무 얼굴에 붙은 밥풀을 보고 나도 모르게 키득 웃었다 **키득하다**

키득거리다 움직씨 참으려는 웃음이 자꾸 새어 나오다 ⓑ저 나이 꽃님들은 굴러가는 나뭇잎만 봐도 키득거린다지 **키득대다**

키득키득 어찌씨 참으려는 웃음이 자꾸 새어 나오는 소리나 그 꼴 ⓑ아이들이 구석에 모여 저들끼리 키득키득 웃었다 **키득키득하다**

키들키들 어찌씨 웃음을 못 참고 입속으로 웃는 꼴 **키들키들하다**

키등키등 어찌씨 어린애가 울 듯한 얼굴로 잇달아 조르거나 보채는 꼴 ⓑ제 엄마가 옆에 없으니, 아이가 키등키등 보챈다 **키등키등하다**

키발 이름씨 발꿈치를 들어 키를 크게 세우는 것 ⓑ이불을 밑에 받치고 그 위에서 키발을 해도 시렁에 손이 닿지 않네 한뜻말발돋움

키버들 이름씨 키를 만드는 버들. 개울가나 진땅에 잘 자라며 껍질을 벗겨 여러 가지 그릇을 만든다 한뜻말고리버들

키보드 ⇒ 글자널. 누르개. 글널

키순 ⇒ 키차례

키스 ⇒ 입맞춤. 뽀뽀

키우다 움직씨 **1** 사람을 돌보아 몸과 마음을 자라게 하다 ⓑ나도 아이를 키워보고 싶다 ⇐ 양성하다 **2** 살아있는 것을 돌보아 기르다 ⓑ요즘은 집에서 짐승을 키우지 않아 한뜻말기르다 **3** 크기나 힘 따위를 높이거나 늘리다 ⓑ제힘을 키워야 남 앞에 떳떳이 설 수 있다 슬기말 **키운 사랑이 낳은 사랑보다 낫다** 딸아들 사랑은 알뜰살뜰 키우는 속에 깊어진다

키워드 ⇒ 알맹이말

키위 ⇒ 하늬 다래. 참다래

키읔 이름씨 한글 닿소리 글자 'ㅋ' 이름

키잡이 이름씨 배에서 키를 다루는 일. 또는 그런 사람 ⇐ 타수. 조타수

키조개 이름씨 낟을 까부르는 키처럼 생긴 조개. 바다 진흙 속에 산다

키질 이름씨 키에 낟알 같은 것을 담고 위아래로 흔들어 겨나 지푸라기 따위를 바람에 날려 보내는 일 ⓑ키질해서 쭉정이를 날려 보냈다

키차례 이름씨 키가 큰 사람부터 서는 차례 ⇐ 키순

키퍼 ⇒ 문지기

키포인트 ⇒ 열쇠. 알짬. 고동

킥 어찌씨 참지 못하여 웃는 소리나 그 꼴 ⓑ참다 참다 킥 웃음이 터졌다

킥 ⇒ 참. 차다

킥보드 이름씨 길쭉한 발판에 바퀴와 손잡이를 단 놀이 연장. 손잡이를 잡고 한 발을 올려놓고 다른 발로 땅을 차면서 간다

킥킥 어찌씨 나오려는 웃음을 참지 못해 입속으로 자꾸 웃는 소리나 그 꼴 ⓑ입을 가린 채 킥킥 웃는다 **킥킥하다**

킥킥거리다 움직씨 나오려는 웃음을 참지 못해 입속으로 자꾸 웃는 소리가 나다 ⓑ길을 걸으며 괜스레 혼자서 킥킥거릴 만큼 마음이 들떴다 **킥킥대다**

킥판 ⇒ 차기널

킬로그램 이름씨 무게를 나타내는 하나치. 즈믄 그램

킬로리터 이름씨 부피를 나타내는 하나치. 즈믄 리터

킬로미터 이름씨 길이를 나타내는 하나치. 즈믄 미터

킬로볼트 이름씨 번힘누르기를 나타내는 하나치. 즈믄 볼트

킬로사이클 이름씨 떨림수를 나타내는 하나치. 즈믄 사이클

킬로와트 이름씨 번힘을 나타내는 하나치. 즈믄 와트

킬로줄 이름씨 일이나 일할힘 크기를 나타내는 말. 1킬로줄은 1,000줄이다

킬로칼로리 이름씨 더움 기운을 나타내는 하나치. 즈믄 칼로리

킬리만자로메 이름씨 '빛나는 메' 또는 '흰 메'라는 뜻으로 아프리카에서 가장 높은 메. 탄자니아 높새쪽에 있으며 불메이고 우후루 꼭대기는 높이가 5,895미터로 누리에서 넷째로 툭 튀어나온 메이다 ⇐ 킬리만자로산

킬킬 어찌씨 웃음을 억지로 참으려다 참지 못해 겨우 웃는 소리나 그 꼴 ⓑ동무가 길바닥에 미끄러진 나를 보고 킬킬 웃었다 센말 낄낄 **킬킬하다**

킬킬거리다 움직씨 웃음을 억지로 참으려다 참지 못해 겨우 웃는 소리가 자꾸 나다 ⓑ어릴 적 내 빛박이를 보여 주자 아이들이 킬킬거린다 센말 낄낄거리다 **킬킬대다**

킹 ⇒ 임금. 나라님

킹사이즈 ⇒ 큰 것. 긴 것

킹킹 어찌씨 **1** 몹시 아프거나 고단하여 괴롭게 자꾸 내는 소리 ⓑ아이가 밤새 몸이 달아오르며 킹킹 소리를 내며 앓았다 센말 낑낑 **2** 어린애가 울거나 트집을 하며 보채는 소리 ⓑ젖먹이가 젖도 먹지 않고 킹킹 보채기만 한다 **킹킹하다**

킹킹거리다 움직씨 **1** 몹시 아프거나 고단하여 괴롭게 자꾸 소리를 내다 ⓑ아침나절 내내 킹킹거리다 겨우 일어나 밥을 먹었다 센말 낑낑거리다 **2** 어린애가 울거나 트집을 하며 보채는 소리를 내다 **킹킹대다**

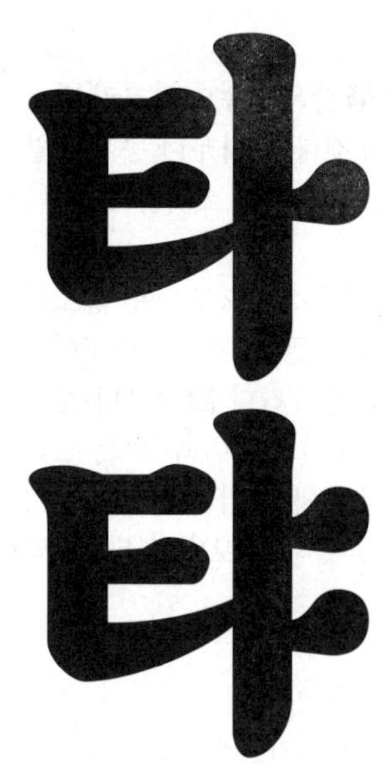

타 ⇒ 남. 다른사람. 다른 것. 다른. 딴

타개 ⇒ 헤쳐나감. 풀어나감. 헤쳐나가다. 풀어가다. 이겨나가다

타개다 움직씨 낟알을 맷돌에 갈아 잘게 쪼개다 ⓑ맷돌로 콩을 타갰다 한뜻말타다

타격 ⇒ 침. 때림. 치다. 때리다

타결 ⇒ 마무름. 끝맺음. 매듭짓다. 마무르다. 끝맺다

타계 ⇒ 죽음. 죽다. 돌아가다. 숨지다

타고나다 움직씨 태어날 때부터 지니고 나다 ⓑ나는 달리기에 타고난 재주가 있다

타고앉다 움직씨 ❶타고 깔고 앉다 ⓑ벤 소나무를 타고 앉아 낫으로 껍질을 벗겼다 ❷든든히 자리 잡거나 어디를 차지하다 ⓑ그들은 한 골짜기를 타고 앉았어

타교 ⇒ 다른 배곳. 남 배곳

타구 ⇒ 공치기. 친 공. 공치다

타국 ⇒ 딴 나라. 다른 나라

타깃 ⇒ 과녁. 겨냥. 겨눔. 솔

타끈하다 그림씨 쩨쩨하고 다랍고 게염궂다 ⓑ그동안 제가 타끈하게 군 것은 살림이 빠듯해서였습니다

타내다 움직씨 ❶남 잘못을 드러내어 탓하다 ⓑ잘못한 줄 알면서도 아무도 타내려 하지 않았다 ❷남한테서 꾸중을 듣거나 아니꼬운 일을 겪어 언짢고 부끄러워 마음을 쓰다 ⓑ샛별은 다른 아이들이 알나리깔나리 하고 놀려도 못 들은 척하고 타내지 않았다

타는곳 이름씨 긴수레나 버스, 배, 날틀 따위 탈 것을 타는 곳 맞선말내리는곳 ⇐ **승차장**

타는문 이름씨 긴수레나 버스, 배, 날틀 따위 탈 것에 올라타는 문 ⇐ **탑승구**

타다[1] 움직씨 ❶불이 붙어 벌겋게 되거나 불꽃이 일어나다 ⓑ나무가 다 타서 재가 되었다 ❷지나치게 뜨거워 빛이 누렇게 되도록 눋다 ⓑ밥이 타다 ❸햇빛에 몹시 그을리다 ⓑ팔과 얼굴이 시커멓게 탔다 ❹가뭄에 푸나무가 누렇게 되며 바싹 마르다 ⓑ가뭄에 보리가 타들어 간다 ❺목 입안 입술이 달아서 바싹 마르다 ⓑ목이 타서 물을 마셨다

❻마음이 몹시 조마조마하다 ⓑ애가 타다. 제때 못 맞출까 속이 탄다 ❼노을이나 나뭇잎 따위가 붉은빛이 몹시 짙어지다 ⓑ저녁노을이 붉게 탄다. 나뭇잎이 붉게 탄다

타다[2] 움직씨 ❶배, 수레, 날틀 같은 탈것에 몸을 올려놓다 ⓑ배에 탄 채로 끌려갔다. 목말을 타고 놀았다. 밧줄을 타고 건넜다 비슷한말 싣다 맞선말 내리다 ⇐ 승차하다. 탑승하다 ❷소나 말 등에 올라앉다 ⓑ소를 타다. 말을 타다 ❸높은 데를 오르내리거나 길을 밟아 가다 ⓑ멧등성이를 타고 올랐다. 잔나비가 나무를 타고 내려온다 ❹물결이나 바람, 소리 따위에 실리거나 날리다 ⓑ꽃잎이 물결 타고 떠내려간다 ❺사다리나 벼랑 같은 곳을 기어오르다 ⓑ사다리를 타다. 벼랑을 타다 ❻썰매와 같은 것을 써서 미끄러져 지치다 ⓑ썰매를 타다 ❼그네에 올라앉거나 서서 앞뒤로 왔다 갔다 하다 ⓑ그네를 타다 ❽어떤 때나 틈을 노려 써먹다 ⓑ어둠을 타고 달아났다. 틈을 타서 얼른 쉬었다

타다[3] 움직씨 ❶몫으로 주는 돈이나 몬을 받다 ⓑ오늘 품삯을 타는 날이다 ❷(재주나 기운 같은 것을) 받아 가지다 ⓑ우리는 때를 잘 탔다. 재주를 잘 타고 태어났다 비슷한말 타고나다

타다[4] 움직씨 ❶둘로 갈라 골이나 줄을 내다 ⓑ밭고랑을 탔다. 가르마를 가운데로 탔다 ❷속이 드러나게 베거나 째거나 가르다 ⓑ박을 탔다 ❸낟알 같은 것을 맷돌에 갈아 쪽이 나게 쪼개다 ⓑ맷돌로 콩을 탔다 한뜻말 타개다

타다[5] 움직씨 줄가락틀 따위를 퉁기거나 뜯어 소리를 내다 ⓑ거문고 타는 솜씨가 여느 사람보다 뛰어나다

타다[6] 움직씨 어떤 힘을 쉬 받거나 잘 느끼다 ⓑ다른 사람 앞에서 부끄럼을 잘 탄다. 자꾸 나가고 싶은 것을 보니 봄을 타나 봐. 옻을 잘 타는 몸씨를 가졌다

타다[7] 움직씨 물 같은 것에 다른 것을 섞어 넣다 ⓑ소젖에 꿀을 타서 주었다. 기름에 물을 타서 팔다

타닥거리다 움직씨 ❶잦은걸음으로 흐린 발소리를 내며 힘없이 걷다 ❷나무나 콩깍지 같은 게 타면서 가볍게 튀는 소리가 자꾸 나다 **타닥대다**

타닥타닥 어찌씨 ❶잦은걸음으로 흐린 발소리를 내며 힘없이 걷는 꼴 ⓑ아이는 배곳에서 타닥타닥 집으로 돌아간다 ❷나무나 콩깍지 같은 게 타면서 가볍게 자꾸 튀는 소리나 그 꼴 ⓑ아궁이에 둥거리를 밀어넣고 타닥타닥 타는 꼴을 지켜보았다 **타닥타닥하다**

타당성 ⇒ 맞음새

타당하다 ⇒ 마땅하다. 알맞다

타도 ⇒ 무너뜨림. 거꾸러뜨림. 때려눕힘. 무너뜨리다. 거꾸러뜨리다. 때려눕히다

타동사 ⇒ 남움직씨

타락 ⇒ 잘못됨. 잘못되다. 엇나가다. 빗나가다

타래 이름씨 ❶비틀어서 사리거나 꼬아 놓은 것이나 그 꼴로 된 것. 또는 그것을 세는 하나치 ⓑ목도리를 짜려면 털실 몇 타래가 들어가죠? 실 한 타래 ❷남새를 짚으로 엮어 놓은 것. 또는 그것을 세는 하나치 ⓑ시래기 한 타래 사서 데쳐 무쳐 먹었다. 마늘 한 타래 ❸소라껍데기처럼 빙빙 비틀리어 고랑이 진 몬. 몬을 붙박는 데 쓴다

타래못 이름씨 몬 겉에 타래 꼴로 홈이 나 있고 머리에는 돌리개로 돌릴 수 있도록 홈이 나 있는 몬 한뜻말 돌림못 ⇐ 나사. 나사못

타래못돌리개 이름씨 타래못을 돌려서 박거나 빼는 연장 한뜻말 돌리개 ⇐ 드라이버

타래송곳 이름씨 ❶보굿 마개를 빼는 데 쓰는 송곳 ❷나무에 둥근 구멍을 뚫는 데 쓰는 송곳 ⇐ 드릴

타래타래 어찌씨 실이나 노끈 같은 것이 여러 타래로 뱅뱅 틀어진 꼴 ⓑ타래타래 꼬인 일들을 하나씩 풀어나갔다 큰말 트레트레

타래타래하다 그림씨 실이나 노끈 같은 것이 여러 타래로 뱅뱅 틀어져 있다 큰말 트레트레

하다

타력 ⇒ 치는 힘

타령 이름씨 ❶판소리를 비롯하여 여느 사람들이 부르던 갖가지 노래를 통틀어 이르는 말 ⓑ방아 타령. 장끼 타령 ❷(어떤 말과 함께 써) 그 말이나 소리를 되풀이하는 것 ⓑ오늘도 또 술타령이냐? ❸무엇을 슬퍼하거나 걱정하는 마음 ⓑ삶타령. 삶매개타령. 날떠퀴타령 ❹무엇을 자꾸 타발하는 것 ⓑ연장타령. 땅타령 ❺무엇을 자꾸 달라고 조르는 것 ⓑ아침부터 주머닛돈 타령이네

타령가락 이름씨 타령에만 있는 늘어지고 멋들어지게 부드러운 가락 흐름

타령장단 이름씨 타령에 쓰는 12/8 가락 장단

타령조 ⇒ 타령가락

타르 이름씨 나무나 돌숯, 땅기름 같은 것을 태울 때 나오는 검고 끈적거리는 물

타목 이름씨 목이 쉰 것 같은 목소리 ⇐ 탁성

타박 이름씨 허물이나 티를 잡아 꾸중을 하거나 나무람 ⓑ말끝마다 타박을 놓는다. 이 나이 먹도록 먹거리 타박을 듣는다 **타박하다**

타박상 ⇒ 멍. 피멍. 맞은 생채기

타박타박 어찌씨 ❶조금 느릿느릿 힘없이 걸어가는 꼴 ⓑ주린 배를 부여잡고 타박타박 걸었다 큰말터벅터벅 여린말다박다박 ❷가만히 무엇을 두드리는 꼴 ⓑ아슨아들 엉덩이를 타박타박 두드리는 할머니 **타박타박하다**

타박타박하다 그림씨 ❶가루 먹거리 같은 것이 풀기나 진기가 없어 씹기에 좀 팍팍하다 ⓑ밤고구마가 타박타박해서 목이 막힌다 큰말터벅터벅하다 ❷앞길이 막혀 답답하다 ⓑ쥐꼬리만 한 품삯에 애 둘을 키우려니 삶이 타박타박하다

타박하다[1] 움직씨 허물이나 모자람을 나무라거나 핀잔하다 ⓑ거친 말씨로 아이를 타박하면 참말로 비뚤어질 수 있다

타박하다[2] 그림씨 속이 바슬바슬하고 부드럽다 ⓑ타박하게 구운 과자를 가득 담아왔다

타발 이름씨 맞갖지 않게 여겨 투덜거림 ⓑ연장 타발. 때 타발. 타발을 늘어놓다 **타발하다**

타발거리다 움직씨 ❶잦은걸음으로 매우 힘없이 느른하게 자꾸 걷다 ❷좀 빠른 몸짓으로 아주 가볍게 걷다 **타발대다**

타발타발 어찌씨 ❶잦은걸음으로 매우 힘없이 느른하게 걷는 꼴 ⓑ꽃순이는 힘없이 고개를 숙이고 타발타발 멧길을 걸었다 ❷좀 빠른 몸짓으로 아주 가볍게 걷는 꼴 ⓑ바쁜 걸음으로 타발타발 걸어서 배곳에 갔다 **타발타발하다**

타산 ⇒ 셈. 셈속. 따져 헤아리다

타살 (他殺) ⇒ 남이 죽임. 죽이다

타살 (打殺) ⇒ 쳐죽임. 때려죽임. 쳐죽이다. 때려죽이다

타석 ⇒ 치는곳. 치는자리

타석기 ⇒ 뗀돌연모

타설 ⇒ 때려 박음. 두드려 박음. 때려 박다. 부어넣다. 채우다

타성 ⇒ 인. 버릇. 굳은 버릇

타수 ⇒ 키잡이

타순 ⇒ 칠 차례

타슈켄트 이름씨 우즈베키스탄 서울. 미영으로 실을 만들고, 천을 짜고, 옷을 만드는 일을 많이 한다

타악기 ⇒ 두드림 가락틀

타오르다 움직씨 ❶불이 붙어 불꽃이 일어나며 차츰 거세지다 ⓑ아궁이 불길이 타오른다 ❷마음이 불같이 차츰 달아오르다 ⓑ마지막 겨룸에서 이기고자 하는 마음이 불같이 타올랐다 ❸붉은빛이 불타듯 아름답게 비추다 ⓑ저녁노을이 붉게 타오른다 ❹기운이나 뜨거운 마음 같은 것이 세차게 높아지거나 일어나다 ⓑ거짓과 그릇됨을 뿌리 뽑으려면 백성들 촛불이 거세게 다시 타오르겠지

타우린 이름씨 젖먹이 짐승 쓸개물에 많이 들어 있는 것

타원 ⇒ 긴둥글

타원형 ⇒ 긴둥글꼴

타월 ⇒ 낯닦개. 넙데기. 손천

타율 ⇒ 시켜서 함. 끌려감. 따라함

타의 ⇒ 남 뜻. 딴마음

타이르다 움직씨 잘못을 깨닫도록 옳고 그름을 따져 좋은 말로 하다 ㉥다시는 나쁜 짓을 하지 않도록 점잖게 타일렀다 ⇐ 훈계하다. 훈시하다. 훈육하다

타이름 이름씨 잘 깨닫도록 가리를 밝혀 말해줌 ⇐ 훈계. 충고. 훈화

타이어 ⇒ 고무바퀴. 수레바퀴

타이트하다 ⇒ 빡빡하다. 탱탱하다. 팽팽하다. 빠듯하다. 꽉 끼이다

타이틀 ⇒ 이름. 으뜸 자리

타이틀매치·타이틀전 ⇒ 으뜸자리 차지하기

타이프 ⇒ 글치개

타인 ⇒ 남. 딴사람. 다른 사람

타일 ⇒ 오지조각

타임 ⇒ 때. 때새

타임머신 ⇒ 때틀

타임아웃 ⇒ 때멈춤

타임캡슐 ⇒ 때그릇

타입 ⇒ 꼴. 모습. 생김새

타자 (打者) ⇒ 때림이

타자·타이핑 (打字) ⇒ 글치기. 글찍기

타자기·타이프라이터 ⇒ 글틀. 글치개

타작 ⇒ 바심. 바심질. 잘개질. 마당질. 난알떨기. 바심하다. 바심질하다. 마당질하다

타점 ⇒ 치는점. 얻은 점수

타제석기 ⇒ 뗀돌연모

타조 ⇒ 단새

타종 ⇒ 댕침. 댕울림. 댕치다. 댕 울리다

타지·타처 ⇒ 난데. 다른데. 다른곳

타지방 ⇒ 딴고장. 다른고장. 난데

타진 ⇒ 두드려 봄. 속 떠봄. 두드려보다. 속 떠보다

타짜·타짜꾼 이름씨 노름판에서 남을 잘 속이는 재주를 가진 사람

타천 ⇒ 남 밀기

타파 ⇒ 깨버림. 쳐 없앰. 깨뜨리다. 쳐 없애다

타향·타관 ⇒ 난데. 다른고장. 남고장

타향살이 ⇒ 난데살이. 딴데살이

타협 ⇒ 뜻맞춤. 손잡음. 서로 좋게 함. 뜻맞추다. 손잡다. 서로 좋게 하다

탁 어찌씨 **1** 갑자기 세게 치거나 때리거나 부딪치는 소리나 그 꼴 ㉥손바닥으로 책놓개를 탁 치니 억 하고 쓰러졌다. 문턱에 탁 걸려 넘어졌다 큰말 턱 **2** 갑자기 잘리거나 끊어지는 소리나 그 꼴 ㉥빨랫줄이 탁 끊어졌다 **3** 갑자기 힘 있게 잡아채거나 잡았던 것을 놓아주는 꼴 ㉥소고삐를 탁 잡아챘다 **4** 갑자기 굳어졌던 마음이나 기운이 힘없이 풀리는 꼴 ㉥김이 탁 빠진다. 우두머리가 잡혔다는 새뜸에 힘이 탁 풀려서 주저앉았다 **5** 갑자기 아주 막히거나 막혔던 것이 확 터지는 꼴 ㉥먼지 구덩이에 들어오니 숨이 탁 막힌다. 웃음이 탁 터지려는 것을 가까스로 참았다. 앞뒤로 탁 트여 바람이 잘 지나간다 **6** 근심이나 걱정이 잔뜩 어린 꼴 ㉥물끓이개가 추위에 얼지 않았을까 탁 걱정이 된다 **7** 갑자기 세게 쓰러지거나 엎어지는 꼴 ㉥푹푹 빠지는 무논에 탁 자빠졌다 **8** 침을 세게 뱉는 꼴 ㉥침을 탁 뱉었다 **9** 어떤 일이나 짓을 우물쭈물 하지 않고 바로 해버리는 꼴 ㉥장마가 들기 앞에 풀베기를 탁 해치웠다 **10** 말을 에둘러 하지 않고 곧바로 마구 해버리는 꼴 ㉥아저씨는 하고 싶은 말을 아무한테나 탁 해버린다

탁견 ⇒ 좋은 생각. 뛰어난 생각

탁구 ⇒ 널공치기

탁구공 ⇒ 널공

탁류 ⇒ 붉덩물. 흙탕물. 흐린 물

탁마 ⇒ 갈닦기. 갈고 닦음. 갈닦다. 갈고 닦다

탁발 ⇒ 동냥. 동냥질

탁발승 ⇒ 동냥중

탁본 ⇒ 새김글무늬뜨기

탁상 ⇒ 놓개. 놓개위

탁상공론 ⇒ 빈말. 헛소리. 구름 잡는 말

탁상시계 ⇒ 놓개 때알림이

탁색 ⇒ 흐린빛

탁성 ⇒ 타목

탁송 ⇒ 맡겨보냄. 부침. 보내다. 부치다

탁아 ⇒ 아기맡김

탁아소 ⇒ 아기돌봄집. 아기맡김집

탁월하다 ⇒ 빼어나다. 훌륭하다. 뛰어나다. 남다르다

탁음 ⇒ 흐린소리

탁자 ⇒ 놓개

탁주 ⇒ 막걸리

탁탁 (어찌씨) ❶잇달아 세게 치거나 때리거나 부딪치는 소리나 그 꼴 ⓑ손으로 등을 탁탁 쳤다. 신 밑에 붙은 진흙을 털려고 발을 탁탁 굴렀다 큰말털털 ❷잇달아 세게 잘리거나 끊어지는 소리나 그 꼴 ⓑ센바람에 삭은 나뭇가지가 탁탁 부러졌다 ❸잇달아 자꾸 막히는 꼴 ⓑ땅밑 수렛길로 들어왔더니 숨이 탁탁 막히고 눈이 따가웠다 ❹잇달아 세게 쓰러지거나 엎어지는 꼴 ⓑ쏘개알 소리가 잇달아 들리더니 멧돼지가 탁탁 쓰러졌다 ❺잇달아 세게 터지거나 튀기는 소리나 그 꼴 ⓑ아궁이에서 둥거리불이 탁탁 튀는 소리가 난다 **탁탁하다**

탁탁거리다 (움직씨) ❶잇달아 세게 치거나 때리거나 부딪치는 소리가 나다 큰말털털거리다 ❷잇달아 세게 잘리거나 끊어지는 소리가 나다 ❸잇달아 세게 터지거나 튀기는 소리가 나다 **탁탁대다**

탁탁하다 (그림씨) ❶고르고 굵은 올로 촘촘히 짜서 천 바탕이 두껍고 질기다 ⓑ탁탁하게 짠 천 큰말툭툭하다 ❷알차고 오붓하다 ⓑ세간이 탁탁하다. 요즘은 시골 살림도 모두 알뜰하고 탁탁하다

탁하다 ⇒ 흐리다. 걸쭉하다. 더럽다. 나쁘다

탄 ⇒ 돌숯. 구멍숯

탄광 ⇒ 돌숯쇳돌

탄력 ⇒ 튐심. 튐힘. 튀길심

탄력성 ⇒ 튐새. 튀김새

탄로나다 ⇒ 들통나다. 드러나다. 불거지다

탄복 ⇒ 훌륭하여 우러름. 절로 따름

탄산 ⇒ 숯살

탄산가스 ⇒ 숯살가스

탄산나트륨 ⇒ 숯살나트륨

탄산마그네슘 ⇒ 숯살마그네슘

탄산석회 ⇒ 숯살돌재

탄산수 ⇒ 숯살물

탄산수소 ⇒ 숯살물남

탄산수소나트륨 ⇒ 숯살물남나트륨

탄산염 ⇒ 숯살재

탄산음료 ⇒ 숯살마실것

탄산천 ⇒ 숯살내

탄산칼슘 ⇒ 숯살칼슘

탄생 ⇒ 태어남. 남. 태어나다. 나다

탄성 (歎聲) ⇒ 놀람 소리. 한숨 소리

탄성 (彈性) ⇒ 튐새. 튐바탈

탄성력 ⇒ 튐새. 튐바탈

탄소 ⇒ 숯남

탄소강 ⇒ 떡쇠

탄소동화작용 ⇒ 숯남같아지기

탄수화물 ⇒ 숯물된몬

탄식 ⇒ 한숨쉼

탄신일 ⇒ 난날. 태어난 날

탄알 ⇒ 쏘개알

탄압 ⇒ 억누름. 짓밟음. 억누르다. 짓밟다

탄약 ⇒ 터지개

탄원 ⇒ 하소. 하소연. 발괄. 엉엉거림

탄원서 ⇒ 하소글. 하소연글

탄저균 ⇒ 검댕이븟

탄저병 ⇒ 검댕이앓이

탄창 ⇒ 쏘개알집. 튐알집

탄탄대로 ⇒ 넓고 큰길. 크고 고른길

탄탄하다 (그림씨) ❶무르거나 느슨하지 않고 아주 야무지고 굳세다 ⓑ몸이 탄탄하다. 짐을 탄탄하게 묶다 큰말튼튼하다 ❷알속 있고 미덥다 ⓑ사람이 탄탄해 보인다. 아들은 비로소 탄탄한 일터에 들어갔다

탄탄하다 ⇒ 고르고 너르다. 펀펀하다

탄피 ⇒ 쏘개알 껍데기

탄핵 ⇒ 내쫓음. 꾸짖음. 나무라다. 꾸짖다. 내쫓다

탄환 ⇒ 쏘개알. 불콩. 쇠구슬

탈 이름씨 ❶어떤 꼴로 꾸며 얼굴에 쓰는 것 ⓑ덧보기에서 광대들이 탈을 쓰고 춤을 춘다 ⇐ 가면 ❷속뜻을 가리려고 거짓으로 내세우는 보람널이나 이름. 또는 그런 보람널이나 이름 밑에 하는 거짓 짓거리 ⓑ도우미 탈을 쓴 안팎 깡패. 건짐이 탈을 쓴 승냥이 익은말 **탈을 벗다** 거짓으로 꾸민 꼴을 버리고 밑바탕을 드러내다 **탈을 쓰다** 밑바탕이 드러나지 않게 거짓으로 꾸미다

탈 ⇒ 앓이. 말썽. 트집

탈각 ⇒ 껍질 벗음. 허물 벗음. 껍질벗다. 허물벗다

탈것 이름씨 수레, 버스, 긴수레, 날틀, 배, 말, 가마 따위 사람이 타고 다니는 것을 통틀어 이르는 말 ⓑ탈것은 또 다른 집이다. 걸어왔냐 탈것을 타고 왔냐? ⇐ 교통수단

탈것일꾼 이름씨 긴수레나 날틀, 배 따위 안에서 탈것을 몰거나 손님 시중을 드는 사람 ⇐ 승무원

탈곡 ⇒ 바심. 마당질. 바심질. 낟알떨이. 바심하다. 바심질하다. 마당질하다

탈곡기 ⇒ 바심틀. 호롱기

탈골 ⇒ 뼈 어긋남. 어긋남. 접질림. 삠. 삐다. 접질리다. 뼈가 어긋나다

탈구 ⇒ 삠. 어긋남. 접질림. 삐다. 어긋나다. 접질리다

탈놀음 이름씨 탈놀이

탈놀이 이름씨 탈을 쓰고 노는 놀이 ⓑ탈놀이에는 꼭두각시놀음, 산대놀음 따위가 있다 한뜻말탈놀음. 덧보기놀음 ⇐ 가면극

탈당 ⇒ 무리를 떠남. 떼 떠남. 떼 떠나다

탈락 ⇒ 떨어짐. 벗겨짐. 빠짐. 빠지다. 떨어지다. 벗겨지다

탈루 ⇒ 샘. 빠짐. 빼내다. 새다. 빠지다

탈모 (脫毛) ⇒ 털빠짐. 털 빠지다

탈모 (脫帽) ⇒ 쓰개 벗음

탈무드 이름씨 오랜 옛날부터 유대 사람들에게 물려 내려온 슬기로운 삶 이야기를 모은 책

탈바가지 이름씨 ❶바가지로 만든 탈 ⓑ탈을 짓는 밑감으로 흔히 박을 파내고 말린 것을 써서 탈바가지 또는 탈박이라 불렀다 준말탈박 ❷'탈'을 달리 이르는 말 ⓑ탈바가지를 쓰고 춤을 추었다

탈바꿈 이름씨 ❶처음 꼴이나 모습이 바뀜 ⓑ새해 들어 저자터가 아주 다른 모습으로 탈바꿈하였다 ❷어린 벌레가 번데기를 거쳐 자란벌레로 달라지는 것처럼 숨받이를 이루는 여러 틀이 여느 것과 아주 다른 꼴로 바뀜 또는 그런 흐름 ⓑ잠자리는 번데기 꼴 없이 알에서 바로 자란 벌레가 되는 탈바꿈을 한다 ⇐ 변태 **탈바꿈하다**

탈색 ⇒ 빛깔빼기. 물감빼기. 바램. 바래다. 빛바래다. 물빠지다. 물날다

탈선 ⇒ 벗어남. 벗나감. 빗나감. 딴 길로 빠짐. 벗어나다. 벗나가다. 빗나가다. 딴 길로 빠지다

탈수 ⇒ 물 빼기. 물 짜기. 물 빠짐. 물 빼다. 물 짜다. 물 빠지다

탈수기 ⇒ 빨래짜개. 물짜개

탈싹 어찌씨 작은 것이 갑자기 바닥에 떨어지는 소리나 그 꼴 ⓑ시렁 위에 있던 베개가 탈싹 떨어졌다 **탈싹하다**

탈싹거리다 움직씨 ❶작은 것이 갑자기 바닥에 잇달아 떨어지는 소리가 나다 ❷작은 것이 갑자기 가볍게 잇달아 주저앉거나 넘어지다 **탈싹대다**

탈싹탈싹 어찌씨 ❶작은 것이 갑자기 바닥에 잇달아 떨어지는 소리나 그 꼴 ⓑ늦가을 바람에 빈 밤송이가 탈싹탈싹 떨어진다 ❷작은 것이 갑자기 가볍게 잇달아 주저앉거나 넘어지는 소리나 그 꼴 ⓑ동무들 어깨 위에 올라갔던 아이들이 탈싹탈싹 뛰어내린다 **탈싹탈싹하다**

탈영 ⇒ 지킴자리를 뜸. 달아남. 지킴자리를 뜨다. 달아나다

탈영병 ⇒ 자리뜬싸울아비. 달아난싸울아비

탈옥 ⇒ 가두리를 달아남. 빠져나감. 가두리를 달아나다. 빠져나가다

탈의실 ⇒ 옷 벗는 곳. 옷 갈아입는 방. 옷갈

이방

탈주 ⇒ 달아남. 달아나다

탈지면 ⇒ 깨끗한 솜. 기름 뺀 솜

탈지분유 ⇒ 기름 뺀 가루젖

탈진 ⇒ 지침. 힘 빠짐. 지치다. 힘빠지다

탈출 ⇒ 달아남. 벗어남. 빠져나감. 달아나다. 벗어나다. 빠져나가다

탈출구 ⇒ 달아날 구멍. 벗어날 길

탈춤 이름씨 탈을 쓰고 추는 춤 ⓑ탈춤을 추면서 한바탕 놀아보자

탈취 (奪取) ⇒ 빼앗음. 가로챔. 앗다. 빼앗다. 가로채다

탈취 (脫臭) ⇒ 냄새빼기. 냄새빼다

탈취제 ⇒ 냄새빼기감

탈탈 어찌씨 ❶먼지 같은 것을 털려고 잇따라 가볍게 두드리는 소리나 그 꼴 ⓑ집안 구석구석 쌓인 먼지를 탈탈 털어냈다 큰말털털 ❷남은 것이 없도록 털어내는 꼴 ⓑ굶주린 배를 채우라고 내 주머니를 탈탈 털어 주었다 ❸지치거나 힘들어 나른한 걸음으로 천천히 걷는 꼴 ⓑ오늘도 지친 몸을 이끌고 골목길을 탈탈 걷는다 ❹먹은 것이 없어 속이 텅 빈 꼴 ⓑ하루 내내 굶었더니 속이 탈탈 비었다 ❺깨지거나 금이 간 질그릇 같은 것을 두드릴 때 나는 흐린 소리 ⓑ단지를 두드릴 때 탈탈 소리 나는 것을 보니 금이 간 것 같다 **탈탈하다**

탈탈거리다 움직씨 ❶지치거나 힘들어 나른한 걸음으로 천천히 자꾸 걷다 ⓑ곱단이는 어두워서야 집으로 탈탈거리며 돌아왔다 ❷탈것이나 연장이 낡아서 자꾸 흔들리며 천천히 겨우 뛰다 ⓑ바심틀이 탈탈거리더니 곧 멈춰섰다 ❸깨어지거나 금이 간 얄팍한 질그릇 따위를 소리나게 자꾸 두드리다 ⓑ어깨를 들썩이며 막걸리 그릇을 탈탈거렸다 **탈탈대다**

탈퇴 ⇒ 나감. 빠짐. 떠남. 나가다. 빠지다. 떠나다

탈피 ⇒ 껍질 벗음. 허물 벗음. 껍질 벗다. 허물 벗다

탈환 ⇒ 되찾음. 도로 빼앗음. 되찾다. 도로 빼앗다

탐 ⇒ 바람. 게염. 달라붙음. 부러움. 바라다. 게염내다. 부러워하다

탐관오리 ⇒ 몹쓸 나라일꾼

탐구 ⇒ 파고듦. 알아보기. 깊이 생각함. 파고들다. 깊이 생각하다

탐구심 ⇒ 참 밝힐 마음

탐나다 ⇒ 부럽다. 게염 나다. 시샘하다

탐내다 ⇒ 부러워하다. 게염 내다. 넘보다

탐닉 ⇒ 빠짐. 파묻힘. 빠지다. 빠져들다. 쏠리다. 파묻히다. 몹시 즐기다

탐독 ⇒ 즐겨 읽음. 빠져 읽음. 즐겨 읽다. 푹 빠지다

탐라 ⇒ 다모나

탐문 ⇒ 캐물음. 더듬어 찾음. 묻다. 캐다. 캐묻다

탐미적 ⇒ 아름다움을 찾는

탐방 ⇒ 찾아감. 만나러 감. 찾아가다. 만나러 가다

탐사 ⇒ 찾아봄. 더듬어 살핌. 찾아보다. 더듬어 살피다

탐사자 ⇒ 찾아봄이. 찾는이

탐색 ⇒ 찾음. 샅샅이 찾음. 살핌. 찾다. 살피다. 샅샅이 찾다

탐색기 (探索期) ⇒ 떠볼때. 뒤져볼때. 살펴볼때

탐색기 (探索機) ⇒ 찾기틀

탐스럽다 ⇒ 보기 좋다. 소담하다. 소담스럽다

탐식 ⇒ 게걸거림. 마구 먹음. 허발함

탐욕·탐심 ⇒ 게염. 바람. 시샘

탐정 ⇒ 발쇠꾼

탐조 (探照) ⇒ 내비침. 비춤. 찾아봄. 내비치다. 비추다. 찾아보다

탐조 (探鳥) ⇒ 새 찾기

탐조등 ⇒ 비춤불

탐지 ⇒ 캐어냄. 밝혀냄. 알아냄. 캐내다. 밝혀내다. 알아내다

탐지기 ⇒ 밝혀내개. 알아내개. 캐내개

탐탁하다 그림씨 ❶마음에 들어맞다 ⓑ이참에 가져온 콩이 내 보기에 그다지 탐탁지 않아 ❷속내가 알속이 있다 ⓑ누가 가장 탐탁하게 나무를 해왔는지 살펴보았다 ❸탄탄하고 질기다 ⓑ몇 해를 입어도 탐탁한 푸른 바지는 헤지지 않는다

탐하다 ⇒ 침흘리다. 게염내다. 넘겨다보다. 넘어다보다

탐험 ⇒ 처음가봄. 처음가보다. 바드러운곳을 가다

탐험가 ⇒ 처음가는이

탐험대 ⇒ 처음가는무리. 처음가보는 이들

탑 ⇒ 쌓

탑골공원 ⇒ 쌓골그위뜰

탑돌이 ⇒ 쌓돌이

탑삭나룻 이름씨 입과 턱 둘레에 터부룩하게 난 나룻

탑삭부리 이름씨 탑삭나룻이 난 사람 큰말텁석부리

탑승 ⇒ 오름. 탐. 타다. 오르다

탑승객 ⇒ 타는사람

탑승구 ⇒ 타는문

탑신 ⇒ 쌓몸

탑재 ⇒ 싣기. 올려 싣기. 싣다. 올려 싣다

탓 이름씨 ❶앞 낱말이 뜻하는 것이 좋지 않은 열매를 맺게 하는 까닭 ⓑ날씨 탓. 늦은 탓. 네 탓이 아니다 ❷나름 ⓑ우리가 제때 일을 끝내고 못 끝내는 것은 마음먹기 탓이다. 네가 허물을 벗을지 말지는 네가 말할 탓이다

탓하다 움직씨 ❶잘못된 것을 나무라다 ⓑ이미 엎질러진 물인데 누구를 탓하리오 ❷구실이나 핑계를 대다 ⓑ잘되면 나 때문이고 안 되면 남 탓한다

탕[1] 어찌씨 ❶무엇을 실어나르거나 어디까지 다녀오는 디위 수 ⓑ짐수레로 모래를 다섯 탕 날랐다 ❷어떤 일을 치르거나 겪어내는 디위 수 ⓑ씨름을 두 탕 모두 이겼다

탕[2] 어찌씨 ❶쏘개를 쏘거나 무엇이 터질 때 되알지게 울리는 소리 ⓑ갑자기 집 옆에서 탕! 하고 쏘개 쏘는 소리가 났다 큰말텅 센말땅 ❷굵고 단단한 것이 부딪쳐 울리는 소리 ⓑ물통을 바닥에 탕 내려놓았다 ❸어떤 것이 튕새 있게 튀는 꼴 ⓑ공이 문대에 맞고 탕 튀어나왔다 ❹문을 힘껏 닫는 소리나 그 꼴 ⓑ문을 탕 닫고 나왔다

탕[3] 어찌씨 작은 것이 속이 아주 빈 꼴 ⓑ잣송이는 큰데 알이 탕 빈 게 많다 큰말텅

-탕 뒷가지 ❶물이 많이 괸 곳이나 물로 질퍽해진 곳 ⓑ흙탕. 물탕 ❷마구 짓이겨진 꼴 ⓑ죽탕. 일을 날탕으로 하다

탕 ⇒ 국

탕감 ⇒ 지워 없앰. 덜어 없앰. 지워 없애다. 덜어 없애다

탕개 이름씨 동인 줄을 죄는 몬

탕건 이름씨 옛날에 갓 아래에 쓰던 쓰개. 말총으로 만들었다

탕수육 ⇒ 단고기튀김

탕약·탕제 ⇒ 달임 물

탕진 ⇒ 다 없앰. 바닥냄. 결딴냄. 다 없애다. 바닥내다. 결딴내다

탕탕[1] 어찌씨 ❶잇달아 쏘개를 쏘거나 무엇이 터질 때 되알지게 울리는 소리 ⓑ멧돼지 사냥꾼이 뒷메에서 쏘개를 탕탕 쏘아댄다 큰말텅텅 센말땅땅 ❷굵고 단단한 것이 잇달아 부딪쳐 울리는 소리 ⓑ땅이 얼마나 얼었는지 곡괭이가 탕탕 튄다. 주먹으로 놓개를 탕탕 쳤다 ❸무엇을 해달라는 것을 힘 있게 안 된다고 하거나 들어주지 않는 꼴 ⓑ있는 대로 말하라고 몰아대자 솔찬이는 탕탕 튀며 모든 것을 아니라고 한다 ❹함부로 자꾸 큰소리를 치는 꼴 ⓑ그 헛바람쟁이는 큰소리를 탕탕 치며 일자리를 잡아준다고 말했다

탕탕[2] 어찌씨 여러 작은 것이 속이 다 빈 꼴 ⓑ올해 가뭄 탓인지 호두 속이 탕탕 비었다 큰말텅텅

탕평책 ⇒ 치우치지 않기. 고루쓰기

태 이름씨 ❶나락이 익어갈 무렵 논에 내린 새를 쫓으려고 만든 연장. 짚으로 튼튼한 밧

줄을 꼬아 끝에 삼으로 꼰 가는 끈을 이어 달아 만든다. 이것을 휘휘 돌리다가 거꾸로 확 치면 땅 하는 큰 소리가 나서 새를 쫓는다 **2** 태질 한뜻말 때기

태 ⇒ 삼

태가락 ⇒ 맵시짓

태고 ⇒ 옛날 옛적. 아득한 옛날

태교 ⇒ 배내 가르침

태권도 ⇒ 손발길

태권무 ⇒ 손발춤

태극 ⇒ 한끝. 큰끝

태극기 ⇒ 큰끝깃발

태기 ⇒ 아기 낌새. 아기설낌새

태깔 ⇒ 맵시. 빛깔. 모습

태껸 이름씨 부드러운 몸짓을 하다가 갑작스레 손과 발을 써서 치고 차고 넘어뜨리는 싸움 재주. 우리나라에만 있는 싸울아비 내림삶꽃이다 한뜻말 택견

태도 ⇒ 몸가짐. 맵시. 몸씨

태동 ⇒ 꿈틀거림. 자위 뜸. 싹틈. 꿈틀거리다. 자위뜨다. 싹트다

태두 ⇒ 난사람. 뛰어난 사람. 훌륭한 사람. 엄지

태만하다 ⇒ 게으르다. 늑장부리다. 딴청부리다

태몽 ⇒ 아기 설 꿈

태반 (太半) ⇒ 거의. 가웃 넘게

태반 (胎盤) ⇒ 삼

태백 ⇒ 한밝

태백산 ⇒ 한밝메

태백산맥 ⇒ 한밝멧줄기

태보 ⇒ 삼

태봉 이름씨 궁예가 세운 나라 이름. 궁예는 901해에 뒷가고리를 세우고 904해에 나라 이름을 마진으로 바꾸고 911해에 다시 태봉으로 바꾸고 918해에 왕건에게 무너졌다

태부족 ⇒ 많이 모자람

태산 ⇒ 큰 메

태생 ⇒ -에서 태어난 이. 새끼낳이

태세 ⇒ 몸가짐. 마음가짐. 틀. 틀거지

태수 ⇒ 옛 고을지기

태아 ⇒ 뱃속아이. 배내아이

태양 ⇒ 해

태양계 ⇒ 해누리

태양광 ⇒ 햇빛. 햇살. 햇발

태양력 ⇒ 해셈

태양신 ⇒ 해검

태양에너지 ⇒ 해힘. 해일힘

태양열 ⇒ 햇볕. 해더움

태양열주택 ⇒ 해더움집. 해따슨집

태양인 ⇒ 큰볕이

태양초 ⇒ 볕말림 고추

태어나다 움직씨 **1** 사람이나 짐승이 꼴을 갖추어 누리에 나오다 ⓑ나는 여름지기 아들로 태어난 것을 자랑으로 여긴다 비슷한말 귀빠지다 ⇐ 출생하다. 탄생하다 **2** 어떤 일이 나타나거나 생겨나다 ⓑ온 백성 촛불 밝힘은 새로운 때가 태어났음을 알렸다

태업 ⇒ 일손 놓음. 늑장 부림. 일손 놓다. 늑장 부리다

태연자약하다 ⇒ 아무렇지 않게 여기다. 눈도 깜짝 않다

태연하다 ⇒ 놀라지 않다. 아무렇지 않다. 눈썹 까딱하지 않다

태우다[1] 움직씨 **1** ('타다[1]' 하임꼴) 불이 붙어 타게 하다 ⓑ못 쓰는 종이를 태웠다 **2** 바싹 말라붙게 하다 ⓑ가뭄에 뜨거운 볕이 땅바닥을 더욱 태웠다 **3** 마음을 몹시 안타깝게 하다 ⓑ아들 녀석이 애를 태운다 **4** 볕을 받아 눋거나 타게 하다 ⓑ바닷가에서 살갗을 태웠다

태우다[2] 움직씨 ('타다[2]' 하임꼴) 탈것이나 짐승 등에 몸을 올려놓게 하다 ⓑ집에 가는 길에 집이 같은 쪽인 벗을 태웠다

태우다[3] 움직씨 **1** 몫몫이 주는 돈이나 몬을 받게 하다 ⓑ품값을 태우다 **2** 노름이나 내기에 돈이나 몬을 걸다 ⓑ한판에 골 원씩 판돈을 태우고 윷을 놀았다

태우다[4] 움직씨 간지럼 따위를 잘 느끼거나 받

게 하다 ㉥우리는 어릴 때 자주 간지럼을 태우며 놀았다

태워죽임 [움직씨] 사람을 불에 태워 죽이는 옰 ⇐ 화형

태음 ⇒ 달

태음력 ⇒ 달셈

태음인 ⇒ 큰그늘이

태자 ⇒ 임금될사람

태주 [이름씨] 뜨리를 앓다가 죽은 겨집아이 깨비

태질 [이름씨] ❶볏단이나 보릿단 따위를 넓적한 돌에 메어쳐서 이삭을 떠는 일 ㉥볏단을 메어 돌에 내리치며 하루 내 태질을 했다 한뜻말 때기 ❷세게 메어치거나 내던지는 짓 ㉥맞선이 옷자락을 잡아채서 땅바닥에 태질을 쳤다

태초 ⇒ 맨 처음. 첫 누리

태클 ⇒ 발걸이. 공뺏기

태평·무사태평 ⇒ 일없음. 걱정 없음

태평성대 ⇒ 좋은때

태평소 ⇒ 날라리

태평양 ⇒ 고요바다

태평양전쟁 ⇒ 고요바다싸움

태풍 ⇒ 한바람

태풍눈 ⇒ 한바람눈

태학 [이름씨] 가고리때 수글을 가르치던 배곳

태형 ⇒ 볼기치기

택견 [이름씨] 우리나라에서 예로부터 물려 내려오는 싸움꾀 한뜻말 태껸

택배 ⇒ 집나름

택시 ⇒ 삯수레

택일 (擇一) ⇒ 하나 고름. 하나를 고르다

택일 (擇日) ⇒ 날받이. 날받다. 날받이하다

택지 ⇒ 집터

택하다 ⇒ 고르다. 찍다

탤런트 ⇒ 광대. 노릇바치. 재주꾼

탬버린 ⇒ 찰찰이

탯줄 ⇒ 삼줄

탱글탱글 [어찌씨] 탱탱하고 둥글둥글한 꼴 ㉥갸름한 얼굴에 탱글탱글 살이 붙어 딱 보기 좋다

탱글탱글하다 [그림씨] 탱탱하고 둥글둥글하다

탱자 [이름씨] 탱자나무에 달리는 열매 ⇐ 구귤

탱자나무 [이름씨] 열매가 귤보다 작고 가지는 모가 지고 푸른 가시가 나며 잎은 세쪽잎으로 어긋맞게 나는 갈잎떨기나무. 봄에 흰 꽃이 잎보다 먼저 피고 가을에 노란 열매가 달린다. 가시가 뻣세어서 집 둘레에 울타리 나무로 많이 심는다 ⇐ 구귤나무

탱커 ⇒ 기름배

탱크 ⇒ 두멍. 싸움수레

탱크로리 ⇒ 두멍수레

탱탱[1] [어찌씨] ❶터질 듯 켕겨서 아주 팽팽한 꼴 ㉥아이들 살이 터질 듯 탱탱하다 큰말 팅팅 센말 땡땡 여린말 댕댕 ❷눌러도 들어가지 않을 만큼 굳고 탄탄한 꼴 ㉥노랗게 익은 콩 꼬투리들이 탱탱 잘 여물었다

탱탱[2] [어찌씨] 여럿이 다 속이 비고 아무것도 없는 꼴 ㉥집집마다 헛간이 탱탱 비었다

탱탱[3] [어찌씨] 쇠붙이나 단단한 몬이 세게 부딪칠 때 울려 나는 소리나 그 꼴 ㉥쇠메로 얼음장을 탱탱 두드려 고기를 잡았다

탱탱하다 [그림씨] ❶터질 듯 켕겨서 아주 팽팽하다 ❷눌러도 들어가지 않을 만큼 굳고 탄탄하다

탱화 ⇒ 거룩이 그림. 그림붓다

터[1] [이름씨] ❶집 지을 자리 ㉥가람이 내다보이는 곳에 터를 잡아 집을 지었다 ❷집을 지었던 자리 ㉥절골은 절이 있던 터이다 ❸삶이나 일이 이루어지는 밑바탕 ㉥그는 이 땅에 겨레 하나 되는 터를 마련한 사람이다. 배달말집은 우리말을 살리는 터를 닦는다 ❹곳이나 자리 ㉥한 사람이 겨우 앉을 만한 터. 배움터. 나루터. 우물터. 무덤터 [익은말] **터를 닦아야 집을 짓는다** 밑바닥을 다져야 그다음 일을 할 수 있다

터[2] [이름씨] ❶가늠이나 생각 ㉥엄청 배고플 터인데 먼저 먹어라 ❷매개. 터수 ㉥제 앞가림도 못하는 터에 누구더러 이래라저래라 하냐

터낳이 (이름씨) 어느 한 고장에서 남다르게 나는 몬 ㉥볼거리 고장 터낳이 가게에서는 더덕과 말린 나물이 많았다 ⇐ 토산품

터널 (이름씨) 번힘줄을 잇는 것을 바꿀 수 있는 번힘돌길이 갖춰진 널 ⇐ 기판

터널 ⇒ 굴. 굴길

터놓다 (움직씨) **1** 막힌 것을 서로 사맞게 하여 놓다 ㉥논에 물을 잡으려고 물꼬를 터놓았다 **2** 못하게 했던 것을 풀어 주다 ㉥나라 밖일꾼들도 여름지이를 할 수 있게 길을 터놓았다 **3** 닫힌 문을 열어 놓다 ㉥봄이 되어 겨우내 닫아 놓았던 뒷문을 터놓았다 **4** 마음에 숨기는 것 없이 드러내다 ㉥가슴을 터놓고 얘기해 봅시다 **5** 서로 허물없이 속을 주다 ㉥우리 둘은 터놓고 지내는 사이다

터닝슛 ⇒ 돌며 쏘기. 돌며 던지기

터덜거리다[1] (움직씨) 지친 걸음으로 잇달아 힘없이 걷다. 또는 그런 소리가 나다 **터덜대다**

터덜거리다[2] (움직씨) **1** 빈 수레 같은 것이 울퉁불퉁한 길을 흔들거리며 지나가는 소리가 자꾸 나다 **2** 깨진 질그릇 따위가 흔들리며 무딘 소리가 잇따라 나다 **터덜대다**

터덜터덜[1] (어찌씨) 지친 걸음으로 잇달아 힘없이 걷는 소리나 그 꼴 ㉥일을 마치고 터덜터덜 집으로 발길을 옮긴다 작은말 타달타달 **터덜터덜하다**

터덜터덜[2] (어찌씨) **1** 빈 수레 같은 것이 울퉁불퉁한 길을 흔들거리며 지나가는 소리 ㉥달구지가 내리막을 내달리니 터덜터덜 소리가 난다 **2** 깨진 질그릇 따위가 흔들릴 때 잇따라 나는 무딘 소리 ㉥수레에 실은 단지가 깨졌는지 터덜터덜 무딘 소리가 난다 **터덜터덜하다**

터득하다 ⇒ 깨닫다. 미립나다

터뜨리다·터트리다 (움직씨) **1** 참았거나 쌓아두었던 느낌이나 마음을 갑자기 겉으로 나타내다 ㉥달아나는 꼴이 남달라서 웃음을 빵 터트렸다 **2** 어떤 일을 갑자기 일으키다 ㉥나쁜 마음으로 큰일을 터뜨리고 달아났다 **3** 공을 문안으로 넣어 끗수가 나게 하다 ㉥공차기 놀이에서 내가 드디어 첫 공을 터뜨렸다 **4** 밖으로 비집고 나오다 ㉥꽃망울을 터뜨렸다 **5** 불꽃 같은 것에 불이 붙어 튀게 하다 ㉥가람 넘어 쪽으로 불꽃을 터뜨렸다 **6** 찢어지거나 부서지게 하다 ㉥물집을 바늘로 터뜨렸다 **7** 빛박이 틀에서 센 빛이 밖으로 나오게 하다 ㉥빛박이 불을 터뜨렸다 **8** 닫혀 있던 것을 열리게 하다 ㉥말문을 터뜨리다

터럭 (이름씨) **1** 사람이나 길짐승 몸에 난 길고 굵은 털 ㉥고양이 터럭은 하루에도 한 움큼씩 빠진다 **2** 머리카락 ㉥쉰 살이 넘으니, 조카도 흰 터럭이 듬성듬성 났다 **3** ('터럭만큼' 꼴로 써) 아주 조금 ㉥물고기 잡을 생각은 터럭만큼도 없다

터무니 (이름씨) **1** 터를 잡은 자국 ㉥지난날 살던 터무니는 없어지고 수풀만 우거졌다 **2** 마땅한 까닭이나 바탕 ㉥말을 해도 얼마만큼 터무니가 있어야 들어주지

터무니없다 (그림씨) 엉뚱하여 밑바탕이 아주 없다 ㉥터무니없는 소리 좀 그만해 ⇐ 사실무근이다. 허무맹랑하다

터미널 ⇒ 끝. 끝자리. 끝틀. 모둠나루. 끝나루

터박이 (이름씨) 다른 겨레가 들어오기 앞부터 어떤 곳에서 뉘뉘로 살아온 사람 한뜻말 제곳이 ⇐ 원주민. 토인. 토착민

터벅터벅[1] (어찌씨) 느릿느릿 힘없이 걸어가는 꼴 ㉥배곳까지 터벅터벅 걸었다 작은말 타박타박 **터벅터벅하다**

터벅터벅[2] (어찌씨) 가루 먹거리 같은 것이 풀기나 진기가 없어 씹기에 좀 퍽퍽한 꼴 ㉥먼 나라에서 들여온 밀가루라 터벅터벅 맛이 떨어진다

터벅터벅하다 (그림씨) 가루 먹거리 같은 것이 풀기나 진기가 없어 씹기에 좀 퍽퍽하다

터번 ⇒ 머리천. 머리싸개

터부 ⇒ 사위. 손댈 수 없는 일

터부룩하다 (그림씨) **1** 나룻이나 머리털 따위가 좀 길고 많이 나서 어지럽다 여린말 더부룩하

다 ❷풀이나 나무 따위가 거칠게 수북하다

터빈 ⇒ 날개바퀴 틀

터삶버릇 이름씨 그 고장이 갖는 남다른 삶버릇 ⇐ 토속

터수 이름씨 ❶사귀는 사이 ㉥만나서 밥 먹을 만한 터수이다 ❷매개 ㉥우리가 웃을 터수가 아니다 ⇐ 형편

터슬터슬 어찌씨 터실터실

터실터실 어찌씨 종이나 천 바탕이나 가장자리가 매끈하지 않고 거칠게 보풀이 인 꼴 ㉥바짓가랑이가 땅에 끌려 터실터실 실밥이 많이 일어났다 한뜻말터슬터슬

터실터실하다 그림씨 종이나 천 바탕이나 가장자리가 매끈하지 않고 거칠게 보풀이 인 데가 있다 ㉥메마른 날씨에 겨우내 살갗이 터실터실하다

터앝 이름씨 집 울안에 있는 작은 밭 한뜻말텃밭

터울 이름씨 한 어머니한테서 태어난 아이들 사이 나이 틈 ㉥아우와 나는 세 살 터울이다

터울거리다 움직씨 과녁을 이루려고 부득부득 애를 쓰다 **터울대다**

터울터울 어찌씨 뜻을 이루려고 부득부득 애를 쓰는 꼴 ㉥우리는 밀려오는 배고픔과 졸음을 터울터울 다독이며 메를 끝까지 올랐다 **터울터울하다**

터임자 이름씨 집터를 지켜주는 검. 또는 그 검을 모신 자리 ㉥메를 터임자에 놓고 부뚜막에 놓고 나면 남는 것이 없다 ⇐ 터주

터전 이름씨 ❶집터가 되는 땅 ㉥우리 집 지을 터전을 마련했다 ❷자리를 잡은 곳 ㉥시골에서 터전을 잡아 느긋하게 산다 ❸살림 밑바탕이 되는 곳 ㉥심마니들은 메를 터전으로 삼고 살아간다

터주 ⇒ 터임자

터줏대감 ⇒ 터지기

터지개 이름씨 갑자기 세차게 터지는 것 ⇐ 폭탄. 폭발물. 탄약

터지기 이름씨 마을이나 모둠에서 가장 오래되어 힘이 있는 사람 ⇐ 터줏대감

터지다 움직씨 ❶둘러싸이거나 막힌 것이 갈라지거나 찢어지다 ㉥쌀가마니가 터졌다. 발로 찬 공이 터졌다 ⇐ 파열되다 ❷닫힌 것이 열리다 ㉥드디어 말문이 터졌다 ❸꿰맨 자리가 벌어지다 ㉥솔기가 터졌다. 주머니가 터졌다 ❹밖으로 비집고 나오다 ㉥꽃망울이 터지다. 둑이 터지다. 코피가 터지다 ❺거죽이나 겉이 갈라져 벌어지다 ㉥겨울에 손등이 잘 터진다. 입술이 터졌다 ❻불꽃 같은 것에 불이 붙어 튀거나 벌어지다 ㉥불꽃이 터졌다. 터지개가 터졌다 ❼빛박이틀에서 센 빛이 밖으로 나오다 ㉥이름난이가 나타나자, 빛박이 불이 여기저기서 터졌다 ❽참았거나 쌓아둔 느낌이나 마음이 갑자기 쏟아져 나오다 ㉥엄마를 보자 울음부터 터졌다. 참았던 노여움이 터졌다 ❾어떤 큰일이 갑자기 일어나다 ㉥나라 사이 싸움이 터졌다. 걱정했던 큰일이 드디어 터졌다 ❿뜻하지 않던 좋은 일이 한몫에 생기다 ㉥땡이 터지다. 좋은 날떠퀴가 터졌다 ⓫끊어진 것이 이어지다 ㉥메 속에서도 말틀이 잘 터진다 ⓬어떤 소리가 갑자기 크게 울리다 ㉥웃음보가 터졌다. 손뼉 소리와 외치는 소리가 한꺼번에 터졌다 ⓭공을 문안으로 넣어 끗수가 나다 ㉥공차기 놀이에서 드디어 기다리던 첫 공이 터졌다

터짐 이름씨 고무 부레 따위에 구멍이 나서 터지는 일 ⇐ 펑크. 폭발

터짐몬 이름씨 세게 눌리거나 뜨거워지면 터지는 몬 한뜻말터짐몬밭 ⇐ 폭약

터짐소리 이름씨 ❶허파에서 나오는 숨을 일단 막았다가 그 막은 자리를 터뜨리면서 내는 소리. 'ㅂ', 'ㅃ', 'ㅍ' 따위가 있다 ⇐ 파열음 ❷깨어지거나 갈라져 터지면서 나는 소리 ⇐ 폭음 ❸어떤 일이 매끄럽게 나아가지 않음을 나타냄 ⇐ 파열음

터짐힘 이름씨 갑작스럽게 터지는 데서 생기는 힘 ⇐ 폭발력

터치라인·사이드라인 ⇒ 옆금. 옆줄

터치하다 ⇒ 손대다. 건드리다. 끼어들다

터힘 이름씨 먼저 자리 잡은 사람이 뒤에 들어오는 사람한테 내세우는 힘 ⇐ 텃세

턱[1] 이름씨 ❶사람이나 짐승 위턱뼈와 아래턱뼈로 이루어진 몸틀. 소리를 내거나 씹는 일을 한다 ❷아래턱 ㉥턱을 괴고 앉아서 생각에 잠겼다

턱[2] 이름씨 바닥이 고른 데서 어느 한쪽이 조금 두두룩하거나 낮게 된 자리 ㉥수레로 턱을 넘을 때 천천히 몰아라. 문턱. 길턱. 여울턱

턱[3] 이름씨 좋은 일이 있을 때 남에게 먹거리를 베푸는 일 ㉥집들이로 벗을 불러 한턱을 냈다 비슷한말 손겪이

턱[4] 이름씨 마땅히 그러한 까닭이나 말미 ㉥거기 가지 않은 내가 알 턱이 있나. 턱도 없는 소리 하지 마라

턱[5] 어찌씨 ❶갑자기 힘없이 쓰러지거나 주저앉는 꼴 ㉥다리에 힘이 풀려 바닥에 턱 주저앉았다 ❷갑자기 멎거나 무엇이 걸리는 꼴 ㉥돌아가던 방아가 갑자기 턱 멈췄다 ❸갑자기 힘없이 잘리거나 끊어지는 소리나 그 꼴 ㉥짐수레에 실은 짐을 밧줄로 조이는데 밧줄이 턱 끊어졌다 ❹죄던 마음이 아주 풀리는 꼴 ㉥할 일을 마치고 마음을 턱 놓아버렸다 ❺갑자기 세게 붙잡거나 짚는 꼴 ㉥나는 동무 어깨를 턱 짚었다 ❻숨이나 기운이 갑자기 막히는 꼴 ㉥숨이 턱 막혀온다 ❼팽팽하였거나 걱정하였던 마음이 시원스럽게 풀리는 꼴 ㉥그 말을 듣자, 마음이 턱 놓였다 ❽어엿하거나 느긋한 꼴 ㉥그놈이 길 한복판에 턱 버티고 서 있다

턱걸이[1] 이름씨 ❶가로로 걸쳐진 쇠막대를 손으로 잡고 몸을 올려 턱이 막대 위까지 오르내리는 몸뭘 ㉥턱걸이를 하루에 열 낱씩 한다 ❷어떤 잣대나 높이에 겨우 미침을 빗댄 말 ㉥한배곳에 겨우 턱걸이로 들어갔다

턱걸이[2] 이름씨 턱에 걸도록 쓰개에 달린 끈 ㉥세찬 바람에 쓰개가 날릴 것 같아 턱걸이를 조였다

턱받기 이름씨 턱받이

턱받이 이름씨 ❶침이나 먹은 것이 옷에 떨어져 묻지 않게 어린아이 턱 아래에 대어 주는 헝겊이나 헝겊붙이 ㉥아이에게 턱받이를 해주었다 한뜻말 턱받기 ❷턱이 진 곳 ㉥건넌방으로 갈 때는 턱받이에 걸리지 않도록 마음을 써야 해

턱뼈 이름씨 사람이나 짐승 턱을 이루는 뼈. 윗턱뼈와 아랫턱뼈가 있다 ㉥그 사내는 단단하고 모난 턱뼈를 가졌다 한뜻말 양냥이뼈 ⇐ 악골

턱수염 ⇒ 나룻. 구레나룻. 가잠나룻

턱없다 그림씨 ❶마땅하지 않거나 그럴 만한 까닭이 아주 없다 ㉥턱없는 소리를 하도 해서 아무도 그 말에 귀 기울이지 않는다 ❷잣대나 푼수에 맞지 않다 ㉥일도 하지 않고 턱없이 많은 삯을 바란다 **턱없이**

턱지다 움직씨 펀펀한 곳에 좀 두두룩한 곳이 생기다

턱짓 이름씨 턱을 움직여 제 뜻을 나타내는 몸짓 ㉥턱짓으로 문밖을 가리키며 얼른 꺼지라는 눈치를 주었다

턱턱[1] 어찌씨 ❶일을 시원스럽게 해내는 꼴 ㉥턱턱 일을 빨리 끝내고 밥 먹으러 갑시다 작은말 탁탁 ❷숨이나 기운이 자꾸 막히는 꼴 ㉥문밖을 나서니 너무 더워 숨이 턱턱 막혔다 ❸침을 잇달아 세게 뱉는 소리나 그 꼴 ㉥침을 턱턱 내뱉는 버릇을 고쳤다 ❹잇달아 자꾸 쓰러지는 꼴 ㉥풀깎개로 밭둑 풀을 치니 풀이 턱턱 쓰러져 눕는다 ❺잇달아 갑자기 멎거나 무엇에 걸리는 꼴 ㉥여름지이틀은 조금만 잘못되어도 턱턱 멈춰 버린다

턱턱[2] 어찌씨 ❶잇달아 세게 치거나 때리는 소리나 그 꼴 ㉥먼지떨이로 턱턱 쳐서 먼지를 떨었다 ❷잇달아 크게 잘리거나 끊어지는 소리나 그 꼴 ㉥가마니를 묶은 새끼줄이 오래되어 턱턱 끊어졌다 ❸잇달아 아주 세게 터지거나 튀기는 소리나 그 꼴 ㉥아이들이 불꽃놀이 하느라 여기저기서 턱턱 불꽃 터지는 소리가 난다

턴버클 ⇒ 타래 죔쇠

턴키계약·일괄수주계약 ⇒ 한목흥정

턴하다 ⇒ 돌다. 바꾸다

털 이름씨 ❶사람이나 짐승 살갗에 나는 가느다란 실처럼 생긴 것 ⓑ양털을 깎았다. 털이 잘 자란다 ❷짐승 몸에서 깎아 낸 털로 만든 올실 ⓑ털실. 털옷 ❸푸나무에 돋은 가느다란 실과 같은 것 ⓑ털이 곱게 돋은 버들강아지. 복숭아털을 씻어 내었다 ❹조가비 겉에 돋은 가늘고 부드러운 것 ⓑ조가비 털 ❺몬 거죽에 돋은 가느다란 보푸라기 ⓑ낡은 옷에 털이 일어나 보기가 좀 그렇다 슬기말 **털도 내리 쓸어야 빛이 난다** 모든 것은 흐름대로 가꾸고 다루어야 한다 **털도 안 난 것이 날기부터 하려 한다** 제 푼수에 걸맞지 않게 어렵고 큰일을 하려 나선다 **털도 안 뜯고 먹으려 한다** ❶가리와 차례를 생각지 않고 제 속만 채우려고 서두르다 ❷남 것을 통째로 삼키려 하다

털가죽 이름씨 털이 붙어 있는 짐승 가죽 ⓑ털가죽으로 윗옷을 지었다 한뜻말털갗. 털붙이 ⇐ 모피

털갈이 이름씨 짐승이나 새에서 묵은 털이 빠지고 새털이 남. 또는 그런 일 ⓑ봄과 가을에 짐승들은 털갈이를 한다

털게 이름씨 온몸에 밤빛 털이 난 바닷게

털구멍 이름씨 살갗에 털이 나는 구멍

털기 이름씨 다른 사람 슬기틀 짜임에 몰래 들어가 밑거리와 일얽이표를 없애거나 못쓰게 하는 일 한뜻말몰래 빼냄 ⇐ 해킹

털깎이발 이름씨 털이나 나룻을 깎고 난 뒤 퍼렇게 표가 나는 것 ⇐ 면도발

털깔개 이름씨 양털 같은 털 겉에 보풀이 일게 짠 두꺼운 털천 ⇐ 카펫. 양탄자

털끝 이름씨 ❶털 끄트머리 ⓑ무서운 이야기에 털끝이 쭈뼛 선다 ❷아주 작거나 적은 것 ⓑ시골을 떠나 큰 고을로 갈 생각은 털끝만큼도 없다

털다 움직씨 ❶세게 치거나 흔들어서 붙은 것을 떨어지게 하다 ⓑ바지에 묻은 먼지를 털었다 ❷남이 지닌 것을 몽땅 빼앗거나 훔치다 ⓑ떼도둑이 돈집을 털었다 ❸제가 지닌 것을 남김없이 주다 ⓑ주머니를 탈탈 털어, 내게 주었다 ❹지나간 일이나 생각 따위를 말끔히 없애다 ⓑ그동안 쌓인 얘기를 훌훌 털어버렸다 ❺새가 날개를 치다 ⓑ냇물은 조잘대며 흐르고 새들은 숲속에서 나래를 턴다 ❻주머니나 자루를 뒤집어 속에 든 것을 다 쏟아내다 ⓑ자루를 털다. 주머니를 털다 ❼('손'과 함께 써) 하던 일을 오롯이 그만두다 ⓑ우리는 그 일에서 손을 털었다 ❽('앓이'와 함께 써) 깨끗이 없애다 ⓑ어머니는 앓이를 털고 자리에서 일어났다 슬기말 **털어서 먼지 안 나는 사람 없다** 누구나 다 조그마한 허물은 있다

털리다 움직씨 ❶('털다' 입음꼴) 털어지다 ⓑ신발에 묻은 흙이 바람에 털려 나갔다 ❷가진 것을 몽땅 잃거나 빼앗기다 ⓑ술집에서 품삯을 몽땅 털렸다

털매미 이름씨 온몸이 짧은 털로 덮이고 날개에 알록달록한 무늬가 있는 매미

털머위 이름씨 바닷가에 자라며 줄기에 부드러운 털이 있는 나물. 머위와 비슷하다

털모숨 이름씨 짐승털이 엉겨서 된 작은 뭉치

털모자 ⇒ 털쓰개

털보 이름씨 나룻이 많거나 몸에 털이 많은 사람 ⓑ마을 어귀 털보 아저씨는 마음씨가 좋았다 한뜻말텁석부리. 귀얄잡이

털북숭이 이름씨 털이 북실북실 많이 난 짐승이나 몬 ⓑ털북숭이 곰 장난감

털붙이 이름씨 털이 붙은 짐승 가죽 한뜻말털가죽. 털갗 ⇐ 모피

털빛 이름씨 털 빛깔 ⓑ털빛이 고운 송아지

털빠짐 이름씨 머리털이나 눈썹 같은 털이 빠지는 것 ⇐ 탈모

털뿌리 이름씨 털이 살갗에 박힌 곳 ⇐ 모근

털손끼개 이름씨 털실로 짜거나 속에 털을 넣은 손끼개 ⇐ 털장갑

털실 이름씨 털로 만든 실 ⓑ털실로 목도리를 짰다

털썩 어찌씨 **1** 갑자기 주저앉거나 쓰러지는 소리나 그 꼴 ⓑ풀밭에 털썩 퍼질러 앉았다 작은말 탈싹 **2** 크고 두툼한 것이 갑자기 바닥에 떨어지는 소리나 그 꼴 ⓑ나들이 가방을 바닥에 털썩 내려놓았다 **3** 크고 두툼한 것이 세게 부딪치는 소리나 그 꼴 ⓑ짐수레에 실은 땔나무가 털썩 부딪치는 소리가 난다 **4** 크고 우악스러운 손으로 꽉 잡아 쥐는 꼴 ⓑ선돌은 도둑을 쫓아가서 뒤꼭지를 털썩 움켜잡았다 **5** 갑자기 마음이 크게 놀라는 꼴 ⓑ가슴이 털썩 멎는 것 같은 놀라운 새뜸 **털썩하다**

털썩거리다 움직씨 **1** 갑자기 잇달아 주저앉거나 쓰러지다. 또는 그런 소리가 나다 **2** 크고 두툼한 것이 갑자기 바닥에 잇달아 떨어지는 소리가 나다 **털썩대다**

털썩털썩 어찌씨 **1** 갑자기 잇달아 주저앉거나 쓰러지는 소리나 그 꼴 ⓑ쉬는 때가 되자 일꾼들은 아무데나 털썩털썩 주저앉았다 작은말 탈싹탈싹 **2** 크고 두툼한 것이 갑자기 바닥에 잇달아 떨어지는 소리나 그 꼴 ⓑ소 등에 싣고 온 짐을 털썩털썩 부려 놓았다 **3** 크고 두툼한 것이 세게 잇달아 부딪치는 소리나 그 꼴 ⓑ짐수레가 자갈길을 가는 동안 실린 짐이 털썩털썩 흔들렸다 **4** 크고 우악스러운 주먹으로 잇달아 때리거나 움켜쥐는 꼴 ⓑ골목 깡패들이 배움이들을 털썩털썩 두들겨 팬다 **털썩털썩하다**

털쓰개 이름씨 털실로 짜거나 털갗으로 만든 쓰개 ⇐ 털모자

털어내다 움직씨 **1** 훑거나 흔들어 낟알이나 열매가 떨어지게 하다 ⓑ며칠 말린 들깻대를 막대기로 두드려 들깨를 털어냈다 **2** 안에 든 것을 다 끄집어내다 ⓑ호주머니에 든 것을 다 털어냈다 **3** 털어서 말끔히 치우다 ⓑ집 안 구석구석에 쌓인 먼지를 다 털어냈다 **4** 몽땅 빼앗아 내다 ⓑ집에 도둑이 들어 값나가는 것을 다 털어내어 갔다

털어놓다 움직씨 **1** 속에 든 것을 있는 대로 다 내놓다 ⓑ주머니를 뒤집어 털어놓았다 **2** 마음속에 품고 있는 일이나 생각을 그대로 말하다 ⓑ그동안 못다 한 얘기를 털어놓았다 ⇐ 피력하다

털옷 이름씨 털이나 털가죽으로 지은 옷 ⓑ추워서 털옷을 걸치고 길을 나섰다

털장갑 ⇒ 털손끼개

털털 어찌씨 **1** 몬에 붙은 먼지나 지스러기 같은 것을 터는 소리나 그 꼴 ⓑ옷에 쌓인 눈을 털털 털고 방에 들어간다 작은말 탈탈 **2** 느른한 걸음으로 걷는 꼴 ⓑ언덕길을 털털 걸어 내려왔다 **3** 낡은 수레나 두바퀴 같은 것이 겨우 느리게 달리는 꼴이나 소리 ⓑ할아버지가 낡은 두바퀴를 타고 털털 지나간다 **4** 깨지거나 금이 간 질그릇 같은 것을 두드릴 때 나는 흐린 소리 ⓑ독을 두드리니 털털 소리가 나서 보니 금이 갔네 **털털하다**

털털거리다 움직씨 **1** 느른한 걸음으로 자꾸 걷다 ⓑ힘이 빠져서 집까지 털털거리며 겨우 왔다 **2** 낡은 수레나 두바퀴 같은 것이 느리게 겨우 가다 ⓑ수레가 털털거리다가는 아예 멈춰버렸다 **3** 깨지거나 금이 간 질그릇 같은 것을 두드리는 소리가 나다. 또는 그런 소리를 내다 ⓑ뒷자리에 실은 그릇이 털털거려서 잠깐 멈춰서 사이사이에 종이를 끼웠다 **털털대다**

털털걸음 이름씨 느릿하게 털털 걷는 걸음 ⓑ닷돌은 메에 올랐다가 털털걸음으로 내려왔다

털털이 이름씨 **1** 마음씨나 하는 짓이 까다롭지 않고 덜렁덜렁한 사람 ⓑ꽃순이 누나는 마음씨 좋은 털털이였다 **2** 몹시 낡고 헐어서 털털거리는 소리를 내는 수레 ⓑ열 해 넘게 끌고 다닌 털털이 짐수레를 지지난해에 없애 버렸다

털퍼덕 어찌씨 **1** 옅은 물을 넓적한 것으로 가볍게 치는 소리 작은말 탈파닥 여린말 털버덕 **2** 아무렇게나 가볍게 주저앉는 소리나 그 꼴 ⓑ우리는 풀밭에 털퍼덕 주저앉았다 **털퍼덕하다**

털퍼덕거리다 움직씨 ❶열은 물을 넓적한 것으로 자꾸 가볍게 치는 소리가 나다 ❷여럿이 아무렇게나 가볍게 주저앉다. 또는 그런 소리가 나다 **털퍼덕대다**

털퍼덕털퍼덕 어찌씨 ❶열은 물을 넓적한 것으로 자꾸 가볍게 치는 소리 ❷여럿이 아무렇게나 가볍게 주저앉는 소리나 그 꼴 **털퍼덕털퍼덕하다**

텀벙 어찌씨 크고 무거운 것이 깊은 물에 떨어져 잠기는 소리 ⓑ물가에 나왔던 엉머구리가 내가 지나가자, 물로 텀벙 뛰어든다 작은말 탐방 **텀벙하다**

텀벙거리다 움직씨 크고 무거운 것이 깊은 물에 잇달아 떨어져 잠기는 소리가 나다 **텀벙대다**

텀벙텀벙 어찌씨 크고 무거운 것이 깊은 물에 잇달아 떨어져 잠기는 소리 ⓑ아이들은 알몸이 되어 가람물에 텀벙텅벙 뛰어들었다 작은말 탐방 **텀벙텀벙하다**

텀블링 ⇒ 하늘제비. 하늘걸이

텁석 어찌씨 갑자기 냉큼 덮쳐 잡거나 쥐거나 무는 꼴 ⓑ어디 먹어볼까! 하고 범이 고슴도치를 텁석 물었단다 작은말 탑삭 여린말 덥석 **텁석하다**

텁석거리다 움직씨 잇달아 냉큼 덮쳐 잡거나 쥐거나 물다 작은말 탑삭거리다 여린말 덥석거리다 **텁석대다**

텁석나룻 이름씨 짧고 더부룩하게 많이 난 나룻 작은말 탑삭나룻

텁석부리 이름씨 짧고 더부룩한 나룻이 많이 난 사람 ⓑ텁석부리 할아버지가 술을 마시면 나룻이 술에 잠긴다 작은말 탑삭부리

텁석텁석 어찌씨 잇달아 냉큼 덮쳐 잡거나 쥐거나 무는 꼴 ⓑ아이들은 배가 고팠던지 주는 대로 텁석텁석 받아먹었다 작은말 탑삭탑삭 여린말 덥석덥석 **텁석텁석하다**

텁수룩하다 그림씨 나룻이나 머리털이 배게 나 더부룩하다 ⓑ머리털이 텁수룩하다 작은말 탑소록하다 여린말 덥수룩하다

텁텁하다 그림씨 ❶입안이 개운하거나 시원하지 않고 뿌드드하다 ⓑ입안이 텁텁하다 ❷눈이 흐릿하고 시원하지 못하다 ⓑ눈이 텁텁하다 ❸마음씨나 하는 짓이 찬찬하지 못하고 아기자기하지 않다 ⓑ차돌이는 텁텁하지만, 마음이 깊은 데가 있어 내 마음을 가끔 뭉클하게 해 ❹됨됨이가 까다롭지 아니하고 무던하다 ⓑ시골에서 자란 탓인지 사람이 텁텁하다 ❺뛰어난 데가 없이 수수하고 조촐하다 ⓑ시골 살림살이는 거의 텁텁하다 ❻맛이 시원하거나 깔끔하지 못하다 ⓑ된장국에 여러 남새를 넣었더니 맛이 텁텁하다 ❼날씨가 덥거나 답답하다 ⓑ날씨가 오늘따라 텁텁하다

텃꿀 이름씨 텃벌이 친 꿀 ⇐ 토종꿀

텃닭 이름씨 그 고장에서 옛날부터 길러오던 닭 ⇐ 토종닭

텃마을 이름씨 나서 자란 마을 ⓑ너는 텃마을이 어디니? 한뜻말 제고장. 자란마을 ⇐ 고향. 향리

텃마을그리움 이름씨 나서 자란 마을을 그리워하는 마음이나 시름 ⇐ 향수

텃마을사랑 이름씨 태어나 자란 마을을 사랑하는 마음 ⇐ 애향심

텃마을앓이 이름씨 텃마을을 그리워하는 마음이나 시름이 몹시 깊음 ⇐ 향수병

텃밭 이름씨 집터에 딸리거나 집 가까이 있는 밭 ⓑ요즘 텃밭 가꾸는 재미로 산다 한뜻말 터앝

텃벌 이름씨 그 고장에서 예전부터 길러오던 벌 ⇐ 토종벌

텃사람 이름씨 뉘뉘로 그 땅에서 나서 오래도록 살아내려오는 사람 한뜻말 고장사람 ⇐ 토인. 토착민. 토박이

텃새 이름씨 철 따라 자리를 옮기지 않고 거의 한 곳에서 사는 새. 참새와 까마귀, 까치, 딱따구리, 매 들이 있다 맞선말 철새

텃세 ⇒ 터힘. 자리힘

텃씨 이름씨 처음부터 그곳에서 나는 씨 ⇐ 토종. 재래종

텅[1] 어찌씨 속이나 안이 아주 빈 꼴 ⓑ네가 떠

나고 나니 집안이 텅 빈 것 같아 작은말 탕

텅[2] [어찌씨] 속이 빈 큰 나무나 쇠통 같은 데에 단단한 것이 부딪쳤다가 튀어날 때 울려 나는 소리 ㉥속이 빈 나무를 돌멩이로 치자 텅 소리가 났다. 쇠망치가 하늬쇠통에 부딪쳐 텅 소리가 울린다 여린말 덩

텅스텐 [이름씨] 단단하고 반들거리는 흰빛이나 잿빛쇠붙이. 매우 뜨거워도 녹지 않아 번공 필라멘트 밑감으로 쓴다 ⇐ 중석

텅텅[1] [어찌씨] 여럿 다 속이나 안이 아주 빈 꼴 ㉥쉬는 날이라 버스 자리가 텅텅 비었다 작은말 탕탕

텅텅[2] [어찌씨] [1]단단한 것이 속이 빈 큰 통 같은 데에 잇달아 부딪칠 때 울려 나는 소리나 그 꼴 ㉥텅텅 통나무 패는 소리가 멀리서 들려온다 [2]알맹이 없이 싱겁게 큰소리만 자꾸 치는 꼴 ㉥푸름이는 작은 보람에 우쭐하여 큰소리를 텅텅 쳐댔다

테[1] [이름씨] [1]몬 둘레 가장자리 ㉥테가 넓은 쓰개 [2]가장자리를 따라가며 두르거나 치는 줄이나 금 ㉥신 목에 검정 테가 둘러진 것을 샀다 [3]몬을 단단하게 하려고 그 둘레에 감아 놓은 것 ㉥나무통에 감은 쇠띠테 [4]틀 ㉥눈거울테

테[2] [이름씨] 실 같은 것을 사려놓은 것 또는 그것을 세는 하나치 ㉥테를 지은 실. 실 세 테만 갖다줘

테[3] [이름씨] ('터'에 '이'가 붙어 줄여진 말로) 하려고 함 ㉥갈 테면 가! 할 테면 해 봐!

테너 ⇒ 산맨위목청

테니스 ⇒ 뜰공놀이

테니스공 ⇒ 뜰공. 뜰공놀이공

테니스마당·테니스장 ⇒ 뜰공놀이 마당

테다 [움직씨] [1]닫힌 것을 열거나 묶은 것을 풀다 ㉥수숫단을 테다 [2]열어 헤치다 ㉥불끔이들이 사람들을 테고 불난 데로 들어갔다 [3]헐다 ㉥골 원짜리를 테서 옥수수를 샀다

테두리 [이름씨] [1]몬 둘레 가장자리 ㉥테두리가 넓은 여름 쓰개. 그릇 운두에 쪽빛 테두리를 둘렀다 [2]가장자리를 따라가며 두르거나 치는 줄이나 금 ㉥신 목에 검정 테두리가 둘러진 것을 샀다. 굵직한 금으로 테두리를 한 책 겉장 [3]어떤 울이나 금 ㉥좁은 테두리 안에 맴돌아 봐야 좋은 수가 안 트인다. 배움이가 지켜야 할 테두리를 벗어나지 마라 ⇐ 카테고리. 범주

테러 [이름씨] 사나운 힘을 써서 다른 이를 다치게 하거나 두렵게 하는 짓

테마 ⇒ 으뜸생각. 으뜸뜻. 으뜸이름. 으뜸가락

테스트 ⇒ 재봄. 알아보기. 달아보기

테스트베드 ⇒ 가늠터

테이블 ⇒ 놓개

테이프 ⇒ 붙임띠. 띠줄. 띠 오라기. 소리담개

테크닉 ⇒ 솜씨. 너름새. 잡을손. 손재주

테헤란 [이름씨] 이란 서울. 짓일 복판고을. 날틀 갈아타는 곳으로 종요롭고 땅기름낳일이 꽃피었다

텍스트 ⇒ 바탕책. 바탕글

텐트 ⇒ 베집

텔레뱅킹 ⇒ 말틀돈집일

텔레비전 ⇒ 멀봄

텔레파시 ⇒ 얼사귐. 얼사맞기

템포 ⇒ 빠르기. 장단

텡쇠 [이름씨] 겉으로는 튼튼해 보이지만 속으로는 여린 사람 ㉥저렇게 골골거리는 것을 보면 아마 텡쇠인가 봐

토 [이름씨] [1]토씨. '사람이 사람에게 나쁜 일을 시켜서야 되겠느냐마는 아직은 그런 사람이 있는 것 같아요'에서 '이', '에게', '을', '서야', '겠느냐', '마는', '은', '이', '아요' 들이 토이다 ⇐ 조사 [2]배달겨레가 수글을 읽을 때 글귀 끝에 붙이는 우리말 ㉥'천지만물 중에 인간이 최귀하니'에서 '에', '이', '하니'가 토이다 [3]어떤 말끝에 그 말을 두고 덧붙이는 짤막한 말 ㉥남이 말할 때 토를 달지 마라 [익은말] **토 달다** 어떤 말끝에 그 말을 가지고 덧붙여 말하다

토 ⇒ 흙날

토공 (土工) ⇒ 흙일. 미장이

토공 (土功) ⇒ 땅짓일

토굴 (土굴) ⇒ 움. 움집. 땅굴. 땅구덩이. 구렁

토기 ⇒ 흙그릇. 질그릇. 오지그릇

토끝 이름씨 피륙 끄트머리. 피륙 끝에 글씨나 그림이 박힌 데

토끼 이름씨 귀는 길고 꼬리는 짧으며 앞다리가 짧고 뒷다리가 긴 풀을 먹는 짐승 ⓑ토끼는 흔히 집토끼와 멧토끼로 나눈다 슬기말 **토끼 둘을 잡으려다 하나도 못 잡는다** 한꺼번에 두 가지 일을 하려다가는 한 가지 일도 제대로 못 한다 **토끼를 다 잡으면 사냥개를 삶는다** 일이 있을 때면 추어주며 종요롭게 여기다가도 일을 다 보고 나면 다 없애 버린다

토끼뜀 이름씨 ❶토끼처럼 두 발을 모아 깡충깡충 뛰는 것 ⓑ아이들은 기뻐서 깡충깡충 토끼뜀을 뛰었다 ❷두 손으로 두 귀를 잡고 쭈그려 앉은 채로 토끼처럼 뛰어가는 일 ⓑ토끼뜀은 다리 힘을 키우는데 좋은 몸닦기다

토끼우리 이름씨 토끼를 넣어 기르는 우리 ⇐ 토끼장

토끼이야기 이름씨 꾀 많은 토끼가 마파다 임금을 속이고 살아온다는 옛이야기 ⇐ 토끼전

토끼잠 이름씨 깊이 들지 못하고 자주 깨는 잠

토끼타령 이름씨 판소리 열두 마당 가운데 하나. '토끼이야기'에 나오는 토끼와 자라가 하는 짓에 빗대 사람을 비꼬는 속내이다 ⇐ 수궁가

토끼풀 이름씨 ❶토끼에게 먹이로 주는 풀 ⓑ씀바귀나 민들레, 큰고들빼기는 토끼풀로 좋다 ❷가지는 땅으로 뻗고 잎은 세 쪽 겹잎이며 나비꼴 꽃이 이른 여름에 피는 여러해살이풀. 들에서 절로 자라며 짐승 먹이나 거름으로 쓴다 ⇐ 클로버

토너먼트 ⇒ 이겨 오르기

토닥거리다 움직씨 ❶좀 가볍고 작게 잇달아 두드리다. 또는 그런 소리가 나다 ⓑ엄마가 내 엉덩이를 토닥거리며 달래주었다 ❷좀 가볍고 재게 잇달아 걷다. 또는 그런 소리가 나다 **토닥대다**

토닥이다 움직씨 작은 것을 가볍게 두드리다 ⓑ귀엽다며 아이 등을 토닥였다 큰말 투덕이다 여린말 도닥이다

토닥토닥 어찌씨 ❶좀 가볍고 작게 잇달아 두드리는 소리나 그 꼴 ⓑ아기 등을 토닥토닥 두드리며 잠을 재웠다 큰말 투덕투덕 여린말 도닥도닥 ❷좀 가볍고 재게 잇달아 걷는 소리나 그 꼴 ⓑ아이들이 토닥토닥 걷는다 **토닥토닥하다**

토달거리다 움직씨 매우 못마땅하여 볼멘소리를 자꾸 늘어놓다 ⓑ봄이는 무엇이 못마땅한지 토달거리며 하던 바느질을 멈추었다 **토달대다**

토담 ⇒ 흙담. 죽담

토대 ⇒ 터전. 바탕

토라지다[1] 움직씨 마음이 꼬이고 뒤틀려서 싹 돌아서다 ⓑ아이가 놀잇감을 안 사준다고 토라졌다

토라지다[2] 움직씨 먹은 것이 제대로 삭지 못하여 얹히다 ⓑ저녁 먹은 것이 토라져 속이 메스껍고 신물이 올라온다 한뜻말 보깨다

토란 ⇒ 흙알

토로 ⇒ 털어놓음. 드러냄. 까밝힘. 털어놓다. 드러내다. 까밝히다

토론 ⇒ 뜻씨름. 뜻씨름하다. 말씨름하다

토론자 ⇒ 뜻씨름꾼

토론회 ⇒ 뜻씨름모임

토륨 이름씨 무거운 잿빛 쇠붙이. 누리에 저절로 있는 내쏘는 밑숫 가운데 하나로 밑씨힘 땔감으로 쓴다

토리[1] 이름씨 ❶실을 둥글게 감은 뭉치 ❷실몽당이를 세는 하나치 ❸콩팥껍질 실핏줄이 실 공꼴을 이룬 짜임틀 ⇐ 사구체

토리[2] 이름씨 아람노래나 무당노래 따위에서, 고장에 따라 두드러지게 다른 노래 품새 ⓑ메나리토리

토리[3] 이름씨 화살대 끝에 씌우는 둥근 쇠고리

토리[4] 이름씨 둥구리 ㉥땔나무 두 토리쯤이야 거뜬합니다

토마토 이름씨 잎은 깃꼴 겹잎으로 어긋맞게 나고 여름철에 누런 꽃이 잎겨드랑이에서 피고 열매가 붉게 익는 남새. 마아메리카가 밑낳이다 한뜻말한해감

토막 이름씨 ❶길쭉한 것을 조금 크게 자른 덩이 하나하나 또는 그것을 세는 하나치 ㉥물고기를 네 토막으로 쳤다 ❷말이나 글, 생각 따위에서 떼어 낸 한쪽 또는 그것을 세는 하나치 ㉥글을 다 보지 않고 글 토막을 가지고 맞네 틀리네 한다. 벗한테서 토막 새뜸을 들었다 ❸어떤 몬을 쓰다가 남은 작은 쪼가리 ㉥딱붓 토막

토막 ⇒ 움막집

토막말 이름씨 ❶긴 속내를 간추린 한마디 말 ㉥아버지는 '이제 됐다' 한마디 토막말로 마무리하였다 ❷토막토막 동안을 두며 하는 말 ㉥한참 만에 깨어난 아저씨는 힘겹게 토막말로 그때 일을 말하였다

토막이야기 이름씨 짧고 재미있게 쓴 이야기 한뜻말한뼘이야기 ⇐ 콩트. 에피소드

토막토막[1] 이름씨 여러 낱 토막으로 된 것이나 그 토막 ㉥차렷! 바로! 하는 목소리가 토막토막으로 잘려 들려온다

토막토막[2] 어찌씨 여러 토막으로 끊어지거나 잘린 꼴 ㉥굵은 통나무를 토막토막 잘랐다

토매 ⇒ 흙매

토목 ⇒ 흙과 나무. 땅짓일

토박이 ⇒ 터. 터 박이. 텃사람. 고장사람. 붙박이

토박이말 ⇒ 텃말. 고장 말. 제바닥 말. 시골말

토방 ⇒ 흙마루

토벌 ⇒ 무찌름. 쳐 없앰. 쳐들어감. 무찌르다. 쳐 없애다. 쳐들어가다

토분 ⇒ 흙무덤

토사곽란 ⇒ 도와리

토산품 ⇒ 터낳이. 제바닥치. 제고장것

토성 (土城) ⇒ 흙담. 흙재. 화살막이 둑

토성 (土星) ⇒ 흙별

토속 ⇒ 터삶버릇. 내림삶버릇

토스터 ⇒ 빵굽개

토스트 ⇒ 구운빵

토시 이름씨 ❶추위를 막으려고 팔뚝에 끼는 것 ㉥추워서 털토시를 하고 밖으로 나갔다 ❷일할 때 옷소매가 헤지거나 더러워지지 않고 거뜬하게 하도록 소매 위에 덧끼우는 것 ㉥나물 뜯을 때 토시를 끼고 일하면 훨씬 수월하다 ❸사냥꾼이 매를 팔에 얹히려고 팔뚝 위에 끼는 것. 짐승 가죽으로 만든다 ㉥토끼 가죽 토시를 낀 한쪽 팔에는 매가 앉아 있다

토실토실 어찌씨 보기 좋을 만큼 살이 통통하게 찐 꼴 ㉥볼에 토실토실 젖살이 올랐다 큰말투실투실

토실토실하다 그림씨 보기 좋을 만큼 살이 쪄서 통통하다 ㉥아기가 참 토실토실하게 생겼다 큰말투실투실하다

토씨 이름씨 이름씨나 어찌씨 따위 뒤에 붙어 다른 말과 맺거나 뜻을 돕는 말 갈래 ㉥'어머니가 저자에 가 김부터 사고 나물도 샀다'에서 '가', '에', '부터', '고', '도' 들이 토씨이다 한뜻말토 ⇐ 조사

토악질 ⇒ 게움질

토양 ⇒ 흙. 땅

토양오염 ⇒ 흙더럼. 땅더럼

토양입자 ⇒ 흙알씨. 흙알갱이

토양층 ⇒ 흙켜

토양침식 ⇒ 흙깎임. 흙개먹힘

토역질 ⇒ 게움. 도름. 게우다. 도르다. 욕지기질하다

토요일 ⇒ 흙날

토우 ⇒ 흙비

토의 ⇒ 뜻나눔. 뜻 나누다. 이야기 나누다

토인 ⇒ 텃사람. 터박이

토장국 ⇒ 된장국

토정날떠퀴 이름씨 토정 이지함이 지은 책. 한 해 날떠퀴를 알아보는데 썼다 ⇐ 토정비결

토종 ⇒ 텃씨

토종꿀 ⇒ 텃꿀

토종닭 ⇒ 텃닭

토종벌 ⇒ 텃벌

토지 ⇒ 땅. 터. 집터. 논밭

토질 ⇒ 흙바탕. 흙밭

토착 ⇒ 터잡음. 뿌리박음. 터잡다. 뿌리내리다. 뿌리박다

토착민 ⇒ 텃사람. 터박이. 터붙이

토픽 ⇒ 이야깃거리

토핑 ⇒ 꾸미. 고명

토하다 ⇒ 게우다. 도르다. 올리다. 뱉다. 뱉어내다. 털어놓다

톡 어찌씨 ❶작은 것이 갑자기 가볍게 끊어지거나 부러지는 소리나 그 꼴 ㉥실이 톡 끊어졌다. 나뭇가지가 톡 부러졌다 큰말툭 ❷갑자기 좀 가볍게 치거나 털거나 튀기는 소리나 그 꼴 ㉥떡을 집어 들고 떡고물을 톡 털었다. 출렁쇠가 톡 튀어버렸다 ❸작은 것이 갑자기 튀거나 터지는 소리나 그 꼴 ㉥꽃망울이 손대면 톡 터질 듯하다 ❹한쪽이 쏙 불거져 나오는 꼴 ㉥손등에 물혹이 톡 불거졌다 ❺말을 야멸차게 하는 꼴 ㉥톡 쏘는 말버릇은 예나 같다 ❻코나 혀에 쏘는 느낌이 오는 꼴 ㉥새앙 삭임물은 톡 쏘는 맛이 으뜸이다 ❼작은 것이 떨어지는 소리나 그 꼴 ㉥참기름 한 방울만 톡 떨어뜨려도 냄새가 좋다 ❽작은 것이 차이거나 걸리는 소리나 그 꼴 ㉥걷다가 돌부리에 톡 차여 넘어질 뻔했다

톡톡 어찌씨 ❶작고 잘 튀는 것이 잇달아 터지거나 튀는 소리나 그 꼴 ㉥벼룩이 톡톡 튄다 큰말툭툭 ❷여러 군데가 작게 튀어나온 꼴 ㉥톡톡 불가진 여드름이 조금 줄었다 ❸가볍게 잇달아 건들거나 치는 소리나 그 꼴 ㉥어깨를 살며시 톡톡 쳤다 ❹작은 것을 잇달아 튀기거나 터는 소리나 그 꼴 ㉥옷에 묻은 먼지를 손가락으로 톡톡 털었다 ❺작은 것이 잇달아 떨어지는 소리나 그 꼴 ㉥물이 톡톡 떨어진다 ❻작은 것이 잇달아 차이거나 걸리는 소리나 그 꼴 ㉥떨어진 밤송이가 발에 톡톡 차인다 ❼말을 날카롭게 자주 내뱉는 꼴 ㉥언니는 늘 내게 말을 톡톡 쏘아댔다 ❽작은 것이 잇달아 끊어지거나 부러지는 소리나 그 꼴 ㉥삭은 나뭇가지를 한 줌씩 톡톡 끊었다

톡톡하다 그림씨 ❶베가 촘촘하고 고르게 짜여 도톰하다 ㉥천이 톡톡하고 질기다 큰말툭툭하다 ❷구실 따위가 제대로 되다 ㉥맡아들 구실을 톡톡히 해낸다 ❸부끄러움을 겪거나 꾸중 듣는 것이 크고 많다 ㉥부끄러움을 톡톡히 겪었다 ❹살림살이 따위가 넉넉하고 알차다 ㉥벌이가 톡톡해 씀씀이도 크다

톤 이름씨 무게를 나타내는 말. 1톤은 1,000킬로그램이다

톤 ⇒ 소리높낮이. 빛깔밝기. 느낌

톨 이름씨 밤이나 도토리 같은 낱알을 세는 하나치 ㉥다람쥐가 도토리 한 톨을 물고 간다

톨게이트 ⇒ 길삯문. 표파는 곳

톱 이름씨 나무나 쇠붙이 따위를 켜고 자르는 데 쓰는 연장. 얇고 기다란 톱양에 날카로운 이가 여럿 새겨있고 쓰임에 따라 톱꼴도 저마다 다르다 ㉥톱으로 통나무를 잘랐다

톱 ⇒ 맨 처음. 으뜸. 머리

톱날 이름씨 톱에서 날이 선 쪽 모두 ㉥톱날에 다치지 않게 늘 마음을 써라. 톱날이 무뎌졌네

톱뉴스 ⇒ 머리새뜸

톱니 이름씨 ❶톱날을 이룬 뾰족뾰족한 이 ㉥톱니 사이사이 톱밥이 잔뜩 끼었다 ❷톱날이처럼 뾰족뾰족한 잎 가장자리 ㉥참나무 잎 가장자리에도 톱니가 있다

톱니바퀴 이름씨 이가 서로 맞물려 돌아가도록 둘레에 똑같은 틈을 두고 톱니를 낸 바퀴. 바퀴가 맞물려 돌며 힘을 보낸다 ㉥여러 작은 톱니바퀴가 서로 맞물려 돌아간다 한뜻말가시바퀴

톱밥 이름씨 톱으로 켜고 자를 때 나무, 쇠 따위에서 쓸려 나오는 가루 ㉥톱밥을 썩혀 거름으로 쓴다

톱양 이름씨 톱날을 이루는 길고 얇은 쇠붙이 ⓑ톱양을 갈아 끼웠다

톱질 이름씨 톱으로 나무나 쇠 따위를 켜고 자르는 일 ⓑ톱질은 밀어 켜고 당겨 자른다

톱톱하다 그림씨 ❶국물이 많지 않고 바특하다 ⓑ톱톱한 콩비지가 맛있다 비슷한말 걸쭉하다. 되직하다 ❷알차다 ⓑ톱톱하게 차린 먹을거리 ❸밥입이 많지도 적지도 않고 알맞다 ⓑ설이라 아들딸이 와서 우리집도 톱톱한 밥입이 모였네

톳 이름씨 김을 묶어 세는 하나치. 한 톳은 김 온 낱을 이른다 ⓑ곧 잔치가 있으니 김 한 톳 사두어라 ⇐ 속

통[1] 이름씨 ❶바짓가랑이, 소매 따위 속 넓이 ⓑ통이 큰 바지. 통이 좁은 소매 ❷허리, 다리 따위 굵기나 둘레 ⓑ통이 굵은 허벅지가 부럽다 ❸사람 됨됨이나 씀씀이 ⓑ그는 배짱이 두둑하고 통이 큰 사람이다

통[2] 이름씨 어떤 일에 뜻이 맞아 한 데 묶인 무리 ⓑ우리는 한 통이 되었다 비슷한말 통속. 동아리. 무리 ⇐ 패

통[3] 이름씨 어떤 일이 벌어진 꼴이나 자리 ⓑ어수선한 통에 밥 한 숟가락도 못 떴다 ⇐ 판국

통[4] 이름씨 자란 배추나 박 따위 알속. 또는 그것을 세는 하나치 ⓑ배추가 통이 잘 들었네. 수박 한 통 사자

통[5] 이름씨 ❶나무나 쇠, 플라스틱 같은 것으로 만든 크고 작은 그릇 또는 그것을 세는 하나치 ⓑ물통. 기름통. 물 한 통. 지렁 두 통 ❷크고 작은 그릇에 담아 그것을 세는 하나치 ⓑ밥입이 많아 다달이 김치를 두 통이나 먹는다

통[6] 이름씨 ❶('통에' 꼴로 써) 까닭이나 바탕 ⓑ새벽 일찍 서두르는 통에 나까지 잠을 설쳤다. 날은 춥고 어두워지는 통에 일찌감치 일을 끝냈다 ❷매개. 자리 ⓑ어려운 통에 걸려들었다. 싸움 통에 보따리를 잃어버렸다

통[7] 어찌씨 '아예', '도무지', '아주', '바이'를 뜻하는 말 ⓑ나로서는 무슨 일인지 통 알 수 없네. 통 생각이 나지 않는다

통[8] 어찌씨 작은 북이나 속이 빈 통 같은 것을 두드려 울리는 소리 ⓑ작은북을 울려라, 통 통 통

통- 앞가지 ❶(이름씨 앞에 붙어) 가르거나 쪼개지 않은 통째 ⓑ통마늘. 통나무. 통닭. 통가죽. 통밀 ❷온통. 고름 ⓑ통쇠. 통거리. 통밀다

통가죽 이름씨 통째로 벗겨 낸 짐승 가죽. 이은 자국이 없다 ⓑ이 가방은 통가죽으로 지었다

통감 (痛感) ⇒ 뼈아프게 느낌. 깊이 느낌. 뼈저리게 느끼다. 뼈아프게 느끼다

통감 (統監) ⇒ 거느림이

통감부 ⇒ 거느림곳

통거리 이름씨 가리지 않고 모두 ⓑ남은 건 통거리로 팔 테니 싸게 가져가시구려

통계 ⇒ 모둠셈. 모음셈

통계자료 ⇒ 모둠셈밑감

통계청 ⇒ 모둠셈집

통계표 ⇒ 모둠셈표

통고 ⇒ 알림. 알리다

통곡 ⇒ 슬피 욺. 큰 소리로 욺. 슬피 울다. 큰 소리로 울다

통과 ⇒ 지나감. 거쳐 감. 지나다. 지나가다. 거쳐 가다. 거치다

통근 ⇒ 일터 다님. 일터 다니다. 일하러 다니다

통기성 ⇒ 바람들바탈. 바람들새

통길 이름씨 처음 길이 없던 곳인데 많은 사람이 지나가 한 갈래로 난 길

통꽃 이름씨 꽃잎이 서로 붙어 째지지 않고 하나를 이루는 꽃 ⓑ통꽃에는 진달래, 나팔꽃, 도라지꽃, 호박꽃 따위가 있다 맞선말 갈래꽃

통나무 이름씨 켜거나 짜개지 않은 채 그대로인 둥근 나무 ⓑ통나무로 지은 집은 튼튼하다

통나무집 이름씨 통나무로 지은 집

ㅌ

통념 ⇒ 두루 생각. 여느 사람 생각

통달 ⇒ 훤히 앎. 꿰뚫음. 훤하다. 꿰뚫다. 막힘이 없다

통닭 이름씨 털을 뽑고 창자만 뺀 채 토막 내지 않은 통째인 닭

통독 ⇒ 내리읽기. 끝까지 내리읽다

통례 ⇒ 여느 일. 두루보기

통로 ⇒ 길. 길거리. 오감길

통마루 이름씨 안방과 건넌방 사이에 놓인 마루

통밀다 움직씨 이것저것 가릴 것 없이 고르게 치다 ⓑ달삯은 통밀어서 셈하기로 했다

통박 ⇒ 몰아침. 윽박지름. 몰아치다. 윽박지르다. 꾸짖다

통발 이름씨 물고기가 들어가기는 하고 나오지는 못하게 대나 싸리로 만든 고기잡이 연장 ⓑ아버지와 논에 통발을 놓고 왔다 한뜻 말쑤기

통보 ⇒ 알림. 알리다

통분 (痛憤) ⇒ 몹시 이갈림. 몹시 치떨림. 이갈리다. 치떨리다

통분 (通分) ⇒ 나눗수 같게하기

통사정 ⇒ 비라리

통상 ⇒ 나라 사이 장사

통상적 ⇒ 늘. 여느. 그저 그런

통속소설 ⇒ 재밋거리 이야기

통속적 ⇒ 그저 그런. 알량한. 두루 쉬운

통솔·통수 ⇒ 거느림. 다스림. 거느리다. 다스리다. 이끌다

통솔력 ⇒ 이끄는 힘. 휘손

통쇠 이름씨 자물쇠

통신 ⇒ 알림. 주고받기. 사맞기

통신망 ⇒ 주받그물

통신문 ⇒ 알림글

통신비 ⇒ 주받돈

통신사 ⇒ 새뜸주는곳

통신업 ⇒ 주받일

통신위성 ⇒ 주받돌별

통신판매 ⇒ 주받팔이. 말틀팔이. 주받장사

통썰기 이름씨 오이나 무, 당근 같은 것을 길이로 놓고 통째로 써는 것 ⓑ오이를 얇게 통썰기로 썰어서 얼굴 더운 곳에 얹었다

통씨름 이름씨 샅바 없이 허리띠를 잡고 하는 씨름

통역 ⇒ 말뒤치기. 말 뒤치다. 딴나라 말을 옮기다

통역관 ⇒ 말뒤침이

통용 ⇒ 두루쓰기. 널리쓰기. 두루 쓰다. 널리 쓰다

통운 ⇒ 여느오감. 여느나름

통일 ⇒ 겨레잇기. 하나되기. 똑같게 함. 뭉침. 하나 되다. 뭉치다. 똑같게 하다

통일벼 ⇒ 하나벼

통일부 ⇒ 하나되기맡

통일신라 ⇒ 하나시라

통잠 이름씨 한 디위도 깨지 않고 푹 자는 잠

통장 (通帳) ⇒ 돈책

통장 (統長) ⇒ 마을지기

통절하다 움직씨 허리를 깊이 굽혀 절하다

통절하다 ⇒ 뼈에 사무치다. 마음이 저려오다

통정 ⇒ 배맞음. 눈맞음. 살섞기. 배맞다. 눈맞다. 살섞다

통제 ⇒ 막음. 묶음. 억누름. 막다. 묶다. 억누르다. 얽매다. 다스리다. 다잡다

통조림 이름씨 고기나 물고기, 과일 같은 먹을거리를 오래 두고 먹으려고 하늬쇠통에 넣고 뜨겁게 하거나 빛을 쪼여 팡이를 죽이고 바람이 들지 않게 한 것 ⓑ소고기 통조림. 꽁치 통조림. 복숭아 통조림

통줄 이름씨 종이솔개를 날릴 때 얼레 머리를 종이솔개가 떠 있는 쪽으로 내밀어 술술 풀리게 한 줄

통증 ⇒ 아픔. 아픈 느낌

통지·통첩 ⇒ 알림. 알리다. 글로 알림

통지서 ⇒ 알림글. 알림종이

통지표 ⇒ 알림표

통집 이름씨 갖풀곽 ⇐ 캡슐

통짜 이름씨 온통 덩어리 ⓑ헐렁한 통짜 옷을 입은 아줌마

통짜다 움직씨 **1** 여럿이 한동아리가 되기를

다짐하다 ⓑ으뜸머슴 뽑기를 앞두고 세 무리가 통짰다고 법석이다 ❷여러 조각을 모아 하나가 되도록 맞추다 ⓑ손천을 여러 낱 통짜서 여름 이불을 지었다

통짜로 어찌씨 나누지 않은 채 덩어리로 ⓑ첫 수레바퀴는 살 없이 통짜로 되어 있었대 한뜻말 통째

통째 이름씨 나누지 않은 덩어리 모두 ⓑ몹시 가물어 밭에 물을 동이 통째 부어도 다 빨아들인다

통째로 어찌씨 나누지 않은 덩어리 그대로 ⓑ돼지 한 마리를 통째로 삶아 마을 잔치를 치렀다 슬기말 **통째로 삼켜도 비린내가 안 나겠다** 통째로 삼켜도 될 만큼 몹시 갖고 싶도록 예쁘고 사랑스럽다

통찰 ⇒ 꿰뚫어봄. 환히 앎. 꿰뚫어보다. 훤히 알다

통찰력 ⇒ 꿰뚫어보는 힘

통촉 ⇒ 살핌. 헤아림. 헤아리다. 살피다. 깊이 생각하다

통치 ⇒ 다스림. 다스리다

통치마 이름씨 치마 너비를 자르지 않고 통으로 지은 치마 ⓑ어머니는 늘 검정 통치마를 입으셨다 맞선말 풀치마. 꼬리치마

통칭 ⇒ 두루 일컬음. 두루 일컫다

통쾌 ⇒ 시원함. 후련함. 속시원함. 시원하다. 후련하다. 속시원하다

통탄 ⇒ 한숨 쉼. 가슴 침. 땅을 침. 한숨 쉬다. 가슴치다. 땅을 치다

통터지다 움직씨 여럿이 한꺼번에 쏟아져 나오다

통털어나다 움직씨 모두 힘차게 나서다 ⓑ가르침이 말이 끝나기 무섭게 배움이들이 통털어나서 뜰로 모였다

통통[1] 어찌씨 ❶작은 북이나 속 빈 나무통 따위를 잇달아 두드려 울리는 소리 ⓑ새는 곳이 없는지 물통을 통통 두드려 보았다 큰말 퉁퉁 ❷탄탄한 곳을 발로 자꾸 굴러 울리는 소리 ⓑ아이가 마루에서 발을 통통 구르며 뛰어간다 ❸작은 통속에서 뜨거운 김이 한데 뭉쳤다가 자꾸 터질 때 울리는 소리 ⓑ통통배가 통통 소리를 내며 물살을 가른다 **통통하다**

통통[2] 어찌씨 ❶몸이 붓거나 살이 쪄서 알찬 꼴 ⓑ겨울이 되면 시골 사람들은 살이 쪄서 몸이 통통해진다 큰말 퉁퉁 센말 똥똥 ❷어느 한쪽이 부풀거나 도드라진 꼴 ⓑ자고 일어났더니 볼이 통통 부었다 ❸골이 잔뜩 나서 볼이 잔뜩 부은 꼴 ⓑ날마다 보기 싫다고 하면 어쩔 테야! 하고 볼이 통통 부어 소리쳤다

통통거리다 움직씨 ❶작은 북이나 속 빈 나무통 따위를 잇달아 두드려 소리가 울려 나다 ⓑ작은 배가 통통거리며 우리 옆을 지나간다 ❷탄탄한 곳을 발로 자꾸 굴러 소리가 울려 나다 ⓑ아이들이 골마루를 통통거리며 뛰어간다 **통통대다**

통통배 이름씨 뮘틀힘으로 부리는 통통 소리가 나는 작은 배 ⓑ통통배를 타고 고기를 잡았다 한뜻말 똑딱배

통통하다 그림씨 몸이 붓거나 살이 쪄서 알차다 ⓑ밥을 많이 먹지 않아도 팔다리가 통통해졌다 큰말 퉁퉁하다 센말 똥똥하다 ⇐ 풍만하다 **통통히**

통틀다 움직씨 있는 대로 다 한데 묶다

통틀어 어찌씨 있는 대로 모두 더해 ⓑ이제껏 살아남은 이는 통틀어 열 사람뿐이다 비슷한말 온통. 모두

통폐합 ⇒ 한데모음. 하나로 만듦. 하나로 만들다

통풍 ⇒ 바람 갈이. 바람 쐬기. 바람을 갈다. 바람을 쐬다

통풍구 ⇒ 바람구멍

통풍창 ⇒ 바람바라지

통하다 ⇒ 사맞다. 트이다. 흐르다. 열리다. 뚫리다. 닿다. 지나다. 이어지다

통학 ⇒ 배곳 다님. 배곳 다니다

통학로 ⇒ 배움길. 배곳길

통합 ⇒ 한데모음. 뭉뚱그림. 하나로 모으다. 한데 모으다. 뭉뚱그리다. 아우르다

통행 ⇒ 다님. 지나다님. 다니다. 나다니다. 지나다니다

통행금지 ⇒ 못 다님

통행량 ⇒ 다님크기. 다님수

통행로 ⇒ 길

통행료 ⇒ 길삯

통화 (通貨) ⇒ 돈. 도는 돈

통화 (通話) ⇒ 말 나눔. 말 나누다

통화가치 ⇒ 돈값. 돈값어치

퇽다[1] 움직씨 ❶가파른 곳을 오르려고 힘써 더듬다 ⓑ바우는 가파른 메를 숨이 막히도록 퇽아 올라가며 나물을 뜯었다 ❷틈마다 더듬어 뒤져 찾다

퇽다[2] 움직씨 삼 따위를 삼을 때 찐 삼 끝을 가늘고 부드럽게 하려고 톱으로 눌러 훑어내다 ⓑ어머니는 삼칼로 삼 머리를 퇽아 매끈하게 했다

퇽다[3] 움직씨 ❶억지로 기침하거나 숨을 내뱉다 ⓑ늙은이는 가쁜 숨을 퇽느라고 헉헉 흐느끼고 나서 더듬더듬 말했다 ❷뱉으려고 속에서 끌어 올리다

퇽아보다 움직씨 샅샅이 더듬어 뒤져 찾아보다 ⓑ아버지는 바름이 아래위를 퇽아보며 왜 늦은 밤에 마을을 돌아다니는지 물어보았다

퇴각 ⇒ 물러섬. 달아남. 물러나다. 물러가다. 물러서다. 달아나다

퇴거 ⇒ 옮겨감. 파감. 떠나가다. 파가다. 옮겨가다

퇴고 ⇒ 글다듬기. 글 고침. 글 다듬다. 글 고치다

퇴근 ⇒ 일손 놓기. 일 마치다. 돌아가다

퇴근길 ⇒ 일마침 길

퇴로 ⇒ 나갈 길. 물러날 길. 달아날 길

퇴매하다 그림씨 ❶(마음씨나 하는 짓이) 안타깝고 답답하다 ⓑ보기보다 그 사람 생각이 좁고 퇴매하더라 ❷말이나 짓이 얄밉다 ⓑ눈알을 굴리며 퇴매하게 맛갋았다 ❸생김새가 작고 딱 바라져 시원스럽지 못하다 ⓑ그 집은 문이 다 좁아서 퇴매하게 보인다

퇴물 ⇒ 물려준 것. 지친것. 퉁맞은 것

퇴박 ⇒ 물리침. 물리치다

퇴박맞다 ⇒ 퉁맞다. 자빡맞다

퇴보 ⇒ 뒷걸음. 뒷걸음질. 뒤떨어지다. 뒷걸음하다. 뒷걸음질치다

퇴비 ⇒ 두엄

퇴비장 ⇒ 두엄터

퇴사 ⇒ 일터 떠남. 벌데 떠남. 일터 떠나다. 벌데 떠나다

퇴색 ⇒ 바램. 빛바램. 물 빠짐. 바래다. 빛바래다. 물 빠지다. 사라지다. 흐릿해지다

퇴식구·퇴식대 ⇒ 밥그릇물림곳

퇴실 ⇒ 방떠남. 방떠나다

퇴원 ⇒ 나숨집 나옴. 나숨집을 나오다

퇴위 ⇒ 물러남. 물러나다

퇴임 ⇒ 그만둠. 물러남. 그만두다. 물러나다

퇴장 ⇒ 물러남. 나감. 자리 뜸. 물러나다. 나가다. 사라지다

퇴적 ⇒ 쌓임. 겹쳐 쌓음. 쌓다. 겹쳐 쌓다. 쌓이다

퇴적물 ⇒ 쌓인것

퇴적암 ⇒ 물에된바위

퇴적작용 ⇒ 쌓임. 쌓이기. 쌓이는것

퇴적장 ⇒ 버림터. 쌓는데

퇴적층 ⇒ 쌓인켜

퇴적평야 ⇒ 쌓인벌판

퇴정 ⇒ 가름방나가기. 가름방나가다

퇴조 ⇒ 썰물. 날물. 한물가다. 써다. 물러가다. 꺾이다

퇴직 ⇒ 그만둠. 물러남. 들어앉음. 물러나다. 그만두다. 들어앉다

퇴직금·퇴직위로금 ⇒ 일그만둔 돈. 달램돈

퇴직자 ⇒ 그만둔 이. 물러난 이

퇴진 ⇒ 물러남. 물러섬. 뒤로 물림. 물러나다. 물러서다

퇴짜 ⇒ 물리침

퇴치 ⇒ 물리침. 쳐 없앰. 물리치다. 내치다. 쳐 없애다. 몰아내다

퇴폐 ⇒ 썩어빠짐. 결딴남. 썩다. 썩어빠지다.

결딴나다
퇴학 ⇒ 배곳 그만둠. 배곳 쫓겨남. 배곳 그만두다. 배곳 쫓겨나다
퇴행 ⇒ 뒷걸음. 되돌아감. 뒷걸음하다. 되돌아가다
퇴행기 ⇒ 늘그막. 늙마. 추스를 때
퇴화 ⇒ 졸되기. 졸되다. 졸아들다
툇마루 ⇒ 쪽마루
투 ⇒ 버릇. 솜씨. 품
투각 ⇒ 뚫새김
투견 ⇒ 개싸움. 싸움개
투계 ⇒ 닭싸움. 싸움닭. 댓닭. 샤모
투고 ⇒ 글 보냄. 글을 보내다
투과 ⇒ 꿰뚫음. 나듦. 스며듦. 꿰뚫다. 뚫고나가다. 나들다. 스며들다
투구 [이름씨] 지난날 싸움꾼이 싸울 때 맞선이가 쏜 화살이나 칼날로부터 머리를 지키려고 쓰던 쇠쓰개 [ㅂ]임금 무덤에서 투구와 칼 같은 것이 나왔다 ⇐ 투모
투구 ⇒ 공 던지기. 공 던지다
투기 (鬪技) ⇒ 치고받기겨룸. 드잡이놀이
투기 (妬忌) ⇒ 샘. 시샘. 강샘. 강짜
투기 (投機) ⇒ 노름. 노림수
투기 (投棄) ⇒ 버림. 내버림. 버리다. 내던지다
투기꾼 ⇒ 노림꾼
투기상 ⇒ 듣보기장사
투덜거리다 [움직씨] 남이 알아듣기 힘들 만큼 낮게 못마땅한 소리를 자꾸 하다 [ㅂ]날마다 할 일이 잔뜩 쌓였다고 투덜거린다 센말 뚜덜거리다 여린말 두덜거리다 ⇐ 불평하다 **투덜대다**
투덜투덜 [어찌씨] 남이 알아듣기 힘들 만큼 낮게 못마땅한 소리를 자꾸 하는 꼴 [ㅂ]남이 사준 밥을 먹으면서도 투덜투덜 볼멘소리다 비슷한말 구시렁구시렁 센말 뚜덜뚜덜 여린말 두덜두덜 **투덜투덜하다**
투두둑 [어찌씨] 누리나 굵은 빗방울이 떨어지는 소리 [ㅂ]갑자기 누리가 투두둑 떨어졌다
투두둑거리다 [움직씨] 누리나 굵은 빗방울이 잇달아 세차게 떨어지는 소리가 나다 [ㅂ]거센 바람과 함께 굵은 소나기가 투두둑거리며 지나간다 **투두둑대다**
투두둑투두둑 [어찌씨] 누리나 굵은 빗방울이 잇달아 세차게 떨어지는 소리 [ㅂ]쇠널 지붕 위로 굵은 빗방울이 투두둑투두둑 떨어진다 **투두둑투드둑하다**
투둘투둘 [어찌씨] 바닥이나 거죽에 여기저기 크게 불거지거나 두드러진 꼴 [ㅂ]큰비에 길 흙이 쓸려나가 여기저기 투둘투둘 돌부리가 솟아나 걷기가 힘들다 한뜻말 우둘투둘 작은말 토돌토돌
투둘투둘하다 [그림씨] 바닥이나 거죽에 여기저기 크게 불거지거나 두드러지다 [ㅂ]투둘투둘한 상수리나무 껍질을 벗겨 벌통을 만들었다 한뜻말 우둘투둘하다 작은말 토돌토돌하다
투레질 [이름씨] [1]아기들이 다문 입술 사이로 바람을 내보내어 푸르르하는 소리를 내는 것 [ㅂ]아기가 투레질하는 날에는 아마도 비가 올 것이다 준말 투레 [2]말 따위가 코로 숨을 빨리 내쉬며 푸르르 소리를 내는 짓 [ㅂ]푸르르 투레질하는 말 코에서 흰 김이 나온다
투막·투막집 [이름씨] 집 둘레에 옥수숫대로 촘촘히 엮은 울타리를 처마 높이만큼 바싹 두른 오사섬 통나무집
투망·투망질 ⇒ 쟁이. 쟁이질
투매 ⇒ 막팔기. 막넘기기. 막 팔다. 막 넘기다. 싸게 팔다. 싸게 넘기다
투명도 ⇒ 밝기. 맑기. 비치기
투명종이 ⇒ 비침종이
투명판 ⇒ 비침널
투명하다 ⇒ 맑다. 속 비치다. 속이 환히 보이다
투미하다 [그림씨] 어리석고 무디다 [ㅂ]말을 붙여도 돌미륵같이 투미해서 답답하기 짝이 없다 한뜻말 티미하다
투박하다 [그림씨] [1]다루기에 거북하며 크고 무겁다 [ㅂ]큰어머니가 물려주신 온 해가 넘은 무쇠솥은 투박하기 짝이 없다 [2]생김새가 볼품없이 거칠고 두툼하다 [ㅂ]막일을 오

래 한 탓에 손이 투박해졌다 ❸말이나 몸짓이 거칠고 멋없다 ⓑ투박한 아랫녘 고장말로 스스럼없이 반겨주었다

투병 ⇒ 앓이 싸움

투사 (鬪士) ⇒ 씩씩한 싸움꾼. 싸울아비

투사 (透射) ⇒ 비침. 비춤. 쏨. 비치다. 들이쏘다. 비추다

투사지 ⇒ 비춤종이

투서 ⇒ 찌름글. 일러바침. 찌르다. 일러바치다. 까바치다

투석 ⇒ 팔매. 팔매질. 돌팔매. 돌팔매질. 돌질. 돌멩이질. 팔매하다. 돌 던지다. 돌팔매질하다

-투성이 뒷가지 (이름씨 뒤에 뒷가지로 써) 무엇이 많이 있거나 묻어서 어지럽거나 보기 좋지 않은 꼴 ⓑ마루가 온통 먼지투성이다. 온몸이 땀투성이다 비슷한말 범벅

투세 이름씨 떼를 쓰며 모자라거나 못마땅하다고 조르는 짓 한뜻말 투정

투수 ⇒ 던짐이. 공던짐이

투수층 ⇒ 물스밈켜

투숙 ⇒ 묵기. 머물기. 머물다. 묵다

투시 ⇒ 꿰뚫어봄. 내다봄. 꿰뚫어 보다. 내다보다

투시도 ⇒ 눈에 비친그림

투시력 ⇒ 꿰뚫어보는 힘

투신 ⇒ 몸담음. 몸던짐. 몸던지다. 몸담다

투실투실 어찌씨 살이 보기 좋게 찐 꼴 ⓑ여름지기들은 겨울 동안 살이 투실투실 오른다 작은말 토실토실

투실투실하다 그림씨 보기 좋은 만큼 살이 통통하게 찌다 ⓑ가을이 되자 소가 풀살이 올라 투실투실하다 작은말 토실토실하다

투약 ⇒ 낫개줌. 낫개씀. 낫개주다. 낫개쓰다

투어 ⇒ 나들길. 구경길

투여 ⇒ 씀. 줌. 쓰다. 주다

투영 ⇒ 그림자. 비춤. 비추다. 비춰다

투영도 ⇒ 비춤그림

투옥 ⇒ 가둠. 잡아넣음. 가두다. 잡아넣다

투우 ⇒ 소싸움. 싸움소

투우사 ⇒ 소싸움꾼

투입 ⇒ 던져 넣음. 들임. 넣다. 던져넣다. 밀어넣다. 집어넣다

투입구 ⇒ 넣는곳

투자 ⇒ 밑천 넣기. 밑천 댐. 밑천대다. 밑천넣다

투자신탁회사 ⇒ 밑천맡김벌데

투자자·투자선 ⇒ 밑천 댄 이

투잡 ⇒ 겹벌이

투쟁 ⇒ 싸움. 싸우다. 악장치다

투전 ⇒ 돈치기. 돈내기. 노름. 돈내기하다. 노름하다. 돈치기하다

투정 이름씨 무엇이 못마땅하거나 모자라서 무턱대고 조르는 짓 ⓑ투정을 엄청 부린다 한뜻말 투세. 떼

투정꾼 이름씨 투정을 잘 부리는 사람

투지·투혼·투쟁심 ⇒ 싸울뜻. 한풀

투척 ⇒ 던지기. 내팽개침. 던지다. 내던지다. 내팽개치다

투철하다 ⇒ 밝다. 틀림없다. 뚜렷하다. 빈틈없다

투표 ⇒ 표찍기. 뽑기. 표 찍다. 뽑다

투표권 ⇒ 뽑는힘

투표함 ⇒ 찍은표통

투피스 ⇒ 나뉜 옷. 동강 옷

투하 ⇒ 내리던짐. 떨어뜨림. 들임. 내리던지다. 떨어뜨리다

투합 ⇒ 마음 맞음. 뜻이 맞음. 마음 맞다. 뜻이 맞다

투항 ⇒ 무릎꿇음. 손듦. 손들다. 무릎꿇다

툭 어찌씨 ❶갑자기 가볍게 부러지거나 끊어지는 소리나 그 꼴 ⓑ아우가 갑자기 가랫줄을 세게 잡아당기는 바람에 툭 끊어졌다. 썩은 가지가 툭 부러졌다 작은말 톡 ❷갑자기 튀거나 터지는 소리나 그 꼴 ⓑ아이들이 마당에서 가지고 놀던 공이 툭 튀어 우리 집으로 넘어왔다 ❸한 군데가 조금 크게 불거져 나온 꼴 ⓑ나이 들어선지 배가 툭 튀어나왔다 ❹가볍게 건들거나 치거나 차이거나 터는 소리나 그 꼴 ⓑ공을 몰고 가

는 이를 발로 툭 건드렸다. 넘어진 아이가 툭 털고 일어나 씩씩하게 걸어간다 **5**조금 큰 것이 떨어지는 소리나 그 꼴 ㉥박이 굴러서 마당에 툭 떨어졌다 **6**말을 아무렇지 않게 내뱉는 꼴 ㉥그는 아무데서나 생각 없이 말을 툭 내뱉는다 **7**환하게 트이거나 숨김없이 터놓는 꼴 ㉥모든 것을 숨김없이 툭 터놓고 이야기해 보자 **툭하다**

툭탁 [어찌씨] **1**단단한 것들이 서로 부딪치는 고르지 않은 소리나 그 꼴 ㉥서로 툭탁 치고받고 싸웠다 작은말 톡탁 센말 뚝딱 **2**일을 거침없이 손쉽게 해치우는 꼴 ㉥설거지를 툭탁 해치웠다 **툭탁하다**

툭탁거리다 [움직씨] 단단한 것들이 서로 자꾸 부딪치는 고르지 않은 소리가 나다 ㉥둘은 서로 툭탁거리면서도 잘 붙어 지낸다 작은말 톡탁거리다 센말 뚝딱거리다 **툭탁대다**

툭탁툭탁 [어찌씨] **1**단단한 것들이 서로 자꾸 부딪치는 고르지 않은 소리나 그 꼴 ㉥아이들은 툭탁툭탁 싸우면서 자란다 작은말 톡탁톡탁 센말 뚝딱뚝딱 **2**일을 잇달아 거침없이 손쉽게 해치우는 꼴 ㉥새봄이는 고추밭을 툭탁툭탁 다 매 치웠다 **툭탁툭탁하다**

툭툭 [어찌씨] **1**잇달아 가볍게 부러지거나 끊어지는 소리나 그 꼴 ㉥멧길을 앞서 걸으며 쇠돌은 낫으로 나뭇가지를 툭툭 치며 나갔다 작은말 톡톡 **2**잇달아 튀거나 터지는 소리나 그 꼴 ㉥솔방울이 툭툭 터지며 불이 타올랐다 **3**잇달아 쑥 불거져 나온 꼴 ㉥바닥 여기저기 돌멩이가 툭툭 솟아있다 **4**잇달아 건들거나 치거나 차이거나 터는 소리나 그 꼴 ㉥어깨를 툭툭 쳐서 뒤돌아보니 말벗이었다. 옷을 툭툭 털고 일어났다 **5**잇달아 떨어지는 소리나 그 꼴 ㉥툭툭 떨어진 알밤을 주웠다 **6**말을 잇달아 아무렇게나 내뱉는 꼴 ㉥생각 없이 툭툭 내던지는 말에 마음을 다쳤다 **툭툭하다**

툭툭하다 [그림씨] **1**옷감 따위가 단단한 올로 고르고 촘촘하여 꽤 두껍다 작은말 톡톡하다 **2**옷에 솜을 넣어 꽤 두껍다 **3**국물이 적어 묽지 아니하다 **4**살림살이가 알차고 넉넉하다 **5**목소리가 거세고 투박하다

툭하다 [그림씨] **1**끝이 뾰족하지 못하고 뭉툭하다 ㉥툭해진 말뚝을 다시 다듬었다 **2**좀 거칠고 투박하다 ㉥여름지기 툭한 손 **3**목소리 따위가 좀 굵다 ㉥시시덕대다가도 말틀을 받을 때는 툭한 목소리로 맞갊는다 **4**상냥하지 못하고 꽤 무뚝뚝하다 ㉥아버지는 툭하지만 마음이 여리다

툭하면 [어찌씨] 조금이라도 무슨 일이 있으면 ㉥언니하고 툭하면 싸운다 한뜻말 걸핏하면

툰드라 ⇒ 언땅

툴툴 [어찌씨] 마음에 들거나 차지 않아 몹시 투덜거리는 꼴 ㉥너는 쓸데없이 툴툴 푸념을 늘어놓는 버릇이 있어 **툴툴하다**

툴툴거리다 [움직씨] 마음에 들거나 차지 않아 몹시 투덜거리다 ㉥사준 옷이 맘에 안 드는지 툴툴대며 앞서갔다 ⇐ 불평하다 **툴툴대다**

퉁[1] [이름씨] 다른 사람이 말하는 것을 퉁명스럽게 핀잔하는 것. 또는 그 핀잔 ㉥언니는 까닭도 없이 나한테 퉁을 놓고 방을 나갔다 밑말 퉁바리

퉁[2] [이름씨] 심술궂고 못된 마음씨

퉁[3] [이름씨] 몬바탕이 낮은 놋쇠 ㉥퉁노구. 퉁바리. 퉁방울 한뜻말 퉁쇠

퉁[4] [어찌씨] **1**큰 북 같은 것을 칠 때 울리는 소리 ㉥북소리가 멀리서 퉁 울린다 **2**튐새 있는 몬이 좀 무겁게 튀어나오는 꼴 ㉥말랑말랑한 고무공이 바람에 부딪쳐 퉁 튀어 올랐다 **3**멀리서 내쏘개 같은 것을 쏠 때 울리는 소리 ㉥내쏘개가 퉁 터졌다

퉁가리 [이름씨] 머리는 납작하고 몸빛은 누런 붉은 밤빛이고 등은 더 짙은 밤빛인 가늘고 긴 물고기. 입가에 네 짝 나룻이 있으며 자갈이 많고 물이 깨끗한 내나 가람에 산다

퉁감 [이름씨] 열매 거죽이 고르지 못한 떫은 감. 열매 살은 부드럽고 물과 단맛이 많으며 웃곳하고 몬바탕이 좋다 ⇐ 퉁시

퉁구리 이름씨 똑같은 크기로 묶거나 사리어 감거나 싼 덩어리. 또는 그것을 세는 하나치 ⓑ고사리 스무 퉁구리

퉁기다 움직씨 ❶버텨 놓거나 잘 짜인 몬을 틀어지거나 쑥 빠지게 건드리다 ⓑ쥐덫을 퉁기다 한뜻말튕기다 ❷뼈마디를 크게 어긋나게 하다 ⓑ팔꿈치를 퉁기다 ❸손가락으로 무엇을 튕기다 ⓑ셈널을 퉁기다 ❹다른 사람 바람이나 생각을 물리치다 ⓑ퉁길 만큼 퉁겼으니 이제 만나서 풀어보자 ❺줄 가락틀 줄을 당겼다 놓아 소리가 나게 하다 ⓑ줄을 빠르게 퉁겨 소리를 내봤다

퉁노구 이름씨 몬바탕이 낮은 놋쇠로 만든 작은 솥. 바닥이 고르고 위아래 꼴과 크기가 비슷하다

퉁때 이름씨 잎돈에 묻은 때. 곧 누리 온갖 사람 손때 ⓑ내 손으로 일해 먹고 살아야지 누가 퉁때 묻은 구리 돈 한 닢 갖다줄 줄 아시오?

퉁맞다 움직씨 퉁바리맞다 ⓑ짚 좀 얻으려 했다가 퉁맞았어

퉁명스럽다 그림씨 말씨나 짓이 무뚝뚝하고 언짢다 ⓑ퉁명스러운 말버릇을 고치는 게 어떨까?

퉁바리 이름씨 ❶퉁명스러운 핀잔 한뜻말퉁퉁 ❷몬바탕이 낮은 놋쇠로 만든 바리

퉁바리맞다 움직씨 무엇을 말했다가 모질게 물리쳐지다 ⓑ이웃집 뒷둑에 난 머위 좀 뜯자고 했다가 퉁바리맞았어 한뜻말퉁맞다

퉁방울 이름씨 퉁쇠로 만든 방울 ⓑ쩔렁쩔렁 퉁방울 울리는 소리가 멀리서 들린다

퉁방울눈 이름씨 퉁방울같이 둥글고 툭 불거진 눈 ⓑ소쩍이 어머니가 퉁방울눈을 희번덕거리며 금실이를 보는 바람에 모두 입을 다물었다

퉁소 이름씨 손가락 구멍이 앞에 다섯, 뒤에 하나 있는 나무 대롱 가락틀. 세로로 세워 들고 아랫입술을 대고 입김을 불어 소리를 낸다 ⓑ구슬픈 퉁소 소리에 마음이 흔들려 잠을 못 이루었다

퉁쇠 이름씨 몬바탕이 낮은 놋쇠 한뜻말퉁

퉁어리 이름씨 어미 닭과 병아리가 밤에 잠을 자도록 대발로 엮은 둥그런꼴 우리

퉁어리적다 그림씨 옳고 그름을 가리지 못하면서 아무 생각 없이 움직이다 ⓑ그렇게 느닷없이 끼어드니까 퉁어리적은 사람이라는 소리를 듣지

퉁탕퉁탕 어찌씨 단단한 것을 마구 시끄럽게 두드리거나 발로 굴려 울리는 소리 ⓑ아이들이 마루를 퉁탕퉁탕 구르며 뛰어논다 **퉁탕퉁탕하다**

퉁퉁[1] 어찌씨 ❶몸이 몹시 붓거나 살찌거나 불어난 꼴 ⓑ몸이 탄탄하면서 퉁퉁하다. 얼마나 울었던지 눈이 퉁퉁 부었다 작은말통통 센말뚱뚱 ❷어느 한쪽이 부풀거나 두드러져 있는 꼴 ⓑ눈두덩이 퉁퉁 부었다

퉁퉁[2] 어찌씨 ❶속이 빈 통 같은 것을 잇달아 칠 때 울리는 소리 ⓑ뒷마당에서 나무 패는 소리가 퉁퉁 울린다 ❷튐새 있게 자꾸 튀어 오르는 꼴 ⓑ아이들은 넓은 마루 위에서 마음껏 퉁퉁 뛰어올랐다 ❸먼 곳에서 잇달아 울리는 내쏘개 소리 ⓑ퉁퉁 멀리서 들리는 내쏘개 소리 ❹아무 말이나 함부로 하는 꼴 ⓑ며느리가 퉁퉁 내뱉는 소리에 어머니는 속이 아팠다 **퉁퉁하다**

퉁퉁거리다 움직씨 ❶속이 빈 통 같은 것을 잇달아 치는 소리가 울려 나다 ❷튐새 있게 자꾸 튀어 오르다 ❸아무 말이나 함부로 자꾸 하다 **퉁퉁대다**

퉁퉁하다 그림씨 ❶몸피가 몹시 살이 쪄서 옆으로 퍼지다 ⓑ퉁퉁한 몸매 작은말통통하다 ❷붓거나 부풀다 ⓑ다친 데가 퉁퉁하게 부어올랐다 **퉁퉁히**

퉤 어찌씨 입 안에 든 것을 뱉어버리거나 더러운 것에 침을 함부로 뱉는 소리나 그 꼴 ⓑ갑돌이는 두 손에 퉤 하고 침을 뱉고 나서 다시 나무를 베었다 **퉤하다**

퉤퉤 어찌씨 입 안에 있는 것을 잇달아 뱉어버리거나 더러운 것에 침을 함부로 뱉는 소리나 그 꼴 ⓑ바닥에 침을 퉤퉤 뱉었다 **퉤퉤**

하다

퉤퉤거리다 [움직씨] 입 안에 있는 것을 잇달아 뱉어버리거나 더러운 것에 침을 함부로 뱉다. 또는 그런 소리가 나다 [보]가래가 끓어 자꾸 침을 퉤퉤거린다

튀각 [이름씨] 다시마나 대싹, 들깻잎 따위를 잘라 기름에 튀긴 먹을거리 [보]엄니는 그렇게 다시마튀각을 좋아하셨어

튀개 [이름씨] 늘고 주는 튐힘이 있는 소용돌이꼴 쇠줄 [한뜻말]출렁쇠 ⇐ 스프링

튀개저울 [이름씨] 출렁쇠가 늘어지는 길이를 보고 무게를 재는 저울 [한뜻말]출렁쇠저울 ⇐ 용수철저울

튀기[1] [이름씨] **1** 갈래가 다른 두 짐승 사이에서 난 새끼 [보]수말과 암나귀 사이에서 태어난 튀기가 버새이다. 암말과 수탕나귀 사이에 태어난 튀기가 노새이다 [한뜻말]트기 ⇐ 잡종 **2** 핏줄이 다른 겨레붙이 사이에서 태어난 사람을 달리 이르는 말 [한뜻말]트기 ⇐ 혼혈아. 혼혈인

튀기[2] [이름씨] **1** 튀김 [보]물고기 튀기. 콩묵 튀기 **2** 쌀이나 강냉이, 수수, 콩 같은 것을 튀겨낸 것 [보]콩 튀기. 쌀 튀기. 강냉이 튀기 [한뜻말]튀밥

튀기겨레 [이름씨] 트기겨레 ⇐ 혼혈족

튀기다[1] [움직씨] **1**('튀다' 하임꼴) 튐새 있는 것이 솟아오르게 하다 [보]출렁쇠가 튀겨 나갔다 **2** 어떤 힘이 물방울 따위를 여러 군데로 세게 흩어지게 하다 [보]수레가 흙탕물을 튀기며 지나갔다

튀기다[2] [움직씨] **1** 끓는 기름에 넣어서 익게 하다 [보]고구마를 튀겨 먹었다 **2** 마른 낟알 따위를 달구어 부풀게 하다 [보]뻥 소리를 내며 튀밥 장수가 옥수수를 튀겼다

튀기씨 [이름씨] 서로 다른 사람 씨갈래 핏줄이 섞여 이루어진 사람갈래 ⇐ 혼혈종

튀길심 [이름씨] 바깥 힘으로 모습이 바뀐 몬이 처음 꼴로 돌아가려는 힘 [한뜻말]튈힘 ⇐ 탄력. 탄성력

튀김 [이름씨] 고기나 물고기, 푸성귀 따위를 밀가루 같은 것에 묻혀서 기름에 튀긴 먹거리 [보]오징어튀김. 두릅튀김. 감자튀김 [한뜻말]튀기 ⇐ 프라이

튀김냄비 [이름씨] 맛갓을 기름에 튀기거나 지질 수 있도록 넓적하고 얕게 만든 손잡이가 달린 그릇. 쇠나 보믜막이쇠 따위로 만든다 ⇐ 프라이팬

튀다 [움직씨] **1** 갑자기 세게 흩어져 퍼지다 [보]물방울이 튀다. 불꽃이 튀다. 불똥이 튀다 **2** 터지개가 터지다 [보]터지개가 튀는 소리가 났다 **3** 무엇이 세게 갑자기 갈라지거나 부러지거나 끊어지다 [보]아궁이에서 탁탁 튀는 둥거리. 밧줄이 튀어 나가려 한다 **4** 갑자기 부풀어 오르며 껍질이 갈라지고 부피가 커지다 [보]콩 튀듯 튀다. 밤알 튀듯 튀다 **5** 어디에 부딪쳤다가 튕겨 나오다 [보]공이 문대에 맞고 튀어 나왔다 **6** 짐승이 갑자기 달아나거나 물고기가 물 위로 뛰어오르다 [보]날치가 튀다. 토끼가 튀다 **7** 달아나다 [보]뒤돌아보지 말고 어서 튀어!

튀밥 [이름씨] 쌀이나 옥수수 같은 낟을 튀긴 것

튀어나오다 [움직씨] **1** 겉으로 툭 삐져나오다 [보]이마가 툭 튀어나온 짱구 **2** 갑자기 나타나다 [보]골목에서 아이가 불쑥 튀어나왔다 **3** 말이 갑자기 나오다 [보]나도 모르게 거친 말이 툭 튀어나왔다

튈힘 [이름씨] **1** 몬을 당기거나 눌렀을 때 처음 꼴로 돌아가려는 힘 [보]공에 바람이 꽉 들어 튈힘있게 탕탕 튄다 [한뜻말]튀길심 ⇐ 탄력. 탄성력 **2** 그때그때 매개에 알맞게 맞뀌는 힘 [보]먹거리값이 빠르게 올라서 튈힘있게 맞뀌어야 해

튐새 [이름씨] **1** 몬이 밖에서 힘을 받았을 때 튀기는 힘이 있는 바탈 [보]저 검둥이 놀이꾼은 워낙 튐새가 좋아 뛰는 힘이 놀랍다 ⇐ 탄력성. 탄성 **2** 매개에 따라 알맞게 맞이하는 바탈 [보]바름은 일을 튐새 있게 잘 다룬다 **3** 바뀜수 값이 바뀔 때 그 미침을 받는 바뀜수가 얼마나 바뀌는지를 나타내는 잣대 [보]값 튐새는 몬 값이 달라질 때 그 달램

숱이나 좀숱이 어떻게 바뀌는지를 나타낸다 ⇐ 탄력성

튕기다 [움직씨] [1]다른 것에 부딪치거나 힘을 받아서 튀어나오다 ㉥공이 가로 막대를 맞고 튕겨 나왔다 비슷한말 튀기다 [2]갑자기 세게 흩어져 퍼지다 ㉥수레가 지나가며 흙탕물을 튕겨 옷을 다 버렸다 [3]어떤 힘을 받아 튀어나오다 ㉥가운뎃손가락을 튕겨 딱밤을 먹였다. 출렁쇠가 튕겨 나갔다 [4]팽팽히 켕긴 줄 같은 것을 당겼다 놓다 ㉥가얏고를 튕긴다 [5]다른 이 바람이나 생각에 따르지 않고 거스르다 ㉥잔별은 고분고분하기보다 좀 튕기는 맛이 있다

튜브 ⇒ 고무부레. 바퀴주머니

튤립 [이름씨] 잎은 넓고 길쭉하며 끝이 뾰족하고 희거나 붉거나 노란 꽃이 피는 하늬녘에서 온 풀

트기 [이름씨] [1]갈래가 다른 두 숨받이 사이에서 난 새끼 한뜻말 튀기 ⇐ 잡종 [2]겨레가 다른 두 사람 사이에서 난 아이 한뜻말 튀기 ⇐ 혼혈아. 혼혈인

트기겨레 [이름씨] 서로 다른 핏줄이 섞여 이루어진 겨레 ⇐ 혼혈족

트다[1] [움직씨] [1]막힌 것을 트이게 하다 ㉥막힌 길을 텄다. 물꼬를 트다 [2]서로 주고받는 사이를 맺다 ㉥그와 장사를 튼 뒤로 자주 보게 되었다 [3]서로 스스럼없는 사이로 사귀다 ㉥마음을 트고 지낸다 [4]누구와 말을 놓고 지낸다 ㉥돌샘과 나는 말을 트고 지낸다 [5]저자 같은 것을 열다 ㉥고을 언저리에 길가게를 트고 온갖 먹거리를 사고팔았다

트다[2] [움직씨] [1]푸나무 싹, 움 따위가 새틈을 내어 올라오다 ㉥봄에 싹이 트다 [2]갈라지면서 틈이 생기다 ㉥가뭄에 논바닥이 텄다. 추위에 입술이 텄다. 널빤지가 텄다 [3]날이 새느라고 새녘이 훤해지다 ㉥먼새녘이 튼다. 새날이 트다 [4]더 바랄 게 없이 그릇되다 ㉥하는 짓을 보니 일이 잘되기는 튼 것 같다. 아무래도 나는 튼 것 같아

트라이아스기 ⇒ 세겹뉘

트라이앵글 ⇒ 세모 시우쇠

트랙 ⇒ 달림길

트랙터 ⇒ 끌수레

트랜스·트랜지스터 ⇒ 번힘바꿈틀

트랩 ⇒ 날틀사다리. 배사다리. 디딤널

트러블 ⇒ 말썽. 걱정. 말썽거리. 옥신각신

트럭 ⇒ 짐수레

트럼펫 [이름씨] 작은 나팔처럼 생긴 부는 가락틀. 소리 높낮이를 알맞게 맞추는 것이 셋 달려 있다

트렁크 ⇒ 수레짐칸. 짐가방. 바퀴가방

트레몰로 ⇒ 빠른 떨림. 빠른떨림소리

트레이닝 ⇒ 갈닦기. 익히기. 몸풂

트레이드마크 ⇒ 보람널. 얼굴

트레일러 ⇒ 딸린 수레. 끌림 수레

트로이카 ⇒ 세말수레. 세말썰매. 세머리

트로피 ⇒ 기림그릇

트리 [이름씨] 나쁜 일을 여러 사람과 함께 꾸미는 일 ⇐ 공모

-트리다 [뒷가지] (어떤 움직씨 줄기 뒤에 붙어) 움직임을 두드러지게 하는 뒷가지. '-뜨리다' 거센말 ㉥깨트리다. 떨어트리다. 쓰러트리다

트리오 ⇒ 세 가락틀켜기. 셋 노래부르기

트릭 ⇒ 눈속임. 속임수

트림 [이름씨] 먹은 것이 양에서 잘 삭지 않아 나온 김이 입으로 복받쳐 나옴. 또는 그 김 ㉥아들은 뭘 먹고 왔는지 트림을 꺽꺽 해댄다

트릿하다 [그림씨] [1]먹은 것이 잘 내려가지 않아 속이 답답하고 언짢다 ㉥속이 트릿하면 좀 걷고 오지 그래요? [2]맺고 끊음이 뚜렷하지 않다 ㉥푸름이가 일을 트릿하게 마무리하는 바람에 처음부터 다시 해야 했다

트이다 [움직씨] [1]('트다' 입음꼴) 막힌 것이 치워지거나 없어지다 ㉥가람 건너까지 새길이 트였다. 이 집은 앞이 환히 트였다 준말 틔다 [2]('트다' 입음꼴) 서로 주고받는 사이가 되다 ㉥드디어 그 나라와 장삿길이 트였다 [3]마음이나 가슴이 답답한 데서 벗어나다

ⓑ먼 메를 바라보니 가슴이 트인다 ❹생각이나 아는 힘이 어떠한 높이에 이르게 되다 ⓑ누리를 꿰뚫어 보는 힘이 트였다 ❺나쁜 낌새 따위가 좋아지게 되다 ⓑ좋은 수가 트였는지 하는 일마다 끝이 좋다

트임새 이름씨 옷을 만들 때 앞이나 뒤를 터놓는 것. 또는 트인 꼴새

트지근하다 그림씨 좀 트릿하다 ⓑ한참 힘든 일을 하고 났더니 트지근하던 속이 확 뚫린 느낌이다

트집 이름씨 ❶아이들이 조르고 떼쓰는 것 ⓑ할머니 손에 자란 가을이는 트집을 잘 부린다 ❷아무 까닭 없이 못마땅해서 조그만 티를 들춰내거나 말썽을 부림 ⓑ일부러 트집을 잡는다 ❸한 덩어리가 되거나 뭉쳐야 할 일이 벌어진 틈 ⓑ통소에 트집이 생겨서 소리가 깨진다

특가 ⇒ 싼값. 이바짓값

특강 ⇒ 남다른가르침. 뛰어난가르침. 튄가르침

특공대 ⇒ 빼난칠떼

특권 ⇒ 빼난힘

특급 ⇒ 으뜸 뜨레. 빼난뜨레. 가장 윗뜨레

특기 ⇒ 남다른 재주. 뛰어난 솜씨. 빼난재주. 빼난솜씨

특대 ⇒ 가장 큰 것. 빼어나게 큰

특등 ⇒ 첫째. 으뜸

특매 ⇒ 빼난팖. 싸게 팖. 싼거리. 싼거리질. 싸게 팔다. 싼거리하다

특명 ⇒ 남다른성금. 빼난성금

특별명사 ⇒ 홀이름씨. 홀로이름씨

특별법 ⇒ 남다른벼리. 빼난벼리

특별시 ⇒ 빼난고을

특별하다 ⇒ 남다르다. 뛰어나다. 유난하다. 빼어나다. 보기 드물다

특별활동·특활 ⇒ 빼난뭠

특별히 ⇒ 남달리. 유난히. 일부러. 일껏

특보 ⇒ 갑작 새뜸. 빠른 새뜸. 빼난새뜸

특사 ⇒ 빼난심부름꾼

특산 ⇒ 빼난낳이

특산물·특산품 ⇒ 빼난낳이. 그 바닥치. 그 바닥 것

특색 ⇒ 빼난빛. 다른 빛깔. 뛰어난 것

특석 ⇒ 빼난자리

특선 ⇒ 빼난뽑기. 빼난가림. 빼난고름. 유난히 고름

특성 ⇒ 빼난바탈. 남다른 바탕

특수 (特殊) ⇒ 빼난다름. 남다름. 두드러짐. 뛰어남

특수 (特需) ⇒ 빼난팔림

특수복 ⇒ 빼난옷

특수성 ⇒ 빼난바탈. 남다른 바탕

특약 ⇒ 꼭 집어 다짐

특용작물 ⇒ 빼난 기른 거리

특유 ⇒ 빼난다름. 남다름. 빼나게 다르다. 남다르다

특이하다 ⇒ 빼나게 다르다. 남다르다. 엉뚱하다. 두드러지다

특정 ⇒ 콕 집음. 콕 집다

특정인 ⇒ 콕집은이

특종 ⇒ 홀새뜸. 오로지 새뜸

특진 ⇒ 갑작 오름

특질 ⇒ 빼난 바탕. 빼난밭. 뛰어난 바탕. 남다른 바탈

특집 ⇒ 빼난 꾸밈

특징 ⇒ 토리. 보람. 빼난보람. 남다른 보람. 눈에 띄는 것

특출 ⇒ 빼어남. 뛰어남. 동뜸

특파원 ⇒ 딴나라보낸이

특허 ⇒ 빼난됨

특허권 ⇒ 빼난됨힘

특허청 ⇒ 빼난됨집

특허품 ⇒ 빼난됨것

특혜 ⇒ 빼난도움. 빼난길미. 빼난보탬

특화 ⇒ 빼나게 되기. 돋우기. 돋움

특효약 ⇒ 빼난낫개

특히 ⇒ 빼어나게. 남달리. 더구나. 딱히

튼실하다 그림씨 튼튼하고 알차다 ⓑ튼실한 허벅지

튼튼 이름씨 몸을 좋게 하려고 여러 가지를 갖

추거나 꾀를 쓰는 일 ⇐ 위생

튼튼쌈꾼 이름씨 지킴이들이 몸을 튼튼하게 지니도록 돌보는 이 ⇐ 위생병

튼튼옷 이름씨 몸을 잘 건사하려고 팡이나 벌레를 죽여 없애고 입는 겉옷 ⇐ 위생복

튼튼하다 그림씨 ❶바깥 힘에 잘 견딜 수 있게 질기고 굳세다 ⓑ밧줄이 튼튼해서 마음이 놓인다 ❷사람 몸이 단단하고 알차 앓이가 없다 ⓑ몸이 아주 튼튼하다 ❸살림이나 밑천이 굳건하고 미덥다 ⓑ튼튼한 나라 살림이 요즘 들어 흔들린다 ❹마음이나 생각이 굳세고 한결같다 ⓑ마음을 닦으면 마음이 튼튼해진다

틀 이름씨 ❶본을 똑같은 꼴로 만드는 데 밑이 되는 것 ⓑ밀가루 반죽을 국수틀에 눌러 넣었다 ⇐ 패턴 ❷끼우거나 넣는 테두리나 얼개로 쓰는 것 ⓑ문짝이 문틀에 맞지 않는다 ❸여러 가지 것들로 짜여 어떤 힘을 받아 뭐거나 일을 하는 것 ⓑ바느질틀. 국수틀. 솜틀. 베틀 ⇐ 기계. 장치 ❹한데 어울리게 갖추거나 맞춰놓은 차례나 얼개 ⓑ틀에 박힌 삶. 틀에 어긋나지 않게 절을 했다 ⇐ 형식 ❺몸이 겉으로 갖추고 있는 가늠이나 생김새 ⓑ그는 틀이 좋아 어느 옷이나 잘 어울린다 ❻자리잡힌 틀거지 ⓑ이야기 쓰기에서 어느만큼 틀은 잡힌 것 같아 ❼바탕이 되는 뼈대 ⓑ틀을 잡다 ❽뜻말을 써서 적은 글. 글자가 든 수틀, 될갈틀, 재봄틀 따위가 있다

틀거리 이름씨 ❶바탕이 되는 뼈대 ⓑ틀거리가 잡히다 한뜻말 틀 ❷밑새나 잡도리 ⓑ씨름이 붙자, 둘은 어금버금하여 조금도 물러서지 않을 틀거리였다

틀거지 이름씨 듬직하고 점잖은 겉모습 ⓑ돌쇠는 틀거지가 그럴듯해 둘레에 사람이 모인다

틀고앉다 움직씨 ❶올방자를 하고 앉다 ⓑ아침저녁으로 틀고 앉아 숨을 알아차린다 ❷든든히 자리를 잡고 앉다 ⓑ며칠째 방에 틀고 앉아 책만 봤다

틀국수 이름씨 틀로 뺀 국수 ⓑ틀국수와 칼국수

틀깸 이름씨 틀이나 사부주를 깨트림 ⇐ 파격

틀니 이름씨 이틀을 잇몸에 끼웠다 뺐다 하는 이 ⓑ틀니를 끼고 밥 먹기가 쉽지 않다 ⇐ 의치

틀다 움직씨 ❶돌아가게 하다 ⓑ앉은 채 몸을 틀어 뒤를 보았다. 손잡이를 틀다 ❷비틀어 꼬이게 하다 ⓑ빨래를 틀어 짜다. 도둑놈 손목을 잡아 틀어 넘어뜨렸다 ❸틀이나 연모 따위가 제 일을 하도록 하다 ⓑ멀봄을 틀고 공차기 놀이를 보았다. 라디오를 틀었다 ❹쪽을 돌리다 ⓑ수레가 가던 쪽을 틀어 왼쪽길로 들어섰다 ❺엮거나 짜서 만들다 ⓑ새가 가지 위에 둥지를 틀었다. 바구니를 틀다 ❻머리털을 한데 뭉쳐 올려 붙이다 ⓑ상투를 튼 늙은이를 보았다 ❼뱀 같은 것이 제 몸을 둥글게 말아 올리다 ⓑ뱀이 똬리를 틀고 풀숲에 자리를 잡았다 ❽잘되어 가던 일을 꼬이게 하다 ⓑ일을 튼 사람이 너였구나

틀리다 그림씨 ❶셈이나 일 따위가 맞지 않거나 어긋나다 ⓑ그 물음을 푼 풀이가 틀렸다 ❷바라거나 하려는 일이 뜻대로 되지 못하다 ⓑ오늘 안으로 일을 마치기는 틀린 것 같다 ❸생각이나 마음이 올바르지 못하거나 비뚤어지다 ⓑ그 사람은 마음보가 틀려먹었어 ❹서로 사이가 좋지 않다 ⓑ오랫동안 틀렸던 둘 사이는 드디어 눈 녹듯 풀렸다

틀림 이름씨 ❶일이나 가리, 셈, 잣대 따위가 맞지 않거나 어긋난 것 ⓑ지난 한 달 동안 들어오고 나간 돈이 틀림이 없다 ❷매끄럽지 않고 잘못된 것 ⓑ모를 줄 맞춰 심었는데, 심고 나니 삐뚤빼뚤 틀림이 많네

틀림없다 그림씨 ❶조금도 어긋나지 않고 꼭 맞다 ⓑ누나는 틀림없는 사람이라 빈말하지 않는다 ⇐ 확실하다. 여실하다 ❷말미암아 반드시 마땅한 열매를 맺다 ⓑ알아차리고 참을 파고들고 힘쓰면 깨달음에 가까워지

는 것은 틀림없다 **틀림없이**

틀박이 이름씨 ❶틀에 묶여 바뀌거나 달라지지 않음 ⓑ밝음이는 틀박이 키에 모로만 벌어지는 몸이야 ❷틀에 묶인 사람이나 짐승, 몬 ⓑ다른 사람 도움말은 귀 막고 언제까지 틀박이로 살 거냐? ❸난 곳을 떠나지 않는 사람 ⓑ틀박이 어르신들 생각은 좀체 안 바뀌어

틀박임 이름씨 늘 틀에 박힌 생각 탓에 새로움을 잃는 일 ⇐ 매너리즘

틀수하다 그림씨 바탈이 너그럽고 찬찬하다 **틀수히**

틀어막다 움직씨 ❶구멍이나 틈에 무엇을 틀어넣어 막다 ⓑ쥐구멍을 돌가루로 틀어막았다. 물이 새지 않도록 뚜껑을 꽉 틀어막았다 ❷'입'과 함께 써 말을 못하게 하다 ⓑ그렇게 억지로 입을 틀어막는다고 사람들이 모를 줄 알아 ❸'귀'와 함께 써 듣지 않거나 듣지 못하게 하다. 귀를 찢는 소리가 들려와서 솜으로 귀를 틀어막았다

틀어박다 움직씨 ❶억지로 쑤시고 들이밀다 ⓑ갈라진 흙바람 사이에 진흙을 개어 틀어박았다 ❷아무렇게나 처넣어 두다 ⓑ다락에 자주 안 쓰는 연장을 틀어박아 놓았다 ❸(머리나 얼굴, 코, 주둥이 같은 낱말과 함께 써) 무엇에 꽉 대거나 파묻다 ⓑ머리를 땅에 틀어박다. 아기가 엄마 가슴에 얼굴을 틀어박는다

틀어박히다 움직씨 ❶밖에 나가지 않고 한곳에만 머무르다 ⓑ나갈 일이 그다지 없어 집구석에 틀어박혀 지낸다 ❷('틀어박다' 입음꼴) 좁은 데에 억지로 들이밀리다 ⓑ미역 줄기가 바위틈에 틀어박혀 뜯기가 힘들었다 ❸('틀어박다' 입음꼴) 무엇이 어디에 아무렇게나 처넣어지다 ⓑ틀어박힌 연장을 꺼내느라 짐을 다 치워야 했다

틀어쥐다 움직씨 ❶단단히 꽉 감아쥐다 ⓑ내 멱살을 틀어쥐고 제 쪽으로 세게 당겼다 ❷무엇을 아주 제 마음대로 하다 ⓑ며느리가 살림을 틀어쥐고 나서는 살림이 부쩍 불었다

틀어지다 움직씨 ❶어떤 것이 반듯하지 않고 꼬이어 틀리다 ⓑ모심은 줄이 틀어졌다 ❷일이나 얽이가 틀리어 어그러지다 ⓑ짐을 옮기려다 비가 와서 틀어졌다 ❸사귀는 사이가 서로 멀어지다 ⓑ길벗과 생각이 달라 서로 틀어졌다 ❹마음이 언짢아 토라지다 ⓑ마음이 단단히 틀어졌는지 나와 얼굴도 마주치려 하지 않았다 ❺가려던 쪽에서 벗어나 다른 쪽으로 가다 ⓑ방망이로 휘두른 공이 빗맞아 왼쪽으로 틀어졌다

틀지다 그림씨 겉모습이 떳떳하고 점잖다 ⓑ그놈은 듣던 바와는 달리 생김새는 참하고 틀지어 보였다

틀톱 이름씨 ❶두 사람이 밀고 당기면서 켜는 큰 톱. 손잡이가 두 쪽에 붙어 있다 ❷틀에 박힌 톱이 움직이면서 통나무를 켜는 톱

틈 이름씨 ❶벌어져 사이가 난 자리 ⓑ바닥이 갈라진 틈으로 물이 샌다 한뜻말 틈바구니 ❷어떤 일을 하다 말고 다른 데로 돌릴 수 있는 짬 ⓑ조금도 쉴 틈이 없다. 숨 돌릴 틈을 얻어 왔어 한뜻말 겨를 ⇐ 여가. 여유 ❸사람 사이가 벌어진 것 ⓑ둘 사이에는 조그마한 틈도 없다 ❹어떤 짓을 할 만한 까리 ⓑ틈만 보이면 쳐들어갈 셈이다 ❺모인 사람 속 ⓑ어른들 틈에 끼어서 꽃다발을 받았다 ❻일하는 데서 빈구석이나 설친 곳 ⓑ한 해 살림살이를 돌아보며 어디에 틈이 있었는가 따져 보았다

틈나다 움직씨 다른 일을 할 겨를이 나다 ⓑ빌려 간 연장은 틈나는 대로 갖다주셔요

틈막이 이름씨 새지 않게 틈을 막는 일 ⇐ 기밀

틈바구니 이름씨 벌어져 사이가 난 자리 ⓑ힘센 나라들 틈바구니에 낀 작은 나라는 슬기롭게 센 나라들을 다뤄야 한다 한뜻말 틈 비슷한말 틈새. 트집

틈새 이름씨 ❶아주 좁은 틈 ⓑ열린 문 틈새로 빼꼼히 밖을 내다봤다 ❷모인 사람 속 ⓑ맘이 맞지 않는 사람들 틈새에서 지내기 힘들다 ❸어떤 짓을 할 만한 까리 ⓑ여름

쉴 철에 틈새 저자를 열어 마을 사람들이 다 재미를 봤다

틈타다 움직씨 겨를이나 까리를 놓치지 않고 잘 쓰다 ㉥깊은 밤을 틈타서 슬쩍 달아났다 한뜻말겨를하다

틈틈이 어찌씨 ❶틈이 있을 때마다 ㉥일하면서도 틈틈이 쉬어라 비슷한말짬짬이 ❷틈이 난 곳마다 ㉥바닥 갈라진 데를 틈틈이 흙으로 발랐다. 소나무 숲 틈틈이 진달래와 쇠물푸레 나무가 자란다 비슷한말샅샅이. 구석구석

틔다 움직씨 '트이다' 준말 ㉥목청이 틘 아이가 노래를 곧잘 부른다

틔우다 움직씨 ❶막힌 것을 치워 없애다 ㉥바닥에 쌓인 쓰레기 더미를 치워 길을 틔웠다 ❷싹이나 움 따위를 트게 하다 ㉥싹을 틔워 밭에 옮겨 심었다

티[1] 이름씨 ❶먼지처럼 아주 잔부스러기 ㉥눈에 티가 들어갔는지 깜박거린다 ❷조그마한 허물 ㉥반짝이는 구슬에도 티가 있다. 나는 어릴 적 티 없이 맑게 자랐다 ⇐ 흠. 흠집 익은말 **티를 뜯다** 일부러 잘못을 들춰내어 자꾸 실랑이를 걸다

티[2] 이름씨 어떤 몸가짐이나 낌새 ㉥얼핏 보기에는 어른인데 뜯어보면 어린 티가 난다. 어려운 티를 내지 않고 언제나 꿋꿋하다

티각거리다 움직씨 서로 뜻이 맞지 않아 이러쿵저러쿵 실랑이하다 **티각대다**

티각태각·티각티각 어찌씨 서로 뜻이 맞지 않아 이러쿵저러쿵 실랑이하는 꼴 ㉥너희들은 만나기만 하면 그 일로 티각태각 싸우니? **티각태각하다·티각티각하다**

티격태격 어찌씨 서로 뜻이 맞지 않아 이러니 저러니 다투는 꼴 ㉥서로 제 말이 맞다 하며 티격태격 싸웠다 **티격태격하다**

티그리스가람 이름씨 아르메니아더기에서 흘러 터키, 이라크를 거쳐 페르시아 휨으로 흘러드는 가람 ⇐ 티그리스강

티끌 이름씨 ❶티와 먼지 ㉥바람이 불어 눈에 티끌이 들어갔다 ⇐ 풍진 ❷('만하다', '만큼'과 함께 써) 몹시 작거나 적음 ㉥남을 생각하는 마음이 티끌만큼도 없네 익은말 **티끌 모아 한 메** 아무리 작은 것이라도 자꾸 모이면 뒤에 큰 덩어리가 된다

티눈 이름씨 살갗 껍질켜가 둥글게 두터워지고 굳어지면서 살 속으로 깊이 박히는 앓이. 누르면 아프다 ㉥발바닥에 박힌 티눈을 칼로 째 뽑았다

티라노사우루스 이름씨 땅에서 살던 큰돔뱀 가운데 힘이 가장 셌다는 큰돔뱀. 몸길이는 15미터쯤이고 몸무게는 7톤쯤 되었다 한다

티미하다 그림씨 투미하다

티베트 이름씨 쫑궈 마하늬녘 높은 곳에 있는 고장. 여름지이와 짐승치기를 많이 한다

티베트고원 ⇒ 티베트더기

티베트더기 이름씨 쫑궈 마하늬녘에 있는 더기 ⇐ 티베트고원

티셔츠 ⇒ 'ㅜ'꼴 윗도리

티슈 ⇒ 보들종이

티스푼 ⇒ 찻숟가락

티오 ⇒ 짜인 사람. 잡힌 이. 매긴자리

티읕 이름씨 한글 닿소리 글자 'ㅌ' 이름

티자 ⇒ 미레자. 먹자. 'ㅜ'자

티켓 ⇒ 종이쪽. 표

틴에이저 ⇒ 푸름이. 새바람 푸름이. 열줄 푸름이

팀 ⇒ 모둠. 동아리

팀워크 ⇒ 모둠짜임새. 손잡기. 어울리기

팀파니 이름씨 구리로 만든 가웃공꼴 몸통 위에 쇠가죽을 댄 치는 가락틀. 북채로 두드려 소리를 낸다

팁 ⇒ 덧돈. 웃돈. 손씻이. 시중값. 도움말

팅팅 어찌씨 ❶살이 몹시 찌거나 부어 팽팽한 꼴 ㉥벌에 쏘여 눈이 팅팅 부었다 ❷몹시 굳고 단단한 꼴

팅팅하다 그림씨 ❶살이 몹시 찌거나 부어 팽팽하다 ㉥벌에 쏘인 손등이 팅팅하게 부어올랐다 ❷무르지 않고 튼튼하다 ㉥꽃분이는 부지런히 걸어서 다릿살이 팅팅한 힘살로 바뀌었다

파

파[1] [이름씨] 밋밋한 비늘 줄기에 나룻뿌리가 있고 잎은 대롱꼴로 속이 비고 길며 끝은 뾰족하게 막힌 양념 남새. 여름에 줄기 끝에 흰 꽃이 방울꼴로 빽빽하게 모여 피는 여러해살이풀이다. 맛과 냄새가 좋아 줄기와 잎을 다 먹고 뿌리는 낫개로 쓴다

파[2] [이름씨] 하늬 가락 일곱 소리 섬돌에서 넷째 소리

파 ⇒ 같은 무리. 갈래

파격 ⇒ 틀깸. 틀 벗어남. 틀깨다. 틀 벗어나다

파격적 ⇒ 틀을 깬. 깜짝 놀랄. 크게 벗어난

파견 ⇒ 보냄. 내보냄. 맡겨 보냄. 보내다. 내보내다

파경 ⇒ 헤어짐. 깨어짐

파계승 ⇒ 땡중. 땡추. 땡추중

파고 ⇒ 물결 높이. 너울 높이

파고들다 [움직씨] **1** 속으로 뚫고 들어가다 [ㅂ] 게가 모래 속으로 파고든다 **2** 깊이 스며들다 [ㅂ] 추위가 뼛속까지 파고드는 것 같다 **3** 깊이 캐어 알아내다 [ㅂ] 저마다 좋아하는 일에 미친 듯이 파고들었다 ⇐ 탐구하다. 연구하다 **4** ('가슴', '마음' 말과 함께 써) 깊이 새겨지다 [ㅂ] 나라를 되찾으려고 왜놈들과 싸운 한아비들 이야기가 가슴을 파고들었다 **5** 몸이나 마음 아픔이 몹시 세지다 [ㅂ] 무거운 짐을 진 어깨에 아픔이 파고든다 **6** ('가슴', '품'과 함께 써) 아이가 젖을 먹으려고 엄마 품을 헤치고 들다 [ㅂ] 엄마 젖가슴을 파고드는 어린 아우

파괴 ⇒ 헐어버림. 깨부숨. 헐다. 깨부수다. 깨뜨리다. 깨다

파괴력 ⇒ 부수는 힘. 깨는 힘

파국 ⇒ 끝. 결딴. 끝장. 끝판

파급 ⇒ 번짐. 퍼짐. 미치다. 번지다. 퍼지다

파기 ⇒ 깨버림. 찢어버림. 깨버리다. 깨뜨리다. 없애다

파김치 [이름씨] 파로 담근 김치 [ㅂ] 파에 양념을 해서 파김치를 담갔다 [익은말] **파김치가 되다** 몸과 마음이 몹시 지쳐서 아주 나른하다

파나마물길 [이름씨] 복판아메리카 새마쪽에서 고요바다와 큰하늬바다를 잇는 물길. 1914

해에 팠다 ⇐ 파나마운하

파내다 움직씨 ❶ 묻히거나 박힌 것을 파서 꺼내다 ⓑ땅을 파내다. 감자를 파내다 ❷ 아직 드러나지 않거나 알려지지 않은 것을 찾아내다 ⓑ거짓말을 일삼는 웃대가리들 이야기에서 비꼬는 그림 알맹이를 파냈다

파다 움직씨 ❶ 손이나 연장으로 속에 있는 것을 걷어내어 움푹하게 만들다 ⓑ땅을 파서 물길을 냈다 ❷ 그림이나 글씨 따위를 새기다 ⓑ무덤 앞 새김돌에 글을 팠다 ❸ 천을 우묵하게 둥굴리거나 도려내다 ⓑ목 쪽을 조금 더 팠다 ❹ 무엇을 알아내거나 밝히려고 몹시 애쓰다 ⓑ괴로운 까닭을 끝까지 파서 괴로움에서 벗어나고 싶다 ❺ 속에 묻힌 것을 겉으로 드러나게 꺼내다 ⓑ쇠돌을 파다

파다닥거리다 움직씨 ❶ 작은 새가 날개를 몹시 빠르고 힘차게 치다 ❷ 작은 물고기가 몹시 빠르고 힘차게 꼬리를 치거나 뛰어오르다 **파다닥대다**

파다닥파다닥 어찌씨 ❶ 작은 새가 날개를 몹시 빠르고 힘차게 치는 소리나 그 꼴 ⓑ대숲에서 참새들이 파다닥파다닥 날기도 하고 앉기도 하며 지저귄다 큰말퍼더덕퍼더덕 센말파다딱파다딱 ❷ 작은 물고기가 몹시 빠르고 힘차게 꼬리를 치거나 뛰어오르는 꼴이나 소리 ⓑ물웅덩이에서 잔 물고기들이 파다닥파다닥 헤엄친다 **파다닥파다닥하다**

파다하다 ⇒ 짜하다. 퍼지다

파닥거리다 움직씨 ❶ 작은 새가 날개를 몹시 빠르고 힘차게 자꾸 치다 ❷ 작은 물고기가 몹시 빠르고 힘차게 자꾸 꼬리를 치다 ❸ 빨래나 작은 깃발이 바람에 날려 잇달아 소리를 내다 **파닥대다**

파닥파닥 어찌씨 ❶ 작은 새가 날개를 몹시 빠르고 힘차게 자꾸 치는 소리나 그 꼴 ⓑ꼬리조팝나무 사이로 굴뚝새 떼가 파닥파닥 날며 시끄럽게 지저귄다 큰말퍼덕퍼덕 센말파딱파딱 ❷ 작은 물고기가 몹시 빠르고 힘차게 자꾸 꼬리를 치거나 뛰어오르는 꼴이나 소리 ⓑ잡아 올린 물고기가 파닥파닥 뛴다 ❸ 빨래나 작은 깃발이 바람에 날려 잇달아 내는 소리나 그 꼴 ⓑ바람이 세게 불자 빨래가 파닥파닥 날린다 **파닥파닥하다**

파당 이름씨 소를 사고파는 저자 한뜻말소저자 ⇐ 우시장. 소장

파대가리 이름씨 방동사니 갈래 여러해살이풀. 묵은 논이나 축축한 풀밭에 많이 자란다

파도 ⇒ 너울. 물너울. 물결. 놀. 물놀. 거센 움직임

파도치다 ⇒ 너울치다. 물결치다. 거세게 움직이다

파도타기 ⇒ 너울타기. 물놀타기

파동 ⇒ 물결. 결뮘. 물결뮘. 잔물결. 시끄러움

파드득 어찌씨 ❶ 작은 새가 날개를 조금 힘차고 빠르게 치는 소리나 그 꼴 ⓑ마당에 앉았던 딱새가 파드득 날아간다 큰말퍼드득 센말파드뜩 ❷ 작은 물고기가 빠르고 힘차게 꼬리를 치는 꼴이나 소리 ⓑ햇살이 비치자 고기떼가 파드득 튀어 오른다 **파드득하다**

파드득거리다 움직씨 ❶ 작은 새가 잇달아 날개를 조금 힘차고 빠르게 치다 ❷ 작은 물고기가 빠르고 힘차게 잇달아 꼬리를 치다 **파드득대다**

파드득나물 이름씨 참나물과 비슷한데 잔잎은 마름모꼴로 줄기와 함께 반질반질하며 냄새가 옷곳하고 맛있는 나물

파드득파드득 어찌씨 ❶ 작은 새가 잇달아 날개를 조금 힘차고 빠르게 치는 소리나 그 꼴 ⓑ뱁새들이 나무 사이로 파드득파드득 날며 울어 쌓는다 큰말퍼드득퍼드득 센말파드뜩파드뜩 ❷ 작은 물고기가 빠르고 힘차게 잇달아 꼬리를 치는 꼴이나 소리 ⓑ중태기들이 얕은 물에서 파드득파드득 몰려다닌다 **파드득파드득하다**

파들거리다 움직씨 ❶ 몸을 작게 잇달아 파르르 떨다 ❷ 몬이 뒴새 있게 흔들리다

파들파들 어찌씨 ❶ 몸을 작게 잇달아 파르르 떠는 꼴 ⓑ몹시 추워서 몸을 파들파들 떨었다 여린말바들바들 ❷ 몬이 뒴새 있게 흔들리는 꼴 ⓑ저울 바늘이 파들파들 떨다가 멈춘다 **파들파들하다**

파라다이스 ⇒ 푸른누리. 참누리. 하늘나라

파라볼라안테나 ⇒ 접시더듬이

파라솔·양산 ⇒ 해받이. 해가리개

파라우리하다 그림씨 그윽하게 파랗다 ⓑ서울 나들이 때 파라우리한 윗도리를 몇 낱 샀다

파라핀 이름씨 땅기름을 걸러낼 때 나오는 속이 가웃 비치는 흰 덩이. 초나 바르개 밑감으로 쓴다

파라핀지 ⇒ 초 종이

파란 이름씨 쇳돌몬을 밑감으로 만든 잿물 ⇐ 법랑

파란 ⇒ 물결. 어려움

파란기와집 이름씨 서울에 있는 우리나라 으뜸머슴이 지내는 집. 조선 때에는 싸움을 익히고 재봄을 치르던 곳이었다 ⇐ 청와대

파란깁초담이 이름씨 임금집이나 벼슬아치들이 쓰던 초담이. 파란 깁에다 붉은 천을 덧대어 만든다 ⇐ 청사초롱

파란만장하다 ⇒ 힘든 고비가 많다. 얼키설키하다

파란색 ⇒ 파랑. 파란빛. 하늘빛

파랑 이름씨 맑은 하늘이나 깊은 바다 같은 빛깔. 또는 그러한 빛깔을 띤 몬이나 물감 한뜻말파란빛 비슷한말하늘빛 큰말퍼렁 ⇐ 청색

파랑 ⇒ 너울. 물너울. 물놀

파랑새 이름씨 ❶털이 파란빛을 띤 새. 좋은 일이 있을 낌새를 나타낸다 ⇐ 청조 ❷파랑새 갈래에 딸린 여름 철새. 몸은 옅은 파랑으로 머리와 꼬리는 검정이고 부리와 다리는 빨강인데 나무 꼭대기에 집을 짓고 흔히 벌레를 먹고 산다

파랗다 그림씨 ❶맑은 하늘이나 깊은 바다 빛깔 같다 ⓑ파란 하늘 큰말퍼렇다 ❷사람이 젊다 ⓑ파랗게 젊은 놈이 할아버지뻘 어른한테 덤벼들었다 ❸('낯', '입술'과 함께 써) 몹시 추워하다 ⓑ추워서 입술이 파랗게 되다 ❹('낯', '얼굴'과 함께 써) 놀라거나 무서워하다 ⓑ무서워서 낯이 파랗게 질렸다 ❺('낯', '얼굴'과 함께 써) 마음이 언짢거나 노여워 차갑거나 사납다 ⓑ오빠는 파랗게 골이 나 아무 말도 못하고 부들부들 떨었다

파래 이름씨 반짝반짝 푸른빛을 띠며 단물 섞인 바다에 많이 나는 바닷말. 무침이나 튀각, 국으로 해 먹는다

파래지다 움직씨 파랗게 되다 ⓑ칙칙했던 하늘이 다시 파래졌다 큰말퍼레지다

파렴치 ⇒ 뻔뻔함. 낯두꺼움

파르께하다 그림씨 짙지도 옅지도 않게 조금 파랗다 ⓑ추워서 입술이 파르께하게 됐다

파르르 어찌씨 ❶작거나 가벼운 것이 가냘프게 떨리는 꼴 ⓑ잠자리가 날개를 파르르 떨었다. 울음을 참느라 입술을 파르르 떤다 여린말바르르 ❷나뭇잎 같은 가벼운 것이 떨며 바람에 날리는 꼴 ⓑ가을 바람에 나뭇잎이 파르르 떨리며 날린다 ❸작은 새가 가볍게 날아가는 꼴 ⓑ뱁새가 떼 지어 파르르 날아간다 ❹물이 가볍게 끓어오르는 꼴 ⓑ물이 파르르 끓는다 ❺가볍게 발끈 골을 내는 꼴 ⓑ아재는 파르르 골을 내며 어찌할 줄 몰랐다

파르무레하다 그림씨 조금 파란 기운이 있다 ⓑ파르무레한 윗도리에 검정치마가 썩 어울린다

파르스름하다·파르스레하다·파릇하다 그림씨 조금 파랗다 ⓑ파르스름하게 깎은 머리. 굴뚝에서는 파르스레한 내가 흐릿하게 피어오른다 큰말푸르스름하다. 푸르스레하다. 푸릇하다

파릇파릇 어찌씨 군데군데 조금 파르스름한 꼴 ⓑ흰 구름 사이로 하늘이 파릇파릇 드러난다 큰말푸릇푸릇

파릇파릇하다 그림씨 군데군데 파르스름하다 ⓑ너울이 칠 때마다 파릇파릇한 바닷물이 밀려와 하얗게 부서진다 큰말푸릇푸릇하다

파리 이름씨 몸은 검은 밤빛이고 두 날개로 날아다니는 벌레. 사람이 먹는 것이나 똥 같은 것을 좋아하며 밝은 낮에 움직인다. 거의 알을 낳으나 쉬파리 같은 것은 구더기를 낳는다 익은말 **파리 날리다** 장사나 일이 잘 안되다 **파리목숨** 남이 쉽게 죽일 만큼 보잘것없다고 여기는 목숨

ㅍ

파리 이름씨 프랑스 서울. 센가람이 가로지르고 베르사이유 임금집이 있는 오래된 고을

파리덫 이름씨 끈끈이귀개에 딸린 여러해살이풀. 잎은 가웃달꼴이고 끈끈한 물을 내어 파리 같은 벌레를 잡는다 ⇐ 파리지옥

파리매 이름씨 꼴이 벌과 비슷하고 등은 검고 누런 털이 있으며 날개는 환하고 배는 누런 벌레

파리버섯 이름씨 죽이개가 있어 파리를 잡는 데 썼던 숲 속에 나는 버섯

파리지옥 ⇒ 파리덫

파리하다 그림씨 핏빛이 없고 해쓱하다 ⓑ주검처럼 파리한 낯빛

파마·퍼머넌트웨이브 ⇒ 볶음머리. 지진머리

파먹다 움직씨 ❶땅 같은 데를 파서 얻는 것으로 먹고살다 ⓑ흙 파먹고 사는 사람이 굶을까 ❷겉에서 안쪽으로 우묵하게 먹어 들어가다 ⓑ수박을 숟가락으로 파먹었다 ❸속에 든 것을 파내어 먹다 ⓑ크낙새가 나무 속에서 벌레를 파먹는다. 비둘기가 땅속에 심은 콩을 파먹는다 ❹벌지 않고 있는 것만으로 살다 ⓑ일거리가 떨어져 그나마 남은 것을 파먹고 살아간다

파면 ⇒ 쫓아냄. 목 자름. 자르다. 쫓겨나다. 쫓아내다. 목자르다

파멸 ⇒ 쓰러짐. 고꾸라짐. 결딴나다. 끝장나다. 쓰러지다

파문 ⇒ 물결. 잔물결. 물결무늬

파묻다[1] 움직씨 ❶파서 그 속에 무엇을 묻다 ⓑ김칫독을 땅에 파묻었다 ❷무엇으로 덮어 싸다 ⓑ이불 속에 얼굴을 파묻고 울었다. 엄마 가슴에 얼굴을 파묻고 한참 있었다 ❸남모르게 감추다 ⓑ나만 아는 일을 가슴에 파묻었다

파묻다[2] 움직씨 모르는 것을 알아내려고 따져 꼼꼼히 묻다 ⓑ아이들은 낮과 밤이 어떻게 바뀌는지 꼬치꼬치 파물었다

파묻히다 움직씨 ❶('파묻다' 입음꼴) 보이지 않게 무엇이 묻히다 ⓑ집이 눈 속에 파묻혔다 ❷('파묻다' 입음꼴) 무엇으로 덮어 싸이다 ⓑ이불 속에 파묻혀 잠이 들었다 ❸('파묻다' 입음꼴) 남모르게 감추어지다 ⓑ거짓에 파묻힌 일을 제대로 드러내려 애썼다 ❹어떤 일에 깊이 빠져들다 ⓑ요즘 글쓰기에 파묻혀 지내

파미르고원 ⇒ 파미르더기

파미르더기 이름씨 복판아시아 새마녘에 있는 높은 벌. 쫑궈, 인디아, 타지키스탄, 아프가니스탄에 걸쳐 있어 누리지붕이라 일컫는다 ⇐ 파미르고원

파발 ⇒ 그위새뜸

파발마 ⇒ 그위새뜸말

파벌 ⇒ 무리. 동아리

파병 ⇒ 싸울아비 보냄. 싸울아비 보내다

파삭 어찌씨 부드럽고 메마른 것이 가볍게 바스러지는 꼴이나 그 소리 ⓑ파삭 말라 바스러지는 감나무 잎 **파삭하다**

파삭거리다 움직씨 ❶굳거나 차지지 않고 자꾸 잘게 바스러지다 큰말퍼석거리다 여린말바삭거리다 ❷질기지 않고 매우 부드러워 자꾸 부서지다 ❸바싹 말라 보송보송한 것이 자꾸 잘게 바스러지다 **파삭대다**

파삭파삭 어찌씨 ❶굳거나 차지지 않고 잘게 바스러지기 쉬운 꼴 ⓑ푸석돌은 비바람을 맞아 손만 대도 파삭파삭 부서진다 큰말퍼석퍼석 여린말바삭바삭 ❷질기지 않고 매우 부드러운 꼴 ⓑ과자를 한입에 넣고 파삭파삭 맛있게 먹었다 ❸바싹 말라 보송보송한 꼴 ⓑ바싹 마른 갈잎을 파삭파삭 밟으며 걸었다 **파삭파삭하다**

파삭파삭하다 그림씨 바싹 메말라 바스러지기 쉽게 보송보송하다 ⓑ파삭파삭한 흙길을 걸으니 신에 뽀얗게 흙먼지가 앉았다 큰말퍼석퍼석하다. 푸석푸석하다 여린말바삭바삭하다

파삭하다 그림씨 부드럽고 메말라 바스러지기 쉽게 보송보송하다

파산 ⇒ 거덜. 판듦. 판남. 엎어짐. 거덜나다. 판나다. 판들다. 엎어지다. 결딴나다. 끝장나다

파상 ⇒ 물결꼴

파상공격 ⇒ 너울치기. 되풀이치기
파상풍 ⇒ 찢긴앓이
파생 ⇒ 갈려 나옴. 번짐. 번지다. 갈려 나오다
파생어 ⇒ 번진말
파생음 ⇒ 사잇소리
파선 ⇒ 부서진 배. 배가 부서지다
파손 ⇒ 깨짐. 깨뜨림. 망가짐. 깨뜨리다. 망가뜨리다. 못 쓰게 하다
파쇄 ⇒ 부숨. 깨뜨림. 으깸. 깨뜨리다. 으깨다
파쇄기 ⇒ 부수개
파수 ⇒ 지킴. 살핌. 지키다. 살피다
파수꾼 ⇒ 지킴이. 지기
파스타 [이름씨] 이탈리아 국수. 밀가루를 달걀에 반죽하여 만든다
파스텔 [이름씨] 빛이 있는 가루 밑감을 길쭉하게 굳힌 것
파슬리 ⇒ 하늬 미나리
파시 (波市) ⇒ 바닷저자
파시 (罷市) ⇒ 저자 걷음. 저자 드림. 문 닫다. 저자 걷다. 저자 드리다
파악 ⇒ 잡아 쥠. 알아냄. 잡아 쥐다. 알아내다
파안대소·파안 ⇒ 너털웃음. 활짝웃음
파업 ⇒ 일손놓음. 일 물리침. 일 멈춤. 일손 놓다. 일 멈추다. 일 물리치다
파열 ⇒ 갈라짐. 터짐. 갈라지다. 터지다. 찢어지다. 트다. 벌어지다
파열음 ⇒ 터짐소리
파우더 ⇒ 가루. 가루 낫개
파운드 [이름씨] ❶무게를 나타내는 말. 1파운드는 454그램이다 ❷잉글나라 돈
파울 ⇒ 어기기. 어김
파울선 ⇒ 어김금
파워 ⇒ 힘. 뮘힘. 재주
파워게임 ⇒ 힘겨루기
파이다[1] [움직씨] ❶구멍이나 구덩이 같은 것이 만들어지다 [ㅂ]담에 구멍이 파였다 ❷그림이나 글씨 따위가 새겨지다 [ㅂ]한실 바위에 옛사람들 삶 자취가 파여 있다 ❸천이나 종이 한쪽이 우묵하게 도려내지다 [ㅂ]가슴쪽이 깊숙이 파인 옷을 입었다

파이다[2] [그림씨] 좋지 않다. 나쁘다. 다른 무엇과 잘 안 어울리다 [ㅂ]노랑 저고리에 빨강 치마는 파이니까 푸른 치마를 받쳐 입으면 어때?
파이트머니 ⇒ 겨룸삯
파이팅 ⇒ 힘내라. 잘하자. 지화자. 잘 싸워
파이프 ⇒ 대롱. 물부리
파이프오르간 ⇒ 대롱가락틀
파인애플 [이름씨] 큰 잣송이처럼 생긴 껍질 속에 든 부드러운 살을 먹는 과일. 아나나스 열매로 맛이 좋고 흰자밭을 삭이는 힘이 있다
파인플레이 ⇒ 멋진 겨룸. 멋진 솜씨. 멋진 놀이
파일 ⇒ 종이뭉치. 적바림글뭉치. 셈틀일모임
파일럿 ⇒ 날틀몰이꾼. 날틀몰이
파임내다 [움직씨] 함께 다짐해놓고 나중에 다른 소리를 하며 그르치다 [ㅂ]함께 따서 함께 나누자 해놓고 파임내면 마을사람들은 어떻게 돼? ⇐ 위반하다. 위약하다
파자마 ⇒ 잠자리옷. 잠옷
파장 (波長) ⇒ 결너비. 미치는 힘
파장 (罷場) ⇒ 저자 걷음. 문 닫음. 문 닫다. 저자 걷다. 끝나다. 끝내다
파전 ⇒ 파 지짐. 파 지짐이. 파 부침. 파 부침개
파종 ⇒ 씨뿌리기. 씨뿌리다
파종기 ⇒ 씨뿌리개
파주 ⇒ 수리구루
파죽음 [이름씨] 몹시 맞거나 지쳐서 녹초가 된 꼴 [ㅂ]일에 치여 나날이 파죽음이다 ⇐ 반죽음
파죽지세 ⇒ 거센 힘. 거침없는 힘
파지 ⇒ 티종이. 못쓰는 종이
파직 ⇒ 내쫓김. 목 날아감. 내쫓기다. 목 날아가다
파초 [이름씨] 잎은 뭉쳐나고 길둥근꼴인 여러해살이풀. 잎과 줄기는 낫개감으로 쓰고 따뜻한 고장에서 가꾼다
파출부 ⇒ 집일 도우미
파출소 ⇒ 내보낸 곳
파충류 ⇒ 길숨받이
파킹 ⇒ 둠. 수레둠

파탄 ⇒ 터짐. 깨짐. 거덜. 터지다. 깨지다. 거덜나다

파트 ⇒ 쪽. 조각. 동아리. 구실

파트너 ⇒ 짝. 일벗. 길동무. 길벗

파티 ⇒ 잔치. 먹거지. 모꼬지

파편 ⇒ 조각. 깨진 조각. 부서진 조각

파프리카 이름씨 피망처럼 생겼는데 빛깔이 빨갛거나 노랗거나 누르붉은 남새. 맛이 달고 아삭아삭하다

파피루스 이름씨 나일 가람가에 많이 자라는 사람 키만 한 마디 없는 풀. 옛 이집트에선 풀빛 줄기를 납작하게 해서 종이처럼 글을 썼다

파하다 ⇒ 마치다. 끝나다. 끝내다. 헤어지다. 그치다. 그만두다

파행 ⇒ 엇나감. 빗나감. 엇가다. 엇나가다. 빗나가다. 절뚝거리다. 비틀거리다

파헤치다 움직씨 ❶파서 속을 드러내거나 헤집어 버르집다 ⓑ더덕을 캐려고 호미로 흙을 파헤쳤다 ❷어떤 일을 알아내어 드러내다 ⓑ숨겨진 일을 파헤쳐 참을 밝히려고 애썼다 ⇐ 분석하다

파혼 ⇒ 짝맺이 무름. 짝맺이를 무르다

팍 어찌씨 ❶갑자기 세게 내지르는 꼴이나 그 소리 ⓑ깡패가 주먹으로 바람을 팍 쳤다 큰말퍽 ❷갑자기 풀이 죽거나 힘없이 꼬꾸라지는 꼴 ⓑ못난이라는 말에 풀이 팍 죽었다

팍삭 어찌씨 ❶힘없이 주저앉거나 내려앉는 꼴이나 그 소리 ⓑ세찬 비바람에 헛간이 팍삭 내려 앉았다 큰말퍽석 ❷힘없이 잘게 부스러지는 꼴 ⓑ햇볕에 오래 둔 자루가 만지면 팍삭 바스러진다 **팍삭하다**

팍삭팍삭 어찌씨 ❶여럿이 힘없이 잇달아 주저앉거나 내려앉는 꼴이나 그 소리 ⓑ하루 내내 걸어 힘들었는지 쉴 때가 되자 배움이들이 그냥 팍삭팍삭 주저앉았다 큰말퍽석퍽석 ❷여럿이 힘없이 잇달아 잘게 부스러지는 꼴 ⓑ바싹 마른 시래기에 손을 대자 팍삭팍삭 부스러진다 **팍삭팍삭하다**

팍삭팍삭하다 그림씨 아주 부서지기 쉽게 메마르고 힘없다 큰말퍽석퍽석하다

팍삭하다 그림씨 부서지기 쉽게 메마르고 힘없다 ⓑ바싹 마른 고춧대가 팍삭하게 부서진다 큰말퍽석하다

팍팍 어찌씨 ❶세게 자주 내지르는 꼴이나 그 소리 ⓑ두더지 구멍을 막대기로 팍팍 쑤셨지만 이미 달아나고 없다. 돈으로 아들 뒤를 팍팍 밀어주었다 큰말퍽퍽 ❷힘없이 자꾸 꼬꾸라지는 꼴 ⓑ벼들이 비바람에 팍팍 쓰러진다

팍팍하다 그림씨 ❶먹거리가 물기나 끈기가 적어 메마르고 거친 맛이 있다 ⓑ밥이 너무 팍팍해서 씹어 넘기기가 힘드네 큰말퍽퍽하다 ❷삶에 쉴 틈이 없고 힘겹다 ⓑ쥐꼬리만 한 돈으로 팍팍한 삶을 살아간다 ❸지쳐서 더 걷기 어려울 만큼 다리가 무겁다 ⓑ메를 내려서려니 두 다리가 팍팍하여 겨우 걸음을 뗀다

판[1] 이름씨 ❶일이 벌어진 자리나 그 마당 ⓑ신나는 판이 벌어졌다 ❷매개. 셈판. 터수 ⓑ이미 이렇게 된 판에 그대로 갑시다. 판이 어떻게 돌아가는지 모르겠다 ❸서로 맞붙어 이기고 짐을 겨루는 자리나 또는 그것을 세는 하나치 ⓑ가위바위보 세 판에 두 판을 내가 이겼다. 아까 판은 졌지만 이 판에는 꼭 이겨야지 ❹(어떤 이름씨 뒤에 써) 많음 ⓑ온통 자갈판이다. 끝없이 펼쳐진 모래판 ❺셈 ⓑ어쨌든 열어 놓고 볼 판이다. 기운으로 보면 모두 없어질 판이다

판[2] 이름씨 어떤 테두리 안 편편한 바닥 ⓑ판을 울퉁불퉁한 것이 없도록 잘 골랐다 익은말 **판들다** 털어먹어 살림을 다 없애다 **판을 닦다** 깎고 펴고 골라 땅을 편편하게 만들다

판[3] 이름씨 ❶바둑이나 고니, 윷 같은 놀이 밭을 그린 것 ⓑ피나무로 멋진 바둑널을 만들었다. 두꺼운 종이에 윷판을 그렸다 ❷무엇을 받치는 대나 틀 ⓑ지렁 단지를 받침판 위에 올렸다. 밑판을 놓고 볏 가마니를 쌓았다

판 (板) ⇒ 널. 널빤지

판 (版) ⇒ 냄. 펴냄

판 (瓣) ⇒ 날름. 날름쇠. 꽃잎

판가름 이름씨 ❶옳고 그름이나 이기고 짐을 가름 ㉥비금비금하던 겨룸이 밤늦게 판가름이 났다 ⇐ 재판. 판결. 판단. 판정. 판별 ❷판가리 ㉥왜놈 깡패들과 배달겨레가 목숨을 건 한판 싸움을 판가름하는 자리였다 **판가름하다**

판가름곳 이름씨 여러 가지 다툼에 판가름을 내리는 그위곳 한뜻말판가름데 ⇐ 재판소

판가름글 이름씨 가름집이 가름을 내린 참, 까닭, 가름으뜸글 따위를 적은 글 ⇐ 판결문

판가름말 이름씨 벼리집에서 가름보가 판 가려 내리는 말 ⇐ 언도. 판결

판가름보기 이름씨 가름집에서 같거나 비슷한 가름걸이 일을 가름한 보기 ⇐ 판례

판가름쉼 이름씨 가름집에서 판가름을 잠깐 쉬는 일 ⇐ 휴정

판가름이 이름씨 가름집에 딸려 판가름할 일을 벼리에 따라 깊이 살펴 가름하는 힘을 가진 사람 한뜻말가름보 ⇐ 재판관. 판사. 법관

판가리 이름씨 이기고 지거나 죽고 사는 것을 가름하기 한뜻말판가름 **판가리하다**

판가리싸움 이름씨 이기고 지거나 죽고 사는 것을 가름내기 ㉥겨레와 나라가 제 발로 서느냐 종살이하느냐는 판가리싸움에서 가려진다

판각 ⇒ 새김. 새김질. 널새김. 새기다. 널새기다

판각본 ⇒ 새겨찍은책. 널새김 책

판검사 ⇒ 가름보걸보

판결 ⇒ 판가름. 갈피지음. 판가름하다. 갈피짓다

판결문 ⇒ 판가름글

판교 ⇒ 널다리

판국 ⇒ 통. 자리. 마당

판금 ⇒ 쇠널. 쇠널빤지

판나다 움직씨 ❶끝장나다 ㉥이기고 지는 것은 벌써 판났어 ❷살림이나 돈이 모조리 없어지다 ㉥노름을 하더니 끝내 살림이 다 판나고 말았어 ⇐ 파산하다

판다 ⇒ 참대곰

판다르다 그림씨 아주 다르다 한뜻말다르다 ⇐ 판이하다. 상이하다

판단 ⇒ 판가름. 헤아림. 갈피. 판가름하다. 갈피 잡다. 헤아리다. 달아보다. 저울질하다. 가늠하다

판단력 ⇒ 가릴 힘. 철. 눈. 헤아릴 힘

판도 ⇒ 땅. 테. 테두리

판독 ⇒ 헤아림. 읽어냄. 헤아리다. 읽어내다

판례 ⇒ 판가름보기

판로·판매경로 ⇒ 파는 길

판막다 움직씨 마지막으로 이겨 판을 끝내다

판막음·판막이 이름씨 씨름 같은 데서 마지막으로 이겨 그 판을 끝내는 것 ⇐ 결판 **판막음하다**

판막이사람 이름씨 씨름 같은 데서 마지막으로 이겨 그 판을 끝낸 사람 ⇐ 우승자. 챔피언

판매 ⇒ 팔기. 팔다

판매가 ⇒ 파는 값

판매금지 ⇒ 못팖. 못 팔게 함

판매기 ⇒ 팔이틀

판매량 ⇒ 팔이크기. 파는 크기. 판숱

판매액·판매고 ⇒ 판 돈. 판 돈머리

판매업 ⇒ 팔이. 팔이일. 파는 일

판매원 ⇒ 장수. 팔이. 파는 사람

판매장 ⇒ 파는 데. 파는 곳

판명 ⇒ 밝힘. 가림. 드러남. 밝히다. 가리다. 드러나다

판목 (版木) ⇒ 새김나무

판목 (板目) ⇒ 널결

판목 (板木) ⇒ 널빤지. 널빤때기

판몰이 이름씨 노름판 돈을 한 사람이 모두 몰아 가짐

판문·판자문 ⇒ 널문

판문점 ⇒ 널문곳. 널문마을.

판별 ⇒ 판가름. 갈피잡음

판별력 ⇒ 가릴 심. 가릴 힘. 철. 눈

판본 ⇒ 새김책. 새겨 찍은 책

판본체 ⇒ 새김글꼴

판사 ⇒ 판가름이. 가름보

판서 (板書) ⇒ 검널글씨

판서 (判書) ⇒ 높은 벼슬

판석·판돌 ⇒ 널돌

판셈 이름씨 여러 군데 빚진이가 가진 천량을 모두 내놓고 한꺼번에 하는 셈 한뜻말 빚잔치 **판셈하다**

판소리 이름씨 여러 사람이 모인 판을 벌여 놓고 긴 이야기를 광대 혼자서 북재비 장단에 맞춰 소리와 아니리와 너름새를 섞어 가며 풀어나가는 우리 겨레 내림노래 또는 놀이. 판소리를 잘하는 사람을 소리꾼이라 한다

판수 이름씨 점치는 일로 먹고사는 소경

판이하다 ⇒ 다르다. 판다르다. 아주 다르다

판자 ⇒ 널. 널빤지. 널조각. 널쪽

판자촌 ⇒ 널집마을

판잣집 ⇒ 널집

판재 ⇒ 널감. 널빤지

판정 ⇒ 판때림. 끄늠. 판가름. 끊다. 판가름하다. 판때리다. 판가리하다

판정승 ⇒ 판가려 이김. 끊아 이김. 끊아 이기다. 판가려 이기다

판정패 ⇒ 판가려 짐. 끊아 짐. 판가려 지다. 끊아 지다

판지 ⇒ 널종이

판촉 ⇒ 많이 팔기

판치다 움직씨 ❶제 마음대로 힘을 뻗치고 부리다 ㉥이 바닥에선 주먹들이 판친다 ❷버릇이나 바람 따위가 널리 퍼지다 ㉥거짓말과 검은돈이 판치는 다스림판을 싹 갈아치워야 한다 ⇐ 횡행하다 ❸그 판에서 가장 잘하다 ㉥오늘 씨름판에서는 개똥이 아버지가 판쳤다

판판낯 이름씨 ❶판판한 겉낯 여린말 반반낯 ⇐ 평면 ❷어떤 겉낯 위에 있는 두 점을 지나는 곧은금 모든 점이 늘 그 겉낯 위에 놓이는 낯 ⇐ 평면

판판낯그림 이름씨 몬을 바로 위에서 내려다보는 그림 ⇐ 평면도

판판낯그림꼴 이름씨 판판낯으로 이루어진 그림 ⇐ 평면도형

판판낯멋지음 이름씨 판판낯에서 점, 금, 낯이 어우러짐, 빛깔, 바탕느낌 따위를 드러내어 아름다움을 이뤄내는 일 ⇐ 평면디자인

판판놓개 이름씨 좁은 나무오리나 널빤지로 바닥을 만들어 앉거나 누울 수 있는 놓개 ⇐ 평상

판판이 어찌씨 판마다. 늘 ㉥아무리 내기를 잘해도 판판이 이기기는 어렵다

판판이김 이름씨 싸우는 판마다 이김 맞선말 판판짐 ⇐ 연전연승

판판짐 이름씨 싸우는 판마다 짐 맞선말 판판이김 ⇐ 연전연패

판판하다 그림씨 겉낯이나 거죽이 고르고 너르다 ㉥길이 판판하게 닦였다 큰말 펀펀하다

판형 ⇒ 널틀

판화 ⇒ 새긴 그림. 찍은 그림. 칼 그림

팔 이름씨 ❶어깨에서 손 사이 쪽 ㉥두 팔을 위로 들어올렸다 ❷틀이나 연모 따위 몸뚱이에서 가지처럼 길게 뻗어 위아래나 두 옆으로 움직이는 것 ㉥삽수레가 팔을 들어 흙을 팠다 ❸지레를 받친 곳에서 힘이 미치는 곳까지 사이나 길이 ㉥지레 팔이 길면 힘이 덜 든다 익은말 **팔 고쳐 주니 다리 부러졌다 한다** ❶낯 두껍게 말도 안 되는 바람을 잇달아 내놓다 ❷큰일이 잇달아 일어나다 **팔이 안으로 굽는다** 제 쪽이나 제 쪽과 가까운 이에게 마음이 더 쏠린다 **팔을 걷고 나서다** 어떤 일에 뛰어들어 남보다 앞서 일할 마음을 먹다

팔 ⇒ 여덟

팔각 ⇒ 여덟모

팔각기둥 ⇒ 여덟모기둥

팔각형 ⇒ 여덟모꼴

팔걸이[1] 이름씨 앉개에 앉은 사람이 팔을 올려놓거나 얹게 된 곳 ㉥팔걸이에 팔을 걸치고 맘놓고 앉았다

팔걸이[2] 이름씨 오른팔을 맞은 쪽 오른다리 바깥 오금에 붙이고 그 다리를 앞으로 못 내밀게 하며 왼손으로 맞은쪽 오른팔을 꼭 잡고 그쪽으로 돌려 앞으로 넘어뜨리는 씨름 수

팔관회 ⇒ 여덟삼감모임

팔괘 ⇒ 여덟괘

팔구 ⇒ 열아홉

팔굽혀펴기 이름씨 손바닥과 발끝을 바닥에 대어 온몸을 받치고 엎드려 팔을 굽혔다 폈다 하는 뭠

팔꿈치 이름씨 팔 위아래 뼈마디가 붙은 데 바깥쪽 ⓑ팔꿈치를 놓개에 올리고 두 손으로 턱을 괴었다

팔다 움직씨 ❶돈을 받고 무엇을 남에게 주다 ⓑ나날이 품을 팔아 살아간다 비슷한말팔아먹다 ⇐ 판매하다 ❷(눈이나 귀, 얼과 함께 써) 마음을 딴 데로 돌리다 ⓑ메에 오를 때는 한눈 팔지 마라 ❸제게 도움이 되게 남이나 남 것을 끌어다 쓰다 ⓑ남 이름을 팔아 네게 도움이 되는 짓은 하지 마라 ❹잘못된 도움을 얻으려 바른 마음을 속이거나 더럽히다 ⓑ줏대도 없이 돈과 힘에 바른 생각을 팔아? ❺값을 치르고 낟알을 사다 ⓑ쌀이 떨어져 저자터에 쌀 팔러 다녀오마 ❻(나라나 겨레 같은 말과 함께 써) 나라와 겨레를 바깥 힘에 내맡기고 제 한몸 잘살다 ⓑ뉘뉘로 나라와 겨레를 팔아 잘 먹고 잘 살아가는 눈 먼 웃대가리들

팔다리 이름씨 ❶팔과 다리 ⓑ너무 추워서 팔다리가 떨어져 나갈 것 같아 ⇐ 사지 ❷온몸 ⓑ하루내내 풀을 베었더니 팔다리가 다 쑤신다 ❸남이 꾀하거나 시키는 대로 움직이는 사람 ⓑ사람을 팔다리처럼 부리면 쓰나 ⇐ 수족 익은말 **팔다리가 되다** 윗사람이나 다른 사람 뜻대로 움직이는 사람이 되다

팔달하다 ⇒ 환히 트이다. 모르는 게 없다. 여덟 갈래로 트이다

팔도 ⇒ 온 나라

팔도강산 ⇒ 온 나라. 온 나라 땅

팔등신 ⇒ 늘씬한 몸매. 갈람한 몸씨. 잘빠진 몸매. 낯여덟곱키

팔딱 어찌씨 ❶작은 것이 퉘새 있게 뛰는 꼴 ⓑ가을 논둑길에 메뚜기가 팔딱 뛰어 옷에 앉는다 큰말펄떡 ❷앉았거나 누웠다가 힘차게 일어나는 꼴 ⓑ아버지가 방으로 들어오자 누워있던 아이들이 팔딱 일어난다 ❸갑자기 골을 내는 꼴 ⓑ게으른 버시한테 아내가 팔딱 골을 내자 허허 웃는다 **팔딱하다**

팔딱거리다 움직씨 ❶작고 힘차게 자꾸 뛰다 ⓑ손목에서도 핏줄이 팔딱거리는 것이 느껴진다 큰말펄떡거리다 ❷핏줄이나 허파가 잦게 잇달아 뛰다 **팔딱대다**

팔딱팔딱 어찌씨 ❶작고 힘차게 자꾸 뛰는 꼴 ⓑ잡아 올린 도미가 팔딱팔딱 튀어 오른다 큰말펄떡펄떡 ❷핏줄이나 허파가 잦게 잇달아 뛰는 꼴 ⓑ가슴에 손을 대보니 염통이 팔딱팔딱 뛴다 ❸앉았거나 누웠다가 잇달아 힘차게 일어나는 꼴 ⓑ가르침이가 들어오자 아이들이 자리에서 팔딱팔딱 일어났다 ❹갑자기 자꾸 골을 내는 꼴 ⓑ그루는 팔딱팔딱 골을 잘 낸다 **팔딱팔딱하다**

팔뚝 이름씨 팔꿈치에서 손목까지 ⓑ턱걸이를 자주 했더니 팔뚝이 굵어졌다

팔뚝뼈 이름씨 팔뚝을 이루는 두 뼈. 뒤팔뼈와 위쪽뼈 ⓑ팔뚝뼈는 위팔뼈와 손뼈 사이에 있다 한뜻말아래팔뼈 ⇐ 전박골

팔띠 이름씨 팔에 두르는 띠 ⇐ 완장

팔락 어찌씨 가볍고 빠르게 바람에 나부끼는 꼴 ⓑ손에 든 종이깃발이 바람에 팔락 나부낀다 큰말펄럭 **팔락이다**

팔락거리다 움직씨 가볍고 빠르게 바람에 자꾸 나부끼다 큰말펄럭거리다 **팔락대다**

팔락팔락 어찌씨 가볍고 빠르게 바람에 자꾸 나부끼는 꼴 ⓑ나뭇잎이 팔락팔락 나부낀다 큰말펄럭펄럭 **팔락팔락하다**

팔랑개비 이름씨 ❶빳빳한 종이를 여러 갈래로 자르고 구부려 가운데 꽂이를 꿰어서 바람에 빙빙 돌아가게 만든 아이 놀잇감 ⓑ지붕에 세워둔 팔랑개비가 잘 돌아간다 한뜻말바람개비 ❷한자리에 가만있지 못하고 자꾸 돌아다니는 사람 ⓑ작은언니는 팔랑개비라고 할머니가 일찍이 말했어 ❸바람 힘을 틀힘으로 바꾸는 연장. 낟알을 빻거나 물을 퍼올리는 따위 일에 쓴다 ⇐ 풍차

팔랑거리다 [움직씨] ❶바람에 날려 가볍고 기운차게 자꾸 나부끼다 ㉥치마가 바람에 팔랑거린다 큰말펄렁거리다 ❷나비나 나뭇잎 같은 것이 가볍게 날다 **팔랑대다**

팔랑팔랑 [어찌씨] ❶바람에 날려 가볍고 기운차게 자꾸 나부끼는 꼴 ㉥옷자락이 바람에 팔랑팔랑 나부낀다 큰말펄렁펄렁 ❷나비나 나뭇잎 같은 것이 가볍게 나는 꼴 ㉥범나비가 팔랑팔랑 하늘로 날아오른다 ❸마음이나 짓이 나비처럼 가볍고 팔팔한 꼴 ㉥어린이집 아이들이 팔랑팔랑 춤을 춘다 **팔랑팔랑하다**

팔레트 ⇒ 물감 널. 갤 널

팔레트나이프 ⇒ 그림칼. 물감칼

팔로우잉 ⇒ 따름짓

팔로워 ⇒ 따름이

팔리다 [움직씨] ❶값을 받고 무엇이 남에게 넘어가다 ㉥오늘 지은 먹거리가 다 팔렸다 ❷마음이 딴 데로 돌려지거나 쏠리다 ㉥노는 데 마음이 팔려 책은 안 보냐? ❸얼굴이나 이름 따위가 널리 알려지다 ㉥얼굴이 팔려 이 마을에 살 수가 없다

팔매 [이름씨] 조그만 돌 같은 것을 세게 멀리 날려 던지는 것 ㉥팔매를 하여 누가 멀리 던지나 내기하고 놀았다

팔매금 [이름씨] ❶몬이 가웃둥근꼴을 그리며 날아가는 금 ⇐ 포물선. 팔매선 ❷판판낯 위 한 잡음점에서 한 잡곧금까지 멀기가 같은 점들 모임 ⇐ 포물선

팔매질 [이름씨] 팔매를 치는 것 ㉥팔매질로 나무 밑둥치를 맞추었다 **팔매질하다**

팔매치기 [이름씨] 조그만 돌 같은 것을 팔을 힘껏 흔들어서 세게 멀리 던지거나 높이 올리기를 겨루는 놀이 **팔매치기하다**

팔맷돌 [이름씨] 팔매질 할 때 쓰는 작은 돌

팔먹중 ⇒ 여덟먹중

팔모썰기 ⇒ 여덟모썰기

팔모얼레 ⇒ 여덟모얼레

팔목 [이름씨] 팔과 손이 잇닿은 데 ㉥가지 말라고 팔목을 잡았다 비슷한말손목

팔몬돈 [이름씨] 옛날에 몬을 사고팔 때 돈을 갈음하여 주고받던 몬. 쌀 같은 낟이 많이 쓰였다 ⇐ 상품화폐

팔방 ⇒ 여덟쪽

팔방미인 ⇒ 재주꾼. 두루치기. 아름다운이

팔밭 [이름씨] 멧속에서 풀과 나무를 불질러버리고 파서 일구어 여름지이를 하는 밭 한뜻말부대밭. 부대기밭 ⇐ 화전

팔밭지기 [이름씨] 팔밭을 일구어 먹고사는 여름지기 ⇐ 화전민

팔베개 [이름씨] 팔을 베개 삼아 벰. 또는 그렇게 벤 팔 ㉥팔베개하고 누워 구름을 본다

팔불출 ⇒ 바보. 얼간이. 여덟달내기

팔뼈 [이름씨] 팔뚝뼈와 윗팔뼈 ㉥팔뼈를 다쳤다

팔삭둥이 ⇒ 여덟달내기. 바사기

팔순 ⇒ 여든 살

팔심 [이름씨] 팔뚝 힘 ㉥팔심이 누가 더 센지를 겨루려고 벗과 팔씨름을 했다

팔십 ⇒ 여든

팔싹 [어찌씨] ❶먼지나 내 같은 것이 갑자기 가볍게 몽키어 일어나는 꼴 ㉥마당에 앉았던 까치가 갑자기 날자 먼지가 팔싹 인다 ❷힘없이 가볍게 주저앉거나 내려앉는 꼴 ㉥엄마는 딸을 보자 팔싹 주저앉아 껴안았다 **팔싹하다**

팔싹거리다 [움직씨] ❶먼지나 내 같은 것이 자꾸 가볍게 몽키어 일어나다 ❷힘없이 자꾸 주저앉거나 내려앉다 **팔싹대다**

팔싹팔싹 [어찌씨] ❶먼지나 내 같은 것이 자꾸 가볍게 몽키어 일어나는 꼴 ㉥날이 가물어 김매는 호미 끝에는 먼지만 팔싹팔싹 일어난다 ❷힘없이 자꾸 주저앉거나 내려앉는 꼴 ㉥달려온 배움이들은 너럭바위 위에 팔싹팔싹 주저앉았다 **팔싹팔싹하다**

팔씨름 [이름씨] 팔심을 겨루는 놀이. 둘이 마주 앉거나 마주 엎드려 저마다 한쪽 팔꿈치를 바닥에 댄 채 손을 맞잡고 맞은쪽 손등이 바닥에 먼저 닿도록 힘을 주어 팔을 넘어뜨리면 이긴다

팔아넘기다 (움직씨) 팔아서 남에게 넘겨주다 ⓑ 아무리 쪼들리더라도 물려받은 땅을 팔아 넘길 수야 없지 않은가?

팔아먹다 (움직씨) **1** 값을 받고 무엇을 남에게 넘겨 버리다 ⓑ집을 헐값에 팔아먹었다 비슷한말 팔다 **2** 마음을 딴 데로 돌려 버리다 ⓑ 쟤는 요즘 마음을 어디에 팔아먹고 다니나 몰라 **3** 도움을 받으려 바른 마음을 내다버리다 ⓑ줏대도 팔아먹고 종살이한다. 제 속을 차리려 나라까지 팔아먹는 이도 있다 **4** 값을 치르고 낟알을 사다 ⓑ 쌀을 되로 팔아먹을 만큼 가난하게 산다

팔월 ⇒ 여덟달

팔이 (이름씨) **1** 무엇을 파는 사람 ⓑ새뜸팔이. 품팔이 한뜻말 장수 ⇐ 판매원 **2** 무엇을 파는 일 ⓑ품팔이. 새뜸팔이. 바느질품팔이 ⇐ 판매. 판매업

팔이숱 (이름씨) 어느 동안에 판 숱 한뜻말 판숱 ⇐ 판매량

팔이일 (이름씨) 팔거리를 파는 일 ⇐ 판매업

팔이틀 (이름씨) 돈을 넣으면 저절로 몬이 나오게 만든 틀 ⇐ 판매기

팔일 ⇒ 여드레. 여드렛날. 여덟째 날

팔일오광복 ⇒ 여덟하나닷나라찾음

팔자 ⇒ 살매

팔자걸음 ⇒ 밭장걸음

팔짝 (어찌씨) **1** 갑자기 가볍게 힘껏 날거나 뛰어오르는 꼴 ⓑ개구리가 깜짝 놀라 팔짝 뛰었다 큰말 펄쩍 **2** 방문 같은 것을 갑자기 열어젖히는 꼴 ⓑ미닫이가 팔짝 열리더니 반짝거리는 막내 눈이 나타났다 **3** 가볍게 주저앉는 꼴 ⓑ쉴 때가 되자 고은이는 땅바닥에 팔짝 앉았다 **팔짝하다** (익은말) **팔짝 뛰다** 잘못 없이 애먼 일을 겪을 때 놀라며 아니라고 하다

팔짝거리다 (움직씨) **1** 가볍게 잇달아 힘껏 날거나 뛰어오르다 큰말 펄쩍거리다 **2** 방문 같은 것이 갑자기 자꾸 열리다 **팔짝대다**

팔짝팔짝 (어찌씨) **1** 가볍게 잇달아 힘껏 날거나 뛰어오르는 꼴 ⓑ꽃밭에 앉았던 나비들이 팔짝팔짝 나풀거리며 날아오른다. 한배곳에 붙은 큰애가 팔짝팔짝 뛰며 좋아한다 큰말 펄쩍펄쩍 **2** 방문 같을 것을 갑자기 잇달아 열어젖히는 꼴 ⓑ배곳 아이들이 쓸고 닦느라 바라지를 팔짝팔짝 열어젖힌다 **3** 가볍게 잇달아 주저앉는 꼴 ⓑ아이들이 바닷물에서 나와 모래밭에 팔짝팔짝 주저앉는다 **팔짝팔짝하다**

팔짱 (이름씨) **1** 두 팔을 굽혀 가슴 앞에서 엇거는 짓 ⓑ팔짱을 소매 속에 질렀다 **2** 나란히 있는 사람끼리 한 사람이 옆 사람 팔에 제 팔을 끼는 짓 ⓑ새서방이 각시와 팔짱을 끼고 걸어간다 (익은말) **팔짱을 끼다·팔짱을 지르다·팔짱을 꽂다** 두 팔을 몸 앞으로 모아 서로 엇걸다 **팔짱을 끼고 보다** 벌어지는 일에 끼어들지 않고 그대로 지켜보기만 한다

팔찌 (이름씨) **1** 팔목에 끼는 고리 꼴 꾸미개 ⓑ 흰 쇠로 지은 팔찌를 손목에 찼다 **2** 활을 쏠 때 왼팔 소매를 걷어 매는 띠

팔파리 (이름씨) 잎은 세 쪽 겹잎이고 잔잎은 알꼴인데, 봄에 붉거나 흰 꽃이 줄기 끝에 피는 여러해살이풀. 포기째 낫개로 쓴다 ⇐ 삼지구엽초

팔팔 (어찌씨) **1** 물이 몹시 끓는 꼴 ⓑ팔팔 끓인 물에 찬물을 섞었다 큰말 펄펄 **2** 불길이 좀 작게 일어나는 꼴 ⓑ장작불이 팔팔 타오른다 **3** 가볍고 작은 것이 바람에 빨리 날리는 꼴 ⓑ빨랫줄에 넌 옷들이 바람에 팔팔 날린다 **4** 어떤 데서 벗어나려고 몹시 바쁘게 뛰어오르는 꼴 ⓑ그물에 잡힌 물고기가 팔팔 뛴다 **5** 먼지나 가루 같은 것이 바람에 조금씩 날리는 꼴 ⓑ바람에 먼지가 팔팔 날린다 **6** 잔뜩 골이 나서 어쩔 줄 모르는 꼴 ⓑ골이 난 아우는 얼굴이 새빨개져서 팔팔 뛰었다 **7** 몸이 뜨겁게 몹시 달아오르는 꼴 ⓑ아이 머리를 만져보니 팔팔 끓는다 (익은말) **팔팔 뛰다** 잘못 없이 애먼 일을 겪고 날뛰거나 힘주어 아니라고 하다

팔팔하다 (그림씨) 날듯이 힘차고 싱싱하다 ⓑ 팔팔한 젊은이들이 와서 힘든 일을 거들어

준다 큰말펄펄하다

팜플렛·팸플릿 ⇒ 작은 책. 좀책

팝송 ⇒ 뭇이 노래. 뭇사람 노래

팝업스토어 ⇒ 반짝저자. 반짝가게

팝업창 ⇒ 갑작알림 쪽

팝콘 ⇒ 옥수수튀밥

팟종 이름씨 다 자란 파 꽃줄기 한뜻말파종

팡 어찌씨 ❶무엇이 갑자기 터지는 소리 ⓑ수레 바퀴가 갑자기 팡 터졌다 ❷구멍이 뚫리는 소리나 그 꼴 ⓑ막혔던 수챗구멍이 팡 뚫렸다 ❸공 같은 것을 세게 차는 소리나 그 꼴 ⓑ아저씨는 힘껏 공을 팡 찼다

팡개 이름씨 논밭에 내려 낟을 쪼아먹는 새를 쫓는 데 쓰는 대나무 토막. 한쪽 끝을 네 갈래로 갈라 가는 막대를 '+' 꼴로 물려 묶은 것을 흙이나 돌멩이에 꽂아 그 사이에 찍힌 것을 새에게 던진다

팡이 이름씨 숨받이나 푸나무에 더부살이하여 뜸이나 썩음, 앓이 따위를 일으키는 홑잔삼 한뜻말붓 ⇐ 균

팡이실 이름씨 곰팡이나 버섯 같은 팡이무리 몸을 이루는 실같이 생긴 잔삼. 잔삼마다 여러 낱 자위를 갖는데 잎파랑이가 없어 흰 빛으로 붙어 임자몸 속에 퍼진다 ⇐ 균사

팡파르 이름씨 잔치 때 부는 씩씩한 트럼펫 소리

팡팡 어찌씨 ❶무엇이 잇달아 터지는 소리 ⓑ불꽃놀이 하는 아이들 쪽에서 딱쏘개가 팡팡 터지는 소리가 들린다 ❷물이 좁은 구멍으로 자꾸 힘있게 쏟아져 나오는 소리 ⓑ논을 가득 채운 물이 좁은 물꼬로 팡팡 쏟아져 나온다 ❸작은 구멍들이 잇달아 가볍게 뚫어지는 소리 또는 그 꼴 ⓑ비닐 비옷은 며칠만 입어도 여기저기 구멍이 팡팡 뚫린다

팥 이름씨 잎은 세 쪽 겹잎으로 어긋나고 여름에 잎겨드랑이에서 노랑 꽃이 피고 가늘고 긴 꼬투리가 달리는 한해살이풀. 꼬투리에 든 씨는 붉거나 검거나 검붉은 빛으로 밥에 넣어 먹거나 고물로 많이 쓴다 익은말 **팥을 콩이라 해도 곧이 듣는다·팥으로 메주를 쑨대도 곧이 듣는다** 남 말을 지나치게 믿는다

팥배나무 이름씨 잎은 어긋나고 달걀꼴이거나 길둥근 잎지는넓은잎나무. 봄에 흰 꽃이 피고 가을에 열매가 붉게 익는다

팥빙수 ⇒ 팥얼음물. 단팥얼음

팥소 이름씨 떡이나 빵 속에 넣는, 팥을 삶아 으깬 것 ⇐ 앙꼬

팥알 이름씨 팥 낟알

팥얼음물 이름씨 얼음덩이를 잘게 갈아서 그 위에 삶은 팥과 작은 떡, 단 것, 졸인 소젖 따위를 끼얹어 만든 맛갓 한뜻말단팥얼음 ⇐ 팥빙수

팥죽 이름씨 팥을 삶고 으깨어 받아낸 뒤 쌀을 넣어 쑨 것 ⓑ팥죽을 쑤어 온 동네 사람들과 나눠 먹었다

패 ⇒ 동아리. 무리

패가망신 ⇒ 거덜나고 우세함. 집돈 잃고 몸 버림

패거리 ⇒ 떼. 무리. 동아리

패기 ⇒ 씩씩함

패널 ⇒ 뜻밝힘이. 널빤지. 단골. 치마치레

패널화 ⇒ 널빤지 그림

패다[1] 움직씨 ❶('파이다' 준말) 구멍이나 구덩이 같은 것이 만들어지다 ⓑ땅에 웅덩이가 패였다 ❷움푹 꺼지다 ⓑ작달비로 마당이 여기저기 패였다 ❸천이나 종이 한쪽이 우묵하게 도려내지다 ⓑ가슴이 팬 옷을 입었다 ❹보조개나 주름 따위가 오목하게 들어가다 ⓑ주름이 팬 얼굴에 걱정이 가득하다

패다[2] 움직씨 거칠게 마구 때리다 ⓑ어린애를 패는 게 사람이냐 ⇐ 구타하다

패다[3] 움직씨 도끼로 땔감 같은 것을 쪼개다 ⓑ나무토막을 잘게 팼다

패다[4] 움직씨 ❶낟 이삭이 생겨서 나오다 ⓑ벼가 패기 비롯했다 ❷아이가 어른으로 자랄 때 목소리가 어른과 같이 웅글어지다 ⓑ조카가 열일곱이 되자 목소리가 패었다

패딩 ⇒ 누비옷. 고루들이기. 군더더기

패랭이 이름씨 참댓개비로 엮어 지은 갓. 지난날 흔히 장돌뱅이나 아랫사람들이 썼다 ⓑ

아버지는 패랭이 쓰고 대지팡이 하나 들고 뗏속으로 들어갔다 (익은말) **패랭이에 숟가락 꽂고 산다** 가난하여 떠돌아다니며 얻어먹고 산다

패랭이꽃 (이름씨) 잎은 바늘 꼴로 마주나고 여름에 열은 빨강 꽃이 가지 끝에 하나씩 피는 여러해살이풀. 구경거리로 심기도 하고 꽃과 열매는 낫개로 쓴다

패러다임 ⇒ 생각틀. 알아보기틀

패러독스 ⇒ 거꿀말. 억지 말. 비뚜름 말

패류 ⇒ 조개붙이

패륜 ⇒ 막된 짓. 못된 짓. 몹쓸 짓

패륜아 ⇒ 망나니. 몹쓸 놈. 막된 놈. 못된 놈

패망 ⇒ 끝장. 결딴. 판나다. 결딴나다. 끝장나다

패물 ⇒ 노리개. 치렛감

패배 ⇒ 짐. 무너짐. 지다. 무너지다. 무릎 꿇다. 거꾸러지다

패배자 ⇒ 진 이. 진 사람

패색 ⇒ 질 낌새

패션 ⇒ 새옷. 바람옷. 바람꼴. 옷 입는 꼴

패션모델 ⇒ 맵시꾼

패션쇼 ⇒ 새옷 선뵈기. 새옷잔치. 바람옷잔치

패소 ⇒ 걸이짐. 가름걸이짐. 가름짐

패스 ⇒ 붙다. 지나다. 건네다

패스워드 ⇒ 열쇠말

패스포트 ⇒ 나라밖나들표. 나라밖나들책

패습 ⇒ 못된 버릇. 나쁜 버릇

패싸움 ⇒ 떼싸움

패인 ⇒ 진 까닭

패자 (霸者) ⇒ 이긴 이. 이긴 쪽. 판막이

패자 (敗者) ⇒ 진 이. 진 쪽

패잔병 ⇒ 진 싸울아비

패전 ⇒ 짐. 손듦. 손들다. 무릎 꿇다. 지다

패전국 ⇒ 진 나라

패주 ⇒ 쫓겨감. 달아남. 달아나다. 쫓겨가다

패총 ⇒ 조개더미. 조개무지. 조개무덤

패키지 ⇒ 꾸러미

패킹 ⇒ 짐꾸리기. 끼우개. 고무끼우개. 고무가락지

패턴 ⇒ 꼴. 밑새. 밑보기. 틀

패하다 ⇒ 지다. 기울다. 무너지다

패혈증 ⇒ 피옮음앓이

팩 (어찌씨) **1** 작은 것이 지쳐서 갑자기 쓰러지는 꼴이나 그 소리 ⓑ아이가 지쳐서 팩 쓰러졌다 큰말 픽 **2** 여린 줄 같은 것이 갑자기 끊어지는 소리나 그 꼴 ⓑ빨랫줄이 팩 끊어졌다 **3** 갑자기 쪽을 홱 돌리는 꼴 ⓑ머리를 팩 돌려 나를 노려보았다 **4** 얼른 머리를 잘 쓰거나 생각이 잘 떠오르는 꼴 ⓑ놀러갈 데가 갑자기 팩 떠올랐다 **5** 갑자기 골을 내는 꼴 ⓑ조카는 몇 마디 잔소리에 팩 토라졌다 **팩하다**

팩 ⇒ 종이곽

팩션 ⇒ 꾸민 참 이야기

팩스·팩시밀리 ⇒ 글말틀

팩팩 (어찌씨) **1** 작은 것이 지쳐서 잇달아 쓰러지는 꼴이나 그 소리 ⓑ몹시 더운 날씨에 닭들이 팩팩 쓰러져 헐떡거린다 **2** 여린 줄 같은 것이 잇달아 끊어지는 소리나 그 꼴 ⓑ바이올린 줄이 팩팩 끊어졌다 **3** 잇달아 쪽을 홱홱 돌리는 꼴 ⓑ수레가 물을 튀기며 다가오자 길 가던 아이들이 팩팩 돌아선다 **4** 자꾸 머리를 잘 쓰거나 생각이 잘 떠오르는 꼴 ⓑ넉넉한 쓸 돈을 받은 아우는 뭘 사 먹을지 머리가 팩팩 돌아갔다 **5** 자꾸 골을 내는 꼴 ⓑ뭐 그만한 일로 팩팩 토라지니? **팩팩하다**

팩팩거리다 (움직씨) **1** 작은 것이 지쳐서 잇달아 쓰러지다. 또는 그런 소리가 나다 **2** 여린 줄 같은 것이 잇달아 끊어지는 소리가 나다 **팩팩대다**

팩하다 (그림씨) 너그럽지 못하거나 마음이 바빠 골이 나 뾰롱뾰롱하다 ⓑ봄이는 팩하면 앞뒤를 가리지 않고 마구 쏘아댄다

팬 ⇒ 지짐냄비. 지지개. 볶음냄비

팬 ⇒ 따름이. 부채

팬레터 ⇒ 따름이 글월

팬지 ⇒ 세 빛 제비꽃

팬츠·팬티 ⇒ 속곳. 속잠방이

팬클럽 ⇒ 따름 동아리

팬터마임 ⇒ 몸짓굿. 말 없는 굿

팸플릿 ⇒ 작은 책. 좀책

팻말·패목 ⇒ 알림말뚝

팽 (어찌씨) ❶좁은 데를 한 바퀴 빠르게 도는 꼴 ⓑ집둘레를 팽 둘러보았다 큰말 핑 센말 빵 여린말 뱅 ❷갑자기 머리가 아주 어지러워지는 꼴 ⓑ앉았다가 일어섰더니 머리가 팽 돈다 ❸갑자기 눈물이 크게 글썽해지는 꼴 ⓑ엄마라는 말만 들어도 눈물이 팽 돈다

팽개치다 (움직씨) ❶무엇을 내던지거나 내버리다 ⓑ짐을 팽개치고 놀러가 버렸다 ❷하던 일을 그만두고 내버려두다 ⓑ오빠는 일터를 팽개치고 나와서 멧속으로 들어갔다

팽그르르 (어찌씨) ❶몸이나 작은 것이 빠르게 미끄러지듯이 도는 꼴 ⓑ팽이가 팽그르르 돈다 큰말 핑그르르 센말 빵그르르 여린말 뱅그르르 ❷갑자기 얼이 아찔해지는 꼴 ⓑ갑자기 일어났더니 머리가 팽그르르 돈다 ❸갑자기 눈물이 괴는 꼴 ⓑ그 아이를 생각하니 눈물이 팽그르르 돈다

팽글거리다 (움직씨) 작은 것이 자꾸 빠르게 돌다 **팽글대다**

팽글팽글 (어찌씨) 작은 것이 잇달아 팽그르르 도는 꼴 ⓑ바람개비가 팽글팽글 돌아간다 **팽글팽글하다**

팽나무 (이름씨) 달걀꼴 잎은 어긋나고 톱니가 있으며 봄에 엷은 노랑 꽃이 피는 느릅나무 갈래에 딸린 갈잎큰키나무. 우리나라 마녘에서 쉼터 옆에 그늘나무로 심는다

팽나무버섯 (이름씨) 넓은잎나무 그루터기나 줄기에 나는 버섯. 누르스름한 흰빛을 띤다 한뜻말 팽이버섯

팽만하다 ⇒ 부르다. 불룩하다. 가득 차다

팽배 ⇒ 솟구침. 세참. 꽉 참. 부풀어 오름. 거세차다. 세차다. 꽉 차다. 부풀어 오르다. 솟구치다

팽이 (이름씨) 둥근 나무를 짧게 잘라 한쪽 끝을 뾰족하게 깎고 쇠구슬을 박아 만든 아이들 놀잇감. 채로 치거나 끈을 몸통에 감았다가 끈을 잡아당겨 돌린다 ⓑ사내아이들은 모이기만 하면 팽이를 치고 놀았지

팽이버섯 (이름씨) 팽나무버섯

팽이채 (이름씨) 팽이를 돌릴 때 치는 채. 싸리나무 막대기 끝에 삼을 묶어 많이 쓴다

팽이치기 (이름씨) 팽이를 바닥 위에 놓고 채로 쳐서 돌리는 놀이 ⓑ팽이채에 물을 묻혀 치면 팽이가 잘 돈다

팽창 ⇒ 늘어남. 커짐. 부풂. 늘다. 늘어나다. 부풀다. 커지다

팽팽[1] (어찌씨) ❶작은 것이 매우 빠르게 자꾸 도는 꼴 ⓑ팽이가 팽팽 잘도 돈다 큰말 핑핑 센말 빵빵 여린말 뱅뱅 ❷얼이 자꾸 아찔해지는 꼴 ⓑ점심을 굶었더니 머리가 팽팽 돈다 ❸머리가 잘 돌아가는 꼴 ⓑ서른 줄 한창 나이라 머리도 팽팽 돌아간다 ❹머릿속에 아물아물 떠오르는 꼴 ⓑ먼저 읽었던 서투른 글이 머릿속에서 팽팽 돌아서 붓끝이 잘 나가지 않는다 ❺눈알이 빠르게 돌아가는 꼴 ⓑ눈알이 팽팽 돌아갈 만큼 바쁘다

팽팽[2] (어찌씨) ❶몹시 켕긴 꼴 ⓑ줄을 팽팽 잡아당긴다 큰말 핑핑 센말 빵빵 여린말 뱅뱅 ❷몹시 살이 오르거나 부픈 꼴 ⓑ벌에 쏘인 손등이 팽팽 부풀었다 ❸얼날이나 마음씨가 몹시 날카로운 꼴 ⓑ버시한테 얼날이 팽팽 서 있는 가시 ❹기운이나 매개가 몹시 켕겨 있는 꼴 ⓑ까딱하면 싸움이 터질 만큼 팽팽 켕긴 기운

팽팽[3] (어찌씨) 작은 쏘개알 같은 것이 빠르게 바람을 가르며 나는 소리나 그 꼴 ⓑ쏘개알이 팽팽 소리를 내며 머리 위로 날아간다

팽팽거리다 (움직씨) 작은 것이 매우 빠르게 자꾸 돌다 **팽팽대다**

팽팽하다 (그림씨) ❶줄이나 천, 가죽, 종이 같은 것이 세게 켕기다 ⓑ우글쭈글하던 문종이가 마르면서 팽팽해졌다. 거문고 줄이 너무 팽팽하다 ❷얼날이나 마음씨가 몹시 날카롭다 ⓑ엄마는 타고 난 날카롭고 팽팽한 마음씨에다 혼자 살아오다 보니 더욱 남과 어울리지 못했다 ❸기운이나 매개가 매우 딱딱하고 켕기다 ⓑ우리나라를 둘러싼 나라 사이 팽팽한 기운 ❹낫고 못한 것이 없

이 그만그만하다 ⓑ줄다리기하는 두 쪽 힘이 팽팽하여 줄이 꿈쩍도 안 한다. 팔심이 서로 팽팽하다 ❺남거나 모자람이 없이 아주 빠듯하다 ⓑ팽팽한 살림살이 ❻살이 오르거나 부풀어 터질 듯하다 ⓑ키가 작달막하고 어깨살이 팽팽하게 찐 젊은이

팽팽하다 ⇒ 부풀어 땡땡하다. 한껏 부풀다

퍼그밀 ⇒ 흙반죽틀. 흙이기개

퍼내다 움직씨 ❶깊이 담기거나 고인 것을 푸거나 떠내다 ⓑ배에 고인 물을 퍼냈다 ❷쌓여있거나 묻혀있는 것을 퍼서 내가다 ⓑ아궁이에 쌓인 재를 퍼냈다 ❸이야기 같은 것을 자꾸 꺼내 늘어놓다 ⓑ할머니 이야기는 밤새 퍼내도 끝이 나지 않았다

퍼더버리다 움직씨 팔다리를 아무렇게나 뻗다 ⓑ길섶에 일꾼들이 퍼더버리고 앉아 쉰다 한뜻말퍼지르다

퍼덕 어찌씨 ❶큰 새가 날개를 치는 소리나 그 꼴 ⓑ새매가 어느새 참새 한 마리를 낚아채 퍼덕 날개를 치고는 날아올랐다 작은말파닥 센말퍼떡 ❷큰 물고기가 꼬리를 치는 소리나 그 꼴 ⓑ큰 가물치가 퍼덕 꼬리를 치더니 바위 밑으로 들어갔다 **퍼덕이다 퍼덕하다**

퍼덕거리다 움직씨 ❶날개나 꼬리를 가볍고 크게 잇따라 치다. 또는 그런 소리가 나다 ⓑ두루미가 퍼덕거리며 하늘로 날아올랐다 ❷천 같은 것이 바람에 거칠게 잇따라 날리는 소리가 나다 **퍼덕대다**

퍼덕퍼덕 어찌씨 ❶날개나 꼬리를 가볍고 크게 잇따라 치는 소리나 그 꼴 ⓑ도미가 배 바닥에서 퍼덕퍼덕 뛴다 작은말파닥파닥 센말퍼떡퍼떡 ❷천 같은 것이 바람에 거칠게 잇따라 날리는 소리나 그 꼴 ⓑ이불자락이 바람에 퍼덕퍼덕 날린다 **퍼덕퍼덕하다**

퍼드레기 이름씨 갓이 너무 벌어져 값어치가 떨어지는 버섯 한뜻말버랭이

퍼뜨리다·퍼트리다 움직씨 널리 퍼지게 하다 ⓑ그 아낙네가 일부러 뜬말을 마을에 퍼뜨렸다

퍼뜩 어찌씨 ❶어떤 몬이 갑자기 눈 깜짝할 사이에 나타나는 꼴 ⓑ눈에 꿩이 퍼뜩 들어오자 사냥꾼은 쏘개를 겨눴다 작은말파뜩 ❷갑자기 어떤 생각이 떠오르는 꼴 ⓑ좋은 생각이 퍼뜩 났다 ❸갑자기 얼이 차려지는 꼴 ⓑ넋을 잃고 있다가 얼이 퍼뜩 돌아왔다

퍼렇다 그림씨 ❶짙푸른 하늘이나 검푸른 바다 빛깔 같다 ⓑ바닷물이 깊어질수록 퍼렇다 작은말파랗다 ❷두렵거나 추워서 얼굴이나 입술 같은 데가 짙푸른 기운이 있다 ⓑ얼굴이 퍼렇게 질렸다 ❸('퍼렇게' 꼴로 써) 싱싱하다 ⓑ퍼렇게 살아있는 어미를 두고 아들이 먼저 가다니! ❹무시무시한 기운이 서려있다 ⓑ퍼런 눈초리로 노려본다. 퍼레서 말도 안 한다 ❺날 따위가 몹시 날카롭다 ⓑ날이 퍼런 칼을 들고 서 있다

퍼레이드 ⇒ 길놀이

퍼레지다 움직씨 퍼렇게 되다 ⓑ차츰 추워지니 입술이 퍼레졌다 작은말파래지다

퍼먹다 움직씨 ❶먹거리를 숟가락 같은 것으로 퍼서 먹다 ⓑ국자로 퍼먹지 마라 ❷마구 함부로 먹다 ⓑ배 터지겠다. 야! 그만 퍼먹어라

퍼붓다 움직씨 ❶눈이나 비가 마구 쏟아지다 ⓑ비가 억수로 퍼붓는다 ❷잠이나 졸음이 세게 오다 ⓑ졸음이 퍼부어 눈이 저절로 감긴다 ❸퍼서 붓다 ⓑ독에 물을 퍼붓다 ❹천천히 붓지 않고 바삐 마구 붓다 ⓑ워낙 더워서 동이째로 물을 퍼부어도 시원하지 않다 ❺거친말을 들입다 해대다 ⓑ거친말을 마구 퍼붓고도 마음이 차지 않는지 씩씩거린다 ❻사랑이나 미움 같은 것을 쏟아붓다 ⓑ엄마는 하나 밖에 없는 딸에게 온갖 사랑을 퍼붓는다 ❼온갖 마음을 다 받치다 ⓑ우리말집 짓는 일에 온 마음을 퍼붓는다 ❽이야기를 신이 나서 죽 엮어대다 ⓑ넋두리를 쉴 새 없이 퍼붓는 할머니 ❾쏘개나 내쏘개를 쏘아대다 ⓑ왜놈들에게 쏘개알을 퍼부었다

ㅍ

퍼석 어찌씨 ❶가랑잎같이 잘 마른 것을 밟는 소리나 그 꼴 ㉥마른 나뭇잎이 퍼석 밟히는 소리가 난다 작은말파삭 여린말버석 ❷물기 없는 몬이 가볍게 부스러지거나 깨지는 소리나 그 꼴 ㉥이 배는 물기가 없어 퍼석하다 **퍼석하다**

퍼석거리다 움직씨 ❶가랑잎같이 잘 마른 것을 잇달아 밟는 소리가 나다 작은말파삭거리다 여린말버석거리다 ❷물기 없는 몬이 잇달아 가볍게 부스러지거나 깨지는 소리가 나다 **퍼석대다**

퍼석퍼석 어찌씨 ❶가랑잎같이 잘 마른 것을 잇달아 밟는 소리나 그 꼴 ㉥아이들이 밤을 주우러 밤나무 밑을 퍼석퍼석 밟으며 돌아다닌다 작은말파삭파삭 여린말버석버석 ❷물기 없는 몬이 잇달아 가볍게 부스러지거나 깨지는 소리나 그 꼴 ㉥오랜 가뭄에 흙덩이도 바싹 말라 손만 대면 퍼석퍼석 부서진다 **퍼석퍼석하다**

퍼석퍼석하다 그림씨 ❶부스러지기 쉬울 만큼 너무 말라 부석부석하다 작은말파삭파삭하다 여린말버석버석하다 ❷물기가 아주 적어 단단한 맛이 없고 허벅허벅하다

퍼석하다 그림씨 ❶부스러지기 쉬울 만큼 잘 말라 부석부석하다 ❷물기가 적어 단단한 맛이 없고 허벅하다

퍼센트·프로 ⇒ 온에

퍼슬퍼슬 어찌씨 몬이 힘없이 부스러지는 꼴 ㉥흰떡을 찔 때 찹쌀가루를 섞으면 퍼슬퍼슬 덜 부스러진다

퍼슬퍼슬하다 그림씨 몬이 힘없이 부스러지기 쉽다 ㉥떡이 퍼슬퍼슬하다

퍼즐 ⇒ 글자 맞추기. 수수께끼

퍼지다 움직씨 ❶차츰 번번하게 넓어지다 ㉥꽃나물이 집 둘레에 쫙 퍼졌다 ⇐ 확산하다 ❷많이 생겨 붇거나 늘어나다 ㉥집안 피붙이들이 곳곳에 퍼졌다. 가지가 많이 퍼진 밤나무 ❸여기저기로 흩어지다 ㉥들판에 사람들이 하얗게 퍼져 쑥을 뜯는다 ❹이야기나 새뜸이 널리 알려지다 ㉥뜬말이 온 마을로 퍼졌다 ⇐ 파다하다 ❺삶꼴이나 삶꽃이 널리 번지다 ㉥새 노래가 퍼져나간다 ⇐ 풍미하다 ❻냄새가 차츰 풍겨나가다 ㉥으름덩굴 옷곳한 꽃 내음이 온 둘레로 퍼져나간다 ❼빛이나 물결 같은 것이 널리 비치거나 번지다 ㉥못에 큰 돌을 던지자 물결이 동그라미를 그리며 퍼져 나간다 ❽앓이가 옮아가다 ㉥몹쓸 고뿔이 온 동네에 퍼졌다. 버짐이 퍼지다 ❾생각이나 뭠 같은 것이 널리 미치다 ㉥예로부터 배달겨레가 뛰어났다는 생각이 종살이에 찌들었던 생각을 제치고 퍼져나간다 ❿물이 넓게 스며나가다 ㉥떨어진 먹물이 종이에 쫙 퍼졌다 ⓫물에 붇거나 부풀어 커지다 ㉥국수가 너무 삶겨 다 퍼졌다 ⓬찰떡 같은 것이 잘 쪄져서 쌀알이 고루 풀리다 ㉥무쇠같이 힘센 돌쇠가 떡메질을 해서 찰떡이 잘 퍼졌다

퍼지르다[1] 움직씨 팔다리를 아무렇게나 뻗다 ㉥땅바닥에 그렇게 퍼질러 앉으면 옷이 뭐가 되겠니? 한뜻말퍼더버리다

퍼지르다[2] 움직씨 ❶말이나 거친 말을 함부로 해대다 ❷마구 먹어 대다 ❸기를 힘도 없으면서 아이를 마구 낳다

퍼팅 ⇒ 구멍으로 공치기

퍽[1] 어찌씨 훨씬 지나치게 또는 아주 많이 ㉥겨울이라서 그런지 퍽 춥다. 알고 보면 우리말은 퍽 쉬운데

퍽[2] 어찌씨 ❶갑자기 힘껏 내지르거나 얻어맞는 소리나 그 꼴 ㉥주먹을 얼굴에 퍽 내갈겼다 작은말팍 ❷갑자기 힘없이 쓰러지는 소리나 그 꼴 ㉥배를 맞고 퍽 쓰러졌다

퍽석 어찌씨 ❶큰 것이 힘없이 내려앉거나 주저앉는 꼴 ㉥간밤 비바람에 아저씨네 흙담이 퍽석 무너져 내렸다 작은말팍삭 ❷아주 힘없이 부스러지는 꼴이나 그 소리 ㉥땅이 얼었다 녹으면서 가람 기슭이 퍽석 내려앉았다 **퍽석하다**

퍽석퍽석 어찌씨 ❶큰 것이 힘없이 자꾸 내려앉거나 주저앉는 꼴 ㉥먹쇠와 붙었던 씨름꾼들은 먹쇠가 힘을 쓰자 퍽석퍽석 주저앉

았다 작은말팍삭팍삭 ❷아주 힘없이 자꾸 부스러지는 꼴이나 그 소리 ⓑ봄이 되면 깎아지른 비탈에 있던 돌이나 흙은 퍽석퍽석 무너져 내린다 **퍽석퍽석하다**

퍽석퍽석하다 그림씨 매우 메말라 아주 부스러지기 쉽다 작은말팍삭팍삭하다

퍽석하다 그림씨 메말라 아주 부스러지기 쉽다 작은말팍삭하다

퍽퍽 어찌씨 ❶힘있게 내지르거나 쑤시는 꼴 ⓑ화살이 과녁에 퍽퍽 꽂혔다 작은말팍팍 ❷무엇을 자꾸 많이 퍼내는 꼴 ⓑ밥입이 많아 쌀독에서 쌀을 퍽퍽 퍼서 밥을 짓는다 ❸무엇이 자꾸 많이 없어지는 꼴 ⓑ가물어서 냇물이 퍽퍽 준다 ❹힘없이 자꾸 엎어지는 꼴 ⓑ새 고뿔에 걸린 닭들이 퍽퍽 쓰러져 나간다 ❺내나 가루 같은 것이 자꾸 많이 나오는 꼴 ⓑ굴뚝에서는 내가 퍽퍽 올라온다 ❻무엇이 힘없이 부서지는 꼴 ⓑ퍽퍽 부스러지는 흙덩이 ❼무엇이 힘없이 해어지는 꼴 ⓑ무릎이 퍽퍽 나가는 낡은 바지 ❽무엇이 자꾸 구멍이 뚫리는 꼴 ⓑ퍽퍽 구멍이 뚫리는 낡은 하늬버선 ❿칼이나 대패, 도끼 같은 것이 몹시 잘 먹는 꼴 ⓑ퍽퍽 잘 먹는 서늘한 칼날 ⓫무엇이 쉽게 잘 갈리는 꼴 ⓑ물러서 퍽퍽 잘 갈리는 떡쇠

펀더기 이름씨 넓은 들 ⓑ한터는 너른 펀더기에 메밀을 다 갈았다

펀치·뻰찌 ⇒ 구멍뚫이. 주먹질

펀펀들 이름씨 넓고 펀펀한 들판 ⇐ 평원. 평야

펀펀땅 이름씨 바닥이 펀펀한 땅 ⇐ 평지

펀펀하다 이름씨 몬 겉이 높낮이가 없이 반반하고 너르다 작은말판판하다 ⇐ 편평하다. 평탄하다

펀하다 그림씨 끝이 아득할 만큼 넓다

펄[1] 이름씨 ❶갯가 넓은 땅 ⓑ썰물 때 넓은 펄이 드러난다. 펄에 들어가 게와 조개를 캤다 한뜻말갯벌 ❷'벌' 거센말 ❸질척질척한 진흙 ⓑ땅이 녹으면 우리 마당도 온통 펄이다

펄[2] 어찌씨 ('날다' 와 함께 써) 일하는 솜씨가 좋아 빨리해내는 꼴 ⓑ나무를 벤다든가 토막 내어 도끼질하는 일은 펄 날지요

펄떡 어찌씨 ❶무엇이 크고 힘차게 뛰는 꼴 ⓑ개구리가 펄떡 뛰어 논으로 들어갔다 작은말팔딱 ❷앉았거나 누웠다가 매우 힘있게 일어나는 꼴 ⓑ아버지가 들어오자 나는 펄떡 일어나 앉았다 **펄떡하다**

펄떡거리다 움직씨 무엇이 크고 힘차게 잇달아 뛰다 ⓑ숨이 차서 가슴이 펄떡거렸다 작은말팔딱거리다 **펄떡대다**

펄떡펄떡 어찌씨 ❶무엇이 크고 힘차게 잇달아 뛰는 꼴 ⓑ팔뚝만 한 도미가 펄떡펄떡 뛴다 작은말팔딱팔딱 ❷앉았거나 누웠다가 잇달아 매우 힘있게 일어나는 꼴 ⓑ뒷낮에 비 온다는 이야기를 듣자 쉬던 일꾼들이 펄떡펄떡 일하러 나갔다 **펄떡펄떡하다**

펄럭 어찌씨 바람에 가볍고 크게 날리는 꼴이나 그 소리 ⓑ바람에 치맛자락이 펄럭 나부낀다 작은말팔락 **펄럭하다**

펄럭거리다 움직씨 ❶바람에 가볍고 크게 잇달아 날리거나 날리는 소리가 나다 작은말팔락거리다 ❷죽 같은 것이 방울을 높이 튀기며 세게 끓는 소리가 자꾸 나다 **펄럭대다**

펄럭이다 움직씨 ❶바람에 가볍고 크게 자꾸 날리다 ⓑ펼쳐놓은 천이 바람에 펄럭인다 작은말팔락이다 ❷걸쭉한 죽 같은 것이 방울을 높이 튀기며 세게 끓다

펄럭펄럭 어찌씨 ❶바람에 가볍고 크게 잇달아 날리는 꼴이나 그 소리 ⓑ빨랫줄에 널어놓은 이불자락이 펄럭펄럭 바람에 날린다 작은말팔락팔락 ❷죽 같은 것이 방울을 높이 튀기며 세게 끓는 꼴이나 그 소리 ⓑ팥죽이 펄럭펄럭 끓기 비롯하면 죽이 다 된 셈이다 **펄럭펄럭하다**

펄렁거리다 움직씨 ❶바람에 크고 힘차게 자꾸 날리거나 날리는 소리가 나다 ⓑ소맷자락을 펄렁거리며 달려갔다 작은말팔랑거리다 ❷물이 세게 끓는 소리가 나다 **펄렁대다**

펄렁펄렁 어찌씨 ❶바람에 크고 힘차게 자꾸 날리는 꼴이나 그 소리 ⓑ옷자락이 바람에

펄렁펄렁 날린다 작은말 팔랑팔랑 [2]물이 세게 끓는 꼴이나 그 소리 ㉥펄렁펄렁 끓어오르는 국솥 **펄렁펄렁하다**

펄쩍 [어찌씨] [1]갑자기 가볍게 힘껏 날거나 뛰어오르는 꼴 ㉥물고기가 펄쩍 뛰었다 작은말 팔짝 [2]방문 같은 것을 갑자기 열어젖히는 꼴 ㉥방문을 펄쩍 열고 들어오는 사람은 아랫마을 또순이다 [3]새삼스레 갑자기 얼을 차리는 꼴 ㉥솔메는 그 말을 듣자 온몸에 찬물을 끼얹은 듯 얼이 펄쩍 들었다 [4]갑자기 몹시 놀라는 꼴 ㉥아저씨가 펄쩍 놀라 논으로 뛰어가며 소리친다 **펄쩍하다** [익은말] **펄쩍 뛰다** 뜻밖에 애먼 일을 겪어 놀라며 거세게 아니라고 하다

펄쩍거리다 [움직씨] 가볍게 힘껏 자꾸 날거나 뛰어오르다 작은말 팔짝거리다 **펄쩍대다**

펄쩍펄쩍 [어찌씨] [1]가볍게 힘껏 자꾸 날거나 뛰어오르는 꼴 ㉥메뚜기가 펄쩍펄쩍 뛴다 작은말 팔짝팔짝 [2]방문 같은 것을 자꾸 열어젖히는 꼴 ㉥겨울인데도 아이들이 문을 펄쩍펄쩍 여닫는 바람에 방이 다 식는다 [3]새삼스레 자꾸 얼을 차리는 꼴 ㉥얼을 펄쩍펄쩍 차리고 부지런히 하지 않으면 해안에 다 못한다 [4]갑자기 자꾸 몹시 놀라는 꼴 ㉥나를 도둑으로 몰아가자 무슨 소리냐며 펄쩍펄쩍 뛰었다 **펄쩍펄쩍하다**

펄펄 [어찌씨] [1]많은 물이 몹시 세게 끓는 소리나 그 꼴 ㉥둥글레차가 펄펄 끓는다 작은말 팔팔 [2]불길이 크고 세차게 일어나는 꼴 ㉥아궁이에는 둥거리불이 펄펄 타오른다 [3]크고 넓은 천이나 얄팍한 것이 바람에 몹시 기운차게 날리는 꼴이나 그 소리 ㉥바람에 깃발이 기운차게 펄펄 펄럭인다 [4]몹시 크고 세차게 움직이거나 뛰는 꼴 ㉥한 포기라도 더 심으려고 일꾼들은 펄펄 뛰어다니며 고추모를 심는다. 일흔 줄에 들어서도 아직 펄펄 뛰어다닌다 [5]어떤 매개에서 벗어나려고 몹시 바쁘게 날뛰는 꼴 ㉥그물에 갇힌 물고기들이 펄펄 뛰며 버둥거린다 [6]먼지나 가루, 내 같은 것이 바람에 많이 날리는 꼴 ㉥눈이 펄펄 내린다 [7]몹시 골이 나서 큰일을 저지를 듯이 나부대는 꼴 ㉥골이 나서 펄펄 뛰며 어깃장을 놓는다 [8]몸이 뜨겁게 달아오르는 꼴 ㉥몸에서 더운 김이 펄펄 난다

펄펄하다 [그림씨] [1]날 듯이 힘차고 매우 싱싱하다 작은말 팔팔하다 [2]바탈이 몹시 거세고 매우 바쁘다

펄프 ⇒ 올실

펌프 ⇒ 무자위. 물뽑개. 물푸개

펑 [어찌씨] [1]바람주머니 같은 것이 갑자기 터지거나 튀는 소리 ㉥달리던 수레바퀴가 펑 터졌다 작은말 팡 센말 뻥 [2]구멍이 크게 난 꼴이나 그 소리 ㉥막힌 구멍이 펑 뚫렸다

펑션키 ⇒ 구실단추

펑크 ⇒ 구멍 남. 터짐. 결딴남

펑펑 [어찌씨] [1]눈이나 물 같은 것이 아주 세차게 쏟아질 때 나는 소리나 그 꼴 ㉥눈이 펑펑 내린다. 기름이 펑펑 쏟아졌다 작은말 팡팡 [2]돈 같은 것을 아주 헤프게 쓰는 꼴 ㉥돈을 물 쓰듯 펑펑 쓰고 다닌다 [3]바람주머니 같은 것이 갑자기 자꾸 터지는 소리 ㉥하늘로 오르던 바람주머니가 펑펑 터진다 [4]뜬 소리나 흰소리를 함부로 하는 꼴 ㉥거짓말을 펑펑 쏟아놓았다

페가수스자리 ⇒ 하늘말자리

페넌트 ⇒ 세모 깃발

페널티킥 ⇒ 앎차기

페니실린 [이름씨] 푸른곰팡이에서 얻은 맞팡이 몬밭. 허파불늪. 피옮음앓이, 꽃앓이 들에 쓴다

페달 ⇒ 발걸이. 디딜개. 발널

페르시아만 ⇒ 페르시아휨

페르시아휨 [이름씨] 이란과 아라비아거진섬에 둘러싸인 바다. 이 휨에는 땅속 기름이 많이 나며 호르무즈 샛바다를 거쳐 오만휨과 아라비아 바다로 이어진다 ⇐ 페르시아만

페리 ⇒ 사람수레배

페스트 ⇒ 검죽음앓이

페어볼·페어 ⇒ 금 안 공

페어플레이 ⇒ 멋진 겨룸

페이 ⇒ 삯

페이드아웃 ⇒ 어두워지기

페이드인 ⇒ 밝아지기

페이스 ⇒ 빠르기. 걸음새

페이지 ⇒ 쪽

페이퍼 ⇒ 종이. 새뜸. 속새

페인트 ⇒ 바르개. 물감

페인트모션 ⇒ 속임수. 속임 몸짓

페인트칠 ⇒ 바르개입힘

펜 ⇒ 붓

펜싱 ⇒ 하늬칼겨룸

펜치 ⇒ 자름집게

펜트하우스 ⇒ 하늘채

펜팔 ⇒ 글월동무. 글월벗

펠리컨 ⇒ 사다새

펭귄 (이름씨) 마끝 바닷가에 떼 지어 사는 새. 머리와 등은 검고 배는 희다. 날지 못하지만 헤엄은 잘 친다

펴내다 (움직씨) 책 같은 것을 엮어 누리에 내놓다 ⓑ말집을 손봐서 다시 펴내기로 했다 ⇐ 발행하다

펴낸이 (이름씨) 책 같은 것을 엮어 누리에 내놓은 사람 ⓑ펴낸이를 맡아봤다 한뜻말 편이 ⇐ 발행인

펴냄끝 (이름씨) 박아 펴내기를 그만둠 ⇐ 폐간

펴냄쉼 (이름씨) 날마다 나 이레마다, 또는 달마다 펴내는 새뜸이나 책을 얼마 동안 펴내지 않음 ⇐ 휴간

펴다 (움직씨) ❶굽은 것을 곧게 하다 ⓑ굽은 못을 펴다 ❷접힌 것을 젖혀 벌리다 ⓑ부채를 펴다 ❸돌돌 말리거나 포개진 것을 바닥에 넓게 벌려 놓다 ⓑ풀밭에 돗자리를 폈다. 이불을 펴다 ❹쭈글쭈글하거나 울룩불룩한 것을 반듯하게 하다 ⓑ쭈그러진 하늬쇠를 두드려 반듯하게 폈다. 다림질로 치마 구김살을 폈다 ❺우므러들거나 쪼그라진 어깨나 가슴, 팔다리 같은 것을 넓게 벌리다 ⓑ젊은이답게 가슴을 쫙 펴고 걸어라. 다리를 쭉 폈다 ❻어떤 테두리 안에 골고루 헤쳐놓거나 늘어 놓다 ⓑ빗물에 파인 길에 자갈을 폈다. 마당에 모래를 펴다 ❼널리 알리거나 베풀다 ⓑ한글책을 널리 폈다 ❽일을 벌리다 ⓑ젊을 때 시골 곳곳을 돌아다니며 여름지기도 임자로 서야 한다고 일깨우는 일을 폈지요 ❾살림이나 장사를 차리다 ⓑ새살림을 펴다. 가게를 펴다 ❿마음에 품은 뜻을 이루어 내다 ⓑ아버지 뜻을 지키고 제 뜻을 펴려면 스스로 서야 함을 깨달았다 ⓫말을 널리 퍼트리거나 늘어놓다 ⓑ새뜸을 펴다 ⓬마음이나 느낌을 얽매임 없이 드러내다 ⓑ기를 펴다. 마음을 활짝 펴고 겨레를 하나로 잇는 일에 떨쳐 나서자

펴이다·펴지다 (움직씨) ❶접힌 것 따위가 젖혀져 벌어지게 되다 ⓑ비받이가 잘 펴지지 않는다 준말 페다 ❷구김, 주름 같은 것이 판판하게 되다 ⓑ이마에 주름이 펴졌다 ❸구부러지거나 오므라든 것이 곧게 되거나 벌어지게 되다 ⓑ손가락이 굽어 펴지질 않는다 ❹꼬였던 일이 나아지다 ⓑ매개가 펴지면 밀린 돈을 갚아드리리다

편 (이름씨) 떡살로 눌러 모나거나 둥글게 만든 떡 한뜻말 절편

편 (便) ⇒ 켠. 쪽. 녘. 붙임

편 (編) ⇒ 엮음

편 (篇) ⇒ 꼭지

편견 ⇒ 쏠린 생각. 좁은 생각

편곡 ⇒ 가락다듬기

편광 ⇒ 치우친빛

편달 ⇒ 채찍질. 매질. 채찍질하다. 이끌다. 가르치다

편대 ⇒ 날틀떼

편도 (片道) ⇒ 외길. 쪽길. 한쪽길

편도·편도샘 (扁桃) ⇒ 림프짜임덩어리

편두 ⇒ 까치콩

편두통 ⇒ 쪽머리 아픔

편들다 ⇒ 쪽 돕다. 쪽들다

편리하다 ⇒ 쉽다. 손쉽다

편마암 ⇒ 바뀐쑥돌

편모 ⇒ 홀어머니. 홀어미
편물 ⇒ 뜨갯것. 뜨개질
편벽되다 ⇒ 치우치다. 비뚤어지다. 기울어지다. 외지다
편성 ⇒ 짜임. 얽음. 짜다. 엮다. 얽다. 만들다
편성표 ⇒ 짜임표. 얽음표
편수 [이름씨] 바치 우두머리
편승 ⇒ 얹힘. 얻어 탐. 얹히다. 얻어 타다. 얹혀 타다
편식 ⇒ 가려 먹음. 가려 먹다
편안하다 ⇒ 걱정 없다. 근심 없다. 포근하다. 푸근하다. 홀가분하다
편안히 ⇒ 고이. 포근하게
편애 ⇒ 감쌈. 싸고돎. 감싸다. 싸고돌다. 치우친 사랑
편의 ⇒ 쉬움. 좋음
편의점 ⇒ 만만가게. 쉬운가게
편익 ⇒ 도움. 보탬
편입 ⇒ 끼어듦. 끼워 넣음. 나중 끼어듦. 가운데 끼워듦. 끼어들다. 끼워넣다
편자 [이름씨] 부리는 말이나 소 발굽에 대어 붙이는 쇳조각 ㉥편자 없이 달리면 발굽을 다치기 쉽다
편중하다 ⇒ 쏠리다. 치우치다. 기울다
편지 ⇒ 글월. 글. 유무
편지글 ⇒ 글월. 글. 글발
편지꽂이 ⇒ 글월꽂이. 유무꽂이
편지봉투 ⇒ 글월집. 유무집
편지지 ⇒ 글월종이. 유무종이
편지함 ⇒ 글월통. 유무통
편직 ⇒ 뜨개천. 뜨개질
편직기·편물기 ⇒ 뜨개틀
편직물 ⇒ 뜨개옷감. 뜨개천
편집·편찬 ⇒ 엮음
편집인·편집자·편찬자 ⇒ 엮은이
편집장 ⇒ 글빛지기. 엮음지기
편차 ⇒ 쏠린 크기. 벗어난 만큼
편찬 ⇒ 꾸밈. 엮음. 엮어만듦. 짬. 꾸미다. 엮다. 짜다. 엮어 만들다
편찮다 ⇒ 아프다. 거북하다

편충 ⇒ 채찍벌레
편취 ⇒ 가로챔. 속여 뺏음. 가로채다. 속여 뺏다
편파 ⇒ 치우침. 치우치다
편파적 ⇒ 바르지 못한. 치우친. 떳떳하지 못한
편평하다 ⇒ 펀펀하다. 반반하다
편하다 ⇒ 늘어지다. 만만하다. 푸근하다. 아픔 없다. 걱정 없다
편향 ⇒ 치우침. 치우치다
편협하다 ⇒ 좁다. 잘다. 쩨쩨하다. 치우치다. 꼼바르다. 너그럽지 못하다
펼쳐지다 [움직씨] **1** 접힌 것 따위가 넓게 펴지다 ㉥바람에 저절로 해받이가 펼쳐졌다 **2** 벌어져서 드러나다 ㉥눈 앞에 펼쳐진 바다는 놀라운 바람빛을 드러냈다 **3** 눈앞에 그려 보여지다 ㉥한길에서 재주꾼을 반기는 길놀이가 펼쳐졌다
펼치다 [움직씨] **1** 접힌 것 따위를 넓게 펴다 ㉥부채를 펼쳤다. 비받이를 펼쳤다 **2** 한눈에 안겨오게 활짝 드러내다 ㉥책을 펼쳐서 보았다 **3** 어떤 얽이를 무르익혀 눈앞에 그려보다 ㉥큰 고장에서 너멀봄 모임을 펼쳤다. 여기서 내 꿈을 펼치고 싶다
펼친그림 [이름씨] 덩어리 그림을 판판낯 위에 펼쳐 나타낸 그림 ⇐ 전개도
폄훼 ⇒ 헐뜯음. 깎아내림. 헐뜯다. 깎아내리다
평 [이름씨] 땅넓이나 집넓이를 나타내는 말. 1평은 3.3제곱미터쯤이다
평 ⇒ 헤아림. 매김
평가 ⇒ 끊음. 꼬느기. 값매김. 끊다. 꼬느다. 값매기다. 값치다. 저울질하다. 가늠하다
평가자 ⇒ 끊는이. 꼬늠이. 값매김이
평균 ⇒ 고른값. 고름. 통밀다. 고루 나누다
평균값·평균치 ⇒ 고른값
평균대 ⇒ 고름틀
평균되게 ⇒ 고루. 가지런히. 일매지게
평균임금 ⇒ 고른 품삯
평균정오 ⇒ 고른 한낮
평남 ⇒ 마부루나고장
평년 ⇒ 여느 해
평년작·평작 ⇒ 여느 지이

평등 ⇒ 고름. 똑같음. 알매지다. 똑같다
평등권 ⇒ 고른 자리. 똑같은 자리
평등분배 ⇒ 고루 나눔. 고루 도르리. 고른 몫
평등선거 ⇒ 고루 뽑기
평론 ⇒ 따짐글
평론가 ⇒ 따짐이
평면 ⇒ 고른 바닥. 판판낯. 반반낯
평면도 ⇒ 바닥그림. 판판낯그림
평면도형 ⇒ 판판낯그림꼴. 바닥그림꼴
평면디자인 ⇒ 바닥멋지음. 판판낯멋지음
평면좌표 ⇒ 바닥자리표
평민 ⇒ 여느 사람
평발 ⇒ 납작발. 마당발
평방미터 ⇒ 제곱미터
평방형 ⇒ 바른네모꼴
평범하다 ⇒ 그저 그렇다. 남다르지 않다
평복·평상복 ⇒ 여느옷
평북 ⇒ 노부루나고장
평사원 ⇒ 여느 일꾼. 아래 일꾼
평상 ⇒ 판판놓개
평상시 ⇒ 여느 때. 늘
평생 ⇒ 한뉘. 한살이. 한살매
평생교육 ⇒ 한뉘배움
평생토록 ⇒ 한뉘동안. 한뉘토록. 한살이 내내
평서문 ⇒ 베품월
평소 ⇒ 여느때
평수 (이름씨) 평으로 헤아린 땅이나 집 넓이
평시 ⇒ 여느때
평시조 ⇒ 쉬운 때노래
평신도 ⇒ 여느 믿음이
평안도 ⇒ 부루나고장
평안하다 ⇒ 걱정 없다. 잘 지내다
평야 ⇒ 펀펀들. 벌. 너른 들녘. 벌판
평양 ⇒ 부루나
평양냉면 ⇒ 부루나찬국수
평양성 ⇒ 부루나구루
평영 ⇒ 가슴헤엄. 개구리헤엄
평온하다 ⇒ 조용하다. 일없다. 잔잔하다. 고요하다
평원 ⇒ 펀펀들

평이하다 ⇒ 수월하다. 쉽다
평일 ⇒ 여느날. 여느때
평절 ⇒ 여느절
평정 (平定) ⇒ 가라앉힘. 다스림. 가라앉히다. 다스리다
평정 (平靜) ⇒ 고요함
평정심 ⇒ 마음고름. 고른 마음
평준화 ⇒ 고르게 함. 같게 함. 고르게 하다. 같게 하다
평지 ⇒ 펀펀땅
평지풍파 ⇒ 뜻밖싸움
평창 ⇒ 오가라. 바가라
평탄하다 ⇒ 펀펀하다. 잘 나가다. 고요하다. 말썽 없다
평판 ⇒ 뭇사람 말
평평하다 ⇒ 반반하다. 펀펀하다. 판판하다. 널찍하다. 고르다
평하다 ⇒ 꿇다. 꼬나 매기다. 값치다
평행 ⇒ 나란함. 나란히 있음. 나란하다. 같이 가다
평행봉 ⇒ 나란대
평행사변형 ⇒ 나란히 꼴
평행선 ⇒ 나란금. 나란히 금
평형 ⇒ 가눔. 똑바름. 기울지 않음
평화 ⇒ 사이좋음. 일없음
평화롭다 ⇒ 사이좋다. 잔잔하다. 고요하다
평화통일 ⇒ 사이좋게 하나됨
폐·폐장·폐부 ⇒ 부아. 허파
폐 ⇒ 괴로움. 짐스러움
폐가 ⇒ 버린 집. 낡아빠진 집
폐간 ⇒ 문닫음. 끝냄. 펴냄끝. 문닫다. 끝내다. 펴내지 않다
폐건전지 ⇒ 못쓰는 번힘몬
폐결핵 ⇒ 허파앓이
폐곡선 ⇒ 다문금. 닫힌 굽은금
폐공기증 ⇒ 허파빈기늪
폐관 ⇒ 문닫음. 문닫다
폐광 ⇒ 쇳돌캐기 그만둠
폐교 ⇒ 배곳닫기. 배곳 닫다
폐기 ⇒ 버림. 내버림. 버리다. 내버리다
폐기물 ⇒ 버림치

폐기종 ⇒ 허파빈기늦
폐단 ⇒ 나쁜 일. 귀찮은 일
폐동맥 ⇒ 허파날핏줄
폐디스토마 ⇒ 허파디스토마
폐렴 ⇒ 허파불늦
폐막 ⇒ 닫음. 끝냄. 닫다. 끝내다
폐막식 ⇒ 닫음굿. 닫음맞이
폐물 ⇒ 버림치. 못 쓸 것
폐백 ⇒ 이바지. 이바지짐
폐병 ⇒ 허파앓이
폐사 ⇒ 쓰러져 죽음. 쓰러져 죽다
폐선 ⇒ 버리는 배. 못쓰는 배
폐쇄 ⇒ 잠금. 닫음. 닫다. 잠그다. 채우다
폐수 ⇒ 구정물. 못쓰는 물. 버림물
폐수종 ⇒ 허파물고임
폐순환 ⇒ 허파피돌기
폐습 ⇒ 나쁜 버릇
폐암 ⇒ 허파궂혹
폐업 ⇒ 드림. 문 닫음. 문닫다. 드리다. 그만두다
폐위 ⇒ 임금 자리 없앰. 임금아내 자리 없앰. 임금 몰아내다. 임금아내 몰아내다
폐인 ⇒ 몸 버린 이. 못 쓸 사람. 결딴난 사람
폐자원 ⇒ 쓰고 난 밑감. 다 쓴 밑감
폐장시간 ⇒ 들마. 문 닫을 때
폐장하다 ⇒ 드림. 끝냄. 마침. 드리다. 문닫다. 끝내다. 마치다
폐점 ⇒ 가게 드림. 문 닫음. 드리다. 문닫다
폐정맥 ⇒ 허파들핏줄
폐지 (廢止) ⇒ 없앰. 그만둠. 없애다. 그만두다
폐지 (廢紙) ⇒ 못 쓰는 종이. 버림종이. 허드렛종이
폐차 ⇒ 수레 없앰. 버린 수레. 수레 버리다
폐차장 ⇒ 수레무덤
폐타이어 ⇒ 못쓰는 고무바퀴. 버린 바퀴. 버린 고무바퀴
폐포 ⇒ 허파꽈리
폐품 ⇒ 버림치. 쓰레기. 못 쓸 것. 버린 것
폐하 ⇒ 섬돌아래
폐하다 ⇒ 닫다. 없애다. 그만두다
폐해 ⇒ 언걸. 지실
폐허 ⇒ 잿더미. 쑥밭. 쑥대밭
폐활량 ⇒ 허파숨들이
폐활량계 ⇒ 숨들이재개
폐회 ⇒ 마침. 모임 마침. 모임 마치다. 끝내다
폐회사 ⇒ 마무리말. 마침말
폐회식 ⇒ 마침굿. 마침잔치
폐휴지 ⇒ 버림 종이. 버림 막종이. 버림 뒷종이. 버림 허드렛종이
포 (脯) ⇒ 저민 고기. 말린 고기
포 (布) ⇒ 베. 천
포 (砲) ⇒ 내쏘개
포개다 (움직씨) ❶놓인 것 위에 다른 것을 다시 놓다 ⓑ접시를 닦아서 포갰다 ❷여러 겹으로 접다 ⓑ일어나자마자 이불을 포갰다
포격 ⇒ 내쏨. 내쏘다. 돌쇠뇌를 쏘다
포경 ⇒ 우멍거지
포경선 ⇒ 고래잡이배
포경수술 ⇒ 자지끝껍질없애기
포고 ⇒ 알림. 널리 알림. 알리다. 널리 알리다
포고령 ⇒ 알림성금
포괄 ⇒ 한데묶음. 뭉뚱그림. 싸다. 한데 묶다. 뭉뚱그리다. 아우르다. 싸잡다. 싸안다
포교 ⇒ 가르침폄
포구 ⇒ 개어귀
포근하다 (그림씨) ❶감싸주듯이 폭신하여 따뜻하고 부드럽다 ⓑ이부자리가 엄마 품처럼 포근하다 큰말푸근하다 ❷날씨가 차지도 않고 바람도 불지 않아 아늑하다 ⓑ겨울인데도 날이 무척 포근하다 ❸느낌이나 기운이 살갑고 따스하다 ⓑ푸른누리 곳곳도 마음닦이들에게 제집에 온 것처럼 포근하게 감쌀 수 있었으면. 알른알른 닦아 놓은 살강이며 반들반들 길이 든 가마뚜껑은 우리 모두를 포근하게 감싸준다 ⇐ 편안하다
포기 (이름씨) 낟이나 남새, 나무들 하나하나 또는 그것을 세는 하나치 ⓑ벼포기. 배추 세 포기로 겉절이를 담갔다. 해 달 별 바람에 무르익어 알알이 포기마다 속삭여주네
포기 ⇒ 그만둠. 손뗌. 그만두다. 손떼다. 마음 접다
포기김치 (이름씨) 배추포기를 길이로 한 디위나

두 디위 잘라 담그는 김치

포대 (布袋) ⇒ 자루

포대 (包袋) ⇒ 내쏘개곳

포대기 이름씨 어린 아이를 업거나 덮을 때 쓰는 작은 이불

포도 ⇒ 하늬머루

포도나무 ⇒ 하늬머루나무

포도당 ⇒ 머루단것

포도대장 ⇒ 도둑 잡는 머리

포도송이 ⇒ 하늬머루송이

포도주 ⇒ 하늬머루술

포도청 ⇒ 도둑 잡는 집

포동포동 어찌씨 매우 통통하게 살이 오른 꼴 ㉥포동포동 젖살이 오른 우리 아기 큰말푸둥푸둥 여린말보동보동

포동포동하다 그림씨 매우 통통하게 살이 오르다 ㉥포동포동한 아기 팔 큰말푸둥푸둥하다 여린말보동보동하다

포로 ⇒ 잡힌 이. 사로잡힌 사람

포르르 어찌씨 **1** 작은 나뭇잎이나 꽃잎 같은 것이 바람에 가볍게 날리는 꼴 ㉥꽃잎이 포르르 날려 내 어깨에 내려앉는다 큰말푸르르 여린말보르르 **2** 작은 새가 갑자기 나는 꼴 ㉥참새가 포르르 날아간다 **3** 적은 물이 세게 끓어오르는 꼴 ㉥물이 포르르 끓는다 **4** 가볍게 발끈 골을 내는 꼴 ㉥순이는 포르르 골이나 눈을 흘긴다 **5** 가볍고 잘게 떠는 꼴 ㉥눈 밑이 포르르 떨린다 **포르르하다**

포르르거리다 움직씨 **1** 작은 나뭇잎이나 꽃잎 같은 것이 바람에 자꾸 가볍게 날리다 **2** 작은 새가 갑자기 자꾸 날다 **3** 적은 물이 잇달아 세게 끓어오르다 **포르르대다**

포르르포르르 어찌씨 **1** 작은 나뭇잎이나 꽃잎 같은 것이 바람에 자꾸 가볍게 날리는 꼴 ㉥밤 잎이 가을 바람에 포르르포르르 떨어진다 큰말푸르르푸르르 여린말보르르보르르 **2** 작은 새가 갑자기 자꾸 나는 꼴 ㉥참새 떼가 포르르포르르 마당으로 내려앉는다 **3** 적은 물이 잇달아 세게 끓어오르는 꼴 ㉥포르르포르르 끓어 넘치는 밥솥 **4** 자꾸 가볍게 발끈발끈 골을 내는 꼴 ㉥푸름이는 포르르포르르 골을 잘 내어 가랑잎에 불 붙듯 한다 **5** 가볍고 잘게 자꾸 떠는 꼴 ㉥추워서 입술이 포르르포르르 떨린다 **포르르포르르하다**

포만 ⇒ 배부름. 가득함. 꽉 차다. 든든하다. 배부르다

포만감 ⇒ 배부른 느낌

포말 ⇒ 거품. 물거품

포목 ⇒ 옷감. 천. 피륙. 베와 무명

포목상 ⇒ 피륙장수

포목전·포목점 ⇒ 피륙가게. 드팀가게

포물선 ⇒ 팔매금

포박 ⇒ 묶음. 옭아맴. 묶다. 동이다. 옭아매다. 잡아 묶다

포병 ⇒ 내쏘개싸울아비

포복 ⇒ 기어감. 덩굴 벋음. 기다. 배밀이하다. 덩굴 벋다

포복절도 ⇒ 배 잡고 웃어대기

포볼 ⇒ 빗공넷

포부 ⇒ 꿈. 큰 뜻. 품은 뜻

포섭 ⇒ 끌어들임. 받아들임. 끌어들이다. 받아들이다

포성 ⇒ 내쏘개소리

포세이돈 ⇒ 바다가람검

포수 (捕手) ⇒ 받는이

포수 (砲手) ⇒ 사냥꾼

포스터 ⇒ 알림그림. 알림표

포슬포슬[1] 어찌씨 **1** 눈이나 비가 가늘고 성기게 내리는 꼴 ㉥가을비가 포슬포슬 내린다 큰말푸슬푸슬 여린말보슬보슬 **2** 작은 나뭇잎 같은 것이 한 잎 두 잎 떨어지는 꼴 ㉥가랑잎이 포슬포슬 떨어진다 **3** 내 같은 것이 자꾸 사이를 두고 나오거나 피어오르는 꼴 ㉥아궁이에 나무를 넣자 굴뚝에서 내가 포슬포슬 피어오른다 **포슬포슬하다**

포슬포슬[2] 어찌씨 날알이나 가루 따위가 물이 적어 엉기지 못하고 쉽게 부스러지는 꼴 ㉥포슬포슬한 감자. 포슬포슬한 흙 큰말푸슬

푸슬 여린말 보슬보슬

포슬포슬하다 그림씨 낟알이나 가루 따위가 물이 적어 엉기지 못하고 쉽게 부스러지다 ㉥포슬포슬한 떡고물이 맛있다 큰말 푸슬푸슬하다 여린말 보슬보슬하다

포승·포승줄 ⇒ 오라. 오랏줄

포시랍다 그림씨 호강스럽다

포식 ⇒ 배불리 먹음. 실컷 먹음. 배불리 먹다. 실컷 먹다

포식자 ⇒ 잡아먹는 숨받이

포실포실[1] 어찌씨 ❶눈이나 비가 가늘고 성기게 내리는 꼴 ㉥비가 차츰 가늘어져 포실포실 내린다 ❷작은 나뭇잎 같은 것이 한 잎 두 잎 힘없이 떨어지는 꼴 ㉥노랗게 물든 잎이 포실포실 내려앉는다 ❸내 같은 것이 자꾸 사이를 두고 나오거나 피어오르는 꼴 ㉥지붕 위 굴뚝 너머로 흰 내가 포실포실 솟아오른다 **포실포실하다**

포실포실[2] 어찌씨 물이 바싹 말라 바스러지기 쉬운 꼴 ㉥갈아 놓은 땅이 포실포실 말라간다

포실포실하다 그림씨 물이 바싹 말라 바스러지기 쉽다

포실하다 그림씨 ❶살림이나 갖춤새가 넉넉하고 오붓하다 ㉥보기에도 포실해 보이는 집 ❷몸에 살이 알맞게 올라 통통하고 부드럽다 ㉥아기가 포실하네 ❸마음씨가 너그럽고 고요하다 ㉥아주머니 포실한 마음 씀에 뭉클했다 ❹눈이나 비, 내, 안개 따위가 많다 ㉥포실하게 깔린 안개

포악하다 ⇒ 사납다. 거칠다. 우악스럽다

포옹 ⇒ 껴안음. 얼싸안음. 껴안다. 얼싸안다

포용 ⇒ 감싸줌. 받아들임. 받아들이다. 감싸다. 감싸주다

포용력 ⇒ 푸접. 너울가지. 너그러운 마음

포위 ⇒ 에움. 둘러쌈. 에우다. 에워싸다. 둘러싸다

포위망 ⇒ 에운 그물. 둘러싸인 속

포유동물 ⇒ 젖먹이숨받이. 젖먹이짐승

포유류 ⇒ 젖먹이붙이

포인트 ⇒ 점. 점수. 자위. 알짬

포자 ⇒ 홀씨

포자번식 ⇒ 홀씨불이

포장 (鋪裝) ⇒ 길 덮기. 길 덮다지기. 길 덮다. 길 씌우다. 돌가루 깔다. 아스팔트 깔다

포장 (包裝) ⇒ 짐꾸림. 싸개. 싸개질. 싸다. 꾸리다. 짐 싸다. 짐 꾸리다

포장끈 ⇒ 짐끈. 싸개끈

포장도로 ⇒ 덮다진길. 돌가룻길. 아스팔트길

포장마차 ⇒ 손수레 술집. 길술집. 바로술집

포장용기 ⇒ 싸개그릇

포장지 ⇒ 싸개. 싸개종이

포장화물 ⇒ 꾸린 짐

포졸 ⇒ 도둑잡이

포즈 (pose) ⇒ 몸가짐. 몸맵시. 몸매. 꼴. 품

포즈 (pause) ⇒ 쉼. 그침

포지션 ⇒ 자리. 맡은 자리

포진 (布陣) ⇒ 떼 펼침. 떼 펼치다

포착 ⇒ 붙잡음. 알아챔. 알아채다. 붙잡다. 눈치채다. 잡아 쥐다

포충식물 ⇒ 벌레잡이푸나무

포켓 ⇒ 주머니

포켓머니 ⇒ 쌈짓돈. 주머닛돈

포크 ⇒ 가장귀. 쇠스랑

포크댄스 ⇒ 겨레춤. 어우렁춤

포크리프트 ⇒ 지게수레

포크송 ⇒ 겨레노래

포클레인 ⇒ 삽수레

포탄 ⇒ 내쏘개알

포탈 ⇒ 떼어먹음. 잘라먹음. 떼어먹다. 빼어먹다. 잘라먹다

포터 ⇒ 짐꾼

포터블 ⇒ 들손. 손연모. 손안에

포테이토칩 ⇒ 튀김감자. 감자튀김

포플러 ⇒ 미루나무

포플린 ⇒ 고운미영

포학하다 ⇒ 사납다. 모질다

포함 ⇒ 넣음. 담음. 들어감. 넣다. 들다. 담다. 품다. 들어가다. 함께 넣다

포화하다 ⇒ 가득 차다. 넘치다

포환 ⇒ 쇠공

포환던지기 ⇒ 쇠공던지기. 쇠알던지기

포획 ⇒ 잡음. 사로잡음. 걸려듦. 잡다. 사로잡다. 걸려들다

포효 ⇒ 외침. 울부짖음. 으르렁거림. 외치다. 울부짖다. 으르렁거리다

폭[1] 이름씨 ❶그 갈래에 딸린 것 ⓑ내가 그래도 공을 좀 차는 폭이다 한뜻말쪽 ❷그런 일 쪽 ⓑ차라리 모르는 폭이 낫겠어 ⇐ 편 ❸그리 헤아리는 쪽 ⓑ다시 태어나는 폭 잡고 하면 돼. 적어도 사흘은 걸린 폭이다 한뜻말셈 ❹그 크기에 이르는 만큼 ⓑ몸무게가 내 곱절 폭은 돼 보인다. 딸기 스무 날 폭은 먹었겠지 ⇐ 정도

폭[2] 어찌씨 ❶깊게 빠져 들어가는 꼴 ⓑ개펄에 발이 폭 빠졌다 큰말푹 ❷조금 깊게 팬 꼴 ⓑ큰물이 져 길바닥이 폭 패었다 ❸숟가락 같은 것으로 무엇을 쏙 퍼내는 꼴 ⓑ된장을 폭 떠냈다 ❹못 같은 것을 세게 찌르거나 쑤시는 꼴 ⓑ바늘로 손톱 끝을 폭 찔렀다 ❺작고 야윈 것이 힘없이 쓰러지는 꼴 ⓑ새미는 일에 지쳐서 앞으로 폭 고꾸라졌다 ❻고개를 살짝 숙이는 꼴 ⓑ꾸중을 듣자 꽃부리는 고개를 폭 숙였다 ❼드러나지 않게 잘 덮어 싸거나 가리는 꼴 ⓑ머리부터 홑이불을 폭 뒤집어썼다 ❽깊은 잠이 들거나 마음 놓고 쉬는 꼴 ⓑ단잠에 폭 빠졌다 ❾여느 때보다 오래 삶거나 끓이는 꼴 ⓑ소꼬리 뼈를 폭 고았다 ❿함씬 익거나 썩거나 삭는 꼴 ⓑ열무김치가 폭 삭았다 ⓫가루나 내 같은 것이 작은 구멍으로 한꺼번에 많이 쏟아져 나오는 꼴 ⓑ쌀통 단추를 누르자 쌀이 폭 쏟아져 나왔다 ⓬마음이 몹시 아픈 꼴 ⓑ아들이 나쁜 짓을 해서 엄마 속이 폭 썩었다

폭 (幅) ⇒ 나비. 너비

폭격 ⇒ 터지개로 침. 터지개로 치다

폭격기 ⇒ 터트리는 날틀

폭군 ⇒ 몹쓸 임금

폭넓다 ⇒ 너비 넓다. 너그럽다

폭도 ⇒ 못된 무리. 사나운 떼

폭동 ⇒ 사나운 뮘

폭등 ⇒ 뛰어오름. 갑작 뜀. 뛰어오르다. 갑자기 뛰다. 치솟다

폭락 ⇒ 떨어짐. 폭삭 내림. 떨어지다. 폭삭 내리다. 곤두박질치다. 내리꽂다

폭력 ⇒ 거친 힘. 거친 힘누름

폭력물 ⇒ 사나움뮘그림. 싸울아비뮘그림

폭력배 ⇒ 싸움떼

폭로 ⇒ 들춤. 까발림. 들추다. 까발리다. 드러내다. 알리다. 떠들다. 털어놓다

폭리 ⇒ 지나치게 남김. 높은 길미. 갑작벌이

폭발 (爆發) ⇒ 터짐. 터지다

폭발 (暴發) ⇒ (마음)터짐. 갑자기 나옴. 터지다. 터져 나오다. 갑자기 일어나다

폭발력 ⇒ 터짐힘

폭발물 ⇒ 터지개

폭발적 ⇒ 걷잡을 수 없는. 갑자기 터지는

폭삭 어찌씨 ❶아주 엉성한 것이 쉽게 가라앉거나 부서지거나 주저앉는 꼴 ⓑ널집이 폭삭 주저앉았다 큰말푹석 ❷쌓였던 먼지나 가루 따위가 갑자기 조금 일어나는 꼴 ⓑ먼지가 폭삭 일었다 ❸버티는 힘이 줄고 몸이 늙어 버린 꼴 ⓑ거울을 보니 얼굴이 폭삭 늙었네 ❹기운이 아주 꺼져 들어가는 꼴 ⓑ하루아침에 집안이 폭삭 기울었다 ❺몹시 삭거나 썩은 꼴 ⓑ폭삭 삭은 젓갈 ❻작은 그릇에 담긴 물이나 가루 같은 것을 한꺼번에 쏟는 꼴 ⓑ그릇에 담은 물을 폭삭 엎질렀다 **폭삭하다**

폭삭거리다 움직씨 ❶아주 엉성한 것이 자꾸 힘없이 가라앉거나 부서지거나 주저앉으며 가루나 먼지가 일다 큰말푹석거리다 ❷쌓였던 먼지나 가루 따위가 자꾸 조금씩 일어나다 **폭삭대다**

폭삭폭삭 어찌씨 ❶아주 엉성한 것이 자꾸 힘없이 가라앉거나 부서지거나 주저앉는 꼴 ⓑ날씨가 따뜻해서 쌓인 눈을 밟으니 발자국이 폭삭폭삭 나면서 땅바닥이 보인다 큰말푹석푹석 ❷쌓였던 먼지나 가루 따위가 자꾸 조금씩 일어나는 꼴 ⓑ이불을 터니 먼

지가 폭삭폭삭 일었다 **3**버티는 힘이 자꾸 줄고 몸이 늙어버린 꼴 ⓑ일흔이 넘으니 할매 할배들이 한 해가 다르게 폭삭폭삭 늙는다 **4**기운이 자꾸 꺼져들어가는 꼴 ⓑ불이 폭삭폭삭 사그라진다 **5**몹시 자꾸 삭거나 썩은 꼴 ⓑ폭삭폭삭 김치가 잘 삭았다 **6**작은 그릇에 담긴 물이나 가루 같은 것을 자꾸 쏟는 꼴 ⓑ바닷물에서 놀던 아이들이 바가지로 민물을 떠서 폭삭폭삭 몸에 쏟아부으며 짠물을 씻어낸다 **폭삭폭삭하다**

폭서·폭염 ⇒ 된더위. 한더위. 무더위. 불볕더위

폭설 ⇒ 큰눈. 소낙눈

폭소 ⇒ 큰웃음. 너털웃음

폭식 ⇒ 소나기밥

폭신폭신 어찌씨 살에 닿는 느낌이 부드럽고 퉁새 있는 꼴 ⓑ푹신푹신 밟히는 잔디밭을 걸어 마당으로 나갔다

폭신하다 그림씨 살에 닿는 느낌이 부드럽고 퉁새 있다

폭압 ⇒ 윽박질. 윽박지르다. 을러 누르다

폭약 ⇒ 터짐몬. 터짐몬밭

폭언 ⇒ 모진 말. 거친 말. 사나운 말

폭우 ⇒ 억수. 작달비. 동이비

폭음·폭주 (暴飮) ⇒ 들이마심. 퍼마심

폭음 (爆音) ⇒ 터짐소리

폭정 ⇒ 모진 다스림

폭주 ⇒ 거칠게 달림. 사납게 달림. 거칠게 달리다. 사납게 달리다

폭죽 ⇒ 딱쏘개. 불딱쏘개

폭탄 ⇒ 터지개

폭파 ⇒ 터뜨려 부숨. 터뜨리다. 터뜨려 부수다

폭포 ⇒ 쏟물. 물떠러지. 쏠

폭폭 어찌씨 **1**깊게 빠져 들어가는 꼴 ⓑ눈구덩이에 폭폭 빠져서 걷기가 힘들다 큰말푹푹 **2**조금 깊게 팬 꼴 ⓑ작달비가 와서 마당이 폭폭 패였다 **3**숟가락 같은 것으로 무엇을 쏙 퍼내는 꼴 ⓑ아이들은 배가 고픈지 밥을 폭폭 퍼먹는다 **4**못 같은 것을 세게 찌르거나 쑤시는 꼴 ⓑ막대기로 구멍을 폭폭 쑤셨다. 바늘로 폭폭 찌르듯이 뼈마디가 쑤신다 **5**작고 야윈 것이 힘없이 쓰러지는 꼴 ⓑ고추가 빗줄기에 폭폭 쓰러졌다. 더위에 병아리들이 견디지 못하고 폭폭 쓰러진다 **6**고개를 살짝 숙이는 꼴 ⓑ벼가 여물어 이삭이 폭폭 고개를 숙인다 **7**드러나지 않게 잘 덮어 싸거나 가리는 꼴 ⓑ추워서 저마다 이불을 폭폭 뒤집어쓰고 마음 닦는다 **8**깊은 잠이 들거나 마음 놓고 쉬는 꼴 ⓑ잠에 폭폭 빠져들었다 **9**여느 때보다 오래 삶거나 끓이는 꼴 ⓑ소머리뼈를 폭폭 고았다. 기저귀를 폭폭 삶았다 **10**함씬 익거나 썩거나 삭는 꼴 ⓑ가오리를 폭폭 삭혀 한 그릇 냈다 **11**가루나 내 같은 것이 작은 구멍으로 한꺼번에 많이 쏟아져 나오는 꼴 ⓑ방앗간에서는 한쪽 구멍에는 쌀이 폭폭 쏟아져 나오고 뒤곁으로는 등겨가 나온다 **12**마음이 몹시 아픈 꼴 ⓑ아들마다 엄마 속을 폭폭 썩인다

폭풍 ⇒ 세찬 바람

폭풍우 ⇒ 비보라. 세찬 비바람

폭한 ⇒ 된추위. 한추위

폭행 ⇒ 때림. 두들겨 팸. 때리다. 두들겨 패다

폴 ⇒ 긴막대

폴더 ⇒ 접개. 개키개

폴딱 어찌씨 작은 것이 가볍고 힘차게 뛰는 꼴 ⓑ아이들이 낮은 고랑을 폴딱 넘었다 큰말풀떡 **폴딱하다**

폴딱거리다 움직씨 작은 것이 가볍고 힘차게 자꾸 뛰다 큰말풀떡거리다 **폴딱대다**

폴딱폴딱 어찌씨 작은 것이 가볍고 힘차게 자꾸 뛰는 꼴 ⓑ개구리가 폴딱폴딱 논둑을 뛰어넘는다 큰말풀떡풀떡 **폴딱폴딱하다**

폴리에스테르 이름씨 질기고 잘 구겨지지 않으면서 더움에 센 만든 올실

폴싹 어찌씨 **1**작은 것이 힘없이 그대로 주저앉거나 가라앉는 꼴 ⓑ다람쥐가 풀밭에 폴싹 내려와 먹이를 찾는다 큰말풀썩 **2**살이 빠지고 힘이 줄어 갑자기 늙어버린 꼴 ⓑ어느덧 폴싹 늙었다 **3**먼지나 내 같은 것이

갑자기 조금 몽키어 일어나는 꼴 ⓑ날개를 치는 암탉 밑에서 먼지가 폴싹 일어난다 **폴싹하다**

폴싹거리다 움직씨 ❶작은 것이 힘없이 자꾸 주저앉거나 가라앉다 큰말풀썩 ❷살이 빠지고 힘이 줄어 갑자기 자꾸 늙어버리다 ❸먼지나 내 같은 것이 갑자기 조금 몽키어 자꾸 일어나다 **폴싹대다**

폴싹폴싹 어찌씨 ❶작은 것이 힘없이 자꾸 주저앉거나 가라앉는 꼴 ⓑ잘 익은 벼들이 일꾼들 낫질에 폴싹폴싹 눕는다 큰말풀썩풀썩 ❷살이 빠지고 힘이 줄어 갑자기 자꾸 늙어버린 꼴 ⓑ며칠을 앓더니 폴싹폴싹 늙어버렸다 ❸먼지나 내 같은 것이 갑자기 조금 몽키어 자꾸 일어나는 꼴 ⓑ굴뚝에서 내가 폴싹폴싹 피어오른다 **폴싹폴싹하다**

폴짝 어찌씨 ❶작은 것이 세차고 가볍게 날거나 뛰어오르는 꼴 ⓑ개구리가 잎사귀 위로 폴짝 뛰어올랐다 큰말풀쩍 ❷작은 미닫이나 방문 같은 것이 깜찍스레 갑자기 열어젖히는 꼴 ⓑ문을 폴짝 열고 환하게 웃고 들어서는 해맑음님 **폴짝하다**

폴짝거리다 움직씨 ❶작은 것이 세차고 가볍게 자꾸 날거나 뛰어오르다 큰말풀쩍거리다 ❷작은 미닫이나 방문 같은 것이 깜찍스레 자꾸 열어젖히다 **폴짝대다**

폴짝폴짝 어찌씨 ❶작은 것이 세차고 가볍게 자꾸 날거나 뛰어오르는 꼴 ⓑ아이들이 놀잇감을 받아들고 폴짝폴짝 뛰었다 큰말풀쩍풀쩍 ❷작은 미닫이나 방문 같은 것이 깜찍스레 자꾸 열어젖히는 꼴 ⓑ아이들이 폴짝폴짝 방문을 열어젖히고 쉴 새 없이 드나든다 **폴짝폴짝하다**

폴카 이름씨 빠른 하늬 춤가락. 또는 이 가락에 맞춰 추는 춤

폴폴 어찌씨 ❶눈이나 먼지, 재 따위가 흩날리는 꼴 ⓑ아궁이에서 재가 폴폴 흩날린다 큰말풀풀 ❷한숨을 자꾸 쉬는 꼴 ⓑ한숨만 폴폴 쉬지 말고 얼른 일어나요 **폴폴하다**

폴폴거리다 움직씨 ❶눈이나 먼지, 재 따위가 자꾸 흩날리다 큰말풀풀거리다 ❷자꾸 한숨을 쉬다 **폴폴대다**

폼 ⇒ 맵시. 꼴. 품

폼페이 이름씨 이탈리아 마녘에 있던 옛 고을. 79해에 베수비오 불메가 터져 묻혔다가 1700해 뒤에 파내었다

퐁당 어찌씨 ❶작고 단단한 것이 물속에 떨어질 때 가볍게 나는 소리나 그 꼴 ⓑ엄마는 물을 길고 아이는 돌을 샘에 퐁당 던졌다 큰말풍덩 ❷밥이나 죽 같은 것이 잘 삭아서 가라앉는 꼴 ⓑ좋은 질금으로 단술을 만들었더니 밥이 퐁당 잘 삭아 노란 엿물만 위에 떴다 ❸힘없이 주저앉는 꼴 ⓑ무거운 지게를 내려놓고는 퐁당 그 자리에 주저앉는다 **퐁당하다**

퐁당거리다 움직씨 ❶작고 단단한 것이 물속에 자꾸 떨어지며 잇달아 가볍게 소리가 나다 큰말풍덩거리다 ❷여럿이 다 또는 잇달아 삭아서 가라앉다 ❸여럿이 다 또는 잇달아 힘없이 주저앉다 **퐁당대다**

퐁당퐁당 어찌씨 ❶작고 단단한 것이 물속에 자꾸 떨어질 때 잇달아 가볍게 나는 소리나 그 꼴 ⓑ아이들이 냇물에 얄팍한 돌을 퐁당퐁당 던진다 큰말풍덩풍덩 ❷여럿이 다 또는 잇달아 삭아서 가라앉는 꼴 ⓑ솥마다 퐁당퐁당 잘 삭았으니 이 디위 엿물은 꽤 잘된 것 같다 ❸여럿이 다 또는 잇달아 힘없이 주저앉는 꼴 ⓑ어머니! 하며 꽃분이 언아우들은 어머니 주검 앞에 퐁당퐁당 주저앉는다 **퐁당퐁당하다**

표 (票) ⇒ 뜻쪽. 종이쪽. 어음쪽. 종이돈

표 (表) ⇒ 겉. 거죽. 바깥

표 (標) ⇒ 보람. 티. 자국. 자리. 자취

표결 ⇒ 표로 잡음. 표로 잡다

표고·표고버섯 이름씨 줄기는 굵고 짧으며 둥근 꼴 갓은 짙은 밤빛인 버섯. 참나무 죽은 줄기에 절로 난 것을 따거나 참나무에 씨를 넣어 길러서 먹는다 ⓑ표고는 겉낯이 그물꼴로 군데군데 갈라진 것이 좋은 것이다

표구 ⇒ 겉꾸밈

표기 ⇒ 적어둠. 적음. 쓰다. 적다. 적어두다

표독스럽다 ⇒ 살차다

표독하다 ⇒ 사납다. 모질다. 살차다

표류 ⇒ 떠돌이. 떠다님. 흘러가다. 떠돌다. 떠다니다

표리 ⇒ 안팎. 겉속. 몸가짐과 속마음

표리부동하다 ⇒ 앞뒤가 다르다. 겉속다르다. 음충맞다

표면 ⇒ 겉. 거죽. 겉쪽. 바깥쪽. 껍질

표면장력 ⇒ 낯켕김힘

표면장식 ⇒ 겉치레. 눈치레

표면적 (表面的) ⇒ 눈에 띄는. 겉에 드러난

표면적 (表面積) ⇒ 겉넓이

표면층·표층 ⇒ 겉켜

표면화 ⇒ 드러남. 나타냄. 드러나다. 나타나다. 드러내다. 나타내다

표명·표백 ⇒ 드러냄. 밝힘. 드러내다. 밝히다

표방 ⇒ 내세움. 내걸음. 내세우다. 내걸다

표백·포백 ⇒ 마전. 바래기. 바램. 뉨. 누임. 누임질. 바래다. 누이다. 뉘다

표백분·표백제 ⇒ 마전가루

표범 ⇒ 아롱범. 알락범. 돈점박이

표변 ⇒ 홱 달라짐. 갑작바뀜. 홱 달라지다. 갑자기 바뀌다

표본 ⇒ 겨냥. 밑보기. 판박이. 거울

표상 ⇒ 보기. 밑보기. 바탕보기

표시 (標示) ⇒ 보람

표시 (表示) ⇒ 나타냄. 드러냄. 나타내다. 드러내다

표시등 ⇒ 나타냄불

표어 ⇒ 깨우침 말. 내세움 말

표음문자 ⇒ 소리글자

표의문자 ⇒ 뜻글자

표적 (表迹) ⇒ 자국. 자취

표적·표절 ⇒ 글 도둑질. 노래 도둑질. 글 훔치기. 노래 훔치기. 글 베끼다. 노래 베끼다. 글 훔치다

표적·표점 (標的) ⇒ 과녁. 솔

표적물 ⇒ 과녁. 솔

표정 ⇒ 낯빛. 낯꼴. 얼굴빛

표제 ⇒ 건이름. 이름

표제어 ⇒ 올림말

표주박 ⇒ 조롱박. 종구라기. 깔때기

표준 ⇒ 대중. 가늠. 잣대

표준말·표준어 ⇒ 대중말

표준시 ⇒ 대중때

표준체중 ⇒ 대중몸무게

표준화 ⇒ 잣대맞춤. 대중삼음

표지 (表紙) ⇒ 책겉. 책뚜껑

표지 (標識) ⇒ 보람

표지판 ⇒ 보람널. 알림널

표찰 ⇒ 보람표

표창 ⇒ 기림. 기리다

표창장 ⇒ 기림종이

표출 ⇒ 나타남. 드러남. 나타내다. 드러내다

표피 ⇒ 겉. 가죽. 살갗. 겉가죽. 겉껍질. 살가죽

표하다 (標) ⇒ 자국 내다. 보람 두다

표하다 (表) ⇒ 드러내다. 나타내다

표현 ⇒ 나타냄. 드러냄. 보임. 나타내다. 드러내다. 보이다. 담다. 그리다. 담아내다

푯말·표목 ⇒ 보람말뚝

푸 [어찌씨] 입술을 닫았다 벌리며 입김을 내뿜는 소리나 그 꼴 ㉥언니는 한숨을 푸 내쉬더니 다시 생각에 잠겼다

푸근하다 [그림씨] ❶겨울날 치고 바람이 없고 아주 따뜻하다 ㉥날이 많이 풀렸는지 더 푸근하다 작은말 포근하다 ❷몸에 닿는 느낌이 부드럽다 ㉥푸근한 깁목도리. 푸근한 잔디밭 ❸마음씨나 모습이 무던하다 ㉥언제나 푸근한 웃음을 웃던 어머니 얼굴을 떠올린다 ❹마음이나 기운이 아주 부드럽고 따뜻하다 ㉥옆집 아주머니는 푸근한 마음씨를 가졌다 ⇐ 편하다

푸나무 [이름씨] 산것 가운데서 숨받이와 나뉘는 한 가지. 마음대로 움직일 수 없고 얼날과 느낌이 거의 없으나 잔삼바람이 있다. 물기를 빨아들이고 잎파랑이에서 빛지음을 하여 살감을 얻으며 살남을 내보내고 두살남숯남를 빨아들인다. 흔히 뿌리, 줄기, 잎 등을 갖춘 것이 많으나, 낮은 좀산것에서는 숨받이와 가려내기 어려운 것도 있

다 ⇐ 식물

푸네기 이름씨 가까운 제살붙이 ⓑ아지매는 나도 돈 뜯으러 온 푸네기인가 싶어 미덥지 않은 눈치였어 ⇐ 일가친척

푸념 이름씨 마음속에 차지 않아 투덜거림. 또는 그런 말 ⓑ샛돌은 다시 푸념을 털어놓았다 한뜻말넋두리 ⇐ 불평

푸다 움직씨 ❶속에 들어 있는 물이나 기름 같은 것을 떠내다 ⓑ우물에서 물을 푸다. 기름통에서 기름을 푸다 ❷가루나 낟알, 물고기 따위를 담아내다 ⓑ자루에서 밀가루를 푸다. 밥을 푸다. 모래를 한 바가지 퍼담았다

푸다닥 어찌씨 ❶새가 힘있게 빨리 날개를 치는 소리나 그 꼴 ⓑ마당에 앉았던 까치가 푸다닥 날아간다 큰말푸더덕. 푸드득 ❷물고기가 힘있게 꼬리를 치거나 뛰어오르는 소리나 그 꼴 ⓑ못에서 큰 물고기가 푸다닥 뛰어올랐다 **푸다닥하다**

푸다닥거리다 움직씨 ❶새가 힘있게 빨리 날개를 잇달아 치다. 또는 그런 소리를 내다 큰말푸더덕거리다. 푸드득거리다 ❷물고기가 힘있게 꼬리를 잇달아 치거나 뛰어오르다. 또는 그런 소리를 내다 **푸다닥대다**

푸다닥푸다닥 어찌씨 ❶새가 힘있게 빨리 날개를 잇달아 치는 소리나 그 꼴 ⓑ까마귀 떼가 푸다닥푸다닥 날아간다 큰말푸더덕푸더덕. 푸드득푸드득 ❷물고기가 힘있게 꼬리를 잇달아 치거나 뛰어오르는 소리나 그 꼴 ⓑ메기가 못에서 푸다닥푸다닥 헤엄친다 **푸다닥푸다닥하다**

푸닥거리 이름씨 단골무당이 못된 것을 쫓아내고 맺힌 것을 푼다고 조촐하게 차려놓고 하는 굿 ⓑ수수하게 상을 차리고 푸닥거리를 해서 하늘을 달랬다 **푸닥거리하다**

푸대접 ⇒ 멀리함. 외댐. 업신여김

푸덕 어찌씨 ❶새가 좀 힘없이 날개를 치는 소리나 그 꼴 ⓑ몇 발 앞에서 푸덕 날아오르는 꿩 작은말포닥 ❷물고기가 좀 힘없이 꼬리를 치거나 뛰어오르는 소리나 그 꼴 ⓑ미꾸라지가 푸덕 뛰어오른다 **푸덕하다**

푸덕거리다 움직씨 ❶새가 좀 힘없이 날개를 잇달아 치거나 치는 소리를 내다 작은말포닥거리다 ❷물고기가 좀 힘없이 꼬리를 잇달아 치거나 뛰어오르다. 또는 그런 소리를 내다 **푸덕대다**

푸덕푸덕 어찌씨 ❶새가 좀 힘없이 날개를 잇달아 치는 소리나 그 꼴 ⓑ새들이 푸덕푸덕 날아오른다 작은말포닥포닥 ❷물고기가 좀 힘없이 꼬리를 잇달아 치거나 뛰어오르는 소리나 그 꼴 ⓑ통발에 든 모래무지들이 푸덕푸덕 버둥거린다 **푸덕푸덕하다**

푸둥푸둥 어찌씨 매우 통통하게 살이 오르고 푸짐한 꼴 ⓑ푸둥푸둥 살이 오른 새끼 돼지 작은말포동포동 여린말부둥부둥

푸둥푸둥하다 그림씨 매우 통통하게 살이 오르고 푸짐하다 작은말포동포동하다 여린말부둥부둥하다

푸드덕 어찌씨 큰 새나 물고기가 크고 힘차게 날개나 꼬리를 치는 소리나 그 꼴 ⓑ닭이 푸드덕 횃대에 날아올랐다. 그물에 잡힌 물고기들이 푸드덕 뛰어오른다 작은말포드닥 **푸드덕하다**

푸드덕거리다 움직씨 큰 새나 물고기가 크고 힘차게 날개나 꼬리를 잇달아 치거나 치는 소리를 내다 작은말포드닥거리다 **푸드덕대다**

푸드덕푸드덕 어찌씨 큰 새나 물고기가 크고 힘차게 날개나 꼬리를 잇달아 치는 소리나 그 꼴 ⓑ장끼와 까투리 떼가 사람이 지나가자 푸드덕푸드덕 날아오른다 작은말포드닥포드닥 **푸드덕푸드덕하다**

푸드뱅크 ⇒ 먹거리 나눔터

푸들거리다 움직씨 ❶몸을 크게 잇달아 떨다 여린말부들거리다 ❷몸이 뒴새 있게 흔들리거나 움직이다 **푸들대다**

푸들쩍 어찌씨 물고기가 힘있게 꼬리를 치거나 몸을 굽혔다 폈다 하는 꼴 ⓑ그물에 걸린 물고기가 마지막 힘을 다하여 푸들쩍 뛴다 **푸들쩍하다**

푸들쩍거리다 움직씨 물고기가 자꾸 힘있게 꼬

리를 치거나 몸을 굽혔다 폈다 하다 **푸들쩍대다**

푸들쩍푸들쩍 어찌씨 물고기가 자꾸 힘있게 꼬리를 치거나 몸을 굽혔다 폈다 하는 꼴 ⓑ풀어준 물고기들이 푸들쩍푸들쩍 꼬리를 치며 깊은 데로 들어간다 **푸들쩍푸들쩍하다**

푸들푸들 어찌씨 ❶몸을 크게 잇달아 떠는 꼴 ⓑ아우는 골이 잔뜩 나서는 온몸을 푸들푸들 떨면서 덤벼들었다 여린말부들부들 ❷몸이 뒴새 있게 흔들리거나 움직이는 꼴 ⓑ푸들푸들 살아 꿈틀거리는 붓끝 ❸골이 나서 씩씩거리는 꼴 ⓑ한돌이는 참지 못하고 푸들푸들 골을 냈다 **푸들푸들하다**

푸렁 이름씨 푸른 빛깔 또는 그런 빛을 띤 물감 ⓑ아이들 옷을 검은 물이나 푸렁 물을 들이면 더러움을 덜 탄다 작은말파랑

푸르께하다 그림씨 고르지도 짙지도 않게 푸른 듯하다 ⓑ잔디밭이 푸르께하게 바뀌었다 작은말파르께하다

푸르다 그림씨 ❶풀빛과 같다 ⓑ푸른 소나무. 푸른 잎 ❷낟이나 열매가 다 익지 않다 ⓑ푸른 대추. 푸른 감 ❸젊음이 넘치다 ⓑ푸름이들은 푸른 꿈을 안고 푸른 때를 잘 보내야 한다 ❹꿈이나 큰 뜻 같은 것이 크고 아름답다 ⓑ푸른 때. 푸른 꿈. 젊을 때 푸른 꿈을 꿔보지 않은 사람이 있을까!

푸르뎅뎅하다·푸르딩딩하다 그림씨 조금 칙칙하게 푸르거나 푸른 듯하다 ⓑ멍이 푸르뎅뎅하게 들었다 작은말파르댕댕하다

푸르르 어찌씨 ❶나뭇잎같이 가벼운 것이 바람에 날리는 소리나 그 꼴 ⓑ가을바람에 물든 나뭇잎이 푸르르 떨어진다 작은말포르르 여린말부르르 ❷새가 갑자기 마구 날아가는 소리나 그 꼴 ⓑ던진 돌이 대나무를 딱 맞히자 대숲에 있던 참새떼가 푸르르 날아오른다 ❸물이 끓어오르는 소리나 그 꼴 ⓑ된장국이 푸르르 끓기 비롯한다 ❹가볍게 불끈 골을 내는 꼴 ⓑ언니는 푸르르 골을 내고는 뒤도 돌아보지 않고 나갔다

푸르스름하다·푸르스레하다·푸릇하다 그림씨 조금 푸르거나 푸른 듯하다 ⓑ새벽 달빛이 푸르스름하다 작은말파르스름하다. 파르스레하다. 파릇하다

푸르싱싱하다 그림씨 푸르고 싱싱하다 ⓑ저자에는 푸르싱싱한 남새가 한가득이다

푸르죽죽하다 그림씨 칙칙하게 조금 푸르거나 푸른 듯하다 ⓑ싸늘한 주검이 차츰 푸르죽죽하게 바뀌었다 작은말파르족족하다

푸른가시덩굴 이름씨 줄기에 가시가 많은 덩굴. 어린싹은 맛있는 나물이다 ⇐ 청가시덩굴

푸른곰팡이 이름씨 푸른빛 곰팡이를 모두 일컫는 말. 빵, 떡 같은 살음몬이 많은 데 잘 생기는데 나쁜 것도 있지만 좋은 팡이도 있다

푸른구리그릇때 이름씨 잠개나 연장을 푸른구리로 만들어 쓰던 때. 돌그릇때와 쇠그릇때 가운데 때로, 푸른구리를 씀으로써 낳이힘이 커져 힘센 나라가 생겨났다 ⇐ 청동기시대

푸른눈 이름씨 눈 검은 자위가 푸른 눈. 하늬사람 ⇐ 벽안

푸른뿔바닷말 이름씨 얕고 맑은 바닷물 속 바위에 붙어사는 바닷말. 짙푸른 빛으로 부드럽고 사슴 뿔처럼 생겼다 ⇐ 청각

푸른빛 이름씨 풀빛 ⓑ가을이 되자 뒷메는 푸른빛이 울긋불긋한 빛으로 바뀌었다 ⇐ 녹색. 푸른색

푸른새치 이름씨 몸길이가 3미터쯤 되는 먼바다물고기. 몸은 검푸르고 살은 복숭앗빛이고 주둥이가 뾰족하게 길다 ⇐ 청새치

푸른팥 이름씨 팥과 비슷한데 잎은 한 꼭지에 세 낱씩 겹잎으로 나고 여덟달에 긴 꽃대에 노란 꽃이 피고 긴 꼬투리는 익으면 검어지고 그 안 씨는 팥보다 작고 푸른빛이다. 씨는 갈아서 빈대떡이나 죽을 쑤어 먹는다 ⇐ 녹두

푸른팥묵 이름씨 푸른팥 앙금가루로 쑨 묵 ⇐ 청포

푸름이 이름씨 몸이나 마음이 한창 자라거나 무르익는 때에 있는 사람 ⇐ 청년. 청소년. 틴에이저

푸릇푸릇 어찌씨 군데군데 조금 푸르스름한

꼴 ⓑ새싹이 푸릇푸릇 올라왔다 작은말 파릇파릇

푸릇푸릇하다 그림씨 군데군데 푸르스름하다 ⓑ가람둑엔 온갖 나물이 푸릇푸릇하게 돋아난다

푸릿푸릿 어찌씨 군데군데 조금 짙게 푸르스름한 꼴 ⓑ이틀이 지나자 구레나룻이 푸릿푸릿 다시 돋아났다

푸릿하다 그림씨 빛깔이 조금 푸르다 ⓑ푸릿한 이른 새벽에 길을 나섰다

푸새 이름씨 ❶메와 들에 저절로 나서 자라는 풀을 통틀어 이르는 말 ❷옷이나 천에 풀을 먹이는 일

푸서리 이름씨 들풀이 우거진 거친 땅 ⇐ 초원. 황무지. 황야

푸서릿길 이름씨 온갖 풀이 우거진 길

푸석 어찌씨 굳기나 찰기가 없이 쉽게 부스러지는 꼴 여린말 부석 **푸석하다**

푸석돌 이름씨 쑥돌이나 바뀐쑥돌 따위가 바람에 삭아 푸석푸석해진 돌 한뜻말 석돌 ⇐ 풍화석

푸석살 이름씨 ❶핏기가 없고 부은 듯 무른 살 ❷조금 앓아도 살이 쑥 빠지는 사람 살

푸석푸석 어찌씨 ❶살이 핏빛 없이 부어오르고 거친 꼴 ⓑ간밤에 잠을 설쳤는지 얼굴이 푸석푸석하다 여린말 부석부석 ❷굳기나 찰기가 없이 아주 쉽게 부스러지는 꼴

푸석푸석하다 그림씨 ❶살이 핏기 없이 매우 부어오른 듯하고 거칠다 여린말 부석부석하다 ❷굳기나 찰기가 없이 매우 부스러지기 쉽다

푸석하다 그림씨 ❶핏기 없이 좀 부어오른 듯하고 거칠다 ⓑ아이 낳고 푸석한 며느리 얼굴 여린말 부석하다 ❷굳기나 찰기가 없이 부스러지기 쉽다 ⓑ책갈피에 끼워둔 나뭇잎이 푸석하고 부스러진다 ❸부피만 크고 옹골차지 못하다

푸성귀 이름씨 가꾼 남새나 절로 난 나물 ⓑ봄이 되면 집 둘레 들과 메에 갖은 푸성귀가 넘친다 비슷한말 남새. 나물

푸수하다 그림씨 ❶마음씨가 까다롭거나 사납지 않고 무던하다 ⓑ사람이 푸수한 것 같지만 꽤 깐깐하단다 한뜻말 수수하다 ❷말이나 짓이 수수하고 텁텁하다 ⓑ푸수한 생김새

푸슬거리다 움직씨 ❶눈이나 가루같이 가벼운 것이 힘없이 성기게 흩어져 날리다 ❷몬에서 가루나 작은 부스러기들이 힘없이 부스러져 떨어지다 **푸슬대다**

푸슬푸슬[1] 어찌씨 ❶눈이나 가루같이 가벼운 것이 힘없이 성기게 흩어져 날리는 꼴 ⓑ밖에서는 어느새 눈이 푸슬푸슬 내린다 작은말 포슬포슬 여린말 부슬부슬 ❷몬에서 가루나 작은 부스러기들이 힘없이 부스러져 떨어지는 꼴 ⓑ모래가 푸슬푸슬 떨어지는 낡은 담벼락. 살짝 닿아도 푸슬푸슬 떨어지는 낡은 보꾹 종이 ❸내 같은 것이 성기게 조금씩 나오거나 피어오르는 꼴 ⓑ굴뚝에서는 하얀 내가 푸슬푸슬 피어오른다 **푸슬푸슬하다**

푸슬푸슬[2] 어찌씨 물기가 적어 잘 엉기지 않거나 흩어지는 꼴 ⓑ떡고물이 푸슬푸슬 떨어지니 손이나 그릇으로 받치고 먹어라 작은말 포슬포슬 여린말 부슬부슬

푸슬푸슬하다 그림씨 힘없이 부스러지거나 흩어지는 바탈이 있다 ⓑ푸슬푸슬한 흙이 무너져 내린다 한뜻말 푸실푸실하다 작은말 포슬포슬하다 여린말 부슬부슬하다

푸싱 ⇒ 떠밀기

푸접 이름씨 남에게 너그럽고 따뜻하게 맞이하는 마음씨 ⓑ푸접이 좋다. 푸접이 있게 군다 ⇐ 포용력

푸접스럽다 그림씨 살가움이 없어 쌀쌀하고 무뚝뚝하다

푸접없다 그림씨 너울가지가 없고 쌀쌀맞다

푸주 이름씨 ❶소나 돼지 따위 짐승을 잡거나 그 고기를 다루는 일 ❷쇠고기, 돼지고기 따위 고기를 끊어 팔던 가게

푸주질 이름씨 소나 돼지 따위 짐승을 잡거나 그 고기를 다루는 일

ㅍ

푸줏간 ⇒ 푸주. 다림방. 고깃집

푸지다 그림씨 ❶흐뭇할 만큼 넉넉하다 ⓑ눈이 푸지게도 내린다. 푸지게 차려놓은 저녁 놓개 ❷몸집이나 생김새가 보기 좋게 살집이 있다 ⓑ벗 버시는 푸지게도 생겼데

푸짐하다 그림씨 꽤 푸지다 ⓑ아들 난 날을 맞아 푸짐하게 차려냈다 ⇐ 풍성하다. 풍부하다

푸푸 어찌씨 입술을 잇달아 닫았다 벌리며 입김을 내뿜는 소리나 그 꼴 ⓑ가쁜 숨을 푸푸 몰아쉰다

푹 어찌씨 ❶깊게 빠져 들어가는 꼴 ⓑ땅이 푹 꺼졌다 작은말폭 ❷조금 깊게 팬 꼴 ⓑ웅덩이가 푹 패었다 ❸숟가락 같은 것으로 무엇을 쑥 퍼내는 꼴 ⓑ한입 푹 떠서 먹어라 ❹칼 같은 것을 깊고 세게 찌르거나 쑤시는 꼴 ⓑ감자가 익었는지 젓가락을 푹 찔러보았다 ❺힘없이 쓰러지는 꼴 ⓑ비틀대는 몸을 가누지 못하고 앞으로 푹 쓰러졌다 ❻고개를 깊숙이 숙이는 꼴 ⓑ큰 잘못을 뉘우치고 고개를 푹 숙였다 ❼드러나지 않게 꼭 덮어 싸거나 가리는 꼴 ⓑ삿갓을 푹 눌러썼다 ❽깊은 잠이 들거나 마음 놓고 아주 쉬는 꼴 ⓑ아무 일도 하지 말고 푹 쉬었다 오너라 ❾여느 때보다 오래 삶거나 끓이는 꼴 ⓑ곰국을 푹 끓였다 ❿여느 때보다 오래 썩거나 삭는 꼴 ⓑ푹 익힌 김치를 좋아한다

푹신 어찌씨 살에 닿는 느낌이 딱딱하지 않고 부드럽고 튐새 있는 꼴 ⓑ새 방석에 앉으면 푹신 느낌이 좋다 작은말폭신

푹신앉개 이름씨 팔걸이가 있고 자리를 푹신하게 하여 느긋하게 기대 앉게 만든 앉개 ⇐ 안락의자

푹신푹신 어찌씨 살에 닿는 느낌이 딱딱하지 않고 매우 부드럽고 튐새 있는 꼴 ⓑ새 이불이 몸에 닿을 때 푹신푹신 느낌이 좋다 작은말폭신폭신

푹신푹신하다 그림씨 아주 푸근하게 부드럽고 튀는 힘이 있다 ⓑ푹신푹신한 이불에 누웠다 작은말폭신폭신하다

푹신하다 그림씨 조금 푸근하게 부드럽고 튀는 힘이 있다 ⓑ푹신한 신을 샀다 작은말폭신하다

푹푹 어찌씨 ❶깊게 자꾸 빠져 들어가는 꼴 ⓑ펄 안으로 들어갈수록 발이 푹푹 빠진다 작은말폭폭 ❷국자 같은 것으로 무엇을 쑥 퍼내는 꼴 ⓑ삽으로 모래를 푹푹 퍼 담았다 ❸칼 같은 것을 세게 잇달아 찌르거나 쑤시는 꼴 ⓑ흙을 개려고 흙손으로 푹푹 쑤시며 이긴다 ❹힘없이 자꾸 쓰러지는 꼴 ⓑ비탈진 곳에 심었던 밤나무가 비바람에 푹푹 쓰러졌다 ❺여느 때보다 아주 오래 삶거나 끓이는 꼴 ⓑ속옷을 푹푹 삶았다 ❻여느 때보다 오래 썩거나 삭는 꼴 ⓑ푹푹 삭은 두엄을 보리밭에 내었다 ❼날이 찌는 듯이 무더운 꼴 ⓑ푹푹 찌는 더위가 며칠째 이어진다 ❽많은 숱이 잇달아 줄어드는 꼴 ⓑ밥입이 늘고 쓰임새가 늘어나니 돈이 푹푹 줄어간다

푹하다 그림씨 겨울날씨가 바람이 없고 퍽 따듯하다 ⓑ오늘은 겨울답지 않게 푹한 날이다

푼 이름씨 ❶작은 돈머리. 쇠돈 낱낱 또는 그것을 세는 하나치. 작은 값어치 ⓑ몇 푼 안 되는 돈. 돈 한 푼 없다 ❷길이를 재는 하나치. '치' 열 가운데 하나 ⓑ일곱 치 서 푼. 열 푼이 한치이다 ❸무게를 다는 하나치. '돈' 열 가운데 하나 ⓑ심 한돈 닷 푼. 열 푼이 한 돈이다

푼더분하다 그림씨 ❶살림이 넉넉하다 ⓑ푼더분한 살림살이 한뜻말푼푼하다 ❷생김새가 푸짐하게 살이 오르다 ⓑ얼굴이 푼더분한 할머니 ❸마음씨가 느긋하고 너그럽다 ⓑ푼더분한 마음씨

푼돈 이름씨 값어치가 많지 않은 돈 ⓑ푼돈이 모여서 목돈이 된다 맞선말목돈

푼수 이름씨 어떤 수나 숱을 다른 수나 숱과 견줌 ⇐ 비율

푼치 이름씨 길이에서 푼과 치라는 뜻으로 얼마되지 않음 ⓑ'눈 덮인 멧줄기야말로 우리

텃마을'이란 말이 푼치 에누리 없는 바른 말이다

푼푼이 어찌씨 한 푼 한 푼 ⓑ장사하는 내내 푼푼이 모아서 집을 마련했다

푼푼하다 그림씨 ❶넉넉하다 ⓑ반죽거리를 푼푼하게 잡아라 ⇐ 족하다 ❷살림이 넉넉하다 ⓑ요즘은 아들네도 벌이가 푼푼하여 우린 다 잘 살아요 한뜻말 푼더분하다 ❸크기가 좀 남다 ⓑ옷품이 푼푼하다 ❹째째하지 않고 너글너글하다 ⓑ푼푼한 마음씨 ⇐ 후하다

풀소 이름씨 여름에 날풀만 먹어 힘을 잘 못 쓰는 소

풀[1] 이름씨 줄기가 나무바탕이 아니고 부드러우며 열매를 맺은 뒤 죽거나 뿌리는 살더라도 땅 위 줄기는 말라버리는 목숨붙이. 냉이나 꽃다지 같은 한해살이풀, 당근이나 말랭이 같은 두해살이풀, 도라지나 민들레 같은 여러해살이풀이 있다

풀[2] 이름씨 무엇을 붙이거나 바르거나 천 같은 것을 빳빳하게 하려고 쓰는 끈끈한 것. 쌀이나 밀, 감자 따위 앙금가루에서 빼낸다 ⓑ풀을 쒀서 종이를 바람에 발랐다. 이불 천에 먹인 풀이 다 죽었네

풀[3] 이름씨 ('없다', '죽다', '꺾이다'와 함께 써) 씩씩하고 세찬 기운 ⓑ그만한 일에 너무 풀 죽지 말게. 애가 풀이 죽지 않게 너무 나무라지 마라 익은말 **풀이 죽다** ❶풀 힘이 빠져 빳빳하지 않게 되다 ❷뻗치는 힘이 꺾여 움직임이 시들하다

풀감 이름씨 풀을 쑤거나 풀로 쑬 만한 밑감

풀거름 이름씨 풀이나 부드러운 나무줄기나 싹, 잎을 썩혀 만든 거름 ⓑ어릴 적 여름철엔 해마다 풀거름을 마련했다

풀게 이름씨 수컷 집게다리에 털이 나 있고 등딱지는 조금 우둘투둘한 바윗게. 우리나라 바닷가 바위나 자갈밭에서 흔히 볼 수 있다. 몸 빛깔은 때에 따라 바뀐다

풀기[1] 이름씨 옷 따위에 먹인 풀 기운 ⓑ여름에는 풀기가 빳빳한 삼베 홑이불이 딱이다

풀기[2] 이름씨 드러나 보이는 씩씩한 기운 ⓑ무슨 일 있어? 왜 이리 풀기가 없어

풀김치 이름씨 풀을 잘게 썰어 소금을 살짝 뿌려 절인 집짐승 먹이 한뜻말 풀절임

풀깎개 이름씨 풀을 깎는 데 쓰는 틀 한뜻말 풀베개 ⇐ 예초기

풀꽃 이름씨 풀에 피는 꽃 ⓑ들과 길에 풀꽃이 그득 피었다 ⇐ 화초

풀꽃가꾸기 이름씨 남새, 과일, 꽃나무 따위를 심어 가꾸는 일이나 재주 ⇐ 원예

풀꽃나무 이름씨 꽃이 피는 풀, 나무나 꽃이 없더라도 두고 보면서 즐기는 모든 푸나무를 통틀어 이르는 말 한뜻말 꽃풀. 꽃나무 ⇐ 화초. 화훼

풀다 움직씨 ❶매듭지어진 천이나 끈 따위를 끄르다 ⓑ매듭을 풀다. 허리띠를 풀고 밥을 먹었다 ❷갇히거나 잠기거나 닫힌 것을 열어주다 ⓑ개를 풀어 키우다. 단추를 풀다 ❸뭉치거나 굳어진 힘살을 부드럽게 하다 ⓑ달리기로 몸을 풀었다 ❹몹쓸 마음이나 느낌을 없애거나 누그러뜨리다 ⓑ나들이로 쌓인 고단함을 풀었다 ❺못하게 된 것을 할 수 있도록 하다 ⓑ막음책을 풀다. 막았던 길을 풀다 ❻마음에 품은 꿈이나 바람을 이루다 ⓑ오랫동안 바라오던 짝맺기를 드디어 풀었다. 목마름을 풀었다 ❼모르거나 궁금한 것을 알아내거나 밝히다 ⓑ수수께끼를 풀다. 궁금한 것을 풀었다 ❽셈하여 풀이를 내거나 어려운 것을 알기 쉽게 하다 ⓑ까다로운 셈갈 물음을 풀었다. 어려운 것도 알기 쉽게 풀어주었다 ❾무엇을 물에 넣어 고루 섞이게 하다 ⓑ된장을 풀다. 꿀을 풀어 마신다 ❿사람이나 짐승, 돈 따위를 부리거나 쓰다 ⓑ돈을 풀고 심부름꾼을 풀어 집 나간 딸을 찾는다 ⓫생각이나 이야기 따위를 드러내다 ⓑ이야기를 풀어나가다 ⓬굳어진 기운이나 마음을 부드럽게 하다 ⓑ아버지는 딱딱하게 굳었던 얼굴빛을 풀며 웃었다

풀대님 이름씨 바지나 고의를 입고 대님을 매

지 않는 일 **풀대님하다**

풀두엄 이름씨 거름을 만들려고 풀에 외양간 짚 같은 것을 섞어 쌓아 둔 것

풀등 이름씨 가람물 속에 모래나 흙이 쌓여 물보다 높아진 땅에 풀이 우거져 작은 섬처럼 된 곳

풀땜질 이름씨 ❶풀로 붙여 때우는 일 ❷잘못된 뿌리를 찾아 풀지 못하고 한때 눈가림만 하고 넘어가기 ⓑ풀땜질이나 하는 것으로는 나라일을 풀 수 없다 ⇐ 미봉책

풀떨기 이름씨 풀이 우거져 이룬 떨기 ⓑ잘 가꾼 어린 풀떨기에서 드디어 꽃봉오리가 맺혔다

풀떼기 이름씨 여러 낟가루로 풀처럼 쑨 죽. 범벅보다 묽고 죽보다 되다 ⓑ어릴 적 호박풀떼기를 좋아했다 한뜻말 풀떼죽

풀뜸 이름씨 종이솔개 줄을 빳빳하게 하려고 풀을 먹이는 것 ⓑ아우와 함께 솔개줄에 사금파리가루를 섞은 풀로 풀뜸을 먹였다

풀려나오다 움직씨 얽매거나 억누르던 것에서 벗어나다 ⓑ다섯 해 만에 가두리에서 풀려나왔지 ⇐ 출소하다

풀려남 이름씨 갇힌이가 가두리에서 풀려나오는 일 ⇐ 출소

풀리다 움직씨 ('풀다' 입음꼴) ❶매듭지어진 천이나 끈 따위가 끌러지다 ⓑ털실 뭉치가 풀렸다 ❷갇히거나 잠기거나 닫힌 것이 열리다 ⓑ드디어 돈광 자물쇠가 풀렸다 ❸뭉치거나 굳어진 힘살이 부드럽게 되다 ⓑ땀을 흘리고 나니 몸이 차츰 풀렸다 ❹몹쓸 마음이나 느낌이 누그러들다 ⓑ골이 조금 풀렸다 ❺못하게 된 것이 할 수 있게 되다 ⓑ풀빛띠가 풀려 집을 지을 수 있게 되었다 ❻마음에 품은 꿈이나 바람이 이루어지다 ⓑ뜻한 대로 일이 잘 풀렸다 ❼어려운 물음을 두고 풀이를 찾게 되거나 알기 쉽게 바뀌다 ⓑ수수께끼가 풀렸다 ❽무엇이 물에 들어가 고루 섞이다 ⓑ소금이 미지근한 물에 잘 풀렸다 ❾사람이나 짐승, 돈 따위가 부려지거나 쓰이다 ⓑ돈이 많이 풀려 품값이 올랐다 ❿날씨가 덜 춥게 되다 ⓑ날이 풀렸다

풀망둑 이름씨 우리나라 하늬바다와 마파다에 많이 나는 바닷물고기. 몸높이가 낮고 옅은 잿빛이며 말려서 먹는다

풀무 이름씨 숯불 같은 것에 바람을 불어 넣어 쇠를 세게 달구거나 녹일 수 있게 한 연장 ⓑ풀무를 가져다 대고 불을 세게 달구었다 ⇐ 풍구

풀무질 이름씨 풀무로 바람을 일으키는 일 ⓑ불구멍에 풀무질을 하여 불을 세게 일으켰다

풀무치 이름씨 몸은 누런 밤빛이나 풀빛이고 앞날개에 고르지 않는 짙은 밤빛 무늬가 있는 메뚜기 닮은 벌레. 풀숲에서 풀잎을 먹고 살며 여름철에 '치르르' 하며 날개를 부딪쳐 운다

풀뭇간 이름씨 대장간 한뜻말 쇠짓터

풀밭 이름씨 풀이 우거진 곳 ⓑ풀밭에서 염소떼가 풀을 뜯는다 ⇐ 초원

풀밭길 이름씨 하늬녘 검바닷가에서 시베리아 마녘, 몽골, 쭝궈 화베이로 이어지는 풀밭으로 된 오감길. 옛날에 이 길로 새하늬삶빛이 서로 오고 갔다 ⇐ 초원길

풀벌 이름씨 풀이 많이 난 벌판 ⇐ 초원

풀벌레 이름씨 풀숲에 사는 벌레 ⓑ달밤에 풀벌레 울음소리가 들린다

풀베개 이름씨 풀을 베는 데 쓰는 틀 한뜻말 풀깎개 ⇐ 예초기

풀베기 이름씨 풀을 베는 일 ⇐ 예초

풀보기 이름씨 새색시가 짝맺고 며칠 뒤에 시어버이를 뵈러 가는 길 ⇐ 해현례 **풀보기하다**

풀빛 이름씨 풀 같은 빛깔 ⓑ봄이 되니 누런 잔디가 풀빛으로 바뀌었다 비슷한말 푸른빛 ⇐ 초록색. 녹색

풀뿌리 이름씨 풀에 달린 뿌리 ⓑ풀뿌리까지 뽑아야 씨를 받지 않는다

풀색 ⇒ 풀빛

풀섶 이름씨 풀숲

풀세트 ⇒ 끝까지 겨룸

풀솜대 이름씨 잎은 길둥글고 끝이 뾰족하며 꽃봉오리가 이밥 같다고 해서 이밥나물이라고도 하는 풀 한뜻말이밥나물

풀숲 이름씨 풀이 우거지거나 꽉 들어찬 곳 ㅂ풀숲에 바람이 스치고 지나가니 풀이 눕는다 한뜻말풀섶 비슷한말수풀

풀썩 어찌씨 **1** 힘없이 그대로 주저앉거나 가라앉는 꼴 ㅂ아이는 모래밭에 풀썩 주저앉았다 작은말폴싹 **2** 먼지나 내 같은 것이 갑자기 일어나는 꼴 ㅂ까마귀가 날자 먼지가 풀썩 일었다 **풀썩하다**

풀썩거리다 움직씨 먼지나 내 같은 것이 갑자기 자꾸 일어나다 작은말폴싹거리다 **풀썩대다**

풀썩풀썩 어찌씨 먼지나 내 같은 것이 갑자기 자꾸 일어나는 꼴 ㅂ흙길은 가물어서 사람이 지나갈 때마다 먼지가 풀썩풀썩 일어난다 작은말폴싹폴싹 **풀썩풀썩하다**

풀씨 이름씨 풀에 맺은 씨 ㅂ저렇게 지심이 많으니 저 풀씨를 다 어이할꼬?

풀어내다 움직씨 **1** 얽히거나 얼크러진 것을 끌러 내다 ㅂ얽힌 실을 찬찬히 풀어냈다 **2** 어려운 것을 깊이 파고들어 밝혀내다 ㅂ어려운 한자말도 우리말로 풀어내야지! ⇐ 해석하다

풀어지다 움직씨 **1** 매듭지은 천이나 끈 따위가 끌러지다 ㅂ타래 못이 풀어져서 다시 세게 죄었다 한뜻말풀리다 **2** 몹쓸 마음이나 느낌이 없어지거나 누그러들다 ㅂ바짝 조였던 마음이 풀어져 잠이 들었다 **3** 무엇이 물에 들어가 고루 섞이다 ㅂ비누가 잘 풀어지도록 저었다 **4** 날씨가 덜 춥다 ㅂ한달 대보름을 쇠고 나니 추위가 조금 풀어졌다 **5** 눈동자가 흐릿해지다 ㅂ눈자위가 이미 많이 풀어졌다

풀어헤치다 움직씨 속마음을 거침없이 털어놓다 ㅂ자, 가슴을 풀어헤치고 얘기해 보자

풀옵션 ⇒ 다 갖춤

풀이 이름씨 **1** 어려운 것을 알기 쉽게 밝힘 ㅂ어려운 낱말마다 쉽게 풀이를 해놓았다 ⇐ 해석. 해설 **2** 어떤 물음에 알맞은 열매값 ㅂ다음 물음에 알맞은 풀이를 쓰세요 ⇐ 해답 **3** 뜻풀이 **4** 골을 삭이려고 아무에게나 함부로 어떤 짓을 하는 일 ㅂ골풀이 **5** 바람을 이루게 하는 일 ㅂ바람 풀이 **6** 마음에 맺힌 것을 펴게 하는 일 ㅂ맺힌 마음풀이 **7** 갑갑한 마음이나 텅 빈 느낌을 없애는 일 ㅂ심심풀이 땅콩 **8** 노곤함을 없애는 일 ㅂ노곤풀이 **9** 모르거나 궁금한 것을 없애는 일 ㅂ수수께끼 풀이. 물음풀이 **10** 논을 만드는 일 ㅂ논풀이 **11** 묶어서 이어 놓았던 떼를 푸는 일 ㅂ떼풀이 **12** 아이를 낳는 일 ㅂ몸풀이 **풀이하다**

풀이꾼 이름씨 뜻을 알기 쉽게 풀어주는 사람 ⇐ 해설가. 해설자. 해설원

풀이말 이름씨 한 글월에서 임자씨를 두고 그 움직임이나 꼴, 바탕 따위를 풀어내는 말. '그가 간다'에서 '간다' 와 같이 흔히 맺음 꼴로 나타난다 ⇐ 서술어. 술어

풀이모임 이름씨 같기냄이나 안같기냄 풀이를 나타낸 모임 ⇐ 해집합

풀이씨 이름씨 월 풀이말이 될 수 있는 움직씨, 그림씨, 잡음씨 따위 ⇐ 용언

풀이월 이름씨 말하는 이가 스스로나 물음에 맞갊아 제 생각을 베풀어 이르는 월 한뜻말베풂월 ⇐ 서술문

풀잎 이름씨 풀에 달린 잎 ㅂ풀잎에 이슬이 맺혔다

풀자루 이름씨 바르는 풀을 넣은 자루 ㅂ아내가 방에 종이를 바르려고 큰 풀자루를 하나 샀다

풀잠자리 이름씨 몸집이 작고 풀빛인 잠자리. 여름밤에 불빛에 날아드는데 고약한 냄새가 난다

풀잡이 이름씨 쓸모없는 풀을 없애는 일 ㅂ풀깎개로 밭둑 풀잡이를 마쳤다 ⇐ 제초 **풀잡이하다**

풀장 ⇒ 헤엄터

풀죽이개 이름씨 풀을 죽이는 몬 ⇐ 제초제. 살초제

ㅍ

풀집 이름씨 갈대나 억새, 짚들로 지붕을 이은 집 ⇐ 초가. 초가집

풀집세칸 이름씨 아주 작은 집 ⇐ 초가삼간

풀집지붕 이름씨 갈대나 억새, 짚들을 엮어서 이은 지붕 ⇐ 초가지붕

풀쩍 어찌씨 ❶조금 크고 무거운 것이 힘차게 바로 뛰어오르는 꼴 ⓑ도둑이 밤에 담을 풀쩍 넘어 들어왔다 작은말 폴짝 ❷문 같은 것을 갑자기 열어젖히는 꼴이나 그 소리 ⓑ문 여는 소리가 풀쩍 나며 아들이 밖으로 나간다 **풀쩍하다**

풀쩍거리다 움직씨 조금 크고 무거운 것이 힘차게 자꾸 뛰어오르다 작은말 폴짝거리다 **풀쩍대다**

풀쩍풀쩍 어찌씨 ❶조금 크고 무거운 것이 힘차게 자꾸 뛰어오르는 꼴 ⓑ아이들은 높이 뛰기 막대를 풀쩍풀쩍 뛰어넘었다. 달리기 재주꾼이 잇단 가로막이틀을 풀쩍풀쩍 뛰어넘었다 작은말 폴짝폴짝 ❷문 같을 것을 갑자기 자꾸 열어젖히는 꼴이나 그 소리 ⓑ딸이 이문 저문 풀쩍풀쩍 열어젖히고는 먼지털이로 먼지를 털어낸다 **풀쩍풀쩍하다**

풀치 이름씨 갈치 새끼

풀치다[1] 움직씨 맺혔던 생각을 돌려 너그럽게 받아들이다 한뜻말 져버보다. 져버하다 ⇐ 용서하다

풀치다[2] 움직씨 발목이나 손목, 허리나 목, 손가락이나 발가락 따위 뼈마디가 접질리다

풀치마 이름씨 두 쪽으로 끝이 있어 둘러 입게 만든 치마 ⓑ어머니는 일할 때는 검은 통치마, 바깥 나들이 때는 흰 풀치마를 입었다 맞선말 통치마

풀칠 ⇒ 풀바름

풀코스 ⇒ 온 밥상차림. 온 길

풀풀 어찌씨 눈이나 먼지, 재 따위가 아주 흩날리는 꼴 ⓑ길에 흙먼지가 풀풀 날린다 작은말 폴폴

풀피리 이름씨 풀잎을 두 입술 사이에 물거나 대고 부는 것 ⓑ풀잎을 따서 풀피리를 불었다 한뜻말 풀잎피리

품[1] 이름씨 ❶어떤 일에 들거나 들이는 몸 힘이나 마음 힘 또는 그것을 세는 하나치 ⓑ집짓기는 품이 많이 드는 일이다 ❷삯을 받아가며 하는 일 ⓑ날마다 품을 팔아 살아간다

품[2] 이름씨 ❶두 팔 벌려 안을 때 앞가슴 안 또는 가슴과 벌린 팔 사이 ⓑ엄마 품에 바로 안겼다 ❷가슴과 옷 사이 틈 ⓑ품에 돈주머니를 넣었다 ❸겨드랑이 밑으로 해서 가슴과 등 쪽을 두르는 넓이 ⓑ저고리 품이 넓다 ❹사람들을 너그럽게 받아 안아 끝없는 사랑으로 보살펴 주는 마음 ⓑ따뜻한 엄마 품에 자라는 우리 겨레 아이들 슬기말 **품 안에 있어야 아이** 아이가 어릴 때는 어버이 뜻을 따르지만 자라서는 제 뜻대로 한다

품[3] 이름씨 ❶('-는', '-ㄴ' 꼴 움직씨 아래에 써) 앞말이 가지는 움직임이나 됨됨이 따위 ⓑ날씨가 따뜻한 품이 꼭 봄날 같다 한뜻말 품새 ❷몸짓이나 생김새 ⓑ새봄이 앞서 보다 말만 잘 하는 게 아니라 품도 한결 의젓해졌어 한뜻말 품새 ⇐ 포즈 ❸됨됨이나 잡도리 ⓑ생각하는 품도 좋고 일하는 모습도 보기 좋다

품 (品) ⇒ 몬. 섬. 밭

품값 이름씨 품삯 한뜻말 품돈. 삯돈 ⇐ 공임. 임금. 노임

품갚음 이름씨 ❶남한테서 받은 도움을 똑같은 것으로 갚는 일 ⓑ품갚음으로 옆집 아저씨네 밭을 하루 매주었다 ❷남한테서 받은 괴로움을 똑같이 갚아주는 일 한뜻말 앙갚음 ⇐ 보복 **품갚음하다**

품격 ⇒ 드레. 됨됨이

품계 ⇒ 뜨레. 서흐레

품계석·품석 ⇒ 뜨레돌. 써레 돌

품귀하다 ⇒ 가난 들다. 동나다. 달리다

품기다 움직씨 ❶품속에 넣어지거나 가슴에 대어 안기다 ⓑ병아리 떼가 어미 품에 품기어 조잘거린다 ⇐ 포함되다 ❷보이지 않게 품속에 감추어지다 ⓑ옷 속에 품긴 칼 ❸

기운이 지녀지다 ㉥그 말에는 미움이 잔뜩 품기었다

품다 [움직씨] [1]새가 알이나 새끼를 날개나 깃털로 감싸면서 그 밑에 들이다 ㉥뱁새가 뻐꾸기 알을 품었다 [2]아이를 가슴에 닿도록 두 팔로 끌어안다 ㉥엄마는 불덩어리 같은 아이 몸을 밤새 품고 찬물 찜질을 했다 [3]무엇을 품속에 넣어 지니거나 숨기다 ㉥짧은 칼을 가슴에 품고 길을 나섰다 [4]어떤 생각이나 느낌을 마음속에 가지다 ㉥부푼 꿈을 가슴에 품고 서울로 떠났다 [5]뜨거운 사랑으로 돌보고 보살피다 ㉥어버이 없는 아이들을 품속에 품어 키우는 거룩한 사람들

품돈 [이름씨] 품삯으로 받는 돈

품명 ⇒ 이름. 몬이름

품목 ⇒ 몬이름. 몬갈래

품방아 [이름씨] 가시를 품고 어르는 것 ⇐ 성교

품사 ⇒ 씨

품사론 ⇒ 씨갈

품사분류 ⇒ 씨가름

품삯 [이름씨] 품을 사거나 판 뒤 주고받는 돈 같은 것 ㉥다음 달에 품삯이 더 들어갈 듯하다 ⇐ 노임. 공임. 대가

품새 [이름씨] [1]몸짓이나 말씨에서 드러나는 몸가짐이나 됨됨이 ㉥옷 차려입은 품새가 나들이 가는 꼴이다. 앉는 품새만 보아도 마음닦기를 오래 한 사람 같다 한뜻말품 [2]손발길에서 치거나 막는 바탕꾀를 이어 놓은 몸짓 한뜻말품세

품성 ⇒ 바탕. 밑바탕. 마음씨. 타고난 바탕. 바탈. 드레

품세 [이름씨] 손발길에서 치거나 막는 바탕꾀를 이어 놓은 몸짓 한뜻말품새

품앗이 [이름씨] 힘들고 어려운 일을 서로 돌아가며 품을 지고 갚는 일. 우리 겨레 내림 두레로 모내기나 논매기를 비롯하여 풀베기, 집짓기, 길쌈하기, 방아찧기, 나무하기 같은 삶 곳곳에서 적게는 너댓 사람, 많을 때는 스물이 한 모둠이 되어 돌아가며 서로 도와 큰일을 해냈다 ㉥우리 마을에서는 논매기와 풀베기를 온 동네가 품앗이로 했다

품위 ⇒ 점잖음. 드레짐

품의하다 ⇒ 여쭈다. 아뢰다

품절 ⇒ 다 팔림. 동남. 다 팔리다. 동나다. 떨어지다. 바닥나다

품종 ⇒ 씨. 씨앗. 갈래

품질 ⇒ 바탕. 밑바탕. 것밭. 몬밭

품팔이 [이름씨] 품삯을 받고 남 일을 해 주는 것 또는 그런 사람 ㉥품팔이로 살아간다 비슷한말날품팔이. 삯벌이 **품팔이하다**

품팔이꾼 [이름씨] 품팔이를 해서 사는 사람 ㉥가진 재주와 돈이 넉넉지 않아 품팔이꾼으로 살아왔다 ⇐ 일용노동자

품평회 ⇒ 꼲는 자리. 꼲는 모임

품행 ⇒ 몸가짐

풋- [앞가지] '처음 나온', '덜 익은', '깊지 않은' 따위 뜻을 더하는 앞가지 ㉥풋내. 풋능금. 풋사랑. 풋고추

풋고추 [이름씨] 아직 익지 않은 푸른 빛 고추 ㉥겉절이에 풋고추가 가장 잘 어울린다

풋과일 [이름씨] 채 익지 않은 열매 ㉥조금 시큼한 풋과일도 나름 맛있다 한뜻말풋열매. 똘기 ⇐ 풋과실

풋나물 [이름씨] 봄철에 뜯는 싱싱한 멧나물이나 들나물 ㉥풋나물 데치는 옷곳한 내음이 온 집안에 가득하다

풋낯 [이름씨] 서로 낯이나 익힐 만큼 앎. 또는 그런 낯 ㉥풋낯만 겨우 익혀둔 옆집 아저씨와 마주쳐 몇마디 말을 나누었다 ⇐ 풋면목

풋내 [이름씨] [1]갓 나온 푸성귀나 풋나물 따위로 지은 먹거리에서 나는 싱그러운 냄새 ㉥보릿국에서 풋내가 난다 [2]겪은 일이나 놀아본 가락이 적어 드러나는 서투른 티 ㉥끝난이가 하는 짓은 풋내가 난다

풋내기 [이름씨] 겪은 일이나 놀아본 가락이 적어 일에 서투른 사람 ㉥오빠는 일솜씨가 아직 풋내기다 한뜻말풋뜸 비슷한말햇내기 ⇐ 신출내기. 아마추어

풋눈 이름씨 첫겨울에 들어 조금 내린 눈

풋돈 이름씨 ❶갑자기 생긴 돈 조금 ⓑ포근이는 뜬금없이 생긴 풋돈으로 걸음이 날아갈 듯 가볍다 ❷얼마 되지 않는 돈 ⓑ장사돈은 풋돈이 아니지에

풋뜸 이름씨 어떤 일을 해보지 않아 서투른 사람 ⓑ그런 일에 그토록 마음을 쓴다는 건 자네들이 풋뜸이라 그래 한뜻말 풋내기

풋머리 이름씨 남새나 과일, 낟, 바다에서 나는 것이 많이 나지 않고 겨우 만물이나 나올 무렵 ⓑ풋머리 애오이

풋먹이 이름씨 날풀 그대로인 집짐승 먹이 ⓑ옛날에야 다 꼴 베다 풋먹이로 줬지

풋면목 ⇒ 풋낯

풋바심 이름씨 아직 채 익지 않은 푸릇푸릇한 낟을 미리 베어와 떠는 일 ⓑ옆집 금술이네는 보릿고개를 넘기느라 덜 익은 풋보리를 베어와 풋바심을 해 쪄서는 디딜방아로 찧었다

풋사랑 이름씨 아직 깊지 못한 사랑 ⓑ가시나와 머시마는 풋사랑에 울며 헤어졌다

풋열매 이름씨 씨방이 덜 자라 채 익지 않은 것 한뜻말 풋과일

풋워크 ⇒ 발놀림

풋잠 이름씨 잠든 지 얼마 안되어 깊이 들지 않은 잠 ⓑ밤새 잠 못 이루다 새벽녘에야 겨우 풋잠이 들었다

풋장 이름씨 가을에 풀이나 나뭇가지를 베어서 말린 땔감 ⓑ먼저 풋장에 불을 붙이고 나중에 둥거리를 넣었다

풋절이 이름씨 ❶소금에 절인 열무나 풋배추 ⓑ여름철에는 풋절이만 있어도 밥 한 그릇을 뚝딱 먹어 치운다 ❷어린 무나 풋배추

풋풋하다 그림씨 새로 돋거나 갓 나온 것이 푸르고 싱싱하다 ⓑ풋풋한 쑥 냄새가 올라온다

풍 ⇒ 바람

풍감 이름씨 풍계묻이

풍경 (風磬) ⇒ 바람방울. 처마방울

풍경·풍광 (風景) ⇒ 바람빛. 생김새

풍경화 ⇒ 바람빛그림

풍계묻이 이름씨 무엇을 감춰 놓고 찾아내는 아이들 놀이 한뜻말 풍감

풍구 ⇒ 바람일개. 풀무

풍그렁하다 그림씨 무엇이 푹 잠길 만큼 그득하다 ⓑ멧속은 벌써 어둠이 풍그렁하니 깊었다

풍금 ⇒ 바람가락틀

풍기 (風紀) ⇒ 바람벼리. 사귐벼리

풍기 (風氣) ⇒ 바람기운

풍기다 움직씨 ❶어떤 냄새가 여기저기로 퍼지다 ⓑ시궁창에서 견디기 힘든 냄새가 풍긴다 ❷저절 기운이 퍼지다 ⓑ냉이무침에서 봄 숨결이 물씬 풍긴다 ❸내나 김 같은 것이 피어올라 흩어지다 ⓑ쑥뜸 뜨는 내가 풍긴다 ❹사람 마음이나 느낌이 겉으로 나타나 느껴지다 ⓑ아들에게 기울이는 따뜻한 사랑이 풍기는 아내. 나루에게서 여름지기 냄새가 풍긴다 ❺짐 같은 것을 골고루 지우다 ⓑ웃대가리들이 쓰는 모든 돈은 따지고 보면 다 백성들한테 풍긴 돈이다

풍김새 이름씨 그 자리에서 느끼는 기운이나 둘레 기운 한뜻말 둘레기운 ⇐ 분위기. 무드

풍납토성 ⇒ 가나다라흙구루

풍년 ⇒ 넉넉해

풍년가 ⇒ 넉넉해노래

풍년들다 ⇒ 여름지이 잘되다. 여름좋다

풍덩 어찌씨 ❶크고 무거운 것이 깊은 물에 떨어질 때 무겁게 나는 소리 ⓑ돌덩이가 웅덩이에 풍덩 떨어졌다 작은말 퐁당 ❷힘없이 쑥 내려앉는 꼴 ⓑ개울가 둑이 풍덩 내려앉았다

풍덩풍덩 어찌씨 ❶크고 무거운 것이 깊은 물에 자꾸 떨어질 때 잇달아 무겁게 나는 소리 ⓑ꼬마들이 옷을 벗고 냇물로 풍덩풍덩 뛰어들었다 작은말 퐁당퐁당 ❷잇달아 힘없이 쑥쑥 내려앉는 꼴 ⓑ쏟아져 내려온 센 물살이 논둑에 부딪치자 돌과 흙이 풍덩풍덩 무너져 내렸다

풍뎅이 이름씨 몸은 둥글넓적하고 등은 반짝

이는 짙은 풀빛을 띤 날개로 덮인 벌레 ⓑ 풍뎅이는 나뭇잎을 갉아 먹고 애벌레인 굼벵이는 푸나무 뿌리를 갉아 먹는다

풍랑 ⇒ 물결. 바람물결

풍력 ⇒ 바람힘. 바람세기

풍력계급 ⇒ 바람세기. 바람서흐레

풍력발전소 ⇒ 바람번힘곳

풍로 ⇒ 바람불담이

풍류 ⇒ 가락. 멋놀이

풍류객 ⇒ 멋놀이쟁이. 멋즐김이

풍림 ⇒ 바람받이숲. 바람막이숲. 아름숲

풍만하다 ⇒ 넉넉하다. 푸짐하다. 그득하다. 통통하다. 살지다. 푸짐하다

풍매화 ⇒ 바람 가루받이 꽃

풍모 ⇒ 생김새. 모습. 겉 꼴

풍문 ⇒ 뜬소리. 빈소리. 빈말. 헛새뜸. 바람결 얘기

풍물 ⇒ 바람빛. 두레놀이. 두레굿. 두레굿가락틀. 고장 볼거리. 철 구경거리. 고장몬

풍물놀이 ⇒ 두레놀이. 두레굿

풍물재비 ⇒ 두레굿재비

풍물패 ⇒ 두레떼

풍미 (風味) ⇒ 멋스러운 맛. 멋스러움

풍미하다 (風靡) ⇒ 휩쓸다. 퍼지다. 따르다. 퍼지게 하다

풍부하다 ⇒ 넉넉하다. 가멸다. 많다. 수두룩하다. 푸지다. 푸짐하다. 흔전만전하다

풍부히 ⇒ 실컷. 마음대로. 넉넉히. 수두룩이. 흔전만전

풍비박산하다 ⇒ 흩어지다. 날아 흩어지다

풍상 ⇒ 어려움. 모진 어려움. 바람서리

풍선 ⇒ 바람주머니. 바람배

풍설 ⇒ 뜬소리. 빈소리. 빈말. 헛새뜸

풍성하다 ⇒ 푸지다. 가득하다. 걸다. 푸짐하다. 넉넉하다. 소담하다

풍속 (風速) ⇒ 바람빠르기

풍속·풍습 (風俗) ⇒ 삶꼴. 삶버릇

풍속계 ⇒ 바람재개

풍속화·풍속도 ⇒ 삶꼴 그림. 삶그림. 살이그림

풍수 ⇒ 바람물

풍수지리 ⇒ 바람물땅다스림

풍수해 ⇒ 큰물바람언걸

풍습 ⇒ 살림버릇

풍악 ⇒ 바람가락

풍요롭다·풍요하다 ⇒ 많다. 넉넉하다. 푼푼하다. 가멸다. 푸짐하다

풍운 ⇒ 큰 뜻. 큰 움직임. 바람구름

풍운아 ⇒ 때 만난이. 바람돌이. 때 얻은이

풍자 ⇒ 빗대 깨우침. 넌지시 깨우침. 에둘러 찌르다. 빗대 웃기다. 비꼬다

풍작 ⇒ 넉넉걷이. 넉넉지이

풍장 ⇒ 바람굿

풍전등화 ⇒ 바람 앞에 호롱불

풍조 ⇒ 누리버릇. 흐름. 바람. 물결

풍족하다 ⇒ 넉넉하다. 가멸다. 푸짐하다. 포실하다

풍진 ⇒ 티끌. 티끌누리. 북새통

풍차 ⇒ 바람개비. 팔랑개비. 바람바퀴

풍채 ⇒ 겉모습. 겉꼴. 볼품. 몸집. 허우대. 틀거지

풍취 ⇒ 멋

풍치 ⇒ 바람빛. 멋

풍토 ⇒ 바람흙

풍토병 ⇒ 바람흙앓이

풍파 ⇒ 어려움. 괴로움. 바람물결

풍해 ⇒ 바람언걸. 바람지실

풍향 ⇒ 바람쪽

풍향계 ⇒ 바람쪽알림이

풍화 ⇒ 바람삭이. 바람삭음. 바람삭다

풍화석 ⇒ 푸석돌. 석돌

풍화작용 ⇒ 바람삭이

퓨마 이름씨 몸빛은 붉은 밤빛이거나 잿빛인 사나운 짐승. 아메리카에 살고 사슴, 토끼 같은 짐승을 잡아먹고 산다

퓨즈 ⇒ 번힘흐름막이

프라이 ⇒ 튀김

프라이버시 ⇒ 제속살이

프라이팬 ⇒ 튀김냄비. 지짐냄비. 부침냄비

프랑스 이름씨 하늬유럽에 있는 나라. 여름지이를 많이 하고 수레 만드는 일도 잘하며 서울은 파리이다 ⇐ 불란서

프랑스말 이름씨 프랑스 사람이 쓰는 말 ⇐

ㅍ

불어

프러시아 이름씨 유럽 높새쪽과 복판고장을 이르는 말. 또는 그곳에 있었던 나라 이름

프레스 ⇒ 누름틀

프레온가스 이름씨 시원광이나 빈기틀에 넣어 시원하게 하거나 안개뿜이를 만드는 데 쓰는 김덩이. 오늘날은 오존켜를 부수는 말미몬으로 여겨져 못 쓴다

프레임 ⇒ 틀. 짜임. 얼개. 뼈대

프로·프로그램 ⇒ 일얽이표. 일차림표. 일차례표. 볼거리표

프로게이머 ⇒ 셈틀놀이꾼

프로권투 ⇒ 벌이주먹싸움

프로야구 ⇒ 벌이공치기

프로판 ⇒ 프로페인

프로판가스 ⇒ 프로페인가스

프로페셔널·프로 ⇒ 바치. 장이

프로페인 이름씨 빛깔과 냄새가 없고 불이 잘 붙는 김덩이

프로페인가스 이름씨 프로페인을 눌러서 물로 만든 가스

프로펠러 ⇒ 밀틀

프로필 ⇒ 삶자취. 옆얼굴

프롤로그 ⇒ 머리말. 여는 말. 머리 노래

프리마돈나 ⇒ 으뜸소리꽃

프리미엄 ⇒ 덤. 덧돈. 웃돈. 덧두리

프리즘 ⇒ 유리 모기둥

프린터 ⇒ 찍음틀

프린트 ⇒ 찍음

플라스크 ⇒ 목 긴 유리병

플라스틱 이름씨 뜨겁게 하거나 힘을 주어서 여러 꼴로 온갖 것을 만들 수 있는 사람이 만들어낸 몬. 집 짓는 밑감이나 나날쓸것에 두루 쓴다

플라이볼 ⇒ 뜬공. 솟은 공

플라타너스 ⇒ 버즘나무. 방울나무

플랑크톤 ⇒ 뜬살이

플래시 ⇒ 손번불. 손호롱

플래카드 ⇒ 펼침띠. 걸개그림

플랫 ⇒ 한때내림표

플랫폼 ⇒ 긴수레 타고 내리는 곳. 누리그물나들목

플러그 ⇒ 번힘꽂개

플러스 ⇒ 더하기. 덧셈. 도움

플레이 ⇒ 놀이. 내기. 놀이솜씨

플레이보이 ⇒ 바람둥이

플롯 ⇒ 줄거리. 짜임새. 얼개

플루트 ⇒ 하늬피리

플리마켓 ⇒ 벼룩저자

피[1] 이름씨 **1** 사람이나 짐승 핏줄을 따라 돌면서 살감과 살남을 대주고 못 쓸 것을 받아 모으는 구실을 하는 몸물. 등뼈짐승 피는 헤모글로빈이 있어 밝은 붉은빛을 띤다 ⇐ 혈액 **2** 피붙이. 살붙이. 겨레 ⓑ피는 못 속인다더니, 어찌 저리 제 어미랑 똑같을꼬 ⇐ 혈연 **3** 몸바침이나 애씀 ⓑ나라를 되찾으려고 피를 흘리다 ⇐ 희생. 노력 **4** 골남. 젊은 기운 ⓑ그 말을 들을 때마다 피가 머리 끝까지 솟는다 ⇐ 혈기. 분노 익은말 **피가 끓다** 느낌이나 마음 따위가 북받쳐 오르다 **피도 눈물도 없다** 조금도 따뜻한 마음이 없다 **피를 보다** 싸움으로 피를 흘리는 일이 나서 사람이 죽거나 다치다 슬기말 **피는 물보다 진하다** 피붙이끼리 서로 생각하는 마음이 깊다

피[2] 이름씨 줄기는 어른 허리 높이로 자라고 잎은 가늘고 길며 줄기를 싸고 있는 벼 닮은 한해살이풀. 가을에 익는 열매는 피죽을 쑤어 먹거나 짐승 먹이로 쓴다 ⓑ피를 다 잡은 논은 드물다

피[3] 어찌씨 **1** 비웃는 듯 입술을 비죽 벌리며 입김을 뿜을 때 나는 소리나 그 꼴 ⓑ피 싫음 말고 **2** 바람 같은 것이 힘없이 새어 나오는 소리나 그 꼴 ⓑ공에서 바람 새는 소리가 피 났다

피가래 이름씨 피에 섞여 나오는 가래 ⇐ 혈담

피가수 ⇒ 더하임수

피감수 ⇒ 빼임수

피겨스케이팅 이름씨 스케이트를 타고 얼음판 위에서 뛰거나 돌거나 하여 솜씨와 아름다움을 겨루는 놀이

피격 ⇒ 쏘개맞음

피고 ⇒ 걸린이

피고름 이름씨 피가 섞인 고름 ⓑ다친 데가 곪아 피고름이 난다

피고인 ⇒ 허물걸린이

피곤 ⇒ 고단함. 지침. 고단하다. 지치다. 고달프다. 고되다. 느른하다. 나른하다. 까라지다

피골 ⇒ 가죽 뼈. 살가죽과 뼈

피골상접하다 ⇒ 여위다. 삐쩍 마르다

피골집 이름씨 돼지 창자 속에 쌀, 콩묵, 나물 따위를 양념하여 이겨서 넣고 삶은 맛갓 한뜻말순대

피구 ⇒ 공비키기

피글씨 이름씨 제 몸 피로 쓴 글발. 흔히 손가락을 베어서 피를 내어 쓴다 한뜻말핏글. 피글발 ⇐ 혈서

피꼴 이름씨 피 갈래. 에이비오틀과 알에이치틀 따위가 있다 한뜻말피밑 ⇐ 혈액형

피끗 어찌씨 ❶무엇이 빠르게 잠깐 나타나 보이는 꼴 ⓑ아침에 피끗 방에 들렀다가는 내내 밭에서 일했다 한뜻말피뜩 ❷어떤 생각이 갑자기 떠오르는 꼴 ⓑ길을 낼 수 있는 좋은 생각이 피끗 떠올랐다

피끗피끗 어찌씨 ❶무엇이 자꾸 빠르게 잠깐 나타나 보이는 꼴 ⓑ달리는 수레 밖으로는 살림집들이 피끗피끗 눈에 띄었다 한뜻말피뜩피뜩 ❷생각이 잇달아 갑자기 떠오르는 꼴 ⓑ피끗피끗 떠오르는 지난 일들 **피끗피끗하다**

피나눔 이름씨 피가 모자란 앓는 이에게 주려고 튼튼한 사람이 피를 뽑아주는 일 한뜻말피베풂 ⇐ 헌혈

피나다 움직씨 아주 크게 어려움을 겪거나 힘들여서 하다 ⓑ살아남으려고 피나도록 애를 썼다

피나무 이름씨 껍질은 밧줄을 만들고 나무는 바둑판을 만들기 좋으며 꽃에는 꿀이 많이 나는 나무. 크고 굵게 자라며 쓰임새가 좋다

피난 ⇒ 비킴. 숨음. 달아남. 숨다. 달아나다. 비켜 달아나다

피난길 ⇒ 비킴길

피난민 ⇒ 쫓겨난이

피난처 ⇒ 쫓겨 간 데

피날레 ⇒ 끝. 끝맺음. 마지막

피넣기 이름씨 피가 모자라거나 앓이를 고치려고 피를 핏줄 속에 넣는 것 ⇐ 수혈

피녹이 이름씨 붉은 피톨을 부서지게 하는 몬. 어떤 숨받이 붉은 피톨을 다른 갈래 숨받이에 넣으면 때가 조금 지난 뒤에 이 몬이 생긴다 ⇐ 용혈소

피녹임 이름씨 붉은 피톨이 부서져서 그 속에 들어있던 헤모글로빈이 피장에 섞이는 일 ⇐ 용혈. 용혈현상

피눈 이름씨 ❶(지치거나 눈앓이로) 빨갛게 핏발이 선 눈 ⓑ아우는 눈앓이로 피눈이 되어 배곳을 쉰다 ⇐ 혈안 ❷애를 써서 달려드는 사납고 모진 눈 ⓑ돈벌이에 피눈을 하고 덤벼드는 안팎 깡패들

피눈물 이름씨 아주 슬프고 답답하여 흘리는 눈물 ⓑ남 눈에 눈물 내면 제 눈에는 피눈물 난다

피눌림 이름씨 염통이 피를 밀어낼 때 핏줄이 받는 힘 ⇐ 혈압

피다 움직씨 ❶꽃이나 잎 따위가 벌어지다 ⓑ개나리꽃이 피었다 ❷불이나 안개, 냄새 따위가 번지거나 부풀다 ⓑ불쏘시개가 말라 불이 잘 피었다 ❸곰팡이나 검버섯 같은 것이 나다 ⓑ나무껍질에 검버섯이 핀 듯하다 ❹핏빛 따위가 얼굴에 돌다 ⓑ걱정이 없어 살이 오르고 얼굴이 피었다 ❺(웃음과 함께 써) 차고 넘치다 ⓑ모처럼 아이들 얼굴에 웃음꽃이 피었다 ❻삶이나 일이 좋아지다 ⓑ나물을 하고부터 살림이 피었다 ❼뭉게뭉게 일어나거나 부풀어 오르다 ⓑ파란 하늘에 뭉게구름이 피었다. 솜이 피다 ❽어떤 몸짓이나 몸가짐이 나타나다 ⓑ게으름을 피우다. 어리광을 피우다. 바람을 피우다

피돌기 이름씨 몸 안에서 피가 핏줄을 따라 돌

아다니는 일 ⇐ 혈액순환

피동꼴 ⇒ 입음꼴

피동사 ⇒ 입음움직씨

피둥피둥 어찌씨 ❶보기에 싫을 만큼 살쪄서 아주 퉁퉁한 꼴 ⓑ여름배움쉼 동안 피둥피둥 살이 쪘어 작은말패둥패둥 ❷남 말을 흘려듣고 걸핏하면 엇나가는 꼴 ⓑ나는 엄마 말을 안 듣고 피둥피둥 놀기만 했다

피둥피둥하다 그림씨 몹시 퉁퉁하게 살이 쪘다 ⓑ살이 피둥피둥한 몸을 다듬으려 날마다 몸풀기를 한다

피드백 ⇒ 되맞추기. 되다스림. 되살림. 되돌림. 되메김

피땀 이름씨 ❶피와 땀 ⓑ나라지킴이들은 싸움이 끝나자 피땀 범벅이 되어 돌아왔다 ❷무엇을 이루려고 애쓰는 몸가짐과 마음 ⓑ일터에서 으뜸자리에 오르려고 엄청난 피땀을 흘렸다 익은말 **피땀을 흘리다** 무엇을 이루려고 있는 힘을 다 하다

피똥 이름씨 피가 섞여 나오는 똥 ⇐ 혈변

피똥막이풀 이름씨 밭이나 들에 자라는 풀. 온몸에 털이 있고 여름에 옅붉은 꽃이 피며 타닌을 많이 품고 있어 불늦을 가라앉히고 피를 멎게 하며 팡이를 죽이는 구실을 하여 피똥앓이 낫개감으로 쓴다 ⇐ 이질풀

피똥앓이 이름씨 똥에 피나 고름이 섞여 나오고 똥이 자주 마려운 앓이 ⇐ 이질

피뛰 이름씨 염뛰 ⇐ 맥. 맥박

피라미 이름씨 몸은 길고 납작하고 옆구리에는 어두운 파랑 가로띠가 있는 민물고기. 등은 푸르스름하고 배는 희다 ⓑ피라미 수컷은 알낳이철에 뚜렷이 수컷치레를 다

피라미드 이름씨 큰 돌을 네모뿔꼴로 크게 쌓아 만든 무덤. 옛 이집트에서 임금이나 임금집사람 무덤으로 만들었다 ⇐ 금자탑

피란 ⇒ 싸움비킴. 어려움비킴

피란길 ⇒ 싸움비킴길

피랍 ⇒ 잡혀감. 붙들려감. 잡혀가다. 붙들려가다

피레네멧줄기 이름씨 프랑스와 에스파냐에 걸쳐 있는 멧줄기 ⇐ 피레네산맥

피력 ⇒ 털어놓음. 밝힘. 밝히다. 털어놓다

피로 ⇒ 주럽. 지침. 지치다. 고달프다. 고단하다. 늘어지다. 까라지다

피로연 ⇒ 잔치. 뒷모임

피뢰침 ⇒ 벼락비킴막대

피륙 이름씨 끝으로 된 천을 통틀어 이르는 말 ⓑ베틀로 열 한 너비 길이 피륙을 짰다 비슷한말옷감. 천 ⇐ 포목

피륙가게 이름씨 피륙을 파는 가게 ⇐ 포목전. 포목점. 드팀전

피륙장수 이름씨 베나 무명 따위 옷감들을 파는 장사. 또는 그 장사치 ⇐ 포목상

피리 이름씨 ❶구멍을 앞에 일곱, 뒤에 하나 뚫어 피리혀를 꽂아 부는 대나무 대롱 겨레가락틀 ⓑ북을 치고 피리를 불었다 ❷속빈 대에 구멍을 뚫고 부는 가락틀을 통틀어 이르는 말 ⓑ밤에 피리를 불면 뱀이 나온다고 했다

피마자 ⇒ 아주까리

피말강이 이름씨 엉긴 피에서 스며나오는 누런 빛을 띤 맑은 물 ⇐ 혈청

피망 ⇒ 하늬고추. 주먹고추

피맺히다 움직씨 ❶살갗 안쪽에 피가 모이다 ⓑ돌에 치여 피맺힌 손톱 밑이 시퍼렇게 멍이 들었다 ❷가슴에 피멍이 들 만큼 슬픈 응어리가 사무치다 ⓑ설움에 겨워 피맺힌 얘기를 털어놓았다

피멍 이름씨 ❶피가 진 둥글둥글한 덩이 ⓑ허벅지를 책놓개 모서리에 찧어 피멍이 들었다 한뜻말피얼룩 ⇐ 혈반. 어혈 ❷슬프거나 애먼 일로 마음에 난 몹시 큰 아픔 ⓑ어미 가슴에도 이미 피멍이 들었다

피멎개 이름씨 다친 곳에서 나는 피를 멎게 하는 낫개 ⇐ 지혈제

피복 ⇒ 덮기. 입힘. 씌움. 싸개

피복선 ⇒ 입힘줄

피부 ⇒ 살갗. 살. 살결

피부과 ⇒ 살갗 보는데

피부병 ⇒ 살갗앓이

피부색 ⇒ 살빛

피부암 ⇒ 살갗궂혹

피부이식수술 ⇒ 살갗심기

피부질 ⇒ 살결

피붙이 이름씨 핏줄로 보아 가깝게 이어진 사람 ⓑ피붙이라고는 언니 하나밖에 없는 몸이다 한뜻말 살붙이 ⇐ 혈연. 혈육. 혈족. 친족

피비린내 이름씨 ❶피에서 나는 비린 냄새 ⓑ닭 목에서 피비린내가 난다 ❷사람을 죽이거나 다치게 하는 바람이 몰아치는 낌새 ⓑ두 나라는 피비린내 나는 싸움을 자주 벌였다

피빨강이 이름씨 붉은피톨 물감 흰자밭. 피돌기에서 살남을 나른다 ⇐ 혈구소. 혈색소. 헤모글로빈

피빨이 이름씨 ❶사람 피를 빨아먹는다고 일컫는 꿍꿍 속 깨비 ⇐ 흡혈귀 ❷사람 피를 빨아먹듯이 남을 괴롭히는 사람을 빗댄 말

피빼기 이름씨 앓이를 낫게 하려고 바늘로 피를 뽑아냄 ⇐ 사혈

피뽑기 이름씨 앓이를 살펴보거나 피넣기를 하려고 피를 뽑는 일 ⇐ 채혈

피살 ⇒ 죽임. 죽임 입음

피서 ⇒ 서늘맞이. 더위비낌

피서지 ⇒ 서늘맞이곳. 더위비낀곳

피선거권 ⇒ 뽑힐힘. 뽑힐자리

피스톤 ⇒ 나들개

피습 ⇒ 덮침. 덮치다

피승수 ⇒ 곱하임수

피식 어찌씨 입을 힘없이 벌리며 싱겁게 웃을 때 나는 소리나 그 꼴 ⓑ나도 모르게 웃음이 피식 나왔다

피식자 ⇒ 잡아먹히는숨받이

피신 ⇒ 숨김. 몸숨김. 달아남. 숨다. 달아나다

피싸움 이름씨 죽음을 무릅쓰고 모질게 하는 싸움 ⇐ 혈전. 혈투

피아노 이름씨 누르개 가락틀. 손가락으로 누르개를 눌러 소리를 낸다

피아니스트 이름씨 피아노바치. 피아노치는 이

피어나다 움직씨 ❶꽃이나 잎 따위가 벌어지다 ⓑ취나물 꽃이 하얗게 피어났다 ⇐ 개화하다 ❷불이나 안개 따위가 일어나다 ⓑ아침 안개가 모락모락 피어난다 ❸웃음이나 핏빛 따위가 얼굴에 나타나다 ⓑ나를 본 어머니 입가에 웃음꽃이 피어났다 ❹살림이나 매개 따위가 좋아지거나 풀리다 ⓑ벌이가 쏠쏠해 살림이 피어났다

피어오르다 움직씨 불이나 안개, 냄새 따위가 올라가다 ⓑ아지랑이가 피어오른다. 모닥불이 피어올랐다

피얼룩 이름씨 살가죽 안에 피가 모여 생긴 얼룩진 앓이 한뜻말 피멍 ⇐ 혈반

피얼룩앓이 이름씨 살갗이나 끈끈청에 피얼룩과 더움이 생겨 붓는, 말에 생기는 돌림앓이 ⇐ 혈반병

피오줌 이름씨 피가 섞여 나오는 오줌 ⇐ 혈뇨. 요혈

피옮음앓이 이름씨 곪아서 고름이 생긴 곳이나 부스럼 따위에서 팡이나 죽이개가 핏줄 속으로 흘러 들어가 돌며 센 죽이개에 치이거나 빠른 불늦을 일으키는 앓이 ⇐ 패혈증

피우기 이름씨 그림 그릴 바탕에 물기를 먹여 눅눅하게 한 뒤 빛깔을 입혀 짙은 빛에서 차츰 엷게 퍼지게 그리기 ⇐ 그러데이션

피우다 움직씨 ❶꽃이나 잎 따위가 벌어지게 하다 ⓑ담찔레가 빨간 꽃을 활짝 피웠다 ❷불이나 안개, 냄새 따위를 번지게 하거나 부풀게 하다 ⓑ모닥불을 피웠다. 담배를 피운다 ❸어떤 몸짓이나 몸가짐을 나타내 보이다 ⓑ요즘 게으름을 부쩍 피운다. 거드름을 피우다

피읖 이름씨 한글 닿소리글자 'ㅍ' 이름

피의자 ⇒ 허물쓴이

피임 ⇒ 아기막이. 아기막이하다

피자 이름씨 밀가루 반죽 위에 고기, 치즈, 토마토, 피망 같은 것을 얹어 둥글고 납작하게 구운 하늬맛갓

피장파장 이름씨 서로 낫고 못함이 없이 같은 매개나 꼴 ⓑ누군가 한발 물러서면 될 일을 서로 길을 막고 있으니 피장파장이지 비슷한말 마찬가지 ⇐ 피차일반

피제수 ⇒ 나뉨수

피조개 이름씨 껍질 겉은 뿔바탕켜가 덮여 거칠거칠하며 42~43낱 부챗살마루가 있다. 살은 붉은빛에다 단맛이 있고 바닷물 깊이 4~10미터 고운 모래펄에 많이 산다 한뜻말 새고막

피죽바람 이름씨 모낼 무렵 오랫동안 부는 아침 샛바람과 저녁 높새바람. 이 바람이 불면 비가 오지 않아 피죽도 먹기 어렵다고 붙은 이름이다 ⓑ봄가뭄은 이어지고 피죽바람만 불어대니 올해 여름지이도 끝장일세

피진 이름씨 피에서 피톨을 뺀 나머지 물로 된 것 한뜻말 핏물. 피장 ⇐ 혈장

피질 ⇒ 겉켜. 껍질

피짓는잔삼 이름씨 뼛속에서 붉은피톨과 흰피톨을 만드는 잔삼 ⇐ 조혈세포

피차 ⇒ 서로. 이저. 두 쪽. 서로서로

피차일반 ⇒ 마찬가지. 피장파장. 서로 같음

피처 ⇒ 던짐이. 공던짐이

피천 이름씨 아주 적은 돈 ⓑ일자리를 잃어 요즘은 피천 한 푼 못 번다

피치카토 ⇒ 손끝 줄 튕김. 손톱 줄 튕김

피침 ⇒ 바소

피침형 ⇒ 바소꼴

피콜로 ⇒ 작은 피리

피크닉 ⇒ 들놀이

피크타임 ⇒ 한창때. 고비 때

피클 이름씨 남새나 과일을 썰어 새콤이, 단것, 소금을 넣은 물에 담가 절인 맛갓

피톨 이름씨 핏속에 떠다니는 피 딱덩이인 잔삼. 붉은 피톨, 흰 피톨, 피티가 있다 ⇐ 혈구

피티 이름씨 피 속에 있으면서 피를 엉기게 하는 널빤지꼴 작은 몬 ⇐ 혈소판

피티줆늪 이름씨 피티가 줄어서 생기는 피나는 앓이 ⇐ 혈소판감소증

피파랑이 이름씨 무른몸 숨받이나 마디발 숨받이들 피장 속에 들어 있는 물감 흰자밭. 구리를 품고 있어 살남과 아울리거나 떨어지면서 살남을 나르는데 살남과 아울리면 파란빛을 띤다 ⇐ 혈청소. 헤모시아닌

피폐 ⇒ 지침. 메마름. 지치다. 낡아빠지다. 메마르다. 짜부라지다

피하 ⇒ 살갗밑

피하다 ⇒ 비키다. 숨다. 옮기다. 달아나다. 멀리하다

피하지방·피부밑지방 ⇒ 비계. 기름켜

피해 ⇒ 언걸. 지실

피해망상 ⇒ 옥생각

피해자 ⇒ 얼입은이

피혁 ⇒ 갖. 가죽

피흐름 이름씨 핏줄 안에 피가 흐르는 것 ⇐ 혈류

픽 어찌씨 ❶지쳐서 힘없이 쓰러질 때 나는 소리나 그 꼴 ⓑ땡볕에 큰 마당에 자란 풀을 베다가 픽 쓰러졌다 ❷다문 입을 벌리며 싱겁게 웃을 때 나는 소리나 그 꼴 ⓑ어처구니가 없어 픽 웃어넘겼다 ❸막힌 바람이 힘없이 터져 나올 때 나는 소리나 그 꼴 ⓑ공에서 바람이 픽 새어 나왔다

픽션 ⇒ 꾸민 이야기

픽업 ⇒ 골라냄. 뽑음. 골라내다. 뽑아내다

픽처 ⇒ 그림. 빛박이

픽픽 어찌씨 ❶지쳐서 힘없이 잇달아 쓰러질 때 나는 소리나 그 꼴 ⓑ굶주림을 견디지 못한 아이들이 픽픽 쓰러졌다 ❷다문 입을 벌리며 싱겁게 자꾸 웃을 때 나는 소리나 그 꼴 ⓑ아이들은 벙어리를 놀려대며 픽픽 웃었다 ❸막힌 바람이 힘없이 잇달아 터져 나올 때 나는 소리나 그 꼴 ⓑ공에 바람을 넣어도 어디서 픽픽 새는 것 같다 **픽픽하다**

픽픽거리다 움직씨 지쳐서 힘없이 잇달아 자꾸 쓰러지다 **픽픽대다**

핀 ⇒ 바늘못. 과녁막대

핀둥거리다 움직씨 아무 하는 일 없이 뻔뻔스럽게 놀기만 하다 여린말 빈둥거리다 **핀둥대다**

핀둥핀둥 어찌씨 아무 하는 일 없이 뻔뻔스럽게 놀기만 하는 꼴 ⓑ핀둥핀둥 집안에서 놀기만 하는 아들이 보기 싫어 집을 나왔다 여린말 빈둥빈둥하다 **핀둥핀둥하다**

핀셋 ⇒ 족집게

핀잔 이름씨 다른 이가 한 일을 두고 언짢게 꾸짖는 짓 ⓑ돈을 달라고 떼를 쓰다가 핀잔을 들었다 한뜻말 꾸지람

핀치 ⇒ 막다른 길. 큰 고비. 어려운 고비

핀트 ⇒ 고동. 알짬. 자위. 겨냥

필 (匹) ⇒ 마리

필 (畢) ⇒ 끝. 마침

필 (筆) ⇒ 붓

필 (疋) ⇒ 끝

필경 ⇒ 마침내. 드디어. 끝내. 끝끝내

필기 ⇒ 쓰기. 적기. 쓰다. 적다. 글씨 쓰다. 받아 쓰다

필기구·필기도구 ⇒ 쓸 것. 쓸 연장

필기시험 ⇒ 쓰기재봄

필기체 ⇒ 손글씨꼴

필담 ⇒ 글자말. 글로 말하기

필독도서 ⇒ 꼭 읽을 책

필두 ⇒ 비롯. 앞장. 맨 앞. 첫머리. 우두머리

필드 ⇒ 큰 마당. 놀이마당

필드하키 ⇒ 잔디하키

필라멘트 이름씨 번힘공 속에서 번힘이 흐르면 빛을 내는 가느다란 쇠붙이줄

필로폰 ⇒ 뽕

필름 이름씨 빛박이 틀 속에 넣어 빛박이를 찍는 얇고 긴 플라스틱 띠

필명 ⇒ 글쓴이이름

필사 (必死) ⇒ 죽을힘다함

필사 (筆寫) ⇒ 베낌. 베끼다

필사본 ⇒ 손으로 베낀 책

필사적 ⇒ 죽기 살기로. 목숨 걸고

필생 ⇒ 한뉘. 한뉘 동안. 한살매

필수 ⇒ 없으면 안 됨. 꼭 해야 함

필수품 ⇒ 꼭 쓸 것. 꼭 갖출 것

필순 ⇒ 글씨차례

필승 ⇒ 꼭 이김

필시 ⇒ 반드시. 마땅히. 틀림없이. 어김없이. 모름지기

필연 ⇒ 꼭. 반드시. 꼭 그러함. 틀림없이

필요 ⇒ 쓸모. 쓸데. 나위. 쓸모있다

필요성 ⇒ 쓸모바탈. 쓸데

필자 ⇒ 글쓴이. 지은이

필적·필체 ⇒ 글씨. 글꼴. 글씨꼴. 글발

필적하다 ⇒ 걸맞다. 맞서다. 어슷비슷하다. 어금지금하다. 얼맞다. 핑핑하다

필치 ⇒ 글씨. 글맛. 글솜씨. 글씨솜씨. 글씨됨됨이

필터 ⇒ 거르개

필터페이퍼 ⇒ 거름종이

필통 ⇒ 붓통. 붓 쌈지

필하다 ⇒ 마치다. 끝내다. 끝마치다. 끝맺다

필하모니 ⇒ 가락사랑

필화 ⇒ 글동티. 붓동티

필히 ⇒ 반드시. 꼭

핍박 ⇒ 달구침. 몰아침. 좨치다. 죄어치다. 다그치다. 몰아치다

핏값 이름씨 **1** 피를 팔거나 사는 값 ⓑ우리나라에서는 핏값을 받지 않고 어려운 사람들을 돕는데 바친다 **2** 피 흘려 싸운 떳떳한 값 ⓑ우리 겨레가 이만큼 살 수 있는 것은 다 한아비들이 바친 핏값 도움이다

핏기 ⇒ 핏빛

핏대 이름씨 굵은 핏줄. 큰 핏줄 비슷한말 핏줄 ⇐ 혈관 익은말 **핏대가 서다** 마음이 흔들려 목 핏대에 피가 몰리고 낯이 붉어지다 **핏대를 세우다·핏대를 돋구다** 목 핏대에 피가 몰리도록 마음이 세게 흔들리다

핏덩이 이름씨 **1** 피가 엉겨 이룬 작은 덩이 한뜻말 핏덩어리 ⇐ 혈전 **2** 갓난아기 한뜻말 핏덩어리

핏물 이름씨 한뜻말 피진 ⇐ 혈장

핏발 이름씨 앓거나 지쳐서 몸 한쪽에 피가 몰려 붉게 된 결 ⓑ며칠째 잠이 모자라 눈에 핏발이 섰다

핏빛 이름씨 사람 얼굴이나 살갗에 감도는 불그스레한 피 빛깔 ⇐ 핏기. 혈색

핏자국 이름씨 피가 묻은 자국

핏줄 이름씨 **1** 피가 흐르는 대롱 ⓑ핏줄이 터졌다 비슷한말 핏대 ⇐ 혈관. 혈연. 혈통 **2** 한 핏줄 갈래 ⓑ그 집안을 잇는 핏줄이 끊겼다 ⇐ 혈통

핏줄기 (이름씨) **1** 피가 흐를 때 내뻗치는 줄기 ⓑ화살을 맞고 가슴에서 핏줄기가 솟구쳤다 ⇐ 혈맥. 혈통 **2** 같은 핏줄 갈래 ⇐ 혈맥

핏줄막힘늦 (이름씨) 핏줄 속에서 피가 굳어 덩어리가 생기는 늦. 핏줄이 막히면서 갖가지 앓이를 일으킨다 한뜻말 핏줄막힘앓이 ⇐ 혈전증. 색전증

핑 (어찌씨) **1** 매우 빠르게 한 바퀴 도는 꼴 ⓑ팽이가 핑 돌고는 옆으로 자빠졌다 작은말 팽 **2** 눈물이 갑자기 글썽해지는 꼴 ⓑ슬픈 얘기를 들으니 눈물이 핑 돈다 **3** 머리가 갑자기 어찔해지는 꼴 ⓑ머리로 섰다가 일어나니 눈알이 핑 돌았다

핑거페인팅 ⇒ 손가락그림

핑거푸드 ⇒ 맨손맛갓

핑계 (이름씨) 내키지 않는 일을 겪지 않으려거나 어떤 일을 숨기려 괜히 내세우는 구실 ⓑ아들은 바쁘다는 핑계로 얼굴을 보여주지 않았다 (익은말) **핑계 없는 무덤 없다** 아무리 잘못을 크게 저지른 이도 그것을 두고 까닭을 댈 수 있다

핑구 (이름씨) 위에 꼭지가 달린 팽이

핑그르르 (어찌씨) **1** 빠르고 미끄럽게 한 바퀴 도는 꼴 ⓑ지겟다리가 나무에 걸려 핑그르르 돌면서 넘어졌다 작은말 팽그르르 센말 삥그르르 여린말 빙그르르 **2** 갑자기 눈물이 나는 꼴 ⓑ그 말에 눈물이 핑그르르 돌았다 **3** 갑자기 얼이 아찔한 꼴 ⓑ갑자기 머리가 핑그르르 돌아가서 넘어질 뻔 했다 **핑그르르하다**

핑글핑글 (어찌씨) **1** 빠르게 자꾸 도는 꼴 ⓑ바람이 세게 부니 바람개비는 핑글핑글 잘도 돈다 작은말 팽글팽글 센말 삥글삥글 여린말 빙글빙글 **2** 갑자기 얼이 아찔해지는 꼴 ⓑ조금만 일해도 머리가 핑글핑글 도는 것 같아 아무 일도 못하겠소 **핑글핑글하다**

핑크무드 ⇒ 포근한 멋. 달콤한 느낌. 부드러운 멋

핑퐁 ⇒ 널공치기

핑핑 (어찌씨) **1** 매우 빠르게 자꾸 도는 꼴 ⓑ팽이가 핑핑 잘도 돌아간다 작은말 팽팽 센말 삥삥 여린말 빙빙 **2** 머리가 갑자기 잇달아 어찔해지는 꼴 ⓑ돌이그네를 탔더니 머리가 핑핑 어지럽다 **핑핑하다**

핑핑 (어찌씨) 쏘개알 따위가 빈기를 가르며 매우 빠르게 지날 때 나는 소리나 그 꼴 작은말 팽팽

핑핑거리다 (움직씨) **1** 큰 것이 매우 빠르게 자꾸 돌다 작은말 팽팽거리다 센말 삥삥거리다 여린말 빙빙거리다 **2** 얼이 몹시 어찔어찔해지다 **핑핑대다**

핑핑하다[1] (그림씨) **1** 꽤 켕기어 있다 ⓑ둘이 너무 핑핑하게 맞서서 숨막힐 것 같다 작은말 팽팽하다 **2** 두 힘이 서로 어슷비슷하다 ⓑ두 씨름꾼이 힘이 핑핑하여 낫고 못함을 가리기 힘들다 **3** 남거나 모자라지 않고 빠듯하다 ⓑ다달이 모자라지 않게 핑핑하게 살림을 꾸립니다

핑핑하다[2] (그림씨) 살이 올라 뚱뚱하거나 살갗이 퉐힘 있다 작은말 팽팽하다

핑하다 (움직씨) **1** 넓은 테두리로 매우 빠르게 한 디위 돌다 ⓑ마당을 핑하니 한 바퀴 돌았다 작은말 팽하다 센말 삥하다 여린말 빙하다 **2** 갑자기 눈에 눈물이 고이다 ⓑ그 모습을 보자 눈에 눈물이 핑하니 고인다 **3** 갑자기 얼이 몹시 어찔해지다 ⓑ제자리에서 빙글빙글 돌았더니 핑하고 쓰러질 것 같다

하[1] 느낌씨 기쁘거나 슬프거나 노엽거나 안타까울 때 내는 소리 ⓑ하, 참 좋다

하[2] 어찌씨 아주. 몹시 ⓑ하 맘에 들어 큰 맘 먹고 하나 샀다

하[3] 어찌씨 입을 크게 벌리고 입김을 부는 소리나 그 꼴 ⓑ입김을 하 불어 거울을 깨끗이 닦았다

하 ⇒ 밑. 아래. 아래쪽. 아랫목

하갑판 ⇒ 아래뱃마루

하강 ⇒ 내림. 내려옴. 내리다. 내려오다. 내려가다. 내리먹다. 낮아지다. 떨어지다

하객 ⇒ 손님. 기림손

하게 이름씨 가까운 사람이나 손아랫사람에게 쓰는 말씨 **하게하다**

하계 (下界) ⇒ 이누리. 아래누리. 사람누리

하계 (夏季) ⇒ 여름철. 여름

하고많다 그림씨 헤아릴 수 없을 만큼 아주 많다 ⓑ하고많은 일 가운데 왜 그 힘든 일을 하려고 하니? 비슷한말 많고 많다

하교 ⇒ 배곳마침. 배곳끝남. 배곳 마치다. 배곳 끝나다. 돌아오다. 돌아가다

하굣길 ⇒ 배곳 나오는길. 집 오는길

하구 ⇒ 가람어귀

하구만 ⇒ 가람어귀굽이. 가람어귀휨

하구언 ⇒ 가람어귀둑. 가람막이둑

하굿둑 ⇒ 가람어귀둑

하권 ⇒ 뒷책. 나중책

하급 ⇒ 아랫길. 아래치

하급반 ⇒ 아랫가름

하급생 ⇒ 아랫배움이. 아래벗

하기 ⇒ 여름철. 여름

하기는 어찌씨 아닌 게 아니라. 그런 바와 같이 ⓑ하기는 가는 사람을 어찌 막겠나

하기야 어찌씨 있던 일을 그대로 말하자면야 ⓑ하기야 하루 내내 걸었으니 다리가 아플 만도 하지

하기에 어찌씨 그렇기 때문에

하기휴가 ⇒ 여름말미. 여름쉴때. 여름쉴철

하긴 어찌씨 '하기는' 준말 ⓑ하긴 네가 나보다는 낫지

ㅎ

하나[1] (셈씨) 셈을 셀 때 맨 처음 수 ⓑ능금 하나

하나[2] (이름씨) ❶뜻이나 마음, 생각이 한결같거나 똑같음 ⓑ우리는 하나가 되어 한뜻으로 살았다 ❷여럿 가운데 어떠한 것 ⓑ고래는 젖먹이 짐승 가운데 하나이다 ❸오직 그것뿐 ⓑ아들 하나 믿고 산 어머니. 모든 일은 제 마음 하나에 달려있다 ❹갈라놓을 수도, 떼어 놓을 수도 없는 것 ⓑ배달겨레는 하나다 ❺(흔히 '도'를 붙여 써) 조금도 ⓑ바스락 소리 하나도 들리지 않았다 (익은말) **하나부터 열까지** 하나도 빼지 않고 모두 (슬기말) **하나를 보고 열을 안다** 한쪽만 봐도 모든 것을 미루어 안다 **하나만 알고 둘은 모른다** 한쪽만 보고 다른 것과는 아랑곳하여 볼 줄 모른다

하나같다 (그림씨) 모두 똑같다 ⓑ병아리가 하나같이 귀엽다

하나나메 (이름씨) 도모나섬 한가운데 있는 메. 참나무와 멧벚나무가 우거졌으며 꼭대기에는 사슴못이 있다. 높이는 1,950미터 한뜻말 가나나메 ⇐ 한라산

하나되기 (이름씨) ❶나눈 것을 아울러 하나로 하는 것 ⓑ갈라진 겨레 하나되기는 우리 겨레 오랜 바람이다 ⇐ 통일 ❷서로 다른 것을 똑같이 되게 함 ⓑ이렇게 생각이 달라도 자꾸 이야기하다 보면 서로 하나되기가 될 겁니다

하나시라 (이름씨) 시라가 가고리와 바다라를 아우른 676해 뒤 시라. 시라는 당나라와 힘을 모아 가고리와 바다라를 쳐 없앤 뒤 당나라를 쫓아내 나라를 하나 되게 했다 ⇐ 통일신라

하나치 (이름씨) 수나 술, 길이, 무게, 부피 따위를 재는 데 바탕이 되는 잣대. 미터, 그램, 리터, 되, 근 들이 있다 ⇐ 단위

하나하나 (이름씨) ❶무엇을 이루는 낱낱 것 ⓑ작은 나뭇잎도 하나하나를 보면 다 달라요 ❷(어찌씨) 빠짐없이 모두 ⓑ오늘 한 일을 하나하나 떠올려 보았다 한뜻말 낱낱이

하냥 (어찌씨) 늘. 줄곧 ⓑ젊을 때는 하냥 젊을 줄 알고 그랬지 뭐

하냥다짐 (이름씨) 일이 잘못되면 목을 베는 옳을 받겠다는 굳은 다짐 ⓑ우리나라가 제힘살이를 할 수만 있다면 하냥다짐을 하고 싸우겠다

하녀 ⇒ 겨집종

하념 ⇒ 걱정. 근심. 생각

하눌타리 (이름씨) 박 갈래에 딸린 여러해살이 덩굴풀. 잎은 어긋나고 손바닥 꼴로 갈라지며 여름에 붉은 보라 꽃이 피는데 열매는 공처럼 생겨 누렇게 익는다

하느님 (이름씨) 온 누리를 다스린다고 여기는 님. 하늘에 계신 님 ⓑ하느님, 고맙습니다 ⇐ 천주. 주. 상제. 옥황상제. 창조주

하느라지 (이름씨) 목구멍에서 윗잇몸까지 한뜻말 하느바지 ⇐ 입천장

하느작 (어찌씨) ❶나뭇가지나 천 같은 가늘고 긴 것이 가볍게 흔들리는 꼴 ⓑ버들가지가 바람에 하느작 춤춘다 ❷팔다리가 힘없이 조금 느리게 움직이는 꼴 ⓑ아이가 배곳에서 팔을 하느작 흔들며 돌아온다 ❸하는 일 없이 빈둥거리는 꼴 ⓑ방구석에만 처박혀 하느작 게으름만 피운다 **하느작하다**

하느작거리다 (움직씨) ❶나뭇가지나 천 같은 가늘고 긴 것이 가볍게 흔들거리다 ⓑ푸르른 보리싹이 봄바람에 하느작거린다 ❷팔다리가 힘없이 조금 느리게 자꾸 움직이다 ⓑ나비가 꽃잎에 앉아서 날개를 하느작거린다 ❸하는 일 없이 빈둥거리며 놀다 ⓑ방 안에서 하느작거리고만 있지 말고 나와서 눈부신 아침 해를 맞이해 봐 **하느작대다**

하느작하느작 (어찌씨) ❶나뭇가지나 천 같은 가늘고 긴 것이 가볍게 잇달아 흔들리는 꼴 ⓑ봄바람에 버드나무 가지가 하느작하느작 흔들린다 ❷팔다리가 힘없이 조금 느리게 자꾸 움직이는 꼴 ⓑ아이들이 더위에 지쳐서 하느작하느작 힘없이 걸어온다 ❸하는 일 없이 자꾸 빈둥거리는 꼴 ⓑ그렇게 하느작하느작 빈둥거리지 말고 뭐라도 해

봐 **하느작하느작하다**

하늘 이름씨 ❶땅과 바다 위로 보이는 끝없이 높고 넓은 빈 데 ⓑ맑은 파란 가을 하늘. 높고 높은 하늘 아래 메이로다 ⇐ 허공 ❷하느님 ⓑ하늘이 내려다본다. 하늘이 무섭지 않니? 익은말 **하늘이 노랗다** 힘과 기운이 다 빠지다 **하늘이 두 쪽이 나도** 어떤 일이 있더라도 **하늘이 무너지다** 모든 것이 끝장나다 슬기말 **하늘 별 따기** 이루기 몹시 어려운 일 **하늘 높은 줄 모르다** ❶제 선 자리를 모르고 잘난 체한다 ❷값이 끝없이 오르다 **하늘만 쳐다보다** 아무 마련도 하지 않고 좋은 일을 기다리다 **하늘을 지붕 삼다** ❶한데서 자다 ❷잡은 곳 없이 떠돌다 ❸누리를 벗삼아 살다 **하늘이 무너져도 솟아날 구멍이 있다** 더는 빠져나갈 길이 없는 어려운 데서도 벗어날 길이 있다 **하늘 보고 침 뱉기** 하늘에 대고 침을 뱉으면 제 얼굴에 떨어지듯이 스스로에게 나쁜 일이 돌아올 짓을 하는 것

하늘가 이름씨 하늘 가장자리 ⓑ하늘가에 노을이 붉게 물들어 간다 한뜻말 하늘끝

하늘거리다 움직씨 ❶나뭇잎이나 가는 나뭇가지가 가볍게 자꾸 흔들리다 ❷불길이 가볍게 자꾸 흔들리며 하늘로 올라가다 ❸김이나 내, 아지랑이 같은 것이 가볍게 자꾸 움직이다 **하늘대다**

하늘금 이름씨 하늘과 땅이 맞닿은 것처럼 보이는 금 ⇐ 지평선

하늘길 이름씨 날틀이 날아다니는 하늘에 난 길 ⇐ 항공로, 비행로

하늘꽃 이름씨 하늘에 산다는 꽃 ⇐ 선녀

하늘나라 이름씨 ❶예수를 믿은 이가 죽은 뒤에 갈 수 있다는 하늘에 있는 누리 ⓑ먼저 떠난 돌이는 하늘나라에서 잘 살 거야 ⇐ 천국, 천당 ❷하느님이나 하늘심부름꾼 따위가 산다고 여겨지는 누리 ⇐ 천상

하늘나루 이름씨 날틀이 뜨고 내릴 수 있게 두루 갖춘 곳 한뜻말 날틀나루 ⇐ 공항

하늘누리 이름씨 한울에 있는 온갖 것 ⇐ 천체

하늘다람쥐 이름씨 숲속 나무 위에 사는 다람쥐. 앞발과 뒷발 사이 살갗을 날개처럼 펼쳐서 나무와 나무 사이를 날아다닌다

하늘말무덤 이름씨 사라사고장 서라벌에 있는 시라 때 무덤. 하늘말그림, 보갓, 보허리띠들이 나옴 ⇐ 천마총

하늘말자리 이름씨 가을철 노녘 하늘에 보이는 별자리 ⇐ 페가수스자리

하늘멀봄거울 이름씨 하늘덩이, 곧 한울을 볼 때 쓰는 멀봄거울 ⇐ 천체망원경

하늘못 이름씨 한밝달 꼭대기에 있는 못 ⇐ 천지

하늘뮘생각 이름씨 땅별이 온누리 복판이고, 별들이 땅별 둘레를 돈다는 생각 ⇐ 천동설

하늘바라기[1] 이름씨 비가 와야만 벼를 심어 가꿀 수 있는 논 ⓑ올해는 비가 안 와 하늘바라기에서는 벼 한 톨 못 거두었소 한뜻말 천둥지기 ⇐ 천수답

하늘바라기[2] 이름씨 우두커니 하늘을 바라보는 일 ⓑ가끔은 하늘바라기를 하며 살고 싶다

하늘배 이름씨 큰 바람주머니에 헬륨이나 물남가스를 넣고 그 뜨는 힘으로 뮘틀을 몰아 하늘을 날아다니도록 만든 날틀 ⇐ 비행선

하늘빛 이름씨 ❶하늘 빛깔 ⓑ비가 오려는지 하늘빛이 어둡다 ⇐ 하늘색 ❷맑은 하늘처럼 엷은 파란빛 ⓑ누런 삼베를 예쁜 하늘빛으로 물들여야지 ⇐ 하늘색

하늘색 ⇒ 하늘빛

하늘소 이름씨 몸집이 큼직하고 더듬이가 길고 날개는 딱딱한 나무에 붙어사는 벌레. 입 왼쪽과 오른쪽에 날카로운 큰 턱이 있다

하늘싸울아비 이름씨 날틀을 타고 하늘을 지키는 싸울아비 ⇐ 공군

하늘아래큰싸울아비 이름씨 사내 싸울아비 얼굴을 새긴 장승 ⇐ 천하대장군

하늘제비 이름씨 두 손으로 바닥을 짚고 두 다리를 하늘로 쳐들어 앞뒤로 넘는 재주 ⇐ 공중제비, 텀블링

ㅎ

하늘지실 [이름씨] 비바람이나 땅뮘, 가뭄 따위와 같이 누리둘레가 바뀌어 일어나는 지실 ⇐ 천재. 천재지변

하늘채 [이름씨] 높이 세운 큰 모둠집 맨 꼭대기에 있는 아주 잘 꾸며놓은 살림집 ⇐ 펜트하우스

하늘하늘 [어찌씨] ❶나뭇잎이나 가는 나뭇가지가 가볍게 흔들리는 꼴 ㉥냇가 버드나무가 하늘하늘 춤춘다 ❷불길이 하늘로 올라가는 꼴 ㉥꼬리를 가볍게 저으며 하늘하늘 올라가는 불길 ❸김이나 내, 아지랑이 같은 것이 가볍게 움직이는 꼴 ㉥따스한 햇살에 하늘하늘 아지랑이가 피어난다 ❹어떤 기운이 알 듯 모를 듯 나타나는 꼴 ㉥불타는 듯 하늘하늘 뿜어 나오는 사랑 어린 눈길 **하늘하늘하다**

하늬 [이름씨] 네 쪽 가운데 해가 지는 쪽 ㉥겨울철이라 낮밥 먹고 나면 해가 하늬 메에 걸린다 ⇐ 서

하늬가락 [이름씨] 유럽과 아메리카에서 꽃핀 가락 ⇐ 서양음악

하늬가락틀 [이름씨] 유럽과 아메리카에서 들어온 가락틀로 피아노, 바이올린, 트럼펫 따위를 말한다 ⇐ 양악기

하늬갈 [이름씨] 하늬녘을 파고들어 밝힌 갈 ⇐ 서양학

하늬고장 [이름씨] 도누미 고장과 부루나 고장 ⇐ 서도

하늬고장노래 [이름씨] 도누미 고장과 부루나 고장에서 부르던 소리 ⇐ 서도민요

하늬그림 [이름씨] 유럽과 아메리카에서 꽃핀 그림 맞선말배달그림 ⇐ 서양화

하늬나라 [이름씨] 유럽과 아메리카에 있는 모든 나라 ⇐ 서양나라

하늬날금 [이름씨] 그리니치 하늘밝힘곳에서 하늬쪽으로 180데만큼 고르게 나눈 날금 맞선말새날금 ⇐ 서경

하늬낫개 [이름씨] 하늬 나숨갈에 따라 만든 낫개 맞선말배달낫개 ⇐ 양약

하늬녘 [이름씨] 해가 지는 쪽 ㉥여기에서 하늬녘으로 한참 걸어가면 새터마을이 나온다 맞선말새녘 ⇐ 서쪽. 서녘

하늬노름방 [이름씨] 춤과 노래, 가락을 보거나 즐길 수 있도록 갖춘 노름방 ⇐ 카지노

하늬동이 [이름씨] 한 손으로 들 수 있도록 손잡이를 단 들통. 흔히 얇은 쇠붙이로 만든다 ㉥누나는 하늬동이로 물독 가득 물을 채웠다 ⇐ 양동이

하늬마녘 [이름씨] 하늬녘과 마녘 사이 ⇐ 서남쪽

하늬마아시아 [이름씨] 아시아 한가운데서 하늬마녘인 이란, 이라크, 사우디 같은 나라가 있는 곳 ⇐ 서남아시아

하늬머루 [이름씨] 하늬머루나무 열매. 붉은빛, 푸른빛, 검은빛 따위 여러 가지가 있고 머루 단것, 비타민 따위가 많이 들어있어 몸에 좋으며 맛은 달고 새콤하다. 날로 먹거나 말리거나 술을 담아 먹는다 ⇐ 포도

하늬머루나무 [이름씨] 늦은 봄에 엷푸른 꽃이 피고 송이열매는 늦여름에 검붉거나 푸르게 익는 과일나무 ⇐ 포도나무

하늬머루송이 [이름씨] 한 꼭지에 달린 하늬머루 알 덩이 ⇐ 포도송이

하늬머루술 [이름씨] 하늬머루 열매나 그 열매물을 띄워 만든 술 ⇐ 포도주

하늬먹거리 [이름씨] 하늬꼴 먹거리나 밥 맞선말배달밥 ⇐ 양식

하늬메 [이름씨] 하늬녘에 있는 메 ⇐ 서산

하늬메마루 [이름씨] 하늬메 꼭대기 한뜻말하늬메만디 ⇐ 서산마루

하늬몬가게 [이름씨] 오로지 하늬꼴로 만든 옷들이나 치렛감 따위를 파는 가게 한뜻말하늬메만디 ⇐ 양품점

하늬민들레 [이름씨] 들이나 밭, 마당에 잘 자라는 풀. 노란 꽃이 피고 잎은 먹고 뿌리는 덖어 말려 차로 마신다 ⇐ 서양민들레

하늬바다 [이름씨] 우리나라 하늬 쪽에 있는 바다. 쫑궈와 사이에 있으며 미세기가 뚜렷하다 ⇐ 황해

하늬바닷가 [이름씨] 우리나라 하늬바다를 따라 붙어 있거나 가까이 있는 땅 ⇐ 황해안

하늬바람 (이름씨) 하늬에서 불어오는 바람 ⓑ무더운 여름철에 부는 하늬바람은 참 시원하다 ⇐ 서풍

하늬배추 (이름씨) 두꺼운 잎이 겹겹이 싸여 통을 이루는 배추 한뜻말가두배추 ⇐ 양배추

하늬버들 (이름씨) 높이는 30미터쯤으로 미루나무와 비슷하나 가지가 위쪽으로 자라며 잎은 넓은 길둥근꼴이다. 가로수로 심거나 성냥개비, 집짓는 데 쓰며 유럽이 첫고장이다 ⇐ 양버들

하늬버선 (이름씨) 맨발에 신도록 실로 버선처럼 짠 것 ⇐ 양말

하늬버즘나무 (이름씨) 높이가 40~50미터인 갈잎큰키나무. 나무껍질에 흰무늬가 있고 버즘나무에 견주어 잎이 얕게 갈라지고 열매는 하나 또는 둘씩 달린다. 가로수로 심는데 노아메리카가 첫고장이다 ⇐ 양버즘나무. 플라타너스

하늬사람 (이름씨) 하늬녘 여러 나라 사람 ⇐ 서양인. 양인

하늬상추 (이름씨) 잎이 둥글고 넓으며 하늬배추처럼 둥글게 겹겹이 싸이는 한해살이 또는 두해살이풀. 한해 내내 기를 수 있는 먹거리이다 ⇐ 양상추

하늬손집 (이름씨) 크기가 제법 되는 하늬꼴 나그네집 ⇐ 호텔

하늬쇠 (이름씨) 안팎에 놋쇠를 입힌 얇은 철판. 통조림통 따위를 만드는 데 쓴다 ⇐ 양철

하늬술 (이름씨) 하늬 고장 나라들에서 들여온 술 ⇐ 양주

하늬유럽 (이름씨) 유럽에서도 하늬쪽 유럽. 잉글나라, 도이칠란트, 프랑스 들이 있는 곳 ⇐ 서구. 서유럽

하늬장기 (이름씨) 장기와 비슷한 하늬녘 놀이 ⇐ 체스. 서양장기

하늬잿물 (이름씨) 하늬녘에서 받아들인 잿물, 곧 물살된나트륨 ⇐ 양잿물

하늬적삼 (이름씨) 꽃님들이 입는 낙낙한 윗옷 ⇐ 블라우스

하늬집 (이름씨) 하늬 고장처럼 그런 맵시로 지은 집 맞선말배달집 ⇐ 양옥

하늬차림 (이름씨) 옷차림이나 머리모습을 하늬꼴로 꾸미거나 그런 옷치레 ⇐ 양장

하늬초 (이름씨) 하늬꼴 초. 짐승 굳기름이나 땅기름 찌꺼기를 걸러서 불실을 속에 넣고 만든다 ⇐ 양초

하늬치마 (이름씨) 꽃님들이 입는 하늬녘 치마 ⇐ 스커트

하늬큰문 (이름씨) 서울 하늬녘에 있던 큰문. 1915해에 헐렸다 ⇐ 서대문. 돈의문

하늬피리 (이름씨) 옆으로 쥐고 불며 구멍에 입김을 불어 소리를 내는 대롱가락틀. 아름답고 맑은 소리빛깔을 지녔다 ⇐ 플루트. 리코더

하늬활 (이름씨) 하늬녘에서 만들 듯이 만든 활. 또는 그 활로 겨루는 놀이 ⇐ 양궁

하다[1] (움직씨) ❶무엇을 이루려고 몸과 마음을 쓰다 ⓑ일을 하다. 말을 하다. 생각을 하다 ❷먹거나 마시거나 피우다 ⓑ나는 담배와 술을 조금도 안 한다. 아침은 하고 왔나? ❸무엇을 만들거나 짓다 ⓑ밥을 하다. 오늘 저녁엔 무슨 먹거리를 하나? ❹마련하거나 장만하다 ⓑ돌쇠가 뒷메에 나무를 하러 간다 ❺모습이나 차림을 갖추거나 가지다 ⓑ목걸이를 하다. 환한 얼굴을 하다 ❻어떻다고 말하다 ⓑ푸른누리에선 떠간 밥은 조금도 남기면 안 된다고 했어. 한마디 하다 ❼무엇을 낳다 ⓑ나물 철에 하루에 나물을 두온 꾸러미씩 한다 ❽낯빛이나 몸가짐을 짓거나 나타나다 ⓑ아우가 뚱한 얼굴을 하고 쳐다본다 ❾어떤 일을 맡거나 벌이로 삼다 ⓑ누이는 스무 해째 배곳에서 가르침이를 한다 ❿('길' 과 함께 써) 다니다 ⓑ그 집에 발길을 한 지 오래되었어 ⓫어떤 일에서 값있게 몸을 쓰다 ⓑ그 일에 내가 몸값을 톡톡히 했어. 제 구실을 할 만큼 했어 ⓬무슨 일을 해내다 ⓑ맡은 일을 다 했어 ⓭무엇을 다루거나 쓰다 ⓑ바이올린을 할 줄 안다 ⓮가지다 ⓑ한여름에 솜이불은 해서 뭐해?

ㅎ

하다[2] 움직씨 ❶몸이나 마음을 드러내다 ⓑ누구나 제 하고 싶은 대로 하고 산다. 할 테면 해봐 ❷값이 나가다 ⓑ이 조그만 쇠붙이가 골 원이나 한대요? 이 집은 얼마쯤 합니까? ❸('해서' 꼴로 써) 때에 이르다 ⓑ긴 수레가 떠날 때쯤 해서 나루에 닿았다. 아침 아홉 때쯤 해서 언니가 왔다 ❹('로', '으로' 아래에 써) 까닭이 되다 ⓑ어머니는 슬픔으로 하여 몸을 못 가누었다 ❺('하면'으로 써) 이야깃거리로 삼다 ⓑ비빔밥 하면 전주비빔밥이 으뜸이지 ❻생각하다 ⓑ갔나 했더니 아직 있었네 ❼바라다 ⓑ올해 가기 앞에 한디위 봤으면 하는데 ❽마땅히 그래야 하다 ⓑ이 책은 꼭 읽어야 한다. 이 물음에는 모두 맞갉아야 한다 ❾어떤 것을 느끼거나 몸짓으로 나타내다 ⓑ기뻐하다. 보고싶어 하다. 슬퍼하다 ❿몸짓이 엇바뀌거나 되풀이되다 ⓑ졸다 깨다 하면서 한 때새를 앉았다

하다[3] 그림씨 ❶'많다' 옛말 ⓑ제 뜻을 잘 펴지 못하는 사람이 하니라 ❷'크다, 높다' 옛말

-하다 뒷가지 ❶이름씨 뒤에 붙어 움직씨를 만드는 뒷가지 ⓑ일하다. 사랑하다 ❷이름씨 뒤에 붙어 그림씨를 만드는 뒷가지 ⓑ가난하다 ❸어찌씨 뒤에 붙어 움직씨를 만드는 뒷가지 ⓑ울렁울렁하다 ❹어찌씨 뒤에 붙어 그림씨를 만드는 뒷가지 ⓑ가득하다

하다가 어찌씨 어쩌다가. 아주 뜻밖인 때에는 ⓑ하다가 내가 못 가게 되면 너희들끼리라도 가거라 ⇐ 만약. 만일

하다못해 어찌씨 가장 안 좋다고 해도 ⓑ올 수 없으면 하다못해 손말틀이라도 걸어야지

하단 (下段) ⇒ 아래. 아래쪽. 아래칸

하단 (下端) ⇒ 아래. 아래쪽. 밑. 밑바닥

하달 ⇒ 알림. 내림. 알리다. 내리다. 내려 보내다

하도 어찌씨 ❶'하' 힘줌말. 몹시. 매우. 대단히 ⓑ하도 추워서 밖에 나가기가 싫어요. 하도 답답해서. 하도 좋아서 ❷(물음글에 써) 얼마나 ⓑ하도 기뻤으면 여러 사람 앞에서 춤까지 췄겠나?

하도 ⇒ 아랫길

하드디스크 ⇒ 단단담개

하드보드지 ⇒ 딱딱종이

하등 (何等) ⇒ 아무. 아무런. 조금도

하등 (下等) ⇒ 낮은치. 아래치

하락 ⇒ 떨어짐. 내림. 떨어지다. 낮아지다. 내리다. 내려가다

하롱거리다 움직씨 말이나 짓을 다부지게 못하고 자꾸 가볍고 들뜨게 하다 **하롱대다**

하롱하롱[1] 어찌씨 말이나 짓을 다부지게 못하고 자꾸 가볍고 들뜨게 하는 꼴 ⓑ아들놈이 하롱하롱 말하는 꼴이 보기 싫어 내가 집을 나가야겠다 **하롱하롱하다**

하롱하롱[2] 어찌씨 작고 가벼운 몬이 떨어지며 자꾸 흔들리는 꼴 ⓑ꽃잎이 하롱하롱 떨어지니 벌써 봄이 다 갔나?

하루 이름씨 ❶한낮과 한밤이 지나는 동안 ⓑ해날은 하루가 너무 빨리 간다 ❷아침부터 저녁까지 사이 ⓑ오늘 하루는 동무들과 땅따먹기를 하고 놀았다 ❸(흔히 '하루는' 꼴로 써) 어느 한날 ⓑ하루는 냇가에 빨래를 하러 갔는데 동네 아낙들이 다 빨래 들고 모였어 ❹만하루 ⓑ모레가 벌써 셋 달 하루구나 익은말 **하루가 멀다 하고** 거의 날마다. 아주 자주 **하루가 새롭다** ❶하루하루가 종요로워 때가 흐르는 것이 아쉽다 ❷달라지는 모습이 두드러지다 ❸하루가 길고 괴롭다

하루같이 어찌씨 바뀜 없이 ⓑ한 해를 하루같이 살았다

하루거리 이름씨 모기로 말미암아 날마다 또는 하루걸러 때맞춰 오슬오슬 추우며 몸이 뜨거워지는 앓이 한뜻말이틀거리 ⇐ 말라리아. 학질

하루바삐 어찌씨 하루라도 빠르게 ⓑ하루바삐 돌아오기를 바랍니다 한뜻말하루빨리 ⇐ 하루속히

하루살이 이름씨 ❶물가나 숲속에 떼 지어 날아다니고 애벌레는 물에서 두세 해 자라 어른벌레가 되는 작은 벌레. 자란 벌레는 몇

때나 며칠만 산다 **2** 하루하루 겨우 살아가는 사람이나 그런 삶 ㉥하루살이 같은 내 삶

하루살이울 이름씨 하루에 볼일을 마치고 돌아올 수 있는 멀기 안에 있는 테두리 ⇐ 일일생활권

하루살이표 이름씨 그날그날 할 일을 적어 놓은 표 ⇐ 일정표

하루속히 ⇒ 하루바삐

하루아침 이름씨 아주 짧은 동안 ㉥저 노래꾼은 하루아침에 사람들한테 널리 알려졌어

하루저녁 이름씨 **1** 하루저녁 동안 ㉥하루저녁을 즐겁게 놀았다 **2** 어느 날 저녁 ㉥하루저녁은 참 달도 밝았다 **3** ('하루저녁에' 꼴로 써) 짧은 동안에. 갑자기. 뜻밖에 ㉥말집이 하루저녁에 이루어질 수는 없다

하루하루 이름씨 **1** 그날그날 ㉥하루하루 즐겁게 지내자 **2** (어찌씨) 하루가 지날 때마다 차츰 ㉥이제부터 해가 하루하루 길다

하루해 이름씨 해가 떠서 질 때까지 동안 ㉥이곳 나물을 다 뜯으려면 하루해로도 모자라겠다

하룻강아지 이름씨 **1** 난 지 얼마 안 되는 어린 강아지 **2** 삶 겪음이 적고 얕은 앎을 가져 덤벙거리는 사람 ㉥이 녀석은 하룻강아지네 슬기말 **하룻강아지 범 무서운 줄 모른다** 철없이 멋모르고 함부로 덤빈다

하룻밤 이름씨 하루 밤 동안 ㉥하룻밤이 지나자 냇물이 팍 줄었다

하류 ⇒ 물아래. 아랫길. 밑바닥. 아래쪽. 물줄기 아래쪽

하륙 ⇒ 짐 부림. 짐 내림. 짐 부리다. 짐 내리다. 배에서 내리다

하르르하다 그림씨 종이나 피륙 따위가 얇고 성기며 풀기가 없어 아주 부드럽다

하릅 이름씨 마소나 개들이 한 살이 됨을 이르는 말 ㉥우리 송아지는 아직 하릅이야 한뜻말 한습

하리 이름씨 남을 헐뜯어 윗사람에게 일러바치는 일 ㉥못난 사람이 하리를 일삼는다 ⇐ 참소

하리 ⇒ 물똥

하리놀다 움직씨 남을 헐뜯어 윗사람한테 일러바치다 ㉥그런 속내를 말했다가 나중에 하리놀면 어쩔래요? ⇐ 중상모략하다

하리다 움직씨 돈이나 몬을 마음껏 써버리거나 제 꼴에 넘치게 살다 ㉥하릴수록 무거워지는 삶 ⇐ 사치하다

하리들다 움직씨 되어 가는 일 가운데에 헤살이 놓이다

하릴없이 어찌씨 **1** 어찌할 수 없이 ㉥눈이 많이 내려 하릴없이 수레에 갇혔어 **2** 뚜렷한 생각이나 구실 없이 ㉥하릴없이 멍하니 흘러가는 구름을 보면서 서 있었다

하마 ⇒ 물말. 물뚱뚱이

하마터면 어찌씨 조금이라도 잘못했더라면 ㉥발을 헛디뎌 하마터면 바위에서 떨어질 뻔했어

하마하마 어찌씨 **1** 어떤 까리가 자꾸 닥쳐오는 꼴 **2** 어떤 까리를 자꾸 기다리는 꼴

하면 ⇒ 여름잠

하명 ⇒ 시킴. 시키다

하모니 ⇒ 어울림

하모니카 ⇒ 씽씽이

하물 ⇒ 짐. 봇짐. 짐바리

하물며 어찌씨 더군다나. 더구나 ㉥아름 일도 이러한데, 하물며 나랏일을 제 잇속 챙겨서야 되겠나

하뭇하다 그림씨 마음이 느긋하고 기쁘다 ㉥아침 햇살을 보며 나도 모르게 하뭇한 웃음을 짓는다 큰말 흐뭇하다

하반기 ⇒ 아랫가웃

하반신 ⇒ 아랫도리. 아랫몸

하방 ⇒ 아래. 아래쪽. 밑. 밑쪽

하복 ⇒ 여름옷. 여름살이

하복부 ⇒ 아랫배. 아랫배쪽

하부 ⇒ 밑. 아래. 아래쪽. 밑쪽

하분하분 어찌씨 물기가 있는 몬이 좀 부드럽고 무른 꼴

하비다 움직씨 **1** 손톱이나 날카로운 것으로

ㅎ

좀 긁어 파다 ⓑ옆집 아이가 딸애 낯을 하볐어 ❷남 잘못을 드러내어 헐뜯다 ⓑ이제 너도 네 시누이를 그만 하벼!

하사 ⇒ 내림. 줌. 내리다. 주다

하사품 ⇒ 준 것. 내린 것

하산 ⇒ 내려옴. 내려오다. 메에서 내려오다

하선 ⇒ 배내림. 배내리다

하소 이름씨 ❶애먼 일을 겪어 답답하거나 딱한 일을 남한테 털어놓음 ⓑ언니는 내 얼굴을 보자마자 하소를 늘어놓았다 ⇐ 호소 ❷허물로 언걸을 입은 사람이 허물밝힘곳에 허물을 알리고 허물을 밝혀달라고 하는 일 ⓑ서로 하소를 일삼는 때가 왔다 ⇐ 고소

하소글 이름씨 애매한 일을 겪은 답답하고 딱한 마음을 털어 알리는 글 ⇐ 호소문

하소보 이름씨 하소를 한 사람 ⇐ 고소인

하소하다 움직씨 ❶애먼 일을 겪어 답답하거나 딱한 일을 남한테 털어놓다 ⓑ새미는 잘못도 없는데 꾸중 들었다고 하소했다 한뜻말 하소연하다 ❷허물로 언걸을 입은 사람이 허물밝힘곳에 허물을 알리고 허물을 밝혀달라고 하다 ⇐ 고소하다

하수 (下手) ⇒ 아랫치. 낮은 솜씨

하수 (下水) ⇒ 구정물. 수챗물. 아랫물. 땅아랫물

하수구 ⇒ 수챗도랑. 개골창. 시궁창

하수도 ⇒ 수채. 수챗도랑. 개골창. 시궁창

하수오 ⇒ 새박뿌리

하수인 ⇒ 손댄이. 손발. 졸개. 손쓴 사람

하수처리장 ⇒ 쓴물다룸곳

하숙 ⇒ 꿀림방. 먹고자기. 먹고자다

하숙집 ⇒ 먹고자는집. 꿀림집

하순 ⇒ 끝열흘

하야 ⇒ 물러남. 물러나다. 자리를 내어놓다. 시골로 내려가다

하야로비 이름씨 해오라기 ⇐ 백로

하야말갛다 그림씨 살빛이 말끔하게 희고 맑다 ⓑ하야말간 아기 살갗 큰말 허여멀겋다

하얀빛 이름씨 깨끗한 눈이나 솜처럼 밝고 또렷한 빛 ⇐ 하얀색

하얀색 ⇒ 하얀빛

하양 이름씨 하얀빛이나 하얀 물감 ⓑ하양에 다 빨강을 섞으면 복숭아꽃 빛이 된다 맞선말 검정

하얗다 그림씨 ❶새뜻하고 깨끗하게 희다 ⓑ하얀 눈송이가 펑펑 쏟아진다 맞선말 까맣다 ❷('하얗게' 꼴로 '붙다', '모이다'와 함께 써) 대단히 많다 ⓑ모래밭에 사람들이 하얗게 모였다 ❸('하얗게' 꼴로 써) 사뭇 뜬 눈으로 지내다 ⓑ아들이 들어오지 않는 저녁에는 밤을 하얗게 새었다 ❹놀라거나 두려워서 질렸을 때 쓰는 말 ⓑ내 말을 듣더니 갑자기 얼굴이 하얗게 질렸어

하얘지다 움직씨 하얗게 되다 ⓑ새벽에 잠깐 내린 눈으로 온 마을이 하얘졌어요

하여간 ⇒ 어쨌든. 어쨌든지. 어찌하였든. 어떻든. 어떻든지. 어떠하든

하여금 어찌씨 ('~로', '~으로' 다음에 써) '~에게' 힘준말 ⓑ이 그림은 보는 이로 하여금 벅찬 느낌을 자아낸다

하여튼 ⇒ 아무튼. 어쨌든. 어쨌든지. 어찌하였든지. 어떻든. 어떻든지. 어떠하든

하역 ⇒ 짐부림. 짐 부리다

하염없다 그림씨 ❶아무 생각이 없다 ⓑ오빠는 하염없이 들에 누워 흐르는 구름만 바라보았다 ❷그치지 않고 이어지다 ⓑ언니는 돌아가신 엄마 생각이 나는지 하염없이 눈물만 흘렸다

하오 ⇒ 저녁나절. 뒷낮

하옥 ⇒ 가둠. 잡아넣음. 가두다. 잡아넣다. 처넣다

하위 ⇒ 아래

하의 ⇒ 아래옷. 아랫마기. 바지. 고의. 아랫도리

하이에나 이름씨 아시아와 아프리카 풀밭에 떼지어 사는 짐승. 개와 비슷하고 암컷이 수컷보다 몸집이 크며 몸통에 견주어 머리가 크다. 죽은 고기를 먹어 치운다

하이킹 ⇒ 놀러가기. 바람쐬기. 들놀이. 멧놀이. 나들이. 걸어 바람쐬기. 구경길 걷기. 걸어 나들이

하이힐 ⇒ 삐딱구두. 높은 신

하인 ⇒ 아랫사람. 종

하임꼴 이름씨 남에게 어떤 짓을 하게 하는 뀜

을 나타내는 움직씨 한 꼴. 움직씨나 그림씨 뿌리에 '이, 히, 리, 기, 우, 구, 추' 따위 뒷가지가 붙어 남움직씨로 된다 ⓑ보이다. 먹이다. 입히다. 날리다. 벗기다. 깨우다. 돋우다. 낮추다 ⇐ 사역형

하임움직씨 [이름씨] 월 임자가 제 스스로 하지 않고 남에게 그 몸짓을 하게 하는 움직씨. 흔히 '-이-, -히-, -리-, -기-' 따위가 붙는다 ⇐ 사동사

하자 ⇒ 티. 잘못. 허물

하잘것없다 [그림씨] 마음에 들지 않아 해 볼 만하지 않다 ⓑ하잘것없어 보이는 일도 찬찬히 하다 보면 재미가 있다

하절 ⇒ 여름. 여름철

하절기 ⇒ 여름철

하중 ⇒ 짐무게. 무게

하지 ⇒ 한여름

하지만 ⇒ 그렇지만

하직 ⇒ 떠남. 떠나다. 죽다. 등지다

하차 ⇒ 내림. 내리다

하차장 ⇒ 내리는곳

하찮다 [그림씨] 그다지 종요롭거나 대수롭지 않다 ⓑ하찮은 솜씨는 있지만 하찮은 사람은 없다

하책 ⇒ 낮은 꾀. 못난 꾀

하천 ⇒ 내. 가람

하천부지 ⇒ 냇가땅. 가람턱. 둔치

하체 ⇒ 아랫도리. 아랫몸

하측 ⇒ 아래쪽

하층 ⇒ 아랫켜. 밑켜

하치장 ⇒ 짐 부림터. 짐 부리는 곳. 짐 두는 곳. 버리는 곳

하트 ⇒ 염통. 사랑

하편 ⇒ 뒤쪽. 아래쪽. 뒷이야기

하폭 ⇒ 가람너비. 내너비

하품 [이름씨] 졸리거나 고단하여 저절로 입이 벌어져 숨을 깊이 쉬는 일 ⓑ밤잠을 설쳐서 하품이 자꾸 나온다 **하품하다**

하품 ⇒ 아랫길. 아래치. 나지라기. 막치

하필 ⇒ 어째서. 어찌 꼭

하하 [어찌씨] **1** 기뻐서 입을 활짝 벌리고 크게 웃는 소리나 그 꼴 ⓑ아이들 아양에 할아버지가 하하 웃었다 **2** 놀랍거나 언짢을 때 내는 소리 ⓑ하하, 일이 그렇게 꼬였군

하향 (下鄕) ⇒ 시골감. 내려감. 시골가다. 내려가다

하향 (下向) ⇒ 처짐. 내려감. 처지다. 수그러지다. 내려가다. 떨어지다. 숙어지다

하현달 ⇒ 왼가웃달

하회 ⇒ 밑돎. 밑돌다. 못 미치다

하회마을 ⇒ 물돌이마을

하회탈 ⇒ 물돌이탈

학 ⇒ 두루미

학과 ⇒ 배움갈래. 배움쪽

학교 ⇒ 배곳. 배움터. 배움집

학구적 ⇒ 갈을 파고드는

학군 ⇒ 배곳무리

학급 ⇒ 배움가름

학급문고 ⇒ 배움가름책

학급신문 ⇒ 배움가름새뜸

학기 ⇒ 배움디위

학년 ⇒ 배움해

학당 ⇒ 배곳

학대 ⇒ 몹쓸 짓. 몹쓸 괴롭힘. 괴롭히다. 모질게 굴다

학덕 ⇒ 배운됨됨이

학도 ⇒ 배움이

학도병 ⇒ 배움이싸울아비

학동 ⇒ 배움이

학력 (學歷) ⇒ 다닌 배곳. 배운 배곳. 다닌 배움터. 거친 글방

학력 (學力) ⇒ 배운힘. 배움

학문 ⇒ 갈

학벌 ⇒ 배움바탕. 배곳갈래

학부모 ⇒ 배움이 어버이

학비 ⇒ 배움돈

학사 ⇒ 배움보

학살 ⇒ 마구 죽임. 마구 죽이다

학생 ⇒ 배움이

학생증 ⇒ 배움이알림. 배움이표

ㅎ

학선 ⇒ 두루미부채

학설 ⇒ 갈생각. 갈뜻

학수고대 ⇒ 목 빼 기다림. 목 빼고 기다리다. 몹시 기다리다

학술 ⇒ 갈

학술어 ⇒ 갈말

학술원 ⇒ 갈집

학습 ⇒ 배움. 익힘. 배우다. 익히다. 닦다. 글 익히다

학습장 ⇒ 익힘빈책. 배움빈책

학습지도 ⇒ 익힘이끎. 배움이끎

학식 (學識) ⇒ 배움앎

학식 (學食) ⇒ 배움이밥집

학업 ⇒ 배움일

학예회 ⇒ 배움이솜씨잔치. 배움이재주잔치

학용품 ⇒ 배움몬. 배움에 쓸몬

학우 ⇒ 글동무. 글벗. 배움동무. 배움벗

학원 ⇒ 배움터. 글방

학위 ⇒ 배움자리

학익진 ⇒ 두루미날개편꼴

학자 ⇒ 갈이

학자금 ⇒ 배움돈

학장 ⇒ 갈래배곳지기

학점 ⇒ 배움점. 배움매김

학정 ⇒ 모진다스림

학질 ⇒ 하루거리. 이틀거리. 고금

학질을 떼다 ⇒ 몹시 성가신 어려운 일을 겪다

학창 ⇒ 배움방. 배곳. 배움곳

학창시절 ⇒ 배곳 때. 배울 때

학풍 ⇒ 갈버릇. 갈바람. 배움버릇. 배움바람

학회 ⇒ 갈몯. 갈모임. 배움모임

한[1] 매김씨 ❶하나 ⓑ신 한 켤레. 버선 한 짝 ❷어림하여 ⓑ따릉이를 다 고치려면 한 나흘 걸린대 ❸어떤. 어느 ⓑ옛날 옛적에 한 가난뱅이가 살았어 ❹같은 ⓑ그이는 나랑 한 해에 한 마을에 나서 한 배곳에 다녔지 ❺차츰 늘어나는 숱이나 만큼 ⓑ한 걸음 한 걸음. 한 뼘 두 뼘 ❻낱낱 ⓑ한자 한자 내 몸 같은 우리 땅 슬기말 **한 귀로 듣고 한 귀로 흘린다** 남 말을 귀담아듣지 않는다 **한 다리가 즈믄리** 피붙이 사이에도 마디 수에 따라 사이 맺기가 크게 다름 **한 디위 속지 두 디위 속나** 처음에는 모르고 속지만 다시 속지는 않는다 **한 디위 엎지른 물은 다시 주워 담지 못한다** 잘못은 되돌릴 수 없다 **한 치 앞을 못 보다** 앞을 조금도 내다 볼 줄 모른다

한[2] 앞가지 (어떤 낱말 앞에 붙어) ❶큰 ⓑ한길. 한시름 ❷한창 ⓑ한겨울. 한낮 ❸같은 ⓑ한마음 ❹오롯이 ⓑ한가운데

한[3] 앞가지 바깥 ⓑ한데. 한뎃잠

한 (限) ⇒ 끝. 안으로. 까지. 데 까지는. 만. 뿐. 대로. 한 다음에

한 (恨) ⇒ 응어리. 응골. 맺힘. 못

한가득 어찌씨 '하나 가득' 준말 ⓑ능금을 바구니에 한가득 담았다. 가슴 한가득 안겨오는 기쁨

한가락 이름씨 어떤 쪽에서 꽤 훌륭한 재주나 솜씨 익은말 **한가락 하다** 어느 쪽에 솜씨가 뛰어나거나 이름을 날리다

한가람 이름씨 가시부루 고장 시디 고을에서 흘러내려 사보보루를 거치고 마리수를 지나 서울을 돌아 하늬바다로 들어가는 가람 ⇐ 한강

한가롭다 ⇒ 한갓지다. 겨를 있다. 짬 있다

한가바지 이름씨 가가 같은 사람들 ⓑ아랫마을은 거의 김가들이 사는 한가바지 마을이다 ⇐ 종씨. 종족

한가운데 이름씨 가운데서도 복판 ⓑ방 한가운데에는 불담이가 놓였고 그 위에서 뭔가 끓었다

한가위 이름씨 한보름. 달셈 여덟 달 보름날. 햅쌀로 빚은 솔떡과 햇과일로 먹을거리를 차려놓고 한아비에게 절을 한다 한뜻말 가위. 가윗날 ⇐ 추석. 중추절

한가을 이름씨 스물네 철 가운데 열여섯째 철. 이슬이 지나 밤이 차츰 길어져 밤낮 길이가 같아지는 때. 이때부터 논밭 낟을 거둬들인다 ⇐ 추분

한가지 이름씨 ❶여러 가지 가운데 하나 ⓑ누구나 잘하는 일이 한가지는 있다 ❷둘 넘

ㅎ

는 몬이나 짓이 서로 같음 ㉥엎어치나 메어치나 한가지다 한뜻말마찬가지 ❸딱 하나 ㉥어떻게 하면 우리말을 되찾느냐 하는 생각 한가지 뿐이지요 ❹일 하나 ㉥참, 한가지 말할 게 있어

한가하다 ⇒ 겨를 많다. 짬이 나다. 한갓지다. 느긋하다. 고요하다

한갓 어찌씨 그저 그것만으로 ㉥우리말집 일은 한갓 돈벌이로 그칠 일이 아니니다

한갓지다 그림씨 겨를이 많고 조용하다 ㉥마음이 한갓져야 놀러라도 가지 ⇐ 한가롭다. 한가하다

한강 ⇒ 한가람

한걸음 이름씨 ❶한 디위 발을 옮겨 걷는 걸음 ㉥한걸음 가까이 다가와 봐 ❷얼마쯤 좀 ㉥한걸음 더 깊이 파고들면 우리말은 끝없이 펼쳐지는 바다 같다

한걸음에 어찌씨 내처 걷는 걸음으로 ㉥우리는 버스를 놓칠까 봐 버스나루까지 한걸음에 내달렸다

한겨레 이름씨 큰 겨레. 우리 겨레 ㉥마녘과 노녘은 늘 한겨레임을 잊지 말아야지 한뜻말배달겨레 ⇐ 한족

한겨울[1] 이름씨 한창 추운 겨울 ㉥그곳 샘물은 한겨울에도 얼지 않고 김이 무럭무럭 나 맞선말한여름 ⇐ 엄동설한

한겨울[2] 이름씨 스물네 철 가운데 스물둘째 철. 해가 가장 짧고 밤이 긴 때이다. 이날 팥죽을 쑤어 먹으며 미리 한 살 더 먹는다고도 한다 ⇐ 동지

한결 어찌씨 앞보다 크게, 낫게, 많이 ㉥오늘은 큰 나물 밭을 만나 한결 수월하게 나물을 뜯었어

한결같다 그림씨 처음과 가운데와 끝이 꼭 같다 ㉥우리 모두 한결같은 마음으로 우리말을 살려 써요 ⇐ 여전하다

한겻 이름씨 가웃 나절 ㉥그 일은 힘든 일이 아니니 셋이면 한겻에 끝낼 수 있소 ⇐ 반나절

한계 ⇒ 울. 금. 끝. 테. 테두리. 그지

한계선 ⇒ 마감금. 테두리. 테두리금. 살피

한고비 이름씨 일이 꼭대기에 이른 때 ㉥올해 추위도 이제 한고비를 지났다

한과 ⇒ 배달 과자. 배달 과줄

한구석 이름씨 ❶한쪽으로 치우친 자리 ㉥베어온 풀을 마당 한구석에 내려놓았다 ❷마음 한쪽 자리 ㉥마음 한구석에는 그래도 믿는 데가 있지 않을까?

한국방송공사 ⇒ 배달널냄그위집

한국어 ⇒ 배달말. 우리말. 나라말. 겨레말

한국은행 ⇒ 배달돈집. 우리돈집. 나라돈집. 겨레돈집

한국인 ⇒ 배달사람

한국적 ⇒ 우리겨레다운. 배달겨레다운

한국학 ⇒ 배달갈. 밝나라갈

한국화 ⇒ 배달그림

한군데 이름씨 어느 자리 잡은 곳. 어느 한자리 ㉥쓰고 난 연장은 한군데에 모아 두어야 찾기 쉽다

한그루 이름씨 한 해에 한 땅에 한 디위 여름짓는 일 ⇐ 일모작

한글 이름씨 우리말 글자 ㉥한글은 우리말을 적기에 나하맞춤이다 ⇐ 언문

한글날 이름씨 우리말 글자를 만들어 널리 알린 것을 기리는 날 ㉥열 달 아흐레 오늘은 한글날이다

한글학회 ⇒ 배달말글몬음

한기 ⇒ 추운 기운. 찬 기운

한길[1] 이름씨 사람이나 수레가 많이 다니는 널찍한 길 ㉥아이들이 한길에 나가 놀지 않도록 잘 보고 한눈팔지 않아야 해 한뜻말큰길 ⇐ 대로

한길[2] 이름씨 ❶외길 ㉥아랫사람이 임자되는 누리를 세우는 한길을 걸어왔어 ❷같은 길 ㉥저도 한흰샘님, 빗방울님과 한길로 갈게요

한꺼번에 어찌씨 몰아서 한 디위에. 또는 여럿이 모두 한 디위에 ㉥어릴 적 밀린 날적이를 한꺼번에 쓰다가 언니한테 꾸중을 들었다

ㅎ

한껏 ⇒ 힘껏

한꽃내기 이름씨 꽃내기 싸울아비 가운데 하나. 두꽃내기 아래이다 ⇐ 소령

한끝[1] 이름씨 누리에 있는 모든 것이 비롯되는 바탕. 붉은 빛과 파란빛 고리가 서로 맞물린 동그라미로 나타낸다 한뜻말 큰끝 ⇐ 태극

한끝[2] 이름씨 한쪽 끝 ⓑ처마 한끝에는 바람방울이 매달려 바람이 불 때마다 댕강댕강 울린다

한나라 이름씨 예앞 202해~예뒤 220해까지 쫑귀에 있었던 나라. 유방이 세웠다

한나숨집 이름씨 나숨벼리에 따라 갈피지은 여러 나숨 갈래를 고루 갖춘 나숨집. 앓는이를 온 사람 넘게 받을 수 있고, 나숨 갈래마다 그 나숨바치를 갖추었다 ⇐ 종합병원

한나절 이름씨 하루 낮 가웃 ⓑ나물철엔 한나절이 아주 빨리 지나간다

한낮 이름씨 낮 한가운데. 곧 낮 열두 때 앞뒤 ⓑ닷 달 한낮에는 볕이 좋아 묵나물이 잘 마른다 ⇐ 정오

한낱 어찌씨 그저 하나뿐 ⓑ우리말을 갈고 닦는 일이 어찌 한낱 말갈이들만 바라는 일일까?

한눈 이름씨 **1** 한쪽 눈 ⓑ한눈을 감고 빛박이를 찍었다 **2**('한눈에' 꼴로 써) 한 디위 봄 ⓑ달콤이는 어린이집 벗인 송이를 한눈에 알아보았다 ⇐ 일견 **3**('한눈에' 꼴로 써) 한 디위에 모두 둘러 봄 ⓑ지붕에 올랐더니 마을이 한눈에 다 보였다 **4** 잠깐 붙이는 눈 ⓑ너무 졸리니 한눈 붙이고 나서 일해요

한눈팔다 움직씨 볼 데를 보지 않고 엉뚱한 데를 보다 ⓑ한눈팔면서 걷다가 길가 나무기둥에 부딪혔다 한뜻말 곁눈질하다

한뉘 이름씨 살아 있는 동안 ⓑ한흰샘님은 한뉘 내내 우리말을 살리는 일에 몸 바쳤다 ⇐ 한평생. 평생. 일생. 필생

한뉘가둠옭 이름씨 때를 매기지 않고 한뉘토록 가둠집 안에 가두어 일을 시키는 옭 ⇐ 종신형. 무기징역

한뉘글 이름씨 한 사람이 한뉘 동안 한 일이나 뛰어나게 이룬 일 따위를 적은 글 한뜻말 한살이글 ⇐ 전기

한뉘배움 이름씨 사람 배움은 집과 배곳, 일터에서 한뉘토록 내내 이뤄져야 한다는 생각 ⇐ 평생교육

한뉘적이 이름씨 어떤 사람이 한뉘 동안 살아온 길을 적은 글 ⇐ 일대기

한뉘토록 어찌씨 살아서 죽을 때까지 내내 ⇐ 평생토록

한달 이름씨 한 해 가운데 첫째 달 ⇐ 일월. 정월

한달음 이름씨 쉬지 않고 내내 달려감 ⓑ소나기가 내려 나루까지 한달음에 갔어

한대 ⇒ 추운띠. 추운곳. 추운고장

한대기후 ⇒ 추운띠날씨. 추운곳날씨

한더위 이름씨 여름 한창 더위 ⓑ이제 여름 한더위에 접어든다 한뜻말 불더위 맞선말 한추위 ⇐ 폭서. 혹서. 폭염 슬기말 **한더위에 털감투** 제철이 지나 쓸데없고 오히려 거추장스러움

한데[1] 이름씨 한군데나 한곳에. 다 함께 ⓑ모처럼 밥입이 한데 모였구나

한데[2] 이름씨 집이나 굴 바깥 ⓑ추운데 한데서 놀지 말고 안으로 들어오너라 한뜻말 집밖 ⇐ 야외

한데[3] 어찌씨 그런데

한데우물 이름씨 집 울타리 밖에 있는 우물

한뎃바람 이름씨 탁 트인 바깥에서 쐬는 바람

한뎃부엌 이름씨 방고래와 떨어진 한데에 솥을 걸고 쓰는 부엌

한뎃살이 이름씨 집 바깥에서 사는 삶 ⇐ 캠핑

한뎃잠 이름씨 집이나 굴 바깥에서 자는 잠 ⇐ 노숙. 야영

한뎃잠터 이름씨 바깥에서 잠을 자며 머물 수 있게 만든 곳 ⇐ 야영장

한도 ⇒ 끝. 금. 테. 마감. 그지

한도막꼴 이름씨 작은 가락 도막 둘로 된 가락 ⇐ 한도막형식

한도막형식 ⇒ 한도막꼴

한돌두새 이름씨 돌 하나로 새 두마리 잡기 ⇐ 일석이조

한돌림 이름씨 무엇을 사리거나 둥글게 감을

ㅎ

때 처음과 끝을 마주 댄 한 바퀴 ⓑ밧줄을 한돌림 더 감아보면 웬만하겠어

한돌림 이름씨 땅별 제돌이 때문에 해, 달, 별이 하루에 한 바퀴씩 도는 것처럼 보이는 일 ⇐ 일주운동

한돔뱀 이름씨 큰돔뱀 ⇐ 공룡

한동 이름씨 ❶ 윷놀이에서 첫째 나가는 말. 또는 첫째 나는 말 ⇐ 단동 ❷ 윷놀이에 쓰는 한 낱 말

한동안 이름씨 꽤 오랫동안 ⓑ한동안 누리를 못 만났어

한동자 이름씨 끼니를 마친 뒤에 새로 짓는 밥 ⓑ돌이는 순이네서 한동자로 밥을 얻어 먹고 밤길을 나섰다

한두 매김씨 하나나 둘 ⓑ한두 마디 말로 얘기할 순 없어

한둔 이름씨 한데에서 밤을 지새움 ⓑ마을 사람들이 다리 밑에서 한둔을 하며 따슨물 파헤치는 것을 막아냈다 ⇐ 야영

한둘 셈씨 하나나 둘 ⓑ고뿔이 번져서 우리마을만 해도 걸린 이가 한둘이 아니라네 밑말 하나둘

한둣달 이름씨 한 달과 두 달을 아울러 이르는 말 ⓑ한둣달의 매서운 바람 속에도 상추 싹이 죽지 않았다 한뜻말 한버금달 ⇐ 정이월

한들거리다 움직씨 ❶ 작은 것이 가볍게 자꾸 흔들리다 ⓑ길가에 살사리꽃이 바람에 한들거렸다 ❷ 몸을 간드러지게 흔들며 한갓지게 천천히 자꾸 걷다 **한들대다**

한들한들 어찌씨 ❶ 작은 것이 가볍게 자꾸 흔들리는 꼴 ⓑ버들가지가 바람에 한들한들 흔들린다 ❷ 몸을 간드러지게 흔들며 한갓지게 천천히 걷는 꼴

한디위 이름씨 한 때. 한 차례 ⇐ 일회. 한번

한디위쓸것 이름씨 한 디위 쓰고 버리는 것 ⓑ나무젓가락이나 종이종지같이 한디위쓸것도 씻어서 다시 쓸 수 있다 ⇐ 일회용품

한디위씀 이름씨 한 디위 쓰고 버림 ⓑ참말은 한디위씀이란 맞지 않고 여러 디위 쓸 수 있다 ⇐ 일회용

한따 이름씨 따돌리는 일. 또는 따돌려지는 사람 ⓑ어느 날 내가 배곳에서 한따가 되어있더라 ⇐ 왕따

한때[1] 이름씨 ❶ 짧은 동안 ⓑ한때를 살아도 값있게 살아라 ⇐ 일시 ❷ 어느 한동안 ⓑ아우도 한때는 씨름을 잘 했다

한때[2] 어찌씨 ❶ 이미 지나간 어느 날 ⓑ저 사내는 한때 이름난 춤꾼이었다 ⇐ 과거 ❷ 같은 때 ⓑ아이들이 한때에 들이닥쳐 엄청 바빴지 ⇐ 동시

한때내림표 이름씨 한때표 가운데 가웃 내리라는 뜻표 '♭' 이름 ⇐ 플랫

한때다스림맡 이름씨 아직 뭇나라한테서 받아들여지지 않았지만, 살림을 꾸려서 나라 일을 하는 다스림맡 ⇐ 임시정부

한때두름새 이름씨 그때그때 매개에 맞추어 알맞게 해감 ⇐ 임기응변

한때말 이름씨 짧은 동안에 걸쳐 여러 사람 입에 오르내리는 낱말이나 글귀 ⇐ 유행어

한때표 이름씨 가락글에서 처음 소리를 바꾸려고 쓰는 뜻표. 올림표, 내림표, 제자리표 따위가 있다 ⇐ 임시표

한뜻 이름씨 ❶ 같은 뜻 ⓑ마을 사람들이 한마음 한뜻이 되어 어려운 사람들을 도왔다 ⇐ 동지 ❷ 같은 뜻을 가진 사람 ⓑ한뜻 여러분, 우리가 하루 이틀 알고 지낸 사이가 아니잖아요

한뜻말 이름씨 뜻이 같은 말 ⓑ벗과 동무는 한뜻말이다 ⇐ 동의어

한라산 ⇒ 가나나메. 하나나메

한랭 ⇒ 추움. 춥다. 차다

한량 ⇒ 노는 사람

한량없다 ⇒ 끝없다. 그지없다. 더없다. 가없다

한로 ⇒ 찬이슬

한류 (寒流) ⇒ 찬무대. 찬물띠

한류 (韓流) ⇒ 배달겨레기운

한마디 이름씨 한 말마디. 짧은 말 ⓑ나래는 한마디 말도 없이 나가 버렸다

한마루 이름씨 ❶ 쟁기 성에와 술을 꿰뚫어 곧게 선 긴 나무 ❷ 고갯마루

ㅎ

한마음 이름씨 ❶여러 사람이 모두 하나처럼 같은 마음 ⓑ우리 모두 한마음 한뜻으로 일을 했다 ⇐ 동심 ❷늘 한결같은 마음 ⓑ우리말이 어지럽게 더럽혀진 줄 안 뒤부터 한마음으로 우리말 살려 쓰는 일에 매달렸다

한마음한뜻 이름씨 생각이나 마음, 짓 따위가 오롯이 하나가 됨 ⇐ 혼연일체

한맛 이름씨 얼마간 더하거나 덜한 때 맛을 이르는 말 ⓑ김치에 호박 우린 물을 넣어 담갔더니 한맛 더 난다

한메 이름씨 ❶높고 큰 메 ⓑ어버이 사랑은 한메보다 높고 바다보다 넓다 ⇐ 태산 ❷아주 크거나 많은 것 ⓑ할 일이 한메다

한목 이름씨 한 디위에 모두 ⓑ돈이 벌리는 대로 한목에 다 갚을게

한목소리 이름씨 모든 사람이 다 똑같은 말을 함 ⓑ사람들은 한목소리로 웃대가리들한테 거짓말하지 말라고 말했다 ⇐ 이구동성

한몫 이름씨 ❶한 사람 앞에 돌아가는 큰 나눔몫 ⓑ그 일로 한몫을 건졌다 ❷한사람이 맡아 가마리 하는 구실 ⓑ열 살이 되자 돌이도 갈비를 긁어오는 데에 한몫을 하였다 익은말 **한몫잡다** 큰돈을 벌다 **한몫하다** ❶제 앞에 놓인 일 몫을 해내다 ❷여럿이서 하는 일에서 종요로운 구실을 맡아 하다

한몸 이름씨 ❶혼자 몸 ⓑ한흰샘님은 우리말글 살려 쓰는 일을 한몸에 짊어지고 살았다 ❷온몸 다 ⓑ제 한몸으로도 겪기 어려운 이 아픔을 순이에게까지 들씌운 것 같아 언짢다 ❸하나밖에 없는 몸 ⓑ이 한몸 바쳐 우리말을 살려내는 일에 잘 쓰이고 싶다

한몸두구실 이름씨 혼자서 두 사람 구실을 함 ⇐ 일인이역

한무릎 이름씨 무릎걸음으로 한 걸음 움직이는 것 ⓑ한무릎 앞으로 다가앉았다

한무릎배움 이름씨 한동안 부지런히 배우는 것

한문 ⇒ 한자글. 한자글월. 수글

한물[1] 이름씨 비가 많이 와서 가람이나 내에 갑자기 크게 불은 물 ⓑ한물이 나다. 한물이 지다 한뜻말 큰물. 시위 ⇐ 홍수

한물[2] 이름씨 물고기나 남새, 과일 같은 것을 한창 많이 잡거나 거두어들이는 것 또는 그런 때 ⓑ요즘은 겨울인데도 딸기가 한물이다

한물가다 움직씨 남새나 과일, 물고기 따위 한창인 때가 지나다 ⓑ딸기도 이제 한물갔다 한뜻말 한물넘다 ⇐ 퇴조하다

한물지다 움직씨 남새나 과일, 물고기 따위가 한창 나오는 때가 되다

한뭍 이름씨 넓은 크기를 가지고 있고 바다가 그 힘을 안쪽까지 미치지 않는 땅덩어리. 땅별에는 일곱 한뭍이 있다 ⇐ 대륙

한민족 ⇒ 배달겨레. 한겨레

한밑천 이름씨 일을 이루는 데 큰 힘이 될 만한 돈이나 몬 ⓑ한밑천 잡아서 잘 살아보자

한바다 이름씨 매우 깊고 넓은 바다 한뜻말 큰바다 ⇐ 해양

한바닥 이름씨 북적대는 곳 한가운데 땅 ⓑ서울 한바닥에서 아이를 잃어버렸으니 이 일을 어이 할꼬? ⇐ 번화가

한바람 이름씨 고요바다에서 생겨나 아시아 한뭍으로 불어오는 바람. 매우 세고 큰비와 함께 온다 ⇐ 태풍

한바람눈 이름씨 ❶한바람 한복판에 생기는 구름이 적고 바람이 여린 곳 ⓑ이곳은 한바람눈이 지나가 오히려 바람언걸이 적었어 ⇐ 태풍눈 ❷앞으로 다가올 바뀜이나 일복판이 되는 것 ⓑ웃대가리들 거짓말이 두고두고 한바람눈이 될 거야

한바리 이름씨 마소 등이나 수레에 잔뜩 실은 짐 하나 ⓑ그 많은 나락을 한바리에 다 실으면 바가 터지겠다

한바탕 이름씨 ❶크게 한 디위 ⓑ한바탕 울고 나니 마음이 후련하다 ❷크게 한 디위 판이 벌어지는 꼴 ⓑ한바탕 웃음판이 터졌다

한반도 ⇒ 배달땅. 배달거진섬

한밝 이름씨 가시부루 고장 마녘에 있는 쇳돌메 고을. 밝달큰줄기 한가운데에 있다 ⇐ 태백

한밝달 (이름씨) 한배검이 하늘에서 내려와 참결을 편 곳. 우리나라 노녘 끝과 쫑귀에 걸쳐 있는 메. 우리나라에서 가장 높은 메로 꼭대기에는 하늘못이 있다 한뜻말 한밝메 ⇐ 백두산

한밝더기 (이름씨) 한밝달 마하늬녘에 펼쳐진 더기. 넓이는 네 골 제곱킬로미터쯤으로 우리나라에서 가장 높고 넓은 더기이며 큰 숲으로 뒤덮였다 ⇐ 개마고원

한밝메 (이름씨) 노사라사 고장 고시마라 고을과 가시부루 고장 한밝 고을 사이에 있는 메. 예부터 하늘에 식게 지내던 곳이다 ⇐ 태백산

한밝멧줄기 (이름씨) 가시부루 고장과 사라사 고장 새녘에 노마로 길게 뻗은 멧줄기. 우리나라에서 가장 큰 멧줄기이다 ⇐ 태백산맥

한밤 (이름씨) ❶깊은 밤 ⓑ한밤이 지나서야 일을 끝냈다 맞선말 한낮 ⇐ 야밤. 밤중 ❷하룻밤 ⓑ이제 한밤만 자면 엄마가 온대

한밤중 ⇒ 가장 깊은 밤

한밥 (이름씨) ❶막잠을 자고 난 누에가 고치를 짓기 앞에 양껏 먹는 먹이 ⓑ누에가 오늘 한밥을 먹었다 ❷한사람이 한끼가 될 만한 밥이나 먹을거리 ⓑ한 숟가락씩만 더시오, 열 숟가락 모이면 한밥이 되오 ❸마음껏 배부르게 먹는 한 디위 밥이나 먹을거리 ⓑ 오늘 한밥을 배부르게 잘 먹었소

한밥풀내기 (이름씨) 밥풀내기 싸울아비 가운데 하나. 두밥풀내기 아래이다 ⇐ 소위

한방 ⇒ 배달나숨

한밭 (이름씨) 미리나 고장 한가운데 있는 큰 고을. 사라사고장과 온바라 고장으로 가는 긴수레길과 수레길이 갈리는 곳이며 마미리나 고장집이 있다 ⇐ 대전

한배검 (이름씨) 배달임금을 높여 부르는 말 한뜻말 한얼님. 하느님 ⇐ 단군

한배곳 (이름씨) 높은 배움을 베푸는 배곳. 나라와 겨레, 온 나라와 온 겨레 삶을 꽃피울 갈과 쓸길을 파고들어 밝히고 이끎이가 될 사람 됨됨이를 갈고 닦는 곳. 갈래에 따라 2~6해 동안 배운다 ⇐ 대학. 대학교. 칼리지. 상아탑

한버시한가시 (이름씨) 한 버시에 한 아내가 있는 것 ⇐ 일부일처

한번 ⇒ 한 디위

한벌[1] (이름씨) 한 디위 덮거나 씌우거나 둘러친 것 ⓑ이 거름이면 보리밭을 한벌 덮고도 남겠다 (익은말) **한벌 덮이다** 한 꺼풀 덮을 만큼 많이 있다

한벌[2] (어찌씨) 어떤 테두리 안에 사람이나 몬이 쭉 널려 있는 꼴 ⓑ모래밭에 그물을 한벌 펴놓고 터진 곳을 기웠다

한별내기 (그림씨) 두별내기 아래이고 세꽃내기 위인 별단이. 별단이 가운데 가장 낮은 서흐레이다 맞선말 한사리 ⇐ 준장

한보름 (이름씨) 달셈 한 달 보름날을 이르는 말. 새벽에 귀밝이술을 마시고 부럼을 깨물며 낫개밥과 닷낟밥을 지어 먹는다 ⇐ 대보름. 정월대보름

한복 ⇒ 배달옷. 겨레옷. 우리옷

한복판 (이름씨) 복판에서도 가운데 ⓑ길 한복판에서 춤판이 벌어졌다

한봄 (이름씨) 스물네 철 가운데 넷째 철. 잠깸이 지나 낮이 차츰 길어지다 밤낮 길이가 같아지는 때. 이때쯤 바람이 많이 불어 한봄 꽃샘에 설늙은이 얼어 죽는다는 말이 있다 ⇐ 춘분

한뼈 (이름씨) 썩 좋은 지체. 썩 좋은 집안 ⓑ어느 한뼈 나리이신데 여기까지 손수 찾아오십니까? ⇐ 한골

한사리 (이름씨) 땅덩이와 달, 해가 한 줄로 놓여 한 해 가운데 밀물이 가장 높이 들어오는 때. 우리나라에서는 한사리가 달셈 일곱 달 보름에 일어날 때가 많다

한사코 ⇒ 죽자사자. 어떤 일이 있어도. 끝끝내

한산하다 ⇒ 조용하다. 쓸쓸하다. 한갓지다. 파리 날리다. 일 없다

한살남숯남 (이름씨) 빛깔과 냄새가 없지만 마시면 죽을 수 있는 김덩이. 돌숯이 탈 때나 살남 없이 나무가 탈 때 생긴다 ⇐ 일산화탄소

ㅎ

한살되다 [움직씨] ❶두 낱이 한데 어울려 붙어 한 낱처럼 되다 ❷사내 겨집이 아울러 가시버시가 되다 ⇐ 결혼하다
한살맞이 [이름씨] 짝맺이를 맺는 다짐을 하는 틀 ⇐ 혼례식
한살매 [이름씨] 누리에 태어나서 죽을 때까지 동안 ⇐ 평생
한살이 [이름씨] ❶한뉘. 사람이 나서 죽을 때까지 ㉥백기완님은 우리말 살리는 일에 한살이를 바쳤다 ⇐ 일생. 생애 ❷벌레가 알, 애벌레, 번데기, 어른벌레로 바뀌면서 자라는 동안 ㉥한살이 벌레
한삼 ⇒ 거들지. 속적삼
한성 ⇒ 서울
한소끔 [어찌씨] 한 디위 부르르 끓어오르는 모습 ㉥원추리는 꼭 한소끔 끓인 다음에 먹는다
한속 [이름씨] ❶같은 마음. 같은 뜻 ㉥두 놈이 한속으로 노는 게 틀림없다 ❷같은 셈속
한손[1] [이름씨] ❶한쪽 손 ㉥한손을 들어 주세요 ❷(남을 돕는) 한 디위 일손 ㉥한손 거들어 드릴까요?
한손[2] [어찌씨] 얼마쯤 ㉥여긴 한손 늦게 일을 비롯했어요
한손놓다 [움직씨] 일 한고비를 넘겨 숨을 돌리다 ㉥언니와 바둑을 두면 내가 한손놓고 둔다
한솥 [이름씨] ❶솥 하나 ㉥한솥에는 밥을 짓고 다른 솥에는 국을 끓인다 ❷솥 하나에 끓이거나 삶는 숱 ㉥나물 한솥 데쳐내고 국을 끓였다 ❸같은 하나 솥 ㉥한솥밥 먹고 자란 사이다 ❹솥에 차게 한가득 ㉥손님이 많을 때는 물을 한솥 두고 끓여도 모자란다
한순간 ⇒ 눈 깜짝새
한술 [이름씨] 한 숟가락 ㉥아버지는 한술도 뜨지 않은 채 밥을 물렸다 [익은말] **한술 더 뜨다** 이미 있는 것도 어지간한데 거기서 한걸음 더 나가다
한숨 [이름씨] ❶잠을 자거나 쉬는 한동안 ㉥아침 내내 한숨 돌릴 겨를도 없이 일했다. 이제 한숨 자자 ❷걱정이나 답답함을 느껴 길게 내쉬는 숨 ㉥풀메들은 저도 모르는 새에 깊은 한숨을 내쉬었다
한스럽다 ⇒ 맺히다. 응어리가 지다. 가슴에 못이 박히다
한습 [이름씨] 마소나 개 한 살 [한뜻말]하릅
한시 ⇒ 같은 때. 짧은 때
한시·한문시 ⇒ 수글노래
한시름 [이름씨] 큰 시름 ㉥어머니 앓이가 나아 한시름 놓았다
한시바삐 ⇒ 하루바삐. 하루빨리
한식 (韓食) ⇒ 배달밥. 우리밥
한식 (韓式) ⇒ 배달꼴. 배달맞이
한식 (寒食) ⇒ 찬밥
한심하다 ⇒ 가엾다. 딱하다. 기막히다
한씨금 [이름씨] 땅별 노끝과 마끝으로부터 똑같이 떨어진 땅덩이 겉낯 점을 이은 금 [한뜻말] 갈금 ⇐ 적도
한아비 [이름씨] 한집안에서 할아버지 위로 돌아가신 어른들 ⇐ 조상. 선조
한아비검 [이름씨] 제 내리아들딸들을 보살핀다고 여겨 검처럼 받드는 할아버지 위로 돌아가신 분들 ⇐ 조상신
한알갈오기 [이름씨] 씨받은 알 하나가 둘로 나뉘어서 태어난 갈오기. 암수, 생김새, 내림씨 들이 거의 같다 ⇐ 일란성쌍둥이
한약 ⇒ 우리낫개. 배달낫개
한약방 ⇒ 우리낫개방. 배달낫개방
한약재 ⇒ 우리낫개감. 배달낫개감
한양 ⇒ 서울
한없이 ⇒ 끝없이. 가없이. 그지없이. 아득히. 바이없이
한여름[1] [이름씨] 더위가 한창인 여름 ㉥한여름 불볕더위 [맞선말]한겨울
한여름[2] [이름씨] 스물네 철 가운데 열째 철. 해가 가장 긴 때이다 ⇐ 하지
한옆 [이름씨] 한쪽 옆 ㉥누나는 길 한옆으로 수레를 세웠다
한옥 ⇒ 우리집. 배달집

한올지다 그림씨 한가닥 실처럼 매우 가깝고 스스럼 없다 ⓑ둘은 한올지다 보니 남들 보기엔 사귄다고 여기겠지

한옷 이름씨 배곳이나 모둠일터 같은 곳에서 똑같이 입는 옷 ⇐ 제복. 유니폼

한우 ⇒ 우리소. 배달소

한울 이름씨 ❶끝없는 때와 곳을 품는 온 누리 ⇐ 우주 ❷해와 달과 별이 있는 끝없이 넓은 하늘덩이

한울갈 이름씨 한울에 있는 온갖 것을 파고들어 밝혀내는 갈 ⇐ 천문학

한울갈이 이름씨 한울갈을 파고드는 사람 ⇐ 천문학자

한울굿 이름씨 고마운 마음을 담아 하늘에 식게 지내는 일 한뜻말하늘굿 ⇐ 제천의식

한울길가르침 이름씨 한울님을 믿으며 사람이 곧 한울이라고 여겨 사람을 우러름. 물구름(수운)이 일으켰다 ⇐ 천도교

한울나들이 이름씨 한울배를 타고 땅별 밖으로 다니는 나들이 ⇐ 우주여행

한울날틀몰이 이름씨 한울배를 모는 사람 ⇐ 우주비행사

한울낳이일 이름씨 한울배나 만든돌별 같은 것을 만드는 낳이일 ⇐ 우주산업

한울배 이름씨 한울을 날아다닐 수 있게 만든 틀 ⇐ 우주선

한울벼리 이름씨 한울과 하늘누리에 얽힌 온갖 일과 벼리 ⇐ 천문

한울부숨 이름씨 로켓이나 만든돌별 따위를 써서 땅별 둘레 빈곳이나 별을 살펴보고 손을 대는 일 ⇐ 우주개발

한울사람 이름씨 땅별 아닌 다른 별에 산다고 믿어지는 사람 ⇐ 우주인. 외계인

한울오감배 이름씨 사람이 타고 땅별에서 한울까지 여러 디위 오갈 수 있게 만든 한울배 ⇐ 우주왕복선

한울옷 이름씨 한울 나들이할 때 입는 옷 ⇐ 우주복

한의사 ⇒ 배달나숨이

한의원 ⇒ 배달나숨집

한의학 ⇒ 배달나숨갈

한이레 이름씨 해날에서 달날, 불날, 물날, 나무날, 쇠날, 흙날까지 이레 ⇐ 일주일

한인 ⇒ 배달사람

한입 이름씨 ❶한 사람 ⓑ한입에서 여러 입으로 퍼졌지 ❷(밥을 먹는) 집넘 한 사람 ⓑ그 땐 한입 더는 것도 큰일이었어 ❸말 한마디 ⓑ한입으로 다 말하기 어려워 ❹꼭 같은 말을 하는 여러 입 ⓑ모두가 한입으로 좋다고 했어 ❺입으로 한 디위 베어먹는 것 ⓑ이 능금 한입 베어먹어 봐, 꿀맛이야

한자리 이름씨 ❶함께 있는 같은 자리 ⓑ오랜만에 살붙이가 한자리에 모였다 ❷오가지 않고 그대로 차지한 자리 ⓑ한자리에 앉아 말술을 들이켠다 ❸한몫하는 일이나 자리 ⓑ아저씨는 이 디위에 한자리 차지했다네 ❹높은 벼슬자리 ⓑ부지런히 따라다니고 비벼서 높은 자리, 한자리 얻었다지

한자어 ⇒ 한자말

한잠 이름씨 ❶가장 깊이 든 잠 ⓑ아이가 한잠이 들어 깨울 수 없다 ❷잠을 자는 한동안 ⓑ한잠 자고 하자 ❸깨지 않고 자는 한 디위 잠 ⓑ한잠 푹 자고 났더니 무릎이 덜 아프다 ❹짧게 자는 잠 ⓑ밤새 한잠도 못 자고 뒤척였다 ❺누에가 오르기 앞에 마지막으로 자는 잠 ⓑ누에가 한잠 자고 깼다

한적하다 ⇒ 호젓하다. 한갓지다. 고요하다. 조용하다. 휘휘하다. 오솔하다. 쓸쓸하다. 으슥하다

한정 ⇒ 묶음. 금 긋다. 금 치다. 묶다. 테 두르다

한정식 ⇒ 배달차림밥

한조각 붉은 마음 이름씨 조금도 바뀌지 않는 마음 ⇐ 일편단심

한족 ⇒ 한겨레

한줄금 이름씨 비가 한차례 세차게 쏟아지는 것 ⓑ소나기만 한줄금 내려도 가뭄이 좀 가실 텐데 한뜻말한줄기

한줄기 이름씨 ❶줄기 하나 ⓑ한줄기로 잇닿은 배달 큰줄기 ❷세게 한 디위 쏟아지는 빗줄기 ⓑ소나기가 한줄기 쏟아지니 찌는

듯하던 더위가 물러갔다 한뜻말 한줄금

한증막 ⇒ 땀뺄집. 김찜질집

한지 ⇒ 닥종이. 배달종이. 우리종이

한직 ⇒ 한갓진일자리

한집 이름씨 ❶같은 집 ⓑ세 며느리가 한집에서 산다 ❷같이 사는 사람 ⓑ한집 모임

한집안 이름씨 가까운 살붙이 겨레 ⓑ그 사람은 우리와 한집안 사람이다 한뜻말 아음

한쪽 이름씨 어느 한 녘 ⓑ우물이는 한쪽 눈을 깜빡이며 눈짓했다

한쪽길 이름씨 길에서 수레가 한쪽으로만 가게 한 길 ⇐ 일방통행. 편도

한참 이름씨 오랜 동안. 또는 때가 꽤 지나는 동안 ⓑ길을 따라 한참을 걷다 보니 집이 하나 나왔다

한창 이름씨 ❶가장 무르익거나 힘이 넘칠 때 ⓑ늦더위가 한창이다 ❷(어찌씨) 가장 힘차고 싱싱하게 ⓑ한창 재미나게 노는데 언니가 오라고 불렀다

한창때 이름씨 기운이 가장 싱싱할 때 ⓑ한창 때에는 쌀 두 가마니도 거뜬히 들던 오빠였다 ⇐ 피크타임. 황금기

한천 ⇒ 우무

한철 이름씨 어떤 일이 한창인 때 ⓑ물놀이는 한여름이 한철이다

한추위 이름씨 한창 센 추위 ⓑ아제는 한추위와 함께 큰 눈이 내린다고 한다 맞선말 한더위 ⇐ 폭한. 혹한

한층 ⇒ 한결. 더욱. 한켜

한치 이름씨 얕은 바다에 살고 오징어를 닮은 뼈 없는 물고기. 길쭉한 몸통에 다리가 열 낱으로 다리 길이가 한 치만큼 짧아 붙은 이름이다

한칼 이름씨 ❶한 디위 휘둘러서 베는 칼질 ⓑ무를 한칼에 썩 잘랐다 ⇐ 단칼 ❷한 디위 베어 낸 고깃덩이 ⓑ고기 한칼이라도 나눠 먹을 수 있으면 좋겠는데

한켜 이름씨 하나로만 이루어진 켜. 또는 그런 켜로 된 것

한켠 이름씨 어느 한 쪽이나 한 쪽 자리 ⓑ한켠으로 몰아 넣었다. 마당 한켠에 세워 둔 볏가마

한탄하다 ⇒ 한숨짓다. 가슴 치다. 땅을 치다

한터 이름씨 넓은 빈터 ⓑ마을 아이들이 방앗간 옆 한터에 모여 논다

한턱 이름씨 좋은 일로 아는 사람에게 먹을거리 같은 것을 베푸는 일 ⓑ내가 한턱 단단 낼게 **한턱하다**

한테 토씨 ❶'에게'와 같은 뜻으로 입말에 많이 쓰며 남움직씨와 맺어 그 짓이 미치는 거리 ⓑ언니한테 옷을 빌려주었다. 아이들한테 책을 나눠주었다 ❷어떤 짓을 일으키는 거리 ⓑ옷을 더럽혀 언니한테 혼났어. 샘한테 배운다 ❸어떤 것이 딸린 데나 있는 자리 ⓑ나한테 옛 우리말 책이 있어. 그런 털옷이 보람이한테 있어 ❹어떤 수나 숱을 매기는 하나치 ⓑ한사람한테 다섯 낱씩 돌아간다

한통속 이름씨 서로 마음이 사맞아 같이 모인 동아리 ⓑ그 사람들이 모두 한통속인데 누굴 믿어?

한통치다 움직씨 나누지 않고 한곳에 모으다 ⓑ알이 굵고 잔 고구마를 한통쳐서 팔아치웠다

한파 ⇒ 갑작추위. 벼락추위

한판 이름씨 한 디위 크게 벌이는 일 ⓑ한판 붙자!

한팔접이 이름씨 씨름이나 놀이, 내기에서 힘과 재주가 매우 모자라는 사람 ⇐ 핸디캡

한편 ⇒ 같은 쪽. 매한가지

한평생 ⇒ 한뉘

한포국하다 움직씨 흐뭇할 만큼 많이 가지다 ⓑ우리 겨레가 저마다 땅이나 돈이나 집을 한포국했으면 좋겠다

한푼 ⇒ 쇠돈 한 닢. 적은 돈

한풀 어찌씨 ❶한창 오르던 기운이 여려지는 꼴 ⓑ무더위가 어제 내린 비로 한풀 꺾였다 ❷ 이름씨 활개나 기운, 끈기 한 몫 익은말 **한풀 죽다·한풀 꺾이다** 한창이던 활개나 기운, 끈기들이 어느만큼 덜해지거나 줄다

ㅎ

한품 [이름씨] 더없이 넓고 큰 품 ㉥오늘날 눈을 씻고 봐도 한품을 지닌 다살림이가 없다
한하다 ⇒ 금긋다. 테 두르다. 못 막다
한학 ⇒ 수글갈. 한문갈
한할머니 [이름씨] 할아버지를 낳아 주신 어머니 ⇐ 증조모
한할아버지 [이름씨] 할아버지를 낳아 주신 아버지 ⇐ 증조부
한해 (旱害) ⇒ 가뭄. 가뭄덜이. 가뭄얼. 가뭄언걸. 가뭄지실
한해 (寒害) ⇒ 추위얼. 추위언걸. 추위지실
한해감 [이름씨] 잎은 깃꼴 겹잎으로 어긋맞게 나고 여름철에 누런 꽃이 잎겨드랑이에서 피고 열매가 붉게 익는 남새. 마아메리카가 밑낳이다 [한뜻말]토마토
한해감장 [이름씨] 한해감을 익혀 갈아 양념하여 무른 듯 빽빽하게 만든 먹을거리 ⇐ 케첩
한해살이풀 [이름씨] 한 해 동안 싹이 터서 자라고 꽃이 피고 열매를 맺은 다음 말라죽는 풀 ⇐ 일년생식물
한흰샘 [이름씨] 우리나라 배달말갈이. 처음 이름은 '주상호'이고 '주시경'으로 널리 알려졌다. 니혼 종살이 때 우리말과 글을 쉽게 살려 쓰는 기틀을 잡았고 여러 배달말갈이를 길러냈다 ⇐ 주시경
할 [움직씨] '하다1'에 앞날을 나타내는 매김씨 '-ㄹ'이 붙은 말 ㉥할 일 없으면 낮잠이나 자라. 너 나 할 것 없이 다 뛰어든다
할 ⇒ 열에
할가이 [어찌씨] 할갑게 ㉥바지는 좀 할가이 입는 게 숨쉬기 좋아 [큰말]헐거이
할갑다 [그림씨] 끼우는 자리가 끼울 몬보다 좀 넓어 째이지 않다 ㉥여위어서 신도 할갑고 가락지도 할갑다 [큰말]헐겁다 **할갑게**
할경 [이름씨] **1** 남 떳떳하지 못한 지체를 드러내는 말. 또는 그렇게 하여 부끄럽게 하다 ㉥나를 술이나 파는 사람이라고 할경을 했어요 **2** 남을 업신여기는 뜻을 말로 드러내다 ㉥남을 잘 모르면서 그렇게 할경하는 말을 하지 말게 **할경하다**
할근거리다 [움직씨] 숨이 가빠 자꾸 할딱이며 가르랑거리다 ㉥섬돌을 조금만 올라도 할근거리니 어쩌면 좋아 [큰말]헐근거리다 **할근대다**
할근할근 [어찌씨] 숨이 차서 할딱이며 갈그랑거리는 꼴 [큰말]헐근헐근
할금 [어찌씨] (눈치를 살피려고) 한 번 곁눈질을 하는 꼴 ㉥눈알만 돌려 할금 보고는 짐짓 하던 일을 이어 했다 [큰말]흘금 [센말]할끔
할금거리다 [움직씨] 곁눈으로 살그머니 자꾸 할겨 보다 [큰말]흘금거리다 [센말]할끔거리다 **할금대다**
할금할금 [어찌씨] 눈치를 살피려고 잇달아 곁눈질을 하는 꼴 ㉥밤늦게 집으로 할금할금 기어들어갔다 [큰말]흘금흘금 [센말]할끔할끔 **할금할금하다**
할긋 [어찌씨] **1** 가볍게 한 디위 할겨 보는 꼴 ㉥누나가 할긋 쳐다보자 아우가 풀이 죽었다 [큰말]흘긋 [센말]할끗 **2** 눈에 알씬 보이는 꼴 ㉥그림자가 할긋 스치더니 모르는 사람이 집안으로 들어섰다
할긋거리다 [움직씨] 가볍게 자꾸 할겨 보다 [큰말]흘긋거리다 [센말]할끗할끗 **할긋대다**
할긋할긋 [어찌씨] **1** 재빨리 살짝 자꾸 노려보는 꼴 ㉥옆 사람이 하도 꿈지럭대서 할긋할긋 쳐다봤다 [큰말]흘긋흘긋 [센말]할끗할끗 **2** 작은 것이 자꾸 눈에 잠깐씩 나타나 보이는 꼴 **할긋할긋하다**
할기다 [움직씨] 눈을 옆으로 돌리어 못마땅하게 노려보다 ㉥아낙이 할기는데도 한돌은 싱글벙글 입이 귀에 걸렸다 [큰말]흘기다
할기시 [어찌씨] 눈을 바로 뜨고 노려보는 꼴 ㉥그는 길을 나서려다 말고 할기시 뒤돌아보는 버릇이 있다
할기족 [어찌씨] 눈을 할기어 죽 훑어 보는 꼴 ㉥나를 아래위로 할기족 살펴보는 벗 아버지가 마음에 안 들었다 [큰말]흘기족 **할기족하다**
할기족거리다 [움직씨] 잇달아 눈을 흘기며 죽 훑어보다 [큰말]흘기족거리다 **할기족대다**
할기족족 [어찌씨] 흘겨 보는 눈에 못마땅하거

ㅎ

나 골난 빛이 드러나는 꼴 큰말흘기죽죽

할기족족하다 그림씨 할겨 보는 눈에 못마땅하거나 골난 빛이 드러나 보이다 ⓑ이곳저곳을 살펴보는 눈빛이 할기족족했다 큰말흘기죽죽하다

할기족할기족 어찌씨 잇달아 눈을 흘기며 보는 꼴 큰말흘기죽흘기죽 **할기족할기족하다**

할깃 어찌씨 가볍게 한 디위 흘겨 보는 꼴 큰말흘깃 센말할낏 **할깃하다**

할깃거리다 움직씨 눈을 자꾸 할기다 ⓑ저 사람이 이쪽을 할깃거리는데 아는 분이세요? 큰말흘깃거리다 센말할낏거리다 **할깃대다**

할깃할깃 어찌씨 가볍게 자꾸 할겨 보는 꼴 큰말흘깃흘깃 센말할낏할낏 **할깃할깃하다**

할끔 어찌씨 깜찍하게 곁눈으로 한 디위 할겨 보는 꼴 ⓑ그윽한 그 눈빛을 할끔 볼 뿐이다 큰말흘끔 여린말할금 **할끔하다**

할끔거리다 움직씨 곁눈으로 살그머니 자꾸 할겨 보다 큰말흘끔거리다 여린말할금거리다 **할끔대다**

할끔하다 그림씨 몸이 썩 고달파서 얼굴이 까칠하고 눈이 대꾼하다 ⓑ마감을 앞두고 몇 날 밤을 새우더니 사람들 꼴이 퍽 할끔하다 큰말흘끔하다

할끔할끔 어찌씨 '할금할금' 센말 큰말흘끔흘끔 **할끔할끔하다**

할끗 어찌씨 곁눈으로 깜찍하게 살그머니 한 디위 할겨 보는 꼴 큰말흘끗 여린말할긋 **할끗하다**

할끗거리다 움직씨 가볍게 할겨 보다 큰말흘끗거리다 여린말할긋거리다 **할끗대다**

할끗할끗 어찌씨 '할긋할긋' 센말 큰말흘끗흘끗 **할끗할끗하다**

할낏 어찌씨 '할깃' 센말 큰말흘낏 **할낏하다**

할낏거리다 움직씨 눈을 자꾸 할기다 큰말흘낏거리다 **할낏대다**

할낏할낏 어찌씨 '할깃할깃' 센말 큰말흘낏흘낏 **할낏할낏하다**

할날 이름씨 하루 날

할당 ⇒ 벼름. 노느매기. 떼주다. 나누어 주다. 노느메기하다

할딱거리다 움직씨 자꾸 숨을 가쁘게 쉬다 ⓑ더위에 지친 개가 혀를 길게 내밀고 숨을 할딱거렸다 큰말헐떡거리다 **할딱대다 할딱이다**

할딱할딱 어찌씨 **1** 자꾸 숨을 가쁘게 쉬는 모습 ⓑ오랜만에 달리기하였더니 숨이 할딱할딱 쉬어진다 **2** 매개가 어려워 좀 애를 먹는 꼴 ⓑ어릴 때는 겨우 할딱할딱 따라오더니 뛰어난 갈이가 되었단 말이지 **할딱할딱하다**

할머니 이름씨 **1** 아버지나 어머니를 낳아 주신 어머니 ⓑ어렸을 적 나를 키워주신 우리 할머니 ⇐ 조모 **2** 늙은 겨집 ⓑ흰머리가 많은 할머니

할미꽃 이름씨 줄기와 잎에 흰 털이 빽빽이 나 있고 봄에 검붉은 꽃이 아래로 숙여 피는 여러해살이풀. 메나 들에 저절로 나며 뿌리는 낫개밑감으로 쓴다

할부 ⇒ 드림셈

할부금 ⇒ 드림셈돈. 벼름돈

할부판매 ⇒ 드림셈팔이. 벼름팔이

할아버지 이름씨 **1** 아버지나 어머니를 낳아 주신 아버지 ⓑ설날 아침에 할아버지께 절을 올렸다 ⇐ 조부 **2** 늙은 사내 ⓑ이웃집 할아버지를 큰길에서 만나 이야기를 나눴다

할애 ⇒ 떼줌. 내줌. 떼어주다. 내주다. 쪼개다. 나누어주다

할인 ⇒ 깎음. 깎아줌. 깎아주다. 떨이하다. 값을 깎다. 에누리하다

할인점 ⇒ 싸게 파는 가게. 에누리가게

할인판매 ⇒ 싸게팔기

할증 ⇒ 덤. 더 얹기. 덤을 주다. 더 주다. 더 얹다. 더 올리다. 더 얹어 받다

할퀴다 움직씨 손톱이나 날카로운 것으로 긁어 자국을 내다 ⓑ고양이가 어린아이에게 달려들어 얼굴을 할퀴었다

핥다 움직씨 **1** 혀를 몬 겉에 대고 스쳐 놀리다 ⓑ대롱이는 얼음보숭이를 혀로 핥아 먹었

다 ❷물이나 내, 바람, 불 같은 것이 몬 바닥이나 거죽을 스쳐 지나다 ⓑ시뻘건 냇물은 기슭을 핥으며 굽이쳐 흐른다. 아궁이에서는 붉은 불길이 솥 밑을 핥으며 타오른다

함 ⇒ 그릇. 통

함구 ⇒ 입닫기. 입다물기. 닫다. 닫치다. 다물다. 입 다물다. 쉬쉬하다. 삼가다

함께 어찌씨 ('혼때'에서 온 말) ❶여럿이 한데 ⓑ한돌은 동무들과 함께 어울려 배곳에 간다. 니캉내캉 함께 살자. 봄에는 우리 함께 씨를 뿌리자 ❷어떤 짓이나 움직임과 거의 때를 같이하여 ⓑ밖에서 부르는 소리와 함께 문이 열렸다 ❸떨구거나 떼어놓지 않고 같이 ⓑ책과 함께 빈책도 가져오너라

함께살이 이름씨 서로 다른 갈래 목숨붙이가 한곳에서 서로 도우면서 함께 사는 것 ⓑ개미와 진딧물, 말미잘과 새우는 함께살이 한다 ⇐ 공생. 공서

함께켜기 이름씨 둘 넘는 사람이 서로 다른 가락틀로 함께 켜는 것 ⇐ 중주

함께하다 움직씨 한데 어울리거나 어떤 일을 같이 하다 ⓑ이슬이는 동무들과 모심기를 함께했다 한뜻말 어울리다 ⇐ 연대하다

함락 ⇒ 무너짐. 무너뜨림. 빼앗김. 빼앗음. 무너지다. 무너뜨리다. 두려빼다. 떨어지다. 떨어뜨리다. 허물어뜨리다. 빼앗다

함량 ⇒ 지닌 몫. 품은 몫. 지닌 숱. 품은 숱

함몰 ⇒ 꺼짐. 결딴남. 꺼지다. 결딴나다. 결딴내다. 없애다. 두려빼다. 두려빠지다

함바·함바집 ⇒ 밥집

함박꽃 이름씨 잎은 두 디위 세 갈래 난 겹잎으로 어긋맞게 붙고 뿌리는 긴 실북 꼴이며 키는 두 자쯤 되는 여러해살이풀. 메에 절로 자라거나 심어 기르는데 뿌리는 낫개 밑감으로 쓴다 준말 함박 ⇐ 작약

함박꽃나무 이름씨 여러해살이 꽃나무로 키는 사람 두 길이 넘고 봄에 희거나 붉은빛 큰 꽃이 핀다

함박눈 이름씨 천천히 소담스럽게 내리는 솜 같은 눈을 함박꽃 송이에 비겨 이르는 말 ⓑ하늘에서 함박눈이 펑펑 쏟아진다

함박웃음 이름씨 얼굴을 활짝 펴고 환하게 웃는 웃음 ⓑ아빠는 함박웃음을 지었다

함백산 ⇒ 한밝메

함부로 어찌씨 ❶무턱대고 ⓑ남을 함부로 못미더워 하지 마라. 옛 세간을 함부로 쓰레기라고 버리지 마라 ❷제 하고 싶은 대로 ⓑ말을 함부로 하지 마라 ❸마음을 두지 않고 되는대로 ⓑ한자말을 함부로 쓰면 그때마다 우리말을 죽인다

함빡 어찌씨 ❶얼굴에 웃음을 가득 담은 꼴 ⓑ어머니가 얼굴에 웃음을 함빡 담고 나를 맞는다 큰말 흠뻑. 흠뿍 ❷물에 푹 젖은 모습 ⓑ소나기를 맞아 옷이 함빡 젖었다 ❸온통 흐뭇하게 ⓑ오늘같이 좋은 날 함빡 웃어 보자

함뿍 어찌씨 넘치도록 넉넉하게 ⓑ소나무 숲에서 맑은 기운을 함뿍 마셨다

함석 이름씨 겉에 버금납을 입힌 얇은 쇠널. 지붕을 이거나 물동이로 쓴다

함선 ⇒ 싸움배. 배

함성 ⇒ 외침 소리. 지름 소리. 부르짖음

함수 ⇒ 따름수

함씬 어찌씨 ❶꽉 차고도 남을 만큼 넉넉한 꼴 ⓑ고구마가 함씬 익도록 불을 땠다 큰말 흠씬 ❷물에 폭 젖은 꼴 ⓑ누나가 함씬 비를 맞고 들어오네

함씬함씬 어찌씨 ❶여럿이 다 또는 매우 꽉 차고도 남을 만큼 넉넉한 꼴 ⓑ아이들이나 늙은이한테는 함씬함씬 익은 밥을 내놓아야 삭임이 잘 된다 큰말 흠씬흠씬 ❷여럿이 다 또는 매우 물에 폭 젖은 꼴 ⓑ사람들은 아래옷이 함씬함씬 젖은 것을 허벅다리까지 걷어올렸다

함유 ⇒ 머금음. 지님. 머금다. 지니다. 가지다. 간직하다. 들다. 품다

함자 ⇒ 이름

함정 (檻穽) ⇒ 허방다리. 허방. 구렁텅이. 덫. 올가미. 꾀. 못된 꾀

함정 (艦艇) ⇒ 싸움배

함지 이름씨 통나무를 파서 운두가 좀 깊고 밑보다 위가 넓게 만든 큰 나무그릇 ㉥함지에 담은 떡

함지땅 이름씨 메나 더기같이 더 높은 땅으로 둘러인 펀펀한 땅 ⇐ 분지

함지박 이름씨 통나무를 파서 큰 바가지같이 전이 없게 만든 그릇. 먹을거리를 담거나 떡가루나 깍두기를 버무리거나 밀가루 반죽할 때 썼다 ㉥함지박에 김치를 버무렸다 비슷한말 함박

함지방 이름씨 한 디위 들어가면 나올 수 없게 된 방

함진아비 이름씨 짝맺이 앞날 밤이나 짝맺이날 버시 쪽에서 가시 쪽에 보내는 함을 지고 가는 사람

함초롬하다 그림씨 촉촉이 젖은 꼴이 차분하거나 가지런하고 곱다 ㉥호박꽃이 아침 이슬을 함초롬히 머금었다 **함초롬히**

함축 ⇒ 간직. 품음. 간직하다. 품다. 머금다. 지니다. 담다. 들다

함치르르 어찌씨 곱고 반지르르한 꼴 ㉥멧자락이 함치르르 고운 옷을 입었다

함치르르하다 그림씨 곱고 반지르르하다 ㉥햅쌀밥이 함치르르하다

함함하다 그림씨 ❶털이 보드랍고 반지르르하다 ㉥고슴도치도 제 새끼는 함함하다며 좋아한다 ❷아늑하고 소담하다 ㉥함함하게 쌓인 눈

함흥차사 ⇒ 오지 않는 심부름꾼

합 (合) ⇒ 다. 모두

합 (盒) ⇒ 둥근뚜껑그릇

합격 ⇒ 붙음. 들어감. 붙다. 들다. 들어가다. 맞다

합격품 ⇒ 붙은것

합계 ⇒ 다셈. 모두셈. 몯셈. 다 세다. 모두 세다

합금 ⇒ 섞음쇠

합당하다 ⇒ 알맞다. 마땅하다. 옳다. 되다. 맞다. 걸맞다

합동 ⇒ 하나됨. 하나 되다

합류 ⇒ 모임. 모여흐름. 모이다. 모여 흐르다. 한데 모이다. 한 군데로 몰리다

합리화 ⇒ 들어맞춤. 들어맞도록 하다. 들어 맞추다

합법하다 ⇒ 참에 맞다. 벼리에 맞다. 벼리답다. 참답다

합병 ⇒ 뭉침. 뭉치다. 하나로 만들다

합병증 ⇒ 곁앓이늦. 덧앓이늦. 함께난늦

합산 ⇒ 모음셈. 모둠셈. 얼러치기

합선 ⇒ 덧번뻴번붙음. 덧번뻴번붙다

합성 ⇒ 하나되기. 하나로 만들기. 하나되다. 하나로 만들다

합성섬유 ⇒ 만든올실

합성세제 ⇒ 가루비누. 만든씻개

합성수지 ⇒ 만든나무진

합성어 ⇒ 겹씨

합세 ⇒ 힘모음. 힘 모으다. 거들다. 돕다. 뭉치다. 손잡다

합숙 ⇒ 함께 잠. 함께 자다. 모여서 자다. 한 곳에서 어울려 자다

합승 ⇒ 함께 탐. 얼러 타다. 함께 타다. 끼여 타다

합심 ⇒ 마음 모음. 뭉침. 마음 모으다. 뭉치다. 손잡다. 맞들다

합의 ⇒ 뜻맞춤. 뜻 맞다. 뜻 맞추다. 입 맞추다

합작 ⇒ 함께 지음. 함께 만듦. 함께 짓다. 함께 힘쓰다. 함께 만들다. 함께 꾀하다. 손 맞잡다

합장 (合掌) ⇒ 두 손 모음. 두 손 모으다

합장 (合葬) ⇒ 함께 묻음. 함께 묻다

합주 ⇒ 함께 놂. 함께 놀다. 함께 뜯다. 함께 불다

합주곡 ⇒ 어울가락. 어울노래

합죽선 ⇒ 댓살부채

합집합 ⇒ 다 벌. 더한모임

합창 ⇒ 아울노래. 함께 부름. 함께 노래하다. 함께 부르다

합창단 ⇒ 소리떼. 노래떼

합치 ⇒ 서로 맞음. 들어맞음. 서로 맞다. 들어맞다. 꼭 들어맞다. 한가지다

합치다·합하다 ⇒ 하나되다. 한데 모으다. 뒤섞다. 한통치다. 더하다. 보태다. 아우르다

합판 ⇒ 널빤지

핫- 앞가지 ❶솜을 둔 ㉥핫바지. 핫이불 ❷짝

이 있는 ⓑ핫어미. 핫아비

핫것 이름씨 솜을 두어 만든 옷이나 이불 따위를 통틀어 이르는 말

핫바지 이름씨 ❶솜을 넣어 지은 바지 ⓑ한겨울에는 핫바지가 나하맞춤이다 한뜻말 솜바지 ❷시골 사람. 또는 배우지 못하고 어리석은 사람 ⓑ아저씨는 나를 핫바지로 여긴다

핫반 이름씨 두 겹으로 된 재운 솜

핫아비 이름씨 가시가 있는 버시 ⇐ 유부남

핫어미 이름씨 버시가 있는 가시 ⇐ 유부녀

핫옷 이름씨 안에 솜을 넣어 만든 옷 ⓑ어머니께서 새로 지어주신 톡톡한 핫옷을 입고 나갔다

항 (項) ⇒ 마디. 매듭. 차례

항 (港) ⇒ 배나들목. 나루

항간 ⇒ 사람들 사이. 뭇사람 사이. 사람 서리

항거 ⇒ 맞섬. 버팀. 맞서다. 버티다. 내버티다. 앙버티다. 뻗대다. 뻗서다. 대들다. 거스르다

항것 이름씨 ❶아랫사람들이 모시는 윗사람 ⓑ들내는 항것을 모시느라 허리 펼 날이 없다 ❷뜨리 ⓑ나슬은 어릴 적 항것에 걸려서 얼굴이 살짝 얽었다 ⇐ 천연두. 마마

항공 ⇒ 하늘을 날아다님

항공기 ⇒ 날틀

항공로 ⇒ 하늘길

항공수송 ⇒ 날틀나름. 하늘길나름

항구 ⇒ 갯고을. 갯나루. 배나들목. 바다나루

항구도시 ⇒ 갯고을. 바닷가고을

항구적 ⇒ 끝없는. 오래가는

항균성 ⇒ 팡이막이바탈. 팡이막이새

항도 ⇒ 나루고을

항렬 ⇒ 돌림

항로 ⇒ 바닷길. 뱃길. 물길. 하늘길

항만 ⇒ 배댈곳

항목 ⇒ 마디

항문 ⇒ 밑. 밑구멍. 똥구멍

항변 ⇒ 따짐. 대듦. 따지다. 대들다. 덤비다

항복 ⇒ 두손듦. 무릎 꿇음. 손듦. 두손 들다. 무릎 꿇다. 손들다

항상 ⇒ 늘. 언제나. 언제든지. 끊임없이

항생물질 ⇒ 맞팡이몬밭. 맞숨몬밭

항생제 ⇒ 맞팡이낫개. 맞숨낫개

항성 ⇒ 붙박이별. 별자리

항소 ⇒ 맞하소. 맞하소하다

항아리 ⇒ 단지

항온동물 ⇒ 더운피짐승. 더운피 숨받이

항원 ⇒ 맞남

항의 ⇒ 대듦. 따짐. 대들다. 따지다. 덤비다. 따져묻다

항일 ⇒ 맞니혼

항일운동 ⇒ 맞니혼뮘

항쟁·항전 ⇒ 싸움. 맞싸움. 싸우다. 맞싸우다. 맞서 싸우다

항정[1] 이름씨 돼지나 개 같은 짐승 목덜미

항정[2] 이름씨 양지머리 위에 붙은 쇠고기

항체 ⇒ 맞둥이. 맞덩이

항해 ⇒ 배탐. 배 타다. 바다로 나가다

항해사 ⇒ 배몰이. 배몰이꾼

항해술 ⇒ 배몰이. 배몰이재주. 배몰이솜씨

해[1] 이름씨 ❶해누리 복판을 이루어 엄청난 뜨거움과 빛을 내는 별. 땅별 같은 떠돌이별이 그 둘레를 돈다 ⓑ아침 해가 떴다 ⇐ 태양 ❷날이 밝아서 어두워질 때까지 동안 ⓑ해가 저물다. 겨울이라 해가 짧다. 온 해를 일만 하느냐? 한뜻말 날 ❸땅별이 해 둘레를 한 바퀴 도는 동안 ⓑ해가 바뀌면 나이가 한 살 더 먹는다 ⇐ 년

해[2] 이름씨 (사람을 가리키는 이름씨나 갈이름씨 다음에 써) 것 ⓑ이 땅은 이제부터 네 해이다. 네해 내해 따질 것 있느냐

해[3] 어찌씨 가볍게 입을 벌리며 내는 소리나 웃는 소리 또는 그 꼴 ⓑ바보같이 해하고 입을 벌리고 웃지 마라

해[4] 움직씨 '하여' 준말 ⓑ언니가 나에게 밥을 해 주었다

해- 앞가지 (그림씨 앞에 붙어) 하얗다 ⓑ해맑다. 해말갛다

해- 앞가지 (그림씨나 어찌씨 앞에 붙어) 흐뭇하게. 매우 ⓑ해나른하다

ㅎ

해 (害) ⇒ 덜이. 나쁨. 언걸. 지실. 안좋음

해가림 이름씨 ❶햇빛을 가리는 일 ⓑ나무 그늘이 모자라 큰 천으로 마당에 해가림을 만들었다 ⇐ 차광막 ❷달이 해 어느 곳이나 모두를 가림 ⓑ모두해가림. 한쪽해가림 ⇐ 일식

해갈 ⇒ 목축임. 땅축이다

해감 이름씨 물속에 흙과 산 것이 썩어 생긴 냄새나는 찌꺼기 한뜻말해금 비슷한말찌꺼기

해감내 이름씨 해감에서 나는 냄새 한뜻말해금내 비슷한말비린내. 물비린내

해감하다 움직씨 해감을 뱉어내게 하다

해거름 이름씨 해가 거의 질 무렵 ⓑ마달이는 해거름에야 집으로 돌아왔다 한뜻말해름 ⇐ 황혼

해검 이름씨 해를 검으로 여겨 이르는 말 ⇐ 태양신

해겉보기뭔길 이름씨 땅별을 가운데 놓고 볼 때 하늘에 해가 지나는 길 한뜻말해길 ⇐ 황도

해결 ⇒ 풀이. 풀기. 풀다. 풀어내다. 해내다

해결사 ⇒ 푸는이. 풀보

해결책 ⇒ 실마리

해고 ⇒ 자름. 내보냄. 내보내다. 자르다. 쫓아내다

해고른값 이름씨 한 해를 하나치로 하여 내는 고른값 ⇐ 연평균

해고리 이름씨 해 둘레 불꽃. 좀알살이를 크게 해서 보면 마치 해고리같다 해서 붙은 이름 ⇐ 코로나

해고리좀알살이 이름씨 내림몰래말나르개 좀알살이 가운데 하나. 젖먹이 짐승에게 고뿔, 윗숨길불늦, 양불늦을 일으킨다 ⇐ 코로나바이러스

해골 ⇒ 뼈. 머리뼈

해괴망측하다 · 해괴하다 ⇒ 얄궂다. 매우 야릇하다

해구 ⇒ 바다홈. 바다골. 바다도랑

해군 ⇒ 바다잠개잡이. 바다싸울아비

해길 이름씨 땅별에서 보아 해가 하늘 위에서 지나는 겉보기길 한뜻말해겉보기뭔길 ⇐ 황도

해길미푼수 이름씨 한 해를 하나치로 하여 밑돈에 견주어 잡은 길미 값 ⇐ 연이율

해까닥 어찌씨 갑자기 얼이 나가거나 빠진 꼴 ⓑ눈이 해까닥 돌아가고 삐었을 때 사랑에 빠지기 쉽다 큰말헤까닥 **해까닥하다**

해깝다 그림씨 ❶무게가 가볍다 ❷사람 말이나 짓이 무겁지 않고 가볍다

해깝짓일 이름씨 부피에 견주어 무게가 가벼운 몬을 만드는 짓일. 올실짓일, 먹거리짓일, 고무짓일 따위 ⇐ 경공업

해껏 어찌씨 해가 질 때까지 ⓑ오늘은 해껏 즐겁게 부지런히 일해 마음이 뿌듯하다

해나눔 이름씨 해에 따라서 갈라 나눔 ⇐ 연별

해낙낙하다 그림씨 마음이 흐뭇하여 그득한 느낌이 있다 ⓑ아버지가 좋은 일이 있는지 해낙낙한 얼굴로 들어오신다 ⇐ 흡족하다

해날 이름씨 이레 가운데 흙날 다음 날 ⇐ 일요일

해내다 움직씨 일을 너끈히 치러 내거나 가마리하다 ⓑ맡겨만 주신다면 어떤 일이라도 해낼게요

해넘이 이름씨 해가 막 넘어가는 때 ⓑ하늬녘 하늘을 붉게 물들인 오늘 해넘이는 볼만했어 맞선말해돋이 ⇐ 일몰

해녀 ⇒ 보자기. 비바리. 무잠이

해누리 이름씨 해와 해를 가운데 두고 도는 하늘덩이 모임. 해, 아홉 떠돌별, 쉰 넘는 돌별, 작은 떠돌별들, 꼬리별, 별똥별 따위로 이루어져 있다 ⇐ 태양계

해뉘 이름씨 지나간 긴 때를 잡은 햇수로 나눈 것 ⇐ 연대

해님 이름씨 '해'를 사이좋게 이르거나 높여 이르는 말 ⓑ해님이 빙그레 웃는다

해달 이름씨 ❶흘러가는 때새 ⓑ조카가 벌써 배곳에 들어가다니, 해달 참 빨라 한뜻말나달 ⇐ 세월 ❷지내는 매개 ⓑ요즘 해달이 얼마나 좋은데, 집에서 살림하는 건 거저지요

해달날때 이름씨 해와 달과 날짜와 때를 아울러 이르는 말 ⇐ 연월일시

해답 ⇒ 풂. 풀이. 풀다. 풀어 밝히다

해당하다 ⇒ 들어맞다. 똑 알맞다. 꼭 맞다. 맞먹다

해대다 움직씨 ❶만들어 갖다 대다 ⓑ손나팔을 해대고 외쳤다 ❷대드는 말씨로 마구 말하다 ⓑ뻔뻔한 놈들한테는 해대는 수밖에 없다 ❸대들어 되게 꾸짖다 ⓑ누나가 잘못도 없는 뉘버시에게 막 해대는 모습이 보기 싫었다 ❹일을 마구 몰아쳐 하다 ⓑ마음이 답답하여 큰 목소리로 노래를 해댔다

해더움 이름씨 해에서 나와 땅별에 이르는 더움 ⇐ 태양열

해더움집 이름씨 해더움으로 방을 덥히거나 물을 데우도록 틀을 갖춘 집 ⇐ 태양열주택

해도 ⇒ 바다그림

해독 (解讀) ⇒ 읽기. 풀기. 풀이. 읽다. 풀다. 풀어읽다. 풀이하다. 헤아리다

해독 (害毒) ⇒ 지실. 나쁜끼침

해독 (解毒) ⇒ 죽개풀이. 죽개를 풀다

해독제 ⇒ 죽개풀개

해돋이 이름씨 해가 막 떠오르는 때 ⓑ메 꼭대기에서 본 해돋이는 참 아름답다 맞선말 해넘이 ⇐ 일출

해돌이 이름씨 한 하늘덩이가 다른 하늘덩이 둘레를 되풀이 도는 뭠. 떠돌이별이 해 둘레를, 달이 땅별 둘레를 도는 따위 ⇐ 공전

해돌이돌길낯 이름씨 한 하늘덩이가 다른 하늘덩이 둘레를 되풀이 도는 뭠을 할 때 그 돌길낯이 이루는 펀펀낯 ⇐ 공전궤도면

해동 ⇒ 녹음. 녹다. 녹이다. 풀리다

해때알림이 이름씨 땅별이 해를 날마다 한바퀴 돌기 때문에 생기는 곧추선 몬 그림자 길이와 자리가 바뀌는 것으로 때를 재는 틀 한뜻말 해때틀 ⇐ 해시계

해뜰참 이름씨 해 돋을 무렵 ⓑ해뜰참에서 해넘이까지 눈코 뜰 새 없이 바쁜 철이다 맞선말 해름참

해로 ⇒ 바닷길

해롭다 ⇒ 나쁘다. 좋지 않다

해롱거리다 움직씨 가볍게 쓸데없이 자꾸 까불다 **해롱대다**

해롱해롱 어찌씨 가볍게 쓸데없이 자꾸 까부는 꼴 ⓑ만나면 해롱해롱 까불며 웃기부터 하던 샛별이가 오늘은 시무룩하게 말이 없다 **해롱해롱하다**

해류 ⇒ 무대. 물띠

해륙풍 ⇒ 바다뭍바람

해름 이름씨 해가 하늬녘으로 넘어가는 일. 또는 그 때 ⓑ해름이 다 되도록 나물 뜯으러 간 일꾼들이 오지 않았다 한뜻말 해거름

해름참 이름씨 해질 무렵 맞선말 해뜰참

해리 ⇒ 바다마을

해마다 어찌씨 어느 해에나 다 ⓑ해마다 그 집에선 수박을 가져오고 우리는 밤을 보낸다

해맑다 그림씨 매우 맑다 ⓑ해맑은 웃음. 해맑은 아침 햇살. 해맑은 목소리

해맞이 이름씨 ❶해 뜨는 것을 바라보는 것 ⓑ아제 새벽에는 해맞이하러 뒷메에 올라야지 ❷한 해를 맞이하는 것 ⓑ올해 새해 첫날엔 간절곶에 가서 함께 해맞이 해야지 **해맞이하다**

해머 ⇒ 망치. 쇠메

해면 ⇒ 바다거죽. 바다낯. 바다겉

해명 ⇒ 밝힘. 풀다. 밝히다. 드러내다

해몽 ⇒ 꿈풀이

해무 ⇒ 해미

해묵다 움직씨 ❶여러 해를 넘겨 오래되다 ⓑ해묵은 옛이야기 ❷일을 못 마치고 해를 넘기다 ⓑ우리말집 일도 끝내 해묵어 마치겠네

해묵이 이름씨 가시가 해를 넘기거나 세 해 동안 엄마집에 살다가 버시 집으로 가는 일

해물 ⇒ 바다난것

해미 이름씨 바다 위에 낀 짙은 안개 ⇐ 해무

해바라기 이름씨 ❶줄기가 높이 자라고 여름에 크고 노란 둥근 꽃이 피는 한해살이풀. 씨는 먹거나 기름을 짠다 ❷볕바른 곳에서 햇볕을 쬐는 일 ⓑ어릴 적 볕바른 언덕 아래서 해바라기하며 놀았지 한뜻말 볕바라기

해박하다 ⇒ 넓다. 깊다. 넓고 깊다. 널리 알다

해받이 이름씨 햇볕을 가리려고 쓰는 비받이 꼴 몬 ⇐ 양산

ㅎ

해발·해발고도 ⇒ 바다높이. 바다에서높이
해방 ⇒ 풀어줌. 놓아줌. 벗어남. 풀다. 풀어놓다. 풀어주다. 놓아주다
해변 ⇒ 바닷가. 갯가. 갯벌
해병 ⇒ 바다싸울아비
해병대 ⇒ 바다싸울아비떼
해봄대롱 [이름씨] 어떤 몬 바탈이나 맞뭄 따위를 알아보는 데 쓰는 유리대롱 ⇐ 시험관
해봄대롱아기 [이름씨] 가시 몸에서 꺼낸 알과 버시 얼씨를 해봄대롱에서 아우른 뒤 가시 자궁에 옮겨 자라게 하여 태어난 아기 ⇐ 시험관아기
해봄잘못 [이름씨] 배움이가 과녁에 닿는 길을 또렷이 모른 채 타고난 밑힘과 버릇으로 해보고 잘못되기를 되풀이하는 일. 이렇게 하면서 이루어낸 것을 이어 함으로써 차츰 과녁에 이른다 ⇐ 시행착오
해부 ⇒ 가름. 배쨈. 가르다. 째서 살펴보다. 갈라헤치다
해빙 ⇒ 녹음. 풀림. 녹다. 풀리다. 풀어지다
해사하다 [그림씨] 얼굴이 희고 곱다랗다 [ㅂ]그 사내아이는 얼굴이 해사했다
해산 (解産) ⇒ 몸풀이. 아이 낳기. 몸 풀다. 아이 낳다
해산 (解散) ⇒ 흩어짐. 헤어짐. 흩어지다. 헤어지다. 헤치다. 흩뜨리다
해산물 ⇒ 바닷것. 바다에서 나는 것. 바다낳이몬
해삼 ⇒ 미. 뮈
해상 ⇒ 바다. 바다 위
해상권 ⇒ 바다에 미치는 힘
해상보험 ⇒ 바다사달막이
해석 ⇒ 풀이. 풀다. 풀이하다. 풀어내다. 새기다
해설 ⇒ 풀이. 풀이하다. 풀어 말하다. 쉽게 풀이하다
해설가 ⇒ 풀이꾼
해설원·해설자 ⇒ 풀이꾼
해셈 [이름씨] 땅별이 해를 한 바퀴 도는 동안을 한 해로 하는 셈 [맞선말]달셈 ⇐ 양력. 태양력
해소 ⇒ 풀어 없앰. 풀어 없애다. 풀다. 풀어버리다. 지우다

해소수 [이름씨] 한 해가 좀 지나는 동안 [ㅂ]벌써 서울 올라온 지 해소수가 되는가 보다
해송 ⇒ 곰솔. 바닷가 소나무
해수 ⇒ 바닷물
해수면 ⇒ 바다겉. 바닷물 겉. 바닷물 낯
해수어 ⇒ 바닷물고기
해수욕 ⇒ 바닷물놀이. 바다멱감기
해시계 ⇒ 해때알림이. 해째깍이. 해때틀
해쓱하다 [그림씨] 얼굴이 핏기가 없이 하얗다 [ㅂ]한솔이 얼굴이 해쓱하게 야위었다
해악 ⇒ 나쁨
해안 ⇒ 바닷가. 바다기슭
해안선 ⇒ 바닷가살피
해앞치기 [이름씨] 해지기 앞에 일을 마치는 것
해약 ⇒ 다짐깨기. 다짐깨다
해양 ⇒ 큰바다. 난바다. 바다. 한바다
해양성기후 ⇒ 바다 날씨. 큰바다 날씨. 난바다 날씨
해양오염 ⇒ 바다더럼. 바다더럽힘
해어지다 [움직씨] 옷이나 신이 닳아서 떨어지다 [ㅂ]거지는 다 해어진 누더기를 걸쳤다 [준말]해지다
해역 ⇒ 바다 울안. 바다 테안
해열제 ⇒ 더움낫개. 더움내림낫개
해오라기 [이름씨] 몸길이는 60센티미터쯤이고 똥똥하며 다리가 짧고 등은 검은 잿빛이고 배는 흰 새 [한뜻말]밤물까마귀
해왕성 ⇒ 바다검별
해외 ⇒ 다른 나라. 딴나라. 나라밖
해운업 ⇒ 뱃짐나르기
해웃값 [이름씨] [1]잔치 때에 춤꾼이나 소리꾼, 가락바치에게 주는 돈 [한뜻말]놀음차. 해웃돈 [2]논다니와 놀고 그 값으로 주는 돈 ⇐ 화대
해이하다 ⇒ 느슨해지다. 느즈러지다. 풀리다. 풀어지다
해일 ⇒ 바다시위. 바다넘이
해일힘 [이름씨] 해에서 나오는 일할 힘 [한뜻말]해힘 ⇐ 태양에너지
해임 ⇒ 자름. 쫓아냄. 자르다. 쫓아내다. 그만두게

ㅎ

하다

해자 이름씨 ❶어떤 일을 하는데 드는 돈 한뜻말 비발 ⇐ 비용 ❷돈이나 몬, 때, 힘 따위를 들이거나 써 없앰 ⇐ 소비

해작이다 움직씨 조금씩 들추거나 헤집다 ⓑ 머루야, 해작이지 말고 먹어라 큰말 헤적이다

해작질 이름씨 조금씩 자꾸 들추거나 파서 헤치는 짓 큰말 헤적질 **해작질하다**

해장국 ⇒ 속풀이국

해저 ⇒ 바다밑. 바다 밑바닥

해적 ⇒ 바다도둑

해적선 ⇒ 바다도둑배

해적이 이름씨 지나온 일을 햇수 차례에 따라 적어 놓은 것 ⇐ 연보. 연혁

해적해적 어찌씨 활갯짓을 하며 가볍게 걷는 꼴 ⓑ아버지는 소매에 바람을 일으키며 해적해적 고샅 밖으로 걸어갔다

해전 ⇒ 바다싸움

해제 ⇒ 풂. 풀어줌. 풀다. 풀어주다. 트다. 터주다

해조·해조류 ⇒ 바닷말. 말. 마풀

해죽 어찌씨 흐뭇하여 귀엽게 살며시 한 디위 웃는 꼴 비슷한말 해죽이 **해죽하다**

해죽거리다 움직씨 흐뭇하여 귀엽게 살며시 자꾸 웃다 **해죽대다**

해죽이 어찌씨 흐뭇하여 귀엽게 살며시 한 디위 웃는 꼴

해죽해죽 어찌씨 흐뭇하여 자꾸 귀엽게 살며시 웃는 꼴 큰말 히죽히죽 센말 해쭉해쭉 **해죽해죽하다**

해지다 움직씨 '해어지다' 준말

해집합 ⇒ 풀이모임

해쪼이 이름씨 ❶해를 쪼이는 일 ⇐ 일광욕 ❷햇볕이 내리쬠 ⇐ 일조

해쪼이때 이름씨 해가 쪼이는 동안 ⇐ 일조시간

해쪼이숱 이름씨 햇볕이 내리 쬐는 숱 ⇐ 일조량

해차례로 어찌씨 해가 지나며 하나씩 차례로 해나가는 꼴 ⇐ 연차적으로

해찰 이름씨 일에는 마음을 두지 않고 이것저것 집적거려 헤살하는 것 **해찰하다**

해체 ⇒ 뜯기. 헤치기. 헐기. 뜯다. 헤치다. 헐다. 뜯어 헤치다

해초 ⇒ 바다풀. 바닷말

해충 ⇒ 나쁜벌레. 덜이벌레

해치다 ⇒ 꺾다. 먹다. 죽이다. 다치게 하다. 생채기 내다. 할퀴다. 나쁘게 하다

해치우다 움직씨 일을 빨리 시원스럽게 끝내다 ⓑ나루는 이틀 걸릴 일을 하루 만에 해치웠다

해캄 이름씨 못이나 가람, 물웅덩이에 살며 뿌리 없이 헝클어진 머리카락 모습으로 덩어리를 이룬 여러해살이풀 ⇐ 수태

해커 이름씨 누리그물로 다른 사람 셈틀에 몰래 들어가 일차림표를 망가뜨리거나 밑감을 빼내는 사람

해코지하다 ⇒ 괴롭히다. 나쁘게 하다

해킹 ⇒ 털기. 몰래 빼냄

해태 이름씨 옳고 그르고, 착하고 나쁘고를 가린다는 꿍꿍 짐승

해파리 이름씨 몸은 흐물흐물하고 비받이 모습이며 바닷물에 떠서 사는 낮은 숨받이. 비받이꼴 가장자리에 늘어진 손에 있는 침으로 먹이를 쏘아 잡아먹는다

해펴냄 이름씨 한 해에 한 디위씩 책을 만들어 냄 한뜻말 해내기 ⇐ 연간

해포 이름씨 한 해 남짓

해포이웃 이름씨 오랫동안 가깝게 사귀고 지내는 이웃

해품삯 이름씨 일꾼에게 한 해 동안 주는 품삯을 모두 셈한 값 한뜻말 새경 ⇐ 연봉

해풍 ⇒ 바닷바람. 갯바람. 짠바람

해학 ⇒ 익살. 야살. 우스개

해해 어찌씨 마음이 즐거워 까불거리며 웃는 소리나 그 모습 ⓑ소담은 내게 장난을 치고는 해해 웃었다 **해해하다**

해해거리다 움직씨 마음이 즐거워 자꾸 까불거리며 웃다 **해해대다**

해협 ⇒ 낀바다. 샛바다. 좁바다

핵 ⇒ 자위. 복판. 알짬. 알속. 알맹이. 노른자. 으뜸씨. 고갱이. 씨

핵가족 ⇒ 자위피붙이

핵무기 ⇒ 자위잠개. 씨잠개. 으뜸잠개
핵심 ⇒ 자위. 알맹이. 알짜. 알짬. 고갱이. 노른자위. 복판. 한가운데
핸드백 ⇒ 손가방
핸드볼 ⇒ 손공
핸드폰 ⇒ 손말틀
핸들 ⇒ 손잡이. 쥠쇠
핸들링 ⇒ 손잡이재주. 손닿기
핸디캡 ⇒ 한팔접이. 혼쫄잽이
핼쑥하다 그림씨 얼굴이 핏기가 없이 파리하고 야위다 ⓑ핼쑥한 얼굴
햄 ⇒ 그을린 돼지고기
햄버거 ⇒ 고기곁빵
햅쌀 이름씨 그해에 새로 거둬들인 쌀 ⓑ한가위에는 햅쌀로 밥을 지어 한아비에게 차례를 지낸다
햇- 앞가지 그해에 새로 난 ⓑ햇상추. 햇고구마. 햇밤. 햇보리. 햇고추
햇곡식 ⇒ 햇낟
햇과일 이름씨 그해에 새로 거둬들인 과일 ⓑ 햇과일이 바구니에 수북하다
햇귀 이름씨 해돋이 때 처음 비치는 빛 ⓑ아침에 햇귀가 비치는가 했는데 어느새 검은 구름에 해가 가렸다
햇낟 이름씨 그해 새로 난 먹을거리인 쌀, 보리, 콩 따위 ⇐ 햇곡식
햇내기 이름씨 일을 해보지 않아서 일에 서투른 사람 한뜻말풋내기. 햇병아리 ⇐ 신출내기
햇늙은이 이름씨 늙은이에 막 접어든 늙은이 ⓑ늦추위에 햇늙은이 얼어 죽는다 ⇐ 중늙은이
햇덧 이름씨 해가 지는 짧은 동안 ⓑ가을 햇덧에 빨랫줄에 걸린 옷가지를 걷었다
햇무리 이름씨 엷은 구름이 낄 때 해 언 둘레로 둥근 테처럼 나타나는 빛 ⓑ옛날부터 햇무리가 보이면 비가 온다고 했지요 준말햇물
햇물[1] 이름씨 햇무리
햇물[2] 이름씨 장마 뒤에 잠시 솟다가 마르는 샘물
햇발 이름씨 여러 곳으로 뻗친 햇살 ⓑ아침 햇발이 눈부시다
햇병아리 이름씨 ❶알에서 갓 깬 병아리 ❷어떤 일을 한 지 오래지 않은 사람을 빗대어 이르는 말 한뜻말햇내기 ⇐ 신출내기
햇볕 이름씨 햇빛에서 나는 뜨거운 기운 ⓑ우리는 햇볕 잘 드는 넓은 마당이 딸린 집에서 산다
햇보리 이름씨 그해 새로 거둔 보리 ⓑ쫀득쫀득한 햇보리밥에 된장찌개를 배불리 먹었다
햇빛 이름씨 해에서 나는 빛 ⓑ빨래는 햇빛이 잘 들고 바람도 잘 부는 곳에 넌다 ⇐ 일광. 태양광
햇살 이름씨 해에서 퍼져 나오는 빛줄기 ⓑ따뜻한 아침 햇살 ⇐ 일광. 태양광
햇수 이름씨 해를 거듭한 수 ⓑ서울에 온 지 햇수로 두 해째다 ⇐ 연수. 연한
햇수차례 이름씨 거듭된 해 차례 ⇐ 연차
행 ⇒ 줄. 가기. 감. 가는
행군 ⇒ 줄지어 감. 줄지어 가다
행글라이더 ⇒ 날개타기
행내기 이름씨 여느 사람 ⇐ 보통내기
행동 ⇒ 함. 뮘. 하다. 움직이다. 뮈다
행랑 ⇒ 문옆방
행랑채 ⇒ 문채
행렬 ⇒ 줄. 벌인 줄
행로 ⇒ 삶길. 길. 한길. 큰길. 갈길
행방 ⇒ 간 곳. 간 데. 간 쪽. 자취. 발자취
행방불명 ⇒ 온데간데없음. 간 곳을 모름
행복 ⇒ 흐뭇. 보람. 즐거움
행사 (行使) ⇒ 짓. 짓거리. 하는 짓. 몸가짐. 짓을 하다. 부려쓰다
행사 (行事) ⇒ 일. 치를 일. 치르는 일. 베푸는 일
행사장 ⇒ 큰일터. 잔치터
행상 ⇒ 등짐장수. 뜨내기장수
행색 ⇒ 꼴. 몰골. 차림새
행선지 ⇒ 갈 곳. 가는 곳. 갈 데. 가는 데
행성 ⇒ 떠돌별. 떠돌이별
행세 (行世) ⇒ 하는 짓. 어울리지 않는 짓
행세 (行勢) ⇒ 힘자랑. 힘부림. 힘자랑하다. 힘 부

ㅎ

리다

행실 ⇒ 몸가짐. 짓. 짓거리. 하는 짓

행여·행여나 ⇒ 어쩌다가. 바라건대

행운 ⇒ 좋은 일

행운아 ⇒ 때 만난 이. 물 만난 이. 좋은 일 있는 이

행위 ⇒ 짓. 짓거리. 몸가짐. 하는 짓

행인 ⇒ 길가는 이

행장 ⇒ 나들이채비

행적 ⇒ 자취. 발자취. 쌓은 일. 살아온 자취

행정 ⇒ 나라살림. 벼리살림

행정관 ⇒ 나라살림꾼. 벼리살림꾼

행정구역 ⇒ 살림가름

행정기관 ⇒ 나라살림터. 벼리살림터

행정부 ⇒ 나라살림맡. 벼리살림맡. 다스림맡

행정안전부 ⇒ 나라안살림맡

행정재판 ⇒ 살림판가름

행주 이름씨 밥놓개나 그릇을 닦거나 훔치는 데 쓰는 헝겊 ⓑ행주로 밥놓개를 닦았다

행주치마 이름씨 부엌일을 할 때 몸 앞쪽에 덧대어 입는 옷 ⓑ어머니는 젖은 손을 행주치마에 닦았다 한뜻말 앞치마

행진 ⇒ 줄지어 감. 줄지어 가다

행진곡 ⇒ 걸을 때 부르는 노래

행짜 이름씨 심술을 부려 남을 괴롭히는 짓 ⓑ늦은 밤에 술에 절어 행짜를 부리는 사람들이 많이 줄었다 비슷한말 행티 ⇐ 행패

행차 ⇒ 나들이. 옴. 감. 나들이하다. 오다. 가다

행티 이름씨 짓궂게 남을 성가시게 구는 버릇 비슷한말 행짜

행패 ⇒ 못된 짓. 행짜

행하다 ⇒ 하다. 치르다. 해나가다

향 ⇒ 옷곳

향가 ⇒ 겨레노래. 시라노래

향교 ⇒ 배움터

향긋하다 ⇒ 옷곳하다

향기 ⇒ 내음. 냄새. 옷곳내

향기롭게 ⇒ 옷곳이. 옷곳하게

향기롭다 ⇒ 옷곳하다. 옷고시다. 싱그럽다

향나무 ⇒ 옷곳나무

향내 ⇒ 옷곳내. 좋은내

향락 ⇒ 즐김. 즐거움누림

향로 ⇒ 옷곳불담이

향료 ⇒ 옷곳감

향리 ⇒ 난마을. 자란마을. 텃마을

향모 ⇒ 옷곳띠

향버섯 ⇒ 옷곳버섯. 능어리

향부자 ⇒ 낫개방동사니

향불 ⇒ 옷곳불

향상 ⇒ 좋아짐. 나아짐. 좋아지다. 높아지다. 나아지다. 오르다

향소부곡 이름씨 시라와 고리 때 있었던 고장 살림 가름 이름

향수 (香水) ⇒ 옷곳물

향수 (鄕愁) ⇒ 텃마을그리움

향수병 ⇒ 텃마을앓이

향신료 ⇒ 양념. 양념감. 양념거리

향악 ⇒ 배달가락

향약 ⇒ 따를 것

향연 ⇒ 잔치. 베푼 잔치

향유 (香油) ⇒ 옷곳기름

향유 (享有) ⇒ 누림. 누리다. 즐기다. 지니다

향유 (香薷) ⇒ 노야기

향유 (香荽) ⇒ 고수

향초 (香草) ⇒ 옷곳풀

향초 ⇒ 옷곳초

향토 ⇒ 시골. 고장. 제고장

향토색 ⇒ 고장보람. 고장빛깔

향토예비군 ⇒ 고장지킴이

향피리 ⇒ 배달피리

향하다 ⇒ ~쪽을 보다. ~쪽으로 돌리다. ~쪽으로 가다

허 느낌씨 가볍게 놀라거나 안타까울 때 내는 말 ⓑ허, 그것 참 큰일 났구나!

허 ⇒ 빈틈. 빈자리. 허술한 점. 허술한 곳

허가 ⇒ 들어줌. 들어주다. 받아들이다

허가증 ⇒ 됨본메

허겁지겁 어찌씨 마음이 바빠 얼이 빠진 채 갈팡질팡하거나 서두르는 모습 ⓑ누리는 늦을까 봐 허겁지겁 달려나갔다

허공 ⇒ 하늘. 빈 하늘

허구 ⇒ 꾸며만듦. 꾸민이야기

허구리 이름씨 ❶허리 왼오른 갈비뼈 아래 잘록한 곳 ⓑ솜방망이로 앞에 앉은 벗 허구리를 콕 찔렀다 ❷위아래가 있는 몬 가운데 ⓑ고깃배 허구리

허구프다 그림씨 허전하고 어이없다 ⓑ날카롭게 묻는 말에 웃대가리는 허구픈 웃음을 지으며 그 자리를 벗어나려 했다

허구하다 ⇒ 매우 오래다

허기 ⇒ 배고픔

허기지다 ⇒ 배고프다. 허출하다. 주리다. 굶주리다. 출출하다. 시장하다. 헛헛하다

허깨비 이름씨 ❶넋이 나가 아무것도 없는 데 있는 것처럼 보이거나, 어떤 몬이 아예 다른 것으로 보이는 것 ⓑ나는 너무나 지치고 기운이 빠져 눈에 허깨비가 보였다 한뜻말 곡두. 헛것 ⇐ 환상. 환영 ❷생각한 것보다 무게가 아주 가벼운 것 ❸겉보기와 달리 몸이나 마음이 몹시 여린 사람

허깨비가락 이름씨 어떤 틀 없이 마음껏 지은 가락틀 가락 ⇐ 환상곡

허니문 ⇒ 꿀맛나들이. 꿀맛 때. 첫맛 때. 첫사랑 때

허다하다 ⇒ 많다. 수두룩하다. 숱하다. 흔하다. 하고많다. 매우 많다

허닥하다 움직씨 모아 둔 몬이나 돈을 헐어서 쓰다 ⓑ내가 벌써 허닥했으니 고만 그대루 먹읍시다

허덕거리다 움직씨 힘에 겨워 괴로워하거나 어려움에서 벗어나려고 애쓰다 ⓑ나무 한 짐 지고 가파른 메를 내려왔더니 숨이 허덕거린다 **허덕대다**

허덕이다 움직씨 힘에 겨워 쩔쩔매다 ⓑ나는 여태 밀린 일을 몰아서 하느라 허덕였다

허덕지덕 어찌씨 '허덕허덕' 힘줌말 ⓑ날마다 허덕지덕 살아도 쪼들리는 살림이 잘 풀리지 않는다

허덕허덕 어찌씨 ❶힘겹게 걸어가는 꼴 ⓑ힘이 다 빠진 일꾼들은 허덕허덕 숨을 몰아쉬며 일을 한다 ❷서두르거나 덤벙거리는 꼴 ⓑ아이들이 무거운 가방을 들고 허덕허덕 집으로 돌아온다 ❸괴롭거나 힘들어 헤매는 꼴 ⓑ우리 한아비들은 누구 할 것 없이 가난에 허덕허덕 시달렸다 **허덕허덕하다**

허둥거리다 움직씨 갈팡질팡 바쁘게 자꾸 서두르다 ⓑ아들이 다쳤다는 말에 어머니는 허둥거리기만 했다 **허둥대다**

허둥지둥 어찌씨 '허둥허둥' 힘줌말. 얼을 못 차리고 몹시 서두르는 꼴 ⓑ수레가 개울에 빠졌다는 이야기를 듣고 허둥지둥 달려갔다 ⇐ 황급히 **허둥지둥하다**

허둥허둥 어찌씨 ❶어쩔 줄 몰라 바쁘게 서두르는 꼴 ⓑ마음이 바빠서 허둥허둥 선 채로 몇 술을 뜨고는 달려나갔다 ❷매우 서두르면서 발을 헛디디며 걷는 꼴 ⓑ너무도 뜻밖 일에 어리둥절해져 발을 헛디디며 허둥허둥 따라갔다 **허둥허둥하다**

허드레 이름씨 허름하여 마구 쓸 수 있고 종요롭지 않은 것 ⓑ이 옷은 일할 때 입는 허드레야

허드레꾼 이름씨 허드렛일을 하는 사람 ⓑ다솜이는 밥집에서 허드레꾼으로 일하기로 했다

허드레옷 이름씨 허드렛일을 할 때 입는 옷 ⓑ언니와 나는 허드레옷을 입고 아버지를 도와 김을 맸다

허드렛물 이름씨 허드레로 쓰는 물 ⓑ일을 마친 뒤 허드렛물로 연장을 깨끗이 씻었다

허드렛일 이름씨 그다지 종요롭지 않은 여러 가지 일 ⓑ시골살이에는 허드렛일이 많기도 하지

허드렛종이 이름씨 하찮거나 막 쓰는 종이 ⇐ 폐지. 폐휴지

허든거리다 움직씨 다리에 힘이 빠져 자꾸 헛디디다 ⓑ머리끝이 쭈뼛하고 다리가 허든거렸다

허든허든 어찌씨 다리에 힘이 빠져 자꾸 이리저리 헛디디는 꼴 ⓑ며칠 굶은 사람처럼 허든허든 몸을 제대로 못 가누었다 비슷한말 허전허전 **허든허든하다**

허들 ⇒ 걸리개. 걸리개달리기

허락 ⇒ 들어줌. 들어주다. 받아들이다. 좋다고 하다

허례허식 ⇒ 겉만번드레꾸밈. 겉만꾸밈꼴

허룩하다 [그림씨] 줄거나 없어져 적다 [ㅂ]밥입이 늘어서 쌀자루가 벌써 허룩해요. 오늘은 사람이 허룩하네

허룽거리다 [움직씨] 말이나 짓을 잇달아 가볍고 들뜨게 하다 [ㅂ]언니들 글 배우고 있는데 옆에서 허룽거리지 말고 이쪽으로 와 [작은말] 하롱거리다 **허룽대다**

허룽허룽 [어찌씨] 말이나 짓을 잇달아 가볍고 들뜨게 하는 꼴 [ㅂ]아버지 묻는 말에 아우는 허룽허룽 장난만 친다 **허룽허룽하다**

허름하다 [그림씨] **1**좀 헌 듯하다 [ㅂ]좀 허름한 밥집이지만 밥맛은 으뜸이야 **2**값이 좀 눅은듯하다 [ㅂ]길 가게에 쭉 걸어놓고 파는 허름한 옷가지들

허릅숭이 [이름씨] 일을 알차게 하지 못하는 사람 [ㅂ]보들이는 입은 가벼웠지만 아무렇게나 해치우는 허릅숭이는 아니었다

허리 [이름씨] **1**사람이나 짐승 갈비뼈 아래에서 엉덩뼈까지 사이 잘록한 곳 [ㅂ]허리를 펴고 앉으렴 ⇐ 요부 **2**바지나 치마를 입었을 때 사람 허리에 닿는 데 [ㅂ]내가 살이 쪘나 봐. 바지 허리가 좁아 **3**높이나 길이가 있는 것 한가운데 [ㅂ]가람 허리를 건너 메에 올랐다 **4**멧줄기가 뻗어 내려간 가운데 쪽 [ㅂ]뒷메 허리에는 늘 흰구름이 걸려있다 [익은말] **허리를 잡고·허리가 끊어지게** 몹시 웃는 꼴 [슬기말] **허리 부러진 범** 아무리 힘을 부리던 사람도 한 디위 힘이 꺾이면 보잘것없이 됨

허리돌리개 [이름씨] 플라스틱으로 만든 둥근 테를 허리나 목으로 빙글빙글 돌리는 놀이나 그 테 ⇐ 훌라후프

허리띠 [이름씨] 허리에 매는 띠 [ㅂ]바지가 커서 허리띠를 했다 ⇐ 벨트 [익은말] **허리띠를 조르다·허리띠를 졸라매다** 뜻을 이루려고 마음을 단단히 먹고 어려움을 참고 일해 나가다 **허리띠를 풀다·허리띠를 끄르다** 마음이 놓여 느슨해지다

허리말기 [이름씨] 치마나 바지 허리에 둘러댄 것 [ㅂ]언니 치마를 힘껏 당기자 허리말기가 툭 터졌다

허리뼈 [이름씨] 허리에 있는 뼈 [ㅂ]할아버지는 날이 궂으면 허리뼈가 쑤셔 끙끙 앓으신다 ⇐ 요골. 요추. 요추골

허리안개 [이름씨] 메허리를 에둘러 싼 안개 [ㅂ]오늘 아침에도 새목메에는 허리안개가 끼었네

허리춤 [이름씨] 허리가 달린 옷에서 허리를 접어 여민 곳 [ㅂ]허리춤을 잘 여며라

허리케인 [이름씨] 카리브바다 맥시코휨에서 생겨서 노녘으로 휘몰아치는 센 비바람 [ㅂ]노녘 아메리카는 해마다 허리케인으로 논밭이 물에 잠기고 집이 결딴난다

허망하다 ⇒ 덧없다. 거짓되다. 어이없다

허무맹랑하다 ⇒ 터무니없다. 거짓되다. 미덥지 않다

허무하다 ⇒ 덧없다. 속절없다. 헛되다. 어이없다

허물[1] [이름씨] **1**살갗에서 저절로 일어나는 꺼풀 [ㅂ]볕에 탄 어깨에 허물이 일었다 **2**뱀이나 매미 같은 것이 해마다 벗는 껍질 [ㅂ]뱀 허물을 밟고는 뭘 그리 놀라니?

허물[2] [이름씨] **1**저지른 잘못 [ㅂ]누구나 허물은 있기 마련이지만 슬기로운 사람은 허물을 바로잡아 나간다 ⇐ 실수. 죄 **2**뒤집어 쓴 덤터기 [ㅂ]지난 허물을 씻었다 ⇐ 누명 **3**살갗에 난 헌데나 그 아문 자리 [ㅂ]어릴 때 낫에 셀 수 없이 베인 왼손 둘째손가락 허물 ⇐ 흉터 [익은말] **허물을 벗다 1**뒤집어 쓴 덤터기에서 벗어나다 **2**잘못을 뉘우치고 새 삶을 살다 **허물이 없다** 마음을 터놓고 지내다

허물값 [이름씨] 지은 허물로 말미암아 치르는 값 [ㅂ]아버지한테 그만큼 혼났으면 네 허물값은 치른 셈이다 ⇐ 죗값

허물걸린이 [이름씨] 옳일걸이에서 가름걸보한테서 옳일 허물이 있다고 가름걸이를 받은 사람 ⇐ 피고인

허물느낌 [이름씨] 제 짓이 허물이라고 알거나

ㅎ

느끼는 것 ⓑ다슬이는 제가 일러바쳤다는 허물느낌 때문에 목소리가 움츠러들었다 ⇐ 죄의식

허물다[1] 움직씨 ❶ 헐어서 무너뜨리다 ⓑ낡은 집을 허물고 새집을 지었다 ❷ 꼿꼿하고 바른 모습을 지니지 못하고 구부리거나 느른하게 하다 ⓑ한 때새 앉고는 앉은 자세를 허물어 다리를 쭉 뻗었다 ❸ 사람살이 굳어진 짜임을 없애 치우다 ⓑ센나라 멋대로 하는 나라사이 살림살이를 허물어야 한다 ❹ 사람이 굳게 간직한 어떤 마음을 버리다 ⓑ허물 수 없는 믿음

허물다[2] 움직씨 헌데가 생기다 ⓑ고단한지 입술이 허물었다

허물리다 움직씨 쌓이거나 짜이거나 지어진 것이 헐려 무너지게 되다

허물밝히다 움직씨 허물보 간 데를 찾아 나서거나 허물보 허물이 될 본메를 찾아 모으다 ⇐ 수사하다

허물벗기 이름씨 벌레 같은 것이 자라면서 허물을 벗는 것 ⓑ허물벗기를 한 뱀이 훨씬 더 산뜻해 보인다 ⇐ 탈피

허물보 이름씨 허물을 지은 사람 ⓑ그때 사람들은 웃대가리들이 나라를 팔아먹은 허물보라고 손가락질했다 ⇐ 죄인

허물쓴이 이름씨 허물을 지었다고 여겨져 허물로 다루나 아직 가름걸이가 되지 않은 사람 ⇐ 피의자

허물어지다 움직씨 ❶ 헐리고 무너지다 ⓑ큰물이 덮쳐서 담벼락이 허물어졌다 ❷ 꼿꼿하고 바른 모습이 그대로 지니지 못하고 구부러지거나 느른하게 되다 ⓑ나이가 여든이 넘으니 그렇게 꼿꼿하던 허리도 허물어지네 ❸ 사람살이 굳어진 짜임이 없어지다 ⓑ낡은 나라사이 살림 짜임이 허물어진다 ❹ 사람이 굳게 간직한 어떤 마음이 버려지다 ⓑ모든 일을 하느님이 다스린다는 낡은 믿음이 허물어졌다

허물없다 그림씨 서로 사이가 가까워 가리거나 마음 쓸 일이 없다 ⓑ돌이와 순이는 허물없는 사이이다

허물하다 움직씨 잘못을 들어 꾸짖다 ⓑ이참에는 이 녀석을 꼭 허물하고 넘어가야겠다

허물허물 어찌씨 매우 물렁한 것이 눌려 흐늘흐늘 흔들리는 꼴

허물허물하다 그림씨 매우 무른 것이 힘을 받아 좀 걸게 흔들리는 데가 있다 ⓑ팥죽을 마침 허물허물하게 잘 끓였네

허밍 ⇒ 콧노래

허발 이름씨 몹시 가난하거나 주려서 볼썽사납게 마구 먹거나 덤빔 ⓑ허발한 사람처럼 굴지 말고, 좀 천천히 먹어라 ⇐ 탐식 **허발하다**

허방 이름씨 ❶ 땅바닥이 갑자기 움푹 패어 다니다가 빠지기 쉬운 곳 ⓑ밤에 발을 잘못 디뎌 허방에 빠졌다 ❷ 남을 나쁜데 빠뜨리려는 수 ⓑ두 사람 사이를 떼어 놓으려는 허방을 멈춰라 익은말 **허방을 짚다** 발을 잘못 디뎌 허방에 빠지다

허방다리 이름씨 땅바닥에 구덩이를 파고 그 위에 가는 너스레를 치고 흙을 덮어 땅바닥처럼 만든 자리 ⓑ마루는 고라니를 잡으려고 파둔 허방다리에 빠져 몸져누웠다 ⇐ 함정 익은말 **허방다리를 짚다** 땅바닥인 줄 알고 발을 헛짚다

허방지방 어찌씨 '허방허방' 힘줌말 ⓑ우리는 밤에 수박서리를 갔다가 임자한테 들켜 허방지방 달아났다

허방허방 어찌씨 마음을 가누지 못하고 몹시 날뛰는 꼴 ⓑ늦잠을 잔 망울은 밥도 못 먹고 허방허방 책가방을 들고 배곳으로 뛰어갔다

허벅다리 이름씨 사람 넓적다리에서 엉덩이에 가까운 위쪽 ⓑ허벅다리와 장딴지 살이 뭉쳐 뻐근하다

허벅지 이름씨 사람 허벅다리 안쪽 ⓑ자꾸 졸음이 와 허벅지를 꼬집었다

허벅허벅 어찌씨 과일 따위가 물기나 끈기가 없이 푸석푸석한 꼴 ⓑ능금이 바람이 들었는지 허벅허벅 맛이 없다

ㅎ

허벅허벅하다 그림씨 과일 따위가 물기나 끈기가 없이 푸석푸석하다

허브 ⇒ 옷곳풀

허비 ⇒ 헛씀씀이

허사 ⇒ 헛일. 헛것. 헛짓

허섭스레기 이름씨 좋은 것을 고르고 남는 허름한 것 ㉥요즘은 허섭스레기라고 버린 세간 가운데도 가져다 쓸만한 것이 많다 한뜻말 허접쓰레기

허세 ⇒ 걸치레. 허튼소리. 흰소리

허송세월 ⇒ 헛되이 보냄

허수 ⇒ 빈수

허수아비 이름씨 ❶낟을 먹으러 오는 새나 짐승을 물리치려고 사람 꼴로 꾸며 논밭에 세운 것 ㉥벼가 익어가자 논에 여기저기 허수아비를 세웠다 한뜻말 허재비 ❷제 구실을 못하고 자리만 차지하는 사람 ㉥그 사람, 말로만 우두머리지 참말은 허수아비야

허수하다 그림씨 ❶마음이 허전하고 서운하다 ㉥아음들이 모두 돌아가고 나니 허수한 마음이 들었다 ❷꽉 짜이지 않고 느슨하다 ㉥다 쓰러질 듯 허수하기 짝이 없는 집

허술하다 그림씨 ❶낡고 좋지 못하다 ㉥허술한 옷차림 ❷야무지지 못하고 어리숙한 데가 있다 ㉥빈집을 허술하게 보살펴서 여기저기 무너진 데가 있네

허심탄회하다 ⇒ 거리낌없다. 터놓다. 숨김없다

허약하다 ⇒ 튼튼하지 못하다. 무르다. 여리다. 비영비영하다

허언 ⇒ 거짓말. 빈말. 헛말. 노가리

허여멀쑥하다 그림씨 살빛이 허옇고 생김새가 멀쑥하다 ㉥생기기야 허여멀쑥하게 얼마나 잘 생겼어?

허영 ⇒ 겉멋. 겉치레

허영거리다 움직씨 ❶걸음걸이가 힘이 없이 비슬거리다 ㉥그가 강파른 얼굴로 허영거리며 문을 열고 나왔다 ❷속이 텅 빈 것처럼 몹시 허전한 느낌이 자꾸 들다 **허영대다**

허영심 ⇒ 겉멋마음. 겉치레마음

허영허영 어찌씨 ❶앓고 난 뒤처럼 걸음걸이가 힘이 없이 비슬거리는 꼴 ㉥마치 허영허영 허깨비가 걸어가는 것 같다 ❷속이 텅 빈 것처럼 몹시 허전한 느낌 ㉥아침부터 땀을 쫙 뺐더니 허영허영 점심이 무척 기다려진다 **허영허영하다**

허옇다 그림씨 좀 흐릿하게 희다 ㉥할머니는 허연 이가 드러나게 웃는다 작은말 하얗다

허욕 ⇒ 헛게염. 헛바람

허용 ⇒ 들어줌. 들어주다. 하게 하다. 받아들이다

허우대 이름씨 겉으로 드러난 몸집 ㉥우리 마을에서 허우대 좋기로 이쁜이 아버지만한 사람이 없지 ⇐ 풍채

허우룩하다 그림씨 마음이 서운하고 몹시 허전하다 ㉥소꿉동무와 다른 배곳에 간 아이가 허우룩한 얼굴로 돌아왔다

허우적 어찌씨 헤어나거나 벗어나려고 손발을 이리저리 내두르는 꼴 ㉥진펄 속에 빠져 허우적 몸을 비틀며 겨우 빠져나왔다 **허우적하다 허우적이다**

허우적거리다 움직씨 빠져나오거나 벗어나려고 손발을 이리저리 자꾸 내두르다 ㉥사람이 늪에 빠져 팔다리를 허우적거린다 **허우적대다**

허우적허우적 어찌씨 ❶헤어나거나 벗어나려고 손발을 자꾸 이리저리 내젓는 꼴 ㉥아저씨는 물에 빠져 허우적허우적하는 아이를 건졌다 ❷힘에 겨워 억지로 걷는 꼴 ㉥무릎을 넘는 눈 속 길을 허우적허우적 걸어 집으로 왔다 ❸힘든 데서 벗어나려고 애쓰는 꼴 ㉥물에 빠진 어린 고라니가 허우적허우적 헤엄쳐 겨우 냇물을 건넜다 **허우적허우적하다**

허울 이름씨 ❶생긴 겉모습 ㉥허울이 미끈한 젊은이 ❷속을 숨기고 겉으로 꾸밈 ㉥사람먼저를 지키고 돕는다는 허울 아래 센나라들이 힘없는 나라들을 누르고 알짬을 빼앗는다

허울좋다 그림씨 알맹이는 없고 겉으로만 그럴듯하다 ㉥센나라는 예로부터 허울좋은 도둑이다 슬기말 **허울좋은 하눌타리** 겉보기

ㅎ

에는 훌륭하나 속은 보잘것없는 사람이나 몬

허위 ⇒ 거짓. 꾸밈

허위날조 ⇒ 거짓으로 지어냄. 거짓으로 지어내다. 거짓으로 꾸며대다

허위단심 [이름씨] ❶허우적거리고 퍽 애를 씀 ㉥새뜸을 듣고 허위단심으로 달려나갔다 ❷(어찌씨) 허우적거리며 무척 애쓰는 꼴 ㉥우리는 허위단심 두루메 멧마루를 탔다

허위사실 ⇒ 없는 일. 지어낸 일

허위허위 [어찌씨] 힘에 겨워 손발을 이리저리 내두르는 꼴 ㉥이런 작은 일로 아버지를 허위허위 오시게 하다니

허적거리다 [움직씨] 쌓인 것을 자꾸 들추어 헤집다 ㉥여럿이 함께 먹는 맛갓이니 너무 허적거리지 마라 **허적대다**

허적이다 [움직씨] 쌓인 몬을 함부로 들추어 헤치다 ㉥이 책 저 책 마구 허적이지 말고 보고 싶은 책을 갖다 읽어라

허적허적 [어찌씨] 쌓인 것을 자꾸 들추어 헤집는 꼴 ㉥누나는 옷보퉁이를 허적허적 헤치더니 새 옷을 꺼내 입는다 **허적허적하다**

허전허전 [어찌씨] ❶둘레에 아무것도 없거나 기댈 데가 없어서 자꾸 몹시 빈 듯하고 서운한 느낌 ㉥아들을 물살에 잃은 어버이는 허전허전 슬픔을 가눌 길 없다 작은말하전하전 ❷다리에 힘이 아주 없어 자꾸 쓰러질 듯한 꼴 **허전허전하다**

허전하다 [그림씨] ❶둘레에 아무것도 없어서 빈 느낌이 있다 ㉥언니가 떠난 집안이 허전하게 느껴진다 ⇐ 허하다. 허탈하다 ❷무엇을 잃거나 기댈 곳이 없어 서운하다 ㉥딸을 시집보내고 나니 마음 한구석이 허전하다

허점 ⇒ 빈틈

허접스럽다 [그림씨] 허름하고 막되다 ㉥허접스러운 글이라도 나날이 적으니 글힘이 늘었다 **허접하다**

허접쓰레기 [이름씨] 좋은 것을 고르고 남는 허름한 것 한뜻말허섭스레기

허정 [이름씨] 겉으로 보기에는 알뜰한 듯하나 고갱이는 없음. 또는 그런 것

허정개비 [이름씨] 겉보기와는 달리 속이 옹골차지 못한 사람을 일컫는 말 ㉥풀기라고는 찾아볼 수 없는 허정개비마냥 방 안에 앉은 늙은이

허줏굿 [이름씨] 무당이 되려고 할 때 처음으로 검을 맞아들인다고 하는 굿

허쭉하다 [그림씨] 배가 좀 출출하다 ㉥배가 허쭉해서 국수를 데쳐 먹었지

허출하다 [그림씨] 배가 고프다 ㉥아침을 못 먹었더니 허출하네

허탈하다 ⇒ 허전하다. 기운 빠지다. 멍하다. 텅비다

허탕 [이름씨] 하려고 한 일이 아무 보람 없이 된 것 ㉥동무와 미꾸라지를 잡으러 갔다가 허탕을 치고 돌아왔다

허턱 [어찌씨] 아무 생각 없이 문득 나서거나 몸짓을 하는 꼴 ㉥물에 허턱 뛰어들었다

허턱대다 [움직씨] 마구 허턱 굴다 ㉥허턱대고 말하지 마라

허투루 [어찌씨] ❶아무렇게나 되는대로 ㉥일을 처음부터 꼼꼼하게 짜고 들어야지 허투루 덤벼선 안 된다 ❷바탕에서 벗어나서 막 ㉥말을 허투루 하지 마라 **허투루보다**

허튼 [매김씨] 쓸데없는 ㉥오빠는 허튼 말은 하지 않는다

허튼가락 [이름씨] 가락고나 거문고 같은 것으로 마음 내키는 대로 뜯는 가락 ⇐ 산조

허튼모 [이름씨] 못줄을 쓰지 않고 손어림으로 이리저리 심는 모. 논두렁이 구불구불한 다락논에 심기 알맞다 맞선말줄모

허튼소리 [이름씨] 쓸데없이 허투루 하는 말 ㉥모르는 사람한테 그런 허튼소리를 하다니 한뜻말허튼말

허튼일 [이름씨] ❶아무거나 닥치는 대로 하는 막일 ㉥시골살이에 맛이 들어 남보기에 허튼일 같은 일까지 재미있게 한다 ❷아무 보람도 없는 헛일 ㉥참말은 허튼일이 따로 있을까 싶다

허튼춤 [이름씨] 어떤 틀에 매이지 않고 홀가분

ㅎ

하게 마구 추는 춤 한뜻말막춤

허튼타령 (이름씨) 타령장단에 맞추어 치는 춤에 맞춘 가락

허파 (이름씨) 뭍이나 바다에 사는 짐승 숨틀 가운데 하나. 사람한테는 가슴 안 왼 오른 두 쪽에 있는데 숨통가지, 허파꽈리, 핏줄얼날들로 이루어진다 한뜻말부아 ⇐ 폐. 폐장. 폐부

허파굿혹 (이름씨) 피가래와 기침, 숨쉬기 어려움, 가슴 아픔 따위 늦이 따르는 허파에 생기는 굿혹 ⇐ 폐암

허파꽈리 (이름씨) 허파로 들어가는 숨통가지 끝에 머루처럼 달려있는 작은 바람주머니. 숨을 쉴 때 허파꽈리에서 핏속으로 살남이 들어가고 두살남숯남이 빠져나온다 ⇐ 폐포

허파날핏줄 (이름씨) 염통에서 허파로 피를 내보내는 핏줄 ⇐ 폐동맥

허파들핏줄 (이름씨) 허파에서 가스바꿈을 마친 피를 염통으로 이끄는 두 핏줄 ⇐ 폐정맥

허파디스토마 (이름씨) 사람과 젖먹이짐승 허파에 붙어 사는 벌레. 다슬기나 가재 따위를 가운데 임자몸으로 한다 ⇐ 폐디스토마

허파물고임 (이름씨) 허파에 물이 잡혀 부으며 거품 섞인 가래가 나오고 숨쉬기가 어려워지는 앓이 ⇐ 폐수종

허파불늦 (이름씨) 허파에 생기는 불늦. 팡이가 들어와 처음에는 오들오들 떨리고 차츰 더움이 생겨 가슴이 찌르는 것같이 아프고 기침이 나며 숨이 거칠어진다 ⇐ 폐렴

허파빈기늦 (이름씨) 허파 안에 빈기가 지나치게 많이 차 있어 허파꽈리가 커지고 허파부피가 자꾸 커지는 앓이. 기침이 나고 숨쉬기 힘들어진다 ⇐ 폐기종. 폐공기증

허파숨들이 (이름씨) 허파가 빈기를 들이고 내는 가장 큰 들이 ⇐ 폐활량

허파앓이 (이름씨) 허파에 허파앓이팡이가 들어가 생기는 돌림앓이. 처음에는 거의 늦이 없다가 앓이가 나아가면 기침가래가 나오며 차츰 숨쉬기가 어려워진다 ⇐ 폐결핵. 폐병

허파피돌기 (이름씨) 염통에 모인 피가 오른 염통집에서 나와 허파날핏줄로 허파를 거쳐 허파들핏줄을 지나 왼쪽염통방으로 들어오는 피돌기 한뜻말작은피돌기 ⇐ 폐순환

허풍 ⇒ 큰소리. 헛장. 노가리. 거짓말. 흰소리. 흥감

허하다 ⇒ 속이 비다. 옹골차지 않다. 멍하다. 허전하다

허허[1] (어찌씨) 입을 둥글게 벌리며 거리낌 없이 크게 웃는 소리나 그 꼴 ⓑ할아버지는 내 말을 듣고 허허 웃으셨다

허허[2] (느낌씨) ❶뜻하지 않게 놀라거나 마음이 뭉클할 때 내는 소리 ⓑ허허, 너도 이제 제법이네 ❷못마땅 일을 겪어 근심하거나 나무라며 쓰는 말 ⓑ허허, 깜빡 잊고 돈을 안 갖고 나왔네

허허바다 (이름씨) 매우 드넓은 바다 ⇐ 만경창파

허허벌판 (이름씨) 끝없이 넓고 텅 빈 벌판 ⓑ허허벌판이었던 곳에 이렇게 큰 고을이 들어서다니

허황하다 ⇒ 헛되다. 바람 잡다. 들뜨다. 미덥지 못하다

헉 (어찌씨) 몹시 놀라거나 숨이 차서 숨을 제대로 못 쉬는 꼴이나 그 소리 ⓑ뒤에서 갑자기 등을 치자 아우는 '헉'하고 놀랐다 **헉하다**

헉헉 (어찌씨) 지쳤거나 힘이 들어 숨을 제대로 쉬지 못하는 꼴이나 그 소리 ⓑ마당을 세 바퀴 돈 아이는 헉헉 가쁜 숨을 몰아쉬었다 **헉헉하다**

헉헉거리다 (움직씨) 지쳤거나 힘이 들어 거친 숨소리를 내다 ⓑ우리는 헉헉거리며 메를 올라갔다 **헉헉대다**

헌 (매김씨) 낡거나 오래된 ⓑ헌 집. 헌 수레

헌것 (이름씨) 낡아서 성하지 않은 몬 ⓑ오늘날 큰 고을 사람들이 버리는 헌것 가운데는 갖다 쓸 만한 것이 얼마든지 있다

헌금 ⇒ 이바짓돈. 베풂돈. 베풂

헌납 ⇒ 바침. 내놓음. 바치다. 내놓다

헌데 (이름씨) 살갗이 헐어서 멍든 자리 ⓑ어머니는 아이 무릎에 생긴 헌데에 빨간낫을 발

ㅎ

라주었다
헌법 ⇒ 으뜸참. 으뜸벼리
헌법재판소 ⇒ 으뜸벼리 가름집
헌병 ⇒ 잠개잡이살핌이. 싸울아비깨살핌이
헌병대 ⇒ 싸울아비살핌떼
헌소리 이름씨 가리에 맞지 않는 말 **헌소리하다**
헌식 ⇒ 여동밥
헌신 ⇒ 몸바침. 목숨바침. 몸 바치다. 목숨 바치다. 몸 던지다
헌신짝 이름씨 ❶헐어서 못 쓰는 신짝 ⓑ어릴 때 헌신짝 주면 엿장수가 엿을 많이 주었지 ❷쓸모없는 몬이나 사람 ⓑ우리말을 살려 쓰겠다는 다짐을 헌신짝처럼 버릴 수 없지요
헌옷 이름씨 오래되어 낡은 옷 ⓑ헌옷이 있어야 새 옷도 있다
헌종이 이름씨 ❶찢어진 종이 ⇐ 파지 ❷어떤 크기에 어긋나 못 쓰는 종이 ❸글을 잘못 써서 못쓰는 종이
헌책 이름씨 ❶오래되거나 낡은 책 ❷이미 쓴 책
헌책방 이름씨 헌책을 사고파는 가게 한뜻말 헌책집 ⇐ 중고서점
헌칠하다 그림씨 ❶키와 몸집이 보기 좋게 어울리도록 크다 ⓑ키가 헌칠한 젊은이 비슷한말 끌밋하다. 훤칠하다 ❷시원스레 훤하다 ⓑ헌칠한 이마
헌혈 ⇒ 피나눔. 피베풂. 피나누다. 피베풀다
헌화 ⇒ 꽃바침. 꽃바치다
헐값 ⇒ 싼값. 똥값
헐겁다 그림씨 끼울 몬보다 끼일 자리가 넓어서 느슨하다 ⓑ신이 헐거워서 자꾸 벗겨진다 비슷한말 헐렁헐렁하다 작은말 할갑다
헐다[1] 움직씨 ❶헌데나 부스럼이 덧나서 짓무르다 ⓑ몸이 불덩어리 같더니 입 안이 다 헐었다 ❷몬이 오래되거나 많이 써서 낡아지다 ⓑ마루가 헐어서 걸을 때마다 삐거덕거렸다
헐다[2] 움직씨 ❶집이나 쌓은 것을 쓰러뜨리거나 무너뜨리다 ⓑ낡은 집을 헐고 새 집을 짓는다 ❷모아 두었던 돈이나 큰돈을 꺼내 쓰다 ⓑ어머니가 모은 돈을 헐어 큰마음 먹고 소고기를 사 왔다 ❸장만하여 둔 것을 꺼내 쓰기 비롯하다 ⓑ새 김칫독을 헐었다 ❹이름이나 낯이 깎이게 하다 ⓑ낡은 것을 헐고 두루 잘 사는 누리를 세우려는 새롬이끼리 헐면 안 되지 ❺낡은 짜임새를 없애다 ⓑ사람살이가 나아지려면 내 것이라는 낡은 생각틀을 헐어버려야 한다
헐떡 어찌씨 가쁘고 거칠게 숨을 쉬는 꼴 ⓑ발이 눈에 푹푹 빠져 나도 모르게 숨이 헐떡 쉬어진다 **헐떡하다 헐떡이다**
헐떡거리다 움직씨 잇따라 숨을 가쁘게 쉬다 ⓑ개가 더위에 지쳐 혀를 내민 채 헐떡거렸다 **헐떡대다**
헐떡헐떡 어찌씨 ❶잇따라 숨을 가쁘게 쉬는 꼴 ⓑ꽃내가 숨을 헐떡헐떡 몰아쉬며 달려왔다 ❷매개가 어려워 애를 먹는 꼴 ⓑ우리가 어릴 적만 해도 집집마다 살림이 어려워 어머니들은 헐떡헐떡 치마끈을 동여매기 일쑤였다 **헐떡헐떡하다**
헐뜯다 움직씨 괜히 트집 잡거나 깎아내리다 ⓑ동무를 헐뜯지 마라 ⇐ 험담하다. 흠잡다
헐랭이·헐렁차기 이름씨 발을 든 채로 제기나 공을 차는 것 한뜻말 발들고차기
헐렁거리다 움직씨 끼우는 몬이 낄 자리보다 작아서 자꾸 움직이다 작은말 할랑거리다 **헐렁대다**
헐렁이 이름씨 마음이 들떠서 흔들리는 사람
헐렁하다 그림씨 크기가 잘 맞지 않아 헐겁다 ⓑ이 신은 너무 헐렁해서 자꾸 벗겨진다 작은말 할랑하다
헐렁헐렁 어찌씨 ❶여럿이 다 헐렁하거나 몹시 헐렁한 꼴 ⓑ옷이 자꾸 헐렁헐렁하게 내려와 어른이나 입어야겠어 작은말 할랑할랑 ❷숨을 매우 가쁘고 크게 자꾸 쉬는 꼴 ⓑ볏단을 잔뜩 실은 소가 숨을 헐렁헐렁 몰아 쉰다 **헐렁헐렁하다**
헐렁헐렁하다 그림씨 입거나 신거나 끼우는 몬이 딱 맞지 않고 너무 커서 헐겁다 ⓑ옷이

ㅎ

너무 커서 헐렁헐렁해요 비슷한말 헐겁다 작은말 할랑할랑하다

헐레벌떡 어찌씨 빨리 뛰거나 움직여 숨을 가쁘게 몰아쉬는 모습 ⓑ무슨 일로 그렇게 헐레벌떡 뛰어가니?

헐리다 움직씨 쌓은 것이 쓰러뜨려지거나 뜯어내지다 ⓑ낡은 집이 헐리고 새 집이 들어섰다

헐벗다 움직씨 ❶가난하여 다 떨어진 옷을 입거나 벗다시피 하다 ⓑ헐벗고 굶주린 사람들 ❷메에 나무가 없어 흙이 고스란히 드러나다 ⓑ윗녘 헐벗은 메에 소나무와 잣나무를 심었다

헐썩거리다 움직씨 숨이 차서 씩씩거리며 자꾸 가쁘게 숨쉬다 **헐썩대다**

헐썩헐썩 어찌씨 숨이 차서 씩씩거리며 가쁘게 숨쉬는 꼴 ⓑ늙은이는 헐썩헐썩 겨우 숨을 몰아쉰다 **헐썩헐썩하다**

헐하다 ⇒ 싸다. 덜하다. 쉽다. 만만하다. 가볍다. 덜 들다

험난하다 ⇒ 힘들다. 어렵다. 고되다. 괴롭다

험담 ⇒ 헐뜯음. 헐뜯다. 헐다. 씹어대다

험로 ⇒ 가시밭길. 바드런 길. 힘든 길. 어려운 길

험상궂다 ⇒ 감궂다. 감사납다. 사납다. 무시무시하다

험악하다 ⇒ 거칠고 사납다

험준하다 ⇒ 가파르다. 가풀막지다. 깎아지른 듯하다. 사납고 가파르다

험하다 ⇒ 사납다. 감궂다. 감사납다. 거칠다. 바드럽다

협수룩하다 그림씨 ❶옷차림이 낡거나 허름하다 ⓑ웬 늙은이가 협수룩한 옷차림으로 집에 들어왔다 ❷머리칼이나 나룻이 자라 터부룩하다 ⓑ협수룩한 머리는 며칠을 감지 않은 듯했다

협협하다 그림씨 ❶간사위가 있고 텁텁하다 ⓑ다 지난 일이라며 협협한 너털웃음을 지어보였다 ❷어이없이 덧없다 ⓑ손에 잡은 도둑을 협협하게 놓칠 사람이 아닙니다

헛- 앞가지 ❶(이름씨 앞에 붙어) 쓸데없는. 보람이 없는. 속이 빈. 알맹이 없는 ⓑ헛걸음. 헛말. 헛일. 헛짓 ❷(뭠씨나 그림꼴 앞에서) 잘못. 보람 없이 ⓑ헛짚다. 헛디디다. 헛보다. 헛듣다 ❸되는대로. 마구 ⓑ헛갈리다. 헛놓다

헛가게 이름씨 아무 때나 폈다 걷었다 하는 가게 ⓑ쉬는 날 날씨가 좋으면 헛가게 벌이도 제법 짭짤했다 ⇐ 노점. 노점상

헛간 이름씨 몬을 쌓아 두는 문짝이 없는 광

헛갈리다 움직씨 ❶얼이 어지럽게 되다 ⓑ노랫말 차례가 헛갈려 잘못 부르기도 한다 한뜻말 헷갈리다 ❷여러 가지가 뒤섞여 갈피를 못 잡다 ⓑ엄청 많은 사람 앞에 나서니 할 말이 헛갈려 머릿속이 윙윙한다

헛개나무 이름씨 갈매나무 갈래에 딸린 갈잎큰키나무. 잎은 넓은 달걀꼴로 가에 톱니가 있으며 열매는 낫개로 쓰고 나무는 가락틀을 만드는데 쓴다 한뜻말 호깨나무

헛걸음 이름씨 아무런 보람도 없는 헛된 걸음 ⓑ마중 나갔는데 동무가 오지 않아 헛걸음했다

헛것 이름씨 ❶아무 쓸모 없는 일 ⓑ불어난 물을 건너보려고 여러 차례 애써 봤지만 헛것이었다 ⇐ 허사 ❷참말로는 없으나 있는 것처럼 보이거나 느껴지는 것 ⓑ며칠을 굶었더니 자꾸 헛것이 보인다 한뜻말 허깨비

헛게염 이름씨 헛된 하고픔 ⓑ헛게염을 부리면 스스로를 망가뜨리고 집안을 결딴낸다 ⇐ 허욕

헛게움질 이름씨 게울 것도 없이 욕지기를 하는 짓 ⇐ 헛구역질

헛고생 ⇒ 헛수고. 헛애씀

헛구역질 ⇒ 헛게움질

헛글 이름씨 배워도 쓰지 못하는 글이나 알음 ⓑ우리 아들이 아직도 일자리가 없는 걸 보면 헛글 익혔나 봐

헛기침 이름씨 일부러 하는 기침 ⓑ할아버지가 문 앞에서 헛기침을 하셨다 **헛기침하다**

헛나발 이름씨 빈소리, 헛소리, 허튼소리를 낮춰 이르는 말 ⓑ이제는 헛나발이나 불 때

가 아니고 부지런히 일할 때요

헛농사 ⇒ 헛여름지이

헛도랑 [이름씨] 논에 물을 대는 도랑이 아니면서 들판에 나 있는 도랑. 논에서 버리는 물이나 빗물이 흐른다

헛돌다 [움직씨] 아무런 보람 없이 헛되이 돌다 ㉥짐수레가 진흙탕에 빠져 바퀴가 헛돌았다

헛돌이 [이름씨] 바퀴나 뭠틀 따위가 헛도는 일 ㉥시북에 빠진 수레가 헛돌이만 하고 빠져나오지 못하네 ⇐ 공회전

헛되다 [그림씨] ❶아무 보람이나 속내가 없다 ㉥하루도 헛되게 보내지 말고 부지런히 익혀야지 ⇐ 허무하다. 허황되다 ❷터무니가 없어 믿기 어렵다 ㉥알고 보니 네 말은 헛된 말이네

헛디디다 [움직씨] 발을 잘못 디디다 ㉥어두워서 앞이 보이지 않아 발을 헛디뎠다

헛말 [이름씨] 빈말이나 빈소리 ㉥아버지한테 헛말을 하는 건 아니겠지 [한뜻말]거짓말 ⇐ 허언. 헛소문

헛무덤 [이름씨] 주검 없이 쓰는 무덤 ㉥우리집 큰 잣나무 아래 헛무덤이 있었어 ⇐ 가묘

헛물 [이름씨] ❶꼭 될 거라고 믿었지만 애쓴 보람 없이 헛일이 된 것 ㉥되지도 않을 일에 헛물만 켜지 말고 일찌감치 그만둬 ❷도랑 같은 곳에 그냥 흘러가는 물. 헛도랑에 흘러가는 물 ㉥헛물은 당산 헛도랑으로 흘려보내라 [익은말] **헛물을 켜다** 애쓴 보람 없이 헛일로 되다

헛바람 [이름씨] ❶쓸데없이 부는 바람 ㉥풀무를 잘못 썼는지 헛바람만 일고 아궁이에 불이 안 붙어 ❷빈기가 드나들지 않아야 할 몸 속에 쓸데없이 드나드는 빈기 ❸헛된 일에 쓸데없이 들뜬 마음 ㉥아재는 모가치니 거짓돈이니 헛바람이 잔뜩 들어서 여기저기 쫓아다닌다

헛발질 [이름씨] ❶맞히지 못하고 빗나간 발길질 ㉥봄비는 굴러오는 공을 차려고 힘껏 발을 내질렀으나 헛발질이 되었다 ❷발질을 하면 안 되는 데에 하는 발길질 ㉥어른이 아무데나 마구 헛발질을 해서야 쓰겠나

헛배 [이름씨] 맛갓을 먹지 않았는데도 부른 배 ㉥먹은 것도 없는데 헛배가 불러 거북해요

헛보다 [움직씨] ❶어떤 것을 마음을 기울여 올바르게 보지 못하다 ㉥그렇게 모르다니 내가 쓴 글을 헛보았구나 ❷무엇을 참과 다르게 잘못 보다 ㉥밤에 죽은 나무 둥치를 사람으로 헛보았다

헛뿌리 [이름씨] 이끼나 고사리, 파래처럼 실뿌리같이 생겨 물기를 빨아들이고 땅에 달라붙어 있게는 하나 뿌리가 아닌 것

헛삶이 [이름씨] 모를 내지 않고 써레질만 하여 두는 일 ㉥논에 나가 헛삶이라도 할까?

헛소리 [이름씨] ❶속내가 없이 지껄이는 말 ㉥갈수록 살기 어려워진다는 말이 다 헛소리인가 ❷앓는 사람이 얼을 잃고 중얼거리는 말 ㉥아우가 간밤에 몹시 앓아 헛소리까지 했다 ❸가리에 맞지 않는 허튼 말 ㉥마땅한 내 말을 헛소리로 몰지 말아요 ⇐ 공론

헛소문 ⇒ 헛말

헛수고 [이름씨] 아무 보람이 없는 일 ㉥나랏돈으로 나라밖에까지 나가 마땅히 할 일은 않고 헛수고만 하고 오다니 ⇐ 헛고생

헛여름지이 [이름씨] 큰비나 거센 바람, 추위 따위로 여름지이를 망가뜨려 거둘 것이 적은 것 ㉥올해 꽃필 때 얼음이 얼어 감과 능금은 헛여름지이였어 ⇐ 헛농사

헛일 [이름씨] 아무 보람 없는 일 ㉥여태까지 헛일만 했군 ⇐ 허사

헛잠 [이름씨] ❶잔 둥 만 둥 한 잠 ❷거짓으로 자는 체하는 잠

헛장 [이름씨] 거짓말하며 떠벌리는 큰소리 ⇐ 허풍

헛장사 [이름씨] 날찍을 남기지 못하는 장사 ㉥팔린 몬이 죄 되돌아와서 이 디위는 헛장사한 셈이다

헛짓 [이름씨] 헛되거나 쓸모없는 짓 ㉥왜 늘 헛짓만 하고 다녀? ⇐ 허사 **헛짓하다**

헛짓거리 [이름씨] 헛되거나 쓸모없는 짓거리 **헛**

짓거리하다

헛헛하다 그림씨 속이 빈 것같이 무엇이 먹고 싶다 ⓑ먹어도 먹어도 왠지 속이 헛헛하네

헝겊 이름씨 천 쪼가리 ⓑ어머니는 닳아 해진 바지 무릎께에 헝겊을 대고 기웠다

헝클다 움직씨 실이나 머리카락을 흐트러뜨려 몹시 얽히게 하다 ⓑ아기가 실꾸러미를 헝클었다

헝클어지다 움직씨 ❶실이나 끈처럼 가늘고 긴 것이 마구 얽히다 ⓑ실이 헝클어져 풀어내기 무척 힘들었다 ❷일이나 몬이 어지럽게 뒤섞이다 ⓑ일이 헝클어져 갈피를 잡을 수 없네

헤 어찌씨 ❶입을 조금 벌리고 내는 소리나 그 모습 ⓑ아기가 입을 헤 벌리고 잔다 ❷입을 조금 벌리고 생각 없이 웃는 소리나 그 모습 ⓑ동무가 나를 보더니 헤 하고 웃는다

헤게모니 ⇒ 이끎힘

헤드라이트 ⇒ 앞불. 머리불

헤드램프 ⇒ 이마불

헤드폰 ⇒ 머리걸이듣개

헤딩 ⇒ 박치기. 머리받기

헤뜨리다·헤트리다 움직씨 몬을 마구 흩어지게 하다

헤라클레스 이름씨 그리스검얘기에 나오는 빼어난 이

헤매다 움직씨 ❶어느 쪽으로 가야 할지 몰라 이리저리 왔다 갔다 하다 ⓑ해님은 골목에서 길을 잃고 헤매었다 ❷여러 가지 생각으로 마음을 잡지 못하다 ⓑ돌이는 무슨 일을 할지 몇 달째 갈피를 잡지 못하고 헤맨다

헤먹다 그림씨 ❶타래못보다 타래구멍이 커서 헐겁다 ⓑ타래못등이 헤먹은 숫타래못과 암타래못처럼 겉돈다 ❷일이 뜻대로 되지 않아 재미나 하고자 하는 마음이 없다 ⓑ버시와 이야기 나누는 것이 이제는 헤먹기만 하다

헤모글로빈 ⇒ 피빨강이

헤모시아닌 ⇒ 피파랑이

헤물장치다 움직씨 애기씨름판 따위에서 혼자 휩쓸어 이기다

헤벌리다 움직씨 좋거나 놀라서 입을 크게 벌리다 ⓑ좋다고 너무 입을 헤벌리는 거 아니야?

헤벌어지다 움직씨 놀라거나 기뻐서 입이 크게 벌어지다 ⓑ놀라 헤벌어진 입을 다물 수 없었다

헤벌쭉 어찌씨 ❶입이나 구멍 같은 것이 벌어진 꼴 ⓑ무슨 단지가 이렇게 아가리가 헤벌쭉 벌어졌어? ❷입을 좀 헤벌어지게 웃는 꼴 ⓑ마음이 흐뭇한지 입을 헤벌쭉 벌리며 웃는다 **헤벌쭉하다**

헤살 이름씨 남 일이 안 되도록 짓궂게 노는 것 ⓑ겨레를 하나로 잇는 일에 목숨은 못 바치더라도 헤살을 놓아서야 ⇐ 방해. 훼방 **헤살하다** 익은말 **헤살을 놓다·헤살을 부리다·헤살을 치다** 헤살하는 짓을 하다

헤살꾼 이름씨 헤살을 놓는 사람 ⓑ마음 닦는 데도 다섯 헤살꾼이 있다 ⇐ 방해꾼. 훼방꾼

헤살질 이름씨 남 일이 안 되도록 짓궂게 구는 짓 **헤살질하다**

헤식다 그림씨 ❶풀기나 차진 기운이 없고 푸슬푸슬하다 ⓑ헤식은 보리밥은 먹고 나도 곧 배가 고프다 ❷사람됨이 맺고 끊는 맛이 없어 싱겁다 ⓑ사람이 미덥잖게 자주 웃어도 좀 헤식어 보인다 ❸웃는 것이 헤프고 싱겁다 ⓑ헤식은 웃음은 사람을 헤퍼 보이게 한다

헤실바실 어찌씨 ❶모르는 사이에 흐지부지 없어지는 모습 ⓑ놀이터에 모여 놀던 아이들이 저녁때가 되자 헤실바실 흩어졌다 ❷일이 시원스레 풀리지 않고 흐지부지되는 모습 ⓑ하던 일이 다 헤실바실 무너져 갈 길을 몰라 헤매었네 **헤실바실하다**

헤실바실하다 그림씨 조금 시원스럽지 못하고 흐지부지한 데가 있다

헤실헤실 어찌씨 싱겁고 어설프게 웃는 꼴 **헤실헤실하다**

ㅎ

헤실헤실 어찌씨 ❶차지거나 단단하지 못해 바스러지거나 해지는 꼴 ⓑ봄이 되니 두텁던 얼음도 헤실헤실 녹아 물에 떠내려가네 ❷사람이 맺고 끊는 것이 뚜렷하지 않아 싱겁고 알맹이가 없는 꼴

헤실헤실하다 그림씨 ❶차지거나 단단하지 못해 바스러지거나 해지기 쉽다 ❷사람이 맺고 끊는 것이 뚜렷하지 않아 싱겁고 알맹이가 없다

헤아리다 움직씨 ❶낱낱이나 크기가 얼마나 되는지 따져 세다 ⓑ하늘엔 헤아릴 수 없이 많은 별이 있다 ❷어떤 일을 미루어 가늠하다 ⓑ이렇게 말씀드리는 제 마음을 헤아려 주십시오 ⇐ 통촉하다

헤어나다 움직씨 어려운 일에서 빠져나가다 ⓑ그 집안은 뉘뉘로 가난에서 헤어나지 못하고 허덕였다 한뜻말벗어나다

헤어드라이어 ⇒ 머리말림틀. 머리말리개

헤어밴드 ⇒ 머리띠

헤어스타일 ⇒ 머리맵시. 머리모습. 머리꾸밈새

헤어지다 움직씨 ❶한데 있던 사람들이 저마다 따로 흩어지다 ⓑ우리는 모임이 끝나고 밤늦게 헤어졌다 준말헤지다 ❷흔히 사랑하는 사람이나 가시버시가 남남이 되다 ⓑ옆집 가시버시는 서로 마음이 맞지 않아 헤어졌다 ❸살갗이 터져 갈라지다 ⓑ추운 겨울에 맨손으로 나무를 하러 다녔더니 손등이 다 헤어졌다

헤엄 이름씨 물속에서 몸이 가라앉지 않게 손발을 놀려 떠다니는 것 ⓑ깊은 웅덩이에서 한나절 내내 헤엄치며 놀았다 ⇐ 수영 **헤엄치다**

헤엄옷 이름씨 헤엄칠 때 입는 옷 ⇐ 수영복

헤엄터 이름씨 헤엄을 칠 수 있게 만들어 놓은 곳 ⇐ 수영장. 풀장

헤이그 이름씨 네덜란드 마하늬녘에 있는 큰 고을. 1907해에 헤이그 몰래시중꾼 일이 일어난 곳이다

헤적 어찌씨 틈이나 사이가 벌어진 꼴 ⓑ구경거리에 빠져 입을 헤적 벌린 채 사로잡힌 아이들

헤적거리다 움직씨 못마땅하여 자꾸 들추거나 파서 헤치다 ⓑ닭이 흙을 헤적거리며 먹이를 찾는다 **헤적대다**

헤적이다 움직씨 들추거나 버릊어 헤치다 ⓑ그만 헤적이고 그냥 푹푹 떠다 먹게나

헤적하다 그림씨 틈이나 사이가 헤벌어져 있다

헤적헤적 어찌씨 자꾸 들추거나 버릊어 헤치는 꼴 ⓑ멧돼지와 너구리가 헤적헤적 헤집어 놓은 푸른누리 논밭 **헤적헤적하다**

헤집다 움직씨 헤쳐지게 파서 벌리다 ⓑ닭 몇 마리 놓아 길렀더니 헤집어 놓지 않은 데가 없다 한뜻말버릊다

헤치다 움직씨 ❶속에 있는 것을 드러나게 하려고 겉에 있는 것을 옆으로 젖히다 ⓑ보리는 덥다면서 윗옷을 풀어 헤쳤다 ❷흩어져서 가게 하다 ⓑ깨살핌이들이 베정적하는 사람 무리를 헤쳐 보냈다 ❸앞에 걸리는 것을 두 옆으로 젖히다 ⓑ우리는 갈대숲을 헤치며 앞으로 나아갔다 ❹닥친 어려움을 잘 이겨 나가다 ⓑ우리 모두 이 고비를 잘 헤쳐 나가자

헤프다 그림씨 ❶쉽게 닳거나 써 없어지다 ⓑ밥 먹는 사람이 많다 보니 먹을거리가 헤플 수밖에 없다 ❷돈이나 몬을 아끼지 않고 함부로 쓰다 ⓑ그렇게 돈을 헤프게 써서 되겠니

헤헤 어찌씨 입을 조금 벌리고 주책없이 자꾸 웃는 소리 나 그 꼴 ⓑ헤헤, 거봐요 제 말이 맞았죠?

헤헤거리다 움직씨 입을 조금 벌리고 주책없이 자꾸 웃다 **헤헤대다**

헥타르 이름씨 땅넓이를 나타내는 말. 한 헥타르는 한 골 제곱미터이다

헬륨 이름씨 물남 다음으로 가볍고 빛깔과 냄새가 없는 김덩이

헬리콥터 ⇒ 날개돌이. 사다리날틀. 돌껬날틀

헬멧 ⇒ 머리지킴쓰개. 머리막이쓰개

헷갈리다 움직씨 갈피를 잡을 수 없게 뒤섞이다 ⓑ어둠 속이라 길이 헷갈려서 밤새 헤매

ㅎ

다 겨우 내려왔다 한뜻말 헷갈리다 ⇐ 혼동하다. 현란하다

헹가래 이름씨 기쁠 때 여러 사람이 한 사람 몸을 번쩍 들어 위로 던져 올렸다 내렸다 하는 것 ⓑ마을 사람들이 마을지기를 헹가래 쳤다

헹구다 움직씨 빨거나 씻은 것을 맑은 물에 다시 넣어 씻다 ⓑ비눗기가 남아 있지 않도록 빨래를 잘 헹구어 널었다

혀 이름씨 ❶짐승 입 안에 붙어 마음대로 움직이는 길고 둥근 살. 먹을거리 맛을 보며 씹고 삼키는 일 말고도 소리를 내는 일도 한다 ⓑ아이들은 얼음보숭이가 맛있는지 혀를 날름거리며 금세 먹어 치웠다 ❷숟가락에서 밥을 떠담는 넓적한 곳 ⓑ어른 숟가락은 아이들 숟가락보다 혀가 크고 넓다 익은말 **혀를 내두르다** 매우 놀라워하다 **혀를 놀리다** '말을 하다' 낮춤말 **혀를 차다** 언짢아서 혀끝으로 입천장을 차는 소리를 내다

혀뼈 이름씨 혀뿌리에 붙은 말굽 꼴 뼈. 질긴 띠로 뒤통수와 옆머리뼈에 이어지며 젊을 때는 물렁하지만 늙으면 굳어진다 한뜻말 목뿔뼈 ⇐ 설골

혀뿌리 이름씨 혀 밑동

혀앎 이름씨 맛보아 앎 ⇐ 설식

혀이끼 이름씨 혓바닥에 끼는 희거나 누리끼리한 이끼 같은 것 ⇐ 설태

혁대 ⇒ 가죽띠. 허리띠

혁명 ⇒ 새롬. 뒤엎기. 판갈이. 판뒤집기. 뿌리째 바꿈. 새누리 이룸. 판갈다. 누리 바꾸다. 다 새롭게 하다

혁명가 ⇒ 새롬이. 판갈보. 삶바꿈이. 누리바꿈이

혁신 ⇒ 새롬. 새롭게 함. 새롭게 하다. 새롭게 고치다. 뜯어고치다

혁혁하다 ⇒ 눈부시다. 뛰어나다. 두드러지다

현 (弦) ⇒ 활시위. 시위. 활줄

현 (絃) ⇒ 줄

현감 ⇒ 고을우두머리

현격하다 ⇒ 동떨어지다. 크게 벌어지다. 사이가 뜨다. 뚜렷하다

현관 ⇒ 나들곳

현금 ⇒ 돈

현금인출기 ⇒ 돈찾기틀

현기증 ⇒ 어지럼늦. 어질않이

현대 ⇒ 요즘. 이제. 오늘

현대무용 ⇒ 오늘춤. 요즘춤

현대문학 ⇒ 요즘말꽃

현대미술 ⇒ 요즘그림

현대사 ⇒ 오늘삶자취. 요즘삶자취

현대인 ⇒ 요즘 사람. 이제 사람

현대화 ⇒ 이제되기. 이제에 맞게하기

현란하다 (絢爛) ⇒ 눈부시다. 빛나다. 번쩍이다. 번쩍번쩍하다

현란하다 (眩亂) ⇒ 헷갈리다. 어수선하다. 어지럽다. 섞갈리다

현명하다 ⇒ 슬기롭다. 똑똑하다

현모양처 ⇒ 어질곁님

현몽 ⇒ 꿈에 나옴. 꿈에 나타나다

현무암 ⇒ 빽빽돌. 빽빽바위. 가라구멍돌

현미 ⇒ 매갈이쌀. 누렁쌀

현미경 ⇒ 좀봄거울. 돋보기. 돋봄틀. 돋봄거울

현삼 이름씨 잎은 마주 나고 긴 달걀꼴인 여러해살이풀. 줄기는 네모나고 털이 없다. 뿌리는 낫개로 쓴다

현상 (現狀) ⇒ 뵘꼴. 난꼴. 밝꼴. 이꼴

현상 (現像) ⇒ 깨우기

현상 (懸賞) ⇒ 내걺

현상금 ⇒ 건돈. 내건 돈

현세 ⇒ 이젯뉘. 이누리. 이 삶. 이승

현수교 ⇒ 줄다리

현수막 ⇒ 드림천. 걸개천

현시점 ⇒ 이때. 이 자리. 바로 이때

현실 ⇒ 참. 있음. 있는 것. 이 자리

현실성 ⇒ 있을것같음

현악 ⇒ 줄가락

현악기 ⇒ 줄가락틀. 켬가락틀. 줄바라틀

현역 ⇒ 이제 일함

현인·현자 ⇒ 어진이. 닦아난이. 훌륭님. 슬기로운이

현장 ⇒ 일터. 일마당. 그 자리. 일곳. 일난곳

현장감 ⇒ 일터느낌. 그자리느낌
현장학습 ⇒ 그자리배움. 일터배움
현재 ⇒ 이제. 이적. 오늘날. 오늘. 이날. 이때
현재완료 ⇒ 이적끝남
현재진행 ⇒ 이적이어감
현저하다 ⇒ 두드러지다. 또렷하다
현존하다 ⇒ 있다. 남아 있다. 살아 있다
현주소 ⇒ 사는 곳
현지 ⇒ 그곳. 그 땅. 그 자리
현지답사·현지조사 ⇒ 가서 보기. 가서 찾아보기
현지인 ⇒ 그곳사람
현직 ⇒ 하는 일. 이제 자리. 맡은 자리. 맡은 구실
현찰 ⇒ 돈
현충사 ⇒ 이순신기림곳
현충일 ⇒ 나라사랑이 기림날
현충탑 ⇒ 기림쌓
현판 ⇒ 보람널. 매단널. 건널
현행 ⇒ 함. 이제 함
현행범 ⇒ 막 저지른 허물보
현호색 ⇒ 땅구슬. 땅방울
현혹하다 ⇒ 홀리다. 호리다. 후리다. 반하다. 빠지다
현황 ⇒ 이제꼴. 이제모습. 이제매개
혈관 ⇒ 핏줄. 핏대
혈구 ⇒ 피톨
혈구소 ⇒ 피빨강이
혈기 ⇒ 기운. 힘. 젊은 기운
혈뇨 ⇒ 피오줌
혈담 ⇒ 피가래
혈류 ⇒ 피흐름
혈맥 ⇒ 핏줄기
혈반 ⇒ 피얼룩. 피멍
혈반병 ⇒ 피얼룩앓이
혈변 ⇒ 피똥
혈색 ⇒ 얼굴빛. 낯빛. 핏빛
혈색소 ⇒ 피빨강이
혈서 ⇒ 피글. 피글씨. 피글발
혈소판 ⇒ 피티
혈소판감소증 ⇒ 피티줌늪
혈안 ⇒ 피눈. 벌건눈. 핏발선눈. 뒤집힌 눈
혈압 ⇒ 피눌림
혈액 ⇒ 피
혈액순환 ⇒ 피돌기
혈액형 ⇒ 피꼴. 피밑
혈연 ⇒ 핏줄. 피붙이. 살붙이
혈육 ⇒ 피붙이. 살붙이. 아들딸
혈장 ⇒ 피진. 핏물. 피장
혈전 (血栓) ⇒ 핏덩이
혈전 (血戰) ⇒ 피싸움
혈전증 ⇒ 핏줄막힘앓이. 핏줄막힘늪
혈족 ⇒ 피붙이
혈청 ⇒ 피말강이
혈청소 ⇒ 피파랑이
혈통 ⇒ 핏줄기. 핏줄
혈투 ⇒ 피싸움
혈혈단신 ⇒ 홀몸. 혼자. 외톨이. 외톨박이
혐오 ⇒ 싫음. 미움. 싫고 미움. 싫어하다. 미워하다. 꺼리다. 진저리 나다
혐오감 ⇒ 몸서리. 넌더리. 진저리. 진절머리. 싫고 미운 마음
혐의 ⇒ 허물있다여김
협곡 ⇒ 골. 골짜기. 좁은 골짜기
협공 ⇒ 앞뒤침. 두옆침
협동 ⇒ 손잡음. 뭉침. 손잡다. 뭉치다. 맞잡다
협동심 ⇒ 서로돕는마음
협동조합 ⇒ 두레
협력 ⇒ 도움. 거듦. 돕다. 맞들다. 맞잡다. 거들다. 손잡다. 뭉치다
협박 ⇒ 엄포. 으름. 으름장. 을러댐. 으르다. 을러대다. 을러메다. 으름장을 놓다
협박장 ⇒ 으름글
협상 ⇒ 흥정. 뜻맞춤. 흥정하다. 뜻 맞추다. 손잡다
협소하다 ⇒ 솔다. 좁다. 비좁다. 좁다랗다
협약 ⇒ 맺은다짐
협업 ⇒ 어울음. 함께 일하다
협업농 ⇒ 어울지이
협연 ⇒ 함께 불거나 켬. 어울켜기
협의 ⇒ 생각을 주고받다. 생각 나누다. 뜻 나누기. 뜻 맞추다
협의회 ⇒ 뜻맞춤모임

ㅎ

협잡 ⇒ 속임. 속임수. 속이다. 야바위치다. 야바위하다

협잡꾼·협잡배 ⇒ 야바위꾼

협정 ⇒ 말 나눠 잡기. 뜻 나눠 잡다

협조 ⇒ 도움. 도와줌. 돕다. 도와주다. 손잡다. 거들다

협주곡 ⇒ 어울림소리. 어울림가락

협찬 ⇒ 도움. 돈줌. 돈 주다. 돕다

협회 ⇒ 뜻몬. 뜻모임. 모임

혓바늘 이름씨 혀에 좁쌀알 꼴 살이 돋아 아픈 앓이나 그 살 ⓑ혓바늘이 돋아 밥을 제대로 못 먹겠다

혓바닥 이름씨 혀 윗낯 ⓑ개가 혓바닥으로 그릇을 싹싹 핥는다 슬기말 **혓바닥에 침 발린 소리한다** 혓바닥에 침을 발라 번지르르한 소리를 낸다. 곧, 듣기 좋은 쓸모없는 소리를 한다 **혓바닥에 침이나 묻혀라** 속이 뻔히 들여다 보이는 소리를 하는 사람한테 같잖은 짓 그만두라고 핀잔하는 말

형 (兄) ⇒ 언니

형 (刑) ⇒ 윘. 앙갚음

형 (形) ⇒ 꼴. 생김새. 모습. 겉모습. 겉꼴

형광 ⇒ 반딧빛. 반딧불. 반디빛

형광등 ⇒ 반디빛내개. 반딧빛 불

형광물질·형광체 ⇒ 반딧몬

형국 ⇒ 꼴. 생김새. 겉꼴

형량 ⇒ 윘크기

형무소 ⇒ 가두리

형벌 ⇒ 윘. 앙갚음

형법 ⇒ 윘벼리

형부 ⇒ 언니버시. 언버시

형사 ⇒ 윘일

형사소송 ⇒ 윘일걸이

형사재판 ⇒ 윘일판가름. 윘일가름

형상 ⇒ 생김새. 꼴. 모습. 됨됨이. 겉모습

형성 ⇒ 이룸. 생김. 이루다. 만들다. 생기다

형세 ⇒ 흐름새. 꼴새

형수 ⇒ 아지매

형식 (形式) ⇒ 꼴. 생김새

형식 (型式) ⇒ 틀. 붙박이틀

형식적 ⇒ 눈가림인. 마지못한. 틀만 갖춘

형언 ⇒ 말로나타냄

형용 ⇒ 생김새. 생긴 꼴. 그려냄. 그려내다. 그리다

형용사 ⇒ 그림씨

형장 ⇒ 죽임터

형제 ⇒ 언니아우. 언아우

형제간 ⇒ 언아우사이

형제애 ⇒ 언아우사랑

형제자매 ⇒ 언아우

형조 ⇒ 옛판가름곳

형체 ⇒ 생김새. 몸매. 몸꼴. 모습

형태 ⇒ 꼴. 모습. 허울. 생김새

형태소 ⇒ 늦

형통하다 ⇒ 확 트이다. 잘되다. 잘되어가다

형편 ⇒ 매개. 영문. 낌새. 셈평

형편없다 ⇒ 나쁘다. 쓸모없다. 보잘것없다

형평 ⇒ 고름

형형색색 ⇒ 가지가지. 갖가지

혜성 ⇒ 꼬리별. 살별

혜옛갈 이름씨 옛 한아비들이 남긴 삶 자취로 옛 삶길과 삶꽃을 밝히는 갈 ⇐ 고고학

혜택 ⇒ 보탬. 고마움. 사랑

호[1] 어찌씨 입을 오므리고 입김을 불어내는 소리나 그 꼴 ⓑ입김을 호 불어 언 손을 녹였다

호[2] 느낌씨 **1** 뜻하지 않은 일이 일어나 놀랄 때 쓰는 말 ⓑ호, 보기보다 솜씨가 제법인데 **2** 굳었던 마음이 풀렸을 때 내는 소리 ⓑ호, 이제 됐어

호 (戶) ⇒ 집

호 (弧) ⇒ 활등꼴

호 (號) ⇒ 이름. 딴이름

호각 ⇒ 호루라기

호감 ⇒ 좋은 느낌. 끌리는 느낌. 마음끌림

호강 이름씨 스스로 힘들이지 않고 넉넉하게 누리는 삶 ⓑ내가 커서 돈 많이 벌어 어버이를 호강시켜 드려야지 ⇐ 호의호식 **호강하다**

호강스럽다 그림씨 힘들이지 않고 넉넉하게 삶을 누리다 한뜻말 포시랍다

ㅎ

호객꾼 ⇒ 여리꾼
호걸 ⇒ 뛰어난 사람. 빼난이. 우뚝이
호구 (戶口) ⇒ 살림집과 밥입
호구 (虎口) ⇒ 범아가리. 밥
호구지책 ⇒ 밥줄. 벌잇줄. 먹고살 길
호국 ⇒ 나라지킴
호기 ⇒ 때. 좋은 때. 좋은 까리. 알맞은 고비
호기심 ⇒ 끌리는 마음. 알고 싶은 마음
호남 ⇒ 온바라
호다 [움직씨] 헝겊을 겹쳐 바늘땀을 성기게 꿰매다
호도독호도독 [어찌씨] ❶콩이나 깨 같은 것을 볶을 때 작고 빠르게 튀는 소리나 그 꼴 준말 호독호독 ❷나뭇가지나 검불 같은 것이 불똥을 튀기며 자꾸 타들어 가는 소리나 그 꼴 ❸작은 빗방울 같은 것이 잇달아 떨어지는 소리나 그 꼴 **호도독호도독하다**
호되다 [그림씨] 몹시 지나치다 ㉥호되게 앓고 나더니 살이 쏙 빠졌구나 ⇐ 혹독하다
호두 [이름씨] 호두나무 열매. 단단한 껍질 속에 기름기가 많은 고소한 살이 들어 있다
호두과자 [이름씨] 호두 살을 잘게 쪼개 밀가루 반죽에 섞어 호두알 꼴로 둥글게 구운 과자
호두까기사람꼴 [이름씨] 러시아 가락지음이 차이콥스키가 지은 가락. 춤출 때 켜는 가락이다 ⇐ 호두까기인형
호두까기인형 ⇒ 호두까기사람꼴
호두나무 [이름씨] 키가 7미터쯤 높이 자라며 닷달에 꽃이 피고 열매인 호두가 열려 가을에 익는 나무
호둣속 [이름씨] ❶얽히고설켜 뒤숭숭한 속 한뜻말 홀림길 ⇐ 미로 ❷호두 열매 속. 꼴이 매끄럽지 않고 주름이 많다
호드기 [이름씨] 봄에 물오른 미루나무나 버드나무 가지 토막 껍질을 통째로 벗겨 만든 피리. 보릿대나 밀대로도 만든다 ㉥옛 어른들은 밤에 호드기를 불면 뱀이 나온다고 했다
호드득 [어찌씨] ❶콩이나 깨 같은 것을 볶을 때 작게 튀는 소리나 그 꼴 ㉥부엌에서 호드득 들깨 볶는 소리가 난다 ❷작은 불티가 튀며 불이 붙는 소리나 그 꼴 ㉥참나무가 호드득 타는 소리가 들린다 ❸앉았던 새가 갑자기 날아가는 소리나 그 꼴 ㉥바로 앞 숲속에서 까투리가 호드득 날아간다 **호드득하다**
호드득거리다 [움직씨] 콩이나 깨 같은 것을 볶을 때 잇달아 작게 튀는 소리가 나다 **호드득대다**
호드득호드득 [어찌씨] ❶콩이나 깨 같은 것을 볶을 때 잇달아 작게 튀는 소리나 그 꼴 ㉥어머니가 콩을 볶느라 부엌 쪽에서 고소한 냄새와 함께 호드득호드득 소리가 난다 ❷작은 불티가 자꾸 튀며 불이 붙는 소리나 그 꼴 ㉥등거리 타는 소리가 호드득호드득 들려온다 ❸앉았던 새들이 잇달아 날아가는 소리나 그 꼴 ㉥참새떼가 한마당 앉았다가 뛰어나오는 송아지에 놀라 호드득호드득 날아간다 **호드득호드득하다**
호들 [어찌씨] 여리거나 작은 몸이나 팔다리가 가냘프게 떨리는 꼴 ㉥오래 앓고 난 아이가 호들 떨리는 손으로 숟가락질을 한다 큰말 후들 **호들하다**
호들갑 [이름씨] 말씨나 몸가짐이 가볍고 방정스러운 것 ㉥겨우 무릎 조금 까졌다고 호들갑을 그리 떠니?
호들갑스럽다 [그림씨] 수선스럽고 방정맞은 데가 있다 ㉥까치가 호들갑스럽게 꽁지깃을 까부르며 마당 가를 걷는다
호들거리다 [움직씨] 여리거나 작은 몸이나 팔다리가 자꾸 가냘프게 떨리다 큰말 후들거리다 **호들대다**
호들호들 [어찌씨] 여리거나 작은 몸이나 팔다리가 자꾸 가냘프게 떨리는 꼴 ㉥자리에서 일어난 아이가 호들호들 떨리는 다리를 끌고 뒷집엘 간다 큰말 후들후들 **호들호들하다**
호듯호듯 [어찌씨] 내리쬐는 햇볕이 따뜻하고 포근한 꼴 ㉥봄볕이 호듯호듯 내리쬐는 마당가에 민들레가 새싹을 내민다

ㅎ

호듯호듯하다 그림씨 내리쬐는 햇볕이 따뜻하고 포근하다

호떡 이름씨 밀가루 반죽을 둥글넓적하게 만들고 속에 단것이나 팥속을 넣어 지짐판에 구워낸 쫑귀빵떡

호라지꽃 이름씨 바닷가에 자라는 여러해살이풀. 어린싹은 나물로 먹고 덩이뿌리는 낫개로 쓴다 ⇐ 천문동

호락질 이름씨 남 도움 없이 혼자나 집사람들 힘으로 여름짓는 일

호락호락 어찌씨 일이나 사람이 만만하여 다루기 쉬운 모습 ⓑ내가 네 말에 호락호락 넘어갈 것 같니?

호란 ⇒ 노녘겨레 쳐들어옴

호랑거미 ⇒ 범거미

호랑나비 ⇒ 범나비

호랑이 ⇒ 범. 칡범. 두루바리. 도리바리. 개호주. 갈가지

호령 ⇒ 호통. 꾸짖음. 꾸짖다. 호통치다. 호통하다

호롱 이름씨 기름을 담아 불실에 불을 붙여 방을 밝히던 흰 흙 그릇 ⓑ호롱에 불을 켜고 우리는 책을 읽었고 어머니는 물레질이나 바느질을 하였다

호롱걸이 이름씨 호롱을 걸어놓는 세간

호롱기 이름씨 벼나 보리 같은 이삭에서 낟알을 떨어내는 여름지이틀 한뜻말바심틀 ⇐ 탈곡기

호롱불 이름씨 호롱에 켠 불 ⓑ호롱불이 까물까물 꺼지려 하다 방문을 열면 갑자기 불이 밝아졌어

호루라기 이름씨 불어서 호르르 하고 소리를 내는 조그마한 몬 ⓑ송이 밭에 낯선 사람이 들어오면 이 호루라기를 불어요 ⇐ 호각

호르몬 이름씨 사람이나 짐승 몸 안 여러 샘에서 나오는 물로, 몸물과 함께 온몸을 돌아 몸 곳곳이 하는 일을 두루 고르게 하는 몬. 사람 몸 안에서 여러 구실을 하는 호르몬은 알려진 것만 온 가지가 넘는다고 한다

호른 이름씨 활짝 핀 나팔꽃꼴 부는 가락틀. 소리는 부드럽고 슬픈 가락을 띤다

호리 이름씨 호리질

호리다 움직씨 ❶사람 마음을 끌어 흐리게 하다 ⓑ여우가 사람으로 바뀌어 아저씨를 호렸다는데 참말일까? ⇐ 현혹하다 ❷그럴듯하게 속여 넘기다 ⓑ돌이를 호려서 바닷가로 놀러 갔다 ❸홀쳐서 꼬부리다

호리병 이름씨 위아래가 둥글며 가운데가 잘록한 꼴로 생긴 병

호리병박 이름씨 한해살이 덩굴풀로 열매는 길둥글고 가운데가 잘록한데 이것을 말려서 바가지를 만든다 한뜻말조롱박

호리병벌 이름씨 나뭇가지나 풀줄기에 흙으로 호리병 같은 집을 짓고 사는 벌

호리질 이름씨 소 한 마리가 끄는 쟁기질 한뜻말 호리

호리호리하다 그림씨 키가 늘씬하게 크고 몸이 가늘다 ⓑ아들이 얼굴은 갸름하고 키는 호리호리한 가시내와 사귄다

호명 ⇒ 이름부름. 이름부르다

호모 ⇒ 사람. 사내살벗

호미 이름씨 김을 맬 때 쓰는 여름지이 연장. 넓적하고 끝이 뾰족한 세모 쇠붙이에 잇달린 가는 쇠를 구부려 자루에 박아 만든다

호미씻이 이름씨 김매기가 끝나는 달셈 일곱달 보름쯤에 마을사람들이 잔치를 벌이고 하루를 즐겁게 노는 일 **호미씻이하다**

호밀 이름씨 줄기는 밀보다 가늘고 키가 훨씬 크며 열매는 밀보다 가늘고 긴 두해살이풀. 추위에 잘 견뎌 시베리아에서도 기른다. 열매는 가루를 내어 빵을 굽는다

호박 이름씨 줄기가 덩굴져 자라고 여름에 노란 꽃이 피며 길둥근 열매 또는 크고 둥근 열매가 열리는 남새 또는 그 열매. 열매와 여린 잎은 먹는다 슬기말 **호박에 말뚝 박기** 심술궂고 모진 짓 하기 **호박이 넝쿨째 굴러 떨어졌다** 뜻밖에 좋은 것을 얻거나 좋은 일이 생기다

호박 (琥珀) ⇒ 솔기름돌

호박꽃 이름씨 호박에 핀 꽃. 암꽃과 수꽃이 따로 핀다

ㅎ

호박벌 (이름씨) 호박 꽃이나 오이 꽃, 수박 꽃에 날아드는 큰 벌

호박싹 (이름씨) 호박 부드러운 줄기

호박씨 (이름씨) 호박 속에 맺힌 씨

호박엿 (이름씨) 호박으로 만든 엿 ㉥오사섬 호박엿 사려!

호박잎 (이름씨) 호박 줄기에 난 잎. 쪄서 쌈 싸 먹거나 국을 끓여 먹는다

호박잡다 (움직씨) 뜻밖에 힘들이지 않고 좋은 일이나 몬을 차지하다 ㉥그 사람 호박 잡았지 뭐, 언제 또 그런 좋은 일이 있겠어? ⇐ 횡재하다

호반 ⇒ 물가. 못가. 못 언저리. 가람가

호별 ⇒ 집집마다. 집집이

호빵 (이름씨) 주먹만하고 둥글게 만들어 속을 넣고 찐 빵

호사 ⇒ 좋은 일

호사다마 ⇒ 좋은 일엔 어려움이 따름

호사스럽다 ⇒ 지나치게 치레하다

호상 ⇒ 좋은 죽음. 잘 떠남

호서 ⇒ 미리나

호소 ⇒ 하소. 하소연. 하소하다. 하소연하다. 비대발괄하다

호소문 ⇒ 하소글

호송 ⇒ 데려감. 잡아감. 데려가다. 잡아가다

호수 ⇒ 가람. 큰못

호숫가 ⇒ 물가. 가람가. 못가

호스 ⇒ 대롱

호시절 ⇒ 좋은 때

호시탐탐하게 ⇒ 눈이 벌겋게. 눈독들여

호시탐탐하다 ⇒ 노리다. 눈독들이다. 엿보다

호신술 ⇒ 몸지키기. 몸지킴재주

호야 (이름씨) 땅기름을 넣은 그릇 불실에 불을 붙이고 유리 껍데기를 씌운 것 ⇐ 램프. 등불

호언·호언장담 ⇒ 헛장. 큰소리. 흰소리

호연지기 ⇒ 큰마음. 트인 마음. 넓은 마음

호외 ⇒ 깜짝알림. 갑작알림

호우 ⇒ 작달비. 큰비. 동이비

호위 ⇒ 지킴. 돌봄. 지키다. 보살피다. 돌보다. 감싸지키다

호응 ⇒ 맞장구. 맞장단. 맞장구치다. 맞장단치다. 맞받다. 뜻맞추다

호의 ⇒ 좋은 뜻. 좋은 마음. 따뜻한 마음

호의호식하다 ⇒ 잘살다. 호강하다. 잘 입고 잘 먹다

호인 ⇒ 좋은 사람. 착한 사람

호적 ⇒ 살붙이 적바림

호적수 ⇒ 맞잡이. 맞선이

호전 (好戰) ⇒ 잘 싸움. 잘 싸우다

호전 (好轉) ⇒ 좋아짐. 나아짐. 펴임. 피어남. 풀림. 잘되어감. 좋아지다. 나아지다. 펴이다. 피어나다. 풀리다. 잘되어 가다

호젓하다 (그림씨) ❶ 때나 곳이 후미져서 아주 고요하다 ㉥이 길은 호젓하여 밤에는 다니기가 무섭다 ❷ 외롭고 홀가분하다 ㉥어제는 모처럼 혼자 있어 호젓한 한때를 보냈다 **호젓이 호젓하게**

호주 ⇒ 오스트레일리아

호주머니 (이름씨) 옷 한쪽에 헝겊을 덧대어 무엇을 넣도록 만든 주머니 ㉥소 찾으러 갈 때 호주머니에 저마다 감자를 서너 낱씩 넣어와 한뜻말 개줌치. 갯줌치

호찌민 (이름씨) 베트남 마녘에 있는 큰 고을

호출 ⇒ 부름. 부르다. 불러내다

호치키스 ⇒ 종이찍개. 박음쇠

호칭 ⇒ 부름 일컬음. 부르다. 말하다. 일컫다

호탕하다 ⇒ 통 크다. 털털하다. 마음이 넓다. 트이다. 걸걸하다

호텔 ⇒ 나그네집. 하늬손집. 큰손집

호통 (이름씨) 몹시 골이 나거나 남을 누르려고 큰소리를 지르거나 꾸짖는 것. 또는 그 소리 ㉥할아버지는 우리에게 말씨와 몸가짐이 바르지 못하다고 호통을 쳤다 ⇐ 호령 **호통치다**

호평 ⇒ 좋게 말함. 좋게 말하다

호호 (어찌씨) ❶ 입을 오므리고 웃는 소리나 그 모습 ㉥끝남이는 손으로 입을 가리고 호호 웃었다 ❷ 입을 오므리고 입김을 자꾸 불어내는 소리나 그 모습 ㉥군고구마는 뜨거울 때 호호 불면서 먹어야 제맛이지

호호거리다 (움직씨) ❶입을 오므리고 자꾸 웃거나 웃는 소리를 내다 ❷언 손을 녹이느라 입김을 자꾸 불어대다 **호호대다**

호호백발 ⇒ 센 머리. 머리 센 늙은이

호화롭다 ⇒ 지나치게 꾸미다

호화스럽다 ⇒ 뽐내며 넘치게 돈을 쓰다

호화판 ⇒ 지나치게 돈을 씀

호환 ⇒ 맞바꿈. 맞바꾸다. 서로 바꾸다

호황 ⇒ 잘 나감. 잘 팔림. 장사 잘 됨. 오름새

호흡 ⇒ 숨. 숨쉬기. 들날숨

호흡기·호흡기관 ⇒ 숨틀. 숨그릇

혹 (이름씨) ❶앓이로 불거져 나온 살덩어리 ⓑ아지매 목 뒤쪽에는 커다란 혹이 하나 있다 ❷맞거나 찧어서 살이나 힘줄이 불룩하게 부어오른 것 ⓑ튀어나온 시렁에 이마를 받아 혹이 생겼다 ❸몸을 이루는 제대로인 잔삼과는 꼴이 다른 잔삼들이 끊임없이 불어나 생긴 어진 몬밭이나 모진 몸밭 ❹생기지 않을 곳에 불룩하게 두드러져 생긴 것 (슬기말) **혹 떼러 갔다가 혹 붙였다** 무슨 짐을 덜려다가 도리어 짐을 하나 더 짊어진 꼴

혹·혹시·혹시나 ⇒ 어쩌다가. 때로. 때때로. 가끔가다가. 이따금

혹독하다 ⇒ 호되다. 되다. 사막하다. 모질다. 모지락스럽다. 그악하다. 맵다

혹부리 (이름씨) 얼굴이나 목에 혹이 달린 사람 ⓑ혹부리 아저씨

혹사 ⇒ 몹시 부림. 되게 부림. 몹시 부리다. 되게 부리다. 모질게 부려먹다

혹서·혹염 ⇒ 무더위. 한더위. 된더위. 불볕더위

혹은 ⇒ 또는. 아니면

혹평 ⇒ 나쁘게 말함. 나쁘게 말하다

혹하다 ⇒ 빠지다. 반하다. 홀리다

혹한 ⇒ 강추위. 된추위. 한추위

혼 ⇒ 넋. 얼

혼나다 ⇒ 놀라다. 넋살나다. 힘들다. 꾸중듣다. 꾸지람듣다

혼내다 ⇒ 꾸중하다. 꾸짖다. 꾸지람하다. 나무라다

혼담 ⇒ 짝말. 짝맺이말. 한살말

혼돈하다 ⇒ 뒤섞이다. 섞갈리다. 갈피를 못 잡다

혼동 ⇒ 잘못봄. 헛봄. 잘못 보다. 섞갈리다. 빗보다. 헛보다. 뒤섞어서 보다. 헷갈리다

혼란하다 ⇒ 뒤죽박죽되다. 뒤숭숭하다. 어수선하다. 어지럽다. 너더분하다. 갈피를 못 잡다

혼령 ⇒ 넋. 넋깨비

혼례 ⇒ 짝맺이

혼례식 ⇒ 시집장가맞이. 한살맞이. 짝맺이

혼미하다 ⇒ 멍하다. 흐릿하다. 흐리멍덩하다. 어지럽다. 얼떨떨하다. 헛갈리다

혼방 ⇒ 섞어 짬. 섞어 짜다

혼방사·혼방실 ⇒ 섞인 실

혼백 ⇒ 넋

혼비백산하다 ⇒ 놀라다. 혼나다. 질겁하다. 넋을 잃다

혼사 ⇒ 짝맺이. 짝맺이일

혼선 ⇒ 뒤얽힘. 뒤섞임. 엉클어짐. 얽히다. 헝클어지다. 뒤섞이다. 엉클어지다

혼성 ⇒ 섞어서 만듦. 한데 뒤섞임. 섞다. 뒤섞다. 뒤섞이다

혼성합창 ⇒ 꽃벗함께노래

혼수·혼수품 ⇒ 한살몬. 짝맺이몬

혼수상태 ⇒ 까무러친 꼴. 까무러친 채

혼식 ⇒ 섞어 먹기. 섞어 먹다

혼신 ⇒ 온몸. 온힘

혼쌀 ⇒ 넋살

혼연일체 ⇒ 한몸. 한마음. 한마음한뜻

혼연일치 ⇒ 들어맞음. 똑같음. 한덩어리됨

혼용 ⇒ 섞어 씀. 섞다. 섞어 쓰다

혼인 ⇒ 짝맺이. 시집장가. 한살되기. 시집장가가다. 한살되다. 짝맺다

혼인색 ⇒ 수컷치레

혼자 (어찌씨) ❶제 하나 ⓑ이 일은 저 혼자 할 수 있어요 ❷남과 함께 있지 않고 홀로 ⓑ바다는 혼자 여기저기 다니며 구경하기를 즐겨

혼잡하다 ⇒ 들끓다. 붐비다. 북적거리다. 뒤엉키다

혼잣말 (이름씨) 듣는 사람 없이 혼자 말하기 또는 그 말 ⓑ누이는 돌아서서 혼잣말로 중

ㅎ

얼거렸다 **혼잣말하다**

혼전 ⇒ 뒤엉켜 싸움. 범벅싸움

혼절 ⇒ 까무러침. 까무러치다. 넋을 잃다. 숨고다

혼쭐 ⇒ 넋쫄

혼쭐나다 ⇒ 호되게 꾸중 듣다

혼탁하다 ⇒ 흐리다. 더럽다. 맑지 않다

혼합 ⇒ 섞음. 뒤섞음. 섞다. 뒤섞다. 버무리다. 뒤버무리다

혼합농업 ⇒ 섞어지이

혼합물 ⇒ 섞인것

혼혈아 ⇒ 튀기. 트기

혼혈인 ⇒ 튀기. 트기

혼혈족 ⇒ 튀기겨레

혼혈종 ⇒ 튀기. 튀기씨

홀 ⇒ 넓은 방. 큰방. 잔칫방

홀가분하다 [그림씨] [1]거추장스럽지 않아 가볍다 ㉥어깨에 멘 짐을 내려놓으니 날아갈 듯이 홀가분하다 [2]걱정거리가 없어져 마음이 가볍다 ㉥질질 끌던 일을 끝내고 나니 홀가분한 마음이다 ⇐ 편안하다 [3]다루기가 쉬워 짐스럽지 않다 ㉥맞잡이를 너무 홀가분하게 보다가는 큰코다칠 수 있어

홀까닥 [어찌씨] [1]빠르게 쏙 벗겨지거나 벗는 꼴 ㉥옷을 홀까닥 벗고 이불 속에 들어갔다 [2]빠르게 건너뛰거나 넘어가는 꼴 ㉥한짐 받쳐 놓은 지게가 바람에 홀까닥 넘어갔다 [3]맛갓 같은 것을 빠르게 먹어버리는 꼴 ㉥더덕구이가 있으면 밥이 홀까닥 넘어간다 [4]재빨리 말끔히 써버리는 꼴 ㉥빨래비누를 그새 홀까닥 다 써 버렸네 **홀까닥하다**

홀까닥거리다 [움직씨] 여럿이 다 또는 잇달아 빠르게 쏙 벗겨지거나 벗다 **홀까닥대다**

홀까닥홀까닥 [어찌씨] [1]여럿이 다나 잇달아 빠르게 쏙 벗겨지거나 벗는 꼴 ㉥바람에 쓰개가 홀까닥홀까닥 벗겨져 날아갔다 [2]여럿이 다나 잇달아 빠르게 건너 뛰거나 넘는 꼴 ㉥아이들이 가르침이를 따라 개울을 홀까닥홀까닥 건너 뛴다 [3]여럿이 다나 잇달아 맛갓 같은 것을 빠르게 먹어버리는 꼴 ㉥배가 고픈지 아이들이 밥을 홀까닥홀까닥 먹어 치운다 [4]여럿이 다나 잇달아 재빨리 다 써버리는 꼴 ㉥한 달 쓸 돈을 며칠만에 홀까닥홀까닥 써 버리다니! **홀까닥홀까닥하다**

홀다스림 [이름씨] 오로지 혼자 다스림 ⇐ 전제

홀다스림믿음 [이름씨] 나라힘을 낱사람이 차지하여 제 생각대로 다스리기. 또는 그런 생각을 내세우기 ⇐ 전제주의

홀딱 [어찌씨] [1]옷이나 걸친 것을 남김없이 벗는 꼴 ㉥아이가 더움이 펄펄 나서 옷을 홀딱 벗겨 몸을 식혔다 [2]조금 빠르게 뒤집거나 뒤집히는 모습 ㉥물살에 종이배가 홀딱 뒤집혔다 [3]적은 먹을거리나 돈을 재빨리 먹거나 써 버리는 모습 ㉥내가 준 돈을 벌써 홀딱 써 버렸니? [4]몹시 반하거나 속아 넘어가는 모습 ㉥고루는 처음 본 가시나한테 홀딱 반했다 [5]한숨도 자지 않고 밤을 새우는 모습 ㉥이야기책을 읽느라 밤을 홀딱 새웠다 [6]작은 몸짓으로 힘차게 뛰거나 뛰어넘는 꼴 ㉥나는 멀리서 달려와 개울을 홀딱 뛰어넘었다 **홀딱하다**

홀딱거리다 [움직씨] [1]여럿이 다 남김없이 벗거나 자꾸 벗다 [2]조금 빠르게 뒤집거나 뒤집히다 [3]적은 맛갓이나 돈을 재빨리 먹거나 써버리다 **홀딱대다**

홀딱홀딱 [어찌씨] [1]여럿이 다 남김없이 벗거나 자꾸 벗는 모습 ㉥아이들이 옷을 홀딱홀딱 벗고 물에 뛰어들었다 [2]여럿이 모두 또는 잇달아 벗거나 뛰는 꼴 ㉥보리는 아주 기뻐서 까치처럼 홀딱홀딱 뛰었다. 아이 손목을 짚어보니 피뜀이 홀딱홀딱 세게 뛰었다 **홀딱홀딱하다**

홀라당 [어찌씨] '홀랑' 힘줌말

홀랑 [어찌씨] [1]속이 드러나게 벗거나 뒤집는 꼴 ㉥아이가 홑이불을 홀랑 걷어찬 채 잠을 잔다 [2]가진 돈이나 살림을 다 없애는 꼴 ㉥어렵게 모은 돈을 노름으로 홀랑 날려 버렸다 [3]무엇이 말끔히 없어지는 꼴 ㉥시끄러운 소리에 잠을 깼는데 잠이 홀랑

ㅎ

달아나 버렸다 [4]쉽게 들어가거나 떨어지는 꼴 ㉥징검다리를 헛디디며 넘어져 물에 홀랑 빠졌다 **홀랑하다**

홀랑거리다 [움직씨] 여럿이 다 또는 잇달아 속이 드러나게 벗다 **홀랑대다**

홀랑홀랑 [어찌씨] [1]여럿이 다나 잇달아 속이 드러나게 벗는 꼴 ㉥일꾼들은 쉴 때가 되자 다들 옷을 홀랑홀랑 벗고 냇물로 뛰어들었다 [2]여럿이 다나 잇달아 말끔히 없어지는 꼴 ㉥아내는 돈이 생기면 있는 대로 홀랑홀랑 써버린다 [3]여럿이 다나 잇달아 쉽게 떨어지거나 들어가는 꼴 ㉥물가 큰 밤나무 밤은 버는 대로 알밤이 홀랑홀랑 물속으로 떨어진다 **홀랑홀랑하다**

홀로 [어찌씨] 제 혼자서만 ㉥그날 저녁 나는 홀로 가람가를 거닐었다 ⇐ 단독으로

홀로서기밝힘글 [이름씨] 셋하나뭄 때 우리나라 홀로서기를 온 누리에 알려 밝힌 글. 이 글은 최남선이 처음 쓰고 겨레 가름남이 서른세 사람이 이름을 올렸다 ⇐ 독립선언서

홀리다 [움직씨] 무엇에 깊게 빠지거나 넋을 빼앗기다 ㉥여우한테 홀린다는 말이 참말일까 지어낸 말일까? ⇐ 현혹하다. 현혹되다. 혹하다

홀림길 [이름씨] 어지럽게 갈래가 져서 들어가면 빠져나오기 어려운 길 한뜻말 호듯속 ⇐ 미궁. 미로

홀림꾀 [이름씨] 사람 눈을 속여서 야릇하고 기똥찬 일을 해 보이는 재주 ⇐ 요술

홀림꾀쟁이 [이름씨] 사람 눈을 속여서 야릇하고 기똥찬 일을 해 보이는 사람 ⇐ 요술쟁이

홀몸 [이름씨] [1]짝이 없는 사람 또는 어버이와 언아우 없이 홀로 사는 몸 ㉥섬돌은 아내를 잃은 뒤 홀몸으로 산다 [2]짐 같은 것이 없이 맨몸으로 혼자인 몸

홀새뜸 [이름씨] 어느 한 새뜸터에서만 새뜸을 알아내어 알린 글. ⇐ 특종

홀소리 [이름씨] 목청을 울린 소리가 하느라지나 입술, 혀에 크게 막히지 않고 나는 소리. 'ㅏ, ㅐ, ㅑ, ㅒ, ㅓ, ㅔ, ㅕ, ㅖ, ㅗ, ㅘ, ㅙ, ㅚ, ㅛ, ㅜ, ㅝ, ㅞ, ㅟ, ㅠ, ㅡ, ㅢ, ㅣ'이다 맞선말 닿소리 ⇐ 모음

홀수 [이름씨] 셈갈에서 둘로 나누어 나머지가 생기는 수. '1, 3, 5, 7, 9…'와 같은 수 맞선말 짝수

홀스타인 ⇒ 얼룩젖소

홀씨 [이름씨] [1]민꽃푸나무가 꽃을 피우지 않고 불이를 하는 잔삼 ㉥고사리 홀씨가 바람을 타고 날아간다 ⇐ 포자 [2]홀씨 벌레에서 어미몸을 떠나 새로 낱몸이 되는 잔삼 ⇐ 포자

홀씨불이 [이름씨] 홀씨로 이루어지는 불이 ⇐ 포자번식. 포자생식

홀씨잎 [이름씨] 홀씨가 생기는 잎 ⇐ 포자엽

홀씨주머니 [이름씨] 팡이나 버섯, 민꽃푸나무에 있는 공꼴이나 병꼴로 된 주머니. 속에 홀씨가 들어있다 ⇐ 포자낭. 포자주머니

홀씨줄기 [이름씨] 홀씨가 달리는 줄기 ⇐ 포자경

홀씨켜 [이름씨] 팡이 갈래 홀씨덩이에 홀씨주머니나 막대꼴 잔삼이 나란히 나서 켜를 이룬 곳 ⇐ 자실층

홀아비 [이름씨] 지어미가 죽고 혼자 사는 사내 ㉥홀아비 냄새

홀아비바람꽃 [이름씨] 우리나라 노녘과 가운데 고장에 나는 여러해살이풀. 대엿달쯤 긴 꽃줄기 위에 흰 꽃이 하나씩 핀다 한뜻말 홀바람꽃

홀알 [이름씨] 암탉이 짝짓지 않고 혼자서 낳은 알 ⇐ 무정란

홀앗이 [이름씨] 거들어 줄 사람 없이 혼자서 살림 사는 터수 ㉥아버지는 늘그막에 홀앗이로 열 해 넘게 사셨다

홀어머니 [이름씨] 아버지 없이 혼자인 어머니 ⇐ 편모

홀어미 [이름씨] 지아비가 죽고 혼자 사는 겨집 ㉥곱단이는 홀어미 손에서 자랐다 ⇐ 편모

홀연히 ⇒ 갑자기. 느닷없이. 문득

홀이름씨·홀로이름씨 [이름씨] 같은 갈래 가운데에 어느 하나를 일컫는 이름씨 ⇐ 고유명사. 특별명사

홀짝 어찌씨 적은 물을 한 디위 들이마시는 소리나 그 모습 ⓑ고뿔낫개를 입에 넣고 물을 한 모금 홀짝 마셨다 **홀짝하다**

홀짝거리다 움직씨 ❶가볍게 뛰거나 날아오르다 ⓑ한솔이가 홀짝거리며 마당을 뛰어다닌다 ❷콧물을 조금씩 들이마시며 울다 ⓑ겨집아이가 땅바닥에 주저앉아 홀짝거린다 **홀짝대다**

홀짝홀짝 어찌씨 ❶여럿이 다나 잇달아 뛰거나 날아오르는 꼴 ⓑ아이들이 마당에서 홀짝홀짝 뛰며 잘 논다 ❷콧물을 들이마시며 잇따라 조금씩 우는 꼴 ⓑ순이는 집 나간 어머니가 언제 오나 오늘도 울밑에서 홀짝홀짝 운다 ❸콧물을 잇따라 조금씩 들이마시는 소리나 그 꼴 ⓑ아이가 코를 홀짝홀짝 들이켜도 이내 콧물이 질질 흐른다 ❹적은 물을 남김없이 잇따라 들이마시는 소리나 그 꼴 ⓑ아이들은 낮밥에 나오는 소젖을 홀짝홀짝 마신다 **홀짝홀짝하다**

홀쭉이 이름씨 몸에 살이 없어 호리호리한 사람 ⓑ몇 날 밤을 새우더니 홀쭉이가 다 됐네 맞선말뚱뚱보

홀쭉하다 그림씨 ❶사람 몸집이나 몬 꼴이 가늘고 길다 ⓑ주둥이가 홀쭉한 그릇 ❷속이 비어 안으로 오므라져 있다 ⓑ두 끼 굶었다고 배가 홀쭉해졌다 ❸몸이 야위다 ⓑ그동안 얼마나 앓았길래 몰라보게 얼굴이 홀쭉해졌구나

홀쳐매다 움직씨 풀리지 않게 단단히 잡아매다 ⓑ동무는 메 어귀에서 신발 끈을 홀쳐매었다

홀치기 이름씨 ❶자루처럼 만들고 아가리에 끈을 끼어 홀쳐매게 된 몬 ❷물고기 떼를 몽땅 싸서 홀쳐 잡는 그물 ❸물들일 천을 물감에 담그기 앞에 어떤 곳을 단단히 묶어서 그 곳은 물감이 배어 들지 못하게 물들이는 수

홀치다 움직씨 풀리지 않게 단단히 동여매다 ⓑ소가 멀리 못 가게 고삐를 나무에 홀쳐 놓아라

홀태 이름씨 뱃속에 알이나 이리가 없어서 홀쭉한 물고기

홀태바지 이름씨 가랑이 통이 썩 좁은 바지

홀태질 이름씨 낟알을 훑어서 떠는 일. 또는 가진 사람이나 윗대가리가 아람들 천량을 빼앗는 짓

훌훌 어찌씨 ❶작은 날짐승이 잇따라 날개를 치며 가볍게 나는 모습 ⓑ참새가 훌훌 날아간다 ❷작고 가벼운 몬이 바람에 날리는 모습 ⓑ간밤에 내린 눈이 바람에 훌훌 날린다 ❸가볍게 날 듯이 뛰거나 움직이는 모습 ⓑ도둑은 돌담을 가뿐하게 훌훌 넘었다 ❹입을 오므려 입김으로 자꾸 부는 꼴 ⓑ배달낫개는 뜨겁게 해서 호호 불어가며 먹으면 좋다 ❺씨 같은 것을 가볍게 뿌리는 꼴 ⓑ참깨 씨를 훌훌 뿌리고 두 손으로 흙을 비벼 훌훌 덮어주었다 ❺다 벗어버리는 꼴 ⓑ덥다고 그렇게 훌훌 벗어버리면 고뿔 들어! ❻적은 물을 자꾸 들이켜는 꼴 ⓑ뜨거운 둥굴레 차를 훌훌 들여 마셨다 ❼먼지나 부스러기 들을 털어버리는 꼴 ⓑ먼지를 훌훌 털어버리고 쓸고 닦았다

홈 이름씨 무엇에 오목하고 길게 파인 자리 ⓑ꽃밭 가장자리에는 홈을 파서 물이 빠지게 했다

홈 ⇒ 집

홈그라운드 ⇒ 내집마당

홈드라마 ⇒ 집안이야기

홈런 ⇒ 울넘겨치기

홈뱅킹 ⇒ 집돈집일

홈쇼핑 ⇒ 집저자

홈질 이름씨 손바느질에서 옷감 두 날을 포개 놓고 바늘땀을 위아래로 곱고 고르게 호아 나가는 것

홈채기 이름씨 움푹하게 패인 곳

홈통 이름씨 물 같은 것을 끌어가는 데에 쓰는 길게 골이 지거나 홈이 파인 것 ⓑ홈통으로 물을 받아 벼 여름지이를 했다

홈페이지 ⇒ 누리집

홉 이름씨 낟이나 가루, 물 따위 부피를 잴 때

ㅎ

쓰는 부피 하나치. 10홉은 1되이다 ⓑ두 홉들이 참기름 한 병 사 오너라

홋홋살이 이름씨 밥입이 많지 않아 홋홋한 살림 한뜻말 홋홋살림 ⇐ 단가살이

홋홋하다 그림씨 딸린 사람이 적어 매우 홀가분하다 ⓑ홋홋하니 좋기도 하지만 아쉬울 때도 있다

홍건적 ⇒ 붉은띠도둑

홍게 ⇒ 붉은게

홍단풍 ⇒ 붉은잎나무

홍당무 ⇒ 당근

홍도 ⇒ 붉섬

홍두깨 이름씨 ❶다듬잇감을 감아서 다듬이질할 때 쓰는 연장. 천 구김살을 펴고 반드럽게 하는데 방망이보다 더 굵고 쭉 곧은 긴 막대를 쓴다 ⓑ홍두깨로 밀가루 반죽을 밀어서 칼국수를 만들었다 ❷소 볼기에 붙은 살코기 ❸서투른 일꾼이 논밭을 갈 때 거웃 사이에 갈리지 않은 흙 슬기말 **가는 방망이 오는 홍두깨** 제가 한 일보다 더 크게 받는 앙갚음

홍문관 ⇒ 큰글집

홍보 ⇒ 널리 알림. 널리 알리다. 널리 퍼뜨리다

홍보물 ⇒ 널리 알릴 것

홍보석 ⇒ 붉보배

홍살문 ⇒ 붉살문

홍삼 ⇒ 찐심

홍색 ⇒ 붉은빛

홍수 ⇒ 큰물. 벌물. 한물. 시위

홍시 ⇒ 물렁감. 무른감

홍안 ⇒ 젊은 얼굴. 붉은 얼굴

홍어 ⇒ 가오리

홍역 ⇒ 뜨야기. 꽃돌림앓이

홍예다리 ⇒ 무지개다리

홍오리 이름씨 부리그물

홍익인간 ⇒ 두루사람도움

홍일점 ⇒ 꽃님 하나

홍차 ⇒ 붉은차

홍채 ⇒ 눈조리개

홍치 ⇒ 붉고기

홍콩 이름씨 쭝궈 새마녘 끝에 있는 고장. 99해 동안 잉글나라 밑에 있다가 1997해에 쭝궈로 되돌아갔다

홍학 ⇒ 붉은 두루미

홍합 ⇒ 붉은빛살조개

홍해 ⇒ 붉은바다

홍화 ⇒ 잇꽃

홑 이름씨 ❶짝이 아니거나 겹이 아닌 것 ⓑ바지와 저고리는 겹으로 짓고 두루마기는 홑으로 지었다 ❷('홑으로' 꼴로 써) 그저 ⓑ열넷도 쉰넷도 아닌 홑으로 넷이오

홑- 앞가지 한 겹. 하나. 외톨 ⓑ홑치마. 홑버선

홑겹 이름씨 여러 겹이 아닌 한 겹 ⓑ옷이 홑겹이라 가볍고 맵시가 있네

홑꽃 이름씨 호박 꽃이나 오이 꽃처럼 꽃잎 하나로 이루어진 꽃 맞선말 겹꽃

홑낱말 이름씨 한 늣으로 이루어지는 낱말. '봄, 바다, 미나리'는 홑낱말이다 한뜻말 늣말 맞선말 겹낱말 ⇐ 단일어

홑눈[1] 이름씨 어떤 마디발숨받이에만 있는 눈. 툭 튀어나온 한 낱 렌즈와 그 밑에 있는 그물청으로 이뤄진다. 거미 같은 벌레에 있는데, 밝고 어두움만 가린다

홑눈[2] 이름씨 꽃눈이나 잎눈같이 푸나무 한 마디에서 하나씩 나오는 눈

홑마디틀 이름씨 마디가 하나뿐인 틀 ⇐ 단항식

홑바지 이름씨 홑겹으로 지은 바지 ⓑ가을이라 홑바지로는 벌써 선득선득해 맞선말 겹바지

홑벌사람·홑사람 이름씨 속이 깊지 못하고 생각이 얕은 사람 ⇐ 졸장부

홑벌책 이름씨 이어 내는 책과 달리 한 디위 내고 끝난 책 ⇐ 단행본

홑손 이름씨 바둑에서 한 수로 이기고 지게 되거나 맞은 쪽 돌을 잡을 수 있게 된 때 ⇐ 단수

홑씨 이름씨 남에게 보내는 몬에 함께 보내는 몬 이름과 낱수를 적은 종이 ⇐ 단자

홑씨방 이름씨 콩이나 애콩처럼 씨방에 칸막이가 없이 홑으로 된 씨방 ⇐ 단자방

ㅎ

홑이불 이름씨 한 겹으로 된 이불 ⓑ날이 더워 홑이불만 덮고 잤다

홑잔삼 이름씨 잔삼 하나로 된 목숨. 아메바, 짚신벌레, 좀팡이 따위가 있다 ⇐ 단세포

홑잔삼산것 이름씨 오직 잔삼 하나로 몸이 이루어진 산것 ⇐ 원생생물

홑잔삼숨받이 이름씨 온몸이 잔삼 하나로 된 숨받이 ⇐ 원생동물

홑지다 그림씨 너더분하지 않고 홀가분하다 ⓑ몸짜임이 홑지게 생긴 아메바. 홑진 밥입이 어느새 곱으로 늘었다

홑청 이름씨 이불이나 요, 베개 따위 겉에 씌우는 홑겹 껍데기 ⓑ이불 홑청과 베개 홑청을 빨아야겠다

화 (火) ⇒ 불. 성. 섟. 골. 부아. 노여움. 부아통

화 (禍) ⇒ 안 좋은 일

화가 ⇒ 그림쟁이

화강암 ⇒ 쑥돌

화공 ⇒ 그림쟁이

화공약품 ⇒ 됨갈짓일낫것

화교 ⇒ 쫑궈겨레

화구 ⇒ 아궁이. 불구멍

화근 ⇒ 진티. 불집. 불씨. 빌미

화급하다 ⇒ 매우 과가르다. 매우 바쁘다

화기 (火氣) ⇒ 불기운. 불김

화기 (和氣) ⇒ 따뜻한 기운. 따뜻한 날씨. 포근한 기운. 포근한 날씨

화기애애하다 ⇒ 웃음꽃이 피다. 따뜻한 기운이 넘치다. 구순하다

화끈 어찌씨 뜨거운 기운을 받거나 부끄러워서 얼굴이 갑자기 달아오르는 꼴 ⓑ얼굴이 화끈 달아올라 어쩔 줄 모르겠다 **화끈하다**

화끈거리다 움직씨 뜨거운 기운을 받아 갑자기 달아오르다 ⓑ불에 덴 곳이 화끈거린다 **화끈대다**

화끈하다 그림씨 ❶불기운 같은 것이 갑자기 세게 뜨겁다 ⓑ불담이 불이 화끈하게 달아오른다 ❷생각이나 몸짓이 거침없다 ⓑ오늘만큼은 화끈하게 놀아도 돼

화끈화끈 어찌씨 뜨거운 기운을 받아 갑자기 자꾸 달아오르는 꼴 ⓑ다솜은 먼발치로 지나가는 솔메를 보자 가슴은 방망이질을 하고 얼굴은 화끈화끈 달아올랐다 **화끈화끈하다**

화나다 ⇒ 뿔나다. 골나다. 성나다. 부레끓다. 부아나다. 약오르다

화내다 ⇒ 뿔내다. 골내다. 부아내다. 욱하다

화농균 ⇒ 곪음팡이

화다닥 어찌씨 ❶갑자기 빠르게 뛰거나 몸을 뛰는 꼴 ⓑ아버지가 앞문으로 들어오기 앞서 아들이 뒷문으로 화다닥 빠져나갔다 ❷일을 서둘러 해치우는 꼴 ⓑ낮밥 먹고 나무 한 짐을 화다닥 해서 지고 내려왔다 ❸불현듯 놀라거나 어쩔 줄 모르는 꼴 ⓑ길모퉁이에서 나를 마주친 꽃순이가 화다닥 놀라는 눈치다 ❹날짐승이 갑자기 홰를 치는 꼴 ⓑ수탉이 화다닥 홰를 치고는 꼬끼오 하고 힘차게 운다 **화다닥하다**

화다닥거리다 움직씨 여럿이 다 또는 잇달아 갑자기 빠르게 뛰거나 몸을 뛰다 **화다닥대다**

화다닥화다닥 어찌씨 ❶여럿이 다나 잇달아 갑자기 빠르게 뛰거나 몸을 뛰는 꼴 ⓑ닭우리에 살쾡이가 들자 닭들이 화다닥화다닥 놀라 달아난다 ❷여럿이 다나 잇달아 일을 서둘러 해치우는 꼴 ⓑ우리는 밭을 화다닥화다닥 매 치우고 그늘에서 쉬었다 ❸여럿이 다나 잇달아 불현듯 놀라거나 어쩔 줄 모르는 꼴 ⓑ내가 왔다고 그렇게 화다닥화다닥 놀라지 마세요 ❹여럿이 다나 잇달아 날짐승이 갑자기 홰를 치는 꼴 ⓑ수탉들이 서로 겨루듯이 화다닥화다닥 홰를 치고 운다 **화다닥화다닥하다**

화닥닥 어찌씨 ❶갑자기 뛰거나 몸을 일으키는 꼴 ⓑ뒷밭에서 자던 고라니가 오줌 누러 나오는 소리에 놀라 화닥닥 달아난다 ❷일을 서둘러 해치우는 꼴 ⓑ오늘은 묵나물을 화닥닥 데쳐 널어놓고 메에 올랐다 ❸불현듯 놀라거나 어쩔 줄 모르는 꼴 ⓑ솔버섯 밭에서 맞뜨린 멧돼지가 화닥닥 놀

라 미친 듯이 달아났다 4 문 같은 것을 시끄럽게 열어젖히는 꼴 [보] 문을 화닥닥 열고 언니가 들어왔다 **화닥닥하다**

화닥닥거리다 [움직씨] 1 여럿이 다나 잇달아 갑자기 뛰거나 몸을 일으키다 2 여럿이 다나 잇달아 일을 서둘러 해치우다 3 여럿이 다나 잇달아 불현듯 놀라거나 어쩔 줄 모르다 4 문 같은 것을 여럿이 다나 잇달아 시끄럽게 열어젖히다 **화닥닥대다**

화닥닥화닥닥 [어찌씨] 1 여럿이 다나 잇달아 갑자기 뛰거나 몸을 일으키는 꼴 [보] 논둑에 나와 쉬던 엉머구리들이 화닥닥화닥닥 논으로 뛰어 들어간다 2 여럿이 다나 잇달아 일을 서둘러 해치우는 꼴 [보] 저녁에 맛있는 것 먹으러 간다는 말에 일꾼들이 일을 화닥닥화닥닥 해치웠다 3 여럿이 다 또는 잇달아 불현듯 놀라거나 어쩔 줄 모르는 꼴 [보] 동네 사람들은 술 추러 온다는 말에 화닥닥화닥닥 놀라 저마다 술을 감추러 집으로 달려갔다 4 문 같은 것을 여럿이 다나 잇달아 시끄럽게 열어젖히는 꼴 [보] 우리는 흙날에는 문이란 문은 다 화닥닥화닥닥 열어젖히고 쓸고 닦았다 **화닥닥화닥닥하다**

화단 (花壇) ⇒ 꽃밭

화단 (畫壇) ⇒ 그림누리

화답 ⇒ 노래로 맛갊기. 노래로 맛갊다

화덕 ⇒ 불덕. 아궁이

화들 [어찌씨] 팔다리나 몸이 몹시 떨리는 꼴 [보] 일어서려다 다리가 화들 떨려 그 자리에 주저앉았다 **화들하다**

화들거리다 [움직씨] 팔다리나 몸이 몹시 자꾸 떨리다 **화들대다**

화들짝 [어찌씨] 놀라거나 떨려 몹시 몸을 펄쩍 뛰는 꼴 [보] 삽살개가 달려들자 암탉은 화들짝 놀라 달아났다 **화들짝하다**

화들짝거리다 [움직씨] 놀라거나 떨려 몹시 몸을 펄쩍펄쩍 뛰다 **화들짝대다**

화들짝화들짝 [어찌씨] 놀라거나 떨려 몹시 몸을 펄쩍펄쩍 뛰는 꼴 [보] 가슴앓이를 하는 아지매는 작은 일에도 화들짝화들짝 놀란다 **화들짝화들짝하다**

화들화들 [어찌씨] 팔다리나 몸이 몹시 자꾸 떨리는 꼴 [보] 할아버지가 지팡이를 짚고 다리를 화들화들 떨며 가게에 나오셨다 **화들화들하다**

화라지 [이름씨] 땔나무로 쓰기 좋게 옆으로 길게 뻗어나간 나뭇가지

화락[1] [어찌씨] 갑자기 움직이거나 바뀌는 꼴 [보] 화락 붉어지는 순이 얼굴을 훔쳐보았지

화락[2] [어찌씨] 물이 뚝뚝 떨어지게 흠뻑 젖은 꼴 [보] 화락 젖은 두루마기

화락하다 [그림씨] 옷이 물이 뚝뚝 떨어지게 흠뻑 젖다 [보] 오는 길에 소나기를 만나 화락하게 옷이 다 젖었다

화랑 (花郎) ⇒ 가시나

화랑 (畫廊) ⇒ 그림방

화려하다 ⇒ 눈부시다. 아름답다. 빛나고 아름답다

화력 ⇒ 불땀. 불기운. 불힘

화력발전소 ⇒ 불힘번힘곳

화로 ⇒ 불담이

화롯불 ⇒ 불담이불

화르르 [어찌씨] 1 새떼가 날개를 치며 날아오르는 꼴. 또는 그 소리 [보] 참새떼가 논에서 화르르 날아오른다 2 바싹 마른 나뭇잎이나 종이가 세게 타오르는 꼴이나 그 소리 [보] 갑자기 불이 화르르 타올라 짚더미를 삼켰다 **화르르하다**

화르르화르르 [어찌씨] 1 새떼가 잇달아 날개를 마구 치며 날아오르는 꼴이나 그 소리 [보] 새떼가 화르르화르르 대숲으로 날아오른다 2 바싹 마른 잎이나 종이가 잇달아 세게 타오르는 꼴이나 그 소리 [보] 가랑잎을 태우던 불이 들판으로 번져 화르르화르르 거세게 타오른다 **화르르화르르하다**

화르륵 [어찌씨] 1 새떼가 갑자기 날개를 치며 날아오르는 꼴 [보] '훠어' 하고 새를 쫓자 논에 내렸던 참새떼가 화르륵 날아오른다 2 바싹 마른 잎이나 종이가 세게 타오르는 꼴 [보] 쓰레기를 태우던 불이 화르륵 들로 번져 들불이 났다 **화르륵하다**

화르륵거리다 [움직씨] [1]새떼가 잇달아 갑자기 날개를 치며 날아오르다 [2]바싹 마른 잎이나 종이가 잇달아 세게 타오르다 **화르륵대다**

화르륵화르륵 [어찌씨] [1]새떼가 잇달아 갑자기 날개를 치며 날아오르는 꼴 ㉥보리밭에 내렸던 갈까마귀 때가 사람이 가자 화르륵화르륵 날아오른다 [2]바싹 마른 잎이나 종이가 잇달아 세게 타오르는 꼴 ㉥갈비에 붙은 불씨가 솔가지를 넣자 화르륵화르륵 타오른다 **화르륵화르륵하다**

화면 ⇒ 그림낯

화목하다 ⇒ 두텁다. 구순하다. 사이좋다

화문석 ⇒ 꽃돗자리. 꽃자리. 등메

화물 ⇒ 짐

화물선 ⇒ 짐배

화물열차 ⇒ 짐긴수레

화물차 ⇒ 짐수레

화백 ⇒ 그림쟁이. 그림바치

화병 (火病) ⇒ 골남앓이. 부아앓이

화병 (花甁) ⇒ 꽃병

화보 ⇒ 알림그림책

화분 (花盆) ⇒ 꽃동이

화분 (花粉) ⇒ 꽃가루

화사하다 ⇒ 밝고 따뜻하다. 두드러지게 곱다. 빛나고 곱다

화산 ⇒ 불메

화산가스 ⇒ 불메가스

화산대 ⇒ 불메띠

화산섬 ⇒ 불메섬

화산재 ⇒ 불메재

화산탄 ⇒ 불메덩이

화살 [이름씨] 활시위에 메겨 당겨 쏘아 과녁을 맞추는 몬. 가는 참대로 만들며 끝에 화살쇠가 있다 ㉥화살이 날아가 과녁 한가운데 꽂혔다 [익은말] **화살 같다** [1]매우 빠르다 [2]영문없이 푹 찌르다 [3]몬 끝이 화살 끝처럼 뾰쪽하다

화살나무 [이름씨] 낮은 멧기슭에 자라는 갈잎나무. 가지에 화살 깃 같은 것이 붙어 있고 잎은 나물로 먹고 무조가리에 좋다

화살대 [이름씨] 화살 몸이 되는 대 [한뜻말]살대

화살쇠 [이름씨] 화살 끝에 박은 쇠 [한뜻말]살밑 ⇐ 화살촉. 살촉

화살촉 ⇒ 뾰족쇠. 화살쇠

화살표 [이름씨] '→', '←' 처럼 글월에 쓰는 뜻말

화상 (火傷) ⇒ 덴데. 덴 생채기. 덴 자국

화상 (畫像) ⇒ 그림꼴. 뮘그림꼴

화상전화 ⇒ 뮘그림말틀

화상회의 ⇒ 뮘그림뜻나눔

화색 ⇒ 밝은 빛. 따뜻한 빛. 기쁜 빛. 환한 빛

화석 ⇒ 삶돌. 삶자취돌. 굳은 돌

화석연료 ⇒ 삶돌땔감

화선지 ⇒ 그림닥종이

화성 (火星) ⇒ 불별

화성 (和聲) ⇒ 어울소리

화성암 ⇒ 불에된바위

화술 ⇒ 말솜씨. 말재주. 입담

화실 ⇒ 그릴데. 그림방

화씨 [이름씨] 물이 어는점을 32데, 끓는점을 212데로 하고 그 사이를 180 디위 나눠 나타냄

화씨온도계 ⇒ 화씨따습재개

화약 ⇒ 불씀. 불터지개

화약고 ⇒ 불씀광

화염 ⇒ 불꽃. 불길

화요일 ⇒ 불날

화음 ⇒ 어울림소리

화이팅 ⇒ 힘내자. 이기자

화장 (火葬) ⇒ 불사름. 불사르다

화장 (化粧) ⇒ 꾸밈. 치레. 낯꾸밈. 낯치레. 꾸미다. 매만지다. 치레하다

화장대 ⇒ 꾸밈대

화장실 ⇒ 뒷간. 말곳

화장장·화장터 ⇒ 불사름터

화장지 ⇒ 뒷종이. 밑씻개

화장품 ⇒ 낯치렛감. 꾸밈몬. 낯바르개

화재 ⇒ 불. 불지실

화재보험 ⇒ 불사달막이

화적 ⇒ 도둑떼. 떼도둑

ㅎ

화전 (火田) ⇒ 팔밭. 부대밭. 부대기밭

화전 (花煎) ⇒ 꽃부침. 꽃부꾸미

화전놀이 ⇒ 꽃달임

화전민 ⇒ 팔밭지기. 부대밭 여름지기

화제·화젯거리 ⇒ 이야깃거리

화줏머리 이름씨 솟대 꼭대기께

화증 ⇒ 불늦. 골늦

화지 ⇒ 그림종이. 그림 그리는 종이

화질 ⇒ 그림바탕. 멀봄바탕. 비춤꼴바탕

화차 (貨車) ⇒ 짐수레

화차 (火車) ⇒ 불수레

화창하다 ⇒ 따뜻하고 맑다

화채 ⇒ 과일물

화초 ⇒ 꽃풀. 꽃나무

화촉 ⇒ 꽃촛불

화친 ⇒ 손잡음. 사이좋음. 손잡다. 사이좋다. 사이좋게 지내다

화톳불 이름씨 한데서 땔나무를 모아 피우는 불 ⓑ화톳불이 사윈 지 오래되었다

화통 ⇒ 수레굴뚝

화투 ⇒ 그림딱지

화판 ⇒ 그림널

화평하다 ⇒ 잘 지내다. 일없다. 조용하다

화폐 ⇒ 돈

화포 ⇒ 불내쏘개

화폭 ⇒ 그림. 그림바탕. 그림그린조각

화풀이 ⇒ 배참. 골풀이. 배참하다. 골풀이하다

화풍 ⇒ 그림맵시. 그림솜씨. 그림버릇

화하다 그림씨 입안에 시원한 느낌이 나다 ⓑ이를 닦고 나니 입안이 화하다

화학 ⇒ 될갈

화학결합 ⇒ 될갈모임

화학공업 ⇒ 될갈짓일

화학물질 ⇒ 될갈몬. 될갈몬밭

화학비료 ⇒ 될갈거름

화학섬유 ⇒ 될갈올실

화학에너지 ⇒ 될갈힘. 될갈에너지

화학자 ⇒ 될갈이

화합 (化合) ⇒ 뭉침. 한덩어리. 아울다. 한덩어리되다

화합 (和合) ⇒ 어울림. 잘 어울리다. 잘 지내다. 손잡다

화합물 ⇒ 솔몬. 사른몬. 아울몬

화해 ⇒ 손잡음. 마음풂. 손잡다. 마음풀다

화형 ⇒ 태워죽임

화환 ⇒ 꽃목걸이. 꽃고리

화훼 ⇒ 꽃나무. 풀꽃나무

확[1] 이름씨 방아나 절굿공이가 떨어지는 아가리 안에 움푹 팬 곳 ⓑ어머니는 부지런히 확에 손을 넣었다 뺐다 하면서 일했고 우리는 디딜방아를 밟았다 슬기말 **확 깊은 집에 주둥이 긴 개 들어온다** 일이 잘되어 가려면 다 때와 가리가 맞아 들어간다

확[2] 어찌씨 ❶바람이나 냄새, 기운이 갑자기 세게 풍기는 꼴 ⓑ생각만 해도 소름이 확 끼친다 ❷불길이 갑자기 세게 일어나는 꼴 ⓑ눈 깜짝새 불길이 확 솟았다 ❸일이 빠르고 힘차게 일어나는 꼴 ⓑ비킬 새도 없이 주먹이 확 날아왔다 ❹막힌 것이 갑자기 활짝 풀리거나 열리는 꼴 ⓑ그 말 한마디에 막혔던 마음이 확 풀렸다

확고부동하다 ⇒ 굳다. 끄떡없다. 단단하다. 흔들림 없다

확고하다 ⇒ 튼튼하다. 굳세다. 굳건하다. 단단하다. 끄떡없다. 움직이지 않다. 흔들림 없다

확답 ⇒ 다짐. 다지다. 똑똑히 말하다

확대 ⇒ 늘임. 키움. 늘이다. 키우다. 넓히다. 크게 하다

확대경 ⇒ 돋보기

확률 ⇒ 있음직함. 됨직함

확립 ⇒ 굳게 세움. 세움. 굳게 세우다. 세우다

확보 ⇒ 마련. 지님. 지니다. 마련하다. 차지하다. 자리잡다

확산 ⇒ 번짐. 퍼짐. 번지다. 퍼지다

확성기 ⇒ 소리키움틀

확소나기 이름씨 더운 곳에 내리는 소나기 ⇐ 스콜

확신 ⇒ 굳게 믿음. 굳게 믿다. 틀림없다고 보다

확실하다 ⇒ 틀림없다. 어김없다. 뚜렷하다. 맞다

확약 ⇒ 다짐. 다짐하다

ㅎ

확언 ⇒ 다짐. 잘라말함. 잘라 말하다. 다짐하다. 틀림없다고 하다
확연히 ⇒ 뚜렷이. 아주 또렷이
확인 ⇒ 맞춰봄. 챙김. 살펴보다. 맞춰보다. 챙기다. 그렇다고 하다. 맞다고 여기다
확장 ⇒ 늘임. 넓힘. 늘이다. 넓히다
확정 ⇒ 못박음. 잡기. 못박다. 잡다
확증 ⇒ 틀림없는 꼬투리. 본메. 본짱. 본메본짱
확충하다 ⇒ 늘리다. 넓히다. 채우다. 알차게 하다. 깁고 보태다
확확 [어찌씨] **1** 바람이나 냄새, 기운이 세게 잇따라 풍기는 모습 ㉥시궁창에서 고약한 냄새가 확확 난다 **2** 일이 잇달아 빠르고 힘차게 일어나는 모습 ㉥아저씨는 덥다면서 부채를 확확 부쳤다 **3** 막히거나 닫힌 것이 훤하게 뚫리거나 열리는 모습 ㉥누나는 이른 아침부터 바라지를 확확 열어젖혔다
환 [이름씨] 아무렇게나 마구 그린 그림
환각 ⇒ 헛것봄. 헛느낌
환각제 ⇒ 깨비낫개
환갑 ⇒ 예순돌. 예순한 살
환경 ⇒ 터전. 삶터. 살터
환경미화원 ⇒ 살터가꿈이. 삶터가꿈이
환경보호 ⇒ 터전지킴. 삶터지킴
환경부 ⇒ 살터돌봄곳. 삶터돌봄곳. 삶터돌봄맡
환경오염 ⇒ 터전더럽힘. 터전물듦
환궁 ⇒ 임금집돌아옴
환금 ⇒ 돈바꿈. 돈 바꾸다
환급 ⇒ 돌려줌. 돌려주다. 되돌려주다. 도로 내주다
환기 (喚起) ⇒ 불러일으킴. 깨워 일으키다. 불러일으키다. 일깨우다
환기 (換氣) ⇒ 바람갈이. 빈기바꿈
환기구 ⇒ 바람구멍
환기통 ⇒ 바람갈이틀. 빈기바꿈틀
환난 ⇒ 괴로움
환담 ⇒ 즐거운 이야기. 기꺼운 이야기
환대 ⇒ 반가이 맞음. 반가이 맞다
환등기 ⇒ 그림비추개
환락 ⇒ 재미. 즐거움
환멸 ⇒ 헛된 느낌. 허전한 느낌. 싫증
환부 ⇒ 아픈 곳. 다친 데. 곪은 데. 아픈 자리
환불 ⇒ 되돌려줌. 되돌려주다
환산 ⇒ 바꿈셈. 바꿔 셈하다
환산표 ⇒ 바꿈셈표
환삼덩굴 [이름씨] 묵은 밭둑이나 빈터에 퍼져 자라는 덩굴풀. 줄기에 가시가 많아 맨살을 다치게 한다. 어린싹은 먹고 포기째 낫개로 쓴다
환상 ⇒ 곡두. 허깨비. 꿈
환상곡 ⇒ 허깨비가락
환상적 ⇒ 꿈같은
환생 (還生) ⇒ 다시 태어남. 다시 태어나다
환생 (幻生) ⇒ 허깨비처럼 나타남. 꼴 바꿔 다시 태어남. 꿈처럼 나타나다
환성 ⇒ 기쁜 소리
환송 (歡送) ⇒ 배웅. 배웅하다. 기꺼이 보내다
환송 (還送) ⇒ 돌려보냄. 돌려보내다. 되돌려 보내다
환수 ⇒ 돌려받음. 돌려받다. 도로 받다. 도로 거둬들이다
환승 ⇒ 갈아탐. 갈아타다. 바꿔타다
환심 ⇒ 기쁜마음
환심 사다 ⇒ 마음 끌다. 좋아하게 만들다. 눈길 끌다
환약 ⇒ 알낫. 알낫개
환영 (幻影) ⇒ 허깨비. 곡두
환영 (歡迎) ⇒ 반겨맞이. 마중. 마중하다. 반겨맞다. 기꺼이 맞다. 즐겨맞다
환영객 ⇒ 반길사람
환영회 ⇒ 반김모임
환원 ⇒ 되돌림. 되돌아가다. 되돌리다. 다시 돌아가다
환율 ⇒ 바꿈푼수. 돈바꿈푼수
환자 ⇒ 앓는이. 아픈이. 다친 사람. 앓는 사람
환장 ⇒ 마음확바뀜
환전 ⇒ 돈바꿈. 돈 바꾸다
환전소 ⇒ 돈 바꾸는 곳. 돈바꿈곳
환절기 ⇒ 철 바뀔 때. 철 바뀔 무렵
환칠 [이름씨] 얼럭덜럭 되는대로 물감을 입히

는 것 ⓑ얼굴에 환칠을 한 광대들이 춤판에 나와서 북을 치고 춤을 춘다

환풍구 ⇒ 바람구멍

환풍기 ⇒ 바람갈이틀

환하다 그림씨 ❶빛이 비쳐 또렷하게 밝다 ⓑ햇빛이 잘 들어 집안이 환하다 맞선말캄캄하다 큰말훤하다 ❷가린 것 없이 트여 넓고 시원하다 ⓑ앞길이 환하다 ❸어떤 것을 꿰뚫어 안다 ⓑ엄지는 이쪽 일에는 환하다 ❹생김새나 차림새가 말쑥하다 ⓑ머리를 깎고 나니까 얼굴이 환하구나

환호 ⇒ 기뻐 소리침. 기뻐서 소리치다. 기뻐서 부르짖다

환호성 ⇒ 기쁨소리

환희 ⇒ 기쁨. 매우 즐거움

활 이름씨 ❶화살을 걸어 쏘는 연장 ⓑ활잡이는 활에 살을 먹였다 ❷줄가락틀을 켜는 데 쓰는 연장 ⓑ이것은 활로 줄을 그어 소리를 내는 가락틀이다

활강 ⇒ 미끄러짐. 미끄러져 내림. 미끄러지다. 미끄러져 내리다

활개 이름씨 ❶새가 활짝 편 두 날개 ⓑ두루미가 활개를 치며 날아간다 ❷사람이 쭉 뻗은 팔과 다리 ⓑ싸움꾼이 활개를 저으며 씩씩하게 걸어간다 ❸윗끝은 모이고 아래는 두 쪽으로 벌려진 꼴 ⓑ그물 활개 익은말 **활개를 치다** ❶걸을 때 두 팔을 크게 흔들다 ⇐ 활보하다 ❷새가 두 날개를 펼쳐서 퍼덕이다 ❸떳떳하고 씩씩하게 살다 ❹제 누리인 것처럼 함부로 거들먹거리다 **활개를 펴다** ❶팔다리를 쭉 벌려서 펴다 ❷날개를 쭉 펴서 벌리다 ❸떳떳하고 씩씩하게 살다

활갯짓 이름씨 ❶걸을 때 두 팔을 힘있게 내저으며 걷기 ❷새가 두 날개를 치는 짓 ❸남 앞에서 삿대질을 하며 제멋대로 하기

활기 ⇒ 힘찬 기운

활기차다 ⇒ 힘차다. 기운 넘치다

활달하다 ⇒ 씩씩하다. 걸걸하다. 푼푼하다. 서글서글하다. 시원시원하다

활동 ⇒ 짓. 짓거리. 움직임. 움직이다. 일하다

활동량 ⇒ 뮘붚. 뮘크기

활동사진 ⇒ 뮘그림

활등꼴 이름씨 동글 둘레나 굽은 금 위에 있는 두 점 사이 둥글게 휜 금 ⇐ 호

활랑활랑 어찌씨 ❶염통이 두근거리며 자꾸 뛰는 꼴 ⓑ왜 이리 가슴이 활랑활랑 뛸까 ❷부채로 세게 바람을 일으키는 꼴 ⓑ땀을 뻘뻘 흘리는 엄마에게 부채를 활랑활랑 부쳐 드렸다 **활랑활랑하다**

활량나물 이름씨 우리나라에서 자라는 나물 가운데 키가 큰 나물. 콩 갈래에 딸리고 어린싹은 나물로 먹고 자란 풀은 짐승 먹이로 쓴다

활력 ⇒ 힘. 기운

활력소 ⇒ 힘바탕. 기운바탕

활로 ⇒ 살길

활발하다 ⇒ 씩씩하다. 거쿨지다. 기운차다. 습습하다. 힘차다. 시원스럽다. 푼푼하다

활보 ⇒ 활개침. 활개치다. 힘차게 걷다. 거드럭거리다. 함부로 날뛰다

활석 ⇒ 곱돌

활시위 이름씨 활에 걸어서 켕기는 줄. 화살을 여기에 걸어 잡아당겼다가 내쏜다 ⓑ사내는 과녁을 겨누고 활시위를 힘껏 잡아당겼다 한뜻말활줄 ⇐ 현

활쏘기 이름씨 활을 쏘는 일 ⓑ낮에는 멧골짜기를 누비며 활쏘기를 배우고 밤에는 호롱불 아래에서 글을 읽었다

활약 ⇒ 힘차게 뮘. 힘차게 뜀. 기운차게 움직이다. 눈부시게 일하다. 힘차게 뛰다

활엽수 ⇒ 넓은잎나무

활엽수림 ⇒ 넓은잎나무숲

활용 ⇒ 씀. 살려 씀. 쓰다. 살려 쓰다. 써먹다. 부려쓰다. 끝바꿈하다

활용형 ⇒ 바뀜꼴

활자 ⇒ 꼴글

활자본 ⇒ 꼴글책

활자화 ⇒ 책으로 나옴. 책에 실림. 책으로 만들다. 책에 싣다

활주 ⇒ 미끄러져 달림. 미끄러져 달리다. 미끄러

져 내닫다. 내달리다

활주로 ⇒ 내달음길. 미끄럼길

활죽 이름씨 돛이나 종이솔개에 대어 팽팽하게 힘을 받게 하는 살

활줄 이름씨 활 시위

활짝 어찌씨 ❶문이 시원스럽게 열린 꼴 ⓑ바라지를 활짝 열어 바람갈이를 시켰다 ❷날개를 시원스럽게 펼치는 꼴 ⓑ매가 날개를 활짝 펴고 날아간다 ❸막힌 것 없이 넓게 트인 꼴 ⓑ너른 들판이 눈앞에 활짝 펼쳐졌다 ❹꽃이 한껏 핀 꼴 ⓑ벚꽃이 활짝 핀 봄날이었다 ❺날이 아주 맑게 걷힌 꼴 ⓑ구름이 걷히고 하늘이 활짝 개었다 ❻얼굴 가득히 웃음을 띤 꼴 ⓑ아이는 반가운 얼굴로 나를 보고 활짝 웃었다 ❼밥이나 콩 같은 낟알이 넉넉히 퍼진 꼴 ⓑ오늘 아침 밥은 활짝 퍼져서 씹기가 좋다

활짱 이름씨 활 몸뚱이

활짱묶음 이름씨 글월 뜻말. '{}' 이름 ⇐ 중괄호

활판 ⇒ 박음널

활화산 ⇒ 불메. 불뿜는메

활활 어찌씨 ❶불길이 세차게 타오르는 꼴 ⓑ모닥불이 활활 타올랐다 ❷거침없이 옷을 벗는 꼴 ⓑ사내는 옷을 활활 벗더니 물속으로 풍덩 뛰어들었다 ❸부채를 조금 빠르고 세게 부치는 꼴 ⓑ엄마는 앞섶을 풀어헤치고 부채를 활활 부쳐 대며 마당 안으로 들어왔다 ❹날짐승이 높이 떠서 날개를 나릿나릿 치며 시원스럽게 나는 꼴 ⓑ고추잠자리가 가을 하늘을 활활 떼 지어 난다 ❺거름 같은 것을 거침없이 내던지거나 뿌리는 꼴 ⓑ거름을 삽으로 떠서 고추 심을 밭에 활활 마음껏 뿌렸다 ❻먼지를 거침없이 털거나 빨래를 물에 힘차게 헹구는 꼴 ⓑ우리는 냇가에서 빨래를 활활 헹궈 널었다

홧김에 ⇒ 골난 김에

홧홧 어찌씨 ❶몹시 달아올라 뜨거운 꼴 ⓑ나는 가슴이 울렁거리면서 귀밑이 홧홧 달아올랐다 ❷불길이 잇달아 과가르게 타오르는 꼴 ⓑ메로 번진 불길은 거침없이 홧홧 타올랐다 **홧홧하다**

황 ⇒ 누렁

황갈색 ⇒ 누런 밤빛. 검누른 빛

황공하다 ⇒ 몸 둘 바를 모르다. 어쩔 줄 모르다

황구 ⇒ 누렁이. 누렁개

황금 (黃金) ⇒ 누런쇠. 누런보

황금 (黃芩) ⇒ 속썩은풀

황금기 ⇒ 한창때

황금만능 ⇒ 돈누리

황금물결 ⇒ 누런물결

황금빛·황금색 ⇒ 누런빛

황급하다 ⇒ 바쁘다

황급히 ⇒ 진동한동. 부리나케. 허둥지둥

황기 이름씨 잎은 아카시아 잎 비슷하고 여름에 엷노란 꽃이 피며 뿌리를 낫개로 쓰는 풀

황당무계하다·황당하다 ⇒ 터무니없다. 어이없다. 헛되다. 미덥지 못하다. 어처구니없다

황도 (黃道) ⇒ 해겉보기뭠길

황도 (黃桃) ⇒ 누런 복숭아

황량하다 ⇒ 거칠고 쓸쓸하다. 텅 비고 메마르다

황룡사 ⇒ 누른미르절

황무지 ⇒ 묵은 땅. 푸서리. 거친 땅. 버덩

황복 ⇒ 노란복

황사 ⇒ 누른모래. 흙모래. 흙먼지

황사현상 ⇒ 누른모래바람. 흙모래바람. 흙먼지바람

황산 ⇒ 누렁심

황산구리 ⇒ 누렁심구리

황산화물 ⇒ 누렁살남몬

황새 이름씨 몸빛은 하얗고 날개 끝 깃털과 부리는 검으며 다리는 붉고 길며 발에 물갈퀴가 있는 큰 새. 물고기나 개구리, 우렁이들을 잡아먹고 높은 나무 위에 깃들어 산다 슬기말 **황새 여울목 넘겨다보듯·황새 우렁이 구멍 들여다보듯** 목을 길게 빼고 무엇을 그윽이 엿보는 것

황새냉이 이름씨 물가나 축축한 땅에 잘 자라며 봄에 흰 꽃이 가지 끝에 모여 피는 나물. 뿌리째 먹는다

황색 ⇒ 누런빛. 노란빛. 누렁. 노랑

황소 이름씨 ❶큰 수소 ⓑ황소를 몰아 밭을 갈다 맞선말암소 ❷몸이 크고 힘이 몹시 센 사람 ⓑ저렇게 힘이 센 걸 보니, 저 사람을 왜 황소라고 부르는지 알겠군

황소개구리 이름씨 몸집이 크고 힘이 세며 등은 짙은 풀빛이나 밤빛에 검은 얼룩이 있는 개구리. 몸길이는 어림잡아 여섯 치

황소걸음 이름씨 ❶황소처럼 느릿느릿 걷는 걸음 ⓑ그렇게 황소걸음으로 걸어서야 오늘 해 안에 집에 가겠나? ❷느리지만 꾸준히 끈기 있게 해나가는 것 ⓑ큰 일을 이루어 내려면 서두르지 말고 황소걸음으로 뚜벅뚜벅 가야 해

황소바람 이름씨 좁은 틈으로 세게 불어 드는 바람 ⓑ바라지 틈으로 황소바람이 들어온다

황소비단그물버섯 이름씨 흔히 '솔버섯'이라 부르는 버섯. 빛깔은 잘 익은 감빛이며 소낭버섯이 잘 나는 곳에 많이 난다

황송하다 ⇒ 고마움이 넘치다. 무척 고맙다. 고맙고 두렵다. 어찌할 바를 모르다

황실 ⇒ 큰임금집안

황쏘가리 ⇒ 누렁쏘가리

황야 ⇒ 거친 들. 거친 벌. 푸서리. 거칠고 넓은 벌판

황인종 ⇒ 누렁사람. 누렁이

황제 ⇒ 큰임금

황태 ⇒ 마른북어

황태자 ⇒ 큰임금이을아들

황토 ⇒ 누렁흙. 저승

황토색 ⇒ 누렁흙빛

황폐하다 ⇒ 메마르다. 거칠다. 못쓰게 되다. 엉망이 되다

황하 ⇒ 황허가람

황해 ⇒ 하늬바다

황해남도 ⇒ 마도누미

황해도 ⇒ 도누미

황해북도 ⇒ 노도누미

황해안 ⇒ 하늬바닷가. 누런바닷가

황허가람 이름씨 쫑궈 쿤룬 멧줄기에서 흐르기 비롯하여 쫑궈 하늬녘과 노녘을 가로질러 하늬바다로 흘러드는 큰 가람. 길이는 5,464킬로미터이다. 누렁흙이 뒤섞여 물빛은 누렇다 ⇐ 황하

황혼 ⇒ 해질녘. 해넘이. 어스름. 어슬녘. 저물녘. 해거름. 땅거미. 늘그막

황홀하다 ⇒ 눈부시다. 아름답다. 훌륭하다. 눈이 어지럽다

황화카드뮴 ⇒ 누렁된카드뮴

황후 ⇒ 큰임금아내

홰[1] 이름씨 새집이나 닭집 안에 새나 닭이 앉게 가로지른 막대기 ⓑ닭이 홰에 올라가 앉는다 밑말횃대

홰[2] 이름씨 싸리나 갈대를 묶어 불을 붙여 어둠을 밝히는 데 쓰는 몬 ⓑ홰에 기름을 먹이면 더욱 잘 탄다

홱 어찌씨 ❶몸짓을 갑자기 세차게 하는 꼴 ⓑ다솜이는 앙칼진 목소리로 싫다고 하고 고개를 홱 돌려버렸다 ❷어떤 것이 빠르게 스쳐 지나가는 꼴 ⓑ수레가 바로 눈앞으로 홱 지나갔다 ❸입김이나 바람이 갑자기 세게 부는 꼴 ⓑ바라지로 바람이 홱 불어 들어와 촛불이 꺼졌다 **홱하다**

횃대 이름씨 옷을 걸 수 있게 만든 막대. 통대로 많이 만든다

횃불 이름씨 홰에 붙인 불 ⓑ마을 사람들이 하나둘 횃불을 들고 모였다

횃불내 이름씨 고리와 조선 때에 밤에는 횃불, 낮에는 내를 올려 살피고장에서 오랑캐가 쳐들어오는 것을 나라 복판에 알리던 일 ⇐ 봉수. 봉화

회 (回) ⇒ 디위

회 (會) ⇒ 모임. 모꼬지. 몯

회 (膾) ⇒ 날고기살

회갑 ⇒ 예순돌. 예순한 살

회갑연 ⇒ 예순돌잔치

회개 ⇒ 뉘우침. 뉘우치다. 잘못을 고치다. 새사람 되다

회견 ⇒ 만나보기. 만나보다. 만나서 이야기하다

회계 ⇒ 돈셈. 셈침. 치름. 셈꾼. 셈보. 셈 맡은이

회고 ⇒ 돌이켜 봄. 돌이켜보다. 돌이켜 생각하다. 돌아보다. 뒤돌아보다. 되돌아보다. 되짚어보다

회고담 ⇒ 지난 얘기. 삶이야기

회고록 ⇒ 삶이야기

회관 ⇒ 모임집

회교 ⇒ 이슬람가르침

회군 ⇒ 싸울아비떼 되돌아옴

회귀 ⇒ 돌아옴. 돌아오다. 되돌아오다. 돌아가다. 되돌아가다

회귀선 ⇒ 되돌이금

회기 ⇒ 모임동안. 이야기동안

회담 ⇒ 몯말. 모여 뜻나눔. 모여서 이야기하다. 만나서 이야기하다

회답 ⇒ 맞갚음. 맞갚다. 맞받다. 받아 말하다

회돌이 이름씨 냇물이나 가람물이 굽이도는 곳 ⓑ냇물을 따라 흘러가던 나뭇잎이 회돌이에서 돌에 걸려 멈췄다 한뜻말 굽이돌이

회동 ⇒ 모임. 만남. 모이다. 만나다. 어울리다

회동그랗다 그림씨 ❶놀라거나 두려워 크게 뜬 눈이 동그랗다 ⓑ뜻밖 새뜸을 듣고 하늬가 눈을 회동그랗게 떴다 ❷일이 모두 끝나 가뿐하다 ❸옷맵시나 짐을 싼 꼴이 가뜬하다 ⓑ보라는 치마를 회동그랗게 싸며 얌전히 앉았다

회두리 이름씨 여럿이 있는 가운데 맨 끝이나 맨 나중에 돌아오는 차례 ⓑ그만한 솜씨이면 이름있는 버섯꾼 뒤를 이어 바치 회두리를 맺을 만하겠다

회람 ⇒ 돌려보기. 돌려보다. 돌라보다

회로 ⇒ 돌길. 돌아오는 길. 돌아가는 길

회로도 ⇒ 돌길그림

회목 이름씨 손목이나 발목 잘록한 곳

회목잡이 이름씨 손목이나 발목 잘록한 곳을 잡고 겨루는 놀이

회백색 ⇒ 흰잿빛

회보 ⇒ 모임새뜸

회복 ⇒ 되찾음. 나아짐. 되찾다. 돌이키다. 되돌아오다. 좋아지다. 나아지다. 깨나다. 깨어나다

회복기 ⇒ 되찾는때. 나아지는때

회부 ⇒ 넘김. 부침. 넘기다. 부치다. 돌려보내다

회비 ⇒ 모임돈. 몯돈

회사 ⇒ 일터. 벌데

회사원 ⇒ 일꾼

회상 ⇒ 돌아봄. 돌아보다. 되돌아보다. 돌이켜보다. 돌이켜 생각하다. 옛날을 더듬다

회색 ⇒ 잿빛. 쥣빛

회생 ⇒ 되삶. 되살아남. 되살아나다. 되살다. 다시 살아나다. 피어나다

회수 ⇒ 거둠. 돌려받음. 되돌려받다. 거두다. 도로 거두다. 거두어들이다

회술레 ⇒ 돌술레

회식 ⇒ 먹거지. 두레먹기

회신 ⇒ 맞글월보냄. 맞글월 보내다

회심 (回心) ⇒ 돌이마음

회심 (悔心) ⇒ 뉘우침

회심 (會心) ⇒ 흐뭇함. 마음에 듦. 느낌이 좋음

회양목 ⇒ 고양나무

회양회양하다 그림씨 부드럽고 하늘하늘하다 ⓑ회양회양한 싸리 회초리 하나 해 오너라

회오리바람 이름씨 ❶한곳에서 갑자기 소용돌이 꼴로 휘돌며 올라가는 바람 비슷한말 돌개바람 ❷많은 사람을 잠깐 사이에 마음을 뒤흔들거나 말썽을 일으키는 것 ⇐ 센세이션

회원 ⇒ 몯이. 몯보. 모인이

회원국 ⇒ 모인 나라. 몯나라

회유 ⇒ 달램. 꾐. 달래다. 꾀다. 구슬리다. 궁굴리다

회유책 ⇒ 달램수. 꾐수

회의 (會議) ⇒ 생각나눔. 뜻나눔. 말나눔. 애기나눔

회의 (懷疑) ⇒ 믿지 못함. 못 미더움. 믿지 못하다. 고개를 갸웃하다. 못 미더워하다

회의록 ⇒ 생각나눔적이. 뜻나눔적이

회의실 ⇒ 뜻나눔방

회의장 ⇒ 뜻나눔곳. 뜻나눔터

회장 (會長) ⇒ 으뜸빗. 으뜸일꾼

회장 (會場) ⇒ 모임터. 모임자리

회장 (回腸) ⇒ 돌창자

회전 ⇒ 돎. 돌이. 돌다. 돌아가다. 굴리다

회전날개 ⇒ 돌이날개

회전목마 ⇒ 맴돌말

회전문 ⇒ 도는 문. 돌이문
회전수 ⇒ 돌이수
회전운동 ⇒ 돌이뮘. 돎뮘
회전체 ⇒ 맴돌이
회전축 ⇒ 돌대. 둥굴대
회중 ⇒ 모임 가운데. 모인이 모두
회중시계 ⇒ 몸때틀. 품때틀. 몸때알림이. 품때알림이
회진 ⇒ 돌며 몸살핌. 돌며 몸 살펴보다
회초리 [이름씨] 잘못한 아이를 때리거나 마소를 부릴 때 쓰는 가느다란 나뭇가지 ㉥어머니는 거짓말을 하는 아들 버릇을 고치려고 회초리를 들었다
회충 ⇒ 거위
회충약·회충제 ⇒ 거위없애개. 거위낫개
회칙 ⇒ 모임지킬것
회칠 ⇒ 재입힘. 재입히다
회포 ⇒ 생각. 품은 생각. 시름. 품은 시름
회피 ⇒ 꺼림. 배돎. 꺼리다. 배돌다. 발뺌하다. 빠져나가다. 나서지 않다
회한 ⇒ 뉘우침
회합 ⇒ 모임. 모꼬지
회향 (回向) ⇒ 베풂
회화 (會話) ⇒ 말. 말하기. 마주이야기. 마주말하기
회화 (繪畫) ⇒ 그림
회화나무 [이름씨] 옛날에 잘사는 사람들이 많이 심었던 나무. 푸른 가지가 나중에는 거무스름한 잿빛으로 바뀐다. 꽃엔 꿀이 많아 벌이 많이 모인다
회화어 ⇒ 입말
회화체 ⇒ 입말씨
회회 [어찌씨] **1** 여러 디위 작게 감거나 감기는 꼴 ㉥재랍으로 만든 매미채에 거미줄을 회회 감았다 **2** 작게 이리저리 자꾸 휘두르거나 휘젓는 꼴 ㉥아니라고 고개를 회회 저었다
획 [어찌씨] **1** 몸을 갑자기 빨리 움직이는 꼴 ㉥앞서 걷던 가시나가 고개를 획 돌리며 말했다 **2** 바람이 갑자기 세게 부는 소리나 그 꼴 ㉥바람이 획 불어와 마당 가에 뒹구는 갈잎을 날렸다 **3** 갑자기 무엇을 내던지거나 뿌리치는 꼴 ㉥아람이가 돌멩이를 줍더니 물속으로 획 던져버렸다 **4** 휘파람을 짧고 세게 부는 소리나 그 꼴 ㉥머시마가 지나가는 가시나를 보고 휘파람을 획 불었다
획 ⇒ 긋
획기적 ⇒ 두드러진. 새 기틀을 여는. 때를 가르는. 아주 새로운
획득 ⇒ 얻음. 가짐. 얻다. 가지다. 잡다. 차지하다. 거두다. 따내다. 얻어내다. 손에 넣다
획수 ⇒ 긋수
획순 ⇒ 긋차례
획일적 ⇒ 한결같은. 쪽 고른. 똑같은. 몰밀어 한가지로
획책 ⇒ 꾀함. 꾀하다. 일 꾸미다
횟가루 ⇒ 잿가루
횟수 ⇒ 디위 수
횡격막 ⇒ 가로청
횡단 ⇒ 건넘. 가로지름. 가로지르다. 가로 건너다. 가로 자르다. 가로질러 건너다
횡단도로 ⇒ 건널목
횡단보도 ⇒ 건널목. 건넘길
횡단철도 ⇒ 가로지른쇠길
횡렬 ⇒ 가로늘어섬. 가로줄
횡령 ⇒ 가로챔. 떼어먹음. 잘라먹다. 떼어먹다. 빼돌리다. 가로채다. 해먹다
횡사 ⇒ 날죽음. 날죽음하다
횡설수설 ⇒ 서털구털. 이러니저러니. 콩팔칠팔. 서털구털하다. 이러쿵저러쿵하다. 콩팔칠팔하다. 갈피를 못 잡다
횡재 ⇒ 땡잡음. 땡잡다. 돈벼락맞다. 호박잡다
횡포하다 ⇒ 몹시 거칠다. 매우 사납다
횡행 ⇒ 판침. 마구 돌아다님. 판치다. 마구 돌아다니다. 휩쓸고 다니다. 멋대로 돌아다니다
효 ⇒ 어버이섬김. 받듦. 모심. 안갚음. 어버이를 섬기다
효과 ⇒ 보람. 성금. 은
효과음 ⇒ 시늉소리. 뒷받침소리
효과있다 ⇒ 잘 듣다. 보람 있다. 보람차다. 성금 있

다. 은 있다

효과적 ⇒ 보람 있는. 은 있는. 더 나은. 더 좋은. 잘 듣는

효녀 ⇒ 섬김딸. 어버이섬김딸

효능 ⇒ 좋은 보람. 보람. 성금

효도 ⇒ 섬김. 어버이섬김

효력 ⇒ 성금. 보람. 값. 힘

효모 ⇒ 뜸팡이. 누룩

효부 ⇒ 섬김며느리

효성 ⇒ 섬김마음

효성스럽다 ⇒ 안갚음하다. 어버이를 잘 섬기다

효소 ⇒ 뜸씨

효시 ⇒ 맨처음. 첫발. 첫발자국

효심 ⇒ 섬김마음

효용 ⇒ 쓸모. 쓸데

효율 ⇒ 보람푼수

효자 ⇒ 섬김아들. 어버이섬김아들

효행 ⇒ 섬김짓

효험 ⇒ 보람. 성금. 값

후[1] (어찌씨) 입을 오므려 내밀고 입김을 불어내는 소리나 그 꼴 ⓑ동무들 노래가 끝나자 가온이는 촛불을 후 불어 껐다

후[2] (느낌씨) 일이 고되거나 시름겨울 때, 힘든 일을 끝냈을 때 길게 내쉬는 소리 ⓑ후, 이제 다 끝났네

후 ⇒ 뒤. 나중. 다음

후각 ⇒ 냄새느낌. 내느낌

후견인 ⇒ 돌봄이. 보살핌이. 뒤보아주는 이

후계자 ⇒ 잇보. 이을 이. 이을 사람. 물려받을 사람

후고구려 ⇒ 뒷가고리

후금 (이름씨) 1616~1636해 사이에 쭝궈에 있던 나라. 1636해에 '청'으로 나라이름을 바꾸었다

후급 ⇒ 뒷셈. 나중셈

후기 ⇒ 뒷글. 꼬리말. 덧붙임글

후끈 (어찌씨) ❶뜨거운 기운을 받아 갑자기 달아오르는 꼴 ⓑ모인 사람들이 서로 제 뜻을 펴느라 모임터가 후끈 달아올랐다 ❷냄새를 세게 풍기는 꼴 ⓑ둘은 옷곳내를 후끈 풍기며 지나갔다 ❸얼굴 따위가 부끄러움이나 노여움으로 갑자기 달아오르는 꼴 ⓑ사람들이 놀리자 달래는 얼굴이 후끈 뜨거워졌다 **후끈하다**

후끈거리다 (움직씨) 갑자기 뜨거운 기운을 받아 자꾸 달아오르다 ⓑ한데 있다 따순 방에 들어오니 얼굴이 후끈거린다 **후끈대다**

후끈후끈 (어찌씨) ❶뜨거운 기운을 받아 갑자기 자꾸 달아오르는 꼴 ⓑ저녁이 되자 낮동안 더워졌던 집이 뜨거움을 내뿜어 방안은 후끈후끈 달아올랐다 ❷냄새를 세게 자꾸 풍기는 꼴 ⓑ어디서 세겹살 구워 먹는 냄새가 후끈후끈 풍겨온다 ❸얼굴 따위가 부끄러움이나 노여움으로 몹시 달아오르는 꼴 ⓑ여러 사람 앞에서 말이 더듬거려지자 누리는 얼굴부터 후끈후끈 달아올랐다 **후끈후끈하다**

후년 ⇒ 다음다음 해. 담담해

후다닥 (어찌씨) ❶갑자기 뛰거나 일어나는 꼴 ⓑ아저씨는 후다닥 물속으로 뛰어들어 허우적거리는 아이를 건져 냈다 ❷일을 서둘러 해치우는 꼴 ⓑ꽃부리는 후다닥 일을 끝내고 어린 아우를 돌본다 ❸갑자기 놀라거나 어쩔 줄 모르는 꼴 ⓑ밭에 있던 노루가 놀라 후다닥 뛴다 **후다닥하다**

후다닥거리다 (움직씨) 여럿이나 잇달아 갑자기 날쌔게 몸을 움직이다 **후다닥대다**

후다닥후다닥 (어찌씨) ❶여럿이나 잇달아 갑자기 날쌔게 몸을 움직이는 꼴 ⓑ우리는 참외밭에서 참외를 하나씩 따서는 후다닥후다닥 달아났다 ❷여럿이나 잇달아 일을 서둘러 해치우는 꼴 ⓑ아이들은 후다닥후다닥 배움을 끝내고 공차러 달려나갔다 ❸잇달아 갑자기 놀라거나 어쩔 줄 모르는 꼴 ⓑ집 뒷밭에 내려왔던 고라니들이 사람을 보자 후다닥후다닥 놀라서 달아났다 **후다닥후다닥하다**

후닥닥 (어찌씨) ❶갑자기 날쌔게 몸을 움직이는 꼴 ⓑ멧돼지가 후닥닥 울너머로 달아났다 ❷일을 서둘러 해치우는 꼴 ⓑ우람이는 후닥닥 일을 끝내고 공차기를 하러 달려나

갔다 ❸갑자기 놀라거나 어쩔 줄 모르는 꼴 ⓑ집 뒤에 내려온 멧돼지를 보고 가슴이 후닥닥 뛴다 **후닥닥하다**

후닥닥거리다 움직씨 여럿이나 잇달아 갑자기 날쌔게 몸을 움직이다 **후다닥대다**

후닥닥후닥닥 어찌씨 ❶여럿이나 잇달아 갑자기 날쌔게 몸을 움직이는 꼴 ⓑ놀란 고라니들이 후닥닥후닥닥 멧속으로 달아났다 ❷여럿이나 잇달아 일을 서둘러 해치우는 꼴 ⓑ일꾼들은 후닥닥후닥닥 붉은 고추를 따다 놓고는 콩밭 매러 갔다 ❸잇달아 갑자기 놀라거나 어쩔 줄 모르는 꼴 ⓑ혼자 집을 지키는데 웬 낯선 사내가 집 두레를 서성거려 가슴이 후닥닥후닥닥 뛴다 **후닥닥후닥닥하다**

후대 ⇒ 뒷사람

후덕하다 ⇒ 너그럽다. 무던하다

후덥지근하다 그림씨 꿉꿉하고 무더운 기운이 있다 ⓑ오늘따라 날씨가 무척 후덥지근하다 한뜻말 후텁지근하다

후두 ⇒ 울대. 목청

후두두 어찌씨 빗방울이나 자잘한 몬이 갑자기 떨어지는 소리 ⓑ가을바람에 잘 익은 밤이 후두두 떨어진다

후드득 어찌씨 ❶굵은 빗방울이 성기게 떨어지는 소리 ⓑ굵은 빗방울이 후드득 떨어지는가 싶더니 작달비가 쏟아졌다 ❷나뭇가지나 검불이 타들어 가는 소리 ⓑ모닥불이 후드득 타올랐다 ❸손이나 몸이 좀 세게 떨리는 꼴 ⓑ추워서 온몸이 후드득 떨린다 ❹가슴이 뛰거나 마음이 떨리는 꼴 ⓑ집에 불이 났을 때를 떠올리면 이제도 가슴이 후드득 뛴다 **후드득하다**

후드득거리다 움직씨 ❶굵은 빗방울이 잇달아 떨어지는 소리가 나다 ❷나뭇가지나 검불이 잇달아 타들어 가는 소리가 나다 **후드득대다**

후드득후드득 어찌씨 ❶굵은 빗방울이 잇달아 떨어지는 소리 ⓑ소나기가 지나가며 굵은 빗방울이 후드득후드득 떨어진다 ❷나뭇가지나 검불이 잇달아 타들어 가는 소리 ⓑ마당에 피운 불이 후드득후드득 타서 통나무를 더 올려놓았다 ❸손이나 몸이 좀 세게 떨리는 꼴 ⓑ집에 불이 났을 때를 떠올리면 이제도 온몸이 후드득후드득 떨린다 ❹가슴이 뛰거나 마음이 떨리는 꼴 ⓑ구렁이가 집 뒤에서 꽃뱀을 통째 잡아먹는 것을 보니 가슴이 후드득후드득 뛴다 **후드득후드득하다**

후들거리다 움직씨 팔다리나 몸이 자꾸 떨리다 ⓑ한나절 메를 탔더니 다리가 후들거린다 **후들대다**

후들후들 어찌씨 팔다리나 몸이 잇따라 떨리는 꼴 ⓑ몸살이 나려는지 찬 기운이 들고 온몸이 후들후들 떨린다 **후들후들하다**

후딱 어찌씨 ❶일이나 몸짓을 바삐 서둘러 하는 꼴 ⓑ아재는 아침을 후딱 먹고 일터로 갔다 ❷때가 빨리 지나가는 꼴 ⓑ어느새 하루가 후딱 지나가 버렸네 **후딱하다**

후레자식 이름씨 배운데 없이 막된 사람을 낮잡아 이르는 말

후려갈기다 움직씨 주먹이나 채찍 같은 것을 휘둘러 때리거나 치다 ⓑ아버지는 부리는 소 등짝을 이랴! 하며 이까리로 후려갈겼다

후려치다 움직씨 주먹이나 채찍으로 세차게 치다 ⓑ사내는 풀숲에 똬리를 튼 뱀을 보자 작대기로 후려쳤다

후련하다 그림씨 답답하거나 언짢던 것이 풀려서 시원하다 ⓑ언니한테 하고 싶은 말을 다 하고 나니 속이 후련하네 ⇐ 통쾌하다

후렴 ⇒ 뒷소리. 뒷노래

후루룩 어찌씨 ❶물이나 국수 따위를 빠르게 들이마시는 소리 ⓑ할배가 동치미 국물을 후루룩 들이마셨다 ❷새가 갑자기 날개를 치며 날아오르는 소리 ⓑ멧비둘기는 내가 다가가자 후루룩 날아 나무로 올라가 버렸다 **후루룩하다**

후루룩거리다 움직씨 ❶물이나 국수 따위를 빠르게 들이마시는 소리가 잇달아 나다 ❷새가 갑자기 날개를 치며 날아오르다 **후루**

ㅎ

룩대다

후루룩후루룩 어찌씨 ❶물이나 국수 따위를 빠르게 들이마시는 소리 ⓑ할매가 단술을 후루룩후루룩 들이마셨다 ❷새가 갑자기 날개를 치며 날아오르는 소리 ⓑ내가 다가 가자 까치 떼가 후루룩후루룩 날아서 나무로 올라갔다 **후루룩후루룩하다**

후리다 움직씨 ❶무엇을 휘둘러서 때리거나 치다 ⓑ누나는 만나자마자 내 뺨을 세차게 후렸다 ❷모난 곳을 깎아버리다 ⓑ대패로 책상 모서리를 후려 다듬게나 ❸그럴듯한 말과 짓으로 꾀어내다 ⓑ야바위꾼은 어리숙한 사람을 후리고 다닌다

후리후리 어찌씨 키가 크고 늘씬한 꼴 ⓑ바라는 후리후리 키가 크다

후리후리하다 그림씨 키가 크고 몸매가 늘씬하다 ⓑ키가 후리후리한 젊은이

후면 ⇒ 뒤. 뒤쪽

후문 (後門) ⇒ 뒷문

후문 (後聞) ⇒ 뒷말. 뒷소리. 뒷얘기. 뒷이야기

후미 이름씨 물길이나 멧길이 휘어 굽은 곳

후미 ⇒ 꼬리. 뒤꼬리. 뒤꽁무니. 맨 끝. 맨 뒤

후미지다 그림씨 ❶어떤 곳이 구석지게 들어가 있거나 으슥하다 ⓑ후미진 이 골목까지 가게가 들어서다니 ❷물길이나 멧길이 깊게 휘어 굽다

후반 ⇒ 나중 판. 뒤쪽. 뒤판. 뒷가웃

후반전 ⇒ 뒤판겨룸. 뒤판싸움. 막판싸움

후발 ⇒ 뒷떠남. 뒷나섬. 나중에 씀

후방 ⇒ 뒤. 뒤쪽

후배·후진 ⇒ 뒷이. 뒷보. 뒷사람. 손아래

후백제 ⇒ 뒷바다라

후보 ⇒ 감. 나선 이. 나선 사람

후보자 ⇒ 나선이. 감될이

후보지 ⇒ 쓰일곳

후불 ⇒ 뒷셈. 나중셈

후비다 움직씨 ❶틈이나 구멍 속을 긁어내거나 파내다 ⓑ귀이개로 귀를 후벼 귀지를 파냈다 ❷('가슴'이나 '마음' 과 함께 써) 뉘우치거나 안타까운 마음을 더해지게 하다 ⓑ가슴을 후벼 파는 슬픔 ❸일 속내를 깊이 파고들다 ⓑ저들이 감추려는 속내를 끝까지 후벼내고야 말겠다

후사 (後事) ⇒ 뒷일. 앞날 일. 죽은 뒷일

후사 (後嗣) ⇒ 뒤이을이

후사 (厚謝) ⇒ 넉넉히 줌. 두둑하게 갚다. 넉넉하게 주다

후삼국 ⇒ 뒷세나라

후생 (厚生) ⇒ 잘삶. 잘살게 하기

후생 (後生) ⇒ 뒷사람. 나중 사람

후세 ⇒ 뒷누리. 뒷사람. 뒷누리 사람

후속 ⇒ 뒤이음. 이음. 뒤잇다. 이어지다. 뒤따르다

후손 ⇒ 뒷사람. 뒤. 뉘뉘아들딸

후송하다 ⇒ 뒤로 보냄. 뒤로 보내다. 나중에 보내다

후숙 ⇒ 따익히기. 따서 익힘

후식 ⇒ 입가심

후실 ⇒ 뒷아내

후여 느낌씨 새 쫓을 때 내는 소리 ⓑ후여! 하고 나락논에 내린 참새떼를 팔을 휘저으며 쫓았다

후예 ⇒ 뒷사람. 뉘뉘아들딸

후원 (後園) ⇒ 뒤뜰. 뒤란. 뒷마당. 뒤뜨락. 뒷동산

후원 (後援) ⇒ 도와줌. 뒷배. 도와주다. 뒷받침하다. 뒷바라지하다. 뒤보아주다. 뒷배를 보다. 뒤받치다

후원금 ⇒ 뒷받침돈. 도움돈. 뒷배돈

후원자 ⇒ 벗바리. 손도울이. 거추꾼. 뒷배

후원회 ⇒ 뒷바라지모임. 뒷받침모임. 뒷배모임

후유 느낌씨 ❶일이 몹시 힘들고 어려울 때 내는 소리 ⓑ후유, 이 일을 어쩌나 ❷잔뜩 얼어붙었다가 겨우 마음을 놓을 때 숨을 크게 내쉬는 소리 ⓑ후유, 이제 살았다

후유증 ⇒ 뒷덧. 뒤앓이. 뒷늧

후일 ⇒ 뒷날. 나중. 다음날

후일담 ⇒ 뒷이야기

후임자 ⇒ 뒷맡보. 뒷맡이. 뒤이을이. 새로 맡을이. 새로 맡은이

후자 ⇒ 뒷이. 뒷놈. 뒷것. 뒤엣것. 뒤엣사람. 뒷사람. 나중 사람

ㅎ

후줄근하다 [그림씨] [1]옷이 젖거나 풀기가 빠져서 축 늘어지다 [ㅂ]후줄근한 옷차림 [2]고단하여 몸이 늘어지듯 힘이 없다 [ㅂ]버시는 한밤이 되어서야 후줄근한 모습으로 돌아왔다

후지다 [그림씨] 바탕이나 쓸모가 다른 것보다 뒤떨어지다 [ㅂ]후진 수레라서 걸핏하면 선다 한뜻말뒤지다

후지메 [이름씨] 니혼 복판에 있는 메. 니혼에서 가장 높은 메이고 불메이다 ⇐ 후지산

후진 ⇒ 뒤짐. 뒤떨어짐. 뒤지다. 뒤떨어지다. 물러서다. 뒷걸음질하다. 뒷걸음치다. 뒤로 빼다. 뒤로 가다

후진국 ⇒ 뒤진나라. 뒤떨어진 나라

후처 ⇒ 뒷아내. 뒷가시. 둘째 아내

후천개벽 ⇒ 이누리 끝나고 새누리 온다는 생각

후천면역결핍증 ⇒ 뒤앓이막이모자람늦. 에이즈

후천적 ⇒ 배운. 나중 얻은. 익힌. 익혀서 얻은. 보고 배운

후추나무 [이름씨] 따뜻한 곳에서 자라며 키가 8미터 안팎이고 닷달에 흰 꽃이 피는 나무. 작고 동글동글한 열매인 후추는 맛과 냄새가 남달라 양념으로 많이 쓴다

후춧가루 [이름씨] 후추를 갈아서 만든 가루 [ㅂ]엄마는 날고기에 소금과 후춧가루를 뿌려서 간을 했다

후텁지근하다 [그림씨] 언짢을 만큼 끈적끈적하고 무덥다 한뜻말후덥지근하다

후퇴 ⇒ 물러남. 물러감. 물러나다. 물러가다. 물러서다. 뒷걸음질하다

후편 ⇒ 뒤쪽

후하다 ⇒ 두텁다. 넉넉하다. 손 크다. 푼푼하다. 마음이 넓다

후항 ⇒ 뒷마디

후환 ⇒ 뒷걱정. 뒷근심

후회 ⇒ 뉘우침. 뉘우치다. 뉘우쁘다. 잘못을 깨닫다

후회스럽다 ⇒ 뉘우칠 데가 있다

후후 [어찌씨] 입을 오므려 내밀고 입김을 자꾸 불어내는 소리나 그 모습 [ㅂ]나래는 뜨거운 보리차를 후후 불면서 마셨다 **후후하다**

후후거리다 [움직씨] 입을 오므려 내밀고 입김을 자꾸 불어내거나 부는 소리를 내다 **후후대다**

훅 [어찌씨] [1]입을 오므리고 입김을 세게 부는 소리 [ㅂ]오빠는 답답한 지 담배 내를 훅 내뿜었다 [2]물 같은 것을 한숨에 들이마시는 소리 [ㅂ]언니는 물을 한 모금 훅 들이켰다 [3]냄새나 바람이나 어떤 기운이 갑자기 밀려드는 꼴 [ㅂ]방문을 열자마자 찬바람이 훅 불어 들어왔다 **훅하다**

훈 ⇒ 뜻. 새김

훈계 ⇒ 타이름. 타이르다. 가르치다. 알아듣게 이르다. 나무라다

훈련 ⇒ 갈닦기. 갈고닦기. 갈고닦다

훈련기 ⇒ 갈닦날들. 갈고닦는 날들

훈련도감 ⇒ 갈닦곳. 갈고닦는 곳

훈련병 ⇒ 갈닦싸울아비. 갈고닦는 싸울아비

훈련소 ⇒ 갈닦데. 갈고닦는 데

훈몽자회 ⇒ 아이배울글모음

훈민정음 ⇒ 바른겨레소리

훈방 ⇒ 타일러 보냄. 타일러 보내다. 꾸짖고 풀어주다

훈수 ⇒ 뚱겨줌. 알려줌. 뚱겨주다. 알려주다. 가르쳐주다

훈시 ⇒ 가르쳐 보임. 가르쳐 보이다. 일러 보이다. 타이르다

훈연 ⇒ 내쐼. 그슬기. 그슬다. 내쐬다

훈육 ⇒ 가르침. 타이르다. 가르치다. 가르쳐 기르다

훈장 ⇒ 가르침이

훈제 ⇒ 그슬린 고기. 내찜고기

훈증 ⇒ 내쐼. 내찜

훈풍 ⇒ 따뜻바람. 따스바람

훈화 ⇒ 가르침. 타이름. 타이르다. 가르치다. 깨우치다

훈훈하다 ⇒ 훗훗하다. 따뜻하다. 흐뭇하다. 옷곳하다

훌떡 [어찌씨] [1]남김없이 벗거나 벗어진 꼴 [ㅂ]훌떡 벗어진 이마 [2]빠르게 뒤집거나 뒤집

ㅎ

히는 꼴 ⓑ거센 물결에 나룻배가 홀떡 뒤집혔다 ❸먹을거리나 몬을 재빨리 먹거나 써버리는 꼴 ⓑ옆집 누렁이가 달려와 고깃덩이를 훌떡 삼켜버렸다 ❹힘차게 뛰거나 뛰어넘는 꼴 ⓑ도둑이 눈 깜짝새 뒷담을 훌떡 뛰어넘었다 **훌떡하다**

훌떡거리다 움직씨 ❶잇달아 빠르게 벗거나 벗어지다 ❷잇달아 빠르게 뒤집거나 뒤집히다 **훌떡대다**

훌떡훌떡 어찌씨 ❶잇달아 빠르게 벗거나 벗어지는 꼴 ⓑ훌떡훌떡 옷을 벗어버리고 물로 뛰어들었다 ❷잇달아 빠르게 뒤집거나 뒤집히는 꼴 ⓑ물결이 빨라지자 종이배가 훌떡훌떡 뒤집혔다 ❸잇달아 먹을거리나 몬을 재빨리 먹거나 써버리는 꼴 ⓑ훌떡훌떡 먹고 싸게싸게 가세 ❹힘차게 뛰거나 뛰어넘는 꼴 ⓑ아이들은 들판을 흐르는 작은 도랑들을 훌떡훌떡 뛰어넘고 앞으로 나갔다 **훌떡훌떡하다**

훌라후프 ⇒ 허리돌리개

훌러덩 어찌씨 ❶꽤 큰 것이 거침없이 쑥 벗겨지거나 벗는 꼴 ⓑ훌러덩 벗겨진 머리 ❷꽤 큰 것이 거침없이 뛰어들거나 넘어가는 꼴 ⓑ낮은 싸리 울타리를 훌러덩 뛰어넘었다 **훌러덩하다**

훌렁 어찌씨 ❶속이 드러나게 벗어지거나 뒤집히는 꼴 ⓑ비바람에 비받이가 훌렁 뒤집혔다 작은말 홀랑 밑말 훌러덩 ❷구멍이 넓어서 헐겁게 들어가거나 빠지는 꼴 ⓑ살이 빠져 가락지가 손가락에 훌렁 들어간다 **훌렁하다**

훌렁거리다 움직씨 속이 드러나게 자꾸 벗어지거나 뒤집히다 작은말 홀랑거리다 밑말 훌러덩거리다 **훌렁대다**

훌렁훌렁 어찌씨 속이 드러나게 자꾸 벗어지거나 뒤집히는 꼴 ⓑ하늘이는 문간에 들어서지도 않은 채 신부터 훌렁훌렁 벗어 던졌다 작은말 홀랑홀랑 밑말 훌러덩훌러덩 **훌렁훌렁하다**

훌륭하다 그림씨 ❶사람 됨됨이나 하는 짓이 썩 좋아서 나무랄 데 없다 ⓑ아버지는 나무 베는 솜씨가 훌륭하다 ❷무엇을 한 열매나 지은 것이 아주 잘되다 ⓑ이 그림은 있는 것 보다 더 훌륭한 것 같다 ❸마음에 흐뭇하도록 매우 아름답다 ⓑ이 집은 작지만 짜임새가 참 훌륭하다 ❹몬 바탈이나 쓰임새가 아주 좋다 ⓑ수레가 낡았지만 아직 쓰임새가 훌륭하다

훌림목 이름씨 아양 떤 목소리

훌몰다 움직씨 훑어서 모조리 바라는 쪽으로 가게 하다 ⓑ해지기 앞에 소들을 훌몰아 들여오렴

훌부시다 움직씨 그릇 같은 것들을 한꺼번에 몰아 씻다. 또는 찌끼를 남기지 않고 깨끗하게 죄다 씻어 내다 ⓑ밥놓개를 끌어당겨 검비검비 훌부시었다

훌뿌리다[1] 움직씨 여기저기 마구 흩어 뿌리다 ⓑ밭에다 두엄을 훌뿌리고 올게요

훌뿌리다[2] 움직씨 말을 거침없이 내뱉다 ⓑ아무리 으르딱딱거리고 훌뿌려도 물러설 수 없다

훌쩍 어찌씨 ❶가볍게 뛰거나 날아오르는 꼴 ⓑ잠개잡이는 말에 훌쩍 올라탔다 작은말 홀짝 ❷망설이지 않고 가볍게 떠나는 꼴 ⓑ아버지는 이따금 훌쩍 집을 떠나곤 했다 ❸키가 갑자기 큰 꼴 ⓑ못 본 사이 키가 훌쩍 컸구나 ❹마실 것을 한숨에 들이마시는 꼴 ⓑ아재는 목이 말랐는지 찬물 한 그릇을 훌쩍 들이마셨다 ❹콧물을 한 디위 들이마시는 소리나 그 모습 ⓑ콧물을 훌쩍 들이마시다 **훌쩍하다**

훌쩍거리다 움직씨 ❶갑자기 자꾸 뛰거나 날다 작은말 홀짝거리다 ❷눈물이나 콧물을 자꾸 흘리며 울다 ❸마실 것을 자꾸 빨아들이다 **훌쩍대다**

훌쩍훌쩍 어찌씨 ❶갑자기 자꾸 뛰거나 나는 꼴 ⓑ짐수레가 시냇가에 이르자 타고 온 아이들은 훌쩍훌쩍 뛰어내렸다 작은말 홀짝홀짝 ❷눈물이나 콧물을 자꾸 흘리며 우는 꼴 ⓑ아우는 훌쩍훌쩍 울며 죽은 병아리를

ㅎ

바라보았다 ❸마실 것을 자꾸 빨아들이는 꼴 ⓑ밥을 다 먹고 따뜻한 숭늉을 훌쩍훌쩍 들이며 이야기를 나누었다 ❹여럿이 다 몸짓이 갑자기 빠른 꼴 ⓑ집 둘레에까지 내려온 멧돼지 떼가 사람이 나타나자 저마다 훌쩍훌쩍 멧속으로 사라졌다 **훌쩍훌쩍하다**

훌쭉 (어찌씨) ❶키에 견줘 몸매가 늘씬하거나 후리후리한 꼴 ⓑ키만 훌쭉 컸지 말라깽이야 ❷꽤 큰 것이 속이 비어 안으로 우므러진 꼴 ⓑ훌쭉한 자루를 보니 나물을 얼마 못 뜯었나 봐

훌쭉하다 (그림씨) ❶사람 몸집이나 몬꼴이 가늘고 길다 ⓑ그루는 키만 훌쭉하게 컸지 도무지 야무지지가 못해 ❷속이 비어 안으로 우므러져 있다 ⓑ옷가지를 다 꺼내고 나니 가방이 훌쭉해졌다 ❸몸이 여위다 ⓑ며칠 앓고 나더니 눈이 쑥 들어가고 몸이 훌쭉해졌네

훌쭉훌쭉 (어찌씨) ❶여럿이 다 늘씬하거나 후리후리한 꼴 ⓑ아이들이 하나같이 키가 훌쭉훌쭉 컸다 ❷여럿이 다 안으로 우므러든 꼴 ⓑ땅을 파고 났더니 다들 배가 훌쭉훌쭉 꺼졌다

훌훌 (어찌씨) ❶날짐승이 날개를 치며 가볍게 나는 꼴 ⓑ황새 한 마리가 어디선가 훌훌 날아와 솔밭 나무 위에 앉았다 ❷옷을 시원스럽게 벗거나 벗기는 꼴 ⓑ한별이는 모래밭에 닿자마자 옷을 훌훌 벗어 던지고 물로 뛰어들었다 ❸가벼운 몬을 잇달아 던지거나 뿌리는 꼴 ⓑ어머니는 김치를 담그려고 쪼개 놓은 배추에 굵은소금을 훌훌 뿌렸다 ❹묽은 죽이나 국물 따위를 시원스럽게 먹는 꼴 ⓑ초롱이는 미역국에 밥을 말아 대충 씹고는 훌훌 들이마셨다 ❺먼지나 부스러기를 털어버리는 꼴 ⓑ나는 찬바람을 마시며 이불을 훌훌 털었다 ❻끈끈한 생각을 모두 털어내는 꼴 ⓑ골치 아픈 일은 모두 훌훌 털고 어디론가 멀리 떠나고 싶어

훌훌하다 (그림씨) 죽이나 미음 따위가 잘 퍼져서 매우 묽다

훑개 (이름씨) 그림이나 빛박이, 글자 들을 보이는 그대로 읽어서 셈틀에 갈무리하는 틀 ⇐ 스캐너

훑기 (이름씨) 그림이나 빛박이, 글자 들을 그대로 훑개로 읽어서 그림꾸러미로 바꿔 갈망하기 ⇐ 스캔

훑다 (움직씨) ❶벼나 조 같은 낟알을 떼어 내려고 다른 몬틈에 끼워 죽 잡아당기다 ⓑ싸리 꼬챙이 사이에 낟알을 넣고 훑었다 작은말 홅다 ❷한쪽부터 죽 더듬거나 살피다 ⓑ깨살핌이는 도둑을 잡으려고 온 마을을 샅샅이 훑었다 ❸속에 붙은 것을 말끔히 씻어내다 ⓑ솥 밑에 눌어붙은 누룽지를 다 훑어냈다

훑어보다 (움직씨) 위아래로 또는 처음부터 끝까지 눈여겨보다 ⓑ머시마는 대뜸 나를 위아래로 훑어보았다

훔쳐보다 (움직씨) 남몰래 살며시 보다 ⓑ나도 모르게 이웃집 가시나를 훔쳐보았다

훔치개질 (이름씨) ❶걸레 따위로 물기를 훔쳐 닦는 일 ⓑ언니는 물이 튄 설거지대 둘레에 훔치개질을 했다 ❷남몰래 몬을 슬그머니 훔쳐 가지는 짓 ⓑ나는 그대가 훔치개질을 잘 하여 무엇이나 감쪽같이 감춘다는 말을 들었지 ⇐ 절도

훔치다[1] (움직씨) ❶물기나 때가 묻은 것을 닦아서 말끔하게 하다 ⓑ걸레를 꼭 짜서 마루를 깨끗이 훔쳐놓아 ❷눈물이나 땀을 문질러 닦다 ⓑ오빠는 더운 지 연신 낯천으로 땀을 훔쳐댔다 ❸논밭에서 김맨 뒤 풀을 걷어내다 ⓑ보리밭에 김을 매고 맨 풀을 훔쳐냈다

훔치다[2] (움직씨) 다른 사람 몬을 몰래 가져다가 제 것으로 하다 ⓑ소매치기가 돈을 훔치다가 잡혔다 ⇐ 절도하다

훔훔하다 (그림씨) 매우 흐뭇한 낯빛을 띠다 ⓑ아들딸이 서로를 챙겨주는 모습에 어머니 얼굴도 훔훔했다

훗날 ⇒ 뒷날. 다음날

훗일 ⇒ 뒷일

훗훗하다 그림씨 ❶조금 더운 느낌이 있을 만큼 따뜻하다 ⓑ봄인데 벌써 훗훗한 바람이 불어온다 ⇐ 훈훈하다 ❷마음을 부드럽게 녹여주는 따뜻함이 있다 ⓑ어진이네는 훗훗한 집안이다 ⇐ 훈훈하다

훠이 느낌씨 새를 쫓을 때 외치는 소리 ⓑ훠이, 저리 가라

훤칠하다 그림씨 ❶길고 미끈하다 ⓑ앞집 사내는 훤칠하고 얼굴도 잘생겼다 비슷한말 헌칠하다 ❷막힘없이 깨끗하고 시원스럽다 ⓑ훤칠하게 뚫린 길

훤하다 그림씨 ❶몬을 가려볼 만큼 밝다 ⓑ새녘이 훤하게 밝아올 때 길을 나섰다 ❷앞이 탁 트여 넓고 시원스럽다 ⓑ훤하게 트인 들판 ❸어떤 것을 꿰뚫어 알다 ⓑ오빠는 낚시라면 누구보다 훤하게 꿴다 ⇐ 통달하다 ❹생김새가 허여멀쑥하다 ⓑ무슨 좋은 일이 있는가 얼굴이 아주 훤해졌구나 **훤히**

훨씬 어찌씨 어떤 것보다 더 ⓑ아우 것이 내 것보다 훨씬 커 보인다

훨훨 어찌씨 ❶날짐승이 높이 떠서 날개를 느릿느릿 치며 시원스럽게 나는 꼴 ⓑ갈매기가 바다 위를 훨훨 날아간다 ❷불길이 세차게 타오르는 꼴 ⓑ불길이 보꾹으로 번지며 훨훨 타올랐다 ❸거침없이 옷을 벗는 꼴 ⓑ나는 방 안으로 들어오자마자 옷을 훨훨 벗고 벌러덩 누워버렸다 ❹부채를 느릿느릿 시원스럽게 부치는 꼴 ⓑ모깃불에서 솟아오르는 내를 부채로 훨훨 쫓았다

훼방 ⇒ 헤살. 가탈. 흥글방망이놀다. 헐뜯다. 헤살놓다. 헤살 부리다. 휘젓다. 가리틀다. 가탈 부리다. 가로막다. 갈개다

훼손 ⇒ 헒. 부숨. 헐다. 부수다. 깨뜨리다. 망가뜨리다. 못쓰게 하다. 흠집내다

휑뎅그렁하다 그림씨 ❶무서울 만큼 텅 비고 넓다 ⓑ이 너른 골짜기에 집이라곤 한 채 밖에 없어 휑뎅그렁하다 ❷아주 넓은 곳에 몬은 조금밖에 없어 어울리지 않게 빈 것 같다 ⓑ넓은 집에 혼자 살아 휑뎅그렁하기 짝이 없다

휑하다 그림씨 ❶무슨 일에나 막힘이 없이 잘 알아 매우 훤하다 ⓑ길손은 나무 일이라면 휑하니 꿰고 있지 ❷구멍 따위가 막힌데 없이 매우 시원스럽게 뚫리다 ⓑ문이 휑하게 열려있고 집에는 아무도 없네 ❸속이 비고 넓기만 하여 매우 허전하다 ⓑ가을걷이가 끝난 들판이 휑하다

휘[1] 이름씨 옛날 낟을 되던 그릇. 20말이나 15말 들이

휘[2] 어찌씨 ❶센바람이 거칠게 스칠 때 나는 소리 ⓑ바람이 휘 불어온다 ❷한꺼번에 숨을 몰아쉬는 소리 ⓑ고갯마루를 오르다가 힘이 들어 휘 숨을 몰아쉰다 ❸휘파람 소리 ⓑ휘 하고 휘파람을 불었다 ❹대충 살피거나 둘러보는 꼴 ⓑ휘 한 바퀴 둘러보고 왔다

휘- 앞가지 ❶두르거나 둘러서 ⓑ휘감다. 휘돌다. 휘두르다. 휘젓다 ❷마구. 함부로 ⓑ휘말다. 휘주무르다 ❸세게. 빨리 ⓑ휘달리다. 휘몰다. 휘몰아치다 ❹온통. 죄다 ⓑ휘지르다 ❺크게 ⓑ휘둥그렇다. 휘둥그래지다

휘가르다 움직씨 휘어잡아 가르다 ⓑ번개는 눈부시게 하늘을 휘가르고 천둥은 온누리를 들었다 놓았다 한다

휘갈기다 움직씨 휘둘러 마구 갈기다 ⓑ눈바람이 거세게 휘갈긴다. 글씨를 너무 휘갈겨 쓰지 마라

휘감기다 움직씨 '휘감다' 입음꼴 ⓑ옷이 비를 맞아 치맛자락이 자꾸 휘감긴다

휘감다 움직씨 휘돌려 감다 ⓑ다친 곳을 깨끗한 천으로 휘감았다

휘갑치기 이름씨 마름질할 옷감에서 실밥이 풀리지 않도록 꿰매는 일 ⓑ바지 끝 시접을 접어서 휘갑치기를 하였다

휘날다 움직씨 힘차게 날다 ⓑ바람에 휘나는 우리나라 깃발

휘날리다 움직씨 ❶'휘날다' 입음꼴. 힘차게 날리다 ⓑ눈송이가 바람에 휘날린다 ❷'휘날

ㅎ

다' 하임꼴. 힘차게 나부끼게 하다 ⓑ새매를 참새 잡으라고 휘날렸다 **3**휘휘 세게 날리다 ⓑ나라 깃발이 바람에 펄럭펄럭 휘날린다

휘늘어지다 (움직씨) 아래로 축 늘어질 대로 늘어지다 ⓑ휘늘어진 수양버들 가지가 땅에 닿을 듯하다

휘다 (움직씨) **1**곧은 것이 구부러지다 ⓑ대추나무에 가지가 휘도록 대추가 열렸다 **2**뜻이나 마음을 굽히다 ⓑ오랑캐들이 셀 수 없이 쳐들어와도 꿋꿋하게 뜻이 휘지 않는 우리 겨레

휘돌다 (움직씨) **1**마구 돌다 ⓑ바위벼랑을 흘러내린 물이 깊은 웅덩이를 휘돌아 나간다 **2**굽이 따라 휘어 돌다 ⓑ꼬불꼬불한 굽이굽이를 휘돌아 흐르는 가라가람 **3**어떤 기운이나 바람이 거칠게 돌다 ⓑ싸늘한 기운이 느껴지는 말없음이 방안을 휘돈다

휘돌리다 (움직씨) '휘돌다' 하임꼴 ⓑ새를 맞추려고 팔을 휘돌려 돌을 던졌다

휘두르다 (움직씨) **1**이리저리 마구 내두르다 ⓑ왜놈들이 마흔 해 넘게 배달땅에서 쏘개칼을 휘두르며 갖은 못된 짓을 저질렀다 **2**남을 제 뜻대로 다루다 ⓑ아이들은 어버이가 휘두른 마음 주먹질을 두고두고 되갚는다 **3**힘이나 재주를 마구 부리다 ⓑ아직도 나라 힘을 함부로 휘두르는 어리석은 놈들이 있다니!

휘둘러보다 (움직씨) 휘휘 둘러보다 ⓑ엄마는 내 방문을 열고 방 안을 휘둘러보았다

휘둥그렇다 (그림씨) 놀라거나 두려워 눈이 아주 둥그렇다 ⓑ놀라서 눈을 휘둥그렇게 뜨고 쳐다본다

휘둥그레지다 (움직씨) 놀라거나 두려워 눈이 둥그렇게 크게 떠지다 ⓑ샛돌이는 뱀을 보자 눈이 휘둥그레졌다

휘뚜루 (어찌씨) 아무데나 닥치는 대로 쓸만하게 ⓑ이 낫은 나무든 풀이든 휘뚜루 쓰기에 좋은 낫이야

휘뚜루마뚜루 (어찌씨) 닥치는 대로 마구 해치우는 꼴 ⓑ이참에 휘뚜루마뚜루 누리를 빠짐없이 돌아다니고 싶어요

휘말다 (움직씨) **1**휘휘 감아서 말다 ⓑ뜬 그림을 돌돌 휘말아 쥐고 일터로 나갔다 **2**옷 같은 것을 적셔 몹시 더럽히다 ⓑ아우는 빗물이 고인 웅덩이에서 노느라 바지를 온통 휘말았다

휘말리다 (움직씨) **1**'휘말다' 입음꼴 ⓑ헤엄을 치다가 소용돌이에 휘말려 죽을 뻔했다 **2**'휘말다' 하임꼴 ⓑ뜬 새뜸에 휘말려 남우세스러운 꼴을 겪었다

휘모리장단 (이름씨) 배달가락 장단 가운데 하나. 가장 빠른 장단이다

휘몰다 (움직씨) **1**마구 바삐 내몰다 ⓑ바깥 나라에서 온 일꾼들을 휘몰아 일을 시켰다 **2**말을 잘 듣지 않는 것을 억지로 부리다 ⓑ붓끝을 휘몰아 마지막 글을 끝냈다 **3**휩쓸어 한쪽으로 내몰다 ⓑ소떼를 휘몰아 울안으로 넣었다

휘몰아치다 (움직씨) 휘잡아 세차게 몰아치다 ⓑ눈보라가 미친 듯이 휘몰아친다

휘묻이 (이름씨) 나뭇가지를 휘어 땅속에 묻어 뿌리를 내리게 한 뒤 새 포기를 얻는 길 ⓑ앵두나무를 휘묻이하여 새 나무를 얻었다

휘발성 ⇒ 김바탈. 나르는바탈

휘발유 ⇒ 김바탈기름

휘뿌리다 (움직씨) 흩뿌리다

휘어잡다 (움직씨) **1**구부려 거머잡다 ⓑ가파른 오르막을 오를 때는 나무를 휘어잡고 가면 좋다 (준말)휘잡다 **2**사람을 잘 구슬려 다루어 틀어잡다 ⓑ거친 일꾼들을 휘어잡아 일을 시키는 솜씨를 보면 여느내기가 아니다 **3**휘잡아 틀어쥐다 ⓑ동네 아이들을 휘어잡아 바른길로 이끌었다

휘어지다 (움직씨) **1**곧은 것이 좀 둥글게 굽어지다 ⓑ잘데 받침대가 휘어져 한디위씩 뒤집어 준다 **2**마음이 굽혀지다 ⓑ우리겨레는 아무리 센 힘에도 휘어지지 않는 굳센 뜻을 지녔다

휘영청 (어찌씨) **1**달빛이 몹시 밝은 꼴 ⓑ보름

ㅎ

달 빛이 온누리를 휘영청 밝게 비춘다 ❷확 틔어서 시원스거운 꼴 ⓑ휘영청 넓은 벌판

휘움하다 [움직씨] 한쪽으로 좀 굽다 ⓑ휘움한 멧길을 따라 올라가니 마을이 나왔다

휘잡다 [움직씨] '휘어잡다' 준말 ⓑ가람이 아버지는 아들을 휘잡지 못해 안달이다

휘장 ⇒ 가림천

휘적거리다 [움직씨] 자꾸 활개를 저으며 걷다 **휘적대다**

휘적휘적 [어찌씨] 활개를 저으며 걷는 꼴 ⓑ아저씨는 일하다 말고 휘적휘적 내게로 걸어왔다 **휘적휘적하다**

휘젓개 [이름씨] 물이나 가루 같은 것을 고루 잘 펴서 식히거나 밑감을 잘 뒤섞는 데 쓰는 연장 [한뜻말]젓개 ⇐ 교반기

휘젓다 [움직씨] ❶이리저리 흔들어 젓다 ⓑ곱순이는 마지막 굽이를 돌 때 팔을 휘저으며 달렸다 ❷골고루 섞이게 자꾸 젓다 ⓑ풀을 쑬 때는 끓을 때까지 쉬지 말고 휘저어야 한다 [한뜻말]젓다 ❸사람 마음을 마구 휘잡아 움직이다 ⓑ말 안 듣는 일꾼들을 휘저어 말썽 없이 일을 시켜 잘 끝냈다

휘주근하다 [그림씨] ❶풀기가 빠져 축 늘어지다 ⓑ불볕더위에 옥수수대마저 휘주근하게 잎을 아래로 늘어뜨렸다 [비슷한말]후줄근하다 ❷몹시 지쳐 기운이 없다 ⓑ일꾼들이 휘주근하게 나무 그늘에서 쉰다

휘지르다 [움직씨] ❶어떤 일을 하느라고 옷을 몹시 구기거나 더럽히다 ⓑ사내는 흙탕물에 들어가 옷을 휘지르며 물고기를 잡아왔다 ❷여기저기 마구 다니다 ⓑ저자 거리를 한 바퀴 휘지르고 나서는 옷가게에 가서 옷을 골랐다

휘청 [어찌씨] ❶걸을 때 다리에 힘이 없어 똑바로 걷지 못하고 기우뚱하며 흔들리는 꼴 ⓑ쓰러지는 나무에 부딪친 아버지는 휘청 몸이 기울었다 ❷기다란 것이 휨새 있게 휘어 가볍게 흔들리는 꼴 ⓑ대나무 가지 끝이 휘청 휘었다 **휘청하다**

휘청거리다 [움직씨] 기다란 것이 휨새 있게 휘어 가볍게 흔들리다 **휘청대다**

휘청걸음 [이름씨] 몸을 휘청거리며 걷는 걸음 ⓑ키가 큰 어진이는 휘청걸음으로 걷는다

휘청휘청 [어찌씨] ❶기다란 것이 휨새 있게 휘어 가볍게 흔들리는 꼴 ⓑ그네가 높이 올라갈 때마다 그네를 맨 나뭇가지가 휘청휘청 흔들린다 ❷키가 큰 사람이 몸을 흔들며 걷는 꼴 ⓑ하늘이가 그 긴 다리를 휘청휘청 흔들며 걸어간다 ❸어려움에 부딪쳐 머뭇거리는 꼴 ⓑ어려움에 부딪쳤다고 휘청휘청 머뭇거리지 말고 쭉 밀고 가야지 **휘청휘청하다**

휘추리 [이름씨] 가늘고 긴 나뭇가지

휘파람 [이름씨] ❶입술을 좁게 오므리고 그 사이로 입김을 불어내는 소리 ⓑ휘파람으로 노래를 불렀다 ❷나뭇가지나 번힘줄 같은 것이 센 바람에 타고 나는 소리 ⓑ거센 바람에 나뭇가지가 흔들리며 휘파람 소리가 났다

휘파람새 [이름씨] 몸은 꾀꼬리보다 조금 크고 등과 날개는 푸른 밤빛이며 배는 흰 새. 우는 소리가 휘파람소리와 비슷하여 휘파람새라 한다

휘하 ⇒ 거느림 아래

휘황찬란하다·휘황하다 ⇒ 눈부시다. 빛나다. 번쩍이다

휘휘[1] [어찌씨] ❶무엇을 이리저리 휘두르거나 휘젓는 꼴 ⓑ누리가 가방을 메고 신주머니를 휘휘 내두르며 뛰어간다 ❷여러 디위 휘감거나 휘감기는 꼴 ⓑ치맛자락이 다리에 휘휘 감긴다 **휘휘하다**

휘휘[2] [어찌씨] ❶바람이 세게 잇따라 스치는 소리나 그 꼴 ⓑ바람이 휘휘 불어와 가랑잎을 날린다 ❷휘파람을 자꾸 부는 소리 ⓑ노을이가 휘파람을 휘휘 불며 논두렁을 걸어간다 ❸여기저기 살피거나 둘러보는 꼴 ⓑ봄비는 밥집 안을 휘휘 둘러보더니 바라지 가까이 자리를 잡았다

휘휘하다 [그림씨] 무서운 느낌이 들 만큼 고요하고 쓸쓸하다 ⓑ그 집은 어딘가 모르게

ㅎ

휘휘했다 ⇐ 적적하다

휙 어찌씨 ❶갑자기 빨리 돌거나 돌리는 꼴 ⓑ사내아이는 엄마가 부르자 몸을 휙 돌리더니 나는 듯이 달려갔다 ❷무엇이 빠르게 스쳐 지나가는 꼴 ⓑ골목길에서 수레가 우리 앞을 휙 지나가는 바람에 놀랐다 ❸갑자기 세게 던지거나 뿌리는 꼴 ⓑ달래는 뒷종이를 아무데나 휙 던져 버렸다 ❹바람이 갑자기 세게 부는 꼴 ⓑ갑자기 바람이 휙 불어와 쓰개를 날렸다 ❺휘파람을 좀 길게 부는 소리 ⓑ휙 휘파람을 부니 앞서가던 사람이 뒤돌아본다 **휙하다**

휙휙 어찌씨 ❶잇따라 빨리 움직이거나 스치는 꼴 ⓑ바람개비가 휙휙 돈다 ❷잇따라 세게 던지거나 뿌리는 꼴 ⓑ다은이가 가람에 조약돌을 휙휙 던지며 논다 ❸바람이 잇따라 빠르게 부는 꼴 ⓑ된바람이 휙휙 불어와 내 얼굴을 때렸다 ❹일을 잇따라 빨리 해치우는 꼴 ⓑ일꾼들이 짐을 휙휙 날랐다 **휙휙하다**

휙휙거리다 움직씨 ❶잇따라 빨리 움직이거나 스치다 ❷잇따라 세게 던지거나 뿌리다 **휙휙대다**

휠체어 ⇒ 앉음수레. 앉은뱅이수레

휩싸다 움직씨 ❶휘휘 감아서 싸다 ⓑ방에 불기운이 없어 이불로 몸을 휩쌌다 ❷온통 뒤덮다 ⓑ자욱한 안개가 마을을 휩쌌다 ❸어떤 느낌이나 생각이 마음에 가득 차다 ⓑ두려움이 나를 휩쌌다

휩싸이다 움직씨 '휩싸다' 입음꼴 ⓑ온 마을이 눈보라에 휩싸였다

휩쓸다 움직씨 ❶모조리 휘몰아 쓸다 ⓑ가을바람이 길에 뒹구는 검불을 휩쓸어 갔다 ❷어떤 일이나 앓이가 모든 곳에 퍼지다 ⓑ돌림앓이가 온 누리를 휩쓸었다 ❸거리낌없이 짓거리를 함부로 하다 ⓑ난봉꾼이 저자를 휩쓸고 다닌다 ❹다툼에서 혼자서 으뜸자리를 다 차지하다 ⓑ우리나라는 활쏘기에서 보목걸이를 모조리 휩쓸었다

휩쓸리다 움직씨 ❶큰물이나 비바람 같은 것에 다 쓸려가다 ⓑ논이 큰물에 휩쓸려 떠내려갔다 ❷어떤 기운에 쌓이다 ⓑ아들이 날마다 또래들과 휩쓸려 다니니, 나쁜 짓에 빠질까 걱정된다

휫손 이름씨 ❶남을 휘어잡아 잘 부리는 솜씨 ⓑ지난 모임에서 보니 그 가시나 사람 부리는 휫손이 웬만한 머시마 뺨 치겠습디다 ⇐ 통솔력 ❷일을 휘어잡아 잘 다루는 솜씨 ⓑ우리 아지매 휫손은 서너 사람 몫이야

휴 느낌씨 '후유' 준말 ⓑ휴, 무릎 아파!

휴가 ⇒ 말미. 틈. 짬. 겨를. 쉴때. 쉴짬

휴간 ⇒ 펴냄쉼

휴게소 ⇒ 쉼터. 잠깐 쉼터

휴게실 ⇒ 쉼터. 쉴방. 잠깐 쉴방

휴경지 ⇒ 쉬는땅. 묵밭

휴관 ⇒ 쉼. 집닫음. 쉬다. 집 닫다

휴관일 ⇒ 쉬는 날

휴교 ⇒ 배곳 쉼. 배곳 쉬다

휴대 ⇒ 지님. 지니다. 가지고 다니다. 들고 다니다. 차다

휴대폰·휴대전화 ⇒ 손말틀

휴대품 ⇒ 손짐. 손세간

휴면 ⇒ 잠. 쉼. 겨울잠

휴면기 ⇒ 잠때. 쉼때

휴무 ⇒ 일쉼. 놂. 일 쉬다. 일손 쉬다. 놀다

휴무일·휴업일 ⇒ 쉬는 날

휴식 ⇒ 쉼. 쉬다. 숨돌리다. 한숨 돌리다. 전주르다

휴식시간 ⇒ 쉴틈. 쉴짬

휴식처 ⇒ 쉼터. 쉴 곳. 쉬는 곳

휴양 ⇒ 쉼. 쉬다. 몸 보살피다

휴양림 ⇒ 쉼숲

휴양소 ⇒ 쉼곳

휴양지 ⇒ 쉼터

휴업 ⇒ 쉼. 놂. 쉬다. 놀다. 문닫다

휴일 ⇒ 쉬는 날. 노는 날

휴전 (休田) ⇒ 묵밭. 묵정밭. 묵힌 밭

휴전 (休戰) ⇒ 싸움 그침. 싸움 멈춤. 싸움을 잠깐 쉬다. 싸움을 잠깐 그치다. 싸움을 잠깐 멈추다

휴전선 ⇒ 싸움멈춤금

휴전협정 ⇒ 싸움멈춤다짐

ㅎ

휴정 ⇒ 판가름쉼
휴지 ⇒ 막종이. 뒷종이. 허드렛종이
휴지기 ⇒ 쉴 때. 쉬는 때
휴지통 ⇒ 쓰레기통
휴직 ⇒ 쉼. 일쉼. 쉬다. 잠깐 쉬다. 일 쉬다
휴진 ⇒ 나숨집쉼. 나숨이쉼
휴학 ⇒ 배움쉼. 배움 쉬다
휴화산 ⇒ 쉼불메
흉 이름씨 ❶ 헌데나 다친 데가 아문 뒤 생긴 자국 ⓑ솔돌은 이마에 커다란 흉이 있다 한뜻말 흉터 ❷ 남에게 비웃음을 살 만한 거리 ⓑ흉 하나 없는 사람이 어디 있나 한뜻말 허물 ⇐ 흠
흉가 ⇒ 궂긴집. 몹쓸집
흉계 ⇒ 나쁜 꾀. 못된 꾀. 몹쓸 꾀
흉골 ⇒ 가슴뼈
흉근 ⇒ 가슴힘살
흉금 ⇒ 속마음
흉기 ⇒ 몹쓸 연장
흉내 이름씨 남이 하는 말이나 몸짓을 그대로 따라서 하는 짓 ⓑ목소리 흉내. 아슨아들이 할아버지 흉내를 낸다
흉내말 이름씨 소리나 모습, 짓을 흉내 내는 말. '꼬꼬댁', '삐약삐약', '짹짹' 같은 말이다 한뜻말 시늉말
흉내새 이름씨 더운 고장에 사는 새. 사람 말을 잘 흉내 낸다 ⇐ 앵무새
흉년 ⇒ 궂은해
흉몽 ⇒ 나쁜 꿈. 언짢은 꿈. 궂은 꿈. 무서운 꿈
흉보다 움직씨 남 흉이나 잘못을 들춰 말하다 ⓑ다봄이가 너를 심술쟁이라고 흉보더라
흉부 ⇒ 가슴. 가슴팍. 가슴통. 가슴패기
흉상 ⇒ 윗몸꼴
흉식호흡 ⇒ 가슴숨. 가슴숨쉬기
흉악하다 ⇒ 감궂다. 감사납다. 모질다. 고약하다. 끔찍하다
흉작 ⇒ 그릇지이. 궂은지이. 궂은걷이
흉잡다 움직씨 잘못을 꼬집어서 들춰내다 ⓑ 된빛은 어디 한 군데 흉잡을 데 없는 배움이다 ⇐ 흠잡다
흉잡히다 움직씨 잘못이 꼬집혀 드러나다 ⓑ 마음닦이는 흉잡힐 짓을 하는지 늘 스스로 잘 살펴야 한다 ⇐ 흠잡히다
흉조 ⇒ 좋지 않은 낌새. 언짢은 낌새
흉중 ⇒ 가슴속. 마음속. 속생각
흉측하다 ⇒ 징그럽다. 소름 끼치다. 몸서리나다. 섬뜩하다. 끔찍하다. 고약하다. 감사납다. 감궂다. 음충하다
흉탄 ⇒ 몹쓸쏘개알
흉터 이름씨 헌데나 아픈 데가 나아 생긴 자국 ⓑ마루는 종아리 흉터를 가리려고 늘 긴 바지를 입어 한뜻말 흉
흉포하다 ⇒ 매우 사납다. 매우 모질다
흉하다 ⇒ 징그럽다. 고약하다. 밉다. 더럽다. 볼꼴사납다. 볼품없다
흉허물 이름씨 흉이나 허물이 될 만한 일 ⓑ흉허물을 터놓다
흉흉하다 ⇒ 어수선하다. 뒤숭숭하다. 술렁술렁하다. 술렁이다
흐놀다 움직씨 몹시 그리워하다 ⓑ시골살이를 흐놀다가 마침내 터를 잡았다
흐느끼다 움직씨 흑흑 소리를 내면서 서럽게 울다 ⓑ누나는 설움이 복받쳐 올라 눈물을 쏟으며 흐느꼈다
흐느적 어찌씨 가늘고 긴 나뭇가지나 천 같은 것이 늘어져 느리게 흔들리는 꼴 ⓑ땅버들 가지가 흐느적 춤추듯 흔들린다 **흐느적하다**
흐느적거리다 움직씨 길고 부드러운 것이나 얇고 가벼운 천 따위가 부드럽고 느리게 자꾸 흔들린다 ⓑ버들나무 가지가 봄바람에 흐느적거린다 **흐느적대다**
흐느적흐느적 어찌씨 ❶ 가늘고 긴 나뭇가지나 천 같은 것이 늘어져 느리게 흔들리는 꼴 ⓑ수양버들이 늘어져 흐느적흐느적 흔들린다 ❷ 느리게 자꾸 흐르는 꼴 ⓑ해파리가 흐느적흐느적 물에 떠다닌다 ❸ 힘없이 느리게 걷는 꼴 ⓑ아이들이 꾸중을 듣고 풀이 죽어 흐느적흐느적 걸어간다 **흐느적흐느적하다**

흐늘흐늘 어찌씨 ❶힘없이 늘어져 자꾸 흔들리는 꼴 ⓑ냇가 버들가지가 봄바람에 흐늘흐늘 춤추는 듯 흔들린다 ❷김이나 내, 아지랑이 같은 것이 자꾸 피어오르는 꼴 ⓑ봄이 되자 아지랑이가 흐늘흐늘 피오른다 ❸물결이 가볍게 자꾸 일렁이는 꼴 ⓑ가람물이 흐늘흐늘 굼실거리며 흘러간다 ❹제멋대로 자꾸 놀아나는 꼴 ⓑ어릴 때 일하는 버릇을 못들이고 흐늘흐늘 놀기만 한 사람들은 커서도 그렇기 쉽다 ❺하는 짓이 매우 느린 꼴 ⓑ흐늘흐늘 그렇게 늑장을 부리다가 일을 언제 마치겠나? **흐늘흐늘하다**

흐늘흐늘하다 그림씨 지나치게 무르거나 부드러워 건드리는 대로 뭉그러질 듯하다 ⓑ나물을 너무 삶아서 흐늘흐늘하다

흐드러지다 그림씨 꽃이 듬뿍 피어 있어 소담스럽다 ⓑ동산에 살사리꽃이 흐드러지게 피어 있다

흐르다 움직씨 ❶물 같은 것이 낮은 곳으로 움직여 가다 ⓑ앞내와 뒷내엔 언제나 맑은 물이 흐른다 ❷때나 해가 지나가다 ⓑ벌써 사흘이 흘렀구나 ❸피나 땀, 눈물이 몸밖으로 나오다 ⓑ눈에서 눈물이 흘렀다 ❹위로 뜨거나 물에 떠서 미끄러지듯이 움직이다 ⓑ하늘에 흰 구름이 떠 흐른다 ❺어떤 꼴이나 기운이 겉에 뚜렷이 나타나다 ⓑ기름기가 자르르 흐르는 얼굴

흐름 이름씨 ❶흐르는 것 ⓑ우리는 가람 흐름을 거슬러 위로 올라갔다 ❷때나 일이 움직이는 것 ⓑ때 흐름에 따라 그 일은 잊다

흐름꼴 이름씨 물이나 바람 버틸 힘을 가장 적게 하려고 물고기 몸통처럼 앞은 길둥글고 뒤로 갈수록 좁아지는 꼴 한뜻말 물고기꼴 ⇐ 유선형

흐름덩이 이름씨 더운 기운이나 번힘이 잘 흐르는 몬을 통틀어 이르는 말 ⇐ 전도체

흐름빠르기 이름씨 물이 흐르는 빠르기 한뜻말 물살빠르기 ⇐ 유속

흐름새 이름씨 ❶물이 흐르는 기운이나 꼴새 ⓑ도랑에 풀이 많아 물길 흐름새가 더디다 ⇐ 형세 ❷어떤 때 사이를 두고 거듭되는 뭠 ⓑ때알림이 바늘은 쉬지 않는 흐름새로 돌아간다 ❸뭠그림이나 굿에서 줄거리가 흘러가는 빠르기 ⓑ굿 흐름새가 너무 느려 졸려

흐름줄 이름씨 움직이는 물, 바람 따위에서 낱낱 점이 물, 바람 흐름과 같도록 그은 생각 속 굽은금. 물이나 바람 흐름을 나타내는 데 쓴다 ⇐ 유선

흐리다 그림씨 ❶물이나 거울에 다른 것이 섞이거나 묻어 속에 보이는 것이 또렷하지 않다 ⓑ비가 내린 뒤라 냇물이 흐리다 ⇐ 혼탁하다 ❷구름이나 안개가 끼어 날씨가 좋지 않다 ⓑ오늘 서울 고장은 흐린 뒤 비가 온대요 ❸불빛이나 빛깔이 환하거나 또렷하지 않고 어렴풋하다 ⓑ호롱 불빛이 흐려서 글씨가 잘 보이지 않는다 ❹낯빛이나 마음이 좋지 않다 ⓑ무슨 걱정이 있니? 얼굴빛이 흐리구나 ❺물이나 거울 따위를 맑지 않게 만들다 ⓑ미꾸라지 한 마리가 온 도랑물을 흐린다 ❻말을 또렷이 하지 않고 얼버무리다 ⓑ말끝을 흐리는 걸 보니 말 못 할 까닭이 있나 보다

흐리마리하다 그림씨 ❶말끝을 또렷하게 하지 않고 흐릿하게 하다 ⓑ나람이는 말끝을 흐리마리하면서 눈살만 찡그렸다 ❷일이나 생각 따위가 뚜렷하지 않다 ⓑ불을 끄고 나왔는지 안 끄고 나왔는지 생각이 흐리마리하다

흐리멍덩하다 그림씨 ❶몸짓이나 생각이 또렷하지 못하다 ⓑ더위에 지친 소는 흐리멍덩한 눈을 뜨고 가쁜 숨을 몰아쉬었다 ❷일 끝맺음이 깨끗하거나 뚜렷하지 않다 ⓑ돌빛은 셈이 흐리멍덩하여 빌린 돈을 갚은 적이 없다 ❸얼이 맑지 않고 멍하다 ⓑ날이 너무 더우니까 얼까지 흐리멍덩해지는 것 같다

흐리터분하다 그림씨 하는 짓이나 마음씨 따위가 뚜렷하거나 깔끔하지 못하다 ⓑ나는 그

ㅎ

흐리터분한 생각이 마음에 들지 않았다 ⇐ 애매모호하다

흐린빛 이름씨 잿빛이 섞인 흐릿한 빛 ⇐ 탁색

흐린소리 이름씨 목청이 떨려 울리는 소리. 모든 홀소리와 닿소리 ㄴ, ㄹ, ㅁ, ㅇ 따위가 있다 ⇐ 탁성. 탁음

흐릿하다 그림씨 조금 흐리다 ⓑ안개 때문에 먼 메가 흐릿하게 보인다 ⇐ 혼미하다. 희미하다

흐무러지다 움직씨 과일이나 먹을거리가 너무 익거나 물러져서 뭉그러지다 ⓑ시금치를 오래 삶았더니 흐무러졌다

흐물흐물 어찌씨 **1**푹 익어 무른 꼴 ⓑ고구마가 흐물흐물 푹 익었다 **2**매우 물렁한 것이 눌려 흐늘흐늘 흔들리는 꼴 ⓑ얼었던 땅이 녹아 마당이 밟는 족족 흐물흐물 빠진다

흐물흐물하다 그림씨 과일이나 먹을거리가 너무 익거나 썩어서 뭉그러지다 ⓑ고기가 푹 익어서 흐물흐물하다

흐뭇하다 그림씨 마음이 느긋하고 기쁘다 ⓑ아우 손을 꼭 잡고 걸어가는 딸을 보니 흐뭇하다 작은말하뭇하다 ⇐ 행복하다

흐뭇흐뭇 어찌씨 여럿이 다 흐뭇하거나 매우 흐뭇한 꼴 ⓑ큰 보따리를 받아선지 온 집안사람이 흐뭇흐뭇 입이 벌어졌다

흐뭇흐뭇하다 그림씨 매우 흐뭇하거나 여럿이 다 흐뭇하다 ⓑ모인 아이들은 떡을 한 그릇씩 받아서 모두 흐뭇흐뭇하였다

흐벅지다 그림씨 **1**보기 좋게 두텁고 부드럽다 ⓑ한해감을 잘 돌봐 키웠더니 흐벅지게 굵은 열매가 열렸다 **2**좀 환하다 ⓑ벗이 둥그스름한 얼굴에 흐벅진 웃음을 띠고 다가온다

흐지부지 어찌씨 **1**끝을 맺지 못하고 흐리멍덩하게 넘겨 버리는 꼴 ⓑ일이 흐지부지 끝났다 **2**하던 일이 언제 끝날지 말미가 어떨지 뚜렷하지 않은 꼴 ⓑ실랑이를 벌이던 일은 흐지부지 다음으로 미루어졌다

흐트러뜨리다·흐트러트리다 움직씨 흐트러지게 하다 ⓑ책을 바르게 꽂아 넣었으니 흐트러뜨리지 마라

흐트러지다 움직씨 **1**가지런하거나 모여 있던 것이 어지럽게 이리저리 흩어지다 ⓑ흐트러진 머리칼을 얼레빗으로 가다듬었다 **2**몸가짐이나 옷차림이 어수선한 꼴 ⓑ어디서 뭘 하고 왔길래 옷매무새가 그토록 흐트러져 있나?

흐흐 어찌씨 **1**마음이 흐뭇하여 입을 조금 벌리고 웃는 소리나 그 모습 ⓑ흐흐, 넌 독 안에 든 쥐다 **2**엉큼하게 웃는 소리나 그 꼴 ⓑ흐흐, 넌 이제 내 밥이다

흑갈색 ⇒ 검정밤빛

흑막 ⇒ 꿍꿍이. 꿍꿍이속. 검은 속내. 못된 속셈

흑발 ⇒ 검은머리

흑백 ⇒ 잘잘못. 옳고 그름. 검정하양. 검흰. 검은돌과 흰돌. 손위와 손아래

흑백논리 ⇒ 잘잘못가리. 잘잘못따짐

흑사병 ⇒ 쥐돌림앓이. 검죽음앓이

흑산도 ⇒ 검은섬

흑색 ⇒ 검정

흑색선전 ⇒ 거짓알림

흑설탕 ⇒ 검단것. 밤빛단것

흑심 ⇒ 딴마음. 도둑마음. 꿍꿍이. 검은속. 못된 마음. 나쁜 마음. 검은 마음

흑연 ⇒ 숯납쇳돌

흑인 ⇒ 검둥이. 검은사람

흑인종 ⇒ 검둥이. 검은사람. 검은겨레

흑임자 ⇒ 검은깨

흑자 ⇒ 얻음. 남음

흑점 ⇒ 검은점

흑태 ⇒ 검은콩

흑흑 어찌씨 설움이 복받쳐 흐느껴 우는 소리 ⓑ아지매는 서럽게 흑흑 느껴 울었다 **흑흑하다**

흑흑거리다 움직씨 설움이 복받쳐 흐느껴 우는 소리가 자꾸 나다 **흑흑대다**

흔드적거리다 움직씨 매달린 큰 몬이 천천히 자꾸 흔들리다 ⓑ드림천이 바람에 흔드적거린다

흔드적흔드적 어찌씨 ❶천천히 여리게 자꾸 흔들거나 흔들리는 꼴 ⓑ힘을 줘서 굴려도 그네줄만 흔드적흔드적 흔들리고 잘 나가지 않았다 ❷시답지 않거나 마땅치 않아 일손에 힘이 들어가지 않는 꼴 ⓑ너무 더워 일을 하는 둥 마는 둥 흔드적흔드적 해치웠다 **흔드적흔드적하다**

흔들개비 이름씨 여러 가지 꼴을 가진 쇳조각이나 나무조각을 쇠실이나 실로 매달아 만든 것 ⇐ 모빌

흔들거리다 움직씨 ❶이쪽이나 저쪽으로 자꾸 흔들거나 흔들리다 ⓑ이가 흔들거려 딱딱한 걸 씹을 수가 없어 ❷하는 일 없이 한갓지게 다니거나 몸을 흔들며 천천히 걷다 **흔들대다**

흔들다 움직씨 ❶위아래나 왼오른으로 잇달아 움직이게 하다 ⓑ강아지가 나를 보고 꼬리를 흔드네 ❷마음이 몹시 움직이게 하다 ⓑ이 땅별을 지켜야 한다는 한 어린 아이 목소리가 우리 마음을 크게 흔들었다 ❸큰 소리 따위로 떨려 울리게 하다 ⓑ천둥소리가 땅을 흔들었다

흔들리다 움직씨 흔들어지다 ⓑ나뭇잎이 바람에 흔들리다

흔들바람 이름씨 바람세기 다섯째인 바람. 작은 나무가 통째로 흔들리고 못에 작은 물결이 인다

흔들앉개 이름씨 기대어 앉아서 앞뒤로 흔들 수 있게 만든 것 ⇐ 흔들의자

흔들의자 ⇒ 흔들앉개

흔들흔들 어찌씨 이쪽이나 저쪽으로 자꾸 흔들거나 흔들리는 꼴 ⓑ아버지는 술에 절어 몸을 흔들흔들 가누지 못한다 ❸마음이나 생각이 굳지 못해 망설이는 꼴 ⓑ흔들흔들 이럴까 저럴까 망설이며 다솜은 걱정만 늘어났다 **흔들흔들하다**

흔연하다 ⇒ 기쁘다. 좋다. 기껍다. 즐겁다. 반갑다

흔적 ⇒ 자취. 자리. 자국. 발자취

흔적기관 ⇒ 자국틀. 자취틀

흔전만전하다 그림씨 헤프게 마구 쓰고도 남을 만큼 아주 넉넉하다 ⇐ 풍부하다

흔전하다 그림씨 살림이 넉넉하여 아쉬움이 없다

흔줄 이름씨 마흔 줄 나이 ⓑ어느덧 나도 흔줄을 바라보는 나이가 되었네 ⇐ 사십 대

흔쾌히 ⇒ 기꺼이. 기쁘게. 시원히

흔하다 그림씨 ❶여느 때보다 넉넉하게 많다 ⓑ우리 마을에는 앵두나무와 감나무가 흔하다 ❷많아서 값지지 않다 ⓑ이 옷은 흔한 것이어서 값이 쌉니다

흘게 이름씨 맞추어 짠 자리나 매듭, 사개, 사북 같은 것을 죈 만큼 ⓑ매듭 흘게가 풀리는 바람에 단단하게 조여지지 않았다 익은말 **흘게가 늦다 · 흘게가 느슨하다** ❶하는 짓이 여물지 못하고 느슨하다 ❷흘게가 풀렸거나 단단하지 못하다

흘게눈 이름씨 흘겨보는 눈 ⓑ흘게눈으로 나를 노려보아 깜짝 놀랐어

흘겨보다 움직씨 흘기는 눈으로 보다 ⓑ언니는 무서운 얼굴로 나를 흘겨보았다

흘기다 움직씨 눈동자를 한쪽 끝으로 돌려 못마땅하게 보다 ⓑ누이는 내가 얄밉다며 눈을 흘겼다

흘깃 어찌씨 가벼운 곁눈으로 몰래 흘겨보는 꼴 ⓑ나를 곁눈질로 흘깃 흘겨보고는 갖고 온 것을 내놨다 **흘깃하다**

흘깃거리다 움직씨 가벼운 곁눈으로 몰래 자꾸 흘겨보다 **흘깃대다**

흘깃흘깃 어찌씨 가벼운 곁눈으로 몰래 자꾸 흘겨보는 꼴 ⓑ할머니는 나를 흘깃흘깃 훔쳐보더니 말을 꺼냈다 **흘깃흘깃하다**

흘끔 어찌씨 재빨리 곁눈으로 흘겨보는 꼴 ⓑ타자마자 수레 안을 흘끔 흘겨보니 여남은 사람이 탔더라 **흘끔하다**

흘끔거리다 움직씨 곁눈으로 자꾸 슬그머니 훔쳐보다 **흘끔대다**

흘끔흘끔 어찌씨 곁눈으로 자꾸 슬그머니 훔쳐보는 꼴 ⓑ아이가 나를 흘끔흘끔 쳐다보며 달려간다 **흘끔흘끔하다**

흘끗 어찌씨 재빨리 한 디위 훔쳐보는 꼴 ⓑ어

ㅎ

제 다툰 벗이 나를 흘끗 보고는 그냥 지나간다 **흘끗하다**

흘끗거리다 움직씨 자꾸 흘끗 훔쳐보다 **흘끗대다**

흘끗흘끗 어찌씨 자꾸 흘끗 훔쳐보는 꼴 ⓑ낯선 사람이 동네에 와서는 흘끗흘끗 뒤돌아보며 간다 **흘끗흘끗하다**

흘낏 어찌씨 곁눈으로 몰래 훔쳐보는 꼴 ⓑ나를 흘낏 훔쳐보는 누나 눈에는 이슬이 맺힌 듯했다 **흘낏하다**

흘낏거리다 움직씨 눈을 옆으로 돌려 자꾸 훔쳐보다 **흘낏대다**

흘낏흘낏 어찌씨 눈을 옆으로 돌려 자꾸 훔쳐보는 꼴 ⓑ곧비는 옆자리에 앉은 동무를 흘낏흘낏 쳐다보았다 **흘낏흘낏하다**

흘떼기 이름씨 짐승 힘줄이나 힘살 사이에 박힌 고기. 얇은 껍질이 섞여 질기다

흘러가다 움직씨 흘러서 어느 곳으로 가다 ⓑ하늘에서 내리는 비는 끝내 넓은 바다로 흘러간다

흘러나오다 움직씨 흘러서 밖으로 나오다 ⓑ뒷메 바위틈에서 샘물이 흘러나온다

흘러내리다 움직씨 **1** 물 같은 것이 높은 곳에서 낮은 곳으로 흐르거나 떨어지다 ⓑ눈물이 볼을 타고 줄줄 흘러내린다 **2** 옷이나 눈거울, 머리카락 따위가 몸에 단단히 붙지 않고 아래로 내려오다 ⓑ바지가 커서 허리에서 자꾸 흘러내린다

흘러들다 움직씨 **1** 물이 흘러서 어디를 들어가거나 들어오다 ⓑ이 가람물은 샛바다로 흘러든다 **2** 떠돌던 것이 들어오다 ⓑ떠돌이들이 하나둘 이 고을로 흘러들어 사람이 불어나고 있어

흘레 이름씨 짐승 암컷과 수컷이 짝짓는 일 한뜻말 짝짓기 ⇐ 교미 **흘레하다**

흘려보내다 움직씨 **1** 흘러가는 것을 그냥 내버려두다 ⓑ냇물을 흘려보내지 않고 막아 물을 가두어 두었다 **2** 귀담아듣지 않고 지나쳐 보내다 ⓑ귀담아듣고 바르게 닦는 사람도 있지만 한쪽 귀로 듣고 한쪽 귀로 흘려보내는 사람도 많지

흘리다 움직씨 **1** 눈물이나 땀 같은 것을 밖으로 내다 ⓑ밭을 매고 온 아내는 더워서 땀을 줄줄 흘렸다 **2** 몬을 빠뜨리거나 떨어뜨리다 ⓑ오늘은 또 배곳에 뭘 흘리고 왔니? **3** 웃음이나 낯꼴로 어떤 마음을 잠깐 드러내다 ⓑ언니는 입가에 떫은 웃음을 흘렸다 **4** 감추는 일이나 알거리를 남이 알도록 일부러 넌지시 퍼뜨리다 ⓑ우리끼리만 알기로 한 이야기를 흘리는 사람이 있어 **5** 말을 귀담아듣지 않고 한 귀로 듣다 ⓑ나는 어머니 말씀을 한마디도 흘리지 않으려고 귀를 기울였다 **6** 글씨 따위를 또박또박 쓰지 않고 빨리 갈겨쓰다 ⓑ흘려 쓴 글씨여서 알아보기 힘들다 **7** 작은 알갱이로 된 것을 잘못하여 조금씩 떨어뜨리다 ⓑ밥을 흘리지 말고 먹어라

흘림 이름씨 글씨를 또박또박 쓰지 않고 흘려서 쓰는 일 ⓑ글을 흘림으로 쓰다

흙 이름씨 땅거죽 바위가 바람에 부스러진 가루에 짐승과 푸나무가 죽어 썩은 것이 섞여 이루어진 것 ⓑ모래흙. 찰흙. 참흙. 흙 한줌 한뜻말 땅 ⇐ 토양

흙감태기 이름씨 온통 흙을 뒤집어쓴 사람이나 몬 한뜻말 흙투성이

흙격지 이름씨 흙켜와 흙켜 사이

흙깎임 이름씨 바람이나 비, 흐르는 물 같은 것이 땅이나 바위를 조금씩 깎거나 잘게 부수는 것 ⇐ 토양침식

흙깔이 이름씨 땅을 좋게 하려고 다른 곳 흙을 파서 논밭에 까는 일. 또는 그 흙 ⇐ 객토

흙날 이름씨 달날로부터 쳐서 이레 가운데 여섯째 날 ⇐ 토요일

흙내 이름씨 흙에서 나는 냄새 ⓑ날마다 흙내를 맡으며 시골에 사는 보람을 느낀다

흙담 이름씨 흙으로 친 담 ⓑ우리 텃마을 담은 다 흙담이었다 한뜻말 죽담 ⇐ 토담

흙더럼 이름씨 사람이나 산것에 나쁜 무거운 쇠붙이나 된갈몬이 흙에 쌓이는 일. 구리나 카드뮴, 서러 따위 ⇐ 토양오염

ㅎ

흙더미 [이름씨] 흙이 한데 모이거나 쌓여 생긴 덩어리 ㉥큰물로 이웃 고을엔 흙더미에 묻힌 집이 많았다

흙덩이 [이름씨] 흙이 엉기어 뭉쳐진 덩이 ㉥흙덩이를 잘게 부수어 흙을 고르고 씨앗을 뿌렸다

흙마루 [이름씨] 방에 들어가는 문 앞에 좀 높이 펀펀하게 다진 흙바닥 한뜻말 죽담 ⇐ 토방. 봉당

흙매 [이름씨] 흙을 구워 절구통 비슷하게 아래위 두 짝으로 만들고 위짝에 자루를 달아 자루를 돌려 벼를 갈아 매갈이쌀을 만드는 데 쓰는 여름지이 연장 ⇐ 토매

흙먼지 [이름씨] 고운 흙이 날려서 생긴 먼지 ㉥흙먼지를 일으키며 말이 달리기 비롯했다 한뜻말 흙모래 ⇐ 황사

흙무덤 [이름씨] 흙을 쌓아 만든 무덤 ⇐ 토분

흙물 [이름씨] 흙이 섞여 흐려진 물

흙바닥 [이름씨] 흙으로 된 바닥

흙바탕 [이름씨] 흙이 지닌 바탈 ⇐ 토질

흙반죽틀 [이름씨] 흙을 이기는 틀 한뜻말 흙이기개 ⇐ 퍼그밀

흙별 [이름씨] 해에서 여섯째 가깝고 해누리에서 둘째 큰 별. 둥근고리꼴을 함 ⇐ 토성

흙비 [이름씨] [1] 바람에 날려 올랐던 모래흙이 비처럼 땅에 떨어지는 것 ⇐ 토우 [2] 누른모래가 비에 섞여 떨어지는 것

흙손 [이름씨] [1] 흙이 묻은 손 ㉥흙손을 씻지도 않고 능금을 쥐고 먹다니! [2] 반죽한 흙이나 이긴 돌가루 같은 것을 바닥이나 바람에 바르고 겉을 고르게 문지르는 연장 ㉥저 일꾼은 흙손질이 오롯이 몸에 밴 사람이구나!

흙알 [이름씨] 축축한 땅에 잘 자라며 땅속에 있는 덩이줄기는 잎자루와 함께 좋은 먹을거리이다 ⇐ 토란

흙알갱이 [이름씨] 흙을 이루는 낱낱 알갱이. 그 이룸씨와 바탈은 크기에 따라 다르고 섞임꼴에 따라 나눈다 ⇐ 토양입자

흙일 [이름씨] 흙을 이기거나 바르는 일 ⇐ 토공

흙장난 [이름씨] 흙을 만지며 노는 장난 ㉥아이가 모래밭에서 흙장난을 하며 논다

흙재 [이름씨] 흙으로 쌓은 재 한뜻말 흙구루 ⇐ 토성

흙집 [이름씨] 흙으로 지은 집

흙켜 [이름씨] 땅껍질 맨 위쪽 흙으로 된 켜 ⇐ 토양층

흙탕물 [이름씨] 흙이 풀려 몹시 흐린 물 ㉥밤새 쏟아진 비로 냇물은 흙탕물이 되었다

흙투성이 [이름씨] 흙이 잔뜩 묻은 꼴 ㉥실컷 놀고 온 아우 신발은 흙투성이가 되어 있었다 한뜻말 흙감태기

흠 ⇒ 흉. 험. 얼. 군티. 티. 허물. 모자람. 잘못

흠가다·흠지다 ⇒ 흉나다. 티나다

흠모 ⇒ 그리워함. 사랑. 그리워하다. 사랑하다. 우러러 따르다

흠뻑 [어찌씨] [1] 푹 배도록 젖은 꼴 ㉥소나기를 만나 온몸이 흠뻑 젖었다 [2] 모자람이 없이 아주 넉넉하게 ㉥꽃밭에 물을 흠뻑 주어라 [3] 어떤 일이나 마음에 깊이 빠져든 꼴 ㉥그 무렵 나는 노래에 흠뻑 빠져 있었다

흠썩 [어찌씨] [1] 골고루 남김없이 푹 젖은 꼴 ㉥소나기에 옷이 흠썩 젖었다 [2] 지나치게 푹 익은 꼴 ㉥한해감이 흠썩 익어 건드리면 터진다 [3] 마음에 들 만큼 매우 많은 꼴 ㉥아무도 모르게 알밤을 흠썩 모아뒀다 내놔야지

흠씬 [어찌씨] [1] 아주 꽉 차고도 남을 만큼 넉넉한 꼴 ㉥아침에 메에 올라가 맑은 바람을 흠씬 들이켰다 [2] 매우 지나치게 때리거나 맞는 꼴 ㉥온몸이 흠씬 두들겨 맞은 것처럼 아프다

흠없다 ⇒ 말짱하다. 물샐틈없다. 반듯하다. 어연번듯하다. 변변하다. 허물없다. 티 없다

흠잡다 ⇒ 꼬집다. 들추어내다. 헐뜯다

흠집 ⇒ 티. 자국

흠칫 [어찌씨] 뜻밖 일에 놀라거나 무서워서 어깨나 목을 움츠리는 꼴 ㉥나는 흠칫 놀라 한 발 뒤로 물러섰다 **흠칫하다**

흡사 ⇒ 마치. 꼭

ㅎ

흡사하다 ⇒ 비슷하다. 엇비슷하다. 어금지금하다. 닮다. 거의 같다. 똑같다. 빼박다. 빼닮다

흡수 ⇒ 빨아들임. 빨아들이다. 받아들이다. 거두어들이다

흡수력 ⇒ 빨아들이는 힘

흡습제 ⇒ 물빨개. 물빨아들이개

흡연 ⇒ 담배피움. 담배 피다

흡입 ⇒ 들이킴. 들이마심. 들이켜다. 들이마시다. 빨아들이다. 빨아 마시다

흡입기 ⇒ 빨틀

흡족하다 ⇒ 해낙낙하다. 거늑하다. 대견하다. 하뭇하다. 흐뭇하다. 탐탁하다. 넉넉하다. 한포국하다. 달갑다. 좋다. 맞갖다. 마땅하다. 마뜩하다. 훔훔하다. 마음에 들다. 모자람이 없다

흡혈귀 ⇒ 각다귀. 피빨이

흣대 [이름씨] 질그릇을 빚을 때 그릇꼴을 다듬는 데 쓰는 나무쪽

흥 [어찌씨] [1] 코를 풀 때 내는 소리 ㉥흥 소리가 나도록 코를 풀어 봐 [2] 대수롭지 않게 여기거나 비웃거나 아니꼬울 때 코로 내는 소리 ㉥흥! 내 그럴 줄 알았지 **흥하다**

흥 ⇒ 신. 신명. 신바람. 어깻바람. 재미

흥감 [이름씨] 넌덕스러운 말로 있는 것보다 지나치게 떠벌리는 짓 ㉥별내가 엄살을 떤 것은 이 디위에도 흥감이었어

흥건하다 [그림씨] 푹 젖거나 잠기거나 고일 만큼 물이 많다 ㉥땀이 흥건하게 밴 일옷

흥겹다 ⇒ 신나서 즐겁다

흥그러이 ⇒ 신나게

흥글방망이놀다 [움직씨] 남 일이 잘되지 못하게 헤살하다

흥나다 ⇒ 신나다. 신명나다. 신바람나다. 어깻바람이 나다. 넋 오르다

흥망 ⇒ 잘됨과 못됨. 일어남과 없어짐

흥망성쇠 ⇒ 일어나고 없어지고 잘되고 못됨

흥미 ⇒ 재미

흥미롭다 ⇒ 재미있다. 재미지다

흥미진진 ⇒ 큰재미. 매우 재미있다

흥부가 ⇒ 판소리흥부이야기

흥부이야기 [이름씨] 옛 이야기 가운데 하나. 마음씨 고운 아우 흥부와 마음씨 나쁜 언니 놀부를 이야깃거리로 삼아 착하면 잘되고 나쁘면 못된다는 이야기 ⇐ 흥부전

흥부전 ⇒ 흥부이야기

흥분 ⇒ 북받침. 들뜸. 달아오름. 북받치다. 들뜨다. 달아오르다. 꼴리다. 불끈하다

흥사단 [이름씨] 1913해에 안창호가 샌프란시스코에 세운 겨레살림 뭠모임

흥얼거리다 [움직씨] [1] 신이 나서 콧노래를 부르다 [2] 신나는 목소리로 글을 읽다 [3] 뭐라고 웅얼웅얼 지껄이다 **흥얼대다**

흥얼흥얼 [어찌씨] [1] 신이 나서 콧노래를 부르는 꼴 ㉥누나가 좋은 일이 있는지 흥얼흥얼 콧노래를 부르네 [2] 신나는 목소리로 글을 읽는 꼴 ㉥가름비는 저녁마다 온동네가 다 들리도록 흥얼흥얼 글을 읽는다 [3] 뭐라고 웅얼웅얼 지껄이는 꼴 ㉥사냥꾼이 흥얼흥얼 지껄이는 말속에는 서울이 결딴이 났다는군 **흥얼흥얼하다**

흥인지문 ⇒ 새큰문

흥정 [이름씨] [1] 몬을 사거나 파는 일 ⇐ 매매 [2] 몬을 파는 이와 사는 이 사이에서 몬 값을 밀거니 당기거니 하여 잡아주는 일 ㉥엄마는 과일가게에서 흥정을 해서 능금을 한 바구니 샀다 ⇐ 협상 [3] 어떤 일을 저한테 좋도록 하려고 맞은 쪽에 말을 걸어 주고 받음 ㉥일벼리 바꾸는 게 흥정거리로 되어서야 쓰겠나

흥정돈 [이름씨] 주릅돈 ⇐ 구전. 구문. 중개료

흥청거리다 [움직씨] [1] 신나서 마음껏 거드럭거리다 [2] 넉넉하여 아끼지 않고 잇달아 함부로 쓰다 **흥청대다**

흥청망청 [어찌씨] 마음껏 즐기며 흥청거리는 꼴 ㉥흥청망청 사는 사람치고 오래가는 사람 못 보았다 **흥청망청하다**

흥취 ⇒ 신. 신명. 신바람. 재미

흥하다 ⇒ 일다. 일어나다. 잘되어 가다

흥행 ⇒ 큰벌이굿. 구경자리

흥흥 [어찌씨] [1] 코를 자꾸 세게 푸는 소리나 그 꼴 ㉥꽃부리 언니는 코를 흥흥 세게 푸는

ㅎ

버릇이 있다 ❷잇달아 콧노래를 부르는 소리나 그 꼴 ⓑ빼참이는 뭐가 그리 좋은지 흥흥 콧노래를 부른다 **흥흥하다**

흥흥거리다 움직씨 자꾸 흥하는 소리가 나거나 소리를 내다 **흥흥대다**

흩날리다 움직씨 흩어져 날리거나 흩어져 날게 하다 ⓑ마당 벚나무에서 흰 눈 같은 꽃잎이 흩날린다

흩다 움직씨 한곳에 모였던 것을 서로 떨어지게 하다 ⓑ아이가 장난감을 여기저기 흩어 놓고 논다

흩뜨리다·흩트리다 움직씨 흩어지게 하다 ⓑ닭이 두 발로 모이를 흩뜨리면서 콕콕 쪼아 먹는다

흩뿌리다 움직씨 ❶비나 눈 따위가 세차게 뿌리다 ⓑ이틀 내내 비가 흩뿌리더니 이내 개었다 ❷무엇을 흩어지게 뿌리거나 마구 뿌리다 ⓑ너울이 밀려와 바위에 세차게 부딪치며 물방울을 흩뿌린다 한뜻말 휘뿌리다

흩어지다 움직씨 ❶모인 사람들이 이리저리 헤어지다 ⓑ등짐장수가 떠나자 모였던 구경꾼도 뿔뿔이 흩어졌다 ⇐ 풍비박산하다. 해산하다 ❷여기저기 널려 있거나 퍼지다 ⓑ시골에도 요즘 지은 집은 한 마을이라도 여기저기 흩어져 있다

흩흩조각 이름씨 잘게 깨지거나 부서진 여러 조각 ⓑ놓친 그릇이 흩흩조각으로 깨져버렸다

희곡 ⇒ 굿글. 굿말

희귀병 ⇒ 드문앓이

희귀종 ⇒ 드문씨

희귀하다 ⇒ 드물다. 값나가다. 값지다. 보배롭다

희극 ⇒ 웃음굿

희끄무레하다 그림씨 어렴풋이 흰빛을 띠다 ⓑ희끄무레하게 날이 밝아오기 바쁘게 오빠는 지게를 지고 꼴 베러 나간다

희끗희끗하다 그림씨 군데군데 허연 빛깔이 나타나 있다 ⓑ아버지 머리가 어느새 희끗희끗해졌다

희나리 이름씨 ❶덜 마른 날나무 둥거리 ⓑ아궁이 안에는 희나리에 불이 붙어 나무 끝으로 거품이 잇따라 피어나온다 ❷생채기가 난 채로 말라서 희끗희끗하게 얼룩이 진 고추 한뜻말 희아리

희다 그림씨 빛깔이 하늘에서 내리는 눈이나 소젖과 같다 ⓑ희고 고운 살결

희대 ⇒ 누리에 드문. 썩 드문. 처음 보는

희디희다 그림씨 몹시 희다 ⓑ희디흰 솜

희떱다 그림씨 ❶알속은 없어도 마음이 넓고 손이 크다 ⓑ언니는 살림 살 때는 짠순이지만 어려운 사람 도울 때는 희떱게 군다 ❷말이나 짓이 지나치고 버릇이 없다 ⓑ돈도 없으면서 한턱 낼 듯이 희떠운 소리는 잘 한다

희로애락 ⇒ 기쁨과 노여움과 슬픔과 즐거움

희롱 ⇒ 놀림. 놀리다. 놀려먹다

희망 ⇒ 꿈. 바람. 싹수. 빛. 앞날. 바라다

희망없다 ⇒ 싹수 없다. 꿈이 없다. 앞날이 캄캄하다

희망자 ⇒ 바람이. 바람보. 바라는 사람

희망적 ⇒ 싹수 있는. 잘될 것 같은. 좋게 보는

희망점 ⇒ 바랄데. 바랄곳

희망차다 ⇒ 꿈으로 가득하다

희멀끔하다 그림씨 빛이 희고 멀끔하다 ⓑ콩국물이 희멀끔하고 기름기가 돌아야 콩묵이 잘 된다 한뜻말 희여멀끔하다

희멀쑥하다 그림씨 빛이 희고 멀쑥하다 ⓑ희멀쑥한 살결 한뜻말 희여멀쑥하다

희미하다 ⇒ 흐릿하다. 어슴푸레하다. 어렴풋하다

희박하다 ⇒ 묽다. 엷다. 적다. 드물다. 거의 없다

희번덕거리다 움직씨 ❶눈 흰자위가 많이 드러나게 눈알을 잇따라 번뜩이며 이리저리 굴리다 ❷물고기 따위가 몸을 젖히며 자꾸 번득이다 **희번덕대다**

희번덕희번덕 어찌씨 ❶눈 흰자위가 많이 드러나게 눈알을 잇따라 번뜩이며 이리저리 굴리는 꼴 ⓑ미움이 잔뜩 서린 눈으로 희번덕희번덕 나를 노려보았다 ❷물고기 따위가 몸을 젖히며 자꾸 번득이는 꼴 **희번덕희번덕하다**

ㅎ

희부옇다 [그림씨] 희끄무레하면서 부옇다 ㉥안개 속에서 먼 메가 희부옇게 보였다

희붉다 [그림씨] 흰빛이 돌게 붉다 ㉥꽃은 다 예쁘지만 희붉은 벚꽃은 그 가운데서도 마음을 설레게 한다 ⇐ 분홍

희붐하다 [그림씨] 날이 새려고 밝은 빛이 희끄무레하게 비치다 ㉥새녘 하늘이 희붐하게 밝아온다

희비 ⇒ 기쁨슬픔

희비극 ⇒ 기쁨굿 슬픔굿

희뿌옇다 [그림씨] 희끄무레하게 뿌옇다 ㉥짙은 안개가 희뿌옇게 끼어 멀리 보이지 않는다

희사 ⇒ 내놓음. 바침. 기꺼이 내다. 내다. 내놓다. 바치다. 던지다

희색 ⇒ 기쁜빛

희생 ⇒ 몸바침. 몸바치다. 목숨 내놓다

희생자 ⇒ 몸바친 이. 죽은 이

희생적 ⇒ 몸을 바치는. 목숨을 던지는

희소가치 ⇒ 드문값

희소식 ⇒ 좋은 일. 좋은 새뜸. 좋은 말. 기쁜 일. 기쁜 말. 반가운 말

희소하다 ⇒ 드물다. 썩 드물다. 아주 적다

희열 ⇒ 기쁨. 기쁜 느낌. 기뻐하다

희열감 ⇒ 기쁨. 기쁜 느낌

희읍스름하다 [그림씨] 산뜻하지 못하게 좀 희다 ㉥달빛이 구름에 가려 희읍스름하게 비치는 밤길을 걸었다

희한하다 ⇒ 드물다. 매우 드물다. 놀랍다. 참으로 놀랍다

희화 ⇒ 익살그림

희희낙락하다 ⇒ 기뻐하다. 즐거워하다. 기뻐 어쩔 줄 모르다

희희덕거리다 [움직씨] 쓸데없이 마구 히히 웃으며 자꾸 떠들다 ㉥그렇게 희희덕거리고만 있다가는 저물 때까지 일을 다 못 하겠다 **희희덕대다**

희희덕희희덕 [어찌씨] 쓸데없이 마구 히히 웃으며 자꾸 떠드는 꼴 ㉥희희덕희희덕 우스갯소리만 해서야 일을 제대로 하겠는가 **희희덕희희덕하다**

흰갈매기 [이름씨] 노끝 고장에 알을 낳으며 겨울에 마녘으로 와서 겨울을 나는 큰 갈매기

흰개미 [이름씨] 더운 고장에 사는 몸빛이 흰 개미. 땅속에 묻힌 나무에 살며 나무 세간을 갉아 자국을 낸다

흰곰 [이름씨] 추운 고장에 사는 온몸이 흰 털로 덮인 큰 곰. 헤엄을 잘 친다 ⇐ 백곰. 북극곰

흰그루 [이름씨] 지난 겨울에 날을 심었던 땅 ㉥요즘 우리 밭은 다 흰그루 밭이고 검은그루는 언덕 위 밭뿐이다 [맞선말]검은그루

흰김치 [이름씨] 고춧가루를 쓰지 않거나 조금만 써서 희게 담근 김치 ⇐ 백김치

흰나비 [이름씨] 배추흰나비

흰눈 [이름씨] 하얀 눈 ⇐ 백설

흰단것 [이름씨] 빛깔이 흰 단것 ⇐ 백설탕

흰둥이 [이름씨] **1** 살빛이 흰 사람 ㉥흰둥이나 검둥이, 누렁둥이는 조금도 낮은말이나 낮춤말이 아니다 ⇐ 백인. 백인종 **2** 털빛이 흰 짐승 ㉥이것은 돌이네 흰둥이가 누고 간 똥이다

흰때 [이름씨] 씻지 않아 몸에서 나는 하얀 가루 ㉥옛 선비들은 몸을 씻지 않고 옷을 벗어 흰때를 털어내고 다시 입었다 ⇐ 백태

흰때털기 [이름씨] 씻지 않아 몸에 생긴 먼지를 털어내는 일 ⇐ 백태털기

흰말 [이름씨] 털빛이 흰 말 ⇐ 백마

흰머리 [이름씨] 하얗게 센 머리털 ⇐ 백발

흰목구멍앓이 [이름씨] 몸이 뜨겁고 목이 아파 맛갓을 잘 삼킬 수 없고 숨틀 끈끈청이 다쳐 숨쉬기가 어려운 앓이 ⇐ 디프테리아

흰목이 [이름씨] 부드러운 꽃잎같이 생긴 버섯. 죽은 참나무 가지나 산 참나무에 나며 마르면 오그라들어 단단해진다. 먹는 버섯이다

흰무리 [이름씨] 멥쌀가루를 켜를 얇게 잡아 켜마다 흰 배달종이를 깔고 물이나 단것물을 내려 시루에 찐 떡. 아이 세이렛날, 온날, 돌 때 쓴다 [한뜻말]흰설기 ⇐ 백설기

흰물떼새 [이름씨] 등은 엷은 밤빛이고 머리는

ㅎ

검고 배는 흰 새. 여름철새로 바닷가 모래 땅이나 논에 산다

흰민들레 이름씨 잎은 뿌리에서 뭉쳐나고 깃꼴로 갈라지는 풀. 어린잎은 먹으며 뿌리는 차로 달여 마신다

흰밥 이름씨 흰쌀로 지은 밥 ⓑ흰밥보다 누렁쌀과 콩, 팥, 기장을 섞어 지으면 밥맛이 낫고 몸에도 좋다 ⇐ 백반

흰번불빛 이름씨 흰빛번공을 쓰는 빛내개 ⇐ 백열전등

흰보 이름씨 단단한 흰빛 보 ⇐ 백금

흰불나방 이름씨 온몸이 흰빛이고 배 두 옆에 붉은 무늬가 줄지어 있는 나방

흰빛 이름씨 눈이나 솜, 소젖 같은 빛 ⇐ 흰색

흰빛내개 이름씨 쇠붙이 가는 줄이 번힘흐름으로 뜨거워져 빛을 내는 것 ⇐ 백열등

흰빛번공 이름씨 속을 비우거나 막남 또는 아르곤 따위 가스를 넣은 유리공 속에 숯남 줄이나 텅스텐으로 만든 가는 줄을 넣고 여기에 번힘을 흐르게 해서 빛을 내는 틀 ⇐ 백열전구

흰뼈 이름씨 죽어 살이 썩고 남는 뼈 ⇐ 백골

흰색 ⇒ 흰빛. 하얀빛. 하양

흰설기 이름씨 흰무리 ⇐ 백설기

흰소리 이름씨 터무니없이 꺼드럭거리거나 희떱게 하는 말 한뜻말 큰소리 ⇐ 허풍. 호언. 호언장담 **흰소리하다**

흰속윗도리 이름씨 하늬옷 안에 받쳐 입는 소매 달린 속웃옷 ⇐ 와이셔츠

흰솔 이름씨 높이는 15미터쯤이고 껍질은 잿빛이 도는 흰빛인 소나무. 잎은 셋씩 뭉쳐 난다 ⇐ 백송

흰쌀 이름씨 속껍질을 다 벗긴 쌀 ⇐ 백미

흰옷겨레 이름씨 흰옷을 즐겨 입는 겨레. 옛날에 우리겨레를 이르던 말 ⇐ 백의민족

흰자밭 이름씨 사람 몸 잔삼을 이루는 종요로운 몬. 고기, 소젖, 콩들에 많이 들어있다 ⇐ 단백질

흰자위 이름씨 ❶달걀이나 새알 따위에서 노른자위를 둘러싼 빛이 흰 곳 ⓑ달걀 흰자위 ❷눈알이 흰 곳 ⓑ누나는 잠을 설친 탓인지 흰자위에 핏발이 섰다

흰잿밭 이름씨 골이나 등골에서, 얼날 잔삼덩이가 한데 모여 짙게 보이는 곳 ⇐ 백회질

흰잿빛 이름씨 잿빛을 띤 흰빛 ⇐ 회백색

흰죽 이름씨 흰쌀로 쑨 죽 ⓑ배가 아파 이레쯤 흰죽을 먹었다

흰피톨 이름씨 피 이룸씨 가운데 하나. 뼛골, 지라, 림프샘에서 만들어지며 붉은피톨 보다 크며 빛깔 없는 자위가 있다 ⇐ 백혈구

흰피톨앓이 이름씨 흰피톨이 잘 자라지 않거나 어리고 제대로가 아닌 흰피톨이 핏속에 늘어나 애나 콩팥, 지라에 번져 붉은피톨이 생기지 못하게 하는 앓이 ⇐ 백혈병

흰흙그릇 이름씨 흰진흙, 차돌, 질돌 따위 가루를 빚어서 구워 만든 희고 매끄러운 그릇 ⇐ 사기그릇

흰흙때 이름씨 갑난뉘 세째이자 마지막 때. 예해앞 한잘 네즈믄닷온골 해부터 예해앞 엿즈믄엿온골 해까지 사이 ⇐ 백악기

힁허케 어찌씨 빨리 가는 꼴 ⓑ심부름을 힁허케 다녀와서 밤을 주웠다

히 어찌씨 입을 옆으로 벌려 한 디위 싱겁게 웃는 소리나 꼴 ⓑ아이는 히 웃으며 멋쩍은 얼굴을 지었다

히드라 이름씨 몸길이는 손가락 한 마디쯤 되고 대롱꼴로 밤빛인 벌레. 못이나 늪 속 나뭇가지나 돌에 붙어 산다

히로시마 이름씨 니혼 마하늬녘에 있는 고을. 둘째 누리큰싸움 때 유에스 나라가 밑씨터지개를 떨어뜨린 곳이다

히말라야멧줄기 이름씨 인디아와 쫑궈 티베트 사이에 걸쳐 있는 멧줄기. 누리에서 가장 높은 에베레스트메가 있다 ⇐ 히말라야산맥

히말라야산맥 ⇒ 히말라야멧줄기

히말라야시더 ⇒ 개잎갈나무

히물 어찌씨 입술을 실그러뜨리면서 소리 없이 한 번 웃는 꼴 ⓑ고니가 히물 웃으며 돌아섰다

히물거리다 움직씨 입술을 실그러뜨리면서 자

ㅎ

꾸 소리 없이 웃다 **히물대다**

히물히물 어찌씨 입술을 실그러뜨리면서 자꾸 소리 없이 웃는 꼴 ⓑ묻는 말에 말없이 히물히물 웃기만 한다 **히물히물하다**

히묫이 어찌씨 눈에 잘 안 띄게 히죽이 웃는 꼴 ⓑ묻는 말에 말없이 히묫이 웃기만 하는 언니

히벌쭉 어찌씨 마음에 들어 이가 드러날 만큼 입술을 벌려 소리 없이 웃는 꼴 ⓑ버시는 가시만 보면 히벌쭉 웃는다 **히벌쭉하다**

히스테리 ⇒ 짜증

히야신스 이름씨 비늘줄기에서 좁고 길며 살이 많은 잎이 모여나는 풀. 맏여름에 푸른빛, 붉은빛, 흰빛, 보랏빛 옷곳한 쇠북꼴 꽃이 빽빽이 달린다

히어리 이름씨 조록나무 갈래에 딸린 잎지는 떨기나무. 봄에 노란빛을 띤 푸른 꽃이 촘촘하게 달린다

히읗 이름씨 한글 닿소리 글자 'ㅎ' 이름

히죽 어찌씨 흐뭇하여 슬며시 웃는 꼴 ⓑ내 물음에 달님은 하얀 이를 보이며 히죽 웃었다 **히죽하다**

히죽거리다 움직씨 아주 좋아서 입을 좀 벌리기도 하고 이가 보일 만큼 크게 벌리며 소리 없이 웃다 ⓑ아우는 뭐가 그리 재미있는지 혼자 히죽거리면서 멀봄을 본다 **히죽대다**

히죽버죽 어찌씨 아주 좋아서 입을 좀 벌리기도 하고 이가 보일 만큼 크게 벌리기도 하면서 소리 없이 웃는 꼴 ⓑ오늘 맞선을 본 아우가 가시감이 마음에 들었는지 히죽버죽 좋아서 입을 못 다문다

히죽벌쭉 어찌씨 아주 좋아서 히죽거리고 벌쭉거리는 꼴 ⓑ아저씨는 앞니를 다 드러내고 히죽벌쭉 웃었다 **히죽벌쭉하다**

히죽비죽 어찌씨 히죽거리며 비꼬는 꼴 ⓑ미르는 나를 비꼬는 듯 기리는 듯 히죽비죽 웃었다 **히죽비죽하다**

히죽히죽 어찌씨 흐뭇하여 잇달아 웃는 꼴 ⓑ곱분이는 누가 무슨 말을 해도 히죽히죽 웃기만 한다 **희죽희죽하다**

히쭉 어찌씨 매우 흐뭇하여 슬쩍 웃는 꼴 ⓑ언니가 오랜만에 날 보고 히쭉 웃는다 **히쭉하다**

히쭉거리다 움직씨 매우 흐뭇하여 자꾸 슬쩍 슬쩍 웃다 **히쭉대다**

히쭉히쭉 어찌씨 매우 흐뭇하여 자꾸 슬쩍슬쩍 웃는 꼴 ⓑ물음을 잘 푼 솔이는 입이 저절로 히쭉히쭉 벌어졌다 **히쭉히쭉하다**

히터 ⇒ 따스개

히트 ⇒ 떨침. 잘침

히트곡 ⇒ 떨침노래

히히 어찌씨 입을 옆으로 벌려 자꾸 싱겁게 웃는 소리 ⓑ조카가 내 얼굴만 봐도 좋은 지 히히 웃는다 **히히하다**

히히거리다 움직씨 입을 옆으로 벌려 자꾸 싱겁게 웃다 ⓑ무엇이 좋아서 그렇게 히히거리니? **히히대다**

히히덕대다 움직씨 실없이 웃으며 잇따라 마구 지껄이다 ⓑ아이들이 히히덕대다가 댕이 울려 제자리로 돌아갔다

히히덕히히덕 어찌씨 잇따라 실없이 웃으며 마구 지껄이는 꼴 ⓑ서로 얼굴만 보면 히히덕히히덕 시끄럽다

히힝 어찌씨 말이 우는 소리 ⓑ말이 히힝 소리를 내며 앞발질을 했다 **히힝하다**

힌두가르침 이름씨 인디아 사람들이 믿는 가르침. 브라흐마, 비슈누, 시바 같은 여러 검을 섬긴다 ⇐ 힌두교

힌두교 ⇒ 힌두가르침

힌트 ⇒ 귀띔. 실마리. 똥김. 눈짓

힐끔 어찌씨 곁눈으로 슬쩍 훔쳐보는 꼴 ⓑ솜이는 나를 힐끔 보더니 다시 바라지 밖으로 고개를 돌렸다 **힐끔하다**

힐끔거리다 움직씨 곁눈으로 슬쩍 자꾸 훔쳐보다 **힐끔대다**

힐끔힐끔 어찌씨 곁눈으로 슬쩍 자꾸 훔쳐보는 꼴 ⓑ사람들은 방울이를 힐끔힐끔 보면서 수군댔다 **힐끔힐끔하다**

힐끗 어찌씨 **1** 곁눈으로 슬쩍 한 디위 흘겨보

ㅎ

는 꼴 ㉥가르침이는 떠드는 아이를 힐끗 쳐다보고는 다시 책을 읽어 나갔다 ❷잠깐 눈에 얼핏 띄는 꼴 ㉥달리는 수레 문밖으로 참꽃이 힐끗 보인다 **힐끗하다**

힐끗거리다 (움직씨) 곁눈으로 슬쩍 자꾸 흘겨보다 **힐끗대다**

힐끗힐끗 (어찌씨) ❶곁눈으로 슬쩍 자꾸 흘겨보는 꼴 ㉥나는 배곳 마당으로 들어오는 가시나를 힐끗힐끗 쳐다보았다 ❷잠깐씩 눈에 얼른얼른 띄는 꼴 ㉥가림천 너머로 그 사람 모습이 힐끗힐끗 보인다 **힐끗힐끗하다**

힐난 ⇒ 나무람. 따짐. 나무라다. 따지다. 꾸짖다

힐책 ⇒ 나무람. 꾸중. 나무라다. 꾸중하다. 꾸짖다. 강다짐하다. 걱정하다

힐항 ⇒ 맞섬. 맞버티다. 맞서다. 대들다

힘 (이름씨) ❶사람이나 숨받이가 스스로 뮈는 기운 ㉥가파른 오르막을 오르려니 힘이 든다. 힘이 센 사람 ⇐ 파워 ❷어떤 것을 뮈거나 돌리는 기운 ㉥이 수레는 뮘틀 힘이 좋아 거친 길도 잘 가 ⇐ 역량 ❸일이나 짓에 도움이 되는 것 ㉥젊은이들 힘을 빌려 나무를 져 내렸다 ❹어떤 일을 할 수 있는 재주 크기 ㉥번힘틀을 고치는 일은 조카 힘을 빌려야 돼 ❺혼자나 많은 사람을 휘두르고 억지로 따르게 하는 일 ㉥큰 머슴이 힘을 휘둘러 품앗이 일꾼들을 데리고 논매러 갔다 ❻몬 따위가 튼튼하고 단단한 세기 ㉥낡은 짚집은 기둥 아래 주춧돌 힘으로 가까스로 버틴다 ❼도움이나 고마움 ㉥네가 한 말이 내게 큰 힘이 되었어 ❽일을 뮈거나 빠르기를 바꾸는데 쓰는 것 ❾몬이 서로 끼침을 미쳐 서 있거나 뮈는 것을 바꾸는 말미

힘갈 (이름씨) 몬 사이 일하는 힘과 뮘을 파고드는 갈 ⇐ 역학

힘겨루기 (이름씨) 힘을 보여주거나 넓히려고 서로 겨룸 ㉥웃대가리들이 이쪽저쪽으로 갈려 서로 힘겨루기를 하느라고 나라 힘이 엉뚱한 데 쓰인다 ⇐ 파워게임

힘겹다 (그림씨) 제힘에 넘쳐 가마리 하기 벅차다 ㉥새말 짓기 일도 때로는 힘겹다

힘껏 (어찌씨) 있는 힘을 다하여 ㉥나는 공을 힘껏 찼다 ⇐ 한껏

힘내기 (이름씨) 힘을 세게 내는 일이나 힘겨루기 내기 ㉥힘내기판에서 무거운 것 들기, 무거운 것 지고 멀리 달리기에서 돌쇠가 으뜸이었다

힘내다 (움직씨) 어떤 일을 해내려고 힘을 다하다 ㉥우리 쪽 힘내라!

힘닿다 (움직씨) 힘이 미치다 ㉥힘닿는 데까지 널 도와줄게

힘들다 (그림씨) ❶힘이 쓰이는 데가 있다 ㉥오래 걸었더니 몸이 힘들다 ❷어떤 일을 하기가 거북하거나 어렵다 ㉥오늘 안에 해내기 힘들겠다 ❸이루어지기 어렵다 ㉥요새 얼굴 보기가 왜 이리 힘들어요?

힘들이다 (움직씨) 마음이나 힘을 기울이다 ㉥나는 오랫동안 힘들여 일했다

힘미치다 (움직씨) 어떠한 일을 일으키거나 움직임을 더하다 ⇐ 작용하다

힘보 (이름씨) 힘이 센 사람 ⇐ 실세

힘살 (이름씨) 뼈대와 속것, 살갗, 핏줄들 뮘을 일으키는 힘줄과 살. 뼈대를 뮈는 뼈대살, 속것을 뮈는 속것살, 살갗을 뮈는 살갗살, 염통을 뮈는 염통살이 있다 ⇐ 근육

힘살과뼈보는데 (이름씨) 힘살을 다치거나 뼈가 부러지거나 금간 사람을 나수는 데 ⇐ 정형외과

힘살힘 (이름씨) 힘살에서 나오는 힘 ㉥할아버지는 힘살힘이 좋아서 아직도 하루에 나무를 한 짐씩 한다 ⇐ 근력

힘세다 (그림씨) 힘이 많다 ㉥힘센 씨름꾼

힘센이다스림 (이름씨) 임금 마음을 산 힘센이가 제멋대로 나라를 다스림 ⇐ 세도정치

힘쓰다 (움직씨) ❶힘을 들여 일하다 ㉥배움이가 할 일은 오직 힘써 배우는 데에 있다 ⇐ 노력하다 ❷남을 도와주다 ㉥여러분이 힘써주셔서 오늘 제가 있게 되었습니다

힘없다 (그림씨) ❶기운이 없다 ㉥하늘이는 고

ㅎ

개를 푹 숙이고 힘없이 걸었다 ⇐ 약하다 **2** 어떤 일을 해낼 재주가 없다 ⓑ힘없고 가난한 사람 ⇐ 약소하다

힘입다 움직씨 다른 사람 도움을 받다 ⓑ여러분 보살핌에 힙입어 해낼 수 있었어요

힘자랑 이름씨 힘셈을 자랑하는 것 ⓑ너도 이제 힘자랑을 할 나이는 지나지 않았니?

힘점 이름씨 지레 따위로 어떤 몬을 움직일 때 그 몬에 힘이 미치는 자리 한뜻말 일점 ⇐ 역점

힘주다 움직씨 힘을 몰아 쓰거나 힘차게 하다 ⓑ어머니는 나를 힘주어 안았다

힘줄 이름씨 힘살을 이루면서 뼈에 붙어 있게 하는 질긴 살 줄 ⓑ무릎을 다쳤다더니 힘줄이 끊어졌대 ⇐ 건

힘줌말 이름씨 어떤 낱말에 소리나 늣을 더해 말맛이나 뜻을 힘있게 하는 말. 조금을 '쪼금', 까부르다를 '짓까부르다'로 말하면 힘줌말이 된다

힘차다 그림씨 씩씩하고 힘이 있다 ⓑ힘찬 발걸음 ⇐ 활기차다

힘틀 이름씨 번힘이나 땅기름 힘으로 뮘힘을 일으키는 틀 한뜻말 뮘틀 ⇐ 발동기. 모터. 전동기

힝 어찌씨 코를 세게 푸는 소리 ⓑ코를 힝 풀고 손을 옷에 쓱 닦았다

힝둥새 이름씨 할미새 갈래에 딸린 새. 밭종다리와 비슷한데, 등은 푸른빛을 띤 잿빛이고 배는 희며 가슴에서 옆구리까지 검은 세로 무늬가 있다

본책

고려대학교 민족문화연구원 국어사전편찬실(엮은이), 『고려대 한국어대사전』, 고려대학교민족문화연구원, 2009

국립국어원, 『표준국어대사전』(전3권), 국립국어원, 1999

금성출판사 사전팀, 『푸르넷 초등국어사전』, 금성출판사, 2011

김석득 외, 『당신은 우리말을 얼마나 아십니까?』, 샘터, 1991

김수업, 『말꽃타령』, 지식산업사, 2006

김수업, 『배달말꽃』, 지식산업사, 2002

김정섭, 『아름다운 우리말 찾아쓰기 사전』, 한길사, 1998

김정섭, 『우리말 바로쓰기 사전』, 지식산업사, 2008

김종원, 『한국 식물 생태 보감』(전2권), 자연과생태, 2013

김중종, 『옛말로 풀어 읽은 우리 이름, 우리 문화』, 지식산업사, 2000

남광우, 『교학 고어사전』, 교학사, 2014

남영신, 『훈+ 국어사전』, 성안당, 2007

단국대학교 동양학연구소, 『천자문』, 단국대학교출판부, 2008

류렬, 『세나라시기의 리두에 대한 연구』, 한국문화사, 1995

말모이 편찬위원회 엮음, 『말모이, 다시 쓰는 우리말 사전』, 시공사, 2021

박남일, 『좋은 문장을 쓰기 위한 우리말 풀이사전』, 서해문집, 2004

배우리, 『우리 땅이름의 뿌리를 찾아서 2 - 마을·골짜기·들편』, 토담, 1994

배우리, 『우리말 고운말 고운이름 한글이름』, 자유로운상상, 2006

사회과학출판사 편집부, 『조선말 대사전 세트』(전3권), 사회과학출판사, 2007

안옥규, 『우리말의 뿌리』, 학민사 1994

연세대학교 언어정보연구원, 『연세 한국어사전』, 두산동아, 2008

우리말로 학문하기 모임, 『우리말로 학문하기의 사무침』, 푸른사상, 2008

원영섭, 『우리 속담 사전』, 세창출판사, 2003

유창돈, 『고어사전』, 동국문화사, 1955

유창돈, 『이조어 사전』, 연세대학교출판부, 1985

은희철, 송영빈, 정인혁, 『아름다운 우리말 의학 전문용어 만들기』, 커뮤니케이션북스, 2013

이근술 외, 『토박이말 쓰임사전』, 동광출판사, 2001

이기문, 『당신의 우리말 실력은?』, 동아출판사, 1993

이남덕, 『한국어 어원연구』(전4권), 이화여자대학교출판부, 1985~1986

이오덕, 『우리 글 바로 쓰기』, 한길사, 2009

이오덕, 『우리말을 죽이는 한자말 뿌리 뽑기』, 고인돌, 2019

전광진 엮음, 『우리말 한자어 속뜻사전』, 속뜻사전교육출판사, 2021

조영언, 『한국어 어원사전』, 다솜출판사, 2004

주시경 지음, 이기문 편, 『주시경전집(상, 하)』, 아세아문화사, 1976

지제근, 『지제근 의학용어사전』, 아카데미아, 2006

천소영, 『우리말의 속살』, 창해, 2000

최기호, 『사전에 없는 토박이말 2400』, 토담, 1997

최새힘, 『말과 바탕공부』, 고마누리, 2013

최새힘, 『한국말의 구조와 체계』, 크리세이, 2020

최세진, 『훈몽자회』, 홍문각, 1985

최종규, 『새로 쓰는 겹말 꾸러미 사전』, 철수와영희, 2017

최종규, 『새로 쓰는 비슷한말 꾸러미 사전』, 철수와영희, 2016

최종규, 『새로 쓰는 우리말 꾸러미 사전』, 철수와영희, 2019

최현배, 『우리말본』, 정음문화사, 1989

토박이 사전 편찬실 엮음, 윤구병 감수, 『보리 국어사전』, 보리출판사, 2014

한갑수, 『바른말 고운말』, 융문사, 1968

한글학회, 『우리말 큰사전』(전4권), 어문각, 1992

한글학회 편집부, 『한국땅이름큰사전』(전3권), 한글학회, 1991

홍윤표, 『17세기 국어사전(상, 하)』, 태학사, 1995

홍윤표, 『살아있는 우리말의 역사』, 태학사, 2009

H. Feneis, W. Dauber 지음, 정인혁 옮김, 『해부학용어 그림사전』, 아카데미아, 2006

고마운 분들께

우리말을 붙잡을 수 있게 우리글을 만들어낸 분들께 가장 크게 고마움을 느낍니다. 그리고 오늘 우리말 글살이를 있게 바탕을 마련한 한힘샘 주시경 님, 그 뒤를 이어 우리말을 살려온 외솔 최현배 님을 비롯한 여러 분께도 고맙게 느낍니다. 이오덕 님과 빗방울 김수업 님은 살아계실 때 뵙고 가르침을 받았으니, 늘 고마운 분입니다.

2014해 일곱달(7월)에 푸른누리에 온(백) 사람이 모여 배달말집을 내자고 뜻을 모았으니, 딱 열 해가 되었습니다. 그때부터 열 해 동안 우리말을 살려 쓰는 데 도움이 되는 말집을 만드는 일에 뜻을 모으고 힘을 기울인 겨레말 살리는 이들께 크게 고마움을 느낍니다. 이 말집을 만들어 가는 데 기둥 구실을 해왔던 빗방울 님이 2018해 엿달(유월)에 갑자기 돌아가시자 말집을 내는 일이 제게 더 큰 무게로 다가왔습니다. 지난 여섯 해 동안 『푸른배달말집』 일에 매달린 셈입니다.

『아름다운 우리말 찾아쓰기 사전』을 내신 김정섭 님은 이 책에 올린 말을 어떤 것이라도 마음껏 갖다 써도 좋다고 늘 말씀하셨습니다. 말다듬기에 가장 많은 도움을 받은 책입니다. 『살아있는 우리말의 역사』를 쓴 홍윤표 님, 『말과 바탕공부』 『우리말 구조와 체계』에서 우리말 속살 풀이를 깊게 해 우리말을 드높인 최새힘 님께도 고마움을 느낍니다. 우리말을 살려 쓰는 일을 몸소 해가면서 뜻을 함께하는 날개 님께도 절 올립니다.

올림말을 고르고 풀이를 하고 보기말 드는 일을 함께한 나무 님, 높나무 님, 별밭 님, 아침고요 님, 살구 님, 고르 님, 미르 님, 달개비 님, 아무별 님, 아라 님, 보배 님, 미리내 님을 비롯하여 푸른누리 사람들은 몸으로 어려운 일을 꿋꿋하게 함께해 왔습니다. 고맙습니다. 그리고 늘 깨끗한 우리말을 써서, 또 좋은 우리말 책을 여러 가지 펴내어 우리를 이끌어 준 숲노래 님께 깊은 고마움을 느낍니다. 마지막으로 이 책이 빛을 보도록 펴내는 데 힘을 써주신 마노 님, 효령 님, 영준 님께 고마운 마음을 보냅니다.